W0381632

www.
smdiccionarios
.com

Diccionario
Intermedio
Primaria

Lengua española

sm

PROYECTO EDITORIAL Y DIRECCIÓN
Concepción Maldonado González

AUTORES
Juan Antonio de las Heras Fernández
Manuel Rodríguez Alonso

COORDINACIÓN EDITORIAL
Nieves Almarza Acedo

ASESORAMIENTO Y REVISIÓN
Humberto Hernández Hernández

REDACCIÓN
Nieves Almarza Acedo
María Luisa Álvarez Rubio
Mireia Casaus Armentano
Ana Chicote Díaz
Marlene Díaz Marbán
Elena Díaz-Plaza Martín-Lorente
María Luisa Escribano Ortega
Inés García García
Jana García González
Teresa Gutiérrez Carreras
Elena Molinero Pinto
Cristina Olmeda Nicolás
Vicente Simarro Núñez-Arenas
Elena Vázquez Risco

GESTIÓN INFORMÁTICA
Antonio del Saz

ILUSTRACIÓN
Javier Vázquez

REVISIÓN CIENTÍFICA
Francisco Javier Almarza
Carlos Albert
Justino Apilánez
Javier Calbet
Esther Carrión
José Manuel Eizaguirre
Juan de Isasa
Teodoro Larriba
María Luisa López
Francisco J. M. Pignatelli
José Vicente Martín
Milagros Merino
Juan Antonio Pérez-Chao
Elena Pérez
José Manuel Pérez
Joaquín M. Pignatelli
José Sánchez de Ocaña

MAQUETACIÓN
Negra

DISEÑO
Estudio SM
Mario Dequel
Patricia Fernández
Diego García
Vanessa Lillo

Primera edición: octubre 1993
Novena edición (corregida y aumentada): enero 2002
Decimocuarta edición (aumentada, y actualizada según la normativa académica actual): marzo 2012

Las marcas registradas cuyo empleo como nombres comunes está muy extendido en el uso, se recogen en este diccionario con la indicación de su origen de marca, cuando se tiene constancia de ello. No obstante, la presencia o ausencia de dicha indicación no debe considerarse como un hecho que afecte a la situación legal de la palabra en cuestión.

CENTRO INTEGRAL DE ATENCIÓN AL CLIENTE
Tel. 902 12 13 23 Fax 902 24 12 22
clientes@grupo-sm.com
www.grupo-sm.com

Para más información fuera de España:
Grupo Editorial SM Internacional
Impresores, 2 - Urb. Prado del Espino
28660 Boadilla del Monte (Madrid) – España

Teléfono +34 91 4228800
Fax +34 91 4226109
E-mail: internacional@grupo-sm.com

ISBN: 978-84-675-4128-1 / Impreso en la UE – *Printed in EU*
Depósito legal: M-41494-2011

A LOS MUCHACHOS QUE SE ACERCAN A ESTE LIBRO

(Prólogo a la primera edición, de Gonzalo Torrente Ballester, de la Real Academia Española)

Queridos muchachos:

Un personaje de nuestra literatura, el zapatero Belarmino, inventado por don Ramón Pérez de Ayala, cuando terminaba su trabajo, se acostaba encima del caballete y abría el Mundo, que éste era el nombre que daba al diccionario. La operación subsiguiente a que se entregaba Belarmino ya no os interesa, sino sólo quedarse con la idea de que llamaba Mundo al diccionario. Porque esto es en realidad el libro que tenéis entre las manos: un compendio del mundo, por cuanto éste está formado por cosas, y el diccionario, por las palabras que las designan.

Si entre vuestras lecturas se contase la de la Biblia, sabríais que Dios nunca reveló su Nombre a los hombres, y que el Hijo de Abraham, cuando peleó con el ángel, le preguntaba su nombre, porque saberlo constituía la seguridad de la victoria. Saber el nombre de las cosas es el principio de su posesión. La ciencia, en el fondo, lo que hace es inventar nombres para las cosas, nombres nuevos para las cosas nuevas; y nuestros antepasados, que todavía transitaban por la época mítica, dieron nombre a todas las estrellas visibles, y estos nombres los conservamos todavía. Nombrar es –ya lo dije– el comienzo de la posesión, y aquí hallaréis las palabras necesarias para nombrar todo lo que la Realidad os va ofreciendo y desvelando. ¿De qué os serviría saber que existen los agujeros negros del firmamento, sin palabras para nombrarlos? La manera más elemental de poseer un objeto es recordarlo, y lo que se recuerda es siempre la palabra que lo designa: detrás de la palabra viene el concepto y, con frecuencia, detrás del concepto el objeto mismo.

En el diccionario están las palabras que se nos antojan vacías porque no sabemos qué significan, y las palabras que nos sirven para aprehender los objetos cuyos conceptos vagan sin nombre por nuestra mente. Las palabras sirven, pues, para reproducir la realidad, pero también para crear realidades nuevas: ¿qué, si no palabras, es toda la literatura, eso que a veces estudiáis sin daros muy bien cuenta de lo que es y de por qué os abruman con su estudio? El Quijote no existía antes de que su autor reuniera las palabras que lo constituyen, y aun hoy no es más que eso, ni más ni menos que eso, un conjunto de palabras. Como lo es también ese Tratado de Física que estudiáis, un conjunto de palabras que aspira a tener un correlato de objetos en la realidad.

El Diccionario es el gran almacén de las palabras y en él, como en todo el almacén, las palabras están inertes, unas detrás de otras, por su orden, en espera de una inteligencia que las vivifique, que les dé sentido al unirlas con otras, porque las relaciones que los objetos tienen en la Realidad se producen relacionando las palabras (las magnitudes que usáis en vuestras fórmulas también lo son). Porque, además de las palabras que designan objetos, las hay que nombran las acciones, y las que sirven para señalar relaciones.

Hay palabras para todo; sin las palabras no podemos andar por el mundo, y todas ellas están en los diccionarios, estos libros que tantas veces nos han hecho sufrir por falta de quien nos enseñase que en ellos, en leerlos, puede hallarse, y se halla de hecho, un verdadero placer: el de ampliar nuestro mundo aumentando nuestro propio caudal de palabras.

A LOS MUCHACHOS QUE SE ACERCAN A ESTE LIBRO

No lo olvidéis jamás: quien posee la palabra ha comenzado a poseer el objeto, ha comenzado a poseer la realidad, porque tiene un nombre para ella, y el nombre es el principio del conocimiento; poseer la realidad implica conocerla. La Ciencia es un modo de conocer y poseer la realidad; la Ciencia, como la Literatura, es un conjunto de palabras. Todas están aquí dentro.

GONZALO TORRENTE BALLESTER
de la Real Academia Española

PRESENTACIÓN

En Ediciones SM llevamos más de cincuenta años al servicio de la educación. Este diccionario fue el primer resultado de un proyecto editorial hoy ya consolidado: la elaboración de una variada gama de diccionarios que, desde el aula, enseñen al alumno a manejar el diccionario como una herramienta de trabajo a la que acudirán una y otra vez el resto de su vida.

Quizá alguien se cuestione la conveniencia de otro diccionario más, cuando son tantos los que llenan ya las librerías. A la vista está, sin embargo, que es realmente un diccionario distinto: incluye ejemplos de uso en todas las definiciones, completando así la información lingüística con datos enciclopédicos de interés general; contiene notas de pronunciación, ortografía, morfología, sintaxis, semántica y uso que, además de describir el estado actual de la lengua española[1], prescriben cuál es el uso correcto que de ella debe hacerse. Contiene, por tanto, dos diccionarios en uno: un diccionario de uso y un diccionario de dudas.

La selección del corpus definido incluye neologismos y extranjerismos de reciente incorporación al español; las definiciones son claras y precisas, de manera que no existen remisiones innecesarias de uno a otro artículo; las acepciones están ordenadas por un criterio de uso; las voces ilustradas incluyen una remisión a la ilustración correspondiente; y los apéndices finales –en tantos otros diccionarios mero «material de relleno»– son punto de referencia obligado en numerosos artículos por la riqueza y utilidad de la información que contienen.

Además, se ha cuidado muy especialmente la educación de los alumnos en un uso responsable del lenguaje. Hemos apostado por un diccionario didáctico que asume que el conocimiento es la base de la educación. La realidad que tenemos que definir existe con independencia de connotación, pero sí podemos enseñar en nuestras aulas que hablar es siempre definirse y que, solo si conocemos las palabras, seremos capaces de discernir cuáles queremos utilizar –y en qué circunstancias– y cuáles queremos desterrar de nuestro caudal léxico –y por qué.

Este diccionario es, pues, un diccionario didáctico de español. Y con él Ediciones SM contribuye a la educación escolar y proporciona una herramienta indispensable para habituar al alumno a un uso activo del diccionario, para enriquecer su vocabulario, para perfeccionar su capacidad de expresión oral y escrita, y para profundizar, desde una nueva óptica, en el estudio y en el manejo de la gramática española.

Ediciones SM

[1] Esta decimocuarta edición ha sido actualizada con las novedades y cambios normativos más destacados de las últimas obras académicas: la *Ortografía de la lengua española* (2010), los dos primeros volúmenes de la *Nueva gramática de la lengua española* (2009), el *Diccionario panhispánico de dudas* (2005) y la vigesimosegunda edición del *Diccionario de la lengua española* (2001) con las enmiendas avanzadas en su versión digital.

CÓMO USAR ESTE DICCIONARIO

Cómo buscar las voces

- Los artículos siguen el llamado **orden alfabético universal**: la *ch* y la *ll* se consideran letras dobles y se engloban en la *c* y en la *l* respectivamente (el artículo de *chuzo* precede al de *cianuro*).
- Los **lemas sin tilde** aparecen siempre antes que los **lemas con tilde** (el artículo de *carne* precede al de *carné*).
- Los **lemas dobles** se ordenan según el uso de la palabra, y llevan en primer lugar la más usual (*élite* o *elite*; *aloe* o *áloe*).
- Las **locuciones** se incluyen en el artículo de su primera palabra fuerte gramaticalmente, según este orden de prioridad: sustantivo (área *de servicio*, *beber los* vientos *por alguien*), verbo (*hilar* fino), adjetivo, pronombre, adverbio.
  - Si la palabra fuerte puede funcionar en la lengua independientemente, la locución aparece en su artículo correspondiente. Las locuciones aparecen al final del artículo, precedidas de un número de acepción y ordenadas alfabéticamente (*a manos llenas* estará en la M en *mano*, irá detrás de *a manos de* y antes de *atar las manos*).
  - Si la palabra fuerte no funciona en la lengua independientemente, la locución irá bajo un lema formado por dicha palabra (estar en *Babia* se encontrará en la B, en *babia*).
  - En los casos de locuciones latinas y extranjeras, se incluyen por orden alfabético y el lema del artículo está formado por la locución entera, ordenada por la primera palabra sin tener en cuenta el espacio en blanco o el guion (*in situ* va detrás de *insistir* y *e-mail* detrás de *eludir*).

Selección del corpus

- Se incluyen numerosos extranjerismos y neologismos que aunque se han incorporado recientemente a nuestro idioma, ya forman parte de la lengua de uso diario.
- No se incluyen términos y usos anticuados. Tampoco se incluyen como lemas nombres propios, aunque sí se hayan utilizado en ejemplos y en definiciones (en estos casos, siempre aparece entre paréntesis la explicación de su significado o de su referente).

Familias de palabras

- Se han definido siempre los sustantivos y adjetivos derivados de un verbo cuando su uso era frecuente (ejemplo: los sustantivos terminados en *-ción* o en *-miento* no se definen como 'Acción y efecto de…' sino que se desdoblan y ejemplifican en todas sus acepciones.
- En cambio, y siguiendo la tradición lexicográfica, no se han incluido en el cuerpo del diccionario los adverbios en *-mente*, los adjetivos en *-ble* y en *-dor*, y los participios regulares. De hecho, en los apéndices finales hay un listado de sufijos que permite deducir los significados de esas palabras derivadas.
- Los prefijos, en cambio, se han definido en el cuerpo del diccionario (eso ha permitido no incluir las palabras derivadas o compuestas cuyo significado fuera fácilmente deducible como la suma de los dos significados).

Referencia gramatical

- Las **palabras homónimas** se han incluido en un mismo artículo.
- En caso de que los términos tengan distinta categoría gramatical, la **ordenación de las acepciones** se ha establecido según el siguiente criterio gramatical:

1. adjetivo,
2. adjetivo/sustantivo,
3. sustantivo: masculino, masculino plural, femenino, femenino plural,
4. verbo: verbo pronominal,
5. adverbio,
6. preposición,
7. conjunción,
8. interjección.

Ejemplos: *auxiliar*, *ganso*.

- Y dentro de cada una de esas categorías, se ha seguido el criterio de frecuencia de uso (con excepción de las acepciones consideradas vulgarismos malsonantes, siempre colocadas al final del artículo).

Valores subjetivos

- Solo se han marcado los valores anticuado (*ant.*), coloquial (*col.*), eufemístico (*euf.*), poético (*póet.*), vulgar (*vulg.*) y vulgar malsonante (*vulg.malson.*).
- Se ha prescindido del tradicional valor figurado (*fig.*) porque esa información solo adquiere pleno sentido cuando las acepciones están ordenadas por un criterio etimológico y no de uso.

CARACTERÍSTICAS DE ESTE DICCIONARIO

DEFINICIONES

- Son claras y precisas. No contienen remisiones innecesarias, sino que cada artículo se concibe como una entidad independiente que contiene toda la información necesaria para la correcta comprensión del término.
- Han sido redactadas según unos modelos tipo, lo que confiere una gran sistematicidad y coherencia interna al cuerpo del diccionario (véanse, por ejemplo, los términos botánicos o zoológicos, las unidades de medida, los grados militares, los instrumentos musicales, cargos y profesiones, etc.).
- En los casos de tecnicismos, se señala siempre el **contorno de la definición** (ejemplo la acepción 2 de *demencia*).
- La llamada *ley de la sinonimia*, principio unánimemente aceptado en lexicografía, exige que la definición pueda sustituir siempre al término definido. Este problema se ha resuelto en la definición de verbos y adjetivos con la fórmula *Referido a...*
  - En el caso de los adjetivos, en ese contorno se explicita el tipo de sustantivo al que dicho adjetivo puede acompañar (ejemplo: *verde* no significa lo mismo referido a una planta, a un fruto o a una persona).
  - En el caso de los verbos, la fórmula permite extraer el sujeto, el objeto directo o el complemento preposicional regido (ejemplo: existen diferencias apreciables entre *bailar una persona*, *bailar una peonza* o *bailar una cifra*).

REMISIONES

- Las remisiones de uno a otro artículo se han reducido a los casos de términos que presentan dos formas gráficas parecidas, o al caso de los vulgarismos.
- Existen en todo el diccionario remisiones desde los artículos a los **apéndices finales**, cuando en ellos se puede encontrar información complementaria.
- Los conceptos se ilustran agrupados por campos temáticos. Y en el artículo de cada término ilustrado se remite a la entrada en la que se puede encontrar dicha **ilustración**.

SINÓNIMOS

- En los artículos de términos sinónimos se repite la definición y se añade el sinónimo (antes del ejemplo, en caso de uno o dos sinónimos; en nota de semántica, cuando hay más de dos términos sinónimos o cuando la sinonimia afecta a más de una acepción).
- Cuando una palabra puede presentar formas distintas, si el orden alfabético no permitía incluirlas en lema doble, se les ha dado el mismo tratamiento que a los sinónimos, pero remitiendo del término menos usual al más usual, en lugar de repitiendo la definición.
- La sinonimia en las locuciones recibe el mismo tratamiento.

EJEMPLOS

- Hay ejemplos de uso en **todas** las definiciones.

LOCUCIONES

- Las locuciones están definidas como combinaciones fijas de palabras que forman un solo elemento oracional cuyo significado no es siempre el de la suma de los significados de sus miembros.
- No llevan indicación gramatical, porque ya en la propia definición se ve si están definidas como verbos, sustantivos, adjetivos, etc.
- No se incluyen refranes ni dichos.

NOTAS

- La inclusión de notas de **pronunciación**, **ortografía**, **morfología**, **sintaxis**, **semántica** y **uso** permite completar la información gramatical que, de forma implícita, impregna todo el diccionario. Así, por ejemplo, las notas de pronunciación resultan imprescindibles en la explicación de extranjerismos recientemente incorporados a nuestro idioma; las de ortografía resultan particularmente indicadas para llamar la atención sobre la existencia de palabras homófonas; las de morfología aportan una completa información sobre la flexión nominal y verbal; las de sintaxis ayudan al uso codificador del lenguaje informando, por ejemplo, de los regímenes de construcción verbal; las de semántica enriquecen el léxico con sinónimos y matizaciones diferenciadoras del significado; y, por último, en las notas de uso se aclaran diversas cuestiones sobre la utilización de las palabras.

EJEMPLOS DE USO

LEMA

mamut s.m. Mamífero fósil parecido al elefante pero de mayor tamaño, con la piel cubierta por doble pelo, largos colmillos curvados hacia arriba, y que vivió en zonas de clima frío durante el período cuaternario: *Algunos de los esqueletos de mamut se han encontrado en las llanuras heladas de Siberia.* ☐ MORF. 1. Es un sustantivo epiceno y la diferencia de sexo se señala mediante la oposición *el mamut {macho/hembra}*. 2. Su plural es *mamuts*.

Por orden alfabético (la *ch* y la *ll* se engloban en la *c* y en la *l*, respectivamente).

EXTRANJERISMOS Y NEOLOGISMOS

chat (anglicismo) s.m. Charla o tertulia que mantienen varios usuarios en internet de forma simultánea: *Me he metido en un chat de literatura.*

Entre paréntesis el origen de algunas palabras.

CATEGORÍA GRAMATICAL

cristalino, na ▮ adj. **1** Del cristal o con sus características: *El agua del estanque es clara y cristalina.* ▮ s.m. **2** En el ojo, cuerpo en forma de lente situado detrás de la pupila y que permite el paso de los rayos de luz: *En los casos de cataratas se da una opacidad del cristalino.*

Distintas categorías gramaticales en un mismo artículo.

DEFINICIÓN

cicatriz s.f. **1** En el tejido de un ser vivo, señal que queda al curarse una herida: *La cicatriz de la frente es de un corte que se hizo de pequeño.* **2** En el ánimo de una persona, huella o impresión profunda que queda de algo doloroso: *Pasados los años, aún permanecen las cicatrices de aquel fracaso.*

Con «pistas» que ayudan a encontrar con rapidez el significado que se busca.

ACEPCIONES

cirio s.m. **1** Vela de cera, larga y gruesa: *Delante del altar ardían varios cirios.* **2** *col.* Situación confusa, agitada o embarazosa, esp. si va acompañada de gran alboroto y tumulto; *lío*: *¡Vaya cirio se montó cuando se salió el agua de la lavadora!*

Ordenadas, dentro de cada categoría gramatical, por un criterio de uso.

SINÓNIMOS

pijota s.f. Cría de la merluza; *pescadilla*

Detrás de la definición.

certidumbre s.f. →**certeza.**

Con remisión.

maceta s.f. **1** Recipiente, generalmente de barro cocido y más ancho por la boca que por el fondo, que sirve para cultivar plantas: *Las macetas suelen tener un orificio en el fondo que sirve para dejar salir el agua sobrante.* **2** Conjunto formado por este recipiente, la tierra y la planta que contiene: *En verano, tienes que regar las macetas más frecuentemente.* ☐ SEM. Es sinónimo de *tiesto*.

En nota.

EJEMPLOS DE USO

EJEMPLOS

expresionismo s.m. Movimiento artístico de origen europeo surgido en los últimos años del siglo XIX como reacción al impresionismo, y que se caracteriza por la intensidad de la expresión de los sentimientos y de las sensaciones, aun a costa del equilibrio formal: *Munch en pintura, Mahler en música y Kafka en literatura son representantes del expresionismo.*

En todas las definiciones.

LOCUCIONES

cántaro s.m. **1** Vasija grande de barro o de metal, estrecha por la boca y por la base, ancha por la barriga, y generalmente con una o con dos asas; *cántara: En el cántaro el agua se conserva fresca.* **2** ‖ **a cántaros.** Referido esp. a la forma de llover o de salir el agua, en abundancia o con mucha fuerza: *Lleva paraguas, que está cayendo agua a cántaros.*

Después de las acepciones.

plantado, da ‖ **bien plantado.** Referido a una persona, que tiene buena presencia.

En lema aparte.

NOTAS GRAMATICALES

fitness s.m. Tipo de gimnasia para mantenerse en forma: *Todos los días hago una hora de fitness en el gimnasio.* □ PRON. [fítnes]. □ USO Su uso es innecesario.

De pronunciación.

polinizar v. Referido a una flor, efectuar su polinización: *El viento y los insectos polinizan las flores.* □ ORTOGR. La *z* se cambia en *c* delante de *e* ⟶**CAZAR**.

De ortografía.

bonsay s.m. Árbol enano que se cultiva en tiestos y al que se cortan brotes y raíces para evitar que crezca normalmente: *Los bonsáis son plantas ornamentales.* □ ORTOGR. Se admite también la forma *bonsái*. □ MORF. Su plural es *bonsáis*.

De morfología.

mofarse v.prnl. Burlarse con desprecio: *No debes mofarte de los que son más débiles que tú.* □ SINT. Constr.: *mofarse* DE *algo*.

De sintaxis.

hojear v. Referido esp. a un libro, pasar las hojas o leerlo rápida y superficialmente: *Antes de comprar estos libros, los estuve hojeando en la librería.* □ SEM. Dist. de *ojear* (mirar de manera rápida y superficial).

De semántica.

gamusino s.m. Animal imaginario con el que generalmente se gastan bromas a cazadores novatos: *Me tomaron el pelo y me hicieron levantarme a las cuatro de la mañana para ir a cazar gamusinos.* □ USO Tiene un matiz humorístico.

De uso.

ILUSTRACIONES

cíclope s.m. En la mitología griega, gigante con un solo ojo en el centro de la frente: *Ulises venció al cíclope cegándole el ojo con una estaca.* 👁 **mitología**

Con remisión al artículo en el que se encuentra la ilustración.

APÉNDICES FINALES

voseo s.m. Uso de la forma pronominal *vos* en lugar de *tú*: *El voseo es una de las características del español de Argentina.* □ MORF. Sobre voseo ⟶APÉNDICE DE PRONOMBRES.

Con remisiones desde cada artículo.

ABREVIATURAS EMPLEADAS EN ESTE DICCIONARIO

a. C.	antes de Cristo
adj.	adjetivo
adj./s.	adjetivo o sustantivo
adv.	adverbio
ant.	anticuado
art.	artículo
art.determ.	artículo determinado
art.indeterm.	artículo indeterminado
col.	coloquial
comp.	comparativo
conj.	conjunción
constr.	construcción
d. C.	después de Cristo
demos.	demostrativo
dist.	distinto
esp.	especialmente
etc.	etcétera
euf.	eufemístico
exclam.	exclamativo
f.	femenino
incorr.	incorrecto
indef.	indefinido
interj.	interjección
interrog.	interrogativo
irreg.	irregular
m.	masculino
MORF.	morfología
n.	neutro
numer.	numeral
ORTOGR.	ortografía
part.	participio
pl.	plural
poét.	poético
prep.	preposición
PRON.	pronunciación
pron.	pronombre
pron.pers.	pronombre personal
pron.poses.	pronombre posesivo
relat.	relativo
s.	sustantivo
s.f.	sustantivo femenino
s.m.	sustantivo masculino
SEM.	semántica
SINT.	sintaxis
superlat.	superlativo
v.	verbo
v.prnl.	verbo pronominal
vulg.	vulgar
vulg.malson.	vulgar malsonante

SÍMBOLOS EMPLEADOS EN ESTE DICCIONARIO

*	*Incorrección*
→	*Remisión a otra palabra o a un apéndice.*
👁	*Existe una ilustración en la palabra señalada.*
□	*Nota gramatical.*
□	*Sinónimo.*
▮	*Separación de distintas categorías gramaticales en un mismo artículo del diccionario.*
‖	*Locución.*
[ ]	*Pronunciación.*
>	*Se debe sustituir el término que precede a este signo por el término que lo sigue.*
(gris) marengo	*Se puede prescindir de lo incluido en el paréntesis.*
gótico {flamígero/florido}	*Se puede elegir cualquier elemento de los encerrados entre llaves.*

ÍNDICE DE ILUSTRACIONES

A

a

a ▮ s.f. **1** Primera letra del abecedario: *La palabra 'árbol' empieza por 'a'.* ▮ prep. **2** Indica la dirección que se lleva o el término al que se encamina: *Voy a la oficina.* **3** Indica el lugar o tiempo en los que sucede algo: *Te espero a la salida del cine.* **4** Indica la situación de algo: *Pon los garbanzos a remojo.* **5** Indica el intervalo de lugar o de tiempo que media entre una cosa y otra: *La mesa mide dos metros de un extremo al otro.* **6** Indica el modo en el que se hace algo: *No me hables a voces.* **7** Indica el precio de algo: *¿A cuánto están los boquerones hoy?* **8** Indica distribución o cuenta proporcional: *Tocamos a seis euros cada uno.* **9** Indica comparación o contraposición entre dos personas o cosas: *De este coche a este otro solo hay diferencia en el precio.* **10** Introduce el complemento directo de persona y el complemento indirecto: *En la oración 'Veo a tu hermano', el complemento directo va precedido por 'a'.* **11** ‖ **a que no...** Expresión que se usa para desafiar: *¿A que no subes corriendo hasta el octavo?* ☐ PRON. La acepción 1 representa el sonido vocálico central y de abertura máxima. ☐ ORTOGR. Dist. de *ha* (del verbo *haber*) y de *ah* (interjección). ☐ MORF. En la acepción 1, aunque su plural en la lengua culta es *aes*, también se usa *as*. ☐ SINT. 1. Forma parte de muchas perífrasis: *Vamos a abrir tu regalo.* 2. Es régimen preposicional de muchos verbos, sustantivos y adjetivos: *Debes ser fiel a tus principios.*

a- Prefijo que indica negación o privación: *asimétrico, amoral, anormalidad.* ☐ ORTOGR. Ante palabra que empieza por vocal adopta la forma *an-*: *analfabeto.*

ábaco s.m. **1** Instrumento formado generalmente por un cuadro de madera atravesado por diez cuerdas o alambres paralelos, con diez bolas móviles cada uno, que sirve para realizar cálculos aritméticos: *Yo aprendí a sumar y a restar con el ábaco. En el billar francés el ábaco se usa para anotar las carambolas.* **2** En arquitectura, parte superior del capitel de una columna sobre el que se asienta el arquitrabe: *El ábaco suele ser cuadrado con sus lados generalmente cóncavos.*

abad s.m. **1** Superior de un monasterio de hombres, con categoría de abadía: *Es abad del monasterio desde hace muchos años.* **2** Superior eclesiástico de algunas colegiatas: *Cuando vamos al pueblo asistimos a la misa que celebra el abad de la colegiata.*

abadejo s.m. Pez marino comestible, de gran tamaño, cuerpo alargado y cilíndrico, y cabeza muy grande; *bacalao: El abadejo vive en bancos, en mares fríos.* ☐ MORF. Es un sustantivo epiceno y la diferencia de sexo se señala mediante la oposición *el abadejo {macho/hembra}.* 👁 **pez**

abadengo, ga adj. De la dignidad o de la jurisdicción del abad, o relacionado con ellos: *Las tierras abadengas ocupaban varias hectáreas.*

abadesa s.f. Superiora de algunas comunidades religiosas: *La madre abadesa hizo llamar a las novicias.*

abadía s.f. **1** Iglesia o monasterio gobernados por un abad o por una abadesa: *Es superior de una abadía benedictina.* **2** Territorio en el que un abad o una abadesa ejercen su jurisdicción: *Los monjes tienen parte de la abadía arrendada a unos campesinos.*

abajo ▮ adv. **1** Hacia un lugar o una parte inferior: *La canoa iba río abajo empujada por la corriente.* **2** En un lugar, parte o posición más bajos o inferiores: *Tiene una bodega abajo, en el sótano.* ▮ interj. **3** Expresión que se usa para manifestar protesta y desaprobación: *¡Abajo, fuera, que se vayan!* ☐ SINT. Incorr. *La miró de arriba {*a abajo > abajo}.*

abalanzarse v.prnl. Lanzarse o arrojarse hacia algo: *El leopardo se abalanzó sobre su presa.* ☐ ORTOGR. La *z* se cambia en *c* delante de *e* →**CAZAR**.

abalorio s.m. **1** Cuenta o bolita de vidrio perforada, que sirve para hacer collares o adornos: *Ha cosido una tira de abalorios en el jersey.* **2** Collar o adorno de poco valor: *No te pongas tantos abalorios, que vas a parecer un payaso.*

abanderado, da s. **1** En un desfile y en otros actos públicos, persona que lleva la bandera: *En el desfile, el abanderado marchaba entre la banda de música y la primera sección de su compañía.* **2** Portavoz, representante o defensor de una causa, de un movimiento o de una organización: *Es un abanderado de la lucha contra la marginación de los pobres.*

abanderar v. **1** Referido a una embarcación de nacionalidad extranjera, matricularla o registrarla bajo la bandera de un Estado: *Abanderaron el buque bajo pabellón griego.* **2** Referido esp. a un movimiento o a una causa, defenderlos o ponerse al frente de ellos: *El conocido escritor abanderaba un movimiento en favor de la libertad.*

abandonado, da adj. **1** Sucio, sin asear o sin preparar: *La casa estaba muy abandonada, llena de polvo y suciedad.* **2** Despreocupado, descuidado o dejado: *Es muy abandonado para las cosas de casa, pero no para las de su trabajo.*

abandonar ▮ v. **1** Dejar solo o sin amparo ni atención:

Abandonó al niño en la puerta del orfanato. **2** Apoyar o reclinar con dejadez o con negligencia: *Suavemente abandonó su cabeza sobre mi hombro. Llegó tan cansado que se abandonó en el sofá y no se molestó en contestar al teléfono.* **3** Referido a algo que se había emprendido, dejarlo o renunciar a seguir haciéndolo: *Abandonó sus estudios cuando estaba a punto de terminarlos. El corredor abandonó en la segunda vuelta.* **4** Referido a un lugar, dejarlo o no volver a frecuentarlo: *Abandonó la reunión muy enfadada.* ▮ prnl. **5** Descuidar los intereses o las obligaciones: *Desde que te has abandonado, tu negocio va de mal en peor.* **6** Descuidar el aseo y la compostura: *Después de aquel disgusto se abandonó y ahora es una ruina física.* **7** Desanimarse o rendirse a los contratiempos o a las adversidades: *No te abandones y lucha contra tu enfermedad.*

abandono s.m. **1** Desamparo o falta de atención: *Le echaron en cara el abandono en que tenía a sus hijos.* **2** Alejamiento de un lugar: *El abandono del hogar hace perder la custodia de los hijos.* **3** Renuncia a continuar algo que se había emprendido: *Después de los años se arrepentía del abandono de los estudios.* **4** Dejadez en el aseo o en la compostura: *Tu abandono te hace parecer un pordiosero.*

abanicar v. Dar aire moviendo algo de un lado a otro, esp. un abanico: *Mi abanico es tan grande que cuando me doy aire me abanico yo, y abanico a los de detrás. Hacía tanto calor en el concierto que la gente se abanicaba con los programas.* ☐ ORTOGR. La *c* se cambia en *qu* antes de *e* →SACAR.

abanico s.m. **1** Instrumento que se mueve para dar aire: *En verano siempre llevo un abanico en el bolso.* **2** Lo que tiene una forma semejante a la de este instrumento: *El pavo real abrió su cola formando un precioso abanico de muchos colores.* **3** Serie o conjunto de posibilidades entre las que se puede elegir: *De esta clase de coches hay en el mercado un amplio abanico de modelos.*

abaratamiento s.m. Disminución o bajada de precio: *El abaratamiento de los costos de producción es objetivo prioritario en esta empresa.*

abaratar v. Hacer más barato: *En las rebajas las tiendas abaratan el precio de los productos.*

abarca s.f. →albarca. 👁 **calzado**

abarcar v. **1** Ceñir con los brazos o con las manos: *El tronco de este árbol es tan grueso que no lo puedo abarcar.* **2** Ceñir, rodear o comprender: *Este término municipal abarca varios pueblos.* **3** Contener o encerrar en sí: *Este libro de historia abarca la época contemporánea.* **4** Dominar o alcanzar con la vista: *Su finca era tan grande que no la podía abarcar con la vista.* **5** Referido esp. a muchos asuntos o a muchos negocios, ocuparse de ellos a la vez: *No quieras abarcar tanto porque luego no vas a poder con todo el trabajo.* ☐ ORTOGR. La *c* se cambia en *qu* delante de *e* →SACAR.

abarquillar v. Referido esp. a algo delgado o en forma de lámina, enrollarlo, combarlo o darle forma de barquillo: *Siempre baraja las cartas abarquillándolas. La tabla de madera se abarquilló por la humedad.*

abarrotar v. Referido a un espacio, llenarlo por completo: *La gente abarrotaba el salón de actos.*

abastecer v. Referido a algo que resulta necesario, esp. a víveres, suministrarlo o proveer de ello; *aprovisionar: El Mercado Central abastece de fruta a toda la ciudad. La ciudad se abastece del agua de los pantanos de la comarca.* ☐ MORF. Irreg.: Aparece una *z* delante de la *c* cuando la siguen *a, o* →PARECER. ☐ SINT. Constr. *abastecer* DE *algo.*

abastecimiento s.m. Suministro o entrega de lo que resulta necesario, esp. víveres; *aprovisionamiento: La huelga de camioneros ha dificultado el abastecimiento de alimentos.*

abasto s.m. **1** Provisión de víveres y de otros artículos de primera necesidad: *En el mercado de abastos los precios no son caros.* **2** ‖ **dar abasto.** Bastar o ser suficiente: *Yo sola no doy abasto para atender el negocio.* ☐ ORTOGR. Incorr. **a basto, *a abasto.* ☐ SINT. *Dar abasto* se usa más en expresiones interrogativas y negativas.

abatible adj. Referido a un objeto, que se puede abatir o pasar de la posición vertical a la horizontal girando sobre un eje: *los asientos del coche son abatibles y puedes tumbarte si quieres.* ☐ MORF. Invariable en género.

abatir v. **1** Derribar, derrocar o echar por tierra: *Los cazadores abatieron a tiros a la presa.* **2** Referido a algo que estaba vertical, inclinarlo, tumbarlo o ponerlo tendido: *Si quieres dormir un poco, puedes abatir el respaldo del asiento.* **3** Desalentar o perder el ánimo, las fuerzas o el vigor: *No hay que dejarse abatir por las desgracias. Se abatió al conocer la mala noticia.*

abdicación s.f. Renuncia voluntaria a un cargo, a una dignidad o a un derecho, en favor de otra persona: *Desde su abdicación, no ha vuelto a aparecer en ningún acto público.*

abdicar v. Referido esp. a un cargo o a una dignidad, cederlos o renunciar a ellos: *El rey abdicó el trono en la persona de su hijo.* ☐ ORTOGR. La *c* se cambia en *qu* delante de *e* →SACAR.

abdomen s.m. **1** En el cuerpo humano o en el de otros mamíferos, parte comprendida entre el tórax y la pelvis, en la que se sitúa la mayor parte de los aparatos digestivo y reproductor; *tripa: El estómago está situado en el abdomen.* **2** Conjunto de vísceras que está contenido en esta parte del cuerpo: *La radiografía aclaró la causa de su dolor de abdomen.* **3** En un artrópodo, último segmento de su cuerpo: *El abdomen de un insecto es posterior al tórax.* ☐ SEM. En las acepciones 1 y 2, es sinónimo de *barriga* y de *vientre*.

abdominal adj. Del abdomen o relacionado con esta parte del cuerpo: *En gimnasia hemos hecho ejercicios para fortalecer los músculos abdominales.* ☐ MORF. Invariable en género.

abducción s.f. Movimiento por el que una parte del cuerpo se aleja del eje del mismo: *Para rehabilitar el codo le mandaron hacer ejercicios de abducción del brazo.* ☐ ORTOGR. Dist. de *aducción*.

abductor s.m. →músculo abductor.

abecé s.m. **1** *col.* Abecedario: *Comprender eso es tan fácil como aprender el abecé.* **2** Principios elementales de una ciencia o de un oficio: *Este libro es el abecé de la química y es muy fácil de entender.*

abecedario s.m. **1** Serie ordenada de las letras de un idioma; *alfabeto: En el abecedario español, la 'a' y la 'z' son la primera y la última letras.* **2** Libro o cartel con estas letras, que se utiliza para enseñar a leer: *Aprendió a leer con el abecedario ilustrado que le compramos.*

abedul s.m. **1** Árbol de corteza lisa y plateada, y hojas pequeñas, puntiagudas y con el borde aserrado, que abunda en los bosques europeos: *De la corteza del abedul se extrae una sustancia que se usa en el tratamiento de* *algunas enfermedades urinarias y cutáneas.* **2** Madera de este árbol: *El abedul se usa en carpintería.*

abeja s.f. **1** Insecto de color oscuro y con el cuerpo cubierto de vello, que vive en colonias que producen principalmente cera y miel: *Cuando una abeja te pica, te deja clavado su aguijón y ella muere.* **2** ‖ **abeja obrera.** La estéril que se encarga de las tareas de la colmena y de recolectar la miel: *Las abejas obreras son de menor tamaño que la reina.* 👁 **insecto**

abejaruco s.m. Pájaro que tiene las alas puntiagudas y largas, el pico también largo y algo curvo, y el plumaje de vistosos colores: *El abejaruco suele alimentarse de abejas.* □ MORF. Es un sustantivo epiceno y la diferencia de sexo se señala mediante la oposición *el abejaruco {macho/hembra}.*

abejorro s.m. Insecto que tiene el cuerpo velloso y que zumba mucho al volar: *El abejorro vive en enjambres poco numerosos.* □ MORF. Es un sustantivo epiceno y la diferencia de sexo se señala mediante la oposición *el abejorro {macho/hembra}.*

aberración s.f. **1** Acción o comportamiento perversos o que se desvían o apartan de lo que se considera lícito: *El genocidio es una aberración.* **2** Error grave del entendimiento o de la razón: *Este razonamiento que acabas de hacer es una aberración.*

aberrante adj. Que se desvía o se aparta de lo que se considera normal o usual: *El informe psiquiátrico decía que el acusado presentaba un comportamiento aberrante.* □ MORF. Invariable en género.

abertura s.f. **1** En una superficie, hendidura o espacio libre que no llega a dividirla en dos: *La falda tiene una abertura lateral.* **2** En un telescopio, en un objetivo o en otro aparato óptico, diámetro útil por el que pasa un haz de luz: *¿Cuál es la abertura del diafragma de esta cámara fotográfica?* **3** Separación de las partes de algo, de modo que su interior quede descubierto: *Lleva una venda para evitar la abertura de la herida.* **4** Amplitud o ensanchamiento de los órganos articulatorios para que pase el aire al emitir un sonido: *El grado de abertura varía según el sonido que se vaya a emitir.* **5** En fonética, cualidad de un sonido que se emite de esta manera: *La 'a' es la vocal de mayor abertura.* □ ORTOGR. Dist. de *obertura.* □ SEM. Su uso con el significado de 'inauguración' o 'comienzo' en lugar de *apertura* es incorrecto: *La {*abertura > apertura} del curso fue muy solemne.*

abertzale (del euskera) adj./s. →**aberzale.** □ PRON. [aberchále]. □ MORF. 1. Como adjetivo es invariable en género. 2. Como sustantivo es de género común y exige concordancia en masculino o en femenino para señalar la diferencia de sexo: *el abertzale, la abertzale.*

aberzale adj./s. Del movimiento político y social caracterizado por la defensa más o menos radical del nacionalismo vasco, o relacionado con él: *Tras la manifestación aberzale, se produjeron incidentes de grave alteración del orden público. Un grupo de aberzales pedía la independencia de su autonomía.* □ PRON. Se usa más la pronunciación del euskera [aberchále]. □ ORTOGR. Es un término del euskera (*abertzale*) adaptado al español. □ MORF. 1. Como adjetivo es invariable en género. 2. Como sustantivo es de género común y exige concordancia en masculino o en femenino para señalar la diferencia de sexo: *el aberzale, la aberzale.* □ USO Es innecesario el uso del término euskera *'abertzale'.*

abeto s.m. Árbol que produce resina, de gran altura, con copa cónica de ramas horizontales, hojas con forma de aguja y fruto en piña casi cilíndrico, propio de zonas de montaña: *En Navidad adornamos el abeto con guirnaldas y luces de colores.*

abierto, ta ▌ **1** part. irreg. de **abrir.** ▌ adj. **2** Referido esp. al campo, sin cercados o sin obstáculos que impidan la visión o el paso: *Nos alejamos de la ciudad, ansiosos por llegar al campo abierto para corretear.* **3** Sincero o franco: *A la hora de opinar, siempre es muy abierto y dice lo que piensa.* **4** Evidente, claro o que no presenta ninguna duda: *Esto ya es una guerra abierta entre los dos países.* **5** Comprensivo, tolerante o dispuesto a acoger nuevas ideas: *Es una persona abierta a las reformas.* □ MORF. En la acepción 1, incorr. **abrido.*

abigarrado, da adj. Amontonado, mal combinado o mezclado sin orden ni concierto: *Llevaba una blusa de colores abigarrados que resultaba muy chocante.*

abisal adj. **1** Referido a un fondo marino, que está por debajo de los dos mil metros: *La zona abisal está por encima del talud continental y a ella no llega la luz del Sol.* **2** De esta zona marina: *Los peces abisales soportan grandes presiones.* □ MORF. Invariable en género.

abisinio, nia adj./s. De Abisinia (zona del noreste africano que corresponde a la actual Etiopía), o relacionado con ella: *En el siglo I grupos semíticos procedentes de Yemen se impusieron a la población abisinia. Los abisinios tienen un alto índice de natalidad.* □ MORF. Como sustantivo se refiere solo a las personas de Abisinia.

abismal adj. **1** Del abismo: *La profundidad abismal me hizo temblar.* **2** Muy profundo o muy difícil de averiguar o de conocer a fondo: *Existen diferencias abismales entre tú y yo y por eso nos odiamos.* □ MORF. Invariable en género.

abismo s.m. **1** Profundidad muy grande y peligrosa: *Miré al abismo desde el acantilado y me dio miedo.* **2** Diferencia muy grande: *Entre nuestras ideas hay un abismo y no podemos ser amigos.* **3** Lo que es insondable, imcomprensible o inmenso: *Su mente es un abismo para mí.* **4** *poét.* Infierno: *Al final de los tiempos, los malvados serán condenados al abismo.* **5** ‖ **al borde del abismo.** En un peligro muy grande: *Las drogas la pusieron al borde del abismo.*

abjurar v. Referido a una creencia o un compromiso, renegar o desdecirse de ellos, de forma solemne y a veces pública: *El rey visigodo Recaredo abjuró del arrianismo y se convirtió al catolicismo en el año 587.* □ SINT. Constr. *abjurar* DE *algo.*

ablación s.f. Operación quirúrgica para extirpar un órgano o una parte del cuerpo: *El cáncer estaba tan extendido que tuvieron que proceder a la ablación de la mama.* □ ORTOGR. Dist. de *ablución.*

ablandamiento s.m. **1** Disminución o pérdida de la dureza: *El calor produjo el ablandamiento del material plástico.* **2** Disminución del enfado o de las exigencias de alguien: *No confío en su ablandamiento porque cuando da una orden es inflexible.*

ablandar v. **1** Poner blando o hacer perder la dureza: *Tengo que ablandar los zapatos nuevos para que no me hagan rozadura. Si metes el arroz en agua se ablandará.* **2** Referido a una persona, hacer que ceda en una postura intransigente o que se suavice su enojo; *emblandecer: Nuestro buen comportamiento posterior lo ablandó y nos perdonó. Por fin se ablandó y cedió en su intransigente postura.*

a b c d e f g h i j k l m n ñ o p q r s t u v w x y z

ablativo s.m. **1** →**caso ablativo. 2** ‖ **ablativo absoluto.** En una oración, expresión no vinculada gramaticalmente con el resto, que se compone generalmente de dos nombres con preposición, o de un nombre o pronombre acompañados de adjetivo, participio o gerundio: *En la oración 'Dicho esto, pasamos al segundo punto', 'dicho esto' es un ejemplo de ablativo absoluto.*

ablución s.f. En algunas religiones, purificación ritual por medio del agua: *El Ganges es un río sagrado donde muchos hindúes hacen las abluciones.* ☐ ORTOGR. Dist. de *ablación*.

ablusado, da adj. Referido a una prenda de vestir, ancha y holgada como una blusa: *Tiene mucha gracia al andar y le sientan bien las prendas ablusadas.*

abnegación s.f. Sacrificio que alguien hace por algo, renunciando voluntariamente a pasiones, deseos o intereses propios: *La admiro por su abnegación en el cuidado de los enfermos.*

abnegado, da adj. Que tiene o manifiesta abnegación: *Es un hombre abnegado y muy generoso, que nunca piensa en sí mismo.*

abobado, da adj. Que parece bobo: *Ese joven abobado es mucho más inteligente de lo que crees.*

abobamiento s.m. **1** Entorpecimiento de la inteligencia o del entendimiento: *Tengo un abobamiento increíble hoy y no hago nada bien.* **2** Admiración o embeleso producidos en una persona: *Su abobamiento hace que no se dé cuenta de lo que pasa a su alrededor.*

abocado, da ▮ adj. **1** Que es conducido inevitablemente a algo: *El proyecto está abocado al fracaso.* ▮ adj./s.m. **2** Referido al vino, que contiene una mezcla de vino seco y dulce: *Este jerez es abocado. En el aperitivo tomamos un abocado con unas aceitunas.* ☐ SINT. 1. Constr. de la acepción 1: *abocado* A *algo*. 2. La acepción 1 se usa más con los verbos *estar*, *hallarse*, *quedar* o equivalentes.

abochornar v. Producir un sentimiento de vergüenza; *avergonzar*: *Me abochornó oírle hablar de esa manera tan escandalosa. No tiene sentido del ridículo y no se abochorna por nada.*

abofetear v. **1** Dar una o más bofetadas: *Se dejó llevar por su enfado y lo abofeteó en público.* **2** Ultrajar u ofender gravemente con palabras o acciones: *Esa mirada cargada de odio me abofeteó.*

abogacía s.f. **1** Profesión del abogado: *Ahora es juez, pero ha ejercido la abogacía durante quince años.* **2** Conjunto de abogados que ejerce la profesión: *El Consejo General de la Abogacía ha organizado un congreso extraordinario.*

abogado, da s. **1** Persona legalmente autorizada para defender a sus clientes en los juicios o aconsejarlos sobre cuestiones legales; *letrado*: *Consultaré a mi abogada para hacer la declaración de la renta.* **2** Intercesor o mediador: *Es abogado de causas perdidas y siempre se pone de parte del débil.* **3** ‖ **abogado del diablo.** *col.* Persona que contradice algo o que pone muchos reparos: *Hice de abogado del diablo y me opuse a la compra de aquella empresa.*

abogar v. Interceder, mediar o hablar en favor de alguien: *Es una buena amiga, que abogó por mí cuando me calumniaron.* ☐ ORTOGR. La *g* se cambia en *gu* delante de *e* →**PAGAR**. ☐ SINT. Constr. *abogar* POR *alguien*.

abolengo s.m. Ascendencia ilustre o distinción que da a una persona el descender de una familia noble y antigua: *Se casó con un muchacho de abolengo, emparentado con un duque.*

abolición s.f. Anulación o suspensión, mediante una disposición legal, de una ley o de una costumbre: *La abolición de la pena de muerte está recogida en la Constitución Española.*

abolicionismo s.m. Doctrina que defiende la abolición de una ley o una costumbre, esp. de la esclavitud: *En la guerra de Secesión norteamericana, el norte era partidario del abolicionismo.*

abolir v. Referido esp. a una ley o una costumbre, anularla o suspenderla mediante una disposición legal: *En 1873 España abolió la esclavitud en Puerto Rico.*

abolladura s.f. Hundimiento de una superficie al apretarla o golpearla; *abollón*: *La puerta del coche está llena de abolladuras.*

abollar v. Referido a una superficie, hundirla al apretarla o golpearla: *Le dieron un golpe al coche por detrás y lo abollaron.*

abollón s.m. Hundimiento de una superficie al apretarla o golpearla; *abolladura*: *Las latas tienen abollones porque las han descargado sin ningún cuidado.*

abombar v. Curvar hacia afuera o dando forma convexa: *La humedad abombó la madera. El plástico se abombó porque estaba cerca de la lumbre.*

abominable adj. Que produce horror o que es digno de ser abominado: *De niños, nos asustaba la historia del 'Abominable Hombre de las Nieves'.* ☐ MORF. Invariable en género.

abominar v. **1** Aborrecer, sentir horror o tener mucho odio: *Abomina los animales con toda su alma.* **2** Maldecir y condenar algo que se considera malo o perjudicial: *Abomina de quienes piensan que no hizo lo que debía hacer.* ☐ SINT. Constr. de la acepción 2: *abominar* DE *algo*.

abonado, da s. Persona que ha pagado para recibir un servicio de modo continuado o asistir a un espectáculo un número determinado de veces: *La Compañía del Gas tiene muchos abonados.*

abonar v. **1** Referido a algo que se debe, darlo o satisfacerlo; *pagar*: *Nos abonó la mitad de la deuda.* **2** Comprar un abono o lote de entradas para recibir un servicio o asistir a un espectáculo: *Aboné a mi hijo mayor a todos los partidos de la temporada. Se abonó a todos los conciertos del mes.* **3** Acreditar o dar garantía de algo: *Me abona un brillante pasado como abogado.* **4** Referido a un terreno, echarle materias fertilizantes para que dé más frutos: *Abonaron el huerto con estiércol.*

abono s.m. **1** Pago de una cantidad: *El abono de este recibo se realizó el pasado mes.* **2** Lote de entradas que se compran conjuntamente y que permiten el uso periódico o limitado de un servicio o de una instalación, o la asistencia a una serie predeterminada de espectáculos: *Tiene un abono para ir todos los sábados a la piscina.* **3** Documento que acredita el derecho a usar un servicio o una instalación o a asistir a unos espectáculos: *Si compras el abono de transportes mensual, te sale más barato viajar en autobús, metro y tren.* **4** Materia fertilizante que se echa en un terreno para que dé más frutos: *Este abono huele muy mal, pero con él se obtienen resultados sorprendentes.* ☐ ORTOGR. Dist. de *bono*.

abordaje s.m. Choque, roce o encuentro de una embarcación con otra, esp. con intención de atacarla o de combatir contra ella: *El capitán gritó: «¡Al abordaje, mis valientes!», y los piratas saltaron al otro barco para pelear.*

abordar v. **1** Referido a una embarcación, chocar, rozar o encontrarse con otra, de manera fortuita o con un determinado fin: *Un barco pirata abordó a las naves para saquearlas.* **2** Referido a una persona, acercarse a ella para proponerle algo o para tratar algún asunto: *Me abordó en un pasillo y me pidió que lo votara como presidente.* **3** Empezar a ocuparse de un asunto, esp. si plantea dificultades: *En la reunión se abordará el problema del nuevo aparcamiento.* **4** Referido a un medio de transporte, subir a él: *Todos los pasajeros abordaron ya el avión.* □ SINT. Constr. de la acepción 1: *abordar A algo.*

aborigen ▌adj. **1** Originario del lugar en que vive: *Es una especie animal aborigen de Australia.* ▌adj./s. **2** Que es el primitivo poblador de un país: *Los indios aborígenes mantienen tradiciones muy primitivas. Los aborígenes de esas tierras eran de origen semítico.* □ MORF. 1. Como adjetivo es invariable en género. 2. Como sustantivo es de género común y exige concordancia en masculino o en femenino para señalar la diferencia de sexo: *el aborigen, la aborigen.* 3. Como sustantivo se usa más en plural.

aborrecer v. **1** Referido a una persona o a una cosa, sentir aversión o repugnancia hacia ellas, de forma que el impulso natural sea alejarse o desear su desaparición; *detestar: Aborrecí las lentejas el día que me sentaron mal.* **2** Referido a un animal, esp. un ave, abandonar el nido, los huevos o las crías: *La gallina aborreció sus polluelos.* □ MORF. Irreg.: Aparece una *z* delante de la *c* cuando la siguen *a, o* →**PARECER**.

aborrecimiento s.m. Aversión o repugnancia hacia algo, que impulsa a alejarse de ello o a desear su desaparición: *Siento aborrecimiento ante esos comentarios tan malintencionados.*

aborregarse v.prnl. **1** Referido a una persona, volverse vulgar y del montón, sin ideas, opiniones o iniciativas propias: *Antes era muy independiente, pero desde que entró en la secta se ha aborregado totalmente.* **2** Referido al cielo, cubrirse de nubes blancas y redondas, con aspecto semejante al de un conjunto de lana esquilada: *Al atardecer, el cielo se aborregó y la puesta de sol fue preciosa.* □ ORTOGR. La *g* se cambia en *gu* delante de *e* →**PAGAR**. □ SINT. Se usa también como verbo transitivo: *Ver tanta televisión aborrega a la gente.*

abortar v. **1** Expulsar el feto antes de que pueda vivir fuera de la madre: *Empezó a sangrar y abortó en el tercer mes de embarazo.* **2** Referido a una empresa o a un proyecto, hacerlo fracasar o malograrse: *El servicio de espionaje logró abortar la rebelión.*

abortista s. Persona partidaria de la despenalización del aborto voluntario: *Las abortistas consideran que debe ser la mujer la que decida libremente si quiere o no llevar adelante su embarazo.* □ MORF. Es de género común y exige concordancia en masculino o en femenino para señalar la diferencia de sexo: *el abortista, la abortista.*

abortivo, va adj./s.m. Que puede hacer abortar: *Este médico fue acusado de prácticas abortivas cuando en España estaban penalizadas. Tomó un abortivo y tuvimos que llevarla al hospital con toda urgencia.*

aborto s.m. **1** Expulsión del feto antes de que pueda vivir fuera de la madre: *No fue un aborto provocado, sino natural.* **2** Ser o cosa abortada. **3** *col. desp.* Persona o cosa deforme o monstruosa.

abotargar ▌v. **1** *col.* Atontar o entorpecer el entendimiento: *Tanto calor me ha abotargado.* ▌prnl. **2** Referido al cuerpo o a una de sus partes, hincharse o inflarse, generalmente por una enfermedad: *Si estoy mucho rato de pie se me abotargan las piernas.*

abotinado, da adj. Referido esp. a un zapato, que ciñe los tobillos o que tiene forma de botín: *En invierno uso zapatos abotinados porque abrigan más.*

abotonadura s.f. →**botonadura**.

abotonar v. Referido a una prenda de vestir, cerrarla o ajustarla metiendo los botones en los ojales: *Me abotoné mal la camisa y me quedó un pico más largo que otro. Mi hermano pequeño todavía no sabe abotonarse él solo.*

abovedado, da adj. Curvo o arqueado: *El claustro del monasterio es abovedado.*

abracadabra s.m. Expresión que usan, esp. los magos, para indicar que algo va a aparecer: *El mago dijo: «Abracadabra», y del bastón salió una paloma.*

abrasar v. **1** Estar muy caliente, hasta el extremo de quemar o molestar: *El café está que abrasa.* **2** Hacer sentir mucho calor: *Este sol tan fuerte me abrasa.* **3** Quemar hasta reducir a brasas: *El incendio abrasó la cabaña. La arboleda se abrasó.* **4** Destruir o deteriorar por exceso de calor o de acidez: *La lejía abrasó las sábanas.* **5** Referido a una planta, secarla el calor o el frío: *Las heladas han abrasado los geranios. Las rosas se han abrasado.* **6** Referido a una persona, consumirla una pasión o una preocupación: *Lo abrasan los celos. Se abrasaba de amor por ella.* □ SINT. Constr. de la acepción 6 como pronominal: *abrasarse {DE/EN} algo.*

abrasión s.f. **1** Desgaste por rozamiento o fricción: *El roce continuo produjo la abrasión de las piezas de la máquina.* **2** En medicina, lesión superficial o irritación de la piel o las mucosas producida por una quemadura o un traumatismo: *El accidente no le causó lesiones profundas, sino solo ligeras abrasiones en la cara.*

abrasivo, va adj. De la abrasión o relacionado con ella: *No te toques los ojos después de haber manejado este líquido tan abrasivo, porque puede producirte una grave irritación.*

abrazadera s.f. Pieza, generalmente de metal, que sirve para sujetar o ceñir algo: *Compró una abrazadera para unir la manguera a la boca del grifo.*

abrazar v. **1** Rodear con los brazos en señal de saludo o cariño: *Abrazó emocionado a su padre. Se abrazaron al despedirse.* **2** Rodear con los brazos: *El pedestal de la estatua era tan grande que no pude abrazarlo. Era un árbol tan robusto que, aunque los dos se abrazaron a su tronco, no lograron abarcarlo.* **3** Referido a un asunto, tomarlo una persona a su cargo: *Abrazó entusiasmada el nuevo proyecto.* **4** Referido a una idea o a una doctrina, seguirlas o adherirse a ellas: *Abjuró del arrianismo y abrazó el catolicismo.* □ ORTOGR. La *z* se cambia en *c* delante de *e* →**CAZAR**.

abrazo s.m. Gesto de rodear con los brazos, generalmente como saludo o como señal de cariño: *Se dieron un cordial abrazo.* □ USO La expresión *un abrazo* se usa mucho como fórmula de despedida: *Terminó diciendo: 'Hasta mañana, un abrazo'.*

abreboca s.m. *col.* Aperitivo: *Tomamos un abreboca antes de la cena.*

abrebotellas s.m. Utensilio que se utiliza para quitar la chapa de las botellas; *abridor: En ese bar tienen los abrebotellas colgados del mostrador con cintas.* □ MORF. Invariable en número.

abrecartas s.m. Utensilio parecido a un cuchillo que se utiliza para abrir los sobres: *Me han regalado un abrecartas precioso con el puño de nácar.* □ MORF. Invariable en número.

a b c d e f g h i j k l m n ñ o p q r s t u v w x y z

abrelatas s.m. Utensilio de metal que se utiliza para abrir las latas de conservas; *abridor: Que no se te olvide llevar el abrelatas a la excursión.* ☐ MORF. Invariable en número. 👁 **electrodoméstico**

abrevadero s.m. Lugar en el que bebe el ganado: *Aquel vado del río era el abrevadero de la manada.*

abrevar v. **1** Referido al ganado, darle de beber: *Ese pastor abreva su rebaño en la poza que hay a las afueras del pueblo.* **2** Beber, esp. el ganado: *Antes de subir al monte las vacas abrevaron. El rebaño abrevó en la fuente.*

abreviamiento s.f. **1** Disminución del tiempo o del espacio de algo: *El abreviamiento del programa provocó las protestas del público asistente.* **2** En gramática, reducción de parte de una palabra mediante la eliminación de los sonidos finales: *'Bici' y 'cole' son el resultado del abreviamiento de las palabras 'bicicleta' y 'colegio'.*

abreviar v. **1** Reducir o hacer más corto o más breve el tiempo o el espacio: *Abreviaron la reunión para poder estar en casa a la hora del partido.* **2** Acelerar o aumentar la velocidad: *Abrevia, o llegaremos tarde.* ☐ ORTOGR. La *i* nunca lleva tilde.

abreviatura s.f. **1** Representación de una palabra en la escritura con solo una o varias de sus letras: *La abreviatura de 'doctor' es 'dr.' y 'c.', la de 'calle'.* **2** Palabra así reducida: *En las primeras hojas del diccionario está la lista de abreviaturas utilizadas.* ☐ USO →APÉNDICE DE ABREVIATURAS.

abridor s.m. **1** Utensilio de metal que se utiliza para abrir las latas de conservas; *abrelatas: Se nos olvidó llevar un abridor a la excursión, y apenas comimos.* **2** Utensilio que se utiliza para quitar la chapa de las botellas; *abrebotellas: Aunque no teníamos abridor, pudimos destapar la botella con una navaja.*

abrigar v. **1** Proteger o resguardar del frío: *Este jersey abriga mucho. Los guantes sirven para abrigar las manos. Esta cueva nos servirá para abrigarnos del frío.* **2** Proteger, ayudar o amparar: *Sus amigos lo abrigaron después de su fracaso.* **3** Referido esp. a ideas o a deseos, tenerlos o albergarlos: *Abriga grandes proyectos para la empresa. Abriga esperanzas de ganar el premio.* ☐ ORTOGR. La *g* se cambia en *gu* delante de *e* →**PAGAR**.

abrigo s.m. **1** Prenda de vestir larga y con mangas, que se pone sobre las demás y que sirve para abrigar: *Ponte el abrigo antes de salir a la calle, que hace frío.* **2** Defensa contra el frío: *Esta manta te será de mucho abrigo.* **3** Lo que sirve para abrigar: *Esta capa tan gruesa es un buen abrigo para el invierno.* **4** Lugar defendido de los vientos: *Los alpinistas buscaban un abrigo para protegerse de la tormenta.* **5** Protección, ayuda o amparo: *El abrigo de tu familia nos ayudó a superar la crisis.* **6** ‖ **de abrigo.** Temible, de cuidado o de consideración: *No quiero que vayas con esos chicos porque son de abrigo.*

abril s.m. **1** Cuarto mes del año, entre marzo y mayo: *El mes de abril tiene 30 días.* **2** Año de edad de una persona joven: *Solo tiene quince abriles.* ☐ MORF. La acepción 2 se usa más en plural.

abrillantador s.m. Producto que se usa para abrillantar o dar brillo: *Cuando friego el suelo pongo en el agua un poco de abrillantador.*

abrillantar v. Dar brillo: *Abrillantaron el suelo con un producto especial.*

abrir ▌v. **1** Referido a una puerta, a una ventana o a algo con puertas, separar sus hojas del marco, de manera que dejen descubierto el vano y permitan el paso: *Abre la ventana para que entre un poco de aire.* **2** Referido a un cerrojo o a otro mecanismo de cierre, descorrerlo o accionarlo de modo que deje de asegurar la puerta: *Este cerrojo solo se puede abrir desde dentro. Para que se abra el pestillo, gíralo hacia la derecha. La llave está oxidada y no abre bien.* **3** Referido a un recinto o a un receptáculo, retirar lo que lo incomunica con el exterior o dejar al descubierto su interior: *Abre el costurero y saca las tijeras.* **4** Referido a una abertura o a un conducto, hacerlos o practicarlos: *Ten cuidado al abrir los ojales, no vayas a rasgar demasiado la tela. Se abrió un socavón en la calle a causa de las lluvias.* **5** Referido a las partes del cuerpo que forman una abertura, separar sus bordes: *El perro abrió la boca y me mordió. Se le abrieron los ojos de asombro.* **6** Referido a algo que está entero o cerrado, rajarlo, rasgarlo o dividirlo: *Abrió la sandía y me dio un trozo. Cuando ya parecía cicatrizada, se le volvió a abrir la herida.* **7** Referido esp. a una carta o a un sobre, despegarlos o romperlos por alguna parte de manera que pueda verse o sacarse su contenido: *Nunca abras una carta que no venga a tu nombre.* **8** Referido a un libro o a un objeto semejante, separar parte de sus hojas del resto, de manera que se puedan ver dos de sus páginas interiores: *Abre el periódico por la sección de deportes. Al caerse el libro, se abrió y se le doblaron varias páginas.* **9** Referido a un cajón, tirar de él hacia afuera sin sacarlo del todo: *Al abrir el cajón me enganché el vestido. Tenía la mesa tan desnivelada que el cajón se abría solo.* **10** Referido a algo encogido o plegado, extenderlo, desplegarlo o separar sus partes: *Cuando el pavo real abrió la cola, nos admiramos de su vistosidad. El abanico no se abre porque tiene una varilla rota.* **11** Referido a una lista o a un conjunto ordenado, ocupar el primer lugar en ellos: *El abanderado abre el desfile.* **12** Referido a algunos signos de puntuación, escribirlos delante del enunciado que delimitan: *En español es una falta abrir el signo de interrogación y no cerrarlo. Las comillas se abren al principio de la cita.* **13** Referido a la llave o al dispositivo que regulan el paso de un fluido por un conducto, ponerlos de modo que permitan la salida o la circulación de dicho fluido: *Para que salga el agua con más fuerza, abre más el grifo.* **14** Referido a un local donde se desarrolla una actividad, comenzar en el ejercicio de esta o dar inicio a sus tareas: *Van a abrir una cafetería en el instituto. La academia abre solo por las mañanas.* **15** Referido esp. a una convocatoria o a un concurso, declarar iniciado el plazo para poder participar en ellos: *Mañana abren la matrícula en el instituto. Nada más abrirse el concurso, se inscribieron cientos de aspirantes.* **16** Referido a una cuenta bancaria, entregar en el banco el dinero requerido a nombre de un titular y realizar los trámites necesarios para que este pueda disponer de ella: *La pareja abrió una cuenta corriente a nombre de los dos.* **17** Referido a las ganas de comer, excitarlas o producirlas: *El ejercicio abre el apetito. Cuando vi aquellos manjares, se me abrieron unas ganas de comer incontenibles.* **18** Comenzar, inaugurar o dar por iniciado: *El rey abrirá el nuevo curso en un acto solemne.* **19** Facilitar el paso o dejarlo libre: *Cuando termine la manifestación, volverán a abrir la calle al tráfico.* **20** Presentar u ofrecer: *Las palabras del médico abrieron nuevas esperanzas en los familiares. Ante sus ojos se abría un futuro prometedor.* **21** Separar, extender o apartar dejando espacios: *El capitán mandó abrirse al pelotón para cubrir una zona más amplia. El delantero se abría hacia la banda para desmarcarse.* **22** En un juego de cartas, referido a un jugador, hacer la primera apuesta o envite: *Abrió con cien monedas y nadie se atrevió a aceptarle la apuesta.* **23** Referido a una flor cerrada o a sus pétalos, separarse estos unos de otros extendiéndose desde el botón o capullo: *Algunas flores abren cuando les da la luz. El rosal tiene una rosa a punto de abrirse.* **24** Referido al cielo o al tiempo atmosférico, despejar, serenarse o empezar a clarear: *Si deja de llover y abre, daremos un paseo. Empezaron a alejarse los nubarrones y se abrió el cielo.* ▌ prnl. **25** Tomar una curva arrimándose al lado exterior y menos curvado: *El coche se abrió demasiado en la curva y se salió de la carretera.* **26** Mostrarse comunicativo o adoptar una actitud favorable: *El conflicto se acabaría si ambas partes se abriesen a la negociación.* **27** *col.* Marcharse: *Me abro, que tengo prisa.* ☐ MORF. Irreg.: Su participio es *abierto*.

abrochar v. Cerrar o unir con botones o con algo semejante: *Abróchate el abrigo, que hace frío. Abróchense los cinturones de seguridad, por favor.*

abrojo s.m. Planta de tallos largos y rastreros, que tiene hojas compuestas, flores amarillas, y el fruto esférico y espinoso: *Los abrojos son perjudiciales para los sembrados.*

abroncar v. **1** Reprender o regañar ásperamente: *El jefe nos abroncó por llegar tarde.* **2** Reprobar o mostrar disconformidad mediante murmullos, ruidos o gritos; *abuchear: El público abroncó al artista por su pésima actuación.* ☐ ORTOGR. La *c* se cambia en *qu* delante de *e* ⟶SACAR.

abrumador, -a adj. Total, aplastante o completo: *El partido consiguió una victoria abrumadora en las elecciones.*

abrumar v. **1** Agobiar por exceso de halagos, de atenciones o de burlas: *Tantas atenciones me abruman y no sé que decir.* **2** Agobiar con un gran peso que causa molestia: *Tanta responsabilidad me abruma.*

abrupto, ta adj. **1** Referido esp. a un terreno, que es escarpado, de difícil acceso o con una gran pendiente: *Un sendero muy abrupto ascendía por la montaña.* **2** Áspero, rudo o sin educación: *Tiene un carácter difícil y abrupto.*

absceso s.m. Acumulación localizada de pus en un tejido orgánico: *Se clavó una espina y se le ha formado un absceso.* ☐ ORTOGR. Dist. de *acceso*.

abscisa s.f. En matemáticas, en un sistema de coordenadas, línea o eje horizontales: *La abscisa se representa con la letra 'x'.*

absenta s.f. Bebida alcohólica elaborada con ajenjo y con otras hierbas aromáticas; *ajenjo: La absenta tiene un efecto muy violento sobre el sistema nervioso.*

absentismo s.m. Ausencia deliberada del puesto de trabajo: *El absentismo laboral preocupa a los jefes de personal.*

absidal adj. Con forma de ábside: *En el ábside de esta iglesia hay cinco capillas absidales.* ☐ MORF. Invariable en género.

ábside s.m. En una iglesia, parte abovedada y generalmente semicircular que sobresale de la fachada posterior: *El ábside es un elemento característico de las iglesias románicas y góticas.*

absidiolo s.m. En una iglesia, capilla generalmente semicircular que sobresale en la parte exterior del ábside: *La ceremonia tuvo lugar en uno de los absidiolos de la catedral.*

absolución s.f. **1** Declaración de un acusado como libre de culpa: *En el juicio el abogado solicitó la libre absolución del acusado.* **2** Perdón de los pecados de un penitente en el sacramento de la confesión: *Tras oírlo en confesión, el sacerdote dio la absolución al penitente.*

absolutismo s.m. Sistema de gobierno que se caracteriza por la reunión de todos los poderes en una persona o en un cuerpo: *En la Europa del siglo XVII, el absolutismo era la forma normal de gobierno.*

absolutista ▌ adj. **1** Del absolutismo o relacionado con este sistema de gobierno: *Los principios absolutistas son muy distintos a los democráticos.* ▌ adj./s. **2** Que sigue o que defiende el absolutismo: *Luis XIV de Francia, el 'rey Sol', es el rey absolutista más representativo. Los absolutistas rechazan el sufragio universal.* ☐ MORF. 1. Como adjetivo es invariable en género. 2. Como sustantivo es de género común y exige concordancia en masculino o en femenino para señalar la diferencia de sexo: *el absolutista, la absolutista*.

absoluto, ta adj. **1** Que es ilimitado o que carece de restricciones: *Antiguamente los reyes tenían un poder absoluto.* **2** Total o completo: *Goza de mi absoluta confianza.* **3** Que excluye toda relación o comparación: *El adjetivo 'listísimo' es un ejemplo del llamado 'superlativo absoluto', que expresa el grado máximo sin establecer ninguna comparación.* **4** ‖ **en absoluto.** De ningún modo: *Le dije que en absoluto me iba a dejar engañar por sus mentiras.*

absolver v. **1** Referido a un acusado de un delito, declararlo libre de culpas: *El juez lo absolvió de la acusación de asesinato.* **2** Referido a un penitente, perdonarle los pecados el sacerdote en el sacramento de la penitencia: *El sacerdote dijo: «Yo te absuelvo en el nombre del Padre, del Hijo y del Espíritu Santo».* ☐ ORTOGR. Dist. de *absorber*. ☐ MORF. Irreg.: 1. Su participio es *absuelto*. 2. La *o* diptonga en *ue* en los presentes, excepto en las personas *nosotros* y *vosotros* ⟶VOLVER. ☐ SINT. Constr. *absolver DE algo*.

absorbente adj. Que es muy dominante o que trata de imponer su voluntad: *Es una persona muy absorbente y le gusta que le hagamos caso y que estemos pendientes de ella.* ☐ MORF. Invariable en género.

absorber v. **1** Referido esp. a un cuerpo líquido o gaseoso, atraerlo un cuerpo sólido, de modo que penetre en él; *chupar: El aspirador absorbe bien el polvo. Esta crema hidratante se absorbe muy fácilmente.* **2** Referido esp. a entidades políticas o comerciales, ser incorporadas a otras: *Las multinacionales están absorbiendo a la pequeña y mediana empresa.* **3** Referido a una persona, atraer o cautivar su atención: *Las relaciones sociales la absorben por completo.* **4** En física, referido a una radiación, captarla el cuerpo al que atraviesa: *Este aparato sirve para medir aproximadamente la dosis de radiación recibida y absorbida por un cuerpo.* ☐ ORTOGR. Dist. de *absolver*.

absorción s.f. **1** Atracción que un cuerpo sólido ejerce sobre un líquido o un gas, de forma que este penetre en aquel: *El extractor está estropeado y la absorción de humos es escasa.* **2** Incorporación de una entidad política o comercial a otra, generalmente más importante: *Esta empresa desea la absorción de varias empresas de menor importancia del sector.* **3** En física, captación de una radiación por parte de un cuerpo al que esta atraviesa: *La capacidad de absorción varía según la naturaleza de los cuerpos.*

absorto, ta adj. **1** Concentrado o entregado totalmente a una actividad, esp. a la meditación o a la lectura: *Está absorto en la lectura del periódico y no oye el timbre.* **2** Admirado, asombrado o pasmado: *Quedó absorto ante tanta belleza.*

a b c d e f g h i j k l m n ñ o p q r s t u v w x y z

abstemio, mia adj./s. Que nunca toma bebidas alcohólicas: *Las personas abstemias son menos propensas a sufrir infartos. Abandonó la bebida y ahora es un abstemio riguroso.*

abstención s.f. Renuncia voluntaria a hacer algo, esp. a votar: *El índice de abstención en las votaciones ha sido muy alto.*

abstenerse v.prnl. **1** Privarse de algo: *El médico le ha recomendado que se abstenga de fumar.* **2** No participar en algo a lo que se tiene derecho: *Varios diputados se abstuvieron en la votación.* ☐ MORF. Irreg. →TENER. ☐ SINT. Constr. de la acepción 1: *abstenerse* DE *hacer algo.*

abstinencia s.f. **1** Renuncia a satisfacer un deseo: *La abstinencia de comer carne ciertos días al año es un precepto de la Iglesia católica.* **2** Actitud que consiste en renunciar a satisfacer un deseo, esp. si es en cumplimiento de un precepto religioso o moral: *Llama la atención por su moderación y abstinencia.*

abstracción s.f. **1** Separación de las cualidades de algo por medio de una operación intelectual, para poder considerarlas aisladamente: *Es muy bueno en Filosofía porque tiene una gran capacidad de abstracción.* **2** Idea abstracta o separada de la realidad: *Sus ideas económicas son abstracciones que no se apoyan en la realidad actual.* **3** Concentración total en algo: *Sin abstracción es imposible que te concentres en la elaboración del proyecto.*

abstracto, ta adj. **1** Que significa alguna cualidad, con exclusión del sujeto que la posee: *La belleza es un concepto abstracto.* **2** Referido a un tipo de arte, que no representa con fidelidad cosas concretas, sino que resalta algunas de sus características o de sus cualidades: *El cubismo fue un estilo precursor del arte abstracto.* **3** Que sigue o que practica este tipo de arte: *Los pintores abstractos reducen los objetos a formas, signos o colores.* **4** ‖ **en abstracto.** Separando el sujeto de la cualidad que posee: *Trató el tema en abstracto, sin referirse a nada en concreto.*

abstraer ▮ v. **1** Referido a las cualidades esenciales de algo, separarlas por medio de una operación intelectual para considerarlas aisladamente: *Supo prescindir de lo anecdótico y abstraer las ideas centrales del libro.* ▮ prnl. **2** Dejar de atender a lo que está alrededor, para entregarse completamente a la consideración de lo que se tiene en el pensamiento: *Si no consigues abstraerte del ruido de la calle, no lograrás estudiar bien.* ☐ MORF. Irreg. →TRAER. ☐ SINT. Constr. de la acepción 2: *abstraerse* DE *algo.*

abstraído, da adj. Ensimismado o absorto en algo: *Está tan abstraído en sus cosas que no se ha dado cuenta de nada.*

absuelto, ta part. irreg. de **absolver.** ☐ MORF. Incorr. **absolvido.*

absurdo, da ▮ adj. **1** Contrario u opuesto a la razón, o sin sentido: *Nadie apoyará una teoría tan absurda, basada en elucubraciones.* **2** Extravagante o chocante: *Me parece absurdo que lleves abrigo en verano.* ▮ s.m. **3** Hecho o dicho irracional o sin sentido: *Sus disculpas son un absurdo y no hay quien las entienda.*

abubilla s.f. Pájaro que tiene el pico largo y algo curvado, el plumaje del cuerpo, rojizo, y el de las alas y la cola, negro con franjas blancas, y un penacho de plumas en la cabeza que puede abrir como un abanico: *La abubilla es un pájaro muy vistoso que se alimenta de insectos.* ☐ MORF. Es un sustantivo epiceno y la diferencia de sexo se señala mediante la oposición *la abubilla {macho/hembra}.*

abuchear v. Reprobar o mostrar disconformidad mediante murmullos, ruidos o gritos; *abroncar: Los aficionados abuchearon a los jugadores por su mal juego.*

abucheo s.m. Demostración de disconformidad o de enfado mediante murmullos, ruidos o gritos: *El conferenciante fue despedido con un gran abucheo.*

abuelo, la ▮ s. **1** Respecto de una persona, padre o madre de su padre o de su madre: *Mi abuelo materno vive con nosotros.* **2** *col.* Persona anciana: *En los pueblos, los abuelos se sientan al sol en la plaza.* ▮ s.m.pl. **3** Respecto de una persona, padres de su padre o de su madre, o de los dos: *Mis abuelos celebran mañana sus bodas de oro.* **4** Antepasados de los que se desciende: *Nuestros abuelos se instalaron en estas tierras hace trescientos años.* **5** ‖ **no tener abuela.** *col.* Expresión que se usa para censurar al que se alaba mucho: *¡Ese chico no tiene abuela, siempre está diciendo lo bueno que es!*

abuhardillado, da adj. **1** Que tiene buhardillas: *Vive en un chalé abuhardillado.* **2** Con forma de buhardilla: *El desván de la mansión era abuhardillado, con el techo más alto por un lado que por el otro.*

abulense adj./s. De Ávila o relacionado con esta provincia española o con su capital; *avilés: Santa Teresa de Jesús era abulense. Un abulense me enseñó la muralla que rodea la ciudad.* ☐ MORF. 1. Como adjetivo es invariable en género. 2. Como sustantivo es de género común y exige concordancia en masculino o en femenino para señalar la diferencia de sexo: *el abulense, la abulense.* 3. Como sustantivo se refiere solo a las personas de Ávila.

abulia s.f. Falta de voluntad o de energía: *Sus amigos critican su abulia y su falta de iniciativa.*

abúlico, ca ▮ adj. **1** Que es propio de la abulia: *Tiene un temperamento abúlico y es incapaz de tomar decisiones.* ▮ adj./s. **2** Que tiene abulia o poca voluntad o energía: *La gente abúlica no suele tener un espíritu emprendedor. Es un abúlico y se pasa el día en el sofá.*

abullonar v. Referido esp. a una tela, adornarla con pliegues de forma esférica: *La modista me ha abullonado las mangas de la blusa de fiesta.*

abultamiento s.m. Bulto, hinchazón o prominencia: *Al notarse un abultamiento en el pie, fue al médico.*

abultar v. **1** Aumentar el bulto o el volumen: *El viento abultaba las velas del barco.* **2** Aumentar la cantidad, la intensidad o el grado: *Abultó sus aventuras del verano para impresionar a sus amigos.* **3** Hacer bulto u ocupar más espacio del normal: *Quítate el abrigo, que con él puesto abultas demasiado.*

abundancia s.f. **1** Gran cantidad: *En esta región, hay gran abundancia de árboles frutales.* **2** Prosperidad y buena situación económica: *En las épocas de abundancia ahorra para las épocas de escasez.* **3** ‖ **en la abundancia.** Con mucho dinero o en una buena posición económica: *Esa familia nada en la abundancia y no se priva de nada.* ☐ SINT. *'En la abundancia'* se usa más con los verbos *nadar, vivir* o equivalentes.

abundante adj. **1** Que abunda en algo: *Es un lugar abundante en agua.* **2** Cuantioso o en gran abundancia: *Este río tiene un caudal muy abundante.* ☐ MORF. Invariable en género. ☐ SINT. Constr. de la acepción 1: *abundante* EN *algo.*

abundar v. **1** Haber en gran cantidad: *En este libro abundaban las erratas.* **2** Referido a una idea o a una opinión, apoyarlas o insistir en ellas: *Abundo en la opinión de que es necesario un cambio en la dirección del partido.* ☐ SINT. Constr. de la acepción 2: *abundar* EN *algo.*

abuñolado, da adj. Con forma de buñuelo: *Me tomé un pastelito abuñolado que estaba riquísimo.* □ ORTOGR. Se admite también *abuñuelado*.
abuñuelado, da adj. →**abuñolado, da.**
aburguesar v. Dar las características que se consideran propias de la burguesía: *La buena vida terminó por aburguesar a los que presumían de progresistas. Se aburguesó y olvidó sus ideas reformadoras.* □ USO Tiene un matiz despectivo.
aburrido, da adj. Que produce aburrimiento: *Empecé a leer un libro tan aburrido que no lo terminé.*
aburrimiento s.m. Cansancio o fastidio producidos por falta de entretenimiento, de diversión o de estímulo: *Siempre se queja de que su trabajo es un aburrimiento.*
aburrir v. **1** Producir o experimentar cansancio o fastidio por efecto de una falta de entretenimiento, de diversión o de estímulo: *Será una gran película, pero a mí consiguió aburrirme. Nos aburrimos tanto que aquello no parecía una fiesta.* **2** Molestar, fastidiar o producir una sensación de hartazgo, generalmente debido a la insistencia: *Me gusta el dulce, pero comerlo todos los días aburre.*
abusar v. **1** Usar mal, de forma indebida o excesiva: *No conviene abusar de la bebida.* **2** Forzar a mantener una relación sexual: *Después de golpearla brutalmente, abusó de ella en un descampado.* □ SINT. Constr. *abusar* DE *algo*.
abusivo, va adj. Que abusa o que se aprovecha de una situación en beneficio propio: *Como es la única tienda de la zona, tiene unos precios abusivos.*
abuso s.m. **1** Uso indebido, injusto o excesivo de algo: *El abuso de sal en las comidas es malo para la salud.* **2** Relación sexual mantenida con alguien en contra de su voluntad: *Le puso una denuncia por abusos deshonestos.*
abusón, -a adj./s. *col.* Referido a una persona, que se aprovecha frecuentemente de una situación en beneficio propio: *Su hermano mayor es muy abusón y le manda hacer todo. Eres una abusona porque no me dejas hacer nada a mí.*
abyecto, ta adj. Despreciable, vil o rastrero: *Es el ser más abyecto y ruin que conozco.*
acá adv. **1** En o hacia esta posición o lugar: *Ven acá y siéntate a mi lado.* **2** Ahora o en el momento presente: *Desde entonces acá no lo he vuelto a ver.* **3** ‖ **de acá para allá.** De un lugar para otro: *He estado todo el día de acá para allá, y estoy agotada.* □ SINT. Incorr. *Han pasado muchas cosas desde entonces {*a acá > acá}.*
acabado s.m. Último retoque o remate que se da a algo: *Aunque es una marca barata, los acabados de estas prendas son perfectos.*
acabar v. **1** Llegar al fin o alcanzar el punto final: *No me gusta cómo acaba la película. Las entradas para el concierto se acabaron enseguida.* **2** Dar fin o poner término: *Cuando acabes el jersey, préstamelo.* **3** Apurar o consumir hasta el fin: *Acaba la cerveza, que nos vamos. Se ha acabado el tiempo del que disponías y no me has contestado.* **4** Rematar con esmero; *terminar*: *Tienes que acabar un poco la estatua y limar los bordes rugosos.* **5** ‖ **acabar con** algo. Destruirlo o aniquilarlo: *Acabó con la vida del pistolero de un balazo. Los comentarios del profesor acabaron con mis esperanzas de aprobar el examen.* ‖ **acabar en** algo. Tenerlo como fin o en un extremo: *Las espadas acaban en punta. La comida acabó en baile.* ‖ **san se acabó.** *col.* →**sanseacabó.** □ SINT. 1. La perífrasis *acabar + de + infinitivo* indica que la acción expresada por este ha ocurrido poco antes: *Acabo de llegar y ya me estás gritando.* 2. La perífrasis *no acabar + de + infinitivo* indica la imposibilidad de conseguir lo que este expresa: *Explícamelo otra vez, porque no acabo de entenderlo.*
acabáramos interj. *col.* Expresión que se usa para indicar que por fin se ha llegado a una conclusión o se ha conseguido algo: *¡Acabáramos!, ¿conque era eso lo que tanto te preocupaba?*
acabose ‖ **ser algo el acabose.** *col.* Ser el colmo o ser un desastre: *La barbaridad que dijo ya fue el acabose.*
acacia s.f. **1** Árbol o arbusto que puede tener espinas en sus ramas, y que se caracteriza por tener las hojas compuestas, divididas en pequeñas hojuelas, las flores blancas y olorosas y el fruto en vaina: *Las jirafas se alimentan de los brotes de las acacias de la sabana.* **2** Madera de este árbol: *La acacia es bastante dura.*
academia s.f. **1** Sociedad o agrupación científica, artística o literaria formada por las personas más destacadas en una ciencia o un arte, y dedicadas a su estudio y difusión: *La Real Academia de la Historia publicó un estudio sobre la Armada Invencible.* **2** Lugar en que se reúnen: *Están arreglando el tejado de la Real Academia Española y los académicos no han podido reunirse.* **3** Establecimiento que se dedica a la enseñanza de un arte, técnica, profesión o materia: *Se ha apuntado a una academia de inglés para mejorar sus conocimientos de ese idioma.*
académico, ca ▌ adj. **1** De una academia, relacionado con ella, o con sus características: *Los trabajos académicos para la elaboración de un nuevo diccionario van muy adelantados.* **2** Relacionado con los centros oficiales de enseñanza: *Para solicitar la beca necesitas presentar el expediente académico.* **3** Referido a una obra de arte o a su autor, que observan las normas clásicas: *El estilo de este escritor es totalmente académico, es decir, es cuidado, solemne y tradicional.* ▌ s. **4** Persona que forma parte de una academia o sociedad: *Este escritor es académico de la Real Academia Española.*
acadio, dia ▌ adj./s. **1** De Akkad (antiguo reino mesopotámico), o relacionado con él: *La cultura acadia tenía muchos elementos tomados de la sumeria. Los acadios fueron un pueblo semita que terminó fundiéndose con los sumerios.* ▌ s.m. **2** Lengua semítica de este reino: *El acadio era considerado lengua culta y religiosa hasta principios de la era cristiana.* □ MORF. En la acepción 1, como sustantivo se refiere solo a las personas de Akkad.
acaecer v. Referido a un hecho, producirse, realizarse u ocurrir; *acontecer, suceder*: *La catástrofe acaeció de madrugada.* □ MORF. 1. Irreg.: Aparece una *z* delante de la *c* cuando la siguen *a, o* →**PARECER**. 2. Es un verbo unipersonal: solo se usa en tercera persona y en las formas no personales (infinitivo, gerundio y participio).
acallar v. **1** Hacer callar: *El conferenciante acalló los aplausos con un gesto y continuó hablando.* **2** Calmar, aplacar o sosegar: *Todas esas explicaciones son solo un intento de acallar tu conciencia.* □ SEM. Dist. de *callar* (dejar de hablar).
acaloramiento s.m. **1** Ardor o calor muy fuerte: *Me senté al lado de la estufa y sentí tal acaloramiento que me tuve que cambiar de sitio.* **2** Pasión, vehemencia o excitación con que se discute algo: *Discutían con tanto acaloramiento que casi llegan a las manos.*
acalorar ▌ v. **1** Dar o tener calor: *Llevar estos pesados muebles por toda la casa acalora a cualquiera. Con tanto*

ejercicio me he acalorado. ▌prnl. **2** Excitarse en una conversación o en una disputa: *No te acalores y habla con tranquilidad.*

acampada s.f. Instalación en un lugar al aire libre para vivir temporalmente en él, generalmente en tiendas de campaña o en caravanas: *La acampada tuvo lugar en una playa casi desierta.*

acampanado, da adj. Con forma de campana o más ancho por la parte inferior que por la superior: *Llevaba unos pantalones acampanados muy pasados de moda.*

acampar v. Detenerse en un lugar al aire libre para vivir temporalmente en él, generalmente alojándose en tiendas de campaña o en caravanas: *Está prohibido acampar en este paraje.*

acanalado, da adj. **1** Con forma de canal o alargado y abarquillado: *Ha cubierto el tejado de su chalé con tejas acanaladas.* **2** Con forma de estría o con estrías: *Estas columnas tienen el fuste acanalado.*

acanalar v. **1** Hacer canales o estrías: *Acanalaron el río para facilitar el regadío de los sembrados.* **2** Dar forma de canal o de teja, alargada y abarquillada: *El alfarero acanalaba los bordes de los jarrones que hacía.*

acantilado, da ▌adj. **1** Referido a un fondo marino, que forma escalones: *La costa acantilada hacía difícil el atraque de las embarcaciones en ella.* ▌adj./s.m. **2** Referido a un terreno, esp. a la costa marina, que está cortado casi verticalmente y es generalmente alto y con rocas: *Mi casa está construida sobre un terreno acantilado y tiene vistas impresionantes. Desde el faro se veían las olas chocando con fuerza contra las paredes de los acantilados.*

acanto s.m. Planta herbácea perenne, con hojas largas, rizadas y espinosas, y flores blancas: *El capitel corintio está decorado con hojas de acanto.*

acantonar v. Referido a las tropas militares, distribuirlas y alojarlas en diversos poblados o poblaciones: *El coronel ordenó acantonar a las tropas en los pueblos más cercanos a la frontera. Las tropas se acantonaron cerca de la capital en espera de nuevas órdenes.*

acaparamiento s.m. **1** Adquisición o retención de una mercancía en cantidad superior a la normal, en previsión de su escasez o de su encarecimiento: *Hizo acaparamiento de víveres para la acampada y al final sobró casi la mitad de ellos.* **2** Monopolio, apropiación u obtención de algo por completo o en gran parte: *Los vecinos se quejaban del acaparamiento de la piscina por parte de los niños.*

acaparar v. **1** Referido esp. a una mercancía, adquirirla o retenerla en cantidad superior a la normal en previsión de su escasez o de su encarecimiento: *Ante el anuncio de la huelga de supermercados, la gente acaparó los productos de primera necesidad.* **2** Absorber, monopolizar o apropiarse por completo o en gran parte: *La noticia de la dimisión del presidente ha acaparado la atención de la nación en el día de hoy.*

acaramelarse v.prnl. Referido a dos enamorados, darse muestras mutuas de cariño: *Los novios se acaramelaron en un banco del parque.*

acariciar v. **1** Hacer caricias o rozar suavemente con la mano: *¿Puedo acariciar a tu perro?* **2** Referido a una cosa, tocarla o rozarla suavemente otra: *Las olas acariciaban la orilla.* **3** Referido a un proyecto o a una idea, pensar en su consecución o en su ejecución: *Acariciaba la idea de ganar la carrera.* ☐ ORTOGR. La *i* nunca lleva tilde.

acarrear v. **1** Transportar o llevar de un lugar a otro: *Entre todos acarrearon el pesado baúl.* **2** Referido esp. a un daño, ocasionarlo, producirlo o traerlo consigo: *El cargo de director solo le ha acarreado desgracias.*

acartonar v. Ponerse como el cartón, esp. referido a las personas que al llegar a cierta edad se quedan enjutas o muy delgadas: *El exceso de sol le acartonó la piel y parecía mucho mayor de lo que era. El abuelo se acartonó terriblemente a causa de la enfermedad.*

acaso adv. **1** Quizá, tal vez o posiblemente: *Acaso vaya mañana. ¿Acaso crees que no me doy cuenta?* **2** ‖ **por si acaso.** Por si ocurre o llega a ocurrir algo: *Dime a qué hora es el concierto por si acaso puedo ir.* ‖ **si acaso.** Si por casualidad: *Si acaso la ves, dale recuerdos de mi parte.* ☐ ORTOGR. Dist. de *ocaso.*

acatamiento s.m. Aceptación de una orden, de una ley o de una autoridad con sumisión: *Exigió el acatamiento inmediato de sus reglas.*

acatar v. Referido esp. a una orden, a una ley o a una autoridad, aceptarlas con sumisión: *Acataron la decisión del árbitro aunque no estaban de acuerdo con ella.*

acatarrarse v.prnl. Contraer catarro en las vías respiratorias: *Con el frío que hacía, salió en camiseta y se ha acatarrado.*

acaudalado, da adj. Que tiene mucho caudal o muchos bienes: *Ha hecho un negocio millonario con una de las familias más acaudaladas de la ciudad.*

acaudalar v. Reunir en gran cantidad o en abundancia: *Se fue a América y allí acaudaló una inmensa fortuna.*

acaudillar v. Mandar, dirigir o guiar como cabeza o jefe: *El coronel acaudillaba las tropas que conquistaron la última plaza rebelde.*

acceder v. **1** Referido esp. a una petición o a un deseo, consentir en ellos o mostrarse de acuerdo o favorable a ellos: *Cuando le dije que no se lo diría a nadie, accedió a contarme su secreto.* **2** Referido a un lugar, tener acceso, paso o entrada a él: *Esta llave permite acceder a todas las habitaciones del hotel. Por esa puerta se accede a la sala.* **3** Referido a una situación o a un grado superiores, alcanzarlos o tener acceso a ellos: *Por fin ha accedido a un puesto de responsabilidad en su trabajo.* ☐ SINT. Constr. *acceder A algo.*

accesible adj. **1** Que tiene acceso o entrada: *Están de obras para hacer más accesible esa parte del edificio.* **2** De acceso o trato fácil: *Aunque sea una persona famosa y ocupada, es muy accesible y te ayudará en lo que pueda.* **3** De fácil comprensión o que puede ser entendido: *Sus clases son accesibles para todos.* ☐ MORF. Invariable en género. ☐ SEM. Dist. de *asequible* (fácil de conseguir o de alcanzar).

accésit s.m. En un concurso literario, artístico o científico, recompensa inmediatamente inferior al premio: *Con aquel cuento consiguió un accésit en el concurso literario convocado por el Ayuntamiento.* ☐ ORTOGR. Es un latinismo (*accessit*) adaptado al español. ☐ MORF. Su plural es *accésits.*

acceso s.m. **1** Llegada o acercamiento a algo: *El acceso a aquella parte de la cueva era casi imposible.* **2** Lugar por el que se llega o se entra a un sitio: *Los accesos a la ciudad quedaron colapsados por el tráfico.* **3** Posibilidad de tratar a alguien o de alcanzar algo: *Tiene acceso a toda la información secreta.* **4** Ataque o aparición repentina y muy fuerte de un estado físico o moral: *Le dio un acceso de tos y tuvo que salir de clase.* ☐ ORTOGR. Dist. de *absceso.* ☐ SINT. Constr. de las acepciones 1, 2 y 3: *acceso A algo.*

accesorio, ria ▌adj. **1** Secundario, que depende de lo principal o que no forma parte esencial o natural: *No te quedes en los detalles accesorios y cuéntame lo principal.* ▌s.m. **2** Utensilio u objeto auxiliar o de adorno: *Trabajo en una tienda de accesorios de automóvil.* □ MORF. La acepción 2 se usa más en plural.

accidentado, da ▌adj. **1** Referido esp. a un terreno, abrupto, montañoso o con desniveles e irregularidades: *Hicimos la excursión con un guía que conocía muy bien ese terreno tan accidentado.* **2** Agitado, turbado, difícil o con incidentes: *Fue una reunión muy accidentada porque todos pedían y ninguno estaba dispuesto a ceder.* ▌adj./s. **3** Referido a una persona, que ha sido víctima de un accidente: *Los excursionistas accidentados fueron rescatados por equipos de la Policía. Condujeron a los accidentados al hospital.*

accidental adj. **1** Secundario, no esencial o no principal: *Quizá tú lo consideras un dato accidental, pero a mí me parece fundamental para entender todo esto.* **2** Casual, fortuito o no habitual: *Me enteré de la noticia de forma totalmente accidental.* **3** Referido a un cargo, que se desempeña con carácter provisional: *Parece haber olvidado que solo es el director accidental y que dentro de un mes deberá abandonar el puesto.* □ MORF. Invariable en género.

accidentarse v.prnl. Sufrir un accidente: *Se accidentaron al intentar adelantar en un cambio de rasante.*

accidente s.m. **1** Suceso o hecho inesperados de los que involuntariamente resulta un daño para una persona o para una cosa: *La falta de visibilidad en esa curva es causa de muchos accidentes de tráfico.* **2** Lo que sucede de forma imprevista y que altera el orden natural de las cosas: *Fue un accidente contarte los secretos del proyecto, porque solo quería darte una idea.* **3** Calidad, estado o lo que aparece en alguna cosa sin ser parte de su esencia o naturaleza: *En la filosofía de Aristóteles, el concepto de accidente se opone al de sustancia.* **4** Elemento que configura el relieve de un terreno: *La geografía física estudia los ríos, las montañas y otros accidentes geográficos.* **5** ‖ **accidente (gramatical).** En morfología, en una palabra variable, modificación que sufre en su forma para expresar diversas categorías gramaticales: *En español los accidentes gramaticales del nombre son género y número.*

acción s.f. **1** Lo que se hace o se realiza: *Premiaron su buena acción. No te creía capaz de una acción tan vil.* **2** Influencia, impresión o efecto producidos por un agente sobre algo: *La acción de la erosión modela el paisaje.* **3** En una obra dramática o en un relato, sucesión de hechos que constituyen su argumento: *La acción de esa película transcurre en la selva.* **4** col. Posibilidad o facultad de hacer algo: *Necesitan gente de acción que pueda resolver los problemas que se presenten.* **5** Actividad, movimiento o dinamismo: *Dejemos de hablar y pasemos a la acción.* **6** En economía, cada una de las partes en que se divide el capital de una sociedad anónima: *Esta empresa cuenta con más de diez millones de acciones.* **7** Título o documento que acredita y representa el valor de cada una de estas partes: *Compró acciones de su empresa y ganó una fortuna gracias a ellas.* **8** En derecho, facultad legal que se tiene para pedir alguna cosa en juicio: *La acción penal se inicia mediante denuncia o querella.* **9** En derecho, puesta en práctica de esta facultad: *Como el inquilino no quería marcharse de la casa, la propietaria inició las acciones legales oportunas.* **10** ‖ **acción directa.** Empleo de la violencia alabado por algunos grupos sociales, con fines políticos o económicos: *Todos aquellos atentados fueron realizados por grupos que defendían la acción directa.* □ USO En el lenguaje cinematográfico, se usa para advertir a actores y técnicos que comienza una toma: *'¡Luces!, ¡Cámara!, ¡Acción!', dijo la directora con el megáfono.*

accionar v. **1** Referido a un mecanismo o a una parte de él, ponerlos en marcha o hacerlos funcionar: *Accionó el televisor con el mando a distancia.* **2** Hacer gestos o movimientos para expresar algo o para dar mayor énfasis y expresividad a lo dicho: *Ese actor acciona tanto que se nota mucho que está actuando.*

accionariado s.m. Conjunto de accionistas o personas que poseen acciones de una sociedad anónima: *El accionariado estaba satisfecho con la compra de la nueva empresa.*

accionista s. Persona que tiene acciones de una sociedad anónima: *Los accionistas tuvieron una reunión extraordinaria para decidir el futuro de la compañía.* □ MORF. Es de género común y exige concordancia en masculino o en femenino para señalar la diferencia de sexo: *el accionista, la accionista.*

ace (anglicismo) s.m. En tenis, tanto directo de saque: *Con este ace, la tenista se anota este juego.* □ PRON. [éis]. □ USO Es un anglicismo que debe sustituirse por la expresión *saque ganador.*

acebo s.m. **1** Árbol silvestre de hojas perennes, de color verde oscuro, brillantes y con bordes espinosos, que tiene flores blancas y frutos en forma de bolitas rojas: *El acebo se usa como adorno en Navidad.* **2** Madera de este árbol: *El acebo es blanco, flexible, duro y compacto y se usa mucho en ebanistería.*

acechanza s.f. Vigilancia o persecución cautelosas que se hacen con un propósito determinado: *Los sospechosos no se dieron cuenta de la acechanza de la policía.* □ SEM. Dist. de *asechanza* (engaño para perjudicar).

acechar v. Vigilar o aguardar cautelosamente con algún propósito: *La acechaba desde la esquina de su casa para poder hablar con ella.*

acecho s.m. **1** Vigilancia, observación o espera cautelosas con algún propósito: *La actriz sufrió el acecho de los periodistas que pretendían entrevistarla.* **2** ‖ **{al/en} acecho.** Observando a escondidas y con cuidado: *El centinela estaba al acecho, para avisar de cualquier peligro.*

acedera s.f. Planta herbácea perenne, de sabor ácido, que se usa generalmente como condimento: *Suele poner un poco de acedera en las ensaladas.*

acéfalo, la adj. Sin cabeza o sin parte considerable de ella: *La almeja es un molusco acéfalo.*

aceite s.m. Líquido graso combustible, de origen vegetal, animal, mineral o sintético, que no se disuelve en el agua y que se usa en la alimentación y en procesos industriales: *Me gusta cocinar con aceite de oliva.*

aceitero, ra ▌adj. **1** Del aceite o relacionado con este líquido graso: *La industria aceitera es muy importante en Jaén.* ▌s. **2** Persona que se dedica a la fabricación o venta de aceite: *Su padre, y antes su abuelo, eran aceiteros, como él.* ▌s.f. **3** Pequeño recipiente o vasija que sirve para conservar aceite: *Pásame la aceitera para que engrase las bisagras de la puerta.* ▌s.f.pl. **4** Pieza que se usa para el servicio de mesa y que consta de dos o más recipientes destinados a contener el aceite, el vinagre y a veces también otros condimentos; *vinagreras: Al coger las aceiteras tiró la jarra de agua con el codo.*

aceitoso, sa adj. **1** Que tiene mucho aceite: *La ensalada estaba demasiado aceitosa para mi gusto.* **2** Que tiene

a b c d e f g h i j k l m n ñ o p q r s t u v w x y z

aceite: *El óleo es una pintura aceitosa.* **3** Que es graso y espeso como el aceite: *Esta salsa tiene un aspecto aceitoso nada apetecible.* ☐ SEM. En las acepciones 2 y 3, es sinónimo de *oleaginoso* y de *oleoso*.

aceituna s.f. **1** Fruto del olivo, del que se extrae aceite, es de forma ovalada, color verde y tiene un hueso grande y duro que encierra la semilla; *oliva: ¿Te apetecen unas aceitunas de aperitivo?* **2** ‖ **aceituna manzanilla.** La de pequeño tamaño y color verde claro: *La aceituna manzanilla suele consumirse rellena de anchoa.*

aceleración s.f. **1** Aumento de la velocidad: *Los coches de carreras tienen una capacidad de aceleración mayor que la de los coches normales.* **2** En física, incremento o aumento de la velocidad en la unidad de tiempo: *En este problema hay que hallar la aceleración de un móvil.*

acelerador s.m. En algunos vehículos, mecanismo que regula la entrada de la mezcla explosiva en la cámara de combustión y que permite acelerar más o menos el número de revoluciones del motor: *El acelerador de esta moto está en el mango derecho del manillar.*

acelerar ▮ v. **1** Dar mayor velocidad o aumentar la velocidad: *Si quieres acelerar el trabajo, tendrás que contratar más personal.* **2** Referido a un vehículo o a su motor, accionar su acelerador para que se mueva con mayor velocidad: *Si pisas tanto el acelerador, aceleras el coche demasiado. Nunca hay que acelerar al entrar en una curva.* ▮ prnl. **3** Ponerse nervioso o apurarse: *Aunque tiene mil cosas que hacer, nunca se acelera y siempre le da tiempo a todo.*

acelerón s.m. Aceleración brusca e intensa a la que se somete un motor: *Como sigas dando esos acelerones al coche, se va a recalentar el motor.*

acelga s.f. Planta herbácea de hojas grandes, anchas y lisas, con el nervio central blanco y muy desarrollado: *Hoy he comido acelgas rehogadas con jamón.*

acémila s.f. **1** Mula o mulo que se utiliza para llevar cargas: *Se dirigió al mercado a vender las verduras que transportaba a lomos de su acémila.* **2** Persona ruda y de poco entendimiento; *asno: Es muy exagerado y dice que en su clase hay muchas acémilas.*

acendrado, da adj. Puro o sin mancha ni defecto: *Es una mujer de acendradas virtudes.*

acento s.m. **1** Pronunciación destacada de una sílaba de la palabra, distinguiéndola de las demás por su mayor intensidad, por su alargamiento o por un tono más alto: *'Café' es una palabra aguda, porque lleva el acento en la última sílaba.* **2** Signo ortográfico con el que se marca la vocal de la sílaba tónica o acentuada, según los criterios marcados por las normas de acentuación: *El acento sirve para diferenciar significados de palabras con la misma forma, como el sustantivo 'té' del pronombre 'te'.* **3** Pronunciación especial de una lengua, característica del habla de una determinada zona geográfica o de una persona concreta: *Tiene acento extranjero, pero no sé de dónde es.* **4** Importancia o relieve especial que se conceden a algo: *En la reunión se puso especial acento en la necesidad de un acuerdo.* **5** ‖ **acento agudo.** El que tiene forma de rayita oblicua que baja de derecha a izquierda: *En el español actual solo se usa el acento agudo, como en 'jamón', 'árbol' y 'éxtasis'.* ‖ **acento circunflejo.** El que tiene forma de ángulo con su vértice en la parte superior: *La palabra francesa 'fenêtre' tiene acento circunflejo.* ‖ **acento de intensidad.** El que consiste en un mayor esfuerzo al expulsar el aire: *El acento español es un acento de intensidad.* ‖ **acento grave.** El que tiene forma de rayita oblicua que baja de izquierda a derecha: *La palabra catalana 'català' tiene acento grave.* ☐ ORTOGR. ⟶ APÉNDICE DE ACENTUACIÓN.

acentuación s.f. **1** Realce de la pronunciación de una sílaba, distinguiéndola de las demás: *El español tiende a la acentuación de las palabras en la penúltima sílaba.* **2** Escritura o colocación del acento ortográfico: *Hicimos un dictado para practicar la acentuación.* **3** Realce, aumento o intensificación: *La acentuación de su mal genio fue progresiva y se debió a su mala salud.* ☐ ORTOGR. ⟶ APÉNDICE DE ACENTUACIÓN.

acentuar v. **1** Destacar la pronunciación de una sílaba, distinguiéndola de las demás por su mayor intensidad, su alargamiento o su tono más alto: *Este francés habla bastante bien el español, pero no sabe acentuarlo. Cuando se acentúa una de las vocales de un diptongo, este se rompe y se convierte en hiato.* **2** Escribir o poner acento ortográfico: *Es preceptivo acentuar también las mayúsculas.* **3** Pronunciar o expresar poniendo especial énfasis; *recalcar, subrayar: Cuando dijo que no estaba interesado, acentuó el 'no' para que no hubiera duda de su negativa.* **4** Resaltar, destacar, realzar o intensificar: *Este silencio acentúa las tensiones que hay entre nosotros. Las arrugas del rostro se acentúan con el paso del tiempo.* ☐ ORTOGR. La *u* lleva tilde en los presentes, excepto en las personas *nosotros* y *vosotros* ⟶ **ACTUAR**.

acepción s.f. Cada uno de los significados o sentidos que tiene una palabra o frase según el contexto en los que se usen: *En este diccionario, las acepciones de las palabras están separadas por números.*

aceptación s.f. **1** Recibimiento de forma voluntaria de algo que se ofrece o se da: *Me comunicó por carta la aceptación de mis disculpas. No habrá aceptación de nuevos encargos hasta que no terminemos los ya pedidos.* **2** Aprobación o consideración de algo como bueno o válido: *La aceptación de las condiciones del concurso debe hacerse por escrito. La firma de este contrato significa la aceptación de las normas en él escritas.* **3** Buena acogida o éxito: *Ese modelo de coche ha tenido mucha aceptación entre la gente joven.* **4** Obligación de pagar una letra de cambio o una orden de pago que se hacen por escrito en ellas: *La aceptación de letras de cambio se suspendió cuando la empresa se declaró en quiebra.*

aceptar v. **1** Referido a algo que se ofrece o se encarga, recibirlo voluntariamente: *Aceptó mi regalo.* **2** Aprobar o dar por bueno; *admitir: Aceptó mi cambio de planes sin rechistar. No se aceptó su propuesta porque no reunía los requisitos necesarios.* **3** Referido a una letra o a una orden de pago, obligarse por escrito en ellas mismas que se deben pagar: *Hemos aceptado letras por valor de varios miles de euros.* **4** Soportar o tolerar con entereza o con paciencia: *Es difícil aceptar la muerte sin rebelarse.*

acequia s.f. Zanja o canal pequeño por donde se conduce el agua para diversos usos, generalmente para el riego: *En esta región, las acequias son el principal sistema de regadío.*

acera s.f. **1** En una calle, cada uno de sus dos lados, generalmente más elevados que la calzada, y destinados para el paso de los peatones: *Le pusieron una multa por aparcar el coche en la acera.* **2** Hilera de casas que hay en cada uno de los lados de una calle: *¿En qué acera vives tú?* **3** ‖ **ser** alguien **de la {acera de enfrente/otra acera}.** *col. desp.* Ser homosexual: *Me han dicho que ese ac-*

tor que siempre hace papeles de galán es de la acera de enfrente. ☐ ORTOGR. Dist. de *cera*.

acerado, da adj. **1** De acero o con sus características: *Usaron un metal acerado de gran dureza y resistencia.* **2** Incisivo, duro o hiriente: *Hizo comentarios bastante acerados sobre su forma de vestir.*

acerar v. Poner aceras: *Están acerando las calles del nuevo barrio.*

acerbo, ba adj. Cruel o desapacible: *Le hicieron las críticas más acerbas que puedas imaginar.* ☐ ORTOGR. Dist. de *acervo*.

acerca ‖ **acerca de** algo. Sobre ello o en relación con ello: *Ha escrito un libro acerca de la Revolución francesa.* ☐ SEM. Dist. de *acerca* (del verbo *acercar*).

acercamiento s.m. Colocación en una posición más cercana: *El acercamiento que se produjo entre sindicatos y patronal fue resaltado en todos los periódicos.*

acercar v. **1** Poner más cerca o a menor distancia: *Acércame el teléfono, por favor. Nos acercamos a la fecha fijada.* **2** Aproximar o poner de acuerdo: *Después de una hora de discusión, conseguimos acercar nuestras ideas.* ☐ ORTOGR. La *c* se cambia en *qu* delante de *e* ⟶**SACAR**.

acerico s.m. Bolsita de tela rellena de un material blando que se usa para clavar en ella alfileres y agujas: *Hoy en día, los sastres y modistas usan más los imanes que los acericos tradicionales.* 👁 **costura**

acero s.m. **1** Aleación de hierro y una pequeña proporción de carbono: *Nuestra cubertería es de acero inoxidable.* **2** Arma blanca, esp. la espada: *Los espadachines desenvainaron sus aceros y se enfrentaron en duelo.* **3** ‖ **de acero.** Duro, fuerte y muy resistente: *Tiene nervios de acero y no se altera por nada.*

acérrimo, ma adj. **1** superlat. irreg. de **acre**. **2** Que es intransigente o extremado, o que muestra fortaleza y decisión: *Son enemigos acérrimos.*

acertar v. **1** Referido a algo dudoso, ignorado u oculto, dar con ello: *Nunca acierto los jeroglíficos de esta revista.* **2** Dar en el punto a que se dirige algo: *Disparó y acertó justo en el centro de la diana.* **3** Hacer lo más adecuado: *Acertó al elegir estudiar esa carrera.* **4** Seguido de 'a' y de infinitivo, suceder por casualidad lo indicado por el infinitivo: *Acertó a pasar por allí.* **5** ‖ **acertar con** algo. Encontrarlo después de haberlo estado buscando: *Acerté con su domicilio sin preguntar a nadie.* ☐ MORF. Irreg.: La *e* diptonga en *ie* en los presentes, excepto en las personas *nosotros* y *vosotros* ⟶**PENSAR**.

acertijo s.m. **1** Pasatiempo o juego que consiste en hallar la solución de un enigma o en encontrar el sentido oculto de una frase; *adivinanza*: *La solución del acertijo 'Oro parece; plata no es. ¿Qué es?' es 'Plátano'.* **2** Afirmación o sentencia problemáticas o difíciles de entender: *Lo que me estás planteando es un auténtico acertijo.*

acervo s.m. Conjunto de bienes o de valores: *Posee un gran acervo cultural.* ☐ ORTOGR. Dist. de *acerbo*.

acetato s.m. Sal formada por ácido acético y una base: *Algunos acetatos se usan frecuentemente para disolver pinturas y lacas.*

acético, ca adj. Del vinagre, de sus derivados o relacionado con ellos: *En el laboratorio estudiaron la fermentación acética.*

acetileno s.m. Gas incoloro, inflamable y tóxico, producido por la acción del agua sobre el carburo de calcio: *El acetileno al arder produce una llama muy luminosa y por eso ha sido muy utilizado para el alumbrado.*

acetona s.f. Líquido incoloro e inflamable, que se emplea en la industria como disolvente de grasas, lacas y otros compuestos orgánicos, y que se genera también en el organismo humano como consecuencia de ciertas enfermedades: *Siempre me quito el esmalte de uñas con un algodón empapado de acetona.*

achabacanar v. Hacer chabacano o grosero y de mal gusto: *El ambiente de esos suburbios achabacaban a sus habitantes. Desde que se junta con esa gente se ha achabacanado mucho.*

achacar v. Referido esp. a una culpa o a un delito, atribuírselos a alguien: *Achacó el fracaso a la falta de planificación.* ☐ ORTOGR. La *c* se cambia en *qu* delante de *e* ⟶**SACAR**.

achacoso, sa adj. Que padece achaques o enfermedades habituales y generalmente de poca importancia, esp. a causa de la edad avanzada: *Es una pena que siendo tan joven esté siempre tan achacoso.*

achantar ▌v. **1** Acobardar, confundir o causar miedo: *A mí no me achanta nadie si creo que tengo razón.* ▌prnl. **2** Callarse por cobardía o por resignación: *En las discusiones se achanta y nunca interviene.*

achaparrado, da adj. Grueso o extenso y de poca altura: *Nunca será modelo de alta costura con una figura tan achaparrada.*

achaque s.m. Indisposición o enfermedad habituales y generalmente de poca importancia, esp. las que son propias de la vejez: *El abuelo está bien, con sus achaques de siempre, pero muy animado.*

achatamiento s.m. Aplastamiento o transformación en algo más plano o que sobresalga menos en relación con otra cosa de la misma especie o clase: *El achatamiento del globo terráqueo por los polos es producido por el movimiento de rotación.*

achatar v. Poner chato o hacer que algo sea más plano o que sobresalga menos en relación con otra cosa de la misma especie o clase: *Al hacerle el retrato le acható un poco la nariz. Con el golpe se acható el morro del coche.*

achicar v. **1** Referido al tamaño, la dimensión o la duración de algo, disminuirlos o hacerlos menores: *Achicaron el comedor para ampliar el cuarto de estar. El jersey se achicó al lavarlo en la lavadora.* **2** Referido esp. a una embarcación, extraer el agua de ella: *Achicaron la barca con cubos para evitar que se hundiera.* **3** Humillar o acobardar: *Lo achicó saber que sería comprobado todo lo que dijese. Al ver que nadie me apoyaba, me achiqué y decidí callarme.* **4** Hacer de menos o rebajar la estimación de algo: *Los grandes logros de su hermano mayor achican aún más sus pequeñas victorias. No te achiques por lo que te digan y ten más confianza en ti mismo.* ☐ ORTOGR. La *c* se cambia en *qu* delante de *e* ⟶**SACAR**.

achicharrar ▌v. **1** Referido a un alimento, freírlo, tostarlo o asarlo hasta que tome sabor a quemado: *Saca las chuletas de la sartén porque las vas a achicharrar. Se le olvidó apagar el horno y la tarta se achicharró.* **2** Calentar demasiado: *El sol del mediodía achicharra. Las plantas se han achicharrado con tanto calor.* ▌prnl. **3** Sentir un calor excesivo o quemarse por la acción de un agente exterior: *Como estés tanto tiempo al sol, te achicharrarás.*

achicoria s.f. **1** Planta herbácea de hojas recortadas, ásperas y comestibles, cuya raíz se utiliza para preparar una infusión de sabor parecido al del café: *Las hojas de achicoria se pueden consumir crudas en ensalada.* **2** Bebida que se obtiene por la infusión de la raíz tostada de esta planta y que se utiliza como sucedáneo del café: *Este café está tan malo que parece achicoria.*

achinado, da adj. Con facciones o rasgos parecidos a los de los chinos: *Este muchacho tiene los ojos achinados.*

achispar v. Referido a una persona, ponerla casi ebria o borracha: *El vino lo achispó y no paró de hablar en toda la noche. Se achispó con una copa de anís y empezó a reírse por todo.*

achuchado, da adj. **1** *col.* Con poco dinero: *Este mes andamos muy achuchados, porque ha habido pocas ventas.* **2** Difícil, duro o que plantea problemas: *Hay que ahorrar, que está la vida muy achuchada.*

achuchar v. *col.* Acariciar o abrazar cariñosamente: *La madre achuchaba con alegría al niño para que se riera. Una pareja se achuchaba en la parada del autobús.*

achuchón s.m. **1** Empujón o golpe leve que se da a alguien: *El autobús iba tan lleno que tuve que soportar los achuchones de la gente que quería salir.* **2** Caricia o abrazo cariñoso: *No des tantos achuchones al niño porque lo vas a hacer llorar.*

aciago, ga adj. Infeliz, nefasto o que presagia desgracias: *Aquel fue un día aciago para mí, tuve un accidente y se murió mi padre.*

acicalar v. Asear y arreglar con cuidado: *Acicaló a los niños para ir a ver a los abuelos. Tardó una hora en acicalarse para la fiesta.*

acicate s.m. Lo que resulta gratificante e impulsa a hacer o a desear algo; *incentivo: Sus planes no suponen ningún acicate para mí.*

acicular adj. Con forma de aguja o semejante a ella: *El pino tiene hojas aciculares.* □ MORF. Invariable en género.

acidez s.f. **1** Sabor ácido: *Al hacer tomate frito, se pone un poquito de azúcar para quitarle la acidez.* **2** Desagrado o aspereza en el trato: *La acidez con que le hablaba demostraba su antipatía hacia ella.* **3** En los aceites y en otras sustancias, cantidad de ácidos libres: *Este aceite tiene una acidez de un grado.* **4** ‖ **acidez de estómago.** Sensación de quemazón y malestar en el estómago, producida por el exceso de ácidos en el jugo gástrico: *No puedo tomar café porque me produce acidez de estómago.*

ácido, da ▌ adj. **1** De sabor amargo, parecido al del vinagre o al del limón: *Estas naranjas están tan ácidas que tendremos que tomarlas con azúcar.* 👁 **sabor** **2** Desagradable, malhumorado o áspero en el trato: *Su respuesta fue ácida y cortante. Si me vas a hacer una crítica ácida, es mejor que te calles.* **3** En química, referido a una sustancia, que tiene las propiedades de un ácido: *La lava ácida es la que tiene mayor cantidad de silicio o sílice.* ▌ s.m. **4** Sustancia química que puede formar sales combinándose con algún óxido metálico u otra base de distinta especie: *El ácido, al disolverse en el agua, cede iones de hidrógenos.* **5** *col.* En el lenguaje de la droga, variedad de una droga de fuertes efectos alucinógenos: *Una sobredosis de ácido le produjo la muerte.* **6** ‖ **ácido clorhídrico.** El gaseoso, incoloro y muy corrosivo, que se usa disuelto en el agua: *El ácido clorhídrico ataca a la mayoría de los metales.* ‖ **ácido desoxirribonucleico.** El que constituye el material genético de las células y que se encuentra fundamentalmente en el núcleo de estas: *Las siglas del ácido desoxirribonucleico son 'ADN'.* ‖ **ácido ribonucleico.** El que constituye el material genético de las células y que se encuentra fundamentalmente en el citoplasma de estas: *Las siglas del ácido ribonucleico son 'ARN'.* ‖ **ácido sulfhídrico.** Gas incoloro inflamable y que desprende un olor desagradable, que se origina en la putrefacción y en la descomposición de las proteínas: *El ácido sulfhídrico huele a huevos podridos.* ‖ **ácido sulfúrico.** El líquido de consistencia oleosa, incoloro e inodoro, que resulta muy cáustico: *Al mezclar agua y ácido sulfúrico, se desprende una gran cantidad de calor.* ‖ **ácido úrico.** Cuerpo sólido compuesto de carbono, hidrógeno y oxígeno, que en condiciones normales en los mamíferos existe en escasa cantidad y se elimina por la orina: *El exceso de ácido úrico produce una enfermedad que se llama 'gota'.*

acierto s.m. **1** Solución correcta entre varias posibilidades: *En la quiniela nunca he tenido más de diez aciertos.* **2** Habilidad, tino o destreza en lo que se hace: *Su acierto al dar en el blanco fue aplaudido por todos.* **3** Lo que tiene éxito o resultado adecuado: *Fue un acierto invitarlos a venir con nosotras.* **4** Coincidencia o casualidad: *Fue un acierto que nos encontráramos aquel día.*

acimut s.m. En astronomía, ángulo formado por el plano vertical de un astro y el plano meridiano del punto de observación: *Como es un ángulo, el acimut se puede medir con un cuadrante.* □ ORTOGR. Se admite también *azimut.* □ MORF. Su plural es *acimuts.*

aclamación s.f. **1** Acogida de una persona con voces o aplausos de aprobación o entusiasmo por parte de una multitud: *Los jugadores se retiraron entre las aclamaciones del público.* **2** ‖ **por aclamación.** Por unanimidad o con el consentimiento de todos: *El Parlamento manifestó con un aplauso que aprobaba la propuesta por aclamación.*

aclamar v. **1** Referido a una persona, darle voces o aplausos de aprobación o entusiasmo una multitud: *Los manifestantes aclamaron a sus líderes.* **2** Referido a un cargo o un honor, otorgarlo a una persona por unanimidad: *El pastor baptista fue aclamado líder del partido.*

aclaración s.f. **1** Explicación o puesta en claro: *Exijo una aclaración de tu comportamiento.* **2** En un escrito, nota o comentario: *Las aclaraciones finales de este capítulo nos fueron muy útiles.*

aclarado s.m. Limpieza con agua de algo que está enjabonado: *Avísame cuando la lavadora esté en el aclarado, porque tengo que echar el suavizante.*

aclarar ▌ v. **1** Quitar oscuridad o hacer más claro: *Estoy rubia porque uso un champú que aclara el pelo. La ropa blanca se aclara si la lavas con lejía.* **2** Quitar espesor o densidad: *Si la salsa ha quedado muy espesa, aclárala con un poco de agua. La pintura se aclara con aguarrás.* **3** Poner en claro o explicar; *despejar: Aclaró mis dudas con mucha amabilidad.* **4** Referido a algo que está enjabonado, quitarle el jabón con agua: *Esta lavadora no aclara bien la ropa. No puedo salir del baño hasta que no me aclare la cabeza.* **5** Referido a la voz, hacerla más perceptible: *Antes de empezar el recital, hizo gárgaras para aclarar la voz.* **6** Referido al tiempo atmosférico, mejorar o quedar despejado de nubes o de niebla: *Si esta noche no aclara, no podremos salir al campo.* **7** Amanecer o empezar la claridad del día: *Ya está aclarando y pronto saldrá el sol.* ▌ prnl. **8** *col.* Poner en claro las propias ideas: *Estoy hecho un lío sobre este asunto, y necesito aclararme.*

aclimatación s.f. Adaptación a un nuevo clima, ambiente o actividad: *Es muy difícil conseguir la aclimatación de plantas tropicales en los países nórdicos.*

aclimatarse v.prnl. Adaptarse a un nuevo clima, ambiente o actividad: *Esta planta se ha aclimatado muy bien al calor. Nunca logró aclimatarse a la vida del campo.*

b c d e f g h i j k l m n ñ o p q r s t u v w x y z

acné s.m. Enfermedad de la piel que se caracteriza por la inflamación de las glándulas sebáceas y la aparición de espinillas y granos, generalmente en la cara y en la espalda: *El acné es típico de la adolescencia.*

acobardamiento s.m. Sentimiento de miedo o de pérdida del ánimo y del valor: *La victoria fue debida más al acobardamiento del enemigo que al valor de los nuestros.*

acobardar v. Asustar, atemorizar o hacer perder el ánimo y el valor: *Nos acobardaron las dificultades. Se acobardó ante tantos problemas.*

acodarse v.prnl. Apoyarse en los codos: *Se acodó en la barandilla, sujetándose la cabeza y mirando al infinito.*

acogedor, -a adj. Agradable, cómodo, tranquilo o amistoso, esp. referido a un ambiente: *Es una casa confortable y acogedora.*

acoger ▮ v. **1** Referido a una persona, recibirla y aceptar su trato: *Lo acogió en su propia casa.* **2** Dar protección, refugio o amparo: *Este centro acoge a los que no tienen hogar.* **3** Admitir, aceptar o aprobar: *Acogieron la propuesta con gran entusiasmo.* ▮ prnl. **4** Referido a una persona, exigir para sí un derecho concedido por una ley, una norma o una costumbre: *Se acogió a la ley de servicio civil que sustituye al servicio militar.* **5** Valerse de algún pretexto para disimular o disfrazar algo: *Se acoge a la idea de que a mí no me conviene hacerlo.* ☐ ORTOGR. La *g* se cambia en *j* delante de *a, o* →**RECOGER**. ☐ SINT. 1. Constr. de la acepción 1: *acoger EN un lugar*. 2. Constr. como pronominal: *acogerse A algo*.

acogida s.f. **1** Recibimiento u hospitalidad que ofrece una persona: *Nos dispensaron una acogida muy cariñosa.* **2** Admisión, aceptación o aprobación: *Nunca supuse que el proyecto tuviese tan buena acogida.*

acogotar v. Vencer, intimidar, dominar de forma tiránica: *Lo acogotaron con amenazas y chantajes.*

acojonar v. **1** *vulg.malson.* →**acobardar**. **2** *vulg.malson.* Impresionar mucho.

acolchar v. **1** Poner lana, algodón u otras materias blandas entre dos telas que después se cosen unidas: *Voy a acolchar estas telas con guata para hacer una bolsa.* **2** Revestir con estas telas rellenas: *He acolchado el despacho para aislarlo de ruidos.*

acólito s.m. **1** En la Iglesia católica, seglar facultado para ayudar al sacerdote en el altar y distribuir la eucaristía: *Es un acólito, no un simple monaguillo.* **2** Persona que acompaña o sigue a otra y depende de ella: *Nadie se puede acercar a él, porque siempre va rodeado de sus acólitos.*

acometer v. **1** Atacar con fuerza o de forma impetuosa: *El perro acometió a los que atacaban a su amo.* **2** Referido esp. al sueño o a una enfermedad, venir o dar repentinamente; *atacar: Me acometió una fiebre altísima que me postró en la cama.* **3** Referido a una acción, emprenderla, decidirse a hacerla o empezar a ejecutarla: *Acometieron la ejecución del proyecto con entusiasmo.*

acometida s.f. **1** Ataque fuerte y violento: *El caballo del picador no pudo resistir la acometida del toro y cayó derribado.* **2** Instalación por la que se deriva hacia un edificio un fluido que circula por una conducción principal: *Ya han comenzado las obras para la acometida de la luz.*

acomodación s.f. **1** Colocación en el sitio que corresponde: *La acomodación de los invitados a la mesa llevó bastante tiempo.* **2** Adaptación del ojo para que la visión no se altere cuando varía la distancia o la luz del objeto que se mira: *Las personas que tienen vista cansada tienen poco poder de acomodación visual.*

acomodado, da adj. Que tiene muchos medios económicos: *Pertenece a una familia acomodada.*

acomodador, -a s. En algunos lugares públicos, esp. en cines y teatros, persona que se dedica profesionalmente a indicar a los asistentes los asientos que deben ocupar: *El acomodador me mostró con la linterna mi butaca.*

acomodar ▮ v. **1** Colocar en el lugar que corresponde: *La azafata nos acomodó en nuestros asientos. Se acomodó en la butaca y se dispuso a leer la novela.* **2** Disponer o arreglar convenientemente: *Acomódate el pelo, que con el aire te has despeinado.* **3** Amoldar o armonizar a una norma: *Tenemos que acomodar los impresos a la nueva norma. Estas disposiciones no se acomodan a lo que dice la ley.* **4** Concertar o conciliar: *Con esta propuesta el director intenta acomodar a las dos partes en disputa.* **5** Agradar o ser conveniente: *Hazlo como te acomode.* ▮ prnl. **6** Conformarse o avenirse a algo: *Hay que saber acomodarse a lo que se tiene.* ☐ SINT. Constr. de la acepción 6: *acomodarse A algo*.

acomodaticio, cia adj. Que se acomoda fácilmente a todo: *Es la persona más acomodaticia que conozco, porque se adapta rápidamente a cualquier situación.*

acomodo s.m. Alojamiento o lugar en el que se vive: *¿Has encontrado ya acomodo para esta noche?*

acompañamiento s.m. **1** Conjunto de personas que van acompañando a alguien; *comitiva: En un cortejo fúnebre, la familia del muerto abre el acompañamiento.* **2** Conjunto de alimentos que complementan el plato principal: *De segundo comí un filete con unas patatas de acompañamiento.* **3** En una composición musical, soporte o complemento armónico de la melodía principal, por medio de instrumentos o de voces: *La soprano cantó con un acompañamiento de piano.* **4** En música, provisión de este soporte o de un fondo musical a una voz solista, a un instrumento o a un coro: *El acompañamiento a un cantante solista suele correr a cargo de un pianista.*

acompañar v. **1** Referido a una persona, ir con ella o hacerle compañía: *¿Me acompañas al instituto?* **2** Referido a una persona, tener algo, esp. una cualidad: *Es antipático y encima la voz no le acompaña.* **3** Referido a una persona, participar de sus sentimientos: *Te acompaño en el sentimiento por la muerte de tu padre.* **4** Coincidir o existir simultáneamente: *El buen tiempo nos acompañó durante todo el viaje.* **5** Juntar, agregar o agrupar formando un conjunto: *Me gusta acompañar las comidas con un poco de vino. Para que sea válido el impreso, debe acompañarse de una fotocopia del carné de identidad.* **6** En música, referido esp. a un solista, proveerlo de un acompañamiento o fondo musical: *El pianista acompañó muy bien a la cantante. Los cantaores flamencos suelen acompañarse con una guitarra.* ☐ SINT. Constr. de la acepción 6: *acompañar(se) {AL/DE} un instrumento*.

acompasado, da adj. Que acostumbra a hablar o a moverse de forma pausada o rítmica: *Lo reconocí por sus andares acompasados.*

acompasar v. Referido a una cosa, adaptarla a otra: *Acompasaron sus movimientos a la música.*

acomplejar v. Causar o sentir una inhibición o un complejo psíquico: *Me acompleja con sus comentarios y sus aires de suficiencia. No te acomplejes por ser el más bajo de la clase, ya crecerás.* ☐ ORTOGR. Conserva la *j* en toda la conjugación.

acondicionador s.m. Producto cosmético para el cabello que se usa después del lavado, y que sirve para facilitar el peinado: *Con este acondicionador el pelo queda suelto y no se enreda.*

acondicionamiento s.m. Preparación adecuada de algo: *El acondicionamiento de la nueva vivienda se realizó en el plazo previsto.*

acondicionar v. **1** Preparar adecuadamente o poner en las condiciones adecuadas: *Han acondicionado el desván y lo usan como biblioteca.* **2** Referido a un espacio cerrado, darle las condiciones de temperatura, humedad del aire o presión necesarias para la salud o para la comodidad de quienes lo ocupan; *climatizar: Acondicionaron el museo para proteger los cuadros del calor y de la humedad.*

acongojar v. **1** Entristecer, afligir o apenar: *La enfermedad de su hijo la ha acongojado. Cuando nos contó su desgracia nos acongojamos.* **2** Causar o sentir preocupación o temor: *Lo acongojaba pensar que era muy tarde y que su hijo no había llegado. Cuando vi que venían hacia mí los atracadores, me acongojé.* ☐ ORTOGR. Conserva la *j* en toda la conjugación.

aconsejar ▮ v. **1** Dar un consejo: *No sé qué hacer y vengo a que me aconsejes.* **2** Recomendar o proponer: *Me aconsejó que me quedara en casa aquella noche.* ▮ prnl. **3** Pedir consejo: *Se aconsejaron con varios entendidos antes de invertir su dinero.* ☐ ORTOGR. Conserva la *j* en toda la conjugación.

acontecer v. Referido a un hecho, producirse, realizarse u ocurrir; *acaecer, suceder: En aquella época aconteció una terrible desgracia.* ☐ MORF. 1. Irreg.: Aparece una *z* delante de la *c* cuando la siguen *a, o* ⟶**PARECER**. 2. Es un verbo unipersonal: solo se usa en tercera persona y en las formas no personales (infinitivo, gerundio y participio).

acontecimiento s.m. Hecho o suceso, esp. si son importantes: *Aquella fiesta fue un acontecimiento en la vida social de la pequeña ciudad.*

acopio s.m. Acumulación o reunión de gran cantidad de algo: *Hicieron acopio de provisiones para la larga travesía.*

acoplamiento s.m. Unión y ajuste de dos cosas dispares, o de una pieza con otra o en el sitio que le corresponde: *La avería se produjo por un acoplamiento defectuoso de las piezas del motor.*

acoplar ▮ v. **1** Referido a dos cosas dispares, unirlas y ajustarlas: *Acoplaremos nuestros horarios de trabajo para poder poner en común los proyectos.* **2** Referido a una pieza, unirla y ajustarla a otra, o al sitio en el que debe colocarse: *Ya hemos acoplado las piezas del mueble y solo falta atornillarlas.* **3** Adaptar a un nuevo uso o a una nueva situación: *Si vas a vivir al extranjero, debes acoplar tus costumbres a las de tu nuevo país. Se sabe acoplar muy bien a todas las situaciones. Este matrimonio se ha acoplado muy bien.* ▮ prnl. **4** Referido a los animales, unirse sexualmente: *Las ballenas se acoplan cerca de la superficie del agua.* **5** Referido a dos sistemas acústicos electrónicos, producir interferencias que impiden una perfecta audición: *El micrófono y los altavoces se han acoplado y se ha oído un pitido muy molesto.*

acoquinar v. *col.* Acobardar o debilitar los ánimos: *Un proyecto tan peligroso acoquina a cualquiera. Se acoquinó ante los graves problemas que se le plantearon.* ☐ ORTOGR. Dist. de *apoquinar*.

acorazado s.m. Barco de guerra blindado, de gran tamaño y tonelaje: *La aviación enemiga hundió dos de los tres acorazados.* 👁 **embarcación**

acorazar v. Referido esp. a un buque de guerra o a una fortificación, protegerlos con un revestimiento de planchas de acero o de hierro: *Acorazaron los buques para hacerlos más resistentes a los ataques enemigos.* ☐ ORTOGR. La *z* se cambia en *c* delante de *e* ⟶**CAZAR**.

acorazonado, da adj. Con forma de corazón o semejante a él: *Algunos árboles tienen hojas acorazonadas.*

acorchar v. **1** Revestir de corcho: *Hemos acorchado las paredes para aislar del ruido la habitación.* **2** Volver fofo o con la textura del corcho: *El calor acorchó la fruta y la dejó insípida. La madera se ha acorchado y está seca.*

acordar ▮ v. **1** Referido a una decisión, llegar a ella de común acuerdo: *El Consejo de Ministros acordó retrasar la reunión.* **2** Determinar o deliberar individualmente: *Aunque no me apetecía, acordé pedirle el favor.* ▮ prnl. **3** Recordar o traer a la memoria: *No me acuerdo de cómo se llama.* ☐ MORF. Irreg.: La *o* diptonga en *ue* en los presentes, excepto en las personas *nosotros* y *vosotros* ⟶**CONTAR**. ☐ SINT. Constr. de la acepción 3: *acordarse* DE *algo*. ☐ SEM. Expresiones como *acordarse de la familia de alguien* se usan como fórmulas de insulto: *Cuando me dijo que no me pensaba pagar me acordé de toda su familia.*

acorde ▮ adj. **1** Conforme o de la misma opinión: *Todos se mostraron acordes con las medidas.* **2** Igual, correspondiente o en consonancia: *Viste acorde con los tiempos.* ▮ s.m. **3** En música, conjunto de tres o más notas combinadas de forma armónica y tocadas simultáneamente: *Está aprendiendo a tocar la guitarra y ya sabe algunos acordes.* ☐ MORF. Como adjetivo es invariable en género.

acordeón s.m. Instrumento musical de viento, formado por un fuelle con sus extremos cerrados por dos cajas y un juego de botones en cada una de ellas, o bien solo uno en la caja de la mano izquierda y un teclado de piano y otras llaves para seleccionar registros en la de la mano derecha: *Para tocar el acordeón, se cuelga de los hombros por medio de unas correas y se abre y cierra el fuelle con la mano izquierda.* 👁 **viento**

acordonar v. Referido a un lugar, cercarlo para incomunicarlo e impedir el acceso de la gente: *La policía acordonó la zona del crimen en espera de la llegada del forense.*

acorralar v. **1** Encerrar dentro de unos límites, impidiendo la salida: *La policía ha acorralado al ladrón en un piso del edificio.* **2** Confundir o dejar sorprendido y sin saber qué responder: *Acorralaron al entrevistado con preguntas que no se esperaba.*

acortamiento s.m. Disminución de la longitud, la duración o la cantidad de algo: *'Cine' es resultado del acortamiento de la palabra 'cinematógrafo'.*

acortar v. **1** Disminuir la longitud, la duración o la cantidad: *Me voy a acortar este vestido por encima de las rodillas. Según se acerca el invierno, se acortan los días.* **2** Referido a un camino, hacerlo más corto: *Si vamos por aquí acortaremos y conseguiremos llegar a tiempo. Yendo por ese atajo se acorta.*

acosar v. **1** Perseguir sin dar tregua o descanso: *El león acosó a su presa hasta derribarla.* **2** Importunar o molestar con continuas peticiones: *Los periodistas la acosaban con preguntas.*

acoso s.m. **1** Persecución sin tregua ni descanso: *Los ladrones no resistieron el acoso de la policía.* **2** Molestia causada por la insistencia de alguien: *Tuvo que soportar el acoso de los curiosos.*

acostar ▮ v. **1** Referido a una persona, echarla o tenderla, esp. en la cama, para que duerma o descanse: *Cuando se*

b c d e f g h i j k l m n ñ o p q r s t u v w x y z

desmayó, la llevaron a la cama y la acostaron. Se acuesta temprano porque tiene que madrugar. ▮ prnl. **2** Referido a una persona, mantener relaciones sexuales con otra: *Aseguró que nunca se había acostado con él.* ☐ MORF. Irreg.: La *o* diptonga en *ue* en los presentes, excepto en las personas *nosotros* y *vosotros* ⟶**CONTAR**. ☐ SINT. Constr. de la acepción 2: *acostarse* CON *alguien.*

acostumbrar v. **1** Adquirir o hacer adquirir una costumbre o un hábito: *Acostumbró a su hermano a llamar a la puerta antes de entrar. Me acostumbré rápidamente a mi nueva situación.* **2** Tener una costumbre o un hábito: *Acostumbra a madrugar incluso los días de fiesta.* ☐ SINT. Constr.: *acostumbrar* A *algo.*

acotación s.f. **1** Limitación o reducción: *El Gobierno ha acordado la acotación de las importaciones de productos agrarios.* **2** Reserva del uso y del aprovechamiento de un terreno mediante la colocación de determinadas marcas; *acotamiento: Se hizo la acotación de las zonas de recreo.* **3** Anotación de las cotas en un plano: *En el examen práctico los estudiantes de topografía tenían que realizar acotaciones de la carretera.* **4** Apunte o escritura de notas en el margen de un texto, esp. para explicarlo o para aclararlo: *Para sus acotaciones usa lápiz en vez de bolígrafo.* **5** En una obra teatral, nota que explica la acción o los movimientos de los personajes: *Valle-Inclán cuidaba el estilo de las acotaciones tanto como el del propio texto.*

acotamiento s.m. Reserva del uso y del aprovechamiento de un terreno mediante la colocación de determinadas marcas; *acotación: Solicitó al Ayuntamiento que le permitiera realizar el acotamiento de sus terrenos.*

acotar v. **1** Limitar o reducir: *Debes acotar el tema de tu trabajo porque me parece demasiado amplio.* **2** Referido a un terreno, reservar su uso y su aprovechamiento marcándolo generalmente con cotos o mojones: *Han acotado el terreno que van a dedicar a zona de caza.* **3** Referido a un plano, ponerle números que indican la longitud, la distancia o la altura de un punto: *Los topógrafos acotaban el plano de la zona, anotando en cada punto su altura sobre el nivel del mar.* **4** Referido a un texto, ponerle notas al margen, esp. para explicarlo o aclararlo: *En esa editorial acotan los textos de divulgación con las definiciones de las palabras menos usuales.*

ácrata adj./s. Que sigue o que defiende la supresión de toda autoridad: *Su comportamiento ácrata hace que sus jefes recelen de él. Es un ácrata y dice que la autoridad aliena al individuo.* ☐ MORF. 1. Como adjetivo es invariable en género. 2. Como sustantivo es de género común y exige concordancia en masculino o en femenino para señalar la diferencia de sexo: *el ácrata, la ácrata.* 3. Cuando es un sustantivo femenino, pese a empezar por *a* tónica o acentuada, va siempre precedido de las formas femeninas de los determinantes. ☐ SEM. Dist. de *anarquista* (partidario de la abolición del Estado y de toda forma de gobierno).

acre ▮ adj. **1** De olor o sabor picante y áspero: *El ajo tiene un olor acre que no me gusta.* **2** Referido al carácter o a la forma de hablar, desagradable o desapacible: *Sus respuestas son siempre acres y ofensivas.* ▮ s.m. **3** En el sistema anglosajón, unidad de superficie que equivale aproximadamente a 40,47 áreas: *Este terreno mide 20 acres.* ☐ MORF. Como adjetivo: 1. Invariable en género. 2. Su superlativo es *acérrimo.*

acrecentar v. Hacer mayor en tamaño, en cantidad o en intensidad; *aumentar: Con estas inversiones ha logrado acrecentar fabulosamente su fortuna. Cada día se acrecentaba su amor hacia ellos.* ☐ MORF. Irreg.: La *e* final de la raíz diptonga en *ie* en los presentes, excepto en las personas *nosotros* y *vosotros* ⟶**PENSAR**.

acreditación s.f. Certificación de que una persona posee las facultades necesarias para desempeñar un determinado cargo, mediante un documento: *Los guardias solicitaron mi acreditación como periodista.*

acreditar v. **1** Hacer digno de crédito o probar la certeza: *Acreditó la verdad de su testimonio presentando varios testigos.* **2** Dar o lograr fama o reputación: *El número de compradores acredita este producto. Se acreditaron como los mejores en su especialidad.* **3** Referido a algo con determinada apariencia, asegurar que es lo que parece: *Este documento acredita la autenticidad de esta obra de arte.* **4** Referido a una persona, asegurar un documento que posee las facultades necesarias para desempeñar un cargo: *Este carné me acredita como el delegado de la empresa.*

acreedor, -a adj./s. **1** Que tiene derecho a que se le pague una deuda: *Si no pagas a la entidad acreedora, te denunciarán. Como debe mucho dinero, le persiguen los acreedores.* **2** Que tiene mérito suficiente para obtener algo: *Quieren dar el contrato a una empresa que sea acreedora a nuestra confianza. Por su dedicación al trabajo se ha hecho acreedor a un ascenso.* ☐ SINT. Constr. de la acepción 2: *acreedor* A *algo.*

acribillar v. **1** Hacer muchos agujeros, heridas o picaduras: *Lo acribillaron a balazos. Me están acribillando los mosquitos.* **2** col. Molestar insistentemente: *La entrevistadora nos acribilló a preguntas.*

acrílico, ca adj. Referido a una fibra o a un material plástico, que se obtienen por una reacción química de un ácido que procede de la glicerina, o de sus derivados: *He pintado las ventanas con pintura acrílica.*

acristalar v. Referido un lugar, esp. a una puerta o a una ventana, colocarles cristales: *Han acristalado la galería.*

acritud s.f. Mordacidad o brusquedad en las palabras o en el carácter: *Criticaba todo con acritud.*

acrobacia s.f. **1** Ejercicio gimnástico o deportivo difícil de realizar, que se hace como espectáculo público y que consiste principalmente en hacer equilibrios en el aire: *Aquel payaso hizo varias acrobacias muy divertidas.* **2** Maniobra o ejercicio espectaculares que hace un avión en el aire: *Una escuadrilla militar ganó el campeonato de acrobacia aérea.* **3** Lo que se hace con gran habilidad a pesar de su dificultad o de su complicación: *Tuve que hacer acrobacias para poder llegar a fin de mes con un sueldo tan pequeño.* ☐ SINT. En la acepción 3, se usa más en la expresión *hacer acrobacias.*

acróbata s. Persona que se dedica profesionalmente a la realización de acrobacias o ejercicios difíciles y arriesgados como espectáculo público: *Es un acróbata muy bueno en la cuerda floja y en el trapecio.* ☐ MORF. Es de género común y exige concordancia en masculino o en femenino para señalar la diferencia de sexo: *el acróbata, la acróbata.*

acrobático, ca adj. De la acrobacia, del acróbata o relacionado con ellos: *Realizó difíciles ejercicios acrobáticos.*

acrofobia s.f. Temor anormal y angustioso a las alturas: *No puede asomarse a la terraza del quinto piso porque padece acrofobia.*

acronimia s.f. Procedimiento de formación de palabras que consiste en la sustitución de un grupo de palabras por una abreviatura formada por sus letras o sílabas iniciales: *'Renfe' se ha formado por acronimia a partir de 'Red Nacional de Ferrocarriles Españoles'.*

acrónimo s.m. Palabra formada a partir de una sigla que se pronuncia con sílabas, no deletreándola: *'Ovni' es el acrónimo de 'Objeto Volador No Identificado'.* □ USO →APÉNDICE DE SIGLAS.

acrópolis s.f. En las antiguas ciudades griegas, parte más alta y fortificada: *Cuando estuvimos en Atenas, visitamos la acrópolis y los palacios y templos que en ella se conservan.* □ MORF. Invariable en número.

acróstico, ca adj./s.m. Referido a una composición poética, que está formada por versos cuyas letras iniciales, medias o finales, leídas verticalmente, constituyen una palabra o una frase: *Las composiciones acrósticas, frecuentemente dirigidas a amores secretos o imposibles, abundaron en la poesía cortesana medieval. El texto de la 'Celestina' va precedido de un acróstico en el que se lee el nombre de su autor, Fernando de Rojas, su lugar de nacimiento y el título de la obra.*

acta s.f. **1** Relación escrita de lo sucedido, tratado o acordado en una reunión o en una junta: *Ya se han publicado las actas del III Congreso de Numismática.* **2** Certificación o constancia oficiales de un hecho: *Una vez que el profesor ha firmado las actas, es muy difícil poder cambiar la nota de un alumno.* **3** Certificación o documento en los que consta el resultado de la elección de una persona para un cargo: *Presentó en el Congreso su acta de diputado.* **4** ‖ **levantar acta.** Extenderla o escribirla: *El juez mandó levantar acta de lo sucedido.* □ MORF. Por ser un sustantivo femenino que empieza por *a* tónica o acentuada, va precedido de *el*, *un*, *algún*, *ningún* y de las formas femeninas del resto de los determinantes.

actínido ▮ adj./s.m. **1** Referido a un elemento químico, que tiene un número atómico comprendido entre el 90 y el 103, ambos inclusive: *El fermio es un elemento químico actínido. El curio es un actínido artificial.* ▮ s.m.pl. **2** Grupo formado por estos elementos químicos: *El estudio de algunos elementos de los actínidos condujo a la fabricación de la bomba atómica.*

actinio s.m. Elemento químico, metálico y sólido, de número atómico 89, que es de color plateado, radiactivo y escaso: *El actinio se encuentra en algunos compuestos de uranio.* □ ORTOGR. Su símbolo químico es *Ac*.

actitud s.f. **1** Comportamiento o estado de ánimo que se manifiesta exteriormente: *Con esa actitud no conseguirás nada.* **2** Postura o gesto del cuerpo, esp. cuando expresa algo: *El perro me gruñó en actitud amenazadora.* □ ORTOGR. Dist. de *aptitud*.

activación s.f. **1** Aceleración o aumento de la intensidad o de la rapidez de algo: *Su objetivo político es la activación de las conversaciones de paz.* **2** Puesta en funcionamiento de un mecanismo: *La activación de la alarma hizo huir a los ladrones.*

activar v. **1** Avivar, acelerar o aumentar la intensidad o la rapidez de algo: *Las declaraciones del ministro activaron la marcha de las negociaciones. Echaron más carbón a la caldera para que la locomotora se activase.* **2** Referido a un mecanismo, ponerlo en funcionamiento: *Activaron la bomba uniendo dos de los cables. El mecanismo de arranque del coche se activa mediante la llave de contacto.* **3** En física, referido a una sustancia, hacerla radiactiva: *Activaron la sustancia bombardeándola con partículas de energía.*

actividad s.f. **1** Conjunto de trabajos o tareas propios de una persona o de una entidad: *La actividad de esta empresa se centra en la exportación.* **2** Capacidad de actuar o de tener un efecto, esp. si es eficaz: *El calentamiento de la atmósfera es consecuencia de la actividad solar.* **3** ‖ **en actividad.** En acción: *El volcán ha entrado en actividad.*

activismo s.m. Actitud que defiende la importancia de la acción frente a la discusión teórica, esp. en política: *Movidos por su activismo, algunos miembros del partido ya han empezado a repartir propaganda durante el congreso.*

activista s. En una asociación o en un partido, miembro que interviene activamente o practica la acción directa: *Los activistas intervinieron en la violenta campaña de propaganda de su grupo político.* □ MORF. Es de género común y exige concordancia en masculino o en femenino para señalar la diferencia de sexo: *el activista, la activista*.

activo, va ▮ adj. **1** Que actúa o que tiene la posibilidad de actuar: *Es miembro activo de la asociación de vecinos del barrio.* **2** Diligente, eficaz o con gran capacidad de acción: *Es una mujer tan activa que no sabe estar sin hacer nada.* **3** Que produce efecto rápidamente: *Le dieron un medicamento muy activo para bajarle pronto la fiebre.* **4** En gramática, que expresa que el sujeto realiza la acción del verbo: *'Comer' es el infinitivo en la voz activa de este verbo y 'ser comido', el infinitivo en la voz pasiva.* **5** Referido esp. a una sustancia, que tiene capacidad para emitir energía o para provocar una acción física o química: *El cloro es un elemento químico muy activo.* ▮ s.m. **6** Conjunto de bienes que posee una persona o una entidad: *Esta sociedad cuenta en su activo con varios paquetes de acciones en Bolsa.* **7** ‖ **en activo.** Referido esp. a un funcionario, que está trabajando o prestando servicio: *Todavía está en activo, porque le falta un mes para jubilarse.* ‖ **por activa y por pasiva.** *col.* De todos los modos: *Ya lo hemos intentado por activa y por pasiva, y seguimos sin encontrar la solución.*

acto s.m. **1** Hecho o acción: *Cada uno es responsable de sus actos.* **2** Acontecimiento público o solemne: *El acto de apertura del nuevo curso académico es el lunes.* **3** En una obra teatral o escénica, cada una de las partes principales en que están divididas: *Con Lope de Vega se impone el modelo de comedia en tres actos.* **4** En derecho, disposición legal: *La firma de un contrato es un acto jurídico, y la toma de posesión de un funcionario es un acto administrativo.* **5** ‖ **acto seguido.** Inmediatamente después: *Nos dio todas sus razones para abandonar el proyecto y, acto seguido, se fue.* ‖ **acto sexual.** Unión sexual de los mamíferos, esp. de las personas; *coito*: *Realizar el acto sexual con un menor está penado por la ley.* ‖ **en el acto.** En seguida o inmediatamente: *La policía acudió en el acto al lugar del accidente.* ‖ **hacer acto de presencia. 1** Presentarse o estar presente en un lugar: *El director no hizo acto de presencia en la reunión.* **2** Asistir brevemente y por simple formalidad a una reunión o ceremonia: *Su familia solo hizo acto de presencia al final de la fiesta.* □ ORTOGR. Dist. de *apto*.

actor s.m. **1** Persona que representa un papel en el teatro, en el cine, en la radio o en la televisión; *comediante, cómico*: *Este actor trabajaba antes en un programa de radio.* **2** ‖ **actor de reparto.** El que habitualmente representa papeles secundarios y no actúa como protagonista: *Le dieron un premio al mejor actor de reparto.* □ MORF. Su femenino es *actriz*; incorr. **la actora*.

actriz s.f. de **actor**.

actuación s.f. **1** Realización de actos libres y conscientes, o de actos propios de la naturaleza de una persona o de una cosa: *Su actuación nos dejó en evidencia.* **2** Interpretación de un papel, esp. en una obra teatral o cinematográfica: *Su actuación en la película como hombre de negocios fue brillante.*

actual adj. **1** Que existe, sucede o se usa en el momento en que se habla: *La tecnología actual ha alcanzado un alto grado de desarrollo.* **2** Que está de moda o que tiene actualidad: *Estos trajes tienen un diseño muy actual.* □ MORF. Invariable en género.

actualidad s.f. **1** Tiempo presente: *En la actualidad, los medios de comunicación desempeñan un importante papel en la sociedad.* **2** Lo que atrae y ocupa la atención de la gente en un determinado momento: *Cuando leo el periódico siempre voy directamente a las noticias de actualidad nacional.*

actualización s.f. **1** Adaptación al momento de que se habla o puesta al día de algo que se ha quedado atrasado: *Un médico necesita la actualización continua de sus conocimientos.* **2** Puesta de moda o de actualidad: *Con la edición de esta antología se busca la actualización de las viejas glorias de nuestras letras.* **3** En lingüística, proceso mediante el cual los elementos de la lengua adquieren una significación y una función reales en el habla: *La palabra 'casa' está en mi memoria, pero si la coloco en la oración 'la casa es bonita', realizo su actualización.*

actualizador, -a adj./s.m. En lingüística, que permite actualizar un elemento de la lengua o hacer que este adquiera una significación y una función reales en el habla: *El morfema de tiempo de la forma 'cantaré' es un morfema actualizador porque refiere la noción de 'cantar' a un tiempo futuro. Los artículos y los demostrativos son actualizadores.*

actualizar v. **1** Referido esp. a algo que se ha quedado atrasado, hacerlo actual o ponerlo al día: *Debes actualizar esos datos porque son de hace diez años. Esta es una edición adaptada para niños y se ha actualizado el lenguaje.* **2** Poner de moda o de actualidad: *Esta película actualiza a ese olvidado actor.* **3** En lingüística, referido a un elemento de la lengua, hacer que adquiera una significación y una función reales en el habla: *Al actualizar el sustantivo 'coche' mediante el posesivo 'mi', dicho sustantivo pasa a aludir a un coche concreto.* □ ORTOGR. La *z* se cambia en *c* delante de *e* →**CAZAR**.

actuar v. **1** Obrar o realizar actos libres y conscientes: *En esa ocasión actuó con acierto.* **2** Referido a una persona o a una cosa, realizar actos propios de su naturaleza: *Este medicamento actúa con rapidez.* **3** Interpretar un papel, esp. en una obra teatral o cinematográfica: *En esta obra de teatro actúa mi actor favorito.* **4** Trabajar en un espectáculo público: *En aquel concierto no actuó ningún cantante famoso.* **5** Producir un determinado efecto sobre algo: *Esta enfermedad actúa sobre el organismo anulándole las defensas.* □ ORTOGR. La *u* lleva tilde en los presentes, excepto en las personas *nosotros* y *vosotros* →**ACTUAR**.

acuarela s.f. **1** Técnica pictórica que se caracteriza por la utilización de colores diluidos en agua: *La acuarela permite captar muy bien la luz de de los paisajes.* **2** Pintura sobre papel o cartón realizada con esta técnica: *Hay una exposición de acuarelas de un famoso pintor impresionista.* **3** Sustancia con la que se realiza esta pintura: *Mi caja de acuarelas tiene doce colores.*

acuario ▌adj./s. **1** Referido a una persona, que ha nacido entre el 21 de enero y el 18 de febrero aproximadamente (por alusión a Acuario, undécimo signo zodiacal): *Soy acuario, porque nací el 28 de enero. Para un acuario es muy importante la amistad.* ▌s.m. **2** Recipiente acondicionado para mantener vivos plantas o animales acuáticos: *En mi acuario tengo varios peces y una culebrilla.* **3** Lugar destinado a la exhibición de animales acuáticos vivos: *El acuario fue lo que más me gustó del zoo.* □ MORF. 1. Como adjetivo es invariable en género. 2. En la acepción 1, como sustantivo es de género común y exige concordancia en masculino o en femenino para señalar la diferencia de sexo: *el acuario, la acuario.* □ USO En la acepción 3, es innecesario el uso del latinismo *aquarium*.

acuartelamiento s.m. **1** Reunión o permanencia de la tropa en el cuartel, preparada para la realización de una actividad o para la intervención en caso de alteraciones: *Ante los rumores de un golpe de Estado, el general ordenó el acuartelamiento de las tropas.* **2** Lugar en el que se acuartela la tropa: *Los soldados se retiraron a su acuartelamiento.*

acuartelar v. Referido a la tropa, reunirla o hacer que permanezca en el cuartel preparada para la realización de una actividad o para la intervención en caso de alteraciones: *Ante la importancia de la catástrofe natural, se ordenó acuartelar la tropa para su posible participación en las tareas de ayuda.*

acuático, ca adj. **1** Del agua o relacionado con esta sustancia líquida: *Practico todos los deportes acuáticos, excepto el esquí.* **2** Que vive en el agua: *Los patos son aves acuáticas.* 👁 **pico**

acuatizar v. Referido a un hidroavión, posarse en el agua: *El hidroavión de rescate acuatizó en el lago para recoger a los buzos.* □ ORTOGR. La *z* se cambia en *c* delante de *e* →**CAZAR**.

acuchillado s.m. Operación que consiste en raspar y alisar los suelos de madera para después barnizarlos o encerarlos: *El acuchillado del parqué fue más caro que el barnizado.*

acuchillar v. **1** Herir o matar con un arma blanca, esp. con un cuchillo: *Fue acuchillado por un desconocido. Desde su casa vio cómo dos hombres se acuchillaban en una pelea.* **2** Referido a una superficie de madera, alisarla con una cuchilla o con otra herramienta adecuada: *Hemos acuchillado el parqué del salón.*

acuciar v. **1** Referido a una persona, estimularla o impulsarla para que se dé prisa en realizar algo: *El jefe no dejó de acuciarme para que terminara las facturas cuanto antes.* **2** Inquietar o disgustar: *Aquel silencio tan sospechoso me acuciaba.* □ ORTOGR. La *i* nunca lleva tilde.

acudir v. **1** Ir a un lugar por conveniencia o por haber sido llamado: *Acudieron en su ayuda al oír los gritos.* **2** Ir con frecuencia a algún lugar: *Acudía a clases nocturnas al salir del trabajo.* **3** Referido a algo inmaterial, presentarse o sobrevenir: *Las imágenes del accidente acudían a mi mente cada vez que pasaba por aquel lugar.* **4** Referido esp. a una persona, recurrir a ella o valerse de su ayuda para algún fin: *Acudieron a la directora del centro para protestar por el trato recibido.*

acueducto s.m. Conducto artificial por el que va el agua a un lugar determinado, esp. referido al que se construye para abastecer de agua una ciudad: *El acueducto de Segovia fue construido por los romanos.*

acuerdo s.m. **1** Decisión tomada en común por dos o

a b c d e f g h i j k l m n ñ o p q r s t u v w x y z

más personas o entidades: *Después de varias horas de discusión llegaron a un acuerdo.* **2** Decisión tomada por una sola persona: *Mi acuerdo es votar en contra de ese proyecto.* **3** ‖ **de acuerdo. 1** Conforme o con la misma opinión: *Nunca estás de acuerdo conmigo.* **2** Expresión que se usa para indicar asentimiento o conformidad: *Cuando le pregunté si se venía con nosotros contestó: «De acuerdo».* □ SEM. Dist. de *consenso* (consentimiento).

acuífero, ra ▮ adj. **1** Referido esp. a un conducto o a un tejido de un organismo, que tiene o lleva sustancias líquidas, generalmente agua: *Los cactus almacenan gran cantidad de agua en un tejido acuífero.* ▮ adj./s.m. **2** En geología, referido esp. a una capa o a una zona del terreno, que contiene agua: *En esta zona acuífera está proyectado hacer un pozo. Los acuíferos se encuentran en terrenos impermeables.*

acullá adv. A la parte opuesta del que habla: *Acá nos batimos en duelo con quien daña nuestra honra, y acullá tengo oído que se hace de la misma manera.* □ USO Su uso es característico del lenguaje escrito.

acumulación s.f. Reunión y amontonamiento de algo, esp. si se hace en gran cantidad: *La acumulación de riquezas es su único objetivo en la vida.*

acumular v. Juntar y amontonar, esp. si se hace en gran cantidad: *Acumularon una gran riqueza. El trabajo atrasado se le acumulaba encima de la mesa.*

acunar v. Referido a un niño, mecerlo en la cuna o en los brazos: *El bebé empezaba a llorar en cuanto dejaban de acunarlo.*

acuñación s.f. **1** Fabricación de moneda: *Ya no hay acuñación de monedas de oro de curso legal.* **2** Estampación de relieves en una pieza metálica, esp. en una moneda o en una medalla, por medio de troqueles o cuños: *La acuñación de estas medallas conmemorativas ha salido defectuosa.* **3** Creación o formación de una expresión o de un concepto, esp. cuando logran difusión o permanencia: *Para la acuñación de nuevos términos científicos se sigue recurriendo a raíces grecolatinas.*

acuñar v. **1** Referido a una moneda, fabricarla: *Ya no se acuñan monedas de oro y plata para el uso normal.* **2** Referido esp. a una moneda o a una medalla, estamparles los relieves por medio de troqueles o cuños: *Actualmente se acuñan las monedas de forma mecánica.* **3** Referido esp. a una expresión o a un concepto, crearlos o darles forma, esp. cuando logran difusión o permanencia: *Parece que fue Azorín quien acuñó la expresión 'Generación del 98' para referirse al grupo que supuestamente forman Unamuno, Machado y otros escritores.* **4** Poner cuñas: *Después de montar la estantería, la acuñaron para asegurar su estabilidad.* □ SEM. No debe emplearse con el significado de 'acumular': *{*Acuñó > Acumuló} una gran fortuna.*

acuoso, sa adj. **1** Que tiene mucha agua: *La sopa te ha quedado demasiado acuosa.* **2** De agua o relacionado con ella: *Mojó el papel con una sustancia acuosa.* **3** Parecido al agua o que tiene alguna de sus características: *Esta sustancia tiene una consistencia acuosa.* **4** Referido a una fruta, que tiene mucho jugo: *La pera es una fruta acuosa.*

acupuntura s.f. Técnica curativa de origen oriental que consiste en clavar una o más agujas en determinados puntos del cuerpo humano para curar ciertas enfermedades: *Los chinos y los japoneses emplean la acupuntura desde la Antigüedad.*

acurrucarse v.prnl. Encogerse para resguardarse del frío o por otro motivo: *Se acurrucó junto a su madre y se quedó dormida.* □ ORTOGR. La *c* se cambia en *qu* delante de *e* →**SACAR**.

acusación s.f. **1** Atribución a una persona de un delito, una culpa o una falta: *Sobre ellos cayó la acusación del secuestro de la joven.* **2** En derecho, persona o grupo de personas encargadas de demostrar en un juicio la culpabilidad de alguien: *La acusación fue más hábil que la defensa.* **3** Documento o discurso en el que se afirma la culpabilidad de alguien: *El juez pidió silencio en la sala para leer la acusación.*

acusado, da ▮ adj. **1** Que destaca y se percibe fácilmente: *Tiene una acusada tendencia a la fantasía.* ▮ s. **2** Persona a la que se acusa: *El acusado se declaró inocente ante el juez.*

acusar v. **1** Referido a una persona, atribuirle un delito, una culpa o una falta: *Tu compañero te acusó de haber robado ese dinero. Me acuso de todos mis pecados.* **2** Reflejar o manifestar como efecto o consecuencia de algo: *En el segundo tiempo, los jugadores acusaron el esfuerzo realizado y fallaron varios goles.* **3** Manifestar, descubrir o hacer evidente: *Su nerviosismo acusa su falta de práctica en estas cosas.* **4** Referido al recibo de algo, esp. de una carta o de un documento, notificarlo o hacerlo constar: *Ya he acusado recibo del paquete que me enviaron.* □ SINT. Constr. de la acepción 1: *acusar* DE *algo.*

acusativo s.m. →**caso acusativo.**

acuse ‖ **acuse de recibo.** Notificación o comunicación de que se ha recibido algo: *En esta oficina, los acuses de recibo se suelen hacer por teléfono.*

acusica adj./s. *col.* →**acusón, -a.** □ MORF. Como adjetivo es invariable en género; como sustantivo es de género común: *el acusica, la acusica.*

acusón, -a adj./s. *col.* Referido a una persona, que denuncia o acusa, esp. si lo hace en secreto y cautelosamente; *delator: Este acusón se chivó de todos nuestros planes.* □ MORF. *Acusica* como adjetivo es invariable en género y como sustantivo es de género común y exige concordancia en masculino o en femenino para señalar la diferencia de sexo: *el acusica, la acusica.*

acústico, ca ▮ adj. **1** Del órgano del oído o relacionado con él: *Oye con dificultad porque tiene dañado el nervio acústico.* **2** De la acústica o relacionado con esta parte de la física: *Consiguió un buen aislamiento acústico de la casa.* **3** Que favorece la producción o la propagación del sonido: *La audición de la sala es perfecta gracias a diversos aparatos acústicos.* ▮ s.f. **4** Parte de la física que trata de la producción, la propagación, la recepción y el control del sonido: *La acústica estudia la forma en que el oído humano reacciona ante los sonidos.* **5** Conjunto de las características sonoras de un local: *La acústica del nuevo auditorio es muy buena.*

adagio s.m. **1** Sentencia o frase breves, de origen popular y que expresan una observación o un principio generalmente de carácter moral: *No siempre es cierto el adagio 'Más vale tarde que nunca'.* **2** En música, aire o velocidad lentos con que se ejecutan una composición o un pasaje: *El adagio es un aire más lento que el andante y más rápido que el largo.* **3** En música, composición o pasaje que se ejecutan con este aire: *En el concierto interpretaron el adagio de Albinoni.* □ PRON. En las acepciones 2 y 3, se usa mucho la pronunciación del italiano [adáyo].

adalid s.m. Guía o persona que destaca en un partido, corporación o escuela: *Esa mujer es el adalid de las nuevas corrientes pedagógicas.*

adán s.m. *col.* Hombre sucio o descuidado en su aspecto externo (por alusión a Adán, primer hombre según la Biblia): *No sé cómo no te da vergüenza ir siempre hecho un adán con esas ropas tan viejas.*

adaptabilidad s.f. **1** Capacidad de un objeto para acomodarse o ajustarse a otro: *Eligió un mueble de módulos por su gran adaptabilidad al espacio de la habitación.* **2** Capacidad para acostumbrarse a una situación: *Esta planta se caracteriza por su adaptabilidad a todo tipo de ambientes.* **3** Capacidad que algo tiene para desempeñar funciones distintas de aquellas para las que fue creado: *La adaptabilidad de esta aparato permite darle distintos usos con solo cambiar la pieza del final de su brazo.*

adaptación s.f. **1** Adquisición de lo necesario para acostumbrarse o amoldarse a situaciones distintas: *Su adaptación a la vida de la ciudad fue muy rápida.* **2** Proceso por el que un ser vivo se acomoda al medio en que vive: *Algunas especies se extinguieron porque no lograron su adaptación a los cambios del medio ambiente.* **3** Acomodación o ajuste de un objeto a otro: *La elasticidad de esta prenda permite una perfecta adaptación a la forma del cuerpo.* **4** Transformación de un objeto o de un mecanismo para que desempeñe funciones distintas de aquellas para las que fue construido: *Muchos antiguos teatros han sufrido una adaptación que los ha convertido en salas de cine.* **5** Modificación de una creación intelectual, esp. de una obra científica, literaria o musical, para darle una forma diferente de la original: *Encargué la adaptación de esta novela para que pueda representarse en un teatro. Me dedico a la adaptación de literatura clásica para niños.*

adaptador s.m. Dispositivo o aparato que sirve para acoplar elementos de distinto tamaño o forma, o que tienen diferente finalidad: *Necesito un adaptador, porque esta clavija es más gruesa que los agujeros del enchufe.*

adaptar ▌v. **1** Referido a un objeto, acomodarlo o ajustarlo a otro: *Tienes que adaptar el largo de las mangas a la medida tus brazos. Estas zapatillas son de un material muy flexible y se adaptan muy bien al pie.* **2** Referido a un objeto o a un mecanismo, hacer que desempeñe funciones distintas de aquellas para las que fue construido: *Van a adaptar el local para convertirlo en una sala de fiestas.* **3** Referido esp. a una obra científica, literaria o musical, darles una forma diferente de la original, o modificarlas para que puedan difundirse por un medio y entre un público distintos de aquellos para los que fueron concebidas: *El propio autor va a adaptar su novela al cine.* ▌prnl. **4** Referido esp. a una persona, acostumbrarse o amoldarse a situaciones distintas: *Si quieres seguir con nosotros, tendrás que adaptarte a nuestro ritmo de vida.* ☐ ORTOGR. Dist. de *adoptar*.

adarga s.f. Escudo de cuero con forma ovalada o de corazón: *El soldado se protegió con la adarga.*

adecentar v. Poner limpio y ordenado: *A ver si adecentas un poco tu mesa de trabajo. Voy a adecentarme para salir a comprar.*

adecuación s.f. Adaptación entre dos cosas: *Hay una perfecta adecuación entre sus ideas y sus acciones.*

adecuado, da adj. Que es apropiado o que cumple las características oportunas para el fin al que se destina: *Se puso un traje adecuado para la ceremonia.*

adecuar v. Referido a una cosa, adaptarla o acomodarla a otra: *Adecuó sus explicaciones a la edad de los alumnos.* ☐ ORTOGR. La *u* puede llevar tilde en los presentes, excepto en las personas *nosotros* y *vosotros* →**ACTUAR**, o no llevarla nunca →**AVERIGUAR**.

adefesio s.m. **1** *col.* Persona o cosa muy fea, ridícula o extravagante: *Con ese vestido vas hecha un adefesio.* **2** *col.* Prenda de vestir o adorno ridículo y extravagante: *Lleva unos adefesios que son para troncharse.*

adelantado, da ▌adj. **1** Referido esp. a una persona, que destaca pronto por su talento en alguna actividad; precoz: *Fue una niña muy adelantada para aprender a leer.* **2** Que es excelente o que lleva ventaja: *Es una obra adelantada a la mentalidad de la época.* ▌s.m. **3** Antiguo cargo de gobernador político y militar de una provincia fronteriza: *En la Reconquista, los adelantados eran los encargados de vigilar de cerca el territorio árabe.* **4** ‖ **por adelantado.** Anticipadamente o con antelación a que algo se realice: *Tuve que pagar por adelantado.*

adelantamiento s.m. **1** Movimiento de ida hacia adelante en el espacio o en el tiempo: *No me enteré del adelantamiento del concierto y llegué cuando ya había empezado.* **2** Superación que un vehículo hace de otro que va más lento que él: *Los adelantamientos en una curva cerrada son muy peligrosos por la falta de visibilidad.*

adelantar ▌v. **1** Mover o llevar hacia adelante: *Adelantó el sofá para colocar bien el armario. Se adelantó unos pasos para saludarme.* **2** Referido a un reloj, correr hacia adelante sus agujas: *He adelantado el reloj cinco minutos para ver si así llego puntual.* **3** Referido a algo que está delante, sobrepasarlo o dejarlo atrás: *Salieron después que nosotros, pero nos adelantaron por el camino. Me adelanté unos metros para hacerles una foto.* **4** Referido a algo que todavía no ha sucedido, hacer que ocurra antes de lo señalado o de lo previsto: *Adelantamos la salida para no encontrar atasco.* **5** Referido a dinero, darlo o entregarlo antes de la fecha normal o señalada: *Mis padres me han adelantado el dinero, pero se lo iré devolviendo poco a poco.* **6** Referido a una noticia, darla antes de lo previsto; avanzar: *Un informativo adelantó las noticias más importantes del telediario.* **7** Progresar, avanzar o pasar a un estado mejor: *Las obras han adelantado mucho en este mes.* **8** Referido a un reloj, ir más deprisa de lo que debe y señalar una hora que todavía no ha llegado: *Tendré que llevar el reloj a arreglar, porque adelanta diez minutos cada día.* ▌prnl. **9** Ocurrir antes del tiempo señalado o previsto: *Este año las lluvias se han adelantado.* **10** Referido a una persona, ejecutar una acción antes que otra: *Se adelantó a la bajada de la Bolsa y vendió sus acciones en el momento justo.* ☐ SEM. En las acepciones 4, 5, 6, 9 y 10, es sinónimo de *anticipar*.

adelante ▌adv. **1** Más allá en el tiempo o en el espacio: *Pienso seguir adelante con mis proyectos.* ▌interj. **2** Expresión que se usa para indicar que se puede entrar en el sitio en el que está la persona que habla: *Cuando llamé a la puerta una voz dijo: «¡Adelante!».* **3** Expresión que se usa para animar a hacer algo: *¡Adelante, sigue trabajando en eso!* **4** ‖ **en adelante.** A partir de este momento: *De hoy en adelante me tendrás informado de todo lo que hagas.* ‖ **más adelante.** Después en el espacio o en el tiempo: *Más adelante hay una gasolinera.* ☐ ORTOGR. Incorr. **alante, *a delante.* ☐ SINT. Su uso seguido de un adjetivo posesivo es incorrecto: *Van adelante {*tuyo/de ti} y tienes que alcanzarlos.*

adelanto s.m. **1** Adelantamiento temporal a lo señalado o a lo previsto; anticipación: *El adelanto de las noticias se debe a la retransmisión en directo del partido de fútbol.* **2**

Dinero anticipado: *Con el adelanto de mi sueldo, he podido pagar el alquiler.* **3** Avance, mejora o progreso: *¿Has oído hablar de los últimos adelantos en maquinaria agrícola?* ☐ SEM. En las acepciones 1 y 2, es sinónimo de *anticipo*.

adelfa s.f. **1** Arbusto de hojas persistentes y de flores grandes, en grupos y de variados colores, que se utiliza como planta ornamental y cuya savia es venenosa: *Las adelfas son propias de la zona mediterránea.* **2** Flor de esta planta: *Estas adelfas son de color rosa.*

adelgazamiento s.m. Pérdida de peso o de grosor: *Lleva un régimen de adelgazamiento muy estricto y esta semana ha perdido dos kilos.*

adelgazar v. Disminuir el peso o el grosor: *Has adelgazado mucho desde la última vez que te vi. Esta crema adelgaza los muslos.* ☐ ORTOGR. La *z* se cambia en *c* delante de *e* →**CAZAR**.

ademán ▮ s.m. **1** Gesto o actitud que indica un estado de ánimo: *Hizo ademán de atacarlo, pero logró controlarse.* ▮ pl. **2** Gestos y comportamiento externo de una persona que indican su buena o mala educación; *modales: Sus ademanes son muy toscos.*

además adv. **1** Por añadidura o por si fuera poco: *No puedo ir y, además, no me apetece.* **2** ‖ **además de.** Sin contar con o aparte de: *Tiene una fuerte personalidad, además de un gran sentido del humor.*

adenda s.f. Apéndice o conjunto de notas que se ponen al final de un libro o de un escrito: *Al final de su trabajo de investigación incluyó una adenda con bibliografía actualizada sobre el tema.* ☐ ORTOGR. Es un latinismo (*addenda*) adaptado al español.

adenovirus s.m. Virus que produce procesos catarrales y febriles y otras enfermedades respiratorias: *Las enfermedades producidas por adenovirus no suelen ser muy graves.* ☐ MORF. Invariable en número.

adentrarse v.prnl. Internarse o penetrar hacia el interior: *El barco se adentró en el mar.*

adentro ▮ adv. **1** A la parte interior o en el interior: *Pasad adentro, que fuera ya hace demasiado frío.* ▮ interj. **2** Expresión que se usa para indicar a una persona que entre en alguna parte: *¡Adentro, que yo sujeto la puerta del ascensor!* ☐ SINT. Incorr. *Pasa {*a adentro › adentro}.*

adentros s.m.pl. Pensamientos o sentimientos interiores de una persona: *Se repitió para sus adentros que nunca más volvería a hacerlo.*

adepto, ta adj./s. Partidario o seguidor de una persona, de una idea o de un movimiento: *De joven fue adepto al partido socialista. Esta secta cuenta con más de dos mil adeptos.* ☐ ORTOGR. Dist. de *adicto*.

aderezar v. **1** Referido a un alimento, condimentarlo o sazonarlo, generalmente con sal, aceite o especias: *Por favor, adereza la ensalada.* **2** Arreglar con adornos: *Aderezó su discurso con comentarios humorísticos.* ☐ ORTOGR. La *z* se cambia en *c* delante de *e* →**CAZAR**. ☐ SEM. Es sinónimo de *aliñar*.

aderezo s.m. **1** Preparación de los alimentos generalmente con sal, aceite o especias: *Del aderezo de la ensalada siempre se encarga él.* **2** Condimento o conjunto de ingredientes con los que se sazona una comida: *Prefiero el limón al vinagre como aderezo en las ensaladas.* **3** Arreglo hecho con adornos: *Habrá un premio para el mejor aderezo navideño de un escaparate.* **4** Conjunto de dichos adornos: *Los aderezos de los caballos andaluces son famosos por su belleza.*

adeudar v. **1** Referido a una cantidad de dinero, deberla: *Ese cliente nos adeuda más de treinta euros.* **2** Referido a una cantidad de dinero, anotarla en el debe de una cuenta: *Me adeudaron la factura de teléfono en mi cuenta corriente.*

adherencia s.f. **1** Unión de dos superficies: *La adherencia de estos neumáticos al asfalto es francamente buena.* **2** Capacidad para que se produzca esta unión: *Este pegamento está seco y ha perdido su adherencia.* **3** Materia o parte añadida: *El casco de la barca tenía muchas adherencias de algas.*

adherir ▮ v. **1** Pegar o unir con una sustancia aglutinante: *Adherí la pegatina al plástico de la carpeta. Este papel no se adhiere al cristal.* ▮ prnl. **2** Estar de acuerdo con una idea u opinión: *Me adhiero plenamente a lo que acabas de decir.* ☐ MORF. Irreg. →**SENTIR**. ☐ SINT. Constr. *adherirse A algo.*

adhesión s.f. Unión a una idea u opinión, y defensa que se hace de ellas: *Declaró su adhesión incondicional a las ideas democráticas.*

adhesivo, va ▮ adj. **1** Que adhiere o que se pega: *He comprado plástico adhesivo para forrar los libros.* ▮ s.m. **2** Objeto, esp. de papel, que puede ser adherido a una superficie por ir dotado de una sustancia pegajosa: *Las pegatinas son los únicos adhesivos que colecciono.*

ad hoc (latinismo) ‖ Adecuado o dispuesto para un fin: *Es una medida ad hoc y no admite discusión.*

adicción s.f. Dependencia física o psíquica de alguna droga, ocasionada por el consumo reiterado de esta; *drogadicción: Su adicción a la heroína le está destrozando la vida.* ☐ ORTOGR. Dist. de *adición*.

adición s.f. **1** Unión de dos cosas o incorporación de una cosa a otra: *La parte norte del palacio es una adición reciente.* **2** Lo que se añade en una obra o en un escrito: *Las adiciones que puso al final del libro son muy acertadas.* **3** En matemáticas, operación mediante la cual se reúnen en una sola varias cantidades homogéneas; *suma: La adición es la operación aritmética más sencilla.* ☐ ORTOGR. Dist. de *adicción*.

adicional adj. Añadido o unido a algo: *Hay un artículo adicional que regula la vigencia de esta ley.* ☐ MORF. Invariable en género.

adicto, ta adj./s. **1** Partidario o seguidor de algo: *Solo hay una minoría adicta a las propuestas de reforma. El director y todos sus adictos abandonaron la reunión en señal de protesta.* **2** Referido a una persona, que tiene una dependencia física o psíquica de alguna droga o de alguna actividad: *Este es un centro de rehabilitación para los menores de doce años adictos a las drogas. Es un adicto al trabajo y está teniendo problemas en su vida familiar.* ☐ ORTOGR. Dist. de *adepto*.

adiestramiento s.m. Enseñanza o preparación para desempeñar una determinada actividad, esp. física: *Es un experto en el adiestramiento de perros guardianes.*

adiestrar v. Enseñar o preparar para desempeñar una determinada actividad, esp. física: *Los jóvenes caballeros medievales eran adiestrados en el uso de la espada. Se adiestró en el manejo del ordenador con la ayuda de algunos manuales.*

adinerado, da adj. Que tiene mucho dinero: *Su familia es una de las más adineradas de la ciudad.*

adiós ▮ s.m. **1** Despedida: *Llegó el momento del adiós.* ▮ interj. **2** Expresión que se usa como señal de despedida: *Se despidió diciendo: «¡Adiós, hasta mañana!».* **3** Expresión que se usa para indicar disgusto o decepción: *¡Adiós! Ya he vuelto a pinchar.*

adiposo, sa adj. Formado por grasa o que la contiene, esp. referido a un tejido orgánico: *El tejido adiposo funciona en los seres vivos como almacén de energía.*

aditamento s.m. **1** Lo que se añade a algo: *Siempre viste de forma sencilla, sin aditamentos ni adornos innecesarios.* **2** Denominación que en algunas escuelas lingüísticas recibe la función sintáctica de complemento circunstancial: *En la oración 'Comí allí', 'allí' es un 'aditamento' que precisa el lugar donde se realiza la acción.*

aditivo s.m. Sustancia que se añade a otra para darle cualidades de las que carece o para mejorar las que posee: *Este zumo es totalmente natural y no lleva aditivos.*

adivinación s.f. Predicción o descubrimiento de algo por arte de magia, por conjeturas o por azar: *Dicen que esta pitonisa es una experta en prácticas de adivinación.*

adivinanza s.f. Pasatiempo o juego que consiste en hallar la solución de un enigma o en encontrar el sentido oculto de una frase; *acertijo: La respuesta a la adivinanza 'Blanco por dentro, verde por fuera, si quieres que te lo diga, espera' es 'pera'.*

adivinar v. **1** Referido al futuro o a algo oculto o ignorado, predecirlo o descubrirlo por arte de magia: *No me conocía de nada, pero adivinó cuál era mi problema.* **2** Referido a algo oculto o ignorado, descubrirlo por conjeturas o intuiciones: *Adivina quién ha venido a verte.* **3** Referido esp. a un enigma, acertar lo que quiere decir: *No me digas la solución; deja que la adivine yo sola.* **4** Vislumbrar, distinguir o ver a lo lejos: *Adivinó un jabalí entre los matojos.*

adivinatorio, ria adj. De la adivinación, con adivinación o que la contiene: *Observar el vuelo de las aves formaba parte de las artes adivinatorias de la antigua Roma.*

adivino, na s. Persona que adivina o que predice el futuro: *Es un adivino de mucho prestigio, visitado por muchos famosos.*

adjetivación s.f. **1** Calificación o aplicación de adjetivos que se hace de algo: *Es incapaz de describir los hechos con neutralidad y prescindiendo de adjetivaciones subjetivas.* **2** Conjunto de adjetivos o modo de adjetivar propios y peculiares de un autor, de un estilo o de una época: *La adjetivación barroca se caracteriza por su desmedida abundancia y por su gran riqueza de matices coloristas.* **3** En lingüística, conversión de una palabra o de una parte de la oración no adjetivas en otras que funcionan como adjetivos: *La expresión 'hombre orquesta' es un ejemplo de adjetivación del sustantivo 'orquesta'.*

adjetivar v. **1** Calificar o aplicar adjetivos: *Nadie tiene por qué adjetivar mi comportamiento ni de bueno, ni de malo, ni de nada.* **2** En lingüística, referido esp. a una palabra o a una parte de la oración no adjetivas, darles valor o función de adjetivo: *Un sustantivo se puede adjetivar aplicándole un cuantificador, como en la expresión 'muy hombre'.*

adjetivo, va ▌ adj. **1** En gramática, que funciona como un adjetivo: *En 'Juan estaba de mal humor', 'de mal humor' es una locución adjetiva que equivale a 'malhumorado'.* **2** Del adjetivo o relacionado con él: *La función adjetiva más importante es la de atributo del sustantivo, como en 'pies grandes' o 'buena gente'.* ▌ s.m. **3** En gramática, parte de la oración que califica o determina al sustantivo, expresando cualidades o propiedades de este y concordando con él en género y número: *'Ágil' es un adjetivo invariable en género.*

adjudicación s.f. Declaración de que algo pertenece a alguien: *La adjudicación de contratos a dedo es algo que debe terminar.*

adjudicar ▌ v. **1** Referido a algo a lo que se aspiraba, concedérselo a alguien, generalmente tras haber competido con otros: *El director de subasta adjudicó el cuadro al comprador que pujó más alto.* ▌ prnl. **2** Apropiarse o apoderarse: *No te adjudiques todo lo que no tiene dueño.* **3** En algunas competiciones, ganar o hacerse con la victoria: *¿Qué equipo crees que se adjudicará la Liga este año?* ☐ ORTOGR. La *c* se cambia en *qu* delante de *e* ⟶SACAR.

adjuntar v. Unir, añadir o agregar a lo que se envía: *Adjuntamos a la carta folletos informativos.*

adjunto, ta ▌ adj. **1** Que está unido o va con otra cosa: *En los folletos adjuntos a la garantía se explica el funcionamiento del calentador.* ▌ adj./s. **2** Que ayuda a otro en un cargo o trabajo de responsabilidad: *Es director adjunto del Departamento de Personal. Está trabajando como adjunta en la cátedra de Lingüística General.* ▌ s.m. **3** En gramática, palabra que funciona como complemento de otra sin que entre ellas exista nexo alguno: *En 'cielo azul', 'azul' es un adjunto del sustantivo 'cielo'.* **4** Denominación que en algunas escuelas lingüísticas recibe la función sintáctica de complemento circunstancial: *En 'Acudió puntualmente a la reunión', 'puntualmente' es un adjunto del verbo 'acudió'.* ☐ USO Se usa como adverbio de modo con el significado de 'juntamente': *Adjunto le enviamos una muestra de nuestras novedades.*

adlátere s. Persona que parece inseparable de otra a la que está subordinada: *Siempre aparece rodeada por sus adláteres.* ☐ MORF. Es de género común y exige concordancia en masculino o en femenino para señalar la diferencia de sexo: *el adlátere, la adlátere.* ☐ USO Tiene un matiz despectivo.

adminículo s.m. Cosa pequeña y sencilla que sirve de ayuda para algo: *El dedal es un adminículo de las costureras.*

administración s.f. **1** Organización de los bienes económicos y disposición de cómo deben usarse: *Un grupo de padres se hizo cargo de la administración del colegio.* **2** Aplicación de un medicamento: *La doctora no es partidaria de la administración de calmantes a niños tan pequeños.* **3** Acción por la cual se confiere un sacramento: *La administración de la unción de los enfermos se llevó a cabo varias horas antes de su fallecimiento.* **4** Dosificación o graduación de algo para que dure más tiempo: *Una buena administración de las fuerzas te ayudará a aguantar hasta el final.* **5** Suministro o distribución: *Esta asociación se encarga de la administración de fondos para diversas actividades socioculturales.* **6** Oficina desde la que se lleva a cabo la organización y la gestión económica de una comunidad: *Para cobrar esa factura, tiene que pasar por administración antes de las 12.* **7** En algunos países, esp. en Estados Unidos (país norteamericano), equipo de gobierno que actúa bajo un presidente: *En la Administración del actual presidente muchas mujeres tienen cargos de gobierno.* **8** ‖ **administración de loterías.** Lugar en el que se pueden comprar billetes de lotería y cobrar los premios: *Hace tres años que soy cliente de la administración de loterías número 35.* ‖ **Administración (pública).** Conjunto de instituciones y organismos que ejecutan y aseguran el cumplimiento de las leyes y la buena marcha de los servicios públicos, de acuerdo con las instrucciones de un Gobierno: *Los órganos de la Administración son creados, regidos y coordinados de acuerdo con la ley.* ☐ USO En la acepción 7 se usa como nombre propio.

administrador, -a s. Persona que se dedica a administrar bienes que no son suyos: *La comunidad de vecinos ha nombrado un nuevo administrador.*

administrar v. **1** Referido a una comunidad, gobernarla, dirigirla o ejercer autoridad sobre ella: *La nueva directora administra muy bien el colegio.* **2** Referido esp. a bienes económicos, organizarlos o disponer su utilización: *En casa soy yo quien se encarga de administrar los dos sueldos.* **3** Referido a un medicamento, aplicarlo o hacerlo tomar: *El médico me administró un calmante para el dolor.* **4** Referido a un sacramento, darlo o conferirlo: *El sacerdote administró el bautismo al recién nacido.* **5** Referido a algo de lo que se hace uso, dosificarlo o graduarlo para que dure más tiempo: *El ciclista supo administrar sus fuerzas y así consiguió ganar la etapa en los kilómetros finales. Se administró bien el dinero para irse de vacaciones.* **6** Suministrar, proporcionar o distribuir: *La empresa administró entre sus trabajadores fondos para ayuda a la formación.* □ SEM. Solo debe usarse con el significado de *dar* cuando se aplique a medicamentos o sacramentos: *Le {*administró › dio} una bofetada.*

administrativo, va ▌adj. **1** De la administración o relacionado con ella: *Esos problemas no se arreglan solo con medidas administrativas.* ▌s. **2** Persona que trabaja en las tareas de administración de una empresa o institución pública: *Los administrativos deben tener conocimientos de contabilidad.*

admiración s.f. **1** Valoración muy positiva de algo, que se considera bueno por sus cualidades: *Fue un gesto digno de elogio y admiración.* **2** Sorpresa o extrañeza: *Se fue sin despedirse, ante la admiración de todos nosotros.* **3** En ortografía, signo gráfico de puntuación que se coloca al principio y, en posición invertida, al final de una expresión exclamativa; *exclamación*: *La admiración se representa con los signos '¡ !'.* □ ORTOGR. 1. No debe omitirse el signo inicial de una admiración. 2. ⟶APÉNDICE DE SIGNOS DE PUNTUACIÓN.

admirar v. **1** Estimar o valorar en mucho. **2** Producir o causar sorpresa o extrañeza: *Me admira que tengas tan poca vergüenza. Se admiraron de nuestra forma de trabajar.* **3** Contemplar con placer o con especial agrado: *Pasé un buen rato admirando aquel cuadro.*

admisible adj. Que puede admitirse: *Sus propuestas son perfectamente admisibles.* □ MORF. Invariable en género.

admisión s.f. Aceptación, recibimiento o entrada de algo: *Ya ha empezado el plazo de admisión de nuevos alumnos.*

admitir v. **1** Recibir o dar entrada: *En este local no se admite la entrada a menores de dieciocho años.* **2** Aprobar o dar por bueno; *aceptar*: *Admito lo que dices, pero no estoy de acuerdo.* **3** Permitir, tolerar o sufrir: *No sé admitir las críticas que me hacen.*

adobar v. Referido a un alimento, esp. a la carne, ponerlo en adobo para que se conserve: *Si no comemos hoy el lomo de cerdo, lo adobaré para que no se estropee.*

adobe s.m. Masa de barro y paja, moldeada en forma de ladrillo y secada al aire, que se emplea como material de construcción en paredes o muros: *Hoy día en España, el adobe ha sido sustituido por el ladrillo.*

adobo s.m. Salsa hecha con aceite, vinagre, especias y otros ingredientes, usada para conservar los alimentos: *He comprado carne en adobo para la cena.*

adoctrinamiento s.m. Enseñanza de los principios de una doctrina o de una ideología, para intentar inculcar determinadas ideas o creencias: *Déjate de adoctrinamientos inútiles y demuestra con los hechos lo que quieres enseñar a los demás.*

adoctrinar v. **1** Referido a una persona, enseñarle los principios de una doctrina o de una ideología, inculcándole determinadas ideas o creencias: *No me intentes adoctrinar; conozco bien esa secta, y no estoy en absoluto de acuerdo con sus principios.* **2** Referido a una persona, decirle lo que debe hacer o cómo debe comportarse: *El jefe de la banda adoctrinó muy bien a sus secuaces para que no estropeasen su coartada ante la policía.*

adolecer v. **1** Referido a una enfermedad, padecerla o sufrirla: *Adolece de jaqueca desde muy joven.* **2** Referido a un defecto, tenerlo o poseerlo: *Esa empresa adolece de graves irregularidades.* □ MORF. Irreg.: Aparece una *z* delante de la *c* cuando la siguen *a, o* ⟶PARECER. □ SINT. Constr. *adolecer* DE *algo*. □ SEM. No debe emplearse con el significado de 'carecer': *{*Adolece › Carece} de inteligencia.*

adolescencia s.f. Período de la vida de una persona, desde la pubertad hasta el completo desarrollo del organismo: *La adolescencia es una edad difícil caracterizada por fuertes cambios biológicos y psicológicos.*

adolescente adj./s. Referido a una persona, que está en la adolescencia: *Vino una muchacha adolescente, de unos quince años, preguntando por ti. Es profesor de instituto y da clase a adolescentes.* □ MORF. 1. Como adjetivo es invariable en género. 2. Como sustantivo es de género común y exige concordancia en masculino o en femenino para señalar la diferencia de sexo: *el adolescente, la adolescente*.

adonde adv.relat. Designa el lugar hacia el que algo se dirige: *Aquel castillo es adonde vamos.* □ ORTOGR. Dist. de *adónde*. □ SINT. Su uso con verbos de reposo está anticuado en la lengua actual: *Estoy adonde tu tía.* □ SEM. *Donde* tiene el mismo significado que *adonde*.

adónde adv. A qué lugar: *¿Adónde vais?* □ ORTOGR. 1. Dist. de *adonde*. 2. Admite también la forma *a dónde*. □ SEM. *Dónde* se usa con el mismo significado que adónde.

adondequiera adv. A cualquier parte: *Te seguiré adondequiera que vayas.* □ ORTOGR. Incorr. **a dondequiera*.

adonis s.m. Joven de gran belleza física (por alusión a Adonis, personaje mitológico de gran belleza): *Ese actor no es ningún adonis.* □ MORF. Invariable en número.

adopción s.f. **1** Acto jurídico por el que una persona se hace cargo legalmente de otra y la toma como hijo propio, sin que sea hijo biológico: *La adopción de un niño autista fue una prueba más de la generosidad de la pareja.* **2** Toma de una decisión o de un acuerdo tras una discusión previa: *Es necesaria la adopción de medidas urgentes para solucionar el problema.* **3** Adquisición o consideración como propio: *Aunque nació en Alemania, es español de adopción.*

adoptar v. **1** Referido a una persona, hacerse cargo legalmente de ella como hijo propio, sin que sea hijo biológico: *Como no podíamos tener hijos, hemos adoptado uno.* **2** Referido a ideas o costumbres ajenas, hacerlas propias: *Los dos han adoptado el mismo punto de vista sobre la cuestión.* **3** Referido a una decisión o a un acuerdo, tomarlos tras una discusión previa: *El Gobierno ha adoptado nuevas medidas contra el paro.* **4** Adquirir, tomar o considerar como propio: *No adoptes esa actitud tan crítica.* □ ORTOGR. Dist. de *adaptar*.

adoptivo, va adj. **1** Que adopta: *Este es el padre adoptivo de mi amigo.* **2** Que es adoptado: *Tiene dos hijos adoptivos. Esta es mi patria adoptiva.*

adoquín s.m. **1** Bloque de piedra labrada de forma rectangular que se usa para pavimentar las calles: *En el pueblo, las calles están hechas con adoquines.* **2** *col.* Persona muy torpe intelectualmente: *Eres un adoquín y no entiendes nada de lo que te digo.*

adoquinar v. Revestir el suelo de una calle con adoquines de piedra: *Hace años, las carreteras se adoquinaban, no se asfaltaban.*

adorable adj. Que inspira admiración, simpatía y cariño, por sus cualidades positivas: *Es una mujer adorable.* ☐ MORF. Invariable en género.

adoración s.f. **1** Culto que se da a algo que es o se considera divino: *El día seis de enero se celebra la fiesta de la adoración de los Reyes Magos al Niño Jesús.* **2** Amor muy profundo: *Siente adoración por su familia.*

adorar v. **1** Referido a lo que es o se considera divino, darle culto: *En esa tribu adoraban a la Luna.* **2** Amar extremadamente: *Adora a su hija.* **3** Considerar agradable o apetecible: *Adoro tomar un buen café después de la comida.*

adormecer ▌v. **1** Dormir o causar sueño: *Estar al sol en la playa adormece a cualquiera. El bebé se adormeció cantándole una nana.* **2** Calmar, sosegar o hacer disminuir la fuerza, la sensibilidad o el efecto: *Toma un medicamento que adormece los sentidos.* ▌prnl. **3** Empezar a sentir sueño: *Después de comer se sienta en el sofá y enseguida se adormece.* ☐ MORF. Irreg.: Aparece una *z* delante de la *c* cuando la siguen *a, o* →**PARECER**.

adormecimiento s.m. **1** Producción o sensación de sueño: *Uno de los efectos habituales de los calmantes es el adormecimiento.* **2** Disminución de la fuerza, de la sensibilidad o del efecto de algo: *Solo sus nietos consiguen un relativo adormecimiento de su pena.*

adormidera s.f. **1** Planta herbácea de origen oriental, de hojas abrazadoras azuladas, flores grandes, blancas o rojas, y fruto en forma de cápsula: *En muchos sitios las plantaciones de adormideras están prohibidas.* **2** Fruto de esta planta: *De las adormideras se extrae el opio.*

adormilarse v.prnl. Dormirse a medias: *El niño se adormiló en mis brazos mientras lo mecía.* ☐ ORTOGR. Se admite también *adormitarse*.

adormitarse v.prnl. →**adormilarse.**

adornar v. **1** Poner adornos para embellecer; *ornamentar: Si la fiesta es en el salón, habrá que adornarlo. Cuéntame la historia, pero no la adornes con detalles. En fiestas, las calles se adornan con luces de colores y banderines.* **2** Servir de adorno: *Las flores adornan mucho en una casa.* **3** Referido esp. a una persona, dotarla de cualidades positivas: *La naturaleza lo adornó con una gran inteligencia.* **4** Referido esp. a una cualidad positiva, estar presente en una persona: *Son muchas las virtudes que lo adornan.* ☐ SEM. En las acepciones 1, 2 y 3, es sinónimo de *ornar*.

adorno s.m. **1** Lo que se pone para embellecer, realzar el atractivo o mejorar el aspecto: *¿Te gusta el adorno que me he puesto en el pelo?* **2** ‖ **de adorno.** Sin una función útil o sin realizar una labor efectiva: *Tiene ahí unos trastos viejos de adorno, hasta que se decida a tirarlos.* ☐ USO El uso de *de adorno* tiene un matiz humorístico.

adosado, da adj./s.m. Referido a una vivienda, esp. a un chalé, que está construida contigua o pegada a otras por sus lados o por su parte de atrás: *Los chalés adosados reúnen las ventajas de una casa independiente sin la desventaja de estar aislados. Vive en un adosado a las afueras de la ciudad.*

adquirir v. **1** Coger, lograr o conseguir; *cobrar: Adquirió la costumbre de madrugar siendo aún muy pequeño. Ha adquirido una gran cultura viajando.* **2** Referido a algo que no es propio, hacerse dueño de ello a cambio de dinero; *comprar: ¡Adquiera dos camisas al precio de una!* ☐ MORF. Irreg.: La *i* de la raíz diptonga en *ie* en los presentes, excepto en las personas *nosotros* y *vosotros* →**ADQUIRIR**.

adquisición s.f. **1** Obtención o compra de algo: *Este mueble es de adquisición reciente.* **2** Lo que se adquiere, se compra o se obtiene: *Este coche es la mejor adquisición que he hecho en mi vida.* **3** Persona cuyos servicios o cuya ayuda se consideran valiosos: *El nuevo abogado es una adquisición y ya ha ganado varios juicios para la empresa.*

adquisitivo, va adj. Que sirve para adquirir: *La subida de precios ha hecho disminuir el poder adquisitivo de los trabajadores.*

adrede adv. A propósito o intencionadamente; *aposta: Sé que te he hecho una faena, pero te prometo que no ha sido adrede.*

adrenalina s.f. **1** Hormona segregada por las glándulas suprarrenales, que aumenta la presión sanguínea y estimula el sistema nervioso central: *La tensión nerviosa hace que aumente la producción de adrenalina en el organismo.* **2** Excitación, nerviosismo o exceso de tensión acumulada: *Hacer deporte me ayuda a descargar adrenalina.*

adriático, ca adj. Del mar Adriático (parte del mar Mediterráneo, situado en el golfo de la ciudad italiana de Venecia), o relacionado con él: *Venecia está en la costa adriática. Hicimos un crucero por aguas adriáticas.*

adscribir v. **1** Referido a una persona, destinarla a un empleo, servicio o fin determinados: *Cuando aprobó las oposiciones, lo adscribieron a un instituto de su localidad.* **2** Atribuir o contar entre lo que corresponde a alguien: *Adscribieron el caso al juzgado de delitos monetarios.* ☐ MORF. Su participio es *adscrito*.

adscrito, ta part. irreg. de **adscribir**. ☐ MORF. Incorr. **adscribido*.

aduana s.f. Oficina pública, que suele estar situada en las costas y fronteras de un país para controlar y revisar las mercancías que entran y salen de él y cobrar los derechos correspondientes: *En la aduana nos preguntaron si teníamos algo que declarar.*

aduanero, ra ▌adj. **1** De la aduana o relacionado con ella: *En la frontera entre estos dos países hay varios puestos aduaneros.* ▌s. **2** Persona empleada en una aduana: *Los aduaneros del aeropuerto revisaron nuestras maletas.*

aducción s.f. Movimiento por el que una parte del cuerpo se acerca al eje del mismo: *Bajar los brazos es un ejercicio de aducción.* ☐ ORTOGR. Dist. de *abducción*.

aducir v. Referido esp. a una prueba o a un argumento, presentarlos o alegarlos para demostrar algo o convencer de ello: *Se declara inocente y aduce que no estaba allí cuando ocurrieron los hechos.* ☐ MORF. Irreg. →**CONDUCIR**.

aductor s.m. →**músculo aductor.**

adueñarse v.prnl. **1** Referido a una persona, hacerse dueño o apropiarse: *Se adueñaron de cosas que no les correspondían legalmente.* **2** Referido esp. a un sentimiento o a una sensación, apoderarse o hacerse dominante: *Al conocer tan grata noticia, el optimismo se adueñó de nosotros.* ☐ SINT. Constr. *adueñarse* DE *algo*.

adulación s.f. Manifestación intencionada y desmedida de lo que se cree que puede agradar a una persona: *La adulación me parece una actitud servil.*

adular v. Referido a una persona, decirle o hacerle de manera intencionada y generalmente desmedida lo que se cree que puede agradarle; lisonjear: *No pienses que adulándome tan descaradamente vas a conseguir lo que pretendes.*

adulteración s.f. **1** Corrupción o alteración de la calidad de algo, hechas generalmente añadiendo sustancias extrañas: *La adulteración del vino fue descubierta en un control de calidad.* **2** Alteración de la verdad de algo: *La oposición acusa al Gobierno de una adulteración de los datos reales.*

adulterar v. **1** Corromper o alterar la calidad, generalmente añadiendo sustancias extrañas: *Los traficantes de droga adulteraron una importante cantidad de heroína.* **2** Falsear o alterar la verdad: *El autor del informe adulteró los hechos interesadamente.*

adulterio s.m. Relación sexual mantenida voluntariamente con una persona distinta de aquella con la que se está legalmente casado: *Cuando descubrió que su marido estaba cometiendo adulterio, inició los trámites legales de la separación.*

adúltero, ra ▮ adj. **1** Del adulterio o de la persona que mantiene esta relación sexual: *A todos sorprendió el comportamiento adúltero de una mujer tan aparentemente enamorada de su marido.* ▮ adj./s. **2** Que mantiene una relación de adulterio: *Para la Iglesia, las personas adúlteras pecan contra el sacramento del matrimonio. En la demanda de divorcio, acusaba a su cónyuge de ser un adúltero.*

adulto, ta ▮ adj. **1** Que ha llegado a cierto grado de perfección, de madurez o de experiencia: *Después de varios años de transición, se puede decir ya que tenemos una democracia adulta.* **2** Referido a un animal, que ha alcanzado la plena capacidad reproductora: *En cuanto llega la época de celo, los machos adultos buscan una hembra con la que aparearse.* ▮ adj./s. **3** Que ha llegado a su mayor grado de crecimiento y desarrollo, tanto físico como psicológico: *A veces, los niños reaccionan mejor que las personas adultas. La película contiene escenas duras que la hacen recomendable solo para adultos.*

adusto, ta adj. **1** Referido a una persona o a su carácter, que es huraño, poco amable y desagradable en el trato: *Sus modales adustos le crean muchos enemigos.* **2** Seco, áspero o árido: *Impresionaba recorrer aquellas tierras adustas donde no crece un árbol ni hay un habitante.*

advenedizo, za adj./s. Referido a una persona, que se introduce en un grupo social o llega a ocupar una posición que, en opinión de los que ya estaban allí, no le corresponde por su condición o por sus méritos: *Este es un club privado para la alta sociedad y no admiten a nuevos ricos ni a personas advenedizas. El nuevo jefe de sección es un advenedizo nombrado por recomendación.*

advenimiento s.m. Llegada o venida, esp. si es esperada y solemne: *Con el advenimiento de la democracia muchos exiliados volvieron al país.*

adventicio, cia adj. Extraño o que sucede de manera accidental, no natural o impropia: *Los casos adventicios no pueden explicarse con una regla general.* 👁 **raíz**

adverbial adj. **1** Del adverbio o relacionado con él: *El sufijo '-mente' añade un valor adverbial de modo a la palabra a la que se une.* **2** Que funciona como un adverbio: *La expresión 'en extremo' es una locución adverbial.* ☐ MORF. Invariable en género.

adverbializar v. En lingüística, referido a una parte de la oración, darle valor o función de adverbio: *Cuando dices 'habla claro', estás adverbializando el adjetivo 'claro'.* ☐ ORTOGR. La *z* se cambia en *c* delante de *e* ⟶**CAZAR**.

adverbio s.m. En gramática, parte invariable de la oración cuya función consiste en modificar la significación de un verbo, de un adjetivo, de otro adverbio o de toda una oración: *'Ahí' es adverbio de lugar, 'poco', de cantidad, 'hoy', de tiempo y 'suavemente', de modo.*

adversario, ria ▮ s. **1** Persona contraria o enemiga: *En aquel combate se enfrentó a su peor adversario.* ▮ s.m. **2** Conjunto formado por personas contrarias o enemigas: *En el próximo partido, nuestro equipo se medirá con un difícil adversario.*

adversativo, va adj. En gramática, que implica o expresa oposición o contrariedad de sentido: *Una oración adversativa es una oración coordinada a otra a cuyo significado se opone total o parcialmente.*

adversidad s.f. **1** Carácter contrario, desfavorable u opuesto que presenta algo: *La adversidad del clima desaconsejaba hacerse a la mar.* **2** Suerte contraria o desfavorable: *Luchó por sobreponerse a la adversidad.* **3** Situación desgraciada: *Pasó por todo tipo de adversidades hasta llegar a ser lo que hoy es.*

adverso, sa adj. Contrario, desfavorable u opuesto a lo que se desea o se pretende: *El partido terminó con resultado adverso para el equipo local.*

advertencia s.f. Noticia o información que se dan a alguien, esp. para avisarlo sobre algo: *Lo que le ha ocurrido a tu hermano es una advertencia para que tú tengas más cuidado.*

advertido, da adj. Capaz, experimentado y sagaz o prudente: *Es persona advertida y dudo que caiga en ese engaño tan simple.*

advertir v. **1** Hacer notar, hacer saber o llamar la atención sobre algo: *Te advierto que no estoy de humor para bromas.* **2** Aconsejar, prevenir o avisar con un ligero tono de amenaza: *Te lo advierto, como no llegues puntual, me voy sin ti.* **3** Darse cuenta, notar o reparar: *Advirtió que se había olvidado las llaves cuando ya era tarde para ir a buscarlas.* ☐ MORF. Irreg. ⟶**SENTIR**. ☐ SINT. Constr. de la acepción 1: *advertir algo* o *advertir* DE *algo.*

adviento s.m. En el cristianismo, tiempo que comprende las cuatro semanas que preceden a la Navidad: *Durante el Adviento, los cristianos se preparan para celebrar el nacimiento de Jesucristo.* ☐ USO Se usa como nombre propio.

advocación s.f. **1** Nombre del santo bajo cuya protección se encuentra un lugar de culto religioso: *Esta ermita está bajo la advocación de san Frutos.* **2** Cada uno de los nombres con que se da culto a la Virgen María (según la Biblia, madre de Jesucristo): *Es muy devoto de la Virgen en su advocación de Nuestra Señora de la Esperanza.*

adyacencia s.f. Contigüidad o proximidad física: *La adyacencia de esas dos calles no está clara en este plano.*

adyacente ▮ adj. **1** Contiguo, inmediato o situado en las proximidades: *Vive en una de las calles adyacentes a esta.* ▮ adj./s.m. **2** En gramática, referido a un elemento lingüístico que completa el significado del núcleo de un sintagma: *Los elementos adyacentes nunca van unidos al núcleo por un nexo. En el sintagma nominal 'perro blanco', el adjetivo 'blanco' es el adyacente.* ☐ MORF. Como adjetivo es invariable en género.

aéreo, a adj. **1** Del aire, con sus características o relacionado con él: *Hoy es el juicio del piloto extranjero que violó el espacio aéreo.* **2** Que se realiza o se desarrolla en el aire, desde el aire o a través de él: *Hicieron varias fotografías aéreas de la finca.* **3** De la aviación o relacionado con ella: *El ataque aéreo del enemigo asoló la ciudad.* **4** Referido a un organismo o a una de sus partes, que viven en contacto directo con el aire atmosférico: *Algunas plantas tienen raíces aéreas.* 👁 **raíz** ☐ MORF. Cuando se antepone a otra palabra para formar compuestos, adopta la forma *aero-*.

aero- Elemento compositivo que significa 'aire' (*aerofobia, aerómetro*) o 'aéreo' (*aeronaval, aeronavegación*).

aeróbic o **aerobic** s.m. Tipo de gimnasia que se practica con acompañamiento de música y que se basa en el control del ritmo respiratorio: *Practico aeróbic con música moderna.* ☐ ORTOGR. Son anglicismos (*aerobics*) semiadaptados al español.

aeroclub s.m. Sociedad recreativa interesada por el deporte aéreo: *En ese aeroclub se dan clases de paracaidismo, vuelo sin motor y formación de pilotos de aviación civil.* ☐ MORF. Su plural es *aeroclubs* o *aeroclubes*.

aerodinámico, ca ▌adj. **1** De la aerodinámica o relacionado con esta parte de la física mecánica: *El nuevo avión superó las pruebas aerodinámicas a las que fue sometido.* **2** Referido esp. a un vehículo, que tiene una forma adecuada para reducir la resistencia del aire: *Los coches deportivos tienen un diseño aerodinámico.* ▌s.f. **3** Parte de la física mecánica que estudia las propiedades y el comportamiento del aire y de otros gases en movimiento: *La aerodinámica estudia las fuerzas creadas por el movimiento del aire cuando encuentra un cuerpo sólido.*

aeródromo s.m. Terreno provisto de las pistas y de las instalaciones necesarias para el despegue y el aterrizaje de aviones: *La policía descubrió un importantísimo alijo de contrabando en los hangares del aeródromo.*

aerofagia s.f. En medicina, toma de aire de manera espasmódica o por contracciones musculares involuntarias, y que suele ser síntoma de trastornos nerviosos: *La aerofagia suele producir dolorosas molestias intestinales.*

aerógrafo s.m. Aparato de aire comprimido, que se usa generalmente en fotografía y en artes decorativas para aplicar pintura de forma pulverizada: *Los aerógrafos suelen tener forma de pistola.*

aerolínea s.f. Compañía o empresa de transporte aéreo: *Suelo volar con aerolíneas nacionales.* ☐ MORF. En plural tiene el mismo significado que en singular.

aerolito s.m. Fragmento de un cuerpo sólido procedente del espacio exterior y que cae sobre la Tierra, que está formado por material rocoso, compuesto de silicatos minerales: *Los aerolitos son un tipo de meteorito.*

aeromodelismo s.m. Actividad deportiva o recreativa consistente en construir, a pequeña escala, modelos de aviones de forma que puedan volar: *Si sale el día despejado, podemos ir con las maquetas a la playa a hacer aeromodelismo.*

aeronáutico, ca ▌adj. **1** De la aeronáutica o relacionado con esta ciencia: *Los ingenieros aeronáuticos diseñan aviones cada vez más rápidos y seguros.* ▌s.f. **2** Ciencia de la navegación aérea: *La aeronáutica estudia todo lo relativo al diseño, a la fabricación y al manejo de aeronaves.* **3** Conjunto de medios destinados al transporte aéreo: *La aeronáutica civil de este país está más modernizada que la militar.*

aeronave s.f. Vehículo capaz de navegar por el aire: *Un globo es una aeronave que se desplaza en el aire impulsada por este.*

aeroplano s.m. Vehículo volador, con alas, y generalmente propulsado por uno o más motores; *avión: Viajar en aeroplano suele ser más rápido que hacerlo en tren.*

aeropuerto s.m. Terreno provisto de pistas para el despegue y el aterrizaje de aviones, y dotado de instalaciones y servicios destinados al tráfico aéreo: *Mi avión llegará a la zona de vuelos internacionales del aeropuerto.*

aerosol s.m. **1** Gas con partículas sólidas o líquidas en suspensión que, almacenado bajo presión, puede lanzarse al exterior: *Este medicamento se presenta en aerosol, en pomada o en pastillas.* **2** Recipiente o envase que contiene este líquido: *No conviene arrojar los aerosoles al fuego, aunque estén vacíos. espray* ☐ USO Es innecesario el uso del anglicismo *spray*.

aerostático, ca ▌adj. **1** De la aerostática o relacionado con esta parte de la física mecánica: *Según los más elementales principios aerostáticos, un cuerpo puede flotar en un gas si es menos pesado que este.* ▌s.f. **2** Parte de la física mecánica que estudia el equilibrio de los gases y de los cuerpos sumergidos en ellos, cuando están sometidos a la acción de la gravedad exclusivamente: *La ley fundamental de la aerostática se basa en el principio de Arquímedes.*

aerostato o **aeróstato** s.m. Aeronave provista de uno o más recipientes llenos de un gas más ligero que el aire, que le permiten flotar y elevarse en este: *Los globos y los dirigibles son aerostatos.*

afable adj. Agradable, afectuoso y amable en el trato y en la conversación con los demás: *Es tan afable que hace sentirse a gusto a cualquiera, aunque sea un desconocido.* ☐ MORF. Invariable en género.

afán s.m. **1** Empeño o interés y esfuerzo que se ponen en lo que se hace: *Trabaja con tanto afán que parece que le va la vida en el trabajo.* **2** Deseo muy fuerte: *Siempre tuvo afán de riqueza. No siente ningún afán por mejorar.* **3** Fatiga, apuro, penalidad o exceso de trabajo o de esfuerzo: *No merece la pena pasar tantos afanes para tan escasa recompensa.* ☐ MORF. La acepción 3 se usa más en plural.

afanar ▌v. **1** *col.* Robar o estafar, esp. si se hace utilizando la maña y sin violencia: *Mucho me temo que me han afanado la cartera en el autobús.* ▌prnl. **2** Esforzarse mucho en una actividad o para conseguir un propósito: *Los anfitriones se afanaban y desvivían para que todos los invitados se sintiesen a gusto.*

afear v. Hacer o poner feo: *El acné te afea mucho.*

afección s.f. Enfermedad o alteración patológica: *Está ingresado en el hospital porque sufre una afección pulmonar.*

afectación s.f. Excesivo cuidado o falta de sencillez y de naturalidad en la forma de hablar o de comportarse: *Se hablan con tal afectación que nadie diría que son hermanos.*

afectado, da adj. **1** Que tiene afectación o carece de sencillez y naturalidad: *Esa actriz es muy afectada actuando.* **2** Aparente o fingido: *Algún día se descubrirá que tanta modestia y timidez eran solo humildad afectada.*

afectar v. **1** Referido esp. a la forma de hablar o de comportarse, poner demasiado cuidado en ello, de manera que se pierda sencillez y naturalidad: *No me gusta que afectes tus modales cuando hablas conmigo.* **2** Referido esp. a algo que no es cierto, darlo a entender, simularlo o aparentarlo; *fingir: Afectó tranquilidad, pero en su interior no podía con los nervios.* **3** Referido a una persona, impresionarla, causando en ella alguna sensación o emoción: *Me afectó* *mucho la muerte de su madre.* **4** Concernir, incumbir o corresponder; *atañer: La nueva ley no afecta a los que ya están admitidos.* **5** Alterar o producir cambios: *La temperatura es un factor que afecta a la conservación de los alimentos.* **6** Perjudicar o influir desfavorablemente: *La crisis del petróleo afectó a la economía de muchos países.* **7** Referido aun órgano o a un grupo de seres vivos, dañarlos o poder dañarlos una enfermedad o una plaga: *Algunas enfermedades infecciosas afectan solo a las personas, aunque las transmitan los animales.*

afectividad s.f. Conjunto de las emociones y afectos de una persona: *Según los psicólogos, el fracaso escolar se debe muchas veces a trastornos de la afectividad.*

afectivo, va adj. **1** Del afecto o relacionado con este sentimiento: *Hay reacciones afectivas que escapan a nuestro control.* **2** De la sensibilidad o relacionado con ella: *Un programa educativo debe atender tanto al desarrollo intelectual del niño como al afectivo.*

afecto, ta ▮ adj. **1** Inclinado, aficionado o partidario: *Los políticos afectos al anterior régimen no ven con buenos ojos al actual Gobierno.* ▮ s.m. **2** Sentimiento de cariño y estima: *En solo unos días le tomé bastante afecto.* **3** Sentimiento fuerte o pasión del ánimo: *Ira, odio y amor son algunos de los afectos que puede experimentar una persona.* ☐ SINT. Constr. como adjetivo: *afecto A algo.* ☐ USO En la acepción 1, se usa mucho el superlativo *afectísimo* como fórmula de despedida en cartas y documentos formales: *La carta terminaba con un 'Suyo afectísimo' y estaba firmada por el director.*

afectuoso, sa adj. Amable y cariñoso en el trato: *Se despidieron con un afectuoso saludo.*

afeitado s.m. **1** Corte a ras de piel del pelo del cuerpo, esp. del de la cara: *En las barberías, el afeitado suele ir acompañado de un masaje facial.* **2** En tauromaquia, corte de los extremos de los cuernos de un toro, para disminuir su peligrosidad al torearlo: *El reglamento taurino prohíbe expresamente el afeitado de los toros.*

afeitadora s.f. Máquina eléctrica que sirve para afeitar: *He regalado a mi padre una afeitadora último modelo que apura muchísimo.*

afeitar v. **1** Referido a una parte del cuerpo, cortarle a ras de piel el pelo que hay en ella; *rasurar: A este actor le afeitaron la cabeza por exigencias del guion. Mi hermano se afeita todos los días.* **2** En tauromaquia, referido a un toro, cortarle los extremos de los cuernos para que resulte menos peligroso al torearlo: *El ganadero fue multado por afeitar al quinto toro de la tarde.* ☐ ORTOGR. La *i* nunca lleva tilde.

afeite s.m. *ant.* →**cosmético, ca.**

afeminación s.f. →**afeminamiento.**

afeminado, da adj. Con características consideradas tradicionalmente propias de las mujeres: *La voz tan afeminada que tiene contrasta con su aspecto varonil.*

afeminamiento s.m. Adopción por parte de un hombre de características físicas o psicológicas que tradicionalmente se consideran propias de las mujeres; *afeminación: Un hombre tiene derecho a llorar sin que se vea en ello un rasgo de afeminamiento.*

afeminar v. Referido a un hombre, hacer que adopte las características que tradicionalmente se consideran propias de las mujeres: *Trabajar siempre entre mujeres ha afeminado sus gestos y reacciones. Dicen que se afeminó por ser el único chico entre tantas hermanas.*

aferrar ▮ v. **1** Coger o agarrar con mucha fuerza: *Aferró el bolso con las dos manos para que no se lo quitasen. Se aferró a la barandilla para no caer.* ▮ prnl. **2** Insistir o mantenerse obstinadamente en una opinión o en un propósito: *Me parece suicida aferrarse a un plan que se sabe fracasado de antemano.*

affaire (galicismo) s.m. Asunto, negocio o caso ilícito o escandaloso: *El affaire de contrabando de drogas en el que se vio implicado hundió su carrera como diplomático.* ☐ PRON. [afér].

afgano, na adj./s. De Afganistán (país asiático), o relacionado con él: *La capital afgana es Kabul. Los afganos han estado sometidos a frecuentes guerras.* ☐ MORF. Como sustantivo se refiere solo a las personas de Afganistán.

afianzar v. **1** Afirmar, asegurar o sostener para mantener firme y seguro: *Afianzó las contraventanas con unos maderos.* **2** Hacer firme, consolidar o adquirir mayor seguridad: *Tu reacción me afianza en la opinión de que me estás ocultando algo. Con esta nueva victoria, nuestro equipo se afianza en el primer puesto de la liga.* ☐ ORTOGR. La *z* se cambia en *c* delante de *e* →**CAZAR.** ☐ SINT. Constr. de la acepción 2: *afianzar a alguien EN algo.*

afición s.f. **1** Gusto o interés que se sienten por algo: *Tiene una gran afición al fútbol.* **2** Conjunto de personas que asisten con asiduidad a un espectáculo, esp. a un deporte o a la fiesta de los toros, y que sienten gran interés por él: *La afición recibió al torero con fuertes aplausos.* ☐ SINT. Constr. *afición A algo.*

aficionado, da adj./s. **1** Que practica un deporte o cualquier otra actividad por pasatiempo, sin tenerla como profesión ni cobrar por ella: *Esta compañía teatral está formada por actores aficionados. Pese a ser un aficionado, ese atleta hizo mejor tiempo que los profesionales en la carrera de obstáculos.* **2** Que siente afición, gusto o interés por un espectáculo y que asiste frecuentemente a él: *Esta película va especialmente dirigida al público aficionado al cine de aventuras. Los aficionados abuchearon al árbitro por no haber señalado un penalti.* ☐ USO En la acepción 1, es innecesario el uso del galicismo *amateur.*

aficionar v. Hacer sentir gusto o interés por algo: *Es conveniente aficionar a los niños a la lectura desde pequeños. Me aficioné a jugar al tenis durante un verano y ahora juego todos los días.* ☐ SINT. Constr. *aficionar A algo.*

afijación s.f. Formación de palabras nuevas por medio de afijos: *La afijación de la palabra 'flor' supone la creación de palabras como 'florecer', 'floral' y 'aflorar'.*

afijo, ja adj./s.m. En lingüística, referido a un morfema, que se une a una palabra o a una raíz para formar derivados o palabras compuestas: *El afijo '-ción' se une a verbos para formar su sustantivo correspondiente, como 'actuar' y 'actuación'.*

afilar ▮ v. **1** Referido a un objeto, sacarle filo o punta, o hacerlo más delgado o agudo: *Tengo que afilar los cuchillos de la cocina, porque cortan muy mal.* ▮ prnl. **2** Referido esp. a la cara, a la nariz o a los dedos, adelgazar o hacerse más delgados: *Con la enfermedad se le afiló mucho la cara.*

afiliar v. Referido a una persona, entrar o incluirla como miembro de una corporación o de una sociedad: *El presidente del partido en el poder afilió a toda su familia a su partido. Se afilió al sindicato para defender sus intereses económicos.* ☐ ORTOGR. La *i* nunca lleva tilde. ☐ SINT. Constr. *afiliarse A algo.*

afín adj. Próximo, parecido, semejante o que tiene algo en común: *Se llevan bien porque son personas de ideas afines.* ☐ MORF. Invariable en género.

afinar v. **1** Mejorar, perfeccionar, precisar o rematar: *Estos ejercicios son para afinar la puntería.* **2** Referido a un instrumento musical, ponerlo en el tono justo con arreglo a un diapasón, o templarlo para que suene acorde con otro instrumento: *Antes de empezar el concierto, los músicos de la orquesta afinan sus instrumentos.* **3** Hacer fino, delicado o delgado: *Desde que dejé el baloncesto, se me han afinado mucho los dedos.*

afincar v. Establecer la residencia en un lugar: *Los negocios lo afincaron en nuestra ciudad. Después de haber viajado por todo el mundo, decidió afincarse en su ciudad de nacimiento.* □ ORTOGR. La *c* se cambia en *qu* delante de *e* →**SACAR**.

afinidad s.f. Proximidad, analogía, semejanza o parecido: *Entre esos dos modelos hay una gran afinidad.*

afirmación s.f. **1** Declaración de que algo es verdad; *aserción: A pesar de tus afirmaciones, no te creo.* **2** Expresión o gesto que sirven para afirmar o decir que sí: *Contestó con una afirmación tajante.*

afirmar ▌ v. **1** Asegurar, decir que es verdad o dar por cierto: *Cuando le preguntamos si vendría, nos lo afirmó con la cabeza.* **2** Poner firme, dar firmeza o fijar de forma segura: *Con dos escarpias en lugar de una sola, afirmarás mejor ese cuadro tan grande.* ▌ prnl. **3** Ratificarse en lo dicho: *Me afirmo en mi opinión, y no podréis hacerme cambiar de idea.* □ SINT. Constr. de la acepción 3: *afirmarse* EN *algo.*

afirmativo, va adj. Que contiene o expresa afirmación o que da por cierto algo: *En español el orden general de las oraciones afirmativas es sujeto, verbo y complementos.*

aflautar v. Referido a una voz o a un sonido, volverlos más agudos: *Aflautó la voz para imitar la forma de hablar de aquella mujer. El sonido de esa película tan antigua se había aflautado con el paso del tiempo.*

aflicción s.f. Gran tristeza o sufrimiento: *La muerte de su padre le produjo una tremenda aflicción.*

afligir v. Causar gran tristeza o sufrimiento: *Tan terrible noticia nos ha afligido profundamente. Se afligió mucho al enterarse de tu despido.* □ ORTOGR. La *g* se cambia en *j* delante de *a, o* →**DIRIGIR**.

aflojar v. **1** Disminuir la tensión, la presión o la tirantez: *Aflójale el nudo de la corbata e incorpóralo para que no se ahogue. Parece que las tensiones en el grupo se han aflojado un poco.* **2** *col.* Referido esp. al dinero, entregarlo o darlo: *Si todos aflojamos seis euros podemos comprar el regalo que ella quiere.* **3** Perder fuerza o intensidad: *El corredor aflojó en los últimos metros y perdió la carrera.* □ ORTOGR. Conserva la *j* en toda la conjugación.

aflorar v. **1** Referido esp. a una masa mineral o a un líquido, asomar a la superficie del terreno: *Una corriente de agua subterránea aflora en esta zona y forma un manantial.* **2** Referido a algo oculto o en desarrollo, surgir o aparecer: *Cuando afloraron los primeros síntomas, ya era tarde para atajar la enfermedad.*

afluencia s.f. **1** Concurrencia o aparición en gran número en un lugar determinado: *La afluencia de público hizo que los organizadores de la exposición la prorrogaran una semana más.* **2** Abundancia, gran cantidad o gran número: *No sé a qué se debe esta afluencia de gente.* **3** Facilidad en el hablar: *Pronunció su primer discurso en público con una afluencia que sorprendió a todos.* □ SEM. En las acepciones 1 y 2, es sinónimo de *aflujo*.

afluente s.m. Arroyo o río secundario que desembocan en otro principal: *El río Sil es un afluente del Miño.*

afluir v. Acudir en abundancia o concurrir en gran número a un lugar determinado: *Sentía tal vergüenza que notó cómo la sangre le afluía con fuerza a la cara.* □ MORF. Irreg.: La *i* se cambia en *y* delante de *a, e, o* →**CONTRIBUIR**. □ SINT. Constr. *afluir* A *algo.*

aflujo s.m. **1** Concurrencia o aparición de algo en gran número en un lugar determinado: *La buena situación económica ha provocado un aflujo de capital extranjero a nuestro país.* **2** Abundancia, gran cantidad o gran número: *La campaña publicitaria será un éxito gracias al aflujo de ideas brillantes para promocionar el producto.* **3** En medicina, llegada de una mayor cantidad de líquido orgánico a una determinada área del organismo: *La hinchazón de la zona se debe al aflujo de sangre originado por una lesión.* □ SEM. 1. En las acepciones 1 y 2, es sinónimo de *afluencia*. 2. En la acepción 3, dist. de *flujo* (secreción de un líquido al exterior del cuerpo).

afofarse v.prnl. Ponerse fofo, esponjoso y con poca consistencia: *Como hace tiempo que no hago deporte, los músculos se me están afofando.*

afonía s.f. Falta o pérdida de la voz, debida a una incapacidad o dificultad en el uso de las cuerdas vocales: *Se pasaron toda la excursión cantando a voz en grito, y al día siguiente tenían todos afonía.*

afónico, ca adj. Que ha perdido total o parcialmente la voz, como consecuencia de una incapacidad o dificultad en el uso de las cuerdas vocales: *En su primer año como profesor, se quedó afónico varias veces.*

aforismo s.m. Sentencia breve que resume algún conocimiento esencial o una reflexión filosófica: *'En el término medio está la virtud' es un aforismo popular.*

aforístico, ca adj. Del aforismo o relacionado con esta sentencia breve: *Los pensamientos aforísticos abundaron en los tratados médicos de la Edad Media.*

aforo s.m. Capacidad total de las localidades de un local destinado a espectáculos públicos: *El aforo de este teatro es de 500 localidades.*

afortunado, da adj. **1** Que tiene fortuna o buena suerte; *agraciado: Eres una persona afortunada por haber salido ilesa de aquel accidente.* **2** Que es resultado de la buena suerte: *Encontrarnos en aquella fiesta fue una afortunada coincidencia.* **3** Acertado, oportuno o atinado: *Hacer esta excursión ha sido una idea muy afortunada.*

afrancesado, da ▌ adj. **1** Que imita a los franceses: *En muchos escritores españoles del siglo XVIII, se nota un estilo afrancesado.* ▌ adj./s. **2** Partidario de los franceses, referido esp. a los españoles durante la guerra de la Independencia española: *Muchos españoles afrancesados colaboraron con los franceses que ocupaban la península ibérica. Liberales y absolutistas combatieron contra los afrancesados partidarios de José I Bonaparte.*

afrancesamiento s.m. Difusión o adopción de las características que se consideran propias de lo francés: *El afrancesamiento de sus costumbres es consecuencia de los muchos años que ha vivido en París.*

afrancesar ▌ v. **1** Dar o adquirir las características que se consideran propias de lo francés: *Aunque afrances es tu forma de hablar, nunca podrás pasar por un auténtico francés.* ▌ prnl. **2** Volverse afrancesado o partidario de los franceses: *Durante la guerra de Independencia española, muchos aristócratas se afrancesaron para poder conservar sus privilegios.*

afrenta s.f. Ofensa, hecho o dicho que molestan o humillan: *Nunca pensé que ibas a considerar mi actitud como una afrenta personal.*

afrentar v. Ofender, humillar o insultar gravemente: *Me afrentó al acusarme de cobarde delante de mis hombres.*

africado, da ▮ adj. **1** En lingüística, referido a un sonido consonántico, que se articula en dos momentos sucesivos, uno oclusivo y otro fricativo, pero sin cambiar el lugar de articulación: *En la palabra 'coche', la 'ch' es un sonido africado.* ▮ s.f. **2** Letra que representa este sonido: *La única africada del español es la letra doble 'ch'.*

africano, na adj./s. De África (uno de los cinco continentes), o relacionado con ella: *La mayor parte de los países africanos han sido colonias europeas. Uno de mis compañeros de trabajo es un africano de Marruecos.* □ MORF. Como sustantivo se refiere solo a las personas de África.

afrikáans s.m. Variedad del neerlandés que se habla en Sudáfrica (país africano) y en otros países africanos del sur: *El afrikáans es lengua oficial de Sudáfrica junto con el inglés, y de Namibia junto con el bantú.*

afro adj. De los usos y costumbres africanos o con características de estos: *Lleva un peinado afro, de rizos muy pequeños.* □ MORF. Invariable en género. 👁 **peinado**

afro- Elemento compositivo que significa 'africano': *afroasiático.*

afrodisíaco, ca o **afrodisiaco, ca** adj./s.m. Que excita o provoca el deseo sexual: *Se dice que algunas especias son afrodisíacas. El polvo de cuerno de rinoceronte tiene fama de ser un afrodisíaco.*

afrontamiento s.m. Aceptación de una situación difícil para intentar solucionarla: *El afrontamiento de las deudas que le había dejado su padre acabó con toda su fortuna.*

afrontar v. Referido a una situación difícil, plantarle cara o hacerle frente: *Afrontó el peligro con gran valor.*

aftershave (anglicismo) s.m. Loción para después del afeitado: *Este aftershave huele muy bien y calma la sensación de escozor de la piel.* □ PRON. [afterchéif], con *ch* suave. □ USO Su uso es innecesario.

aftersun s.m. Crema hidratante para después de tomar el sol (por extensión del nombre de la marca comercial *Aftersun®*): *Después de tomar el sol, siempre me pongo aftersun.* □ PRON. [aftersán]. □ USO Su uso es innecesario y puede sustituirse por una expresión como *crema para después del sol.*

afuera ▮ adv. **1** A la parte exterior o en el exterior: *Vamos afuera a tomar el aire. Hay mucha gente afuera.* ▮ interj. **2** Expresión que se usa para ordenar a alguien retirarse de un lugar; *fuera: ¡Afuera! ¿Es que no me vais a dejar tranquilo ni un momento?* □ SINT. Incorr. *Vamos {*a afuera › afuera}.*

afueras s.f.pl. Alrededores de una población: *El almacén de esta fábrica está en las afueras de la ciudad.*

agachar ▮ v. **1** Referido esp. a la cabeza, inclinarla o bajarla: *No agaches la cabeza y mírame a los ojos.* ▮ prnl. **2** Encoger el cuerpo, doblando hacia abajo la cintura o las piernas: *Se agachó para coger lo que se le había caído.*

agalla ▮ s.f. **1** En algunos animales acuáticos, cada una de las branquias que tienen en aberturas naturales, a ambos lados y en el arranque de la cabeza: *El pescadero cortó la cabeza de la merluza a la altura de las agallas.* **2** Parte que crece de forma anormal en algunos árboles y arbustos por las picaduras de ciertos insectos: *Las agallas del roble son redondas y de color marrón.* ▮ pl. **3** *col.* Valentía, determinación, arrojo o valor: *¿A que no tienes agallas para decírselo a la cara?*

ágape s.m. Comida a la que asisten muchas personas y en la que se celebra algún acontecimiento; *banquete: Celebraron su ascenso con un ágape.*

agarrada s.f. Véase **agarrado, da.**

agarraderas s.f.pl. *col.* Favor o influencia con los que una persona cuenta para conseguir sus fines: *No lo echan del trabajo porque tiene muy buenas agarraderas.*

agarradero s.m. **1** Asa o mango que sirven para coger o cogerse a algo: *Tengo que poner un agarradero en la bañera para no resbalarme.* **2** *col.* Recurso o excusa con los que se cuenta para conseguir algo: *Su sordera es su agarradero para no participar en las conversaciones que le aburren.*

agarrado, da ▮ adj. **1** *col.* Referido a un baile, que se baila en pareja y enlazados estrechamente: *Durante la fiesta, salí a la terraza cuando empezaron los bailes agarrados.* ▮ adj./s. **2** *col.* Que intenta gastar lo menos posible, hasta resultar miserable y mezquino; *tacaño: No seas tan agarrado y páganos una ronda. Es una agarrada y casi prefiere pasar hambre a gastarse el dinero en comida.* ▮ s.f. **3** *col.* Altercado, riña o discusión fuerte: *No se hablan desde que tuvieron aquella agarrada.*

agarrar ▮ v. **1** Tomar o coger fuertemente, esp. si es con la mano: *Agarró el paquete para que no se lo quitaran. La niña se agarró a las faldas de su madre.* **2** Asir, coger o prender: *El árbitro me señaló falta personal por agarrar a un jugador contrario.* **3** *col.* Referido esp. a una enfermedad o a un estado de ánimo, contraerlos, adquirirlos o alcanzarlos; *coger: Pasé mucho frío en el campo y agarré un catarro impresionante.* **4** Sorprender o coger desprevenido: *Lo agarraron robando la caja fuerte.* **5** *col.* Obtener o conseguir: *Agarró un buen pellizco en la lotería y se ha cambiado de casa.* **6** Referido a una planta, prender, enraizar o arraigar: *Trasplantamos el pino de la maceta al jardín, y agarró muy bien.* ▮ prnl. **7** Referido a un guiso, adherirse al recipiente en que se hace por haberse quemado; *pegarse: Se me han agarrado un poco las lentejas y por eso saben a quemado.* **8** *col.* Referido esp. a una enfermedad, apoderarse fuertemente de una persona: *Se me ha agarrado el resfriado al pecho y no paro de toser.* **9** *col.* Discutir hasta llegar a la agresión física: *Los dos gamberros se agarraron y tuvo que separarlos la policía.* **10** Tomar como pretexto o disculpa: *Se agarra a que está débil y no hace nada.* **11** ‖ **agárrate.** *col.* Expresión que se usa para preparar al interlocutor a recibir una sorpresa: *Y entonces me dijo, agárrate, que no se arrepentía de habernos echado de su casa.*

agarrón s.m. Acción de agarrar y tirar con fuerza: *El árbitro castigó con falta el agarrón del defensa al delantero.*

agarrotamiento s.m. Rigidez, imposibilidad o dificultad de movimiento: *Después del duro entrenamiento, hicimos unos ejercicios para evitar el agarrotamiento de los músculos.*

agarrotar v. Referido esp. a un miembro del cuerpo, dejarlo rígido o inmóvil: *El miedo le agarrotó las piernas, y fue incapaz de huir. Se me habían agarrotado las manos por el frío y no podía mover los dedos.*

agasajar v. Referido a una persona, tratarla con atención, con amabilidad, con consideración y con afecto: *Nos agasajaron con una extraordinaria comida.* □ ORTOGR. Conserva la *j* en toda la conjugación.

agasajo s.m. Trato atento y amable, marcado por la consideración y el afecto: *Estoy encantada, porque no esperaba tantos agasajos de vuestra parte.*

ágata s.f. Variedad del cuarzo, dura, translúcida y con franjas o capas de varios colores: *Las ágatas se utilizan en joyería.* □ MORF. Por ser un sustantivo femenino que empieza por *a* tónica o acentuada, va precedido de *el, un, algún, ningún* y de las formas femeninas del resto de los determinantes.

agazaparse v.prnl. Agacharse encogiendo el cuerpo contra la tierra: *El felino se agazapó antes de saltar sobre su presa.*

agencia s.f. **1** Empresa destinada a gestionar asuntos ajenos o a ofrecer al público determinados servicios: *Siempre reservo los hoteles y los billetes de avión en la misma agencia de viajes.* **2** Sucursal u oficina que representa a la empresa de la que depende, y que lleva los asuntos y negocios de esta en el lugar en el que se encuentra situada: *Este banco tiene varias agencias repartidas por toda la ciudad.*

agenciar v. *col.* Procurar o conseguir con maña y con rapidez: *Nos agenció billetes a todos nada más pedírselos. Me han avisado de que tengo una fiesta esta noche y tengo que agenciarme un disfraz a propósito.* □ ORTOGR. La *i* nunca lleva tilde.

agenda s.f. **1** Libro o cuaderno en el que se anota lo que se tiene que hacer para no olvidarlo: *Voy a mirar en la agenda qué día es la reunión.* **2** Conjunto de temas que han de tratarse en una reunión o de las actividades sucesivas que se han de realizar: *La agenda de la reunión era muy amplia.*

agente ▮ adj./s.m. **1** Que realiza o ejecuta la acción de algo: *En las oraciones en voz activa el sujeto agente realiza la acción del verbo. En 'El local fue cerrado por las autoridades', 'por las autoridades' es el agente.* ▮ s. **2** Persona que tiene a su cargo una agencia o empresa destinada a gestionar asuntos ajenos o prestar determinados servicios: *Vendió sus acciones cuando se lo aconsejó su agente financiero y consiguió una fortuna.* **3** Persona que se dedica profesionalmente a velar por la seguridad pública o por el cumplimiento de las leyes u ordenanzas: *Dos agentes de Policía llevaron al sospechoso a la comisaría.* ▮ s.m. **4** Lo que produce un efecto: *En el Gran Cañón del Colorado el agua ha sido el agente de la erosión que con mayor fuerza ha actuado.* **5** Persona que actúa en nombre de otra: *El periodista concertó una entrevista con la actriz a través del agente de esta.* **6** ‖ **(agente) comercial.** El que se dedica profesionalmente a la gestión de operaciones de venta, por cuenta ajena y mediante comisión, ateniéndose a las condiciones estipuladas por la empresa en cuya representación actúa: *La empresa tuvo una reunión con sus agentes comerciales para presentarles los nuevos productos que lanzaba al mercado.* □ MORF. 1. Como adjetivo es invariable en género. 2. En las acepciones 2 y 3, es de género común y exige concordancia en masculino o en femenino para señalar la diferencia de sexo: *el agente, la agente.*

agigantar v. Dar o adquirir dimensiones gigantescas o excesivamente grandes: *La poción mágica agigantaba a todo aquel que la probase.*

ágil adj. **1** Que se mueve con agilidad o con soltura: *Mi abuela se conserva ágil a pesar de sus años.* **2** Que tiene soltura o viveza: *Escribe con una prosa ágil y amena.* □ MORF. Invariable en género.

agilidad s.f. Facilidad para realizar algo con soltura y viveza: *La gimnasia es muy buena para adquirir agilidad de movimientos.*

agilipollar v. *vulg.malson.* →**atontar.**

agilización s.f. Aumento de la rapidez de un proceso: *La agilización de los pedidos ha hecho ganar mucho tiempo a la empresa.*

agilizar v. Referido esp. al desarrollo de un proceso, hacerlo más ágil o dar mayor rapidez a su realización: *Si queremos cumplir los plazos previstos debemos agilizar el ritmo de trabajo.* □ ORTOGR. La *z* se cambia en *c* delante de *e* →**CAZAR.**

agitación s.f. **1** Movimiento fuerte y repetido, esp. el que se hace para disolver o para mezclar algo: *En el prospecto se recomienda la agitación del preparado antes de tomarlo.* **2** Inquietud, turbación o nerviosismo muy fuertes: *El acusado contestó preso de una gran agitación.* **3** Descontento social o político: *La agitación de los últimos meses desembocó en una huelga general que paralizó al país.*

agitanar v. Dar las características que se consideran propias de lo gitano: *Se tiñó el pelo de moreno para agitanar su aspecto.*

agitar v. **1** Mover repetida y violentamente: *Me agitó para despertarme. Las cortinas se agitaban al viento.* **2** Referido al contenido de un recipiente, revolverlo para disolverlo o para mezclar sus componentes: *Antes de tomar el jarabe hay que agitar bien el frasco.* **3** Inquietar, turbar o poner nervioso: *La noticia del accidente nos agitó mucho. Me agité cuando vi que era muy tarde y no habías vuelto.* **4** Provocar la inquietud o el descontento sociales o políticos: *Las declaraciones de los políticos han agitado a la población.*

aglomeración s.f. Reunión o amontonamiento de algo, generalmente en abundancia y de forma desordenada: *Se produjo una aglomeración de público en la entrada del teatro.*

aglomerar v. Reunir, juntar o amontonar, generalmente en abundancia y de forma desordenada: *El cantante aglomeró a un gran número de seguidores. Los aficionados se aglomeraron a las puertas del estadio.*

aglutinación s.f. Unión o adhesión muy fuertes: *El nuevo líder del partido consiguió la aglutinación de todas las tendencias a su alrededor.*

aglutinar v. **1** Unir, juntar o pegar con fuerza hasta formar una unidad: *Esta asociación aglutina a otras más pequeñas, que buscan un mismo fin.* **2** Referido a varios fragmentos que tienen la misma o distinta naturaleza, unirlos por medio de sustancias viscosas: *Al aglutinar los sólidos en suspensiones acuosas conseguimos que se precipiten.*

agnosticismo s.m. Doctrina filosófica que declara inaccesible a la razón humana el conocimiento de lo absoluto y de todo aquello que no pueda ser alcanzado por la experiencia: *El agnosticismo no niega la existencia de Dios, sino que se reconoce incapaz de alcanzar su conocimiento.* □ ORTOGR. Dist. de *gnosticismo.* □ SEM. Dist. de *ateísmo* (que niega la existencia de Dios).

agnóstico, ca ▮ adj. **1** Del agnosticismo o relacionado con esta doctrina filosófica: *La doctrina agnóstica tuvo mucho auge en el siglo XIX.* ▮ adj./s. **2** Que sigue o que defiende el agnosticismo: *Se declara agnóstico, y procura no plantearse nunca cuestiones que no puedan ser abordadas por la experiencia. Los agnósticos dicen que lo sobrenatural es inalcanzable para la razón humana.* □ ORTOGR. Dist. de *gnóstico.* □ SEM. Dist. de *ateo* (que niega la existencia de Dios).

a b c d e f g h i j k l m n ñ o p q r s t u v w x y z

agobiar v. Molestar, deprimir o causar un gran sufrimiento: *Nunca se agobia por muchas cosas que tenga que hacer.* ☐ ORTOGR. La *i* nunca lleva tilde.

agobio s.m. **1** Sensación de angustia o de cansancio, esp. si están producidas por algo a lo que hay que hacer frente: *Tantas preguntas me causan agobio.* **2** Lo que causa esta sensación: *Los deberes para hacer en casa son un agobio en vacaciones.*

agolparse v.prnl. **1** Referido a un conjunto de personas, juntarse de golpe en un lugar: *Los periodistas se agolpaban a la puerta del teatro.* **2** Referido esp. a las lágrimas o a las penas, venir juntas y de golpe: *Estos días se me agolpan los problemas.*

agonía s.f. **1** Estado inmediatamente anterior a la muerte: *La agonía del enfermo fue breve.* **2** Pena o sufrimiento angustiosos: *Estas tensiones familiares no hacen más que causar mi agonía.*

agonías s. *col.* Persona muy pesimista: *Eres un agonías, y así nunca vas a disfrutar de nada.* ☐ MORF. 1. Es de género común y exige concordancia en masculino o en femenino para señalar la diferencia de sexo: *el agonías, la agonías.* 2. Invariable en número.

agónico, ca adj. De la agonía, con sus características o relacionado con este estado: *Cuando llegó al hospital, estaba ya en un estado agónico irreversible.*

agonizar v. **1** Estar en los momentos finales de la vida: *El soldado agonizaba en la trinchera.* **2** Estar a punto de terminarse o extinguirse: *El fuego, sin leña, agonizaba en la chimenea.* **3** Sufrir angustiosamente: *La familia del industrial secuestrado agoniza por la falta de noticias esperanzadoras.* ☐ ORTOGR. La *z* se cambia en *c* delante de *e* →CAZAR.

ágora s.f. En la antigua Grecia, plaza pública: *El ágora era el centro de la vida política y comercial.* ☐ MORF. Por ser un sustantivo femenino que empieza por *a* tónica o acentuada, va precedido de *el, un, algún, ningún* y de las formas femeninas del resto de los determinantes.

agorero, ra adj./s. Que predice males y desgracias: *Dicen que los cuervos son aves agoreras. Es un agorero y todo el día está hablando de desgracias.*

agostar v. **1** Referido a las plantas, secarlas o abrasarlas el excesivo calor: *La falta de riego ha agostado los claveles.* **2** Referido a las cualidades de una persona, consumirlas o debilitarlas: *Los sufrimientos agostaron su belleza.*

agosto s.m. **1** Octavo mes del año, entre julio y septiembre: *En agosto hay mucha gente de vacaciones.* **2** ‖ **hacer** alguien **su agosto.** *col.* Hacer un buen negocio, aprovechando una ocasión oportuna: *En época de carnaval, los vendedores de disfraces hacen su agosto.*

agotamiento s.m. **1** Consumición o gasto completos: *El agotamiento de las provisiones se produjo antes de lo previsto.* **2** Cansancio muy grande: *Sufrió una lesión muscular a causa del agotamiento.*

agotar v. **1** Gastar o consumir completamente: *Los invitados agotaron las bebidas. No he podido comprar el libro que me dijiste porque la edición se ha agotado.* **2** Cansar mucho o extenuar: *El calor me agota. Se agotó de tanto subir y bajar escaleras.*

agraciado, da adj. **1** Agradable o atractivo físicamente: *Es una mujer muy agraciada, con una cara muy expresiva.* **2** Que tiene fortuna o buena suerte; *afortunado: No te puedes quejar, porque eres una persona muy agraciada en la vida.*

agraciar v. **1** Referido esp. a una gracia o a un favor, darlos o concederlos: *El conde nos agració con su visita. Varios empleados fueron agraciados con el premio gordo de la lotería.* **2** Referido a una persona, favorecerla o hacerla más agradable: *Ese traje le agracia la figura.* ☐ ORTOGR. La *i* nunca lleva tilde. ☐ MORF. En la acepción 1, se usa más como participio.

agradabilísimo, ma superlat. irreg. de **agradable**. ☐ MORF. Incorr. **agradablísimo*.

agradable adj. **1** Que produce agrado o satisfacción: *He pasado una tarde muy agradable con vosotros.* **2** Referido a una persona, que es amable en el trato: *Su abuela es una viejecita muy agradable.* ☐ MORF. 1. Invariable en género. 2. Su superlativo es *agradabilísimo*.

agradar v. Complacer, gustar o producir agrado: *La comida nos agradó mucho. Me agrada mucho que confíes en él.*

agradecer v. **1** Dar las gracias o mostrar gratitud: *Le agradeció sus consejos con una sonrisa. Te agradecería que te fueras.* **2** Corresponder a las atenciones y cuidados recibidos: *Deja de fumar y los pulmones te lo agradecerán.* ☐ MORF. Irreg.: Aparece una *z* delante de la *c* cuando la siguen *a, o* →PARECER.

agradecido, da adj. **1** Que tiende a mostrar agradecimiento: *Es una persona muy agradecida y cualquier cosa que le regales le hace ilusión.* **2** Que responde positivamente a los cuidados y atenciones recibidas: *Los claveles son unas plantas muy agradecidas y apenas necesitan cuidados.*

agradecimiento s.m. Muestra de gratitud por un favor o un beneficio recibidos: *Le regalaron una placa en agradecimiento a los servicios prestados.*

agrado s.m. **1** Placer, satisfacción o gusto: *No es una persona de mi agrado.* **2** Simpatía o modo agradable de tratar a las personas: *No hables mal de ella, porque siempre nos ha tratado con agrado.*

agrandamiento s.m. Aumento del tamaño de algo: *El agrandamiento de la habitación solo puede realizarse cerrando la terraza y tirando ese tabique.*

agrandar v. Hacer más grande: *No me gusta agrandar la importancia de las cosas. Cuando tiramos el tabique, la cocina se agrandó.*

agrario, ria adj. Del campo o relacionado con él: *La agricultura y la ganadería son actividades agrarias.* ☐ SEM. Dist. de *agrícola* (de la agricultura o relacionado con ella).

agravamiento s.m. Aumento de la gravedad o de la importancia de algo: *El agravamiento de su enfermedad nos tiene muy preocupados.*

agravante ▮ s. **1** Lo que agrava o aumenta la intensidad o la gravedad de algo: *Llevamos un mes sin calefacción, con el agravante de que hemos pedido repetidas veces que la arreglaran.* ▮ s.f. **2** →**circunstancia agravante.** ☐ MORF. En la acepción 1, es de género ambiguo y admite concordancia en masculino o en femenino sin cambiar de significado: *{el duro/la dura} agravante*.

agravar v. Aumentar la gravedad o importancia: *Su total falta de escrúpulos agrava la falta que cometió. La enfermedad se agravó con la edad.* ☐ ORTOGR. Dist. de *gravar*.

agraviar v. Cometer un agravio: *Me agravió llamándome 'ladrón'.* ☐ ORTOGR. La *i* nunca lleva tilde.

agravio s.m. **1** Ofensa o insulto muy graves contra la honra o dignidad de alguien: *No te lo tomes como un agravio, porque lo hizo sin mala intención.* **2** Perjuicio que se hace a alguien en sus derechos o en sus intereses: *El* *abogado consideró que la sentencia del juez era un agravio para los intereses de su cliente.*

agredir v. Cometer una agresión: *Me agredieron por la espalda.*

agregado, da s. **1** Funcionario diplomático encargado de asuntos de su especialidad: *El agregado comercial de la embajada asistió a una reunión con el agregado cultural.* **2** ‖ **(profesor) agregado.** El de instituto que está destinado a una cátedra o a un departamento, y que posee una categoría inmediatamente inferior a la de catedrático: *Trabaja de agregada en el departamento de Física.*

agregaduría s.f. **1** Cargo de agregado: *La agregaduría cultural de esta embajada será ocupada por un escritor famoso.* **2** Oficina de un agregado diplomático: *Nos citó en la agregaduría para hablar del tema.*

agregar v. **1** Unir o añadir a un todo: *Para que la masa quede jugosa, agrégale un poco de leche. Al ver lo que ocurría, nos agregamos a los manifestantes.* **2** Añadir a lo que ya estaba hecho o dicho: *'Y de postre, una naranja', agregó.* □ ORTOGR. La *g* se cambia en *gu* delante de *e* ⟶**PAGAR**. □ SINT. Constr. *agregar(se)* A *algo.*

agresión s.f. **1** Ataque violento, esp. para matar o para herir a alguien: *Fue víctima de una agresión cuando salía de su casa.* **2** Acción que se opone a los derechos de otra persona: *Me dijo que consideraba una agresión contra su salud que la gente fumara en el autobús.* **3** Ataque militar, generalmente repentino e inesperado, que viola los derechos del país atacado: *La agresión del ejército enemigo fue unánimemente condenada.*

agresividad s.f. **1** Tendencia a acometer o a atacar: *Los perros que no poseen agresividad no sirven como perros guardianes.* **2** Decisión para emprender una tarea y hacer frente a sus dificultades: *La agresividad es una característica muy valorada en los ejecutivos.*

agresivo, va adj. Que actúa o tiende a actuar con agresividad: *Las personas con problemas afectivos suelen ser muy agresivas.*

agresor, -a adj./s. Que comete una agresión o que provoca una riña o una pelea: *No pudo identificar a ninguno de los miembros de la pandilla agresora. El agresor lo atacó con un cuchillo.*

agreste adj. Referido a un terreno, que no está cultivado o que está lleno de maleza: *La abundancia de vegetación dificultaba el paso por aquel paraje tan agreste.* □ MORF. Invariable en género.

agri- Elemento compositivo que significa 'campo': *agrimensura, agrimensor, agricultura.*

agriar v. Poner agrio: *Las penas te están agriando el carácter. La leche se ha agriado por el calor.* □ ORTOGR. La *i* puede llevar tilde en los presentes, excepto en las personas *nosotros* y *vosotros* ⟶**VACIAR**, o no llevarla nunca.

agrícola adj. De la agricultura o relacionado con esta actividad: *Algunos bancos conceden créditos agrícolas.* □ SEM. Dist. de *agrario* (del campo o relacionado con él).

agricultor, -a s. Persona que se dedica al cultivo de la tierra: *Procede de una familia de agricultores.*

agricultura s.f. **1** Actividad económica consistente en cultivar la tierra con el fin de obtener productos para el consumo animal o humano: *Los habitantes de este pueblo viven de la agricultura.* **2** Arte o técnica que se utilizan en dicho cultivo: *La agricultura moderna está muy mecanizada.*

agridulce adj. Que tiene mezcla de sabor agrio y dulce: *Las salsas agridulces son una especialidad de la cocina china.* □ MORF. Invariable en género.

agrietamiento s.m. Aparición o formación de grietas: *El agrietamiento del puente a los dos meses de su construcción supuso un escándalo.*

agrietar v. Abrir grietas o hendiduras: *La lluvia agrietó la pintura de la fachada. El cuero de buena calidad no suele agrietarse.*

agrimensor, -a s. Persona especializada en la medición de las tierras: *La profesión de agrimensor existía ya en época romana.*

agrio, gria ▮ adj. **1** Que produce una sensación de acidez en el olfato o en el gusto: *Los pomelos tienen un sabor agrio.* **2** Que se ha agriado: *La leche está agria y hay que tirarla.* **3** Que resulta áspero o desagradable: *No me esperaba una respuesta tan agria.* ▮ s.m.pl. **4** Conjunto de frutas de sabor agridulce, esp. naranjas y limones: *La producción de agrios en Valencia es muy elevada.*

agrisado, da adj. De color gris o con tonalidades grises: *Hemos pintado toda la casa en tonos agrisados.*

agro- Elemento compositivo que significa 'campo': *agrología, agroquímica.*

agronomía s.f. Conjunto de conocimientos referentes al cultivo de la tierra: *La agronomía se apoya en otras ciencias, como las matemáticas, la química o la geografía.*

agrónomo, ma adj./s. Referido a una persona, que practica la agronomía: *Mi prima es ingeniera agrónoma. Estos agrónomos estudian la fabricación de máquinas que aligeren el trabajo de la agricultura.*

agropecuario, ria adj. De la agricultura y la ganadería, o relacionado con ellas: *Esa granja es una industria agropecuaria.*

agrupación s.f. **1** Reunión de elementos que generalmente tienen una característica común: *No me gusta el criterio que has seguido en la agrupación de los temas.* **2** Conjunto de personas o de organismos que se agrupan o asocian para un fin común: *Pertenece a una agrupación de vecinos muy emprendedora.*

agrupamiento s.m. Reunión de elementos formando grupos: *El agrupamiento de los músicos en las orquestas se hace según el instrumento que tocan.*

agrupar v. **1** Reunir o juntar formando grupos: *Los niños se agruparon en torno al profesor.* **2** Constituir una agrupación o una asociación: *Esa asociación agrupa a los artesanos de la madera.*

agua ▮ s.f. **1** Sustancia líquida, insípida, inodora, incolora cuando se encuentra en pequeñas cantidades y azulada o verdosa si se halla en abundancia, que forma parte de los organismos vivos y que es el componente más abundante en la superficie terrestre: *La fórmula del agua es H_2O. Si tienes sed, bebe agua.* **2** Líquido que resulta de la disolución de sustancias obtenidas de plantas, flores o frutos, y que se suele usar en medicina o en perfumería: *El agua de lavanda es la colonia que más me gusta. El agua de azahar es una bebida que se usa como calmante.* **3** Vertiente de un tejado: *Tiene una casa con el tejado de dos aguas. Mi casa tiene las aguas orientadas hacia el Sur.* ▮ pl. **4** Ondulaciones o brillos, esp. en una tela, en una piedra preciosa o en una madera: *Me gusta este mármol por las aguas que tiene.* **5** Manantial mineromedicinal: *Las aguas de esta región alivian el reumatismo.* **6** Zona marina más o menos cercana a una costa: *El pesquero fue detenido en aguas jurisdiccionales francesas.* **7** ‖ **agua corriente.** La potable que sale de los grifos de la casas: *Les han cortado el agua corriente por falta de pago.* ‖ **agua de borrajas.** *col.* Lo que se considera de poco o de ninguna importancia, o ha quedado reducido a nada: *Las promesas electorales han quedado en agua de borrajas.* ‖ **(agua de) Colonia.** Perfume compuesto de agua, alcohol y sustancias aromáticas (por alusión a la ciudad alemana de Colonia de la que es típico); *colonia: El agua de Colonia tiene un olor más fresco que el de los perfumes.* ‖ **(agua de) Seltz.** La potable con gas, natural o preparada artificialmente; *seltz: Siempre tomo el vermú con agua de Seltz.* ‖ **agua fuerte.** →**aguafuerte.** ‖ **agua gorda.** En química, la que tiene en disolución gran cantidad de sales: *El agua gorda contiene mucho yeso.* ‖ **agua mineral.** La de manantial que lleva en disolución sustancias minerales: *El agua mineral de esta región tiene propiedades medicinales.* ‖ **agua nieve.** →**aguanieve.** ‖ **agua oxigenada.** Compuesto químico líquido, incoloro, soluble en agua y en alcohol, que tiene propiedades desinfectantes: *La fórmula del agua oxigenada es* H_2O_2. ‖ **(agua) tónica.** Bebida gaseosa de sabor amargo, y que contiene quinina: *Cuando se sirve una tónica, hay que ponerle una rodajita de limón.* ‖ **aguas continentales.** Masas líquidas de agua dulce procedentes de la lluvia, que forman los ríos y los lagos: *Suiza es un país con un volumen importante de aguas continentales.* ‖ **aguas mayores.** *euf.* Excremento humano: *Hizo aguas mayores detrás de un árbol.* ‖ **aguas menores.** *euf.* Orina humana: *No pudo aguantar y se hizo aguas menores encima.* ‖ **agua va.** Expresión que se usaba para avisar a los que pasaban por la calle de que se iban a arrojar excrementos o desechos: *Era frecuente oír 'agua va' en la época en la que no existía el alcantarillado.* ‖ **al agua patos.** *col.* Expresión que indica la intención de meterse en el agua: *Todos se metieron en el río al grito de 'Al agua patos'.* ‖ **bailarle el agua** a alguien. *col.* Adularlo para resultarle agradable: *De poco va a servirte que me bailes el agua porque no pienso recomendarte.* ‖ **como (el) agua de mayo.** *col.* Muy deseado o muy bien recibido: *Este dinero a fin de mes me viene como agua de mayo.* ‖ **con el agua al cuello.** *col.* En una situación apurada o en peligro: *Hasta que acabemos de pagar la casa, estaremos con el agua al cuello y no podremos permitirnos lujos.* ‖ **hacer agua. 1** Referido a una embarcación, tener grietas o roturas por las que esta empieza a penetrar: *Tras chocar contra los arrecifes el barco hizo agua.* **2** Referido a un asunto, empezar a ir mal: *Este proyecto hace agua por todas partes y no te lo van a aceptar.* ‖ **más claro que el agua.** Muy manifiesto o patente: *Todo el mundo sabía que el negocio iba a fracasar, porque estaba más claro que el agua.* ‖ **romper aguas.** Romperse la bolsa que envuelve el feto y derramarse el líquido que contiene, antes del parto: *Cuando una mujer rompe aguas, el parto es inminente.* ‖ **ser agua pasada.** Haber perdido su importancia: *Aquella jugarreta ya es agua pasada, y no te guardo ningún rencor.* ‖ **tomar las aguas.** Estar en un balneario para hacer una cura con estas aguas: *Va todos los años unos días al balneario para tomar las aguas.* □ MORF. Por ser un sustantivo femenino que empieza por *a* tónica o acentuada, va precedido de *el, un, algún, ningún* y de las formas femeninas del resto de los determinantes.

aguacate s.m. **1** Árbol americano con grandes hojas elípticas, alternas y siempre verdes, flores pequeñas en espiga y fruto comestible: *El aguacate es propio de las zonas cálidas de América.* **2** Fruto de este árbol, que tiene la corteza verde y una sola semilla de gran tamaño: *La pulpa del aguacate es mantecosa.*

aguacero s.m. Lluvia repentina, abundante y de poca duración: *Hoy a las 10 ha caído un aguacero impresionante.*

aguachinar v. Referido a un alimento, estropearlo por exceso de agua: *Le has añadido tanta agua al caldo que has aguachinado la sopa.*

aguachirle s.f. Bebida o alimento líquido sin fuerza ni sustancia, esp. por estar muy aguado: *Los licores de mala calidad suelen ser aguachirle.* □ PRON. Incorr. *[aguachírli], *[aguachírri]. □ MORF. Por ser un sustantivo femenino cuyo primer componente empieza por *a* átona o no acentuada, no debe usarse con los determinantes *el, un, algún* y *ningún*. Incorr. *{*el > la} aguachirle.*

aguadilla s.f. *col.* →**ahogadilla.**

aguador, -a s. Persona que se dedica a transportar o vender agua: *Cuando no había agua corriente los aguadores iban por las casas ofreciendo su mercancía.*

aguaducho s.m. Puesto en el que se vende agua y otras bebidas: *En la playa hay un aguaducho que siempre tiene bebidas frescas.*

aguafiestas s. Persona que estropea o interrumpe una diversión: *Cuando lo estábamos pasando mejor llegó el aguafiestas de tu hermano para decirnos que ya debíamos volver a casa.* □ MORF. 1. Es de género común y exige concordancia en masculino o en femenino para señalar la diferencia de sexo: *el aguafiestas, la aguafiestas.* 2. Invariable en número.

aguafuerte ▌s.m. **1** Ácido nítrico poco diluido: *El aguafuerte es muy corrosivo y disuelve muchos metales.* **2** Técnica de grabado basada en la acción de este ácido nítrico sobre las partes de una plancha metálica que no han sido tratadas previamente con un barniz: *En el aguafuerte el artista dibuja sobre la capa de barniz con una punta acerada hasta dejar descubierta la superficie metálica.* ▌s. **3** Lámina obtenida mediante esta técnica: *Con un aguafuerte se pueden hacer múltiples estampaciones.* **4** Estampa hecha con esta lámina: *Tengo en la pared una reproducción de uno de los aguafuertes de Goya.* □ ORTOGR. Admite también la forma *agua fuerte.* □ MORF. 1. En las acepciones 3 y 4, es de género ambiguo y admite concordancia en masculino y en femenino sin cambiar de significado: *{el/la} aguafuerte {valioso/valiosa},* aunque se usa más como masculino. 3. Su plural es *aguafuertes.*

aguamanil s.m. **1** Jarro con pico que contiene agua para lavar las manos; *aguamanos: Llenó el aguamanil con agua perfumada.* **2** Palangana o recipiente que se usa para lavarse las manos: *Los lavabos han sustituido a los antiguos aguamaniles.* **3** Soporte en el que se colocan la palangana y otros utensilios para el aseo personal: *En casa de la abuela teníamos un aguamanil de hierro.*

aguamanos s.m. Jarro con pico que contiene agua para lavar las manos; *aguamanil: Echó agua en la palangana con el aguamanos.* □ MORF. Invariable en número.

aguamarina s.f. Mineral muy duro, transparente, de color parecido al del agua del mar, y muy apreciado en joyería: *La aguamarina es una variedad de berilo.* □ ORTOGR. Dist. de *agua marina.* □ MORF. 1. Por ser un sustantivo femenino cuyo primer componente empieza por *a* átona o no acentuada, no debe usarse con los determinantes *el, un, algún* y *ningún*. Incorr. *{*el > la} aguamarina.* 2. Su plural es *aguamarinas.*

aguanieve s.f. Agua de lluvia mezclada con nieve: *El puerto de montaña está cerrado porque hay un temporal de aguanieve.* □ ORTOGR. Admite también la forma *agua nieve.* □ MORF. 1. Por ser un sustantivo femenino cuyo primer componente empieza por *a* átona o no acentuada, no debe usarse con los determinantes *el, un, algún* y *ningún.* Incorr. *{*el > la} aguanieve.* 2. Su plural es *aguanieves.*

aguantar ▌v. **1** Sostener o sujetar sin dejar caer: *Estas vigas aguantan el peso de todo el edificio. ¿Me aguantas el bolso un momento, por favor?* **2** Referido a algo molesto o desagradable, soportarlo o tolerarlo: *Te aguanté el mal humor porque sé que estás pasando por una situación difícil.* **3** Referido esp. a un deseo o impulso, reprimirlos, contenerlos o no dejar que se manifiesten: *Aguantó las lágrimas para que nadie la viera llorar. Aguanta un poco, que ya nos vamos. Se aguantó las ganas de marcharse y continuó en la reunión.* ▌prnl. **4** Conformarse con algo y aceptarlo aunque no responda a nuestros deseos: *Si no te gusta, te aguantas.*

aguante s.m. **1** Fuerza o vigor para resistir o sostener algo: *Esa estantería no tiene aguante para tanto peso.* **2** Paciencia, tolerancia o capacidad para resistir algo: *Reconozco que no tengo ningún aguante y que pierdo la paciencia enseguida.*

aguar ▌v. **1** Referido a una bebida o a un alimento líquido, mezclarlo con agua, esp. si se hace de manera indebida: *Los clientes protestaron porque el tabernero aguaba el vino.* **2** Referido esp. a una situación alegre o divertida, interrumpirla o echarla a perder: *Si no quieres aguarme la fiesta, prométeme que vendrás. La cena se aguó cuando aquellos dos hombres empezaron a discutir.* ▌prnl. **3** Llenarse de agua: *Al saber la noticia no pude evitar que se me aguaran los ojos.* □ ORTOGR. 1. La *u* lleva diéresis cuando le sigue *e.* 2. La *u* permanece siempre átona ⟶**AVERIGUAR.**

aguardar v. **1** Referido a algo, esperar su llegada o su realización: *Te aguardo en el portal. Aguarda a que te avisen.* **2** Referido a un período de tiempo, dejarlo pasar antes de realizar algo: *Aguardó unos minutos antes de empezar a hablar.* **3** Referido a un suceso, tener que ocurrirle a alguien en un futuro: *Yo sé que te aguarda la felicidad que te mereces.*

aguardentoso, sa adj. Referido a la voz, áspera, ronca y desagradable: *Cada vez que sale de juerga se levanta al día siguiente con una voz aguardentosa.*

aguardiente s.m. Bebida alcohólica que se obtiene por destilación del vino, frutas y otras sustancias: *El aguardiente de caña se obtiene de la destilación de la caña de azúcar.*

aguarrás s.m. Jugo obtenido de algunos árboles, que se evapora con facilidad y que se utiliza principalmente como disolvente: *Se quitó las manchas de pintura con aguarrás.* □ MORF. Su plural es *aguarrases.*

agudeza s.f. **1** Delgadez en la punta o en el filo: *Estos cuchillos cortan muy bien por su agudeza.* **2** Rapidez y viveza de la inteligencia: *La entrevistada respondió con gran agudeza.* **3** Intensidad de un mal o de un dolor: *La agudeza del dolor le hacía encogerse.* **4** Perspicacia y rapidez del sentido de la vista, del oído o del olfato para percibir las sensaciones con detalle o con perfección: *Los delfines tienen gran agudeza auditiva.* **5** Dicho inteligente o ingenioso: *Fue un diálogo muy ameno, lleno de agudezas y chispazos de ingenio.*

agudizar ▌v. **1** Hacer agudo: *La necesidad agudiza la inteligencia.* ▌prnl. **2** Referido esp. a una enfermedad, empeorar o aumentar su gravedad: *El asma se me agudiza en primavera.* □ ORTOGR. La *z* se cambia en *c* delante de *e* ⟶**CAZAR.**

agudo, da ▌adj. **1** Que termina en punta o que tiene el borde muy afilado: *La cornisa termina en unos salientes agudos.* **2** Ingenioso, rápido y vivo en la inteligencia: *Hizo varias observaciones muy agudas sobre la situación.* **3** Gracioso u oportuno: *El texto está cuajado de agudas expresiones que hacen sonreír al lector.* **4** Referido a una sensación, esp. de dolor, que es muy intensa y penetrante: *Sintió un agudo dolor en el costado.* **5** Referido al sentido de la vista, del oído o del olfato, que es perspicaz y rápido en percibir las sensaciones con detalle o perfección: *Los perros suelen tener un olfato muy agudo.* **6** Referido a una enfermedad, que es grave y de corta duración: *El médico me dijo que tenía que operarme de urgencia porque tenía una apendicitis aguda.* **7** Referido a una palabra, que lleva el acento en la última sílaba: *'Mamá' y 'presumir' son palabras agudas, aunque solo lleve tilde la primera.* **8** Referido a un verso, que termina en palabra acentuada en la última sílaba: *En métrica, al contar las sílabas de un verso agudo, se cuenta una más de las que tiene realmente.* ▌adj./s. **9** Referido a un sonido, a una voz, o a un tono musical, que tiene una frecuencia de vibraciones grande: *Las mujeres suelen tener la voz más aguda que los hombres. En este aparato de música, los agudos se oyen muy bien.* □ ORTOGR. Para la acepción 7 ⟶APÉNDICE DE ACENTUACIÓN. □ SEM. En las acepciones 7 y 8, es sinónimo de *oxítono.*

agüero s.m. **1** Procedimiento de adivinación basado principalmente en la interpretación supersticiosa de determinadas señales, como el canto o el vuelo de las aves; *auspicio: Muchos pueblos antiguos se servían de los agüeros para predecir el futuro.* **2** Presagio o señal de algo futuro: *Dicen que romper un espejo es un mal agüero.*

aguerrido, da adj. Valiente o esforzado: *El príncipe era un joven apuesto y aguerrido.*

aguijón s.m. **1** En un escorpión y en algunos insectos, órgano que aparece en el extremo de su abdomen en forma de púa y generalmente con veneno: *Las abejas pican e inoculan su veneno con el aguijón.* **2** Lo que estimula o incita a hacer algo; *estímulo: Las ganancias son el mejor aguijón para los comerciantes.*

aguijonazo s.m. **1** Punzada o herida producidas por un aguijón: *Las avispas me han llenado el cuerpo de aguijonazos.* **2** Burla o reproche hiriente: *Sus aguijonazos resultaron ofensivos y fuera de tono.*

aguijonear v. **1** Picar con el aguijón: *Las avispas mueren poco después de aguijonear a su víctima.* **2** Incitar, estimular o causar inquietud o tormento: *Los aguijonea un deseo desmedido de riquezas.*

águila s.f. **1** Ave rapaz diurna que tiene el pico fuerte y curvado en la punta, vista muy aguda, fuertes músculos, vuelo muy rápido y garras muy desarrolladas: *Las águilas son animales de costumbres solitarias.* **2** Persona de mucha viveza, capacidad y rapidez de ingenio o de inteligencia: *Es un águila para los negocios.* **3** ‖ **águila imperial.** La de color casi negro y con la cola de forma cuadrada: *El águila imperial española tiene plumas blancas en los hombros.* ‖ **águila real.** La que tiene un tamaño menor, la cola de forma cuadrada y es de color leonado: *El águila real construye nidos en las rocas.* 👁 **rapaz** □ MORF. 1. Por ser un sustantivo femenino que empieza por *a* tónica o acentuada, va precedido de *el, un, algún, ningún* y de las formas femeninas del resto de los determinantes. 2. En la acepción 1, es un sustantivo epiceno y la diferencia de sexo se señala mediante la oposición *el águila {macho/hembra}*.

aguileño, ña adj. **1** Del águila o con alguna de las características que se consideran propias de este animal: *La nariz aguileña es larga y curva hacia abajo.* **2** Referido al rostro, que es largo y delgado: *El padre tiene la cara ancha, pero el hijo ha salido con el rostro aguileño.*

aguilucho s.m. **1** Cría del águila: *Hemos visto un nido con tres aguiluchos.* **2** Ave rapaz diurna de tamaño menor que el águila, que tiene fuertes garras, cabeza robusta, pico fuerte con forma de gancho, cola y alas alargadas: *Los aguiluchos suelen anidar en el suelo.* 👁 **rapaz** □ MORF. Es un sustantivo epiceno y la diferencia de sexo se señala mediante la oposición *el aguilucho {macho/hembra}*.

aguinaldo s.m. Regalo que se da en Navidad: *¿Le has dado ya el aguinaldo al cartero?*

aguja ▮ s.f. **1** Barrita, generalmente metálica, con un extremo terminado en punta y con un ojo o agujero en el otro por el que se pasa el hilo, que se usa para coser: *Necesito hilo y aguja para coser este botón.* 👁 **costura** **2** Tubo metálico de pequeño diámetro, que tiene un extremo cortado en diagonal y el otro provisto de un casquillo para adaptarlo a una jeringuilla, y que sirve para inyectar sustancias en el organismo: *Cuando me hacen un análisis de sangre nunca miro cómo me clavan la aguja.* **3** Varilla delgada, generalmente larga y con un extremo puntiagudo, que sirve para distintos usos: *La sombra de la aguja del reloj de sol indica la hora.* **4** En un reloj o en otro instrumento de precisión, varilla delgada y alargada que marca una medida; *manecilla: A las seis, las agujas del reloj forman una línea vertical.* **5** En un tocadiscos, especie de púa o punzón que recorre los surcos de los discos musicales y reproduce las vibraciones inscritas en ellos: *Para limpiar la aguja del tocadiscos venden unos cepillos especiales.* **6** En las vías del tren, cada uno de los dos raíles móviles que sirven para que los trenes y tranvías vayan por una de las vías que concurren en un punto: *Las agujas no funcionaron y el tren rápido embistió al tren estacionado en la vía 1.* **7** En una torre o en el techo de una iglesia, remate estrecho y alto con figura piramidal: *Las torres de las catedrales góticas terminan en agujas.* **8** Hoja de algunas plantas coníferas, esp. de los pinos, con forma larga y delgada: *El suelo del bosque estaba cubierto de agujas.* **9** Pastel largo y estrecho relleno de carne, pescado o dulce: *A media mañana me he tomado una aguja de bonito.* ▮ pl. **10** Costillas que corresponden al cuarto delantero del animal: *Cómprame en la carnicería un kilo de agujas de ternera.* 👁 **carne** **11** ‖ **aguja (de {bitácora/marear}) o aguja magnética.** En náutica, brújula: *El capitán consultaba la aguja de marear para saber si la nave seguía el rumbo adecuado.* ‖ **aguja de gancho.** La que mide unos 20 centímetros de largo, con uno de sus extremos más delgado y terminado en gancho, y que se usa para hacer labores de punto; *ganchillo: Las agujas de gancho pueden ser de metal, de hueso o de plástico.* ‖ **aguja (de media).** La que mide más de 20 centímetros de largo y sirve para hacer medias y otras labores de punto: *Ya me he comprado la lana y las agujas para hacerme un jersey.* ‖ **buscar una aguja en un pajar.** *col.* Empeñarse en encontrar o en conseguir algo imposible o muy difícil: *Buscar a tu hermano entre esta multitud es como buscar una aguja en un pajar.* □ MORF. En la lengua coloquial, la acepción 10 en singular tiene el mismo significado que en plural. 👁 aguja

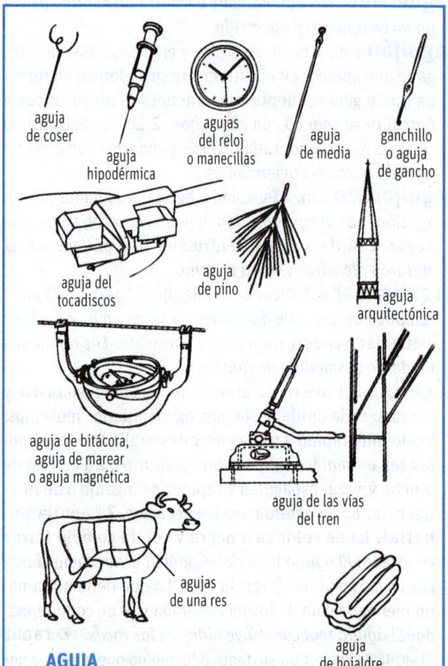

AGUJA

agujerear v. Hacer uno o más agujeros: *Agujereo los folios para archivarlos.*

agujero s.m. **1** Abertura más o menos redondeada sobre una superficie: *Tengo un agujero en el calcetín.* **2** Deuda o pérdida injustificada de dinero, esp. en una empresa o entidad: *El premio de la lotería me servirá para tapar algunos agujeros.* **3** *col.* Vivienda o lugar que proporciona abrigo y protección: *Se ha encerrado en su agujero y lleva dos semanas sin ver a nadie.* **4** ‖ **agujero negro.** Cuerpo celeste invisible de gran masa que, según la teoría de la relatividad, absorbe por completo cualquier materia o energía situada en su campo gravitatorio: *Los agujeros negros son estrellas en su última fase de evolución.*

agujetas s.f.pl. Dolores musculares que se sienten después de realizar un ejercicio físico no habitual: *Ayer fui al gimnasio y hoy tengo unas agujetas terribles.*

agusanarse v.prnl. Criar gusanos: *La fruta lleva tanto tiempo en la despensa que se ha agusanado.*

agustino, na adj./s. Referido a un religioso, que pertenece a la orden inspirada en la doctrina de san Agustín (obispo, doctor y padre de la Iglesia latina de mediados del siglo IV y principios del V): *Estudié en un colegio de monjas agustinas. Muchos agustinos se dedican a la evangelización y a la enseñanza.*

aguzar v. **1** Referido al entendimiento o a un sentido, quitarle la torpeza o forzarlo para que preste más atención o perciba las sensaciones con más detalle o perfección: *Agucé la vista, pero estaba demasiado oscuro y no vi nada.* **2** Animar o incitar a hacer algo; *estimular: Aguzó mis ganas de verla cuando me dijo que me había traído un regalo.* □ ORTOGR. La *z* se cambia en *c* delante de *e* →**CAZAR.**

ah interj. Expresión que se usa para mostrar algún sentimiento, esp. pena, admiración o sorpresa: *¡Ah!, ¿es que no vienes con nosotros? ¡Ah, qué pena!* □ ORTOGR. Dist. de *ha* (del verbo *haber*) y de *a* (preposición).

aherrojamiento s.m. Opresión o dominio sobre algo: *El país no conseguirá un desarrollo real hasta que la economía no se libre del aherrojamiento de la inflación.*

aherrumbrarse v.prnl. Cubrirse de herrumbre o de orín: *Tengo que pintar la verja antes de que se aherrumbre.*

ahí adv. **1** En esta posición o lugar, o a esa posición o lugar: *Si nos ponemos ahí, veremos mejor. Vamos por ahí, que es más corto. Ahí no estoy de acuerdo contigo.* **2** ‖ **ahí mismo.** Muy cerca: *Vivo ahí mismo, a dos minutos de aquí.* ‖ **de ahí.** Por eso: *Apenas come; de ahí que esté tan delgado.* ‖ **o por ahí.** Poco más o menos o aproximadamente: *Me costó treinta euros o por ahí.* ‖ **por ahí.** Por un lugar no lejano o indeterminado: *Se habrá entretenido por ahí con algún amigo.* □ PRON. Incorr. *[ái]. □ ORTOGR. Dist. de *hay* (del verbo *haber*) y de *ay*. □ SINT. Incorr. *Mira {*a ahí › ahí}.* □ USO Su uso para designar personas se considera un vulgarismo: *{*Ahí › Ese señor} le informará sobre eso.*

ahijado, da s. Respecto de un padrino, persona que es representada o asistida por él en determinados actos: *Durante el bautizo la madrina sostenía a su ahijado.*

ahínco s.m. Esfuerzo o empeño con que se hace o solicita algo: *Tienes que trabajar con más ahínco.*

ahíto, ta adj. **1** Saciado o lleno, esp. de comida: *Estoy ahíto de comida. La noticia me dejó ahíto de alegría.* **2** Harto, cansado o fastidiado: *Ahíto de esperar, se marchó.*

ahogadero s.m. Cuerda o correa que ciñe el pescuezo de una caballería: *El ahogadero es una parte de la cabezada.* 👁 **arreos**

ahogadilla s.f. Broma que consiste en zambullir a una persona, manteniendo su cabeza sumergida durante unos instantes; *aguadilla*: *En esta piscina está prohibido hacer ahogadillas.*

ahogado, da adj. Referido a la respiración o a un sonido, que se emiten con dificultad: *Con voz ahogada por la pena, me pidió que la ayudara.*

ahogar v. **1** Referido a una persona o a un animal, quitarles la vida impidiéndoles respirar: *Ahogó a la víctima estrangulándola con sus propias manos. Aunque era un experto nadador, sufrió un calambre y se ahogó en el mar.* **2** Referido a una planta o a una semilla, dañarlas por el exceso de agua, por juntarlas demasiado o por la acción de alguna planta nociva: *Ahogó los rosales por regarlos demasiado.* **3** Referido al fuego, apagarlo o sofocarlo tapándolo con materias que dificultan su combustión: *Si pones troncos tan gordos vas a ahogar el fuego.* **4** Referido a algunos vehículos o a su motor, inundar el carburador con exceso de combustible: *Has ahogado el coche y ahora no hay quien lo arranque.* **5** Reprimir, extinguir, apagar o evitar el desarrollo normal: *Intentó ahogar sus penas en alcohol.* **6** Oprimir, acongojar, fatigar o producir una sensación de ahogo: *El cuello de esta camisa me aprieta tanto que me está ahogando. ¡Me ahogo con este calor!* □ ORTOGR. La *g* se cambia en *gu* delante de *e* ⟶**PAGAR**.

ahogo s.m. **1** Dificultad para respirar: *El asma produce ahogo.* **2** Sentimiento de disgusto, pena o congoja: *Cuando murió mi padre, solo sentí ahogo y soledad.*

ahondar v. **1** Hacer más hondo o más profundo: *El paso del tiempo ha ahondado nuestras diferencias.* **2** Referido a un asunto, profundizar en él: *Tienes que aprender a ahondar en las personas, y a no quedarte en su superficie.* □ SINT. Constr. de la acepción 2: *ahondar* EN *algo.*

ahora ▌adv. **1** En este momento o en el tiempo actual: *No puedo ir ahora. Ahora que lo dices, sí que me acuerdo. En mi pueblo antes nevaba más que ahora.* **2** En un momento anterior pero muy cercano al presente: *Esta mañana no lo sabía, me lo han dicho ahora.* **3** En un momento futuro pero muy cercano al presente: *Ahora cuando llegue nos lo contará todo.* ▌conj. **4** Enlace gramatical coordinante con valor adversativo: *Está en casa, ahora, como si no estuviese, porque no nos hablamos.* **5** ‖ **ahora bien.** Enlace gramatical coordinante con valor adversativo: *Yo te ayudo, ahora bien, no creas que lo haré yo todo.* ‖ **ahora mismo.** En este preciso momento: *No me hagas esperar y ven aquí ahora mismo.* □ SINT. Incorr. *de entonces {*a ahora › ahora}.*

ahorcamiento s.m. Privación de la vida suspendiendo a la víctima de una cuerda que aprieta el cuello e impide respirar: *El ahorcamiento de los ladrones de caballos era habitual en el oeste.*

ahorcar v. **1** Referido a una persona o a un animal, quitarles la vida haciendo que su cuerpo quede suspendido de una cuerda que les aprieta el cuello y les impide respirar: *Ahorcaron al ladrón de caballos al amanecer. Un preso se ahorcó en su celda.* **2** Referido a una profesión o a una actividad, abandonarlas o dejarlas: *Ahorcó los estudios y se dedicó a viajar.* □ SEM. Es sinónimo de *colgar*. □ ORTOGR. La *c* se cambia en *qu* delante de *e* ⟶**SACAR**.

ahorquillado, da adj. Con forma de horquilla: *La alondra tiene la cola ahorquillada.*

ahorquillar v. **1** Dar forma de horquilla: *Si quieres ahorquillar esta vara, haz que uno de sus extremos termine en dos puntas.* **2** Referido una planta, afianzar sus ramas con horquillas para que no se rompan: *Hemos ahorquillado el naranjo para que no se le rompan las ramas por el peso de la fruta.*

ahorrar v. **1** Referido a una cantidad de dinero, guardarla para el futuro: *Cada mes ahorra un tercio del sueldo y lo mete en una cuenta corriente. Si no ahorras no podrás irte de viaje.* **2** Evitar un gasto o un consumo mayores: *Si vamos por el atajo, ahorraremos tiempo.* **3** Referido a algo que resulta desagradable, evitarlo o librarse de ello: *Ahórrame tus comentarios, por favor. Si quieres ahorrarte la visita, llama y di que estás enfermo.*

ahorrativo, va adj. **1** Del ahorro, que lo implica o relacionado con él: *Tu carácter ahorrativo te impide gastar en cosas innecesarias.* **2** Que ahorra o que gasta poco: *Es muy ahorrativo y nunca tira nada que no esté completamente gastado.*

ahorro s.m. **1** Gasto o consumo menores: *Es necesario un ahorro de energía.* **2** Lo que se ahorra: *Se ha gastado en las vacaciones los ahorros de dos años.* □ MORF. La acepción 2 se usa más en plural.

ahuecar ▌v. **1** Poner hueco o cóncavo: *Ahueca las manos y beberás mejor de la fuente.* **2** Referido a algo que estaba apretado, mullirlo o hacerlo menos compacto: *¿Me ayudas a ahuecar la lana del colchón?* **3** Referido esp. a la voz, darle un tono más grave del habitual: *Cuando este actor ahueca la voz resulta muy poco natural.* **4** *col.* Marcharse: *Ahueca y no vuelvas por aquí.* ▌prnl. **5** *col.* Llenarse de orgullo y soberbia: *Espero que con este premio no te ahueques demasiado.* □ ORTOGR. La *c* se cambia en *qu* delante de *e* ⟶**SACAR**.

ahumado, da ▌adj. **1** Referido a un cuerpo transparente, que tiene color oscuro sin haber sido sometido a la acción del humo: *Lleva gafas de cristales ahumados.* ▌s.m.

2 Sometimiento de un alimento a la acción del humo, como método de conservación o para darle sabor: *En el pueblo, el ahumado de los chorizos se hace en la chimenea.* ▌s.m.pl. **3** Conjunto de alimentos, esp. pescados, conservados por la acción del humo: *Comimos canapés de ahumados.*

ahumar v. **1** Llenar de humo: *La chimenea no tira bien y ahúma toda la sala.* **2** Referido a un alimento, someterlo a la acción del humo para su conservación o para darle ese sabor: *La industria de ahumar pescados es una de las principales fuentes de riqueza de ese país.* **3** Ennegrecer por el humo: *El fuego ahumó las paredes. La casa se ahumó en el incendio.* □ ORTOGR. La *u* lleva tilde en los presentes, excepto en las personas *nosotros* y *vosotros* ⟶**ACTUAR**.

ahuyentar v. **1** Referido a una persona o a un animal, hacerlos huir o no dejar que se acerquen: *Con sus gritos ahuyentó a los ladrones.* **2** Referido a algo que aflige o entristece, desecharlo o apartarlo: *Ahuyentó su tristeza y se dispuso a pasar un buen rato.*

airar v. Irritar o producir ira: *Aquel decreto airó a la población, que se manifestó violentamente en contra. Se airó con nosotros y empezó a gritarnos.* □ ORTOGR. La *i* lleva tilde, excepto en las personas *nosotros* y *vosotros* ⟶**VACIAR**.

airbag (anglicismo) s.m. En un automóvil, dispositivo de seguridad que consiste en una bolsa que se infla de aire en caso de colisión violenta: *El airbag salvó la vida del conductor.* □ PRON. [áirbag] o [érbag]. □ MORF. Su plural es *airbags*.

aire ▌s.m. **1** Mezcla de gases que forma la atmósfera terrestre: *El aire está formado fundamentalmente por oxígeno y nitrógeno. Sin aire no es posible la vida en la Tierra.* **2** Viento, o esta mezcla de gases en movimiento: *El aire polar es muy frío y el aire tropical es caliente.* **3** Atmósfera terrestre: *Los aviones vuelan por el aire.* **4** Parecido o semejanza con alguien: *Todos los hermanos tienen un aire a la madre.* **5** Conjunto de características o estilo particulares de algo: *Esta casa tiene un aire misterioso. Cada uno que lo haga a su aire.* **6** Vanidad, soberbia o pretensión que se manifiestan frente a los demás: *No soporto el aire que te das últimamente.* **7** Ambiente o circunstancias que rodean un acontecimiento: *Esas ideas están en el aire. El descontento se respira en el aire.* **8** Garbo, brío o gracia en la forma de hacer algo: *Se nota que es modelo profesional por el aire que tiene al caminar.* **9** En música, grado de rapidez o de lentitud con que se ejecutan una composición o un pasaje: *El pianista tocaba aquella pieza con un aire tan lento que parecía un adagio en lugar de un alegro.* **10** *col.* Ataque de parálisis: *Le ha dado un aire y ya no puede moverse.* **11** Música que acompaña a una composición destinada a ser cantada y compuesta generalmente en verso; *canción: Te voy a tocar a la guitarra un aire popular de mi tierra.* ▌pl. **12** Lo que viene de fuera y suele ser innovador: *Este pintor ha traído aires de libertad a la pintura.* ▌interj. **13** Expresión que se usa para indicar a alguien que se vaya o que se dedique a sus tareas: *¡Aire, y que no vuelva a verte por aquí!* **14** ‖ **aire acondicionado.** Instalación que permite regular la temperatura de un local o de un espacio cerrado: *Me he comprado un coche con aire acondicionado para no pasar calor en verano.* 👁 **electrodoméstico** ‖ **aire comprimido.** El que ha sido sometido a presión y cuyo volumen se ha reducido: *Las escopetas de aire comprimido no necesitan pólvora para impulsar el proyectil.* ‖ **al aire.** Al desnudo o sin cubrir: *En pleno invierno iba con los brazos al aire.* ‖ **al aire libre.** Fuera de un local, o sin techado ni resguardo: *¿Por qué no cenamos al aire libre, en el jardín?* ‖ **{cambiar/mudar} de aires.** Marcharse o cambiar de residencia, generalmente por motivos de trabajo o de salud: *Para tranquilizarte te vendría bien cambiar de aires una temporada.* ‖ **en el aire.** *col.* En suspenso o inseguro: *La película deja en el aire si se casan o no.* ‖ **tomar el aire.** Pasear por un lugar descubierto: *Sal a tomar el aire, a ver si así te despejas.* □ MORF. Las acepciones 3 y 6 se usan más en plural. □ SINT. 1. La acepción 10 se usa más en la expresión *dar un aire*. 2. *En el aire* se usa más con los verbos *dejar*, *estar* y *quedar*.

airear v. **1** Ventilar o poner al aire: *Abrió la ventana para airear la habitación. Salgo a airearme un rato, porque aquí me muero de calor.* **2** Divulgar o dar publicidad: *Una revista ha aireado la crisis matrimonial de esa actriz.*

airoso, sa adj. **1** Garboso, gallardo o con gracia: *Bailaron airosos un pasodoble.* **2** Que termina una empresa con éxito: *Salió airoso de los exámenes.* **3** Referido al tiempo o a un lugar, con mucho viento: *Era un día airoso. Este no es un buen sitio para plantar la tienda porque es muy airoso.* □ SINT. La acepción 2 se usa más con los verbos *quedar* y *salir*.

aislacionismo s.m. Tendencia política que defiende el aislamiento o la no intervención de un país en asuntos extranjeros: *El aislacionismo evita intervenir en guerras en el extranjero.*

aislacionista ▌adj. **1** Del aislacionismo o relacionado con esta tendencia política: *La política aislacionista del Gobierno ha impedido la intervención del país en asuntos extranjeros.* ▌adj./s. **2** Que sigue o que practica el aislacionismo: *Las medidas aislacionistas no favorecen los intercambios con otros países. Los aislacionistas votaron en contra de la intervención en los asuntos del país vecino.* □ MORF. 1. Como adjetivo es invariable en género. 2. Como sustantivo es de género común y exige la concordancia en masculino o en femenino para señalar la diferencia de sexo: *el aislacionista, la aislacionista*.

aislado, da adj. Excepcional, único o individual: *Son brotes aislados de violencia, sin que se haya llegado todavía a una situación de guerra abierta.*

aislamiento s.m. **1** Separación de algo, dejándolo solo: *El aislamiento geográfico de algunos pueblos se solucionaría con una buena carretera.* **2** Incomunicación o desamparo en las relaciones: *Se retiró al campo en busca del aislamiento que necesita para escribir.* **3** Protección contra la propagación de determinadas formas de energía: *El aislamiento térmico del local es deficiente y hace mucho frío dentro.*

aislante s.m. Cuerpo que impide el paso de la energía eléctrica o de la térmica: *He tapado el enchufe con un aislante para evitar posibles accidentes.*

aislar v. **1** Dejar solo y separado: *La destilación es un método para aislar algunas sustancias químicas.* **2** Referido a una persona, incomunicarla o apartarla del trato con los demás: *Han aislado a varios presos acusados de promover disturbios.* **3** Referido a algo cerrado, protegerlo para evitar que haya intercambio de temperatura a través de sus paredes o que sea permeable al sonido: *Han obligado a aislar las discotecas mediante paredes especiales para que los ruidos no molesten a los vecinos.* □ ORTOGR. La *i* lleva tilde en los presentes, excepto en las personas *nosotros* y *vosotros* ⟶**VACIAR**.

aizcolari s.m. Deportista que practica el deporte de cortar el mayor número posible de troncos con un hacha en un determinado período de tiempo: *Los aizcolaris suelen ser vascos.* □ ORTOGR. Es un término del vasco (*aitzkolari*) semiadaptado al español.

ajá interj. *col.* Expresión que se usa para indicar aprobación, satisfacción o sorpresa: *¡Ajá, así es como hay que hacerlo!*

ajajá interj. *col.* →**ajá.**

ajar v. **1** Referido esp. a una persona o a una flor, hacer que pierdan su lozanía o su frescura: *El calor ha ajado las flores.* **2** Desgastar o deteriorar, esp. por el tiempo o el uso: *Deja de manosear el libro, que lo vas a ajar.* □ ORTOGR. Conserva la *j* en toda la conjugación.

ajardinar v. **1** Referido a un terreno o a una zona, convertirlos en jardín: *Hemos ajardinado el patio trasero de la casa.* **2** Referido a un terreno o a una zona, dotarlos de jardines: *El alcalde quiere ajardinar la zona sur de la ciudad.*

ajedrecista s. Persona entendida en ajedrez o que es aficionada a este juego: *Para lograr ser uno de los mejores ajedrecistas del mundo ha tenido que practicar mucho.* □ MORF. Es de género común y exige concordancia en masculino o en femenino para señalar la diferencia de sexo: *el ajedrecista, la ajedrecista.*

ajedrecístico, ca adj. Del ajedrez o relacionado con este juego: *Voy a participar en uno de los torneos ajedrecísticos más importantes.*

ajedrez s.m. **1** Juego que se practica entre dos contrincantes, sobre un tablero a cuadros blancos y negros y con dieciséis fichas para cada jugador, y en el que gana el jugador que consigue dar jaque mate al adversario: *Todos los años participo en un torneo de ajedrez que se organiza en el instituto.* **2** Conjunto de piezas y tablero que se utilizan en este juego: *Un ajedrez consta de dos reyes, dos reinas, cuatro alfiles, cuatro caballos, cuatro torres y dieciséis peones.* 👁 ajedrez

ajenjo s.m. **1** Planta perenne con abundantes ramas y hojas vellosas de color verde claro, que tiene propiedades medicinales: *El ajenjo es una planta de aproximadamente un metro de altura. Las hojas del ajenjo son amargas y aromáticas.* **2** Bebida alcohólica elaborada con esta planta y con otras hierbas aromáticas; *absenta: El ajenjo es una bebida con una graduación alcohólica muy elevada.*

ajeno, na adj. **1** Que pertenece o corresponde a otro: *No debes desear los bienes ajenos.* **2** Impropio o extraño a alguien: *Es ajeno a su carácter comportarse tan irresponsablemente.* **3** Que no tiene conocimiento de algo: *Está tranquilo porque está ajeno a lo que se trama a su alrededor.* **4** Distante, lejano o apartado de algo: *No debes permanecer ajeno a los problemas de tu familia.* □ SINT. Constr. de las acepciones 2, 3 y 4: *ajeno A algo.*

ajete s.m. Ajo tierno, que aún no tiene cabeza: *¿Has probado el revuelto de ajetes con gambas?*

ajetreado, da adj. Con mucha actividad o movimiento a causa de un trabajo o una obligación: *Andas siempre ajetreada haciendo cosas.*

ajetreo s.m. Gran actividad o movimiento de gente en un lugar: *¡Qué ajetreo había ayer en el aeropuerto! En la oficina llevamos unos días de mucho ajetreo.*

ajillo ‖ **al ajillo.** Referido a un alimento, preparado con una salsa hecha con aceite, ajo y otros ingredientes: *Pidieron gambas al ajillo.*

ajo ▌ s.m. **1** Planta de hojas estrechas y largas, flores blancas y bulbo redondo, comestible y de olor fuerte: *He plantado ajos en la huerta.* **2** Cada uno de los dientes o partes en que está dividido el bulbo de esta planta: *¿Cuántos ajos le echo al gazpacho?* ▌ interj. **3** Expresión con la que se estimula a hablar a los bebés: *La madre le decía al bebé: «¡Ajo, ajo!».* **4** ‖ **ajo y agua.** *col.* Expresión que se usa para indicar resignación: *Pues si no te gusta, ajo y agua.* ‖ **estar en el ajo.** *col.* Estar al corriente o enterado: *No hace falta que me lo expliquéis, porque estoy en el ajo.*

ajoarriero ‖ **(al) ajoarriero.** Referido esp. al bacalao, que está guisado con ajo, aceite y huevos: *Me sirvieron el bacalao al ajoarriero en una cazuelita de barro.*

ajonjolí s.m. **1** Planta herbácea de flores acampanadas, cuyo fruto contiene numerosas semillas amarillentas, muy usadas como alimento y para la obtención de aceite: *El ajonjolí se cultiva en Asia y en África.* **2** Semilla de esta planta: *La harina de ajonjolí se usa para la fabricación de pan.* □ MORF. Aunque su plural en la lengua culta es *ajonjolíes*, se usa mucho *ajonjolís.* □ SEM. Es sinónimo de *sésamo.*

ajorca s.f. Aro grueso que sirve para adornar el brazo, la muñeca, la pierna o el tobillo: *Adornadas con cascabeles, las ajorcas sirven para marcar el ritmo en algunos bailes populares.* 👁 **joya**

ajuar s.m. **1** Conjunto de muebles y objetos, esp. ropa de casa, que tradicionalmente aportaba la mujer al casarse: *No pienso pasarme toda la vida preparando mi ajuar; si llega el momento, ya compraremos lo que nos haga falta.* **2** Conjunto de ropas, muebles y otros objetos necesarios en una casa: *Era tal la pobreza de aquella familia que su ajuar cabía en dos cajas de cartón.*

ajuntar ▌ v. **1** *vulg.* →**juntar. 2** *col.* Ser amigo: *Ya no te ajunto.* ▌ prnl. **3** *vulg.* Referido a una persona, vivir con otra con la que mantiene relaciones sexuales sin estar casada con ella; *amancebarse: Como te ajuntes con esa mujer, te desheredo.* □ USO El uso de la acepción 2 es característico del lenguaje infantil.

AJEDREZ

ajustar v. **1** Encajar de forma precisa: *Este tapón no es de esta botella, porque no ajusta. ¿Has ajustado bien los tornillos?* **2** Acomodar o conformar hasta eliminar las discrepancias: *Intento ajustar sus intereses a los míos para no discutir. Es fácil convivir con él porque se ajusta a todo.* **3** Referido a un precio, concertarlo: *Ya hemos ajustado el presupuesto con los pintores.* **4** Referido a una cuenta, hallar el balance final entre ingresos y gastos: *En el banco se ajusta la caja todos los días antes de cerrar.*

ajuste s.m. **1** Unión de dos cosas que encajan perfectamente entre sí: *El coche está en el taller para que le hagan un ajuste de las piezas del motor.* **2** Adaptación que termina en la eliminación de discrepancias o diferencias: *Consiguió un ajuste de las voluntades opuestas.* **3** Concertación o acuerdo, esp. sobre un precio: *Realizaron un ajuste de precios para poder soportar la competencia.*

ajusticiamiento s.m. Cumplimiento o aplicación de una sentencia de muerte: *Aquella madrugada tuvo lugar el ajusticiamiento de varios condenados a muerte.*

ajusticiar v. Referido a una persona, darle muerte en cumplimiento de una condena; *ejecutar: Lo ajusticiaron al amanecer.* □ ORTOGR. La *i* nunca lleva tilde.

al Contracción de la preposición *a* y del artículo determinado *el*: *¿Vienes al cine? Llegó al atardecer. Vi al padre de tu amiga en misa.* □ ORTOGR. 1. Incorr. *{*a el › al} cine.* 2. Esta contracción no se produce cuando el artículo forma parte de un nombre propio: *Este fin de semana vamos a El Escorial.* □ SINT. Seguida de infinitivo, indica valor temporal: *¿Qué hicisteis al salir del cine? Se asustó al verla desmayada en el suelo.*

ala ▮ s.f. **1** En el cuerpo de algunos animales, esp. de las aves y de los insectos, cada uno de los órganos o apéndices pares que utilizan para volar: *Esta paloma tiene un ala herida.* **2** En un avión, cada una de las partes planas que se extienden en los laterales del aparato y que sirven para sostenerlo en el aire: *Desde la ventanilla del avión podía ver el ala derecha.* **3** En un edificio, parte lateral: *El ala derecha de este edificio es de construcción posterior al cuerpo central.* **4** En un ejército desplegado en orden de batalla, tropa situada en cada uno de sus extremos: *Fue atacada el ala derecha del ejército.* **5** En algunos deportes de equipo, extremo o lateral: *El entrenador me dijo que jugase de ala izquierda.* **6** En un tejado, parte inferior que sobresale fuera de la pared y sirve para desviar las aguas de lluvia; *alero: Intentó resguardarse de la lluvia bajo el ala del tejado.* **7** En un sombrero, parte inferior que rodea la copa y sobresale de ella: *Nos saludó tocando el ala de su sombrero.* 👁 **sombrero** **8** En la nariz, reborde situado en la parte inferior, a ambos lados del tabique nasal; *aleta: Con el resfriado, se te están pelando las alas de la nariz.* **9** En un partido, una organización o una asamblea, cada una de las diversas tendencias, esp. las extremistas: *El ala derecha del partido no se entendía con el ala izquierda.* ▮ interj. **10** Expresión que se usa para indicar sorpresa, extrañeza o disgusto, o para dar ánimos: *¡Ala, cuánto saltas! ¡ala, que llegas tarde!* ▮ pl. **11** Atrevimiento u osadía con que una persona actúa según su voluntad: *Ya va siendo hora de que alguien les corte las alas.* **12** ‖ **ahuecar el ala.** *col.* Irse o marcharse: *Ya va siendo hora de ahuecar el ala, ¿no?* ‖ **ala delta.** Aparato compuesto por un trozo de tela especial y un armazón de metal y madera, de forma triangular y que permite volar planeando en el aire a una persona que se arroja desde un lugar alto: *Sobrevolé la zona en ala delta y aterricé en la playa.* ‖ **dar alas.** *col.* Referido a una persona, animarla o estimularla: *La felicitación del profesor me ha dado alas para seguir estudiando.* ‖ **del ala.** *col.* Precedido de una expresión que indica dinero, se usa para enfatizar dicha cantidad: *Me costó mil del ala.* ‖ **tocado del ala.** *col.* Chiflado, con poco juicio o un poco loco: *Tu hermano está tocado del ala, ¿no?* □ MORF. Por ser un sustantivo femenino que empieza por *a* tónica o acentuada, va precedido de *el, un, algún, ningún* y de las formas femeninas del resto de los determinantes. □ SEM. Es sinónimo de *alá, ale, hale* y *hale.* 👁 ala

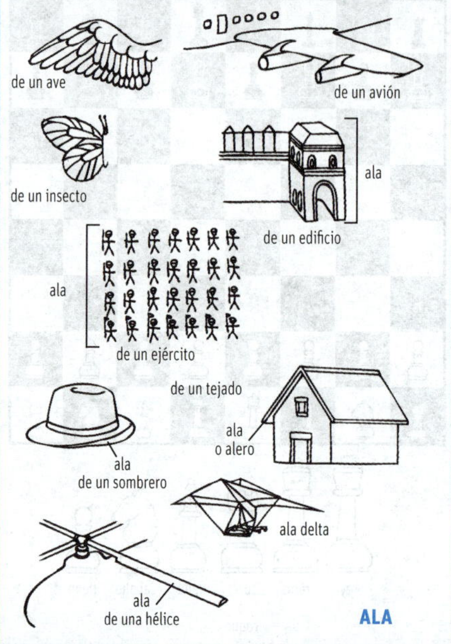

ALA

alá interj. →**ala.**

alabanza s.f. **1** Elogio, reconocimiento o muestra de aprobación o admiración: *La obra obtuvo una alabanza unánime por parte de la crítica.* **2** Expresión o conjunto de expresiones con las que se alaba: *Su discurso despertó muchas alabanzas entre los oyentes.*

alabar ▮ v. **1** Elogiar, reconocer o dar muestras de admiración; *loar: La alabó en público diciendo que gracias a ella el proyecto había salido adelante.* ▮ prnl. **2** Jactarse, presumir o sentir satisfacción u orgullo: *Se alababa de que todo hubiera salido bien.*

alabarda s.f. Arma antigua formada por un asta larga terminada en una punta de hierro, y con una cuchilla transversal con uno de los lados en forma de media luna: *El arma oficial de la guardia suiza vaticana es la alabarda.*

alabardero s.m. Soldado armado con alabarda: *Tradicionalmente, los alabarderos daban guardia de honor a los reyes de España.*

alabastro s.m. Piedra caliza, blanca, no muy dura, translúcida y parecida al mármol, que se usa en la fabricación de objetos de arte o en elementos de decoración arquitectónica: *En el Museo Arqueológico hay muchos vasos y estatuillas de alabastro.*

alabear v. Curvar, combar o dar forma curva: *La humedad ha alabeado la puerta y ahora no cierra bien.*

alacena s.f. Especie de armario con puerta y estanterías, hecho generalmente en el hueco de una pared, habitualmente en la cocina o en el comedor, y usado para guardar alimentos y menaje de cocina: *El azúcar está en el tercer estante de la alacena.*

alacrán s.m. **1** Animal arácnido que tiene el abdomen prolongado en una cola dividida en segmentos y terminada en un aguijón venenoso en forma de gancho; *escorpión*: *La picadura del alacrán es muy peligrosa.* **2** Persona malintencionada, esp. al hablar de los demás: *Mi compañero es un alacrán que pincha siempre donde sabe que duele.* □ MORF. En la acepción 1, es un sustantivo epiceno y la diferencia de sexo se señala mediante la oposición *el alacrán {macho/hembra}*.

alado, da adj. Que tiene alas: *Pegaso es una figura mitológica que se representa con la forma de un caballo alado.*

alamar s.m. En una prenda de vestir, esp. un vestido o una capa, ojal o presilla con botón que se cose a la orilla y sirve como broche de cierre o como adorno: *Esa trenca tiene alamares de pasamanería.* 👁 **pasamanería**

alambicamiento s.m. Complicación planteada por algo excesivamente sutil o perspicaz: *No era necesario tanto alambicamiento para explicar una cosa tan sencilla.*

alambicar v. Complicar mucho, por un exceso de sutileza y perspicacia: *Alambicas tanto tus razonamientos que es difícil entenderte.* □ ORTOGR. La *c* se cambia en *qu* delante de *e* →SACAR.

alambique s.m. Aparato que sirve para destilar líquidos por medio del calor, y que está formado por una caldera, donde hierven los líquidos, y un tubo o serpentín donde se condensan los vapores: *Para fabricar aguardiente de orujo es necesario usar el alambique.* 👁 **química**

alambrada s.f. **1** Red de alambre que sirve como protección de algo, esp. la que es gruesa, está llena de pinchos y es empleada por un ejército para impedir el paso: *Las tropas colocaron alambradas delante de los puestos de vigilancia.* **2** Cerco hecho con alambres sujetos con postes: *Los límites de la finca están señalados con una alambrada.*

alambrar v. Referido a un terreno, rodearlo o cercarlo con alambre: *Tenemos que alambrar estas tierras para que se distingan bien las lindes.*

alambre s.m. Hilo flexible y delgado de metal: *En el circo algunos equilibristas caminan sobre un alambre tensado que está situado por encima de la pista.*

alambrera s.f. Red de alambre que sirve como protección de algo: *El brasero tiene una alambrera para que no metas los pies en él.*

alameda s.f. **1** Terreno poblado de álamos: *La alameda que hay al lado del río se pone preciosa en otoño.* **2** Paseo con árboles: *Todas las mañanas leo el periódico al sol, en un banco de la alameda.*

álamo s.m. Árbol propio de lugares húmedos, que tiene un crecimiento bastante rápido, las hojas anchas con largos pecíolos y una madera muy estimada por su resistencia al agua: *Los álamos son de hoja caduca.*

alano, na adj./s. **1** De un antiguo pueblo germánico que, en unión con otros, invadió la península ibérica en el siglo V: *Se dice que el pueblo alano era nómada y tenía costumbres rudas y salvajes. Los alanos fueron derrotados por los visigodos.* **2** Referido a un perro, de la raza que se caracteriza por ser corpulenta y fuerte, y tener la cabeza grande, las orejas caídas, el hocico romo, la cola larga, y el pelo corto y suave: *Los perros alanos llegaron a España con la invasión de los bárbaros. Los alanos eran perros de caza mayor.* □ MORF. En la acepción 1, como sustantivo se refiere solo a las personas de este antiguo pueblo.

alarde s.m. Ostentación o presentación llamativa o presuntuosa que hace una persona de algo que tiene: *En un alarde de valor, se enfrentó a sus enemigos sin más armas que sus manos.*

alardear v. Hacer alarde u ostentación: *Le gusta alardear de sus riquezas.* □ SINT. Constr. *alardear* DE *algo*.

alargadera s.f. Pieza o dispositivo que se adapta a algo para alargarlo, esp. referido al cable que sirve para unir un aparato eléctrico con un enchufe: *Cuando plancho necesito una alargadera, porque el cable es muy corto y no llega al único enchufe que hay en la cocina.*

alargador s.m. Pieza, dispositivo o instrumento que sirve para alargar: *Necesito un alargador para que este cable llegue al radiador.*

alargamiento s.m. Aumento de la longitud, de la extensión o de la duración de algo: *Esta falda es muy corta y no tiene posibilidad de alargamiento.*

alargar v. **1** Dar mayor longitud: *Hemos alargado el camino de entrada justo hasta la puerta de la casa.* **2** Dilatar, ensanchar o dar mayor extensión: *Alarga el paso, si quieres que lleguemos a tiempo.* **3** Prolongar o hacer durar más tiempo: *Nos han alargado la jornada una hora de trabajo. ¡Cómo se alargan los días en verano!* **4** Estirar o extender: *Para cogerlo solo tienes que alargar el brazo.* **5** Referido a algo que no está al alcance de alguien, dárselo o acercárselo: *¿Me alargas una taza de café, por favor?* □ ORTOGR. La *g* se cambia en *gu* delante de *e* →PAGAR.

alarido s.m. Grito muy fuerte y agudo, esp. el provocado por un gran dolor o por una gran pena: *Al ver un fantasma en la habitación, dio un alarido desgarrador. Los alaridos de dolor se oían por todo el hospital.*

alarma s.f. **1** Aviso o señal que advierte sobre la inminente llegada de un peligro: *El soldado dio la voz de alarma cuando vio que el enemigo se disponía a atacar.* **2** Cualquier dispositivo que avisa de algo mediante luces o sonidos: *La alarma de este despertador es muy estridente.* **3** Susto, sobresalto o pérdida de tranquilidad, esp. los provocados por la proximidad de un mal o un peligro: *Hay que evitar que cunda la alarma entre la población.*

alarmar v. **1** Dar la alarma o avisar sobre la inminente llegada de un peligro: *La sirena alarmó a la población, que corrió hacia los refugios antiaéreos.* **2** Asustar, sobresaltar o hacer perder la tranquilidad: *No me alarmes con tus comentarios pesimistas. Se alarmó al ver las caras de preocupación de los médicos.*

alarmismo s.m. Tendencia a propagar todo tipo de noticias referentes a la proximidad de un peligro, sea imaginario o real: *La prensa sensacionalista suele caracterizarse por un marcado alarmismo.*

alarmista adj./s. Referido a una persona, inclinada a propagar todo tipo de noticias referentes a la proximidad de un peligro, sea imaginario o real: *No seas tan alarmista, que cualquiera que te oiga pensará que el fin del mundo está cerca. Los alarmistas suelen creer siempre que todo va a salir mal.* □ MORF. 1. Como adjetivo es invariable en género. 2. Como sustantivo es de género común y exige concordancia en masculino o en femenino para señalar la diferencia de sexo: *el alarmista, la alarmista*.

alaska malamute s.m. ‖ →**perro Alaska malamute.** 👁 **perro**

a b c d e f g h i j k l m n ñ o p q r s t u v w x y z

a b c d e f g h i j k l m n ñ o p q r s t u v w x y z

alavés, -a adj./s. De Álava o relacionado con esta provincia española: *El territorio alavés no tiene salida al mar. Los alaveses son vascos.* □ MORF. Como sustantivo se refiere solo a las personas de Álava.

alazán, -a adj./s. Referido esp. a un caballo, con pelo de color canela: *La yegua alazana fue la ganadora de la carrera. Iba montado en un bonito alazán.*

alba s.f. **1** Momento inicial del día, en que aparece la primera luz antes de salir el sol; *amanecer, madrugada: Saldremos de viaje al alba.* **2** Primera luz del día, antes de salir el sol: *Vimos el alba desde la playa.* **3** Prenda blanca, larga hasta los pies, utilizada por los sacerdotes católicos en algunas celebraciones religiosas: *El sacerdote se pone el alba para celebrar la eucaristía.* **4** ‖ **{quebrar/rayar/romper} el alba.** Empezar a aparecer la luz del día: *Son las cinco de la mañana y ya está rayando el alba.* □ MORF. Por ser un sustantivo femenino que empieza por *a* tónica o acentuada, va precedido de *el, un, algún, ningún* y de las formas femeninas del resto de los determinantes.

albaca s.f. →**albahaca.**

albacea s. Persona encargada de hacer cumplir la última voluntad de un difunto y de custodiar sus bienes hasta repartirlos entre los herederos: *Nombró albacea a su abogado.* □ MORF. Es de género común: *el albacea, la albacea.*

albacetense adj./s. →**albaceteño, ña.** □ MORF. Como adjetivo es invariable en género y como sustantivo es de género común y exige concordancia en masculino o en femenino para señalar la diferencia de sexo: *el albacetense, la albacetense.*

albaceteño, ña adj./s. De Albacete o relacionado con esta provincia española o con su capital; *albacetense: Los cuchillos albaceteños son de gran calidad. Los albaceteños son manchegos.* □ MORF. Como sustantivo se refiere solo a las personas de Albacete.

albahaca s.f. Planta herbácea muy aromática, de flores blancas y hojas muy verdes, que se cultiva en los jardines: *La albahaca se usó con fines medicinales. Si le echas albahaca a la carne quedará mucho más sabrosa.* □ ORTOGR. Se admite también *albaca.*

albanés, -a adj./s. De Albania (país europeo), o relacionado con ella: *La capital albanesa es Tirana. La mayoría de los albaneses se dedica a la agricultura.* □ MORF. Como sustantivo se refiere solo a las personas de Albania.

albañil, -a s. Persona que se dedica profesionalmente a la realización de obras de construcción en las que se emplean ladrillos, piedras, cal, arena, yeso, cemento y otros materiales semejantes: *Como es albañil, se ha ido construyendo su propia casa en los ratos libres.*

albañilería s.f. **1** Arte o técnica de realizar obras de construcción en las que se emplean ladrillos, piedras, cal, arena, yeso, cemento y otros materiales semejantes: *Si yo supiera albañilería, haría unas cuantas reformas en esta casa y la pondría a mi gusto.* **2** Obra o trabajo hechos según esta técnica: *Cuando esté acabada toda la albañilería de la casa, podrá venir por fin el pintor.*

albarán s.m. Papel que firma una persona como prueba de que ha recibido la mercancía que en él se detalla: *En un albarán no suele figurar el precio de las mercancías.*

albarca s.f. Calzado que cubre solo la planta del pie, con un reborde alrededor, y que se sujeta con cuerdas o con correas al empeine o al tobillo; *abarca: Llevaba unas albarcas de cuero típicas de la región.* 👁 **calzado**

albarda s.f. Aparejo formado por dos piezas como almohadas rellenas, que se pone sobre el lomo de las caballerías para que no les lastime la carga: *La albarda se sujeta por el vientre por medio de una cincha.*

albaricoque s.m. **1** Árbol frutal, de ramas sin espinas, de hojas acorazonadas y de flores blancas; *albaricoquero: La madera del albaricoque se emplea mucho en ebanistería.* **2** Fruto de este árbol, dulce y jugoso, de color amarillo anaranjado, redondo y con un surco, de piel aterciopelada y con un hueso liso: *El albaricoque es una fruta de verano.*

albaricoquero s.m. →**albaricoque.**

albariño s.m. Vino blanco gallego, de poca graduación, y de sabor ácido y muy ligero: *El albariño es buen acompañante para mariscos.*

albatros s.m. Ave marina de gran tamaño, de plumaje blanco, con las alas muy largas y estrechas y el pico en forma de gancho: *El gran tamaño de sus alas permite a los albatros mantenerse mucho tiempo en el aire sin apenas moverlas.* □ MORF. 1. Es un sustantivo epiceno y la diferencia de sexo se señala mediante la oposición *el albatros {macho/hembra}.* 2. Invariable en número.

albedrío s.m. **1** Capacidad de actuación que tiene el ser humano, basada en la reflexión y en la libertad de elección: *La grandeza del hombre está en su libre albedrío.* **2** Capricho, gusto o voluntad de alguien: *Siempre hace las cosas según su albedrío.* □ USO La acepción 1 se usa más en la expresión *libre albedrío.*

alberca s.f. Depósito artificial para almacenar agua, generalmente utilizada para el riego: *Cuando hace calor nos bañamos en una alberca que hay a las afueras del pueblo.*

albérchigo s.m. **1** Árbol frutal, variedad del melocotonero: *Se está secando el albérchigo de la huerta.* **2** Fruta de este árbol, redondeada, de color amarillo anaranjado, dulce y jugosa, con hueso, y muy parecida al melocotón: *Me gustan más los albérchigos que los melocotones.*

albergar v. **1** Dar o tomar albergue u hospedaje: *Este edificio alberga a más de mil personas. Durante el viaje nos albergaremos en posadas y pensiones, porque resultan más baratas que los hoteles.* **2** Encerrar, contener o llevar dentro: *Este texto alberga un significado más amplio de lo que parece a simple vista.* **3** Referido a una idea o a un sentimiento, guardarlos en la mente o en el corazón: *Nunca imaginé que albergaras tales propósitos de venganza.* □ ORTOGR. La *g* se cambia en *gu* delante de *e* →**PAGAR.**

albergue s.m. **1** Lugar que sirve de resguardo, de cobijo, de alojamiento o de vivienda temporal: *Aquella cueva era el albergue de alguna fiera, así que buscamos refugio en otro sitio.* **2** Alojamiento o cobijo que se dan o que se toman: *Nos ofrecieron albergue en su casa, pero preferimos ir a un hotel.* **3** Establecimiento público en el que se atiende al turismo durante estancias cortas: *Pasamos un mes en el albergue juvenil del pantano practicando la vela.* **4** Establecimiento benéfico en el que se aloja provisionalmente a personas necesitadas: *Esta comunidad de religiosas lleva un albergue para ancianos.* **5** Ayuda y protección: *En aquellos momentos tan difíciles, solo encontré albergue en mi familia.*

albero s.m. **1** Tierra para jardines y para plazas de toros: *Han traído dos camiones de albero para los paseos del jardín botánico.* **2** En una plaza de toros, ruedo: *Cuando el toro salió al albero, el torero lo esperaba.*

albinismo s.m. Ausencia congénita de pigmentación en un ser vivo, por lo que es de un color muy claro o carece del color natural que caracteriza a su especie, variedad o raza: *Un cuervo blanco es un ejemplo típico de albinismo.*

albino, na adj./s. Referido esp. a una persona o a un animal, que carecen de pigmentación en la piel y en el pelo, por lo que son de un color muy claro o no tienen el color natural que caracteriza a su especie, variedad o raza: *Vimos en el zoo un gorila albino con el pelo muy blanco. Los albinos tienen el pelo y la piel muy blancos y los ojos muy claros.*

albóndiga s.f. Bola hecha de carne o de pescado picados, mezclados con pan rallado o harina, huevo y especias, que se come frita o guisada y rehogada con una salsa; *albondiguilla, almóndiga: A mi abuelo le gustan mucho las albóndigas porque están blanditas.*

albondiguilla s.f. **1** →**albóndiga. 2** Pelotilla de moco seco: *¿Cuántas veces te he dicho que es de pésima educación hacer albondiguillas?*

albor s.m. Comienzo o principio de algo: *Eso ocurrió en los albores del reinado de Felipe II.* ☐ ORTOGR. Dist. de *alcor.* ☐ MORF. Se usa más en plural.

alborada s.f. **1** Tiempo o momento en el que amanece: *La verbena duró hasta la alborada.* **2** Composición poética o musical destinada a cantar el alba o la mañana: *Las alboradas trovadorescas solían girar en torno al tema de la separación de los amantes al amanecer.*

alborear v. Amanecer o aparecer en el horizonte la primera luz del día: *Salieron de viaje al alborear el día.* ☐ MORF. Verbo unipersonal: se usa solo en tercera persona del singular y en las formas no personales (infinitivo, gerundio y participio).

albornoz s.m. Prenda de vestir, larga y con cinturón, hecha con una tela como la de las toallas, y que se utiliza para secarse después del baño: *Mi albornoz es azul y con capucha.*

alborotar v. **1** Inquietar, perturbar o causar tumulto o agitación: *La amenaza de inundaciones alborotó a todo el pueblo. Los alumnos se alborotaron cuando el profesor dijo las notas de los exámenes.* **2** Desordenar o alterar el orden normal: *El viento alborotaba sus cabellos.* **3** Referido al mar, agitarlo o levantar sus olas; *encrespar: El temporal alborotó el mar y los barcos permanecieron amarrados en el puerto. No salimos a navegar porque el mar se alborotó.* ☐ ORTOGR. Dist. de *alborozar.*

alboroto s.m. **1** Tumulto, inquietud, desorden o agitación: *¡Menudo alboroto se organizó cuando el árbitro pitó penalti en el último minuto!* **2** Vocerío o ruido considerable producido por una o más personas: *El alboroto de la calle no me deja dormir.* **3** Desorden muy grande: *¡Qué alboroto tienes en tu habitación, con todo tirado por el suelo!* ☐ ORTOGR. Dist. de *alborozo.*

alborozar v. Producir una alegría, un placer o un regocijo extraordinarios: *La concesión del primer premio los alborozó. Siempre que nos ve se alboroza porque nos quiere.* ☐ ORTOGR. 1. Dist. de *alborotar.* 2. La *z* se cambia en *c* delante de *e* →**CAZAR**.

alborozo s.m. Alegría, placer o regocijo extraordinarios: *La liberación del secuestrado llenó de alborozo a su familia.* ☐ ORTOGR. Dist. de *alboroto.*

albricias interj. Expresión que se utiliza para indicar que se siente una alegría muy grande: *¡Albricias, por fin han acabado las obras de la casa!*

albufera s.f. Laguna situada en el litoral, de agua ligeramente salada, formada por la entrada de agua del mar en una zona baja arenosa que luego ha quedado separada de este por un banco o masa de arena: *En la albufera de Valencia se cultiva arroz.*

álbum s.m. **1** Libro o cuaderno en cuyas hojas se guardan o se coleccionan fotografías, composiciones artísticas, sellos u objetos similares: *¿Me dejas ver tu álbum de sellos?* **2** Carpeta o estuche que contiene uno o más discos fonográficos: *La canción que te gusta viene en el segundo disco del álbum de ese grupo.* ☐ MORF. Su plural es *álbumes.*

albumen s.m. Tejido que rodea el embrión de algunas plantas y que le sirve de alimento cuando la semilla germina: *El albumen sirve de reserva alimenticia a las plantas en la primera fase de su desarrollo.*

albúmina s.f. Proteína natural, vegetal o animal, muy rica en azufre y soluble en agua: *La clara de huevo contiene una gran cantidad de albúmina.* ☐ ORTOGR. Dist. de *alúmina.*

albur s.m. Suerte o azar a los que se fía el resultado de un asunto: *No dejes al albur la solución de ese problema.*

alcachofa s.f. **1** Planta perenne, de raíz con forma de huso, tallo estriado y abundante en ramas, con hojas algo espinosas y con inflorescencias comestibles, en forma de piña: *La alcachofa es una hortaliza.* **2** Inflorescencia de esta planta: *Las alcachofas naturales son verdes, pero las de conserva son amarillentas.* **3** Panecillo que se parece a la figura de esta inflorescencia: *Desayuné una alcachofa con mermelada y café.* **4** Pieza redondeada y llena de agujeros por donde sale el agua de forma dispersa, como en la ducha o las regaderas: *La alcachofa de la regadera estaba tan sucia que apenas salía agua por los agujeros.*

alcahuete, ta s. Persona que busca para otra alguien con quien mantener una relación amorosa o sexual, o que actúa como intermediario en una de estas relaciones; *celestino, tercero: Celestina era la alcahueta de Calisto y llevaba y traía sus recados a Melibea.* ☐ SEM. Dist. de *cacahuete* (un tipo de fruto seco).

alcahuetear v. Hacer de alcahuete actuando de intermediario en un asunto amoroso o sexual: *No sé cómo consientes que tu amigo alcahuetee entre tú y ese muchacho.*

alcahuetería s.f. Actividad propia de un alcahuete: *A pesar de tus alcahueterías, no conseguirás que salga con tu amiga.*

alcaide s.m. **1** Director de una prisión: *La película trataba de la fuga de unos presos de la cárcel, que tomaban al alcaide como rehén.* **2** En la Edad Media, hombre que tenía a su cargo la guarda y la defensa de un castillo o fortaleza: *Desde el puente levadizo, los caballeros solicitaron ver al alcaide del castillo.* ☐ USO Ambas acepciones se consideran anticuadas, aunque la 1 ha vuelto a cobrar actualidad a partir de los doblajes de películas estadounidenses.

alcalde s.m. **1** Persona que preside el Ayuntamiento de un término municipal y que está encargada de ejecutar los acuerdos de este y de cuidar de todo lo relativo al buen orden de su territorio: *El alcalde ha dictado un bando sobre el orden, la higiene y la limpieza del pueblo. El médico del pueblo ha sido elegido alcalde por segunda vez.* **2** Juez que administraba justicia en algún pueblo y que presidía al mismo tiempo el concejo: *Llevaron al ladrón ante el alcalde para que este decidiera qué habían de hacer con él.* ☐ MORF. Su femenino es *alcaldesa.*

a b c d e f g h i j k l m n ñ o p q r s t u v w x y z

alcaldesa s.f. de **alcalde**.

alcaldía s.f. **1** Cargo de alcalde: *Su madre ha desempeñado la alcaldía de su pueblo durante ocho años.* **2** Lugar de trabajo u oficinas de un alcalde: *Ha ido a la alcaldía a empadronarse.* **3** Territorio o distrito que corresponden a la jurisdicción de un alcalde: *No puedo ordenar que se coloque ahí un semáforo porque esa zona ya no pertenece a nuestra alcaldía.*

álcali s.m. Hidróxido metálico que por ser muy soluble en el agua puede actuar como base energética: *El álcali se obtiene al hacer reaccionar el agua con algunos óxidos o metales.*

alcalinidad s.f. En química, carácter alcalino: *Las disoluciones acuosas de sosa cáustica tienen una alcalinidad muy elevada.*

alcalino, na adj. De álcali o que contiene un hidróxido metálico: *Las tierras alcalinas no son buenas para la agricultura.*

alcaloide s.m. Compuesto orgánico nitrogenado, generalmente de origen vegetal, que suele producir efectos tóxicos, y que se utiliza como medicina o como droga: *La nicotina y la cocaína son dos alcaloides.*

alcance s.m. **1** Distancia a la que llega la acción o los efectos de algo: *Esto queda fuera del alcance de nuestra vista.* **2** Significación, trascendencia o consecuencia graves: *Nadie preveía el alcance que iban a tener esas declaraciones.* **3** Inteligencia o talento de una persona: *Es hombre de pocos alcances.* **4** Capacidad o posibilidad de coger o de lograr algo: *Hay que de dejar las medicinas fuera del alcance de los niños.* ☐ MORF. La acepción 3 se usa más en plural.

alcancía s.f. Vasija, generalmente de barro, cerrada y con una sola ranura estrecha por la que se mete dinero para guardarlo y ahorrar, porque no se puede vaciar si no es rompiéndola: *Rompió la alcancía para sacar el dinero que tenía.*

alcanfor s.m. Sustancia sólida, blanca, con un olor penetrante, de fácil evaporación, que se obtiene de las ramas y raíces de un árbol, y que tiene aplicaciones médicas e industriales: *Mete unas bolas de alcanfor en el armario para que la ropa no se apolille.*

alcanforado, da adj. Compuesto o mezclado con alcanfor: *Las pomadas alcanforadas se utilizan mucho en medicina.*

alcantarilla s.f. **1** Conducto artificial subterráneo construido para recoger y dar paso al agua de lluvia y a las aguas residuales de las poblaciones: *En las alcantarillas suele haber ratas.* **2** Boca de este conducto: *Se me cayó un anillo por la alcantarilla.*

alcantarillado s.m. **1** Conjunto de alcantarillas: *El alcantarillado de esta ciudad resulta insuficiente en la época de lluvias.* **2** Construcción de alcantarillas: *El Ayuntamiento invirtió todo el presupuesto en el alcantarillado del pueblo.*

alcantarillar v. Construir o poner alcantarillas: *Van a alcantarillar todos los pueblos de la comunidad.*

alcanzar v. **1** Llegar a juntarse con lo que está más adelantado en el tiempo o en el espacio: *Echó a correr y lo alcanzó al final de la calle.* **2** Obtener, conseguir o llegar a coger: *Con este triunfo alcanza el título de campeón.* **3** Referido a algo que se busca o se solicita, lograrlo, conseguirlo o llegar a poseerlo: *Por fin alcanzó la estabilidad sentimental que necesitaba.* **4** Referido a un objeto, cogerlo alargando la mano: *Alcánzame la caja que está en lo alto del armario, por favor.* **5** Referido a una persona, llegar a igualar a otra en algún rasgo, característica o situación: *Ha crecido tanto que ya ha alcanzado a su padre.* **6** Entender o comprender: *No alcanzo los motivos de su enfado.* **7** Ser suficiente: *Mi sueldo no alcanza para caprichos. Ese dinero no alcanza ni para comprar pipas.* **8** Referido esp. a un hecho, afectar, influir o llegar en su ámbito de acción: *Las restricciones de agua no alcanzan a esta región.* **9** Referido a un arma, llegar su tiro a una determinada distancia: *Este rifle no alcanza una distancia muy larga.* **10** ‖ **alcanzársele** algo a alguien. Llegar a entenderlo: *Por más que lo pienso, no se me alcanza por qué se enfadó.* ☐ ORTOGR. La *z* se cambia en *c* delante de *e* →**CAZAR**. ☐ SINT. 1. La perífrasis *alcanzar + a + infinitivo* indica la consecución o el logro de la acción expresada por dicho infinitivo: *Hay tanto ruido que no alcanzo a oír lo que dicen.* 2. *Alcanzársele algo a alguien* se usa más en expresiones negativas.

alcaparra s.f. **1** Mata con muchas ramas, de tallos rastreros y espinosos, flores blancas y grandes, y cuyo fruto es el alcaparrón: *El fruto y los brotes de la alcaparra suelen usarse como condimento.* **2** Botón floral o capullo de esta planta: *El salmón ahumado se suele servir acompañado de huevo duro y alcaparras.*

alcaparrón s.m. Fruto de la alcaparra que consiste en una baya carnosa con forma parecida a un higo pequeño: *El alcaparrón se consume conservado en vinagre.*

alcaraván s.m. Ave de color pardo que tiene las patas largas y amarillas, pico relativamente corto y grandes ojos amarillos: *El alcaraván habita en terrenos descubiertos, pedregosos o arenosos.* ☐ MORF. Es un sustantivo epiceno y la diferencia de sexo se señala mediante la oposición *el alcaraván {macho/hembra}*.

alcaudón s.m. Pájaro carnívoro que tiene una punta a modo de diente en el extremo de la mandíbula superior, el plumaje ceniciento, el pico robusto y curvado, y las alas y la cola negras con manchas blancas: *El alcaudón forma despensa con sus presas clavándolas en los espinos.*

alcayata s.f. Clavo en forma de ele mayúscula, que se utiliza para colgar cosas; *escarpia*: *El trapo de secar los cacharros está colgado de una alcayata.*

alcazaba s.f. Recinto fortificado situado dentro de una población amurallada y utilizado como refugio de la tropa: *Los árabes construyeron muchas alcazabas en Andalucía.*

alcázar s.m. **1** Recinto fortificado, esp. si está amurallado como un castillo; *fortaleza*: *Los sitiados en el alcázar resistieron el ataque enemigo.* **2** Casa real o habitación del príncipe: *Visité el alcázar y paseé por sus jardines.*

alce s.m. Mamífero rumiante parecido al ciervo pero con mayor corpulencia, que tiene el cuello corto, cabeza grande, hocico muy grande, pelaje oscuro, y unos cuernos muy desarrollados en forma de pala, con los bordes muy recortados: *Los enemigos naturales de los alces son los lobos y los osos.* ☐ MORF. Es un sustantivo epiceno y la diferencia de sexo se señala mediante la oposición *el alce {macho/hembra}*. 👁 **rumiante**

alcoba s.f. En una casa, cuarto destinado a dormir; *dormitorio*: *Esta cama es demasiado grande para tu alcoba.*

alcohol s.m. **1** Compuesto orgánico derivado de un hidrocarburo, por sustitución de uno o varios de sus átomos de hidrógeno por un grupo -OH: *Los nombres de los alcoholes se forman añadiendo la terminación '-ol' al nombre del hidrocarburo del que se derivan.* **2** Bebida que contiene este hidrocarburo: *Tiene el hígado destrozado por abusar del alcohol.* **3** ‖ **alcohol (etílico).** Hidrocarburo líquido, incoloro y soluble en agua, que se utiliza como disolvente y que es el componente fundamental de las bebidas alcohólicas; *etanol: El alcohol etílico se obtiene por la destilación del vino y de otros productos de fermentación.*

alcoholemia s.f. Presencia de alcohol en la sangre, esp. si excede o sobrepasa lo normal: *La policía hizo una prueba de alcoholemia al conductor que provocó el accidente.*

alcohólico, ca ▮ adj. **1** Del alcohol, que lo contiene o que está producido por él: *La cerveza es una bebida alcohólica.* ▮ adj./s. **2** Que padece la enfermedad del alcoholismo debido al abuso frecuente de bebidas alcohólicas: *Se han creado muchas asociaciones para ayudar a las personas alcohólicas. Si no dejas de beber, te vas a convertir en un alcohólico.*

alcoholímetro s.m. Dispositivo o aparato que sirve para medir la cantidad de alcohol presente en el aire espirado por una persona: *El policía pidió al conductor que soplara en el alcoholímetro para saber si estaba bajo los efectos del alcohol.*

alcoholismo s.m. **1** Abuso de bebidas alcohólicas: *El alcoholismo puede degenerar en una enfermedad.* **2** Enfermedad producida por este abuso: *El alcoholismo crónico produce trastornos graves.*

alcoholización s.f. Adquisición de la enfermedad del alcoholismo por el abuso frecuente de bebidas alcohólicas: *Cuando fue consciente de su progresiva alcoholización decidió seguir un tratamiento médico.*

alcoholizarse v.prnl. Adquirir la enfermedad del alcoholismo por el abuso frecuente de bebidas alcohólicas: *Por beber una cerveza de vez en cuando no te vas a alcoholizar.* □ ORTOGR. La *z* se cambia en *c* delante de *e* →**CAZAR**.

alcor s.m. Colina o elevación poco pronunciada del terreno, menor que un monte: *Hemos dado un paseo hasta los alcores que hay al sur del pueblo.* □ ORTOGR. Dist. de *albor*.

alcornoque ▮ adj./s.m. **1** Ignorante, grosero, o con poca inteligencia: *No seas alcornoque y piensa un poco antes de actuar. Eres un alcornoque y siempre lo entiendes todo al revés.* ▮ s.m. **2** Árbol de hoja perenne, con el tronco retorcido, la copa muy extensa, las flores poco visibles, el fruto en forma de bellota, y una madera muy dura de cuya corteza se obtiene corcho: *En las dehesas de Extremadura hay muchos alcornoques.* □ MORF. Como adjetivo es invariable en género.

alcorque s.m. Hoyo que se hace al pie de una planta para retener el agua de lluvia o de riego: *Cavé unos alcorques alrededor de los frutales.*

alcurnia s.f. Conjunto de antepasados y descendientes de una persona, esp. si son nobles: *En su educación exquisita se nota que es una persona de alcurnia.*

aldaba s.f. Pieza metálica, esp. de hierro o de bronce, que se pone en una puerta para llamar golpeando con ella: *La aldaba de la puerta de mi casa tiene la forma de una mano.*

aldabonazo s.m. **1** Golpe dado con la aldaba: *Me desperté al oír los aldabonazos que daban a la puerta.* **2** *col.* Aviso o llamada de atención: *La subida del petróleo fue el primer aldabonazo de la crisis económica.*

aldea s.f. Pueblo con muy pocos vecinos y generalmente sin jurisdicción propia: *Veranea en una aldea perdida entre montañas.*

aldeano, na ▮ adj. **1** Rústico, sin educación o sin refinamiento: *Con esos modales aldeanos asustas a todas las jovencitas.* ▮ adj./s. **2** De una aldea o relacionado con ella: *Las costumbres aldeanas son muy distintas de las de la ciudad. Un simpático aldeano nos indicó el camino para llegar al monasterio.* □ MORF. En la acepción 2, como sustantivo se refiere solo a las personas de una aldea.

ale interj. **1** →**ala.** **2** ‖ **ale hop.** Expresión que se usa para indicar que algo ocurre repentinamente: *El niño no dejaba de chillar, pero en cuanto saqué los caramelos, ale hop, paró en seco.* □ PRON. [alejóp], con *j* suave.

aleación s.f. Producto homogéneo de propiedades metálicas, compuesto de dos o más elementos, uno de los cuales debe ser un metal: *El acero es una aleación de hierro y carbono.*

alear v. Referido a un metal, mezclarlo con otro, o con otros elementos, fundiéndolos: *Para alear los metales se necesitan temperaturas muy altas.*

aleatorio, ria adj. Que depende de la suerte o del azar: *La selección de los concursantes se hizo de forma aleatoria, sacando los nombres de una bolsa.*

aleccionamiento s.m. Instrucción, enseñanza o comunicación de un conocimiento, de una habilidad o de una experiencia para que otro los aprenda: *El aleccionamiento de sus discípulos duró varios años, pero valió la pena.*

aleccionar v. Referido a una persona, instruirla o comunicarle un conocimiento, una habilidad o una experiencia: *Me aleccionó sobre lo que iba a encontrarme a mi llegada.*

aledaño, ña ▮ adj. **1** Referido esp. a un terreno, contiguo o inmediato a otro: *Los solares aledaños al edificio tienen un gran valor.* ▮ s.m.pl. **2** Terrenos que lindan con un pueblo, con otro campo o tierra, o con un lugar cualquiera, y que se consideran como parte accesoria de ellos: *Los aledaños del palacio también eran muy bonitos.*

alegación s.f. **1** Presentación de algo, esp. de un mérito, un argumento o una razón, como prueba, excusa o justificación: *La alegación de su estado de salud no sirvió para que le eximieran de realizar su trabajo.* **2** Argumento, discurso o razonamiento en favor o en contra de algo; *alegato: Sus alegaciones de inocencia no me convencen.*

alegar v. Referido esp. a un mérito, un argumento o una razón, presentarlos como prueba, excusa o justificación de algo: *Cuando le reprocharon su actitud, alegó que no lo había hecho a propósito.* □ ORTOGR. La *g* se cambia en *gu* delante de *e* →**PAGAR**.

alegato s.m. Argumento, discurso o razonamiento en favor o en contra de algo; *alegación: El juez desestimó el alegato de la defensa.*

alegoría s.f. **1** Ficción en virtud de la cual una cosa representa o significa otra diferente, generalmente una idea abstracta: *En la introducción a sus 'Milagros', Berceo hace una alegoría basada en la imagen del paraíso como un prado y en la que las fuentes son una metáfora de los evangelios y las aves de los santos.* **2** Composición literaria o artística, cuyo sentido se basa en una ficción de este tipo y tiene generalmente un carácter didáctico o moralizante: *La 'Divina comedia' de Dante es una alegoría de la vida del hombre.*

alegórico, ca adj. De la alegoría, con alegoría, o relacionado con ella: *El arte medieval utiliza frecuentemente imágenes alegóricas para explicar temas religiosos.*

alegrar v. **1** Causar o sentir alegría: *Me alegra saber que*

a b c d e f g h i j k l m n ñ o p q r s t u v w x y z

te va todo tan bien. Se alegró mucho de verme. **2** Referido a algo inanimado, avivarlo o darle nuevo esplendor: *Estas cortinas alegran mucho la habitación.*

alegre adj. **1** Que siente, que muestra o que produce alegría: *Hoy te veo muy alegre. El triunfo de un amigo es siempre una noticia alegre.* **2** Que tiene inclinación a sentir o a manifestar alegría: *Son una gente muy alegre y te lo pasarás bien con ellos.* **3** Que transcurre o se desarrolla con alegría: *Hoy ha sido un día muy alegre.* **4** Referido a un color, que es vivo: *El payaso llevaba una corbata de colores muy alegres.* **5** *col.* Animado o excitado por haber tomado bebidas alcohólicas: *Después de tantas copas estábamos todos un poco alegres.* **6** *col.* Que no cumple lo que se considera moralmente aceptable, esp. en el terreno sexual: *Tienen fama de ser gente de vida alegre.* **7** Que se hace sin pensar o de modo irreflexivo: *No hagas comentarios alegres si no sabes de qué va el asunto.*

alegría ▮ s.f. **1** Sentimiento grato y de gozo, producido generalmente por un motivo placentero y que suele manifestarse exteriormente: *Cuando nació su hijo sintió una gran alegría.* **2** Lo que produce este sentimiento: *Esta tarta es una alegría para la vista.* **3** Irresponsabilidad, ligereza o falta de reflexión: *Un asunto tan delicado como este no se puede tomar con tanta alegría.* ▮ pl. **4** Cante andaluz de música muy viva y graciosa: *Las alegrías tienen una estructura parecida a la jota.* **5** Baile que se ejecuta al compás de este cante: *En la feria se arrancaron a bailar por alegrías.*

alegro s.m. →**allegro.**

alejamiento s.m. Distanciamiento o colocación de algo lejos o más lejos de lo que estaba: *Las discusiones por el reparto de la herencia provocaron un alejamiento entre los hermanos.*

alejar v. **1** Distanciar, poner lejos, o poner más lejos: *Alejó la ropa del fuego. No te alejes mucho de aquí, no vayas a perderte.* **2** Ahuyentar o hacer huir: *El clavo pinchado en limón aleja a las moscas.* ☐ ORTOGR. Conserva la *j* en toda la conjugación.

alelado, da adj. Lelo o tonto: *¡Reacciona, hombre, que estás alelado!*

alelar v. Poner lelo o tonto: *Tal avalancha de datos me aleló un poco. Piensa en lo que haces, que te alelas por cualquier cosa.*

alelí s.m. **1** Planta de flores olorosas que se cultiva para adorno: *Los alelíes eran ya cultivados en la antigua Grecia.* **2** Flor de esta planta: *Los alelíes pueden ser de varios colores.* ☐ ORTOGR. Se admite también *alhelí*. ☐ MORF. Aunque su plural en la lengua culta es *alelíes*, se usa mucho *alelís*.

aleluya ▮ s. **1** En la liturgia católica, canto religioso que se usa para expresar alegría, esp. en la época de Pascua: *Cuando terminó la boda, el organista interpretó el Aleluya de Haendel.* ▮ s.f. **2** Cada uno de los dibujos que, formando una serie, contiene un pliego de papel, con la explicación de un asunto, generalmente en versos pareados: *Valle-Inclán era muy aficionado a las aleluyas que relataban crímenes famosos.* **3** *col.* Versos prosaicos y de poca calidad, con una rima poco elaborada: *Te he compuesto unas aleluyas por tu cumpleaños.* ▮ interj. **4** Expresión que se usa para indicar alegría: *¡Aleluya! He encontrado el libro.* ☐ MORF. En la acepción 1, es de género ambiguo, es decir, admite concordancia en masculino y en femenino sin cambiar de significado: *{el/la} aleluya*.

alemán, -a ▮ adj./s. **1** De Alemania (país europeo), o relacionado con ella; *germano: La moneda alemana era el marco. Los alemanes tienen fama de ser muy trabajadores.* ▮ adj./s.m. **2** Lengua germánica de este y otros países: *En Austria y en parte de Suiza se habla alemán.* ☐ MORF. 1. En la acepción 1, como sustantivo se refiere solo a las personas de Alemania. 2. Cuando se antepone a una palabra para formar compuestos, adopta la forma *germano-*.

alentador, -a adj. Que alienta o anima: *Fue muy alentador encontraros a todos en casa cuando salí del hospital.*

alentar v. **1** Dar ánimos o infundir aliento o vigor: *El público alentaba a su equipo con aplausos.* **2** Referido esp. a un sentimiento, mantenerlo vivo: *Alienta la ilusión de conocer México.* ☐ MORF. Irreg.: La *e* diptonga en *ie* en los presentes, excepto en las personas *nosotros* y *vosotros* →**PENSAR.**

aleonado, da adj. →**leonado, da.**

alerce s.m. Árbol alto y esbelto, parecido al pino, de ramas abiertas y hojas blandas y caducas en forma de aguja, que es propio de las zonas frías: *El alerce común tiene la copa en forma de cono.*

alergia s.f. Conjunto de fenómenos de carácter respiratorio, nervioso o eruptivo que se producen en el organismo como una reacción negativa o de rechazo ante ciertas sustancias: *No sabían que tenía alergia a la penicilina, y estuvo a punto de morir cuando el médico le recetó un antibiótico.*

alérgico, ca ▮ adj. **1** De la alergia, con alergia o relacionado con ella: *Cuando come queso sufre una reacción alérgica muy fuerte.* ▮ adj./s. **2** Que padece alergia: *Es alérgico a la clara de huevo. Los alérgicos a la penicilina no pueden tomar este medicamento.*

alergólogo, ga s. Médico especialista en el tratamiento de las alergias: *El alergólogo me hará unos análisis porque tengo asma y no sé la causa.*

alero s.m. **1** En un tejado, parte inferior que sobresale fuera de la pared y sirve para desviar las aguas de lluvia; *ala: La arquitecta diseñó una casa con grandes aleros, porque esta zona es muy lluviosa.* 👁 **ala 2** En baloncesto, jugador que ocupa el lado derecho o izquierdo de la cancha: *Los aleros suelen ser muy veloces en los contrataques.*

alerón s.m. **1** En un avión, cada una de las piezas móviles articuladas que hay en el borde posterior de las alas y que sirve para hacer variar su inclinación y para facilitar otras maniobras: *Cuando vas en avión, es impresionante ver desde la ventanilla cómo se mueven los alerones cada vez que hay que virar.* **2** En un coche, especie de aleta colocada en la parte posterior de la carrocería: *Los coches con alerón tienen un aire más moderno y aerodinámico.* **3** *col.* Sobaco: *¡A ver si te duchas, que te huelen los alerones!*

alerta ▮ s.f. **1** Estado o situación de vigilancia y atención: *Estamos en alerta aérea ante la amenaza de un bombardeo enemigo.* ▮ adv. **2** En espera atenta de algo: *Hay que estar alerta ante posibles contratiempos.* **3** ‖ **alerta roja.** Situación límite: *Con esta sequía ya hay varios pueblos en alerta roja.* ☐ SINT. La acepción 2 se usa más con los verbos *estar*, *poner*, *vivir* o equivalentes. ☐ USO Se usa como aviso o señal de advertencia: *¡Alerta! Se acerca el momento decisivo.*

alertar v. Poner en alerta o avisar de una amenaza o de un peligro: *Nadie me alertó sobre las consecuencias que podría tener mi actuación.*

aleta s.f. **1** En un animal vertebrado acuático, cada uno de los apéndices que utiliza para nadar y cambiar de dirección en el agua: *La aleta del tiburón sobresalía del agua* *y advertía de su presencia en la zona.* **2** Calzado con la forma de este apéndice, que usan las personas para impulsarse en el agua, al nadar o bucear: *El hombre rana se puso las aletas y se lanzó al agua.* **3** En la nariz, reborde situado en la parte inferior, a ambos lados del tabique nasal; *ala: Con el esfuerzo movía las aletas de la nariz al respirar.* **4** En algunos vehículos, pieza curva que está situada sobre cada una de sus ruedas para evitar las salpicaduras; *guardabarros: El coche tiene abollada una de las aletas delanteras.*

aletargamiento s.m. **1** Letargo, inmovilización o reposo de algunos animales que tiene lugar en determinada época del año: *El aletargamiento de los osos se produce en invierno.* **2** Estado de somnolencia o modorra en las personas: *He dejado de tomar esas pastillas porque me producían aletargamiento.*

aletargar v. **1** Referido a un animal, producirle letargo y hacer que permanezca durante algún tiempo en inactividad y en reposo absolutos: *El frío aletarga a los reptiles. Los osos se aletargan en invierno.* **2** Referido a una persona, producirle sueño, modorra o pesadez de ánimo: *Este vino aletarga a cualquiera. No me gusta comer mucho porque luego me aletargo.* ☐ ORTOGR. La *g* se cambia en *gu* delante de *e* →**PAGAR**.

aletear v. **1** Referido a un ave, mover repetidamente las alas sin llegar a echar a volar: *Ante la presencia del gato, el jilguero aleteó nervioso en la jaula.* **2** Referido a un pez, mover repetidamente las aletas cuando están fuera del agua: *La trucha que pescamos aleteó un rato antes de morir.* **3** Referido a una persona, mover los brazos hacia arriba y hacia abajo, como las aves mueven las alas: *El niño aleteó jugando a ser un águila.*

aleteo s.m. Movimiento repetido de las alas, de las aletas o de algo parecido: *La gaviota intentaba asustarnos con sus aleteos para que no nos acercásemos al nido.*

alevín ▌adj./s. **1** Referido a un deportista, que, por edad, pertenece a la categoría posterior a la de benjamín y anterior a la de infantil: *Los futbolistas alevines han obtenido un buen resultado este año. Pertenece a un equipo de alevines.* ▌s.m. **2** Cría de ciertos peces que se suelen utilizar para repoblar ríos, lagos o estanques: *Está prohibido pescar alevines.* **3** Muchacho que empieza en una actividad o profesión: *Aunque todavía es un alevín en esto, demuestra tener una gran preparación.* ☐ MORF. En la acepción 1, como adjetivo es invariable en género y como sustantivo es de género común y exige concordancia en masculino o en femenino para señalar la diferencia de sexo: *el alevín, la alevín.*

alevosía s.f. **1** En derecho, circunstancia de haberse asegurado el que comete un delito de que no hay peligro para él al cometerlo: *La alevosía se considera una circunstancia agravante.* **2** Traición o deslealtad: *No le perdonaré nunca su alevosía.*

alevoso, sa adj. Referido a un delito, que ha sido cometido con alevosía: *Fue un crimen alevoso, y como tal, fue condenado.*

alfa s.f. **1** En el alfabeto griego clásico, nombre de la primera letra: *La grafía de la alfa es α.* **2** ‖ **alfa y omega.** Principio y fin: *Creo firmemente que Dios es el alfa y omega de todas las cosas.*

alfabético, ca adj. Del alfabeto o relacionado con él: *Las palabras de este diccionario están colocadas por orden alfabético.*

alfabetización s.f. **1** Enseñanza de la lectura y la escritura, esp. a personas adultas: *En las naciones en vías de desarrollo son muy necesarias las campañas de alfabetización.* **2** Ordenación por orden alfabético: *La alfabetización de las listas es muy rápida con este programa informático de tratamiento de textos.*

alfabetizar v. **1** Enseñar a leer y a escribir: *El Gobierno ha elaborado un programa especial para alfabetizar a la población adulta.* **2** Ordenar alfabéticamente: *Si no alfabetizas esa lista, tardarás mucho en encontrar los datos que se te pidan.* ☐ ORTOGR. La *z* se cambia en *c* delante de *e* →**CAZAR**. ☐ SEM. La acepción 1 se usa referida esp. a personas adultas.

alfabeto s.m. **1** Serie ordenada de las letras de un idioma; *abecedario: La 'z' es la última letra de nuestro alfabeto.* **2** Sistema de signos empleados para transcribir un sistema de comunicación: *En el alfabeto de los sordomudos cada letra viene representada por una determinada posición de los dedos y de la mano.*

alfajor s.m. Dulce hecho con una pasta de almendras, nueces, miel, pan rallado y tostado u otros ingredientes: *En Navidad solemos tomar polvorones y alfajores.*

alfalfa s.f. Planta leguminosa que se cultiva para forraje o alimento del ganado: *La flor de la alfalfa es de color violeta o azulado.*

alfanje s.m. Arma blanca parecida al sable, pero más ancha y de forma curvada, con filo solo por un lado excepto en la punta, donde es de doble filo: *Los guerreros árabes luchaban con alfanjes.* 👁 **arma**

alfanumérico, ca adj. Que está formado por letras y números: *En programación de ordenadores se usan mucho las variables de tipo alfanumérico.*

alfaque s.m. Banco de arena, esp. en la desembocadura de un río: *En los alfaques de Tortosa, en la desembocadura del Ebro, han encallado muchos barcos.*

alfarería s.f. **1** Arte y técnica de fabricar vasijas u otros objetos de barro: *Asiste a clases de alfarería los sábados por la mañana.* **2** Lugar en el que se fabrican o venden estos objetos: *He comprado este botijo en la alfarería de la plaza.*

alfarero, ra s. Persona que se dedica profesionalmente a la fabricación de vasijas u otros objetos de barro: *El alfarero usa el torno para dar forma a la arcilla.*

alféizar s.m. Parte del muro que constituye el reborde de una ventana, esp. su parte inferior: *Tiene el alféizar de la ventana lleno de macetas.*

alfeñique s.m. *col.* Persona con una constitución física débil y delicada: *Después de su enfermedad se quedó hecho un alfeñique.*

alferecía s.f. En el Ejército, cargo de alférez: *La alferecía es el grado inferior de la escala de los oficiales en el ejército español.*

alférez s. **1** En el Ejército, persona cuyo empleo militar es superior al de subteniente e inferior al del teniente: *El alférez fue felicitado por su capitán ante la perfección de los ejercicios de tiro realizados por los reclutas a su cargo.* **2** ‖ **alférez de fragata.** En la Armada, persona cuyo empleo militar es equivalente al de alférez del Ejército de Tierra: *El empleo superior a alférez de fragata es alférez de navío.* ‖ **alférez de navío.** En la Armada, persona cuyo empleo militar es equivalente al de teniente del Ejército de Tierra: *El empleo militar inmediatamente superior al de alférez de navío es el de teniente de navío.* ☐ MORF. Es de género común y exige concordancia en masculino o en femenino para señalar la diferencia de sexo: *el alférez, la alférez.*

a b c d e f g h i j k l m n ñ o p q r s t u v w x y z

a b c d e f g h i j k l m n ñ o p q r s t u v w x y z

alfil s.m. En el juego del ajedrez, pieza que se mueve en diagonal pudiendo recorrer de una vez todas las casillas libres: *Me comió la torre con el alfil, y después me dio jaque mate.* 👁 **ajedrez**

alfiler s.m. **1** Barrita delgada de metal, terminada en punta por uno de sus lados y en una bolita o cabeza por el otro, que se usa generalmente para unir o prender cosas ligeras: *El sastre prendió con alfileres las partes del traje que iba a reformar.* 👁 **costura 2** Joya con esta forma, que se prende en la ropa como adorno o para sujetar exteriormente algo: *En el ojal del abrigo llevaba prendido un alfiler de oro.* 👁 **joya 3** ‖ **con alfileres.** *col.* Con poca consistencia o con poca firmeza material o moral: *Llevo la lección prendida con alfileres.* ‖ **no caber un alfiler.** *col.* Referido a un lugar, estar muy lleno: *En la discoteca no cabía un alfiler.*

alfilerazo s.m. Pinchazo dado con un alfiler: *Para abrirse paso entre la multitud, unos gamberros empezaron a dar alfilerazos a los que tenían delante.*

alfiletero s.m. Estuche en forma de tubo que sirve para guardar alfileres y agujas: *Mi abuela tenía un alfiletero de madera precioso.* 👁 **costura**

alfombra s.f. **1** Tejido que se pone en el suelo como adorno o para evitar el frío: *Las alfombras persas son famosas por su calidad, su colorido y su diseño.* **2** Lo que cubre el suelo de una forma regular: *Una alfombra de nieve cubría el jardín.*

alfombrar v. **1** Referido al suelo, cubrirlo con una alfombra: *Hemos alfombrado el salón.* **2** Referido al suelo, cubrirlo con algo a manera de alfombra: *Alfombraron con flores las calles por las que pasaba la procesión.*

alfonsí adj. →**alfonsino, na.** ☐ MORF. 1. Invariable en género. 2. Aunque su plural en la lengua culta es *alfonsíes*, también se usa *alfonsís*. ☐ SEM. Se usa referido esp. a lo relativo a Alfonso X el Sabio frente a *alfonsino*, que tiene un carácter más general.

alfonsino, na adj./s. De cualquiera de los reyes españoles que se llamaron Alfonso, o relacionado con ellos: *En el siglo XIII, la corte alfonsina fue el centro cultural y artístico español. Los alfonsinos, partidarios de Alfonso XII, se enfrentaron a los carlistas por la sucesión al trono.* ☐ SEM. Como adjetivo es sinónimo de *alfonsí*.

alforja s.f. Tira de tela fuerte o de otro material que termina en una bolsa en cada uno de sus extremos, y sirve para llevar cosas al hombro o a lomos de las caballerías: *Sancho Panza colocó las alforjas llenas de comida a lomos de su asno.* ☐ MORF. Se usa más en plural.

alga s.f. Planta que carece de tejidos diferenciados, está provista generalmente de clorofila, y vive y se desarrolla en el agua: *Con la marea baja la playa quedó cubierta de algas.* ☐ MORF. Por ser un sustantivo femenino que empieza por *a* tónica o acentuada, va precedido de *el, un, algún, ningún* y de las formas femeninas del resto de los determinantes.

algarabía s.f. Griterío confuso y molesto producido por personas que hablan al mismo tiempo: *¿Qué pasa aquí, que hay tanta algarabía?*

algarada s.f. Vocerío grande causado en un desorden o disturbio callejero por un grupo de gente: *La manifestación silenciosa terminó en una algarada callejera.*

algarroba s.f. **1** Planta leguminosa cuyas semillas se usan como alimento para algunos animales: *La algarroba es del mismo género que el haba.* **2** Fruto del algarrobo: *Aunque la algarroba es comestible para el hombre, suele utilizarse como alimento para el ganado.*

algarrobo s.m. Árbol siempre verde, propio de las regiones marítimas templadas y cuyo fruto es la algarroba: *El algarrobo florece en otoño y en invierno y es originario de Oriente.*

algazara s.f. Vocerío o griterío que suelen expresar alegría, y que están producidos generalmente por muchas voces: *Celebraron su triunfo con una impresionante algazara.*

álgebra s.f. Parte de las matemáticas que estudia las operaciones que se generalizan mediante el uso de números, letras y signos: *La resolución de ecuaciones es la parte del álgebra que más me gusta.* ☐ MORF. Por ser un sustantivo femenino que empieza por *a* tónica o acentuada, va precedido de *el, un, algún, ningún* y de las formas femeninas del resto de los determinantes.

algebraico, ca adj. Del álgebra o relacionado con esta parte de las matemáticas: *En el examen nos cayeron dos problemas de cálculo algebraico.*

álgido, da adj. **1** Referido esp. a un momento o a un período, que es crítico o culminante en el desarrollo de un proceso: *El momento álgido de la reunión coincidió con la noticia de la dimisión del director.* **2** Muy frío: *Las temperaturas del clima polar son realmente álgidas.*

algo ▮ pron.indef. **1** Designa una cosa, sin decir exactamente qué es: *Tenemos que hacer algo, aunque no sé qué. ¿Por qué no comes algo?* **2** Cantidad indeterminada: *¿Me prestas algo de dinero?* ▮ adv. **3** Un poco, no completamente o en pequeña cantidad o medida: *Estoy algo cansada.* **4** ‖ **algo así.** Aproximadamente, poco más o menos: *Se apellida Picol o algo así.* ‖ **algo es algo.** Expresión que se utiliza para indicar que no se debe despreciar nada, por pequeño o insignificante que sea: *Me tocó solo el último premio, pero algo es algo.* ‖ **darle algo a** alguien. Sobrevenirle una indisposición repentina: *No trabajes tanto, que te va a dar algo.* ‖ **por algo.** Por algún motivo en concreto, aunque sea desconocido: *Si se ha enfadado, por algo será.* ☐ MORF. No tiene plural; →APÉNDICE DE PRONOMBRES.

algodón s.m. **1** Planta de hojas alternas y con cinco lóbulos, flores amarillas con manchas encarnadas, y cuyo fruto contiene las semillas envueltas en una borra o pelusa larga y blanca: *En América existen grandes plantaciones de algodón.* **2** Esta borra o pelusa que envuelve las semillas: *La recolección del algodón en América fue realizada durante mucho tiempo por esclavos negros.* **3** Esta borra, limpia y esterilizada: *Tengo que comprar algodón en la farmacia.* **4** Trozo de este material que se usa en medicina y en cosmética: *El algodón se usa para limpiar heridas.* **5** Tejido o tela hechos con hilo de este material: *El algodón es muy fresco para el verano.* **6** ‖ **algodón dulce.** Dulce hecho con azúcar, y de aspecto parecido al del algodón: *El algodón dulce se sirve enrollado en un palo.* ‖ **entre algodones.** Con muchos cuidados o con delicadeza: *Estás criando al niño entre algodones, y vas a hacer de él un endeble.*

algodonero, ra ▮ adj. **1** Del algodón o relacionado con esta planta: *La industria algodonera en España tiene su centro en Cataluña.* ▮ s. **2** Persona que se dedica profesionalmente al cultivo o al comercio del algodón: *En la guerra de Secesión americana, la mayoría de los algodoneros del sur estaban en contra de la abolición de la esclavitud.*

algodonoso, sa adj. Con las características que se consideran propias del algodón: *Las nubes algodonosas sobre cielo azul son características de los días claros.*

algoritmo s.m. **1** Conjunto ordenado de operaciones sistemáticas que permiten hallar la solución de un problema: *La multiplicación 2 x 3 se resuelve aplicando el algoritmo de las sumas sucesivas: 2 + 2 + 2.* **2** Método y sistema de signos que sirven para expresar conceptos matemáticos: *ax + b = 0 es un algoritmo.*

alguacil s. **1** Oficial del ayuntamiento que ejecuta los mandatos del alcalde: *El alguacil coloca los avisos, ordena el correo y vigila algunos lugares.* **2** En una corrida de toros, agente que está a las órdenes del presidente: *El alguacil estaba atento a las indicaciones del presidente.* ☐ MORF. Aunque es de género común, y exige concordancia en masculino o en femenino para señalar la diferencia de sexo: *el alguacil, la alguacil*, para el femenino se usa también la forma *alguacila*.

alguacilillo s.m. En una corrida de toros, cada uno de los dos alguaciles que abren el paseíllo a caballo, reciben del presidente las llaves del toril y entregan a los toreros las orejas y el rabo del toro cuando los han obtenido como trofeos: *El alguacilillo abrazó al torero cuando le entregó las dos orejas.*

alguien ▮ pron.indef. **1** Designa a una o varias personas, sin decir exactamente quiénes son: *Te ha llamado alguien, pero no ha dicho su nombre. ¿Lo sabe alguien?* ▮ s.m. **2** *col.* Persona de cierta importancia: *Se cree alguien, y en realidad es un cero a la izquierda.* ☐ MORF. 1. Como pronombre no tiene diferenciación de género. 2. →APÉNDICE DE PRONOMBRES. ☐ SINT. La acepción 2 se usa más con los verbos *ser* y *creerse*.

algún indef. →**alguno, na.** ☐ MORF. 1. Apócope de *alguno* ante sustantivo masculino singular. 2. Se usa ante sustantivo femenino que empieza por *a* o por *ha* tónicas o acentuadas. 3. →APÉNDICE DE PRONOMBRES.

alguno, na indef. **1** Indica que la persona o cosa designadas son una cualquiera e indeterminada de entre varias: *¿Tienes algún amigo que se llame Anacleto? Vinieron algunos, pero no todos.* **2** Indica una medida indeterminada: *Ya han llegado al pueblo algunas cigüeñas. Dice que tiene treinta años, pero yo creo que se quita algunos.* ☐ MORF. 1. Como adjetivo masculino se usa la forma apocopada *algún* cuando precede a un sustantivo determinándolo. 2. →APÉNDICE DE PRONOMBRES. ☐ SEM. En frases negativas, pospuesto a un sustantivo, equivale a *ninguno* antepuesto: *No hay duda alguna de que me ama.*

alhaja s.f. **1** Objeto de adorno personal, hecho con piedras y metales preciosos: *Cuando robaron en casa, se llevaron todas las alhajas.* 👁 **joya** **2** Lo que es de gran valía o tiene excelentes cualidades: *Cuida bien este libro antiguo, porque es una auténtica alhaja.* ☐ SEM. Es sinónimo de *joya*.

alharaca s.f. Demostración muy exagerada de algún sentimiento: *No entiendo tantas alharacas por una cosa tan tonta.* ☐ MORF. Se usa más en plural.

alhelí s.m. →**alelí.** ☐ MORF. Aunque su plural en la lengua culta es *alhelíes*, se usa mucho *alhelís*.

aliáceo, a adj. Del ajo, con sus características, o relacionado con él: *Esta planta tiene un olor aliáceo.*

alianza s.f. **1** Unión de personas o de colectividades para lograr algún fin común: *Estas reuniones han logrado crear una alianza entre nuestros dos países.* **2** Pacto o acuerdo entre las partes interesadas: *Los partidos en la oposición formaron alianza para las elecciones.* **3** Anillo de boda: *La alianza se suele llevar en el dedo anular.* 👁 **joya**

aliar v. Referido esp. a una persona, unirla con otra para alcanzar un fin común: *Este tratado alía a varios países de la zona. Todos los propietarios se aliaron para defender sus intereses.* ☐ ORTOGR. La *i* lleva tilde en los presentes, excepto en las personas *nosotros* y *vosotros* →**VACIAR**.

alias ▮ s.m. **1** Apodo o sobrenombre de una persona: *Hasta hoy no he sabido que su alias era 'Conejo'.* ▮ adv. **2** Por otro nombre o por apodo: *Han detenido a J.M.L., alias 'Pecholobo'.* ☐ MORF. Como sustantivo es invariable en número.

alicaído, da adj. *col.* Muy débil, triste o desanimado: *No sé qué le pasará, pero está muy alicaída.*

alicantino, na adj./s. De Alicante o relacionado con esta provincia española o con su capital: *El turrón alicantino tiene mucha fama. Un alicantino me enseñó las playas más bonitas de la Costa Blanca.* ☐ MORF. Como sustantivo se refiere solo a las personas de Alicante.

alicatado s.m. Revestimiento de azulejos: *El albañil todavía no me ha dado el presupuesto del alicatado del baño.*

alicatar v. Revestir o cubrir con azulejos: *Hemos alicatado la cocina con azulejos azules.*

alicate s.m. Herramienta de metal compuesta de dos brazos curvados, que sirve para sujetar o cortar cosas delgadas: *Los alicates son parecidos a las tenazas, pero, además, sirven para cortar.* ☐ MORF. Se usa más en plural, con el mismo significado que en singular.

aliciente s.m. Atractivo, incentivo o estímulo que hace desear o hacer algo: *Para mí es un aliciente saber que tú también vas.*

alienación s.f. **1** Pérdida de la propia identidad de una persona cuando adopta una actitud distinta a la que en ella resultaría natural: *La influencia de la televisión provoca en algunas personas un grado de alienación alarmante.* **2** En psiquiatría, pérdida, temporal o permanente, de la razón o la propia consciencia: *Las drogas lo habían dejado en un estado de alienación.* ☐ ORTOGR. Dist. de *alineación*.

alienar v. **1** Producir alienación o la pérdida de la propia identidad: *Este trabajo me aliena porque no va con mi forma de ser.* **2** Referido a una persona, sacarla fuera de sí o trastornarle la razón o los sentidos; *enajenar: La pasión deportiva lo aliena. No te dejes alienar por la ira.* ☐ ORTOGR. Dist. de *alinear*.

alienígena adj./s. Que procede de otro planeta; *extraterrestre: El escritor del libro asegura haber tenido contacto con seres alienígenas. En esta novela de ciencia ficción, los alienígenas invaden la Tierra.* ☐ MORF. 1. Como adjetivo es invariable en género. 2. Como sustantivo es de género común y exige la concordancia en masculino o en femenino para señalar la diferencia de sexo: *el alienígena, la alienígena*.

aliento s.m. **1** Aire que sale de la boca al respirar; *hálito: Después de comer ajo, el aliento huele muy mal.* **2** Respiración, o aire que se respira: *He corrido tanto que ahora me falta el aliento.* **3** Vigor, energía o fuerza interior: *Está trabajando con mucho aliento.* **4** Inspiración, estímulo o apoyo: *Te he llamado para que me des aliento.*

aligátor s.m. Reptil anfibio y carnívoro parecido al cocodrilo pero de menor tamaño y con el hocico más corto y redondeado, que habita fundamentalmente en los ríos y pantanos americanos; *caimán: El aligátor puede llegar* *a medir hasta cuatro metros de longitud.* ☐ MORF. Es un sustantivo epiceno y la diferencia de sexo se señala mediante la oposición *el aligátor {macho/hembra}*.

aligeramiento s.m. Disminución del peso o de la carga de algo: *El aligeramiento de la carga es necesario para que el barco pueda navegar con seguridad.*

aligerar v. **1** Hacer ligero o menos pesado: *Aligeraron el coche quitándole parte de la carga que llevaba.* **2** Hacer más moderado o más fácil de soportar: *Todos deseamos que nos aligeren los impuestos.* **3** Acelerar o aumentar la velocidad: *Aligera el paso, que está empezando a llover. Aligera, o no llegaremos nunca.*

aligustre s.m. Arbusto de hojas lisas, brillantes y de forma ovalada, que tiene las flores blancas y pequeñas y el fruto negro y redondeado: *Los aligustres pueden medir unos dos metros de altura. Se cayó en un seto de aligustres.* ☐ PRON. Incorr. *[alibustre].

alijo s.m. Conjunto de productos de contrabando: *Fueron detenidos en la frontera, cuando intentaban introducir ilegalmente un alijo de tabaco.*

alimaña s.f. Animal que resulta perjudicial para la caza menor: *El zorro es considerado una alimaña.*

alimentación s.f. **1** Suministro de alimentos a un ser vivo: *La alimentación es indispensable para la vida. Cuida mucho su alimentación.* **2** Conjunto de lo que sirve de alimento: *Una alimentación equilibrada durante la infancia es fundamental para un completo desarrollo.* **3** Suministro de lo necesario para que un mecanismo funcione: *Se ha estropeado la fuente de alimentación del ordenador y no funciona.* **4** Mantenimiento o sostén de algo que consume energía: *Falta madera para la alimentación del fuego.* **5** Fomento de algo, esp. de un determinado sentimiento: *Con eso solo consigue la alimentación enfermiza de su odio.*

alimentar v. **1** Referido a un ser vivo, proporcionarle alimento: *Un buen filete te alimentaría más que todas esas guarrerías. Las plantas se alimentan por las raíces.* **2** Referido esp. a un mecanismo, proporcionarle lo que necesita para seguir funcionando: *Esta batería alimenta todo el circuito. Este motor se alimenta con gasolina.* **3** Referido esp. al fuego, servir para mantenerlo o para sostenerlo: *Los troncos alimentan la hoguera.* **4** Referido esp. a un sentimiento, avivarlo o fomentarlo: *No alimentes mi desesperación con tu pesimismo.*

alimentario, ria adj. De la alimentación o relacionado con ella: *La industria alimentaria es la principal fuente de riqueza de esta región.* ☐ SEM. Dist. de *alimenticio* (que alimenta).

alimenticio, cia adj. Que alimenta: *El caldo de gallina es muy alimenticio.* ☐ SEM. Dist. de *alimentario* (de la alimentación).

alimento s.m. **1** Lo que toman las personas y los animales para subsistir; *comida*: *Ningún animal puede vivir sin alimentos. Se ha puesto en huelga de hambre y rechaza tomar cualquier alimento.* **2** Lo que sirve a los seres vivos o a sus células para nutrirlos y mantenerlos con vida: *Las plantas absorben su alimento a través de las raíces.* **3** Lo que sirve para mantener la existencia de algo: *Los escándalos son el alimento de las revistas sensacionalistas.*

alimoche s.m. Ave rapaz parecida al buitre, pero de menor tamaño, que tiene el plumaje blanquecino, la cabeza y el cuello cubiertos de plumas, y el pico amarillo: *En estas peñas anidan buitres y algún alimoche.* ☐ MORF. Es un sustantivo epiceno y la diferencia de sexo se señala mediante la oposición *el alimoche {macho/hembra}*. 👁 **rapaz**

alimón ‖ **al alimón.** En colaboración o conjuntamente: *Este trabajo lo hemos hecho los dos al alimón.*

alineación s.f. **1** Colocación en línea recta: *Los soldados desfilaron en perfecta alineación.* **2** Inclusión de un jugador en un equipo deportivo para disputar un determinado encuentro: *La alineación del delantero titular es dudosa, porque está lesionado.* **3** Conjunto de jugadores que forman un equipo deportivo para un determinado partido, ordenados según su puesto o su función: *El entrenador todavía no ha decidido la alineación del domingo.* **4** Unión o relación con una tendencia política o ideológica: *Tras la crisis económica, se produjo la alineación de los países europeos con Estados Unidos.* ☐ ORTOGR. Dist. de *alienación*. ☐ SEM. En las acepciones 1, 2 y 4, es sinónimo de *alineamiento*.

alineamiento s.m. →**alineación.**

alinear ▮ v. **1** Poner en línea recta: *El profesor alineó a sus alumnos antes de entrar en el comedor. Los soldados se alinearon delante de la bandera.* **2** Referido a un jugador, incluirlo en un equipo deportivo para un determinado partido: *El entrenador ha alineado a varios jugadores reservas.* ▮ prnl. **3** Relacionarse o asociarse con una tendencia, esp. política o ideológica: *Los países europeos se alinearon con Estados Unidos.* ☐ PRON. Aunque la pronunciación correcta es la que acentúa la *e* [alinéo, alinéas...], está muy extendida la pronunciación [alíneo, alíneas...], por influencia de la palabra *línea*. ☐ ORTOGR. Dist. de *alienar*.

aliñar v. **1** Referido a un alimento, condimentarlo o sazonarlo, generalmente con sal, aceite o especias: *Las ensaladas suelen aliñarse con sal, aceite y vinagre.* **2** Arreglar con adornos: *Aliñó la historia con algunas anécdotas no del todo ciertas.* ☐ SEM. Es sinónimo de *aderezar*.

aliño s.m. **1** Condimentación de un alimento con sal y otros ingredientes: *No me gusta el aliño que le has hecho a este guiso.* **2** Conjunto de ingredientes con los que se aliña un alimento: *Cuando tengas preparado el aliño, échaselo a las lentejas.* **3** Arreglo y aseo, esp. en la forma de vestir de las personas: *Cuida un poco tu aliño, que pareces un pordiosero.*

alioli s.m. Salsa hecha con ajos machacados y aceite: *El alioli es una salsa típica de Cataluña.* ☐ ORTOGR. Es un catalanismo (*all i oli*) semiadaptado al español.

alirón interj. **1** Expresión que se usa para indicar alegría por una victoria deportiva: *El público cantaba: «¡Alirón! ¡Alirón! Nuestro equipo es campeón».* **2** ‖ **{cantar/entonar} el alirón.** Celebrar que un equipo ha quedado el primero en una competición deportiva: *Aunque el campeonato todavía no ha terminado, llevamos tanta ventaja que ya podemos entonar el alirón.*

alisar v. **1** Poner liso: *No he planchado bien la camisa, pero al menos la he alisado un poco.* **2** Referido al pelo, arreglarlo pasando el peine o la mano: *Se miró en el espejo y se alisó un poco el pelo.*

aliseda s.f. Terreno poblado de alisos: *A la orilla del río hay una aliseda muy frondosa.*

alisios s.m.pl. →**vientos alisios.**

aliso s.m. **1** Árbol de copa redonda, hojas ligeramente viscosas, flores blancas y frutos pequeños y rojizos: *Los alisos suelen crecer en zonas húmedas.* **2** Madera de este árbol: *El aliso se usa en la construcción de instrumentos musicales.*

alistamiento s.m. Inscripción en la lista de nuevos soldados pertenecientes al ejército: *A los dieciocho años, todos los varones reciben una carta para su alistamiento en el ejército.*

alistarse v.prnl. Enrolarse en el ejército: *Se alistó como voluntario.*

aliteración s.f. Figura retórica o procedimiento del lenguaje consistente en la repetición de una serie de sonidos semejantes en una palabra o en un enunciado: *Es famosa la aliteración en 's' de los versos de Garcilaso: En el silencio solo se escuchaba / un susurro de abejas que sonaba.*

aliviadero s.m. En un embalse, en una canalización o en otro tipo de depósito, vertedero o desagüe de aguas sobrantes, que evita su desbordamiento: *Esos agujeros debajo del grifo del lavabo son aliviaderos por si se llena demasiado.*

aliviar ▮ v. **1** Aligerar o hacer menos pesado: *Deberías aliviar un poco la carga de esa estantería, si no quieres que se venga abajo.* **2** Referido esp. a una persona, quitarle la carga o el peso anímico que soporta: *Me alivia mucho saber que me comprendes.* **3** Referido esp. a una enfermedad o a un padecimiento, disminuirlos, suavizarlos o hacerlos menos fuertes: *Intentar aliviar las penas con la bebida es un error.* **4** Referido al cuerpo o a uno de sus órganos, descargarlos de elementos superfluos: *Los laxantes ayudan a aliviar el vientre.* **5** Darse prisa en algo: *Como no alivies, no llegarás a tiempo.* ▮ prnl. **6** Mejorar o sanar de una enfermedad: *Se va aliviando de la gripe.* ☐ ORTOGR. La *i* nunca lleva tilde.

alivio s.m. **1** Aligeramiento o disminución de la carga o del peso que se soportan, esp. si son de carácter anímico: *Es un alivio saber que no fue mía la culpa.* **2** Disminución de la intensidad de una enfermedad o de un padecimiento: *Sus nietos son el mejor alivio para su soledad.* **3** Disminución del rigor en las señales externas de duelo, esp. en el color de la ropa, una vez transcurrido el tiempo de luto riguroso: *Hasta que no pasaron dos años desde la muerte de su padre, no empezó a vestirse de alivio.*

aljama s.f. **1** Edificio destinado al culto judío; *sinagoga: Toda la comunidad judía se congregó en la aljama para orar.* **2** Edificio destinado al culto musulmán; *mezquita: En algunas ciudades orientales, la aljama era la mezquita más importante.* **3** Barrio habitado por judíos o por musulmanes: *Algunas aljamas judías tenían sinagoga, escuela y baños públicos.*

aljibe s.m. **1** Depósito, generalmente subterráneo, donde se recoge y almacena el agua de lluvia o la que se lleva de algún río o manantial: *Los aljibes suelen tener las paredes revestidas con materiales impermeables.* **2** Depósito destinado al transporte de un líquido: *Utilizan un camión aljibe para regar las calles.* ☐ SINT. En la acepción 2, se usa en aposición, pospuesto a un sustantivo.

allá adv. **1** En o hacia aquel lugar o posición: *Vivo allá lejos. Allá va tu hermano con la moto.* **2** En un tiempo pasado: *Allá en los años veinte, el charlestón era el baile de moda.* **3** Seguido de un pronombre personal, indica una actitud desinteresada del hablante hacia algo que considera que no le atañe: *Allá él con sus mentiras, yo no voy a preocuparme por eso.* **4** ‖ **el más allá.** Lo que hay después de la muerte: *Distintas religiones afirman la existencia de una vida en el más allá.* ‖ **no muy allá.** No excesivamente bien, o no muy bueno: *Todavía no estoy muy allá de la gripe. La comida de ese restaurante no es muy allá, pero el lugar es muy agradable.* ‖ **y lo de más allá.** Expresión que se utiliza para dar por concluida la enumeración de una serie indefinida de algo: *Dijo que yo era esto, aquello y lo de más allá.* ☐ SINT. Incorr. *Vamos {*a allá > allá}.*

allanamiento s.m. **1** Conversión de algo, esp. de un terreno, en llano o en plano: *Cuando llegue la apisonadora procederemos al allanamiento del terreno.* **2** Eliminación de los obstáculos de un camino o de un lugar de paso, de forma que queden transitables: *Una máquina quitanieves se ocupó del allanamiento de la carretera después de la nevada.* **3** Superación o vencimiento de una dificultad o de un inconveniente: *Su asesoramiento hizo posible el allanamiento de todos los problemas.* **4** Entrada que se hace en una casa ajena, contra la voluntad de su dueño: *El allanamiento de morada es un delito.*

allanar v. **1** Poner llano o plano; *aplanar: Las apisonadoras allanaron el terreno antes de asfaltarlo.* **2** Referido esp. a un camino, dejarlo libre de obstáculos y transitable: *Los hermanos mayores suelen allanar el camino a los más pequeños en sus relaciones con los padres.* **3** Referido a una dificultad o a un inconveniente, superarlos, vencerlos o solucionarlos: *Los años y la experiencia ayudan a allanar los problemas.* **4** Referido a una casa ajena, entrar en ella contra la voluntad de su dueño: *Los detuvieron por allanar el domicilio del magistrado.*

allegado, da adj./s. Referido a una persona, que tiene con otra una relación cercana o estrecha de parentesco, amistad, confianza o trato: *Al entierro solo acudieron los familiares más allegados. Antes de hacer pública su decisión, la comunicó en privado a sus allegados.*

allegro (italianismo) s.m. **1** En música, aire o velocidad moderadamente rápidos con que se ejecutan una composición o un pasaje: *El allegro es más rápido que el moderato y más lento que el presto.* **2** En música, composición o pasaje que se ejecutan con este aire: *El primer movimiento del concierto era un allegro.* ☐ PRON. [alégro]. ☐ ORTOGR. Se admite también la forma adaptada *alegro.*

allende prep. Más allá de, o en la parte de allá de: *Allende los mares, siempre es posible la aventura.* ☐ USO Su uso es característico del lenguaje culto.

allí adv. **1** En o a aquel lugar o posición: *Voy allí, a la vuelta de la esquina. Te voy a buscar y estaré allí a las cinco.* **2** Entonces, en un período de tiempo alejado o en tal ocasión: *El público empezó a arrojar objetos al campo, y allí se terminó el partido.* ☐ SINT. Incorr. *Vamos {*a allí > allí}.*

alma s.f. **1** En una persona, parte espiritual e inmortal, capaz de entender, querer y sentir, y que, junto con el cuerpo, constituye su esencia humana: *El sacerdote rogó una oración por el alma del difunto.* **2** Viveza, interés o energía en lo que se hace: *Lo intentó con toda su alma y lo consiguió.* **3** Lo que anima, da fuerza y aliento, o actúa como impulsor: *Con ese carácter tan abierto y divertido, es el alma de todas las fiestas.* **4** Persona considerada como individuo, esp. como habitante de una población: *La gente fue emigrando hasta que no quedó un alma en la aldea.* **5** ‖ **alma de Dios.** Persona muy bondadosa y sencilla: *Ese hombre es un alma de Dios, incapaz de hacer daño a una mosca.* ‖ **alma en pena. 1** La que padece en el purgatorio o anda errante entre los vivos sin encontrar reposo definitivo: *Las almas en pena no gozan aún de la felicidad eterna.* **2** Persona que anda sola, triste y melancólica: *Desde que murió su mujer, es un alma en pena.*

a b c d e f g h i j k l m n ñ o p q r s t u v w x y z

‖ **caérsele** a alguien **el alma a los pies.** *col.* Abatirse o desanimarse como consecuencia de una decepción, por no ser la realidad como se esperaba o deseaba: *Cuando me enteré de que me había mentido, se me cayó el alma a los pies.* ‖ **como alma que lleva el diablo.** *col.* Referido esp. a la forma de irse, con gran velocidad y con precipitación o nerviosismo: *Cuando vi en qué antro me había metido, salí de allí como alma que lleva el diablo.* ‖ **con el alma en un hilo.** *col.* Preocupado o nervioso por temor de algún riesgo o problema: *Hasta que no sepa los resultados de los análisis, estoy con el alma en un hilo.* ‖ **{dar/entregar} el alma (a Dios).** *euf.* Morir: *Entregó su alma a Dios en paz y rodeado de los suyos.* ‖ **en el alma.** Referido a la forma de experimentar o de expresar un sentimiento, entrañable o profundamente: *Te agradezco en el alma que estés conmigo en momentos tan difíciles.* ‖ **llegarle al alma** o **tocarle en el alma** algo a alguien. Afectarle o sentirlo con gran intensidad: *Aquel detalle tan amable que tuviste conmigo me llegó al alma.* ‖ **llevar en el alma** a alguien. *col.* Quererlo entrañablemente: *Sabes que te llevo siempre en el alma.* ‖ **partir el alma.** Causar gran dolor, tristeza o sufrimiento: *Me parte el alma verte llorar así.* ☐ MORF. Por ser un sustantivo femenino que empieza por *a* tónica o acentuada, va precedido de *el, un, algún, ningún* y de las formas femeninas del resto de los determinantes. ☐ USO En expresiones como *alma mía* o *mi alma*, se usa como apelativo: *Es que ya no puedo vivir sin ti, alma mía.*

almacén s.m. **1** Local donde se guardan o depositan mercancías: *Tenemos que ordenar el almacén, porque ya no sabemos qué hay allí guardado.* **2** Local o establecimiento donde se venden productos, generalmente al por mayor: *Han abierto un almacén de zapatos al lado de casa.* **3** ‖ **grandes almacenes.** Establecimiento de grandes dimensiones, dividido en secciones, y en el que se venden al por menor productos de todo tipo: *Lo bueno de los grandes almacenes es que puedes comprar de todo en el mismo sitio.*

almacenaje s.m. →**almacenamiento.**

almacenamiento s.m. **1** Acción de guardar o de poner en un almacén: *Para el almacenamiento de grano, se utilizan lugares secos y protegidos de la humedad.* **2** Reunión o conservación de cosas en gran cantidad: *Los embalses permiten el almacenamiento de agua.* **3** En informática, introducción de datos o de información en el disco de un ordenador o en la unidad adecuada para almacenarlos: *El primer paso para informatizar la biblioteca es el almacenamiento de todos los datos de las fichas bibliográficas.* ☐ SEM. Es sinónimo de *almacenaje*.

almacenar v. **1** Guardar o poner en un almacén: *La tienda cuenta con un local para almacenar mercancías que luego se irán poniendo a la venta.* **2** Reunir o guardar en gran cantidad: *Durante el verano, las hormigas almacenan comida para el invierno.* **3** En informática, referido a un dato o a una información, introducirlos en el disco de un ordenador o en su unidad de almacenamiento: *Cuando hayas almacenado todos los datos, podrás dar órdenes al ordenador para que los analice.*

almacenista s. Propietario de un almacén o persona que se dedica profesionalmente a la venta de mercancías en un almacén: *Las tiendas suelen comprar sus productos al por mayor a los almacenistas.* ☐ MORF. Es de género común y exige concordancia en masculino o en femenino para señalar la diferencia de sexo: *el almacenista, la almacenista.*

almadraba s.f. **1** Pesca de atunes: *Muchos pueblos pesqueros de esta zona viven de la almadraba.* **2** Red o cerco de redes que se utilizan en esa pesca: *Los pescadores revisan y remiendan sus almadrabas antes de salir de nuevo a faenar.* 👁 **pesca**

almadreña s.f. Calzado de madera de una sola pieza, propio de los campesinos; *zueco*: *En muchas regiones húmedas, los campesinos siguen utilizando almadreñas.* 👁 **calzado**

alma mater (latinismo) s.f. ‖ Lo que anima o actúa como impulsor o fuente de vitalidad de algo: *La directora de la orquesta es su verdadera alma mater.* ☐ MORF. Incorr. *{*el > la} alma mater.*

almanaque s.m. Registro de los días del año distribuidos en meses y semanas, con indicaciones sobre las festividades y otras informaciones de tipo astronómico; *calendario*: *Todos los días por la mañana, arranco del almanaque la hoja del día anterior.*

almazara s.f. Molino o fábrica donde se extrae aceite de las aceitunas: *Descargaron las aceitunas en la almazara para triturarlas con la prensa.*

almeja s.f. Molusco marino de carne comestible, que vive encerrado en una concha de forma ovalada y en aguas poco profundas: *Antes de cocinar las almejas, hay que limpiarlas bien para que suelten toda la arena.* 👁 **marisco**

almena s.f. En las antiguas fortalezas, cada uno de los prismas que, separados entre sí por un espacio, rematan sus muros: *Los defensores del castillo se protegían de las flechas enemigas refugiándose tras las almenas.*

almendra s.f. **1** Fruto del almendro, de forma ovalada y con una cáscara dura que recubre la semilla: *Partimos las almendras con una piedra para quitarles la cáscara.* **2** Semilla de este fruto, comestible y muy sabrosa: *Nos pusieron almendras y otros frutos secos de aperitivo.* **3** Semilla de cualquier fruto con hueso: *Las partes de la almendra son el albumen y el embrión.*

almendrado, da ▮ adj. **1** Con forma semejante a la de una almendra: *Tiene unos ojos grandes y almendrados, preciosos.* ▮ s.m. **2** Dulce hecho con almendras, harina y miel o azúcar: *Los almendrados de esta pastelería son exquisitos.*

almendro s.m. Árbol de hasta ocho metros de altura, de madera muy dura, flores blancas o rosáceas, y cuyo fruto es la almendra: *Los almendros florecen en enero o febrero.*

almendruco s.m. Fruto del almendro que aún no ha madurado del todo: *Los almendrucos tienen una cubierta verde por encima de la cáscara.*

almeriense adj./s. De Almería o relacionado con esta provincia española o con su capital: *Cuando viajé por Andalucía conocí la costa almeriense. Los almerienses acudieron a las urnas para elegir alcalde.* ☐ MORF. 1. Como adjetivo es invariable en género. 2. Como sustantivo es de género común y exige concordancia en masculino o en femenino para señalar la diferencia de sexo: *el almeriense, la almeriense.* 3. Como sustantivo se refiere solo a las personas de Almería.

almíbar s.m. Líquido dulce que se obtiene cociendo agua con azúcar hasta que la mezcla adquiere consistencia de jarabe: *Tomamos de postre melocotón en almíbar.*

almibarado, da adj. Referido a una persona o a su forma de hablar, que son excesivamente dulces, amables y complacientes: *Preferiría que fueses menos almibarado y más directo cuando hablas conmigo.*

almidón s.m. Hidrato de carbono que se encuentra como sustancia de reserva en casi todos los vegetales, esp. en las semillas de los cereales: *El arroz contiene mucho almidón.*

almidonar v. Referido a una ropa, mojarla en agua con almidón para que quede tiesa y con más consistencia: *Antes era muy normal almidonar los cuellos de las camisas.*

alminar s.m. En una mezquita, torre desde la que el almuédano convoca a los musulmanes a la oración: *La Giralda de Sevilla, hoy torre campanario de la catedral, era el alminar de la antigua mezquita.*

almirante s. **1** En la Armada, persona cuyo empleo militar es superior al de vicealmirante e inferior al de capitán general: *El cargo de almirante equivale al de teniente general en los Ejércitos de Tierra y Aire.* **2** En la Armada, categoría militar superior a la de jefe: *Almirante es la categoría formada por contralmirante, vicealmirante, almirante y capitán general.* ☐ MORF. Es de género común y exige concordancia en masculino o en femenino para señalar la diferencia de sexo: *el almirante, la almirante.*

almirez s.m. Recipiente semejante a un vaso, pequeño y de metal, que sirve para machacar o moler en él algunas sustancias: *Coge el almirez y machácame unos ajos.* ☐ MORF. Incorr. su uso como femenino: *{*la > el} almirez.* ☐ SEM. Dist. de *mortero* (de diferentes tamaños y materiales).

almizcle s.m. Sustancia grasa y de olor muy intenso, que segregan ciertas glándulas de algunos mamíferos: *El almizcle es muy utilizado en cosmética y perfumería.*

almogávar s.m. En la época medieval, soldado especialmente preparado para atacar por sorpresa y adentrarse en tierras enemigas: *Los almogávares fueron muy empleados por la Corona de Aragón a finales del siglo XIII y principios del XIV.*

almohada s.f. **1** Pieza de tela rellena de un material blando y mullido, que sirve para apoyar en ella la cabeza, esp. en la cama: *La enfermera mulló la almohada al enfermo, para que estuviese más cómodo.* **2** Funda de tela en la que se mete esta pieza; *almohadón: Quiero un juego de sábanas para la cama de matrimonio, pero con dos almohadas pequeñas en vez de una grande.* **3** ‖ **consultar** algo **con la almohada.** *col.* Tomarse todo el tiempo necesario para pensar sobre ello y decidir con tranquilidad: *Le he dicho que mañana le daré la respuesta definitiva, porque antes tengo que consultarlo con la almohada.*

almohade adj./s. De una antigua dinastía musulmana que reinó en el norte de África (uno de los cinco continentes) y en el sur de España durante los siglos XII y XIII, o relacionado con ella: *Durante la dinastía almohade hay un momento de gran esplendor cultural y artístico. Los almohades fueron derrotados en la batalla de las Navas de Tolosa en 1212.* ☐ MORF. 1. Como adjetivo es invariable en género. 2. Como sustantivo es de género común y exige concordancia en masculino o en femenino para señalar la diferencia de sexo: *el almohade, la almohade.*

almohadilla s.f. **1** Cojín pequeño que se coloca sobre un asiento duro para estar más cómodo sentado, generalmente en un espectáculo público: *Cuando voy al fútbol alquilo una almohadilla porque las gradas son de cemento.* **2** En algunos animales, masa de tejido con fibras y grasa que se encuentra en las puntas de las falanges o en la planta del pie y que los protege de golpes y de roces: *Levántele la pata al perro, que le voy a quitar la espina que tiene clavada en la almohadilla.* **3** En algunos objetos, parte, generalmente acolchada, que sirve como apoyo o como protección para evitar un daño o una rozadura: *Estas gafas me hacen daño porque se me clavan las almohadillas en la nariz.* 👁 **gafas 4** Signo gráfico formado por dos líneas paralelas cortadas por otras dos: *El signo # es una almohadilla.*

almohadillado, da adj./s.m. En arquitectura, con sillares que sobresalen por tener los bordes labrados de forma oblicua: *La fachada almohadillada es un elemento decorativo en algunos edificios renacentistas. El almohadillado de ese palacio es de una gran belleza.*

almohadón s.m. **1** Pieza de tela, generalmente de forma cuadrada, rellena de un material blando y mullido, que sirve para sentarse encima, recostarse o apoyar los pies en él: *¿Quieres un almohadón para la espalda?* **2** Funda de tela en la que se mete la almohada; *almohada: Al meter las sábanas en la lavadora, se me ha olvidado meter también el almohadón.*

almóndiga s.f. →**albóndiga.**

almoneda s.f. **1** Venta de objetos en subasta pública, esp. si son objetos usados y que se anuncian a bajo precio: *Las almonedas tienen su origen en la venta del botín que conseguían los soldados.* **2** Establecimiento en el que se realiza este tipo de venta: *En las almonedas suelen entender mucho de antigüedades.*

almorávide adj./s. De una antigua dinastía musulmana, de origen bereber, que dominó el norte de África (uno de los cinco continentes) y gran parte de la península ibérica durante el siglo XI y parte del XII: *El arte almorávide supone una fase de austeridad en el arte islámico. En el siglo XI, los almorávides invadieron y dominaron toda la España árabe.* ☐ MORF. 1. Como adjetivo es invariable en género. 2. Como sustantivo es de género común y exige concordancia en masculino o en femenino para señalar la diferencia de sexo: *el almorávide, la almorávide.*

almorrana s.f. *col.* Pequeño tumor sanguíneo que se forma en el ano o en la parte final del recto por una excesiva dilatación de las venas en esa zona; *hemorroide: Ha ido al médico porque padece de almorranas.*

almorzar v. Tomar el almuerzo o tomar como almuerzo: *A media mañana hacemos una parada en el trabajo para almorzar. He almorzado sopa de primero y pescado de segundo.* ☐ ORTOGR. La *z* se cambia en *c* delante de *e*. ☐ MORF. Irreg.: La *o* diptonga en *ue* en los presentes, excepto en las personas *nosotros* y *vosotros* →**FORZAR**.

almuecín s.m. →**almuédano.**

almuédano s.m. Musulmán que, desde el alminar o torre de la mezquita, convoca en voz alta a los fieles musulmanes para que acudan a la oración; *almuecín: En el atardecer, se oyó la voz del almuédano.*

almuerzo s.m. **1** Comida principal del día, que se hace a mediodía: *Los ejecutivos celebran muchos almuerzos de trabajo.* **2** Comida, generalmente ligera, que se hace a media mañana o al comenzar el día: *En el trabajo nos dan un cuarto de hora para el almuerzo.* **3** Alimento que se toma en estas comidas: *Después de tomar el almuerzo se echa la siesta.*

alocado, da ▮ adj. **1** Inquieto, precipitado o atolondrado: *No sé cómo aguantas ese ritmo de vida tan alocado.* ▮ adj./s. **2** Que se comporta o actúa con poco juicio, de forma insensata o muy precipitada: *No seas tan alocada y piensa bien lo que vas a hacer. No le hagas caso porque es un alocado y dice lo primero que se le ocurre.*

alocución s.f. Discurso o razonamiento generalmente

breve, que dirige un superior a sus subordinados, o que pronuncia una persona con autoridad: *La alocución del presidente del Gobierno fue retransmitida en directo por radio y televisión.* ☐ ORTOGR. Dist. de *elocución* y de *locución*.

aloe o **áloe** s.m. Planta perenne de hojas alargadas y carnosas que arrancan de la parte baja del tallo y de las que se extrae un jugo muy amargo y parecido a la resina, que se usa en medicina: *El aloe se usa mucho en medicina por sus propiedades laxantes.*

alojamiento s.m. **1** Instalación de una persona en un lugar que toma como vivienda, generalmente de forma temporal: *El alojamiento de los refugiados en el campamento es provisional.* **2** Lugar en el que se alojan una o varias personas, o en el que está algo: *¿Has encontrado alojamiento para esta noche?*

alojar v. **1** Dar o tomar alojamiento, esp. si es de forma temporal; *hospedar: Los organizadores del congreso alojaron a los asistentes en varios hoteles de la ciudad. Me alojo en un hotel a pocos metros de aquí.* **2** Referido a una cosa, meterla o meterse dentro de otra: *No consiguió alojar el clavo en el agujero adecuado. La bala se le alojó en el cerebro.* ☐ ORTOGR. Conserva la *j* en toda la conjugación.

alón s.m. Ala entera de ave, a la que se le han quitado las plumas: *Lo que más me gusta del pavo son los alones.*

alondra s.f. Pájaro con la cola en forma de horquilla, el vientre blancuzco y el resto del cuerpo de color pardo con manchas oscuras, que tiene una pequeña cresta en la cabeza, y emite un canto muy agradable: *La alondra es un ave migratoria y es muy común en España durante el invierno.* ☐ MORF. Es un sustantivo epiceno y la diferencia de sexo se señala mediante la oposición *la alondra {macho/hembra}*.

alopecia s.f. Caída o pérdida del pelo: *La alopecia puede estar causada por una enfermedad de la piel.*

alpaca s.f. **1** Aleación de color, brillo y dureza muy parecidos a los de la plata, que generalmente se obtiene mezclando cinc, cobre y níquel: *La alpaca es muy utilizada en orfebrería, pero es menos valiosa que la plata.* **2** Tela brillante de algodón: *En verano, los trajes de alpaca resultan muy frescos.* **3** Animal mamífero rumiante, muy parecido a la llama, pero de menor tamaño, que tiene el pelo largo y ondulado y que se cría para aprovechar su carne y su pelo: *Las alpacas son propias de América del Sur.* 👁 **rumiante** **4** Pelo de este animal: *Cuando estuve en Perú me compré un jersey de alpaca.* **5** Paño o tela hecho con este pelo: *Llevaba un abrigo de alpaca negro muy elegante.* ☐ MORF. En la acepción 3, es un sustantivo epiceno y la diferencia de sexo se señala mediante la oposición *la alpaca {macho/hembra}*.

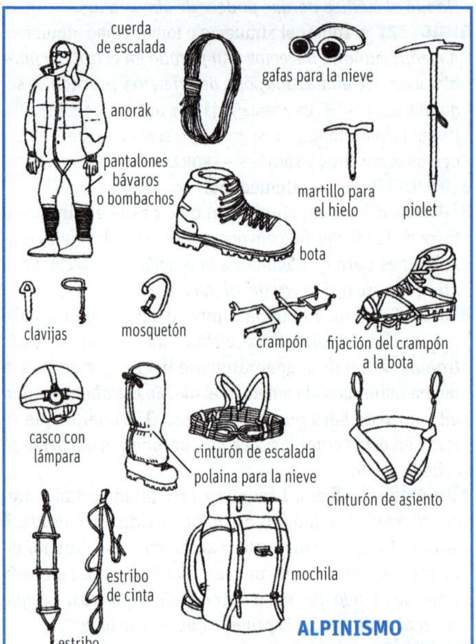

ALPINISMO

alpargata s.f. Calzado de lona, con suela de esparto, de cáñamo o de goma, que a veces se sujeta al pie con unas cintas que se atan al tobillo: *Las alpargatas son un calzado muy fresco para el verano.* 👁 **calzado**

alpinismo s.m. Deporte que consiste en escalar montañas elevadas: *El alpinismo es un deporte bastante peligroso.* ☐ SEM. Dist. de *montañismo* (deporte que consiste en hacer marchas a través de las montañas). 👁 alpinismo

alpinista ▮ adj. **1** Del alpinismo o relacionado con él: *Pertenece a un club alpinista que organiza escaladas los fines de semana.* ▮ s. **2** Persona que practica el alpinismo o que es aficionada a este deporte: *La expedición de alpinistas coronó felizmente la cima del Everest.* ☐ MORF. 1. Como adjetivo es invariable en género. 2. Como sustantivo es de género común y exige concordancia en masculino o en femenino para señalar la diferencia de sexo: *el alpinista, la alpinista*.

alpino, na adj. **1** De los Alpes (cordillera europea), o de otra montaña muy elevada: *La cordillera alpina es la más extensa y la más elevada de Europa.* **2** Del alpinismo o relacionado con este deporte: *Los deportes alpinos son muy practicados en el norte de Europa.* **3** Referido a una región geográfica, que se caracteriza por tener una fauna y una flora semejantes a las de la cordillera de los Alpes: *La cabra montés y la marmota son especies animales propias de las regiones alpinas.* **4** En geología, del movimiento orogénico producido durante la era terciaria o cenozoica: *El plegamiento alpino dio lugar a las grandes cordilleras actuales.*

alpiste s.m. **1** Cereal con espiguillas de tres flores y con semillas menudas, que se utiliza generalmente como forraje o alimento del ganado: *Tengo un pequeño terreno plantado de alpiste para alimentar a mis pájaros.* **2** Grano de este cereal que se utiliza como alimento de pájaros: *¿Le has dado ya el alpiste al canario?* **3** *col.* Bebida alcohólica: *Viéndote beber esa copa, me parece que te gusta demasiado el alpiste.*

alquería s.f. Casa de labranza, granja o conjunto de estas casas alejadas de una población: *Los graneros y las cuadras de la alquería necesitan una reforma.* ☐ ORTOGR. Dist. de *arquería*. 👁 **vivienda**

alquilar v. Referido a algo que se va a usar, darlo o tomarlo durante cierto tiempo, a cambio del pago de una cantidad determinada de dinero: *En esta empresa alquilan coches.* ☐ SEM. Se usa esp. referido a viviendas, coches, muebles y animales, frente a *arrendar*, que se prefiere para tierras, negocios o tiendas y servicios públicos.

alquiler s.m. **1** Uso, durante cierto tiempo, de algo que es propiedad ajena, a cambio del pago de una cantidad de dinero fijada de antemano: *Este coche no es mío, solo lo tengo en alquiler.* **2** Precio en que se alquila algo o que se paga por usar durante cierto tiempo algo que es ajeno:

Este mes me han subido el alquiler de la casa. **3** ‖ **de alquiler.** Que se alquila y que está destinado a ser alquilado: *El chaqué del padrino es de alquiler.*

alquimia s.f. Conjunto de doctrinas y de experimentos, generalmente de carácter oculto o secreto, sobre las propiedades y transformaciones de la materia, que fueron el precedente de la actual ciencia química: *La alquimia pretendía encontrar la llamada 'piedra filosofal', que convirtiese en oro todo lo que tocara.*

alquimista adj./s. Que practicaba la alquimia o el conjunto de doctrinas y de experimentos sobre las propiedades y las transformaciones de la materia: *Antiguamente algunos monjes eran alquimistas. Los alquimistas intentaban convertir los metales en oro.* □ MORF. 1. Como adjetivo es invariable en género. 2. Como sustantivo es de género común y exige concordancia en masculino o en femenino para señalar la diferencia de sexo: *el alquimista, la alquimista.*

alquitrán s.m. Producto viscoso de color negro, que se obtiene por destilación del petróleo, de la madera, del carbón o de otros materiales orgánicos; *brea líquida: Están asfaltando las calles con una capa de alquitrán.*

alquitranar v. Untar o cubrir con alquitrán: *Los tejados de las casas y los cascos de los barcos de madera se alquitranan para hacerlos impermeables al agua.*

alrededor ▌ s.m. **1** Territorio que rodea un lugar o una población; *contorno: Visitamos los alrededores de la ciudad. Se está construyendo un chalé en los alrededores de su pueblo.* ▌ adv. **2** Con un movimiento circular, o rodeando un punto central: *La Tierra gira alrededor del Sol. Miró alrededor, pero no vio a nadie.* **3** ‖ **alrededor de.** Referido a una cantidad, poco más o menos o aproximadamente: *Llegué a casa alrededor de las doce.* □ MORF. La acepción 1 se usa más en plural.

alta s.f. Véase **alto, ta.**

altaico, ca adj. De los montes Altai (sistema montañoso asiático) o relacionado con ellos: *La región altaica está situada entre la antigua Unión Soviética, Mongolia y China.*

altamar s.f. Parte del mar que está a bastante distancia de la costa: *Los barcos balleneros pasan mucho tiempo en altamar.* □ MORF. Se admite también *alta mar.*

altamente adv. En gran manera, en extremo o perfectamente: *Es una persona altamente cualificada para este puesto.*

altanería s.f. Orgullo que produce el creerse en una posición superior a la de los demás, lo que provoca un trato despectivo y desconsiderado hacia ellos: *No soporto la altanería con que nos habla, solo porque tiene más dinero que nosotros.*

altanero, ra adj. Orgulloso o que se cree superior, por lo que trata de forma despectiva y desconsiderada a los demás: *Nos lanzó una mirada altanera y llena de soberbia.*

altar s.m. **1** En el cristianismo, mesa consagrada en la que el sacerdote celebra la misa: *El sacerdote se arrodilló ante el altar.* **2** Conjunto formado por esta mesa, la base en la que está y todo lo que hay en ella: *Cuando ella baje del altar, subes tú para hacer la segunda lectura.* **3** Lugar elevado en el que se celebran ritos religiosos, como sacrificios u ofrendas: *Los israelitas construyeron un altar en el desierto.* **4** ‖ **elevar a los altares.** Canonizar: *Hace varios años, elevaron a los altares al fundador de esta congregación religiosa.* ‖ **llevar al altar** a alguien. *col.* Casarse con él: *¡Por fin te ha llevado al altar, eh!* □ SEM. En las acepciones 1 y 3, es sinónimo de *ara.*

altavoz s.m. Aparato que transforma en ondas acústicas las ondas eléctricas, y que sirve para amplificar el sonido: *Aunque estábamos muy lejos del conferenciante, el sonido nos llegaba perfectamente a través de los altavoces.*

alterabilidad s.f. Posibilidad de alterarse o de sufrir una alteración: *Me preocupa la alterabilidad de carácter que tienes estos días.*

alteración s.f. **1** Cambio que afecta a la forma o la esencia de algo: *Tu trabajo estaba bien, pero he incluido algunas alteraciones en la redacción.* **2** Pérdida de la tranquilidad y de la calma: *Me produjo una gran alteración recibir carta tuya.* **3** Descomposición, deterioro o daño, esp. los sufridos por una sustancia: *La rápida alteración de algunos alimentos en verano es un peligro para la salud pública.* **4** En música, signo que se emplea para modificar el sonido de una nota: *Los bemoles y sostenidos son dos tipos de alteración musical.*

alterar v. **1** Cambiar la esencia o la forma: *Por mí, no alteréis vuestros planes.* **2** Trastornar, perturbar o hacer perder la tranquilidad y la calma: *Esa noticia nos ha alterado mucho, porque no nos esperábamos algo así. No vale la pena alterarse tanto por esa tontería.* **3** Enojar, excitar o enfadar: *Tiene un gran control de sí mismo y no hay nada, ni nadie que lo altere. Hoy se altera por cualquier cosa, así que ten cuidado con lo que le dices.* **4** Estropear, dañar, descomponer o deteriorar: *El calor altera los alimentos.*

altercado s.m. Discusión o disputa fuertes, apasionadas o violentas: *Cuando venía para acá he tenido un altercado con un taxista.*

alternador s.m. Máquina generadora de corriente eléctrica alterna: *El alternador del automóvil suministra corriente a los sistemas eléctricos del vehículo.*

alternancia s.f. Sucesión en el espacio o en el tiempo de forma recíproca o repetida: *La característica principal de ese período es la alternancia pacífica de los partidos en el poder.*

alternar v. **1** Combinar o variar siguiendo un orden sucesivo: *Muchos alumnos del turno de noche alternan el estudio con el trabajo.* **2** Distribuir por turnos sucesivos: *Debemos alternar las tareas de la casa para que no trabaje yo solamente.* **3** Sucederse en el espacio o en el tiempo recíproca o repetidamente: *Mañana alternarán las nubes y los claros en todo el norte peninsular. Los días de mucho trabajo se alternan con los que no tengo nada que hacer.* **4** Hacer vida social o tener trato: *Le gusta mucho alternar con personas mayores que él.* **5** En algunas salas de fiestas o locales similares, referido a una persona, tratar, hablar o ser amable con los clientes para animarlos a hacer gasto en el local en su compañía: *Muchas camareras alternan con los clientes porque se llevan un porcentaje del dinero que estos se gastan en consumiciones.*

alternativo, va ▌ adj. **1** Que sucede, se hace o se dice alternándose y de forma sucesiva; *alterno: El entrevistador y el entrevistado hablaban siguiendo un orden alternativo.* **2** Que puede sustituir a otra cosa con la misma función o semejante: *Si hay caravana en la carretera, conozco un camino alternativo que no conoce casi nadie.* ▌ s.f. **3** Opción o posibilidad de elegir entre dos o más cosas: *O venía a verte o te enfadabas, así que no me has dejado alternativa.* **4** Cada una de estas opciones entre las que se puede elegir: *Creo que tomé la alternativa acertada cuando acepté su propuesta.* **5** En tauromaquia, ceremonia en la que un torero da a un novillero el derecho a matar toros y no solo novillos: *En la corrida de hoy, este novillero tomará la alternativa.* □ SINT. La acepción 5 se usa más con los verbos *dar* y *tomar*.

alterne s.m. **1** Trato o amistad superficial con otras personas, esp. cuando tiene lugar en locales públicos: *Le gusta el alterne, y gasta en eso mucho dinero.* **2** Relación y trato superficial que, en ciertas salas de fiestas o locales similares, mantienen con los clientes personas contratadas por la propia empresa, para animarles a hacer gasto en su compañía o para hacerles más agradable la estancia: *Las chicas de alterne charlan con los clientes y se dejan invitar a beber.*

alterno, na adj. **1** Que sucede, se hace o se dice alternándose y de forma sucesiva; *alternativo: Las intervenciones alternas de los dos participantes en el coloquio permitieron ver ambas visiones enfrentadas y respondidas.* **2** Que se sucede en el tiempo o en el espacio de forma repetida y discontinua: *Trabajo en días alternos: lunes, miércoles y viernes.*

alteza s.f. En España, tratamiento honorífico que corresponde a los príncipes e infantes: *Su alteza real el príncipe de Asturias inauguró la exposición.* □ USO Se usa más en la expresión *{su/vuestra} alteza {real/imperial}*.

altibajos s.m.pl. **1** *col.* En una sucesión de acontecimientos o de estados, cambio, generalmente brusco, que alterna con otros de signo contrario: *Es una persona desequilibrada y con muchos altibajos de carácter.* **2** *col.* Desigualdad de un terreno, esp. si alterna con otras de diferentes alturas: *El camino se nos hizo cansado con tantos altibajos.*

altillo s.m. Armario construido en el hueco de un techo rebajado, en la parte alta de una pared, o sobre otro armario: *Al llegar el verano, guarda la ropa de invierno que no va a necesitar en el altillo.*

altímetro s.m. Instrumento que sirve para medir la altitud del punto en que está situado, respecto de otro de referencia, generalmente el nivel del mar: *El altímetro de los aviones mide la altitud a la que vuelan estos.* 👁 **medida**

altiplanicie s.f. Meseta de altura elevada y de gran extensión; *altiplano: La altiplanicie de los Andes bolivianos tiene una altura media de 3500 metros.*

altiplano s.m. →**altiplanicie.**

altisonante adj. Referido esp. al lenguaje o al estilo de un escritor, que son excesivamente elevados y llenos de términos muy sonoros; *altísono: Te entenderá mejor si empleas un lenguaje sencillo y te olvidas de discursos altisonantes y rebuscados.* □ MORF. Invariable en género.

altísono, na adj. →**altisonante.**

altitud s.f. Elevación o distancia de un punto respecto del nivel del mar: *El avión volaba a 10 000 pies de altitud.*

altivez s.f. Orgullo o actitud de soberbia, generalmente acompañados de desprecio hacia los demás: *Su altivez y malos modos le han creado muchos enemigos.*

altivo, va adj. Orgulloso o soberbio y generalmente despectivo con los demás: *Él se muestra siempre muy altivo y no se rebaja a hablar con cualquiera.*

alto ▮ adv. **1** En un lugar o parte elevados o superiores: *Se siente orgullosa de que sus dos hijos hayan llegado tan alto en sus trabajos.* **2** En un tono de voz fuerte y sonoro: *No hables tan alto, que nos está mirando todo el mundo.* ▮ interj. **3** Expresión que se usa para indicar a alguien que se detenga o que suspenda lo que está haciendo o diciendo: *Cuando el enemigo sacó la bandera de la rendición, el capitán gritó: «¡Alto el fuego!».* **4** ‖ **{dar/echar} el alto** a alguien. Darle la orden de detenerse, esp. un miembro de las fuerzas del orden: *El centinela dio el alto a un desconocido que se acercaba y le pidió que se identificara.* ‖ **en alto.** A cierta distancia del suelo: *Sujétalo en alto un momento y con cuidado de que no arrastre.*

alto, ta ▮ adj. **1** Que tiene más altura o elevación de lo que se considera normal: *Los rascacielos son edificios muy altos.* **2** Que tiene un valor o una intensidad superiores a los normales: *He llamado al médico porque tienes la fiebre muy alta. Como está un poco sordo, siempre tiene la radio muy alta.* **3** Que está en un lugar o que ocupa una posición superiores: *El esquí es un deporte de alta montaña. Asistieron al acto todos los altos cargos del Ministerio.* **4** Elevado, noble o excelente: *Acabó la carrera brillantemente y con notas altas.* **5** Difícil de alcanzar, de comprender o de ejecutar: *Se ha puesto metas muy altas y ambiciosas en la vida.* **6** Referido a una parte de un río, que está cercana a su nacimiento: *En el curso alto del río, las aguas están más claras.* **7** Referido a una corriente de agua, que está muy crecida: *Con las últimas lluvias, el río viene muy alto.* **8** Referido al mar, que está muy alborotado y con gran oleaje: *Hoy hay mar alta en el estrecho de Alborán, con olas de varios metros.* **9** Referido a una cantidad o a un precio, que son elevados, cuantiosos o caros: *No lo compré porque me pedían una suma demasiado alta para mí.* **10** Referido a una época o a un período históricos, que son los más lejanos respecto del tiempo actual: *La Alta Edad Media comprende desde la caída del Imperio romano hasta los siglos XI y XII.* **11** Referido a un período de tiempo, que es muy avanzado y cercano ya a su fin: *Estoy muerto de sueño, porque me acosté a altas horas de la madrugada.* **12** Referido esp. a un sonido, a una voz o a un tono musical, que son agudos o tienen una frecuencia de vibraciones grande: *Mi voz es muy grave y no llego bien a las notas altas.* **13** Referido a un delito o a una ofensa, que son enormes o muy graves: *Los sublevados serán juzgados por alta traición.* ▮ s.m. **14** En un cuerpo, dimensión perpendicular a su base y considerada por encima de esta, desde la parte inferior hasta la superior; *altura: La casa mide 10 metros de alto.* **15** Detención, interrupción o parada, generalmente de corta duración, que se hace en la marcha o en una actividad: *Hicimos un alto en el camino para comer.* **16** En el campo, elevación del terreno: *El pastor vigilaba a las ovejas desde un alto.* **17** →**contralto.** ▮ s.m.pl. **18** En un edificio, en contraposición a *planta baja*, piso o conjunto de pisos más elevados: *En la casa del pueblo, utilizaban los altos para colgar los jamones y chorizos y dejarlos secar.* ▮ s.f. **19** Inscripción o ingreso en un cuerpo, en una profesión o en una asociación legalmente reconocida: *El alta en la Seguridad Social es un requisito para cobrar una pensión cuando te jubiles.* **20** Documento que acredita esta inscripción: *Hasta que te entreguen el carné, puedes entrar enseñando el alta.* **21** Declaración que un médico hace a un enfermo, reconociéndolo oficialmente curado: *No esperes el alta mientras tengas esa fiebre.* **22** ‖ **alto el fuego.** Cese momentáneo o definitivo de las acciones militares en un enfrentamiento bélico: *La guerrilla ha firmado un alto el fuego para facilitar las negociaciones con el Gobierno.* ‖ **{causar/ser} alta.** Entrar a formar parte de un cuerpo o de una asociación, o volver a ellos después de haber sido baja: *En cuanto apruebes la oposición y firmes unos papeles, serás alta en el cuerpo de profesores de enseñanza.* ‖ **dar**

{de/el} alta. Referido a una persona que ha estado enferma, declararla curada un médico: *No me darán el alta hasta que el médico no vea los resultados de los últimos análisis.* ‖ **darse de alta.** Inscribirse como miembro en un cuerpo, en una profesión o en una asociación: *Si quieres ejercer como abogado, tienes que darte de alta en el colegio profesional de tu ciudad.* ‖ **lo alto. 1** La parte superior o más elevada: *Tiraron sus gorros a lo alto en señal de júbilo.* **2** El cielo: *Todos mirábamos a lo alto, embobados con las acrobacias del avión.* ‖ **por todo lo alto.** *col.* A lo grande o con esplendor y todo tipo de lujos: *Celebró su cumpleaños por todo lo alto y sin reparar en gastos.* ☐ MORF. 1. Cuando se antepone a otra palabra para formar compuestos, adopta la forma *alti-*. 2. El comparativo de superioridad *superior* solo se usa cuando *alto* tiene el sentido de 'situado encima' o de 'notable, de mucha entidad'. 3. En las acepciones 19, 20 y 21, por ser un sustantivo femenino que empieza por *a* tónica o acentuada, va precedido de *el, un, algún, ningún* y de las formas femeninas del resto de los determinantes.

altozano s.m. Cerro o monte de poca altura que se eleva sobre un terreno llano: *La ermita del pueblo fue construida en un altozano.*

altramuz s.m. **1** Planta herbácea anual con hojas compuestas, flores blancas y fruto en vaina: *El altramuz se emplea generalmente como alimento para el ganado.* **2** Semilla de esta planta, en forma de grano achatado, que resulta comestible una vez que se le ha quitado el amargor poniéndola en remojo en agua con sal; *chocho: En los puestos de las ferias suelen vender altramuces, pipas, caramelos y otras chucherías de este tipo.*

altruismo s.m. Afán de procurar el bien ajeno, incluso a costa del propio interés: *Se hizo médico por altruismo y dedicó su vida a ayudar a los necesitados.*

altruista adj./s. Que practica el altruismo o actúa movido por este afán de procurar el bien ajeno, incluso a costa del propio interés: *Es miembro de una institución altruista que trabaja con fines benéficos. Eres un altruista y deberías ocuparte más de ti mismo.* ☐ ORTOGR. Incorr. **altruísta.* ☐ MORF. 1. Como adjetivo es invariable en género. 2. Como sustantivo es de género común y exige concordancia en masculino o en femenino para señalar la diferencia de sexo: *el altruista, la altruista.*

altura ▮ s.f. **1** Elevación o distancia de un cuerpo respecto a la tierra o a otra superficie de referencia: *El helicóptero sobrevolaba la ciudad a poca altura para sacar fotografías.* **2** En un cuerpo, dimensión perpendicular a su base y considerada por encima de esta, desde la parte inferior hasta la superior; *alto: La altura de esa torre es impresionante.* **3** En geometría, en una figura plana o en un cuerpo, segmento o longitud de la perpendicular trazada desde un vértice al lado o a la cara opuestos: *Para hallar el área de un rectángulo, multiplica su base por su altura.* **4** Cima de un monte o de otra elevación del terreno: *Hoy iniciaremos la escalada a una de las mayores alturas de la zona.* **5** Lugar o puesto elevados: *No subió con nosotros porque las alturas le producen vértigo.* **6** Altitud o distancia de un punto de la tierra respecto del nivel del mar: *Nevará en alturas superiores a los 1000 metros.* **7** Mérito, calidad o valía: *A las competiciones internacionales solo llegan atletas de altura demostrada.* **8** Elevación, excelencia o carácter sublime desde un punto de vista moral: *Aquel gesto puso de manifiesto su dignidad y su altura moral.* **9** Cualidad de los sonidos que depende de su frecuencia o número de vibraciones por segundo y que permite ordenarlos de graves a agudos; *tono: Los sonidos de altura muy elevada resultan estridentes para el oído humano.* **10** Navegación o pesca que se hacen en alta mar, lejos de las costas: *Los pilotos expertos en navegación de altura saben guiarse en alta mar por la observación de los astros.* ▮ pl. **11** Según algunas tradiciones religiosas, morada de Dios; *cielo, paraíso: Los ángeles dijeron: «¡Gloria a Dios en las alturas, y en la tierra, paz!».* **12** ‖ **a estas alturas.** En este período de tiempo, cuando las cosas ya han llegado a este punto: *Si a estas alturas no me han dicho nada, ya no me lo van a decir.* ‖ **a la altura de** algo. **1** Referido esp. a un lugar, aproximadamente allí o en sus inmediaciones: *El accidente ocurrió a la altura del kilómetro 300 de la carretera nacional.* **2** A su mismo nivel o a tono con ello: *Por mucho que lo intente, nunca lograré estar a su altura.* ☐ SINT. *A la altura de* se usa más con los verbos *estar, poner, quedar* o equivalentes.

alubia s.f. **1** Planta leguminosa, con tallos delgados, hojas grandes compuestas y acorazonadas, flores blancas y fruto en vainas de color verde y aplastadas, que terminan en dos puntas: *Las alubias se cultivan en huertas enredadas a unos palos para que crezcan hacia arriba.* **2** Fruto de esta planta, que es comestible: *Las alubias verdes son las verduras que más me gustan.* **3** Semilla de este fruto, que tiene forma de riñón: *La fabada se hace con alubias.* ☐ SEM. Es sinónimo de *judía.*

alucinación s.f. **1** Visión o sensación imaginarias, creadas por la mente sin previa percepción de los sentidos: *La fiebre le hizo tener terribles alucinaciones.* **2** Padecimiento de estas visiones o sensaciones: *En algunos casos de drogadicción, después del período de alucinación se produce una fuerte depresión.* **3** Sorpresa, deslumbramiento o producción de asombro: *La alucinación de los que te escuchaban se reflejaba en sus ojos.* **4** Ofuscación, engaño o seducción que se consiguen haciendo que se tome una cosa por otra: *Ese tipo te tiene sumida en tal estado de alucinación y desconcierto que puede manejarte como quiera.*

alucinar v. **1** Padecer alucinaciones: *La droga le hace alucinar y perder el control de sí mismo.* **2** Sorprender, deslumbrar, o producir o experimentar asombro: *Me alucina que seas capaz de pensar eso de mí. No dejo de alucinarme cuando te veo desenvolverte con esa soltura.* **3** Ofuscar, engañar o seducir haciendo que se tome una cosa por otra: *No te dejes alucinar por la palabrería de ese donjuán.* **4** *col.* Equivocarse o desvariar: *Si piensas eso de mí, tú alucinas.*

alucine s.m. *col.* Alucinación: *Tienes un coche que es un alucine, tío.*

alucinógeno, na adj./s.m. Referido esp. a una droga, que produce alucinaciones: *El opio es una droga de efectos alucinógenos. El consumo de alucinógenos puede llevar a una persona a la locura.*

alud s.m. **1** Gran masa de nieve que se desprende de una montaña y cae con violencia y estrépito: *Los montañeros estuvieron a punto de ser sepultados por un alud.* **2** Gran cantidad de algo que llega con fuerza: *Esta semana nos ha llegado un alud de trabajo.* ☐ SEM. Es sinónimo de *avalancha.*

aludido, da ‖ **darse por aludido.** Interpretar que se es el destinatario de una alusión o referencia, y reaccionar en consecuencia: *No te des por aludida, que no estoy hablando de ti.*

aludir v. **1** Hacer referencia sin nombrar expresamente: *En su discurso aludió a varias personas que no logré identificar.* **2** Referirse o mencionar, generalmente de manera breve y de pasada: *La oradora aludió también a las causas del fenómeno, pero centró su discurso en las consecuencias.* □ SINT. Constr. *aludir A algo.*

alumbrado s.m. Conjunto de luces que sirven para alumbrar un lugar: *El alumbrado de la autopista se enciende automáticamente.* 👁 alumbrado

alumbramiento s.m. **1** Emisión o dotación de luz y claridad: *Han puesto bombillas más potentes para un mejor alumbramiento de la sala.* **2** Parto o nacimiento de un niño: *El feliz alumbramiento tuvo lugar en la maternidad del hospital central.* **3** Creación o producción, generalmente de una obra del entendimiento: *Los lectores esperan el alumbramiento de una nueva novela del genial escritor.* **4** Clarificación o explicación y facilitación de la comprensión o del conocimiento: *Dudo que alguien pueda conseguir el alumbramiento de una mente tan cerrada.*

alumbrar v. **1** Dar luz o llenar de luz y claridad: *Varios tubos fluorescentes alumbran el local. Las velas dan un ambiente agradable, pero alumbran poco. El vigilante nocturno se alumbra con una linterna.* **2** Referido a un lugar, poner luz o luces en él: *El Ayuntamiento destinará fondos para alcantarillar y alumbrar las calles de las afueras.* **3** Parir o dar a luz: *Alumbró un hermoso niño de cuatro kilos de peso.* **4** Sacar a la luz, crear o dar existencia: *El genio de Cervantes alumbró una de las grandes producciones literarias de todos los tiempos.*

alumbre s.m. Sulfato de aluminio y potasio, que se encuentra en ciertas rocas y tierras, y de las cuales se extrae por disolución y cristalización: *El alumbre se emplea para depurar y aclarar aguas turbias.*

alúmina s.f. Óxido de aluminio que se encuentra en la naturaleza en estado puro o cristalizado, generalmente formando arcillas y feldespatos: *La alúmina se encuentra en piedras preciosas como el rubí.* □ ORTOGR. Dist. de *albúmina.*

aluminio s.m. Elemento químico, semimetálico y sólido, de número atómico 13, de brillo plateado, muy ligero y fácilmente deformable, que es buen conductor del calor y de la electricidad, e inoxidable: *El aluminio es muy abundante en la corteza terrestre. Hemos cambiado las viejas ventanas de madera por otras de aluminio.* □ ORTOGR. Su símbolo químico es *Al.*

aluminosis s.f. Alteración de algunos hormigones en los que se ha empleado cemento aluminoso, que conlleva su degradación y pérdida de resistencia: *Los edificios afectados por aluminosis deberán ser rehabilitados o derribados para evitar riesgos.* □ MORF. Invariable en número.

aluminoso, sa adj. Con alúmina o con las características de este óxido de aluminio: *Algunos cementos aluminosos son desaconsejables para la construcción de edificios.*

alumnado s.m. Conjunto de los alumnos o estudiantes de un centro docente: *Quiere llevar a sus hijos a un colegio con alumnado mixto.*

alumno, na s. Persona que estudia bajo la orientación de otra o que recibe sus enseñanzas: *Muchos alumnos universitarios estudian con beca.*

alunizaje s.m. **1** Descenso de una nave espacial hasta posarse sobre la superficie lunar: *En 1969 tuvo lugar el primer alunizaje de la historia.* **2** Método de robo que consiste en empotrar un vehículo contra la luna de un escaparate: *Han puesto pivotes en la acera de esa zona comercial para evitar alunizajes.*

alunizar v. Referido a una nave espacial o a uno de sus tripulantes, posarse sobre la superficie lunar: *El cohete*

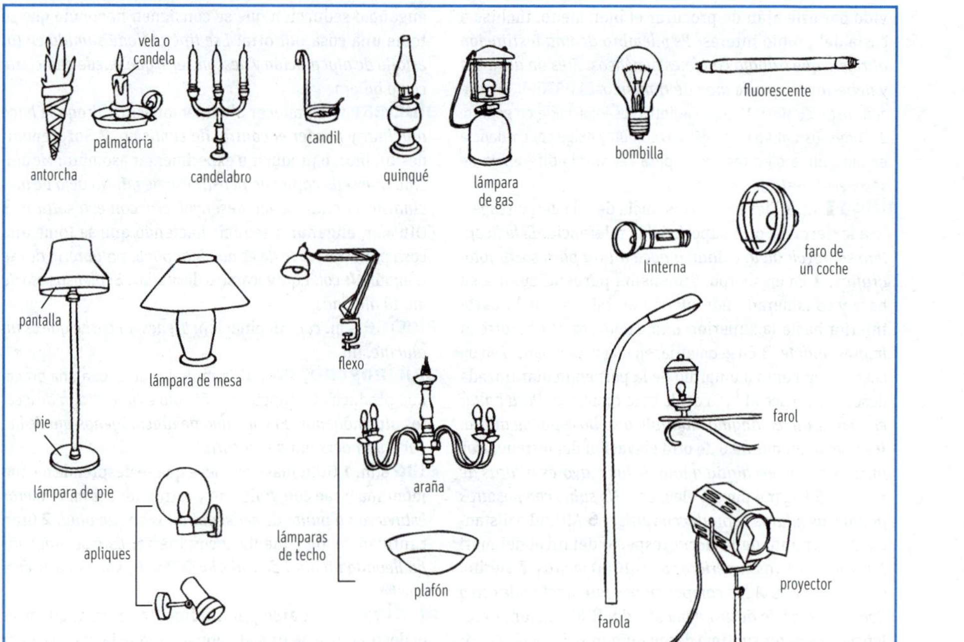

ALUMBRADO

alunizó en el lugar previsto. ☐ ORTOGR. La *z* se cambia en *c* delante de *e* ⟶**CAZAR.** ☐ SEM. Dist. de *aterrizar* (posarse en tierra).

alusión s.f. Referencia o mención que se hacen de algo sin nombrarlo expresamente o de manera breve y de pasada: *Al principio del libro hay algunas alusiones al momento histórico que atravesaba el país.*

alusivo, va adj. Que alude o hace referencia, generalmente de manera breve o indirecta: *Por alguna afirmación que hizo alusiva a su marido, deduzco que no se llevan muy bien.* ☐ SINT. Constr. *alusivo A algo.*

aluvial adj. Referido esp. a un terreno o a un sedimento, que se han formado por el arrastre de partículas debido a fuertes lluvias o a grandes crecidas de agua: *Los depósitos aluviales suelen ser muy fértiles.* ☐ MORF. Invariable en género.

aluvión s.m. **1** Crecida, inundación o corriente violenta de agua, que se producen repentinamente: *Las fuertes lluvias produjeron aluviones que inundaron toda la cosecha.* **2** Gran cantidad de cosas o de personas que se agolpan de pronto: *El galardonado recibió un aluvión de felicitaciones de todas partes.* **3** Sedimento o depósito de materiales arrastrados por las lluvias o por las corrientes: *Los deltas de los ríos están formados por aluviones.*

alveolar ▌adj. **1** De los alveolos o relacionado con estas cavidades orgánicas: *Los dientes están insertados en las cavidades alveolares.* **2** En lingüística, referido a un sonido, que se pronuncia apoyando la punta de la lengua en la protuberancia de los alveolos de los dientes incisivos superiores: *En español, los sonidos consonánticos [n], [l] y [r] son alveolares.* ▌s.f. **3** Letra que representa este sonido: *La 'n' es una alveolar.* ☐ MORF. Como adjetivo es invariable en género.

alveolo o **alvéolo** s.m. **1** En la mandíbula de un vertebrado, cavidad en la que está insertado cada diente: *Los alveolos de los dientes están situados en los huesos maxilares.* **2** En el sistema respiratorio pulmonar, pequeña fosa semiesférica en que termina cada una de las últimas ramificaciones de los bronquiolos: *Las paredes de los alveolos pulmonares están cubiertas por capilares sanguíneos.* **3** En un panal de abejas o de otros insectos, casilla, en forma de hexágono; *celda, celdilla: Las abejas hacen los alveolos de las colmenas con cera.*

alza s.f. **1** Elevación, subida o movimiento ascendente: *Solo se producirá un alza en la economía si crece la confianza entre los inversores.* **2** Aumento del valor de algo: *Este mes se espera un alza de los precios en los artículos de primera necesidad.* **3** En un calzado, pieza o trozo de suela que se le coloca para darle mayor anchura o altura: *Como me han escayolado la pierna derecha, en el zapato izquierdo me han colocado un alza para que no cojee.* **4** ‖ **en alza.** Aumentando el valor o la estimación: *La experiencia y la buena formación son hoy valores en alza.* ☐ MORF. Por ser un sustantivo femenino que empieza por *a* tónica o acentuada, va precedido de *el, un, algún, ningún* y de las formas femeninas del resto de los determinantes. ☐ SINT. *En alza* se usa más con los verbos *ir, estar* o equivalentes.

alzacuello s.m. Tira suelta de tela endurecida o de material rígido, que se ciñe al cuello y que es propia del traje de los eclesiásticos: *El alzacuello sirve de distintivo a los sacerdotes.* ☐ ORTOGR. Se admite también *alzacuellos.* ☐ MORF. Su plural es *alzacuellos.*

alzacuellos s.m. ⟶**alzacuello.** ☐ MORF. Invariable en número.

alzada s.f. Altura de un caballo y de otros cuadrúpedos, medida desde el talón hasta la cruz o parte alta del lomo: *Los burros tienen menor alzada que los caballos.*

alzado s.m. En arquitectura y en geometría, dibujo o representación gráfica de un edificio o de otro cuerpo en su proyección vertical y sin considerar la perspectiva: *El arquitecto me enseñó los planos del alzado de la casa para que viese cómo iba a ser la fachada.*

alzamiento s.m. **1** Rebelión o levantamiento contra el poder establecido: *El franquismo llamó 'Alzamiento Nacional' al levantamiento militar que dio lugar a la guerra civil de 1936.* **2** Elevación o movimiento de abajo hacia arriba: *En las provincias vascongadas hay gran tradición en deportes de alzamiento de pesos.*

alzar ▌v. **1** Mover de abajo hacia arriba: *Alzó la mano en señal de protesta.* **2** Referido a un precio, elevarlo o subirlo: *Los comerciantes afirman que la escasez de existencias los obliga a alzar los precios.* **3** Referido a la voz, esforzarla o emitirla con vigor: *No alces tanto la voz, que nos van a oír.* **4** Referido esp. a una edificación o a un monumento, hacerlos o construirlos: *En la plaza están alzando una estatua que inmortalizará al fundador de la ciudad.* **5** Levantar o poner derecho o en vertical: *Alza esa silla que se ha caído. Cayó y nadie lo ayudó a alzarse del suelo.* **6** Fundar, crear o instituir: *Con trabajo y tesón, alzaron todo un imperio comercial.* **7** Rebelar o levantar contra el poder establecido: *El cabecilla que alzó a los rebeldes fue detenido y encarcelado. La guerrilla se alzó contra el Gobierno.* **8** Referido a la caza, hacer que salga del sitio en el que estaba: *Los ojeadores iban delante de los cazadores alzando la caza.* **9** Referido esp. a una pena o a un castigo, hacer que terminen o ponerles fin: *Sus súplicas conmovieron a los jueces y consiguieron que le alzaran la sanción impuesta.* ▌prnl. **10** Levantarse o sobresalir en una superficie: *Los rascacielos se alzan sobre el resto de los edificios.* **11** ‖ **alzarse con** algo. Arrebatarlo o apoderarse de ello, generalmente de manera injusta: *El equipo local se alzó con la victoria.* ☐ ORTOGR. La *z* se cambia en *c* delante de *e* ⟶**CAZAR.** ☐ SEM. En las acepciones 1 y 4, es sinónimo de *levantar.*

amabilidad s.f. **1** Agrado, complacencia y afecto en el trato con los demás: *La amabilidad con que trata a todo el mundo la ha hecho ser muy querida.* **2** Hecho o dicho amables: *Tiene tantas amabilidades conmigo que no sé cómo agradecérselas.*

amabilísimo, ma superlat. irreg. de **amable.** ☐ MORF. Incorr. **amablísimo.*

amable adj. **1** Agradable, complaciente y afectuoso en el trato con los demás: *Agradeció aquellas amables palabras de bienvenida.* **2** Digno de ser amado: *A un jefe le resulta difícil hacerse amable para sus subordinados.* ☐ MORF. 1. Invariable en género. 2. Su superlativo es *amabilísimo.*

amado, da s. Persona amada: *La mayoría de los poemas de Garcilaso están dedicados a su amada.* ☐ USO Su uso es característico del lenguaje poético.

amadrinar v. **1** Referido a una persona, asistirla o actuar como madrina suya una mujer, al recibir esta ciertos sacramentos o algún honor: *Fue su madre quien la amadrinó el día de su boda.* **2** Referido esp. a una persona o a una iniciativa, patrocinarlas o actuar como protectora suya una mujer para que triunfen: *Tiene ese cargo porque lo amadrina la principal accionista de la empresa.*

amaestrar v. Referido a un animal, domarlo y enseñarle

a hacer ciertas habilidades: *Estoy amaestrando a mi perro para que salude dando la pata.*

amagar ▮ v. **1** Referido esp. a un golpe o a una acción, mostrar con algún movimiento o gesto la intención de hacerlos, sin llegar a ello: *Esperaba de él grandes muestras de alegría, pero solo amagó una sonrisa. Un buen regateador tiene que saber amagar al contrario.* **2** Sobrevenir o estar a punto de ocurrir: *El ambiente amaga tormenta.* ▮ prnl. **3** *col.* Esconderse u ocultarse: *La liebre se amagó detrás de una roca.* □ ORTOGR. La *g* se cambia en *gu* delante de *e* →**PAGAR**.

amago s.m. **1** Acción de mostrar con algún movimiento o gesto la intención de hacer algo, sin llegar a hacerlo realmente: *Aunque hubo un amago de pelea por su parte, todo quedó en palabras.* **2** Señal o indicio de algo que no llega a realizarse o a ocurrir: *Aunque ya ha sufrido varios amagos de infarto, no está dispuesto a dejar de fumar.*

amainar v. Perder fuerza o intensidad: *El barco zarpó en cuanto amainó el temporal.*

amalgama s.f. Unión o mezcla de elementos de naturaleza distinta o contraria: *En este fichero hay una amalgama de datos que no sé cómo clasificar.*

amalgamar v. Referido a elementos de naturaleza distinta, unirlos o mezclarlos: *En este collage el artista amalgama materiales muy distintos.*

amamantar v. Dar de mamar: *La perra amamanta a sus cachorros.*

amancebamiento s.m. Convivencia de dos personas que mantienen relaciones sexuales sin estar casadas entre sí: *Aquel amancebamiento constituyó un escándalo social.*

amancebarse v.prnl. Referido a dos personas, vivir juntas y mantener relaciones sexuales sin estar casadas entre sí; *juntarse: El conde jamás perdonó que su hija se amancebara con el lacayo.* □ MORF. Se usa más como participio. □ SINT. Constr. *amancebarse* CON *alguien*.

amanecer ▮ s.m. **1** Momento inicial del día, en que aparece la primera luz antes de salir el sol; *alba, madrugada: El amanecer en el mar es un espectáculo impresionante.* ▮ v. **2** Empezar a aparecer la luz del día: *En verano amanece antes que en invierno.* **3** Llegar o estar en un lugar o en una situación determinados al aparecer la luz del día: *Me dormí durante el viaje y amanecí en París.* □ MORF. 1. En la acepción 2, es verbo unipersonal: se usa solo en tercera persona del singular y en las formas no personales (infinitivo, gerundio y participio). 2. Irreg.: Aparece una *z* delante de *c* cuando la siguen *a*, *o* →**PARECER**.

amaneramiento s.m. **1** Falta de naturalidad, espontaneidad o variedad, esp. en el estilo o en una actividad artística: *Los críticos de arte atacaron duramente el amaneramiento de los cuadros expuestos.* **2** Adopción por parte de un hombre de las características físicas y psicológicas que tradicionalmente se consideran propias de las mujeres: *El amaneramiento de sus gestos contrasta mucho con su aspecto varonil.*

amanerar ▮ v. **1** Referido esp. al estilo, volverlo poco natural y privarlo de la espontaneidad: *Este pintor empezó a amanerar su estilo para parecerse a los grandes maestros del siglo XVII.* ▮ prnl. **2** Referido a un hombre, adoptar las características físicas y psicológicas que tradicionalmente se consideran propias de las mujeres: *El hecho de vivir siempre rodeado de mujeres te hizo amanerarte.*

amanita s.f. Seta que se caracteriza por tener un anillo en el pie debajo del sombrero y por sus esporas blancas, y que es comestible o venenosa según la especie: *Hay que conocer muy bien las setas para no confundir las comestibles con las amanitas venenosas.*

amansar v. **1** Referido a un animal, hacerlo manso o domesticarlo: *Se dice que la música amansa a las fieras.* **2** Sosegar, apaciguar o eliminar la violencia y la brusquedad: *La edad le ha amansado el carácter. El potro se amansó con las palmadas y las palabras del jinete.*

amante s. Persona que mantiene una relación amorosa y sexual con otra sin estar casada con ella: *No estás casada, pero sé que tienes un amante.* □ MORF. Es de género común y exige concordancia en masculino o en femenino para señalar la diferencia de sexo: *el amante, la amante*.

amanuense s. Persona que se dedica profesionalmente a escribir a mano, bien copiando o poniendo en limpio escritos ajenos, o bien escribiendo lo que se le dicta: *Muchos de los amanuenses medievales fueron religiosos.* □ MORF. Es de género común y exige concordancia en masculino o en femenino para señalar la diferencia de sexo: *el amanuense, la amanuense*.

amañar ▮ v. **1** Preparar o disponer con engaño o artificio, generalmente para obtener algún beneficio: *Amañaron el sorteo para ser ellos los ganadores.* ▮ prnl. **2** Darse maña o habilidad para hacer algo: *Se amaña muy bien para estudiar y trabajar al mismo tiempo.*

amaño s.m. Treta o artificio para realizar o para conseguir algo, esp. cuando no es justo o merecido: *Sus amaños le permitieron salir airoso de aquella situación.* □ MORF. Se usa más en plural.

amapola s.f. **1** Planta anual que tiene flores generalmente de color rojo intenso, semilla negruzca y savia lechosa: *Las amapolas crecen frecuentemente en los sembrados.* **2** Flor de esta planta: *De los pétalos de la amapola se obtenía un pigmento para elaborar tinta de color rojo.*

amar v. Sentir amor hacia algo: *No siempre es fácil amar a los demás. Ama la música clásica desde niña. Se aman desde que eran niños.*

amaraje s.m. Descenso de un hidroavión o de un vehículo espacial hasta posarse sobre el agua: *El hidroavión hizo un amaraje de emergencia en medio del lago.*

amarar v. Referido esp. a un hidroavión, posarse en el agua: *El hidroavión amaró en un mar alborotado.*

amargar ▮ v. **1** Referido esp. a un alimento, tener sabor o gusto amargo: *Algunos pepinos amargan un poco.* **2** Causar aflicción o disgusto: *Tantos fracasos lo amargaron.* ▮ prnl. **3** Sentir resentimiento, esp. por un fracaso, una frustración o un disgusto: *Ten cuidado con lo que le dices porque se amarga por cualquier cosa.* □ ORTOGR. La *g* se cambia en *gu* delante de *e* →**PAGAR**.

amargo, ga adj. **1** De sabor fuerte y desagradable al paladar, como la hiel: *No comas las almendras de ese árbol porque son amargas.* 👁 **sabor** **2** Que causa disgusto o sufrimiento: *A menudo, la verdad es amarga.* **3** Que muestra disgusto o sufrimiento: *Reconoció su fracaso con palabras amargas.* **4** Referido esp. a una persona, que es desagradable o áspera en el trato: *Me da miedo tratar con él porque tiene un carácter muy amargo y se enoja por nada.*

amargor s.m. **1** Sabor o gusto amargo: *El amargor de las berenjenas se quita poniéndolas a remojar en agua con sal.* **2** Disgusto, tristeza o sufrimiento, esp. si están producidos por rencor o desengaño; *amargura: El amargor con que nos habla es propio de una persona muy resentida.*

amargura s.f. Disgusto, tristeza o sufrimiento, esp. si están producidos por rencor o desengaño; *amargor: Aquella traición le produjo una gran amargura.*

amariconado, da adj. *vulg. desp.* →**afeminado, da.**

amariconar v. *vulg.* →**afeminar.**

amarillear v. Tomar un color amarillo: *En otoño amarillean las hojas de los árboles.*

amarillento, ta adj. De color semejante al amarillo o con tonalidades amarillas: *La enfermedad dio a su cara un tono amarillento.*

amarillismo s.m. Sensacionalismo o tendencia a presentar los aspectos más llamativos de una noticia o de un suceso para producir gran sensación o emoción: *El amarillismo que últimamente caracteriza a este periódico tiene como principal objetivo aumentar el número de ventas.*

amarillo, lla ▮ adj. **1** Referido a la prensa, que se caracteriza por su sensacionalismo o tendencia a presentar los aspectos más llamativos de una noticia o de un suceso: *A la prensa amarilla le interesa más un divorcio escandaloso que la crisis económica de un país.* ▮ adj./s.m. **2** Del color del limón maduro o del oro: *En verano el trigo se pone amarillo. El amarillo es el tercer color del arco iris.* 👁 **espectro** ▮ adj./s. **3** Referido a una persona, que pertenece a la población caracterizada por tener los ojos rasgados y el tono de la piel amarillento: *Los chinos y los japoneses son amarillos.*

amariposado, da adj. **1** Con forma de mariposa: *La corola de las flores del garbanzo es amariposada.* **2** *col.* →**afeminado, da.**

amarra s.f. Cuerda o cable con que se asegura una embarcación a un punto fijo, bien en el lugar en el que da fondo, o bien en el puerto: *La fuerza del viento rompió las amarras, y el barco se alejó mar adentro.* ☐ MORF. Se usa más en plural.

amarraco s.m. En el juego del mus, tanteo de cinco puntos: *Estábamos a falta de un amarraco para ganar la partida.*

amarrar v. **1** Atar y asegurar con cuerdas, maromas, cadenas u otro instrumento semejante: *Le amarraron las manos y los pies con una cuerda.* **2** Sujetar o retener: *Haz lo posible para amarrar ese negocio y que no se te vaya de las manos.* **3** Referido a una embarcación, sujetarla en el puerto o en un fondeadero por medio de anclas y cadenas o cables: *Echaron el ancla y prepararon las maromas para amarrar la embarcación.*

amarre s.m. Sujeción de algo, esp. de una embarcación, con cuerdas, cadenas, anclas u otro instrumento semejante: *Consiguieron el amarre del velero a pesar del temporal.*

amartelado, da adj. Que muestra cariño o dependencia amorosa hacia alguien, esp. si lo hace de manera excesiva: *No pude dejar de sonreír cuando vi a mi hermano amartelado con su novia.*

amartillar v. Referido a un arma de fuego, ponerla en disposición de disparar: *El cazador amartilló su escopeta y esperó a que saliera la liebre.*

amasar v. **1** Referido a una sustancia, hacer una masa con ella mezclándola con otros elementos y con algún líquido: *Para hacer pan hay que amasar harina, agua y levadura.* **2** Referido esp. al dinero o a los bienes, reunirlos o acumularlos: *Los negocios le permitieron amasar una gran fortuna.*

amasijo s.m. *col.* Mezcla desordenada de elementos diferentes: *Tienes que ordenar el amasijo de ideas que bullen por tu cabeza.*

amateur (galicismo) adj./s. Que practica un deporte o cualquier otra actividad por pasatiempo, sin tenerla como profesión ni cobrar por ella: *Yo juego en un equipo de baloncesto amateur. El ganador de la carrera ha sido un amateur.* ☐ PRON. [amatér]. ☐ MORF. 1. Como adjetivo es invariable en género. 2. Como sustantivo es de género común y exige concordancia en masculino o en femenino para señalar la diferencia de sexo: *el amateur, la amateur.* ☐ USO Su uso es innecesario y puede sustituirse por una expresión como *aficionado* o *no profesional.*

amatista s.f. Cuarzo transparente, de color violeta, que se usa en joyería como piedra preciosa: *Mi sortija lleva engastada una amatista.*

amatorio, ria adj. Del amor o relacionado con este sentimiento: *Encontré un libro en el que se describían distintas prácticas amatorias.*

amazacotado, da adj. Pesado, duro, o compuesto de forma maciza o compacta: *Los colchones de lana hay que mullirlos para que no queden amazacotados.*

amazona s.f. **1** Mujer que monta a caballo: *Las amazonas del circo hacen ejercicios acrobáticos sobre los caballos.* **2** En la mitología griega, mujer guerrera: *Según la leyenda, las amazonas excluían de su sociedad a los hombres, con los que solo contaban para la generación.* 👁 **mitología** ☐ MORF. En la acepción 1, es sinónimo de *la jinete.*

amazónico, ca adj. Del río sudamericano Amazonas, o de los territorios situados en sus orillas: *La selva amazónica es impenetrable por algunas zonas.*

ambages s.m.pl. Rodeos de palabras para decir algo: *No seas cobarde, y dime lo que piensas sin ambages.*

ámbar ▮ adj./s.m. **1** De color amarillo anaranjado: *La vajilla de diario de mi casa es ámbar. Cuando yo pasé el semáforo aún estaba en ámbar.* ▮ s.m. **2** Resina fósil, de color amarillo, muy ligera, dura y quebradiza, que arde fácilmente desprendiendo un buen olor, y que se usa para fabricar collares, boquillas de fumar y otros objetos: *Siempre han sido muy famosos los yacimientos de ámbar del mar Báltico.* ☐ MORF. En la acepción 1, como adjetivo es invariable en género y en número.

ambición s.f. Deseo intenso de conseguir algo, esp. poder, riquezas o fama: *Mi mayor ambición es ser feliz en la vida.*

ambicionar v. Desear con ardor o entusiasmo: *Lo único que ambiciona es poder dar a sus hijos el cariño que ella no tuvo.*

ambicioso, sa ▮ adj. **1** Referido esp. a una obra o a un proyecto, que son de gran envergadura o manifiestan ambición: *La compra de aquellas empresas fue un proyecto ambicioso que acabó siendo un éxito.* ▮ adj./s. **2** Que tiene o manifiesta ambición o un deseo intenso de conseguir algo: *Es una persona muy ambiciosa.*

ambidextro, tra adj./s. →**ambidiestro, tra.**

ambidiestro, tra adj./s. Que usa con la misma habilidad la mano derecha que la izquierda: *Juega muy bien al tenis porque es ambidiestro. Los ambidiestros no tienen problemas para manejarse si se rompen un brazo.* ☐ ORTOGR. Se admite también *ambidextro.*

ambientación s.f. **1** Aportación de los rasgos necesarios para sugerir el marco histórico o social en el que se desarrolla la acción de una obra de ficción: *La ambientación de esta obra en el siglo XVII se consiguió a partir de* *pequeños detalles.* **2** Preparación de un lugar para que ofrezca el ambiente adecuado: *Todos sugerimos ideas para la ambientación del salón para la fiesta.* **3** Adaptación de una persona a un medio desconocido: *La ambientación a nuevas situaciones no me cuesta ningún esfuerzo.*

ambiental adj. Del ambiente o relacionado con él: *En este bar la música ambiental está tan fuerte que apenas se puede hablar.* ☐ MORF. Invariable en género.

ambientar ▌v. **1** Referido a una obra de ficción, aportarle los rasgos necesarios para sugerir el marco histórico o social en el que se desarrolla la acción: *Los coreógrafos ambientaron el baile en un barrio pesquero.* **2** Referido a un lugar, proporcionarle el ambiente adecuado, esp. mediante la decoración o las luces adecuadas: *Ambientó la casa con velas para dar un toque romántico a la cena.* ▌prnl. **3** Referido a una persona, adaptarse o acostumbrarse a un medio desconocido o a una nueva situación: *Todavía no me he ambientado a esta ciudad.*

ambiente s.m. **1** Aire o atmósfera: *Abre la ventana, porque el ambiente está muy cargado.* **2** Conjunto de condiciones o circunstancias, esp. de carácter social, físico o económico, que rodean o caracterizan un lugar, una colectividad o una época: *Las bibliotecas ofrecen un ambiente silencioso y propicio para el estudio. Esta luz da un ambiente muy íntimo.* **3** Situación agradable o condiciones propicias o favorables para algo: *Me fui de la fiesta porque no había ambiente. En verano este pueblo tiene mucho más ambiente que en invierno.* **4** Conjunto de características típicas de un determinado marco histórico o social: *La novela refleja el ambiente de la España rural de principios de siglo.* **5** Grupo o sector social: *En los ambientes médicos ese laboratorio no goza de prestigio.*

ambigüedad s.f. **1** Posibilidad de que algo sea entendido de varios modos o de que admita distintas interpretaciones: *El lenguaje publicitario utiliza mucho la ambigüedad.* **2** Incertidumbre, duda o indefinición de las actitudes o de las opiniones: *Dada la ambigüedad de la situación, no me es posible apoyar a ninguno de los dos bandos.*

ambiguo, gua adj. **1** Que puede entenderse de varios modos o admitir distintas interpretaciones: *No contestó claramente sino de forma ambigua e imprecisa.* **2** Incierto, dudoso o sin tener definidas claramente actitudes u opiniones: *Es una persona muy ambigua y nunca sabes realmente lo que piensa.*

ámbito s.m. Espacio comprendido dentro de unos límites determinados: *Eso queda fuera del ámbito de mis posibilidades.*

ambivalencia s.f. **1** Posibilidad de interpretar algo de dos formas opuestas: *La ambivalencia de sus palabras nos impidió saber si realmente estaba a favor o en contra de la propuesta.* **2** Estado de ánimo caracterizado por la coexistencia de dos emociones o sentimientos opuestos: *La ambivalencia de mis sentimientos me hace debatirme entre el amor y el odio.*

ambivalente adj. **1** Que puede interpretarse de dos formas opuestas: *Sus declaraciones fueron ambivalentes y provocaron una gran confusión entre sus seguidores.* **2** Que manifiesta la coexistencia de dos emociones o sentimientos opuestos: *Mi actitud hacia ellos es ambivalente y tan pronto me inspiran desprecio como compasión.* ☐ MORF. Invariable en género.

ambos, bas indef.pl. El uno y el otro, o los dos: *Ambos hermanos son muy deportistas. Uno es más práctico y el otro más decorativo, pero me gustan ambos.* ☐ MORF. Cuando se antepone a una palabra para formar compuestos, adopta la forma *ambi-*. ☐ SINT. **Ambos dos* es una expresión redundante e incorrecta, aunque está muy extendida. ☐ SEM. Dist. de *sendos* (respecto de dos o más, uno para cada uno). ☐ USO El uso de *ambos a dos* es característico del lenguaje literario.

ambrosía s.f. En la mitología grecolatina, manjar o alimento de los dioses: *Los dioses del Olimpo se alimentaban de néctar y ambrosía.*

ambulancia s.f. Vehículo destinado al transporte de enfermos y heridos: *Las ambulancias llevan una sirena y una luz ámbar para abrirse paso entre los coches.*

ambulante adj. Que va de un lugar a otro sin tener asiento fijo, o que realiza una actividad yendo de un lugar a otro: *Los vendedores ambulantes han instalado un mercadillo en las afueras.* ☐ MORF. Invariable en género.

ambulatorio s.m. Establecimiento médico dependiente del sistema de sanidad pública, en el que se presta asistencia médica y farmacéutica a personas que no están internadas en él: *En este ambulatorio hay médicos de casi todas las especialidades.*

ameba s.f. Organismo microscópico unicelular que se mueve mediante seudópodos y se reproduce mediante escisión: *Las amebas son protozoos.*

amedrentar v. Atemorizar o hacer sentir miedo: *Me amedrentó con su actitud violenta. Al verle sacar la pistola, me amedrenté.*

amén interj. **1** Expresión que se dice al final de las oraciones y que significa *así sea*: *Los fieles contestaron a la oración del sacerdote diciendo: «Amén».* **2** Expresión que se usa para indicar conformidad o deseo de que se cumpla lo que se ha dicho previamente: *'Amén' fue lo único que contestó cuando le aseguraron que todo se arreglaría.* **3** ‖ **amén de.** Además de: *Ha escrito varios libros de poesía, amén de dos o tres novelas.* ‖ **decir amén a** algo. *col.* Asentir a ello o aprobarlo: *No le quedará más remedio que decir amén a lo que le propongamos.* ☐ ORTOGR. Es un término del hebreo adaptado al español.

amenaza s.f. **1** Advertencia o anuncio del mal que se le quiere hacer a alguien: *Tus amenazas no me dan miedo.* **2** Advertencia o anuncio de algo malo o desagradable que va a ocurrir en un futuro próximo: *La degradación del medio ambiente es una amenaza para la humanidad.*

amenazar v. **1** Referido a una persona, darle a entender con actos o con palabras que se le quiere hacer algún mal: *Un desconocido nos amenazó de muerte por teléfono.* **2** Referido a algo malo o desagradable, anunciarlo, presagiarlo o dar indicios de que va a ocurrir en un futuro próximo: *El cielo amenaza lluvia.* ☐ ORTOGR. La *z* se cambia en *c* delante de *e* →**CAZAR**.

amenidad s.f. Capacidad para resultar agradable o alegre, o para entretener de forma tranquila y placentera: *La amenidad de esta obra de teatro es la causa de su éxito.*

amenizar v. Hacer ameno o entretenido: *Amenizó su conferencia con anécdotas muy agradables.* ☐ ORTOGR. La *z* se cambia en *c* delante de *e* →**CAZAR**.

ameno, na adj. Agradable, alegre o que entretiene de forma tranquila y placentera: *Es muy ameno hablando y a su lado las horas se pasan sin sentir.*

amenorrea s.f. Enfermedad que consiste en la supresión de la menstruación: *La amenorrea puede obedecer a causas infecciosas.*

americana s.f. Véase **americano, na**.

americanada s.f. *desp.* Lo que refleja los rasgos típicos estadounidenses: *Nos pusieron una americanada que exaltaba el patriotismo del ejército estadounidense.*

americanismo s.m. En lingüística, palabra, significado o construcción sintáctica de alguna lengua indígena americana o del español de algún país americano, esp. los empleados en otra lengua: *Las palabras 'patata', 'cacao' y 'cacique' son americanismos.*

americano, na ▮ adj./s. **1** De América (uno de los cinco continentes), o relacionado con ella: *Colombia y Canadá son países americanos. Cuando recorrió América tuvo trato con americanos de distintos países.* ▮ s.f. **2** Chaqueta con solapas y botones que cubre hasta más abajo de la cadera y que no forma parte de un traje: *La americana es una prenda de vestir que actualmente usan hombres y mujeres.* ☐ MORF. En la acepción 1, como sustantivo se refiere solo a las personas de América.

americio s.m. Elemento químico, metálico y artificial, de número atómico 95, que pertenece al grupo de las tierras raras y es de color blanco: *El americio se obtiene bombardeando el plutonio con neutrones.* ☐ ORTOGR. Su símbolo químico es *Am*.

amerindio, dia adj. De los indios americanos o relacionado con ellos: *Algunas razas amerindias están en peligro de extinción.*

amerizaje s.m. Descenso de un hidroavión o de una nave espacial hasta posarse en el mar: *El amerizaje de la nave espacial tuvo lugar a la hora prevista.*

amerizar v. Referido esp. a un hidroavión, posarse en el mar: *El hidroavión amerizó en mitad del océano para rescatar a los náufragos.* ☐ ORTOGR. La *z* se cambia en *c* delante de *e* ⟶**CAZAR**.

ametrallador, -a ▮ adj. **1** Que dispara automáticamente y a gran velocidad: *Este fusil ametrallador es muy ligero y manejable.* ▮ s.f. **2** Arma de fuego automática, habitualmente apoyada sobre un trípode, que dispara ráfagas a gran velocidad: *Las ametralladoras pueden realizar cientos de disparos por minuto.* 👁 **arma**

ametralladora s.f. Véase **ametrallador, -a**.

ametrallamiento s.m. Ataque realizado al disparar repetidamente armas ametralladoras: *El ametrallamiento del barco pesquero por parte del barco guardacostas provocó un enfrentamiento diplomático entre los dos países.*

ametrallar v. **1** Disparar metralla o disparar con armas ametralladoras: *Los asesinos ametrallaron a sus víctimas.* **2** Referido a una persona, asediarla con una ráfaga de preguntas o fotografías: *Llegó el presidente, y los fotógrafos lo ametrallaron con sus cámaras.*

amianto s.m. Mineral incombustible y aislante, que se presenta en fibras finas, flexibles y suaves al tacto: *Con el amianto se fabrican tejidos incombustibles, como los que se utilizan en los trajes de los bomberos o de los pilotos de carreras.*

amicísimo, ma superlat. irreg. de **amigo**.

amida s.f. Compuesto químico orgánico que resulta de sustituir en el amoniaco o en sus derivados un átomo de hidrógeno por un radical ácido orgánico: *Las amidas contienen el radical $CONH_2$.*

amigable adj. Que manifiesta amistad: *Aunque no nos conocía, se mostró muy amigable con nosotros.* ☐ MORF. Invariable en género.

amígdala s.f. Cada uno de los dos órganos formados por la reunión de numerosos nódulos linfáticos, situados entre los pilares del velo del paladar: *Las amígdalas tienen forma de almendra.* ☐ SEM. Dist. de *angina* (inflamación de las amígdalas y de las zonas próximas).

amigdalitis s.f. En medicina, inflamación de las amígdalas: *Cuando tengo amigdalitis, me duele mucho la garganta y me sube la fiebre.* ☐ MORF. Invariable en número.

amigo, ga ▮ adj. **1** Que siente gusto por algo o que es aficionado a ello: *No soy muy amiga de madrugar.* ▮ adj./s. **2** Que tiene una relación de amistad o de afecto y confianza con otra persona: *Somos amigos desde la infancia. En los momentos de dificultad es cuando se reconoce a los verdaderos amigos.* ▮ s. **3** *col.* Amante: *Me presentó a su amigo y me dijo que pronto se casarían.* ☐ MORF. Sus superlativos son *amiguísimo* y *amicísimo*. ☐ SEM. *Amigo personal* es una expresión redundante e incorrecta, aunque está muy extendida. ☐ USO Se usa como apelativo: *Oiga, amigo, ¿cuánto vale esta mesa?*

amigote, ta s. *col.* Compañero de juergas y diversiones: *Siempre está de parranda con sus amigotes.* ☐ USO Tiene un matiz despectivo.

amiguete s.m. *col.* Persona conocida con la que se mantiene una relación de amistad poco profunda: *¿No tienes ningún amiguete en el Ayuntamiento que me pueda arreglar estos papeleos?*

amiguismo s.m. *desp.* Tendencia a favorecer a los amigos en perjuicio del derecho de terceras personas, esp. en la concesión de un trabajo o de un cargo, si tienen méritos inferiores a los de otros aspirantes: *El amiguismo es un desprestigio para toda la sociedad.*

amilanamiento s.m. Intimidación, desánimo o falta de valor: *La noticia le produjo tal amilanamiento que no reaccionó.*

amilanar v. Intimidar, desanimar o causar miedo: *Los últimos fracasos lo amilanaron. No te dejes amilanar por sus amenazas.*

amina s.f. Compuesto químico orgánico derivado del amoniaco, al sustituir sus átomos de hidrógeno por radicales orgánicos: *La amina es soluble en agua.*

amino s.m. Radical químico formado por un átomo de nitrógeno y dos de hidrógeno: *Los aminos son grupos $-NH_2$.*

aminoácido s.m. Compuesto químico orgánico que tiene al mismo tiempo carácter de ácido y de amino: *Algunos aminoácidos son componentes básicos de las proteínas.*

aminoración s.f. Disminución o reducción del tamaño, la cantidad o la intensidad de algo: *Ni siquiera el paso del tiempo consiguió la aminoración de sus sufrimientos.*

aminorar v. Disminuir, menguar o hacer menor en tamaño, cantidad o intensidad: *En las curvas hay que aminorar la velocidad. Dicen que la pena se aminora con el paso del tiempo.*

amistad ▮ s.f. **1** Relación personal desinteresada, que nace y se fortalece con el trato y está basada en un sentimiento recíproco de cariño y simpatía: *No son novios, entre ellos solo existe una buena amistad.* ▮ pl. **2** Personas con las que se tiene esta relación: *Tenía muchas amistades.*

amistoso, sa adj. **1** De amistad o con sus características: *¿Me dejas darte un consejo amistoso?* **2** Referido a una competición deportiva, que no está incluida en ningún campeonato: *El equipo de fútbol jugará varios partidos amistosos como preparación para el campeonato mundial.*

amnesia s.f. Pérdida total o parcial de la memoria: *Tras* *el accidente sufrió una amnesia pasajera que le impedía recordar incluso su nombre.*

amnésico, ca ▌adj. **1** De la amnesia o relacionado con la pérdida de memoria: *Los procesos amnésicos a veces son un mecanismo de autodefensa del individuo.* ▌adj./s. **2** Que padece amnesia: *La protagonista de esa película se queda amnésica al recibir un fuerte golpe en la cabeza. Los amnésicos sufren al intentar recordar algo inútilmente.*

amnios s.m. En el embrión de un mamífero, de un ave o de un reptil, envoltura más interna llena de líquido, que tiene forma de saco cerrado: *El amnios se origina a partir de un repliegue, que poco a poco va desarrollándose hasta rodear al embrión.* ☐ MORF. Invariable en número.

amniótico, ca adj. Del amnios o relacionado con esta envoltura del embrión: *Me han extraído líquido amniótico para conocer el estado del feto.*

amnistía s.f. Perdón total decretado por el Gobierno y que se concede a todo el que cumple una pena por haber realizado determinado tipo de actos, generalmente políticos: *El candidato a la presidencia del Gobierno incluyó en su programa electoral la amnistía general a todos los presos políticos.* ☐ SEM. Dist. de *indulto* (perdón total o parcial de la pena legal impuesta a alguien en particular).

amnistiar v. Conceder amnistía: *El nuevo Gobierno ha prometido amnistiar a los insumisos.* ☐ ORTOGR. La *i* final de la raíz lleva tilde en los presentes, excepto en las personas *nosotros* y *vosotros* ⟶**VACIAR**.

amo, ma ▌s. **1** Persona que es dueña de algo: *Los perros son siempre fieles a sus amos.* **2** Persona que tiene uno o más criados a su servicio: *Las amas de las antiguas mansiones romanas tenían varias esclavas a su servicio.* **3** Persona que tiene mucha autoridad o gran influencia en otras: *El líder de la secta es el amo de las voluntades de los adeptos.* ▌s.f. **4** Criada principal que gobierna una casa: *El ama del párroco le hizo una tarta el día de su cumpleaños.* ‖ **ama de {cría/leche}.** Mujer que amamanta a un niño sin ser suyo; *nodriza, madre de leche: Antiguamente era muy normal contratar a un ama de cría cuando la madre no tenía suficiente leche para el bebé.* ‖ **ama de llaves.** Criada encargada de llevar la economía doméstica de una casa que no es la suya, a cambio de un sueldo: *En las antiguas mansiones, las amas de llaves se ocupaban de todos los asuntos internos para el buen funcionamiento de una casa.* **7** ‖ **amo de casa.** Persona que se ocupa de las labores domésticas del hogar: *Mi madre es ama de casa.* ☐ MORF. En femenino, por ser un sustantivo que empieza por *a* tónica o acentuada, va precedido de *el, un, algún, ningún* y de las formas femeninas del resto de los determinantes.

amodorramiento s.m. Adormecimiento o sopor que no llega al sueño total: *Con el calor me entra tanto amodorramiento que se me quitan las ganas de estudiar.*

amodorrar v. Causar modorra o adormecimiento: *Este calor tan sofocante amodorra a cualquiera. Después de comer siempre me amodorro en el sillón.*

amohinarse v.prnl. Sentir enojo, disgusto o tristeza: *Se amohína si ve que las cosas no le salen como él quiere.* ☐ ORTOGR. La *i* lleva tilde en los presentes, excepto en las personas *nosotros* y *vosotros* ⟶**VACIAR**.

amolar v. *col.* Molestar o fastidiar con insistencia: *Estos niños tan caprichosos me llevan amolando toda la tarde. No me amueles, y no me digas eso ni en broma.* ☐ MORF. Irreg.: La *o* diptonga en *ue* en los presentes, excepto en las personas *nosotros* y *vosotros* ⟶**CONTAR**.

amoldamiento s.m. **1** Adaptación de un objeto a un molde: *El amoldamiento de estas figuras es muy difícil porque están hechas de un material muy duro.* **2** Adaptación a un fin, a una circunstancia o a una norma: *El amoldamiento al nuevo trabajo le está costando mucho esfuerzo. Se fijó un plazo para realizar el amoldamiento de las piezas a la normativa comunitaria.*

amoldar ▌v. **1** Adaptar a un fin, a una circunstancia o a una norma: *Estoy dispuesta a amoldar mis intereses al bienestar general. Es inteligente y se amolda bien a las situaciones nuevas.* ▌prnl. **2** Referido a un objeto, ajustarse o adaptarse a un molde: *Estos guantes se amoldan perfectamente a mis manos.*

amonal s.m. Explosivo compuesto de aluminio en polvo, trilita y otros componentes químicos: *El atentado se produjo con dos cargas de amonal.*

amonarse v.prnl. *col.* Emborracharse: *Cuando se amona, empieza a decir tonterías.*

amonestación s.f. **1** Advertencia muy severa que se hace a alguien: *En el fútbol, el árbitro señala la primera amonestación con tarjeta amarilla, y la segunda, con tarjeta roja.* **2** En la Iglesia católica, publicación de los nombres de las personas que se van a casar para que, si alguien conoce algún impedimento, lo denuncie: *El sacerdote nos ha dicho que el domingo pondrá en la puerta de la iglesia nuestras amonestaciones.*

amonestar v. Referido a una persona, reprenderla o decirle con severidad que no debe volver a hacer lo que ha hecho porque es una falta grave: *El árbitro amonestó al defensa por haber dado una patada al delantero del equipo contrario.*

amoniacal adj. Del amoniaco o relacionado con este gas: *Los vapores amoniacales tienen un olor muy penetrante.* ☐ MORF. Invariable en género.

amoniaco o **amoníaco** s.m. **1** Gas incoloro compuesto de nitrógeno e hidrógeno, de olor penetrante y desagradable, muy soluble en agua: *El amoniaco es un producto básico en la industria química.* **2** Compuesto químico formado por este gas disuelto en agua y muy usado en artículos de limpieza y en abonos: *Los peines se limpian muy bien dejándolos un rato en agua con un poco de amoniaco.*

amonio s.m. Radical químico compuesto de un átomo de nitrógeno y cuatro de hidrógeno: *La abreviatura que se usa en química para representar el amonio es* NH_4.

amontonamiento s.m. Acumulación o reunión desordenada de algo: *En ese amontonamiento de papeles es imposible que encuentres el que buscas.*

amontonar ▌v. **1** Poner en montón o juntar de modo desordenado: *Amontonó los juguetes extendidos por la habitación en un rincón. La gente se amontonó en los pasillos del estadio.* ▌prnl. **2** Referido esp. a sucesos o ideas, producirse o desarrollarse muchos en poco tiempo: *Las informaciones se amontonaron y hubo que distinguir las ciertas de las dudosas.*

amor s.m. **1** Sentimiento de afecto, cariño y solidaridad que una persona siente hacia otra y que se manifiesta generalmente en desear su compañía, alegrarse con lo que considera bueno para ella y sufrir con lo que considera malo: *Creo que el amor de madre es el más desinteresado.* **2** Sentimiento de afecto y cariño, unido a una atracción sexual: *El amor de Romeo y Julieta ha quedado como prototipo del amor desgraciado.* **3** Persona amada: *Mi mujer es mi único amor.* **4** Afición o inclinación apasionada que una persona siente hacia algo: *Su amor a la verdad está fuera de toda duda.* **5** Esmero o cuidado con el que se realiza algo: *Me dijo que el truco para cocinar bien es hacerlo con amor.* **6** ‖ **al amor de.** Junto a: *Se sentaron al amor de la lumbre.* ‖ **amor libre.** El que rechaza el matrimonio y cualquier otra concepción basada en el establecimiento de parejas fijas o cerradas: *Los defensores del amor libre no exigen fidelidad a su pareja.* ‖ **amor platónico.** El que idealiza a la persona amada, sin establecer con ella ninguna relación sexual: *Ya sé que está casado, pero lo nuestro es un amor platónico.* ‖ **amor propio.** El que siente una persona por sí misma y le hace desear quedar bien ante sí misma y ante los demás: *No es inteligente, pero llegará lejos porque es muy trabajador y tiene mucho amor propio.* ‖ **de mil amores.** Con mucho gusto: *Te acompaño de mil amores.* ‖ **en amor y compaña.** *col.* En amistad y buena compañía: *Aquí estamos todos, en amor y compaña.* ‖ **hacer el amor. 1** Realizar el acto sexual: *Es famosa la escena en la que los dos protagonistas hacen el amor.* **2** *ant.* Galantear y cortejar un hombre a una mujer para intentar conseguir su amor: *El romance cuenta cómo el galán hacía el amor a su dama esperándola todos los días bajo su ventana.* ‖ **por amor al arte.** *col.* De forma gratuita o sin cobrar nada: *Las noches que voy a casa de mi hermano a cuidar a los niños lo hago por amor al arte.* ‖ **por amor de Dios. 1** Expresión que se usa para pedir algo humildemente y por caridad: *¡Déme una limosnita, por amor de Dios!* **2** Expresión que se usa para indicar sorpresa, protesta o indignación: *¡Por amor de Dios! ¿Es que nunca vas a reaccionar?*

amoratado, da adj. De color semejante al morado o con tonalidades moradas: *Al día siguiente de caerse de la bicicleta, tenía toda la rodilla amoratada.*

amoratarse v.prnl. Ponerse de color morado: *La pierna se me amorató por el golpe.*

amorcillo s.m. En pintura y escultura, niño desnudo, con alas y con un arco y flechas, que representa al dios mitológico del amor: *La fuente del jardín está adornada con dos amorcillos con una venda en los ojos.*

amordazar v. **1** Poner una mordaza o un objeto para tapar la boca: *Los secuestradores amordazaron a la víctima para que no pudiera pedir auxilio.* **2** Coaccionar o impedir hablar libremente: *No te dejes amordazar por el miedo y di lo que piensas.* □ ORTOGR. La *z* se cambia en *c* delante de *e* →**CAZAR**.

amorfo, fa adj. **1** Que no tiene una forma propia: *Los gases son cuerpos amorfos y se adaptan a la forma del recipiente que los contiene.* **2** *col.* Que no tiene personalidad y carácter propios: *No seas amorfo y toma tus propias decisiones.*

amorío s.m. Relación sentimental superficial y poco duradera: *¿Te has enterado del último amorío de ese actor?* □ MORF. Se usa más en plural.

amoroso, sa adj. **1** Del amor o relacionado con él: *poesía amorosa.* **2** Que siente amor o que lo manifiesta: *Me escribió una carta amorosa.*

amortajamiento s.m. Colocación de la mortaja o vestidura con que se va a enterrar a un difunto: *El amortajamiento del cadáver se realizó en el mismo hospital en el que falleció.*

amortajar v. Referido a un difunto, ponerle la mortaja o vestidura con la que se le va a enterrar: *Amortajaron al niño con una túnica blanca.* □ ORTOGR. Conserva la *j* en toda la conjugación.

amortecer v. Referido a la fuerza, la intensidad o la violencia de algo, disminuirlas, moderarlas o hacerlas más suaves; *amortiguar: Esa medicina amortece el dolor.* □ MORF. Irreg.: Aparece una *z* delante de la *c* cuando la siguen *a, o* →**PARECER**.

amortecimiento s.m. Disminución o moderación de la fuerza, la intensidad o la violencia de algo: *Al faltar la leña, se produjo el amortecimiento del fuego.*

amortiguación s.f. **1** Disminución o moderación de la fuerza, la intensidad o la violencia de algo; *amortiguamiento: La finalidad de esta colchoneta es la amortiguación de las caídas de los saltadores de pértiga.* **2** En un aparato mecánico, esp. en un vehículo, sistema o mecanismo que sirve para compensar y disminuir el efecto de choques, sacudidas o movimientos bruscos: *Los camiones tienen una amortiguación más dura que los turismos.*

amortiguador s.m. En un vehículo, mecanismo o dispositivo de amortiguación cilíndrico que contiene aire o un líquido: *En el taller me han dicho que el coche necesita unos amortiguadores nuevos.*

amortiguamiento s.m. →**amortiguación**.

amortiguar v. Referido a la fuerza, la intensidad o la violencia de algo, disminuirlas, moderarlas o hacerlas más suaves; *amortecer: El parachoques amortiguó el golpe que nos dieron en el coche por detrás.* □ ORTOGR. 1. La *u* lleva diéresis cuando la sigue *e*. 2. La *u* permanece siempre átona →**AVERIGUAR**.

amortización s.f. **1** Pago total o parcial de una deuda: *Este mes termino con la amortización de la deuda.* **2** Recuperación de los fondos invertidos en una empresa, por la obtención de unos beneficios que superan el desembolso inicial: *Si sois ocho de familia, está asegurada la rápida amortización de lo que ha costado la lavadora.*

amortizar v. **1** Referido a una deuda, pagarla total o parcialmente: *En dos años amortizaré el precio del coche. Este crédito se amortiza a muy bajo interés.* **2** Referido a los fondos invertidos en una empresa, recuperarlos o compensarlos, por la obtención de unos beneficios que superan el desembolso inicial: *En esta oficina se hacen tantas fotocopias que, al mes de haber comprado la fotocopiadora, ya la habíamos amortizado.* □ ORTOGR. La *z* se cambia en *c* delante de *e* →**CAZAR**.

amosal s.m. Explosivo fabricado con componentes químicos: *El amosal es muy utilizado en atentados terroristas.*

amoscarse v.prnl. *col.* Enfadarse: *Se amoscó porque le dimos un plantón de media hora.* □ ORTOGR. La *c* se cambia en *qu* delante de *e* →**SACAR**.

amotinamiento s.m. Alzamiento en motín, o levantamiento violento de un grupo de personas contra una autoridad establecida: *Esta madrugada se ha producido un amotinamiento de los presos en la cárcel.*

amotinar v. Referido a un grupo de personas, alzarlas en motín o provocar su levantamiento violento contra una autoridad establecida: *Las voces del líder amotinaron a la población. Los presos se amotinaron y no querían volver a sus celdas.*

amparar ▌v. **1** Proteger, favorecer o ayudar: *Que Dios te ampare.* ▌prnl. **2** Referido a una persona, valerse de algo como defensa o protección: *En la película, el asesino se ampara en el secreto de confesión del sacerdote para hacer creer que este ha sido el culpable del crimen.*

amparo s.m. **1** Ayuda o protección que el más fuerte proporciona al más débil y desvalido: *Este pintor vive bajo el amparo de un millonario amante del arte.* **2** Defensa

a b c d e f g h i j k l m n ñ o p q r s t u v w x y z

o protección que algo proporciona a alguien: *Los ladrones actuaron al amparo de la oscuridad de la noche.* **3** Lo que ampara: *Mi hijo es mi único amparo.*

ampere s.m. Denominación internacional del **amperio**.

amperímetro s.m. Aparato que sirve para medir la intensidad de una corriente eléctrica: *Existen varios tipos de amperímetro, y su uso depende del circuito eléctrico en que se instalen.*

amperio s.m. En el Sistema Internacional, unidad de intensidad de corriente eléctrica; *ampere*: *Cuando la tensión de un voltio origina una corriente eléctrica a través de una resistencia de un ohmio, la intensidad de dicha corriente es de un amperio.*

ampliación s.f. **1** Aumento del tamaño o la duración de algo: *La ampliación del negocio familiar ha supuesto la creación de varios puestos de trabajo.* **2** Cosa ampliada, esp. una fotografía, un plano o un texto: *Si compras esta marca de carrete, al revelarlo te regalan una ampliación de la foto que tú elijas.*

ampliar v. Referido al tamaño o la duración de algo, aumentarlos, extenderlos o hacerlos más grandes: *Hemos ampliado esta foto porque estamos muy guapos. El plazo de matrícula se ha ampliado hasta el próximo mes.* □ ORTOGR. La *i* lleva tilde en los presentes, excepto en las personas *nosotros* y *vosotros* ⟶**VACIAR**.

amplificación s.f. Aumento de la intensidad de algún fenómeno físico, esp. del sonido: *Estos altavoces producen una buena amplificación del sonido.*

amplificador s.m. Aparato o conjunto de aparatos que aumentan la amplitud o la intensidad de un fenómeno físico, utilizando energía externa: *He comprado un amplificador acústico para la radio del coche.*

amplificar v. Referido a la intensidad de un fenómeno físico, esp. el sonido, aumentarla por procedimientos técnicos: *Este aparato amplifica el sonido.* □ ORTOGR. La *c* se cambia en *qu* delante de *e* ⟶**SACAR**.

amplio, plia adj. **1** Extenso o con espacio libre: *Esta casa es muy amplia para nosotros dos.* **2** Holgado o no ceñido: *Las mujeres embarazadas suelen llevar vestidos amplios.* **3** No restringido o no limitado: *Ganaron por amplia mayoría.*

amplitud s.f. **1** Extensión u holgura: *Lo que más me gusta de esta chaqueta es su amplitud.* **2** Capacidad de comprensión intelectual o moral: *Es una persona con gran amplitud de miras, porque no aspira a cumplir solo un determinado objetivo.* **3** En física, espacio que recorre un cuerpo oscilante al pasar de una posición extrema a la otra: *Las vibraciones se caracterizan por su frecuencia y su amplitud de onda.*

ampolla s.f. **1** En la piel, levantamiento de la epidermis que forma una especie de bolsa llena de un líquido acuoso: *Estuve todo el día con los zapatos nuevos y me han salido ampollas en los pies.* **2** Tubo de cristal cerrado herméticamente, en forma alargada, que se estrecha en uno o en los dos extremos y suele contener una medicina líquida: *El médico me ha recetado unas ampollas de vitaminas para contrarrestar el cansancio.* 👁 **medicamento**

ampulosidad s.f. Exceso de adorno o falta de naturalidad o sencillez, esp. al hablar o al escribir: *Habla con ampulosidad, pero no dice nada interesante.*

ampuloso, sa adj. Referido esp. al lenguaje o al estilo, hinchado, redundante, o falto de sencillez y naturalidad: *Utilizas un lenguaje ampuloso porque das más importancia a las palabras que a las ideas que expresan.*

amputación s.f. Separación de un miembro del cuerpo, generalmente por medio de una operación quirúrgica: *El enfermo sufrió la amputación de dos dedos de la mano derecha.*

amputar v. Referido a un miembro del cuerpo, cortarlo y separarlo enteramente de él, generalmente por medio de una operación quirúrgica: *Después del accidente, le tuvieron que amputar las dos piernas.*

amueblar v. Poner muebles o equipar con muebles: *Estamos amueblando la casa, pero todavía nos falta el comedor.*

amuermar v. *col.* Causar aburrimiento, malestar o sueño: *Ese tipo amuerma a cualquiera. Después de cenar me amuermo.*

amuleto s.m. Objeto que una persona lleva siempre consigo porque le atribuye supersticiosamente el poder mágico de atraer la buena suerte y de alejar la desgracia: *Si quieres, te presto este amuleto para que te dé suerte en el examen.*

amurallar v. Referido a un terreno, rodearlo con un muro o con una muralla: *En la Edad Media era frecuente amurallar las ciudades para protegerlas de los ataques enemigos.*

an- ⟶**a-**. □ MORF. Es la forma que adopta el prefijo *a-* cuando se antepone a palabras que empiezan por vocal: *analfabeto, anaerobio, anisopétalo.*

ana- Prefijo que significa 'contra' (*anacrónico*) o 'de nuevo' (*anabaptista*).

anabólico, ca adj. Del anabolismo o relacionado con este conjunto de procesos metabólicos: *En los procesos anabólicos hay consumo de energía.*

anabolismo s.m. En biología, conjunto de procesos metabólicos a partir de los cuales se sintetizan moléculas complejas partiendo de otras más simples; *asimilación*: *El anabolismo es la fase constructora del metabolismo.*

anabolizante s.m. Producto químico que se utiliza para aumentar la intensidad de los procesos anabólicos del organismo: *Algunos atletas, a pesar de las prohibiciones, toman anabolizantes para favorecer el desarrollo muscular.*

anacoluto s.m. Falta de coherencia en la construcción sintáctica de los elementos de una oración: *La oración 'Yo... me gusta más este' encierra un anacoluto.*

anaconda s.f. Serpiente acuática de gran tamaño, no venenosa, característica de los ríos sudamericanos: *Las anacondas matan a sus presas por estrangulamiento.* □ MORF. Es un sustantivo epiceno y la diferencia de sexo se señala mediante la oposición *la anaconda {macho/hembra}.* 👁 **serpiente**

anacoreta s. Persona que vive en un lugar solitario y que está entregada por entero a la meditación religiosa y a la penitencia: *En los primeros tiempos del cristianismo, los anacoretas se retiraban a vivir al desierto.* □ MORF. Es de género común y exige concordancia en masculino o en femenino para señalar la diferencia de sexo: *el anacoreta, la anacoreta.*

anacrónico, ca adj. **1** Que atribuye erróneamente a una época lo que corresponde a otra: *Hay varios datos anacrónicos en su novela, como que aparezca el protagonista fumando en el siglo XIII.* **2** Que pertenece a una época pasada: *Hoy resulta anacrónico viajar en diligencia.*

anacronismo s.m. **1** Error que consiste en atribuir a una época lo que corresponde a otra: *La película está llena de anacronismos, porque en esa época no existían* *todavía los automóviles, ni la gente iba vestida de esa manera.* **2** Lo que es propio de una época pasada: *Vivir sin luz eléctrica es un anacronismo hoy en día.*

ánade s. Ave palmípeda, de pico aplanado más ancho en la punta que en la base, cuello corto y patas pequeñas adaptadas para nadar; *pato: Los ánades hacen sus nidos en las orillas de los ríos.* □ MORF. 1. Es de género ambiguo y admite concordancia en masculino y en femenino sin cambiar de significado: *{el/la} ánade {blanco/blanca}*. 2. Se usa más como masculino. 3. Cuando es un sustantivo femenino, pese a empezar por *a* tónica o acentuada, va siempre precedido de las formas femeninas de los determinantes.

anáfora s.f. En gramática, tipo de deixis por el que una palabra hace referencia a una parte ya enunciada del discurso: *En la oración 'A mi hermano le gusta todo', el pronombre 'le' es una anáfora de 'a mi hermano'.*

anafórico, ca adj. De la anáfora, con anáforas o relacionado con este tipo de deixis: *En la oración 'La leche la tomo siempre fría', 'la' es un pronombre anafórico que hace referencia a 'la leche'.*

anagrama s.m. **1** Símbolo o emblema, esp. el constituido por letras: *El anagrama de su empresa es 'TEG', que son las iniciales de su nombre y sus dos apellidos.* **2** Palabra o sentencia que resulta de cambiar de lugar los sonidos o letras de otra palabra o de otra sentencia: *Belisa es anagrama de Isabel.*

anal ▮ adj. **1** Del ano o relacionado con este orificio: *El aparato digestivo termina en el esfínter anal.* ▮ s.m.pl. **2** Libro en el que se recogen los acontecimientos más importantes ocurridos cada año: *No se recuerda un suceso similar a esa invasión en los anales de la historia del país.* **3** Publicación periódica en la que se recogen noticias y artículos sobre un campo concreto de la cultura, de la ciencia o de la técnica: *¿Han salido ya los anales de la Sociedad Cultural?* **4** *col.* Historia de algo: *En los anales del ciclismo es célebre aquella victoria.* □ MORF. Como adjetivo es invariable en género.

analfabetismo s.m. **1** Falta de la instrucción elemental en un país: *La tasa de analfabetismo de esos países es muy elevada.* **2** Desconocimiento de la lectura y la escritura: *Tenía un trabajo en el que el analfabetismo no le suponía un problema.*

analfabeto, ta adj./s. **1** Referido a una persona, que no sabe leer ni escribir: *Entre las personas analfabetas no puede incluirse a los niños menores de seis años. El número de analfabetos en este país ha disminuido en los últimos años.* **2** Referido a una persona, que no tiene cultura: *Ante personas tan cultas y eruditas como vosotros me siento analfabeta. No voy a discutir si es una obra de arte o no con un analfabeto como tú.*

analgésico s.m. Medicamento que alivia o quita el dolor: *El dentista me ha mandado un analgésico muy fuerte para el dolor de muelas.*

análisis s.m. **1** División y separación de las partes que forman un todo para llegar a conocer sus principios o elementos: *Si tienes capacidad de análisis, serás capaz de enfrentarte a cualquier situación y saber qué hay que hacer con ella.* **2** Examen que se hace de una obra, de un escrito o cualquier otro objeto de estudio intelectual: *Hizo un análisis muy acertado de la situación económica actual.* **3** En gramática, examen de los componentes del discurso y de sus respectivas propiedades y funciones: *Tu análisis sintáctico de la oración 'Me gustan los caramelos' no es correcto porque el sujeto es 'los caramelos', no el pronombre 'me', que es el complemento indirecto.* **4** Parte de las matemáticas que resuelve problemas por medio del álgebra: *El análisis comprende cualquier problema de matemáticas que no sea geométrico.* **5** ‖ **análisis (clínico).** **1** Examen cualitativo y cuantitativo de ciertos componentes o sustancias del organismo, siguiendo métodos especializados, para llegar a un diagnóstico; *analítica: El médico me ha mandado hacerme un análisis de sangre para ver si tengo anemia.* **2** Resultado de este examen: *Fui a recoger los análisis antes de ir al médico.* □ MORF. Invariable en número.

analista s. **1** Persona que se dedica profesionalmente a hacer análisis químicos o médicos: *El médico de cabecera me mandó al analista para que me hiciera un análisis de orina.* **2** Persona que se dedica profesionalmente al análisis de problemas informáticos: *Los analistas diseñan los programas, y los programadores los desarrollan.* **3** Persona que sigue y analiza de manera habitual los acontecimientos relacionados con un campo de la vida social o cultural: *Los analistas financieros esperan una nueva devaluación del euro para este mes.* □ MORF. Es de género común y exige concordancia en masculino o en femenino para señalar la diferencia de sexo: *el analista, la analista.*

analítico, ca ▮ adj. **1** Del análisis o relacionado con esta distinción de partes que forman un todo, o con este examen: *El método analítico es muy utilizado en los estudios científicos.* ▮ s.f. **2** Examen cualitativo y cuantitativo de ciertos componentes o sustancias del organismo, siguiendo métodos especializados, para llegar a un diagnóstico; *análisis clínico: Estamos esperando a que el médico nos informe sobre los resultados de la analítica de mi hermana.*

analizar v. Referido a algo que se quiere conocer a fondo, hacer un análisis o un examen de sus partes: *Debes analizar a fondo la situación.* □ ORTOGR. La *z* se cambia en *c* delante de *e* →**CAZAR**.

analogía s.f. Relación de semejanza o de parecido entre dos o más cosas distintas: *No veo ninguna analogía entre ellos.*

analógico, ca adj. **1** Que tiene analogía o semejanza con algo; *análogo: Su comportamiento de hoy ha sido analógico al de días anteriores.* **2** Referido a un sistema o a un aparato, que utiliza o contiene información que está representada de forma continua por un número infinito de valores: *Los relojes analógicos son los que marcan la hora con el movimiento de las manecillas.* 👁 **medida**

análogo, ga adj. **1** Que tiene analogía o semejanza con algo; *analógico: Los dos hermanos tienen reacciones análogas. Sus explicaciones fueron análogas a las de otros compañeros.* **2** En un ser vivo, referido a una parte del cuerpo o a un órgano, que pueden adoptar un aspecto semejante a los de otros por cumplir la misma función: *Las alas de las aves y las aletas de los peces son órganos análogos.* □ SINT. Constr. *análogo A algo.*

ananá s.m. →**ananás.** □ MORF. Su plural es *ananás.*

ananás s.m. **1** Planta americana con hojas rígidas de bordes espinosos y terminadas en punta aguda, flores de color morado y fruto comestible: *El ananás es originario de Brasil.* **2** Fruto de esta planta, de gran tamaño y forma cónica, con una pulpa dulce y carnosa de color amarillento, y terminado en una corona de hojas: *Ha puesto ananás en la macedonia y ha quedado riquísima.* □ ORTOGR. Se admite también *ananá.* □ MORF. Su plural es *ananases.* □ SEM. Es sinónimo de *piña.*

a b c d e f g h i j k l m n ñ o p q r s t u v w x y z

anaquel s.m. En un armario o en una estantería, tabla horizontal sobre la que se colocan las cosas; *balda, estante: Los anaqueles de la biblioteca están repletos de libros.*

anaranjado, da adj./s.m. Del color que resulta de mezclar rojo y amarillo; *naranja: Llevaba los ojos pintados con una sombra anaranjada. El segundo color del arco iris es el anaranjado.* ☐ SEM. Como adjetivo es sinónimo de *naranjado.* 👁 **espectro**

anarco adj./s. *col.* →**anarquista.** ☐ MORF. 1. Como adjetivo es invariable en género. 2. Como sustantivo es de género común y exige concordancia en masculino o en femenino para señalar la diferencia de sexo: *el anarco, la anarco.*

anarco- Elemento compositivo que significa 'anarquismo': *anarcosindicalismo.*

anarquía s.f. **1** →**anarquismo. 2** Desconcierto, desorganización, incoherencia o barullo por ausencia de una autoridad: *Cuando no están sus padres, en su casa reina la anarquía.*

anárquico, ca ▌adj. **1** De la anarquía, que la implica o relacionado con ella: *Su despacho era un conjunto anárquico de muebles y libros tirados por el suelo.* ▌adj./s. **2** Partidario o defensor del anarquismo o de la anarquía: *En su familia siempre han sido muy anárquicos. Esos anárquicos siempre están en contra del Gobierno.* ☐ SEM. En la acepción 2, como sustantivo es sinónimo de *anarquista.*

anarquismo s.m. **1** Doctrina que se basa en la abolición de toda forma de Estado o de autoridad, y en la exaltación de la libertad del individuo; *anarquía: Para el anarquismo, el Estado es la fuente de la opresión que sufre el individuo.* **2** Movimiento político formado por los partidarios de esta doctrina: *El anarquismo tuvo muchos partidarios en la España del siglo XIX.*

anarquista ▌adj. **1** De la anarquía, del anarquismo o relacionado con estas doctrinas: *Las teorías anarquistas defienden la revolución social.* ▌s. **2** Partidario o defensor del anarquismo o de la anarquía; *anárquico: En el siglo XIX, los anarquistas cometieron varios atentados contra personas que simbolizaban el poder.* ☐ MORF. 1. Como adjetivo es invariable en género. 2. Como sustantivo es de género común y exige concordancia en masculino o en femenino para señalar la diferencia de sexo: *el anarquista, la anarquista.* ☐ SEM. Dist. de *ácrata* (partidario de la supresión de toda autoridad). ☐ USO En la lengua coloquial se usa mucho la forma *anarco.*

anatema s. En la Iglesia católica, exclusión a la que la jerarquía eclesiástica somete a un fiel, apartándolo de su comunidad y del derecho a recibir los sacramentos; *excomunión: Recibió el anatema por sus manifestaciones heréticas.* ☐ MORF. Es de género ambiguo y admite concordancia en masculino o en femenino sin cambiar de significado: *{el/la} anatema {recibido/recibida}*, aunque se usa más como masculino.

anatomía s.f. Ciencia que estudia la forma, la estructura y las relaciones de las distintas partes del cuerpo de los seres vivos: *En clase de anatomía hemos estudiado los músculos del cuerpo humano.*

anatómico, ca adj. **1** De la anatomía o relacionado con esta ciencia o con su objeto de estudio: *En el examen de Ciencias Naturales nos preguntaron la descripción anatómica del corazón.* **2** Referido a un objeto, que ha sido construido para adaptarse perfectamente al cuerpo humano o a alguna de sus partes: *Ese coche tiene asientos anatómicos.*

anatomista s. Persona que se dedica al estudio de la anatomía, esp. si esta es su profesión: *Para ser un buen cirujano hay que ser un experto anatomista.* ☐ MORF. Es de género común, es decir, exige concordancia en masculino o en femenino para señalar la diferencia de sexo: *el anatomista, la anatomista.*

anca s.f. **1** Cada una de las dos mitades laterales de la parte posterior de algunos animales: *¿Has probado alguna vez las ancas de rana?* **2** Grupa de las caballerías: *El jinete golpeaba con la fusta las ancas del caballo para que cabalgase más rápido.* ☐ MORF. Por ser un sustantivo femenino que empieza por *a* tónica o acentuada, va precedida de *el, un, algún, ningún* y de las formas femeninas del resto de los determinantes.

ancestral adj. **1** De los ancestros o antepasados, o relacionado con ellos: *El miedo a la oscuridad es algo ancestral en los seres humanos.* **2** Tradicional, de origen remoto o muy antiguo: *En este pueblo conservan algunas costumbres ancestrales heredadas de los primeros pobladores de esta tierra.* ☐ MORF. Invariable en género.

ancestro s.m. Persona de la que se desciende: *Nuestros ancestros llegaron a estas tierras hace miles de años.* ☐ MORF. Se usa más en plural. ☐ SEM. Es sinónimo de *antecesor, antepasado* y *predecesor.*

ancho, cha ▌adj. **1** Que tiene más anchura o mide más horizontalmente de lo que es necesario o habitual: *Los pantalones de campana son muy anchos por abajo.* **2** Amplio, espacioso o con más espacio del necesario: *Cuando solo vamos tres en el coche, el que va en el asiento de atrás va muy ancho.* **3** Orgulloso, satisfecho, ufano y contento: *No entiendo que no tenga ni idea del examen y esté tan ancho.* ▌s.m. **4** En una superficie plana, dimensión menor: *Para rematar el borde del mantel necesito cinta de un ancho de 2 centímetros.* **5** En una superficie, dimensión considerada de derecha a izquierda o de izquierda a derecha: *Mide el ancho de la pared para ver si cabe este cuadro.* **6** En un objeto de tres dimensiones, distancia entre los dos extremos vistos de frente: *Las tres dimensiones de un objeto son el ancho, la altura y la longitud.* **7** ‖ **a {mis/tus...} anchas.** *col.* Con total libertad, con comodidad o sin sentirse cohibido: *Aunque apenas nos conoce, cuando viene a casa está a sus anchas.* ☐ SEM. En las acepciones 4, 5 y 6, es sinónimo de *anchura.*

anchoa s.f. Boquerón curado en salmuera o agua con sal: *De aperitivo tomamos unas aceitunas rellenas de anchoa.*

anchura s.f. **1** En una superficie plana, dimensión menor: *Cada carril de esta carretera tiene una anchura de tres metros.* **2** En una superficie, dimensión considerada de derecha a izquierda, o de izquierda a derecha: *Compara la anchura de esta camiseta con la de una talla menor para ver la diferencia.* **3** En un objeto de tres dimensiones, distancia entre los dos extremos vistos de frente: *¿Has medido la anchura del armario para ver si cabe en esta pared?* ☐ SEM. Es sinónimo de *ancho.*

ancianidad s.f. **1** Último período de la vida natural de una persona: *Vivió su ancianidad rodeada del cariño de sus hijos y nietos.* **2** Estado o condición de la persona que tiene mucha edad o muchos años: *A pesar de su ancianidad, mostraba una claridad de ideas impresionante.*

anciano, na adj./s. Referido a una persona, que tiene muchos años: *Una anciana mujer se le acercó y le pidió que le ayudase a cruzar la calle. Como no tenía hijos, cuan-*

do murió su mujer se fue a vivir a una residencia de ancianos.

ancla s.f. **1** Objeto de hierro en forma de arpón o de anzuelo con dos ganchos que, pendiente de una cadena o de un cable, se arroja al fondo del mar para fondear la embarcación: *Si el fondo del mar es muy arenoso, el ancla no se aferra y no puede sujetar el barco.* **2** ‖ **levar anclas.** Sacarlas del fondo del mar para que el barco quede libre y pueda empezar su navegación: *Si ya están todos los tripulantes a bordo, podemos levar anclas.* □ MORF. Por ser un sustantivo femenino que empieza por *a* tónica o acentuada, esta palabra va precedida de *el*, *un*, *algún*, *ningún* y de las formas femeninas del resto de los determinantes.

anclar ▌ v. **1** Referido a una embarcación, sujetar las anclas al fondo del mar: *Los pescadores anclaron sus barcos en el puerto y echaron las redes al mar.* **2** Sujetar firmemente al suelo o a otro lugar: *Hay que anclar de nuevo el columpio en el jardín porque se mueve mucho un lateral.* ▌ prnl. **3** Aferrarse o agarrarse con tenacidad a una idea o a una actitud: *Se ha anclado en el pasado y no siente ningún interés por el presente.*

áncora s.f. *poét.* Ancla: *Las áncoras retenían a la nave prisionera de las aguas.* □ MORF. Por ser un sustantivo que empieza por *a* tónica o acentuada, va precedido de *el*, *un*, *algún*, *ningún* y de las formas femeninas del resto de los determinantes.

anda interj. **1** Expresión que se usa para indicar extrañeza, sorpresa, admiración o disgusto: *¡Anda, mira quién ha venido!* **2** Seguida de una petición, expresión que se usa para enfatizar esta: *¡Anda, papá, cómpramelo!* □ PRON. En la lengua coloquial, está muy extendida la pronunciación [andá]. □ USO En el lenguaje coloquial, combinada con otras expresiones, se usa mucho para indicar desprecio, burla o rechazo (*¡Anda ya!*, *¡Anda y que te zurzan!*), o para indicar sorpresa (*¡Anda la osa!*, *¡Anda mi madre!*).

andadas ‖ **volver a las andadas.** *col.* Reincidir o volver a caer en un vicio o en una mala costumbre: *Me prometiste que no volverías a mentir, pero ya veo que has vuelto a las andadas.*

andador s.m. Aparato que se utiliza para enseñar o para ayudar a andar: *Después de su caída, mi abuela anda muy despacito y apoyada en el andador.*

andadura s.f. Movimiento o avance: *En nuestra andadura hacia la colaboración entre los dos países, la firma de este acuerdo ha sido un paso importante.*

andalucismo s.m. **1** En lingüística, palabra, significado o construcción sintáctica característicos del dialecto andaluz: *La palabra 'malaje' es un andalucismo incorporado al español.* **2** Nacionalismo andaluz o defensa de lo que se considera propio o característico de Andalucía (comunidad autónoma de España): *El andalucismo de este partido político tiene claros fines electorales.*

andalucista adj./s. Partidario o seguidor de todo lo andaluz o del andalucismo o nacionalismo andaluz: *Los políticos andalucistas presentaron su solicitud al Gobierno central. Un grupo de andalucistas radicales se manifestó en contra de las medidas económicas aprobadas por el Gobierno.* □ MORF. 1. Como adjetivo es invariable en género. 2. Como sustantivo es de género común y exige concordancia en masculino o en femenino para señalar la diferencia de sexo: *el andalucista, la andalucista*.

andalusí adj./s. De al Ándalus (nombre que los árabes daban a la España musulmana en la época medieval), o relacionado con ella: *He visitado una exposición de arte andalusí. Esa obra de los clásicos nos ha llegado por una traducción de un andalusí.* □ MORF. 1. Como adjetivo es invariable en género. 2. Como sustantivo es de género común y exige concordancia en masculino o en femenino para señalar la diferencia de sexo: *el andalusí, la andalusí*. 3. Aunque su plural en la lengua culta es *andalusíes*, se usa mucho *andalusís*.

andaluz, -a adj./s. De Andalucía (comunidad autónoma española), o relacionado con ella: *El habla andaluza tiene unos rasgos fonéticos y léxicos característicos. Estuve cenando con un grupo de andaluces y nos reímos muchísimo.* □ MORF. Como sustantivo se refiere solo a las personas de Andalucía.

andamiaje s.m. Conjunto de andamios: *El andamiaje de las obras de este edificio ocupa toda la acera.*

andamio s.m. Armazón metálico o de tablones que se pone pegado a una obra en construcción o en reparación, y que sirve para subirse en él y poder llegar a las partes más altas: *La fachada está cubierta con andamios porque la están pintando.*

andanada s.f. **1** En una plaza de toros, localidad cubierta y con gradas, situada en la parte más alta de la plaza: *La andanada del siete no dejaba de protestar.* **2** Conjunto de disparos hechos al mismo tiempo por todos los cañones del costado de un barco: *El barco pirata disparó una andanada contra el navío enemigo.*

andando interj. Expresión que se usa para indicar que se inicia la marcha o para dar prisa: *Ya solo queda esta habitación por arreglar, así que, andando, que entre todos acabamos pronto.*

andante s.m. **1** En música, aire o velocidad tranquilos con que se ejecutan una composición o un pasaje: *El andante es un aire más rápido que el adagio y más lento que el moderato.* **2** En música, composición o pasaje que se ejecutan con este aire: *No me canso de escuchar el andante de esta sonata.*

andanza s.f. Recorrido, lleno de aventuras y de peripecias, que se hace por distintos lugares: *Son famosas las andanzas de ese pirata por los Mares del Sur.*

andar ▌ s.m. **1** Movimiento o avance: *Con el andar del tiempo, te irás haciendo más juicioso.* **2** Forma en la que se realiza este movimiento: *Es una persona muy tranquila y de andar pausado.* ▌ v. **3** Ir de un lugar a otro dando pasos; *caminar*: *¿Has venido andando o en coche?* **4** Moverse de un lugar a otro: *Los barcos andan por el agua.* **5** Referido a un mecanismo, funcionar; *marchar*: *El reloj se me ha estropeado y no anda.* **6** Estar, encontrarse o hallarse en una situación determinada: *¿Cómo andas de tu gripe?* **7** Haber o existir: *Es raro que a estas horas ande tanta gente en la calle.* **8** Obrar, proceder o comportarse de un modo determinado: *No me gusta que andes con rodeos.* **9** *col.* Revolver o tocar con las manos: *¿Quién ha andado en mi armario?* **10** Referido al tiempo, pasar o correr: *A partir de cierta edad, parece que los años anden más deprisa.* **11** Referido a un espacio, recorrerlo o atravesarlo: *He andado todo el edificio hasta encontrarte.* **12** ‖ **todo se andará.** *col.* Expresión que se usa para calmar la impaciencia de alguien: *No te preocupes más por eso, que todo se andará.* □ MORF. Irreg. →ANDAR. □ SINT. 1. La acepción 2 en plural tiene el mismo significado que en singular. 2. Constr. de la acepción 9: *andar* EN *algo*. 3. La perífrasis *andar + gerundio* indica que se está realizando la acción expresada por este: *No sé si lo encontrarás, porque anda cazando en el monte.*

andariego, ga adj./s. Que anda mucho, esp. si lo hace porque le gusta; *andarín*: *Es muy andariega, y casi nunca coge el autobús para ir a los sitios. Los andariegos del grupo prefirieron ir de excursión a quedarse en el hotel.*

andarín, -a adj./s. →**andariego, ga.**

andas s.f.pl. Tablero con dos barras paralelas horizontales que sirve para transportar una carga a hombros de personas: *Las andas son muy utilizadas para llevar en procesión imágenes religiosas.*

andén s.m. **1** En una estación de tren o de autobús, acera situada al borde de las vías o de la calzada, en la que los pasajeros esperan las llegadas y salidas de los trenes y autobuses: *En las grandes estaciones de tren, los andenes están comunicados por pasos subterráneos, para evitar que los viajeros crucen las vías. Tenemos que esperar nuestro autobús en el andén número 5.* **2** En un puerto de mar, parte del muelle en la que trabajan las personas encargadas del embarque o desembarque de las mercancías: *Estuvimos paseando por el andén del puerto y vimos llegar grandes barcos.*

andino, na adj. De los Andes (cordillera montañosa sudamericana), o relacionado con ellos: *La llama es un animal andino. Chile es un país andino.*

andorrano, na adj./s. De Andorra o relacionado con este país europeo: *El Estado andorrano se extiende entre Francia y España. Un gran número de andorranos posee nacionalidad española.* □ MORF. Como sustantivo se refiere solo a las personas de Andorra.

andrajo s.m. **1** Prenda de vestir vieja, rota o sucia: *¿No te da vergüenza ir vestido con esos andrajos?* **2** Trozo desgarrado de ropa muy usado y muy viejo; *harapo*: *Llevaba un viejo abrigo lleno de andrajos.*

andrajoso, sa ▮ adj. **1** Referido esp. a una prenda de vestir, que está vieja, rota o sucia: *Tengo que comprarme otro abrigo porque este ya está andrajoso.* ▮ adj./s. **2** Que está cubierto o vestido con andrajos: *Cuando te vi limpio y con ropa nueva, no te reconocí, acostumbrado a verte siempre andrajoso. Varios andrajosos pedían limosna a la puerta de la iglesia.*

andro- Elemento compositivo que significa 'varón' (*androfobia, androcracia*) o 'masculino' (*androceo, andrógeno*).

androceo s.m. En una flor, conjunto de estambres o parte masculina: *El polen se produce en el androceo de una flor.* 👁 **flor**

andrógeno s.m. Hormona sexual masculina responsable de la aparición de los caracteres sexuales secundarios: *Los andrógenos se elaboran fundamentalmente en los testículos.*

andrógino, na adj./s. Referido a una persona, que tiene rasgos externos que no corresponden exactamente con los propios de su sexo: *Ese cantante es andrógino porque tiene rasgos femeninos. Los andróginos suelen ser confundidos con personas del sexo opuesto.*

androide s.m. Robot con figura humana: *En una película de ciencia ficción, androides venidos de otra galaxia invadían la Tierra.*

andurrial s.m. Lugar apartado y alejado de los caminos: *No vayáis por esos andurriales, porque os podéis perder.* □ MORF. Se usa más en plural.

anea s.f. →**enea.**

anécdota s.f. **1** Suceso curioso y poco conocido que se cuenta para ejemplificar algo o como entretenimiento: *Mi padre siempre cuenta anécdotas muy divertidas de su juventud.* **2** Suceso poco importante o poco habitual: *Que hoy haya llegado tarde a clase es una anécdota, porque siempre soy puntual.*

anecdotario s.m. Conjunto de anécdotas: *Me he comprado un anecdotario de personajes famosos.*

anecdótico, ca adj. De la anécdota o relacionado con este relato o con este suceso: *Es una biografía muy amena, llena de datos anecdóticos sobre el personaje.*

anegamiento s.m. Inundación de un terreno: *El anegamiento de los sembrados produjo terribles pérdidas económicas en la comarca.*

anegar ▮ v. **1** Referido a un lugar, cubrirlo de agua; *inundar*: *Las fuertes lluvias anegaron los campos. La tromba de agua ha hecho que la comarca se anegase.* ▮ prnl. **2** Referido a una persona, llorar abundantemente: *Estaba tan abatida que se anegaba en lágrimas.* □ ORTOGR. La *g* se cambia en *gu* delante de *e* →**PAGAR.**

anejar v. →**anexar.** □ ORTOGR. Conserva la *j* en toda la conjugación.

anejo, ja ▮ adj./s. **1** Unido a otro, del que depende o con el que tiene una estrecha relación; *anexo*: *Nos recibieron en un despacho anejo a la oficina principal. Estas pruebas sanguíneas se hacen en un anejo del hospital.* ▮ s.m. **2** Libro que se edita como complemento de una revista: *El artículo que te interesa está en un anejo de la revista de este mes.*

anélido, da ▮ adj./s.m. **1** Referido a un animal, que tiene el cuerpo alargado y casi cilíndrico, formado por segmentos en forma de anillos, y que suelen vivir en el agua o en lugares húmedos: *La lombriz de tierra es un animal anélido. Los anélidos reciben este nombre porque su cuerpo parece formado por anillos.* ▮ s.m.pl. **2** En zoología, tipo de estos animales, perteneciente al reino de los metazoos: *Algunos animales que pertenecen a los anélidos, como la sanguijuela, viven parásitos a otros seres vivos.*

anemia s.f. Disminución de la sangre total circulante, del número de glóbulos rojos o de la cantidad de hemoglobina: *La anemia se caracteriza por la palidez de la piel y por una gran debilidad.*

anémico, ca ▮ adj. **1** De la anemia o relacionado con esta anormalidad de la sangre: *La palidez es un síntoma anémico.* ▮ adj./s. **2** Que padece anemia: *El médico le ha dicho que está anémica, y que tiene que cambiar su régimen de alimentación. Los anémicos suelen fatigarse enseguida.*

anemo- Elemento compositivo que significa 'viento': *anemografía, anemómetro.*

anemómetro s.m. Instrumento que sirve para medir la velocidad o la intensidad del viento: *Este anemómetro giratorio consta de varias cazuelillas unidas a un aspa.* 👁 **medida**

anémona s.f. **1** Planta herbácea con tallo subterráneo en forma de rizoma, pocas hojas en los tallos y flores vistosas generalmente con seis pétalos: *Hay varias especies de anémonas, con flores de colores distintos.* **2** Flor de esta planta: *Las anémonas tiene los pétalos de bonitos colores.* **3** ‖ **anémona de mar.** Organismo marino en forma de pólipo, con el cuerpo blando, contráctil y de colores vivos, y que tiene una serie de tentáculos alrededor del orificio que le sirve de boca: *Las anémonas de mar viven fijas en las rocas.*

anestesia s.f. **1** Privación total o parcial de la sensibilidad de forma temporal por medio de una sustancia anestésica: *Las operaciones quirúrgicas se hacen bajo* *anestesia general o local.* **2** Sustancia que produce esta pérdida de la sensibilidad: *Le administraron anestesia antes de operarlo.*

anestesiar v. Privar parcial o totalmente de la sensibilidad de forma temporal por medio de la anestesia: *El dentista me anestesió las encías para empastarme la muela. Me anestesiaron para que no sintiera ningún dolor.* □ ORTOGR. La *i* nunca lleva tilde.

anestésico, ca ▌adj. **1** De la anestesia o relacionado con ella: *Gracias a las técnicas anestésicas las operaciones quirúrgicas son menos dolorosas.* ▌adj./s.m. **2** Que produce o causa anestesia: *Las sustancias anestésicas pueden administrarse por vía intravenosa o por vía inhalatoria. El cloroformo es un anestésico.*

anestesista adj./s. Referido a una persona, que está especializada en anestesia: *El médico anestesista nos dijo que la operación había sido un éxito. La anestesista vigilaba las constantes vitales del paciente que estaba siendo operado.* □ MORF. 1. Como adjetivo es invariable en género. 2. Como sustantivo es de género común y exige la concordancia en masculino o en femenino para señalar la diferencia de sexo: *el anestesista, la anestesista.*

aneurisma s. En medicina, dilatación anormal de una parte del sistema vascular: *En las zonas de aneurismas hay un mayor riesgo de roturas vasculares.* □ MORF. Es de género ambiguo y admite concordancia en masculino y en femenino sin cambiar de significado: *{el/la} aneurisma {aórtico/aórtica}.*

anexar v. Referido a una cosa, incorporarla o unirla a otra haciendo que dependa de esta; *anejar: He anexado una cláusula al contrato. El país vencedor se anexó varios territorios del país vencido.*

anexión s.f. Incorporación o unión de una cosa a otra, de la que depende: *La anexión de las regiones fronterizas por medio de la ocupación militar fue la chispa que encendió la guerra entre los dos países.*

anexionar v. Referido esp. a un territorio, anexarlo o incorporarlo a otro: *El tratado de paz permitió al principado anexionar una región fronteriza muy próspera.*

anexionismo s.m. Tendencia política que favorece y que defiende la anexión de territorios: *El anexionismo ha sido el comienzo de muchas guerras a lo largo de la historia.*

anexionista adj./s. Que sigue o que defiende el anexionismo: *Las políticas exteriores anexionistas son un peligro para la paz. Los anexionistas pangermánicos ocasionaron la II Guerra Mundial al ocupar Checoslovaquia y Polonia.* □ MORF. 1. Como adjetivo es invariable en género. 2. Como sustantivo es de género común y exige la concordancia en masculino o en femenino para señalar la diferencia de sexo: *el anexionista, la anexionista.*

anexo, xa adj./s. →**anejo, ja.**

anfeta s.f. *col.* →**anfetamina.**

anfetamina s.f. Medicamento que estimula el sistema nervioso central y que aumenta el rendimiento físico e intelectual: *El consumo de anfetaminas crea adicción.* □ MORF. En la lengua coloquial se usa mucho la forma abreviada *anfeta.*

anfi- Elemento compositivo que significa 'alrededor' (*anfiteatro*) o 'doble' (*anfibio*).

anfibio, bia ▌adj. **1** Referido esp. a un vehículo, que puede desplazarse tanto en el agua como en la tierra: *El ejército cuenta con modernos camiones anfibios.* ▌adj./s. **2** Referido a un animal o a una planta, que puede vivir indistintamente en el agua o sobre tierra: *El cocodrilo es un animal anfibio. El sapo es un anfibio.* ▌adj./s.m. **3** Referido a un vertebrado, que no tiene ni pelo ni plumas, es de sangre fría, necesita un medio acuático o muy húmedo para nacer y vivir, y cuando es larva tiene características muy diferentes a las del adulto; *batracio: La salamandra es un animal anfibio. Los anfibios en estado adulto respiran por medio de pulmones.* ▌s.m.pl. **4** En zoología, clase de estos vertebrados, perteneciente al tipo de los cordados: *Algunas especies que pertenecen a los anfibios carecen de extremidades y recuerdan a las lombrices.*

anfiteatro s.m. **1** Edificio de forma ovalada o circular, con gradas para el público, que estaba destinado a determinados espectáculos, esp. a los combates de gladiadores o de fieras: *El anfiteatro romano de Mérida ha sido restaurado, y en verano se utiliza como sede de diversos festivales de teatro.* **2** Local generalmente de forma semicircular y con gradas en el que suelen realizarse actividades docentes: *El profesor dio su última clase en el anfiteatro.* **3** En un cine, en un teatro y en otros locales, parte alta de la sala que tiene los asientos en gradas: *Las entradas de anfiteatro suelen ser más baratas que las de butaca de patio.*

anfitrión, -a s. **1** Persona que tiene invitados en su casa: *No me gusta ser la anfitriona porque tengo que estar pendiente de que todo salga bien.* **2** Persona o entidad que reciben invitados en su país o en su sede habitual: *Los anfitriones ganaron el partido por goleada.* □ MORF. Se usa en aposición, pospuesto a un sustantivo: *La familia anfitriona nos obsequió con unos regalos.*

ánfora s.f. Vasija alta, estrecha y terminada en punta, de cuello largo y con dos asas: *Las ánforas fueron muy usadas por los griegos y los romanos para conservar y transportar alimentos.* □ MORF. Por ser un sustantivo femenino que empieza por *a* tónica o acentuada, va precedida de *el, un, algún, ningún* y de las formas femeninas del resto de los determinantes.

angarillas s.f.pl. Armazón formado por dos barras paralelas unidas por una tabla transversal, que sirve para transportar algo a mano: *Llevaban los sacos de cemento en unas angarillas.*

ángel s.m. **1** En algunas religiones, espíritu celestial puro creado por Dios, que le sirve y hace de mediador entre Él y las personas: *En el arte cristiano, se representa a los ángeles como niños o jóvenes muy bellos y con alas.* **2** Persona que tiene las características que se consideran propias de estos espíritus: *Esta mujer es un ángel, siempre pendiente de los demás.* **3** Gracia, simpatía o encanto: *Esta bailarina tiene ángel.* **4** ‖ **ángel {caído/de las tinieblas/malo}.** Diablo: *Los ángeles caídos fueron desterrados de la cercanía de Dios por su rebeldía.* ‖ **ángel {custodio/de la guarda}.** El destinado por Dios a cada persona para que la proteja: *Gracias a mi ángel de la guarda pude salvarme de aquel accidente.* ‖ **como los ángeles.** Muy bien: *Este tenor canta como los ángeles.*

angelical adj. **1** De los ángeles o relacionado con estos espíritus celestiales: *En el cuadro aparecía un coro angelical entonando himnos en el cielo.* **2** Con las características que se consideran propias de los ángeles: *Es una persona angelical.* □ MORF. Invariable en género. □ SEM. Es sinónimo de *angélico.*

angélico, ca adj. →**angelical.**

ángelus s.m. Oración que recuerda el misterio de la encarnación del hijo de Dios, y que comienza con las palabras *El ángel del Señor anunció a María: El ángelus se reza tres veces al día: al amanecer, a mediodía y al atardecer.* ☐ MORF. Invariable en número.

angina s.f. **1** Inflamación de las amígdalas y de las zonas próximas a estas: *Tiene anginas, y siente mucho dolor al tragar.* **2** ‖ **angina de pecho.** Conjunto de síntomas causados por un fallo en la circulación arterial del corazón, que se caracteriza por un dolor muy grande en el pecho y el brazo izquierdo, y por una fuerte sensación de ahogo: *Le dio una angina de pecho, y le tuvimos que llevar a urgencias.* ☐ MORF. La acepción 1 se usa más en plural. ☐ SEM. 1. Dist. de *amígdala* (cada uno de los dos nódulos linfáticos situados en la base de los pilares del paladar). 2. El uso de *angina de pecho* para designar la enfermedad caracterizada por estos síntomas es incorrecto, aunque está muy extendido: incorr. **morir de una angina de pecho.*

angiospermo, ma ▮ adj./s.f. **1** Referido a una planta, que tiene flores con órganos femeninos y masculinos, y las semillas protegidas en el interior del fruto: *La judía y el melocotonero son plantas angiospermas. Las semillas de algunas angiospermas tienen un solo cotiledón, mientras que las de otras tienen dos.* ▮ s.f.pl. **2** En botánica, división de estas plantas, perteneciente al reino de las metafitas: *El almendro y el guisante pertenecen a las angiospermas.*

anglicanismo s.m. Conjunto de doctrinas de la religión reformada predominante en Inglaterra (región británica): *El anglicanismo surgió tras la ruptura del rey Enrique VIII de Inglaterra con el papa, cuando sustituyó la autoridad de este por la suya propia.*

anglicano, na ▮ adj. **1** Del anglicanismo o relacionado con este conjunto de doctrinas religiosas: *La Iglesia anglicana admite a las mujeres en el sacerdocio.* ▮ adj./s. **2** Que profesa el anglicanismo: *Los obispos anglicanos son miembros de una de las Cámaras del Parlamento. La máxima autoridad religiosa para los anglicanos es el rey o la reina.*

anglicismo s.m. En lingüística, palabra, significado o construcción sintáctica del inglés empleados en otra lengua: *La palabra 'beicon' es un anglicismo, 'bacon', que ha sido adoptado por el español como palabra de uso común.*

anglicista adj. Del anglicismo o relacionado con él: *Este artículo tiene una mala traducción porque está lleno de construcciones sintácticas anglicistas.* ☐ MORF. Invariable en género.

anglo, gla adj./s. De un antiguo pueblo germánico que se estableció en los siglos V y VI en Inglaterra (región británica), o relacionado con él: *El pueblo anglo ha sido muy estudiado. Anglos y sajones emigraron de Germania a las islas británicas, huyendo de la invasión gala que los empujaba.*

anglo- Elemento compositivo que significa 'inglés': *angloamericano, anglohablante, anglófilo.*

anglófono, na adj./s. De habla inglesa: *Estados Unidos es un país anglófono. Necesitan un anglófono para dar clases de inglés.*

anglosajón, -a adj./s. **1** De los pueblos germanos que en el siglo V invadieron Inglaterra (región británica), o relacionado con ellos: *Los pueblos anglosajones se impusieron a la antigua población celta que habitaba Gran Bretaña.* **2** De origen inglés o que habla esta lengua: *Estados Unidos de América es una nación anglosajona. Los anglosajones suelen tener un temperamento más frío que los latinos.*

angoleño, ña adj./s. De Angola o relacionado con este país africano: *La capital angoleña es Luanda. Los angoleños tienen como idioma oficial el portugués.* ☐ MORF. Como sustantivo se refiere solo a las personas de Angola.

angora s.f. Lana que se obtiene a partir del pelo de un conejo originario de Angora (antiguo nombre de la actual capital turca): *Me he comprado un jersey de angora.*

angorina s.f. Fibra textil que imita a la angora: *Los jerséis de angorina no me gustan, porque sueltan mucho pelo, y te dejan toda la ropa llena de pelusas.*

angosto, ta adj. Muy estrecho o de reducidas dimensiones: *El sendero era angosto, y apenas cabían dos personas a la vez.*

angostura s.f. **1** Falta de anchura o gran estrechez, esp. en un terreno o en un paso: *La angostura del camino no permitía que pasase el coche.* **2** Bebida amarga que se extrae de la corteza de una planta, y que se usa en la elaboración de algunos cócteles: *Para hacer este cóctel se necesitan unas gotas de angostura.*

angstrom (anglicismo) s.m. Unidad de longitud que equivale a la diezmillonésima parte de un milímetro: *El angstrom es una unidad muy utilizada para la medida de los microrganismos.*

anguila s.f. Pez comestible de cuerpo alargado y cilíndrico, que carece de aletas abdominales y que vive en los ríos pero se reproduce en el mar: *Las anguilas son resbaladizas.* ☐ MORF. Es un sustantivo epiceno y la diferencia de sexo se señala mediante la oposición *la anguila {macho/hembra}.* 👁 **pez**

angula s.f. Cría de la anguila: *Las angulas son muy apreciadas como comida.* ☐ MORF. Es un sustantivo epiceno y la diferencia de sexo se señala mediante la oposición *la angula {macho/hembra}.*

angular adj. **1** Del ángulo o relacionado con él: *La suma de los valores angulares de un triángulo es de 180°.* **2** Con forma de ángulo: *Todas las esquinas tienen forma angular.* **3** ‖ **(gran) angular.** Objetivo fotográfico de corta distancia de foco y con capacidad de cubrir un ángulo visual de 70° a 180°: *Solo podrás fotografiar este panorama al completo si usas un gran angular.* ☐ MORF. Invariable en género.

ángulo s.m. **1** Figura geométrica formada en una superficie por dos líneas rectas que parten de un mismo punto, o, en el espacio, por dos superficies que parten de una misma línea: *Los ángulos se miden en grados.* **2** Espacio formado por el encuentro de dos líneas o de dos superficies: *En un ángulo de la sala habían colocado un gran jarrón de porcelana china. En muchos libros antiguos, los ángulos de las cubiertas iban reforzados con un material más resistente.* 👁 **libro 3** Punto de vista u opinión desde el que se puede considerar algo: *Si lo miras desde ese ángulo verás que no existe ningún problema.* **4** ‖ **ángulo agudo.** El que mide menos de noventa grados: *La letra 'V' tiene forma de ángulo agudo.* ‖ **ángulo complementario.** El que le falta a otro para sumar noventa grados; *complemento: El ángulo complementario de un ángulo de 30° es otro de 60°.* ‖ **ángulo cóncavo.** El que mide más de ciento ochenta grados: *Un ángulo cóncavo comprende en sí la prolongación de los lados de dos semirrectas que parten de un mismo punto.* ‖ **ángulo convexo.** El que mide menos de ciento ochenta grados: *Un ángulo convexo no comprende en sí la prolongación de los lados de dos semirrectas que parten de un mismo punto.* ‖ **ángulo diedro.** Cada una de las dos porciones del espacio limitadas por dos semiplanos que parten de una misma recta: *Los dos semiplanos de un ángulo diedro se llaman 'caras'.* ‖ **ángulo {llano/plano}.** El que mide ciento ochenta grados y está formado por dos líneas contenidas en el mismo plano: *Los lados del ángulo plano son consecutivos.* ‖ **ángulo muerto.** El que queda fuera del campo visual: *Al mirar por el espejo retrovisor, siempre hay un ángulo muerto que no se ve.* ‖ **ángulo obtuso.** El que mide más de noventa grados y menos de ciento ochenta grados: *El ángulo obtuso es más abierto que el recto.* ‖ **ángulo recto.** El que mide noventa grados: *El ángulo recto está formado por dos líneas o planos que se cortan perpendicularmente.* ‖ **ángulo suplementario.** El que le falta a otro para sumar ciento ochenta grados; *suplemento*: *El ángulo suplementario de un ángulo agudo de cuarenta grados es otro obtuso de ciento cuarenta grados.* 👁 ángulo ‖ **ángulos adyacentes.** Los consecutivos que tienen un lado común, y los lados no comunes formando parte de una misma recta: *Los dos ángulos suplementarios que se unen para formar uno llano son ángulos adyacentes.* ‖ **ángulos consecutivos.** Los que tienen el vértice y un lado común y no está uno comprendido en el otro: *El ángulo A, de 80°, es la suma de los ángulos consecutivos B y C, de 50° y 30° respectivamente.* ‖ **ángulos opuestos por el vértice.** Los que tienen el vértice común y los lados de cada uno en prolongación de los del otro: *Las líneas de estos dos ángulos opuestos por el vértice tienen forma de aspa.*

anguloso, sa adj. Que tiene ángulos o esquinas muy marcados: *Las facciones de su cara son muy angulosas porque está muy delgado.*

angustia s.f. **1** Sentimiento de intranquilidad y sufrimiento ante una situación de peligro, amenaza o incertidumbre: *Todo el pueblo vive con angustia el rescate de los niños perdidos en las montañas.* **2** Sofoco o sensación de opresión en la región torácica o abdominal: *Fue al médico porque sentía una angustia en el pecho.*

angustiar v. Causar angustia o sentimiento de intranquilidad o sufrimiento: *Me angustia pensar en la muerte. No te angusties por esa tontería.* ☐ ORTOGR. La *i* nunca lleva tilde.

angustioso, sa adj. **1** Que produce angustia: *Una espera tan larga es angustiosa.* **2** Con mucha angustia: *Pasamos unos días angustiosos hasta que se solucionó nuestro problema.*

anhelar v. Desear intensamente: *Lo que más anhelo en este momento es encontrar un trabajo.*

anhelo s.m. Deseo intenso de conseguir algo; *ansia*: *Vive con el anhelo de llegar a ser alguien poderoso.*

anhídrido s.m. **1** Compuesto químico formado por la combinación del oxígeno con un elemento no metálico y que, al reaccionar con el agua, produce un ácido: *El anhídrido sulfúrico es óxido de azufre que, al combinarse con el agua, produce el ácido sulfúrico.* **2** ‖ **anhídrido carbónico.** Gas más pesado que el aire, inodoro, incoloro, que no se puede quemar, y que se produce en las combustiones y en algunas fermentaciones por la combinación del carbono con el oxígeno: *Las plantas respiran oxígeno y expulsan anhídrido carbónico.*

anidar v. **1** Referido a un ave, hacer su nido o vivir en él: *Las cigüeñas han anidado en la torre de la iglesia.* **2** Referido esp. a un sentimiento, hallarse en una persona: *En su corazón nunca anidó la envidia.*

anilina s.f. Sustancia líquida y aceitosa, muy tóxica, que se obtiene a partir del benceno y que es muy utilizada en la industria: *La anilina se utiliza en la fabricación de colorantes.*

anilla ▮ s.f. **1** Pieza en forma de circunferencia hecha de un material duro que sirve para sujetar o para colgar algo: *Me he comprado un cuaderno de anillas para poder meter y sacar las hojas sin arrancarlas.* 👁 **química** ▮ pl. **2** En gimnasia, aparato que consta de dos aros que cuelgan de unas cuerdas sujetas al techo, y en el que los gimnastas realizan sus ejercicios: *El gimnasta obtuvo una*

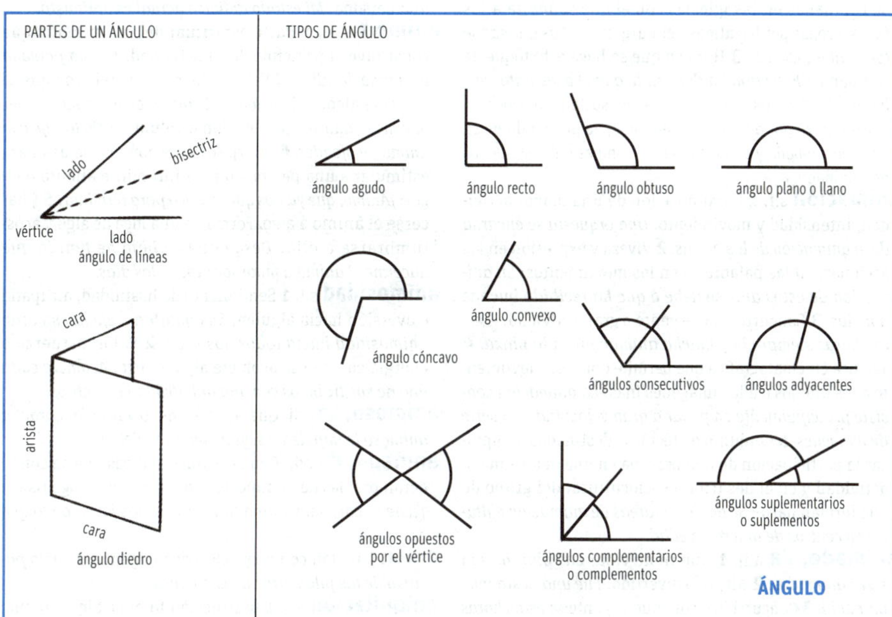

ÁNGULO

buena puntuación en los ejercicios de anillas. 👁 **gimnasio**

anillado, da adj. Que tiene uno o varios anillos: *La lombriz de tierra tiene el cuerpo anillado.*

anillar v. **1** Sujetar con anillos o con anillas: *He anillado todas las hojas sueltas para que no se me pierdan.* **2** Referido esp. a un ave, ponerle una anilla en la pata para marcarla y poder estudiar alguna de sus características: *El ornitólogo anilló a la cigüeña para estudiar sus desplazamientos migratorios.*

anillo s.m. **1** Aro pequeño, esp. el que se lleva en los dedos de la mano: *Le ha regalado una alianza de oro como anillo de compromiso.* 👁 **joya** **2** Lo que tiene la forma de este aro: *El anillo inguinal se encuentra en la zona de unión entre la cavidad abdominal y el muslo y a través de él pasan numerosos vasos sanguíneos.* **3** En zoología, cada uno de los segmentos en que se divide el cuerpo de los gusanos y de los animales artrópodos: *El cuerpo de las orugas está dividido en anillos.* **4** En botánica, cada uno de los círculos leñosos concéntricos que forman el tronco de un árbol: *Contando los anillos del tronco de un árbol podemos saber cuántos años tiene.* **5** En arquitectura, moldura que rodea a un cuerpo cilíndrico: *El fuste de la columna estaba rodeado por varios anillos.* **6** En astronomía, formación celeste de forma circular que rodea a algunos planetas: *El planeta Saturno está rodeado por tres grandes anillos.* **7** ‖ **caérsele los anillos** a alguien. *col.* Sentirse rebajado o humillado respecto de su posición social o jerárquica: *Aunque seas el jefe, no se te van a caer los anillos por hacer tú mismo las fotocopias.* ‖ **como anillo al dedo.** Muy oportuno, conveniente o adecuado: *Esta paga extraordinaria me viene como anillo al dedo.* ☐ SINT. 1. *Caérsele los anillos a alguien* se usa más en expresiones negativas. 2. *Como anillo al dedo* se usa más con los verbos *venir*, *caer* o equivalentes.

ánima ▌ s.f. **1** Alma de una persona: *El día de todos los Santos se reza por las ánimas del purgatorio.* ▌ pl. **2** Toque de campanas en las iglesias con el que se invita a los fieles a rogar por las almas del purgatorio: *Las ánimas se tocan al anochecer.* **3** Hora en que se hace este toque de campanas: *El testigo ha declarado que el asesinato tuvo lugar a las ánimas.* ☐ MORF. Por ser un sustantivo femenino que empieza por *a* tónica o acentuada, va precedido de *el*, *un*, *algún*, *ningún* y de las formas femeninas del resto de los determinantes.

animación s.f. **1** Comunicación de una mayor actividad, intensidad y movimiento: *Una orquesta se encarga de la animación de las fiestas.* **2** Viveza y expresión en las acciones, en las palabras o en los movimientos: *Su animación de estos días se debe a que ha recibido buenas noticias.* **3** Concurrencia de gente o gran actividad: *A estas horas siempre hay mucha animación en la plaza.* **4** Técnica cinematográfica que permite dotar de movimiento a los dibujos o a las imágenes fijas: *La animación consiste principalmente en pasar a gran velocidad una serie de imágenes.* **5** Conjunto de técnicas destinadas a impulsar la participación de una persona en una determinada actividad y en el desarrollo sociocultural del grupo de que forman parte: *Se dedica a tareas de animación cultural en centros de la tercera edad.*

animado, da adj. **1** Que tiene vida: *Las plantas son seres animados.* **2** Alegre o divertido: *Fue una fiesta muy animada.* **3** Concurrido o con mucha gente: *A estas horas las calles están muy animadas.*

animadversión s.f. Sentimiento de aversión, odio o antipatía hacia alguien: *No puede disimular la animadversión que siente hacia mí.*

animal ▌ adj. **1** Del animal o relacionado con este ser vivo: *Los zoólogos estudian el comportamiento animal.* **2** De la parte sensitiva de un ser vivo o relacionado con ella: *La parte animal del hombre se contrapone a su parte racional.* ▌ adj./s. **3** Referido a una persona, que no tiene educación, es ignorante y que muestra un comportamiento instintivo: *No seas animal y tira los papeles al cubo de la basura. Lo entenderá todo al revés, porque es un animal.* **4** Referido a una persona, que destaca por su saber, su inteligencia, su fuerza o su corpulencia: *¡Qué animal, derribó la puerta de un solo golpe! ¡Eres un animal y has sacado un diez en el examen!* ▌ s.m. **5** Ser vivo capaz de moverse por sí mismo, esp. si es irracional: *En el zoo se pueden ver muchos animales. El hombre es el único animal racional.* ☐ MORF. 1. Como adjetivo es invariable en género. 2. En las acepciones 3 y 4, como sustantivo es de género común y exige concordancia en masculino o en femenino para señalar la diferencia de sexo: *el animal, la animal.*

animalada s.f. *col.* Dicho o hecho estúpido, poco acertado o brutal; *barbaridad, bestiada: No hagas más animaladas y compórtate con sensatez.*

animar ▌ v. **1** Referido a una persona, darle vigor o energía moral: *El público animaba a su equipo.* **2** Impulsar a hacer algo: *Me animó a que aceptara aquella oferta de trabajo. Se animó a venir con nosotros.* **3** Comunicar una mayor actividad, intensidad y movimiento: *Un humorista se encargó de animar la velada. La reunión se animó bastante cuando empezamos a hablar de política.* **4** Referido a algo inanimado, dotarlo de movimiento: *Al pasar estas imágenes a gran velocidad se consigue animar los dibujos.* ▌ prnl. **5** Sentir alegría, energía y disposición para hacer algo: *Anímate, porque no ganas nada con estar triste.* ☐ SINT. Constr. de la acepción 2: *animar A algo.*

anímico, ca adj. De los sentimientos y los afectos de una persona: *Mi estado anímico actual es optimista.*

ánimo ▌ s.m. **1** Parte espiritual del ser humano que constituye el principio de su actividad: *Es una persona de ánimo decidido.* **2** Valor, esfuerzo o energía con que se acomete algo; *animosidad: Me da muchos ánimos saber que me ayudarás.* **3** Intención o voluntad: *No lo dije con ánimo de ofender.* ▌ interj. **4** Expresión que se usa para estimular a una persona o para infundirle aliento o vigor: *¡Ánimo, que ya nos queda poco para terminar!* **5** ‖ **hacerse el ánimo a** algo. Formarse una idea de algo y acostumbrarse a ello: *Desde que trabajo he tenido que hacerme el ánimo a madrugar todos los días.*

animosidad s.f. **1** Sentimiento de hostilidad, antipatía o aversión hacia alguien: *Sus palabras reflejan su gran animosidad hacia todos nosotros.* **2** Valor, esfuerzo o energía con que se acomete algo; *ánimo: Acomete cada uno de sus trabajos con una animosidad asombrosa.*

animoso, sa adj. Que tiene ánimo o valor: *Su carácter animoso le impulsa a seguir siempre adelante.*

aniñado, da adj. Con las características que se consideran propias de un niño, esp. referido a un rasgo físico: *Tiene la cara muy aniñada y parece más joven de lo que es.*

anión s.m. Ion con carga eléctrica negativa: *El polo positivo de las pilas atrae a los aniones.*

aniquilación s.f. **1** Destrucción total de algo o reducción a la nada: *El veneno consiguió la aniquilación de las* *ratas.* **2** Deterioro o empeoramiento del estado o de la condición de algo: *Esa vida tan desordenada que llevas supone la aniquilación de tu salud.* **3** Pérdida del ánimo de una persona: *Le insultaron y le echaron en cara todos sus fallos hasta conseguir su completa aniquilación.* ☐ SEM. Es sinónimo de *aniquilamiento.*

aniquilamiento s.m. →**aniquilación.**

aniquilar v. **1** Destruir por completo o reducir a la nada: *Las tropas aniquilaron al ejército enemigo en una dura batalla.* **2** Deteriorar o consumir mucho: *El alcohol aniquila la salud de las personas.* **3** Referido a una persona, hacerle perder el ánimo: *Esas respuestas tan tajantes me aniquilaron.*

anís s.m. **1** Planta con tallo abundante en ramas, flores blancas y semillas pequeñas y aromáticas: *El anís se cultiva por sus semillas.* **2** Semilla de esta planta: *El anís se utiliza a veces para preparar dulces y licores.* **3** Aguardiente fabricado con esta semilla; *anisado: Después de comer me tomé una copita de anís.* **4** Golosina hecha con el grano de anís cubierto por un baño de azúcar: *A los niños les encantan los anises.* ☐ SEM. En la acepción 3, dist. de *anisete* (licor fabricado con aguardiente, azúcar y anís).

anisado, da ▮ adj. **1** Que contiene anís o aroma de anís: *Nos dieron a probar un licor anisado.* ▮ s.m. **2** Aguardiente fabricado con la semilla del anís; *anís: Tomamos una copita de anisado y unos pasteles.* ☐ SEM. En la acepción 2, dist. de *anisete* (licor fabricado con aguardiente, azúcar y anís).

anisar v. Referido a un alimento, echarle anís o aroma de anís: *Siempre anisa las rosquillas para que queden más sabrosas.*

anisete s.m. Licor fabricado con aguardiente, azúcar y anís: *El anisete suele tener un sabor más dulce y suave que el anís.* ☐ ORTOGR. Es un galicismo (*anisette*) adaptado al español. ☐ SEM. Dist. de *anís* y *anisado* (aguardiente fabricado con la semilla del anís).

aniversario s.m. **1** Día en el que se cumplen años de un determinado suceso: *Hoy celebran el décimo aniversario de su boda.* **2** Celebración con que se conmemora este día: *Todos los nietos llegaron al aniversario del abuelo cargados de regalos.*

ano s.m. Orificio en que termina el tubo digestivo de muchos animales, y por el que se expulsan los excrementos: *Los supositorios se introducen por el ano.*

anoche adv. En la noche de ayer: *Te llamé anoche antes de acostarme. Anoche volví a las dos de la mañana.* ☐ USO El uso de la expresión *ayer noche* con el significado de *anoche* es un galicismo innecesario.

anochecer ▮ s.m. **1** Tiempo en el que empieza a faltar la luz del día y se hace de noche: *Los anocheceres al lado del mar son muy hermosos.* ▮ v. **2** Empezar a faltar la luz del día: *En invierno anochece antes que en verano.* **3** Llegar o estar en un lugar o en una situación determinados al empezar la noche: *Salimos de viaje por la tarde y anochecimos en Burgos.* ☐ MORF. 1. En la acepción 2, es verbo unipersonal: se usa solo en tercera persona del singular y en las formas no personales (infinitivo, gerundio y participio). 2. Irreg.: Aparece una *z* delante de *c* cuando la siguen *a, o* →**PARECER.**

anodino, na adj. Insignificante, que tiene poca importancia o que no presenta ningún interés: *Es un ser anodino que siempre pasa desapercibido.*

ánodo s.m. Electrodo positivo: *En una pila, el ánodo está marcado con el signo '+'.*

anofeles adj./s.m. Referido a un mosquito, que se caracteriza por ser transmisor de algunas enfermedades: *Las larvas de los mosquitos anofeles viven en las aguas estancadas o de escasa corriente. La hembra del anofeles inocula el microrganismo causante de la malaria cuando pica para alimentarse.* ☐ PRON. Aunque la pronunciación correcta es [anoféles], está muy extendida [anófeles]. ☐ MORF. 1. Como sustantivo es epiceno y la diferencia de sexo se señala mediante la oposición *el anofeles {macho/hembra}*. 2. Invariable en número.

anomalía s.f. Irregularidad o desviación de lo que se considera normal o regular: *¿Has observado alguna anomalía en su actitud?*

anómalo, la adj. Irregular, extraño o que se desvía de lo que se considera normal: *Fue un suceso anómalo que no se volverá a repetir. Su comportamiento anómalo me preocupa.*

anonadación s.f. →**anonadamiento.**

anonadamiento s.m. Producción de desconcierto o de una gran sorpresa; *anonadación: Sus declaraciones causaron el anonadamiento del público asistente.*

anonadar v. Referido a una persona, dejarla desconcertada o causarle gran sorpresa: *Lo que me dijo me anonadó.*

anonimato s.m. **1** Condición de la obra literaria o artística que no lleva el nombre de su autor: *El anonimato de esa pintura ha dado lugar a múltiples conjeturas en torno a la personalidad de su autor.* **2** Condición de la persona o del autor de algo cuyos nombres no son conocidos: *Prefiere viajar en el anonimato para no tener que hacer declaraciones a los periodistas. El autor de esos mensajes estaba dispuesto a conservar su anonimato hasta el final.*

anónimo, ma ▮ adj. **1** Referido al autor de algo, de nombre desconocido: *Tiene un admirador anónimo que le envía flores.* ▮ adj./s. **2** Referido a una obra literaria o artística, que no lleva el nombre de su autor: *'El Lazarillo de Tormes' es una obra anónima. El estilo literario es muy importante para determinar la posible autoría de un anónimo.* ▮ s.m. **3** Carta o escrito sin firmar en el que, generalmente, se expresa una amenaza o se dice algo ofensivo o desagradable: *Recibí varios anónimos con amenazas de muerte.* **4** Secreto de la persona que oculta su nombre: *Decidió escudarse en el anónimo para seguir obsequiando a su dama sin ser conocido.*

anorak s.m. Prenda de vestir parecida a una chaqueta, hecha de tela impermeable, y que generalmente lleva capucha: *El anorak es una prenda muy utilizada por los esquiadores.* ☐ MORF. Su plural es *anoraks.* 👁 **alpinismo**

anorexia s.f. Pérdida del apetito, generalmente producida por causas psíquicas: *Dejó de comer porque quería adelgazar, y la han tenido que hospitalizar porque sufre anorexia.*

anoréxico, ca adj./s. Que padece anorexia o pérdida del apetito: *Las mujeres tienen mayor tendencia a ser anoréxicas que los hombres. Los anoréxicos suelen tener problemas psíquicos.*

anormal ▮ adj. **1** Que es distinto de lo habitual o acostumbrado, o que accidentalmente se halla fuera de su estado natural o de las condiciones que le son propias: *Estoy viviendo una situación anormal, pero pronto me estabilizaré.* ▮ s. **2** *desp.* Persona cuyo desarrollo físico o intelectual es inferior al que corresponde a su edad. ☐ MORF. 1. Como adjetivo es invariable en género. 2. Como sustantivo es de género común y exige concordancia en masculino o en femenino para señalar la diferencia de sexo: *el anormal, la anormal.*

anormalidad s.f. Diferencia respecto a lo habitual o acostumbrado, o situación accidental fuera del estado natural que algo tiene o de las condiciones que le son propias: *La situación económica del país atraviesa una etapa de anormalidad.*

anotación s.f. **1** Toma por escrito de un dato: *Tiene la agenda llena de anotaciones.* **2** Adición de notas, explicaciones o de comentarios a un texto escrito: *Me dejó un libro lleno de anotaciones a lápiz.*

anotar ▮ v. **1** Referido esp. a un dato, tomar nota de ello por escrito; *apuntar: Anotó en su agenda la fecha de la reunión.* **2** Referido esp. a un texto escrito, ponerle notas o añadirle una explicación o un comentario: *El editor de esta obra medieval la ha anotado con múltiples datos alusivos al lenguaje y a las costumbres de la época.* **3** En deporte, marcar tantos: *Nuestro equipo anotó al comenzar el segundo tiempo.* ▮ prnl. **4** Referido esp. a un triunfo o a un fracaso, obtenerlos: *El equipo se anotó una nueva victoria esta temporada.*

anovulatorio, ria adj./s.m. Referido a un medicamento, que impide la ovulación durante el ciclo menstrual: *Las sustancias anovulatorias deben tomarse bajo control médico. Los anovulatorios se suelen utilizar como método anticonceptivo.*

anquilosamiento s.m. **1** Disminución o pérdida de la movilidad en una articulación: *La artrosis le produjo el anquilosamiento de los dedos de las manos.* **2** Detención del progreso o de la evolución de algo: *El anquilosamiento profesional conlleva la inadaptación a las nuevas situaciones sociales.*

anquilosar ▮ v. **1** Producir una disminución o pérdida de la movilidad: *El reumatismo puede anquilosar las articulaciones.* ▮ prnl. **2** Detenerse el progreso o la evolución de algo: *Aquellas leyes se anquilosaron porque nadie las adaptó a los nuevos tiempos.*

ánsar s.m. Ave palmípeda con la parte superior del cuerpo de color ceniciento, los bordes de las alas y de las plumas más claros y la parte inferior blanca, que se alimenta de vegetales y vive en zonas pantanosas; *ganso, oca: Los ánsares, cuando vuelan en grupo, adoptan la formación en 'V'.* ☐ MORF. Es un sustantivo de género epiceno y la diferencia de sexo se señala mediante la oposición *el ánsar {macho/hembra}.*

ansia s.f. **1** Deseo intenso de conseguir algo; *anhelo: El ansia de aventuras le llevó a viajar por todo el mundo.* **2** Angustia o fatiga que causa inquietud o agitación: *El ansia de saberse rechazado no lo dejaba dormir.* ☐ MORF. Por ser un sustantivo femenino que empieza por *a* tónica o acentuada, va precedido de *el, un, algún, ningún* y de las formas femeninas del resto de los determinantes.

ansiar v. Desear intensamente: *Ansiaba verse libre de todas esas obligaciones.* ☐ ORTOGR. La *i* lleva tilde en los presentes, excepto en las personas *nosotros* y *vosotros* →**VACIAR**.

ansiedad s.f. **1** Estado de agitación o inquietud: *La noticia le produjo tal ansiedad que fue incapaz de probar bocado en todo el día.* **2** Estado de angustia que suele acompañar a muchas enfermedades y que no permite el sosiego de la persona que la padece: *El médico me recetó unos medicamentos para que me calmaran la ansiedad.*

ansioso, sa adj. Que siente ansia: *Estoy ansiosa por saber cómo termina el libro.*

antagónico, ca adj. Que tiene o que manifiesta antagonismo u oposición, esp. en doctrinas y en opiniones: *Los dos políticos han adoptado posturas antagónicas y difícilmente reconciliables.*

antagonismo s.m. Rivalidad u oposición, esp. en doctrinas y en opiniones: *El antagonismo existente entre estos dos partidos políticos hace imposible su coalición.*

antagonista adj./s. Que se opone a algo o que actúa en sentido contrario: *En su corazón se debatían las fuerzas antagonistas del bien y del mal. En muchas películas, el antagonista es un ser malvado y sin escrúpulos.* ☐ MORF. 1. Como adjetivo es invariable en género. 2. Como sustantivo es de género común y exige concordancia en masculino o en femenino para señalar la diferencia de sexo: *el antagonista, la antagonista.*

antaño adv. En un tiempo pasado: *Antaño se viajaba en diligencia.*

antártico, ca adj. Del polo sur o de las regiones que lo rodean, o relacionado con ellos: *Estos días soplan vientos antárticos muy fríos.*

ante ▮ s.m. **1** Piel de algunos animales, esp. la del alce, curtida y preparada: *Me he comprado unos zapatos de ante.* ▮ prep. **2** En presencia de: *Estamos ante una situación muy difícil de resolver.* **3** En comparación de, o respecto de: *Ante lo que pudiera parecerte en un primer momento, no fue tan sencillo.*

ante- Elemento compositivo que indica anterioridad en el tiempo (*anteayer, antedicho, antevíspera, anteguerra*) o en el espacio (*antecámara, anteponer, antesala, antealtar*).

anteanoche adv. Anteayer por la noche: *Anteanoche estuvimos en el teatro y cenando por ahí.* ☐ ORTOGR. Admite también la forma *antes de anoche.*

anteayer adv. En el día inmediatamente anterior a ayer: *Si hoy es viernes, anteayer fue miércoles.* ☐ ORTOGR. Admite también la forma *antes de ayer.*

antebrazo s.m. En el cuerpo de una persona, parte del brazo que está entre el codo y la muñeca: *Los huesos del antebrazo son el cúbito y el radio.*

antecedente s.m. **1** Lo que ha ocurrido antes, y condiciona lo que ocurre después; *precedente: Me explicó todos los antecedentes para que pudiera entender la situación actual.* **2** En gramática, primero de los términos de una correlación gramatical: *En la comparación 'Es tan bueno como grande', 'tan bueno' es el antecedente.* **3** En gramática, expresión a la que hace referencia un pronombre relativo: *En la oración 'Ese es el coche que me gusta', el antecedente del pronombre relativo 'que' es 'el coche'.* **4** ‖ **estar en antecedentes.** Estar enterado de las circunstancias previas a un asunto: *¿Estás en antecedentes de lo que pasa, o quieres que te lo cuente?* ‖ **poner en antecedentes.** Informar de las circunstancias previas a un asunto: *Llegué con la película empezada, pero mi madre me puso en antecedentes de lo que había ocurrido y pude acabar de verla sin problemas.*

anteceder v. Ir delante en el tiempo o en el espacio; *preceder: La 'b' antecede a la 'c' en el orden alfabético.*

antecesor, -a ▮ s. **1** Persona que ha desempeñado un cargo, trabajo o dignidad antes de la que lo ejerce ahora; *predecesor: La nueva directora general tuvo palabras de elogio para sus antecesores.* ▮ s.m. **2** Persona de la que se desciende: *Entre mis antecesores hay varios personajes* *ilustres*. □ MORF. La acepción 2 se usa más en plural. □ SEM. En la acepción 2, es sinónimo de *ancestro*, *antepasado* y *predecesor*.

antediluviano, na adj. Muy antiguo: *Tiene un coche antediluviano*. □ PRON. Incorr. *[antidilubiáno].

antelación s.f. Anticipación temporal con la que sucede una cosa respecto a otra: *Si vienes el martes, avísame con dos días de antelación*.

antemano ‖ **de antemano.** Con anticipación o con anterioridad: *Te avisé porque yo sabía de antemano lo que iba a pasar*.

antena s.f. **1** Dispositivo por el que se reciben o emiten ondas electromagnéticas: *Los tejados estaban llenos de antenas de televisión*. **2** En un artrópodo, cada uno de los apéndices articulados que tiene en la cabeza: *Los insectos tienen dos antenas y los crustáceos, cuatro*. **3** *col.* Atención para escuchar conversaciones ajenas: *Siempre está con la antena puesta y sabe todo lo que pasa en el edificio*. **4** ‖ **en antena.** En emisión: *Ese programa ha sido un éxito y ya lleva tres años en antena*. □ MORF. Las acepciones 2 y 3 se usan más en plural.

anteojeras s.f.pl. Piezas de cuero que tapan los lados de los ojos de las caballerías para hacer que miren siempre hacia adelante: *Los caballos del desfile llevaban anteojeras para que no se distrajesen con el público*. 👁 **arreos**

anteojo ▌ s.m. **1** Cilindro que tiene un sistema de lentes en su interior que aumentan las imágenes de los objetos: *Guiñó el ojo izquierdo, y miró por el anteojo con el derecho*. ▌ pl. **2** Aparato formado por dos tubos que contienen en su interior una combinación de lentes, y que sirve para mirar por los dos ojos y ver ampliados los objetos lejanos; *gemelos*: *Siempre que va de excursión lleva los anteojos para observar a las aves*. **3** Gafas o lentes: *Mi abuelo llevaba unos anteojos de cristales redondos y de montura dorada*.

antepasado, da ▌ adj. **1** Inmediatamente anterior a un tiempo ya pasado: *Los vi hace casi diez días, porque quedé con ellos la semana antepasada*. ▌ s. **2** Persona de la que se desciende: *Una antepasada mía se casó con un príncipe indio*. □ MORF. La acepción 2 se usa más en plural. □ SEM. En la acepción 2, es sinónimo de *ancestro*, *antecesor* y *predecesor*.

antepecho s.m. **1** Parte baja de una ventana, formada por una plancha de piedra o cemento, que sirve para apoyarse y evitar caídas: *Apoyó los codos en el antepecho de la ventana, y estuvo un rato viendo pasar gente por la calle*. **2** Muro pequeño o barandilla que se pone en un lugar alto para poder asomarse a él sin peligro de caer: *Me apoyé en el antepecho del pozo para ver si estaba seco o si tenía agua*.

antepenúltimo, ma adj./s. Inmediatamente anterior al penúltimo: *Octubre es el antepenúltimo mes del año. La 'x' es la antepenúltima letra del abecedario. Llegué el antepenúltimo a la meta*.

anteponer v. Preferir, dar más importancia o estimar más: *Siempre antepuso sus apetencias a sus obligaciones*. □ MORF. Irreg.: 1. Su participio es *antepuesto*. 2. →PONER. □ SINT. Constr. *anteponer una cosa A otra*.

anteposición s.f. Preferencia o mayor importancia que se da a una cosa sobre otra: *La anteposición de la amistad al interés es algo noble*.

anteproyecto s.m. Redacción provisional de una ley o del proyecto de una obra, a partir de la cual se elabora la redacción definitiva: *El anteproyecto de ley de la reforma educativa se hará público la próxima semana*.

antepuesto, ta part. irreg. de **anteponer**. □ MORF. Incorr. **anteponido*.

antera s.f. En una flor, parte del estambre en cuyo interior está el polen: *Las anteras suelen estar divididas en dos mitades alargadas*. 👁 **flor**

anterior adj. Que está delante en el espacio o el tiempo: *Se bajó en la estación anterior a la mía. La noche anterior al viaje no pude dormir, de los nervios que tenía*. □ MORF. Invariable en género. □ SINT. Constr. *anterior A algo*.

anterioridad s.f. Existencia temporal anterior de una cosa con respecto a otra: *Las noticias me llegaron con anterioridad a tu llamada*.

antes adv. **1** En un lugar o en un tiempo anteriores: *Llegó antes que yo. El restaurante está un poco antes del cruce*. **2** ‖ **antes bien.** Enlace gramatical coordinante con valor adversativo: *No me molestó, antes bien, me hizo gracia*. ‖ **antes de anoche.** →**anteanoche.** ‖ **antes de ayer.** →**anteayer.**

antesala s.f. Situación inmediatamente anterior a otra: *Esta mala forma de trabajar es la antesala del fracaso*.

anti- Prefijo que significa 'oposición' (*anticlerical, antinatural, anticonstitucional*), 'protección contra' (*antigás, antiniebla, antirrobo*), 'prevención contra' (*anticoncepción, anticorrosivo, anticoagulante, antideslizante*) o 'lucha contra' (*antidisturbios, antipirético, antidepresivo, anticatarral*). □ ORTOGR. Solo se escribe separado de la base si esta está formada por dos o más palabras (*anti cadena perpetua*).

antiaéreo, a adj. De la defensa contra aviones militares o relacionado con ella: *La artillería antiaérea ha derribado dos cazas enemigos*.

antibiótico, ca adj./s.m. Referido a una sustancia química, que es producida por un ser vivo o fabricada sintéticamente, y que es capaz de impedir el desarrollo de ciertos microrganismos causantes de enfermedades, o de producir la muerte de estos: *La administración de sustancias antibióticas ha de realizarse con prudencia. El médico me ha recetado un antibiótico contra la faringitis*.

anticiclón s.m. Zona de alta presión atmosférica, que suele provocar un tiempo despejado: *Cuando se forma un anticiclón en las islas Azores, en España solemos tener tiempo soleado*.

anticiclónico, ca adj. Del anticiclón o relacionado con esta zona de alta presión atmosférica: *Continúa en toda la península la situación anticiclónica, por lo que seguiremos teniendo sol y buenas temperaturas*.

anticipación s.f. Adelantamiento temporal a lo señalado o a lo previsto; *adelanto, anticipo*: *Ganaron el partido por su capacidad de anticipación a todas las jugadas del equipo contrario*.

anticipado ‖ **por anticipado.** Con antelación, o con adelanto en el tiempo: *Si quiere que se lo reserve, tiene que pagar por anticipado*.

anticipar ▌ v. **1** Referido a algo que todavía no ha sucedido, hacer que ocurra antes del tiempo señalado o previsto: *El profesor ha anticipado la fecha del examen*. **2** Referido a dinero, darlo o entregarlo antes de la fecha normal o señalada: *Le anticiparon una paga para que liquidara sus deudas*. **3** Referido a una noticia, darla antes de lo previsto; *avanzar*: *Te anticipo que voy a votar en contra de tu proposición*. ▌ prnl. **4** Ocurrir antes del tiempo señalado o previsto: *Este año el frío del invierno se ha antici-*

pado. **5** Referido a una persona, ejecutar una acción antes que otra: *Los jugadores locales se anticiparon en todas las jugadas a los del equipo visitante.* ☐ SEM. Es sinónimo de *adelantar*.

anticipo s.m. **1** Adelantamiento temporal a lo señalado o a lo previsto; *anticipación: Y lo que te he dicho es solo un anticipo de lo que vas a tener que oír.* **2** Dinero anticipado: *En mi trabajo, el anticipo no puede superar el 75 % del sueldo.* ☐ SEM. Es sinónimo de *adelanto*.

anticoncepción s.f. Conjunto de métodos utilizados para impedir que quede embarazada una mujer; *contraconcepción: La anticoncepción es una medida de control de natalidad.*

anticonceptivo, va adj./s.m. Que impide que quede embarazada una mujer; *contraceptivo: La píldora anticonceptiva impide la ovulación. El médico le preguntó si estaba tomando anticonceptivos.*

anticongelante s.m. Sustancia que impide la congelación del agua que refrigera un motor: *En invierno, conviene echar anticongelante al agua del radiador del coche.*

anticristo s.m. En la Biblia, ser que encarna la oposición a Jesucristo: *El anticristo aparece en las cartas del apóstol san Juan.*

anticuado, da adj. Que está en desuso desde hace tiempo, está pasado de moda o es propio de otra época: *Aunque están nuevos, no uso estos zapatos porque se han quedado muy anticuados.*

anticuario, ria s. Persona que conoce muy bien los objetos antiguos, esp. los que tienen valor artístico, y se dedica a coleccionarlos o a comerciar con ellos: *Conozco una anticuaria que compra todo tipo de abanicos del siglo XVIII.*

anticuarse v.prnl. Hacerse anticuado o pasarse de moda: *Las teorías de estos investigadores se han anticuado con el paso de los años.* ☐ ORTOGR. La *u* lleva tilde en los presentes, excepto en las personas *nosotros* y *vosotros* →**ACTUAR**.

anticuerpo s.m. En un organismo animal, sustancia que algunas células elaboran como reacción ante un antígeno o sustancia capaz de activar el sistema inmunitario: *Los anticuerpos que se producen cuando se tiene sarampión se conservan toda la vida e impiden volver a tener esta enfermedad.*

antidopaje adj. Que detecta el uso de sustancias encaminadas a conseguir mayor rendimiento en el deporte: *Hicieron un control antidopaje después de la carrera de atletismo.* ☐ MORF. Invariable en género y en número. ☐ USO Es innecesario el uso del anglicismo *antidoping*.

antidoping (anglicismo) adj. →**antidopaje.** ☐ PRON. [antidópin]. ☐ MORF. Invariable en género y en número.

antídoto s.m. **1** Medicamento o sustancia que anulan la acción de un veneno: *Cuando le picó la víbora le inyectaron rápidamente un antídoto. Se bebió por error un frasco de veneno, y salvó su vida porque en el ambulatorio le administraron un antídoto.* **2** Lo que sirve para remediar un mal: *La risa es el mejor antídoto contra las preocupaciones. La lectura es el mejor antídoto de la incultura.*

antifaz s.m. **1** Pieza con agujeros para los ojos, con la que una persona se cubre la zona de la cara que rodea a estos: *El héroe enmascarado llevaba un antifaz de seda negra para que nadie lo reconociera.* **2** Pieza u objeto con los que se cubren los ojos para evitar que reciban la luz: *Duerme con un antifaz, porque le molesta la luz.*

antífona s.f. Texto breve que se canta o se reza antes y después de los salmos y de los cánticos en las horas canónicas: *Las antífonas suelen estar tomadas de la Biblia. Un coro de música gregoriana entonó las antífonas.*

antigás adj. Referido a una máscara o a una careta, que protege de los gases que son tóxicos o venenosos: *Los bomberos van equipados con caretas antigás.* ☐ MORF. Invariable en género y en número.

antígeno s.m. Sustancia química que, al ser introducida en un organismo animal, provoca que este reaccione contra ella produciendo otra sustancia llamada *anticuerpo*: *Las vacunas introducen en el organismo un antígeno para que el cuerpo forme sus propios anticuerpos y esté preparado para una posible invasión del microbio causante de esa enfermedad.*

antigualla s.f. Lo que es muy antiguo o está pasado de moda: *Tiene su casa toda decorada con antiguallas de su familia.* ☐ PRON. Incorr. *[antikuáya]. ☐ USO Tiene un matiz despectivo.

antiguamente adv. Hace mucho tiempo, en el pasado o en un tiempo remoto: *Antiguamente la gente viajaba en diligencia.*

antigüedad ▌ s.f. **1** Existencia desde hace mucho tiempo: *La antigüedad de este cuadro ronda en torno a los 300 años.* **2** Tiempo transcurrido desde el día en el que se obtiene un empleo: *Tiene 20 años de antigüedad en la empresa.* **3** Tiempo antiguo, pasado o remoto: *En la antigüedad te habrían encarcelado por responder así a un superior.* **4** Período histórico correspondiente a la época antigua de los pueblos situados en torno al mar Mediterráneo, esp. los griegos y los latinos: *El arte de la Antigüedad clásica sirvió de modelo a los artistas del Renacimiento.* ▌ pl. **5** Monumentos u objetos artísticos antiguos o de épocas pasadas: *Encontré esta lámpara en una tienda de antigüedades.* ☐ SEM. En la acepción 4, dist. de *edad antigua* (período histórico que comprende desde la aparición de la escritura hasta el fin del Imperio romano). ☐ USO En la acepción 4, se usa como nombre propio.

antiguo, gua ▌ adj. **1** Que existe desde hace mucho tiempo: *Vive en una mansión antigua, construida a fines del siglo pasado.* **2** Que existió o sucedió hace mucho tiempo: *Nunca habla de su antiguo novio.* **3** Referido a una persona, que lleva mucho tiempo en un empleo, en una profesión o en un ejercicio: *El teniente más antiguo de los tres que estaban allí tomó el mando de la sección.* ▌ adj./s. **4** Que resulta anticuado o pasado de moda: *Tiene unas ideas muy antiguas acerca del papel de la mujer en la sociedad. Eres un antiguo y no comprendes a los jóvenes de hoy.* ▌ s.m.pl. **5** Conjunto de las personas que vivieron en épocas remotas: *Los antiguos creían que el Sol giraba alrededor de la Tierra.* **6** ‖ **a la antigua.** Según costumbres o usos de tiempos o épocas pasadas: *Siempre cocina a la antigua, en horno de leña y sin usar olla a presión.* ☐ MORF. Su superlativo es *antiquísimo*.

antihéroe s.m. En una obra de ficción, personaje que desempeña el papel principal o protagonista propio del héroe, pero que está revestido de cualidades negativas o contrarias a las que tradicionalmente se adjudican a este: *El pícaro de las novelas picarescas es un antihéroe.*

antihistamínico, ca adj./s.m. Referido a una sustancia, que combate los procesos alérgicos o los efectos de la histamina en el organismo: *Cuando tengo alergia me tomo un antihistamínico por la mañana.*

antillano, na adj./s. De las Antillas o relacionado con este archipiélago centroamericano: *En las islas antillanas* *se inició la colonización española. Los antillanos gozan de un clima tropical.* ☐ MORF. Como sustantivo se refiere solo a las personas de las Antillas.

antílope s.m. Animal mamífero rumiante, con cuernos largos y patas altas y delgadas, muy rápido al correr, y que vive en rebaños: *La gacela es un tipo de antílope.* ☐ MORF. Es un sustantivo epiceno y la diferencia de sexo se señala mediante la oposición *el antílope {macho/hembra}.* 👁 **rumiante**

antimonio s.m. Elemento químico semimetálico y sólido, de número atómico 51, duro, de color blanco azulado y brillante, muy frágil y fácilmente convertible en polvo: *El antimonio se usa en aleación con el plomo y el estaño para fabricar caracteres de imprenta.* ☐ ORTOGR. Su símbolo químico es *Sb*.

antipapa s.m. Hombre que actúa ilegítimamente como papa, y aspira a ser reconocido como tal: *Clemente VII fue el antipapa que provocó el cisma de Occidente.*

antiparras s.f.pl. *col.* Gafas: *Con esas antiparras estás hecho un adefesio.* ☐ MORF. Incorr. **antiparra*. ☐ USO Tiene un matiz humorístico o despectivo.

antipatía s.f. Sentimiento de desagrado o disgusto que algo provoca: *Siento una gran antipatía hacia él. Su antipatía por los gatos es casi enfermiza.*

antipático, ca adj. Que produce un sentimiento de antipatía o desagrado: *No seas antipática con él y trátale de forma agradable.*

antipirético adj./s.m. Referido a un medicamento, que quita la fiebre: *El médico le recetó unos comprimidos antipiréticos para cuando le subiera la fiebre. La aspirina es un antipirético.*

antípoda s. **1** Respecto de un habitante de la Tierra, otro que reside en un punto opuesto: *Los antípodas de los españoles son los habitantes de Nueva Zelanda.* **2** Lo que se contrapone totalmente a algo: *Lo que yo le pedí son las antípodas de lo que me trajo.* **3** ‖ **en las antípodas.** En un punto radicalmente opuesto: *Sus ideas políticas están en las antípodas de las mías.* ☐ MORF. 1. Cuando se refiere a personas, es de género común y exige concordancia en masculino o en femenino para señalar la diferencia de sexo: *el antípoda, la antípoda*. 2. Cuando se refiere a lugares o cosas, es de género ambiguo y admite concordancia en masculino y en femenino sin cambiar de significado: *{los/las} antípodas {ideológicos/ideológicas}*. 3. Se usa más en plural.

antiquísimo, ma superlat. irreg. de **antiguo.** ☐ MORF. Incorr. **antigüísimo*.

antiséptico, ca adj./s.m. Que previene o combate las infecciones, destruyendo los microbios que las causan: *Le desinfectaron la herida con una sustancia antiséptica. El agua oxigenada es un buen antiséptico.*

antítesis s.f. **1** Lo que es totalmente opuesto a otra cosa: *Lo que dices es la antítesis de lo que pienso.* **2** Figura retórica o procedimiento del lenguaje consistente en contraponer una frase o una palabra a otra de significación contraria: *La frase de santa Teresa 'vivo sin vivir en mí' es un ejemplo de antítesis.* ☐ MORF. Invariable en número.

antitético, ca adj. Que expresa o implica antítesis u oposición: *'Frío' y 'calor' son conceptos antitéticos.*

antojadizo, za adj. Que tiene antojos o deseos intensos y pasajeros con frecuencia: *No seas antojadizo, y deja de pedir todo lo que veas.*

antojarse v.prnl. **1** Presentarse de forma repentina e injustificada como objeto de deseo intenso: *A las tres de la mañana se le antojó comer una fabada.* **2** Presentarse como probable o sospechoso: *¿No se te antoja que aquí pasa algo raro?* ☐ ORTOGR. Conserva la *j* en toda la conjugación. ☐ MORF. Verbo defectivo: solo se usa en las terceras personas de cada tiempo, y en las formas no personales (infinitivo, gerundio y participio).

antojo s.m. **1** Deseo vivo, intenso y pasajero de algo: *Los primeros meses de estar embarazada tenía muchos antojos de comer cosas dulces.* **2** Lunar o mancha que tienen en la piel algunas personas y que tradicionalmente se atribuye a caprichos no satisfechos por sus madres durante el embarazo: *Tiene un antojo negro en el brazo.*

antología s.f. **1** Colección de fragmentos selectos de obras artísticas o de alguna actividad: *Estoy leyendo una antología de poesía medieval.* **2** ‖ **de antología.** Extraordinario o digno de ser destacado: *Metió un gol de antología.* ☐ ORTOGR. Dist. de *ontología*.

antológico, ca adj. Digno de ser destacado en una antología: *Tuvo una actuación antológica cuando salió en tu defensa.* ☐ ORTOGR. Dist. de *ontológico*.

antonimia s.f. En lingüística, oposición o contrariedad de significados entre palabras: *Los adjetivos 'grande' y 'pequeño' presentan una relación de antonimia.*

antónimo, ma adj./s.m. Referido a una palabra, de significado opuesto o contrario a otra: *Los adverbios 'tarde' y 'pronto' son antónimos. El antónimo de vida es muerte.*

antonomasia ‖ **por antonomasia.** Expresión que se utiliza para indicar que el nombre común con que se designa a una persona o un objeto les corresponde a estos con más propiedad que a las otras personas o a los otros objetos a los que también se les puede aplicar: *Agosto es el mes de vacaciones por antonomasia.*

antorcha s.f. **1** Trozo de madera o de otro material inflamable, de forma y tamaño apropiados para llevarlo en la mano, al cual se prende fuego en su extremo superior, y que se utiliza para alumbrar: *Las antorchas iluminaban el castillo.* 👁 **alumbrado 2** ‖ **recoger la antorcha.** Continuar una labor ya empezada: *Las nuevas generaciones recogerán la antorcha y seguirán luchando por la conservación de la naturaleza.*

antracita s.f. Carbón mineral, de color negro intenso, que arde con dificultad, sin desprender humo ni dejar hollín: *La antracita se utiliza como combustible industrial.*

antro s.m. **1** Establecimiento público de mal aspecto o reputación: *Aquel bar era un antro donde se reunían los traficantes de droga.* **2** Local, lugar o vivienda sucio, pobre o en malas condiciones: *Vive en un antro sucio y lleno de goteras.*

antropo- Elemento compositivo que significa 'hombre' o 'ser humano': *antropocentrismo, antropoide, antropófago.*

antropocéntrico, ca adj. Del antropocentrismo o relacionado con esta doctrina filosófica: *Las concepciones antropocéntricas buscan explicar el universo y sus componentes en función del hombre.*

antropocentrismo s.m. Doctrina o concepción filosófica que considera al ser humano como el centro o el elemento más importante de todo lo que existe en el mundo: *El Renacimiento se caracteriza por su antropocentrismo.*

antropofagia s.f. Costumbre alimentaria de comer las personas carne humana: *La antropofagia era practicada como un rito por algunas tribus primitivas.* ☐ SEM. Dist. de *canibalismo* (aplicable también a la costumbre de comer los animales carne de su misma especie).

antropófago, ga adj./s. Referido a una persona, que come carne humana; *caníbal: Las tribus antropófagas creían que, al comer la carne de sus enemigos, adquirían su valor y su fuerza. En una sociedad moderna, un antropófago solo puede ser un demente.*

antropoide adj./s. Referido a un animal, esp. a un mono, que tiene forma parecida a la del ser humano: *El gorila es un animal antropoide. En los antropoides la vista está muy desarrollada y el olfato, muy reducido.* ☐ MORF. 1. Como adjetivo es invariable en género. 2. Como sustantivo es de género común y exige concordancia en masculino o en femenino para señalar la diferencia de sexo: *el antropoide, la antropoide.*

antropología s.f. Ciencia que estudia el ser humano en sus aspectos físicos, sociales y culturales: *La antropología utiliza datos que le proporcionan otras ciencias como la biología, la geografía, la historia y la arqueología.*

antropológico, ca adj. De la antropología o relacionado con esta ciencia: *He leído un estudio antropológico muy completo sobre algunos de los pueblos americanos.*

antropólogo, ga s. Persona que se dedica profesionalmente al estudio del ser humano en sus aspectos físicos, sociales y culturales, o que está especializada en antropología: *Los antropólogos están examinando los restos humanos hallados en las excavaciones de esa zona.*

antropomórfico, ca adj. Del antropomorfismo o relacionado con esta tendencia: *Las mitologías eran frecuentemente antropomórficas.* ☐ SEM. Dist. de *antropomorfo* (con forma humana).

antropomorfismo s.m. Tendencia a atribuir rasgos y cualidades humanas a las divinidades o las cosas: *El antropomorfismo caracteriza la mitología clásica,de forma que los dioses se conciben a semejanza del hombre.*

antropomorfo, fa adj. Que tiene forma humana: *Las representaciones antropomorfas están prohibidas en los templos de culto musulmán.* ☐ SEM. Dist. de *antropomórfico* (del antropomorfismo o relacionado con este conjunto de creencias o de doctrinas).

antropónimo s.m. Nombre propio de persona: *'Juan' y 'María' son dos antropónimos.*

antropopiteco s.m. Antropoide fósil que los defensores de la teoría evolucionista de las especies consideraban el eslabón de unión entre los monos antropomorfos y el ser humano; *pitecántropo: Los restos del antropopiteco fueron descubiertos en la isla de Java.*

antropozoico, ca adj. En geología, de la era cuaternaria, quinta de la historia de la Tierra, o relacionado con ella; *cuaternario: En estos terrenos antropozoicos se han encontrado restos humanos.*

anual adj. **1** Que sucede o se repite cada año: *Ya le han dado el alta, pero tiene que hacerse una revisión anual.* **2** Que dura un año: *Ha sido presentado el programa anual de explotación agraria.* ☐ MORF. Invariable en género.

anualidad s.f. **1** Cantidad de dinero que se paga regularmente cada año: *Estoy devolviendo el préstamo en anualidades de un seis mil euros.* **2** Repetición de algo cada año: *La anualidad de la publicación de esta revista no satisface a sus lectores, que piden que se publique mensualmente.*

anuario s.m. Libro que se publica cada año con toda la información referente a una determinada materia, y que sirve como guía a las personas que trabajan en ese campo o están interesadas en él: *En el anuario editado por el gremio de editores están recogidos los congresos y ferias que se celebrarán este año en todo el mundo.*

anudar v. Hacer uno o más nudos, o unir mediante nudos: *Anudó la cuerda para poder escalar por ella más fácilmente. Se agachó para anudarse los cordones de los zapatos.*

anuencia s.f. Permiso para la realización de algo; *consentimiento: El festejo se celebró con la anuencia de las autoridades.*

anulación s.f. **1** Hecho de invalidar algo, declarándolo nulo o haciendo que deje de ser válido o de tener efecto: *La anulación de los matrimonios católicos la decide un tribunal eclesiástico.* **2** Apocamiento o incapacitación de alguien: *No hay razón que justifique la anulación que sientes ante tus superiores.*

anular ▌adj. **1** Del anillo, con forma de anillo o relacionado con él: *La bóveda anular es cilíndrica y se apoya sobre dos muros circulares y concéntricos.* ▌s.m. **2** →**dedo anular.** 👁 **mano** ▌v. **3** Dar por nulo o dejar sin fuerza o sin efecto: *He anulado mi cita de esta tarde porque no me encuentro bien.* **4** Referido a una persona, incapacitarla, desautorizarla, apocarla o hacerle perder su valor o poder: *El sólido marcaje realizado por el defensa anuló por completo al delantero del otro equipo. No te anules ante ellos, aunque te ridiculicen, porque tú eres capaz de hacerlo mejor que ellos.* ☐ MORF. Como adjetivo es invariable en género.

anunciación s.f. Anuncio, esp. referido al que el arcángel san Gabriel hizo a la Virgen María comunicándole que iba a ser la madre de Jesucristo: *La anunciación ha sido un tema frecuente de la pintura religiosa.*

anunciar v. **1** Hacer saber, proclamar, avisar o publicar: *En la radio han anunciado lluvias para los próximos días.* **2** Hacer o dar publicidad con fines comerciales: *Las grandes compañías comerciales anuncian sus productos en la prensa, la radio y la televisión.* **3** Referido a algo que sucederá en el futuro, adivinarlo a raíz de determinados indicios; *pronosticar: Las nubes anuncian lluvia.* **4** Referido a una persona, hacer saber su nombre a otra: *El mayordomo nos anunció al dueño de la casa.* ☐ ORTOGR. La *i* nunca lleva tilde.

anuncio s.m. **1** Comunicación, proclamación o aviso por los que se hace saber algo: *El anuncio de su boda nos sorprendió a todos.* **2** Conjunto de palabras o de signos que se usan para dar publicidad a algo: *En los descansos de las películas en la tele hay muchos anuncios.* **3** Señal que permite hacer juicios probables o adivinar algo que sucederá en un futuro; *pronóstico: Esas nubes son anuncio de tormenta.*

anverso s.m. **1** En una moneda o en una medalla, lado o superficie principales: *En los anversos de las monedas suele aparecer el busto de algún personaje ilustre.* **2** En una hoja de papel, cara por la que se empieza a escribir: *El anverso del folio llevaba un dibujo, y el reverso, una explicación de ese dibujo.* ☐ SEM. En la acepción 1, cuando se refiere a una moneda, es sinónimo de *cara*.

anzuelo s.m. **1** Gancho curvo, generalmente pequeño y metálico, con una punta muy afilada, que sirve para pescar: *Al ver el gusano enganchado como cebo, el pez mordió el anzuelo y quedó enganchado en él.* 👁 **pesca** **2** Lo que sirve para atraer, esp. si es con engaño o trampa: *La policía dejó un coche abierto como anzuelo para pescar al ladrón de coches.* **3** ‖ **{picar/tragar} el anzuelo** alguien. Caer en la trampa que le ha sido preparada: *Piqué el anzuelo y me engañaron vilmente.*

añadido s.m. **1** Parte con la que se completa o aumenta algo, esp. una obra o un escrito: *El programa del concierto tiene un añadido con los cambios que ha habido a última hora.* **2** Postizo o pelo que se usa en algunos peinados o para suplir la falta o escasez de cabello: *En la peluquería me hicieron un moño con un añadido en forma de trenza.*

añadidura ‖ **por añadidura.** Además, encima o de propina: *No solo no aprueba sino que, por añadidura, es el que peor se porta en clase.*

añadir v. Referido a una cosa, agregarla, incorporarla o unirla a otra, para completarla o aumentarla: *Añade un poco más de harina a la masa para que no quede tan suelta.*

añagaza s.f. Engaño o treta ingeniosa pensada y preparada con gran astucia: *Con aquella añagaza consiguió sacarnos la información que quería.*

añejo, ja adj. Que tiene un año o más: *Para celebrarlo, abrimos una botella de vino añejo.*

añicos s.m.pl. Pedazos o trozos pequeños en los que se divide algo al romperse: *Si no la llevas con cuidado, vas a hacer añicos la cristalería.*

añil adj./s.m. De color azul intenso con tonalidades violetas: *Las estrellas brillaban en el cielo añil. El añil es el sexto color del arco iris.* □ MORF. Como adjetivo es invariable en género. 👁 **espectro**

año ▌s.m. **1** Período de doce meses, contado a partir del día 1 de enero o de un día cualquiera: *Yo nací en el año 1962. Hoy hace un año que murió mi abuela.* **2** Tiempo que tarda la Tierra en recorrer su órbita alrededor del Sol: *El año terrestre dura aproximadamente 365 días.* ▌pl. **3** Edad o tiempo vivido: *¿No te da vergüenza hacer esas chiquillerías a tus años?* **4** Día en el que se celebra el aniversario del nacimiento de una persona: *¿Cuándo haces los años?* **5** ‖ **año {académico/escolar}.** Período de duración de un curso: *El año académico comienza en septiembre.* ‖ **(año) bisiesto.** El que, cada cuatro años, tiene un día más en el mes de febrero: *En los años bisiestos se celebran los Juegos Olímpicos.* ‖ **año de gracia.** El de la era cristiana, que empieza a contarse después del nacimiento de Jesucristo: *En el año de gracia de 1812 fue promulgada la Constitución de Cádiz.* ‖ **año {de jubileo/santo/jubilar}.** Aquel en el que el papa concede indulgencias a los fieles que visiten determinados santuarios: *El año santo de Santiago se celebra cuando el 25 de julio cae en domingo.* ‖ **año (de) luz.** Distancia que recorre la luz en el vacío durante un período de doce meses: *El año luz es la unidad de longitud utilizada en las distancias astronómicas.* ‖ **año {eclesiástico/litúrgico}.** El que rige el tiempo de la Iglesia católica y empieza a partir del primer domingo de Adviento: *El año litúrgico comienza cuatro domingos antes del día de Navidad.* ‖ **año nuevo.** El que está a punto de comenzar o el que acaba de comenzar: *Cuando lo vi a finales de diciembre, me deseó un feliz Año Nuevo.* ‖ **año sabático.** El que se toma de descanso, esp. el concedido a los profesores universitarios para que lo dediquen a la investigación: *He pedido un año sabático en la cátedra para irme a investigar a una Universidad extranjera.* ‖ **año viejo.** Último día del año: *La noche de Año Viejo, cuando dan las doce campanadas, se toman doce uvas.* ‖ **entrado en años.** De edad avanzada: *Mi profesor es una persona ya entrada en años, pero de una vitalidad desbordante.* ‖ **estar de buen año.** *col.* Estar gordo y saludable: *Cuando vuelvo de veraneo, siempre me dice que estoy de buen año.* ‖ **perder año.** *col.* Referido a un estudiante, suspender varias asignaturas de un curso académico y tener que repetirlo: *Ese alumno es el mayor de la clase porque ha perdido año dos veces.* □ SEM. Expresiones como *año de la nana, año de la polca* y semejantes se usan para indicar época remota: *Todo el mundo lo miraba porque llevaba un traje del año de la polca.* □ USO En las expresiones *año nuevo* y *año viejo*, se usa como nombre propio cuando hace referencia a la festividad.

añojo, ja ▌s. **1** Becerro o cordero de un año cumplido: *La carne de añojo es más roja que la de lechal.* ▌s.m. **2** Carne de este becerro para uso comestible: *¿Me pone un kilo de añojo, por favor?*

añoranza s.f. Nostalgia de algo querido cuando no se tiene, está ausente o se ha perdido: *Siento añoranza por aquellos veranos que pasábamos juntos cuando éramos pequeños.*

añorar v. Referido a algo querido, recordarlo con pena cuando no se tiene, está ausente o se ha perdido: *Añora mucho su pueblo y no se acostumbra a la vida de la ciudad.*

aorta s.f. Arteria principal del aparato circulatorio de algunos animales, que parte del corazón y que, a través de sus ramificaciones, lleva la sangre oxigenada a todo el cuerpo: *En el cuerpo humano, la aorta sale del ventrículo izquierdo del corazón.* 👁 **corazón**

aovar v. Referido a un ave o a otro animal, poner huevos: *Los gorriones aovan en nidos. Algunas tortugas aovan en la arena.*

apabullar v. *col.* Referido a una persona, confundirla o intimidarla mediante la fuerza o mostrando superioridad sobre ella; *aplastar*: *Me apabulló con sus argumentos y no supe qué contestar.*

apacentar v. Referido al ganado, llevarlo a pastar, y cuidarlo mientras pace: *Los pastores apacientan sus rebaños.* □ MORF. Irreg.: La *e* diptonga en *ie* en los presentes, excepto en las personas *nosotros* y *vosotros* ⟶**PENSAR**.

apache adj./s. De un pueblo indígena americano, nómada, que habitaba al sur del actual territorio estadounidense, o relacionado con él: *Los indios apaches se caracterizaban por su gran belicosidad. Los apaches viven actualmente en reservas.* □ MORF. 1. Como adjetivo es invariable en género. 2. Como sustantivo es de género común y exige concordancia en masculino o en femenino para señalar la diferencia de sexo: *el apache, la apache.*

apachurrar v. ⟶**espachurrar.**

apacible adj. **1** Referido a una persona, mansa, dulce y agradable en el trato o en la forma de ser: *Tiene un carácter muy apacible, sin cambios bruscos de humor.* **2** Referido al tiempo atmosférico, bueno, tranquilo o agradable: *Hace un día muy apacible, ideal para salir a pasear al campo.* □ MORF. Invariable en género.

apaciguamiento s.m. Restablecimiento de la paz, del sosiego y de la calma entre personas o cosas que están alborotadas, enfadadas o en desacuerdo: *El apaciguamiento de un grupo de alumnos en vísperas de vacaciones es casi imposible.*

apaciguar v. Poner en paz, sosegar, aquietar o restablecer la calma: *Sus palabras no lograron apaciguar a la multitud. No hablaré contigo hasta que no te apacigües y seas capaz de conversar como una persona.* □ ORTOGR. 1. La *u* lleva diéresis cuando le sigue *e*. 2. La *u* permanece siempre átona ⟶**AVERIGUAR**.

apadrinar v. **1** Referido a una persona, asistirla o actuar como padrino suyo al recibir ella ciertos sacramentos o algún honor: *En el bautizo, apadrinaron al niño sus abuelos maternos.* **2** Referido esp. a una persona o a una iniciativa, patrocinarlas o actuar como protector suyo para que triunfen: *El proyecto de investigación no salió adelante porque no encontramos quien lo apadrinara.*

apagado, da adj. **1** De genio o carácter apocado, muy sosegado, sin animación ni vitalidad: *Con lo gracioso y animado que eres tú, no me explico cómo tu hermano puede ser tan apagado y soso.* **2** Referido al brillo o al color, poco vivo o intenso: *Este color tan apagado no te favorece.*

apagar v. **1** Referido a un fuego o a una luz, extinguirlos o hacer que terminen: *Apagó las velas de la tarta con un solo soplido.* **2** Referido a un aparato eléctrico, interrumpir su funcionamiento desconectándolo de su fuente de energía: *Apaga la televisión, que vamos a comer.* **3** Referido esp. a un sentimiento o a una pasión, aplacarlos, extinguirlos o hacer que terminen o desaparezcan: *El agua apaga la sed. Dicen que el tiempo apaga las penas.* **4** Referido a un color vivo, rebajarlo o templar el tono de la luz: *¿Por qué no apagas un poco ese amarillo tan chillón?* **5** ‖ **apaga y vámonos.** *col.* Expresión que se usa para indicar que algo ha terminado o para mostrar desacuerdo ante algo que se considera absurdo, disparatado o escandaloso: *Si que estudies o no depende de lo que te diga tu horóscopo, apaga y vámonos.* ☐ ORTOGR. La *g* se cambia en *gu* delante de *e* ⟶**PAGAR**.

apagón s.m. Interrupción inesperada y repentina del suministro de energía eléctrica: *En casa siempre tenemos velas para cuando haya un apagón.*

apaisado, da adj. Que en su posición normal es más ancho que alto: *Para escribir música se suelen utilizar cuadernos apaisados.*

apalabrar v. Concertar o comprometerse de palabra, sin que quede constancia por escrito: *Cuando fui a pagar la estantería me cobraron más de lo que habíamos apalabrado.*

apalancamiento s.m. Movimiento o abertura de algo por medio de una palanca o barra rígida que se apoya sobre un punto y sobre la que se hace fuerza: *El apalancamiento de puertas y ventanas es un método muy utilizado por los ladrones para entrar en las casas.*

apalancar ▮ v. **1** Mover haciendo fuerza con una palanca o barra rígida que se apoya sobre un punto y sobre la que se hace fuerza: *Perdí las llaves del arcón, y tuve que apalancar la tapa para poder abrirlo.* ▮ prnl. **2** *col.* Acomodarse en un sitio y permanecer inactivo en él: *No te apalanques en el sillón, y acompáñame a comprar unas cosas.* ☐ ORTOGR. La *c* se cambia en *qu* delante de *e* ⟶**SACAR**.

apaleamiento s.m. Conjunto de golpes que se dan con un palo o con algo semejante: *Fue detenido y acusado del apaleamiento de un muchacho.*

apalear v. Dar golpes o sacudir con un palo o con algo semejante: *Unos desconocidos lo apalearon cuando volvía a casa.*

apandar v. *col.* Referido a algo ajeno, cogerlo, atraparlo o guardarlo con intención de quedárselo: *Cuando trabajó en el supermercado, siempre apandaba algo antes de marcharse.*

apañado, da adj. **1** Hábil o mañoso para hacer algo: *Me arregló la radio una prima mía que es muy apañada para la electrónica.* **2** ‖ **{estar/ir} apañado. 1** *col.* Estar equivocado o falsamente confiado en algo: *¡Estás apañada si crees que te voy a suplicar ayuda!* **2** *col.* Estar en una situación difícil: *Como adelanten el día del examen, voy apañado.*

apañar ▮ v. **1** Arreglar, asear, acicalar o adornar: *Apañó la casa antes de que llegaran las visitas.* **2** *col.* Amañar, solucionar o remediar con habilidad o con intención de salir del apuro: *Vinieron a cenar sin avisarme, pero apañamos una cena para todos en un momento. ¿Qué tal te apañas con ese sueldo?* **3** *col.* Coger: *Los ladrones apañaron todas las joyas y huyeron por la ventana.* **4** Referido a algo que está roto, remendarlo o componerlo: *Dale el juguete roto a papá, que seguro que te lo apaña para que sigas jugando.* ▮ prnl. **5** *col.* Darse buena maña para hacer algo: *Acaban de tener gemelos, pero entre los dos se apañan de maravilla para atenderlos.* **6** ‖ **apañárselas.** *col.* Encontrar el modo de solucionar uno mismo un problema o de salir adelante en la vida: *¿Cómo te las apañas para estudiar y trabajar a la vez?*

apaño s.m. **1** Arreglo, compostura, remiendo, esp. si se hacen con habilidad o para salir del apuro: *Hicieron un apaño con los de la prensa, y evitaron que el escándalo se hiciera público.* **2** *col.* Relación amorosa o sexual considerada ilícita por la sociedad; *lío: Dicen que tiene un apaño en la ciudad y por eso no viene al pueblo.* ☐ USO En la acepción 2, tiene un matiz despectivo.

aparador s.m. Mueble en el que se guarda todo lo necesario para el servicio de la mesa: *En el aparador están la vajilla, la cristalería y la cubertería.*

aparato s.m. **1** Conjunto de piezas o elementos diseñados para funcionar conjuntamente con una finalidad práctica determinada: *¿Cuánto vale un aparato de aire acondicionado?* **2** Circunstancia o señal que precede o acompaña a algo: *Hubo una tormenta con gran aparato de truenos y relámpagos.* **3** Pompa, ostentación o conjunto de circunstancias cuya presencia da mayor importancia y vistosidad a algo: *No me gustan las ceremonias con tanto aparato protocolario.* **4** Conjunto de personas que deciden la política de un partido o de un Gobierno: *Al congreso asistió todo el aparato del partido político en el poder.* **5** En biología, conjunto de órganos que realizan una misma función fisiológica: *El aparato circulatorio del ser humano está formado fundamentalmente por el corazón, las venas y las arterias.* **6** En gimnasia, dispositivo que se utiliza como base para realizar los distintos ejercicios: *De la gimnasia con aparatos, el salto de potro es el que me parece más espectacular.* 👁 **gimnasio** **7** *col.* Teléfono: *Ponte al aparato, que quieren hablar contigo.* ☐ SEM. Se usa mucho como palabra comodín para designar de manera imprecisa un objeto.

aparatosidad s.f. Exageración o vistosidad excesiva con que algo se realiza: *Afortunadamente, y pese a la aparatosidad del accidente, no se produjeron víctimas.*

aparatoso, sa adj. Exagerado, complicado u ostentoso: *Llevaba un vestido muy aparatoso con el que era imposible que pasara desapercibida.*

aparcamiento s.m. **1** Lugar destinado a aparcar los vehículos: *He dejado el coche en un aparcamiento subterráneo.* **2** Colocación de un vehículo en un lugar para dejarlo allí parado durante cierto tiempo: *En el examen de conducir me suspendieron por lo mal que hice el aparcamiento.* ☐ USO Es innecesario el uso del anglicismo *parking*.

aparcar v. **1** Referido a un vehículo, colocarlo en un lugar y dejarlo allí parado durante cierto tiempo: *Me pusieron *una multa por aparcar en la acera.* **2** *col.* Referido a un proyecto o a una decisión, aplazarlos, posponerlos o abandonarlos hasta encontrar un momento más oportuno para llevarlos a cabo: *Los artículos conflictivos del proyecto de ley fueron aparcados, y se empezó a trabajar en aquellos sobre los que existía consenso.* □ ORTOGR. La *c* se cambia en *qu* delante de *e* ⟶**SACAR**.

aparcería s.f. Contrato por el que el propietario de unas tierras o unas instalaciones agrícolas o ganaderas deja que otra persona las explote a cambio de una parte de las ganancias o de los frutos producidos: *Tiene muchas fincas, pero todas en régimen de aparcería.*

aparcero, ra s. Persona que, bajo un contrato de aparcería, explota unas tierras o unas instalaciones agrícolas o ganaderas que no le pertenecen, a cambio de dar a su propietario una parte de los beneficios que obtenga: *Los aparceros han mejorado mucho el rendimiento de la finca.*

apareamiento s.m. Unión sexual de dos animales de distinto sexo para procurar su reproducción: *Durante la época de apareamiento, la conducta de los animales sufre cambios.*

aparear v. Referido a un animal, juntarlo con otro de distinto sexo para que se reproduzcan: *El ganadero apareó la vaca con el semental. Muchos animales se aparean en primavera.*

aparecer v. **1** Manifestarse o dejarse ver, generalmente causando sorpresa, admiración o desconcierto: *Apareció en casa sin avisar a la hora de cenar. Dice que el día de su aniversario se le apareció su difunto marido.* **2** Referido a algo oculto o desconocido, mostrarse o dejarse ver: *Ya han aparecido los primeros síntomas de la enfermedad.* **3** Referido a algo perdido, ser encontrado o hallado: *¿Ha aparecido ya tu cartera?* □ MORF. Irreg.: Aparece una *z* delante de la *c* cuando la siguen *a, o* ⟶**PARECER**.

aparecido, da s. Fantasma de un muerto, que se presenta ante los vivos: *Muchas películas de miedo cuentan historias de aparecidos.*

aparejado, da adj. Inherente, inseparable o inevitable: *Esa falta lleva aparejada una dura sanción.* □ SINT. Se usa más con los verbos *traer, llevar* o equivalentes.

aparejador, -a s. Persona que se dedica profesionalmente a la realización de diversas tareas técnicas en el campo de la construcción; *arquitecto técnico: Los aparejadores son los encargados de que se realice el proyecto diseñado por el arquitecto.*

aparejar v. **1** Preparar o disponer lo necesario: *El caballero aparejó sus armas antes de iniciar el combate.* **2** Referido a una caballería, ponerle el aparejo o los arreos necesarios para montarla o cargarla: *Tengo que aparejar la mula para cargarla con lo que voy a llevar a vender al mercado.* □ ORTOGR. 1. Dist. de *emparejar*. 2. Conserva la *j* en toda la conjugación.

aparejo ▮ s.m. **1** Preparación o disposición de lo necesario: *El aparejo de las herramientas le llevó bastante tiempo.* **2** Elemento necesario para montar o cargar una caballería: *El jinete estaba muy incómodo porque los aparejos de su caballo estaban mal colocados.* **3** Conjunto formado por los palos, las velas, las jarcias y las vergas de un barco: *La tempestad estropeó el aparejo del buque.* **4** En una construcción, forma en la que quedan colocados los diversos materiales, esp. los ladrillos y sillares: *En la arquitectura mudéjar es muy usual el aparejo toledano, que alterna hiladas de ladrillos con mampostería.* ▮ pl. **5** Materiales y elementos necesarios para hacer algo o para desempeñar un oficio: *¿Tienes ya preparados los aparejos de pesca?*

aparentar v. **1** Referido a una cualidad o a algo que no se posee, dar a entender que sí se poseen: *Aunque aparenta estar de buen humor, yo sé que está enfadado. Se pasa el día aparentando, pero todos sabemos que está en la ruina.* **2** Tener el aspecto que corresponde a determinada edad: *Aunque debe de ser mayor, aparenta treinta años.*

aparente adj. **1** Que parece real o verdadero, pero no lo es: *Su indiferencia es solo aparente, ya que todo esto le importa mucho.* **2** Que está a la vista: *Se enfadó sin motivo aparente.* **3** *col.* Que tiene buen aspecto, y resulta atractivo: *Es un muchacho muy aparente.* □ MORF. Invariable en género.

aparición s.f. **1** Presentación o manifestación ante la vista de algo que estaba oculto o era desconocido: *Su aparición vestido de payaso nos dejó a todos sorprendidos.* **2** Visión de un ser sobrenatural o fantástico: *Las apariciones de la Virgen María en Lourdes convirtieron ese pueblo francés en lugar de peregrinación.* **3** Fantasma o espíritu de un muerto que se presenta ante los vivos: *Vino aterrorizado y diciendo que había visto una aparición.*

apariencia s.f. **1** Aspecto externo: *No se debe juzgar a las personas por su apariencia.* **2** Lo que parece algo que no es: *No te fíes de ella, porque su bondad es pura apariencia.*

apartado, da ▮ adj. **1** Que está separado o alejado: *Vive en una aldea apartada y con muy malas comunicaciones.* ▮ s.m. **2** Servicio de correos por el que se alquila al cliente una casilla o buzón en donde se deposita su correspondencia: *El apartado de correos es muy útil para las personas que no tienen residencia fija.* **3** Número que identifica esta casilla situada en una oficina de correos: *Debes enviarle las cartas al apartado 333 de Valencia.* **4** Parte de un escrito que trata por separado de un determinado tema: *El apartado dedicado al sustantivo es la parte más interesante de ese estudio gramatical.*

apartamento s.m. Vivienda de pequeñas dimensiones, que consta de una o dos habitaciones, con una cocina y un cuarto de baño pequeños, y que generalmente está situada en un edificio en el que hay otras similares: *Vive en un apartamento alquilado.* □ SEM. Dist. de *departamento* (parte o sección de algo).

apartamiento s.m. Separación de algo del lugar en el que estaba: *Declaró que su apartamiento de la actividad empresarial es temporal.*

apartar v. **1** Separar, dividir o poner en un lugar apartado: *He apartado las fichas blancas de las negras. Aparta un poco de tarta para los que lleguen después.* **2** Retirar o poner en un lugar más alejado: *Apártate de ahí. Se apartó a un lado para dejarme pasar.* **3** Referido a algo, quitarlo del lugar en el que estaba: *Aparté la vista del cuadro, porque no me gustó nada.* □ SINT. Constr. *apartar una cosa* DE *otra*.

aparte ▮ adj. **1** Que es distinto y diferente a los demás, y resalta por su singularidad: *Este autor es un novelista aparte, con un estilo muy original.* ▮ s.m. **2** En una representación teatral, lo que cualquier personaje dice hablando para sí o con algún otro personaje, de forma que se supone que los demás personajes no lo han oído, aunque los espectadores sí: *Los apartes teatrales informan al espectador de los pensamientos de los personajes.* **3** Lo que se dice a una persona sin que lo oigan los demás: *En un* *aparte me contó todo el problema.* ▌adv. **4** En otro lugar o en otra situación: *Colocó las mantas aparte.* **5** Por separado, o sin ir o sin estar junto al resto: *Los de su grupo llegaron aparte.* **6** ‖ **aparte de.** Además de o sin contar con: *Aparte de ese pequeño fallo técnico, todo ha salido muy bien.* ☐ MORF. Como adjetivo, es invariable en género.

apartheid (del afrikáans) s.m. Segregación racial, legislada y promovida por la minoría blanca, que sufrían las personas de color en la República de Sudáfrica (país africano): *Ese líder sudafricano ha luchado toda su vida contra el apartheid.* ☐ PRON. [aparjéid], con *j* suave. ☐ USO Su uso es innecesario y puede sustituirse por una expresión como *segregación racial*.

apartotel s.m. Apartamento que cuenta con los servicios y comodidades centrales propios de un hotel: *En un apartotel puedes cocinar tu propia comida y, sin embargo, hay un servicio de limpieza diario.*

apasionado, da adj./s. **1** Poseído de una pasión: *Son dos amantes apasionados. Es una apasionada de la ópera.* **2** Partidario o seguidor de algo: *Tu crítica es un juicio apasionado, porque te gusta mucho ese cantante. Los apasionados del jazz tienen una cita esta noche en una famosa sala barcelonesa.*

apasionamiento s.m. **1** Excitación de una pasión: *Discutieron con gran apasionamiento.* **2** Sentimiento de excesivo interés, afición o entusiasmo hacia algo: *El apasionamiento con que lleva a cabo su trabajo es digno de elogio.*

apasionante adj. Que capta mucho la atención o que es muy interesante: *Vimos un documental apasionante sobre la vida de los tiburones.* ☐ MORF. Invariable en género.

apasionar ▌v. **1** Excitar o causar pasiones: *La música me apasiona.* ▌prnl. **2** Sentir un excesivo interés, afición o entusiasmo hacia algo: *Cuando me apasiono con una novela, no puedo parar hasta terminarla.*

apatía s.f. Falta de actividad, de interés o de entusiasmo, que se manifiesta en dejadez o indiferencia ante todo: *Su apatía le impide ilusionarse por nada.*

apático, ca adj. Que siente o muestra apatía o falta de actividad, de interés o de entusiasmo: *Las personas apáticas no se emocionan con nada.*

apátrida adj./s. Referido a una persona, que no tiene nacionalidad: *Esa organización humanitaria se ocupa de los problemas de las personas apátridas. Es un apátrida y ningún Estado lo reconoce como ciudadano.* ☐ MORF. 1. Como adjetivo es invariable en género. 2. Como sustantivo es de género común y exige concordancia en masculino o en femenino para señalar la diferencia de sexo: *el apátrida, la apátrida*.

apeadero s.m. Estación de tren, de poca importancia, donde solo suben o bajan viajeros: *En los apeaderos no se cargan ni se descargan mercancías.*

apear v. **1** Descender o hacer descender de un medio de transporte; *bajar*: *Apeó al pequeño, que quedó en manos de su padre, y prosiguió el viaje. ¿Se va a apear usted en la próxima parada?* **2** *col.* Referido a una persona, disuadirla de sus opiniones, ideas, creencias y suposiciones: *Es una cabezota y no se apea de sus ideas aunque le demuestres que está equivocada.* ☐ SINT. Constr. *apearse* DE *algo*.

apechugar v. *col.* Cargar con algo que resulta desagradable; *apencar*: *Te dirá que no lo hace, pero después apechugará. Siempre me toca a mí apechugar con todo el trabajo.* ☐ ORTOGR. La *g* se cambia en *gu* delante de *e* ⟶**PAGAR**. ☐ SINT. Constr. *apechugar* CON *algo*.

apedrear v. **1** Tirar o arrojar piedras: *Los castigaron por apedrear a un perro vagabundo, que salió huyendo.* **2** Matar a pedradas; *lapidar*: *Antiguamente, en algunas culturas se apedreaba a las mujeres adúlteras.*

apegarse v.prnl. Tomar apego o cariño: *Cada día se apega más a esta ciudad.* ☐ ORTOGR. La *g* se cambia en *gu* delante de *e* ⟶**PAGAR**. ☐ SINT. Constr. *apegarse* A *algo*.

apego s.m. Cariño, afecto o estimación hacia algo: *Tiene mucho apego a la vieja casa donde nació.*

apelación s.f. **1** En derecho, presentación ante un juez o ante un tribunal de justicia de una petición para que se modifique o anule una sentencia que se considera injusta y que fue dictada por un juez o por un tribunal de categoría inferior: *La sentencia es firme y no es posible su apelación.* **2** Llamada o mención a algo en cuya autoridad o criterio se confía para solucionar un asunto: *El director hizo una apelación a nuestro sentido del deber.*

apelar v. **1** En derecho, presentar ante un juez o ante un tribunal la petición de que se modifique o anule una sentencia que se considera injusta y que fue dictada por un juez o por un tribunal de categoría inferior: *El demandado apeló contra la decisión del juez.* **2** Recurrir a algo en cuya autoridad o criterio se confía para solucionar un asunto: *Apeló a la buena voluntad de todos para poder salir adelante.* ☐ SINT. 1. Constr. de la acepción 1: *apelar* {CONTRA/DE} *algo*, aunque también es correcto su uso como transitivo: *Apelaron la sentencia*. 2. Constr. de la acepción 2: *apelar* A *algo*.

apelativo, va ▌adj./s.m. **1** Que sirve para llamar o para calificar: *Los vocativos son un ejemplo de la función apelativa del lenguaje. Cuando se dirige a ella siempre la llama con un apelativo cariñoso.* ▌s.m. **2** ⟶**nombre apelativo.**

apellidar ▌v. **1** Llamar, nombrar o dar un mote o un sobrenombre: *Felipe II fue apellidado 'el Prudente'.* ▌prnl. **2** Tener un determinado apellido: *Se apellida Rodríguez.*

apellido s.m. Nombre que sirve para designar a los miembros de una familia y que se transmite de padres a hijos: *En España los padres pueden elegir el orden de los apellidos de sus hijos.*

apelmazar v. Referido a algo que debe ser esponjoso, hacer más compacto, más pegajoso o más duro de lo conveniente: *No camines por el sembrado porque las pisadas apelmazan la tierra. Mueve la lana del colchón para que no se apelmace.* ☐ ORTOGR. La *z* se cambia en *c* delante de *e* ⟶**CAZAR**.

apelotonar v. Aglomerar, amontonar o formar grupos desordenados: *Apelotonó todos los trastos en una esquina del patio, para después quemarlos. Cuando abrieron las puertas, los espectadores se apelotonaban a la entrada del teatro.* ☐ MORF. Se usa más como pronominal.

apenar v. Causar pena o tristeza: *Nos apenó mucho la noticia de su muerte.*

apenas ▌adv. **1** Difícilmente, casi no, o tan solo: *Apenas nos alcanza el dinero para llegar a fin de mes. Apenas si me escuchó cinco minutos.* **2** Escasamente o tan solo: *Apenas hace ocho días que trabaja con nosotros.* ▌conj. **3** Enlace gramatical subordinante con valor temporal: *Apenas me vio, me abrazó.* ☐ SINT. En la acepción 1, *apenas si* se usa con el mismo significado que *apenas*.

apencar v. *col.* Cargar con algo que resulta desagradable; *apechugar*: *No estoy dispuesta a apencar con este* *trabajo yo sola.* ☐ PRON. Incorr. *[penkar]. ☐ ORTOGR. La *c* se cambia en *qu* delante de *e* ⟶**SACAR.** ☐ SINT. Constr. *apencar* CON *algo.*

apéndice s.m. **1** Cosa accesoria que se adjunta o se añade a otra de la que forma parte: *Al final del diccionario hay unos apéndices muy útiles.* **2** En el cuerpo animal, parte unida o contigua a otra principal: *La nariz es el apéndice nasal.* **3** ‖ **apéndice ({cecal/vermicular}).** En anatomía, prolongación delgada y hueca, que está al final del intestino ciego: *Le han operado y le han quitado el apéndice.* ☐ SEM. No debe emplearse como sinónimo de *apendicitis* (inflamación del apéndice cecal o vermicular): *Operaron al niño porque tenía {*apéndice › apendicitis}.*

apendicitis s.f. Inflamación del apéndice que está al final del intestino ciego: *La fiebre, los vómitos y un intenso dolor a la derecha del estómago son los síntomas típicos de la apendicitis.* ☐ MORF. Invariable en número.

apercibimiento s.m. Amonestación o aviso que se da a alguien haciéndole saber cuáles serán las consecuencias de sus actos si sigue actuando de determinada forma: *Tras un apercibimiento fue sancionado con 15 días sin empleo y sin sueldo.*

apercibir v. **1** Referido a una persona, amonestarla o hacerle saber cuáles serán las consecuencias de sus actos si sigue actuando de determinada manera: *El jefe me apercibió de que sería sancionado si volvía a llegar tarde al trabajo.* **2** Advertir o prevenir: *La agencia apercibió a sus clientes de que en la estación de esquí había escasa nieve.* ☐ SINT. Constr. *apercibirse* DE *algo.*

aperitivo s.m. **1** Bebida y comida ligeras que se toman antes de las comidas: *Hemos quedado en un bar a tomar el aperitivo, pero luego cada uno comerá en su casa.* **2** Porción de comida que se sirve de forma gratuita y acompañando a una bebida: *En este bar, cuando pedimos cañas, siempre nos ponen aperitivo.*

apero s.m. Instrumento que se usa para un oficio, esp. para la labranza: *La pala y el rastrillo son aperos de labranza.* ☐ MORF. Se usa más en plural. 👁 apero

apertura s.f. **1** Acción de abrir lo que estaba cerrado, pegado o plegado: *La apertura del paquete bomba activó el mecanismo explosivo.* **2** Comienzo o inauguración de un proceso, de una actividad o de un plazo: *Para realizar la apertura de una cuenta bancaria, te piden el carné de identidad.* **3** Acto o ceremonia con que se produce o se resalta oficialmente este comienzo o inauguración: *A la apertura del nuevo curso académico están invitadas destacadas personalidades.* **4** En el juego del ajedrez, combinación de jugadas con que se inicia una partida: *Elegir bien la apertura puede decidir la partida.* **5** Colocación de un signo de puntuación delante del enunciado que delimita: *La apertura de comillas es obligada para hacer una cita literal.* ☐ SEM. Su uso con el significado de 'lo que está abierto' en lugar de *abertura* es incorrecto: *La {*apertura › abertura} que había en la pared.*

aperturismo s.m. Actitud favorable, comprensiva o transigente, esp. la que se mantiene frente a ideas o a actitudes distintas a las propias: *La reunión de los dirigentes del partido en el poder estuvo marcada por el aperturismo.*

aperturista ▮ adj. **1** Del aperturismo ideológico o relacionado con él: *El proceso de democratización fue posible gracias a la postura aperturista del jefe del Estado.* ▮ adj./s. **2** Que defiende o sigue el aperturismo ideológico: *El sector aperturista del partido pedía medidas democratizadoras. Los aperturistas votaron a favor de la reforma.* ☐ MORF. 1. Como adjetivo es invariable en género. 2. Como sustantivo es de género común y exige concordancia en masculino o en femenino para señalar la diferencia de sexo: *el aperturista, la aperturista.*

apesadumbrar v. Afligir o causar pesadumbre: *Les apesadumbra saber que su hijo les ha mentido. Se apesadumbró al conocer la noticia.* ☐ MORF. Se usa más como pronominal.

apestar v. **1** Dar muy mal olor: *Estas basuras apestan. Me estás apestando con el humo del puro.* **2** Producir o contagiar la enfermedad de la peste: *Las ratas apestaron a los habitantes de la ciudad. Se apestó en la ciudad en la que estuvo de vacaciones.* **3** ‖ **estar apestado de** algo. *col.* Estar lleno de ello: *El mercado está apestado de gente.*

apestoso, sa adj. **1** Que da muy mal olor: *Fui incapaz de beberme aquel líquido oscuro y apestoso.* **2** Que fastidia o que causa aburrimiento: *No seas apestoso y deja de repetirme que ya es hora de irnos.*

apetecer v. Desear, gustar o resultar agradable o interesante: *Me apetece un vaso de leche fría. ¿No te apetece que vayamos al cine? solo apetece dinero y honores.* ☐ MORF. Irreg.: Aparece una *z* delante de la *c* cuando la siguen *a, o* ⟶**PARECER.**

apetencia s.f. Inclinación natural que tiene una persona a desear algo: *¿Es que no tienes apetencias distintas de las puramente materiales?*

apetito s.m. **1** Ganas de comer: *Hacer ejercicio me despierta el apetito.* **2** Inclinación o instinto que lleva a las personas a satisfacer sus deseos o necesidades: *Lleva una vida desordenada, pendiente solo de satisfacer sus apetitos.*

apetitoso, sa adj. **1** Que excita el apetito o el deseo: *Esta tarta tiene un aspecto muy apetitoso.* **2** Que gusta o que tiene buen sabor: *Nos invitó a comer un apetitoso cocido.*

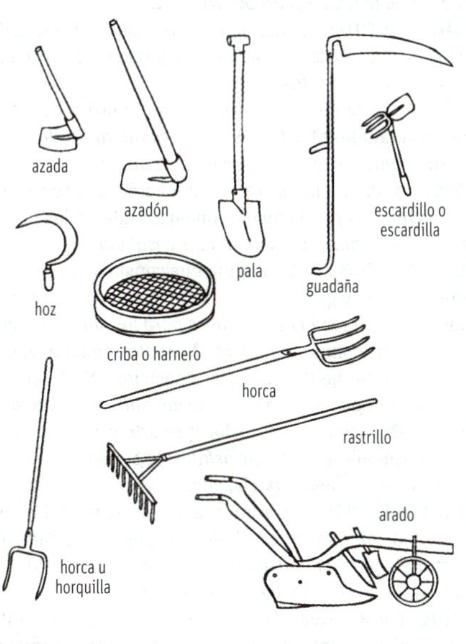

APEROS DE LABRANZA

apiadarse v.prnl. Tener piedad: *Apiádate de ellos y no los trates con tanta dureza.* ☐ SINT. Constr. *apiadarse* DE *algo.*

apical ▮ adj./s.f. **1** En lingüística, referido a un sonido consonántico, que se articula con la intervención activa del ápice de la lengua, en contacto con los dientes, los alveolos o el paladar: *La 'l' de la palabra 'luna' es un sonido apical. Las apicales son siempre consonantes.* ▮ s.f. **2** Letra que representa este sonido: *La 't' es apical.* ☐ MORF. 1. Como adjetivo es invariable en género. 2. En la acepción 2, cuando se antepone a una palabra para formar compuestos, adopta la forma *apico-*.

ápice s.m. **1** Punta o extremo superior de algo: *Para pronunciar la 'n' española, hay que colocar el ápice de la lengua en la cara posterior interna de los alveolos.* **2** Parte muy pequeña: *No tiene ni un ápice de honradez profesional.*

apícola adj. De la apicultura o relacionado con la cría de las abejas para el aprovechamiento de sus productos: *La producción apícola de esta región es famosa por su calidad.* ☐ MORF. Invariable en género. ☐ SEM. Dist. de *avícola* (de la cría de las aves).

apicultor, -a s. Persona que se dedica a la apicultura o cría de abejas: *El apicultor se protege la cara de las picaduras de las abejas con una careta de alambre.* ☐ SEM. Dist. de *avicultor* (persona que se dedica a la avicultura o cría de aves).

apicultura s.f. Arte o técnica de criar abejas para aprovechar sus productos, esp. la miel y la cera: *Se dedica a la apicultura y obtiene muchos beneficios vendiendo miel, jalea real y cera.* ☐ SEM. Dist. de *avicultura* (técnica de la cría de aves).

apilamiento s.m. Amontonamiento de cosas formando una pila o montón: *El apilamiento de estos libros en el suelo produce una gran sensación de desorden.*

apilar v. Amontonar o colocar formando una pila o montón: *Apiló la leña en el cobertizo.*

apiñamiento s.m. Reunión o colocación muy apretada de personas o cosas: *Se produjo un apiñamiento de alumnos a la salida de clase.*

apiñar v. Referido a personas o cosas, juntarlas o reunirlas apretadamente: *No los coloques tan apiñados. Los participantes se apiñaban en la línea de salida.*

apio s.m. Planta herbácea de color verde, que se cultiva en las huertas y de la que se comen los tallos y las hojas: *El apio le da muy buen sabor a las ensaladas.*

apisonadora s.f. **1** Máquina que consta de unos rodillos pesados y que se utiliza para apretar y allanar el suelo: *Han traído la apisonadora para las obras de construcción de la nueva carretera.* **2** *col.* Persona que vence rápida y totalmente cualquier oposición: *No tendrá en cuenta tus reparos, porque es una auténtica apisonadora.*

apisonar v. Referido al suelo, apretarlo y allanarlo con una apisonadora: *Antes de asfaltar la carretera, es necesario apisonar bien el pavimento.*

aplacamiento s.m. Aminoración o disminución del enfado de alguien o de la fuerza de algo: *Fue imposible lograr el aplacamiento de su ira. Para mañana está previsto un ligero aplacamiento del temporal.*

aplacar v. Referido a la fuerza de algo, amansarla, mitigarla o hacerla más suave y soportable: *Parece que ya se va aplacando la fuerza del viento. Se aplacó cuando le dije que pagaría todos los desperfectos.* ☐ ORTOGR. La *c* se cambia en *qu* delante de *e* ⟶SACAR.

aplanamiento s.m. **1** Conversión de una superficie desigual en una superficie plana: *El aplanamiento de esos montones de tierra permitirá dejar el jardín totalmente liso.* **2** Pérdida de la capacidad de reacción o del vigor y la energía: *Es extraño el aplanamiento que tiene estos días, porque siempre es muy animada.*

aplanar v. **1** Poner plano o llano; *allanar: Han aplanado el camino de tierra para que la gente no tropiece.* **2** *col.* Dejar a alguien sin capacidad de reacción o sin vigor ni energía: *Este calor aplana a cualquiera.*

aplastamiento s.m. **1** Disminución del grosor de algo como consecuencia de haberlo comprimido o golpeado hasta deformarlo o destruirlo: *Como consecuencia del accidente sufre el aplastamiento de una vértebra.* **2** Derrota total y definitiva: *El ejército tardó varios días en llevar a cabo el aplastamiento de la rebelión.*

aplastante adj. Que es abrumador o definitivo, y que no se puede rebatir o discutir: *La victoria del equipo local ha sido aplastante.* ☐ MORF. Invariable en género.

aplastar v. **1** Referido a un objeto, disminuir su grosor o su espesor comprimiéndolo o golpeándolo, hasta llegar a deformarlo o destruirlo: *No pongas el hierro encima de las cajas de cartón, porque las vas a aplastar.* **2** Referido a una persona, confundirla o intimidarla mediante la fuerza o mostrando superioridad sobre ella; *apabullar: El exceso de responsabilidad me aplasta.* **3** Derrotar o vencer por completo: *El ejército aplastó la rebelión.*

aplatanamiento s.m. Falta de energía para emprender cualquier actividad física o mental, esp. por influencia del ambiente o del clima: *Después de comer siempre me entra un aplatanamiento espantoso y no soy capaz de hacer nada.*

aplatanar v. Hacer perder o disminuir actividad mental o física, generalmente por influencia del ambiente o del clima: *El calor de la playa aplatana a cualquiera. Después de comer siempre me aplatano.*

aplaudir v. **1** Juntar repetidamente las palmas de las manos para que resuenen en señal de aprobación o de entusiasmo: *El público aplaudió a los actores.* **2** Alabar con palabras o de otra manera: *Aplaudo tu decisión de seguir estudiando.*

aplauso s.m. **1** Señal de aprobación o de alegría, que consiste en juntar repetidamente las palmas de las manos para que resuenen: *El cantante fue recibido con fuertes aplausos.* **2** Alabanza, elogio o reconocimiento: *Su actitud merece todo mi aplauso.* **3** ‖ **aplauso cerrado.** El unánime y ruidoso: *El conferenciante gustó mucho y recibió un aplauso cerrado.*

aplazamiento s.m. Retraso de la realización de algo: *El aplazamiento del concierto a causa de la lluvia provocó las protestas del público asistente.*

aplazar v. Referido a la realización de algo, retrasarla o dejarla para más tarde; *diferir: La reunión de esta tarde ha sido aplazada al martes que viene.* ☐ ORTOGR. La *z* se cambia en *c* delante de *e* ⟶CAZAR.

aplicación s.f. **1** Colocación de una cosa sobre otra o en contacto con ella: *La aplicación de la pomada sobre la herida evitó la infección.* **2** Empleo o puesta en práctica con un determinado objetivo: *Han inventado un nuevo producto químico con muchas aplicaciones en la industria.* **3** Destino, adjudicación o asignación: *La aplicación de los distintos papeles a los miembros del grupo se realizó en la primera reunión.* **4** Referencia de un caso general a un caso particular: *La aplicación de la teoría a la práctica* *no siempre es fácil de realizar.* **5** Esfuerzo e interés que se ponen en la realización de algo, esp. el estudio: *Estudia con mucha aplicación.* **6** En matemáticas, operación por la que a cada elemento de un conjunto se le hace corresponder un solo elemento de otro conjunto: *Las aplicaciones de los conjuntos se representan gráficamente con flechas.*

aplicado, da adj. **1** Que pone esfuerzo, interés y asiduidad en la realización de algo, esp. en el estudio: *Es muy aplicado en literatura, pero bastante vago en matemáticas.* **2** Referido a una ciencia o a una disciplina, que se centra en la aplicación práctica de sus conocimientos y doctrinas: *La lingüística aplicada se ocupa de los problemas de la enseñanza de idiomas.*

aplicar ▮ v. **1** Poner sobre algo o en contacto con ello: *Aplicaron una gasa a la herida.* **2** Emplear o poner en práctica con un determinado objetivo: *Aplica bien los criterios que vayas a seguir.* **3** Destinar, adjudicar o asignar: *Aplicamos esta misa por el eterno descanso de nuestro hermano.* **4** Referido a un caso general, referirlo a un caso particular: *Para resolver este problema de física, tenéis que aplicar la teoría que estudiamos ayer.* ▮ prnl. **5** Poner mucho interés en la realización de cualquier tipo de trabajo, esp. en el estudio: *Si no te aplicas más, vas a suspender.* □ ORTOGR. La *c* se cambia en *qu* delante de *e* ⟶**SACAR**. □ SINT. Constr. de la acepción 1: *aplicar A algo.*

aplique s.m. **1** Lámpara de luz eléctrica que se fija en una pared: *Hemos puesto un aplique a cada lado del espejo del pasillo.* 👁 **alumbrado** **2** Lo que se añade a algo para protegerlo, completarlo o adornarlo: *Las puertas del mueble tenían unos hermosos apliques de bronce.* **3** Cualquier pieza del decorado teatral, excepto el telón, los bastidores y las bambalinas: *El director de teatro exigió el cambio de algunos apliques.*

aplomar ▮ v. **1** En construcción, referido a una pared, comprobar con la plomada si es vertical: *Los albañiles deben aplomar todas las paredes que construyen a medida que las van levantando.* ▮ prnl. **2** Referido a una persona, cobrar aplomo: *De joven era nervioso, pero con el tiempo se aplomó.*

aplomo s.m. Seriedad, serenidad o seguridad que manifiesta una persona en sus actuaciones: *Contestó con mucho aplomo a las preguntas de los periodistas.*

apocado, da adj. Excesivamente tímido y acobardado: *Es un muchacho muy apocado, sin ninguna confianza en sí mismo.*

apocalipsis s.m. Fin del mundo (por alusión al Apocalipsis, libro bíblico que relata los acontecimientos que tendrán lugar en el fin del mundo): *Una guerra nuclear supondría el apocalipsis.* □ MORF. Invariable en número.

apocalíptico, ca adj. Del Apocalipsis (libro bíblico que relata los acontecimientos que tendrán lugar en los tiempos finales) o relacionado con él: *Los textos apocalípticos son muy difíciles de interpretar, porque emplean muchas imágenes simbólicas.*

apocamiento s.m. Actitud excesivamente tímida y acobardada: *Debes eliminar ese apocamiento si quieres ser elegida delegada de clase.*

apocar v. Referido a una persona, acobardarla, cohibirla o hacer que se comporte con excesiva timidez o cortedad de ánimo: *No apoques a tu hijo y valóralo en lo que vale. Se apocó ante la superioridad de su jefe y no supo qué contestar.* □ ORTOGR. La *c* se cambia en *qu* delante de *e*.

apocopar v. Referido a una palabra, suprimirle o eliminarle uno o varios de los sonidos finales: *La palabra 'algún' es resultado de apocopar 'alguno'.*

apócope s.f. Supresión o eliminación de uno o varios sonidos finales de una palabra: *'Buen' y 'san' son apócopes de 'bueno' y 'santo', respectivamente.* □ MORF. Incorr. su uso como masculino: *'San' es {*el > la} apócope de 'santo'.*

apócrifo, fa adj. **1** Falso, supuesto o fingido: *La verdadera autora de la novela desenmascaró al autor apócrifo.* **2** Referido a un libro de materia sagrada, que se atribuye a un autor sagrado, pero que no está incluido en el catálogo de los libros reconocidos por la Iglesia como inspirados: *La Iglesia considera que los llamados 'evangelios apócrifos' no fueron inspirados directamente por Dios.*

apodar v. Dar o poner un apodo o un mote: *Se llama 'Luis', pero lo apodan 'Artillero'.*

apoderado, da s. Persona que tiene poderes o autorización legal de otra para representarla y actuar en su nombre: *Todos los toreros tienen un apoderado que les contrata las corridas.* □ USO Su uso es característico del lenguaje legal y taurino.

apoderar ▮ v. **1** Referido a una persona, otorgar el poder y la autorización a otra para que la represente legalmente: *El padre es un torero retirado que ahora apodera a su hijo.* ▮ prnl. **2** Hacerse dueño de algo, generalmente por la fuerza o ilegalmente: *El ejército vencedor se apoderó de todas las armas y provisiones de los vencidos.* **3** Referido a un sentimiento, llenar por completo o dominar: *La emoción se apoderó de él y no fue capaz de contener las lágrimas.* □ SINT. Constr. como pronominal: *apoderarse DE algo.*

apodo s.m. Nombre que se da a una persona en sustitución del propio y que suele aludir a alguna condición o característica suyas; *mote: Desde que se ha dejado perilla le han puesto el apodo de 'El Perilla'.*

apogeo s.m. En un proceso, momento o situación de mayor grandeza o intensidad: *La crisis económica está en todo su apogeo.*

apógrafo s.m. Copia de un escrito original: *En la Edad Media, los monjes amanuenses realizaron numerosos apógrafos de manuscritos originales que se conservaban en las bibliotecas de sus monasterios.*

apolillado, da adj. *col.* Viejo, anticuado o pasado de moda: *Sus conocimientos están apolillados porque terminó la carrera hace veinte años y no la ha ejercido nunca.*

apolillarse v.prnl. **1** Referido esp. a la ropa, estropearse o deteriorarse por efecto de la polilla: *He puesto bolitas de alcanfor en el armario para que no se apolille la ropa.* **2** Quedarse anticuado o no cambiar: *Hace tanto tiempo que no leo que se me están apolillando las ideas.*

apolíneo, a adj. Referido a un hombre, de gran belleza física (por alusión a Apolo, dios griego de la música, la poesía y la luz, representado por un joven de gran belleza): *Era un joven apolíneo y musculoso.*

apolo s.m. Hombre muy guapo (por alusión a Apolo, dios griego de la música, la poesía y la luz representado como un joven de gran belleza): *Ese actor es un apolo.*

apologético, ca adj. De la apología o relacionado con ella: *El carácter apologético de su discurso fue muy comentado en la prensa.*

apología s.f. Escrito o discurso que defiende o alaba algo: *Ante los ataques de la prensa, el ministro hizo una apología de su proyecto.*

apólogo s.m. Composición literaria de carácter narrativo, generalmente breve, cuyos personajes pueden ser seres inanimados o irracionales personificados, y en la que se desarrolla una ficción alegórica con la que se pretende dar una enseñanza útil o moral, frecuentemente sintetizada en una moraleja final: *Dentro de la literatura medieval, destacan los apólogos de don Juan Manuel contenidos en 'El conde Lucanor'.*

apoltronamiento s.m. **1** Instalación muy cómoda de una persona en un asiento: *Ese apoltronamiento es señal de que te vas a echar una siesta en el sofá, ¿no?* **2** Holgazanería, pereza y falta de cambios, esp. en el trabajo: *Su apoltronamiento le impide estar al día en su profesión.*

apoltronarse v.prnl. **1** Sentarse muy cómodamente: *Se apoltronó en el sofá y se quedó dormido.* **2** Llevar una vida holgazana, comodona o muy sedentaria: *Se ha apoltronado en su trabajo, y ya no tiene ningún interés por aprender cosas nuevas.*

apoplejía s.f. Parada brusca y más o menos completa de la actividad cerebral, que no afecta a la respiración ni a la circulación de la sangre: *La apoplejía puede ser debida a hemorragia, embolia o trombosis de una arteria del cerebro.*

apopléjico, ca ▮ adj. **1** De la apoplejía o relacionado con ella: *El estado apopléjico se caracteriza por la ausencia de sensibilidad y de movimiento consciente.* ▮ adj./s. **2** Que padece apoplejía: *La rehabilitación ha mejorado considerablemente al joven apopléjico. La recuperación de los apopléjicos suele ser muy lenta.* □ ORTOGR. Se admite también *apoplético*.

apoplético, ca adj./s. →**apopléjico, ca.**

apoquinar v. *col.* Pagar, generalmente a disgusto, lo que corresponde: *Apoquina lo que me debes y deja ya de protestar.* □ ORTOGR. Dist. de *acoquinar*.

aporreamiento s.m. →**aporreo.**

aporrear v. Golpear repetidamente y con violencia, esp. si es con una porra: *Como el timbre no funcionaba, aporreó la puerta con los puños.*

aporreo s.m. Serie de golpes repetidos y violentos, esp. si se dan con una porra; *aporreamiento: Me despertó el aporreo de los vecinos en la puerta de al lado.*

aportación s.f. **1** Contribución o entrega de lo necesario o lo conveniente: *La aportación de tu experiencia profesional es fundamental en el éxito de este proyecto.* **2** Lo que se aporta; *aporte: La aportación económica que han hecho al proyecto es superior a los diez mil euros.*

aportar v. **1** Referido a algo necesario o conveniente, proporcionarlo o darlo: *A mí este trabajo me aporta muchas satisfacciones.* **2** En derecho, referido a bienes o valores, llevar alguien la parte que le corresponde a la sociedad a la que pertenece: *¿Qué bienes aporta cada cónyuge al matrimonio?*

aporte s.m. **1** Lo que se aporta; *aportación: El aporte de bienes al matrimonio ha sido el mismo por parte de los dos cónyuges.* **2** Ayuda, participación o contribución: *Si desayunas leche con cereales enriquecidos, tendrás el aporte de energía necesario.* **3** En geografía, depósito de materiales efectuado por el viento, un río o un glaciar: *El aporte fluvial de materiales en este cauce está siendo excavado por un grupo de arqueólogos.*

aposentamiento s.m. Alojamiento o instalación provisional de alguien en un lugar: *La directora del hotel organizó el aposentamiento de todos los turistas.*

aposento s.m. **1** Habitación o cuarto de una casa: *El rey se retiró a descansar a sus aposentos.* **2** Hospedaje o alojamiento en el que alguien se instala, generalmente de forma temporal: *Buscamos aposento en una pensión barata pero limpia.* □ SEM. En la acepción 1, se usa referido esp. a las habitaciones de viviendas grandes y lujosas.

aposición s.f. En gramática, construcción en la que un sintagma va yuxtapuesto a otro de su misma categoría gramatical, respecto al cual ejerce una función explicativa o determinativa: *En 'María, tu hermana, es mi mejor amiga', 'tu hermana' funciona como aposición de 'María'.*

apositivo, va adj. En gramática, de la aposición o relacionado con ella: *La construcción apositiva es un ejemplo de yuxtaposición gramatical.*

apósito s.m. En medicina, remedio para la curación de una lesión o de una herida, que está impregnado con sustancias curativas y se aplica exteriormente sujeto con una venda: *Antes de colocarle el apósito sobre la herida, se la desinfectaron bien.*

aposta adv. A propósito o intencionadamente; *adrede: ¡Cómo te iba a pisar aposta, malpensada!* □ ORTOGR. Admite también la forma *a posta*.

apostar v. **1** Referido a algo que se fija de antemano, acordar entre dos o más personas que lo pagará o lo hará la que no acierte o no tenga razón en algo que se plantea y que es motivo de discusión: *Apostaron una comida a ver quién llegaba antes a la meta.* **2** Referido a una cantidad de dinero, arriesgarla para poder participar en un juego que consiste en acertar el resultado de algo, de forma que, si se acierta, se recibe una cantidad de dinero mucho mayor: *Esta semana he apostado seis euros a las quinielas.* **3** Depositar la confianza en algo, esp. en una persona o en una idea que implica cierto riesgo: *Dice que ha apostado por mí para el puesto de dirección.* **4** Referido esp. a una persona, colocarla en un lugar para que cumpla un determinado objetivo: *El general apostó a sus tropas en lugares estratégicos. Los cazadores se apostaron tras unas rocas.* □ MORF. En las acepciones 1, 2 y 3, es irreg.: La *o* diptonga en *ue* en los presentes, excepto en las personas *nosotros* y *vosotros* →**CONTAR.** □ SINT. 1. Constr. de las acepciones 1 y 2: *apostar* A *algo*. 2. Constr. de la acepción 3: *apostar* POR *algo*. □ SEM. La acepción 3 no debe emplearse con el significado de 'ser partidario, decidirse u optar': *Este partido {*apuesta por/es partidario de} un ejército profesional.*

apóstata s. Persona que apostata de sus ideas o de sus creencias, o las abandona o niega expresamente: *Esos apóstatas negaron la fe que habían recibido en el bautismo.* □ MORF. Es un sustantivo de género común y exige concordancia en masculino o en femenino para señalar la diferencia de sexo: *el apóstata, la apóstata*. □ SEM. Dist. de *hereje* (que se aparta de los dogmas).

apostatar v. Referido esp. a unas creencias, renegar de ellas o negarlas expresamente: *Apostató del catolicismo.* □ SINT. Constr. *apostatar* DE *algo*.

a posteriori (latinismo) ‖ Una vez conocido el asunto del que se trata: *Dijo que la lana era de mala calidad a posteriori, cuando vio que al lavarla se había estropeado.*

apostilla s.f. Anotación o comentario que explica o completa un texto: *En los márgenes aparecen apostillas que explican la relación de lo que dice el texto con la biografía del autor.*

apostillar v. Referido a un texto, ponerle apostillas: *Cuando dije que no quería su ayuda, mi socio apostilló: «Ni la quieres, ni la necesitas».*

apóstol s. **1** Cada uno de los doce discípulos que Jesucristo eligió para que predicaran y extendieran el Evangelio: *San Pedro es uno de los doce apóstoles.* **2** Evangelizador o predicador: *San Francisco Javier es el apóstol de las Indias.* **3** Persona que defiende, enseña y propaga unas ideas o creencias: *Es un apóstol de la no violencia.* □ MORF. Es de género común y exige concordancia en masculino o en femenino para señalar la diferencia de sexo: *el apóstol, la apóstol.*

apostolado s.m. **1** Enseñanza y propagación del Evangelio: *La labor de apostolado no es exclusiva de los misioneros.* **2** Campaña de propaganda a favor de unas ideas o creencias, o en defensa de una causa que se considera justa: *La labor de apostolado a favor de la no violencia fue una característica en la vida de Gandhi.*

apostólico, ca adj. **1** De los apóstoles o relacionado con ellos: *El mensaje apostólico cambió el mundo romano.* **2** Que procede del papa o de su autoridad: *El nuncio apostólico es el representante diplomático del papa.* **3** Referido a la Iglesia, que procede en cuanto a su origen y a su doctrina de los apóstoles: *La Iglesia católica se define a sí misma como apostólica.*

apóstrofe s.m. Figura retórica o procedimiento del lenguaje consistente en dirigir la palabra en tono emocionado a una persona o cosa personificada, generalmente utilizando la segunda persona e interrumpiendo el hilo del discurso: *Tenemos un ejemplo de apóstrofe en el verso de Espronceda 'Para y óyeme, oh Sol, yo te saludo'.* □ ORTOGR. Dist. de *apóstrofo.* □ MORF. Se usa también como sustantivo femenino.

apóstrofo s.m. En ortografía, signo gráfico que se emplea para indicar la elisión de una letra o de una cifra: *Un ejemplo de uso del apóstrofo en francés se da en el artículo determinado singular cuando el sustantivo al que acompaña empieza por vocal: 'l´enfant ‹ l(e) enfant', 'l´eau ‹ l(a) eau'.* □ ORTOGR. 1. Dist. de *apóstrofe.* 2. →APÉNDICE DE SIGNOS DE PUNTUACIÓN. □ USO Por influencia del inglés, se usa mucho en la indicación de un año: *'96 (1996).*

apostura s.f. Elegancia y gallardía de una persona, esp. en sus gestos y movimientos: *¡Qué apostura tiene ese actor!*

apotegma s.f. Frase breve y sentenciosa, muy conocida, que se atribuye a un personaje célebre: *El apotegma 'Sangre, sudor y lágrimas' es de Churchill.* □ ORTOGR. Dist. de *apotema.*

apotema s.f. Línea perpendicular trazada desde el centro de un polígono regular a cualquiera de sus lados: *La apotema de este pentágono une su centro con el punto medio de uno de sus lados.* □ ORTOGR. Dist. de *apotegma.*

apoteósico, ca adj. **1** Que recibe la aprobación y el aplauso generales: *Tuvo un éxito apoteósico.* **2** Excelente o deslumbrante, por ser el momento culminante de algo: *El espectáculo tuvo un final apoteósico y nos emocionamos.*

apoteosis s.f. Culminación brillante de algo, esp. de un espectáculo: *Este año está viviendo la apoteosis de su triunfo como deportista.* □ MORF. Invariable en número.

apoyar v. **1** Referido esp. a una cosa, hacer que descanse sobre otra, de modo que esta sostenga a aquella: *Apoyó la bicicleta en la pared. Apóyate en mí, si ves que te cansas.* **2** Referido esp. a una opinión o una doctrina, basarlas o fundarlas en datos o razones que las justifiquen: *Apoyo mis propuestas en datos concretos. ¿En qué te apoyas para decir eso?* **3** Referido a una opinión o una doctrina, confirmarlas o reforzarlas: *Lo que acabas de decir apoya mi teoría.* **4** Referido a una persona o a una empresa, favorecerlas, patrocinarlas o ayudarlas a conseguir lo que se proponen: *Mis padres me apoyan en todo lo que hago.*

apoyatura s.f. →apoyo.

apoyo s.m. **1** Lo que sirve para sujetar o sostener algo y evitar que se caiga: *Estos pilares son el apoyo de todo el edificio.* **2** Lo que justifica, prueba o confirma una idea, opinión o doctrina: *Un montaje de diapositivas sirvió de apoyo a la conferencia.* **3** Ayuda y protección: *Sé que siempre tendré el apoyo de mi familia.* □ SEM. Es sinónimo de *apoyatura.*

apreciación s.f. **1** Valoración que alguien hace de algo, objetiva o subjetivamente: *Tu apreciación de los hechos es errónea.* **2** Captación, por los sentidos o por la inteligencia, de las cosas o de sus cualidades: *Desde esta distancia solo es posible la apreciación de una ligera silueta.*

apreciar v. **1** Referido a algo, reconocer y valorar positivamente su mérito: *Veo que sabes apreciar un buen libro. Aprecio mucho lo que estás haciendo por mí.* **2** Referido a una persona, sentir cariño o estima hacia ella: *Te aprecio porque eres sincera conmigo.* **3** Referido a las cosas y sus cualidades, captarlas por los sentidos o por la inteligencia: *Aprecio cierta ironía en tus palabras.* □ ORTOGR. La *i* nunca lleva tilde.

apreciativo, va adj. De la apreciación o valoración de algo: *Los cálculos apreciativos de los que disponemos no son suficientemente fiables.*

aprecio s.m. **1** Cariño o estima que se siente por alguien a quien se atribuyen determinadas cualidades: *Te tengo mucho aprecio porque me has ayudado siempre que lo he necesitado.* **2** Reconocimiento y valoración positiva del mérito o la importancia de algo: *Pensé que le encantaría el regalo, pero no le hizo ningún aprecio.*

aprehender v. **1** Referido a una persona, apresarla, detenerla o privarla de libertad: *Los ladrones fueron aprehendidos horas después del robo.* **2** Referido esp. a un botín, capturarlo o apropiarse de él: *La policía ha aprehendido un alijo de droga valorado en más de 6 millones de euros.* **3** Referido a una idea o a un conocimiento, asimilarlos o comprenderlos: *No consiguió aprehender las explicaciones del profesor.* □ ORTOGR. Dist. de *aprender.*

aprehensión s.f. **1** Apresamiento o detención de alguien: *La policía llevó a cabo la aprehensión de un comando terrorista.* **2** Captura de un botín o de una mercancía de contrabando: *La noticia de la aprehensión de varios barcos de contrabando causó sensación en el pueblo.* **3** Asimilación o comprensión de una idea o de un conocimiento: *La aprehensión de esa explicación me ha resultado muy difícil.*

apremiar v. **1** Referido a una persona, meterle prisa u obligarla con fuerza o con autoridad a que haga algo con rapidez: *No lo apremies tanto, y déjalo trabajar a su ritmo. Debemos terminar de una vez la elaboración del anuario porque el tiempo apremia.* **2** Urgir o ser necesaria o conveniente la inmediata ejecución de algo: *Me apremia saber si he aprobado o no.* □ ORTOGR. La *i* nunca lleva tilde.

apremio s.m. Prisa o presión ejercida para que alguien haga algo con rapidez: *Con tanto apremio me van a volver loco.*

aprender v. **1** Referido a un conocimiento, adquirirlo por medio del estudio o de la experiencia: *Con este método es muy fácil aprender a escribir a máquina. Tengo que aprenderme esta lección para mañana.* **2** Fijar en la memoria: *Tu número de teléfono es muy fácil de aprender.*

Apréndete esta contraseña y dila cuando te la pidan. □ ORTOGR. Dist. de *aprehender*.

aprendiz s. Persona que aprende un arte o un oficio manual: *Es aprendiz de albañil.* □ MORF. Aunque es de género común, y exige concordancia en masculino o en femenino para señalar la diferencia de sexo: *el aprendiz, la aprendiz*, para el femenino se admite también la forma *aprendiza*.

aprendiza s.f. de **aprendiz**.

aprendizaje s.m. Adquisición de unos conocimientos, esp. en un arte o en un oficio: *En el aprendizaje de una lengua extranjera resulta más difícil la expresión que la comprensión.*

aprensión s.f. **1** Escrúpulo o recelo que se sienten hacia algo, esp. por miedo a contagiarse de una enfermedad o a recibir algún daño: *Si te da aprensión que comamos los dos con el mismo tenedor, pídele otro al camarero.* **2** Temor infundado: *Aquí no hay nadie, solo son aprensiones tuyas.*

aprensivo, va adj./s. Que siente un miedo excesivo a contagiarse de alguna enfermedad o a sufrir algún daño, o una excesiva preocupación por sus dolencias: *No seas tan aprensivo, que no te vas a morir por tener 37° de fiebre. Es un aprensivo y nunca deja que nadie beba de su mismo vaso.*

apresar v. **1** Coger fuertemente con las garras o los colmillos: *Los galgos apresaron a la liebre con los dientes.* **2** Encerrar o poner en prisión: *La policía ha conseguido apresar al asesino más buscado del país.* **3** Atar o sujetar con fuerza, privando de libertad de movimiento; *aprisionar: El tigre fue apresado con unas redes.* **4** Referido a una embarcación, tomarla por la fuerza: *Una patrullera marroquí ha apresado a un pesquero español por faenar en sus aguas jurisdiccionales.*

après ski (galicismo) s.m. ‖ Tiempo que se pasa en una estación de esquí después de esquiar y conjunto de actividades de entretenimiento que se pueden realizar en ese tiempo: *Las botas de après ski son más cómodas que las que se usan para esquiar.* □ PRON. [apreskí]. □ USO Su uso es innecesario.

aprestarse v.prnl. Referido a una acción, prepararse o disponerse a hacerla: *Se aprestaba a comer cuando le llamaron por teléfono.* □ SINT. Constr. *aprestarse A hacer algo*.

apresto s.m. Preparación de un tejido para que tenga una mayor consistencia o una mayor rigidez: *Una forma sencilla de hacer un buen apresto es planchar las telas con agua y almidón.*

apresuramiento s.m. Prisa por hacer algo cuanto antes: *Si trabajases con menos apresuramiento, no te equivocarías tan a menudo.*

apresurar v. Dar prisa para hacer algo: *Apresuró el paso para llegar antes a casa. Apresúrate, o llegaremos tarde.*

apretado, da adj. **1** Difícil, peligroso o arriesgado: *En las situaciones apretadas demuestra siempre una gran serenidad.* **2** Lleno de obligaciones, actividades o trabajos: *Hoy tenemos una jornada muy apretada y ya no podemos atender a más clientes.* **3** Ajustado, estrecho o con poco margen: *Aunque ha sido un resultado muy apretado, hemos conseguido ganar.*

apretar v. **1** Oprimir o ejercer presión: *Apretó los dientes con fuerza para contener su rabia.* **2** Venir demasiado ajustada una prenda de vestir: *He engordado, y los pantalones me aprietan.* **3** Apiñar, comprimir o juntar estrechamente: *Aprieta bien las cosas de la maleta para que quepa todo. Si nos apretamos, cabe uno más en el coche.* **4** Acosar con ruegos, con razones o con amenazas: *Si lo aprietas un poco, conseguirás que te conceda una entrevista.* **5** Referido a algo que sirve para estrechar, tirar de ello para que ejerza una mayor presión: *Aprieta bien los cordones de los zapatos antes de anudarlos.* **6** Referido a algo que tiene rosca, enroscarlo con fuerza hasta el tope: *¿Has apretado bien los tornillos?* **7** Actuar o darse con mayor intensidad que la normal: *Si apretáis un poco a final de curso, aprobaréis todas las asignaturas. En diciembre el frío aprieta.* □ MORF. Irreg.: La *e* diptonga en *ie* en los presentes, excepto en las personas *nosotros* y *vosotros* →**PENSAR**.

apretón s.m. **1** Presión fuerte y rápida que se ejerce sobre algo: *Se saludaron con un apretón de manos.*<#2#< *Falta de espacio causada por el exceso de gente: Los carteristas roban en el autobús aprovechando los apretones de las horas punta.* **2** *col.* Movimiento violento de los intestinos que produce una necesidad repentina e incontenible de defecar: *El otro día me dio un apretón por la calle, y tuve que meterme en el primer bar que vi para ir al cuarto de baño.*

apretujamiento s.m. **1** *col.* Presión fuerte o reiterada que se ejerce sobre algo: *El apretujamiento de los papeles antes del discurso era un síntoma de su nerviosismo.* **2** *col.* Amontonamiento de varias personas en un espacio muy reducido: *¡Qué apretujamiento había hoy en el metro!*

apretujar ▌ v. **1** *col.* Apretar con fuerza o repetidas veces: *No apretujes tanto al gatito, que lo vas a asfixiar.* ▌ prnl. **2** *col.* Referido a varias personas, amontonarse en un lugar demasiado pequeño: *Si nos apretujamos un poco, cabremos los cuatro en el sofá.* □ ORTOGR. Conserva la *j* en toda la conjugación.

apretujón s.m. *col.* Presión fuerte o reiterada que se ejerce sobre algo, esp. sobre una persona: *Cuando el autobús va lleno, todo son apretujones y codazos.*

apretura s.f. **1** Opresión causada por el exceso de gente que hay en un sitio: *No me gusta comprar en rebajas, por las apreturas que hay en todas las tiendas.* **2** Falta o escasez de algo, esp. de alimentos: *Con el aumento de sueldo, se terminarán las apreturas a fin de mes.* **3** Apuro o situación difícil de resolver; *aprieto: ¡Menudas apreturas pasé cuando estuve a punto de caerme del tejado!*

aprieto s.m. Apuro o situación difícil de resolver; *apretura: No veas los aprietos que pasé cuando me perdí en la montaña. No me pidas este favor porque me pones en un aprieto.*

a priori (latinismo) ‖ Antes de examinar el asunto del que se trata: *A priori no me parece un mal negocio, pero déjame un tiempo para analizarlo.*

aprisa adv. Con mucha rapidez; *deprisa: Lo hizo aprisa y terminó pronto.* □ ORTOGR. Admite también la forma *a prisa*.

aprisco s.m. Lugar en el que los pastores recogen el rebaño para resguardarlo del frío o de la intemperie: *Por las noches el pastor recoge sus ovejas en el aprisco con la ayuda de sus perros.*

aprisionamiento s.m. Sujeción de algo con fuerza, de forma que no pueda moverse: *El aprisionamiento de las víctimas entre los escombros dificultó las tareas de rescate.*

aprisionar v. Atar o sujetar con fuerza, privando de libertad de movimiento; *apresar: Las puertas del ascensor lo aprisionaron. Me aprisionó entre sus brazos y no me dejaba escapar.*

aprobación s.f. Aceptación de algo que se da por bueno o que se considera válido: *Su propuesta mereció la aprobación de todos los asistentes.*

aprobado s.m. Calificación académica mínima que indica que se ha superado el nivel exigido; *suficiente: No me conformo con un simple aprobado.*

aprobar v. **1** Dar por válido, bueno o suficiente: *No apruebo tu decisión de abandonar los estudios.* **2** Referido esp. a un examen, obtener la certificación de que se poseen los conocimientos mínimos exigidos: *He aprobado literatura con notable.* ☐ MORF. Irreg.: La *o* diptonga en *ue* en los presentes, excepto en las personas *nosotros* y *vosotros* →CONTAR.

apropiación s.f. Adquisición de algo como propio, esp. si es de forma indebida: *La apropiación de ese dinero te va a traer problemas con la ley.*

apropiado, da adj. Que cumple las características adecuadas para el fin al que se destina: *Ese traje es muy apropiado para esta fiesta.*

apropiar ▌v. **1** Acomodar o adaptar correctamente: *Intenta siempre apropiar tu comportamiento a las circunstancias.* ▌prnl. **2** Referido a algo ajeno, hacerse dueño de ello: *Se le acusa de haberse apropiado de dinero que no le pertenecía.* ☐ ORTOGR. La *i* nunca lleva tilde.

aprovechado, da ▌adj. **1** Que saca provecho de todo, incluso de lo que otros suelen desperdiciar: *Es muy aprovechado y con las sobras de la comida hará una sopa para cenar.* **2** Que es aplicado o que pone interés en lo que hace: *Los alumnos más aprovechados de la clase no necesitarán hacer examen final.* ▌adj./s. **3** Que saca beneficio de las circunstancias favorables, generalmente sin escrúpulos o a costa de los demás: *No seas aprovechado, y no empieces hasta que no estén todos. En la oficina tiene fama de ser un aprovechado y de mirar siempre en su propio beneficio.*

aprovechamiento s.m. Obtención de un beneficio o de un provecho: *El aprovechamiento forestal es una de las mayores riquezas de la región. Las notas dicen que sigues los cursos con aprovechamiento.*

aprovechar ▌v. **1** Emplear útilmente o sacar el máximo rendimiento: *He aprovechado el hueso del jamón para hacer un caldo. Ahora que tienes dinero, aprovecha y vete de viaje.* **2** Avanzar en el aprendizaje de una materia: *¿Habéis aprovechado en clase de matemáticas?* **3** Servir de provecho: *¿Te aprovecharon los apuntes que te dejé?* ▌prnl. **4** Sacar provecho, esp. con astucia o con engaños: *Se aprovechó de mi inocencia y me timó.* **5** *col.* Propasarse sexualmente: *Al verla tan borracha, intentó aprovecharse de ella.* ☐ SINT. 1. Constr. de la acepción 2: *aprovechar* EN *algo.* 2. Constr. de las acepciones 4 y 5: *aprovecharse* DE *algo.*

aprovisionamiento s.m. Suministro o entrega de lo que resulta necesario, esp. víveres; *abastecimiento: El aprovisionamiento de alimentos a las víctimas del terremoto se realizó gracias a la ayuda recibida de muchos países.*

aprovisionar v. Referido a algo que resulta necesario, esp. a víveres, suministrarlo o proveer de ello; *abastecer: Esta empresa aprovisiona de pan a varios restaurantes. Se aprovisionaron de comida para toda la semana.* ☐ SINT. Constr. *aprovisionar* DE *algo.*

aproximación s.f. **1** Acercamiento o colocación en una posición más próxima: *Se espera una aproximación de posturas entre Gobierno y sindicatos.* **2** En la lotería nacional, cada uno de los premios que se conceden a los números anterior y posterior de los primeros premios de un sorteo: *En el sorteo extraordinario del sábado pasado me tocó una aproximación.* **3** En matemáticas, diferencia admisible entre un valor obtenido en una medición o cálculo y el valor exacto desconocido: *Esto se ha medido con una aproximación de tres decimales.*

aproximado, da adj. Que se aproxima o que se acerca más o menos a lo exacto: *Hazme un cálculo aproximado de lo que nos costará la reparación.*

aproximar v. Acercar, arrimar o poner más cerca: *Aproxima la silla a la pared, por favor. Aproxímate para que pueda verte bien.*

aptitud s.f. Capacidad para llevar a cabo o realizar bien una tarea o una función determinadas: *Desde niña demostró aptitud para la pintura.* ☐ ORTOGR. Dist. de *actitud.*

apto, ta adj. Que es apropiado o idóneo para un determinado fin: *Esta película no es apta para menores de trece años.* ☐ ORTOGR. Dist. de *acto.*

apuesto, ta ▌adj. **1** Que resulta elegante y de buena presencia: *¡Qué muchacho tan apuesto!* ▌s.f. **2** Acuerdo entre dos o más personas según el cual la persona que acierte o tenga razón en el motivo de discusión recibirá de los perdedores el premio fijado de antemano: *Hicieron una apuesta a ver quién corría más rápido.* **3** Gasto de una cantidad de dinero para poder participar en un juego, en el que, si se gana, se recibe una cantidad superior a la apostada: *Las quinielas son juegos de apuestas.* **4** Lo que se arriesga en estos acuerdos o en estos juegos: *Tú eres testigo de que la apuesta en la carrera es una cena.* **5** Depósito de la confianza en algo que implica cierto riesgo: *La apuesta por la innovación de esta empresa ha sido muy alabada en círculos especializados.*

apuntado, da adj. Con los extremos terminados en punta: *Los arcos ojivales son arcos apuntados.*

apuntador, -a s. En el teatro, persona que permanece oculta a los espectadores y que en voz baja recuerda a los actores lo que deben decir en escena: *En los antiguos teatros, el apuntador se ocultaba del público en la concha del escenario.*

apuntalamiento s.m. Colocación de puntales: *Ante el estado de ruina del edificio, la arquitecta municipal ordenó su apuntalamiento.*

apuntalar v. **1** Colocar puntales, esp. para reforzar o para evitar un derrumbe: *Habrá que apuntalar las paredes que estén a punto de caerse.* **2** Referido esp. a una opinión, sostenerla: *Mi abuelo apuntala sus razonamientos con refranes.*

apuntar ▌v. **1** Señalar o estar dirigido hacia un lugar determinado: *La brújula apunta al norte.* **2** Referido a un arma, colocarla o dirigirla en la dirección del objetivo o del blanco deseado: *El cazador apuntó cuidadosamente el rifle a la cabeza del jabalí. Has fallado el tiro porque no has apuntado bien.* **3** Señalar, indicar o llamar la atención: *La profesora me apuntó la posibilidad de solicitar una beca.* **4** Pretender, ambicionar o desear fervientemente: *Esta chica no se conforma con cualquier puesto, sino que es ambiciosa y apunta a lo más alto.* **5** Referido a una persona, inscribirla en una lista o en un registro, o hacerla miembro de una agrupación o de una sociedad: *Me apuntaron para participar en un concurso sin que yo lo supiera. Cuando se habla de hacer algo, es la primera en apuntarse.* **6** Referido a un dato, tomar nota de ello por escrito; *anotar: Si me llama alguien cuando no estoy, apúntame el recado.* **7** Referido a un tema, insinuarlo o tocarlo ligeramente: *En la primera clase el profesor apuntó los temas que formaban parte del trimestre.* **8** En el teatro, referido a un texto, recordárselo a los actores el apuntador: *Este actor se distrae a menudo y hay que apuntarle el texto, porque se le olvida.* **9** Referido esp. a algo que se ha olvidado, sugerírselo a alguien para que lo recuerde o para que lo corrija: *Mi compañero me apuntó la segunda pregunta del examen.* **10** Empezar a manifestarse o a aparecer: *Apuntaba el día cuando llegamos a nuestro destino.* ▮ prnl. **11** Referido a un éxito o a un tanto, atribuírselo o conseguirlo: *Con esta victoria nos hemos apuntado un éxito sin precedente.*

apunte ▮ s.m. **1** Nota breve que se toma por escrito, esp. si es para recordar algo: *Siempre que voy a la compra llevo un apunte para recordar todo lo que necesito.* **2** Dibujo rápido que se hace del natural: *Como no me hacía idea de la distribución de la casa, el arquitecto cogió un lápiz y me hizo un apunte.* **3** En el teatro, texto escrito del que se sirve el apuntador: *Si la apuntadora está enferma, que lea el apunte alguno de los actores.* ▮ pl. **4** Resumen de la explicación del profesor tomada por escrito por los alumnos: *¿Me dejas fotocopiar tus apuntes de historia?*

apuntillar v. **1** Referido a un toro, rematarlo con la puntilla: *Después de dar la estocada, el torero se retiró para que un mozo de su cuadrilla apuntillara al toro.* **2** *col.* Rematar, acabar de estropear o dar el golpe definitivo: *Estábamos en una situación económica muy mala, pero aquellas deudas nos apuntillaron.*

apuñalamiento s.m. Ataque a una persona dándole puñaladas: *Han detenido al autor del apuñalamiento de un mendigo.*

apuñalar v. Dar puñaladas: *Lo apuñalaron para robarle la cartera.*

apurado, da adj. **1** Que carece de dinero y de lo que resulta necesario: *Siempre llego a fin de mes muy apurado.* **2** Que presenta cierta dificultad o que resulta angustioso: *La tormenta de nieve nos hizo vivir una situación apurada en la montaña.*

apurar ▮ v. **1** Acabar o llevar hasta el último extremo: *Apuró toda el agua del vaso.* **2** Agotar o aprovechar al máximo: *Apuró hasta el último día de las vacaciones para volver a su casa.* **3** Apremiar o meter prisa: *Apura, o llegaremos tarde.* **4** Molestar, enfadar o hacer perder la paciencia: *Cualquier cosa te apura y te pone nervioso.* ▮ prnl. **5** Afligirse, preocuparse o perder la calma: *No te apures, que todo tiene solución.*

apuro s.m. **1** Gran escasez de algo, esp. de dinero: *La herencia nos ha sacado de apuros.* **2** Conflicto, aprieto o situación difícil: *Tienes que ayudarme porque estoy en un apuro, y no sé cómo salir de él.* **3** Vergüenza o reparo que se sienten por algo: *¡Qué apuro pasé el otro día cuando me di cuenta de que había salido a la calle en zapatillas!*

aquagym s.m. Gimnasia que se hace en una piscina: *En mi gimnasio, hay sesiones de aquagym durante toda la mañana.* □ PRON. [akuayím].

aquarium (latinismo) s.m. ⟶**acuario.**

aquejar v. Referido esp. a una enfermedad, afectar o causar daño: *Al pobre hombre lo aquejan todos los males.* □ ORTOGR. Conserva la *j* en toda la conjugación.

aquel, aquella ▮ demos. **1** Designa lo que está más lejos, en el espacio o en el tiempo, de la persona que habla y de la persona que escucha: *Aquel año llovió mucho. Este de aquí es mi coche y aquel de allí es el de mi hermana.* **2** Designa un término del discurso que se nombró en primer lugar: *Tiene un amigo y dos amigas, pero aquel chico vive fuera de su ciudad. Pidió ayuda a Luis y a Pedro, pero aquel se la negó.* ▮ s.m. **3** Cualidad imprecisa o indeterminada: *Es una persona con mucho aquel, cautivadora y atractiva.* □ ORTOGR. Se recomienda la escritura sin tilde de los pronombres demostrativos, aunque se pueda producir ambigüedad. □ MORF. El plural del demostrativo *aquel* es *aquellos*; ⟶APÉNDICE DE PRONOMBRES. □ USO Como demostrativo, su uso pospuesto a un sustantivo precedido del artículo determinado suele tener un matiz despectivo: *¿Volviste a ver al hombre aquel?*

aquelarre s.m. Reunión nocturna de brujos y brujas: *La tradición afirma que el demonio acude a los aquelarres bajo la forma de un macho cabrío.*

aquella pron.demos. adj./s.f. de **aquel.** □ MORF. ⟶APÉNDICE DE PRONOMBRES.

aquello pron.demos. Designa objetos o situaciones lejanos, señalándolos sin nombrarlos: *Me gustaba aquello de salir a pasear por el campo. Aquello es lo que más recuerdo de él.* □ ORTOGR. Nunca lleva tilde. □ MORF. 1. No tiene plural. 2. ⟶APÉNDICE DE PRONOMBRES.

aquellos pron.demos. adj./s.m.pl. de **aquel.** □ MORF. ⟶APÉNDICE DE PRONOMBRES.

aqueo, a adj./s. De un pueblo de la antigua Grecia o relacionado con él: *Los soldados aqueos lucharon contra los troyanos. Los aqueos construyeron el caballo de Troya.* □ MORF. Como sustantivo se refiere solo a las personas de este pueblo.

aquí adv. **1** En esta posición o lugar o a esta posición o lugar: *¿Vives aquí? Ven aquí. Aquí reside el principal problema.* **2** Ahora, en este momento o entonces: *De aquí en adelante no quiero oír hablar más del asunto.* **3** ‖ **aquí y allá.** En varios lugares sin precisar: *Hemos estado aquí y allá, mirando escaparates.* ‖ **de aquí para allá.** De un lugar a otro: *Llevo toda la mañana de aquí para allá, sin parar ni un momento.* ‖ **de aquí te espero.** *col.* Muy grande o muy importante: *Tuvimos una discusión de aquí te espero.* □ SINT. Incorr. *Ven {*a aquí › aquí}.* □ USO 1. En el lenguaje coloquial se usa como fórmula de presentación de una persona a otra: *Aquí Juan, mi hermano.* 2. Su uso para designar personas se considera un vulgarismo: *{*Aquí › Este hombre} me lo contó todo.*

aquiescencia s.f. Consentimiento en la realización de algo o aceptación de lo propuesto por alguien: *Lo hice con la aquiescencia de mis padres.*

aquietar v. Tranquilizar, sosegar o restablecer la calma: *Las caricias de su amo aquietaron al perro. Después de la discusión, los ánimos se aquietaron.*

aquilatamiento s.m. Examen cuidadoso para fijar el mérito o valor de algo: *El aquilatamiento de las cualidades de los distintos candidatos es necesario para poder elegir al más adecuado.*

aquilatar v. Examinar en profundidad y calibrar: *Debemos aquilatar lo que hacemos en esta situación tan comprometida.*

ar interj. En el Ejército, expresión que se usa para indicar que hay que cumplir inmediatamente la orden dada: *¡Descanso, ar!*

ara s.f. **1** Lugar elevado en el que se celebran ritos religiosos: *En Roma se conserva un ara romana erigida en honor del emperador Constantino.* **2** En el cristianismo, mesa consagrada en la que el sacerdote celebra la misa: *El ara de esta iglesia es una pieza románica de gran valor.* **3** ‖ **en aras de** algo. En su beneficio o en su interés: *Re-*

nunció a parte de su herencia en aras de la armonía familiar. ☐ MORF. Por ser un sustantivo femenino que empieza por *a* tónica o acentuada, va precedido de *el, un, algún, ningún* y de las formas femeninas del resto de los determinantes. ☐ SEM. En las acepciones 1 y 2, es sinónimo de *altar*.

árabe ▌adj./s. **1** De Arabia (península del suroeste asiático) o relacionado con ella: *El pueblo árabe ha sido tradicionalmente nómada. Los árabes tienen mucho petróleo.* **2** De los pueblos de lengua árabe o relacionado con ellos: *Los marroquíes y los argelinos son árabes. Muchos árabes visten con chilaba.* ▌s.m. **3** Lengua semítica de estos pueblos: *El árabe se escribe de derecha a izquierda.* ☐ MORF. 1. Como adjetivo es invariable en género. 2. Como sustantivo es de género común y exige concordancia en masculino o en femenino para señalar la diferencia de sexo: *el árabe, la árabe*. 3. Cuando es un sustantivo femenino, pese a empezar por *a* tónica o acentuada, va siempre precedido de las formas femeninas de los determinantes. 4. En la acepción 1, como sustantivo se refiere solo a las personas de Arabia. ☐ SEM. 1. Dist. de *islámico* (referente a la religión). 2. En la acepción 1, como adjetivo es sinónimo de *arábigo*.

arabesco s.m. Adorno pintado o labrado, compuesto de figuras geométricas y de motivos vegetales entrelazados de forma muy variada y complicada, característico de la arquitectura árabe: *Los arabescos son característicos de la decoración árabe.*

arábigo, ga adj. →**árabe.**

arabismo s.m. En lingüística, palabra, significado o construcción del árabe empleados en otra lengua: *Las palabras 'alcohol' y 'aceite' son arabismos del español.*

arácnido, da ▌adj./s.m. **1** Referido a un animal invertebrado, que se caracteriza por tener cuatro pares de patas y el cuerpo dividido en cefalotórax y abdomen: *Las arañas, los escorpiones y las garrapatas son arácnidos. La picadura de algunos arácnidos es venenosa.* ▌s.m.pl. **2** En zoología, clase de estos animales perteneciente al tipo de los artrópodos: *Los animales que pertenecen a los arácnidos son terrestres.*

arado s.m. Instrumento empleado en agricultura para labrar la tierra: *Una yunta de bueyes tiraba del arado.* 👁 **apero**

aragonés, -a ▌adj./s. **1** De Aragón o relacionado con esta comunidad autónoma española: *Canta muy bien las jotas aragonesas. Los aragoneses tienen fama de ser tozudos.* **2** Del antiguo reino de Aragón o relacionado con él: *El reino aragonés extendió sus dominios por el Mediterráneo durante la Edad Media. Los aragoneses se independizaron del reino de Navarra en el siglo XI.* ▌s.m. **3** Dialecto romance que se habla en esta comunidad autónoma y en otros territorios: *El aragonés ha perdido mucho terreno en favor del castellano.* ☐ MORF. En las acepciones 1 y 2, como sustantivo se refiere solo a las personas de Aragón.

arameo, a ▌adj./s. **1** De un pueblo bíblico que habitó en el antiguo país de Aram (territorio asiático que se corresponde aproximadamente con el actual norte sirio), o relacionado con él: *Las tribus arameas eran tribus nómadas. Los arameos descendían de Aram, hijo de Sem.* ▌s.m. **2** Lengua semítica de este y de otros pueblos: *Algunos pasajes de la Biblia estaban escritos en arameo.* **3** ‖ **jurar en arameo.** *col.* Maldecir o decir frases malsonantes: *Cuando le dijeron que no, empezó a jurar en arameo.* ☐ MORF. En la acepción 1, como sustantivo se refiere solo a las personas de este antiguo pueblo.

arancel s.m. Impuesto o tarifa oficial que se ha de pagar por algunos derechos, esp. por importar productos extranjeros: *Al pasar la aduana, no declararon las compras que habían hecho para no pagar aranceles.*

arancelario, ria adj. Del arancel o relacionado con este impuesto: *Para importar este producto hay que pagar los impuestos arancelarios correspondientes.*

arándano s.m. **1** Planta de hojas aserradas y alternas, y flores solitarias de color blanco verdoso o rosado, cuyo fruto es redondeado de color negruzco o azulado: *El arándano tiene forma de un pequeño arbusto.* **2** Fruto comestible de esta planta: *De postre pedí tarta de queso con mermelada de arándanos por encima.*

arandela s.f. **1** Pieza plana, fina, y generalmente circular, con un orificio en el centro, que se usa para mejorar la fijación entre dos piezas o para disminuir el roce entre ellas: *Utilizó una arandela para que la tuerca y el tornillo quedaran más ajustados.* **2** Pieza con una forma semejante a la anterior: *He puesto unas arandelas en las hojas del archivador para evitar que se rompan.*

araña s.f. **1** Animal invertebrado con cuatro pares de patas y el cuerpo dividido en cefalotórax y abdomen, que tiene unos órganos en la parte posterior de su cuerpo con los que produce la sustancia que, en forma de red, le sirve para cazar sus presas y para ir de un lugar a otro: *La araña no es un insecto sino un artrópodo.* **2** Lámpara de techo, con varios brazos, de los que cuelgan abundantes piezas de cristal de distintas formas y tamaños: *Cuando encendemos la araña, el comedor parece mucho más elegante.* 👁 **alumbrado** ☐ MORF. En la acepción 1, es un sustantivo epiceno y la diferencia de sexo se señala mediante la oposición *la araña {macho/hembra}*.

arañar v. **1** Herir superficialmente rasgando la piel, con las uñas o con algo punzante: *El gato me arañó en la cara. Al caerse se arañó todas las rodillas.* **2** Referido a una superficie lisa y dura, rayarla superficialmente: *Al aparcar el coche en el garaje le he arañado la puerta izquierda.* **3** *col.* Referido a algo que resulta necesario para un fin, hacerse poco a poco con ello, recolectándolo de distintos sitios y en pequeñas cantidades: *Ha ido arañando dinero de aquí y de allá hasta ahorrar lo suficiente para el viaje de fin de curso.*

arañazo s.m. **1** Herida superficial hecha en la piel con las uñas o con un objeto punzante: *Cuando me metí entre las zarzas me hice varios arañazos.* **2** Raya alargada y superficial hecha en un material liso y duro: *¿Has visto el arañazo que tiene la puerta derecha del coche?*

arar v. Hacer surcos en la tierra para sembrarla después; *labrar: Hasta que no aremos el campo no podemos sembrarlo.*

araucano, na ▌adj./s. **1** De un pueblo indio que en la época de la conquista española habitaba la región centro sur de Chile (país sudamericano): *Durante la conquista de América, los indios araucanos lucharon contra la expedición española dirigida por Pedro de Valdivia. Los araucanos conocían el tabaco.* ▌s.m. **2** Lengua de este pueblo indio: *El araucano es una lengua indígena que comprende varios dialectos.* ☐ MORF. En la acepción 1, como sustantivo se refiere solo a las personas de este pueblo.

arbitraje s.m. **1** Ejercicio de las funciones propias de un árbitro en una competición deportiva, haciendo que se cumpla el reglamento: *Me dedico al arbitraje desde hace muchos años.* **2** Intervención de una persona o entidad en la resolución pacífica de algún conflicto surgido entre dos o más personas o entidades, mediante el acuerdo establecido entre ellas de acatar lo que decida esta tercera: *El arbitraje de la diplomacia vaticana solucionó el conflicto fronterizo entre Chile y Argentina.*

arbitral adj. Del árbitro o relacionado con él: *Los errores arbitrales provocaron la indignación de los jugadores de los dos equipos.* □ MORF. Invariable en género.

arbitrar v. **1** Referido a una competición deportiva, hacer de árbitro, cuidando de que se cumpla el reglamento: *¿Quién va a arbitrar el partido del domingo?* **2** Referido a un conflicto entre varias partes, resolverlo otra persona ajena a dicho conflicto: *Las dos partes en litigio se comprometieron a acatar las resoluciones de la persona que arbitrara el conflicto.*

arbitrariedad s.f. **1** Forma de actuar basada solo en la voluntad o en el capricho y que no obedece a principios dictados por la razón, la lógica o las leyes: *Un profesor no puede poner las notas con arbitrariedad.* **2** Lo que resulta arbitrario, y es así no por naturaleza, sino por convención: *Una prueba de la arbitrariedad del signo lingüístico es la existencia de distintas palabras en las distintas lenguas para designar un mismo objeto: perro, en español, dog, en inglés, chien, en francés, etc.*

arbitrario, ria adj. **1** Que actúa basándose solo en la voluntad o en el capricho, y no sigue los principios dictados por la razón, la lógica o las leyes: *La designación de tu hijo para el cargo ha sido arbitraria, porque tú sabes que no reúne los requisitos necesarios.* **2** Que es de una forma determinada por convención, y no por su naturaleza: *El signo lingüístico es arbitrario porque entre la expresión y aquello a lo que alude no existe una relación de tipo natural.*

arbitrio s.m. **1** Capacidad o facultad de decisión o de tomar una resolución: *Somete ese problema a tu arbitrio, y no obres tan a la ligera.* **2** Voluntad o deseo que obedecen al capricho y no a la razón: *Si solo sigues tu arbitrio, acabarás arrepintiéndote de tus decisiones.*

árbitro, tra s. **1** En algunas competiciones deportivas, persona que hace que se cumpla el reglamento: *El árbitro del partido de fútbol del domingo tuvo una actuación muy buena.* **2** Persona designada como juez por dos partes que están en conflicto: *El papa actuó de árbitro para solucionar los problemas fronterizos que existían entre Argentina y Chile.* **3** Persona que influye sobre las demás en algún asunto porque es considerada una autoridad en él: *Ese actor está considerado el árbitro de la elegancia.* □ MORF. Cuando es un sustantivo femenino, pese a empezar por *a* tónica o acentuada, va siempre precedido de las formas femeninas de los determinantes.

árbol s.m. **1** Planta de tronco leñoso y elevado, que se abre en ramas a cierta altura del suelo, y cuyas hojas forman una copa de aspecto característico para cada especie: *El pino y la encina son árboles de hoja perenne.* **2** En una embarcación, cada uno de los maderos largos y redondos que sirven para sostener las velas; *palo: Un cañonazo destruyó el árbol mayor del barco pirata.* **3** En una máquina, barra fija o giratoria que sirve para sostener las piezas que giran o para transmitir la fuerza motriz de unas piezas a otras: *Este coche tiene doble árbol de levas.* **4** ‖ **árbol genealógico.** Esquema o cuadro que muestra las relaciones de parentesco entre distintas generaciones de una misma familia: *Si tuviésemos un árbol genealógico de la familia, podríamos saber si alguno de nuestros antepasados perteneció a la aristocracia.* □ MORF. Cuando se antepone a una palabra para formar compuestos, adopta la forma arbori-.

arbolado, da ▌adj. **1** Referido a un lugar, que está poblado de árboles: *Fuimos de excursión, y paramos a comer en una zona arbolada.* ▌s.m. **2** Conjunto de árboles: *En el incendio se quemó gran parte del arbolado del bosque.*

arboladura s.f. Conjunto de palos que sostienen las velas en una embarcación: *La tempestad destrozó parte de la arboladura del velero.*

arboleda s.f. Terreno poblado de árboles: *A la salida del pueblo hay una arboleda que resulta muy fresca en verano.*

arbóreo, a adj. Del árbol, con sus características o relacionado con él: *En esta región existen grandes masas arbóreas. Esta planta es de porte arbóreo. Actualmente la sintaxis de los enunciados se suele representar con esquemas en forma arbórea.*

arbori- Elemento compositivo que significa 'árbol': *arboricultura, arborícola, arboriforme.*

arborícola adj. Que vive en los árboles: *En esta región hay varias especies de monos arborícolas.* □ MORF. Invariable en género.

arboricultura s.f. Arte y técnica de cultivar árboles: *En el curso de jardinería que estoy haciendo tenemos que aprender arboricultura.*

arbotante s.m. En un edificio, arco exterior que contrarresta el empuje de otro arco, de un muro o de una bóveda: *En las catedrales góticas se usaron mucho los arbotantes.*

arbusto s.m. Planta perenne de tallo leñoso, y de ramas que se ramifican desde el suelo, que es de menor tamaño que un árbol: *La zarzamora, la azalea y la adelfa son arbustos.*

arca ▌s.f. **1** Caja generalmente de madera, con una tapa plana unida con bisagras por uno de sus lados y con cerraduras o candados en el opuesto: *El pirata enterró el arca del tesoro en una isla.* ▌pl. **2** Lugar en el que se guarda el dinero que pertenece a una colectividad: *Estos nuevos fichajes han vaciado las arcas del club.* **3** ‖ **arca {de la alianza/del testimonio}.** Aquella en la que se guardaban las tablas con los mandamientos que Dios entregó a Moisés (personaje bíblico): *Encontrar el arca de la alianza es el sueño de todos los arqueólogos.* □ MORF. Por ser un sustantivo femenino que empieza por *a* tónica o acentuada, va precedido de *el, un, algún, ningún* y de las formas femeninas del resto de los determinantes.

arcabucero s.m. Soldado armado con un arcabuz: *En los ejércitos de los siglos XVI y XVII, los arcabuceros formaban parte de la infantería.*

arcabuz s.m. Antigua arma de fuego, parecida a un fusil, que se disparaba prendiendo la pólvora con una mecha móvil: *Los arcabuces no disparaban con mucha precisión.*

arcada s.f. **1** Conjunto de arcos de una construcción: *Se resguardó de la lluvia bajo las arcadas de la plaza.* **2** En un puente, cada uno de los espacios abiertos que existen entre dos pilares; *ojo: El agua del río pasa por una de las arcadas del puente.* **3** Movimiento violento del estómago, que provoca ganas de vomitar: *Este olor me produce arcadas.*

arcaico, ca ▌adj. **1** Muy antiguo o anticuado: *Las pinturas arcaicas de las cuevas de Altamira impresionan por su sencillez.* **2** En geología, de la primera era de la historia de la Tierra o relacionado con ella: *El Macizo Galaico es arcaico.* ▌s.m. **3** →**era arcaica.**

arcaísmo s.m. **1** Conservación o imitación de lo antiguo: *Es fácil ver que el arcaísmo de las pinturas de este* *pintor está inspirado en los primitivos flamencos.* **2** En lingüística, palabra, construcción o elemento lingüístico que, por su forma, por su significado o por ambas cosas, resultan anticuados respecto de un momento determinado: *Palabras como 'maguer' o 'apoteca', que significan respectivamente 'aunque' y 'botica', son hoy arcaísmos.*

arcángel s.m. En algunas religiones, ser o espíritu celestial de categoría superior a la de los ángeles: *El arcángel Gabriel anunció a María que iba a ser la madre de Dios.*

arcano s.m. Secreto reservado o misterio difícil de conocer: *Solo el sumo sacerdote conocía los arcanos de la secta.*

arce s.m. Árbol de madera muy dura y salpicada de manchas, que tiene hojas sencillas y lobuladas, flores pequeñas, fruto seco y rodeado de una especie de ala, y que crece en las regiones de clima templado: *En la bandera de Canadá hay una hoja de arce roja.*

arcén s.m. En una carretera, cada uno de los dos márgenes o bordes laterales reservados para el uso de peatones o para el tránsito de determinados vehículos: *Detuvo el coche en el arcén para cambiar la rueda pinchada.*

archi- Elemento compositivo que significa 'superioridad' o 'situación preeminente': *archiduque, archiducal, archicofrade.* □ MORF. Puede adoptar las formas *arci-* (*arcipreste*) o *arz-* (*arzobispo*). □ USO El uso de *archi-* con el significado de 'muy' es propio de la lengua coloquial: *archiconocido, archisabido.*

archidiócesis s.f. Diócesis principal del conjunto que forma una provincia eclesiástica y que está dirigida por un arzobispo: *A la reunión con el arzobispo asistieron todos los obispos de la archidiócesis de Madrid.* □ MORF. Invariable en número.

archiduque s.m. Príncipe de la casa de Austria y de Baviera (antiguas dinastías nobiliarias): *El archiduque Carlos de Austria era pretendiente al trono de España cuando falleció Carlos II.* □ MORF. Su femenino es *archiduquesa.*

archiduquesa s.f. de **archiduque**.

archipámpano s.m. *col.* Persona que ejerce un altísimo cargo imaginario: *Es el último mono de la oficina y, sin embargo, parece el archipámpano de las Indias.* □ USO Tiene un matiz humorístico.

archipiélago s.m. Conjunto de islas cercanas entre sí: *Son muchos los turistas que visitan cada año el archipiélago balear.*

archivador s.m. **1** Mueble de oficina con lo necesario para guardar documentos de una forma ordenada: *El médico tiene en su consulta un archivador con cajones con las fichas de todos los pacientes.* **2** Carpeta que contiene varios apartados que sirven para guardar documentos de forma ordenada: *Los apuntes de clase los tengo en un archivador, clasificados por asignaturas.*

archivar v. **1** Referido a papeles o a documentos, guardarlos en un archivo ordenadamente: *He archivado los expedientes por orden alfabético.* **2** Referido a un asunto, darlo por finalizado: *La prensa no está dispuesta a archivar este asunto hasta que no queden aclaradas todas las responsabilidades.*

archivero, ra s. Persona encargada del funcionamiento de un archivo: *Trabaja como archivera en el Archivo Histórico Nacional.*

archivo s.m. **1** Conjunto de documentos que se producen en el ejercicio de una actividad o de una función: *Tiene un archivo muy completo de clientes.* **2** Lugar en el que se guardan de forma ordenada estos documentos: *En el Archivo Histórico Nacional se conservan antiguos documentos que ayudan a reconstruir y comprender mejor nuestra historia.* **3** En informática, conjunto de informaciones o de instrucciones grabadas como una sola unidad de almacenamiento que puede manejarse en bloque; *fichero: Tengo toda mi tesis doctoral guardada en archivos con el nombre de 'tesis.1', 'tesis.2', etc.*

arcilla s.f. Roca formada a partir de depósitos de grano muy fino, compuesta básicamente por silicato de aluminio, que suele usarse en alfarería: *Los ladrillos son de arcilla.*

arcilloso, sa adj. Que tiene arcilla o que la contiene en gran cantidad: *Cuando llueve, el agua se queda encharcada porque es un terreno arcilloso.*

arcipreste s.m. **1** Sacerdote que, por nombramiento del obispo, realiza cierta dirección sobre varias parroquias de una misma zona: *Tras unos años como arcipreste, mi tío fue nombrado obispo de la ciudad.* **2** Antiguamente, sacerdote principal: *El autor del 'Libro de Buen Amor' era arcipreste de Hita.*

arco s.m. **1** Arma compuesta por una vara de un material elástico, sujeta por los dos extremos a una cuerda muy tensa, que sirve para disparar flechas: *El tiro con arco es un deporte olímpico.* **2** Vara delgada, curva o doblada en sus extremos, en los cuales se sujetan unas cerdas que se frotan contra las cuerdas de algunos instrumentos musicales para hacerlos sonar: *El violín se toca con un arco.* 👁 **cuerda** **3** En geometría, porción continua de una curva: *Si en una circunferencia marcas dos puntos, 'A' y 'B', obtendrás dos arcos, 'AB' y 'BA'.* 👁 **círculo** **4** Lo que tiene esta forma: *Tiene una herida en el arco del pie.* 👁 **pie** **5** En arquitectura, construcción curva que se apoya en dos pilares o columnas y que cubre el vano o el hueco que queda entre ellos: *El arco típico de la arquitectura árabe tiene forma de herradura.* **6** ‖ **arco abocinado.** Aquel cuyo vano o hueco es más ancho por una cara de la pared que por la otra: *Los arcos abocinados son frecuentes en los castillos medievales.* ‖ **arco adintelado.** El que tiene forma recta: *Los arcos adintelados son rectos, pero están construidos con piedras en forma de cuña.* ‖ **arco {apuntado/ojival}.** Aquel cuya parte superior termina en un ángulo agudo: *Los arcos apuntados son característicos del estilo gótico.* ‖ **arco {cegado/ciego}.** El que tiene tapiado el vano o hueco que cubre: *En los arcos ciegos de esta iglesia se conservan antiguas pinturas murales.* ‖ **arco conopial.** El apuntado en cuya parte superior se unen dos curvas inversas a las de los arcos de los que parten: *Los arcos conopiales parecen cortinas recogidas.* ‖ **arco crucero.** El que une en diagonal los ángulos de una bóveda por arista: *Las aristas de los arcos cruceros de estas bóvedas hacen que el techo parezca lleno de equis de gran tamaño.* ‖ **arco de herradura.** El que mide más de media circunferencia: *El arco de herradura es característico de la arquitectura árabe.* ‖ **arco de medio punto.** El que tiene la forma de una semicircunferencia: *El arco de medio punto es característico de la arquitectura románica.* ‖ **arco {de triunfo/triunfal}.** Monumento arquitectónico compuesto por uno o varios arcos, adornado con esculturas, y construido en honor de algún héroe o para celebrar alguna victoria: *En Roma se conservan aún dos arcos de triunfo erigidos en honor de los emperadores Tito y Constantino.* ‖ **(arco) fajón.** El que corta la bóveda en sentido transversal a su eje: *Los arcos fajones están ado-*

a b c d e f g h i j k l m n ñ o p q r s t u v w x y z

sados a la bóveda como refuerzo. ‖ **arco formero.** Cada uno de los que se desarrollan paralelos al eje longitudinal de una nave: *Los arcos formeros ponen en comunicación la nave principal con las laterales, cuando estas existen.* ‖ **arco iris.** →**arcoíris.** ‖ **arco peraltado.** El que tiene forma de una semicircunferencia y que continúa por cada uno de sus extremos con una línea recta: *Los arcos peraltados dan a los edificios una sensación de mayor altura.* ‖ **arco rebajado.** Aquel que está constituido por una porción de circunferencia inferior a la mitad de la misma: *Los arcos rebajados han sido muy utilizados para rematar los vanos de las puertas.* 👁 arco

arcoíris s.m. Banda de colores con esta forma, que aparece en el cielo cuando la luz del Sol se descompone al atravesar las gotas de agua: *Los colores del arcoíris son rojo, anaranjado, amarillo, verde, azul, añil y violeta.* □ ORTOGR. Se admite también *arco iris.* □ MORF. Invariable en número. 👁 **arco**

arcón s.m. Arca grande: *Guardaba todas las mantas en un arcón.*

arder v. **1** Estar en combustión o quemándose: *La casa empezó a arder y llamamos a los bomberos para que apagasen el incendio.* **2** Desprender mucho calor: *La sopa está ardiendo.* **3** Sentir un deseo o una pasión de forma violenta: *Ardía en deseos de abrazar a su hermano.* □ SINT. Constr. de la acepción 3: *arder* EN *algo.*

ardid s.m. Lo que se hace con habilidad y astucia para conseguir algo, esp. para engañar a alguien; *treta: No intentes usar ningún ardid conmigo, porque conozco bien tus intenciones.*

ardilla s.f. Mamífero roedor que mide unos 20 centímetros de largo, tiene una cola grande y peluda, gran agilidad de movimientos, es muy inquieto y vive en los bosques: *Las ardillas saltan de árbol en árbol.* □ MORF. Es un sustantivo epiceno y la diferencia de sexo se señala mediante la oposición *la ardilla {macho/hembra}.* 👁 **roedor**

ardor s.m. **1** Excitación de los afectos o de las pasiones: *Se defendió con ardor de las acusaciones que le hicieron.* **2** Ansia o deseo intenso de algo: *Esperaba con ardor la llegada de su familia.* **3** Sensación de calor o de rubor en alguna parte del cuerpo: *Las comidas picantes me producen ardor de estómago.* **4** Calor intenso: *No soporto los ardores del mes de agosto.*

ardoroso, sa adj. **1** Que tiene ardor: *Sus manos ardorosas se posaron en mis mejillas.* **2** Que tiene o manifiesta mucha fuerza, entusiasmo y pasión: *Tuvieron una ardorosa discusión acerca de quién sería el nuevo director.*

arduo, dua adj. Muy difícil: *Este es un trabajo arduo que nos ocupará varios meses.*

área s.f. **1** Territorio comprendido entre unos límites: *En esta área de la isla se encuentran las mejores playas.* **2** Espacio en el que se produce un determinado fenómeno o que se distingue por una serie de características comunes de carácter geográfico o económico: *El área cultural hispana está formada por todos los países donde se habla español.* **3** Campo o esfera de acción en los que mejor se pueden mostrar la índole, la naturaleza o las calidades de algo; *territorio: En el área de los negocios lo verás moverse con desenvoltura.* **4** Orden o serie de materias o de ideas de las que se trata: *El Ministerio prepara importantes proyectos en el área de Educación.* **5** Unidad de superficie que equivale a cien metros cuadrados: *Esa finca mide tres áreas.* **6** En geometría, superficie comprendida dentro de un perímetro: *El área de un cuadrado se halla multiplicando lado por lado.* **7** En algunos deportes, zona marcada delante de la meta y en la que las faltas cometidas dentro de ella son castigadas con sanciones especiales: *En el fútbol, las faltas que se cometen dentro del área se sancionan con penalti.* **8** ‖ **área de servicio.** En una autopista, lugar habilitado para el estacionamiento de los vehículos y en el que suele haber gasolinera, restaurante y otros servicios: *En las autopistas están seña-*

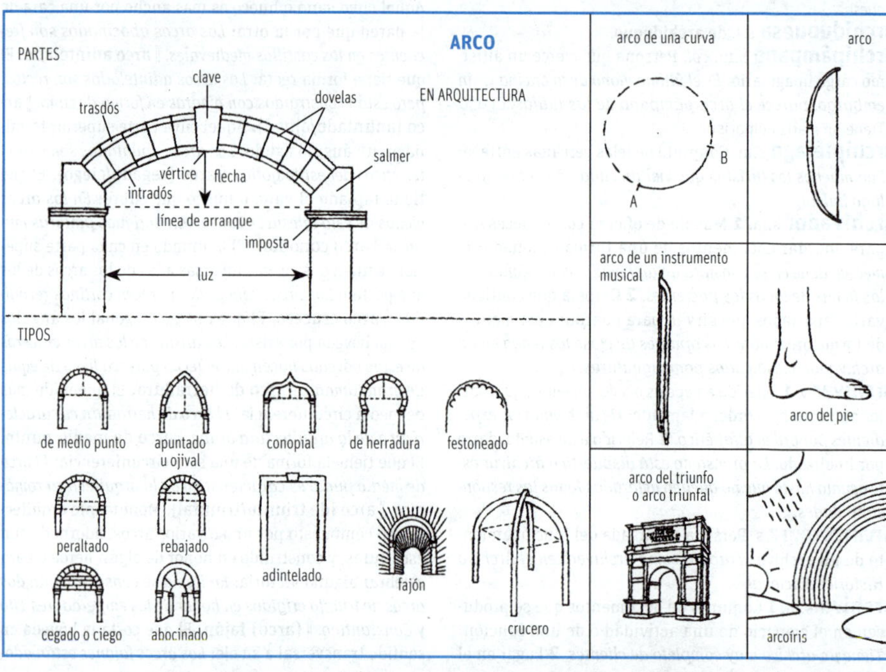

lizadas las salidas que permiten acceder a las áreas de servicio. □ MORF. Por ser un sustantivo femenino que empieza por *a* tónica o acentuada, va precedido de *el, un, algún, ningún* y de las formas femeninas del resto de los determinantes. □ SEM. En las acepciones 3 y 4, es sinónimo de *terreno*.

arena s.f. **1** Conjunto de partículas separadas de las rocas y acumuladas en las orillas del mar, de los ríos, o en capas de terrenos: *Los niños hicieron un castillo de arena en la playa.* **2** Lugar en el que se desarrollan combates o luchas: *Los gladiadores romanos luchaban con los leones en la arena.* **3** En una plaza de toros, ruedo: *Cuando se abrió la puerta del toril saltó a la arena el primer toro de la tarde.* **4** ‖ **arenas movedizas.** Las húmedas y poco consistentes que no soportan pesos: *En una escena de la película, el protagonista muere ahogado en arenas movedizas.*

arenal s.m. Extensión grande de terreno arenoso: *Los arenales de estas costas hacen que sus playas sean muy apreciadas por los turistas.*

arenga s.f. Discurso solemne y de tono elevado, esp. el que se pronuncia con el fin de enardecer o avivar los ánimos: *Antes de iniciarse la batalla, el general dirigió una arenga a sus soldados para transmitirles su entusiasmo.*

arengar v. Dirigir una arenga: *El general arengaba a sus soldados para infundirles valor.* □ ORTOGR. La *g* se cambia en *gu* delante de *e* →**PAGAR**.

arenisca s.f. Roca sedimentaria formada por arena de cuarzo cuyos granos están unidos por un cemento o masa mineral: *La arenisca es muy utilizada en construcción.*

arenoso, sa adj. Que tiene arena o alguna de sus características: *Los terrenos arenosos no son buenos para el cultivo.*

arenque s.m. Pez marino comestible, parecido a la sardina, que tiene el cuerpo comprimido, boca pequeña, color azulado por encima y plateado por el vientre, y que vive en aguas frías: *El arenque se puede consumir fresco, ahumado o en salazón.* □ MORF. Es un sustantivo epiceno y la diferencia de sexo se señala mediante la oposición *el arenque {macho/hembra}*.

arete s.m. Aro pequeño de metal que se lleva en las orejas como adorno: *Mis pendientes preferidos son unos aretes de oro que heredé de mi abuela.* 👁 **joya**

argamasa s.f. Masa formada por cal, arena y agua, que se usa en obras de albañilería: *Para construir una pared, los ladrillos se unen con argamasa.*

argelino, na adj./s. De Argelia (país norteafricano), o relacionado con ella: *La capital argelina es Argel. Los argelinos son mayoritariamente árabes.* □ MORF. Como sustantivo se refiere solo a las personas de Argelia.

argentado, da adj. *poét.* Plateado: *En la noche resplandecía la luz argentada de la luna llena.*

argentino, na ▮ adj. **1** Referido a un sonido, que es claro y sonoro, como el que produce la plata: *La risa argentina de la muchacha se oía en toda la casa.* ▮ adj./s. **2** De Argentina (país sudamericano), o relacionado con ella: *El tango es un baile típico argentino. A los argentinos les gusta beber mate.* □ MORF. En la acepción 2, como sustantivo se refiere solo a las personas de Argentina.

argolla s.f. Aro grueso de metal que está fijo en un lugar y sirve para amarrar algo a él: *Amarró la barca a una argolla del puerto.*

argón s.m. Elemento químico no metálico y gaseoso, de número atómico 18, que se encuentra en el aire y en los gases volcánicos, y que es mal conductor del calor: *El argón se utiliza en las lámparas fluorescentes y en la soldadura de metales.* □ ORTOGR. Su símbolo químico es *Ar*.

argot s.m. Variedad de lengua que usan entre sí las personas pertenecientes a un mismo grupo profesional o social; *jerga: El argot juvenil a veces resulta incomprensible para las personas mayores.* □ MORF. Su plural es *argots*. □ SEM. *Argot* se prefiere para el lenguaje de grupos sociales usado con intención de no ser entendidos por los demás o de diferenciarse de ellos, frente a *jerga*, que se aplica esp. al lenguaje de grupos profesionales.

argucia s.f. Razonamiento o argumento falsos presentados con habilidad o astucia para hacerlos pasar por verdaderos: *Déjate de argucias, porque no me vas a convencer.*

argüir v. **1** Referido esp. a una prueba o a un argumento, presentarlos o alegarlos en favor o en contra de algo: *Arguye como excusa que a él nadie lo avisó. Los socios no dejaban de argüir en contra de la propuesta del presidente.* **2** Deducir como consecuencia natural o sacar en claro: *Por lo que me dices, arguyo que no estás de acuerdo conmigo.* □ ORTOGR. La *ü* pierde la diéresis cuando la sigue *y*. □ MORF. Irreg.: La *i* se cambia en *y* delante de *a, e, o* →**ARGÜIR**.

argumentación s.f. Aportación de razones o de argumentos en favor o en contra de algo: *Hizo una argumentación tan perfecta de su pensamiento que nadie pudo objetar nada.*

argumental adj. Del argumento o relacionado con él: *La trama argumental de las comedias de enredo es muy complicada.* □ MORF. Invariable en género.

argumentar v. Dar razones o argumentos en favor o en contra de algo: *Si no sabes argumentar el porqué de tu actitud, no pretendas que te comprendamos.*

argumento s.m. **1** Asunto o materia de que trata una obra, esp. si es una obra literaria o cinematográfica: *El argumento de la película está basado en hechos reales.* **2** Razonamiento usado para probar o demostrar algo, o para convencer a otro de lo que se afirma o se niega: *Me dio tantos argumentos que me convencí de que era mejor aplazar el viaje.*

aria s.f. Véase **ario, ria**.

aridez s.f. **1** Sequedad o falta de humedad: *La ausencia de vegetación en esta zona se debe a la aridez de la tierra.* **2** Falta de amenidad o de capacidad de resultar agradable o de entretener: *Es tal la aridez de esta novela que nunca he conseguido terminarla.*

árido, da ▮ adj. **1** Seco y con poca humedad: *Las áridas tierras del desierto no se pueden cultivar.* **2** Falto de amenidad o de capacidad para resultar agradable o para entretener: *Has elegido un tema muy árido para tu trabajo de historia.* ▮ s.m.pl. **3** Granos, legumbres y otros frutos secos a los que se aplican medidas de capacidad: *La fanega y el celemín son unidades tradicionales de capacidad para medir áridos.*

aries adj./s. Referido a una persona, que ha nacido entre el 21 de marzo y el 19 de abril aproximadamente (por alusión a Aries, primer signo zodiacal): *Mi padre es aries. Dicen que los aries son personas amantes del riesgo.* □ MORF. 1. Como adjetivo es invariable en género. 2. Como sustantivo es de género común y exige concordancia en masculino o en femenino para señalar la diferencia de sexo: *el aries, la aries*. 3. Invariable en número.

a b c d e f g h i j k l m n ñ o p q r s t u v w x y z

ariete s.m. **1** Antigua máquina militar que se utilizaba para derribar puertas y murallas y que estaba formada por una viga larga y pesada reforzada en uno de sus extremos por una pieza de hierro o bronce, generalmente en forma de cabeza de carnero: *Los soldados derribaron la puerta del castillo con un ariete.* **2** En fútbol, delantero centro de un equipo: *La función principal del ariete es marcar goles.*

ario, ria ▌adj./s. **1** Que pertenece a un pueblo de estirpe nórdica que habitó la zona asiática central y que fue considerado por los nazis como superior: *Algunos pueblos del norte de la India son de origen ario. Los pueblos indoeuropeos de Irán descienden de los arios.* ▌s.f. **2** Composición musical para una sola voz con acompañamiento instrumental: *Lo que más me gustó de la ópera fue el aria que cantó la soprano.* □ MORF. En la acepción 2, por ser un sustantivo femenino que empieza por *a* tónica o acentuada, va precedido de *el, un, algún, ningún* y de las formas femeninas del resto de los determinantes.

arisco, ca adj. Difícil de tratar o poco amable: *No seas tan arisca y dame un beso, mujer.*

arista s.f. **1** Línea que resulta de la intersección o encuentro de dos superficies: *Las aristas de una pirámide son las rectas en las que se unen dos de sus caras.* 👁 **ángulo** **2** Filamento áspero de la cáscara que envuelve el grano de trigo y el de otras plantas gramíneas: *La arista es una de las características que se tienen en cuenta para identificar un grano de cereal.* **3** Dificultad que algo presenta: *Es imposible que lleguéis a un acuerdo si antes no limáis aristas.*

aristocracia s.f. **1** Grupo social formado por las personas más notables de un estado o por las que tienen un título de nobleza: *A la boda de la princesa acudieron representantes de toda la aristocracia europea.* **2** Grupo social que sobresale entre los demás por alguna circunstancia: *La aristocracia del deporte español asistió a la inauguración del campeonato.*

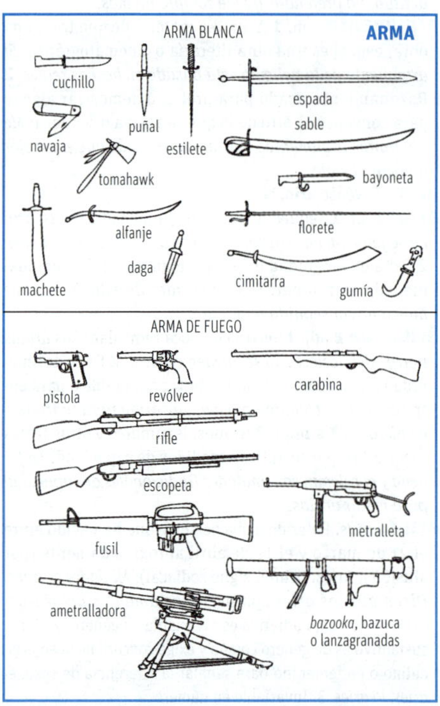

aristócrata s. Miembro de la aristocracia o partidario de ella: *Se enorgullecía de ser uno de los pocos aristócratas que aún quedaban en su ciudad.* □ MORF. Es de género común y exige concordancia en masculino o en femenino para señalar la diferencia de sexo: *el aristócrata, la aristócrata.*

aristocrático, ca adj. De la aristocracia o relacionado con ella: *Procede de una familia aristocrática.*

aritmético, ca ▌adj. **1** De la aritmética o relacionado con esta parte de las matemáticas: *La suma y la resta son algunas de las operaciones aritméticas.* ▌s. **2** Persona que se dedica profesionalmente al estudio de la aritmética o que está especializada en esta parte de las matemáticas: *Este mes se celebra un importante congreso de aritméticos.* ▌s.f. **3** Parte de las matemáticas que estudia los números y las operaciones hechas con ellos: *La aritmética estudia las propiedades de las operaciones de cálculo.*

arlequín s.m. Personaje cómico de teatro, procedente de la antigua comedia del arte italiana, que lleva una máscara negra y va vestido con un traje de cuadros o rombos de distintos colores: *En los carnavales se disfrazó de arlequín.*

arma ▌s.f. **1** Instrumento o máquina que sirve para atacar o para defenderse: *La atracadora disparó su arma contra el policía.* 👁 arma **2** Defensa natural de que dispone un animal para atacar o para defenderse: *El arma del escorpión es su aguijón venenoso.* **3** Medio que sirve para conseguir algo: *Su inteligencia y su dedicación son sus únicas armas para triunfar en este trabajo.* **4** En una fuerza militar, cada uno de los grupos armados que se caracterizan por su peculiar organización, armamento, equipo y modalidad de combate: *El arma de artillería inició el combate.* ▌pl. **5** Profesión militar: *El ideal del caballero renacentista era compaginar las armas y las letras.* **6** Tropas o ejércitos de un Estado: *Las armas del imperio se enfrentaron a los invasores hasta derrotarlos.* **7** En heráldica, superficie u objeto con forma de escudo defensivo donde se pintan las figuras o piezas que son distintivos de un reino, de una ciudad, de un linaje o de una persona; *blasón, escudo de armas: Sobre la puerta principal de la muralla aparecen las armas de la ciudad.* **8** ‖ **alzarse en armas.** Sublevarse: *El ejército se alzó en armas cuando supo los resultados de las elecciones.* ‖ **arma blanca.** La que consta de una hoja de acero y hiere por el filo o por la punta: *La espada, el puñal y el sable son armas blancas.* ‖ **arma de {doble filo/dos filos}.** Lo que puede obrar en favor o en contra de lo que se pretende: *Hacer públicos esos datos es un arma de doble filo, porque podemos hundir a la competencia, pero también podemos hundirnos nosotros.* ‖ **arma de fuego.** La que utiliza una materia explosiva para realizar los disparos: *La pistola, la escopeta y el fusil son armas de fuego.* ‖ **pasar por las armas** a alguien. Fusilarlo: *Al amanecer, pasaron por las armas a varios detenidos.* ‖ **presentar armas.** Referido a la tropa, rendir honor militar poniendo el fusil frente al pecho con el disparador hacia fuera: *Al paso del embajador, los soldados presentaron armas.* ‖ **ser de armas tomar.** Ser enérgico, decidido, o tener un carácter muy fuerte: *No creo que la engañen fácilmente porque es una mujer de armas tomar.* ‖ **velar las armas.** Guardarlas sin perderlas de vista el que iba a ser armado caballero la noche anterior a este acto: *Don Quijote veló las armas en una venta.* □ MORF. Por ser un sustantivo femenino que empieza por *a* tónica o acentuada, va precedido de *el, un, algún, ningún* y de las formas femeninas del resto de los determinantes.

armada s.f. **1** Conjunto de las fuerzas navales de un Estado: *La Armada española renovará su flota.* **2** Conjunto de barcos de guerra que participan en una determinada misión bajo el mismo mando; *escuadra: La armada británica y las tempestades acabaron con la flota española llamada la 'Armada Invencible', enviada por Felipe II contra Inglaterra.* □ SEM. En la acepción 2, dist. de *Marina* (conjunto de buques de una nación). □ USO En la acepción 1, se usa como nombre propio.

armadillo s.m. Animal mamífero que tiene el cuerpo protegido por una coraza ósea cubierta de escamas córneas y móviles, y que puede enrollarse sobre sí mismo: *Los armadillos son propios de América del Sur.* □ MORF. Es un sustantivo epiceno y la diferencia de sexo se señala mediante la oposición *el armadillo {macho/hembra}.*

armador, -a s. Persona que se dedica por su cuenta a la preparación y al equipamiento de embarcaciones: *Esta empresa naviera encarga siempre sus barcos al mismo armador.*

armadura s.f. **1** Especie de traje formado por piezas metálicas articuladas con el que se vestían los guerreros para protegerse en los combates: *Las armaduras eran muy pesadas.* 👁 armadura **2** Pieza o conjunto de piezas unidas que sirven para montar algo sobre ellas o para sostenerlo; *armazón: El tejado va montado sobre una armadura de maderos y tablas.*

armamentismo s.m. Doctrina o actitud que defiende el incremento progresivo del número y de la calidad de las armas que posee un país: *Tras la II Guerra Mundial, el armamentismo causó una política de bloques.*

armamentista ▌adj. **1** Relacionado con la industria de las armas de guerra: *El estallido de la guerra dio salida a toda la producción armamentista.* ▌adj./s. **2** Partidario de la doctrina o de la actitud del armamentismo: *La política armamentista del Gobierno ha provocado las protestas de un amplio sector social. Los armamentistas apoyan la inversión de dinero en armas.* □ MORF. 1. Como adjetivo es invariable en género. 2. Como sustantivo es de género común y exige concordancia en masculino o en femenino para señalar la diferencia de sexo: *el armamentista, la armamentista.*

armamento s.m. **1** Conjunto de las armas y del material que están al servicio de un soldado, de un cuerpo militar o de un ejército: *El ejército dispone de un armamento muy moderno.* **2** Preparación y provisión de todo lo necesario para la guerra: *El armamento de las tropas se realizará inmediatamente.*

armar ▌v. **1** Proporcionar armas: *Armaron a toda la población para poder hacer frente a los invasores. Los exploradores se armaron de machetes y rifles antes de entrar en la cueva.* **2** Preparar todo lo necesario para la guerra o para cualquier otra actividad: *El Gobierno decidió armar el ejército. Se armó de papel y lápiz y se puso a escribir.* **3** Referido esp. a un mueble, juntar sus piezas y ajustarlas entre sí: *Tardaron solo diez minutos en armar la tienda de campaña.* **4** *col.* Referido esp. a una riña o a un escándalo, promoverlos, causarlos o formarlos: *No arméis tanto ruido. Con tanta gente en casa se armó un jaleo tremendo.* ▌prnl. **5** Referido a una actitud, tomarla a fin de resistir alguna contrariedad: *Se armó de paciencia y se sentó a esperar su llamada.* **6** ‖ **armarla.** *col.* Provocar una riña o un alboroto: *Ayer me callé, pero esta noche pienso ar-*

ARMADURA

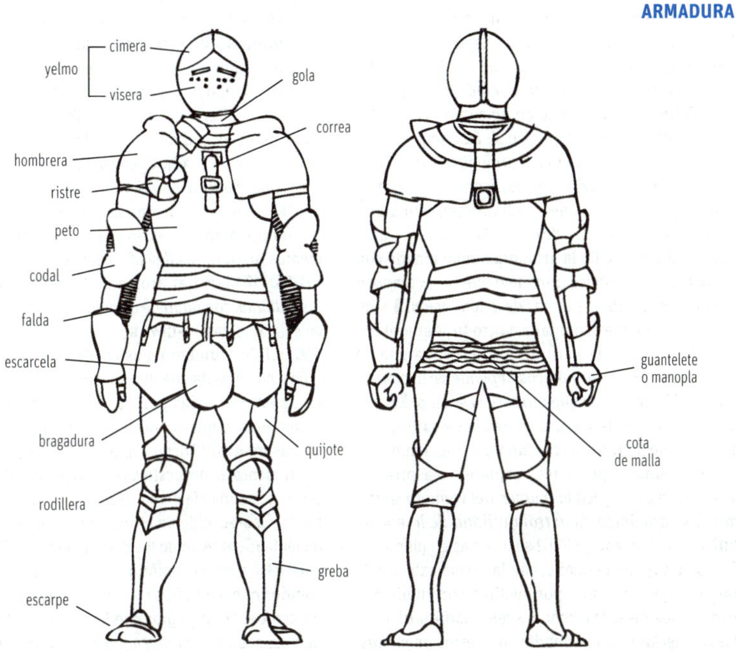

a b c d e f g h i j k l m n ñ o p q r s t u v w x y z

a b c d e f g h i j k l m n ñ o p q r s t u v w x y z

marla en cuanto los vea. ☐ SINT. Constr. de la acepción 5: *armarse* DE *algo*.

armario s.m. Mueble con puertas que sirve para guardar la ropa y otros objetos: *El armario de mi habitación tiene cajones, estantes y perchas.*

armatoste s.m. Lo que resulta grande y de poca utilidad: *Las viejas máquinas de imprimir han pasado a ser hoy inútiles armatostes.*

armazón s. Pieza o conjunto de piezas unidas que sirven para montar algo sobre ellas o para sostenerlo; *armadura: Las gradas para el público se han montado sobre un armazón de madera.* ☐ MORF. Es de género ambiguo y admite concordancia en masculino y en femenino sin cambiar de significado: *{el/la} armazón {sólido/sólida}.*

armenio, nia ▌adj./s. **1** De Armenia (país y antigua región asiáticos), o relacionado con ella: *El Estado armenio estuvo integrado en la Unión Soviética. Los armenios son en su mayoría cristianos.* ▌s.m. **2** Grupo de lenguas indoeuropeas de esta región: *Las primeras manifestaciones escritas del armenio son del siglo XI.* ☐ MORF. En la acepción 1, como sustantivo se refiere solo a las personas de Armenia.

armería s.f. Lugar en el que se guardan, se venden o se exhiben armas: *En la armería de palacio se conservan muchas armas antiguas.*

armiño s.m. **1** Mamífero carnívoro, de piel muy suave, parda en verano y blanca en invierno, muy apreciada en peletería: *Cuando se irrita, el armiño expulsa una sustancia maloliente.* **2** Piel de este animal: *Llevaba un abrigo de piel sintética, que imitaba el armiño.* ☐ MORF. En la acepción 1, es un sustantivo epiceno y la diferencia de sexo se señala mediante la oposición *el armiño {macho/hembra}.*

armisticio s.m. Suspensión o cese temporal de la lucha armada, pactado entre los bandos enfrentados: *Los dos países han firmado un armisticio para intentar solucionar el conflicto de forma pacífica.*

armonía s.f. **1** Proporción y correspondencia adecuadas entre las partes de un todo: *La belleza de este cuadro deriva de la armonía perfecta de sus colores.* **2** Amistad y buena relación: *La armonía siempre reinó en este equipo de trabajo.* **3** Unión y combinación de sonidos simultáneos y diferentes, pero acordes entre sí: *La interpretación del coro fue elogiada por la perfecta armonía de sus voces.* **4** En música, arte o técnica de formar y enlazar acordes: *Es imposible que puedas poner acompañamiento a una melodía si no tienes nociones de armonía.*

armónico, ca ▌adj. **1** De la armonía o relacionado con ella: *Me gusta más la música armónica que esas composiciones modernas tan libres y llenas de disonancias.* ▌s.m. **2** En música, sonido que acompaña a otro fundamental y que se produce de forma natural por la resonancia de este: *La formación de los armónicos depende de la caja de resonancia del instrumento que produce el sonido.* ▌s.f. **3** Instrumento musical de viento, en forma de cajita, provisto de una serie de ranuras con una o varias lengüetas metálicas cada una, y que se toca soplando o aspirando por estas ranuras: *Es típica la imagen del vaquero solitario tocando su armónica en la tranquilidad de la noche.* 👁 **viento** ☐ MORF. La acepción 2 se usa más en plural.

armonio s.m. Órgano pequeño, con la forma exterior de un piano, y al que se da aire por medio de un fuelle que se mueve con los pies: *El armonio suele sustituir al órgano en los conciertos que se celebran en iglesias pequeñas.* ☐ ORTOGR. Se admite también *armónium.*

armonioso, sa adj. **1** Sonoro y agradable al oído: *El sonido del agua al caer sobre la fuente es muy armonioso.* **2** Que tiene armonía entre sus partes: *Entre nosotros existe una relación armoniosa.*

armónium s.m. →**armonio.**

armonización s.f. Creación de armonía o buena relación, o concesión de la correspondencia adecuada entre las partes de un todo o entre los elementos que deben contribuir a un mismo fin: *Sin una armonización de intereses y objetivos, es imposible realizar un buen trabajo conjunto.*

armonizar v. **1** Poner en armonía o en buena relación, o proporcionar la correspondencia adecuada entre las partes de un todo o entre los elementos que deben contribuir a un mismo fin: *El hermano mayor armonizaba los intereses de todos los miembros de la familia.* **2** Estar en armonía, o manifestarla: *Las cortinas armonizan perfectamente con el resto de la decoración.* ☐ ORTOGR. La *z* se cambia en *c* delante de *e* →**CAZAR.**

arneses s.m.pl. Guarniciones o conjunto de correas y otros objetos que se ponen a las caballerías para que tiren de un carruaje, para montarlas o para cargarlas: *En la feria, todos los caballos iban adornados con hermosos arneses.*

árnica s.f. **1** Planta herbácea perenne que tiene flores amarillas y olorosas, y que se usa en medicina: *Las flores y la raíz del árnica tienen un olor y un sabor fuertes que hacen estornudar.* **2** Tintura o sustancia que se obtiene de la flor y de la raíz de esta planta: *Aunque se emplea en medicina, en grandes dosis el árnica puede resultar venenosa.* ☐ PRON. Incorr. *[arníka]. ☐ MORF. Por ser un sustantivo femenino que empieza por *a* tónica o acentuada, va precedido de *el, un, algún, ningún* y de las formas femeninas del resto de los determinantes.

aro s.m. **1** Pieza hecha con un material rígido, esp. metálico, con forma de circunferencia: *Las canastas de baloncesto están formadas por un tablero, un aro y una red.* 👁 **gimnasio 2** ‖ **{entrar/pasar} por el aro.** *col.* Ceder ante algo que no se quería: *Dijo que nunca se casaría, pero ha pasado por el aro, como todos.*

aroma s.m. Perfume u olor muy agradable: *El aroma de las rosas se extendía por todo el jardín.*

aromático, ca adj. Que tiene aroma u olor agradable: *Este vino es muy aromático.*

aromatizante s.m. Sustancia que se añade a algunos alimentos para darles aroma u olor agradable: *Los alimentos preparados llevan conservantes y aromatizantes.*

aromatizar v. Dar aroma u olor agradable: *Aromatizó las sábanas con agua de colonia.* ☐ ORTOGR. La *z* se cambia en *c* delante de *e* →**CAZAR.**

arpa s.f. Instrumento musical de cuerda, de forma triangular, con cuerdas de distintas longitudes colocadas verticalmente y unidas por uno de sus extremos a la caja de resonancia, y que se tocan pulsándolas con los dedos de ambas manos: *El arpa empezó a ser más empleada como instrumento de orquesta a partir del siglo XIX.* ☐ MORF. Por ser un sustantivo femenino que empieza por *a* tónica o acentuada, va precedido de *el, un, algún, ningún* y de las formas femeninas del resto de los determinantes. 👁 **cuerda**

arpegio s.m. Sucesión más o menos acelerada de los sonidos que, cuando se tocan simultáneamente, forman un acorde: *Los arpegios pueden ser ascendentes o descendentes, según comiencen por la nota más grave o por la más aguda.*

arpía s.f. **1** *col.* Mujer mala o perversa: *No te fíes de ella porque es una arpía.* **2** En la mitología griega, divinidad que se representaba con rostro de mujer y cuerpo de ave de rapiña con afiladas garras: *Las arpías eran raptoras de niños y de almas.* 👁 **mitología**

arpillera s.f. Tejido muy basto, generalmente de estopa, que se usa sobre todo para la fabricación de sacos y para embalar: *Para guardar las patatas son mejores los sacos de arpillera que los de plástico.*

arpón s.m. Instrumento de pesca formado por un mango largo de madera terminado en uno de sus extremos por una punta de hierro, que sirve para herir a la presa, y otras dos dirigidas hacia atrás, que impiden que la presa se suelte: *El arpón se utiliza para pescar peces de gran tamaño.* 👁 **pesca**

arponear v. Cazar o pescar con arpón: *Todos los pescadores estaban preparados para arponear a la ballena en cuanto emergiera a la superficie.*

arponero s.m. Hombre que caza o pesca con arpón: *Antiguamente, en la caza de la ballena, el arponero se acercaba al animal en un bote, acompañado por otros pescadores.*

arquear v. Dar o adquirir forma de arco; *enarcar*: *Al intentar arquear la vara de madera, la rompió. A muchos jinetes se les arquean las piernas.*

arqueo- Elemento compositivo que significa 'antiguo': *arqueología, arqueozoología.*

arqueología s.f. Ciencia que estudia las civilizaciones antiguas, generalmente a través de los restos que nos han llegado de ellas: *La arqueología nos permite conocer las manifestaciones artísticas de culturas hoy desaparecidas.*

arqueológico, ca adj. De la arqueología o relacionado con esta ciencia: *En el museo arqueológico se conservan herramientas utilizadas por los hombres primitivos.*

arqueólogo, ga s. Persona que se dedica profesionalmente al estudio de la arqueología o que está especializada en esta ciencia: *Una arqueóloga está estudiando los yacimientos prehistóricos de la región.*

arquería s.f. Serie de arcos: *El claustro de la catedral tiene una hermosa arquería románica.* ☐ ORTOGR. Dist. de *alquería.*

arquero, ra ▮ s. **1** Persona que practica el deporte del tiro con arco: *En la última competición olímpica de tiro con arco destacaron las arqueras españolas.* ▮ s.m. **2** Soldado que peleaba con arco y flechas: *Los arqueros eran una fuerza fundamental en los ejércitos antiguos.*

arqueta s.f. **1** Arca o caja de pequeño tamaño, esp. la que está hecha con materiales nobles: *Las reliquias de la santa están guardadas en esta arqueta de plata.* **2** Recipiente o caja que recoge el agua: *Las aguas de los desagües van a parar a una arqueta.*

arquetípico, ca adj. Del arquetipo o relacionado con este modelo: *Sancho Panza es el ejemplo arquetípico de persona práctica.*

arquetipo s.m. Modelo o forma ideal que sirve de patrón o de ejemplo: *El arquetipo del cortesano renacentista está descrito en la obra 'El Cortesano', de Baltasar de Castiglione.*

arquitecto, ta s. **1** Persona que se dedica profesionalmente a la realización de proyectos de edificios y a la construcción de estos: *El edificio diseñado por ese arquitecto ha sido galardonado con un premio internacional.* **2** ‖ **arquitecto técnico.** Persona que se dedica profesionalmente a la realización de diversas tareas técnicas en el campo de la construcción; *aparejador*: *El arquitecto técnico está capacitado para proyectar obras de pequeña envergadura.*

arquitectónico, ca adj. De la arquitectura o relacionado con este arte: *Esa iglesia es de una gran belleza arquitectónica.*

arquitectura s.f. **1** Arte o técnica de diseñar, de proyectar y de construir edificios: *La catedral gótica de esta ciudad es un ejemplo clásico de arquitectura religiosa.* **2** Conjunto de edificios con una característica común: *El arco de herradura es característico de la arquitectura árabe.*

arquitrabe s.m. En arquitectura, parte más baja del entablamento, la cual descansa o se apoya directamente sobre los capiteles de las columnas: *En el arte griego, el arquitrabe sustentaba el friso de los edificios.*

arquivolta s.f. Conjunto de molduras o adornos exteriores que decoran la cara exterior de un arco arquitectónico a lo largo de toda su curva: *Las arquivoltas de la puerta principal de la catedral están decoradas con figuras geométricas.*

arrabal s.m. Barrio o zona que está fuera del recinto de una población o a las afueras, esp. los habitados por una población de bajo nivel económico: *Tarda mucho en llegar al centro de la ciudad porque vive en los arrabales.*

arrabalero, ra adj./s. *col.* Referido a una persona, que muestra mala educación: *No seas arrabalero y deja de gritar así. Deberías refinarte un poco, porque tus modales son propios de un arrabalero.*

arracimarse v.prnl. Unirse o juntarse en forma de racimo: *La gente se arracimaba delante de las taquillas para sacar sus entradas.*

arraigar ▮ v. **1** Echar o criar raíces: *El árbol que trasplantamos se está secando porque no ha arraigado bien.* **2** Referido esp. a un sentimiento o a una costumbre, hacerlos muy firmes, consolidarlos o fijarlos con fuerza: *Aquella larga enfermedad arraigó en mí el hábito de la lectura.* ▮ prnl. **3** Establecerse de manera permanente en un lugar, vinculándose con las personas y cosas de allí: *Vino a pasar unas vacaciones, pero acabó abriendo un taller y arraigándose aquí.* ☐ ORTOGR. La *g* se cambia en *gu* delante de *e* →**PAGAR.**

arraigo s.m. Fijación de manera permanente o firme: *Esa costumbre tiene muy poco arraigo en nuestro pueblo.*

arramblar v. Referido a algo que hay en un lugar, cogerlo y llevárselo con codicia; *arramplar*: *Llegó el primero a la fiesta y arrambló con todo lo dulce.* ☐ SINT. Constr.: *arramblar* CON *algo.*

arramplar v. *col.* →**arramblar.** ☐ SINT. Constr.: *arramplar* CON *algo.*

arrancada s.f. **1** Partida o salida violenta de una persona o de un animal: *El toro tuvo una arrancada muy rápida, y cogió al banderillero.* **2** Comienzo del movimiento de una máquina o de un vehículo que se pone en marcha: *Cuando controles más el embrague y el acelerador, harás arrancadas más suaves.*

arrancar v. **1** Sacar de raíz o con violencia, o separar con fuerza: *Tengo que arrancar las malas hierbas del jardín.* **2** Quitar con violencia: *Me pone nervioso que me arranques las cosas de las manos, en lugar de pedírmelas.* **3** Obtener o conseguir con astucia, con esfuerzo o con violencia: *Los actores arrancaron grandes aplausos del público.* **4** Referido a una persona, separarla o apartarla con violencia o con astucia de algo, esp. de un vicio: *Están haciendo todo lo posible para arrancarlos de la droga.* **5** Referido a una máquina, iniciar su funcionamiento o su movimiento: *¡Corre, a ver si cogemos el autobús antes de que arranque!* **6** *col.* Partir o salir de algún sitio: *Lleva media hora diciendo que se va, pero no arranca.* **7** *col.* Empezar a hacer algo de forma inesperada: *Estábamos tan tranquilos, cuando arrancó a llorar, sin que supiéramos qué le ocurría.* **8** Provenir o tener origen: *Su enemistad arranca de un problema que tuvieron en el trabajo.* **9** En arquitectura, referido a un arco o a una bóveda, empezar su curvatura: *Esta bóveda arranca de las impostas.* ☐ ORTOGR. La *c* se cambia en *qu* antes de *e* →SACAR.

arranque s.m. **1** Decisión o valentía para hacer algo: *Me falta arranque para lanzarme a realizar mi sueño dorado.* **2** Manifestación violenta y repentina de un sentimiento o de un estado de ánimo: *Los asesinó en un arranque de celos.* **3** Dispositivo que pone en marcha el motor de una máquina, esp. el de un vehículo: *Tuve que llevar el coche al taller porque no le funcionaba el arranque.* **4** Comienzo, origen o principio de algo: *Muchos críticos consideran la poesía de Bécquer el arranque de la poesía moderna española.* **5** Ocurrencia ingeniosa o viva que alguien no se espera: *Me lo pasé muy bien en la cena, porque hubo gente con arranques muy graciosos.*

arras s.f.pl. Conjunto de las trece monedas los novios se entregan en la celebración de su matrimonio, como símbolo de los bienes que ambos van a compartir: *En la ceremonia del matrimonio el novio pasa las arras de sus manos a las de la novia.*

arrasamiento s.m. Destrucción total o por completo: *El ejército enemigo llevó a cabo el arrasamiento de la ciudad conquistada.*

arrasar v. **1** Destruir por completo: *El terremoto arrasó la región.* **2** *col.* Triunfar de forma aplastante: *Este cantante ha arrasado en todas las ciudades en las que ha actuado en directo.*

arrastrado, da adj. Pobre, mísero o con privaciones y dificultades: *Llevo una vida tan arrastrada que estoy desesperado.*

arrastrar ▌v. **1** Referido a un objeto, llevarlo por el suelo, tirando de ello: *No arrastres la silla, que vas a rayar el suelo.* **2** Referido a un objeto, llevarlo a ras del suelo o de otra superficie: *El rey avanzaba con paso majestuoso arrastrando su capa de armiño.* **3** Referido a una persona, impulsarla o llevarla a hacer algo una fuerza o un poder invisibles: *Lo arrastra la pasión por el juego.* **4** Referido a una persona, llevarla otra tras sí o atraer su voluntad: *Este cantante arrastra a las masas.* **5** Traer o tener como consecuencia inevitable: *La dimisión del ministro arrastrará las dimisiones de otros altos cargos.* **6** Referido esp. a una desgracia, soportarla penosamente: *Esa familia arrastra desde hace años una grave situación económica.* **7** En algunos juegos de cartas, echar una carta que obliga a los demás jugadores a echar una carta del mismo palo: *Arrastro con oros.* ▌prnl. **8** Ir de un sitio a otro desplazando el cuerpo de forma que roce el suelo: *Los soldados se arrastraron hacia las trincheras para esquivar las balas.* **9** Humillarse y rebajarse de forma vil para conseguir algo: *Me parece indigno que te arrastres así ante tu jefe para conseguir un ascenso.*

arrastre s.m. **1** Transporte de algo tirando de ello de forma que roce el suelo: *El arrastre de la madera cortada desde el bosque hasta el borde del camino se realizaba con ayuda de mulas de carga.* **2** En algunos juegos de cartas, obligación de echar todos los jugadores una carta del mismo palo que la carta echada por el primer jugador: *En el arrastre, si no tienes una carta del mismo palo, tienes que echar una del palo que pinta.* **3** En tauromaquia, acto de retirar de la plaza al toro muerto en la lidia: *El quinto toro fue tan manso que el público lo abucheó durante el arrastre.* **4** ‖ **para el arrastre.** *col.* Muy cansado o en muy malas condiciones físicas o anímicas: *Después de una hora de natación estoy para el arrastre.*

arrayán s.m. Arbusto muy oloroso, con hojas de un verde muy intenso, flores blancas y frutos en bayas de color negro azulado, muy empleado en jardinería para formar setos; *mirto: Los arrayanes son propios de la zona mediterránea.*

arre interj. Expresión que se usa para hacer que un animal de carga, esp. una caballería, empiece a andar, o para que lo haga con más rapidez: *El jinete gritaba: «¡Arre, caballo!».*

arrea interj. *col.* Expresión que se usa para indicar extrañeza, sorpresa, admiración o disgusto: *¡Arrea, se nos ha olvidado la llave en casa!*

arrear v. **1** Referido esp. a una caballería, hacer que empiece a andar o que lo haga con más rapidez: *El cochero arreaba a los caballos de la diligencia para escapar de los indios.* **2** Darse mucha prisa: *Si no arreamos, no llegaremos a tiempo.* **3** Seguido de algunos sustantivos, realizar la acción expresada por estos: *Me arrearon una patada en la espinilla.* **4** Referido esp. a una caballería, ponerle los arreos o elementos necesarios para poder montarla o cargarla: *Mientras esperaba, le arrearon el corcel para salir de paseo por la feria.*

arrebañar v. *vulg.* →rebañar.

arrebatado, da adj. **1** Precipitado e impetuoso: *En un momento arrebatado, decidió abandonarlo todo y marcharse lejos. Cuando lo llamaron, salió arrebatado de la habitación.* **2** Enfadado, irritado o violento: *No me gustan las personas arrebatadas por cosas sin importancia.* **3** Referido al color de la cara, muy encendido: *Estaba toda arrebatada de vergüenza.*

arrebatar ▌v. **1** Quitar con violencia, con fuerza o con rapidez: *Unos ladrones le arrebataron la maleta.* **2** Conmover intensamente y producir una gran admiración: *Su sencillez nos arrebata a todos.* ▌prnl. **3** Enfurecerse o dejarse llevar por una pasión, esp. por la ira: *Cada vez que le hablan de eso, se arrebata.* **4** Referido a un alimento, asarse o cocerse mal por exceso de fuego: *Se me ha arrebatado la carne: por fuera está quemada, y por dentro ha quedado cruda.*

arrebato s.m. **1** Furor producido por la violencia de un sentimiento o de una pasión, esp. de la ira: *En un arrebato de locura asesinó a toda su familia.* **2** En algunas religiones, estado en el que la persona alcanza una unión mística con Dios por medio de la contemplación y del amor; *arrobamiento, éxtasis: Los místicos a menudo sufren arrebatos cuando rezan.* ☐ SEM. Dist. de *arrebato* (del verbo *arrebatar*).

arrebol s.m. **1** Color rojo que se ve en las nubes al amanecer o al anochecer por efecto de los rayos del Sol: *El horizonte se tiñó de un intenso arrebol.* **2** Color rojo semejante al de estas nubes en otros objetos y esp. en las mejillas: *Su cara se tiñó de arrebol al oír aquellos halagos.*

arrebolar v. Poner de color rojizo como el arrebol o el

color de las nubes al amanecer y al atardecer: *Al verme, se le arreboló la cara.*

arrebujar v. **1** Referido a algo flexible, cogerlo mal, arrugarlo, doblarlo o amontonarlo sin ningún cuidado: *Sacó su ropa del armario y la arrebujó en la maleta.* **2** Referido a una persona, cubrirla muy bien con la ropa, arrimándola mucho al cuerpo: *La arrebujó en el mantón para que no pasara frío en la verbena. En invierno, me gusta arrebujarme entre las sábanas.* □ ORTOGR. Conserva la *j* en toda la conjugación.

arrechucho s.m. *col.* Indisposición repentina, pasajera y de poca gravedad: *Nunca he tenido una enfermedad seria, solo algún que otro arrechucho.*

arreciar v. Hacerse cada vez más fuerte, más intenso, más duro o más violento: *Durante la noche arreció la tormenta.* □ ORTOGR. La *i* nunca lleva tilde.

arrecife s.m. Conjunto de rocas o de bancos de coral que está en el fondo del mar y llega muy cerca de la superficie: *Los arrecifes son muy peligrosos para la navegación.*

arredrar v. Atemorizar, amedrentar o hacer sentir miedo o temor: *Las injurias y amenazas no conseguirán arredrarme. Cuando atacaron a su familia se arredró y decidió abandonar la investigación.*

arreglar ▌v. **1** Poner en orden, en regla o como es debido: *¿Has arreglado ya tus asuntos?* **2** Referido a algo que está estropeado o que va mal, componerlo o hacer que vuelva a funcionar: *Tengo que llevar la televisión a arreglar, porque no se ve bien.* **3** Asear, acicalar o hacer tener un aspecto limpio y bonito: *Arregla a los niños, que nos vamos de paseo.* **4** Referido a un problema, llegar a un acuerdo sobre lo que hay que hacer para resolverlo: *Arreglaron el asunto de la comida yendo al restaurante de debajo de casa.* **5** Referido a una comida, ponerle los condimentos necesarios para darle buen sabor: *Las ensaladas se suelen arreglar con sal, aceite y vinagre.* **6** *col.* Referido a una persona, castigarla o corregirla: *Si te pillo, te voy a arreglar, gamberro.* **7** Referido a una composición musical, adaptarla para que sea interpretada por voces o instrumentos para los que no fue escrita originariamente: *Esa canción no es suya, pero se la han arreglado muy bien y parece escrita pensando en su voz.* ▌prnl. **8** *col.* Referido a una persona, entablar relaciones sentimentales con otra, esp. después de haber decidido terminarlas: *Mi hermano y su novia tuvieron una pelea tan gorda que lo dejaron, pero ayer hablaron y ya se han arreglado.* **9** ‖ **arreglárselas.** *col.* Encontrar el modo de solucionar un problema o de salir adelante en la vida: *Cuando todos lo abandonaron tuvo que aprender a arreglárselas solo.*

arreglista s. Persona que se dedica profesionalmente al arreglo de composiciones musicales, adaptándolas para que sean interpretadas por voces o instrumentos para los que no fueron escritas originariamente: *Un amigo mío trabaja de arreglista en una empresa discográfica.* □ MORF. Es de género común y exige concordancia en masculino o en femenino para señalar la diferencia de sexo: *el arreglista, la arreglista.*

arreglo s.m. **1** Orden y buena disposición de algo que está colocado de la forma adecuada: *Da gusto ver el buen arreglo que siempre tiene esta casa.* **2** Reparación que se hace de algo que estaba estropeado para que vuelva a funcionar: *¿Cuánto te ha costado el arreglo del coche?* **3** Aseo y limpieza de algo de modo que tenga buen aspecto: *Mi hermano tarda muchísimo por las mañanas en su arreglo personal.* **4** Acuerdo al que se llega sobre lo que hay que hacer para solucionar un problema o resolver una situación: *Por fin han llegado a un arreglo y parece que han dejado de discutir.* **5** Preparación de una comida con los condimentos necesarios para darle buen sabor: *Al hacerles el arreglo, se me pegaron las lentejas.* **6** Transformación o adaptación de una composición musical para ser interpretada por voces o instrumentos para los que no fue escrita originariamente: *¿Has oído el arreglo que han hecho de nuestra canción preferida?* **7** ‖ **arreglo de cuentas.** Venganza que realiza alguien que se toma la justicia por su mano: *La policía cree que este asesinato es fruto de un arreglo de cuentas entre bandas rivales.* ‖ **con arreglo a.** Según, conforme a, o de acuerdo con: *Las obras se han realizado con arreglo a lo que marcan las leyes.*

arrejuntarse v.prnl. *vulg.* →**ajuntarse.**

arrellanarse v.prnl. Sentarse cómodamente en un asiento ocupando mucho sitio: *Cuando veo la tele me gusta arrellanarme en este sofá.*

arremangar v. *vulg.* →**remangar.** □ ORTOGR. La *g* se cambia en *gu* delante de *e* →**PAGAR.**

arremeter v. Acometer o atacar con ímpetu y fuerza: *En su discurso arremetió contra todos los que habían firmado el manifiesto.* □ SINT. Constr.: *arremeter* CONTRA *algo.*

arremetida s.f. Acometida o ataque impetuoso, muy fuerte y violento: *La arremetida del toro pilló por sorpresa al picador.*

arremolinar ▌v. **1** Formar remolinos o moverse en giros rápidos: *El viento arremolinaba su cabello y le tapaba los ojos. Bajo el puente se arremolinan las aguas del río.* ▌prnl. **2** Amontonarse, apiñarse o reunirse de forma desordenada y apretada: *La multitud se arremolinaba a las puertas del estadio.*

arrempujar v. *vulg.* →**empujar.** □ ORTOGR. Conserva la *j* en toda la conjugación.

arrempujón s.m. *vulg.* →**empujón.**

arrendajo s.m. Pájaro de color pardo, con manchas oscuras y rayas transversales azules en las plumas de las alas, que se alimenta de los frutos de los árboles y de los huevos de los nidos de otras aves, cuyos cantos imita: *El arrendajo abunda en Europa y habita en los bosques espesos.* □ MORF. Es un sustantivo epiceno y la diferencia de sexo se señala mediante la oposición *el arrendajo {macho/hembra}.*

arrendamiento s.m. Cesión o adquisición de algo para usarlo durante cierto tiempo, a cambio del pago de una cantidad de dinero; *arriendo: El contrato de arrendamiento establece que se abonen cuatrocientos euros al mes.*

arrendar v. Referido a algo que se va a usar, cederlo, adquirirlo o tomarlo por un tiempo determinado a cambio de un precio: *Estos campesinos han arrendado la finca a sus dueños para cultivarla durante cinco años.* □ MORF. Irreg.: La *e* diptonga en *ie* en los presentes, excepto en las personas *nosotros* y *vosotros* →**PENSAR.** □ SEM. Se usa esp. referido a tierras, negocios o tiendas y servicios públicos, frente a *alquilar*, que se prefiere para viviendas, coches, muebles y animales.

arreos s.m.pl. **1** Conjunto de correas y de adornos de las caballerías de montar o de tiro: *El jinete puso los arreos a su caballo.* 👁 arreos, en la página siguiente **2** Conjunto de cosas accesorias o menudas que pertenecen a otra o que se usan con ella: *Tráeme la blusa y los demás arreos de costura para que te cosa los botones.*

a b c d e f g h i j k l m n ñ o p q r s t u v w x y z

arrepentido, da s. Persona que se arrepiente de sus delitos, y que se entrega a la policía, a la que revela lo que sabe: *Gracias a la confesión de un arrepentido, la policía consiguió interceptar un importante alijo de droga.*

arrepentimiento s.m. Pena o pesar que se siente por haber hecho algo: *Su arrepentimiento era sincero, y prometió remediar el mal que había causado.*

arrepentirse v.prnl. **1** Sentir una gran pena por haber hecho algo malo o por haber dejado de hacer algo: *Me arrepiento de todos mis pecados.* **2** Cambiar de opinión o no cumplir un compromiso: *Dijo que vendría con nosotros, pero después se arrepintió y se quedó en casa.* ☐ MORF. Irreg.: →**SENTIR**. ☐ SINT. Constr.: *arrepentirse* DE *algo.*

arrestar v. Detener, hacer preso o dejar sin libertad: *La policía entró en aquel bar y arrestó a dos traficantes de droga.*

arresto s.m. **1** Detención, reclusión o privación de libertad provisionales: *El arresto del soldado se debe a que ha desobedecido una orden de su superior.* **2** Privación de libertad por un tiempo breve que un juez pone como castigo a alguien por haber cometido alguna falta o algún delito: *El acusado fue condenado a dos meses de arresto.* **3** Decisión, determinación y valor para hacer algo: *No sé cómo tienes arrestos para soportar eso.* ☐ MORF. La acepción 3 se usa más en plural.

arrianismo s.m. Doctrina religiosa que consiste en la negación de la divinidad de Jesucristo al afirmar que solo era hijo adoptivo de Dios: *El arrianismo fue condenado como una herejía por la Iglesia católica en el Concilio de Nicea, en el año 325.*

arriano, na ▮ adj. **1** Del arrianismo o relacionado con esta doctrina religiosa: *Los visigodos se convirtieron al credo arriano.* ▮ adj./s. **2** Que sigue o que defiende el arrianismo: *El rey visigodo Leovigildo era arriano. La Iglesia católica condenó como herejes a los arrianos.*

ARREOS

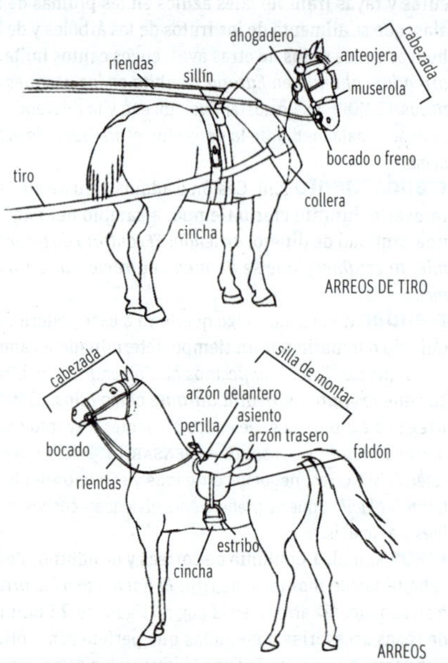

arriar v. Referido esp. a una bandera o a una vela, bajarlas: *El capitán del barco ordenó arriar las velas.* ☐ ORTOGR. La *i* lleva tilde en los presentes excepto en las personas *nosotros* y *vosotros* →**VACIAR**.

arriate s.m. Franja de terreno estrecha y preparada para tener plantas de adorno junto a las paredes de un jardín o de un patio: *El jardín estaba precioso, porque en cada arriate había plantadas flores de distinto color.*

arriba ▮ adv. **1** Hacia un lugar o parte superior: *Vamos arriba a recoger unas cosas y ahora bajamos. Están pescando río arriba.* **2** En un lugar, parte o posición más altas o superiores: *Vive en el piso de arriba. Ponlo arriba, en la estantería, para que no lo cojan los niños.* ▮ interj. **3** Expresión que se usa para manifestar aprobación, para dar ánimos o para indicar a alguien que se levante: *¡Arriba, muchachos, que la victoria ya es nuestra!* **4** ‖ **de arriba abajo. 1** Del principio al fin, o de un extremo a otro: *Antes de hacer nada, léete las instrucciones de arriba abajo para aprender a usarlo.* **2** Con desdén o con superioridad: *No soporto que alguien me mire de arriba abajo solo porque tiene más dinero que yo.* ☐ SINT. Incorr. *Voy {*a arriba > arriba}. Me miró de abajo {*a arriba > arriba}.*

arribada s.f. Llegada de una embarcación a un puerto: *La arribada del pesquero se produjo al amanecer.*

arribar v. Llegar a un sitio, esp. referido a una embarcación cuando llega a un puerto: *Hoy arribarán varios barcos de guerra.* ☐ SINT. Constr.: *arribar* A *puerto.*

arribismo s.m. Intento de conseguir una posición social más elevada, sin tener en cuenta si los medios empleados para ello son éticos o no: *El arribismo de esos políticos les hace olvidar que representan al pueblo.*

arribista s. Persona que aspira a conseguir una posición social más elevada sin tener en cuenta si los medios empleados para ello son éticos o no: *En el mundo laboral nunca faltan arribistas.* ☐ MORF. Es de género común y exige concordancia en masculino o en femenino para señalar la diferencia de sexo: *el arribista, la arribista.*

arribo s.m. Aparición o entrada en un lugar; *llegada*: *El arribo de la comitiva presidencial al palacio se produjo a las tres de la tarde.*

arriendo s.m. →**arrendamiento**.

arriero, ra s. Persona que lleva bestias de carga de un lugar a otro: *Antiguamente, se veía a muchos arrieros conduciendo mulas y asnos por los caminos.*

arriesgado, da adj. **1** Aventurado, peligroso o que puede causar un daño: *Le gustan los deportes arriesgados, como el alpinismo.* **2** Temerario, imprudente o que se pone en peligro: *Algún día tus arriesgados comentarios te van a causar un problema.*

arriesgar v. Poner en peligro o exponer a un riesgo: *Los bomberos arriesgan su vida para salvar la de otros. Si dejas esa nota, te arriesgas a que descubra que has sido tú.* ☐ ORTOGR. La *g* se cambia en *gu* delante de *e* →**PAGAR**.

arrimar ▮ v. **1** Referido a una cosa, acercarla o ponerla junto a otra: *Arrima la silla a la mesa. Los dos enamorados se arrimaban mientras bailaban juntos.* ▮ prnl. **2** Buscar la protección o el apoyo de algo, o valerse de ellos: *Siempre se está arrimando a los que tienen poder.* **3** *desp.* Referido a una persona, vivir con otra con la que mantiene relaciones sexuales sin estar casada con ella; *amancebarse*: *Se rumorea que se ha arrimado al hijo del dueño de esa fábrica.* **4** En tauromaquia, referido a un torero, torear en terreno próximo al toro: *El diestro estuvo muy valiente y se arrimó mucho.*

a b c d e f g h i j k l m n ñ o p q r s t u v w x y z

arrimo s.m. **1** Lo que sirve de apoyo para que algo no se caiga: *La pared es un buen arrimo para esa mesa que tiene la pata rota.* **2** ‖ **al arrimo de** algo. Bajo su amparo o su protección: *Vive al arrimo de un pariente rico.*

arrinconar v. **1** Poner en un rincón o en un lugar apartado: *En casa, vamos arrinconando los trastos viejos en la buhardilla.* **2** Apartar, abandonar, desatender o dejar de lado: *Es una lástima que haya personas que arrinconan a sus padres cuando estos son ancianos.* **3** Referido a una persona, acosarla, perseguirla hasta que ya no pueda escapar ni retroceder más: *Me arrinconaron diciéndome lo que me pasaría si dejaba el club y tuve que quedarme.*

arriñonado, da adj. De forma de riñón: *Las judías blancas tienen forma arriñonada.*

arritmia s.f. Falta de ritmo o de regularidad en las contracciones del corazón: *Las arritmias se deben a problemas en el funcionamiento cardíaco.*

arroba s.f. **1** Unidad de peso que equivale aproximadamente a 11,5 kilogramos: *Cuatro arrobas hacen un quintal.* **2** Unidad de capacidad para líquidos, de distinto peso según las provincias y los líquidos: *El abuelo contaba que de aquella vendimia sacó cien arrobas de vino.* **3** Símbolo que forma parte de la dirección del correo electrónico en internet: *El signo @ es una arroba.* **4** ‖ **por arrobas.** *col.* A montones, o en abundancia: *Tu madre tiene la gracia por arrobas y lo pasamos fenomenal.* □ USO Es una medida tradicional española.

arrobamiento s.m. **1** En algunas religiones, estado en que la persona alcanza una unión mística con Dios por medio de la contemplación y del amor; *arrebato: El arrobamiento es propio de la mística.* **2** Estado de la persona cautivada por visiones o sensaciones extremadamente bellas, agradables o placenteras: *Miraba a su hijo recién nacido con un arrobamiento enternecedor.* □ SEM. Es sinónimo de *éxtasis*.

arrobar v. Producir o sentir una admiración o un placer tan grandes que hacen olvidarse de todo lo demás; *embelesar, extasiar: Su elegancia nos arrobó a todos. Se arrobó contemplando aquel paisaje tan maravilloso.*

arrocero, ra ▌adj. **1** Del arroz o relacionado con él: *Los campos arroceros necesitan mucha agua.* ▌s. **2** Persona que cultiva arroz, esp. si esta es su profesión: *Los arroceros valencianos sufrieron grandes pérdidas económicas tras las inundaciones.*

arrodillar v. Poner con las piernas dobladas sobre el suelo y apoyadas en las rodillas: *Antes, arrodillaban a los niños como castigo. Se arrodilló para rezar.*

arrogación s.f. En derecho, adopción como hijo de una persona huérfana o emancipada: *Fueron a un abogado para tramitar la arrogación del hijo de unos amigos, fallecidos en accidente.*

arrogancia s.f. **1** Orgullo, soberbia o actitud de la persona que se cree superior a los demás: *No soporto la arrogancia con la que tratas a la gente.* **2** Actitud valiente y decidida: *La arrogancia del príncipe enfureció al dragón.*

arrogante adj. **1** Orgulloso, soberbio o que se cree superior a los demás: *No seas tan arrogante, y respeta un poco a los demás.* **2** Valiente, animoso o decidido: *Un grupo de arrogantes caballeros hizo huir con sus espadas a los malhechores.* □ MORF. Invariable en género.

arrogar ▌v. **1** En derecho, referido a una persona huérfana o emancipada, adoptarla como hijo: *El matrimonio decidió arrogar a sus sobrinos cuando estos se quedaron huérfanos.* ▌prnl. **2** Referido a algo inmaterial, atribuírselo o apropiarse de ello: *Se arroga la facultad de juzgar a los demás.* □ ORTOGR. La *g* se cambia en *gu* delante de *e* →PAGAR.

arrojadizo, za adj. Que se puede arrojar, tirar o lanzar: *La lanza es un arma arrojadiza.*

arrojado, da adj. Decidido, valiente, intrépido y atrevido: *No seas tan arrojado, y piensa bien los riesgos que corres si aceptas esa propuesta.*

arrojar ▌v. **1** Referido a un objeto, darle impulso para soltarlo después, de modo que salga despedido con fuerza en una dirección; *lanzar: Los niños arrojaban piedras al río.* **2** Expulsar, despedir o hacer salir, esp. si se hace de manera violenta o despreciativa: *Lo arrojó de su casa y no quiso volver a saber nada de él.* **3** Despedir de sí o emitir: *El volcán arrojaba gran cantidad de lava.* **4** Dejar caer o introducir, esp. si se hace en el lugar apropiado: *Hay gente que en lugar de arrojar las bolsas de basura al contenedor las deja fuera, ensuciando la calle.* **5** *col.* Referido a algo que está en el estómago, expulsarlo violentamente por la boca; *devolver, vomitar: Hacía tanto calor que se mareó y arrojó todo lo que había comido. Si vas a arrojar, avísame y paro el coche.* **6** Dar o presentar como resultado o como consecuencia: *Su gestión arrojaba un saldo positivo.* ▌prnl. **7** Ir o precipitarse violentamente de arriba abajo: *El capitán ordenó a sus soldados que se arrojaran al suelo.* **8** Ir o dirigirse con violencia contra algo: *Me arrojé en sus brazos y rompí a llorar.* □ ORTOGR. Conserva la *j* en toda la conjugación. □ SEM. 1. En las acepciones 2, 3 y 4, es sinónimo de *echar*.

arrojo s.m. Decisión, valentía y atrevimiento de una persona que no se detiene ante el peligro: *Demostró un gran arrojo al enfrentarse a los tres atracadores.*

arrollar v. **1** Atropellar o pasar por encima causando daño: *Un camión arrolló a un coche que estaba aparcado.* **2** Dominar, vencer, superar o derrotar por completo: *Hemos conseguido un producto tan bueno que va a arrollar a sus competidores en el mercado.* **3** Comportarse sin tener en cuenta los derechos de los demás o sin respetar las leyes: *Todos somos iguales ante la Ley, y nadie tiene derecho a arrollar a los demás.*

arropar v. **1** Cubrir o abrigar con ropa: *La abuela arropó bien a su nieto en la cama. Arrópate bien con la manta, no vayas a coger frío.* **2** Proteger o ayudar: *Todos sus compañeros lo arroparon cuando tuvo problemas.* **3** En tauromaquia, referido al toro, rodearlo los cabestros para llevárselo de vuelta al corral: *Los cabestros no tardaron nada en arropar al toro y llevárselo del ruedo.*

arrope s.m. Mosto cocido hasta que toma consistencia de jarabe, y al que se ha añadido trozos de alguna fruta: *En casa hacemos el arrope echándole trocitos de calabaza.*

arrostrar v. Referido a una desgracia o a un peligro, hacerles frente con decisión y energía, sin dar muestras de cobardía: *Arrostraré todos los peligros con tal de conseguir tu amor.*

arroyo s.m. **1** Río que lleva poco caudal: *Cruzó el arroyo de un salto.* **2** Corriente de cualquier líquido: *Sus ojos eran un arroyo de lágrimas.* **3** *col.* Situación humilde o miserable: *Gracias a su esfuerzo y tesón consiguió salir del arroyo y tener una buena posición.* □ ORTOGR. Dist. de *arrollo* (del verbo *arrollar*).

arroz s.m. **1** Cereal que crece en lugares húmedos, y que produce un grano comestible, de forma ovalada y rico en almidón: *China es uno de los principales productores de* *arroz.* 👁 **cereal** **2** Grano de este cereal: *La paella se hace con arroz.*

arrozal s.m. Terreno sembrado de arroz: *Los arrozales son terrenos encharcados de agua.*

arruga s.f. **1** Pliegue o surco que se forma en la piel, generalmente a consecuencia de la edad: *Mis abuelos tienen muchas arrugas en la cara.* **2** Pliegue o marca irregular que se forman en la ropa o en otro material delgado o flexible: *Tengo que planchar la camisa, porque está llena de arrugas.*

arrugamiento s.m. **1** Formación o existencia de arrugas: *Si quieres evitar el arrugamiento de esa tela, lávala en agua fría.* **2** Acobardamiento ante una situación difícil o complicada: *Tu arrugamiento ante los problemas hace que te sea muy difícil superarlos.*

arrugar ▌v. **1** Hacer arrugas: *El paso del tiempo le ha arrugado la cara. Si no guardas esas hojas en la carpeta, se te van a arrugar.* **2** Referido a la frente, al ceño o al entrecejo, fruncirlos en señal de enfado o disgusto: *Cuando le conté lo que había pasado, arrugó el ceño y no dijo nada.* ▌prnl. **3** Acobardarse o carecer de coraje; *encogerse*: *Se arrugó ante las críticas y ya ni fue capaz de hablar.* ☐ ORTOGR. La *g* se cambia en *gu* delante de *e* →**PAGAR**.

arruinar v. **1** Causar ruina: *Una inversión mal hecha ha arruinado a esa familia. Se arruinó a causa de su afición por el juego.* **2** Destruir u ocasionar un grave daño: *El tabaco y el alcohol te están arruinando la salud. La cosecha se arruinó debido a la pertinaz sequía.*

arrullar v. **1** Referido a un niño, hacer que se adormezca cantándole una canción o susurrándole palabras cariñosas: *Cogió en brazos al bebé y empezó a arrullarlo para que se durmiera.* **2** Referido a un sonido, adormecer o tranquilizar: *El sonido de las olas del mar me arrulla y enseguida me duermo.* **3** *col.* Referido a una persona, decir a otra palabras cariñosas y agradables: *Arrullaba a su novia tiernamente. Mientras bailaban abrazados, los novios se arrullaban.* **4** Referido a una paloma o una tórtola, atraer el macho su atención por medio de un canto grave y monótono: *En primavera, es muy fácil ver en los jardines cómo los palomos arrullan a las palomas.*

arrullo s.m. **1** Canción monótona y suave que se canta a un niño para dormirlo: *La madre durmió a su hijo con arrullos cariñosos.* **2** Palabras y susurros cariñosos que una persona dice a otra para intentar conseguir su amor: *Me cameló entre arrullos y arrumacos.* **3** Canto grave y monótono de las palomas y las tórtolas: *¿No oyes el arrullo de las palomas?* **4** Susurro o ruido suave que adormece: *Me dormí oyendo el arrullo de las aguas del río.*

arrumaco s.m. *col.* Demostración de cariño hecha con palabras o caricias: *Es una niña muy cariñosa, y se pasa el día haciendo arrumacos a su padre.* ☐ MORF. Se usa más en plural.

arsa interj. Expresión que se usa para dar ánimo: *«¡Arsa, mi niña!», gritó el guitarrista a la bailaora.*

arsenal s.m. **1** Almacén en el que se guardan armas, municiones y otros materiales de guerra: *La policía descubrió un piso que la banda terrorista usaba como arsenal.* **2** Conjunto de cosas útiles, esp. de datos o de noticias: *En su cabeza tiene un arsenal de fechas históricas.*

arsénico s.m. Elemento químico semimetálico y sólido, de número atómico 33, de color gris o amarillo, cuyos ácidos son muy venenosos: *La policía descubrió que lo habían envenenado con arsénico.* ☐ ORTOGR. Su símbolo químico es *As*.

arte s. **1** Habilidad, disposición o aptitud para hacer algo: *Tiene mucho arte peinándose.* **2** Conjunto de conocimientos o de reglas para hacer bien algo: *Es un estratega experto en el arte militar.* **3** Actividad humana dedicada a la creación de cualquier cosa como expresión personal de una visión del mundo real o imaginaria: *La pintura, la música y la literatura son las artes que más me atraen. Ese jardín es una obra de arte.* **4** Astucia o maña para hacer algo: *Utilizó sus artes y consiguió las entradas para el concierto que necesitábamos.* **5** Utensilio que sirve para pescar: *La caña es un arte de pesca.* 👁 **pesca** **6** ‖ **arte decorativa.** La pintura y la escultura, en cuanto que no crean obras independientes sino obras destinadas a hacer más bellos los edificios: *La pintura mural es un arte decorativa.* ‖ **arte liberal.** La que requiere fundamentalmente un esfuerzo intelectual: *El método de enseñanza en la Edad Media estaba basado en las siete artes liberales: gramática, dialéctica, retórica, aritmética, geometría, astronomía y música.* ‖ **artes gráficas.** Actividad cuyas obras se realizan sobre papel o sobre una superficie plana: *La pintura, el dibujo, la fotografía y la imprenta son artes gráficas.* ‖ **artes marciales.** Conjunto de antiguas técnicas de lucha orientales, que se practican como deporte: *El yudo y el kárate son artes marciales.* ‖ **artes plásticas.** Aquellas cuyas obras se captan fundamentalmente por la vista: *La arquitectura, la pintura y la escultura son las tres artes plásticas.* ‖ **malas artes.** Las que contienen engaños y se usan para conseguir algo: *Todos comentan que consiguió lo que quería utilizando sus malas artes.* ‖ **no tener arte ni parte** en algo. No tener nada que ver con ello: *A mí no me preguntes, porque yo en ese asunto no tengo arte ni parte.* ‖ **por arte de birlibirloque.** *col.* Por medios ocultos y extraordinarios: *Yo tenía mi dinero en el bolsillo y, por arte de birlibirloque, desapareció.* ‖ **séptimo arte.** →**cinematografía.** ☐ MORF. En singular se usa más como masculino y en plural, como femenino: *el arte, las artes*. 2. *Arte liberal* se usa más en plural.

artefacto s.m. Máquina, aparato o dispositivo, esp. el que es de gran tamaño o el que resulta extraño o desconocido: *Los terroristas colocaron un artefacto explosivo en el coche de la víctima.*

artejo s.m. En los artrópodos, cada una de las piezas que articuladas entre sí forman las extremidades: *En los cangrejos se ve muy bien que tienen las patas formadas por artejos.* ☐ MORF. Se usa más en plural.

artemisa s.f. Planta aromática cuyas hojas, verdes por el haz y blanquecinas por el envés, tienen propiedades medicinales: *La artemisa puede llegar a medir un metro y medio de altura.*

arteria s.f. **1** En el sistema circulatorio, cada uno de los vasos o conductos por los que la sangre sale del corazón y llega a todas las partes del cuerpo: *La aorta es una arteria de grueso calibre que sale del ventrículo izquierdo del corazón.* 👁 **corazón** **2** Calle principal, con mucho tráfico, en la que desembocan muchas otras calles: *El atasco colapsó las principales arterias de la ciudad.* **3** ‖ **(arteria) carótida.** La que sale a ambos lados del cuello y lleva la sangre oxigenada a la cabeza: *Si te pones la mano en la zona del cuello por la que pasa la arteria carótida podrás tomarte el pulso.* ☐ ORTOGR. Dist. de *artería*.

artería s.f. Astucia con que se intenta obtener algún beneficio: *No te fíes de él, porque en sus tratos siempre actúa con artería.* ☐ ORTOGR. Dist. de *arteria*. ☐ USO Tiene un matiz despectivo.

a b c d e f g h i j k l m n ñ o p q r s t u v w x y z

arterial adj. De las arterias o relacionado con estos vasos sanguíneos: *La sangre arterial lleva mucho más oxígeno que la venosa.* □ MORF. Invariable en género.

arterioesclerosis s.f. →**arteriosclerosis.** □ MORF. Invariable en número.

arteriola s.f. Arteria de pequeño diámetro: *Después de las arteriolas, el sistema vascular se continúa con los capilares sanguíneos.*

arteriosclerósico, ca adj. →**arteriosclerótico, ca.**

arteriosclerosis s.f. En medicina, aumento del grosor y endurecimiento de las paredes arteriales; *arterioesclerosis*: *La arteriosclerosis es una patología degenerativa.* □ MORF. Invariable en número.

arteriosclerótico, ca ▮ adj. **1** De la arteriosclerosis o relacionado con este problema arterial: *La pérdida de la elasticidad de las arterias es uno de los fenómenos arterioscleróticos.* ▮ adj./s. **2** Que padece este problema arterial: *A los enfermos arterioscleróticos se les recomienda que no fumen. Los arterioscleróticos suelen ser personas de edad avanzada.* □ SEM. Como adjetivo es sinónimo de *arteriosclerósico*.

artero, ra adj. Que actúa con artería o con astucia para obtener algún beneficio: *No seas artero, y dime abiertamente qué quieres de mí.* □ USO Tiene un matiz despectivo.

artesanal adj. →**artesano, na.** □ MORF. Invariable en género.

artesanía s.f. **1** Arte o técnica que consiste en la fabricación de objetos a mano o sin ayuda de grandes máquinas: *La artesanía resulta cara al no poder competir con la fabricación en serie.* **2** Lo que se fabrica según este arte o esta técnica: *He ido a una exposición de artesanía popular de la zona.*

artesano, na ▮ adj. **1** De la artesanía o relacionado con este arte; *artesanal*: *Estas cajas de madera pintadas de colores están hechas de forma artesana.* ▮ s. **2** Persona que fabrica objetos a mano o sin la ayuda de grandes máquinas, esp. si lo hace con un propósito artístico: *¿Has visto la exposición que los artesanos han organizado en la plaza?* **3** Persona que tenía un oficio manual: *Los artesanos tuvieron una gran importancia en la economía de las ciudades medievales.*

artesonado, da ▮ adj. **1** Adornado con compartimentos cóncavos, regulares y con adornos en el medio: *Esta bóveda artesonada es lo que más me ha gustado de la visita al palacio.* ▮ s.m. **2** Lo que está adornado de esta manera: *El artesonado de esta sala está hecho en madera de nogal.*

ártico, ca adj. Del polo norte o de los terrenos que lo rodean, o relacionado con ellos: *Las regiones árticas son muy frías.*

articulación s.f. **1** Unión entre dos piezas rígidas que permite un cierto movimiento entre ellas: *La articulación de las piezas de esta mesa plegable nos permite montarla y desmontarla con gran facilidad.* **2** Unión de un hueso o de un órgano esquelético con otro: *Cuando va a cambiar el tiempo, le duelen las articulaciones.* **3** En fonética, posición y movimiento de los órganos de la voz para poder pronunciar un sonido: *En la articulación del sonido [f] intervienen el labio inferior y los dientes superiores.* **4** División ordenada y armónica de un todo en varias partes: *La articulación de este capítulo en varios apartados me está resultando bastante complicado.*

articulado, da ▮ adj. **1** Que tiene articulaciones: *En la época de mis bisabuelos, las muñecas no eran articuladas.* ▮ adj./s.m. **2** Referido a un animal, que posee un esqueleto externo formado por piezas que se articulan unas con otras: *Los artrópodos son animales articulados. Los articulados son invertebrados.*

articular v. **1** Referido a dos piezas, unirlas de forma que mantengan cierta libertad de movimiento: *Si tienes todas las piezas para montar la silla, ahora solo tienes que articularlas. Quiero una mesa en la que las patas se articulen para poderla plegar.* **2** Referido a un sonido, pronunciarlo colocando los órganos de la voz correctamente: *Para articular bien el sonido [z] tienes que colocar la lengua entre los dientes.* **3** Referido a las partes de un todo, unirlas con armonía y de forma que queden ordenadas: *El profesor me dijo que había articulado muy bien las distintas partes de mi trabajo.*

articulatorio, ria adj. **1** De la articulación de los sonidos del lenguaje o relacionado con ella: *Los labios y la lengua son órganos articulatorios.* **2** De las articulaciones óseas o relacionado con ellas: *La radiografía servirá para ver si tienes algún problema articulatorio en la zona.*

articulista s. Persona que escribe artículos para periódicos o para publicaciones semejantes: *El periódico busca un buen articulista para su edición semanal.* □ MORF. Es de género común y exige concordancia en masculino o en femenino para señalar la diferencia de sexo: *el articulista, la articulista.*

artículo s.m. **1** Mercancía con la que se comercia: *Ha puesto una tienda en la que vende artículos de belleza.* **2** En gramática, parte de la oración que se antepone al nombre y que limita la extensión de su significado: *El artículo concuerda en género y en número con el sustantivo al que acompaña.* **3** En una publicación, esp. en un periódico, escrito que expone un tema concreto: *Los artículos de economía de este periódico los escriben conocidos economistas.* **4** En un tratado, en una ley, en un reglamento o en algo semejante, cada una de las disposiciones numeradas: *Tenemos que hacer un trabajo sobre algunos artículos de la Constitución.* **5** En un diccionario, cada una de las partes encabezada por una palabra: *Un artículo consta del lema y de las definiciones.* **6** ‖ **artículo de fondo.** El que se inserta en un lugar preferente del periódico, trata temas de actualidad según el criterio de este y generalmente no va firmado: *El artículo de fondo suele dar la opinión del periódico sobre un tema.* ‖ **artículo {definido/determinado}.** El que se antepone al nombre para indicar que el objeto al que se refiere es ya conocido por el hablante y por el oyente: *'El', 'la', 'los' y 'las' son formas del artículo determinado.* ‖ **artículo {indefinido/indeterminado}.** El que se antepone a un nombre para indicar que el objeto al que se refiere no es conocido ni por el hablante ni por el oyente: *'Unos' y 'unas' son formas de plural del artículo indeterminado.*

artífice s. Lo que causa o realiza algo; *autor*: *¿Quién ha sido la artífice del éxito del proyecto?* □ MORF. Es de género común y exige concordancia en masculino o en femenino para señalar la diferencia de sexo: *el artífice, la artífice.*

artificial adj. **1** Que está hecho por las personas y no existe de forma natural: *Este pintor prefiere pintar por la noche, aunque sea con luz artificial.* **2** No natural o falso: *La simpatía de ese chico me resultó un tanto artificial.* □ MORF. Invariable en género.

artificiero s.m. **1** Persona especializada en el manejo de explosivos: *Los artificieros de la Policía han desactivado una bomba.* **2** En el Ejército, persona especializada en la clasificación, reconocimiento, conservación y manejo de proyectiles, cartuchos, espoletas y otros materiales explosivos: *El sargento artificiero vigilaba la colocación de espoletas en los proyectiles, llevada a cabo por los artilleros.*

artificio s.m. **1** Artefacto, máquina o aparato mecánico: *Inventó un ingenioso artificio para cerrar la puerta.* **2** En una obra de arte, exceso de elaboración y falta de naturalidad: *Su estilo tiene demasiado artificio y su obra no transmite sentimientos.* **3** Doblez o disimulo en la forma de actuar: *Déjate de artificios y habla con claridad.*

artificiosidad s.f. Carácter excesivamente técnico y elaborado y falto de naturalidad: *Sus poemas son muy rebuscados y pecan de un exceso de artificiosidad.*

artificioso, sa adj. **1** Que tiene disimulo o doblez: *Es una persona artificiosa que siempre dice lo contrario de lo que realmente opina.* **2** Falto de naturalidad: *Todavía no tiene soltura componiendo poemas y sus escritos resultan artificiosos.*

artillería s.f. **1** Arte y técnica de construir, conservar y usar las armas, las máquinas y las municiones de guerra: *Está estudiando en una academia de artillería.* **2** En una plaza militar, en un ejército o en un buque, conjunto de cañones, morteros y otras máquinas de guerra: *La artillería antiaérea repelió el ataque de los aviones enemigos.* **3** En el Ejército de Tierra, cuerpo encargado de manejar estas máquinas: *Hizo la mili en un regimiento de artillería.* **4** *col.* Esfuerzo o medio para lograr algún fin: *Utilizó toda su artillería para lograr que lo admitieran en el curso.* **5** En algunos deportes, esp. en el fútbol, conjunto de jugadores que forman el ataque del equipo: *El equipo local perdió porque falló su artillería.*

artillero, ra ▮ adj. **1** De la artillería o relacionado con ella: *La industria artillera es muy importante en esta zona.* ▮ s.m. **2** Soldado o miembro del cuerpo de artillería: *Santa Bárbara es la patrona de los artilleros.* **3** Persona encargada de cargar y encender los explosivos: *Contrataron a varios artilleros para la demolición del edificio con explosivos.* **4** En algunos deportes, esp. en el fútbol, jugador que suele marcar muchos goles: *Los artilleros locales se impusieron a los defensas visitantes y marcaron varios goles.*

artilugio s.m. Mecanismo o artefacto, esp. si resulta algo complicado: *Hace un año que se compró ese artilugio y todavía no sabe cómo funciona.* □ USO Tiene un matiz despectivo.

artimaña s.f. *col.* Lo que se hace con habilidad y astucia para conseguir algo, esp. para engañar a alguien; *treta: Ya te conocemos y no conseguirás nada con tus artimañas.*

artiodáctilo ▮ adj./s.m. **1** Referido a un mamífero, que tiene un número par de dedos, de los cuales apoya por lo menos dos, que son simétricos: *La vaca es un animal artiodáctilo. El elefante es un artiodáctilo.* ▮ s.m.pl. **2** En zoología, orden de estos animales: *Algunos animales que pertenecen a los artiodáctilos son rumiantes.* 👁 **ungulado**

artista s. **1** Persona que se dedica a alguna de las bellas artes: *En esta galería de arte han expuesto famosos artistas.* **2** Persona que tiene la habilidad y la disposición necesarias para alguna de las bellas artes: *Desde pequeño se vio que tu hermano era un artista, porque tenía un buen oído musical.* **3** Persona que se dedica profesionalmente a actuar para un público: *En esta película actúa su artista de cine favorito.* **4** Persona que destaca o sobresale en alguna actividad: *Es un artista haciendo tortillas de patata.* □ MORF. Es de género común y exige concordancia en masculino o en femenino para señalar la diferencia de sexo: *el artista, la artista.*

artístico, ca adj. **1** De las artes, esp. de las bellas artes, o relacionado con ellas: *La riqueza artística de este país es enorme.* **2** Que está hecho con arte: *Me gusta más el dibujo artístico que el lineal.*

artrítico, ca ▮ adj. **1** De la artritis o relacionado con esta inflamación: *Su proceso artrítico le impedía mover los dedos.* ▮ adj./s. **2** Que padece artritis: *A los pacientes artríticos les receto antinflamatorios. En su familia hay varios artríticos.*

artritis s.f. Inflamación de las articulaciones de los huesos: *La artritis es un proceso doloroso.* □ MORF. Invariable en número. □ SEM. Dist. de *artrosis* (alteración degenerativa de las articulaciones).

artrópodo ▮ adj./s.m. **1** Referido a un animal, que es invertebrado y tiene el cuerpo segmentado y provisto de apéndices articulados: *Las arañas son animales artrópodos. Las gambas y las moscas son dos ejemplos de artrópodos.* ▮ s.m.pl. **2** En zoología, tipo de estos animales, perteneciente al reino de los metazoos: *Los animales que pertenecen a los artrópodos pueden ser terrestres, acuáticos o voladores.*

artrosis s.f. Alteración de las articulaciones de los huesos de carácter degenerativo y no inflamatorio: *La artrosis puede producir deformaciones de las articulaciones.* □ MORF. Invariable en número. □ SEM. Dist. de *artritis* (inflamación de las articulaciones).

arzobispado s.m. **1** En el cristianismo, cargo de arzobispo: *El arzobispado es otorgado por el papa.* **2** Territorio o distrito asignado a un arzobispo para ejercer sus funciones y su jurisdicción: *Este arzobispado comprende varias provincias.* **3** Local o edificio en el que trabajan un arzobispo y sus ayudantes: *Fue al arzobispado a recoger unos papeles para la boda.*

arzobispal adj. Del arzobispo o relacionado con él: *Cuando saludó al arzobispo besó el anillo arzobispal.* □ MORF. Invariable en género.

arzobispo s.m. Obispo de una archidiócesis: *El arzobispo coordina el gobierno de varias diócesis.*

arzón s.m. En una silla de montar, parte delantera o trasera: *Los arzones eran de cuero y tenían hermosos repujados.* 👁 **arreos**

as s.m. **1** En la numeración de una baraja, naipe que lleva el número uno: *El as de oros lleva dibujada una moneda.* 👁 **baraja** **2** En un dado, cara que tiene señalado un único punto: *En el juego de los dados, el as suele ser la máxima puntuación.* **3** Persona que destaca o sobresale mucho en una actividad: *Es un as del motociclismo.* **4** ‖ **as de guía.** Nudo que tiene forma de anillo no corredizo en el extremo de un cabo, y que sirve para sujetar: *El as de guía es uno de los nudos más importantes a bordo de un barco.*

asa s.f. En algunos objetos, esp. en algunos recipientes, parte curva que sobresale y que sirve para asirlos: *Agarró las asas de la olla con un trapo para no quemarse.* □ MORF. Por ser un sustantivo femenino que empieza por *a* tónica o acentuada, va precedido de *el, un, algún, ningún* y de las formas femeninas del resto de los determinantes.

asadero s.m. *col.* Lugar en el que hace mucho calor: *Con tanta calefacción, esta casa es un asadero.*

asado s.m. Carne cocinada por medio de la acción directa del fuego: *Puso una guarnición de patatas para acompañar el asado.*

asador s.m. **1** Restaurante especializado en asados: *En este asador, asan la carne a la vista del público.* **2** Varilla puntiaguda en la que se ensarta y se pone al fuego lo que se va a asar: *Clavó los trozos de ternera en el asador y lo puso al fuego.* **3** Aparato o mecanismo que sirve para asar: *Al ir girando en el asador, el pollo se asa por todas partes igual.*

asadura s.f. **1** Conjunto de las entrañas de un animal: *Las asaduras de algunos animales son comestibles.* **2** Hígado y bofe o pulmón: *Mi perro come asaduras con arroz.* **3** Hígado de un animal, esp. del muerto para el consumo: *He comido asadura de cerdo con cebolla.* □ MORF. La acepción 1 se usa más en plural.

asaetear v. **1** Disparar saetas o herir con ellas: *San Sebastián murió asaeteado.* **2** Causar disgusto o molestia repetidamente: *Me asaeteó toda la tarde con sus impertinentes preguntas.*

asalariado, da s. Persona que recibe un salario por su trabajo: *El representante de los asalariados se reunió con la dirección para negociar los sueldos.*

asalmonado, da adj. **1** Referido a algunos pescados, esp. a la trucha, que tienen la carne parecida a la del salmón: *La trucha asalmonada tiene la carne de color rosado.* **2** De color rosado, como el del salmón: *Este año se llevan mucho las prendas asalmonadas.*

asaltar v. **1** Referido esp. a una plaza militar, atacarla con ímpetu para entrar en ella: *El capitán asaltó con éxito las posiciones enemigas.* **2** Referido a una persona, abordarla repentinamente y por sorpresa: *Un alumno me asaltó en el pasillo para preguntarme su nota.* **3** Atacar por sorpresa o de forma violenta, esp. con la intención de robar: *Dos ladrones asaltaron el banco de la esquina.* **4** Sobrevenir u ocurrir repentinamente: *Cuando salía de casa me asaltó la duda de si llevaba las llaves.*

asalto s.m. **1** Ataque impetuoso para tomar una plaza militar o una fortaleza enemigas: *El asalto produjo muchas víctimas entre los soldados atacantes.* **2** Ataque por sorpresa o de forma violenta, esp. si es con intención de robar: *Fue acusado de haber cometido un asalto a mano armada.* **3** En un combate de boxeo, cada una de las partes o tiempos en que este se divide: *El campeón solo necesitó tres asaltos para ganar a su adversario.* **4** Acercamiento repentino y por sorpresa: *Desde que es famoso, es víctima de los continuos asaltos de los periodistas.* □ USO En la acepción 3, es innecesario el uso del anglicismo *round*.

asamblea s.f. **1** Reunión de muchas personas convocadas para un fin determinado: *Los trabajadores decidirán en asamblea si van a la huelga.* **2** Cuerpo político y deliberante, esp. si no está dividido en dos Cámaras: *El Congreso y el Senado son asambleas.*

asambleísta s. Persona que forma parte de una asamblea: *Los asambleístas votaron al presidente de la comunidad.* □ MORF. Es de género común y exige concordancia en masculino o en femenino para señalar la diferencia de sexo: *el asambleísta, la asambleísta*.

asar ▌v. **1** Referido a un alimento, cocinarlo por medio de la acción directa del fuego: *En este horno tan potente, las manzanas se asan en pocos minutos.* ▌prnl. **2** Sentir mucho calor o ardor: *Me he abrigado demasiado y ahora me aso.*

asaz adv. *poét.* Bastante: *¡Vive Dios, que sois asaz valiente, caballero!*

ascendencia s.f. **1** Conjunto de ascendientes o antepasados de una persona: *Se hizo un árbol genealógico porque quería conocer su ascendencia.* **2** Origen o procedencia: *Mi familia es de ascendencia alemana.* □ SEM. Dist. de *ascendiente* (influencia moral).

ascendente s.m. Astro que se encuentra en el horizonte en el nacimiento de una persona y que sirve para hacer predicciones: *Aunque soy géminis, mi ascendente es tauro.* □ ORTOGR. Dist. de *ascendiente*.

ascender v. **1** Conceder o lograr un ascenso: *Ha ascendido a varios empleados porque llevaban muchos años en la empresa. Ascendió de capitán a comandante.* **2** Referido a una cuenta, valer o llegar a una cantidad determinada: *¿A cuánto asciende la cuenta del restaurante?* **3** Subir a un lugar, a un punto o a un grado más altos: *No se espera que las temperaturas asciendan en los próximos días.* □ MORF. Irreg.: La *e* final de la raíz diptonga en *ie* en los presente, excepto en las personas *nosotros* y *vosotros* →**PERDER**.

ascendiente ▌s. **1** Respecto de una persona, padre, madre o abuelos de los que desciende: *Heredó el amor a la música de alguno de sus ascendientes.* ▌s.m. **2** Fuerza o influencia morales: *Sus hermanos le piden su opinión porque tiene mucho ascendiente sobre ellos.* □ ORTOGR. Dist. de *ascendente*. □ MORF. En la acepción 1, es de género común y exige concordancia en masculino o en femenino para señalar la diferencia de sexo: *el ascendiente, la ascendiente*. □ SEM. Dist. de *ascendencia* (origen o procedencia).

ascensión s.f. Subida a un lugar más alto: *Los escaladores comenzaron la ascensión de la montaña.*

ascenso s.m. **1** Paso a un lugar, a un punto o a un grado superiores o más altos; *subida*: *Los ciclistas han iniciado el ascenso del primer puerto de montaña.* **2** Promoción a un cargo o a una dignidad mayores: *Me han prometido un ascenso en la empresa.*

ascensor s.m. Aparato que sirve para trasladar personas o mercancías de un piso a otro: *Nunca cojo el ascensor porque vivo en el primero.*

ascensorista s. Persona que se encarga del manejo del ascensor: *El ascensorista del hotel nos preguntó el piso al que íbamos.* □ MORF. Es de género común y exige concordancia en masculino o en femenino para señalar la diferencia de sexo: *el ascensorista, la ascensorista*.

ascesis s.f. Conjunto de reglas y de prácticas encaminadas a la liberación del espíritu y al logro de la virtud: *Si practicas la ascesis deberás renunciar a los bienes materiales.* □ MORF. Invariable en número.

asceta s. Persona que lleva una vida ascética: *Es un asceta y no le gustan los lujos ni los excesos.* □ MORF. Es de género común y exige concordancia en masculino o en femenino para señalar la diferencia de sexo: *el asceta, la asceta*.

ascético, ca ▌adj. **1** Referido a una persona, que se dedica fundamentalmente a la práctica y al ejercicio de la perfección espiritual: *Las personas ascéticas se exigen muchos sacrificios y privaciones.* **2** De esta práctica y ejercicio o relacionado con ellos: *Este monje lleva una vida ascética.* ▌s.f. **3** →**ascetismo.**

ascetismo s.m. **1** Ejercicio y práctica para conseguir la perfección espiritual: *El ascetismo consiste en la renuncia voluntaria de los placeres y de las satisfacciones.* **2** Doctrina en que se basa la vida dedicada a este ejercicio; *ascética*: *Además del ascetismo cristiano, existen doctrinas semejantes en el budismo y en otras religiones.*

asco s.m. **1** Impresión desagradable causada por algo

a b c d e f g h i j k l m n ñ o p q r s t u v w x y z

que provoca aversión: *Las babosas me dan asco.* **2** Lo que produce esta impresión: *Esta comida es un asco y no hay quien se la coma.* **3** Alteración del estómago causada por algo que resulta muy desagradable, y que generalmente provoca náuseas o vómitos; *repugnancia: Durante su embarazo, los huevos fritos le daban asco.* **4** *col.* Lo que se considera mal hecho, de poca calidad o de poco valor: *Este dibujo es un asco y tendrás que repetirlo.* **5** ‖ **hacer ascos** a algo. *col.* Despreciarlo o rechazarlo injustificadamente: *Ese chico tan simpático no se merece que le hagas ascos.* ‖ **hecho un asco.** *col.* En muy malas condiciones físicas o psíquicas: *Esta enfermedad me ha dejado hecha un asco.*

ascua s.f. **1** Trozo de una materia sólida y combustible que está incandescente y sin llama: *Para asar algo en la hoguera tiene que haber unas buenas ascuas.* **2** ‖ **{en/sobre} ascuas.** *col.* Inquieto o sobresaltado: *No me tengas en ascuas y cuéntame lo que sabes.* ☐ MORF. Por ser un sustantivo femenino que empieza por *a* tónica o acentuada, va precedido de *el, un, algún, ningún* y de las formas femeninas del resto de los determinantes. ☐ SINT. *{En/sobre} ascuas* se usa más con los verbos *estar, tener, poner* o equivalentes. ☐ SEM. Dist. de *brasa* (pedazo rojo e incandescente de leña o carbón).

asear v. Adornar o arreglar con cuidado y limpieza: *Aseó su cuarto antes de que llegaran las visitas. Aséate, que nos vamos de paseo.*

asechanza s.f. Engaño para perjudicar; *insidia: Con sus asechanzas consiguió que me despidieran del trabajo.* ☐ SEM. Dist. de *acechanza* (vigilancia u observación).

asediar v. **1** Referido a un lugar fortificado, cercarlo para impedir que los que están en él salgan o reciban socorro: *La ciudad fue asediada por los invasores durante varios meses.* **2** Importunar o molestar continuamente: *Los aficionados asediaban al cantante pidiéndole autógrafos.* ☐ ORTOGR. La *i* nunca lleva tilde.

asedio s.m. **1** Cerco que se pone a una plaza o a un lugar fortificado para impedir la salida de los que están en él o la llegada de socorro: *Durante el largo asedio a la ciudad, muchos de sus defensores murieron de hambre.* **2** Agobio que se sufre continuamente: *El famoso se quejaba del asedio al que le sometían los periodistas.*

asegurador, -a s. Persona o empresa que aseguran riesgos ajenos: *Tengo que pagar a la aseguradora el seguro del coche de este año.*

asegurar v. **1** Dejar firme y seguro, o fijar sólidamente: *Aseguró las ventanas con un cerrojo.* **2** Dejar o quedar seguro de la realidad o certeza de algo: *El rehén servía para asegurar a los secuestradores la salida del país. No te preocupes, porque me he asegurado de que pagará.* **3** Referido a algo que se dice, afirmar su certeza: *Me aseguró que él no había sido.* **4** Referido a algo que puede correr algún riesgo, firmar un seguro para cubrirlo en caso de pérdida: *Aseguró su coche a todo riesgo.* ☐ SINT. 1. Constr. de la acepción 2 como pronominal: asegurarse DE algo. 2. Constr. de la acepción 3: *asegurar* QUE *algo.*

asemejar ▮ v. **1** Referido a una cosa, hacerla semejante a otra o representarla como tal: *Esos aires de grandeza lo asemejan a un dios.* ▮ prnl. **2** Parecerse o guardar semejanza: *El argumento de estas películas se asemeja bastante.* ☐ ORTOGR. Conserva la *j* en toda la conjugación.

asenso s.m. Admisión de lo que otro ha propuesto o afirmado antes como cierto o conveniente; *asentimiento: Toda la comisión dio su asenso al nuevo proyecto.*

asentaderas s.f.pl. *col.* Nalgas: *Posó sus asentaderas en el sillón.*

asentamiento s.m. **1** Colocación de algo de forma que permanezca firme y seguro: *El asentamiento de los cimientos de un edificio es muy importante.* **2** Establecimiento de un pueblo o de una población en un lugar: *El asentamiento de los romanos en España produjo muchos cambios, como el del idioma.* **3** Lugar en el que se establece un pueblo: *Unos arqueólogos han descubierto un asentamiento griego en esta costa.* **4** Depósito de las partículas que están en suspensión en un líquido: *La corriente impedía el asentamiento de las partículas en el fondo del río.* **5** Tranquilización o estabilización: *La manzanilla favorece el asentamiento del estómago.*

asentar ▮ v. **1** Colocar o poner de modo firme y seguro: *Continúan los trabajos para asentar los pilares del puente.* **2** Aplanar o alisar, esp. si se hace planchando o apisonando: *Asienta con la plancha las costuras de la falda.* **3** Apoyar o justificar: *Asentaba sus teorías sobre bases teóricas.* **4** Calmar o tranquilizar: *Si tienes el estómago revuelto, tómate algo para asentarlo.* **5** Referido a un golpe, darlo con violencia y acierto: *Se enfadó conmigo y me asentó una bofetada.* ▮ prnl. **6** Referido esp. a un pueblo, situarse, establecerse o fundarse: *Los primitivos pobladores de esta ciudad eran nómadas que se asentaron en las orillas de este río.* **7** Referido a las partículas que están en suspensión en un líquido, depositarse o posarse en el fondo: *Antes de coger agua del río, deja que se asiente la arena que lleva.* ☐ MORF. Irreg.: La *e* diptonga en *ie* en los presentes, excepto en las personas *nosotros* y *vosotros* →**PENSAR.**

asentimiento s.m. Admisión de lo que otro ha propuesto o afirmado antes como cierto o conveniente; *asenso: Aunque no estaba muy de acuerdo, dio su asentimiento por complacerme.*

asentir v. Admitir como cierto o conveniente lo que otro ha propuesto o afirmado antes: *Le preguntamos si vendría con nosotros, y asintió.* ☐ MORF. Irreg.: →**SENTIR.**

aseo s.m. **1** Limpieza o adorno de algo: *Dedica mucho tiempo a su aseo personal.* **2** →**cuarto de aseo.**

asépalo, la adj. Referido a una flor, que carece de sépalos: *Las flores asépalas no tienen cáliz.*

asepsia s.f. Ausencia de materia productora de descomposición, o de gérmenes que pueden producir infecciones o enfermedades: *En el quirófano debe existir una asepsia total.*

aséptico, ca adj. **1** De la asepsia o relacionado con ella: *Me han colocado sobre la herida un vendaje aséptico.* **2** Que no muestra ninguna emoción ni expresa sentimientos: *Contestó con palabras asépticas y llenas de frialdad.*

asequible adj. Que se puede conseguir o alcanzar: *Busco un piso con un precio asequible para mi economía.* ☐ MORF. Invariable en género. ☐ SEM. Dist. de *accesible* (que tiene acceso o entrada; que es de fácil trato; que es de fácil comprensión).

aserción s.f. Declaración de que algo es verdad; *afirmación: El acusado mantuvo su aserción de que era inocente.*

aserradero s.m. Lugar en el que se sierra la madera u otra materia: *El camión descargó los troncos en el aserradero.*

aserrado, da adj. Con dientes parecidos a los de una sierra: *Algunos árboles tienen hojas aserradas.*

aserrar v. →**serrar.** ☐ MORF. La *e* diptonga en *ie* en los presentes, excepto en las personas *nosotros* y *vosotros* Irreg. →**PENSAR.**

aserto s.m. Afirmación de la certeza de algo: *Escuchamos sus asertos y le creímos.*

asertórico adj. En filosofía, referido a un juicio, que se enuncia como real pero sin la idea de necesidad; *asertorio: 'Julio César conquistó la Galia' es un juicio asertórico.*

asertorio adj. →**asertórico.**

asesinar v. Referido a una persona, matarla con premeditación o con otras circunstancias agravantes: *Los secuestradores asesinaron a su víctima.*

asesinato s.m. Muerte que se da a una persona con premeditación, alevosía o cualquier otra circunstancia agravante: *El acusado confesó que llevaba varios meses maquinando el asesinato de su esposa.* □ SEM. Dist. de *homicidio* (muerte sin premeditación o sin otras circunstancias agravantes).

asesino, na ▮ adj. **1** *col.* Que puede producir un daño físico o moral: *Me lanzó una mirada asesina y llena de odio.* ▮ adj./s. **2** Que causa la muerte de alguien premeditadamente o con otras circunstancias agravantes: *El arma asesina fue encontrada en el fondo del estanque. Los asesinos fueron detenidos por la policía.* □ SEM. Dist. de *homicida* (que mata sin premeditación o sin otras circunstancias agravantes).

asesor, -a adj./s. Que asesora, o que tiene entre sus funciones la de ilustrar o aconsejar: *Es asesora jurídica en una conocida oficina. Consultó a un asesor fiscal antes de invertir.*

asesoramiento s.m. Información sobre algo o consejo que se da acerca de ello: *Tu asesoramiento me fue muy útil para hacer la declaración de la renta.*

asesorar v. Aconsejar o informar sobre algo: *Hizo muy buenas inversiones porque lo asesoró un buen economista. Antes de emprender la acción judicial, se asesoró sobre los riesgos que corría.*

asesoría s.f. **1** Profesión de asesor: *Yo me ocupo de la asesoría fiscal de mi empresa.* **2** Oficina de un asesor: *En esta asesoría te dan información sobre todo tipo de temas jurídicos y laborales.*

asestar v. **1** Referido esp. a un golpe o a un proyectil, descargarlo sobre algo: *Le asestaron una puñalada en la espalda.* **2** Referido esp. a la vista o la mirada, dirigirla hacia un punto determinado: *Me asestó una fría mirada de odio.* □ MORF. Irreg.: La *e* diptonga en *ie* en los presentes, excepto en las personas *nosotros* y *vosotros* →**PENSAR.**

aseveración s.f. Afirmación de algo: *Esas aseveraciones debes probarlas con hechos.*

aseverar v. Afirmar o asegurar: *La arqueóloga aseveró que la jarra databa del siglo V.*

aseverativo, va adj. Que asevera o afirma: *'Me gustan las manzanas' es una oración aseverativa.*

asexual adj. Referido a un tipo de reproducción, que se realiza sin la intervención de los dos sexos: *La gemación es un tipo de reproducción asexual.* □ MORF. Invariable en género.

asfaltar v. Referido al suelo, revestirlo o cubrirlo con asfalto: *Este año volverán a asfaltar la plaza del pueblo.*

asfáltico, ca adj. De asfalto: *Colocamos una tela asfáltica para impermeabilizar el tejado.*

asfalto s.m. **1** Sustancia de color negro que constituye la fracción más pesada del petróleo crudo: *El asfalto se mezcla con arena o con gravilla para pavimentar las calzadas.* **2** Lo que está hecho con este material, esp. referido a la carretera o al suelo de una ciudad: *Muchos automovilistas pierden la vida en el asfalto.*

asfixia s.f. **1** Paro de la respiración o dificultad para realizarla: *La inhalación de gases tóxicos puede producir la asfixia.* **2** Sensación de agobio, esp. si está producida por el calor o por el enrarecimiento del aire: *Cuando todos se pusieron a fumar empecé a sentir asfixia.* **3** Impedimento o freno en el desarrollo de algo, producidos por la falta de lo necesario: *La falta de créditos produjo la asfixia del crecimiento económico.*

asfixiar v. Producir o sentir asfixia: *Este calor asfixia a cualquiera. La falta de inversiones asfixia al sector empresarial.* □ ORTOGR. 1. Incorr. **axfisiar*. 2. La *i* nunca lleva tilde.

así ▮ adv. **1** De esta o de esa manera: *Fíjate bien, porque tienes que hacerlo así. Soy así, y no intentes cambiarme.* **2** Seguido de la preposición 'de' y de un adjetivo, tan: *Dice que pesa 30 kilos, pero no es posible que esté así de delgado.* ▮ conj. **3** Enlace gramatical subordinante con valor consecutivo: *No ahorra nada de dinero y así no me extraña que le vayan mal las cosas.* **4** Enlace gramatical subordinante con valor concesivo: *No le volveré a hablar así me maten.* **5** Enlace gramatical con valor comparativo y que, combinado con *como*, se usa para coordinar: *La caridad exige un esfuerzo así a los pobres como a los ricos.* ▮ interj. **6** Expresión que se usa para indicar un deseo fuerte de que suceda algo: *¡Así lloviera a cántaros!* **7** ‖ **así así.** *col.* Medianamente, regular: *Le pregunté que cómo se encontraba y me contestó que así así.* ‖ **así como.** Enlace gramatical subordinante con valor comparativo: *Habló de la actividad de la empresa, así como de los beneficios obtenidos.* ‖ **así {como/que}.** Tan pronto como: *Así que lleguen, empezaremos a trabajar.* ‖ **así como así.** De cualquier manera o sin reflexionar: *No te puedes ir así como así, sin dar explicaciones.* ‖ **así (es) que** o **así pues.** Enlace gramatical subordinante con valor consecutivo: *No estaba en casa, así que no pude darle tu recado.* ‖ **así mismo.** →**asimismo.** ‖ **así {o/que} asá.** *col.* De un modo o de otro: *Le da lo mismo hacerlo así que asá, lo que quiere es terminar pronto.* ‖ **así y todo.** *col.* A pesar de todo: *No me invitó, pero así y todo yo me presenté en su casa.* □ SINT. Pospuesto a un sustantivo, se utiliza como adjetivo invariable con el significado de 'tal' o 'semejante': *Con gente así no se puede trabajar.* □ SEM. En expresiones interrogativas, *así que* se usa para expresar extrañeza o admiración: *¿Así que te casas?*

asiático, ca adj./s. De Asia (uno de los cinco continentes), o relacionado con ella: *La cordillera del Himalaya se encuentra dentro del territorio asiático. Los asiáticos suman más de la mitad de la población mundial.* □ MORF. Como sustantivo se refiere solo a las personas de Asia.

asidero s.m. Lo que sirve de ayuda, de apoyo o de pretexto: *La familia es el único asidero ante una desgracia tan grande.*

asiduidad s.f. Frecuencia o constancia en la realización de algo: *Asiste a clase con asiduidad.*

asiduo, dua adj. Frecuente o constante: *Se ha convertido en un espectador asiduo a todas nuestras funciones.*

asiento s.m. **1** Objeto o lugar que se utiliza para sentarse: *Los asientos de los autocares están numerados.* **2** En uno de estos objetos, parte sobre la que alguien se sienta: *La parte de la silla de montar donde se apoya el jinete es el asiento.* 👁 **arreos** **3** Lugar en el que se sitúa algo, esp. un pueblo o un edificio: *La ciudad tiene su asiento en la falda de la montaña.* **4** Lugar que alguien tiene en un tribunal o en una junta: *Durante muchos años tuvo un asiento en el Tribunal de Cuentas.* **5** Pieza fija sobre la que descansa otra: *Unas columnas de hormigón son el asiento del edificio.* **6** Apunte o anotación que se hace para registrar algo: *En el libro de contabilidad aparecen todos los asientos del mes.* **7** Estabilidad o permanencia: *Esas teorías tienen poco asiento y pronto serán olvidadas.* **8** ‖ **tomar asiento. 1** Sentarse: *Tome asiento junto a mí, por favor.* **2** Establecerse en un lugar: *Se resistía a tomar asiento en aquella ciudad tan grande.*

asignación s.f. **1** Fijación o determinación de lo que corresponde o pertenece: *No estoy conforme con la asignación del trabajo que habéis establecido.* **2** Cantidad de dinero que se destina a algún fin: *Este departamento tiene una asignación anual de dos millones.*

asignar v. Referido a lo que corresponde o pertenece a algo, fijarlo o señalarlo: *Me asignaron la última habitación del pasillo.*

asignatura s.f. **1** Cada una de las materias que se enseñan en un centro docente o que forman parte de un plan académico de estudios: *Mi asignatura preferida es la literatura.* **2** ‖ **asignatura pendiente.** Tarea pendiente de resolución: *El problema del tráfico es la asignatura pendiente del actual alcalde.*

asilo s.m. **1** Establecimiento benéfico en el que se recoge o asiste a personas necesitadas: *Se crio en un asilo de niños huérfanos.* **2** Lugar de refugio para los perseguidos: *Esta montaña fue el asilo de muchos bandoleros.* **3** Amparo o protección: *El peregrino buscó asilo en una pensión del pueblo.* **4** ‖ **asilo político.** Protección que un Estado concede a los perseguidos políticos de otro: *Cuando se exilió pidió asilo político en el país vecino.*

asilvestrado, da adj. Referido a un animal doméstico o domesticado, que vive en las condiciones de un animal salvaje: *Los perros asilvestrados suelen ser perros abandonados por sus dueños.*

asimilación s.f. **1** Comprensión de lo que se aprende o incorporación a los conocimientos previos: *La asimilación de los conceptos abstractos requiere un mayor esfuerzo.* **2** En biología, conjunto de procesos metabólicos a partir de los cuales se sintetizan moléculas complejas partiendo de otras más simples; *anabolismo*: *La asimilación es una fase del metabolismo.* **3** Adaptación o aceptación de algo: *En los pueblos colonizados se suele dar una asimilación de las costumbres de los pueblos colonizadores.* **4** Concesión de los derechos u honores que tienen las personas de una carrera o profesión a las personas de otra carrera o profesión: *La asimilación de todos los funcionarios traerá problemas a la Administración.*

asimilar ▌ v. **1** Referido a algo que se aprende, comprenderlo o incorporarlo a los conocimientos previos: *Los alumnos asimilan bien las explicaciones de la profesora.* **2** En biología, referido a una sustancia alimenticia, transformarla el organismo en sustancia propia: *Tiene problemas de nutrición porque no asimila bien las proteínas.* **3** Referido a una situación, aceptarla o adaptarse a ella: *Le costó asimilar su situación de jubilado.* **4** Referido a las personas de una carrera o profesión, concederles derechos u honores iguales a los que tienen las personas de otra carrera o profesión: *Queremos que nos asimilen al personal del departamento de informática. Si se asimilan las dos carreras, también habrá que igualar los años de estudio de ambas.* ▌ prnl. **5** Ser semejante o parecido: *Ese lejano grupo de casas se asimila a una montaña.* ☐ SINT. Constr. de la acepción 5: *asimilarse* A *algo.*

asimismo adv. También: *Asimismo habló de otros temas.* ☐ ORTOGR. 1. Admite también la forma *así mismo*. 2. Dist. de *a sí mismo*.

asíndeton s.m. Figura retórica o procedimiento del lenguaje consistente en omitir las conjunciones para dar viveza o energía a la expresión: *La oración 'El animal corría, paraba, saltaba, volvía a correr...' es un ejemplo de asíndeton.* ☐ MORF. Invariable en número. ☐ SEM. Dist. de *polisíndeton* (empleo reiterado de conjunciones).

asir ▌ v. **1** Tomar o coger con la mano: *La niña asió a su madre de la falda. Se asió de la cuerda y empezó a columpiarse.* ▌ prnl. **2** Agarrarse con fuerza: *Le gusta asirse a sus recuerdos y desprecia el futuro.* ☐ MORF. Irreg. →**ASIR**. ☐ SINT. Constr. como pronominal: *asirse* A *algo*.

asirio, ria ▌ adj./s. **1** De la antigua Asiria (región comprendida entre los valles de los ríos Tigris y Éufrates), o relacionado con ella: *En el arte asirio son frecuentes los bajorrelieves con escenas militares. Los asirios eran un pueblo semita muy influido por la cultura sumeria.* ▌ s.m. **2** Antigua lengua de esta región: *El asirio utilizaba una escritura de tipo cuneiforme.* ☐ MORF. En la acepción 1, como sustantivo, se refiere solo a las personas de la antigua Asiria.

asistencia ▌ s.f. **1** Concurrencia a un lugar y estancia en él: *Se ruega confirmen su asistencia al acto.* **2** Ayuda, cooperación o socorro: *Se salvó gracias a la asistencia médica que le dieron en el hospital.* **3** Conjunto de personas presentes en un acto: *El día del estreno hubo poca asistencia en el teatro.* **4** En baloncesto, pase de balón de un jugador a otro de su mismo equipo que está en posición de encestar, esp. si mete la canasta: *El base dio muy buenas asistencias al pívot, y este anotó más de veinte puntos.* ▌ pl. **5** Conjunto de personas que realizan las labores secundarias o de ayuda que requiere una actividad: *El delantero lesionado fue retirado en brazos de las asistencias.*

asistenta s.f. Mujer que realiza las labores domésticas de una casa sin vivir en ella, y que generalmente cobra por horas: *Los sábados viene una asistenta para hacer la limpieza general de la casa.*

asistente ▌ s. **1** Persona que realiza labores de asistencia: *La directora llamó a su asistente para que lo asesorara.* ▌ s.m. **2** Soldado destinado al servicio personal de un general, de un jefe o de un oficial: *El asistente se ocupa del equipo, armamento y efectos personales del mando al que asiste.* **3** ‖ **asistente social.** Persona legalmente autorizada para prestar ayuda a individuos o a grupos en asuntos relacionados con el bienestar social: *La asistente social gestiona las denuncias de las mujeres maltratadas.* ☐ MORF. En la acepción 1, es de género común y exige concordancia en masculino o en femenino para señalar la diferencia de sexo: *el asistente, la asistente*.

asistir v. **1** Acudir a un lugar y estar presente en él: *Asiste todos los días a clase.* **2** Servir o atender: *Una azafata se encargó de asistir a la embajadora durante la recepción.* **3** Socorrer, favorecer o ayudar: *Ese centro público se dedica a asistir a los pobres.* **4** Referido a un enfermo, atenderlo y cuidarlo: *En el hospital asistieron a los heridos.* **5** Servir en una casa: *Cuando se quedó viuda se puso a asistir.* **6** Referido esp. a la razón o al derecho, estar de parte de una persona: *A todos los acusados les asiste el derecho a ser defendidos en un juicio.*

asma s.f. Enfermedad del sistema respiratorio caracterizada fundamentalmente por una respiración difícil y anhelosa, tos y sensación de ahogo: *El asma puede estar* *provocada por un proceso alérgico.* ☐ MORF. Por ser un sustantivo femenino que empieza por *a* tónica o acentuada, va precedido de *el, un, algún, ningún* y de las formas femeninas del resto de los determinantes.

asmático, ca ▌ adj. **1** Del asma o relacionado con esta enfermedad: *El paciente sufre un proceso asmático.* ▌ adj./s. **2** Que padece asma: *Su hijo es un niño asmático que necesita muchos cuidados. Los asmáticos necesitan inhalar oxígeno para no asfixiarse.*

asno, na ▌ s. **1** Mamífero cuadrúpedo, doméstico, más pequeño que el caballo, con largas orejas, pelo áspero y normalmente grisáceo, y que se suele emplear como montura o como animal de carga o de tiro: *Para hacer funcionar la noria se solía utilizar un asno que daba vueltas alrededor de ella.* ▌ s.m. **2** Persona ruda y de corto entendimiento; *acémila*: *Es un asno y hay que repetirlo todo varias veces para que se entere.* ☐ SEM. En la acepción 1, es sinónimo de *borrico, burro, jumento* y *pollino*.

asociación s.f. **1** Unión de personas o de objetos para un determinado fin: *Los directores están estudiando la posibilidad de asociación de ambas entidades.* **2** Establecimiento de una relación entre objetos o entre ideas: *Por una asociación de ideas, al oír ese nombre me acordé de nuestra canción favorita.* **3** Conjunto de los asociados para un determinado fin: *Toda la asociación se mostró de acuerdo con el nuevo proyecto de lucha antidroga.* **4** Entidad con estructura propia formada por este conjunto de asociados: *Las asociaciones de vecinos han conseguido muchas mejoras para sus barrios.*

asociacionismo s.m. Tendencia a crear asociaciones para defender intereses comunes: *El asociacionismo se enfrenta con las tendencias individualistas.*

asociado, da s. **1** Persona que forma parte de una asociación o compañía: *Los asociados decidieron apoyar el proyecto de ampliación de la empresa.* **2** ‖ **(profesor) asociado.** El que trabaja fuera de la universidad y es contratado temporalmente por esta: *Lo ideal sería contratar como profesores asociados a profesionales destacados de cada actividad.*

asociar v. **1** Referido a una persona o a un objeto, unirlos a otros para un determinado fin: *El padre asoció a su hijo a la empresa familiar. Los trabajadores se asociaron para defender sus derechos.* **2** *col.* Relacionar: *El olor de este perfume lo asocio con una chica que conocí.* ☐ ORTOGR. La *i* nunca lleva tilde.

asolar v. **1** Arruinar, arrasar o destruir por completo: *Un terremoto asoló la zona norte del país.* **2** Referido al campo o a sus frutos, secarlos o echarlos a perder, esp. si es por la acción del calor: *El fuerte sol y los vientos cálidos asolan las cosechas. El campo se asoló con los calores del verano.* ☐ MORF. En la acepción 1: 1. Irreg.: La *o* diptonga en *ue* en los presentes, excepto en las personas *nosotros* y *vosotros* ⟶CONTAR. 2. Puede usarse también como regular.

asomar v. **1** Empezar a mostrarse: *Te asoman las enaguas por debajo de la falda.* **2** Sacar o mostrar por una abertura o por detrás de algo: *Asomó la cabeza por la puerta para vernos marchar. Asómate a la ventana, que te voy a dar un recado.*

asombrar v. Causar o sentir asombro: *Nos asombró con su facilidad de palabra. Me asombra ver que tengas tanta fuerza.*

asombro s.m. **1** Gran admiración o sorpresa: *Ante el asombro de todos, empezó a brincar como un loco.* **2** Lo que es o resulta asombroso: *Todos se quedaron sin habla ante aquel asombro de inteligencia.*

asombroso, sa adj. Que causa asombro: *Tiene una memoria asombrosa. Me parece asombroso que todavía no sepas dónde vivo.*

asomo s.m. **1** Indicio o señal de algo: *En sus escritos se aprecia un cierto asomo de humor negro.* **2** ‖ **ni por asomo.** De ningún modo: *No acepto, ni por asomo, que vuelvas a trabajar en ese sitio.*

asonancia s.f. En métrica, identidad de los sonidos vocálicos en la terminación de dos palabras, esp. si son finales de versos, a partir de su última vocal acentuada: *Cuando hay asonancia entre las palabras finales de dos versos, se dice que dichos versos tienen rima asonante.*

asonante adj. Referido esp. a una palabra o a un verso, que guardan con otros asonancia o identidad de los sonidos vocálicos a partir de su última vocal acentuada: *'Belleza' y 'espesa' son palabras asonantes entre sí.* ☐ MORF. Invariable en género.

aspa s.f. **1** En un molino de viento, aparato exterior con figura de cruz o de *X*, en cuyos brazos se ponen unos lienzos que giran impulsados por el viento: *El movimiento de las aspas hace que gire la rueda del molino.* **2** Lo que tiene forma de *X*: *Marca la respuesta correcta con un aspa.* ☐ MORF. Por ser un sustantivo femenino que empieza por *a* tónica o acentuada, va precedido de *el, un, algún, ningún* y de las formas femeninas del resto de los determinantes.

aspar ‖ **que {me/te/le} aspen.** *col.* Expresión que indica desprecio o desinterés: *Si no quieres hacerme caso, anda y que te aspen.*

aspaviento s.m. Demostración excesiva o exagerada de un sentimiento: *Cuando le dije que le había tocado la lotería, empezó a hacer aspavientos por la emoción.* ☐ MORF. Se usa más en plural. ☐ SINT. Se usa más con el verbo *hacer*.

aspecto s.m. **1** Conjunto de características o de rasgos exteriores de algo: *¡Qué buen aspecto tiene este guiso! Ha estado muy enfermo, pero ya tiene buen aspecto.* **2** En lingüística, categoría gramatical que distingue en el verbo diferentes clases de acción: *Por el aspecto, la acción de un verbo puede presentarse como acabada o como en su transcurso.* **3** Cada una de las formas de ver, analizar o estudiar algo: *Para su investigación ha tenido en cuenta tres aspectos: ambiente, vida y tiempo.*

aspereza s.f. **1** Falta de suavidad por tener la superficie desigual: *La lija es un material de gran aspereza.* **2** Falta de amabilidad o de suavidad en el trato: *Me contestó con aspereza y pensé que estaba enfadado conmigo.* **3** Dureza o inclemencia del tiempo o del clima: *El médico le dijo que no le convenía la aspereza de los climas fríos.* **4** ‖ **limar asperezas.** Conciliar o vencer dificultades u opiniones contrapuestas: *Después de la discusión fueron a tomar algo para limar asperezas.*

áspero, ra adj. **1** Que no es suave al tacto por tener la superficie desigual: *Date crema en las manos porque tienes la piel muy áspera.* **2** Falto de amabilidad o de suavidad en el trato: *Siempre responde con frases ásperas.* **3** Referido esp. al tiempo o al clima, que son desapacibles o tempestuosos: *No me apetece salir de casa porque corre un viento áspero muy molesto.* ☐ MORF. Su superlativo irregular es *aspérrimo*.

aspersión s.f. Distribución de un líquido en gotas menudas: *Lo mejor para el césped es el riego por aspersión.*

aspersor s.m. Aparato o mecanismo que esparce un líquido a presión: *Instaló varios aspersores en su jardín para regar el césped.*

áspid s.m. Serpiente venenosa de color verde amarillento con manchas pardas y cuello extensible lateralmente: *Cleopatra murió por la mordedura de un áspid.* ☐ PRON. Incorr. *[aspíd]. ☐ MORF. Es un sustantivo epiceno y la diferencia de sexo se señala mediante la oposición: *el áspid {macho/hembra}*.

aspiración s.f. **1** Introducción de aire o de otra sustancia gaseosa en los pulmones: *La aspiración del aire fresco del campo es muy sana.* **2** Pretensión o deseo de conseguir o de alcanzar algo: *Este trabajo colma todas mis aspiraciones profesionales.* **3** En fonética y fonología, sonido que se produce por el roce del aire espirado en la laringe o en la faringe: *La aspiración de la '-s' final de palabra es un rasgo dialectal del español.*

aspirador s.m. Electrodoméstico que sirve para limpiar mediante un sistema que aspira la basura: *Hay que cambiar la bolsa del aspirador porque ya no absorbe bien la suciedad. aspiradora* 👁 **electrodoméstico**

aspiradora s.f. →**aspirador.**

aspirante s. Persona que aspira a conseguir un empleo, distinción o título: *En esa guerra de sucesión había tres aspirantes al trono.* ☐ MORF. Es de género común y exige concordancia en masculino o en femenino para señalar la diferencia de sexo: *el aspirante, la aspirante*.

aspirar v. **1** Referido al aire o a una sustancia gaseosa, introducirlos en los pulmones: *En el incendio aspiró gases tóxicos.* **2** Referido a un fluido o a una partícula, absorberlos mediante una baja presión: *Con este aparatito puedes aspirar las migas de la mesa.* **3** En fonética y fonología, referido a un sonido, pronunciarlo aspirado: *Es andaluz y aspira la 'h-' inicial.* **4** Pretender conseguir o alcanzar: *Aspira a ser un buen médico.* ☐ SINT. Constr. de la acepción 4: *aspirar A algo*.

aspirina s.f. Medicamento que se utiliza para combatir la fiebre, el dolor y la inflamación (por extensión del nombre de la marca comercial *Aspirina®*): *Tenía fiebre y tomé una aspirina.*

asquear v. Causar asco, repugnancia o fastidio: *Me asquea la mentira.*

asquenazí adj./s. Referido a un judío, que procede de la comunidad judía medieval alemana: *Ha estudiado los poemas de un judío asquenazí. Los asquenazíes se extendieron por otras zonas del mundo.* ☐ MORF. 1. Como adjetivo es invariable en género. 2. Como sustantivo es de género común y exige concordancia en masculino o en femenino para señalar la diferencia de sexo: *el asquenazí, la asquenazí*. 3. Su plural es *asquenazíes*.

asqueroso, sa ▮ adj. **1** Que tiene asco o es propenso a sentirlo: *No seas tan asquerosa y prueba los sesos, que son un auténtico manjar.* ▮ adj./s. **2** Que causa asco: *Su habitación está asquerosa, toda sucia y llena de basura por el suelo. Esos asquerosos me escupieron.* ☐ USO Se usa como insulto.

asta s.f. **1** En algunos animales, pieza ósea, generalmente puntiaguda y algo curva, que nace en la región frontal; *cuerno: Era un toro de grandes astas.* **2** Palo o mástil en el que se coloca una bandera: *La bandera se deja a media asta en señal de luto.* **3** Palo de un arma blanca larga: *El soldado cogió la lanza por el asta.* ☐ ORTOGR. Dist. de *hasta*. ☐ MORF. 1. Por ser un sustantivo femenino que empieza por *a* tónica o acentuada, va precedido de *el, un, algún, ningún* y de las formas femeninas del resto de los determinantes. 2. Cuando se antepone a una palabra para formar compuestos, adopta la forma *asti-: astifino*.

astado, da adj./s.m. Referido a un animal, que tiene astas o cuernos: *El ciervo es un animal astado. Salió al ruedo el segundo astado de la tarde.*

astato o **ástato** s.m. Elemento químico, semimetálico y sólido, artificial, de número atómico 85, radiactivo, bastante volátil y soluble en agua: *El astato existe en la naturaleza en muy pequeña proporción debido a su gran inestabilidad.* ☐ ORTOGR. Su símbolo químico es *At*.

astenia s.f. En medicina, falta o decaimiento de las fuerzas: *La astenia va muy unida a la debilidad.*

asténico, ca ▮ adj. **1** De la astenia o relacionado con ella: *Le recetaron unos medicamentos para aliviar su proceso asténico.* ▮ adj./s. **2** Que padece astenia: *Las personas asténicas se sienten débiles. Algunos asténicos carecen de fuerzas para andar.*

astenosfera s.f. Capa de la Tierra situada entre la litosfera y la mesosfera: *En la astenosfera, los materiales están a una temperatura cercana a su punto de fusión, lo que hace que parte de ellos estén fundidos.*

asterisco s.m. En ortografía, signo gráfico que se utiliza para llamada de una nota o para otros usos convencionales: *El signo '*' es un asterisco. En lingüística, el asterisco se utiliza para señalar las incorrecciones.*

asteroide s.m. Cada uno de los pequeños planetas cuyas órbitas se hallan entre las de Marte y Júpiter: *Los cuatro asteroides mayores son Ceres, Pallas, Juno y Vesta.*

astigmático, ca adj. **1** Del astigmatismo o relacionado con este defecto: *Los cristales de sus gafas son distintos porque tiene un ojo con visión astigmática y el otro miope.* **2** Que padece astigmatismo: *No soporta las lentillas duras porque es astigmática.*

astigmatismo s.m. Defecto de la visión producido por una curvatura irregular de la córnea: *La oculista me dijo que padecía astigmatismo y que necesitaba gafas.*

astilla s.f. Fragmento irregular que salta o queda de una materia, esp. de la madera: *Me clavé una astilla en el dedo cuando estuve cortando leña.*

astillar v. Hacer astillas: *Dio un golpe tan fuerte en la puerta que la astilló. El hueso no se fracturó, pero sí se astilló.*

astillero s.m. Lugar en el que se construyen y se reparan barcos: *En ese astillero están construyendo una nueva fragata para la Armada.*

astracán s.m. **1** Piel de cordero no nacido o recién nacido, muy fina y con el pelo rizado, muy apreciada en peletería: *Llevaba un abrigo de piel sintética, que imitaba el astracán.* **2** Tejido de lana o de pelo de cabra muy rizados.

astracanada s.f. *col. desp.* Farsa teatral disparatada y chabacana: *La obra me pareció una astracanada de lo más tonto.*

astrágalo s.m. En anatomía, hueso de la primera fila del tarso, que está articulado con la tibia y el peroné; *taba: En el astrágalo se insertan muchos tendones.*

astral adj. De los astros o relacionado con ellos: *Este libro de astronomía describe los movimientos astrales.* ☐ MORF. Invariable en género.

astringente adj./s.m. Referido a una sustancia o a algo que la contiene, que contrae los tejidos orgánicos: *El arroz es astringente. El médico le recetó un astringente para la colitis.* ☐ MORF. Como adjetivo es invariable en género.

astro s.m. **1** Cuerpo celeste que está en el firmamento:

Las estrellas, planetas y cometas son astros. **2** Persona que sobresale en su profesión o que es muy popular, esp. referido a un artista o a un deportista; *estrella: Hoy juega en nuestra ciudad uno de los astros del baloncesto mundial.*

astro- Elemento compositivo que significa 'estrella' (*astrología, astronáutica, astrodinámica*) o 'espacio sideral' (*astronauta, astronave*).

astrofísico, ca ▌ adj. **1** De la astrofísica o relacionado con esta parte de la astronomía: *Para los viajes espaciales es imprescindible el conocimiento de los datos astrofísicos.* ▌ s. **2** Persona que se dedica a los estudios astrofísicos: *Trabaja como astrofísica en un observatorio espacial.* ▌ s.f. **3** Parte de la astronomía que estudia las propiedades, el origen y la evolución de los cuerpos celestes: *La luminosidad, tamaño, masa, temperatura y composición de un astro son estudiados por la astrofísica.*

astrolabio s.m. Instrumento en el que estaba representada la esfera terrestre y que se usaba para observar y para determinar la posición y el movimiento de los astros: *El astrolabio servía para que los navegantes se orientasen.*

astrología s.f. Estudio de la influencia que la posición y el movimiento de los astros tienen sobre las personas: *La astrología atribuye el carácter de las personas a la influencia de los astros.*

astrológico, ca adj. De la astrología o relacionado con ella: *Un análisis astrológico determinaría qué astros influyen en el comportamiento de una persona.*

astrólogo, ga s. Persona que se dedica al estudio de la influencia de los astros en las personas o que está especializada en astrología: *El astrólogo le hizo su carta astral.*

astronauta s. Persona que tripula una nave espacial o que está entrenada para ello; *cosmonauta: Los astronautas realizan un entrenamiento muy duro.* ☐ MORF. Es de género común y exige concordancia en masculino o en femenino para señalar la diferencia de sexo: *el astronauta, la astronauta.*

astronáutico, ca ▌ adj. **1** De la astronáutica o relacionado con esta ciencia o técnica: *La puesta en órbita de satélites artificiales y la llegada a la Luna son dos logros astronáuticos.* ▌ s.f. **2** Ciencia o técnica de navegar más allá de la atmósfera terrestre: *Los viajes espaciales han sido posibles gracias a los avances de la astronáutica.* ☐ SEM. Es sinónimo de *cosmonáutico*.

astronave s.f. Vehículo que puede navegar más allá de la atmósfera terrestre; *cosmonave: Están probando una astronave que puede llegar a Marte.*

astronomía s.f. Ciencia que estudia todo lo relacionado con los astros, esp. las leyes de sus movimientos, la distribución y la interacción de la materia, y la energía en el universo: *La astronomía estudia la localización, el origen, la composición y los movimientos de los astros.*

astronómico, ca adj. **1** De la astronomía o relacionado con esta ciencia: *Los conocimientos astronómicos son muy útiles para la navegación.* **2** *col.* Referido esp. a una cantidad, que se considera desmesuradamente grande: *Es muy exagerado y para la fiesta encargó bebida en cantidades astronómicas.*

astrónomo, ma s. Persona que se dedica al estudio de la astronomía o que está especializada en esta ciencia: *Los astrónomos anuncian que el año próximo habrá tres eclipses de Luna.*

astroso, sa adj. Desaseado, sucio o roto: *El mendigo llevaba un traje astroso, lleno de manchas y mugre.*

astucia s.f. **1** Habilidad para engañar a alguien, para evitar un daño o para lograr un fin: *Su astucia evitó que aquellos timadores lo estafaran.* **2** Lo que se hace con habilidad para conseguir algo, esp. para engañar a alguien; *treta: Eso que te ha contado es una astucia suya para no prestarte el dinero.*

astur adj./s. **1** De una antigua región española del norte del territorio peninsular: *Astúrica, que es la actual Astorga, era la capital astur. Los astures fueron sometidos por el emperador romano Augusto.* **2** →**asturiano, na.** ☐ MORF. 1. Como adjetivo es invariable en género. 2. Como sustantivo es de género común y exige concordancia en masculino o en femenino para señalar la diferencia de sexo: *el astur, la astur.*

asturcón, -a adj./s. Referido a un caballo, que es de pequeño tamaño y originario de Asturias (comunidad autónoma y provincia española): *Los caballos asturcones están muy adaptados al medio. Ahora quedan muy pocos asturcones.*

asturiano, na ▌ adj./s. **1** Del Principado de Asturias (comunidad autónoma española), de la provincia de esta comunidad o relacionado con ellas: *Mi comida favorita es la fabada asturiana. Los asturianos son expertos en la elaboración de la sidra.* ▌ s.m. **2** Modalidad lingüística que se habla en Asturias: *El asturiano es una variedad del dialecto romance asturleonés.* ☐ MORF. En la acepción 1, como sustantivo se refiere solo a las personas de Asturias.

asturleonés s.m. Dialecto romance que nació en las zonas que actualmente corresponden a León y Asturias; *leonés: El asturleonés sufrió un gran retroceso ante el empuje del castellano.*

astuto, ta adj. Con astucia o hábil para engañar a alguien, para evitar un daño o para lograr un fin: *Tradicionalmente se ha calificado al zorro como un animal muy astuto.*

asueto s.m. Descanso o vacación breves: *Aprovechó su tarde de asueto para visitar a un amigo.*

asumir v. **1** Referido a algo propio, aceptarlo o tomar plena consciencia de ello: *Se cree perfecta y no asume sus propias limitaciones.* **2** Referido esp. a una responsabilidad, tomarla por sí o sobre sí: *El comandante asumió el mando por la ausencia de su superior.*

asunción s.f. **1** Aceptación o admisión para sí: *Con la asunción de sus nuevas funciones tendrá poco tiempo libre.* **2** En la Iglesia católica, subida a los cielos de la Virgen María (según la Biblia, madre de Jesucristo): *La asunción de María se conmemora el 15 de agosto.* ☐ USO En la acepción 2, se usa como nombre propio cuando hace referencia a la festividad.

asunto s.m. **1** Materia de que se trata: *No puedo opinar porque no estoy enterada de este asunto.* **2** Tema o argumento de una obra de creación: *El asunto de ese cuadro es el nacimiento de la primavera.* **3** Negocio, ocupación o quehacer: *No me gusta que se entrometan en mis asuntos.* **4** Aventura sentimental que se quiere mantener en secreto por algún motivo: *Su comportamiento me hace pensar que tiene un asunto con alguien de su oficina.*

asustadizo, za adj. Que se asusta con facilidad: *Que no te vea con la careta, porque es muy asustadizo.*

asustar v. Causar o sentir susto, temor o desasosiego: *La tormenta asustó a los niños. ¿Te asusta pensar en el futuro?*

atabal s.m. Tambor de forma semiesférica con un solo

parche: *Los atabales anunciaban la entrada del ejército victorioso en la ciudad.*

atacar v. **1** Embestir o lanzarse con ímpetu o con violencia: *El enemigo atacó de noche.* **2** Referido a una persona o a una idea, combatirlas, contradecirlas u oponerse a ellas: *Siempre atacas sus propuestas porque le tienes envidia.* **3** Referido esp. al sueño o a una enfermedad, venir o dar repentinamente; *acometer: Todos los años en otoño me ataca la gripe.* **4** Irritar, perjudicar o afectar de forma que hace daño: *Beber mucho alcohol es malo porque ataca al hígado.* **5** Referido a una sustancia, ejercer su acción sobre otra, combinándose con ella o variando su estado: *El salitre ataca a los metales y los corroe.* **6** Referido esp. a una nota o a una composición musicales, empezar a ejecutarlas: *El cantante tomó aire antes de atacar la nota final.* **7** En algunos deportes, llevar o tomar la iniciativa en el juego, esp. si es para obtener puntos o para ganar: *En baloncesto el equipo que tiene la posesión del balón es el que ataca.* □ ORTOGR. La *c* se cambia en *qu* delante de *e* →**SACAR**.

atadijo s.m. *col.* Lío o envoltorio pequeños y mal hechos: *Haz un atadijo con tus cosas, porque nos vamos ya mismo. Se enfadó, hizo un atadijo con sus libros y se fue.*

atado s.m. Conjunto de cosas atadas: *Llevaba un atado de ropa sucia a la lavandería.*

atadura s.f. **1** Lo que ata: *El detenido rompió sus ataduras en un descuido del policía y se escapó.* **2** Unión, enlace o vínculo: *Rompió sus ataduras familiares y desapareció sin dejar rastro.*

atajar v. **1** Tomar un atajo o ir por una senda por donde se abrevia el camino: *Si atajamos por aquí, llegaremos antes que ellos.* **2** Referido a una persona o a un animal que huyen, salirles al encuentro por algún atajo: *Los perros atajaron al ganado. El delincuente atajó a su víctima en el callejón.* **3** Referido a una acción o a un proceso, cortarlos o interrumpirlos: *Los bomberos atajaron el fuego en unos minutos.* **4** Referido a una persona, interrumpirla cuando habla: *Si te viene a contar chismes, atájalo y verás cómo deja de incordiar.* □ ORTOGR. Conserva la *j* en toda la conjugación.

atajo s.m. **1** Senda o lugar por donde se abrevia el camino: *No fuimos por la carretera, sino por un atajo que nos enseñó un pastor.* **2** Grupo o conjunto; *hatajo: En esa panda son todos un atajo de cretinos.* **3** Pequeño grupo de ganado: *La carga era transportada por un atajo de bueyes.* □ SEM. En la acepción 2, su uso tiene un matiz despectivo.

atalaje s.m. Conjunto de guarniciones o aparejos que llevan los animales de carga: *Las bridas forman parte del atalaje.*

atalaya s.f. Torre construida generalmente en un lugar elevado para vigilar desde ella una gran extensión de tierra o de mar y poder dar aviso de lo que se descubra: *Desde la atalaya de la costa se podían observar los movimientos de las naves enemigas.*

atañer v. Concernir, incumbir o corresponder; *afectar: Mis problemas no te atañen.* □ ORTOGR. Dist. de *tañer*. □ MORF. 1. Verbo unipersonal: solo se usa en tercera persona. 2. Irreg.: En las formas cuya desinencia contiene un diptongo *ie, io*, se pierde esta *i* →**TAÑER**.

ataque s.m. **1** Acción violenta o impetuosa contra algo para apoderarse de ello o para causarle algún daño: *La ciudad estaba preparada para defenderse de un ataque enemigo.* **2** Acceso repentino ocasionado por una enfermedad o por un sentimiento extremo: *Le dio un ataque de gota.* **3** Hecho o dicho que suponen una crítica: *El Gobierno tuvo que sufrir los ataques de la oposición en contra de su política actual.* **4** En algunos deportes, posesión o toma de la iniciativa en el juego, esp. si es para obtener puntos o para ganar: *En el entrenamiento de hoy hemos ensayado las nuevas jugadas de ataque.*

atar v. **1** Unir o sujetar con cuerdas: *Lo ataron de pies y manos. Se ató el pelo en una trenza.* **2** Impedir o quitar el movimiento o la libertad de acción: *Apenas sale porque sus obligaciones profesionales lo atan mucho.* **3** Juntar o relacionar: *Ata los cabos sueltos y descubrirás el meollo de la cuestión.* **4** ‖ **atar corto** a alguien. *col.* Reprimirlo o sujetarlo: *No lo ates tan corto y dale más libertad, que ya tiene dieciocho años.*

ataraxia s.f. Ausencia de perturbación o alteración de ánimo: *Los filósofos estoicos consideraban que la educación debía proporcionar al hombre la ataraxia.*

atarazana s.f. Lugar en el que se construyen y reparan barcos: *En las antiguas atarazanas de la ciudad hay hoy un museo naval.*

atardecer ▮ s.m. **1** Última parte de la tarde: *El atardecer se inicia cuando empieza a oscurecer y termina cuando se hace de noche.* ▮ v. **2** Empezar a caer la tarde: *Regresamos a casa cuando atardecía.* □ MORF. 1. Verbo unipersonal: solo se usa en tercera persona y en las formas no personales (infinitivo, gerundio y participio). 2. Irreg.: Aparece una *z* delante de la *c* cuando la siguen *a, o* →**PARECER**.

atareado, da adj. Muy entregado a un trabajo o a una ocupación: *No puedo salir hoy porque estoy muy atareada acabando este informe para mañana.*

atascar ▮ v. **1** Referido a un lugar, tapar u obstruir el paso por él; *atrancar: No sale agua porque hay algo que atasca la manguera. La tubería se atascó.* **2** Referido a un asunto, ponerle obstáculos para evitar que avance o prosiga: *Los intereses de los distintos partidos atascaron la negociación.* ▮ prnl. **3** Quedarse detenido sin poder seguir, esp. como consecuencia de un obstáculo; *atollarse: La llave se ha atascado y no gira.* □ ORTOGR. La *c* se cambia en *qu* delante de *e* →**SACAR**.

atasco s.m. **1** Densidad alta del tráfico; *embotellamiento: Todas las carreteras de acceso a la ciudad tienen atasco en las horas punta.* **2** Obstrucción de un conducto: *En la cañería hay un atasco y el agua no corre.*

ataúd s.m. Caja, generalmente de madera, en la que se coloca un cadáver para enterrarlo; *caja, féretro: Los nietos de la difunta pusieron el ataúd en el coche fúnebre.*

ataviar v. Adornar, arreglar o vestir: *Ataviaron el salón para el baile. Se atavió con sus mejores galas para ir a la boda.* □ ORTOGR. La *i* lleva tilde en los presentes, excepto en las personas *nosotros* y *vosotros* →**VACIAR**.

atávico, ca adj. Que tiende a imitar o a mantener formas de vida o costumbres arcaicas: *Me sorprendieron sus ideas atávicas en contra de la liberación de la mujer.*

atavío s.m. **1** Vestido o atuendo: *Llevaba un lujoso atavío que le hacía parecer un gran señor.* **2** Adorno o arreglo, generalmente provisionales: *Dos horas antes de la celebración comenzaron a colocar los atavíos.* □ MORF. Se usa más en plural.

ateísmo s.m. Doctrina, opinión o actitud que niega la existencia de Dios: *Llegó al ateísmo a través del materialismo.* □ SEM. Dist. de *agnosticismo* (que declara inalcanzable para el entendimiento humano lo absoluto y lo sobrenatural).

atemorizar v. Causar temor o miedo: *No atemorices a tu hermano pequeño hablándole de fantasmas. Se atemo-*

rizó con los gritos. □ ORTOGR. La *z* se cambia en *c* delante de *e* →**CAZAR**.

atemperar v. Moderar, calmar o hacer más tibio: *Los años han atemperado su carácter.*

atenazar v. **1** Sujetar fuertemente con tenazas o de forma parecida: *Atenazó uno de los hierros candentes de la chimenea. La pequeña atenazaba la muñeca llorando y sin querer soltarla.* **2** Referido esp. a un sentimiento, paralizar o inmovilizar: *Se siente inseguro porque múltiples miedos lo atenazan.* □ ORTOGR. La *z* se cambia en *c* delante de *e* →**CAZAR**.

atención s.f. **1** Interés, cuidado o aplicación voluntaria del entendimiento: *Presta atención, que empezamos a rodar.* **2** Demostración de respeto o de cortesía: *Tuvo muchas atenciones con todos nosotros. Este pequeño obsequio es solo una atención.* **3** ‖ **a la atención de** alguien. En un envío, para entregárselo a esa persona: *Enviamos la carta a la atención de la secretaria de dirección.* ‖ **en atención a** algo. Teniéndolo en cuenta o atendiendo a ello: *Consiguió el ascenso en atención a sus numerosos años de servicio.* ‖ **llamar la atención. 1** Provocar o despertar interés, curiosidad o sorpresa: *Nos llamó la atención sobre algunos puntos clave. El vestido rojo es el único que le llamó la atención. Me llama la atención que una tarta de chocolate lleve naranja.* **2** Reprender o amonestar: *Les llamaron la atención por llegar tarde a clase.* □ USO Se usa como aviso o como señal de advertencia: *¡Atención!, cada uno a su puesto.*

atender v. **1** Poner atención o aplicar voluntariamente el entendimiento: *No atendió a las instrucciones de la azafata. Si no atiendes, no te enterarás.* **2** Referido a un deseo o un ruego, acogerlo favorablemente o satisfacerlo: *Atendieron mis protestas y me arreglaron el teléfono.* **3** Referido a una persona o a una cosa, cuidarla u ocuparse de ella: *Desde hace varios años, atiende el negocio personalmente.* **4** Considerar o tener en cuenta: *Se cambió de casa, atendiendo a sus necesidades.* **5** ‖ **atender por.** Referido esp. a un animal, llamarse: *El perro perdido atiende por 'Cuqui'.* □ MORF. Irreg.: La *e* diptonga en *ie* en los presentes, excepto en las personas *nosotros* y *vosotros* →**PERDER**.

ateneo s.m. **1** Asociación cultural, generalmente científica, literaria y artística: *En el siglo XIX se fundaron ateneos en las principales ciudades españolas.* **2** Local en el que tiene su sede dicha asociación: *La biblioteca del Ateneo está abierta los fines de semana.*

atenerse v.prnl. Referido a una persona, ajustarse o someterse a algo: *Si te vas, atente a las consecuencias.* □ MORF. Irreg. →**TENER**. □ SINT. Constr.: *atenerse* A *algo.*

ateniense adj./s. De Atenas (capital griega), o relacionado con ella: *El Pireo es el puerto ateniense. Un ateniense me enseñó los restos de la antigua acrópolis.* □ MORF. Como adjetivo es invariable en género. 2. Como sustantivo es de género común y exige concordancia en masculino o en femenino para señalar la diferencia de sexo: *el ateniense, la ateniense.* 3. Como sustantivo se refiere solo a las personas de Atenas.

atentado s.m. **1** Agresión violenta contra la integridad física de algo: *El atentado contra el edificio de la embajada no causó víctimas.* **2** Ofensa o acción contraria a lo que se considera justo o inviolable: *Dijeron que la película era un atentado contra la moral y las buenas costumbres.* □ SINT. Constr.: *atentado* CONTRA *algo.*

atentar v. Cometer un atentado: *Los terroristas atentaron contra la vida de un militar. Este espectáculo atenta contra el buen gusto.* □ SINT. Constr.: *atentar* CONTRA *algo.*

atento, ta adj. **1** Con la atención fija en algo: *Debes estar atento a todas las explicaciones del profesor.* **2** Amable, cortés y bien educado: *Este chico es muy atento, pero parece un poco falso.* □ SINT. Constr. de la acepción 1: *atento* A *algo.*

atenuación s.f. Disminución de la fuerza o la intensidad de algo: *Esos medicamentos no lo curaron, pero le produjeron la atenuación del dolor.*

atenuante s.f. →**circunstancia atenuante.**

atenuar v. Disminuir en fuerza o en intensidad: *Los calmantes atenúan el dolor. Cuando atardece, la luz solar se atenúa.* □ ORTOGR. La *u* lleva tilde en los presentes, excepto en las personas *nosotros* y *vosotros* →**ACTUAR**.

ateo, a adj./s. Que sigue o defiende el ateísmo: *No creo que sea ateo, porque lo veo todos los domingos en misa. Fue un joven muy religioso, pero en su madurez se hizo un ateo.* □ SEM. Dist. de *agnóstico* (que ni afirma ni niega la existencia de Dios porque la considera inalcanzable para el entendimiento humano).

aterciopelado, da adj. Parecido al terciopelo o con la finura o suavidad propias de este tejido: *Su cutis aterciopelado es suave como el de un bebé.*

aterido, da adj. Paralizado, entumecido o rígido como consecuencia del frío: *Hacía tanto frío en la cima de la montaña que nos quedamos ateridos.* □ SEM. **Aterido de frío* es una expresión redundante e incorrecta, aunque está muy extendida.

aterrar v. Causar o sentir terror; *aterrorizar: El incendio del monte aterró a los excursionistas. Me aterra pensar en las consecuencias que habría podido tener el accidente.*

aterrizaje s.m. Descenso de una aeronave hasta posarse en tierra firme: *El piloto llevó a cabo un buen aterrizaje y casi no nos dimos cuenta de que ya estábamos rodando por la pista.*

aterrizar v. **1** Referido a una aeronave o a sus ocupantes, posarse en tierra firme o sobre una pista destinada a este fin: *Aunque el avión aterrizó a la hora prevista, tuve que esperar quince minutos en el aeropuerto para recoger mi maleta.* **2** *col.* Aparecer o presentarse en un lugar de forma inesperada: *Aterrizó en la fiesta medio dormido y con cara de despistado.* **3** *col.* Llegar y tomar los primeros contactos, generalmente con algo desconocido: *He estado de vacaciones y acabo de aterrizar.* □ ORTOGR. La *z* se cambia en *c* delante de *e* →**CAZAR**. □ SEM. Dist. de *alunizar* (posarse en la superficie lunar).

aterrorizar v. Causar o sentir terror; *aterrar: La explosión aterrorizó a todo el barrio. Me aterroriza pensar que podías haber muerto en el accidente.* □ ORTOGR. La *z* se cambia en *c* delante de *e* →**CAZAR**.

atesorar v. **1** Referido a cosas de valor, reunirlas o guardarlas, generalmente en un lugar secreto: *No atesores tantas joyas y disfrútalas.* **2** Referido esp. a una cualidad, tenerla o poseerla: *Es una mujer que atesora grandes conocimientos.*

atestado s.m. Documento oficial en el que se hace constar un hecho: *La agente levantó atestado del accidente.*

atestar v. Llenar por completo: *No cabe nada más, porque habéis atestado el maletero con demasiados bultos.*

atestiguar v. **1** Afirmar o declarar como testigo; *testificar: Atestiguó que él lo había visto todo. Me han llamado para que atestigüe ante el juez.* **2** Referido a algo de lo que se duda, ofrecer indicios ciertos de ello: *Estas marcas* *atestiguan que alguien te ha pegado.* ☐ ORTOGR. 1. La *u* lleva diéresis cuando la sigue *e*. 2. La *u* permanece siempre átona →**AVERIGUAR**.

atiborrar ▮ v. **1** Referido esp. a un recipiente, llenarlo por completo forzando su capacidad: *Cuando nos vamos de vacaciones, atiborramos el coche de bultos y maletas.* ▮ prnl. **2** Hartarse de comida: *Se atiborró de aperitivos y después no quería comer.* ☐ PRON. Incorr. *[atiforrár].

ático, ca ▮ adj./s. **1** Del Ática (región de la antigua Grecia), de Atenas (su ciudad principal) o relacionado con ellas: *El ático Pericles fue un famoso político. Los áticos tuvieron su época de esplendor en el siglo V a.C.* ▮ s.m. **2** En un edificio, último piso, generalmente con el techo inclinado o más bajo que el de los pisos inferiores: *El ático es muy soleado y tiene unas bonitas vistas.* ☐ MORF. En la acepción 1, como sustantivo se refiere solo a las personas de la antigua Ática.

atildamiento s.m. Arreglo cuidadoso y, en general, excesivo: *Viste con atildamiento y mal gusto.*

atildar v. Referido esp. a una persona, arreglarla cuidadosamente y generalmente en exceso: *Atildó a los niños para asistir a la boda. Tarda horas en atildarse.*

atinar v. Acertar, dar en el blanco o encontrar lo que se busca: *Mete la mano en el cajón a ver si atinas a encontrar la llave. Con tus explicaciones, atiné con la tienda enseguida. No consiguió atinar con la solución.* ☐ SINT. Constr.: *atinar* A *hacer algo, atinar* CON *algo.*

atípico, ca adj. Que se sale de lo normal, de lo conocido o de lo habitual: *Es un joven atípico porque solo se relaciona con adultos. Planteó soluciones atípicas y muy originales.*

atiplar v. Referido esp. a una voz o un sonido, elevarlos hasta el tono de tiple o hacerlos más agudos: *El tenor atipló su voz para darle un tono burlón a su papel.*

atisbar v. **1** Mirar atentamente y con cautela; *observar: Desde el rincón atisbaba lo que ocurría en el salón.* **2** Referido a un objeto, verlo de forma tenue o confusa por la distancia o por la falta de luz: *En mitad de la noche, atisbamos al fin la luz de lo que podría ser el refugio.* **3** Referido a algo inmaterial, conocerlo ligeramente o conjeturarlo por leves indicios: *A veces me cuesta atisbar la solución de problemas bien sencillos.* ☐ SEM. En las acepciones 2 y 3, es sinónimo de *vislumbrar*.

atisbo s.m. Sospecha, indicio o conjetura que se forma a partir de estos: *Está en contra de la eutanasia porque dice que hay que luchar mientras quede un atisbo de vida.*

atiza interj. *col.* Expresión que se usa para indicar extrañeza, sorpresa, admiración o disgusto: *¡Atiza, mira qué coche más aparatoso ha pasado! ¡Atiza, se me ha roto el pantalón!*

atizador s.m. Utensilio que se utiliza para atizar: *Avivaba el fuego del brasero con un atizador.*

atizar v. **1** Referido al fuego, removerlo o añadirle combustible para que arda más: *Atiza el fuego, que se va a apagar.* **2** Referido esp. a una discordia o a una pasión, avivarlas o hacerlas más intensas: *Unos comentarios hipócritas atizaron el odio que sentía.* **3** Referido esp. a un golpe, darlo o proporcionarlo: *Le atizó dos bofetadas y se fue tan tranquilo. Se atizó un golpe contra el pico del armario.* **4** *col.* Golpear o dar golpes: *Llegó tarde y su padre lo atizó de lo lindo.* ☐ ORTOGR. La *z* se cambia en *c* delante de *e* →**CAZAR**.

atlante s.m. Estatua con figura de hombre que se usa como columna y sostiene sobre su cabeza o sus hombros la parte baja de las cornisas: *En la arquitectura helenística se usan atlantes y cariátides.* ☐ SEM. Dist. de *cariátide* (con figura de mujer).

atlántico, ca adj. Del océano Atlántico (situado entre las costas americanas y las europeas y africanas), o relacionado con él: *Portugal ocupa gran parte del territorio atlántico de la península ibérica.*

atlas s.m. **1** Libro formado por una colección de mapas, generalmente geográficos: *Si lo miras en el atlas verás que la península de Florida pertenece a los Estados Unidos.* **2** Libro basado en una colección de láminas descriptivas, generalmente explicadas, que tratan sobre un tema concreto: *El atlas de música explica muy bien las familias de instrumentos.* **3** En anatomía, primera de las vértebras cervicales: *El atlas sostiene directamente la cabeza.* ☐ MORF. Invariable en número.

atleta s. **1** Deportista que practica el atletismo: *Ese atleta fue el ganador en la prueba de los mil metros.* **2** Persona fuerte, robusta y musculosa: *A pesar de sus sesenta años sigue siendo un atleta.* ☐ MORF. Es de género común y exige concordancia en masculino o en femenino para señalar la diferencia de sexo: *el atleta, la atleta.*

atlético, ca adj. Del atletismo, de los atletas o relacionado con ellos: *La competición atlética se iniciará la próxima semana. Es delgado y ágil y tiene un cuerpo muy atlético.*

atletismo s.m. Deporte o conjunto de prácticas basadas en la carrera, los saltos y los lanzamientos: *Las carreras de longitud y el lanzamiento de jabalina son pruebas de atletismo.* 👁 **estadio**

atmósfera s.f. **1** Capa gaseosa que envuelve a un astro, esp. referido a la que envuelve a la Tierra: *La atmósfera terrestre está formada principalmente por nitrógeno y oxígeno. El color de los planetas se debe, en algunos casos, al color de sus atmósferas.* **2** Ambiente que rodea a personas y cosas: *Esta película recrea muy bien la atmósfera de la época.* **3** En el Sistema Internacional, unidad de presión: *Una atmósfera es igual a la fuerza que ejerce por centímetro cuadrado una columna de mercurio de setenta y seis centímetros de altura.* ☐ SEM. En la acepción 1, cuando se refiere a la masa de aire que rodea a la Tierra, es sinónimo de *cielo*.

atmosférico, ca adj. De la atmósfera o relacionado con ella: *El barómetro mide la presión atmosférica.*

atolladero s.m. Estorbo u obstáculo que impide el avance de algo: *Sin darme cuenta me he metido en un grave atolladero y no sé cómo salir de él.*

atollarse v.prnl. Quedarse detenido sin poder seguir, esp. como consecuencia de un obstáculo; *atascarse: Me he atollado con el problema de matemáticas y no consigo solucionarlo. El coche se ha atollado en el barro y no puedo sacarlo de allí.*

atolón s.m. Isla coralina en forma de anillo, con una laguna interior que se comunica con el mar por medio de estrechos pasos: *En el océano Pacífico hay muchos atolones.*

atolondramiento s.m. Torpeza o falta de tranquilidad: *Si haces las cosas con atolondramiento te saldrán mal.*

atolondrar v. Causar aturdimiento; *atontar, atontolinar: Cállate ya porque con tus gritos me atolondras. No te atolondres y trabaja con calma si quieres hacerlo bien.*

atómico, ca adj. **1** Del átomo o relacionado con él: *En las centrales nucleares se obtiene energía atómica.* **2** Que emplea la energía que se encuentra almacenada en los núcleos de los átomos; *nuclear: La estela gaseosa de una explosión atómica tiene forma de seta.*

atomizador s.m. Aparato que sirve para aplicar líquidos pulverizándolos en partículas muy pequeñas: *Esta colonia se vende con atomizador para poder aplicarla mejor.*

átomo s.m. **1** Cantidad mínima de un elemento químico que tiene existencia propia: *El átomo está formado por un núcleo de protones y neutrones y una corteza de electrones.* **2** *col.* Porción o cantidad muy pequeñas: *No tiene ni un átomo de sentido común y hace demasiadas tonterías.* **3** ‖ **átomo gramo.** Cantidad de un elemento químico que, expresada en gramos, coincide con su peso atómico: *El oxígeno tiene una masa de 16 átomos gramo.* ☐ MORF. El plural de *átomo gramo* es *átomos gramo*.

atonía s.f. **1** En medicina, falta de tono o de vigor en los tejidos, esp. en los contráctiles: *La lesión nerviosa le ha producido una atonía muscular en una amplia zona.* **2** Apatía o falta de energía: *Está deprimido y, por más que lo animemos, no sale de su atonía.*

atónito, ta adj. Muy sorprendido o espantado: *Me quedé atónita al ver cómo el prestidigitador hacía desaparecer a varias personas de sus asientos.*

átono, na adj. Referido a una vocal, a una sílaba o a una palabra, que se pronuncian sin acento de intensidad: *La 'a' de la palabra 'anillo' es átona.*

atontamiento s.m. Aturdimiento o perturbación del entendimiento: *Los días que veo mucho la tele termino con un atontamiento encima...*

atontar v. **1** Causar aturdimiento; *atolondrar: El golpe me ha atontado y siento un ligero mareo. Cuando estoy mucho tiempo al sol, me atonto.* **2** Volver o volverse tonto; *atontolinar, entontecer: Ver demasiada televisión atonta a los niños. Si no lees nada terminarás atontándote.* ☐ SEM. Es sinónimo de *atontolinar*.

atontolinar v. *col.* →**atontar.**

atoramiento s.m. **1** Atasco u obstrucción que impide el paso: *El atoramiento de la cañería produjo una obstrucción.* **2** Interrupción o atasco en una conversación: *Su atoramiento se debe a los nervios.*

atorar ▌ v. **1** Atascar u obstruir, impidiendo el paso: *La suciedad ha atorado el filtro del lavavajillas. El grifo se ha atorado y no sale agua.* ▌ prnl. **2** Cortarse o trabarse en la conversación: *Su timidez hace que se atore cuando hay mucha gente escuchándole.*

atormentar v. **1** Dar tormento para obtener una información: *Te atormentaremos hasta que confieses.* **2** Causar molestia o dolor físicos: *Este dolor de cabeza me está atormentando.* **3** Causar disgusto o enfado: *Los remordimientos me atormentan. Deja de atormentarte pensando que el accidente lo has provocado solamente tú.*

atornasolado, da adj. →**tornasolado, da.**

atornillador s.m. →**destornillador.**

atornillar v. **1** Referido a un tornillo, introducirlo haciéndolo girar alrededor de su eje: *Para atornillar un tornillo, hay que hacerlo girar a la derecha.* **2** Sujetar por medio de tornillos: *Atornillé las bisagras de la puerta porque estaban flojas.* **3** *col.* Referido a una persona, presionarla u obligarla a hacer algo: *No intentes atornillarme, porque solo conseguirás que me agobie.*

atosigamiento s.m. **1** Presión que se hace para dar prisa a alguien: *El atosigamiento al que me sometía el jefe me ponía nervioso.* **2** Molestia o incordio producidos por exigencias continuas o por problemas: *Con tu atosigamiento vas a conseguir que me enfade y que no te dé lo que me pides.*

atosigar v. **1** Referido a una persona, presionarla metiéndole prisa para que haga algo: *No me atosigues, que mañana estará listo, como te prometí. Cuando tengo mucho trabajo, me atosigo y nada me sale bien.* **2** Inquietar o disgustar con exigencias o con preocupaciones: *Huyen de él porque siempre los atosiga con sus problemas. No te atosigues, porque todo tiene solución.* ☐ ORTOGR. La *g* se cambia en *gu* delante de *e* →**PAGAR.**

atracadero s.m. Lugar en el que pueden atracar o arrimarse a tierra las embarcaciones de pequeño tamaño: *Esa cala es un buen atracadero para el yate.*

atracador, -a s. Persona que atraca para robar: *Los atracadores se llevaron todo el dinero que había en la caja fuerte.*

atracar v. **1** Asaltar con la intención de robar: *Esta mañana, dos encapuchados han atracado la tienda de la esquina.* **2** *col.* Atiborrar o hartar de comida o de bebida: *En la fiesta nos atracaron de pasteles. Se ha atracado de frutos secos y ahora le duele el estómago.* **3** Referido a una embarcación, arrimarla o arrimarse a otra o a tierra: *El capitán atracó el barco y los pasajeros bajaron a tierra. Esta tarde han atracado dos petroleros en el puerto.* ☐ ORTOGR. La *c* se cambia en *qu* delante de *e* →**SACAR.** ☐ SINT. Constr. de la acepción 2: *atracar DE algo.*

atracción s.f. **1** Fuerza para atraer: *La Tierra ejerce atracción sobre la Luna.* **2** Interés o inclinación del ánimo: *Siente atracción por un chico de su clase.* **3** Lo que despierta este interés: *Con ese vestido, vas a ser la atracción de la noche.* **4** Espectáculo o diversión que se celebran en un mismo lugar o que forman parte de un programa: *He montado en todas las atracciones de la feria.*

atraco s.m. Asalto que se hace con la intención de robar: *Los ladrones llevaban mucho tiempo planeando el atraco al banco.*

atracón s.m. **1** *col.* Ingestión excesiva de comida o de bebida: *No tienes hambre porque te acabas de dar un atracón de chocolate.* **2** Exceso de una actividad: *No he estudiado en todo el trimestre y el día anterior al examen me tengo que dar el atracón.* ☐ SINT. Se usa más en la expresión *darse el atracón*.

atractivo, va ▌ adj. **1** Que atrae: *El tema de la conferencia es muy atractivo.* **2** Que despierta interés y agrado: *Tiene una atractiva mirada.* ▌ s.m. **3** Conjunto de cualidades que atraen la voluntad o el interés: *Es una persona encantadora y con mucho atractivo.*

atraer v. **1** Traer hacia sí: *Su soberbia le atrajo la antipatía de mucha gente. Con su buena acción se atrajo la simpatía de la gente.* **2** Referido a un cuerpo, acercar y retener a otro debido a sus propiedades físicas: *El imán atrae los objetos de hierro. Dos cargas eléctricas de distinto signo se atraen.* **3** Despertar interés: *No me atrae el tema de esta película.* ☐ MORF. Irreg. →**TRAER.**

atragantarse v.prnl. **1** Ahogarse con algo que se queda detenido en la garganta: *Si comes tan deprisa te vas a atragantar.* **2** Causar fastidio, enojo o antipatía; *atravesarse: Tu primo se me atragantó cuando oí lo que te había hecho.*

atrancar ▌ v. **1** Referido a una puerta o a una ventana, asegurarlas por dentro mediante una tranca o un cerrojo: *Los habitantes del fuerte atrancaron la puerta para impedir que entraran los indios.* **2** Referido a un lugar, tapar u obstruir el paso por él; *atascar: La suciedad ha atrancado la tubería. Avisa al fontanero para que arregle el desagüe, porque se ha atrancado.* ▌prnl. **3** *col.* Atragantarse o cortarse al hablar o al leer: *Está aprendiendo a leer y se atranca con las palabras largas.* ☐ ORTOGR. La *c* se cambia en *qu* delante de *e* →**SACAR**.

atrapar v. **1** Referido a alguien que huye o que va delante, alcanzarlo o llegar a su altura: *El grupo atrapó al corredor que se había escapado.* **2** *col.* Agarrar o apresar: *El portero atrapó el balón.* **3** *col.* Referido a una enfermedad o a un estado de ánimo, contraerlos, adquirirlos o alcanzarlos; *coger: La tormenta me pilló sin paraguas y he atrapado un buen resfriado.*

atraque s.m. **1** Acercamiento de una embarcación a otra o a tierra: *Algunos familiares de los pasajeros presenciaron la maniobra de atraque del barco en el puerto.* **2** Maniobra con la que se realiza este acercamiento: *El práctico del puerto dirigió el atraque del barco.*

atrás adv. **1** Hacia la parte que está o que queda a la espalda: *Si no vas más deprisa, te vas a quedar atrás. Se asustó y dio un salto atrás.* **2** En la zona posterior a aquella en la que se encuentra lo que se toma como referencia: *No lo puedes ver, porque está escondido atrás.* **3** En las últimas filas de un grupo de personas: *En el desfile, los más bajos iban atrás.* **4** En el fondo de un lugar: *Si te quedas tan atrás, no vas a ver nada.* **5** En un tiempo anterior o pasado: *Nuestros problemas quedaron atrás.*

atrasar ▌v. **1** Referido a un reloj, correr hacia atrás sus agujas: *Me gastaron la broma de atrasarme el reloj, y no llegué a tiempo.* **2** Referido a una acción, retrasarla en el tiempo; *demorar, retardar: Atrasó dos meses su boda.* **3** Referido a un reloj, ir más despacio de lo que debe y señalar una hora que ya ha pasado: *He llegado tarde porque mi reloj atrasa.* ▌prnl. **4** Progresar a un ritmo inferior al normal: *Se atrasó en los estudios, y tuvo que repetir curso.* **5** Llegar tarde: *El despertador no sonó y me atrasé media hora.* ☐ SEM. En las acepciones 1 y 5, es sinónimo de *retrasar*.

atraso ▌s.m. **1** Retraso de una acción en el tiempo: *El atraso en su nombramiento fue debido a causas burocráticas.* **2** Falta de desarrollo, o avance menor de lo normal: *Una mala alimentación puede producir un atraso en el crecimiento.* **3** Lo que se considera propio de un lugar con escaso desarrollo: *La falta de agua caliente es un atraso.* ▌pl. **4** Pagos que se deben: *Este mes me han abonado los atrasos.*

atravesado, da adj. Con mala intención o con mal carácter: *No te fíes de él, porque es un poco atravesado.*

atravesar ▌v. **1** Referido a un objeto, cruzarlo de modo que pase de una parte a otra: *Atravesó un madero en la puerta para que nadie pudiera pasar.* **2** Referido a un lugar, recorrerlo desde una parte a otra; *cruzar, pasar: Atravesamos el río a nado.* **3** Referido a un cuerpo, penetrarlo de parte a parte: *La bala le atravesó el brazo.* **4** Referido a una situación, pasar por ella: *No le apetece ir a la fiesta porque atraviesa un mal momento.* **5** Referido a un objeto, pasarlo por encima de otro o estar puesto sobre él oblicuamente: *La modista atravesó unas cintas en el cuello del vestido.* ▌prnl. **6** Causar fastidio, enojo o antipatía; *atragantarse: Ese chico se me ha atravesado y no lo puedo ni ver.* **7** Mezclarse en algún asunto ajeno: *Todo iba bien hasta que él se atravesó.* **8** Referido esp. a un objeto, ponerse en medio obstaculizando el paso: *Se me ha atravesado una espina de pescado en la garganta.* ☐ MORF. Irreg.: La *e* diptonga en *ie* en los presentes, excepto en las personas *nosotros* y *vosotros* →**PENSAR**.

atrayente adj. Que atrae: *Tiene una personalidad misteriosa y atrayente.* ☐ MORF. Invariable en género.

atreverse v.prnl. Referido a algo que resulta arriesgado, decidirse a hacerlo o a decirlo: *No me atrevo a decírtelo, porque te vas a enfadar.* ☐ SINT. Constr.: *atreverse A algo.*

atrevido, da adj./s. Que se considera que falta al respeto debido: *Lleva un vestido de noche con un escote muy atrevido. Eres un atrevido por contestar así a tus superiores.*

atrevimiento s.m. **1** Falta de respeto: *¡Cuánto atrevimiento hay en tus palabras!* **2** Hecho o dicho que resultan atrevidos: *Me dijo que tutearlo había sido un atrevimiento por mi parte.*

atrezo s.m. En cine o en teatro, conjunto de objetos o de elementos que se emplean para la escenografía; *utilería: El encargado del atrezo eligió los decorados para la obra de teatro.* ☐ ORTOGR. Es un término del italiano (*attrezzo*) adaptado al español. ☐ USO Es innecesario el uso del italianismo *attrezzo*.

atribución s.f. **1** Adjudicación de un hecho o de una característica: *La atribución de esas palabras a Juan demuestra que no te cae bien.* **2** Asignación de un deber o de una función: *La atribución del puesto a Luis fue muy mal vista por el resto de la plantilla.* **3** Facultad o competencia que da el cargo que se ejerce: *No puedes decidir sin consultar antes, porque tu cargo no te da esta atribución.*

atribuir v. **1** Referido esp. a un hecho o a una característica, aplicarlos o adjudicarlos: *Le atribuyen mal carácter, pero solo es timidez.* **2** Referido esp. a un deber o a una función, señalarlos o asignarlos: *Me atribuyó funciones de gerente aunque solo soy el secretario.* ☐ MORF. Irreg.: La *i* final se cambia en *y* delante de *a, e, o* →**CONTRIBUIR**.

atribulación s.f. →**tribulación**.

atribular v. Causar tribulaciones, penas o adversidades: *Me atribula pensar que ya no me quieres. Es muy nervioso y se atribula cuando tiene el más mínimo problema.*

atributivo, va adj. En gramática, que funciona como atributo, que lo incluye, o que sirve para construirlo: *En 'las hojas blancas', el adjetivo 'blancas' es atributivo. Las oraciones atributivas son aquellas cuyo verbo es copulativo.*

atributo s.m. **1** Cada una de las propiedades o cualidades de algo: *El color blanco es uno de los atributos de la nieve.* **2** Lo que simboliza o representa algo: *El bastón de mando es el atributo de los alcaldes.* **3** En gramática, constituyente que identifica o cualifica al sujeto de un verbo copulativo: *En la oración 'Mi primo es médico', 'médico' es el atributo.* **4** En gramática, función del adjetivo cuando se coloca en posición inmediata al sustantivo de que depende: *En 'flor amarilla', 'amarilla' es un atributo.*

atril s.m. Soporte en forma de plano inclinado que sirve para sostener papeles y leerlos con mayor comodidad: *El director de la orquesta tenía la partitura sobre el atril.*

atrincherarse v.prnl. **1** Ponerse en las trincheras o refugiarse a cubierto del enemigo: *Los soldados se atrincheraron para evitar las balas enemigas.* **2** Mantenerse en una actitud o en una posición con una tenacidad exageradas: *Se atrincheró en su opinión y nadie fue capaz de convencerlo.*

atrio s.m. **1** En algunos edificios, espacio descubierto y porticado que hay en el interior: *En las casas romanas, en el atrio solía haber un estanque.* **2** En algunos templos, espacio limitado que está situado en la parte exterior, a la entrada, generalmente más alto que el suelo de la calle: *Los invitados esperaban a los novios en el atrio de la iglesia.*

atrocidad s.f. **1** Crueldad muy grande: *Todos comentaban la atrocidad del asesinato.* **2** Lo que va más allá de lo razonable o de las normas, o se sale de los límites de lo ordinario o lícito; *disparate*: *Que pretendas recorrer mil kilómetros en un día me parece una atrocidad.* **3** *col.* Hecho o dicho muy necio o temerario: *No digas atrocidades, y piensa un poco antes de hablar.* **4** *col.* Insulto muy ofensivo: *Estaba tan enfadado que iba diciendo atrocidades por la calle.* □ SINT. En la lengua coloquial, *una atrocidad* se usa mucho como adverbio de cantidad con el significado de 'mucho': *Creo que trabaja 'una atrocidad'.*

atrofia s.f. **1** En medicina, disminución del tamaño de un órgano o de un tejido orgánico que estaba completamente desarrollado y con un tamaño normal: *Algunas lesiones nerviosas pueden producir atrofia de la zona afectada.* **2** *col.* Falta de desarrollo, esp. si tiene efectos perjudiciales: *Si nunca sales de casa, no es extraño que se te atrofie la capacidad de relacionarte con los demás.* □ SEM. Dist. de *hipertrofia* (desarrollo excesivo).

atrofiar v. Producir atrofia o falta de desarrollo: *La falta de ejercicio atrofia los músculos. Si no usas la memoria, se te va a atrofiar.* □ ORTOGR. La *i* nunca lleva tilde. □ SEM. Dist. de *hipertrofiar* (aumentar excesivamente el volumen).

atronar v. Perturbar con un ruido muy fuerte: *Los gritos de los vendedores callejeros atronaban la calle.* □ MORF. Irreg.: La *o* diptonga en *ue* en los presentes, excepto en las personas *nosotros* y *vosotros* →**CONTAR**.

atropellamiento s.m. →**atropello.**

atropellar ▮ v. **1** Referido a una persona o a un animal, chocar con ellos o pasarles por encima un vehículo, causándoles daños: *El coche que atropelló al peatón se dio a la fuga.* **2** Derribar o empujar violentamente: *¡No me atropelle, señora, que yo estaba antes que usted!* **3** Agraviar de palabra, por abuso de poder o de fuerza o mediante la violencia: *No me gusta que el jefe me atropelle y no me dé ocasión de explicarme.* ▮ prnl. **4** Apresurarse mucho, esp. al hablar o al actuar: *Se atropella cuando habla porque es muy nervioso.*

atropello s.m. **1** Choque violento de un vehículo con un peatón o con un animal: *Una ambulancia se dirigió rápidamente al lugar del atropello.* **2** Agravio o falta de respeto: *¡Esto es un atropello, no hay derecho a que nos quiten las tierras!* **3** Apresuramiento o prisa, esp. al hablar o al actuar: *Si lo haces con atropello, todo te saldrá mal.* □ SEM. Es sinónimo de *atropellamiento*.

atroz adj. **1** Cruel o inhumano: *Le quitaron la custodia de su hijo porque lo trataba de una forma atroz.* **2** Enorme o desmesurado: *Hacía un frío atroz.* **3** Muy malo o de mala calidad: *La comida de este restaurante es atroz.* □ MORF. Invariable en género.

attaché s.m. →**maletín.** □ PRON. [ataché]. □ USO Es un galicismo innecesario.

attrezzo (italianismo) s.m. →**atrezo.** □ PRON. [atrétso].

atuendo s.m. Conjunto de ropas que viste una persona: *Se presentó a la fiesta con un atuendo muy elegante.*

atufar v. **1** *col.* Despedir mal olor: *¡Estas zapatillas atufan, qué asco!* **2** Trastornar por el tufo o gas que se desprende en algunas fermentaciones o en algunas combustiones: *El humo nos atufó y empezamos a toser.*

atún s.m. Pez marino comestible, de color azul por encima, gris plateado por debajo y de carne muy apreciada: *El atún se utiliza mucho para hacer conservas.* □ MORF. Es un sustantivo epiceno, es decir, la diferencia de sexo se señala mediante la oposición *el atún {macho/hembra}.* 👁 **pez**

atunero, ra ▮ adj. **1** Del atún o relacionado con este pez: *Esta industria atunera se dedica a la elaboración de conservas.* ▮ adj./s.m. **2** Que se utiliza para la pesca del atún, esp. referido a una embarcación: *Los barcos atuneros pueden llevar redes o cañas. Los atuneros zarparon hacia mares cálidos para pescar atunes.*

aturdimiento s.m. **1** Perturbación de los sentidos, esp. por un golpe o por un ruido muy grande: *El aturdimiento que le producía el ruido no le dejaba pensar.* **2** Perturbación del entendimiento, esp. por una mala noticia: *La noticia de la desgracia le causó un gran aturdimiento.* **3** Torpeza o falta de serenidad al actuar: *Su aturdimiento hizo que al fregar se le cayeran los platos.*

aturdir v. **1** Molestar o causar aturdimiento: *Ese ruido me aturde y no me deja pensar. El golpe me aturdió un poco.* **2** Confundir o desconcertar: *Le gusta aturdirme con un montón de mentiras. Me aturdí cuando me diste la noticia.*

aturullar v. *col.* Referido a una persona, confundirla haciendo que no sepa qué decir o cómo hacer algo: *No me hables tan deprisa, que me aturullas. Con tantas cosas para hacer, me he aturullado y no sé por dónde empezar.*

atusar v. Referido al pelo, alisarlo o arreglarlo, esp. con un peine o con la mano: *Atusaba su bigote mientras meditaba. Se atusó el cabello delante del espejo antes de salir.*

audacia s.f. Atrevimiento o valor para hacer o decir algo nuevo, arriesgado o peligroso: *Todo el mundo alabó la audacia del intrépido escalador.*

audaz adj. Que tiene audacia o valor: *Este reto solo pueden asumirlo personas audaces. Este modelo de coche tiene un diseño muy audaz.* □ MORF. Invariable en género.

audible adj. Que se puede oír: *Sus palabras apenas eran audibles.* □ MORF. Invariable en género.

audición s.f. **1** Percepción de un sonido por medio del oído: *La audición de ultrasonidos es imposible para el oído humano.* **2** Concierto, recital o lectura que se hacen en público: *He conseguido varias entradas para una audición en la ópera.* **3** Prueba que hace un artista ante el director del espectáculo o ante el empresario: *La audición de ayer me salió bien y creo que me elegirán.* □ USO En la acepción 3, es innecesario el uso del anglicismo *casting*.

audiencia s.f. **1** Acto de oír una autoridad a las personas que exponen, reclaman o solicitan algo: *El presidente concedió una audiencia a algunos representantes de los trabajadores.* **2** Lugar o edificio destinados a este fin: *Los periodistas esperaban en la puerta de la Audiencia la salida de uno de los testigos.* **3** Tribunal de justicia colegiado que entiende en los pleitos o en las causas de un territorio: *El recurso de apelación se vio en la Audiencia Provincial.* **4** Conjunto de oyentes que asisten a un acto; *auditorio*: *El presentador del espectáculo se dirigió a la audiencia.* **5** Conjunto de personas que atienden a un programa de radio o de televisión a través de los respectivos aparatos: *La audiencia de este programa de televisión ha disminuido este mes.* □ USO En la acepción 3, se usa como nombre propio.

audífono s.m. Aparato para oír mejor: *Ha ido a una óptica a comprarse un audífono, porque no oye muy bien.*

☐ USO Es innecesario el uso de *sonotone* (extensión del nombre de una marca comercial).

audio- Elemento compositivo que significa 'sonido' u 'oído': *audiometría, audiograma, audiovisual.* ☐ MORF. Puede adoptar la forma *audi-*: *audífono, audímetro.*

audiometría s.f. Prueba para medir la agudeza auditiva en relación con las distintas frecuencias sonoras: *He ido a hacerme una audiometría para ver si tengo algún problema de oído.*

audiovisual ▌adj. **1** Que está relacionado con el oído y con la vista conjuntamente, esp. referido a un método de enseñanza: *En esta academia enseñan inglés con técnicas audiovisuales.* ▌s.m. **2** Proyección de una película combinada con sonidos, que se utiliza generalmente con fines didácticos: *En el museo de ciencias nos pusieron un audiovisual sobre la vida de los insectos.* ☐ MORF. Como adjetivo es invariable en género.

auditar v. Referido esp. a una empresa o a una entidad, analizar su gestión o su contabilidad en determinado período para comprobar si refleja la realidad económica ocurrida en ella: *El Ministerio de Hacienda ha mandado a unos inspectores para auditar la empresa.*

auditivo, va adj. Del oído o relacionado con él: *El pabellón auditivo está formado por tejido cartilaginoso.*

auditor, -a s. Persona que realiza la auditoría de una empresa: *El examen del auditor sacó a la luz las deudas de la empresa.*

auditoría s.f. **1** Revisión de la contabilidad de una institución o empresa, realizada por especialistas ajenos a la misma: *El juez ordenó realizar una auditoría de la empresa.* **2** Profesión de auditor: *Dedicó su juventud al ejercicio de la auditoría.* **3** Lugar de trabajo del auditor: *Todos esos documentos los tienen archivados en la auditoría.*

auditorio s.m. **1** Conjunto de oyentes que asisten a un acto; *audiencia: El auditorio en pie aplaudió al cantante.* **2** Sala o lugar acondicionado para la celebración de actos públicos; *auditórium: La conferencia tendrá lugar en el auditorio del museo.*

auditórium s.m. →**auditorio.** ☐ MORF. Su plural es *auditóriums.*

auge s.m. **1** Momento de mayor elevación o intensidad de un proceso o de un estado: *Este movimiento pictórico tuvo su pleno auge a finales del siglo pasado.* **2** ‖ **cobrar auge.** Ganar importancia: *Sus teorías volvieron a cobrar auge cuando acabó la censura política.*

augur s.m. En la antigua Roma, sacerdote que practicaba oficialmente la adivinación a través de la observación de las aves y por otros signos: *Los augures solían basar sus adivinaciones en la forma en que las aves cantaban, volaban o comían.*

augurar v. Predecir o presagiar: *El vidente auguró grandes logros para este año.*

augurio s.m. Señal, anuncio o indicio de algo futuro: *Me pareció un buen augurio para el próximo año que todos se acordaran de mi cumpleaños.*

augusto, ta adj. Que produce respeto y veneración: *La augusta asamblea de ancianos aprobaba las normas por las que se regía la tribu.*

aula s.f. En un centro docente, sala en la que se imparte la enseñanza; *clase: Las aulas deben tener una buena iluminación. El rector pronunciará su discurso en un aula de la facultad.* ☐ MORF. Por ser un sustantivo femenino que empieza por *a* tónica o acentuada, va precedido de *el, un, algún, ningún* y de las formas femeninas del resto de los determinantes.

aullar v. Referido esp. al lobo o al perro, dar aullidos: *El perro aulló durante toda la noche.* ☐ ORTOGR. La *u* lleva tilde en los presentes, excepto en las personas *nosotros* y *vosotros* →**ACTUAR**.

aullido s.m. **1** Voz triste y prolongada de algunos animales, esp. del lobo y del perro: *Por la noche se oyen los aullidos de los lobos.* **2** Sonido semejante a esta voz: *En la sala solo se oían los aullidos de dolor del enfermo.*

aumentar v. Hacer mayor en tamaño, en cantidad o en intensidad; *acrecentar: En la nueva edición aumentaron el número de páginas.*

aumentativo, va ▌adj. **1** Que aumenta o que indica aumento: *Los sufijos '-ón' y '-azo' tienen un valor aumentativo.* ▌s.m. **2** En gramática, palabra formada con un sufijo que indica aumento: *'Sueldazo' es el aumentativo de 'sueldo'.*

aumento s.m. **1** Crecimiento en tamaño, en cantidad, en calidad o en intensidad; *incremento: El aumento de las temperaturas continuará esta semana.* **2** Potencia amplificadora de un aparato óptico, esp. de una lente: *Este microscopio tiene muy poco aumento.*

aun ▌adv. **1** Incluso o también: *Aun los más listos se equivocan a veces.* ▌conj. **2** Enlace gramatical con valor concesivo; *incluso: Todas las personas son dignas de respeto, aun las que no piensan como nosotros.* **3** ‖ **aun cuando.** Enlace gramatical coordinante con valor adversativo; *aunque: No iré aun cuando me apetezca muchísimo.* ☐ ORTOGR. Dist. de *aún.*

aún adv. Hasta el momento en que se habla; *todavía: Aún no he salido de casa. Nadie me ha dicho aún si esto es verdad.* ☐ ORTOGR. Dist. de *aun.*

aunar v. **1** Unir o armonizar para lograr un fin: *Aunaron sus fuerzas y consiguieron mover la piedra.* **2** Referido a dos o más cosas, hacer de ellas una sola o un todo; *unificar: Antes de empezar el trabajo debemos aunar los criterios que vamos a seguir.* ☐ ORTOGR. La *u* lleva tilde en los presentes, excepto en las personas *nosotros* y *vosotros* →**ACTUAR.**

aunque conj. **1** Enlace gramatical subordinante con valor concesivo: *Aunque no me apetece, te acompañaré al cine.* **2** Enlace gramatical coordinante con valor adversativo: *Aprobé la física, aunque suspendí la lengua.* ☐ SEM. Es sinónimo de *aun cuando, por más que, por mucho que* y *si bien.*

aúpa interj. **1** Expresión que se usa para animar a alguien a levantarse o a levantar algo: *¡Aúpa, levántate otra vez, pequeñín!* **2** ‖ **de aúpa. 1** *col.* Grande o importante: *Tengo un gripazo de aúpa.* **2** *col.* Peligroso, desagradable, o que ha de ser tratado con cautela: *Cuidado con ellos, que son de aúpa.* ☐ ORTOGR. Dist. de *a upa.*

au pair (galicismo) s. ‖ Persona extranjera que trabaja en una casa cuidando niños o realizando diversas tareas domésticas a cambio del alojamiento, la comida y un pequeño salario: *Para poder estudiar en París tuve que trabajar de au pair en una casa.* ☐ PRON. [opér], con *r* suave. ☐ MORF. Es de género común: *el au pair, la au pair.*

aupar v. **1** Referido esp. a un niño, levantarlo en brazos; *upar: Mamá, aúpame, que no llego.* **2** Ayudar a llegar a una posición más elevada e importante: *Los miembros de su partido lo auparon para que llegara a la jefatura.* ☐ ORTOGR. La *u* lleva tilde en los presentes, excepto en las personas *nosotros* y *vosotros* →**ACTUAR.**

aura s.f. Irradiación luminosa que algunas personas perciben alrededor de los cuerpos: *En el último congreso de parapsicólogos presentaron una máquina capaz de fotografiar las auras humanas.* □ MORF. Por ser un sustantivo femenino que empieza por *a* tónica o acentuada, va precedido de *el, un, algún, ningún* y de las formas femeninas del resto de los determinantes.

áureo, a adj. De oro o con alguna de sus características: *El sol de la mañana iluminaba el halo áureo de sus cabellos.* □ PRON. Incorr. *[auréo], *[aúreo]. □ USO Su uso es característico del lenguaje poético.

aureola s.f. **1** Resplandor, disco o círculo luminoso que se representa detrás de la cabeza de las imágenes de los santos; *corona, halo: Para pintar la aureola de esta santa se utilizó pan de oro.* **2** Admiración o fama que alguien alcanza: *Ha sabido rodearse de una aureola de sabio.*

aurícula s.f. **1** En el corazón de algunos animales, cada una de las dos cavidades de la parte anterior o superior del corazón, que reciben la sangre que transportan las venas: *Las aurículas se comunican con los ventrículos.* 👁 **corazón** **2** En un molusco, cavidad o cavidades del corazón que reciben la sangre arterial: *Los moluscos pueden tener una, dos o cuatro aurículas.* **3** En un pez, cavidad de la parte anterior del corazón, que recibe sangre venosa: *Los peces tienen una única aurícula.*

auricular ▮ adj. **1** Del oído o relacionado con él: *La parte externa de la oreja recibe el nombre de pabellón auricular.* **2** De las aurículas del corazón o relacionado con ellas: *La doctora dijo que el paciente tenía una malformación en las paredes auriculares del corazón.* ▮ s.m. **3** En un aparato destinado a recibir sonidos, esp. en el telefónico, parte o pieza con la que se oye y que se aplica al oído: *Dejé el auricular del teléfono sobre la mesa y fui a buscar un bolígrafo.* □ MORF. Como adjetivo es invariable en género.

auriga s.m. En la Antigüedad clásica, hombre que conducía los caballos de los carros en las carreras del circo: *Muchas esculturas clásicas representan a los aurigas.* □ PRON. Incorr. *[áuriga].

aurora s.f. **1** Luz sonrosada y difusa que precede a la salida del sol: *Cuando iniciamos la marcha, la aurora ya iluminaba los campos.* **2** ‖ **aurora polar**. Fenómeno luminoso que se produce en las regiones polares y que se atribuye a descargas eléctricas del Sol: *La aurora polar recibe el nombre de aurora austral en el hemisferio sur, y el de aurora boreal en el hemisferio norte.*

auscultación s.f. Exploración mediante el oído, y generalmente con la ayuda de instrumentos adecuados, de los sonidos producidos por los órganos en las cavidades del pecho o del abdomen: *La auscultación del paciente mostró que padecía una afección respiratoria.*

auscultar v. En medicina, explorar mediante el oído, y generalmente con la ayuda de instrumentos adecuados, los sonidos producidos por los órganos en las cavidades del pecho o del abdomen: *Te voy a auscultar el pecho porque estás tosiendo mucho.*

ausencia s.f. **1** Alejamiento o separación de una persona o de un lugar: *Nadie notó tu ausencia en la fiesta.* **2** Tiempo que dura este alejamiento: *Durante tu ausencia no ha ocurrido nada importante.* **3** Falta o privación de algo: *Lo más destacado de la jornada electoral ha sido la ausencia de incidentes.* **4** ‖ **brillar** algo **por su ausencia**. *col.* No estar presente en el lugar en el que era de esperar: *Los buenos modales de ese muchacho brillan por su ausencia.*

ausentar ▮ v. **1** Hacer alejarse o desaparecer: *Sus palabras ausentaron mis temores.* ▮ prnl. **2** Alejarse o separarse: *El trabajo lo obligó a ausentarse de su familia. Se ausentó del trabajo durante tres horas.* □ SINT. Constr. como pronominal: *ausentarse* DE *algo.*

ausente ▮ adj. **1** Distraído o ensimismado: *Yo le hablaba, pero él permanecía ausente y pensando en sus cosas.* ▮ adj./s. **2** Separado de una persona o de un lugar, esp. referido al que está alejado de su residencia: *Mi padre está ausente, pero yo puedo atenderte. En las fechas más señaladas, tenemos un recuerdo para los ausentes.* □ MORF. 1. Como adjetivo es invariable en género. 2. Como sustantivo es de género común y exige concordancia en masculino o en femenino para señalar la diferencia de sexo: *el ausente, la ausente.*

auspiciar v. Predecir o adivinar: *Los augures romanos auspiciaban el futuro observando el vuelo de las aves.* □ ORTOGR. La *i* nunca lleva tilde.

auspicio ▮ s.m. **1** Procedimiento de adivinación basado principalmente en la interpretación supersticiosa de determinadas señales, como el canto o el vuelo de las aves; *agüero: El vidente se servía de la forma de las nubes para hacer sus auspicios.* **2** Protección o favor: *Consiguió ascender mientras estuvo bajo los auspicios de gente influyente.* ▮ pl. **3** Señales favorables o adversas que parecen presagiar el resultado de algo: *Tiene muchas esperanzas en esta carrera porque empezó sus estudios con buenos auspicios.*

austeridad s.f. **1** Severidad en el cumplimiento de las normas morales: *La austeridad de sus costumbres no le permite frecuentar sitios de moral dudosa.* **2** Sencillez, moderación o falta de adornos superfluos: *En sus relatos destaca la austeridad de su estilo.*

austero, ra adj. **1** Severo o estricto en el cumplimiento de las normas morales: *Esta orden monástica exige una vida austera y dedicada a los demás.* **2** Sencillo, moderado, o sin adornos superfluos: *La decoración de su casa es austera pero elegante.*

austral adj. En astronomía y geografía, del polo o del hemisferio sur, o relacionado con ellos: *El hemisferio austral está situado al sur del ecuador.* □ MORF. Invariable en género.

australiano, na adj./s. De Australia (isla del océano Pacífico que forma parte de Oceanía y constituye uno de los cinco continentes), o relacionado con ella: *El canguro es un animal típico australiano. Los australianos son mayoritariamente de origen anglosajón.* □ MORF. Como sustantivo se refiere solo a las personas de Australia.

australopiteco s.m. Homínido fósil que vivió en el continente africano, que se considera una etapa intermedia entre los monos y el ser humano, y que se caracterizaba por su posición erguida: *Los australopitecos vivieron en el período pleistoceno, y eran capaces de tallar piedras, aunque de forma rudimentaria.*

austriaco, ca o **austríaco, ca** adj./s. De Austria (país centroeuropeo), o relacionado con ella: *Viena es la capital austriaca. Los austriacos son muy aficionados a la música clásica.* □ MORF. Como sustantivo se refiere solo a las personas de Austria.

autarquía s.f. **1** Política del Estado que pretende bastarse con sus propios recursos y evitar en lo posible las importaciones: *La autarquía es propia de economías escasamente desarrolladas o de regímenes dictatoriales.* **2** Estado o situación del que se basta a sí mismo; *autosufi-*

ciencia: Cada vez es más difícil que un país tenga autarquía.

autárquico, ca adj. De la autarquía o relacionado con ella: *En épocas de crisis se tiende a una economía autárquica.*

autenticidad s.f. Certeza o carácter verdadero: *Esos documentos carecen de autenticidad y no pueden ser utilizados como pruebas.*

auténtico, ca adj. **1** Acreditado como cierto y verdadero: *Este collar es de perlas auténticas.* **2** Autorizado o legalizado: *Puede cobrar su cheque porque la firma es auténtica.*

autillo s.m. Ave rapaz nocturna de pequeño tamaño, parecida al mochuelo, que tiene el plumaje de color pardo grisáceo y dos mechones de plumas parecidos a orejas a ambos lados de la cabeza: *El autillo se alimenta de insectos.* □ MORF. Es un sustantivo epiceno y la diferencia de sexo se señala mediante la oposición *el autillo {macho/hembra}*. 👁 **rapaz**

autismo s.m. Retraimiento de una persona hacia su mundo interior con pérdida del contacto con la realidad exterior: *El autismo llevado a términos extremos pasa a ser un trastorno mental.*

autista adj./s. Que padece autismo: *Los niños autistas son retraídos y no se comunican con los demás. Los autistas se ven imposibilitados para establecer relaciones normales con los que le rodean.* □ MORF. 1. Como adjetivo es invariable en género. 2. Como sustantivo es de género común y exige concordancia en masculino o en femenino para señalar la diferencia de sexo: *el autista, la autista.*

auto s.m. **1** En derecho, forma de resolución judicial, fundada, que decide cuestiones secundarias o parciales, para las que no se requiere sentencia: *El juez ha dictado un auto de procesamiento contra el presunto estafador.* **2** En literatura, breve composición dramática, generalmente de tema religioso, en la que suelen intervenir personajes bíblicos o alegóricos: *El motivo de la Navidad y el de la Pasión de Cristo son los temas más frecuentes en los autos del siglo XVI.* **3** *col.* →**automóvil.** **4** ‖ **auto de fe.** Proclamación solemne y ejecución en público de las sentencias dictadas por el tribunal de la Inquisición (tribunal eclesiástico destinado a la persecución de las herejías): *Los autos de fe fueron muy frecuentes en España en los siglos XVI y XVII.* ‖ **auto sacramental.** El que se hace para ensalzar el misterio de la eucaristía y utiliza como recursos esenciales la alegoría y el simbolismo: *La representación de autos sacramentales estuvo ligada en el siglo XVII a la festividad del Corpus Christi.*

auto- Elemento compositivo que significa 'uno mismo' (*autobiografía, autorretrato, autocontrol, autodestrucción*) o 'automóvil' (*autobús, autoescuela, autopista, autorradio, autostop*). □ SEM. El uso de *auto-* ante verbos con valor reflexivo es redundante, aunque está muy extendido: *autodestruirse, autoanalizarse.*

autobús s.m. **1** Vehículo de transporte público, generalmente urbano y de trayecto fijo, que tiene cabida para muchas personas: *En las grandes ciudades hay muchas líneas de autobuses.* **2** Vehículo para el transporte de personas, de gran capacidad, que generalmente realiza largos recorridos por carretera; *autocar: Iremos en autobús hasta el próximo pueblo, donde visitaremos el monasterio.* □ MORF. En la lengua coloquial se usa mucho la forma abreviada *bus.*

autocar s.m. Vehículo para el transporte de personas, de gran capacidad, que generalmente realiza largos recorridos por carretera; *autobús: En los autocares nuevos hay vídeo y televisión.*

autoclave s. Aparato que se cierra herméticamente y en cuyo interior se alcanzan altas presiones y temperaturas muy elevadas: *El autoclave se utiliza sobre todo para esterilizar el material quirúrgico.* □ MORF. Se usa más como sustantivo masculino.

autóctono, na adj./s. Que ha nacido o se ha originado en el mismo lugar en el que vive o en el que se encuentra: *Los colonizadores españoles se mezclaron con la población autóctona americana. Los autóctonos del lugar conocen antiguas leyendas de brujas.* □ MORF. Como sustantivo se refiere solo a las personas que proceden del mismo lugar en el que viven.

autodefinido s.m. Pasatiempo semejante al crucigrama, en el que algunas casillas están rellenas con las claves que permiten rellenar las que están vacías: *Un diccionario es muy útil para resolver autodefinidos.*

autodeterminación s.f. Decisión de los habitantes de un territorio sobre su futuro estatuto político: *Las colonizaciones y conquistas violan el derecho de autodeterminación de los pueblos.*

autodidacta adj./s. Que se instruye por sí mismo, sin ayuda de maestro: *Las personas autodidactas utilizan diversas fuentes para adquirir sus conocimientos. Este pintor es un autodidacta, porque nadie le enseñó las técnicas pictóricas.* □ MORF. 1. Como adjetivo, aunque es invariable en género, también se usa con género variable: *autodidacta, autodidacto.* 2. Como sustantivo, aunque es de género común y exige concordancia en masculino o en femenino para señalar la diferencia de sexo: *el autodidacta, la autodidacta,* también se usa con género variable: *el autodidacto, la autodidacta.*

autodidacto, ta adj./s. →**autodidacta.**

autoescuela s.f. Centro en el que se enseña a conducir automóviles: *La autoescuela tramita los documentos necesarios para obtener el permiso de conducir.*

autoestop s.m. →**autostop.**

autoestopista adj./s. Que practica el autostop; *autostopista: Los fines de semana, se ven muchos soldados autoestopistas en las cercanías de los cuarteles. Cuando viajo solo en el coche, suelo recoger a algún autoestopista.* □ MORF. 1. Como adjetivo es invariable en género. 2. Como sustantivo es de género común y exige concordancia en masculino o en femenino para señalar la diferencia de sexo: *el autoestopista, la autoestopista.*

autogestión s.f. **1** Sistema de organización de una empresa en el que los trabajadores participan activamente en las decisiones sobre su desarrollo o funcionamiento: *La autogestión permite que los trabajadores se integren más en la marcha de su empresa.* **2** Gobierno político y económico de una sociedad o de una comunidad por sí misma a través de un conjunto de órganos elegidos directamente por sus miembros: *El anarquismo propugna la autogestión como forma de gobierno.*

autogiro s.m. Tipo de avión provisto de una hélice delantera de eje horizontal que le permite despegar y avanzar, y otra en la parte superior de eje vertical que le sirve de sustentación y le permite aterrizar casi verticalmente: *El autogiro fue patentado por Juan de la Cierva en 1923.*

autógrafo, fa ▮ adj. **1** Que está escrito de mano de su mismo autor: *En la Biblioteca Nacional se conservan cartas autógrafas de Quevedo.* ▮ s.m. **2** Firma de una persona famosa o importante: *El cantante firmó autógrafos a sus admiradores.*

automáta ▮ s. **1** *col.* Persona que actúa maquinalmente o que se deja dirigir por otra; *robot: El trabajo en cadena convierte a los trabajadores en autómatas que aprietan una tuerca sin pensar en lo que hacen.* ▮ s.m. **2** Máquina o instrumento movido por un mecanismo interior, esp. si imita la figura y los movimientos de un ser animado: *En el siglo XVIII, un mecánico francés ideó un autómata que consistía en un pato que digería.* ☐ MORF. En la acepción 1, es de género común y exige concordancia en masculino o en femenino para señalar la diferencia de sexo: *el autómata, la autómata.*

automático, ca ▮ adj. **1** Que se hace sin pensar o de forma involuntaria: *Se come las uñas sin darse cuenta, porque lo hace como un gesto automático.* **2** Que ocurre o se produce necesariamente cuando se dan determinadas circunstancias: *Si no se cumplen las condiciones del contrato, su anulación será automática.* ▮ adj./s. **3** Referido a un mecanismo o al proceso que este realiza, que funciona o se desarrolla total o parcialmente por sí solo: *La mayoría de las lavadoras actuales son automáticas. El automático de las instalaciones eléctricas corta la corriente cuando se rebasa la potencia de la instalación.* ▮ s.m. **4** Cierre formado por dos piezas, una de las cuales tiene un saliente que encaja a presión en el entrante de la otra: *Súbete la cremallera de la falda y abróchate el automático.*
👁 **costura**

automatismo s.m. **1** Funcionamiento de un mecanismo o desarrollo de un proceso por sí solos: *El automatismo de muchos procesos industriales ha permitido reducir la mano de obra.* **2** Realización de movimientos o de actos de forma involuntaria: *Los movimientos de la respiración responden a un automatismo inconsciente.*

automatización s.f. **1** Aplicación de máquinas o de procedimientos automáticos a un proceso o a una industria: *La automatización de la industria ha permitido aumentar la calidad y la cantidad de los productos.* **2** Transformación de un movimiento corporal o de una operación intelectual en un acto automático o involuntario: *Debes practicar estos ejercicios hasta que consigas la automatización de todos los movimientos.*

automatizar v. **1** Referido esp. a un proceso o a una industria, aplicar en ella máquinas o procedimientos automáticos: *La empresa quiere automatizar la fabricación de zapatos.* **2** Referido a un movimiento corporal o a una operación intelectual, convertirlos en automáticos o involuntarios: *El atleta ha automatizado todos los movimientos de la salida.* ☐ ORTOGR. La *z* se cambia en *c* delante de *e* →**CAZAR**.

automoción s.f. **1** Estudio o descripción de las máquinas que se desplazan por la acción de un motor, esp. el estudio del automóvil: *Un experto en automoción me explicó el funcionamiento del motor de explosión.* **2** Sector de la industria relacionado con el automóvil: *Los nuevos modelos más amplios y potentes han revolucionado el mundo de la automoción.*

automóvil ▮ adj./s.m. **1** Que se mueve por sí mismo: *Las locomotoras son máquinas automóviles. Los autobuses y los autocares son automóviles de gran tamaño.* ▮ s.m. **2** Vehículo sobre ruedas impulsado por su propio motor, que circula por tierra sin necesidad de vías o carriles, que se destina al transporte de personas, y cuya capacidad no supera las nueve plazas; *coche: La industria del automóvil se desarrolló a partir del perfeccionamiento del motor de explosión.* ☐ MORF. 1. Como adjetivo, es invariable en género. 2. En la lengua coloquial se usa mucho la forma abreviada *auto.*

automovilismo s.m. **1** Conjunto de conocimientos teóricos y prácticos relacionados con la construcción, el funcionamiento y el manejo de los automóviles: *Los avances de la mecánica contribuyen al desarrollo del automovilismo.* **2** Deporte que se practica con automóviles y en el que los participantes compiten en velocidad, en habilidad o en resistencia: *Las carreras de automovilismo más conocidas son las de 'Fórmula 1'.*

automovilista s. Persona que conduce un automóvil: *Los automovilistas deben acatar las normas de circulación.* ☐ MORF. Es de género común y exige concordancia en masculino o en femenino para señalar la diferencia de sexo: *el automovilista, la automovilista.*

automovilístico, ca adj. Del automovilismo o relacionado con él: *La crisis económica ha afectado también a la industria automovilística.*

autonomía s.f. **1** Estado o situación de la persona, del pueblo o de la entidad que goza de independencia en algunos aspectos, esp. en el terreno político: *Gracias a su autonomía, cada empresa filial puede tomar sus propias decisiones.* **2** Poder o facultad que tienen ciertas entidades territoriales integradas en otras superiores para regirse internamente mediante normas y órganos de gobierno propios: *Las regiones españolas disponen de autonomía.* **3** En España, entidad territorial que pertenece al ordenamiento constitucional del Estado y que dispone de este poder para ordenar su propia legislación, sus competencias ejecutivas, y para administrarse mediante sus propios representantes; *comunidad autónoma: A partir de la Constitución de 1978 surgieron en España 17 autonomías.* **4** Capacidad que tiene una máquina, esp. un vehículo, para funcionar sin recargar el combustible o la energía que utiliza: *Este avión tiene una autonomía de 3000 km de vuelo.*

autonómico, ca adj. De la autonomía o relacionado con ella: *El Gobierno autonómico de la región propone una serie de reformas.* ☐ SEM. Dist. de *autónomo* (que goza de autonomía).

autónomo, ma adj. **1** Que goza de autonomía: *España cuenta con 17 comunidades autónomas.* **2** Referido a una persona, que trabaja por cuenta propia: *Desde que se ha hecho fontanero autónomo, gana más dinero.* ☐ SEM. Dist. de *autonómico* (de la autonomía o relacionado con ella).

autopista s.f. Carretera de circulación rápida, con calzadas de varios carriles para cada sentido y separadas entre sí por una mediana ancha, sin cruces a nivel, con pendientes limitadas y con curvas muy amplias: *Las autopistas pueden ser libres o de peaje.* ☐ SEM. Dist. de *autovía* (con entradas y salidas menos seguras).

autopsia s.f. Examen anatómico de un cadáver: *La autopsia reveló que el fallecido había ingerido sustancias tóxicas.*

autor, -a s. **1** Lo que causa o realiza algo; *artífice: Las sustancias tóxicas de este producto han sido las autoras de la intoxicación.* **2** Persona que ha hecho una obra de creación artística: *El autor está muy satisfecho de sus poemas.* **3** En derecho, persona que comete un delito, fuerza o induce directamente a otras a ejecutarlo, o coopera en él con actos sin los cuales no se hubiera ejecutado: *El fiscal lo acusó de ser el autor de un delito de hurto.*

autoría s.f. Condición de autor: *La autoría de la obra le da derecho a cobrar parte de las ganancias que con ella se obtengan. La crítica todavía discute sobre la autoría de este cuadro.*

autoridad s.f. **1** Poder para gobernar o mandar sobre algo que está subordinado: *Tú no tienes autoridad para exigirme que haga nada.* **2** Persona o institución que tiene este poder: *Las autoridades administrativas han clausurado la sala por no cumplir las medidas de seguridad.* **3** Carácter fuerte y dominante, esp. si es capaz de arrastrar la voluntad de otros: *Sabe hablar con autoridad y convicción.* **4** Crédito y fe que se da a algo en una determinada materia por su mérito o por su fama: *El estudio de Dámaso Alonso sobre la obra de Góngora goza de una autoridad indiscutible.* **5** Lo que goza de este crédito o de esta fama: *Este historiador es una autoridad en el tema de tenencia de tierras.* **6** Autor, texto o expresión que se citan para apoyar lo que se dice: *Su argumentación va acompañada de abundantes citas de autoridades.*

autoritario, ria ▮ adj. **1** Que se funda o apoya exclusivamente en la autoridad: *Los sistemas políticos autoritarios se basan en el poder indiscutible de un líder.* ▮ adj./s. **2** Que abusa de su autoridad o la impone: *Todos los empleados temen al jefe porque es muy autoritario. No se puede discutir con los autoritarios porque siempre quieren imponer sus criterios.*

autoritarismo s.m. Abuso de la autoridad o existencia de sumisión total a ella: *Las dictaduras son formas de autoritarismo.*

autorización s.f. **1** Concesión de autoridad, facultad o derecho para hacer algo: *Si eres menor de edad, necesitas la autorización de tu padre para cobrar este dinero.* **2** Consentimiento para la realización de algo: *Su familia no le da autorización para casarse.*

autorizado, da adj. Digno de atención y respeto por sus cualidades o circunstancias: *Un crítico autorizado ha opinado que es una novela muy mala.*

autorizar v. **1** Dar autoridad, facultad o derecho para hacer algo: *Si tú no puedes ir a recoger el carné, autoriza a alguien para que lo haga.* **2** Permitir la realización de algo: *El sindicato no autoriza la huelga.* ☐ ORTOGR. La *z* se cambia en *c* delante de *e* →**CAZAR**.

autorreverse s.m. En un casete, mecanismo que hace que la cinta vuelva a empezar cuando llega al final: *Tengo un equipo de música con autorreverse.*

autoservicio s.m. **1** Sistema de venta por el que el cliente toma lo que le interesa y lo paga a la salida del establecimiento; *self-service: Antes te atendía el tendero, pero ahora es autoservicio y es más rápido.* **2** Establecimiento que utiliza este sistema; *self-service: Comimos en el autoservicio del aeropuerto.*

autostop s.m. Manera de viajar por carretera que consiste en pedir transporte gratuito a los automovilistas, generalmente estando en un lado de la carretera y haciendo una señal con el pulgar; *autoestop: Ha viajado por toda Europa en autostop.* ☐ ORTOGR. Es un galicismo (*auto-stop*) adaptado al español.

autostopista adj./s. →**autoestopista.** ☐ MORF. 1. Como adjetivo es invariable en género. 2. Como sustantivo es de género común y exige concordancia en masculino o en femenino para señalar la diferencia de sexo: *el autostopista, la autostopista*.

autosuficiencia s.f. Estado o situación del que se basta a sí mismo; *autarquía: Su autosuficiencia le crea muchas enemistades.*

autosuficiente adj. Que se basta a sí mismo: *No necesita a nadie porque es autosuficiente.* ☐ MORF. Invariable en género.

autótrofo, fa adj. Referido a un organismo, que es capaz de elaborar su propia materia orgánica a partir de sustancias inorgánicas: *La mayoría de las plantas verdes son autótrofas.*

autovía s.f. Carretera con calzadas separadas para cada sentido de la circulación, cuyas entradas y salidas no se someten a las exigencias de seguridad de la autopista: *Las curvas de una autovía pueden ser más numerosas y más cerradas que las de una autopista.* ☐ SEM. Dist. de *autopista* (con entradas y salidas más seguras).

auxiliar ▮ adj. **1** Que auxilia o que sirve de ayuda: *Necesitamos una mesa auxiliar para poner todas las cosas que no caben aquí.* ▮ adj./s. **2** Referido a una persona, que ayuda o colabora en las funciones de otra como subordinada suya: *Antes, los catedráticos tenían profesores auxiliares que los sustituían en sus ausencias o enfermedades. Soy auxiliar de laboratorio en una empresa de productos farmacéuticos.* ▮ s.m. **3** →**verbo auxiliar.** ▮ v. **4** Dar o prestar auxilio o ayuda: *Necesito que me auxilies en esta situación tan difícil para mí.* **5** En el cristianismo, prestar ayuda, especialmente en el terreno espiritual: *Cuando vieron que el abuelo se moría, llamaron al párroco para que lo auxiliara.* **6** ‖ **auxiliar de vuelo.** Persona que se dedica profesionalmente a atender a los pasajeros y a la tripulación de un avión: *Si tienes frío díselo al auxiliar de vuelo para que te traiga una manta.* ‖ **auxiliar técnico sanitario.** Persona legalmente autorizada para asistir a los enfermos, siguiendo las instrucciones de un médico, y para realizar ciertas intervenciones de cirugía menor: *A los auxiliares técnicos sanitarios se los conoce normalmente como 'ATS'.* ☐ ORTOGR. Como verbo, la *i* nunca lleva tilde. ☐ MORF. 1. Como adjetivo es invariable en género. 2. En la acepción 2, como sustantivo es de género común y exige concordancia en masculino o en femenino para señalar la diferencia de sexo: *el auxiliar, la auxiliar*.

auxilio s.m. **1** Ayuda, socorro, amparo o asistencia que se prestan: *Gritó pidiendo auxilio, pero nadie la oyó. La denegación de auxilio a gente en una situación extremadamente peligrosa se considera un delito.* **2** ‖ **primeros auxilios.** Primera asistencia de urgencia que se presta a un accidentado: *En el curso de socorrismo me enseñaron los primeros auxilios.* ☐ SEM. Se usa para solicitar ayuda urgente.

aval s.m. **1** Documento por el que una persona o entidad responde del pago de una deuda, del cumplimiento de una obligación o de la capacidad de ser solvente, o firma con la que se obliga a ello: *Para concederme el préstamo, el banco me ha pedido el aval de una persona solvente.* **2** Lo que respalda o garantiza la realidad o calidad de algo: *Su éxito en el trabajo anterior es su mejor aval.* ☐ SEM. Su uso como sinónimo de *avalista* para designar a la persona que da un aval está muy extendido.

avalancha s.f. **1** Gran masa de nieve que se desprende de una montaña y cae con violencia y estrépito: *Una avalancha cortó el único paso que había entre las montañas.* **2** Gran cantidad de algo que llega con fuerza: *Recibí una avalancha de regalos por mi boda.* ☐ SEM. Es sinónimo de *alud*.

avalar v. Garantizar por medio de un aval: *Me avalaron mis padres y el banco me concedió el préstamo.*

avalista s. Persona que avala: *Mi cuñado fue mi avalista cuando pedí el préstamo al banco para comprar la casa.* ☐ MORF. Es de género común y exige concordancia en masculino o en femenino para señalar la diferencia de sexo: *el avalista, la avalista.*

avance s.m. **1** Movimiento y prolongación hacia adelante: *El ejército ha realizado un avance de dos kilómetros.* **2** Ida hacia adelante: *Continuad el avance hasta el río, mientras yo espero a los que andan más despacio.* **3** Adelanto, progreso o mejora: *Se notan tus avances en este trimestre, si sigues así aprobarás todo en junio.* **4** Lo que se presenta como adelanto o anticipo de algo: *Y esto es solo un avance de lo que pasó; ya te contaré más en el recreo.*

avanzada s.f. Véase **avanzado, da.**

avanzado, da ▮ adj. **1** Que está muy adelantado o próximo al final: *Me avisaron a una hora muy avanzada de la tarde y no pude deshacer mis compromisos anteriores.* ▮ adj./s. **2** Que se distingue por su audacia o por su carácter de novedad, o que aparece en primera línea o en primer término: *Para su edad es un chico muy avanzado. Julio Verne fue un avanzado y describió cosas inimaginables para su época.* ▮ s.f. **3** Fracción pequeña de tropa destacada del cuerpo principal para observar al enemigo y prevenir sorpresas: *El coronel envió una avanzada para que observara los movimientos enemigos.* **4** Lo que se adelanta, se anticipa o aparece en primer término: *Ese sindicato fue durante mucho tiempo la avanzada de la lucha obrera.*

avanzar v. **1** Adelantar, mover o prolongar hacia adelante: *El mando ordenó que sus tropas avanzaran las posiciones.* **2** Ir hacia adelante: *Las tropas avanzaron durante la noche y llegaron cerca de nuestro campamento.* **3** Referido al tiempo, transcurrir o acercarse a su fin: *La tarde avanza y aún no tenemos noticias de ellos.* **4** Adelantar, progresar o pasar a un estado mejor: *Desde que estuviste en Inglaterra has avanzado mucho en tu inglés.* **5** Referido a una noticia, darla antes de lo previsto; *adelantar, anticipar: La emisora avanzó el resultado de las elecciones antes de que acabara el escrutinio de los votos.* ☐ ORTOGR. La *z* se cambia en *c* delante de *e* →**CAZAR.**

avaricia s.f. Afán excesivo de poseer y de adquirir riquezas para atesorarlas: *La avaricia es propia de personas egoístas y codiciosas.*

avaricioso, sa adj./s. Que siente necesidad de poseer dinero y riquezas para atesorarlas; *avaro: No le gusta compartir nada porque es muy avaricioso. Es una avariciosa y no esperes que te regale ese broche que nunca se ha puesto.*

avariento, ta adj./s. →**avaro, ra.**

avaro, ra adj./s. **1** Que no quiere gastar e intenta dar lo menos posible: *Es tan avara que no se compra ropa ni cuando lo que lleva está roto. Se pasa la vida contando su dinero porque es un avaro.* **2** →**avaricioso, sa.**

avasallar v. **1** Actuar o comportarse sin tener en cuenta los derechos de los demás: *Ya sé que tienes razón, pero no avasalles.* **2** Imponerse o dominar con mucha diferencia: *La nueva colección de libros es un éxito y ha avasallado a la competencia.*

avatar s.m. Cambio, transformación o vicisitud: *Aunque no es muy mayor, su vida está llena de avatares.* ☐ MORF. Se usa más en plural.

ave ▮ s.m. **1** Tren español que desarrolla una gran velocidad: *Viajé a Sevilla en el ave, y tardé menos de tres horas.* ▮ s.f. **2** Animal vertebrado, ovíparo, de respiración pulmonar y sangre de temperatura constante, que tiene pico, el cuerpo cubierto de plumas, y dos patas y dos alas que, generalmente, le permiten volar: *Las palomas y las gallinas son aves.* ▮ pl. **3** En zoología, clase de estos animales, perteneciente a la superclase de los tetrápodos: *Algunas especies que pertenecen a las aves han perdido la capacidad de volar.* 👁 ave **4** ‖ **ave de paso.** *col.* Persona que se detiene poco en un sitio determinado: *Es un ave de paso y pronto cambiará otra vez de lugar de residencia.* ‖ **ave {de rapiña/rapaz}.** La que es carnívora y tiene el pico y las uñas muy fuertes, encorvados y puntiagudos: *El águila y el buitre son aves de rapiña.* 👁 **rapaz** ‖ **ave fría.** →**avefría.** ☐ MORF. 1. La acepción 1 es un acrónimo que procede de la sigla de *Alta Velocidad Española*, y se puede escribir *AVE*. 2. En las acepciones 2 y 3, por ser un sustantivo femenino que empieza por *a* tónica o acentuada, va precedido de *el, un, algún, ningún* y de las formas femeninas del resto de los determinantes.

avecinar v. Acercar o aproximar: *Se avecina una borrasca.*

avecindarse v.prnl. Establecerse en una población como vecino: *Se avecindó en Barcelona cuando sacó la oposición.*

avefría s.f. Ave zancuda de color verde oscuro en el dorso y blanco en el vientre, y con un moño en la cabeza de cinco o seis plumas que se encorvan en la punta: *La avefría vive cerca de estanques y de lagos y lagunas.* ☐ ORTOGR. Admite también la forma *ave fría.* ☐ MORF. Es un sustantivo epiceno y la diferencia de sexo se señala mediante la oposición *la avefría {macho/hembra}.*

avejentar v. Hacer parecer más viejo de lo que realmente se es por la edad: *Esos trajes tan serios que lleva lo avejentan. Con esa barba te has avejentado mucho.*

avellana s.f. Fruto del avellano, comestible y muy sabroso, pequeño y de forma casi esférica, con una corteza dura, delgada y de color marrón: *Tomamos de aperitivo un jerez con avellanas.*

avellano s.m. **1** Arbusto muy poblado de ramas, que

AVE

tiene hojas anchas, aterciopeladas y aserradas, y cuyo fruto es la avellana: *Los avellanos son árboles de hoja caduca.* **2** Madera de este árbol: *El avellano se utiliza para hacer aros de pipas y barriles.*

avemaría s.f. **1** En el cristianismo, oración compuesta de las palabras con las que saludó el arcángel san Gabriel a la Virgen María (según la Biblia, madre de Jesucristo), de las palabras que santa Isabel dijo a la Virgen María cuando esta fue a visitarla y de algunas otras que se añadieron después: *El avemaría empieza con las palabras 'Dios te salve, María'.* **2** En un rosario, cada una de las cuentas pequeñas en la que se reza esta oración: *Me he olvidado de pasar el avemaría y creo que hemos rezado dos avemarías de más en este misterio.* ☐ MORF. Por ser un sustantivo femenino cuyo primer componente empieza por *a* átona o no acentuada, no debe usarse con los determinantes *el*, *un*, *algún* y *ningún*. Incorr. *{*el › la} avemaría.*

avena s.f. **1** Cereal de cañas delgadas, con hojas lineales y con inflorescencias formadas por varias flores agrupadas en panojas: *La avena se cultiva como alimento.* 👁 **cereal** **2** Grano de este cereal: *Desayuno leche con copos de avena.*

avenencia s.f. Conformidad, acuerdo o unión: *Consiguió la avenencia sobre la nueva propuesta entre los que discutían.*

avenida s.f. **1** Vía ancha y generalmente con árboles a los lados: *Han colocado bancos de piedra a los lados de la avenida.* **2** Crecida violenta y súbita de un río o de un arroyo: *La avenida del río después de las tormentas arrastró varias barcas.* ☐ SINT. En la acepción 1, el nombre de la calle debe ir precedido por la preposición *de*, salvo si es un adjetivo: *avenida de Portugal.*

avenirse v.prnl. **1** Entenderse o llevarse bien: *Es una suerte que se avenga tan bien con tu familia.* **2** Ponerse de acuerdo: *Cada uno tenía su idea, pero se avinieron a trabajar juntos para el bien de la empresa.* ☐ MORF. Irreg. →**VENIR**. ☐ SINT. Constr. de la acepción 2: *avenirse A algo.*

aventajado, da adj. Que aventaja, que sobresale o que destaca en algo: *Estoy muy contenta con él porque es un alumno aventajado.*

aventajar v. Superar, exceder, llevar o sacar ventaja en algo: *Según las encuestas, este candidato aventaja en votos al actual presidente.* ☐ ORTOGR. Conserva la *j* en toda la conjugación.

aventar v. Referido a un cereal, echarlo al viento, generalmente para separar el grano de la paja: *Vamos a la era a aventar el trigo.* ☐ MORF. Irreg.: La *e* diptonga en *ie* en los presentes, excepto en las personas *nosotros* y *vosotros* →**PENSAR**.

aventura s.f. **1** Suceso o conjunto de sucesos extraños y variados: *Me gustan las películas de aventuras.* **2** Lo que es de resultado incierto o lo que presenta riesgos: *Invertir en ese negocio es una aventura.* **3** Relación amorosa o sexual pasajera: *Tuvo una aventura con él en el viaje de fin de estudios.*

aventurado, da adj. Arriesgado, atrevido o inseguro: *Son afirmaciones aventuradas, sin una base sólida.*

aventurar v. **1** Arriesgar o poner en peligro: *Aventuró su fortuna en inversiones poco claras y se arruinó. Se aventuraron en la montaña a pesar de la tormenta de nieve.* **2** Referido a algo que no se desconoce, decirlo o expresarlo: *Aventuró una explicación que no me convenció.*

aventurero, ra adj./s. **1** Aficionado a la aventura: *Es muy aventurera y ha viajado por todo el mundo. El protagonista de esa película es un aventurero que va en busca de la fuente de la eterna juventud.* **2** Referido a una persona, que se gana la vida por medios desconocidos: *Era un muchacho aventurero, solo preocupado por conseguir una gran fortuna. Sus padres no querían que se casase con él porque era un aventurero.*

avergonzar ▮ v. **1** Producir un sentimiento de vergüenza; *abochornar*: *Me avergüenza que hables a tu madre de esa manera.* ▮ prnl. **2** Tener o sentir vergüenza: *Está arrepentido y se avergüenza de su pasado.* ☐ ORTOGR. La *g* se cambia en *gü* y la *z* en *c* delante de *e*. ☐ MORF. Irreg.: La *o* diptonga en *ue* en los presentes, excepto en las personas *nosotros* y *vosotros* →**AVERGONZAR**. ☐ SINT. Constr.: *avergonzarse DE algo.*

avería s.f. Daño, fallo o rotura de un mecanismo, de un aparato o de un vehículo: *No sé qué avería tiene el coche, porque ni siquiera arranca el motor.*

averiarse v.prnl. Producir una avería: *Se me averió el coche y tuve que llamar a la grúa.* ☐ ORTOGR. La *i* lleva tilde en los presentes, excepto en las personas *nosotros* y *vosotros* →**VACIAR**.

averiguación s.f. Indagación de la verdad hasta descubrirla: *Gracias a las averiguaciones de un detective recuperó los objetos que le habían robado.*

averiguar v. Referido esp. a un asunto, indagar en él hasta descubrir la verdad: *La policía trata de averiguar todo lo relacionado con ese crimen.* ☐ ORTOGR. 1. La *u* lleva diéresis cuando le sigue *e*. 2. La *u* permanece siempre átona →**AVERIGUAR**.

averno s.m. En mitología, lugar donde iban las almas de los muertos; *infierno*: *Pidió a los dioses que lo dejaran descender al averno para rescatar a su amada.* ☐ USO Se usa también como nombre propio.

aversión s.f. Antipatía o repugnancia exageradas hacia algo: *Tiene verdadera aversión al pescado. Siento aversión por los insectos.*

avestruz s.m. Ave corredora, con el cuello muy largo, casi desnudo, patas largas y robustas, y el plumaje suelto y flexible, negro en el macho y blanco en la hembra: *Cuando el avestruz se siente en peligro, esconde la cabeza debajo de la tierra.* ☐ MORF. 1. Es un sustantivo epiceno y la diferencia de sexo se señala mediante la oposición *el avestruz {macho/hembra}*. 2. Se usa también como femenino. 👁 **ave**

avezado, da adj. Referido a una persona, acostumbrada o habituada a algo: *Es un avezado deportista.*

aviación s.f. **1** Sistema aéreo de desplazamiento y de transporte por medio de aviones: *Desde la II Guerra Mundial la aviación se ha desarrollado mucho.* **2** Cuerpo militar que utiliza este sistema de desplazamiento para la guerra: *Está haciendo el servicio militar en Aviación.* ☐ USO En la acepción 2, se usa como nombre propio.

aviador, -a s. Persona que gobierna un avión, esp. si está legalmente autorizada para ello: *Un estadounidense fue el primer aviador que cruzó el Atlántico sin escalas en 1927.*

aviar v. **1** *col.* Arreglar, disponer o componer: *Después de aviar la casa, sale al mercado y hace la compra.* **2** *col.* Preparar o disponer lo necesario para algo: *Tú, avía lo que necesitas para el viaje, que yo te lo meteré en la maleta.* **3** ‖ **estar aviado** alguien. *col.* Estar rodeado de dificultades y contratiempos: *Si no llegamos a tiempo estamos aviados, porque no hay otro tren hasta mañana.* ☐ ORTOGR. La *i* lleva tilde en los presentes, excepto en las personas *nosotros* y *vosotros* →**VACIAR**.

avícola adj. De la avicultura o relacionado con esta técnica de criar aves: *Tiene una granja avícola en la que cría pollos.* ☐ MORF. Invariable en género. ☐ SEM. Dist. de *apícola* (de la cría de abejas).

avicultor, -a s. Persona que se dedica a la avicultura o cría de aves: *Los avicultores piden que se paralicen las importaciones de pollos.* ☐ SEM. Dist. de *apicultor* (persona que se dedica a la apicultura o cría de abejas).

avicultura s.f. Técnica para criar y fomentar la reproducción de las aves y para aprovechar sus productos: *La avicultura tiende a un aumento de la producción aviar.* ☐ SEM. Dist. de *apicultura* (técnica de la cría de abejas).

avidez s.f. Ansia o deseo muy fuertes e intensos de algo: *Su avidez de conocimientos le hacía estar interesado en cualquier materia.*

ávido, da adj. Que siente ansia o un deseo muy fuertes e intensos de algo: *Es una persona siempre ávida de novedades.*

avieso, sa adj. Malo o de malas inclinaciones: *Me asusté cuando me enteré de sus aviesas intenciones.*

avilés, -a adj./s. De Ávila o relacionado con esta provincia española o con su capital; *abulense*: *El río Tiétar baña las tierras avilesas. Una avilesa nos contó cómo se habían encontrado las cuevas de Arenas de San Pedro.* ☐ MORF. Como sustantivo se refiere solo a las personas de Ávila.

avinagrado, da adj. Malhumorado o falto de amabilidad: *Sus palabras avinagradas crearon tensión en el ambiente.*

avinagrar ▌v. **1** Referido esp. al vino, dar o adquirir la acidez u otras características propias del vinagre: *El calor excesivo ha avinagrado el licor. Dejaste tanto tiempo la botella abierta que el vino se avinagró.* ▌prnl. **2** Referido a una persona, volverse malhumorada o de mal carácter: *Desde que sufrió aquella desgracia, se avinagró y ahora es difícil tratar con él.*

avío ▌s.m. **1** *col.* Arreglo, disposición o compostura: *Hizo el avío de la casa en dos horas, y así pudo salir al parque con los niños.* ▌pl. **2** Utensilios necesarios para hacer algo: *Cogió sus avíos de pesca y se fue al río.*

avión s.m. **1** Vehículo volador, con alas y generalmente propulsado por uno o más motores; *aeroplano*: *Ese avión tiene capacidad para cien pasajeros.* **2** Pájaro de dorso negro y de vientre y patas blancos que generalmente anida en paredes y en pendientes rocosas abruptas: *El avión es parecido a la golondrina.* ☐ MORF. En la acepción 2, es un sustantivo epiceno y la diferencia de sexo se señala mediante la oposición *el avión {macho/hembra}*.

avioneta s.f. Avión pequeño y de poca potencia: *Montaron en una avioneta para contemplar el río y las cataratas desde el aire.*

avisado, da adj. Prudente, sagaz y sensato: *Es persona avisada y sabrá salir airosa de las dificultades.*

avisar v. **1** Referido a un asunto, prevenir, advertir o informar de ello: *Avisa a tu padre de que la carretera está con nieve, por si va a venir en coche.* **2** Referido a un hecho, comunicarlo o dar noticia de ello: *Han llamado para avisar de que ya está arreglado el televisor.* **3** Referido a una persona, llamarla para que preste algún servicio: *Hay que avisar al fontanero para que arregle el lavabo.*

aviso s.m. **1** Noticia o advertencia que se comunican a alguien: *La radio, en un aviso para navegantes, ha anunciado un fuerte temporal.* **2** Indicio, señal o muestra de algo: *Ese desmayo fue un aviso de que padecías anemia.* **3** Advertencia o consejo: *Lo que le ha pasado a tu hermana es un aviso para que tú tengas más cuidado.* **4** En tauromaquia, advertencia que hace el presidente al torero cuando este tarda más tiempo en matar que el prescrito por el reglamento: *El torero se puso nervioso al oír el segundo aviso.* **5** ‖ **{andar/estar} sobre aviso.** Estar prevenido o ir con cuidado: *Menos mal que andaba sobre aviso, por que si no, me hubieran timado.*

avispa s.f. Insecto parecido a la abeja, pero de cuerpo amarillo con listas negras, que está provisto de un aguijón con el que pica y que vive en sociedad: *Las picaduras de avispa son muy dolorosas.* 👁 **insecto**

avispado, da adj. Referido a una persona, que es viva, despierta o espabilada: *No lo engañarás, porque es un niño muy avispado.*

avispero s.m. **1** Panal o nido de avispas: *Sin darme cuenta metí la mano en el avispero y me picaron varias avispas.* **2** *col.* Asunto enredado que ocasiona disgustos: *Si quieres vivir tranquilo, no metas tus narices en ese avispero.* **3** *col.* Aglomeración de personas o cosas inquietas y ruidosas: *La playa al mediodía es un avispero y prefiero no ir.*

avistar v. Ver desde lejos: *Avistaron la pequeña isla cuando navegaban con rumbo norte.*

avitaminosis s.f. En medicina, carencia o escasez de vitaminas: *El médico le recetó un complejo vitamínico porque en el análisis le detectó una ligera avitaminosis.* ☐ MORF. Invariable en número.

avituallamiento s.m. Abastecimiento de vituallas o víveres: *El avituallamiento de los ciclistas se efectuará en el kilómetro 80.*

avituallar v. Abastecer de vituallas o víveres: *El intendente se encarga, entre otras cosas, de avituallar a la tropa.*

avivar v. **1** Animar, excitar o dar mayor viveza o intensidad: *Su llamada avivó mi deseo de verlo. La discusión se avivaba más y más.* **2** Referido al fuego, hacer que arda más: *Aviva el fuego, porque se está apagando.*

avutarda s.f. Ave zancuda de carrera rápida y vuelo pesado, de cuerpo grueso y rojizo con manchas negras, cuello delgado y largo, y alas pequeñas: *La avutarda es muy común en España.* ☐ MORF. Es un sustantivo epiceno y la diferencia de sexo se señala mediante la oposición *la avutarda {macho/hembra}*.

axial adj. Del eje o relacionado con él: *Una figura plana tiene simetría axial si existe una línea llamada eje que la divide en dos mitades simétricas.* ☐ MORF. Invariable en género.

axila s.f. Concavidad que forma el arranque del brazo con el cuerpo; *sobaco*: *Muchas mujeres se depilan las axilas.*

axioma s.m. Proposición o enunciado básico tan claros y evidentes que se admiten sin necesidad de demostración: *'Dos cosas iguales a otra son iguales entre sí' es un axioma.*

axis s.m. En anatomía, segunda de las vértebras cervicales: *El movimiento de rotación de la cabeza se realiza mediante el axis.* ☐ MORF. Invariable en número.

axón s.m. Prolongación de una neurona, que generalmente termina en una ramificación y que está en contacto con otras células: *Los axones sirven para transmitir los impulsos nerviosos.* ☐ SEM. Es sinónimo de *cilindro eje*, *cilindroeje* y *neurita*.

ay ▌s.m. **1** *col.* Quejido o suspiro: *Se pasó toda la noche lanzando ayes de dolor.* ▌interj. **2** Expresión que se usa para indicar dolor, sorpresa, admiración o disgusto: *¡Ay!, me he dado un golpe en la rodilla. ¡Ay de ti, como me entere de que me engañas!* ☐ ORTOGR. Dist. de *hay* (del verbo *haber*) y de *ahí*. ☐ MORF. En la acepción 1, su plural es *ayes*. ☐ SEM. Como interjección, en la lengua coloquial se usa mucho repetida, con un matiz intensivo: *¡Ayayay, qué mal me huele este asunto!*

ayatolá s.m. Autoridad religiosa chiita, esp. en Irán (país asiático): *El ayatolá tiene autoridad en cuestiones de rito y de moral.* ☐ PRON. Aunque la pronunciación correcta es [ayatolá], está muy extendida [ayatóla].

ayer ▮ s.m. **1** Tiempo pasado: *Deja de idealizar el ayer y vive el presente.* ▮ adv. **2** En el día inmediatamente anterior al de hoy: *Ayer fue lunes y hoy es martes.* **3** En un tiempo pasado: *Ayer era un chiquillo y hoy es todo un hombre.* ☐ MORF. En la acepción 1, su plural es *ayeres*. ☐ USO El uso de expresiones como *ayer tarde* con el significado de 'ayer por la tarde' es un galicismo innecesario.

ayo, ya s. Persona encargada del cuidado o la educación de los niños o jóvenes de familias acomodadas: *El hijo del conde tenía que justificar las ausencias ante su ayo.* ☐ ORTOGR. *Aya* es dist. de *halla* (del verbo *hallar*) y de *haya*. ☐ MORF. *Aya*, por ser un sustantivo femenino que empieza por *a* tónica o acentuada, va precedido de *el*, *un*, *algún*, *ningún* y de las formas femeninas del resto de los determinantes.

ayuda s.f. **1** Cooperación o socorro: *Si veo que no sé hacerlo, te pediré ayuda.* **2** Lo que sirve para ayudar: *Los cincuenta millones de ayuda son insuficientes para los damnificados por el terremoto.* **3** Líquido que se introduce en el recto a través del ano, generalmente con fines terapéuticos o laxantes, o para facilitar una operación de diagnóstico: *Como nunca quiere tomar medicamentos, cuando está estreñido prefiere ponerse una ayuda.* 👁 **medicamento** **4** Instrumento manual que se utiliza para aplicar este líquido: *La ayuda que hay en mi casa tiene forma de pera y es de color marrón.* 👁 **medicamento** ☐ SEM. En las acepciones 3 y 4, es sinónimo de *enema*.

ayudanta s.f. de **ayudante**.

ayudante s. Persona que ayuda en un trabajo a otra, esp. si esta tiene un cargo o una preparación superior: *El médico está fuera y hoy pasa consulta su ayudante.* ☐ MORF. Es de género común y exige concordancia en masculino o en femenino para señalar la diferencia de sexo: *el ayudante, la ayudante*. Se admite el femenino *ayudanta* aunque se considera anticuado o fuera de la norma culta.

ayudar ▮ v. **1** Prestar cooperación o socorrer: *Es buena persona y te ayudará en todo lo que pueda. Estas medidas ayudarán a vencer las dificultades económicas.* ▮ prnl. **2** Valerse o servirse de algo: *Se ayudó de sus amistades para conseguir el puesto.* ☐ SINT. Constr.: *ayudar* {A/EN} *algo*.

ayunar v. Abstenerse o privarse de comer o de beber total o parcialmente, esp. por motivos religiosos o de salud: *Ayuna los miércoles de ceniza.*

ayuno s.m. **1** Privación total o parcial de comer o beber, esp. por motivos religiosos o de salud: *El próximo domingo es el día de ayuno voluntario en solidaridad con los pueblos del Tercer Mundo.* **2** ‖ **en ayunas. 1** Sin haber desayunado: *Para operarlo debe estar en ayunas. Aunque son las doce de la mañana estoy en ayunas.* **2** Sin haber entendido algo: *Ellos hablaban de sus cosas, pero yo me quedé en ayunas.* ☐ SINT. *En ayunas* se usa más con los verbos *estar* y *quedar*.

ayuntamiento s.m. **1** Corporación compuesta por un alcalde y varios concejales que dirige y administra un término municipal: *El Ayuntamiento concedió la medalla de oro de la ciudad a uno de sus hijos más ilustres.* **2** Edificio en el que tiene su sede esta corporación; *casa consistorial, concejo: El ayuntamiento está en el centro de la ciudad.* **3** ‖ **ayuntamiento (carnal).** Coito: *Fue un matrimonio de conveniencia y nunca hubo ayuntamiento carnal.* ☐ SEM. En la acepción 1, es sinónimo de *cabildo*, *concejo* y *municipio*. ☐ USO En la acepción 1, se usa como nombre propio.

azabache s.m. Variedad del lignito de color negro brillante, dura y compacta, que se puede pulir y es muy usada en joyería: *Estos pendientes son de oro y azabache.*

azada s.f. Instrumento formado por una pala cuadrangular de extremo cortante encajada en un mango, que se utiliza para cavar y remover la tierra: *Cavó en su jardín con una azada.* 👁 **apero**

azadón s.m. Instrumento parecido a la azada, pero con la pala algo más curva y más larga que ancha, que se utiliza esp. para cavar en tierras duras o para cortar raíces delgadas: *Para arrancar aquellas raíces tan duras tuve que dejar la azada y coger el azadón.* 👁 **apero**

azafata s.f. Véase **azafato, ta**.

azafato, ta ▮ s. **1** Persona que se dedica profesionalmente a atender a los pasajeros de un avión: *El azafato nos dio instrucciones sobre cómo utilizar los chalecos salvavidas.* **2** Persona que se dedica profesionalmente a ayudar y proporcionar informaciones al público que asiste a una reunión o a un congreso: *Una azafata de congresos nos repartió la documentación.* ▮ s.f. **3** Antiguamente, criada encargada del servicio personal de la reina: *La azafata cuidaba los vestidos y las alhajas de la reina.*

azafrán s.m. **1** Planta herbácea con tallo subterráneo en forma de tubérculo, hojas estrechas, flores lilas que se abren en estrella y estigma de color rojo anaranjado dividido en tres filamentos colgantes: *El azafrán procede de Oriente.* **2** Estigma seco de esta planta, muy usado como condimento: *La paella con azafrán tiene un color especial.*

azahar s.m. Flor blanca, esp. la del naranjo y otros cítricos: *El azahar huele muy bien.* ☐ ORTOGR. Dist. de *azar*.

azalea s.f. Arbusto de hoja caduca y flores de color blanco, rojo o rosa, que se cultiva como planta ornamental: *Las azaleas son plantas de jardín, aunque pueden cultivarse en macetas.*

azar s.m. **1** Casualidad o supuesta causa a la que se atribuyen los sucesos no debidos a una necesidad natural o a la intervención humana: *Conocernos fue puro azar, porque nuestras vidas eran totalmente distintas.* **2** Percance, riesgo o contratiempo imprevisto: *Si por cualquier azar no hemos llegado a las seis, os vais. Por azares de la vida, ahora vive en Moscú.* **3** ‖ **al azar.** Sin reflexión, sin orden o sin motivo: *Cierra los ojos, señala en el mapa un punto al azar y nos dirigiremos hacia allí.* ☐ ORTOGR. Dist. de *azahar*.

azaramiento s.m. Inquietud, turbación o aturdimiento, esp. si producen vergüenza o rubor: *Es muy tímido y su azaramiento ha sido debido a que una chica le ha llamado guapo delante de todos.*

azarar v. Inquietar, turbar o aturdir hasta causar vergüenza o rubor: *Las miradas de los espectadores lo azaran. Se azaró al ver que se había descubierto su mentira.*

azaroso, sa adj. Con percances o riesgos: *Tuvimos un azaroso viaje.*

azerbaiyano, na adj./s. De Azerbaiyán (país asiático), o relacionado con él: *La capital azerbaiyana es Bakú. Los azerbaiyanos formaron parte de la Unión Soviética.* ☐ MORF. Como sustantivo se refiere solo a las personas de Azerbaiyán.

azimut s.m. →**acimut.** ☐ MORF. Su plural es *azimuts*.

azogue s.m. *col.* Mercurio: *El espejo está estropeado porque tiene cuarteado el azogue.*

azor s.m. Ave rapaz diurna, de cabeza pequeña, pico negro y curvado, dorso oscuro, vientre blanco con manchas negras y con una línea blanca por encima de los ojos, muy apreciada en la caza de cetrería: *El azor es más pequeño que el halcón.* ☐ MORF. Es un sustantivo epiceno y la diferencia de sexo se señala mediante la oposición *el azor {macho/hembra}*. 👁 **rapaz**

azoramiento s.m. Inquietud, turbación o aturdimiento: *Las imágenes reflejaban el azoramiento del ganador cuando lo entrevistaron.*

azorar v. Inquietar, turbar o aturdir: *Se fue rápidamente a casa porque la multitud lo azora. Se azoró al ver que empezaba a llegar la gente y la comida no estaba lista.*

azotaina s.f. *col.* Serie de azotes: *Como no te portes bien, te vas a ganar una azotaina.*

azotar v. **1** Dar azotes: *El capitán mandó azotar a dos de los insurrectos.* **2** Producir daños o destrozos: *Hace dos años que la guerra azota esta tierra e impide que sus gentes vivan en paz.* **3** Referido esp. al viento o las olas, golpear repetida y violentamente: *Al salir, había ventisca y el aire me azotó la cara.*

azote s.m. **1** Instrumento, generalmente formado por cuerdas anudadas, que se utilizaba para azotar: *Golpeaba a sus esclavos con el azote.* **2** Golpe dado con este instrumento: *Le dieron cincuenta azotes como castigo por intentar huir.* **3** Golpe dado en las nalgas con la mano abierta: *Cuando se porta mal, su padre le da un par de azotes.* **4** Destrozo o calamidad: *La sequía es un azote para esta comarca.* **5** Choque repetido, esp. del viento o del agua: *El azote del viento derribó varios árboles.*

azotea s.f. **1** Cubierta llana de un edificio sobre la que se puede andar: *Tiendo la ropa en la azotea para que se seque antes.* **2** *col.* Cabeza humana: *Tú estás mal de la azotea si crees que ese tacaño te va a prestar dinero.*

azteca ▮ adj./s. **1** De un antiguo pueblo indígena que dominó cultural y económicamente en el actual territorio mexicano entre los siglos XV y primer cuarto del XVI: *El Imperio azteca terminó con la dominación española. Los aztecas tenían carácter belicoso y la base de su economía era el cultivo del maíz.* ▮ s.m. **2** Lengua indígena de este pueblo: *El azteca se sigue hablando hoy día.* ☐ MORF. 1. En la acepción 1, como adjetivo es invariable en género, y como sustantivo es de género común y exige concordancia en masculino o en femenino para señalar la diferencia de sexo: *el azteca, la azteca*. 2. En la acepción 1, como sustantivo se refiere solo a las personas de este antiguo pueblo.

azúcar s. **1** Sustancia sólida, generalmente de color blanco, de sabor muy dulce y que se extrae de la caña dulce, de la remolacha o de otros vegetales: *¿Cuántas cucharadas de azúcar quieres en el café?* **2** Hidrato de carbono dulce, cristalizable y soluble en agua: *Los diabéticos tienen exceso de azúcar en la sangre.* **3** ‖ **azúcar {glas/glaseada}.** La molida que se usa en pastelería: *Espolvoreó el bizcocho con azúcar glas.* ☐ MORF. Aunque es de género ambiguo y admite concordancia en masculino y en femenino sin cambiar de significado: *{el/la} azúcar {moreno/morena}*, en plural se usa más como masculino: *los azúcares*. ☐ USO En la acepción 1, en la lengua coloquial, se usa mucho con el artículo en masculino y el adjetivo en femenino: *el azúcar morena*.

azucarar v. **1** Endulzar con azúcar: *Me gusta azucarar los zumos de naranja para que no estén agrios.* **2** Bañar con azúcar: *Azucaró el pastel y lo decoró con anises de colores.*

azucarero, ra ▮ adj. **1** Del azúcar o relacionado con esta sustancia: *Trabaja en la industria azucarera.* ▮ s. **2** Recipiente para guardar y servir el azúcar: *Pásame el azucarero, que mi café aún está amargo.* ▮ s.f. **3** Fábrica de azúcar: *La azucarera está en el polígono industrial.*

azucarillo s.m. Terrón de azúcar: *¿Te pongo un azucarillo o prefieres dos?*

azucena s.f. **1** Planta herbácea de tallo largo, hojas largas, estrechas y brillantes, y grandes flores terminales muy olorosas, que se cultiva como planta ornamental: *Las variedades de la azucena se diferencian por el color de las flores.* **2** Flor de esta planta: *Las azucenas nacen en racimo.*

azufre s.m. Elemento químico, no metálico y sólido, de número atómico 16, quebradizo, insípido, de color amarillo y olor característico, muy utilizado para la obtención de ácido sulfúrico, la fabricación de sustancias plásticas y como insecticida: *El azufre se funde a temperatura poco elevada y arde con llama azul.* ☐ ORTOGR. Su símbolo químico es *S*.

azul adj./s.m. **1** Del color del cielo cuando está despejado: *El mar también es azul. El azul es el quinto color del arco iris y está situado entre el verde y el añil.* **2** ‖ **azul marino.** El oscuro, cercano al negro: *Los uniformes de los marineros son blancos y azul marino.* ☐ MORF. Como adjetivo es invariable en género. 👁 **espectro**

azulado, da adj. De color azul o con tonalidades azules: *El cielo está gris azulado y quizá llueva.*

azulejo s.m. Pieza de arcilla cocida, de poco grosor y con una cara vidriada, que se utiliza para revestir superficies como decoración o como revestimiento impermeable: *Alicataron la cocina con azulejos blancos.*

azumbre s. Unidad de capacidad que equivale aproximadamente a dos litros: *Celestina, al regresar de casa de Calisto, tomó una azumbre de vino. Un azumbre es igual que cuatro cuartillos.* ☐ MORF. 1. Es de género ambiguo y admite concordancia en masculino y en femenino sin cambiar de significado: *{el/la} azumbre*. 2. Se usa más como femenino. ☐ USO Es una medida tradicional española.

azuzar v. Referido a un animal, incitarlo, animarlo o irritarlo para que ataque o embista: *Azuzó a los perros contra el ladrón.* ☐ ORTOGR. La *z* se cambia en *c* delante de *e* →**CAZAR.**

B b

b s.f. Segunda letra del abecedario: *La palabra 'bigote' empieza por 'b'.* □ PRON. Representa el sonido consonántico bilabial sonoro.

baba s.f. **1** Saliva que cae de la boca de una persona o de algunos animales mamíferos: *Límpiale la baba al niño.* **2** Líquido pegajoso que segregan algunos animales invertebrados o algunas plantas: *El caracol deja un hilillo de baba al desplazarse.* **3** ‖ **caérsele la baba** a alguien. *col.* Experimentar gran satisfacción, placer y contento viendo u oyendo algo: *Se le cae la baba cuando habla de lo maravillosos que son sus hijos.* ‖ **mala baba.** *col.* Mala intención o mal carácter: *Hay que tener mala baba para hacerte una faena así.*

babear v. **1** Echar baba: *Al finalizar la carrera, los caballos babeaban. Los bebés babean mucho.* **2** *col.* Experimentar gran satisfacción, placer y contento viendo u oyendo algo: *Siempre babea cuando habla de sus maravillosos hijos.*

babel s. →**torre de Babel.** □ MORF. Es de género ambiguo y admite concordancia en masculino y en femenino sin cambiar de significado: *{el/la} babel {espantoso/espantosa}.*

babélico, ca adj. Confuso o difícil de entender (por alusión al relato bíblico de la torre de Babel, con la que los hombres quisieron alcanzar el cielo, provocando así que Dios los castigase con la confusión de lenguas): *Ha sido un discurso babélico porque ha citado muchísimo en latín.*

babeo s.m. Expulsión de baba: *A mucha gente le dan asco los caracoles por su babeo.*

babero s.m. **1** Prenda de tela o de otra materia que se coloca sobre el pecho para no mancharse: *El bebé cerró la boca y la cucharada cayó sobre el babero.* **2** En algunos hábitos religiosos, pieza que se pone sobre el vestido cubriendo los hombros y el pecho, y que se ata en el cuello: *Esas monjas llevan grandes baberos blancos.*

babi s.m. *col.* Bata que se ponen los niños encima de la ropa para protegerla: *En ese colegio los niños de prescolar usan babi.*

babia ‖ **estar en Babia.** *col.* Estar distraído o ajeno a lo que sucede alrededor (por alusión al aislado territorio de Babia en la montaña leonesa): *En clase está siempre en Babia y nunca se entera de nada.*

babilla s.f. En un animal cuadrúpedo, parte de las extremidades inferiores que está formada por la musculatura y los tendones que articulan el fémur con la tibia y la rótula: *No me gusta la carne de babilla.* 👁 **carne**

babilonio, nia adj./s. De Babilonia (antigua ciudad asiática, famosa por su fastuosidad y por ser centro político del Antiguo Oriente, situada entre los ríos Tigris y Éufrates): *El pueblo babilonio aprovechó para su agricultura los conocimientos astronómicos y matemáticos. Las construcciones de los babilonios solían ser monumentales y de ladrillos de barro cocido.* □ MORF. Como sustantivo se refiere solo a las personas de Babilonia.

bable s.m. Modalidad lingüística que se habla en Asturias (comunidad autónoma y provincia española): *Entre el bable oriental y el occidental hay grandes diferencias.*

babor s.m. En una embarcación, lado izquierdo, según se mira de popa a proa: *El capitán mandó girar a babor.* □ SINT. Constr.: *{A/POR} babor.* □ SEM. Dist. de *estribor* (lado derecho). 👁 **embarcación**

babosa s.f. Véase **baboso, sa.**

babosear v. Mojar o llenar de baba: *Duerme con la boca abierta y siempre babosea la almohada.*

baboso, sa ▮ adj./s. **1** Que echa muchas babas: *No sé cómo puedes tocar esos animales tan babosos. Todos los bebés son unos babosos.* **2** *col.* Referido a una persona, que no tiene edad ni condiciones para lo que hace o dice: *Estos niñatos babosos fuman como carreteros. La babosa esta no abulta nada y mira cómo me contesta.* **3** *col.* Que resulta molesto y pesado en sus intentos por agradar o por conquistar a alguien: *Cuando mi hija se pone babosa, no para de hacerme carantoñas. Lo malo no es que sea un baboso, sino que encima se cree gracioso.* ▮ s.f. **4** Molusco terrestre, alargado, sin concha o de concha rudimentaria, con una especie de ventosa en el vientre que le permite moverse, y que segrega en su marcha abundante baba: *La babosa es muy dañina en las huertas.*

babucha s.f. Zapatilla ligera y sin tacón: *En un bazar oriental me compré unas babuchas de cuero con la punta hacia arriba.* 👁 **calzado**

baca s.f. En un automóvil, soporte, generalmente en forma de parrilla, que se coloca sobre el techo y que sirve para llevar bultos; *portaequipajes: El taxista puso las maletas en la baca.* □ ORTOGR. Dist. de *vaca.*

bacalada s.f. Bacalao abierto y curado: *He comprado en el mercado unas bacaladas buenísimas.*

bacaladero, ra ▮ adj. **1** Del bacalao, de su pesca o de su comercio: *El Atlántico Norte es una importante zona* *bacaladera.* ▌s.m. **2** Barco preparado para la pesca del bacalao y para su conservación con vistas a su aprovechamiento industrial: *Ayer llegó un bacaladero al puerto.*

bacaladilla s.f. Pez marino de pequeño tamaño, de color gris, cuerpo alargado y mandíbula prominente: *La bacaladilla es un pescado blanco.* □ MORF. Es un sustantivo epiceno y la diferencia de sexo se señala mediante la oposición *la bacaladilla {macho/hembra}*.

bacalao s.m. **1** Pez marino comestible, de gran tamaño, cuerpo alargado y cilíndrico y cabeza muy grande; *abadejo: El bacalao se puede consumir fresco o curado y en salazón.* 👁 **pez 2** Música de ritmo agresivo, repetitivo y machacón: *Vamos siempre a esa discoteca porque ponen bacalao.* **3** ‖ **cortar el bacalao.** *col.* Mandar o decidir en un asunto o en un grupo: *En esta empresa es el subdirector el que corta el bacalao.* □ PRON. Incorr. *[bakaládo]. □ MORF. En la acepción 1, es un sustantivo epiceno y la diferencia de sexo se señala mediante la oposición *el bacalao {macho/hembra}*.

bacanal adj./s.f. Referido a una fiesta, de carácter desenfrenado (por alusión a las que se celebraban en honor de Baco, dios romano del vino y de la sensualidad): *En algunas fiestas bacanales llegaron a cometerse crímenes. Dice que una bacanal sin grandes dosis de alcohol no es tal.* □ MORF. 1. Como adjetivo es invariable en género. 2. Como sustantivo se usa más en plural.

bacante s.f. En la antigua Roma, sacerdotisa que se dedicaba al culto de Baco (dios del vino y de la sensualidad) o mujer que participaba en las fiestas celebradas en honor de este: *Los poetas modernistas pusieron de moda la palabra bacante para referirse a las mujeres que gustaban de los placeres.* □ ORTOGR. Dist. de *vacante*.

bacará s.m. Juego de cartas en que el banquero interviene contra los demás participantes y en el que gana aquel que, con dos cartas, se aproxime más a nueve puntos: *El bacará es un juego propio de casinos.* □ ORTOGR. Es un galicismo (*baccara*) adaptado al español.

bacarrá s.m. →**bacará.**

bache s.m. **1** En una vía pública, hoyo o desnivel que se forma por la acción de un agente externo: *Están arreglando la calzada y quitando los baches.* **2** En la atmósfera, corriente vertical de aire que causa el descenso repentino y momentáneo de un avión: *Me asusto cuando el avión se mueve tanto por los baches.* **3** Situación pasajera de decaimiento o postración: *Espero que supere este bache y vuelva a ser tan optimista como siempre.*

bachiller s. **1** Persona que tiene el título académico de bachillerato: *Los bachilleres deben acreditar sus estudios con el título correspondiente.* **2** Antiguamente, persona que tenía un título universitario de primer grado: *Hasta el siglo XVII, muchos estudiantes abandonaban la Universidad siendo bachilleres.* □ MORF. Es de género común y exige concordancia en masculino o en femenino para señalar la diferencia de sexo: *el bachiller, la bachiller*. Se admite también el femenino *bachillera*, aunque puede tener un matiz humorístico o despectivo.

bachillerato s.m. **1** Grado académico que se obtiene después de haber cursado la enseñanza media: *No tengo el bachillerato porque dejé de estudiar a los once años.* **2** Conjunto de estudios necesarios para obtener este grado: *Durante el bachillerato sacó buenas notas.*

bacía s.f. Recipiente cóncavo de gran diámetro y poca profundidad, que sirve para contener líquidos, esp. referido al de metal que usaban los barberos para remojar las barbas: *Don Quijote llevaba en la cabeza una bacía porque creía que era el yelmo de un famoso caballero andante.*

bacilo s.m. Bacteria en forma de bastón: *Los bacilos pueden producir enfermedades como la tuberculosis.*

bacín s.m. Vasija alta y cilíndrica en la que se evacuaban los excrementos: *Mis abuelos tenían siempre dos bacines debajo de la cama.*

backgammon (anglicismo) s.m. Juego de mesa que se practica entre dos jugadores, cada uno de los cuales debe mover sus fichas, blancas o negras, sobre un tablero dividido en veinticuatro casillas triangulares: *El backgammon se conocía ya en Mesopotamia y en la antigua Grecia.* □ PRON. [bakgámon].

back-up (anglicismo) s.m. En informática, copia de seguridad: *Gracias al back-up, hemos podido recuperar los ficheros que habíamos borrado.* □ PRON. [bakáp]. □ USO Su uso es innecesario.

bacon s.m. →**beicon.** □ PRON. [béikon]. □ USO Es un anglicismo innecesario.

bacteria s.f. Organismo microscópico sin núcleo diferenciado, que se multiplica por división simple o por esporas: *Las bacterias son agentes de numerosas enfermedades infecciosas.* □ MORF. Cuando se antepone a una palabra para formar compuestos, adopta la forma *bacteri-*.

bacteriano, na adj. De las bacterias o relacionado con ellas: *Mi enfermedad está producida por una infección bacteriana.*

bactericida adj./s.m. Que mata las bacterias: *Ese producto bactericida huele bien. Las plantas se morirán si les echo este bactericida.* □ MORF. Como adjetivo es invariable en género.

bacteriología s.f. Parte de la biología que estudia las bacterias: *El movimiento de las bacterias y su forma es lo que más me interesa de la bacteriología.*

bacteriológico, ca adj. De la bacteriología: *Hay que realizar un análisis bacteriológico de estos alimentos.*

báculo s.m. **1** Bastón que se utiliza como apoyo al caminar y cuyo extremo superior es muy curvo: *Los peregrinos llevaban siempre un báculo.* **2** Lo que sirve de consuelo y apoyo: *Durante la vejez, los hijos son el báculo de los padres.*

badajo s.m. En una campana o en un cencerro, pieza móvil que cuelga en su interior y que, al moverse, hace que suene: *El sonido metálico del badajo de la iglesia resonó por el valle.*

badana ▌s. **1** *col.* Persona despreocupada, vaga y perezosa: *Sus hijos son unos badanas y no quieren estudiar ni trabajar.* ▌s.f. **2** Piel curtida de carnero o de oveja: *El interior de los zapatos está forrado de badana.* **3** En un sombrero, tira que se cose en el borde interior de la copa para evitar que esta se manche con el sudor: *Hay que cambiar la badana de este sombrero porque está ya muy sucia.* **4** ‖ **zurrar la badana.** *col.* Maltratar con golpes o de palabra: *No los provoques, si no quieres que te zurren la badana.* □ MORF. 1. En la acepción 1, en la lengua actual es de género común y exige concordancia en masculino o en femenino para señalar la diferencia de sexo: *el badana, la badana*. 2. En la acepción 1, se usa mucho la forma *badanas*, invariable en número.

badén s.m. En una vía pública, cauce que se construye para que pueda pasar un corto caudal de agua: *Hay una señal de tráfico que anuncia badenes.* □ PRON. Incorr. *[báden].

a b c d e f g h i j k l m n ñ o p q r s t u v w x y z

badil s.m. Utensilio de metal, semejante a una pala pequeña, que se usa para remover la lumbre en las chimeneas y braseros; *badila*: *Removió las brasas con el badil para que ardiese mejor la leña.*

badila s.f. →**badil.**

bádminton s.m. Deporte que se practica con raquetas más pequeñas que en el tenis y con una pelota semiesférica con plumas en su parte plana: *El bádminton es originario de la India.* ☐ ORTOGR. Es un anglicismo (*badminton*) adaptado al español.

badulaque adj./s.m. *col.* Tonto, necio, de poco juicio o de corto entendimiento: *Es más badulaque que su padre, que ya es decir. Semejante locura solo es capaz de hacerla un badulaque como tú.* ☐ MORF. Como adjetivo es invariable en género.

bafle s.m. En un equipo de alta fidelidad, caja que contiene uno o varios altavoces: *Colocó en el salón los dos bafles del equipo de música.* ☐ ORTOGR. Es un anglicismo (*baffle*) adaptado al español.

bagaje s.m. Conjunto de cosas o de conocimientos que alguien posee: *Tiene un bagaje cultural muy amplio.*

bagatela s.f. Lo que tiene poca importancia o es de poco valor: *No pierdas el tiempo en bagatelas.*

baguette (galicismo) s.f. **1** Barra de pan muy larga y delgada: *Las baguettes son de origen francés.* **2** Bocadillo hecho con este tipo de barra: *En esa bocadillería, hacen unas baguettes con queso fundido buenísimas.* ☐ PRON. [baguét].

bah interj. Expresión que se usa para indicar incredulidad o desdén: *¡Bah, eso es mentira! ¡Bah!, esa película es un rollo.*

bahía s.f. Entrada del mar en la costa, mayor que la ensenada y generalmente menor que el golfo: *El barco fondeó en la bahía para evitar el temporal.*

bailaor, -a s. Persona que se dedica profesionalmente a bailar flamenco: *Hay buenos bailaores en este cuadro flamenco.*

bailar v. **1** Mover el cuerpo al ritmo de la música: *Estuvieron bailando toda la tarde. ¿Bailas conmigo una sevillana?* **2** Referido a algo insuficientemente sujeto o ajustado, moverse: *La falda me está ancha y me baila.* **3** Referido a un objeto, girar rápidamente en torno a su eje o hacerlo girar de este modo: *Mi peonza baila mejor que la tuya. Tu amiga sabe bailar las monedas.* **4** Hacer movimientos de índole nerviosa: *Deja ya de bailar o terminarás por ponerme nervioso a mí también.* **5** *col.* Referido a una idea, confundirla o no tenerla suficientemente fijada en la memoria: *Tienes que estudiar con más profundidad porque bailas los conceptos.* **6** *col.* Referido a una cifra o a una letra, alterar o confundir su orden: *Bailó la 'r' con la 's' y escribió 'mosra' en lugar de 'morsa'.* **7** *col.* En una votación, vacilar un puesto entre varios candidatos, al estar muy igualados en el número de votos: *Cuando faltaba por escrutar el dos por ciento de las papeletas, un escaño de diputado bailaba entre los conservadores y los progresistas.* **8** ‖ **que le quiten** a alguien **lo bailado.** *col.* Expresión que se usa para indicar que las contrariedades que puedan surgir no anulan el placer y las satisfacciones ya obtenidas: *Aunque me caía de sueño después de la fiesta, ¡que me quiten lo bailado!*

bailarín, -a adj./s. Referido a una persona, que baila, esp. si esta es su profesión: *Es muy bailarina, pero no lo hace demasiado bien. Los bailarines de ballet tienen que ensayar días y días cada representación.*

baile s.m. **1** Conjunto de movimientos que se hacen con el cuerpo al ritmo de la música: *Estamos ensayando el baile para la fiesta de fin de curso.* **2** Serie de movimientos que se ejecutan siguiendo una técnica y un ritmo musical establecidos: *El tango es un baile argentino.* **3** Reunión o fiesta en la que se juntan varias personas para bailar: *Esta noche se celebra un baile en el casino del pueblo. Se celebró un baile de etiqueta en honor del embajador.* **4** Movimiento rítmico y acompasado: *El barco de juguete iba y venía con el baile de las olas.* **5** Movimiento de índole nerviosa: *Deja ya ese baile de piernas, que mueves todo el banco.* **6** *col.* Confusión o falta de fijación de ideas o de conocimientos: *Con el baile de fechas que tienes, no puedo aprobarte.* **7** *col.* Error que consiste en alterar el orden de cifras o de letras: *Escribió 58 en lugar de 85 y este baile de cifras hizo que las cuentas no cuadrasen.* **8** *col.* En una votación, indeterminación de un puesto entre varios candidatos, al estar muy igualados en el número de votos: *El baile de escaños causó nerviosismo entre los diputados.* **9** ‖ **baile de salón.** El que se baila en parejas, esp. en locales cerrados, siguiendo distintas técnicas según los distintos ritmos: *El vals y el pasodoble son bailes de salón.* ‖ **baile de San Vito.** *col.* Denominación que reciben ciertas enfermedades convulsivas: *A ver si te estás quieto de una vez, que parece que tienes el baile de San Vito.*

bailón, -a adj./s. Que disfruta bailando: *Es tan bailona que se pasaría horas y horas en una discoteca. Da gusto ir a una fiesta con un bailón como tú.*

bailongo s.m. *col.* →**baile.**

bailotear v. *col.* Bailar sin gracia ni formalidad: *Estuvimos bailoteando toda la noche y nos reímos mucho.*

bailoteo s.m. Baile informal o poco académico: *Nos reímos mucho con el bailoteo de mi padre cuando tocaron un rock.*

baipás s.m. En medicina, prótesis o pieza artificial o biológica que se coloca para establecer una comunicación entre dos puntos de una arteria en mal estado: *Lo han operado para colocarle un baipás.* ☐ MORF. Su plural es *baipases*. ☐ USO Es un anglicismo (*bypass*) adaptado al español.

baja s.f. Véase **bajo, ja.**

bajá s.m. En el antiguo Imperio turco, persona que obtenía algún mandato superior; *pachá*: *Actualmente, bajá es solamente un título honorífico.* ☐ MORF. Su plural es *bajás*.

bajada s.f. **1** Descenso de algo en su posición, su inclinación, su intensidad, su cantidad o su valor: *Tras la representación se produjo la bajada del telón. Con esos nervios, le va a dar una bajada de tensión. La bajada del precio de la gasolina está anunciada para mañana.* **2** Camino que lleva hacia un lugar o hacia una posición inferiores: *No me atrevo a descender por esa bajada tan estrecha.* **3** Inclinación de un terreno: *La bajada de ese precipicio es impresionante.* **4** ‖ **bajada de aguas.** En un edificio, conjunto de cañerías que da salida al agua de lluvia: *Llama a un fontanero para que arregle la bajada de agua.* ‖ **bajada de bandera.** En un taxi, puesta en marcha del taxímetro cuando inicia una carrera: *La bajada de bandera tiene unas tarifas fijas.* ☐ SEM. En las acepciones 2 y 3, es sinónimo de *descenso*.

bajamar s.f. **1** Fin del movimiento de descenso de la marea: *En la bajamar, el agua se habrá alejado dos metros del sitio en el que estamos.* **2** Tiempo que dura el final del descenso de la marea: *Durante la bajamar se ven las rocas* *del fondo del acantilado.* □ SEM. Dist. de *marea baja* (descenso del nivel del mar).

bajante s. En una construcción, tubería vertical de desagüe: *Esta gotera se debe a la rotura de la bajante.* □ MORF. Es de género ambiguo y admite concordancia en masculino y en femenino sin cambiar de significado: *{el/la} bajante {roto/rota}.*

bajar v. **1** Ir a un lugar o a una posición inferiores: *¡Bájate del árbol! Bajó de categoría por rendir poco. Siempre bajo las escaleras andando.* **2** Poner en un lugar o en una posición inferiores: *Baja el baúl al sótano. No te bajes los pantalones.* **3** Descender o hacer descender de un medio de transporte; *apear: Los bajaron del tren a empujones. No quiso bajarse del coche.* **4** Inclinar hacia abajo: *Bajó la cabeza con vergüenza.* **5** Disminuir en intensidad, cantidad o valor: *Baja el volumen de la radio. Hoy baja el precio de la gasolina.* **6** En música, descender de un tono agudo a uno más grave: *Si educas la voz podrás bajar hasta los tonos más graves.* □ ORTOGR. Conserva la *j* en toda la conjugación. □ SEM. 1. En las acepciones 1 y 5, es sinónimo de *descender*. 2. **Bajar abajo* es una expresión redundante e incorrecta, aunque está muy extendida.

bajel s.m. *poét.* Barco: *«Bajel pirata que llaman / por su bravura 'el Temido'...» escribió el poeta romántico Espronceda.* □ SEM. Dist. de *batel* (barco pequeño).

bajero, ra adj. Que se usa o se pone debajo de algo: *La sábana bajera se coloca sobre el colchón y bajo la otra sábana.*

bajeza s.f. **1** Acción indigna y despreciable en la que no se tienen en cuenta la moral ni la ética: *Cometió la bajeza de traicionarme y no se lo perdono.* **2** Falta de elevación moral: *La bajeza de sus acciones merece nuestras críticas.*

bajini ‖ **por lo {bajini/bajinis}.** *col.* Disimuladamente o en voz muy baja: *Me lo dijo por lo bajini, para que no lo oyeran los demás.*

bajío s.m. En el mar, elevación del fondo, generalmente arenosa: *El barco encalló en un bajío.*

bajo ▮ adv. **1** En un tono de voz suave: *Habla bajo que te pueden oír.* ▮ prep. **2** Debajo de: *Menos mal que la tormenta nos cogió bajo techo. El papa entró en las iglesias bajo palio.* **3** Con sumisión o sujeción a personas o a normas: *Los artistas actuaban bajo el mando de un experimentado director.* ▮ s. **4** Persona que toca el instrumento del mismo nombre: *Necesitamos un bajo para el grupo de rock.* **5** En música, persona cuyo registro de voz es el más grave de los de las voces humanas: *Soy bajo en el coro del colegio por la voz tan grave que tengo.* **6** ⟶**contrabajo.** **7** ‖ **por lo bajo. 1** Disimuladamente o en voz muy baja: *Te diré un secreto por lo bajo y sin que se entere nadie.* **2** Referido a un cálculo, estableciendo cuál es la mínima cantidad probable: *Calculando por lo bajo, creo que costará seis euros.* □ MORF. 1. En las acepciones 4, 5 y 6, es de género común y exige concordancia en masculino o en femenino para señalar la diferencia de sexo: *el bajo, la bajo.* □ SINT. Como preposición: Incorr. *{*bajo › desde} el punto de vista.*

bajo, ja ▮ adj. **1** Que tiene menos altura de la que se considera normal: *Al lado de un jugador de baloncesto pareces muy bajo. El cielo estaba cubierto por nubes bajas.* **2** Que tiene un valor o una intensidad inferiores a los normales: *En verano la presión atmosférica es más baja. Tienes que estudiar más porque tu nivel cultural es muy bajo.* **3** Inclinado o dirigido hacia abajo: *Siempre me habla con los ojos bajos.* **4** Que está en un lugar inferior o que ocupa una posición inferior: *La planta baja está destinada a locales comerciales. Los obreros suelen pertenecer a las clases bajas de la sociedad.* **5** Referido a un terreno, que está a poca altura sobre el nivel del mar: *Las tierras bajas se inundan con mucha facilidad.* **6** Referido al oro o a la plata, que tiene mucha mezcla de otros metales: *El oro bajo es más barato que el de ley.* **7** Referido a una persona o a su comportamiento, que son despreciables en cualquier aspecto: *Su lenguaje es bajo y vulgar. Es una persona grosera que se deja llevar por sus bajas pasiones.* **8** Referido a una parte de un río, que está cercana a su desembocadura: *El curso bajo de los ríos es su parte más caudalosa.* **9** Referido a una época o a un período histórico, que son los más cercanos al tiempo actual: *La Baja Edad Media llega hasta el Renacimiento.* **10** Referido a un sonido, a una voz o a un tono musical, que tienen una frecuencia de vibraciones pequeña; *grave: Su hermano tiene una voz baja, ronca y hueca.* ▮ s.m. **11** En un edificio, piso que está a la misma altura que la calle: *Tiene la tienda en un bajo.* **12** En una prenda de vestir, doblez inferior cosido hacia dentro: *Llevas descosido el bajo de los pantalones.* **13** En el mar o en aguas navegables, elevación del fondo, generalmente arenosa: *En este río solo se puede navegar con barcas porque tiene muchos bajos.* **14** Instrumento musical que produce el sonido más grave en la escala general: *El bajo marca el ritmo de las melodías.* **15** ⟶**contrabajo.** ▮ s.m.pl. **16** En un vehículo, parte inferior externa de la carrocería, que forma el piso: *Golpeó los bajos del coche con las piedras del camino sin asfaltar.* ▮ s.f. **17** Cese o abandono de una persona en un cuerpo, en una profesión o en una asociación legalmente reconocida: *En el partido se produjeron bajas y ahora tenemos pocos militantes.* **18** Documento que acredita y justifica el cese temporal en el trabajo, y en el que generalmente consta el reconocimiento oficial de enfermedad o accidente, hecho por un médico: *El médico le dio la baja y le mandó dos semanas de reposo.* **19** Muerte o desaparición en combate de una persona: *Las guerras producen muchas bajas entre la población.* **20** Disminución del precio o del valor de algo: *Continúa la baja de los precios del petróleo.* **21** ‖ **baja (temporal).** La que se da a un trabajador por un período de tiempo y generalmente por motivos de enfermedad o de accidente: *Está de baja porque se rompió una pierna.* ‖ **{causar/ser} baja.** Dejar de pertenecer a una asociación: *Es baja en el colegio de aparejadores porque se ha hecho arquitecto.* ‖ **dar de baja** a alguien. **1** Declararlo enfermo un médico: *En cuanto el médico te oiga toser, seguro que te da de baja.* **2** Registrar que ha dejado de dedicarse a una actividad: *Tras una intensa búsqueda de los soldados desaparecidos, las autoridades militares los dieron de baja. Lo han dado de baja en el club porque no pagaba el abono mensual. Lo dieron de baja en la plantilla de la empresa por jubilación.* ‖ **darse de baja.** Dejar de pertenecer voluntariamente a un cuerpo, a una profesión o a una asociación: *Me di de baja en el gimnasio para inscribirme en la escuela de baile.* □ MORF. El comparativo de superioridad *inferior* y el superlativo irregular *ínfimo* solo se usan cuando *bajo* tiene el sentido de 'situado debajo' o de 'escaso, de poco valor'. □ SEM. En la acepción 12, dist. de *dobladillo* (en cualquier pieza de tela).

bajón s.m. Disminución brusca e importante: *Después del verano dio un bajón en su rendimiento.* □ SINT. Se usa más con los verbos *dar, sufrir, tener* y *pegar.*

a b c d e f g h i j k l m n ñ o p q r s t u v w x y z

bajonazo s.m. En tauromaquia, estocada excesivamente baja: *Los bajonazos no se merecen la concesión de orejas.*

bajorrelieve s.m. Relieve escultórico cuyas figuras sobresalen poco del plano: *Las monedas tienen figuras en bajorrelieve.* ☐ ORTOGR. Admite también la forma *bajo relieve.* ☐ MORF. Su plural es *bajorrelieves.*

bakalao s.m. Música de ritmo muy marcado y repetitivo: *El bakalao apenas tiene melodía.*

bala s.f. **1** Proyectil para armas de fuego, generalmente cilíndrico, plano por un extremo y terminado en punta por el otro, y hecho de plomo o de hierro: *Las balas para cañones antiguos eran redondas. Las balas de fusil y las de pistola son diferentes.* **2** Paquete grande atado y muy apretado, pero sin envoltura: *Un barco descargaba en el puerto balas de algodón y de lana.* **3** ‖ **bala perdida.** *col.* Persona juerguista y de poco juicio: *De joven fue un bala perdida pero ahora es muy sensato.* ‖ **bala rasa.** *col.* →**balarrasa.** ‖ **como una bala.** *col.* Muy rápidamente o con mucha velocidad: *Resolvió todo como una bala, mucho antes que los demás.* ☐ MORF. *Bala rasa* y *bala perdida* son de género común y exigen concordancia en masculino o en femenino para señalar la diferencia de género: *el bala rasa, la bala rasa; el bala perdida, la bala perdida.*

balada s.f. **1** En literatura, poema de tema legendario o tradicional que se puede cantar con acompañamiento musical: *Los románticos alemanes escribieron baladas tristes.* **2** En música, composición de ritmo lento y tema intimista, esp. amoroso: *Cuando escucha baladas se acuerda siempre de su pareja.*

baladí adj. Que tiene poco valor, poca importancia o poco interés: *Te traje un obsequio baladí como recuerdo. Preocuparse por temas baladíes no conduce a nada.* ☐ MORF. 1. Invariable en género. 2. Aunque su plural en la lengua culta es *baladíes*, se usa mucho *baladís.*

balalaica s.f. Instrumento musical de cuerda parecido a la guitarra pero con el cuerpo triangular y solo tres cuerdas: *La balalaica es un instrumento popular ruso.* 👁 **cuerda**

balance s.m. **1** Revisión, generalmente periódica, del estado de las cuentas de una sociedad o de un negocio: *A final de mes hacemos balance para controlar las ganancias.* **2** Informe que muestra la situación patrimonial de una empresa o de un negocio en una fecha determinada: *El inspector de Hacienda exigió el balance anual.* **3** Valoración de una situación: *Hizo balance de su vida y se sintió satisfecho.* ☐ SEM. No debe emplearse con el significado de 'resultado': *La catástrofe produjo un {*balance › resultado} de diez muertos.*

balancear v. Mover de un lado a otro de forma alternativa y repetida: *Balancea la cuna para que no llore el niño. El barco se balanceaba entre las olas.*

balanceo s.m. Movimiento alternativo y repetido de un lado a otro: *A los niños les gusta el balanceo del columpio.*

balancín s.m. **1** Vara larga y delgada que usan los equilibristas para mantener el equilibrio sobre el alambre o la cuerda: *Un equilibrista sin balancín es como un ciego sin bastón.* **2** Columpio que consiste en una barra larga sujeta al suelo por un eje central, con asientos en cada extremo, y que sube y baja alternativamente: *Si pesas más que yo no podemos subir al balancín.* **3** Asiento cuyas patas se apoyan en dos arcos, de forma que puede balancearse hacia delante y hacia atrás: *Le he regalado a mi hijo un balancín con figura de caballito.* **4** Asiento colgante cubierto con un toldo: *Estos jardines me gustan porque hay balancines para sentarse.*

balandro s.m. Barco de vela deportivo, pequeño y alargado, con cubierta y un solo palo: *Se rompió el mástil del balandro y abandonó la regata.*

bálano o **balano** s.m. En el órgano genital masculino, parte final de forma abultada; *glande: El bálano es cónico y está recubierto por una especie de caperuza llamada 'prepucio'.*

balanza s.f. **1** Instrumento para medir masas o pesos: *El frutero ha puesto una balanza electrónica que calcula el importe además del peso.* 👁 **medida 2** ‖ **balanza {comercial/de comercio}.** En economía, registro contable que recoge las importaciones y exportaciones de un país durante un período de tiempo determinado: *La balanza comercial es una parte de la balanza de pagos.* ‖ **balanza de cruz.** La que tiene los platillos pendientes de los extremos de la barra: *El símbolo de la justicia es una mujer con los ojos vendados y con una balanza de cruz en la mano derecha.* ‖ **balanza de pagos.** En economía, registro contable sistemático de las transacciones económicas ocurridas durante un período de tiempo determinado entre un país y el resto del mundo: *Si se liberaliza la entrada de capital exterior, mejorará el déficit de la balanza de pagos.* ‖ **balanza de Roberval.** La que tiene los platillos libres encima de la barra principal, que descansa en un pie convenientemente dispuesto: *Me compré en el rastro una balanza de Roberval.* ☐ SEM. Dist. de *báscula* (instrumento para medir pesos, generalmente grandes, con una plataforma).

balar v. Referido esp. a una oveja, dar balidos o emitir su voz característica: *Los corderos balan cuando tienen hambre o miedo.*

balarrasa s. *col.* Persona alocada y de poco juicio; *tarambana: Su hijo es un balarrasa que arruinará enseguida el negocio familiar.* ☐ ORTOGR. Admite también la forma *bala rasa.* ☐ MORF. Es de género común y exige concordancia en masculino o en femenino para señalar la diferencia de sexo: *el balarrasa, la balarrasa.*

balaustrada s.f. Antepecho o barandilla formados por una serie de balaustres o columnas pequeñas: *Muchas casas antiguas tienen balaustradas de piedra en los balcones.*

balaustre o **balaústre** s.m. Columna pequeña con ensanchamientos y estrechamientos sucesivos y que, unida a otras por un pasamanos, forma barandillas y antepechos: *Estos balaustres de mármol parecen bolos.* ☐ USO *Balaustre* es el término menos usual.

balazo s.m. Disparo de bala hecho con arma de fuego: *El soldado recibió un balazo en el pecho.*

balbucear v. Hablar con pronunciación entrecortada y vacilante; *balbucir: Con los nervios, solo pude balbucear una tonta excusa.*

balbuceo s.m. Pronunciación entrecortada y vacilante: *Sus primeros balbuceos después de salir del coma me hicieron llorar de alegría.*

balbucir v. Hablar con pronunciación entrecortada y vacilante; *balbucear: Estaba tan emocionado que solo pudo balbucir unas palabras de agradecimiento.* ☐ MORF. Verbo defectivo: en la primera persona del singular de los presentes es sustituido por las formas correspondientes del verbo *balbucear.*

balcánico, ca adj. De los Balcanes o relacionado con esta región del sureste europeo: *Grecia, Albania y Bulgaria forman parte de las tierras balcánicas.*

balcón s.m. **1** En un edificio, ventana abierta desde el suelo de la habitación, normalmente prolongada en el exterior y protegida con una barandilla o antepecho: *Salió al balcón a despedirme.* **2** Barandilla que protege esta ventana: *En las fiestas de mi pueblo colgamos una bandera del balcón.* **3** En un terreno, lugar elevado y bien situado desde el que se ve una gran extensión: *En la subida al puerto hay un balcón desde el que se puede apreciar la profundidad del valle.*

balconada s.f. En un edificio, serie de balcones con una barandilla común: *Tiene toda la balconada llena de macetas con flores.*

balda s.f. En un armario o en una estantería, tabla horizontal sobre la que se colocan las cosas; *anaquel, estante: Las baldas se han arqueado con el peso de los libros.*

baldaquín s.m. →**baldaquino.**

baldaquino s.m. **1** Adorno hecho con telas ricas que se coloca a modo de cubierta o de techo sobre un trono, un altar, una tumba o algo semejante: *Las camas reales suelen estar cubiertas con un baldaquino.* **2** En un altar, construcción que lo cubre a modo de techo, generalmente apoyada sobre cuatro columnas: *El baldaquino de la catedral romana de San Pedro es de bronce.* ☐ SEM. Es sinónimo de *baldaquín*.

baldar v. Dejar tan agotado, maltrecho o dolorido que realizar cualquier movimiento suponga un gran esfuerzo: *Subir veinte pisos andando balda a cualquiera. Se baldó al mover el piano él solo.*

balde s.m. **1** Barreño o cubo, esp. el que se usa para sacar y transportar agua en una embarcación: *Echa el balde por la borda y súbelo con agua.* **2** ‖ **de balde.** Sin precio de ningún tipo: *Este viaje me ha salido de balde, porque me han invitado a todo.* ‖ **en balde.** Inútilmente o en vano: *Hice un viaje en balde porque no me recibió.*

baldío, a ▌adj. **1** Sin utilidad: *Mis esfuerzos para convencerla fueron baldíos.* ▌adj./s. **2** Referido a un terreno, que no se cultiva o que no da ningún fruto: *Estos campos baldíos no tienen ni mala hierba. Recorrimos bosques y baldíos.*

baldón s.m. Acción o situación que hace a alguien despreciable o indigno de estimación y respeto: *Su mal comportamiento es un baldón para la familia.*

baldosa s.f. Pieza fina hecha con un material duro, de forma generalmente cuadrangular, que se usa para cubrir suelos; *loseta: El suelo de la cocina es de baldosas de mármol.*

baldosín s.m. Baldosa pequeña y más fina, generalmente esmaltada, que se emplea para cubrir paredes: *Los baldosines de la piscina son azules y brillantes.*

balear ▌adj./s. **1** De las Islas Baleares (comunidad autónoma española en el mar Mediterráneo), o relacionado con ellas: *La ensaimada es un dulce típico balear. Los romanos conquistaron a los baleares en el siglo II a.C.* ▌s.m. **2** Variedad del catalán que se habla en estas islas: *El balear es el catalán que hablan en Baleares.* ☐ MORF. 1. En la acepción 1, como adjetivo es invariable en género, y como sustantivo es de género común y exige concordancia en masculino o en femenino para señalar la diferencia de sexo: *el balear, la balear*. 2. En la acepción 1, como sustantivo se refiere solo a las personas de las islas Baleares.

balido s.m. Voz característica de la oveja y de otros animales: *El pastor acudió al oír los balidos de sus ovejas.* ☐ ORTOGR. Dist. de *valido*.

balín s.m. Bala de menor calibre que la ordinaria de fusil: *Un balín tiene un diámetro inferior a 6,35 mm.*

balístico, ca ▌adj. **1** De la balística: *El estudio balístico permitió descubrir de dónde procedían los disparos.* ▌s.f. **2** Ciencia que estudia la trayectoria, el alcance y los efectos de los proyectiles, esp. de los disparados por armas de fuego: *Un experto en balística demostró que el disparo se hizo a corta distancia.*

baliza s.f. Señal fija o flotante, visual o sonora, que se coloca en un terreno o en el mar para advertir de un peligro o para marcar una zona, esp. un recorrido: *La pista de aterrizaje está señalada con balizas fosforescentes.*

ballena s.f. **1** Mamífero marino de gran tamaño, de color oscuro por el lomo y blanquecino por el vientre, con dos gruesas aletas laterales y una trasera horizontal, y con barbas en lugar de dientes: *La ballena es el mayor de los animales conocidos.* **2** Tira o varilla elástica o flexible: *Antiguamente los corsés se reforzaban con ballenas.* ☐ MORF. En la acepción 1, es un sustantivo epiceno y la diferencia de sexo se señala mediante la oposición *la ballena {macho/hembra}*.

ballenato s.m. Cría de la ballena: *Los ballenatos pesan al nacer alrededor de 6000 kilos.* ☐ MORF. Es un sustantivo epiceno y la diferencia de sexo se señala mediante la oposición *el ballenato {macho/hembra}*.

ballenero, ra ▌adj. **1** De la ballena o de su pesca: *Los mares polares son zonas balleneras.* ▌s.m. **2** Barco preparado para la pesca o captura de ballenas: *Los balleneros van provistos de arpones y cañones.* 👁 **embarcación**

ballesta s.f. **1** Arma portátil que se utiliza para disparar flechas u otros proyectiles y que consta de un arco y de un soporte o tablero perpendicular a él sobre el que se tensa: *La ballesta permite disparar con mayor precisión y fuerza que el arco.* **2** En un vehículo, esp. si es muy pesado, cada una de las láminas flexibles y superpuestas en las que descansa la carrocería y que se apoyan sobre los ejes de las ruedas para amortiguar golpes o sacudidas: *Al camión se le rompió una ballesta y, con tantos baches, se estropeó la mercancía.*

ballestrinque s.m. Nudo marinero que se forma dando dos vueltas de cabo de modo que los extremos de este quedan cruzados: *El marinero ató las amarras a un pilar con ballestrinques.*

ballet (galicismo) s.m. **1** Composición musical, generalmente de carácter orquestal, destinada a servir de acompañamiento a una danza escénica: *Lo más original de los ballets de Stravinski es su ritmo.* **2** Danza con la que se escenifica una historia al compás de esta música: *Estudia ballet en el conservatorio.* **3** Cuerpo o conjunto de bailarines que interpretan esta danza: *El que fuera primer bailarín del ballet nacional se convirtió en su director.* **4** Conjunto de esas composiciones o danzas con una característica común: *El ballet español incorpora elementos del flamenco.* ☐ PRON. [balé].

balneario s.m. Establecimiento público donde se pueden tomar baños medicinales y en el cual suele darse hospedaje; *baños: Para el reumatismo le recomendaron tomar baños en un balneario.*

balompié s.m. Deporte que se juega entre dos equipos de once jugadores y en el que estos intentan introducir un balón en la portería del equipo contrario sin tocarlo con las manos; *fútbol: Los goles dan emoción al balompié.*

balón s.m. **1** Pelota grande, esp. la que está hinchada con aire a presión o la que se utiliza en el fútbol y en otros deportes de equipo: *En el rugby se juega con un balón ovalado.* **2** Recipiente hecho de material flexible, generalmente esférico, y que se utiliza para contener gases: *En el cielo había un balón meteorológico para medir la fuerza del viento.* **3** ‖ **balón medicinal.** El que está relleno de un material pesado y se utiliza para fortalecer los músculos: *Se entrenan con un balón medicinal para adquirir fuerza en los brazos.* □ ORTOGR. Dist. de *valón.*

balonazo s.m. Golpe dado con un balón: *De un balonazo rompieron dos cristales.*

baloncesto s.m. Deporte que se juega entre dos equipos de cinco jugadores y en el que estos intentan introducir un balón en la canasta del equipo contrario ayudándose solo de las manos: *En baloncesto, tocar el balón con los pies está penalizado.* □ USO Es innecesario el uso de los anglicismos *basket* y *basketball.*

balonmano s.m. Deporte que se juega entre dos equipos de siete jugadores y en el que estos intentan introducir un balón en la portería del equipo contrario ayudándose solo de las manos: *En balonmano, algunas faltas se penalizan con dos minutos de expulsión.*

balonvolea s.m. Deporte que se juega entre dos equipos de seis jugadores y en el que estos intentan lanzar con las manos un balón por encima de una red que divide el terreno de juego, evitando que toque el suelo del campo propio y procurando que caiga en el del contrario; *voleibol: En balonvolea, botar la pelota es falta.*

balsa s.f. **1** Embarcación hecha de maderos o de troncos unidos entre sí: *Cortaron árboles y construyeron una balsa para cruzar el río.* 👁 **embarcación 2** ‖ **balsa de aceite.** *col.* Lo que está en calma o sin tensiones, esp. referido a un lugar o a una situación: *Desde aquella discusión, sus relaciones no son precisamente una balsa de aceite.*

balsámico, ca adj. Con bálsamo o con las propiedades aromáticas o curativas de este: *Los caramelos balsámicos suavizan la garganta.*

bálsamo s.m. **1** Medicamento líquido o cremoso, elaborado con sustancias aromáticas, que se aplica sobre la piel para aliviar heridas o enfermedades: *Los masajes con un bálsamo alivian los dolores musculares.* **2** Lo que sirve de consuelo o de alivio: *El apoyo de los amigos es un bálsamo en medio de tantas desgracias.*

báltico, ca adj./s. Del mar Báltico (situado al norte de Europa), o relacionado con él: *Suecia y Polonia son países bálticos. Los bálticos suelen ser altos y rubios.* □ MORF. Como sustantivo se refiere solo a las personas que habitan en territorios bañados por el mar Báltico.

baluarte s.m. Lo que sirve para defender o mantener algo; *bastión: La juventud de una nación es el baluarte de su futuro.*

bamba s.f. **1** Composición musical de ritmo muy vivo y de origen sudamericano: *La bamba es típica de países caribeños.* **2** Baile que se ejecuta al compás de esta música: *No sé bailar la bamba.* **3** En pastelería, bollo redondeado, abierto horizontalmente por la mitad y relleno generalmente de nata, crema o trufa: *Le gustan las bambas de nata con azúcar por encima.* **4** Zapatilla ligera, cerrada, de tela fina y suela de goma (por extensión del nombre de la marca comercial *Bamba*®): *Tengo unas bambas muy cómodas para pasear.* □ USO En la acepción 4, su uso es innecesario y puede sustituirse por una expresión como *zapatilla de tela.*

bambalina s.f. En el escenario de un teatro, cada una de las tiras de lienzo o de papel pintados que lo cruzan de lado a lado y forman la parte superior del decorado: *Las bambalinas representaban un cielo cubierto de nubes.*

bambolear v. Moverse a un lado y a otro sin cambiar de sitio: *Al andar se bambolea y parece que va a perder el equilibrio.* □ MORF. Se usa más como pronominal.

bamboleo s.m. Movimiento a un lado y a otro sin cambiar de sitio: *El viento producía el bamboleo de las farolas.*

bambú s.m. Planta tropical herbácea cuyos tallos son largas cañas huecas, resistentes y flexibles, que se ramifican y de las que brotan hojas verdes y flores por su extremo más alto: *Las cañas de bambú se utilizan en la fabricación de muebles, cestos y otros objetos.* □ MORF. Aunque su plural en la lengua culta es *bambúes*, también se usa *bambús.*

banal adj. Intrascendente, vulgar o sin importancia: *Sufre con preocupaciones banales y se olvida de lo trascendente.* □ MORF. Invariable en género.

banalidad s.f. Intrascendencia, vulgaridad o falta de importancia: *Me fui porque no valía la pena quedarse a escuchar tantas banalidades.*

banana s.f. Fruto comestible del banano o platanero, de forma alargada y curva, y con una cáscara verde que amarillea cuando madura; *plátano: Pisó una monda de banana y resbaló.*

bananero, ra ▮ adj. **1** De las bananas o plátanos, o de su planta: *En las islas Canarias hay grandes extensiones bananeras.* ▮ s.m. **2** Árbol tropical, con forma de palmera, de grandes hojas verdes, y cuyo fruto es la banana o el plátano; *banano: El bananero puede alcanzar una altura de tres metros.* □ SEM. 1. Es sinónimo de *platanero.* 2. En la acepción 2, dist. de *plátano* (árbol de sombra).

banano s.m. Árbol tropical, con forma de palmera, de grandes hojas verdes y cuyo fruto es la banana o el plátano; *bananero, platanero: Los bananos son propios de climas tropicales.* □ SEM. Dist. de *plátano* (árbol de sombra).

banca s.f. **1** En economía, actividad consistente en comerciar con dinero, esp. aceptándolo en depósito y prestándolo con intereses: *Ese economista trabaja en la banca.* **2** En economía, conjunto de los banqueros, los bancos y las personas que trabajan en ellos: *La banca irá a la huelga el próximo lunes.* **3** En un juego de azar, persona que dirige una partida: *La banca tiene ventaja sobre los demás jugadores.*

bancal s.m. **1** En un terreno en pendiente, rellano natural o artificial que se cultiva: *En esta región el vino se cultiva en los bancales de las montañas.* **2** En un terreno cultivable, cada una de las divisiones, generalmente rectangulares, que se hacen para distribuir el riego y los cultivos: *El campesino hizo un bancal para trigo, otro para cebada y otro para maíz.*

bancario, ria adj. De la banca o de los bancos: *En esa tienda admiten pagos con cheque bancario.*

bancarrota s.f. **1** En economía, interrupción de la actividad comercial motivada por la imposibilidad de hacer frente a las deudas o a las obligaciones contraídas; *quiebra: Aquella estafa llevó a la empresa a la bancarrota y tuvo que cerrar.* **2** *col.* Situación económicamente desastrosa: *Querría comprarme varias cosas, pero estoy en bancarrota.*

banco s.m. **1** Asiento largo y estrecho para varias personas: *Tomaba el sol sentado en un banco del parque.* **2** En economía, organismo que comercia con dinero, lo acepta en depósito y lo presta con intereses: *Según su orienta-*

ción, un banco puede ser agrícola, hipotecario, industrial, comercial, etc. **3** Local u oficina dependiente de ese organismo y donde se realizan operaciones bancarias: *Fui al banco para abrir una cuenta corriente.* **4** En carpintería o en otros oficios manuales, soporte o madero grueso que se utiliza como mesa de trabajo: *El carpintero puso el mueble sobre el banco para encolarlo.* **5** En aguas navegables, elevación prolongada del fondo, que impide o dificulta la navegación: *El velero encalló en un banco de arena.* **6** Conjunto numeroso de peces que nadan juntos, esp. si son de la misma especie: *En estos mares abundan los bancos bacaladeros.* **7** En medicina, establecimiento en el que se conservan órganos u otros elementos del cuerpo humano para su posterior utilización en trasplantes o en operaciones médicas: *Pudieron hacerle una transfusión de urgencia gracias a las reservas del banco de sangre.* **8** En geología, en un terreno, estrato o capa de materiales sedimentarios que tiene gran espesor: *En esta pared de la roca se ven estratos y bancos.* **9** ‖ **banco de datos.** En informática, conjunto de datos relativos a un tema o a una materia organizado de manera que pueda ser consultado por los usuarios y estructurado generalmente en una base de datos: *El colegio de médicos ha creado un banco de datos sobre medicina.* ‖ **banco de hielo.** En el mar, gran extensión de agua congelada y de origen polar que flota en la superficie: *En los océanos polares, los bancos de hielo hacen peligrosa la navegación.* ‖ **banco de niebla.** Acumulación de niebla que impide o dificulta la visibilidad: *Los pasajeros se asustaron cuando el avión entró en un banco de niebla.* □ SEM. *Banco de datos* es dist. de *base de datos* (sistema que permite el almacenamiento estructurado de datos y su consulta).

banda s.f. **1** Conjunto de músicos que tocan instrumentos de viento y de percusión: *La banda municipal toca en el parque todos los domingos.* **2** Grupo organizado de delincuentes, esp. si está armado: *Una banda de ladrones asaltaba las gasolineras.* **3** Conjunto numeroso de animales de la misma especie que van juntos: *Las golondrinas emigran en bandas.* **4** Faja o cinta que se cruza sobre el pecho, desde un hombro hasta el costado opuesto, como insignia representativa de altos cargos o de distinciones: *El embajador vestía traje de gala y una banda azul.* **5** Tira larga y estrecha de un material delgado y flexible que sujeta algo; *faja: Tenía las postales juntas con una banda de seda alrededor.* **6** En un campo de deporte, zona contigua a la línea que delimita el terreno de juego por sus lados más largos: *El delantero avanzaba por la banda derecha burlando la defensa contraria.* **7** En una embarcación, cada uno de sus costados: *El nombre del barco se podía leer en una de sus bandas.* **8** Conjunto de partidarios o de seguidores de una persona o de una causa: *En el mitin habló el candidato rodeado de toda su banda.* **9** Referido a magnitudes o a valores, intervalo comprendido entre dos límites y dentro del cual pueden darse variaciones u oscilaciones: *Las temperaturas máximas se mantuvieron en una banda entre los 35 y los 40 grados.* **10** ‖ **banda {de sonido/sonora}.** En cine y televisión, fondo musical de una película: *Han editado en disco la banda sonora de 'El padrino'.* ‖ **cerrarse {a la/de/en} banda.** *col.* Mantener una opinión o una postura con obstinación y sin atender a razones: *Cuando se cierra en banda es inútil decirle nada.* ‖ **{coger/pillar} por banda** a alguien. *col.* Abordarlo para ajustarle las cuentas o para tratar un asunto, esp. si es en privado: *¡Como coja por banda al que ha hecho este destrozo, se va a enterar!* ‖ **jugar a dos bandas.** Referido a una forma de actuar, con la intención de quedar bien con ese número de interesados y de sacar el mayor provecho de cada uno de ellos: *Sus jefes no se hablan, pero él juega a dos bandas con ellos para conseguir un ascenso.*

bandada s.f. **1** Conjunto numeroso de ejemplares de la misma especie, esp. de aves o de insectos, que van juntos; *bando: En otoño las aves migratorias vuelan en bandadas hacia las zonas cálidas.* **2** *col.* Grupo numeroso o bullicioso de personas: *Anoche había una bandada de jóvenes en el bar y no podíamos dormir.*

bandazo s.m. Movimiento violento o cambio de orientación brusco: *En medio de la tempestad, el pesquero dio un bandazo y estuvo a punto de volcar.* □ USO Se usa más con el verbo *dar*.

bandearse v.prnl. Ingeniárselas para encontrar uno mismo la solución a un problema o la manera de salir adelante en la vida: *Vive solo pero se bandea muy bien.*

bandeja s.f. **1** Pieza plana o con poco fondo, generalmente de amplia superficie y con un reborde, que se utiliza para poner, llevar o servir algo: *Le llevaron el desayuno a la cama en una bandeja.* **2** En un coche, pieza plana, horizontal y abatible, situada entre los asientos y el cristal traseros y que se usa para dejar cosas sobre ella: *En la bandeja de mi coche hay un perro de juguete que cabecea con los baches.* **3** En un objeto destinado a guardar cosas, pieza movible, semejante a una caja descubierta, que se acopla en su interior y lo divide horizontalmente: *Su caja de herramientas tiene una bandeja superior para los tornillos y piezas pequeñas.* **4** ‖ **en bandeja (de plata).** *col.* Referido a la forma de brindar una oportunidad a alguien, con grandes facilidades para que la aproveche: *El compañero le pasó tan bien el balón que le dejó el gol en bandeja.* ‖ **pasar la bandeja.** En una reunión de personas, pasar recogiendo sus donativos o limosnas: *Tocan la guitarra en la calle y, cuando terminan, pasan la bandeja.*

bandera s.f. **1** Trozo de tela con colores o dibujos simbólicos, generalmente de forma rectangular, que se sujeta por uno de sus lados a un palo o a una cuerda y que representa a una colectividad, esp. a una nación o a una región administrativa: *La bandera española es roja y amarilla y lleva en el centro el escudo nacional.* **2** Trozo de tela o de otro material semejante, generalmente llamativo o fácilmente visible, que se cuelga o se sujeta a un palo por uno de sus lados y que se utiliza como adorno, como marca indicadora o para hacer señales: *En una playa, la bandera roja indica 'peligro' y la verde, 'mar en calma'.* **3** Nacionalidad a la que pertenece una embarcación mercantil: *El dueño es francés, pero la bandera del barco es italiana.* **4** Causa o ideología que defiende una persona y con la que se identifica o se compromete: *En su vida tuvo dos banderas: el comunismo y el sindicalismo.* **5** En algunos cuerpos del ejército, unidad táctica equivalente al batallón: *Este cuartel lo ocupan una bandera paracaidista y dos de la legión.* **6** ‖ **arriar (la) bandera.** En un enfrentamiento armado, referido a un buque de guerra, rendirse: *Cuando se vieron rodeados, el capitán del buque arrió bandera.* ‖ **bandera {blanca/de (la) paz}.** En un enfrentamiento armado, la de color blanco, que se muestra en alto como señal de rendición o para pedir una tregua o negociaciones: *Se hizo el alto el fuego cuando levantaron* *la bandera blanca.* ‖ **de bandera.** *col.* Extraordinario o excelente en su clase: *Esa mosquita muerta se ha echado un novio de bandera.* ‖ **hasta la bandera.** Referido a un local, esp. si es público, completo o muy lleno: *Es un cantante de ópera tan bueno que ayer la sala estaba hasta la bandera.* ‖ **jurar (la) bandera.** Jurar fidelidad a la patria ante la bandera que la representa, generalmente en un acto militar solemne: *Después de jurar bandera, los reclutas tienen unos días de permiso.*

banderazo s.m. Señal hecha con una bandera, esp. la que hace el juez de una prueba deportiva: *En cuanto dieron el banderazo, los coches salieron disparados de la parrilla.*

banderilla s.f. **1** En tauromaquia, palo delgado y adornado, provisto de una punta o lengüeta de hierro en uno de sus extremos, que los toreros clavan en la cerviz del toro en una de las suertes del toreo: *El torero alzó los brazos y clavó un par de banderillas en todo lo alto.* **2** Aperitivo que consta de porciones variadas ensartadas en un palillo y de sabor generalmente picante: *Me gustan las banderillas con pepinillo, cebolla, aceituna y un poco de guindilla.*

banderillear v. En tauromaquia, poner banderillas: *La faena del matador empieza después de banderillear al toro.*

banderillero, ra s. En tauromaquia, persona que profesionalmente se dedica a poner banderillas: *El banderillero entró al toro de frente y puso un gran par.*

banderín s.m. Bandera pequeña y generalmente triangular: *Antes del partido, los jugadores de los dos equipos se intercambiaron los banderines.*

banderita s.f. En una recaudación benéfica, pequeña insignia con la que se obsequia a las personas que hacen donativos: *Di un donativo para el cáncer y me pusieron una banderita.*

banderola s.f. Bandera pequeña que se usa como señal: *Los topógrafos señalan con banderolas los puntos de referencia que necesitan ver desde lejos.*

bandidaje s.m. Presencia y actuación continuadas de bandidos: *El bandidaje tuvo aterrorizadas a algunas regiones españolas en el siglo XIX.* ☐ MORF. Incorr. *bandidismo.

bandido, da s. Salteador o ladrón que roba en caminos o en lugares despoblados y que generalmente forma parte de una banda; *bandolero: En aquellos años de hambre, muchos hombres sin trabajo se convirtieron en bandidos para sobrevivir.*

bando s.m. **1** Comunicado oficial de una autoridad, esp. si se lee en pregón o si se fija en lugares públicos: *El alcalde ha publicado un bando para informar sobre las condiciones de pago de la contribución.* **2** Grupo de personas que defienden las mismas opiniones o ideas: *La ciudad está dividida en dos bandos en cuanto a la construcción del nuevo estadio.* **3** Conjunto numeroso de ejemplares de la misma especie, esp. de aves o de insectos, que van juntos; *bandada: Cuando se oyó el disparo, un bando de palomas salió despavorido.*

bandolero, ra ▮ s. **1** Salteador o ladrón que roba en caminos o en lugares despoblados y que generalmente forma parte de una banda; *bandido: José María 'el Tempranillo' fue un bandolero que actuaba en Sierra Morena.* ▮ s.f. **2** Correa o cinta que se coloca alrededor del cuerpo cruzándola desde un hombro hasta la cadera opuesta, esp. la que se usa para llevar colgada un arma de fuego: *El guarda jurado llevaba la pistola colgada de la bandolera.*

bandolina s.f. Instrumento musical de cuerda, parecido a la guitarra pero con el cuerpo ovalado y con cuatro grupos de cuerdas: *La bandolina pertenece a la familia de los laúdes.*

bandoneón s.m. Instrumento musical de viento, semejante a un acordeón pero con el cuerpo hexagonal o cuadrado: *El bandoneón es muy popular en Argentina.* 👁 **viento**

bandurria s.f. Instrumento musical de cuerda, parecido a la guitarra pero más pequeño y con el cuerpo en forma de triángulo con las esquinas redondeadas y seis cuerdas dobles que se tocan con púa: *La bandurria es típicamente española y los universitarios la tocan en las tunas.* 👁 **cuerda**

banjo s.m. Instrumento musical de cuerda, con travesaño, parecido a la guitarra pero con el cuerpo circular construido con una piel tensa, el mango largo con clavijas, y un número de cuerdas variable entre cuatro y nueve: *El banjo es de origen africano.* ☐ PRON. Aunque la pronunciación correcta es [bánjo], está muy extendida la pronunciación anglicista [bányo]. ☐ ORTOGR. 1. Es un anglicismo (*banjo*) adaptado al español. 2. Se recomienda la forma adaptada *banyo*. 👁 **cuerda**

banquero, ra s. Propietario o alto directivo de un banco o de una entidad bancaria: *Los banqueros se reunieron para hablar de la situación económica.*

banqueta s.f. Asiento sin respaldo, generalmente bajo, pequeño y sin brazos: *Si te vas a subir al armario, coge la banqueta y no la silla.*

banquete s.m. **1** Comida a la que asisten muchas personas y en la que se celebra algún acontecimiento; *ágape: Dieron un banquete para celebrar sus bodas de plata.* **2** Comida muy buena y abundante: *En casa de mis abuelos cada comida de domingo es un banquete.*

banquillo s.m. **1** En un juicio, asiento que ocupa el acusado ante el juez o el tribunal: *El reo se sentó en el banquillo de los acusados cuando se lo indicó el juez.* **2** En un deporte, lugar situado fuera del terreno de juego y en el que se colocan los suplentes y los miembros de un equipo durante un partido: *En nuestro banquillo se sientan el entrenador, el masajista y tres suplentes.*

bantú adj./s. De un conjunto de pueblos indígenas del sur del continente africano: *El zulú es una lengua bantú. Los bantúes son pueblos del África ecuatorial y meridional con distintos rasgos étnicos.* ☐ MORF. 1. Como adjetivo es invariable en género. 2. Como sustantivo es de género común y exige concordancia en masculino o en femenino para señalar la diferencia de sexo: *el bantú, la bantú*. 3. Aunque su plural en la lengua culta es *bantúes*, también se usa *bantús*.

bañador s.m. Traje de baño: *Mi madre lleva un bañador sin tirantes.*

bañar v. **1** Referido a un cuerpo o a una parte de él, sumergirlo o sumergirse en un líquido, esp. por limpieza o con un fin medicinal: *¿Has bañado ya al bebé? Me gusta más bañarme en el mar que en la piscina.* **2** Referido a una superficie, cubrirla con una capa de otra sustancia: *Bañó el bizcocho con chocolate.* **3** Referido a un cuerpo, mojarlo totalmente o humedecerlo: *Al regar el rosal bañé al vecino, que leía en su jardín. Cuando le subió la fiebre se bañó en sudor.* **4** Referido a un terreno, tocarlo una superficie grande de agua, esp. el mar o un río: *Esa comarca es fértil porque la baña un río.* **5** Referido a la luz o al aire, dar de lleno en algo: *El sol entra por el ventanal y baña todo el salón.*

bañera s.f. Pila en la que se mete una persona para lavarse o bañarse; *baño: La bañera de mi casa es redonda y tiene los grifos dorados.*

bañista s. Persona que se baña en un lugar, esp. en un balneario o en una playa: *Los bañistas del balneario eran ancianos.* □ MORF. Es de género común y exige concordancia en masculino o en femenino para señalar la diferencia de sexo: *el bañista, la bañista.*

baño ▮ s.m. **1** Introducción de un cuerpo o de parte de él en un líquido o en otra sustancia, esp. por limpieza o con un fin medicinal: *Me voy a dar un baño porque vengo sudando.* **2** Sustancia o vapor en los que se introduce un cuerpo: *Prepara un baño de plata muy concentrada para esos candelabros.* **3** Aplicación de un líquido sobre un cuerpo: *¡Vaya baño de agua me has dado con la manguera!* **4** Cubrimiento de una superficie con una capa de otra sustancia: *Con ese baño de cera el suelo quedará brillante.* **5** Pila en la que se mete una persona para lavarse o bañarse; *bañera: Estuve una hora en el baño y después salí con las yemas de los dedos arrugadas.* **6** →**cuarto de baño.** **7** Sometimiento de un cuerpo a la acción prolongada o intensa de un agente físico: *Si tomas tantos baños de sol te quemarás la piel.* **8** Noción o conocimiento superficial de una ciencia; *barniz: Solo tenía un baño de cultura musical.* **9** Patio grande con aposentos pequeños alrededor en el que antiguamente los moros encerraban a los cautivos: *Cervantes relató sus experiencias en los baños de Argel.* **10** En un enfrentamiento, victoria clara de un adversario sobre el otro; *revolcón: Pegó un baño a los otros atletas y les sacó muchos metros de ventaja.* ▮ pl. **11** Establecimiento público donde los clientes pueden bañarse en aguas medicinales y en el cual suele darse hospedaje; *balneario: Los baños de Panticosa, en el norte de España, son famosos.* **12** ‖ **al baño (de) María.** Referido al modo de calentar algo, introduciéndolo en una vasija que se sumerge en otra que contiene agua hirviendo: *Mi abuela hace los flanes al baño María.*

baobab s.m. Árbol de la sabana africana, con tronco derecho y muy grueso, ramas largas horizontales, hojas palmeadas, flores grandes y blancas y frutos en forma de cápsula y carnosos de sabor un poco ácido: *El fruto del baobab se llama 'pan de mono'.*

baptismo s.m. Doctrina religiosa protestante según la cual el bautismo es por inmersión y solo lo reciben los adultos, previa profesión de fe y arrepentimiento: *El baptismo fue difundido en el siglo XVII especialmente entre los holandeses, ingleses y norteamericanos.* □ SEM. Dist. de *bautismo* (sacramento cristiano).

baptista ▮ adj. **1** Del baptismo o relacionado con esta doctrina protestante: *Mis vecinos ingleses suelen ir a la iglesia baptista.* ▮ adj./s. **2** Que tiene como religión el baptismo: *Actualmente hay fieles baptistas en varios países. Los baptistas son protestantes.* □ MORF. 1. Como adjetivo es invariable en género. 2. Como sustantivo es de género común y exige concordancia en masculino o en femenino para señalar la diferencia de sexo: *el baptista, la baptista.*

baptisterio s.m. **1** Edificio próximo a un templo, generalmente pequeño y de base redonda o en forma de polígono, en el que se administraba el sacramento del bautismo: *Es muy famoso el baptisterio de la catedral italiana de Florencia.* **2** Lugar en el que se halla la pila bautismal: *Esa catedral tiene el baptisterio en la nave derecha.*

baquelita s.f. Resina sintética que no se disuelve en agua, muy resistente al calor y que se usa como aislante o en la fabricación de materias plásticas: *La baquelita se usa en la preparación de barnices.*

baqueta s.f. **1** Palo delgado y largo que sirve para tocar un instrumento de percusión, esp. el tambor: *El tamborilero golpea su tambor con las dos baquetas.* **2** Vara delgada que se usa para limpiar el cañón de un arma de fuego o para meter y apretar la carga en él: *Las baquetas se usaban mucho en el siglo XVIII.*

baquetazo ‖ **a baquetazos.** s.m. *col.* Referido al modo de comportarse con alguien, con desprecio y con severidad: *Algunas personas tratan a baquetazos a los demás y no respetan a nadie.*

báquico, ca adj. **1** De Baco (dios romano del vino y de la sensualidad), o relacionado con él: *Los cultos báquicos eran un canto al desenfreno.* **2** Relacionado con el vino o con la borrachera; *dionisíaco: Organiza unas fiestas báquicas en las que siempre terminan borrachos.*

bar s.m. **1** Establecimiento en el que se sirve comida y bebida que suele tomarse de pie en el mostrador: *Fuimos de bar en bar tomando raciones.* **2** En el Sistema Internacional, unidad de presión y tensión que equivale a 105 pascales: *El bar corresponde a un millón de dinas por centímetro cuadrado.* □ SEM. En la acepción 2, dist. de *baria* (equivalente a una dina por centímetro cuadrado).

barahúnda s.f. →**baraúnda.**

baraja s.f. **1** Conjunto de naipes, dividido en cuatro palos, que se usa en algunos juegos de azar; *naipes: La baraja española tiene cuarenta y ocho cartas repartidas en oros, copas, espadas y bastos.* 👁 baraja, en la página siguiente **2** ‖ **romper la baraja.** *col.* Cancelar un pacto o un trato: *O nos ponemos todos de acuerdo o rompemos la baraja.*

barajar v. **1** Referido a las cartas de una baraja, mezclarlas unas con otras y alterar su orden varias veces: *Baraja bien las cartas antes de repartirlas.* **2** Referido a un conjunto de posibilidades, considerar todas ellas antes de llegar a una decisión: *Barajan varios títulos para el libro. Para ese cargo se barajan los nombres de tres políticos.* **3** Referido a una serie de datos, emplearlos o manejarlos: *Barajas demasiados números y no te entiendo bien.* **4** Referido a riesgos o a dificultades, evitarlos con astucia y habilidad: *Tú sabes barajar bien los obstáculos y salir de ellos con habilidad.* □ ORTOGR. Conserva la *j* en toda la conjugación. □ SINT. En la acepción 2, se pueden *barajar* dos o más posibilidades, pero no una sola. □ SEM. Es sinónimo de *barajear.*

barajear v. →**barajar.**

baranda s.f. →**barandilla.**

barandilla s.f. Antepecho formado por balaustres o columnas pequeñas y por la barra horizontal que los sujeta; *baranda: La barandilla de la escalera es de aluminio.*

baratija s.f. Cosa de poco valor: *No vende joyas, solo bisutería y baratijas.*

baratillo s.m. Lugar en el que se venden cosas a bajo precio: *Los vendedores ambulantes han montado un baratillo en la plaza.*

barato adv. Por poco dinero o a bajo precio: *Me gusta ese restaurante porque allí se come bien y barato.*

barato, ta adj. **1** Referido a una mercancía, de precio bajo o inferior al habitual o al que se espera en relación con otra: *En las rebajas venden todo más barato.* **2** Que se logra con poco esfuerzo: *Si solo me necesitas cinco minutos, me sale barato ayudarte.*

baraúnda s.f. Desorden, ruido o confusión muy grandes; *barahúnda: Los atascos de coches provocan una verdadera baraúnda en las ciudades.* □ SEM. Dist. de *marabunta* (aglomeración de gente que produce mucho ruido).

barba ▌s.f. **1** En la cara de una persona, pelo que nace debajo de la boca y en las mejillas: *Todavía no tiene barba porque es muy joven.* **2** En una cara, parte situada debajo de la boca: *Cuando se ríe le sale un hoyuelo en la barba.* **3** En algunos cetáceos, esp. en la ballena, cada una de las láminas duras y flexibles que tienen en su mandíbula superior: *Entre barba y barba de una ballena solo caben pequeños crustáceos.* **4** En algunos animales, esp. en el ganado cabrío, mechón de pelos que cuelga de la mandíbula inferior: *Las cabras, las llamas y los chivos tienen barba.* **5** En algunas aves y reptiles, carnosidad colgante situada debajo de la garganta: *Los gallos y los pavos tienen barba.* ▌pl. **6** Filamentos o desigualdades que quedan en los bordes de algunas cosas, esp. referido al papel: *Al cortar el papel quedaron barbas en el borde.* **7** En la pluma de un ave, filamentos delgados que salen a cada lado del eje central: *Me hizo cosquillas con las barbas de una pluma.* **8** ‖ **barba cerrada.** La que es muy poblada y fuerte: *Tiene una barba tan cerrada, que pincha aunque esté recién afeitado.* ‖ **barbas de zamarro.** Las que son muy espesas y rizadas: *Tiene unas barbas de zamarro imposibles de peinar.* ‖ **con toda la barba.** Referido a una persona, que actúa con todas las características o las cualidades que exige su condición: *Es un profesional con toda la barba.* ‖ **en las barbas** de alguien. Referido al modo de hacer algo, ante su vista o en su presencia: *Le robaron la cartera en sus propias barbas.* ‖ **por barba.** Referido al modo de hacer un reparto, por persona o por cabeza: *La cena sale a dieciocho euros por barba.* ‖ **subirse a las barbas** de alguien. *col.* Referido a una persona, faltarle al respeto o no obedecerla: *Se cree que por ser mayor de edad se puede subir a las barbas de sus padres.* □ MORF. Cuando se antepone a una palabra para formar compuestos, adopta la forma *barbi-: barbicano.* 👁 barba

barbacana s.f. En un muro, abertura generalmente vertical y estrecha a través de la cual se puede disparar: *Los soldados se situaron en las barbacanas y empezaron a disparar con los cañones.*

barbacoa s.f. **1** Parrilla que se usa para asar comida al aire libre: *Enciende el fuego en la barbacoa del jardín porque vamos a asar los chorizos.* **2** Comida en la que se cocinan o se toman alimentos asados de este modo, esp. carne o pescado: *Celebramos mi cumpleaños con una barbacoa junto al río, y tomamos sardinas y chuletas.*

barbado, da adj./s. Que tiene barba: *Es joven pero barbado. Ese barbado asusta a los niños.*

barbaridad s.f. **1** Hecho o dicho estúpido, poco acertado o brutal; *animalada, bestiada: Conducir a tanta velocidad es una barbaridad.* **2** Crueldad o fiereza excesivas: *La barbaridad de las guerras hace que nadie las desee.* **3** *col.* Gran cantidad: *¡Qué barbaridad de fotografías!* **4** ‖ **una barbaridad.** *col.* Muchísimo: *Comimos una barbaridad.*

barbarie s.f. **1** Estado de incultura y de atraso: *El aisla-*

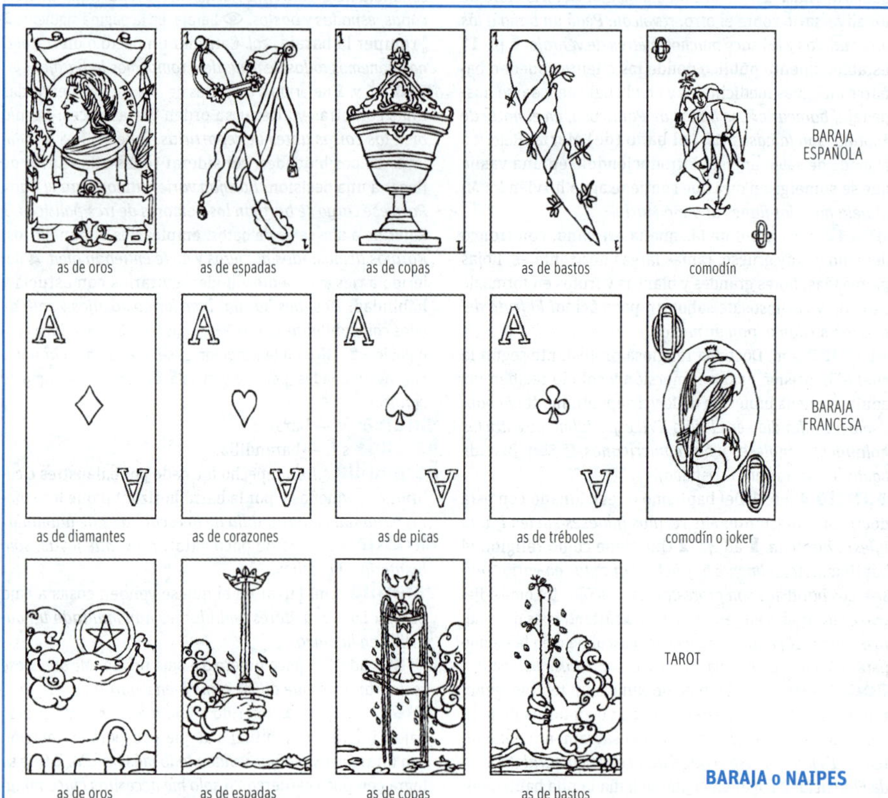

BARAJA o NAIPES

miento de ese pueblo justifica su barbarie. **2** Actitud fiera, inhumana y cruel: *Exterminar a los animales es un acto de barbarie.*

barbarismo s.m. **1** En lingüística, extranjerismo empleado en una lengua sin haber sido totalmente incorporado a ella: *Los términos 'sport' y 'stand' son barbarismos en español.* **2** En gramática, incorrección lingüística que consiste en la alteración de la forma escrita o hablada de un vocablo o en el uso de vocablos impropios: *Decir 'haiga' en lugar de 'haya' es un barbarismo.*

bárbaro, ra ▮ adj. **1** Que no parece propio de una persona por su crueldad o su fiereza: *Aquella matanza fue algo bárbaro y horrible.* **2** Que tiene poca cultura o poca educación: *Son personas bárbaras y con muy malos modales.* **3** Que se comporta de modo resuelto e imprudente y no piensa lo que hace o dice: *No seas bárbaro y deja de saltarte los semáforos en rojo.* **4** De tamaño, cantidad o calidad mayores de lo normal; *extraordinario: Es una autopista bárbara y tiene cinco carriles.* ▮ adj./s. **5** De los pueblos del centro y del norte de Europa que invadieron el Imperio romano en el siglo V y se extendieron por la mayor parte del continente: *Las invasiones bárbaras tuvieron lugar de una manera sucesiva y paulatina. La organización social de los bárbaros puso las bases del feudalismo occidental europeo.* □ SINT. En la lengua coloquial se usa también como adverbio de modo con el significado de 'muy bien': *Lo pasamos 'bárbaro' y nos reímos mucho.*

barbechar v. **1** Referido a un terreno, ararlo para que descanse y reciba la acción de la lluvia o de otros agentes atmosféricos: *Después de esta cosecha barbecharemos la tierra.* **2** Referido a un terreno, ararlo y prepararlo para la siembra: *En mi pueblo todavía usan bueyes para barbechar los campos.*

barbecho s.m. **1** Sistema de cultivo que consiste en arar la tierra y en dejarla sin sembrar periódicamente para que descanse: *El barbecho es de secano.* **2** Tierra de labor preparada con este sistema: *Los barbechos se aprovechan como pastos.*

barbería s.f. Local en el que el barbero trabaja cortando y arreglando el pelo, la barba y el bigote: *Mi abuelo siempre iba a la misma barbería a afeitarse.*

barbero s.m. Persona que se dedica profesionalmente a cortar y arreglar el pelo, la barba y el bigote: *En la época medieval, los barberos eran los encargados de extraer muelas y de realizar pequeñas operaciones quirúrgicas.*

barbilampiño adj. Referido a un hombre adulto, que tiene poca barba o que no tiene: *Los hombres barbilampiños tienen una cara infantil.*

barbilla s.f. En una persona, extremo saliente de la mandíbula inferior; *mentón: Cuando se ríe le sale un hoyuelo en la barbilla.*

barbiquejo s.m. →**barboquejo.**

barbitúrico s.m. Sustancia con propiedades hipnóticas y sedantes, derivada de un ácido orgánico cristalino: *Aunque no duermo bien, no quiero tomar barbitúricos.*

barbo s.m. Pez de agua dulce, comestible, con el lomo pardo verdoso y el vientre blanquecino, aletas de radios flexibles y hocico alargado con apéndices carnosos: *Los barbos, que se parecen a las carpas, tienen una carne poco sabrosa.* □ MORF. Es un sustantivo epiceno y la diferencia de sexo se señala mediante la oposición *el barbo {macho/hembra}.* 👁 **pez**

barboquejo s.m. En una prenda para cubrir la cabeza, cinta que la sujeta por debajo de la barbilla; *barbiquejo, barbuquejo: Los sombreros de los picadores van sujetos a la barbilla por el barboquejo.* 👁 **sombrero**

barboteo s.m. Modo de hablar atropellado, apresurado y confuso: *La ira era la causa de su barboteo.*

barbudo, da adj. Que tiene mucha barba: *Volvió de su viaje tan moreno y barbudo que casi no lo reconocí.*

barbuquejo s.m. →**barboquejo.**

barca s.f. **1** Embarcación pequeña que se usa para navegar, pescar o llevar mercancías, generalmente en un río o cerca de la costa; *lancha: Cruzaron el río en una barca de remos.* **2** ‖ **en la misma barca.** *col.* En idéntica relación con un determinado asunto: *Tú y yo estamos en la misma barca, así que no puedes desentenderte de esto.*

barcarola s.f. Composición musical instrumental o vocal, dulce y moderada, con un ritmo de seis por ocho o de doce por ocho: *La barcarola deriva de las canciones de los gondoleros de Venecia.*

barcaza s.f. Barca grande que se usa para transportar carga entre dos embarcaciones o desde una embarcación a tierra: *Una barcaza recogió a los pasajeros del velero hundido y los llevó a tierra.* 👁 **embarcación**

barcelonés, -a adj./s. De Barcelona o relacionado con esta provincia española o con su capital: *En la ciudad barcelonesa se celebraron las olimpiadas en el año 1992. El comercio es una actividad muy arraigada entre los barceloneses.* □ MORF. Como sustantivo se refiere solo a las personas de Barcelona.

barco s.m. **1** Embarcación cóncava que flota y puede transportar por el agua personas o cosas: *¡Vamos a cruzar el mar en barco!* **2** ‖ **barco de vela.** El que tiene velas y se mueve impulsado por el viento: *El barco de vela no avanzaba porque había calma chicha.* □ SINT. Incorr. (galicismo): *barco {*a > de} vapor, barco {*a > de} vela.* 👁 **embarcación**

bardo s.m. Poeta heroico o lírico, esp. entre los antiguos celtas: *Los bardos solían cantar las hazañas de los héroes guerreros.*

baremo s.m. **1** Escala de valores que se establece para evaluar o clasificar los elementos de un conjunto, de acuerdo con alguna de sus características: *El profesor calificó los exámenes siguiendo el baremo oficial.* **2** Libro o tabla de cuentas ajustadas: *El día treinta el contable revisará el baremo del mes.*

bargueño s.m. Mueble de madera con muchos cajones y compartimentos (por alusión a la ciudad toledana de

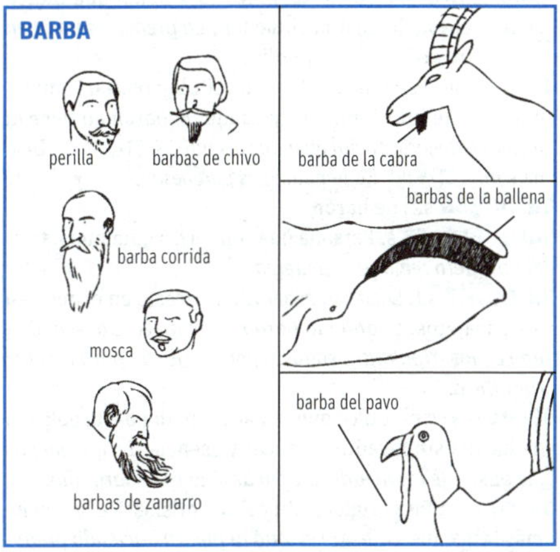

a b c d e f g h i j k l m n ñ o p q r s t u v w x y z

Bargas, en la que antiguamente se fabricaban): *El bargueño se utilizaba para guardar los documentos de la familia.*

baria s.f. En el sistema cegesimal, unidad de presión que equivale aproximadamente a 0,1 pascal: *La baria equivale a una dina por centímetro cuadrado.* ☐ SEM. Dist. de *bar* (equivalente a un millón de dinas por centímetro cuadrado).

baricentro s.m. **1** En física, centro de gravedad de un cuerpo: *El baricentro de esta varilla metálica homogénea es el centro de la misma.* **2** En un triángulo geométrico, punto en el que se cortan sus medianas: *No recuerdo la fórmula para hallar el baricentro del triángulo.*

bario s.m. Elemento químico, metálico y sólido, de número atómico 56, de color blanco amarillento, dúctil y difícil de fundir: *El bario se oxida fácilmente en contacto con el aire.* ☐ ORTOGR. 1. Su símbolo químico es *Ba*. 2. Dist. de *vario*.

barisfera s.f. En la Tierra, núcleo central; *nife*: *Es posible que la barisfera esté formada por hierro y otros metales.*

barítono s.m. En música, persona que tiene una voz de registro intermedio entre la de tenor y la de bajo: *En esa ópera actúa el mejor barítono del momento.*

barlovento s.m. En el mar, lado o dirección por donde viene el viento: *Un barco se aproximaba por barlovento.* ☐ SEM. Dist. de *sotavento* (lado opuesto).

barniz s.m. **1** Producto líquido elaborado con resinas y que se extiende sobre la superficie de algunos objetos para abrillantarlos o protegerlos del aire y de la humedad: *Hay que dar una capa de barniz al parqué.* **2** Noción o conocimiento superficial de una ciencia; *baño*: *En este curso solo nos darán un barniz de gestión empresarial.*

barnizado s.m. Operación de dar barniz: *El barnizado del cuadro ha quedado muy bien, porque no se notan los brochazos.*

barnizador, -a s. Persona que se dedica profesionalmente a barnizar madera: *El barnizador dijo que el parqué no estaría totalmente seco hasta dentro de dos días.*

barnizar v. Dar barniz: *Hay que barnizar esta puerta porque está muy estropeada.* ☐ ORTOGR. La *z* se cambia en *c* delante de *e* →**CAZAR**.

barométrico, ca adj. Del barómetro: *Según los datos barométricos, se acerca una borrasca.*

barómetro s.m. **1** Instrumento que sirve para medir la presión atmosférica: *Estuvimos viendo cómo funciona un barómetro de mercurio.* 👁 **medida** **2** Señal que indica cuál es el estado de una situación: *La prensa es un buen barómetro de la opinión pública.*

barón s.m. Persona que tiene un título nobiliario inmediatamente inferior al de vizconde: *El barón no tiene la misma categoría social en todos los países.* ☐ ORTOGR. Dist. de *varón*. ☐ MORF. Su femenino es *baronesa*.

baronesa s.f. de **barón**.

barquero, ra s. Persona que conduce o guía una barca: *El barquero remaba con fuerza.*

barquilla s.f. En un globo aerostático, cesto en el que van los pasajeros: *Cuando la barquilla empezó a descender, uno de los tripulantes soltó un poco de lastre para recuperar altura.*

barquillo s.m. Dulce que se hace con una pasta delgada de harina sin levadura, azúcar y esencia: *Lo que menos me gusta de los helados de cucurucho es el barquillo.*

barra s.f. **1** Pieza rígida, cilíndrica o prismática, y mucho más larga que gruesa: *Levantó la piedra haciendo palanca con una barra de hierro. Trajo dos barras de hielo para enfriar las bebidas.* **2** Pieza alargada de pan: *Compré dos barras tiernas y tostaditas.* 👁 **pan** **3** En un establecimiento público, mostrador detrás del cual están los camareros y sobre el que se sirven consumiciones a los clientes: *Aunque siempre tomáis las copas en la barra, hoy vamos a sentarnos en una mesa.* **4** *col.* En un texto escrito, signo gráfico formado por una línea vertical u oblicua de derecha a izquierda, que se utiliza para separar: *En la fecha 1/3/1990, la barra separa el día, el mes y el año.* **5** En la costa o en la desembocadura de un río, acumulación larga y estrecha de arena en el fondo: *Esa barra puede ser peligrosa para la navegación.* **6** ‖ **barra americana.** Bar en el que las bebidas son servidas por camareras que suelen ir provocativamente vestidas, conversan con los clientes y a menudo establecen relaciones de prostitución con ellos: *En esa barra americana las camareras llevan una minifalda roja y medias negras con liguero.* ‖ **barra (de equilibrio).** En gimnasia, aparato formado por un travesaño de madera alargado, rectangular y estrecho, sostenido por patas fijas, sobre el que se suben las gimnastas para realizar sus ejercicios: *Al hacer un salto hacia atrás, no colocó bien los pies en la barra de equilibrio y cayó al suelo.* 👁 **gimnasio** ‖ **barra de labios.** Tubo pequeño, cilíndrico y alargado, con una sustancia sólida en su interior que sirve para pintarse los labios: *No me gusta el rojo de tu barra de labios.* ‖ **barra (fija).** **1** En gimnasia, aparato formado por un travesaño cilíndrico de acero, sostenido a cierta altura del suelo, y en el que los gimnastas realizan sus ejercicios sujetándose esp. con manos y piernas: *Cuando realiza un giro sin estar agarrado a la barra fija, debe tomar mucho impulso con el cuerpo para no caerse.* 👁 **gimnasio** **2** En gimnasia y en ballet, pieza horizontal, alargada y cilíndrica, sujeta a la pared, en la que los gimnastas o bailarines se apoyan para realizar sus ejercicios: *Un buen bailarín debe pasar muchas horas ensayando en la barra fija.* ‖ **barra libre.** Posibilidad de consumir todas las bebidas que se deseen gratuitamente, previo pago de la entrada: *Como esa noche había barra libre en la discoteca, se cogió una borrachera increíble.* ‖ **(barras) paralelas.** En gimnasia, aparato que consta de dos travesaños cilíndricos y paralelos, sostenidos a la misma altura del suelo, sobre el que los gimnastas realizan sus ejercicios sujetándose esp. con manos y piernas: *Debes tener mucha fuerza en los brazos para practicar las barras paralelas.* 👁 **gimnasio** ‖ **(barras) paralelas asimétricas.** En gimnasia, aparato parecido al anterior, pero con los travesaños sostenidos a diferente altura del suelo: *Se cayó al pasar de una barra a otra en las barras paralelas asimétricas.* 👁 **gimnasio** ‖ **sin reparar en barras.** Sin consideración ni miramientos: *No reparó en barras hasta que consiguió llegar a la cima del poder.* ☐ SINT. *Sin reparar en barras* se usa también con los verbos *mirar*, *pararse* y *tropezar*.

barrabás s.m. *col.* Persona mala, traviesa o que comete maldades (por alusión a Barrabás, malhechor que fue indultado en lugar de Jesucristo): *Seguro que lo ha roto el barrabás de mi hermano.* ☐ MORF. Su plural es *barrabases*.

barrabasada s.f. *col.* Hecho o dicho malvado o necio: *Es muy cruel y ya ha cometido varias barrabasadas.*

barraca s.f. **1** Vivienda rústica construida con cañas, paja y adobe, de tejado con dos vertientes muy inclinadas, y que es propia de las zonas valenciana y murciana:

Vive en una barraca en la albufera valenciana. **2** Casa pequeña construida toscamente y con materiales ligeros: *Mientras duren las excavaciones utilizad la barraca para dormir.* **3** ‖ **barraca de feria.** Construcción provisional desmontable que se destina a espectáculos y diversiones; *caseta de feria: Una de las barracas de feria es una tómbola.*

barracón s.m. Edificio rectangular, de un solo piso y sin muros de separación en su interior, construido esp. para albergar tropas: *Cada compañía militar se alojó en un barracón.*

barracuda s.f. Pez carnívoro de cuerpo muy alargado, hocico puntiagudo y mandíbula prominente con dientes en forma de puñal: *La barracuda mide más de dos metros y es un pez tan temible como el tiburón.* □ MORF. Es un sustantivo epiceno y la diferencia de sexo se señala mediante la oposición *la barracuda {macho/hembra}.*

barragana s.f. Antiguamente, mujer que convivía y mantenía relaciones sexuales con un hombre sin estar casada con él: *Uno de los personajes de la novela 'Los pazos de Ulloa', de Emilia Pardo Bazán, tenía barragana.*

barraganería s.f. *ant.* →**amancebamiento.**

barranco s.m. Depresión profunda del terreno, esp. si sus pendientes no están cortadas a pico: *Reduce la velocidad del coche en el puerto porque hay muchos barrancos.*

barredero, ra adj. Que arrastra lo que encuentra a su paso: *Un viento barredero ha dejado los árboles sin hojas.*

barrena s.f. **1** Herramienta formada por una barra metálica con la punta en espiral y que sirve para hacer agujeros en madera, metales y otros materiales duros: *El carpintero hizo los agujeros en las tablas con una barrena.* **2** ‖ **entrar en barrena.** Referido a un avión, empezar a descender verticalmente y en espiral, por faltarle la velocidad mínima indispensable para sostenerse en el aire: *Lo que más me gustó de los pilotos acrobáticos fue ver cómo entraban en barrena.* 👁 **acrobacia** □ SINT. *Entrar en barrena* se usa también con los verbos *caer, descender* o equivalentes.

barrenar v. Referido a un material duro, abrir agujeros en él con una barrena o con un barreno: *Los mineros barrenaron las paredes de la mina.*

barrendero, ra s. Persona que se dedica profesionalmente a barrer las calles: *Como los barrenderos estaban en huelga, las calles estaban llenas de basura.*

barrenero s.m. Persona que se dedica profesionalmente a hacer barrenos en las minas o en lugares semejantes: *La empresa que explota esta zona minera tiene su propio equipo de barreneros.*

barreno s.m. **1** Agujero relleno de un material explosivo, que se hace en una roca o en una obra de fábrica para volarlas: *Cuando tengas preparados los barrenos, avísanos para que nos alejemos de aquí.* **2** Barrena grande usada esp. para hacer agujeros en rocas: *Trae un barreno para perforar esa pared de piedra.* **3** Explosivo con el que se rellena un agujero para realizar una voladura: *Coloca los barrenos con cuidado.*

barreño s.m. Recipiente de uso doméstico más ancho que alto: *Se dio un baño de pies en un barreño.*

barrer v. **1** Referido al suelo, limpiarlo o quitarle el polvo y la basura con una escoba o con un objeto semejante: *Barrió y fregó las escaleras de la casa. Después de comer, barrió las migas.* **2** Referido a un lugar, llevarse todo lo que hay en él o apoderarse de ello: *Los ladrones barrieron la casa y no dejaron ni una silla.* **3** Hacer desaparecer, arrollar o llevarse lo que se encuentra al paso: *Tu propuesta barrió a todas las demás porque era la más coherente.* **4** ‖ **barrer {hacia/para} {casa/dentro}.** Actuar por interés y con el fin de obtener algún beneficio personal: *Deja de barrer para dentro y preocúpate un poco por los demás.*

barrera s.f. **1** En un lugar, valla que lo cerca o que obstaculiza el paso: *Han colocado barreras porque están arreglando la calle.* **2** Mecanismo formado por una barra sujeta por uno de los extremos y que, cuando está bajada, impide el paso: *El vigilante subió la barrera y el coche salió del aparcamiento.* **3** Hecho o circunstancia que constituyen un obstáculo: *La diferencia de edad no es ninguna barrera para su relación.* **4** En una plaza de toros, valla de madera que cerca el ruedo y lo separa de las gradas de los espectadores: *Al diestro le entró el pánico y saltó la barrera.* **5** En una plaza de toros, primera fila de asientos: *Hoy veremos muy bien la corrida porque he comprado localidades de barrera.* **6** En algunas competiciones deportivas, fila de jugadores que, uno al lado del otro, se colocan delante de su portería para protegerla de un lanzamiento contrario: *Los jugadores formaron la barrera siguiendo las instrucciones del portero.* **7** ‖ **barrera del sonido.** Límite en el que el foco emisor de un sonido se mueve a la velocidad a la que se propaga el sonido: *Cuando un avión rompe la barrera del sonido, se produce un ruido ensordecedor.*

barretina s.f. Gorro catalán de lana, en forma de manga cerrada por el extremo: *Los bailarines de sardana suelen llevar barretina.* 👁 **sombrero**

barriada s.f. **1** En un núcleo de población relativamente grande, cada una de las zonas en las que se divide; *barrio: Vive en la barriada más ruidosa de la ciudad.* **2** En un barrio, parte de él: *De tu barrio, la barriada que más me gusta es la que está al lado del parque.* □ SEM. Dist. de *distrito* (división administrativa).

barrica s.f. Tonel de tamaño mediano que se usa para contener líquidos, esp. vino: *En la bodega había dos barricas llenas de vino.*

barricada s.f. Obstáculo que se levanta de manera improvisada amontonando distintos objetos para defenderse en un enfrentamiento o para impedir el paso: *Los manifestantes cortaron la calle con una barricada de coches volcados.*

barrido s.m. **1** Limpieza del suelo que se hace quitándole el polvo y la basura con una escoba o con un objeto semejante: *El barrido de la cocina me llevará cinco minutos.* **2** Acaparamiento o apropiación de todo lo que hay en un lugar: *¡Menudo barrido hizo la gente en el supermercado cuando se enteró de que iban a subir los precios!* **3** En cine, vídeo o televisión, recorrido horizontal que la cámara realiza enfocando desde un punto fijo: *El barrido de la cámara mostró uno por uno a los atletas en la línea de salida.* **4** Búsqueda intensa y completa de datos: *Haremos un barrido en la prensa diaria para conocer bien la situación.* **5** Proceso automático por el que se miden las diversas magnitudes de un sistema para controlarlas: *El piloto automático del avión hizo un barrido de la situación atmosférica.* □ SEM. En la acepción 3, dist. de *trávelin* (recorrido que realiza la cámara moviéndose).

barriga s.f. **1** *col.* En el cuerpo humano o en el de otros mamíferos, parte comprendida entre el tórax y la pelvis, en la que se sitúa la mayor parte de los aparatos digestivo y reproductor: *El ombligo está en la barriga.* **2** *col.* Conjunto de vísceras que está contenido en esta parte del cuerpo: *Tengo que hacerme una radiografía de la barriga.* **3** *col.* En una persona, abultamiento que se forma en esa parte del cuerpo, esp. si es por acumulación de grasa: *Como sigas bebiendo tanta cerveza, vas a tener una buena barriga.* **4** Parte abultada de algunas cosas, esp. de una vasija; *panza: En ese cántaro cabe más que en este porque tiene la barriga más ancha.* ☐ SEM. 1. En las acepciones 1 y 2, es sinónimo de *abdomen*. 2. En las acepciones 1, 2 y 4, es sinónimo de *vientre*. 3. En las acepciones 1 y 3, es sinónimo de *tripa*.

barrigón, -a adj. →**barrigudo, da.**

barrigudo, da adj. Que tiene una gran barriga, esp. si es por acumulación de grasa; *barrigón: Está embarazada de ocho meses y está ya muy barriguda.*

barril s.m. **1** Tonel que sirve para contener y transportar líquidos: *Ya he encargado los barriles de cerveza.* **2** Unidad de capacidad que equivale a 158,982 litros de petróleo o de alguno de sus derivados: *Se rumorea que el barril de petróleo subirá un dólar.* **3** ‖ **ser un barril de pólvora.** Referido a una situación, ser muy conflictiva: *Ese debate es un barril de pólvora que puede estallar si nadie cede.*

barrilete s.m. En un revólver, pieza cilíndrica y giratoria en la que se colocan las balas: *No metió con rapidez los cartuchos en el barrilete y el otro pistolero disparó antes.*

barrillo s.m. En la cara de una persona, grano de color rojizo; *barro: A ese adolescente le está empezando a salir la barba y tiene la cara llena de barrillos.*

barrio s.m. **1** En un núcleo de población relativamente grande, cada una de las zonas en las que se divide; *barriada: Ese distrito agrupa cuatro de los barrios más conocidos de la ciudad.* **2** ‖ **barrio bajo.** Aquel en el que viven las clases sociales más pobres: *La mayor parte de los emigrantes vivían en los barrios bajos de la ciudad.* ‖ **barrio chino.** *col.* En algunas ciudades, esp. en las portuarias, aquel en el que se concentran locales destinados a la prostitución: *Me gustaría conocer el barrio chino, pero me han dicho que es peligroso.* ‖ **el otro barrio.** *col.* Lo que hay después de la muerte: *Dice que los espíritus le hablan desde el otro barrio.* ☐ MORF. *Barrio bajo* se usa más en plural. ☐ SEM. En la acepción 1, dist. de *distrito* (división administrativa).

barriobajero, ra adj./s. Que habla o se comporta de un modo vulgar, ordinario o maleducado: *No puedo soportar sus modales barriobajeros. Esa barriobajera no tiene ni una pizca de educación.*

barritar v. Referido al elefante o al rinoceronte, dar barritos o emitir su voz característica: *Cuando se acercó el cazador, el elefante empezó a barritar.*

barrito s.m. Voz o sonido característico del elefante o del rinoceronte: *El rinoceronte lanzó barritos de dolor cuando los cazadores lo hirieron.*

barrizal s.m. Terreno lleno de barro o lodo: *Había llovido y el campo de fútbol era un barrizal.*

barro s.m. **1** Mezcla de tierra y agua: *Ponte las botas de plástico porque hay barro en la calle.* **2** Mezcla moldeable de agua y arcilla muy usada en alfarería y que, una vez cocida, se endurece: *En las generalizaciones es fácil cometer errores.* **3** Objeto hecho de esta mezcla: *Los barros que tengo en la estantería los compré en una tienda de artesanía.* **4** En la cara de una persona, grano de color rojizo; *barrillo: Como le está rompiendo la barba, tiene muchos barros en la cara.* **5** ‖ **{en/por} el barro.** *col.* En una situación humillante, baja o despreciable: *Desde que se dio a la bebida, vive hundido en el barro.*

barroco, ca ▌adj. **1** Del Barroco o con rasgos propios de este estilo: *En la arquitectura barroca hay profusión de líneas curvas.* **2** Excesivamente adornado o complejo: *Aunque te gusten los muebles barrocos, yo los prefiero sobrios y de líneas rectas.* ▌s.m. **3** Estilo artístico que triunfó en Europa (uno de los cinco continentes) en el siglo XVII y que se caracteriza por la complicación formal y la exuberancia ornamental: *La excesiva ornamentación del Barroco fue una reacción contra la sobriedad del estilo renacentista.* **4** Período histórico durante el que se desarrolló este estilo: *La decadencia política y económica de España comenzó en el Barroco.* ☐ USO En las acepciones 3 y 4, se usa como nombre propio.

barroquismo s.m. Tendencia a lo barroco, o manifestación de este estilo: *Estas frases largas y complejas son ejemplo del barroquismo de la novela.*

barrote s.m. Barra gruesa: *El preso intentó arrancar los barrotes de la ventana de su celda.*

barruntar v. Sospechar, presentir o prever por algún ligero indicio: *Por tu mirada, barrunto que estás enamorada.*

barrunto s.m. **1** Sospecha, presentimiento o previsión de que algo va a suceder: *Tengo barruntos de que han discutido, aunque no estoy muy segura.* **2** Asomo o ligero indicio: *Aunque la situación es dramática, hay barruntos de esperanza.*

bartola ‖ **a la bartola.** *col.* De forma relajada o libre de toda preocupación (por alusión a Bartolo, nombre genérico del prototipo de persona despreocupada y perezosa): *Como es un holgazán, se pasa las tardes tumbado a la bartola.* ☐ USO Se usa más con los verbos *echarse*, *tenderse*, *tumbarse* o equivalentes.

bártulos s.m.pl. Conjunto de cosas diversas de uso habitual, esp. en un trabajo o en una actividad: *Cogió sus bártulos de pesca y se fue al río.*

barullo s.m. *col.* Situación confusa producida por la falta de orden y de cuidado o por la alteración de lo que se considera habitual: *El barullo de la calle no me dejó dormir la siesta.*

basa s.f. En una columna, pieza inferior sobre la que se apoya el fuste: *La columna dórica no tiene basa y se apoya directamente sobre el suelo.*

basal adj. En biología, referido a una actividad orgánica, que mantiene el grado mínimo o esencial para realizarse: *Durante el sueño, el metabolismo continúa en un nivel basal.* ☐ MORF. Invariable en género.

basalto s.m. Roca volcánica de color negro o verdoso, muy dura, que procede de la fusión de materiales de las capas profundas del manto superior de la corteza terrestre: *El basalto se emplea como material de construcción.*

basamento s.m. En una columna, conjunto formado por la basa y el plinto o pedestal: *De las columnas del antiguo templo solamente queda el basamento.*

basar v. Apoyar o fundamentar sobre una base: *Basaron su amistad en la confianza mutua. Me baso en la experiencia para justificar su teoría.* ☐ ORTOGR. Dist. de *vasar*. ☐ SINT. Constr. *basar(se)* EN *algo*.

basca s.f. **1** *col.* Grupo de personas, esp. si son amigas: *Los domingos salgo de copas con la basca del barrio.* **2** Malestar que se siente en el estómago cuando se quiere vomitar; *náusea: Ha comido tanto que ahora tiene bascas.* ☐ MORF. La acepción 2 se usa más en plural.

báscula s.f. Instrumento que sirve para medir pesos y que consta de una plataforma sobre la que se coloca lo que se va a pesar: *Me pesé en la báscula de la farmacia.* □ SEM. Dist. de *balanza* (con un brazo y, generalmente, con dos platillos). 👁 **medida**

bascular v. **1** Referido a un objeto, efectuar movimientos de vaivén: *Cuando se le acaba la cuerda al reloj de pared, el péndulo deja de bascular.* **2** Referido a un estado, variar alternativamente: *Su estado de ánimo bascula entre el optimismo y la tristeza.* **3** Referido a la caja de un vehículo de carga, levantarse mecánicamente por uno de sus extremos para que la mercancía se deslice hacia fuera por su propio peso: *El volquete basculó y la arena fue cayendo al suelo.* **4** En deporte, referido a un jugador, desplazarse lateralmente de forma alternativa y continuada: *El jugador basculó por la banda intentando desmarcarse de su contrario.* □ ORTOGR. Dist. de *vascular*.

base ▌ s. **1** En baloncesto, jugador cuya función primordial es la de organizar el juego de su equipo: *Los bases suelen ser los jugadores más bajos del equipo.* ▌ s.f. **2** Apoyo o fundamento en que descansa algo: *La base de su éxito radica en su capacidad de trabajo.* **3** En una figura geométrica, línea o superficie sobre la que parece que descansa, y línea o superficie paralelas a estas: *La base de un cilindro es un círculo.* **4** En matemáticas, en la potencia 'a^b', el término 'a': *En la potencia 5^3, el 5 es la base.* **5** En matemáticas, en el logaritmo '$\log_b a$', el número 'b': *En el logaritmo $\log_2 5$, 2 es la base.* **6** En un sistema de numeración matemática, número de unidades que constituyen la unidad colectiva del orden inmediatamente superior: *En el sistema de base diez, se necesitan diez unidades para formar otra del orden inmediato superior.* **7** En química, compuesto generalmente formado por un metal y por oxígeno e hidrógeno y que, combinado con un ácido, forma una sal: *La sosa es una base muy fuerte.* **8** En un campo de béisbol, cada una de las cuatro esquinas que intenta ocupar un jugador, mientras otro del equipo contrario la defiende: *El bateador corrió las cuatro bases y fue muy aplaudido.* **9** Lugar especialmente preparado para una determinada actividad: *Los cazabombarderos repostaron y cargaron bombas en la base aérea.* **10** En topografía, punto que se fija sobre el terreno y que sirve de referencia para establecer otros puntos secundarios: *Para hacer el trazado de la carretera, primero fijaron las bases y luego otros hitos.* ‖ **a base de.** Tomando como base, fundamento o componente principal: *Se alimenta a base de filetes.* **12** ‖ **a base de bien.** *col.* En gran cantidad: *Cenaron a base de bien.* ‖ **base de datos.** En informática, sistema que permite el almacenamiento de datos de manera estructurada y su consulta por parte de usuarios múltiples e independientes entre sí: *Este banco tiene una base de datos con información de todos sus clientes.* ‖ **base del cráneo.** En el cráneo, parte inferior, formada principalmente por los huesos occipital y temporales: *Una lesión en la base del cráneo puede ser muy grave.* □ MORF. En la acepción 1, es de género común y exige concordancia en masculino o en femenino para señalar la diferencia de sexo: *el base, la base.* □ SINT. 1. *A base de*, seguido de un adjetivo, es un vulgarismo: **a base de barato.* 2. Incorr. (anglicismo): **en base a › sobre la base de.* *Base de datos* es dist. de *banco de datos* (conjunto organizado de datos relativos a un tema). □ SEM. *Base de datos* es dist. de *banco de datos* (conjunto organizado de datos relativos a un tema).

básico, ca adj. **1** De la base o del fundamento de algo: *No estoy de acuerdo con los principios básicos de esta teoría.* **2** Indispensable o esencial: *El oxígeno es básico para la vida de los animales.*

basílica s.f. **1** Iglesia notable por su antigüedad, tamaño o magnificencia, o por los privilegios de que goza: *La catedral de Zaragoza está enfrente de la basílica del Pilar.* **2** En arte, edificio religioso, generalmente cristiano y de planta rectangular dividida en tres o cinco naves separadas por columnas o pilares: *La nave central de las basílicas cristianas es más ancha que las laterales.*

basilisco s.m. **1** Animal fabuloso que se representaba con cuerpo de serpiente y patas de ave: *Del basilisco se decía que mataba con la mirada.* 👁 **mitología** **2** ‖ **{estar/ponerse} hecho un basilisco.** *col.* Enfadarse mucho y mostrarlo claramente: *Cuando descubrió el engaño se puso hecho un basilisco.*

basket s.m. →**baloncesto.** □ PRON. [básket]. □ USO Es un anglicismo innecesario.

basketball s.m. →**baloncesto.** □ PRON. [básketbol]. □ USO Es un anglicismo innecesario.

basset (galicismo) adj./s.m. Referido a un perro, de una raza que se caracteriza por tener cuerpo pequeño y patas cortas: *Ese perro basset es muy juguetón. Le regalaron un cachorro de basset.* □ PRON. [báset]. □ MORF. Como adjetivo es invariable en género. 👁 **perro**

basta interj. Expresión que se usa para poner término a una acción o a un discurso: *¡Basta, déjame en paz!*

bastante ▌ indef. **1** Suficiente o no poco: *No tengo bastante dinero para comprarlo. De tu casa a la mía hay bastantes kilómetros. Ya estamos bastantes, que no vengan más.* ▌ adv. **2** En una cantidad indefinida, pero suficiente: *No ha nevado bastante para poder ir a esquiar. Me gusta bastante, pero no tanto como para comprarlo.* **3** Más de lo necesario o de lo normal: *No voy a cenar porque he merendado bastante.* **4** Antepuesto a un adverbio, muy: *No puedes ir andando porque está bastante lejos.* □ MORF. 1. En la acepción 1, es invariable en género. 2. Para la acepción 1, →APÉNDICE DE PRONOMBRES.

bastar v. Ser suficiente: *Con este dinero basta para pagarlo todo. Me basto y me sobro para llevar yo solo el negocio.* □ SINT. Constr. *bastar* CON *algo.*

bastardía s.f. Condición del hijo nacido fuera del matrimonio: *Su bastardía le impidió heredar el trono.*

bastardilla s.f. →**letra bastardilla.**

bastardo, da ▌ adj./s. **1** Referido a una persona, que ha nacido fuera del matrimonio: *Tuvo un hermano bastardo que no fue reconocido por su padre. El bastardo se levantó en armas contra su padre, el rey.* **2** *col.* Que actúa con mala intención o sin nobleza: *El ansia de poder me parece una ambición bastarda. Si piensas eso de ellos, eres un bastardo.* ▌ s.f. **3** →**letra bastarda.** □ MORF. En la acepción 1, se usa como sustantivo referido solo a hijos. □ USO En las acepciones 1 y 2, tiene un matiz despectivo y se usa como insulto.

bastedad s.f. En un objeto, falta de calidad o de pulimento: *La bastedad de la lija permite pulir algunos materiales.* □ ORTOGR. Dist. de *vastedad*.

basteza s.f. En una persona, falta de educación, de delicadeza y de refinamiento: *La basteza de tu comentario ha hecho que tú mismo te sonrojes.*

bastidor s.m. **1** Armazón rectangular o en forma de aro que deja un hueco en su interior, constituido por un conjunto de listones unidos y que sirve para fijar o montar algo, esp. telas o vidrios: *Mi abuela bordaba en un bastidor de madera.* **2** Armazón metálico que soporta una estructura o un mecanismo, esp. referido al que sostiene la carrocería de un vehículo: *Si vas sin precaución por caminos malos, es fácil que en un bache dañes el bastidor del coche.* **3** En un teatro, lienzo pintado y sostenido por un armazón, que se sitúa a los lados y detrás del escenario y sirve como decorado: *El director siempre se queda detrás de los bastidores.*

bastilla s.f. En un tejido, doblez que se le hace en los bordes y que se asegura provisionalmente con puntadas para que no se deshilache: *Haz una bastilla en la falda antes de cogerle el bajo.*

bastión s.m. Lo que sirve para defender o mantener algo; *baluarte: La ciudad fue un bastión contra la invasión extranjera.*

basto, ta ▌adj. **1** Sin refinar, de poca calidad o hecho con materiales de poco valor: *Tus muebles son baratos pero muy bastos.* ▌adj./s. **2** Referido a una persona, sin educación, sin delicadeza y sin refinamiento: *Es un chico de andares bastos y desacompasados. Eres una basta que suelta tacos sin parar.* ▌s.m. **3** En la baraja española, carta del palo que se representa con uno o varios garrotes, generalmente de color verde: *Sal con un basto pequeño como el cuatro o el cinco.* ▌s.m.pl. **4** En la baraja española, palo que se representa con uno o varios garrotes, generalmente de color verde: *Tengo oros, copas y espadas, pero no bastos.* 👁 **baraja** ▌s.f. **5** En un colchón, costura o atadura que mantiene el relleno repartido y sujeto: *El colchón no tiene bastas y toda la lana está a los pies.* ☐ ORTOGR. Dist. de *vasto.* ☐ USO En la acepción 3, *un basto* designa cualquier carta de bastos y *el basto* designa al as.

bastón s.m. **1** Vara o palo que sirve de apoyo al caminar: *El bastón de mi abuela tiene una empuñadura con forma de cabeza de león.* **2** Distintivo simbólico que confiere autoridad civil o militar: *El alcalde iba al frente del desfile con el bastón de mando.* **3** En esquí, barra que se usa para apoyarse o impulsarse: *Los bastones salieron por los aires cuando me caí en la pista.*

bastonazo s.m. Golpe dado con un bastón: *El abuelo se enfadó y empezó a dar bastonazos en el suelo.*

bastoncillo s.m. Palito de plástico con algodón en sus extremos que se usa en el aseo personal: *Dame los bastoncillos para limpiarle a la niña las orejas.*

basura s.f. **1** Conjunto de desperdicios y de cosas que no sirven y se tiran: *Por las noches sacamos a la calle la bolsa con la basura.* **2** Lo que se considera de mala calidad, mal hecho o de poco valor: *Esa novela tan mal escrita es una basura.* **3** Persona con pocas cualidades y poco digna de aprecio: *Ese tipejo es pura basura, y muy capaz de traicionar a su mejor amigo.*

basurero, ra ▌s. **1** Persona que se dedica profesionalmente a la recogida de basura: *Los basureros volcaron los cubos en los camiones.* ▌s.m. **2** Lugar en el que se amontona la basura: *En el basurero municipal se encargan de destruir la basura.*

bata s.f. **1** Prenda de vestir holgada y cómoda, que cubre desde el cuello hasta una altura variable de las piernas y que se usa para estar en casa: *En cuanto llego a casa me quito la ropa y me pongo la bata.* **2** Prenda de vestir cómoda y ligera que se pone sobre la ropa como medida de higiene o para protegerla de la suciedad: *Los que trabajan en este hospital llevan batas verdes.*

batacazo s.m. **1** Caída fuerte y ruidosa: *Pisé una cáscara de plátano y me di un batacazo.* **2** Fracaso grande e inesperado: *Baja de las nubes o te pegarás un batacazo.* ☐ USO Se usa más con los verbos *darse* y *pegarse.*

batalla s.f. **1** Combate entre dos ejércitos, dos armadas navales o dos aviaciones: *Ganar una batalla no es ganar la guerra.* **2** Enfrentamiento, lucha o conflicto entre dos o más personas: *Las dos bandas rivales se enzarzaron en una batalla con piedras.* **3** Lucha y contradicción anímicas que una persona vive en su interior: *Para él fue una dura batalla aceptar una pérdida tan grande.* **4** Relato de hechos esp. pasados en los que el narrador se presenta como protagonista absoluto: *Me sé tus batallitas de memoria.* **5** ‖ **batalla campal. 1** La que se produce entre dos ejércitos completos, o la que se desarrolla en campo abierto: *Las batallas campales son muy sangrientas.* **2** Discusión o enfrentamiento violentos, esp. si toma parte mucha gente: *El árbitro suspendió el partido porque se convirtió en una batalla campal.* ‖ **{dar/presentar} (la) batalla.** Enfrentarse con decisión a un problema: *Este año el Gobierno dará la batalla a la inflación.* ☐ MORF. En la acepción 4, se usa mucho el plural y el diminutivo *batallita.* ☐ SINT. Constr. *librar una batalla* CONTRA *algo.*

batallar v. **1** Pelear, combatir o luchar con armas: *Los caballeros medievales batallaban con el que ofendiera a su dama.* **2** Disputar, debatir o porfiar con calor y vehemencia, generalmente para conseguir un propósito: *Tuve que batallar mucho con mi suegro hasta que me aceptó en la familia.*

batallón s.m. **1** En el Ejército, esp. en infantería, unidad táctica con el mismo tipo de armas, compuesta de varias compañías: *Al mando de un batallón suele haber un comandante o un teniente coronel.* **2** Grupo de personas muy numeroso y ruidoso: *Un batallón de niños andaba por la feria.*

batata s.f. **1** Planta herbácea de tallo rastrero, hojas alternas de color verde oscuro, flores grandes y acampanadas de color blanco o púrpura, y con tubérculos comestibles muy parecidos a los de la patata: *La batata es originaria de Haití.* **2** Tubérculo de la raíz de esta planta: *La batata es más dulce y digestiva que la patata.*

bate s.m. En algunos deportes, esp. en el béisbol, bastón con el que se golpea la pelota, más estrecho en la empuñadura que en el extremo opuesto: *Para golpear bien la pelota, debes coger el bate con las dos manos.* ☐ ORTOGR. Dist. de *vate.*

batea s.f. **1** Embarcación pequeña con forma de cajón, que se usa en ríos y puertos para el transporte de mercancías: *Llevan las cosas de una orilla a otra del río con una batea.* **2** Bandeja con el borde de poca altura, de madera pintada y adornada con pajas: *En el aparador tiene un juego de té en una batea.* **3** Construcción cuadrada, generalmente de madera, que se coloca en el mar para la cría de mejillones: *En esa ría gallega hay muchas bateas.*

bateador, -a s. En béisbol, jugador encargado de darle a la pelota con el bate: *Los bateadores deben ser fuertes y rápidos.*

batear v. En béisbol, golpear la pelota con el bate: *Bateó muy alto y corrió las cuatro bases del campo.*

batel s.m. Embarcación pequeña, sin cubierta y con tablas atravesadas que sirven de asiento; *bote, lancha: Llegamos al puerto en batel, porque el barco no pudo acercarse.* ☐ SEM. Dist. de *bajel* (barco, en lenguaje poético). 👁 **embarcación**

batería ▌s. **1** En un grupo de música, persona que toca los instrumentos de percusión montados sobre un mismo armazón: *El mejor del grupo es el batería.* ▌ s.f. **2** Conjunto de instrumentos musicales de percusión montados sobre un mismo armazón y tocados por un solo músico: *La batería marca el ritmo de la pieza musical.* **3** En el Ejército, conjunto de piezas de artillería dispuestas para hacer fuego: *El sabotaje de la batería enemiga fue decisivo para ganar la batalla.* **4** En el Ejército, unidad de tiro compuesta por cuatro o seis piezas de artillería, el material automóvil que las mueve y los mandos y artilleros que las dirigen y disparan: *El capitán dirigió muy bien su batería.* **5** En un teatro, fila de luces en la parte del escenario más próxima al público, que sustituye a las antiguas candilejas: *Los actores estaban deslumbrados por la batería y no veían al público.* **6** Serie o conjunto numeroso de cosas: *Me volvió loco con la batería de preguntas que me hizo.* **7** ‖ **batería (de cocina).** Conjunto de cacharros y de utensilios que sirven para cocinar: *Compra una sartén y una olla para completar la batería de cocina.* ‖ **batería (eléctrica).** En física, aparato formado por una o varias pilas, que permite la acumulación de energía eléctrica y su posterior suministro: *Dejé encendidas las luces del coche y se agotó la batería.* ‖ **en batería.** Referido al modo de estacionar un vehículo, en paralelo respecto a los demás vehículos aparcados: *En las calles estrechas no se puede aparcar en batería.* ☐ MORF. En la acepción 1, es de género común y exige concordancia en masculino o en femenino para señalar la diferencia de sexo: *el batería, la batería.*

batial adj. **1** Referido a una zona marina, que tiene una profundidad entre 200 y 2500 metros: *La zona batial corresponde al talud continental.* **2** De esta zona marina: *La fauna batial resiste grandes presiones.* ☐ MORF. Invariable en género.

batiburrillo s.m. Mezcla desordenada de cosas o elementos dispares: *¡A ver si aclaras de una vez el batiburrillo de ideas que tienes en la cabeza!*

batida s.f. **1** Registro o reconocimiento minucioso de un lugar: *Dieron una batida por la zona para encontrar a los niños perdidos.* **2** En caza mayor, registro ruidoso del terreno para hacer salir a los animales de sus escondites y que se dirijan al lugar donde están los cazadores: *Los ojeadores hicieron la batida y el zorro salió aturdido hacia los cazadores.* ☐ USO La acepción 1 se usa más en la expresión *dar una batida.*

batido s.m. **1** Mezcla batida de claras, yemas o huevos completos: *Ahí tienes el batido para el flan.* **2** Bebida que se prepara triturando y mezclando con una batidora diversos ingredientes, esp. leche, fruta o helado: *¿Quieres batido de fresa o de chocolate?*

batidor s.m. Utensilio, generalmente manual, que sirve para batir: *Tienes que cambiar este viejo batidor de alambre por una batidora eléctrica.*

batidora s.f. Electrodoméstico que sirve para triturar o batir productos alimenticios por medio de aspas o cuchillas con movimiento giratorio: *Con batidora, la mayonesa se hace en un momento.* ☐ USO Es innecesario el uso de *túrmix* (extensión del nombre de una marca comercial). 👁 **electrodoméstico**

batiente s.m. **1** En una puerta o en una ventana, parte movible que se abre y se cierra; *hoja: Con el viento, los batientes de la ventana golpean la pared.* 👁 **hoja** **2** En una costa o en un dique, lugar en el que golpean las olas: *Vamos al batiente del acantilado para ver la espuma del agua.*

batín s.m. Bata que se ponen los hombres para estar en casa: *Si vienes a casa sin avisar, me pillarás en batín.*

batintín s.m. Instrumento de percusión formado por un disco que, suspendido de un soporte, resuena fuertemente al ser golpeado por una maza; *gong: El batintín es un instrumento de origen chino.* 👁 **percusión**

batir ▌ v. **1** Referido a una sustancia, esp. si es líquida, mezclarla o agitarla hasta que se condense, se disuelva o se licue: *La mantequilla se hace batiendo la leche.* **2** Referido a un récord, superarlo: *Este año no se ha batido la plusmarca en salto.* **3** Referido a un adversario, vencerlo o derrotarlo: *Esa nadadora batió a sus contrincantes tres años seguidos.* **4** Referido al sol, al aire o al agua, dar directamente en algún sitio: *Me relaja escuchar el sonido que hace la lluvia al batir en los cristales.* **5** Referido a un terreno, explorarlo o registrarlo minuciosamente: *La policía batió las calles en busca de los atracadores.* **6** Mover de forma vigorosa, esp. si se hace ruido: *Escucha cómo se oye a los pájaros batir sus alas.* **7** En atletismo, en algunas pruebas de salto, impulsar el cuerpo apoyando en el suelo la pierna contraria a la que inicia el salto: *Los atletas de salto de altura tienen más fuerza en la pierna con la que baten.* ▌ prnl. **8** Referido a una persona, enfrentarse a otra en una pelea o en un combate, esp. por un desafío: *Los dos espadachines se batieron, pero ninguno resultó herido.*

batiscafo s.m. Embarcación sumergible e independiente, que resiste grandes presiones y se usa para explorar las mayores profundidades acuáticas: *El batiscafo es el medio más utilizado para investigar los fondos marinos más profundos.* ☐ PRON. Incorr. *[batískafo].

batista s.f. Tela muy fina de lino o de algodón: *Tiene un pañuelo de batista casi transparente.*

batracio, cia ▌ adj./s.m. **1** Referido a un vertebrado, que no tiene ni pelo ni plumas, es de sangre fría, necesita un medio acuático o muy húmedo para nacer y vivir, y cuando es larva tiene características muy diferentes a las del adulto; *anfibio: Los animales batracios pasan del estado larvario al adulto con una metamorfosis. La temperatura corporal de un batracio depende del calor exterior.* ▌ s.m.pl. **2** En zoología, grupo de estos vertebrados: *En clasificaciones antiguas los batracios eran una clase.* ☐ ORTOGR. Incorr. **batráceo.*

batuecas ‖ **estar en las Batuecas.** *col.* Estar distraído o ajeno a lo que sucede alrededor (por alusión a la aislada comarca salmantina de las Batuecas): *Pon más atención, porque hoy estás en las Batuecas y no te enteras de nada.*

baturro, rra ▌ adj. **1** De los campesinos aragoneses: *Cantaron varias jotas baturras.* ▌ adj./s. **2** Referido a una persona aragonesa, del campo: *No soy baturra porque soy de Zaragoza capital. Los baturros tienen fama de testarudos.* ☐ SEM. Dist. de *maño* (aragonés, en lenguaje coloquial).

batuta s.f. **1** En música, palo corto y delgado que utiliza el director de una orquesta para indicar el ritmo, la dinámica y la expresión de la obra: *Tres golpes con la batuta en el atril marcaron el comienzo del concierto.* **2** ‖ **llevar la batuta.** *col.* Dirigir o mandar en una situación: *Ella es quien lleva la batuta y toma las decisiones en la familia.*

baúl s.m. Caja grande rectangular, con una tapa arqueada que gira sobre bisagras; *cofre: En el desván hay un baúl con la ropa de la abuela.*

bauprés s.m. En una embarcación de vela, palo grueso,

horizontal pero ligeramente inclinado hacia arriba, que sobresale en la proa: *El palo más cercano a la proa se asegura en el bauprés.*

bautismal adj. Del bautismo o relacionado con él: *En algunas iglesias la pila bautismal está en una capilla independiente.* □ MORF. Invariable en género.

bautismo s.m. **1** En el cristianismo, primero de los sacramentos, que convierte en cristiano a quien lo recibe y lo incorpora a la Iglesia: *Para ser cristiano es necesario recibir el bautismo.* **2** En el cristianismo, administración de este sacramento y ceremonia o fiesta con que se celebra; *bautizo: Celebramos el bautismo de nuestro hijo a los quince días de su nacimiento.* **3** ‖ **bautismo de fuego.** Primera vez que combate un soldado: *Muchos soldados mueren en su bautismo de fuego.* □ SEM. Dist. de *baptismo* (doctrina religiosa protestante).

bautizar v. **1** En el cristianismo, referido a una persona todavía no cristiana, administrarle el sacramento del bautismo: *El sacerdote bautizó al bebé echándole agua por la cabeza.* **2** Dar nombre para distinguir o individualizar: *Bautizó el barco con mi nombre.* **3** *col.* Referido a una persona, ponerle un nombre distinto al que tiene, generalmente un apodo: *En el colegio bautizamos con motes a los profesores.* □ ORTOGR. La *z* se cambia en *c* delante de *e, i* →**CAZAR**.

bautizo s.m. En el cristianismo, administración del sacramento del bautismo y ceremonia o fiesta con que se celebra; *bautismo: Mañana es el bautizo de mi sobrina. En el bautizo, el padrino invitó a todos a pasteles.*

bauxita s.f. Mineral blando de color blanquecino, grisáceo o rojizo, constituido por hidróxidos y óxidos hidratados de aluminio y por una serie de impurezas como sílice e hidróxidos de hierro: *La bauxita es la fuente principal del aluminio.*

bávaro s.m. →**pantalón bávaro.** 👁 **alpinismo**

baya s.f. Véase **bayo, ya.**

bayeta s.f. Paño que se usa para fregar, limpiar o secar una superficie: *Limpia la mesa con una bayeta húmeda.*

bayo, ya ▮ adj./s. **1** Referido esp. a un caballo o a su pelo, de color amarillento más o menos oscuro: *Tengo una yegua baya. Los bayos tienen la crin y la cola negras.* ▮ s.f. **2** Fruto carnoso y jugoso con semillas rodeadas de pulpa: *La uva y el tomate son bayas.* □ ORTOGR. Dist. de *valla* y de *vaya*.

bayonesa s.f. Pastel hecho con dos capas de hojaldre y relleno de cabello de ángel: *Las bayonesas son pasteles muy dulces.* □ SEM. Dist. de *mayonesa* (un tipo de salsa).

bayoneta s.f. Arma blanca de doble filo con forma de cuchillo, que se ajusta al cañón de un fusil y sobresale de su boca: *Los soldados usaron la bayoneta en la lucha cuerpo a cuerpo.* □ USO Se usa más con los verbos *armar, calar* y *cargar*. 👁 **arma**

baza s.f. **1** En una partida de cartas, conjunto de naipes que se utilizan en cada jugada y que se echan sobre la mesa: *El as gana esta baza.* **2** ‖ **meter baza.** *col.* Intervenir en una conversación o un asunto ajenos: *Te encanta meter baza aunque no tengas ni idea.*

bazar s.m. **1** Tienda en la que se venden objetos muy dispares: *En este bazar venden loza, adornos y juguetes.* **2** En algunos países, esp. en los orientales, mercado público: *Compré la alfombra en un bazar turco.*

bazo s.m. En el sistema circulatorio de un vertebrado, órgano de color rojo oscuro, situado a la izquierda del estómago, que produce glóbulos rojos y destruye los inservibles: *El bazo se puede extirpar porque otros órganos pueden desempeñar sus funciones.*

bazofia s.f. Lo que se considera despreciable, desagradable o de mala calidad: *En ese bar solo sirven bazofia. No sé cómo te pudo gustar esa bazofia de película.*

bazooka (anglicismo) s.m. →**bazuca.** □ USO Es un anglicismo innecesario.

bazuca s. Arma portátil que consiste en un tubo abierto en los dos extremos, que se apoya en el hombro y se usa para lanzar proyectiles, generalmente contra los carros de combate; *lanzagranadas: Los bazucas aparecieron en la II Guerra Mundial.* □ ORTOGR. Es un anglicismo (*bazooka*) *adaptado al español.* □ MORF. Es de género ambiguo y admite concordancia en masculino o en femenino sin cambiar de significado: *{el/la} bazuca {lanzado/lanzada}.* 👁 **arma**

be s.f. Nombre de la letra *b*: *La palabra beber tiene dos bes.*

beatería s.f. Comportamiento que muestra una devoción religiosa o una virtud exageradas o falsas: *Me indigna tu hipócrita beatería porque sé que eres un inmoral.*

beatificación s.f. En la Iglesia católica, declaración oficial eclesiástica por la que el papa reconoce que puede dársele culto a una persona y la propone como modelo de vida cristiana: *Después de la beatificación de nuestro fundador se ha iniciado el proceso de su canonización.*

beatificar v. En la Iglesia católica, referido a una persona, declararla oficialmente el papa como modelo de vida cristiana y digna de recibir culto: *No la beatificaron porque se demostró que sus milagros eran falsos.* □ ORTOGR. La *c* se cambia en *qu* delante de *e* →**SACAR**.

beatífico, ca adj. Referido a una persona o a su actitud, de carácter pacífico, sosegado y sereno: *Es un hombre beatífico y nunca se altera por una pasión.*

beatitud s.f. **1** En la Iglesia católica, felicidad total de los que están en el cielo: *Alcanzar la beatitud es la máxima aspiración del católico.* **2** Serenidad y felicidad grandes: *Esa gran sonrisa era reflejo de su beatitud.*

beato, ta ▮ adj./s. **1** En la Iglesia católica, referido a una persona, que ha sido declarada por el papa modelo de vida cristiana y digna de recibir culto: *Solo las personas beatas podrán ser santas. Este beato fue mártir.* **2** *col.* Referido a una persona, que muestra una virtud o una devoción religiosa exageradas: *Es muy beato pero fuera de la iglesia es un egoísta. Esa beata que tanto se santigua es una racista.* ▮ s.m. **3** Manuscrito ilustrado entre los siglos IX y XI con miniaturas mozárabes (por alusión a los *Comentarios al Apocalipsis* realizados por el beato de Liébana): *En la exposición de la catedral se podían ver varios beatos.*

bebé s.m. **1** Persona recién nacida o de pocos meses, que aún no anda: *Tu bebé, ¿es niño o niña?* **2** Cría de un animal: *En el zoo vimos dos bebés de foca.*

bebedizo s.m. **1** Bebida a la que se atribuye la propiedad de despertar el amor de quien la toma: *El que tome el bebedizo se enamorará al instante del primer ser que vea.* **2** Bebida hecha con veneno: *Antiguamente, se asesinaba a muchos reyes con bebedizos.* **3** Bebida medicinal: *Este bebedizo de menta es bueno para la garganta.*

bebedor, -a adj./s. Referido a una persona, que abusa de las bebidas alcohólicas: *Es un joven bebedor a punto de enfermar. Parece muy serena pero es una bebedora empedernida.*

beber v. **1** Referido a un líquido, tomarlo o ingerirlo: *Bebo porque tengo sed. ¿Quieres beber agua?* **2** Consumir bebidas alcohólicas: *Mi hermana la deportista no bebe.* **3** Levantar una copa u otro recipiente con bebida, para manifestar un deseo o festejar algo; *brindar: Bebamos a la salud de todos y por el nacimiento de tu hijo.* **4** Referido a conocimientos, ideas o cosas semejantes, obtenerlos o aprenderlos de algo o de alguien: *Todos sus conocimientos los ha bebido de su abuelo.* **5** Referido a palabras, escucharlas o leerlas con avidez: *Te admira tanto que bebe tus palabras. Le encanta leer y se bebe los libros.* **6** Referido al entendimiento, trastornarlo o confundirlo: *La tele le bebe el seso y los sentidos.* □ SINT. Constr. de la acepción 4: *beber {DE/EN} algo.*

bebercio s.m. *col.* Bebida: *Voy a comprar bebercio para acompañar el bocadillo.*

bebible adj. Referido a un líquido, que se puede beber, esp. si no resulta desagradable al paladar: *El agua de ese manantial no es bebible porque sabe a tierra.* □ MORF. Invariable en género. □ SEM. Dist. de *potable* (que se puede beber sin peligro de que dañe).

bebido, da ▌adj./s. **1** Referido a una persona, que está borracha o casi borracha por los efectos del alcohol: *Iba muy bebido y hablaba con las farolas. Como yo estaba sereno, tuve que cuidar a los bebidos.* ▌s.f. **2** Líquido que se bebe o que se puede beber: *La leche es una bebida sana y nutritiva.* **3** Consumo habitual y excesivo de bebidas alcohólicas: *La bebida destrozó su vida.*

beca s.f. **1** Ayuda económica temporal que se concede a una persona para que complete sus estudios o para que realice una investigación o una obra: *He conseguido una beca para investigar los efectos del tabaco.* **2** Distintivo honorífico que llevan algunos colegiales como señal de su pertenencia a un determinado centro: *El último año que estudié en mi colegio nos impuso las becas el presidente de la fundación.*

becar v. Conceder una beca o ayuda económica temporal: *Me han becado para estudiar ruso en Moscú.* □ ORTOGR. La *c* se cambia en *qu* delante de *e* →**SACAR**.

becario, ria s. Persona que disfruta de una beca o ayuda económica temporal: *He sido becaria durante tres años, pero ya no me renuevan la ayuda.*

becerrada s.f. Espectáculo taurino en el que son toreados becerros: *En las fiestas de muchos pueblos se celebran becerradas.*

becerro, rra ▌s. **1** Hijo del toro, desde que deja de mamar hasta que tiene dos años: *Los becerros tienen la carne más dura que los terneros.* ▌s.m. **2** En tauromaquia, hijo del toro, de dos a tres años; *novillo: Para aprender a torear se empieza lidiando becerros.* **3** Piel curtida de ternero: *Los zapatos de becerro son muy resistentes.*

bechamel s.f. →**besamel.**

becuadro s.m. En música, signo gráfico que se coloca delante de una nota o de un compás y que indica que la nota antes alterada por un sostenido o un bemol recobra su sonido natural: *El signo ♮ es un becuadro.*

bedel s. En un centro oficial, esp. en los de enseñanza, persona cuyo trabajo consiste en dar la información requerida, mantener el orden necesario, suministrar los materiales y realizar otros cometidos no especializados: *El bedel del instituto siempre avisa tarde el final de la clase. Pídele al bedel las fotocopias de las solicitudes.* □ MORF. Aunque es de género común, y exige concordancia en masculino o en femenino para señalar la diferencia de sexo: *el bedel, la bedel*, para el femenino también se admite la forma *bedela.*

beduino, na adj./s. De los árabes nómadas de los desiertos del norte africano: *Las tribus beduinas viven de la ganadería. Los beduinos habitan en el norte de África, en la península árabe y en Siria.*

befa s.f. Burla o broma grosera e insultante: *Esas palabras no son una broma sino una befa de muy mal gusto.*

befar ▌v. **1** Referido a un caballo, mover hacia los lados los belfos o labios: *El caballo befa intentando coger la cadena del freno.* ▌prnl. **2** Referido a una persona, burlarse de forma insultante: *Se befa con crueldad de las miserias ajenas.*

begonia s.f. **1** Planta ornamental de jardín, de tallos carnosos, hojas grandes dentadas, verdes por encima y rojizas por debajo, con flores pequeñas, blancas, rojas o rosadas: *La begonia es originaria de los países tropicales.* **2** Flor de esta planta: *Estas begonias están descoloridas porque no les ha dado casi el sol.* □ ORTOGR. Dist. de *Begoña* (nombre propio de mujer).

beicon s.m. Tocino ahumado de cerdo con vetas de carne magra: *Hoy he desayunado huevos fritos con beicon.* □ ORTOGR. Es un anglicismo (*bacon*) adaptado al español.

beige (galicismo) adj./s.m. →**beis.** □ PRON. [bech], con *ch* suave. □ MORF. 1. Se usa en algunas zonas del español meridional. 2. Como adjetivo es invariable en género. 3. Invariable en número.

beis adj./s.m. De color marrón muy claro: *Consiguió el color beis mezclando varios botes de pintura blanca con uno de color marrón. No me gusta la habitación pintada de beis.* □ MORF. 1. En algunas zonas del español meridional se usa *beige*. 2. Como adjetivo es invariable en género. 3. Invariable en número.

béisbol s.m. Deporte que se juega entre dos equipos de nueve jugadores cada uno y en el que estos intentan recorrer el mayor número de veces los cuatro puestos o bases del terreno de juego en el intervalo en que la pelota, golpeada inicialmente con un bate, llega a una de las bases en la mano de un defensor: *El béisbol es un deporte típicamente norteamericano.* □ ORTOGR. Es un anglicismo (*baseball*) adaptado al español.

bel s.m. Denominación internacional del **belio.**

beldad s.f. **1** *poét.* Belleza o hermosura, esp. la de una mujer: *El trovador ensalza la beldad de su dama.* **2** Mujer de belleza excepcional: *Todos los caballeros se enamoraban de aquella beldad.*

belén s.m. **1** Representación con figuras del nacimiento de Jesucristo (por alusión a la ciudad palestina de Belén, en la que se produjo este acontecimiento); *nacimiento, pesebre: En Navidad montaremos un belén muy bonito.* **2** Asunto problemático o que está expuesto a contratiempos: *No te metas en belenes por querer arreglar esto tú solo.* □ MORF. La acepción 2 se usa más en plural.

belfo s.m. En un caballo o en otros animales, cada uno de sus labios: *La veterinaria levantó el belfo al caballo para verle la dentadura.* □ SEM. Dist. de *bezo* (labio grueso y abultado).

belga adj./s. De Bélgica (país europeo), o relacionado con ella: *La capital belga es Bruselas. Los belgas son mayoritariamente católicos.* □ MORF. 1. Como adjetivo es invariable en género. 2. Como sustantivo es de género común y exige concordancia en masculino o en femenino para señalar la diferencia de sexo: *el belga, la belga*. 2. Como sustantivo se refiere solo a las personas de Bélgica.

belicismo s.m. Tendencia a provocar guerras o a participar en ellas: *El belicismo de sus dirigentes llevó al país a la destrucción.*

a b c d e f g h i j k l m n ñ o p q r s t u v w x y z

belicista adj./s. Partidario o defensor del belicismo: *Las grandes potencias adoptaron una actitud belicista. Los belicistas ponen en peligro el orden internacional.* □ MORF. 1. Como adjetivo es invariable en género. 2. Como sustantivo es de género común y exige concordancia en masculino o en femenino para señalar la diferencia de sexo: *el belicista, la belicista.* □ SEM. Dist. de *bélico* (de la guerra) y de *belicoso* (agresivo o inclinado a hacer la guerra).

bélico, ca adj. De la guerra o relacionado con ella; *guerrero: ¿Cesarán algún día los enfrentamientos bélicos?* □ SEM. Dist. de *belicista* (partidario del belicismo) y de *belicoso* (agresivo o inclinado a hacer la guerra).

belicosidad s.f. Inclinación a hacer la guerra o a entrar en discusiones y peleas: *La belicosidad de los dos bandos hizo imposible un entendimiento.*

belicoso, sa adj. **1** Que es guerrero o que tiene inclinación a hacer la guerra: *Los bárbaros fueron pueblos muy belicosos.* **2** Referido a una persona, que es agresiva o inclinada a las discusiones y peleas: *Es imposible que una persona tan belicosa tenga amigos.* □ SEM. Dist. de *belicista* (partidario del belicismo) y de *bélico* (de la guerra).

beligerancia s.f. Participación en una guerra: *La beligerancia de un tercer país a su favor les dio la victoria.*

beligerante adj./s. Referido a una colectividad, que participa en una guerra: *Las naciones beligerantes firmarán un tratado de paz. Ambos beligerantes tuvieron gran número de víctimas.* □ MORF. 1. Como adjetivo es invariable en género. 2. Como sustantivo es de género común y exige concordancia en masculino o en femenino para señalar la diferencia de sexo: *el beligerante, la beligerante.*

belio s.m. Unidad básica del nivel de intensidad sonora (por alusión al físico Bell, inventor del teléfono); *bel: Un sonido superior a doce belios es insoportable para el oído humano.*

bellaco, ca adj./s. Referido a una persona o a su comportamiento, malo y despreciable en cualquier aspecto: *Con una actitud tan bellaca y tan vil, se ganará el rechazo de los demás. ¡Lucharé contra esos bellacos y vive Dios que lo haré!*

bellaquería s.f. Hecho o dicho propios de un bellaco: *Dejarlo abandonado es una bellaquería.*

belleza s.f. **1** Conjunto de cualidades que se perciben por la vista o el oído y producen un placer espiritual, intelectual o sensorial: *El ideal de belleza es distinto en cada época y en cada sociedad.* **2** Persona que destaca por su hermosura: *Ese chico es una belleza y terminará trabajando en el cine como galán.*

bello, lla adj. **1** Que produce un placer espiritual, intelectual o sensorial al ser percibidas sus cualidades por la vista o el oído: *Las puestas de sol veraniegas son muy bellas.* **2** Referido a una persona, que tiene cualidades morales que se consideran positivas: *Es una bella persona que te ayudará todo lo que pueda.* □ ORTOGR. Dist. de *vello.*

bellota s.f. Fruto de la encina, del roble y de árboles de este género, que tiene una cáscara semidura de forma ovalada y color castaño claro que contiene una sola semilla: *Los cerdos que comen bellotas dan los mejores jamones.*

bemol ▮ adj./s.m. **1** En música, referido a una nota, que está alterada en un semitono por debajo de su sonido natural: *Interpretó una sonata en do bemol. Cantó mal el re porque no se dio cuenta de que era un bemol.* ▮ s.m. **2** En música, alteración o signo gráfico que, colocado delante de una nota, modifica su sonido bajándolo un semitono: *El signo ♭ es un bemol.* □ MORF. Como adjetivo es invariable en género. □ USO *Bemoles* se usa mucho en la lengua coloquial como palabra comodín para formar locuciones eufemísticas: *tener bemoles* significa 'ser muy complicado o difícil'.

benceno s.m. En química, hidrocarburo líquido, incoloro, tóxico e inflamable, que se obtiene por destilación de alquitrán de hulla y se usa como disolvente; *benzol: El benceno es el hidrocarburo más característico.*

bendecir v. **1** En la Iglesia católica, referido esp. a un sacerdote, pedir o invocar la protección divina, generalmente haciendo una cruz en el aire con la mano extendida: *El sacerdote bendijo a los fieles al acabar la misa.* **2** En la Iglesia católica, referido a algo material, consagrarlo para el culto divino mediante una ceremonia: *La nueva capilla será bendecida esta tarde.* **3** Referido a una persona, desearle prosperidad y felicidad, y expresar este deseo con solemnidad: *Bendijo a sus hijos antes de que partieran.* **4** En la Iglesia católica, referido a la Providencia divina, conceder bienes y protección: *Dios lo bendijo con unos hijos buenos e inteligentes.* **5** Referido a algo que se considera positivo, manifestar alegría o satisfacción por ello: *Bendigo el día en que naciste.* □ MORF. Irreg.: 1. Tiene un participio regular (*bendecido*), que se usa más en la conjugación, y otro irregular (*bendito*), que se usa más como adjetivo. 2. Irreg. →**BENDECIR**.

bendición s.f. **1** En la Iglesia católica, invocación o petición de la protección divina, realizada generalmente por un sacerdote haciendo una cruz en el aire con la mano extendida: *La misa acaba con la bendición de los fieles.* **2** En la Iglesia católica, consagración de algo material para el culto divino mediante una ceremonia: *El obispo realizará la bendición de la ermita.* **3** Deseo de prosperidad y felicidad para una persona: *El emisario partió con las bendiciones del rey para sus señores.* **4** En la Iglesia católica, protección o ayuda divina: *Que la bendición de Dios descienda sobre vosotros.* **5** ‖ **ser una bendición (de Dios).** Ser muy bueno, muy abundante, muy beneficioso o muy agradable: *Para mí los hijos son una bendición de Dios.*

bendito, ta ▮ **1** part. irreg. de **bendecir.** ▮ s. **2** Persona muy bondadosa e incapaz de hacer daño o de enfadarse: *Sabe que te estás aprovechando de ella pero es una bendita y se deja.* □ MORF. La acepción 1 se usa más como adjetivo, frente al participio regular *bendecido*, que se usa más en la conjugación. □ USO La acepción 2 se usa mucho en la expresión *bendito de Dios*.

benedictino, na adj./s. De la Orden de San Benito (monje italiano que fundó dicha orden a principios del siglo VI), o relacionado con ella: *La regla benedictina más importante complementa la vida de oración con el trabajo. Los benedictinos son hoy los difusores del canto gregoriano.*

benefactor, -a adj./s. Que beneficia o ayuda; *bienhechor: Con sus consejos, ejerce una influencia benefactora sobre mí. Gran parte de lo que hoy eres se lo debes a tus benefactores.*

beneficencia s.f. **1** Ayuda desinteresada a los necesitados: *Dedicó la mayor parte de su vida y de su dinero a la beneficencia.* **2** Conjunto de instituciones que se dedican a esta actividad: *Los mendigos comen y duermen gracias a la beneficencia municipal.*

beneficiar ▮ v. **1** Resultar bueno o hacer bien: *Bajar el impuesto de lujo solo beneficia a los ricos. Las heladas no* *benefician al campo.* ▮ prnl. **2** Obtener un provecho o un beneficio: *Se beneficia de sus conocimientos siempre que puede.* **3** *vulg.* Referido a una persona, poseerla sexualmente: *Ese actor dice que se ha beneficiado a todas sus compañeras de rodaje.* ☐ ORTOGR. La *i* nunca lleva tilde. ☐ SINT. 1. Constr. de la acepción 2: *beneficiarse* DE *algo*. 2. Constr. de la acepción 3: *beneficiarse* A *alguien*. ☐ USO En la acepción 3, tiene un matiz despectivo.

beneficiario, ria adj./s. Referido a una persona, que obtiene o recibe un beneficio: *La persona beneficiaria del premio se hará millonaria. El beneficiario de la póliza del seguro de vida es su hijo.*

beneficio s.m. Provecho, utilidad o ganancia obtenidos: *Ese egoísta hace todo en su propio beneficio.*

beneficioso, sa adj. Que es provechoso, útil o produce ganancias: *La lluvia es beneficiosa para el campo.*

benéfico, ca adj. De la beneficencia o relacionado con ella: *La recaudación de actuaciones benéficas es una gran ayuda para muchos.*

benemérito, ta adj. **1** Digno de gran estimación por los servicios que presta: *La benemérita institución de la Cruz Roja ha salvado muchas vidas.* **2** ‖ **la Benemérita.** La guardia civil española: *El tricornio es el sombrero de la Benemérita.*

beneplácito s.m. **1** Aprobación clara y decidida: *No me contradigas porque tengo el beneplácito de todos.* **2** Complacencia y satisfacción absolutas: *El torero salió de la plaza a hombros y con el beneplácito de la afición.*

benevolencia s.f. Buena voluntad, simpatía y comprensión hacia alguien: *Háblale con benevolencia y no seas muy duro con él.*

benevolente adj. →**benévolo, la.** ☐ MORF. Invariable en género.

benévolo, la adj. Referido a una persona o a su comportamiento, que tiene buena voluntad, simpatía y comprensión hacia los demás; *benevolente: Es muy benévolo con las travesuras de sus hijos.*

bengala s.f. **1** Fuego de artificio formado por una varilla con pólvora en uno de sus extremos que, al arder, desprende chispas de colores y una luz muy viva: *Cuando cantó esa canción, muchos de los asistentes al concierto encendieron bengalas.* **2** →**luz de Bengala.**

benignidad s.f. **1** Carácter templado o apacible de las condiciones climáticas: *Muchos enfermos buscan la benignidad de este clima para aliviar sus dolores.* **2** Carácter de una enfermedad que evoluciona favorablemente y no es grave: *Aún no le han confirmado la benignidad de su enfermedad.*

benigno, na adj. **1** Referido a las condiciones climáticas, de carácter templado o apacible: *La temperatura benigna de esta zona atrae a los veraneantes.* **2** Referido a una enfermedad o a un tumor, que no reviste gravedad porque está localizado y no es de carácter maligno: *Cuando le dijeron que el tumor era benigno, lloró de alegría.*

benimerín adj./s. De la dinastía bereber que en los siglos XIII y XIV sustituyó a los almohades en el dominio del norte de África y de la España musulmana: *Con la victoria de Alfonso XI en la batalla del Salado desapareció el peligro benimerín. Guzmán el Bueno defendió Tarifa de los benimerines.* ☐ MORF. 1. Como adjetivo es invariable en género. 2. Como sustantivo es de género común y exige concordancia en masculino o en femenino para señalar la diferencia de sexo: *el benimerín, la benimerín.*

benjamín, -a ▮ adj./s. **1** Referido a un deportista, que, por edad, pertenece a la categoría más baja, anterior a la de alevín: *Juega en el equipo benjamín del colegio. Los benjamines jugaron mejor que los juveniles.* ▮ s. **2** En una familia, hijo menor (por alusión al último hijo de Jacob y Raquel, según los textos bíblicos): *Como es el benjamín de la familia, sus padres y hermanos lo consienten demasiado.* **3** En un grupo, miembro más joven: *Aunque es la benjamina del equipo, juega muy bien.* ☐ MORF. En la acepción 1, *benjamín* es un adjetivo invariable en género.

béntico, ca adj. →**bentónico, ca.**

bentónico, ca adj. En biología, referido a un animal o a una planta, que vive en contacto con el fondo del mar; *béntico: Los seres bentónicos pueden transitoriamente separarse del fondo del mar y flotar y nadar en el agua.*

benzol s.m. En química, hidrocarburo líquido, incoloro, tóxico e inflamable, que se obtiene por destilación de alquitrán de hulla y se usa como disolvente; *benceno: El benzol se emplea en la fabricación de colorantes.*

beodo, da adj./s. Que tiene disminuidas temporalmente las capacidades físicas o mentales a causa de un consumo excesivo de bebidas alcohólicas; *borracho: Está tan beodo que se le traba la lengua. Mira qué eses va haciendo ese beodo.*

berberecho s.m. Molusco comestible, de color blanco amarillento, con dos conchas iguales, estriadas y casi redondas, que vive enterrado en la arena: *Nos puso de aperitivo berberechos en vinagre.* 👁 **marisco**

berberisco, ca ▮ adj./s. **1** De Berbería (región del norte de África, comprendida entre el océano Atlántico y Egipto), o relacionado con ella: *Algunos pueblos berberiscos eran sedentarios y otros, nómadas. Los berberiscos eran temidos como piratas en las costas mediterráneas.* ▮ s.m. **2** Lengua asiática de este pueblo: *El berberisco se habla en tierras argelinas y marroquíes.* ☐ MORF. En la acepción 1, como sustantivo se refiere solo a las personas de Berbería. ☐ SEM. Es sinónimo de *bereber, beréber* y *berebere.*

berbiquí s.m. Herramienta que se usa para taladrar y que consta de una broca con un mango horizontal a ella que se hace girar: *El carpintero hizo un agujero en la pared con el berbiquí para colgar el cuadro.* ☐ MORF. Aunque su plural en la lengua culta es *berbiquíes*, también se usa *berbiquís.*

bereber o **beréber** ▮ adj./s. **1** De Berbería (región del norte de África comprendida entre el océano Atlántico y Egipto), o relacionado con ella: *Las costumbres bereberes se mantienen hasta hoy. Los bereberes actuales habitan en las zonas montañosas y conservan su lengua.* ▮ s.m. **2** Lengua asiática de este pueblo: *El bereber hoy es una lengua minoritaria.* ☐ MORF. 1. En la acepción 1, como adjetivo son invariables en género, y como sustantivo son de género común y exigen concordancia en masculino o en femenino para señalar la diferencia de sexo: *el {bereber/beréber}, la {bereber/beréber}*. 2. En la acepción 1, como sustantivo se refiere solo a las personas de Berbería. ☐ SEM. Son sinónimos de *berebere* y *berberisco.*

berebere adj./s. →**bereber.**

berenjena s.f. **1** Planta herbácea, de tallo fuerte y erguido, hojas grandes y ovaladas cubiertas por pelos, y flores de color morado: *La berenjena necesita un suelo fresco y rico en sustancias nutritivas.* **2** Fruto de esta planta, de forma redondeada y alargada, con la piel muy fina de color morado, comestible y muy carnoso: *Estuvimos en la verbena y comimos berenjenas en vinagre.* **3** ‖ **berenjena {catalana/morada/moruna}.** La que es casi cilín-

a b c d e f g h i j k l m n ñ o p q r s t u v w x y z

drica y de color morado muy oscuro: *La berenjena catalana frita en rodajas rebozadas está muy buena.*

berenjenal s.m. *col.* Asunto enredado y complicado, esp. si tiene difícil solución: *Te has metido en un berenjenal por querer quedar bien con todos.*

bergamota s.f. **1** Variedad de pera muy jugosa y aromática: *La bergamota es una pera redondeada y con el rabo muy largo.* **2** Variedad de lima muy aromática, de la cual se extrae una esencia usada en cosmética: *La esencia de bergamota tiene un aroma muy fresco.*

bergantín s.m. Embarcación de vela con dos palos y muy ligera: *Los bergantines comenzaron a usarse en el siglo XIV.* 👁 **embarcación**

beriberi s.m. Enfermedad debida a la falta de vitamina B y caracterizada por problemas cardíacos, rigidez dolorosa de los músculos y debilidad general: *El beriberi es una enfermedad de países cálidos causada por el consumo casi exclusivo de arroz descascarillado.* ☐ ORTOGR. Incorr. **beri-beri.*

berilio s.m. Elemento químico, metálico y sólido, de número atómico 4, blanco, fácilmente deformable y poco abundante en la naturaleza: *El berilio es parecido al aluminio y se usa generalmente en aleaciones con cobre.* ☐ ORTOGR. 1. Su símbolo químico es *Be.* 2. Dist. de *berilo.*

berilo s.m. Mineral muy duro, ligero y translúcido, de color azul, rosa, verde o amarillo, que cristaliza en el sistema hexagonal: *La esmeralda es una variedad de berilo.* ☐ ORTOGR. Dist. de *berilio.*

berkelio s.m. Elemento químico, metálico, artificial y radiactivo, de número atómico 97, que pertenece al grupo de tierras raras: *El berkelio se obtiene bombardeando el americio con iones de helio.* ☐ ORTOGR. Su símbolo químico es *Bk.*

berlina s.f. **1** Antiguo coche de caballos, cerrado, con cuatro ruedas y con dos o cuatro asientos; *cupé: Las berlinas estuvieron de moda en el siglo XVIII.* 👁 **carruaje** **2** Automóvil utilitario, de cuatro o seis plazas, con cuatro ventanillas y cuatro puertas laterales: *El primer automóvil de mi abuelo era una berlina.*

berlinés, -a adj./s. De Berlín (capital alemana), o relacionado con ella: *La ciudad berlinesa estuvo dividida hasta 1989 en Berlín Este y Berlín Oeste. Una berlinesa me da clases de alemán.* ☐ MORF. Como sustantivo se refiere solo a las personas de Berlín.

bermejo, ja adj. Rubio o rojizo: *Las personas bermejas tienen el pelo más claro que las pelirrojas.*

bermellón adj.inv./s.m. **1** De color rojo vivo: *La sangre es más oscura que el rojo bermellón.* **2** Cinabrio en polvo, de color rojo vivo: *El bermellón se usa para obtener pintura roja.* ☐ MORF. Cuando designa un color y modifica a un sustantivo, puede usarse en aposición y permanecer invariable en plural *(tonos bermellón)*, o usarse como adjetivo y concordar con el sustantivo al que modifica *(tonos bermellones).* Si está modificado por otro sustantivo o por adjetivos como *claro, oscuro...*, lo normal es mantener ambos términos en masculino singular: *unos labios bermellón oscuro, una falda bermellón claro.*

bermudas s.pl. Pantalón que llega hasta las rodillas, generalmente estrecho y de un tejido fino: *Me he cortado los vaqueros y me he hecho unas bermudas.* ☐ MORF. Es de género ambiguo y admite concordancia en masculino y en femenino sin cambiar de significado: *{los/las} bermudas {rojos/rojas}.* ☐ USO Se usa más como sustantivo femenino.

bernardo, da adj./s. **1** Referido a un monje o a una monja, que pertenece al Císter (orden religiosa fundada por Roberto de Molesme en 1098 y cuyo principal difusor fue san Bernardo); *cisterciense: Los monjes bernardos lucharon en la II Cruzada en el siglo XII. Los bernardos fundaron monasterios en la época medieval.* **2** ‖ **San Bernardo.** →**sambernardo.**

berrear v. **1** Referido a un animal, esp. a un becerro, dar berridos o emitir su voz característica: *Los becerros berreaban llamando a su madre.* **2** Referido a una persona, esp. a un niño, llorar con fuerza dando gritos: *Berreaba en la cuna porque tenía hambre.* **3** Referido a una persona, gritar de forma estridente o hablar dando gritos: *Es un maleducado y no sabe discutir sin berrear.* **4** Cantar de un modo desentonado: *Deja de berrear, porque estás desafinando.*

berrendo, da adj./s.m. Referido a un toro, que tiene el pelaje blanco con manchas de distinto color: *Era un toro berrendo en negro. Ese torero cree que los berrendos le dan mala suerte.* ☐ SINT. Se usa la constr. *berrendo* EN *un color para indicar el color de las manchas.*

berreo s.m. **1** Llanto fuerte y a gritos: *El bebé lleva toda la tarde llorando y me tiene harto con su berreo.* **2** Grito estridente o voz fuerte al hablar; *berrido: Imagínate los berreos de mi padre cuando dijeron que no retransmitían el partido.*

berrera s.f. Planta herbácea, de tallos cilíndricos y abundante en ramas, con hojas anchas y duras de color verde y flores blancas, que crece en las orillas y remansos de riachuelos: *La berrera necesita mucha humedad.* ☐ ORTOGR. Dist. de *berro.*

berrido s.m. **1** Voz característica del becerro, del ciervo o de otros animales: *El berrido del ciervo se oyó por todo el bosque.* **2** Grito estridente o voz fuerte al hablar; *berreo: ¿Qué pesadilla tenías, que te despertaste dando un berrido?* **3** Nota desentonada y desafinada: *Dice que canta cuando se ducha, pero solo da berridos.*

berrinche s.m. *col.* Disgusto o enfado que se manifiesta de modo claro y aparatoso: *Me cogí un berrinche enorme cuando me dijeron que allí no pintaba nada.* ☐ USO Se usa más con los verbos *coger, dar, llevarse* y *tener.*

berro s.m. Planta herbácea, de tallos rastreros, hojas verdes comestibles y flores blancas, que crece en terrenos con mucha agua: *El sabor picante de los berros crudos es muy agradable en ensalada.* ☐ ORTOGR. Dist. de *berrera.*

berrocal s.m. Terreno en el que hay berruecos o rocas de granito de forma redondeada: *En los berrocales no se puede cultivar nada.*

berrueco s.m. Roca de granito de forma redondeada a causa de la erosión: *Los berruecos son como mojones grandes.*

berza s.f. **1** Planta herbácea comestible con un cogollo formado por hojas anchas y verdes con el nervio principal grueso, y flores pequeñas blancas o amarillas; *col: La berza es una verdura que sirve de alimento al hombre y a los animales.* **2** Variedad basta de col: *La berza es más dura que la col.* **3** *col.* Borrachera: *Con la berza que tenía ayer, hoy no me acuerdo de nada de lo que hice.* **4** ‖ **ser la berza.** *col.* Ser indignante, intolerable o sorprendente: *Este problema de matemáticas es la berza y no hay quien lo entienda.*

berzas adj./s. *col. desp.* →**berzotas.** ☐ MORF. 1. Como adjetivo es invariable en género. 2. Como sustantivo es de género común y exige concordancia en masculino o en femenino para señalar la diferencia de sexo: *el berzas, la berzas.* 3. Invariable en número. ☐ USO Se usa como insulto.

berzotas adj./s. *col. desp.* Que tiene escasos conocimientos, poca habilidad mental y un comportamiento poco elegante; *berzas: Eres tan berzotas que te aviso y no te enteras. Un berzotas me ha manchado de barro.* ☐ MORF. 1. Como adjetivo es invariable en género. 2. Como sustantivo es de género común y exige concordancia en masculino o en femenino para señalar la diferencia de sexo: *el berzotas, la berzotas.* 3. Invariable en número. ☐ USO Se usa como insulto.

besamanos s.m. **1** Recepción oficial o acto público en el que los reyes o las autoridades reciben el saludo de los asistentes en señal de adhesión y cortesía: *El día del santo del rey tuvo lugar un besamanos en los jardines del palacio.* **2** Modo de saludar a una persona besándole la mano derecha o haciendo el gesto: *Antes se saludaba a las señoras con un besamanos.* **3** En la Iglesia católica, acto en el que se besa la palma de la mano de un sacerdote después de decir su primera misa: *La madre del sacerdote fue la primera en asistir al besamanos.* ☐ MORF. Invariable en número.

besamel s.f. Salsa blanca y cremosa hecha con leche, harina y mantequilla o aceite; *bechamel: Las croquetas se hacen con besamel.*

besar v. **1** Oprimir o tocar con los labios juntos contrayéndolos y separándolos con una pequeña aspiración: *El niño besó a sus padres antes de irse a dormir. Se besaron y se fue cada uno a su casa.* **2** Hacer el gesto propio del beso, sin tocar con los labios: *Mis tías se besan acercando solo las mejillas.* **3** *col.* Referido a una cosa inanimada, tocar a otra: *Colocó las copas en el estante besándose unas con otras. Los panes se besaron en el horno y se deformaron.* **4** *col.* Chocar o encontrarse inesperadamente dándose un golpe: *Tropecé en el escalón y besé el suelo. Iban los dos distraídos y se besaron al doblar la esquina.*

beso s.m. **1** Toque o presión que se hace con los labios juntos, contrayéndolos y separándolos con una pequeña aspiración: *Está tan contento que da besos a todo el mundo.* **2** Gesto que se hace besando el aire o la propia mano para ofrecérselo a alguien: *Tírale un beso a papá.* **3** ‖ **comer(se) a besos** (a alguien). *col.* Besar repetidamente y con vehemencia: *Cuando encontraron al pequeño, se lo comieron a besos.* ☐ SINT. La acepción 2 se usa más con los verbos *lanzar, soltar* y *tirar.* ☐ USO La expresión *un beso* se usa mucho como fórmula de despedida: *'Nos vemos mañana. Un beso', y colgó el teléfono.*

bestia ▮ adj./s. **1** Referido a una persona, que se comporta de manera violenta y maleducada o que es desconsiderada y poco amable con los demás: *No seas tan bestia como él y no le devuelvas la torta. Ese bestia no entiende de sentimientos.* **2** Referido a una persona, poco inteligente o con poca cultura: *Es tan bestia que es incapaz de aprender a sumar. Ese bestia no sabe ni cuál es la capital de España.* ▮ s.f. **3** Animal cuadrúpedo, esp. el doméstico de carga: *El burro es una bestia un poco tozuda.* **4** ‖ **bestia {negra/parda}.** Persona que provoca odio o rechazo, esp. dentro de un grupo: *Es la bestia parda de la empresa y todos lo esquivan.* ☐ MORF. 1. Como adjetivo es invariable en género. 2. En las acepciones 1 y 2, como sustantivo es de género común y exige concordancia en masculino o en femenino para señalar la diferencia de sexo: *el bestia, la bestia.* ☐ USO La acepción 1 se usa como insulto.

bestiada s.f. **1** *col.* Hecho o dicho estúpido, poco acertado o brutal; *animalada, barbaridad: Ha dicho tal bestiada que no puedo repetirla.* **2** ‖ **una bestiada. 1** *col.* Gran cantidad: *No pudimos entrar porque había una bestiada de gente haciendo cola.* **2** *col.* Muchísimo: *Está agotado porque madruga una bestiada.*

bestial adj. **1** Referido a un hecho o un dicho, que no parecen propios de una persona por su crueldad o su irracionalidad: *Ese crimen fue algo bestial e inhumano.* **2** *col.* De tamaño, cantidad o calidad mayores de lo normal: *Es un edificio bestial con cien pisos y diez ascensores.* ☐ MORF. Invariable en género. ☐ SEM. Es sinónimo de *brutal.* ☐ SINT. En la lengua coloquial se usa también como adverbio de modo con el significado de 'muy bien': *Lo pasamos 'bestial' con tus chistes.*

bestialidad s.f. **1** *col.* Hecho o dicho estúpido, poco acertado o brutal; *animalada, barbaridad: Un asesinato siempre es una bestialidad.* **2** Relación sexual de una persona con un animal: *La bestialidad puede deberse a un trastorno psicológico.* **3** ‖ **una bestialidad. 1** *col.* Gran cantidad: *Volvió del viaje con una bestialidad de regalos.* **2** *col.* Muchísimo: *Quiero un vestido como el tuyo porque me gusta una bestialidad.*

bestiario s.m. En literatura, esp. en la medieval, libro de fábulas protagonizadas por animales reales o fantásticos: *El unicornio aparece a menudo en los bestiarios.*

best seller (anglicismo) s.m. ‖ Obra literaria de gran éxito y de mucha venta: *Es fácil que un libro que gana un concurso acabe siendo un best seller.* ☐ PRON. [betséler], con *t* suave.

besucón, -a adj./s. *col.* Referido a una persona, que da muchos besos: *Cuando quiere algo, se pone muy besucona.*

besugo s.m. **1** Pez marino hermafrodita, de color gris rojizo con una mancha oscura a cada lado donde comienza la cabeza, ojos muy grandes y hocico corto: *La carne de besugo es blanca y sabrosa.* **2** *col.* Persona torpe y poco inteligente: *No te lo explico más porque eres un besugo.*

besuquear v. *col.* Dar besos de modo reiterado e insistente: *Me llenó de babas al besuquearme.*

besuqueo s.m. Muestra de afecto dando besos de modo reiterado e insistente: *La niña se echó a llorar con el besuqueo de su abuelo.*

beta s.f. **1** En el alfabeto griego clásico, nombre de la segunda letra: *La grafía de la beta es β. La beta se usa en matemáticas para nombrar ángulos y planos.* **2** Sistema de grabación y reproducción de imágenes para vídeo doméstico: *El beta fue uno de los primeros sistemas que apareció en el mercado.* ☐ ORTOGR. Dist. de *veta.* ☐ SINT. En la acepción 2, se usa más en aposición, pospuesto a un sustantivo.

bético, ca adj./s. De la Bética (provincia romana que corresponde al actual territorio andaluz), o relacionado con ella: *El Guadalquivir es un río bético. Los béticos ocupaban el sur español.* ☐ MORF. Como sustantivo, se refiere solo a las personas de la Bética.

betuláceo, a ▮ adj./s.f. **1** Referido a una planta, que es un árbol o un arbusto de hojas sencillas y alternas que caen en invierno, flores unisexuales de color verdoso, generalmente en forma de espiga colgante, y con un fruto seco en forma de nuez o con fruto alado: *El abedul y el avellano son árboles betuláceos. El fruto de una betulácea como el avellano es la avellana.* ▮ s.f.pl. **2** En botánica, familia de estas plantas, perteneciente a la división de las angiospermas: *El fruto de las betuláceas puede ser alado para que el viento se lo lleve lejos del árbol.*

betún s.m. Crema para limpiar, dar color y abrillantar

el calzado: *Los mejores betunes son los que tienen ceras naturales.*

bezo s.m. **1** En la boca, labio grueso y abultado: *Cuando se ríe se le ven los dientes entre los bezos.* **2** En una herida abierta, carne que se levanta en los bordes: *Limpié los bezos de la herida con agua oxigenada.* ☐ SEM. En la acepción 1, dist. de *belfo* (labio del caballo).

bezudo, da adj. Referido a una persona, de labios gruesos y abultados: *No entiendo cómo ese actor tan bezudo os puede parecer atractivo.*

bi- Elemento compositivo que significa 'dos': *bicolor, bilateral, bimotor, bisexual, bipartidismo, bicóncavo, bianual, bienal, bimestral.* ☐ MORF. Puede adoptar la forma *bis-* (*bisabuelo*) o *biz-* (*biznieto*).

bianual adj. Que sucede dos veces al año: *En España hay un cambio de horario bianual.* ☐ MORF. Invariable en género. ☐ SEM. Dist. de *bienal* (que sucede cada dos años).

biatlón s.m. Carrera de esquí de fondo en la que se efectúa también una prueba de tiro al blanco con arma de fuego: *En el biatlón, los fallos en la prueba de tiro penalizan el tiempo final.*

biáxico, ca adj. Que tiene dos ejes: *Los cristales biáxicos tienen dos ejes ópticos.*

biberón s.m. **1** Botella pequeña con tetina que sirve para alimentar artificialmente a los niños recién nacidos y a las crías de mamíferos: *Conviene desinfectar el biberón con frecuencia.* **2** Alimento que contiene esta botella y que se toma cada vez: *El bebé toma un biberón cada tres horas.*

biblia s.f. **1** Libro o conjunto de ideas fundamentales para una persona o en una religión (por alusión a la Biblia o libro sagrado de cristianos y judíos): *El Corán es la biblia de los musulmanes.* **2** ‖ **la biblia (en verso).** *col.* Muchas cosas: *Hacía dos años que no nos veíamos y nos contamos la biblia en verso.*

bíblico, ca adj. De la Biblia (Sagradas Escrituras o libro sagrado de cristianos y judíos): *Tiene un compendio de parábolas bíblicas. 'Isaac' es un nombre bíblico.*

biblio- Elemento compositivo que significa 'libro': *bibliofilia, bibliomanía, bibliógrafo, bibliografía.*

bibliobús s.m. Autobús acondicionado como biblioteca pública móvil para llegar a los núcleos de población que no tienen bibliotecas propias: *Los bibliobuses intentan suplir la falta de bibliotecas.*

bibliófilo, la s. Persona aficionada a los libros, esp. a los que son únicos o raros, y que generalmente los colecciona y estudia: *No conozco a ningún librero que no sea un auténtico bibliófilo.*

BÍCEPS-TRÍCEPS

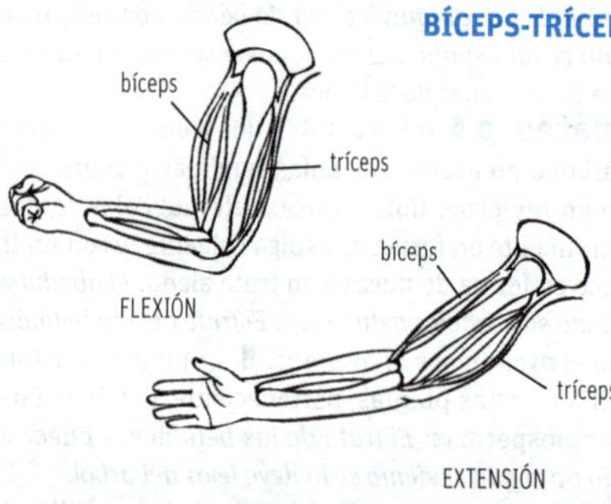

bibliografía s.f. **1** Ciencia que estudia la historia del libro y de los manuscritos y describe sus elementos materiales y sus ediciones: *Un buen filólogo debe tener unos conocimientos básicos de bibliografía.* **2** Relación o catálogo de libros o escritos referentes a una materia determinada y ordenado según un determinado criterio: *La bibliografía consultada para la elaboración de un trabajo ocupa las páginas finales.* **3** Relación ordenada de libros y publicaciones de un mismo autor: *La bibliografía de esta escritora es muy larga aunque todavía es joven.* ☐ SEM. Dist. de *biografía* (historia de la vida de una persona).

bibliográfico, ca adj. De la bibliografía o relacionado con ella: *Los ordenadores facilitan mucho los estudios bibliográficos.* ☐ SEM. Dist. de *biográfico* (de la vida de una persona).

biblioteca s.f. **1** Local en el que se conserva una colección organizada de libros y otros materiales para poder ser consultados, estudiados o leídos por los usuarios: *Una biblioteca debe estar administrada por personal especializado.* **2** Colección de libros, esp. si consta de un número considerable de ellos: *He ido comprando libros poco a poco y ya tengo una buena biblioteca.* **3** Mueble o estantería para colocar libros; *librería: Necesito una biblioteca para los libros que tengo en las cajas.* **4** Colección de libros con una característica común, generalmente el tema: *La biblioteca de arte de esa editorial es muy completa.*

bibliotecario, ria s. Persona que se dedica al cuidado técnico y a la organización de una biblioteca o de uno de sus servicios o secciones: *El bibliotecario me ayudó a encontrar el libro que necesitaba.*

bibliotecología s.f. Estudio de las bibliotecas en todos sus aspectos, esp. en lo relativo a los sistemas de ordenamiento y disposición de las publicaciones: *La bibliotecología investiga cómo utilizar racionalmente la información almacenada en las bibliotecas.* ☐ SEM. Dist. de *biblioteconomía* (estudio de la organización y administración de una biblioteca).

biblioteconomía s.f. Estudio de la organización y administración de una biblioteca: *La biblioteconomía intenta que las bibliotecas sean lo más útiles y cómodas posible.* ☐ SEM. Dist. de *bibliotecología* (estudio de las bibliotecas en todos sus aspectos).

bicameral adj. En un sistema democrático, referido al poder legislativo, que está formado por dos Cámaras de representantes: *La democracia española es bicameral porque tiene Cámara de diputados y Cámara de senadores.* ☐ MORF. Invariable en género.

bicarbonato s.m. **1** En química, sal ácida obtenida a partir del ácido carbónico: *La fórmula química del bicarbonato es HCO_3.* **2** ‖ **bicarbonato (sódico).** El de color blanco, soluble en agua, que se usa en medicina y en la fabricación de alimentos y de bebidas efervescentes: *El bicarbonato es bueno para aliviar el ardor de estómago.*

bicéfalo, la adj. Con dos cabezas: *Ese libro habla de un monstruo bicéfalo y con cuatro ojos.*

bíceps s.m. →**músculo bíceps.** ☐ ORTOGR. Aunque es palabra llana terminada en *s*, debe llevar tilde. ☐ MORF. Invariable en número. 👁 bíceps

bicha s.f. **1** En arte, figura de animal fantástico con cabeza de mujer o de águila, pecho femenino y alas, terminada en un tallo enroscado: *Se han encontrado bichas en los yacimientos arqueológicos iberos.* **2** *euf. col.* Culebra: *He visto una bicha meterse entre las piedras.* ☐ USO El uso de la acepción 2 es frecuente entre personas supersticiosas para evitar términos como *culebra* o *serpiente*, que se consideran de mala suerte.

bicharraco, ca s. **1** *col.* Bicho feo y repugnante: *Los sapos me parecen los bicharracos más feos que hay.* **2** *col.* Persona fea o de miembros desproporcionados: *Ese tipo es un bicharraco de piernas largas y cabeza pequeña.* □ USO Tiene un matiz despectivo.

bicho ▮ adj./s.m. **1** *col.* Referido a una persona, esp. si tiene pocos años, que es muy traviesa e inquieta: *No te descuides, que esta niña es muy bicho. Este bicho lleva todo el día gastando bromas por teléfono.* ▮ s.m. **2** Animal, esp. el de tamaño pequeño y nombre desconocido: *Me has traído unas flores llenas de bichos.* **3** *col.* Animal, esp. el doméstico: *Su casa es un zoológico con todo tipo de bichos.* **4** En tauromaquia, toro de lidia: *El primer bicho de la tarde tenía un cuerno roto.* **5** Persona con malas intenciones: *Esa mujer es un bicho, así que ten cuidado.* **6** ‖ **bicho raro.** *col.* Persona de carácter o de costumbres raros: *No le digas nada porque es un bicho raro y a lo mejor se enfada.* ‖ **(todo) bicho viviente.** *col.* Expresión que se usa en construcciones negativas para indicar que no se exceptúa a nadie de lo que se dice: *No había bicho viviente por la calle.* □ MORF. Como adjetivo es invariable en género. □ USO En la acepción 2, tiene un matiz despectivo.

bici s.f. *col.* →**bicicleta.**

bicicleta s.f. Vehículo de dos ruedas iguales, con dos pedales que, por medio de una cadena, transmiten a la rueda trasera la fuerza producida por las piernas y la transforman en movimiento: *Algunas bicicletas de carreras tienen una rueda algo mayor que la otra.* □ MORF. En la lengua coloquial se usa mucho la forma abreviada *bici.*

biciclo s.m. Vehículo de dos ruedas desiguales, con dos pedales que transmiten directamente a la rueda delantera, mucho mayor, la fuerza producida por las piernas y la transforman en movimiento: *El biciclo tiene la rueda delantera muy grande y la trasera muy pequeña.*

bicicross s.m. Modalidad de ciclismo que consiste en subir y bajar obstáculos con una bicicleta por un circuito preparado para ello: *En el bicicross no se puede tocar el suelo con los pies.*

bicoca s.f. *col.* Lo que resulta rentable y ventajoso porque cuesta poco o es fácil de obtener: *Ese alquiler tan bajo es una bicoca.*

bicolor adj. De dos colores: *Los griegos tienen una bandera bicolor, blanca y azul.* □ MORF. Invariable en género.

bicornio s.m. Sombrero con dos puntas o picos: *Los generales franceses del siglo XVIII usaban bicornios.*

bicúspide ▮ adj. **1** Que tiene dos cúspides o remates puntiagudos: *Las muelas tienen raíces bicúspides.* ▮ s.f. **2** →**válvula bicúspide.** 👁 **corazón** □ MORF. Como adjetivo es invariable en género.

bidé s.m. Cubeta baja y ovalada con grifos y desagüe, destinada a la higiene íntima y sobre la que se sienta el que va a lavarse: *Este cuarto de baño es tan pequeño que no tiene bidé.* □ ORTOGR. 1. Es un galicismo (*bidet*) adaptado al español. 2. Incorr. **bidel.*

bidón s.m. Recipiente generalmente cilíndrico y de hojalata, con tapa o cierre hermético, y que sirve para transportar líquidos: *Han traído ya los bidones de asfalto para arreglar la carretera.*

biela s.f. En una máquina, barra de un material resistente que une dos piezas móviles para transformar el movimiento de vaivén en uno de rotación, o viceversa: *Las ruedas de las locomotoras de vapor iban unidas por bielas.*

bielorruso, sa ▮ adj./s. **1** De Bielorrusia (país europeo), o relacionado con ella: *El equipo de la ciudad fichó a un futbolista bielorruso. Los bielorrusos estuvieron integrados en la Unión Soviética.* ▮ s.m. **2** Lengua eslava hablada en este país: *El bielorruso forma parte del grupo oriental de las lenguas eslavas.* □ MORF. En la acepción 1, como sustantivo se refiere solo a las personas de Bielorrusia.

bien ▮ adj. **1** Distinguido o de posición social acomodada: *Son chicos bien y no se codean con gente de barrios obreros.* ▮ s.m. **2** Lo que es útil o conveniente o lo que proporciona bienestar o dicha: *Busca su bien y su comodidad sin pensar en los demás.* **3** En filosofía, aquello que se considera la perfección absoluta o que reúne en sí mismo todo lo moralmente bueno y perfecto: *Para un cristiano, Dios es el bien supremo y absoluto.* **4** Calificación académica que indica que se ha superado el nivel exigido: *El bien está entre el aprobado y el notable.* ▮ s.m.pl. **5** Conjunto de posesiones y riquezas: *Tiene muchos bienes en tierras.* ▮ adv. **6** Referido al estado de una persona, con salud o con aspecto saludable: *Ha pasado una depresión muy fuerte, pero ya está bien.* **7** Referido a la forma de hacer algo, sin dificultad o de manera correcta, acertada o conveniente: *Dice que sus nietos son perfectos porque todo lo hacen bien.* **8** Referido a la forma de terminar algo, conforme a lo previsto o deseado: *Nuestros planes salieron bien, sin sorpresas.* **9** Referido a la forma de abordar algo, con gusto o de buena gana: *Yo bien lo haría si pudiera.* **10** Antepuesto a un adjetivo, muy o bastante: *Repíteselo bien alto, que no te ha oído.* **11** Expresión que se usa para indicar asentimiento, conformidad o entendimiento: *¡Bien, no insistas más, vamos donde quieras!* **12** Expresión que se usa para indicar cálculo aproximado: *Bien habría cien personas en el salón.* ▮ conj. **13** Enlace gramatical con valor distributivo y que, repetido, se usa para coordinar: *Bien vienes, bien te quedas.* **14** ‖ **bienes gananciales.** Los adquiridos durante el matrimonio por uno o por ambos cónyuges y que pertenecen a los dos: *Cuando se divorciaron, se repartieron el mobiliario y otros bienes gananciales.* ‖ **bienes {inmuebles/raíces}.** Los que no pueden ser trasladados sin perder su naturaleza: *Los solares y las casas son bienes inmuebles.* ‖ **bienes muebles.** Los que pueden ser trasladados sin perder su naturaleza: *Los coches y el mobiliario son bienes muebles.* ‖ **bien que mal.** Referido a la forma de conseguir algo, de una manera o de otra o venciendo las dificultades: *Bien que mal, acabaré este trabajo a tiempo.* ‖ **de bien.** Referido a una persona, que procede con honradez y rectitud, esp. en su trato con los demás: *Sus padres eran gente de bien en la que se podía confiar.* ‖ **no bien.** Enlace gramatical subordinante con valor temporal; *apenas: No bien apareció por la puerta, lo reconocimos.* ‖ **si bien.** Enlace gramatical coordinante con valor adversativo; *aunque: Aceptó la invitación, si bien hubiera preferido quedarse en casa.* ‖ **y bien.** Expresión que se utiliza para preguntar o para introducir una pregunta: *Y bien, ¿qué estábamos diciendo?* □ MORF. 1. Como adjetivo es invariable en género y en número. 2. Su comparativo de superioridad es *mejor*; incorr. **más bien: Yo lo hago todo {*más bien › mejor} que tú.* Dist. de *más bien* (enlace gramatical con valor adversativo). 3. Se combina con otras unidades léxicas como un prefijo, y a veces llega a formar con ellas una sola palabra: *bienaven-*

turado, bienhechor. 4. En la acepción 5, se usa también en singular. □ SINT. Como conjunción distributiva, puede ir precedido de la conjunción disyuntiva *o*: *Iré o bien hoy o bien mañana*. □ SEM. La acepción 12 suele tener un sentido intensificador: *Muy bien podrían caber aquí cinco litros*. □ USO 1. En las acepciones 9 y 12, se usa más antepuesto al verbo. 2. El uso de la locución *si bien* es característico del lenguaje escrito.

bienal ▮ adj. **1** Que dura dos años: *Este festival bienal terminará, no el próximo enero, sino el siguiente*. **2** Que tiene lugar cada dos años: *Se acordó hacer una revisión bienal de los salarios*. ▮ s.f. **3** Exposición o manifestación cultural que tiene lugar cada dos años: *La bienal del libro se celebrará este año en París*. □ MORF. Como adjetivo es invariable en género. □ SEM. Dist. de *bienio* (período de dos años) y de *bianual* (que sucede dos veces al año).

bienaventurado, da ▮ adj. **1** Referido a una persona, que es afortunada o dichosa: *Jesucristo decía: Bienaventurados los limpios de corazón*. ▮ adj./s. **2** En la Iglesia católica, referido a un difunto o a su alma, que está en el cielo y goza de la felicidad eterna: *Las almas bienaventuradas disfrutan la paz divina. Los bienaventurados contemplarán el rostro de Dios*.

bienaventuranza s.f. **1** En la Biblia, dicho que comienza con el término *bienaventurado*: *Según las bienaventuranzas, el reino de los cielos es de los pobres de espíritu y de los perseguidos*. **2** En algunas religiones, goce eterno que se disfruta en presencia de Dios; *cielo, gloria*: *La aspiración de un cristiano es alcanzar la bienaventuranza*.

bienestar s.m. **1** Estado acomodado y en el que las necesidades materiales están cubiertas: *El bienestar de las clases medias no es garantía de felicidad*. **2** Estado de una persona cuando se siente en buenas condiciones físicas y psíquicas: *Después de ayudar a aquel hombre sintió un hondo bienestar*.

bienhablado, da adj. Que habla con educación y corrección: *Las personas bienhabladas no dicen tacos*.

bienhechor, -a adj./s. Que beneficia o ayuda; *benefactor*: *Su presencia ejerce una influencia bienhechora sobre el niño. El artista tuvo un bienhechor que costeó sus estudios*.

bienintencionado, da adj. Con buena intención: *Agradecí mucho sus bienintencionadas palabras*. □ ORTOGR. Admite también la forma *bien intencionado*.

bienio s.m. **1** Período de tiempo de dos años: *Este contrato tendrá una duración de un bienio*. **2** Incremento económico que se obtiene sobre el sueldo o sobre el salario por cada dos años trabajados: *Después de tantos años en la empresa, cobra más de bienios que de sueldo base*. □ SEM. Dist. de *bienal* (manifestación cultural que tiene lugar cada dos años).

bienquisto, ta adj. Referido a una persona, que es estimada y goza de buena opinión entre los demás: *El partido busca un candidato bienquisto de todos*. □ SINT. Constr. *bienquisto {CON/DE/POR} alguien*.

bienvenido, da ▮ adj. **1** Que es recibido con agrado o que llega en momento oportuno: *En esa casa todo el mundo es bienvenido y apreciado*. **2** Expresión que se usa para saludar a alguien y manifestarle la satisfacción que produce su llegada: *¡Bienvenidos a nuestro hotel!* ▮ s.f. **3** Manifestación con la que se da a entender a alguien la satisfacción que produce su llegada: *Sus hijos fueron al aeropuerto a darle la bienvenida*.

bies s.m. **1** Tira de tela que está cortada oblicuamente a la dirección de los hilos y cosida en los bordes de otra tela como remate o como adorno: *Le puso un bies a la falda para que no se deshilachara*. **2** ‖ **al bies**. Referido a la manera de estar colocado algo, esp. un trozo de tela, oblicuamente o en diagonal: *Para que la falda tenga más vuelo, debes cortar la tela al bies*.

bifásico, ca adj. Referido a un sistema eléctrico, que tiene dos corrientes alternas iguales, procedentes del mismo generador, y cuyas fases se distancian entre sí un cuarto de ciclo: *Los voltajes en un sistema bifásico están desplazados entre sí 90 grados*.

bífido, da adj. En biología, referido a un órgano, que está dividido en dos partes o que se bifurca: *Algunas serpientes tienen la lengua bífida*.

bífidus s.m. Bacilo con propiedades dietéticas: *Me encantan los yogures con bífidus*. □ MORF. Invariable en número.

bifocal adj. En óptica, referido esp. a una lente, que tiene dos focos o que permite enfocar a dos distancias distintas: *Uso unas gafas de lejos y otras de cerca, porque con las gafas bifocales me mareo*. □ MORF. Invariable en género.

bifurcación s.f. **1** División en dos ramales o brazos separados: *Los técnicos hicieron una bifurcación de la línea telefónica para llevarla a un barrio nuevo*. **2** Punto donde se produce esta división: *En la bifurcación, las señales te dirán por dónde seguir*.

bifurcarse v.prnl. Dividirse en dos ramales o brazos separados: *Al llegar al valle, el camino se bifurca en dos sendas*. □ ORTOGR. La *c* se cambia en *qu* delante de *e* →**SACAR**.

bigamia s.f. Estado de la persona que está casada con dos hombres o con dos mujeres al mismo tiempo: *En muchos países occidentales, la bigamia es un delito*.

bígamo, ma adj./s. Que se casa de nuevo mientras su anterior matrimonio aún tiene vigencia legal: *Ninguna de sus dos mujeres sabía que su marido era bígamo y mantenía a las dos familias. Para mí es difícil justificar a los bígamos*.

bigardo, da ▮ adj. **1** Antiguamente, referido a un monje, que llevaba una vida licenciosa o desenfrenada: *El Arcipreste de Hita retrata a monjes bigardos dados a la bebida y a las mujeres*. ▮ s. **2** Persona muy corpulenta: *Lleva de guardaespaldas dos bigardos con cara de pocos amigos*.

bígaro s.m. Caracol de mar, de pequeño tamaño y concha oscura, que vive en los litorales y cuya carne es comestible: *El bígaro abunda en las costas cantábricas*. □ ORTOGR. Se admite también *bigarro*. 👁 **marisco**

bigarro s.m. →**bígaro**.

big bang (anglicismo) s.m. ‖ En astronomía, gran explosión de la que se originó el universo: *Según la teoría del big bang, el universo se originó hace 15 000 o 20 000 millones de años*.

bigote s.m. **1** En la cara de una persona o de algunos animales, conjunto de pelos que nacen sobre el labio superior: *El capitán lleva un bigote recortado y muy cuidado*. **2** En la cara de una persona o de un animal, huella que deja sobre el labio superior lo que se ha bebido; *bigotera*: *Límpiate el bigote que te ha dejado el helado*. □ MORF. En plural tiene el mismo significado que en singular. □ USO Se usa mucho en la lengua coloquial como palabra comodín para formar expresiones eufemísticas: *de bigotes* significa 'muy grande o extraordinario'.

bigotera s.f. **1** En dibujo, compás de pequeñas dimensiones cuya abertura se regula con una rosca: *La bigote-*

ra se utiliza para trazar círculos pequeños con mayor precisión que el compás. **2** En la cara de una persona o de un animal, huella que deja sobre el labio superior lo que se ha bebido; *bigote: Sé que has bebido chocolate por las bigoteras que tienes.* **3** Tira de tela que se coloca sobre el bigote para que no se descomponga o para darle la forma deseada: *Antiguamente, no era raro que los hombres usaran bigotera para dormir.* □ MORF. La acepción 2 se usa más en plural.

bigotudo, da adj./s. Referido a una persona, que tiene un bigote grande o llamativo: *Cerca del metro hay una mujer bigotuda que recoge papeles y cartones. No sé cómo se las apaña ese bigotudo para comer sin mancharse el bigote.*

bigudí s.m. Pequeña pieza de peluquería, cilíndrica y más larga que ancha, sobre la que se enrolla un mechón de pelo para rizarlo: *Cuanto más tiempo tengas puestos los bigudíes, más te durarán los rizos.* □ MORF. Aunque su plural en la lengua culta es *bigudíes*, también se usa *bigudís*.

bikini s.m. Traje de baño femenino formado por un sujetador y una braga; *biquini: Usa bikini en vez de bañador para que le dé el sol en la tripa.*

bilabial ▮ adj. **1** En lingüística, referido a un sonido consonántico, que se articula juntando el labio inferior contra el superior: *En español, los sonidos bilabiales son [b], [p] y [m].* ▮ s.f. **2** Letra que representa este sonido: *La 'b' y la 'p' son dos bilabiales.* □ MORF. Como adjetivo es invariable en género.

bilbaíno, na adj./s. De Bilbao o relacionado con esta ciudad vizcaína: *La ciudad bilbaína es la capital de Vizcaya. Los bilbaínos acostumbran a salir en cuadrillas.* □ MORF. Como sustantivo se refiere solo a las personas de Bilbao.

biliar adj. De la bilis o relacionado con este jugo del aparato digestivo; *biliario: La vesícula biliar almacena la bilis.* □ MORF. Invariable en género.

biliario, ria adj. →**biliar.**

bilingüe adj. **1** Referido a un hablante o a una comunidad de hablantes, que usa perfectamente dos lenguas: *Es bilingüe porque aprendió las dos lenguas de sus padres.* **2** Referido a un texto, que está escrito en dos idiomas: *Para traducir utilizo un diccionario bilingüe inglés/español.* □ MORF. Invariable en género.

bilingüismo s.m. **1** En una comunidad de hablantes, coexistencia de dos lenguas: *El bilingüismo de esta región es consecuencia de su pertenencia a dos Estados a lo largo de su historia.* **2** Uso habitual de dos lenguas por una misma persona: *El bilingüismo es un fenómeno normal en hijos de emigrantes.* □ SEM. Dist. de *diglosia* (bilingüismo en el que una lengua goza de mayor prestigio que la otra).

bilis s.f. **1** En el sistema digestivo de algunos animales superiores, líquido viscoso de color verdoso o amarillento que es segregado por el hígado y que interviene en la digestión junto con el jugo pancreático: *La bilis facilita la digestión y absorción de las grasas.* **2** Sentimiento de irritación o de amargura: *Cuando sale del trabajo, viene con tanta bilis que no hay quien le hable.* □ MORF. Invariable en número. □ SEM. Es sinónimo de *hiel*.

billar s.m. **1** Juego de salón que se practica sobre una mesa rectangular forrada de paño y rodeada de bandas elásticas, y que consiste en impulsar unas bolas de marfil con la punta de un taco, intentando hacerlas chocar con otras: *Jugamos al billar y yo hice varias carambolas.* **2** Local o establecimiento provisto de mesas para practicar este juego y, generalmente, otros juegos recreativos: *En los billares de la esquina se puede jugar al billar y también al futbolín.* □ MORF. La acepción 2 se usa más en plural.

billetaje s.m. En un espectáculo o en un servicio públicos, conjunto de billetes o de entradas que se ponen a la venta: *El billetaje para la función se agotó a las dos horas de abrir la ventanilla.*

billete s.m. **1** En un espectáculo o en un servicio públicos, tarjeta o papel que se compra y que da derecho a entrar en ellos, a presenciarlos o a usarlos: *Reserva hoy el billete de avión.* **2** Papel impreso o grabado que emite generalmente el banco central de un país y que circula como dinero legal en efectivo: *Algunos billetes de banco españoles tienen un retrato por un lado del papel.* **3** En el juego de la lotería, número completo, dividido en décimos o en participaciones que se pueden vender por separado: *Dame solo una participación del billete porque no tengo más dinero.*

billetera s.f. Cartera de bolsillo que sirve para llevar billetes, tarjetas o documentos; *billetero: Le robaron la billetera con seis euros y el carné de identidad.*

billetero s.m. →**billetera.** □ USO Se usa más para designar los monederos o carteras femeninos.

billón ▮ pron.numer. **1** Número 1 000 000 000 000: *Un billón es un millón de millones.* ▮ s.m. **2** Signo que representa este número: *Un billón es un uno seguido de doce ceros.* □ MORF. →APÉNDICE DE PRONOMBRES. □ SINT. Va seguido de *de* cuando lo sigue el nombre de aquello que se numera (*un billón de euros*), pero no cuando lo siguen uno o más numerales (*un billón cien mil euros*). □ SEM. Su uso con el significado de 'mil millones' es un anglicismo incorrecto.

bimensual adj. Que sucede dos veces al mes: *Mis pagas son bimensuales porque cobro los días 1 y 15 de cada mes.* □ MORF. Invariable en género.

bimotor s.m. Avión provisto de dos motores: *El bimotor se estrelló al despegar.*

binario, ria adj. Que se compone de dos elementos: *En música, un compás binario tiene una parte fuerte y otra débil.*

bingo ▮ s.m. **1** Juego de azar en el que cada jugador va tachando los números impresos en su cartón según van saliendo en el sorteo, y en el que gana el que antes los tache todos: *El bingo es un tipo de lotería.* **2** Establecimiento público en el que se organizan partidas de este juego: *En el bingo está prohibida la entrada a menores de edad.* **3** En ese juego, premio más alto que se da en una partida: *Con este bingo me compraré unas cuantas cosas.* ▮ interj. **4** Expresión que se usa para indicar que se ha acertado en algo: *¡Bingo!, ya hemos encontrado la avería.*

binocular ▮ adj. **1** Referido a la visión, que se hace con los dos ojos simultáneamente: *Con los prismáticos tienes una visión binocular más amplia.* ▮ adj./s.m. **2** Referido a un aparato óptico, que se emplea haciendo uso de los dos ojos simultáneamente: *En el laboratorio usamos un microscopio binocular. Observamos el cielo con un binocular.* ▮ s.m.pl. **3** Aparato óptico que consta de dos tubos provistos de lentes y que se usa para ver a distancia con los dos ojos: *Mi abuela llevaba binoculares al teatro para ver mejor la cara de los actores.* □ MORF. Como adjetivo es invariable en género. □ SEM. En la acepción 3, dist. de *prismáticos* y *gemelos* (un tipo de binoculares que amplían la imagen por medio de prismas).

binóculo s.m. Gafas sin patillas, que se sujetan solo sobre la nariz: *El binóculo se usaba mucho en el siglo XIX.* 👁 **gafas**

a b c d e f g h i j k l m n ñ o p q r s t u v w x y z

binomio s.m. **1** En matemáticas, expresión algebraica compuesta de dos términos que están unidos por el signo de la suma o por el de la resta: *La expresión a + b es un binomio.* **2** Conjunto formado por dos personas, esp. si actúan en estrecha colaboración: *El director y el realizador de la película forman un binomio perfecto para conseguir el éxito.*

bio- Elemento compositivo que significa 'vida' (*biografía, biogénesis, biología*) o indica relación con la vida o con los seres vivos (*biosfera, bioelectricidad, bioclimatología*). □ USO En la lengua actual, se usa mucho antepuesto a otras palabras para indicar la intervención o utilización de agentes exclusivamente naturales: *bioagricultura, biomedicina.*

bioclimático, ca adj. De la bioclimatología o relacionado con este estudio de la interacción entre el clima y los seres vivos: *La construcción de algunas viviendas puede plantear problemas bioclimáticos.*

bioclimatología s.f. Estudio de la interacción que hay entre el clima y los organismos vivos: *La bioclimatología ayuda a conocer el modo de supervivencia de las especies protegidas.*

biodegradable adj. Referido a una sustancia, que puede degradarse o descomponerse de manera natural, por la acción de agentes biológicos: *Los residuos biodegradables evitan el deterioro del medio ambiente.* □ MORF. Invariable en género.

biodiversidad s.f. Diversidad o variedad de especies vegetales y animales: *El respeto de la biodiversidad es esencial para el desarrollo equilibrado mundial.*

biofísico, ca ▌ adj. **1** De la biofísica o relacionado con esta aplicación de la física: *Los avances biofísicos de las últimas décadas han sido espectaculares.* ▌ s. **2** Persona que se dedica a los estudios biofísicos: *En ese laboratorio colaboran biólogos y biofísicos.* ▌ s.f. **3** Aplicación de los principios y métodos de la física al estudio de las estructuras de los organismos vivos y al estudio de los mecanismos de los fenómenos biológicos: *En biofísica se estudian los efectos de las fuerzas sobre los huesos y articulaciones.*

biografía s.f. Respecto de una persona, relato o historia de su vida: *Esa biografía tiene muchos errores cronológicos.* □ SEM. Dist. de *bibliografía* (relación o catálogo de libros).

biográfico, ca adj. De la biografía: *El tribunal tiene en cuenta el perfil biográfico de los candidatos.* □ SEM. Dist. de *bibliográfico* (de la bibliografía).

biógrafo, fa s. Persona que se dedica a hacer biografías, generalmente por escrito: *La hermana del poeta fue su mejor biógrafa.*

biología s.f. Ciencia que estudia a los seres vivos y los fenómenos vitales en todos sus aspectos: *La zoología y la botánica son ramas de la biología.* □ MORF. Cuando se antepone al nombre de una ciencia para formar compuestos, adopta la forma *bio-*: *biofísica, bioingeniería, biomecánica, bioquímica.*

biológico, ca adj. De la biología o relacionado con esta ciencia: *La existencia de la vida celular fue un descubrimiento biológico.*

biólogo, ga s. Persona que se dedica al estudio de los seres vivos y de los fenómenos vitales, esp. si es licenciado en biología: *La bióloga estudiaba el comportamiento de los leones en cautividad.*

biombo s.m. Mueble formado por varias láminas rectangulares colocadas verticalmente y unidas mediante bisagras de forma que pueden plegarse: *Los actores se cambiaban de traje detrás de un biombo chino.*

biopsia s.f. En medicina, extracción y análisis de tejidos, células o líquidos de un ser vivo, que se realiza para completar o confirmar un diagnóstico: *No sabrá si el tumor es o no maligno hasta que recoja los resultados de la biopsia.*

bioquímico, ca ▌ adj. **1** De la bioquímica o relacionado con esta rama de la química: *He realizado el análisis bioquímico de estas células.* ▌ s. **2** Persona que se dedica a los estudios bioquímicos: *Severo Ochoa es un famoso bioquímico español.* ▌ s.f. **3** Rama de la química que estudia la constitución y las transformaciones químicas de los seres vivos: *El metabolismo de los hidratos de carbono se estudia en bioquímica.*

biorritmo s.m. Variación cíclica en la actividad de los procesos vitales de una persona o de un animal: *Nunca he creído que los biorritmos influyan en la conducta y en los sentimientos de una persona.*

biosfera s.f. Zona terrestre en la que existe la vida y que está constituida por la parte inferior de la atmósfera, la hidrosfera y la parte superior de la litosfera: *La luz, la temperatura y la cantidad de oxígeno, hidrógeno y agua son algunas de las características esenciales de la biosfera.*

biosíntesis s.f. En biología, formación de sustancias en el interior de un ser vivo: *La biosíntesis es un proceso fundamental del metabolismo.* □ MORF. Invariable en número.

bióxido s.m. En química, combinación de un radical simple o compuesto con dos átomos de oxígeno: *Un óxido con dos átomos de oxígeno en su molécula es un bióxido.*

bípedo, da adj./s.m. Referido a un animal, que tiene dos pies o dos patas: *El canguro es un mamífero bípedo. El ser humano es el bípedo por excelencia.*

biplano s.m. Aeroplano con dos alas paralelas en cada costado: *Los biplanos ya no son de uso frecuente.*

biquini s.m. →**bikini.**

birlar v. *col.* Quitar sin violencia y con astucia: *Me birlaron la cartera en el metro sin que me diera cuenta.*

birmano, na adj./s. De Birmania o relacionado con este país asiático, actualmente llamado *Myanmar*: *La capital birmana es Naipyidó. Los birmanos son mayoritariamente budistas. myanma*

birra (italianismo) s.f. *col.* Cerveza: *Camarero, ponga cuando pueda dos birras y unas aceitunitas.*

birreta s.f. Gorro cuadrangular que usan los eclesiásticos, generalmente con una borla grande en la parte superior; *birrete*: *La birreta de los cardenales es roja, la de los obispos, morada y la de los demás, negra.*

birrete s.m. **1** Gorro con forma de prisma y una borla en la parte superior, que usan en actos oficiales doctores y catedráticos universitarios, magistrados, jueces y abogados: *El birrete universitario tiene la borla del color distintivo de la facultad.* 👁 **sombrero 2** →**birreta.**

birria ▌ adj./s.f. **1** *col.* De mala calidad, mal hecho o de poco valor: *Te vendieron los pantalones más birrias y feos que he visto. Ese libro es una birria que tiene incluso faltas de ortografía.* ▌ s. **2** *col. desp.* Persona con pocas cualidades y poco digna de aprecio: *Con birrias como tú no quiero ninguna relación.* □ MORF. 1. Como adjetivo es invariable en género. 2. En la acepción 2, es de género común y exige concordancia en masculino o en femenino para señalar la diferencia de sexo: *el birria, la birria.* □ SEM. Como adjetivo es sinónimo de *birrioso*.

birrioso, sa adj. *col.* De mala calidad, mal hecho o de poco valor; *birria: Este dibujo me ha quedado birrioso.*

biruje s.m. *col.* →**biruji.**

biruji s.m. *col.* Viento helado; *biruje: Me helé al salir del agua porque soplaba un biruji que no veas.*

bis ▌s.m. **1** En un concierto o en un recital, repetición de un fragmento o de una pieza fuera del programa, a petición del público: *El primer bis fue más aplaudido que toda su actuación.* ▌adv. **2** Indica repetición de lo que sigue o de lo que precede: *Debes cantar dos veces lo que está precedido de 'bis'.*

bisabuelo, la ▌s. **1** Respecto de una persona, padre o madre de su abuelo o de su abuela: *Dos de mis bisabuelas viven todavía.* ▌s.m.pl. **2** Respecto de una persona, padres de su abuelo, o de su abuela, o de los dos: *Mis bisabuelos se casaron hace sesenta años.*

bisagra s.f. Mecanismo de metal con dos piezas unidas por un eje común, que se fijan en dos superficies separadas para juntarlas permitiendo el giro de una sobre otra: *Engrasa las bisagras para que no chirríen cuando se abra la puerta.*

bisbiseo s.m. Murmullo suave que se produce al hablar en voz muy baja: *En la iglesia solo se oía el bisbiseo de los que rezaban.*

biscote s.m. Rebanada de pan tostado, seca y dura, que se puede conservar mucho tiempo: *Cree que comiendo biscotes en vez de pan conseguirá adelgazar.*

bisección s.f. En geometría, división de una figura en dos partes iguales: *Con la bisección de un ángulo de 180 grados se obtienen dos ángulos rectos.* □ ORTOGR. Dist. de *disección*.

bisector, triz adj. En geometría, que divide en dos partes iguales, esp. referido a un plano o a una recta: *La línea bisectriz de un ángulo plano pasa por su vértice. El plano axial es el bisector de un ángulo diedro.* 👁 **ángulo**

bisectriz s.f. Recta que divide un ángulo en dos partes iguales. 👁 **ángulo**

bisel s.m. En algunas superficies, esp. en una lámina o en una plancha, corte oblicuo que se realiza en el borde: *Es un espejo sencillo, sin marco, solo con un bisel alrededor.*

bisexual ▌adj. **1** De la bisexualidad o relacionado con esta inclinación sexual: *Muchas personas no aceptan sus tendencias bisexuales.* ▌adj./s. **2** Referido a una persona, que siente atracción sexual por individuos de ambos sexos: *Cuando le contó a su novia que era un hombre bisexual, rompieron la relación. Los bisexuales se enamoran de hombres y de mujeres.* □ MORF. 1. Como adjetivo es invariable en género. 2. Como sustantivo es de género común y exige concordancia en masculino o en femenino para señalar la diferencia de sexo: *el bisexual, la bisexual*.

bisiesto s.m. →**año bisiesto.**

bisilábico, ca adj. →**bisílabo, ba.**

bisílabo, ba adj./s.m. De dos sílabas, esp. referido a un verso: *'Lento/soplo/blando/dando/va' es un fragmento con bisílabos de un poema de Zorrilla.* □ SEM. Como adjetivo es sinónimo de *bisilábico*.

bismuto s.m. Elemento químico, metálico y sólido, de número atómico 83, de color gris rojizo brillante, muy frágil y fácil de fundir: *El bismuto se emplea en la fabricación de cierres de seguridad y en la industria farmacéutica.* □ ORTOGR. Su símbolo químico es *Bi*.

bisnieto, ta s. Respecto de una persona, hijo o hija de su nieto o de su nieta; *biznieto: Mi hija es la bisnieta de mi abuelo.*

bisonte s.m. **1** Mamífero rumiante bóvido, de cuerpo grande, robusto y más elevado hacia la cabeza, con cuernos pequeños y separados, con barba y con la frente y el cuello cubiertos por una larga melena; *bisonte americano, búfalo: Los bisontes eran la base alimenticia de los indios de las praderas.* 👁 **rumiante 2** ‖ **bisonte europeo.** El de menor altura pero más pesado y con el pelaje castaño rojizo: *Los últimos bisontes europeos están protegidos.* □ MORF. Es un sustantivo epiceno y la diferencia de sexo se señala mediante la oposición *el bisonte {macho/hembra}*.

bisoñé s.m. Peluca que cubre solo la parte anterior de la cabeza: *Aunque lleva bisoñé, se nota que es calvo.*

bisoño, ña adj./s. *col.* Referido a una persona, que no tiene experiencia o que es nueva en una profesión o en una actividad; *novato: Solo le falta práctica, porque es una conductora bisoña. Los bisoños son los que más atención deben poner.*

bisté s.m. →**bistec.** □ ORTOGR. Es un anglicismo (*beefsteak*) adaptado al español. □ MORF. Su plural es *bistés*.

bistec s.m. Filete o trozo de carne que se asa o se fríe: *Prefiero el bistec de vaca al de toro, porque es más tierno.* □ ORTOGR. 1. Es un anglicismo (*beefsteak*) adaptado al español. 2. Se admite también *bisté*.

bisturí s.m. Instrumento de cirugía formado por una hoja larga, estrecha y cortante, y que se usa para hacer cortes precisos: *Se me nota la cicatriz del corte que me hicieron con el bisturí cuando me operaron.* □ MORF. Aunque su plural en la lengua culta es *bisturíes*, también se usa *bisturís*.

bisutería s.f. Joyería que no utiliza materiales preciosos, pero que generalmente los imita: *El anillo es de bisutería porque el de oro era muy caro.*

bit s.m. En informática, unidad mínima de almacenamiento de información: *Un bit solo puede tomar el valor 1 o el valor 0.* □ ORTOGR. Dist. de *byte*. □ MORF. 1. Es un acrónimo que procede de la sigla de *Binary Digit* (dígito binario). 2. Su plural es *bits*.

bitácora s.f. En una embarcación, armario próximo al timón, en el que se coloca la brújula: *El capitán se acercó a la bitácora para comprobar el rumbo.*

bíter s.m. Bebida alcohólica de color rojo y sabor amargo que se hace macerando en ginebra diversas plantas: *Tómate de aperitivo un bíter sin alcohol.* □ ORTOGR. Es un anglicismo (*bitter*) adaptado al español.

biunívoco, ca adj. Referido esp. a una correspondencia matemática, que asocia cada uno de los elementos de un conjunto con uno, y solo uno, de los elementos del otro conjunto, y cada elemento de este último con uno, y solo uno, de los de aquel: *Entre el conjunto de las banderas y el conjunto de los países se establece una correspondencia biunívoca.*

bivalente adj. En química, referido a un elemento, que tiene dos valencias o posibilidades de combinación con otros elementos: *El hierro es un elemento bivalente con valencias 2 y 3.* □ MORF. Invariable en género.

bizantino, na ▌adj. **1** Referido a una discusión, sin utilidad por ser demasiado complicada y sutil: *Se enzarzaron en una discusión bizantina sobre la fecha del fin del mundo.* ▌adj./s. **2** De Bizancio (antigua colonia griega e imperio romano de Oriente), o relacionado con él: *El mosaico es fundamental en el arte bizantino. Los bizantinos estaban gobernados por una monarquía absoluta.* □ MORF.

En la acepción 2, como sustantivo se refiere solo a las personas de Bizancio.

bizarría s.f. **1** Valor y decisión en la forma de actuar; *gallardía: Habló con bizarría delante de sus enemigos y consiguió acobardarlos.* **2** Actitud desinteresada,generosa y espléndida: *Con noble bizarría cedió sus ahorros.*

bizarro, rra adj. **1** Que actúa con valor, con ánimo y con decisión; *gallardo, valiente: Era un capitán bizarro y altivo.* **2** Referido a una persona, generosa y espléndida: *Tenía un espíritu bizarro, liberal y desprendido.*

bizco, ca ▮ adj. **1** Referido a la mirada o a un ojo, que están desviados de su trayectoria normal: *Me pone nervioso la gente de mirada bizca.* ▮ adj./s. **2** Referido a una persona, que padece estrabismo y tiene los ojos desviados respecto de su posición normal: *Tiene una mirada peculiar porque es algo bizca. Los bizcos deben taparse un ojo para corregir su estrabismo.* ☐ SEM. Dist. de *tuerto* (sin visión en un ojo).

bizcocho s.m. **1** Dulce elaborado con una masa cocida al horno y hecha de harina, huevos y azúcar: *La tarta de bizcocho con fresa es la que más me gusta.* **2** Pan sin levadura cocido dos veces para que se conserve más tiempo: *En los viajes largos, los barcos suelen llevar bizcocho en vez de pan blanco.* **3** ‖ **(bizcocho) borracho.** Pastel con forma generalmente redondeada, emborrachado o empapado en almíbar: *Los bizcochos borrachos son muy dulces.*

biznieto, ta s. →**bisnieto, ta.**

bizquear v. Referido a una persona, padecer estrabismo o simularlo desviando uno de sus ojos respecto de su posición normal: *Los que bizquean tienen los ojos torcidos.*

bizquera s.f. *col.* Desviación de un ojo respecto de su posición normal; *estrabismo: Los demás niños se metían con él a causa de su bizquera.*

blackjack s.m. →**veintiuna.** ☐ PRON. [blakyák]. ☐ USO Es un anglicismo innecesario.

blanco, ca ▮ adj. **1** De color más claro en relación con algo de la misma especie o clase, esp. referido al pan o al vino: *Para los mariscos compra vino blanco mejor que tinto, y pan blanco mejor que negro.* ▮ adj./s. **2** Referido a una persona, que pertenece al grupo étnico caracterizada por el color pálido de su piel: *Los primeros colonos blancos llegaron a Estados Unidos en el siglo XVII. Los blancos son un grupo étnico minoritario en el continente africano.* ▮ adj./s.m. **3** Del color de la nieve o de la leche: *Mi vestido de novia es blanco. El blanco es el color de la luz solar sin descomponerse en los colores del espectro.* ▮ s.m. **4** Objeto que se sitúa a cierta distancia y sobre el cual se dispara para ejercitarse en el tiro y en la puntería: *Puse como blanco unas cajas.* **5** Objetivo hacia el que se dirige un disparo o un lanzamiento: *El ciervo era el blanco de los cazadores.* **6** Objetivo o fin al que se dirige un acto, un deseo o un pensamiento: *Ese infeliz es el blanco de todas las críticas.* **7** Hueco o espacio entre dos cosas: *Rellena todos los blancos de la hoja de solicitud.* **8** En un escrito, espacio que queda sin llenar: *Los blancos ayudan a aligerar la lectura de un texto.* 👁 **libro** ▮ s.f. **9** En música, nota que dura la mitad de una redonda y que se representa con un círculo no relleno y una barrita vertical pegada a uno de sus lados: *Una blanca equivale a dos negras y a cuatro corcheas.* **10** ‖ **en blanco. 1** Referido a un papel, sin escribir, sin imprimir o sin marcar: *Enesos folios en blanco escribiré mi primera novela.* **2** Referido a un cheque, firmado por el titular de la cuenta bancaria pero sin haber escrito en él la cantidad de dinero correspondiente: *Te doy este cheque en blanco para que tú escribas en él la cantidad de dinero que quieres sacar.* ‖ **{estar/quedarse} en blanco.** No comprender lo que se oye o se lee y quedarse sin reaccionar o sin poder pensar: *Cuando estuvo delante del profesor, se quedó en blanco y no respondió.* ‖ **no tener (ni) blanca.** *col.* No tener dinero: *No tengo ni blanca para llegar a final de mes.* ‖ **sin blanca.** *col.* Sin dinero: *Me he quedado sin blanca y estoy arruinado.*

blancor s.m. →**blancura.**

blancura s.f. Propiedad de ser o de parecer de color blanco; *blancor: ¡Qué blancura tienen esas sábanas recién limpias...!*

blancuzco, ca adj. De color semejante al blanco o de un blanco sucio: *Estos vaqueros están tan gastados que se han quedado blancuzcos.*

blandengue ▮ adj. **1** Referido a una materia, con blandura poco agradable: *Este pan de ayer está blandengue y correoso.* ▮ adj./s. **2** Referido a una persona, muy débil física o anímicamente: *No tenéis que ser blandengues ni llorones, y menos por tonterías. Es un blandengue y se queja al menor esfuerzo.* ☐ MORF. 1. Como adjetivo es invariable en género. 2. Como sustantivo es de género común y exige concordancia en masculino o en femenino para señalar la diferencia de sexo: *el blandengue, la blandengue.* ☐ USO Tiene un matiz despectivo.

blandir v. Referido esp. a un arma, moverla o agitarla haciéndola vibrar en el aire: *El general lo amenazó blandiendo la espada.*

blando, da adj. **1** Referido a una materia, que se corta o se deforma con facilidad, esp. al presionarla: *El pan recién hecho está blando.* **2** Referido a una persona, esp. a su carácter, excesivamente benévolo o falto de energía y de severidad: *Como seas tan blando con tus hijos terminarán tomándote el pelo.* **3** Referido a una persona, esp. a su carácter, tranquilo, suave y apacible: *Su compañía es muy agradable por su carácter blando y su conversación amena.* **4** Suave y sin violencia: *Me dormí oyendo el blando murmullo de las olas.* **5** Referido a una persona, con poca capacidad para los esfuerzos físicos: *Con una persona tan blanda no se puede hacer deporte.* **6** Referido a una droga, que no produce adicción o que tiene efectos no demasiado peligrosos: *La marihuana y el hachís se consideran drogas blandas.* **7** En geología, referido a un mineral, que se puede rayar con facilidad: *El talco es el mineral más blando.*

blandón s.m. **1** Vela cilíndrica y muy gruesa: *Delante del altar hay dos blandones encendidos durante todo el año.* **2** Candelero en el que se coloca este tipo de velas: *El blandón de cobre estaba casi cubierto por la cera derretida.*

blandura s.f. Propiedad de ser o de parecer blando: *La blandura excesiva del colchón puede provocar lesiones de espalda.*

blanqueado s.m. →**blanqueo.**

blanquear v. **1** Poner de color blanco; *emblanquecer: La nieve blanqueó todo el valle.* **2** Referido a una pared o a un techo, aplicarles una o varias capas de cal o de yeso blanco diluidos en agua: *En los pueblos del sur blanquean las casas con cal para que estén más frescas.* **3** Referido a un metal, esp. al oro y a la plata, limpiarlo y sacarle su color: *Mi abuela blanqueó la bandeja de plata porque estaba grisácea.* **4** Referido a una materia orgánica, decolorarla mediante la supresión de las sustancias que le dan color: *La lana, la seda, el papel o la paja son materias que se blanquean.* **5** Referido al dinero conseguido por medios ilegales, hacerlo legal: *Un modo de blanquear dinero negro es la compra de inmuebles.* **6** Ser de color semejante al blanco, o ir adquiriendo este color: *Le ha dado tanto el sol a esa tela que ya empieza a blanquear.* ☐ SEM. En las acepciones 1 y 3, es sinónimo de *blanquecer*.

blanquecer v. **1** →**blanquear. 2** →**emblanquecer.** ☐ MORF. Irreg.: Aparece una *z* delante de la *c* cuando la siguen *a, o* →**PARECER**.

blanquecino, na adj. De color semejante al blanco o con tonalidades blancas: *Debes de estar enfermo porque tienes la lengua blanquecina.*

blanqueo s.m. **1** Adquisición del color blanco: *El blanqueo de las paredes es habitual en países calurosos.* **2** Decoloración de una materia orgánica mediante la supresión de las sustancias que le dan color: *El blanqueo de fibras como el algodón se realiza por medio de agentes químicos.* **3** Limpieza de un metal para sacarle su color: *El blanqueo de las monedas se hace con una materia especial.* **4** Legalización de un dinero conseguido por medios ilegales: *Se dedica al blanqueo de fondos.* ☐ SEM. Es sinónimo de *blanqueado*.

blasfemar v. **1** Referido a algo o a alguien, ultrajarlo de palabra, esp. si se considera sagrado o digno de respeto: *Se puso furioso y empezó a blasfemar contra Dios y contra los santos.* **2** Decir blasfemias o maldecir; *renegar*: *Blasfemaba de los que lo habían injuriado y ofendido.* ☐ SINT. 1. Constr. de la acepción 1: *blasfemar* CONTRA *algo*. 2. Constr. de la acepción 2: *blasfemar* DE *algo*.

blasfemia s.f. **1** Palabra, significado o expresión ultrajantes contra lo que se considera sagrado, esp. contra Dios: *La blasfemia contra Dios o la Virgen es una falta grave en el catolicismo.* **2** Palabra, significado o expresión que ultraja gravemente, esp. si es contra lo que se considera digno de respeto: *Es una blasfemia despreciar la obra de ese sabio.*

blasfemo, ma ▮ adj. **1** Que contiene blasfemia: *El papa lo considera blasfemo porque pone en duda la divinidad de Cristo.* ▮ adj./s. **2** Que dice blasfemias: *Es una persona blasfema y atea. Son unos blasfemos porque ofenden a la Virgen.*

blasón s.m. **1** En heráldica, superficie u objeto con forma de escudo defensivo donde se pintan las figuras o piezas que son distintivos de un reino, de una ciudad, de un linaje o de una persona; *armas, escudo de armas*: *Sobre la puerta de su casa solariega está el blasón de su familia.* **2** En heráldica, en un escudo, cada una de estas figuras o piezas: *Los blasones de esa ciudad son un león y un castillo.* **3** Honor o fama, esp. los adquiridos por la realización de acciones nobles o grandiosas: *Lleva con orgullo el blasón de hombre valeroso.* **4** ‖ **hacer blasón de** algo. Hacer ostentación de ello con alabanza propia: *Siempre hace blasón de sus muchas tierras.*

blasonar v. Hacer ostentación de algo con alabanza propia: *Blasona de la gente rica que conoce, y no es para tanto.* ☐ SINT. Constr. *blasonar* DE *algo*.

blazer s.m. Chaqueta con un escudo, generalmente hecha de franela y de un determinado color, y usada esp. por los miembros de un equipo deportivo o de una escuela: *Compré un blazer azul con un escudo en el bolsillo superior izquierdo.* ☐ PRON. [bléiser]. ☐ USO Es un anglicismo innecesario.

bledo ‖ **un bledo.** Muy poco o nada: *Me importa un bledo lo que diga y no cederé.* ☐ SINT. Se usa más con los verbos *importar*, *valer* o equivalentes, y en expresiones negativas.

blenda s.f. Sulfuro de cinc, que se encuentra en la naturaleza en cristales brillantes y cuyo color va del amarillo rojizo al pardo oscuro: *La blenda es un mineral del que se extrae el cinc.*

blenorragia s.f. Enfermedad infecciosa de transmisión sexual, que consiste en la inflamación de las vías urinarias y genitales, y que produce un flujo excesivo de moco genital: *La blenorragia puede contraerse por contagio.*

blenorrea s.f. En medicina, blenorragia crónica: *Le duelen frecuentemente los órganos genitales porque tiene blenorrea.*

blindaje s.m. **1** Cubrimiento con planchas metálicas u otro material difícilmente penetrable, a fin de proteger un lugar, un objeto o lo que hay en su interior: *Esta empresa está especializada en el blindaje de cajas fuertes.* **2** Conjunto de materiales que se usan para proteger exteriormente un objeto o un lugar o lo que hay en su interior: *El blindaje de estos buques acorazados es muy sólido.*

blindar v. Referido esp. a un vehículo o a una puerta, cubrirlos con planchas metálicas u otro material difícilmente penetrable para protegerlos o proteger lo que hay en su interior: *Ese coche militar está blindado contra las balas y el fuego.*

bloc s.m. Conjunto de hojas de papel superpuestas, esp. si constituyen un cuaderno: *He comprado un bloc de dibujo y otro cuadriculado.* ☐ MORF. Su plural es *blocs*.

blocar v. **1** En fútbol, referido al balón, pararlo con las manos y sujetarlo con seguridad contra el cuerpo: *El balón iba con tanta fuerza que el portero no pudo blocarlo.* **2** En rugby, referido a un jugador, detenerlo o impedir que avance: *Se abalanzaron sobre él tres jugadores y lo blocaron sin que pudiera moverse.* **3** En boxeo, referido a un golpe, pararlo con los brazos o los codos: *No le rozó ni la cara porque blocó todos sus golpes.* ☐ ORTOGR. 1. Es un galicismo (*bloquer*) adaptado al español. 2. La *c* se cambia en *qu* delante de *e* →**SACAR**.

blondo, da ▮ adj. **1** *poét.* Rubio: *Su blonda cabellera brillaba con el sol.* ▮ s.f. **2** Encaje de seda: *La madrina llevaba una mantilla de blonda.*

bloque s.m. **1** Trozo de piedra o de otro material, de grandes dimensiones y sin labrar: *Un escultor transforma cualquier bloque en una hermosa figura.* **2** Pieza con forma de paralelepípedo rectangular, esp. si es de materia dura: *Han traído enormes bloques de hormigón para construir un puente.* **3** En un núcleo de población, edificio grande que tiene varias viviendas de características parecidas: *Yo vivo en el último piso de este bloque.* **4** Conjunto compacto o coherente de cosas con alguna característica común: *Después de la II Guerra Mundial el mundo se separó en dos bloques.* **5** Conjunto de hojas superpuestas y pegadas o sujetas por uno de sus lados de modo que puedan desprenderse fácilmente: *Anota la dirección en una hoja del bloque y arráncala.*

bloquear v. **1** Referido a un lugar, impedir o interrumpir el paso o el movimiento a través de él: *La nevada ha bloqueado las carreteras.* **2** Referido a algo que se mueve, interrumpir su trayectoria para impedir que llegue a su destino: *El guardameta bloqueó el balón y no hubo gol.* **3** Referido a un mecanismo, frenar o impedir su funcionamiento: *Bloquea el coche con el freno de mano. Se bloqueó la cerradura porque está oxidada.* **4** Paralizar la capacidad de actuación o la capacidad mental: *Es fácil que los nervios bloqueen la mente. En situaciones de peligro me bloqueo y no reacciono.* **5** Referido a un proceso, impedir o frenar su desarrollo: *Un país puede bloquear las relaciones diplomáticas con otro como medida de presión.* **6** En economía, referido a una cantidad de dinero o un crédito, inmovilizarlos para evitar que pueda disponerse de ellos: *Han ordenado bloquear sus cuentas bancarias hasta que se acabe la investigación.* **7** Referido a la prestación de un servicio, impedir o interrumpir su funcionamiento por exceso de demanda: *Las muchas felicitaciones que se envían en navidades bloquean el correo. Las líneas se bloquean cuando hay muchas llamadas telefónicas.*

bloqueo s.m. **1** Interrupción del paso o del movimiento a través de un lugar: *El bloqueo del puente fue crucial para evitar el acceso al pueblo.* **2** Interrupción de la trayectoria de algo que se mueve para impedir que llegue a su destino: *El bloqueo del jugador impidió que anotara un tanto.* **3** Obstrucción o entorpecimiento del funcionamiento de un mecanismo: *Esta barra enganchada al embrague del coche provoca el bloqueo del volante.* **4** Paralización de la capacidad de actuación o de la capacidad mental: *El bloqueo mental es algo que no puedo evitar cuando me presionan.* **5** Interrupción del desarrollo de un proceso, generalmente con un obstáculo: *El bloqueo económico a un país es una de las medidas de presión más eficaces actualmente.* **6** Inmovilización de una cantidad de dinero o de un crédito para evitar que pueda disponerse de ellos: *Cuando supieron que el negocio era ilegal el bloqueo de su crédito fue inmediato.* **7** Referido a la prestación de un servicio, interrupción de su funcionamiento por exceso de demanda: *El 31 de diciembre a las 12 de la noche el bloqueo de las líneas telefónicas es inevitable.*

blues (anglicismo) s.m. Música y canto melancólicos y lentos, propios del folclore negro norteamericano y surgidos a principios del siglo XIX: *El blues evolucionó de los cantos espirituales negros.* □ PRON. [blus]. □ MORF. Invariable en número.

blusa s.f. Prenda de vestir femenina, de tela fina, que cubre la parte superior del cuerpo, y generalmente es abierta por delante o por detrás y se cierra con botones: *En verano siempre lleva blusas sin mangas o de manga corta.*

blusón s.m. Blusa larga y con mangas, muy holgada y suelta: *Cuando pinto con óleos me pongo encima un blusón viejo para no mancharme.*

boa s.f. **1** Serpiente americana no venenosa, de gran tamaño y fuerza, que tiene la piel con vistosos dibujos: *La boa rodea a sus víctimas y las comprime hasta que mueren.* 👁 **serpiente** **2** Prenda de vestir en forma de serpiente, que se coloca como adorno alrededor del cuello y está hecha de plumas o de piel: *Con una boa de plumas blancas me siento como una actriz.* □ MORF. En la acepción 1, es un sustantivo epiceno y la diferencia de sexo se señala mediante la oposición *la boa {macho/hembra}*.

boardilla s.f. →**buhardilla.**

boatiné s.f. Tela acolchada con relleno de guata: *Mi tía tiene una bata de boatiné para estar por casa.*

boato s.m. Lucimiento y manifestación de grandeza en las formas exteriores: *Fue una fiesta con mucho boato pero muy aburrida.*

bobada s.f. **1** Hecho o dicho sin fundamento o sin base lógica; *bobería: ¿Quieres dejar de hacer boberías y portarte como una persona sensata?* **2** *col.* Lo que se considera sin importancia o de poco valor: *Te he traído esta bobada a ver si te gusta.*

bobalicón, -a adj./s. *col.* Muy bobo: *No seas una niña bobalicona y habla bien. Ese bobalicón lo olvida todo.*

bobería s.f. Hecho o dicho sin fundamento o sin base lógica; *bobada: ¿Quieres dejar de decir boberías?*

bóbilis ‖ **de bóbilis bóbilis.** *col.* Sin esfuerzo o sin merecimiento: *Tienes que estudiar, porque no vas a aprobar de bóbilis bóbilis.*

bobina s.f. **1** Carrete que sirve para enrollar un material flexible, esp. hilo o alambre: *Si no tienes una bobina para enrollar el alambre, puede servirte un bolígrafo.* **2** Rollo de un material flexible, esp. hilo o alambre, generalmente montado sobre un soporte: *Necesito una bobina de hilo azul para acabar tu falda.* 👁 **costura** **3** En un circuito eléctrico, componente formado por un hilo conductor aislado y enrollado repetidamente, que sirve para crear y captar campos magnéticos: *Las bobinas de los aparatos eléctricos son de formas diversas.* □ ORTOGR. Dist. de *bovina* (f. de *bovino*).

bobo, ba ▮ adj./s. **1** *desp.* Que tiene poca inteligencia o poco entendimiento; *tonto: Tiene malas notas porque no estudia, no porque sea boba. Eso es tan fácil que lo hace hasta el bobo del pueblo.* **2** *desp.* Que se admira por todo a causa de su gran ingenuidad: *Es tan bobo que se cree todo lo que le digo. Me sorprendió tanto que me quedé boquiabierta como una boba.* ▮ s.m. **3** En la comedia clásica, personaje que tiene el papel cómico: *El bobo se encargaba de hacer reír en los entremeses.* □ USO En las acepciones 1 y 2 se usa como insulto.

bobs (anglicismo) s.m. →**bobsleigh.**

bobsleigh (anglicismo) s.m. Deporte de invierno que consiste en deslizarse rápidamente por una pista de hielo de poca anchura sobre un trineo articulado; *bobs: Mientras practicaban el bobsleigh se dieron contra uno de los muros de la pista y casi volcaron.* □ PRON. [bóbsleig], con *g* suave.

boca s.f. **1** En una persona o en un animal, entrada al aparato digestivo, generalmente situada en la parte inferior de la cabeza, y formada por una cavidad en la que suelen encontrarse los dientes y la lengua si existen: *Mastica bien la comida que tienes en la boca.* **2** Conjunto de los dos labios de la cara: *Límpiate la boca con la servilleta.* **3** En un lugar o en un objeto, abertura o agujero, esp. si comunica el interior con el exterior: *Salí por la boca de metro más alejada del lugar al que iba.* **4** *col.* Persona o animal a los que se mantiene y se da de comer: *Tener un hijo supone una boca más en casa.* **5** En un crustáceo, pinza en que termina cada pata delantera: *Un cangrejo me enganchó con una de sus bocas.* **6** Referido a un vino, sabor o gusto: *Este vino tiene buena boca.* **7** Habla de una persona o vocabulario hablado: *Lo supe por boca de otros.* **8** →**a bocajarro.** **9** ‖ **{abrir/hacer} boca.** *col.* Abrir el apetito con una pequeña cantidad de bebida o comida antes de otra comida más fuerte: *Para hacer boca antes de comer tomaré unos taquitos de jamón y un vino.* ‖ **abrir la boca.** *col.* Hablar: *¿Qué te pasa, que no has abierto la boca en toda la tarde?* ‖ **{andar/correr/ir} de boca en boca.** Ser conocido públicamente o ser tema de conversación entre la gente: *La noticia corrió de boca en boca y ya lo saben todos.* ‖ **{andar/ir} en (la) boca de** alguien. Ser objeto de murmuración: *Anda en boca de todos porque ha dejado los estudios a medias.* ‖ **a pedir de boca.** Tal y como se ha deseado: *Afortunadamente, todo nos salió a pedir de boca.*

‖ **boca abajo.** →**bocabajo.** ‖ **boca a boca.** Modo de respiración artificial mediante el cual una persona introduce aire con su propia boca en la de la persona que no respira por sí misma: *Le hizo el boca a boca hasta que empezó a respirar él solo.* ‖ **boca arriba.** →**bocarriba.** ‖ **boca del estómago.** En el cuerpo humano, parte central del epigastrio: *Me dio un golpe en la boca del estómago y me hizo vomitar.* ‖ **boca de lobo.** Lugar muy oscuro: *En las noches sin luna esa calle es una boca de lobo.* ‖ **{callar/cerrar/coser} la boca.** *col.* Callar: *En cuanto le preguntas algo calla la boca.* ‖ **con la boca abierta.** *col.* Referido a una persona, embobado a causa de la sorpresa o la admiración; *boquiabierto: No se lo podía creer y se quedó con la boca abierta.* ‖ **con la boca {chica/pequeña}.** *col.* Referido a un ofrecimiento, sin verdadero deseo de hacerlo: *No voy a su fiesta porque me invitó con la boca chica.* ‖ **de boca.** *col.* Con palabras pero sin ser verdad: *De boca haces muchas cosas pero luego lo olvidas.* ‖ **{enterarse/saber} {de/por} (la) boca** de alguien. Llegar a conocer por habérselo oído a alguien: *Lo sé por boca de tu tío.* ‖ **hablar por boca de** otro. Decir lo que otra persona ha dicho: *No me eches la culpa a mí, que yo hablo por boca de tu tío.* ‖ **hacérsele** a alguien **la boca agua.** *col.* Disfrutar al imaginar algo que se desea o que gusta, esp. si es comida o bebida: *Como estoy a régimen, se me hace la boca agua cuando te veo comer.* ‖ **irse de la boca** o **írsele la boca** a alguien. *col.* Hablar mucho y con imprudencia: *Te fuiste de la boca y ahora lo sabe todo.* ‖ **no caérsele** a alguien **de la boca** algo. Decirlo o hablar de ello con frecuencia: *Se nota que te gustó el lugar porque no se te cae de la boca.* ‖ **poner en boca de** alguien. Referido a un dicho, atribuírselo: *No pongas eso en boca de nadie porque es tu propia opinión.* ‖ **quitar** algo **de la boca** a alguien. *col.* Anticiparse a lo que otro iba a decir: *Iba a decir lo mismo, pero me lo has quitado de la boca.* ‖ **venirle** a alguien algo **a la boca.** *col.* Ocurrírsele y tener ganas de decirlo: *Siempre dice lo primero que se le viene a la boca.* ☐ ORTOGR. *Boca abajo* admite también la forma *bocabajo.* ☐ MORF. Cuando se antepone a una palabra para formar compuestos, adopta la forma *boqui-*: *boquiancho, boquiseco.* ☐ SINT. 1. Incorr. **boca a abajo*, **boca a arriba* y **bocarriba*. 2. *Con la boca abierta* se usa más con los verbos *dejar*, *estar*, *quedarse* o equivalentes. 3. *Con la boca chica* se usa más con los verbos *decir*, *hablar*, *ofrecer*, *prometer* o equivalentes.

bocabajo adv. En posición invertida: *Sé que no estás leyendo porque tienes el libro boca abajo.* ☐ ORTOGR. Se admite también *boca abajo.*

bocacalle s.f. **1** Entrada de una calle: *En las bocacalles suele haber un paso de cebra.* **2** Calle secundaria que da a otra: *Yo vivo en la tercera bocacalle de esta avenida.*

bocadillería s.f. Establecimiento en el que se venden bocadillos: *Al final de esta calle han puesto una bocadillería.*

bocadillo s.m. **1** Trozo de pan cortado a lo largo en dos partes, y relleno con algún alimento: *Me tomé un bocadillo de chorizo para merendar.* **2** En un dibujo, texto enmarcado por una línea, que expresa lo que dice o piensa el personaje al que señala; *globo: En este cómic, el bocadillo del personaje cuando piensa tiene forma de nube.* 👁 **globo 3** En una representación teatral, interrupción breve del diálogo: *En una comedia es frecuente que haya muchos bocadillos.* ☐ USO En la acepción 1, en la lengua coloquial se usa mucho la forma *bocata.*

bocado s.m. **1** Trozo de comida que se mete en la boca de una vez: *Para hacer bien la digestión debes masticar bien cada bocado.* **2** Cantidad pequeña de comida: *Tomaremos un bocado antes de ir al cine.* **3** Mordedura hecha con los dientes: *El perro me dio un bocado y me dejó una señal en el brazo.* **4** Trozo que se arranca con los dientes o violentamente: *Escupí el bocado de queso porque sabía mal.* **5** En un objeto, trozo que falta: *Este papel tiene un bocado porque se me cayó al suelo y lo pisé.* **6** Instrumento de hierro que se ajusta a la boca de un caballo para sujetarlo y dirigirlo; *freno: La yegua se desbocó porque no le puse bien el bocado.* 👁 **arreos 7** Parte de este instrumento que se mete en la boca: *El bocado le hizo una herida al caballo en la boca.* **8** ‖ **bocado de Adán.** En una persona, abultamiento de la laringe en la parte anterior del cuello; *nuez: El bocado de Adán se nota más en los hombres que en las mujeres.* ‖ **buen bocado.** *col.* Lo que se considera bueno y ventajoso: *Ese empleo es un buen bocado que puede darte mucho dinero.*

bocajarro ‖ **a bocajarro. 1** Referido al modo de disparar, desde muy cerca, esp. si es de frente: *Le disparó a bocajarro y sin pensárselo dos veces.* **2** Referido al modo de decir algo, de improviso o sin preparación: *Me lo preguntó a bocajarro y no supe qué contestar.*

bocal adj. →**bucal.** ☐ ORTOGR. Dist. de *vocal.* ☐ MORF. Invariable en género.

bocamanga s.f. En la manga de una prenda de vestir, parte que queda sobre la muñeca, esp. por el interior o por el forro: *Los capitanes llevan tres estrellas en las bocamangas de su chaqueta.*

bocana s.f. En el mar, paso estrecho de entrada a una bahía: *Pasada la bocana, es ya mar abierto.*

bocanada s.f. **1** Cantidad de líquido, de aire o de humo que se toma de una vez con la boca o se arroja de ella: *Si fumas, al menos no me eches las bocanadas de humo a la cara.* **2** Ráfaga repentina y breve de aire o de humo, que sale o entra de una vez: *Por la ventana entró una bocanada de aire fresco.* **3** *col.* Cantidad grande de gente que entra o sale: *Al terminar la película, salió del cine una bocanada de gente.*

bocarriba adv. En la posición normal: *Pongo las cartas boca arriba para que veáis que no hago trampa.* ☐ ORTOGR. Se admite también *boca arriba.*

bocata s.m. *col.* →**bocadillo.**

bocazas s. *col.* Persona que habla más de lo que debe y generalmente en voz alta, o que dice tonterías o fanfarronerías; *voceras: Tus primas son unas bocazas que no saben guardar un secreto.* ☐ MORF. 1. Es de género común y exige concordancia en masculino o en femenino para señalar la diferencia de sexo: *el bocazas, la bocazas.* 2. Invariable en número. ☐ USO Se usa como insulto.

bocel s.m. **1** En arquitectura, moldura convexa y lisa de sección semicircular; *toro: La puerta principal estaba enfatizada por un bocel esculpido en piedra.* **2** ‖ **cuarto bocel.** El que tiene forma de un cuarto de cilindro: *La sección de un cuarto bocel es un cuarto de círculo convexo.*

bocera s.f. Herida que se forma en las comisuras de los labios de una persona; *boquera: Me han salido boceras y me duele la boca al reírme.*

boceto s.m. **1** En las artes decorativas, proyecto o apunte hecho solo con los trazos generales, esp. referido a una pintura: *Ya sé que no es un dibujo perfecto, pero es solo un boceto.* **2** Esquema o proyecto hecho solo con los rasgos o los datos principales: *Aún no he escrito el libro aunque ya tengo el boceto de la trama.*

a b c d e f g h i j k l m n ñ o p q r s t u v w x y z

bocha s.f. En la petanca y otros juegos, cada una de las bolas con las que los participantes tratan de acercarse a otra bola más pequeña: *Pierdes porque no tienes ninguna bocha cerca de la pequeña.*

bochinche s.m. Situación confusa, agitada y desordenada, esp. si va acompañada de un gran alboroto y tumulto: *Menudo bochinche se armó cuando la gente se dio cuenta de la estafa.*

bochorno s.m. **1** Calor excesivo y sofocante, esp. cuando va acompañado de bajas presiones: *Me agotan los días de bochorno en los que no sopla nada de aire.* **2** En verano, aire muy caliente: *Los peores días del verano son cuando hay bochorno.* **3** En una persona, vergüenza y sonrojo que producen sensación de calor: *Sentí tal bochorno por su indiscreción que me fui sin que me vieran.*

bochornoso, sa adj. **1** Referido al tiempo atmosférico, muy caluroso y sofocante: *Era un día bochornoso y agobiante.* **2** Referido a una actitud o a una situación, que produce vergüenza y sonrojo: *Confundir al novio con el abuelo fue un error bochornoso.* □ SEM. Dist. de *caliginoso* (oscuro, denso y con neblina).

bocina s.f. **1** Aparato formado por una pieza en forma de embudo, una lengüeta vibratoria y una pera de goma, que sirve como avisador sonoro: *La señal de tráfico que prohíbe tocar el claxon es una bocina tachada.* **2** Pieza de forma cónica que sirve para amplificar o reforzar un sonido: *Las bocinas de algunos gramófonos eran enormes.* **3** Instrumento mecánico que sirve como avisador sonoro: *Cuando aprendió a conducir no hacía más que tocar la bocina.* **4** Instrumento musical de viento, de forma curva y con un sonido grave semejante al de la trompeta; *cuerno: Antiguamente las bocinas se hacían con grandes caracolas marinas.*

bocinazo s.m. **1** Sonido fuerte producido por una bocina: *Me despertó el bocinazo de un coche.* **2** Grito fuerte para llamar la atención o para reprender a alguien: *Menudo bocinazo me dio cuando rompí el jarrón...* □ SINT. La acepción 2 se usa más con los verbos *dar, meter* y *pegar*.

bocio s.m. En medicina, aumento de la glándula tiroides que produce un abultamiento de la parte anterior y superior del cuello: *El bocio es una enfermedad que puede originarse por falta de yodo.*

boda s.f. **1** Ceremonia o acto en el que dos personas contraen matrimonio; *casamiento, nupcias: ¿La boda será civil o religiosa?* **2** Fiesta con que se celebra este acto: *En mi boda hubo una enorme tarta helada.* **3** ‖ **bodas de diamante.** Referido a un acontecimiento importante, esp. un casamiento, sexagésimo aniversario: *Su trabajo como actor durante 60 años se merece unas bodas de diamante por todo lo alto.* ‖ **bodas de oro.** Referido a un acontecimiento importante, esp. a un casamiento, quincuagésimo aniversario: *Mis abuelos celebraron 50 años de convivencia en sus bodas de oro.* ‖ **bodas de plata.** Referido a un acontecimiento importante, esp. a un casamiento, vigésimo quinto aniversario: *Si nos casamos hoy haremos las bodas de plata dentro de 25 años.* ‖ **bodas de platino.** Referido a un acontecimiento importante, esp. a un casamiento, sexagésimo quinto aniversario: *Hoy son las bodas de platino de esta empresa, que existe desde hace 65 años.* □ MORF. En plural tiene el mismo significado que en singular.

bodega s.f. **1** Lugar en el que se hace y se almacena el vino, generalmente en toneles: *En muchos lugares las bodegas están bajo tierra.* **2** Tienda en la que se venden vino y otros alcoholes: *En la bodega de la esquina podrás comprar vino y cerveza.* **3** En una embarcación, espacio interior por debajo de la cubierta inferior hasta la quilla: *El equipaje lo han puesto en la bodega del barco.* **4** Establecimiento en el que se fabrica vino, generalmente de forma industrial: *Esas bodegas producen al año miles de litros de moscatel.*

bodegón s.m. Cuadro o pintura en los que se representan seres inanimados y objetos cotidianos; *naturaleza muerta: Pintó un bodegón con frutas y jarras.*

bodoque ▌adj./s.m. **1** *col.* Referido a una persona, sin inteligencia o sin sensibilidad: *Es la chica más bruta y bodoque que conozco. No entiendo cómo ese bodoque ha podido aprobar todo.* ▌s.m. **2** En un tejido, adorno redondeado que se borda en relieve: *Los bodoques de esta sábana forman flores.* □ MORF. Como adjetivo es invariable en género. □ USO La acepción 1 se usa como insulto.

bodorrio s.m. *col. desp.* Boda sin ostentación ni concurrencia: *La ceremonia fue un bodorrio corto y sin invitados.*

bodrio s.m. Lo que se considera de muy mala calidad, muy mal hecho o de mal gusto: *No acabé de ver la película porque era un bodrio.*

body (anglicismo) s.m. Prenda de ropa interior de una sola pieza que cubre todo el cuerpo menos las extremidades: *Tengo un body de encaje con tirantes.* □ MORF. Su plural es *bodies*; incorr. **bodys*.

bofe s.m. **1** Pulmón, esp. el de los animales muertos para el consumo: *A mi perro le encanta el bofe de ternera hervido.* **2** ‖ **echar {el bofe/los bofes}.** *col.* Esforzarse, trabajar o cansarse excesivamente: *Corrió 20 kilómetros y llegó echando el bofe.* □ MORF. Se usa más en plural.

bofetada s.f. **1** Golpe dado en la cara con la mano abierta; *tortazo: Tiene la mejilla colorada por la bofetada que le dieron.* **2** *col.* Trompazo o golpe fuerte: *Las mayores bofetadas me las he dado esquiando.* **3** Desprecio o censura que causa humillación: *No aceptar mi regalo ha sido una bofetada que no me esperaba.* **4** ‖ **no tener** alguien **media bofetada.** Ser débil o de pequeño tamaño: *Bah, mucho hablar, pero ese tipo no tiene ni media bofetada.* □ SINT. La acepción 2 se usa más con los verbos *darse* o *pegarse*.

bofetón s.m. Bofetada que se da con fuerza: *Le dio tal bofetón que empezó a salirle sangre de la nariz.*

bofia s.f. *col. desp.* Policía: *No me gustaría ser un caco siempre con la bofia detrás.*

boga ‖ **estar en boga.** Estar de moda o de actualidad: *A principios de siglo estaban en boga las tertulias literarias.*

bogar v. Mover los remos en el agua para impulsar una embarcación; *remar: El marinero bogó con fuerza hasta alcanzar el puerto.* □ SEM. Dist. de *navegar* (avanzar sobre el agua).

bogavante s.m. Crustáceo marino comestible, con el cuerpo alargado de gran tamaño y cinco pares de patas con pinzas grandes y fuertes en el primer par: *El bogavante puede medir 50 centímetros.* 👁 **marisco** □ MORF. Es un sustantivo epiceno y la diferencia de sexo se señala mediante la oposición *el bogavante {macho/hembra}*.

bohardilla s.f. →**buhardilla.**

bohemio, mia adj./s. Referido a una persona, esp. a un artista, que lleva una vida informal y poco organizada, sin ajustarse a las convenciones sociales: *Los artistas siempre han tenido fama de personas bohemias. Eres una bohemia inconformista y desordenada.*

boicot s.m. Interrupción de algo, esp. de un acto, como

medio de presión para conseguir algo; *boicoteo*: *Los sindicatos hicieron boicot a la empresa para que subiera los salarios.* □ ORTOGR. Es un anglicismo (*boycott*) adaptado al español. □ MORF. Su plural es *boicots*.

boicotear v. Referido esp. a un acto, impedir o interrumpir su realización como medio de presión para conseguir algo: *Los manifestantes boicotearon el desfile militar para protestar contra las guerras.*

boicoteo s.m. →**boicot.**

boina s.f. Gorra sin visera, redonda y de una pieza: *Mi abuelo siempre lleva una boina negra para no pasar frío.* □ PRON. Incorr. *[boína]. 👁 **sombrero**

boîte s.f. →**sala de fiestas.** □ PRON. [buat]. □ USO Es un galicismo innecesario.

boj s.m. **1** Arbusto de tallos derechos, con abundantes ramas, hojas perennes, menudas y brillantes, flores blanquecinas de fuerte olor y frutos en forma de cápsula: *Las semillas de boj tienen dos cotiledones. El boj se utiliza en las regiones mediterráneas para montar setos.* **2** Madera de este arbusto, amarillenta, dura y compacta: *El boj se utiliza en talla y en ebanistería.* □ MORF. Su plural es *bojes*.

bojar v. Referido a una embarcación, navegar rodeando una costa saliente: *Bojamos por todo el golfo y seguimos por la ensenada.* □ ORTOGR. Conserva la *j* en toda la conjugación.

bol s.m. **1** Recipiente con forma de taza grande casi semiesférica y sin asas; *tazón*: *Dame dos boles para lavar la fruta.* **2** Red de pesca, muy larga y compuesta de un saco y dos bandas, de las cuales se tira desde tierra por medio de dos cabos muy largos; *jábega*: *Los pescadores tiraron de las dos bandas del bol desde tierra y sacaron muchos peces.* 👁 **pesca**

bola ▌s.f. **1** Cuerpo esférico de cualquier materia: *En esa juguetería venden bolas de petanca y de billar.* **2** *col.* Mentira: *No me cuentes más bolas, que ya no te creo.* **3** *col.* Bíceps: *Practica el culturismo y tiene dos buenas bolas en los brazos.* ▌pl. **4** Juego infantil que se practica con esferas pequeñas hechas de un material duro, generalmente de vidrio o de barro; *canicas*: *Haremos una circuito en la arena y jugaremos a las bolas.* **5** *vulg.* →**testículos. 6** ‖ **correr la bola.** *col.* Referido a un rumor, darlo a conocer o divulgarlo: *¿Se puede saber quién ha corrido la bola de que me caso mañana?* ‖ **en bolas.** *vulg.* Desnudo: *En verano duerme en bolas.* ‖ **hasta la bola.** *col.* En tauromaquia, referido a una estocada, con toda la espada dentro del cuerpo del animal: *Metió el estoque hasta la bola y el público aplaudió.* ‖ **pasar** alguien **la bola.** *col.* Rechazar una responsabilidad y pasársela a otra persona: *A mí no me pases la bola, que el encargo te lo hicieron a ti.* ‖ **sacar bola.** *col.* Contraer el bíceps doblando el brazo: *¡Mira cómo presume y saca bola delante de todos!* □ SEM. *Bola* no debe emplearse con el significado de 'pelota' (anglicismo): *Ese tenista devuelve muy bien las {*bolas > pelotas}.* □ USO En la acepción 6, se usa mucho como palabra comodín en expresiones vulgares malsonantes.

bolazo s.m. Golpe dado con una bola: *Del bolazo que le ha dado en la cara le ha roto las gafas.*

bolchevique ▌adj. **1** Del bolchevismo: *Las ideas bolcheviques sobre la dictadura del proletariado triunfaron en la URSS con la revolución de 1917.* ▌adj./s. **2** Partidario del bolchevismo: *Lenin fue el gran líder bolchevique. Los bolcheviques eran los comunistas rusos.* □ MORF. 1. Como adjetivo es invariable en género. 2. Como sustantivo es de género común y exige concordancia en masculino o en femenino para señalar la diferencia de sexo: *el bolchevique, la bolchevique*.

bolcheviquismo s.m. →**bolchevismo.**

bolchevismo s.m. **1** Teoría política, económica y social que triunfó en la Unión Soviética con la revolución de 1917, y que sostiene la necesidad de la revolución y se basa en la dictadura del proletariado y en el colectivismo: *El bolchevismo o comunismo ruso fue capitaneado por Lenin.* **2** Sistema de gobierno soviético partidario de esta teoría: *El bolchevismo se basa en la presencia de un solo partido en el poder.* □ SEM. Es sinónimo de *bolcheviquismo*.

boleadoras s.f.pl. Instrumento de caza que consta de dos o tres bolas hechas de una materia pesada, forradas de cuero y atadas fuertemente a sendas cuerdas, unidas por un cabo común: *El gaucho argentino lanzó las boleadoras a las patas del toro.*

bolear v. En algunos juegos, lanzar la bola o la pelota: *Bolea alto y fuerte para que la pelota vaya lejos.*

bolero, ra ▌adj./s. **1** *col.* Mentiroso: *¡Qué bolera eres y qué mentiras dices! Eres un bolero y ya no te creo nada.* ▌s.m. **2** Canción de origen antillano, lenta, dulce y de tema generalmente sentimental: *Los boleros fueron muy populares en España en los años cincuenta.* **3** Baile de pareja que se ejecuta al compás de esta música: *¿Nos ponemos románticos y bailamos un bolero?* **4** Composición musical española, de compás ternario y ritmo moderado: *El músico Ravel se inspiró en el ritmo del bolero para componer una obra orquestal muy famosa.* **5** Baile popular que se ejecuta al compás de esta música: *El bolero, inspirado en la seguidilla, se acompaña de guitarra, castañuelas y tamboril.* **6** Prenda de vestir con forma de chaqueta corta: *Mi madre tenía un bolero hasta la cintura y sin mangas.* ▌s.f. **7** Establecimiento público destinado al ocio, en el que se practica el juego de los bolos: *Fuimos al bar de la bolera y después jugamos una partida en las pistas.* □ USO En la acepción 7, es innecesario el uso del anglicismo *bowling*.

boleta ‖ **dar (la) boleta** a alguien. *col.* Romper el trato con alguien que molesta: *Le di la boleta y no volví a verlo en mi vida.*

boletín s.m. **1** Publicación periódica informativa sobre un tema especializado: *Si lees el boletín oficial del Ayuntamiento, conocerás las nuevas disposiciones legales.* **2** En radio y televisión, espacio o programa en el que, a horas determinadas, se transmiten noticias de forma breve y concisa: *Nuestro próximo boletín informativo será a las cinco de la tarde.* **3** Impreso que sirve para hacer una suscripción: *Si quieres recibir esta revista todos los meses, tienes que rellenar el boletín de suscripción con tus datos personales.* **4** Papel en el que se escriben las calificaciones de un estudiante: *Me alegré cuando vi que en el boletín no había ningún suspenso.*

boleto s.m. **1** En algunos juegos de azar, impreso que rellena el apostante con sus pronósticos: *El viernes es el último día para sellar el boleto de la quiniela.* **2** En un sorteo, papel que se compra y que acredita la participación en él: *He comprado dos boletos porque sortean un coche muy bonito.*

boli s.m. *col.* →**bolígrafo.**

boliche s.m. **1** En el juego de la petanca, la bola más pequeña: *Gané a la petanca porque mi bola fue la que quedó más cerca del boliche.* **2** Juguete que consta de un palo terminado en punta por un extremo y con una cazoleta en el otro, y de una bola taladrada sujeta al medio del palo con un cordón: *Con el boliche se puede jugar recogiendo la bola con la cazoleta o ensartándola con la punta.*

bólido s.m. Vehículo que puede correr a gran velocidad, esp. referido a un automóvil de carreras: *Los bólidos estaban alineados en la parrilla de salida.*

bolígrafo s.m. Instrumento que sirve para escribir y que tiene en su interior un tubo de tinta con la que se impregna una bolita de acero que gira en la punta: *Tengo que comprar una carga para el bolígrafo porque ya no escribe.* ☐ MORF. En la lengua coloquial se usa mucho la forma abreviada *boli*.

bolillo s.m. Palo de madera, pequeño y redondeado, que se usa para hacer encajes y labores de pasamanería: *En ese viejo taller se hacían encajes de bolillos.*

bolinche s.m. En un mueble, adorno torneado o esférico que sirve de remate; *bolindre*: *Los bolinches de la mesilla de noche son redondos.*

bolindre s.m. →**bolinche.**

bolinga adj. *col.* Borracho: *Andaba por la calles bolinga y haciendo eses.* ☐ MORF. Invariable en género.

boliviano, na adj./s. De Bolivia o relacionado con este país sudamericano: *La capital boliviana es La Paz. Los bolivianos hablan español.* ☐ MORF. Como sustantivo se refiere solo a las personas de Bolivia.

bollería s.f. **1** Establecimiento en el que se elaboran o se venden bollos y otros productos hechos de harina: *¡Cómo huele a chocolate en la bollería de la esquina!* **2** Conjunto de bollos de diversas clases que se ofrecen para la venta o el consumo: *En esa pastelería tienen una bollería que es para chuparse los dedos.*

bollero, ra ▮ s. **1** Persona que se dedica a la elaboración o la venta de bollos, esp. si esta es su profesión: *Dile al bollero que te ponga una bolsa de magdalenas.* ▮ s.f. **2** *vulg. desp.* →**lesbiana.**

bollo s.m. **1** Panecillo o pastel esponjoso hecho con una masa de harina y agua cocida al horno: *Ese bollo está hecho con leche, huevos, manteca y azúcar.* **2** *col.* En un objeto duro, hundimiento o abultamiento producidos por un golpe o por una presión: *Tengo dos bollos en la puerta del coche a causa del accidente.* **3** *col.* Situación confusa, agitada o embarazosa, esp. si va acompañada de gran alboroto y tumulto; *lío*: *Cuando se coló en la fila, todos protestaron y se montó un buen bollo.* **4** Abultamiento redondeado producido por un golpe: *Se cayó y se hizo un bollo en la espinilla.*

bolo s.m. **1** Pieza cilíndrica con la base plana, que se usa en un juego consistente en derribar dichas piezas con una bola que se les arroja rodando: *En esta jugada solo he derribado dos bolos.* **2** ‖ **bolo alimenticio.** Cantidad de alimento que se traga de una vez, masticada y mezclada con saliva: *El bolo alimenticio pasa por el esófago y llega hasta el estómago.* ☐ SEM. En la acepción 1, se usa en plural para designar ese juego: *Ayer jugamos a los bolos y gané yo.*

bolsa s.f. **1** Saco hecho de un material flexible, con o sin asas, que se usa para llevar o guardar algo: *Dame la bolsa de deportes para meter el chándal.* 👁 **equipaje** **2** Saco pequeño que antiguamente se usaba para llevar el dinero: *El caballero llevaba la bolsa escondida entre los pliegues de la capa.* **3** Cantidad de dinero: *Nadie sabe la bolsa que puede recibir ese boxeador si gana el combate.* **4** En economía, mercado público organizado y especializado en el que se efectúan las operaciones de compra y venta de los valores que cotizan en este mercado: *La crisis política hizo bajar la Bolsa.* **5** En economía, establecimiento público donde se realizan estas operaciones de mercado: *Va todos los días a la bolsa pero nunca compra acciones.* **6** En biología, estructura orgánica en forma de saco que contiene un líquido o que protege un órgano: *Los calamares guardan la tinta en una bolsa.* **7** En una persona, piel floja debajo de los ojos: *Las bolsas y las ojeras te hacen más viejo.* **8** En un tejido, pliegue o arruga que se forma cuando resulta ancho o cuando está deformado o mal ajustado: *Has cosido mal la cinturilla de la falda y hace bolsas en la tripa.* **9** En un lugar, esp. en un terreno o en el interior de una conducción, acumulación espontánea de un fluido: *Al perforar en busca de petróleo han encontrado una bolsa de gas.* **10** ‖ **bolsa de aseo.** La pequeña y cerrada, que sirve para guardar lo necesario para la higiene personal: *En la bolsa de aseo llevo el peine, el jabón y el cepillo de dientes.* ‖ **bolsa de estudios.** Cantidad de dinero que se concede a una persona como ayuda para financiar sus estudios: *Vieron sus aptitudes musicales y le dieron una bolsa de estudios de cinco años para aprender piano.* ‖ **bolsa de la compra.** Conjunto de alimentos y productos que necesita diariamente una familia, esp. referido a su precio; *cesta de la compra*: *La bolsa de la compra es lo que más hace subir el presupuesto familiar.* ‖ **bolsa marsupial.** En la hembra de un mamífero marsupial, la que tiene en la parte delantera del cuerpo para llevar las crías hasta que completan su desarrollo; *marsupio*: *¡Mira cómo mama el bebé canguro en la bolsa marsupial!* ‖ **bolsas de pobreza.** Manifestaciones de marginación dentro de las grandes ciudades y en las zonas rurales de las economías avanzadas: *Las bolsas de pobreza son un problema en las grandes ciudades.* ☐ USO En la acepción 4, se usa como nombre propio.

bolsillo s.m. **1** En una prenda de vestir, pieza de tela, generalmente en forma de bolsa o de saco, que se cose sobrepuesta o en su parte interior y que sirve para guardar objetos pequeños y usuales: *Llevo el pañuelo en el bolsillo del pantalón.* **2** Bolsa de mano, generalmente con una o dos asas y con cierre, que se usa para llevar diversos objetos de uso personal; *bolso*: *Mi madre se ha comprado un bolsillo negro de piel con un cierre dorado.* **3** Cantidad de dinero de una persona: *El viaje tendrás que pagártelo de tu bolsillo.* **4** ‖ **{aflojar/rascarse} el bolsillo.** *col.* Dar dinero o pagar, esp. si se hace obligado o de mala gana: *No seas tacaña y afloja el bolsillo para invitarnos a una cerveza.* ‖ **de bolsillo. 1** Que tiene el tamaño y la forma adecuados para que quepa en el bolsillo de una prenda de vestir: *Es un libro de bolsillo, pequeño y barato.* **2** De un tamaño menor de lo que se considera normal: *Tú estás loco si pretendes que quepamos todos en ese autobús de bolsillo.* ‖ **meterse** a alguien **en el bolsillo.** *col.* Ganarse su simpatía y su apoyo: *Lo has conquistado con tu alegría y te lo has metido en el bolsillo.*

bolso s.m. **1** Bolsa de mano, generalmente con una o dos asas y con cierre, que se usa para llevar diversos objetos de uso personal; *bolsillo*: *Siempre llevo un peine en el bolso.* **2** ‖ **bolso de mano.** Bolsa pequeña de viaje, con asas, y que se lleva consigo: *En los aeropuertos no hace falta facturar los bolsos de mano.* 👁 **equipaje**

bomba s.f. **1** Artefacto explosivo provisto de un mecanismo que lo hace explotar en el momento conveniente: *A partir de la II Guerra Mundial aumentó el poder destructivo de las bombas.* **2** Máquina que se usa para elevar un fluido e impulsarlo en una dirección determinada: *Esta bomba sube el agua desde el pozo hasta la casa.* **3** Noticia inesperada y sorprendente; *bombazo: La disolución del equipo va a ser una bomba para la prensa.* **4** ‖ **bomba atómica.** La que se basa en el gran poder explosivo de la energía liberada súbitamente por la escisión de los neutrones en los núcleos de material atómico como el plutonio o el uranio: *La ciudad de Hiroshima fue destruida por una bomba atómica en 1945.* ‖ **bomba (neumática).** La que se usa para extraer o para comprimir aire: *Tengo una bomba para inflar las ruedas de la bicicleta.* ‖ **caer como una bomba.** *col.* Producir desconcierto, malestar o desagrado: *El picante me cae como una bomba.* ‖ **pasarlo bomba.** *col.* Pasarlo muy bien y divertirse mucho: *En tu casa siempre lo pasamos bomba.* □ SINT. En la acepción 1, se usa en aposición, pospuesto a sustantivos como *carta* o *coche*, para indicar que estos son portadores de una bomba explosiva.

bombacho s.m. →**pantalón bombacho.** 👁 **alpinismo**

bombardear v. **1** Disparar bombas, esp. si se arrojan desde un avión: *Los aviones enemigos bombardearon la ciudad hasta el amanecer.* **2** Referido a un objetivo, hacer fuego violento y sostenido de artillería contra él: *Los cañones no dejaron de bombardear la ciudad cercada.* **3** *col.* Referido a una persona, asediarla o agobiarla con la petición reiterada de algo en muy corto espacio de tiempo: *Los periodistas me bombardearon con preguntas.* **4** En física, referido a un cuerpo, someterlo a la acción de ciertas radiaciones o partículas: *Si se bombardea un átomo con neutrones, se produce la escisión de su núcleo.*

bombardeo s.m. **1** Disparo de bombas contra un objetivo, esp. si se efectúa su lanzamiento desde un avión: *Esas ruinas son lo que queda de una ciudad destruida por un bombardeo.* **2** Fuego de artillería, violento y sostenido, contra un objetivo: *El bombardeo del fortín duró varios días y varias noches.* **3** Asedio o agobio producidos por la petición reiterada de algo en un corto espacio de tiempo: *Los testigos fueron sometidos a un bombardeo de preguntas.* **4** En física, sometimiento de un cuerpo a la acción de ciertas radiaciones o partículas: *Está investigando qué consecuencias tiene el bombardeo de ese tipo de átomo.*

bombardero s.m. Avión militar destinado a la acción ofensiva mediante el lanzamiento de bombas o de otros proyectiles contra un objetivo terrestre o naval: *La población se asustó al oír el motor de los bombarderos.*

bombardino s.m. Instrumento musical de viento y de metal, con sonido grave y potente, con el que se tocan fragmentos lentos: *El bombardino se usa como acompañamiento de instrumentos de viento y de percusión.* 👁 **viento**

bombazo s.m. **1** Golpe, explosión o daño producidos por una bomba: *Un bombazo derribó el edificio.* **2** Noticia inesperada y sorprendente; *bomba: Lo de la boda de ese artista es un bombazo.*

bombear v. **1** Referido a un fluido, elevarlo e impulsarlo en una dirección determinada: *El corazón bombea la sangre.* **2** Referido a un balón, lanzarlo por alto y suavemente haciendo que siga una trayectoria curva o parabólica: *Bombeó el balón y un compañero remató de cabeza.*

bombeo s.m. Elevación e impulso de un fluido en una dirección determinada: *Vamos a realizar el bombeo del petróleo con varias bombas.* □ MORF. Incorr. **bombeamiento.*

bombero, ra s. Persona que se dedica profesionalmente a la extinción de incendios y que presta ayuda en caso de siniestro: *Necesitamos varios bomberos para sofocar el incendio.*

bombilla s.f. Aparato que sirve para iluminar y que consta de un globo de cristal cerrado herméticamente para mantener el vacío, en cuyo interior hay un filamento que se pone incandescente con el paso de la corriente eléctrica: *Hay que cambiar la bombilla de la lámpara porque se ha fundido.* 👁 **alumbrado**

bombín s.m. Sombrero de ala estrecha y copa baja, rígida y redondeada, hecho generalmente de fieltro; *sombrero hongo: El actor Charlot llevaba siempre bombín y bastón.* 👁 **sombrero**

bombo ▌s. **1** Persona que toca el instrumento del mismo nombre: *Mi hermano era tambor en la banda del pueblo, pero ahora es el bombo.* ▌s.m. **2** Instrumento musical de percusión, más grande que el tambor, y que se toca solo con una maza: *En esta banda de música, el que toca el bombo lo lleva colgado del pecho con unas correas.* 👁 **percusión 3** Caja esférica y giratoria de la que se extraen al azar bolas numeradas o papeletas en un sorteo: *Mueve bien las bolas del bombo, a ver si tengo suerte y sale mi número.* **4** Elogio exagerado con el que se ensalza a alguien o se anuncia algo: *Dio a conocer la noticia con mucho bombo.* **5** *col.* En una mujer, vientre abultado por un embarazo de varios meses: *Por el bombo que tiene,seguro que van a ser mellizos.* **6** ‖ **a bombo y {platillo/platillos}.** Referido al modo de contar una noticia o un suceso, con mucha publicidad o propaganda: *Fue diciéndolo a bombo y platillo, y se enteró todo el pueblo.* ‖ **dar bombo.** *col.* Elogiar y alabar de modo exagerado: *No le des tanto bombo, porque lo que ha hecho no es nada del otro mundo.* ‖ **hacer un bombo.** *vulg.* Dejar embarazada: *Le hizo un bombo, se casaron y tuvieron un hijo.* □ MORF. En la acepción 1, es de género común y exige concordancia en masculino o en femenino para señalar la diferencia de sexo: *el bombo, la bombo.* □ SEM. No debe emplearse con el significado de *pieza giratoria de algunas máquinas*: *el {*bombo › tambor} de la lavadora.*

bombón s.m. **1** Dulce pequeño hecho de chocolate: *Le regalaron una caja con bombones de licor.* **2** *col.* Persona muy atractiva físicamente: *¿Has visto qué bombón acaba de pasar?*

bombona s.f. **1** Recipiente metálico muy resistente, de forma cilíndrica o acampanada y con cierre hermético, que se usa para contener líquidos muy volátiles y gases a presión: *No puedo guisar porque se ha acabado la bombona de gas butano.* **2** Recipiente metálico, cilíndrico, de poca altura y con cierre hermético, que se usa en un hospital para guardar materiales esterilizados: *Antes de empezar la operación, trae al quirófano las bombonas con las gasas y las vendas.*

bombonera s.f. Caja pequeña para guardar bombones: *Me he comido los bombones de fresa de la bombonera.*

bonachón, -a adj./s. *col.* Referido a una persona, que cree con facilidad lo que se le dice y tiene un carácter tranquilo y amable: *Es muy bonachona y siempre hace caso de lo que se le dice. Es un bonachón y nunca se enfada.*

bonaerense adj./s. De Buenos Aires o relacionado con esta capital y provincia argentina: *En el territorio bonaerense predominan las formas llanas de la Pampa. Los bonaerenses tienen gran afición por los tangos.* □ MORF. 1. Como adjetivo es invariable en género. 2. Como sustantivo es de género común y exige concordancia en masculino o en femenino para señalar la diferencia de sexo: *el bonaerense, la bonaerense*. 3. Como sustantivo se refiere solo a las personas de Buenos Aires.

bonanza s.f. Tiempo tranquilo o sereno en el mar: *El barco de vela avanzaba con suavidad porque había bonanza.* ☐ SINT. Se usa más con los verbos *haber* y *hacer*.

bondad s.f. **1** En una persona, inclinación natural a hacer el bien: *Su bondad es muy grande y siempre está dispuesto a ayudar.* **2** En una persona, dulzura, suavidad y amabilidad de carácter: *Me agrada estar con ella por su bondad y su dulzura.* **3** Facultad de ser bueno o de parecerlo: *La bondad del clima hace que pasemos en esa playa largas temporadas.*

bondadoso, sa adj. Lleno de bondad: *Es una chica muy bondadosa y siempre quiere hacer el bien.*

bonete s.m. **1** Gorro, generalmente de cuatro picos, que usaban los eclesiásticos y, antiguamente, también los colegiales y los graduados: *Mi abuela nos contaba que el cura de su pueblo llevaba bonete.* 👁 **sombrero** **2** En un rumiante, segunda de las cuatro cavidades en que se divide su estómago; *redecilla, retículo*: *El alimento va al bonete después de pasar por la panza.* **3** Gorro redondo, pequeño y sin ala, hecho de lana o de un material flexible: *Mi tía me ha hecho un bonete de punto.*

bongó s.m. Instrumento musical de percusión que consiste en un tubo de madera cubierto en su parte superior por una piel de cabra y descubierto en su parte inferior, y que se toca con los dedos o con las palmas de las manos: *El bongó es muy popular en algunas zonas caribeñas.* ☐ PRON. Incorr. *[bóngo]. 👁 **percusión**

boniato s.m. **1** Planta herbácea de tallos rastreros con abundantes ramas, hojas alternas y lobuladas, flores en campanilla y tubérculos comestibles: *El boniato es una variedad de la batata.* **2** Tubérculo de la raíz de esta planta: *Los boniatos tienen sabor dulce.*

bonificación s.f. **1** Descuento en lo que se ha de pagar o aumento en lo que se ha de cobrar: *¿Si lo pago al contado me harán una bonificación en el precio? Recibí una buena bonificación por la tarde que me quedé trabajando.* **2** En algunas pruebas deportivas, descuento en el tiempo empleado: *El ciclista que llegue antes a la meta volante recibirá una bonificación de quince segundos.*

bonísimo, ma superlat. irreg. de **bueno**. ☐ MORF. Es la forma culta de *buenísimo*.

bonito, ta ▌adj. **1** Que resulta agradable a la sensibilidad estética o artística: *Es un traje bonito y elegante. ¡Qué día tan bonito hace!* ▌s.m. **2** Pez marino comestible, de color plateado en la parte inferior, y azul oscuro con cuatro franjas longitudinales en la superior: *El bonito es más pequeño que el atún.* ☐ MORF. En la acepción 2, es un sustantivo epiceno y la diferencia de sexo se señala mediante la oposición *el bonito {macho/hembra}*.

bono s.m. **1** Tarjeta o entrada de abono, que da derecho a utilizar un servicio durante un número determinado de veces: *Me dieron un bono para las comidas de toda la semana.* **2** Vale para canjear por dinero o por productos de primera necesidad: *Cuando fui a la tienda a cambiar la camisa me dieron un bono por su valor.* **3** En economía, título o documento de deuda a medio plazo, generalmente amortizable, al portador y con interés fijo y periódico, que representa una suma exigible a su vencimiento a la persona o entidad que lo emitió: *El Estado lanzará una emisión de bonos a tres años.* ☐ ORTOGR. Dist. de *abono*.

bonotrén s.m. Tarjeta de abono que da derecho a realizar un número determinado de viajes en tren: *Si este mes vas a viajar mucho en trenes de cercanías, te saldrá más barato comprar un bonotrén.*

bonsái s.m. →**bonsay.**

bonsay s.m. Árbol enano que se cultiva en tiestos y al que se cortan brotes y raíces para evitar que crezca normalmente: *Los bonsáis son plantas ornamentales.* ☐ ORTOGR. Se admite también la forma *bonsái*. ☐ MORF. Su plural es *bonsáis*.

bonzo ‖ **quemarse a lo bonzo.** Rociarse el cuerpo con gasolina y prenderse fuego: *Se suicidó quemándose a lo bonzo en señal de protesta.*

boñiga s.f. Excremento del ganado vacuno o de otros animales: *Las calles de este pueblo están llenas de boñigas de vaca.* ☐ SEM. Dist. de *boñigo* (cada porción de excremento del ganado vacuno).

boñigo s.m. Cada una de las porciones o piezas del excremento del ganado vacuno: *La vaca dejó un reguero de boñigos a lo largo del camino.* ☐ SEM. Dist. de *boñiga* (excremento del ganado vacuno).

boom (anglicismo) s.m. Auge o éxito inesperados y repentinos: *Cuando se produjo el boom turístico, el país empezó a prosperar económicamente.* ☐ PRON. [bum]. ☐ USO Su uso es innecesario y puede sustituirse por una expresión como *auge* o *avance*.

boomerang s.m. →**bumerán.** ☐ PRON. [bumerán]. ☐ USO Es un anglicismo innecesario.

boquear v. **1** Referido a una persona o a un animal, abrir la boca, esp. cuando está a punto de morir: *Cuando el enfermo empezó a boquear, el médico dijo que le quedaba poco tiempo de vida.* **2** *col.* Estar a punto de terminarse: *La fiesta estaba ya boqueando cuando llegué.*

boquera s.f. Herida que se forma en las comisuras de los labios de una persona; *bocera*: *Me ha salido una boquera y apenas puedo abrir la boca.*

boquerón s.m. Pez marino comestible, de cuerpo muy delgado, de color verdoso o azulado y vientre plateado, que se pesca en grandes cantidades, y se consume fresco o en salazón: *Las anchoas son boquerones curados en salmuera.* ☐ MORF. Es un sustantivo epiceno y la diferencia de sexo se señala mediante la oposición *el boquerón {macho/hembra}*.

boquete s.m. **1** En una superficie, rotura o abertura irregulares; *brecha*: *Los ladrones hicieron un boquete en la puerta, pero no pudieron entrar.* **2** Entrada estrecha a un lugar: *El boquete del túnel era muy pequeño y no pudimos pasar.*

boquiabierto, ta adj. **1** Con la boca abierta: *El pez apareció muerto y boquiabierto.* **2** Referido a una persona, embobado a causa de la sorpresa o de la admiración: *Cuando lo vi vestido de una forma tan rara me quedé boquiabierto.* ☐ SINT. Se usa más con los verbos *dejar*, *estar* y *quedarse*.

boquilla s.f. **1** Tubo pequeño, generalmente provisto de un filtro, en uno de cuyos extremos se coloca un cigarro para fumarlo: *Las boquillas sirven para que pase menos nicotina a los pulmones.* **2** En un cigarro, parte que no se fuma y por la que se aspira el humo, formada por un tubo de cartulina relleno de una sustancia filtrante: *Cuando fumo cigarros sin boquilla me entra la tos.* **3** En una pipa, parte que se introduce en la boca: *La boquilla de esta pipa está ya muy gastada.* **4** En un cigarro puro, parte por la que se enciende: *Al dar una bocanada al* *puro, se vio brillar la boquilla en la oscuridad.* **5** En un instrumento musical de viento, pieza hueca que se adapta a su tubo y por la que se sopla para producir el sonido; *embocadura: Le puso la boquilla al clarinete.* **6** ‖ **de boquilla.** Referido esp. a la forma de hacer un ofrecimiento o una promesa, sin intención de cumplirlos: *Siempre me dice que me debe una invitación, pero lo dice de boquilla.*

borbónico, ca ▮ adj. **1** De los Borbones (dinastía real que se inicia en Francia en 1589 y se extiende por Italia y España), o relacionado con ellos: *La dinastía borbónica española se inició en el siglo XVIII con el rey Felipe V.* ▮ adj./s. **2** Partidario de la dinastía borbónica o perteneciente a ella: *Al rey borbónico Carlos III se le llamó 'el alcalde de Madrid'. Los borbónicos defendían la vuelta de Alfonso XII a España.*

borbotar v. Referido a un líquido, brotar o hervir con fuerza y haciendo ruido; *borbotear: Desde el salón se oía borbotar el caldo del puchero en el fuego.*

borbotear v. →**borbotar.**

borboteo s.m. Salida o hervor impetuosos de un líquido: *Al oír el borboteo del agua, supe que ya había empezado a hervir.*

borbotón s.m. **1** En un líquido, burbuja que se forma en su interior y sube hasta su superficie cuando este brota con fuerza de un lugar o cuando hierve: *La sangre manaba de la herida a borbotones.* **2** ‖ **a borbotones.** *col.* Referido al modo de hablar, de forma acelerada, apresurada y atropellada: *Estaba nervioso y hablaba a borbotones.*

borceguí s.m. Antiguo calzado abierto por delante, que llegaba más arriba del tobillo y que se ajustaba con cordones o correas: *Los griegos usaban borceguíes en las comedias.* □ MORF. Aunque su plural en la lengua culta es *borceguíes*, también se usa *borceguís*. 👁 **calzado**

borda s.f. En una embarcación, borde o parte más alta del costado, que termina a veces en una baranda o antepecho: *El pirata hizo saltar por la borda al prisionero por no querer acatar sus órdenes.*

bordado s.m. Acción de adornar un tejido o una piel con cosidos hechos en relieve: *El bordado es un arte popular y sus técnicas son de origen oriental.*

bordar v. **1** Referido a un tejido, adornarlo con bordados: *He bordado un mantel.* **2** Referido a una figura, coser su forma en relieve: *Antes de bordar la flor, haz el dibujo sobre la tela.* **3** Referido a una acción, ejecutarla brillantemente: *La última canción la bordó, y todos aplaudimos a rabiar.*

borde ▮ adj./s. **1** *col.* Referido a una persona, con mal humor, mal carácter o malas intenciones: *No te pongas borde y devuélveme las llaves. El camarero era un borde y no nos hizo ni caso.* ▮ s.m. **2** Línea o zona límite que señala la separación entre dos cosas o el fin de una de ellas: *No me asomo al borde del precipicio porque tengo vértigo.* **3** En un recipiente, orilla o contorno de la boca: *Llenó la vasija hasta el borde y casi se salió el agua.* **4** En una embarcación, lado o costado exterior: *El barco tenía un nombre pintado en el borde.* **5** ‖ **estar al borde de.** Estar muy cerca de una situación: *Con tantas tensiones, estoy al borde del ataque de nervios.* □ MORF. En la acepción 1, como adjetivo es invariable en género, y como sustantivo es de género común y exige concordancia en masculino o en femenino para señalar la diferencia de sexo: *el borde, la borde.*

bordear v. **1** Referido a una superficie, ir por su borde o cerca de él: *Paseábamos bordeando el lago.* **2** Referido a un lugar o a un cuerpo, estar a lo largo de su borde: *Hay una valla que bordea el camino.* **3** Referido a una condición moral o intelectual, aproximarse a uno de sus grados o estados: *Siento una inquietud que bordea la locura.*

bordillo s.m. **1** En una acera o en un andén, borde u orilla formados por una fila de piedras largas y estrechas, generalmente paralela a la pared: *Has aparcado mal porque has subido las ruedas al bordillo de la acera.* **2** En una calzada, borde saliente que sirve para separar un carril: *El bordillo del carril bus ha evitado muchos accidentes.*

bordo ‖ **a bordo.** Referido esp. a una embarcación o a una aeronave, dentro de ella: *Ya están todos los equipajes a bordo, así que podemos zarpar.*

bordón s.m. En métrica, grupo de tres versos, generalmente de cinco y siete sílabas, con rima en los breves, que suele añadirse a una seguidilla y es característico de la lírica popular hispánica: *El bordón se puede interpretar con panderetas, flautas o triángulos.*

boreal adj. **1** Del viento norte: *El frío boreal se hizo sentir en las tierras nórdicas europeas.* **2** En astronomía y geografía, del septentrión o del norte; *septentrional: El hemisferio boreal comprende el polo ártico y limita con el ecuador.* □ MORF. Invariable en género.

borla s.f. **1** Conjunto de hilos o de cordones reunidos y sujetos solo en uno de sus extremos, que se emplea como adorno: *Las cortinas están rematadas con unas borlas de forma cilíndrica.* 👁 **pasamanería** **2** En el bonete de un graduado universitario, este conjunto de hilos, cosidos en su centro y esparcidos alrededor, que sirve como distintivo de cada facultad según su color: *Los birretes que usan doctores y licenciados en actos académicos llevan una borla.* 👁 **sombrero** **3** Bola para empolvarse la cara, hecha de un material suave: *Dame la borla de la polvera para maquillarme.*

borne s.m. **1** En electricidad, pieza de metal que se fija al extremo de un aparato y permite conectar a este cables conductores: *Limpia los dos bornes de la batería del coche porque no hacen bien la conexión.* **2** En electricidad, tornillo o varilla en el cual se sujeta el extremo de un conductor para conectar con un circuito el aparato en el que va montado: *El aparato no funcionaba porque el borne estaba roto y no hacía contacto con el circuito.*

bornear v. **1** Dar forma ladeada o torcida: *Bornea esa lámina de metal para que quede como un cilindro.* **2** Referido a una columna, labrarla en contorno: *El arquitecto mandó bornear las columnas de la capilla.*

boro s.m. Elemento químico, semimetálico y sólido, de número atómico 5, de color pardo oscuro, que en la naturaleza solo se presenta combinado: *El boro se usa como antioxidante industrial.* □ ORTOGR. Su símbolo químico es *B*.

borra s.f. **1** Desperdicio textil basto y de mala calidad que queda en las operaciones de acabado de un tejido de lana o de algodón: *Tenía cojines y almohadones rellenos de borra de lana.* **2** Pelusa polvorienta que se suele formar entre los muebles, en una alfombra o en los bolsillos de una prenda de vestir: *Hace mucho que no barremos debajo de esa librería y seguro que está lleno de borra.*

borrachera s.f. **1** Pérdida temporal de las capacidades físicas o mentales como consecuencia de un consumo de bebidas alcohólicas superior a lo que tolera el organismo: *Cogió tal borrachera de vino que estuvo a punto de perder el conocimiento.* **2** *col.* Entusiasmo o exaltación grandes en el modo de actuar: *Tras la borrachera del éxi-*

to suele venir el decaimiento. □ SINT. La acepción 1 se usa más con los verbos *agarrar, coger, pillar* o equivalentes.

borrachín, -a adj./s. Que tiene el hábito de tomar bebidas alcohólicas: *Siempre anda borrachina a estas horas de la noche. Ese borrachín se pasa el día tomando copas en el bar.*

borracho, cha ▮ adj. **1** Referido a un dulce, empapado en una bebida alcohólica o en almíbar: *La especialidad de esta pastelería son las tartas borrachas.* ▮ adj./s. **2** Que tiene disminuidas temporalmente las capacidades físicas o mentales a causa de un consumo excesivo de bebidas alcohólicas; *beodo: Estaba borracha y se le trababa la lengua al hablar. Ese borracho va haciendo eses por la calle.* **3** Que se emborracha habitualmente: *Las personas borrachas suelen tener problemas con el hígado. Es un borracho y ha arruinado su vida.* ▮ s.m. **4** →**bizcocho borracho.**

borrador s.m. **1** Utensilio que se usa para borrar lo escrito en una pizarra: *Siempre que uso el borrador me mancho la ropa de tiza.* **2** Utensilio hecho de caucho o goma elástica que se usa para borrar la tinta o el lápiz, esp. de un papel; *goma de borrar: Este borrador no sirve para borrar la tinta del bolígrafo.* **3** Esquema provisional de un escrito en el que se hacen las adiciones, supresiones o correcciones necesarias antes de redactar la copia definitiva: *Antes de pasar a limpio el borrador de la carta, tengo que corregir las faltas de ortografía.* **4** En pintura, primer apunte o croquis de un dibujo: *Ha hecho un borrador del paisaje con tres trazos en el papel.*

borrajear v. Escribir o hacer rayas en un papel por entretenimiento; *borronear: Borrajeé mi nombre de distintas formas. Siempre que hablo por teléfono borrajeo en el primer papel que pillo.*

borrar v. **1** Referido a algo gráfico, hacerlo desaparecer de la superficie en que está escrito o marcado: *Borra ese dibujo tan feo.* **2** Referido a una superficie, hacer desaparecer lo escrito o marcado en ella: *Me puse perdida de tiza al borrar la pizarra.* **3** Referido a un recuerdo, hacerlo desaparecer de la memoria: *Quiero borrar ese estúpido momento de mi vida. Esos años se han borrado de mi memoria.* **4** Referido a una persona, darla de baja: *Bórrame de la lista, porque ya no voy al viaje. Se borró del concurso porque no le gustaba el premio.*

borrasca s.f. **1** Perturbación atmosférica caracterizada por fuertes vientos, lluvias abundantes y un descenso de la presión atmosférica; *ciclón: Se aproxima una borrasca, y se producirán fuertes nevadas.* **2** Tormenta fuerte, esp. en el mar: *Había borrasca y las barcas no salieron por miedo al oleaje.* **3** En un asunto o en un negocio, peligro o contratiempo que dificulta su buen desarrollo: *Estamos atravesando una borrasca en el negocio, pero saldremos adelante.*

borrascoso, sa adj. **1** De la borrasca o relacionado con esta perturbación atmosférica: *Tuvimos un tiempo borrascoso, frío y con mucha lluvia.* **2** Que causa borrascas o que es propenso a ellas: *Los litorales borrascosos son peligrosos para la navegación.* **3** Referido al estilo de vida, libertino y desordenado: *Llevó una vida borrascosa y siempre estuvo metido en líos.* **4** Referido a una situación, de carácter agitado y violento: *La Revolución Industrial trajo cambios borrascosos en la sociedad europea del siglo XIX.*

borrego, ga ▮ adj./s. **1** *col.* Referido a una persona, que tiene poca voluntad o poca inteligencia y se deja llevar fácilmente: *No seas borrego y haz lo que tú quieras, no lo que te digan. Eres una borrega y te falta personalidad.* ▮ s. **2** Cordero o cordera que tiene uno o dos años: *Ese pastor tiene un borrego pequeño y juguetón.*

borrico, ca ▮ adj./s. **1** *col.* Referido a una persona, que es poco inteligente o de poca formación: *¡La muy borrica dice que 'boca' se escribe con 'v'! No intentes explicárselo porque es un borrico.* **2** *col.* Referido a una persona, obstinada: *Es tan borrico que no hay quien le haga cambiar de opinión. Esa borrica no está dispuesta a ceder lo más mínimo.* **3** *col.* Referido a una persona, de gran aguante, esp. en el trabajo: *Gracias a que es tan borrica pudo acabar el trabajo a tiempo. Si eres capaz de trabajar dos días y dos noches sin parar, eres un borrico.* ▮ s. **4** Mamífero cuadrúpedo, doméstico, más pequeño que el caballo, con largas orejas, pelo áspero y normalmente grisáceo, y que se suele emplear como montura o como animal de carga o de tiro; *asno: Llevaba los aperos de labranza en un borrico.* **5** ‖ **caer** alguien **de su borrico.** *col.* Darse cuenta de su error o reconocerlo: *No seas cabezota, debes caer de tu borrico y reconocer que te has equivocado.*

borriqueta s.f. →**borriquete.**

borriquete s.m. En carpintería, armazón o soporte en el que se apoya una madera; *borriqueta: Si quieres una mesa barata, háztela tú con un tablero y dos borriquetes.*

borrón s.m. **1** En un papel, mancha de tinta: *Debes ser más cuidadoso cuando dibujas porque haces muchos borrones.* **2** Acción o suceso indignos que disminuyen el valor de una persona o la buena opinión que de ella se tiene: *No quiero verme implicado en este caso de corrupción porque eso supondría un borrón en mi historial.* **3** Falta o imperfección que quitan la gracia y el atractivo: *Aquel lapsus fue un borrón en su brillante discurso.* **4** ‖ **borrón y cuenta nueva.** *col.* Expresión que se usa para indicar que cuestiones pasadas han quedado ya olvidadas y disculpadas: *¿Por qué no haces borrón y cuenta nueva e intentas olvidar viejas rencillas?*

borronear v. **1** Escribir sin un tema ni un propósito determinados: *Cuando se aburre en el trabajo se dedica a borronear papeles.* **2** Escribir o hacer rayas en un papel por entretenimiento; *borrajear: Le gusta borronear y llenar hojas con su firma.*

borrosidad s.f. Confusión, imprecisión o falta de claridad: *Veo la imagen con borrosidad.*

borroso, sa adj. Que no se distingue con claridad y resulta confuso o impreciso, esp. referido a una imagen: *Tengo que llevar el televisor a arreglar porque la imagen se ve borrosa.*

borujo s.m. →**burujo.**

boscaje s.m. Bosque pequeño y espesamente poblado de árboles y arbustos: *El canto de los pájaros se oía en la espesura del boscaje.*

boscoso, sa adj. Referido a un terreno, con muchos bosques: *Los países boscosos son muy ricos en producción maderera.*

bosnio, nia adj./s. De Bosnia-Herzegovina (república de la antigua Yugoslavia), o relacionado con ella: *La capital bosnia es Sarajevo. Muchos bosnios son musulmanes.* □ MORF. Como sustantivo se refiere solo a las personas de Bosnia.

bosque s.m. Terreno muy poblado de árboles, arbustos y matas: *Los leñadores fueron a cortar leña al bosque.*

bosquejar v. **1** Referido a una obra de creación, hacer un primer proyecto de modo provisional, con los elementos esenciales y sin mucha precisión: *Cuando hayas bosque-*

jado el cuento, déjame que lo lea. **2** Referido esp. a una idea o a un plan, explicarlos brevemente y de un modo general y vago: *Bosquejó la situación económica sin extenderse en las cifras.* ☐ ORTOGR. Conserva la *j* en toda la conjugación. ☐ SEM. Es sinónimo de *esbozar*.

bosquejo s.m. **1** Primer plan o proyecto, hecho de modo provisional, solo con los elementos esenciales y sin mucha precisión: *Nos enseñó el bosquejo del dibujo que iba a pintar.* **2** Explicación breve, general y vaga, generalmente acerca de una idea o de un plan: *Adelantaron un bosquejo del proyecto, pero no entraron en detalles.* ☐ SEM. Es sinónimo de *esbozo*.

bostezar v. Abrir la boca de modo involuntario, inspirando y espirando lenta y profundamente, a causa del sueño, el cansancio, el hambre o el aburrimiento: *Es una falta de educación bostezar sin taparse la boca con la mano.* ☐ ORTOGR. La *z* se cambia en *c* delante de *e* →**CAZAR**.

bostezo s.m. Abertura involuntaria de la boca para respirar lenta y profundamente, causada por el sueño, el cansancio, el hambre o el aburrimiento: *El conferenciante era tan aburrido que provocó los bostezos de los asistentes.*

bota s.f. **1** Calzado que cubre el pie y parte de la pierna: *En invierno uso botas para proteger los pies de la lluvia y del frío.* 👁 **alpinismo; calzado 2** Recipiente pequeño para beber vino, hecho de cuero flexible y con forma de pera, con un tapón en la parte más estrecha por el que sale el líquido en un chorro fino: *Al levantar la bota para beber se manchó la camisa.* **3** Calzado deportivo que cubre el pie hasta por encima del tobillo: *Juego al baloncesto con botas porque me protegen más los tobillos.* **4** ‖ **ponerse las botas.** *col.* Conseguir un gran beneficio o disfrutar mucho: *Me puse las botas cuando me dijeron que podía coger todo lo que quisiera.* ☐ MORF. Las acepciones 1 y 3 se usan más en plural.

botadura s.f. Lanzamiento de una embarcación al agua, esp. si está recién construida: *En las ceremonias de botadura se suele estrellar una botella de champán contra el casco de la embarcación.*

botafumeiro s.m. Incensario grande, esp. el de hierro que se cuelga del techo de la iglesia y se pone en movimiento por medio de un mecanismo (por alusión al de la catedral gallega de Santiago de Compostela): *El 25 de julio, día del santo patrón, vi funcionar el botafumeiro de la catedral de Santiago.*

botánico, ca ▮ adj. **1** De la botánica o relacionado con esta ciencia: *Es necesario realizar un buen estudio botánico de estos árboles porque están enfermos.* ▮ s. **2** Persona que se dedica al estudio de los organismos vegetales, esp. si es licenciado en biología: *Los botánicos no se ponen de acuerdo en la clasificación de esta planta.* ▮ s.m. **3** →**jardín botánico.** ▮ s.f. **4** Ciencia que estudia los organismos vegetales: *La botánica es lo que más me gusta dentro de las ciencias naturales.*

botar v. **1** Referido a un cuerpo elástico, esp. a una pelota, saltar o salir despedido después de chocar contra el suelo o contra una superficie dura: *El balón botó con fuerza en la pared y cayó al suelo.* **2** Referido a una persona o a un animal, dar saltos: *En la carrera de sacos, los participantes iban botando hasta la meta.* **3** *col.* Referido a una persona, manifestar o sentir gran nerviosismo, dolor o indignación: *Estoy que boto porque me han roto la guitarra.* **4** Referido a una pelota, lanzarla o dejarla caer contra una superficie, esp. contra el suelo, para que salte o suba: *No botes la pelota en casa, que vas a molestar a los vecinos de abajo.* **5** Referido a una embarcación, echarla al agua, esp. si está recién construida: *Ya han terminado el barco y mañana lo botan en el puerto.* **6** *col.* Echar fuera o arrojar con violencia de un lugar: *Cuando empezó a armar jaleo, los guardas lo botaron del local.* ☐ ORTOGR. Dist. de *votar*.

botarate adj./s.m. *col.* Referido a una persona, que tiene poco juicio y actúa de forma insensata y alocada: *Esa bobada solo la haría una persona botarate como tú. Ese botarate siempre nos hace quedar mal.* ☐ MORF. Como adjetivo es invariable en género.

bote s.m. **1** Recipiente generalmente cilíndrico, pequeño, más alto que ancho y con tapa, que se usa para guardar algo: *Abre el bote de guisantes con el abrelatas.* **2** Embarcación pequeña, sin cubierta y con unas tablas atravesadas que sirven de asiento; *batel, lancha: Llevaron la mercancía al otro lado del puerto en unos botes de remos.* 👁 **embarcación 3** Salto que se da al botar o salir despedido después de chocar contra el suelo o contra una superficie dura: *La pelota dio un bote muy alto.* **4** *col.* En un establecimiento público, esp. en un bar, recipiente en el que se guardan las propinas para el fondo común: *Ese camarero siempre encesta las monedas en el bote.* **5** *col.* En un sorteo, premio que queda acumulado del sorteo anterior: *Como la semana pasada no hubo acertantes, esta semana hay un lote de muchos miles de euros.* **6** ‖ **bote de humo.** El que lleva incorporado un mecanismo que, al accionarse, expele un humo que afecta a los ojos y a las vías respiratorias: *La policía dispersó a los manifestantes con botes de humo.* ‖ **bote salvavidas.** El que está acondicionado para poder abandonar una embarcación grande en caso de necesidad: *El barco naufragó, pero los pasajeros subieron en los botes salvavidas y sobrevivieron.* ‖ **chupar del bote.** *col.* Aprovecharse de una situación y obtener beneficios o ventajas sin dar nada a cambio: *Deja ya de chupar del bote y colabora tú también en esto.* ‖ **de bote en bote.** *col.* Referido a un lugar , completamente lleno de gente: *El bar está de bote en bote y no cabe ni un alfiler.* ‖ **tener** a alguien **en el bote.** *col.* Haberse ganado su apoyo o su confianza y tener la seguridad de contar con él para algo: *Los tengo en el bote y sé que me apoyarán en todo lo que emprenda.*

botella s.f. **1** Vasija de cuello estrecho, generalmente alta, cilíndrica y de cristal, que se usa para meter un líquido: *Compramos dos botellas de aceite y tres de leche.* **2** Recipiente especialmente preparado para contener un gas a presión: *He alquilado una botella de oxígeno para irme a bucear el fin de semana.*

botellazo s.m. Golpe dado con una botella: *Recibió un botellazo en la cabeza y le ha salido un chichón.*

botellín s.m. Botella pequeña, esp. la de cerveza: *Pidió una botella de litro de cerveza y dos botellines.*

botica s.f. **1** Lugar en el que se elaboran y se venden medicinas; *farmacia: Mi abuela me mandó a la botica a comprar agua oxigenada.* **2** Conjunto de medicamentos que se suministran a una persona: *Médico y botica van incluidos en la asistencia médica de este viaje.* **3** ‖ **{haber/tener} de todo, como en botica.** *col.* Haber variedad de productos: *Tengo lo que pides, porque aquí hay de todo, como en botica.*

boticario, ria s. Persona que tiene a su cargo una botica y posee conocimientos sobre la preparación de medicamentos y las propiedades de las sustancias que se emplean en ellos, esp. si es licenciado en farmacia: *Cómprale al boticario un jarabe para la tos.*

botijo s.m. Recipiente de barro con el vientre abultado, provisto de una boca y un pitorro en la parte superior y un asa entre estos dos, que se usa esp. para mantener el agua fresca: *Cuando el botijo está muy lleno, no sé beber sin chupar del pitón.*

botín s.m. **1** Calzado que cubre el tobillo y parte de la pierna: *Estos botines de cuero me hacen daño en un dedo.* 👁 **calzado** **2** Calzado antiguo que se llevaba sobre los zapatos y cubría el tobillo y parte de la pierna: *Los botines solían ser de paño y se ajustaban a la pierna con correas o hebillas.* **3** Conjunto de objetos robados: *Los ladrones escaparon con un botín de varios millones de euros.* **4** Conjunto de armas y de bienes que el vencedor toma del enemigo vencido: *El ejército vencedor saqueó el pueblo y se llevó un buen botín.*

botina s.f. Calzado que sobrepasa un poco el tobillo: *Estas botinas de ante tienen la suela muy fina.*

botiquín s.m. **1** Lugar o recipiente en el que se guardan los medicamentos y todo lo necesario para prestar los primeros auxilios médicos: *Me curaron en el botiquín las heridas que me hice cuando me caí de la bicicleta.* **2** Conjunto de los medicamentos indispensables o más necesarios: *El médico lleva en su maletín un botiquín completo.* □ SEM. Dist. de *enfermería* (centro de asistencia médica).

boto s.m. Bota alta de una sola pieza que generalmente se usa para montar a caballo: *Ese jinete lleva unos botos negros con una franja marrón en la parte superior. Tengo unos botos de militar.* □ ORTOGR. Dist. de *voto*. 👁 **calzado**

botón s.m. **1** En una prenda de vestir, pieza generalmente pequeña, dura y redonda, que sirve para abrocharla o como adorno: *Este botón es tan grande que no cabe por este ojal.* 👁 **costura** **2** En un aparato mecánico o eléctrico, pieza que desconecta o que pone en marcha alguno de sus mecanismos: *Si no aprietas el botón, el timbre no sonará y no te abrirán la puerta.* **3** En esgrima, chapa de hierro pequeña y redonda que se coloca en la punta de la espada o del florete para no herir al contrario: *Si este florín no hubiera tenido botón, seguramente te habría pinchado en el brazo.* **4** ‖ **botón de muestra.** En un conjunto, parte que se toma como ejemplo de las características comunes a la totalidad: *Lo que te he contado es solo un botón de muestra de lo que es capaz de hacer.*

botonadura s.f. Juego de botones para una prenda de vestir; *abotonadura: Compró una botonadura dorada para el traje de noche.*

botones s. Persona que se dedica profesionalmente a hacer recados y encargos en un establecimiento, esp. en un hotel: *El botones del hotel nos subió las maletas a la habitación.* □ MORF. 1. En la lengua actual es de género común y exige concordancia en masculino o en femenino para señalar la diferencia de sexo: *el botones, la botones*. 2. Invariable en número.

botulismo s.m. Intoxicación producida por la toxina de cierto bacilo existente en conservas o embutidos en malas condiciones: *El botulismo provoca trastornos nerviosos y gastrointestinales.*

bou s.m. **1** Arte de pesca en la que una o dos embarcaciones tiran de una red arrastrándola por el fondo del mar: *En el bou las redes se llevan lo que encuentran a su paso.* 👁 **pesca** **2** Barca que se emplea en este arte de pesca: *Nuestro bou tiene roto el casco, así que iremos a pescar en el vuestro.*

bourbon (anglicismo) s.m. Wiski hecho de maíz, centeno y cebada o solo de maíz: *El bourbon es de origen norteamericano.* □ PRON. [búrbon].

boutique (galicismo) s.f. **1** Establecimiento público especializado en la venta de artículos de moda, esp. ropa de calidad: *Se viste en las boutiques más elegantes de la ciudad.* **2** Establecimiento público en el que se vende un tipo específico de artículos: *Ve a la boutique del pan y trae dos barras de pan negro.* □ PRON. [butík].

bóveda s.f. **1** En arquitectura, construcción o estructura arqueada con la que se cubre un espacio comprendido entre dos muros o entre varios pilares o columnas: *La nave principal de esa iglesia está cubierta por una bóveda.* 👁 bóveda **2** Lo que tiene forma de cubierta arqueada: *Esa campana tiene una bóveda muy ancha.* **3** ‖ **bóveda baída.** La semiesférica cortada por cuatro planos verticales y paralelos entre sí dos a dos: *La bóveda baída se apoya en los vértices de un cuadrado.* ‖ **bóveda celeste.** Espacio en el que se mueven los astros y que, visto desde la Tierra, parece formar sobre ella una cubierta arqueada; *cielo, firmamento: Se tumbó en la hamaca y observó la bóveda celeste.* ‖ **bóveda craneal.** Parte interna y superior del cráneo: *La bóveda craneal protege el encéfalo.* ‖ **bóveda de cañón.** La de superficie generalmente semicilíndrica, originada por el desplazamiento de un arco de medio punto a lo largo de un eje longitudinal: *Visitamos una pequeña iglesia prerrománica que tenía una bóveda de cañón.* ‖ **bóveda de {crucería/nervada}.** La que deriva de la bóveda por arista y refuerza sus aristas con nervios: *La bóveda de crucería es ligera y característica del arte gótico.* ‖ **bóveda por arista.** La originada por el cruce perpendicular de dos bóvedas de cañón de igual sección: *La bóveda por arista, característica del arte románico, es muy pesada y exige contrafuertes y muros gruesos.* □ SEM. En la acepción 1, dist. de *cúpula* (bóveda semiesférica).

bóvido, da ▮ adj./s.m. **1** Referido a un mamífero, que es rumiante y, tanto el macho como la hembra, tienen cuernos óseos permanentes, cubiertos por un estuche córneo:

BÓVEDA

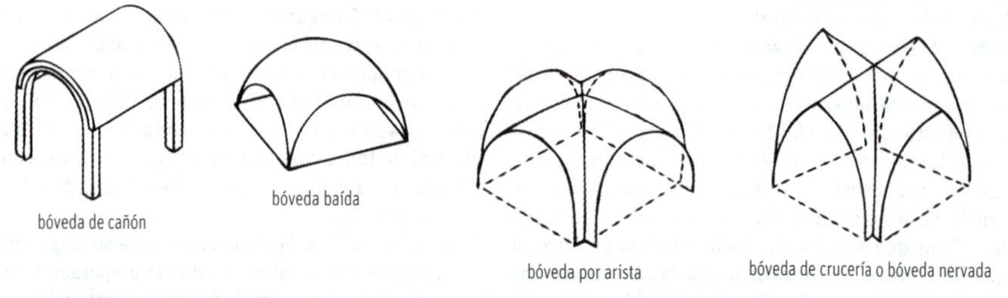

El toro y la cabra son animales bóvidos. Muchos bóvidos son animales de caza, como el búfalo. ▮ s.m.pl. **2** En zoología, familia de estos mamíferos: *Los animales que pertenecen a los bóvidos son mamíferos.* ☐ ORTOGR. Dist. de *óvido.* ☐ SEM. Dist. de *bovino* (tipo de bóvido).

bovino, na ▮ adj. **1** Del toro o de la vaca: *Ese pastor tiene un rebaño de ganado bovino.* ▮ adj./s. **2** Referido a un rumiante, que es de cuerpo grande y robusto, sin cuernos o con los cuernos lisos y encorvados hacia afuera, el hocico ancho y desnudo y la cola larga y con un mechón en el extremo: *El bisonte y el toro son animales bovinos. Muchos bovinos son domésticos, como el buey.* ▮ s.m.pl. **3** En zoología, subfamilia de estos rumiantes, perteneciente a la familia de los bóvidos: *Las personas obtenemos de los bovinos carne y leche.* ☐ SEM. Dist. de *bóvido* (grupo al que pertenecen los bovinos).

bowling s.m. →**bolera.** ☐ PRON. [bóulin], con *u* suave. ☐ USO Es un anglicismo innecesario.

box s.m. **1** En una cuadra o en un hipódromo, compartimento individual para cada caballo: *El caballo ganador está en el box número 3.* **2** En un circuito automovilístico, zona donde se instalan los servicios mecánicos de mantenimiento: *Tras sufrir el pinchazo, el piloto entró en los boxes a que le cambiaran la rueda.* **3** →**boxeo.** ☐ MORF. Su plural es *boxes.* ☐ USO En la acepción 3, es un anglicismo innecesario.

boxeador, -a s. Persona que practica el boxeo, esp. si esta es su profesión: *Es muy frecuente que los boxeadores tengan la nariz rota.*

boxear v. Luchar a puñetazos, esp. si se hace siguiendo las normas del boxeo: *Ese chico boxea en la categoría de peso pluma.*

boxeo s.m. Deporte en el que dos personas luchan a puñetazos con las manos protegidas con unos guantes especiales: *Un combate de boxeo se divide en varios asaltos.* ☐ USO Es innecesario el uso del anglicismo *box.*

boxer (anglicismo) adj./s. Referido a un perro, de la raza que se caracteriza por tener cuerpo mediano, pecho ancho y fuerte, maxilar inferior prominente y pelo corto de color marrón: *La raza boxer es alemana. El boxer se parece al dogo.* ☐ PRON. [bóxer]. ☐ MORF. Como adjetivo es invariable en género. 👁 **perro**

boya s.f. Cuerpo flotante que se sujeta al fondo del mar, de un río o de un lago y que sirve para señalar un sitio peligroso o el lugar donde hay un objeto sumergido: *Esa boya roja señala la zona de rocas.*

boyante adj. Que está en una situación de prosperidad, con fortuna o felicidad en aumento: *Está boyante porque le van muy bien los negocios.* ☐ MORF. Invariable en género.

boyardo, da s. En la antigua Rusia, miembro de la nobleza feudal: *El poder de los boyardos disminuyó con la llegada de la monarquía autoritaria en el siglo XVI.*

boy scout s.m. ‖ →**scout.** ☐ PRON. [boi eskáut]. ☐ USO Es un anglicismo innecesario.

bozal s.m. **1** Aparato que se pone alrededor de la boca de algunos animales, esp. de los perros, para que no muerdan: *Si vas al parque, debes ponerle el bozal al perro.* **2** Cesta pequeña que se pone alrededor de la boca de una bestia de labor, esp. de un caballo, para que no estropee un sembrado ni se pare a comer: *Mi yegua tiene un bozal de esparto.*

bozo s.m. En un joven, vello o pelillo suave que le empieza a nacer sobre el labio superior antes de la aparición del bigote: *Tiene el bozo propio de los quince años.*

braceada s.f. Movimiento amplio de brazos ejecutado con esfuerzo o con ímpetu: *El náufrago daba braceadas y sacudía la camisa al aire para llamar la atención de la avioneta de rescate.* ☐ SEM. Dist. de *brazada* (movimiento de brazos con que se impulsa el cuerpo en el agua).

bracear v. **1** Mover los brazos repetidamente: *El náufrago braceó para que lo vieran desde la barca.* **2** Mover los brazos para avanzar en el agua al nadar: *Braceó hacia la isla luchando contra la corriente.* **3** Forcejear para soltarse de una sujeción: *Braceé con rabia, pero no pude soltarme porque me agarraban con fuerza.*

braceo s.m. Movimiento repetido de brazos: *No nadas mal, pero debes mejorar el braceo.*

bracero s.m. Jornalero que se dedica a un trabajo no especializado: *En la época de la recolección, los braceros trabajaban de sol a sol y cobraban su jornal por cada día de trabajo.*

bradicardia s.f. En medicina, ritmo cardíaco lento: *Casi no se le nota el pulso porque tiene bradicardia.*

braga s.f. **1** Prenda de ropa interior femenina o infantil que cubre generalmente desde la cintura hasta la ingle: *Se me levantó la falda y se me vieron las bragas.* **2** *col.* Lo que se considera de poca calidad o de poco valor: *Esta película es una braga.* **3** ‖ **en bragas.** *col.* No preparado para afrontar una determinada situación: *Fui al examen sin estudiar y el profesor me pilló en bragas.* ‖ **hecho una braga.** *col.* Referido a una persona, en muy malas condiciones físicas o psíquicas: *Ayer jugué tres partidos de fútbol y por la noche estaba hecho una braga.* ☐ MORF. La acepción 1 en plural tiene el mismo significado que en singular.

bragado, da adj. **1** *col.* Referido a una persona, enérgica, firme y decidida: *Son muy bragados y no se asustan por nada.* **2** Referido a una persona, con mala intención: *No debes fiarte de gente tan bragada y tan falsa.*

bragadura s.f. En una prenda de vestir, parte que se corresponde con la entrepierna de una persona: *Todas las armaduras llevaban una protección especial en la bragadura.* 👁 **armadura**

bragapañal s.m. Pañal desechable que se ajusta al cuerpo y queda como una braga: *Los bragapañales se ajustan con cintas que se pueden pegar y despegar.*

bragazas adj./s.m. *col. desp.* Referido a un hombre, que se deja dominar con facilidad, esp. si es por su mujer; *calzonazos: No seas tan bragazas y piensa por ti mismo. Su marido es un bragazas, pues siempre hace lo que ella le dice.* ☐ MORF. 1. Como adjetivo es invariable en género. 2. Invariable en número.

braguero s.m. Aparato o vendaje que sirve para contener las hernias: *Si no te pones el braguero, la hernia te dolerá al andar.*

bragueta s.f. En un pantalón o en un calzón, abertura delantera: *Llevaba desabrochada la bragueta de los pantalones y se le veían los calzoncillos.*

brahmán s.m. En la sociedad de la India (país asiático), miembro de la primera y más elevada de las cuatro castas en que esta se divide, y que vive dedicado fundamentalmente al sacerdocio y al estudio de los textos sagrados: *Los brahmanes procedían, según la tradición, de la boca del dios Brahma.*

brahmanismo s.m. Sistema filosófico, religioso y social que se desarrolla en la India, basado en la concepción panteísta de la realidad y en la existencia del dios supremo Brahma como principio único de todo, en quien el ser humano debe integrarse tras un proceso de purificación en varias vidas: *Las fuentes antiguas del brahmanismo son los libros sagrados de los indios.*

braille s.m. Sistema de lectura para ciegos basado en la representación de las letras por medio de la combinación de puntos en relieve (por alusión a Louis Braille, pedagogo francés de mediados del siglo XIX y creador del método): *El braille es un método de lectura basado en el sentido del tacto.*

bramante s.m. Cordel delgado y resistente hecho de cáñamo: *Ató el paquete de libros con bramante.*

bramar v. **1** Referido esp. al toro o a la vaca, dar bramidos o emitir su voz característica: *El toro bramó al salir al ruedo.* **2** Referido a una persona, dar gritos fuertes y violentos para manifestar irritación, cólera o dolor: *Bramó de rabia porque todo le había salido mal.*

bramido s.m. **1** Voz característica del toro, de la vaca y de otros animales salvajes: *Cuando la vaca se despeñó por el barranco empezó a dar fuertes bramidos.* **2** Grito de una persona que manifiesta irritación y cólera grandes o un dolor muy fuerte: *Los dolores le hacían dar unos bramidos que se oían en toda la casa.* **3** Ruido grande y estruendoso producido cuando el mar o el viento están agitados: *Se oía el bramido del viento entre las ramas.*

brandy (anglicismo) s.m. Bebida alcohólica de graduación muy elevada, obtenida por la destilación del vino y parecida al coñac: *Después de comer me tomé una copita de brandy.* □ PRON. [brándi]. □ MORF. Su plural es *brandies*. □ SEM. Dist. de *coñá* y *coñac* (originario de la región francesa de Cognac).

branquia s.f. En algunos animales acuáticos, órgano respiratorio formado por láminas o filamentos, que puede ser externo o interno según los estadios o especies: *Las larvas de algunos anfibios tienen branquias solo temporales.*

branquial adj. De las branquias o relacionado con ellas: *Los peces y los moluscos tienen respiración branquial.* □ MORF. Invariable en género. □ SEM. Dist. de *braquial* (del brazo).

braquial adj. En anatomía, del brazo o relacionado con esta parte del cuerpo: *En los brazos tenemos el bíceps braquial y el tríceps braquial.* □ MORF. Invariable en género. □ SEM. Dist. de *branquial* (de las branquias).

brasa s.f. **1** Pedazo de una materia sólida y combustible, esp. leña o carbón, cuando arde y se pone rojo e incandescente: *Aviva las brasas, porque el fuego está casi apagado.* **2** ‖ **a la brasa.** Referido a un alimento, que se cocina sobre trozos incandescentes de leña o de carbón, directamente o con una parrilla: *Comimos chuletas y salchichas a la brasa.* □ SEM. Dist. de *ascua* (brasa sin llama).

brasero s.m. Recipiente de metal, poco profundo y generalmente redondo, que se usa como calefacción y que funciona con brasas o con energía eléctrica: *Pon el brasero debajo de la mesa camilla, para tener calentitos los pies.*

brasileño, ña adj./s. De Brasil (país sudamericano), o relacionado con él: *La capital brasileña es Brasilia. Los brasileños hablan portugués.* □ MORF. Como sustantivo se refiere solo a las personas de Brasil.

bravata s.f. **1** Amenaza hecha con arrogancia; *bravura: A mí no me asustan sus bravatas.* **2** Hecho o dicho propios de quien presume de valiente sin serlo: *Déjate de bravatas, que te conozco bien.*

braveza s.f. **1** Valentía y capacidad para emprender acciones difíciles o peligrosas: *Un espíritu aventurero exige braveza y gran decisión.* **2** Carácter fiero y agresivo de un animal, esp. de un cuadrúpedo, debido a su falta de doma: *La pantera es un animal de gran braveza.* □ SEM. Es sinónimo de *bravura*.

bravío, a adj. **1** Referido a un animal, que es salvaje y feroz, y no está domado o es difícil de domar: *Los tejones son animales bravíos y no se crían en la compañía del hombre.* **2** Referido a un árbol o a una planta, que se cría sin cultivo en la selva o en el campo; *silvestre: En ese monte crecen fresas bravías.* **3** Referido a una persona, sin educación y sin cortesía: *Es persona bravía y poco amable.* **4** Referido al mar, embravecido y encrespado; *bravo: El mar bravío es temible.*

bravo interj. Expresión que se usa para indicar entusiasmo, aprobación o aplauso: *¡Bravo!, lo has conseguido.*

bravo, va adj. **1** Referido a una persona, valiente y capaz de emprender acciones difíciles o peligrosas: *Los bravos guerreros luchaban sin miedo a la muerte.* **2** Referido a un animal, que actúa con fiereza: *Los toros bravos son peligrosos porque suelen embestir con los cuernos.* **3** Referido al mar, embravecido y encrespado; *bravío: No debes salir a pescar con un mar tan bravo y con ese fuerte oleaje.* **4** Referido a una persona, que está enfadada o que se enoja con facilidad: *Es un poco colérico y puede ponerse bravo y violento.* **5** *col.* Que presume de valiente o de guapo sin serlo: *Es muy bravo, pero se asusta con una simple amenaza.* **6** Bueno o excelente: *¡Brava estocada la del diestro al toro!* **7** *col.* Suntuoso, magnífico o costoso: *¡Bravo palacio el que se ha construido el conde!* **8** ‖ **por las bravas.** Referido al modo de hacer algo, por la fuerza o por imposición: *¿Es que todo lo tienes que hacer por las bravas?*

bravucón, -a adj./s. *col.* Que parece valiente pero no lo es: *No seas tan bravucona, y deja ya de marcarte faroles. No me das miedo porque solo eres un bravucón.*

bravura s.m. **1** Valentía y capacidad para emprender acciones difíciles o peligrosas: *Los exploradores alcanzaron su objetivo gracias a su bravura y su esfuerzo.* **2** Carácter fiero y agresivo de un animal, esp. de un cuadrúpedo, debido a su falta de doma: *Ese toro es un animal de gran bravura.* **3** Amenaza hecha con arrogancia; *bravata: Ni me creo sus bravuras ni me asusta con ellas.* □ SEM. En las acepciones 1 y 2, es sinónimo de *braveza*.

braza s.f. **1** En el sistema anglosajón, unidad de longitud que equivale aproximadamente a 1,6 metros: *La profundidad del fondo marino se suele medir en brazas.* **2** En natación, estilo que consiste en nadar boca abajo extendiendo y recogiendo los brazos y las piernas de forma simultánea y sin sacarlos del agua: *Me canso menos nadando a braza que a mariposa.*

brazada s.f. **1** Movimiento de brazos consistente en extenderlos y recogerlos, esp. si con ello se impulsa el cuerpo en el agua: *Llegó a la orilla de tres brazadas.* **2** Cantidad que se puede abarcar de una vez con los brazos, esp. si es de leña o de hierba: *El niño llevaba una brazada de leña muy grande y se le cayó.* □ SEM. Dist. de *braceada* (movimiento amplio de brazos, hecho con esfuerzo).

brazal s.m. →**brazalete.**

brazalete s.m. **1** Aro que se lleva como adorno en el brazo: *Le regaló un hermoso brazalete de oro.* 👁 **joya** **2** Tira de tela que se ajusta por encima de la ropa en el brazo izquierdo, y que sirve de distintivo; *brazal: Llevaba un brazal negro en señal de luto por la muerte de un familiar.* **3** En una armadura antigua, pieza que cubría el brazo:

a b c d e f g h i j k l m n ñ o p q r s t u v w x y z

En el museo había varios brazaletes de guerreros medievales.

brazo ▮ s.m. **1** En el cuerpo de una persona, extremidad superior que va desde el hombro hasta la mano y que está situada a cada lado del tronco: *Cuando vio a su padre levantó los brazos y lo saludó.* **2** En la extremidad superior de una persona, parte que va desde el hombro hasta el codo: *En el codo se articulan el brazo y el antebrazo.* **3** Fuerza, poder o autoridad: *En esa película del oeste ningún bandolero se libra del brazo de la ley.* **4** En un animal cuadrúpedo, pata delantera: *El caballo levantaba airosamente los brazos al trotar.* **5** En un asiento, pieza alargada situada a cada uno de sus lados y que sirve para apoyar el codo o el antebrazo: *Las banquetas no tienen brazos.* **6** En una cruz, cada una de las dos mitades del palo más corto: *Lo crucificaron clavándole las manos en los brazos de la cruz.* **7** En una lámpara o en un candelabro, cada una de las ramificaciones que sale del cuerpo central y que sirve para sostener las luces: *Ese candelabro tiene siete brazos.* **8** En una balanza, cada una de las dos mitades de la barra horizontal, en la que se apoyan o de la que cuelgan los platillos: *Al pesar la fruta, uno de los dos brazos de la balanza quedó más bajo que el otro.* **9** Pieza alargada y móvil de cuyos extremos uno está fijo y otro sobresale: *El brazo del tocadiscos sujeta la aguja.* ▮ pl. **10** Mano de obra, esp. referido a jornaleros o braceros: *Aquí hacen falta brazos para la recolección de la uva.* **11** ‖ **a brazo partido.** Referido esp. a una lucha, con todo el esfuerzo y la energía posibles: *Lucharon a brazo partido hasta que uno de ellos cayó muerto.* ‖ **brazo armado.** En un grupo político, rama violenta y partidaria del uso de las armas para conseguir sus objetivos: *El brazo armado de esa organización terrorista ha sido desarticulado.* ‖ **brazo (de) gitano.** En pastelería, bizcocho formado por una capa delgada que se unta generalmente de crema o de nata y se enrolla sobre sí misma con forma de cilindro: *Hizo un brazo de gitano de crema bañado en chocolate.* ‖ **brazo de mar.** Canal ancho y largo de agua de mar que se adentra en la tierra: *Nunca me baño en el brazo de mar porque hay pocas olas y el agua está más caliente.* ‖ **con los brazos abiertos.** Referido al modo de recibir a alguien, con agrado y con cariño: *En esta casa siempre me reciben con los brazos abiertos.* ‖ **cruzarse de brazos.** Sin hacer nada o sin intervenir en un asunto: *No te cruces de brazos e intenta solucionar tus problemas.* ‖ **hecho un brazo de mar.** *col.* Referido a una persona, muy acicalada y arreglada con elegancia: *Venía hecho un brazo de mar, tan guapo y tan bien vestido...* ‖ **no dar** alguien **su brazo a torcer.** *col.* Mantenerse firme en una opinión o en una decisión: *Es tan cabezota que jamás da su brazo a torcer, por muchas razones que le demos.* ‖ **ser el brazo derecho** de alguien. Ser la persona de más confianza o el colaborador más importante: *Mi mujer es mi brazo derecho y no podría prescindir de su eficaz ayuda.* ☐ MORF. Cuando se antepone a una palabra para formar compuestos, adopta la forma braci-: bracilargo.

brazuelo s.m. En las patas delanteras de un animal cuadrúpedo, parte que está entre el codillo y la rodilla: *Ese toro tiene una mancha blanca en el brazuelo izquierdo.* 👁 **carne**

brea s.f. **1** Sustancia viscosa de color rojo oscuro que se obtiene de varios árboles coníferos: *La brea se usa como pectoral y antiséptico.* **2** En marina, mezcla hecha con esta sustancia viscosa y oscura y con aceite, sebo y pez, que se usa para pintar los aparejos de una embarcación o para tapar las junturas del casco: *En el puerto había un fuerte olor a brea.* **3** ‖ **brea (líquida).** Producto viscoso de color negro, que se obtiene por destilación del petróleo, de la madera, del carbón o de otros materiales orgánicos; *alquitrán: Asfaltaron la carretera con una capa de brea líquida.*

brear v. **1** Maltratar o molestar insistentemente de palabra o de obra: *Los periodistas me brearon a preguntas.* **2** *col.* Referido a una persona, golpearla: *Unos gamberros me brearon a palos y no puedo ni moverme.* ☐ SINT. Constr. *brear a alguien* A *algo.*

brebaje s.m. Bebida que tiene mal aspecto o mal sabor: *No puedo tomarme este brebaje sin taparme la nariz.*

breca s.f. Pez marino de color rosa vivo, con pequeños puntos azules o con bandas transversales, con el cuerpo ovalado comprimido lateralmente, aletas con espinas y carne blanca, que es común en el mar Mediterráneo: *La breca vive en fondos llenos de lodo.* ☐ MORF. Es un sustantivo epiceno y la diferencia de sexo se señala mediante la oposición *la breca {macho/hembra}.*

brecha s.f. **1** Herida, esp. si es en la cabeza: *Se hizo una brecha en la frente y tuvieron que darle tres puntos.* **2** En una superficie, rotura o abertura irregulares; *boquete: La artillería abrió varias brechas en la fortaleza durante el asedio.* **3** ‖ **estar en la brecha.** Referido a una persona, estar siempre dispuesta o decidida a defender un interés o a cumplir con un deber: *No me voy de vacaciones porque los negocios me exigen estar en la brecha.*

brécol s.m. Variedad de col común, con hojas de color verde oscuro que no se apiñan; *brócoli: El brécol cocido es muy sabroso.* ☐ MORF. Su plural es *brécoles.* ☐ USO Es innecesario el uso del italianismo *broccoli.*

bregar v. **1** Trabajar mucho y afanosamente: *Cada día tengo que bregar con las tareas de la casa.* **2** Enfrentarse a una dificultad o a un riesgo y luchar para superarlo: *Tuvo que bregar con la oposición de sus padres para dedicarse al teatro.* ☐ ORTOGR. La *g* se cambia en *gu* delante de *e* →**PAGAR.** ☐ SINT. Constr. *bregar* CON *algo.*

brete ‖ **{estar/poner} en un brete.** Estar o poner en un aprieto o en una dificultad que no se puede eludir: *Con esa pregunta me puso en un brete y no supe qué responder.*

bretón, -a ▮ adj. **1** De las historias o narraciones del ciclo literario medieval del rey Arturo y de los Caballeros de la Tabla Redonda (personajes del siglo VI): *Los relatos bretones narraban hechos caballerescos y amorosos en verso y en prosa.* ▮ adj./s. **2** De Bretaña (región del noroeste francés), o relacionado con ella: *La música bretona suele ser alegre. Los bretones más radicales defienden su independencia frente al Gobierno francés.* ▮ s.m. **3** Lengua céltica de esta región: *El bretón se habla en Francia.* ☐ MORF. En la acepción 2, como sustantivo se refiere solo a las personas de la región de Bretaña. ☐ SEM. Dist. de *británico* (de Gran Bretaña).

breva s.f. **1** Primer fruto que produce un tipo de higuera cada año: *Las brevas son más grandes que los higos.* **2** ‖ **de higos a brevas.** *col.* Muy de tarde en tarde: *Nos vemos muy poco, de higos a brevas.* ‖ **no caerá esa breva.** *col.* Expresión con que se expresa la dificultad de conseguir algo que se desea vivamente: *Dice que va a dimitir, pero no caerá esa breva.*

breve ▮ adj. **1** De poca duración en el tiempo o de corta extensión: *Fue un discurso breve y duró solo diez minutos.* ▮ s.m. **2** Noticia de corta extensión publicada en columna o en bloque con otras semejantes: *En la sección de breves del periódico de hoy aparece tu nombramiento como director.* □ MORF. Como adjetivo es invariable en género. □ SEM. 1. No debe emplearse con el significado de 'poco': *Lo resolvió en {*breves › pocos} minutos.* 2. *En breve* no debe emplearse con el significado de 'en resumen' (galicismo): *{*En breve › En resumen}, que no estoy de acuerdo.*

brevedad s.f. Corta extensión o corta duración de tiempo: *En sus últimos poemas solo habla de la brevedad de la vida.* □ SINT. Incorr. *{*a › con} la mayor brevedad.*

breviario s.m. Libro que contiene el rezo eclesiástico de todo el año: *El sacerdote paseaba por la alameda leyendo su breviario.*

brezo s.m. Arbusto con abundantes ramas de color blanquecino, raíces gruesas, hojas estrechas y flores blancas o rosadas en racimo con la corola acampanada y el cáliz persistente: *La madera de brezo es muy dura y se emplea para fabricar pipas de fumar.*

bribón, -a adj./s. Que no tiene honradez ni vergüenza: *Son tan bribonas que te engañan en cuanto te descuidas. No te fíes de él porque es un bribón y un granuja.* □ USO Aplicado a niños tiene un matiz cariñoso.

bricolaje s.m. Trabajo manual, no profesional, generalmente destinado al arreglo o a la decoración de una casa: *Si te gusta el bricolaje, podrás hacerte tus propios muebles.* □ ORTOGR. Incorr. *bricolage.

brida s.f. En una caballería, conjunto formado por el freno, las correas que lo sujetan a la cabeza y las riendas: *Es tan buen jinete que monta a caballo sin necesidad de brida.*

bridge (anglicismo) s.m. Juego de cartas con la baraja francesa, que se practica entre dos parejas y está basado en la apuesta de las bazas que se considera que pueden hacerse: *El bridge es un juego inglés.* □ PRON. [brich], con *ch* suave.

brigada ▌s. **1** En el Ejército, persona cuyo empleo militar es superior al de sargento primero e inferior al de subteniente: *Ese brigada, a pesar de ser un suboficial, realiza funciones de un teniente.* ▌s.f. **2** En el Ejército, gran unidad que consta de dos o tres regimientos o de cuatro a seis batallones de un arma determinada, y que es mandada por un general o un coronel: *La brigada acorazada fue la que mejor desfiló.* **3** Conjunto de personas reunidas para realizar un trabajo determinado: *Una brigada de salvamento salió en busca de los ahogados.* □ MORF. En la acepción 1, es de género común y exige concordancia en masculino o en femenino para señalar la diferencia de sexo: *el brigada, la brigada.*

brigadier s.m. **1** En el antiguo Ejército, persona cuyo empleo militar era inmediatamente superior al de coronel: *El brigadier equivalía al actual general de brigada.* **2** En la antigua Armada, persona cuyo empleo militar era inmediatamente superior al de capitán de navío: *Al antiguo brigadier se le llama ahora contralmirante.* □ SEM. No debe emplearse con el significado de 'general de brigada del ejército actual' (anglicismo).

brillante ▌adj. **1** Admirable o sobresaliente por el valor o por la calidad de sus características: *Sacó unas notas brillantes en el último curso de la carrera.* ▌s.m. **2** Diamante tallado por sus dos caras: *Vimos en la joyería una valiosísima pulsera de brillantes.* □ MORF. Como adjetivo es invariable en género.

brillantez s.f. **1** Conjunto de rayos de luz propia o reflejada que despide algo: *Me cautivó la brillantez de aquellos diamantes.* **2** Gloria o lucimiento que hace sobresalir y destacar, y que despierta admiración: *Terminó la carrera con brillantez y con las mejores notas de la clase.* □ SEM. Es sinónimo de *brillo.*

brillantina s.f. Producto cosmético que se usa para dar brillo al cabello: *Se echó mucha brillantina y llevaba el pelo pegado a la cabeza como si tuviera grasa.* □ SEM. Dist. de *gomina* (para fijar el cabello).

brillar v. **1** Despedir rayos de luz, propia o reflejada: *El sol brilla en el firmamento.* **2** Sobresalir o destacar de manera que despierta admiración: *Su inteligencia y belleza brillan allá donde va.*

brillo s.m. **1** Conjunto de rayos de luz propia o reflejada que despide algo: *Me encanta el brillo de tus ojos cuando estás alegre.* **2** Gloria o lucimiento que hace sobresalir y destacar, y que despierta admiración: *Me deslumbra el brillo de la popularidad.* □ SEM. Es sinónimo de *brillantez.*

brincar v. Saltar repentinamente impulsando el cuerpo hacia arriba: *Al ver sus buenas notas brincó de alegría.* □ ORTOGR. La *c* se cambia en *qu* delante de *e* →**SACAR.**

brinco s.m. **1** Salto repentino con el que alguien se impulsa hacia arriba: *¡Deja de dar brincos, que pareces una cabra loca!* **2** Movimiento inconsciente que alguien hace al sobresaltarse: *Cuando sonó el teléfono a la tres de la madrugada, pegó un brinco en la cama.*

brindar v. **1** Levantar una copa u otro recipiente con bebida, para manifestar un deseo o festejar algo; *beber: Brindemos por todos nosotros.* **2** Ofrecer por propia voluntad y sin esperar nada a cambio: *El Ayuntamiento brindó el teatro para representaciones benéficas. Se brindó a enseñarme la ciudad.* **3** En un espectáculo, esp. en tauromaquia, dedicar expresamente a alguien lo que se va a realizar: *El torero brindó el toro al público.* **4** Referido a una oportunidad, proporcionarla o hacer posible su disfrute o su aprovechamiento: *Las vacaciones me brindan la ocasión de leer.* □ SINT. Constr. de la acepción 2 como pronominal: *brindarse A hacer algo.*

brindis s.m. **1** Gesto de levantar, al ir a beber, una copa u otro recipiente semejante para manifestar un deseo o festejar algo: *El brindis se produjo después de los postres.* **2** Lo que se dice al brindar: *Es un gran orador, pero sus brindis son siempre demasiado extensos.* □ MORF. Invariable en número.

brío s.m. **1** Fuerza con la que algo crece o se desarrolla o con la que se ejecuta una acción; *pujanza: Irrumpió con brío en medio de la reunión.* **2** Energía, firmeza y decisión con que se hace algo: *Si quieres aprobar, tendrás que estudiar con más brío.* **3** Garbo y energía: *No todos los actores caminan con ese brío.* **4** ‖ **voto a bríos.** *ant.* Juramento que expresaba cólera (por sustitución eufemística de *voto a Dios*, que se pronunciaba [díos]): *¡Voto a bríos, que no haré tal cosa!*

brioche (galicismo) s.m. Bollo grande de forma redondeada, esponjoso y con frutas confitadas en el interior: *Este brioche tiene pasas.* □ PRON. [brióch], con *ch* suave.

brioso, sa adj. Con brío: *Ante aquella impertinencia, tuvo una briosa salida.*

brisa s.f. **1** Viento suave: *Como corría la brisa, no notábamos tanto el calor.* **2** En las costas, corriente suave de aire que por el día va del mar a la tierra y por la noche, de la tierra al mar: *Su pelo volaba con la brisa marina.*

brisca s.f. Juego de cartas en el que se reparten tres a cada jugador, una se deja boca arriba de triunfo, y gana el que consigue mayor número de puntos: *Se pasaron toda la tarde jugando a la brisca.*

británico, ca adj./s. Del Reino Unido de Gran Bretaña e Irlanda del Norte (país del occidente europeo), o relacionado con él: *El Parlamento británico no ha aceptado la propuesta europea. Los británicos tienen como lengua oficial el inglés.* □ MORF. Como sustantivo se refiere solo a las personas del Reino Unido de Gran Bretaña e Irlanda del Norte. □ SEM. Dist. de *bretón* (de Bretaña) y de *inglés* (de Inglaterra).

brizna s.f. Filamento o hebra de algo, esp. de una planta: *Tenía el pelo lleno de briznas de hierba.*

broca s.f. En una máquina de taladrar, pieza que se coloca en la punta y que, al girar, hace los agujeros: *Si tienes que hacer un agujero grande en la pared, usa la broca del número ocho.*

brocado s.m. **1** Tela de seda que está entretejida con oro o plata: *Los hilos metálicos de los brocados forman dibujos.* **2** Tejido fuerte de seda, con dibujos de distinto color que el del fondo: *En la catedral hay un brocado con la imagen del santo patrón.*

brocal s.m. En un pozo, muro pequeño que rodea la boca para evitar que alguien caiga en él: *Apoyó el cubo lleno de agua en el brocal.*

brocha s.f. Utensilio formado por un conjunto de cerdas sujetas al extremo de un mango: *He comprado una brocha para pintar la puerta de mi casa.*

brochada s.f. →**brochazo.**

brochazo s.m. Cada pasada que se da con la brocha; *brochada: He pintado varios muebles, y tengo agujetas en el brazo de tanto dar brochazos.*

broche s.m. **1** Cierre formado por dos piezas, una de las cuales engancha o encaja en la otra: *Se me ha roto el broche del collar.* **2** Joya que se lleva prendida en la ropa como adorno o para sujetar exteriormente algo: *Ponte este broche para alegrar un poco ese vestido.* 👁 **joya 3** ‖ **broche (de oro).** Final feliz y brillante, esp. referido a un acto público: *El broche de oro del festival fue la actuación de la soprano.*

brocheta s.f. **1** Varilla en la que se ensartan trozos de alimentos, esp. de carne o pescado, para asarlos o cocinarlos a la parrilla; *broqueta: Clavó en unas brochetas las perdices y en otras, el magro de cerdo.* **2** Comida que se guisa ensartada en estas varillas: *Comí una brocheta de rape y langostinos.*

brócoli s.m. Variedad de col común, con hojas de color verde oscuro que no se apiñan; *brécol: He tomado sopa de brócoli.* □ MORF. Su plural es *brócolis*.

bróker s. Agente financiero que se dedica a actuar como intermediario en operaciones económicas de compra y venta: *Trabaja de bróker en la bolsa.* □ ORTOGR. Es un anglicismo (*broker*) adaptado al español. □ MORF. 1. Su plural es *brókeres*. 2. Es de género común y exige concordancia en masculino o en femenino para señalar la diferencia de sexo: *el bróker, la bróker*.

broma s.f. **1** Hecho o dicho con que alguien intenta reírse o hacer reír, sin mala intención: *No se creyó la broma de que le había tocado la lotería.* **2** Diversión, desenfado o falta de seriedad: *Hoy tengo ganas de broma.*

bromear v. Hacer uso de bromas o chanzas con intención de reírse o de hacer reír: *Bromeó con la estatura del jugador de baloncesto.*

bromeliáceo, a ▌adj./s.f. **1** Referido a una planta, que es un arbusto y que tiene las hojas reunidas en la base, envainadoras, rígidas, dentadas y espinosas en el margen, las flores en racimo, espiga o panoja, y el fruto en cápsulas o bayas: *Muchas plantas bromeliáceas son tropicales. La piña americana es una bromeliácea.* ▌s.f.pl. **2** En botánica, familia de estas plantas, perteneciente a la división de las angiospermas: *Las bromeliáceas son casi siempre parásitas.*

bromista adj./s. Aficionado a hacer uso de bromas para reírse o hacer reír: *No sé cómo se pueden llevar tan bien una persona tan seria y otra tan bromista. Recibe llamadas de teléfono de algún bromista.* □ MORF. 1. Como adjetivo es invariable en género. 2. Como sustantivo es de género común y exige concordancia en masculino o en femenino para expresar la diferencia de sexo: *el bromista, la bromista*.

bromo s.m. Elemento químico, no metálico y líquido, de número atómico 35, de color rojo parduzco y olor fuerte y desagradable: *El bromo es venenoso.* □ ORTOGR. Su símbolo químico es *Br*.

bromuro s.m. En química, combinación del bromo con un radical simple o compuesto: *El bromuro de plata se utiliza en fotografía.*

bronca s.f. Véase **bronco, ca.**

bronce s.m. **1** Cuerpo metálico que resulta de la aleación del cobre con el estaño, de color amarillento rojizo y muy resistente: *Algunos instrumentos musicales se hacen con bronce.* **2** Objeto artístico hecho con esta materia: *Vimos unos bonitos bronces prehistóricos en el museo.* **3** Medalla hecha con esta materia, que se otorga al tercer clasificado en una competición: *Me enseñó el bronce que había ganado en el campeonato.*

bronceado, da ▌adj. **1** De color de bronce: *La lámpara es de latón bronceado.* ▌s.m. **2** Coloración morena de la piel, que se adquiere por la acción de los rayos del sol o de un agente artificial: *Para conseguir un buen bronceado hay que proteger la piel con una crema.*

bronceador s.m. Producto cosmético que se extiende sobre la piel para broncearla: *¿Me das bronceador en la espalda?*

broncear v. Poner moreno: *El sol broncea más por la mañana que por la tarde. Mi tía se broncea en el salón de belleza con una lámpara de rayos ultravioletas.*

bronco, ca ▌adj. **1** Referido a un sonido, que es áspero, ronco y desagradable: *No deja de fumar y tiene una tos bronca.* **2** Referido a una superficie, sin pulir o desigual y escabrosa: *Los montañeros escalaban la ladera más bronca del monte.* **3** Referido a una persona, sin formación o de carácter y trato poco amables: *Una persona tan bronca nunca podrá trabajar de relaciones públicas.* ▌s.f. **4** *col.* Discusión fuerte o enfrentamiento físico: *Tuvieron tal bronca que las voces se oían desde la calle.* **5** Amonestación severa con la que se desaprueba lo dicho o hecho por alguien: *Me echaron una bronca por llegar tarde a casa.* **6** En un espectáculo público, manifestación colectiva y ruidosa de desaprobación: *El equipo visitante fue recibido con una gran bronca.*

bronquial adj. De los bronquios: *Le dijeron que si no dejaba de fumar acabaría padeciendo alguna enfermedad bronquial.* □ MORF. Invariable en género.

bronquio s.m. En el sistema respiratorio pulmonar, cada uno de los conductos que se forman a partir de la tráquea, y sus ramificaciones sucesivas en los pulmones: *Como tiene problemas de bronquios, le sienta muy bien el aire de montaña.* □ MORF. 1. Se usa más en plural. 2. Cuando se antepone a una palabra para formar compuestos, adopta la forma *bronco-*: *broncopulmonar*.

bronquiolo o **bronquíolo** s.m. En el sistema respiratorio pulmonar, cada una de las ramificaciones finas y sin cartílago en que se subdividen los bronquios dentro de los pulmones: *Los bronquiolos llevan el oxígeno a los alveolos.* □ MORF. Se usa más en plural.

bronquítico, ca ▌adj. **1** De la bronquitis o relacionado con esta enfermedad: *Este paciente presenta síntomas bronquíticos.* ▌adj./s. **2** Referido a una persona, que padece bronquitis: *Han trasladado a los enfermos bronquíticos a otra planta. La humedad es perjudicial para los bronquíticos.*

bronquitis s.f. En medicina, inflamación de la mucosa bronquial: *Está en tratamiento porque tiene una bronquitis crónica.* □ MORF. Invariable en número.

brontosaurio s.m. Reptil del grupo de los dinosaurios que existió en la era secundaria, era herbívoro, de cabeza pequeña y cuello muy largo, y que probablemente vivía en pantanos o lagunas: *El brontosaurio fue uno de los mayores animales terrestres de todos los tiempos.* 👁 **dinosaurio**

broquel s.m. **1** Escudo defensivo, esp. el de tamaño pequeño hecho de madera o de corcho: *Los guerreros se protegían de las flechas con sus broqueles.* **2** Lo que sirve de defensa, amparo o protección: *Un padre es el mejor broquel para su hijo.*

broqueta s.f. →**brocheta.**

brotar v. **1** Comenzar a nacer o a salir: *Las semillas que planté todavía no han brotado.* **2** Referido a una planta, echar hojas, tallos o flores: *Los rosales han brotado muy pronto este año.* **3** Referido a un líquido, manar o salir por una abertura: *Le brotó sangre de la herida.* **4** Referido a una enfermedad, manifestarse en la piel con granos u otras erupciones: *Le brotó la viruela.* **5** Nacer o empezar a manifestarse: *En su cabeza brotaban ideas descabelladas.*

brote s.m. **1** En una planta, tallo nuevo que empieza a desarrollarse: *Esta planta está empezando a echar brotes.* **2** Aparición o principio de algo que empieza a manifestarse: *Se produjeron nuevos brotes de violencia.*

broza s.f. Conjunto de desperdicios y suciedad que van quedando depositados en algún lugar: *La broza no dejaba pasar el agua por el desagüe.*

brucelosis s.f. En medicina, enfermedad infecciosa transmitida a las personas por algunos animales y caracterizada por fiebres muy altas, cambios bruscos de temperatura, sudores abundantes y por su larga duración; *fiebre de Malta: Su brucelosis ha sido causada por tomar queso y leche de sus cabras.* □ MORF. Invariable en número.

bruces ‖ **darse de bruces con** algo. *col.* Encontrarse con ello de frente y de manera inesperada: *Al doblar la esquina de la calle, me di de bruces con él.* ‖ **de bruces.** Tendido con la cara contra el suelo: *Cuando se cayó de bruces, se raspó la frente.*

brujería s.f. **1** Conjunto de conocimientos y poderes mágicos o sobrenaturales propios de aquellos que han hecho un pacto con los espíritus: *En la Edad Media se escribieron muchos tratados sobre brujería.* **2** Lo que se realiza usando estos poderes: *El hechicero indio curó a su hijo con brujerías.*

brujesco, ca adj. Del brujo o de la brujería: *Se le condenó por sus prácticas brujescas.*

brujo, ja ▌adj. **1** Que atrae irresistiblemente; *hechicero: No puedo olvidar la mirada de sus ojos brujos.* ▌s. **2** Persona que practica los conocimientos y poderes sobrenaturales propios de los que han hecho un pacto con los espíritus: *El brujo de la tribu bailó una danza para invocar a los espíritus.* ▌s.f. **3** *col.* Mujer fea y vieja o de aspecto repugnante: *Cuando se me acercó aquella bruja, no pude reprimir un gesto de asco.* **4** *col.* Mujer de malas intenciones y de mal carácter: *Mi tía es una bruja y se pasa el día metiendo cizaña.*

brújula s.f. **1** Instrumento que sirve para orientarse en la superficie terrestre y que está formado por una aguja con las propiedades del imán, que gira libremente sobre un eje y señala siempre el norte magnético: *Como se llevó la brújula, no se perdió en el monte.* **2** En náutica, instrumento que consta de dos círculos concéntricos en los que se señala respectivamente el norte y la orientación de la embarcación, y que sirve, confrontando ambas indicaciones, para conocer el rumbo que lleva la nave: *Como se estropeó la brújula, el capitán del barco confundió el rumbo.* □ SEM. En la acepción 2, es sinónimo de *aguja de bitácora, aguja de marear* y *aguja magnética.*

brujulear v. *col.* Hacer gestiones con habilidad y por varios caminos hasta conseguir lo que se pretende: *Hasta que no ha conseguido ese trabajo, no ha parado de brujulear.*

bruma s.f. Niebla poco densa, esp. la que se forma en el mar: *La bruma era tan espesa que temían chocar con otro barco.*

brumoso, sa adj. **1** Con bruma: *El día amaneció brumoso, pero al mediodía ya había despejado.* **2** Confuso o difícil de entender: *Nos dio una explicación brumosa y poco concreta.*

bruñido s.m. Operación que consiste en dar brillo a una superficie, esp. si es metálica o de piedra: *Ya he acabado el bruñido del mármol.*

bruñir v. Referido esp. a una superficie metálica o de piedra, darle brillo: *He bruñido tanto estas bandejas metálicas, que parecen de plata aunque no lo son.* □ MORF. Irreg.: En las formas cuya desinencia contiene un diptongo *ie, io,* se pierde esta *i* →**ZAMBULLIR.**

brusco, ca adj. **1** De carácter poco amable o falto de suavidad: *No creo que debas darme una respuesta tan brusca. Aunque te resulte brusca, esa mujer tiene un corazón de oro.* **2** Referido a un movimiento, repentino y rápido: *No des unos frenazos tan bruscos.*

brusquedad s.f. **1** Carácter poco amable o falto de suavidad: *La brusquedad de sus respuestas me pareció fuera de tono.* **2** Hecho o dicho con este carácter: *No tengo por qué soportar tus brusquedades.* **3** Rapidez y carácter repentino de un movimiento: *El coche giró con brusquedad al llegar al cruce.*

brut s.m. Vino en su estado primero, no adulterado ni manipulado excesivamente: *Brindamos con una copa de brut.* □ MORF. Su plural es *bruts.*

brutal adj. **1** Referido a un hecho o a un dicho, que no parecen propios de una persona por su crueldad o su irracionalidad: *Un comportamiento tan brutal no tiene justificación posible.* **2** *col.* De tamaño, cantidad o calidad mayores de lo normal: *La altura de esta torre es brutal.* □ MORF. Invariable en género. □ SEM. Es sinónimo de *bestial.*

brutalidad s.f. **1** Violencia, descortesía o desconsideración: *El atentado terrorista fue de una brutalidad espantosa.* **2** Hecho o dicho estúpido, poco acertado o brutal; *barbaridad: Puso cada brutalidad en el examen, que era imposible que aprobara.*

bruto, ta ▌adj. **1** Que es tosco y está sin refinar: *El joyero compró diamantes brutos para pulirlos en su taller.* **2**

Referido a una cantidad de dinero, que no ha sufrido los descuentos que le corresponden: *Gano 20 000 euros brutos al año.* **3** Referido al peso de un objeto, que incluye el peso de dicho objeto y de lo que este contiene: *El peso bruto de este bote de judías es de un kilo, pero el neto es de 900 gramos.* ▮ adj./s. **4** Referido a una persona, sin inteligencia, sin cordura o sin formación: *No seas bruta y discurre un poquito. Es imposible intentar razonar con un bruto como tú.* **5** Referido a una persona, que se comporta de manera violenta y maleducada o que es desconsiderada y poco amable con los demás: *Hay que ser bruta para decirle esas burradas a la cara. Los brutos lo arreglan todo a golpes.* ▮ s.m. **6** Animal irracional, esp. cuadrúpedo: *Se llama 'noble bruto' al caballo.* □ USO En las acepciones 1, 2 y 3, se usa más la expresión *en bruto*.

buba s.f. Tumor blando, generalmente doloroso y con pus, esp. el que sale en las ingles, las axilas y el cuello: *Tenía bubas en las ingles como consecuencia de una enfermedad venérea.* □ MORF. Se usa más en plural.

bucal adj. De la boca; *bocal*: *Me han recomendado este líquido para la higiene bucal.* □ MORF. Invariable en género.

bucanero s.m. Pirata que en los siglos XVII y XVIII saqueaba las posesiones españolas de tierras americanas: *Los bucaneros atacaban los cargamentos de oro y plata que iban de América a España.* □ SEM. Dist. de *corsario* (pirata que saqueaba con la autorización del Gobierno de su nación).

búcaro s.m. **1** Recipiente para poner flores; *florero*: *Puso el ramo de rosas en un búcaro.* **2** En algunas regiones, botijo: *Pásame el búcaro, que tengo sed.*

bucear v. **1** Nadar o permanecer bajo el agua realizando alguna actividad: *Atravesó toda la piscina buceando.* **2** Investigar o explorar acerca de algún asunto: *El psiquiatra buceó en el pasado de su paciente intentando descubrir el origen de sus temores.*

buceo s.m. Permanencia bajo el agua, nadando o realizando alguna actividad: *Los hombres rana dominan la técnica del buceo.*

buche s.m. **1** En las aves, ensanchamiento del esófago donde se reblandecen los alimentos; *papo*: *Después del buche, los alimentos pasan al estómago.* **2** En algunos animales cuadrúpedos, estómago: *En la matanza, llenaron el buche del cerdo con algunos de sus huesos triturados.* **3** *col.* En una persona, estómago: *Los pasteles que habían sobrado están en el buche de tu hermano.* **4** Cantidad de líquido que cabe en la boca: *Tomó un buche de agua.*

bucle s.m. En el cabello, rizo en forma de espiral: *Tiene el pelo lleno de bucles.*

bucólico, ca ▮ adj. **1** Referido a un género literario, esp. a la poesía, que idealiza la naturaleza, la vida pastoril y los sentimientos: *El tema amoroso es esencial en la poesía bucólica.* ▮ adj./s. **2** De este género literario o con sus características: *La naturaleza suele reflejar el estado de ánimo de los personajes bucólicos. Virgilio fue el bucólico más importante de la literatura latina.* ▮ s.f. **3** Composición poética de este género: *Escribió varias bucólicas.*

bucolismo s.m. **1** Forma de expresión con rasgos propios del género bucólico: *La idealización del paisaje y de los pastores son claro ejemplo del bucolismo de esta obra.* **2** Tendencia a idealizar la naturaleza o a disfrutar de ella: *Su bucolismo le ha llevado a abandonar la ciudad y a trasladarse a vivir a una aldea.*

budín s.m. →**pudin.** □ PRON. Aunque la pronunciación correcta es [budín], está muy extendida [búdin].

budismo s.m. Religión basada en la doctrina de Buda (reformador religioso indio del siglo VI a. C.), que considera el deseo como origen de todo mal y propone la extinción de este como modo de entrar en un estado de iluminación que es el nirvana: *El budismo propone la supresión del deseo para conseguir la superación del dolor.*

budista ▮ adj. **1** Del budismo o relacionado con esta religión: *El yoga es una técnica budista de autocontrol del cuerpo y de la mente basada en la concentración.* ▮ adj./s. **2** Que tiene como religión el budismo: *Un monje budista dedica mucho tiempo a la meditación. Los budistas siguen las enseñanzas de Buda.* □ MORF. 1. Como adjetivo es invariable en género. 2. Como sustantivo es de género común y exige concordancia en masculino o en femenino para señalar la diferencia de sexo: *el budista, la budista*.

buen adj. →**bueno.** □ MORF. Apócope de *bueno* ante sustantivo masculino singular.

buenas interj. *col.* Expresión que se utiliza como saludo: *¡Buenas!, quisiera un helado de limón.* □ USO Equivale a buenos días, *buenas tardes* o *buenas noches*.

buenaventura s.f. Predicción del futuro, esp. por medio de la lectura de las líneas de la mano: *Una gitana granadina me dijo la buenaventura.* □ ORTOGR. Admite también la forma *buena ventura*. □ MORF. Su plural es *buenaventuras*. □ SINT. Se usa más con los verbos *decir*, *leer* o *contar*.

buenazo, za adj./s. *col.* Referido a una persona, bondadosa y pacífica: *Es tan buenaza que no se enfada nunca. Me ha ayudado mi hermano, que es un buenazo.*

bueno ▮ adv. **1** Expresión que se utiliza para indicar aprobación o conformidad: *Me preguntó si quería comer y le dije que bueno.* **2** Expresión con la que se indica que algo es suficiente y debe terminar: *Bueno, ya está bien.* ▮ interj. **3** Expresión con la que se indica sorpresa, agradable o desagradable: *¡Bueno, lo que faltaba!*

bueno, na adj. **1** Que tiene las cualidades propias de su naturaleza o de su función: *Este jarabe es bueno porque quita la tos.* **2** Que es como conviene o gusta que sea: *No sé si te gusta pero yo creo que es una buena novela.* **3** Beneficioso, conveniente o útil: *Comer demasiado no es bueno.* **4** Referido a una persona, que tiene cualidades morales que se consideran positivas, esp. en su trato con los demás: *Es una buena persona y no dudará un momento en ayudarte.* **5** Con buena salud; *sano*: *Tómate la medicina para ponerte bueno.* **6** Referido a algo que se deteriora, que no está estropeado y se puede aprovechar: *Esta leche ya no está buena.* **7** Que sobrepasa lo normal en tamaño, cantidad o intensidad: *Le dio unos buenos azotes.* **8** ‖ **{a/por las} buenas.** De forma voluntaria y sin crear problemas: *O vienes tú por las buenas o te traigo yo por las malas.* ‖ **de buenas.** *col.* De buen humor y con una actitud complaciente: *Te lo doy porque me pillas de buenas.* ‖ **de buenas a primeras.** De repente y sin aviso: *Es muy inestable y de buenas a primeras se puso a llorar.* ‖ **estar bueno** alguien. *col.* Tener un cuerpo físicamente atractivo: *Este actor es guapísimo y está muy bueno.* □ MORF. 1. Ante sustantivo masculino singular se usa la apócope *buen*. 2. Su comparativo de superioridad es *mejor*. 3. Sus superlativos son *buenísimo*, *bonísimo* y *óptimo*. □ USO En la acepción 7, se usa más antepuesto al nombre.

buey s.m. **1** Toro castrado que se suele emplear como animal de tiro en las tareas del campo: *Antes, los bueyes tiraban del arado en los campos.* **2** ‖ **buey (de mar).** Crustáceo marino con cinco pares de patas, el primero con grandes pinzas, y un caparazón ovalado: *Los bueyes de mar son más lentos que otros cangrejos, pero tienen más fuerza en sus pinzas.* 👁 **marisco** ‖ **buey marino.** Mamífero herbívoro acuático, de unos cinco metros de largo, con cuerpo grueso y piel grisácea de gran espesor, labio superior muy desarrollado, extremidades anteriores transformadas en dos aletas y las posteriores unidas en una sola, y cuya carne y grasa son muy estimadas; *manatí, vaca marina: Los bueyes marinos son parecidos a las focas pero más grandes.* ☐ MORF. 1. *Buey de mar* y *buey marino* son epicenos: *el buey de mar {macho/hembra}, el buey marino {macho/hembra}*. 2. Su plural es *bueyes*.

búfalo, la s. **1** Mamífero rumiante bóvido, de cuerpo robusto, cuernos largos y gruesos colocados muy atrás en el cráneo, frente abultada y pelaje escaso: *Las dos especies principales de búfalo son el búfalo africano y el búfalo asiático.* **2** Mamífero rumiante bóvido, de cuerpo grande, robusto y más elevado hacia la cabeza, con cuernos pequeños y separados, con barba y con la frente y el cuello cubiertos por una larga melena; *bisonte americano: En Norteamérica está prohibida la caza de búfalos.* 👁 **rumiante**

bufanda s.f. Prenda de vestir que se coloca alrededor del cuello para protegerlo del frío, y que es mucho más larga que ancha: *En invierno me tapo hasta los ojos con mi bufanda de lana.*

bufar v. **1** Referido a un animal, esp. al toro o al caballo, resoplar con fuerza y furor: *El toro bufaba en medio de la plaza.* **2** *col.* Referido a una persona, manifestar enfado o ira muy grandes: *Se fue bufando del taller porque no le habían arreglado el coche.*

bufé s.m. **1** Comida en la que todos los alimentos están dispuestos a la vez para que los comensales, de pie, elijan lo que prefieran: *Se ofreció un bufé a los asistentes a la recepción.* **2** En un local destinado a espectáculos públicos, lugar donde se sirve esa comida: *Acércate al bufé y trae dos copas, por favor.* ☐ ORTOGR. Es un galicismo (*buffet*) adaptado al español.

bufete s.m. Despacho en el que un abogado atiende a sus clientes: *Terminó la carrera de derecho y puso un bufete junto con otro abogado.* ☐ ORTOGR. Es un galicismo (*buffet*) adaptado al español.

bufido s.m. **1** Resoplido de un animal dado con fuerza y furor, esp. referido al toro o al caballo: *Los bufidos del toro eran estremecedores.* **2** *col.* Manifestación incontenible de enfado y de ira: *Lanzó un tremendo bufido cuando se enteró de que su hijo dejaba los estudios.*

bufo, fa ▌adj. **1** Referido a una representación teatral,esp. a una ópera, de carácter cómico y burlesco: *En el siglo XVIII estuvieron de moda las óperas bufas.* ▌s.f. **2** Hecho o dicho con que se ridiculiza algo: *Todos hacían bufa de sus zapatos grandes y se reían.*

bufón, -a s. En la corte medieval y de los siglos XVII y XVIII, persona que se encargaba de hacer reír y divertir a los cortesanos: *Los bufones solían ser enanos o personas deformes.*

bufonada s.f. Hecho o dicho propios de un bufón; *bufonería: Llevas todo el día haciendo bufonadas y tonterías.*

bufonería s.f. →**bufonada.**

bufonesco, ca adj. Del bufón o con sus características: *Con gracias bufonescas hacía reír a los niños.*

buga s.m. *col.* Coche: *Tengo un buga que corre que se las pela.*

buganvilla s.f. Arbusto trepador de hoja perenne, con gran cantidad de ramas muy largas y con alguna espina, y con flores muy abundantes de color rojo o morado reunidas en grupos de tres: *El muro está cubierto por una buganvilla que en primavera se llena de flores.* ☐ PRON. Incorr. *[bungabiya].

bugle s.m. Instrumento musical de viento y de metal, formado por un largo tubo cónico enrollado de diversas maneras: *Los bugles se usaban en la Edad Media en las cacerías y hoy se usan en algunas bandas militares.* 👁 **viento**

buharda s.f. →**buhardilla.**

buhardilla s.f. **1** En una casa, parte más alta, inmediatamente bajo el tejado, que suele usarse para guardar objetos viejos o que ya no se usan; *desván: Todo lo que no sirve en casa lo subimos a la buhardilla.* **2** En el tejado de una casa, ventana saliente en forma de caseta que sirve para dar luz al desván o para salir al tejado: *Desde la calle se ven las buhardillas en los tejados de las casas.* ☐ SEM. Es sinónimo de *boardilla, bohardilla* y *buharda*.

búho s.m. **1** Ave rapaz nocturna de vuelo silencioso, garras fuertes, cabeza de gran tamaño con llamativos penachos de plumas que parecen orejas, pico ganchudo y ojos grandes y redondos de color naranja, que vive en bosques y zonas inaccesibles: *Los búhos cazan al atardecer porque pueden ver en la oscuridad.* 👁 **ave; rapaz** **2** *col.* Autobús urbano que circula durante toda la noche en sustitución del servicio normal: *Los búhos salen cada hora a partir de las dos de la madrugada.* ☐ MORF. La acepción 1 es un sustantivo epiceno y la diferencia de sexo se señala mediante la oposición *el búho {macho/hembra}*.

buhonero, ra s. Persona que va de casa en casa vendiendo mercancías de poco valor: *Una buhonera quiso venderme cintas, peines, botones y cosas por el estilo.*

buitre s.m. **1** Ave rapaz de gran tamaño, con cabeza y cuello sin plumas, enormes alas y cola corta, que se alimenta de animales muertos y anida en acantilados y árboles poco accesibles: *Varios buitres sobrevolaban en círculo dos reses muertas.* 👁 **ave** **2** *col.* Persona egoísta que aprovecha cualquier circunstancia para obtener beneficio: *Son unos buitres y se pelearon por la herencia de su padre en cuanto murió.* **3** ‖ **buitre {común/leonado}.** El que tiene el plumaje leonado, cola muy corta, oscura y cuadrada: *El buitre común es una especie protegida.* 👁 **rapaz** ‖ **buitre {franciscano/monje/negro}.** El que tiene el plumaje pardo oscuro, casi negro, y la cola más larga y en forma de cuña: *El buitre negro es de costumbres más solitarias que el buitre común.* ☐ MORF. En la acepción 1, es un sustantivo epiceno y la diferencia de sexo se señala mediante la oposición *el buitre {macho/hembra}*.

buitrear v. **1** *col.* Consumir o utilizar de forma gratuita lo que tiene otra persona; *gorronear: Siempre que me ve me buitrea el tabaco.* **2** Intentar aprovecharse de los demás: *¿Cuándo vas a dejar de buitrear con las chicas?*

buitrera s.f. **1** Lugar en el que crían los buitres en colonias: *A lo lejos se distinguen las buitreras por las manchas de los excrementos.* **2** Lugar en el que se pone el cebo a los buitres: *Se marca a los buitres que van a la buitrera a comer el cebo para investigar sus costumbres.*

buitrón s.m. En pesca, red en forma de cilindro o de cono prolongado en cuya boca hay otro cono más pequeño dirigido hacia dentro, de manera que los peces que entran por este, pasan al grande y no pueden salir; *butrón: El buitrón se utiliza en la pesca de río, pero es una práctica ilegal.* 👁 **pesca**

bujarrón adj./s.m. *col. desp.* Hombre homosexual: *Siempre fue muy bujarrón con esos andares de mujer. Un bujarrón como él no encontrará pareja.*

buje s.m. En una rueda, cilindro por el que pasa el eje: *El buje evita que se desgaste el interior de la rueda.*

bujía s.f. En algunos motores de explosión, pieza que produce una chispa eléctrica para encender el combustible: *El coche no arranca porque las bujías están mal.*

bula s.f. **1** En el catolicismo, documento autorizado y firmado por el papa que trata de asuntos de fe o de interés general: *La bula daba derechos especiales a quien la tenía.* **2** ‖ **tener bula.** *col.* Tener facilidades que no tienen otros para hacer o conseguir algo: *Es el mimado de la casa y tiene bula para llegar tarde.*

bulbar adj. En anatomía, del bulbo raquídeo: *La zona bulbar forma parte del sistema nervioso central.* ☐ MORF. Invariable en género.

bulbo s.m. **1** En una planta, tallo subterráneo de forma redondeada, compuesto por una yema o brote en cuyas hojas se acumulan sustancias nutritivas de reserva: *El puerro y el ajo son bulbos, y de ellos nace una nueva planta.* **2** En anatomía, estructura de forma redondeada: *El bulbo piloso es el abultamiento que forma la raíz del pelo en el interior de la piel.* **3** ‖ **bulbo raquídeo.** En el sistema nervioso central, parte ensanchada de la médula espinal, que se halla en la zona inferior y posterior de la cavidad craneal: *Por el bulbo raquídeo pasan las fibras nerviosas que van del encéfalo al tronco y a las extremidades.*

bulería s.f. **1** Cante flamenco muy bullicioso y con ritmo ligero, que se acompaña con un intenso redoble de palmas y gritos de alegría: *Cualquier canción puede cantarse por bulerías.* **2** Baile que se ejecuta al compás de este cante: *Mi hermano sabe bailar bulerías.*

bulevar s.m. Avenida o calle ancha con un paseo o un andén central, generalmente adornado con árboles o plantas: *En la parte central de muchos bulevares hay quioscos.*

búlgaro, ra ▌ adj./s. **1** De Bulgaria o relacionado con este país del este europeo: *El relieve búlgaro tiene altas montañas y fértiles valles. La forma de estado de los búlgaros es la república.* ▌ s.m. **2** Lengua eslava de este país y otras regiones: *El búlgaro es la lengua oficial de Bulgaria y se habla también en algunas zonas de Rumanía.* ☐ MORF. En la acepción 1, como sustantivo se refiere solo a las personas de Bulgaria.

bulimia s.f. En medicina, apetito patológico excesivo e insaciable: *La bulimia puede ser un síntoma de diabetes o de alguna lesión cerebral.*

bulla s.f. **1** Ruido confuso causado por las voces y gritos que dan una o varias personas: *Deja ya de armar bulla, que me duele la cabeza.* **2** Aglomeración confusa de gente: *Me acerqué porque vi mucha bulla desde lejos.* ☐ SINT. La acepción 1 se usa más con los verbos *armar* y *meter*.

bullabesa s.f. Sopa de pescados y mariscos, condimentada con especias, vino y aceite, y que suele servirse con trozos de pan: *La bullabesa es un plato de origen francés, típico de la zona provenzal.*

bullanguero, ra adj./s. Aficionado a organizar alborotos y jaleos: *Es tan bullanguera que allá donde va, monta un jolgorio. Es un bullanguero que no se pierde una fiesta.*

bulldog (anglicismo) adj./s. Referido a un perro, de la raza que se caracteriza por tener cabeza grande, cuerpo robusto, patas cortas, hocico aplanado y el labio superior caído sobre ambos lados: *El perro bulldog es de origen inglés. El bulldog es un perro de presa.* ☐ PRON. [buldóg]. ☐ MORF. Como adjetivo es invariable en género. 👁 **perro**

bullicio s.m. **1** Ruido y rumor causados por la actividad de mucha gente: *En el interior del parque no se oía el bullicio de la ciudad.* **2** Situación confusa, agitada y desordenada, esp. si va acompañada de un gran alboroto y tumulto: *Con tanto bullicio no me puedo concentrar.*

bullicioso, sa adj. **1** Que causa bullicio, o que lo tiene: *Este bar es muy bullicioso y siempre está lleno de gente.* **2** Referido a una persona, que se mueve o alborota mucho: *Aquel grupo tan bullicioso nos molestaba con sus gritos y sus carcajadas.*

bullir v. **1** Referido a un conjunto de personas, animales o cosas, moverse o agitarse de forma desordenada: *Después de la lluvia, las hormigas bullían alrededor del hormiguero.* **2** Referido a algo inmaterial, esp. ideas o proyectos, surgir abundantemente y mezclarse: *Me gusta el proyecto y ya tengo ideas bullendo en mi cabeza.* **3** Referido a una persona, moverse mucho o tener mucha actividad: *Bullía en la sala de espera del dentista esperando que lo llamara.* **4** Referido a un líquido, moverse agitadamente y formando burbujas por efecto de la alta temperatura o de la fermentación; *hervir: El agua bulle a cien grados.* **5** Referido a un líquido, agitarse de forma parecida a como lo hace el agua hirviendo: *El mar bullía con la tormenta.* ☐ MORF. Irreg.: En las formas cuya desinencia contiene un diptongo *ie, io*, se pierde esta *i* →**ZAMBULLIR**.

bulo s.m. Noticia falsa que se difunde con algún fin, generalmente negativo: *Hicieron correr el bulo de que hace trampas, para que no jueguen con él.*

bulto s.m. **1** En una superficie, elevación o abultamiento: *El pañuelo te hace un bulto en el bolsillo.* **2** Cuerpo u objeto percibido de forma imprecisa: *En la oscuridad solo apreciamos dos bultos que corrían.* **3** Paquete, bolsa, maleta o cualquier otro equipaje: *Los bultos iban en la baca del autocar.* **4** ‖ **a bulto.** Calculando aproximadamente, sin medir ni contar: *No lo he medido pero, a bulto, tiene más de dos metros.* ‖ **escurrir el bulto.** *col.* Eludir un trabajo, un riesgo o un compromiso: *Siempre escurre el bulto cuando hay trabajo en la cocina.*

bumerán o **búmeran** s.m. Arma arrojadiza de madera dura y de forma curvada, que vuelve al lugar de partida cuando no da en el blanco: *El bumerán es un arma de origen australiano.* ☐ ORTOGR. Es un anglicismo (*boomerang*) adaptado al español.

bungaló s.m. Casa de campo o de playa, esp. si es de una sola planta y de estructura arquitectónica sencilla: *Este verano alquilaremos un bungaló cerca de la playa.* ☐ USO Es innecesario el uso del anglicismo *bungalow*. 👁 **vivienda**

bungalow (anglicismo) s.m. →**bungaló.** ☐ PRON. [bungaló].

búnker s.m. **1** Refugio blindado, generalmente subterráneo, para defenderse de los bombardeos: *Todavía queda algún búnker de la II Guerra Mundial.* **2** En golf, obstáculo artificial que consiste en una fosa con arena que dificulta el recorrido de la pelota: *Necesité dos golpes para sacar la pelota del búnker.* ☐ PRON. En la acepción 2, se usa más la pronunciación anglicista [bánker]. ☐ ORTOGR.

En la acepción 1, es un germanismo (*Bunker*) adaptado al español.

bunsen s.m. →**mechero de Bunsen.** 👁 **química**

buñuelo s.m. **1** Masa de harina, agua y, generalmente, otros ingredientes, que se fríe en pequeñas cantidades y resulta una bola hueca que puede rellenarse: *Hoy comemos buñuelos de bacalao.* **2** ‖ **buñuelo (de viento).** El que se rellena con algo dulce: *Me gustan los buñuelos de viento rellenos de crema.*

buque s.m. **1** Barco de grandes dimensiones, con una o varias cubiertas, esp. el utilizado para navegaciones de importancia: *Desde la playa vimos en el horizonte dos buques de guerra.* 👁 **embarcación 2** ‖ **buque de cabotaje.** El que navega entre puertos sin perder de vista la costa: *Los buques de cabotaje nunca se alejan mucho de la costa.* ‖ **buque escuela.** En la Armada, el que sirve para que los guardiamarinas completen su formación militar: *El buque escuela de la Armada española se llama Juan Sebastián Elcano.* ‖ **buque insignia.** Aquel en el que va el jefe de una escuadra o de una división naval: *El buque insignia iba al frente de toda la escuadra de barcos de la flota.* ‖ **(buque) mercante.** El destinado al transporte de mercancías y pasajeros: *En casi todos los buques mercantes la carga va bajo los camarotes.*

buqué s.m. Aroma del vino, esp. si es de buena calidad: *Me gustan los vinos de suave buqué.* ☐ ORTOGR. Es un galicismo (*bouquet*) adaptado al español.

burbuja s.f. **1** En un líquido, pompa llena de aire o de gas, que se forma en su interior y sube a la superficie, donde estalla: *Las burbujas de la gaseosa me hacen cosquillas al beber.* **2** Espacio desinfectado y aislado del exterior para evitar cualquier posible contaminación: *Hay niños que nacen sin defensas y deben vivir en burbujas.*

burbujeo s.m. En un líquido, formación de burbujas y ruido que esto produce: *El agua ha empezado a hervir, porque oigo su burbujeo.*

burdel s.m. Establecimiento público en el que se ejerce la prostitución; *prostíbulo, lupanar: Los burdeles suelen tener una luz roja a la entrada.*

burdeos ▮ adj./s.m. **1** De color granate oscuro: *El color burdeos no combina bien con otros tipos de rojo. El burdeos es el color de muchos vinos.* ▮ s.m. **2** Vino originario de la zona de Burdeos (ciudad del suroeste francés): *Los burdeos más famosos son los tintos.* ☐ MORF. 1. Como adjetivo es invariable en género y número. 2. Como sustantivo es invariable en número.

burdo, da adj. Que no tiene delicadeza, finura ni sutileza: *Es un hombre grosero y de burdos modales. Es una tela burda y áspera.*

bureta s.f. Instrumento de laboratorio consistente en un tubo de vidrio alargado y graduado, abierto por su extremo superior y provisto en el inferior de una llave que permite controlar la salida de líquido: *La bureta se utiliza para medir volúmenes y hacer análisis.* 👁 **química**

burgalés, -a adj./s. De Burgos o relacionado con esta provincia española o con su capital: *La catedral burgalesa es una muestra del gótico español. Conozco a una burgalesa de Aranda de Duero.* ☐ MORF. Como sustantivo se refiere solo a las personas de Burgos.

burger s.m. →**hamburguesería.** ☐ PRON. [búrguer]. ☐ USO Es un anglicismo innecesario.

burgo s.m. En la Edad Media, ciudad pequeña: *La actividad económica característica de un burgo era el comercio.*

burgués, -a adj./s. **1** En las edades Moderna y Contemporánea, de la burguesía o relacionado con ella: *El poder burgués se apoya en el capital. Los burgueses forman la burguesía o clase media.* **2** En la sociedad actual, que tiende a la comodidad y a la estabilidad: *Sus preocupaciones se reducen a conseguir buena casa, buen sueldo y otras aspiraciones burguesas. Es un burgués incapaz de molestarse por nadie.* **3** En la Edad Media, del burgo o relacionado con el: *Los núcleos burgueses medievales son el origen de la ciudad industrial. Los burgueses eran mayoritariamente artesanos y comerciantes.*

burguesía s.f. Grupo social formado por las personas de posición acomodada; *clase media: Banqueros y comerciantes forman parte de la burguesía.*

buril s.m. Instrumento puntiagudo de acero que se utiliza para grabar metales; *punzón: El grabador hizo una inscripción en la medalla con un buril.*

burla s.f. **1** Hecho o dicho con que una persona se ríe de algo o de alguien, esp. si es con intención de ridiculizarlo: *Los alumnos esperaron al hijo del director para hacerle burla.* **2** Engaño que se hace a alguien abusando de su buena fe: *Su promesa de devolverme el préstamo fue una burla.*

burladero s.m. En una plaza de toros, valla situada delante de la barrera y tras la cual se refugia el torero para burlar al toro: *El torero esperó tras el burladero la salida del toro.*

burlador s.m. Hombre libertino, que suele engañar y seducir a las mujeres y que presume de deshonrarlas: *Don Juan Tenorio quedó retratado como el más famoso de los burladores en la obra de Tirso de Molina 'El burlador de Sevilla'.*

burlar ▮ v. **1** Referido a un peligro o a una amenaza, esquivarlos o eludirlos: *El forajido se disfrazó para burlar los controles policiales.* **2** Engañar o hacer creer algo falso premeditadamente: *Ese truhan burló al pueblo entero con sus aires de gran señor.* ▮ prnl. **3** Hacer burla o poner en ridículo: *Se puso las manos en la cabeza, sacó la lengua y empezó a burlarse de todos.* ☐ SINT. Constr. de la acepción 3: *burlarse* DE *algo.*

burlesco, ca adj. Que hace reír o que manifiesta burla: *Me miró con un gesto burlesco, como si yo fuera el ser más inútil del mundo.*

burlete s.m. Tira de fieltro o de otro material flexible que se fija en los bordes de puertas y ventanas para cubrir rendijas e impedir que pase el aire por ellas: *Desde que pusimos burletes, no entra el frío de la calle.*

burlón, -a ▮ adj. **1** Con burla: *El anfitrión recibió a los invitados con unas palabras burlonas y desconcertantes.* ▮ adj./s. **2** Referido a una persona, aficionada a hacer burlas o bromas: *Desconfío de las personas demasiado burlonas. Nunca sé lo que piensa realmente ese burlón.*

buró s.m. Escritorio con pequeños compartimentos en su parte superior y que se cierra levantando el tablero sobre el que se escribe o bajando una persiana que llega hasta este: *Mi buró tiene un casillero para dejar el tintero y la pluma.* ☐ SEM. No debe emplearse con el significado de 'oficina' (galicismo): *{*El buró › la oficina} de prensa difundió la información.*

burocracia s.f. **1** Actividad administrativa, esp. la que se realiza en organismos públicos: *Trabaja en una gestoría y conoce perfectamente los trámites de la burocracia.* **2** Exceso de normas y de papeleo que complican o retrasan la resolución de un asunto: *Con tanta burocracia es imposible que cumplan ni un plazo previsto.*

burócrata s. Persona que se dedica profesionalmente a la realización de tareas administrativas, esp. referido a empleados públicos: *Se hizo burócrata para tener un trabajo seguro y cómodo.* □ MORF. Es de género común y exige concordancia en masculino o en femenino para señalar la diferencia de sexo: *el burócrata, la burócrata*.

burocrático, ca adj. De la burocracia o de los burócratas: *Tengo que hacer varios trámites burocráticos para obtener el pasaporte.*

burrada s.f. **1** *col.* Hecho o dicho estúpido, poco acertado o brutal; *barbaridad: El muy ignorante no sabe abrir la boca sin soltar burradas.* **2** ‖ **una burrada. 1** *col.* Gran cantidad: *Comí una burrada de patatas fritas.* **2** *col.* Muchísimo: *Estuve todo el día andando y me cansé una burrada.*

burro, rra ▮ adj./s. **1** *col.* Poco inteligente o de poca formación: *Es tan burra que pensaba que España está en América. Pierdes el tiempo intentando hacerte entender por un burro como él.* **2** *col.* Que se comporta de manera violenta y maleducada o que es desconsiderado y poco amable con los demás; *bruto: Esos niños tan burros hicieron este destrozo. No esperes que esa burra te salude o te dé las gracias.* **3** *col.* Que mantiene una actitud o unas ideas a pesar de cualquier razón en contra; *terco: Se puso burra y no hubo forma de hacerle cambiar de opinión. Ese burro no quiso dar su brazo a torcer y ahora se arrepiente.* ▮ s. **4** Mamífero cuadrúpedo, doméstico, más pequeño que el caballo, con largas orejas, pelo áspero y normalmente grisáceo, y que se suele emplear como montura o como animal de carga o de tiro; *asno: El pobre burro soltó un rebuzno quejumbroso cuando le echaron aquel peso sobre el lomo.* ▮ s.m. **5** Juego de cartas en el que el jugador que pierde recibe el nombre de *burro*: *Los jugadores acordaron que el burro pagaría una prenda.* **6** ‖ **como un burro.** *col.* Muchísimo: *Trabaja como un burro y apenas tiene un rato de diversión.* ‖ **no ver {dos/tres} en un burro.** Ver mal o ser miope: *Con esta niebla, no veo tres en un burro.*

burruño s.m. *vulg.* →**gurruño.**

bursátil adj. En economía, de la Bolsa o de las operaciones que se realizan en ella: *La crisis del petróleo afectó negativamente a los mercados bursátiles.* □ MORF. Invariable en género.

burujo s.m. Aglomeración que se forma al apretarse o al enredarse las partes de algo, esp. de una masa o de un hilo; *borujo: Con el pelo tan largo y tan rizado, se le forman unos burujos imposibles de desenredar.*

bus s.m. *col.* →**autobús.**

busca ▮ s.m. **1** *col.* →**buscapersonas.** ▮ s.f. **2** Lo que se hace para encontrar algo o a alguien; *búsqueda: El juez dictó orden de busca y captura contra el sospechoso.*

buscador, -a ▮ adj./s. **1** Que busca: *El protagonista de la película era un buscador de oro en el oeste norteamericano.* ▮ s.m. **2** Programa que sirve para buscar información en internet: *Escribí 'arte románico' en el buscador y me localizó toda la información que necesitaba.*

buscapersonas s.m. Pequeño aparato electrónico que transmite señales acústicas y que se utiliza para recibir mensajes a distancia: *El médico lleva un buscapersonas en el bolsillo para poder ser localizado en caso de urgencia.* □ MORF. 1. Invariable en número. 2. En la lengua coloquial se usa mucho la forma abreviada *busca*.

buscar v. **1** Intentar encontrar: *Lleva meses buscando trabajo por toda la ciudad.* **2** Referido a una persona, meterse con ella o provocarla: *Esa insolente me está buscando, y un día se va a enterar de quién soy yo.* **3** ‖ **buscársela.** *col.* Hacer algo con riesgo de recibir un castigo o un perjuicio: *Haciendo tantos novillos, se la está buscando.* □ ORTOGR. La *c* se cambia en *qu* delante de *e* →**SACAR.** □ SINT. Su uso seguido de infinitivo es un galicismo innecesario y puede sustituirse por una expresión como *pretender* o *tratar de*: *{*Busca › Pretende} llegar a ministro.*

buscavidas s. *col.* Persona que sabe ingeniárselas para salir adelante en la vida: *Por mucho paro que haya, un buscavidas como él siempre encuentra algún trabajo.* □ MORF. 1. Es de género común y exige concordancia en masculino o en femenino para señalar la diferencia de sexo: *el buscavidas, la buscavidas*. 2. Invariable en número.

búsqueda s.f. Lo que se hace para encontrar algo o a alguien; *busca: Los médicos trabajan en la búsqueda de una vacuna eficaz.*

busto s.m. **1** En arte, representación de la cabeza y de la parte superior del cuerpo de una persona: *A la entrada del colegio había un pedestal con un busto del fundador.* **2** En el cuerpo humano, parte comprendida entre el cuello y la cintura: *La anciana llevaba una pañoleta que le cubría la cabeza y el busto.* **3** En una mujer, senos: *Según la propaganda, ese sujetador realza el busto.*

butaca s.f. **1** Silla con brazos, generalmente mullida y con el respaldo algo inclinado hacia atrás: *Para estudiar me siento en una silla, porque en la butaca me entra pereza.* **2** En un local de espectáculos, localidad cómoda y situada en un lugar con buena visibilidad, esp. en la planta baja: *Desde las butacas de entresuelo se ve el escenario mejor que desde las butacas de patio.* **3** En un espectáculo, entrada que da derecho a ocupar esta localidad: *Compramos dos butacas para el concierto de gala.*

butano s.m. Hidrocarburo natural gaseoso, incoloro, fácil de transformar en líquido y que se usa como combustible doméstico e industrial: *La fórmula del butano es $C_4 H_{10}$. Se me terminó la bombona de butano y no pude guisar.*

buten ‖ **de buten.** *vulg.* Muy bueno o muy bien: *Este disco suena de buten, colega.*

butifarra s.f. Embutido, generalmente de carne de cerdo: *La butifarra es típica de Cataluña.*

butrón s.m. **1** En un techo o en una pared, agujero hecho por los ladrones para robar: *El robo de la joyería se realizó por el método del butrón.* **2** →**buitrón.** 👁 **pesca**

buxáceo, a ▮ adj./s.f. **1** Referido a una planta, que es leñosa, de hojas perennes y con frutos en forma de cápsula: *El boj es un arbusto buxáceo. Las buxáceas crecen en la región mediterránea, Asia central y las Antillas.* ▮ s.f.pl. **2** En botánica, familia de estas plantas, perteneciente a la división de las angiospermas: *Entre las buxáceas hay árboles y arbustos.*

buzo s.m. **1** Persona que se dedica a bucear o a realizar actividades bajo el agua, esp. si esta es su profesión: *Los buzos se sumergieron para reparar el barco.* **2** Prenda de vestir para niños pequeños que cubre todo el cuerpo: *Le puse el buzo a la niña porque hacía mucho frío.*

buzón s.m. **1** Caja o receptáculo provisto de una ranura por la que se echan cartas o escritos para que lleguen a su destinatario: *Si sales, ¿me echas esta carta al buzón?*

2 *col.* Boca grande: *¡Con ese buzón que tiene puede tomar la sopa con cazo!*

bwana (del suajili) s. *col.* Amo: *Sí, bwana, haré lo que tú digas.* □ PRON. [buána]. □ USO Tiene un matiz humorístico.

bypass (anglicismo) s.m. →**baipás.** □ PRON. [baipás].

byte (anglicismo) s.m. En informática, unidad de almacenamiento de información constituida por ocho bits: *Un disco flexible puede tener una capacidad de almacenamiento superior al millón de bytes.* □ PRON. [báit]. □ ORTOGR. Dist. de *bit*.

C

c

c s.f. Tercera letra del abecedario: *La letra inicial de 'casa' es una 'c'.* □ PRON. 1. Ante *e*, *i* representa el sonido consonántico interdental fricativo sordo, y se pronuncia como la *z*, aunque está muy extendida su pronunciación como [s]: *Cecilia* [sesília] →**seseo**. 2. Ante *a*, *o*, *u*, y formando parte de grupos consonánticos, representa el sonido consonántico velar oclusivo sordo y se pronuncia como la *k*: *can, cuco, crin* [kan, kúko, krin]. 3. En posición final de sílaba se pronuncia como una *k* suave: *rector, frac* [rektór, frak].

ca interj. *col.* Expresión que se usa para indicar negación u oposición; *quia*: *-¡Ven aquí! -¡Ca, de eso nada!* □ PRON. [ka] como apócope de *casa* o de *cada* es un vulgarismo. □ ORTOGR. Dist. de *ka*.

cabal adj. **1** Que tiene juicio y honradez: *Puedes fiarte de ella, porque es una chica cabal.* **2** Exacto o completo en su medida porque no sobra ni falta nada: *Tuvo su segundo hijo a los dos años cabales del primero.* **3** ‖ **estar** alguien **en sus cabales.** Tener normales sus facultades mentales: *Si estás en tus cabales, ¿por qué dices esas tonterías?* □ MORF. Invariable en género. □ USO La acepción 3 se usa más en expresiones interrogativas y negativas.

cábala s.f. **1** En el judaísmo, conjunto de doctrinas que surgieron para explicar acceder a un conocimiento de orden superior: *La cábala se transmitía por tradición oral.* **2** Conjetura o cálculo que se hace con datos incompletos o supuestos: *No hagas cábalas y espera a saber los resultados del análisis.* □ MORF. La acepción 2 se usa más en plural.

cabalgadura s.f. Animal sobre el que se puede montar o llevar carga; *montura*: *Su cabalgadura era un camello viejo.*

cabalgar v. **1** Ir a caballo o sobre otra cabalgadura: *Para ser yóquey hace falta cabalgar muy bien.* **2** Referido esp. a un caballo, llevarlo como cabalgadura: *Siempre cabalgo este potro alazán.* □ ORTOGR. La *g* se cambia en *gu* delante de *e* →**PAGAR**. □ SEM. Es sinónimo de *montar*.

cabalgata s.f. Desfile de jinetes, carrozas, bandas de música y otras atracciones, que se organiza como festejo popular: *La cabalgata de los Reyes Magos y la de Carnaval son las más vistosas.*

caballa s.f. Pez marino, de cabeza puntiaguda, de color azul metálico con franjas negras onduladas y costados y vientre plateados, cuya carne es comestible: *La caballa se come fresca o en conserva.* □ MORF. Es un sustantivo epiceno y la diferencia de sexo se señala mediante la oposición *la caballa {macho/hembra}*. □ SEM. Dist. de *yegua* (hembra del caballo).

caballar adj. Del caballo o que tiene semejanza o relación con él: *La peste equina afecta al ganado caballar.* □ MORF. Invariable en género.

caballeresco, ca adj. **1** De la caballería medieval o relacionado con ella: *La literatura caballeresca refería las hazañas de los caballeros andantes.* **2** Con características que se consideran propias de caballero: *Me saludó tocándose la punta del sombrero con gesto caballeresco.*

caballería s.f. **1** Animal doméstico, de la familia de los équidos, que se utiliza para transportar cargas o personas: *El caballo, las mulas y los asnos son caballerías.* **2** Arma del ejército formada por soldados a caballo o en vehículos motorizados: *La caballería de los ejércitos actuales tiene vehículos blindados y pocos caballos.* **3** Institución feudal de carácter militar cuyos miembros se comprometían a luchar para defender a su señor y sus dominios: *En la Edad Media, la caballería estaba formada por gente de la nobleza.* **4** ‖ **caballería andante.** Orden o profesión de los caballeros que recorrían el mundo en busca de aventuras para defender unos ideales de justicia y lealtad: *La caballería andante luchaba a favor del débil y ensalzaba el amor a la dama.* ‖ **caballería ligera.** Antigua modalidad de esta arma formada por soldados con caballos y armamento de poco peso: *La caballería ligera acudió en ayuda del fuerte cercado por los indios.*

caballeriza s.f. Instalación o lugar cubierto preparado para la estancia de caballos y otras caballerías; *cuadra*: *Estuve paseando por las caballerizas del hipódromo.*

caballero s.m. **1** Hombre cortés, generoso y de buena educación: *Si esto es un pacto entre caballeros, debes fiarte de mi palabra.* **2** Hombre adulto: *¿Dónde está el servicio de caballeros?* **3** Antiguamente, hidalgo o noble: *Para ser caballero hacía falta poder mantener un caballo.* **4** Hombre que pertenece a una orden de caballería: *Cuando se hizo caballero, empezaron sus andanzas en defensa de los desamparados.* **5** ‖ **armar caballero** a alguien. Declararlo miembro de una orden de caballería mediante una ceremonia: *El rey lo armó caballero tocándole con la espada en el hombro.* ‖ **caballero andante.** Héroe de los libros de caballería que recorría el mundo en busca de aventuras para defender unos ideales de justicia y lealtad: *Amadís de Gaula era un caballero andante.* □ USO La acepción 2 se usa como tratamiento de cortesía.

a b c d e f g h i j k l m n ñ o p q r s t u v w x y z

caballerosidad s.f. Comportamiento o carácter cortés, generoso y noble, que se consideran propios de un caballero: *Demostró su caballerosidad al guardar el secreto.*

caballeroso, sa adj. Característico de un caballero por su cortesía, generosidad o nobleza: *Fue muy caballeroso de tu parte ser tan discreto.*

caballete s.m. **1** Soporte con tres puntos de apoyo y que sirve para colocar algo en posición vertical o ligeramente inclinado hacia atrás: *Todavía tengo el cuadro en el caballete porque está sin terminar.* **2** Soporte formado por una pieza horizontal sostenida por pies: *Con una tabla grande y dos caballetes podemos montar una mesa.* **3** Elevación que suele tener la nariz en su parte media: *No se le caen las gafas porque tiene un caballete enorme.*

caballista s. Jinete hábil y que entiende de caballos: *En el circo, los caballistas hicieron maravillas con sus caballos.* ☐ MORF. Es de género común y exige concordancia en masculino o en femenino para señalar la diferencia de sexo: *el caballista, la caballista.*

caballitos s.m.pl. Atracción de feria formada por una plataforma giratoria sobre la que hay reproducciones a pequeña escala de caballos y otros animales donde los niños se pueden montar; *carrusel, tiovivo: Me monté en una jirafa que había en los caballitos.*

caballo s.m. **1** Mamífero herbívoro, cuadrúpedo, de cuello largo y arqueado que, al igual que la cola, está poblado de largas y abundantes cerdas, fácilmente domesticable, y que se suele emplear como montura o como animal de carga o de tiro: *El caballo de carreras necesita unos cuidados muy específicos.* 👁 **ungulado 2** En el juego del ajedrez, pieza que representa a este animal y que se mueve en forma de *L*: *El caballo es la única pieza que puede saltar por encima de las demás.* 👁 **ajedrez 3** En la baraja española, carta que representa a ese animal con su jinete: *El caballo puede ser de oros, copas, bastos o espadas.* **4** En gimnasia, aparato formado por cuatro patas y un cuerpo superior alargado y terminado en punta, en el que los gimnastas apoyan las manos para saltarlo: *El caballo es más difícil de saltar que el potro porque es más largo.* 👁 **gimnasio 5** *col.* En el lenguaje de la droga, heroína: *El caballo arruinará tu vida.* **6** ‖ **a caballo.** Entre dos cosas o épocas contiguas o participando de ambas: *Algunas narraciones están a caballo entre la poesía y la prosa.* ‖ **a mata caballo.** →**a matacaballo.** ‖ **caballito del diablo.** Insecto parecido a la libélula pero de menor tamaño, de vuelo rápido, con cuatro alas estrechas, cuerpo cilíndrico muy fino y largo, que suele vivir junto a estanques y ríos: *En algunas especies de caballitos del diablo, los machos tienen las alas azules y las hembras transparentes.* 👁 **insecto** ‖ **caballito de mar.** Pez marino que nada en posición vertical y tiene la cabeza semejante a la del caballo; *hipocampo: El macho de los caballitos de mar posee una bolsa para incubar los huevos.* 👁 **pez** ‖ **caballo de batalla.** Punto principal o especialmente conflictivo de un asunto, de una discusión o de un problema: *Acabar con el paro es el caballo de batalla de todo Gobierno.* ‖ **caballo de vapor.** Unidad de potencia que equivale aproximadamente a 745 vatios: *La potencia de un motor se mide en caballos de vapor.* ☐ MORF. 1. En la acepción 1, la hembra se designa con el femenino *yegua*. 2. *Caballito de mar* y *caballito del diablo* son epicenos: *el caballito de mar {macho/hembra}, el caballito del diablo {macho/hembra}.*

cabaña s.f. **1** Vivienda pequeña y tosca hecha en el campo, que suele usarse como refugio: *Los montañeros pasaron la noche en una cabaña de pastores.* 👁 **vivienda 2** Conjunto de cabezas de ganado de un mismo tipo o de una misma zona: *La cabaña asturiana estaba compuesta principalmente por ganado vacuno.*

cabaré s.m. Establecimiento público de diversión, generalmente nocturno, en el que se baila, se sirven bebidas y comidas y se ofrecen espectáculos de variedades: *Esta noche iremos a cenar a un cabaré y después bailaremos un poco.* ☐ ORTOGR. Es un galicismo (*cabaret*) adaptado al español.

cabaretero, ra s. Persona que baila y canta en un espectáculo del cabaré: *Las cabareteras son excelentes bailarinas.*

cabás s.m. Maletín pequeño o caja con un asa en la parte superior: *Muchos estudiantes norteamericanos llevan su desayuno al colegio en un cabás.* ☐ ORTOGR. Es un galicismo (*cabas*) adaptado al español.

cabe prep. *ant.* Junto a: *Yacía exhausto cabe el fuego.* ☐ ORTOGR. Dist. de *cave* (del verbo *cavar*).

cabecear v. **1** Mover la cabeza a un lado y a otro o de arriba abajo: *El caballo cabeceaba al andar.* **2** Dar cabezadas por efecto del sueño: *Vete a la cama y deja de cabecear en el sillón.* **3** Referido a un vehículo, moverse subiendo y bajando las partes delantera y trasera alternativamente: *El avión cabeceaba a causa de los baches de la atmósfera.* **4** En fútbol, golpear el balón con la cabeza: *El defensa cabeceó con tanta fuerza que mandó el balón fuera del campo.*

cabeceo s.m. **1** Movimiento que se hace con la cabeza a un lado y a otro o de arriba abajo: *¿Qué quieres decir con ese cabeceo?* **2** Inclinación brusca e involuntaria que se hace repetidamente por efecto del sueño: *Tu cabeceo demuestra que estás muerto de sueño.* **3** Movimiento que hace un vehículo al subir y bajar las partes delantera y trasera alternativamente: *Las olas provocan el cabeceo del pesquero.*

cabecera s.f. **1** En una cama, pieza que se pone en su extremo superior y que impide que se caigan las almohadas: *Cuando dormía me golpeé la cabeza con la cabecera.* **2** En una cama, extremo en el que se ponen las almohadas o en el que reposa la cabeza al dormir: *En la cabecera, sobre la almohada, tiene siempre un muñeco.* **3** En un lugar o en una mesa, parte principal o preferente, o asiento de honor: *Siempre sentamos a los invitados de honor en la cabecera de la mesa.* **4** En un impreso o en un programa, parte inicial en la que suelen incluirse los datos generales relativos al mismo: *El nombre de esta joven actriz figura ya en la cabecera de reparto de varias películas.* **5** Principio o punto del que parte algo: *La cabecera de esta línea de autobús está en la plaza.* ☐ SEM. En las acepciones 1 y 2, es sinónimo de *cabecero*. ☐ USO En la acepción 1, se usa más *cabecero*.

cabecero s.m. →**cabecera.**

cabecilla s. Persona que está a la cabeza de un grupo o movimiento cultural, político o de otro tipo, esp. si es de carácter contestatario: *Fueron detenidos los cabecillas de la revuelta.* ☐ MORF. Es de género común y exige concordancia en masculino o femenino para señalar la diferencia de sexo: *el cabecilla, la cabecilla.*

cabellera s.f. **1** Conjunto de cabellos, esp. si son largos: *Tenía una espesa cabellera que le llegaba hasta la cintura.* **2** En un cometa, estela luminosa que rodea el núcleo: *La cabellera de un cometa está formada por gas y por partículas de polvo.*

cabello s.m. **1** En una persona, cada uno de los pelos que nacen en su cabeza: *Cada vez que me peino dejo el cepillo lleno de cabellos.* **2** Conjunto de estos pelos; *pelo: Tardo un buen rato en desenredarme el cabello.* **3** ‖ **cabello de ángel.** Dulce hecho con calabaza y almíbar que recuerda al cabello por estar compuesto de filamentos finos y largos: *Me he comprado un bollo relleno de cabello de ángel.*

caber v. **1** Referido esp. a un objeto, poder contenerse en otro: *El cajón está tan lleno que no caben más cosas.* **2** Poder entrar: *Está tan gordo que no cabe por la puerta.* **3** Existir o ser posible: *No cabe la menor duda de que se ha ido.* **4** Tocar, corresponder: *Me cabe la satisfacción de ser yo el que te entregue el premio.* **5** ‖ **no caber** alguien **en sí.** Estar o mostrarse muy contento o satisfecho: *Estaba tan orgulloso de haberlo conseguido que no cabía en sí de gozo.* □ MORF. Irreg. →**CABER.**

cabestrillo s.m. Banda o armazón que se cuelga del cuello para sostener el brazo en flexión: *Lleva el brazo derecho en cabestrillo porque al caerse se lo lesionó.*

cabestro s.m. Buey manso que suele llevar cencerro y que sirve de guía a las reses bravas: *Soltaron los cabestros para llevar al toro de la plaza.*

cabeza ▌ s.f. **1** En una persona y en algunos animales, parte superior o anterior del cuerpo en la que se encuentran algunos órganos de los sentidos: *Los toros tienen cuernos en la cabeza.* 👁 **carne 2** En una persona y en algunos mamíferos, parte que comprende desde la frente hasta el cuello, excluida la cara: *Como tenía piojos, le raparon la cabeza.* **3** En un reparto o en una distribución, persona: *En el reparto tocaron a tres por cabeza.* **4** Pensamiento, imaginación o capacidad intelectual humana: *Al verte me vino a la cabeza que te debo dinero.* **5** Animal cuadrúpedo de ciertas especies domésticas y de algunas salvajes; *res: Tenía un rebaño de doscientas cabezas.* **6** En algunos objetos, principio o parte extrema: *las cabezas de una viga.* **7** Extremo abultado, generalmente opuesto a una punta: *La cabeza de los dientes es la parte blanca que vemos.* 👁 **dentadura 8** En el corte de un libro, parte superior: *¿Cuántos centímetros dejo de margen en la cabeza?* 👁 **libro** ▌ s. **9** En una colectividad, persona que la dirige, preside o lidera: *La cabeza de la Iglesia católica es el papa.* **10** ‖ **{a la/en} cabeza.** Delante, en primer lugar o al mando: *A la cabeza de la manifestación iban los líderes políticos.* ‖ **{andar/ir} de cabeza.** *col.* Estar muy ocupado o tener muchas preocupaciones: *Son pocos en el trabajo y andan siempre de cabeza.* ‖ **bajar la cabeza.** *col.* Obedecer sin réplica, humillarse o avergonzarse: *No estaba de acuerdo con la orden, pero bajó la cabeza y la acató.* ‖ **cabeza abajo.** Con la parte superior hacia abajo: *Sé que no estás leyendo porque tienes el periódico cabeza abajo.* ‖ **cabeza cuadrada.** *col.* Persona que solo actúa según normas o planes prefijados: *No puede entender ese mundo porque es una cabeza cuadrada.* ‖ **cabeza de ajo(s).** Conjunto de los dientes o partes que forman el bulbo del ajo, esp. cuando todavía están unidos: *Tráeme de la despensa dos cabezas de ajo.* ‖ **(cabeza de) chorlito.** *col.* Persona de poco juicio o despistada: *Como es una cabeza de chorlito, no piensa en las consecuencias de su actos.* ‖ **cabeza (de familia).** Persona que figura como jefe de una familia a efectos legales: *En este apartado debe poner los datos del cabeza de familia.* ‖ **cabeza de jabalí.** Embutido hecho con trozos de la cabeza del jabalí: *La cabeza de jabalí es un embutido de color rosáceo oscuro.* ‖ **cabeza de partido.** En una demarcación territorial, población más importante de la que dependen judicialmente otras y en la que se encuentran los juzgados de primera instancia e instrucción: *Como mi pueblo es el más grande de los alrededores, es cabeza de partido.* ‖ **cabeza de turco.** Persona sobre la que se hace recaer una culpa compartida por varios; *chivo expiatorio: Nada se supo de los que habían planeado el asesinato y el cabeza de turco fue el que apretó el gatillo.* ‖ **cabeza dura. 1** *col.* Persona torpe o que no tiene facilidad para entender las cosas: *Es una cabeza dura y ha repetido curso varias veces.* **2** *col.* Persona obstinada que mantiene una postura a pesar de cualquier razón en contra: *No hay quien convenza a esa cabeza dura.* ‖ **cabeza hueca.** *col.* Persona irresponsable, vacía o sin sentido común: *¿Cómo se te ocurre hablar de temas tan serios con semejante cabeza hueca?* ‖ **cabeza {lectora/reproductora}.** En un aparato electrónico, dispositivo que sirve para leer, grabar o reproducir señales de una banda magnética: *La cabeza reproductora de mi radiocasete está sucia y no graba bien.* ‖ **cabeza loca.** *col.* Persona que actúa de forma irresponsable o poco juiciosa: *Es una cabeza loca y solo piensa en divertirse.* ‖ **cabeza rapada.** Miembro de un grupo social juvenil y urbano de comportamiento violento y que se caracteriza por llevar el pelo muy corto: *Han detenido a varios cabezas rapadas que intentaban incendiar un coche.* ‖ **calentarle** a alguien **la cabeza.** *col.* Molestarlo, cansarlo o preocuparlo con conversaciones pesadas e insistentes: *No me calientes más la cabeza y deja de protestar de una vez.* ‖ **{calentarse/quebrarse/romperse} la cabeza.** *col.* Esforzarse o preocuparse mucho: *Me he roto la cabeza para dar con la solución de este problema.* ‖ **con la cabeza alta.** Con dignidad y sin avergonzarse: *Es una persona honrada y puede andar con la cabeza bien alta.* ‖ **de cabeza. 1** Con esta parte del cuerpo por delante: *Ya sé tirarme de cabeza a la piscina.* **2** Referido a la forma de actuar, con decisión y sin vacilar: *Se metió de cabeza en el negocio cuando supo que tú serías su jefe.* **3** Referido a la forma de dar información, de memoria: *No sé si estos son los nombres exactos de los organismos porque te los estoy dando de cabeza.* ‖ **escarmentar en cabeza ajena.** *col.* Extraer una enseñanza de los errores ajenos, esp. si sirve para evitar repetirlos: *Con el fracaso de mi vecino escarmenté en cabeza ajena y renuncio a continuar.* ‖ **estar {mal/tocado} de la cabeza.** *col.* Estar trastornado o loco: *Para hacer esa tontería hay que estar mal de la cabeza.* ‖ **levantar cabeza.** *col.* Salir de la pobreza o de una mala situación: *Lleva una época horrorosa y el pobre no levanta cabeza.* ‖ **levantar la cabeza.** *col.* Resucitar: *Si mi difunto esposo levantara la cabeza, todo sería distinto.* ‖ **llenar la cabeza de pájaros.** *col.* Infundir vanas esperanzas: *Le han llenado la cabeza de pájaros y está convencida que será una famosa cantante.* ‖ **meter en la cabeza.** *col.* Hacer comprender: *No hay quien le meta en la cabeza que hay que respetar a los demás.* ‖ **metérsele** algo **en la cabeza** a alguien. *col.* Obstinarse en ello: *Se le ha metido en la cabeza estudiar arquitectura.* ‖ **perder la cabeza.** *col.* Perder la razón o volverse loco: *Entiendo que perdieras la cabeza por semejante belleza.* ‖ **sentar (la) cabeza.** *col.* Hacerse juicioso y sensato: *Ya es hora de que sientes la cabeza y te busques un trabajo.* ‖ **subirse a la cabeza. 1** Referido esp. a una bebida alcohólica, producir aturdimiento: *El champán de la cena se me subió un poco a la cabeza.* **2** *col.* Provocar un orgullo excesivo: *El dinero se le ha subido a la cabeza y ahora nos mira por encima del* *hombro.* ‖ **tener {buena/mala} cabeza.** *col.* Tener buena o mala memoria: *Tengo muy mala cabeza para recordar los nombres de la gente.* ‖ **tener la cabeza a pájaros.** *col.* Ser poco juicioso o estar distraído: *Tiene la cabeza a pájaros y no se da cuenta del mundo en que vive.* ‖ **traer de cabeza.** *col.* Alterar, aturdir o agobiar, esp. por un exceso de obligaciones o de preocupaciones: *Ese demonio de niño trae a sus padres de cabeza.* ☐ MORF. En la acepción 9 es de género común y exige concordancia en masculino o en femenino para señalar la diferencia de sexo: *el cabeza, la cabeza.* ☐ USO Es innecesario el uso del anglicismo *skin head* en lugar de *cabeza rapada.*

cabezada s.f. **1** Inclinación brusca e involuntaria que se hace con la cabeza, esp. al quedarse dormido sin tenerla apoyada: *Yo solo veo la tele entre cabezada y cabezada.* **2** Movimiento que hace una embarcación al subir y bajar sus partes delantera y trasera alternativamente: *Las cabezadas del barco mareaban a los pasajeros.* **3** Conjunto de correas que se pone en la cabeza a las caballerías y que sirve esp. para sujetar el bocado o freno: *La cabezada es uno de los arreos propios tanto de las caballerías de tiro como de las de montar.* 👁 **arreos**

cabezal s.m. **1** En un aparato, pieza, generalmente móvil, colocada en uno de sus extremos: *En las maquinillas de afeitar desechables la hoja se coloca en el cabezal.* **2** En un magnetófono y otros aparatos semejantes, pieza que sirve para grabar, reproducir o borrar lo grabado en una cinta: *Limpié con alcohol el cabezal del magnetófono porque la cinta se oía muy mal.*

cabezazo s.m. Golpe dado con la cabeza: *Nos dimos un cabezazo sin querer.*

cabezón, -a ▮ adj. **1** Referido a una bebida alcohólica, que produce dolor de cabeza: *Este vino es muy cabezón, así que no bebas mucho.* ▮ adj./s. **2** *desp.* Terco o que mantiene una actitud o unas ideas a pesar de cualquier razón en contra; *cabezota: Es imposible hacer cambiar de parecer a una persona tan cabezona. Eres un cabezón y no hay nadie que te haga cambiar de idea.* ☐ SEM. En la acepción 2, como adjetivo es sinónimo de *cabezudo.*

cabezonada s.f. *col.* Hecho o dicho propios de quien mantiene una actitud a pesar de cualquier razón en contra; *cabezonería: La cabezonada de salir bajo la lluvia le costó un buen resfriado.*

cabezonería s.f. *col.* →**cabezonada.**

cabezota adj./s. *col.* →**cabezón, -a.** ☐ MORF. 1. Como adjetivo es invariable en género. 2. Como sustantivo es de género común y exige concordancia en masculino o en femenino para señalar la diferencia de sexo: *el cabezota, la cabezota.* ☐ USO Tiene un matiz despectivo.

cabezudo, da ▮ adj. **1** →**cabezón, -a.** ▮ s.m. **2** Figura grotesca con apariencia de enano que resulta de disfrazarse una persona con una enorme cabeza de cartón pintada con vivos colores: *Los gigantes y cabezudos son muy típicos en las fiestas populares.* ☐ USO En la acepción 1, tiene un matiz despectivo.

cabezuela s.f. En botánica, inflorescencia formada por un conjunto de flores sentadas o sostenidas por un pedúnculo muy corto, y que nacen en un receptáculo común; *capítulo: La flor de algunos cardos es una cabezuela.* 👁 **inflorescencia**

cabida s.f. Capacidad o espacio para contener algo: *El cine tiene cabida para cien personas.*

cabildo s.m. **1** En una catedral o en una colegiata, comunidad de canónigos y eclesiásticos con voto en ella: *El cabildo de la catedral hizo una serie de propuestas al obispo.* **2** Corporación compuesta por un alcalde y varios concejales que dirige y administra un término municipal: *En la próxima reunión del Cabildo se tratará del plan de remodelación urbanística.* **3** Junta celebrada por esta comunidad o por esta corporación: *En el último cabildo se presentaron los presupuestos anuales.* **4** Lugar donde se celebran estas juntas: *Cuando todos entraron en el cabildo, el encargado cerró la puerta.* **5** En Canarias, corporación que gobierna y administra los intereses comunes a los Ayuntamientos de cada isla y los peculiares de esta: *El cabildo insular tiene su sede en Santa Cruz de Tenerife.* ☐ SEM. En la acepción 2, es sinónimo de *ayuntamiento, concejo* y *municipio.* ☐ USO En la acepciones 2 y 5, se usa como nombre propio.

cabina s.f. **1** Cuarto o recinto pequeños y aislados donde se encuentran los mandos de un aparato o de una máquina o en cuyo interior se pueden realizar funciones que requieran concentración o intimidad: *La cabina del avión está reservada para los pilotos.* **2** Caseta de reducidas dimensiones en cuyo interior hay un teléfono público: *Las cabinas son de uso público e individual.* **3** Recinto pequeño en el que viajan personas: *Las cabinas de este teleférico tienen asientos.*

cabizbajo, ja adj. Con la cabeza inclinada hacia abajo por tristeza, preocupación o vergüenza: *Venía cabizbajo porque su equipo no se había clasificado.*

cable s.m. **1** Trenzado de cuerdas o hilos metálicos capaz de soportar grandes tensiones o pesos: *Se rompió el cable del ancla y la embarcación se fue a la deriva.* **2** Conductor eléctrico o conjunto de ellos generalmente recubierto de un material aislante: *Estos cables de la luz son más finos que los del teléfono.* **3** Telegrama o mensaje escrito transmitido por conductor eléctrico submarino: *Te envié un cable para que la noticia te llegara rápidamente.* **4** ‖ **cruzársele los cables** a alguien. *col.* Bloqueársele la mente, esp. si esto le lleva a actuar sin motivo lógico aparente: *Se me han cruzado los cables y ya no consigo entender el problema.* ‖ **{echar/lanzar/tender} un cable.** Ayudar, esp. en una situación comprometida: *Gracias a que me tendió un cable pude salir de semejante situación.* ☐ MORF. En la acepción 3 es la forma abreviada y usual de *cablegrama.*

cablegrafiar v. Referido esp. a una noticia, transmitirla por cable eléctrico submarino: *Nuestro corresponsal nos cablegrafía desde el otro lado del océano todo lo que ocurre.* ☐ ORTOGR. La *i* lleva tilde en los presentes, excepto en las personas *nosotros* y *vosotros* →**VACIAR.**

cablegrama s.m. →**cable.**

cabo ▮ s. **1** En el Ejército, persona cuya categoría militar es superior a la de soldado e inferior a la de sargento: *La categoría de cabo comprende distintas modalidades, como cabo primero o cabo.* ▮ s.m. **2** En un objeto alargado, extremo o punta: *Para saltar a la cuerda hay que agarrar bien un cabo con cada mano.* **3** En un objeto alargado, resto que queda después de haber consumido la mayor parte: *Se alumbraban con un cabo de vela.* **4** Saliente o porción de terreno que penetra en el mar: *Los romanos creían que en el cabo de Finisterre se acababa el mundo.* **5** En un hilo, fibra o hebra que lo compone: *Es una lana muy resistente porque es de cuatro cabos.* **6** En náutica, cuerda, esp. la que se utiliza en las maniobras: *No aseguró los cabos y se desgarró la vela por el viento.* **7** ‖ **al cabo de.** Después de: *Al cabo de varios días, decidí ir a* *verla.* ‖ **atar cabos.** Reunir y relacionar datos para sacar una conclusión: *Logró atar cabos y descubrió al asesino.* ‖ **cabo suelto.** *col.* Circunstancia imprevista o que queda sin resolver: *El asesino no ha sido detenido porque en la investigación hay algunos cabos sueltos.* ‖ **de cabo a {cabo/rabo}.** *col.* De principio a fin sin omitir nada: *A pesar de que no me estaba gustando la novela, la leí de cabo a rabo.* ‖ **estar al cabo de la calle.** *col.* Estar perfectamente enterado: *Cuando llegó con la noticia yo ya estaba al cabo de la calle y no me sorprendió.* ‖ **llevar a cabo** algo. Hacerlo o concluirlo: *Conseguí llevar a cabo mi proyecto y ha salido muy bien.* □ MORF. En la acepción 1, es de género común y exige concordancia en masculino o en femenino para señalar la diferencia de sexo: *el cabo, la cabo.* □ SINT. *Atar cabos* se usa también con los verbos *juntar, recoger* y *unir.*

cabra s.f. **1** Mamífero rumiante doméstico, a veces con cuernos nudosos y vueltos hacia atrás, cuerpo cubierto de pelo áspero y muy ágil en lugares escarpados: *Algunas cabras tienen un mechón de pelo debajo de la mandíbula. La leche de cabra es más fuerte que la de vaca.* 👁 **rumiante 2** ‖ **cabra montés.** Especie salvaje de cuerpo y cuernos mucho más grandes que la doméstica y que habita en zonas montañosas: *En los Alpes hay varios tipos de cabras monteses.* ‖ **como una cabra.** *col.* Muy loco: *Para vestirse de forma tan extravagante hay que estar como una cabra.* □ MORF. 1. Es un sustantivo epiceno y la diferencia de sexo se señala mediante la oposición *la cabra {macho/hembra}*, aunque el macho se designa también con el sustantivo masculino *cabrón* y con la expresión *macho cabrío.* 2. Incorr. **cabra montesa.*

cabrales s.m. Queso de olor y sabor fuertes, elaborado con mezcla de leche de vaca, oveja y cabra, y curado en cuevas a baja temperatura, originario de Cabrales (comarca asturiana): *El cabrales es uno de los quesos españoles de sabor más fuerte.* □ MORF. Invariable en número.

cabrear v. *col.* Enfadar o poner de mal humor: *No cabrees a tu madre y ponte a estudiar ya. Se cabreó porque nunca lo tomaban en serio.* □ MORF. Se usa más como pronominal.

cabreo s.m. *col.* Enfado o enojo: *Como le dieron plantón, se cogió un buen cabreo.*

cabrero, ra s. Pastor de cabras: *El cabrero durmió en una choza cerca del corral de cabras.*

cabrío, a adj. De las cabras o relacionado con ellas: *El ganado cabrío es una importante fuente de riqueza de esta comarca.*

cabriola s.f. **1** En danza, salto que da el bailarín cruzando varias veces los pies en el aire; *pirueta: Las cabriolas del primer bailarín del ballet son impresionantes.* **2** Salto en que el caballo cocea mientras se mantiene en el aire: *Las cabriolas de los caballos andaluces son muy vistosas.* **3** Voltereta en el aire: *El jugador expresó su alegría después de marcar el gol con un par de cabriolas.*

cabriolé s.m. **1** Coche de caballos ligero y descubierto, de dos o cuatro ruedas: *Los cabriolés son ahora piezas de museo.* 👁 **carruaje 2** Automóvil descapotable: *En un concurso de televisión le tocó un impresionante cabriolé.* □ ORTOGR. Es un galicismo (*cabriolet*) adaptado al español.

cabritilla s.f. Piel curtida de cabrito o de otro mamífero pequeño: *La cabritilla es una piel muy blanda y suave perfecta para confeccionar guantes.*

cabrito, ta ▮ adj./s. **1** *euf. col.* Referido a una persona, que tiene mala intención o que juega malas pasadas; *cabrón: Es tan cabrita que no te prestará ni un céntimo. No le pidas ayuda porque es un cabrito y te lo cobrará caro.* ▮ s.m. **2** Cría de la cabra desde que nace hasta que deja de mamar; *choto: El cabrito tiene una carne tierna muy apreciada.* □ MORF. En la acepción 2, es un sustantivo epiceno y la diferencia de sexo se señala mediante la oposición *el cabrito {macho/hembra}.* □ USO La acepción 1 se usa como insulto.

cabrón, -a ▮ adj./s. **1** *vulg.malson.* Referido a una persona, que actúa con mala intención o que juega malas pasadas; *cabrito* ▮ adj./s.m. **2** *vulg.malson.* Referido a un hombre, que está casado con una mujer adúltera, esp. si consiente el adulterio: *Este poema es una sátira sobre el marido cabrón.* ▮ s.m. **3** Macho de la cabra; *macho cabrío: Los cabrones se distinguen de las cabras por los cuernos.* □ USO En las acepciones 1 y 2 se usa como insulto.

cabronada s.f. **1** *vulg.malson.* Hecho que causa un perjuicio, esp. si es malintencionado; *faena: No quiero ver a esa persona ni en pintura porque me ha hecho varias cabronadas. ¡Menuda cabronada romperse la máquina en este momento!* **2** Lo que se debe hacer y que fastidia, molesta o causa gran incomodidad: *Tener que salir con este frío es una cabronada.*

caca s.f. *euf. col.* Mierda: *Hay que cambiar al bebé porque tiene caca otra vez. Esta blusa es una caca porque con el primer lavado ha encogido.*

cacahuete s.m. **1** Planta de tallo rastrero, hojas alternas lobuladas, flores amarillas cuyos pedúnculos se alargan y se introducen en el suelo para que madure el fruto, el cual está compuesto de una cáscara dura y varias semillas, comestibles después de tostadas: *El cacahuete es una planta de origen americano.* **2** Fruto de esta planta: *Compré cacahuetes para echárselos a los monos del zoo.* □ ORTOGR. Incorr. **cacahués, *cacahué, *cacahuet, *alcahués.* □ SEM. 1. Dist. de *alcahuete* (intermediario en unas relaciones amorosas). 2. Es sinónimo de *maní.*

cacao s.m. **1** Árbol tropical, de hojas alternas, lisas y duras, flores blancas o amarillas, raíces muy desarrolladas y fruto en forma de baya que contiene muchas semillas que se usan como principal ingrediente del chocolate: *El cacao es un árbol originario de América.* **2** Semilla de este árbol: *El cacao molido tiene un sabor muy amargo.* **3** Polvo soluble elaborado con estas semillas y azúcar, que da color y sabor a chocolate: *Si no es con cacao, mis hijos no se toman la leche.* **4** Bebida, esp. leche, mezclada con este polvo: *Para desayunar me tomo un buen vaso de cacao.* **5** Sustancia grasa que se usa para hidratar los labios: *Échate cacao en los labios porque los tienes muy resecos.* **6** *col.* Situación confusa, agitada o embarazosa, esp. si va acompañada de gran alboroto y tumulto; *lío: Se armó un buen cacao esta mañana cuando cortaron el tráfico. Fue al examen con un verdadero cacao mental y suspendió.*

cacarear v. **1** Referido al gallo o a la gallina, emitir su voz característica: *Las gallinas cacarean después de poner un huevo.* **2** *col.* Referido esp. a las cosas propias, alabarlas en exceso: *No deja de cacarear lo bueno que es su hijo.*

cacareo s.m. Voz característica del gallo o de la gallina: *El cacareo de las gallinas me alertó de que algo ocurría en el gallinero.*

cacatúa s.f. **1** Ave trepadora, de pico ancho, corto, y dentado en los bordes, mandíbula superior muy arqueada, plumaje de colores vistosos, con un penacho de plumas en la cabeza que puede abrir como un abanico, y que puede aprender a emitir algunas palabras: *La cacatúa es originaria de Oceanía.* 👁 **ave 2** *col. desp.* Mujer fea, vieja y de aspecto estrafalario: *Tengo tal cacatúa por vecina, que miedo me da encontrármela.* ☐ MORF. En la acepción 1, es un sustantivo epiceno y la diferencia de sexo se señala mediante la oposición *la cacatúa {macho/hembra}*.

cacereño, ña adj./s. De Cáceres o relacionado con esta provincia española o con su capital: *El territorio cacereño limita con Portugal. Un cacereño me enseñó los principales edificios del barrio antiguo.*

cacería s.f. Expedición o excursión para cazar: *La cacería del zorro es una tradición inglesa.*

cacerola s.f. Recipiente de metal, cilíndrico y más ancho que hondo, con dos asas y que se utiliza para cocer o guisar: *Puso la cacerola con agua al fuego.*

cacerolada s.f. Protesta, generalmente política o social, que se hace golpeando cacerolas o tapaderas: *Son famosas las caceroladas en contra de los dictadores.*

cacha s.f. **1** En un cuchillo, en una navaja o en algunas armas de fuego, pieza que cubre cada lado del mango o de la culata: *Tengo una navaja con las cachas de nácar.* **2** *col.* En una persona, músculo: *¡Vaya cachas tiene este deportista!* ☐ MORF. Se usa más en plural.

cachalote s.m. Mamífero marino de gran tamaño, con la cabeza grande y larga, boca dentada, aleta caudal horizontal, que vive en mares templados y tropicales y del que se obtiene gran cantidad de grasa: *El cachalote es un cetáceo parecido a la ballena.* ☐ MORF. Es un sustantivo epiceno y la diferencia de sexo se señala mediante la oposición *el cachalote {macho/hembra}*.

cacharrazo s.m. *col.* Golpe violento y ruidoso, esp. el recibido en una caída o en un choque: *Pisé una cáscara de plátano y menudo cacharrazo me di...*

cacharrería s.f. Establecimiento comercial en el que se venden cacharros o recipientes toscos: *Compré los tiestos en una cacharrería de tu calle.*

cacharro s.m. **1** Recipiente tosco, esp. el usado en las cocinas: *Todavía tengo en la pila los cacharros de la comida.* **2** *col.* Aparato viejo, deteriorado o que funciona mal: *Ya es hora de que te compres un coche nuevo porque ese es un cacharro.* ☐ SEM. Se usa mucho como palabra comodín para designar de manera imprecisa un objeto. ☐ USO En la acepción 2, tiene un matiz despectivo.

cachas adj./s. *col.* Referido a una persona, que tiene un cuerpo fuerte, musculoso y moldeado: *Es una tía cachas porque se dedica al atletismo. Salgo con un cachas que conocí en el gimnasio.* ☐ MORF. 1. Invariable en número. 2. Como adjetivo es invariable en género. 3. Como sustantivo, es de género común y exige concordancia en masculino o en femenino para señalar la diferencia de sexo: *el cachas, la cachas*.

cachava s.f. Bastón cuyo extremo superior es curvo; *cachavo, cayado, garrota: Mi abuelo tiene una cachava de madera de roble.*

cachavo s.m. →**cachava.**

cachaza s.f. *col.* Calma o despreocupación excesivas en la forma de actuar; *parsimonia: Como vayas con tal cachaza, vas a perder el tren.*

cachazudo, da adj./s. Que tiene cachaza o calma excesiva: *Más que tranquilo es cachazudo. Mi hermana es una cachazuda y yo, una histérica.*

cachear v. Registrar palpando el cuerpo por encima de la ropa: *Los cachearon a todos para ver si llevaban armas escondidas.*

cachelos s.m.pl. Trozos de patata cocida que se sirven acompañando carne o pescado: *Preparé pulpo con cachelos.*

cachemir s.m. **1** Tejido muy fino fabricado con pelo de cabra de Cachemira (región asiática que comprende parte de la India, China y Paquistán), o de lana merina: *Un jersey de cachemir es caro.* **2** Tela con dibujos en forma ovalada y curvada en cuyo interior hay más dibujos de colores: *Como no me gustan los estampados, no me pongo nunca la camisa de cachemir.* ☐ SEM. Es sinónimo de *cachemira*.

cachemira s.f. →**cachemir.**

cacheo s.m. Registro palpando el cuerpo por encima de la ropa: *Durante el cacheo, el sospechoso permaneció quieto y con las piernas y los brazos separados.*

cachet (galicismo) s.m. **1** Cotización en el mercado del espectáculo: *El actor de moda tiene un cachet altísimo.* **2** Refinamiento o distinción que dan un carácter distintivo: *Esa chica tiene mucho cachet y todo el mundo se fija en ella.* ☐ PRON. [kaché]. ☐ USO Su uso es innecesario y puede sustituirse por una expresión como *cotización* o *toque de distinción*, respectivamente.

cachetada s.f. Golpe dado con la mano abierta, esp. en la cara o en las nalgas: *Como no me hagas caso te vas a ganar unas cachetadas.*

cachete s.m. **1** Golpe dado con los dedos de la mano, esp. en la cara o en las nalgas: *Como el niño no se estaba quieto, le dieron un par de cachetes.* **2** Carrillo, esp. si es abultado: *Se nota que hace frío porque tienes los cachetes colorados.*

cachimba s.f. Utensilio para fumar, formado por un tubo terminado en una cazoleta o recipiente donde se echa el tabaco picado; *pipa: Siempre me imagino a los lobos de mar fumando en cachimba.*

cachiporra s.f. Palo de una sola pieza con un extremo muy abultado: *Le golpearon la cabeza con una cachiporra.*

cachiporrazo s.m. **1** Golpe dado con una cachiporra o con otro objeto parecido: *Me dio un cachiporrazo y me hizo un chichón.* **2** Golpe fuerte o aparatoso, esp. el dado en un choque: *Al levantar la cabeza me di un cachiporrazo con la ventana.*

cachirulo s.m. En el traje masculino típico de Aragón (región española), pañuelo que se ata alrededor de la cabeza: *Todos los hombres bailaban la jota con sus cachirulos puestos.* ☐ SEM. Se usa mucho como palabra comodín para designar de manera imprecisa un objeto.

cachivache s.m. **1** Mueble o utensilio, esp. los de una casa y si están desordenados: *No hay cosa peor que ordenar todos los cachivaches de la cocina.* **2** Trasto u objeto en desuso, viejo o inútil: *El trastero estaba lleno de cachivaches.* ☐ MORF. Se usa más en plural. ☐ SEM. Se usa mucho como palabra comodín para designar de manera imprecisa un objeto. ☐ USO Tiene un matiz despectivo.

cacho s.m. **1** *col.* Pedazo o trozo pequeño: *Comió un cacho de pan y se fue a trabajar. El jarrón se ha roto en tres cachos.* **2** ‖ **ser un cacho de pan.** *col.* Ser muy bondadoso: *Como es un cacho de pan, cualquier favor que le pidas te lo hace.*

cachondearse v.prnl. *vulg.* Burlarse o guasearse: *No te cachondees, porque lo mismo te podía haber pasado a ti.* ☐ SINT. Constr.: *cachondearse* DE *algo*.

cachondeo s.m. **1** *vulg.* Burla, guasa o juerga: *Se fueron de cachondeo y llegaron a las cinco de la mañana.* **2** *vulg.*

Desorganización, desbarajuste o falta de seriedad: *Había tal cachondeo en la empresa que nadie sabía cuál era mi cometido.*

cachondo, da ▮ adj. **1** *vulg.* Excitado sexualmente: *Algunas escenas de desnudo de la película lo pusieron cachondo.* ▮ adj./s. **2** *vulg.* Divertido y gracioso o burlón: *Es un chiste muy cachondo y te vas a reír mucho. Eres una cachonda y a todo le sacas la gracia.*

cachorro, rra s. **1** Perro de poco tiempo: *Me han regalado un cachorro de dos meses.* **2** Cría de algunos mamíferos: *Los cachorros de león parecen muñecos de peluche.*

cacica s.f. de **cacique**.

cacique s. **1** En América Central y del Sur, gobernante o jefe de algunas tribus indias: *Los conquistadores españoles respetaron inicialmente la autoridad de los caciques.* **2** *col. desp.* En un pueblo o en una comarca, persona influyente que interviene de forma abusiva en asuntos políticos o administrativos: *El alcalde solía ser uno de los caciques del lugar.* **3** *col. desp.* En una colectividad, persona que ejerce una autoridad o poder abusivos: *El cacique del partido siempre logra que se aprueben sus propuestas.* ☐ MORF. Aunque es de género común, y exige concordancia en masculino o en femenino para señalar la diferencia de sexo: *el cacique, la cacique*, para el femenino se usa también la forma *cacica*.

caciquismo s.m. **1** Dominación o influencia del cacique de un pueblo o comarca: *El caciquismo tuvo gran importancia en la estructura política española en el siglo XIX y principios del XX.* **2** Intromisión o manipulación abusivas en un asunto por medio de la autoridad o de la influencia personales: *Hasta que no desaparezca el caciquismo, la empresa no funcionará.*

caco s.m. Ladrón que roba con habilidad (por alusión a Caco, personaje de la mitología grecolatina que robó a Hércules unos bueyes): *Por la noche entraron unos cacos y nos desvalijaron la casa.*

cacofonía s.f. Efecto acústico desagradable que resulta de la mala combinación de los sonidos de las palabras: *En la frase 'en el tren te atragantaste al tomar té' se produce cacofonía.*

cacto s.m. →**cactus.**

cactus s.m. Planta de tallo grueso, verde y carnoso, con flores amarillas, que puede almacenar agua y es originaria de México (país centroamericano): *El cactus es propio de terrenos secos.* ☐ ORTOGR. Se admite también *cacto.* ☐ MORF. Invariable en número.

cacumen s.m. *col.* Inteligencia y perspicacia, o gran capacidad de entendimiento: *¡Tiene tal cacumen que no se le escapa nada!* ☐ MORF. Su plural es *cacúmenes*.

cada indef. **1** Establece una correspondencia distributiva entre los miembros numerables de una serie y los miembros de otra: *Daban un regalo a cada niño.* **2** Designa un elemento de una serie individualizándolo: *Va a casa de su abuela cada martes.* **3** En expresiones generalmente elípticas, se usa para ponderar: *Estos niños arman cada jaleo...* ☐ MORF. 1. Invariable en género y en número. 2. →APÉNDICE DE PRONOMBRES.

cadalso s.m. Tablado que se levanta para ejecutar a un condenado a muerte: *Antiguamente los cadalsos se levantaban en las plazas públicas.*

cadáver s.m. Cuerpo muerto o sin vida, esp. el de una persona: *Encontraron el cadáver del desaparecido a las afueras del pueblo.*

cadavérico, ca adj. Del cadáver, relacionado con él, o con sus características: *La rigidez cadavérica se presenta a las pocas horas de producirse la muerte. Al abrirme la puerta un hombre de aspecto cadavérico, me asusté.*

cadena s.f. **1** Conjunto de eslabones o piezas, generalmente metálicos y en forma de anillo, enlazados uno a continuación del otro: *Me regalaron una cadena de oro muy bonita.* 👁 **joya** **2** Conjunto de piezas, generalmente metálicas, iguales y articuladas entre sí, que forman un circuito cerrado: *Se ha salido la cadena de la bicicleta y no sé ponerla.* **3** Sucesión de fenómenos, acontecimientos, hechos o cosas relacionados entre sí: *El recorte económico ha originado una cadena de protestas.* **4** Serie de personas enlazadas, generalmente cogiéndose de las manos, o relacionadas entre sí: *Los manifestantes formaron una cadena humana de varios kilómetros.* **5** Conjunto de establecimientos, instalaciones o construcciones del mismo tipo o con una misma función, organizados en sistema y pertenecientes a una sola empresa o sometidos a una sola dirección; *red: Es el dueño de una de las mejores cadenas hoteleras.* **6** Conjunto de emisoras que difunden una misma programación radiofónica o televisiva: *El partido lo televisará una cadena privada.* **7** Lo que supone una obligación o se considera una atadura: *Se queja de que los hijos son una cadena, aunque no podría vivir sin ellos.* **8** ‖ **cadena (de montaje).** Conjunto de instalaciones y operaciones sucesivas por las que pasa un producto industrial en el proceso de fabricación y montaje y que están organizadas con el fin de reducir al mínimo el tiempo y el esfuerzo invertido en el trabajo: *En una cadena de montaje, cada trabajador tiene que hacer siempre la misma tarea.* ‖ **cadena {de música/de sonido/musical}.** Equipo estereofónico compuesto por varios aparatos grabadores y reproductores de música, independientes pero adaptables entre sí: *Mi cadena musical tiene tocadiscos, casete y radio.* ‖ **cadena perpetua.** En derecho, pena máxima de privación de libertad: *En España no pueden condenarlo a más de 30 años, pero en otros países le impondrían cadena perpetua.*

cadencia s.f. Sucesión regular o medida de sonidos o de movimientos: *Su elegancia queda patente en la cadencia de todos sus movimientos.*

cadeneta s.f. Labor o punto en forma de cadena: *He hecho un bordado a cadeneta.*

cadera s.f. **1** En el cuerpo humano, cada una de las dos partes salientes formadas a los lados por los huesos superiores de la pelvis: *Tienen que operarla porque se ha roto la cadera.* **2** En un animal cuadrúpedo, parte lateral del anca: *Compré un kilo de cadera en la carnicería.* 👁 **carne**

cadete ▮ adj./s. **1** Referido a un deportista, que, por edad, pertenece a la categoría posterior a la de infantil y anterior a la de juvenil: *Este jugador cadete es uno de los mejores goleadores del equipo. Este será el último año que forme parte del equipo de cadetes.* ▮ s. **2** Alumno de una academia militar: *Estuvo varios años de cadete en Zaragoza.* ☐ MORF. 1. Como adjetivo es invariable en género. 2. Como sustantivo es de género común y exige concordancia en masculino o en femenino para señalar la diferencia de sexo: *el cadete, la cadete*.

cadi s.m. En golf, persona que lleva los palos del jugador: *Un cadi debe conocer las diferencias que hay entre un palo y otro.* ☐ ORTOGR. 1. Dist. de *cadí*. 2. Es un anglicismo (*caddie*) adaptado al español.

cadí s.m. Juez musulmán que interviene en las causas

civiles y religiosas: *Al desmembrarse el califato de al Ándalus, hubo ciudades en las que los cadíes llegaron a ser verdaderos reyes.* □ ORTOGR. Dist. de *cadi*. □ MORF. Aunque su plural en la lengua culta es *cadíes*, se usa mucho *cadís*.

cadmio s.m. Elemento químico, metálico y sólido, de número atómico 48, de color blanco azulado, brillante y fácilmente deformable: *Con el cadmio se fabrican fusibles y sirve como antioxidante en capas protectoras.* □ ORTOGR. Su símbolo químico es *Cd*.

caducar v. **1** Perder validez o efectividad debido esp. al paso del tiempo: *El contrato caduca dentro de un mes.* **2** Referido esp. a un plazo, terminar o acabarse: *El plazo de matrícula caduca hoy.* **3** Referido a un producto que puede deteriorarse con el tiempo, estropearse o dejar de ser apto para el consumo: *Tira estas medicinas porque ya han caducado.* □ ORTOGR. La *c* se cambia en *qu* delante de *e* →SACAR.

caducidad s.f. **1** Pérdida o fin de la validez o de la efectividad debido esp. al paso del tiempo: *Muchos productos domésticos llevan en el envase la fecha de caducidad.* **2** Carácter de lo que es caduco o perecedero: *En el sermón resaltó la caducidad de los bienes terrenales.*

caducifolio, lia adj. Referido a un árbol, que pierde sus hojas anualmente: *El chopo es un árbol caducifolio, que pierde sus hojas en otoño.*

caduco, ca adj. **1** Perecedero, de poca duración o que se estropea en un plazo de tiempo no muy largo: *Los árboles de hoja caduca pierden sus hojas todos los años.* **2** *desp.* Referido a una persona, que es de edad muy avanzada y tiene por ello menguadas sus facultades: *¡Mira con lo que viene ahora el viejo caduco!* **3** Sin vigencia o anticuado: *Sus valores están caducos y no tienen sentido en nuestros tiempos.*

caedizo, za adj. Que cae con facilidad: *Si tiene las hojas caedizas en primavera, es a causa de alguna enfermedad.*

caer v. **1** Moverse de arriba abajo por la acción del propio peso: *La nieve caía suavemente.* **2** Perder el equilibrio hasta dar en el suelo o en algo firme que lo detenga: *Resbaló con una cáscara de plátano y cayó de espaldas. Se ha caído el jarrón y se ha hecho trizas.* **3** Desprenderse o separarse del lugar o del objeto a los que se estaba unido o adherido: *La fruta madura cae de los árboles. Se me cayó un botón de la camisa.* **4** Encontrarse inesperadamente o sin pensarlo en una desgracia o en un peligro: *Cayó en poder de sus enemigos.* **5** Venir a dar en una trampa o en un engaño: *El grupo de soldados cayó en una emboscada de la guerrilla.* **6** Incurrir en un error o cometer una falta: *Aunque me he propuesto mil veces no hablar de ello, siempre caigo en lo mismo.* **7** Ir a parar a un lugar o a una situación distintos de lo previsto: *Caí en un pueblo inmundo que ni aparecía en los mapas.* **8** Perder la posición, el cargo o el poder: *La revolución hizo caer al dictador.* **9** Desaparecer, dejar de ser o de existir, acabar o morir: *Cuando cayó la monarquía, el país se convirtió en una república.* **10** Descender o bajar mucho: *Los precios del petróleo volvieron a caer.* **11** Estar situado en un punto en el espacio o en el tiempo, o cerca de él: *¿Por dónde cae la estación?* **12** Sentar bien o mal: *Ese vestido te cae muy bien y te favorece mucho.* **13** Fracasar, ser vencido o ser conquistado: *En el primer examen cayó la mitad de la clase.* **14** Abalanzarse o echarse encima con rapidez: *Los niños cayeron sobre los pasteles y no dejaron ni uno.* **15** *col.* Llegar a entender, a comprender o a recordar: *Hasta varios días después, no caí en lo que quiso decir con aquellas palabras misteriosas.* **16** Tomar una determinada forma al colgar: *Las cortinas caen en pliegues.* **17** Seguido por un adjetivo, alcanzar el estado expresado por este: *Si no te cuidas, caerás enferma.* **18** Referido a un acontecimiento, sobrevenir o venir inesperadamente: *La desgracia ha caído sobre esa familia.* **19** Referido esp. a un premio o a una tarea, tocar o corresponder: *¿Cómo me ha podido caer a mí semejante tarea?* **20** Referido al sol, al día o a la tarde, acercarse a su ocaso o a su fin: *Cuando el sol cae, el cielo se tiñe de rojo.* **21** Referido a un vestido, tener el borde desnivelado hacia abajo: *Ese vestido cae por delante.* **22** ‖ **caer bajo.** Referido a una persona, hacer algo indigno o despreciable: *Me has desilusionado porque nunca creí que pudieras caer tan bajo.* ‖ **caer {bien/mal}** a alguien. Resultarle simpático o antipático: *No sé cómo ese cretino te puede caer bien.* ‖ **caerse de {culo/espaldas}.** *col.* Asombrarse mucho: *Se cayó de espaldas cuando le dije que me iba a meter monja.* ‖ **dejar caer** algo. En una conversación, decir algo de pasada pero con intención: *Dejó caer que me engañabas, pero yo no me di por aludida.* ‖ **dejarse caer.** *col.* Presentarse de forma inesperada: *Si voy por tu pueblo, ya me dejaré caer por tu casa.* ‖ **estar al caer.** Estar a punto de llegar o de ocurrir: *Las vacaciones están al caer.* □ MORF. Irreg. →CAER. □ SINT. 1. Constr. de las acepciones 4, 5, 6, 7 y 15: *caer* EN *algo*. 2. Constr. de la acepción 14: *caer* SOBRE *algo*.

café s.m. **1** Arbusto tropical, de hojas opuestas, lanceoladas, perennes y muy verdes, flores blancas y olorosas, y con el fruto en forma de baya de color rojo: *El café es un arbusto muy cultivado en América.* **2** Semilla de este arbusto: *Antes de tostar el café se quita la cascarilla.* **3** Bebida de color oscuro y sabor amargo que se prepara con estas semillas tostadas y molidas: *No puedo tomar café porque me pone nervioso.* **4** Establecimiento público en el que se sirve esta infusión y otras bebidas: *En el café de la esquina tenemos una tertulia todas las tardes.* **5** ‖ **café americano.** El preparado con mucha agua: *No me gusta el café americano porque no sabe a nada.* ‖ **café-cantante.** Aquel en el que se ofrecen actuaciones musicales en directo, esp. con canciones frívolas: *A mis padres les gusta mucho ir de vez en cuando a un café-cantante.* ‖ **(café) capuchino.** El mezclado con leche y espumoso: *Para tomar un buen café capuchino hay que ir a Italia.* ‖ **café concierto.** Aquel en el que se ofrecen actuaciones musicales en directo, esp. de cantautores o de música clásica: *Los sábados por la noche voy a un café-concierto a escuchar música.* ‖ **(café) cortado.** El mezclado con muy poca leche: *Queremos un café cortado, dos con leche y uno solo.* ‖ **(café) descafeinado.** El que no tiene cafeína o tiene muy poca: *Como soy muy nervioso, solo tomo café descafeinado.* ‖ **café {griego/turco}.** El que se hace con el agua y el polvo mezclados y se toma sin filtrar: *El café turco hay que dejarlo reposar mucho para que los posos queden en el fondo.* ‖ **café irlandés.** El que se prepara con wiski y nata: *El café irlandés con un poco de canela está muy rico.* ‖ **café teatro.** Aquel en el que se representan obras teatrales breves: *Me divertí mucho con una obrita cómica que vi en el café teatro.* ‖ **café torrefacto.** El que se tuesta con algo de azúcar: *El café torrefacto es más oscuro que el natural.* ‖ **café vienés.** El que se prepara con nata: *Quiero un café vienés con nata muy fría.* ‖ **mal café.** *col.* Mal humor: *Está de mal café porque le han puesto una multa.* □ MORF. 1. Su plural es *cafés*; incorr. **cafeses*. 2. En la acepción 3, se usa mucho el diminutivo coloquial *cafelito*. 3. En la acepción 4, se usa mucho el diminutivo *cafetín*. ☐ USO Es innecesario el uso del galicismo *'café negro'* en lugar de *café solo*.

cafeína s.f. Sustancia de origen vegetal con propiedades estimulantes y que se obtiene de las semillas y de las hojas de plantas como el café, el té o el mate: *La cafeína se usa en medicina como estimulante del corazón.*

cafetal s.m. Terreno poblado de cafés: *En Colombia hay muchos cafetales.*

cafetera s.f. Véase **cafetero, ra**.

cafetería s.f. Establecimiento donde se sirven café y otras bebidas y comidas: *Hoy no puedo ir a casa y comeré algo en cualquier cafetería.*

cafetero, ra ▌adj. **1** Del café o relacionado con él: *Algunos de los países cafeteros más importantes son Brasil y Colombia.* ▌adj./s. **2** Referido a una persona, que es muy aficionada a tomar café: *Soy muy cafetera y a veces tomo cinco cafés al día. Como estoy rodeado de cafeteros, siempre hay café hecho.* ▌s. **3** Persona que se dedica profesionalmente a la recolección o al comercio del café: *Muchos cafeteros son jornaleros temporales.* ▌s.f. **4** Máquina o aparato para hacer café, o recipiente para servirlo: *Me han regalado una cafetera de acero inoxidable.* 👁 **electrodoméstico 5** *col.* Vehículo viejo y que no funciona bien: *Esta cafetera no arranca ni a la de tres.*

cafre adj./s. *desp.* Muy bruto, violento o grosero: *No seas cafre y sácate el dedo de la nariz. Esta madrugada unos cafres rompieron tres árboles del jardín.* ☐ MORF. 1. Como adjetivo es invariable en género. 2. Como sustantivo es de género común y exige concordancia en masculino o en femenino para señalar la diferencia de sexo: *el cafre, la cafre*. ☐ USO Se usa como insulto.

cagada s.f. Véase **cagado, da**.

cagadero s.m. *vulg.* Lugar donde se caga: *Hasta que se hicieron las letrinas, el cagadero del campamento era una antigua trinchera.*

cagado, da ▌adj./s. **1** *col.* Cobarde, miedoso o poco valeroso: *No seas tan cagada, que este perro no muerde. Es un cagado y nunca se arriesga.* ▌s.f. **2** *vulg.* Excremento que sale por el ano cada vez que se evacua el vientre: *Es asqueroso ver cagadas de perro en las aceras.* **3** *vulg.* Lo que se considera de mala calidad o de poco valor: *Ese cuadro es una cagada y no podrán venderlo tan caro.*

cagalera s.f. *vulg.* Diarrea: *He cogido frío en la tripa y tengo cagalera.*

cagar ▌v. **1** *vulg.* Expulsar excrementos por el ano: *¿Cómo voy a cagar en ese servicio tan guarro? No pudo aguantar más y se cagó en los pantalones.* ▌prnl. **2** *vulg.* Acobardarse o tener mucho miedo: *Al oír aquellos ruidos se cagó de miedo.* **3** ‖ **cagarla.** *vulg.* Cometer una equivocación muy difícil de solucionar: *Si el profesor te pilló con la chuleta, la has cagado, porque no vas a aprobar nunca.* ‖ **cagarse en** algo. *vulg.* Maldecirlo: *Estaba tan enfadada que se cagó en su familia.* ☐ ORTOGR. La *g* se cambia en *gu* delante de *e* →**PAGAR**. ☐ SINT. Constr. de la acepción 2: *cagarse* DE *algo*.

cagarruta s.f. Porción de excremento, generalmente esférico, de ganado menor y de otros animales: *El camino está lleno de cagarrutas de oveja.*

cagón, -a adj./s. **1** *vulg.* Que caga con mucha frecuencia: *Esta niña es tan cagona que no gano para pañales. ¡Menudo cagón, se pasa todo el día yendo al baño!* **2** *col.* Cobarde y miedoso en extremo: *Aunque parezca muy valiente, es la persona más cagona de la casa. Es un cagón y no sale por la noche al bosque ni aunque le pagues.*

caído, da ▌adj. **1** Referido a una parte del cuerpo, que está muy inclinada o más baja de lo normal: *Si tienes los hombros caídos, ponte hombreras.* ▌adj./s. **2** Referido a una persona, que ha muerto en defensa de una causa: *Ese es el monumento a una mujer caída por la libertad. Los caídos en las guerras se convierten en héroes nacionales.* ▌s.f. **3** Movimiento que se hace de arriba abajo por la acción del propio peso: *Es agradable observar la caída de la nieve desde la ventana del refugio.* **4** Pérdida del equilibrio hasta dar en el suelo o en algo firme que lo detenga: *A consecuencia de una caída, se rompió un brazo.* **5** Desprendimiento o separación del lugar o del objeto a los que se estaba unido o adherido: *Teme quedarse calvo e intenta prevenir la caída del cabello.* **6** Encuentro inesperado en una desgracia, en un peligro, en una trampa o en una situación imprevista: *Desde su caída en desgracia, no hay forma de hacerlo reaccionar.* **7** Pérdida de la posición, del cargo o del poder: *Todo el país celebró la caída del dictador.* **8** Desaparición, destrucción o extinción: *Muchos factores colaboraron en la caída del Imperio romano.* **9** Descenso acentuado, bajada fuerte o inclinación brusca: *La caída del dólar ha afectado a la economía mundial.* **10** Fracaso, derrota o conquista: *La caída de la ciudad costó varios meses de asedio.* **11** Movimiento consistente en abalanzarse sobre algo o en echarse encima de ello con rapidez: *La caída del ejército sobre el grupo guerrillero ocasionó numerosas víctimas.* **12** Acción de incurrir en un error o de cometer una falta: *Si estás desintoxicándote del alcohol, no puedes permitirte tener una caída.* **13** Puesta del sol o finalización del día o de la tarde: *En verano sale a pasear a la caída de la tarde.* **14** Manera de caer, colgar o plegarse una tela a causa de su peso: *Para hacerte el vestido, compra una tela que tenga mucha caída.* **15** ‖ **caída de la noche.** Comienzo de la noche: *Con la caída de la noche no se oye ni un ruido en el campo.* ‖ **caída de ojos.** Forma de bajar los ojos o los párpados: *Ese actor tiene una caída de ojos muy sensual.* ‖ **caída libre. 1** La que experimenta un cuerpo sometido exclusivamente a la acción de la gravedad: *Para hacer el experimento de caída libre, subió al primer piso y soltó la pesa.* **2** En paracaidismo deportivo, modalidad de salto en el que se retrasa voluntariamente la apertura del paracaídas: *Me da miedo ver a un paracaidista haciendo caída libre.*

caimán s.m. Reptil anfibio y carnívoro parecido al cocodrilo pero de menor tamaño y con el hocico más corto y redondeado, que habita fundamentalmente en los ríos y pantanos americanos; *aligátor*: *Los dientes de la mandíbula inferior del caimán quedan dentro de la mandíbula superior cuando cierra la boca.* ☐ MORF. Es un sustantivo epiceno y la diferencia de sexo se señala mediante la oposición *el caimán {macho/hembra}*.

caín ‖ **pasar las de Caín.** *col.* Sufrir grandes apuros o contratiempos (por alusión a la historia bíblica de Caín): *Pasé las de Caín hasta que conseguí un trabajo.*

caja s.f. **1** Recipiente de distintas formas y materiales, generalmente con tapa, que sirve para guardar o transportar cosas: *Cuando llegó el camión de la mudanza, ya tenía todo metido en cajas.* **2** Receptáculo, generalmente de madera, en el que se coloca un cadáver para enterrarlo; *ataúd, féretro*: *Llevaron la caja a hombros hasta el cementerio.* **3** En un establecimiento, ventanilla o lugar donde se realizan pagos, cobros y entregas de dinero o semejantes: *Pasen por caja para abonar sus compras.* **4** En algunos instrumentos musicales de cuerda o de percusión, parte exterior de madera que los cubre y resguarda, o parte hueca en la que se produce la resonancia: *El violonchelo tiene una caja mayor que la del violín.* **5** Instrumento musical de percusión, de forma cilíndrica, hueco, cubierto por sus bases con una piel tensa, y que se toca con dos palillos; *tambor: Toca la caja en una banda militar.* 👁 **percusión** **6** Cubierta o armazón en los que se aloja algo: *Si abres la caja del reloj, entrará polvo y se estropeará.* **7** ‖ **caja alta.** Letra mayúscula: *El título va en caja alta.* ‖ **caja baja.** Letra minúscula: *Este ejemplo va en caja baja y en cursiva.* ‖ **caja {boba/tonta}.** *col.* Televisión: *Se pasa el día delante de la caja tonta.* ‖ **caja (de ahorros).** Entidad bancaria destinada esp. a guardar los ahorros de los particulares: *Las primeras cajas de ahorros tenían un carácter benéfico.* ‖ **caja de cambios.** Mecanismo que permite el cambio de marcha en un automóvil: *Como mis hijos han aprendido a conducir en este coche, la caja de cambios está muy cascada.* ‖ **caja {de caudales/fuerte}.** La que está hecha de un material resistente y se utiliza para guardar con seguridad dinero y objetos de valor: *La caja fuerte está detrás de un cuadro.* ‖ **caja de música.** La que tiene un mecanismo que, al accionarse, hace que suene una melodía: *Mi joyero es una caja de música.* ‖ **caja de reclutamiento.** Organismo militar encargado de inscribir, clasificar y destinar a los reclutas: *Tengo que ir a la caja de reclutamiento para enterarme a qué guarnición y cuerpo voy destinado.* ‖ **caja negra.** En un avión, aparato que registra todos los datos e incidencias del vuelo: *Gracias a la caja negra, se pudieron saber las causas del accidente del avión siniestrado.* ‖ **caja registradora.** La que se usa en un establecimiento comercial para señalar y sumar el importe de las ventas: *En los supermercados suele haber muchas cajas registradoras.* ‖ **{despedir/echar} con cajas destempladas.** *col.* Despedir con malos modos: *No sé qué te he hecho para que ahora me despidas con cajas destempladas.* ‖ **hacer caja.** Hacer recuento de los pagos e ingresos, generalmente al final de la jornada laboral: *Al hacer caja se dieron cuenta de que faltaba dinero.*

cajero, ra s. **1** Persona que se dedica profesionalmente al control de la caja de una entidad comercial, de un banco o de establecimientos semejantes: *Estos recibos se pagan a la cajera que está en esa ventanilla.* **2** ‖ **cajero (automático).** Máquina informatizada que, por medio de una clave personal, permite efectuar operaciones bancarias inmediata y automáticamente: *Recogeré en el banco la tarjeta y la clave del cajero automático.*

cajetilla s.f. Paquete de cigarrillos o de picadura de tabaco: *En una cajetilla hay veinte cigarros.*

cajón s.m. **1** En un mueble, receptáculo que se puede meter y sacar de un hueco en el que encaja: *Los cubiertos están en el cajón de la mesa de la cocina.* **2** ‖ **cajón de sastre.** *col.* Conjunto de cosas diversas y desordenadas o sitio donde están: *Esta página del periódico es un cajón de sastre y en ella se incluyen los artículos que no entran en un apartado concreto.* ‖ **ser de cajón.** *col.* Ser evidente o estar fuera de toda duda: *Si llueve, es de cajón que no iremos al campo.*

cajonera s.f. **1** En una mesa escolar, parte en la que se guardan los libros y otras cosas: *La cajonera del pupitre es muy pequeña y no caben todos los libros.* **2** Mueble formado exclusivamente por cajones o conjunto de cajones de un mueble: *Los manteles del altar están en la cajonera de la sacristía.*

cal s.f. **1** Sustancia de óxido de calcio, de color blanco, que, al contacto con el agua, se hidrata o se apaga, con desprendimiento de calor, y que se emplea principalmente en la fabricación de cementos: *La cal se obtiene de la piedra caliza sometida a más de ochocientos grados de temperatura.* **2** ‖ **cal viva.** La que no está mezclada con agua: *Ten cuidado con la cal viva porque te puedes quemar.* ‖ **cerrar a cal y canto.** Cerrar totalmente: *Cuando se fue de vacaciones, cerró la casa a cal y canto.* ‖ **dar una de cal y otra de arena.** *col.* Alternar cosas distintas o contrarias: *No sé si le caigo bien o mal porque me da una de cal y otra de arena.*

cala s.f. **1** Entrante del mar en la costa más pequeño que la ensenada y generalmente rodeado de rocas: *Esta cala se cubre cuando hay marea alta.* **2** Corte que se hace en una fruta, esp. en un melón o en una sandía, para probarla: *El melón se me resbaló de las manos al hacer la cala.* **3** Trozo que se corta de una fruta para probarla: *Prueba esta cala de melón y dime si está dulce.* **4** Investigación en un campo del saber inexplorado o en un campo de estudio reducido: *En el artículo se hace una cala del teatro contemporáneo.* **5** Parte más baja en el interior de un buque: *Mandó a un marinero inspeccionar la cala del barco.* **6** Planta ornamental con una piña alargada de flores amarillas que sale del centro de una hoja blanca en forma de cucurucho: *Las calas necesitan mucha agua.* **7** Flor de esta planta: *Cortó dos calas y las puso en un jarrón.* **8** *col.* Peseta: *Esa bolsa de pipas costaba cincuenta calas.* ☐ SEM. En las acepciones 6 y 7, es sinónimo de *lirio de agua*.

calabacín s.m. Variedad de calabaza, cilíndrica, con la piel verde oscura y la carne blanca: *Como voy a hacer pisto para comer, tengo que comprar calabacines.*

calabaza s.f. **1** Planta herbácea, de tallos rastreros muy largos y cubiertos de pelo áspero, hojas anchas y flores amarillas y cuyo fruto, generalmente grande y carnoso, es comestible: *El fruto de una variedad de calabaza es anaranjado.* **2** Fruto de esta planta: *El cabello de ángel se hace cociendo la pulpa de la calabaza.* **3** *col.* En el lenguaje estudiantil, suspenso: *Estudiaré en el verano porque tengo una calabaza en matemáticas.* **4** ‖ **dar calabazas.** *col.* Rechazar un ofrecimiento amoroso: *Juan me ha dado calabazas y estoy muy triste.*

calabazar s.m. Terreno plantado de calabazas: *Han ido a arar el calabazar.*

calabobos s.m. *col.* Llovizna muy fina y continua: *Creyó que no se iba a mojar, pero con este calabobos te calas hasta los huesos.* ☐ MORF. Invariable en número.

calabozo s.m. **1** Celda de una cárcel o lugar destinado a encerrar a un preso o a un arrestado, esp. si está bajo condiciones de incomunicación: *El comisario encerró a los borrachos en los calabozos para que no causaran peleas y destrozos.* **2** Lugar, generalmente oscuro y subterráneo, donde se encerraba a los presos: *Bajé a los calabozos del castillo y eran tétricos.*

calada s.f. **1** Chupada que se da al fumar: *No quiero un cigarrillo, dame solo una calada.* **2** Introducción de un instrumento de pesca en el agua: *La calada de las redes se realizó de madrugada.*

caladero s.m. Lugar apropiado para calar o echar las

redes de pesca: *Los barcos se dirigían a los caladeros de sardinas.*

calado s.m. **1** Labor o adorno que se hace en una superficie de modo que esta quede taladrada, agujereada o hueca, generalmente siguiendo un dibujo: *Tengo un mantel con un calado en forma de flor en el centro.* **2** Distancia entre la superficie del agua y el fondo: *El calado del puerto ha disminuido a causa de los sedimentos.* **3** En una embarcación, distancia entre el punto más bajo sumergido y la superficie del agua: *Los barcos de poco calado pueden navegar por el río.* 👁 **embarcación** **4** Parada brusca de un motor de explosión a causa de la falta de combustible, por estar frío o por otras razones: *El frecuente calado del coche me hizo pensar que tenía una avería.*

calamar s.m. Molusco marino, con diez tentáculos alrededor de la cabeza provistos de ventosas, sin concha externa y con una interna, con el cuerpo en forma de huso provisto de dos aletas en su parte superior y que segrega un líquido negro con el que enturbia el agua para ocultarse cuando se siente perseguido: *Los calamares viven formando bancos.* □ MORF. Es un sustantivo epiceno y la diferencia de sexo se señala mediante la oposición *el calamar {macho/hembra}*. 👁 **marisco**

calambre s.m. **1** Contracción brusca, involuntaria y dolorosa de un músculo: *Tengo un calambre en la pierna y no puedo estirarla.* **2** Estremecimiento que se produce en el cuerpo por una descarga eléctrica de baja intensidad: *Toqué un cable pelado y me dio calambre.*

calamidad s.f. **1** Desgracia, adversidad, infortunio o sufrimiento, esp. cuando afecta a muchas personas: *En la posguerra pasamos muchas calamidades.* **2** Persona a la que le ocurren todo tipo de desgracias por su torpeza o mala suerte: *No sé cómo te las vas a apañar para llevar sola la casa si eres una verdadera calamidad.* □ MORF. La acepción 1 se usa más en plural.

calamitoso, sa adj. **1** Que causa calamidades, que va acompañado de ellas o que es propio de ellas: *Llegó en un estado calamitoso, llorando, sucio y desarrapado.* **2** Infeliz, desdichado o que le ocurren calamidades por su torpeza o mala suerte: *A esta calamitosa mujer la despiden de todas partes.*

cálamo s.m. **1** En la pluma de un ave, parte hueca de su eje central, que carece de filamentos laterales y que se inserta en la piel; *cañón: El cálamo se inserta en la piel y por eso al arrancar una pluma sale sangre.* **2** *poét.* Pluma para escribir: *Cuando me inspiro, el cálamo vuela sobre el papel.* **3** *poét.* Caña de una planta: *Descansemos entre los cálamos a la ribera del río.*

calandria s.f. Pájaro parecido a la alondra, de dorso parduzco, vientre blanquecino y una mancha negra en el cuello, alas anchas, pico fuerte y de color amarillo, y que anida en el suelo: *Las calandrias imitan fácilmente el canto de otros pájaros.* □ MORF. Es un sustantivo epiceno y la diferencia de sexo se señala mediante la oposición *la calandria {macho/hembra}*.

calaña s.f. *desp.* Clase, género o condición: *No quiero a mi lado gente de su calaña.*

calañés s.m. →**sombrero calañés.** 👁 **sombrero**

calar ▮ v. **1** Referido a un líquido, penetrar en un cuerpo permeable: *El agua ha calado el techo y hay goteras. Llueve tan poco que no ha calado en la tierra.* **2** Referido a un cuerpo, permitir que un líquido penetre en él: *Esta tela cala y no te sirve para hacer una gabardina.* **3** Introducirse o penetrar: *Esas ideas calaron en España en los años setenta. Lo que dijo caló hondo en nosotros.* **4** *col.* Referido a una persona, adivinar su verdadero carácter, sus intenciones o sus pensamientos: *Me caló al instante y supo que estaba nervioso.* **5** *col.* Referido a una cuestión, comprender su razón o su sentido ocultos: *Cuando caló el tipo de negocio que era, quiso echarse atrás.* **6** Referido a una fruta, esp. a un melón o a una sandía, cortar un trozo para probarla: *Si hubiera calado el melón, me habría dado cuenta de que no está maduro.* **7** Referido a una tela o a un material en láminas, hacer calados en ellos: *Es muy bonito el mantel que ha calado tu abuela. Llevé el anillo de oro a un orfebre para que me lo calara.* **8** Referido a un instrumento de pesca, introducirlo en el agua para pescar: *Esos barcos se dirigen hacia alta mar para calar las redes.* **9** Referido a un sombrero, encajarlo bien en la cabeza: *Su madre le caló el gorro hasta las cejas. Se caló la gorra y salió a la calle.* **10** Referido a una bayoneta, colocarla o encajarla en el fusil: *El teniente ordenó calar las bayonetas.* ▮ prnl. **11** Mojarse hasta que el agua llega al cuerpo a través de la ropa: *Como no llevaba paraguas, me calé hasta los huesos.* **12** Referido a un motor de explosión, pararse bruscamente por no llegarle el suficiente combustible, por estar frío o por otras causas: *A los novatos se les cala el coche cada dos por tres.*

calasancio, cia adj./s. De las Escuelas Pías (orden religiosa fundada en 1597 por san José de Calasanz), o relacionado con ellas; *escolapio: Mi profesor de matemáticas era un fraile calasancio. En esta ciudad hay un colegio de calasancios.*

calavera ▮ s.m. **1** Hombre con poco sentido común o vicioso y juerguista: *Es un calavera y se gastará en poco tiempo el dinero que heredó.* ▮ s.f. **2** Conjunto de huesos que forman la cabeza cuando permanecen unidos: *La bandera pirata tiene una calavera y dos tibias.* □ ORTOGR. Dist. de *carabela*.

calaverada s.f. *col.* Hecho que se considera propio de un hombre con poco sentido común o vicioso y juerguista: *La calaverada de irse de juerga un mes seguido le costó un disgusto.*

calcado, da ▮ adj. **1** Idéntico o muy parecido: *Tienes la voz calcada a la de tu hermano y os confundo por teléfono.* ▮ s.m. **2** Acción de copiar por contacto del original con el soporte al que se traslada: *El calcado de este dibujo me llevará mucho tiempo.*

calcáneo s.m. Hueso del tarso, que en la especie humana forma el talón: *El calcáneo es el hueso más voluminoso del pie.* □ SEM. Dist. de *calcañar* (parte posterior de la planta del pie).

calcañal s.m. →**calcañar.**

calcañar s.m. Parte posterior de la planta del pie; *carcañal: No apoyes la punta del pie antes que el calcañar.* □ ORTOGR. Se admiten también *calcañal* y *carcañal*. □ SEM. Dist. de *calcáneo* (hueso del talón).

calcar v. **1** Sacar copia por contacto del original con el soporte al que se va a trasladar: *Calcó el dibujo en un cristal y luego lo coloreó.* **2** Imitar, copiar o reproducir fielmente: *Admira tanto a su hermana que calca todos sus gestos.* □ ORTOGR. La *c* se cambia en *qu* delante de *e* →**SACAR.**

calcáreo, a adj. Que tiene cal: *Las aguas calcáreas son perjudiciales para la dentadura.*

calce s.m. Cuña que se pone entre el suelo y una rueda para evitar que esta se mueva, o debajo de un mueble, para evitar que cojee; *calza: Ponle un calce a la rueda porque el coche está cuesta abajo.*

calceta s.f. Tejido de punto que se hace a mano: *Mi abuela me enseñó a hacer calceta.*

calcetín s.m. Prenda de vestir de punto que cubre el pie y la pierna sin llegar a la rodilla: *No me puse calcetines, y los zapatos me hicieron una rozadura.*

cálcico, ca adj. Del calcio o relacionado con él: *Los compuestos cálcicos son abundantes en el esqueleto humano.*

calcificación s.f. Modificación o degeneración de un tejido orgánico por la asimilación o por la acumulación de sales de calcio: *Según crecemos, se produce la calcificación del tejido óseo.*

calcificar ▮ v. **1** Referido a un tejido orgánico, darle propiedades cálcicas mediante la asimilación de sales de calcio: *Estoy tomando jarabe de calcio para ayudar a calcificar correctamente los huesos.* ▮ prnl. **2** Referido a un tejido orgánico, modificarse o degenerar por la acumulación de sales de calcio: *En los años de crecimiento los huesos se calcifican.* □ ORTOGR. La *c* se cambia en *qu* delante de *e* →**SACAR**.

calcinación s.f. Quema o sometimiento a altas temperaturas; *calcinamiento: La calcinación de los cuerpos impedía su identificación.*

calcinamiento s.m. →**calcinación.**

calcinar v. **1** Referido a un mineral o a otra materia, someterlos a altas temperaturas para que se desprendan las sustancias volátiles: *El carbón vegetal resulta de calcinar la madera. Al introducir las basuras en este horno, se calcinan.* **2** Quemar o abrasar de forma que quede una materia de color blanco: *Este sol tan fuerte ha calcinado las plantas del jardín.*

calcio s.m. Elemento químico, metálico y sólido, de número atómico 20, de color blanco, muy alterable al contacto con el aire o el agua, y muy abundante en la naturaleza: *El calcio se encuentra en la leche y las verduras.* □ ORTOGR. Su símbolo químico es *Ca*.

calcita s.f. Carbonato cálcico, incoloro o de color blanco, y muy abundante en la naturaleza: *La calcita es un mineral blando y se exfolia fácilmente.*

calco s.m. **1** Copia por contacto del original con el soporte al que se va a trasladar: *La profesora notó que mi dibujo era un calco.* **2** Imitación o reproducción idéntica o muy parecida: *Su forma de vestir es un calco de la de su amiga.* **3** En lingüística, adaptación de una palabra o una expresión extranjeras a una lengua, traduciendo su significado completo o el de cada uno de los elementos que las forman: *'Balonvolea' es un calco de la palabra inglesa 'volleyball'.*

calcografía s.f. **1** Arte o técnica de estampar imágenes por medio de planchas metálicas grabadas, esp. si son de cobre: *Quiero aprender calcografía para ilustrar libros.* **2** Reproducción obtenida mediante esta técnica: *He enmarcado las dos calcografías que compré.*

calcolítico, ca ▮ adj. **1** Del Calcolítico o relacionado con esta etapa prehistórica: *Las primeras culturas calcolíticas surgieron en el Próximo Oriente.* ▮ adj./s.m. **2** Referido a una etapa del Neolítico, que es la última de este período y que se caracteriza por el uso de útiles de piedra pulimentada, de cobre y de otros metales: *Encontraron en el yacimiento, armas del período Calcolítico. En el Calcolítico se empezó a conocer el cobre.* □ SEM. Es sinónimo de *eneolítico*. □ USO Como sustantivo, se usa como nombre propio.

calcomanía s.f. **1** Papel que lleva una imagen al revés preparada con una sustancia pegajosa para pasarla por contacto a otra superficie: *Tienes que apretar mucho la calcomanía para que quede bien.* **2** Imagen trasladada por contacto de un papel a otra superficie: *Mi hermana lleva el brazo lleno de calcomanías.* □ ORTOGR. Incorr. **calcamonía*.

calculador, -a ▮ adj./s. **1** Referido a una persona, que hace algo pensando solo en el interés material que puede reportarle: *Es una mujer calculadora y ambiciosa. ¿Cómo no va a llegar a la cima del poder un calculador como él?* ▮ s.f. **2** Aparato o máquina que realiza automáticamente y en pocos segundos operaciones matemáticas: *No nos dejan llevar calculadora al examen de matemáticas.*

calcular v. **1** Hacer cálculos: *Para calcular el área de un triángulo hay que saber cuánto miden la base y la altura.* **2** Considerar o reflexionar con cuidado y atención: *Calcula los pros y los contras antes de decidirte.*

cálculo s.m. **1** Conjunto de operaciones matemáticas que se hacen para hallar un resultado: *El problema del cálculo de la velocidad era el más difícil del examen.* **2** Parte de las matemáticas que estudia estas operaciones: *En cálculo aritmético se opera con números y en el algebraico, con signos o con símbolos distintos a los números.* **3** Juicio que se forma a partir de datos incompletos o aproximados: *Según mis cálculos, ese niño debe de ser mayor que tú. Tus cálculos han fallado y no ha ganado el equipo que decías.* **4** Acumulación anormal y más o menos compacta de sales y minerales que se forma en conductos y órganos huecos; *piedra: Sus cólicos se deben a los cálculos que tiene en el riñón.*

caldeamiento s.m. Animación, excitación o pérdida de la tranquilidad: *El caldeamiento del ambiente se produjo con la salida a escena del cantante.*

caldear v. **1** Calentar suavemente, esp. un lugar cerrado: *Encendí la chimenea para caldear la sala. Con esta calefacción tan potente la casa se caldeará en un momento.* **2** Animar, excitar o hacer perder la tranquilidad: *La postura de los empresarios caldeó los ánimos de los trabajadores. Con la aparición de la policía el ambiente empezó a caldearse.*

caldeo, a ▮ adj./s. **1** De Caldea (antigua región asiática), o relacionado con ella: *La región caldea tenía terrenos muy fértiles. Los caldeos eran un pueblo de la antigua Mesopotamia.* ▮ s.m. **2** Antigua lengua semítica de esta región: *Tradujo el texto bíblico del caldeo.*

caldera s.f. **1** Recipiente metálico, cerrado o dotado de una fuente de calor, donde se calienta o se hace hervir el agua, esp. el empleado en sistemas de calefacción: *Algunos marineros echaban madera en las calderas del barco.* **2** Recipiente de metal, grande, con el fondo redondeado, que se utiliza para calentar o cocer algo: *Los pastores cocieron la comida en una caldera.* **3** ‖ **caldera de vapor.** Aquella en la que se genera vapor como fuerza motriz de una máquina: *Los primeros trenes tenían calderas de vapor.* □ SINT. Incorr. (galicismo): *caldera {*a › de} vapor*.

caldereta s.f. **1** Guiso que se hace con carne de cordero o de cabrito: *La caldereta es uno de los platos típicos de Extremadura.* **2** Guiso que se hace con pescado o marisco, cebolla y pimiento: *Tienes que aliñar la caldereta con aceite y vinagre.*

calderilla s.f. Conjunto de monedas, esp. si son de poco valor: *Los billetes los llevo en la cartera y la calderilla, en un monedero.*

caldero s.m. Caldera pequeña o cubo de metal con una sola asa, esp. si se sujeta a cada lado con argollas: *Saca agua del pozo con este caldero.*

calderón s.m. **1** En imprenta, signo gráfico que antiguamente señalaba un párrafo: *El signo ¶ es un calderón.* **2** En música, signo gráfico que se coloca sobre una nota o sobre un silencio y que indica que la duración de estos puede prolongarse a voluntad del intérprete: *El signo 𝄐 es un calderón.*

caldo s.m. **1** Líquido que resulta de la cocción de algún alimento en agua: *Con el caldo del cocido haré mañana una sopa.* **2** Jugo vegetal destinado a la alimentación y que se extrae directamente de un fruto, esp. el vino: *Los caldos riojanos son muy apreciados.* **3** Líquido que resulta de aderezar una ensalada: *Echa más aceite, vinagre y sal a la ensalada, que me gusta mojar en el caldo.* **4** ‖ **caldo de cultivo. 1** Líquido preparado para favorecer la reproducción de bacterias y otros microrganismos: *En el laboratorio hay varios caldos de cultivo de hongos, para investigar su evolución.* **2** Conjunto de circunstancias que favorecen el desarrollo de algo que se considera perjudicial: *Con el paro, la crisis y la falta de ideales hay un buen caldo de cultivo para el racismo.* ‖ **caldo gallego.** Guiso de verduras y carne de vaca y de cerdo: *No olvides las patatas para el caldo gallego.* ‖ **poner a caldo** a alguien. *col.* Regañarlo o criticarlo acaloradamente, esp. si es con insultos: *Me puso a caldo porque no fui a esperarlo.* ☐ MORF. La acepción 2 se usa más en plural.

caldoso, sa adj. Con mucho caldo: *No me gustan las lentejas caldosas, sino espesitas.*

calé adj./s.m. En el lenguaje gitano, gitano: *Los mejores cantaores son calés. Tienes los ojos negros como los de un calé.* ☐ MORF. Como adjetivo es invariable en género.

caledoniano, na adj. En geología, del movimiento orogénico producido en la era primaria o paleozoica: *El movimiento caledoniano afectó a zonas como Escocia o Escandinavia.*

calefacción s.f. **1** Sistema y conjunto de aparatos destinados a calentar un edificio o parte de él: *En mi casa tenemos calefacción eléctrica.* **2** ‖ **calefacción central.** La que depende de un foco calorífico o de una caldera común para todo un edificio: *Las calefacciones centrales no comienzan a funcionar hasta noviembre.*

calefactor, -a ▌s. **1** Persona que se dedica profesionalmente a la instalación o a la reparación de aparatos de calefacción: *Hace días que avisamos a la compañía para que mandase un calefactor a arreglar la avería.* ▌s.m. **2** Aparato de calefacción, esp. el que recoge el aire del ambiente y lo expulsa caliente: *Tengo un calefactor en el baño.*

caleidoscopio s.m. Aparato formado por un tubo que tiene en su interior varios espejos inclinados y en un extremo del cual se ven imágenes de colores que varían al hacerlo girar; *calidoscopio: Para ver las imágenes del caleidoscopio hay que mirar hacia la luz.*

calendario s.m. **1** Sistema de división del tiempo en períodos regulares de años, meses y días: *El calendario solar se basa en la rotación de la Tierra alrededor del Sol, y por eso el año tiene aproximadamente 365 días.* **2** Registro de los días del año distribuidos en meses y semanas, con indicaciones sobre las festividades y otras informaciones de tipo astronómico; *almanaque: En este calendario los días festivos están marcados en rojo.* **3** Distribución de determinadas actividades humanas a lo largo de un año: *Tenemos que preparar el calendario de actividades de este curso.*

caléndula s.f. Planta herbácea de jardín cuya flor es una gran inflorescencia en cabezuela de color anaranjado o amarillento: *La caléndula se usaba en medicina como antiespasmódico.*

calentador s.m. **1** Recipiente o utensilio que sirve para calentar: *Necesito un calentador de biberones.* **2** Electrodoméstico que sirve para calentar el agua corriente: *El calentador está estropeado y me he tenido que duchar con agua fría.* 👁 **electrodoméstico 3** Media de lana, sin pie, que sirve para mantener calientes las piernas: *Cuando hago gimnasia, me pongo unos calentadores para evitar tirones musculares.*

calentamiento s.m. **1** Comunicación de calor haciendo que aumente la temperatura: *Si la correa del ventilador se rompe, se produce el calentamiento del motor.* **2** Entrenamiento que realiza un deportista para desentumecer los músculos y entrar en calor: *Antes de salir a jugar, hacen calentamientos en la banda.*

calentar v. **1** Comunicar calor haciendo aumentar la temperatura: *En otoño el sol calienta poco. La leche se calentó demasiado.* **2** Animar, excitar o exaltar: *La suspensión del partido terminó de calentar los ánimos. Estuvo metiéndose conmigo toda la tarde hasta que me calenté y lo mandé al infierno.* **3** *col.* Azotar o dar golpes: *Me calentó el culo con una zapatilla.* **4** *vulg.* Excitar sexualmente: *Se calienta con cualquier escena erótica.* **5** En deporte, hacer ejercicios suaves para desentumecer los músculos: *Si no caliento antes del partido, luego me dan tirones.* ☐ MORF. Irreg.: La *e* de la raíz diptonga en *ie* en los presentes, excepto en las personas *nosotros* y *vosotros* →**PENSAR**.

calentísimo, ma superlat. irreg. de **caliente**.

calentón s.m. Calentamiento rápido o breve: *Dale un calentón a la comida, que tengo prisa.*

calentura s.f. **1** Herida que sale en los labios: *Esta pomada es muy buena para las calenturas.* **2** Aumento anormal de la temperatura del cuerpo, que es síntoma de algún trastorno o enfermedad; *fiebre: Me he puesto el termómetro y tengo calentura.* **3** *col.* Excitación sexual: *No puede mirar ni una portada de revistas pornográficas porque le entra una calentura salvaje.*

calenturiento, ta adj. **1** Referido al pensamiento, excitado y muy vivo: *Tu imaginación calenturienta te hace ver enemigos por todas partes.* **2** Con indicios de calentura o fiebre: *Puso un paño húmedo sobre su frente calenturienta.* **3** *col.* Que se excita sexualmente con facilidad: *Tienes una mente calenturienta y ves sexo por todas partes.*

calesa s.f. Coche de caballos de dos o cuatro ruedas, abierto por delante y con capota: *Las calesas en el siglo XIX fueron muy usadas por las mujeres.* 👁 **carruaje**

caletre s.m. *col.* Inteligencia, talento o capacidad de entender con acierto: *Esta muchacha es muy lista y tiene mucho caletre.*

calibrar v. **1** Referido esp. a un arma de fuego, a un proyectil o a un cuerpo cilíndrico, medir o reconocer su calibre o diámetro interior, o darle el calibre conveniente: *Lleva al laboratorio de balística las balas para que las calibren. Trabajo en una fábrica de armas, en la sección donde se calibran los cañones de los fusiles.* **2** Referido a un asunto, estudiarlo con detenimiento: *Antes de meternos en este negocio, calibraremos bien los riesgos.*

calibre s.m. **1** En un arma de fuego, diámetro interior del cañón: *El calibre de esta pistola es de nueve milímetros.* **2**

En un cuerpo cilíndrico hueco, diámetro interior: *La tubería mide dos centímetros de calibre.* **3** Diámetro de un proyectil o de un alambre: *Encontraron en el campo de tiro varios proyectiles de gran calibre que no habían hecho explosión.* **4** Tamaño, importancia o clase: *Ante un hecho de ese calibre nos vemos obligados a tomar medidas.*

calidad s.f. **1** Propiedad o conjunto de propiedades inherentes a una cosa, que la caracterizan y permiten valorarla respecto de otras de su misma especie: *Su gran calidad humana lo convierte en un ser entrañable.* **2** Superioridad, excelencia o conjunto de buenas cualidades: *La calidad del jamón de Jabugo es reconocida internacionalmente.* **3** ‖ **calidad de vida.** Conjunto de condiciones que hacen la vida más agradable: *En mi nuevo trabajo pierdo dinero, pero gano en calidad de vida.* ‖ **de calidad.** Muy bueno o que goza de gran estimación: *Es una tela de calidad.* ‖ **en calidad de.** Con carácter de: *Iré al juicio en calidad de testigo.*

cálido, da adj. **1** Que da calor: *La subida de las temperaturas se debe a los vientos cálidos que provienen del sur.* **2** Afectuoso o acogedor: *Al caer el telón se oyeron los cálidos aplausos del público.* **3** Referido a un color, que tiene como base el rojo, el amarillo o la mezcla de ambos: *En sus cuadros predominan los tonos cálidos, sobre todo los dorados.*

calidoscopio s.m. →**caleidoscopio.**

caliente ▮ adj. **1** Con temperatura elevada: *No planches este vestido con la plancha muy caliente.* **2** Que proporciona calor y comodidad: *Tengo unos zapatos muy calientes para el invierno.* **3** *col.* Recién hecho o que acaba de suceder: *Traigo noticias calientes.* **4** Acalorado, vivo o apasionado: *Los ánimos estaban calientes y una tontería desencadenó la pelea.* **5** Conflictivo: *Será un invierno caliente por la crisis del Gobierno.* **6** *col.* Referido a una persona o a un animal, excitado sexualmente: *Ver un desnudo me pone caliente.* ▮ interj. **7** Expresión que se usa para indicar que alguien está a punto de encontrar algo que busca: *¡Caliente, caliente!, sigue preguntando.* **8** ‖ **en caliente.** De forma inmediata o sin dejar que pase el efecto de lo acaecido: *Si no lo hiciste en caliente, ya no merece la pena que te enfrentes a él.* □ MORF. 1. Como adjetivo es invariable en género. 2. Su superlativo es *calentísimo.*

califa s.m. Príncipe musulmán que, como sucesor de Mahoma (profeta árabe), ejercía la potestad religiosa y civil: *Hubo califas en Asia, África y España.*

califal adj. Del califa o relacionado con él: *La Mezquita de Córdoba es de arte califal.* □ MORF. Invariable en género.

califato s.m. **1** Cargo del califa: *Solo accedían al califato los descendientes del profeta Mahoma.* **2** Tiempo durante el que un califa ejercía su cargo: *En el califato de Abderrahmán III, Córdoba alcanzó un gran desarrollo cultural.* **3** Territorio sobre el que un califa ejercía su autoridad: *El califato de Córdoba era más grande que la Andalucía actual.* **4** Período histórico en el que gobernaron califas: *El califato omeya de Córdoba comenzó con Abderrahmán III.*

calificación s.f. **1** Atribución de determinadas cualidades: *La calificación de mi actitud no te corresponde a ti.* **2** Valoración de la suficiencia o de la no suficiencia de los conocimientos, esp. de los académicos: *En junio saldrán las calificaciones finales.*

calificar v. **1** Atribuir determinadas cualidades: *Tu comportamiento se puede calificar de insolente. En gramática, se llama adjetivo calificativo a aquel que califica al sustantivo.* **2** Valorar el grado de suficiencia o de no suficiencia de los conocimientos académicos: *Calificó mi examen con un notable.* □ ORTOGR. La *c* se cambia en *qu* delante de *e* →**SACAR.** □ SINT. Constr. de la acepción 1: *calificar* DE *algo.*

calificativo, va adj./s.m. Que califica, esp. referido a una palabra o a una expresión: *'Grande' y 'bonita' son adjetivos calificativos. La elogiaron con calificativos sublimes.*

californio s.m. Elemento químico, metálico y artificial, de número atómico 98, radiactivo y que se obtiene bombardeando el curio con partículas alfa: *El californio se usa como generador de neutrones en las reacciones nucleares.* □ ORTOGR. Su símbolo químico es *Cf.*

cáliga s.f. En la antigua Roma, especie de sandalia que usaban los soldados: *Con las cáligas quedaban al descubierto los dedos y la mayor parte del pie.* 👁 **calzado**

caliginoso, sa adj. Oscuro, denso y con neblina: *Un cielo caliginoso hacía peligroso el aterrizaje.* □ SEM. Dist. de *bochornoso* (muy caluroso) y de *calimoso* (con calima).

caligrafía s.f. **1** Conjunto de rasgos que caracterizan la escritura de una persona o de un documento: *Por la caligrafía deduzco que la carta es de mi tío.* **2** Arte y técnica de escribir a mano con letra bien hecha según diferentes estilos: *El maestro puso ejercicios de caligrafía.*

caligrafiar v. Escribir a mano con letra bien hecha: *Caligrafió dos páginas del libro de texto.* □ ORTOGR. La *i* final de la raíz lleva tilde en los presentes, excepto en las personas *nosotros* y *vosotros* →**VACIAR.**

caligráfico, ca adj. De la caligrafía o relacionado con ella: *Hicieron un estudio caligráfico del manuscrito.*

calima s.f. Bruma ligera de épocas calurosas formada por partículas en suspensión en el aire en calma; *calina: Con la calima no se ve bien el horizonte.*

calimoso, sa adj. Con calima o bruma ligera de épocas calurosas; *calinoso: Hoy hará calor porque está el día calimoso.* □ SEM. Dist. de *caliginoso* (oscuro, denso y con neblina).

calina s.f. →**calima.**

calinoso, sa adj. →**calimoso, sa.**

calipso s.m. **1** Composición musical en compás de cuatro por cuatro, propia de la isla caribeña de Trinidad: *Cuando viajé al Caribe, escuché por primera vez un calipso.* **2** Baile que se ejecuta al compás de esta música: *He aprendido a bailar el mambo, el calipso y el merengue.*

cáliz s.m. **1** Recipiente sagrado, generalmente en forma de copa, que se utiliza en la celebración de la misa: *El sacerdote levanta el cáliz tras consagrar el vino.* **2** Conjunto de amarguras, aflicciones o trabajos: *Según la Biblia, Jesús pronunció estas palabras: «¡Padre, aparta de mí este cáliz!».* **3** En una flor, parte exterior formada por varias hojas, generalmente verdes, con las que se une al tallo: *En los capullos el cáliz recubre totalmente los pétalos.* 👁 **flor** □ SINT. La acepción 2 se usa más con los verbos *apurar, beber* o equivalentes.

calizo, za ▮ adj. **1** Referido a un terreno o a una roca, que tiene cal: *Las tierras de esta región son calizas.* ▮ s.f. **2** Roca sedimentaria compuesta principalmente por carbonato cálcico, de color blanco y de la que se obtiene la cal: *El mármol es una caliza pura.*

callado, da adj. **1** Poco hablador y reservado: *Es tan callada que nunca sé lo que le pasa.* **2** *poét.* Silencioso o sin ruido: *En las noches calladas deambulaba por la ciudad.* **3** ‖ **dar la callada por respuesta.** *col.* No querer responder: *Cuando le pedí explicaciones, me dio la callada por respuesta.* ☐ ORTOGR. Dist. de *cayado*.

callandito adv. *col.* En silencio o en secreto: *Callandito, callandito, se fue quedando con todo.*

callar v. **1** Dejar de hablar o de hacer algún ruido o sonido: *Cuando el intruso se marchó, el perro calló.* **2** No hablar o no hacer ningún ruido o sonido: *Hace tanto calor que hasta los animales callan.* **3** No manifestar lo que se sabe o se siente: *Hay muchas ocasiones en que es más sensato callar.* **4** Referido a algo que se sabe o se siente, omitirlo o no decirlo: *No calles tus miedos.* ☐ SEM. Dist. de *acallar* (hacer callar).

calle s.f. **1** En una población, vía pública entre dos filas de edificios o solares y que generalmente tiene separada la zona para los vehículos y la zona para los peatones: *No cruces la calle sin mirar.* **2** En una población, zona al aire libre: *Tuve que encerrarme a estudiar y he estado sin pisar la calle varios días.* **3** Camino o zona limitada por dos líneas o dos hileras de cosas paralelas entre sí: *Ganó la atleta que corría por la calle 5.* 👁 **estadio** **4** Conjunto de personas o parte mayoritaria de la sociedad: *Háblame con el lenguaje de la calle, sin palabras rebuscadas.* **5** ‖ **dejar en la calle** a alguien. *col.* Dejarlo sin medios de subsistencia: *Cerraron la fábrica y dejaron en la calle a varias personas.* ‖ **echar por la calle de en medio.** *col.* Actuar con decisión y sin consideraciones o sin reparar en obstáculos: *Si decido algo, echo por la calle de en medio y lo hago a pesar de lo que sea.* ‖ **echarse a la calle.** Amotinarse o sublevarse: *En la Revolución francesa el pueblo se echó a la calle.* ‖ **en la calle.** En libertad: *Detuvieron al ladrón pero a los tres días estaba en la calle.* ‖ **hacer la calle.** *col.* Buscar clientes en la calle una persona que se dedica a la prostitución: *Hacer la calle era su medio de ganarse la vida.* ‖ **{llevar/traer} por la calle de la amargura.** Proporcionar disgustos o preocupaciones: *Este chico me trae por la calle de la amargura con tanto silencio.* ‖ **llevarse de calle** a alguien. *col.* Despertar irresistiblemente simpatía, admiración o amor en él: *Con esa gracia te llevas de calle a todos.* ☐ SINT. En la acepción 1, el nombre de la calle debe ir precedido por la preposición *de* salvo si es un adjetivo: *calle de Alcalá, calle Mayor*.

callejear v. Pasear o corretear por las calles sin dirección fija: *Me gusta callejear por ciudades desconocidas.*

callejero, ra ▌adj. **1** De la calle o relacionado con ella: *Me hice amigo de un perro callejero y me seguía por todas partes.* ▌s.m. **2** Guía de calles de una ciudad: *Me perdí por no consultar el callejero antes de salir.*

callejón s.m. **1** Calle o paso estrechos entre paredes: *Los ladrones huyeron por un callejón.* **2** En una plaza de toros, espacio comprendido entre la valla que separa el ruedo y la primera fila de asientos: *El toro saltó la valla y entró en el callejón.* **3** ‖ **callejón sin salida.** *col.* Asunto o problema muy difíciles de resolver: *Perdí mucho dinero y ahora estoy en un callejón sin salida.*

callista s. Persona que se dedica profesionalmente al tratamiento de problemas de los pies, como callos y uñeros; *pedicuro: El callista me quitó un callo que tenía en el dedo meñique.* ☐ MORF. Es de género común y exige concordancia en masculino o en femenino para señalar la diferencia de sexo: *el callista, la callista*. ☐ SEM. Dist. de *podólogo* (médico especialista en podología).

callo ▌s.m. **1** Dureza que por presión se forma en los pies, las manos y otras partes del cuerpo: *Cuando partí los troncos me salieron callos en las manos.* **2** *col.* Persona muy fea: *Ese chico será simpático, pero es un callo.* **3** Cicatriz que se forma tras soldarse los fragmentos de un hueso fracturado: *En la radiografía se ve muy bien el callo que me ha quedado en el codo.* ▌pl. **4** Guiso hecho con trozos de estómago de carnero, ternera o vaca: *Echa guindilla a los callos porque me gustan más picantes.* **5** ‖ **dar el callo.** *col.* Trabajar mucho o duramente: *No sé cómo te atreves a decirme que soy una vaga, si llevo todo el día dando el callo.* ☐ ORTOGR. Dist. de *cayo*.

callosidad s.f. Dureza menos profunda que el callo: *Tengo una callosidad en el dedo índice de tanto escribir.*

calloso, sa adj. Con callos: *La gente que trabaja en el campo suele tener manos callosas.*

calma s.f. Véase **calmo, ma**.

calmante s.m. Medicamento que hace desaparecer o disminuir el dolor o la excitación nerviosa: *Tomé un calmante para el dolor de cabeza.*

calmar v. **1** Sosegar, dar paz y tranquilidad, o eliminar la agitación, el movimiento o el ruido: *Sus palabras de consuelo me calmaron. A la caída de la tarde se calmó el viento.* **2** Referido al dolor o a la intensidad de algo, **aliviarlos** o hacerlos disminuir: *No me parece bien que tomes pastillas para calmar los nervios. Túmbate y verás cómo se te calma el dolor de espalda.*

calmo, ma ▌adj. **1** *poét.* Tranquilo: *Días calmos vendrán tras estas angustias.* ▌s.f. **2** Falta de agitación, de movimiento o de ruido: *Tras el temporal llega la calma.* **3** Paz y tranquilidad en la forma de actuar: *Contrólate y no pierdas la calma por esa tontería.* **4** ‖ **calma chicha.** Ausencia total de viento o de oleaje: *Los veleros no pueden navegar con calma chicha.*

caló s.m. Lengua de los gitanos españoles: *Hay palabras del caló que han pasado al castellano.*

calor s.m. **1** Sensación que experimenta el cuerpo animal con una subida de temperatura: *Si tienes calor, apaga el radiador.* **2** Temperatura ambiental elevada: *En verano hace calor.* **3** En física, energía que, al ponerse en contacto dos cuerpos, pasa del cuerpo con mayor temperatura al otro cuya temperatura es más baja hasta que dichas temperaturas se equilibran: *El calor produce cambios de estado y de volumen en los cuerpos.* **4** Afecto, simpatía y adhesión: *Busca en los amigos el calor que no encuentra en casa.* **5** Entusiasmo o apasionamiento: *Discutían con calor pero son buenos amigos.* **6** ‖ **al calor de** algo. *col.* A su amparo o con su ayuda y protección: *Creció sano y fuerte al calor de sus abuelos.* ‖ **calor específico.** Cantidad de energía calorífica que se necesita para elevar en un grado centígrado la temperatura de un kilogramo masa de una sustancia: *El calor específico de un cuerpo solo se puede hallar en condiciones ideales.* ‖ **calor negro.** El producido por un aparato eléctrico: *Los radiadores eléctricos son de calor negro.* ☐ USO Su uso como sustantivo femenino es característico del lenguaje poético. Fuera de este contexto, se considera un arcaísmo.

caloría s.f. Unidad de energía calorífica que equivale a la cantidad de calor necesaria para elevar la temperatura de un gramo de agua en un grado centígrado: *El valor energético de los alimentos se mide en calorías.*

calorífico, ca adj. **1** Que produce o distribuye calor: *La calefacción es un aparato calorífico.* **2** Del calor o relacionado con él: *Con estas placas solares podremos aprovechar la energía calorífica del sol.*

calorina s.f. *col.* Calor sofocante: *Con esta calorina no se puede estar ni en la calle ni en casa.*

calumnia s.f. **1** Acusación falsa contra una persona que se hace con el fin de perjudicarla: *Con sus calumnias intenta desprestigiarme.* **2** En derecho, delito que consiste en la atribución falsa de un delito perseguible de oficio: *Este político se ha querellado contra un periódico por calumnia.* ☐ SEM. Dist. de *injuria* (ofensa con hechos o con palabras).

calumniar v. **1** Referido a una persona, atribuirle falsamente palabras, actos o malas intenciones con el fin de perjudicarla: *No sé qué quieres conseguir calumniándome así.* **2** En derecho, acusar falsamente de haber cometido un delito perseguible de oficio: *Si no tienes pruebas ni datos precisos, no hables por hablar, porque estarás calumniándome y te puedo demandar.* ☐ ORTOGR. La *i* nunca lleva tilde. ☐ SEM. Dist. de *injuriar* (ofender con hechos o con palabras).

caluroso, sa adj. **1** Que siente o que causa calor: *Es muy calurosa y nunca usa abrigo. En los trópicos el clima es caluroso y húmedo.* **2** Muy afectuoso o con mucho entusiasmo: *Nos dio una calurosa bienvenida.*

calva s.f. Véase **calvo, va.**

calvario s.m. *col.* Sufrimiento prolongado o sucesión de adversidades y penalidades (por alusión al camino de Jesucristo hasta el monte Calvario, donde fue crucificado): *Su enfermedad ha sido un calvario para todos. Es tan pesimista que dice que la vida es un continuo calvario.*

calvero s.m. En el interior de un bosque, lugar sin árboles: *Pusimos las tiendas de campaña en un calvero del bosque.*

calvicie s.f. Falta de pelo en la cabeza: *Disimula su calvicie con un peluquín.*

calvinismo s.m. **1** Doctrina religiosa protestante, basada en las teorías de Juan Calvino (reformador religioso francés del siglo XVI): *El calvinismo niega que la ordenación sacerdotal sea un sacramento.* **2** Comunidad o conjunto de las personas que siguen esta doctrina: *El calvinismo es muy floreciente en Holanda.*

calvinista ▌adj. **1** Del calvinismo o relacionado con esta doctrina: *La moral calvinista es muy rígida.* ▌adj./s. **2** Que defiende o sigue el calvinismo: *Vivía en Alemania y era calvinista. Los calvinistas son protestantes.* ☐ MORF. 1. Como adjetivo es invariable en género 2. Como sustantivo

CALZADO

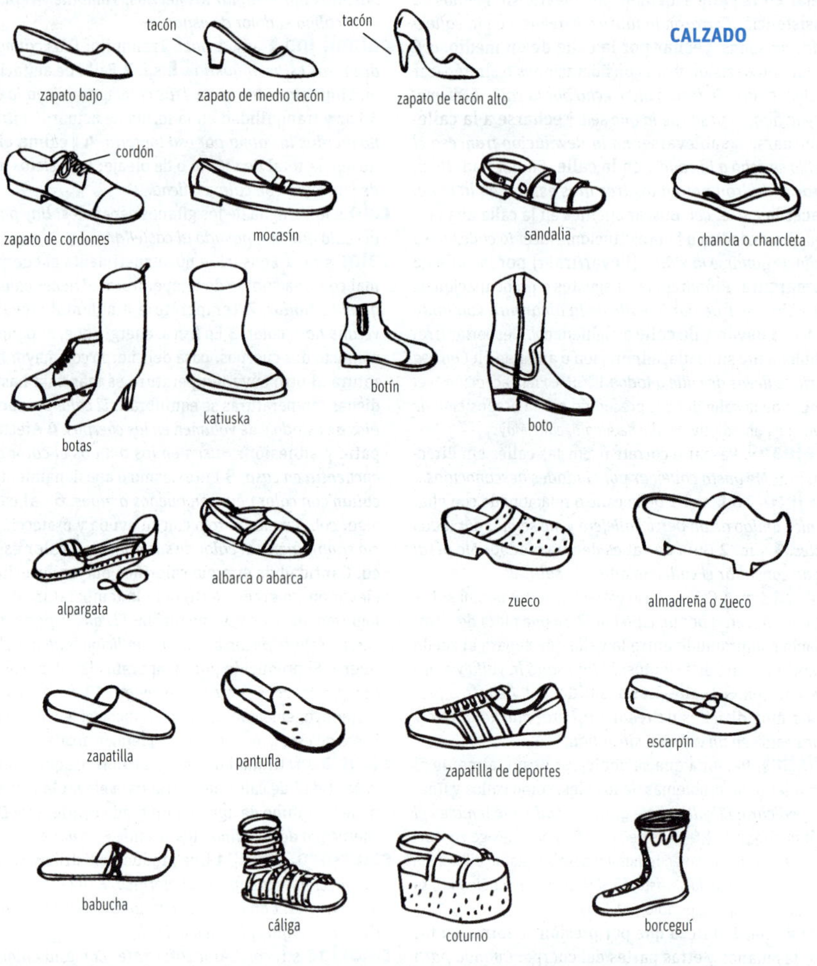

es de género común y exige concordancia en masculino o en femenino para señalar la diferencia de sexo: *el calvinista, la calvinista*.

calvo, va ▮ adj./s. **1** Referido a una persona, que no tiene pelo en la cabeza: *Hay pocas mujeres calvas. Muchos calvos llevan peluca.* ▮ s.f. **2** En la cabeza, parte sin pelo: *Acarició su brillante calva.* 👁 **peinado** **3** En una piel o en un tejido, parte gastada o que ha perdido el pelo: *Tu abrigo de visón tiene calvas en los codos.*

calza s.f. **1** Cuña que se pone entre el suelo y una rueda para evitar que esta se mueva, o debajo de un mueble, para que no cojee; *calce*: *Con estas calzas de madera el carro quedará inmovilizado y no rodará cuesta abajo.* **2** Antigua prenda de vestir masculina que cubría generalmente el muslo y la pierna: *Las calzas eran holgadas o ajustadas según las modas de la época.* ☐ MORF. La acepción 2 en plural tiene el mismo significado que en singular.

calzada s.f. **1** En una calle o en una carretera, zona entre las aceras o entre los arcenes y cunetas por donde circulan los coches: *Cuando cruces la calzada, mira si vienen coches.* **2** Camino ancho y pavimentado: *Los romanos hicieron muchas calzadas en España.*

calzado s.m. Prenda de vestir que recubre el pie o el pie y la pierna, y los resguarda del exterior: *Llévate calzado de verano porque hará calor.* 👁 calzado

calzador s.m. Utensilio rígido y de forma acanalada que sirve de ayuda para meter el pie en el calzado: *Necesito un calzador para ponerme estos zapatos tan ajustados.*

calzar v. **1** Cubrir el pie con el calzado: *Calcé mis pies con zapatillas de baile. Siempre que llego a casa me quito los zapatos y me calzó las zapatillas. Tengo los pies muy grandes y calzo un cuarenta y ocho.* **2** Proporcionar calzado: *Este prestigioso zapatero calza a la realeza.* **3** Referido a una prenda o a un objeto, ponerlos o llevarlos puestos: *¿Sabes calzarte los esquíes?* **4** Referido esp. a una rueda o a un mueble que cojea, poner una cuña para evitar que se muevan: *Calza la mesa porque está coja.* ☐ ORTOGR. La *z* se cambia en *c* delante de *e* →**CAZAR**.

calzón s.m. Pantalón que llega hasta una altura variable de los muslos o hasta las rodillas, generalmente usado por los hombres: *Los boxeadores llevan calzón y el torso desnudo.* ☐ MORF. En plural tiene el mismo significado que en singular.

calzonazos adj./s.m. *col. desp.* Referido a un hombre, que se deja dominar con facilidad, esp. si es por su mujer: *Ironizó sobre los maridos calzonazos. Ese calzonazos se deja dominar por todos.* **bragazas** ☐ MORF. Invariable en número.

calzoncillo s.m. Prenda de ropa interior masculina que se lleva debajo del pantalón: *Mi abuelo usa en invierno calzoncillos largos, que le llegan hasta los tobillos.* ☐ MORF. En plural tiene el mismo significado que en singular.

cama s.f. **1** Mueble formado por un armazón y un soporte sobre el que se pone un colchón, almohadas y algunas prendas que lo cubren y que sirve para dormir y descansar: *El somier de mi cama es de madera. Puse un abanico enorme como cabecera de la cama.* 👁 cama **2** En un hospital o en un internado, plaza para una persona: *El número de camas hospitalarias es muy bajo en este país.* **3** En un establo, lugar o conjunto de materiales vegetales sobre los que los animales descansan o duermen: *Traigo paja para cambiar la cama de las vacas.* **4** ‖ **caer en cama.** Ponerse enfermo: *Después de las vacaciones cayó en cama.* ‖ **cama elástica.** Plancha de goma sobre la que se salta y se rebota para hacer movimientos en el aire: *Me descalcé para saltar en la cama elástica del parque de*

CAMA

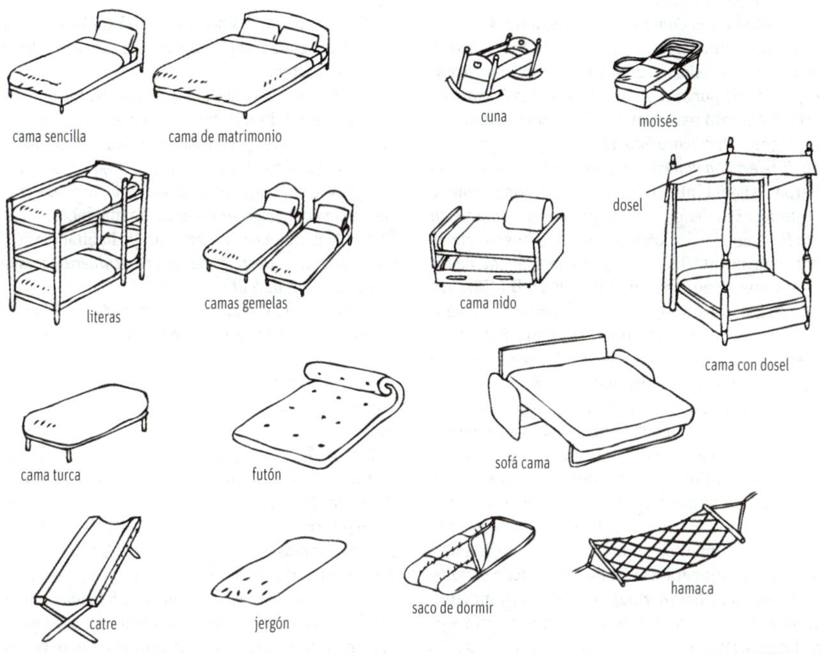

a b c d e f g h i j k l m n ñ o p q r s t u v w x y z

atracciones. ‖ **cama nido.** La que está formada por dos, de las cuales una se guarda debajo de la otra: *Puse una cama nido en la habitación de mis hijas porque así tenían más espacio por el día.* ‖ **cama turca.** La que no tiene pies ni cabecero: *La habitación es tan pequeña que tengo solo una cama turca.* ‖ **{estar en/guardar} cama.** Estar en ella por necesidad: *Después de la operación guardé cama dos días.*

camada s.f. Conjunto de crías nacidas en un mismo parto: *Mataron a toda la camada de la loba.*

camafeo s.m. Piedra preciosa tallada con una figura en relieve: *Lleva al cuello un camafeo colgando de una cinta negra.* 👁 **joya**

camaleón s.m. **1** Reptil con cuatro extremidades cortas, mandíbulas con dientes, cuerpo comprimido y cola prensil, ojos grandes con movimiento independiente, lengua muy larga y pegajosa con la que caza los insectos de los que se alimenta, y cuya piel cambia de color según el color del medio en el que se encuentra: *El macho del camaleón tiene la cola más larga que la hembra.* **2** *col.* Persona que cambia fácilmente y según le conviene de actitud o de opinión: *En política es un camaleón, que piensa hoy una cosa y mañana otra.* ☐ MORF. En la acepción 1, es un sustantivo epiceno y la diferencia de sexo se señala mediante la oposición *el camaleón {macho/hembra}.*

camaleónico, ca adj. Del camaleón o relacionado con él: *Tu conducta camaleónica hace que nadie crea en tu sinceridad.*

cámara ▮ s. **1** Persona que se dedica al manejo de un aparato con el que se registran imágenes en movimiento, esp. si esta es su profesión: *Los cámaras de televisión están a las órdenes del realizador.* ▮ s.f. **2** Habitación o pieza con distintos usos, esp. las de uso privado o restringido: *El rey recibía a los embajadores y nobles en la cámara real.* **3** En un sistema político representativo, cuerpo que se encarga de legislar: *En España existen la Cámara de los diputados y la Cámara de los senadores.* **4** Corporación u organismo que se encarga de los asuntos propios de una profesión o actividad: *Muchos comerciantes han protestado por la cuota que ha fijado la Cámara de Comercio.* **5** Aparato para registrar imágenes estáticas o en movimiento: *Mi cámara fotográfica no tiene carrete. La cámara de televisión enfocó al público.* **6** En algunos objetos, cuerpo de goma inflado con aire a presión y alojado en su interior: *Este balón no bota porque la cámara está desinflada.* **7** En algunos objetos, espacio hueco que se encuentra en su interior: *En la parte más ancha de los huevos hay una cámara de aire.* 👁 **huevo** **8** ‖ **Cámara Alta.** Senado, o cuerpo legislador semejante: *La Cámara Alta es de representación territorial.* ‖ **Cámara Baja.** Congreso de los diputados o cuerpo legislador semejante: *La Cámara Baja española se compone de un mínimo de trescientos diputados y un máximo de cuatrocientos.* ‖ **cámara de gas.** Recinto herméticamente cerrado en el que se ejecuta a una o a varias personas por medio de gases tóxicos: *Los nazis utilizaron la cámara de gas como sistema de ejecución.* ‖ **cámara (frigorífica).** Recinto o compartimento con instalaciones de frío artificial que sirve para conservar alimentos o productos que pueden descomponerse a la temperatura ambiente: *En todo matadero debe haber una cámara frigorífica.* ‖ **cámara mortuoria.** Oratorio provisional donde se celebran las primeras honras fúnebres por una persona: *En todos los tanatorios hay varias cámaras mortuorias.* ‖ **de cámara.** Referido a una persona, que tiene un determinado cometido en el palacio real: *Goya fue nombrado pintor de cámara.* ☐ MORF. En la acepción 1, es de género común y exige concordancia en masculino o en femenino para señalar la diferencia de sexo: *el cámara, la cámara.* ☐ USO En las acepciones 3 y 4, se usa como nombre propio.

camarada s. **1** Persona que anda con otra y tiene con ella una relación amistosa o cordial, esp. si esta relación ha nacido de una actividad común: *En el colegio éramos inseparables camaradas.* **2** En política, persona que comparte las mismas ideas o que está en el mismo partido o en el mismo sindicato que otra; *compañero, correligionario: La dirección pidió a los camaradas un poco de moderación.* ☐ MORF. Es de género común y exige concordancia en masculino o en femenino para señalar la diferencia de sexo: *el camarada, la camarada.*

camaradería s.f. Relación amistosa y cordial propia de los buenos camaradas: *Es una persona sencilla y te tratará con camaradería.*

camarero, ra ▮ s. **1** Persona que se dedica a servir consumiciones en un bar o en otros establecimientos semejantes, esp. si esta es su profesión: *Me atendió la camarera de la barra.* **2** Persona que se dedica profesionalmente al servicio en un hotel o en un barco de pasajeros y al cuidado de los camarotes o de las habitaciones: *El camarero que les bajó el desayuno al camarote es nuevo.* **3** Antiguamente, persona que ayudaba y servía al rey o a los nobles: *La camarera mayor de la reina tenía que ser noble.* ▮ s.f. **4** Carrito de cocina para llevar varias cosas a la vez, esp. si es comida o bebida: *Pon todo en la camarera y llévalo al comedor.* 👁 **carro**

camarilla s.f. Conjunto de personas influyente y exclusivo, esp. el que interviene extraoficialmente en las decisiones de una autoridad: *Se acusó a la presidenta de tener una camarilla a su alrededor que aprobaba sus decisiones.*

camarín s.m. Capilla pequeña detrás del altar en la que se venera alguna imagen: *Siempre reza delante del camarín de Santa Ana.*

camarón s.m. Crustáceo marino comestible que tiene el abdomen extendido en forma de cola, cinco pares de patas y las antenas muy largas; *quisquilla: Los camarones son como gambas muy pequeñas.* ☐ MORF. Es un sustantivo epiceno y la diferencia de sexo se señala mediante la oposición *el camarón {macho/hembra}.* 👁 **marisco**

camarote s.m. En una embarcación, habitación con una o varias camas: *Después de cenar en cubierta, bajamos al camarote para dormir.*

camastro s.m. Cama pobre, incómoda o sucia y desordenada: *En la celda había ocho camastros llenos de chinches.* ☐ USO Tiene un matiz despectivo.

cambalache s.m. *col.* Trueque de cosas de poco valor: *Con el cambalache salí perdiendo.* ☐ USO Tiene un matiz despectivo.

cambiar ▮ v. **1** Modificar, alterar o convertir en algo distinto, opuesto o contrario: *Con sus bromas cambió mi llanto en risas.* **2** Intercambiar o dar a cambio: *Cambio moto por coche.* **3** Remplazar o sustituir: *¿Cada cuánto tiempo cambias el agua de la pecera?* **4** Referido a valores o a monedas, darlos o tomarlos por sus equivalentes: *Fui al banco a cambiar euros en dólares.* **5** Mudar o alterar la condición, o la apariencia física o moral: *Los reumáticos suelen notar cuándo va a cambiar el tiempo.* **6** Referido esp. al viento, alterar su dirección: *Ha cambiado el viento,* *y ahora sopla de levante.* **7** En un vehículo de motor, pasar de una marcha o velocidad a otra: *Al cambiar a segunda se me caló el coche.* ▮ prnl. **8** Mudarse de ropa: *Fui a casa, me duché, me cambié y volví a salir.* □ ORTOGR. La *i* nunca lleva tilde.

cambiazo s.m. Cambio engañoso o que conlleva fraude: *Me dieron el cambiazo y me vendieron algo de mala calidad.* □ SINT. Se usa más en la expresión *dar el cambiazo*.

cambio s.m. **1** Modificación, alteración o conversión en algo distinto, opuesto o contrario; *trueque: Pudimos llegar a un acuerdo debido a su cambio de actitud.* **2** Mudanza o alteración de la condición o de la apariencia física o moral: *Mi cambio de imagen se debe a que ya estaba harto de verme siempre igual.* **3** Remplazo o sustitución: *No se produjo un cambio de régimen político hasta la muerte del dictador.* **4** Intercambio o entrega de una cosa por otra: *Gracias a un cambio de impresiones, fue posible comprender nuestras respectivas posturas.* **5** Intercambio de monedas o valores por sus equivalentes: *Al pasar la frontera hay una oficina de cambio.* **6** Dinero en monedas o billetes de poco valor: *Si vale un euro, no me pague con un billete de veinte euros, porque no tengo cambio.* **7** Vuelta o conjunto de monedas o billetes que sobran de pagar con otros de mayor cantidad de la necesaria: *Me dieron 2 euros de cambio y las dejé de propina.* **8** Valor relativo de una moneda de un país en relación con la de otro: *Con la última devaluación, ha bajado el cambio del euro.* **9** ‖ **a cambio de** algo. En su lugar o cambiando esto por otra cosa: *A cambio de mi ayuda, mañana me tienes que dejar tu vestido. Te regalo una entrada a cambio de que te vayas.* ‖ **a las primeras de cambio.** De repente y sin aviso: *A las primeras de cambio, se enfadó y se fue.* ‖ **cambio (de velocidades).** En un vehículo con motor, mecanismo formado por un sistema de engranajes que permite el paso de una velocidad a otra: *El cambio está estropeado y no entran bien las marchas.* ‖ **en cambio.** Por el contrario: *Tú no puedes ir, en cambio, yo sí.* ‖ **libre cambio.** →**librecambio.** □ USO Lo usa el emisor en emisiones de radio, para dar paso al receptor: *Aquí Morsa llamando a León Marino, ¿me escuchas?, cambio.*

camboyano, na adj./s. De Camboya o relacionado con este país asiático: *La mayor parte del territorio camboyano está formado por llanuras fértiles. Los camboyanos suelen vivir en zonas rurales.* □ MORF. Como sustantivo se refiere solo a las personas de Camboya.

cámbrico, ca ▮ adj. **1** En geología, del primer período de la era primaria o paleozoica o de los terrenos que se formaron en él: *En los terrenos cámbricos predominan los fósiles de trilobites y de algas marinas.* ▮ adj./s.m. **2** En geología, referido a un período, que es el primero de la era primaria o paleozoica: *En el período cámbrico se produjo la expansión general de los mares. El cámbrico tuvo una duración aproximada de unos cien millones de años.*

camelar v. *col.* Convencer o conquistar con alabanzas o engaños: *No me hagas la pelota porque sé que quieres camelarme.*

camelia s.f. **1** Arbusto de hojas perennes y brillantes, flores solitarias sin olor y de color blanco, rojo o rosa: *La camelia es originaria de China y Japón.* **2** Flor de este arbusto: *Las camelias son parecidas a las rosas pero con los pétalos más pequeños y duros.*

camellero, ra s. Persona que se dedica a cuidar o a conducir camellos: *Había organizado una excursión en camello y tuvo que regatear con el camellero su alquiler.*

camello, lla ▮ s. **1** Mamífero rumiante, de cuerpo voluminoso con dos jorobas, cuello muy largo y arqueado, cabeza pequeña, patas largas y delgadas, y adaptado a la vida de zonas áridas: *Las jorobas del camello son una reserva de grasa.* 👁 **rumiante** ▮ s.m. **2** *col.* Persona que vende droga en pequeñas cantidades: *Algunos camellos son drogadictos.* □ SEM. Dist. de *dromedario* (rumiante con una joroba).

camelo s.m. **1** *col.* Lo que es falso o engañoso y se hace pasar por verdadero: *La noticia de que un hombre estaba embarazado era un camelo.* **2** *col.* Burla o farsa: *A mí no me vengas con camelos, que este es un tema muy serio.* **3** ‖ **dar (el) camelo.** *col.* Engañar o producir una impresión distinta de la real y verdadera: *Ese chico se disfrazó de chica y daba el camelo.*

camembert s.m. Queso de leche de vaca recubierto por una fina capa de moho blanco y originario de Camembert (ciudad francesa): *El camembert se fabrica en Normandía.* □ PRON. [kamembér] o [kámember]. □ ORTOGR. Es un término del francés (*camembert*) adaptado al español. □ MORF. Su plural es *camemberts*.

camerino s.m. En un teatro, cuarto en el que se visten y maquillan los actores para salir a escena: *Los cinco actores de la compañía compartimos el mismo camerino.*

camicace adj./s. →**kamikaze.** □ MORF. Como adjetivo es invariable en género y como sustantivo es de género común, y exige concordancia en masculino o en femenino para señalar la diferencia de sexo: *el camicace, la camicace*.

camilla s.f. **1** Cama estrecha y portátil, que se usa para transportar enfermos, heridos o cadáveres; *parihuela: Me llevaron al quirófano en una camilla.* **2** →**mesa camilla.**

camillero, ra s. Persona encargada de llevar la camilla para transportar enfermos, heridos o cadáveres: *Los camilleros saben cómo levantar al herido sin causarle ningún daño.*

caminante s. Persona que viaja a pie: *Este mesón es un alto para caminantes.* □ MORF. Es de género común y exige concordancia en masculino o en femenino para señalar la diferencia de sexo: *el caminante, la caminante*.

caminar v. **1** Ir de un lugar a otro dando pasos; *andar: Venimos caminando por el monte y estamos rendidos.* **2** Dirigirse a un lugar o a una meta o avanzar hacia ellos: *La vida es muy difícil y es imposible no equivocarse y caminar siempre derecho.* **3** Referido a algo inanimado, seguir su curso: *El río camina por el valle hacia el mar.* **4** Referido a una distancia, recorrerla a pie: *Todos los días camino un par de kilómetros.*

caminata s.f. Paseo o recorrido que se hace a pie, esp. si es largo y fatigoso: *Hasta el pueblo hay una buena caminata.*

camino s.m. **1** Vía por donde se transita habitualmente, esp. si es de tierra apisonada y sin asfaltar: *No hay ningún camino que atraviese el bosque.* **2** Trayecto o itinerario que se sigue para ir de un lugar a otro: *El peregrino hizo el camino por etapas.* **3** Dirección que se sigue para llegar a un lugar o para conseguir algo: *Las conversaciones van por buen camino y pronto se conseguirá un acuerdo.* **4** Medio para hacer o conseguir algo: *El mejor camino para aprobar es estudiar.* ‖ **abrirse camino.** Ir venciendo dificultades y problemas hasta conseguir lo propuesto: *La vida es dura y solo tú puedes abrirte camino.* **6** ‖ **a medio camino. 1** *col.* Sin terminar: *Eres tan impaciente que todo lo que empiezas lo abandonas a medio camino.* **2** *col.* Con características de varias cosas: *Es un perro feísimo,* *a medio camino entre rata y mono.* ‖ **{atravesarse/cruzarse} en el camino.** Impedir, entorpecer u obstaculizar: *No te cruces en mi camino, porque no te lo perdonaría nunca.* ‖ **camino de** un lugar. Hacia él o en su dirección: *Camino de casa, me encontré con unos amigos. Van camino de su pueblo.* ‖ **camino de cabras.** El estrecho y accidentado: *No intentes meter el coche por ese camino de cabras.* ‖ **de camino.** De paso o al ir a otro lugar: *Si quieres te llevo, porque tu casa me pilla de camino.* ‖ **{echar/ir} cada cual por su camino.** Estar en desacuerdo y hacer cada uno las cosas a su modo: *En la realización del proyecto del curso cada cual echó por su camino.* ‖ **llevar camino de** algo. Estar en vías de llegar a serlo: *Lleva camino de convertirse en el primer actor de la escena española.*

camión s.m. **1** Vehículo automóvil grande, de cuatro o más ruedas, que se usa generalmente para transportar cargas pesadas: *El camión de la basura me despierta todas las mañanas.* **2** ‖ **estar** alguien **como un camión.** *col.* Ser muy atractivo físicamente: *La mayoría de los atletas están como un camión.*

camionero, ra s. Persona que se dedica profesionalmente al transporte de mercancías en un camión: *En este restaurante de carretera suelen parar a comer los camioneros.*

camioneta s.f. **1** Vehículo automóvil más pequeño que el camión: *Son pocos muebles y caben en una camioneta.* **2** En algunas zonas, autobús: *En mi ciudad, algunas camionetas van a la periferia.*

camisa s.f. **1** Prenda de vestir de tela que cubre el cuerpo desde el cuello hasta más abajo de la cintura, generalmente con cuello y abotonada por delante de arriba abajo: *Llevas el cuello de la camisa mal planchado.* **2** En un reptil, piel que se desprende periódicamente después de haberse formado debajo de ella un nuevo tejido que la sustituye: *La camisa de las serpientes y las culebras es la piel que ya no les sirve.* **3** ‖ **cambiar de camisa.** Cambiar interesadamente de ideas, esp. si son políticas: *Hoy es de un partido y mañana de otro porque cambia de camisa sin problemas.* ‖ **camisa de fuerza.** Prenda de tela fuerte, abrochada por detrás y con las mangas cerradas por el extremo para poder inmovilizar los brazos de la persona a la que se le pone: *Le dio un ataque de locura muy violento y le pusieron una camisa de fuerza.* ‖ **hasta la camisa.** *col.* Todo lo que se tiene: *Perdí hasta la camisa jugando a los dados.* ‖ **meterse** alguien **en camisa de once varas.** *col.* Meterse en algo que no le incumbe o que no será capaz de realizar: *Acábalo como sea, que nadie te mandó meterte en camisa de once varas.* ‖ **no llegarle** a alguien **la camisa al cuerpo.** *col.* Estar atemorizado por algo que puede suceder: *Pronto se me acaba el contrato y solo de pensarlo no me llega la camisa al cuerpo.*

camisería s.f. Establecimiento comercial en el que se venden prendas de vestir masculinas, esp. camisas: *Compré la camisa y la corbata en una camisería.*

camisero, ra ▌adj. **1** De la camisa o con características de esta prenda: *Tengo un vestido camisero, con cuello, puños y botones hasta abajo.* ▌s. **2** Persona que se dedica profesionalmente a la confección o a la venta de camisas: *Un camisero me hace las camisas a medida.*

camiseta s.f. **1** Prenda de ropa interior o deportiva que cubre la parte superior del cuerpo hasta más abajo de la cintura, generalmente sin cuello y de punto: *En invierno uso camisetas de manga larga.* **2** ‖ **sudar la camiseta.** *col.* Esforzarse mucho en algo, esp. en una competición deportiva: *Aunque los jugadores sudaron la camiseta, perdieron el partido.*

camisola s.f. Camisa amplia, generalmente con cuello camisero: *Ahora están muy de moda los camisones con forma de camisola.*

camisón s.m. Prenda de dormir que cubre el cuerpo desde el cuello, y cae suelta hasta una altura variable de las piernas: *En verano, mi tía duerme con camisón de tirantes.*

camomila s.f. **1** Planta herbácea de flores olorosas en cabezuela, de color blanco y con el centro amarillo, que tiene propiedades medicinales: *La camomila es como una margarita pequeña.* **2** Flor de esta planta: *Me tomé una infusión de camomila para asentar el estómago.* □ SEM. Es sinónimo de *manzanilla*.

camorra s.f. *col.* Riña o discusión ruidosas y violentas: *Le gusta la camorra y, a poco que lo provoquen, la arma.*

camorrista adj./s. *col.* Que arma camorras o peleas fácilmente y por causas sin importancia: *Con lo camorrista que es, no te extrañe verlo siempre con algún moratón. Esa es la camorrista que me insultó.* □ MORF. 1. Como adjetivo es invariable en género. 2. Como sustantivo es de género común y exige concordancia en masculino o en femenino para señalar la diferencia de sexo: *el camorrista, la camorrista.*

campamento s.m. **1** Lugar o conjunto de instalaciones, generalmente al aire libre, que se disponen para acampar en ellos o para servir de albergue provisional: *Por la noche, el enemigo cercó el campamento.* **2** Grupo de personas acampadas en este lugar: *Todo el campamento se apuntó a la excursión.* **3** *col.* Período del servicio militar durante el que los reclutas reciben la instrucción militar básica: *Cuando acabé el campamento, me destinaron a la Policía militar.*

campana s.f. **1** Instrumento metálico, generalmente en forma de copa invertida, que suena al ser golpeado por el badajo que cuelga en su interior o por un martillo: *Las campanas de la iglesia son de bronce.* 👁 **percusión** **2** Objeto con forma semejante a la de este instrumento: *Tapan el queso con una campana de cristal para que no se reseque.* **3** ‖ **campana extractora.** Electrodoméstico que sirve para aspirar los humos de la cocina: *Siempre que frío algo, enciendo la campana extractora para que no se me llene la cocina de humo.* ‖ **echar las campanas al vuelo.** *col.* Alegrarse por un suceso feliz o hacerlo público con muestras de alegría: *No eches las campanas al vuelo hasta que tengas el contrato firmado.* ‖ **oír** alguien **campanas y no saber dónde.** *col.* Enterarse a medias o de manera solo aproximada: *Por la información tan rara que me ha dado, me parece que ha oído campanas y no sabe dónde.* □ MORF. Cuando se antepone a una palabra para formar compuestos adopta la forma *campani-*.

campanada s.f. **1** Golpe dado a una campana y sonido que produce: *A lo lejos se oyen las campanadas del reloj de la iglesia.* **2** Escándalo o novedad sorprendente: *Su divorcio fue una campanada en el pueblo.*

campanario s.m. Torre, construcción o lugar, generalmente de una iglesia, en los que se colocan las campanas: *Hay un nido de cigüeñas en el campanario de la iglesia.*

campaneo s.m. Toque reiterado de campanas: *En el pueblo, aún llaman a misa con un campaneo.*

campanero, ra s. **1** Persona encargada de tocar las campanas: *Un monaguillo es el campanero de la catedral.*

2 Persona que se dedica a la fabricación de campanas, esp. si esta es su profesión: *Los viejos campaneros fundían y forjaban ellos mismos el metal.*

campanilla s.f. **1** Campana pequeña que se hace sonar con la mano y que suele estar provista de un mango: *El juez tocó la campanilla para imponer silencio.* **2** En anatomía, pequeña masa carnosa y muscular que cuelga en la parte media posterior del velo del paladar, a la entrada de la garganta; *úvula: Abrió tanto la boca que se le vio hasta la campanilla.* **3** Planta herbácea trepadora, cuyas flores, de distintos colores, tienen la corola en forma de campana: *La campanilla echa flores en verano y otoño.* **4** Flor de esta planta: *Las campanillas se cierran por la noche.* **5** ‖ **de (muchas) campanillas.** *col.* De mucha importancia, distinción o lujo: *Su familia es de muchas campanillas y está acostumbrado a que le hagan reverencias.*

campanillero, ra ▌ s. **1** Persona encargada de tocar la campanilla: *Un muchacho ayudaba en misa y hacía de campanillero.* ▌ s.m. **2** En zonas rurales andaluzas, miembro de un grupo que canta canciones de carácter religioso con acompañamiento de campanillas, guitarras y otros instrumentos: *Los campanilleros recorrían el pueblo cantando villancicos.*

campante adj. *col.* Satisfecho o tranquilo y despreocupado: *El accidente parecía gravísimo, pero él salió de entre los hierros tan campante y como si nada.* □ MORF. Invariable en género.

campánula s.f. Planta perenne, de tallos herbáceos, estriados y con muchas ramas, hojas ásperas y vellosas, y flores grandes, acampanadas y de distintos colores: *Las campánulas florecen durante todo el verano.*

campaña s.f. **1** Conjunto de actividades o de esfuerzos organizados para conseguir un fin: *Especialistas en propaganda y publicidad dirigirán la campaña electoral del partido.* **2** Conjunto de operaciones militares ofensivas y defensivas desarrolladas con continuidad en el tiempo y en un mismo territorio: *La campaña de Rusia fue definitiva para la derrota alemana en la II Guerra Mundial.*

campar v. Destacar o distinguirse entre una diversidad; *campear: Su simpatía campa por encima de todos sus defectos.* □ SEM. Su uso como sinónimo de *campear* con el significado de 'pacer por el campo un animal' o de 'reconocer el campo una tropa' es incorrecto.

campear v. **1** Referido a un animal, salir a pacer o andar por el campo: *En el invierno los lobos campean por el monte.* **2** →**campar.**

campechano, na adj. Sencillo, cordial y sin formulismos ni ceremonias en el trato: *Me atendió de manera campechana, como si me conociese de siempre.*

campeón, -a s. **1** En un campeonato o en otra competición, persona o equipo victoriosos: *La campeona del mundo en lanzamiento de jabalina estableció un nuevo récord.* **2** Persona que sobresale y supera a los demás, esp. en una actividad: *Mi marido es todo un campeón fregando platos.* □ MORF. Aunque los sustantivos no admiten superlativo, está muy extendido el uso de *campeonísimo.*

campeonato s.m. **1** En algunos juegos o deportes, competición en la que se disputa un premio: *El premio del campeonato de mus es una copa.* **2** Triunfo o victoria alcanzados en esta competición: *Mi equipo volvió a conseguir el campeonato de liga.* **3** ‖ **de campeonato.** *col.* Extraordinario o muy bueno: *Me agarró por detrás y me dio un susto de campeonato.*

campero, ra adj. **1** Del campo o relacionado con él: *Me gustan las excursiones camperas mucho más que las visitas a ciudades.* **2** Referido a un animal, que duerme en el campo y sin recogerse bajo cubierto: *El ganado campero pasta suelto por la montaña.*

campesino, na ▌ adj. **1** Del campo o propio de este; *campestre: La vida campesina es muy dura.* ▌ adj./s. **2** Referido a una persona, que vive y trabaja en el campo: *Las mujeres campesinas trabajan de sol a sol, como los hombres. He sido campesino toda mi vida y me agobia la ciudad.* □ SEM. Como sustantivo es sinónimo de *paisano.*

campestre adj. **1** Del campo o propio de este; *campesino: Desde que vine a la ciudad, echo de menos la paz campestre.* **2** Referido esp. a una reunión o a una comida, que se celebra o se hace en el campo: *Los domingos que hace buen tiempo organizan meriendas campestres.* □ MORF. Invariable en género.

campin s.m. **1** Lugar al aire libre, acondicionado para que acampen en él viajeros o turistas por un precio establecido: *El campin donde veraneamos dispone de duchas e instalaciones deportivas.* **2** Actividad consistente en ir de acampada a este tipo de lugares: *Prefiero hacer campin y disfrutar de la naturaleza, que pasar las vacaciones en un cómodo hotel.* □ ORTOGR. Es un anglicismo (*camping*) adaptado al español. □ MORF. Su plural es *cámpines.* □ USO Es innecesario el uso del anglicismo *camping.*

camping (anglicismo) s.m. **1** →**campin. 2** ‖ **camping gas.** Bombona pequeña de gas, a la que se acopla un quemador para que sirva de cocina, y que suele usarse en las acampadas por su facilidad de transporte (por extensión del nombre de la marca comercial *Camping Gas®*): *Se nos olvidó el camping gas y tuvimos que hacer un fuego para cocinar.* □ PRON. [kámpin].

campiña s.f. Campo o terreno extensos y llanos dedicados a la agricultura: *En primavera, la campiña se pone preciosa con los frutales ya florecidos.*

campista s. Persona que practica el campin o que está acampada en un campin: *El campin tenía una zona de playa reservada para los campistas.* □ MORF. Es de género común y exige concordancia en masculino o en femenino para señalar la diferencia de sexo: *el campista, la campista.*

campo s.m. **1** Terreno fuera de los núcleos de población: *Los fines de semana salimos al campo a respirar aire puro.* **2** Tierra laborable o conjunto de terrenos cultivados: *A la salida del pueblo hay varios campos de trigo.* **3** En contraposición a 'ciudad', zona y forma de vida agrarias: *La gente emigra del campo a la ciudad en busca de trabajo.* **4** Conjunto de instalaciones para la práctica de algunos deportes: *Se han hundido las gradas del campo de fútbol.* **5** En fútbol y en otros deportes, terreno de juego: *Los jugadores saltaron al campo entre las ovaciones del público.* **6** En este terreno, mitad que corresponde defender a cada equipo: *Uno de los equipos elige campo y el otro empieza el juego.* **7** Terreno reservado para determinados ejercicios: *El ejército entrena en el mismo campo de tiro que la policía.* **8** En una guerra, terreno o zona que ocupa un ejército o parte de él durante el desarrollo de las operaciones: *Un grupo de soldados camuflados se adentró en el campo enemigo.* **9** Parcela del saber o del conocimiento, esp. la que corresponde a una disciplina: *Es una autoridad en el campo de la medicina interna.* **10** Ámbito propio de una actividad; *reino: No entra en el campo de mis competencias ocuparme de eso.* **11** Espacio visual que se abarca o se alcanza desde un punto: *En la fotografía saldrá lo que entre en el campo visual del objetivo de la máquina.*

12 En física, espacio en que se manifiesta una fuerza o un fenómeno: *La nave espacial acaba de salir del campo gravitatorio terrestre.* **13** ‖ **a campo {través/traviesa/travieso}** o **campo a {través/traviesa}.** Atravesando el terreno por donde no hay caminos: *El camino daba un gran rodeo y fuimos a campo traviesa para atajar.* ‖ **campo de concentración.** Recinto cercado en el que se recluye a prisioneros, generalmente presos políticos o de guerra: *Muchos judíos murieron en los campos de concentración nazis.* ‖ **campo santo.** ⟶**camposanto.** ‖ **dejar el campo {abierto/libre}.** Retirarse de un empeño, dejando así mayores posibilidades a los competidores: *Uno de los candidatos renunció y dejó el campo libre a los demás.* ☐ MORF. El plural de *campo santo* es *campos santos*.

camposanto s.m. Cementerio de los católicos: *Por encima de la valla se ven los cipreses y las cruces del camposanto.* ☐ ORTOGR. Admite también la forma *campo santo.* ☐ MORF. Su plural es *camposantos*.

camuflaje s.m. **1** En el Ejército, hecho de disimular la presencia de tropas o de material bélico, dándoles una apariencia engañosa que los haga pasar inadvertidos para el enemigo: *Los soldados llevaban uniformes de camuflaje de color verde y marrón.* **2** Ocultación que se hace dando una apariencia engañosa: *Mantenía aquel negocio como un camuflaje de sus actividades ilegales.*

camuflar v. **1** En el Ejército, referido esp. a tropas o a material bélico, disimular su presencia dándoles una apariencia engañosa que los haga pasar inadvertidos para el enemigo: *Camuflaron el depósito de municiones cubriéndolo con ramas. La compañía se camufló en el bosque y esperó el momento de atacar por sorpresa.* **2** Disimular u ocultar dando una apariencia engañosa: *Los traficantes camuflaron la droga entre las mercancías. Algunos animales se camuflan tan bien que parecen plantas o rocas.*

can s.m. **1** Mamífero cuadrúpedo, doméstico, con un olfato muy fino, y que se suele emplear como animal de compañía, de vigilancia o para la caza; *perro: Vimos a un can famélico al que se le notaban todas las costillas.* **2** ⟶**kan.**

cana s.f. Véase **cano, na.**

canadiense adj./s. De Canadá o relacionado con este país norteamericano: *La capital canadiense es Ottawa. Los canadienses suelen tener un nivel de vida bastante alto.* ☐ MORF. 1. Como adjetivo es invariable en género. 2. Como sustantivo es de género común y exige concordancia en masculino o en femenino para señalar la diferencia de sexo: *el canadiense, la canadiense*. 3. Como sustantivo se refiere solo a las personas de Canadá.

canal ▌ s. **1** Cauce artificial, esp. el que sirve para la conducción de agua: *Una red de canales permitirá ampliar las zonas de regadío.* **2** En un organismo vivo, conducto generalmente hueco y fino: *En el oído interno están los canales semicirculares.* 👁 **oído 3** En el interior de la tierra, vía por la que circulan las aguas y los gases: *Nos metimos en una cueva y encontramos un canal de agua que tuvimos que vadear.* **4** En el mar, estrecho natural por donde pasa el agua hasta salir a una zona más ancha y profunda: *Entre las dos islas había un canal que no era navegable con marea baja.* **5** Concavidad alargada y estrecha: *Las columnas corintias se reconocen por los canales de sus fustes.* **6** Res muerta, abierta y sin tripas ni despojos: *Metieron las canales en la cámara frigorífica antes del despiece.* **7** Teja delgada y muy combada, que se usa para formar en los tejados los conductos de desagüe: *Cuando las canales se obstruyen salen goteras en el techo.* ▌ s.m. **8** Paso natural o artificial que comunica dos mares: *El canal de Suez comunica el mar Rojo con el Mediterráneo.* **9** En radio y televisión, banda de frecuencia en la que puede emitir una emisora: *Dieron la noticia en todos los canales de televisión.* **10** ‖ **abrir en canal.** Referido esp. a un cuerpo, abrirlo o rajarlo de arriba abajo: *Los que hacían la matanza abrían los cerdos en canal.* ☐ MORF. Aunque en las siete primeras acepciones es de género ambiguo y admite concordancia en masculino y en femenino sin cambiar de significado (*{el/la} canal {estrecho/estrecha}*), en las acepciones 1, 2, 3 y 4 se usa más como masculino y en las acepciones 5, 6 y 7, como femenino.

canalización s.f. **1** Realización de canales en un lugar, generalmente para transportar por ellos gases o líquidos: *El país cuenta con una moderna canalización para la distribución de gas natural.* **2** Hecho de regularizar o de reforzar el cauce de una corriente de agua, generalmente para darle un curso determinado: *La canalización del río lo hace navegable hasta la ciudad.* **3** Orientación o encauzamiento de corrientes de opinión, de iniciativas, o de otras fuerzas en una dirección o hacia un fin: *Se teme una canalización del descontento ciudadano hacia la violencia.*

canalizar v. **1** Referido a un lugar, abrir canales en él, generalmente para transportar por ellos gases o líquidos: *Al canalizar la zona, se podrá transportar el petróleo más rápidamente.* **2** Referido a una corriente de agua, regularizar o reforzar su cauce, generalmente para darle un curso determinado: *Canalizaron el río para evitar que se desborde cuando llueve mucho.* **3** Referido esp. a corrientes de opinión o a iniciativas, orientarlas, dirigirlas o encauzarlas en una dirección o hacia un fin: *La enseñanza debe canalizar la energía del niño hacia la creatividad.* ☐ ORTOGR. La *z* se cambia en *c* delante de *e* ⟶**CAZAR.**

canalla adj./s. *col.* Referido a una persona, que es despreciable y se comporta de manera malvada o vil: *La muy canalla se largó y me dejó sola con todo el follón. Eres un canalla, capaz de aprovecharte de tu propio padre.* ☐ MORF. 1. Como adjetivo es invariable en género. 2. Como sustantivo es de género común y exige concordancia en masculino o en femenino para señalar la diferencia de sexo: *el canalla, la canalla*.

canallada s.f. Hecho o dicho propios de un canalla: *Maltratar a alguien me parece una canallada imperdonable.*

canalón s.m. Conducto que recoge el agua que cae sobre los tejados y la vierte a la calle o a un desagüe; *canelón: Llovía tanto que de los canalones salía el agua a borbotones.*

canana s.f. Cinturón preparado para llevar cartuchos; *cartuchera: Estuvo cazando hasta que se le acabaron las balas de la canana.*

canapé s.m. **1** Aperitivo consistente en una pequeña rebanada de pan u otra base semejante, sobre las que se extiende o coloca algún alimento: *En la fiesta había canapés de salmón, de fuagrás y de queso.* **2** En una cama, soporte rígido y acolchado sobre el que se coloca el colchón: *Su cama era simplemente un canapé con un colchón.*

canario, ria ▌ adj./s. **1** De las islas Canarias (comunidad autónoma española), o relacionado con ellas: *El mojo es una salsa canaria. Los canarios disfrutan de un clima templado casi todo el año.* ▌ s. **2** Pájaro de unos trece centímetros de longitud, de plumaje generalmente amarillo o verdoso, canto melodioso, y que se suele criar como ave doméstica: *Los canarios se reproducen en cautividad sin problemas.* ☐ MORF. En la acepción 1, como sustantivo se refiere solo a las personas de las islas Canarias.

canarismo s.m. En lingüística, palabra, significado o construcción sintáctica característicos del dialecto canario: *La palabra 'gofio' es un canarismo.*

canasta s.f. **1** Cesto de mimbre, de boca ancha y generalmente con dos asas: *Entre los dos casi no podían con la canasta de patatas.* **2** En baloncesto, aro con una red colgante sin fondo, a través del cual debe pasar el balón; *cesta: El balón entró en la canasta limpiamente.* **3** En baloncesto, armazón compuesto por un soporte con un tablero, en el que está sujeto horizontalmente este aro: *Un hincha trepó por los hierros de la canasta y desde arriba jaleó a su equipo.* **4** En baloncesto, introducción del balón a través del aro; *enceste: Las canastas pueden valer uno, dos o tres tantos.*

canastilla s.f. Ropa que se prepara para el niño que va a nacer: *Tenían tantas ganas de ser padres, que meses antes del nacimiento ya tenían la canastilla.*

canasto s.m. Canasta alta y estrecha: *Pon la ropa sucia en el canasto.*

canastos interj. Expresión que se usa para indicar extrañeza, sorpresa, admiración o disgusto: *No sé quién canastos era ese que me saludó. ¡Canastos, qué cochazo te has comprado!*

cancán s.m. Baile de origen francés, frívolo y muy movido, en el que se levantan las piernas hasta la altura de la cabeza, y que generalmente es bailado solo por mujeres como parte de un espectáculo: *En sus inicios, el cancán se consideró un baile obsceno.*

cancela s.f. En algunas casas, esp. en las andaluzas, verja que se pone delante del portal o de la pieza que antecede al patio para separarlos de la calle o para impedir el libre paso desde ella: *La cancela de los patios andaluces permite admirarlos desde la calle.*

cancelación s.f. **1** Anulación de un documento o de una obligación legal: *La casa no será totalmente mía hasta la cancelación de la hipoteca.* **2** Suspensión de un compromiso o de algo proyectado: *La falta de presupuesto obligó a la cancelación del proyecto.* **3** Pago total de una deuda: *Para la cancelación de sus deudas tendría que vender parte de sus posesiones.*

cancelar v. **1** Referido esp. a un documento o a una obligación legal, anularlos o dejarlos sin validez: *Si me traslado, cancelaré la cuenta que tengo en el banco. El contrato se cancelará automáticamente al cabo de un año.* **2** Referido esp. a un compromiso o a algo proyectado, dejarlos sin efecto o suspender su realización: *Si se aplaza el viaje, tendré que cancelar la reserva del hotel. Se han cancelado todos los vuelos con los países en guerra.* **3** Referido esp. a una deuda, saldarla o terminar de pagarla: *Si ahorro, el año que viene podré cancelar el préstamo.*

cáncer ▮ adj./s. **1** Referido a una persona, que ha nacido entre el 22 de junio y 22 de julio aproximadamente (por alusión a Cáncer, cuarto signo zodiacal): *Dicen que las personas cáncer son muy cariñosas. Soy un cáncer del 10 de julio.* ▮ s.m. **2** Tumor maligno que invade y destruye tejidos orgánicos humanos o animales: *Le han extirpado un cáncer del estómago.* **3** Lo que destruye o daña gravemente y es difícil de combatir o de frenar: *La droga es el cáncer de muchas sociedades modernas.* ☐ MORF. En la acepción 1, como adjetivo es invariable en género y como sustantivo es de género común, y exige concordancia en masculino o en femenino para señalar la diferencia de sexo: *el cáncer, la cáncer.* 3. Invariable en número.

cancerbero s.m. En el lenguaje del deporte, portero (por alusión a un perro mitológico del mismo nombre que guardaba la entrada de los infiernos): *El cancerbero atrapó el balón cuando ya se cantaba el gol.* 👁 **mitología**

cancerígeno, na adj./s.m. Referido esp. a una sustancia, que produce cáncer o que favorece su aparición: *Los alquitranes del tabaco son sustancias muy cancerígenas.*

canceroso, sa adj. Con cáncer o con sus características: *Lo operaron de un tumor canceroso.*

cancha s.f. **1** Local o terreno de juego destinados a la práctica de determinados deportes: *Cuando los jugadores saltaron a la cancha, el público los recibió con una ovación.* **2** ‖ **dar cancha** a alguien. *col.* Darle una oportunidad o un margen de confianza suficiente para que pueda intervenir o actuar a su modo: *Una empresa tiene que dar cancha a trabajadores jóvenes si quiere renovarse.*

canciller s. **1** En algunos países europeos, jefe o presidente del Gobierno: *El canciller alemán se entrevistó con el presidente del Gobierno español.* **2** En algunos países, ministro de Asuntos Exteriores: *El canciller británico era portador de un mensaje de su primer ministro.* ☐ MORF. Es de género común y exige concordancia en masculino o en femenino para señalar la diferencia de sexo: *el canciller, la canciller.*

cancillería s.f. **1** Cargo o funciones del canciller: *Ejerció la cancillería en varias delegaciones diplomáticas.* **2** Centro diplomático desde el que se dirige la política exterior de un país: *El Ministerio de Asuntos Exteriores es una cancillería.* **3** En un organismo diplomático, esp. en una embajada, oficina o departamento especiales: *La cancillería de la embajada archiva documentos de gran importancia histórica.*

canción s.f. **1** Composición, generalmente en verso, apropiada para ser cantada o puesta en música: *El grupo interpretó canciones tradicionales que trataban sobre temas campestres.* **2** Música que acompaña a esta composición; *aire: Eso que está tocando la banda es una canción de mi tierra.* **3** Lo que se dice con reiteración insistente o pesada: *Ya está ese con su eterna canción de que nadie lo entiende.* **4** ‖ **canción de cuna.** La que se canta a los niños para dormirlos; *nana: Cántale una canción de cuna al bebé y verás cómo deja de llorar.* ‖ **canción de gesta.** Poema medieval, de carácter popular y narrativo, en el que se cuentan las hazañas de personajes históricos o legendarios, y que solía ser transmitido oralmente por los juglares; *cantar de gesta: 'La Chanson de Roland' es una canción de gesta francesa.*

cancionero s.m. Colección de canciones o de poemas, generalmente de diferentes autores y con una característica común: *'El Cancionero de Baena', del siglo XV, es una de las recopilaciones fundamentales de la poesía castellana medieval.*

candado s.m. Cerradura suelta, contenida en una caja metálica de la que sale un gancho o anilla con los que se enganchan y aseguran puertas, tapas o piezas semejantes: *Además de cerrar la maleta con llave, cogió con un candado las dos asas para mayor seguridad.*

candeal s.m. **1** →**trigo candeal.** **2** →**pan candeal.**

candela s.f. **1** Cilindro de cera o de otra materia grasa, con un cordón que lo atraviesa por su centro y que, al encenderlo, produce luz; *vela: Encendimos dos candelas porque se había ido la luz.* 👁 **alumbrado** **2** *col.* Materia

a b c d e f g h i j k l m n ñ o p q r s t u v w x y z

combustible encendida, con o sin llama; *lumbre: Dame candela para encender la chimenea.* **3** En el Sistema Internacional, unidad básica de intensidad luminosa: *La temperatura de referencia para definir la candela es la de la fusión del platino.*

candelabro s.m. Candelero o utensilio de dos o más brazos, que se sostiene sobre un pie o sujeto a una pared, y que sirve para mantener derechas varias candelas o velas: *El candelabro judío tiene siete brazos.* ☐ SEM. Dist. de *palmatoria* (candelero bajo y con mango). 👁 **alumbrado**

candelero s.m. **1** Utensilio formado por un cilindro hueco y unido a un pie, que sirve para mantener derecha una candela o vela: *En cada esquina del salón había un candelero encendido.* **2** ‖ **en (el) candelero.** En una posición destacada de poder, de éxito o de publicidad: *De los que alcanzan el éxito, pocos saben mantenerse en el candelero.*

candente adj. **1** Referido a un cuerpo, esp. si es metálico, que está rojo o blanco por la acción del calor; *incandescente: El herrero modela el hierro cuando está candente.* **2** Referido a un asunto, que es de mucha actualidad e interés y que generalmente levanta polémica: *El programa tiene mucha audiencia porque trata siempre de temas candentes.* ☐ MORF. Invariable en género.

candidato, ta s. Persona que solicita o pretende un cargo, una distinción o algo semejante, o que es propuesta para ellos: *A la plaza optan cinco candidatos.*

candidatura s.f. **1** Solicitud o aspiración a un cargo, a una distinción o a algo semejante: *Su candidatura al puesto de director fue rechazada.* **2** Propuesta o presentación que se hace de una persona para un cargo, para una distinción o para algo semejante: *Se desconoce cuál será la candidatura del sector radical.* **3** Conjunto de los candidatos a un cargo, a una distinción o a algo semejante: *Quedó fuera de la candidatura conservadora por sus discrepancias con la dirección.*

candidez s.f. **1** Falta total de malicia, de hipocresía o de secretos: *Ojalá conserváramos siempre la candidez y la inocencia de la infancia.* **2** Ingenuidad, simpleza o poca experiencia: *La empresa quiere ejecutivos dinámicos, y no personas de tu candidez.*

cándido, da adj. **1** Sin malicia, hipocresía ni ideas ocultas: *¡Cómo va a querer hacerte daño esa alma cándida!* **2** Ingenuo, simple o con poca experiencia: *¡No seas tan cándido y espabila, que se están riendo de ti!*

candil s.m. Lámpara formada por un recipiente de aceite, con un pico en el borde por el que asoma la mecha, y un asa en el extremo opuesto o un gancho para colgarlo: *En la cueva nos alumbramos con un candil.* 👁 **alumbrado**

candilejas s.f.pl. En un teatro, fila de luces colocadas en el borde del escenario más cercano al público: *Con la luz de las candilejas los actores no veían al público.*

candor s.m. Sinceridad, sencillez, ingenuidad y pureza de ánimo: *El candor y la inocencia de aquella chiquilla conmovía a todos.*

candoroso, sa adj. Con candor: *Da gusto tratar a alguien tan candoroso y amable.*

canela s.f. Véase **canelo, la.**

canelo, la ▮ adj. **1** Referido esp. a un perro o a un caballo, de color marrón rojizo, como el de la canela: *Iba de caza con un perro canelo.* ▮ s.m. **2** Árbol de tronco liso, hojas verdes parecidas a las del laurel y flores blancas y aromáticas: *El canelo es originario de la isla asiática de Ceilán.* ▮ s.f. **3** Segunda corteza de las ramas del canelo, de color marrón rojizo, muy sabrosa y aromática y que se usa como condimento: *Espolvorea canela en el arroz con leche.* **4** ‖ **hacer** alguien **el canelo. 1** *col.* Hacer algo que no va a ser valorado o que no va a tener recompensa: *Sé que hago el canelo trabajando por esa miseria, pero no tengo otro remedio.* **2** *col.* Dejarse engañar fácilmente: *Estoy harta de hacer el canelo con ese tramposo.* ‖ **ser** algo **canela ({fina/en rama}).** *col.* Ser muy fino y exquisito o excepcionalmente bueno: *A juzgar por lo que lo ensalzan, el chico debe de ser canela en rama.*

canelón s.m. **1** Pasta alimenticia en forma de rollo, hecha de harina de trigo y con un relleno generalmente de carne picada: *De segundo comimos canelones con besamel.* **2** →**canalón.** ☐ ORTOGR. En la acepción 1, es un italianismo (*canellone*) adaptado al español. ☐ MORF. La acepción 1 se usa más en plural.

canesú s.m. En un vestido o en una camisa, pieza superior a la que se unen el cuello, las mangas y el resto de la prenda: *El niño llevaba su nombre bordado en el canesú del babi.* ☐ MORF. Su plural es *canesús* o *canesúes*.

cangilón s.m. En una noria, recipiente atado a su rueda junto con otros iguales a él, y que sirve para sacar el agua: *El caudal del río estaba tan bajo que los cangilones salían casi vacíos.*

cangrejo s.m. **1** Crustáceo marino o de río, con un caparazón redondeado y aplanado y cinco pares de patas, de las cuales las dos primeras son más grandes y están provistas de pinzas: *Los cangrejos de mar tienen el abdomen atrofiado y adherido a la parte inferior del cuerpo.* 👁 **marisco 2** ‖ **(cangrejo) ermitaño.** El que tiene el abdomen muy blando y se aloja en conchas vacías de caracoles marinos para protegerse: *El fondo del mar estaba lleno de cangrejos ermitaños.* ☐ MORF. Es un sustantivo epiceno y la diferencia de sexo se señala mediante la oposición *el cangrejo {macho/hembra}*.

canguelo s.m. *col.* Miedo muy grande: *Me da canguelo enfrentarme al jefe.* **canguis**

canguis s.m. *col.* →**canguelo.** ☐ MORF. Invariable en número.

canguro ▮ s. **1** *col.* Persona, normalmente joven, que se dedica a cuidar niños a domicilio durante ausencias cortas de los padres y generalmente cobrando por ello: *Cuando queremos ir al cine, llamo a la canguro para que se quede con los niños.* ▮ s.m. **2** Animal marsupial herbívoro, que se desplaza a grandes saltos gracias a sus desarrolladas patas posteriores, con una cola robusta que le sirve de apoyo cuando está quieto, y cuya hembra tiene en el vientre una bolsa o marsupio donde lleva a las crías: *El canguro es un animal de origen australiano.* ☐ MORF. 1. En la acepción 1, es de género común y exige concordancia en masculino o en femenino para señalar la diferencia de sexo: *el canguro, la canguro*. 2. En la acepción 2, es un sustantivo epiceno y la diferencia de sexo se señala mediante la oposición *el canguro {macho/hembra}*.

caníbal adj./s. Referido a una persona, que come carne humana; *antropófago: En las primitivas culturas africanas abundaban tribus caníbales. Los caníbales suelen comer carne humana como un ritual.* ☐ MORF. 1. Como adjetivo es invariable en género. 2. Como sustantivo es de género común y exige concordancia en masculino o en femenino para señalar la diferencia de sexo: *el caníbal, la caníbal*.

canibalismo s.m. Costumbre alimentaria de comer

carne de seres de la propia especie: *Las prácticas de canibalismo no son aceptadas por las sociedades humanas modernas.* □ SEM. Dist. de *antropofagia* (aplicable solo a la costumbre de comer las personas carne humana).

canica ▮ s.f. **1** Bola o esfera pequeñas y de material duro, generalmente de vidrio, que se usan para jugar: *Los niños dejaron las canicas por el suelo y al pisarlas me caí.* ▮ pl. **2** Juego infantil que se practica con estas esferas; *bolas: No juego a las canicas porque nunca las meto en el gua.*

caniche adj./s. Referido a un perro, de la raza que se caracteriza por ser de pequeño tamaño y por tener el pelo lanoso y ensortijado: *Le regalé una perra caniche negra. Los caniches son perros de compañía.* □ MORF. Como adjetivo es invariable en género. 👁 **perro**

cánido ▮ adj./s.m. **1** Referido a un mamífero, que es de mediano tamaño, carnívoro, con dedos provistos de uñas fijas, y cinco dedos en las patas delanteras y cuatro en las traseras: *Los lobos son animales cánidos. El perro es un cánido especialmente apto para ser domesticado.* ▮ s.m.pl. **2** En zoología, familia de estos mamíferos: *Las especies pertenecientes a los cánidos son cuadrúpedas.*

canijo, ja adj./s. *col. desp.* Pequeño o de baja estatura: *Se ha quedado canijo porque de pequeño estuvo muy enfermo. No sé cómo se atreve ese canijo a hacerme frente.*

canilla s.f. **1** En una persona, pierna, esp. si es muy delgada: *Da pena verte en bañador con esas canillas que tienes.* **2** En una máquina de tejer o de coser, carrete que va dentro de la lanzadera y en el que se devana el hilo: *He perdido el tiempo, porque estaba cosiendo sin hilo en la canilla sin darme cuenta.*

canino, na ▮ adj. **1** Del can o con características de este animal: *Sus colaboradores le han dado muestras de una fidelidad canina.* ▮ s.m. **2** →**diente canino.** 👁 **dentadura**

canje s.m. Intercambio, trueque o sustitución: *El canje de prisioneros entre los dos bandos se hizo en un puente.* □ USO Su uso es característico de los lenguajes diplomático, militar y comercial.

canjear v. Intercambiar, trocar o hacer una sustitución: *El viaje que me ha tocado puedo canjearlo por dinero.* □ USO Su uso es característico de los lenguajes diplomático, militar y comercial.

cano, na ▮ adj. **1** Referido esp. a una persona, que tiene el pelo o la barba blancos en su totalidad o en su mayor parte: *Su padre es un hombre cano y de bastante edad.* **2** Referido al pelo, a una barba o a un bigote, que están blancos en su totalidad o en su mayor parte: *Me atendió una anciana de pelo cano.* ▮ s.f. **3** Hebra de pelo que se ha vuelto blanco: *Las preocupaciones hicieron que le saliesen canas cuando aún era joven.* **4** ‖ **echar** alguien **una {cana/canita} al aire.** *col.* Divertirse o salir de diversión, esp. cuando no se tiene costumbre: *Anímate y echemos una cana al aire esta noche.* ‖ **peinar** alguien **canas.** *col.* Ser viejo: *¡A ver cuándo te jubilas, que ya peinas canas!*

canoa s.f. Embarcación pequeña y ligera, generalmente de remo, estrecha, sin quilla y con la proa y la popa terminadas en punta: *Los indios hacían sus canoas con pieles.* 👁 **embarcación**

canódromo s.m. Lugar destinado a la celebración de carreras de galgos: *Cuando va al canódromo, siempre apuesta por el mismo perro.*

canon s.m. **1** Regla, norma o precepto, esp. los establecidos por la costumbre para una actividad: *Siempre se comporta de acuerdo con los cánones de la buena educación.* **2** Modelo ideal o de características perfectas, esp. referido al establecido para la figura humana por los antiguos griegos: *Según el canon clásico, la altura de una figura humana debe equivaler a siete cabezas y media.* **3** Cantidad de dinero o impuesto que se pagan periódicamente por un arrendamiento o por el disfrute de algo ajeno o público: *El Estado cobra un canon a las empresas instaladas en terrenos públicos.* **4** En música, composición polifónica en la que las distintas voces van entrando de manera sucesiva y repitiendo o imitando cada una de ellas lo que ha cantado la anterior: *Es muy famoso el canon del compositor alemán Pachelbel.* **5** En la Iglesia católica, decisión o regla establecidas en un concilio sobre el dogma o la disciplina: *En el concilio Vaticano I hay cánones que definen la infalibilidad del papa.* □ MORF. La acepción 1 se usa más en plural.

canónico, ca adj. **1** Que está de acuerdo con los cánones, reglas o disposiciones establecidos por la Iglesia: *El derecho canónico está formado por el conjunto de normas que regulan la vida de la Iglesia católica.* **2** Que se ajusta a un canon, generalmente de perfección o de conducta: *Tiene una forma de vida peculiar y poco canónica.* **3** Referido a un libro o a un texto, que está dentro del catálogo de los considerados auténticamente sagrados por la Iglesia católica: *Los Evangelios son textos canónicos.* □ ORTOGR. Dist. de *canónigo*.

canónigo s.m. En la Iglesia católica, sacerdote que forma parte del cabildo de una catedral: *El canónigo reza el oficio divino en la catedral.* □ ORTOGR. Dist. de *canónico*.

canonización s.f. En la Iglesia católica, declaración oficial hecha por el papa de la santidad de una persona previamente beatificada: *La canonización es una facultad papal desde 1200.*

canonizar v. En la Iglesia católica, referido a una persona previamente beatificada, declararla oficialmente santa el papa: *El papa canonizó a varios beatos que habían sido martirizados en la guerra.* □ ORTOGR. La *z* se cambia en *c* delante de *e* →**CAZAR**.

canoro, ra adj. Referido a un ave, que tiene un canto melodioso y agradable al oído: *El ruiseñor es el ave canora por excelencia.*

canoso, sa adj. Con canas: *Se tiñe porque ya está un poco canosa.*

canotier (galicismo) s.m. Sombrero de paja, de ala recta y copa plana y baja, generalmente rodeada con una cinta negra: *Los bailarines de claqué interpretaron su número con bastón y canotier.* □ PRON. [kanotié]. 👁 **sombrero**

cansado, da adj. **1** Que está en decadencia o que ha perdido fuerzas o facultades: *Necesito gafas para leer porque tengo la vista cansada.* **2** Que produce cansancio: *Mi trabajo es muy cansado y llego rendida a casa.*

cansancio s.m. **1** Falta de fuerzas y sensación de malestar o de debilidad producidas generalmente por la realización de un esfuerzo: *Al terminar la jornada, enseguida me vencen el cansancio y el sueño.* **2** Hastío, fastidio o sensación de aburrimiento: *La monotonía produce cansancio.*

cansar v. **1** Producir o experimentar pérdida de fuerzas y sensación de malestar o de debilidad, generalmente por efecto de un esfuerzo: *Subir tantos pisos a pie cansa a cualquiera. El caballo se cansó mucho por el veloz galope.* **2** Enfadar, fastidiar o producir sensación de aburrimiento o de hastío: *¡No me canses con tanta insistencia, porque no voy a ceder!* **3** ‖ **cansarse de** hacer algo. *col.* Hacerlo muchas veces o durante mucho tiempo: *Se cansa de repetírmelo, pero nunca le hago caso.*

cansino, na adj. **1** Que tiene las fuerzas o la capacidad de trabajo disminuidas por el cansancio: *Llegarás antes andando que en esa mula cansina y vieja.* **2** Que revela o aparenta cansancio por la lentitud y pesadez de movimientos: *Con ese paso cansino no llegarás nunca.* **3** Que resulta pesado, aburrido o cansado: *El trabajo de vigilante nocturno puede ser muy cansino.*

cantábile ▮ adj. **1** En música, referido a un pasaje, que debe ejecutarse destacando su carácter melodioso: *El segundo movimiento de la sonata es un andante cantábile.* ▮ s.m. **2** En una composición musical, pasaje que se ejecuta de esta manera: *Los cantábiles suelen ser partes especialmente líricas y expresivas.* □ ORTOGR. Es un italianismo (*cantabile*) semiadaptado al español. □ MORF. Como adjetivo es invariable en género. □ SEM. Es sinónimo de *cantable*.

cantable ▮ adj./s.m. **1** →**cantábile.** ▮ s.m. **2** En el libreto de una zarzuela, parte escrita en verso para que pueda ponerse en música: *Cuando el autor terminó el libreto, un músico compuso la música de los cantables.* **3** En una zarzuela, escena cantada y no simplemente hablada: *No es buen actor, pero como cantante borda todos los cantables.* □ MORF. Como adjetivo es invariable en género.

cantábrico, ca adj. **1** De Cantabria (comunidad autónoma española), o relacionado con ella: *Santander es la capital cantábrica.* **2** De la cordillera Cantábrica (situada en el norte español), del mar Cantábrico (situado entre la costa norte española y la suroeste francesa), o relacionado con ellos: *Los Picos de Europa forman parte de los montes cantábricos. La llamada cornisa cantábrica es una zona muy lluviosa.*

cántabro, bra adj./s. **1** De Cantabria (comunidad autónoma española), o relacionado con ella: *Los pesqueros cántabros no saldrán hoy a faenar. Conozco a un cántabro de Laredo.* **2** De un antiguo pueblo celta que habitaba en el territorio que corresponde a esta comunidad autónoma, o relacionado con él: *Las costumbres cántabras eran muy rudas. Los cántabros no reconocieron la soberanía romana.* □ MORF. Como sustantivo se refiere solo a las personas de Cantabria y a las de un antiguo pueblo celta.

cantado, da ‖ **estar** algo **cantado.** *col.* Saberse anticipadamente o darse por seguro: *Su designación para el cargo estaba cantada y a nadie sorprendió.*

cantamañanas s. *col.* Persona informal, fantasiosa y que no merece crédito: *No creas nada de lo que dice ese cantamañanas.* □ MORF. 1. Es de género común y exige concordancia en masculino o en femenino para señalar la diferencia de sexo: *el cantamañanas, la cantamañanas*. 2. Invariable en número.

cantante s. Persona que se dedica profesionalmente a cantar: *Los mejores cantantes de ópera participaron en la gala.* □ MORF. Aunque es de género común y exige concordancia en masculino o en femenino para señalar la diferencia de sexo: *el cantante, la cantante*, para el femenino también se usa la forma coloquial *cantanta*.

cantaor, -a s. Cantante de flamenco: *Los mejores cantaores son andaluces.*

cantar ▮ s.m. **1** Copla o composición poética breve, puesta en música para cantarse o adaptable a alguno de los aires o canciones populares: *Empieza el cantar de una sevillana: Arenal de Sevilla / torre del Oro / ...* ▮ v. **2** Referido a una persona, formar con la voz sonidos melodiosos o que siguen una melodía musical: *¡Qué bien cantó el tenor! Le canté una nana y se durmió enseguida.* **3** Referido a un animal, esp. a un ave, emitir sonidos armoniosos: *Los canarios cantan durante el día.* **4** Referido a un insecto, producir sonidos estridentes haciendo vibrar determinadas partes de su cuerpo: *Las cigarras cantan por el día.* **5** *col.* Referido esp. a una parte del cuerpo, desprender un olor desagradable o muy fuerte: *Anda, cálzate, que te cantan los pies.* **6** Decir en voz alta y con una entonación diferente y más modulada de lo normal: *El agraciado con el gordo hizo un regalo a los niños que cantaron el premio.* **7** *col.* Referido a algo que se guardaba en secreto, confesarlo o descubrirlo: *Tememos que cante todo lo que sabe y nos pillen a nosotros también. Aunque juró no delatar a sus compinches, las torturas lo hicieron cantar.* **8** En algunos juegos, referido esp. a una combinación de cartas o a un tanteo, decirlos en voz alta cuando se consiguen: *Canté las cuarenta en oros y gané.* **9** ‖ **cantar de gesta.** Poema medieval, de carácter popular y narrativo, en el que se cuentan las hazañas de personajes históricos o legendarios, y que solía ser transmitido oralmente por los juglares; *canción de gesta: El 'Cantar de Mio Cid' es el gran cantar de gesta castellano.* ‖ **ser** algo **otro cantar.** *col.* Ser otra cosa o un asunto distinto: *No quiero ir sola, pero si tú me acompañas es otro cantar.*

cántara s.f. **1** Unidad de capacidad para líquidos que equivale aproximadamente a 16,1 litros: *Una cántara tiene 8 azumbres.* **2** →**cántaro.** □ USO La acepción 1 es una medida tradicional española.

cantarín, -a adj. *col.* Muy aficionado a cantar: *El pájaro está cantarín porque llega la primavera. Tiene un amigo de lo más animado y cantarín.*

cántaro s.m. **1** Vasija grande de barro o de metal, estrecha por la boca y por la base, ancha por la barriga, y generalmente con una o con dos asas; *cántara: En el cántaro el agua se conserva fresca.* **2** ‖ **a cántaros.** Referido esp. a la forma de llover o de salir el agua, en abundancia o con mucha fuerza: *Lleva paraguas, que está cayendo agua a cántaros.*

cantata s.f. Composición musical de carácter vocal e instrumental, que se canta a una o a varias voces y puede tener un tema religioso o profano: *Bach compuso más de cien cantatas para fiestas litúrgicas.*

cantautor, -a s. Cantante, generalmente solista, que interpreta composiciones de las que él mismo es autor y cuyo contenido suele responder a una intención crítica o poética: *Las canciones de muchos cantautores de la posguerra son reflejo de su compromiso político.*

cante s.m. **1** Canto popular andaluz o con características semejantes: *Cada zona de Andalucía tiene su folclore y sus cantes tradicionales.* **2** *col.* Olor desagradable y fuerte: *Alguien debe de haberse descalzado, porque hay un cante por aquí que no se puede parar.* **3** En algunos juegos de cartas, jugada en la que se añaden unos tantos suplementarios: *No olvides sumar los cuarenta puntos del cante.* **4** *col.* Acción de ponerse en evidencia o de realizar algo muy llamativo o chocante: *¡Menudo cante presentarse en la ceremonia con esas pintas!* **5** ‖ **cante flamenco.** El andaluz con raíces folclóricas gitanas y emparentadas con los ritmos árabes: *Bulerías y fandangos son algunos estilos del cante flamenco.* ‖ **cante {hondo/jondo}.** El andaluz de profundo sentimiento, ritmo monótono y tono quejumbroso: *A los cantaores de cante jondo, parece que* *se les desgarra la voz en cada uno de sus ayes.* ‖ **dar el cante. 1** *col.* Llamar la atención o ponerse en ridículo: *Iba dando el cante con un clavel rojo en cada oreja.* **2** *col.* Dar un aviso: *Alguien dio el cante a la policía y los pillaron con las manos en la masa.* □ PRON. *Cante hondo* se pronuncia [kante jondo], con *j* suave.

cantera s.f. **1** Lugar del que se extrae piedra o materiales semejantes para obras y construcciones: *En el pueblo italiano de Carrara hay unas famosas canteras de mármol.* **2** Lugar u organización donde se forman o del que proceden personas idóneas para realizar una actividad, esp. si es de carácter profesional: *Los grandes equipos de fútbol tienen su propia cantera de jugadores.*

cantero s.m. Persona que se dedica profesionalmente a la extracción de piedra de una cantera, o a labrarla para las construcciones: *Trabajar como cantero picando piedra al aire libre es muy duro.*

cántico s.m. Composición poética generalmente de ensalzamiento, esp. referido a las recogidas en los textos sagrados en alabanza o agradecimiento a Dios: *Los fieles entonaron un cántico bíblico a la gloria de Dios. Su poemario se cierra con un cántico rimado a la vida.*

cantidad ▮ s.f. **1** Propiedad de lo que puede ser contado o medido: *El mal es una noción que no tiene cantidad.* **2** Número de unidades o porción de algo, esp. si son indeterminados: *Ha reunido una cantidad de objetos de arte nada despreciable.* **3** Suma de dinero: *Quiere invertir cierta cantidad en acciones de Bolsa.* **4** En matemáticas, conjunto de objetos de una clase entre los que se puede definir la igualdad y la suma: *Calculó el precio total sumando todas las cantidades.* ▮ adv. **5** *col.* Mucho: *La película me gustó cantidad y pienso volver a verla.* **6** ‖ **cantidad de.** *col.* Mucho: *Tiene cantidad de amigos.* ‖ **en cantidad** o **en cantidades industriales.** En abundancia: *Nieva en cantidad y pronto cuajará.*

cantiga s.f. Composición poética medieval destinada al canto: *Las cantigas son propias de la lírica gallegoportuguesa.*

cantimplora s.f. Recipiente de forma aplanada, generalmente metálico o de plástico y revestido de cuero o de otro material semejante, que se usa para llevar agua u otra bebida en viajes y excursiones: *Cada excursionista llevaba para la marcha un bocadillo y una cantimplora de agua.*

cantina s.f. Establecimiento donde se sirven o se venden bebidas y algunos alimentos: *Antes de subir al tren tomó un café en la cantina de la estación.*

cantinela s.f. *col.* Lo que se repite con una insistencia que molesta e importuna: *Lleva dos días con la cantinela de que quiere comprarse un coche.*

cantinero, ra s. Propietario o encargado de una cantina: *El cantinero abre la cantina a las seis.*

canto s.m. **1** Formación con la voz de sonidos melodiosos o que siguen una melodía musical: *Ha hecho unas pruebas de voz y le han dicho que está muy dotado para el canto.* **2** Emisión de sonidos, esp. si son armoniosos o rítmicos, por parte de un animal: *Le gusta despertarse con el canto de los pájaros.* **3** Arte o técnica de cantar: *Estudio canto en el conservatorio.* **4** En un poema épico, cada una de las grandes partes en que se divide: *El poema de Homero 'La Odisea' se compone de veinticuatro cantos.* **5** Composición poética, esp. si es de tono elevado o solemne: *Compuso un estremecedor canto fúnebre por la muerte de su amigo.* **6** Alabanza o ensalzamiento, esp. los que se hacen componiendo poemas con ese fin: *La película era un canto a la vida lleno de esperanza.* **7** En una superficie, extremo, lado o borde que limita o remata su forma: *Sabe hacer bailar una moneda sobre su canto, como si fuera una peonza.* **8** En un libro, corte opuesto al lomo: *Me enseñó un lujoso libro, con el lomo muy decorado y el canto dorado.* 👁 **libro 9** En un arma blanca, borde que no corta, opuesto al filo: *No es que el cuchillo no corte, es que lo estás usando por el canto.* 👁 **cuchillo 10** Trozo de piedra: *Vine por un atajo lleno de cantos y destrocé los zapatos.* **11** ‖ **al canto.** De manera inmediata y efectiva o inevitable: *En cuanto se ven, ya tenemos discusión al canto.* ‖ **al canto del gallo.** *col.* Al amanecer: *Los campesinos se levantan al canto del gallo.* ‖ **canto del cisne.** Última obra o actuación de alguien: *Esa película fue su canto del cisne, porque no volvió a rodar.* ‖ **canto {gregoriano/llano}.** El adoptado tradicionalmente por la Iglesia católica para cantar sus textos litúrgicos (por alusión al papa Gregorio Magno, a quien se atribuye la ordenación, a finales del siglo VI, de este canto); *gregoriano: Los monjes del monasterio cantan canto gregoriano en todos los oficios solemnes.* ‖ **canto {pelado/rodado}.** Piedra redondeada y pulida por el desgaste de una corriente de agua: *Aquí hay muchos cantos rodados, porque esto fue el lecho de un río.* ‖ **darse** alguien **con un canto en los dientes.** *col.* Contentarse con algo que, sin ser muy bueno, no es lo peor que podía pasar: *Me doy con un canto en los dientes si consigo la última plaza, porque muchos quedarán fuera.* ‖ **el canto de un duro.** *col.* Muy poco: *Le dio tanta pena, que le faltó el canto de un duro para echarse a llorar.*

cantón s.m. En algunos países, división territorial y administrativa, caracterizada por estar dotada de un importante grado de autonomía política: *Suiza está formada por una confederación de cantones.*

cantonalismo s.m. Movimiento político que defiende la división del Estado central en cantones casi independientes: *Durante el auge del cantonalismo en la España del siglo XIX fue famoso el cantón de Cartagena.*

cantor, -a ▮ adj. **1** Referido a un ave, que es capaz de emitir sonidos melodiosos y variados, debido al gran desarrollo de su aparato fonador: *El ruiseñor es un ave cantora.* ▮ s. **2** Persona que sabe cantar o que se dedica profesionalmente al canto: *Es famoso el coro infantil de los cantores de Viena.*

cantoral s.m. Libro de gran tamaño, con las hojas generalmente de pergamino, que contiene la letra y la música de los himnos religiosos que se cantaban en las iglesias, y que solía colocarse sobre un atril en el coro; *libro de coro: En el coro de la catedral se conserva un precioso cantoral con letra gótica.*

canturrear v. *col.* Cantar a media voz y generalmente de manera descuidada: *Deja de canturrear, que me distraes.*

canturreo s.m. Canto a media voz y generalmente de manera descuidada: *Si oyes un canturreo, es que está durmiendo al niño.*

cánula s.f. **1** En medicina, tubo pequeño que se coloca en una abertura del cuerpo para evacuar o introducir líquidos: *Tras la operación estuvo tres días con una cánula en la abertura de la herida.* **2** En una jeringuilla, extremo más fino y en el que se acopla la aguja: *El practicante preparó la inyección, puso la aguja en la cánula y me pinchó.*

canutas ‖ **pasarlas canutas.** *col.* Encontrarse en una situación muy difícil o apurada: *Me perdí en la montaña y las pasé canutas para volver.*

canutillo s.m. **1** Tubo pequeño de vidrio que se usa en trabajos de pasamanería: *La cenefa del bajo de la falda está adornada con canutillos de colores.* **2** Hilo rizado de oro o de plata para bordar: *El manto de la Virgen está bordado con canutillo.*

canuto s.m. **1** Tubo de longitud y grosor no muy grandes y generalmente abierto por sus dos extremos: *Los niños usaban canutos de bolígrafo a modo de cerbatana.* **2** *col.* Cigarrillo de hachís, marihuana u otra droga, generalmente mezcladas con tabaco; *porro: Decía que con canutos no se engancha uno, y ahora es un drogadicto.*

caña s.f. **1** Tallo de algunas plantas gramíneas, generalmente hueco y nudoso: *La cañas de bambú se utilizan para fabricar muebles.* **2** Lo que tiene la forma de este tallo: *Las cañas son unos dulces rellenos de nata o de crema.* **3** Planta con tallo hueco, leñoso y con nudos que tiene hojas anchas y ásperas, flores que nacen de un eje común, y que se cría en parajes húmedos: *La caña es originaria de la Europa del sur.* **4** Vaso cilíndrico y ligeramente cónico: *Antes de comer nos tomamos unas cañas de cerveza.* **5** Hueso largo del brazo o de la pierna: *Para preparar este guiso necesitamos un hueso de caña, a ser posible de vaca.* **6** ‖ **caña ({de azúcar/dulce}).** Planta de unos dos metros de altura, que tiene hojas largas y flores purpúreas, y cuyo tallo es leñoso y está lleno de un tejido esponjoso y dulce del que se extrae el azúcar: *La caña de azúcar es originaria de la India.* ‖ **caña (de pescar).** Vara larga, delgada y flexible, que lleva en el extremo más delgado una cuerda de la que pende un sedal con un anzuelo: *Se fue al río con su caña de pescar y su colección de anzuelos.* 👁 **pesca** ‖ **{dar/meter} caña.** *col.* Meter prisa a alguien o aumentar la velocidad o la intensidad de algo: *Dale caña al coche o no llegaremos a tiempo.*

cañada s.f. **1** Camino para los ganados trashumantes: *Las cañadas comunicaban las zonas de pasto veraniegas con las zonas de pastos invernales.* **2** Paso entre dos montañas poco distantes: *Los exploradores tuvieron que subir por una cañada.*

cañamazo s.m. **1** Tejido de hilos muy separados que se usa para bordar sobre él: *El punto de cruz se hace más fácilmente sobre un cañamazo.* **2** Tela tosca de cáñamo: *Estos sacos están hechos con cañamazo.*

cáñamo s.m. **1** Planta herbácea con tallo erguido, hueco, abundante en ramas y con vello, flores de color verde, y cuyas fibras se utilizan para la fabricación de tejidos o de cuerdas: *Las hojas del cáñamo tienen forma de lanza.* **2** Fibra textil de esta planta: *Con el cáñamo se hacen cuerdas y telas bastas, pero muy resistentes.*

cañamón s.m. Semilla del cáñamo que se emplea principalmente para alimentar a los pájaros: *De los cañamones se obtiene aceite.*

cañaveral s.m. Terreno poblado de cañas; *cañizar: Entre los cañaverales de los ríos suele haber muchos renacuajos.*

cañería s.f. Conducto formado por caños, a través del cual se distribuye el agua o el gas: *Las cañerías de este edificio son de cobre.*

cañí ▮ adj. **1** *col.* Típico, folclórico o popular: *Van a exponer una colección de fotografías de la España cañí.* ▮ adj./s. **2** Gitano: *Están haciendo un estudio sobre las costumbres del pueblo cañí. Unos cañíes iban cantando por las calles.* ☐ MORF. 1. Como adjetivo es invariable en género. 2. Como sustantivo es de género común y exige concordancia en masculino o en femenino para señalar la diferencia de sexo: *el cañí, la cañí.* 3. Su plural es *cañís* o *cañíes.*

cañizal s.m. →**cañizar.**

cañizar s.m. Terreno poblado de cañas; *cañizal, cañaveral: La culebra se metió entre los cañizares para esconderse.*

cañizo s.m. Tejido hecho con cañas entretejidas que se usa generalmente como armazón en los toldos o como soporte del yeso en los techos de superficie plana y lisa: *Antes de echar el techo de yeso habrá que poner un cañizo nuevo.*

caño s.m. **1** Tubo corto, esp. el que forma, junto con otros, las tuberías: *El conducto del desagüe está formado por diferentes caños.* **2** Tubo por el que sale un chorro de agua o de otro líquido, esp. referido al de una fuente: *En medio de la plaza han puesto una fuente con cuatro caños.*

cañón s.m. **1** Pieza hueca y larga, con forma de tubo: *Esta escopeta tiene dos cañones. Hay que limpiar el cañón de la chimenea para que salga bien el humo.* **2** Lo que tiene la forma de esta pieza: *La toga de los abogados hace cañones en su parte inferior.* **3** Arma de artillería de gran diámetro interior, que se utiliza para lanzar proyectiles: *El cañón suele estar montado sobre un soporte móvil.* **4** Paso estrecho o garganta profunda entre dos altas montañas de paredes escarpadas, por donde suelen correr los ríos: *Este cañón ha sido producido por la erosión del agua sobre las rocas calcáreas.* **5** En la pluma de un ave, parte hueca de su eje central, que carece de filamentos laterales y que se inserta en la piel; *cálamo: Para utilizar la pluma como instrumento de escritura se hacía un corte oblicuo en el extremo del cañón.* **6** Pluma del ave cuando empieza a nacer: *Los pollos recién nacidos solo tienen cañones porque las plumas tardan más en salir.* **7** Foco de luz concentrada: *Un cañón iluminaba al actor mientras recitaba su monólogo.* **8** *col.* Muy bien: *En aquella fiesta lo pasamos cañón.* **9** ‖ **estar cañón.** *col.* Referido esp. a una persona, ser físicamente muy atractiva: *Este chico está cañón.*

cañonazo s.m. **1** Disparo hecho con un cañón: *Destruyeron el edificio a cañonazos.* **2** Ruido producido por este disparo: *Desde el refugio se oían los cañonazos.* **3** En algunos deportes, lanzamiento muy fuerte: *Consiguió meter gol con un cañonazo desde fuera del área.*

cañonero, ra ▮ adj./s. **1** Referido a una embarcación, que lleva algún cañón: *Las lanchas cañoneras se utilizan para realizar ataques rápidos y por sorpresa. Los cañoneros abrieron fuego contra los buques enemigos.* ▮ s. **2** En algunos deportes, jugador que posee un potente disparo: *El primer gol se consiguió gracias al cañonero del equipo.*

caoba ▮ adj./s.m. **1** De color marrón rojizo: *El tapizado del despacho es caoba.* ▮ s.f. **2** Árbol americano con tronco recto y grueso, hojas compuestas, flores pequeñas y blancas que nacen de un eje común, y cuya madera, de color pardo rojizo, es muy apreciada en ebanistería: *La caoba es originaria de América Central.* **3** Madera de este árbol, de color rojizo y fácil de pulimentar: *El escritorio del despacho de mi abogado es de caoba.*

caolín s.m. Arcilla blanca y muy pura que se usa generalmente para la fabricación de porcelanas y elaboración de papel: *El caolín es una sustancia formada por silicato de aluminio.*

caos s.m. **1** Confusión o desorden absolutos: *Desde por la mañana está metido en el caos circulatorio de la gran ciudad.* **2** En algunas creencias y en algunos filósofos primi-

a b c d e f g h i j k l m n ñ o p q r s t u v w x y z

tivos, desorden en que se hallaba la materia antes de adquirir su ordenación actual: *En la filosofía de Platón, el caos es el desorden que precedió al cosmos.* □ MORF. Invariable en número.

caótico, ca adj. Del caos o relacionado con él: *La situación es caótica en el país y nadie sabe ya qué sentido tiene la guerra.*

capa s.f. **1** Prenda de abrigo larga y suelta, sin mangas, generalmente abierta por delante, y que se lleva sobre los hombros encima del vestido: *La capa es una prenda muy elegante.* **2** En tauromaquia, pieza de tela con vuelo, de color vivo, que se utiliza para torear; *capote de brega, trapo: La capa suele ser de color rojo.* **3** Lo que cubre o baña algo: *A esta puerta le hace falta otra capa de pintura.* **4** Zona o plano superpuestos a otro u otros con los que forman un todo: *La tarta está formada por dos capas de bizcocho y una de chocolate.* **5** Grupo o estrato social: *Las capas bajas de la sociedad no siempre tienen acceso a la educación superior.* **6** Lo que se usa para encubrir algo, esp. si es un pretexto o una apariencia: *Bajo la capa de sinceridad dice muchas mentiras.* **7** Color de las caballerías y de otros animales: *La capa de este caballo es castaña.* **8** ‖ **a capa y espada.** A toda costa o de forma enérgica: *Defenderá su postura a capa y espada ante los tribunales.* ‖ **capa española.** La de hombre, hecha de paño, con vuelo amplio, y que generalmente tiene los bordes delanteros forrados de terciopelo: *A la recepción acudieron varios hombres vestidos con capa española.* ‖ **capa pluvial.** La que utilizan los superiores eclesiásticos y los sacerdotes en actos del culto divino: *La capa pluvial lleva una ancha cenefa en los bordes delanteros.* ‖ **de capa caída.** *col.* En decadencia o perdiendo fuerza: *Las ventas están de capa caída y este mes tendremos pérdidas.* ‖ **hacer** alguien **de su capa un sayo.** *col.* Obrar libremente y según su voluntad en cosas o asuntos que solo a él afectan: *Cuando la empresa era solo suya podía hacer de su capa un sayo, pero ahora tiene que contar con todos.* □ SINT. 1. La expresión 'de capa caída' se usa más con los verbos *andar*, *estar*, *ir* o equivalentes. 2. La expresión 'a capa y espada' se usa más con los verbos *defender*, *mantener* o equivalentes.

capacho s.m. **1** Cesta con dos asas pequeñas, esp. si es de juncos o de mimbre, que se suele utilizar para llevar objetos: *En el molino se amontonaban los capachos con la aceituna molida.* **2** Especie de cesta acondicionada como cuna y que puede encajarse en un armazón con ruedas que facilita su desplazamiento; *capazo: El capacho se puede montar sobre la silla.*

capacidad s.f. **1** Posibilidad para contener algo dentro de ciertos límites: *Esta botella tiene capacidad para dos litros.* **2** Aptitud o conjunto de condiciones que posibilitan para la realización de algo: *La nueva maquinaria aumentará la capacidad de producción de la empresa.* **3** En derecho, aptitud legal para realizar actos válidos o para ser sujeto de derechos y obligaciones: *Su deficiencia psíquica le anula la capacidad de ejercer el derecho al voto.*

capacitación s.f. Adecuación para un determinado fin: *Siguió una serie de cursos hasta conseguir su capacitación para este trabajo.*

capacitar v. Referido a una persona, hacerla apta o capaz para algo: *Este título solo te capacita para ejercer como auxiliar.*

capar v. Extirpar o inutilizar los órganos genitales; *castrar: El buey es un toro que ha sido capado.*

caparazón s.m. **1** Cubierta dura que protege el cuerpo de algunos animales: *Estas pinzas son especiales para partir el caparazón de los mariscos.* **2** Esqueleto del tórax o pecho de las aves: *Para que la sopa quede más sabrosa le echo un caparazón de pollo.* **3** Cubierta que se pone encima de algo para protegerlo: *En el taller hay una máquina protegida por un caparazón de acero.*

capataz s. **1** Persona que manda y vigila un grupo de trabajadores: *El capataz de la obra tiene a su cargo a cinco obreros.* **2** Persona encargada de labrar y administrar una hacienda o finca agrícola: *Los capataces se ocupan de la venta de los productos que da la tierra.* □ MORF. Aunque es de género común, y exige concordancia en masculino o en femenino para señalar la diferencia de sexo: *el capataz, la capataz*, para el femenino también se usa la forma *capataza*.

capaz adj. **1** Que tiene cualidades o aptitud para algo: *Es capaz de comérselo todo en solo cinco minutos.* **2** Referido a una persona, que se atreve a hacer algo o está dispuesta a hacerlo: *¿Serías capaz de cumplir esa amenaza?* **3** Referido esp. a un lugar o a un recipiente, que tiene capacidad o posibilidad de contener algo: *Busca una sala que sea capaz para cien personas.* **4** En derecho, que es legalmente apto para algo: *Su mayoría de edad lo hace capaz para administrar su herencia.* □ MORF. Invariable en género.

capazo s.m. **1** Cesta grande con dos asas pequeñas, hecha de esparto o de palma: *Los capazos son muy utilizados para transportar los escombros.* **2** Especie de cesta acondicionada como cuna y que puede encajarse en un armazón con ruedas, que facilita su desplazamiento; *capacho: El bebé dormía tranquilamente en el capazo.*

capcioso, sa adj. **1** Que engaña o que induce a error, esp. referido a las palabras o doctrinas: *Me contó lo ocurrido con palabras capciosas para confundirme.* **2** Referido esp. a una pregunta o sugerencia, que se hacen para obtener del interlocutor una respuesta que pueda comprometerlo, o que favorezca a quien la formula: *El presidente supo esquivar las preguntas capciosas que le hacía el entrevistador.*

capea s.f. Fiesta taurina que consiste en la lidia de becerros o novillos por aficionados: *Los fines de semana suelen organizar capeas en su finca.*

capear v. **1** En tauromaquia, torear con la capa: *El diestro supo capear al primer toro de la tarde.* **2** *col.* Eludir con mañas un compromiso o un trabajo desagradable: *Procura capear todas las preguntas indiscretas para seguir manteniendo el secreto.* **3** Referido a una embarcación, hacer frente al mal tiempo con las maniobras adecuadas: *El velero capeó la tormenta gracias a la preparación del capitán.*

capellán s.m. Sacerdote encargado de las funciones religiosas en una determinada institución religiosa, seglar o militar: *Hablamos con el capellán del cuartel para encargar una misa.*

capelo s.m. **1** Sombrero rojo de los cardenales: *El capelo es símbolo de la dignidad de los cardenales.* 👁 **sombrero** **2** Dignidad de cardenal: *Desde que el papa le otorgó el capelo, pasa mucho tiempo en Roma.*

caperuza s.f. **1** Gorro terminado en punta: *Caperucita llevaba una capa roja con caperuza.* **2** Pieza que se usa para proteger o para cubrir la punta o el extremo de algo: *Me han regalado una pluma negra con la caperuza dorada.*

capicúa ▮ adj. **1** En una serie, que tiene sus elementos alternos de forma que su orden es igual empezando por la derecha que empezando por la izquierda: *La palabra oso es capicúa.* ▌adj./s.m. **2** Referido a un número, que se lee de igual forma de izquierda a derecha que de derecha a izquierda: *La matrícula de mi coche es un número capicúa. Es fácil recordar el año en que lo inauguraron porque 1991 es un capicúa.* ☐ MORF. Como adjetivo es invariable en género.

capilar ▌adj. **1** Del cabello o relacionado con él: *¿Tiene una loción capilar para la calvicie?* **2** Referido a un tubo, que es muy estrecho, de un diámetro similar al de un cabello: *Con solo apoyar el tubo capilar en la gota de sangre, se llena.* ▌s.m. **3** En el sistema circulatorio, cada uno de los vasos muy finos que, en forma de red, enlazan la terminación del sistema arterial con el comienzo del sistema venoso: *A través de la pared de los capilares se efectúa el intercambio de gases y de sustancias nutritivas entre la sangre y los tejidos.* ☐ MORF. Como adjetivo es invariable en género.

capilla s.f. **1** Local pequeño destinado al culto cristiano: *En la finca de sus padres hay una capilla.* **2** Parte de una iglesia que tiene altar o en la que se venera una imagen: *La catedral tiene varias capillas en las naves laterales.* **3** Edificio contiguo a una iglesia o parte integrante de ella con altar y generalmente con advocación particular: *Cuando construyeron la nueva iglesia del monasterio, la antigua quedó como capilla.* **4** *col.* Grupo de partidarios de una persona o de una idea: *El entrenador no consentirá que sus jugadores hagan capilla.* **5** ‖ **capilla ardiente.** Lugar en el que se vela un cadáver o en el que se celebran por este las primeras honras fúnebres: *Instalaron la capilla ardiente en el hospital en el que falleció.* ‖ **estar en capilla** alguien. *col.* Encontrarse a la espera de pasar una prueba difícil o de conocer el resultado de algo preocupante: *Estoy en capilla porque mañana me operan.* ☐ MORF. En la acepción 4, se usa mucho el diminutivo *capillita.* ☐ USO En la acepción 4, tiene un matiz despectivo.

capirote s.m. **1** Gorro terminado en punta y con forma de cucurucho, generalmente de cartón y cubierto de tela, utilizado esp. por los penitentes en las procesiones de Semana Santa: *El capirote y el hábito de esta cofradía son morados.* 👁 **sombrero** **2** Caperuza de cuero que se pone a las aves de cetrería para que se estén quietas hasta que se las haga volar: *Está aprendiendo a poner el capirote a los halcones.*

capiscar v. *col.* Comprender: *Sí capisco lo que me dices, pero no me convence nada.* ☐ ORTOGR. La *c* se cambia en *qu* delante de *e* →**SACAR**.

capital ▌adj. **1** Principal, muy grande o muy importante: *Ayudar a los pobres y necesitados fue la preocupación capital de su vida.* ▌s.m. **2** Conjunto de bienes que posee una persona o una sociedad, esp. si es en dinero o en valores: *Gracias a sus negocios cuenta con un importante capital.* **3** En economía, elemento o factor de la producción constituido por todo aquello que se destina con carácter permanente a la obtención de un producto: *Algunos de los componentes del capital son los inmuebles, la maquinaria y las instalaciones.* ▌s.f. **4** Población principal y cabeza de un país, de una autonomía, de una provincia o de un distrito: *En la capital de esa comunidad autónoma está la sede de su Gobierno y sus principales organismos.* **5** Población que tiene una posición importante o destacada en algún aspecto o actividad: *Esta ciudad ha sido la capital de la cultura durante este año.* ☐ MORF. Como adjetivo es invariable en género.

capitalidad s.f. Condición de la población que es la capital de un país, de una comunidad autónoma, de una provincia o de un distrito: *La capitalidad de la nación hace que en esta ciudad estén sus organismos de gobierno más importantes.*

capitalismo s.m. **1** Sistema económico basado en la doctrina del liberalismo y que se funda en la importancia del capital como elemento de producción y creador de riqueza: *En el capitalismo la intervención del Estado para regular las relaciones económicas es escasa o casi nula.* **2** Conjunto de los partidarios de este sistema: *El capitalismo ha alcanzado el poder en los países occidentales.*

capitalista ▌adj. **1** Del capital, del capitalismo o propio de ellos: *En el mundo capitalista el dinero tiene un valor excesivo.* ▌adj./s. **2** Referido a una persona, que coopera con su capital a uno o más negocios: *Necesitan un socio capitalista para poder abrir la nueva tienda. Los capitalistas de la sociedad esperan obtener pronto las rentas de su inversión.* ▌s. **3** Persona muy rica, esp. en dinero: *Gracias a la herencia se convirtió pronto en un capitalista.* ☐ MORF. 1. Como adjetivo es invariable en género. 2. Como sustantivo es de género común y exige concordancia en masculino o en femenino para señalar la diferencia de sexo: *el capitalista, la capitalista.*

capitalización s.f. Utilización de una acción o de una situación en beneficio propio, aunque sean ajenas: *Los sindicatos buscaban la capitalización de la huelga.*

capitalizar v. Referido a una acción o a una situación, utilizarlas en beneficio propio, aunque sean ajenas: *Tiene una personalidad tan fuerte que capitaliza la atención de los que lo rodean.* ☐ ORTOGR. La *z* se cambia en *c* delante de *e* →**CAZAR**.

capitán ▌s. **1** En los Ejércitos de Tierra y Aire, persona cuyo empleo militar es superior al de teniente e inferior al de comandante: *El capitán dirigía la instrucción de los soldados de su compañía.* **2** En la Armada, persona cuyo empleo militar es superior al de alférez de navío e inferior al de contralmirante: *El capitán del buque hizo parar las máquinas.* ▌s.m. **3** →**capitán.** **4** ‖ **capitán general.** **1** En el Ejército, grado supremo: *El rey don Juan Carlos es capitán general de las Fuerzas Armadas españolas.* **2** En el Ejército, jefe superior de una región militar, aérea o naval: *Su padre ha sido nombrado capitán general de la III Región Militar.* ☐ MORF. En las acepciones 1 y 2, es de género común y exige concordancia en masculino o en femenino para señalar la diferencia de sexo: *el capitán, la capitán.* ☐ SEM. En la acepción 1, dist. de *teniente de navío* (en la Armada).

capitán, -a ▌s. **1** Persona que capitanea o dirige un grupo de personas, esp. un equipo deportivo: *La capitana recibió la copa de manos del presidente de la federación.* **2** Persona que manda en una embarcación, esp. si es de gran tamaño. ▌s.f. **3** Nave en la que va embarcado el jefe de una escuadra: *De las tres naves que descubrieron América, la Santa María era la capitana.* ☐ SINT. En la acepción 4 se usa en aposición, pospuesto a un sustantivo.

capitana s.f. Véase **capitán, -a.**

capitanear v. **1** Referido a un grupo de personas o a una acción, dirigirlos o conducirlos: *Con su gran actuación en el partido ha capitaneado a su equipo a la victoria.* **2** Referido a una tropa, mandarla con el empleo de capitán:

Capitaneó a los soldados que defendieron la plaza con tanta valentía.

capitanía s.f. **1** En el Ejército, empleo de capitán: *Alcanzó muy joven la capitanía por sus méritos de guerra.* **2** ‖ **capitanía general. 1** En el Ejército, empleo de capitán general: *El rey ostenta la capitanía general.* **2** Puesto de mando u oficina de este: *Para recoger mi cartilla militar tuve que ir a la capitanía general.* **3** Territorio bajo la autoridad de este: *Se ha llevado a cabo una nueva reestructuración provincial de esta capitanía general.*

capitel s.m. En arquitectura, parte superior de una columna, de un pilar o de una pilastra; *chapitel: El capitel tiene una figura y ornamentación distintas según el estilo a que corresponde.*

capitoste s.m. *col.* Persona que tiene poder, influencia o mando: *Los capitostes de la abogacía empezaron a respetar a aquel joven abogado tras su actuación.* □ USO Tiene un matiz despectivo.

capitulación ▌s.f. **1** Pacto o concierto hecho entre dos o más personas sobre algún asunto, generalmente importante: *Colón firmó unas capitulaciones con los Reyes Católicos antes de partir hacia América por primera vez.* **2** Convenio militar o político en el que se estipula la rendición de una plaza o de un ejército: *El fin de la guerra llegó con la capitulación de esa fortaleza.* ▌pl. **3** Acuerdos que se firman ante notario y en los que se establece el régimen económico del matrimonio: *Antes de la boda firmaron las capitulaciones matrimoniales.*

capitular ▌adj. **1** De un cabildo o corporación secular o eclesiástica, de un capítulo o junta de una orden, o relacionado con ellos: *Todos los frailes estaban reunidos en la sala capitular para elegir un nuevo superior.* ▌v. **2** Referido esp. a una plaza de guerra o a un ejército, rendirse o entregarse bajo determinadas condiciones estipuladas con el enemigo: *La plaza fuerte capituló porque el enemigo se comprometió a tratar bien a los vencidos y a no tomar represalias.* **3** Abandonar una pugna o discusión por cansancio o por el poder de los argumentos contrarios: *Le expliqué la necesidad que tenía de ir a ese viaje que no le quedó más remedio que capitular.* **4** Pactar o acordar en convenio: *Las dos partes creían que se había cumplido lo que habían capitulado.* □ MORF. Como adjetivo es invariable en género.

capítulo s.m. **1** En una narración o en un escrito, cada una de las partes en que se dividen, generalmente dotadas de cierta unidad de contenido: *En el capítulo que emitieron ayer, la protagonista vuelve al colegio.* **2** Asunto, materia o tema: *Solo nos queda por tratar el capítulo de las obras del nuevo edificio.* **3** Junta de una corporación, esp. la de una orden religiosa: *El capítulo de los franciscanos fue presidido por el general de la orden.* **4** En botánica, inflorescencia formada por un conjunto de flores sentadas o sostenidas por un pedúnculo muy corto, y que nacen en un receptáculo común; *cabezuela: La flor de la margarita es un capítulo.* 👁 **inflorescencia 5** ‖ **{llamar/traer} a capítulo** a alguien. Reprenderlo o pedirle cuentas de su conducta: *Lo llamaron a capítulo para que explicara los gastos excesivos de su departamento.* ‖ **ser capítulo aparte** algo. Ser una cuestión distinta o que merece una consideración aparte: *Lo de tus vacaciones es capítulo aparte y tenemos que hablarlo seriamente.* □ SEM. Dist. de *capitulo* (del verbo *capitular*).

capo s.m. Jefe de una mafia, esp. si es de narcotraficantes: *La policía ha detenido a uno de los capos de la droga más buscados.*

capó s.m. En un automóvil, cubierta del motor: *Para cambiar el aceite tienes que levantar el capó.*

capón ▌adj./s.m. **1** Referido a un hombre o a un animal, que han sido castrados: *Ese animal tan rollizo es un gato capón. Los capones engordan mucho.* ▌s.m. **2** Pollo que se castra cuando es pequeño y que se ceba para comerlo: *En Nochebuena cenamos capón.* **3** *col.* Golpe dado con los nudillos de los dedos, esp. con el del dedo corazón, en la cabeza: *Lloro porque mi hermano me ha dado un capón.*

caporal s.m. **1** Persona que se ocupa del ganado que se emplea en la labranza: *El caporal se encarga de que los establos estén limpios.* **2** Persona que encabeza un grupo de gente y lo manda: *El caporal de la cuadrilla ordenó que empezaran sin él.*

capota s.f. Cubierta de tela que llevan algunos vehículos: *Retiramos la capota del coche porque hacía un sol espléndido.*

capotazo s.m. En tauromaquia, pase que realiza el torero con el capote para provocar o detener la embestida del toro: *Los peones de la cuadrilla entretuvieron al toro con capotazos mientras el maestro brindaba al público.*

capote s.m. **1** Prenda de abrigo parecida a la capa, pero con mangas y con menos vuelo: *Cuando hace mucho frío se pone un capote para salir a la calle.* **2** ‖ **capote (de brega).** En tauromaquia, pieza de tela con vuelo, de color vivo, que se utiliza para torear; *capa, trapo: El torero cita al toro con el capote.* ‖ **capote de paseo.** En tauromaquia, capa corta de seda, bordada de oro o de plata con lentejuelas, que los toreros de a pie usan en el desfile de las cuadrillas y al entrar y al salir de la plaza: *El capote de paseo se lleva sobre el hombro.* ‖ **echar un capote.** *col.* Ayudar en un apuro, esp. en una conversación o en una disputa: *Menos mal que me echaste un capote, porque ya no sabía cómo decirle que no.*

cappa s.f. →**kappa.**

capricho s.m. **1** Deseo arbitrario que no está basado en una razón lógica, sino en un antojo pasajero: *Me he comprado este jarrón por capricho.* **2** Lo que es objeto de este deseo: *Ese coche deportivo es su nuevo capricho.* **3** Composición musical de forma libre y fantasiosa, que busca producir efectos imprevistos y sorpresivos: *Los caprichos son característicos de la última época del Barroco y del Romanticismo.* **4** Obra de arte que se aleja de los modelos académicos y tradicionales por medio del ingenio o de la fantasía: *Los caprichos se dan fundamentalmente en la pintura de los siglos XVII y XVIII.*

caprichoso, sa adj. Que obedece al capricho, y no a la lógica o a un modelo previo: *Actúa de forma caprichosa y nadie puede prever lo que hará.*

capricornio adj./s. Referido a una persona, que ha nacido entre el 22 de diciembre y el 20 de enero aproximadamente (por alusión a Capricornio, décimo signo zodiacal): *Piensa que soy capricornio porque me muestro frío y calculador. Según la revista, si eres un capricornio, hoy es tu día de suerte.* □ MORF. 1. Como adjetivo es invariable en género. 2. Como sustantivo es de género común y exige concordancia en masculino o en femenino para señalar la diferencia de sexo: *el capricornio, la capricornio.*

caprino, na adj. De la cabra o relacionado con ella: *En las zonas de pastos pobres abunda el ganado caprino.*

cápsula s.f. **1** Envoltura de un material insípido y soluble que recubre algunos medicamentos: *Las cápsulas* *suelen ser de colores llamativos.* 👁 **medicamento** **2** Conjunto formado por esta envoltura y por el medicamento que contiene: *El médico me ha recetado unas cápsulas para el catarro.* **3** En una nave espacial, parte en la que se instalan los tripulantes: *A través de las ventanas de la cápsula los astronautas veían alejarse la Tierra.* **4** Recipiente de bordes muy bajo que se usa en el laboratorio para evaporar líquidos: *Vierte la solución salina saturada en la cápsula para que cuando se evapore el líquido obtengas cristales de sal.* 👁 **química** **5** En anatomía, membrana que recubre algunos órganos o algunas partes del organismo: *Los riñones están envueltos en una cápsula fibrosa.* **6** ‖ **cápsula suprarrenal.** En anatomía, glándula que está situada en la parte alta del riñón humano: *Una de las hormonas que producen las cápsulas suprarrenales es la adrenalina.*

captación s.f. **1** Percepción de algo por medio de los sentidos o de la inteligencia: *Con su inteligencia, la captación de estas ideas no entraña ningún problema.* **2** Recepción de las ondas de radio o de televisión, o de lo que por ellas se transmite: *Esta antena permite la captación de las emisiones de radio.* **3** Recogida de las aguas de uno o de varios manantiales de forma conveniente: *En los lugares secos es necesaria la captación y el aprovechamiento de las aguas de los manantiales.* **4** Atracción o logro de nuevos partidarios, o de su voluntad o su afecto: *Pusieron un anuncio para lograr la captación de socios.*

captar v. **1** Percibir por medio de los sentidos o de la inteligencia: *Tiene un oído muy fino y capta el más mínimo ruido.* **2** Referido a ondas de radio o de televisión, o a lo que se transmite por ellas, recibirlas o recogerlas: *Con la nueva antena de televisión capto mejor las emisiones.* **3** Referido a aguas, recoger convenientemente las de uno o más manantiales: *El pantano capta las aguas de la cuenca.* **4** Referido a una persona, atraer o ganar su voluntad o su afecto: *Con su discurso intentaba captar adeptos para su causa.* **5** Referido a una actitud o a un sentimiento ajenos, lograrlos o conseguirlos: *El niño llora para captar la atención de los mayores.*

captura s.f. **1** Apresamiento de alguien al que se considera un delincuente: *Después de una larga persecución, la policía logró la captura de los delincuentes.* **2** Apresamiento de algo que ofrece resistencia: *La captura del avión de combate enemigo llenó de orgullo al general.*

capturar v. **1** Referido esp. a un delincuente, prenderlo o apresarlo: *La policía capturó al delincuente que se había escapado de la cárcel.* **2** Referido a algo que se desea y que ofrece resistencia, aprehenderlo o apoderarse de ello: *Los asaltantes capturaron a un trabajador como rehén.*

capucha s.f. **1** En algunas prendas de vestir, parte terminada en punta, que sirve para cubrir la cabeza: *Al ver que llovía, me puse la capucha del chubasquero.* 👁 **sombrero** **2** *col.* →**capuchón.** 👁 **tapón**

capuchino, na ▌adj. **1** De la orden religiosa que reforma la fundada por san Francisco (religioso italiano de los siglos XII y XIII) o relacionado con ella: *Las normas capuchinas predican una mayor austeridad y sacrificio.* ▌adj./s. **2** Referido a un religioso descalzo, que pertenece a esta orden: *Visitamos un convento de monjas capuchinas. El hábito de los capuchinos es de color pardo oscuro.* ▌s.m. **3** →**café capuchino.**

capuchón s.m. En algunos instrumentos de escritura, pieza que cubre y protege el extremo en el que está la punta; capucha: *He perdido el capuchón del bolígrafo.* 👁 **tapón**

capullo s.m. **1** Flor cuyos pétalos todavía no se han abierto: *En primavera comienzan a abrirse los capullos del rosal.* **2** Envoltura de forma ovalada en la que se encierra la larva de algunos insectos para transformarse en adulto: *El gusano de seda fabrica el capullo hilando su baba.* 👁 **metamorfosis** **3** *vulg.* Persona que hace una mala pasada a otra: *Ese tipejo es un capullo y nunca te hará un favor.* **4** *col.* Persona torpe o con poca experiencia: *¡Anda, capullo, que no te enteras!* **5** *vulg.* →**glande.** □ MORF. Las acepciones 3 y 4 se usan como insulto.

caqui ▌adj./s.m. **1** De color verde grisáceo o pardo amarillento: *Me he comprado un pantalón caqui. El caqui es el color del uniforme del Ejército de Tierra.* ▌s.m. **2** Tela de algodón o de lana de este color: *El caqui se empezó a usar para uniformes militares en la India.* **3** Árbol frutal originario del este asiático que produce un fruto comestible, carnoso y de sabor dulce: *Los caquis son de hoja caduca.* **4** Fruto de este árbol, de color rojizo o anaranjado: *Los caquis tienen un tamaño parecido al de una manzana.* □ MORF. Como adjetivo es invariable en género.

cara s.f. Véase **caro, ra.**

caraba ‖ **ser la caraba.** *col.* Ser indignante, intolerable o sorprendente: *Eres la caraba, no pagas tus deudas y sigues pidiendo préstamos.*

carabela s.f. Antigua embarcación muy ligera, larga y estrecha, que tiene tres palos y una sola cubierta: *Colón partió del puerto de Palos con tres carabelas.* □ ORTOGR. Dist. de *calavera.* 👁 **embarcación**

carabina s.f. **1** Arma de fuego portátil parecida al fusil, pero de menor longitud: *Entre su colección de armas hay una carabina.* 👁 **arma** **2** *col.* Acompañante de una persona que va con otra de distinto sexo, para vigilarlos: *Hace unos años era impensable que una señorita paseara sin carabina.*

carabinero s.m. **1** Miembro de un cuerpo encargado de perseguir el contrabando: *Varios carabineros registraban las maletas para controlar el contrabando.* **2** Antiguamente, soldado armado con carabina: *Los carabineros fueron generalmente soldados de caballería.* **3** Crustáceo comestible parecido al langostino, pero de mayor tamaño y de color rojo oscuro: *Comimos carabineros en un restaurante de la costa.* □ MORF. En la acepción 3, es un sustantivo epiceno y la diferencia de sexo se señala mediante la oposición *el carabinero {macho/hembra}.* □ SEM. No debe emplearse con el significado de 'agente de Policía italiano': *Los {*carabineros › policías italianos} detuvieron a unos mafiosos.*

cárabo s.m. Ave rapaz nocturna, que tiene la cabeza grande y redonda, los ojos negros y el plumaje rojizo o con motas grises: *El cárabo se alimenta principalmente de pequeños roedores, de aves y de insectos.* □ MORF. Es un sustantivo epiceno y la diferencia de sexo se señala mediante la oposición *el cárabo {macho/hembra}.*

caracol s.m. **1** Molusco terrestre o marino que posee una concha en espiral: *Los caracoles terrestres, al desplazarse dejan un rastro de mucosidad.* **2** Concha de este animal: *Los niños se hicieron un collar con caracoles.* **3** En anatomía, cavidad del oído interno, que en los mamíferos tiene una forma semejante a esta concha: *En el caracol están las células sensitivas que perciben las vibraciones.* 👁 **oído** **4** Rizo del pelo: *Tengo que cortarme el pelo, porque ya se me empiezan a hacer caracoles.* 👁 **peinado** **5** En equitación, cada una de las vueltas que el jinete hace dar al caballo: *En el concurso de doma el público aplaudía los caracoles de los caballos.*

caracola s.f. **1** Concha de gran tamaño y de forma cónica de un caracol marino: *Si soplas la caracola por el vértice sonará como si fuera una trompa.* **2** Bollo glaseado, redondo, aplanado y con forma de espiral: *En esta caracola hay trocitos de frutas escarchadas.*

caracolear v. Referido a un caballo, hacer caracoles o giros: *El caballo caracoleaba guiado por el jinete.*

caracoles interj. Expresión que se usa para indicar extrañeza, sorpresa, admiración o disgusto: *¡Caracoles, qué coche tan nuevo!*

carácter s.m. **1** Conjunto de cualidades o circunstancias propias y distintivas: *Esta novela tiene un carácter humorístico.* **2** Firmeza de ánimo, energía o temperamento; *genio: Es una persona de carácter y no se deja dominar por nadie.* **3** Signo de escritura o de imprenta: *Las letras y los números forman parte de los caracteres alfanuméricos de un ordenador.* **4** Condición o naturaleza: *La visita del presidente al hospital fue de carácter privado.* **5** Señal espiritual que deja un conocimiento o una experiencia importantes: *El sacerdote nos dijo que el bautismo imprime carácter.* □ MORF. Su plural es *caracteres.* □ SINT. La acepción 5 se usa más con los verbos *imprimir*, *imponer* o equivalentes.

característico, ca ▌adj./s.f. **1** Referido a una cualidad, que es propia de algo y sirve para distinguirlo de los demás: *Habló con su ironía característica. La característica de esta enfermedad es la alta fiebre que produce.* ▌s.f. **2** En matemáticas, conjunto de cifras que indican la parte entera de un logaritmo: *La característica de un logaritmo decimal de un número menor que uno es negativa.*

caracterización s.f. **1** Distinción o diferenciación de algo por sus rasgos característicos: *El autor de la novela ha hecho una caracterización muy buena del ambiente de esa época.* **2** Maquillaje de un actor para la representación de un personaje: *La caracterización del actor para este personaje es muy laboriosa.*

caracterizar ▌v. **1** Distinguir o diferenciar por los rasgos característicos: *En la redacción describí los rasgos que me caracterizan. Mi primo se caracteriza por su gran optimismo.* ▌prnl. **2** Referido esp. a un actor, maquillarse para representar un determinado personaje: *Para representar su personaje tiene que caracterizarse de payaso.* □ ORTOGR. La *z* se cambia en *c* delante de *e* →**CAZAR**.

caradura adj./s. Referido a una persona, que tiene gran desfachatez o desvergüenza; *carota: ¡No seas tan caradura, y ayúdame! Ese caradura pretende que le haga yo su trabajo.* □ ORTOGR. Admite también la forma *cara dura*. □ MORF. 1. Como adjetivo es invariable en género. 2. Como sustantivo es de género común y exige concordancia en masculino o en femenino para señalar la diferencia de sexo: *el caradura, la caradura*. 3. Su plural es *caraduras*. 4. En la lengua coloquial se usa mucho la forma abreviada *cara*.

carajillo s.m. Bebida compuesta de café y de un licor, esp. coñac: *Tómate un carajillo para entrar en calor.*

carajo ▌s.m. **1** *vulg.malson.* →**pene.** ▌interj. **2** *col.* Expresión que se usa para indicar extrañeza, sorpresa, admiración o disgusto: *¡Carajo, qué frío hace!* **3** ‖ **al carajo (con)** algo. *col.* Expresión que se usa para indicar el enfado o la impaciencia que esto causa: *Al carajo con este crucigrama, no hay quien lo termine.* ‖ **del carajo.** *col.* Muy grande o extraordinario: *Abrígate bien porque hace un frío del carajo.* ‖ **irse al carajo** un asunto. *col.* Fracasar: *Nuestro plan se ha ido al carajo porque estaba mal ideado.* ‖ **mandar al carajo** algo. *col.* Rechazarlo o desentenderse de ello: *Si te molesta, mándalo al carajo.* ‖ **qué carajo.** *col.* Expresión que se usa para indicar decisión, negación, sorpresa o contrariedad: *¡Qué carajo, si no quiere venir, que no venga!* ‖ **un carajo. 1** *col.* Muy poco o nada: *La música que hace este grupo no vale un carajo.* **2** *col.* Expresión que se usa para indicar negación o rechazo: *Y un carajo voy a acompañarte hasta tu casa.* □ SINT. *Un carajo*, en la acepción 1, se usa más con los verbos *importar*, *valer* o equivalentes y en expresiones negativas. □ USO Se usa mucho como palabra comodín en expresiones vulgares malsonantes.

caramba interj. *col.* Expresión que se usa para indicar extrañeza, sorpresa, admiración o disgusto: *¡Caramba, por fin apareció el hijo pródigo!* □ USO Se usa mucho en la expresión *¡qué caramba!*

carámbano s.m. Trozo de hielo más o menos largo y puntiagudo, esp. el que se forma al helarse por el frío el agua que gotea: *En la fuente se han formado carámbanos.*

carambola s.f. **1** En el billar y otros juegos, jugada en la que la bola impulsada toca a otra o a otras dos: *La carambola ha sido perfecta y la bola ha tocado a otras dos, una tras otra.* **2** *col.* Suerte o casualidad favorable; *chiripa: Obtuve ese empleo por carambola.*

caramelo s.m. **1** Golosina, generalmente en forma de pastilla, hecha con azúcar fundido y endurecido, y aromatizada con esencias u otros ingredientes: *Sus caramelos preferidos son los de café con leche.* **2** Azúcar fundido y endurecido: *Cubre el molde con caramelo y cuando se endurezca echa la crema.*

caramillo s.m. Flauta de caña, de madera o de hueso, con un sonido muy agudo: *Los pastores renacentistas de las poesías bucólicas tocaban el caramillo.* 👁 **viento**

carantoña s.f. Caricia, halago o demostración de cariño para conseguir algo de alguien: *Cuando quiere que lo llevemos al cine, nos hace carantoñas.* □ SEM. En plural es sinónimo de *cucamonas*. □ USO Se usa más en plural.

carátula s.f. **1** Máscara para ocultar la cara: *Iba disfrazado con una horrible carátula de dragón.* **2** Cubierta o portada, esp. la de un libro o la de los estuches de discos o cintas: *En la carátula aparece la foto del cantante y el título del disco.*

caravana s.f. **1** Grupo de personas que viajan juntas, a pie o en algún vehículo, esp. si atraviesan una zona sin poblar y tienen un destino determinado: *Caravanas de mercaderes cruzaban el desierto con los camellos cargados de víveres.* **2** Fila de vehículos que circulan por una carretera en una misma dirección y que, debido al denso tráfico, marchan lentamente y con poca distancia entre ellos: *En las horas punta siempre hay caravana en las carreteras de acceso a la ciudad.* **3** Automóvil o remolque grande acondicionados para vivienda: *Ir de vacaciones con la caravana es más barato que ir a hoteles, y en ella podemos cocinar y dormir.* 👁 **vivienda**

caray interj. Expresión que se usa para indicar extrañeza, sorpresa, admiración o disgusto: *¡Caray, qué cara es esta tienda!* □ SINT. Se usa mucho en la expresión *¡qué caray!*

carbón s.m. **1** Materia sólida, ligera, negra y combustible, que se obtiene por destilación o combustión incompleta de la leña o de otros cuerpos orgánicos: *La caldera de la calefacción funciona con carbón.* **2** ‖ **carbón animal.** El que se obtiene mediante calcinación de huesos: *El carbón animal sirve para decolorar algunos líquidos.* ‖ **carbón {de leña/vegetal}.** El que se obtiene por la combustión incompleta de la madera: *El carbón vegetal es muy* *poroso.* ‖ **carbón {de piedra/mineral}.** El que resulta de la transformación de masas vegetales en minerales: *La antracita, la hulla y el lignito son variedades de carbón mineral.*

carbonato s.m. En química, sal derivada del ácido carbónico: *Los carbonatos cálcicos son muy poco solubles en agua.*

carboncillo s.m. **1** Lápiz o barrita de madera carbonizada que sirven para dibujar: *Usa carboncillo para hacer los bocetos.* **2** Dibujo hecho con este lápiz o con esta barrita: *En la exposición pueden admirarse unos carboncillos de Miguel Ángel.*

carbonera s.f. Véase **carbonero, ra.**

carbonería s.f. Establecimiento o almacén donde se vende carbón: *Se han impuesto los derivados del petróleo y cada vez hay menos carbonerías.*

carbonero, ra ▮ adj. **1** Del carbón o relacionado con esta materia: *La producción carbonera descendió brutalmente.* ▮ s. **2** Persona que hace o vende carbón: *Cuando el carbonero se jubile nadie continuará con el negocio.* ▮ s.m. **3** Pájaro insectívoro de pequeño tamaño y pico corto, afilado y casi cónico: *El carbonero hace sus nidos en el interior de los árboles.* ▮ s.f. **4** Lugar en el que se guarda el carbón: *La carbonera está en la parte de atrás de la casa.* □ MORF. En la acepción 3, es un sustantivo epiceno y la diferencia se sexo se señala mediante la oposición *el carbonero {macho/hembra}.*

carbónico, ca adj. Referido a una combinación o a una mezcla, que contiene carbono: *Las bebidas carbónicas tienen burbujas.*

carbonífero, ra ▮ adj. **1** En geología, del quinto período de la era primaria o paleozoica o relacionado con él: *En los terrenos carboníferos hay abundantes yacimientos de hulla.* ▮ adj./s.m. **2** En geología, referido a un período, que es el quinto de la era primaria o paleozoica: *La duración del período carbonífero fue de unos ochenta millones de años. Además de yacimientos de hulla, en el carbonífero también se formaron yacimientos de petróleo.*

carbonilla s.f. Resto o partícula de carbón: *La carbonilla que lanza la chimenea de la fábrica contamina la atmósfera.*

carbonización s.f. Quema, calcinación o reducción a carbón de un cuerpo orgánico: *El forense certificó la carbonización de las víctimas.*

carbonizar v. Referido a un cuerpo orgánico, reducirlo a carbón: *El incendio carbonizó toda la arboleda. Los muebles del salón se carbonizaron por las llamas.* □ ORTOGR. La *z* se cambia en *c* delante de *e* →**CAZAR**.

carbono s.m. **1** Elemento químico, no metálico y sólido, de número atómico 6, muy abundante en la naturaleza como componente principal de todas las sustancias orgánicas: *El diamante y el grafito están compuestos de carbono.* **2** ‖ **carbono 14.** Isótopo radiactivo de este elemento químico que se forma en la atmósfera a partir del nitrógeno por acción de los rayos cósmicos, y que se utiliza en investigación para determinar la edad de los fósiles y los restos orgánicos hasta un límite de 50 000 años: *La prueba del carbono 14 permitió determinar la edad de este fósil.* □ ORTOGR. Su símbolo químico es *C*.

carburación s.f. Mezcla de gases o aire de la atmósfera con carburantes gaseosos o con vapores de carburantes líquidos para hacerlos combustibles o detonantes: *El motor expulsa la mezcla sin quemar porque tiene problemas de carburación.*

carburador s.m. En un motor de explosión, pieza en la que se efectúa la carburación: *En el carburador se mezclan la gasolina y el aire.*

carburante s.m. Mezcla de hidrocarburos que se emplea en los motores de explosión y de combustión interna: *Los carburantes más utilizados para los automóviles son la gasolina y el gasóleo.*

carburar v. **1** Mezclar los gases o el aire atmosférico con carburantes gaseosos o con vapores de carburantes líquidos, para hacerlos combustibles o detonantes: *Se han ensuciado las bujías porque el coche no carbura bien.* **2** *col.* Funcionar bien o dar un buen rendimiento: *Aunque es muy anciano, su cabeza carbura muy bien.*

carburo s.m. Combinación de carbono con otros elementos, preferiblemente metálicos: *El carburo de calcio se utiliza para obtener el acetileno.*

carca adj./s. *col. desp.* Anticuado o de ideas retrógradas o conservadoras: *El libro presenta una visión política muy carca. Los carcas están llenos de prejuicios.* □ MORF. 1. Como adjetivo es invariable en género. 2. Como sustantivo es de género común y exige concordancia en masculino o en femenino para señalar la diferencia de sexo: *el carca, la carca.*

carcaj s.m. Especie de caja, generalmente en forma de tubo, provista de una cuerda o de una correa para colgársela al hombro, y que sirve para llevar flechas: *El indio sacó una flecha del carcaj y apuntó al bisonte.* □ MORF. Su plural es *carcajes.*

carcajada s.f. Risa impetuosa y ruidosa: *Era una situación ridícula y no pude contener las carcajadas.*

carcajearse v.prnl. **1** Reírse a carcajadas: *La situación era tan divertida que no parábamos de carcajearnos.* **2** Burlarse o no hacer caso: *Es un impresentable y se carcajea de la gente sin ningún motivo.*

carcamal adj./s.m. *desp.* Referido a una persona, que está vieja y achacosa: *Aunque me haya jubilado, no soy un viejo carcamal. No sé cómo se atreve a decir piropos a todas las chicas, si es un carcamal.* □ MORF. Como adjetivo es invariable en género.

carcañal s.m. →**calcañar.**

carcasa s.f. Armazón o estructura: *La carcasa de un cohete cayó a nuestro lado mientras veíamos los fuegos artificiales.*

cárcava s.f. Zanja o foso, esp. los formados por la erosión de las corrientes de agua: *Las cárcavas se forman en terrenos blandos y sin vegetación.*

cárcel s.f. Lugar en el que se encierra y custodia a los condenados a una pena de privación de libertad o a los presuntos culpables de un delito: *Está en la cárcel acusado de cometer dos asesinatos.*

carcelario, ria adj. De la cárcel o relacionado con ella: *Los presos se quejan de las deficiencias de la vida carcelaria.*

carcelero, ra s. Persona encargada de cuidar y vigilar a los presos: *El carcelero los autorizó a pasear por el patio de la cárcel.*

carcinógeno, na adj. En medicina, referido a una sustancia o a un agente, que produce cáncer: *Dicen que el tabaco es un potente carcinógeno.*

carcinoma s.m. En medicina, tumor formado a partir de células del epitelio, que tiende a reproducirse: *Esa mancha que tiene en la frente es un carcinoma.*

carcoma s.f. Insecto coleóptero, muy pequeño y de color oscuro, esp. el que tiene larvas que roen y taladran la madera: *Estas vigas tienen doscientos años y, si escuchas en silencio, oirás el ruido de la carcoma.*

carcomer v. **1** Referido a la madera, roerla la carcoma: *La carcoma carcomió el armario.* **2** Referido esp. a la salud o a la paciencia, corroerlas o consumirlas poco a poco: *La tuberculosis carcome su salud. Los remordimientos lo carcomen y no logra alejarlos de su mente.*

carda s.f. Utensilio, herramienta o máquina que se usan para cardar: *Cepilla al perro con una carda para dejarle el pelo suave.*

cardado s.m. **1** Limpieza de la materia textil antes de hilarla: *Para el cardado de la lana se necesita mucho tiempo.* **2** Extracción del pelo de un tejido con un instrumento o una máquina: *El cardado se realiza en esta planta textil.* **3** Peinado o cepillado del pelo desde la punta a la raíz para que quede hueco: *Un peluquero realizó el corte y el otro el cardado y el peinado.*

cardar v. **1** Referido a una materia textil, peinarla o limpiarla o prepararla para el hilado: *Cardar la lana es un trabajo duro.* **2** Referido al pelo de un tejido, sacarlo con la carda: *Esas operarias están cardando los paños.* **3** Referido al pelo de una persona, peinarlo o cepillarlo desde la punta a la raíz para que quede hueco: *Si no se carda el pelo se le queda muy aplastado.*

cardenal s.m. **1** En la Iglesia católica, prelado o superior eclesiástico de categoría inmediatamente inferior a la de papa, y consejero de este en los asuntos graves de la Iglesia: *El papa es elegido por los cardenales reunidos en cónclave.* **2** Mancha amoratada o amarillenta que se produce en la piel, generalmente por efecto de un golpe: *Se dio un golpe en el brazo y le salió un cardenal.* □ SEM. En la acepción 2, es sinónimo de *morado*, *moradura* y *moratón*.

cardenalicio, cia adj. Del cardenal o relacionado con este superior eclesiástico: *El capelo o la birreta cardenalicia son de color rojo.*

cárdeno adj. **1** De color semejante al morado o con tonalidades moradas: *Tiene algunas manchas cárdenas por problemas de circulación.* **2** Referido a un toro, que tiene el pelo negro y blanco: *Los toros cárdenos son grisáceos.*

cardíaco, ca o **cardiaco, ca** ▌adj. **1** Del corazón o relacionado con este órgano: *Desde la infancia tiene una lesión cardíaca.* ▌adj./s. **2** Referido a una persona, que padece del corazón: *Los enfermos cardíacos deben tener una gran vigilancia médica. Este partido de baloncesto no es apto para los cardíacos.*

cardias s.m. En el sistema digestivo, orificio del estómago que comunica con el esófago: *Al vomitar, el contenido del estómago sale por el cardias.* □ MORF. Invariable en número.

cardinal ▌adj. **1** Que expresa la idea de cantidad o número: *'Uno', 'siete' y 'mil' son pronombres cardinales numerales.* **2** Principal o fundamental: *El profesor de religión me preguntó las virtudes cardinales y las teologales.* ▌s.m. **3** →**número cardinal.** □ MORF. Como adjetivo es invariable en género.

cardio- Elemento compositivo que significa 'corazón': *cardiocirujano, cardiografía, cardiólogo.*

cardiología s.f. Rama de la medicina que estudia el corazón, sus funciones y enfermedades: *Se especializó en cardiología e hizo su tesis sobre patologías coronarias.*

cardiólogo, ga s. Médico especialista en cardiología: *El cardiólogo me recomendó no fumar.*

cardiopatía s.f. Enfermedad del corazón: *No puede hacer grandes esfuerzos físicos porque sufre una cardiopatía congénita.*

cardiovascular adj. Del corazón y de los vasos sanguíneos o relacionado con el aparato circulatorio: *La arteriosclerosis es una enfermedad cardiovascular.* □ MORF. Invariable en género.

cardo s.m. **1** Planta anual de hojas grandes y espinosas, flores en cabezuela, y cuyo nervio principal suele ser comestible: *Algunos cardos se pueden comer como verdura.* **2** ‖ **cardo (borriquero). 1** El que tiene las hojas rizadas y espinosas y flores de color púrpura en cabezuela: *Al ir por el campo nos pinchamos con unos cardos.* **2** *col.* Persona arisca o muy desagradable: *El jefe es un cardo borriquero que a la mínima te echa la bronca.*

carecer v. Referido a algo, no tenerlo: *Son tan pobres, que carecen de lo más elemental.* □ MORF. Irreg.: Aparece una *z* delante de la *c* cuando la siguen *a*, *o* →**PARECER.** □ SINT. Constr.: *carecer DE algo.*

carencia s.f. Falta o privación de algo: *El médico le diagnosticó una carencia vitamínica.*

carencial adj. De la carencia de sustancias alimenticias o de vitaminas, o relacionado con ella: *El escorbuto es una enfermedad carencial producida por la falta de vitamina C.* □ MORF. Invariable en género.

carente adj. Que carece o que no tiene: *Tus respuestas resultan carentes de sentido.* □ MORF. Invariable en género. □ SINT. Constr.: *carente DE algo.*

careo s.m. Colocación de varias personas frente a frente para realizar un interrogatorio conjunto y averiguar la verdad sobre algo: *Durante el careo el testigo acusó al sospechoso de haber cometido el crimen.*

carero, ra adj. Que suele vender caro: *En esta tienda son un poco careros.*

carestía s.f. Precio elevado de lo que es de uso común: *La carestía de la vivienda es un problema para los jóvenes que desean independizarse.*

careta s.f. **1** Máscara o mascarilla de cartón o de otra materia que se utiliza para cubrir la cara: *La careta que se utiliza para tirar esgrima está hecha con una red metálica.* **2** Lo que oculta o disimula la forma de ser de alguien o sus propósitos; *máscara: Quítate esa careta y dinos claramente lo que quieres.*

careto s.m. *col.* Cara: *Cuando se levanta tiene un careto que asusta.*

carey s.m. **1** Tortuga de mar que alcanza un metro de longitud, con las extremidades anteriores más largas que las posteriores, el caparazón dividido en segmentos ondulados, y cuyos huevos son comestibles: *El carey abunda en el golfo de México.* **2** Materia córnea que se obtiene del caparazón de esta tortuga; *concha: El carey se utiliza para hacer peines y objetos decorativos.* □ MORF. 1. En la acepción 1, es un sustantivo epiceno y la diferencia de sexo se señala mediante la oposición *el carey {macho/hembra}*. 2. Su plural es *careyes*.

carga s.f. **1** Colocación de un peso o de una mercancía sobre algo, generalmente para transportarlos: *La carga de los bultos en el camión nos llevó varias horas.* **2** Lo que se transporta: *La carga que lleva este camión es material explosivo.* **3** Peso sostenido por una estructura: *El techo se hundió porque soportaba una carga excesiva.* **4** Repuesto o recambio de una materia necesaria para el funcionamiento de un utensilio o de un aparato: *Cuando se te acabe la tinta, cambia la carga de la pluma.* **5** Cantidad de sustancia explosiva que se introduce en un arma de fuego o que se utiliza para volar algo: *Puso la carga de pólvora en el trabuco. Volaron la mina con una carga de* *explosivos.* **6** Llenado, aumento o incremento de algo: *La propia compañía del gas es la que realiza la carga de las bombonas.* **7** Acometida o ataque con fuerza contra alguien: *Ante la carga de la artillería, el enemigo se dispersó.* **8** En algunos deportes, desplazamiento de un jugador por otro mediante un choque violento con el cuerpo: *La carga del defensa sobre el delantero fue penalizada.* **9** Cantidad de energía eléctrica acumulada en un cuerpo: *Las cargas eléctricas de igual signo se repelen.* **10** Impuesto o tributo que recae sobre algo: *Este edificio está sujeto a numerosas cargas fiscales.* **11** Obligación propia de un oficio o de una situación: *El puesto de director supone muchas cargas.* **12** Aflicción o situación penosa que recae sobre alguien: *Lo que empecé haciendo con gusto ahora se ha convertido en una carga.* **13** ‖ **volver a la carga.** Insistir o reincidir: *Aunque le dijimos que de ninguna manera lo acompañaríamos, él volvía a la carga una y otra vez.*

cargado, da adj. **1** Referido al tiempo atmosférico, bochornoso o muy caluroso: *La tarde está muy cargada y no apetece salir.* **2** Referido esp. al café, fuerte o muy concentrado: *Me gusta el café muy cargado.*

cargador s.m. En un arma de fuego, pieza que contiene las municiones: *El soldado colocaba las balas en el cargador de su pistola.*

cargamento s.m. Conjunto de mercancías que carga o lleva un vehículo: *En el puerto ha entrado un buque mercante con un cargamento de soja.*

cargar ▮ v. **1** Referido a una persona o a un animal, poner o echar peso sobre ellos: *Cargaron las mulas con los bultos. Siempre me cargan a mí el asunto de los presupuestos.* **2** Referido a un vehículo, poner en él una mercancía para transportarla: *Has cargado tanto el coche que no puede subir las cuestas.* **3** Referido a un arma de fuego, introducir en ella la carga o el cartucho: *Cargó el revólver con solo una bala.* **4** Referido esp. a un utensilio o a un aparato, proveerlos de lo que necesitan para funcionar: *Acelera un poco más para que se cargue la batería.* **5** Referido a una persona o a un objeto, imponer sobre ellos una carga, una obligación o un impuesto: *Han cargado estas viviendas con un nuevo impuesto.* **6** Referido a algo negativo o perjudicial, achacárselo o atribuírselo a alguien: *Aunque no tenían pruebas le cargaron a él el robo.* **7** En economía, referido a la cantidad que corresponde al debe, anotarla en una cuenta, esp. si es bancaria: *Ya me han cargado el recibo del teléfono en la cuenta corriente.* **8** Hacer acopio o reunir en abundancia: *Hemos cargado azúcar para todo el año.* **9** *col.* Incomodar, cansar o causar molestia: *Esas bromitas suyas me cargan.* **10** *col.* Referido a una asignatura, suspenderla: *He cargado las matemáticas con un cero.* **11** Acometer o atacar con fuerza contra alguien: *La caballería cargó contra el campamento enemigo.* **12** En algunos deportes, referido a un jugador, desplazar a otro de su sitio mediante un choque violento con el cuerpo: *El árbitro pitó falta porque el defensa cargó contra el delantero.* **13** Mantener o soportar sobre sí un peso o una obligación: *El padrino cargó con los gastos de la boda.* **14** Referido a un elemento, descansar sobre otro: *La bóveda carga sobre los muros laterales.* ▮ prnl. **15** Llenarse o llegar a tener en abundancia: *A este paso te vas a cargar de hijos.* **16** Romper, estropear o echar a perder: *Habló más de la cuenta y se cargó el negocio.* **17** *col.* Referido a un ser vivo, matarlo o quitarle la vida: *Es una película muy violenta y se cargan a diez tipos por minuto.* **18** Referido a un ambiente, volverse impuro o irrespirable por falta de ventilación: *Estaban todos fumando y la habitación se cargó mucho.* **19** Referido a una parte del cuerpo, sentir en ella pesadez o congestión: *Si estoy mucho tiempo de pie se me cargan las piernas.* **20** Acumular energía eléctrica: *Enchufa la batería a la red para que se cargue.* **21** ‖ **cargársela** alguien. Recibir un castigo o una reprimenda: *Te la vas a cargar por haber vuelto tarde a casa.* ☐ ORTOGR. La *g* se cambia en *gu* delante de *e* →**PAGAR**. ☐ SINT. En las acepciones 1, 2 y 3, también los objetos cargados pueden funcionar de objeto directo: *Cargaron los bultos en las mulas. Cargué la leña en el camión. Cargó una bala en el revólver.*

cargazón s.m. Pesadez que se siente en alguna parte del cuerpo: *Se tumbó un rato porque sentía cargazón en el estómago.*

cargo s.m. **1** Dignidad, empleo u oficio: *Le dieron el cargo de ministro por su experiencia como diplomático.* **2** Persona que tiene esta dignidad o que desempeña este oficio: *Los altos cargos de la empresa se reunirán mañana.* **3** Cuidado, custodia o dirección de algo: *Tiene a su cargo la contabilidad de varias empresas.* **4** Falta o delito que se atribuyen a alguien: *El fiscal leyó los cargos contra el acusado.* **5** En una cuenta, cantidad que se debe pagar, esp. por un servicio o una operación bancaria: *El cargo por la tramitación del cheque es de 3 euros.* **6** En una cuenta, pago que se hace o que debe hacerse con dinero, o anotación que se hace al debe de ella: *En su cuenta aparecen varios cargos que corresponden a compras.* **7** ‖ **a cargo de. 1** Al cuidado de: *El niño está a cargo de los abuelos.* **2** A expensas o a cuenta de: *La cena corre a cargo de la empresa.* ‖ **cargo de conciencia.** Lo que hace a alguien sentirse culpable: *Si la dejo salir con fiebre y se pone peor, menudo cargo de conciencia me quedaría.* ‖ **hacerse cargo de** algo. **1** Encargarse de ello: *A la muerte del padre, el hijo se hizo cargo de la empresa.* **2** Formarse el concepto o la idea de ello: *Hazte cargo de que ya has perdido a esa persona para siempre.* **3** Comprenderlo o considerar todas sus circunstancias: *Hazte cargo de la situación en la que estoy y no me agobies.*

carguero s.m. Vehículo de carga, esp. un buque o un tren: *Ha llegado al puerto un carguero con maíz.* 👁 **embarcación**

cariacontecido, da adj. Que muestra en el rostro pena, alteración o sobresalto: *Cuando llegué a la casa del fallecido, encontré a los familiares cariacontecidos.*

cariarse v. Referido esp. a la dentadura, estropearse con caries: *Con el paso de los años y la falta de higiene dental se le cariaron todas las muelas.* ☐ ORTOGR. La *i* nunca lleva tilde.

cariátide s.f. Estatua con figura de mujer vestida, que se usa como columna o pilastra para sujetar un arquitrabe o parte baja de la cornisa: *Las cariátides son propias de la arquitectura griega.* ☐ SEM. Dist. de *atlante* (con figura de hombre).

caribeño, ña adj./s. Del mar Caribe (situado entre las costas centroamericanas, venezolanas y colombianas), o relacionado con él: *Las aguas caribeñas son cálidas. Los caribeños son muy aficionados a la música.* ☐ MORF. Como sustantivo se refiere solo a las personas que habitan en territorios bañados por el mar Caribe.

caribú s.m. Mamífero parecido al reno, de orejas cortas, pelo suave y cuernos ramificados, que vive principalmente en zonas del norte del continente americano: *La carne del caribú es comestible.* ☐ MORF. 1. Es un sustantivo epiceno y la diferencia de sexo se señala mediante la oposición *el caribú {macho/hembra}*. 2. Aunque su plural en la lengua culta es *caribúes*, también se usa *caribús*.

caricatura s.f. **1** Representación, copia o retrato en los que, con intención humorística o crítica, se deforman o exageran los rasgos más característicos del modelo que se sigue: *En esta caricatura te han dibujado la nariz más grande de lo que la tienes.* **2** Lo que no alcanza a ser lo que pretende: *Sus pinturas solo son pobres caricaturas de las de su padre.* □ USO En la acepción 2, tiene un matiz despectivo.

caricaturesco, ca adj. Relacionado con la caricatura o que tiene alguna de sus características: *Le han hecho un retrato caricaturesco.*

caricaturista s. Persona que se dedica profesionalmente a dibujar caricaturas: *En la revista contamos con un buen caricaturista.* □ MORF. Es de género común y exige concordancia en masculino o en femenino para señalar la diferencia de sexo: *el caricaturista, la caricaturista*.

caricaturizar v. Representar por medio de una caricatura: *Estos dibujos caricaturizan la vida parlamentaria del siglo XIX.* □ ORTOGR. la *z* se cambia en *c* delante de *e* →**CAZAR**.

caricia s.f. **1** Demostración de cariño que consiste en rozar suavemente con la mano un cuerpo o una superficie: *La niña hacía caricias al perro.* **2** Roce suave que produce una sensación agradable: *En los días calurosos se agradecen las caricias de la brisa marina.* **3** Halago o demostración de amor: *Su novio le decía caricias al oído.*

caridad s.f. **1** Actitud solidaria con el sufrimiento ajeno: *La caridad es muy necesaria en una sociedad tan competitiva como la nuestra.* **2** Limosna o auxilio que se da o se presta a los necesitados: *¡Déme una caridad, por el amor de Dios!* **3** En el cristianismo, virtud teologal que consiste en amar a Dios sobre todas las cosas y al prójimo como a nosotros mismos: *Accedió a la santidad porque había practicado la caridad durante toda su vida.*

caries s.f. Destrucción localizada de un tejido duro, esp. la producida en los dientes: *El flúor previene la caries.* □ MORF. Invariable en número.

carilla s.f. Página o cara de una hoja: *El resumen ocupa tres folios escritos por una sola carilla.*

carillón s.m. **1** Conjunto de campanas que producen un sonido armónico: *Los días de fiesta mayor, hacen sonar el carillón de la torre de la catedral.* **2** Reloj provisto de uno de estos juegos de campanas: *Los carillones pequeños suelen funcionar por un sistema de pedales y teclados.* **3** Juego de tubos o de planchas de acero que producen un sonido musical: *Asistimos a un curioso concierto de carillones, campanas y otros instrumentos metálicos.* □ ORTOGR. Se admite también *carrillón*. 👁 **percusión**

cariño s.m. **1** Sentimiento o inclinación de amor o de afecto hacia algo: *Tengo mucho cariño a la casa en que nací.* **2** Manifestación de este sentimiento: *Los abuelos no paraban de hacer cariños a los nietos.* □ USO Se usa como apelativo: *Cariño, no llores, que ya está aquí mamá.*

cariñoso, sa adj. Afectuoso, amoroso o que manifiesta cariño: *Es un niño muy cariñoso que da besos a todo el mundo.*

carisma s.m. **1** Don o cualidad que tienen algunas personas para atraer o seducir mediante su presencia o su palabra: *Tiene tanto carisma, que siempre es el centro de atención en las reuniones.* **2** En el cristianismo, don gratuito que Dios concede a algunas personas para que obren en beneficio de la comunidad: *Dios concedió carisma a los profetas.*

carismático, ca adj. Del carisma, con carisma o relacionado con este don: *Necesitan una persona carismática que encabece el partido y se atraiga a la gente.*

caritativo, va adj. De la caridad, con caridad, o relacionado con ella: *Se dedica a hacer obras caritativas en los barrios más pobres.*

cariz s.m. Aspecto que presenta un asunto o cuestión: *Este negocio comienza a tener un cariz sospechoso y prefiero mantenerme al margen.*

carlinga s.f. En un avión, espacio interior en el que van el piloto y la tripulación: *Fue difícil recuperar el cuerpo del piloto, porque la carlinga quedó totalmente destrozada.*

carlismo s.m. Movimiento político español, de carácter conservador, que se inició con Carlos María Isidro de Borbón (hermano del rey de España Fernando VII) para apoyar sus pretensiones al trono: *El carlismo defiende el absolutismo y propugna reformas dentro de una continuidad tradicionalista.*

carlista ▌adj. **1** Del carlismo o relacionado con este movimiento político: *A lo largo del siglo XIX hubo tres guerras carlistas.* ▌adj./s. **2** Partidario o seguidor del carlismo: *Las tropas carlistas encontraron apoyo en parte del clero y de algunas zonas del norte de España. Los carlistas no aceptaron como reina de España a Isabel II cuando esta subió al trono en 1833.* □ MORF. 1. Como adjetivo es invariable en género. 2. Como sustantivo es de género común y exige concordancia en masculino o en femenino para señalar la diferencia de sexo: *el carlista, la carlista*.

carmelita ▌adj. **1** Del Carmen o Carmelo (orden religiosa fundada en el siglo XIII); *carmelitano: La orden carmelita fue reformada por santa Teresa de Jesús y por san Juan de la Cruz en el siglo XVI.* ▌adj./s. **2** Referido a una persona, que pertenece a la Orden del Carmen o Carmelo: *Estuve visitando a unas monjas carmelitas y me regalaron un rosario de pétalos de rosas. Va a misa a una iglesia de carmelitas.* □ MORF. 1. Como adjetivo es invariable en género. 2. Como sustantivo es de género común y exige concordancia en masculino o en femenino para señalar la diferencia de sexo: *el carmelita, la carmelita*.

carmelitano, na adj. Del Carmen o Carmelo (orden religiosa fundada en el siglo XIII); *carmelita: La vida carmelitana es de gran austeridad y sacrificio.*

carmesí adj./s.m. De color granate muy vivo: *La sangre de la herida formó sobre la camisa una mancha carmesí. El carmesí es una de las muchas variedades del rojo.* □ MORF. 1. Como adjetivo es invariable en género. 2. Aunque su plural en la lengua culta es *carmesíes*, también se usa *carmesís*.

carmín ▌adj./s.m. **1** De color rojo encendido: *Llevaba un clavel carmín en la solapa. El carmín no te sienta bien a la cara.* ▌s.m. **2** Cosmético que sirve para pintarse los labios y que se presenta normalmente en forma de barra y dentro de un estuche; *pintalabios: Llevas una marca de carmín en la mejilla.* □ MORF. Como adjetivo es invariable en género.

carminativo, va adj./s.m. Referido a una sustancia, que ayuda a expulsar los gases almacenados en el tubo digestivo: *El anís es una planta con propiedades carminativas. El médico recetó un carminativo para el bebé.*

carnada s.f. Animal o trozo de carne que se utilizan como cebo para cazar o pescar; *carnaza: El gusano es una buena carnada para las truchas.*

CARNE

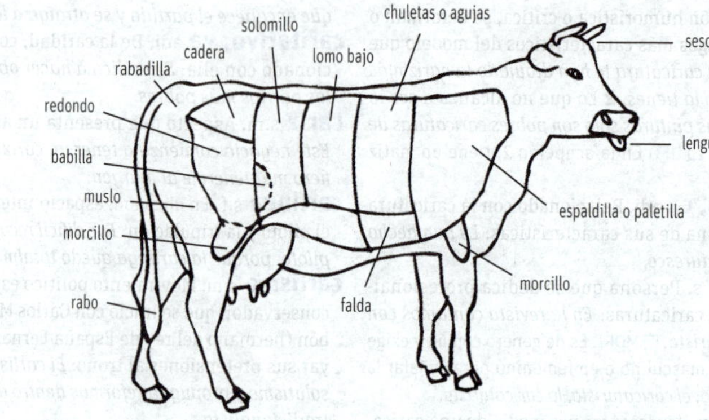

VACA

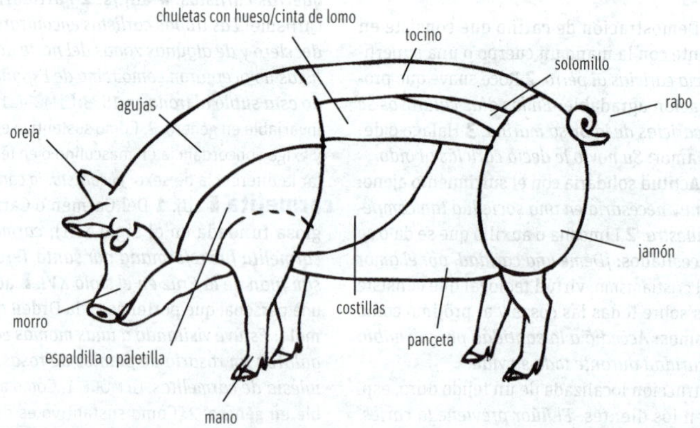

CERDO

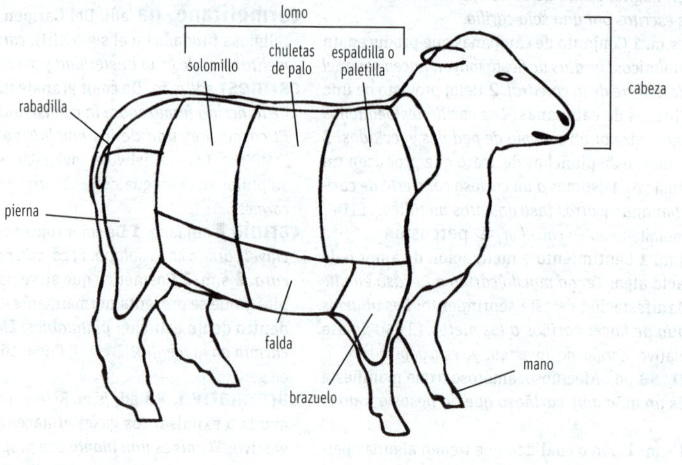

CORDERO

carnal adj. **1** Del cuerpo y de sus instintos, o relacionado con ellos: *El amor carnal se opone al amor platónico.* **2** Referido a un parentesco, que se tiene por consanguinidad: *Somos primos carnales, porque su madre y la mía son hermanas.* □ MORF. Invariable en género.

carnaval s.m. **1** Período de tres días que precede a la cuaresma: *Carnaval es justo antes del miércoles de ceniza.* **2** Fiesta popular que se celebra en estos días y que consiste generalmente en mascaradas, bailes y comparsas: *Los desfiles de los carnavales de esta ciudad son famosos en el mundo entero.*

carnavalesco, ca adj. Del carnaval o relacionado con él: *Durante los festejos carnavalescos todo el mundo está muy contento en esta ciudad.*

carnaza s.f. **1** Animal o trozo de carne que se utilizan como cebo para cazar o pescar; *carnada: La carnaza hizo caer al león hambriento en la trampa.* **2** Suceso en el que hay alguna víctima inocente y que provoca fuertes sentimientos: *Ese periodista busca carnaza porque dice que es lo que más le gusta a la gente.*

carne s.f. **1** Parte blanda del cuerpo de los animales formada por los músculos: *Los buitres dejaron los huesos de la res muerta limpios de carne.* **2** Alimento consistente en esta parte del cuerpo de los animales, esp. la de los animales terrestres y aéreos: *He comprado un kilo de carne de cerdo para asar.* 👁 carne **3** Parte blanda de la fruta que está debajo de la cáscara o de la piel: *Me gusta tomar la carne de los melocotones con nata.* **4** Cuerpo humano y sus instintos, esp. los que se consideran que inclinan a la sensualidad y a los placeres sexuales, en oposición al espíritu: *Decía que le era muy difícil resistir las tentaciones de la carne.* **5** ‖ **carne de cañón. 1** En la guerra, tropa expuesta inútilmente a peligro de muerte: *Aquellos soldados en la explanada frente a la fortaleza enemiga eran carne de cañón.* **2** *col.* Gente tratada sin miramientos o sin consideración: *Muchos emigrantes eran carne de cañón cuando llegaban a la ciudad.* ‖ **carne de gallina.** Piel que toma un aspecto granuloso o semejante a la de esta ave, generalmente por efecto de un estremecimiento; *piel de gallina: Sal del agua ya, porque estás tiritando y tienes carne de gallina.* ‖ **(carne de) membrillo.** Dulce de aspecto gelatinoso que se elabora con este fruto: *He merendado carne de membrillo con pan.* ‖ **en carnes.** En cueros o desnudo: *El niño está en carnes porque voy a vestirlo ahora mismo.* ‖ **en carne viva. 1** Referido a una parte del cuerpo, sin piel a causa de una herida o una lesión: *Me raspé tanto que se me quedó la rodilla en carne viva.* **2** Referido esp. a algo doloroso, tenerlo muy vivo y muy presente: *Tengo su ofensa en carne viva y aún sufro pensando en lo que fue capaz de hacerme.* ‖ **metido en carnes.** Referido a una persona, que es algo gruesa, pero que no llega a la obesidad: *Está algo metido en carnes, pero como es tan alto no se le nota.* ‖ **poner toda la carne en el asador.** *col.* Arriesgarlo todo de una vez o utilizar todos los recursos disponibles para hacer algo: *Quería salvar su negocio y puso toda la carne en el asador para modernizarlo.* ‖ **ser de carne y hueso.** *col.* Ser sensible a las experiencias y a los sucesos de la vida humana: *Soy de carne y hueso como tú, y por eso me entristezco con las desgracias ajenas.* □ ORTOGR. Dist. de *carné*.

carné s.m. Documento que acredita la identidad de una persona y que la faculta para ejercer ciertas actividades o que la acredita como miembro de determinada agrupación: *Si llevas el carné de estudiante no pagas en este museo.* □ ORTOGR. 1. Es un galicismo (*carnet*) adaptado al español. 2. Dist. de *carne*.

carnero s.m. Mamífero rumiante con cuernos estriados y enrollados en espiral, y de lana espesa: *En la época de celo, el carnero pelea chocando sus cuernos con los de otro carnero.* □ MORF. La hembra se designa con el sustantivo femenino *oveja*.

carnicería s.f. **1** Establecimiento en el que se vende carne: *Compré dos filetes de ternera en la carnicería.* **2** Matanza o gran mortandad de gente causadas generalmente por la guerra o por una catástrofe: *El bombardeo enemigo provocó una carnicería entre la población civil.* **3** Destrozo efectuado en la carne: *La operación que le hicieron fue una verdadera carnicería.* □ ORTOGR. Incorr. **carnecería*.

carnicero, ra ▮ adj./s. **1** Referido a un animal, que mata a otros para comérselos: *El león es un animal carnicero. Los carniceros tienen diferentes formas de matar a sus presas antes de devorarlas.* **2** Cruel, sanguinario e inhumano: *Las víctimas de ese asesino carnicero aparecían descuartizadas. La policía dijo que el crimen solo podía ser obra de un carnicero.* ▮ s. **3** Persona que se dedica profesionalmente a la venta de carne: *Este carnicero siempre me prepara los filetes como a mí me gustan.* **4** *col. desp.* Cirujano que hace mal su oficio: *Ese carnicero casi me mata al extirparme el apéndice.* □ SEM. En la acepción 1, dist. de *carnívoro* (que se alimenta de carne).

cárnico, ca adj. De la carne destinada al consumo o relacionado con ella: *Esta empresa se dedica a la comercialización de productos cárnicos.*

carnívoro, ra ▮ adj. **1** Referido a un animal, que se alimenta de carne o que puede alimentarse de ella: *El halcón es un animal carnívoro.* **2** Referido a una planta, que se nutre de insectos: *Vi en un reportaje cómo atrapa una planta carnívora los insectos de los que se alimenta.* ▮ adj./s. **3** Referido a un mamífero, que tiene una dentición adaptada esp. al consumo de carne, con caninos fuertes, molares cortantes y potentes mandíbulas: *El tigre es carnívoro. Los carnívoros suelen ser de gran tamaño, de movimientos ligeros y con fuertes garras.* ▮ s.m.pl. **4** En zoología, orden de estos mamíferos: *Algunas especies de carnívoros son salvajes y otras están domesticadas.* □ SEM. En la acepción 1, dist. de *carnicero* (que mata a un animal para comérselo).

carnosidad s.f. Masa irregular y de consistencia blanda que sobresale en alguna parte del cuerpo: *Los pavos tienen una carnosidad rosada que les cuelga por encima del pico.*

carnoso, sa adj. **1** De carne de animal: *El gallo tiene una cresta carnosa en la parte superior de la cabeza.* **2** Referido a un órgano vegetal, que está formado por tejidos blandos y jugosos: *Los melocotones son frutos carnosos.*

caro adv. Por mucho dinero o a un precio elevado: *En esta tienda venden muy caro.*

caro, ra ▮ adj. **1** Referido a una mercancía, de precio elevado o superior al habitual o al que se espera en relación con otra: *He visto esta misma blusa en otra tienda y allí era más cara.* **2** *poét.* Amado, querido o estimado: *Escúchame, caro amigo.* ▮ s.f. **3** En la cabeza, parte anterior que va desde la frente hasta la barbilla: *La nariz, los ojos y la boca están en la cara.* **4** Expresión del rostro; *semblante: Aunque tiene cara de ángel, es un poco travieso.* **5** Fachada o parte frontal: *La puerta del garaje está en la cara norte del edificio.* **6** En un objeto plano, cada una de sus superficies: *La cara A de este disco está rayada.* **7** En un cuerpo geométrico, cada una de las superficies planas que lo forman: *Un cubo tiene seis caras.* 👁 **ángulo 8** En una moneda, lado o superficie principales; *anverso: En la cara de la moneda se ve un busto y en la cruz, la cantidad de su valor.* **9** Aspecto o apariencia: *Me comeré una de estas manzanas que tienen tan buena cara. Ve al médico, porque tienes muy mala cara.* **10** Persona, esp. la que está presente o asiste a un acto: *En el estreno de la película había muchas caras famosas.* **11** ‖ **a cara o cruz.** Referido a la forma de tomar una decisión, dejando que decida la suerte, esp. tirando una moneda al aire: *Los capitanes de los dos equipos echaron a cara o cruz qué equipo elegiría campo.* ‖ **{buena/mala} cara.** *col.* Muestra de aprobación o de desaprobación: *'Al mal tiempo, buena cara', dice el refrán.* ‖ **caérsele la cara de vergüenza** a alguien. *col.* Avergonzarse: *No sé cómo no se te cae la cara de vergüenza después de lo que has hecho.* ‖ **cara a cara.** De manera abierta y directa: *Tienes que afrontar tus problemas cara a cara.* ‖ **cara de circunstancias.** *col.* La que expresa una tristeza o una seriedad fingidas, para estar a tono con una determinada situación: *No pongas cara de circunstancias y reconoce que no te importa un comino.* ‖ **cara de {pocos amigos/vinagre}.** *col.* La de aspecto seco y desagradable: *Cada vez que el niño ve la cara de vinagre del vecino, se echa a llorar.* ‖ **cara (dura). 1** *col.* Desfachatez, descaro o poca vergüenza: *No tengo cara para volverle a pedir dinero.* **2** *col.* →**caradura.** ‖ **cara larga.** *col.* La que expresa tristeza y contrariedad: *Traía una cara tan larga que no me atreví a preguntarle qué le pasaba.* ‖ **cruzar la cara** a alguien. Darle un golpe, esp. una bofetada: *Como me vuelvas a insultar, te cruzaré la cara.* ‖ **dar la cara.** Responder de los propios actos: *Si has hecho una gamberrada, ahora tienes que dar la cara y asumir tu responsabilidad.* ‖ **{dar/sacar} la cara por** alguien. *col.* Salir en su defensa: *En cuanto se mete en problemas, viene su hermano mayor a sacar la cara por él.* ‖ **echar en cara.** Recordar con reproche un favor o un beneficio a los que no se ha correspondido: *No pude hacerle el favor que me pedía y me echó en cara que él siempre me ayudaba.* ‖ **partir la cara** a alguien. *col.* Darle una paliza: *Me amenazó con partirme la cara si me chivaba.* ‖ **plantar cara** a algo. *col.* Hacerle frente o presentarle oposición o resistencia: *Plantó cara al atracador y este le disparó.* ‖ **por su linda cara** o **por su cara bonita.** *col.* Sin méritos propios: *Todos le criticaban que había aprobado por su linda cara.* ☐ MORF. *Cara*, cuando se antepone a una palabra para formar compuestos, adopta la forma *cari-*. ☐ SINT. *A cara o cruz* se usa más con los verbos *echar*, *jugar* o equivalentes.

carolingio, gia adj./s. De Carlomagno (rey francés de los siglos VIII y IX), o relacionado con él: *El impulso que el Imperio carolingio dio a la cultura hizo que prestigiosos maestros acudieran a su corte. Los carolingios sustituyeron a los merovingios en el trono de los francos.*

carota adj./s. Referido a una persona, que tiene gran desfachatez o sinvergüenza; *caradura: No seas tan carota y no dejes que tu madre haga tu cama. Es un carota y siempre deja que lo inviten los demás.* ☐ MORF. 1. Como adjetivo es invariable en género. 2. Como sustantivo es de género común y exige concordancia en masculino o en femenino para señalar la diferencia de sexo: *el carota, la carota*.

carótida s.f. →**arteria carótida.**

carpa s.f. **1** Pez de agua dulce, verdoso por encima y amarillento por abajo, de boca pequeña sin dientes, con escamas grandes y aleta dorsal larga y sin lóbulos: *La carpa es un pez comestible.* 👁 **pez 2** Toldo que cubre un recinto amplio: *Ya han colocado la carpa del circo y esta tarde empiezan las funciones.* ☐ MORF. En la acepción 1, es un sustantivo epiceno y la diferencia de sexo se señala mediante la oposición *la carpa {macho/hembra}*.

carpelo s.m. En una planta fanerógama, cada una de las hojas modificadas que componen el gineceo o parte femenina: *Los óvulos se forman en el interior de los carpelos.*

carpeta s.f. Pieza, generalmente de cartón, doblada y que se utiliza para guardar papeles o documentos: *Guardo los apuntes de clase en una carpeta de tamaño folio.*

carpetano, na adj./s. De un antiguo pueblo prerromano que ocupaba parte de la zona central de la meseta española o relacionado con él: *La economía carpetana era pastoril y seminómada. Los carpetanos ocupaban la actual provincia de Madrid y parte de las actuales Guadalajara, Toledo y Ciudad Real.*

carpetazo ‖ **dar carpetazo.** Referido a un asunto, interrumpir su proceso, dejarlo sin solución o darlo por terminado: *Han debido de dar carpetazo a mi solicitud de traslado, porque ya llevo varios meses esperando respuesta.*

carpintería s.f. **1** Lugar de trabajo o taller de un carpintero: *Compré unas repisas de pino en una carpintería de mi barrio.* **2** Arte y técnica de trabajar la madera y de hacer objetos con ella: *Estudió carpintería en una escuela de oficios.* **3** Obra o trabajo hechos según esta técnica: *La carpintería de la casa es de nogal.*

carpintero, ra s. Persona que se dedica profesionalmente a trabajar la madera y a construir objetos con ella: *Hemos encargado una librería de madera de roble al carpintero.*

carpo s.m. En algunos vertebrados, conjunto de los huesos que forman parte del esqueleto de la muñeca o de las extremidades anteriores: *El carpo del ser humano está formado por ocho huesos íntimamente ligados y dispuestos en dos filas.* 👁 **esqueleto**

carraca s.f. **1** Instrumento formado por una rueda dentada que, al girar, va levantando consecutivamente una o más lengüetas, produciendo un ruido seco: *Los hinchas animaban a su equipo con carracas.* 👁 **percusión 2** *col.* Artefacto deteriorado, viejo o que funciona mal: *Cuando vimos nuestro avión pensamos que era imposible que una carraca así pudiera levantarse del suelo.* **3** Persona vieja o con achaques: *Para conmover a sus nietos les decía que era una carraca.* **4** Pájaro de cabeza, alas y vientre azules, con el dorso castaño y el pico largo y ligeramente curvado: *La carraca vive en zonas arboladas y anida en los huecos de los árboles.* **5** Antigua embarcación de transporte: *La carraca fue inventada por los italianos.* ☐ MORF. En la acepción 4, es un sustantivo epiceno y la diferencia de sexo se señala mediante la oposición *la carraca {macho/hembra}*. ☐ USO En la acepción 2, tiene un matiz despectivo.

carraspear v. Emitir una tosecilla, generalmente para aclarar la garganta o para evitar la ronquera de la voz: *El orador carraspeó y bebió un sorbo de agua antes de dirigirse al público.*

carraspeo s.m. Emisión de una tosecilla, generalmente para aclarar la garganta o para evitar la ronquera de la voz; *carraspera: Durante la proyección de la película se oía* *un molesto carraspeo. Con un carraspeo me avisó de que venía gente.*

carraspera s.f. **1** Aspereza en la garganta que obliga a toser para eliminarla: *El cantante tosió para eliminar la carraspera.* **2** Emisión de una tosecilla, generalmente para aclarar la garganta o para eliminar la ronquera de la voz; *carraspeo*: *La carraspera de alguien del público interrumpió la actuación del músico.* □ ORTOGR. Incorr. **garraspera.*

carrera ▮ s.f. **1** Marcha rápida a pie de una persona o de un animal, en la que entre un paso y el siguiente, los pies quedan durante un momento en el aire: *Me di una carrera para poder coger el autobús.* **2** Competición de velocidad entre varias personas o entre animales: *En atletismo, lo que más me gusta es la carrera de 100 metros lisos.* 👁 **estadio** **3** Conjunto de estudios que hacen a una persona apta para ejercer una profesión: *La carrera de ingeniero dura seis años.* **4** Profesión por la que se recibe un salario: *Comenzó la carrera de cantante siendo una niña.* **5** En una media o en un tejido semejante, línea de puntos que se sueltan: *Se me enganchó la media con un clavo y se me hizo una carrera.* **6** Servicio o trayecto que hace un vehículo de alquiler transportando pasajeros a un lugar determinado y según una tarifa establecida: *Cuando llegamos al destino, el taxista me cobró la carrera y me bajé.* **7** Calle que anteriormente era un camino: *Yo siempre he vivido en la carrera de San Jerónimo.* **8** Intento de conseguir la primacía en algún campo: *La carrera de armamento entre esos dos países podría acabar en una guerra mundial.* ▮ pl. **9** Competición de velocidad entre caballos de una raza especial montados por sus jinetes: *Lleva los prismáticos para seguir las carreras de caballos en el hipódromo.* **10** ‖ **a la carrera.** A gran velocidad: *Tuve que hacer la tarea a la carrera para poder llegar a tiempo al trabajo.* ‖ **de carreras.** Destinado a esta competición: *Se ha comprado un coche de carreras.* ‖ **hacer carrera.** Prosperar en la sociedad: *Ese joven tan despierto hará carrera en esta empresa.* ‖ **hacer la carrera.** Dedicarse a la prostitución: *Las circunstancias de la vida la obligaron a hacer la carrera.* ‖ **no poder hacer carrera {con/de}** alguien. *col.* No poder convencerlo para que haga lo que debe: *Está triste porque no puede hacer carrera de sus hijos.*

carrerilla ‖ **de carrerilla.** *col.* De memoria y de corrido, sin enterarse muy bien del sentido de lo que se dice: *Me dijo la lección de carrerilla, como un papagayo.* ‖ **tomar carrerilla.** Retroceder unos pasos para poder coger impulso y avanzar con más fuerza: *El saltador de altura tomó carrerilla para poder pasar el listón.*

carreta s.f. Carro pequeño de madera, generalmente con dos ruedas que no están herradas, y con un madero que sobresale y al que se ata el yugo: *Los colonos americanos iban hacia el oeste en sus carretas.* 👁 **carruaje**

carrete s.m. **1** Cilindro que generalmente tiene el eje hueco, con rebordes en sus bases y que sirve para devanar o enrollar algo flexible: *Compré un carrete de hilo en la mercería. Cambia el carrete de la máquina de escribir porque la cinta no tiene tinta.* 👁 **costura** **2** En una caña de pescar, pieza cilíndrica en la que se enrolla el sedal: *El carrete de la caña de pescar se hace girar mediante una manivela.* 👁 **pesca** **3** Rollo de película fotográfica: *Se me ha roto la cámara y se me ha velado todo el carrete.* **4** ‖ **dar carrete** a alguien. *col.* Darle conversación: *El policía daba carrete al sospechoso para que en un descuido se delatara.* ‖ **tener carrete.** *col.* Hablar mucho: *Mi vecino tiene mucho carrete y por su culpa llegué tarde.*

carretero, ra ▮ s. **1** Persona que conduce un carro o una carreta: *Los carreteros tuvieron gran importancia hasta la aparición de los coches y de los camiones.* ▮ s.f. **2** Camino público, ancho y pavimentado, preparado para el tránsito de vehículos: *Sufrimos una avería en una carretera local, muy poco transitada.* **3** ‖ **fumar como un carretero.** *col.* Fumar mucho: *Si fumas como un carretero vas a tener problemas respiratorios.*

carretilla s.f. Carro pequeño formado generalmente por una sola rueda, un cajón en el que se lleva la carga, dos varas que sirven para dirigirlo y dos pies sobre los que descansa: *El albañil llevaba los ladrillos con una carretilla.*

carricoche s.m. Automóvil viejo, que funciona mal o que resulta feo: *Me llevó a casa en un carricoche tan viejo que parecía que se iba a desmontar.*

carril s.m. **1** En una vía pública, cada parte destinada al tránsito de una sola fila de vehículos: *Los coches deben circular por el carril de la derecha.* **2** Guía por la que se desliza un objeto en una dirección determinada: *Corrió la cortina haciéndola mover por el carril.*

carrillo s.m. **1** Cada una de las dos partes carnosas y abultadas de la cara, debajo de los ojos; *mejilla*: *Cuando soplamos inflamos los carrillos.* **2** ‖ **comer a dos carrillos.** *col.* Con rapidez y voracidad: *Comía a dos carrillos para que nadie le quitara la comida.*

carrillón s.m. →**carillón.**

carrizo s.m. Planta herbácea que tiene la raíz larga, rastrera y dulce, el tallo alto, las hojas planas y alargadas, y las flores en panoja, que crece cerca del agua: *En el litoral mediterráneo el carrizo se usa para disminuir los efectos del viento sobre los cultivos.*

carro s.m. **1** Vehículo formado por un armazón montado sobre dos ruedas, con lanza o con varas para enganchar el tiro: *El labrador llevaba la paja en un carro tirado por una mula.* 👁 **carruaje** **2** Vehículo o armazón con ruedas que se emplea para transportar objetos: *En el aeropuerto cogí un carro para llevar las maletas hasta el coche.* **3** En algunas máquinas, pieza que tiene un movimiento de traslación horizontal: *Puso el folio en el carro de la máquina de escribir.* **4** ‖ **carro (de combate).** Tanque de guerra: *Los carros de combate del ejército enemigo tomaron la ciudad.* ‖ **carros y carretas.** *col.* Contrariedades o contratiempos: *Aguantó carros y carretas con tal de que no lo despidieran.* ‖ **parar el carro.** *col.* Contenerse o dejar de hablar: *Oye, para el carro, que yo no he tenido la culpa.* ‖ **tirar del carro.** *col.* Hacer el trabajo en el que deberían participar otros: *Soy yo la que tengo que tirar del carro, porque los demás no hacen nada.* □ SINT. *Carros y carretas* se usa más con los verbos *aguantar*, *pasar* o equivalentes. □ USO *Parar el carro* se usa más en imperativo. 👁 carro, en la página siguiente

carrocería s.f. En un automóvil o en un tren, parte que recubre el motor y otros elementos y en cuyo interior se instalan los pasajeros o la carga: *La carrocería de este coche es muy mala y se abolla por cualquier golpe.*

carromato s.m. Carro grande de dos ruedas, cubierto por un toldo, que tiene dos varas para enganchar uno o varios animales de tiro: *La gente del circo instaló los carromatos cerca de la carpa en la que representaban la función.*

carroña s.f. **1** Carne corrompida: *Los buitres comen carroña.* **2** Lo que se considera ruin y despreciable: *El nue-*

vo director quería limpiar la empresa de carroña y de aprovechados.

carroñero, ra ▮ adj. **1** De la carroña o relacionado con esta carne: *La hiena tiene una alimentación fundamentalmente carroñera.* ▮ adj./s. **2** Referido a un animal, que se alimenta de carroña: *El buitre es un ave carroñera. Los carroñeros hacen una labor de limpieza y de prevención de infecciones en la naturaleza.*

carroza ▮ adj./s. **1** *col.* Referido a una persona, que es mayor o está anticuada: *Tiene unos padres muy carrozas que no entienden sus aficiones. La orquesta interpretará unos boleros para los carrozas.* ▮ s.f. **2** Coche de caballos grande, lujoso y adornado: *Cenicienta llegó al baile en una carroza.* 👁 **carruaje 3** Vehículo que se adorna para algunos festejos o funciones públicos: *Fuimos a ver las carrozas del desfile de carnaval.* ☐ MORF. En la acepción 1, como adjetivo es invariable en género y como sustantivo es de género común y exige concordancia en masculino o en femenino para señalar la diferencia de sexo: *el carroza, la carroza.* ☐ USO En la acepción 1, tiene un matiz despectivo.

carruaje s.m. Vehículo formado por una armazón de madera o de hierro montada sobre ruedas: *El nuevo embajador acudió a presentar sus credenciales en un carruaje.* 👁 carruaje

carrusel s.m. Atracción de feria formada por una plataforma giratoria sobre la que hay reproducciones a pequeña escala de caballos y otros animales donde los niños se pueden montar; *caballitos, tiovivo: Me monté en un coche de bomberos que había en el carrusel.*

carst s.m. →**karst.** ☐ MORF. Su plural es *carst.*

cárstico, ca adj. →**kárstico, ca.**

carta s.f. **1** Papel escrito, generalmente metido en un sobre, que se envía a una persona para comunicarle algo: *No has recibido mi carta porque escribí mal tu dirección.* **2** Cada una de las cartulinas rectangulares que llevan en una de sus caras una figura o un número determinado de objetos, y que forman parte de una baraja; *naipe: Si no puedes tirar, roba una carta del mazo.* 👁 **baraja 3** En un restaurante o en un establecimiento semejante, lista de los platos y de las bebidas que se pueden elegir: *En la carta pone el precio de cada plato.* **4** Representación gráfica, sobre un plano y de acuerdo con una escala, de la superficie terrestre o de una parte de ella; *mapa: El capitán señalaba el rumbo en la carta de navegación.* **5** Documento oficial acreditativo: *El jugador de fútbol pedía a su club la carta de libertad para poder fichar por otro equipo.* **6** ‖ **a carta cabal.** Por completo: *Fíate de él porque es una persona íntegra a carta cabal.* ‖ **carta abierta.** La que se dirige a una persona, pero con la intención de que se exhiba públicamente: *Envió al periódico una carta abierta en la que protestaba al alcalde por la suciedad de las calles.* ‖ **carta astral.** Gráfico en el que se representa la posición de los planetas y otros factores que coinciden en el momento del nacimiento de una persona: *El astrólogo interpretó su futuro con la carta astral.* ‖ **carta blanca.** *col.* Libertad que se da a alguien para obrar en un asunto: *El jefe me ha dado carta blanca en la empresa durante su ausencia.* ‖ **carta de ajuste.** En un televisor, gráfico con líneas y colores que sirve para ajustar la imagen: *Antes de que comience la emisión de una cadena se ve la carta de ajuste.* ‖ **carta de pago.** Escritura en la que el acreedor afirma haber recibido lo que se le debía o parte de ello: *Conserva las cartas de pago de todas las mercancías recibidas.* ‖ **carta magna.** Constitución escrita o código fundamental de un Estado: *La carta magna de un Estado recoge los derechos y las obligaciones de los ciudadanos.* ‖ **(carta) pastoral.** Escrito o discurso en los que un prelado instruye o exhorta a su diócesis: *En la carta pastoral del domingo, el obispo solicitó de los fieles ayuda para arreglar la iglesia.* ‖ **(cartas) credenciales.** Las que se dan a un embajador o a un ministro para que se les reconozca o se les admita como tales: *El nuevo embajador presentó sus cartas credenciales al rey.* ‖ **echar las cartas.** Leer o adivinar el futuro usándolas cartas de la baraja: *Cuando me echó las cartas me predijo que me iría al extranjero.* ‖ **enseñar las cartas** o **poner las cartas boca arriba.** Manifestar una intención o una opinión que se ocultaban: *Le dijeron que enseñara sus cartas porque no se fiaban de él.* ‖ **jugar** alguien **sus cartas.** Aprovechar los recursos para lograr algún fin: *Si juegas bien tus cartas puedes salir muy beneficiado con este negocio.* ‖ **no saber a qué carta quedarse.** *col.* Estar indeciso: *No sabe a qué carta quedarse porque ninguno de los dos lo convence.* ‖ **tomar cartas en** un asunto. *col.* Intervenir

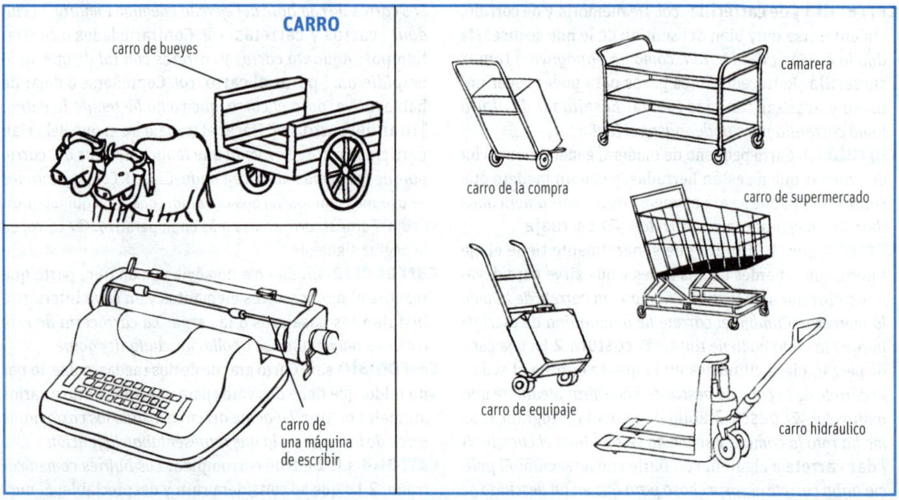

a b c d e f g h i j k l m n ñ o p q r s t u v w x y z

en él: *El director tomó cartas en el asunto para que no se volvieran a producir los altercados.*

cartabón s.m. Instrumento de dibujo con figura de triángulo rectángulo y con los catetos de distinta longitud: *El cartabón suele tener graduado el cateto mayor.* 👁 **medida**

cartaginense adj./s. →**cartaginés, -a.** ☐ MORF. Como adjetivo es invariable en género y como sustantivo es de género común y exige concordancia en masculino o en femenino para señalar la diferencia de sexo: *el cartaginense, la cartaginense.*

cartaginés, -a adj./s. De Cartago (antigua ciudad norteafricana) o relacionado con ella; *cartaginense: La ciudad cartaginesa estaba situada cerca de la actual Túnez. Los cartagineses rivalizaron con los romanos por dominar el Mediterráneo.* ☐ MORF. Como sustantivo se refiere solo a las personas de la antigua Cartago.

cartapacio s.m. **1** Cartera o carpeta para guardar libros o papeles: *Sobre la mesa de su despacho tiene un cartapacio negro.* **2** Cuaderno para tomar apuntes: *En un cartapacio iba anotando los datos más importantes que daba el conferenciante.*

cartearse v.prnl. Escribirse cartas recíprocamente: *No lo veo desde que acabamos la carrera, pero nos seguimos carteando.*

cartel s.m. **1** Lámina, generalmente de papel, con inscripciones o figuras, que se coloca en un lugar con fines publicitarios o propagandísticos: *Han pegado muchos carteles que anuncian el concierto.* **2** Fama o reputación: *Este muchacho tiene buen cartel entre sus compañeros de trabajo.* **3** →**cártel. 4** ‖ **en cartel.** Referido a un espectáculo, que se está representando: *La obra solo estuvo en cartel quince días.*

cártel s.m. **1** Convenio entre varias empresas para evitar la competencia entre ellas y regular la producción, la venta y los precios de un producto: *Un cártel petrolero persigue el control de la producción y de los precios del crudo.* **2** Agrupación de personas que persiguen fines ilícitos: *La policía persigue los cárteles formados en torno a la droga.* ☐ ORTOGR. Dist. de *cárter.* ☐ SEM. Es sinónimo de *cartel.*

cartelera s.f. **1** Armazón con la superficie adecuada para fijar en ella carteles o anuncios publicitarios: *Los carteles publicitarios se colocan sobre carteleras.* **2** Cartel anunciador de un espectáculo: *Los lunes cambian la cartelera de este cine.* **3** En un periódico o en una revista, sección en la que se anuncian espectáculos: *Consulté en la cartelera del periódico la hora de comienzo de la obra de teatro.*

carteo s.m. Envío recíproco de cartas entre dos o más

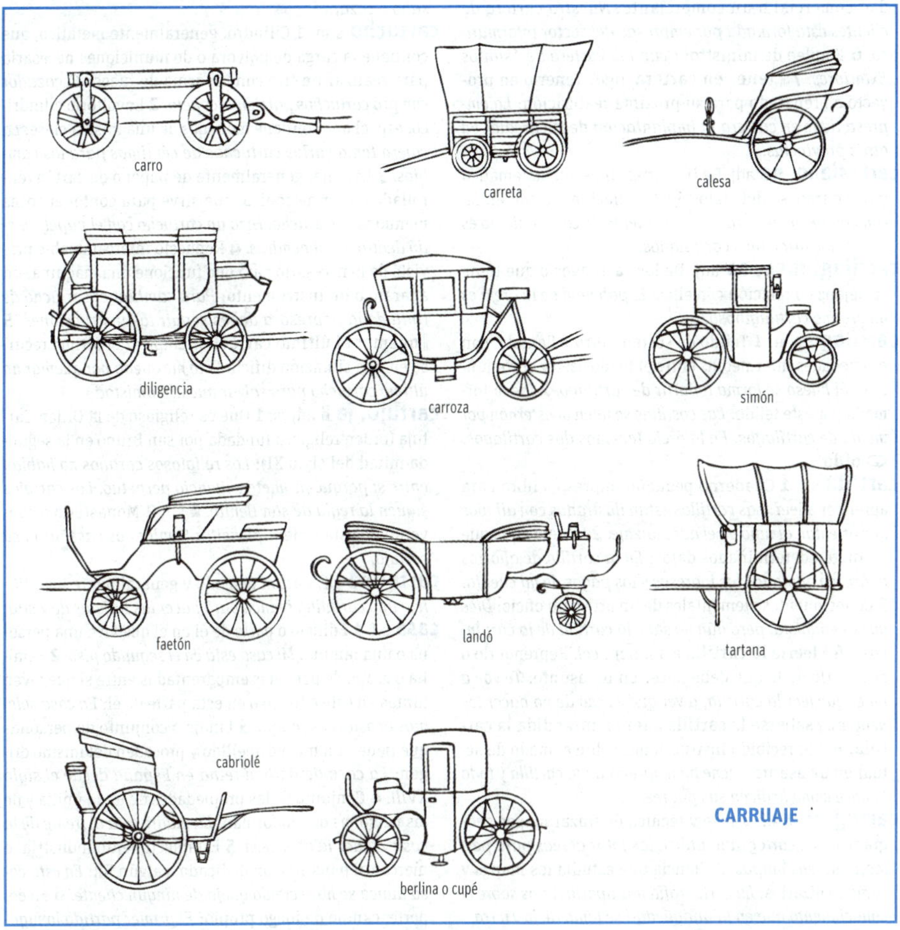

personas: *Aunque llevan años sin verse, su carteo los mantiene en contacto.*

cárter s.m. En un automóvil, depósito de lubricante del motor: *El cárter del motor de este coche tiene capacidad para unos tres litros de aceite.* ☐ ORTOGR. Dist. de *cártel.*

cartera s.f. Véase **cartero, ra**.

carterista s. Ladrón de carteras de bolsillo: *Los carteristas tienen mucha maña y habilidad.* ☐ MORF. Es de género común y exige concordancia en masculino o en femenino para señalar la diferencia de sexo: *el carterista, la carterista.*

cartero, ra ▌s. **1** Persona que se dedica profesionalmente al reparto de cartas y envíos de correos: *Para ser cartera tuvo que aprobar una oposición.* ▌s.f. **2** Utensilio rectangular, plegable y de bolsillo, con divisiones internas, que se utiliza para guardar dinero, papeles y documentos: *En la cartera guardo las tarjetas del banco y los billetes.* **3** Utensilio de forma cuadrangular, con asa, hecho generalmente con un material flexible, que se usa para llevar documentos o libros en su interior: *Los niños van al colegio con sus carteras.* **4** En economía, conjunto de valores comerciales que forman parte del activo de un banco, de una empresa o de un comerciante: *Las acciones recién adquiridas pasan a formar parte de la cartera de la empresa.* **5** Conjunto de clientes, artículos o factores que abarca la actividad de una entidad comercial o un comerciante: *Nuestra cartera de clientes está formada por empresas del sector informático.* **6** Empleo de ministro: *Ocupa la cartera de Asuntos Exteriores.* **7** ‖ **tener en cartera** algo. Tenerlo en proyecto o preparado para su próxima realización: *La empresa tiene en cartera la implantación de sucursales en otras provincias.*

cartesiano, na adj. De Descartes (filósofo, matemático y físico francés del siglo XVII) o relacionado con él: *La consideración de la razón como fuente de conocimiento es uno de los principios cartesianos.*

cartilaginoso, sa adj. De los cartílagos o que tiene semejanza o relación con ellos: *El pabellón de la oreja es un órgano cartilaginoso.*

cartílago s.m. **1** Tejido de sostén, duro y flexible, con propiedades intermedias entre el tejido óseo y el conjuntivo: *El hueso se forma a partir de cartílago.* **2** Pieza formada por este tejido: *Las costillas se unen al esternón por medio de cartílagos. En la oreja tenemos dos cartílagos.*
👁 **oído**

cartilla s.f. **1** Cuaderno pequeño impreso o libro para aprender a leer: *Las cartillas están ilustradas con dibujos que orientan al niño en el aprendizaje.* **2** Libreta en la que se anotan determinados datos: *En la cartilla de ahorros aparecen anotados los ingresos y los pagos de mi cuenta.* **3** Conocimientos elementales de un arte o un oficio: *Dice que es ebanista, pero aún no sabe la cartilla de la carpintería.* **4** ‖ **leerle la cartilla** a alguien. *col.* Reprenderlo o advertirlo de lo que debe hacer en un asunto: *Te voy a tener que leer la cartilla, a ver qué es eso de no hacer los deberes.* ‖ **saberse la cartilla** o **tener aprendida la cartilla.** Haber recibido instrucciones sobre el modo de actuar en un asunto: *Tiene bien aprendida la cartilla y todo lo hace como le dicen sus padres.*

cartografía s.f. **1** Arte y técnica de trazar mapas geográficos: *La cartografía utiliza las fotos aéreas para perfeccionar sus mapas.* **2** Ciencia que estudia los mapas y cómo realizarlos: *La cartografía nos aporta datos sobre el conocimiento que en la antigüedad se tenía de la Tierra.*

cartográfico, ca adj. De la cartografía o relacionado con ella: *El ejército cuenta con servicios cartográficos.*

cartógrafo, fa s. Persona que traza mapas geográficos: *Un buen cartógrafo debe tener extensos conocimientos de matemáticas y de geometría.*

cartomancia o **cartomancía** s.f. Adivinación por medio de la interpretación de las cartas o naipes: *El tarot es una de las barajas de cartas que utiliza la cartomancia.*

cartón s.m. **1** Lámina gruesa hecha con pasta de trapo, papel viejo y otras materias, o por varias hojas superpuestas de pasta de papel que se adhieren por compresión: *Prepara unas cajas de cartón para meter estos libros.* **2** Envase o recipiente de este material: *Solemos gastar dos cartones de leche cada día.* **3** Dibujo que sirve de modelo para una obra, esp. para un tapiz, un mosaico o una pintura, y que se suele hacer sobre este material o sobre papel o lienzo: *Goya pintó cartones para tapices.* **4** ‖ **cartón piedra.** Pasta compuesta fundamentalmente por papel, yeso y aceite secante, que se endurece mucho al secarse y que se utiliza para hacer figuras: *Los decorados cinematográficos suelen hacerse con cartón piedra.*

cartoné s.m. Encuadernación hecha con tapas de cartón forradas de papel: *Este libro va encuadernado en cartoné.*

cartuchera s.f. Cinturón preparado para llevar cartuchos; *canana: Se ató la cartuchera, cogió la escopeta y salió a cazar.*

cartucho s.m. **1** Cilindro, generalmente metálico, que contiene la carga de pólvora o de municiones necesaria para realizar un tiro con un arma de fuego: *El cazador compró cartuchos para su escopeta.* **2** Envoltorio cilíndrico, esp. el que contiene monedas de una misma clase: *La cajera tenía varios cartuchos de céntimos para los cambios.* **3** Lámina, generalmente de papel o de cartón, enrollada en forma cónica, que sirve para contener cosas menudas; *cucurucho: Hizo un cartucho con el papel y metió dentro las almendras.* **4** Repuesto intercambiable provisto de lo necesario para que funcione una máquina, un aparato o un instrumento: *Para cambiar el cartucho de tinta de la impresora debes seguir las instrucciones.* **5** ‖ **quemar el último cartucho.** Emplear el último recurso en una situación difícil: *Solo me queda por quemar un último cartucho para salvar nuestra amistad.*

cartujo, ja ▌adj./s. **1** Que es religioso de la Orden Cartuja (orden religiosa fundada por san Bruno en la segunda mitad del siglo XI): *Los religiosos cartujos no hablan entre sí porque prometen silencio perpetuo. Los cartujos siguen la regla de san Benito.* ▌s.f. **2** Monasterio o convento de esta orden: *Al visitar Sevilla nos enseñaron su cartuja.*

cartulina s.f. Cartón delgado y generalmente liso: *Utiliza una cartulina blanca para hacer las tarjetas de visita.*

casa s.f. **1** Edificio o parte de él en el que vive una persona o una familia: *Mi casa está en el segundo piso.* **2** Familia o grupo de personas emparentadas entre sí que viven juntas en este edificio o en esta parte de él: *En casa solemos acostarnos pronto.* **3** Linaje o conjunto de personas que tienen un mismo apellido y proceden del mismo origen: *La casa de Borbón reina en España desde el siglo XVIII.* **4** Conjunto de las propiedades de una familia y de las personas que la forman: *La madre está al frente de la casa y todos la obedecen.* **5** Establecimiento industrial o mercantil o institución dedicada a algún fin: *En esta casa nunca se ha recibido queja de ningún cliente.* **6** En deporte, campo de juego propio: *El primer partido lo juga-*

mos en casa y el de vuelta, en el campo del equipo contrario. **7** En un tablero de juego, cada una de sus casillas o una casilla determinada: *Cuando jugamos al parchís, las fichas que te comen tienes que volverlas a meter en casa.* **8** ‖ **casa consistorial.** Edificio en el que tiene sede la corporación, compuesta por un alcalde y varios concejales, que dirige y administra un término municipal; *ayuntamiento, concejo: Las listas electorales están expuestas en la casa consistorial.* ‖ **casa de baños.** Establecimiento con baños para el servicio público: *Cuando no había agua en las casas, la gente se bañaba en la casa de baños.* ‖ **casa de citas.** Lugar en el que se alquilan habitaciones para mantener relaciones sexuales: *Han visto a aquella pareja entrar varias veces en una casa de citas.* ‖ **casa de {Dios/oración}** o **casa del Señor.** Templo o iglesia: *Los domingos acudimos a la casa de Dios para oír misa.* ‖ **casa de empeño.** Establecimiento en el que se presta dinero a cambio de la entrega de un objeto que se deja como prenda: *Cuando lo perdieron todo tuvo que llevar sus joyas a la casa de empeño.* ‖ **casa de {labor/labranza}.** Casa en la que viven labradores y que dispone de dependencias para el ganado y los aperos de labranza: *Su familia tenía en el pueblo una gran casa de labor.* ‖ **casa de (la) moneda.** Establecimiento destinado a fundir, fabricar y acuñar moneda o billetes de banco: *En muchos países la casa de moneda es un monopolio estatal.* ‖ **casa de locos.** *col.* Manicomio: *Con este jaleo, en lugar de una clase esto parece una casa de locos.* ‖ **casa de socorro.** Establecimiento benéfico en el que se prestan servicios médicos de urgencia: *En la casa de socorro atendieron a los heridos en el accidente.* ‖ **casa de tócame Roque.** Aquella en la que vive mucha gente y tiene gran desorden y mal gobierno: *Esa es una casa de tócame Roque en la que cada uno hace lo que quiere y cuando quiere.* ‖ **casa real.** Conjunto de personas que forman parte de la familia real: *El portavoz de la casa real ha confirmado que el accidente del monarca no reviste gravedad.* ‖ **como Pedro por su casa.** *col.* Con naturalidad y confianza, o sin cumplidos: *Mis amigos se sienten en mi casa como Pedro por su casa porque somos muy abiertos.* ‖ **{echar/tirar} la casa por la ventana.** *col.* Hacer un gasto grande aunque sea excesivo: *Para celebrar la boda del hijo tiraron la casa por la ventana.* ‖ **empezar la casa por el tejado.** Empezar a realizar una actividad por donde debiera terminarse: *Si sacas las conclusiones antes de tener todos los datos, empezarás la casa por el tejado.* ‖ **para andar por casa.** Referido esp. a un procedimiento o a una solución, que tiene poco valor, o que se ha hecho sin rigor o de cualquier manera: *Este arreglo es solo para andar por casa, porque necesitaría unos clavos que lo sujetaran bien.*

casaca s.f. Prenda de vestir que consiste en una especie de chaqueta ceñida al cuerpo, con mangas hasta las muñecas y con faldones que llegan a la parte posterior de las rodillas: *La casaca fue una prenda de vestir muy usada en el siglo XVIII.*

casadero, ra adj. Que está en edad de casarse: *Tiene ya dos muchachas casaderas.*

casamata s.f. Nido de ametralladoras u otras piezas de artillería con una protección resistente contra proyectiles de mediano calibre: *Por las aberturas de la casamata asoman las bocas de algunos cañones.*

casamentero, ra adj./s. Que es aficionado a proponer o a concertar bodas: *Esas amiguitas se las busca una vecina casamentera que tiene. Como último recurso, envió a una casamentera para que hablara con la muchacha.*

casamiento s.m. Ceremonia o acto en el que dos personas contraen matrimonio; *boda, nupcias: El casamiento tendrá lugar el sábado a las 12 de la mañana. Al casamiento solo asistieron los amigos de la familia.*

casanova s.m. Hombre que ha seducido a un gran número de mujeres (por alusión al seductor italiano del siglo XVIII con el mismo nombre): *Nunca me creeré las promesas de amor de un casanova como tú.*

casar v. **1** Contraer matrimonio: *Casó con un guapo muchacho de la ciudad. Nos casaremos el próximo año.* **2** Referido a un sacerdote o a una autoridad civil, unir en matrimonio, realizando la ceremonia o los requisitos legales necesarios para ello: *Los casó el párroco de su iglesia.* **3** *col.* Referido a la persona que tiene autoridad sobre otra, esp. al padre o al tutor, disponer el matrimonio de esta: *Sus padres los casaron cuando tenían quince años.* **4** Referido a dos o más elementos, disponerlos y ordenarlos de forma que hagan juego o que guarden correspondencia entre sí: *Al colocar los azulejos hay que tener cuidado de casar bien las flores.* **5** Referido a dos o más elementos, corresponder o cuadrar entre sí: *La declaración del testigo no casa con la que hizo el acusado.* **6** ‖ **no casarse con nadie.** *col.* Mantener una actitud o una opinión independientes: *Aunque suele pedir opinión a sus colaboradores, a la hora de decidir no se casa con nadie.*

cascabel s.m. **1** Bola metálica, hueca y con una abertura en su parte inferior, que encierra pequeños trozos de hierro o de latón para que suene al moverla: *Ató unos cascabeles al cuello del caballo para que sonaran al andar.* **2** ‖ **poner el cascabel al gato.** *col.* Atreverse a realizar algo peligroso o muy difícil: *Planear la estrategia de ataque es fácil, pero ¿quién le pone el cascabel al gato?* ‖ **ser un cascabel.** *col.* Ser muy alegre: *Esta muchacha es un cascabel y siempre se está riendo.* □ USO 'Poner el cascabel al gato' se usa más en expresiones interrogativas.

cascabeleo s.m. Ruido de cascabeles o sonido de voces y risas que se asemeja al de estos: *Un cascabeleo en el patio nos indicó que el gato había sabido volver a casa.*

cascada s.f. Véase **cascado, da.**

cascado, da ▌ adj. **1** Que está muy gastado, muy trabajado o no tiene fuerza o vigor: *La impresora no funciona bien porque ya está cascada.* ▌ s.f. **2** Caída de una corriente de agua desde cierta altura producida por un rápido desnivel del cauce: *Es peligroso bañarse en las zonas del río en las que hay cascadas.* **3** Lo que se asemeja a esta caída porque se produce en gran abundancia y sin interrupción: *Una cascada de noticias nos llegó a la redacción.*

cascajo s.m. **1** Conjunto de fragmentos de piedra y de otros materiales quebradizos: *Los albañiles echaron el cascajo en el contenedor que había traído el Ayuntamiento.* **2** *col.* Trasto u objeto viejo, roto o inútil: *En el desván de la abuela encontré una cómoda sin cajones, una mecedora rota y otros cascajos.* **3** *col.* Persona decrépita: *Esta gripe me ha dejado hecha un cascajo.*

cascanueces s.m. Utensilio, generalmente con forma de tenaza, que se utiliza para partir nueces: *Este cascanueces de hierro está muy duro y hay que apretar mucho para abrir una nuez.* □ MORF. Invariable en número.

cascar v. **1** Referido a algo quebradizo, romperlo o hacerle grietas o agujeros: *Casca los huevos dándoles un golpe contra el borde de la sartén. Lo siento, pero el plato que me* *dejaste cayó al suelo y se cascó.* **2** *col.* Referido a una persona, golpearla: *Cuando se entere tu hermano, seguro que te casca.* **3** *col.* Charlar: *No le cuentes ningún secreto porque lo casca todo. En el tren me tocó dormir con dos chicos que no pararon de cascar en toda la noche.* **4** *col.* Morir: *Ya os acordaréis de mí cuando casque.* **5** Referido a la voz, volverla ronca o perder su sonoridad: *El abuso del tabaco le cascó la voz y arruinó su vida de cantante.* □ ORTOGR. La *c* se cambia en *qu* delante de *e* →**SACAR**.

cáscara s.f. Corteza o cubierta dura de algunas cosas, esp. de los huevos y de algunas frutas, que sirve para proteger el interior: *Me he encontrado un trocito de cáscara de huevo en la tortilla.* 👁 **huevo**

cáscaras interj. *col.* Expresión que se utiliza para indicar extrañeza, sorpresa, admiración o disgusto: *¡Cáscaras, qué frío hace aquí!*

cascarilla s.f. Cubierta o envoltura fina y quebradiza que rodea algunos cereales o algunos frutos: *Los cacahuetes tienen una cáscara de color castaño claro y una cascarilla rojiza.*

cascarón s.m. Cáscara de huevo de un ave, esp. la rota por un pollo al salir de él: *El polluelo salía del cascarón picoteándolo.*

cascarrabias s. *col.* Persona que se enfada o que riñe con mucha facilidad: *No te preocupes de su mal humor, es un cascarrabias y ya se le pasará.* □ MORF. 1. Es de género común y exige concordancia en masculino o en femenino para señalar la diferencia de sexo: *el cascarrabias, la cascarrabias*. 2. Invariable en número.

casco ▮ s.m. **1** Pieza que cubre y protege la cabeza: *Está prohibido el paso a la obra a toda persona que no lleve casco.* 👁 **alpinismo** **2** Recipiente de un líquido cuando está vacío: *Han puesto un contenedor en la esquina para depositar cascos de vidrio.* **3** Fragmento que queda de un vaso o vasija después de romperse o de una bomba después de estallar: *Paseando por ese campo encontramos el casco de una bomba de la guerra.* **4** Cuerpo de una embarcación o de una aeronave sin el aparejo y las máquinas: *La línea de flotación de un buque es la que separa la parte sumergida de su casco de la que no lo está.* **5** En un équido, uña de las extremidades anteriores y posteriores, con la que realiza el apoyo con el suelo: *Los cascos del caballo se cortan y se alisan para colocarles las herraduras.* ▮ pl. **6** *col.* Cabeza humana: *Ahora se le ha metido en los cascos que no podemos ir a ver esa película sin haber leído antes la novela.* **7** Aparato que consta de dos auriculares unidos, generalmente por una tira de metal curvada, que se ajusta a la cabeza y que se usa para una mejor recepción del sonido: *Cuando pasea por la calle, va escuchando música con un casete con cascos.* **8** ‖ **calentar los cascos** a alguien. *col.* Inquietarlo con preocupaciones: *No se lo cuentes a tu padre, porque no quiero que le calientes los cascos.* ‖ **casco {de población/urbano}.** Conjunto de edificaciones de una ciudad hasta donde termina su agrupación: *La distribución espacial del casco de población de esta ciudad sigue el esquema de una cuadrícula.* ‖ **cascos azules.** Tropas que son enviadas por las Naciones Unidas (organismo internacional para el mantenimiento de la paz) para que intervengan como fuerzas neutrales en zonas conflictivas: *Los cascos azules distribuyeron alimentos y mantas a la población civil de la zona en guerra.* ‖ **ligero de cascos.** *col.* Referido a una persona, que tiene poco juicio o reflexión: *A su madre no le gustaba ese chico porque lo encontraba muy ligero de cascos.* ‖ **romperse** alguien **los cascos.** *col.* Esforzarse mucho o preocuparse mucho: *Me rompí los cascos tratando de convencerlo para que viniera a la fiesta y al final no vino.* 👁 casco

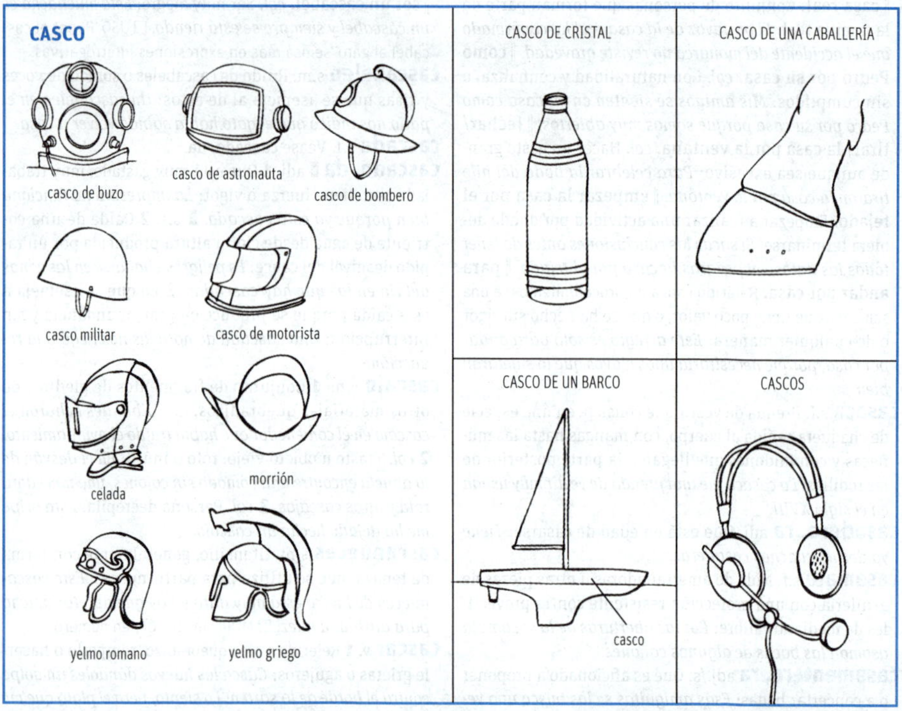

cascote s.m. Fragmento de una construcción derribada o de parte de ella: *El albañil ya ha acabado la obra del baño, pero tiene que venir para llevarse los cascotes que ha dejado.*

caserío s.m. Casa de campo aislada, con edificios dependientes y con fincas rústicas unidas y cercanas a ella: *Vive en esta ciudad, pero sus padres continúan viviendo en un caserío en el País Vasco.*

casero, ra ▮ adj. **1** Que se hace o que se cría en casa o que pertenece a ella: *Tu tío hace un chorizo casero muy sabroso.* **2** Con confianza o sin formalidades: *Cuando nos enteramos de su aprobado, hicimos una celebración casera todos los de casa y sus amigos íntimos.* **3** *col.* Según el saber popular, sin dificultad o sin ciencia, pero con eficacia: *Bébete esto, que es un remedio casero contra el catarro.* **4** Referido a una persona, que disfruta mucho estando en su casa: *En casa salimos poco porque somos todos muy caseros.* **5** Referido a un árbitro deportivo o a un arbitraje, que favorecen al equipo en cuyo campo se juega: *Nos tocó un árbitro muy casero que solo pitaba penalti contra el equipo visitante.* ▮ s. **6** Persona que es dueña de una casa y que la alquila a otra: *Hablé con mi casero para que se ocupara del arreglo de las goteras.* **7** Persona que cuida de una casa y vive en ella cuando está ausente su dueño: *El casero de la finca enciende la chimenea y prepara la casa para cuando llega el dueño.*

caserón s.m. Casa muy grande y destartalada: *Quiere arreglar el caserón que heredó de sus abuelos, pero para ello necesita mucho dinero.* 👁 **vivienda**

caseta s.f. **1** Casa pequeña y aislada, que solo tiene un piso bajo: *La caseta del perro está en el jardín.* **2** Vestuario para los deportistas: *El entrenador daba las últimas instrucciones a sus jugadores en la caseta.* **3** ‖ **caseta de feria.** Construcción provisional desmontable que se destina a espectáculos y diversiones; *barraca de feria: En esa caseta de feria hay que lanzar tres bolas a unas figuras y si derribas alguna, te dan un premio.*

casete ▮ s. **1** Cajita de plástico que contiene una cinta magnética para el registro y reproducción de sonidos, imágenes u otro tipo de información: *Grabé la conferencia en una casete.* ▮ s.m. **2** Pequeño magnetófono que utiliza esta cajita de plástico: *Los altavoces de mi casete pueden separarse.* **3** *col.* →**radiocasete.** □ ORTOGR. Es un galicismo (*cassette*) adaptado al español. □ MORF. 1. En la acepción 1, es de género ambiguo y admite concordancia en masculino o en femenino sin cambiar de significado: *{el/la} casete {nuevo/nueva}.*

casi adv. Por poco, con poca diferencia o aproximadamente: *Casi llego tarde porque no encontraba las llaves del coche.* □ MORF. Cuando se antepone a otra palabra para formar compuestos, adopta la forma *cuasi.* □ USO Se usa con un matiz coloquial para expresar indecisión o duda: *Casi prefiero que vengas tú a mi casa.*

casilla s.f. **1** Cada una de las divisiones de un casillero o mueble: *El conserje cogió la llave de la habitación de la casilla con su número.* **2** En un tablero de juego, esp. el del ajedrez o el de las damas, cada uno de los compartimentos en que quedan divididos: *Las casillas del ajedrez y de las damas son negras y blancas.* **3** En un papel cuadriculado o rayado verticalmente, cada una de las divisiones en las que se anotan separados y por orden figuras o datos: *Escribe cada letra en una casilla.* **4** ‖ **sacar de sus casillas** a alguien. *col.* Hacerle perder la paciencia: *No me hagas esas preguntas tan tontas porque sabes que eso me saca de mis casillas.*

casillero s.m. **1** Mueble con varios huecos o divisiones para tener clasificados papeles u otros objetos: *En el departamento hay un casillero para dejar la correspondencia de los profesores.* **2** En deporte, marcador o tablón en el se anotan los tantos que obtiene un jugador o un equipo: *En el minuto treinta subió el segundo gol al casillero.*

casino s.m. **1** Establecimiento público en el que hay juegos de azar y espectáculos, conciertos, bailes y otras diversiones: *Después de cenar en el casino estuvieron jugando a la ruleta.* **2** Club o sociedad de recreo; *círculo: Es miembro del casino de su ciudad desde muy joven.*

caso s.m. **1** Suceso, acontecimiento o lo que ocurre: *Nos contó varios casos insólitos que le ocurrieron en sus vacaciones.* **2** Casualidad o combinación de circunstancias que no se pueden prever ni evitar: *Llévate un traje de noche por si se da el caso y salimos a cenar.* **3** Asunto del que se trata o que se propone para consultar o para explicar algo: *He pasado tu caso al director para que lo estudie y decida él.* **4** Cada una de las manifestaciones individuales de una enfermedad o de una epidemia, o de un determinado hecho: *En toda mi vida profesional, solo he tenido otro caso como este de esta enfermedad tropical.* **5** En gramática, en una lengua con declinación, relación sintáctica que una palabra de carácter nominal mantiene con su contexto en una oración, según la función que desempeñe: *Lo que en algunas lenguas se expresa mediante el caso, en otras se expresa con la preposición o con otros recursos gramaticales.* **6** En gramática, en una lengua con declinación, forma que adopta una palabra de carácter nominal según la función que desempeña en un oración: *'Yo', 'me', 'mí', conmigo son casos del pronombre de primera persona del singular.* **7** ‖ **(caso) ablativo.** El que expresa la función de complemento: *En ablativo se expresan relaciones, entre otras, de lugar, modo, tiempo, instrumento y compañía.* ‖ **(caso) acusativo.** El que expresa generalmente la función de complemento directo: *En latín, en la oración 'Como manzanas', 'manzanas' es acusativo.* ‖ **caso clínico. 1** Manifestación de una enfermedad en un individuo: *Este médico ha escrito un libro sobre casos clínicos de enfermedades neurológicas muy curiosas.* **2** Persona cuyo comportamiento se sale de lo que se considera normal: *Su falta de cortesía hace que esta chica sea un caso clínico de mala educación.* ‖ **(caso) dativo.** El que expresa generalmente la función de complemento indirecto: *En latín, el dativo singular de 'rosa' es 'rosae'.* ‖ **caso {de/que} o en caso de que.** Si sucede o si ocurre: *Llámame a casa, en caso de que no puedas venir.* ‖ **(caso) genitivo.** El que expresa generalmente el complemento del nombre: *El caso genitivo lo traducimos por la preposición 'de' y el sustantivo al cual equivale.* ‖ **(caso) locativo.** El que expresa generalmente la función de complemento de lugar en donde algo está o se realiza: *En latín, el caso locativo se fundió con el ablativo, pero quedan algunos restos del locativo indoeuropeo.* ‖ **(caso) nominativo.** El que expresa generalmente la función de sujeto: *Los sustantivos y adjetivos en un diccionario de latín se buscan por su nominativo.* ‖ **caso perdido.** Persona de mala conducta, de la que no se puede esperar que se enmiende: *Aunque tus padres lo envíen a los mejores colegios, tu hermano es un caso perdido y no tiene remedio.* ‖ **(caso) vocativo.** El que expresa la llamada o invocación: *En la oración Niño, estate quieto, niño aparece en* *caso vocativo en una lengua con declinación.* ‖ **{hacer/venir} al caso.** *col.* Venir al propósito: *Guárdate tus comentarios irónicos porque no hacen al caso en una situación así.* ‖ **hacer caso.** Prestar atención u obedecer: *Díselo tú porque a ti te hace más caso que a mí.* ‖ **hacer caso omiso** de algo. No tenerlo en cuenta: *Hizo caso omiso de mis advertencias y ahora lo lamenta.* ‖ **poner por caso.** Dar por supuesto o poner por ejemplo: *Pongamos por caso: si te ocurriera esto a ti, ¿tú qué harías?* ‖ **ser un caso.** *col.* Referido a una persona, que se distingue de las demás para bien o para mal: *Eres un caso; mira que regalarme este collar de perlas...*

casona s.f. Casa señorial antigua: *Pasa los veranos en una casona que heredó de sus abuelos.* 👁 **vivienda.**

casorio s.m. *col.* Casamiento hecho de forma irreflexiva o con poco lucimiento: *Hicieron un casorio que ya anunciaba la separación.* ☐ USO Tiene un matiz despectivo.

caspa s.f. Conjunto de escamas blancuzcas que se forman en el cuero cabelludo: *Tienes que usar un buen champú que te quite la caspa.*

cáspita interj. Expresión que se usa para indicar extrañeza, sorpresa, admiración o disgusto: *¡Cáspita, con la hora que es y aún no ha llegado!*

casquería s.f. Establecimiento en el que se venden vísceras y otras partes comestibles de la res que no se consideran carne: *Compré filetes de hígado y lengua de vaca en la casquería.*

casquete s.m. **1** Cubierta de tela o de cuero que se ajusta a la cabeza: *La madrina de la boda llevaba un casquete.* 👁 **sombrero 2** ‖ **casquete esférico.** Parte de la superficie de una esfera cortada por un plano que no pasa por su centro: *Si cortamos un globo terráqueo por el paralelo 60°, obtendremos un casquete esférico.* ‖ **casquete glaciar.** Manto de hielo que cubre completamente las cumbres de un macizo montañoso: *Los casquetes glaciares de Groenlandia son muy representativos.*

casquillo s.m. **1** Cartucho metálico vacío: *La policía encontró tres casquillos de bala en el lugar del crimen.* **2** Parte metálica de un cartucho de cartón o de otro material: *El casquillo de muchos cartuchos es dorado.* **3** Parte metálica de una bombilla que permite conectarla con el circuito eléctrico: *Se cayó la bombilla y solo quedó intacto el casquillo.*

casquivano, na adj. De poco juicio y de poca reflexión: *Sus superiores saben que es un muchacho casquivano y por eso no le dan trabajos de responsabilidad.*

casta s.f. Véase **casto, ta.**

castaña s.f. Véase **castaño, ña.**

castañar s.m. Terreno plantado de castaños: *Ese pueblo está en medio de un castañar.*

castañear v. →**castañetear.**

castañero, ra s. Persona que vende castañas: *El castañero me puso las castañas asadas en un cucurucho de papel de periódico.*

castañeta s.f. **1** Instrumento musical de percusión formado por dos piezas cóncavas, generalmente de madera, que se suelen tocar sujetándolas por el pulgar con un cordón que las une y haciéndolas chocar y repicar con los demás dedos; *castañuela: Está aprendiendo a bailar jotas y a tocar las castañetas.* 👁 **percusión 2** Lazo o adorno de cintas negras que se ponen los toreros en la coleta cuando salen a lidiar: *Al poco tiempo de salir al ruedo se le cayó la castañeta al torero.* ☐ MORF. La acepción 1 se usa más en plural.

castañetear v. Referido a los dientes, sonar dando los de una mandíbula con los de la otra; *castañear: Tenía tanto miedo que castañeteaba los dientes y no podía pararlos.*

castañeteo s.m. Golpeteo que dan los dientes de una mandíbula con los de la otra: *Si cierras la boca se oirá menos tu castañeteo.*

castaño, ña ▮ adj. **1** Del color de la cáscara de la castaña: *pelo castaño; ojos castaños.* ▮ s.m. **2** Árbol de tronco grueso, copa ancha y redonda, con hojas grandes, lanceoladas y aserradas, flores blancas y fruto redondeado envuelto en una cubierta espinosa: *Los castaños son propios de lugares húmedos.* **3** Madera de este árbol: *El parqué de mi casa es de castaño.* ▮ s.f. **4** Fruto del castaño: *La castaña está recubierta por una cáscara gruesa y correosa de color pardo oscuro.* **5** Moño con la forma de este fruto, esp. el que se hace en la parte posterior de la cabeza: *Me molestaba el pelo suelto y me lo recogí en una castaña.* **6** *col.* Borrachera: *Llevaba tal castaña que iba por la calle haciendo eses.* **7** *col.* Golpe o choque violentos: *Viendo cómo ha quedado el coche de mal, debió de darse una buena castaña.* **8** *col.* Lo que resulta aburrido o fastidioso: *No sé cómo puedes leer ese libro, a mí me pareció una castaña.* **9** *col.* Año de edad de una persona; *taco: Si ahora estamos así... ¡qué será de nosotros cuando cumplamos cincuenta castañas!* **10** ‖ **castaña pilonga.** La que se ha secado al humo y se guarda todo el año: *Las castañas pilongas son muy duras.* ‖ **castaño de Indias.** Árbol de hojas compuestas, cuyas siete hojuelas nacen de un punto común, con flores blancas o rojizas y de fruto no comestible: *Los castaños de Indias dan mucha sombra.* ‖ **pasar de castaño oscuro** algo. *col.* Ser demasiado grave o intolerable: *Que llegue tarde, pase, pero que no venga a dormir pasa de castaño oscuro.* ‖ **sacarle las castañas del fuego** a alguien. *col.* Solucionarle los problemas: *Siempre está haciendo gamberradas y luego me toca a mí sacarle las castañas del fuego.* ‖ **toma castaña.** *col.* Expresión que se usa para indicar extrañeza, sorpresa, admiración o disgusto: *¡Como él está cansado, me toca a mí hacer sus tareas, toma castaña!* ☐ USO En la acepción 1, es innecesario el uso galicista de *marrón* en lugar de *castaño* aplicado al pelo de las personas o al pelaje de los animales.

castañuela s.f. **1** Instrumento musical de percusión formado por dos piezas cóncavas, generalmente de madera, que se suelen tocar sujetándolas por el pulgar con un cordón que las une y haciéndolas chocar y repicar con los demás dedos; *castañeta: Los bailaores suelen bailar flamenco acompañándose con castañuelas.* 👁 **percusión 2** ‖ **como unas castañuelas.** *col.* Muy alegre: *Cuando me dijo que se venía de viaje conmigo, me puse como unas castañuelas.* ☐ MORF. Se usa más en plural.

castellanizar v. Dar características que se consideran propias de lo castellano o del castellano: *La Real Academia Española ha castellanizado el galicismo 'cassette' en la forma 'casete'.* ☐ ORTOGR. La *z* se cambia en *c* delante de *e* →**CAZAR.**

castellano, na ▮ adj./s. **1** De Castilla (actual territorio de las comunidades autónomas de Castilla-León y Castilla-La Mancha), o relacionado con ella: *La meseta norte castellana es rica en cereales. Vive muy a gusto en Segovia porque le gusta mucho el carácter de los castellanos.* **2** Del antiguo condado y reino de Castilla, o relacionado con ellos: *Fernán González fue el primer conde castellano independiente. La Reconquista fue una tarea llevada a cabo* *por los castellanos.* ▌ s.m. **3** Lengua española: *El castellano, en su origen, fue un dialecto románico nacido en Castilla la Vieja.* □ MORF. En las acepciones 1 y 2, se refiere solo a las personas de Castilla.

castellano-leonés, -a o **castellanoleonés, -a** adj./s. De Castilla y León (comunidad autónoma española) o relacionado con ella: *Segovia y Salamanca son provincias castellano-leonesas. Los castellano-leoneses tienen fama de tener un carácter austero.* □ MORF. Como sustantivo se refiere solo a las personas de Castilla y León. □ USO *Castellanoleonés* es el término menos usual.

castellano-manchego, ga o **castellanomanchego, ga** adj./s. De Castilla-La Mancha (comunidad autónoma española) o relacionado con ella: *El territorio castellano-manchego está dividido en dos partes por los montes de Toledo. Los castellano-manchegos han dedicado parte de sus presupuestos a la mejora de carreteras.* □ MORF. Como sustantivo se refiere solo a las personas de Castilla-La Mancha. □ USO *Castellanomanchego* es el término menos usual.

castellonense adj./s. De Castellón o relacionado con esta provincia española: *La capital castellonense es Castellón de la Plana. Los castellonenses están muy orgullosos de su costa de Azahar.* □ MORF. 1. Como adjetivo es invariable en género. 2. Como sustantivo es de género común y exige concordancia en masculino o en femenino para señalar la diferencia de sexo: *el castellonense, la castellonense.* 3. Como sustantivo se refiere solo a las personas de Castellón.

casticismo s.m. **1** Admiración y simpatía hacia lo castizo en las costumbres o en los modales: *Su excesivo casticismo lo lleva a menospreciar todo lo que no es español.* **2** Actitud de quienes, al hablar o al escribir, evitan los extranjerismos y prefieren el empleo de voces y giros castizos o de su propia lengua, aunque estén desusados: *Su casticismo le hace hablar de 'bailete' para referirse al 'ballet'.*

casticista s. Partidario o defensor del casticismo al hablar o al escribir: *Dudo que un casticista como él diga alguna vez mailing, pudiendo hablar del correo de toda la vida.* □ MORF. Es de género común y exige concordancia en masculino o en femenino para señalar la diferencia de sexo: *el casticista, la casticista.*

castidad s.f. **1** Ausencia de sensualidad: *La castidad de su mirada la hace parecer una niña angelical.* **2** Renuncia a todo placer sexual: *Es monja y ha hecho votos de pobreza, de obediencia y de castidad.* **3** Aceptación y respeto de los principios morales o religiosos en lo relacionado con la sexualidad: *Nadie puso nunca en duda la castidad de ese matrimonio.*

castigar v. **1** Imponer un castigo por un delito o una falta: *Castigaron públicamente a los culpables del robo.* **2** Referido esp. a una persona, causarle dolor físico o moral o hacerla padecer sin que tenga culpa: *Los consumidores son castigados con esta nueva subida de precios.* **3** Referido a una persona, reprenderla duramente o aplicarle una sanción para que no repita los errores o faltas cometidos; *escarmentar: Las castigaron sin dejarlas salir el sábado por la tarde.* **4** Estropear o dañar, esp. un fenómeno natural: *El granizo castigó los sembrados.* **5** En tauromaquia, referido a un toro, obligarlo con pases de muleta a que vaya y venga por donde quiere el torero: *El torero dio unos pases para castigar al toro y obligarlo a acercarse al centro del ruedo.* □ ORTOGR. La *g* se cambia en *gu* delante de *e* →**PAGAR**.

castigo s.m. **1** Pena o daño que se impone al que ha cometido un delito o una falta: *Mi castigo fue quedarme sin vacaciones.* **2** Lo que causa molestias o daños: *Este niño tan travieso es un castigo para sus padres.* **3** ‖ **máximo castigo.** *col.* Penalti o sanción a una falta en el área: *El árbitro pitó el máximo castigo ante los abucheos del público.*

castillo s.m. **1** Edificio o conjunto de edificios fortificados que están cercados con murallas, fosos y baluartes y que generalmente se han construido con fines militares: *Visitamos el castillo medieval y desde allí pudimos ver la ciudad y, más atrás, el mar.* 👁 **vivienda** **2** En algunos buques, cubierta parcial que está a la altura de la borda: *Desde el castillo de popa el vigía descubrió un barco pirata.* **3** ‖ **castillo de {fuego/fuegos artificiales}.** Conjunto de cohetes y otros artificios de pólvora que producen detonaciones y luces de colores y que se lanzan como espectáculo: *Desde la calle principal vimos el castillo de fuego.* ‖ **castillos en el aire.** *col.* Ilusiones o esperanzas con poco o ningún fundamento: *Sé práctica, mira las cosas con realismo y no te hagas castillos en el aire.* □ SINT. *Castillos en el aire* se usa más con los verbos *hacer, forjar, levantar* o equivalentes.

casting (anglicismo) s.m. →**audición.** □ PRON. [kástin]. □ ORTOGR. Se propone la forma adaptada *cástin.*

castizo, za ▌ adj. **1** Referido al lenguaje, que es puro o sin mezcla de voces o de giros extraños a la propia lengua: *Tiene un estilo castizo y ceñido como pocos al diccionario académico.* ▌ adj./s. **2** Referido a un madrileño o a un andaluz, que es simpático, ocurrente y tiene la gracia que se considera propia de su región: *Es un andaluz castizo y no pierde ocasión para hablar de las excelencias de Andalucía. Vestido de chulapo, tú sí que eres un castizo.*

casto, ta ▌ adj. **1** Referido a una persona, que renuncia a todo placer sexual o se atiene a lo que se considera justo desde un punto de vista moral o religioso: *Los sacerdotes deben ser castos.* **2** Recatado o sin provocación erótica: *La suya fue una mirada casta, sin ninguna picardía.* ▌ s.f. **3** Linaje, ascendencia o familia: *Me maldijo a mí y a todos los de mi casta.* **4** Especie, clase o condición: *Ese toro es de buena casta.* **5** En la India (país asiático), cada uno de los grupos sociales, homogéneos y cerrados en sí mismos, en que se divide la población: *La permanencia en una casta es un derecho de nacimiento.* **6** En algunas sociedades, grupo social cerrado, que tiende a permanecer separado de los demás por la costumbre o los prejuicios: *Los gitanos forman una casta.* **7** En una sociedad animal, esp. referido a los insectos sociales, conjunto de individuos especializados por su estructura o función: *Los zánganos son una casta dentro de las abejas.*

castor s.m. **1** Mamífero roedor adaptado a la vida acuática, que tiene cuerpo grueso, patas cortas, pies con cinco dedos largos y palmeados, cola aplanada y escamosa que le sirve para impulsarse en el agua, y piel suave y resistente muy apreciada en peletería: *El castor construye sus viviendas a orillas de ríos o lagos.* 👁 **roedor** **2** Piel de dicho animal: *Aunque parece un abrigo de castor, es de piel sintética.* □ MORF. En la acepción 1, es un sustantivo epiceno y la diferencia de sexo se señala mediante la oposición *el castor {macho/hembra}.*

castoreño s.m. →**sombrero castoreño.** 👁 **sombrero**

castración s.f. Hecho de extirpar o de inutilizar los órganos genitales: *La castración de los cerdos ibéricos es una práctica habitual en las granjas.*

castrar v. **1** Extirpar o inutilizar los órganos genitales; capar: *Han castrado al cerdo para cebarlo con más rapidez. En la Antigüedad se castraba a hombres para convertirlos en eunucos.* **2** Debilitar, disminuir o anular: *No dejes que tu ansiedad castre tu inteligencia.*

castrense adj. Del ejército o relacionado con la vida o la profesión militares: *Se acostumbró muy pronto a la disciplina castrense.* ☐ MORF. Invariable en género.

castro s.m. Poblado celta fortificado: *Visitamos los restos de un antiguo castro entre Asturias y Galicia.*

casual adj. **1** Que sucede por casualidad: *Mi encuentro con él en la calle fue casual, porque ninguno de los dos lo buscamos.* **2** ‖ **por un casual.** *col.* Por casualidad: *¿Has visto por un casual a mi padre?* ☐ MORF. Invariable en género.

casualidad s.f. Combinación de circunstancias imprevistas que no se pueden evitar: *Fue una casualidad que nos encontráramos fuera de nuestra ciudad.*

casuística s.f. En una materia, consideración de los diversos casos particulares que se pueden prever: *La casuística aconseja no alegar esta circunstancia en el juicio.*

casulla s.f. Vestidura sacerdotal, que consiste en una pieza alargada, con una abertura en el centro para pasar la cabeza y que se pone sobre las demás para celebrar la misa: *El sacerdote se colocó la casulla sobre el alba.*

cata s.f. **1** Prueba o degustación de una pequeña porción de algo para examinar su sabor: *Se dedica a la cata de vinos.* **2** Porción que se toma en esta prueba: *Tomé una cata de ese famoso queso.*

catabólico, ca adj. En biología, del catabolismo o relacionado con este conjunto de procesos metabólicos: *En algunos procesos catabólicos se obtiene energía.*

catabolismo s.m. En biología, conjunto de procesos metabólicos de degradación de sustancias para obtener otras más simples o energía: *El catabolismo y el anabolismo son las dos fases del metabolismo celular.*

cataclismo s.m. **1** Desastre de grandes proporciones que afecta a todo el planeta Tierra o a parte de él y que está producido por un fenómeno natural: *Los terremotos y los maremotos son cataclismos.* **2** Gran trastorno del orden político y social: *La implantación del comunismo fue considerada un cataclismo.* **3** *col.* Disgusto, contratiempo o suceso que altera la vida cotidiana: *Quedarse sin secretaria ha sido un cataclismo, porque no sabe resolver cuestiones prácticas.*

catacumbas s.f.pl. Galerías subterráneas en las que los primitivos cristianos enterraban a sus muertos y practicaban las ceremonias del culto, para permanecer en secreto: *En Roma hay algunas catacumbas abiertas que pueden ser visitadas por los turistas.*

catador, -a s. Persona que se dedica profesionalmente a probar o catar vinos para informar sobre su calidad y sus propiedades; catavinos: *Para los catadores el aroma del vino es fundamental.* ☐ SEM. Dist. de *enólogo* (especialista en la elaboración de los vinos).

catadura s.f. Aspecto, gesto o semblante: *Es un tipo de mala catadura.* ☐ SINT. Se usa más con los adjetivos *mala*, *fea* o equivalentes.

catafalco s.m. Túmulo o armazón de madera que suele ponerse en un templo para celebrar los funerales por un difunto: *El catafalco, situado en el crucero, estaba adornado con ricos paños fúnebres negros y dorados.*

catalán, -a ▮ adj./s. **1** De Cataluña (comunidad autónoma española) o relacionado con ella: *La región catalana está muy industrializada. Los catalanes tienen fama de ser trabajadores y constantes.* ▮ s.m. **2** Lengua románica de esta comunidad y de otros territorios: *El español y el catalán son las lenguas oficiales de Cataluña.* ☐ MORF. En la acepción 1, como sustantivo se refiere solo a las personas de Cataluña.

catalanismo s.m. **1** En lingüística, palabra, significado o construcción sintáctica del catalán empleados en otra lengua: *'Alioli' es un catalanismo.* **2** Movimiento que defiende los valores históricos y culturales catalanes y generalmente es partidario de la autonomía política catalana: *El catalanismo nació en el siglo XIX.*

catalanista adj./s. Partidario o seguidor del catalanismo como movimiento: *Hoy se reunirán los líderes de varios partidos catalanistas. Los catalanistas se sienten orgullosos de su literatura.* ☐ MORF. 1. Como adjetivo es invariable en género. 2. Como sustantivo es de género común y exige concordancia en masculino o en femenino para señalar la diferencia de sexo: *el catalanista, la catalanista.*

catalejo s.m. Tubo extensible que sirve para ver lo que está muy lejos como si estuviera cerca: *El pirata observaba el mar con su catalejo.*

catalepsia s.f. En medicina, trastorno nervioso repentino que se caracteriza por la pérdida de la sensibilidad y la completa inmovilidad del cuerpo, que permanece en la postura en que se le coloque: *La catalepsia puede hacernos creer que alguien está muerto sin que lo esté realmente.*

cataléptico, ca ▮ adj. **1** De la catalepsia o con las características de este trastorno nervioso: *El accidente dejó al conductor en estado cataléptico.* ▮ adj./s. **2** Que sufre catalepsia: *Descubrieron la tumba arañada de una joven cataléptica. Aparentemente los catalépticos no se distinguen de los muertos.*

catalina s.f. *col.* Excremento, generalmente de ganado vacuno: *¡Cuidado, no pises esa catalina!*

catalizador s.m. En química, sustancia que acelera o retarda la velocidad de una reacción sin participar directamente en ella: *Los enzimas o fermentos son los catalizadores biológicos.*

catalizar v. **1** En química, referido a una reacción, provocar el aumento o la disminución de su velocidad una sustancia que queda al final inalterada: *El platino cataliza las reacciones de obtención de ácido sulfúrico.* **2** Referido a fuerzas o sentimientos, atraerlos, agruparlos o unirlos: *El líder cataliza el espíritu del grupo.* ☐ ORTOGR. La *z* se cambia en *c* delante de *e* →**CAZAR**.

catalogación s.f. **1** Registro o descripción ordenada, generalmente de un documento, que se hace siguiendo unas normas: *Varios expertos se encargarán de la catalogación de las piezas encontradas en la excavación.* **2** Consideración o clasificación dentro de una clase o de un grupo: *Su catalogación como superdotado me parece discutible.*

catalogar v. **1** Referido esp. a un documento o un objeto de valor, registrarlo o describirlo ordenadamente y siguiendo unas normas: *Cuando hayas catalogado los libros, inserta las fichas en el catálogo de títulos.* **2** Considerar o clasificar dentro de una clase o de un grupo: *Lo han catalogado de vago y por mucho que trabaje no consigue quitarse la etiqueta.* ☐ ORTOGR. La *g* se cambia en *gu* delante de *e* →**PAGAR**.

catálogo s.m. Relación ordenada en la que se incluyen o se describen de forma individual objetos o personas que tienen algún punto común: *En la biblioteca tenemos un catálogo alfabético de autores del siglo XIX.*

catamarán s.m. Embarcación deportiva que consta de una plataforma y dos cascos alargados en forma de patines y que está impulsada por vela o por motor: *Navegamos por la costa en un catamarán.*

catana s.f. Especie de sable de origen japonés: *Los samuráis empleaban catanas para luchar contra sus enemigos.*

cataplasma s.f. Medicamento de uso externo y consistencia blanda, que se aplica a una parte del cuerpo con fines calmantes o curativos: *Hizo una cataplasma de linaza y se la aplicó, caliente y envuelta en una tela, en la espalda.*

cataplines s.m.pl. *euf. col.* →**testículos.**

catapulta s.f. **1** Antigua máquina de guerra que se usaba para arrojar piedras u otras armas arrojadizas: *Grandes catapultas lanzaban piedras contra las murallas del castillo.* **2** Lo que lanza o da impulso decisivo a una actividad o una empresa: *El antiguo bufete de abogados laboralistas fue la catapulta a su carrera política.*

catapultar v. Lanzar o dar un fuerte impulso: *Su última novela lo catapultó a la fama y se ha convertido en el escritor de moda.*

catar v. **1** Referido a algo, probarlo o tomar una pequeña porción para examinar su sabor: *Cató el gazpacho y dijo que estaba para chuparse los dedos.* **2** Experimentar, generalmente por primera vez, la impresión o la sensación que produce algo: *Tiene ganas de catar lo que son unas buenas vacaciones en la playa.*

catarata s.f. **1** Cascada o salto grande de agua: *Las cataratas del Niágara tienen unos cincuenta metros de altura media.* **2** Opacidad o falta de transparencia del cristalino del ojo o de su cápsula, producida por acumulación de sustancias que impiden el paso de los rayos de luz: *Cuando se operó de cataratas recuperó la visión.*

catarral adj. Del catarro o relacionado con él: *Solo tiene una pequeña afección catarral de la mucosa nasal.* □ MORF. Invariable en género.

catarro s.m. **1** Inflamación de las membranas mucosas, con aumento de la secreción habitual: *Me cayó encima un chaparrón y cogí un buen catarro que no me deja respirar.* **2** Malestar físico que se produce generalmente por cambios bruscos de temperatura; *resfriado: Con este catarro no puedo salir de casa.* □ SEM. Es sinónimo de *constipado.*

catarroso, sa adj. Que padece catarro, normalmente ligero: *Está catarroso durante todo el invierno.*

catarsis s.f. Para los antiguos griegos, purificación de las pasiones o los sentimientos por la contemplación de las obras de arte, esp. la que causa en el espectador la puesta en escena de una tragedia: *Para Aristóteles, la catarsis era un sentimiento de nobleza producido por las pasiones que se desarrollan en las tragedias.* □ MORF. Invariable en número.

catártico, ca adj. De la catarsis o relacionado con la purificación de sentimientos o la eliminación de recuerdos: *Proferir insultos tiene un efecto catártico porque libera las tensiones.*

catastral adj. Del catastro o relacionado con este censo o impuesto: *El valor catastral de un piso influye en el impuesto que hay que pagar al Ayuntamiento.* □ MORF. Invariable en género.

catastro s.m. **1** En un territorio, esp. en un país, censo y lista estadística de las propiedades territoriales urbanas y rústicas: *Bajo las órdenes del Marqués de la Ensenada se realizó el catastro que sirvió de base para la recaudación de Hacienda.* **2** *col.* Impuesto que se paga por la posesión de una finca: *Tenemos un mes de plazo para pagar el catastro.*

catástrofe s.f. **1** Suceso desdichado que produce una desgracia y que altera gravemente el orden regular de las cosas: *El accidente de ese avión ha sido la mayor catástrofe aérea de los últimos años.* **2** Lo que tiene escasa calidad, mal funcionamiento o lo que produce mala impresión: *Será mejor ir en tu coche, porque el mío está hecho una catástrofe.*

catastrófico, ca adj. **1** De una catástrofe o con sus características: *Los campesinos que tuvieran tierras en la zona declarada catastrófica cobrarán una indemnización.* **2** Desastroso o muy malo: *Los resultados del examen fueron catastróficos: todos suspensos.*

catastrofismo s.m. Tendencia pesimista a predecir catástrofes: *Su catastrofismo lo lleva a afirmar que la huelga de camioneros causará la falta de alimentos de primera necesidad.*

catastrofista adj./s. Que tiende a predecir catástrofes porque es exageradamente pesimista: *No comparto tu opinión catastrofista sobre el futuro de la economía española. Soy supersticioso, y creo que los catastrofistas atraen la mala suerte.* □ MORF. 1. Como adjetivo es invariable en género. 2. Como sustantivo es de género común y exige concordancia en masculino o en femenino para señalar la diferencia de sexo: *el catastrofista, la catastrofista.*

catavino s.m. Recipiente para probar o catar el vino, esp. la copa larga, estrecha y redondeada, de cristal muy fino: *La experta olió el vino que había vertido en el catavino.* □ SEM. Dist. de *catavinos* (persona que se dedica profesionalmente a catar el vino).

catavinos s. Persona que se dedica profesionalmente a probar o catar vinos para informar sobre su calidad y sus propiedades; *catador: Los catavinos distinguen la procedencia y la cosecha de los vinos por su aroma y su sabor.* □ MORF. 1. Es de género común y exige concordancia en masculino o en femenino para señalar la diferencia de sexo: *el catavinos, la catavinos.* 2. Invariable en número. □ SEM. Dist. de *catavino* (recipiente para catar el vino) y de *enólogo* (persona especializada en el conocimiento de la elaboración de los vinos).

catcher (anglicismo) s. En béisbol, jugador que se coloca detrás del bateador contrario para recoger la pelota enviada por el lanzador de su equipo: *El equipo de Los Ángeles tiene un buen catcher.* □ PRON. [kátcher], con *t* suave. □ MORF. Es de género común y exige concordancia en masculino y femenino para señalar la diferencia de sexo: *el catcher, la catcher.*

cátchup s.m. →**kétchup.** □ MORF. Su plural es *cátchups.*

cate s.m. *col.* Suspenso: *El cate de lengua me estropeó las vacaciones.*

catear v. *col.* En la enseñanza, suspender: *Aunque me suelen catear las matemáticas en la primera evaluación, después apruebo.*

catecismo s.m. Libro de instrucción o enseñanza elemental en el que se contiene y explica la doctrina cristiana, y que está redactado generalmente en forma de preguntas y respuestas: *Se ha publicado un nuevo catecismo con pautas religiosas para los fieles, adaptadas a los nuevos tiempos.*

catecumenado s.m. **1** Ejercicio de enseñar a otros la

fe católica para que reciban el bautismo: *Pertenece a un grupo de misioneros que se dedican al catecumenado en Guinea Ecuatorial.* **2** Tiempo que dura esta enseñanza: *Tras un catecumenado de dos años, recibió el bautismo.* **3** Ejercicio de profundización en la fe católica: *La Iglesia pretende fomentar el catecumenado de adultos.*

catecúmeno, na s. **1** Persona que se instruye en fe católica para recibir el bautismo: *Los misioneros guiaban a los nuevos catecúmenos.* **2** Persona bautizada que quiere profundizar en la fe católica: *Se confirmó y ahora pertenece a un grupo de catecúmenos.*

cátedra s.f. **1** Asiento elevado o especie de púlpito desde donde el profesor da una lección a sus alumnos: *En la Universidad de Salamanca nos enseñaron la cátedra desde donde fray Luis de León impartía sus clases.* **2** Cargo o dedicación del catedrático: *Hasta que se jubile no podrá terminar la obra, porque la cátedra le ocupa mucho tiempo.* **3** Asignatura o materia enseñadas por un catedrático: *Firmó las oposiciones a la cátedra de Física.* **4** Aula o despacho de un catedrático: *Me recibió amablemente en su cátedra.* **5** Departamento o sección dependiente de la autoridad del catedrático: *En la cátedra de Historia del Arte hay un catedrático, ocho titulares y tres asociados.* **6** ‖ **cátedra de San Pedro.** Papado o dignidad de papa: *Alcanzó la cátedra de San Pedro por unanimidad entre todos los obispos.* ‖ **ex cátedra.** →**ex cathedra.** ‖ **sentar cátedra.** Pronunciarse de forma concluyente sobre alguna materia o asunto: *Sus investigaciones sobre la radiactividad sentaron cátedra a pesar de que ya hace casi cien años que fueron realizadas.* ☐ ORTOGR. *Ex cátedra* es un latinismo (*ex cathedra*) adaptado al español.

catedral s.f. **1** Iglesia principal y generalmente de grandes dimensiones, que es sede de una diócesis: *Nos encontraremos en la fachada principal de la catedral.* **2** ‖ **como una catedral.** *col.* Grandísimo, muy importante o extraordinario: *Eso es una mentira como una catedral.*

catedralicio, cia adj. De la catedral o relacionado con ella: *Este sacerdote pertenece al cabildo catedralicio.*

catedrático, ca s. En los centros oficiales de enseñanza secundaria o universitaria, profesor de la categoría más alta: *Miguel de Unamuno fue catedrático de griego en la Universidad de Salamanca.*

categoría s.f. **1** Cada una de las jerarquías establecidas en una actividad: *Es un hotel de primera categoría.* **2** Condición de una persona respecto de otras: *En la sociedad capitalista, la categoría social de los banqueros es muy elevada.* **3** En una ciencia, clase, grupo o paradigma en que se distinguen los elementos o las unidades que la componen: *Las categorías lingüísticas pueden ser funcionales, como el sustantivo, el adjetivo, el pronombre o el verbo, o gramaticales, como el género, el número, el caso o la persona.* **4** En la filosofía de Aristóteles (filósofo griego), cada una de las diez nociones abstractas y generales que corresponden al modo como está organizada la realidad: *Sustancia, cantidad, calidad, relación, acción, pasión, lugar, tiempo, situación y hábito son las categorías aristotélicas.* **5** En la filosofía kantiana, cada uno de los conceptos a priori o formas de entendimiento: *Cantidad, cualidad, relación y modalidad son las categorías kantianas.* **6** ‖ **de categoría.** De importancia, valor o prestigio grandes: *La edición de este libro es de categoría.*

categórico, ca adj. Que afirma o niega de forma absoluta, sin vacilación ni posibilidad de alternativa: *Fue categórico cuando dijo: «Jamás volveré a trabajar con vosotros».*

catequesis s.f. Enseñanza de principios y dogmas pertenecientes a la religión, esp. la que se considera una preparación para recibir la primera comunión en el catolicismo: *Da catequesis a un grupo de diez niños de entre ocho y diez años.* ☐ MORF. Invariable en número.

catequista s. Persona que enseña los principios y dogmas pertenecientes a la religión: *En mi parroquia hay varios catequistas que trabajan con niños.* ☐ MORF. Es de género común y exige concordancia en masculino o en femenino para señalar la diferencia de sexo: *el catequista, la catequista.*

catequizar v. Enseñar los principios y dogmas de la fe católica: *Muchos religiosos españoles fueron a América en la época del descubrimiento para catequizar a los indígenas.* ☐ ORTOGR. La *z* se cambia en *c* delante de *e* →**CAZAR**.

cáterin s.m. Servicio de abastecimiento de comidas preparadas, esp. el de las compañías aéreas: *Esta empresa tiene adjudicado el cáterin de los vuelos nacionales.* ☐ ORTOGR. Es un anglicismo (*catering*) adaptado al español. ☐ MORF. Invariable en número. ☐ USO Es innecesario el uso del anglicismo *catering*.

catering (anglicismo) s.m. →**cáterin.** ☐ PRON. [káterin].

caterva s.f. Multitud de personas o cosas consideradas en grupo, que están desordenadas o que se consideran despreciables o de poca importancia: *Todos los domingos viene por aquí una caterva de gamberros que lo destroza todo.* ☐ USO Tiene un matiz despectivo.

catéter s.m. En medicina, sonda o tubo delgado, liso y generalmente largo que se introduce por cualquier conducto del cuerpo para explorar o dilatar un órgano o para servir de guía a otros instrumentos: *Le introdujeron un catéter para ver si tenía un trombo en alguna arteria cardíaca.*

cateto, ta ▮ s. **1** *desp.* Persona rústica y sin refinamiento: *Es tan cateta que no sabe ni usar el tenedor en la mesa.* ▮ s.m. **2** En geometría, en un triángulo rectángulo, cada uno de los dos lados que forman el ángulo recto: *El teorema de Pitágoras habla de los catetos y de la hipotenusa de un triángulo rectángulo.*

catión s.m. Ion con carga eléctrica positiva: *En la electrólisis el catión se dirige al cátodo o electrodo negativo.*

catódico, ca adj. Del cátodo o relacionado con este electrodo: *Los tubos de rayos catódicos se utilizan en los televisores para producir las imágenes.*

cátodo s.m. Electrodo negativo: *En una pila, el cátodo está marcado con un '-'.*

catolicismo s.m. **1** Confesión cristiana que reconoce como autoridad suprema al papa de la Iglesia romana y que destaca su universalidad: *El catolicismo es una de las confesiones mayoritarias en el mundo.* **2** Comunidad o conjunto de las personas que tienen esta religión: *El catolicismo de hoy es contrario a las cruzadas y guerras de religión.*

católico, ca ▮ adj. **1** Del catolicismo o relacionado con esta confesión: *La Iglesia católica sigue las enseñanzas de Jesucristo.* **2** Título honorífico que se daba a los reyes de España (país europeo): *América se descubrió durante el reinado de sus majestades católicas Isabel y Fernando.* **3** *col.* Referido a una persona, que está sana y en perfectas condiciones: *Hoy no iré a clase porque no estoy muy católica.* ▮ adj./s. **4** Que tiene como religión el catolicismo: *Para los creyentes católicos, el papa es la máxima autori-*

dad religiosa. Como católico practicante que es, va a misa todos los domingos. ☐ SINT. La acepción 3 se usa más en la expresión *no estar muy católico.*

catón s.m. Libro con palabras y frases sencillas que se utiliza para aprender a leer: *Mi abuelo aprendió a leer con el catón.*

catorce ▌numer. **1** Número 14: *Hay catorce naranjas en ese cesto. Diez más cuatro son catorce.* ▌s.m. **2** Signo que representa este número: *Los romanos escribían el catorce como 'XIV'.* ☐ MORF. 1. Como numeral es invariable en género y en número. 2. →APÉNDICE DE PRONOMBRES.

catorceavo, va numer. Referido a una parte, que constituye un todo junto con otras trece iguales a ella: *Como éramos catorce, me correspondió una catorceava parte del premio que nos había tocado en la lotería. Me tocó un catorceavo de la herencia.* ☐ MORF. →APÉNDICE DE PRONOMBRES.

catre s.m. **1** Cama estrecha, sencilla, ligera e individual: *En aquel refugio solo había dos catres para dormir.* 👁 **cama 2** *col.* Cama: *¿A estas horas y todavía estás en el catre?*

cátsup s.m. →**kétchup.** ☐ MORF. Su plural es *cátsups.*

caucasiano, na adj. De la cordillera del Cáucaso o relacionado con ella; *caucásico: Las montañas caucasianas se localizan en el sureste europeo.*

caucásico, ca adj. **1** Del grupo étnico de origen europeo, o relacionado con él: *Los rasgos caucásicos son la piel clara, la nariz estrecha y la abundancia de vello.* **2** Del grupo de lenguas habladas en la zona del Cáucaso (cordillera del sureste europeo) o relacionado con ellas: *El georgiano es una lengua caucásica.* **3** →**caucasiano, na.**

cauce s.m. **1** En un río o en un canal, lugar por el que corren sus aguas: *Limpian los cauces de los ríos para evitar que se desborden cuando llegan las lluvias.* **2** Modo, procedimiento o norma para realizar algo: *La reclamación debe realizarse siguiendo los cauces reglamentarios.* **3** Camino o vía: *Con esta reunión se intenta abrir cauces para futuros negocios en común.* **4** ‖ **dar cauce** a algo. Facilitarlo o darle una oportunidad: *Estos juegos educativos dan cauce a la imaginación de los niños.*

caucho s.m. Sustancia elástica, impermeable, resistente a la abrasión y a las corrientes eléctricas, que se obtiene por procedimientos químicos o a partir del látex o jugo lechoso de algunas plantas tropicales; *goma elástica: Las cubiertas de las ruedas de mi bicicleta son de caucho.*

caudal ▌adj. **1** De la cola o relacionado con esta parte de los animales: *La aleta caudal de los peces les sirve de propulsión y de timón.* ▌s.m. **2** Hacienda o conjunto de bienes: *Su caudal le permite mantener un nivel de vida envidiable.* **3** Cantidad de agua que mana o que corre: *El riachuelo que pasa por mi pueblo tiene poco caudal.* **4** Abundancia o gran cantidad de algo: *El conferenciante nos abrumó con un caudal de nombres y de fechas.* ☐ MORF. Como adjetivo es invariable en género.

caudaloso, sa adj. Referido a una corriente de agua, que tiene mucho caudal: *El Amazonas es el río más caudaloso del mundo.*

caudillo s.m. Persona que guía y manda a un grupo de gente, esp. a soldados o a gente armada: *El Cid fue un caudillo militar.*

causa s.f. **1** Lo que se considera origen o fundamento de un efecto: *La atracción entre la Tierra y la Luna es la causa de las mareas.* **2** Motivo o razón para obrar: *El que hayas llegado tarde no es causa suficiente para que me enfade.* **3** Proyecto o ideal que se defienden o por los que se toma partido: *Dio la vida por una buena causa.* **4** Pleito o disputa en juicio; *litigio: En la causa los dos hermanos luchan por una herencia.* **5** ‖ **a causa de** algo. Por ese motivo: *Los campos se inundaron a causa de las fuertes lluvias.* ‖ **hacer causa común con** alguien. Unirse a él para lograr algún fin: *Hizo causa común con su vecino para que les arreglaran las goteras.*

causal adj. **1** De la causa o relacionado con ella: *Los virus son los agentes causales de esta enfermedad.* **2** Que expresa o que indica causa: *En la oración 'No voy al cine porque no tengo dinero', 'porque no tengo dinero' es una oración subordinada causal.* ☐ MORF. Invariable en género.

causalidad s.f. En filosofía, ley en virtud de la cual las causas producen los efectos: *Un principio de causalidad es 'todo lo que se mueve es movido por otro'.*

causar v. Referido a un efecto, producirlo o ser su origen: *La humedad causa la corrosión de los metales.*

causticidad s.f. **1** Propiedad que tienen algunas sustancias de destruir o de quemar los tejidos animales: *La sosa se caracteriza por su causticidad.* **2** Mordacidad o malignidad, esp. en lo que se dice o en lo que se escribe: *No me importa la causticidad de las críticas que he recibido.*

cáustico, ca adj. **1** Referido a una sustancia, que quema y destruye los tejidos animales: *La lejía es una sustancia cáustica.* **2** Mordaz y agresivo: *Los artículos de este crítico son muy cáusticos.*

cautela s.f. Cuidado o precaución al hacer algo: *El ladrón entró en el edificio con mucha cautela para no ser visto.*

cautelar adj. Que se establece como cautela o para prevenir algo: *Como medida cautelar, recomendaron a la población que lavara bien las frutas y hortalizas.* ☐ MORF. Invariable en género.

cauteloso, sa adj. Con cautela: *Es una persona muy cautelosa y no hace nada sin pensarlo bien.*

cauterización s.f. Tratamiento de algunas enfermedades destruyendo o quemando los tejidos afectados: *La cauterización es la solución para que la llaga cicatrice.*

cauterizar v. En medicina, referido a algunas enfermedades, esp. a heridas, tratarlas quemando o destruyendo los tejidos afectados: *Le cauterizaron la herida con un objeto candente para pararle la hemorragia.* ☐ ORTOGR. La *z* se cambia en *c* delante de *e* →CAZAR.

cautivar v. **1** Referido a una persona, ejercer influencia en su ánimo mediante algo que resulta física o moralmente atractivo: *Su agradable voz nos cautivó a todos.* **2** Referido a una actitud o a un sentimiento ajenos, ganarlos o atraerlos: *Con su vestido cautivó la atención de los asistentes a la fiesta.* **3** En una guerra, referido al enemigo, apresarlo y privarlo de libertad: *Los moros encerraban en cárceles a los cristianos que cautivaban.*

cautiverio s.m. **1** Privación de libertad causada por un enemigo: *El enemigo sometió a cautiverio a todos los que se oponían a su gobierno.* **2** Encarcelamiento o vida en la cárcel: *Durante su cautiverio los secuestradores lo amenazaron con matarle.* **3** Privación de la libertad a los animales no domésticos: *Algunos biólogos no están de acuerdo con el cautiverio de los animales salvajes.* **4** Estado en el que se encuentran estos animales: *Esta especie de mamífero no suele reproducirse en cautividad.* ☐ SEM. Es sinónimo de *cautividad.*

cautividad s.f. →**cautiverio.**

cautivo, va adj./s. **1** Que está privado de libertad, esp. en una guerra: *Cervantes estuvo cautivo en Argel. Algunos cautivos sufrieron torturas.* **2** Que está dominado por algo o que se siente atraído por ello: *Vive cautivo de las drogas. Soy un cautivo de la belleza de estos cuadros.*

cauto, ta adj. Cauteloso o precavido: *Hay que ser cauto y no firmar nada sin haberlo leído antes detenidamente.*

cava ▮ s.m. **1** Vino espumoso elaborado en cuevas, al estilo del champán: *Descorcharon su mejor cava para brindar por el éxito.* ▮ s.f. **2** Cueva en la que se elabora este vino: *Las cavas son lugares húmedos y frescos.* **3** Levantamiento de la tierra para ahuecarla, esp. de las viñas, mediante la azada, el azadón u otro instrumento semejante: *Cada año me encargo de la cava de las viñas familiares.* **4** →**vena cava.** 👁 **corazón**

cavar v. **1** Levantar o remover la tierra con una azada o con una herramienta semejante: *Antes de sembrar el terreno es conveniente cavarlo.* **2** Profundizar en la tierra utilizando una azada o una herramienta semejante: *Si quieres encontrar agua tendrás que cavar un poco más.*

caverna s.f. **1** Cavidad profunda, subterránea o entre rocas: *Los hombres primitivos vivían en cavernas.* **2** En algunos tejidos orgánicos, cavidad causada por la destrucción y la pérdida de una sustancia: *La tuberculosis puede producir cavernas en los pulmones.*

cavernario, ria adj. De las cavernas o relacionado con ellas: *El hombre cavernario se alimentaba fundamentalmente de lo que cazaba.*

cavernícola adj./s. Que vive en las cavernas: *El hombre prehistórico era cavernícola. Los cavernícolas eran muy primitivos.* ☐ MORF. 1. Como adjetivo es invariable en género. 2. Como sustantivo es de género común y exige concordancia en masculino o en femenino para señalar la diferencia de sexo: *el cavernícola, la cavernícola*.

cavernoso, sa adj. **1** De una caverna, relacionado con ella o con alguna de sus características: *En aquella casa había una oscuridad cavernosa.* **2** Que tiene muchas cavernas: *El relieve de esta zona montañosa es muy cavernoso.* **3** Referido a un sonido, que resulta sordo y áspero: *Con su tos cavernosa asustó al niño.*

caviar s.m. Comida que consiste en huevas de esturión frescas, aderezadas con sal y prensadas: *En la fiesta nos sirvieron canapés de caviar iraní.*

cavidad s.f. Espacio hueco en el interior del cuerpo: *Los dientes están en la cavidad bucal.*

cavilación s.f. Reflexión que se hace pensando en algo profundamente: *Tantos problemas me están causando muchas cavilaciones.*

cavilar v. Pensar profundamente o reflexionar: *Cavila cómo pagar sus deudas. Cuando cavila se pone muy seria.*

cayado s.m. **1** Bastón cuyo extremo superior es curvo: *El pastor vigilaba las ovejas apoyado en su cayado.* **2** Bastón que usan algunos religiosos como símbolo de su autoridad: *El obispo entró en la catedral con mitra y cayado.* ☐ ORTOGR. Dist. de *callado* (del verbo callar). ☐ SEM. En la acepción 1, es sinónimo de *cachava*, *cachavo* y *garrota*.

cayo s.m. Tipo de isla llana y arenosa, muy común en el mar de las Antillas y en el golfo de México, que se inunda fácilmente: *En los cayos abundan las palmeras.* ☐ ORTOGR. Dist. de *callo*.

caza ▮ s.m. **1** Avión de pequeño tamaño y de gran velocidad y agilidad que se utiliza generalmente en misiones de reconocimiento y en combates aéreos: *Cuando avisaron del ataque aéreo varios cazas salieron a repelerlo.* ▮ s.f. **2** Búsqueda y persecución de un animal hasta atraparlo o matarlo: *Hoy se ha abierto la veda de caza.* **3** Conjunto de animales salvajes, antes y después de cazados: *Los jabalíes son caza mayor y las liebres, caza menor.* **4** Seguimiento o persecución: *Se dedica a la caza de gente que quiera hacerse un seguro de vida.* **5** ‖ **{andar/ir} a la caza de** algo. *col.* Procurar obtenerlo: *Anda a la caza del ascenso y seguro que lo consigue.* ‖ **caza de brujas.** La que se ejerce por prejuicios sociales o políticos: *El partido hizo una caza de brujas para eliminar a los críticos.* ‖ **espantar la caza.** *col.* Estropearse un asunto: *Estaba a punto de convencerlo para que viniera y has llegado tú y me has espantado la caza.*

cazabombardero s.m. Avión de combate que se utiliza en distintas misiones y con capacidad para arrojar bombas: *El cazabombardero lanzó las bombas sobre el objetivo.*

cazador, ra ▮ adj. **1** Referido a algunos animales, que por instinto persiguen y cazan a otros: *Los perros y los gatos son animales cazadores.* ▮ adj./s. **2** Aficionado a la caza o que se dedica a esta actividad: *Tengo un tío cazador y en su casa tiene las cabezas disecadas de sus presas. Los cazadores salieron a cazar muy temprano.* ▮ s.f. **3** Prenda de abrigo corta y ajustada a la cintura: *Súbete la cremallera de la cazadora, que hace frío.*

cazadotes s.m. Hombre que trata de casarse con una mujer rica: *Ese cazadotes solo galantea con ella porque sabe que tiene una gran fortuna.*

cazalla s.f. Aguardiente seco y muy fuerte, originario de Cazalla de la Sierra (localidad sevillana): *En invierno se toma una copita de cazalla después de comer.*

cazallero, ra s. Persona que acostumbra a beber cazalla: *Por las mañanas me levanto con voz de cazallero.*

cazar v. **1** Referido a un animal, buscarlo o perseguirlo hasta atraparlo o matarlo: *Cazamos dos liebres. Para mí, cazar no es una forma de hacer deporte.* **2** *col.* Referido a algo difícil o inesperado, conseguirlo fácilmente o con habilidad: *A pesar de su poca formación, cazó un buen empleo.* **3** *col.* Referido a una persona, hacerse con su voluntad o ganarla para un propósito, esp. si se hace mediante engaños o halagos: *Toda la vida criticando el matrimonio y al final te han cazado.* **4** *col.* Referido a una persona, descubrirla o sorprenderla en un error o en una acción que desearía ocultar: *Lo cazaron con las manos en la masa y no pudo negar que había sido él.* **5** *col.* Referido a alguien que escapa o que va delante, atraparlo o darle alcance: *El pelotón cazó al corredor escapado en la última recta.* **6** *col.* Entender, comprender o captar el significado: *Pronto cacé la solución del problema.* ☐ ORTOGR. La *z* se cambia en *c* delante de *e* →**CAZAR**.

cazatalentos s. Persona que se dedica a buscar profesionales bien dotados o preparados para una actividad artística o profesional, generalmente con intención de contratarlos: *Si no lo descubre aquel cazatalentos, nunca habría llegado a cantante.* ☐ MORF. Es de género común y exige concordancia en masculino o en femenino para señalar la diferencia de sexo: *el cazatalentos, la cazatalentos*. 2. Invariable en número.

cazo s.m. **1** Recipiente de cocina, cilíndrico o más ancho por la boca que por el fondo, con un mango alargado, generalmente con un pico para verter, y que se se suele usar para calentar o para cocer alimentos: *Calienta la leche del desayuno en un cazo.* **2** Utensilio de cocina, formado por un pequeño recipiente semiesférico con un mango largo, y que se utiliza para servir líquidos o alimentos poco consistentes, o para pasarlos de un recipiente a otro: *La sopa se sirve con cazo.* **3** *col.* Persona fea: *¿Dices que ese cazo presume de guapo?* **4** *col.* Persona torpe, bruta o sin gracia: *Mejor envuelves tú el regalo, porque yo soy un cazo para las manualidades.* **5** ‖ **meter el cazo.** *col.* Cometer un error o tener una intervención poco acertada o inconveniente: *Por más que me esmere, siempre meto el cazo.*

cazón s.m. Pez marino que tiene el esqueleto cartilaginoso, la boca grande y armada de dientes afilados, y que vive en mares cálidos: *La piel seca del cazón se utiliza como lija.* □ MORF. Es un sustantivo epiceno y la diferencia de sexo se señala mediante la oposición *el cazón {macho/hembra}*.

cazuela s.f. **1** Recipiente de cocina, más ancho que alto, generalmente de barro o de metal, redondo y con dos asas, y que suele usarse para guisar: *Guisé la merluza en una cazuela.* **2** En una prenda de vestir femenina, esp. en un sujetador, parte hueca que cubre un seno: *Si estás embarazada, pronto necesitarás un sujetador con cazuelas más amplias.*

cazurro, rra adj./s. Torpe, ignorante o de lento entendimiento: *El libro es tan claro que hasta la persona más cazurra lo entendería. Va a la escuela porque no quiere ser toda su vida un cazurro.*

ce s.f. **1** Nombre de la letra *c*: *La palabra 'cacatúa' tiene dos ces.* **2** ‖ **ce por ce.** *col.* De forma muy detallada: *Te lo explicaré ce por ce para que no tengas ninguna duda.* ‖ **por ce o por be.** *col.* Por una u otra razón: *Por ce o por be, nunca llega a tiempo.*

cebada s.f. **1** Cereal semejante al trigo, de menor altura, hojas más anchas y granos más alargados y puntiagudos, muy empleado como alimento para el ganado y en la fabricación de diversas bebidas: *La cerveza se hace con cebada.* 👁 **cereal** **2** Grano de este cereal: *En el granero almacenan sacos de cebada y de harina.*

cebar ▌ v. **1** Referido a un animal, engordarlo, esp. cuando se hace para destinar su carne a la alimentación humana: *En esa granja ceban los cerdos que compra el matadero de mi pueblo.* **2** *col.* Referido a una persona, alimentarla abundantemente o engordarla: *Muchos padres ceban a sus hijos pensando que estarán más sanos cuanto más gordos.* **3** Referido esp. a un sentimiento, alimentarlo, fomentarlo o avivarlo: *Provoca a su marido para cebar sus celos.* ▌ prnl. **4** Ensañarse o mostrarse desmesuradamente cruel o duro, esp. si se hace con quien es más débil: *El asesino se cebó en su víctima y siguió golpeándola cuando ya estaba inconsciente.* □ SINT. Constr. de la acepción 4: *cebarse* EN *alguien*.

cebo s.m. **1** En caza y en pesca, comida o algo que la simula, que se pone en las trampas para atraer y capturar al animal: *Los cebos de pesca suelen tener forma de peces.* 👁 **pesca** **2** Comida que se da a los animales para alimentarlos o engordarlos: *Las bellotas son un buen cebo para los cerdos.* **3** Lo que sirve para atraer, generalmente de manera engañosa, y para incitar a hacer algo: *Las rebajas son un cebo para conseguir más clientes.* **4** Fomento o alimento que se da a un sentimiento: *La coquetería es el cebo que mantiene vivo el interés de su novio.*

cebolla s.f. **1** Hortaliza de tallo delgado y hueco, con un bulbo comestible formado por capas superpuestas, y de olor y sabor dulces, muy fuertes y picantes: *La parte de la cebolla que se suele usar en cocina es la que crece enterrada.* **2** Bulbo o tallo subterráneo de esta hortaliza: *Pica la cebolla para la ensalada.*

cebolleta s.f. **1** Hortaliza de tallo delgado y hueco, semejante a la cebolla, pero con el bulbo más pequeño: *Tanto el bulbo como el tallo de las cebolletas son comestibles.* **2** Cebolla muy tierna: *La cebolleta es una cebolla que se arranca antes de florecer.*

cebollino s.m. *col.* Persona torpe o ignorante: *¡Si seré un cebollino, meter la pata de esa manera!*

cebón, -a adj./s. **1** Referido a un animal, que está cebado o engordado para servir de alimento: *Han preparado un cerdo cebón para comerlo en la fiesta. En aquella granja venden cebones de primera calidad.* **2** *col.* Referido a una persona, que está muy gorda: *En mi vida he visto a alguien tan grandullón y cebón como él. Esta mañana vino un cebón que apenas cabía por la puerta.*

cebra s.f. Mamífero cuadrúpedo, parecido al asno y de pelaje amarillento con rayas verticales pardas o negras: *En tierras africanas hay manadas de cebras en libertad.* □ MORF. Es un sustantivo epiceno y la diferencia de sexo se señala mediante la oposición *la cebra {macho/hembra}*.

cebú s.m. Mamífero rumiante, parecido al toro pero con una o dos gibas de grasa en la cruz, y que se emplea como bestia de carga: *La carne y la leche del cebú se aprovechan como alimentos.* □ MORF. 1. Es un sustantivo epiceno y la diferencia de sexo se señala mediante la oposición *el cebú {macho/hembra}*. 2. Aunque su plural en la lengua culta es *cebúes*, también se usa *cebús*.

ceca s.f. **1** Antiguamente, casa en la que se acuñaba moneda: *En la España medieval eran célebres las cecas de los musulmanes.* **2** ‖ **de la Ceca a la Meca.** *col.* De una parte a otra o de aquí para allí: *He estado toda la mañana de la Ceca a la Meca y no he tenido ni un momento de descanso.*

cecear v. Pronunciar la *s* como la *z* o como la *c* ante *e, i*: *Si al leer 'así' pronunciamos [ací], estamos ceceando.* □ SEM. Dist. de *sesear* (pronunciar la *z*, o la *c* ante *e, i*, como la *s*).

ceceo s.m. Pronunciación de la *s* como la *z* o como la *c* ante *e, i*: *Estamos ante un caso de ceceo si al leer 'casa' pronunciamos [caza].* □ SEM. Dist. de *seseo* (pronunciación de la *z* o de la *c* ante *e, i*, como la *s*).

cecina s.f. Carne salada y secada al sol, al aire o al humo: *La cecina más común es de vaca o de buey.*

cedacero s.m. Persona que se dedica profesionalmente a la fabricación o a la venta de cedazos: *Aún trabaja aquel cedacero del pueblo que nos vendió el cedazo para separar el trigo de la paja.*

cedazo s.m. Utensilio formado por un aro ancho con una rejilla o tejido semejante fijados a uno de sus lados, y que sirve para separar sustancias de distinto grosor: *Limpié la harina de impurezas pasándola por un cedazo.*

ceder v. **1** Dar, transferir o traspasar, esp. de manera voluntaria: *Cedió parte de su herencia a una institución benéfica.* **2** Rendirse, someterse o dejar de oponerse: *Cedió a las peticiones de su hijo y le compró la moto.* **3** Referido a algo que ofrece resistencia, disminuir o cesar esta: *Los muelles de la cama han cedido y es muy incómodo dormir en ella.* **4** Referido a algo que se manifiesta con fuerza, mitigarse o disminuir dicha fuerza: *La lluvia y el viento cedieron y pudimos emprender el viaje.* **5** Referido a algo sometido a una fuerza excesiva, fallar, romperse o soltarse: *Con el peso de la nieve, cedieron las vigas y se hundió el tejado.*

cedilla s.f. **1** Nombre de la letra *ç*: *La cedilla existió en el*

a b c d e f g h i j k l m n ñ o p q r s t u v w x y z

español antiguo y sigue existiendo en catalán y otras lenguas romances. **2** Signo gráfico en forma de coma curvada que forma la parte inferior de esta letra: *La palabra francesa 'garçon' se escribe con ce con cedilla.*

cedro s.m. **1** Árbol conífero, de gran altura, tronco grueso y derecho, hojas perennes y fruto en forma de piña: *En la bandera del Líbano aparece un cedro.* **2** Madera de este árbol: *El cedro se utiliza en construcción y en carpintería por su resistencia y dureza.*

cédula s.f. **1** Documento, generalmente de carácter oficial, en el que se hace constar algo o se reconoce alguna deuda u obligación: *Para asegurarte de que la casa está en perfectas condiciones, exige ver la cédula de habitabilidad.* **2** ‖ **cédula hipotecaria.** La que certifica la concesión de un crédito cuya garantía de devolución es una vivienda: *Las cajas de ahorro emiten cédulas hipotecarias que cubren los créditos que conceden para financiar la compra de viviendas.* ☐ ORTOGR. Dist. de *célula*.

cefalea s.f. En medicina, dolor de cabeza muy intenso y persistente: *Sus continuas cefaleas son consecuencia de la tensión nerviosa en la que vive.*

cefálico, ca adj. En anatomía, de la cabeza o relacionado con ella: *El índice cefálico se obtiene a partir de la anchura y de la longitud máximas de la cabeza.*

cefalópodo ▌ adj./s.m. **1** Referido a un molusco, que vive en aguas marinas, tiene la cabeza rodeada de tentáculos con ventosas y que generalmente carece de concha exterior: *El pulpo, el calamar y la jibia son moluscos cefalópodos. Los cefalópodos son muy apreciados en gastronomía.* ▌ s.m.pl. **2** En zoología, clase de estos moluscos: *Algunas especies de cefalópodos tienen una concha interna.*

cefalorraquídeo, a adj. En un vertebrado, de la cabeza y de la columna vertebral o del sistema nervioso alojado en ellas: *El líquido cefalorraquídeo baña el encéfalo y la médula espinal.*

cefalotórax s.m. En un crustáceo o en un arácnido, parte anterior de su cuerpo, formada por la unión de la cabeza y el tórax: *El cefalotórax es la parte de la que salen las antenas, las pinzas y las patas.* ☐ MORF. Invariable en número.

cegar v. **1** Quitar la vista o dejar ciego: *No pude ver qué pasaba porque aquella luz me cegaba los ojos.* **2** Ofuscar o hacer perder el entendimiento: *La avaricia lo cegó hasta el punto de que se enemistó con toda su familia por dinero. Se cegó con aquella chica y nadie pudo hacerle ver que lo engañaba.* **3** Referido esp. a algo hueco o abierto, taparlo u obstruirlo: *Cegaron la antigua entrada con ladrillos.* ☐ ORTOGR. Aparece una *u* después de la *g* cuando la sigue *e*. ☐ MORF. Irreg.: La *e* diptonga en *ie* en los presentes, excepto en las personas *nosotros* y *vosotros* →**REGAR**.

cegato, ta adj./s. *col.* Referido a una persona, que es corta de vista o que ve mal: *Está totalmente cegata porque saludó a una farola creyendo que era una persona. Si te empeñas en leer con tan poca luz, acabarás siendo un cegato.* ☐ USO Tiene un matiz despectivo.

ceguera s.f. **1** Falta o privación de la vista: *Dudo que alguien con una ceguera de nacimiento pueda imaginarse los colores.* **2** Incapacidad del entendimiento para ver con claridad: *Demostró su ceguera para los negocios con aquella inversión ruinosa.*

ceilandés, -a adj./s. De Sri Lanka o relacionado con este país asiático, antes denominado *Ceilán*: *El territorio ceilandés ocupa una isla al sureste de la India. Los ceilandeses producen y exportan té. ceilanés* ☐ MORF. Como sustantivo se refiere solo a las personas de Sri Lanka.

ceilanés, -a adj./s. De Sri Lanka o relacionado con este país asiático, antes denominado *Ceilán*: *El territorio ceilanés ocupa una isla al sureste de la India. Los ceilaneses se dedican principalmente a la agricultura. ceilandés* ☐ MORF. Como sustantivo se refiere solo a las personas de Sri Lanka.

ceja s.f. **1** En la cara, parte que sobresale encima del ojo y que está cubierta de pelo: *Se dio un golpe contra la puerta y se partió la ceja.* **2** En la cara, pelo que cubre esta parte: *Tiene cabello y cejas morenos, pero barba pelirroja.* **3** →**cejilla.** **4** ‖ **hasta las cejas.** *col.* Hasta el extremo o en un grado máximo: *Se ha pringado hasta las cejas en esa historia.* ‖ **{metérsele/ponérsele} entre ceja y ceja** algo a alguien. *col.* Obstinarse en ello u obsesionarse con ello: *Se le ha metido entre ceja y ceja que irá al viaje y no cambiará de opinión.* ‖ **tener entre {cejas/ceja y ceja}** a alguien. *col.* Sentir antipatía o rechazo hacia él: *Lo tenéis entre ceja y ceja desde que os dijo lo que pensaba de vosotros.* ☐ SINT. *{Meterse/ponerse} algo entre ceja y ceja* se usa también con los verbos *llevar* y *tener*.

cejar v. Referido esp. a un empeño o a una postura que se defiende, ceder en ellos o aflojar el ímpetu o la oposición: *No cejó en su propósito a pesar de las dificultades.* ☐ ORTOGR. Conserva la *j* en toda la conjugación. ☐ SINT. Constr.: *cejar* EN *algo*. ☐ USO Se usa más en expresiones negativas.

cejijunto, ta adj. Que tiene las cejas tan pobladas por el entrecejo que casi se juntan: *Era tan barbudo y cejijunto que apenas se le veía la piel de la cara.*

cejilla s.f. **1** Pieza o abrazadera que se ajusta al mástil de una guitarra o de otro instrumento similar de manera que, al mantener pisadas las cuerdas, reduce la parte vibrante de estas y eleva el tono de sus sonidos: *Bajó la cejilla un par de trastes y repitió la melodía en una tonalidad más aguda.* **2** Colocación del dedo índice sobre un traste de la guitarra, presionando todas las cuerdas para conseguir un efecto semejante al que permite esta pieza: *El acorde ha sonado desafinado porque al hacer la cejilla no has presionado bien todas las cuerdas.* **3** En un instrumento musical de cuerda, pieza en forma de listón en la que se apoyan las cuerdas: *La cejilla de la guitarra que me habéis regalado es de marfil.* ☐ SEM. Es sinónimo de *ceja*.

celada s.f. **1** Trampa o engaño preparados con habilidad o con disimulo: *Se dio cuenta de que le habían tendido una celada cuando ya había caído en ella.* **2** Emboscada llevada a cabo por gente armada en un lugar oculto y cogiendo a la víctima por sorpresa: *Los exploradores se vieron sorprendidos por una celada de los nativos.* **3** En una armadura, pieza que cubría y protegía la cabeza: *Los participantes en el torneo llevaban celadas terminadas en un penacho de plumas.* 👁 **casco**

celador, -a s. En un centro público, persona que se dedica profesionalmente a vigilar el cumplimiento de las normas y el mantenimiento del orden o a realizar otras tareas de apoyo: *La celadora del instituto siempre nos regaña por alborotar por los pasillos.*

celda s.f. **1** En una cárcel, cuarto en el que se encierra a los presos: *Los presos que intentaron fugarse fueron recluidos en celdas de aislamiento.* **2** En un convento, en un colegio o en otro establecimiento con internado, habitación o cuarto individuales: *Las celdas del convento carmelita son muy pequeñas.* **3** →**celdilla.**

celdilla s.f. En un panal de abejas o de otros insectos, casilla en forma de hexágono: *Las abejas depositan la miel en las celdillas del panal.* alveolo, celda

celebérrimo, ma superlat. irreg. de **célebre**. ☐ MORF. Incorr. **celebrísimo*.

celebración s.f. **1** Realización de un acto, esp. si es de carácter solemne: *La celebración de los juegos olímpicos fue un éxito para el país organizador.* **2** Conmemoración o festejo, esp. los que se hacen con motivo de un acontecimiento o de una fecha importantes: *El rey presidió la celebración del día de la fiesta nacional.* **3** Aplauso o aclamación: *Los vencedores fueron recibidos con ruidosas celebraciones.* **4** Realización de los ritos propios de la misa: *Toda la familia asistió a la celebración de la eucaristía.*

celebrar v. **1** Referido a un acto, esp. si es de carácter solemne, realizarlo o llevarlo a cabo: *El obispo celebró los oficios del Jueves Santo en la catedral. La boda se celebró en el juzgado central.* **2** Referido esp. a un acontecimiento o a una fecha importantes, conmemorarlos o festejarlos: *Celebró el aprobado invitando a todos sus amigos.* **3** Referido esp. a un suceso, alegrarse por él: *Celebro que hayas venido a verme.* **4** Decir misa: *En esa iglesia solo celebran los domingos.*

célebre adj. Que tiene fama o que es muy conocido; *famoso: Su poema favorito es uno de los más célebres de la historia de la literatura.* ☐ MORF. 1. Invariable en género. 2. Su superlativo es *celebérrimo*.

celebridad s.f. **1** Fama, popularidad o admiración pública: *Desde su victoria en aquel campeonato goza de gran celebridad.* **2** Persona famosa o que goza de estas condiciones: *Actuarán grandes celebridades del mundo de la canción.*

celemín s.m. **1** Unidad de capacidad para granos, legumbres y otros frutos secos que equivale aproximadamente a 4,6 litros: *Un celemín tiene 4 cuartillos.* **2** Antigua unidad de superficie que equivalía aproximadamente a 537 metros cuadrados: *Los terrenos ya no se miden en celemines.* ☐ USO Es una medida tradicional española.

celentéreo, a ▮ adj./s.m. **1** Referido a un animal, que es de vida acuática, está provisto de tentáculos y tiene el cuerpo formado por una sola cavidad digestiva, comunicada con el exterior por un orificio que le sirve a la vez de boca y de ano: *Las medusas y los corales son animales celentéreos. Generalmente los celentéreos tienen su ciclo vital dividido en las fases de pólipo y de medusa.* ▮ s.m.pl. **2** En zoología, tipo de estos animales, perteneciente al reino de los metazoos: *Algunas especies que pertenecen a los celentéreos desarrollan un esqueleto externo calcáreo y forman arrecifes de coral.* ☐ ORTOGR. Incorr. **celenterio*.

celeridad s.f. Rapidez o velocidad en lo que se hace: *Resolvió el problema con gran celeridad.*

celeste ▮ adj. **1** Del cielo: *La luna y las estrellas son cuerpos celestes.* ▮ adj./s.m. **2** De color azul claro: *En sus acuarelas destaca el azul celeste de los paisajes.* ☐ MORF. Como adjetivo es invariable en género.

celestial adj. **1** Del cielo o morada de Dios, de los ángeles y de los bienaventurados: *Según la Biblia, san Pedro tiene las llaves celestiales.* **2** Que resulta perfecto, delicioso o muy agradable: *Escuchar música clásica es un placer celestial.*

celestino, na s. Persona que busca para otra alguien con quien mantener una relación amorosa o sexual, o que actúa como intermediario en una de estas relaciones (por alusión a Celestina, personaje de la *Tragicomedia de Calisto y Melibea*, que desempeña funciones de este tipo); *alcahuete, tercero: Ese celestino es capaz de conseguirte una cita con quien quieras.*

celibato s.m. Estado de la persona que no ha contraído matrimonio: *La Iglesia católica impone a sus sacerdotes el celibato.* ☐ SEM. Se aplica esp. al estado de las personas que no han contraído matrimonio por impedírselo sus votos religiosos.

célibe adj./s. Que no ha contraído matrimonio: *Los sacerdotes y monjas católicos son personas célibes por razón de su religión. Eligió vivir como un célibe porque no quiere compromisos familiares.* ☐ MORF. 1. Como adjetivo es invariable en género. 2. Como sustantivo es de género común y exige concordancia en masculino o en femenino para señalar la diferencia de sexo: *el célibe, la célibe*. ☐ SEM. Se aplica esp. a la persona que no ha contraído matrimonio por impedírselo sus votos religiosos.

celinda s.f. Planta ornamental con hojas ovaladas y puntiagudas, y flores blancas de olor agradable dispuestas en racimo.

cello s.m. →**violonchelo**. ☐ PRON. [chélo]. ☐ USO Es un italianismo innecesario.

celo ▮ s.m. **1** Cuidado o esmero que se ponen en lo que se hace, esp. en el cumplimiento de una obligación: *La investigación refleja un celo y un rigor innegables.* **2** En la vida de algunas especies animales, período durante el que aumenta su apetito sexual y en el que la hembra está preparada para la reproducción: *Durante el celo no saca a la perra de casa para evitar que se aparee.* **3** Estado de un animal durante este período: *Sé que la gata está en celo porque todos los gatos van detrás de ella.* **4** Cinta plástica, transparente y adhesiva por uno de sus lados, que se usa para pegar (por extensión del nombre de la marca comercial *Cellotape®*): *He pegado con celo el billete que se había partido por la mitad.* papel celo ▮ pl. **5** Sospecha, inquietud o temor de que la persona amada prefiera a otro antes que a uno mismo: *Los celos infundados del esposo acabaron por arruinar su matrimonio.* **6** Envidia o disgusto producidos por el mayor éxito o suerte de otro: *Siente celos de cualquiera que sea más inteligente que él.*

celofán s.m. Papel transparente y flexible, que se usa para envolver (por extensión del nombre de la marca comercial *Cellophane®*): *Envolvió con celofán la cesta de Navidad.* papel celofán

celosía s.f. Enrejado de listones, generalmente de madera o de hierro, esp. el que se pone en ventanas o en otros huecos semejantes para poder ver a través de él el exterior sin ser vistos: *En las casas árabes, las mujeres tenían zonas protegidas por celosías para impedir ser vistas por los hombres.*

celoso, sa ▮ adj. **1** Que tiene o que manifiesta celo, esp. en el cumplimiento de una obligación: *Es muy celoso y concienzudo en su trabajo.* ▮ adj./s. **2** Que tiene o siente celos: *Está celoso de su hermana pequeña. No soportaría a un celoso como marido.*

celota s. →**zelote**. ☐ MORF. Es de género común y exige concordancia en masculino o en femenino para señalar la diferencia de sexo: *el celota, la celota*.

celta ▮ adj./s. **1** De un conjunto de antiguos pueblos indoeuropeos que se extendieron por el occidente europeo y alcanzaron allí su mayor auge entre los siglos VI y I a.C., o relacionado con ellos: *Los pueblos celtas estaban*

a b c d e f g h i j k l m n ñ o p q r s t u v w x y z

organizados en clanes. Los celtas invadieron la península ibérica. ▌s.m. **2** Grupo de lenguas indoeuropeas de estos pueblos: *La palabra española 'cerveza' tiene su origen en el celta.* ☐ MORF. En la acepción 1, como adjetivo es invariable en género, y como sustantivo es de género común y exige concordancia en masculino o en femenino para señalar la diferencia de sexo: *el celta, la celta.*

celtiberio, ria adj./s. →**celtíbero, ra.**

celtíbero, ra o **celtibero, ra** adj./s. De un pueblo prerromano que habitó en Celtiberia (antigua región hispánica prerromana) o relacionado con él o con este territorio; *celtiberio: El territorio celtíbero se extendía por las actuales provincias de Zaragoza, Teruel, Cuenca, Guadalajara y Soria. Según algunos investigadores, los celtíberos surgieron de la mezcla de los celtas con los iberos.* ☐ MORF. Como sustantivo se refiere solo a las personas de la antigua Celtiberia.

céltico, ca adj. De los celtas: *El irlandés es una lengua de origen céltico.*

célula s.f. **1** En biología, unidad fundamental de los seres vivos, dotada de cierta individualidad funcional y generalmente visible solo al microscopio: *La célula se compone de núcleo, citoplasma y membrana.* **2** En una organización, grupo o unidad capaces de actuar de forma independiente: *La familia es la célula de la sociedad tradicional.* **3** ‖ **célula fotoeléctrica.** Dispositivo que reacciona ante variaciones de energía luminosa y que permite transformar estas en variaciones de energía eléctrica: *La puerta se abre automáticamente cuando la célula fotoeléctrica detecta la proximidad de un cuerpo.* ☐ ORTOGR. Dist. de *cédula*.

celular adj. De las células o relacionado con ellas: *Algunas enfermedades atacan destruyendo tejido celular.* ☐ MORF. Invariable en género.

celulitis s.f. Aumento del tamaño del tejido celular situado debajo de la piel: *Le preocupa su celulitis en muslos y caderas, porque dice que le estropea la figura.* ☐ MORF. Invariable en número.

celuloide s.m. **1** Material que se utiliza en la industria fotográfica y cinematográfica para la fabricación de películas: *Las películas de celuloide se utilizaron en el inicio de la industria cinematográfica.* **2** Arte o mundo del cine: *La película está protagonizada por una figura del celuloide.*

celulosa s.f. Sustancia compuesta de hidratos de carbono que forma la membrana externa de las células vegetales y que se emplea en la fabricación del papel y de otros materiales semejantes: *La celulosa de la industria papelera se extrae de la madera de los árboles.*

cementerio s.m. **1** Lugar, generalmente cercado y descubierto, donde se entierran cadáveres: *La familia tiene un panteón en el cementerio del pueblo.* **2** Lugar al que van a morir algunos animales: *Los hombres han profanado cementerios de elefantes para conseguir marfil.* **3** Lugar en el que se almacenan o acumulan materiales o productos inservibles: *Los ecologistas se oponen a la instalación de cementerios nucleares.*

cementero, ra adj. Del cemento o relacionado con él: *Han instalado una industria cementera que abastece a todas las constructoras de la zona.*

cemento s.m. **1** Material en polvo, formado por sustancias calcáreas y arcillosas, que se endurece y se hace sólido al mezclarlo con agua, y que se emplea en construcción para adherir superficies, para rellenar huecos en las paredes y como componente aglutinante en morteros y hormigones: *Fueron levantando el muro pegando con cemento ladrillo sobre ladrillo.* **2** Material que se emplea como aglutinante, como masa adherente o para tapar huecos y que, una vez aplicado, se endurece: *El dentista utiliza cemento dental para empastar las muelas.* **3** En algunas rocas, masa mineral que une los fragmentos o arenas de que se componen: *El conglomerado es una roca formada con fragmentos unidos entre sí con cemento.* **4** ‖ **cemento armado.** Masa compacta, hecha de grava, piedras pequeñas, arena, agua y cemento o cal, y reforzada con varillas de acero o con tela metálica; *hormigón armado: Hacen los cimientos de cemento armado para que sean más resistentes.*

cementoso, sa adj. Semejante al cemento o con sus características: *Para el revestimiento de la pared utilizaron un material cementoso.*

cena s.f. **1** Última comida del día, que se hace al atardecer o por la noche: *La cena será rápida y empezará a las nueve de la noche.* **2** Alimento que se toma en esta comida: *Tomaré solo una cena ligera.*

cenáculo s.m. Sala en la que tuvo lugar la última cena de Jesucristo con sus apóstoles: *Durante la consagración, el sacerdote repite las palabras que Jesucristo pronunció en el cenáculo.*

cenador s.m. En un jardín, espacio, generalmente redondo, cercado y revestido de plantas trepadoras, y que suele estar destinado a actividades de esparcimiento: *Los invitados paseaban por el jardín o se reunían en el cenador en animada charla.*

cenagal s.m. **1** Terreno lleno de cieno: *Ha llovido tan poco que la laguna se ha convertido en un cenagal.* **2** *col.* Asunto o situación embarazosos o de difícil salida: *No sé cómo fui tan ingenuo de dejarme enredar en ese cenagal.* ☐ ORTOGR. Incorr. **cenegal, *cienagal.*

cenagoso, sa adj. Lleno de cieno: *El fondo del pantano es cenagoso.*

cenar v. Tomar la cena o tomar como cena: *Cenamos sopa y pescado.*

cencerrada s.f. *col.* Ruido que se hace con cencerros y otros utensilios, generalmente con fines festivos o de burla: *En algunos pueblos todavía se dan cencerradas a los viudos la primera noche de sus nuevas bodas.*

cencerro s.m. **1** Campana pequeña y cilíndrica, generalmente tosca, hecha de chapa de hierro o de cobre, y que se ata al cuello de las reses para localizarlas mejor: *Antes de ver el rebaño, ya oíamos el ruido de los cencerros.* **2** ‖ **estar** alguien **como un cencerro.** *col.* Estar loco o chiflado: *Como no entiende lo que hago, dice que estoy como un cencerro.*

cenefa s.f. Banda de adorno, generalmente recorrida por motivos o dibujos repetidos, que se hace o se coloca en el borde de un tejido, de una pared o de otra superficie: *Alicataron el baño en blanco, con una cenefa azul en la parte superior.* 👁 **pasamanería** ☐ ORTOGR. Incorr. **fenefa.*

cenicero s.m. Recipiente donde se echa la ceniza y los residuos del cigarro: *Si no le acerco el cenicero, se le cae toda la ceniza al suelo.* ☐ ORTOGR. Incorr. **cenizero.*

ceniciento, ta ▌adj. **1** De color grisáceo, como el de la ceniza; *cenizo: Ese cielo ceniciento anuncia tormenta.* ▌s.f. **2** Lo que es injustamente marginado o despreciado (por alusión a Cenicienta, personaje de un cuento infantil que cargaba con los trabajos más humildes y cansados): *Está harta de ser la cenicienta del grupo y de que solo se acuerden de ella para trabajar.*

cénit o **cenit** s.m. **1** Punto culminante o momento de mayor esplendor: *Con aquel éxito llegó al cénit de su carrera.* **2** En astronomía, punto del cielo situado en la parte más alta de una vertical imaginaria que parta desde el punto terrestre en el que se encuentra el observador: *A las doce de la mañana el sol se hallaba en el cénit.* ☐ MORF. Su plural es *cénits* o *cenits*, aunque su uso es poco frecuente. ☐ SEM. Es sinónimo de *zénit*.

cenital adj. Del cénit o relacionado con él: *Aquel éxito supuso el momento cenital en su vida profesional.* ☐ ORTOGR. Incorr. **zenital.* ☐ MORF. Invariable en género.

ceniza s.f. Véase **cenizo, za.**

cenizo, za ▮ adj. **1** De color grisáceo, como el de la ceniza; *ceniciento: Esos nubarrones cenizos amenazan lluvia.* ▮ s.m. **2** *col.* Persona que tiene mala suerte o que la trae: *Cada vez que se sube al coche ese cenizo de amiga tuya, tenemos una avería.* **3** *col.* Mala suerte: *Con el cenizo que tiene, seguro que le ocurre alguna desgracia. Llevo un día que parece que me han echado el cenizo.* ▮ s.f. **4** Polvo de color gris que queda como residuo después de una quema o combustión completas: *Fumaba tan descuidado que se le iba cayendo la ceniza del cigarro.* ▮ s.f.pl. **5** Restos o residuos de un cadáver después de haber sido incinerado: *Dispuso en su testamento que sus cenizas fueran esparcidas en el mar.* **6** ‖ **{convertir en/reducir a} cenizas.** Destruir o destrozar por completo: *Juró que me reduciría a cenizas si hacía algo contra él.* ‖ **tomar la ceniza.** Recibirla en la frente de manos del sacerdote al comienzo de la Cuaresma como signo de conversión: *Los creyentes toman la ceniza el Miércoles de Ceniza.*

cenobio s.m. Edificio en el que viven en comunidad los monjes o las monjas de una orden religiosa, esp. si es de grandes dimensiones y está situado fuera de una población; *monasterio: La meditación ocupa un lugar central en la vida del cenobio.* ☐ USO Su uso es característico del lenguaje poético o eclesiástico.

cenobita s. Persona que vive en comunidad con otras de su orden religiosa: *Los cenobitas surgieron en los primeros siglos del cristianismo.* ☐ MORF. Es de género común y exige concordancia en masculino o en femenino para señalar la diferencia de sexo: *el cenobita, la cenobita*.

cenotafio s.m. Monumento funerario dedicado a la memoria de una persona, pero que no contiene su cadáver: *En el monasterio hay un cenotafio en recuerdo del fundador.* ☐ SEM. Dist. de *panteón* y de *sepulcro* (construcciones funerarias para contener el cadáver).

cenozoico, ca ▮ adj. **1** En geología, de la era terciaria, cuarta de la historia de la Tierra, o relacionado con ella; *terciario: En los terrenos cenozoicos abundan los fósiles.* ▮ s.m. **2** →**era cenozoica.**

censal adj. Del censo; *censual: Los errores censales deben ser corregidos antes de las próximas elecciones.* ☐ MORF. Como adjetivo es invariable en género.

censar v. **1** Hacer el censo o lista de los habitantes: *El Ayuntamiento censa cada cuatro años.* **2** Incluir o registrar en el censo: *En cuanto me traslade, iré a censarme al Ayuntamiento.*

censo s.m. **1** Lista o padrón de los habitantes o de la riqueza de un país o de otra colectividad: *En el censo se registra la edad, profesión y otros datos personales.* **2** En la antigua Roma o en época medieval, tributo o pensión que se pagaban en reconocimiento de vasallaje o de sumisión: *En la sociedad feudal, los vasallos estaban obligados a pagar un censo a su señor.* **3** ‖ **censo (electoral).** Registro de los ciudadanos con derecho a voto en las elecciones: *En el censo electoral español deben aparecer todos los españoles mayores de edad.*

censor, -a ▮ adj./s. **1** Que censura o tiene inclinación a censurar y criticar a los demás: *Sus palabras censoras hicieron que me ruborizase. Es un censor implacable de los defectos ajenos.* ▮ s. **2** Persona encargada por la autoridad gubernamental o competente de revisar publicaciones y otras obras destinadas al público, y de someterlas a las modificaciones, supresiones o prohibiciones convenientes para que se ajusten a lo que dicha autoridad permite: *La Inquisición tenía sus propios censores para vigilar el respeto a la moral cristiana.* ▮ s.m. **3** En la antigua Roma, magistrado encargado de realizar el censo de la ciudad y de velar por la moralidad de las costumbres: *A partir del siglo V a.C., el censor era elegido por los comicios.*

censual adj. →**censal.**

censura s.f. **1** Crítica o juicio negativo que se hace de algo, esp. del comportamiento ajeno: *Los errores del poder están sujetos a la censura pública.* **2** Sometimiento de una obra destinada al público a las modificaciones, supresiones o prohibiciones que el censor designado por la autoridad competente considere convenientes para que se ajuste a lo que dicha autoridad permite: *La censura de algunas escenas amorosas hizo que la película perdiese atractivo.* **3** Organismo oficial encargado de ejercer esta labor: *La censura prohibió la publicación de muchos libros de contenido político.* **4** En la antigua Roma, cargo y funciones de censor: *Catón ejerció la censura esforzándose en el mantenimiento de las antiguas costumbres latinas.*

censurar v. **1** Criticar, juzgar negativamente o tachar de malo: *Cuando vi cómo te trataba, censuré su comportamiento.* **2** Referido esp. a una obra destinada al público, someterla un censor a las modificaciones, supresiones o prohibiciones que considere convenientes: *Muchas de sus fotografías se censuraron y nunca fueron publicadas.*

centauro s.m. Ser mitológico con cabeza y pecho de hombre y el resto del cuerpo de caballo: *Una de las leyendas sobre los centauros explica que eran cazadores de toros.* 👁 **mitología**

centavo, va ▮ numer. **1** →**centésimo, ma.** ▮ s.m. **2** En algunos sistemas monetarios americanos, moneda equivalente a la centésima parte de la unidad: *Un peso mexicano tiene cien centavos.* ☐ MORF. Para la acepción 1 →APÉNDICE DE PRONOMBRES.

centella s.f. **1** Rayo de poca intensidad: *En el cielo se veían centellas que anunciaban tormenta.* **2** *col.* Lo que es muy veloz: *Eres una centella resolviendo crucigramas.* ☐ USO La acepción 2 se usa más en expresiones comparativas.

centellear v. Despedir rayos de luz temblorosos o de intensidad cambiante: *Los brillantes del anillo centelleaban a la luz del sol.*

centelleo s.m. **1** Emisión de rayos de luz temblorosos o de intensidad cambiante: *Me gusta contemplar el centelleo de las estrellas.* **2** En los ojos de una persona, brillo intenso: *Supe que estaba enamorado por el centelleo de sus ojos.*

centena s.f. →**centenar.**

centenar s.m. **1** Conjunto de cien unidades; *centena, ciento: Ese cine tiene dos centenares de butacas.* **2** ‖ **a cen-**

a b c d e f g h i j k l m n ñ o p q r s t u v w x y z

tenares. En gran número o en abundancia: *Vendió rosquillas a centenares.*

centenario, ria ▮ adj. **1** De la centena: *Sus ganancias en millones alcanzan una cifra centenaria.* ▮ adj./s. **2** Que tiene alrededor de cien años: *Junto a la casa hay un árbol centenario que plantó su bisabuelo. Con esa vida que llevas, nunca llegarás a centenaria.* ▮ s.m. **3** Fecha en la que se cumplen uno o varios centenares de años de un acontecimiento: *Este año se cumple el quinto centenario de la muerte del escritor.* ☐ SEM. En la acepción 1, dist. de *centesimal* (de cien o de cada una de las cien partes de un todo).

centeno s.m. **1** Cereal semejante al trigo, de espiga más delgada y vellosa y con hojas más delgadas y ásperas, muy empleado como alimento y en la fabricación de bebidas: *El centeno es el cereal que crece en los terrenos más pobres.* 👁 **cereal** **2** Grano de este cereal: *Durante la guerra se comía mucho pan de centeno.*

centesimal adj. De cien o de cada una de las cien partes iguales en que se divide un todo: *Es un aparato de graduación centesimal.* ☐ MORF. Invariable en género. ☐ SEM. Dist. de *centenario* (de la centena).

centésimo, ma numer. **1** En una serie, que ocupa el lugar número cien: *Está en el centésimo puesto de una lista de doscientos aspirantes. Si erais dos mil y tú eres la centésima, no me parece que hayas quedado tan mal.* **2** Referido a una parte, que constituye un todo junto con otras noventa y nueve iguales a ella; *centavo, céntimo: Yo me llevo la centésima parte de las ganancias de la compañía. En el número 8,253, el 5 ocupa el lugar de las centésimas.* ☐ MORF. 1. *Centésima primera* (incorr. **centésimo primera*), etc. 2. ⟶APÉNDICE DE PRONOMBRES.

centi- Elemento compositivo que significa 'centésima parte' (*centigramo, centímetro, centiárea*).

centígrado, da adj. Referido a una escala para medir temperatura, que tiene cien divisiones, equivalentes cada una de ellas a un grado Celsius, y pueden medir un intervalo de temperaturas comprendidas entre la que corresponde a la fusión del hielo y la de la ebullición del agua: *El termómetro con el que se mide la fiebre tiene una escala centígrada.* ☐ PRON. Incorr. *[zentigrádo].

centímetro s.m. **1** En el Sistema Internacional, unidad de longitud que equivale a la centésima parte de un metro: *Necesito una cinta para el pelo de siete centímetros de ancho.* **2** ‖ **centímetro cuadrado.** En el Sistema Internacional, unidad de superficie que corresponde a un cuadrado cuyo lado mide un centímetro: *Un centímetro cuadrado tiene cien milímetros cuadrados.* ‖ **centímetro cúbico.** En el Sistema Internacional, unidad de volumen que corresponde a un cubo cuyo lado mide un centímetro: *Un vaso de agua tiene una capacidad aproximada de treinta centímetros cúbicos.* ☐ PRON. Incorr. *zentimetro.

céntimo, ma ▮ numer. **1** ⟶**centésimo, ma.** ▮ s.m. **2** En algunos sistemas monetarios, moneda equivalente a la centésima parte de la unidad: *Un euro tiene cien céntimos.* ☐ MORF. Para la acepción 1 ⟶APÉNDICE DE PRONOMBRES.

centinela s. **1** Soldado encargado de la vigilancia: *A la entrada del cuartel había dos centinelas.* **2** Persona que vigila o está en actitud de observación: *Quédate aquí de centinela, mientras aviso a la policía.* ☐ MORF. Es de género común y exige concordancia en masculino o en femenino para señalar la diferencia de sexo: *el centinela, la centinela.*

centolla s.f. ⟶**centollo.**

centollo s.m. Crustáceo marino comestible, de cuerpo ancho y aplastado, caparazón casi redondo y velludo, y cinco pares de patas también velludas y largas; *centolla: El centollo es el marisco que más me gusta.* 👁 **marisco**

central ▮ adj. **1** Que está en el centro o entre dos extremos: *La zona central del país tiene un clima más templado que el norte y el sur.* **2** Que es lo principal o más importante: *Resueltas las cuestiones menores, entremos en el asunto central de la reunión.* **3** Que ejerce su acción sobre la totalidad de un conjunto: *En los gastos de comunidad entran el agua y la calefacción central.* ▮ s.m. **4** En fútbol, jugador que juega en el centro de la defensa: *El central despejó cuando ya se cantaba el gol.* ▮ s.f. **5** Instalación u organización donde están unidos o centralizados varios servicios de un mismo tipo: *Los trabajadores se afilian a centrales sindicales para defender mejor sus intereses.* **6** En una empresa con varias oficinas o establecimientos, oficina o establecimiento principales: *La sucursal bancaria consultó con la central antes de conceder el préstamo.* **7** Instalación donde se produce energía eléctrica a partir de otras formas de energía: *Junto a la presa hay una central hidroeléctrica.* ☐ MORF. Como adjetivo es invariable en género.

centralismo s.m. Tendencia que defiende la asunción o concentración de atribuciones o de funciones: *El centralismo de un Gobierno reduce la capacidad de actuación de los organismos provinciales.*

centralista ▮ adj. **1** Del centralismo o relacionado con esta tendencia: *En el siglo XVIII triunfaron en Europa las teorías centralistas.* ▮ adj./s. **2** Partidario o defensor del centralismo: *Los partidarios del regionalismo acusan al Gobierno de practicar una política centralista. Centralistas y partidarios de la descentralización del poder mantuvieron un acalorado debate.* ☐ MORF. 1. Como adjetivo es invariable en género. 2. Como sustantivo es de género común y exige concordancia en masculino o en femenino para señalar la diferencia de sexo: *el centralista, la centralista.*

centralita s.f. **1** Aparato que permite conectar las llamadas telefónicas hechas por una o por varias líneas a la misma entidad, con diversos teléfonos instalados en ella: *La centralita de la empresa tiene dos líneas exteriores y pasa llamadas a cuarenta teléfonos interiores.* **2** Lugar en el que está instalado este aparato: *Bajé a la centralita para avisar de la avería en el teléfono de mi despacho.*

centralización s.f. **1** Reunión o concentración de cosas diversas o de distinta procedencia en un centro común: *La centralización de la actividad industrial en la capital favoreció la inmigración desde las zonas rurales.* **2** Asunción o concentración de atribuciones o de funciones políticas o administrativas, esp. de las que son propias de poderes locales, por parte de un poder central: *La centralización de tantos poderes en un solo organismo me parece poco democrática.*

centralizar v. **1** Referido esp. a una diversidad de cosas de distinta procedencia, reunirlas o concentrarlas en un centro común: *El periódico centraliza en una oficina las informaciones que recibe de todos sus corresponsales. En este teléfono se centralizan todas las llamadas de los espectadores.* **2** Referido esp. a atribuciones o a funciones políticas o administrativas locales, asumirlas un poder central o hacer que dependan de él: *El Gobierno nacional centralizará las competencias de todas las regiones en materia de sanidad y educación.* ☐ ORTOGR. La *z* se cambia en *c* delante de *e* ⟶**CAZAR.**

centrar v. **1** Colocar haciendo coincidir un centro con otro: *Para centrar el cuadro en la pared, calcula que esté a* *la misma distancia de las dos puertas.* **2** Dirigir o hacer converger en un punto o en un objetivo: *Centraron la luz de los focos en el actor principal. Mi estudio se centra en la novela de posguerra.* **3** Atraer hacia sí o ser centro de convergencia: *La novia centraba todas las miradas y comentarios.* **4** Proporcionar o encontrar un estado de equilibrio, de orientación o de conformidad con uno mismo: *Por fin encontró una mujer que lo centró. Las preocupaciones me impiden centrarme en los estudios.* **5** En fútbol o en otros deportes de equipo, pasar el balón desde un lateral del campo hacia un compañero de equipo que avanza por la parte central: *El defensa centró a un delantero desmarcado.*

céntrico, ca adj. Del centro o situado en él: *Vive en una calle céntrica que tiene mucho tráfico.*

centrifugación s.f. Sometimiento de una sustancia o de una materia a una fuerza centrífuga, esp. si se lleva a cabo para conseguir un efecto de secado o la separación de componentes unidos o mezclados: *Realizaron la separación de sustancias mezcladas de distinta densidad mediante centrifugación.*

centrifugado s.m. Sometimiento a la acción de una fuerza centrífuga, esp. para conseguir un efecto de secado o la separación de componentes unidos o mezclados: *Con un centrifugado la ropa quedará totalmente seca.*

centrifugadora s.f. Máquina que sirve para centrifugar: *Las centrifugadoras se utilizan tanto en investigación como en procesos industriales.*

centrifugar v. Someter a la acción de una fuerza centrífuga, esp. para conseguir un efecto de secado o la separación de componentes unidos o mezclados: *Las modernas lavadoras centrifugan y dejan la ropa casi seca.* □ ORTOGR. La *g* se cambia en *gu* delante de *e* → **PAGAR**.

centrífugo, ga adj. Referido esp. a una fuerza, que aleja del centro: *La fuerza centrífuga es la que hace que al tomar una curva rápidamente, el coche tienda a salirse de ella.*

centrípeto, ta adj. Referido esp. a una fuerza, que atrae o impulsa hacia el centro: *Si la fuerza centrífuga es mayor que la centrípeta, un coche que esté dando una curva se saldrá de la carretera.*

centrismo s.m. Tendencia o ideología política intermedia entre la izquierda y la derecha: *Defiende un conservadurismo moderado que raya con el centrismo.*

centrista ▌adj. **1** Del centrismo o relacionado con esta tendencia política: *Las propuestas centristas suelen caracterizarse por su moderación.* ▌adj./s. **2** Partidario o seguidor del centrismo: *Las enmiendas defendidas por el portavoz centrista fueron rechazadas. Los centristas tendrán grupo parlamentario propio.* □ MORF. 1. Como adjetivo es invariable en género. 2. Como sustantivo es de género común y exige concordancia en masculino o en femenino para señalar la diferencia de sexo: *el centrista, la centrista.*

centro s.m. **1** Lo que está en medio o queda más alejado del exterior o de los límites de algo: *La capital está casi en el centro del país. Miraba desde el centro de la sala los cuadros de todas las paredes.* **2** Fin u objeto principal al que todo se supedita o por el que se siente atracción: *Sacar la plaza es el centro de todos sus esfuerzos.* **3** Lugar o punto de donde parten o a donde se dirigen acciones particulares coordinadas: *Pedro se convirtió en el centro de atención de la fiesta.* **4** En un núcleo de población, zona con mayor actividad comercial o burocrática y generalmente más concurrida: *Me agobia vivir en el centro y me he mudado a las afueras.* **5** Lugar donde se concentra o en el que se desarrolla más intensamente una actividad: *Esta región es el centro industrial del país.* **6** Lugar, establecimiento u organismo donde se realizan actividades con un fin determinado: *Mis hijos estudian en un centro de enseñanza estatal.* **7** En un círculo, punto interior que está a igual distancia de todos los de la circunferencia: *El eje de una rueda de bicicleta pasa por su centro.* **8** En una esfera, punto interior que está a igual distancia de todos los de la superficie: *El centro de una esfera homogénea coincide con su centro de gravedad.* **9** En un polígono o en un poliedro, punto en el que todas las diagonales que pasan por él quedan divididas en dos partes iguales: *Si trazas los radios de un hexágono, el punto en el que se cortan será su centro.* **10** En política, conjunto de los partidarios y agrupaciones políticas de tendencia centrista: *Vota a un partido de centro porque no le gustan los extremismos.* **11** En fútbol o en otros deportes de equipo, jugada de ataque en la que un jugador pasa el balón desde un lateral del campo hacia un compañero que avanza por la parte central: *El extremo lanzó desde la banda un centro impecable.* **12** ‖ **centro de gravedad.** En un cuerpo, punto en el que se puede considerar que está concentrada su masa: *Cuando un cuerpo tiene un eje de simetría, el centro de gravedad está situado en él.* ‖ **centro de mesa.** Jarrón u objeto de adorno que suelen colocarse con flores en el centro de una mesa, esp. en la de un salón: *En el comedor lucía un vistoso centro de mesa de porcelana.* ‖ **centro nervioso.** En el sistema nervioso de un organismo, zona que recibe las impresiones del interior y del exterior del mismo y que transmite las respuestas oportunas a los órganos correspondientes: *Los centros nerviosos de los vertebrados son el encéfalo y la médula.*

centroafricano, na adj./s. De la zona central del continente africano, de la República Centroafricana (país africano), o relacionado con ellos: *Zaire es un país centroafricano. Miles de centroafricanos morirán de hambre si no llega pronto la ayuda internacional.* □ MORF. Como sustantivo se refiere solo a las personas de África central o de la República Centroafricana.

centroamericano, na adj./s. De Centroamérica (conjunto de países del centro del continente americano), o relacionado con ella: *Nicaragua es un país centroamericano. La lengua común de los centroamericanos es el español.* □ MORF. Como sustantivo se refiere solo a las personas de Centroamérica.

centrocampista s. En algunos deportes de equipo, jugador que tiene la misión de contener los avances del equipo contrario en el centro del campo, y de servir de enlace entre la defensa y la delantera del equipo propio: *La labor de los centrocampistas como organizadores del juego fue la clave del partido.* □ MORF. Es de género común y exige concordancia en masculino o en femenino para señalar la diferencia de sexo: *el centrocampista, la centrocampista.*

centroeuropeo, a adj./s. De la zona central de Europa (uno de los cinco continentes), o relacionado con ella: *Suiza es un país centroeuropeo. Los centroeuropeos disfrutan de un nivel de vida generalmente alto.* □ MORF. Como sustantivo se refiere solo a las personas de Europa central.

céntuplo, pla numer. Referido a una cantidad, que es cien veces mayor: *El hectómetro es una unidad céntupla del metro. He ganado el céntuplo de lo que invertí.* □ MORF. → APÉNDICE DE PRONOMBRES.

centuria s.f. **1** Período de tiempo de cien años; *siglo: Hace ya una centuria que acabó la guerra.* **2** En el Ejército de la antigua Roma, compañía de cien soldados: *Sesenta centurias formaban una legión.*

centurión s.m. En el Ejército de la antigua Roma, oficial al mando de una centuria: *El jefe de la legión reunía a sus centuriones para organizar el ataque.*

cenutrio, tria s. *col.* Persona de poca habilidad o de poca inteligencia: *Se lo repetí mil veces y el muy cenutrio no lo entendió.*

ceñido, da adj. **1** Ajustado o apretado: *Estoy demasiado gordo para que me queden bien los pantalones ceñidos.* **2** Moderado en los gastos: *En época de crisis, el presupuesto debe ser muy ceñido.*

ceñir ▮ v. **1** Referido a una parte del cuerpo, esp. a la cintura, rodearla, ajustarla o apretarla: *Al ganador le ciñeron la frente con una corona de laurel.* **2** Referido a un objeto, llevarlo ajustado a una parte del cuerpo: *Cíñete bien el sombrero para que no se lo lleve el viento. El comisario se ciñó la pistola y fue en busca del bandido.* **3** Rodear, cerrar o envolver: *Las murallas ciñen la ciudad.* ▮ prnl. **4** Limitarse o atenerse concretamente; *circunscribirse: No empecéis a divagar y ceñiros a lo que os pregunto.* **5** Moderarse o amoldarse a un límite: *Si te ciñeras a tu sueldo no tendrías deudas.* ☐ MORF. Irreg.: →DESTEÑIR. ☐ SINT. Constr. de las acepciones 4 y 5: *ceñirse* A *algo.* ☐ SEM. Seguido de un objeto representativo de una condición, *ceñir* se usa con el significado de 'ostentar': *'Ceñir corona' significa 'ser rey'.*

ceño s.m. **1** Gesto que se hace en señal de enfado arrugando la frente y juntando las cejas: *Cuando te vi con ese ceño, supe que algo te había pasado.* **2** Espacio que separa las dos cejas; *entrecejo: En cuanto le llevas la contraria, frunce el ceño y se va ofendido.*

ceñudo, da adj. Que arruga el ceño, generalmente en señal de enfado: *Cuando me retraso, me recibe malhumorado y ceñudo.*

cepa s.f. **1** Planta de la vid: *La comarca es famosa por la calidad de sus cepas y vinos.* **2** Tronco de esta planta: *Las cepas suelen ser retorcidas y con vetas.* **3** En una planta, parte de su tronco que se encuentra bajo tierra y unida a las raíces: *El perro escarbó la tierra y escondió el hueso junto a la cepa del árbol.* **4** ‖ **de buena cepa.** De origen o de cualidades que se consideran buenos: *Aunque tenga ese aspecto, es persona de buena cepa y sé que no me fallará.* ‖ **de pura cepa.** Referido a una persona, que tiene los caracteres propios y auténticos de la clase en la que se le encuadra: *Hasta en la cara se le nota que es español de pura cepa.*

cepellón s.m. Tierra que se deja adherida a las raíces de las plantas cuando son arrancadas para trasplantarlas: *Necesitamos un tiesto mayor para trasplantar el rosal con ese cepellón tan grande que tiene.*

cepillar ▮ v. **1** Limpiar con cepillo: *Cepillé la chaqueta porque la tenía llena de polvo. Cepíllate bien cuando te laves los dientes.* **2** Referido al pelo, peinarlo o desenredarlo con cepillo: *Antes de hacerle las trenzas cepíllale un poco el pelo. Cuando tengo el pelo muy enredado, prefiero cepillarme a pasarme el peine.* **3** Referido a una madera, alisarla con cepillo: *El carpintero cepillaba las tablas con las que iba a construir la mesa.* **4** *col.* Quitar los bienes ajenos mediante engaño, arte o violencia; *desplumar, pelar: Le cepillaron la cartera en el autobús sin que se diera cuenta.* ▮ prnl. **5** *col.* Referido a una persona, matarla: *El malo de la película se cepilló a tres comisarios.* **6** *col.* Referido a un alumno o a alguien que se examina, suspenderlo: *Se lo cepillaron en la última prueba de la oposición.* **7** *col.* Referido esp. a un asunto, terminarlo o resolverlo en poco tiempo: *Como tenía prisa, se cepilló el trabajo en un periquete.* **8** *col.* En el lenguaje estudiantil, referido a una clase, faltar a ella: *Me cepillé una clase por ver el partido.* **9** *vulg.* Referido a una persona, poseerla sexualmente: *El muy fanfarrón presume de cepillarse cada día a una mujer distinta.*

cepillo s.m. **1** Utensilio formado por una estructura de madera o de otro material, a la que van fijados cerdas o filamentos semejantes que suelen ir cortados al mismo nivel, y que se utiliza generalmente para limpiar: *Trae el cepillo para barrer estas migajas.* 👁 **electrodoméstico** **2** Caja provista de una ranura, que se coloca en las iglesias o en otros lugares para recoger limosnas: *Al salir de misa, echó unas monedas al cepillo.* **3** Herramienta de carpintería, formada por una pieza de madera de cuya parte inferior sobresale una cuchilla con la que se alisan y pulen las maderas: *El carpintero pasó el cepillo por la superficie del mueble para dejarlo liso antes de barnizarlo.* **4** ‖ **a cepillo.** Referido a un corte de pelo, de forma que este queda muy corto y de punta: *Se hartó de las melenas y se hizo un corte de pelo a cepillo, que no había quien lo reconociera.*

cepo s.m. **1** Trampa para cazar animales, provista de un dispositivo que se cierra y aprisiona al animal cuando este lo toca: *En cuanto pone un trozo de queso en el cepo, cae algún ratón.* **2** Instrumento que sirve para aprisionar o para inmovilizar: *Aparqué el coche en zona prohibida y cuando volví le habían puesto el cepo.*

ceporro, rra s. **1** Persona torpe, poco inteligente o poco sensible: *Se queja de que sus alumnos son unos ceporros y no se enteran de nada.* **2** ‖ **dormir como un ceporro.** *col.* Hacerlo profundamente o con un sueño muy pesado: *Duerme como un ceporro y no se despertará aunque se le caiga la casa encima.*

cera s.f. **1** Sustancia sólida, amarillenta y fundible, segregada por las abejas y por otros insectos: *Las abejas hacen con cera las celdas de los panales. La cera se utiliza para fabricar velas.* **2** Sustancia vegetal, animal o artificial, con la consistencia y el color u otras características de esta: *Con cera consigue una depilación más duradera que con cremas depilatorias.* **3** Sustancia amarillenta segregada por las glándulas de los oídos; *cerumen: El otorrino me extrajo de un oído un tapón de cera.* **4** Producto de limpieza que sirve para abrillantar: *Tengo los muebles tan bonitos porque de vez en cuando les doy cera.* **5** ‖ **hacer la cera.** Depilar por el procedimiento de extender esta sustancia derretida sobre la piel y de despegarla una vez fría y solidificada, arrancando con ella el vello: *Se hace la cera en las piernas una vez al mes.* ‖ **no haber más cera que la que arde.** *col.* Expresión que se usa para indicar que no hay más que lo que está a la vista: *Si no te gusta esto, búscate otra cosa, porque aquí no hay más cera que la que arde.* ☐ ORTOGR. Dist. de *acera.*

cerámica s.f. **1** Arte o técnica de fabricar vasijas u otros objetos con arcilla cocida a altas temperaturas: *Aprendió cerámica en el taller de un viejo artesano.* **2** Objeto o conjunto de objetos fabricados según este arte, esp. si tienen una característica común: *Tiene el salón adornado con varias cerámicas de Talavera.*

ceramista s. Persona que se dedica a la fabricación de objetos de cerámica, esp. si esta es su profesión: *Tiene una vajilla hecha a mano por un gran ceramista.* ☐ MORF. Es de género común y exige concordancia en masculino o en femenino para señalar la diferencia de sexo: *el ceramista, la ceramista*.

cerapio s.m. *col.* En el lenguaje estudiantil, cero en las calificaciones: *En lengua me han cargado con un cerapio por tener faltas de ortografía.*

cerbatana s.f. Canuto o tubo estrechos y huecos, en los que se introducen flechas u otros proyectiles para dispararlos soplando por uno de sus extremos: *Los indígenas usaban cerbatanas como armas de ataque.*

cerca ▮ s.f. **1** Construcción que se hace alrededor de un lugar para delimitarlo o para resguardarlo; *cercado: Han puesto en el prado una cerca de alambre para que no se escape el ganado.* ▮ adv. **2** A corta distancia o en un punto próximo o inmediato: *Ya estamos cerca de la ciudad y no tardaremos en llegar.* **3** ‖ **cerca de.** Combinado con una expresión de cantidad, casi o aproximadamente: *Este libro cuesta cerca de treinta euros.* ‖ **de cerca.** A corta distancia o desde ella: *Casi me desmayé cuando vi a mi ídolo de cerca.* ☐ MORF. Como adverbio, su superlativo es *cerquísima*. ☐ SINT. Como adverbio, su uso seguido de un pronombre posesivo es incorrecto: *Está cerca {*tuyo › de ti}*.

cercado s.m. **1** Terreno rodeado de una cerca: *En ese cercado hay varias vacas.* **2** →**cerca.**

cercanía ▮ s.f. **1** Proximidad o distancia corta que separa de un punto: *Ante la cercanía del momento decisivo, sus nervios se desataron.* ▮ pl. **2** Respecto de un lugar, conjunto de zonas cercanas a él o que lo rodean: *Dicen que hay lobos en las cercanías del bosque.*

cercanías s.m. Tren que conecta una ciudad grande con las poblaciones de alrededor: *He llegado tarde al trabajo porque he perdido el cercanías.* ☐ MORF. Invariable en número.

cercano, na adj. **1** Que está a corta distancia, próximo o inmediato: *Vive en una casa cercana al parque.* **2** Referido esp. a una relación o a un parentesco, que se asientan sobre lazos fuertes o directos: *Comunicó su decisión a sus colaboradores y parientes más cercanos.*

cercar v. **1** Referido a un lugar, rodearlo con una cerca de modo que quede delimitado o resguardado: *Cercaron el jardín con setos para evitar que los niños salieran a la carretera.* **2** Referido esp. a una zona o a una fortaleza enemigas, ponerles cerco o rodearlas un ejército para combatirlas: *El general ordenó cercar la ciudad y esperar a que el enemigo se rindiera por hambre.* **3** Rodear andando o formando un cerco multitudinario: *La policía cercó a los terroristas para que no pudieran escapar.* ☐ ORTOGR. La *c* se cambia en *qu* delante de *e* →**SACAR.**

cercenar v. **1** Referido a una extremidad, esp. a la de un ser vivo, cortarla: *La cortadora de césped le cercenó un dedo del pie. Se cercenó una mano en un accidente de trabajo.* **2** Disminuir o acortar: *Acusan al Gobierno de cercenar las libertades constitucionales.*

cerciorar v. Asegurar la verdad o certeza de algo: *Las declaraciones del testigo cercioraron al jurado de la culpabilidad del acusado. Consulté el horario de trenes para cerciorarme de que llegaba a tiempo.* ☐ MORF. Se usa más como pronominal. ☐ SINT. Constr.: *cerciorar(se)* DE *algo*.

cerco s.m. **1** Lo que ciñe o rodea: *Te ha quedado un cerco de café alrededor de la boca.* **2** Moldura o encuadre en los que se encajan algunas cosas; *marco: Los ladrones rompieron el cerco de la puerta para forzar la cerradura.* **3** Fenómeno atmosférico luminoso que a veces aparece rodeando algunos cuerpos celestes, esp. la Luna y el Sol; *halo: Anoche la Luna tenía un cerco azulado precioso.* **4** Asedio que pone un ejército a una zona, esp. a una fortaleza enemiga, rodeándola para conquistarla: *El cerco de Lisboa es uno de los más famosos de la historia.*

cerda s.f. Véase **cerdo, da.**

cerdada s.f. **1** Hecho que causa un perjuicio, esp. si es malintencionado: *Me ha hecho la cerdada de ir contando mi vida por ahí.* **2** Lo que está sucio o mal hecho: *Estoy harto de que traigas esas cerdadas a casa y lo pongas todo perdido.* **3** Lo que se considera indecoroso o contrario a la moral establecida: *Salió escandalizado del cine porque decía que había una pareja haciendo cerdadas.* ☐ SEM. 1. En la acepción 1, es sinónimo de *cochinada, faena* y *jugada*. 2. En las acepciones 2 y 3, es sinónimo de *guarrada*.

cerdo, da ▮ adj./s. **1** Sucio o falto de limpieza: *Si será cerdo, que coge la comida del plato con las manos. Si no fueras un cerdo, te cambiarías de camisa más a menudo.* **2** Referido a una persona, que tiene mala intención o carece de escrúpulos: *Es tan cerda que no siente ningún remordimiento por lo que ha hecho. Esa estafa es propia de un cerdo como él.* ▮ s. **3** Mamífero doméstico de cuerpo grueso, cola en forma de espiral, patas cortas y cabeza grande con un hocico casi cilíndrico, que se cría para aprovechar su carne: *Los jamones se hacen con las patas traseras de los cerdos.* 👁 **ungulado** ▮ s.m. **4** Carne de este animal: *El médico me ha prohibido el cerdo.* 👁 **carne** ▮ s.f. **5** Pelo grueso, duro y generalmente largo que tiene el ganado caballar en la cola y en la crin, y otros animales en el cuerpo: *El jabalí tiene el cuerpo cubierto de cerdas.* **6** Pelo o filamento de cepillo: *Las cerdas de los cepillos suelen ser de fibra artificial.* **7** ‖ **como un cerdo. 1** *col.* Referido a una persona, muy gorda: *Con lo delgaducho que era, se ha puesto como un cerdo.* **2** *col.* Referido a la forma de comer, muchísimo: *No sé cómo no revienta, porque come como un cerdo.* ☐ SEM. En la acepción 3, es sinónimo de *cochino, gorrino, guarro, marrano* y *puerco*.

cereal ▮ adj./s.m. **1** Referido a una planta, que da frutos en forma de granos de los que se obtienen harinas y que se utilizan en la alimentación humana y de algunos animales: *El trigo, la cebada y el centeno son cereales. Sigue*

CEREAL

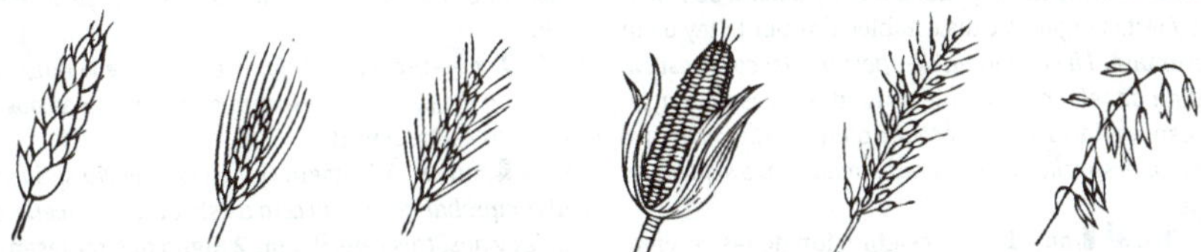

trigo · cebada · centeno · maíz · arroz · avena

una dieta de adelgazamiento en la que no entran los cereales. ▮ s.m. **2** Grano de esta planta: *Compra cereal como pienso para los pájaros.* ▮ s.m.pl. **3** Alimento elaborado con este grano y generalmente enriquecido con vitaminas y otras sustancias nutritivas: *Los niños desayunan leche con cereales.* ☐ MORF. 1. Como adjetivo es invariable en género. 2. La acepción 2 se usa más en plural. 👁 cereal

cerealista adj. De los cereales o de su producción y comercio: *La producción cerealista de este año es escasa debido a la sequía.* ☐ MORF. Invariable en género.

cerebelo s.m. En el sistema nervioso de un vertebrado, parte del encéfalo situada en la zona posterior e inferior del cráneo y encargada de la coordinación muscular, del mantenimiento del equilibrio del cuerpo y de otras funciones no controladas por la voluntad: *El cerebelo es un órgano nervioso de menor tamaño que el cerebro.*

cerebral adj. **1** Del cerebro o relacionado con esta parte del encéfalo: *Una lesión cerebral le impide hablar correctamente.* **2** Que se guía por la inteligencia y por la frialdad de la razón, y no deja que puedan más los sentimientos: *Se propuso analizar el problema de una manera cerebral y superarlo sin nervios.* ☐ MORF. Invariable en género.

cerebro s.m. **1** En el sistema nervioso de un vertebrado, parte del encéfalo situada en la zona anterior y superior del cráneo y que constituye el centro fundamental de dicho sistema: *El cerebro humano controla los procesos voluntarios, y es donde se asienta la inteligencia.* **2** Talento, cabeza o capacidad de juicio y de entendimiento: *Es el chico con más cerebro de la clase.* **3** Persona de inteligencia o talento sobresalientes, esp. la que destaca en actividades científicas, técnicas o culturales: *Escogió como colaboradores a los mayores cerebros de la economía mundial.* **4** Persona que concibe o dirige un plan de acción, esp. si lo hace al frente de una organización o de un grupo: *Detrás del presidente del partido hay un cerebro que es quien realmente toma las decisiones.* **5** ‖ **cerebro electrónico.** Máquina o dispositivo electrónicos, capaces de regular automáticamente las fases de un proceso o de realizar otras operaciones a imitación de las que realiza el cerebro humano: *Juego al ajedrez con un cerebro electrónico y nunca consigo ganar.* ‖ **lavar el cerebro** a alguien. Anular o modificar profundamente su mentalidad o sus características psíquicas, esp. si se hace mediante técnicas de manipulación psicológica: *Durante la guerra le lavaron el cerebro para obligarlo a obedecer órdenes contra su voluntad.* ‖ **secársele el cerebro** a alguien. *col.* Perder la capacidad de discurrir normalmente: *A ti hoy se te ha secado el cerebro, porque no das una.*

cerebroespinal adj. En un vertebrado, del cerebro y de la médula espinal o del sistema nervioso relacionado con ellos: *El encéfalo es uno de los centros del sistema cerebroespinal.* ☐ MORF. Invariable en género.

ceremonia s.f. **1** Acto solemne que se celebra de acuerdo con ciertas reglas o ritos establecidos por la ley o por la costumbre: *La ceremonia de apertura del curso estuvo presidida por el rector.* **2** Solemnidad o excesiva afectación, esp. en la forma de actuar o en el trato: *Me hizo pasar a su despacho con gran ceremonia, como si fuese un extraño.*

ceremonial ▮ adj. **1** De la celebración de las ceremonias o relacionado con ella o con las formalidades propias de ella: *Me parece ridículo celebrar tu cumpleaños de una manera tan ceremonial y fría.* ▮ s.m. **2** Conjunto de reglas y formalidades que se siguen en la celebración de una ceremonia: *Si te invitan a un acto de ese tipo, infórmate antes sobre el ceremonial.* ☐ MORF. Como adjetivo es invariable en género.

ceremonioso, sa adj. **1** Que sigue las ceremonias y se atiene a sus reglas y formalidades punto por punto: *El rey declaró abierta la nueva legislatura en un acto ceremonioso y protocolario.* **2** Que muestra inclinación o afición a ceremonias y cumplimientos exagerados: *Nos recibió con sus acostumbrados saludos ceremoniosos y artificiales.*

céreo, a adj. De cera o con características de esta sustancia: *El color céreo de su rostro le daba aspecto enfermizo.*

cereza s.f. Fruto del cerezo, comestible, pequeño y casi redondo, con un rabillo largo, piel lisa y encarnada, pulpa dulce y jugosa y un hueso en su interior: *Cuando trajeron la fruta, cogí dos pares de cerezas unidas por el rabo y me las puse de pendientes.*

cerezo s.m. **1** Árbol frutal de tronco liso y abundante en ramas, copa amplia, hojas en forma de punta de lanza, flores blancas, y cuyo fruto es la cereza: *Hay un cerezo en el jardín que se pone precioso cuando florece en primavera.* **2** Madera de este árbol: *Encargué a un ebanista un mueble de cerezo.*

cerilla s.f. Palito de madera, papel encerado u otro material, con un extremo recubierto de fósforo que se prende al frotarlo con ciertas superficies; *fósforo*: *Encendió una cerilla en la suela del zapato.*

cerillero, ra s. Persona que se dedica a la venta de cerillas y tabaco en cafés o en otros locales públicos: *Le compré un paquete de cigarrillos a la cerillera del café.*

cerio s.m. Elemento químico, metálico y sólido, de número atómico 58, que pertenece al grupo de los lantánidos, es de color grisáceo, se oxida en agua hirviendo, y es blando y deformable: *El cerio se utiliza como refinador en la industria de metales.* ☐ ORTOGR. Su símbolo químico es *Ce*.

cerner ▮ v. **1** Referido a una materia en polvo, esp. a la harina, pasarla por un cedazo para separar las partes más finas de las más gruesas: *La abuela cernía la harina, y el salvado se iba quedando en el cedazo.* ▮ prnl. **2** Referido a un mal, amenazar de cerca: *Las desgracias se ciernen de nuevo sobre su familia.* **3** Referido a un ave, mantenerse en el aire aleteando y sin avanzar: *El cernícalo se cernía sin perder de vista a su presa.* ☐ MORF. Irreg.: La *e* de la raíz diptonga en *ie* en los presentes, excepto en las personas *nosotros* y *vosotros* →**PERDER**. ☐ SEM. Es sinónimo de *cernir*.

cernícalo s.m. Ave rapaz de cabeza abultada, pico y uñas negros y plumaje rojizo con manchas o franjas también negras: *El cernícalo vive en lugares de monte bajo, en las costas y en terrenos de cultivo y de arbolado.* ☐ MORF. Es un sustantivo epiceno y la diferencia de sexo se señala mediante la oposición *el cernícalo {macho/hembra}*. 👁 **rapaz**

cernir v. →**cerner.** ☐ MORF. Irreg.: La *e* de la raíz diptonga en *ie* en los presentes, excepto en las personas *nosotros* y *vosotros* →**DISCERNIR**.

cero ▮ numer. **1** Número 0: *La conferencia se suspendió al comprobar que había cero asistentes. Ellos metieron tres goles y nosotros cero.* ▮ s.m. **2** Signo que representa este número: *El cero se puede confundir con la 'o' mayúscula.* **3** En la escala de un termómetro o de otro instrumento de medida, punto desde el que se empiezan a contar los grados o las unidades de medida: *La rueda se empezó a desinflar tanto que la aguja del manómetro casi baja hasta cero.* **4** ‖ **al cero.** Referido a un corte de pelo, de forma que este queda a ras de la piel: *Lleva el pelo cortado al cero para no tener que peinarse.* ‖ **cero absoluto.** En física, temperatura mínima que se puede alcanzar según los principios de la termodinámica, y que corresponde a -273,16 °C: *Las moléculas de una sustancia que alcanza el cero absoluto carecen completamente de movilidad.* ‖ **{de/desde} cero.** Referido a la forma de abordar una tarea, desde el principio o sin contar con recursos ni con nada hecho: *Levantó su empresa empezando de cero y sin más capital que su esfuerzo.* ‖ **ser** alguien **un cero a la izquierda.** *col.* No valer o no ser tenido en cuenta para nada: *Se cree imprescindible, pero en realidad es un cero a la izquierda.* □ MORF. 1. Como numeral es invariable en género y en número. 2. →APÉNDICE DE PRONOMBRES.

cerrado, da adj. **1** Referido a un hablante o a su habla, que tienen muy marcados el acento y los rasgos de pronunciación locales, esp. si ello hace difícil su comprensión: *Oí hablar a un gallego cerrado y me pareció que era portugués.* **2** Referido a una persona, que es torpe de entendimiento o incapaz de comprender o de admitir algo, por ignorancia o por prejuicio: *No querer aceptar el cambio de los tiempos es propio de mentes cerradas.* **3** *col.* Referido a una persona, que es introvertida y muy callada o distante: *Le resulta difícil hacer amigos porque es tímido y muy cerrado.* **4** Referido esp. al cielo, que está cargado de nubes: *Con este cielo tan cerrado seguro que llueve.* **5** Poco claro o difícil de comprender: *Las novelas de este escritor se caracterizan por su estilo cerrado.* **6** Estricto, rígido o que no admite distintas posibilidades: *El club tiene criterios muy cerrados para la admisión de socios.*

cerradura s.f. Mecanismo generalmente metálico y accionable mediante una llave, que se fija en puertas, tapas o piezas semejantes para cerrarlas; *cerraja: Perdí la llave y tuve que forzar la cerradura para entrar en casa.*

cerraja s.f. →**cerradura.**

cerrajería s.f. Lugar en el que se fabrican, arreglan o venden cerraduras, mecanismos de cierre y otros objetos de metal: *Compré un candado y una cadena de seguridad en la cerrajería.*

cerrajero, ra s. Persona que se dedica profesionalmente a la fabricación o arreglo de cerraduras, llaves, mecanismos de cierre y otros objetos de metal: *He encargado al cerrajero una copia de la llave por si la pierdo.*

cerramiento s.m. **1** Lo que cierra o tapa una abertura, un conducto o un paso: *Han puesto en la terraza un cerramiento de aluminio.* **2** Acción de cerrar lo que estaba abierto o descubierto: *El cerramiento de la herida será más rápido si guardas reposo.*

cerrar ▌v. **1** Referido a una puerta, a una ventana o a algo con puertas, encajar sus hojas en el marco, de manera que tapen el vano e impidan el paso, esp. si se aseguran con cerradura o con otro mecanismo semejante: *Cierra la puerta para que no nos oigan. Se levantó viento y la ventana se cerró de golpe. Este armario no cierra bien porque se ha roto una bisagra.* **2** Referido a un recinto o a un receptáculo, hacer que queden incomunicados con el exterior: *Cerraron la terraza con cristaleras para evitar los ruidos de la calle.* **3** Referido a una abertura o a un conducto, taparlos u obstruirlos: *El desprendimiento de rocas cerró la entrada de la mina. Las cañerías se han ido cerrando por la acumulación de desperdicios.* **4** Referido a las partes del cuerpo que forman una abertura, juntar sus bordes: *Cierra la boca cuando estés comiendo. Se me cierran los ojos de sueño.* **5** Referido a una herida, cicatrizar o cicatrizarla: *Deja la herida al aire y ella sola cerrará. Solo el tiempo cerró la herida de aquella ofensa. Una brecha así no se cierra si no te dan unos puntos.* **6** Referido esp. a una carta o a un sobre, disponerlos o pegarlos de manera que no pueda verse su contenido sin romperlos o despegarlos: *Antes de echar una carta al correo hay que cerrarla. Me dieron un sobre que no cerraba bien porque tenía la goma gastada.* **7** Referido a un libro o a un objeto semejante, juntar todas sus hojas de manera que no se puedan ver las páginas interiores: *Si estás cansado, cierra el libro y acuéstate. Se me ha cerrado la revista y ahora no encuentro la página que estaba leyendo.* **8** Referido a un cajón abierto, hacer que vuelva a entrar en su hueco: *Al cerrar el cajón de la mesa me pillé un dedo. Los cajones del archivo se cierran apretando un botón. Este cajón no cierra bien porque está demasiado lleno.* **9** Referido a algo que forma o describe una figura, completar su perfil uniendo el final del trazado con el principio: *Cuando cierren la carretera de circunvalación, no hará falta atravesar la ciudad para ir de un extremo al otro.* **10** Referido a algo extendido o desplegado, encogerlo, plegarlo o juntar sus partes: *El pajarillo se posó y cerró sus alas. Me pillé el dedo con un paraguas que se cierra automáticamente.* **11** Referido a una lista o a un conjunto ordenado, ocupar el último lugar en ellos: *Tu candidato cierra las listas de todos los sondeos de opinión.* **12** Referido a algunos signos de puntuación, escribirlos detrás del enunciado que delimitan: *El texto parecía incoherente porque olvidé cerrar un paréntesis. Aquí se abren unas comillas que se cierran varias líneas más abajo.* **13** Referido a la llave o al dispositivo que regulan el paso de un fluido por un conducto, ponerlos de modo que impidan la salida o la circulación de dicho fluido: *¿Has cerrado la llave del gas? Este grifo se cierra haciéndolo girar hacia la derecha.* **14** Referido a un local donde se desarrolla una actividad, esp. si es de carácter profesional, cesar en el ejercicio de esta o poner fin a sus tareas: *Cerró la tienda porque ninguno de sus hijos quería continuar en el negocio. La oficina de información cierra a mediodía.* **15** Referido a un acuerdo o a una negociación, darlos por concertados: *Las dos mujeres cerraron el trato con un apretón de manos. Si no se cumple este requisito, no podrá cerrarse el contrato.* **16** Concluir o dar por terminado: *El presidente cerró la sesión después de varias horas de debates. No se pudo incluir la noticia porque ya se había cerrado la edición.* **17** Meter en una parte o en un lugar, impidiendo la salida fuera de ellos; *encerrar: Cerraron al perro en una habitación porque a la visita le daba miedo. En una rabieta, se cerró en el cuarto y tiró la llave por la ventana.* **18** Impedir el paso: *Cerraron la calle al tráfico con barricadas.* **19** Apiñar, agrupar o unir estrechamente: *La lógica aconseja cerrar la formación para hacer la defensa más eficaz. Cuanto más se cerraban los jugadores, más difícil era meterles gol.* **20** En el juego del dominó, referido a un jugador, poner una ficha que impida seguir colocando otras: *No se dio cuenta de que con aquella ficha cerraba, porque nadie tenía otra con la misma puntuación.* ▌prnl. **21** Referido a una flor o a sus pétalos, juntarse estos unos con otros sobre el botón o capullo: *Las campanillas se cierran por la noche y se abren por el día.* **22** Referido al cielo o al tiempo atmosférico, encapotarse o nublarse: *Si el día se cierra, nos estropeará la ex-*

a b c d e f g h i j k l m n ñ o p q r s t u v w x y z

cursión. **23** Tomar una curva ciñéndose al lado interior y más curvado: *En aquella curva se cerró tanto que perdió el control de la moto y se cayó.* **24** Mostrarse poco comunicativo o adoptar una actitud negativa: *Tu timidez hace que te cierres y te distancies de la gente.* □ MORF. Irreg.: La *e* de la raíz diptonga en *ie* en los presentes, excepto en las personas *nosotros* y *vosotros* →**PENSAR**.

cerrazón s.f. **1** Incapacidad de comprender, esp. si se debe a la ignorancia o a juicios infundados: *Su cerrazón ante las nuevas técnicas perjudica su futuro profesional.* **2** Obstinación o insistencia obcecada o excesiva en una actitud: *Por mucho que intente convencerte, no puedo vencer tu cerrazón.*

cerril adj. **1** Que se obstina en una actitud o en una opinión, sin admitir acercamiento o razonamiento: *No seas tan cerril y acepta que tú también puedes equivocarte.* **2** *col.* Cerrado o torpe de entendimiento: *Pone muy buena voluntad, pero es tan cerril que tarda horas en hacer una simpleza.* **3** *col.* Grosero, tosco o sin refinamiento: *En este ambiente, llaman la atención esos modales tan bastos y cerriles.* □ MORF. Invariable en género.

cerro s.m. **1** Elevación del terreno aislada y de menor altura que el monte: *Desde aquel cerro no podíamos divisar todo el horizonte.* 👁 **montaña 2** ‖ **{irse/salir} por los cerros de Úbeda.** *col.* Apartarse mucho del asunto que se está tratando, esp. diciendo un sinsentido o algo que no viene al caso: *Estaba distraído y cuando el profesor le preguntó salió por los cerros de Úbeda.*

cerrojazo s.m. **1** Cierre que se hace echando bruscamente el cerrojo: *Si vuelve ese pesado, le cierro la puerta de un cerrojazo.* **2** Cierre o terminación bruscos, esp. los de una actividad: *Si en media hora no nos ponemos de acuerdo, damos el cerrojazo y a otra cosa.*

cerrojo s.m. **1** Mecanismo formado por una pequeña barra, generalmente con manija y en forma de T, que se desplaza horizontalmente entre las anillas de un soporte y que sirve para cerrar puertas: *Las puertas de los servicios públicos suelen tener cerrojos.* **2** En algunos deportes de equipo, esp. en fútbol, táctica defensiva de juego, consistente en el repliegue o acumulación de jugadores del mismo equipo dentro de su área: *Jugaron con un buen cerrojo para asegurar el empate.* **3** En un fusil o en otras armas de fuego, pieza que contiene el percutor, empuja las balas hasta la recámara y cierra esta: *Este fusil no dispara porque no tiene cerrojo.*

certamen s.m. Concurso abierto para estimular con premios determinadas actividades o competiciones, esp. las de carácter artístico, literario o científico: *Ganó el certamen poético que convocó el centro cultural de su barrio.*

certero, ra adj. **1** Referido a un tiro o a un tirador, con seguridad y buena puntería o que da en el blanco: *El asesino mató a la víctima de un disparo certero.* **2** Acertado, atinado o ajustado a lo razonable: *Sus juicios suelen ser certeros porque se basan en datos objetivos.*

certeza s.f. **1** Conocimiento seguro y claro que se tiene de algo: *Un matemático tiene la certeza de que dos y dos son cuatro, y lo puede demostrar.* **2** Seguridad total y sin temor a equivocarse que se tiene sobre algo que se puede conocer: *La madre del acusado afirmaba con absoluta certeza que su hijo era inocente.* □ SINT. Es sinónimo de *certidumbre* y de *certitud*.

certidumbre s.f. →**certeza**.

certificación s.f. **1** Garantía de la certeza o autenticidad de algo, esp. los que se hacen mediante escritura o documento oficiales o extendidos por persona autorizada: *El perito se mostró dispuesto a la certificación del estado ruinoso del edificio ante un tribunal.* **2** Seguridad o garantía, obtenidas mediante un resguardo y previo pago, de que un envío por correo será entregado en mano a su destinatario: *La certificación de un paquete cuesta algo más que un envío normal.*

certificado, da ▌adj./s.m. **1** Referido a un envío por correo, que se realiza asegurando su entrega en mano al destinatario, mediante un resguardo que se obtiene previo pago: *Las cartas importantes las mando certificadas. Como no estaba en casa, el cartero me dejó un aviso para que fuese a recoger un certificado.* ▌s.m. **2** Escritura o documento en los que se certifica o asegura oficialmente la certeza de lo que se expone: *Si no presentas un certificado médico, no te renuevan el carné de conducir.*

certificar v. **1** Asegurar o dar por cierto o por auténtico, esp. mediante escritura o documento oficiales o extendidos por persona autorizada: *Las fotografías y las declaraciones de los testigos certificaron su inocencia.* **2** Referido a un envío por correo, asegurar su entrega en mano al destinatario, mediante la obtención, previo pago, de un resguardo por el que el servicio de Correos se compromete a ello: *Si quieres asegurarte de que solo él abra el paquete, es mejor que lo certifiques.* □ ORTOGR. La *c* se cambia en *qu* delante de *e* →**SACAR**.

certísimo, ma superlat. irreg. de **cierto**. □ MORF. Es la forma culta de *ciertísimo*.

cerumen s.m. Sustancia amarillenta segregada por las glándulas de los oídos; *cera*: *No oía bien porque tenía un tapón de cerumen.*

cervato s.m. Cría del ciervo, menor de seis meses: *El cervato no se separa de la madre.* □ MORF. Es un sustantivo epiceno y la diferencia de sexo se señala mediante la oposición *el cervato {macho/hembra}*.

cervecería s.f. **1** Establecimiento donde se vende o se toma cerveza: *Merendamos en la cervecería alemana de la plaza.* **2** Fábrica de cerveza: *Al pasar por la cervecería notamos un fuerte olor a cerveza.*

cervecero, ra ▌adj. **1** De la cerveza o relacionado con esta bebida: *La industria cervecera ha aumentado su importancia.* ▌s. **2** Propietario de una cervecería: *Los cerveceros protestaron por la subida de impuestos para los productos alcohólicos.* **3** Persona que se dedica a la fabricación o a la venta de cerveza, esp. si esta es su profesión: *Los cerveceros han conseguido elaborar cerveza sin alcohol.*

cerveza s.f. Bebida alcohólica, de color amarillento y sabor amargo, hecha con granos de cebada u otros cereales fermentados con agua, y aromatizada con lúpulo: *La cerveza es una bebida muy refrescante.*

cervical ▌adj. **1** De la cerviz o relacionado con esta parte del cuello: *Casi no puede girar la cabeza porque tiene una lesión cervical.* ▌adj./s.f. **2** Referido a una vértebra, que está situada en el cuello: *Tiene lesionada la tercera vértebra cervical. Lleva un collarín porque tiene una lesión de cervicales.* 👁 **esqueleto** □ MORF. Como adjetivo es invariable en género.

cérvido ▌adj./s.m. **1** Referido a un mamífero rumiante, que se caracteriza por la presencia, en los ejemplares machos, de cuernos ramificados que se renuevan cada año: *El ciervo, el reno y el corzo son cérvidos. En los bosques de las zonas templadas suele haber manadas de cér-*

vidos. ▌ s.m.pl. **2** En zoología, familia de estos mamíferos: *Cérvidos y bóvidos son rumiantes.*

cerviz s.f. **1** En una persona o en un mamífero, parte posterior del cuello: *La primera de las vértebras de la cerviz permite articular el cráneo.* **2** ‖ **{agachar/bajar/doblar} la cerviz.** Humillarse o someterse, abandonando actitudes orgullosas o altivas: *En su situación, tuvo que doblar la cerviz y hacer lo que le mandaban.*

cesante adj./s. Referido esp. a un funcionario o a un empleado del Gobierno, que ha sido privado de su cargo o de su empleo: *Cada cambio de Gobierno dejaba cesantes a los funcionarios contrarios a las nuevas ideas gobernantes. Algunos de los cesantes han abandonado el partido.* □ MORF. 1. Como adjetivo es invariable en género. 2. Como sustantivo es de género común y exige concordancia en masculino o en femenino para señalar la diferencia de sexo: *el cesante, la cesante.* □ SINT. El uso de *cesado* en lugar de *cesante* es incorrecto: *Los {*cesados › cesantes} reclaman una paga.*

cesar v. **1** Acabar o llegar al fin; *terminar: Con la tregua, cesaron los combates.* **2** Hacer una interrupción en lo que se está haciendo, o dejar de hacerlo: *Este chico no cesa de moverse y me está poniendo nervioso.* **3** Dejar de desempeñar un cargo o un empleo: *Desde que cesó en el cargo dedica más tiempo a la familia.* □ SINT. 1. Constr. de la acepción 2: *cesar* DE *hacer algo.* 2. Constr. de la acepción 3: *cesar* EN *algo.* 3. El uso de la acepción 3 como transitivo y el del participio *cesado* en lugar de *cesante* son incorrectos, aunque están muy extendidos: *{*cesaron › destituyeron/dieron el cese} al secretario; el funcionario {*cesado › cesante}.*

césar s.m. Emperador de la antigua Roma (por alusión a Julio César, de quien tomaron el nombre los emperadores romanos): *El sistema de gobierno de los césares empieza en Roma en el siglo I.*

cesárea s.f. Operación quirúrgica que consiste en extraer el feto a través de la pared abdominal: *Tuvieron que hacerle la cesárea porque el parto se presentaba complicado.*

cese s.m. **1** Terminación en el desempeño de un cargo o de un empleo: *El nuevo director le notificó el cese en sus funciones por escrito.* **2** Nota o documento en los que se hace constar esta terminación en el cargo o en el empleo: *Cuando vio el cese, supo que la destitución era irreversible.* **3** ‖ **dar el cese a** alguien. Destituirlo de su cargo o de su empleo: *Le pareció humillante que le dieran así el cese después de años de servicio.*

cesio s.m. Elemento químico, metálico y líquido, de número atómico 55, de color blanco plata, ligero y blando y que se inflama en contacto con el aire: *El cesio se utiliza en células fotoeléctricas.* □ ORTOGR. Su símbolo químico es *Cs*.

cesión s.f. Renuncia que se hace de un bien a favor de otra persona: *Dispuso la cesión de una de sus casas al Ayuntamiento de su ciudad natal.*

césped s.m. **1** En un terreno, hierba menuda y espesa que lo cubre: *Cuando está recién cortado, el césped del jardín parece una alfombra.* **2** En algunos deportes, terreno de juego: *Cuando los jugadores saltaron al césped, fueron recibidos con una ovación.* □ MORF. Su plural es *céspedes*.

cesta s.f. **1** Recipiente tejido con mimbres, cañas u otros materiales semejantes, esp. el de boca redondeada, más ancho que alto y con un asa que lo cruza de lado a lado: *Traía colgada del brazo una cesta con la compra.* **2** En baloncesto, aro con una red colgante sin fondo, a través del cual debe pasar el balón; *canasta: El jugador se colgó de la cesta al encestar.* **3** En pelota vasca, especie de pala larga y cóncava, hecha con materiales y procedimientos de cestería, que se sujeta a la mano a modo de guante para recoger y lanzar la pelota: *La cesta permite impulsar la pelota mucho más que si se lanzase con la mano.* **4** ‖ **cesta de la compra.** Conjunto de alimentos y productos que necesita diariamente una familia, esp. referido a su precio; *bolsa de la compra: La cesta de la compra se lleva buena parte de mi presupuesto.* ‖ **cesta punta.** Modalidad de pelota vasca que se juega con esta especie de pala: *Habrá un torneo de cesta punta en el frontón municipal.*

cestería s.f. Arte o técnica de hacer cestas u otros objetos con mimbre o materias semejantes: *El viejo artesano es un artista de la cestería.*

cesto s.m. **1** Cesta grande, más alta que ancha y con dos asas: *Llevaban las uvas al lagar en cestos.* **2** ‖ **cesto de los papeles.** Recipiente que se usa para tirar papeles inservibles y otros desperdicios; *papelera: Cuando leyó la carta, la rompió y la echó al cesto de los papeles.*

cetáceo, a ▌ adj./s.m. **1** Referido a un mamífero, que es de vida marina, con las extremidades anteriores convertidas en aletas, sin extremidades posteriores y con las aberturas nasales en lo alto de la cabeza: *La ballena, el delfín, el cachalote y la marsopa son cetáceos. Vimos un enorme cetáceo que parecía tener en la cabeza un surtidor.* ▌ s.m.pl. **2** En zoología, orden de estos mamíferos: *Dentro de los mamíferos se engloban grupos tan distintos como primates, roedores o cetáceos.*

cetme s.m. Fusil ligero que permite hacer disparos de uno en uno o en cortas ráfagas: *Cuando hice el servicio militar, aprendí a manejar el cetme.* □ MORF. Es un acrónimo que procede de la sigla de *Centro de estudios técnicos de materiales especiales* (centro que fabrica estas armas).

cetrería s.f. **1** Arte o técnica de criar, cuidar y adiestrar aves rapaces para la caza: *Como buen conocedor de la cetrería, el amo recompensaba a su halcón con comida.* **2** Caza que se hace empleando estas aves como perseguidoras de las presas: *Los nobles de la Edad Media practicaban la cetrería.*

cetrino, na adj. De color amarillo verdoso: *Su piel cetrina era síntoma del avance de la enfermedad.*

cetro s.m. **1** Bastón de mando, generalmente hecho de materiales preciosos, que usan algunas dignidades, esp. reyes y emperadores, como símbolo de su condición y autoridad: *El cetro y la corona son símbolos del poder real.* **2** Supremacía o primer puesto, esp. los de quien destaca en una actividad: *Tras años de esfuerzo, hoy tiene merecidamente el cetro del ciclismo mundial.* **3** Dignidad o cargo de rey o de emperador: *El cetro recayó sobre él por ser el primogénito.* **4** Reinado o mandato de un rey o de un emperador: *Bajo su cetro, el país conoció momentos de esplendor.*

ch s.f. Letra doble que en español representa el sonido consonántico palatal, africado y sordo: *La palabra 'chocolate' empieza por 'ch'.* □ ORTOGR. 1. Su grafía es indivisible; incorr. **cac-ha-rro › ca-cha-rro.* 2. Su grafía mayúscula es *Ch*; incorr. **CHile › Chile.*

chabacanada s.f. →**chabacanería.**

chabacanería s.f. **1** Ordinariez, grosería o mal gusto: *Confundes la comicidad con la chabacanería.* **2** Dicho propio de un chabacano: *Sus chistes no son más que chabacanerías.* □ SEM. Es sinónimo de *chabacanada*.

a b c d e f g h i j k l m n ñ o p q r s t u v w x y z

chabacano, na adj./s. Ordinario o grosero y de mal gusto: *Los trajes con tantos colorines me resultan un poco chabacanos. Ese chabacano es incapaz de comportarse en un ambiente refinado.*

chabola s.f. Vivienda de escasas dimensiones, hecha con materiales de desecho o de muy baja calidad, que carece de unas mínimas condiciones para ser habitada y que suele estar construida en zonas de suburbios: *El descampado se ha ido llenando de chabolas en las que malviven inmigrantes sin recursos.*

chabolismo s.m. Abundancia de chabolas en suburbios: *El Ayuntamiento promoverá viviendas sociales para acabar con el chabolismo.*

chabolista s. Persona que vive en una chabola, generalmente en suburbios: *Los chabolistas reclaman ayudas para conseguir una vivienda digna.* □ MORF. Es de género común y exige concordancia en masculino o en femenino para señalar la diferencia de sexo: *el chabolista, la chabolista*.

chacal s.m. Mamífero carnívoro, parecido al lobo pero de menor tamaño y con la cola más larga, que vive solo o en manada y suele alimentarse de carroña: *El chacal abunda en zonas templadas de Asia y África.* □ MORF. Es un sustantivo epiceno y la diferencia de sexo se señala mediante la oposición *el chacal {macho/hembra}*.

chacha s.f. Véase **chacho, cha**.

chachachá s.m. **1** Composición musical de origen cubano, derivada de la rumba y del mambo: *En la fiesta tocaron chachachás y otras piezas de ritmo animado.* **2** Baile que se ejecuta al compás de esta música: *En los años cincuenta, estuvo de moda bailar chachachás.*

cháchara s.f. *col.* Charla o conversación intrascendentes, esp. si se mantienen animadamente y sin prisas; *palique: Íbamos en el autobús de cháchara y se nos pasó la parada.*

chachi adj. *col.* Buenísimo o estupendo: *Tiene un ordenador chachi que le sirve para todo.* □ MORF. Invariable en género. □ SINT. Se usa también como adverbio de modo: *En su cumpleaños lo pasamos chachi.*

chacho, cha ▮ s. **1** *col.* →**muchacho, cha.** ▮ s.f. **2** *col.* Mujer empleada en una casa para cuidar a los niños; *niñera: Mi hijo adora a su chacha.* **3** *col.* Empleada del servicio doméstico; *muchacha, sirvienta: La chacha se encarga de limpiar y de hacer la comida.*

chacinería s.f. Establecimiento en el que se venden embutidos y productos derivados del cerdo; *charcutería: Compré un jamón en la chacinería del mercado.*

chacolí s.m. Vino de sabor algo agrio y de baja graduación alcohólica, que se hace en el País Vasco y Cantabria (comunidades autónomas españolas) y en Chile (país sudamericano): *En Bilbao toman como aperitivo pequeños vasos de chacolí.* □ ORTOGR. Es un término del euskera (*txakolín*) adaptado al español. □ MORF. Aunque su plural en la lengua culta es *chacolíes*, también se usa *chacolís*.

chador s.m. Prenda de vestir que usan algunas mujeres musulmanas, formada por un velo grueso y negro, que cubre la cabeza y el cuerpo hasta los pies, y deja al descubierto solo el rostro: *En la foto premiada se veía a una mujer iraní con chador junto a su hija.* □ ORTOGR. Es un arabismo (*chaddar*) adaptado al español.

chafar v. **1** Estropear o echar a perder: *Tiene tan poco cuidado con la ropa que enseguida la chafa. Con aquel contratiempo, se chafaron todos sus proyectos.* **2** Referido a algo blando, frágil o erguido, aplastarlo: *Los niños jugaban a chafar granos de uva con los pies. Cada vez que celebran una fiesta en el jardín, se chafa el césped.* **3** *col.* Referido a una persona, apabullarla o dejarla sin saber cómo reaccionar, esp. al cortarla en una conversación o en un grupo: *El último desengaño acabó de chafarlo.*

chaflán s.m. Cara, generalmente larga y estrecha, que une dos superficies planas que forman ángulo, y que sustituye a la esquina que ambas formarían: *El chaflán del edificio está ocupado por el portal de entrada.*

chal s.m. **1** Prenda de vestir femenina, mucho más ancha que larga, generalmente de seda o de lana, y que se lleva sobre los hombros como abrigo o como adorno; *echarpe: Le gusta sentarse a leer en su sillón preferido y envuelta en su chal.* **2** Prenda de abrigo, generalmente de punto y de forma cuadrada o triangular, que se usa para envolver a los bebés: *Llevaba al niño en brazos y tan tapado en su chal que solo se le veían los ojitos.* □ ORTOGR. Es un galicismo (*châle*) adaptado al español.

chalado, da adj./s. **1** *col.* Alelado o falto de juicio: *No te fíes de lo que te diga, porque está un poco chalado. Ese chalado, en cuanto ve que llueve, baja a la calle a mojarse.* **2** *col.* Muy enamorado o entusiasmado: *Lo está pasando mal porque está chalado por una chica que no le hace ni caso. Es un chalado de los coches y no se pierde una carrera.*

chaladura s.f. **1** *col.* Extravagancia, manía o hecho propio de un chalado: *Su última chaladura fue bañarse con abrigo para llamar la atención.* **2** Enamoramiento o gran entusiasmo: *Su chaladura por las motos se ha convertido en una obsesión.*

chalar v. **1** Enloquecer o volver lelo o como pasmado: *Tal cúmulo de desgracias acabarán por chalarlo. Ante una visión así, cualquiera puede chalarse.* **2** Enamorar o hacer sentir gran amor y entusiasmo: *Ese chico la ha chalado de tal manera que podría hacer con ella lo que quisiera. Se chaló por aquel lugar de ensueño.* □ MORF. Se usa más como pronominal. □ SINT. Constr. de la acepción 2: *chalarse* POR *algo*.

chalaza s.f. En un huevo, filamento que sostiene la yema en medio de la clara: *Un huevo tiene dos chalazas, compuestas de albúmina y en forma de espiral.* 👁 **huevo**

chalé s.m. **1** Vivienda unifamiliar, generalmente con más de una planta y rodeada de un terreno ajardinado: *Estamos haciendo una piscina en el jardín del chalé.* 👁 **vivienda 2** ‖ **chalé adosado.** El que tiene alguna de sus paredes colindante con las de otra vivienda del mismo tipo: *Vive en una urbanización de chalés adosados alejada del ruido de la ciudad.* □ MORF. Su plural es *chalés*. □ USO Es innecesario el uso del galicismo *chalet*.

chaleco s.m. **1** Prenda de vestir sin mangas, que cubre el cuerpo hasta la cintura y que se suele poner encima de la camisa: *En invierno, debajo de la americana lleva chaleco.* **2** ‖ **chaleco antibalas.** El que está hecho de materiales especiales para servir de protección contra las balas: *Los policías llevaban chalecos antibalas.* ‖ **chaleco salvavidas.** El que está hecho de materiales para que quien lo lleva pueda mantenerse a flote en el agua: *Los que no sabían nadar se pusieron un chaleco salvavidas antes de salir del puerto.*

chalet (galicismo) s.m. →**chalé.** □ PRON. [chalé]. □ MORF. Su plural es *chalets*. 👁 **vivienda**

chalupa s.f. Embarcación pequeña, esp. la que tiene cubierta y dos palos para velas: *Salió de pesca en una chalupa.* 👁 **embarcación**

chamán s.m. Hechicero al que se considera que tiene

comunicación con espíritus divinos y poderes sobrenaturales de adivinación y curación: *Frecuentemente, el chamán ejerce una autoridad no solo religiosa sobre la tribu.*

chambelán s.m. En las antiguas cortes reales, noble que acompañaba y atendía al rey en su cámara: *El chambelán era muchas veces el consejero más cercano del rey.*

chambergo s.m. Chaquetón que llega aproximadamente hasta la mitad del muslo: *Tu abrigo será muy elegante, pero yo prefiero mi chambergo.*

chamizo s.m. **1** Choza cuyo techo está formado por una hierba menuda que crece en lugares húmedos: *Durante el tiempo de siega, los jornaleros dormían en chamizos.* **2** Local o vivienda sórdidos o míseros y mal acondicionados: *Aquel bar era un chamizo siempre sucio y lleno de borrachos.*

champán s.m. Vino blanco espumoso, originario de Champaña (región francesa); *champaña: El día de Año Nuevo brindamos con champán.* ☐ ORTOGR. Es un galicismo (*champagne*) adaptado al español. ☐ SEM. Dist. de *cava* (no originario de Champaña).

champaña s.m. →**champán.**

champiñón s.m. Seta comestible que se cultiva artificialmente: *Comimos un guiso de carne con zanahorias y champiñones.* ☐ ORTOGR. Es una galicismo (*champignon*) adaptado al español.

champú s.m. Producto jabonoso, generalmente líquido, preparado para lavar el pelo: *Me lavo la cabeza con un champú anticaspa.* ☐ MORF. Su plural es *champús*.

chamuscar v. Quemar por la parte exterior o de manera superficial: *En la matanza chamuscan los cerdos para quitarles los pelos de la piel. Me arrimé demasiado el mechero y me chamusqué las pestañas.* ☐ ORTOGR. La *c* se cambia en *qu* delante de *e* →**SACAR.** ☐ MORF. Se usa más como pronominal.

chamusquina s.f. **1** Quema que se hace por la parte exterior o de manera superficial: *Creo que se está agarrando la comida, porque huele a chamusquina.* **2** ‖ **oler** un asunto **a chamusquina.** *col.* Despertar desconfianza o temor de que esconda algún peligro o de que no vaya a salir bien: *No quise entrar en el negocio porque me olía a chamusquina.*

chanchullero, ra adj./s. Aficionado a hacer chanchullos: *Es tan chanchullero que nadie se fía de él. La vendedora era una chanchullera dispuesta a todo por sacarse unas monedas.*

chanchullo s.m. *col.* Lo que se hace de manera ilegal o poco limpia para conseguir un fin o para sacar provecho: *El día que se descubran todos sus chanchullos, acabará en la cárcel.*

chancla s.f. →**chancleta.** 👁 **calzado**

chancleta s.f. **1** Calzado formado por una suela y una o varias tiras en la parte delantera: *Voy a la playa con chancletas de goma.* 👁 **calzado 2** Zapatilla o zapato sin talón o con el talón aplastado, generalmente de suela ligera y que suelen usarse dentro de casa: *No te pongas los zapatos como si fueran chancletas, que los deformas todos.* ☐ SEM. Es sinónimo de *chancla*.

chándal s.m. Prenda de vestir deportiva, que consta de un pantalón largo y de una chaqueta o jersey amplios y de mangas largas: *Los jugadores calentaron con chándal y se lo quitaron para saltar al campo.* ☐ ORTOGR. Es un galicismo (*chandail*) adaptado al español. ☐ MORF. Aunque su plural es *chándales*, se usa mucho *chandals*.

chanquete s.m. Pez marino comestible, de cuerpo muy pequeño y translúcido, y de color blanco amarillento o rosado, punteado de negro sobre la cabeza: *Pedimos un plato de boquerones y chanquetes fritos.*

chantaje s.m. **1** Amenaza de difamación pública o de otro daño, que se hace contra alguien para obtener de él dinero u otro beneficio: *Su chantaje consistió en advertirme que contaría mi secreto si no le daba dinero.* **2** Presión que se ejerce sobre alguien, mediante amenazas u otros medios, para obligarlo a actuar de determinada manera: *Decirte que si lo dejas se suicida me parece un chantaje.* ☐ ORTOGR. Es un galicismo (*chantage*) adaptado al español.

chantajear v. Someter a chantaje: *Unas fotografías comprometedoras sirvieron para chantajear al candidato.*

chantajista s. Persona que hace chantajes: *Esa chantajista, en cuanto le niego algo me viene con que no la quiero.* ☐ MORF. Es de género común y exige concordancia en masculino o en femenino para señalar la diferencia de sexo: *el chantajista, la chantajista*.

chantillí s.m. Crema de pastelería hecha de nata batida: *Pedí de postre flan con chantillí.* ☐ ORTOGR. Es un galicismo (*chantilly*) adaptado al español. ☐ MORF. Aunque su plural en la lengua culta es *chantillíes*, también se usa *chantillís*.

chanza s.f. **1** Dicho festivo, agudo y gracioso: *Cuando oí aquella chanza, no pude contener la carcajada.* **2** Hecho burlesco que se hace por diversión o para ejercitar el ingenio: *Como se aburrían, improvisaron un escenario y empezaron a hacer imitaciones y otras chanzas.*

chao interj. *col.* Expresión que se usa como señal de despedida; *adiós: Al irse, dijo: «¡Chao a todos!».* ☐ ORTOGR. Es un italianismo (*ciao*) adaptado al español.

chapa ▮ s.f. **1** Lámina de material duro, esp. de metal o de madera: *La puerta es de madera, pero va reforzada con una chapa de acero.* **2** En un automóvil, parte metálica de su carrocería: *Los daños del accidente fueron solo de chapa y no afectaron al motor.* **3** Tapón metálico, generalmente dentado, que cierra herméticamente algunas botellas: *Quité la chapa del botellín con un abrebotellas.* 👁 **tapón** **4** Insignia o distintivo, generalmente de metal, que llevan los agentes de Policía para identificarse como tales; *placa: Aunque dijo que era policía, hasta que no vi su chapa no lo creí.* ▮ pl. **5** Juego infantil que se juega con los tapones metálicos de las botellas: *Dibujaron un circuito en el suelo para jugar a las chapas.* **6** ‖ **estar sin chapa.** *col.* No tener dinero: *Esta tarde no salgo porque estoy sin chapa.* ‖ **no {dar/pegar} ni chapa.** *col.* No trabajar o estar ocioso: *Ese holgazán se ha pasado la mañana de cháchara y sin dar ni chapa.* ‖ **no tener ni chapa.** *col.* No saber nada: *Se presentó al examen sin tener ni chapa.*

chapado, da ‖ **chapado a la antigua.** Referido a una persona, que está muy apegada a ideas y costumbres anticuadas: *Nunca se deja invitar por una mujer, porque es un hombre chapado a la antigua.*

chapar v. **1** Cubrir, revestir o adornar con chapas de un material duro o con capas de un metal precioso; *chapear: El joyero chapó una pulsera en oro.* **2** *col.* Trabajar o estudiar mucho: *La víspera del examen chapé como nunca.* **3** *col.* Cerrar: *Estuvimos en el bar hasta que chaparon.*

chaparro, rra ▮ adj./s. **1** Referido a una persona, que es baja y rechoncha: *Vino con una chica tan chaparra que parecía su hija. Las cuestas no están pensadas para los chaparros.* ▮ s.m. **2** Mata de roble o de encina, muy ramificada y de poca altura: *Tropecé y caí sobre unos chaparros.*

a b c d e f g h i j k l m n ñ o p q r s t u v w x y z

chaparrón s.m. **1** Lluvia fuerte de corta duración: *Nos ha pillado el chaparrón y nos hemos puesto como sopas.* **2** *col.* Riña o reprimenda fuertes: *Como le pierdas ese libro, prepárate para el chaparrón.* **3** *col.* Abundancia o gran cantidad, esp. las que sobrevienen de repente: *Los periodistas le lanzaron un chaparrón de preguntas.*

chapear v. →**chapar.**

chapeau (galicismo) interj. *col.* →**chapó.** ☐ PRON. [chapó].

chapela s.f. Boina con mucho vuelo, típicamente vasca: *En la foto se ve a Pío Baroja con una chapela que le hace sombra en los ojos.* ☐ ORTOGR. Es un término del euskera (*txapela*) adaptado al español. 👁 **sombrero**

chapista s. Persona que se dedica profesionalmente a trabajar la chapa, esp. la de las carrocerías de automóviles: *Llevé el coche a un chapista para que me arreglase las abolladuras.* ☐ MORF. Es de género común y exige concordancia en masculino o en femenino para señalar la diferencia de sexo: *el chapista, la chapista.*

chapistería s.f. **1** Taller en el que se trabaja la chapa metálica: *Encargué unas puertas de metal en una chapistería.* **2** Arte o técnica de trabajar la chapa: *Aprende chapistería para poner su propio taller de chapa.*

chapitel s.m. **1** Remate en forma piramidal de una torre: *Los chapiteles son frecuentes en la arquitectura madrileña y toledana.* **2** →**capitel.**

chapó interj. *col.* Expresión que se usa para indicar admiración o aprobación: *Cuando acabó su brillante intervención, me levanté y le dije: «¡Chapó!».* ☐ ORTOGR. Es un galicismo (*chapeau*) adaptado al español.

chapotear v. Referido a una persona, agitar las manos o los pies en el agua o en el barro, produciendo ruido: *El chiquillo se divertía chapoteando y saltando en un charco. En la playa, un niño empezó a chapotear con el agua para salpicarme.*

chapoteo s.m. **1** Agitación de las manos o de los pies que se hace en el agua o en el barro produciendo ruido: *Con su chapoteo consiguió mojarnos a todos.* **2** Ruido que produce el agua al ser batida por las manos o por los pies: *Por el chapoteo supe que los niños estaban otra vez en el agua.*

chapucería s.f. **1** Tosquedad, imperfección o deficiente acabado en lo que se hace: *La chapucería y el poco cuidado distinguen todos sus trabajos.* **2** →**chapuza.**

chapucero, ra ▌adj. **1** Realizado sin técnica ni cuidado o con un acabado deficiente: *El grifo sigue goteando porque la reparación fue chapucera.* ▌adj./s. **2** Referido a una persona, que trabaja de esta manera: *La instalación la hizo un electricista chapucero que dejó todos los cables a la vista. Si presentas un trabajo tan sucio, pensarán que eres un chapucero.*

chapurrear v. Hablar con dificultad y de manera incorrecta en un idioma, esp. en uno distinto del propio: *Hasta los dos años no empezó a chapurrear. Dice que sabe inglés, pero solo lo chapurrea.*

chapuza s.f. **1** Obra hecha sin técnica ni cuidado o con un acabado deficiente; *chapucería: Se ofreció a pintarme el salón y menuda chapuza me ha hecho.* **2** Trabajo o arreglo de poca importancia: *Después de su jornada en la empresa, hace chapuzas de albañilería y fontanería por las casas.*

chapuzas s. *col.* Persona que hace chapuzas u obras sin técnica ni cuidado: *Me lo arregló un chapuzas que lo ha dejado peor que estaba.* ☐ MORF. 1. Es de género común y exige concordancia en masculino o en femenino para señalar la diferencia de sexo: *el chapuzas, la chapuzas.* 2. Invariable en número.

chapuzón s.m. Baño rápido o en el que la introducción en el agua se hace bruscamente o de cabeza: *Siempre se da un chapuzón en la piscina antes de comer.*

chaqué s.m. Prenda masculina de etiqueta, semejante a una chaqueta, que a la altura de la cintura se abre por delante y se prolonga hacia atrás en dos largos faldones, y que suele combinarse con un pantalón oscuro a rayas: *El novio vestía un elegante chaqué.* ☐ ORTOGR. Es un galicismo (*jaquette*) adaptado al español. ☐ SEM. Dist. de *frac* (prenda que por delante termina en dos picos y llega hasta la cintura).

chaqueta s.f. **1** Prenda exterior de vestir, con mangas, abierta por delante y que cubre hasta más abajo de la cintura: *Cuando sintió calor se quitó la chaqueta y se quedó en mangas de camisa.* **2** ‖ **cambiar de chaqueta.** Cambiar interesadamente de ideas, esp. si son políticas: *Cada vez que sube al poder un partido nuevo, cambia de chaqueta y adopta su ideología.*

chaqueteo s.m. *col.* Cambio interesado de ideas, esp. si son políticas: *Su chaqueteo ha sido muy criticado por los comentaristas políticos.*

chaquetero, ra adj./s. *col.* Que cambia interesadamente de ideas, esp. si son políticas: *Se le acusó de ser un político chaquetero y de no tener ideas propias. Es un chaquetero que ha militado ya en tres formaciones políticas diferentes.*

chaquetilla s.f. Chaqueta más corta que la ordinaria y que suele llevar adornos: *La chaquetilla del traje de luces de los toreros suele estar bordada.*

chaquetón s.m. Prenda de abrigo más larga que la chaqueta: *Los chaquetones de lana abrigan mucho.*

charada s.f. Juego que consiste en adivinar una palabra a partir de algunas pistas sobre su significado y el de las palabras que resultan tomando una o varias de sus sílabas: *Le gusta mucho resolver las charadas que vienen en las revistas de pasatiempos.*

charanga s.f. Banda de música de carácter jocoso o populachero formada por instrumentos de viento, esp. de metal: *Una charanga recorre las calles del pueblo el día de la fiesta.*

charca s.f. Charco grande de agua detenida en el terreno de forma natural o artificial: *Al atardecer se oía el croar de las ranas de la charca.*

charco s.m. **1** Agua u otro líquido detenidos en una cavidad del terreno o sobre el piso: *La policía encontró un charco de sangre en el suelo.* **2** ‖ **{cruzar/pasar} el charco.** *col.* Cruzar el mar, esp. el océano Atlántico (situado entre las costas americanas y las europeas y africanas): *Muchos emigrantes europeos cruzaron el charco para buscar un nuevo futuro en América.*

charcutería s.f. Establecimiento en el que se venden embutidos y productos derivados del cerdo; *chacinería: Compramos jamón y otros fiambres en la charcutería.*

charcutero, ra s. Persona que se dedica profesionalmente a la venta de embutidos y productos derivados del cerdo: *El charcutero del mercado me ha puesto un chorizo buenísimo.*

charla s.f. **1** *col.* Conversación que se mantiene por pasatiempo, sin un objeto preciso, o sobre cosas intrascendentes; *charloteo: La charla derivó a nuestros años de juventud.* **2** Disertación oral ante un público, sin solemnidad y sin excesivas preocupaciones formales: *En la asociación de vecinos nos han dado unas charlas sobre primeros auxilios.* **3** ‖ **{dar/echar} {la/una} charla.** *col.* Reprender una conducta o exponer una idea para enseñar a otros: *Mi madre me echó la charla por llegar tarde a casa.*

charlar v. **1** *col.* Conversar y hablar por pasatiempo, sin un objeto preciso: *Pasaron la tarde charlando y recordando viejos tiempos.* **2** *col.* Hablar mucho y de cosas intrascendentes: *Se pasó las tres horas del viaje charlando sin parar.*

charlatán, -a ▮ adj./s. **1** Que habla mucho y de cosas intrascendentes: *¡Mira que es charlatana tu vecina...! El profesor me ha castigado por charlatán.* **2** Indiscreto o que cuenta lo que debería callar: *Si no fueras tan charlatán nadie se enteraría de nuestros planes. Cuidado con lo que le cuentas, porque es una charlatana y lo suelta todo.* **3** Que embauca o engaña a alguien aprovechándose de su inexperiencia o de su candor: *Un curandero charlatán me aseguró que estas hierbas curaban la tos, y al tomarlas casi me muero. Le compré estas ollas a un charlatán porque decía que eran de acero inoxidable, y resulta que son de hojalata.* ▮ s.m. **4** Persona que vende en la calle y que anuncia a voces su mercancía: *El charlatán recorría las calles del pueblo voceando sus cacharros de barro.*

charlatanería s.f. **1** Tendencia o inclinación a hablar mucho; *locuacidad: Con su charlatanería siempre estropea las reuniones de amigos.* **2** Conversación abundante, intrascendente o indiscreta, esp. si con ella se intenta embaucar a alguien: *La charlatanería de ese vendedor siempre me termina convenciendo.*

charlestón s.m. Baile creado por las comunidades de raza negra estadounidenses y que se puso de moda en el continente europeo en los años veinte (por alusión a Charleston, ciudad estadounidense en la que surgió): *El charlestón se caracteriza por su ritmo rápido y sus movimientos improvisados.*

charlotada s.f. **1** Espectáculo taurino de carácter cómico: *En las charlotadas suele haber vaquillas que persiguen a payasos.* **2** Actuación pública grotesca o ridícula: *En el parque había un grupo de teatro haciendo charlotadas.*

charloteo s.m. Conversación que se mantiene por pasatiempo, sin un objeto preciso, o sobre cosas intrascendentes; *charla: Los centinelas se enredaron en un alegre charloteo para mantenerse despiertos.*

charnela s.f. **1** Bisagra o mecanismo metálico que facilita el movimiento giratorio de las puertas: *Engrasa las charnelas para que no chirríe la puerta.* **2** En una concha con dos valvas, articulación que une las dos piezas que la componen: *La charnela suele estar engranada con una serie de dientes.*

charol s.m. **1** Barniz muy brillante y permanente, que conserva su brillo sin agrietarse, y que se adhiere perfectamente a la superficie sobre la que se aplica: *A esta piel le han dado una capa de charol.* **2** Cuero al que se le ha aplicado este barniz: *Tengo unos zapatos de charol.*

charretera s.f. Insignia militar de oro, plata, seda u otra materia, con forma de pala, que se sujeta al hombro por una presilla, y de la que cuelga un fleco: *El uniforme de gala del general llevaba charreteras.*

charro, rra ▮ adj. **1** De mal gusto o muy recargado de adornos: *Cuando actúa sale con una camisa muy charra llena de colorines y lentejuelas.* ▮ adj./s. **2** De los aldeanos de la provincia de Salamanca o relacionado con ellos: *Soy salmantina y el día de la fiesta de mi pueblo visto el traje charro. Unos charros nos contaron viejas historias de la zona.* ☐ MORF. En la acepción 2, como sustantivo se refiere solo a las personas de la provincia de Salamanca.

chárter adj./s.m. Referido a un vuelo o al avión que lo realiza, que ha sido contratado expresamente para realizar ese viaje y al margen de los vuelos regulares: *Los vuelos chárteres son más baratos que los regulares. Los turistas volaron a México en un chárter.* ☐ MORF. 1. Como adjetivo es invariable en género. 2. Su plural es *chárteres*, aunque se usa mucho como invariable.

chascar v. Dar chasquidos; *chasquear: La leña chascaba entre las llamas de la chimenea.* ☐ ORTOGR. La *c* se cambia en *qu* delante de *e* →**SACAR**.

chascarrillo s.m. *col.* Anécdota, cuento breve o frase ingeniosos, equívocos o graciosos: *Nos contó chascarrillos de su pueblo y nos reímos mucho.*

chasco s.m. **1** Decepción que produce un suceso adverso o contrario a lo que se esperaba: *Me llevé un chasco cuando comprobé que se había olvidado de mi cumpleaños.* **2** Burla o engaño que se hace a alguien: *Me dio un buen chasco al esconderme la ropa mientras me bañaba.*

chasis s.m. **1** En un automóvil, bastidor o armazón que soporta su carrocería: *El bache era tan grande que el chasis del coche resultó dañado.* **2** ‖ **{estar/quedarse}** alguien **en el chasis.** *col.* Estar o quedarse muy delgado: *Se ha recuperado de su anemia, pero se ha quedado en el chasis.* ☐ MORF. Invariable en número.

chasquear v. **1** Dar chasquidos; *chascar: El látigo del domador chasqueaba ante los leones.* **2** Referido a una persona, darle un chasco o burla: *Nos chasqueó a todos diciéndonos que nos había tocado la lotería.*

chasquido s.m. **1** Ruido seco y repentino que se produce al resquebrajarse o romperse algo, esp. la madera: *En la sala solo se oía el chasquido de la leña que se partía en el fuego.* **2** Sonido que se hace con el látigo o con la honda al sacudirlos en el aire: *El chasquido del látigo asustó al caballo.* **3** Ruido que se hace con la lengua al separarla rápidamente del paladar: *Daba chasquidos para espantar al ganado.* **4** Cualquier ruido semejante a estos: *Daba chasquidos con los dedos para llamar al camarero.*

chat (anglicismo) s.m. Charla o tertulia que mantienen varios usuarios en internet de forma simultánea: *Me he metido en un chat de literatura.*

chatarra s.f. **1** Conjunto de trozos de metal viejo o de desecho, esp. de hierro: *En este almacén compran chatarra de coches y de las máquinas viejas.* **2** *col.* Máquina o aparato viejo o inservible: *Estos radiadores viejos son solo chatarra.* **3** *col.* Conjunto de monedas metálicas de poco valor: *No me des tantas monedas que siempre llevo el monedero lleno de chatarra.* **4** *col.* Lo que tiene poco valor: *No llevo joyas, es todo chatarra.* **5** *col.* Conjunto de condecoraciones o de joyas: *¡Anda que no llevaba poca chatarra el capitán en la guerrera!*

chatarrería s.f. Establecimiento en el que se compra o vende chatarra: *Se dedica a recoger chatarra que luego vende en una chatarrería.*

chatarrero, ra s. Persona que se dedica a recoger, almacenar o vender chatarra: *Vendí la vieja nevera al chatarrero.*

chatear v. **1** Beber chatos de vino: *Antes de comer suelo chatear con los amigos por los bares de la zona.* **2** Participar en un chat de internet: *Voy a chatear con un amigo.*

chato, ta ▮ adj. **1** Referido a la nariz, que es pequeña y

a b c d e f g h i j k l m n ñ o p q r s t u v w x y z

aplastada: *La nariz chata acentúa la forma redondeada de su cara.* **2** Que es más plano, sobresale menos o tiene menos altura en relación con algo de la misma especie o clase: *No me gusta este coche porque tiene la parte trasera muy chata.* ▮ adj./s. **3** Referido a una persona, que tiene la nariz pequeña y aplastada: *Es un poco chata y no le sientan bien las gafas. Los chatos tienen una cara muy graciosa.* ▮ s.m. **4** *col.* Vino que se toma en un vaso bajo y ancho: *Póngame un chato, por favor.*

chauvinismo s.m. →**chovinismo.** □ PRON. [chobinísmo]. □ ORTOGR. Es un galicismo (*chauvinisme*) semiadaptado al español.

chauvinista adj./s. →**chovinista.** □ PRON. [chobinista]. □ MORF. Como adjetivo es invariable en género y como sustantivo es de género común, y exige concordancia en masculino o en femenino para señalar la diferencia de sexo: *el chauvinista, la chauvinista.*

chaval, -a s. Niño, muchacho o persona joven: *Los chavales están jugando en el patio.*

chaveta s.f. *col.* Cabeza: *Estás mal de la chaveta si piensas que me vas a engañar.*

chavo s.m. →**ochavo.**

che ▮ s.f. **1** Nombre que se da a la unión de las letras *c* y *h* en español: *La palabra 'cháchara' tiene dos 'ches'.* ▮ interj. **2** Expresión que se usa para llamar la atención del oyente: *¡Che, atiende, que no te enteras!*

checo, ca ▮ adj./s. **1** De la República Checa (país centroeuropeo), o relacionado con ella: *La capital checa es Praga. El territorio checo comprende las antiguas regiones de Bohemia y Moravia.* **2** De la antigua Checoslovaquia (país centroeuropeo), o relacionado con ella; *checoeslovaco, checoslovaco: Los checos desarrollaron una importante industria de cristal en Bohemia.* ▮ s.m. **3** Lengua eslava de este país: *El checo tiene un alfabeto latino.* □ MORF. En la acepciones 1 y 2, como sustantivo se refiere solo a las personas de la República Checa o de la antigua Checoslovaquia.

checoeslovaco, ca adj./s. →**checoslovaco, ca.**

checoslovaco, ca adj./s. De la antigua Checoslovaquia (país centroeuropeo), o relacionado con ella; *checo: La nación checoslovaca estaba formada por las regiones de Bohemia, Moravia y Eslovaquia. Los checoslovacos eran un pueblo eslavo.* □ ORTOGR. Se admite también *checoeslovaco.* □ MORF. Como sustantivo se refiere solo a las personas de la antigua Checoslovaquia.

chef s. Jefe de cocina: *El chef del restaurante organiza el trabajo de todos los cocineros.* □ ORTOGR. Es un término del francés (*chef*) adaptado al español. □ MORF. 1. Es de género común y exige concordancia en masculino o en femenino para señalar la diferencia de sexo: *el chef, la chef.* 2. Su plural es *chefs.*

cheli s.m. Variedad lingüística o jerga compuesta por palabras y expresiones castizas o marginales: *El cheli es habitual entre los sectores jóvenes de la población.*

chelín s.m. **1** Moneda inglesa que equivalía a la vigésima parte de una libra esterlina: *El chelín dejó de circular a principios de los años setenta.* **2** Unidad monetaria austriaca hasta la adopción del euro: *El chelín dejó de ser válido en febrero del año 2002.* **3** Nombre genérico que recibe la unidad monetaria de distintos países: *La moneda de Kenia es el chelín keniano.*

chelo s.m. →**violonchelo.**

chepa s.f. **1** Curvatura anómala de la columna vertebral, del pecho o de ambos a la vez; *joroba: Anda más derecha si no quieres que te salga chepa.* **2** ‖ **subírsele a la chepa** a alguien. Tomarse excesivas confianzas o perderle el respeto: *Si no te pones serio con los alumnos desde un principio, rápidamente se te suben a la chepa.*

cheposo, sa adj. *col.* →**chepudo, da.**

chepudo, da adj. *col.* Que tiene chepa; *cheposo: Aunque es un chico miope y chepudo me parece encantador.*

cheque s.m. Documento por el que la persona que lo expide autoriza el pago de una cierta cantidad al beneficiario señalado o al portador del mismo: *En el cheque debe figurar el importe en número y en letra.*

chequear ▮ v. **1** Examinar, verificar o cotejar: *El contable chequeaba el libro de cuentas con las facturas de la empresa.* ▮ prnl. **2** Hacerse un reconocimiento médico completo y exhaustivo: *Los médicos aconsejan chequearse una vez al año.*

chequeo s.m. **1** Reconocimiento médico completo y exhaustivo: *La empresa nos obliga a hacernos un chequeo una vez al año.* **2** Revisión, comprobación o cotejo de algo: *El chequeo de los documentos probó que la copia había sido manipulada.*

chequera s.f. **1** Talonario de cheques: *Antes de extender el último cheque debes solicitar al banco una chequera nueva.* **2** Cartera para guardar este talonario: *Me han regalado una chequera de piel.*

cherokee adj./s. De una tribu india que habitaba en Tennessee (estado norteamericano) y que en el siglo XIX fue expulsada hacia el oeste, o relacionado con ella: *La tribu cherokee vivía en el este norteamericano. Los cherokees perdieron a principios del siglo XX su autonomía política.* □ PRON. [cheróki].

chevió s.m. →**cheviot.**

cheviot s.m. **1** Lana del cordero escocés: *El cheviot es muy apreciado en la industria textil.* **2** Paño que se hace con esta lana: *Las chaquetas de cheviot abrigan mucho.* □ ORTOGR. Se admite también *chevió.* □ MORF. Su plural es *cheviots.*

cheyene adj./s. De la tribu amerindia que vivía al sur del lago Superior (lago estadounidense), o relacionado con ella: *En el siglo XIX la tribu cheyene se trasladó a los estados de Montana y Oklahoma. Los cheyenes eran hábiles cazadores de bisontes.* □ PRON. Aunque la pronunciación correcta es [cheyene], está muy extendida [cheyén].

chianti s.m. →**quianti.** □ USO Es un italianismo innecesario.

chic adj. Elegante, distinguido o a la moda: *Llevas un traje muy chic.* □ ORTOGR. Es un término del francés (*chic*) adaptado al español. □ MORF. 1. Es invariable en género. 2. Su plural es *chics.*

chicano, na adj./s. De los ciudadanos estadounidenses que pertenecen a la minoría de origen mexicano: *El movimiento chicano reivindica la igualdad de derechos civiles y políticos. Los chicanos tienen medios de expresión propios.*

chicarrón, -a adj./s. *col.* Referido a un joven o a un adolescente, que está muy crecido y desarrollado: *El chico está chicarrón y desgarbado. Tu hija está hecha una chicarrona.*

chicha s.f. **1** *col.* Carne: *Deja las patatas y cómete la chicha.* **2** ‖ **no ser** algo **ni chicha ni limonada.** *col.* Tener un carácter indefinido o impreciso, o no valer para nada: *Mantienen una relación que no es ni chicha ni limonada y ni ellos saben si son novios o solo amigos.*

chicharra s.f. **1** Insecto de color verdoso amarillento de cabeza gruesa, ojos salientes, alas cortas y membranosas, y abdomen en forma de cono, en cuya base los machos tienen un aparato con el que producen un ruido estridente y monótono; *cigarra: Las chicharras adultas mueren al final del verano.* ◉ **insecto** **2** *col.* Persona muy habladora: *Se me sentó al lado una chicharra y no dejó de hablar en todo el viaje.* □ MORF. En la acepción 1, es un sustantivo epiceno y la diferencia de sexo se señala mediante la oposición *la chicharra {macho/hembra}*.

chicharro s.m. **1** Pez marino, de cuerpo rollizo y de color azul o verdoso por el lomo y blanco rojizo por el vientre, cabeza corta, escamas pequeñas y muy unidas a la piel, excepto a lo largo de los costados, donde son fuertes y agudas, con dos aletas dorsales provistas de grandes espinas y una cola extensa y en forma de horquilla; *jurel: El chicharro es un pescado comestible.* **2** →**chicharrón**. □ MORF. En la acepción 1, es un sustantivo epiceno y la diferencia de sexo se señala mediante la oposición *el chicharro {macho/hembra}*.

chicharrón ▮ s.m. **1** Residuo de la manteca de algunos animales, esp. del cerdo, una vez que ha sido derretida; *chicharro: En el pueblo compramos una torta de chicharrones.* ▮ pl. **2** Fiambre formado por trozos de carne de distintas partes del cerdo prensado en moldes: *Compra chicharrones en la charcutería.*

chichón s.m. Abultamiento redondeado producido por un golpe en la cabeza: *Se cayó de la silla y se hizo un chichón en la frente.*

chichonera s.f. Gorro que se utiliza para proteger a una persona de golpes en la cabeza: *Esa ciclista lleva una chichonera formada por varias bandas gruesas de goma.* ◉ **sombrero**

chicle s.m. Golosina que se mastica pero no se traga, de sabor agradable; *goma de mascar: El sabor de este chicle sin azúcar dura mucho tiempo.* □ PRON. Incorr. *[chiklé], *[chiklét].

chiclé s.m. Pieza que regula el paso de algunos fluidos, esp. en el carburador de un automóvil: *En un coche el chiclé regula el paso de la gasolina.*

chico, ca ▮ adj. **1** Pequeño o de poco tamaño: *Has crecido tanto que se te ha quedado chica la camisa.* ▮ s. **2** Niño o muchacho: *Ha ido al cine con los chicos del barrio.* **3** Persona, esp. la de edad no muy avanzada: *En mi trabajo hay más chicas que chicos.* □ USO Se usa como apelativo: *Me dijo cuando me vio: '¡Chico, cómo has cambiado!'.*

chicuelina s.f. En tauromaquia, pase que el torero da con la capa por delante y con los brazos a la altura del pecho, girando en sentido contrario a la embestida del toro (por alusión a su creador, el torero español Chicuelo): *El torero hizo un quite por chicuelina.*

chiflado, da adj./s. *col.* Loco o con el juicio trastornado; *sonado: Cada día está más chiflado y tiene más manías. Sus amigos son un grupo de chiflados con los que lo pasarás genial.*

chifladura s.f. **1** Entusiasmo desmedido o trastorno del juicio: *Tiene verdadera chifladura por los coches de carreras.* **2** Manía, extravagancia o hecho propios de un chiflado: *Su última chifladura es levantarnos a todos de madrugada y a toque de trompeta.*

chiflar v. **1** Silbar con un silbato o imitar este sonido: *Apaga la olla cinco minutos después de que empiece a chiflar.* **2** *col.* Volver loco o trastornar el juicio: *Me chiflan los trajes de esta tienda. Se chifló por una compañera de trabajo y acabó casándose con ella.*

chifonier s.m. Mueble con cajones superpuestos, más alto que ancho: *Tiene en su dormitorio un chifonier de caoba con cerraduras y tiradores dorados.* □ ORTOGR. Es un galicismo (*chiffonnier*) adaptado al español.

chihuahua adj./s. Referido a un perro, de la raza que se caracteriza por tener cuerpo muy pequeño, cabeza redonda y orejas grandes: *La raza chihuahua es de origen mexicano. Los chihuahuas tienen un ladrido muy agudo.* □ MORF. Como adjetivo es invariable en género. ◉ **perro**

chií adj./s. →**chiita.** □ MORF. 1. Como adjetivo es invariable en género. 2. Como sustantivo es de género común y exige concordancia en masculino o en femenino para señalar la diferencia de sexo: *el chií, la chií*. 3. Su plural es *chiís* o *chiíes*.

chiita ▮ adj. **1** De la rama de la religión islámica que considera a Alí, yerno de Mahoma (profeta árabe), y a sus descendientes como únicos guías religiosos o relacionado con ella: *Las posturas chiitas se caracterizan por su radicalidad.* ▮ adj./s. **2** Partidario o seguidor de esta rama de la religión islámica: *Hubo un enfrentamiento violento entre musulmanes moderados y chiitas. Los chiitas son uno de los grupos más extremistas del integrismo islámico.* □ MORF. 1. Como adjetivo es invariable en género. 2. Como sustantivo es de género común y exige concordancia en masculino o en femenino para señalar la diferencia de sexo: *el chiita, la chiita*. □ SEM. Es sinónimo de *chií*.

chilaba s.f. Prenda de vestir con capucha que usan los árabes: *Cuando estuve en Marruecos, un chico vestido con chilaba me invitó a tomar té.*

chile s.m. Pimiento pequeño y muy picante: *Fuimos a un restaurante de comida mexicana y tomamos chile con carne.*

chileno, na ▮ adj./s. **1** De Chile (país sudamericano), o relacionado con él: *La capital chilena es Santiago de Chile. Los chilenos hablan español.* ▮ s.f. **2** En fútbol, remate o tiro a gol que hace un jugador de espaldas a la portería, elevando los pies por encima de la cabeza: *El delantero hizo una chilena y marcó el segundo gol.* □ MORF. En la acepción 1, como sustantivo se refiere solo a las personas de Chile.

chilindrón ‖ **al chilindrón.** Referido a la carne, que se guisa rehogándola con tomate, pimiento y otros ingredientes: *Hoy tenemos para comer pollo al chilindrón.*

chillar v. **1** Dar chillidos: *No chilles, que una cucaracha no te va a hacer nada.* **2** Levantar la voz: *¡Chilla más, que está la radio puesta y no te oigo!*

chillido s.m. Sonido de la voz no articulado, agudo y desagradable: *Al verte con la careta dio un salto y un chillido tremendos.*

chillón, -a ▮ adj. **1** Referido a un sonido, que es agudo y desagradable: *No soporto la música chillona que ponen en este bar.* **2** Referido a un color, que es demasiado vivo o que está mal combinado con otro: *Siempre va vestido con ropa de colores chillones.* ▮ adj./s. **3** *col.* Que chilla mucho: *Esos niños tan chillones que juegan en la calle no me han dejado dormir la siesta. Tenía detrás en el partido a un grupo de chillones que casi me dejan sorda.*

chimenea s.f. **1** Conducto por el que sale el humo que resulta de la combustión en una caldera, cocina u horno: *Las chimeneas de esta fábrica están echando constantemente humo.* **2** En un lugar, esp. en una habitación, espacio acondicionado para encender fuego y provisto de una salida de humo: *La chimenea del salón tira tan bien que calienta toda la casa.* **3** En geología, conducto a través del cual un volcán expulsa lava y otros materiales de erupción: *Los espeleólogos descendieron por la chimenea de un volcán apagado.* **4** En alpinismo, grieta vertical en un muro o en un glaciar: *Subieron esa chimenea apoyando la espalda en uno de sus lados y los pies en el otro.*

chimpancé s.m. Mono de brazos largos, cabeza grande, barba y cejas prominentes, con la nariz aplastada y todo el cuerpo cubierto de pelo de color pardo negruzco: *El chimpancé habita en el centro de África y forma agrupaciones poco numerosas.* □ MORF. Es un sustantivo epiceno y la diferencia de sexo se señala mediante la oposición *el chimpancé {macho/hembra}.* 👁 **primate**

china s.f. Véase **chino, na.**

chinarro s.m. Piedra pequeña y redondeada.

chinchar ▮ v. **1** *col.* Molestar, fastidiar o incordiar: *No chinches más a tu hermano y déjale estudiar.* ▮ prnl. **2** *col.* Aguantarse o sufrir con paciencia un contratiempo inevitable; *fastidiarse: Lo esperaremos cinco minutos más, y si no viene entramos al cine y que se chinche.*

chinche ▮ adj./s. **1** *col.* Referido a una persona, que es molesta y pesada: *No seas chinche y déjame trabajar un rato tranquilo. Esas amigas tuyas son unas chinches y solo vienen para cotillear.* ▮ s.f. **2** Insecto de color oscuro, con aparato bucal chupador, piezas bucales en forma de pico articulado, y cuerpo aplastado, casi elíptico, y que segrega un líquido maloliente: *La chinche chupa la sangre humana taladrando la piel, y su picadura es irritante.* 👁 **insecto 3** ‖ **{caer/morir} como chinches.** *col.* Haber gran número de muertes: *Como la epidemia siga extendiéndose, los pobladores de esta zona caerán como chinches.* □ MORF. 1. En la acepción 1, como adjetivo es invariable en género y como sustantivo es de género común, y exige concordancia en masculino o en femenino para señalar la diferencia de sexo: *el chinche, la chinche.* 2. En la acepción 2, se usa también como masculino.

chincheta s.f. Pequeño clavo metálico de cabeza grande circular y chata y con la punta afilada: *Coloca el aviso en el tablón de anuncios sujetándolo con chinchetas.*

chinchilla s.f. **1** Mamífero roedor, parecido a la ardilla, pero de tamaño algo mayor y con pelaje gris, más claro por el vientre que por el lomo, de gran finura y suavidad: *La chinchilla es propia de América del Sur y vive en madrigueras subterráneas.* **2** Piel de este animal: *Aunque parece un abrigo de chinchilla, es de piel sintética.* □ MORF. En la acepción 1, es un sustantivo epiceno y la diferencia de sexo se señala mediante la oposición *la chinchilla {macho/hembra}.*

chinchín interj. Expresión que se usa cuando se brinda al chocar las copas o los vasos: *Chinchín, y que cumplas muchos más.*

chinchón s.m. Aguardiente anisado, originario de Chinchón (localidad madrileña): *Después de comer solía tomar una copita de chinchón con el café.*

chinchorro s.m. Hamaca ligera tejida de cordeles: *Tiene en su jardín un chinchorro atado a dos árboles en el que duerme la siesta.*

chinchoso, sa adj. *col.* Referido a una persona, que es molesta, pesada o que fastidia: *Su hermano es muy chinchoso y no la deja en paz ni un segundo.*

chinela s.f. Zapatilla sin talón, de suela ligera, que se usa para andar por casa: *Cuando se acuesta deja las chinelas a los pies de la cama.*

chino, na ▮ adj./s. **1** De China (país asiático) o relacionado con ella: *Ayer cenamos en un restaurante chino. Los chinos tienen los ojos rasgados y el pelo negro.* ▮ s.m. **2** Lengua asiática de este y otros países: *El chino es el idioma que mayor número de hablantes tiene.* **3** *col.* Lenguaje ininteligible o difícil de entender: *Deja de hablarme en chino y sé más claro porque no te entiendo nada.* ▮ s.m.pl. **4** Juego que consiste en adivinar el número total de monedas que cada jugador esconde dentro del puño: *En los chinos ningún jugador puede esconder más de tres monedas.* ▮ s.f. **5** Piedra pequeña, y a veces redondeada: *Espérame, que creo que se me ha metido una china en el zapato.* **6** Trozo de hachís prensado: *Lo registraron en la aduana para ver si llevaba alguna china.* **7** ‖ **de chinos.** Referido esp. a un trabajo, que es muy pesado o que requiere mucha paciencia: *Pegar y recomponer el jarrón roto es un trabajo de chinos.* ‖ **engañar como a un chino** a alguien. *col.* Aprovecharse de su credulidad o engañarlo por completo: *En la tienda te engañaron como a un chino, porque el jarrón ya estaba roto cuando lo compraste.* ‖ **tocarle la china** a alguien. *col.* Corresponderle la peor parte o el peor trabajo: *Me tocó la china y tuve que hablar con el profesor para que cambiara el examen.* □ MORF. En la acepción 1, como sustantivo se refiere solo a las personas de China. □ USO La expresión *engañar como a un chino* tiene un matiz despectivo.

chip s.m. Pequeño circuito integrado, montado sobre una cápsula de material plástico, generalmente de silicio, y provista de una serie de patillas que permiten establecer las conexiones: *Una tarjeta de gráficos de ordenador está compuesta por numerosos chips.* □ MORF. Su plural es *chips.*

chipén adj. *col.* Excelente, estupendo o muy bueno: *Se ha comprado un coche chipén, último modelo.* □ MORF. Invariable en género y en número. □ SINT. Se usa también como adverbio de modo: *Estuvimos comiendo en su casa y lo pasamos 'chipén'.*

chipirón s.m. Calamar de pequeño tamaño: *He comido chipirones en su tinta.*

chipriota adj./s. De Chipre o relacionado con este país europeo: *La capital chipriota es Nicosia. Los chipriotas viven en una isla.* □ MORF. 1. Como adjetivo es invariable en género. 2. Como sustantivo es de género común y exige concordancia en masculino o en femenino para señalar la diferencia de sexo: *el chipriota, la chipriota.* 3. Como sustantivo se refiere solo a las personas de Chipre.

chiquero s.m. Cada uno de los compartimentos del toril o lugar en el que están encerrados los toros antes de empezar la corrida: *El segundo toro de la tarde fue devuelto al chiquero por manso.*

chiquilicuatre s.m. *col. desp.* →**chiquilicuatro.**

chiquilicuatro s.m. *col. desp.* Hombre bullicioso, enredador y de poco juicio; *chiquilicuatre, chisgarabís: No te fíes de él porque es un chiquilicuatro que nunca cumple sus promesas.*

chiquillada s.f. Hecho o dicho propios de un chico; *chiquillería: Con tus treinta años tienes que tener más juicio y dejarte de chiquilladas.*

chiquillería s.f. **1** *col.* Conjunto de chicos: *En este parque juega toda la chiquillería del barrio.* **2** Hecho o dicho propios de un chico; *chiquillada: Me parece una chiquillería que no vengas a cenar con nosotros porque te dan vergüenza mis amigos.*

chiquitas ‖ **andarse con chiquitas.** *col.* Usar contemplaciones, pretextos o rodeos para esquivar o no hacer frente a algo: *No te andes con chiquitas y dime sin vergüenza qué es lo que te apetece de verdad.* □ USO Se usa más en expresiones negativas.

chiribitas s.f.pl. *col.* Partículas o lucecillas que durante un tiempo muy corto estorban la vista: *Se veía tan mal la tele que los ojos me hacían chiribitas.*

chirigota s.f. **1** *col.* Broma, burla o cuchufleta sin mala intención: *Es un buen consejo y no deberías tomártelo a chirigota.* **2** Conjunto de personas formado para cantar coplas festivas en los carnavales: *Casi todas las chirigotas cantaron canciones ridiculizando a los políticos.*

chirimbolo s.m. Objeto de forma extraña o complicada que no se sabe cómo nombrar: *Le han regalado un bote muy original con un chirimbolo para abrirlo.*

chirimía s.f. Instrumento musical de viento de origen árabe, parecido al oboe, de madera, con nueve o con diez agujeros y boquilla con lengüeta de caña: *La chirimía se usa en algunas bandas de carácter folclórico.* 👁 **viento**

chirimiri s.m. Llovizna muy fina y persistente; *sirimiri: Estuve unos días en Guipúzcoa y no dejó de caer chirimiri.*

chirimoya s.f. Fruta comestible, de color verde y con pulpa blanca y jugosa y grandes pepitas negras en su interior: *Me como las chirimoyas con una cucharilla.*

chiringuito s.m. Quiosco o puesto de bebidas y comidas sencillas, generalmente situado al aire libre: *Compré unos refrescos en el chiringuito del parque.*

chiripa s.f. *col.* Suerte o casualidad favorable; *carambola: Ganó la carrera de chiripa y porque el que iba primero se cayó.*

chirla s.f. Molusco con dos valvas parecido a la almeja, pero de menor tamaño y con la concha gris oscura y estriada: *He comprado chirlas para echarlas en la paella.*

chirle adj. *col.* Insípido o sin sustancia: *Este melón está tan chirle que parece pepino.* □ MORF. Invariable en género.

chirona s.f. *col.* Cárcel: *Lo metieron en chirona por comerciar con drogas.*

chirriar v. Referido a un objeto, producir un sonido desagradable al rozar con otro; *rechinar: La puerta chirría al abrirla porque las bisagras no están engrasadas.* □ ORTOGR. La *i* lleva tilde en los presentes, excepto en las personas *nosotros* y *vosotros* →**VACIAR**.

chirrido s.m. Sonido agudo, continuado y desagradable: *El chirrido de la verja del jardín me despertó.*

chiruca s.f. Bota hecha de tela resistente, con suela de goma (por extensión del nombre de la marca comercial *Chiruca®*): *Para la excursión me llevé las chirucas.*

chis interj. **1** *col.* Expresión que se usa para pedir o para imponer silencio; *chitón: ¡Chis!, se oyen pasos detrás de la puerta.* **2** *col.* Expresión que se usa para llamar a alguien: *¡Chis!, usted, la del abrigo negro, que se le ha caído el monedero.* □ SEM. Es sinónimo de *chist*.

chiscón s.m. Habitación pequeña o estrecha: *La leña la guarda en un chiscón que tiene junto al garaje.*

chisgarabís s.m. *col. desp.* Hombre bullicioso, enredador y de poco juicio; *chiquilicuatro, chiquilicuatre: No es más que un chisgarabís que no sabe comportarse correctamente.* □ MORF. Su plural es *chisgarabises*.

chisme s.m. **1** Noticia o comentario con los que se pretende murmurar de alguien o enemistar a unas personas con otras: *No es un buen amigo, porque siempre va contando chismes de unos y otros.* **2** *col.* Baratija o cosa pequeña y de poco valor, esp. si es inútil o resulta un estorbo: *Tiene el cajón lleno de canicas, gomas, clavos y otros chismes.* □ SEM. Se usa mucho como palabra comodín para designar de manera imprecisa un objeto.

chismorrear v. Contar chismes; *cotillear: Mi abuelo dice que las mujeres solo se juntan para chismorrear.*

chismorreo s.m. Actividad que consiste en comentar las vidas ajenas: *Déjame de chismorreos porque no me gusta meterme en la vida de los demás.*

chismoso, sa adj./s. Que chismorrea o que tiene inclinación a contar chismes: *Las personas chismosas te pueden meter en cualquier problema. Procura que no te vean los chismosos de tus vecinos.*

chispa s.f. **1** Partícula encendida que salta de una materia ardiendo o del roce de dos objetos: *De la leña que ardía en el hogar saltaban chispas.* **2** Partícula o parte muy pequeña de algo: *No hace ni chispa de frío.* **3** Descarga luminosa entre dos cuerpos, esp. si estos están cargados con diferente potencial eléctrico: *Al tocar el cable con las tijeras saltaron chispas.* **4** Gota de lluvia menuda y escasa: *Podemos salir porque solo caen unas chispas.* **5** Gracia, atractivo o ingenio: *Sus chistes tienen chispa y siempre me hacen reír.* **6** *col.* Borrachera ligera: *¡Menuda chispa se cogió en la cena!* **7** ‖ **echar** alguien **chispas.** *col.* Dar muestras de enojo o enfado: *Mejor será que hoy no le digas nada porque está que echa chispas.* ‖ **ser** alguien **una chispa.** *col.* Ser muy vivo y despierto: *El chico es una chispa y lo coge todo a la primera.*

chispazo s.m. **1** Salto de una chispa del fuego o entre conductores con distinta carga eléctrica: *Un chispazo del generador quemó los cables eléctricos.* **2** Daño que este salto produce: *Estos agujeros del jersey son chispazos de la lumbre.* **3** Suceso aislado y poco importante que precede o sigue al conjunto de otros de mayor importancia: *El fallido golpe de Estado fue el último chispazo de una época de tensiones sociales.*

chispeante adj. Referido esp. a un discurso o a un escrito, que en él abundan los destellos de ingenio y agudeza: *En sus charlas siempre inserta alguna anécdota chispeante sobre los usos ambiguos de las palabras.* □ MORF. Invariable en género.

chispear v. **1** Echar chispas: *Los troncos de madera chispeaban en la lumbre.* **2** Relucir o brillar mucho: *Sus ojos chispearon cuando recibió la noticia.* **3** Llover poco y en forma de gotas pequeñas: *Coge el paraguas, que ha empezado a chispear.* □ MORF. En la acepción 3, es verbo unipersonal: se usa solo en tercera persona del singular y en las formas no personales (infinitivo, gerundio y participio).

chisporrotear v. *col.* Referido al fuego o a un cuerpo encendido, despedir chispas reiteradamente: *No te acerques a la lumbre, porque la leña aún chisporrotea.*

chisporroteo s.m. *col.* Desprendimiento reiterado de chispas del fuego o de un cuerpo encendido: *El chisporroteo de la leña me ha quemado el delantal.*

chisquero s.m. Encendedor antiguo de bolsillo con mecha: *El abuelo encendía los cigarrillos con un chisquero.*

chist interj. →**chis.**

chistar v. **1** Referido a una persona, llamarla emitiendo el sonido 'chis': *Me chistó para que me volviera.* **2** *col.* Hablar o replicar: *A mí no me chistes, que estoy muy enfadada.*

chiste s.m. **1** Frase, historieta breve o dibujo que hace reír: *Nos pasamos la tarde riendo y contando chistes.* **2** Suceso gracioso: *Verlo correr es un chiste.* **3** Gracia o atractivo: *A eso que me cuentas no le veo el chiste por ninguna parte.*

chistera s.f. *col.* Sombrero de ala estrecha y copa alta, casi cilíndrica y plana por arriba, generalmente forrado de felpa de seda negra; *sombrero de copa: El mago sacó un conejo de su chistera.* 👁 **sombrero**

a b c d e f g h i j k l m n ñ o p q r s t u v w x y z

chistorra s.f. Embutido parecido al chorizo pero más delgado, propio de algunas zonas del norte español: *La chistorra se suele comer frita.*

chistoso, sa ▮ adj. **1** Que tiene chiste o gracia: *Siempre se ve envuelto en situaciones chistosas.* ▮ adj./s. **2** Que acostumbra a hacer chistes: *Es tan chistosa que hasta se ríe de sus desgracias. Un chistoso pretendía tomarme el pelo y salimos discutiendo.*

chistu s.m. Flauta recta de madera y con embocadura de pico, típica del País Vasco (comunidad autónoma española): *Muchos bailes folclóricos vascos se bailan con acompañamiento de chistu y tamboril.*

chitacallando ‖ **a la chita callando** o **a la chitacallando.** Calladamente o con disimulo: *Este lo hace todo a la chita callando para que nadie le pueda regañar.*

chitón interj. *col.* Expresión que se usa para pedir o para imponer silencio; *chis, chist: ¡Chitón, no quiero más discusiones!*

chivarse v.prnl. *col.* Delatar o decir algo que perjudique a otra persona: *Como me vuelvas a pegar me chivaré a mamá para que te castigue.*

chivatada s.f. *col.* →**chivatazo.**

chivatazo s.m. *col.* Acusación, denuncia o divulgación de algo que perjudique a alguien; *chivatada: La policía recibió el chivatazo dos horas antes de que se produjera el atraco.*

chivato, ta ▮ adj./s. **1** Referido a una persona, que denuncia o acusa, esp. si lo hace en secreto y cautelosamente; *delator: Si no fueras tan chivata te contaríamos dónde vamos. La policía cuenta con sus chivatos y confidentes.* ▮ s.m. **2** Dispositivo que advierte de una anormalidad o que llama la atención sobre algo: *Llevé el coche a revisión porque se encendía el chivato del aceite.*

chivo, va s. **1** Cría de la cabra desde que deja de mamar hasta que llega a la edad de procrear: *En el monte pastaban las cabras y los chivos.* **2** ‖ **chivo expiatorio.** Persona sobre la que se hace recaer una culpa compartida por varios; *cabeza de turco: La policía cree que él es solo el chivo expiatorio, y que detrás se esconde una organización.* ‖ **estar como una chiva.** *col.* Estar muy loco: *Se quiere cambiar de piso porque está como una chiva, y dice que este está lleno de energía negativa.*

chocar v. **1** Referido a un cuerpo, encontrarse violentamente con otro: *Los dos coches chocaron al tomar la curva. Andaba mirando hacia atrás y se chocó contra una farola.* **2** Referido a un elemento, ser contrario a otro o estar en desacuerdo con él: *Una vez más, nuestras opiniones chocaron y salimos discutiendo.* **3** Causar extrañeza o sorprender: *Me choca mucho que no haya venido porque habíamos quedado.* **4** Unir o juntar, esp. referido a las manos: *¡Cuánto me alegro de verte, choca esa mano!* ☐ ORTOGR. la *c* se cambia en *qu* delante de *e* →**SACAR.**

chocarrería s.f. Chiste o broma groseros o de mal gusto: *Me marché porque las chocarrerías que contaban me parecían ofensivas.*

chocarrero, ra adj. Que tiene o manifiesta chocarrería: *No sabe más que contar chistes chocarreros.*

chocha s.f. Véase **chocho, cha.**

chochear v. **1** Tener debilitadas las facultades mentales por efecto de la edad: *A sus ochenta años es normal que chochee y se le olviden las cosas.* **2** *col.* Extremar o exagerar el cariño o la afición por algo: *Tu padre chochea cuando habla de ti.*

chocho, cha ▮ adj. **1** Que chochea: *No le hagas caso porque ya es un viejo chocho y no sabe muy bien lo que dice.* **2** *col.* Alelado o atontado por el cariño o la afición hacia algo: *La abuela está chocha con los nietos.* ▮ s.m. **3** Semilla del altramuz, en forma de grano achatado, que resulta comestible una vez que se le ha quitado el amargor poniéndola en remojo en agua con sal; *altramuz: Compramos un cucurucho de chochos para comerlos durante el viaje.* **4** *vulg.* →**vulva.** ▮ s.f. **5** Molusco con dos valvas parecido a la almeja pero de menor calidad y con la concha blanquecina y lisa: *He preparado unas chochas con salsa.*

choco s.m. →**chopo.** ☐ MORF. Se usa mucho el diminutivo *choquito.*

chocolatada s.f. Comida cuyo componente principal es el chocolate caliente o a la taza: *Invitó a sus amigos a una chocolatada en su casa para celebrar su cumpleaños.*

chocolate s.m. **1** Sustancia alimenticia preparada con cacao y azúcar molidos, y al que se suele añadir canela o vainilla: *Cómprame una tableta de chocolate.* **2** Bebida que se prepara con esta sustancia desleída y cocida en agua o en leche: *Los domingos desayunamos chocolate con churros.* **3** *col.* En el lenguaje de la droga, hachís: *Van a pillar chocolate para hacerse un porro.*

chocolatera s.f. Véase **chocolatero, ra.**

chocolatería s.f. **1** Establecimiento en el que se fabrica o vende chocolate: *Los bombones los he comprado en la chocolatería de mi barrio.* **2** Establecimiento en el que se sirve al público chocolate a la taza: *En esta chocolatería sirven el chocolate con barquillos.*

chocolatero, ra ▮ adj./s. **1** Referido a una persona, que es muy aficionada a tomar chocolate: *Es muy chocolatero y no perdona su onza de chocolate después de comer. Los cafeteros se fueron a tomar café y los chocolateros nos subimos a casa a preparar chocolate.* ▮ s. **2** Persona que se dedica profesionalmente a elaborar o vender chocolate: *El chocolatero me recomendó que comprara estos bombones.* ▮ s.f. **3** Recipiente para servir chocolate: *Me han regalado una chocolatera de barro muy bonita.*

chocolatín s.m. →**chocolatina.**

chocolatina s.f. Tableta delgada y pequeña de chocolate; *chocolatín: He merendado un bollo y una chocolatina.*

chófer s. Persona que se dedica profesionalmente a conducir automóviles: *Mi chófer me recogerá a la salida del teatro.* ☐ MORF. Es de género común y exige concordancia en masculino o en femenino para señalar la diferencia de sexo: *el chófer, la chófer.*

chollo s.m. Lo que es apreciable y se adquiere de forma ventajosa o sin esfuerzo; *ganga: No te lo pienses más, porque este piso por ese precio es un chollo.*

chóped s.m. Embutido grueso semejante a la mortadela: *Me he preparado un bocadillo de chóped para merendar.*

chopera s.f. Terreno poblado de chopos: *En la ribera del río hay una gran chopera.*

chopo s.m. **1** Variedad de álamo, esp. la llamada *álamo negro*, que tiene corteza grisácea o rugosa, hojas ovales y ramas poco separadas del eje del tronco: *Merendamos a la orilla del río bajo la sombra de los chopos.* **2** Molusco marino, variedad de la sepia; *choco: Como aperitivo pedimos unos chopitos.* **3** *col.* Fusil: *Los soldados desfilaban con el chopo al hombro.* ☐ MORF. En la acepción 2 se usa mucho el diminutivo *chopito.*

choque s.m. **1** Encuentro violento de dos o más cuerpos: *El choque de los dos trenes produjo varios heridos.* **2** Oposición de varios elementos o desacuerdo entre ellos: *El* *choque con el sector más progresista del partido no tardó en producirse.* **3** Contienda, discusión o pelea: *Los dos hermanos tuvieron un choque a causa del reparto de la herencia.* **4** En el Ejército, combate o pelea de corta duración o con un pequeño número de tropas: *El choque entre los dos ejércitos produjo un gran número de bajas.* **5** Estado de profunda depresión nerviosa y circulatoria, sin pérdida de la consciencia, que se produce después de intensas conmociones o de una impresión fuerte de carácter físico o psíquico: *La noticia de la muerte de su madre le produjo un choque nervioso.* ☐ USO En la acepción 5, es innecesario el uso del anglicismo *shock*.

chorbo, ba s. **1** *col.* Persona cuya identidad se ignora o no se quiere decir: *Un chorbo me paró por la calle para venderme unas tarjetas.* **2** *col.* Respecto de una persona, compañero sentimental: *Lo vi entrar en la discoteca con su chorba.*

choricear v. *col.* Robar: *¡Ya me han vuelto a choricear la cartera!*

choriceo s.m. *col.* Robo: *Estos rateros viven del choriceo de relojes y carteras en las playas.*

chorizar v. *col.* Robar: *Le chorizaron el bolso en el autobús.* ☐ ORTOGR. La *z* se cambia en *c* delante de *e* →**CAZAR**.

chorizo, za ▮ s. **1** *col.* Ratero: *Un chorizo le robó la cazadora cuando la dejó en la percha del servicio.* ▮ s.m. **2** Embutido hecho con carne picada y adobada, generalmente de cerdo, que tiene forma cilíndrica y alargada, y que se cura al humo: *El chorizo puede comerse crudo o frito.*

chorlito s.m. **1** Ave que tiene patas largas, cuello grueso y pico robusto, y que se alimenta principalmente de insectos, moluscos y crustáceos: *El chorlito vive en las costas y construye sus nidos en el suelo.* **2** *col.* →**cabeza de chorlito.** ☐ MORF. Es un sustantivo epiceno y la diferencia de sexo se señala mediante la oposición *el chorlito {macho/hembra}*.

chorra ▮ adj./s.m. **1** Referido a un hombre, que es tonto o estúpido: *No seas tan chorra y date cuenta de una vez de que te están engañando. Es un chorra que no dice más que bobadas cuando abre la boca.* ▮ s.f. **2** *col.* Buena suerte: *¡Qué chorra tienes, no te han despedido de un trabajo cuando ya has encontrado otro!* **3** *vulg.* →**pene.** ☐ USO En la acepción 1, se usa más la forma *chorras*, invariable en número.

chorrada s.f. **1** *col.* Necedad o tontería: *Cuando bebe dice muchas chorradas y no hay que hacerle caso.* **2** *col.* Objeto inútil o de poco valor: *Lleva el coche lleno de adornitos y chorradas.*

chorrear v. **1** Referido a un líquido, caer o salir en forma de chorro: *Se rompió el depósito y la gasolina empezó a chorrear por la carretera.* **2** Referido a un líquido, salir lentamente y goteando: *El agua chorrea de la gotera del techo.*

chorreo s.m. **1** Salida o caída de un líquido en forma de chorro: *La bolsa de leche se rompió y el chorreo me manchó toda la cocina.* **2** Gasto continuo: *Con tantas averías, este coche es un chorreo de dinero.*

chorrera s.f. **1** En una prenda de vestir, esp. en una camisa, adorno de la pechera que cae desde el cuello en forma de volante y que generalmente cubre el cierre: *Llevaba una camisa de fiesta con una chorrera de encaje.* **2** Lugar por donde cae una pequeña porción de agua o de otro líquido: *Por la montaña caían chorreras procedentes del deshielo.* **3** Marca o señal que queda en este lugar: *Si bebes del porrón sin saber, te harás una chorrera en el jersey.*

chorretón s.m. **1** Chorro de un líquido que sale de forma repentina o inesperada: *Echó un buen chorretón de aceite a la ensalada.* **2** Mancha o huella que deja este chorro: *Quítate el pantalón porque está lleno de chorretones.*

chorro s.m. **1** Líquido que, con más o menos fuerza, sale por un orificio o fluye por un caudal: *El chorro de agua que sale por el grifo lleva poca fuerza.* **2** Caída sucesiva de cosas de pequeño tamaño e iguales entre sí: *Tras el sonido que anunciaba el premio empezó a salir de la máquina un chorro de monedas.* **3** Salida fuerte e impetuosa de algo: *Al verlo le dedicó un chorro de insultos.* **4** ‖ **a chorros.** Con abundancia: *Gasta el dinero a chorros.* ‖ **chorro de voz.** Plenitud o gran potencia de voz: *La soprano tenía un chorro de voz increíble.* ‖ **como los chorros del oro.** *col.* Muy limpio, brillante o reluciente: *Se pasa el día limpiando y tiene la casa como los chorros del oro.*

chotearse v.prnl. *vulg.* Burlarse, guasearse o tomarse a risa; *pitorrearse: Es un maleducado y se chotea de la gente delante de sus narices.* ☐ SINT. Constr. *chotearse* DE *alguien*.

choteo s.m. *vulg.* Burla o guasa: *Hace lo que le da la gana y las órdenes se las toma a choteo.*

chotis s.m. **1** Composición musical en compás de cuatro por cuatro y de ritmo lento: *En la feria había un organillo que no dejaba de tocar chotis.* **2** Baile agarrado que se ejecuta al compás de esta música, generalmente desplazándose muy poco y dando tres pasos a la izquierda, tres a la derecha y vueltas: *El chotis se convirtió en el baile popular de Madrid a comienzos del siglo XX.* ☐ MORF. Invariable en número.

choto, ta s. **1** Cría de la cabra desde que nace hasta que deja de mamar; *cabrito: En el rebaño hay varios chotos.* **2** Cría de la vaca; *ternero: Es enternecedor ver al choto mamar de su madre.* **3** ‖ **como una chota.** *col.* Muy loco: *No le hagas ni caso, porque está como una chota.*

choucroute (galicismo) s.m. →**chucrut.** ☐ PRON. [chukrút].

chovinismo s.m. Valoración exagerada de todo lo nacional y desprecio de lo extranjero; *chauvinismo: Peca de chovinismo y cree que en cualquier sitio se vive peor que en su propio país.* ☐ ORTOGR. Es un galicismo (*chauvinisme*) adaptado al español.

chovinista adj./s. Que valora exageradamente todo lo nacional y desprecia lo extranjero; *chauvinista: Es chovinista y aunque las naranjas francesas sean mejores y más baratas, siempre compra las españolas. Dicen que los franceses son unos chovinistas, pero eso es un tópico.* ☐ MORF. Como adjetivo es invariable en género y como sustantivo es de género común y exige concordancia en masculino o en femenino para señalar la diferencia de sexo: *el chovinista, la chovinista*.

chow-chow adj./s. Referido a un perro, de la raza que se caracteriza por tener la cabeza parecida a la de un león, pelo largo y la lengua azulada: *La raza chow-chow fue introducida en Europa por los ingleses. La carne de chow-chow era considerada en China un alimento de excelente calidad.* ☐ MORF. Como adjetivo es invariable en género. 👁 **perro**

choza s.f. Vivienda pequeña y tosca hecha de madera y cubierta de ramas o paja, usada generalmente por pas-

a b c d e f g h i j k l m n ñ o p q r s t u v w x y z

tores y por gente del campo: *Él mismo se construyó una choza para cobijarse del frío.* 👁 **vivienda**

christmas (anglicismo) s.m. Tarjeta que se envía para felicitar las fiestas navideñas: *A principios de diciembre siempre envío christmas a mis amigos.* ☐ PRON. [krísmas].

chubasco s.m. Lluvia momentánea más o menos fuerte y generalmente acompañada de mucho viento: *Están previstos chubascos en la costa mediterránea.*

chubasquero s.m. Impermeable corto, muy fino y generalmente con capucha: *Siempre que voy de excursión, llevo un chubasquero en la mochila por si empieza a llover.*

chuchería s.f. **1** Alimento ligero y generalmente apetitoso: *Comió algunas chucherías y después no quiso cenar.* **2** Objeto de poco valor, pero gracioso o delicado: *Quiero comprarle alguna chuchería para su santo.*

chucho s.m. *col.* Perro, esp. el que no es de raza: *Recogió un chucho que encontró abandonado en la calle.* ☐ USO Se usa para contener o espantar a un perro: *¡Chucho, largo de aquí!*

chuchurrío, a adj. *col.* Marchito, decaído o apagado: *Tira el ramo de flores, porque ya está chuchurrío.*

chucrut s.m. Col fermentada con sal y vino, vinagre o aguardiente, de sabor ácido, que se suele tomar acompañando a otros alimentos y que se conserva durante meses: *En este restaurante alemán preparan muy bien las salchichas con chucrut.* ☐ ORTOGR. Es un término del francés (*choucroute*) adaptado al español. ☐ MORF. Su plural es *chucruts*. ☐ USO Es innecesario el uso del término francés *'choucroute'*.

chufa s.f. **1** Tubérculo de aproximadamente un centímetro de largo, color amarillento por fuera y blanco por dentro, que tiene un sabor dulce y agradable, y que se emplea para preparar la horchata o se come remojado en agua: *En la feria nos compramos un cucurucho de chufas.* **2** *vulg.* Bofetón: *Como rompas el reloj de tanto armarlo y desarmarlo te vas a ganar una chufa.*

chufla s.f. Broma o cuchufleta: *Si te tomas los estudios a chufla, nunca llegarás a nada.*

chulada s.f. *col.* Lo que es bonito y vistoso: *Tu nuevo corte de pelo es una chulada.*

chulapo, pa s. Persona de algunos barrios populares madrileños, que se caracteriza por su traje típico, su forma de hablar poco natural y sus andares marcados; *chulo: En la fiesta de la Almudena muchos madrileños se visten de chulapos y bailan el chotis.*

chulear ▮ v. **1** Referido a una persona, abusar de ella o explotarla: *Ese rufián chulea a varias mujeres.* **2** Referido a una persona, hacerle burla o reírse de ella: *Deja de chulear a tu hermano, porque un día te va a dar un sopapo. Se chulea de su madre, y consigue siempre lo que quiere.* ▮ prnl. **3** Presumir o jactarse: *No te chulees conmigo, que ya nos conocemos.*

chulería s.f. **1** Presunción o insolencia al hablar o al actuar: *Habla con chulería de las mujeres a las que conquista.* **2** Hecho o dicho jactanciosos, presuntuosos o insolentes: *Es una chulería aparcar ahí, sabiendo que está prohibido.*

chuleta ▮ adj./s.m. **1** Chulo o presumido: *No te pongas chuleta que no me asustas. Los amigos le dan la espalda porque es un chuleta.* ▮ s.f. **2** Costilla con carne de ternera, buey, cerdo o cordero: *De segundo plato tomé chuletas de cordero con patatas.* 👁 **carne** **3** Entre estudiantes, escrito que se oculta para consultarlo disimuladamente en los exámenes: *El profesor lo echó del examen cuando descubrió la chuleta que llevaba escrita en la mano.* **4** *col.* Bofetada: *Se pegó una chuleta con el coche y lo dejó abollado.*

chuletada s.f. Comida cuyo componente principal son las chuletas: *Fuimos de chuletada al río y mientras mi tío hacía las chuletas, los demás nos bañamos.*

chulo, la ▮ adj. **1** *col.* Bonito o vistoso: *El día de la fiesta estrenó un vestido muy chulo.* ▮ adj./s. **2** Gracioso, desenfadado, presuntuoso o insolente: *Va muy chula con su coche nuevo. Es un chulo y trata a los demás con desprecio.* ▮ s. **3** →**chulapo.** ▮ s.m. **4** Hombre que trafica con prostitutas y vive de sus ganancias; *macarra: Su chulo la maltrata cuando vuelve con poco dinero.* **5** ‖ **más chulo que un ocho.** Muy guapo o muy bonito: *Con su traje de sevillana va más chula que un ocho.*

chumbera s.f. Planta muy carnosa, con tallos a modo de hojas y en forma de paletas ovales con espinas, y cuyo fruto es el higo chumbo; *higuera chumba: La chumbera procede de México.*

chuminada s.f. *vulg.* Lo que se considera una tontería, porque no tiene importancia o tiene poco valor: *No tiene sentido que lo llames para contarle esa chuminada.*

chundarata s.f. Música ruidosa o ruido fuerte y variado: *¿Oyes la chundarata de la orquesta de la feria?*

chungo, ga ▮ adj. **1** *col.* De mal aspecto o en mal estado: *No me llevo estas naranjas porque están chungas.* **2** *col.* Difícil o enrevesado: *El tema es muy chungo y no sé como saldrá.* ▮ s.f. **3** *col.* Broma o burla festivas: *No le hagas caso, que está de chunga.* ☐ SINT. En la lengua coloquial, *chungo* se usa también como adverbio de modo: *Con tantos problemas económicos lo están pasando 'chungo'.*

chungón, -a adj./s. Referido a una persona, aficionada a la chunga o a la broma: *No seas chungón y deja de hacer payasadas. Es una chungona y se ríe hasta de su propia sombra.*

chunguearse v.prnl. Burlarse de forma alegre o divertida: *Se chunguea cuando me ve con este sombrero porque dice que parezco una seta.*

chupa s.f. **1** *col.* Cazadora o chaqueta: *Lleva una chupa de cuero muy bonita. No salgas sin la chupa que hace frío.* **2** *col.* Lluvia abundante: *Nos cayó tal chupa que llegamos empapados.* **3** ‖ **poner** a alguien **como chupa de dómine** o **como una chupa.** *col.* Regañarlo duramente o decirle palabras ofensivas: *En cuanto me vio aparecer se abalanzó hacia mí y me puso como chupa de dómine.*

chupachús s.m. Caramelo en forma de bola que se chupa cogiéndolo de un palito hincado en su centro (por extensión del nombre de la marca comercial *Chupa Chups®*). ☐ MORF. Su plural es *chupachuses*.

chupado, da ▮ adj. **1** *col.* Muy flaco y con aspecto enfermizo: *Cuando vino de la mili, lo encontré muy chupado.* **2** *col.* Muy fácil: *Sacaré un sobresaliente en el examen, porque fue chupado.* ▮ s.f. **3** Succión con los labios y la lengua del jugo o la sustancia de algo: *Cuando está nerviosa da fuertes chupadas al cigarrillo.* **4** *col.* Lametón: *El gato daba chupadas al pan mojado con leche.*

chupar ▮ v. **1** Referido al jugo o a la sustancia de algo, sacarla o extraerla con los labios y la lengua: *El vampiro chupa la sangre a sus víctimas.* **2** Referido a una superficie, embeber en sí el agua o la humedad: *En cuanto riego esta planta, chupa el agua y la tierra se queda de nuevo seca. Este césped chupa mucho.* **3** Lamer o humedecer con la boca y con la lengua: *Me da asco que el perro me chupe. Si no le pones el chupete, se chupará el dedo.* **4** Referido esp. a un cuerpo líquido o gaseoso, atraerlo un cuerpo sólido, de modo que penetre en él; *absorber: Esta esponja chupa muy bien el agua.* **5** *col.* Obtener dinero u otro beneficio con astucia y engaño: *Mientras fue director general, chupó lo que pudo.* **6** *col.* En algunos deportes de equipo, acaparar un jugador el juego: *Sería mejor futbolista si no chupara tanto balón.* ▌prnl. **7** *col.* Referido a algo desagradable, verse obligado a soportarlo: *Me chupé un viaje de cuatro horas para recibir una negativa.* **8** ‖ **chúpate esa.** *col.* Expresión que se usa para recalcar algo oportuno o ingenioso que se acaba de decir: *Lo sé antes que tú, ¡chúpate esa!*

chupatintas s. *col. desp.* Oficinista: *Nos atendió un chupatintas que no resolvió nada.* ☐ MORF. 1. Es de género común y exige concordancia en masculino o en femenino para señalar la diferencia de sexo: *el chupatintas, la chupatintas.* 2. Invariable en número.

chupete s.m. Objeto con una parte de goma en forma de pezón que se da a los niños pequeños para que lo chupen: *Ponle el chupete para que deje de llorar.*

chupetear v. Chupar repetidamente: *El niño chupeteaba entretenido su piruleta.*

chupetón s.m. Chupada dada con fuerza: *Me da asco que el perro me dé chupetones.*

chupi adj. *col.* Muy bueno o estupendo: *Me encanta, es un regalo chupi.* ☐ MORF. Invariable en género. ☐ SINT. Se usa también como adverbio de modo: *Lo pasamos 'chupi' en la fiesta.*

chupinazo s.m. **1** Disparo de un cohete de fuegos artificiales: *Las fiestas de San Fermín empezaron con el célebre chupinazo.* **2** En fútbol, disparo fuerte: *El chupinazo del delantero fue desviado por el portero.*

chupito s.m. Sorbito o trago pequeño de vino o de licor: *Después del café suele tomar un chupito de aguardiente.*

chupón, -a adj./s. **1** *col.* Que obtiene dinero u otro beneficio con astucia y engaño: *No seas chupón y paga a tus empleados lo que se merecen. Es un chupón que vive a cuenta de su novia.* **2** *col.* Referido a un deportista, que es individualista y que acapara el juego del equipo: *No seas chupona y pasa la pelota. No quieren jugar al fútbol con él porque dicen que es un chupón.*

chupóptero, ra s. *col. desp.* Persona que vive sin trabajar o que disfruta de uno o más sueldos sin merecerlos: *Un periodista lo acusó de chupóptero por cobrar como consejero sin ir a los consejos de dirección.*

churrasco s.m. Carne asada a la brasa o a la parrilla: *Prefiero tomar chuletas a tomar churrasco porque son más ligeras.*

churrería s.f. Establecimiento en el que se elaboran y se venden churros: *Fui a la churrería y compré churros para el desayuno.*

churrero, ra s. **1** Persona que se dedica profesionalmente a la elaboración o la venta de churros: *El churrero se quemó con el aceite que hervía en la sartén.* **2** *col.* Persona que tiene buena suerte: *Es un churrero y siempre consigue algún premio en la lotería.*

churrete s.m. Mancha que ensucia la cara, las manos u otro lugar visible: *Se acaba de comer una chocolatina y tiene las manos llenas de churretes.*

churretoso, sa adj. Con churretes: *Siempre que come polos termina con la cara churretosa.*

churrigueresco, ca adj. **1** Del Barroco español desarrollado por José de Churriguera (arquitecto de mediados del siglo XVII), y caracterizado por una recargada ornamentación: *Están restaurando el retablo churrigueresco del altar mayor.* **2** Muy recargado o con excesivos adornos: *Lleva un sombrero de flores y pájaros verdaderamente churrigueresco.*

churro, rra ▌adj./s. **1** Referido a una oveja, de la raza que se caracteriza por tener lana basta y larga: *Las ovejas churras tienen las patas y la cabeza cubiertas de pelo grueso. Las churras se crían fundamentalmente para aprovechar la leche y las merinas para aprovechar la lana.* ▌s.m. **2** Masa de harina y agua en forma cilíndrica y larga, que se fríe en aceite: *Los domingos desayunamos chocolate con churros.* **3** *col.* Chapuza o cosa mal hecha: *El empapelado quedó hecho un churro.* **4** *col.* Casualidad favorable: *Consiguió el empleo de puro churro.*

churruscar v. Asar o tostar demasiado: *Churrusca bien la carne porque no me gusta que quede roja. Dejé la tostada demasiado tiempo en el tostador y se ha churruscado.* ☐ ORTOGR. La *c* se cambia en *qu* delante de *e* ⟶**SACAR**.

churrusco s.m. Trozo de pan muy tostado o que se empieza a quemar: *Este churrusco está tan duro que no lo puedo morder.*

churumbel s.m. *col.* Niño o muchacho: *La gitana con sus churumbeles pedía limosna en la esquina.*

chusco, ca ▌adj. **1** Que tiene gracia y picardía: *Nos contó la anécdota chusca de cuando patinó por las escaleras del metro.* ▌s.m. **2** Pedazo de pan o panecillo: *Se repartía a la tropa dos chuscos diarios.*

chusma s.f. *desp.* Conjunto de gente vulgar o despreciable: *En este bar se esconde una chusma de ladrones.*

chusquero, ra adj./s. *col.* Referido a un oficial o a un suboficial del ejército, que ha ascendido desde soldado raso: *Un sargento chusquero me mandó limpiar las letrinas. Es un chusquero, porque cuando hizo el servicio militar se renganchó.* ☐ USO Tiene matiz despectivo.

chut s.m. En fútbol, lanzamiento fuerte del balón con el pie, normalmente hacia la portería contraria: *El chut se estrelló en el larguero.* ☐ ORTOGR. Es un anglicismo (*shoot*) semiadaptado al español. ☐ MORF. Su plural es *chuts*.

chutar ▌v. **1** En fútbol, lanzar fuertemente el balón con el pie, normalmente hacia la portería del contrario: *El delantero chutó muy bien, pero el balón se estrelló en el larguero.* ▌prnl. **2** En el lenguaje de la droga, inyectarse una dosis: *Necesita chutarse una vez al día.* **3** ‖ **ir** alguien **que chuta.** *col.* Salir muy bien parado o conseguir más de lo que se esperaba: *Con esta propina va que chuta.*

chute s.m. *col.* En el lenguaje de la droga, dosis de droga que se inyecta: *Necesitaba un chute de heroína para sentirse mejor.*

chuzo s.m. **1** Palo o bastón con un pincho de hierro, que se usa como arma de defensa o de ataque: *Los serenos usaban chuzos para defenderse de los posibles ladrones.* **2** ‖ **caer chuzos de punta.** *col.* Llover muy fuerte: *Incluso con paraguas me he calado porque están cayendo chuzos de punta.*

cianuro s.m. Compuesto químico, muy tóxico, de acción rápida, de fuerte olor, sabor amargo, que se usa en agricultura para fumigar: *Envenenó a la víctima con cianuro.*

ciático, ca ▌adj. **1** De la cadera o relacionado con ella: *Tiene una lesión ciática que le obliga a llevar muletas.* ▌s.m. **2** ⟶**nervio ciático.** ▌s.f. **3** Dolor agudo del nervio ciático, producido por la compresión, inflamación.

cibercafé s.m. Local o establecimiento públicos, provistos de sistemas informáticos para navegar por internet: *Estuve toda la tarde navegando por internet en un cibercafé.*

ciberespacio s.m. Espacio artificial o virtual formado por una red informática: *Los adictos a la informática son capaces de pasarse horas navegando por el ciberespacio.*

cibernauta s. Persona que utiliza el ciberespacio o espacio informático virtual: *Los cibernautas viajan por espacios virtuales de la red mundial.* □ MORF. Es de género común y exige concordancia en masculino o en femenino para señalar la diferencia de sexo: *el cibernauta, la cibernauta.*

cibernético, ca ▮ adj. **1** De la cibernética o relacionado con esta ciencia: *Los avances cibernéticos han revolucionado el mundo de las comunicaciones.* ▮ s.f. **2** Ciencia que estudia los mecanismos de comunicación y de regulación automática de los seres vivos y su aplicación a sistemas mecánicos, electrónicos o informáticos: *La cibernética ha hecho posible la fabricación de robots casi inteligentes.*

ciberusuario, ria s. Persona que utiliza los servicios que ofrecen las redes informáticas mundiales: *Los ciberusuarios navegan por el ciberespacio.*

cicatear v. *col.* Hacer cicaterías o escatimar lo que se debe dar: *¿No te da vergüenza cicatear hasta con tus amigos?*

cicatería s.f. **1** Mezquindad, ruindad o inclinación a escatimar lo que se debe dar: *Me considero una persona honesta y me pone enferma la cicatería.* **2** Inclinación a dar importancia a pequeñas cosas o a ofenderse por ellas: *Me pone nerviosa verte corregir con esa cicatería puntillosa.* **3** Hecho propio de un cicatero: *Déjate de cicaterías con tu hijo y dale lo que le hace falta.*

cicatero, ra adj./s. **1** Que es mezquino, tacaño o que escatima lo que debe dar: *Con lo cicatera que es, no creo que en su vida haya prestado dinero a nadie. No esperes que semejante cicatero te devuelva la ayuda prestada.* **2** Que da importancia a pequeñas cosas o que se ofende por ellas: *En su trabajo es tan cicatero que no da por bueno nada si encuentra el menor fallo. No sé cómo aguantas a ese cicatero, que por todo se molesta.*

cicatriz s.f. **1** En el tejido de un ser vivo, señal que queda al curarse una herida: *La cicatriz de la frente es de un corte que se hizo de pequeño.* **2** En el ánimo de una persona, huella o impresión profunda que queda de algo doloroso: *Pasados los años, aún permanecen las cicatrices de aquel fracaso.*

cicatrización s.f. Proceso de cierre y curación de una herida: *Durante la cicatrización de una herida se produce una regeneración de tejidos orgánicos. La cicatrización de un desengaño amoroso es lenta.*

cicatrizar v. Referido a una herida, cerrarla y curarla: *Me sangra la herida porque no ha cicatrizado bien. Los años cicatrizan las heridas de la juventud.* □ ORTOGR. La *z* se cambia en *c* delante de *e* →**CAZAR**.

cicerone s. Persona que guía a otras por un lugar, esp. en una visita turística, y les enseña y explica lo que sea de interés en él: *En las ruinas romanas tuvimos un cicerone que era estudiante de historia.* □ MORF. Es de género común y exige concordancia en masculino o en femenino para señalar la diferencia de sexo: *el cicerone, la cicerone.*

ciclamen s.m. Planta herbácea de hojas acorazonadas de color verde intenso por el haz y más claras por el envés, y cuyas flores, rojas o rosadas, tienen un largo pedículo: *Las flores del ciclamen quedan por encima de las hojas verdes.*

cíclico, ca adj. **1** Del ciclo o relacionado con él: *La metamorfosis de un insecto pasa por varias fases cíclicas.* **2** Que ocurre o se repite regularmente cada cierto tiempo: *Sufre recaídas cíclicas que coinciden con los cambios de estación.* **3** Referido esp. a una enseñanza, que se da de manera gradual o repartiendo sus partes en ciclos: *La programación cíclica de la materia permite ir dando los conocimientos según un grado de dificultad creciente.* **4** En química, referido a una estructura molecular, que tiene forma de anillo: *La estructura del benceno es cíclica.*

ciclismo s.m. Deporte que se practica con una bicicleta: *El ciclismo de montaña es más espectacular que el de pista.*

ciclista ▮ adj. **1** Del ciclismo o relacionado con este deporte; *ciclístico: Han organizado una vuelta ciclista al barrio.* ▮ adj./s. **2** Que va en bicicleta: *En el circo vimos un número de un loro ciclista. Un ciclista se cruzó delante del coche y casi se produce un accidente.* **3** Referido a un deportista, que practica el ciclismo: *Entre los corredores había varias mujeres ciclistas. Los mejores ciclistas del mundo participan en la vuelta.* □ MORF. 1. Como adjetivo es invariable en género. 2. Como sustantivo es de género común y exige concordancia en masculino o en femenino para señalar la diferencia de sexo: *el ciclista, la ciclista.*

ciclístico, ca adj. →**ciclista.**

ciclo s.m. **1** Período de tiempo o conjunto de años, cuya cuenta se vuelve a iniciar una vez terminados: *Tras la última crisis, se abre un ciclo económico más esperanzador.* **2** Serie de fenómenos o de operaciones que se repiten ordenadamente: *Desde que el mundo es mundo se repite el ciclo de los días y las noches.* **3** Sucesión de fases, comprendidas entre dos situaciones análogas, por las que pasa un fenómeno periódico: *En una onda, la parte comprendida entre dos crestas consecutivas es un ciclo completo.* **4** Serie de actos culturales relacionados entre sí, esp. por el tema: *La Academia organiza un ciclo de conferencias sobre la enseñanza de la lengua.* **5** En un plan de estudios, cada una de sus divisiones: *Al terminar el último ciclo de enseñanza secundaria, se puso a trabajar.* **6** En literatura, conjunto de obras y de tradiciones, generalmente de carácter épico, que giran en torno a un personaje o a un núcleo temático: *La leyenda del rey Arturo dio lugar al llamado 'ciclo artúrico'.*

ciclocross (anglicismo) s.m. Modalidad de ciclismo en la que los participantes corren a campo traviesa o por un terreno lleno de desniveles y desigualdades: *En algunos tramos de los circuitos de ciclocross, los deportistas tienen que llevar la bicicleta a cuestas.*

ciclomotor s.m. Vehículo de dos ruedas, semejante a una bicicleta, provisto de pedales y de un motor de pequeña cilindrada capaz de desarrollar poca velocidad; *velomotor: Le han comprado un ciclomotor porque es demasiado joven para conducir una moto.* □ SEM. Dist. de *motocicleta* (sin pedales y con motor de mayor cilindrada).

ciclón s.m. **1** Viento muy fuerte que gira en grandes círculos como un torbellino; *huracán: Los ciclones arrasan cuanto encuentran a su paso.* **2** Perturbación atmosférica caracterizada por fuertes vientos, lluvias abundantes y un descenso de la presión atmosférica; *borrasca: La rotación de una masa de aire en torno a una zona de bajas presiones produce el ciclón.* **3** Persona que actúa de manera rápida y vigorosa o que altera lo que encuentra a su paso: *Tu hija es un ciclón y lo deja todo patas arriba.*

ciclónico, ca adj. Del ciclón, de la rotación de sus vien-

a b c d e f g h i j k l m n ñ o p q r s t u v w x y z

tos, o relacionado con ellos: *Las costas del Pacífico sufren frecuentemente la acción ciclónica.*

cíclope s.m. En la mitología griega, gigante con un solo ojo en el centro de la frente: *Ulises venció al cíclope cegándole el ojo con una estaca.* ◉ **mitología**

ciclópeo, a adj. **1** De los cíclopes o relacionado con estos gigantes mitológicos: *Una de las leyendas ciclópeas más conocidas es la lucha entre Ulises y el cíclope Polifemo.* **2** Excesivo, muy sobresaliente o de dimensiones muy superiores a las normales; *gigantesco: Terminar el trabajo a tiempo me supuso un esfuerzo ciclópeo.* **3** Referido a una construcción antigua, que está hecha con enormes bloques de piedra, generalmente superpuestos o colocados sin ningún material de unión: *El poblado inca descubierto está rodeado de una muralla ciclópea.*

ciclostil s.m. Técnica de reproducción de un escrito o de un dibujo, que se hace con una máquina que emplea una tinta especial sobre una plancha gelatinosa: *El ciclostil es ya un procedimiento un poco anticuado.*

cicloturismo s.m. Modalidad de turismo en la que se emplea la bicicleta como medio de transporte: *Cada día hay más jóvenes aficionados al cicloturismo.*

cicloturista s. Persona que practica el cicloturismo: *Si te apuntas al viaje, puedes alquilar la bicicleta en la asociación de cicloturistas.* ☐ MORF. Es de género común y exige concordancia en masculino o en femenino para señalar la diferencia de sexo: *el cicloturista, la cicloturista.*

cicuta s.f. **1** Planta herbácea de tallo hueco con manchas rojas en la base y con muchas ramas en lo alto, hojas verde oscuras, flores blancas en umbela y jugo venenoso: *La cicuta crece en lugares húmedos y tiene un olor muy desagradable.* **2** Veneno que se hace con el jugo de esta planta: *Sócrates fue condenado a morir y tomó cicuta.*

ciego, ga ▌adj. **1** Ofuscado o incapacitado para pensar con claridad: *No te das cuenta de que te engaña, porque el amor te ha vuelto ciego.* **2** Poseído o dominado por un sentimiento o por una inclinación fuertes: *Le dije barbaridades porque estaba ciego de ira.* **3** *col.* Atiborrado o harto, esp. de comida, de bebida o de droga: *Me duele la tripa porque me puse ciego en el banquete.* **4** Referido a un sentimiento o a una inclinación, que se sienten con una fuerza desmedida o sin límites ni reservas: *Tiene por sus hijos un amor ciego.* **5** Referido a un conducto, a una vía o a una abertura, que están obstruidos o tapados: *En el muro hay una puerta ciega que daba a un pasadizo ya inexistente.* ▌adj./s. **6** Privado de la vista: *Me enfocó con una luz tan fuerte que me dejó ciega varios minutos. Hay perros adiestrados para servir de guía a los ciegos.* ▌s.m. **7** En el aparato digestivo de una persona o de un mamífero, parte del intestino grueso que termina en un fondo de saco: *El ciego se encuentra entre el intestino delgado y el colon.* **8** *vulg.* Borrachera: *En su despedida de soltero se pilló un ciego impresionante.* **9** ‖ **a ciegas. 1** Sin ver: *Si tenemos que ir a ciegas, seguro que me caigo.* **2** Referido a una forma de actuar, sin conocimiento o sin reflexión: *Infórmate con un abogado y no firmes ese contrato a ciegas.*

cielo s.m. **1** Espacio en el que se mueven los astros y que, visto desde la Tierra, parece formar sobre ella una cubierta arqueada; *bóveda celeste, firmamento: Esta noche se ven más estrellas en el cielo.* **2** Capa gaseosa que rodea la Tierra; *atmósfera: Mira qué nubes se están formando en el cielo.* **3** Según algunas tradiciones religiosas, morada de Dios; *alturas, paraíso: Cuando era pequeño, me decían que si era bueno iría al cielo.* **4** En algunas religiones, goce eterno que se disfruta en presencia de Dios; *bienaventuranza, gloria: Las almas justas gozan del cielo.* **5** Dios o la providencia divina: *Gracias al cielo que todo salió bien.* **6** Lo que se considera muy bueno o encantador: *Ese chico es un cielo, siempre tan dispuesto.* **7** ‖ **a cielo descubierto.** Al aire libre, sin ningún techado o protección: *Como no llevaban tienda de campaña, durmieron a cielo descubierto.* ‖ **cielo de la boca.** En la boca, parte interior y superior que separa las fosas nasales y la cavidad bucal; *paladar: Comiendo pescado, se clavó una espina en el cielo de la boca.* ‖ **clamar** algo **al cielo.** Causar gran indignación por su carácter injusto o disparatado: *Las pésimas condiciones de trabajo de estos mineros claman al cielo.* ‖ **en el (séptimo) cielo.** *col.* Muy a gusto: *Contigo me siento en el séptimo cielo.* ‖ **ganar el cielo.** *col.* Hacer algo meritorio y digno de premio: *Con la lata que me das, me estoy ganando el cielo por hacerte caso.* ‖ **llovido del cielo.** *col.* Llegado o sucedido en el momento o en el lugar oportunos o más convenientes: *Se había roto un grifo y apareció, como llovido del cielo, un fontanero.* ‖ **mover cielo y tierra.** *col.* Hacer todas las gestiones posibles para conseguir un fin: *Movió cielo y tierra para encontrar a su hijo.* ‖ **ver** alguien **el cielo abierto.** *col.* Ver la forma de salir de un apuro o de conseguir un propósito: *Vi el cielo abierto cuando me dijo que si no encontraba hotel podía quedarme en su casa.* ☐ MORF. Las acepciones 3 y 5, en plural tienen el mismo significado que en singular. ☐ SEM. **Cielo del paladar* es una expresión redundante e incorrecta, aunque está muy extendida. ☐ USO 1. Se usa como apelativo: *Anda, cielo, tráeme eso, por favor. ¿Qué te pasa, cielo mío?.* 2. En la acepción 3, se usa también como nombre propio.

cielos interj. Expresión que se usa para indicar extrañeza, sorpresa, admiración o disgusto: *¡Cielos, qué cosa más rara llevas por sombrero!*

ciempiés s.m. Animal invertebrado de respiración traqueal, dos antenas, cuerpo alargado y con un par de patas en cada uno de los numerosos anillos en que tiene dividido el cuerpo: *El ciempiés mata a sus presas con el veneno que suelta su primer par de patas.* ☐ ORTOGR. Incorr. **cienpiés, *cien pies.* ☐ MORF. 1. Es un sustantivo epiceno y la diferencia de sexo se señala mediante la oposición *el ciempiés {macho/hembra}.* 2. Invariable en número.

cien ▌numer. **1** Número 100: *Diez por diez son cien. Aún no sabemos cuántos vendrán a la boda, pero hemos encargado cena para cien.* ▌s.m. **2** Signo que representa este número: *Los romanos escribían el cien como 'C'.* **3** ‖ **a cien.** *col.* En un alto grado de excitación o de nerviosismo: *No le hables ahora, porque ha tenido una bronca y está a cien.* ‖ **cien por cien.** Absolutamente o de principio a fin: *Lleva tantos años en Francia que se siente francés cien por cien.* ☐ MORF. 1. Como numeral es invariable en género y en número. 2. Apócope de *ciento.* 3. ⟶APÉNDICE DE PRONOMBRES.

ciénaga s.f. Terreno pantanoso o lleno de cieno: *El carro avanzaba con mucha dificultad por aquella ciénaga.*

ciencia ▌s.f. **1** Conocimiento cierto y adquirido de lo que existe, de sus principios y de sus causas, esp. el que se obtiene por la experimentación y el estudio: *La ciencia ha conseguido explicar fenómenos que parecían milagrosos.* **2** Conjunto de conocimientos y de doctrinas organizados metódicamente y que constituyen una rama del saber: *La filología es una ciencia que estudia las lenguas y sus literaturas.* **3** Saber o conjunto de conocimientos que se poseen: *Es un hombre de mucha ciencia y te res-*

ponderá acertadamente. **4** Habilidad, maestría o conjunto de conocimientos para la realización de algo: *Aunque parece fácil, arreglar un enchufe requiere su ciencia.* ▮ pl. **5** Conjunto de disciplinas y de conocimientos relacionados con las matemáticas, la física, la química, la biología y la geología: *Tienes una mente analítica y eres apto para las ciencias.* **6** ‖ **{a/de} ciencia cierta.** Con toda seguridad: *Sospechan de él, pero no saben a ciencia cierta si es culpable.* ‖ **ciencia ficción.** Género narrativo, literario o cinematográfico, cuyas obras giran en torno a hipotéticas formas de vida e innovaciones técnicas, esp. a las que pueden alcanzarse en el futuro gracias al avance científico: *Julio Verne escribió novelas de ciencia ficción como 'Veinte mil leguas de viaje submarino'.* ‖ **ciencia infusa.** La que se tiene sin haberla estudiado ni aprendido, esp. referido a la otorgada o inspirada directamente por Dios: *¿Crees que puedes aprobar por ciencia infusa y sin tocar un libro?* ‖ **ciencias exactas.** Las de la matemática: *Nuestro profesor de matemáticas es licenciado en ciencias exactas.* ‖ **ciencias ocultas.** Conjunto de conocimientos y de prácticas encaminados a estudiar e intentar desvelar los secretos y fenómenos ocultos de la naturaleza, generalmente por procedimientos no estrictamente científicos: *La astrología y la magia son consideradas ciencias ocultas.* ‖ **tener** algo **poca ciencia.** *col.* Ser fácil de hacer: *Preparar ese plato tiene poca ciencia, así que no presumas tanto.*

cieno s.m. Lodo o barro blandos que forman depósito en el fondo de las aguas, esp. en ríos y lagunas: *Salió de la charca con los pies llenos de cieno.*

científico, ca ▮ adj. **1** De la ciencia o relacionado con ella: *La primera fase de un estudio científico es la observación.* ▮ adj./s. **2** Que se dedica al estudio de una o de varias ciencias, esp. si esta es su profesión: *Madame Curie fue una de las más célebres mujeres científicas. El congreso reunió a científicos de todas las ramas.*

ciento ▮ numer. **1** →**cien.** ▮ s.m. **2** Conjunto de cien unidades; *centena, centenar: Trajo varios cientos de sobres.* **3** ‖ **ciento y la madre.** *col.* Gran cantidad de personas: *Fuimos al concierto ciento y la madre.* ‖ **por ciento.** Pospuesto a un numeral cardinal, indica porcentaje: *El diez por ciento de veinte es dos.* ☐ MORF. 1. Para la acepción 1 →APÉNDICE DE PRONOMBRES. 2. La acepción 2 se usa más en plural.

cierne ‖ **en {cierne/ciernes}.** En los comienzos, en potencia o en una etapa previa al desarrollo y lejana de la perfección: *Tenemos un viaje en ciernes, pero no sé si al final lo haremos.*

cierre s.m. **1** Lo que sirve para cerrar: *Le ha puesto un cierre de seguridad a la pulsera para que no se le caiga si se abre.* **2** Unión de las partes de algo, de modo que su interior quede oculto: *Me mandaron una pomada para acelerar el cierre de la herida.* **3** Unión o plegado de las partes de un todo: *Me ponen nerviosa los paraguas de cierre automático.* **4** Terminación, conclusión o culminación de un proceso o de una acción: *El cierre de la carretera de circunvalación se retrasó sobre el plazo previsto.* **5** Delimitación u obstrucción de un espacio, esp. si se deja incomunicado con el exterior: *El juez ordenó el cierre de la sala al público.* **6** Finalización o término de una actividad o de un plazo: *La hora de cierre de la tienda la establece el dueño.* **7** Colocación de un signo de puntuación detrás del enunciado que delimita: *El cierre de comillas es fundamental para citar literalmente.* **8** ‖ **cierre patronal.** El que realizan de una empresa sus patronos o propietarios como medida de presión para que los trabajadores acepten sus condiciones: *Los sindicatos consideran abusivo el cierre patronal.* ‖ **echar el cierre.** *col.* Terminar o dar por terminado: *Como me canse mucho, echo el cierre y me largo.*

ciertamente adv. Con certeza; *cierto: Ahora no séla respuesta, pero lo miro y te lo digo ciertamente.* ☐ SINT. Se usa también como adverbio de afirmación: *Cuando le dije que debía de estar cansado, asintió: 'Ciertamente'.*

cierto adv. Con certeza; *ciertamente: Ya sé que parece increíble, pero lo sé cierto.* ☐ SINT. Se usa también como adverbio de afirmación: *Cuando le dije que sus productos eran más caros, contestó: 'Cierto, pero también son mejores'.*

cierto, ta adj. **1** Verdadero, seguro o que no se puede poner en duda: *He comprobado que lo que nos contó era cierto.* **2** Antepuesto a un sustantivo, indica indeterminación: *En cierta ocasión me hicieron esa pregunta y no supe qué responder.* **3** ‖ **de cierto.** Con certeza o con seguridad: *¡Te digo que lo puedes creer, que lo sé de cierto!* ‖ **por cierto.** Expresión que se usa para indicar que lo que se va a decir se ha recordado o ha sido sugerido al hilo de lo que se estaba tratando: *Estábamos hablando de deudas y de pronto dijo: «Por cierto, ¿cuánto te debo?».* ☐ MORF. Sus superlativos son *ciertísimo* y *certísimo*.

ciervo, va s. **1** Mamífero rumiante, de color pardo rojizo o gris, cuerpo esbelto, patas largas y hocico agudo, que vive generalmente en estado salvaje y cuyo macho, de mayor tamaño que la hembra, presenta grandes cuernos ramificados que renueva cada año; *venado: El hombre aprovecha para el consumo y la industria la carne, la piel y las astas del ciervo.* 👁 **rumiante 2** ‖ **ciervo volante.** Insecto de gran tamaño, de color rojo oscuro o negro, con dos alas anteriores endurecidas que se superponen como protección a las dos posteriores voladoras, y cuyo macho tiene unas mandíbulas semejantes a dos cuernos: *A pesar de su aspecto, el ciervo volante es inofensivo.* ☐ MORF. *Ciervo volante* es epiceno: *el ciervo volante {macho/hembra}.*

cierzo s.m. Viento frío que sopla del norte: *Un fortísimo cierzo nos helaba los huesos.*

cifra s.f. **1** Signo con que se representa un número; *guarismo: El número 139 tiene tres cifras.* **2** Cantidad indeterminada, esp. si es una suma de dinero: *La elevada cifra de participantes sorprendió a los organizadores.* **3** Lo que reúne o resume en sí muchas otras cosas: *Para ella el matrimonio es la cifra de todos sus sueños.* **4** ‖ **en cifra.** En resumen o dicho brevemente: *Empezó a decir que se agobiaba, que no podía más...; en cifra: lo de siempre.*

cifrar v. **1** Referido a un mensaje, escribirlo en cifra o de modo que solo pueda interpretarse si se conoce la clave: *En el ejército hay especialistas para cifrar y descifrar mensajes secretos.* **2** Referido esp. a pérdidas o a ganancias, valorarlas cuantitativamente: *Las pérdidas causadas por las inundaciones han sido cifradas en cientos de millones.* **3** Referido a algo que suele proceder de varias causas, basarlo o considerar que consiste exclusivamente en la que se indica: *¿Cómo puedes cifrar la felicidad en el éxito profesional?* **4** Referido a un conjunto de cosas o a un discurso, compendiarlos, resumirlos o reducirlos: *Cifró todas las explicaciones anteriores en una sola frase. Los diez mandamientos de la Iglesia se cifran en dos fundamentales.* ☐ SINT. Constr. de la acepción 3: *cifrar* EN *algo.*

cigala s.f. Crustáceo marino, de color rojizo claro, con el cefalotórax cubierto por un caparazón duro, el abdomen alargado y con cinco pares de patas, el primero de los cuales termina en unas pinzas muy desarrolladas: *Echaron a la paella cigalas, langostinos y otros mariscos.* ☐ MORF. Es un sustantivo epiceno y la diferencia de sexo se señala mediante la oposición *la cigala {macho/hembra}.* 👁 **marisco**

cigarra s.f. Insecto de color verdoso amarillento, de cabeza gruesa, ojos salientes, alas cortas y membranosas, y abdomen en forma de cono, en cuya base los machos tienen un aparato con el que producen un ruido estridente y monótono; *chicharra: El canto de las cigarras se oye en verano y en terrenos secos.* ☐ MORF. Es un sustantivo epiceno y la diferencia de sexo se señala mediante la oposición *la cigarra {macho/hembra}.* 👁 **insecto**

cigarral s.m. En la provincia toledana, finca situada fuera de la ciudad, con huerta, árboles frutales y casa de recreo: *Su familia es manchega y acostumbra a pasar los veranos en su cigarral.*

cigarrero, ra ▌s. **1** Persona que se dedica a la fabricación o a la venta de cigarros: *En la fábrica de tabaco trabajaban cientos de cigarreras liando uno a uno los puros.* ▌s.f. **2** Caja o mueblecillo en los que se guardan o se tienen a la vista cigarros puros: *En el lujoso despacho había un pequeño mueble bar y una cigarrera de caoba.*

cigarrillo s.m. Cigarro pequeño y delgado, hecho con picadura y liado con papel de fumar; *pitillo: Fuma cigarros con filtro.*

cigarro s.m. **1** Rollo o cilindro de tabaco, que se enciende por un extremo y se fuma por el otro, esp. el pequeño, hecho con picadura y liado con papel de fumar: *Le molesta el humo de los cigarros.* **2** ‖ **cigarro (puro).** El que se hace enrollando hojas de tabaco y no tiene filtro; *puro: En Cuba se fabrican muy buenos cigarros puros.*

cigoto s.m. En biología, célula huevo procedente de la unión de un gameto masculino, o espermatozoide, con otro femenino, u óvulo, en la reproducción sexual; *zigoto: Un embrión nace de la división de un cigoto.*

cigüeña s.f. **1** Ave zancuda de gran tamaño, de costumbres migratorias, con patas largas y rojas, cuello y pico largos, cuerpo blanco y alas negras, y que anida generalmente en árboles y lugares elevados: *En la torre de la iglesia hay un nido de cigüeñas.* **2** ‖ **venir la cigüeña.** *col.* Producirse el nacimiento de un hijo: *Quieren tener la habitación del niño preparada para cuando venga la cigüeña.* ☐ MORF. Es un sustantivo epiceno y la diferencia de sexo se señala mediante la oposición *la cigüeña {macho/hembra}.*

cigüeñal s.m. En una máquina, esp. en un motor de explosión, eje con uno o varios codos, en cada uno de los cuales se ajusta una biela, y que transforma un movimiento rectilíneo en circular, o a la inversa: *El coche no funciona porque tenía roto el cigüeñal.*

cigüeñato s.m. Cría de la cigüeña: *La cigüeña llevaba en el pico el alimento para sus cigüeñatos.* ☐ MORF. Es un sustantivo epiceno y la diferencia de sexo se señala mediante la oposición *el cigüeñato {macho/hembra}.*

cigüeñuela s.f. En una máquina o en un instrumento, manivela o pieza en forma de codo y unida a la prolongación de su eje, por medio de las cuales se les da movimiento rotatorio: *Para que el molinillo funcione tienes que darle a la cigüeñuela.*

ciliado, da adj. Que tiene cilios: *Las células ciliadas de la tráquea utilizan sus cilios para impedir el paso de sustancias nocivas al sistema respiratorio.*

ciliar adj. **1** En anatomía, de las cejas o relacionado con ellas: *Los pelos ciliares y las pestañas son protecciones para los ojos.* **2** De los cilios o relacionado con estos filamentos celulares: *El movimiento ciliar permite al paramecio moverse.* ☐ MORF. Invariable en género.

cilicio s.m. Cinturón o faja de cerdas o de púas de hierro, que se usa ceñido al cuerpo como penitencia o como sacrificio: *Se castigaba a sí mismo por sus pecados con un cilicio que le llagaba el cuerpo.* ☐ SEM. Dist. de *flagelo* (instrumento compuesto de un palo y de unas tiras largas, que se usa para azotar).

cilindrada s.f. Capacidad para contener carburante que tienen en conjunto los cilindros de un motor de explosión, y que se expresa en centímetros cúbicos: *Una moto con una cilindrada de 500 c.c. tiene mucha potencia.*

cilíndrico, ca adj. **1** Del cilindro: *Un rectángulo que gire sobre uno de sus lados desarrolla una superficie cilíndrica.* **2** Con forma de cilindro: *Muchos botes de conservas son cilíndricos.*

cilindro s.m. **1** Cuerpo geométrico limitado por una superficie lateral no plana, cuyo desarrollo es un rectángulo, y por dos bases circulares iguales y paralelas: *Generalmente, los tubos tienen forma de cilindro.* **2** Lo que tiene la forma de este cuerpo: *Miraba a través de un cilindro de cartón como si fuese un catalejo.* **3** En una máquina, pieza con esta forma: *El cilindro de una impresora hace la impresión al girar sobre el papel o sobre los moldes.* **4** En una máquina, esp. en un motor, tubo en cuyo interior se mueve el émbolo o el pistón: *En el cilindro de un motor de explosión, el movimiento del pistón da lugar a la combustión del carburante.*

cilindroeje s.m. Prolongación de una neurona, que generalmente termina en una ramificación y que está en contacto con otras células: *En ocasiones, los cilindroejes tienen ramas colaterales en ángulo recto.* ☐ SEM. Es sinónimo de *axón* y *neurita.*

cilio s.m. En algunos protozoos y en algunas células, filamento delgado y corto, localizado en su membrana junto con otros muchos, todos los cuales actúan conjuntamente como aparato locomotor o con otros fines; *pestaña vibrátil: Los cilios aparecen en la superficie de la célula dispuestos generalmente en filas.*

cima s.f. **1** En una elevación del terreno o en algo elevado, parte más alta: *Los alpinistas pusieron una bandera en la cima de la montaña.* **2** Punto más alto o de mayor perfección que se puede alcanzar: *Este actor está en la cima de la popularidad.* **3** En botánica, inflorescencia en la que tanto el eje principal como los secundarios terminan en una flor: *En las cimas, la flor que nace al final de cada eje impide el crecimiento de este.* 👁 **inflorescencia** **4** ‖ **cima {bípara/dicótoma}.** La que tiene un eje secundario a cada lado del principal: *El desarrollo de una cima bípara es simétrico respecto de su eje.* ‖ **cima escorpioidea.** La que tiene los ejes secundarios a un solo lado del principal: *La cima escorpioidea tiene forma de cola de escorpión o de espiral.* ‖ **dar cima a** algo. Concluirlo o llevarlo hasta su fin con éxito o con perfección: *Con esa obra da cima a una brillante carrera.*

cimarrón, -a adj./s. Referido a un animal doméstico, que huye al campo y se hace salvaje: *Los vaqueros atraparon dos caballos cimarrones. El caballo que se me escapó debe de haberse convertido en un cimarrón.*

címbalo s.m. Instrumento musical de percusión muy parecido a los platillos, esp. referido al que se usaba en la Antigüedad grecolatina en algunas ceremonias religiosas:

Los címbalos se tocan entrechocando sus bordes. 👁 **percusión**

cimborrio s.m. **1** En una iglesia, torre o cuerpo saliente al exterior, generalmente de planta cuadrada u octogonal, que se levanta sobre el crucero para iluminarlo: *La luz que entraba por el cimborrio iluminaba el altar.* **2** Cuerpo cilíndrico que sirve de base a una cúpula, esp. a la que cubre el crucero de una iglesia: *La solidez del cimborrio permitió a los arquitectos dar más altura a la cúpula.*

cimbrear v. **1** Referido a una vara o a algo delgado y flexible, moverlos sujetándolos por un extremo de modo que vibren: *El abuelo cimbreó la vara delante de los niños en señal de amenaza. Las espigas se cimbreaban con la brisa.* **2** Referido al cuerpo o a una de sus partes, moverlos con garbo, esp. al andar: *Paseaba cimbreando sus caderas de manera provocativa. Cuando oye música se cimbrea sin darse cuenta.*

cimentación s.f. **1** Colocación o construcción de los cimientos de una edificación: *Antes de proceder a la cimentación, hay que hacer un estudio del terreno.* **2** Consolidación de algo inmaterial o asentamiento de sus principios o de sus bases: *Los misioneros consiguieron la cimentación de su fe en muchas tierras no cristianas.*

cimentar v. **1** Referido a una construcción, echar o poner sus cimientos: *Si no cimentamos adecuadamente el puente, puede derrumbarse.* **2** Referido a algo inmaterial, afianzarlo o asentar sus principios o sus bases: *El cariño y la confianza cimientan su relación. Su autoridad se cimienta en sólidos conocimientos.* ☐ MORF. Es irregular y la *e* diptonga en *ie* en los presentes, excepto en las personas *nosotros* y *vosotros* ⟶**PENSAR**, pero se usa más como regular.

cimera s.f. En una armadura, parte superior del morrión o de la pieza que cubría la cabeza, que se solía adornar con plumas u otras cosas: *La cimera sobresale unos centímetros del casco.* 👁 **armadura**

cimiento s.m. **1** En una edificación, parte que está bajo tierra y sobre la que se apoya y afirma toda la construcción: *Le han salido grietas a la casa porque los cimientos están mal hechos.* **2** Lo que constituye la base o el principio y raíz: *La comprensión y el respeto mutuos son los cimientos de una buena amistad.* ☐ MORF. Se usa más en plural.

cimitarra s.f. Arma blanca semejante a un sable, de hoja curva que se va ensanchando a medida que se aleja de la empuñadura, y con un solo filo en el lado convexo: *Los turcos y los persas luchaban con cimitarras.* 👁 **arma**

cinabrio s.m. Mineral compuesto de azufre y mercurio, muy pesado y de color rojo oscuro: *Del cinabrio se extrae el mercurio.*

cinc s.m. Elemento químico, metálico y sólido, de número atómico 30, de color blanco azulado y brillo intenso, blando, de estructura laminar y que se oxida expuesto al aire húmedo; *zinc: El cinc se utiliza en forma de láminas para cubrir tejados.* ☐ PRON. [zink]; incorr. *[zinz]. ☐ ORTOGR. Su símbolo químico es *Zn.* ☐ MORF. Su plural es *cincs.*

cincel s.m. Herramienta consistente en una barra alargada, de poco grosor y con un extremo acerado y en forma de cuña, que se usa para trabajar a golpe de martillo piedras y metales: *El escultor iba dando forma al bloque de piedra con un cincel y un martillo.*

cincelado s.m. Labrado o grabado que se hace con cincel sobre piedra o sobre metal: *Procedí al cincelado de la piedra con mucho cuidado para no quebrarla.*

cincelar v. Labrar o grabar con cincel sobre piedra o sobre metal: *El artista cinceló escenas guerreras en el bloque de granito.*

cincha s.f. Faja o correa con que se asegura la silla o la albarda sobre la cabalgadura, ciñéndola por debajo de la barriga: *Se rompió la cincha y se cayeron todos los aparejos del burro.* 👁 **arreos**

cinco ▮ numer. **1** Número 5: *Cada mano tiene cinco dedos. Queremos una mesa para cinco, por favor.* ▮ s.m. **2** Signo que representa este número: *Los romanos escribían el cinco como 'V'.* **3** ‖ **esos cinco.** *col.* La mano: *¡Choca esos cinco y no se hable más!* ‖ **no tener ni cinco.** *col.* No tener dinero: *¡Cómo te va a hacer un préstamo, si no tiene ni cinco!* ☐ MORF. 1. Como numeral es invariable en género y en número. 2. ⟶APÉNDICE DE PRONOMBRES. ☐ USO *Esos cinco* se usa más con los verbos *chocar, venir* o equivalentes.

cincuenta ▮ numer. **1** Número 50: *Cinco por diez son cincuenta. En la reunión éramos al menos cincuenta.* ▮ s.m. **2** Signo que representa este número: *Los romanos escribían el cincuenta como 'L'.* ☐ MORF. 1. Como numeral es invariable en género y en número. 2. ⟶APÉNDICE DE PRONOMBRES.

cincuentavo, va numer. Referido a una parte, que constituye un todo junto con otras cuarenta y nueve iguales a ella; *quincuagésimo: La cincuentava parte de los coches en circulación no pasan la revisión obligatoria. Se lleva de comisión un cincuentavo de las ventas de la empresa.* ☐ MORF. ⟶APÉNDICE DE PRONOMBRES.

cincuentenario s.m. **1** Fecha en la que se cumplen cincuenta años de un acontecimiento: *En 1989 se conmemoró el cincuentenario de la muerte del poeta Antonio Machado.* **2** Fiesta o conjunto de actos festivos con los que se celebra esta fecha: *En el cincuentenario del nacimiento del club estaban todos los fundadores.*

cincuentón, -a adj./s. *col.* Referido a una persona, que tiene más de cincuenta años y aún no ha cumplido los sesenta: *Con ese aspecto tan juvenil, nadie diría que es una mujer cincuentona. La reunión estaba llena de cincuentones.* ☐ USO Tiene un matiz despectivo.

cine s.m. **1** Arte, técnica e industria de la cinematografía: *En los estudios de cine había una reproducción en cartón piedra de un pueblo del oeste.* **2** Película o conjunto de películas hechas según este arte, esp. si tienen una característica común: *Me paso tardes enteras viendo cine.* **3** Local en el que se proyectan estas películas: *En el cine del barrio echan solo películas para niños.* **4** ‖ **de cine.** *col.* Muy bueno o muy bien: *Pensé que no nos harían caso, pero nos trataron de cine.* ☐ MORF. En la acepción 3 es la forma abreviada y usual de *cinematógrafo.* ☐ SEM. Es sinónimo de *cinema.*

cineasta s. Persona que se dedica profesionalmente al cine, esp. como director: *En el festival se proyectaron películas de cineastas consagrados.* ☐ MORF. Es de género común y exige concordancia en masculino o en femenino para señalar la diferencia de sexo: *el cineasta, la cineasta.*

cineclub s.m. **1** Asociación creada para la difusión del cine y de la cultura cinematográfica: *Los socios del cineclub se benefician de un descuento en las entradas.* **2** Lugar de reunión de esta asociación y en el que se proyectan y comentan películas: *En el cineclub suelen abrir un coloquio después de la película.* ☐ MORF. Su plural es *cineclubs* o *cineclubes.*

cinéfilo, la adj./s. Aficionado al cine: *Tiene que ser muy cinéfila para que le guste pasar tantas horas viendo cine. Solo los cinéfilos van a ver esas películas tan raras.*

cinema s.m. →**cine.**

cinemascope s.m. Procedimiento cinematográfico que consiste en comprimir las imágenes al rodar, de modo que al proyectarlas sobre una pantalla curva recuperen su proporción, pero resulten agrandadas y con mayor sensación de perspectiva (por extensión del nombre de la marca comercial *Cinemascope®*): *Las películas en cinemascope resultan espectaculares por su grandiosidad.*

cinemateca s.f. **1** Local en el que se conserva una colección organizada de películas cinematográficas, generalmente ya apartadas de los circuitos comerciales, para poder ser estudiadas o vistas por los usuarios: *En la cinemateca tienen ficheros de películas ordenados por géneros y por títulos.* **2** Local en el que se proyectan este tipo de películas: *En la cinemateca ponen ciclos dedicados a grandes directores.* **3** Colección de películas cinematográficas, generalmente ordenada y que consta de un número considerable: *Le gusta tanto el cine que se ha hecho una cinemateca particular.* ☐ SEM. Es sinónimo de *filmoteca*.

cinemática s.f. Parte de la física mecánica que estudia el movimiento sin relacionarlo con las causas que lo producen: *Según la cinemática, un cuerpo en movimiento se movería eternamente si no se le opusiese ninguna resistencia.*

cinematografía s.f. Arte de reproducir sobre una pantalla imágenes en movimiento mediante la proyección a gran velocidad de secuencias fotografiadas en una película de celuloide; *séptimo arte: Le han dado el premio de cinematografía al mejor director.*

cinematografiar v. Registrar en película cinematográfica o impresionar esta con imágenes; *filmar: Un reportero de televisión cinematografió el acto.* ☐ ORTOGR. La *i* final de la raíz lleva tilde en los presentes, excepto en las personas *nosotros* y *vosotros* →**VACIAR**.

cinematográfico, ca adj. Del cine o relacionado con él: *Algunos directores de cine reclaman subvenciones públicas para la industria cinematográfica.*

cinematógrafo s.m. **1** →**cine. 2** Aparato que permite reproducir imágenes en movimiento mediante la técnica de la cinematografía: *Los hermanos Lumière inventaron el cinematógrafo.*

cinético, ca adj. En física, del movimiento o relacionado con él: *La energía cinética de un cuerpo es la que produce este en virtud de su movimiento.*

cingalés, -a ▮ adj./s. **1** De Sri Lanka (país insular asiático, antes llamado Ceilán) o relacionado con él: *Tomamos un té cingalés de sabor muy fuerte. Los cingaleses se constituyeron en Estado independiente a mediados del siglo XX.* **2** De una de las dos etnias principales de Sri Lanka: *La comunidad cingalesa y la tamil son las mayoritarias en Sri Lanka. Los cingaleses se concentran en el sur y oeste de la isla.* ▮ s.m. **3** Lengua indoeuropea de este país: *En Sri Lanka se habla inglés y cingalés.* ☐ MORF. En las acepciones 1 y 2, como sustantivo se refiere solo a las personas de Sri Lanka.

cíngaro, ra adj./s. Del pueblo gitano, esp. del centroeuropeo, o relacionado con él; *zíngaro: La música cíngara es muy alegre. La mayor parte de los cíngaros viven en Hungría.*

cíngulo s.m. Cordón que usan los sacerdotes católicos para ceñirse a la cintura el alba o túnica blanca con que celebran algunos actos litúrgicos: *El cíngulo lleva una borla en cada extremo.*

cínico, ca adj./s. Que muestra cinismo: *Con su mirada cínica me dio a entender que no le importaba haberme mentido. Decía que aquel político era un cínico porque prometía muchas cosas que no pensaba cumplir.*

cinismo s.m. Desvergüenza o descaro al mentir, o al defender o practicar algo que merece desaprobación o reproche: *Su cinismo es tan grande que no le importa decir que no quiere trabajar porque es de tontos.*

cinquillo s.m. Juego de cartas en el que la carta inicial es un cinco: *En el cinquillo, partiendo del cinco, se ponen ordenadamente el resto de las cartas de cada palo.*

cinta s.f. **1** Tira plana, larga y estrecha de un material flexible: *Pegué la hoja rota con cinta adhesiva.* 👁 **gimnasio; pasamanería; sombrero 2** Tira de un material plástico y flexible que sirve como soporte para diversos tipos de grabaciones: *He comprado una cinta de vídeo para grabar una película de la tele.* **3** En una máquina de escribir o en una impresora, tira de material flexible impregnada de tinta: *La máquina está bien, pero no escribe porque se ha gastado la tinta de la cinta.* **4** Dispositivo automático formado por una banda metálica o plástica y que sirve para trasladar mercancías: *En los aeropuertos, el equipaje se recoge cuando sale por la cinta transportadora.* **5** Tira de un material fuerte y resistente en la que se engarzan los proyectiles de una ametralladora: *Mientras un soldado disparaba con la ametralladora, el otro sujetaba la cinta para que no se enganchara.* **6** Planta de hojas largas, listadas de blanco y verde, que se usa como adorno: *Las flores de las cintas son pequeñas y de color blanco y violeta.* **7** En arquitectura, tira estrecha adornada: *Sobre el umbral de la entrada se apreciaba una cinta tallada en la piedra y con una inscripción en latín.* **8** Pieza de carne alargada y ovalada que se obtiene del lomo de cerdo: *Hoy he comido filetes de cinta adobada.* 👁 **carne 9** ‖ **cinta métrica.** La que tiene marcada la longitud del metro y sus divisiones, y se usa para medir: *Las modistas y los sastres usan mucho la cinta métrica.* 👁 **costura; medida**

cinto s.m. Tira o faja, generalmente de cuero, que se usa para ceñir la cintura con una sola vuelta y que se ajusta y aprieta a ella mediante una hebilla u otro mecanismo de cierre: *El mosquetero llevaba el arma colgada al cinto.*

cintura s.f. **1** En el cuerpo humano, parte más estrecha, encima de las caderas: *Le midió la cintura para hacerle la falda.* **2** En una prenda de vestir, parte que rodea esta zona del cuerpo: *He adelgazado y tendré que meter la cintura de la falda para que me quede bien.* **3** ‖ **cintura de avispa.** La muy delgada y fina: *Esta modelo tiene una cintura de avispa y los trajes le quedan muy bien.* ‖ **meter en cintura** a alguien. *col.* Hacerle entrar en razón: *Con este castigo intenta meter en cintura a su hijo y que le obedezca.*

cinturilla s.f. En algunas prendas de vestir, cinta o tira de tela dura y fuerte que se pone en la cintura: *Para terminar el pantalón solo falta poner las presillas en la cinturilla.*

cinturón s.m. **1** Cinto, correa o tira semejante que se usan para ceñir la cintura, esp. los que se ajustan a ella para sujetar el pantalón u otra prenda de vestir: *Le resulta más cómodo llevar cinturón que tirantes.* 👁 **alpinismo 2** Cinto que sirve para llevar colgados el sable o espada: *El caballero desenvainó la espada que llevaba colgada del cinturón.* **3** Conjunto de elementos que rodean algo: *Ha comprado una nave en el cinturón industrial de la ciudad.* **4** En las artes marciales, categoría o grado a los que pertenece el luchador: *Mi primo es un experto karateca, y ya es cinturón negro.* **5** ‖ **apretarse el cinturón.** Reducir los gastos por haber escasez de medios: *Cuando me quedé en el paro tuve que apretarme el cinturón para ahorrar algo de dinero.* ‖ **cinturón de castidad.** El metálico o de cuero con una cerradura, y que aseguraba la fidelidad de las esposas cuando sus maridos estaban ausentes: *El cinturón de castidad se usó en la Edad Media.* ‖ **cinturón de seguridad.** En algunos vehículos, el que sujeta al viajero al asiento: *Es obligatorio el uso del cinturón de seguridad.*

ciprés s.m. **1** Árbol de hojas persistentes, que tiene el tronco recto, las ramas cortas y erguidas, la copa cónica y espesa y el fruto redondeado: *Los cipreses suelen plantarse en los cementerios.* **2** Madera de este árbol: *El ciprés es rojo y oloroso.*

circense adj. Del circo o relacionado con este espectáculo: *Su hija es muy ágil y hace verdaderos ejercicios circenses en el columpio.* ☐ MORF. Invariable en género.

circo s.m. **1** Grupo ambulante de gente y animales que, con sus actuaciones de habilidad y de riesgo, entretienen al público: *El circo viene todas las navidades a la ciudad.* **2** Espectáculo que realizan: *Lo que más me gusta del circo es la actuación de los trapecistas.* **3** Instalación en la que lo representan: *El circo consta de varias pistas de arena circulares, de una carpa y de asientos para el público.* **4** En la antigua Roma, lugar destinado a determinados espectáculos, esp. a las carreras de carros y a las de caballos: *El circo tenía forma rectangular, con uno de sus extremos redondeado.* **5** *col.* Actividad que resulta llamativa o que produce alboroto: *Vaya circo habéis montado con la preparación de la obra de teatro.* **6** ‖ **circo glaciar.** En un macizo montañoso, depresión de paredes escarpadas y fondo cóncavo, originada por la acción erosiva del hielo de un glaciar: *Los circos glaciares suelen ser semicirculares.* 👁 **montaña**

circón s.m. Mineral de circonio, más o menos transparente y de variados colores, que se usa como piedra fina y para extraer otros elementos; *zircón: El circón es muy duro y pesado.*

circonio s.m. Elemento químico, metálico y sólido, de número atómico 40, radiactivo, duro y resistente a la corrosión, que se presenta en forma de polvo grisáceo: *El circonio se usa como antídoto del plutonio en la industria nuclear.* ☐ ORTOGR. Su símbolo químico es *Zr*.

circonita s.f. Variedad de circón que se usa en joyería: *Existen circonitas transparentes, azules, rojizas y de otros colores.*

CÍRCULO

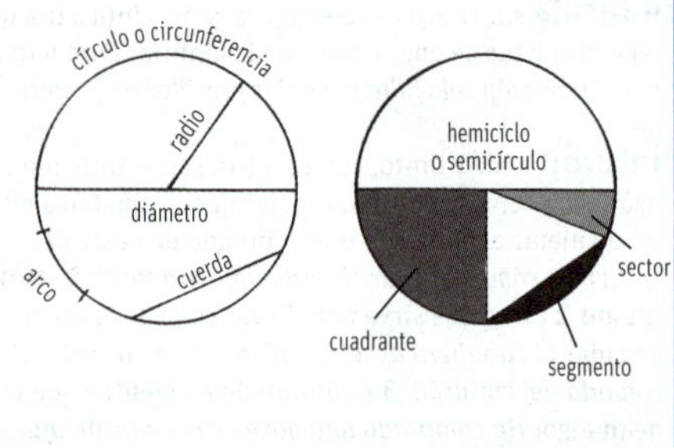

circuito s.m. **1** Trayecto en forma de curva cerrada, previamente fijado, en el que suelen disputarse determinadas carreras: *La carrera ciclista consiste en dar tres vueltas a un circuito de cinco kilómetros.* **2** Recorrido previamente fijado, que suele terminar en el punto de partida: *En esta agencia de viajes ofrecen varios circuitos turísticos.* **3** ‖ **circuito integrado.** En física, el que tiene sus componentes unidos en un soporte: *Se ha estropeado uno de los circuitos integrados del ordenador.* ‖ **corto circuito.** →**cortocircuito.**

circulación s.f. **1** Traslado o tránsito por las vías públicas: *A estas horas la circulación es muy intensa en toda la ciudad.* **2** Movimiento o paso de algo de unas personas a otras: *Hay que entregar en el banco los billetes que ya no están en circulación.* **3** Paso por una vía cerrada, volviendo al lugar de partida: *La circulación sanguínea se efectúa por las arterias y las venas.*

circular ▌ adj. **1** Del círculo o relacionado con esta figura geométrica: *El profesor me preguntó la fórmula para hallar el área circular.* **2** Con forma de círculo: *Las pistas de los circos tienen una forma circular.* ▌ s.f. **3** Orden que una autoridad superior dirige a sus empleados: *En el tablón de anuncios hay una circular del director en la que indica las fiestas de este año.* **4** Cada una de las cartas o avisos iguales que se entregan a varias personas para darles a conocer algo: *La profesora ha mandado una circular a los padres de los alumnos en la que los cita para una reunión.* ▌ v. **5** Andar o moverse: *Después del accidente, el policía dijo a los transeúntes que estaban mirando que circularan. Por esta calle principal circulan muchos coches.* **6** Correr o pasar algo de unas personas a otras: *Entre los conocidos circula el rumor de que te vas de la ciudad.* ☐ MORF. Como adjetivo es invariable en género.

circulatorio, ria adj. De la circulación o relacionado con ella: *La avería de los semáforos ha agravado el caos circulatorio.*

círculo s.m. **1** En geometría, área o superficie delimitada por una circunferencia: *La fórmula del área del círculo es* πr^2. 👁 círculo **2** *col.* Curva plana y cerrada cuyos puntos equidistan de otro, llamado centro; *circunferencia: El profesor de gimnasia dijo que nos cogiéramos de la mano y que formáramos un círculo.* **3** Club o sociedad de recreo; *casino: El círculo cultural del barrio ha organizado una visita al museo.* **4** Sector o ambiente social: *En círculos políticos se habla de un posible cambio de ministros.* **5** ‖ **círculo vicioso.** Situación o razonamiento en los que el planteamiento y la resolución se remiten recíprocamente: *Esta situación es un círculo vicioso, ya que no atiendes porque no entiendes nada y no entiendes nada porque no atiendes.* ☐ MORF. La acepción 4 se usa más en plural.

circuncidar v. Cortar circularmente una porción del prepucio o piel móvil del pene: *En algunas religiones circuncidar a los niños es un ritual.* ☐ MORF. Tiene un participio regular (*circuncidado*), que se usa en la conjugación, y otro irregular (*circunciso*), que se usa como adjetivo o sustantivo.

circuncisión s.f. Corte circular que se hace en el prepucio o piel móvil del pene: *En los casos de fimosis se realiza la circuncisión.*

circunciso adj./s.m. Referido a un hombre, que ha sido circuncidado: *Los circuncisos en realidad han sufrido una operación de fimosis.*

a b c d e f g h i j k l m n ñ o p q r s t u v w x y z

circundar v. Cercar o rodear dando la vuelta: *Hay una autopista que circunda la ciudad.*

circunferencia s.f. **1** En geometría, curva plana y cerrada cuyos puntos equidistan de otro, llamado centro: *Una circunferencia no tiene área, sino perímetro.* 👁 **círculo** **2** Contorno de una superficie o de un lugar: *La circunferencia del tronco de este árbol es tan grande que no puedo abarcarla con los brazos.*

circunferir v. Circunscribir o limitar: *Circunfirió su actividad profesional a unos pocos asuntos que llevaba él personalmente.* □ MORF. Irreg. →**SENTIR**.

circunloquio s.m. Rodeo de palabras con las que se quiere dar a entender algo que podía haberse dicho de una forma más corta: *Cuando tiene que dar una mala noticia, empieza a hacer circunloquios y no acaba.*

circunscribir ▮ v. **1** Reducir a unos límites o términos determinados: *El inspector ha circunscrito su actuación a este barrio.* **2** En geometría, referido a una figura, formarla de modo que rodee a otra y esté en contacto con todos sus vértices o con sus líneas: *Si circunscribes una circunferencia a un triángulo, los tres vértices de este estarán en contacto con ella.* ▮ prnl. **3** Limitarse o atenerse concretamente; *ceñirse*: *Antes de empezar el examen el profesor nos rogó que nos circunscribiéramos a las preguntas que nos ponía.* □ MORF. Su participio es *circunscrito*. □ SINT. Constr.: *circunscribir(se)* A *algo*.

circunscripción s.f. **1** División administrativa, militar, electoral o eclesiástica de un territorio: *En las elecciones generales la circunscripción electoral es la provincia.* **2** Reducción o limitación a unos términos concretos: *Gracias a las vacunas se ha conseguido la circunscripción de la epidemia a una zona.*

circunscrito, ta part. irreg. de **circunscribir**.

circunspección s.f. Seriedad, decoro, gravedad y comedimiento al hablar o al actuar: *El presidente habló con circunspección de los graves sucesos ocurridos.*

circunspecto, ta adj. Que actúa con circunspección o que la muestra: *Dio la grave noticia con una expresión circunspecta.*

circunstancia s.f. **1** Accidente que rodea o que va unido a la sustancia de algo: *El mal tiempo fue una de las circunstancias que me decidieron a no salir de casa.* **2** Calidad o requisito: *Solo iré si se dan determinadas circunstancias.* **3** Situación o conjunto de lo que rodea a alguien: *No pensaba hacerlo, pero las circunstancias me obligaron.* **4** ‖ **(circunstancia) agravante.** La que constituye un motivo legal para recargar la pena correspondiente a un delito: *La nocturnidad y la alevosía son circunstancias agravantes.* ‖ **(circunstancia) atenuante.** La que constituye un motivo legal para aliviar la pena correspondiente a un delito: *El ser el culpable menor de dieciocho años es una circunstancia atenuante.* ‖ **(circunstancia) eximente.** La que constituye un motivo legal para librar de una responsabilidad criminal: *El actuar en legítima defensa es una circunstancia eximente.*

circunstancial ▮ adj. **1** Que implica alguna circunstancia o que depende de ella: *El que yo pasara por delante de la joyería cuando tenía lugar el robo es un hecho circunstancial.* ▮ s.m. **2** →**complemento circunstancial.** □ MORF. Como adjetivo es invariable en género.

circunvalación s.f. **1** Rodeo o vuelta que se dan a un lugar o a una ciudad: *La circunvalación de la ciudad nos llevará una media hora.* **2** Vía que rodea una población a la que puede acceder por distintas entradas: *La circunvalación ha aliviado el tráfico del interior de la ciudad.* □ ORTOGR. Dist. de *circunvolución*.

circunvalar v. Referido a un lugar, esp. a una ciudad, rodearlo o dar la vuelta a su alrededor: *La nueva carretera circunvala la ciudad.*

circunvolución s.f. **1** Vuelta o rodeo: *El público observaba las circunvoluciones que realizaba el avión en el aire.* **2** ‖ **circunvolución (cerebral).** Cada uno de los relieves que aparecen en la parte externa del cerebro, y que se hallan separados unos de otros por medio de unas depresiones: *Las circunvoluciones del cerebro humano son más pronunciadas y numerosas que las de los cerebros de otros seres vivos.* □ ORTOGR. Dist. de *circunvalación*.

cirílico, ca ▮ adj. **1** Del cirílico o relacionado con este alfabeto: *La invención de la escritura cirílica se atribuye a san Cirilo, en el siglo IX.* ▮ s.m. **2** Alfabeto usado en ruso y en otras lenguas eslavas: *Estoy aprendiendo a escribir en cirílico.*

cirio s.m. **1** Vela de cera, larga y gruesa: *Delante del altar ardían varios cirios.* **2** *col.* Situación confusa, agitada o embarazosa, esp. si va acompañada de gran alboroto y tumulto; *lío*: *¡Vaya cirio se montó cuando se salió el agua de la lavadora!*

cirro s.m. Nube blanca, ligera y de aspecto deshilachado, que se forma en las capas altas de la atmósfera: *La presencia de cirros en el cielo da lugar a los halos del Sol.* 👁 **nube**

cirrosis s.f. Enfermedad del hígado que consiste en la destrucción de las células hepáticas y en su sustitución por tejido conjuntivo: *Una de las causas de la cirrosis es el alcoholismo.* □ MORF. Invariable en número.

ciruela s.f. **1** Fruto comestible del ciruelo que tiene forma redondeada, la piel lisa y un solo hueso: *Las ciruelas suelen ser de color verde, amarillo o morado.* **2** ‖ **(ciruela) claudia.** La redonda, de color verde claro, jugosa y dulce: *Las ciruelas claudias suelen ser de un tamaño menor que las otras.*

ciruelo s.m. Árbol frutal que tiene las hojas lanceoladas y dentadas, flores blancas y cuyo fruto es la ciruela: *Ha plantado en la huerta un par de ciruelos.*

cirugía s.f. **1** Parte de la medicina que tiene por objeto curar enfermedades por medio de operaciones: *Ha estudiado medicina y se quiere especializar en cirugía facial.* **2** ‖ **cirugía menor.** La que comprende operaciones sencillas: *Las operaciones de cirugía menor no suele realizarlas el médico.* ‖ **cirugía plástica. 1** Especialidad quirúrgica que trata de mejorar, embellecer o restablecer la forma de una parte del cuerpo: *El médico que realizó la operación era un especialista en cirugía plástica.* **2** Operación quirúrgica realizada con este fin estético: *Después del accidente le hicieron la cirugía plástica en la cara para disimularle las cicatrices.*

cirujano, na s. Médico especialista en cirugía: *El cirujano me ha dicho que me va a extirpar el apéndice.*

ciscarse v.prnl. *euf.* Cagarse: *¡Sal pronto del servicio, que me cisco!* □ ORTOGR. La *c* se cambia en *qu* delante de *e* →**SACAR**.

cisco s.m. **1** Carbón vegetal menudo: *Tengo que comprar cisco para el brasero.* **2** *col.* Situación confusa, agitada o embarazosa, esp. si va acompañada de gran alboroto y tumulto; *lío*: *¡Vaya cisco se montó cuando el árbitro suspendió el partido!* **3** ‖ **hacer(se) cisco.** *col.* Dejar en muy malas condiciones físicas o anímicas: *El martillazo me ha hecho cisco el dedo.*

a b c d e f g h i j k l m n ñ o p q r s t u v w x y z

cisma s.m. **1** División o separación en el seno de una Iglesia o de una religión: *El cisma bizantino separó a las Iglesias católica y ortodoxa.* **2** Ruptura o escisión: *En el congreso de este partido político se ha producido el cisma de una de las corrientes internas.*

cismático, ca adj./s. **1** Que se aparta de la autoridad reconocida, esp. en asuntos religiosos: *El presidente advirtió que no admitiría movimientos cismáticos en el seno del partido. En el cisma de Occidente algunos cismáticos fueron excomulgados.* **2** Referido a una persona, que introduce un cisma o la discordia en una comunidad o en un pueblo: *Con aquel controvertido artículo en el periódico lo tacharon de cismático.*

cisne s.m. Ave acuática, generalmente de plumaje blanco, que tiene el cuello largo y flexible, la cabeza pequeña y las patas cortas: *Han puesto cisnes en el estanque del parque.* □ MORF. Es un sustantivo epiceno y la diferencia de sexo se señala mediante la oposición *el cisne {macho/hembra}*.

cisterciense ▌adj. **1** Del Císter (orden religiosa fundada por Roberto de Molesme en 1098 y cuyo principal difusor fue san Bernardo) o relacionado con ella: *El arte cisterciense se caracteriza por su austeridad.* ▌adj./s. **2** Referido a un monje o a una monja, que pertenece al Císter; *bernardo*: *Las monjas cistercienses daban acogida a los peregrinos. Los cistercienses tuvieron gran importancia en la Europa medieval.* □ MORF. 1. Como adjetivo es invariable en género. 2. Como sustantivo es de género común y exige concordancia en masculino o en femenino para señalar la diferencia de sexo: *el cisterciense, la cisterciense*.

cisterna s.f. **1** Depósito de agua de un retrete o urinario: *Hay que llamar al fontanero porque la cisterna gotea.* **2** Depósito destinado al transporte de líquidos: *Había un camión cisterna de gasolina en la gasolinera.* □ SINT. En la acepción 2, se usa en aposición, pospuesto a un sustantivo.

cistitis s.f. Inflamación de la vejiga de la orina: *La cistitis produce escozor y aumento en la frecuencia de la necesidad de orinar.* □ MORF. Invariable en número.

cita s.f. **1** Designación o acuerdo de un día, de una hora y de un lugar entre dos o más personas para reunirse o para tratar de un asunto: *No puedes faltar a la cita del martes con tus compañeras de colegio.* **2** Encuentro o reunión señalados o acordados entre dos o más personas para un lugar y una fecha determinados: *Tengo una cita de negocios muy importante en Londres esta semana.* **3** Mención de un texto, de una autoridad o de una idea como prueba de lo que se dice o se escribe: *Apoyé las afirmaciones de mi trabajo con citas de textos de obras científicas.*

citación s.f. En derecho, aviso por el que se convoca a una persona para que acuda a un lugar, esp. a un juzgado o a un tribunal, en un día y hora determinados para una diligencia: *Ha recibido una citación judicial para prestar declaración como testigo del accidente.*

citar v. **1** Referido a una persona, indicarle el día, la hora y el lugar para reunirse con ella o para tratar de un asunto: *Tu padre me ha citado a las ocho de la tarde en el café de la esquina. Se conocieron ayer y ya se han citado para ir al cine este fin de semana.* **2** Hacer mención o nombrar al hablar o al escribir: *Mi profesor citó varias veces tu último libro y habló muy bien de él.* **3** En derecho, llamar el juez ante su presencia: *El juez ha citado a todos los testigos para que declaren.* **4** En tauromaquia, referido al toro, provocarlo para que embista o para que acuda a determinado lugar: *El torero citaba al toro con el capote.*

cítara s.f. **1** Instrumento musical antiguo, parecido a la lira, pero con una caja de resonancia, plana y de madera, y con un número variable de cuerdas: *La cítara se empleaba en la antigua Grecia para acompañar cantos bucólicos.* **2** Instrumento musical de cuerda semejante a este, con una caja de resonancia de forma trapezoidal, generalmente con seis cuerdas dobles y que se toca con púa: *La cítara es un instrumento propio del folclore centroeuropeo.* 👁 **cuerda**

citología s.f. **1** Parte de la biología que estudia la célula: *La citología estudia la estructura, el comportamiento, el desarrollo y la reproducción de las células.* **2** Análisis o examen de las células de una materia orgánica: *El ginecólogo le ha mandado una citología vaginal.* **3** Resultado de este análisis o examen: *Mañana tengo que ir a recoger la citología para llevársela al médico.*

citoplasma s.m. En una célula, parte que rodea el núcleo y que está limitada por la membrana celular: *Los ribosomas están en el citoplasma.*

cítrico, ca ▌adj. **1** Del limón o relacionado con él: *Este ha sido un buen año para la producción cítrica.* ▌s.m. **2** Planta que produce frutas ácidas o agridulces: *Los cítricos, como el naranjo o el limonero, tienen flores fragantes.* **3** Fruto de este tipo de planta: *Los cítricos tienen mucha vitamina C.*

ciudad s.f. **1** Espacio geográfico cuya población, generalmente numerosa, se dedica principalmente a actividades no agrícolas: *Esta ciudad tiene un millón de habitantes.* **2** Conjunto de las calles y de los edificios de este espacio geográfico: *Esta parte de la ciudad es la que mejor conozco.* **3** Conjunto de edificios o de instalaciones destinado a una determinada actividad: *Están construyendo dos nuevas facultades en la ciudad universitaria.* **4** ‖ **ciudad dormitorio.** La habitada principalmente por población que acude a trabajar a un núcleo urbano próximo mayor: *Vive en una ciudad dormitorio cercana a Madrid y va a trabajar allí entren.* ‖ **ciudad jardín.** Aquella que está formada por viviendas unifamiliares situadas en un entorno ajardinado: *Prefiere vivir en una ciudad jardín al bullicio del centro de la gran ciudad.* □ MORF. El plural de *ciudad dormitorio* es *ciudades dormitorio*; incorr. **ciudades dormitorios*.

ciudadanía s.f. **1** Condición y derecho de ciudadano: *Ha nacido en Francia, pero se considera de ciudadanía española.* **2** Comportamiento de un buen ciudadano: *Mostró su ciudadanía cuando me vio con el coche estropeado y paró para ayudarme.*

ciudadano, na ▌adj. **1** De una ciudad, de sus naturales, de sus habitantes o relacionado con ellos; *civil*: *El alcalde expresó su agradecimiento por el cumplimiento de los deberes ciudadanos.* ▌adj./s. **2** Que ha nacido o que habita en una ciudad: *La mayoría de mis familiares son ciudadanos de Madrid. Los ciudadanos de las ciudades modernas sufren cada vez más los problemas del tráfico.* ▌s. **3** Persona que posee determinados derechos y deberes civiles y políticos como miembro de la comunidad organizada de un Estado: *Todos los ciudadanos deben pagar sus impuestos.*

ciudadela s.f. Recinto fortificado permanentemente en el interior de una plaza, que sirve para dominarla, defenderla o como último refugio en tiempo de guerra: *La* *población y los soldados resistieron a los sitiadores refugiándose en la ciudadela.*

ciudadrealeño, ña adj./s. De Ciudad Real o relacionado con esta provincia española o con su capital: *El río Guadiana nace en tierras ciudadrealeñas. Los ciudadrealeños son manchegos.* □ MORF. Como sustantivo se refiere solo a las personas de Ciudad Real.

cívico, ca adj. Del civismo o comportamiento propio de un buen ciudadano, o relacionado con él: *El comportamiento cívico de los espectadores evitó la catástrofe.*

civil ▮ adj. **1** De una ciudad, de sus naturales, de sus habitantes o relacionado con ellos; *ciudadano*: *El ayuntamiento y los otros edificios de esta plaza son una muestra de la arquitectura civil gótica.* **2** En derecho, de las relaciones e intereses privados según el estado de las personas, del régimen de la familia, de la condición de los bienes y de los contratos: *El derecho civil regula, entre otros, los derechos y obligaciones de las partes en un contrato de compraventa.* ▮ adj./s. **3** Que no es militar ni eclesiástico: *Las autoridades civiles llegaron a un acuerdo con las autoridades religiosas.* ▮ s. **4** *col.* Persona que pertenece a la guardia civil: *Una pareja de civiles me puso una multa.* □ MORF. 1. Como adjetivo es invariable en género. 2. Como sustantivo es de género común y exige concordancia en masculino o en femenino para señalar la diferencia de sexo: *el civil, la civil.*

civilización s.f. **1** Conjunto de ideas, creencias religiosas, ciencias, técnicas, artes y costumbres propias de un determinado grupo humano: *El pensamiento occidental se basa principalmente en las civilizaciones griega y romana.* **2** Educación, instrucción o ilustración que se da a una persona o a un grupo: *Una vez asentado en el nuevo territorio, el pueblo invasor llevó a cabo la civilización del pueblo conquistado.*

civilizar v. **1** Referido a un pueblo o a una persona, sacarlos del estado salvaje o primitivo llevándoles los conocimientos y formas de vida de otros más desarrollados: *Civilizaron a varias tribus que vivían en la selva. Un niño que había vivido desde pequeño con los animales, se civilizó cuando fue recogido por los hombres.* **2** Referido a una persona, educarla, instruirla o ilustrarla: *Era un muchacho sin civilizar que ni saludaba a los que se encontraba en la escalera. Desde que vas a clase te has civilizado y ya se puede tratar contigo.* □ ORTOGR. La *z* se cambia en *c* delante de *e*→**CAZAR**.

civilmente adv. Conforme o con arreglo al derecho civil: *La abogada me dijo que mi reclamación se llevará civilmente.*

civismo s.m. Comportamiento del ciudadano que cumple con sus obligaciones con la comunidad y que tiene una actitud generosa hacia ella: *El civismo debe ser parte integrante de los miembros de una sociedad.*

cizalla s.f. Herramienta en forma de tijeras grandes, con la que se cortan en frío las planchas de metal grandes: *Cortaron con cizallas las planchas de acero.* □ ORTOGR. Dist. de *cizaña*. □ MORF. Se usa más en plural.

cizaña s.f. **1** Lo que hace daño a algo, maleándolo o echándolo a perder: *No quiero que vayas con ese muchacho que es la cizaña del grupo.* **2** ‖ **{meter/sembrar} cizaña.** Crear desavenencias, enemistades o provocar disensiones: *En lugar de sembrar cizaña entre ellos, intenta que se reconcilien.* □ ORTOGR. Dist. de *cizalla*.

clac s.f. **1** Conjunto de personas que asisten gratuitamente a un espectáculo para aplaudir: *Cuando eran estudiantes, iban a muchas obras de teatro formando parte de la clac.* **2** Conjunto de personas que siempre aplauden o alaban las acciones de otra: *Es un grosero que, como tiene su clac particular, se cree que tiene gracia.* □ PRON. Está muy extendida la pronunciación [klá]. □ MORF. Su plural es *clacs*.

clamar v. **1** Exigir o pedir con vehemencia: *Un crimen así clama justicia.* **2** Quejarse o dar voces, esp. si es pidiendo ayuda o auxilio: *Clamó a los cielos que no la abandonaran en tan difícil trance.* **3** Referido a algo inanimado, tener necesidad de algo: *Después de tantos días de sequía, los campos claman por una buena lluvia.* □ SINT. Constr. *clamar {A/POR} algo.*

clámide s.f. En la Antigüedad clásica, capa corta y ligera: *Los griegos usaban la clámide principalmente para montar a caballo.*

clamor s.m. **1** Grito o voz que se profieren con fuerza, esp. los de una multitud: *Todo el estadio era un clamor animando a su equipo.* **2** Voz lastimosa que indica sufrimiento o angustia: *Los dioses se apiadaron al oír su clamor y le perdonaron su castigo.*

clamoroso, sa adj. **1** Que va acompañado de clamor, esp. el de la gente entusiasmada: *Fue despedido con vivas clamorosos.* **2** De tamaño, cantidad o calidad mayores de lo normal: *Nuestro equipo consiguió un triunfo clamoroso al vencer en la final europea.*

clan s.m. **1** Grupo de personas que pertenecen a un mismo tronco familiar, que conceden gran importancia a los lazos de parentesco y que están unidas bajo la autoridad de un jefe: *Algunos pueblos de la Antigüedad se agrupaban en clanes.* **2** Grupo restringido de personas unidas por lazos o intereses comunes: *Un clan de especuladores quería desalojar los pisos para arreglarlos y venderlos más caros.* □ USO En la acepción 2, tiene un matiz despectivo.

clandestinidad s.f. Ocultación o encubrimiento de algo, esp. por temor a la ley o por eludirla: *Los patriotas que se oponían al ejército invasor decidieron actuar desde la clandestinidad.*

clandestino, na adj. Secreto, que se oculta o se esconde, esp. por temor a la ley o para eludirla: *Varias organizaciones clandestinas se dedicaban al contrabando de alcohol durante la prohibición.*

claqué s.m. Baile que se caracteriza por el golpeteo que el bailarín realiza con la punta y el tacón de sus zapatos: *La punta y el tacón de los zapatos de claqué tienen unas láminas de metal que permiten marcar el ritmo del baile.*

claqueta s.f. En cine, tablilla compuesta por dos planchas, unidas por una bisagra, en las que se escriben las indicaciones técnicas de la toma que se va a grabar: *Las planchas de la claqueta se chocan para que cuando suene se empiece a rodar la escena.* □ ORTOGR. Dist. de *plaqueta*.

clara s.f. Véase **claro, ra.**

claraboya s.f. Ventana abierta en el techo o en la parte alta de una pared: *Las claraboyas del techo del salón hacen que la buhardilla tenga mucha luz.*

clarear ▮ v. **1** Empezar a amanecer o salir el sol: *La fiesta se alargó y llegué a casa cuando clareaba.* **2** Irse abriendo o desapareciendo el nublado: *Si clarea podremos salir a dar una vuelta por el campo. Amaneció todo cubierto, pero luego clareó el día e hizo mucho calor.* ▮ prnl. **3** Referido esp. a un cuerpo, permitir que se vea o se perciba algo a través de él: *No me gusta esa tela para blusa porque se clarea mucho.* **4** Referido esp. a una prenda de vestir, estar demasiado fina por el desgaste: *Se te clarean los pantalones de lo viejos que están.*

a b c d e f g h i j k l m n ñ o p q r s t u v w x y z

clarete s.m. →**vino clarete.**

claretiano, na ▮ adj. **1** De san Antonio María Claret (religioso español del siglo XIX), de sus doctrinas o de sus instituciones o relacionado con ellos: *Estudió en el colegio claretiano de su ciudad.* ▮ s.m. **2** Religioso de la Congregación de Misioneros Hijos del Inmaculado Corazón de María (fundada en 1849 por san Antonio María Claret): *El mes que viene habrá un encuentro de claretianos de todo el mundo.*

claridad s.f. **1** Luminosidad o abundancia de luz: *La claridad de esa habitación la hace muy buena para leer y estudiar en ella.* **2** Facilidad para percibir, para comprender o para distinguir bien: *Os recomiendo este libro de artículos por su claridad y profundidad.* **3** Orden, seguridad o precisión, esp. de la mente o de las ideas: *Este trabajo de investigación demuestra una claridad de ideas poco habitual en temas tan complicados.* **4** Transparencia, limpieza o falta de mezclas o alteraciones: *La claridad del agua del mar invitaba a darse un baño.* **5** Pureza, limpieza o agudeza de timbre de un sonido: *Noté que estabas nervioso, a pesar de la claridad de tu voz.* **6** Exposición manifiesta o posibilidad de percibir o de comprender perfectamente: *Me parece un gran profesor por lo mucho que sabe y por la claridad con la que explica.* **7** Efecto que causa la luz iluminando un espacio de forma que se distingue lo que hay en él: *Esa noche la claridad de la luna hacía menos cansada la conducción.*

clarificar v. Aclarar o hacer menos denso o espeso: *Clarifica un poco la salsa con más leche para que quede más líquida.* ☐ ORTOGR. La *c* se cambia en *qu* delante de *e* →**SACAR.**

clarín ▮ s. **1** Persona que toca el instrumento del mismo nombre: *El clarín se quedó después del ensayo para repasar unos compases.* 👁 **viento** ▮ s.m. **2** Instrumento musical de viento, metálico, parecido a la trompeta, pero más pequeño y de sonidos más agudos: *Sonaron los clarines y empezó el desfile de los escuadrones de caballería.* ☐ MORF. En la acepción 1, es de género común y exige concordancia en masculino o en femenino para señalar la diferencia de sexo: *el clarín, la clarín.*

clarinete ▮ s. **1** →**clarinetista.** ▮ s.m. **2** Instrumento musical de viento, de la familia de las maderas, compuesto de una boquilla con lengüeta y de un tubo con agujeros que se tapan con los dedos o se cierran mediante llaves para producir los diferentes sonidos: *El clarinete se usa mucho en orquestas y bandas militares.* ☐ MORF. En la acepción 1, es de género común y exige concordancia en masculino o en femenino para señalar la diferencia de sexo: *el clarinete, la clarinete.* 👁 **viento**

clarinetista s. Persona que toca el clarinete; *clarinete*: *Entre los músicos de instrumentos de viento con que cuenta esa orquesta, destaca uno de los clarinetistas.* ☐ MORF. Es de género común y exige concordancia en masculino o en femenino para señalar la diferencia de sexo: *el clarinetista, la clarinetista.*

clarisa adj./s.f. Referido a una religiosa, que pertenece a la orden fundada por santa Clara (religiosa italiana del siglo XIII) y san Francisco de Asís (religioso italiano del siglo XIII), cuya regla fue redactada por este último: *Las monjas clarisas son de clausura. La iglesia de mi parroquia pertenece a un convento de clarisas.*

clarividencia s.f. **1** Capacidad o perspicacia para comprender y distinguir claramente: *Su clarividencia en las inversiones le ha permitido hacer muy buenos negocios.* **2** Facultad sobrenatural de percibir o adivinar lo que no se ha visto o no ha sucedido: *Algunas personas están dotadas de una clarividencia que les permite conocer el futuro.*

clarividente adj./s. Que posee clarividencia: *Una mente clarividente y una gran capacidad de trabajo son imprescindibles para la investigación científica. Para emprender ese negocio necesitas un clarividente que te ayude y asesore en cada paso que des.* ☐ MORF. 1. Como adjetivo es invariable en género. 2. Como sustantivo es de género común y exige concordancia en masculino o en femenino para señalar la diferencia de sexo: *el clarividente, la clarividente.*

claro adv. Con claridad: *Cuando se trata de pedir para ti, hablas muy claro.* ☐ SINT. Se usa también como adverbio de afirmación con el significado de 'evidentemente' o de 'por supuesto': *Cuando le pregunté si el regalo era para mí, dijo: 'Claro'. ¡Claro que iré a tu fiesta!*

claro, ra ▮ adj. **1** Que tiene luz o mucha luz: *Estas habitaciones son las más claras de toda la casa.* **2** Que se distingue bien: *Tiene una firma muy clara y se lee muy bien su nombre.* **3** Referido esp. a la mente o a las ideas, ordenadas, seguras o precisas: *Tiene las ideas muy claras y sabe bien lo que quiere.* **4** Transparente, limpio o no enturbiado: *Da gusto ver un río con un agua tan clara.* **5** Referido a algo líquido mezclado con algunos ingredientes, poco espeso o poco consistente: *Me gusta el chocolate muy claro, casi como el agua.* **6** Referido a un color, que tiene mucho blanco en su mezcla o que está más cerca del blanco que otros de su misma gama: *Los coches de colores claros se distinguen mejor en la oscuridad.* **7** Inteligible o fácil de comprender: *Te lo he explicado de una forma tan clara que es imposible que no lo hayas entendido.* **8** Referido a una persona, que se explica de esta forma: *Ha sido muy clara en sus críticas y ha dicho todo lo que tenía que decir.* **9** Que está despejado y sin nubes: *Era una noche clara, muy apropiada para ver estrellas.* **10** Referido esp. a un sonido, que es puro, limpio o de timbre agudo: *Buscan una cantante de voz clara para su conjunto musical.* **11** Que se manifiesta, se percibe o se comprende perfectamente: *Está claro que intenta timarte. Lo sucedido son hechos claros que tenemos que afrontar.* **12** Que está más ensanchado o que tiene más espacios e intermedios de lo normal: *Decidieron comer y descansar cuando llegaran a alguna zona del monte claro.* ▮ s.m. **13** Espacio vacío en un conjunto de cosas o en el interior de algo, esp. en un bosque: *Acamparon en un claro del bosque.* **14** Porción de cielo despejado entre nubes: *Para mañana se esperan nubes y claros en la zona este de la región.* ▮ s.f. **15** En un huevo, materia blanquecina, fluida y transparente que rodea la yema: *Separa las claras para batirlas aparte y echarlas después a la masa del bizcocho.* 👁 **huevo 16** Bebida que se hace mezclando cerveza con gaseosa: *Hemos tomado tres cañas, una clara y cuatro pinchos de tortilla.* **17** ‖ **a las claras.** Manifiesta o públicamente: *Dime a las claras qué es lo que quieres de mí.* ‖ **claro de luna.** En una noche oscura, momento en el que la Luna se deja ver muy bien: *Durante el claro de luna el reflejo en el mar daba al agua matices plateados.* ‖ **poner en claro.** Aclarar, explicar o exponer: *Para sacar adelante el proyecto debemos poner en claro qué es lo que queremos y cómo.* ‖ **sacar en claro.** Obtener ideas o conclusiones precisas y concretas de algo: *Lo único que saqué en claro con ellos es que estorbaba, y me fui.*

claroscuro s.m. En pintura, distribución adecuada y

conveniente de las sombras y de la luz en un cuadro: *El claroscuro de este cuadro da mayor expresividad a las imágenes representadas.*

clase s.f. **1** Naturaleza o índole; *género: Es de esa clase de personas en las que nunca confiaría.* **2** Grupo de estudiantes que pertenecen a un mismo conjunto y que reciben las lecciones y explicaciones juntos: *Hoy juega al fútbol mi clase contra la de mi hermano mayor.* **3** En un centro docente, sala en la que se imparte la enseñanza; *aula: Hoy no había calefacción en clase y hemos pasado mucho frío.* **4** Lección que el profesor enseña cada día: *El profesor siempre termina la clase haciendo un resumen de lo que ha explicado.* **5** En un centro docente, cada una de las asignaturas a las que se destina determinado tiempo por separado: *Tenemos cuatro clases de lengua española a la semana.* **6** En sociología, conjunto de personas que tienen trabajos o intereses económicos iguales o parecidos: *Las sociedades modernas se dividen en clases de acuerdo con la riqueza de sus miembros.* **7** Categoría o distinción: *Viajamos en el vagón de primera clase con billete de segunda.* **8** En biología, en la clasificación de los seres vivos, categoría superior a la de orden e inferior a la de superclase: *Las gambas pertenecen a la clase de los crustáceos.* **9** ‖ **clase alta.** La que está por encima de clase media: *Los privilegios exclusivos de la clase alta provocaron muchas revueltas sociales.* ‖ **clase baja.** La más humilde: *En nuestra sociedad, la clase baja está constituida principalmente por los obreros.* ‖ **clase media.** Grupo social formado por las personas de posición acomodada; *burguesía: El desarrollo del comercio dio origen a la clase media.* ‖ **clases pasivas.** Conjunto de personas que, sin realizar un trabajo, disfrutan de una pensión del Estado: *Los jubilados e inválidos forman parte de las clases pasivas.*

clasicismo s.m. **1** Sistema literario o artístico que se basa en la imitación de los modelos de la Antigüedad griega o romana: *Fray Luis de León es uno de los grandes representantes del clasicismo renacentista en España.* **2** Equilibrio, armonía o respeto a lo que se considera clásico: *El clasicismo en el vestir es un toque de elegancia.* ☐ ORTOGR. Dist. de *clasismo.*

clasicista ▮ adj. **1** Del clasicismo o relacionado con este sistema artístico: *Los poemas de fray Luis de León son reflejo de una poética clasicista.* ▮ adj./s. **2** Partidario o seguidor del clasicismo; *clásico: Los autores clasicistas se inspiraban en modelos grecorromanos. Este libro recoge fragmentos de algunos clasicistas del Renacimiento.* ☐ MORF. 1, Como adjetivo es invariable en género. 2. Como sustantivo es de género común y exige concordancia en masculino o en femenino para señalar la diferencia de sexo: *el clasicista, la clasicista.*

clásico, ca ▮ adj. **1** Que se ajusta a lo establecido o marcado por la tradición o por el uso: *En Nochevieja tomaremos las clásicas doce uvas.* **2** Referido a la música o a otro arte relacionado con ella, que son de carácter culto y responden a principios estéticos establecidos: *Estudié ballet clásico y danza moderna en el conservatorio.* **3** Del período cumbre o más característico de algo que evoluciona, o relacionado con él: *El latín clásico presenta estructuras sintácticas más definidas que el medieval.* ▮ adj./s. **4** Referido a un autor artístico o a una de sus obras, que son tenidos como modelos dignos de imitación: *Picasso y Miró se cuentan entre los clásicos del arte moderno.* **5** De la literatura o el arte grecorromanos, o de sus seguidores: *La lectura de textos clásicos era obligatoria en las carreras de humanidades.* **6** Partidario o seguidor del clasicismo; *clasicista: El Renacimiento fue un movimiento principalmente clásico.* ▮ s.m. **7** Lo que ha entrado a formar parte de la tradición por su importancia o por su calidad: *La película que vimos es un clásico del cine mudo.*

clasificación s.f. **1** Ordenación o colocación por clases: *Tengo que aprenderme parte de la clasificación del reino animal.* **2** En una competición, obtención de determinado puesto o consecución de un resultado que permite continuar en ella: *Con este salto el atleta se colocó en el primer lugar de la clasificación.*

clasificado, da adj. Referido a un documento o a una información, secretos o reservados: *Fue acusado de revelar información clasificada al enemigo.*

clasificador s.m. Mueble o carpeta que sirven para guardar y clasificar papeles y documentos: *Los apuntes de clase los guardo en un clasificador de anillas.*

clasificar v. **1** Ordenar o poner por clases: *El secretario clasifica la correspondencia antes de entregársela al jefe.* **2** En una competición, obtener determinado puesto o conseguir continuar en ella: *Esta victoria clasifica a la selección española para la siguiente fase del campeonato. En la carrera de natación me clasifiqué la segunda y tuve medalla de plata.* ☐ ORTOGR. La *c* se cambia en *qu* delante de *e* →**SACAR.**

clasismo s.m. Actitud o tendencia discriminatoria que defiende las diferencias de clase social y discrimina a quienes no pertenecen a la suya: *Su clasismo le hace considerar a las personas por lo que tienen y no por lo que son.* ☐ ORTOGR. Dist. de *clasicismo.*

clasista ▮ adj. **1** Del clasismo o relacionado con esta actitud discriminatoria: *Decir que la gente vale lo que gana me parece una opinión clasista reprobable.* ▮ adj./s. **2** Referido a una persona, que defiende las diferencias de clase social y discrimina a quienes no pertenecen a la suya: *Las personas clasistas no suelen ser solidarias. Eres un clasista si no le invitas a tu fiesta por vivir en los suburbios.* ☐ MORF. 1. Como adjetivo es invariable en género. 2. Como sustantivo es de género común y exige concordancia en masculino o en femenino para señalar la diferencia de sexo: *el clasista, la clasista.*

claudia s.f. →**ciruela claudia.**

claudicación s.f. **1** Rendición o renuncia, generalmente ante una presión externa: *La claudicación ante el enemigo se produjo por la superioridad de este.* **2** Fallo en la observancia de los propios principios o normas de conducta: *Tu claudicación fue aceptar el puesto como pago del favor que le hiciste.*

claudicar v. **1** Ceder o rendirse, generalmente ante una presión externa: *Quería fundar un colegio, pero ante la falta de recursos económicos claudicó.* **2** Fallar en la observancia de los propios principios o normas de conducta: *Nunca claudicó de sus ideas revolucionarias.* ☐ ORTOGR. La *c* se cambia en *qu* delante de *e* →**SACAR.**

claustral adj. Del claustro o relacionado con él: *La entrada al monasterio incluye la visita claustral.* ☐ MORF. Invariable en género.

claustro s.m. **1** En un edificio, galería que rodea el patio principal: *Los capiteles y columnas del claustro de esta iglesia son ejemplares únicos del arte románico.* **2** Junta que interviene en el gobierno de las Universidades y de los centros dependientes de un rectorado: *La presidencia*

a b c d e f g h i j k l m n ñ o p q r s t u v w x y z

del claustro universitario corresponde al rector de la Universidad. **3** Conjunto de profesores de un centro docente: *El claustro ha elaborado unas normas de convivencia para el instituto.* **4** Reunión de este conjunto de profesores: *Mañana por la tarde tengo claustro en el instituto para programar las actividades culturales.*

claustrofobia s.f. Temor anormal y angustioso a los lugares cerrados: *No puede montar en ascensor porque tiene claustrofobia.*

claustrofóbico, ca adj. **1** De la claustrofobia o relacionado con este temor: *No entró en la cueva porque le daba angustia claustrofóbica.* **2** Que padece claustrofobia: *Nunca podría entrar en un submarino porque soy claustrofóbica.*

cláusula s.f. Cada una de las disposiciones de un documento público o privado, esp. de un contrato o de un testamento: *En el contrato de alquiler figura una cláusula por la que por falta de pago se puede desalojar al inquilino.*

clausura s.f. **1** Acto solemne con el que termina o se suspende la actividad de un organismo o de una institución: *La clausura del congreso contó con la asistencia de los reyes de España.* **2** En un convento de religiosos, recinto interior en el que no pueden entrar personas que no pertenezcan a él sin una orden o un permiso especiales: *El médico tenía un permiso especial para entrar en la clausura del convento.* **3** Obligación que tienen las personas religiosas de no salir de cierto recinto y prohibición a las personas seglares de entrar en él: *La clausura religiosa exige mucho y no todas las personas están preparadas para ella.* **4** Vida religiosa o que sigue esta obligación: *Las carmelitas son religiosas de clausura.* **5** Cierre de un local o de un edificio: *Como este bar no cumplía las normas de seguridad, el ayuntamiento ordenó su clausura.*

clausurar v. **1** Referido esp. a la actividad de un organismo o institución, cerrarla o ponerle fin: *El director de la academia clausuró el curso trimestral y entregó los diplomas de asistencia a los alumnos.* **2** Referido esp. a un local o a un edificio, cerrarlos o declararlos no aptos para ser utilizados: *Las autoridades sanitarias clausuraron el restaurante porque no cumplía las normas higiénicas.*

clavado, da adj. **1** Fijo o puntual: *Llegó a las cinco clavadas.* **2** Idéntico o muy parecido: *El niño es clavado al padre.* **3** Confuso, desconcertado: *Con la respuesta que me dio me dejó clavado.*

clavar v. **1** Referido a un clavo o a un objeto puntiagudo, introducirlo en un cuerpo, esp. si se hace a presión o mediante golpes: *Clava las chinchetas en el corcho para que no se pierdan. Me he clavado una astilla en un dedo.* **2** Referido a un objeto, asegurarlo a otro con clavos: *Clava las tablas del cajón con estos clavillos.* **3** Referido a una persona, cobrarle más de lo normal o de lo que es justo: *No entres en este bar porque te clavan.* **4** Fijar, parar o poner: *El niño clavó los ojos en el muñeco de peluche. Se clavó delante del televisor y no hubo forma de moverlo en toda la tarde.*

clave ▮ s.m. **1** →**clavecín.** ▮ s.f. **2** Código de signos establecido para la transmisión de un mensaje secreto: *Las organizaciones secretas se intercambian mensajes en clave.* **3** Conjunto de reglas que explican este código: *El inspector necesitaba la clave para descifrar el texto secreto.* **4** Signo o combinación de signos que permite acceder a algo o hacer funcionar un mecanismo o un aparato: *Para abrir la caja fuerte necesitas saber cuál es la clave secreta.* **5** Noticia, dato o explicación que permite entender algo: *La clave de su éxito está en su gran capacidad de trabajo.* **6** Lo que es fundamental o decisivo para algo: *Ocupa un puesto clave en la empresa.* **7** En música, signo que se pone al comienzo del pentagrama y que determina el nombre y la entonación de las notas escritas en él: *Las partituras para piano suelen tener escritas la parte de la mano derecha en clave de sol y la de la izquierda en clave de fa en cuarta.* **8** En arquitectura, piedra central con que se cierra un arco o una bóveda: *En la clave de los arcos del claustro están esculpidas figuras alegóricas.* 👁 **arco 9** ‖ **en clave de.** Con el carácter o con el tono de: *En este libro se desarrolla el tema de la crisis económica en clave de humor.* ☐ SINT. En la acepción 6 se usa en aposición, pospuesto a un sustantivo.

clavecín s.m. Instrumento musical de cuerda y teclado, en el que las cuerdas se ponen en vibración al ser pulsadas desde abajo por cañones de pluma que actúan a modo de púas accionadas por dicho teclado; *clavicémbalo: El clavecín tiene forma de piano de cola con las cuerdas horizontales.* ☐ MORF. Se usa mucho la forma abreviada *clave.* 👁 **cuerda**

clavecinista s. Persona que toca el clavecín: *Couperin fue un importante clavecinista francés de finales del siglo XVII.* ☐ MORF. Es de género común y exige concordancia en masculino o en femenino para señalar la diferencia de sexo: *el clavecinista, la clavecinista.*

clavel s.m. **1** Planta que está provista de tallos nudosos y delgados, hojas largas, estrechas y puntiagudas, y flores olorosas de diversos colores que tienen el borde superior de los pétalos dentado: *El clavel se cultiva como planta ornamental.* **2** Flor de esta planta: *Me han regalado un ramo de claveles rojos y blancos.* **3** ‖ **clavel reventón.** El que es de color rojo oscuro y tiene muchos pétalos: *El novio llevaba en el ojal de la chaqueta un clavel reventón.*

clavellina s.f. **1** Variedad de clavel que tiene el tallo, las hojas y las flores más pequeños: *En el jardín tiene plantados rosales, claveles y clavellinas.* **2** Flor de esta planta: *Adorné el jarrón con clavellinas.*

clavero s.m. Árbol tropical de copa piramidal, con hojas ovaladas y lisas, y flores rosáceas: *El clavo de especia se obtiene de las flores secas del clavero.*

clavetear v. **1** Adornar con clavos: *Claveteé el baúl para que pareciera más antiguo.* **2** Sujetar con clavos, esp. si se hace con poca habilidad: *He claveteado la ventana, pero no estoy seguro de que dure mucho.*

clavicémbalo s.m. Instrumento musical de cuerda y teclado, en el que las cuerdas se ponen en vibración al ser pulsadas desde abajo por cañones de pluma que actúan a modo de púas accionadas por dicho teclado; *clavecín: El clavicémbalo es un instrumento típicamente barroco.* 👁 **cuerda**

clavicordio s.m. Antiguo instrumento musical de cuerda y teclado, que consta de una caja rectangular en la que las cuerdas son golpeadas por láminas de latón que se accionan a través del teclado: *El clavicordio se considera el antecesor del piano.* 👁 **cuerda**

clavícula s.f. Cada uno de los dos huesos situados a ambos lados de la parte superior del pecho y que se articulan por su parte interna con el esternón y por su parte externa con una parte del omóplato: *Me rompí la clavícula y me tuvieron que escayolar el brazo y parte del pecho.* 👁 **esqueleto**

clavicular adj. De la clavícula o relacionado con este hueso: *El accidente le produjo una fractura clavicular.* ☐ MORF. Invariable en género.

clavija s.f. **1** Pieza de madera, metal u otra materia que se encaja en un agujero para ensamblar, sujetar o conectar algo: *Los montañeros necesitan clavijas para fijar y sujetar las cuerdas.* 👁 **alpinismo** **2** En un instrumento musical, pieza que sirve para asegurar, tensar y enrollar las cuerdas: *Las cuerdas de la guitarra se afinan ajustando sus correspondientes clavijas.* **3** Pieza con una varilla metálica que sirve para conectar un teléfono a la red: *La avería de este teléfono se soluciona colocando una clavija nueva.* **4** ‖ **apretarle** a alguien **las clavijas.** *col.* Adoptar una postura rígida o severa para obligarlo a que haga algo: *Si sigues siendo tan impuntual para entrar a trabajar, voy a tener que apretarte las clavijas.*

clavo s.m. **1** Pieza metálica larga y delgada con un extremo terminado en punta y el otro en cabeza: *Los jamones colgaban de unos clavos dispuestos en la viga del techo.* **2** Callo duro de figura piramidal que se forma normalmente sobre los dedos de los pies: *El podólogo le extirpó el clavo que tenía sobre el dedo meñique.* **3** Capullo seco de la flor de un árbol, aromático, de sabor picante y que se utiliza como especia: *Si le echas clavo a las lentejas quedarán más sabrosas.* **4** ‖ **agarrarse {a/de} un clavo ardiendo.** *col.* Servirse de cualquier medio, por arriesgado que sea, para conseguir algo: *Aunque es un usurero, le he tenido que pedir el préstamo porque en mi situación me agarro a un clavo ardiendo.* ‖ **como un clavo.** Fijo, exacto o puntual: *Él siempre llega a la hora, como un clavo.* ‖ **dar en el clavo.** *col.* Acertar en lo que se hace o se dice: *Cuando me dijiste que me acomplejaba mi gordura diste en el clavo, porque ese es un tema que me obsesiona.* ‖ **no {dar/pegar} ni clavo.** *col.* No trabajar o estar ocioso: *Desde que te dijeron que te iban a despedir, no das ni clavo en la oficina.* ‖ **por los clavos de Cristo.** *col.* Expresión que se utiliza para rogar algo de forma exagerada: *¡Por los clavos de Cristo, ten cuidado de no dejarte la llave del gas abierta!*

claxon s.m. Bocina eléctrica de sonido potente, esp. la de un automóvil (por extensión del nombre de la marca comercial *Klaxon®*): *Al tomar una curva cerrada hay que hacer sonar el claxon del coche.*

clemencia s.f. Compasión o moderación al aplicar la justicia: *Aunque su delito era digno de castigo, confiaba en la clemencia del juez.*

clemente adj. Que tiene o que manifiesta clemencia: *El juez fue clemente y solo le impuso una pena de arresto menor.* ☐ MORF. Invariable en género.

clementina s.f. Variedad de mandarina de piel más roja, sin pepitas y muy dulce: *Compra un kilo de clementinas en cualquier puesto del mercado.*

cleptomanía s.f. Inclinación enfermiza al hurto: *La cleptomanía necesita un tratamiento psiquiátrico.*

cleptomaníaco, ca adj./s. ⟶**cleptómano, na.**

cleptómano, na adj./s. Referido a una persona, que padece una inclinación enfermiza al hurto; *cleptomaníaco: Las personas cleptómanas no roban por necesidad, sino por el placer de poseer lo robado. La policía cree que estos robos son obra de un cleptómano.*

clerecía s.f. **1** Conjunto de personas eclesiásticas que componen el clero: *En las festividades religiosas se hallaba presente toda la clerecía de la ciudad.* **2** Oficio u ocupación de clérigos: *La clerecía exige dedicación plena al servicio de Dios y de los hombres.*

clerical adj. Del clérigo o del clero: *Durante buena parte de la Edad Media la cultura estuvo en manos del estamento clerical.* ☐ MORF. Invariable en género.

clérigo s.m. **1** Hombre que ha recibido las órdenes sagradas: *Su vocación es consagrar su vida a Dios como clérigo sacerdote.* **2** En la época medieval, hombre letrado y con estudios, esp. de latín, teología y filosofía: *Las obras del mester de clerecía son de carácter culto y están escritas por clérigos, a diferencia de los textos juglarescos.*

clero s.m. **1** Grupo social formado por los clérigos u hombres que han recibido las órdenes sagradas: *Sacerdotes y obispos forman parte del clero.* **2** En la sociedad europea medieval, estamento privilegiado formado por estas personas: *En la Edad Media, la nobleza y el clero eran estamentos privilegiados.*

clic s.m. Presión que se hace sobre los botones del ratón de un ordenador: *Para entrar en este programa de ordenador, pon el ratón sobre la opción elegida y haz dos veces clic.* ☐ MORF. Su plural es *clics*.

clicar v. Hacer clic con el ratón de un ordenador: *Para abrir ese archivo, tienes que clicar dos veces en el botón derecho del ratón.* ☐ ORTOGR. La *c* se cambia en *qu* delante de *e* ⟶**SACAR.**

cliché s.m. **1** En fotografía, tira de película fotográfica revelada con imágenes negativas: *A partir de estos clichés tú puedes sacar copias de las fotos.* **2** En imprenta, soporte material en el que se ha reproducido una composición tipográfica o un grabado para su posterior reproducción: *En litografía se utilizan clichés de cinc o de aluminio.* **3** Idea o expresión demasiado repetidas o tópicas: *Hablar de 'oro' en poesía para designar el cabello rubio se ha convertido ya en un cliché.* ☐ SEM. En las acepciones 2 y 3, es sinónimo de *clisé*.

clienta s.f. de **cliente.**

cliente s. **1** Persona que utiliza habitualmente los servicios de un profesional o de una empresa: *Este fontanero tiene muchos clientes. Entre los clientes de nuestra empresa figuran algunas importantes firmas del sector informático.* **2** Persona que compra en un establecimiento o que utiliza sus servicios, esp. si lo hace de forma habitual: *Me hacen descuento en esta perfumería porque soy clienta fija. El dependiente atendía a un cliente cuando entró el atracador en la tienda.* ☐ MORF. Aunque es de género común, y exige concordancia en masculino o en femenino para señalar la diferencia de sexo: *el cliente, la cliente*, para el femenino se usa más la forma *clienta*.

clientela s.f. Conjunto de los clientes de una persona o de un establecimiento: *El electricista atiende primero los avisos de su clientela habitual.*

clima s.m. **1** Conjunto de condiciones atmosféricas que caracterizan un lugar: *El clima de montaña se caracteriza por el frío intenso y las abundantes nevadas.* **2** Conjunto de condiciones que caracterizan una situación o de circunstancias que rodean a una persona: *La luminosidad y el mobiliario funcional crean un buen clima de trabajo.*

climaterio s.m. Período de la vida que precede y sigue a la extinción de la función reproductora: *El climaterio de la mujer coincide con la menopausia.*

climático, ca adj. Del clima o relacionado con él: *Si las condiciones climáticas son favorables, continuaremos el viaje.*

climatizado, da adj. Referido a un local, que tiene aire acondicionado: *Todas las habitaciones del hospital están climatizadas.*

a b c d e f g h i j k l m n ñ o p q r s t u v w x y z

climatizar v. Referido a un espacio cerrado, darle las condiciones de temperatura, humedad del aire o presión necesarias para la salud o para la comodidad de quienes lo ocupan; *acondicionar*: *Antes de abrir estos salones al público hay que climatizarlos.* ☐ ORTOGR. La *z* se cambia en *c* delante de *e* →CAZAR.

climatología s.f. **1** Ciencia o tratado que estudia el clima: *La climatología describe los distintos tipos de climas y los factores que los condicionan.* **2** Conjunto de las condiciones propias de un determinado clima: *Una climatología húmeda favorece el crecimiento de la vegetación.*

climatológico, ca adj. De la climatología o relacionado con ella: *El estudio climatológico de la región aportará datos sobre los cultivos más adecuados.*

clímax s.m. Punto más alto o culminación de un proceso: *El mitin alcanzó su clímax cuando el presidente negó las acusaciones que se le habían hecho.* ☐ MORF. Invariable en número.

clínex s.m. Pañuelo desechable de papel (por extensión del nombre de la marca comercial *Kleenex®*): *Estoy resfriada y ya he gastado un paquete de clínex.* ☐ MORF. Invariable en número. ☐ USO Su uso es innecesario y puede sustituirse por una expresión como *pañuelo de papel*.

clínica s.f. Véase **clínico, ca.**

clínico, ca ▌adj. **1** De la clínica o relacionado con esta parte práctica de la enseñanza de la medicina: *Los análisis clínicos probaron que estaba ya curada.* ▌s. **2** Persona que se dedica al ejercicio práctico de la medicina: *Ha acudido a los mejores clínicos del país.* ▌s.m. **3** Hospital en el que se enseña la parte práctica de la medicina: *Los últimos años de la carrera de medicina los estudió en un clínico.* ▌s.f. **4** Hospital o establecimiento para el cuidado o atención de los enfermos, esp. el que es de carácter privado: *Al sentir los primeros dolores del parto se fue a la clínica.* **5** Parte práctica de la enseñanza de la medicina: *La clínica se relaciona con el cuidado directo de los enfermos.*

clip (anglicismo) s.m. **1** Utensilio hecho con una barrita de metal o de plástico doblada sobre sí misma y que se utiliza generalmente para sujetar papeles: *Sujeta cada grupo de fotocopias con un clip, para que no se mezclen.* **2** Sistema de cierre a presión que consta de una especie de pinza: *Si no tienes agujeros en las orejas, puedes usar pendientes de clip.* **3** Grabación breve de vídeo o fragmento de una película, generalmente musicales: *Vi un avance de esa película en un clip que pusieron ayer en la televisión.* ☐ MORF. Su plural es *clips*.

clisé s.m. →**cliché.**

clítoris s.m. Órgano pequeño y carnoso situado en el ángulo anterior de la vulva: *El clítoris es un órgano eréctil.* ☐ MORF. Invariable en número.

cloaca s.f. **1** Conducto por el que van las aguas sucias o los residuos de una población: *En las cloacas suelen vivir ratas.* **2** Lugar muy sucio y repugnante: *Su piso es una cloaca en el que se acumula la porquería.* **3** En algunos animales, esp. en un ave, porción final del intestino, ensanchada y dilatable, en la que desembocan los conductos genitales y urinarios: *Los huevos de las gallinas salen a través de la cloaca.*

clon s.m. **1** Conjunto de células idénticas que se obtienen a partir de una sola célula: *Han conseguido hacer un clon con una oveja.* **2** →**clown.** ☐ ORTOGR. En la acepción 2, es un anglicismo (*clown*) adaptado al español.

clonar v. Producir clones a partir de una única célula: *A veces clonan células vegetales para mejorar los cultivos.*

clorar v. Referido esp. al agua, añadirle cloro: *Van a clorar el agua de esa fuente para desinfectarla.*

cloro s.m. Elemento químico, no metálico y gaseoso, de número atómico 17, color amarillo verdoso, olor fuerte y sofocante, muy oxidante, tóxico y muy reactivo: *El cloro se utiliza para blanquear materias vegetales y como desinfectante.* ☐ ORTOGR. Su símbolo químico es *Cl*.

clorofila s.f. Pigmento de color verde que se halla presente en las plantas y en numerosas algas unicelulares, y que posibilita la realización del proceso químico de la fotosíntesis: *La clorofila posibilita la captación de la energía solar y su transformación en energía química.*

cloroformizar v. Aplicar cloroformo para anestesiar o privar total o parcialmente de la sensibilidad: *En el laboratorio, cloroformizamos al ratón antes de iniciar la operación.* ☐ ORTOGR. La *z* se cambia en *c* delante de *e* →CAZAR.

cloroformo s.m. Líquido incoloro, de olor agradable, que se utiliza en medicina como anestésico: *El cloroformo está formado por carbono, hidrógeno y cloro.*

cloroplasto s.m. En la célula de una planta, orgánulo o estructura que desempeña la función de un órgano, de color verde, generalmente con forma de huevo y que contiene la clorofila: *En los cloroplastos se efectúa la fotosíntesis.*

cloruro s.m. **1** Combinación del cloro con un metal o con alguno de los metaloides: *Los cloruros son materia prima de muchas industrias químicas.* **2** ‖ **cloruro sódico.** Sustancia cristalina, muy soluble en agua, generalmente blanca y de sabor característico, que se utiliza para condimentar alimentos, para conservar carnes y en la industria química; *sal*: *El cloruro sódico abunda en las aguas del mar.*

clown s.m. Payaso, esp. el que, con aires de afectación y seriedad, forma pareja con otro que se comporta de manera estúpida y que aparece vestido de forma estrafalaria; *clon* ☐ PRON. [kloun].

club s.m. **1** Asociación formada por un grupo de personas con intereses comunes y que se dedica a determinadas actividades, esp. de carácter deportivo o cultural: *Los clubs de fútbol de primera división manejan grandes cantidades de dinero.* **2** Lugar en el que se reúnen los miembros de esta asociación: *Hoy se reúnen en el club para discutir el precio de las mensualidades.* **3** Lugar de diversión donde se bebe y se baila y en el que suelen ofrecerse espectáculos musicales: *Trabaja de camarero en un club nocturno.* **4** En un teatro o en un cine, zona de localidades correspondiente a las filas delanteras del piso superior al patio de butacas: *He comprado dos entradas de club para la función de esta noche.* ☐ ORTOGR. Se admite también *clube*. ☐ MORF. Su plural es *clubs* o *clubes*.

clube s.m. →**club.** ☐ ORTOGR. Es un anglicismo (*club*) adaptado al español.

clueco, ca adj./s. Referido a un ave, esp. a una gallina, que está echada sobre los huevos para empollarlos: *Las gallinas cluecas empollan los huevos. La clueca lleva varios días dando calor a los huevos.*

cluniacense adj./s. Del monasterio de Cluny (villa de la región del centro francés de Borgoña) que fue fundado en el siglo X, o de la congregación en él establecida, que seguía la regla de san Benito (monje italiano que fundó la orden benedictina a principios del siglo VI): *Los mon-*

jes cluniacenses daban primacía a la oración sobre el trabajo manual. Los cluniacenses contribuyeron a la extensión del románico por Europa. ☐ MORF. 1. Como adjetivo es invariable en género. 2. Como sustantivo es de género común y exige concordancia en masculino o en femenino para señalar la diferencia de sexo: *el cluniacense, la cluniacense.*

co- Prefijo que significa 'reunión', 'cooperación' o 'compañía': *codirector, copartícipe, correinado, coexistir.*

coacción s.f. Fuerza o violencia física, psíquica o moral que se ejerce sobre alguien para obligarlo a que realice o diga algo: *No rechazó ese empleo por deseo propio, sino por coacción de su familia.*

coaccionar v. Referido a una persona, ejercer coacción sobre ella: *La empresa coaccionó a los trabajadores para que aceptaran el aumento de la jornada de trabajo.*

coach s.m. →**entrenador, -a.** ☐ PRON. [kouch], con *ch* suave. ☐ USO Es un anglicismo innecesario.

coagulación s.f. Transformación de un líquido, esp. la sangre, en una sustancia más o menos sólida: *El trombo se forma por la coagulación de la sangre.*

coagular v. Referido a un líquido, esp. a la sangre, hacer que se vuelva más o menos sólido o cuajarse: *El frío coagula el aceite. Las costras se forman cuando la sangre se coagula.*

coágulo s.m. Masa coagulada o grumo que se extrae de un líquido coagulado: *Creo que la leche está estropeada porque tiene coágulos.*

coala s.m. →**koala.** ☐ MORF. Es un sustantivo epiceno y la diferencia de sexo se señala mediante la oposición *el coala {macho/hembra}.*

coalición s.f. Unión, confederación o liga: *Se creará un Gobierno de coalición entre varios partidos.*

coartada s.f. Prueba con la que un acusado demuestra que no ha estado presente en el lugar del delito: *Mi coartada era que en el momento del crimen yo estaba en otra ciudad.*

coartar v. Limitar, restringir o no conceder enteramente, esp. referido a una libertad o un derecho: *Una sociedad democrática no puede coartar el derecho a la libertad de expresión.*

coatí s.m. Mamífero americano, de cabeza alargada, hocico largo, orejas cortas y redondeadas, pelaje espeso y cola con anillos rojizos y negros, que se caracteriza por tener el olfato muy fino: *El coatí vive en grupos y aunque es carnívoro, si escasea la caza puede alimentarse de vegetales.* ☐ MORF. 1. Es un sustantivo epiceno y la diferencia de sexo se señala mediante la oposición *el coatí {macho/hembra}.* 2. Aunque su plural en la lengua culta es *coatíes*, se usa mucho *coatís*.

coba s.f. Halago o adulación fingidos, esp. si su fin es conseguir algo: *Mi hermano me da coba para que le preste el coche.* ☐ SINT. Se usa más con el verbo *dar*.

cobalto s.m. Elemento químico, metálico y sólido, de número atómico 27, de color blanco rojizo y muy duro, que se usa, combinado con el oxígeno, para formar la base azul de pinturas y esmaltes: *El cobalto es tan difícil de fundir como el hierro.* ☐ ORTOGR. Su símbolo químico es *Co*.

cobarde ▮ adj. **1** Hecho con cobardía: *Fue un cobarde asesinato, porque lo apuñaló por la espalda cuando dormía.* ▮ adj./s. **2** Falto de ánimo o de valor, esp. para enfrentarse a un peligro o para soportar una desgracia: *Al ver una sombra en la noche huyeron como auténticos cobardes. Los cobardes no deben venir a la cacería.* ☐ MORF. 1. Como adjetivo es invariable en género. 2. Como sustantivo es de género común y exige concordancia en masculino o en femenino para señalar la diferencia de sexo: *el cobarde, la cobarde.*

cobardía s.f. Falta de ánimo o de valor: *La cobardía de los testigos les impidió contar lo que sabían por miedo a las represalias.*

cobaya s. Mamífero roedor, más pequeño que el conejo, con orejas cortas y cola casi nula, muy usado en laboratorios como animal de experimentación; *conejillo de Indias: El cobaya es manso y dócil, y se reproduce muy rápidamente.* ☐ MORF. Es de género ambiguo y admite concordancia en masculino y en femenino sin cambiar de significado: *{el/la} cobaya {blanco/blanca}.*

cobertizo s.m. **1** Lugar cubierto de forma ligera o tosca que sirve para resguardarse de la intemperie: *Guarda el tractor y los aperos de labranza en un cobertizo.* **2** Tejadillo que sobresale de una pared y sirve para resguardarse, esp. del sol o de la lluvia: *Se sienta a leer el periódico bajo el cobertizo trasero de la casa.*

cobertor s.m. Manta o colcha de cama: *Duerme con las sábanas y un cobertor.*

cobertura s.f. **1** Lo que sirve para cubrir o tapar algo: *El taller no es más que una cobertura de otros negocios ilegales.* **2** Lo que sirve de garantía para la emisión de billetes de banco o para otra operación financiera o mercantil: *La cobertura para el crédito no está en metálico, sino en acciones.* **3** Protección o apoyo, esp. económicos: *Los presupuestos de este año amplían la cobertura de la Seguridad Social.* **4** Extensión territorial que abarcan diversos servicios, esp. los de telecomunicaciones: *Este canal de televisión tiene una cobertura nacional.* **5** Conjunto de personas y de medios técnicos que hacen posible una información, o seguimiento del desarrollo de un suceso llevado a cabo por los profesionales de la información: *La cobertura de las olimpiadas está asegurada por nuestra cadena de radio.* **6** En algunos deportes de equipo, línea de jugadores que se coloca delante del portero para obstaculizar la acción del adversario: *La buena cobertura de nuestro equipo impidió que nos marcasen un gol.*

cobijamiento s.m. Resguardo o abrigo, generalmente de la intemperie: *El cobijamiento en la gruta les salvó de morir aplastados por el desprendimiento.*

cobijar v. **1** Guarnecer o dar refugio, generalmente de la intemperie: *Cobijó en su casa un niño maltratado. El perro se cobijaba de la tormenta bajo los soportales de la plaza.* **2** Ayudar o amparar, dando afecto y protección: *Aunque haya hecho algo malo, sus padres siempre lo cobijarán. Es muy tímido y cuando llega alguien se cobija en su madre.* ☐ ORTOGR. Conserva la *j* en toda la conjugación.

cobijo s.m. **1** Refugio o lugar que protege de la intemperie o de otras cosas: *La cabaña es un buen cobijo para pasar la noche.* **2** Amparo o protección: *En las dificultades, siempre encontré cobijo en ella.*

cobra s.f. Serpiente propia de zonas cálidas, principalmente en los continentes africano y asiático, que se alimenta de roedores, pájaros e insectos y cuyo veneno es mortal para las personas: *Los encantadores de serpientes suelen utilizar cobras en sus espectáculos.* 👁 **serpiente** ☐ MORF. Es un sustantivo epiceno y la diferencia de sexo se señala mediante la oposición *la cobra {macho/hembra}.*

cobrador, -a s. Persona que se dedica profesionalmente a cobrar o recoger el dinero adeudado: *Cuando vino el cobrador del gas no había nadie en casa.*

cobrar ▮ v. **1** Referido esp. a una cantidad de dinero, recibirla como pago de algo: *En mi empresa cobramos a principios de mes.* **2** Coger, lograr o conseguir; *adquirir: Cobró gran fama tras su intervención en un programa de televisión.* **3** Referido a un sentimiento, tenerlo o empezar a sentirlo: *Tuvo que cobrar mucho valor para reconocer públicamente su error. La separación será dura, porque se cobraron mucho afecto.* **4** Referido a algo que ya se tenía, recobrarlo o volver a adquirirlo: *Esperarán a que cobre la salud para darle la noticia.* **5** Recibir un castigo, esp. si es corporal: *Como no dejes en paz a tu hermano, vas a cobrar.* **6** Referido a una cuerda o una soga, tirar de ellas recogiéndolas: *Tardó cinco minutos en cobrar la cuerda arrojada por el balcón.* **7** En caza, referido a una pieza herida o muerta, recogerla o capturarla: *Hizo diez disparos y cobró tres perdices.* ▮ prnl. **8** Referido a un favor hecho o a un perjuicio recibido, obtener una compensación a cambio: *Pienso cobrarme todo el mal que me hiciste.* **9** Referido a una víctima, causar su muerte: *La inundación se cobró miles de víctimas.*

cobre ▮ s.m. **1** Elemento químico, metálico y sólido, de número atómico 29, color rojizo, fácilmente deformable y buen conductor del calor y de la electricidad: *El bronce es una aleación de cobre y estaño, y el latón de cobre y cinc.* ▮ pl. **2** En una orquesta, conjunto de los instrumentos metálicos de viento: *Los trombones y las trompetas forman parte de los cobres.* ☐ ORTOGR. En la acepción 1, su símbolo químico es *Cu*.

cobrizo, za adj. De color rojizo, como el cobre: *Tiene la piel más que morena, cobriza.*

cobro s.m. Recepción o recogida, esp. de dinero, como pago de algo: *No enviaremos el segundo pedido hasta el cobro de la factura del primero.*

coca s.f. **1** Arbusto de flores blanquecinas, frutos en forma de drupas rojas, de cuyas hojas se extrae la cocaína y que es originario de Perú (país sudamericano): *La coca es una planta típica de las regiones andinas.* **2** Hoja de este arbusto: *Los indios peruanos toman la coca en infusión o la mascan para extraer su jugo.* **3** *col.* →**cocaína.** **4** En algunas regiones, torta o masa redondeada de harina y otros ingredientes: *Son famosas las cocas catalanas que se hacen para San Juan.*

cocaína s.f. Sustancia que se obtiene de las hojas de la coca: *La cocaína es una droga que provoca adicción.* ☐ MORF. En la lengua coloquial se usa mucho la forma abreviada *coca*.

cocainómano, na adj./s. Referido a una persona, que es adicta a la cocaína: *Fue un escándalo descubrir que el alcalde era cocainómano. El cocainómano ingresó voluntariamente en una clínica de desintoxicación de drogadictos.*

cocción s.f. **1** Sometimiento a la acción del calor de un horno: *Para la perfecta resistencia de un ladrillo es fundamental una buena cocción.* **2** Preparación de un alimento crudo sometiéndolo a la acción de un líquido en ebullición: *La cocción de estas patatas debe hacerse a fuego lento.*

cóccix s.m. →**coxis.** ☐ MORF. Invariable en número. 👁 **esqueleto**

cocear v. Dar o tirar coces: *La mula me tiró al suelo y me coceó.*

cocer ▮ v. **1** Someter a la acción del calor en un horno: *El artesano cuece las vasijas de cerámica y después las decora.* **2** Referido a un alimento crudo, cocinarlo sometiéndolo a la acción de un líquido en ebullición: *No has cocido bien las zanahorias, porque están muy duras.* **3** Referido a un líquido, hervir o alcanzar la temperatura de ebullición: *Pon el agua a cocer, para preparar la infusión.* ▮ prnl. **4** Prepararse en secreto o tramarse: *No sé qué es, pero intuyo que aquí se está cociendo algo gordo.* **5** Sentir mucho calor: *En agosto y sin aire acondicionado, en la oficina nos coceremos.* ☐ ORTOGR. La *c* se cambia en *z* delante de *a, o*. ☐ MORF. Irreg.: La *o* diptonga en *ue* en los presentes, excepto en las personas *nosotros* y *vosotros* →**COCER.**

cochambre s.f. Suciedad o porquería: *Su coche es una cochambre y está siempre averiado.* ☐ MORF. Se usa también como sustantivo masculino.

cochambroso, sa adj. Con cochambre o suciedad: *Cuando se arregla y se quita esa chaqueta cochambrosa, parece otra persona.*

coche s.m. **1** Vehículo sobre ruedas impulsado por su propio motor, que circula por tierra sin necesidad de vías o carriles, que se destina al transporte de personas, y cuya capacidad no supera las nueve plazas; *automóvil: Necesita comprarse un coche porque trabaja a las afueras de la ciudad y no puede ir en autobús.* **2** Carruaje para viajeros tirado por caballerías: *Vimos la ciudad desde el coche de caballos.* **3** Vagón de ferrocarril, esp. el dedicado al transporte de viajeros: *Nos encontramos en el coche restaurante.* **4** ‖ **coche cama.** El dividido en compartimentos provistos de camas: *Si solo dispones de un fin de semana, podrías viajar en coche cama para aprovechar más el tiempo.* ‖ **coche celular.** El acondicionado para transportar a presos o detenidos: *Los coches celulares disponen de especiales medidas de seguridad.* ‖ **coche de línea.** Autobús que hace el servicio regular entre dos poblaciones: *Si crees que te vas a marear en el coche de línea, puedes ir en tren.* ‖ **(coche) deportivo.** El diseñado para que alcance grandes velocidades y sea fácil de maniobrar, que generalmente es de dos plazas y de pequeño tamaño: *Los coches deportivos son muy caros.* ‖ **coche escoba.** El que recoge a los que se quedan rezagados: *Los que abandonan la carrera van siendo recogidos por el coche escoba.* ‖ **coche fúnebre.** El diseñado para llevar cadáveres al cementerio: *Llegué en el momento en el que estaban introduciendo el ataúd en el coche fúnebre. Tras el coche fúnebre salió la comitiva.* ‖ **coche patrulla.** El de policía que lleva una emisora de radio para dar y recibir avisos: *La calle estaba vigilada por un coche patrulla.* ‖ **(coche) utilitario.** El que es sencillo y tiene poco consumo: *Para moverse por ciudad, lo mejor es un utilitario.* ‖ **coches de choque.** Atracción de feria compuesta por una pista por la que se mueven a poca velocidad pequeños coches fáciles de conducir que pueden chocar entre sí: *Fuimos al parque de atracciones y nos montamos en los caballitos y en los coches de choque.*

cochero, ra ▮ s. **1** Persona que se dedica profesionalmente a conducir un coche de caballos: *El cochero llevó a los turistas a los principales rincones de la ciudad.* ▮ s.f. **2** Lugar en el que se guardan coches o autobuses: *La cochera de la empresa municipal de autobuses está a las afueras de la ciudad.*

cochinada s.f. **1** Hecho que causa un perjuicio, esp. si es malintencionado: *No sé quién ha podido hacerme la cochinada de pincharme las ruedas del coche.* **2** Lo que está sucio o mal hecho: *Esa comida es una cochinada y no me la pienso comer.* **3** Lo que se considera indecoroso o contrario a la moral establecida: *Dice que le parece inmoral que las parejas vayan a los parques a hacer cochinadas.* □ SEM. 1. Es sinónimo de *cochinería*. 2. En la acepción 1, es sinónimo de *cerdada, faena* y *jugada*. 3. En las acepciones 2 y 3, es sinónimo de *guarrada*.

cochinería s.f. →**cochinada.**

cochinilla s.f. Crustáceo terrestre de unos dos centímetros de largo, de forma ovalada, con el cuerpo formado por anillos de color oscuro y numerosas patas muy cortas, que se enrosca formando una bola para camuflarse: *Debajo de las piedras del borde de la acequia había muchas cochinillas.*

cochinillo s.m. Cerdo que se alimenta fundamentalmente de la leche que mama: *El maestro asador nos contó cómo preparaba el cochinillo al horno.*

cochino, na ▮ adj./s. **1** Sucio o falto de limpieza: *Cuando volvimos de vacaciones, la casa estaba cochina como si nunca se hubiese limpiado. Me da vergüenza llevarte a comer porque eres un cochino.* **2** Referido a una persona, que tiene mala intención o carece de escrúpulos: *¡Cómo puedes ser tan cochino de hacerle eso a tu propia madre! Después de todo lo que hice por él, se comportó conmigo como un cochino.* ▮ s. **3** Cerdo, esp. el que se cría y engorda para la matanza: *Estos chorizos son de los cochinos de la última matanza.* □ SEM. En las acepciones 1 y 2, es sinónimo de *cerdo*.

cochiquera s.f. Establo para los cerdos; *pocilga, zahúrda: La nueva cochiquera ha facilitado el trabajo del ganadero.*

cocido s.m. Guiso preparado con garbanzos, carne, tocino y hortalizas: *Cuando fuimos a Madrid tomamos cocido madrileño para probar una comida típica.*

cociente s.m. **1** En matemáticas, resultado de una división: *El cociente de diez dividido entre dos es cinco.* **2** ‖ **cociente intelectual.** Cifra que expresa la relación entre la edad mental de una persona y sus años; *coeficiente intelectual: A pesar de ser un poco retrasado y tener un cociente intelectual muy bajo, consigue todo lo que se propone porque es constante y trabajador.*

cocina s.f. **1** Espacio en el que se prepara la comida: *Vamos a alicatar la cocina y a cambiar los muebles.* **2** Aparato con hornillos, fuegos y, a veces, horno, que sirve para cocinar los alimentos: *Cambiaremos la cocina de gas butano por una cocina eléctrica.* 👁 **electrodoméstico** **3** Arte, técnica o manera especial de preparar distintos platos: *La cocina no es su fuerte y no sabe ni freír un huevo.* **4** Conjunto de platos típicos o forma de cocinar, propios de un lugar: *Para mi gusto, lo mejor de la cocina asturiana es la fabada.*

cocinar v. Referido a un alimento, prepararlo para que se pueda comer, esp. si se somete a la acción del fuego: *Cocinó unas lentejas que estaban riquísimas. Su padre es aficionado a la gastronomía y cocina muy bien.*

cocinero, ra s. Persona que cocina, esp. si esta es su profesión: *El cocinero es un vasco de mucho prestigio.*

cocker (anglicismo) adj./s. Referido a un perro, de la raza que se caracteriza por tener patas cortas, pelo sedoso y orejas largas, anchas y caídas: *Sus perros de caza son todos de la raza cocker. Un amigo mío tiene un cocker spaniel de color canela.* □ PRON. [kóker]. □ MORF. Como adjetivo es invariable en género. 👁 **perro**

cocktail (anglicismo) s.m. →**cóctel.** □ PRON. [cóktel].

coco s.m. **1** →**cocotero. 2** Fruto del cocotero, en forma de melón, formado por dos cortezas, la primera fibrosa y la segunda dura, en cuyo interior se encuentra una pulpa comestible blanca y carnosa y un líquido de sabor dulce: *El bizcocho llevaba coco rallado.* **3** *col.* Cabeza humana: *Es muy inteligente y tiene un buen coco.* **4** En la tradición popular, personaje imaginario que asusta a los niños o que se los lleva si no se portan bien: *Quédate aquí sentadito al lado de mamá, porque si no va a venir el coco.* **5** *col. desp.* Persona muy fea: *Tiene un marido que es un coco.* **6** ‖ **comer el coco** a alguien. *col.* Convencerlo o influir en él para que piense de una determinada manera: *Le comieron el coco para que dejara los estudios y comenzara a trabajar.* ‖ **comerse** alguien **el coco.** *col.* Darle vueltas a algo o pensar mucho en ello: *No te comas el coco y olvídate del tema.*

cocodrilo s.m. Reptil que llega a alcanzar los cinco metros de largo, de color verdoso oscuro, de piel muy dura y con escamas, cola larga y robusta y boca muy grande con muchos dientes fuertes y afilados, que vive en los grandes ríos de las regiones intertropicales y nada y corre con gran velocidad: *Los cocodrilos pueden llegar a devorar a personas.* □ MORF. Es un sustantivo epiceno y la diferencia de sexo se señala mediante la oposición *el cocodrilo {macho/hembra}*.

cocorota s.f. *col.* Cabeza humana: *Por hacer el tonto, tiene un chichón en la cocorota.*

cocotero s.m. Árbol americano de tronco esbelto y gran altura, con las hojas muy grandes plegadas hacia atrás y cuyo fruto es el coco; *coco: El cocotero da fruto dos o tres veces al año.*

cóctel s.m. **1** Bebida preparada con licores mezclados, a la que se añaden generalmente otro tipo de ingredientes no alcohólicos: *El cóctel de champán lleva champán, naranja, una guinda y alguna otra cosa.* **2** Reunión o fiesta en la que se sirven bebidas y aperitivos: *Asistí al cóctel que se dio para presentar mi novela.* **3** Mezcla de distintas cosas: *Su biblioteca es un cóctel de libros del más diverso origen.* **4** ‖ **cóctel de mariscos.** Plato preparado con mariscos, que se sirve acompañado de algún tipo de salsa, y que se toma generalmente frío: *Como entrada tomamos cóctel de mariscos.* ‖ **cóctel molotov.** Explosivo de fabricación casera, generalmente el hecho con una botella llena de líquido inflamable y provisto de una mecha: *Los cócteles molotov lanzados en la manifestación estaban hechos con gasolina y causaron diversos incendios.* □ USO Es innecesario el uso del anglicismo *cocktail*.

coctelera s.f. Recipiente que se usa para mezclar los licores de un cóctel: *Después de poner los ingredientes del cóctel en la coctelera, hay que agitarla.*

codal s.m. En una armadura, pieza que cubre y defiende el codo: *El codal impidió que la lanza atravesara el brazo del caballero.* 👁 **armadura**

codazo s.m. Golpe dado con el codo: *Disimuladamente, me dio un codazo para indicarme que no dijera nada.*

codearse v.prnl. Referido a una persona, tener trato habitual de igual a igual con otra, o con un grupo social: *Se codea con la aristocracia de la ciudad.*

codera s.f. **1** En algunas prendas de vestir, pieza que, como remiendo o como adorno, cubre el codo: *Esta americana de estilo deportivo lleva coderas de piel.* **2** En algunas prendas de vestir, deformación o desgaste en la parte que cubre el codo: *La chaqueta tiene coderas de tanto estudiar apoyando los codos en la mesa.* **3** Tira o venda de material elástico, que se coloca ciñendo el codo para sujetarlo o para protegerlo: *El tenista lleva una codera porque padece una lesión en el codo.*

códice s.m. Libro manuscrito, antiguo y de importancia histórica o literaria, esp. el anterior a 1455, fecha de la invención de la imprenta: *'El Cantar de Mio Cid' se conserva en un códice de la Biblioteca Nacional de Madrid.*

codicia s.f. Afán excesivo por obtener algo, esp. riquezas: *Su codicia hace que nunca esté contento con los bienes que posee y que siempre quiera más.*

codiciar v. Referido esp. a riquezas, desearlas con ansia: *Codicia las joyas de su amiga.* ☐ ORTOGR. La *i* final de la raíz nunca lleva tilde.

codicilo s.m. Documento que sirve de última voluntad o por el que se anula o se modifica un testamento: *En el codicilo se establecía la atribución de la finca agrícola al hijo mayor.*

codicioso, sa adj./s. Que tiene codicia: *Es muy codicioso, nunca está conforme con lo que tiene. Es un codicioso de dinero y no le importa pisotear a sus amigos con tal de obtenerlo.*

codificación s.f. Transformación de un mensaje mediante las reglas de un código: *El encargado de las transmisiones se ocupó de la codificación del aviso en morse.*

codificar v. Referido a un mensaje, transformarlo mediante las reglas de un código: *Para expresar una idea el hablante codifica elementos de la lengua según las normas gramaticales.* ☐ ORTOGR. La *c* se cambia en *qu* delante de *e* →SACAR.

código s.m. **1** Conjunto de leyes dispuestas de forma sistemática y ordenada: *En el código de circulación vienen indicadas las velocidades máximas permitidas en cada tipo de carretera.* **2** Conjunto de signos que sirve para formular y comprender mensajes, esp. secretos: *Para poder abrir la puerta tuve que marcar mi código personal.* **3** Sistema de signos y de reglas que sirve para formular y para comprender un mensaje: *En el mar los barcos se comunican por medio de un código de señales.* **4** Libro en el que aparecen las equivalencias de este sistema de signos: *Si no tienes el código no podrás descifrar el mensaje.* **5** ‖ **código de barras.** El formado por una serie de líneas y de números asociados, y que se pone en los productos de consumo: *La cajera pasa el código de barras de los productos por el lector y la máquina registradora marca el precio.* ‖ **(código) morse.** El formado por la combinación de rayas y puntos: *El código morse se usa para comunicaciones telegráficas.* ‖ **código postal.** El que se usa como clave de poblaciones o de distritos: *El uso del código postal agiliza el proceso de clasificación y reparto de las cartas.*

codillo s.m. En los animales cuadrúpedos, esp. en el cerdo, parte que corresponde a los huesos cúbito y radio: *El codillo de cerdo con puré de patatas es una comida típica alemana.*

codo s.m. **1** Parte posterior y prominente de la articulación del húmero, el cúbito y el radio: *Para estudiar apoyo los codos en la mesa.* **2** En una prenda de vestir, parte que cubre esta zona: *Ha puesto un remiendo en el codo de la camisa.* **3** Trozo de tubo doblado en ángulo o en arco, que sirve para variar la dirección de una tubería: *El desagüe se atasca porque se acumulan residuos de comida en el codo de la tubería.* **4** ‖ **codo con codo.** Junto con otra persona: *Los dos socios trabajaron codo con codo para que saliera adelante el proyecto.* ‖ **{empinar/levantar} el codo.** *col.* Beber bebidas alcohólicas: *Hace tiempo que está rehabilitado y ya no empina el codo.* ‖ **hablar por los codos.** *col.* Hablar demasiado: *¡Cállate de una vez, que hablas por los codos y pareces una cotorra!* ‖ **hincar los codos.** *col.* Estudiar mucho: *Si quiero aprobar el examen tendré que hincar los codos.*

codorniz s.f. Ave que tiene la parte superior del cuerpo de color pardo con listas oscuras y la inferior gris amarillenta, el pico oscuro y la cola muy corta: *Las codornices son aves de caza menor.* ☐ MORF. Es un sustantivo epiceno y la diferencia de sexo se señala mediante la oposición *la codorniz {macho/hembra}.*

coeficiente s.m. **1** En matemáticas, factor que multiplica a una expresión algebraica o a algunos de sus términos: *Los coeficientes suelen escribirse delante de la expresión a la que afectan.* **2** En matemáticas, factor constante en un producto: *El resultado que te dé al aplicar la fórmula debes multiplicarlo por un coeficiente que elimina los posibles errores.* **3** En física y en química, expresión numérica de una propiedad, de una relación o de una característica: *El coeficiente de dilatación de los cuerpos es la relación que existe entre la longitud o el volumen de un cuerpo y la temperatura.* **4** ‖ **coeficiente intelectual.** →**cociente intelectual.**

coercitivo, va adj. Que refrena: *La policía usó medios coercitivos para que la manifestación no se transformara en una batalla.*

coetáneo, a adj./s. Que tiene la misma edad o que es de la misma época: *Casi todos los alumnos de mi curso somos coetáneos. Quevedo fue un coetáneo de Góngora.* ☐ SINT. Constr.: *coetáneo* DE *algo.*

cofia s.f. **1** Prenda de vestir parecida a un gorro, generalmente de color blanco y de pequeño tamaño, que forma parte de algunos uniformes femeninos: *Las enfermeras y las camareras llevan cofia.* 👁 **sombrero** **2** En las plantas, cubierta en forma de dedal, que protege la punta de la raíz: *En la cofia se encuentran los tejidos que hacen que la raíz crezca en longitud.* 👁 **raíz**

cofrade s. Persona que pertenece a una cofradía: *En Semana Santa salen en la procesión todos los cofrades.* ☐ MORF. Es de género común y exige concordancia en masculino o en femenino para señalar la diferencia de sexo: *el cofrade, la cofrade.*

cofradía s.f. **1** Asociación autorizada que algunos devotos forman con fines piadosos; *hermandad: El hábito de los miembros de esta cofradía es de color morado.* **2** Gremio, compañía o unión entre personas, con un fin determinado: *La cofradía de pescadores reservó un fondo para los huérfanos de los asociados.*

cofre s.m. **1** Caja resistente que tiene tapa y cerradura, y que generalmente se usa para guardar objetos de valor: *Guarda sus joyas en un cofre que tiene en la mesita.* **2** Caja grande rectangular, con una tapa arqueada que gira sobre las bisagras; *baúl: Los piratas enterraron el cofre con el tesoro en una isla deshabitada.*

coger v. **1** Asir, agarrar o tomar: *Coge un trozo más grande de pastel. Me cogí de su mano para no perderme.* **2** Dar cabida o recibir en sí: *Esta madera coge muy bien la pintura.* **3** Recoger, cosechar o guardar: *Si ves que comienza a llover, coge la ropa que está tendida. La fruta que se coge de los árboles está más rica que la de la tienda.* **4** Hallar, encontrar o descubrir: *Lo cogí de buenas y me concedió el favor que le pedí.* **5** Sorprender o hallar desprevenido: *Cogieron al ladrón con las manos en la masa.* **6** Capturar, prender o apresar: *La policía consiguió coger* *al preso que se había escapado.* **7** Obtener, lograr o adquirir: *No conduce mal, pero le falta coger seguridad.* **8** Entender, comprender o captar el significado: *¿Coges el significado de la frase?* **9** *col.* Referido a un espacio, llenarlo por completo u ocuparlo: *Si llegas pronto al teatro, cógeme sitio.* **10** Referido a una emisión de radio o de televisión, captarla o recibirla: *En esta zona se cogen muy pocas cadenas de radio.* **11** Referido a lo que precede, alcanzarlo o llegar hasta ello: *Corre, corre, que te cojo.* **12** Referido a lo que alguien dice, tomarlo por escrito: *El profesor habla demasiado deprisa y no me da tiempo a cogerlo.* **13** *col.* Referido esp. a una enfermedad o a un estado de ánimo, contraerlos, adquirirlos o alcanzarlos: *He cogido un resfriado y no puedo salir de casa.* **14** Referido a un toro, herir o enganchar a alguien con los cuernos: *El público gritó cuando vio que el toro iba a coger al torero.* **15** *col.* Referido a algo o a alguien, hallarse o encontrarse en determinada situación local: *No me da tiempo a llegar a tu casa porque me coge lejos.* **16** *col.* Caber: *En este autobús cogen sesenta pasajeros.* **17** ‖ **cogerla con** alguien. *col.* Tomarle manía y molestarlo continuamente: *La ha cogido con su compañero de clase y cada vez que lo ve, se mete con él.* ☐ ORTOGR. La *g* se cambia en *j* delante de *a, o* →**RECOGER.** ☐ SINT. Seguido de *y* y de un verbo, sirve para poner de relieve la acción expresada por este: *Cogió y se fue sin despedirse.* ☐ SEM. En la acepción 13, es sinónimo de *atrapar, agarrar, pillar* y *pescar*.

cogida s.f. Herida que produce el toro al enganchar con los cuernos: *El torero sufrió una cogida y se lo llevaron a la enfermería de la plaza de toros.*

cogollo s.m. **1** En algunas hortalizas, parte interior y más apretada: *El cogollo es la parte más tierna de la lechuga.* **2** Lo mejor o lo escogido: *Vive en un piso en el cogollo de la ciudad.*

cogorza s.f. *col.* Borrachera: *Lleva una cogorza que no se tiene en pie.*

cogote s.m. Parte superior y posterior del cuello: *Me dio una palmada en el cogote para saludarme.*

cogujada s.f. Pájaro semejante a la alondra, pero que tiene en la cabeza un largo moño puntiagudo: *La cogujada suele anidar en los sembrados.* ☐ MORF. Es un sustantivo epiceno y la diferencia de sexo se señala mediante la oposición *la cogujada {macho/hembra}*.

cohecho s.m. Soborno a un funcionario público para obtener de él un favor: *El cohecho es un delito.*

coherencia s.f. Conexión, relación o unión: *Después del golpe en la cabeza decía frases que no tenían coherencia.*

coherente adj. Que tiene coherencia o relación: *Tus acciones deben ser coherentes con tu forma de pensar.* ☐ MORF. Invariable en género.

cohesión s.f. **1** Unión, conexión o relación de una cosa con otra; *enlace: No hay cohesión entre las partes de tu trabajo y resulta inconexo.* **2** Unión recíproca de las moléculas de un cuerpo homogéneo a causa de las fuerzas intermoleculares de atracción: *Los gases tienen muy poca cohesión entre sus moléculas.*

cohete s.m. **1** Tubo resistente relleno de pólvora y unido al extremo de una varilla ligera que al encenderlo asciende a gran altura y estalla: *En las fiestas de mi pueblo lanzan muchos cohetes.* **2** Aparato que se lanza al espacio, se desplaza por propulsión a chorro, y que se puede usar como arma de guerra o para investigación: *Algunas naves espaciales son ayudadas a despegar por cohetes.*

cohibir v. Refrenar, reprimir o impedir hacer algo: *Me cohíbe hablar delante de extraños. No te cohíbas y di lo que opinas.* ☐ ORTOGR. La *i* final de la raíz lleva tilde en los presentes, excepto en las personas *nosotros* y *vosotros* →**PROHIBIR.**

cohorte s.f. **1** En la antigua Roma, unidad táctica del ejército: *Las legiones romanas se dividían en cohortes.* **2** Conjunto o serie: *El cantante entró acompañado por una cohorte de admiradores.* ☐ ORTOGR. Dist. de *corte*.

coincidencia s.f. **1** Concurrencia en el tiempo o en el espacio de dos o más sucesos: *La coincidencia en las fechas de nuestras vacaciones nos permitirá ir juntos de viaje.* **2** Conformidad o parecido: *Después de estar un rato hablando descubrimos la coincidencia de nuestros gustos.* **3** Lo que ocurre de forma casual al mismo tiempo o en el mismo lugar que otro suceso: *Fue una coincidencia que pasara por allí cuando tú llegabas.*

coincidir v. **1** Referido a una cosa, ocurrir al mismo tiempo que otra: *Este año mis vacaciones coinciden con las tuyas.* **2** Referido a una cosa, ajustarse con otra perfectamente: *La ranura de esta pieza coincide con el saliente de esta otra.* **3** Referido a una persona, encontrarse con otra en el mismo lugar: *Coincidimos en la salida del cine.* **4** Referido a una persona, estar de acuerdo con otra en algo: *Tú y yo coincidimos en nuestras aficiones.*

coiné s.f. →**koiné.**

coito s.m. Unión sexual de los mamíferos, esp. de las personas; *acto sexual: La reproducción de las personas se realiza a través del coito.*

coitus interruptus s.m. ‖ Método anticonceptivo que consiste en interrumpir el coito antes de la eyaculación: *El coitus interruptus no es un método muy seguro.* ☐ MORF. Invariable en número.

cojear v. **1** Andar defectuosamente a causa de una lesión o de una deformidad: *Desde que me operaron de la cadera cojeo un poco.* **2** Referido a un mueble, esp. a una mesa, moverse por no asentar bien sobre el suelo o porque este sea desigual: *Pon un calzo bajo la pata de la mesa que es más corta para que no cojee.* **3** *col.* Tener fallos: *El profesor me ha dicho que este mes he cojeado en matemáticas.* **4** ‖ **cojear del mismo pie.** *col.* Tener los mismos defectos: *Tú dices que una es envidiosa y la otra muy orgullosa, pero yo creo que las dos cojean del mismo pie.* ‖ **saber de qué pie cojea** alguien. *col.* Conocer sus defectos: *No hace falta que me cuentes cómo reaccionó tu hermano, porque ya sé de qué pie cojea.*

cojera s.f. Defecto que impide andar con regularidad: *Como consecuencia de la caída se lesionó la rodilla y le quedó una cojera de por vida.*

cojín s.m. Almohadón que se usa para sentarse o para apoyar sobre él alguna parte del cuerpo: *La duquesa se arrodillaba sobre un cojín de terciopelo.*

cojitranco, ca adj./s. Que cojea, generalmente de forma llamativa, dando pasos largos: *La muchacha era algo cojitranca. En la romería abundaban ciegos, cojitrancos y tullidos que pedían limosna.* ☐ USO Tiene un matiz despectivo.

cojo, ja ▌adj. **1** Referido a un mueble, que se balancea o se mueve por no asentar bien sobre el suelo: *No te sientes en esa silla porque está coja.* **2** Referido a algo inmaterial, que está incompleto o mal fundado: *Sus razonamientos quedan cojos porque no aporta datos concretos.* ▌adj./s. **3** Referido a una persona o a un animal, que cojea o anda defectuosamente: *Me he torcido un tobillo y ando coja. Los*

a b c d e f g h i j k l m n ñ o p q r s t u v w x y z

pastores iban examinando los animales y separaban a los cojos. **4** Referido a una persona o a un animal, que le falta una pierna, una pata o un pie: *Es cojo desde que le amputaron una pierna. El cojo amenazaba a los niños con su muleta.*

cojón s.m. *vulg.malson.* →**testículo.** ☐ USO Se usa mucho como palabra comodín en expresiones vulgares malsonantes.

cojonudo, da adj. *vulg.* Admirable o extraordinariamente bueno: *Eres un tío cojonudo y se puede contar contigo para todo.* ☐ SINT. *Cojonudo* se usa también como adverbio de modo con el significado de 'muy bien': *Lo pasamos cojonudo en la fiesta.*

col s.f. **1** Planta herbácea comestible con un cogollo formado por hojas anchas y verdes con el nervio principal grueso, y flores pequeñas blancas o amarillas; *berza: Los distintos tipos de col se distinguen por la figura y el color de sus hojas.* **2** ‖ **col de Bruselas.** Variedad de pequeño tamaño que tiene tallos alrededor de los cuales crecen apretados muchos cogollos pequeños: *Hoy he comido coles de Bruselas con jamón.*

cola s.f. **1** En algunos animales, prolongación posterior del cuerpo y de la columna vertebral; *rabo: Cuando cojo a mi gato por la cola me bufa. Mira cómo mueve el caballo la cola.* **2** En un ave, conjunto de plumas fuertes y más o menos largas que tiene en la rabadilla o extremo posterior de su cuerpo: *El águila tenía rotas las plumas de la cola.* **3** Parte posterior o final de algo: *La cola del pelotón llegó a la meta quince minutos después que el ciclista vencedor.* **4** Prolongación de algo: *Unas niñas sujetaban la cola del vestido de la novia.* **5** Fila o hilera de personas o de vehículos que esperan turno para algo: *Si quieres comprar la entrada ponte a la cola.* **6** *col.* →**pene.** **7** Pasta fuerte y viscosa que se utiliza para pegar: *Pegó las tablas del cajón con cola.* **8** Semilla de un árbol ecuatorial que contiene sustancias que se utilizan en medicina como excitante de las funciones digestivas y nerviosas: *La cola tiene sustancias excitantes.* **9** Refresco hecho con las sustancias de estas semillas: *La mayoría de las bebidas de cola tienen gas.* **10** ‖ **cola de caballo.** Coleta recogida en la parte alta de la nuca y que se asemeja a la cola de un caballo: *Como tiene el pelo muy largo, se suele peinar con una cola de caballo.* 👁 **peinado** ‖ **cola de pescado.** Gelatina que se hace con pescado, esp. con la vejiga del esturión: *En esta fábrica aprovechan los restos del pescado para hacer cola de pescado.* ‖ **no pegar ni con cola.** *col.* Desentonar o no tener relación con algo: *Este vestido no pega ni con cola con esos zapatos.* ‖ **{tener/traer} cola** algo. *col.* Tener o traer consecuencias, esp. si estas son graves: *La congelación de los sueldos trajo cola y los sindicatos no tardaron en hacer oír su voz.*

colaboración s.f. **1** Realización de un trabajo o de una tarea común entre varias personas: *Este libro es fruto de la colaboración de cuatro personas.* **2** Aportación voluntaria de un donativo: *Gracias a vuestra colaboración se podrán construir centros de enseñanza en países subdesarrollados.* **3** Ayuda al logro de algún fin: *Sin tu colaboración nunca hubiera podido terminar este trabajo.* **4** Texto o artículo que escribe un colaborador para un periódico o para una revista: *Me han pedido una colaboración para el número extra de este mes.*

colaborador, ra s. **1** Compañero en la realización de una obra, esp. si es de carácter literario: *Cada colaborador ha firmado la parte del libro de la cual es responsable.* **2** Persona que trabaja habitualmente para una empresa sin formar parte de su plantilla fija, esp. la que escribe en un periódico o en una revista: *Para dar estos cursos se han contratado como profesores a varios colaboradores.*

colaborar v. **1** Trabajar con otras personas en una tarea común: *En la construcción de este puente han colaborado muchas personas.* **2** Trabajar habitualmente para una empresa, esp. para un periódico o una revista, sin formar parte de su plantilla fija: *Este escritor colabora en nuestro periódico con temas políticos.* **3** Aportar voluntariamente un donativo: *Me preguntaron si quería colaborar en una rifa.* **4** Ayudar al logro de algún fin: *Tu firma colaborará con las demás para presionar al Gobierno.* ☐ SEM. En las acepciones 3 y 4, es sinónimo de *contribuir.*

colación s.f. **1** Comida ligera, esp. la que se toma por la noche en los días de ayuno: *Al llegar a casa tomaba una pequeña colación y se acostaba.* **2** ‖ **sacar a colación** algo. *col.* Mencionarlo o hablar de ello: *Aprovechando que estábamos todos, sacó a colación el tema de las vacaciones.* ‖ **traer a colación** algo. *col.* Mezclar palabras o frases inoportunas en un discurso o en una conversación: *No sé por qué tienes que traer a colación a ese hombre si sabes que no quiero ni oír hablar de él.*

colada s.f. **1** Lavado de la ropa sucia de una casa: *Una vez por semana hago la colada.* **2** Ropa lavada: *Cuando termine de lavar tengo que tender la colada.* **3** En un alto horno, operación de sacar el hierro fundido: *Una forma de hacer la colada es dejar caer el hierro fundido sobre un gran molde.* **4** Masa de lava incandescente que fluye por las laderas: *La colada arrasó la escasa vegetación de la ladera del monte.*

coladero s.m. **1** *col.* En el lenguaje estudiantil, centro o examen en los que se aprueba fácilmente o que permiten aprobar fácilmente: *El examen final fue un coladero porque el profesor quería darnos la oportunidad de aprobar a todos.* **2** *col.* Lugar por el que es fácil colarse: *La puerta de atrás del cine es un coladero porque no suele haber nadie vigilando.*

colador s.m. **1** Utensilio con el que se cuela un líquido y que está formado generalmente por una tela o por una lámina agujereada: *El colador es un utensilio habitual de cocina.* **2** Lo que tiene muchos agujeros: *Lo frieron a balazos y lo dejaron hecho un colador.*

colágeno, na ▮ adj. **1** Del colágeno o relacionado con esta proteína: *El tejido conjuntivo está formado por fibras colágenas.* ▮ s.m. **2** Proteína que se encuentra en los tejidos conjuntivos, óseos y cartilaginosos, y que se transforma en gelatina por cocción: *El colágeno es una proteína de origen animal.*

colapsar v. Producir o sufrir un colapso o bloqueo: *Un trombo le colapsó la circulación sanguínea. La actividad de muchas empresas se colapsó debido a la crisis económica.*

colapso s.m. **1** En medicina, estado de debilitamiento extremo, gran depresión y circulación sanguínea insuficiente: *Aquella impresión le produjo un colapso del que le costó recuperarse.* **2** Paralización o disminución de una actividad: *La rotura de las tuberías del agua provocó el colapso del tráfico en la zona.* **3** Destrucción o ruina de algo, esp. de una institución o de un sistema: *La aparición de la moneda causó el colapso del sistema de intercambio de productos.*

colar ▮ v. **1** Referido a un líquido, echarlo en un colador para clarificarlo o para separarlo de las partes más gruesas: *Cuela la leche para que no tenga nata.* **2** *col.* Referido esp. a algo falso o ilegal, darlo o pasarlo con engaño: *Colé la cámara de fotos por la aduana colgándomela al hombro.* **3** Introducir en un lugar o hacer pasar por él: *El delantero coló el balón en la portería aprovechando un descuido del portero.* **4** *col.* Referido esp. a un engaño o a una mentira, ser creído: *La historia que conté coló y nadie volvió a hacer preguntas.* ▌prnl. **5** Pasar por un lugar estrecho: *El agua se colaba por las rendijas de la pared.* **6** *col.* Introducirse con engaño en algún sitio: *Nos colamos en el circo pasando por debajo de la carpa.* **7** *col.* Equivocarse o decir inconveniencias: *Te has colado, porque no he sido yo el que te ha escondido la carpeta.* **8** *col.* Estar muy enamorado: *Se coló por esa chica y dejó de salir con sus amigos.* □ MORF. Irreg.: La *o* diptonga en *ue* en los presentes, excepto en las personas *nosotros* y *vosotros* →CONTAR. □ SINT. En la acepción 6, se usa también como verbo transitivo: *Pudimos colar a tu hermano para que entrara al estadio sin pagar.*

colateral ▌adj. **1** Que está situado a uno y otro lado de un elemento principal: *Esta iglesia tiene una nave central y dos colaterales.* ▌adj./s. **2** Referido a una persona, que es pariente de otra por un ascendiente común pero no por la línea directa de padres a hijos: *Los primos son parientes colaterales. A la celebración asistieron los hermanos y algunos colaterales.* □ MORF. 1. Como adjetivo es invariable en género. 2. Como sustantivo es de género común y exige concordancia en masculino o en femenino para señalar la diferencia de sexo: *el colateral, la colateral.*

colcha s.f. Cobertura de la cama que sirve de adorno y de abrigo; *cubrecama*: *Mi abuela me ha hecho una bonita colcha de ganchillo.*

colchón s.m. **1** Especie de saco de forma rectangular, relleno de lana o de otro material blando o elástico, que se pone sobre la cama para dormir sobre él: *Muchos colchones están provistos de muelles.* **2** Capa hueca y esponjosa que cubre una superficie: *El perro se recostó sobre un colchón de pajas.* **3** ‖ **colchón de aire.** Capa de aire a presión que se interpone entre dos superficies para evitar su contacto, para amortiguar sus movimientos o para disminuir el rozamiento: *Cuando estuve en Canarias monté en un barco que se desplazaba sobre un colchón de aire.*

colchonero, ra s. Persona que se dedica a la fabricación o a la venta de colchones: *El colchonero vareaba la lana para ahuecarla.*

colchoneta s.f. **1** Colchón delgado: *Han acondicionado el salón de actos con colchonetas para que duerman en ellas los vagabundos.* **2** Colchón de tela impermeable lleno de aire: *Se ha metido en la piscina con la colchoneta.* **3** Cojín largo y delgado que se pone sobre un asiento: *Ha colocado unas colchonetas sobre los salientes de la pared para poder utilizarlos como asientos.* **4** En deporte, colchón delgado o grueso sobre el que se realizan ejercicios gimnásticos: *Al saltar el plinto caemos sobre una colchoneta.* 👁 **gimnasio**

colear v. **1** Referido a un animal, mover con frecuencia la cola: *El perro empieza a colear en cuanto ve la comida.* **2** Referido a un asunto o a sus consecuencias, durar o continuar: *En la reunión se vio que las viejas enemistades aún colean entre sus miembros.*

colección s.m. **1** Conjunto de elementos, esp. si son de una misma clase o tienen algo en común, y si están sujetos a un orden: *Los sellos de esta colección están clasificados por temas.* **2** Conjunto de modelos creados por un diseñador de ropa para cada temporada: *Los grandes modistos presentarán mañana su colección de otoño-invierno.* **3** Gran cantidad de algo: *Lo único que dijo fue una colección de disparates.*

coleccionar v. Referido a varios elementos, formar con ellos una colección: *He empezado a coleccionar los números extras de esta revista. Colecciono canicas de colores y sellos extranjeros.*

coleccionismo s.m. Arte, técnica o afición de coleccionar: *Se inició en el coleccionismo de monedas tras ver una exposición.*

coleccionista s. Persona que colecciona algo: *Los coleccionistas de pintura adquieren muchos de sus cuadros en subastas.* □ MORF. Es de género común y exige concordancia en masculino o en femenino para señalar la diferencia de sexo: *el coleccionista, la coleccionista.*

colecta s.f. Recaudación de donativos voluntarios, esp. con fines benéficos: *La parroquia va a hacer una colecta para ayudar a los marginados del barrio.*

colectividad s.f. Conjunto de personas que tienen entre sí una relación determinada o que están reunidas o concertadas para un fin común: *El Ayuntamiento mejorará los servicios municipales en beneficio de la colectividad.*

colectivismo s.m. Doctrina que tiende a la transferencia de la propiedad particular a la colectividad, y que confía al Estado la distribución de la riqueza: *El colectivismo y la planificación eran la base de la economía soviética.*

colectivo, va ▌adj. **1** De una agrupación de personas o relacionado con ella: *Solo con un gran esfuerzo colectivo podremos salir adelante.* ▌s.m. **2** Grupo de personas unido por unos fines o por unos intereses comunes: *El colectivo médico del hospital ha decidido suspender la huelga.*

colector s.m. Canal o conducto que recoge el agua que transportan otros canales: *El agua de las alcantarillas se vierte en colectores subterráneos.*

colega s. **1** Respecto de una persona, otra que tiene su misma profesión u ocupación: *El médico de cabecera se reunió con sus colegas para decidir si debían hospitalizar al enfermo.* **2** *col.* Amigo o compañero: *Queda siempre con unos colegas de su barrio.* □ MORF. Es un sustantivo común y exige concordancia en masculino o en femenino para señalar la diferencia de sexo: *el colega, la colega.* □ USO En la lengua coloquial, se usa como apelativo: *¡Colega, qué te cuentas!*

colegiación s.f. Reunión en colegio o asociación de las personas de una misma profesión o clase, o afiliación a este: *Para evitar fraudes se ha impuesto la colegiación obligatoria de los profesionales.*

colegiado, da adj./s. Referido a una persona, que es miembro de un colegio o asociación, esp. si está reconocido oficialmente: *Los abogados están colegiados en el Colegio de Abogados. Los jugadores no estaban de acuerdo con la forma en que el nuevo colegiado había arbitrado el partido.*

colegial adj. Del colegio: *Los alumnos deben cuidar las instalaciones colegiales.* □ MORF. Invariable en género.

colegial, -a s. Alumno que asiste a un colegio o que tiene plaza en él: *Durante su vida de colegial hizo bastantes travesuras.*

colegiarse v.prnl. Referido a las personas de una misma profesión o clase, reunirse en colegio o asociación, o afiliarse a él: *Al terminar la carrera se colegió en el Colegio de Médicos de Barcelona.* □ ORTOGR. La *i* nunca lleva tilde.

colegiata s.f. Iglesia que, sin ser sede propia del obispo o del arzobispo, se compone de abad y canónigos seculares, y en la que se celebran los oficios divinos como en las catedrales: *La colegiata tiene una sillería muy valiosa.*

colegio s.m. **1** Centro de enseñanza: *Los niños reciben la enseñanza primaria en el colegio.* **2** *col.* Clase: *El lunes es fiesta y no hay colegio.* **3** Asociación o corporación de personas que ejercen una misma profesión o que tienen una misma dignidad: *El Colegio de Arquitectos organizó unas jornadas sobre la arquitectura madrileña del siglo XX.* **4** ‖ **colegio electoral. 1** Conjunto de los electores que forman un mismo grupo legal para ejercer su derecho al voto: *Casi la totalidad del colegio electoral de nuestra provincia ha acudido a las urnas.* **2** Lugar o local en el que se reúnen: *Los ciudadanos suelen votar en el colegio electoral más próximo a su domicilio.* ‖ **colegio mayor.** Residencia de estudiantes universitarios: *En algunos colegios mayores se realizan actividades culturales.*

colegir v. Deducir a partir de algo: *Por lo que me contó colegí que las cosas no debían ir bien en su familia.* ☐ ORTOGR. La *g* se cambia en *j* delante de *a, o.* ☐ MORF. Irreg.: La *e* se cambia en *i* cuando la sílaba siguiente no tiene *i* o la tiene formando diptongo →**ELEGIR.**

cóleo s.m. Planta herbácea que tiene numerosas hojas dentadas y flores pequeñas agrupadas en racimos, y que se utiliza como ornamentación: *El cóleo es originario de Asia tropical.*

coleóptero ▮ adj./s.m. **1** Referido a un insecto, que tiene boca masticadora, caparazón consistente, y un par de élitros o alas córneas que cubren dos alas membranosas y plegadas: *El escarabajo y el gorgojo son insectos coleópteros. Los coleópteros están adaptados a la vida en ambientes muy variados.* ▮ s.m.pl. **2** En zoología, orden de estos insectos, perteneciente al tipo de los artrópodos: *Algunas especies que pertenecen a los coleópteros son perjudiciales para la agricultura.*

cólera ▮ s.m. **1** Enfermedad infecciosa de origen vírico que se caracteriza por vómitos repetidos, dolores abdominales y diarrea, y que causa la deshidratación del enfermo: *Una de las formas de propagación del cólera son las aguas contaminadas.* ▮ s.f. **2** Ira, enojo o enfado muy violentos: *Se dejó llevar por la cólera y empezó a chillarnos a todos.* **3** ‖ **montar en cólera.** Airarse o enfadarse mucho: *Cuando vio que todo estaba mal hecho montó en cólera y comenzó a insultarnos.*

colérico, ca ▮ adj. **1** De la cólera o relacionado con este estado de ánimo: *Nos respondió con palabras coléricas.* ▮ adj./s. **2** Que se deja llevar fácilmente por la cólera: *Es una persona muy colérica, así que no le lleves la contraria. Los coléricos pierden fácilmente los estribos.*

colesterol s.m. Molécula de origen graso que, combinada con otras moléculas, entra a formar parte de distintas estructuras orgánicas, como las membranas, y que es necesaria para la síntesis de sustancias, fundamentalmente de tipo hormonal: *El exceso de colesterol favorece el desarrollo de la arteriosclerosis.*

coleta s.f. **1** Peinado que se hace recogiendo el pelo cerca de la cabeza y dejándolo suelto desde ahí: *Peinaron a la niña con dos coletas.* **2** ‖ **cortarse la coleta.** Dejar una costumbre o un oficio, esp. el de torero: *El torero anunció que ya creía llegado el momento de cortarse la coleta.* 👁 **peinado**

coletazo s.m. **1** Golpe dado con la cola o con la coleta: *La ballena dio tal coletazo que volcó la barca.* **2** Última manifestación, aparición o acción de algo antes de acabar o desaparecer: *El huracán ya se había alejado, pero aún se sentían sus últimos coletazos.* ☐ MORF. La acepción 2 se usa más en plural.

coletilla s.f. Añadido a lo que se dice o se escribe para hacer referencia a algo que se ha olvidado o que se quiere recalcar: *Pone coletillas a cada cosa que dice, porque le obsesiona hacerse entender.* ☐ SEM. Dist. de *latiguillo* y *muletilla* (palabra o expresión que, de tanto repetirse, pierden su fuerza expresiva).

colgado, da ▮ adj. **1** *col.* Desamparado o frustrado porque no se ha cumplido lo que se esperaba o se deseaba: *Mi amigo me dejó colgada esperando a la puerta del cine.* **2** Pendiente de resolución o con final incierto: *Ese asunto está colgado hasta que se reúna el consejo de dirección.* **3** *col.* Muy atento o totalmente pendiente: *Es tan elocuente que me quedé colgado de sus palabras.* ▮ adj./s. **4** *col.* Que está bajo los efectos de una droga o depende en grado sumo de ella: *Cuando está colgado no se puede hablar con él. Un colgado me pidió dinero para conseguir una dosis de heroína.* ☐ USO 1. En las acepciones 1 y 3, se usa más con los verbos *dejar* y *quedarse*. 2. En la acepción 4 se usa más con los verbos *andar* o *estar*.

colgador s.m. Gancho, garfio u otro utensilio que sirve para colgar ropa: *Deja el albornoz en el colgador que hay detrás de la puerta.*

colgadura s.f. Tapiz o tela con que se cubren, protegen o adornan paredes, balcones, muebles y otros objetos: *Los reyes presidieron la ceremonia desde un balcón adornado con colgaduras.* ☐ USO Se usa más en plural.

colgajo s.m. Lo que cuelga, esp. si es de forma descuidada o antiestética: *Después de la pelea, sus ropas quedaron como un montón de colgajos.* ☐ USO Tiene un matiz despectivo.

colgante s.m. Adorno que cuelga de un collar, de una pulsera o de cualquier otra pieza de joyería o de bisutería: *La pulsera se me engancha en la ropa por culpa de los colgantes.* 👁 **joya**

colgar v. **1** Referido a una cosa, estar o ponerla suspendida de otra de forma que no se apoye por su parte inferior: *Los frutos cuelgan de los árboles. Colgó las llaves en el clavo de la entrada.* **2** *col.* Referido a una persona o a un animal, quitarles la vida haciendo que su cuerpo quede sostenido por una cuerda que les aprieta el cuello y les impide respirar: *Lo condenaron a muerte y el mismo día lo colgaron.* **3** Referido a una profesión o a una actividad, abandonarlas o dejarlas: *Era sacerdote pero colgó los hábitos hace años.* **4** Interrumpir una comunicación telefónica, generalmente colocando el auricular en su sitio: *Me telefoneó para insultarme y le colgué.* **5** *col.* Referido a algo generalmente incierto, atribuírselo o achacárselo a alguien: *Le colgaron ese apodo y ya nadie sabe cuál es su verdadero nombre.* **6** Referido esp. a una tela o a un vestido, tener los bordes desiguales y con unas partes más largas que otras: *El vestido cuelga mucho y hay que igualarle el bajo.* **7** *col.* Referido a una asignatura, suspenderla: *Tengo colgado el inglés del año pasado.* **8** En informática, referido esp. a un ordenador, bloquearlo o quedarse bloqueado: *Has dado tantas órdenes seguidas que has dejado colgado el ordenador.* ☐ ORTOGR. Aparece una *u* después de la *g* cuando le sigue *e*. ☐ MORF. Irreg.: La *o* de la raíz diptonga en *ue* en los presentes, excepto en las personas *nosotros* y *vosotros* →**COLGAR.** ☐ SINT. Constr.: *colgar {DE/EN} un sitio.* ☐ SEM. En las acepciones 2 y 3, es sinónimo de *ahorcar*.

colibrí s.m. Pájaro de tamaño muy pequeño, con el pico

muy largo y delgado y el plumaje de colores muy vivos: *El colibrí se alimenta de néctar.* ☐ MORF. 1. Es un sustantivo epiceno y la diferencia de sexo se señala mediante la oposición *el colibrí {macho/hembra}*. 2. Aunque su plural en la lengua culta es *colibríes*, también se usa *colibrís*. 👁 **ave**

cólico s.m. Trastorno del intestino o de otro órgano abdominal, que produce fuertes dolores y suele ir acompañado de vómitos: *Cené muchísimo y me dio un cólico que me tuvo toda la noche vomitando.*

coliflor s.f. Variedad de col con una gran masa redonda, blanca y granulosa: *Desmenuzó la coliflor cocida y le echó sal, vinagre y aceite.*

colilla s.f. Parte de los cigarros que se deja sin fumar: *Limpia el cenicero porque está lleno de colillas.*

colín s.m. **1** Pieza de pan sin miga, larga, muy delgada, y con forma cilíndrica: *No como pan, solo colines porque no engordan.* 👁 **pan 2** Modalidad más pequeña del piano de cola: *Cuando empezó sus estudios de piano, le compraron un colín.*

colina s.f. Elevación poco pronunciada del terreno, menor que un monte y generalmente de forma redondeada: *En lo alto de la colina había una ermita.*

colindar v. Referido esp. a dos lugares, terrenos o construcciones, lindar entre sí o estar contiguos: *La finca de mi vecino colinda con la mía.* ☐ SINT. Constr.: *colindar* CON *algo*.

colirio s.m. Medicamento que se aplica en los ojos para aliviar o curar molestias o enfermedades: *Cuando sale de la piscina se echa unas gotas de colirio en cada ojo para calmar el escozor.*

colisión s.f. **1** Choque violento de dos vehículos: *Ha habido varios heridos graves en la colisión de la autopista.* **2** Oposición o disputa entre personas o entidades, o entre intereses, sentimientos o ideas: *La colisión entre los intereses personales hizo imposible un acuerdo.*

colisionar v. **1** Referido a un vehículo, chocar violentamente con otro: *Cuando intentaba adelantar, colisionó con un camión que venía de frente.* **2** Estar en desacuerdo y oponerse: *Las ideas de los más jóvenes del partido colisionan con las de los viejos militantes.*

colitis s.f. Inflamación del colon intestinal: *La colitis produce dolor de vientre y diarrea.* ☐ MORF. Invariable en número.

collado s.m. **1** Elevación poco pronunciada del terreno, generalmente aislada y menor que un monte: *Subimos a un collado para poder divisar todo el campo cultivado.* **2** En una sierra o en una cadena montañosa, paso o depresión poco pronunciada del terreno que permite ir fácilmente de una vertiente a la otra: *Un pastor nos condujo por un collado al otro lado de la sierra.* 👁 **montaña**

collage s.m. **1** Técnica o procedimiento artístico consistente en pegar sobre un lienzo o una tabla distintos materiales, esp. recortes de papel: *El pintor Max Ernst dio a conocer el collage en una exposición de 1919.* **2** Composición plástica realizada según este u otro procedimiento de carácter mixto: *En sus collages, Tàpies utiliza materiales tan distintos como telas, arena o hierros.* ☐ PRON. [kolách], con *ch* suave.

collar s.m. **1** Joya o pieza que se pone alrededor del cuello, como adorno o como insignia representativa de altos cargos o distinciones: *El collar de perlas que llevaba realzaba su escote.* 👁 **joya 2** Aro o banda que se pone alrededor del cuello de los perros u otros animales domésticos como adorno, como medio defensivo o para llevarlos sujetos: *Me devolvieron mi gato gracias a la placa que llevaba en el collar.*

collarín s.m. Aparato de ortopedia que se coloca alrededor del cuello para inmovilizar las vértebras cervicales: *Le pusieron un collarín para corregir la lesión de cervicales causada en el accidente.*

colleja s.f. *col.* Golpe pequeño o palmada dados en la parte de atrás del cuello: *Tiene la manía de acercarse por la espalda y darme una colleja a modo de saludo.*

collera s.f. Collar relleno de paja o de otro material, que se coloca al cuello de bueyes y caballerías para sujetar en él los correajes y demás arreos sin lastimar al animal: *Antes de poner el yugo a los bueyes, se les coloca una collera.* 👁 **arreos**

collie (anglicismo) adj./s. Referido a un perro, de la raza que se caracteriza por tener pelo largo, hocico alargado y porte elegante: *Muchos perros pastores pertenecen a la raza collie. El protagonista de esa película es un collie.* ☐ PRON. [kóli]. ☐ MORF. Como adjetivo es invariable en género. 👁 **perro**

colmado s.m. Tienda de comestibles o local barato y de baja categoría, donde se sirven bebidas y comidas: *La cena en el colmado fue de mala calidad.*

colmar v. **1** Llenar hasta rebasar o exceder los bordes o los límites: *Olvidó cerrar el grifo y el agua colmó la bañera.* **2** Referido esp. a muestras de aprecio o de desprecio, darlas o dispensarlas en abundancia; *llenar*: *El anfitrión colmó a su invitado de obsequios y alabanzas.* **3** Referido esp. a esperanzas, aspiraciones o deseos, satisfacerlos plenamente: *Lograr aquel ascenso colmó todas mis ilusiones.* ☐ SINT. Constr. de la acepción 2: *colmar* DE *algo*.

colmena s.f. **1** Habitáculo natural o artificial en el que las abejas viven y almacenan la cera y la miel que producen: *Las colmenas artificiales suelen estar hechas con corcho, madera o mimbre.* **2** Lugar o edificio donde viven apiñadas muchas personas: *Se compró un piso en una de las colmenas construidas al lado de la playa.*

colmillo s.m. **1** En una persona o en algunos mamíferos, diente fuerte y puntiagudo situado entre el último incisivo y la primera muela de cada cuarto de la boca y cuya función es desgarradora o defensiva; *canino, diente canino*: *La dentadura humana tiene cuatro colmillos, dos en cada mandíbula.* **2** En un elefante, diente incisivo, alargado y en forma de cuerno, en cada lado de la mandíbula superior: *Los colmillos de los elefantes son de marfil y pueden alcanzar tres metros de largo.* **3** ‖ **enseñar los colmillos.** *col.* Mostrarse amenazador o temible, o imponer respeto: *Cuando enseña los colmillos, nadie se atreve a llevarle la contraria.*

colmo s.m. **1** Grado máximo al que se puede llegar en algo: *Eres el colmo de la estupidez y no dices más que tonterías.* **2** Añadido, culminación o remate: *Llegas tarde, no me traes lo que te pedí y para colmo vienes enfadado.* **3** ‖ **ser el colmo.** Ser intolerable: *Es el colmo que llegues tarde y encima vengas con exigencias.*

colocación s.f. **1** Disposición adecuada, ordenada o en el lugar preciso: *Yo me encargo de la colocación de los libros en la estantería.* **2** Búsqueda y consecución de un puesto o de un trabajo: *Conoce a mucha gente y proporcionó colocación a toda la familia.* **3** Situación o forma de estar colocado o puesto algo: *Su colocación era inmejorable para verlo todo.* **4** Puesto de trabajo, empleo o destino: *Después de dos años en el paro, por fin encontró una buena colocación.*

a b c d e f g h i j k l m n ñ o p q r s t u v w x y z

colocar v. **1** Poner en la posición adecuada o en el orden o lugar correspondientes: *Los niños colocaron sus juguetes en el armario después de jugar.* **2** Proporcionar un puesto, un empleo o un estado: *En cuanto terminó los estudios, su padre lo colocó en la dirección de la empresa.* **3** Referido a una cantidad de dinero, emplearla con la intención de obtener beneficios; *invertir: Decidido a vivir de las rentas, colocó en Bolsa todos sus ahorros.* **4** *col.* Referido a algo que supone una carga o una molestia, hacer que alguien lo acepte o se haga cargo de ello; *endilgar, endosar: Consiguió colocar aquel coche destartalado a un pobre inocente.* **5** *col.* Poner eufórico por el efecto del alcohol o alguna droga: *Como no bebo nunca, con dos cervezas me coloco.* □ ORTOGR. La *c* se cambia en *qu* delante de *e* →**SACAR**.

colocón s.m. *col.* Borrachera o estado producido por efecto de una droga: *Llevaba tal colocón encima que no podía dar ni un paso.*

colofón s.m. **1** En un libro, nota final que incluye datos relacionados con la impresión, esp. el lugar, la fecha y el nombre del impresor: *Según el colofón, esta es una edición numerada de la que solo se imprimieron cien ejemplares.* **2** Añadido con que se termina, completa o remata algo, esp. si aporta una nota de énfasis o culminación: *Aquella condecoración era el mejor colofón de una brillante carrera.*

colombiano, na adj./s. De Colombia o relacionado con este país sudamericano: *La capital colombiana es Bogotá. Gran parte de los colombianos se dedica al cultivo del café.* □ MORF. Como sustantivo se refiere solo a las personas de Colombia.

colon s.m. En el aparato digestivo de una persona o de algunos animales, parte del intestino grueso entre el íleon y el recto: *Los trastornos de colon pueden producir cólicos.*

colonia s.f. **1** →**agua de Colonia.** **2** Conjunto de personas procedentes de un país, región o provincia que van a otro territorio para poblarlo, explotarlo o establecerse en él: *Las colonias que se asientan en un territorio suelen dar lugar a grandes ciudades.* **3** Territorio o lugar donde se establecen estas personas: *Recorrí la colonia de españoles en París.* **4** Territorio sometido al dominio militar, político, administrativo o económico de una nación extranjera más poderosa y generalmente con un grado de civilización más avanzado: *En el siglo XIX, las potencias europeas convirtieron el continente africano en un mosaico de colonias.* **5** En una población, conjunto de edificaciones de construcción y aspecto semejantes o que responden a un proyecto urbanístico común: *Las casas de mi colonia están pintadas en tonos verdes.* **6** En biología, grupo de animales o de organismos de una misma especie que viven en un territorio delimitado o con una organización característica: *En el laboratorio están examinando las colonias de bacterias del cultivo.* **7** En biología, animal que por reproducción asexual, esp. por gemación, forma un cuerpo único de numerosos individuos unidos entre sí: *Los corales son un tipo de colonia marina.* **8** Lugar acondicionado para vacaciones infantiles, generalmente en el campo o en la playa: *Todos los años llevo a mis hijos a una colonia de verano.*

colonial adj. De las colonias, de su época o relacionado con ellas: *El arte colonial sudamericano se caracteriza por la mezcla de elementos indígenas y modelos tomados de la metrópoli.* □ MORF. Invariable en género.

colonialismo s.m. Forma de imperialismo o de dominación entre países, caracterizada por la posesión y explotación de colonias: *El colonialismo es una forma de dominación típica del siglo XIX.*

colonialista adj./s. Partidario del colonialismo: *Las políticas colonialistas han ocasionado graves conflictos a lo largo de la historia. Actualmente el poder que tienen los colonialistas es económico.* □ MORF. 1. Como adjetivo es invariable en género. 2. Como sustantivo es de género común y exige concordancia en masculino o en femenino para señalar la diferencia de sexo: *el colonialista, la colonialista.*

colonización s.m. **1** Establecimiento de colonias: *La colonización supone muchas veces una guerra con los indígenas.* **2** Establecimiento de colonos o emigrantes en territorios despoblados para controlarlos, trabajar en ellos o civilizarlos: *La colonización de estas vastas llanuras fue obra de colonos arriesgados.*

colonizar v. **1** Referido a un territorio, establecer colonias en él: *Las naciones europeas colonizaron muchas zonas de Asia y África.* **2** Poblar con colonos o emigrantes, normalmente para controlar, trabajar o civilizar un territorio despoblado: *Los romanos colonizaron España e implantaron en ella los fundamentos de su civilización.* □ ORTOGR. La *z* se cambia en *c* delante de *e* →**CAZAR**.

colono s.m. **1** Persona que coloniza o se establece en una colonia: *En la península ibérica se establecieron muchos colonos romanos.* **2** Persona que cultiva tierras que no son suyas y paga por ello un arrendamiento o alquiler, y que suele vivir en ellas: *Los colonos protestan porque los propietarios quieren subirles las rentas.*

coloquial adj. Característico de la conversación o del lenguaje usado corrientemente, esp. referido a palabras o expresiones: *El médico se explicó en términos coloquiales para que pudiéramos entenderlo.* □ MORF. Invariable en género.

coloquio s.m. **1** Conversación, esp. si es animada y distendida, entre dos o más personas: *En esa novela, el autor introduce coloquios para amenizar la narración.* **2** Debate o discusión organizada para intercambiar información, ideas u opiniones: *Después de la conferencia, se abrió un coloquio entre los asistentes y el conferenciante.*

color ▌ s.m. **1** Impresión que capta la vista y que es producida por los rayos de luz que refleja un cuerpo: *El rojo y el amarillo son colores cálidos.* **2** Tonalidad natural del rostro humano: *Debes estar enfermo porque tienes mal color.* **3** Sustancia preparada para pintar o teñir: *Cuida mucho su aspecto y no sale sin darse un poco de color en la cara.* **4** Conjunto, disposición y grado de intensidad de los colores y tonalidades de algo; *coloración, colorido: El color del paisaje cambiaba con la luz.* **5** Carácter peculiar o característico, o nota distintiva: *Las tradiciones han ido perdiendo su color de siempre. Ahora las fiestas no tienen color, son todas iguales.* **6** Aspecto que algo tiene o impresión que produce: *Es un pesimista, todo lo ve de color oscuro.* **7** Ideología, corriente de opinión o fracción política: *No es un partido de un solo color y por eso tienen tantas disputas internas.* **8** Timbre o calidad de un sonido o de una voz que permite distinguirlos de otro del mismo tono: *El color claro y brillante de esa voz es inconfundible.* ▌ pl. **9** Combinación cromática adoptada como símbolo o distintivo: *Tengo una banderola con los colores de mi equipo.* **10** Entidad, agrupación o país representados por esta combinación cromática: *Siempre defenderé nuestros colores.* **11** ‖ **a todo color.** Con variedad de colores y no solo en blanco y negro: *La revista publicó un reportaje a todo color de la boda.* ‖ **de color.** **1** Que no tiene solo el blanco y el negro: *La ropa de color es más alegre que la negra.* **2** Referido a una persona, que es mulata o que tiene la piel muy oscura: *En el continente africano es mayoritaria la gente de color.* ‖ **de color de rosa.** De forma optimista o ideal: *Es muy alegre y todo lo ve de color de rosa.* ‖ **no haber color.** No admitir comparación: *Entre tu casa y la mía no hay color, porque la mía es muchísimo mejor.* ‖ **ponerse** alguien **de mil colores.** Alterarse y palidecer o sonrojarse por vergüenza o cólera: *Lo pillaron espiando por la cerradura y se puso de mil colores.* ‖ **sacar los colores.** Hacer enrojecer de vergüenza: *Si le preguntas si tiene novia, le sacarás los colores.* ☐ SEM. En las acepciones 4 y 5, es sinónimo de *colorido.* ☐ USO El uso de *color* como sustantivo femenino es característico del lenguaje poético; fuera de este contexto, se considera arcaísmo o vulgarismo.

coloración s.f. **1** Dotación de color: *Nos enseñó la sala donde se lleva a cabo la coloración de los tejidos.* **2** Conjunto, disposición y grado de intensidad de los colores y tonalidades de algo; *color, colorido: Algunos peces tienen una coloración muy viva.*

colorado, da adj. **1** De color más o menos rojo; *encarnado: Llegó colorado como un tomate porque había venido corriendo.* **2** ‖ **poner colorado.** Ruborizar o sonrojar: *Es muy vergonzoso, se pone colorado solo con que lo miren.*

colorante s.m. Sustancia que da color o tiñe: *Yo solo tomo alimentos sin colorantes ni conservantes.*

colorear v. **1** Pintar o teñir de color: *Si coloreas ese dibujo quedará más alegre.* **2** Referido esp. a un fruto, tomar el color encarnado propio de su madurez: *Casi todos los tomates estaban verdes, pero algunos ya empezaban a colorear.*

colorete s.m. Cosmético, generalmente de tonos rojizos, que se utiliza para dar color al rostro, esp. a las mejillas: *Se dio colorete en las mejillas para disimular su palidez.*

colorido s.m. **1** Conjunto, disposición y grado de intensidad de los colores y tonalidades de algo; *color, coloración: Mis cuadros tienen un colorido variado y lleno de contrastes.* **2** Carácter peculiar o característico, o nota distintiva: *Las tradiciones han ido perdiendo su colorido de siempre.* ☐ SEM. Es sinónimo de *color.*

colorín s.m. *col.* Color vivo y llamativo, esp. si contrasta con otros: *Cuantos más colorines tenga algo, más alegre y atractivo resulta para un niño.* ☐ USO Se usa más en plural.

colorista ▌ adj. **1** Que tiene mucho colorido: *Los cuadros coloristas alegran las habitaciones.* **2** Que utiliza con abundancia o exceso adjetivos y expresiones vigorosas, redundantes o que dan énfasis: *Tiene un estilo colorista que a veces resulta grandilocuente.* ▌ adj./s. **3** En pintura, que usa bien el color: *Un pintor colorista sabe combinar los colores adecuados y en la medida justa. El pintor español Miró fue un gran colorista.* ☐ MORF. 1. Como adjetivo es invariable en género. 2. Como sustantivo es de género común y exige concordancia en masculino o en femenino para señalar la diferencia de sexo: *el colorista, la colorista.*

colosal adj. **1** Del coloso o relacionado con esta grandísima estatua: *En los museos quedan muestras de la escultura colosal antigua.* **2** De tamaño, cantidad o calidad mayores de lo normal; *extraordinario: Los lanzadores de peso tienen una fuerza colosal.* ☐ MORF. Invariable en género. ☐ SINT. En la lengua coloquial se usa también como adverbio de modo con el significado de 'muy bien': *En la fiesta lo pasamos 'colosal'.*

coloso s.m. **1** Estatua de tamaño mucho mayor que el natural: *En la Antigüedad se construían colosos, como el de Rodas, que representaban a divinidades o a personas poderosas, y simbolizaban con su tamaño la grandeza de estas.* **2** Lo que destaca o sobresale por poseer alguna cualidad en grado muy alto, esp. el tamaño o la fuerza: *Con el fin del comunismo, cayó uno de los colosos del mundo.*

colt (anglicismo) s.m. Revólver con un tambor para varios cartuchos (por alusión a Samuel Colt, su inventor): *Las películas del oeste hicieron famoso el colt del calibre 45.*

columna s.f. **1** Elemento arquitectónico vertical, más alto que ancho y normalmente de forma cilíndrica, que se utiliza como adorno o como apoyo de techumbres, arcos u otras partes de una construcción: *La columna clásica se compone de basa, fuste y capitel.* **2** Lo que sirve de base o de apoyo: *La Constitución es la columna de nuestro sistema democrático.* **3** Conjunto o serie de cosas colocadas ordenadamente una sobre otra: *Para sumar cantidades de dos cifras, hay que alinear las unidades en su columna y las decenas en la suya.* **4** En una página impresa o manuscrita, sección vertical separada de otras por un espacio blanco o por una línea: *Este diccionario tiene el texto distribuido a dos columnas por página.* 👁 **libro 5** Masa, normalmente líquida o gaseosa, con forma cilíndrica o semejante, esp. si asciende en el aire o si está contenida en un cilindro vertical: *Supimos dónde estaba la fogata porque vimos la columna de humo.* **6** Conjunto de personas o de vehículos colocados en formación de poco frente y mucho fondo, esp. en el ámbito militar: *Cientos de soldados cruzaron el puente en columna de a cuatro, sin marcar el paso ni romper la formación.* **7** Formación de tropas o de barcos dispuestos para operar: *El capitán gritó: «¡Primera columna, preparada para el ataque!».* **8** En una publicación periodística, sección o espacio fijo reservado al artículo firmado de un columnista: *Ese periódico tiene una columna de opinión política firmada por un diputado.* **9** ‖ **columna salomónica.** Aquella cuyo fuste imita a una espiral: *La columna salomónica es típica del Barroco.* ‖ **columna vertebral. 1** En una persona o en un animal vertebrado, eje del esqueleto situado en la espalda y formado por una serie de vértebras o pequeños huesos articulados entre sí: *La columna vertebral sostiene la cabeza, da consistencia al tronco y protege la médula espinal.* **2** Lo que sirve de sustento, de base o de apoyo: *La industria textil es la columna vertebral de la economía de esta región.* ☐ SEM. *Columna vertebral* es sinónimo de *espina dorsal, espinazo* y *raquis.*

columnata s.f. Conjunto de columnas dispuestas en una o varias filas, normalmente de manera simétrica, como adorno o como elementos de soporte de un edificio o de otra construcción: *El templo clásico griego estaba rodeado por una columnata en la que se apoyaban los frisos y los frontones.*

columnista s. Periodista o colaborador de una publicación periodística para la que escribe regularmente un artículo firmado que aparece en un espacio fijo, normalmente en una columna: *El periódico advierte que los juicios aparecidos en esa columna son responsabilidad exclusiva del columnista.* ☐ MORF. Es de género común y exige concordancia en masculino o en femenino para señalar la diferencia de sexo: *el columnista, la columnista.*

columpiar v. Empujar o impulsar cuando se está en un

columpio, o mover con un movimiento semejante: *No le gusta columpiarse porque se cansa, pero le encanta que lo columpien. El mono se columpiaba de la rama de un árbol.* ☐ ORTOGR. La *i* nunca lleva tilde. ☐ MORF. Se usa más como pronominal.

columpio s.m. Asiento colgado de un soporte más alto por cuerdas, cadenas o barras en el que, mediante impulsos, es posible balancearse: *A mis hijos les encanta subirse a los columpios del parque.*

com- →**con-**.

coma ▮ s.m. **1** Estado patológico que se caracteriza por la pérdida de la consciencia, de la sensibilidad y de la capacidad de movimiento, y que se produce generalmente por algunas enfermedades o por lesiones cerebrales: *Ha entrado en coma y no creen que viva mucho tiempo.* ▮ s.f. **2** En ortografía, signo gráfico de puntuación formado por un pequeño rasgo curvado que se coloca a la derecha de una palabra para indicar una pausa breve en la frase: *El signo ',' es una coma.* **3** En matemáticas, signo gráfico formado por un pequeño rasgo curvado que se coloca a la derecha de un número para separar las unidades de los decimales: *En el número '5,7' la cifra situada a la izquierda de la coma representa un número entero y la situada a la derecha un número decimal.* **4** ‖ **sin faltar una coma.** *col.* Literalmente y sin omitir detalle o de manera minuciosa o perfecta: *El emisario repitió el mensaje sin faltar una coma.* ☐ ORTOGR. Para la acepción 2 →APÉNDICE DE SIGNOS DE PUNTUACIÓN. ☐ USO En la acepción 3, para separar los decimales puede utilizarse el *punto* o la *coma*, pero se recomienda el punto por ser de uso internacional: *5.2 o 5,2.*

comadre s.f. **1** Respecto de los padres o del padrino de un bautizado, madrina de este: *Mi madrina es comadre de mi madre.* **2** Respecto de los padrinos de un bautizado, madre de este: *Mi tío es mi padrino y mi madre es su comadre.* **3** *col.* Mujer a la que le gusta curiosear y chismorrear sobre los demás: *Las comadres del barrio saben la vida y milagros de todos los vecinos.* ☐ MORF. En las acepciones 1 y 2, su masculino es *compadre*.

comadreja s.f. Mamífero carnívoro, de cabeza pequeña, patas cortas con uñas muy afiladas, de pelaje pardo por el lomo y blanco por el vientre, y que se mueve con gran agilidad y rapidez: *La comadreja es un cazador nocturno.* ☐ MORF. Es un sustantivo epiceno y la diferencia de sexo se señala mediante la oposición *la comadreja {macho/hembra}*.

comadreo s.m. *col.* Chismorreo o divulgación e intercambio de chismes y cotilleos sobre los demás, esp. si es entre mujeres: *En esta casa con tantos corredores y patios hay mucho comadreo.* ☐ USO Tiene un matiz despectivo.

comadrón, -a ▮ s. **1** Persona especializada en la asistencia a parturientas y legalmente autorizada para ello; *matrón: Soy comadrona en un hospital cercano.* ▮ s.f. **2** Mujer sin titulación que asiste a las parturientas: *La comadrona del pueblo era analfabeta, pero sabía de partos más que muchos médicos.*

comadrona s.f. Véase **comadrón, -a**.

comanche ▮ adj./s. **1** De un pueblo indígena que vivía al este de las Montañas Rocosas (situadas en el este norteamericano), o relacionado con él: *Las tribus comanches eran nómadas y practicaban la caza del búfalo. Los últimos comanches fueron confinados en reservas.* ▮ s.m. **2** Lengua americana de este pueblo: *El comanche es una lengua de la rama azteca.* ☐ MORF. 1. Como adjetivo es invariable en género. 2. En la acepción 1, como sustantivo es de género común y exige concordancia en masculino o en femenino para señalar la diferencia de sexo: *el comanche, la comanche.*

comandancia s.f. **1** En el Ejército, empleo superior al de capitán e inferior al de teniente coronel: *Antes de alcanzar la comandancia ya soñaba con ser general.* **2** Territorio bajo la autoridad militar de un comandante: *Antes de ascender a teniente coronel, dirigió esta comandancia.* **3** Puesto de mando u oficina de un comandante: *Los jefes de unidad recibieron sus órdenes en la comandancia.*

comandante s. **1** En los Ejércitos de Tierra y Aire y en Infantería de Marina, persona cuyo empleo militar es superior al de capitán e inferior al de teniente coronel: *Un comandante suele estar al mando de un batallón.* **2** En el Ejército, militar que, en unas circunstancias concretas, ejerce el mando independientemente de su empleo: *Nos interrogó el comandante del puesto fronterizo.* **3** Piloto al mando de un avión o de una aeronave: *La comandante saludó a los pasajeros antes de despegar.* **4** ‖ **comandante en jefe.** Jefe de todas las fuerzas armadas que tiene una nación o que participan en una misión o en una batalla concretas: *Los países aliados nombraron un comandante en jefe para coordinar sus acciones.* ☐ MORF. Es de género común y exige concordancia en masculino o en femenino para señalar la diferencia de sexo: *el comandante, la comandante.*

comandar v. Referido esp. a unas tropas o a una plaza, mandar o ejercer el mando militar en ellas: *Un teniente coronel comandaba la fortaleza y las tropas de defensa.* ☐ SEM. No debe emplearse referido a cuestiones no militares: *{*Comandar > liderar} una pandilla de amigos.*

comandita ‖ **en comandita.** *col.* En grupo: *Los alumnos fueron en comandita a hablar con el director.*

comando s.m. **1** Grupo pequeño de soldados entrenados para realizar operaciones especiales, generalmente de carácter ofensivo o arriesgado: *Un comando voló el puente aprovechando la oscuridad de la noche.* **2** Grupo de personas que pertenecen a una organización armada y generalmente terrorista, que actúa aisladamente en la ejecución de operaciones o de atentados: *La policía desarticuló un comando terrorista.* **3** En informática, palabra que sirve para dar una instrucción o una orden al sistema: *Cuando quiero salir del programa de mi ordenador, tengo que teclear el comando exit.*

comarca s.f. Territorio geográfica, social y culturalmente homogéneo y con una clara delimitación natural o administrativa: *Normalmente una comarca comprende varias poblaciones y es más pequeña que una región.*

comarcal adj. De la comarca o relacionada con ella: *El río es el límite comarcal.* ☐ MORF. Invariable en género.

comatoso, sa adj. **1** Del coma o relacionado con este estado: *Cuando el enfermo entró en la fase terminal de la enfermedad, cayó en un estado comatoso irreversible.* **2** En estado de coma: *Los enfermos comatosos tienen pocas esperanzas de vida.*

comba s.f. **1** Juego que consiste en saltar sobre una cuerda que, sostenida por sus dos extremos, se impulsa para que pase repetidamente bajo los pies y sobre la cabeza del que salta: *En el recreo los niños juegan a la comba.* **2** Cuerda que se utiliza en este juego: *La comba me dio en la cara y me hizo un arañazo.* **3** ‖ **dar a la comba.** Impulsarla para que otro salte: *Llevo un buen rato dando a la comba, así que ahora me toca saltar a mí.* ‖ **no perder comba. 1** *col.* Aprovechar cualquier ocasión favorable:

Ha llegado tan alto porque no pierde comba jamás. **2** *col.* Enterarse de todo lo que se dice sin perder detalle: *Parece distraído, pero no pierde comba de lo que estás contando.*

combadura s.f. Forma arqueada que adquiere un cuerpo recto o plano cuando se encorva: *La combadura de ese soporte se debe al exceso de peso.*

combar v. Referido esp. a un cuerpo recto o plano, torcerlo, encorvarlo o doblarlo en forma curva: *Combó la puerta de una patada. Si cuelgas demasiada ropa en el ropero, se combará la barra.*

combate s.m. **1** Enfrentamiento entre bandos contendientes, esp. si es armado: *Un combate es solo un episodio de una guerra.* **2** Enfrentamiento entre personas o animales, generalmente sujeto a ciertas normas: *El combate de boxeo duró doce asaltos.* **3** Oposición a algo o actuación para frenarlo o destruirlo: *En el combate contra la droga no podemos concedernos una tregua.* **4** Enfrentamiento que se produce en el ánimo o en la mente entre sentimientos, deseos o ideas contrapuestos: *Cada día sus deseos entablan un combate con sus obligaciones.*

combatiente s. Soldado que forma parte de un ejército: *En la batalla murieron combatientes de ambos bandos.* □ MORF. Es de género común y exige concordancia en masculino o en femenino para señalar la diferencia de sexo: *el combatiente, la combatiente.*

combatir v. **1** Pelear, reñir, enfrentarse o luchar con fuerza: *Los soldados combatieron hasta el amanecer. Su partido combatió por las libertades desde la clandestinidad.* **2** Referido esp. a un rival, atacarlo o acometerlo con ímpetu y fuerza: *El ejército combatió al enemigo en varios frentes. En los momentos difíciles hay que combatir el desánimo para que triunfe la esperanza.* **3** Referido a algo que se considera perjudicial o dañino, hacerle frente, actuar para frenarlo o impedir su propagación: *Combatieron la epidemia con todos los medios a su alcance. Hay que combatir los incendios forestales si queremos conservar nuestros bosques.*

combatividad s.f. **1** Predisposición o inclinación a la lucha o a la polémica: *Estaban bien armados, pero su poca combatividad les hizo perder la batalla.* **2** Tesón y capacidad de esfuerzo para lograr un empeño o superar una dificultad: *Cuando crecen los problemas, hace gala de una combatividad admirable.*

combativo, va adj. **1** Dispuesto o inclinado a la lucha o a la polémica: *El general estaba formando un ejército combativo, que supiera defender la zona.* **2** Que persiste en el esfuerzo y no ceja fácilmente en un empeño: *Tiene un carácter combativo y las dificultades no lo harán desistir. Mi tío es una persona muy combativa y las dificultades no lo asustan.*

combinación s.f. **1** Unión o mezcla de personas o cosas diferentes que conforman un conjunto unitario: *La combinación de ruidos, imágenes y efectos especiales producía un resultado estremecedor.* **2** Coordinación o acuerdo de personas, cosas o acciones para favorecer un fin: *La combinación de los intereses individuales beneficia el interés común. Utilizo el coche porque desde aquí tengo muy mala combinación para ir a casa.* **3** Prenda interior femenina de forma parecida a la de un vestido y que se coloca debajo de este o de la falda: *Lleva combinación porque se le transparenta la falda.* **4** Conjunto ordenado de números o de signos que constituyen una clave para abrir una cerradura o para hacer funcionar un mecanismo: *Las cajas fuertes de los bancos suelen tener una combinación secreta que pocos empleados conocen.*

combinado s.m. **1** Bebida, normalmente alcohólica, obtenida por la mezcla de otras: *En la fiesta probé un combinado de ginebra con zumos de frutas.* **2** En deportes, equipo formado por jugadores procedentes de otros varios para disputar un partido o un campeonato concretos: *La selección nacional de fútbol es un combinado de los mejores futbolistas del país.*

combinar v. **1** Referido a cosas diversas, unirlas, mezclarlas o disponerlas de modo que se obtenga un conjunto unitario o un resultado equilibrado y armonioso: *Dudo que consigas un plato sabroso combinando ingredientes tan distintos. Este pintor combina muy bien los colores.* **2** Coordinar o armonizar para favorecer un fin; *concertar: Los enfermeros combinan sus horarios para que el enfermo nunca esté solo.*

combustible ▌adj. **1** Que puede arder o que arde fácilmente: *La paja seca es muy combustible.* ▌s.m. **2** Sustancia o materia capaz de arder o de producir una combustión, esp. aquellas de las cuales se aprovecha el calor o la energía que desprenden en este proceso: *La gasolina es un combustible habitual de los coches.* □ MORF. Como adjetivo es invariable en género.

combustión s.f. **1** Quema o extinción producida por el fuego: *Una multitud observaba impotente la combustión del almacén.* **2** Reacción química producida por la combinación de un material oxidable con el oxígeno y que conlleva desprendimiento de calor o de energía: *La combustión de la gasolina hace que el motor de un coche funcione.*

comecocos s.m. **1** *col.* Lo que absorbe por completo los pensamientos o la atención de alguien: *Este asunto se ha convertido en un comecocos al que no veo solución.* **2** Juego de ordenador en el que, una figura que representa al jugador, recorre un laberinto, sorteando peligros o comiendo los dibujos que van apareciendo: *Cada vez que entra a un bar, pide una moneda para jugar al comecocos.* □ MORF. Invariable en número.

comecome s.m. **1** *col.* Picazón en el cuerpo; *comezón: Las picaduras de los mosquitos me producen un comecome que no me deja descansar.* **2** Intranquilidad o nerviosismo, esp. si es producto de una preocupación: *Cuando viajo en avión siento un comecome horrible.*

comedero s.m. Lugar o recipiente donde comen los animales, esp. los domésticos: *Los cerdos comen en los comederos de la pocilga.*

comedia s.f. **1** Obra dramática, esp. la que tiene una acción en la que predominan los aspectos agradables, alegres o humorísticos y que termina con un desenlace feliz: *Hay un teatro en el que solo representan comedias.* **2** Género al que pertenecen las obras de este tipo: *Es un genio de la comedia, pero un negado para la tragedia o el drama.* **3** Situación o suceso que resulta interesante o cómico: *Era una comedia verte ensartar disculpas cuando me di cuenta de tu confusión.* **4** Fingimiento para aparentar algo o para encubrir un engaño; *pantomima: Por su forma de actuar parecía un aristócrata, pero era todo pura comedia.* **5** ‖ **hacer ({la/una}) comedia.** *col.* Fingir o aparentar algo o para encubrir un engaño: *No sé si está realmente contento o si está haciendo comedia.*

comediante s. **1** Persona que representa un papel en el teatro, en el cine, en la radio o en la televisión; *actor, cómico: Los comediantes saludaron al público al final de* *la representación.* **2** *col.* Persona que finge lo que no siente en realidad: *El comediante este nos ha hecho creer que estaba enfermo para no ir a clase.* ☐ MORF. Aunque es de género común, y exige concordancia en masculino o en femenino para señalar la diferencia de sexo: *el comediante, la comediante*, para el femenino se admite también la forma *comedianta.* ☐ SEM. En la acepción 1, se usa referido esp. a actores de teatro.

comedido, da adj. Cortés, prudente o moderado: *Mostramos nuestro desacuerdo con palabras tan comedidas que nadie se ofendió.*

comedimiento s.m. Moderación, prudencia o consideración, esp. en las actitudes o en las expresiones: *Traté a la gente con un comedimiento exquisito.*

comediógrafo, fa s. Persona que escribe comedias: *Le han dado el Premio Nacional de Teatro a una comediógrafa.*

comedirse v.prnl. Contenerse o comportarse con moderación, con prudencia o con consideración: *Debéis comediros en la bebida cuando salgáis por ahí. Me entraron ganas de dar un puñetazo pero me comedí.* ☐ MORF. Irreg.: La *e* de la raíz se cambia en *i* cuando la sílaba siguiente no tiene *i* o la tiene formando diptongo →**PEDIR**.

comedor, -a ▮ adj./s. **1** Que come mucho o con apetito: *No todos los gordos son personas comedoras. Es un comedor insaciable.* ▮ s.m. **2** En una casa o en un establecimiento, pieza o sala destinada para comer: *En el comedor del colegio comemos cientos de alumnos.* **3** Mobiliario de esta pieza de la casa, esp. de una particular: *Hemos comprado un comedor completo para la casa nueva.* **4** Local o establecimiento público donde se sirven comidas, esp. si está destinado al uso de un colectivo determinado: *Los estudiantes pueden comer a precios reducidos en los comedores de la universidad.*

comendador s.m. En una orden militar o de caballeros, caballero que tenía una encomienda: *El título de comendador suponía una serie de derechos y beneficios.*

comensal s. **1** Persona que come con otras, esp. si es en la misma mesa: *Los comensales fueron al salón a tomar el café.* **2** En biología, ser que vive a expensas de otro sin causarle perjuicios: *Los tiburones tienen unos comensales que se llaman 'rémoras'.* ☐ MORF. Es de género común y exige concordancia en masculino o en femenino para señalar la diferencia de sexo: *el comensal, la comensal.*

comentar v. **1** Referido esp. a un escrito, explicarlo, interpretarlo o criticarlo para facilitar su comprensión y su valoración: *El profesor ha comentado un poema que nadie entendía.* **2** *col.* Hacer comentarios o expresar opiniones u observaciones sobre algo concreto: *El público salía del teatro comentando la obra.* ☐ SINT. Incorr. (anglicismo): *comentar {*sobre algo › algo}.* ☐ SEM. No debe emplearse con el significado de *contar* o *decir*: *Me {*comentó › contó/dijo} que tenía mucho trabajo. Se {*comenta › dice/rumorea} que habrá elecciones anticipadas.*

comentario s.m. **1** Explicación, interpretación o crítica que se hace de una obra, esp. de un escrito, para facilitar su comprensión y su valoración: *Tiene los márgenes de los libros llenos de comentarios.* **2** *col.* Juicio, parecer, consideración u observación que se expresa sobre algo: *No confíes en él, siempre está haciendo comentarios a tus espaldas.* **3** ‖ **sin comentarios.** *col.* Expresión que se usa para indicar que no vale la pena opinar o que no se desea decir nada: *Lo único que dijo al salir del juzgado fue: «Sin comentarios».* ‖ **sin más comentarios.** *col.* Sin dar explicaciones o sin decir nada: *Se levantó y, sin más comentarios, dio un portazo y se fue.*

comentarista s. Persona que hace comentarios, esp. si son escritos o en un medio de comunicación y dirigidos a un público: *La comentarista informaba a los televidentes sobre las bajas del equipo local.* ☐ MORF. Es de género común y exige concordancia en masculino o en femenino para señalar la diferencia de sexo: *el comentarista, la comentarista.*

comenzar v. **1** Tener principio: *Las vacaciones comienzan mañana.* **2** Dar principio: *Comenzamos el curso contentos.* ☐ ORTOGR. La *z* se cambia en *c* delante de *e.* ☐ MORF. Irreg.: La *e* diptonga en *ie* en los presentes, excepto en las personas nosotros y vosotros →**EMPEZAR.** ☐ SEM. Es sinónimo de *empezar.*

comer ▮ v. **1** Tomar alimento o tomar como alimento: *La enfermedad le impide comer y tienen que alimentarlo con suero. Los vegetarianos no comen carne.* **2** Masticar y tragar alimento sólido: *Le han sacado una muela y no puede comer, solo toma líquidos.* **3** Tomar la comida principal del día: *En mi casa se come casi a la hora de la merienda.* **4** Referido a un color o al brillo, quitarles intensidad o eliminarlos: *El sol le ha comido el color a la ropa tendida. Ese producto se come el brillo de la madera.* **5** Gastar, consumir o corroer: *Los hijos le han comido los ahorros. Los ácidos comen los metales. La humedad se ha comido los frescos de la pared.* **6** En un juego de tablero, ganar una pieza o una ficha al contrario: *Una partida de ajedrez se acaba cuando se come un rey.* **7** Producir desazón física o moral: *En verano me comen los mosquitos.* **8** Vencer o sobrepasar: *Si no limpias la casa te va a comer la suciedad.* ▮ prnl. **9** Anular, hacer parecer menos importante o hacer parecer más pequeño: *El flequillo te come la cara.* **10** Referido a una parte o a un elemento de un discurso o de un escrito, omitirlos o saltarlos, esp. por descuido: *El que leía se comió un párrafo y no entendimos nada.* **11** Referido a prendas de vestir, esp. de ropa interior, arrugarlas y entremeterlas: *Estos zapatos se comen los calcetines.* **12** ‖ **comerse (los) unos a (los) otros.** Oponerse entre sí o arremeter unos contra otros de manera airada: *Cuando empezaron las rebajas, se comían unos a otros por conseguir la mejor ganga.* ‖ **comer vivo** a alguien. *col.* Recriminarle algo de forma apabullante o con argumentos aplastantes y con gran enfado: *Como te pille tu padre, te come vivo. El portavoz de la oposición se comió vivo al ministro.* ‖ **de buen comer.** Referido a una persona, que come con apetito o que no es exigente con la comida: *Puedes ponerle cualquier cosa porque es un niño de buen comer.* ‖ **para comérselo.** *col.* Muy guapo o con mucho encanto o mucho atractivo: *Tiene un bebé que está para comérselo.* ‖ **sin comerlo ni beberlo.** *col.* Sin haber tenido parte o sin esperarlo: *Me hice millonaria sin comerlo ni beberlo, por la herencia de un pariente lejano.*

comercial ▮ adj. **1** Del comercio o de los comerciantes: *En esta calle hay muchos locales comerciales.* **2** Que se vende o se puede vender fácilmente o que resulta atrayente e incita a la compra: *En esa tienda cuidan que sus productos tengan diseños comerciales.* ▮ s. **3** →**agente comercial.** ☐ MORF. 1. Como adjetivo es invariable en género y como sustantivo es de género común y exige concordancia en masculino o en femenino para señalar la diferencia de sexo: *el comercial, la comercial.*

comercialización s.f. **1** Puesta en venta: *El Ayuntamiento decidió la comercialización de terrenos municipales.* **2** Conjunto de actividades encaminadas a posibilitar

a b c d e f g h i j k l m n ñ o p q r s t u v w x y z

la venta de un producto: *La promoción y la distribución de un producto son fases decisivas de su comercialización.*

comercializar v. **1** Referido a un producto, darle condiciones y organización comerciales para su venta: *La publicidad es uno de los sistemas más eficaces para comercializar un producto.* **2** Referido a un producto, ponerlo a la venta: *Comercializarán la colección en primavera.* ☐ ORTOGR. La *z* se cambia en *c* delante de *e* ⟶ **CAZAR**.

comerciante s. Persona que se dedica profesionalmente al comercio, esp. si es el dueño de un establecimiento comercial: *Mi tío es un comerciante que trabaja también los domingos.* ☐ MORF. Es de género común y exige concordancia en masculino o en femenino para señalar la diferencia de sexo: *el comerciante, la comerciante*.

comerciar v. Negociar comprando, vendiendo o cambiando mercancías o valores para obtener beneficios: *Antiguamente se comerciaba en especies.* ☐ ORTOGR. La *i* nunca lleva tilde.

comercio s.m. **1** Actividad económica consistente en realizar operaciones comerciales, como la compra, la venta o el intercambio de mercancías o de valores, para obtener beneficios: *El comercio es uno de los pilares de la economía nacional.* **2** Tienda, almacén o establecimiento dedicados a la venta o a la compraventa de productos al público: *Han cerrado el comercio de la esquina porque no vendía casi nada.* **3** Conjunto de los comerciantes, esp. si constituyen un ramo: *El comercio hará huelga para pedir mejoras en los horarios.* **4** Relación y trato, generalmente ilícitos, entre personas: *Algunas personas se dedican al comercio carnal.* **5** *col.* Comida: *Yo me encargo del comercio de la fiesta, otro que traiga la música.* ☐ USO El uso de la acepción 5 tiene un matiz humorístico.

comestible ▌adj. **1** Que se puede comer y no es dañino: *No cojas estas setas, que no son comestibles.* ▌s.m. **2** Producto alimenticio: *He comprado galletas, leche y embutidos en una tienda de comestibles.* ☐ MORF. Como adjetivo es invariable en género. ☐ USO La acepción 2 se usa más en plural.

cometa ▌s.m. **1** Astro formado generalmente por un núcleo poco denso rodeado por una esfera luminosa de gases, que tiene una órbita elíptica: *Según la tradición, los Reyes Magos fueron guiados hasta Belén por un cometa.* ▌s.f. **2** Juguete formado por un armazón ligero cubierto de tela, papel o plástico, que se suelta para que el viento lo eleve y se mantiene sujeto con un cordel largo: *Cuanto más corría el niño tirando del cordel, más se elevaba su cometa.*

cometer v. Referido esp. a una falta o a un delito, realizarlos o caer en ellos: *Es frecuente cometer faltas gramaticales al hablar.*

cometido s.m. **1** Orden o encargo de hacer algo: *El secretario tenía el cometido de no dejar pasar a nadie.* **2** Obligación moral o deber que alguien tiene que cumplir: *Mi vecina considera que su cometido en la vida es criar a sus hijos.* ☐ SEM. Es sinónimo de *misión*.

comezón s.f. **1** Picazón en el cuerpo: *La comida estaba en mal estado y le ha producido una comezón por todo el cuerpo.* **2** Intranquilidad o desazón interior, esp. si es producida por un deseo no satisfecho: *Hasta que no vio el triunfo en su mano, sentía una comezón desesperante.*

comible adj. Referido a una comida, que se puede comer, esp. si no resulta desagradable al paladar: *Se me ha quemado un poco el guiso, pero todavía está comible.* ☐ MORF. Invariable en género.

cómic s.m. **1** Sucesión o serie de viñetas con desarrollo narrativo: *En un cómic, las palabras de cada personaje se reproducen en un globo.* **2** Libro o revista que contiene estas viñetas: *Un tebeo es un cómic para niños.* ☐ ORTOGR. Es un anglicismo (*comics*) semiadaptado al español. ☐ MORF. Su plural es *cómics*.

comicidad s.f. Capacidad de divertir o de provocar la risa: *La comicidad de la situación nos hizo reír.*

comicios s.m.pl. Elecciones o actos electorales: *En los próximos comicios se elegirán diputados y senadores.*

cómico, ca ▌adj. **1** Que divierte y hace reír: *Hay algo cómico en su cara que me impide tomar en serio lo que dice.* **2** De la comedia o relacionado con ella: *Carlos Arniches fue un escritor de obras de teatro cómicas.* ▌adj./s. **3** Referido a un actor, que representa comedias o papeles jocosos: *Los actores cómicos suelen ser los más populares. Ese cómico es la persona más seria del mundo fuera del teatro.* ▌s. **4** Persona que representa un papel en el teatro, en el cine, en la radio o en la televisión; *actor, comediante: Los cómicos tienen fama de llevar una vida poco convencional.* **5** Persona que se dedica profesionalmente a divertir o a hacer reír al público; *humorista: Ese cómico hace unas imitaciones y cuenta unos chistes para partirse de risa.* ☐ SEM. En la acepción 4, se usa referido esp. a actores de comedias.

comida s.f. Véase **comido, da.**

comidilla s.f. *col.* Tema o motivo de conversación, esp. si es objeto de cotilleo o de censura: *La vida de los famosos es la comidilla de los desocupados.*

comido, da ▌adj. **1** Referido a una persona, que ya ha comido: *Ya estoy comida, ya puedo trabajar.* ▌s.f. **2** Lo que toman las personas y los animales para subsistir; *alimento: Puedo ahorrar en cualquier cosa menos en comida.* **3** Acción de comer, generalmente en horas fijas y esp. al mediodía o primeras horas de la tarde: *En el colegio no nos dejan hablar durante la comida.* **4** Conjunto de alimentos que se toman, generalmente a horas fijas y esp. al mediodía o primeras horas de la tarde: *La comida de anoche era muy pesada y no he dormido bien.* **5** Reunión de personas en torno a un almuerzo, esp. con motivo de una celebración o para tratar de algún asunto: *Antes de jubilarse, hizo una comida de despedida a sus compañeros.* **6** ‖ **comida rápida.** La que se prepara con rapidez porque se utilizan ingredientes ya elaborados: *En los locales de comida rápida siempre pido hamburguesas o perritos calientes.* ‖ **lo comido por lo servido. 1** *col.* Expresión que se usa para indicar que una cosa compensa otra: *Le he hecho una faena, pero él me hace muchas, así que lo comido por lo servido.* **2** Expresión que se usa para indicar que es poco el producto de un trabajo: *He ganado mucho dinero con el libro, pero me costó tanto editarlo que al final es lo comido por lo servido.* ☐ USO La acepción 5 se usa más con los verbos *dar* y *hacer*. ☐ USO El uso de *fast food* en lugar de *comida rápida* es un anglicismo innecesario.

comienzo s.m. **1** Principio, origen o raíz de algo: *El comienzo de la guerra fue el desacuerdo entre dos naciones.* **2** ‖ **a comienzos** de un período de tiempo. Hacia su principio: *A comienzos de año habremos terminado.*

comillas s.f.pl. En ortografía, signo gráfico formado por un pequeño rasgo curvado que se coloca al principio y al final de una palabra o de un texto para destacarlos: *Los signos " son un tipo de comillas.* ☐ ORTOGR. ⟶ APÉNDICE DE SIGNOS DE PUNTUACIÓN.

comilón, -a ▌adj./s. **1** Que come mucho o desordena-

a b **c** d e f g h i j k l m n ñ o p q r s t u v w x y z

damente, o que disfruta mucho comiendo: *Es un niño muy comilón y nunca queda saciado. Nos juntamos tres comilonas y vaciamos la despensa.* ▌ s.f. **2** *col.* Comida espléndida, abundante y variada: *Después de la comilona nadie podía dar un paso.*

comilona s.f. Véase **comilón, -a.**

comino s.m. **1** Planta herbácea de tallos abundantes en ramas y acanalados, flores blancas o rojizas y semillas en forma de grano unidos de dos en dos: *El comino y el perejil son plantas que tienen usos culinarios.* **2** Semilla de esta planta, de forma ovalada, plana por un lado y redondeada y acanalada por el otro: *El comino se usa en perfumería y como condimento.* **3** Persona de poca estatura, esp. referido a un niño: *Nadie diría que ese comino es un niño prodigio.* **4** ‖ **un comino.** *col.* Muy poco o nada: *Va como quiere y le importa un comino lo que piense la gente.* ☐ SINT. *Un comino* se usa más con los verbos *importar, valer* o equivalentes y en expresiones negativas. ☐ USO En la acepción 3, tiene un matiz cariñoso o despectivo.

comisaría s.f. **1** Oficina de un comisario o conjunto de oficinas y dependencias bajo su autoridad: *La comisaría de la exposición está en la planta baja del museo.* **2** Oficio o cargo de comisario: *Ese policía asumirá la comisaría del barrio.* **3** ‖ **comisaría (de Policía).** La que está bajo la autoridad de un comisario de Policía, tiene un carácter público y permanente: *Voy a la comisaría para denunciar un robo.* ☐ ORTOGR. Dist. de *comisaria*.

comisario, ria s. **1** Persona que recibe de otra autoridad y facultad para desempeñar un cargo o para llevar a cabo una misión: *Los comisarios de la carrera descalificaron al caballo que entró en primer lugar.* **2** Inspector de Policía americano: *El comisario acudió al lugar del crimen.* **3** ‖ **comisario (de Policía).** Máxima autoridad policial de una demarcación o de una comisaría de Policía: *El comisario ordenó una investigación completa de los hechos.* ☐ ORTOGR. Dist. de *comisaría*.

comisión s.f. **1** Grupo de personas que reciben la orden o el encargo de hacer algo, esp. si tienen autoridad o si actúan en representación de un colectivo; *comité: Se ha constituido una comisión parlamentaria para controlar el gasto público.* **2** Retribución, habitualmente monetaria, en función de las ventas efectuadas por cuenta ajena: *Por cada piso que consigue vender la inmobiliaria le da una comisión del 1 %.* **3** ‖ **a comisión.** Cobrando una cantidad proporcional al trabajo realizado: *No tengo sueldo fijo porque trabajo a comisión.* ‖ **comisión de servicios.** Situación de un funcionario del Estado que presta sus servicios transitoriamente fuera de su puesto habitual de trabajo: *Sacó plaza de profesor, pero está aquí como traductor en comisión de servicios.*

comisionado, da s. Persona que ha recibido de otra el encargo o la orden de hacer algo: *Un comisionado habló en nombre de todas las personas con terrenos expropiados.*

comisionar v. Referido a una persona, encargarle u ordenarle que haga algo en nombre de otro: *Los estudiantes comisionaron a uno de ellos para exponer sus peticiones al director.*

comistrajo s.m. **1** *col.* Comida con mal aspecto, poco apetitosa o de poca calidad: *Fui incapaz de probar aquel comistrajo.* **2** *col.* Mezcla extraña de comidas: *Me preparé unos comistrajos de verduras y frutos secos que no había quien los probara.*

comisura s.f. Zona de unión de los bordes de una abertura del organismo, esp. de los labios o de los párpados: *Las boceras son llaguitas que salen en la comisura de los labios.*

comité s.m. Grupo de personas que reciben la orden o el encargo de hacer algo, esp. si tienen autoridad o si actúan en representación de un colectivo; *comisión: El comité de competición prohibirá participar en la prueba a los atletas que se droguen.*

comitiva s.f. Conjunto de personas que van acompañando a alguien; *acompañamiento: El presidente y la comitiva presidencial se dirigieron al palacio.*

como ▌ adv. **1** Expresa el modo o la manera en que se realiza la acción: *No me gustó la forma como te habló.* **2** Indica semejanza, igualdad o equivalencia: *Ya soy tan alta como tú.* **3** Indica cantidad aproximada: *Habría como ochenta o noventa invitados.* **4** Indica conformidad, correspondencia o modo: *Para que esté bien, solo tienes que hacerlo como dicen las instrucciones.* ▌ conj. **5** Enlace gramatical subordinante con valor condicional: *Como llueva así mañana, se suspenderá la excursión.* **6** Enlace gramatical subordinante con valor causal: *Como llegué tarde, no me esperaron.* ☐ ORTOGR. Dist. de *cómo*. ☐ SINT. 1. Funciona como preposición con el significado de 'en calidad de': *Te pedimos tu opinión como experto en la materia.* 2. En la lengua coloquial, está muy extendido su uso innecesario en expresiones atributivas: *Es un asunto como bastante complicado.*

cómo ▌ adv. **1** De qué modo o de qué manera: *¿Cómo lo has pasado?* **2** Por qué motivo, causa o razón: *No entiendo cómo sigues confiando en él.* ▌ interj. **3** Expresión que se usa para indicar extrañeza, sorpresa, admiración o disgusto: *¡Cómo!, ¿que tengo yo la culpa?* **4** ‖ **a cómo.** A qué precio: *¿A cómo está el kilo de naranjas, por favor?* ‖ **cómo no.** Expresión que se usa para indicar que algo no puede ser de otra forma o que por supuesto es así: *¡Claro que iré a tu fiesta, cómo no!* ☐ ORTOGR. Dist. de *como*.

cómoda s.f. Véase **cómodo, da.**

comodidad ▌ s.f. **1** Estado o situación del que se encuentra a gusto, descansado, satisfecho y con las necesidades cubiertas: *En este hotel nos alojaremos con comodidad.* **2** Capacidad o disposición para proporcionar bienestar o descanso: *He comprado este coche por la comodidad de sus asientos.* **3** Conveniencia o ausencia de dificultades o de problemas: *Compré el coche a plazos por la comodidad de la forma de pago.* ▌ pl. **4** Elementos, aparatos o cosas necesarias para vivir a gusto y con descanso: *Este hotel cuenta con todas las comodidades.* ☐ SEM. En las acepciones 1 y 2, es sinónimo de *confort*.

comodín s.m. **1** Naipe que puede tomar el valor y hacer las veces de cualquier otro, según la conveniencia del jugador que la tiene: *Necesitaba un rey, pero he cogido un comodín y me sirve igual.* 👁 **baraja** **2** Lo que puede servir para fines distintos según la conveniencia de quien dispone de ello: *'Cosa', 'chisme', 'cacharro' son palabras comodín con las que se puede designar cualquier objeto.* ☐ SINT. En la acepción 2, se usa mucho en aposición, pospuesto a un sustantivo.

cómodo, da ▌ adj. **1** Que proporciona bienestar o descanso: *Tengo un sillón muy cómodo para echar la siesta.* **2** Que puede realizarse o afrontarse con facilidad o sin grandes molestias ni esfuerzos: *Los coches con dirección asistida tienen un manejo muy cómodo.* **3** A gusto, relajado o de manera agradable: *Viajo más cómodo en tren que en avión.* ▌ adj./s. **4** →**comodón, -a.** ▌ s.f. **5** Mueble de mediana altura, con cajones de arriba abajo y un tablero horizontal en su parte superior, que se usa habitualmente para guardar ropa: *Encima de la cómoda de su dormitorio había fotos de su familia.*

comodón, -a adj./s. Referido a una persona, que es amante de la comodidad o que evita esforzarse o tomarse molestias; *cómodo: No seas tan comodón y pon la mesa. Esa comodona, con tal de no levantarse, es capaz de no coger el teléfono.*

comoquiera ‖ **comoquiera que.** Enlace gramatical subordinante con valor causal: *Comoquiera que terminará por enterarse, podemos decírselo ya.*

compactación s.f. Compresión de algo de modo que no queden huecos o que queden pocos: *El suelo del almacén fue sometido a un proceso de compactación antes de introducir maquinaria pesada.*

compactar v. Hacer compacto o comprimir de modo que no queden huecos o que queden pocos: *Apisoné los cartones para compactarlos y que ocuparan menos sitio.*

compact disc s.m. ‖ →**disco compacto.** □ PRON. [kómpak disk]. □ USO Es un anglicismo innecesario.

compacto, ta ▌adj. **1** Referido a una materia o a un cuerpo sólido, que tiene una textura o estructura densas y con muy pocos poros o huecos: *La piedra es más compacta que el ladrillo.* ▌adj./s.m. **2** Referido esp. a un equipo de música, que reúne en una sola pieza diversos aparatos independientes conectados entre sí para funcionar de manera conjunta: *Mi equipo compacto tiene tocadiscos y casete, pero le falta la radio. Se me ha estropeado el plato del compacto.* ▌s.m. **3** →**disco compacto. 4** Aparato reproductor de discos compactos: *Los compactos reproducen los sonidos mediante un láser.* □ SEM. 1. Como adjetivo, su uso referido a personas o a cosas inmateriales es un galicismo innecesario: *Tenemos un equipo de trabajo {*compacto › compenetrado/muy unido}.* 2. En las acepciones 3 y 4 es innecesario el uso del anglicismo *compact disc*.

compadecer v. Sentir compasión o lástima por la desgracia o por el sufrimiento ajenos o participar de ellos: *Compadezco a los afectados por la riada. Con esa tendencia a compadecerse de todo el mundo nunca será feliz.* □ MORF. Irreg.: Aparece una *z* delante de la *c* cuando la siguen *a, o* →**PARECER.** □ SINT. Constr.: *compadecerse* DE *algo.* □ SEM. Como pronominal es sinónimo de *condolerse*.

compadre s.m. **1** Respecto de los padres o de la madrina de un bautizado, padrino de este: *Mi padrino es compadre de mis padres.* **2** Respecto de los padrinos de un bautizado, padre de este: *Mis padres son compadres de mis padrinos.* **3** *col.* Amigo o conocido: *Mi compadre y yo nos corrimos grandes juergas en la mili.* □ MORF. En las acepciones 1 y 2, su femenino es *comadre*.

compaginación s.f. **1** Realización de dos o más cosas o actividades en el mismo espacio de tiempo: *La compaginación de varios trabajos resulta agotadora.* **2** Correspondencia, ajuste o conformidad de una cosa con otra: *La compaginación de las exigencias de todo el mundo es imposible.*

compaginar ▌v. **1** Referido esp. a una actividad, hacerla compatible o realizarla en el mismo espacio de tiempo que otra: *Es sorprendente que pueda compaginar el trabajo con el estudio y las diversiones. Sus deseos se compaginan mal con sus obligaciones.* ▌prnl. **2** Corresponderse, ajustarse o estar de acuerdo: *Su actitud no se compagina con sus promesas.*

compaña s.f. *ant.* →**compañía.**

compañerismo s.m. Vínculo o relación existente entre compañeros: *Ayudó a su contrincante por compañerismo.*

compañero, ra s. **1** Persona que está con otra, que realiza su misma actividad o que está en su mismo grupo: *Años después de acabar la carrera se encontró a una compañera de estudios.* **2** Persona que mantiene una relación sentimental o que convive con otra, esp. si no son matrimonio: *Ha alquilado un piso con su compañero para vivir juntos.* **3** En política, persona que comparte las mismas ideas o que está en el mismo partido o en el mismo sindicato que otra; *camarada, correligionario: A la asamblea asistieron compañeros de otros sindicatos.* **4** En un juego, persona que juega formando pareja o equipo con otra u otras: *Mi compañero y yo nos entendemos por señas y siempre ganamos.* **5** Lo que hace juego o forma pareja con algo inanimado: *La melancolía es la compañera de la tristeza.*

compañía s.f. **1** Unión o cercanía de alguien o estado del que está acompañado: *Mi familia me hizo compañía en el hospital.* **2** Persona o personas que acompañan a otra: *Anda con malas compañías y acabará mal. Llevaba un perro por toda compañía.* **3** Sociedad o junta de personas para un fin común: *San Ignacio de Loyola fundó una compañía religiosa.* **4** Agrupación de actores y profesionales formada para representar conjuntamente: *La famosa actriz formó su propia compañía de teatro estable.* **5** En el Ejército, unidad o grupo de soldados, generalmente bajo el mando de un capitán, que suele formar parte de un batallón: *La primera compañía abrió el desfile.*

comparación s.f. **1** Examen de dos o más cosas para apreciar o descubrir su relación, sus semejanzas o sus diferencias: *Una comparación detenida de las dos novelas revela grandes semejanzas.* **2** Confrontación de dos o más cosas, para apreciar sus diferencias y sus semejanzas; *cotejo: La comparación de las dos fotografías aclaró el misterio porque una era un montaje.* **3** Similitud o semejanza entre varias cosas: *Nuestro equipo es el mejor sin comparación.* **4** Figura retórica o procedimiento del lenguaje consistente en establecer una semejanza entre dos términos mediante vínculos gramaticales expresos; *símil: La comparación 'tus ojos como luceros' resulta más comprensible que la metáfora 'los luceros de tu rostro'.* □ SEM. En la acepción 4, dist. de *metáfora* (figura en la que se emplea un término con el significado de otro, basándose en una comparación no expresa entre ellos).

comparanza s.f. *ant.* →**comparación.**

comparar v. **1** Referido a dos o más cosas, examinarlas para apreciar o descubrir su relación, sus semejanzas o sus diferencias: *El profesor comparó en clase textos de distintas épocas.* **2** Referido a dos o más cosas, confrontarlas teniéndolas a la vista para observar sus diferencias y sus semejanzas; *cotejar: Cuando compararon las copias con el original se dieron cuenta de la falsificación.* **3** Referido a dos o más cosas, establecer una relación de similitud o de equivalencia entre ellas: *No compares tu situación con la mía porque no tienen nada que ver.*

comparativo, va ▌adj. **1** Que compara dos o más cosas, o que expresa una comparación: *Un estudio comparativo de las opciones te ayudará a decidir. En 'Hazlo como lo hace tu hermana', la frase 'como lo hace tu hermana' es una oración subordinada circunstancial comparativa.* ▌s.m. **2** Grado del adjetivo que compara la cualidad expresada por este: *En español, hay comparativos de* *igualdad ('igual de alto'), de superioridad ('más alto') y de inferioridad ('menos alto').*

comparecencia s.f. Presentación de alguien donde ha acordado o donde está convocado: *El juicio se suspendió por la falta de comparecencia de una de las partes.*

comparecer v. Referido a una persona, presentarse donde ha acordado o donde está convocada: *Las dos partes comparecieron ante notario para firmar el contrato.* □ MORF. Irreg.: Aparece una *z* delante de la *c* cuando la siguen *a, o* →**PARECER**.

comparsa ▮ s. **1** En el teatro, el cine u otro espectáculo, persona que forma parte del acompañamiento o que figura sin hablar o con un papel poco importante: *Trabaja de comparsa en una zarzuela.* **2** Persona que ocupa una posición pero que carece del poder y de la capacidad de actuación que esta implica: *Resultó ser solo un comparsa del director y no pudo decidir nada.* ▮ s.f. **3** En una representación dramática, conjunto de personas que figuran pero no hablan o tienen un papel poco importante: *La comparsa repetía a coro las palabras del protagonista.* **4** En un festejo público, esp. en carnaval, conjunto de personas que van en grupo disfrazadas o vestidas de la misma manera: *En los próximos carnavales la comparsa de mi barrio irá vestida de ratón.* □ MORF. En las acepciones 1 y 2, es de género común y exige concordancia en masculino o en femenino para señalar la diferencia de sexo: *el comparsa, la comparsa*.

compartimentación s.f. División o separación, real o figurada, en compartimentos o en espacios independientes: *La excesiva compartimentación del trabajo crea trabajadores capaces de hacer una sola tarea.*

compartimentar v. Subdividir o separar en compartimentos o en espacios independientes: *Es más enriquecedor relacionar conocimientos que compartimentarlos.*

compartimento s.m. Parte o zona delimitada o independiente en que se divide un espacio: *Los vagones del tren estaban divididos en compartimentos para ocho viajeros.* □ ORTOGR. Se admite también *compartimiento*.

compartimiento s.m. →**compartimento**.

compartir v. **1** Referido a un todo, tenerlo o usarlo en común dos o más personas: *Mi hermano y yo compartimos la misma habitación.* **2** Referido esp. a sentimientos o a ideas, participar de ellos: *Respeto tu opinión, pero no la comparto.* **3** Dividir en partes y distribuirlas: *Compartieron el premio para que cada uno dispusiese de su parte.*

compás s.m. **1** Instrumento formado por dos piernas o varillas puntiagudas que están articuladas en uno de sus extremos y que se utiliza para trazar curvas regulares y para medir distancias: *En dibujo técnico, las circunferencias se trazan con compás.* **2** En una composición musical, signo que determina su ritmo, su distribución de acentos y las relaciones de valor entre las notas empleadas: *En un pentagrama, el compás se pone detrás de la clave.* **3** En una composición musical, cada uno de los períodos de tiempo regulares en que se divide, determinados por este signo: *La voz solista entra después de cantar el coro los cinco primeros compases.* **4** En música, ritmo o cadencia de una composición: *Al tiempo que cantaba, iba marcando el compás con el pie.* **5** ‖ **compás de espera. 1** En música, compás o período de tiempo que transcurre en silencio: *Después del solo de violín, hay un compás de espera y entran las flautas.* **2** Paro, detención o tiempo que se espera para que algo empiece o siga: *Antes de intervenir daremos un compás de espera para ver si los medicamentos han sido efectivos.* □ MORF. Su plural es *compases*.

compasillo s.m. En música, compás que tiene la duración de cuatro negras distribuidas en cuatro partes: *El compasillo es un compás de cuatro por cuatro y su signo es una 'C'.*

compasión s.f. Sentimiento de pena y lástima por la desgracia o por el sufrimiento ajenos; *conmiseración: La compasión hacia los enfermos lo impulsó a hacerse médico.*

compasivo, va adj. Que tiene o muestra compasión o que la siente fácilmente: *Es tan compasiva que se preocupa de los problemas ajenos más que de los propios.*

compatibilidad s.f. Capacidad para existir, ocurrir, realizarse o unirse junto con otra cosa: *La compatibilidad de caracteres es fundamental para el funcionamiento de un equipo.*

compatibilizar v. Hacer compatible: *Está agobiada porque no consigue compatibilizar todas sus obligaciones.* □ ORTOGR. La *z* se cambia en *c* delante de *e* →**CAZAR**.

compatible ▮ adj. **1** Que tiene posibilidad de existir, ocurrir, de hacerse o de unirse junto con otra cosa: *Si te organizas bien, tus deberes pueden ser compatibles con tus diversiones.* ▮ adj./s.m. **2** Referido a un aparato informático, esp. a un computador, que es capaz de trabajar con los mismos programas que otro estándar o de referencia: *Tengo problemas para encontrar programas para mi ordenador porque no es compatible. Ha cambiado la máquina de escribir por un compatible con disco duro.* □ MORF. Como adjetivo es invariable en género.

compatriota s. Persona de la misma patria o nación que otra: *A muchos de nosotros nos emociona encontrar compatriotas en el extranjero.* □ MORF. Es de género común y exige concordancia en masculino o en femenino para señalar la diferencia de sexo: *el compatriota, la compatriota*.

compendiar v. Referido esp. a un escrito o a un discurso, sintetizarlos o reducirlos a lo esencial: *Los apuntes de clase compendian el libro de texto.* □ ORTOGR. La *i* nunca lleva tilde.

compendio s.m. **1** Exposición breve en la que se recopila y se sintetiza lo esencial de algo: *Yo estudio con un compendio de gramática a mano para consultas rápidas.* **2** Reunión o suma de cosas: *Desde que se quedó huérfano, su vida es un compendio de desgracias.*

compenetración s.f. Identificación de la forma de pensar y de sentir de dos o más personas o perfecto entendimiento entre ellas: *Su compenetración es tal que las cosas se les ocurren al mismo tiempo.*

compenetrarse v.prnl. Referido a dos o más personas, entenderse muy bien o identificarse en sus formas de pensar y de sentir: *Los dos autores del libro se compenetraron tanto que parece escrito por una sola persona.*

compensación s.f. **1** Indemnización para reparar un daño, un perjuicio o una molestia: *Te regalo esto en compensación de lo que te dije ayer.* **2** Anulación de un efecto con el contrario o igualación de dos efectos contrarios: *Volveremos a invertir cuando se produzca la compensación de las pérdidas con las ganancias.*

compensar v. **1** Referido a un efecto, igualarlo o neutralizarlo con el contrario: *He compensado las pérdidas con las ganancias.* **2** Dar una recompensa o hacer un beneficio como indemnización de un daño, perjuicio o molestia: *¿Cómo puedo compensarte la ayuda que me prestas?* **3** Merecer la pena: *Me compensa madrugar porque tardo menos en venir.*

competencia s.f. **1** Oposición, rivalidad o lucha para conseguir una misma cosa: *Hay tantas tiendas en esta calle que la competencia entre ellas es muy grande.* **2** Persona o grupo que tiene una rivalidad con otra u otras: *La competencia ofrece precios más baratos. Le vendió nuestros proyectos a la competencia.* **3** Función u obligación que corresponde a una persona o entidad, generalmente por su cargo o situación; *incumbencia: Las comunidades autónomas tienen competencias en educación.* **4** Capacidad o aptitud para hacer algo bien: *Ese muchacho tiene competencia en materia de derecho y conoce las leyes.* **5** Atribución legítima que se da a una persona con autoridad para intervenir en un asunto: *Le han dado competencia para que lleve a cabo la resolución del asunto.*

competente adj. **1** Referido esp. a una persona o a una entidad, que tiene la función o la obligación de hacer algo: *Las autoridades competentes han organizado las fiestas locales.* **2** Referido a una persona, que es experta en algo o tiene buenos conocimientos sobre algo: *Fíate de él porque es un médico muy competente.*

competer v. Referido esp. a un deber, pertenecerle, tocarle o incumbirle a alguien: *La conservación de las carreteras nacionales compete al Gobierno de la nación.* ☐ ORTOGR. Dist. de *competir.*

competición s.f. **1** Lucha o enfrentamiento entre dos o más personas o grupos que tratan de conseguir una misma cosa: *Ya ha comenzado la competición electoral.* **2** Prueba deportiva en la que se lucha por conseguir el triunfo: *Asistimos a una competición de natación que se celebró en la piscina municipal.*

competir v. **1** Referido esp. a una persona o a un animal, luchar con otros por un mismo objetivo: *Compite con su primo para tener mejores notas.* **2** Presentarse en igualdad de condiciones: *Nuestros productos pueden competir perfectamente con los europeos.* ☐ ORTOGR. Dist. de *competer.* ☐ MORF. Irreg.: La *e* de la raíz se cambia en *i* cuando la sílaba siguiente no tiene *i* o la tiene formando diptongo →PEDIR. ☐ SEM. Es sinónimo de *rivalizar.*

competitividad s.f. **1** Capacidad para competir: *La competitividad de este equipo es muy grande.* **2** Rivalidad para conseguir un fin: *La competitividad de la sociedad actual es cada vez mayor.*

competitivo, va adj. **1** De la competición o relacionado con ella: *Las normas competitivas no deben olvidar nunca la deportividad.* **2** Capaz de competir, o de igualar o superar a otros, esp. en ventas o en calidad: *Para ampliar el mercado hay que conseguir productos competitivos.*

compilación s.f. **1** Reunión en una sola obra de partes, extractos o materias de varios libros o documentos: *Su estudio es una compilación de datos, pero no da ninguna opinión personal.* **2** En informática, traducción de un programa de lenguaje de alto nivel a un lenguaje máquina: *Este programa tarda cinco minutos en el proceso de compilación.*

compincharse v.prnl. *col.* Referido a dos o más personas, ponerse de acuerdo para hacer algo, esp. si es negativo: *Os habéis compinchado para engañarme.*

compinche s. *col.* Amigo o compañero, esp. si lo es en la diversión o en las fechorías: *Detuvieron al ladrón y a sus compinches.* ☐ MORF. Es de género común y exige concordancia en masculino o en femenino para señalar la diferencia de sexo: *el compinche, la compinche.*

complacencia s.f. Satisfacción, agrado o placer con que se hace algo: *Miró con complacencia los bonitos dibujos de su hija.*

complacer ▮ v. **1** Causar agrado, satisfacción o placer: *Me complace que me acompañes.* **2** Acceder a un deseo o a una petición: *Me gustaría complacerte, pero no puedo darte lo que pides.* ▮ prnl. **3** Encontrar satisfacción: *Esta casa se complace en presentarles un nuevo producto.* ☐ MORF. Irreg.: Aparece una *z* delante de la *c* cuando la siguen *a, o* →PARECER. ☐ SINT. Constr.: *complacerse* EN *algo.*

complaciente adj. Que trata de complacer o de cumplir deseos y peticiones: *Es una persona complaciente y si no te ayuda es porque no puede.* ☐ MORF. Invariable en género.

complejidad s.f. **1** Conjunto de características de lo que está formado por diversas partes o elementos: *La complejidad de la red de narcotraficantes dificulta las pesquisas de la policía.* **2** Dificultad para ser entendido o comprendido; *complicación: La complejidad del libro es tal que no he entendido gran cosa.*

complejo, ja ▮ adj. **1** Formado por partes o elementos diversos: *Un complejo sistema de alarma protege el museo.* **2** Enmarañado y de difícil comprensión; *complicado: Es un problema muy complejo y hay que resolverlo con lógica.* ▮ s.m. **3** Conjunto o unión de varias cosas: *El médico me recetó un complejo vitamínico para fortalecerme.* **4** Conjunto de establecimientos que sirven para un mismo fin y están situados en un mismo lugar: *En las afueras se encuentra el complejo industrial de la ciudad.* **5** En psicología, combinación de ideas, tendencias y emociones que están en el subconsciente e influyen en la personalidad de una persona y suelen determinar su conducta: *Se llama 'complejo de Edipo' a la atracción sexual que siente un hijo hacia su progenitor del sexo contrario, acompañada de hostilidad hacia el del mismo sexo.*

complementar v. Añadir como complemento: *Complementa la comida del mediodía con vitaminas adicionales.*

complementario, ria adj. Que sirve para completar o perfeccionar algo: *La alimentación de este niño necesita un aporte complementario de hierro.*

complemento s.m. **1** Lo que se añade para completar, mejorar, hacer íntegro o hacer perfecto: *Un buen café es el mejor complemento de una buena comida. El pan es un complemento frecuente en las comidas. Un pañuelo de seda será un perfecto complemento para tu abrigo.* **2** En lingüística, constituyente de la oración que completa el significado de uno o de varios de sus componentes: *En 'Voy esta tarde contigo', 'esta tarde' es un complemento circunstancial de tiempo.* **3** En geometría, ángulo que falta a otro para sumar 90°; *ángulo complementario: El complemento de un ángulo de 45° es otro que mida lo mismo.* 👁 **ángulo 4** ‖ **(complemento) circunstancial.** El que completa el significado de un verbo, expresando una circunstancia de la acción: *En 'Comimos en el jardín', 'en el jardín' es un complemento circunstancial de lugar.* ‖ **complemento directo.** El que completa el significado de un verbo transitivo: *En 'Ayer vi una película', 'una película' es un complemento directo.* ‖ **complemento indirecto.** El que completa el significado de un verbo transitivo o intransitivo, expresando el destinatario o beneficiario de la acción: *El complemento indirecto de la frase 'Trajo flores para mamá' es 'para mamá'.* ‖ **(complemento) predicativo.** El que completa el significado del verbo y al mismo tiempo atribuye una cualidad al sujeto o al complemento directo:

En 'Las aguas bajan turbias', 'turbias' es un complemento predicativo del sujeto.

completar v. Referido a algo incompleto, hacer que esté perfecto, lleno, terminado o entero: *Para completar el trabajo solo me falta la conclusión.*

completo, ta ▮ adj. **1** Lleno o con todo el sitio ocupado: *El autobús va completo.* **2** Acabado o perfecto: *No lo creas porque es un completo mentiroso.* **3** Entero o con todas sus partes: *Tengo las obras completas de ese poeta.* **4** Total o en todos sus aspectos: *El estreno fue un completo fracaso.* ▮ s.f.pl. **5** En la Iglesia católica, octava y última de las horas canónicas: *Las completas se rezan después de las vísperas.* **6** ‖ **por completo.** En su totalidad: *Ese chico es tonto por completo.*

complexión s.f. Naturaleza y relación de los sistemas y aparatos orgánicos, cuyas funciones determinan el grado de fuerzas y la vitalidad de un individuo; *constitución: Es una chica de complexión atlética y juega al baloncesto.*

complicación s.f. **1** Conversión en algo difícil o más difícil de lo que era: *Si lo insultas solo conseguirás la complicación de vuestras relaciones.* **2** Dificultad para ser entendido o comprendido; *complejidad: No sé resolver ese problema porque tiene mucha complicación.* **3** Problema o dificultad que proceden de la concurrencia de cosas diversas: *Tu enfermedad puede tener complicaciones si sigues fumando.* **4** Mezcla o exceso de algo: *La complicación del decorado convierte su habitación en un lugar opresivo.*

complicado, da adj. **1** Enmarañado y de difícil comprensión; *complejo: Ese juego es demasiado complicado para niños pequeños.* **2** Compuesto de un gran número de piezas: *Ha hecho un complicado despertador que, en vez de tocar un timbre, sube la persiana.*

complicar v. **1** Hacer difícil o más difícil que antes: *Las obras en la carretera complican el tráfico.* **2** Mezclar o recargar: *No compliques tanto los adornos.* **3** Comprometer, implicar o hacer participar: *Sus declaraciones complican en la estafa a muchas personas que parecían respetables.* ☐ ORTOGR. La *c* se cambia en *qu* ante *e* ⟶**SACAR**.

cómplice ▮ adj. **1** Que muestra complicidad: *Los dos hermanos se miraban con una sonrisa cómplice.* ▮ s. **2** Persona o cosa que coopera con otra para que cometa un delito o que participa en él: *El ladrón contó al menos con dos cómplices para cometer el robo.* ☐ MORF. 1. Como adjetivo es invariable. 2. Como sustantivo es de género común y exige concordancia en masculino o en femenino para señalar la diferencia de sexo: *el cómplice, la cómplice.*

complicidad s.f. Cooperación en la comisión de un delito o una falta o participación en ellos: *No pudieron demostrar su complicidad en el robo.*

complot s.m. Conspiración o acuerdo secreto entre dos o más personas contra alguien o algo: *Los participantes en el complot contra el presidente han sido detenidos.* ☐ ORTOGR. Es un término del francés (*complot*) adaptado al español. ☐ MORF. Su plural es *complots*.

componenda s.f. Arreglo o trato censurables o inmorales: *Ese convenio es una componenda para acallar las protestas.*

componente s. Elemento que compone o entra en la composición de algo: *Hoy llegan las componentes del equipo femenino de fútbol.* ☐ MORF. 1. Cuando se refiere a personas, es de género común y exige concordancia en masculino o en femenino para señalar la diferencia de sexo: *el componente, la componente.* 2. Cuando se refiere a cosas, es de género ambiguo y admite concordancia en masculino y en femenino sin cambiar de significado: *{el/la} componente {químico/química}.*

componer v. **1** Referido a un todo o a un conjunto unificado de cosas, formarlo o constituirlo juntando y colocando con orden sus componentes: *Intenta componer un collar con estas cuentas de colores. El reloj se compone de una serie de piezas.* **2** Referido a algo desordenado, estropeado o roto, ordenarlo o repararlo: *Compuso el reloj estropeado en menos de dos minutos.* **3** Adornar o arreglar: *Antes de hacerme la foto quiero componerme un poco.* **4** Referido a una obra científica, literaria o artística, hacerla o producirla: *Se prepara para componer algún día una sinfonía.* **5** Producir una obra musical: *Le gusta mucho la música y compone en sus ratos libres.* **6** ‖ **componérselas.** *col.* Encontrar el modo de solucionar uno mismo un problema o de salir adelante en la vida: *Te has aprovechado, así que ahora compóntelas como puedas sin mí.* ☐ MORF. Irreg.: 1. Su participio es *compuesto*. 2. ⟶**PONER**.

comportamiento s.m. Manera o forma de comportarse una persona; *conducta: Mis padres premian el buen comportamiento.*

comportar ▮ v. **1** Implicar o conllevar: *Comprar un coche comporta muchos gastos.* ▮ prnl. **2** Portarse, conducirse o actuar: *Debes comportarte como si no supieras nada del asunto.*

composición s.f. **1** Conjunto de elementos que componen algo, esp. una sustancia, o forma de estar compuesto: *No conozco la composición de ese nuevo producto.* **2** Obra científica, literaria o musical: *Nos tocó al piano una composición musical escrita por ella.* **3** Arte o técnica de crear y escribir obras musicales: *Para instrumentar bien una melodía, hace falta saber composición.* **4** En algunas artes, esp. en escultura, pintura o fotografía, técnica y arte de agrupar las figuras y otros elementos para conseguir el efecto deseado: *El colorido del cuadro es armonioso pero la composición es mala.* **5** Ejercicio de redacción que se hace como tarea escolar para ejercitar el uso del lenguaje escrito: *La profesora de idiomas nos mandó escribir una composición sobre las vacaciones.* **6** En lingüística, procedimiento de formación de palabras que consiste en agregar a una palabra otro vocablo íntegro o modificado: *'Bocamanga' es una palabra formada por composición.* **7** Formación de un todo o de un conjunto unificado de cosas juntando y colocando con cierto orden una serie de componentes: *La composición de este puzle te llevará por lo menos dos semanas.* **8** Realización o producción de una obra científica, literaria o artística: *Estudia música en el conservatorio porque quiere dedicarse a la composición musical.* **9** ‖ **composición de lugar.** Estudio de las circunstancias que rodean algo para tener una idea de conjunto o hacer un plan de acción: *Hazte una composición de lugar antes de actuar.*

compositivo, va adj. Referido a un elemento gramatical, que forma una palabra compuesta: *En 'anteayer', 'ante-' es un elemento compositivo.*

compositor, -a s. Persona que compone obras musicales: *Mi tía es compositora de música moderna.*

compostura s.f. **1** Modestia, moderación y buena educación: *Aunque es solo un niño guardó muy bien la compostura en todos los actos oficiales.* **2** Aseo, adorno o aliño de una persona o cosa: *Es muy aseado y cuida mucho su compostura.*

compota s.f. Dulce hecho con fruta cocida con agua y

azúcar: *Si le echas un poco de canela a la compota, quedará muy rica.*

compra s.f. **1** Adquisición de algo a cambio de dinero: *La compra del televisor me ha roto el presupuesto.* **2** Lo que se compra o adquiere, esp. el conjunto de comestibles que se compran para uso diario: *Saca la compra de las bolsas.*

comprar v. **1** Referido a algo que no es propio, hacerse dueño de ello a cambio de dinero; *adquirir*: *Compré pan esta mañana. La amistad no se puede comprar.* **2** Referido a una persona, darle dinero u otro tipo de recompensa para conseguir un favor, esp. si es ilícito o injusto; *sobornar*: *Dice que su equipo perdió porque los contrarios habían comprado al árbitro.*

compraventa s.f. Comercio en el que se compra y se vende, esp. antigüedades o cosas usadas: *Tiene una tienda de compraventa de coches de segunda mano.*

comprehender v. *ant.* ⟶**comprender.**

comprender v. **1** Referido esp. a algo que se dice, que se hace o que ocurre, tener idea clara de ello o saber su significado y alcance: *Comprendes muy bien las explicaciones del profesor.* **2** Referido esp. a un sentimiento o a un acto, encontrarlos justificados o naturales: *No puedo comprender la crueldad hacia los niños.* **3** Contener o incluir dentro de sí: *La granja comprende dos edificios y tres establos.*

comprensible adj. Que se puede comprender: *Nos habló en un lenguaje sencillo y comprensible. La tuya es una conducta comprensible.* ☐ ORTOGR. Dist. de *compresible.* ☐ MORF. Invariable en género. ☐ SEM. Dist. de *comprensivo* (que comprende o sabe comprender).

comprensión s.f. **1** Obtención o asimilación del significado y del alcance de algo o buen entendimiento o conocimiento perfecto de ello: *Los dibujos y esquemas ayudarán a la comprensión del texto.* **2** Capacidad o facilidad para entender algo: *Algunos niños tienen problemas de comprensión oral.* **3** Actitud capaz de respetar y de ser tolerante con los demás: *En una sociedad tan diversa como la nuestra la comprensión es esencial para la convivencia.* ☐ ORTOGR. Dist. de *compresión.*

comprensivo, va adj. Que tiene la capacidad de comprender, de entender o de ser tolerante: *Si no quieres alejarte de tus hijos debes tener una actitud más comprensiva.* ☐ SEM. Dist. de *comprensible* (que se puede comprender).

compresa s.f. **1** Gasa o tela con varios dobleces, generalmente esterilizada, que se usa para cubrir heridas, contener hemorragias o para la aplicación de frío, calor o algún medicamento: *Una compresa fría te ayudará a bajar la hinchazón.* **2** Tira desechable de celulosa u otra materia similar que se usa principalmente para absorber el flujo menstrual de la mujer: *Necesito compresas porque pronto me vendrá el período.*

compresible adj. Que se puede comprimir o reducir a menor volumen: *El aire es un gas compresible.* ☐ ORTOGR. Dist. de *comprensible.* ☐ MORF. Invariable en género.

compresión s.f. Estrechamiento o reducción a menor volumen: *En el motor de un coche la compresión de la gasolina se realiza antes de la explosión.* ☐ ORTOGR. Dist. de *comprensión.*

compresor s.m. Aparato o máquina para comprimir un fluido: *Este compresor funciona con un motor Diésel.*

comprimido s.m. Pastilla pequeña que se obtiene comprimiendo sus ingredientes después de haberlos reducido a polvo: *Estoy tomando unos comprimidos para aliviar los dolores de cabeza.*

comprimir v. Oprimir, apretar o reducir a menor volumen: *Si das al ordenador la orden de comprimir, te quedará más espacio libre en el disco duro.*

comprobación s.f. Lo que se hace para comprobar la verdad o la exactitud, esp. de un hecho o de un dato: *Después de la comprobación sabremos si estábamos o no en lo cierto.*

comprobante s.m. Documento o recibo que confirma un hecho o un dato o da constancia de ellos: *Estoy segura de que hice el ingreso en el banco porque conservo el comprobante.*

comprobar v. Referido esp. a un hecho o a un dato, revisar o confirmar su verdad o su exactitud: *Creo que el libro está en mi casa, no obstante, lo comprobaré.* ☐ MORF. Irreg.: La *o* final de la raíz diptonga en *ue* en los presentes, excepto en las personas *nosotros* y *vosotros* ⟶**CONTAR.**

comprobatorio, ria adj. Que comprueba: *Las investigaciones comprobatorias están siendo favorables para el acusado.*

comprometer ▌v. **1** Implicar, involucrar o poner en una situación difícil o perjudicial: *Sus revelaciones comprometían en el caso de corrupción a otras dos organizaciones.* **2** Exponer a un riesgo: *Su mal genio compromete el éxito de sus gestiones.* ▌prnl. **3** Contraer un compromiso o asumir una obligación o una tarea: *Me he comprometido a acabarlo mañana, y lo voy a conseguir.* **4** Darse mutuamente palabra de casamiento; *prometerse*: *Se han comprometido, pero hasta el año próximo no se celebrará la boda.* ☐ SINT. Constr. de la acepción 3: *comprometerse* A *hacer algo.*

comprometido, da adj. Peligroso, delicado o difícil: *El piloto realizó un aterrizaje comprometido.*

compromisario, ria adj./s. Referido a una persona, que tiene la representación de otras para realizar o resolver algo: *Los compromisarios políticos han elegido directamente al presidente.*

compromiso s.m. **1** Obligación contraída por alguien, generalmente por medio de una promesa, un acuerdo o un contrato: *No puedo quedarme porque tengo un compromiso.* **2** Apuro, aprieto o situación difícil de resolver: *¡Vaya compromiso!, lo invité a cenar en un restaurante y me olvidé el dinero.* **3** Promesa de casamiento: *Hicieron público su compromiso y se casarán el próximo verano.*

compuerta s.f. **1** En una presa, un dique o un canal, plancha móvil que se usa para cortar o graduar el paso del agua: *El pantano tenía tanta agua que tuvieron que abrir sus compuertas.* **2** En una casa o en una habitación, media puerta que resguarda la entrada: *Acababa de amanecer y la luz ya entraba por la compuerta.*

compuesto, ta ▌**1** part. irreg. de **componer.** ▌adj. **2** Que está formado por varias partes: *'Ciempiés' es una palabra compuesta, formada por la unión de las palabras 'cien' y 'pie'.* **3** Referido a una persona, arreglado o preparado: *Está compuesto esperando a un taxi.* **4** En arte, del orden compuesto: *Los capiteles compuestos tienen volutas.* **5** Referido a un tiempo verbal, que se conjuga con un verbo auxiliar en el tiempo correspondiente, seguido del participio pasado: *El presente, 'estudio', es un tiempo simple y el pretérito perfecto, 'he estudiado', es un tiempo compuesto.* ▌adj./s.f. **6** Referido a una planta, que tiene inflorescencias de tipo cabezuela, con las flores que la componen reunidas sobre un receptáculo, de forma que parece una flor más grande: *La margarita y el cardo son plantas compuestas. Las compuestas suelen tener hojas simples o sencillas.* ▌s.m. **7** En química, sustancia o cuerpo formados por la combinación de dos o más elementos: *El agua es un compuesto de hidrógeno y oxígeno.* **8** →**orden compuesto.** ▌s.f.pl. **9** En botánica, familia de aquellas plantas, perteneciente a la clase de las dicotiledóneas: *El girasol y la alcachofa pertenecen a las compuestas.* □ MORF. En la acepción 1, incorr. **componido.*

compulsar v. Referido a una copia, comprobar que coincide con el original y certificarlo legalmente: *El funcionario que compulsa los documentos, les pone un sello y te los devuelve.*

compulsión s.f. Inclinación o pasión vehemente y tenaz u obsesiva: *Cada vez que ve una tarta tiene la compulsión de estampársela en la cara a alguien.* □ ORTOGR. Dist. de *convulsión*.

compulsivo, va adj. Que tiene fuerza para obligar a hacer algo: *Su ansiedad se traduce en un hambre compulsiva.*

compungirse v.prnl. Entristecerse o apenarse, esp. si es por una culpa propia o por un dolor ajeno: *Me compungí cuando te vi tan apenado.* □ ORTOGR. La *g* se cambia en *j* delante de *a, o* →**DIRIGIR**.

computador s.m. Máquina capaz de efectuar un tratamiento automático de la información, esp. la que calcula datos numéricos; *computadora*: *El computador de la oficina era muy antiguo y lo hemos cambiado por un moderno ordenador.*

computadora s.f. →**computador.**

computar v. **1** Referido esp. al tiempo, contarlo o calcularlo por números: *El tiempo empleado se computará por horas.* **2** Tomar en cuenta o considerar como equivalente a un determinado valor: *Le computaron los servicios que prestó en su anterior cargo para concederle este nuevo trienio.*

computarizar v. Referido a datos, someterlos al tratamiento de un computador: *La operadora computariza los datos para que los registros salgan por orden alfabético.* □ ORTOGR. 1. La *z* se cambia en *c* delante de *e* →**CAZAR** 2. Se usa también *computerizar*.

computerizar v. →**computarizar.** □ ORTOGR. La *z* se cambia en *c* delante de *e* →**CAZAR**.

cómputo s.m. Cuenta o cálculo: *A las ocho se cierran los colegios electorales y se inicia el cómputo de votos.*

comulgar v. **1** Tomar la comunión: *Cuando voy a misa, comulgo.* **2** Referido a los principios o las ideas de alguien, compartirlos o coincidir con los de otro: *Siempre discutimos porque no comulgo con sus ideas.* **3** ‖ **comulgar con ruedas de molino.** *col.* Creer algo inverosímil o increíble: *No me hagas comulgar con ruedas de molino, porque sé que eso no puede ser cierto.* □ MORF. La *g* se cambia en *gu* delante de *e* →**PAGAR**.

común ▌adj. **1** Que pertenece o se extiende a la vez a varios, sin ser privativo de ninguno: *Cada uno tiene su casa, pero el patio es común.* **2** Frecuente, usual o muy extendido: *Estos pájaros son muy comunes en esta región.* **3** Ordinario, vulgar o no selecto: *La mesa está hecha con maderas muy comunes.* ▌s.m. **4** Generalidad o mayoría de personas: *El común de la gente aspira a la felicidad.* **5** ‖ **en común.** **1** Conjuntamente o entre dos o más personas: *Después de la reflexión individual, el grupo hará una puesta en común.* **2** Referido a una cualidad, que es compartida entre dos o más personas: *Tienen en común sus ganas de trabajar.* ‖ **por lo común.** Corrientemente o de manera habitual: *Por lo común no acepta sugerencias.* □ MORF. Como adjetivo es invariable en género. □ SINT. Constr. de la acepción 1: *común A alguien.*

comuna s.f. **1** Forma de organización social y económica basada en la propiedad colectiva: *En una comuna no existe la propiedad privada.* **2** Conjunto de personas que viven en comunidad, comparten sus bienes, y generalmente se mantienen al margen de la sociedad organizada: *Esta comuna se dedica a la agricultura y la artesanía.*

comunal adj. Común a la población de un territorio, esp. a la de un municipio: *Los montes comunales son explotados por todos los vecinos del pueblo.* □ MORF. Invariable en género.

comunicación ▌s.f. **1** Manifestación, declaración o aviso: *El líder sindical hizo llegar a la empresa una comunicación de los trabajadores.* **2** Extensión, propagación o paso de un lugar a otro: *La rápida comunicación de la epidemia diezmó la población.* **3** Transmisión de información por medio de un código: *El lenguaje es el principal sistema de comunicación humana.* **4** Unión o relación entre lugares: *El nuevo puente facilitará la comunicación con los barrios situados al otro lado del río.* ▌pl. **5** Conjunto de medios destinados a poner en contacto entre sí lugares o personas, esp. los sistemas de correos, teléfonos y telégrafos: *Las comunicaciones quedaron cortadas por el temporal de frío y nieve.*

comunicado s.m. Nota o declaración que se comunica para conocimiento público: *Envié un comunicado a la prensa desmintiendo las informaciones publicadas sobre mi mal estado de salud.*

comunicador, -a adj./s. Referido a una persona, que sabe hacer llegar la información a la mayoría y conecta muy bien con la gente: *El nivel de audiencia demuestra que ese presentador es un gran comunicador.*

comunicar ▌v. **1** Manifestar, hacer saber o dar a conocer: *La empresa le comunicó su despido por escrito.* **2** Hacer partícipe o transmitir: *Su serena sonrisa y su mirada amable comunican paz.* **3** Transmitir información por medio de un código: *Los indios se comunicaban con señales de humo.* **4** Referido a lugares, establecer una vía de acceso entre ellos: *Un pasillo comunica estas dos salas.* **5** Referido a una persona, entrar en contacto con otra o tener trato con ella, de palabra o por escrito: *¿Has logrado ya comunicar con tus padres?* **6** Referido a un teléfono, dar la señal que indica que la línea está ocupada: *Llevo toda la tarde llamando pero no he podido hablar con ella porque comunica.* ▌prnl. **7** Extenderse, propagarse o pasar de un lugar a otro: *El fuego se comunicó a las tierras colindantes.* □ ORTOGR. La *c* se cambia en *qu* delante de *e* →**SACAR**.

comunicativo, va adj. Referido a una persona, inclinado a comunicar lo que tiene: *Es un niño muy comunicativo y nos cuenta todo lo que hace en el colegio.*

comunidad s.f. **1** Grupo de personas que viven unidas bajo ciertas reglas o que tienen características, intereses u objetivos comunes: *La comunidad de vecinos ha contratado un nuevo portero.* **2** ‖ **comunidad autónoma.** En un país, parte del territorio con instituciones comunes a todo el Estado, que está administrada por sus propios representantes, y que tiene capacidad ejecutiva y poder para ordenar su propia legislación; *autonomía*: *Según la Constitución española, el Estado se organiza territorial-*

mente en municipios, provincias y en comunidades autónomas.

comunión s.f. **1** En el cristianismo, acto de comulgar o recibir el pan de la eucaristía: *Asistimos a la catequesis para prepararnos para recibir la primera comunión.* **2** Unión, contacto o participación en lo que es común: *Todos los militantes del partido vivimos en comunión de ideas.*

comunismo s.m. Doctrina y sistema político, social y económico que defiende una organización social basada en la abolición de la propiedad privada de los medios de producción y en la que los bienes son propiedad común: *El comunismo se basa en el marxismo creado por los filósofos alemanes Marx y Engels.*

comunista ▮ adj. **1** Del comunismo o relacionado con él: *Tiene ideas comunistas y defiende la igualdad y la justicia sociales.* ▮ adj./s. **2** Que defiende o sigue el comunismo: *Este partido ecologista es de tendencia comunista. La ideología de los comunistas tiene puntos en común con la de los socialistas.* ☐ MORF. 1. Como adjetivo es invariable en género. 2. Como sustantivo es de género común y exige concordancia en masculino o en femenino para señalar la diferencia de sexo: *el comunista, la comunista*.

comunitario, ria adj. De la comunidad o relacionado con ella: *Te desentiendes de los problemas comunitarios porque eres un individualista.*

con prep. **1** Indica el instrumento, el medio o el modo de hacer algo: *La sopa se come con cuchara.* **2** Indica compañía o colaboración: *Vivo con mis padres.* **3** Indica contenido, posesión o concurrencia: *Llevo un maletín con dinero.* **4** Indica relación o comunicación: *Mantengo buena relación con mis vecinos.* **5** Seguido de infinitivo, indica condición suficiente: *Te crees que con darme unas palmaditas en la espalda me olvidaré de todo.* **6** Contrapone lo que se dice en una exclamación con una realidad expresa o implícita: *¡Con lo que yo te quiero, qué mal me tratas!* **7** A pesar de: *Con el dinero que tiene, y nunca invita a nadie.*

con- Prefijo que significa 'reunión', 'cooperación' o 'compañía': *condueño, condiscípulo, confraternidad, conciudadano, concuñado.* ☐ MORF. Ante 'b' o 'p' adopta la forma *com-*: *compatriota, compadre*.

conato s.m. Acción que no llega a realizarse por completo: *En el almacén hubo un conato de incendio, pero lo sofocamos enseguida.*

concatenación s.f. Unión o enlace de hechos o ideas: *El accidente se ha producido por la concatenación de una serie de circunstancias desgraciadas.*

concavidad s.f. Hueco o depresión en la parte central de una línea o de una superficie: *Si la puerta no ajusta es por la concavidad de su superficie.*

cóncavo, va adj. Referido a una línea o una superficie, que son curvas y tienen su parte central más hundida: *Los espejos cóncavos deforman la imagen.*

concebir v. **1** Referido a una idea o un proyecto, formarlos en la imaginación: *He concebido un plan para rescatar el barco hundido.* **2** Referido a una hembra, quedar fecundada: *Una mujer no puede concebir hasta que no comience a tener la menstruación.* **3** Referido esp. a un deseo, empezar a sentirlo: *No concibas ilusiones sobre el asunto porque no es seguro.* **4** Comprender o creer posible: *No concibo cómo pudiste ser tan cruel.* ☐ MORF. Irreg.: La *e* se cambia en *i* cuando la sílaba siguiente no tiene *i* o la tiene formando diptongo →**PEDIR**.

conceder v. **1** Dar o adjudicar, esp. quien tiene autoridad para ello: *Ojalá me encuentre a un hada que me conceda tres deseos.* **2** Convenir o estar de acuerdo en algo: *Concedo que me equivoqué, pero no fue por culpa mía.* **3** Referido a una cualidad o a una condición, atribuírsela a algo: *No concedes ningún valor al dinero, porque siempre has sido rico.*

concejal s. En un concejo o ayuntamiento, persona que tiene un cargo de gobierno; *edil*: *El concejal de Obras Públicas acompañará al ministro en la inauguración del puente.* ☐ MORF. Aunque es de género común y exige concordancia en masculino o en femenino para señalar la diferencia de sexo: *el concejal, la concejal*, se usa también el femenino *concejala*.

concejala s.f. de **concejal**.

concejo s.m. **1** Corporación compuesta por un alcalde y varios concejales que dirige y administra un término municipal: *El Concejo se reunirá a las cinco de la tarde en sesión plenaria.* **2** Sesión celebrada por esta corporación: *En el concejo de hoy se tomaron decisiones trascendentes para el pueblo.* **3** Edificio en el que tiene su sede esta corporación; *ayuntamiento, casa consistorial*: *Ya han empezado las obras para el nuevo concejo.* ☐ ORTOGR. Dist. de *consejo*. ☐ SEM. En la acepción 1, es sinónimo de *ayuntamiento, cabildo* y *municipio*. ☐ USO En la acepción 1, se usa como nombre propio.

concentración s.f. **1** Reunión en un lugar de lo que está separado: *En la plaza había una gran concentración de jóvenes.* **2** Reclusión o encierro voluntario de deportistas antes de competir: *El seleccionador nacional busca un lugar tranquilo para la concentración del próximo fin de semana.* **3** En una disolución, relación que existe entre la cantidad de sustancia disuelta y la de disolvente: *Cuanto mayor es la concentración de sal en el agua, más flotan los cuerpos.* **4** Atención fija o reflexión profunda al margen del exterior: *Escuché al profesor con total concentración.*

concentrar ▮ v. **1** Referido a lo que está separado, reunirlo en un lugar: *Concentraron a todos los soldados en la frontera. En las puertas del museo se concentró un grupo de turistas.* **2** Referido a una disolución, aumentar la proporción entre la sustancia disuelta y el líquido en que se disuelve: *Si sometemos una disolución salina a evaporación, la concentraremos.* **3** Referido esp. a la atención, atraerlas hacia sí: *El cantante concentró la atención y los aplausos del público.* ▮ prnl. **4** Fijar la atención en algo o reflexionar profundamente al margen del exterior: *Cuando tengo problemas me cuesta concentrarme en el trabajo.*

concéntrico, ca adj. En geometría, referido a varias figuras, que tienen el mismo centro: *Las circunferencias concéntricas están en un mismo plano.*

concepción s.f. **1** Formación en la imaginación de una idea o de un proyecto: *La concepción del proyecto me llevó varios meses, pero la realización será más fácil.* **2** Formación de un nuevo ser en un vientre femenino: *La concepción se produce tras la unión de un óvulo y un espermatozoide.* **3** Modo de ver algo o conjunto de ideas sobre ello: *Presenta en su obra una concepción del mundo muy particular.*

conceptismo s.m. Estilo literario caracterizado por asociaciones ingeniosas y rebuscadas entre los conceptos y las palabras: *Los máximos representantes del conceptismo fueron Francisco de Quevedo y Baltasar Gracián.*

concepto s.m. **1** Idea o representación mental de algo: *Las palabras representan conceptos.* **2** Opinión o juicio, esp. los que se tienen acerca de una persona: *Tengo muy buen concepto de tu hermano y me parece inteligente y encantador.* **3** Título o calidad: *Nos dieron una gratificación en concepto de gastos de desplazamiento.*

conceptual adj. Del concepto o relacionado con él: *El arte conceptual trata de representar conceptos, no objetos.* ☐ MORF. Invariable en género.

concernir v. **1** Referido a una función o una responsabilidad, atañer o corresponder a alguien: *La educación de nuestros hijos nos concierne a los dos.* **2** Referido a un asunto, tener interés para alguien: *No me cuentes tu vida, porque no me concierne.* ☐ MORF. 1. Verbo defectivo: solo se usa en tercera persona y en las formas no personales (infinitivo, gerundio y participio). 2. Irreg.: La *e* diptonga en *ie* en los presentes, excepto en las personas *nosotros* y *vosotros* →DISCERNIR.

concertación s.f. Acuerdo o decisión tomada de común acuerdo: *El Gobierno espera que haya concertación salarial.*

concertado, da adj. Referido a un centro de enseñanza, que es de propiedad privada y recibe una subvención estatal: *La mensualidad que tengo que pagar es baja porque es un colegio concertado.*

concertar v. **1** Referido esp. a un asunto, acordarlo o decidirlo de común acuerdo: *La empresa y el sindicato concertaron la subida salarial.* **2** Referido a varias voces o instrumentos, hacer que suenen acordes entre sí: *Es fundamental concertar las distintas voces de una composición para que el conjunto resulte armonioso.* **3** Coordinar o armonizar para favorecer un fin; *combinar: El proyecto fue un fracaso porque no concertaron las posibilidades con las necesidades reales.* **4** En gramática, referido a una palabra variable, concordarla con otra o hacerle que tengan los mismos accidentes gramaticales: *El artículo concierta con el sustantivo en género y número.* ☐ MORF. Irreg.: La *e* diptonga en *ie* en los presentes, excepto en las personas *nosotros* y *vosotros* →PENSAR.

concertina s.f. Acordeón de fuelle largo, con los extremos en forma hexagonal u octogonal, en cuyas caras tiene botones en lugar de teclado: *La concertina tiene un registro de notas inferior al del acordeón.* 👁 **viento**

concertista s. Músico que interviene en un concierto como solista: *Eres un buen concertista de piano.* ☐ MORF. Es de género común y exige concordancia en masculino o en femenino para señalar la diferencia de sexo: *el concertista, la concertista.*

concesión s.f. **1** Adjudicación o entrega de algo, esp. la hecha por alguien con autoridad para ello: *Llevo años esperando la concesión de la medalla al mérito del trabajo.* **2** Permiso que otorga la Administración o una empresa a un particular o a otra empresa para construir, explotar o administrar un servicio: *Tenemos la concesión de la explotación del bar restaurante del ministerio.* **3** Cesión o abandono de una actitud o una posición firme: *No pienso hacer más concesiones porque estoy harto de ceder.*

concesionario, ria adj./s. Referido a una persona o a una entidad, que tiene la concesión de un servicio: *La empresa concesionaria del transporte convocó una reunión con los huelguistas. Este es el concesionario de una famosa marca de automóviles.*

concesivo, va adj. Que expresa o indica un obstáculo a pesar del cual se realiza o se cumple la acción principal: *En la oración compuesta 'Iré esta tarde, a pesar de que llueva', 'a pesar de que llueva' es una oración subordinada concesiva.*

concha s.f. **1** En algunos animales, cubierta o caparazón que protege su cuerpo: *Las conchas pueden ser de una pieza, como la del caracol, o de dos, como la de la almeja.* **2** Materia córnea que se obtiene del caparazón de la tortuga carey; *carey: Mi abuela tenía una peineta de concha.* **3** En un teatro, mueble generalmente con forma de cuarto de esfera, que se coloca en la parte delantera del escenario para ocultar al apuntador: *El actor se acercó a la concha porque no oía bien lo que le decía el apuntador.*

conchabarse v.prnl. Referido a dos o más personas, unirse para algún fin que se considera ilícito: *Se conchabaron para sobornar a su jefe.*

conciencia s.f. **1** Conocimiento o noción interiores del bien y del mal que permiten juzgar moralmente las acciones: *Debes actuar según tu conciencia.* **2** →consciencia. **3** ‖ **a conciencia.** Con rigor o con empeño, sin escatimar esfuerzos: *Lo has lavado a conciencia y reluce más que nunca.* ‖ **en conciencia.** Con sinceridad o con honradez: *Te lo doy, pero en conciencia no debería dártelo porque no te lo mereces.*

concienciar v. Referido a una persona, adquirir o hacerle adquirir consciencia o conocimiento de algo: *Hace falta una campaña publicitaria que conciencie a los ciudadanos de la necesidad de ahorrar agua.* ☐ ORTOGR. La *i* nunca lleva tilde.

concienzudo, da adj. **1** Referido esp. a un trabajo, que se hace a conciencia o con rigor y empeño: *El detective llevó a cabo una investigación concienzuda que le permitió atrapar al ladrón.* **2** Referido a una persona, que hace las cosas con mucha atención o detenimiento: *Si quieres un estudio detallado de la cuestión, te lo hará muy bien porque es muy concienzuda.*

concierto s.m. **1** Función musical en la que se ejecutan composiciones sueltas: *En el concierto tocaron una sinfonía de Beethoven y una pieza de Falla.* **2** Composición musical para diversos instrumentos, en la que uno o varios de ellos llevan la parte principal: *Soy autor de un concierto para viola y orquesta.* **3** Acuerdo o convenio entre dos o más personas o entidades sobre algo: *Se llegó a un concierto entre los trabajadores y la dirección sobre la subida de los sueldos.* **4** Buen orden y disposición de las cosas: *Lo haces todo sin orden ni concierto, y así no hay quien se aclare luego.*

conciliábulo s.m. **1** Junta o reunión para tratar de algo que se quiere mantener oculto: *Habéis formado un conciliábulo para hundir mi futuro.* **2** Asamblea o reunión no convocadas por una autoridad legítima: *Un grupo selecto se reunió en conciliábulo y acordó no admitir más autoridad que la razón.*

conciliación s.f. Acuerdo, ajuste o concordancia de una cosa con otra con la que estaba en oposición: *Tras el acto de conciliación entre el inquilino y su casero, se ha llegado a un acuerdo y se ha evitado un pleito.*

conciliar v. **1** Referido esp. a las ideas, ajustarlas o concordarlas con otras que parecen contrarias a ellas: *Los intermediarios quisieron conciliar la petición de los trabajadores con el ofrecimiento de la dirección.* **2** Referido esp. a una persona, componerla y ajustarla con otra a la que está opuesta: *Traté de conciliar a los niños para que no se pegaran.* ☐ ORTOGR. La *i* nunca lleva tilde.

concilio s.m. En la Iglesia católica, asamblea o congreso de los obispos y otros eclesiásticos para tratar y decidir sobre materias de fe y costumbres: *El papa ha convocado a todos los obispos para la celebración de un próximo concilio en Roma.*

concisión s.f. Brevedad y economía de medios en la forma de expresar un concepto con exactitud: *El libro trata el tema con concisión para dejar claro el asunto y la postura del autor.*

conciso, sa adj. Que se expresa con brevedad y exactitud: *Sus cartas son concisas, pero cuenta las novedades que interesan.*

cónclave s.m. **1** En la Iglesia católica, junta o reunión en la que los cardenales eligen papa: *Cuando el cónclave ha elegido papa, los del exterior lo saben porque hay fumata blanca en el tejado.* **2** Junta o reunión de personas para tratar algún asunto: *Hoy tenemos cónclave y decidiremos lo que debemos hacer para sacar adelante el proyecto.*

concluir v. **1** Acabarse, extinguirse o llegar al fin: *Cuando concluya la representación iremos al camerino del protagonista para que lo conozcas.* **2** Deducir a partir de algo que se admite, se demuestra o se presupone: *Los puntos de los que parte tu investigación son erróneos y de ellos no concluirás nada válido.* **3** Determinar y resolver sobre lo que se ha tratado: *A la vista de lo que teníamos hecho, el director concluyó que necesitábamos ayuda.* ☐ MORF. Irreg.: La *i* se cambia en *y* delante de *a, e, o* →**CONTRIBUIR**.

conclusión s.f. **1** Fin y terminación de algo: *La conclusión de la obra está prevista para dentro de seis meses.* **2** Resolución que se toma sobre una materia después de haberla tratado: *¿Has llegado a alguna conclusión acerca de la propuesta que te hice para hoy?* **3** Deducción de una consecuencia o de un resultado a partir de otros que se admiten, se demuestran o se presuponen: *Si estudias tantas horas y no te rinde, la conclusión es que debes cambiar de método de estudio.* **4** ‖ **en conclusión.** Por último o en suma: *En conclusión, si tan mal te caemos, no vengas con nosotros.*

concluyente adj. Que no se puede rebatir o que no admite ninguna duda o discusión: *He presentado pruebas concluyentes de mi inocencia y me han liberado.* ☐ MORF. Invariable en género.

concomitancia s.f. Coincidencia de una cosa con otra: *Existen algunas concomitancias entre la vida del autor y la de algunos de sus personajes.*

concomitante adj. Que coincide: *Entre estas enfermedades hay características concomitantes.* ☐ MORF. Invariable en género.

concordancia s.f. **1** Correspondencia o conformidad de una cosa con otra: *Tus actos deben estar en concordancia con tus ideas.* **2** En gramática, correspondencia entre los accidentes de dos o más palabras variables: *'*El niño es altas' es incorrecto porque no hay concordancia de género y de número.*

concordar v. **1** Referido a una cosa, coincidir o estar de acuerdo con otra: *Tus declaraciones de ayer no concuerdan con las de hoy.* **2** En gramática, referido a una palabra variable, hacerle tener los mismos accidentes gramaticales que otra: *Un sustantivo masculino debes concordarlo en masculino con su adjetivo. El sujeto concuerda con el verbo en número y persona.* ☐ MORF. Irreg.: La *o* final de la raíz diptonga en *ue* en los presentes, excepto en las personas *nosotros* y *vosotros* →**CONTAR**.

concordato s.m. Tratado o convenio que el Gobierno de un Estado hace con la Santa Sede (Estado regido por el papa) sobre asuntos eclesiásticos: *Ese concordato permitía que el Gobierno interviniera en la elección de un obispo.*

concorde adj. Conforme o de acuerdo con otro: *Nos llevamos bien porque somos concordes en la forma de entender la vida.* ☐ MORF. Invariable en género.

concordia s.f. Conformidad, unión o buena relación: *En estas fiestas de Navidad, el deseo general es que reinen la concordia y la paz.*

concreción s.f. **1** Limitación a una materia de la que se habla o escribe, o a lo más esencial o seguro de ella: *En el examen se valorará la concreción a las preguntas hechas.* **2** Acumulación de partículas para formar una masa: *Las estalagmitas son concreciones de sales calcáreas y silíceas.* ☐ ORTOGR. Incorr. **concrección.*

concretar ▮ v. **1** Hacer concreto: *Hay que concretar esos planes en hechos para que pueda verse su utilidad.* **2** Reducir a lo más esencial o seguro la materia sobre la que se habla o escribe: *Concreté mi exposición a los puntos que mejor me sabía.* ▮ prnl. **3** Reducirse a hablar de una sola cosa, excluyendo otros asuntos: *Me concreto a responder tus preguntas, sin hacer caso a tus insinuaciones.*

concreto, ta adj. **1** Que se considera en sí mismo, de forma particular y en oposición al grupo genérico del que forma parte: *Os pondré un ejemplo concreto con una piedra para que comprendáis la teoría de la gravedad.* **2** Que existe en el mundo material o sensible como individuo, más que como representación mental de toda una especie: *Una silla es algo concreto, frente al mal, que es un concepto abstracto.* **3** Preciso y sin vaguedad: *Sé concreto y contesta solo a lo que te pregunto.*

concubina s.f. Mujer que vive y que mantiene relaciones sexuales con un hombre sin estar casada con él; manceba: *Mi abuela dice que, como la vecina no está casada con ese hombre, es su concubina.*

concupiscencia s.f. En la moral católica, deseo de bienes terrenales o deseo desordenado de placeres deshonestos: *En la Biblia se dice que la concupiscencia es causa de pecados.* ☐ PRON. Incorr. **konkupiszienzia.*

concurrencia s.f. **1** Conjunto de personas que asisten a un acto o reunión: *El mago solicitó ayuda a la concurrencia y un señor se prestó voluntario para hacer el truco.* **2** Aparición o presencia en el tiempo o en el espacio de dos o más personas, sucesos o cosas: *La concurrencia de varias circunstancias negativas fue la causa del accidente.*

concurrir v. **1** Referido a diferentes cosas, juntarse en un mismo lugar o un mismo tiempo: *Los espectadores concurrían al estadio para ver la final del trofeo.* **2** Referido esp. a diferentes cualidades, coincidir en algo: *En tu persona concurren la bondad, la generosidad y la inteligencia.*

concursante s. Persona que toma parte en un concurso: *La concursante contestó correctamente a todas las preguntas de historia.* ☐ MORF. Es de género común y concordancia en masculino o en femenino para señalar la diferencia de sexo: *el concursante, la concursante.*

concursar v. Tomar parte en un concurso y optar a lo que en él se otorga: *Concursé con un cuento en un concurso literario de mi colegio y gané.*

concurso s.m. **1** Competición o prueba entre varios candidatos para conseguir un premio: *Participó en un concurso de televisión y ganó un apartamento en la playa.* **2** Oposición que se hace por medio de la presentación de un escrito o de unos méritos para conseguir un cargo o un puesto: *Se presentó a un concurso para cubrir una plaza de profesor de Universidad.* **3** Asistencia, participación o colaboración: *La exposición fue un éxito gracias al concurso de los organizadores y de las empresas participantes.*

condado s.m. **1** Título nobiliario de conde: *Heredó el condado de su tío.* **2** Territorio sobre el que antiguamente un conde ejercía su autoridad: *El conde recorría su condado cada cierto tiempo.* **3** En algunos países anglosajones, circunscripción o división administrativa del territorio: *Irlanda está dividida en condados.*

condal adj. Del conde, de su dignidad o relacionado con ellos: *El palacio condal fue asaltado por las tropas de los invasores.* □ MORF. Invariable en género.

conde s.m. Persona que tiene un título nobiliario entre el de marqués y el de vizconde: *Muchos condes obtenían su título como premio a la lealtad que tenían hacia su rey.* □ MORF. Su femenino es *condesa*.

condecoración s.f. **1** Concesión de honores o de distinciones: *La reina aprobó la condecoración del científico por sus contribuciones al desarrollo de la ciencia.* **2** Insignia o cruz que representan honor o distinción: *El general llevaba el pecho cubierto de medallas y de condecoraciones.*

condecorar v. Referido a una persona, concederle o darle honores o distinciones: *Te condecorarán por tu heroica actuación en acto de servicio.*

condena s.f. **1** Pena o castigo que impone una autoridad: *Está en la cárcel cumpliendo una condena por robo.* **2** Reprobación o desaprobación de algo que se considera malo y pernicioso: *Todos los partidos políticos están de acuerdo en la condena del atentado terrorista.*

condenación s.f. Sufrimiento de las penas del infierno: *Rezaron para que el Señor librara su alma de la condenación eterna.*

condenado, da adj. Endemoniado, nocivo o perverso: *Esta condenada niña chilla tanto que me va a dejar sordo.*

condenar ▌v. **1** Imponer una pena o castigo: *Fue condenado a tres años de prisión.* **2** Referido a algo que se considera malo y pernicioso, reprobarlo o desaprobarlo: *Las fuerzas políticas democráticas condenan las dictaduras.* **3** Referido a un recinto o a una vía de acceso, cerrarlos permanentemente o tapiarlos: *Condené la puerta trasera de mi casa porque nunca la usamos.* **4** Referido esp. a una situación, conducir inevitablemente a ella: *Ese trabajo te condenará a la soledad.* ▌prnl. **5** Ir al infierno: *Según esos textos religiosos, algunos se condenan por su deseo desmedido de riquezas.*

condensación s.f. **1** En química, paso de un cuerpo gaseoso a estado líquido o sólido: *El rocío es producto de la condensación del vapor de agua.* **2** Exposición resumida, abreviada o sintetizada: *En el examen habrá que hacer la condensación de un texto en diez líneas.*

condensador s.m. **1** Aparato que condensa los gases: *Algunas locomotoras de vapor llevaban un condensador.* 👁 **química** **2** ‖ **condensador (eléctrico).** Dispositivo eléctrico formado por dos conductores, generalmente de gran superficie, que están separados por una lámina aislante: *El condensador sirve para almacenar cargas eléctricas.*

condensar v. **1** Referido a un cuerpo gaseoso, convertirlo en líquido o en sólido: *El frío condensa el vapor del aire en rocío. El vapor de agua se condensa en la atmósfera formando gotas de agua.* **2** Referido esp. a una sustancia, reducirla a menor volumen y darle más consistencia si es líquida: *Para condensar la leche se le quita parte de su agua.* **3** Resumir, sintetizar o compendiar: *Condensó su trabajo de veinte folios en un escrito de treinta y dos líneas.*

condesa s.f. de **conde**.

condescendencia s.f. Acomodación o adaptación de una persona, por bondad, al gusto y a la voluntad de otra: *La condescendencia con sus hijos es una de sus virtudes.*

condescender v. Referido a una persona, acomodarse o adaptarse por bondad, al gusto y a la voluntad de otra: *Condescendí con tu propuesta porque te vi entusiasmado con ella, no porque me gustara.* □ MORF. Irreg.: La *e* final de la raíz diptonga en *ie* en los presentes, excepto en las personas *nosotros* y *vosotros* →**PERDER**.

condestable s.m. Antiguamente, persona que obtenía y ejercía la primera dignidad de la milicia: *El condestable ejercía su poder en nombre del rey.*

condición ▌s.f. **1** Índole, naturaleza o propiedad de las cosas: *La condición de este suelo lo hace bueno para la agricultura.* **2** Carácter o genio de las personas: *Al principio me asustó tu condición áspera, pero ahora veo que eres un encanto.* **3** Estado, situación o circunstancia en la que se halla una persona: *Mi condición de intérprete de lenguas me hace viajar constantemente por el mundo.* **4** Clase o posición social: *Soy de condición humilde, pero con mi esfuerzo he llegado a ocupar un alto cargo.* **5** Situación, circunstancia o lo que es indispensable para que algo sea u ocurra: *Una de las condiciones para optar a ese trabajo es ser licenciado.* ▌pl. **6** Aptitud o disposición: *Tu hijo tiene condiciones para ser un buen bailarín.* **7** Circunstancias que afectan a un proceso o al estado de algo: *Nadie puede soportar esas condiciones de vida inhumanas. Tuve que tirar un litro de leche, porque estaba en malas condiciones.* **8** ‖ **condición sine qua non.** Aquella sin la cual no se hará una cosa o se tendrá por no hecha: *Para presentarse el examen es condición sine qua non haber entregado antes todos los trabajos de clase.* ‖ **en condiciones.** A punto, bien dispuesto o apto para el fin que se desea: *Me duele la cabeza y no estoy en condiciones de hablar con nadie.* □ ORTOGR. *Condición sine qua non* es un latinismo (*conditio sine qua non*) semiadaptado al español.

condicional ▌adj. **1** Que incluye y lleva consigo una condición o requisito: *La libertad condicional se pierde si no se cumplen las condiciones establecidas por el juez.* ▌s.m. **2** En gramática, tiempo verbal que expresa una acción futura en relación con el pasado del que se parte: *'Comería' es el condicional simple de 'comer' y 'habría comido' es su condicional compuesto.* □ MORF. Como adjetivo es invariable en género.

condicionamiento s.m. **1** Sometimiento a una condición: *Mi padre me impuso el condicionamiento de que aprobara el curso para dejarme ir de vacaciones.* **2** Limitación o restricción: *Sus condicionamientos morales no le permiten aprobar esos actos.*

condicionar v. **1** Hacer depender de una condición: *Condicioné el pago total de la reparación a la entrega de una garantía.* **2** Influir o determinar una actitud o una conducta: *La publicidad condiciona lo que compran muchas personas.*

condimentación s.f. Adición de condimentos a la comida para darle más gusto y más sabor: *En esta zona utilizan mucho el pimentón en la condimentación de los guisos.*

condimentar v. Referido a una comida, añadirle condimentos para darle más sabor: *No me gustan las especias que usan en este restaurante para condimentar la comida.*

condimento s.m. Lo que sirve para sazonar o dar más sabor a la comida: *La pimienta y la nuez moscada son condimentos.*

condolencia s.f. **1** Participación en el pesar o dolor ajenos: *El día del entierro le expresé mi condolencia por la muerte de tu padre.* **2** Expresión con la que se indica a una persona allegada a un difunto, que se participa en su dolor y en su pena; *pésame: El rey envió un telegrama de condolencia a la viuda del escritor.*

condolerse v.prnl. Sentir compasión o lástima por la desgracia o por el sufrimiento ajenos o participar de ellos; *compadecerse: Me conduelo de las desgracias de mis amigos e intento ayudarlos.* ☐ MORF. La *o* final de la raíz diptonga en *ue* en los presentes, excepto en las personas *nosotros* y *vosotros*. Irreg. →**MOVER**.

condominio s.m. Dominio de algo que pertenece en común a dos o más personas: *Los jardines del edificio son condominio de todos los vecinos de la comunidad de propietarios.*

condón s.m. Funda fina y elástica que se usa para cubrir el pene durante el coito y evitar así la fecundación o la transmisión de enfermedades; *preservativo, profiláctico: El uso del condón es un procedimiento de anticoncepción.*

condonar v. Referido a una deuda o a una pena, perdonarlas, remitirlas o alzarlas: *El Gobierno condonó parte de la deuda de un país amigo.*

cóndor s.m. Ave rapaz diurna, de gran tamaño, con la cabeza y el cuello desnudos, que tiene el plumaje fuerte de color negro azulado y plumas blancas en la espalda y en la parte superior de las alas: *El cóndor es un ave carroñera, y pertenece a la misma familia que el buitre.* ☐ MORF. Es un sustantivo epiceno y la diferencia de sexo se señala mediante la oposición *el cóndor {macho/hembra}*.

conducción s.f. **1** Manejo o dirección de un vehículo: *Los días lluviosos la conducción debe ser muy cuidadosa.* **2** Transporte o traslado de algo: *Estas tuberías sirven para la conducción del agua.* **3** Conjunto de conductos que se usan para el traslado de un fluido: *Se han roto las conducciones de agua y han venido a repararlas.* **4** Dirección hacia un lugar o hacia un fin: *El equipo directivo criticó la conducción de la empresa por parte del director.*

conducir ▮ v. **1** Guiar o dirigir hacia un lugar o hacia una situación: *El guía que nos condujo en el museo nos mostró lo más interesante.* **2** Referido a un vehículo, guiarlo o manejarlo: *Debes conducir por el carril de la derecha.* **3** Referido a un negocio o a una colectividad, guiarlos o dirigirlos: *El capitán del equipo nos condujo a la victoria.* ▮ prnl. **4** Portarse o manejarse de una forma determinada: *Me admira que ante las situaciones de peligro te conduzcas con tanta sangre fría.* ☐ MORF. Irreg. →**CONDUCIR**.

conducta s.f. Manera o forma de comportarse una persona; *comportamiento: Los profesores alaban tu buena conducta en clase.*

conductibilidad s.f. →**conductividad.**

conductismo s.m. Teoría psicológica cuyo método se basa en la observación del comportamiento del objeto que se estudia ante un estímulo determinado: *Para el estudio del comportamiento, el conductismo usa el reflejo condicionado.*

conductista ▮ adj. **1** Del conductismo o relacionado con esta teoría psicológica: *Los métodos de estudio conductistas tienen una base científica.* ▮ adj./s. **2** Que sigue o que defiende esta teoría psicológica: *Este psicólogo conductista dice que mediante la conducta, los individuos se adaptan al medio. Los conductistas estudian la respuesta que se produce a cada estímulo.* ☐ MORF. 1. Como adjetivo es invariable en género. 2. Como sustantivo es de género común y exige concordancia en masculino o en femenino para señalar la diferencia de sexo: *el conductista, la conductista*.

conductividad s.f. Propiedad de los cuerpos que consiste en transmitir fácilmente el calor o la electricidad; *conductibilidad: La conductividad eléctrica de un material es inversa a la resistencia que ofrece al paso de la corriente.*

conducto s.m. **1** Canal o tubo que sirve para dar paso o salida a alguna materia: *El conducto de desagüe se ha atascado. Los sonidos llegan hasta el tímpano por el conducto auditivo externo.* 👁 **oído 2** Medio que se sigue para conseguir algo: *La protesta tiene que ir por los conductos reglamentarios.*

conductor, -a ▮ s. **1** Persona que conduce un vehículo: *El conductor paró el coche ante el paso de cebra.* ▮ s.m. **2** Cuerpo que permite el paso del calor o de la electricidad: *El cobre es un buen conductor.*

condumio s.m. *col.* Manjar o comida, esp. los que se comen con pan: *Todos se sentaron a la mesa esperando el condumio.*

conectar v. **1** Enlazar, establecer relación o poner en comunicación: *Esta nueva carretera conecta la zona norte del país con el resto.* **2** Entrar en contacto o en conexión: *El programa conectó con el enviado especial.* **3** Referido a una parte de un sistema mecánico o eléctrico, enlazarla con otra de forma que hagan contacto: *Conecta la radio para oír las noticias. Este vídeo se conecta solo si lo dejas programado.* **4** Referido a un aparato o a un sistema, enlazarlo con otro: *Conecta el tubo del aspirador con el aparato. Mi ordenador no se puede conectar con tu impresora porque no son compatibles.*

conectivo, va adj. Que une o liga las partes de un sistema o de un aparato: *Las conjunciones son elementos conectivos.*

conector, -a adj./s.m. Que conecta: *He perdido el cable conector y no puedo usar el aparato. Para que puedas conectar con este canal necesitas un conector.* ☐ MORF. Como sustantivo es invariable en género.

conejera s.f. Madriguera en la que se crían conejos: *El conejo escapó de los perros y se metió en la conejera.*

conejo, ja ▮ s. **1** Mamífero de pelaje corto y espeso, las orejas largas y la cola corta, que tiene las extremidades posteriores más largas que las anteriores, y que vive en madrigueras: *La carne de conejo es apreciada en la cocina.* ▮ s.f. **2** *vulg.* Hembra que pare con mucha frecuencia: *La vecina es una coneja, que cada año da a luz.* **3** ‖ **conejillo de Indias. 1** Mamífero roedor más pequeño que el conejo, con orejas cortas y cola casi nula, muy usado en el laboratorio como animal de experimentación; *cobaya: Este laboratorio cría sus propios conejillos de Indias, con los que luego investiga.* **2** Animal o persona que son sometidas a observación o a experimentación.: *La peluquera quería probar un nuevo tinte y me escogió a mí como conejillo de Indias.* ☐ MORF. *Conejillo de Indias*, cuando se refiere al animal, es epiceno: *el conejillo de Indias {macho/hembra}*.

conexión s.f. **1** Relación o comunicación: *Después del* *golpe decía cosas que no tenían ninguna conexión.* **2** Enlace, atadura o concatenación de una cosa con otra: *La conexión del televisor con la antena se realiza por medio de un cable.* **3** Punto en el que se realiza el enlace entre aparatos o sistemas eléctricos: *Se han quemado las conexiones y no funciona la batidora.*

conexo, xa adj. Que está enlazado o relacionado con otro: *Estos temas están conexos entre sí, y no pueden tratarse de forma independiente.*

confabulación s.f. Acuerdo entre varias personas para realizar algo, esp. si es ilícito: *La confabulación para derrocar al presidente no tuvo éxito.*

confabularse v.prnl. Ponerse de acuerdo para realizar algo, esp. si es ilícito: *Se confabularon para hacer fracasar mi proyecto.*

confección s.f. **1** Preparación de algo, generalmente mediante la mezcla o la combinación de varios componentes: *Para la confección de la tarta me falta un ingrediente.* **2** Fabricación de una prenda de vestir: *Voy a una academia de corte y confección para aprender a hacer mi propia ropa.*

confeccionar v. **1** Referido a algo material, esp. si es compuesto, hacerlo o prepararlo: *Confeccionó el traje en un solo día.* **2** Referido a una obra intelectual, prepararla o elaborarla: *El Gobierno está confeccionando los presupuestos del año próximo.*

confederación s.f. **1** Alianza, unión o pacto entre varias personas, entidades o Estados: *Los sindicatos han formado una confederación para defender mejor a sus afiliados.* **2** Organismo, entidad o Estado que resultan de esta alianza o de este pacto: *La confederación de agricultores ha convocado una huelga en protesta por la subida del precio del gasóleo.*

confederado, da adj./s. **1** Que forma parte de una confederación: *Antes de la guerra de Secesión estadounidense había once estados confederados. Los confederados no renuncian a su autonomía, sino que actúan conjuntamente.* **2** En la guerra de Secesión estadounidense, partidario de los estados del sur; *sudista*: *El uniforme de los soldados confederados era de color gris. Los confederados luchaban contra los nordistas.*

confederar v. Hacer una alianza o un pacto: *Este tratado confedera varias naciones que antes eran completamente independientes. Varios Estados se han confederado para conseguir un mayor desarrollo económico.*

conferencia s.f. **1** Discurso o exposición públicos de un tema: *Asistimos a la conferencia en la que un famoso científico hablaba de sus descubrimientos.* **2** Reunión de los representantes de entidades o de países, para tratar un tema: *Han programado una conferencia entre los jefes de gobierno europeos para mayo.* **3** Comunicación telefónica que se establece entre dos provincias o entre dos países: *Las conferencias son más caras que las llamadas urbanas.*

conferenciante s. **1** Persona que expone un tema en público: *Al final de la exposición, la conferenciante contestó las preguntas del público.* **2** Persona que participa en una conferencia o reunión: *Los conferenciantes no han logrado ningún acuerdo.* ☐ MORF. Es de género común y exige concordancia en masculino o en femenino para señalar la diferencia de sexo: *el conferenciante, la conferenciante.*

conferir v. **1** Referido esp. a una dignidad o a una facultad, concederlas o asignarlas: *El director me ha conferido la facultad de elegir a mis colaboradores.* **2** Referido a una cualidad que no es materia, atribuirla o prestarla: *Habla con la seguridad que le confieren los muchos años de experiencia.* ☐ MORF. Irreg. →SENTIR.

confesar v. **1** Referido a un acto, a una idea o a un sentimiento verdaderos, expresarlos voluntariamente: *Te confieso que en el fondo estoy de acuerdo contigo. El acusado se confesó culpable de los delitos que le imputaban.* **2** Referido a algo que no se desea declarar o reconocer, declararlo o reconocerlo por obligación: *Los piratas lo torturaron para que confesara el lugar en el que estaba el tesoro.* **3** Referido a pecados que se han cometido, declararlos el penitente al confesor en el sacramento de la penitencia: *Le confesé al sacerdote que había pecado. Se confesó con el párroco.* **4** Referido al penitente, oírlo el confesor en el sacramento de la penitencia: *Para confesar al penitente, el sacerdote entró en el confesonario.* ☐ MORF. Irreg.: La *e* diptonga en *ie* en los presentes, excepto en las personas *nosotros* y *vosotros* →PENSAR.

confesión s.f. **1** Declaración que alguien hace de lo que sabe, voluntariamente o por obligación: *El juez escuchó la confesión del acusado.* **2** Declaración de los pecados cometidos, que hace el penitente al confesor en el sacramento de la penitencia: *Lo que se declara en confesión es secreto.* **3** Creencia religiosa: *Cuando le preguntaron su confesión dijo que era católico.*

confesional adj. Que pertenece a una confesión religiosa: *España es un Estado no confesional.* ☐ MORF. Invariable en género.

confesionario s.m. →confesonario.

confeso, sa ▌adj. **1** Referido a una persona, que ha confesado su delito o su culpa: *El reo confeso cumplirá una pena de doce años.* ▌adj./s. **2** Referido a un judío, que se había convertido al cristianismo: *Los judíos confesos tuvieron gran importancia económica en los reinos de Aragón y de Castilla. Algunos confesos fueron denunciados a la Inquisición por practicar sus ritos en secreto.*

confesonario s.m. En una iglesia, lugar cerrado en el que se coloca el sacerdote para oír las confesiones; *confesionario*: *Los confesonarios suelen ser de madera.*

confesor s.m. Sacerdote que confiesa a los penitentes: *Después de oírme en confesión, el confesor me puso la penitencia.*

confeti s.m. Papel en trocitos muy pequeños y de varios colores, que se lanza en algunas fiestas: *Compramos confeti para las fiestas de carnaval.* ☐ MORF. Su plural es *confetis*.

confiado, da adj. Referido a una persona, que es crédula o poco previsora: *Es tan confiado que siempre deja la puerta de casa abierta.*

confianza s.f. **1** Esperanza o seguridad firmes que se tienen en algo: *Tengo confianza en él y sé que resolverá el problema.* **2** Seguridad en sí mismo: *Hasta que no cojas confianza no podrás conducir bien.* **3** Ánimo o aliento para hacer algo: *Tienes que darle confianza en sí mismo para que se atreva a hacerlo.* **4** Sencillez, amistad o intimidad en el trato: *En esta tienda tengo mucha confianza porque me conocen desde que era niña.* **5** Atrevimiento u osadía en el trato: *Se toma demasiadas confianzas con nosotros.* **6** ‖ **de confianza. 1** Referido a una persona, que se tiene intimidad en el trato con ella: *Perdona que vaya en bata, pero eres de confianza, y sé que no te importará.* **2** Referido a una persona, en quien se puede confiar: *Aunque él esté delante, habla abiertamente porque es de confianza.* **3** Que posee las cualidades recomendables para el fin al que se destina: *Es una marca de confianza y la considero la más adecuada para lo que necesitas.* ‖ **en confianza.** Con reserva e intimidad: *En confianza, y sin que se lo digas a nadie, te diré que no estoy de acuerdo.* □ MORF. La acepción 5 se usa más en plural.

confiar ▮ v. **1** Encargar o poner al cuidado de alguien: *Le confié el cuidado de los niños.* **2** Esperar con firmeza y con seguridad: *Confío en que vendrá hoy.* **3** Tener confianza: *Confío en ti porque nunca me has traicionado.* ▮ prnl. **4** Tener excesiva seguridad en algo: *Se confió y casi suspende.* □ ORTOGR. La *i* lleva tilde en los presentes, excepto en las personas *nosotros* y *vosotros* →**VACIAR**. □ SINT. Constr. de las acepciones 2 y 3: *confiar* EN *algo*.

confidencia s.f. Revelación o declaración secreta o reservada: *Te prometo que nunca contaré a nadie las confidencias que me has hecho.*

confidencial adj. Que se hace o se dice en confianza o en secreto: *Nadie, salvo nosotros, conoce este informe confidencial.* □ MORF. Invariable en género.

confidente s. **1** Persona de confianza a la que se le confían o se le encargan cosas reservadas: *Su primo es su mejor confidente.* **2** Persona que sirve de espía y que da información de lo que ocurre entre sospechosos o en el bando contrario: *La policía supo por uno de sus confidentes que se estaba preparando un gran robo.* □ MORF. 1. Es de género común y exige concordancia en masculino o en femenino para señalar la diferencia de sexo: *el confidente, la confidente*. 2. No se recomienda el femenino *confidenta*.

configuración s.f. Disposición de las partes que forman un todo y que le dan su forma peculiar: *Dada la configuración del terreno, no es posible construir en él.*

configurar v. Dar una determinada forma o estructura: *Hay que configurar la nueva estrategia de la empresa para el año próximo. El paisaje de esta zona se ha configurado por las continuas lluvias.*

confín s.m. Término que divide dos territorios y que señala los límites de cada uno de ellos: *Este pueblo está situado en los confines de la provincia.*

confinación s.f. →**confinamiento.**

confinamiento s.m. **1** Destierro al que se somete a alguien, señalándole una residencia obligatoria: *Durante su confinamiento en una isla escribió un libro con sus memorias.* **2** Encierro dentro de unos límites: *Algunos prisioneros consiguieron escapar de su confinamiento en el campo de concentración.* □ SEM. Es sinónimo de *confinación*.

confinar v. **1** Desterrar y señalar una residencia obligatoria: *Confinaron a Napoleón en la isla de Santa Elena.* **2** Encerrar dentro de unos límites: *Su familia lo confinó en un centro psiquiátrico.*

confirmación s.f. **1** Reafirmación de la verdad o de la probabilidad de algo: *Esperamos la confirmación de los rumores del cese del director.* **2** Ratificación de algo que ya estaba aprobado: *Se le comunicó la confirmación de su permanencia en la empresa.* **3** En la Iglesia católica, sacramento por el cual confirma su fe el que ya ha sido bautizado: *La confirmación completa la gracia conferida por el bautismo.* **4** En la Iglesia católica, administración de este sacramento: *En mi confirmación, toda mi familia estuvo conmigo en la parroquia.*

confirmar v. **1** Referido a algo que no se sabe con certeza, reafirmar su probabilidad o su verdad: *La televisión ha confirmado la noticia que había dado en el avance.* **2** Referido a algo que ya estaba aprobado, ratificarlo: *Tengo que llamar para confirmar la cita del médico.* **3** Asegurar o dar mayor firmeza o seguridad: *Con aquellas excusas solo consiguió confirmar mis sospechas.* **4** Administrar o recibir el sacramento de la confirmación: *El obispo confirmó a varios muchachos de la parroquia.*

confiscación s.f. Apropiación de los bienes de una persona por parte del Estado: *El Gobierno propuso la confiscación de los bienes de los narcotraficantes para luchar contra la droga.*

confiscar v. Referido a los bienes, apropiarse de ellos el Estado: *El Gobierno ha confiscado los bienes de los traficantes apresados.* □ ORTOGR. La *c* se cambia en *qu* delante de *e* →**SACAR**.

confitar v. **1** Referido a una fruta o a una semilla, cubrirlas con un baño de azúcar: *Para hacer almendras garrapiñadas hay que confitarlas.* **2** Referido a una fruta, cocerla en almíbar: *Tiene un melocotonero y confita los melocotones para poderlos comer durante todo el año.*

confite s.m. Dulce, generalmente en forma de bolitas de distintos tamaños, hecho con azúcar y con otros ingredientes: *En el bautizo nos regalaron confites de anís.* □ MORF. Se usa más en plural.

confitería s.f. Establecimiento en el que se elaboran o se venden dulces: *He ido a la confitería a comprar unas pastas para el té.*

confitero, ra s. Persona que se dedica profesionalmente a la elaboración o a la venta de dulces: *Esta confitera tiene fama de hacer los mejores pasteles del barrio.*

confitura s.f. Lo que está confitado con azúcar o almíbar, esp. si es una fruta: *En las confituras, los trozos de fruta son más grandes que en las mermeladas.*

conflictividad s.f. **1** Capacidad de crear conflictos: *Rechacé la propuesta por su conflictividad.* **2** Situación conflictiva o de enfrentamiento: *En la conferencia se analizó la conflictividad social de este último lustro.*

conflictivo, va adj. **1** Que origina un conflicto: *Se llegó a un acuerdo conflictivo, que no satisfacía a ninguna de las partes.* **2** Referido esp. una situación o a una circunstancia, que poseen conflicto: *Ahora que todo ha pasado, reconozco que pasé momentos conflictivos.*

conflicto s.m. **1** Combate, lucha o enfrentamiento, generalmente violentos o armados: *Los dos países en guerra han solicitado a la ONU que medie en el conflicto.* **2** Situación confusa, agitada o embarazosa, que resulta de difícil salida: *Cuando estoy en algún conflicto, pido ayuda a mis amigos.* **3** Problema o materia de discusión: *El conflicto generacional aparece cuando la diferencia de edad entre padres e hijos es muy grande.*

confluencia s.f. **1** Reunión de varias líneas, esp. de caminos o de cursos de agua, en un lugar: *El corrimiento de tierras provocó la confluencia de los dos ríos.* **2** Lugar en el que se produce esta reunión: *El accidente se produjo en la confluencia de estas dos calles.*

confluir v. **1** Juntarse en un punto o en un lugar: *Todas las calles del pueblo confluyen en la plaza.* **2** Referido a muchas personas, reunirse en un lugar: *Las distintas manifestaciones confluyeron delante del ayuntamiento para protestar conjuntamente.* □ MORF. Irreg.: La *i* se cambia en *y* delante de *a, e, o* →**CONTRIBUIR**.

conformación s.f. Disposición o colocación de las partes que forman un todo: *El presidente leyó la nueva conformación del Gobierno.*

conformar ▮ v. **1** Dar forma: *Estos once jugadores conforman el equipo.* ▮ prnl. **2** Acceder voluntariamente a algo, esp. si resulta desagradable: *Me ha dicho que no sea tan egoísta y que me conforme con lo que tengo.*

conforme ▌adj. **1** Que está de acuerdo con algo: *No estoy conforme con lo que has dicho.* **2** Resignado o paciente: *Cuando le expliqué mis razones, se quedó conforme.* ▌adv. **3** Referido a la forma de hacer algo, con conformidad, con correspondencia o del modo que se indica: *Lo hice conforme tú me habías indicado.* **4** ‖ **conforme a.** Con arreglo a o de manera que: *Se hizo conforme a las normas establecidas.* □ MORF. Invariable en género.

conformidad s.f. **1** Aprobación o asentimiento: *Dio su conformidad para que empezaran a arreglar la casa.* **2** Resignación o tolerancia ante las adversidades: *Ante la mala noticia reaccionó con conformidad.* **3** Concordia, correspondencia o igualdad: *Es una persona consecuente y su vida está en conformidad con sus ideas.* **4** ‖ **{de/en} conformidad.** De acuerdo con: *El pago se efectuó en conformidad con lo que se había acordado.*

conformismo s.m. Actitud o tendencia de la persona que se adapta fácilmente a cualquier circunstancia de carácter público o privado: *Tu conformismo te lleva a no aspirar a mejoras en el lugar de trabajo y a estar de acuerdo con lo que tienes.*

conformista adj./s. Que tiene o muestra conformismo: *Su actitud conformista le impide ascender en la empresa. Es un conformista y nunca critica las normas establecidas.* □ MORF. 1. Como adjetivo es invariable en género. 2. Como sustantivo es de género común y exige concordancia en masculino o en femenino para señalar la diferencia de sexo: *el conformista, la conformista*.

confort s.m. →**comodidad.** □ PRON. [konfórt]. □ MORF. Su plural es *conforts*.

confortabilidad s.f. Capacidad para producir una sensación de comodidad: *La confortabilidad de este hotel hace que me sienta como en casa.*

confortable adj. Que produce una sensación de comodidad: *Es un sillón muy confortable.* □ MORF. Invariable en género.

confortar v. **1** Dar fuerzas o vigor: *Esta sopa caliente te confortará.* **2** Referido a una persona que está afligida, animarla, alentarla o consolarla: *Las palabras de consuelo confortaron a la viuda.*

confraternidad s.f. Relación caracterizada por el afecto y la solidaridad propios de hermanos; *hermandad, confraternización*: *La empresa ha celebrado una comida de confraternidad.*

confraternización s.f. →**confraternidad.**

confraternizar v. Tratarse con amistad y con camaradería: *Los jugadores de los dos equipos acabaron por confraternizar.* □ ORTOGR. La *z* se cambia en *c* delante de *e* →**CAZAR.**

confrontación s.f. **1** Careo o colocación de una persona en presencia de otra para averiguar la verdad: *El juez quería realizar una confrontación entre los testigos que habían hecho unas declaraciones opuestas.* **2** Comparación de una cosa con otra: *La confrontación de la copia con el original demostró cuál era la falsificación.*

confrontar v. **1** Referido a una cosa, esp. a un texto, cotejarla o compararla con otra: *El profesor confrontó los dos exámenes para ver si se habían copiado.* **2** Referido a una persona, ponerla en presencia de otra para averiguar la verdad: *El abogado confrontó al acusado con uno de los testigos para ver cuál de los dos mentía.*

confundir v. **1** Mezclar de forma que resulte difícil reconocer o distinguir: *Logró huir al confundirse entre la multitud.* **2** Perturbar, trastornar o desconcertar: *Confundió con sus argumentos a todos los que lo criticaban. Por culpa de los nervios se confundió y no atinó a explicarse.* **3** Referido a una cosa, tomarla por otra equivocadamente: *Eres tan parecida a tu hermana que siempre os confundo.* □ MORF. Tiene un participio regular (*confundido*), que se usa en la conjugación, y otro irregular (*confuso*), que se usa como adjetivo.

confusión s.f. **1** Mezcla de elementos diferentes que hace que resulte difícil reconocerlos o distinguirlos: *En su cabeza hay una gran confusión de ideas.* **2** Perturbación, trastorno o desconcierto: *Cuando me halagan, siento tal confusión que soy incapaz de dar las gracias.* **3** Equivocación o error: *Hubo una confusión en los nombres y me dieron un carné de otra persona.*

confuso, sa adj. Oscuro o dudoso: *Su respuesta me pareció vaga y confusa.*

conga s.f. **1** Composición musical cubana de origen africano: *La conga tiene un ritmo alegre.* **2** Baile que se ejecuta al compás de esta música y en el que los participantes forman una larga cadena: *Al final de la fiesta, todos bailaron la conga cogidos por la cintura.*

congelación s.f. **1** Conversión en sólido de un líquido por efecto del frío: *La congelación del agua se produce a cero grados centígrados.* **2** Sometimiento de un alimento o de otro cuerpo a temperaturas tan bajas que la parte líquida quede helada: *La congelación de los alimentos hace posible que estos se conserven durante largo tiempo.* **3** Lesión de un tejido orgánico producida por el frío, esp. la que supone la muerte de sus células: *Los alpinistas rescatados presentan síntomas de congelación en los dedos de las manos y de los pies.* **4** Inmovilización o bloqueo de algo: *El juez ordenó la congelación de todas las cuentas bancarias del principal procesado.* **5** Detención del curso o del desarrollo normal de un proceso: *La oposición exige la congelación de la reforma educativa hasta alcanzar un consenso.* □ SEM. Es sinónimo de *congelamiento*.

congelador s.m. Electrodoméstico que sirve para congelar alimentos y para conservarlos congelados: *Para que se descongele la carne, tienes que sacarla del congelador un día antes.*

congelamiento s.m. →**congelación.**

congelar v. **1** Referido a un líquido, helarlo o convertirlo en sólido por efecto del frío: *El frío de la noche congeló el agua del estanque.* **2** Referido esp. a un alimento, someterlo a temperaturas tan bajas que la parte líquida quede helada: *Compra carne una vez al mes y la congela para tener siempre que necesite.* **3** Referido a un tejido orgánico, dañarlo el frío, esp. produciendo la muerte de sus células: *Andar por la nieve sin un calzado adecuado puede congelar los pies. Al montañero se le congelaron las manos y temen que tengan que amputárselas.* **4** Inmovilizar o bloquear: *La orden de congelar sus cuentas bancarias se debe a que sus negocios están siendo investigados judicialmente.* **5** Referido a un proceso, detener su curso o su desarrollo normal: *El Gobierno congelará la entrada en vigor de la ley hasta la próxima legislatura.*

congénere adj./s. Que es del mismo género, origen o clase que otro: *El zorro y el lobo son animales congéneres. ¡Menuda pandilla formáis tú y tus congéneres!* □ MORF. 1. Como adjetivo es invariable en género. 2. Como sustantivo es de género común y exige concordancia en masculino o en femenino para señalar la diferencia de género: *el congénere, la congénere*.

congeniar v. Llevarse bien o entenderse por coincidir en la forma de ser o en las inclinaciones: *Tienes un carácter tan flexible que congenias con todo el mundo.* □ ORTOGR. La *i* nunca lleva tilde.

congénito, ta adj. Que se tiene desde el nacimiento porque se ha adquirido durante el período de gestación: *La malformación congénita de su hijo la detectaron en el sexto mes de embarazo.*

congestión s.f. **1** Acumulación anormal y excesiva de sangre en una parte del cuerpo: *Padece una congestión pulmonar que le dificulta la respiración.* **2** Obstrucción o entorpecimiento de la circulación o del movimiento por una zona: *La congestión de las calles del centro se evitaría con la prohibición del transporte privado.*

congestionar v. **1** Referido a una parte del cuerpo, acumular en ella una cantidad excesiva de sangre: *La carrera que se dio le congestionó el rostro. Cuando un órgano se congestiona, aumenta de tamaño.* **2** Referido esp. a una zona, obstruir o entorpecer la circulación o el movimiento por ella: *Una inmensa multitud congestionaba la plaza. En cuanto me acatarro, se me congestiona la nariz.*

conglomeración s.f. Unión de fragmentos o de partículas de una o de varias sustancias por medio de un conglomerante, de modo que resulte una masa compacta: *Las resinas permiten la conglomeración de la fibra de vidrio para fabricar canoas.*

conglomerado s.m. **1** Conjunto o acumulación formados a partir de una diversidad: *La población de las colonias era un conglomerado de razas y gentes muy diversas.* **2** Masa compacta de materiales unidos artificialmente: *Los muebles de conglomerado son de peor calidad que los de madera noble.* **3** En geología, masa rocosa formada por fragmentos redondeados de diversas rocas o sustancias minerales unidos entre sí por un cemento: *Los conglomerados son rocas sedimentarias.*

conglomerante s.m. Material capaz de unir fragmentos o partículas de una o de varias sustancias y de dar cohesión al conjunto: *El cemento es el conglomerante de algunas mezclas que se utilizan en albañilería.*

conglomerar v. **1** Reunir, juntar o acumular, esp. si se hace formando un conjunto de gran diversidad interna: *Un buen líder tiene que saber conglomerar las distintas opiniones de sus seguidores. En la coalición se conglomeran las tendencias más dispares con el objetivo común de derrotar al partido en el poder.* **2** Referido a fragmentos o a partículas de una o de varias sustancias, unirlos con un conglomerante de modo que resulte una masa compacta: *Para fabricar el asfalto hay que conglomerar la gravilla con un betún.*

congoja s.f. Angustia o pena muy intensas: *Descubrir la miseria en la que viven algunas personas le produjo una gran congoja.*

congoleño, ña adj./s. **1** Del Congo (país africano), o relacionado con él: *La capital congoleña es Brazzaville.* **2** De la República Democrática del Congo (país africano), o relacionado con ella: *La capital congoleña es Kinsasa. Los congoleños practican una agricultura de tipo primitivo.* □ MORF. Como sustantivo se refiere solo a las personas del Congo.

congraciar v. Conseguir la benevolencia o el afecto de alguien: *Su amabilidad lo congració enseguida con sus nuevos colaboradores.* □ ORTOGR. 1. La *i* nunca lleva tilde. 2. Dist. de *congratular*.

congratulación s.f. Manifestación de alegría y de satisfacción que se hace a alguien con motivo de un suceso feliz: *Reciba mis congratulaciones por el éxito de la operación.*

congratular v. Alegrar o manifestar alegría y satisfacción por un suceso feliz: *Me congratula estar con ustedes en día tan señalado. Todos reían y se congratulaban por la distinción recibida.* □ ORTOGR. Dist. de *congraciar*. □ MORF. Se usa más como pronominal.

congregación s.f. **1** Conjunto de religiosos que viven en comunidad sujetos a una regla y que suelen estar dedicados a determinadas actividades acordes con sus fines piadosos: *La congregación de los marianistas se dedica a la enseñanza.* **2** Asociación o hermandad autorizada de personas devotas, formada para realizar obras piadosas o religiosas: *Mi madre pertenece a una congregación de Hijas de María.*

congregar v. Referido esp. a un gran número de personas, reunirlas en un mismo lugar o hacerles acudir a él: *El mitin congregó a multitud de seguidores. Los afectados se congregaron delante del ayuntamiento.* □ ORTOGR. La *g* se cambia en *gu* delante de *e* →**PAGAR**.

congresista s. Miembro de un congreso o participante en él: *Cada congresista presentó una ponencia.* □ MORF. Es de género común y exige concordancia en masculino o en femenino para señalar la diferencia de sexo: *el congresista, la congresista*.

congreso s.m. **1** Reunión de personas para tratar o debatir un asunto: *El congreso rector eligió a la nueva junta directiva por unanimidad.* **2** Conferencia, generalmente periódica, en la que se reúnen miembros de un colectivo para exponer y debatir cuestiones previamente fijadas: *Acude a todos los congresos de su especialidad para mantenerse al día.* **3** En algunos países, asamblea legislativa nacional, formada por una o por dos Cámaras: *El Congreso estadounidense está formado por el Senado y la Cámara de representantes.* **4** Edificio en el que se celebran las sesiones de esta asamblea: *El rey presidirá en el congreso la apertura solemne de la nueva legislatura.* **5** ‖ **Congreso de los Diputados.** Asamblea legislativa nacional formada por representantes del pueblo elegidos por sufragio: *El Congreso de los Diputados votará hoy la reforma del Código Penal.* □ USO En la acepción 3 se usa como nombre propio.

congrio s.m. Pez marino de forma casi cilíndrica, con una larga aleta dorsal, color gris oscuro y carne blanca muy apreciada como alimento: *El congrio es un pescado muy sabroso.* □ MORF. Es un sustantivo epiceno y la diferencia de sexo se señala mediante la oposición *el congrio {macho/hembra}*. 👁 **pez**

congruencia s.f. Coherencia, conformidad, correspondencia o relación lógica: *Lo acusan de falta de congruencia entre lo que predica y lo que hace.*

congruente adj. Con congruencia, con lógica o con coherencia: *Las medidas adoptadas son congruentes con los principios de la institución.* □ MORF. Invariable en género.

cónico, ca adj. Del cono o con la forma de este cuerpo geométrico: *El payaso llevaba un gorro cónico con unas plumas en la punta.*

conífero, ra ▮ adj./s.f. **1** Referido a una planta, que es arbórea, tiene las hojas perennes y en forma de escamas o de agujas, y los frutos generalmente en forma de cono o de piña: *Los árboles coníferos suelen ser muy resistentes. El pino y el abeto son dos coníferas.* ▮ s.f.pl. **2** En botánica, clase de estas plantas, perteneciente a la división de las gimnospermas: *Entre las coníferas abundan las especies boscosas.*

conjetura s.f. Juicio o idea que se forman a partir de indicios o de datos incompletos o no comprobados: *Antes de hacer conjeturas sobre los motivos de mi conducta, pregúntame.*

conjeturar v. Referido esp. a un juicio, formarlo a partir de indicios o de datos no completos o no comprobados: *Conjeturo que debe de tener problemas serios.*

conjugación s.f. **1** Combinación de varias cosas entre sí: *El sistema educativo debe buscar la conjugación del desarrollo físico y del intelectual.* **2** En gramática, enunciación ordenada de las formas que presenta un verbo para cada modo, tiempo, número y persona: *Cada día aprende de memoria la conjugación de un verbo irregular.* **3** En gramática, cada uno de los grupos que sirven como modelo para esta enunciación: *Los verbos terminados en '-ar' pertenecen a la primera conjugación.*

conjugar v. **1** Combinar o poner de acuerdo: *Los candidatos para el puesto deben conjugar experiencia y capacidad de mando.* **2** En gramática, referido a un verbo, enunciarlo ordenadamente en las formas que presenta para cada modo, tiempo, número y persona: *¿Cómo se conjuga el verbo 'amar' en presente de indicativo?* ☐ ORTOGR. La *g* se cambia en *gu* delante de *e* ⟶**PAGAR**.

conjunción s.f. **1** En gramática, parte invariable de la oración cuya función es hacer de nexo entre dos oraciones o entre dos miembros de una de ellas: *La conjunción 'y' es una conjunción coordinante copulativa.* **2** Unión, reunión o convergencia de varias cosas: *Una obra tan grande solo puede ser fruto de la conjunción de muchos esfuerzos.*

conjuntar v. Combinar en un conjunto armonioso: *¡Qué bien has conjuntado los muebles del salón!*

conjuntiva s.f. Véase **conjuntivo, va**.

conjuntivitis s.f. Inflamación de la conjuntiva del ojo: *La contaminación ambiental puede producir conjuntivitis.* ☐ MORF. Invariable en número.

conjuntivo, va ▮ adj. **1** Que junta y une una cosa con otra: *Los paquetes musculares del cuerpo están rodeados por tejido conjuntivo.* **2** En gramática, de la conjunción, con valor de locución, o relacionado con ella: *La expresión 'por mucho que' es una locución conjuntiva que equivale a 'aunque'.* ▮ s.f. **3** En anatomía, membrana mucosa que recubre el interior del párpado y la parte anterior del globo ocular de los vertebrados: *La conjuntiva tiene una función protectora y lubricante.*

conjunto, ta ▮ adj. **1** Hecho en unidad o combinadamente con otros: *La alianza fue posible gracias al esfuerzo conjunto de muchos voluntarios.* ▮ s.m. **2** Agrupación homogénea y que se considera formando un cuerpo: *El cantante fue recibido por un conjunto numeroso de aficionados.* **3** Grupo musical formado por un número reducido de intérpretes: *Soy la solista de un conjunto de música ligera.* **4** Juego de dos o más prendas de vestir combinadas: *Llevas un conjunto de chaleco y chaqueta que va muy bien con la falda.* **5** En matemáticas, totalidad de los elementos con una propiedad común que los distingue de otros: *El conjunto de los números primos se caracteriza porque sus elementos son divisibles solo por ellos mismos y por la unidad.*

conjura s.f. Unión mediante juramento o compromiso para un fin, esp. conspirando contra alguien: *Los historiadores llamaron a aquella protesta 'la conjura de los oprimidos'.*

conjurar v. **1** Unirse mediante juramento o compromiso para un fin, esp. para conspirar contra alguien: *Los que conjuraron fueron detenidos. Su manía persecutoria le hace pensar que todo el mundo se conjura contra él.* **2** Referido esp. a un daño o a un peligro, evitarlos o alejarlos: *Se necesita de la solidaridad internacional para conjurar el hambre.* **3** Referido a un espíritu maligno, esp. al demonio, ahuyentarlo con exorcismos: *Un sacerdote exorcista conjuraba al demonio para que saliese de aquel cuerpo.* **4** Referido a un espíritu, invocar su presencia: *El hechicero conjuraba a los espíritus de los antepasados con palabras mágicas.*

conjuro s.m. **1** Fórmula mágica que se dice para conseguir un deseo: *La bruja preparaba sus filtros amorosos mientras pronunciaba extraños conjuros.* **2** Pronunciación de exorcismos para ahuyentar al demonio o a otro espíritu maligno: *La Iglesia establece una serie de fórmulas para realizar conjuros.*

conllevar v. Implicar, suponer o traer como consecuencia: *El trabajo de vigilante conlleva serios riesgos.*

conmemoración s.f. Recuerdo que se hace de una persona o de un acontecimiento, esp. el que se celebra en una ceremonia: *Levantaron un monumento en conmemoración de los caídos en combate.*

conmemorar v. Recordar, esp. si se celebra en una ceremonia: *El 23 de abril se conmemora la muerte de Cervantes.*

conmemorativo, va adj. Que conmemora a una persona o un acontecimiento: *Al acto conmemorativo en honor del escritor asistieron sus compañeros de generación.*

conmensurable adj. Sujeto a medida o a valoración: *La generosidad no es algo conmensurable.* ☐ MORF. Invariable en género.

conmigo pron.pers. Forma de la primera persona del singular cuando se combina con la preposición *con*: *Tu hermano está conmigo. Es mejor que vengas conmigo.* ☐ MORF. 1. No tiene diferenciación de género. 2. Incorr. **con mí*. 3. ⟶APÉNDICE DE PRONOMBRES.

conminación s.f. **1** Amenaza a una persona, esp. la que se hace con un castigo: *Ante aquellas severas conminaciones, nadie se atrevió a desobedecer.* **2** En derecho, exigencia del cumplimiento de un mandato bajo advertencia de pena o de sanción, hecha por quien tiene autoridad para ello: *La desobediencia a la conminación de un tribunal está penada por la ley.*

conminar v. **1** Referido a una persona, amenazarla, esp. con un castigo: *La Administración conmina con un recargo a cuantos se retrasen en el pago de impuestos.* **2** En derecho, exigir el cumplimiento de un mandato bajo advertencia de pena o de sanción quien tiene autoridad para ello: *El juez conminó a todos los implicados a presentarse en el lugar y fecha fijados.* ☐ SINT. Constr. de la acepción 2: *conminar A hacer algo.*

conmiseración s.f. Sentimiento de pena y lástima por la desgracia o el sufrimiento ajenos; *compasión*: *No me mires con conmiseración, porque estoy orgullosa de lo que he hecho.*

conmoción s.f. **1** Alteración, inquietud o perturbación violentas: *Cuando le comunicaron la muerte de su amigo, sufrió una fuerte conmoción.* **2** ‖ **conmoción cerebral.**

Aturdimiento o pérdida del conocimiento producidos por un fuerte golpe en la cabeza o por efecto de otro factor violento: *Los ocupantes del coche accidentado ingresaron con conmoción cerebral y múltiples contusiones.*

conmocionar v. Producir o experimentar conmoción, perturbación o agitación, generalmente por efecto de causas violentas: *Un anuncio de nuevos despidos masivos conmocionaría a las masas. Todos nos conmocionamos cuando nos comunicaron la mala noticia.*

conmover v. Enternecer o producir compasión: *Conmueve ver a un niño mendigando. Es tan sensible que se conmueve por cualquier cosa.* ☐ MORF. La *o* final de la raíz diptonga en *ue* en los presentes, excepto en las personas *nosotros* y *vosotros*. Irreg. ⟶**MOVER**.

conmutabilidad s.f. Posibilidad de ser conmutado, cambiado o sustituido: *Dada la conmutabilidad de la pena, la sentencia podrá ser variada.*

conmutación s.f. **1** Cambio de una cosa por otra: *Ambos accionistas acordaron la conmutación de sus acciones.* **2** Sustitución de una condena o de una obligación por otras más leves: *Su abogado solicitó la conmutación de la pena de arresto por una multa.*

conmutador s.m. En electrónica, aparato o dispositivo que permiten cambiar la dirección de una corriente eléctrica o interrumpirla: *La llave para encender o apagar la luz es un conmutador.*

conmutar v. **1** Intercambiar o cambiar por otra cosa: *Conmutar el orden de los factores no altera el producto.* **2** Referido esp. a una condena, sustituirla por otra más leve: *Le conmutaron la pena de muerte por cadena perpetua.*

connatural adj. Propio de la naturaleza de cada ser: *La bravura es connatural al toro de lidia.* ☐ MORF. Invariable en género.

connivencia s.f. **1** Confabulación o acuerdo que se hace para llevar a cabo un plan ilícito: *Los ladrones cometieron el robo en connivencia con uno de los empleados de la empresa.* **2** Tolerancia o disimulo de un superior para con las faltas o los incumplimientos que cometen sus subordinados contra las reglas y leyes a las que están sujetos: *Aunque él no participara en el fraude, su connivencia lo hizo posible y debe ser castigado.*

connotación s.f. En lingüística, significación secundaria y subjetiva que posee una palabra o una unidad léxica por asociación: *El adjetivo 'caduco' aplicado a una persona tiene una connotación despectiva.* ☐ SEM. Dist. de *denotación* (significación básica y desprovista de matizaciones subjetivas).

connotar v. En lingüística, poseer significados secundarios y subjetivos: *La palabra 'tarde' en muchos poemas de Antonio Machado connota tristeza y sensación de paso del tiempo.* ☐ SEM. Dist. de *denotar* (poseer un significado básico y sin matizaciones subjetivas).

connotativo, va adj. Que connota: *Un significado connotativo de la palabra 'pato' es el de 'persona sosa y torpe'.*

cono s.m. **1** Cuerpo geométrico limitado por una base circular y por la superficie generada por la rotación de una recta que mantiene fijo uno de sus extremos y que describe con el otro la circunferencia de dicha base: *El cucurucho de los helados tiene forma de cono.* **2** Lo que tiene forma semejante a la de este cuerpo geométrico: *Los conos volcánicos son montañas formadas por la acumulación de lavas solidificadas y enfriadas alrededor de la chimenea de los volcanes.* **3** En botánica, fruto de las plantas coníferas: *El cono o fruto del pino es la piña.* **4** En la retina del ojo, célula que recibe las impresiones luminosas de color: *La capa de los conos y bastoncillos es la parte del ojo sensible a la luz.* **5** ‖ **cono sur.** En geografía, región sur del continente americano, formada por los territorios chileno, argentino y uruguayo: *Los países del cono sur defendieron una propuesta común en la conferencia iberoamericana.*

conocer ▌ v. **1** Averiguar o descubrir por el ejercicio de las facultades intelectuales: *El científico aspira a conocer los misterios del mundo.* **2** Percibir de manera clara y distinguiendo de todo lo demás: *Es peligroso ir a coger setas si no conoces las especies venenosas.* **3** Notar, advertir o saber por indicios o por conjeturas: *Por aquella mirada, conocí sus intenciones.* **4** Experimentar, sentir o saber por propia experiencia: *Quien no ha conocido el amor, no entiende lo que es estar enamorado.* **5** Referido a una persona, tener trato o relación con ella: *Resultó que era de una familia a la que conozco mucho.* ▌ ant. **6** Referido a una persona, tener relaciones sexuales con ella: *Hasta el día de su boda no conoció varón.* **7** En derecho, entender en un asunto con facultad legítima para ello: *El tribunal que conoce de la causa se reunió para deliberar.* **8** ‖ **se conoce que.** *col.* Parece ser que: *Se conoce que no les iba bien, porque han roto.* ☐ MORF. Irreg.: Aparece una *z* delante de la *c* cuando la siguen *a*, *o* ⟶**PARECER**. ☐ SINT. Constr. de la acepción 7: *conocer* DE *un asunto*.

conocido, da ▌ adj. **1** Ilustre, famoso o acreditado: *La lección magistral correrá a cargo de un conocido profesor.* ▌ s. **2** Persona con la que se tiene cierto trato o relación, sin llegar a la amistad; *conocimiento: Como viaja tanto, tiene muchos conocidos, pero pocos amigos de verdad.*

conocimiento ▌ s.m. **1** Entendimiento, inteligencia o capacidad de razonar: *¡A ver si creces y empiezas a obrar con un poco más de conocimiento!* **2** Consciencia o capacidad sensorial y perceptiva de una persona: *Estuvo unos segundos inconsciente hasta que por fin recobró el conocimiento.* **3** Averiguación o descubrimiento que se alcanzan por el ejercicio de las facultades intelectuales: *Para avanzar en el conocimiento de una ciencia, hay que dedicar muchas horas al estudio.* **4** Apreciación, percepción o saber que se alcanzan generalmente por indicios o por conjeturas: *Por mis titubeos al hablar, llegó al conocimiento de que le ocultaba algo.* **5** Experimentación, sentimiento o saber adquiridos por propia experiencia: *Hasta su conocimiento del fracaso, fue una persona engreída y ufana.* **6** Trato o relación con una persona: *Como le cuesta tanto hacer amigos, lo obsesiona el conocimiento de gente nueva.* **7** Persona con la que se tiene cierto trato o relación, sin llegar a la amistad; *conocido: Me presentó a su mujer diciendo: «Aquí mi señora, aquí un conocimiento».* ▌ pl. **8** Conjunto de las nociones aprendidas sobre una materia o sobre una disciplina: *Mis conocimientos de mecánica son nulos.*

conque conj. Enlace gramatical subordinante con valor consecutivo: *No te necesito aquí, conque ya te puedes ir.* ☐ ORTOGR. Dist. de *con que*. ☐ USO Se usa para introducir frases exclamativas que expresan sorpresa o censura al interlocutor: *¡Conque esas tenemos, eh!*

conquense adj./s. De Cuenca o relacionado con esta provincia española o con su capital: *La Semana Santa conquense es muy popular. Un conquense me enseñó las casas colgantes de la ciudad.* ☐ MORF. 1. Como adjetivo es invariable en género. 2. Como sustantivo es de género común y exige concordancia en masculino o en femenino para señalar la diferencia de sexo: *el conquense, la conquense.* 3. Como sustantivo se refiere solo a las personas de Cuenca.

conquista s.f. **1** Consecución o logro obtenidos con esfuerzo, con habilidad o venciendo dificultades: *La vida media del hombre se ha alargado gracias a las conquistas de la medicina.* **2** Dominación de un territorio mediante operaciones de guerra: *Napoleón llevó a cabo la conquista de gran parte de Europa.* **3** Logro del amor de una persona: *Ese donjuán presume de poder hacer cuantas conquistas se proponga.* **4** Logro o atracción de la voluntad, de la simpatía o de la actitud favorable de otra persona: *En cuanto una persona le interesa, emprende su conquista con todo tipo de artimañas.* **5** Lo que ha sido conquistado: *Las conquistas del imperio estaban repartidas por todo el continente.*

conquistar v. **1** Conseguir o ganar, generalmente con esfuerzo, con habilidad o venciendo dificultades: *Para conquistar su actual puesto, tuvo que superar una dura prueba de selección.* **2** Referido a un territorio, tomarlo o dominarlo mediante operaciones de guerra: *Durante la Edad Media, los árabes conquistaron gran parte de la península ibérica.* **3** Referido a una persona, lograr su amor: *Su actual marido se le resistió mucho, pero al final lo conquistó.* **4** Referido a una persona, ganarse su voluntad, su simpatía o su actitud favorable: *Sabe conquistar al público con su arte. Cuando se pone tan cariñoso, sé que quiere conquistarme para pedirme algo.*

consabido, da adj. Habitual o sabido por todos: *Sé un poco original y no me vengas con la consabida excusa del tráfico.*

consagración s.f. **1** En la misa, transformación del pan y el vino en el cuerpo y la sangre de Cristo mediante las palabras que pronuncia el sacerdote: *Después de la consagración, el sacerdote levanta la hostia y el cáliz.* **2** Dedicación u ofrecimiento a Dios: *El obispo presidió la ceremonia de consagración de los nuevos sacerdotes.* **3** Dedicación a un determinado fin, esp. si se hace con ardor o entusiasmo: *Mereció la pena la consagración de tantos años a la realización de este proyecto.* **4** Adquisición de fama o prestigio en una actividad: *Esa novela le ha valido su consagración como escritor.*

consagrar v. **1** En la misa, transformar el pan y el vino en el cuerpo y la sangre de Cristo mediante las palabras que pronuncia el sacerdote: *Cuando el sacerdote consagra todos los fieles muestran respeto. El sacerdote levantó la hostia y el cáliz después de consagrarlos.* **2** Dedicar u ofrecer a Dios: *Ingresó en un seminario y consagró su vida a Dios.* **3** Dedicar a un determinado fin, esp. si se hace con ardor o entusiasmo: *Consagró sus mejores años a la investigación científica. Se consagró en cuerpo y alma a la defensa de los derechos humanos.* **4** Dar fama o prestigio en una actividad: *Sus últimos cuadros lo consagran como uno de los mejores pintores del momento. Con aquel reportaje se consagró como periodista.*

consanguineidad s.f. →**consanguinidad.**

consanguíneo, a adj. Referido a una persona, que tiene relación de consanguinidad con otra: *Los parientes consanguíneos presentan caracteres genéticos comunes.*

consanguinidad s.f. Unión por parentesco natural de varias personas que descienden de antepasados comunes: *Entre los primos carnales hay relación de consanguinidad.* □ ORTOGR. Se admite también *consanguineidad*.

consciencia s.f. **1** Facultad del ser humano para reconocer el mundo que lo rodea o a sí mismo: *Me di un golpe en la cabeza y perdí la consciencia durante un momento.* **2** Conocimiento exacto y reflexivo de las cosas: *Tengo consciencia de habértelo dado ya, pero si no lo tienes, puedo estar equivocado.* □ SEM. Es sinónimo de *conciencia*.

consciente adj. **1** Que tiene conocimiento de algo, esp. de sus actos, de sus sentimientos o de sus pensamientos: *No sé si eres consciente de que este fraude es un delito.* **2** Que se hace en estas condiciones: *Tu vuelta a la empresa fue un acto consciente y voluntario.* **3** Con pleno uso de sus sentidos y facultades: *El herido llegó consciente al hospital.* □ MORF. Invariable en género.

consecución s.f. Obtención o logro de lo que se pretende o desea: *La consecución de un título universitario requiere muchos esfuerzos.*

consecuencia s.f. **1** Lo que resulta o se deriva de algo: *La mala cosecha de este año es consecuencia de la sequía. Si no tienes en cuenta mis consejos, atente a las consecuencias.* **2** Correspondencia lógica entre distintos elementos, esp. entre los principios de una persona y su comportamiento: *Su forma de vida no guarda consecuencia con las ideas que dice tener.* **3** ‖ **a consecuencia de.** Enlace gramatical subordinante con valor causal: *El río se desbordó a consecuencia de las fuertes lluvias.* ‖ **{en/por} consecuencia.** Enlace gramatical coordinante con valor consecutivo: *No quiero que me vea y, en consecuencia, saldré por la otra puerta.*

consecuente adj. Que guarda correspondencia lógica con algo, esp. referido a la persona que observa correspondencia entre sus actos y sus principios: *Es un muchacho consecuente y se comporta según sus principios.* □ MORF. Invariable en género.

consecutivo, va adj. **1** Que sigue inmediatamente o sin interrupción a otro elemento: *Nos han puesto los exámenes en dos días consecutivos.* **2** Que expresa consecuencia: *En 'Llueve tanto que no podremos salir', 'que no podremos salir' es una oración consecutiva. 'Conque', 'luego' y 'de modo' que son conjunciones consecutivas.*

conseguir v. Referido a lo que se pretende o desea, alcanzarlo, obtenerlo o lograrlo: *Consiguió superar su depresión. ¿Quién conseguirá ganar la carrera?* □ ORTOGR. La *gu* se cambia en *g* delante de *a, o.* □ MORF. Irreg.: La *e* se cambia en *i* cuando la sílaba siguiente no tiene *i* o la tiene formando diptongo →**SEGUIR**.

consejería s.f. **1** Departamento del gobierno de una comunidad autónoma: *La consejería de Educación de las comunidades bilingües organiza la enseñanza de la lengua autonómica.* **2** Establecimiento o lugar en el que funciona un consejo o corporación consultiva o administrativa: *La información que necesitas pueden dártela en la consejería.* **3** Cargo de consejero: *La consejería de Hacienda la ocupa un economista.* □ ORTOGR. Dist. de *conserjería*.

consejero, ra s. **1** Persona que aconseja o que sirve para aconsejar; *consiliario: Los señores feudales consultaban con sus consejeros antes de emprender una batalla.* **2** Miembro de un consejo o de una consejería: *Ha sido nombrado consejero del consejo de administración de un importante banco.* **3** Lo que sirve de advertencia para la conducta: *Los desengaños son buenos consejeros y todos terminamos aprendiendo de ellos.*

consejo s.m. **1** Opinión o juicio que se da o se toma sobre cómo se debe actuar en un asunto: *Sigue mi consejo y espera a que él te llame.* **2** Corporación consultiva encargada de informar al Gobierno sobre determinada materia: *El Consejo de Agricultura se ha reunido para elaborar un informe sobre la situación del campo español.* **3** Cuerpo administrativo, consultivo o de gobierno, esp. referido al de una sociedad o compañía particular: *El consejo escolar decide las actividades extraescolares que se realizan a lo largo del curso.* **4** Reunión de esta corporación o de este cuerpo: *El Consejo de Ministros estuvo presidido por el jefe del poder ejecutivo.* **5** Lugar en el que se reúne o tiene su sede esta corporación o este cuerpo: *Los periodistas esperaban a las puertas del consejo para obtener informaciones.* **6** ‖ **consejo de guerra.** Tribunal compuesto por generales, jefes u oficiales que, con asistencia de un asesor jurídico, se ocupa de las causas de la jurisdicción militar: *Los desertores serán juzgados por un consejo de guerra.* ‖ **Consejo de Ministros.** Cuerpo de ministros que, presididos por el jefe del poder ejecutivo, tratan cuestiones del Estado: *El Consejo de Ministros aprobó ayer los presupuestos del Estado para el próximo año.* ☐ ORTOGR. Dist. de *concejo*. ☐ USO En la acepción 2 se usa como nombre propio.

consenso s.m. Asenso o consentimiento, esp. referido al de todas las personas que componen una corporación: *El presidente de la comisión propuso una reforma y fue aprobada por consenso.* ☐ SEM. Dist. de *acuerdo* (decisión acordada tras un debate).

consensuar v. Referido esp. a una decisión, adoptarla de común acuerdo entre dos o más partes: *La ley fue consensuada por todos los partidos políticos.* ☐ ORTOGR. La *u* lleva tilde en los presentes, excepto en las personas *nosotros* y *vosotros* ⟶**ACTUAR**.

consentido, da adj./s. Mimado en exceso: *Desde pequeño lo tuvieron muy consentido y ahora se cree que todo el mundo gira a su alrededor. Este niño es un consentido.*

consentimiento s.m. Permiso para la realización de algo; *anuencia: Me ha dado su consentimiento para usar el coche.*

consentir v. **1** Referido a la realización de algo, permitirla o dejar que se haga: *No te consiento que hables mal de mis amigos.* **2** Referido a una persona, mimarla o ser muy tolerante con ella: *Si consentís tanto al niño lo vais a malcriar.* ☐ MORF. Irreg. ⟶**SENTIR**.

conserje s. Persona que se encarga del cuidado, vigilancia y limpieza de un edificio o de un establecimiento público: *El conserje cierra las puertas del instituto cuando los alumnos han entrado en clase.* ☐ MORF. Es de género común y exige concordancia en masculino o en femenino para señalar la diferencia de sexo: *el conserje, la conserje*.

conserjería s.f. **1** Lugar que ocupa el conserje en el edificio que está a su cuidado: *Los impresos de la matrícula se recogen en la conserjería del colegio.* **2** Cargo de conserje: *Ocupó la conserjería del instituto hasta el día de su jubilación.* ☐ ORTOGR. Dist. de *consejería*.

conserva s.f. Alimento preparado y envasado convenientemente para mantenerlo comestible durante mucho tiempo: *Si vienen más invitados de los que esperamos abriré unas latas de conservas.*

conservación s.f. **1** Mantenimiento de algo o cuidado de su permanencia: *Los museos se encargan de la conservación de parte del patrimonio artístico.* **2** Continuación de la práctica de algo, esp. de las costumbres o de las virtudes: *El Ayuntamiento ha dado un gran impulso a la conservación de las fiestas populares.*

conservador, -a adj./s. Que defiende o sigue el conservadurismo: *El partido conservador obtuvo la mayoría en las últimas elecciones. Los conservadores votaron en contra de las reformas propuestas.*

conservadurismo s.m. Doctrina o actitud que defiende los valores tradicionales y la moderación en las reformas, y que se opone a los cambios bruscos respecto a una situación dada: *Los partidos políticos de derechas se caracterizan por su conservadurismo.*

conservante s.m. Sustancia que se añade a algunos alimentos para conservarlos sin alterar sus cualidades: *Muchos conservantes son perjudiciales para la salud.*

conservar v. **1** Mantener o cuidar la permanencia de algo: *Aún conservo tus regalos. Los alimentos frescos se conservan mejor en la nevera.* **2** Referido esp. a una costumbre o a una virtud, continuar su práctica: *Es ya mayor, pero conserva aún la agilidad de sus años jóvenes.* **3** Guardar con cuidado: *La biblioteca conserva valiosos manuscritos.* **4** Elaborar conservas: *En esta fábrica se utilizan diversos procedimientos para conservar los pescados.*

conservatorio s.m. Centro, generalmente oficial, dedicado a la enseñanza de la música y de otras artes relacionadas con ella: *Estudia piano en el conservatorio.*

conservero, ra ▮ adj. **1** De las conservas o relacionado con ellas: *En Galicia hay una importante industria conservera de pescado.* ▮ s. **2** Propietario de una industria dedicada a la conservación de alimentos, o persona que se dedica profesionalmente a la realización de conservas: *Los conserveros de la región están estudiando nuevas posibilidades para la exportación de sus productos.*

considerable adj. Grande, cuantioso o importante: *No me lo pude comprar porque costaba una considerable cantidad de dinero.* ☐ MORF. Invariable en género.

consideración s.f. **1** Meditación o reflexión atenta y cuidadosa de algo: *Dejo estos hechos a tu consideración para que tú mismo decidas.* **2** Atención y respeto: *Suelo comprar en este establecimiento porque me tratan con consideración.* **3** Opinión o juicio que se tiene sobre algo: *Entre sus compañeros tiene muy buena consideración.* **4** ‖ **de consideración.** Grande o importante: *Se hizo una herida de consideración.*

considerado, da adj. **1** Que actúa con reflexión, con atención o de forma respetuosa: *Debemos ser considerados con los ancianos.* **2** Que recibe muestras de atención y respeto: *Es una persona muy considerada en los círculos intelectuales.*

considerar v. **1** Pensar, meditar o reflexionar con atención y cuidado: *Tengo que considerar tu oferta antes de darte una respuesta.* **2** Juzgar, estimar o tener una opinión sobre algo: *Considero que no tienes razón. Se considera un sabio y quiere darnos lecciones a todos.*

consigna s.f. **1** Orden o instrucción que se da a un subordinado o a los afiliados de una agrupación política o sindical: *El sindicato dio la consigna de abandonar la huelga.* **2** En una estación o en un aeropuerto, lugar o compartimento en el que se pueden dejar depositados los equipajes: *Dejé la maleta en la consigna de la estación de trenes y aproveché para pasear por la ciudad.*

consignación s.f. **1** Cantidad destinada para determinados gastos o servicios: *Este año aumentan las consignaciones destinadas a la enseñanza.* **2** Manifestación por escrito de algo, esp. de una opinión, de un voto o de un dato: *El periodista se encargó de la consignación de las declaraciones de los testigos.*

consignar v. **1** En un presupuesto, anotar una cantidad de dinero para un fin determinado: *El Ayuntamiento ha* *consignado poco dinero para la conservación de los parques.* **2** Referido esp. a una opinión, un voto o un dato, ponerlos por escrito: *En la factura debes consignar la fecha de entrega.*

consignatario, ria s. Empresa o persona a quien va destinada una mercancía: *El consignatario de este cargamento de tela es una fábrica de confección.*

consigo pron.pers. Forma de la tercera persona cuando se combina con la preposición *con*: *Reflexionaba consigo misma. Se llevaron todos los libros consigo.* ☐ MORF. 1. No tiene diferenciación de género ni de número. 2. Incorr. **con sí*. 3. ⟶APÉNDICE DE PRONOMBRES. ☐ SEM. Dist. de *consigo* (del verbo *conseguir*).

consiguiente adj. **1** Que depende y se deduce de algo: *Aceptó esa responsabilidad, con la consiguiente preocupación por parte de sus padres.* **2** ‖ **por consiguiente.** Enlace gramatical subordinante con valor consecutivo: *Ha subido el precio de los combustibles y, por consiguiente, no tardará en subir el de los transportes públicos.* ☐ MORF. Invariable en género.

consiliario, ria s. Persona que aconseja o sirve para aconsejar; *consejero*: *En muchas asociaciones de laicos hay un sacerdote que actúa como consiliario.*

consistencia s.f. **1** Estabilidad, solidez o fundamento de algo: *No se hizo caso de sus propuestas porque carecían de consistencia.* **2** Cohesión o unión entre las partículas de una masa o entre los elementos de un conjunto: *Hay que batir la masa hasta que adquiera consistencia.*

consistente adj. Que tiene consistencia: *El acero es un material muy consistente. La masa todavía es poco consistente.* ☐ MORF. Invariable en género.

consistir v. **1** Ser o estar formado o compuesto por lo que se expresa: *El premio consiste en un lote de libros. Mi trabajo consiste en catalogar libros.* **2** Estribar o estar basado; *radicar*: *Su éxito consiste en su capacidad de trabajo.* ☐ SINT. Constr.: *consistir* EN *algo.*

consistorial adj. Del consistorio o relacionado con él: *Se han suspendido las obras por decisión consistorial.* ☐ MORF. Invariable en género.

consistorio s.m. **1** En algunas ciudades y villas importantes españolas, Ayuntamiento o Cabildo: *El Consistorio ha decidido emplear parte del presupuesto en la construcción de un nuevo parque. Ya ha empezado la demolición del viejo consistorio.* **2** En la Iglesia católica, junta o asamblea que celebra el papa con asistencia de los cardenales: *Los obispos son nombrados por el papa en el consistorio.* ☐ USO En la acepción 1, se usa como nombre propio.

consola s.f. **1** Mesa hecha para estar arrimada a la pared y cuyo fin es principalmente decorativo: *Las consolas no suelen tener cajones.* **2** Panel de mandos e indicadores que sirve para que el usuario o el operador dirija el funcionamiento de una determinada máquina o de un sistema: *La consola de una red informática es el conjunto del teclado y el monitor mediante los que se controla y gestiona el ordenador central.*

consolación s.f. Alivio de la pena o del dolor de una persona: *A los concursantes finalistas les han dado un premio de consolación.*

consolar v. Referido a una persona, aliviar su pena o su dolor: *Tus palabras de cariño me consuelan. Se consuela contando su desgracia a los amigos.* ☐ MORF. Irreg.: La *o* final de la raíz diptonga en *ue* en los presentes, excepto en las personas *nosotros* y *vosotros* ⟶CONTAR.

consolidación s.f. Adquisición de firmeza y solidez: *Gracias al esfuerzo de todos se ha conseguido la consolidación de un Estado democrático.*

consolidar v. Afianzar o dar firmeza y solidez: *Nuestra amistad se consolidó tras aquel viaje.*

consomé s.m. Caldo de carne concentrado: *Como primer plato he tomado un consomé de pollo.* ☐ ORTOGR. Es un galicismo (*consommé*) adaptado al español.

consonancia s.f. **1** Relación de igualdad o de conformidad entre varios elementos: *Su comportamiento está en consonancia con su modo de pensar.* **2** En métrica, identidad de sonidos en la terminación de dos palabras, esp. si son finales de versos, a partir de su última vocal acentuada: *En este poema hay consonancia entre las palabras 'viento' y 'siento'.*

consonante ▌adj. **1** Referido esp. a una palabra o a un verso, que guardan con otros consonancia o identidad de sonidos a partir de su última vocal acentuada: *Los versos de un cuarteto son consonantes el primero con el cuarto y el segundo con el tercero.* **2** Que tiene relación de igualdad o de conformidad con algo: *La calidad del trabajo es consonante con el esfuerzo realizado.* ▌adj./s.f. **3** Referido a un sonido, que se produce por un movimiento de cierre total o parcial de los órganos de la articulación, de forma que se interrumpe o dificulta el paso del aire a través de los mismos, seguido de otro movimiento de apertura: *'p', 'd' y 's' son tres sonidos consonantes. En la lengua española las consonantes necesitan el apoyo de una vocal para su emisión.* **4** Referido a una letra, que representa este sonido: *Al escribir debes enlazar las letras consonantes y las vocales. El niño aún no distingue todas las consonantes.* ☐ MORF. Como adjetivo es invariable en género.

consonántico, ca adj. De la consonante o relacionado con ella: *El grupo consonántico latino 'pl-' en principio de palabra suele dar en español 'll-', como en 'plorare', que da 'llorar'.*

consorcio s.m. Unión o asociación de personas o de elementos que tienen intereses comunes o que tienden a un mismo fin, esp. referido a la agrupación de entidades para negocios importantes: *La construcción de la urbanización corre a cargo de un consorcio de inmobiliarias.*

consorte s. Respecto de una persona, su esposo o su esposa; *cónyuge*: *Puesto que la casa fue comprada por el matrimonio, usted no puede venderla sin autorización de su consorte.* ☐ MORF. Es de género común y exige concordancia en masculino o en femenino para señalar la diferencia de sexo: *el consorte, la consorte.*

conspicuo, cua adj. Ilustre, notable o sobresaliente: *Fue operado por una conspicua cirujana.*

conspiración s.f. Unión o alianza de varias personas para preparar una acción contra algo, esp. contra una autoridad: *La policía descubrió una conspiración para asesinar al presidente del Gobierno.*

conspirar v. Referido a varias personas, unirse o aliarse para preparar una acción contra algo, esp. contra una autoridad: *Miembros del partido de la oposición conspiraban para derribar al Gobierno.*

constancia s.f. **1** Firmeza de ánimo y continuidad en las resoluciones, en los propósitos o en la realización de algo: *Aprueba gracias a su constancia en los estudios.* **2** Certeza o exactitud de algo que se ha hecho o se ha dicho: *Tengo constancia de que esos datos son falsos.* **3** Registro escrito en el que se hace constar algo, esp. si es de manera fehaciente o digna de crédito: *Hay que dejar constancia en el informe de que falta dinero de la caja.*

□ SINT. La acepción 3 se usa más con los verbos *haber*, *dejar* o equivalentes.

constante ▌ adj. **1** Que tiene constancia: *Los deportistas han de ser muy constantes en sus entrenamientos.* **2** Que persiste o que dura: *La temperatura de esta habitación es constante.* ▌ adj./s.f. **3** Que se repite continuamente: *El alumno no hizo caso de las constantes amonestaciones de sus profesores. El buen humor es una constante de su carácter.* ▌ s.f. **4** En matemáticas, variable que tiene un valor fijo: *El cociente entre la longitud de una circunferencia y su diámetro es una constante.* □ MORF. Como adjetivo es invariable en género.

constar v. **1** Ser cierto, manifiesto o sabido: *Me consta que tu intención era buena. Que conste que yo te he tratado con amabilidad.* **2** Quedar registrado en algún sitio: *Los datos del recién nacido ya constan en el registro civil.* **3** Estar formado por determinadas partes o elementos: *El libro consta de doce capítulos.* □ SINT. Constr. de la acepción 3: *constar* DE *algo*.

constatación s.f. Comprobación de un hecho o establecimiento de su veracidad: *Antes de publicar esa noticia necesitamos su constatación.*

constatar v. Referido a un hecho, comprobarlo, establecer su veracidad o dar constancia de él: *Se han aportado muchos datos, pero aún hay que constatarlos.*

constelación s.f. Conjunto de estrellas que, mediante trazos imaginarios sobre la superficie celeste, forman un dibujo que evoca una figura determinada: *La Osa Mayor y la Osa Menor son dos constelaciones que se ven en el hemisferio norte.*

consternación s.f. Alteración del ánimo o pérdida de la tranquilidad: *La noticia del accidente me produjo una gran consternación.*

consternar v. Alterar o inquietar el ánimo, o intranquilizar mucho: *La noticia de su muerte me ha consternado. Al conocer su nuevo fracaso se consternó.*

constipado s.m. **1** Inflamación de las membranas mucosas, con aumento de la secreción habitual: *El constipado nasal no me deja respirar.* **2** Malestar físico que se produce generalmente por cambios bruscos de temperatura; *resfriado*: *Las corrientes de aire provocan constipados fácilmente.* □ SEM. Es sinónimo de *catarro*.

constiparse v.prnl. Resfriarse o acatarrarse: *Me constipé porque pasé mucho frío en la parada del autobús.*

constitución s.f. **1** Ley fundamental de la organización de un Estado: *La Constitución española fue aprobada en 1978. En la historia de España ha habido varias constituciones.* **2** Forma o sistema de gobierno que tiene cada Estado: *La constitución actual de nuestro país es de monarquía parlamentaria.* **3** Establecimiento o fundación de algo: *La constitución de un club deportivo exige que redactemos unos estatutos.* **4** Adquisición de una determinada posición, cargo o condición: *La constitución del antiguo gabinete en secretaría no nos beneficia en nada.* **5** Manera de estar constituido algo o conjunto de características que lo conforman: *La constitución del equipo hace pensar que el entrenador quiere un juego de ataque.* **6** Naturaleza y relación de los sistemas y aparatos orgánicos, cuyas funciones determinan el grado de fuerzas y la vitalidad de un individuo; *complexión*: *El niño es de constitución fuerte y se repondrá de esta enfermedad.* **7** En una orden religiosa, conjunto de estatutos y ordenanzas por los que se rige, o cada uno de ellos: *En la constitución de nuestra orden se dedica una gran atención a la enseñanza.* □ USO En la acepción 1, se usa como nombre propio cuando hace referencia a una constitución concreta.

constitucional adj. **1** De la Constitución (ley fundamental de un Estado) o conforme a ella: *El texto constitucional fue aprobado por mayoría absoluta. La actuación de este Gobierno no es constitucional.* **2** De la constitución de una persona, o que es propio de esta: *Su extrema delgadez es una característica constitucional.* □ MORF. Invariable en género.

constitucionalidad s.f. Conformidad con la Constitución o ley fundamental de un Estado: *La oposición pone en duda la constitucionalidad de las medidas tomadas por el Gobierno.*

constituir ▌ v. **1** Formar o componer: *Una fábrica y tres naves constituyen el complejo industrial de esta zona.* **2** Ser o suponer: *La bondad constituye su mayor cualidad.* **3** Establecer, erigir o fundar: *Los tres socios van a constituir una nueva sociedad. El nuevo país se constituirá como república.* **4** Asignar o dotar de la posición o condición que se indica: *El director me constituyó en encargado de la sección.* ▌ prnl. **5** Asumir una obligación, un cargo o un cuidado: *Se constituyó en el abogado de la familia.* □ MORF. Irreg.: La *i* final se cambia en *y* delante de *a*, *e*, *o* →**CONTRIBUIR**. □ SINT. Constr. como pronominal: *constituirse {EN} algo*.

constitutivo, va adj./s.m. Que forma parte esencial o fundamental de algo: *El oxígeno es un elemento constitutivo del agua. La calumnia es un constitutivo de delito.*

constituyente adj./s. Referido esp. a las Cortes, a una asamblea o a un congreso, que han sido convocados para elaborar o reformar la Constitución de un Estado: *La asamblea constituyente se encargó de elaborar el texto constitucional.* □ MORF. Invariable en género.

constreñir v. **1** Referido a una persona, obligarla por fuerza a hacer algo: *La justicia me constriñó a saldar todas mis deudas.* **2** Oprimir o limitar: *El exceso de instrucciones y normas constriñe la espontaneidad de los alumnos.* **3** En medicina, apretar y cerrar por opresión: *Un tumor le constriñe la arteria e impide el riego cerebral.* □ MORF. Irreg. →**DESTEÑIR**.

constricción s.f. **1** Obligación para que alguien haga algo: *Se casó por constricción de su familia.* **2** Opresión o limitación: *La pedagogía actual se opone a la constricción de la imaginación del niño.* **3** En medicina, opresión o estrechamiento: *La constricción de venas y arterias provoca problemas circulatorios.* □ ORTOGR. Dist. de *contrición*.

construcción s.f. **1** Fabricación o realización de algo, esp. de una obra de albañilería, juntando los elementos necesarios para ello: *En la construcción del bloque de viviendas se empleó más tiempo del que se pensaba.* **2** Arte o técnica de construir: *Los modernos materiales han permitido un gran avance en la construcción.* **3** Obra construida: *El palacio es una gran construcción de mármol.* **4** Creación o formación de algo inmaterial: *Necesito recopilar más datos antes de empezar la construcción de una teoría explicativa.* **5** En gramática, ordenamiento y disposición de las palabras de una frase para expresar correctamente un concepto: *La construcción de esta frase no es correcta porque el verbo auxiliar debe preceder al verbo conjugado.*

constructivo, va adj. Que construye o que sirve para construir: *Sus críticas siempre resultan útiles porque son constructivas.*

constructor, -a adj./s. Que se dedica a la construcción:

La empresa constructora aseguró que nos entregaría el piso en seis meses. El constructor realizó el puente siguiendo los planos del arquitecto.

construir v. **1** Referido esp. a una obra de albañilería, fabricarla o hacerla juntando los elementos necesarios para ello: *Como es albañil, él solo se ha construido una casa.* **2** Referido a algo inmaterial, crearlo o idearlo: *Una vez descubierto el fenómeno hay que construir una teoría que lo explique.* **3** En gramática, ordenar o unir las palabras o las frases de acuerdo con las leyes gramaticales: *El verbo 'depender' se construye con la preposición 'de'.* □ MORF. Irreg.: La *i* se cambia en *y* delante de *a, e, o* →**CONTRIBUIR**.

consubstancial adj. →**consustancial.** □ MORF. Invariable en género.

consubstancialidad s.f. →**consustancialidad.**

consuegro, gra s. Respecto del padre o de la madre de una persona, padre o madre de su cónyuge: *Mi madre es la consuegra de la madre de mi marido.*

consuelo s.m. Alivio de la pena o del dolor que afligen y oprimen el ánimo: *Tus palabras son un consuelo para mí.*

consuetudinario, ria adj. Que está establecido por la costumbre: *Muchas sociedades antiguas se regían por el derecho consuetudinario y no tenían leyes escritas.*

cónsul ▮ s. **1** Funcionario diplomático que, en una población extranjera, se encarga de los asuntos relacionados con los compatriotas residentes en dicha población: *La cónsul casó a dos españoles residentes en esta ciudad.* ▮ s.m. **2** En la antigua Roma, cada uno de los dos magistrados que tenía autoridad suprema: *El cónsul tenía autoridad civil y militar.* □ MORF. En la acepción 1, aunque es de género común y exige concordancia en masculino o en femenino para señalar la diferencia de sexo: *el cónsul, la cónsul*, para el femenino se usa también la forma *consulesa*.

consulado s.m. **1** Cargo o dignidad de cónsul: *A este diplomático le han ofrecido el consulado en una ciudad alemana.* **2** Tiempo durante el cual un cónsul ejerce su cargo: *En la antigua Roma el consulado duraba un año.* **3** Territorio o distrito asignados a un cónsul y en los cuales ejerce su autoridad: *Su consulado es una zona tranquila en la que casi nunca hay problemas.* **4** Oficina en la que trabaja un cónsul: *Avisé de la pérdida de mi pasaporte en el consulado de aquella ciudad extranjera.*

consular adj. Del cónsul o relacionado con él: *Me acerqué a las oficinas consulares para pedir información.* □ MORF. Invariable en género.

consulesa s.f. de **cónsul**.

consulta s.f. **1** Examen de un asunto entre varias personas: *Para darte una respuesta tendré que hacer una consulta con mis amigos.* **2** Examen que hace el médico a sus pacientes: *Llamaré al médico para cambiar la hora de la consulta.* **3** Lugar o local en el que el médico atiende y examina a sus pacientes; *consultorio: La consulta del médico está en el tercer piso.* **4** Búsqueda o investigación: *La consulta de los archivos sirvió para esclarecer el caso.* **5** Petición o solicitud de una opinión o de un consejo: *Antes de comenzar las obras de la casa, haré una consulta a un arquitecto.*

consultar v. **1** Pedir opinión o consejo: *Antes de pedir una indemnización, consultaré al abogado.* **2** Buscar o investigar: *Consulté en varios libros, pero no encontré el dato que buscaba.* **3** Referido a un asunto, tratarlo o examinarlo con otras personas: *Antes de darte una respuesta tengo que consultar el tema con mis socios.*

consulting s.m. →**consultoría.** □ PRON. [konsúltin]. □ USO Es un anglicismo innecesario.

consultivo, va adj. Referido a una junta o a un organismo, que están establecidos para ser consultados por las personas que gobiernan: *El comité consultivo da su opinión, pero no tiene poder de decisión.*

consultor, -a adj./s. Que aconseja o da su opinión sobre algo, esp. sobre asuntos legales, económicos o profesionales en general: *Ha creado una empresa consultora para asesorar en temas jurídicos. Los consultores de la multinacional desaconsejaron las inversiones.*

consultoría s.f. **1** Despacho o local en el que se asesora sobre algún tema, esp. legal, económico o profesional: *Ha puesto una consultoría para asesorar a las empresas sobre temas fiscales.* **2** Actividad que se realiza en este local: *Cuando acabó sus estudios de economía fue contratado en una empresa de consultoría.* □ USO Es innecesario el uso del anglicismo *consulting*.

consultorio s.m. **1** Lugar o local en el que el médico atiende y examina a sus pacientes; *consulta: En el consultorio del médico hay una camilla.* **2** Local u oficina privados en los que se tratan y resuelven consultas sobre asuntos técnicos: *Cuando acabó la carrera de derecho, puso un consultorio jurídico.* **3** En algunos medios de comunicación, sección dedicada a contestar preguntas que hace el público: *Ha escrito a un consultorio sentimental contando sus problemas amorosos.*

consumación s.f. Realización de algo de una forma completa o total: *La policía acudió al lugar de la consumación del crimen para investigar los hechos.*

consumado, da adj. Excelente o perfecto: *Es un consumado bailarín.*

consumar v. Hacer por completo o totalmente: *Después de haber consumado el crimen, el asesino se entregó. Se ha consumado la ruptura de los dos países.*

consumición s.f. **1** Lo que se consume en un establecimiento público, esp. en un bar o en un restaurante: *Era su cumpleaños y pagó nuestras consumiciones.* **2** Destrucción o extinción: *La consumición total de la vela nos dejó a oscuras.*

consumido, da adj. *col.* Muy flaco o con muy mal aspecto: *La enfermedad lo ha dejado débil y consumido.*

consumidor, -a s. Persona que compra y consume bienes o productos: *Hay muchas organizaciones en defensa de los derechos del consumidor.*

consumir v. **1** Referido a un comestible o a otro género, utilizarlo para satisfacer las necesidades o los gustos: *En mi casa consumimos mucha leche.* **2** Referido a la energía o al producto que la origina, utilizarlos o gastarlos: *Este coche consume muy poca gasolina.* **3** Destruir o extinguir: *Se consumía poco a poco debido a una grave enfermedad.*

consumismo s.m. Tendencia al consumo excesivo e indiscriminado de bienes que no son absolutamente necesarios: *La publicidad puede considerarse una de las causas del consumismo.*

consumista adj./s. Que tiende a consumir de una forma excesiva o indiscriminada: *Vivimos en una sociedad consumista. Eres un consumista y compras las cosas por capricho y no por necesidad.* □ MORF. Como adjetivo es invariable en género. 2. Como sustantivo es de género común y exige concordancia en masculino o en femenino para señalar la diferencia de sexo: *el consumista, la consumista*.

consumo s.m. Utilización o gasto de lo que se extingue con el uso: *En los países orientales hay un gran consumo de arroz.*

consunción s.f. Debilidad o delgadez extremas: *Su estado de consunción lo tenía postrado en la cama.*

consustancial adj. Que es de la misma naturaleza o esencia; *consubstancial: La alegría es consustancial a su carácter.* ☐ MORF. Invariable en género.

consustancialidad s.f. Propiedad de lo que es de la misma naturaleza o esencia que otro; *consubstancialidad: El cristianismo niega la consustancialidad entre el alma y el cuerpo.*

contabilidad s.f. **1** Registro sistemático de todas las operaciones económicas de una empresa o de una organización: *La contabilidad permite conocer en cualquier momento la situación económica de una empresa.* **2** Conjunto de dichos registros contables: *Estuvieron trabajando para poner al día la contabilidad de la tienda.*

contabilizar v. **1** Referido a una operación económica, registrarla en un libro de cuentas: *Debes contabilizar las reparaciones como gastos generales.* **2** Contar o llevar la cuenta: *Ya he contabilizado diez errores en el examen.* ☐ ORTOGR. La *z* se cambia en *c* delante de *e* →CAZAR.

contable ▮ adj. **1** De la contabilidad o relacionado con ella: *El análisis contable efectuado por los auditores refleja claramente la mala situación de la empresa.* ▮ s. **2** Persona que está encargada de llevar la contabilidad: *El contable no pudo anotar esa entrada de dinero porque desconocía su existencia.* ☐ MORF. 1. Como adjetivo es invariable en género. 2. Como sustantivo es de género común y exige concordancia en masculino o en femenino para señalar la diferencia de sexo: *el contable, la contable.*

contactar v. Establecer contacto o comunicación: *He contactado con unas personas que podrán solucionar el problema.* ☐ SINT. Constr.: *contactar CON alguien.*

contacto ▮ s.m. **1** Unión entre dos elementos, de forma que entre ellos no exista ninguna separación: *Para usar este pegamento hay que lijar las zonas de contacto de las piezas que hay que pegar.* **2** Conexión que se establece entre dos partes de un circuito eléctrico: *Si los dos cables no hacen contacto, la luz no se encenderá.* **3** Dispositivo que se usa para establecer esta conexión: *Dale al contacto, a ver si ahora funciona la máquina.* **4** Persona que actúa como intermediaria entre otras, esp. dentro de una organización; *enlace: Uno de nuestros contactos nos dio el chivatazo del robo.* **5** Relación o comunicación que se establece entre personas o entre entidades: *Hace tiempo que no tengo contacto con él.* ▮ pl. **6** *col.* Conjunto de amistades que tienen influencia para conseguir los favores que se les solicita: *Comentan que ha conseguido tanto dinero gracias a sus contactos en algunas empresas.*

contado, da adj. **1** Escaso en su clase o en su especie; *raro: Son contados los días en los que está de buen humor.* **2** ‖ **al contado.** Referido a una forma de pago, que se hace entregando el importe total en el momento: *¿Cómo prefiere pagar el televisor, a plazos o al contado?*

contador s.m. Aparato que sirve para medir el volumen de agua o de gas que pasa por una cañería o la electricidad que recorre un circuito en un tiempo determinado: *El contador del agua registra el gasto de agua que se hace en una casa.* 👁 **medida**

contaduría s.f. **1** Profesión u oficio del contable: *Estudió para ser auxiliar administrativo y se dedica a la contaduría.* **2** Lugar en el que se lleva la contabilidad de una institución o de una organización: *Fui a la contaduría para hablar con el contable.*

contagiar v. **1** Referido a una enfermedad, transmitirla o adquirirla: *Tu hermana me ha contagiado la varicela. Mi amigo tenía gripe y al beber de su vaso me contagié.* **2** Referido esp. a una idea o a un estado de ánimo, transmitirlos o adquirirlos: *Es una persona muy vital que contagia su energía a los que la rodean. En su viaje se contagió de las ideas progresistas de sus compañeros.* ☐ ORTOGR. La *i* nunca lleva tilde.

contagio s.m. Transmisión o adquisición, esp. de una enfermedad: *El contagio del sarampión se produjo en la guardería.*

contagioso, sa adj. Que se contagia: *Padece una enfermedad contagiosa. Tiene una risa muy contagiosa.*

container s.m. →**contenedor.** ☐ PRON. [kontéiner]. ☐ USO Es un anglicismo innecesario.

contaminación s.f. **1** Daño o alteración de la pureza o del estado de algo: *La policía ha detenido a los causantes de la contaminación del río. Los altos niveles de contaminación atmosférica son perjudiciales para las personas asmáticas.* **2** Contagio o infección: *Aislaron a los enfermos para impedir la contaminación de los sanos.*

contaminar v. **1** Referido a algo limpio o natural, dañar o alterar su pureza o su estado original: *La radiación contaminó los alimentos. El río se ha contaminado con los vertidos de una fábrica.* **2** Contagiar o infectar: *No quería contaminar a su hijo y prefería no tocarlo. Se ha contaminado con el virus que estudiaba en el laboratorio.*

contante ‖ **contante (y sonante).** Referido al dinero, en efectivo: *Págamelo en dinero contante y sonante porque no me fío de tus cheques.*

contar v. **1** Referido a los elementos de un conjunto, numerarlos o computarlos considerándolos como unidades homogéneas: *Cuenta las sillas del comedor y dime cuántas hay.* **2** Referido a un suceso, narrarlo: *Cuéntame lo que ha pasado. ¿Qué se cuenta, abuelo?* **3** Referido a una edad, tenerla: *Este edificio que están viendo cuenta ya cien años de existencia.* **4** Referido a una persona, incluirla en el grupo o en la categoría que le corresponden: *Estoy orgullosa de poderte contar entre mis colaboradores. Me cuento entre los pocos amigos que lo conocen bien.* **5** Considerar o tener en cuenta: *Cuando hagas el presupuesto cuenta con los imprevistos.* **6** Enunciar los números de forma ordenada: *Es muy pequeña pero ya sabe contar hasta diez.* **7** Tener importancia: *En este producto lo que cuenta es la calidad y no el precio.* **8** ‖ **contar con** algo. **1** Confiar en ello para algún fin: *Cuento contigo para el partido del sábado.* **2** Tenerlo o disponer de ello: *Esta casa cuenta con dos cuartos de baño.* ☐ MORF. Irreg.: La *o* diptonga en *ue* en los presentes, excepto en las personas *nosotros* y *vosotros* →CONTAR.

contemplación s.f. **1** Atención que se presta a algo material o espiritual: *La contemplación de aquel paisaje me tranquilizó.* **2** Meditación o reflexión intensas sobre Dios o sobre los atributos divinos: *Los místicos llevan una vida de contemplación.* **3** Atención, consideración o miramiento en el trato: *Nos echaron del local sin contemplaciones.*

contemplar v. **1** Referido a algo material o espiritual, poner la atención en ello: *Contempló el paisaje y se extasió ante su belleza.* **2** Considerar, juzgar o tener en cuenta: *Estamos contemplando la posibilidad de aplazar las vacaciones.* **3** Referido a Dios, pensar intensamente en Él o en los atributos divinos: *Los místicos contemplan a Dios en sus criaturas.* **4** Referido a una persona, ser condescendiente con ella o complacerla en exceso: *No contemples tanto al niño, que lo estás malcriando.* □ SEM. En la acepción 2, no debe emplearse con sujeto no personal: *El documento {*contempla › prevé} esta posibilidad.*

contemplativo, va adj. **1** De la contemplación, con contemplación o relacionado con ella: *Miraba el cuadro en actitud contemplativa.* **2** Que acostumbra a meditar intensamente: *Los filósofos son estudiosos contemplativos.* **3** Que está consagrado o dedicado a la contemplación de las cosas divinas: *Algunos escritores místicos describen en sus obras experiencias de la vida contemplativa.*

contemporáneo, a ▌adj. **1** Del tiempo o época actual, o relacionado con ellos: *Fui a una exposición de arte contemporáneo.* ▌adj./s. **2** Que existe a la vez o en el mismo tiempo: *Tú y yo somos contemporáneas porque estamos viviendo en los mismos años. Sus contemporáneos imitaron el estilo de sus obras.*

contemporizar v. Adaptarse o acomodarse a las opiniones o a los gustos ajenos: *Aunque no esté de acuerdo no me importa contemporizar con él con tal de no discutir.* □ ORTOGR. La *z* se cambia en *c* delante de *e* ⟶CAZAR. □ SINT. Constr.: *contemporizar* CON *alguien.*

contención s.f. Sujeción del movimiento o del impulso de un cuerpo: *Hicieron un muro de contención para evitar inundaciones.*

contencioso, sa ▌adj. **1** Referido a una persona o a su carácter, que acostumbra a contradecir todo lo que otros opinan: *Tu carácter contencioso te lleva a entablar disputas con mucha frecuencia.* **2** En derecho, referido esp. a un procedimiento judicial, que es competencia de los tribunales de justicia: *Tiene un proceso contencioso con su vecino por los límites de las fincas.* ▌adj./s.m. **3** En derecho, referido a un asunto, que es objeto de disputa en un juicio o que está sometido en este al fallo de los tribunales: *En este asunto contencioso se enfrentan intereses de muy distinta índole. El contencioso que mantienen los socios de la empresa entre sí está perjudicando al negocio.* ▌s.m. **4** Conflicto o desavenencia: *Nuestros dos países tienen un contencioso sobre las zonas de pesca.* **5** ‖ **contencioso administrativo.** Referido esp. a un procedimiento judicial, que se mantiene contra la Administración después de agotar la vía administrativa: *Como no consiguió que le revocaran la multa, puso un recurso contencioso administrativo. Este asunto pasará a los tribunales de lo contencioso administrativo.*

contender v. Luchar, disputar o porfiar para conseguir un propósito: *Varios partidos contendían por conseguir la mayoría absoluta en las elecciones.* □ MORF. Irreg.: La *e* de la raíz diptonga en *ie* en los presentes, excepto en las personas *nosotros* y *vosotros* ⟶PERDER.

contenedor s.m. Recipiente que se usa para transportar o para contener mercancías o residuos y que está provisto de unos dispositivos para facilitar su manejo: *Los albañiles tiran los escombros al contenedor.* □ USO Es innecesario el uso del anglicismo *container.*

contener v. **1** Referido a una cosa, llevar o encerrar otra en su interior: *El agua contiene oxígeno.* **2** Referido a una pasión o a un sentimiento, reprimirlos o moderarlos: *Contuvo su ira porque estaba en presencia de varios amigos. No pudo contenerse y rompió en sollozos.* **3** Referido esp. a un movimiento o a un impulso, reprimirlos o impedirlos: *Hicieron un muro para contener el avance de la lava del volcán.* □ MORF. Irreg. ⟶TENER.

contenido s.m. **1** Lo que se contiene en algo o está en su interior: *Vertió en el vaso todo el contenido de la botella.* **2** En lingüística, significado de un signo lingüístico o de un enunciado: *El contenido de la palabra 'mesa' es 'mueble generalmente de cuatro patas, que sirve para poner cosas sobre él'.*

contentar ▌v. **1** Dar alegría o satisfacer los gustos o las aspiraciones: *Para contentar al niño lo llevé al cine.* ▌prnl. **2** Aceptar algo de buen grado o darse por contento: *No me contento con un aprobado y aspiro al sobresaliente.* **3** Referido a dos o más personas que estaban enfadadas, reconciliarse: *Aquel encuentro logró que se contentasen e hiciesen las paces.*

contento, ta ▌adj. **1** Que está alegre o satisfecho por el logro de algo que era deseado: *Está muy contento con su nueva bicicleta.* **2** *col.* Ligeramente borracho: *Salieron de la fiesta algo contentos.* ▌s.m. **3** Alegría o satisfacción: *Se puso a bailar para mostrar su contento.*

contertulio, lia s. Persona que participa en una tertulia: *Habla con sus contertulios de los temas de actualidad.*

contestación s.f. Respuesta que se da a una pregunta o a un escrito: *Su contestación no me dejó satisfecha.*

contestador ‖ **contestador (automático).** Aparato que registra y emite mensajes grabados en el teléfono: *Como nunca está en casa, se ha comprado un contestador y así sabe si alguien lo ha llamado mientras estaba ausente.*

contestar v. **1** Referido esp. a algo que se pregunta, se habla o se escribe, responderlo: *No ha contestado ninguna de mis preguntas. Espero que conteste pronto mi carta.* **2** Replicar o responder con malos modos: *No contestes a tu madre y hazle caso.*

contestatario, ria adj./s. Que se opone o protesta contra lo establecido: *Es un chico contestatario y radical. Cuando se opuso al acuerdo lo tacharon de ser un contestatario.*

contestón, -a adj./s. *col.* Que replica con frecuencia y de malos modos: *Es un niño mimado y contestón. Eres un contestón y un maleducado.*

contexto s.m. **1** En lingüística, entorno del cual depende el sentido y el valor de una palabra, de una frase o de un fragmento de un texto: *Si no entiendes una palabra quizá puedas deducir su significado de su contexto.* **2** Situación o entorno físico en el cual se considera un hecho: *Hay que estudiar las obras literarias dentro de su contexto histórico.* □ ORTOGR. Dist. de *contesto* (del verbo *contestar*).

contextura s.f. **1** Disposición, correspondencia y unión entre las distintas partes que componen un todo: *Este tejido tiene una contextura demasiado floja para el vestido que quiero.* **2** Configuración corporal de una persona: *Es de contextura fuerte y musculosa.*

contienda s.f. **1** Batalla, riña o pelea, generalmente armadas: *La última contienda causó muchas víctimas.* **2** Disputa o discusión entre varias personas: *La conversación dio lugar a una interesante contienda entre los representantes de ambos partidos políticos.*

contigo pron.pers. Forma de la segunda persona del singular cuando se combina con la preposición *con*: *Contigo todo es más divertido. Me gusta hablar contigo.* □ MORF. 1. No tiene diferenciación de género. 2. Incorr. **con ti*. 3. ⟶APÉNDICE DE PRONOMBRES.

contigüidad s.f. Proximidad entre dos cosas: *La conti-*

a b c d e f g h i j k l m n ñ o p q r s t u v w x y z

güidad de nuestras casas ha hecho que seamos muy amigas.

contiguo, gua adj. Referido a una cosa, que está tocando a otra: *En el teatro ocupamos butacas contiguas.*

continencia s.f. Virtud o modo de actuar del que modera y refrena las pasiones y los sentimientos: *Practica la continencia y vive con sobriedad y con templanza.*

continental adj. De un continente, de los países que lo forman o relacionado con ellos: *El conflicto entre los dos países, con el tiempo se convirtió en una guerra continental.* □ MORF. Invariable en género.

continente s.m. Cada una de las grandes extensiones en las que se considera dividida la superficie terrestre: *España está en el continente europeo.*

contingencia s.f. Lo que tiene la posibilidad de suceder; *contingente*: *El fracaso es una contingencia con la que debes contar.*

contingente ▌adj. **1** Que tiene la posibilidad de suceder: *Que llueva durante la excursión es un hecho contingente con el que cuento.* ▌s.m. **2** Lo que tiene la posibilidad de suceder; *contingencia*: *Un plan bien trazado debe tener en cuenta todos los posibles contingentes.* **3** En economía, límite que se pone a la producción o a la importación de una mercancía: *La Comunidad Económica Europea ha asignado un contingente de producción lechera a España.* **4** Conjunto de las fuerzas militares de las que dispone un mando: *El Gobierno envió a la zona un contingente para sofocar la rebelión.* □ MORF. Como adjetivo es invariable en género. □ SEM. En la acepción 1, dist. de *necesario* (que inevitablemente ha de ser o suceder).

continuación s.f. **1** Prolongación o mantenimiento de una acción que estaba comenzada: *En muchas series televisivas, la continuación de los capítulos es de un día para otro.* **2** ‖ **a continuación.** Enseguida o inmediatamente: *¡Y a continuación, con todos ustedes, el Gran Mago Pintano!*

continuador, -a s. Persona que continúa lo empezado por otra: *Su labor no ha tenido continuadores.*

continuar ▌v. **1** Referido a algo que se ha empezado, proseguirlo: *Continuaré leyendo hasta que me entre el sueño.* **2** Durar, permanecer o mantenerse cierto tiempo: *El mal tiempo continuará hasta la semana próxima. ¿Continúas viviendo en la misma casa?* ▌prnl. **3** Seguir, extenderse u ocupar un espacio: *Esta calle se continúa con otra más importante.* □ ORTOGR. La *u* lleva tilde en los presentes, excepto en las personas *nosotros* y *vosotros* →**ACTUAR**.

continuidad s.f. **1** Unión que tienen entre sí las partes que forman un todo: *A los capítulos de tu novela les falta continuidad.* **2** Continuación, prolongación o mantenimiento de algo: *En la reunión se habló de tu continuidad en la empresa.*

continuo, nua adj. **1** Que no tiene interrupción: *Tiene problemas de oído y oye un pitido continuo.* **2** Referido a varios elementos, que están unidos entre sí: *Esta impresora necesita papel continuo.* **3** Constante, perseverante o sin interrupción: *Su continuo ir y venir me pone nerviosa.* **4** ‖ **de continuo.** Sin interrupción o de forma constante: *Me está molestando de continuo, y me estoy empezando a hartar.*

contonearse v.prnl. Mover los hombros y las caderas de forma exagerada al andar: *La cantante se contoneaba en el escenario mientras cantaba.*

contoneo s.m. Movimiento exagerado de los hombros y de las caderas al andar: *¡Menudo contoneo llevas con esos tacones...!*

contorno s.m. **1** Territorio que rodea un lugar o una población; *alrededor*: *Lo han estado buscando por los contornos del pueblo.* **2** Conjunto de líneas o de trazos que limitan una figura: *Anochecía y solo se veía el contorno de su casa.* □ MORF. La acepción 1 se usa más en plural.

contorsión s.f. Movimiento irregular del cuerpo o de una parte de él, que da lugar a una postura forzada y a veces grotesca: *Las contorsiones del payaso por el golpe que le habían dado hacían reír a los niños.*

contorsionarse v.prnl. Hacer contorsiones: *Se contorsionaba por los fuertes dolores de estómago.*

contorsionista s. Artista de circo que hace contorsiones difíciles: *Esos contorsionistas eran capaces de doblarse enteros y andar con los codos.* □ MORF. Es de género común y exige concordancia en masculino o en femenino para señalar la diferencia de sexo: *el contorsionista, la contorsionista*.

contra ▌s.m. **1** Dificultad o inconveniente que presenta un asunto: *Los contras de ese trabajo superaban los pros, y decidió dejarlo.* ▌s.f. **2** →**contrarrevolución.** ▌prep. **3** Indica oposición, lucha o enfrentamiento: *Esa asociación se dedica a la lucha contra la droga. Mañana jugamos contra el primer equipo de la liga.* **4** Indica contacto o apoyo: *Me apretó contra su pecho y me besó. El policía mandó a los detenidos ponerse contra la pared para cachearlos.* **5** Indica intercambio: *Pedí unos libros por correo y me los enviaron contra rembolso.* ▌interj. **6** *vulg.* Expresión que se usa para indicar extrañeza, contrariedad o disgusto: *¡Contra, qué susto me has dado! ¡Ya me he vuelto a equivocar, contra!* **7** ‖ **en contra.** En oposición de algo: *Como no le di la razón, se me puso en contra.* □ SINT. 1. El uso de *en contra* con un pronombre posesivo es incorrecto: *Está en contra {*mía › de mí}.* 2. Su uso como adverbio en lugar de *cuanto* es un vulgarismo: *{*Contra › Cuanto} más lo pienso, menos lo entiendo.* 3. El uso de **por contra* es un galicismo innecesario que debe sustituirse por *por el contrario.*

contra- Prefijo que indica oposición (*contracultura, contraorden, contrataque, contraveneno, contraespionaje*), o que significa 'refuerzo' (*contraventana, contrafuerte*) o 'segundo lugar' (*contrabarrera, contrapuerta, contralmirante*).

contraalmirante s. →**contralmirante.**

contraatacar v. →**contratacar.**

contraataque s.m. →**contrataque.**

contrabajo ▌s. **1** Persona que toca el instrumento del mismo nombre: *El contrabajo de la orquesta ha grabado un concierto como solista.* ▌s.m. **2** Instrumento musical de cuerda y arco, de la familia de los violines, en la que es el de mayor tamaño y sonido más grave: *El contrabajo es un instrumento muy empleado por los músicos de jazz.* 👁 **cuerda** □ MORF. 1. Se usa mucho la forma abreviada *bajo*. 2. En la acepción 1, es de género común y exige concordancia en masculino o en femenino para señalar la diferencia de sexo: *el contrabajo, la contrabajo*.

contrabandista adj./s. Que se dedica al contrabando: *La policía ha descubierto una banda contrabandista de armas. Fueron detenidos en el aeropuerto dos contrabandistas de drogas.* □ MORF. 1. Como adjetivo es invariable en género. 2. Como sustantivo es de género común y exige concordancia en masculino o en femenino para señalar la diferencia de sexo: *el contrabandista, la contrabandista*.

contrabando s.m. **1** Introducción o exportación de géneros sin pagar los derechos de aduana a los que están sometidos legalmente: *La policía de la frontera registró mi coche para ver si estaba haciendo contrabando de bebidas alcohólicas.* **2** Comercio con géneros prohibidos por las leyes a los particulares: *Vendía tabaco de contrabando, introducido en el país por las costas gallegas.* **3** Mercancía, género o lo que se produce o se introduce de forma fraudulenta: *El contrabando iba escondido debajo de los asientos del coche.*

contrabarrera s.f. En una plaza de toros, segunda fila de asientos del tendido: *Vimos la corrida sentados en contrabarrera.*

contracción s.f. **1** Estrechamiento o reducción a un tamaño menor: *Las contracciones del útero son la primera fase del parto.* **2** Adquisición de algo, esp. de una enfermedad o de un vicio: *En ese folleto preventivo se explican las formas de contracción de la enfermedad.* **3** Asunción o aceptación de una obligación o de un compromiso: *El nuevo cargo implica la contracción de mayores responsabilidades.* **4** En lingüística, unión de dos vocales fundiéndose en una sola: *'Del' es la contracción de la preposición 'de' y el artículo 'el'.*

contrachapado, da adj./s.m. Referido a un tablero, que está formado por varias capas finas de madera encoladas de forma que sus fibras queden cruzadas entre sí: *En el colegio aprendimos a hacer llaveros de madera contrachapada. No metas mucho peso en el cajón porque es de contrachapado.*

contraconcepción s.f. Conjunto de métodos utilizados para impedir que quede embarazada una mujer; *anticoncepción: La píldora y los preservativos son los métodos de contraconcepción más utilizados.*

contraconceptivo, va adj. Que impide que quede embarazada una mujer; *anticonceptivo: Existen métodos contraconceptivos naturales.*

contracorriente ‖ **a contracorriente.** En contra de la opinión general: *Siempre va a contracorriente por el mero placer de llevar la contraria.*

contráctil adj. Que es capaz de contraerse con facilidad: *Los músculos son tejidos contráctiles.* ☐ MORF. Invariable en género.

contractual adj. Procedente de un contrato o derivado de él: *Debes conocer las responsabilidades contractuales que adquieres si firmas ese documento.* ☐ MORF. Invariable en género.

contractura s.f. Contracción involuntaria de uno o de más grupos musculares: *El médico me dijo que tenía una contractura en el muslo y me mandó reposo.*

contradecir v. Referido a una persona, decir lo contrario de lo que otra afirma, o negar lo que da por cierto: *Todo lo que yo digo, ella lo contradice porque siempre quiere llevar la razón. ¿Pero no te das cuenta de que con esa afirmación te contradices tú mismo?* ☐ MORF. Irreg.: 1. Su participio es *contradicho*. 2. →**DECIR**. 3. En el imperativo se usa más la forma *contradice (tú)* frente a *contradí (tú)*.

contradicción s.f. Afirmación de algo contrario a lo ya dicho, o negación de algo que se da por cierto: *Tu forma de actuar está en contradicción con tus ideas.*

contradicho, cha part. irreg. de **contradecir**. ☐ MORF. Incorr. **contradecido*.

contradictorio, ria adj. Que guarda contradicción con otra cosa: *Las declaraciones contradictorias de los testigos no permiten establecer la verdad de los hechos.*

contraer ▌v. **1** Estrechar o reducir a menor tamaño: *El corazón se contrae y se dilata.* **2** Referido esp. a una enfermedad o a un vicio, adquirirlos o caer en ellos: *Contrajo el sarampión con cuatro meses.* **3** Referido a una obligación o a un compromiso, asumirlos o responsabilizarse de ellos: *Los novios contrajeron matrimonio.* ▌prnl. **4** En lingüística, referido esp. a una vocal, juntarse con otra, generalmente fundiéndose en una sola: *La preposición a con el artículo el se contraen formando al.* ☐ MORF. Irreg. →**TRAER**.

contrafuerte s.m. **1** En arquitectura, pilar macizo que está adosado al muro y lo refuerza en los puntos en los que este soporta los mayores empujes: *Los contrafuertes de esta iglesia románica son muy anchos.* **2** Pieza de cuero con que se refuerza el calzado por la parte del talón: *Tengo unos zapatos azules con el contrafuerte blanco.*

contrahecho, cha adj./s. Que tiene alguna deformidad en el cuerpo, o que lo tiene torcido: *¡Si no aprendes a sentarte con la espalda recta te vas a quedar contrahecho!*

contraindicación s.f. Caso en que un remedio, un alimento o una acción resultan perjudiciales: *Puedes tomar este jarabe con toda tranquilidad porque no tiene contraindicaciones de ningún tipo.*

contraindicar v. Referido esp. a un remedio o a una acción, señalarlos como perjudiciales en ciertos casos: *El médico me contraindicó los antibióticos mientras tomara otra medicina.* ☐ ORTOGR. La *c* se cambia en *qu* delante de *e* →**SACAR**.

contralmirante s. En la Armada, persona cuyo empleo militar es superior al de capitán de navío e inferior al de vicealmirante: *El contralmirante suele estar al mando de un grupo de barcos de guerra.* ☐ MORF. Es de género común y exige concordancia en masculino o en femenino para señalar la diferencia de sexo: *el contralmirante, la contralmirante*. ☐ ORTOGR. Se admite también *contraalmirante*.

contralto s. En música, persona que tiene una voz de registro intermedio entre la de mezzosoprano y la de tenor: *Lo que más me gustó del recital fue la pieza que interpretó la contralto.* ☐ MORF. 1. Se usa mucho la forma abreviada *alto*. 2. Es de género común y exige concordancia en masculino o en femenino para señalar la diferencia de sexo: *el contralto, la contralto*.

contraluz s. **1** Vista o aspecto de las cosas desde el lado opuesto a la luz: *Puso el sobre a contraluz para intentar ver de quién era la carta sin abrirla.* **2** Fotografía tomada en estas condiciones: *Para hacer este contraluz situé el foco detrás de la modelo.* ☐ MORF. Es de género ambiguo y admite concordancia en masculino o en femenino sin cambiar de significado: *{el/la} contraluz {oscuro/oscura}*, aunque se usa más como masculino.

contramaestre s.m. **1** Suboficial de Marina que dirige la marinería bajo las órdenes de un oficial: *El contramaestre mandó a los marineros que limpiaran la cubierta.* **2** En algunas fábricas, persona encargada de los obreros: *El grupo de mantenimiento de esta empresa está a las órdenes de un contramaestre.*

contramano ‖ **a contramano.** En dirección contraria a la corriente o a la establecida: *Es rara esta nevera porque la puerta se abre a contramano, de izquierda a derecha.*

contraorden s.f. Orden con la que se deja sin efecto o sin valor otra dada con anterioridad: *Si no hay contraorden nos vemos mañana a las cinco, ¿no?*

contrapartida s.f. Lo que tiene por objeto compensar

o resarcir a alguien: *No pudimos salir el fin de semana porque tenía trabajo, pero, como contrapartida, ayer me invitó a cenar en el mejor restaurante.*

contrapelo ‖ **a contrapelo. 1** Contra la inclinación o dirección natural del pelo: *Acariciaba al perro a contrapelo.* **2** Referido a la forma de hacer algo, contra el modo natural o normal de hacerlo: *Siempre tienes que llevar la contraria, y lo haces todo a contrapelo.*

contrapeso s.m. Lo que sirve para igualar o equilibrar el peso o fuerza de algo: *Esa grúa tiene en uno de sus extremos un contrapeso para que la carga que lleva en el otro no la derribe.*

contraponer v. Referido a una cosa, compararla o cotejarla con otra distinta o contraria: *Si contraponemos estas cifras a las del año pasado, vemos que el aumento ha sido claro.* □ MORF. Irreg.: 1. Su participio es *contrapuesto*. 2. ⟶**PONER**.

contraportada s.f. **1** En un libro impreso, página que se pone frente a la portada y en la que figuran detalles sobre él: *En esta contraportada se informa de los títulos de la colección a la que este libro pertenece. En la contraportada de este libro viene un retrato del autor.* **2** En un periódico o en una revista, última página: *La contraportada de esta revista es un anuncio de tabaco. En la contraportada de este periódico siempre aparece una entrevista con un personaje de actualidad.* **3** Tapa o cubierta posterior de un libro: *En la contraportada aparece un resumen del argumento.*

contraposición s.f. **1** Comparación o cotejo de una cosa con otra distinta u opuesta: *La contraposición de estos dos exámenes demuestra que los alumnos se han copiado.* **2** Oposición, discrepancia o enfrentamiento: *Su forma tan descuidada de vestir está en contraposición con el importante cargo que tiene.*

contraprestación s.f. Prestación o servicio que debe una parte contratante por razón de la que ha recibido: *Seguro que el muy ruin me exigirá alguna contraprestación por el favor que me hizo.*

contraproducente adj. Referido a una acción, que tiene efectos opuestos a los previstos: *Fue contraproducente quedarme toda la noche sin dormir por estudiar, porque me dormí en el examen.* □ MORF. Invariable en género.

contrapuesto, ta part. irreg. de **contraponer**.

contrapunto s.m. **1** Concordancia armoniosa de voces contrapuestas: *El contrapunto de esta pieza musical es ideal para el lucimiento de una coral polifónica.* **2** Arte de combinar dos o más melodías diferentes según ciertas reglas: *Estudia composición, armonía y contrapunto en el conservatorio.* **3** Contraste entre dos o más cosas, esp. si son simultáneas: *El contrapunto se ha utilizado como técnica narrativa en novelas en las que se juega con el paralelismo o con la simultaneidad de situaciones.*

contrariar v. Disgustar, producir disgusto o enfadar: *Me ha contrariado mucho que te burlaras de mí delante de todos. Se contrarió porque le dije que no podía ir a aquella fiesta.* □ ORTOGR. La *i* lleva tilde en los presentes, excepto en las personas *nosotros* y *vosotros* ⟶**VACIAR**.

contrariedad s.f. **1** Suceso eventual que impide o retarda el logro de algo: *Fue una contrariedad que no os encontrarais en el aeropuerto, porque habían ido a buscarte.* **2** Oposición que existe entre una cosa y otra: *Existe una gran contrariedad entre lo que dices y lo que haces.*

contrario, ria ▌adj. **1** Que daña o que perjudica: *Esas medidas son contrarias a los intereses de los trabajadores.* ▌adj./s. **2** Que se opone a algo; enemigo: *Son contrarios a la pena de muerte. 'Alto' es el contrario de 'bajo'.* ▌s. **3** Persona que lucha o que está en oposición con otra: *En el partido del domingo seremos vuestros contrarios.* **4** ‖ **{al/por el} contrario.** Al revés, o de un modo opuesto: *No he dicho que eso me guste, al contrario, lo odio.* ‖ **llevar la contraria** a alguien. Oponerse a lo que dice o a lo que intenta: *Es muy autoritario y no soporta que nadie le lleve la contraria.*

contrarreforma s.f. Movimiento religioso, intelectual y político que surgió para combatir los efectos de la reforma protestante: *La Contrarreforma tuvo lugar dentro de la Iglesia católica en el siglo XVI.* □ USO Se usa como nombre propio.

contrarreloj ▌adj.inv. **1** Que debe hacerse en un plazo de tiempo muy corto o muy rápidamente: *Estamos en medio de una negociación contrarreloj porque esta tarde debemos llegar a un acuerdo.* ▌adj./s.f. **2** Referido a una carrera, esp. la ciclista, que se caracteriza porque los participantes toman la salida distanciados entre sí por un intervalo de tiempo y se clasifican por el tiempo que ha invertido cada uno para llegar a la meta: *El líder puede aumentar su ventaja respecto al segundo clasificado en la carrera contrarreloj de mañana. Este ciclista ha conseguido el mejor tiempo de la contrarreloj.* □ MORF. Como adjetivo es invariable en género y en número. Como sustantivo su plural es *contrarrelojes*.

contrarrelojista s. Ciclista especializado en carreras contrarreloj: *Es un buen contrarrelojista, pero un mal esprínter.* □ MORF. Es de género común y exige concordancia en masculino o en femenino para señalar la diferencia de sexo: *el contrarrelojista, la contrarrelojista*.

contrarrestar v. Referido al efecto o a la influencia de algo, paliarlos o neutralizarlos: *Necesita un antídoto para contrarrestar los efectos del veneno.*

contrarrevolución s.f. Revolución en contra de otra anterior y muy próxima en el tiempo: *El líder revolucionario afirmó que la contrarrevolución había sido derrotada.* □ MORF. Se usa mucho la forma abreviada *contra*.

contrasentido s.m. Lo que carece de sentido o de lógica y resulta contradictorio: *Es un contrasentido que pintes el coche si piensas venderlo para chatarra el mes que viene.*

contraseña s.f. Palabra o señal secretas que permiten el acceso a algo antes inaccesible: *Si no me dices la contraseña no te dejaré pasar. Lleva una cinta roja en el bolsillo como contraseña.*

contrastar v. **1** Referido a una información, comprobar su exactitud o su autenticidad: *Antes de dar las noticias, los periodistas deben contrastarlas.* **2** Mostrar gran diferencia: *La alegría de los vencedores contrastaba con la tristeza de los vencidos.*

contraste s.m. **1** Comprobación de la exactitud o la autenticidad de algo: *Un contraste de opiniones nos ayudaría a aclarar las cosas.* **2** Diferencia u oposición entre lo que se compara: *Hay un gran contraste entre su exquisita cortesía y la mala educación de su acompañante.* **3** Sustancia que se introduce en el organismo para explorar órganos que de otra forma no se verían: *Para que me hicieran una radiografía de estómago tuve que tomar un contraste de bario.*

contrata s.f. Contrato que se hace para la ejecución de una obra o para la prestación de un servicio por un precio determinado: *La empresa que ofrezca las mejores pres-*

taciones al menor precio conseguirá la contrata para la limpieza de la universidad.

contratacar v. Reaccionar ofensivamente ante el avance o el ataque del enemigo o del rival: *Nuestro equipo consiguió un rebote defensivo, contratacó y consiguió dos puntos más.* □ ORTOGR. 1. La *c* se cambia en *qu* delante de *e* →**SACAR**. 2. Se admite también *contraatacar*.

contratación s.f. Establecimiento de un contrato o de un acuerdo con alguien para que haga algo a cambio de dinero o de otra compensación: *Es urgente la contratación de tres electricistas y cuatro pintores.*

contrataque s.m. Reacción ofensiva ante el avance o el ataque del enemigo o del rival: *Ese equipo consigue muchos goles en contrataques.* □ ORTOGR. Se admite también *contraataque*.

contratar v. Hacer un contrato o llegar a un acuerdo con alguien para que haga algo a cambio de dinero o de otra compensación: *Contrató dos albañiles para terminar la obra. Contrató los servicios de la empresa por tres años.*

contratiempo s.m. Imprevisto que impide o dificulta la realización de algo: *Que las tiendas estuvieran cerradas fue un contratiempo.*

contratista s. Persona o entidad que, por contrata, se encarga de la ejecución de una obra o de la prestación de un servicio: *Es contratista de obras y ha hecho para el Ayuntamiento varios aparcamientos subterráneos.* □ MORF. Es de género común y exige concordancia en masculino o en femenino para señalar la diferencia de sexo: *el contratista, la contratista*.

contrato s.m. **1** Convenio o acuerdo, generalmente escrito, entre dos o más personas o instituciones, por el que se obligan a cumplir lo pactado: *Ambas partes se reunieron para la firma del contrato.* **2** Documento escrito en el que queda reflejado este convenio: *Todavía no me han remitido la copia del contrato de alquiler.*

contravenir v. Actuar en contra de lo que está mandado o establecido: *contravenir a la ley; contravenir una norma.* □ MORF. Irreg. →**VENIR**.

contraventana s.f. Puerta que cubre el interior o el exterior de los cristales de las ventanas o los balcones y que sirve para impedir el paso de la luz o para resguardar del frío: *Al abrir las contraventanas se dio cuenta de que aún no había amanecido.*

contrayente s. Persona que contrae matrimonio: *Los contrayentes, después de la boda, saludaron personalmente a todos los invitados.* □ MORF. Es de género común y exige concordancia en masculino o en femenino para señalar la diferencia de sexo: *el contrayente, la contrayente*.

contribución s.f. **1** Pago de una cantidad, esp. de un impuesto o una carga: *El Estado cuenta con la contribución de los ciudadanos para el mantenimiento de los servicios públicos.* **2** Esta cantidad: *Tenemos tres meses de plazo para pagar la contribución urbana.* **3** Lo que se aporta o lo que se hace para ayudar a algo: *El sacerdote pidió la contribución económica de los feligreses para las obras del templo. Su contribución al proyecto ha sido muy valiosa.*

contribuir v. **1** Dar o pagar la cantidad que corresponde por un impuesto o por una carga: *Aunque no vive con sus hijos, contribuye a su mantenimiento. Cada vecino debe contribuir con una cuota extraordinaria de treinta euros para pintar el portal.* **2** Aportar voluntariamente un donativo: *¿Desea usted contribuir en la lucha contra la droga?* **3** Ayudar al logro de un fin: *El buen tiempo ha contribuido al éxito del espectáculo.* □ MORF. Irreg.: La *i* final de la raíz se cambia en *y* delante de *a, e, o* →**CONTRIBUIR**. □ SEM. En las acepciones 2 y 3, es sinónimo de *colaborar*.

contribuyente s. Persona que contribuye, esp. referido a la persona obligada legalmente al pago de impuestos al Estado: *En las delegaciones de Hacienda se informa a los contribuyentes.* □ MORF. Es de género común y exige concordancia en masculino o en femenino para señalar la diferencia de sexo: *el contribuyente, la contribuyente*.

contrición s.f. Dolor o arrepentimiento por una culpa, esp. por haber ofendido a Dios: *El sacerdote me dijo que necesitaba un acto de contrición para que mis pecados fueran perdonados.* □ PRON. Incorr. *[kontrikzión]. □ ORTOGR. Dist. de *constricción*.

contrincante s. Persona que compite con otras: *No tuvo problemas para conseguir el puesto porque sus contrincantes estaban peor preparados que ella.* □ MORF. Es de género común y exige concordancia en masculino o en femenino para señalar la diferencia de sexo: *el contrincante, la contrincante*.

contrito, ta adj. Que siente contrición o dolor, esp. por haber ofendido a Dios: *Se dirigió a Dios con el corazón contrito.*

control s.m. **1** Inspección, fiscalización o comprobación atentas de algo: *Pasó el control de sanidad sin ningún problema.* **2** Dominio o mando ejercidos sobre algo: *Perdió el control del coche y se estrelló contra una farola.* **3** Supervisión o verificación de lo realizado por otros: *El control presupuestario es necesario para saber si los ingresos superan a los gastos.* **4** Lugar desde donde se controla: *La policía instaló un control en la autopista para impedir la salida de los terroristas.* **5** Regulación, manual o automática, sobre un sistema: *Un nuevo técnico se encarga del control del sonido.* **6** Mando o dispositivo de regulación: *Los controles del avión están en la cabina.* **7** *col.* Examen no oficial para comprobar la marcha de los alumnos: *El profesor empezó a explicar otra cosa porque los resultados del control fueron buenos.* **8** ‖ **control remoto.** El dispositivo que regula a distancia el funcionamiento de un aparato, mecanismo o sistema: *La bomba se activó por control remoto.*

controlador, -a s. Técnico que controla, orienta y regula el despegue y el aterrizaje de los aviones en un aeropuerto: *La huelga de controladores ha paralizado el tráfico aéreo.*

controlar v. **1** Inspeccionar, fiscalizar o comprobar atentamente: *El Gobierno controlará la subida de los precios.* **2** Dominar o mandar sobre algo: *Nuestra escuadra controla este lugar. Nunca pierde los nervios porque se controla muy bien.* **3** Referido a algo realizado por otros, supervisarlo o verificarlo: *En este departamento se controlan los horarios y las horas extraordinarias realizadas por el personal.* **4** Referido a un sistema, regularlo de forma manual o automática: *Controla la iluminación y los efectos especiales de la obra.*

controversia s.f. Discusión larga y repetida entre dos o más personas, esp. sobre temas filosóficos: *La controversia sobre la resurrección de la carne se mantiene desde hace siglos.*

controvertido, da adj. Que provoca controversia o que es discutido o polémico: *En su obra presenta opiniones muy controvertidas. La controvertida propuesta no fue aceptada por la mayoría. Las palabras del presidente fueron controvertidas.*

contumacia s.f. Tenacidad y obstinación en mantener un error: *Tu contumacia te llevará al descrédito más absoluto.*

contumaz adj. Tenaz y obstinado en mantener un error: *A pesar de los castigos, es contumaz en la desobediencia.* ☐ MORF. Invariable en género.

contundencia s.f. Capacidad para convencer de lo que resulta claro, decisivo o evidente: *La contundencia de sus acusaciones nos dejó a todos sin capacidad de respuesta.*

contundente adj. **1** Que produce contusión o daño, esp. referido a un instrumento o a un acto: *Lo golpeó en la cabeza con un objeto contundente, probablemente con un bate de béisbol.* **2** Que convence porque resulta claro, decisivo o evidente: *Con una contundente respuesta atajó todos los rumores.* ☐ MORF. Invariable en género.

contusión s.f. Daño o lesión, sin herida, que se produce al comprimir o golpear violentamente un tejido orgánico: *Tras la paliza, fue atendido en el hospital de varias contusiones.*

contusionar v. Referido esp. a una parte del cuerpo, dañarla sin llegar a herirla, al comprimirla o golpearla violentamente; *magullar: Al chocar, se contusionó el pecho con el volante.*

convalecencia s.f. Recuperación de las fuerzas perdidas en una enfermedad o en un estado de postración: *Después de la operación tendrá un período de convalecencia.*

convalecer v. Recuperarse de una enfermedad o de un estado de postración: *Convalece de su enfermedad en la playa. La economía española todavía convalece de la inflación y el paro.* ☐ MORF. Irreg.: Aparece una *z* delante de la *c* cuando la siguen *a, o* →**PARECER.**

convalidación s.f. En un país o en una institución educativa, reconocimiento de la validez académica de estudios realizados en otro país o en otra institución: *Cuando se vino a vivir a España solicitó la convalidación de los estudios realizados en su país.*

convalidar v. **1** Referido a los estudios realizados en un país o en una institución, darles validez académica en otro país o en otra institución: *Para que te convaliden la asignatura que cursaste en Alemania tienes que presentar el certificado de estudios y el programa.* **2** Referido esp. a un acto jurídico, confirmarlo, ratificarlo o darle nuevo valor: *El consejo social de la Universidad convalidó la decisión del rector.*

convencer v. **1** Referido a una persona, conseguir que cambie una opinión o un comportamiento: *Lo convencí para que viniera de excursión. Se convenció de que había que trabajar más.* **2** Gustar o causar satisfacción: *El comentarista dijo que el equipo venció, pero que no convenció.* ☐ ORTOGR. La *c* se cambia en *z* delante de *a, o* →**VENCER.** ☐ MORF. Tiene un participio regular (*convencido*), que se usa en la conjugación, y otro irregular (*convicto*), que se usa solo como adjetivo. ☐ SINT. Constr.: *convencer {DE/CON} algo.*

convencimiento s.m. **1** Consecución, mediante razones, de un cambio de opinión o de comportamiento: *Lo hizo por convencimiento y no para quedar bien.* **2** Seguridad de algo que parece lógico racionalmente: *Tengo el firme convencimiento de que vendrá.* ☐ SEM. Es sinónimo de *convicción.*

convención s.f. **1** Norma o práctica admitidas de forma general por un acuerdo o una costumbre: *Decimos que es educado porque respeta las convenciones sociales.* **2** Asamblea de representantes o reunión general de los miembros de una asociación: *El candidato republicano será elegido en la próxima convención del partido.*

convencional adj. **1** Que se establece por un convenio, por un acuerdo general o por una costumbre: *Las letras son signos convencionales para representar los sonidos del habla.* **2** Que es poco original o que no supone ninguna novedad: *No se utilizaron armas atómicas, sino armas convencionales.* ☐ MORF. Invariable en género.

convencionalismo s.m. Idea o comportamiento que se aceptan y se ponen en práctica por comodidad, por costumbre o por conveniencia social: *Actúa por convicción y no por convencionalismo.* ☐ MORF. Se usa más en plural.

conveniencia s.f. **1** Adecuación, oportunidad o utilidad de algo: *No dudo de la conveniencia de hacer lo que me dices.* **2** Lo que se considera beneficioso, útil o adecuado: *Solo busca su propia conveniencia, y no tiene en cuenta los deseos de nadie.* **3** Acuerdo, pacto o convenio: *Pactaron un matrimonio de conveniencia para que ella pudiera adquirir la doble nacionalidad.*

conveniente adj. Que es adecuado, oportuno o que puede servir para algo: *No es conveniente que aparezcas por allí ahora.* ☐ MORF. Invariable en género.

convenio s.m. **1** Acuerdo o pacto, generalmente hecho entre personas o instituciones: *El convenio pondrá fin a la situación de enfrentamiento en la que hemos vivido.* **2** ‖ **convenio colectivo.** El establecido por empresarios y trabajadores para regular las condiciones laborales: *La subida salarial para este año está fijada en el convenio colectivo.*

convenir v. **1** Ser adecuado, oportuno o útil: *Nos conviene aceptar el trato. Tú sabrás si te conviene pedir ahora las vacaciones. No conviene que nos vean juntos.* **2** Acordar o decidir entre varias personas: *Convinieron en verse a la entrada del teatro. Hemos convenido aceptar el precio estipulado por la empresa.* ☐ MORF. Irreg. →**VENIR.** ☐ SINT. Constr. de la acepción 2: *convenir* CON *alguien* EN *algo.*

convento s.m. **1** Edificio en el que viven en comunidad los monjes o las monjas de una orden religiosa: *En el convento viven diez frailes.* **2** Comunidad que vive en este edificio: *A la misa asistió todo el convento. Las monjas no se dejan ver porque es un convento de clausura.*

conventual adj. De un convento o relacionado con él: *Nos contó que la vida conventual era muy sacrificada.* ☐ MORF. Invariable en género.

convergencia s.f. Unión o coincidencia en un mismo punto o en un mismo fin: *Esta plaza es punto de convergencia de varias calles.*

converger v. **1** Referido a dos o más líneas, unirse en un punto: *Todas estas calles convergen en la misma plaza.* **2** Referido a ideas o acciones de dos o más personas, tener un mismo fin: *Cada uno se expresa de una forma, pero sus ideas convergen.* ☐ ORTOGR. 1. Se admite también *convergir.* 2. La *g* se cambia en *j* delante de *a, o: converger* →**RECOGER.**

convergir v. →**converger.** ☐ ORTOGR. La *g* se cambia en *j* delante de *a, o: convergir* →**DIRIGIR.**

conversación s.f. **1** Comunicación mediante palabras: *Estuvimos toda la tarde de conversación, hablando de mil cosas.* **2** ‖ **sacar la conversación.** Tocar algún punto para que se hable de él: *Sacó la conversación del trabajo y ya no la dejamos en toda la tarde.*

conversar v. Mantener una conversación; *hablar: Conversaban animadamente mientras tomaban café.*

conversión s.f. **1** Transformación o cambio en algo distinto: *La cuaresma es época de conversión.* **2** Adopción de una religión, creencia o ideología que antes no se tenían: *El sacerdote rezaba por la conversión de todos los hombres.*

converso, sa adj./s. Referido a una persona, que se ha convertido a otra religión, esp. referido a los musulmanes o judíos que se convierten al cristianismo: *El autor de la 'Celestina' era converso o descendiente de conversos. No era un cristiano viejo, sino un converso.*

convertir v. **1** Hacer distinto o transformar: *La experiencia, los viajes y las lecturas lo convirtieron en un hombre de mundo. Se convirtió en un forofo de la música.* **2** Persuadir para que se adopte una religión, una creencia o una ideología: *Los misioneros convirtieron a los indígenas al cristianismo. Entabló relación con un grupo clandestino que lo convirtió al anarquismo.* ☐ MORF. Irreg. →**SENTIR**. ☐ SINT. 1. Constr. de la acepción 1: *convertir* EN *algo.* 2. Constr. de la acepción 2: *convertir* A *algo.*

convexo, xa adj. Referido a una línea o a una superficie, que son curvas y tienen su parte central saliente: *Los espejos convexos deforman y agrandan las imágenes.*

convicción ▮ s.f. **1** Consecución, mediante razones, de un cambio de opinión o de comportamiento: *Su poder de convicción es muy grande.* **2** Seguridad de algo que parece lógico racionalmente: *Tengo la convicción de que él ha llegado antes que nosotros, porque todo está revuelto.* ▮ pl. **3** Ideas religiosas, éticas o políticas en las que se cree firmemente: *Tiene unas rígidas convicciones y nunca actúa contra ellas.* ☐ PRON. Incorr. *[konbinzión]. ☐ SEM. En las acepciones 1 y 2, es sinónimo de *convencimiento.*

convicto, ta adj. En derecho, referido al acusado de un delito, con culpabilidad probada legalmente aunque no lo haya confesado: *Tras la prueba del testigo, se declaró convicto al acusado.*

convidado, da s. Persona que recibe un convite o que asiste a él: *En el banquete habría unos doscientos convidados.*

convidar v. **1** Invitar u ofrecer gratis una comida o una bebida: *Insistió en que nos quería convidar a comer en un buen restaurante.* **2** Mover o animar a algo: *Este día de sol convida a pasear.* ☐ SINT. Constr.: *convidar* A *algo.*

convite s.m. Banquete o comida con invitados: *El convite de la boda se celebró en un salón enorme.*

convivencia s.f. Vida en compañía de otro o de otros: *Mis padres llevan ya treinta años de estrecha convivencia.*

convivir v. Vivir en compañía de otro o de otros: *En el país conviven pacíficamente varios grupos étnicos.*

convocar v. **1** Referido a una persona, citarla o llamarla para que acuda a un lugar o a un acto determinados: *El director convocó a todos los estudiantes el lunes a las diez de la mañana en el salón de actos.* **2** Referido esp. a un concurso, anunciarlo o hacer públicas las condiciones y los plazos para que las personas interesadas puedan tomar parte en él: *El concurso de cuentos fue convocado en mayo y el jurado se reunió en octubre.* ☐ ORTOGR. La *c* se cambia en *qu* delante de *e* →**SACAR**.

convocatoria s.f. Llamada, anuncio o escrito con los que se convoca: *Todos los vecinos respondieron a la convocatoria del alcalde y asistieron a la reunión. Pronto saldrá la convocatoria de oposiciones para profesores de enseñanza secundaria.*

convoy s.m. **1** Escolta que acompaña y protege a una expedición de barcos o vehículos: *Un convoy militar acompañaba a la caravana.* **2** Conjunto de los barcos o vehículos así protegidos: *Con los prismáticos vimos cómo avanzaba el convoy de camiones.* ☐ MORF. Su plural es *convoyes.*

convulsión s.f. **1** Movimiento brusco e involuntario de contracción y estiramiento alternativos de los músculos del cuerpo, que está causado generalmente por una enfermedad: *La fiebre alta le produjo convulsiones.* **2** Agitación violenta que trastorna la normalidad de la vida colectiva: *El inicio de la guerra supuso una gran convulsión para el país.* ☐ ORTOGR. Dist. de *compulsión.*

convulsionar v. Producir convulsiones: *El anuncio de las nuevas medidas económicas convulsionó a los sindicatos.*

convulsivo, va adj. De la convulsión o con sus características: *Es epiléptico y a veces tiene crisis convulsivas.*

conyugal adj. De los cónyuges o relacionado con ellos: *Abandonó el domicilio conyugal y pidió la separación.* ☐ MORF. Invariable en género.

cónyuge s. Respecto de una persona, su esposo o su esposa; *consorte: Los cónyuges iniciarán mañana su luna de miel.* ☐ MORF. Es de género común y exige concordancia en masculino o en femenino para señalar la diferencia de sexo: *el cónyuge, la cónyuge.*

coña s.f. **1** *col.* Burla o guasa disimulada: *No le hagas caso porque lo último que dijo iba de coña.* **2** *col.* Lo que se considera molesto: *¡Vaya coña tener que salir a comprar a estas horas!*

coñá s.m. *col.* Coñac.

coñac s.m. Bebida alcohólica de graduación muy elevada, originaria de Cognac (región francesa): *El coñac se obtiene destilando vinos flojos y envejeciéndolos en toneles de roble.* ☐ ORTOGR. Es un galicismo (*cognac*) adaptado al español. ☐ MORF. Su plural es *coñacs.* ☐ SEM. Dist. de *brandy* (no originario de Francia).

coñazo s.m. *vulg.* Lo que resulta insoportable o muy molesto: *¡Vaya coñazo de película!*

coño ▮ s.m. **1** *vulg.malson.* →**vulva.** ▮ interj. **2** *vulg. malson.* Expresión que se usa para indicar extrañeza, sorpresa, admiración o disgusto: *¡Coño, qué susto me has dado!*

cooperación s.f. Actuación conjunta para lograr un mismo fin: *La policía pidió la cooperación de todos los vecinos para esclarecer los hechos.*

cooperar v. Obrar conjuntamente para lograr un mismo fin: *Ambos países cooperarán en la lucha contra el terrorismo.*

cooperativa s.f. Véase **cooperativo, va**.

cooperativismo s.m. **1** Tendencia a la cooperación en el orden económico y social: *En algunas sociedades agrarias el cooperativismo ha sustituido a la iniciativa individual de los agricultores.* **2** Régimen de las asociaciones organizadas como cooperativas: *Los productores vinícolas de esta zona han optado por el cooperativismo.*

cooperativista ▮ adj. **1** Del cooperativismo o relacionado con él: *La política cooperativista de esta zona ha beneficiado a los pequeños productores.* ▮ adj./s. **2** Partidario o seguidor del cooperativismo: *Los cooperativistas se reunieron para decidir el precio de sus productos.* ☐ MORF. 1. Como adjetivo es invariable en género. 2. Como sustantivo es de género común y exige concordancia en masculino o en femenino para señalar la diferencia de sexo: *el cooperativista, la cooperativista.*

cooperativo, va ▮ adj. **1** Que coopera o que puede

cooperar: *Puedes contar con su ayuda para ese trabajo porque es un muchacho muy cooperativo.* ▌s.f. **2 →sociedad cooperativa.**

coordenado, da adj./s. En matemáticas, referido a una línea, a un eje o a un plano, que sirven para determinar la posición de un punto: *La ordenada y la abscisa son los ejes coordenados. El piloto dio por radio las coordenadas de su situación.*

coordinación s.f. **1** Combinación o unión de algo para conseguir una acción común: *¿Quién es el encargado de la coordinación de todos los esfuerzos?* **2** Disposición de algo de forma metódica u ordenada: *La coordinación de movimientos es fundamental en este deporte.* **3** Relación gramatical que se establece entre dos elementos sintácticos del mismo nivel o con la misma función, pero independientes entre sí; *parataxis: En la oración 'Cantas bien, pero bailas mal' hay coordinación adversativa.*

coordinar v. **1** Concertar o unir para conseguir una acción común: *Es la encargada de coordinar los trabajos de los tres equipos de investigadores.* **2** Disponer de forma metódica u ordenada: *Para desfilar bien hay que coordinar los movimientos propios con los de los demás.* **3** En gramática, referido a dos elementos del mismo nivel o con la misma función, unirlos sintácticamente: *La conjunción 'y' coordina palabras y oraciones.*

copa ▌s.f. **1** Vaso con pie que se usa para beber: *El champán se bebe siempre en copas.* **2** Líquido que cabe en este vaso, esp. si es alcohólico: *Te invito a una copa para celebrarlo.* **3** En un árbol, conjunto de ramas y de hojas que forma su parte superior: *Vimos una ardilla que iba saltando por las copas de los árboles.* **4** En un sombrero, parte hueca en la que entra la cabeza: *Una chistera es un sombrero de copa alta.* 👁 **sombrero 5** En un sujetador de mujer, parte hueca destinada a cubrir cada seno: *Este modelo de sujetador tiene varias tallas de copa.* **6** En la baraja, carta del palo que se representa con uno o varios vasos con pie: *Solo me faltan dos copas para acabar el solitario.* **7** Premio que se concede en algunas competiciones deportivas: *La capitana recogió la copa en nombre de todo el equipo.* **8** Competición deportiva en la que se participa para ganar este premio: *Los equipos del barrio juegan la copa de primavera después de acabar la liga.* **9** Cóctel o fiesta en la que se sirven bebidas: *Cuando se cambió de casa dio una copa para que la conociéramos.* ▌pl. **10** En la baraja, palo que se representa con uno o varios vasos con pie: *Tengo que pasar porque no tengo copas.* 👁 **baraja 11** ‖ **como la copa de un pino.** *col.* Grandísimo, muy importante o extraordinario: *Eso que te contó es una mentira como la copa de un pino.*

copar v. **1** Referido esp. a una lista, conseguir todos los puestos de esta: *Los escritores españoles han copado las listas de ventas de libros este mes.* **2** *col.* Ocupar o acaparar por completo: *Esta noticia copó la atención de todo el pueblo.*

copec s.m. **→kopek.**

copete s.m. **1** Mechón de pelo que cae sobre la frente: *Usa gomina para fijar el copete.* 👁 **peinado 2** En un sorbete o en una bebida helada, parte que rebasa o que sobresale del borde de los vasos o del recipiente que los contiene: *Pidieron un cucurucho de helado con copete.* **3** ‖ **de (alto) copete.** *col.* De mucha importancia, distinción o lujo: *Lo vi saliendo de un restaurante con una dama de alto copete.*

copia s.f. **1** Reproducción de un original o de un modelo: *Después de firmar, me dieron una copia del contrato. Necesito una copia de la llave de este armario.* **2** Imitación del estilo o de la obra original de un artista: *Este estilo pretende ser una copia de la arquitectura clásica.* **3** Imitación o persona muy parecida a otra: *Este niño es copia de su padre, son iguales en todo.*

copiadora s.f. Máquina que reproduce en numerosas copias de papel: *Han instalado una copiadora en el trabajo que hace copias en color.*

copiar v. **1** Referido a un original o a un modelo, reproducirlos o representarlos: *Copié este dibujo de un cuadro que salía en una revista.* **2** Referido a lo que dice alguien que está hablando, escribirlo o anotarlo: *Copia las cosas que te voy diciendo, para que no se te olvide ninguna.* **3** Imitar, reflejar, remedar o hacer semejante: *No era un poeta original, sino que copiaba muy bien a otros anteriores a él.* □ ORTOGR. La *i* nunca lleva tilde.

copiloto s. Piloto auxiliar o persona que ayuda al piloto: *El copiloto se hizo cargo de los mandos del avión cuando el piloto se sintió mal. En estas carreras de coches, el copiloto va diciendo al piloto cómo debe tomar cada curva.* □ MORF. Es de género común y exige concordancia en masculino o en femenino para señalar la diferencia de sexo: *el copiloto, la copiloto.*

copión, -a adj./s. *desp.* Que copia o que imita: *Tengo una amiga muy copiona que se compra todo igual a lo mío. Este profesor suspende a los copiones.*

copiosidad s.f. Abundancia o gran cantidad: *La copiosidad de las lluvias ha permitido que los embalses se llenen de agua.*

copioso, sa adj. Abundante, numeroso o grande en número o en cantidad: *No me gustan las cenas copiosas porque me sientan mal.*

copista s. Persona que se dedica a copiar, esp. escritos ajenos: *Gran parte del saber de la humanidad nos ha llegado a través de la obra de los copistas medievales.* □ MORF. Es de género común y exige concordancia en masculino o en femenino para señalar la diferencia de sexo: *el copista, la copista.*

copla ▌s.f. **1** Composición poética formada por una seguidilla, por una redondilla o por otra combinación breve de versos, generalmente en número de cuatro, y que suele servir de letra en las canciones populares: *Las estrofas de sevillanas, jotas y malagueñas son coplas.* **2** Estrofa o combinación métrica: *En algunos tratados medievales se dan indicaciones sobre el arte de trovar y las peculiaridades de cada tipo de copla.* **3** Canción folclórica española, esp. la de raíces andaluzas: *Para mí, ninguna música moderna tiene el sentimiento y la fuerza de la copla.* ▌pl. **4** Cuentos, habladurías o evasivas: *Déjate de coplas y dime sinceramente por qué has llegado tarde.*

copo s.m. Cada una de las porciones de nieve que caen cuando nieva: *Los copos de nieve caían con lentitud sobre el suelo.*

copón s.m. **1** Copa grande, especialmente de oro, plata o de otro metal, que se guarda en el sagrario y en la que se deposita el Santísimo Sacramento (pan de la eucaristía): *El sacerdote cogió el copón para dar de comulgar a los fieles.* **2** ‖ **del copón.** *vulg.* Muy grande o extraordinario: *Le tocó la lotería y se ha comprado un coche del copón.*

coproducción s.f. Producción de algo que se hace en común, esp. referido a una película cinematográfica: *Esta película es una coproducción hispanoitaliana.*

copto, ta adj./s. Cristiano de Egipto (país africano): *Los* *católicos coptos tienen una liturgia propia. Muchos coptos son católicos.*

cópula s.f. **1** Unión sexual: *La mantis religiosa hembra se come al macho durante la cópula.* **2** En gramática, palabra que sirve para unir dos términos o dos frases: *Las conjunciones y los verbos 'ser' y 'estar' son las cópulas más frecuentes.*

copular v. Unirse sexualmente: *Los perros copulan cuando la hembra está en celo.*

copulativo, va adj. En gramática, que junta y une una palabra o una frase con otra: *En la oración 'Come y calla', 'y' es una conjunción copulativa.*

copyright (anglicismo) s.m. Derecho de propiedad intelectual o de autor: *Este programa de ordenador está protegido por el copyright, y no se puede copiar sin permiso.* ☐ PRON. [kopirráit].

coqueta s.f. Véase **coqueto, ta**.

coquetear v. **1** Tratar de agradar o de atraer por mera vanidad y con métodos estudiados, esp. referido a las relaciones con el sexo opuesto: *Empezaron coqueteando, pero se fueron conociendo mejor y acabaron siendo novios.* **2** Tener una relación o implicación pasajera en un asunto: *En su juventud coqueteó con un partido progresista, pero no se decidió por la actividad política.*

coquetería s.f. Intento de agradar o de atraer por mera vanidad y con medios estudiados, esp. referido a las relaciones con el sexo opuesto: *Su coquetería lo lleva a teñirse porque considera que las canas lo hacen parecer mayor.*

coqueto, ta ▮ adj. **1** Referido a una cosa, pulcra, limpia, cuidada o graciosa: *Tiene un piso pequeño pero muy coqueto.* ▮ adj./s. **2** Que trata de agradar o de atraer por mera vanidad y con medios estudiados, esp. referido a las relaciones con el sexo opuesto: *Es muy coqueta y cuando va a una fiesta quiere que todos los chicos se fijen en ella. Es un coqueto y se pasa horas ante el espejo.* ▮ s.f. **3** Mueble con forma de mesa y con espejo, que se utiliza para peinarse y maquillarse: *Su marido miraba cómo se peinaba sentada ante la coqueta.*

coquina s.f. Molusco marino de carne comestible, con valvas finas, ovales, muy aplastadas y de color gris blanquecino con manchas rojizas: *Las coquinas abundan en las playas de Cádiz.* 👁 **marisco**

coraje s.m. **1** Valor o fuerza para hacer o para afrontar algo: *Debes tener coraje y decirme lo que sucede realmente para que pueda ayudarte.* **2** Irritación, ira, rabia o enojo: *Me da mucho coraje que me mientas.*

coral ▮ adj. **1** Del coro o relacionado con él: *En la catedral suelen celebrar conciertos de órgano y de música coral.* ▮ s.m. **2** Animal marino que vive en colonias unido a otros individuos por una masa calcárea segregada por ellos de color rojo o rosado: *Los corales habitan en los mares tropicales a profundidades que no superan los 50 metros.* **3** Masa de naturaleza calcárea segregada por este animal que, después de pulimentada, se emplea en joyería: *Me han regalado una gargantilla de coral.* **4** Composición musical de carácter vocal o instrumental, de ritmo lento y solemne y generalmente de tema religioso: *Los corales se incorporaron frecuentemente a los oratorios y cantatas sacras.* ▮ s.f. **5** Agrupación musical de personas que cantan en coro sin acompañamiento instrumental; *orfeón: En el acto de clausura cantó la coral de la universidad.* ☐ MORF. Como adjetivo es invariable en género.

CORAZÓN

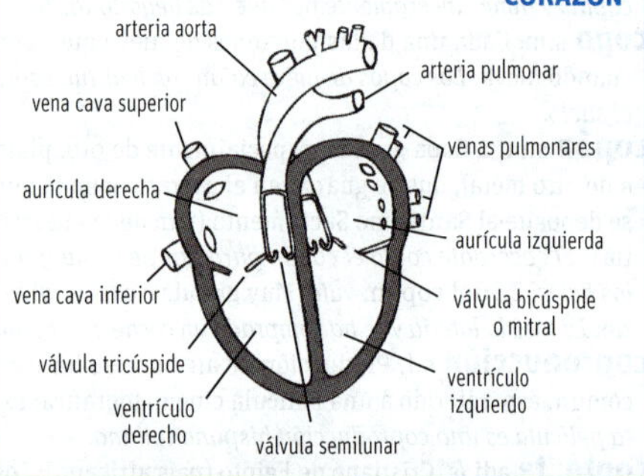

coralino, na adj. De coral o parecido a él: *Se divisaban desde el barco unos arrecifes coralinos.*

coraza s.f. **1** Armadura de hierro o de acero que protege el pecho y la espalda: *Los soldados de este regimiento de caballería llevaban una coraza.* **2** Protección o defensa: *Soportó las críticas con una coraza de indiferencia.* **3** Cubierta que protege el cuerpo de algunos reptiles, con aberturas para la cabeza, las patas y la cola: *La tortuga se esconde en su coraza cuando se siente atacada.*

corazón ▮ s.m. **1** Órgano muscular encargado de recoger la sangre y de impulsarla al resto del cuerpo: *Las aurículas y los ventrículos son las cavidades del corazón.* 👁 corazón **2** Figura que representa este órgano: *Pintó un corazón con una flecha con su nombre y el del chico que le gustaba.* **3** Sentimiento, voluntad o afecto: *De joven me dejaba llevar más por el corazón que por la cabeza.* **4** Parte media, central o más importante de algo: *Las principales empresas tienen sus oficinas en el corazón de la ciudad.* **5** Interior de una cosa inanimada: *Su madre le enseñó a comer el corazón de las alcachofas.* **6** →**dedo corazón.** 👁 **mano** ▮ pl. **7** En la baraja francesa, palo que se representa con una o varias figuras con la forma del órgano del corazón: *Tengo trío de corazones.* 👁 **baraja 8** ‖ **con el corazón en la mano.** Con toda franqueza y sinceridad: *Te confieso con el corazón en la mano que pasé mucho miedo hasta que llegaste tú.* ‖ **de corazón.** De verdad, con seguridad o con afecto: *Te deseo de corazón que seas muy feliz.* ‖ **del corazón.** Referido esp. a la prensa o a una revista, que recoge sucesos relativos a personas famosas, esp. los de su vida privada: *En la peluquería siempre hay revistas del corazón para los que tienen que esperar.* ‖ **ser todo corazón** o **tener un corazón de oro.** Ser muy generoso o benévolo o tener ánimo favorable: *Todo el mundo lo adora porque es muy bueno y tiene un corazón de oro.* ☐ USO Se usa como apelativo: *¿Por qué lloras tú, corazón mío?*

corazonada s.f. Sensación de que algo va a ocurrir; *presentimiento: Me dio la corazonada de que ibas a venir en tren y por eso fui a la estación a buscarte.*

corazonista adj./s. De la orden religiosa de los Sagrados Corazones o de sus miembros, o relacionado con ellos: *Estudió en un colegio corazonista. Los corazonistas honran los Sagrados Corazones de Jesús y de María.* ☐ MORF. 1. Como adjetivo es invariable en género. 2. Como sustantivo es de género común y exige concordancia en masculino o en femenino para señalar la diferencia de sexo: *el corazonista, la corazonista.*

corbata s.f. Tira de tela que se anuda al cuello de la camisa dejando caer los extremos sobre el pecho, o haciendo lazos con ellos: *Solo se pone corbata cuando lleva traje.*

corbeta s.f. **1** Barco ligero de guerra, menor que la fragata, y que generalmente se destina a la escolta de mercantes: *La corbeta está dotada de armamento antisubmarino.* **2** Antiguo barco de guerra con tres palos y vela cuadrada, semejante a la fragata pero de menor tamaño; *fragata ligera: En el museo de marina vi una reproducción de una corbeta.* 👁 **embarcación**

corcel s.m. *poét.* Caballo ligero, de gran alzada, que se utilizaba sobre todo en los torneos y batallas: *El caballero vencedor de la lid montaba un hermoso corcel negro.*

corchea s.f. En música, nota que dura la mitad de una negra y que se representa con un círculo relleno, una barrita vertical pegada a uno de sus lados y un pequeño gancho en el extremo de esta: *Una corchea equivale a dos semicorcheas.*

corchete s.m. **1** Especie de broche compuesto por dos piezas, una de las cuales, con forma de gancho, se engancha en la otra que tiene forma de anilla: *Esta falda se abrocha con la cremallera y con un corchete.* 👁 **costura** **2** En un texto escrito, signo gráfico que tiene la forma de un paréntesis cuadrado, y que se coloca al principio y, en posición invertida, al final de una serie de guarismos, palabras, renglones o de dos o más pentagramas: *En este diccionario, la pronunciación se marca entre corchetes.* ☐ ORTOGR. Para la acepción 2 ⟶APÉNDICE DE SIGNOS DE PUNTUACIÓN.

corcho s.m. **1** Tejido vegetal que se encuentra en la zona periférica del tronco, de las ramas y de las raíces, y que está formado por células en las que la celulosa de su membrana ha sufrido una transformación química y ha quedado convertida en una sustancia orgánica impermeable y elástica: *En la corteza del alcornoque el corcho forma capas de varios centímetros de espesor.* **2** Trozo, lámina u objeto de este tejido vegetal: *Dame un corcho para tapar la botella de vino.* 👁 **tapón**

córcholis interj. Expresión que se usa para indicar extrañeza, sorpresa, admiración o disgusto: *¡Córcholis, me he vuelto a pinchar con la aguja!*

corcova s.f. Curvatura anómala de la columna vertebral, del pecho o de ambos a la vez; *joroba: Iba tan encogido que parecía que tenía corcova.*

cordada s.f. Grupo de alpinistas sujetos por una misma cuerda: *Todos los miembros de la cordada alcanzaron la cima de la montaña.*

cordado ▮ adj./s. **1** Referido a un animal, que tiene durante toda su vida o en determinadas fases de su desarrollo, un cordón de tejido conjuntivo que forma el esqueleto del embrión, y que protege la médula espinal: *En los adultos de algunas especies de animales cordados, el cordón de tejido conjuntivo que protege la médula se transforma en columna vertebral. Los cordados tiene simetría bilateral.* ▮ s.m.pl. **2** En zoología, tipo de estos animales, perteneciente al reino de los metazoos: *Los animales vertebrados pertenecen a los cordados.*

cordel s.m. Cuerda delgada: *Ata este paquete con un cordel.*

cordero, ra ▮ s. **1** Cría de la oveja, que no pasa de un año: *La oveja amamanta a los corderos.* **2** Persona dócil y humilde: *No te quejarás, que tu marido es un cordero que no protesta por nada.* ▮ s.m. **3** Carne de la cría de la oveja que no pasa de un año: *Me encanta el cordero asado.* 👁 **carne** **4** ‖ **cordero pascual.** **1** El que comen ritualmente los hebreos para celebrar la salida de su pueblo de Egipto: *El cordero pascual era sacrificado en el templo de Jerusalén.* **2** El joven mayor que el lechal: *El cordero pascual se alimenta de pasto.*

cordial adj. Afectuoso o amable: *Los dos compañeros se estrecharon en un cordial abrazo.* ☐ MORF. Invariable en género.

cordialidad s.f. **1** Carácter amable o afectuoso: *Todos le agradecimos la cordialidad de su recibimiento.* **2** Franqueza o sinceridad: *Puedes hablarme con cordialidad y decirme lo que realmente pasa.*

cordillera s.f. Serie de montañas unidas entre sí y con características comunes: *La cordillera de los Andes recorre la parte occidental de América del Sur.*

cordobán s.m. Piel curtida de macho cabrío o de cabra: *En la ciudad de Córdoba hay una importante artesanía de cordobán.*

cordobés, -a adj./s. De Córdoba o relacionado con esta provincia española o con su capital: *El bailarín lucía un bonito sombrero cordobés. Los cordobeses tienen fama de ser muy alegres.* ☐ MORF. Como sustantivo se refiere solo a las personas de Córdoba.

cordón s.m. **1** Cuerda generalmente cilíndrica y hecha con materiales finos: *Átate los cordones de los zapatos.* 👁 **calzado; pasamanería** **2** Lo que tiene la forma de esta cuerda: *El cordón umbilical está formado por un conjunto de vasos que unen la placenta de la madre con el vientre del feto.* **3** Conjunto de personas colocadas en línea y guardando una distancia para cortar la comunicación de un territorio con otros o para impedir el paso: *Un cordón policial impedía acercarse al lugar del accidente.* **4** ‖ **cordón sanitario.** Conjunto de elementos y medidas que se organizan en un lugar para detener la propagación de un fenómeno, esp. de epidemias o de plagas: *Se ha establecido un cordón sanitario para evitar la propagación del cólera en la zona.*

cordura s.f. Prudencia, sensatez o buen juicio: *Obra con cordura y salió airosa de la situación.*

coreano, na ▮ adj./s. **1** De Corea (península asiática y cada uno de los dos países establecidos en ella), o relacionado con ella: *El arte coreano está muy influido por el arte chino. Los coreanos están divididos en los dos países de Corea del Norte y Corea del Sur.* ▮ s.m. **2** Lengua asiática de esta península: *El coreano es semejante al japonés en el plano sintáctico.* ☐ MORF. En la acepción 1, como sustantivo se refiere solo a las personas de la península de Corea.

corear v. Cantar, recitar o hablar varias personas a la vez: *El público coreaba el estribillo de la canción.*

coreografía s.f. **1** Arte de componer y dirigir bailes y danzas: *Cuando abandonó el baile, se dedicó a la coreografía de espectáculos musicales.* **2** Conjunto de pasos o de movimientos que componen una danza o un baile: *La crítica señaló algunos fallos en la coreografía del ballet.*

coreógrafo, fa s. Creador de la coreografía de un espectáculo de danza o baile: *El coreógrafo había estudiado minuciosamente cada uno de los pasos del ballet.*

corimbo s.m. En botánica, inflorescencia formada por flores que tienen pedúnculos y que nacen de un eje común, pero en puntos diferentes, y que llegan a la misma altura: *Las flores del peral forman corimbos.* 👁 **inflorescencia**

corintio, tia ▮ adj. **1** En arte, del orden corintio: *El capitel corintio está adornado con hojas de acanto.* ▮ adj./s.

2 De Corinto (ciudad griega), o relacionado con ella: *En la Antigüedad clásica, la importancia corintia fue tanta como la ateniense y la espartana. Los corintios desarrollaron una importante industria cerámica.* ▮ s.m. **3** →**orden corintio.** ☐ MORF. En la acepción 2, como sustantivo se refiere solo a las personas de la antigua Corinto.

corinto adj./s.m. De color rojo oscuro tirando a violáceo: *Me he comprado unos zapatos de color corinto.*

corista ▮ s. **1** Persona que canta formando parte del coro de una función musical, esp. de una ópera o de una zarzuela: *Antes de obtener un papel como cantante solista, fue corista en numerosos espectáculos.* ▮ s.f. **2** En una revista o en otros espectáculos, esp. si son de carácter frívolo, mujer que forma parte del coro: *Las coristas de la revista llevaban vestidos de volantes con faldas cortas.* ☐ MORF. En la acepción 1, es de género común y exige concordancia en masculino o en femenino para señalar la diferencia de sexo: *el corista, la corista*.

cormorán s.m. Ave palmípeda que tiene el plumaje oscuro, patas muy cortas, pico largo, aplastado y con la punta doblada, y que suele habitar en las costas: *El cormorán es un buen nadador.* ☐ MORF. Es un sustantivo epiceno y la diferencia de sexo se señala mediante la oposición *el cormorán {macho/hembra}*.

cornada s.f. Golpe dado por un animal con la punta del cuerno, o herida que produce: *El torero se recupera favorablemente de la cornada que sufrió en el abdomen.*

cornadura s.f. →**cornamenta.**

cornamenta s.f. Conjunto de los cuernos de un animal, esp. del toro, de la vaca o del ciervo; *cornadura*: *El segundo toro de la tarde tenía una buena cornamenta.*

cornamusa s.f. **1** Trompeta de metal larga, cuyo tubo forma una gran rosca en su parte media y termina en un pabellón muy ancho: *Toca la cornamusa en una banda popular.* **2** Instrumento musical de viento, de carácter rústico, compuesto de un odre o cuero cosido y de varios canutos o tubos en los que se produce el sonido: *La cornamusa se emplea hoy en las bandas militares escocesas.* 👁 **viento**

córnea s.f. Véase **córneo, a.**

cornear v. Dar cornadas: *El toro corneó al torero y le produjo graves heridas.*

corneja s.f. Ave parecida al cuervo pero de menor tamaño, que tiene el plumaje totalmente negro: *La corneja vive en regiones del oeste y del sur de Europa.* ☐ MORF. Es un sustantivo epiceno y la diferencia de sexo se señala mediante la oposición *la corneja {macho/hembra}*.

córneo, a ▮ adj. **1** De cuerno o con las características de este: *En la cabeza del cervatillo asoman ya unas protuberancias córneas.* ▮ s.f. **2** En el ojo, membrana dura y transparente situada en la parte anterior, engastada en la abertura anterior de la esclerótica y un poco más abombada que esta: *A través de la córnea se ve el iris.*

córner s.m. **1** En fútbol y en otros deportes, jugada defensiva que consiste en enviar un jugador el balón fuera del campo de juego cruzando la línea de meta de su portería: *Para evitar el gol, el defensa hizo un córner.* **2** En el fútbol y en otros deportes, saque que hace un jugador desde una esquina del campo, como castigo a esta jugada; *saque de esquina*: *El delantero remató el córner y consiguió el gol.* ☐ MORF. Su plural es *córneres*.

corneta ▮ s. **1** Persona que toca el instrumento del mismo nombre: *El corneta tocó diana a las seis de la mañana y toda la tropa se levantó.* ▮ s.f. **2** Instrumento musical de viento, de la familia de los metales, formado por un tubo metálico cónico, enrollado y terminado en un pabellón en forma de campana: *La corneta es un instrumento típico de las bandas musicales.* 👁 **viento** ☐ MORF. En la acepción 1, es de género común y exige concordancia en masculino o en femenino para señalar la diferencia de sexo: *el corneta, la corneta*.

cornetín s.m. **1** Instrumento musical de viento, de la familia de los metales, parecido al clarín, generalmente provisto de pistones, y muy utilizado en las bandas populares: *En la charanga del pueblo tocaban cornetines y trompetas.* 👁 **viento** **2** Especie de clarín que se usa en el ejército para dar los toques reglamentarios a las tropas: *Al toque de cornetín, los soldados se pusieron en posición de firmes.*

cornisa s.f. **1** Conjunto de molduras o salientes que rematan la parte superior de algo, esp. de un edificio: *El entablamento de los órdenes clásicos se compone de arquitrabe, friso y cornisa.* **2** Faja horizontal estrecha que corre al borde de un precipicio o de un acantilado: *La carretera va por la cornisa del acantilado.* **3** Borde rocoso y saliente de la ladera de una montaña: *Los alpinistas tuvieron dificultad para escalar la cornisa de la montaña.*

corno s.m. **1** Nombre de varios instrumentos musicales de viento, de la familia del oboe: *La trompa actual o corno tiene un sonido dulce y sombrío.* **2** ‖ **corno inglés.** Oboe de mayor tamaño y de sonido más grave que el ordinario: *El corno inglés es un instrumento de la familia de las maderas.* 👁 **viento**

cornudo, da ▮ adj. **1** Que tiene cuernos: *Los toros son animales cornudos.* ▮ adj./s. **2** Referido a una persona, que padece la infidelidad de su pareja sentimental: *Llevaba tres años casada cuando se enteró de que era una mujer cornuda. Si no le haces caso a tu mujer, terminarás siendo un cornudo.* ☐ USO Se usa como insulto.

coro s.m. **1** Conjunto de personas reunidas para cantar, esp. si lo hacen de forma habitual o profesionalmente: *En el último acto de la ópera, la primera soprano y el coro mantienen un diálogo cantado de gran dramatismo.* **2** Pieza o pasaje musicales que canta este grupo de personas: *Lo mejor de esa ópera es el coro del acto segundo.* **3** En el teatro grecolatino, conjunto de actores que recitan la parte lírica del texto destinada a comentar la acción: *Vimos una tragedia griega en la que el coro hacía de narrador.* **4** Texto que recita este conjunto de actores: *Los coros del teatro clásico solían aprovecharse para explicar sucesos que no se representaban.* **5** Conjunto de eclesiásticos o de religiosos que cantan o rezan los divinos oficios: *El coro cantó los laudes.* **6** En un templo, recinto donde se junta el clero para cantar los oficios divinos: *La sillería del coro es de madera tallada.* **7** Conjunto de voces que se oyen al mismo tiempo: *Se levantó un coro de protestas contra las propuestas del presidente.* **8** ‖ **a coro.** De forma simultánea o a la vez: *Todos cantamos a coro un poema de despedida. Los dos niños pidieron a coro una bicicleta.* ‖ **hacer coro.** Unirse o apoyar algo: *Es un pelota y siempre hace coro a todas las sugerencias del jefe.*

coroides s.f. En el ojo de los vertebrados, membrana delgada de color pardo situada entre la esclerótica y la retina: *La coroides es la membrana vascular del ojo.* ☐ MORF. Invariable en número.

corola s.f. En una flor, parte que rodea los órganos sexuales y que está formada por los pétalos, que suelen ser finos y de vistosos colores: *La corola de las flores sirve* *para atraer a los insectos y facilitar la polinización.* 👁 **flor**

corona s.f. **1** Aro o cerco, generalmente de ramas, flores o de un metal precioso, con que se ciñe la cabeza como adorno o como símbolo honorífico o de autoridad: *La corona es el símbolo de los reyes. La corona de laurel es símbolo de triunfo.* **2** Conjunto de flores y hojas dispuestas en círculo: *El ataúd estaba cubierto de coronas de flores enviadas por los amigos del fallecido.* **3** Reino o Estado que tiene como sistema de gobierno una monarquía: *El heredero de la Corona es ya mayor de edad.* **4** Dignidad real: *En algunos países está prohibido criticar a la corona.* **5** Fenómeno atmosférico que a veces aparece rodeando algunos cuerpos celestes, esp. la Luna y el Sol: *La niebla hacía que se viera una corona rodeando la Luna.* **6** Resplandor, disco o círculo luminoso que se representa detrás de la cabeza de las imágenes de los santos; *aureola, halo: La corona del niño Jesús en ese cuadro es un aro dorado.* **7** En algunos relojes, ruedecilla dentada que sirve para darles cuerda o para mover las agujas: *Se me ha roto la corona del reloj de pulsera y no puedo ponerlo en hora.* **8** En un diente, parte que sobresale de la encía: *El puntito negro que tienes en la corona de esa muela es una caries.* **9** Nombre genérico que recibe la unidad monetaria de distintos países: *La corona checa, la danesa y la islandesa tienen distinto valor.* **10** Antigua moneda con distinto valor en cada país o en cada región: *En España hubo coronas de oro hasta el siglo XVII.* **11** Tonsura o corte de pelo en círculo que llevaban los eclesiásticos en la parte superior de la cabeza; *coronilla: La corona es de distinto tamaño según la orden a la que se pertenezca.* ☐ SEM. En las acepciones 5 y 6, es sinónimo de *halo*. ☐ USO En la acepción 3, se usa como nombre propio.

coronación s.f. **1** Acto o ceremonia en que se corona a un soberano: *La coronación del rey fue una ceremonia muy solemne.* **2** Culminación o remate perfecto: *El premio fue la coronación de sus esfuerzos.*

coronar v. **1** Poner una corona en la cabeza, esp. si es como señal del comienzo de un reinado o de un imperio: *El papa coronó al emperador en una ceremonia majestuosa.* **2** Referido esp. a una obra, completarla o perfeccionarla: *Esta es la obra cumbre que corona toda su producción anterior.* **3** Estar, poner o ponerse en la parte más alta: *Los ciclistas acaban de coronar el puerto de montaña.*

coronario, ria adj. **1** Referido a un vaso sanguíneo, que se distribuye por el corazón: *Le han operado de una obstrucción en la arteria coronaria.* **2** De este vaso sanguíneo o relacionado con él: *Si fumas tendrás más riesgo de padecer una enfermedad coronaria.*

coronel s. En los Ejércitos de Tierra y Aire, persona cuyo empleo militar es superior al de teniente coronel e inferior al de general de brigada: *El distintivo de los coroneles son tres estrellas de ocho puntas.* ☐ MORF. Es de género común y exige concordancia en masculino o en femenino para señalar la diferencia de sexo: *el coronel, la coronel.*

coronilla s.f. **1** Parte más alta y posterior de la cabeza: *Algunos monjes llevan rapada la coronilla.* **2** Tonsura o corte de pelo en forma de pequeño círculo que se hacían los clérigos en la cabeza; *corona: Actualmente los sacerdotes ya no llevan coronilla.* **3** ‖ **hasta la coronilla.** *col.* Muy harto: *¡Me tienes hasta la coronilla, rico!*

corpachón s.m. Cuerpo muy grande de una persona: *Con ese corpachón que tienes podrás ser guardaespaldas.*

corpiño s.m. Prenda de vestir femenina, muy ajustada y sin mangas, que cubre el pecho y la espalda hasta la cintura: *El traje regional de mi pueblo tiene un corpiño negro que se cierra con cordones, sobre una blusa blanca.*

corporación s.f. Cuerpo o comunidad, generalmente de interés público, y a veces reconocidos por la autoridad: *La corporación municipal está formada por el alcalde y los concejales.*

corporal adj. Del cuerpo, esp. del humano, o relacionado con él: *Es necesario el aseo corporal diario. Antiguamente el castigo corporal en el colegio era algo habitual.* ☐ MORF. Invariable en género.

corporativismo s.m. **1** Doctrina política y social que defiende la intervención del Estado en la solución de los conflictos laborales, mediante la creación de corporaciones profesionales que agrupen a trabajadores y empresarios: *El corporativismo es frecuente en Gobiernos fascistas.* **2** Tendencia a defender los intereses de un cuerpo o de un sector profesional por encima de los intereses generales de la sociedad: *El corporativismo de algunos médicos les hace proteger a compañeros que no son buenos profesionales.*

corporativista adj. **1** Del corporativismo o relacionado con él: *La defensa a ultranza de un compañero de profesión es una idea corporativista.* **2** Partidario del corporativismo: *En los Gobiernos corporativistas la intervención del Estado es muy importante.* ☐ MORF. Invariable en género.

corporativo, va adj. De una corporación o relacionado con ella: *Los colegios profesionales son asociaciones corporativas.*

corporeidad s.f. Conjunto de características de lo que tiene cuerpo o consistencia: *El alma no tiene corporeidad.*

corpore insepulto (latinismo) ‖ De cuerpo presente, o con el cuerpo sin sepultar o sin enterrar: *Se ha celebrado una misa corpore insepulto.* ☐ PRON. [kórpore insepúlto]. ☐ SINT. Incorr. **de corpore insepulto.*

corpóreo, a adj. Que tiene cuerpo o consistencia: *Los ángeles no son seres corpóreos.*

corps s.m. Empleo destinado principalmente al servicio de la persona del rey: *El rey iba acompañado por una escolta de guardias de corps.* ☐ MORF. Invariable en número.

corpulencia s.f. Carácter robusto y de gran magnitud de un cuerpo natural o artificial: *Es un muchacho fuerte y de gran corpulencia.*

corpulento, ta adj. Que tiene el cuerpo grande y robusto: *Guardaba la puerta un muchacho corpulento.*

corpus s.m. Conjunto extenso y ordenado de datos o textos de diverso tipo, que pueden servir como base de investigación: *Cuanto mayor sea el corpus, más completo será el estudio.* ☐ MORF. 1. Invariable en número. 2. Se usa mucho el plural *corpora.*

corpúsculo s.m. Cuerpo muy pequeño, célula, molécula, partícula o elemento: *Al mirar los tejidos con el microscopio observamos unos corpúsculos extraños.*

corral s.m. **1** Sitio cerrado y descubierto, en una casa o en el campo, que sirve generalmente para guardar animales: *Ya no tiene vacas en el corral, solo gallinas.* **2** Lugar, esp. si estaba descubierto, donde se hacían representaciones teatrales: *Durante los siglos XVI y XVII las comedias se representaban en los corrales.* **3** En una plaza de toros, recinto con departamentos comunicados entre sí para facilitar el apartado de las reses: *Ya están los toros en los corrales de la plaza.* **4** Armazón rodeado por una malla y con el suelo acolchado, en el que se deja a los niños muy pequeños para que jueguen; *parque: Aunque la niña esté en el corralito, échale un vistazo de vez en cuando.* **5** Cercado que se hace en las costas o en los ríos para encerrar la pesca y cogerla: *El uso del corral consiste solo en la colocación y recogida de las redes.* 👁 **pesca** ☐ MORF. En la acepción 4 se usa mucho el diminutivo *corralito.*

corrala s.f. Casa de vecinos de varios pisos con un gran patio interior al que dan todas las puertas principales de cada vivienda: *Todavía existen corralas en los barrios madrileños más castizos.*

correa s.f. **1** Tira estrecha de cuero o de otra materia flexible y resistente, que se usa generalmente para atar o para ceñir: *Necesito una correa para el reloj.* 👁 **armadura 2** *col.* Aguante o paciencia para soportar trabajos, bromas o cosas semejantes: *Para soportar a esos niños hay que tener mucha correa.*

correaje s.f. Conjunto de correas que hay en algo: *Los soldados limpiaban los fusiles y el correaje de sus uniformes.*

correazo s.m. Golpe dado con una correa: *Tenía en la pierna la marca de un correazo.*

corrección s.f. **1** Indicación o enmienda de un error o falta: *Todavía no he acabado con la corrección de los exámenes.* **2** Disminución, modificación o desaparición de un defecto o imperfección: *La corrección de algunos defectos de la dentadura es más fácil durante la infancia.* **3** Ausencia de errores o defectos: *La corrección de su lenguaje denota una gran cultura.* **4** Respeto de las normas de trato social: *Nos trató con corrección, pero con frialdad.* **5** Alteración o cambio que se hace para mejorar o para quitar defectos o errores: *Apenas he tenido que hacer correcciones al proyecto que presenté.*

correccional s.m. Establecimiento penitenciario en el que se trata de corregir las conductas delictivas de los menores de edad penal: *En el correccional solo se encuentran los menores de dieciséis años.*

correctivo s.m. Castigo o sanción generalmente leves: *Necesita un correctivo para que aprenda a ser puntual.*

correcto, ta adj. **1** Libre de errores o defectos: *Esa respuesta no es correcta.* **2** Conforme a las reglas: *Tiene un comportamiento correcto y atento.* **3** Referido a una persona, que tiene una conducta irreprochable: *Es un muchacho muy correcto, y siempre responde con gran amabilidad.*

corrector, -a ▮ adj./s.m. **1** Que corrige: *Lleva lentes correctoras de miopía. Esta plantilla es un corrector para los pies planos.* ▮ s. **2** Persona que se dedica profesionalmente a la corrección de textos escritos: *En ese periódico necesitan un corrector de estilo.*

corredero, ra adj. Referido esp. a una puerta o a una ventana, que corre sobre carriles: *En casa tenemos ventanas correderas y no se cierran con las corrientes de aire.*

corredizo, za adj. Referido esp. a un nudo, que corre o se desliza con facilidad: *El nudo de la horca es corredizo.*

corredor, -a ▮ adj./s.f. **1** Referido a un ave, que se caracteriza por ser de gran tamaño y tener unas alas rudimentarias que no le permiten volar, y unas patas largas y fuertes adaptadas para la carrera: *En la película, los nativos montaban aves corredoras y las utilizaban para hacer carreras. El avestruz es una corredora.* ▮ s. **2** Deportista que participa en algún tipo de carrera de competición: *Para ser corredor de fondo hace falta tener mucha resistencia física.* **3** Persona que interviene profesionalmente como intermediario en operaciones comerciales o de compraventa de diverso tipo: *Le he dicho al corredor de seguros lo que necesito y él se encargará de buscar la póliza adecuada.* ▮ s.m. **4** En un edificio, pieza de paso alargada y estrecha, a la que dan las puertas de habitaciones y salas; *pasillo: Todas las habitaciones de la casa dan a un largo corredor.* **5** En un edificio, galería que rodea el patio al que dan los balcones, las ventanas o las puertas de cada casa: *Las ventanas de la parte de atrás de la casa dan todas a un amplio corredor que rodea el patio.*

correduría s.f. Oficio o actividad del corredor comercial: *Conozco a una persona que se dedica a la correduría de Bolsa y que te puede aconsejar en la compra de acciones.*

corregidor s.m. Antiguamente, alcalde nombrado por el rey con arreglo a cierta legislación municipal, que presidía el Ayuntamiento y ejercía varias funciones gubernativas: *Los corregidores realizaban funciones de alcalde y también de juez.*

corregir v. **1** Referido esp. a un error o a una falta, señalarlos o quitarlos: *Corrígeme si me equivoco. Corrige los errores del trabajo antes de entregarlo.* **2** Referido esp. a un examen u otra prueba, señalar los errores que tiene: *El profesor me corrigió el dictado y tuve que copiar las faltas.* **3** Referido esp. a un defecto o a una imperfección, disminuirlos, modificarlos o hacerlos desaparecer: *Debes corregir tu egoísmo. Las gafas corrigen los defectos de la visión.* **4** Referido a una persona, decirle lo que ha hecho mal para que no vuelva a hacerlo o lo haga bien: *Mi madre me corrige cuando como con la boca abierta.* ☐ ORTOGR. La *g* se cambia en *j* ante *a*, *o*. ☐ MORF. 1. Tiene un participio regular (*corregido*) que se usa en la conjugación, y otro irregular (*correcto*) que se usa solo como adjetivo. 2. Irreg.: La *e* de la raíz se cambia en *i* cuando la sílaba siguiente no tiene *i* o la tiene formando diptongo →**ELEGIR**.

correlación s.f. Relación o correspondencia que tienen dos o más cosas entre sí: *Existe una estrecha correlación entre tu poca dedicación al estudio y tus malas notas.*

correlativo, va adj. **1** Que tiene correlación o que la expresa: *En la frase 'Cuanto más como, menos hambre tengo', 'cuanto' es una partícula correlativa.* **2** Que sigue inmediatamente a otro: *El tres y el cuatro son números correlativos.*

correligionario, ria adj./s. En política, referido a una persona, que comparte las mismas ideas o que está en el mismo partido o en el mismo sindicato que otra: *Tengo un vecino correligionario de sindicato. Sus correligionarios de partido le dieron un gran homenaje.* ☐ SEM. Como sustantivo, es sinónimo de *camarada* y *compañero*.

correo s.m. **1** Servicio público que se encarga de transportar la correspondencia oficial o privada: *Se ha presentado a unas oposiciones para trabajar en correos como cartero.* **2** Edificio o lugar en el que se recibe, se remite o se da la correspondencia: *Tengo que ir a correos a buscar el paquete que me han enviado.* **3** Vehículo que lleva la correspondencia: *El jefe de estación me dijo que el correo todavía tardaría en pasar.* **4** Buzón en el que se deposita la correspondencia: *Ve a echar las postales al correo.* **5** Conjunto de cartas que se envían o que se reciben; *correspondencia: Antes de subir a casa coge el correo del buzón.* **6** Persona que se dedica profesionalmente a llevar la correspondencia de un lugar a otro: *Antiguamente los correos llevaban las cartas montados en veloces caba-*

llos. **7** ‖ **correo (electrónico). 1** Sistema informático que permite el intercambio de mensajes por ordenador a través de la red informática: *He recibido por correo electrónico varios mensajes de un amigo australiano.* **2** Dirección de internet que sirve para enviar y recibir mensajes mediante este sistema: *Tienes que darme tu correo electrónico para mandarte una foto.* **3** Mensaje escrito que se envía mediante este sistema: *¿Has leído el correo electrónico que te envié ayer?* □ MORF. Las acepciones 1 y 2 se usan más en plural. □ USO Es innecesario el uso del anglicismo *e-mail* en lugar de la expresión *correo electrónico*.

correoso, sa adj. **1** Que se estira y se dobla sin romperse: *Esta goma elástica es muy correosa.* **2** Referido a algunos alimentos, que han perdido sus cualidades o se han ablandado, generalmente a causa de la humedad: *En esta zona tan húmeda el pan enseguida se pone correoso.*

correr ▮ v. **1** Ir deprisa: *Corrió a la puerta para ver quién llamaba.* **2** Andar rápidamente de forma que entre un paso y el siguiente, los pies quedan en el aire durante un momento: *Corre todas las mañanas varios kilómetros para mantenerse en forma.* **3** Actuar con exceso o con rapidez: *No corras, que te va a salir mal la letra.* **4** Referido al tiempo, pasar o tener curso: *Mientras te esperaba sentía correr los minutos.* **5** Referido esp. a un fluido, moverse progresivamente de una parte a otra: *Deja correr el agua del grifo hasta que salga caliente.* **6** Referido esp. a un camino o a un río, caminar, pasar o extenderse por un territorio: *Esta carretera corre al lado del mar.* **7** Referido a un viento, soplar o dominar: *En esta zona corre el cierzo.* **8** Referido a una noticia o a un rumor, circular o difundirse: *La noticia corre por toda la ciudad.* **9** Referido a un deber o a una obligación, estar a cargo de alguien o corresponderle: *Si tú me invitas a comer, las copas corren de mi cuenta.* **10** Referido a una persona, acudir a ella en caso de necesidad: *En cuanto me encuentro en un apuro, corro a mi madre para que me ayude.* **11** Participar en una carrera: *En esta carrera corren los mejores ciclistas del momento.* **12** Avergonzar y confundir: *Cuando se descubrió su plan, se corrió de vergüenza.* **13** Referido a una llave o a un mecanismo de cierre, accionarlos para cerrar; *echar*: *Cuando se va a acostar, cierra la puerta con llave y corre el pestillo.* **14** Referido a un objeto que no está fijo, moverlo o deslizarlo de un lugar a otro: *Corre el armario a la derecha para que se pueda abrir bien la puerta.* **15** Referido esp. a un color o a una mancha, extenderlos fuera del lugar que ocupan: *La lluvia ha corrido la pintura de la puerta.* **16** Referido esp. a una cortina, cerrarla o tenderla: *Cuando enciende la luz, corre las cortinas para que los vecinos no lo vean.* **17** Referido a una circunstancia, estar expuesto a ella o pasarla: *Sé que corro grave peligro.* **18** Referido a una persona o a un animal, acosarlos o perseguirlos: *Los niños del pueblo corrían a los gatos.* ▮ prnl. **19** Referido a una persona, retirarse hacia la derecha o hacia la izquierda: *Córrete y déjame sitio.* **20** *col.* Tener un orgasmo. **21** ‖ **correr con** algo. Encargarse de ello: *Mi abuelo corrió con los gastos de mi educación.* ‖ **correrla.** *col.* Ir de juerga, esp. si es a altas horas de la noche: *Llegó a su casa al amanecer, después de haberla corrido con unos amigos.* □ MORF. En la acepción 15, se usa también como pronominal. □ SEM. En las acepciones 4 y 6, es sinónimo de *discurrir*.

correrías s.f.pl. *col.* Aventuras o diversiones: *Contaba a todos sus amigos sus correrías nocturnas por la ciudad.*

correspondencia s.f. **1** Conjunto de cartas que se envían o que se reciben; *correo*: *Ve a echar la correspondencia al buzón.* **2** Relación o proporción de una cosa con otra: *Para ser una persona consecuente, tiene que haber correspondencia entre tus ideas y tu comportamiento.* **3** En matemáticas, relación que se establece entre los elementos de dos conjuntos o series distintos: *Los elementos del conjunto A tienen correspondencia con los del conjunto B.* **4** Devolución de un afecto o de una actitud recibidos: *Hoy te invitaré yo, en correspondencia con tu invitación de ayer.* **5** Comunicación o conexión, esp. entre dos líneas de metro: *Esta estación tiene correspondencia con la línea 7.*

corresponder v. **1** Referido esp. a un afecto o a una actitud recibidos, devolverlos de igual forma o proporcionalmente: *Correspondía a mi amor con indiferencia. Tengo que corresponder los favores que me has hecho, pero no sé cómo.* **2** Tocar o pertenecer: *Este trabajo no me corresponde hacerlo a mí.* **3** Referido a una cosa, tener relación o proporción con otra: *Sus afirmaciones no se corresponden con la realidad de los hechos.* **4** Referido a un elemento de un conjunto o de una serie, tener relación con otro elemento de otro conjunto o de otra serie: *Si tenemos el conjunto de los números naturales y el conjunto formado por las palabras 'par' e 'impar', al número dos le correspondería la palabra par.* □ SINT. Constr. como pronominal: *corresponderse* CON *algo*.

corresponsal s. Periodista que suministra noticias de actualidad de forma habitual a un medio de comunicación desde otra población o desde el extranjero: *Los corresponsales suelen vivir en el país o en la localidad desde la que envían las noticias.* □ MORF. Es de género común y exige concordancia en masculino o en femenino para señalar la diferencia de sexo: *el corresponsal, la corresponsal*.

corresponsalía s.f. **1** Cargo de corresponsal de un medio de comunicación: *El periódico le ha ofrecido la corresponsalía en París.* **2** Lugar de trabajo de un corresponsal: *El periodista fue a la corresponsalía a redactar las noticias que tenía que enviar al periódico.*

corretear v. *col.* Correr de un lado a otro: *Los niños correteaban por el parque.*

correveidile s. *col.* Persona que va enterándose de los asuntos ajenos y contándolos a los demás: *Nunca le confíes un secreto a ese correveidile.* □ MORF. Es de género común y exige concordancia en masculino o en femenino para señalar la diferencia de sexo: *el correveidile, la correveidile*.

corrido, da ▮ adj. **1** Avergonzado o confundido: *Después de recibir la reprimenda salió de la habitación corrido y cabizbajo.* **2** Referido a algunas partes de un edificio, que están continuas o seguidas: *Me encantan los balcones corridos de la plaza mayor de Salamanca.* ▮ s.m. **3** Composición musical de origen mexicano, de carácter alegre y que se toca generalmente con guitarras y trompetas: *Los mariachis de la fiesta tocaron varios corridos.* **4** ‖ **corrida (de toros).** s.f. Fiesta que consiste en torear un determinado número de toros en una plaza: *Durante la corrida, el público sacó varias veces los pañuelos blancos para pedir la oreja.* ‖ **de corrido.** Referido a la forma de realizar algo, rápidamente y sin equivocación: *Me recitó la lección de corrido, pero me di cuenta de que no la entendía.*

corriente ▮ adj. **1** Que es común o que no presenta ninguna cualidad extraordinaria: *No salí entusiasmada del cine porque me pareció una película corriente.* **2** Referido a una persona, que tiene un trato llano y familiar: *No*

a b c d e f g h i j k l m n ñ o p q r s t u v w x y z

hace falta que me trates como si fuera un rey porque soy una persona corriente. **3** Que sucede con frecuencia: *Es corriente que llueva por estas fechas.* **4** Que es admitido por todos o autorizado por el uso o por la costumbre: *En esta región es corriente llevar sombrero.* **5** Referido a una semana, a un mes, a un año o a un siglo, que son los actuales o los que están transcurriendo: *El préstamo vence el 30 del mes corriente.* ▮ s.f. **6** Movimiento continuado de un fluido en una dirección determinada: *Los ríos que tienen una corriente tan fuerte son muy peligrosos.* **7** Masa de fluido que tiene este movimiento: *Durante la inundación, la corriente de agua arrastró los coches.* **8** Curso, movimiento o tendencia de los sentimientos o de las ideas: *El creador de esta nueva corriente artística dará una conferencia mañana.* **9** ‖ **al corriente. 1** Sin atraso, con exactitud: *No debo nada porque estoy al corriente de los pagos que tenía que hacer.* **2** Referido a un asunto, enterado o con conocimiento de ello: *Uno de mis empleados me tiene al corriente de lo que ocurre en la oficina.* ‖ **contra (la) corriente.** Referido a la forma de pensar o de comportarse, en contra de la opinión general: *Dicen que es un poco rebelde y por eso le gusta ir contra la corriente.* ‖ **corriente alterna.** La que tiene una intensidad variable, que cambia de sentido al pasar la intensidad por cero: *Un alternador transforma la corriente continua en corriente alterna.* ‖ **corriente continua.** La que fluye siempre en el mismo sentido, y tiene una intensidad generalmente variable: *Las pilas son generadores de corriente continua.* ‖ **corriente (eléctrica).** Movimiento de cargas eléctricas a lo largo de un conductor: *La corriente eléctrica es un flujo de electrones.* ‖ **corriente y moliente.** *col.* Llano y normal: *Con esta tela corriente y moliente no podrás hacerte un vestido de noche.* □ MORF. Como adjetivo es invariable en género. □ SINT. *Contra (la) corriente* se usa más con los verbos *ir*, *nadar* y equivalentes.

corrillo s.m. Corro o grupo de personas que hablan o discuten separados del resto: *Los invitados a la fiesta charlaban animadamente en corrillos.*

corrimiento s.m. Movimiento o desplazamiento de un objeto de un lado a otro: *El pueblo quedó sepultado por un corrimiento de tierras.*

corro s.m. **1** Conjunto de personas que se ponen en círculo: *Un corro de curiosos rodeó al payaso en el parque.* **2** Juego infantil que consiste en formar un círculo cogiéndose de la mano y cantar al girar alrededor: *En el recreo nos poníamos en círculo y jugábamos al corro.*

corroboración s.f. Confirmación de una opinión, de un razonamiento o de una idea mediante nuevos datos: *Estos nuevos datos son la corroboración de mi razonamiento.*

corroborar v. Referido a lo ya dicho, confirmarlo con nuevos datos: *Con estos hechos que acaban de ocurrir se corrobora mi suposición.*

corroer v. **1** Desgastar lentamente: *La carcoma corroe la madera. Los metales en contacto con el agua salada se corroen.* **2** Causar angustia y malestar: *El rencor lo corroe. Se corroía de celos.* □ MORF. Irreg. →**ROER**.

corromper v. **1** Referido esp. a una materia orgánica, dañarla, pudrirla o echarla a perder: *Las bacterias corrompieron el agua. Los alimentos se han corrompido debido al calor.* **2** Referido a una persona, sobornarla con regalos o con otros favores: *Intentaron corromper al juez ofreciéndole mucho dinero.* **3** Pervertir, viciar o hacer moralmente malo: *Las malas compañías lo corrompieron. Decía que las nuevas modas corrompían las costumbres.* □ MORF. Tiene un participio regular (*corrompido*), que se usa en la conjugación, y otro irregular (*corrupto*), que se usa solo como adjetivo o sustantivo.

corrosión s.f. Desgaste lento y paulatino, esp. el producido por un agente externo: *Esta chapa metálica lleva una pintura protectora para evitar la corrosión.*

corrosivo, va adj. **1** Que corroe: *Ten cuidado al manejar este ácido porque es muy corrosivo.* **2** Referido esp. a una persona o a su lenguaje, que resultan incisivos, mordaces o hirientes: *Sus comentarios son demasiado corrosivos y malintencionados.*

corrupción s.f. **1** Aceptación de un soborno: *El nuevo jefe de Policía estaba decidido a acabar con la corrupción en la institución.* **2** Perversión o vicio que estropean moralmente: *La corrupción de menores está penada por la ley.* **3** Alteración de la forma o de la estructura de algo: *Los lingüistas se quejaban de la creciente corrupción del lenguaje.*

corruptela s.f. Corrupción, esp. la de poca importancia: *El día que yo hable saldrán a la luz todas tus corruptelas con los empleados.*

corrupto, ta adj./s. **1** Que se deja o se ha dejado corromper o sobornar: *Un político corrupto filtró información a cambio de dinero. Acusaron al policía de ser un corrupto.* **2** Que está pervertido o viciado: *Sus corruptas costumbres escandalizaban a sus vecinos. Ese lugar no lo frecuentan más que corruptos.*

corruptor, -a adj./s. Que corrompe: *Lo expulsaron porque consideraban que tenía ideas corruptoras. Lo acusan de ser un corruptor de menores.*

corrusco s.m. *col.* →**cuscurro.** 👁 **pan**

corsario, ria ▮ adj./s. **1** Referido a un buque o a su tripulación, que perseguía a los piratas o a las naves enemigas, con autorización de su nación: *Una nave corsaria atacó al buque que llevaba los tesoros. En el siglo XVI el corsario inglés Drake atacó muchas naves españolas.* ▮ s.m. **2** Persona que navega sin licencia y asalta y roba barcos en el mar o en las costas; *pirata*: *Los corsarios enterraban los tesoros que robaban en islas desiertas.* □ SEM. Dist. de *bucanero* (pirata que en los siglos XVII y XVIII saqueaba las posesiones españolas en América).

corsé s.m. **1** Prenda interior de material resistente que ciñe el cuerpo desde el pecho hasta las caderas: *Padece una lesión de columna y el médico le ha recomendado que use un corsé ortopédico.* **2** Lo que constriñe o priva de libertad: *Para mí, el protocolo es un corsé que no puedo soportar.* □ ORTOGR. Es un galicismo (*corset*) adaptado al español.

corsetería s.f. Lugar en el que se fabrican o se venden corsés y otras prendas interiores: *Ha ido a la corsetería a comprarse un sujetador.*

corso, sa adj./s. De Córcega (isla mediterránea francesa), o relacionado con ella: *El territorio corso es muy montañoso. El turismo es una fuente de ingresos para los corsos.* □ MORF. Como sustantivo se refiere solo a las personas de Córcega.

cortacésped s.f. Máquina que sirve para recortar el césped: *Esta cortacésped funciona con gasolina.* □ MORF. Se usa también como masculino.

cortacircuitos s.m. Aparato que interrumpe el paso de corriente eléctrica automáticamente cuando es excesiva o peligrosa: *El cortacircuitos es un dispositivo de seguridad que puede evitar incendios.* □ MORF. Invariable en número. □ SEM. Dist. de *cortocircuito* (fenómeno eléctrico accidental originado por el contacto de dos conductores).

cortacorriente s.m. Aparato que se usa para abrir o cerrar el paso de corriente eléctrica en un circuito: *Ha puesto un cortacorriente en el coche para que los ladrones, al no poder arrancarlo, no puedan robarlo.*

cortado, da ▮ adj./s. **1** Tímido o turbado: *Si no fuera tan cortada iría yo misma a pedirle una explicación. Es un cortado y no se atreve a dirigirte la palabra.* ▮ s.m. **2** →**café cortado.**

cortadura ▮ s.f. **1** Herida o separación producida por un instrumento cortante: *Me vuelve a sangrar la cortadura que me hice con el cuchillo.* ▮ pl. **2** Recortes o restos sobrantes: *Después de cortar las piezas del vestido recoge las cortaduras que quedan.*

cortafuego s.m. Camino ancho que se hace entre los sembrados o en el monte para evitar que se extiendan los incendios: *Hicieron el cortafuego con una excavadora.*

cortapisa s.f. Obstáculo o dificultad para hacer algo: *Encontré muchas cortapisas para poder llevar a cabo mi trabajo.* □ MORF. Se usa más en plural.

cortaplumas s.m. Navaja de pequeño tamaño que se usa generalmente para abrir las cartas, y que antiguamente servía para cortar las plumas de las aves: *Abrió la carta rasgando el sobre con el cortaplumas.* □ MORF. Invariable en número.

cortapuros s.m. Utensilio que sirve para cortar la punta de los puros: *He perdido el cortapuros y para encender bien el puro he tenido que morder la punta.* □ MORF. Invariable en número.

cortar ▮ v. **1** Herir o hacer un corte: *Me he cortado con un cristal.* **2** Dividir o separar en dos partes: *El río corta la región.* **3** Recortar con un instrumento cortante, dando la forma adecuada: *Quiero hacerme una chaqueta y ya he cortado la tela.* **4** Interrumpir, suspender o suprimir parcial o totalmente: *La censura ha cortado varias escenas de la película.* **5** Referido a un todo, dividir o separar las partes que lo forman mediante un instrumento cortante: *Corta un poco de pan.* **6** Referido a un gas o a un líquido, atravesarlos o cruzarlos: *La bala cortó el aire.* **7** En los juegos de cartas, referido a una baraja, dividirla en dos levantando y separando un número indeterminado de las cartas que la forman: *Normalmente, corta el jugador que está a la izquierda del que reparte.* **8** Referido al curso o al paso de algo, atajarlo, detenerlo o entorpecerlo: *Con esta maniobra hemos conseguido cortar el avance del ejército enemigo.* **9** Referido a un líquido, mezclarlo con otro para modificar su fuerza o su sabor: *Voy a cortar el café con un poco de leche, porque me ha salido muy fuerte.* **10** En matemáticas, referido a una línea, a una superficie o a un cuerpo, atravesar a otros: *Dos rectas que se cortan tienen un punto en común.* **11** Referido al aire o al frío, ser tan intensos que parece que traspasan la piel: *Hace un viento que corta.* **12** Tomar el camino más corto: *Para llegar antes, corta por la calle de la derecha.* **13** Referido a un instrumento cortante, tener buen o mal filo: *Dame otro cuchillo, que este no corta.* ▮ prnl. **14** Referido esp. a un líquido, separarse las partes que lo forman: *No dejes la leche fuera de la nevera, que se va a cortar. Se me ha cortado la mayonesa y ha quedado líquida.* **15** Referido a una persona, turbarse o faltarle las palabras por la turbación: *No te cortes y pide lo que quieras.*

cortaúñas s.m. Utensilio metálico parecido a unos alicates o a unas pinzas con la boca afilada y curvada hacia dentro, que sirve para cortar las uñas: *Prefiero cortarme las uñas con un cortaúñas que con tijeras.* □ MORF. Invariable en número.

corte ▮ s.m. **1** Filo de un instrumento cortante: *Este cuchillo es muy bueno, porque tiene el corte muy afilado.* **2** Herida producida por este tipo de instrumentos o de objetos: *Se hizo un corte con un cristal.* **3** Arte y técnica de cortar las piezas necesarias para confeccionar una prenda: *Va a una academia a aprender corte y confección.* **4** Cantidad de tejido o material con el que se puede confeccionar una prenda de vestir o un calzado: *Este corte de tela que has comprado no es suficiente para hacer este vestido.* **5** Sección que queda al cortar una pieza, esp. de carne: *No me des la primera loncha, que es el corte y está muy seco.* **6** División o separación en dos partes: *La dirección del corte de la carne influye en que los filetes resulten tiernos o estropajosos.* **7** Sección de un edificio: *Este plano es un corte transversal del edificio.* **8** Interrupción, suspensión o supresión parciales o totales: *La sequía obligará a establecer cortes periódicos en el suministro de agua.* **9** División de una baraja en dos partes, levantando y separando un número indeterminado de las cartas que la forman: *¿Hacia qué lado has hecho el corte?* **10** Turbación, vergüenza o apuro: *Me da corte cantar en público.* **11** En matemáticas, contacto o intersección entre planos, líneas o cuerpos: *Con esta fórmula encontrarás el punto de corte de estas dos rectas.* **12** Trozo de helado de barra que se pone entre dos galletas: *Me gustan los cortes de nata y fresa.* **13** Estilo, tipo o carácter: *Me he comprado un vestido de corte clásico.* ▮ s.f. **14** Población en la que reside el rey: *En la corte se celebraban muchos bailes.* **15** Conjunto de personas que componen la familia y la comitiva del rey: *La corte se divertía oyendo a los trovadores.* **16** Séquito, comitiva o acompañamiento: *Llegó el director general rodeado de toda su corte.* **17** Cielo o mansión divina: *Dios y los ángeles moran en la corte celestial.* ▮ s.f.pl. **18** Cámaras legislativas: *Fuimos a ver una sesión de las Cortes.* **19** Edificio en el que tienen su sede: *Nos hicimos una foto en las escalinatas de las cortes.* **20** En los antiguos reinos de Castilla, Aragón, Cataluña, Valencia y Navarra, junta general que celebraban personas autorizadas: *Las personas que acudían a las cortes podían hacerlo por derecho propio o representando a una clase o a un cuerpo.* **21** ‖ **corte de mangas.** *col.* Gesto brusco que se hace doblando el brazo por el codo, con intención ofensiva: *Cuando le pité para que se apartara me hizo un corte de mangas.* ‖ **dar un corte** a alguien. *col.* Responder de forma agresiva y rápida: *Se empezó a meter conmigo y le di un corte para que me dejara en paz.* ‖ **hacer la corte** a una mujer. Tratarla un hombre de forma amable y cortés, esp. si es para seducirla o para iniciar una relación sentimental: *Tras varios años haciéndole la corte consiguió que se casara con él.* □ ORTOGR. Dist. de *cohorte.* □ USO En la acepción 18, se usa como nombre propio.

cortedad s.f. **1** Falta o escasez de talento, inteligencia o valor: *La cortedad de su mente le impide comprender lo que ocurre.* **2** Pequeñez y poca extensión de algo: *Me doy cuenta de la cortedad de las vacaciones cuando acaban.*

cortejar v. Referido a una mujer, tratarla un hombre de forma amable y cortés, esp. si es para seducirla o para iniciar una relación sentimental; *galantear: Es muy tradicional y quiere conocer las familias de los chicos que cortejan a su hija.* □ ORTOGR. Conserva la *j* en toda la conjugación.

a b c d e f g h i j k l m n ñ o p q r s t u v w x y z

cortejo s.m. **1** Conjunto de personas que forman el acompañamiento en una ceremonia: *El cortejo fúnebre se dirigía al cementerio.* **2** Fase inicial del apareamiento de algunos animales: *El comportamiento de los animales durante el cortejo tiene unas pautas fijas en cada especie.*

cortés adj. Que respeta las normas establecidas en el trato social: *Nos atendió un empleado muy cortés.* ☐ MORF. Invariable en género.

cortesano, na ▮ adj. **1** De la corte o relacionado con ella: *Las ceremonias cortesanas son de gran brillantez.* ▮ s. **2** Persona que servía al rey en la corte: *Algunos cortesanos de la época de Isabel II se hicieron célebres por sus intrigas políticas.* ▮ s.f. **3** *ant.* Prostituta refinada y culta: *Leí una novela picaresca sobre las aventuras de una cortesana y sus amantes.*

cortesía s.f. **1** Comportamiento amable y de buena educación, que respeta las normas para el trato social: *Trata a todo el mundo con mucha cortesía.* **2** Demostración o acto con que se manifiesta la atención, el respeto o el afecto que se tiene por alguien: *Las fórmulas de cortesía en el lenguaje, a menudo pierden su significado literal.* **3** Dádiva o regalo que se hace voluntariamente o por costumbre: *No nos han cobrado los postres, porque son cortesía del restaurante.* **4** Favor o beneficio gratuitos que se hacen sin merecimiento particular: *Si a las ocho no estás allí, te doy diez minutos de cortesía y me voy.*

corteza s.f. **1** Capa exterior y dura de una cosa: *Ralla un trozo de corteza de limón para el bizcocho.* 👁 **pan; queso** **2** Parte externa de un órgano animal o vegetal: *La corteza cerebral está formada por los cuerpos de las neuronas.* **3** Parte sólida más superficial de la Tierra, situada entre la atmósfera y el manto: *Si seguimos una clasificación según la composición, las partes de la Tierra son corteza, manto y núcleo.* **4** ‖ **corteza (de cerdo).** Piel de cerdo muy frita que se suele tomar como aperitivo: *Nos tomamos un refresco y cortezas de cerdo en un bar de la plaza.*

cortical adj. De la corteza de un órgano o de la terrestre o relacionado con ellas: *Las células corticales del cerebro están colocadas en capas.*

corticoide s.m. Compuesto químico con acción hormonal que está presente en las glándulas situadas al lado de los riñones: *Los corticoides se usan en casos de alergia.*

cortijo s.m. Extensión grande de campo y conjunto de edificaciones para labor y vivienda, propios de las zonas andaluza y extremeña: *Una manada de toros campeaba entre los olivos del cortijo.* 👁 **vivienda**

cortina s.m. **1** Tela u otro material semejante con que se cubren ventanas, puertas u otros huecos y que sirve como adorno, para que no entre la luz o para que no se vea lo que hay al otro lado: *La cortina del baño evita que se salga el agua cuando te duchas.* **2** Lo que encubre u oculta algo: *La lluvia formaba una densa cortina de agua.*

cortinaje s.m. Conjunto o juego de cortinas: *Las ventanas del salón estaban cubiertas por ricos cortinajes.*

cortisona s.f. Compuesto químico con acción hormonal presente en las glándulas situadas junto al riñón, que tiene una eficaz acción antiinflamatoria: *La cortisona se utiliza en lesiones reumáticas crónicas.*

corto, ta ▮ adj. **1** Que tiene poca longitud o poca extensión, o menos de la normal o de la necesaria: *La cuerda es demasiado corta para atar el paquete.* **2** De poca duración, poca estimación o poca entidad: *Las vacaciones se me han hecho muy cortas.* **3** Escaso o con poca cantidad: *Se ha perdido una niña de corta edad.* **4** Que no alcanza el punto de destino: *El atleta lanzó un bola demasiado corta para puntuar.* **5** Que tiene poca inteligencia, poco talento o pocos conocimientos: *Si no has entendido este chiste es que eres un poco corta.* **6** Tímido o apocado: *No conseguirás sacarlo a bailar porque es muy corto.* **7** Referido a una prenda de vestir, que queda muy por encima de la rodilla o por encima de la cintura: *En verano siempre va con pantalones cortos.* ▮ s.m. **8** →**cortometraje.** **9** ‖ **ni corto ni perezoso.** Con decisión o sin pensarlo: *Le dije que cogiera algún pastel y, ni corto ni perezoso, se comió media docena.* ☐ USO Lo usa el emisor en emisiones de radio, para dar paso al receptor: *Aquí Morsa llamando a León Marino, ¿me escuchas?, corto.*

cortocircuito s.m. Fenómeno eléctrico accidental que se produce por el contacto entre dos conductores y que suele determinar una descarga: *El origen del incendio fue un cortocircuito en la instalación eléctrica.* ☐ ORTOGR. Admite también la forma *corto circuito.* ☐ SEM. Dist. de *cortacircuitos* (aparato que interrumpe el paso de corriente eléctrica).

cortometraje s.m. Película cinematográfica de corta duración, que no sobrepasa los treinta minutos: *Antes de la película pusieron un cortometraje.* ☐ MORF. Se usa mucho la forma abreviada *corto.*

coruñés, -a adj./s. De La Coruña o relacionado con esta provincia española o con su capital: *La principal ciudad coruñesa es Santiago de Compostela. Muchos coruñeses viven de la pesca.* ☐ MORF. Como sustantivo se refiere solo a las personas de La Coruña.

corva s.f. Parte por donde se dobla la pierna, opuesta a la rodilla: *Tenía un arañazo en la corva de la pierna derecha.*

corvina s.f. Pez marino de color pardo con manchas negras en el lomo y plateado en el vientre, con la boca con muchos dientes y la aleta anal con espinas muy fuertes: *La corvina es abundante en el Mediterráneo y muy apreciada como alimento.* ☐ MORF. Es un sustantivo epiceno y la diferencia de sexo se señala mediante la oposición *la corvina {macho/hembra}.*

corzo, za s. Mamífero rumiante, parecido al ciervo pero más pequeño, de pelaje gris rojizo, con el rabo muy corto y cuernos pequeños con abultamientos y ahorquillados en la punta: *Los corzos son piezas apreciadas en la caza mayor.* 👁 **rumiante**

cosa s.f. **1** Todo lo que existe, sea real o imaginario, natural o artificial, espiritual o corporal: *Tengo una cosa para ti. No te metas en mis cosas. Siento una cosa muy rara en el estómago.* **2** Objeto inanimado: *Los hombres, los animales y las plantas no son cosas, sino seres vivos.* **3** Aquello de lo que se trata: *No creas que la cosa es tan fácil.* **4** En frases negativas, nada o casi nada: *No hay cosa que no sepa.* **5** En derecho, objeto de las relaciones jurídicas por oposición a persona o sujeto: *En el régimen de esclavitud, los esclavos eran cosas.* **6** ‖ **a cosa hecha.** Con éxito seguro: *Ya sabía que me habían admitido y fui a la entrevista a cosa hecha.* ‖ **como quien no quiere la cosa.** *col.* Con disimulo o sin dar importancia: *Se puso el abrigo y se fue como quien no quiere la cosa.* ‖ **como si tal cosa.** *col.* Como si no hubiera pasado nada: *Pensé que esto le importaba, pero se lo dije y se quedó como si tal cosa.* ‖ **cosa de.** *col.* Aproximadamente o poco más o menos: *Éramos cosa de 20 personas.* ‖ **cosa fina.** *col.* Exquisito o muy bueno: *Estos pasteles son cosa fina.* ‖ **cosa**

mala. *col.* Mucho o en cantidad: *Ojalá estén, porque me apetece verlos cosa mala.* ‖ **cosa rara.** Expresión que se usa para manifestar admiración, extrañeza o novedad: *¿Tú ayudando a tu madre?, ¡cosa rara!* ‖ **no ser cosa de.** No ser conveniente u oportuno: *No es cosa de presentarnos los siete allí sin avisar.* ‖ **ser cosa de** hacer algo. Ser necesario: *Empieza a llover, así que será cosa de coger un paraguas.* ‖ **ser poca cosa.** Ser poco importante, de poco tamaño o de poco valor: *No te preocupes, que ese catarro es poca cosa.* □ SEM. Se usa mucho como palabra comodín para designar algo de manera imprecisa.

cosaco, ca ▌ adj./s. **1** De un antiguo pueblo que se estableció en las estepas rusas del sur: *Los hombres cosacos tienen fama de ser valientes guerreros. Los cosacos se instalaron en la estepa rusa a partir del siglo XV.* ▌ s.m. **2** Soldado ruso de caballería ligera: *Los cosacos se distinguían por su destreza al cabalgar.*

coscorrón s.m. **1** Golpe muy doloroso dado en la cabeza: *Me caí de espaldas y me di un coscorrón con el suelo.* **2** Golpe dado en la cabeza con los nudillos de la mano cerrada: *Me dio un coscorrón porque no le hice caso.*

coscurro s.m. →cuscurro. 👁 **pan**

cosecante s.f. En trigonometría, razón entre la hipotenusa y el cateto opuesto de un ángulo: *La cosecante de un ángulo es la inversa del seno.*

cosecha s.f. **1** Conjunto de frutos que se recogen de la tierra cuando están maduros: *La cosecha de uva de este año ha sido escasa.* **2** Producto que se obtiene de estos frutos mediante un tratamiento adecuado: *Todavía queda en el molino media cosecha de aceite.* **3** Tiempo durante el que se recogen estos frutos: *En la cosecha hay mucho trabajo para los agricultores.* **4** Ocupación de recoger estos frutos: *La cosecha de la aceituna es muy dura.* **5** ‖ **ser** algo **de la cosecha** de alguien. *col.* Ser de su propio ingenio o invención: *¿Esa ocurrencia se la has oído a alguien, o es de propia cosecha?*

cosechadora s.f. Máquina que siega los cereales, separa el grano de la paja y envasa el grano: *Las cosechadoras facilitan la producción agrícola.*

cosechar v. **1** Referido a los productos del campo o de un cultivo, recogerlos cuando están maduros: *Al acabar de cosechar el trigo, el pueblo entero lo celebró con una buena fiesta.* **2** Referido a un resultado, conseguirlo o lograrlo después de haber trabajado por ello: *Nuestro equipo de fútbol sigue cosechando derrota tras derrota.*

coseno s.m. En trigonometría, razón entre el cateto contiguo de un ángulo y la hipotenusa: *El coseno no depende de la longitud de los lados del triángulo.*

coser v. **1** Hacer una labor con una aguja enhebrada: *No sé coser. He cosido una mantelería de hilo.* **2** Unir con cualquier clase de hilo, generalmente enhebrado en una aguja: *No sé cómo coser este desgarrón. Lo llevamos al hospital para que le cosieran la brecha.* **3** Unir con grapas: *Toma la grapadora y cose esas hojas que andan sueltas.* **4** *col.* Referido a una persona, producirle muchas heridas con un arma: *Cuando supo quién lo había traicionado lo cosió a puñaladas.* **5** ‖ **coser y cantar.** *col.* Expresión que se usa para indicar que lo que se ha de hacer es muy fácil y no ofrece dificultades: *Hacer este puzle es coser y cantar.*

cosido s.m. **1** Unión de algo con hilo, generalmente enhebrado en una aguja; *costura: Solo me queda el cosido de los botones para terminar el traje.* **2** Calidad en el acabado de coser: *El cosido de este traje es mejor que el corte.*

cosmético, ca ▌ adj./s.m. **1** Referido a un producto, que se utiliza para la higiene o la belleza del cuerpo, esp. la del rostro: *Esta crema cosmética solo la venden en farmacias. Ha salido un nuevo tipo de cosméticos para personas alérgicas.* ▌ s.f. **2** Arte y técnica de preparar y de emplear estos productos: *Un especialista en cosmética ha descubierto una crema antiarrugas.*

cósmico, ca adj. Del cosmos o relacionado con él: *Está escribiendo un poema en el que habla del origen cósmico.*

cosmogonía s.f. Ciencia que trata del origen y la evolución del universo: *La cosmogonía medieval consideraba la Tierra el centro del universo.*

cosmología s.f. Parte de la astronomía que trata de las leyes generales, del origen y de la evolución del universo: *Esta lección de cosmología estudia la evolución de las estrellas.*

cosmonauta s. Persona que tripula una nave espacial o que está entrenada para ello; *astronauta: La primera cosmonauta de la historia era rusa.* □ MORF. Es de género común y exige concordancia en masculino o en femenino para señalar la diferencia de sexo: *el cosmonauta, la cosmonauta.*

cosmonáutico, ca ▌ adj. **1** De la cosmonáutica o relacionado con esta ciencia o técnica: *Tiene muy buenos conocimientos cosmonáuticos, pero no puede ser astronauta por problemas físicos.* ▌ s.f. **2** Ciencia o técnica de navegar más allá de la atmósfera terrestre: *La cosmonáutica ha permitido que el hombre se pasee por la Luna.* □ SEM. Es sinónimo de *astronáutico.*

cosmonave s.f. Vehículo que puede navegar más allá de la atmósfera terrestre; *astronave: Muchas de las cosmonaves que se han utilizado en la historia no llevaban tripulantes humanos.*

cosmopolita adj./s. Referido a una persona, que considera todo el mundo como patria suya o que ha viajado mucho y conoce muchos países y costumbres: *Los diplomáticos suelen ser personas cosmopolitas. Me gustaría ser una cosmopolita y vivir en todos los países durante un tiempo.* □ MORF. 1. Como adjetivo es invariable en género. 2. Como sustantivo es de género común y exige concordancia en masculino o en femenino para señalar la diferencia de sexo: *el cosmopolita, la cosmopolita.*

cosmopolitismo s.m. Teoría y forma de vida de las personas que se consideran ciudadanos de todo el mundo: *Los escritores modernistas defendían el cosmopolitismo.*

cosmos s.m. **1** Conjunto de todo lo creado o existente: *El hombre es una pequeñísima parte del cosmos y sin embargo se cree el dueño de todo.* **2** Espacio exterior a la Tierra: *Los astronautas viajan por el cosmos.* □ SEM. En la acepción 1, es sinónimo de *creación, mundo, orbe* y *universo.*

coso s.m. **1** Plaza, sitio o lugar cercado donde se lidian toros y se celebran otras fiestas públicas: *Fue un torero célebre y aplaudido en los mejores cosos de España.* **2** En algunas poblaciones, calle principal: *En el coso suelen estar los mejores comercios y los más antiguos.*

cosquillas s.f.pl. **1** Sensación de tipo nervioso que se produce al rozar suavemente la piel y que produce risa involuntaria: *Yo solo tengo cosquillas en la planta de los pies.* **2** ‖ **buscarle las cosquillas** a alguien. Impacientarlo o hacerle perder la serenidad: *No me busques las cosquillas, porque como me canse de tanta tontería te vas a enterar.*

cosquilleo s.m. Sensación que producen las cosquillas

u otra cosa semejante: *Sentía un cosquilleo en la oreja porque tenía una hormiga.*

cosquilloso, sa adj. Que siente cosquillas muy fácilmente: *Es tan cosquilloso que, con que te acerques a él moviendo los dedos, se echa a reír.*

costa ▮ s.f. **1** Orilla de un extenso lugar con agua, esp. del mar: *Si sales con la barca no te alejes mucho de la costa.* **2** Franja de tierra que está cerca de la orilla: *Tiene una casa en la costa.* ▮ pl. **3** Gastos judiciales: *No ganó el juicio y tuvo que pagar las costas.* **4** ‖ **a costa de. 1** A fuerza de o gracias a: *Consiguió aprobar a costa de muchas noches de estudio.* **2** A expensas de: *Estoy harta de que te diviertas a mi costa.* ‖ **a toda costa.** Sin pensar en el gasto, en el esfuerzo o en el trabajo: *Lo conseguiré a toda costa.*

costado s.m. **1** En el cuerpo humano, cada una de las dos partes laterales que están debajo de los brazos, entre el pecho y la espalda: *El médico me hizo levantar el brazo para verme el costado.* **2** Parte o zona lateral de algo: *Se produjo una vía de agua en el costado derecho del barco.* **3** ‖ **por los cuatro costados.** *col.* Por todas partes: *El bosque ardía por los cuatro costados.*

costal ▮ adj. **1** De las costillas o relacionado con ellas: *Me di un golpe en la región costal y me rompí dos costillas.* ▮ s.m. **2** Saco grande de tela fuerte que generalmente sirve para transportar grano: *Compró un costal de harina de cincuenta kilos.*

costalada s.f. Golpe fuerte dado al caer de espaldas o de costado; *costalazo: Resbaló con una cáscara de plátano y se dio una costalada.*

costalazo s.m. →**costalada.**

costalero, ra s. Persona que lleva a hombros los pasos de las procesiones: *El paso del cristo de mi pueblo lo llevan seis costaleros.*

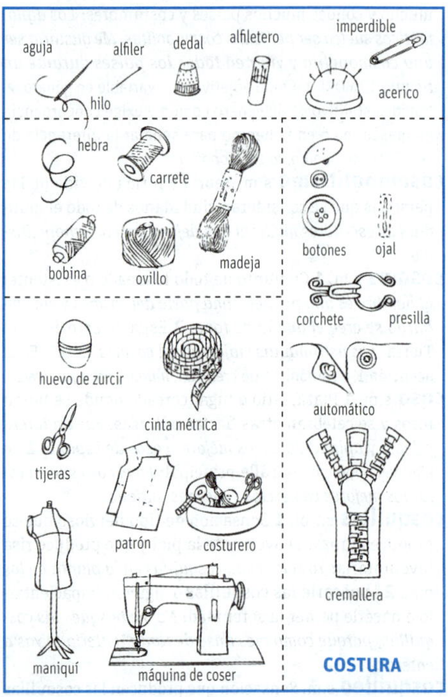

COSTURA

costanilla s.f. Calle corta más inclinada que las cercanas: *Vive en una de las costanillas que van a dar al río.*

costar v. **1** Valer o tener determinado precio: *¡Menudo regalazo, seguro que te ha costado un montón!* **2** Ocasionar una molestia o un perjuicio, o requerir determinado esfuerzo: *No te cuesta nada acercarte por mi casa y recogerlo tú mismo.* **3** ‖ **costar caro.** Resultar perjudicial: *Si intentas engañarme, te costará caro.* □ MORF. Irreg.: La *o* diptonga en *ue* en los presentes, excepto en las personas *nosotros* y *vosotros* →**CONTAR.**

costarricense adj./s. De Costa Rica o relacionado con este país centroamericano: *La capital costarricense es San José. Los costarricenses se concentran en la meseta central del país.* □ MORF. 1. Como adjetivo es invariable en género. 2. Como sustantivo es de género común y exige concordancia en masculino o en femenino para señalar la diferencia de sexo: *el costarricense, la costarricense.* 3. Como sustantivo se refiere solo a las personas de Costa Rica.

coste s.m. **1** Cantidad que se da o que se paga por algo; *costo: El coste de este coche es superior a lo que yo puedo ofrecer.* **2** Gasto que se realiza para la obtención o adquisición de algo: *Para determinar el precio de un producto se tienen en cuenta los costes de producción.*

costear v. **1** Pagar los costes o gastos de algo: *Mis padres me costearon los estudios. Fuimos juntos de viaje, pero cada uno costeaba lo suyo.* **2** Referido a una dificultad o a un peligro, esquivarlos, soslayarlos o dejarlos de lado: *A pesar de su juventud supo costear el peligro que suponían esas malas compañías.*

costero, ra adj. De la costa, cercano a ella o relacionado con ella: *Veraneo en un pueblo costero del norte de España.*

costilla s.f. **1** Cada uno de los huesos largos y arqueados que nacen de la columna vertebral y que forman la caja torácica: *Las costillas protegen los pulmones. El hueso de las chuletas de cerdo es la costilla.* 👁 **carne; esqueleto 2** ‖ **medirle las costillas** a alguien. *col.* Darle de palos: *Como encuentre a quien me ha desordenado mis papeles, le voy a medir las costillas.*

costillar s.m. Conjunto de costillas: *Compró en la carnicería el costillar de un cordero.*

costo s.m. **1** Cantidad que se da o que se paga por algo; *coste: El costo de la obra de la casa fue superior al previsto y no pudimos hacer el garaje.* **2** En el lenguaje de la droga, hachís: *Me ofrecieron costo, pero lo rechacé.*

costoso, sa adj. Que cuesta mucho o que cuesta un gran esfuerzo: *Llevaba un costoso abrigo de pieles. Me resultó muy costoso tener que llamarle la atención por su comportamiento.*

costra s.f. **1** Capa dura que se forma en la cicatrización de una herida: *Ha tenido la varicela y tiene la cara llena de costras.* **2** Cubierta o corteza exterior que se endurece o se seca sobre algo húmedo o blando: *El bizcocho tiene una costra quemada que le da mal sabor.*

costroso, sa adj. Que tiene costras: *Se cayó de la bici y ahora tiene todo el brazo costroso.*

costumbre ▮ s.f. **1** Modo de actuar adquirido por la frecuente práctica de un acto; *hábito: Fumar es una costumbre que perjudica la salud.* ▮ pl. **2** Conjunto de inclinaciones y de usos que forman el carácter distintivo de una nación o de una persona: *Disfruto cuando mi abuelo me cuenta las costumbres de su tiempo.*

costumbrismo s.m. En una obra artística, atención especial que se presta a la descripción de costumbres típicas de un país o de una región: *Uno de los rasgos más destacados de las novelas de Galdós es su costumbrismo, centrado en la vida del Madrid castizo.*

costumbrista ▮ adj. **1** Del costumbrismo o relacionado con él: *Lo mejor de esa película son las escenas costumbristas en torno a la vida de los pescadores.* ▮ s. **2** Escritor o pintor que cultiva el costumbrismo: *Mesonero Romanos fue uno de los grandes costumbristas españoles del siglo XIX.* ☐ MORF. 1. Como adjetivo es invariable en género. 2. Como sustantivo es de género común y exige concordancia en masculino o en femenino para señalar la diferencia de sexo: *el costumbrista, la costumbrista.*

costura s.f. **1** Unión de algo con hilo, generalmente enhebrado en una aguja; *cosido: La costura del bajo de la falda me llevó casi media hora porque tenía mucho vuelo.* **2** Labor que está cosiéndose y que está sin acabar: *No quiero empezar otra costura hasta que no tenga acabada tu blusa.* **3** Serie de puntadas que une dos piezas: *Llevaba una camisa azul con costuras blancas.* **4** Arte y técnica de coser: *Los modelos de alta costura suelen ser muy caros porque son de firma y exclusivos.* 👁 costura

costurero, ra ▮ s. **1** Persona que se dedica a la costura, esp. si esta es su profesión: *En esa tienda de ropa necesitan una costurera para que haga los arreglos que piden los clientes.* ▮ s.m. **2** Caja o canastilla en las que se guardan los útiles de costura: *Acércame el costurero para coger las tijeras, por favor.* 👁 **costura**

cota s.f. **1** Antigua armadura defensiva que cubría el cuerpo: *El guerrero se colocó la coraza sobre la cota de malla.* 👁 **armadura** **2** En topografía, número que en un plano indica la altura de un punto sobre el nivel del mar o sobre otro plano de nivel: *Las cotas aparecen en este mapa precedidas de un pequeño triángulo negro.* **3** En topografía, esta altura: *En la última excursión alcanzamos una cota de 2000 metros.* **4** *col.* Categoría, nivel o grado: *Este actor ha alcanzado grandes cotas de popularidad con su última película.*

cotangente s.f. En trigonometría, razón entre el cateto contiguo de un ángulo y el cateto opuesto: *La cotangente de un ángulo es la inversa de la tangente.*

cotarro s.m. *col.* Situación de inquietud o de agitación: *De repente, me vi en mitad del cotarro sin saber qué había ocurrido.*

cotejar v. Referido a dos o más cosas, confrontarlas teniéndolas a la vista para observar sus diferencias y semejanzas; *comparar: Cotejaron el cuadro original y la copia y las diferencias eran imperceptibles. El profesor cotejó los exámenes para ver si alguien había copiado.* ☐ ORTOGR. Conserva la *j* en toda la conjugación.

cotejo s.m. Confrontación entre dos o más cosas, para apreciar sus diferencias y sus semejanzas; *comparación: El cotejo de las pruebas ha dado como resultado su culpabilidad.*

cotidianeidad s.f. ⟶**cotidianidad.**

cotidianidad s.f. Frecuencia y normalidad de algo que pasa todos o casi todos los días; *cotidianeidad: La cotidianidad de la vida es lo que da valor a los detalles.*

cotidiano, na adj. **1** Diario. **2** Frecuente, usual o que sucede habitualmente: *Por desgracia los robos se han convertido en algo cotidiano en esta zona.*

cotiledón s.m. En el embrión de algunas plantas, parte que sirve de almacén de sustancias de reserva y que forma la primera hoja de dichas plantas: *El trigo y la cebada tienen un solo cotiledón, pero la acelga y la espinaca tienen dos cotiledones.*

cotiledóneo, a ▮ adj./s.f. **1** Referido a una planta, que tiene un embrión con uno o más cotiledones: *La judía es una planta cotiledónea. La lenteja es una cotiledónea.* ▮ s.f.pl. **2** En botánica, grupo de estas plantas: *En clasificaciones antiguas, las cotiledóneas comprendían las plantas fanerógamas.*

cotilla adj./s. Referido a una persona, que cotillea: *No se lo cuentes porque es muy cotilla y se lo diría a todo el mundo. Sois unas cotillas, eso no le importa a nadie más que a ella y a su marido.* ☐ MORF. 1. Como adjetivo es invariable en género. 2. Como sustantivo es de género común y exige concordancia en masculino o en femenino para señalar la diferencia de sexo: *el cotilla, la cotilla.*

cotillear v. **1** *col.* Contar chismes; *chismorrear: Mis vecinos se pasan el día cotilleando.* **2** *col.* Curiosear, fisgar o tratar de averiguar los asuntos ajenos: *No me gusta que cotilleen en mi cajón.*

cotilleo s.m. **1** *col.* Difusión o narración de chismes entre varias personas: *Como vayas allí con él, va a haber cotilleo para rato.* **2** *col.* Indagación indiscreta de los asuntos ajenos: *Déjate de cotilleos y pregúntale a la cara si ese chico es su novio o no.*

cotillón s.m. **1** Fiesta y baile que se celebra en un día señalado: *Esa discoteca organiza un cotillón el día de fin de año después de la cena.* **2** Conjunto de adornos y de objetos de fiesta que se dan en esta fiesta: *Nos dieron un cotillón con un gorro, unas gafas con nariz y un matasuegras.*

cotización s.f. **1** Pago de una cuota: *Para ser beneficiario de la pensión de jubilación de la Seguridad Social es necesario un mínimo de quince años de cotización.* **2** En la Bolsa, publicación del precio de un valor o de una acción: *El rumor de quiebra ha hecho descender la cotización de las acciones de esta empresa.* **3** Estima, apreciación o valoración pública y general de algo: *Su cotización como jugador de fútbol aumenta día a día.*

cotizar v. **1** Pagar una cuota: *Cotiza todos los meses un 6 % de su salario a la Seguridad Social para poder cobrar la jubilación.* **2** En la Bolsa, referido esp. a un valor o a una acción, publicar su precio: *Las acciones de esta empresa cotizan hoy cinco puntos por encima del precio que tenían ayer.* **3** Estimar, apreciar o valorar, esp. de forma pública o general, en relación con un fin determinado: *Los idiomas se cotizan mucho para encontrar un buen empleo.* ☐ ORTOGR. La *z* se cambia en *c* delante de *e* ⟶**CAZAR**.

coto s.m. **1** Terreno acotado o marcado con unos límites para reservar su uso y su aprovechamiento: *A este coto de pesca solo acuden a pescar los vecinos del pueblo.* **2** ‖ **poner coto.** Referido esp. a un desorden o a un abuso, impedir que continúen: *Pon coto a tus borracheras o acabarás siendo un alcohólico.*

cotorra s.f. **1** Ave parecida al papagayo, pero de menor tamaño, de alas y cola largas y puntiagudas, y de varios colores: *La cotorra se alimenta de frutas y de semillas.* **2** *col.* Persona muy habladora: *Tu amiga es muy simpática, pero es una cotorra que no deja hablar a nadie.* ☐ MORF. En la acepción 1, es un sustantivo epiceno y la diferencia de sexo se señala mediante la oposición *la cotorra {macho/hembra}.*

cotorrear v. *col.* Hablar mucho: *Estuvimos cotorreando toda la tarde.*

coturno s.m. En el teatro grecorromano, calzado con una

a b c d e f g h i j k l m n ñ o p q r s t u v w x y z

suela de corcho muy gruesa, que usaban los actores trágicos para destacar su estatura sobre el escenario: *En la representación de esa tragedia de Sófocles, los actores llevaban máscaras y coturnos.* 👁 **calzado**

coulomb s.m. Denominación internacional del **culombio.** □ MORF. Su plural es *coulombs*.

country (anglicismo) s.m. Género musical de carácter popular y tradicional en los Estados Unidos (país norteamericano): *El country se suele interpretar con acompañamiento de banjo o de guitarra.* □ PRON. [káuntri]. □ SINT. Se usa mucho en aposición, pospuesto a un sustantivo.

covacha s.f. **1** Cueva pequeña: *Los oseznos estaban en una covacha.* **2** Vivienda o aposento pobres, incómodos, oscuros o pequeños: *Es insano que viva en una covacha como esa a la que nunca le llega la luz del sol.*

cowboy (anglicismo) s.m. Vaquero de los ranchos del oeste de los Estados Unidos (país norteamericano): *Vimos una película del oeste en la que un cowboy tenía que atravesar territorio indio para llevar el ganado a vender.* □ PRON. [káoboi]. □ MORF. Su plural es *cowboys*.

coxa s.f. En un insecto, primera pieza de la pata: *Las patas de los insectos se articulan con el cuerpo a través de las coxas.*

coxal adj. De la cadera o relacionado con ella: *No tenía nada roto, pero había recibido un fuerte golpe en la región coxal.* □ MORF. Invariable en género.

coxis s.m. Hueso formado por la unión de las últimas vértebras y que está articulado por su base con el sacro; *cóccix: El coxis es el hueso que cierra por detrás el cinturón de la pelvis.* □ MORF. Invariable en número. 👁 **esqueleto**

coyote s.m. Mamífero carnívoro, parecido al lobo pero de menor tamaño, de color gris amarillento, que habita en las praderas de países norteamericanos y de algunos centroamericanos: *El coyote se alimenta de pequeños roedores que caza gracias a su gran velocidad.* □ MORF. Es un sustantivo epiceno y la diferencia de sexo se señala mediante la oposición *el coyote {macho/hembra}*.

coyuntura s.f. **1** Combinación de circunstancias y de factores que se presentan en una determinada situación: *La coyuntura económica de ese momento no era propicia para hacer grandes inversiones.* **2** Ocasión u oportunidad para algo: *Su padre volvió muy contento a casa y él aprovechó la coyuntura para pedir que le dejaran ir a Canadá en verano.*

coyuntural adj. Que depende de la coyuntura o combinación de circunstancias: *Se han tomado varias medidas coyunturales para paliar los efectos de la sequía.* □ MORF. Invariable en género.

coz s.f. **1** Movimiento violento que hace un animal cuadrúpedo, esp. una caballería, con alguna de sus patas: *El caballo salvaje empezó a dar coces cuando lo atraparon con el lazo.* **2** Golpe dado con este movimiento: *Le aconsejó apartarse del caballo porque podía darle una coz.* **3** *col.* Golpe dado con el pie moviéndolo con violencia hacia atrás: *Se defendía de sus agresores con puñetazos y con coces.* **4** *col.* Hecho o dicho injuriosos o groseros: *Cuando le dije si venía con nosotros, me soltó una coz y me fui sin oír lo que continuó diciendo.*

crac s.m. Desastre financiero o caída brusca y súbita de las cotizaciones, esp. de las de la Bolsa; *crash: La crisis económica de 1929 empezó con el crac de la Bolsa de Nueva York.* □ ORTOGR. Es un término del inglés (*crack*) adaptado al español. □ MORF. Su plural es *cracs*.

crack (anglicismo) s.m. **1** En algunos deportes, esp. en el fútbol, jugador de extraordinaria calidad o habilidad: *El último jugador que han fichado es un crack que mete muchos goles.* **2** Droga que está compuesta principalmente por cocaína: *El crack es una droga muy tóxica.* **3** →**crac.**

cracker (anglicismo) s. Persona que entra en un sistema informático para hacer algo ilegal: *Un cracker entró en los archivos del banco y modificó algunas cuentas.* □ PRON. [kráker].

crampón s.m. Pieza metálica que se fija a la suela del calzado para no resbalar sobre el hielo o la nieve: *Los crampones son imprescindibles en el deporte del alpinismo.* 👁 **alpinismo**

craneal adj. Del cráneo o relacionado con él; *craneano: Los médicos le están explorando la región craneal para ver las consecuencias del golpe.* □ MORF. Invariable en género.

craneano, na adj. →**craneal.**

cráneo s.m. **1** Conjunto de huesos que forman una caja en la que está contenido el encéfalo: *El cráneo está formado por varios huesos. En este dibujo se ve la evolución de la especie por la comparación de los cráneos.* 👁 craneo 👁 **esqueleto 2** ‖ **ir de cráneo.** *col.* Ir mal encaminado o encontrarse en una situación de difícil solución: *Vas de cráneo si crees que estudiando tan poco vas a aprobar. Desde que nos metimos en ese negocio, vamos de cráneo.*

crápula s.m. Hombre de vida licenciosa, viciosa o deshonesta: *Ese crápula anda siempre borracho y con malas compañías. Desde que lo dejó aquella mujer, lleva una vi-*

CRÁNEO

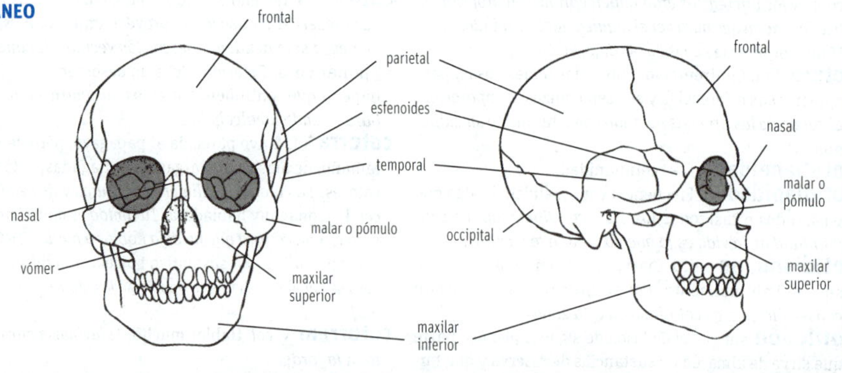

da de crápula totalmente contraria a la seriedad y formalidad que predicaba.

crash (anglicismo) s.m. Desastre financiero o caída brusca y súbita de las cotizaciones, esp. de las de la Bolsa; *crac*

craso, sa adj. Referido esp. a un error, que no tiene disculpa, generalmente por su gravedad o sus dimensiones: *Cometiste un craso error al no aceptarlo cuando te lo ofrecieron.*

cráter s.m. **1** En un volcán, depresión situada en su parte superior o lateral, de forma generalmente circular, por la que expulsa los materiales sólidos, líquidos y gaseosos cuando está en actividad: *Aún salía humo por el cráter del volcán. Estuvimos en el cráter de un antiguo volcán.* **2** En un planeta o en un astro, depresión formada en su superficie por el impacto de un meteorito o por una erupción volcánica: *En esas fotografías de la Luna se ven varios cráteres. La caída de un meteorito en ese desierto dio lugar a un cráter de unos 100 kilómetros de diámetro.*

crátera s.f. En la Antigüedad clásica, vasija grande y ancha en la que se mezclaba el vino con agua antes de servirlo en copas durante las comidas: *En el museo arqueológico hay cráteras griegas decoradas con diversos motivos.*

creación s.f. **1** Conjunto de todo lo creado o existente: *El origen y el carácter de la creación ha sido una cuestión muy tratada por los filósofos.* **2** Producción de algo a partir de la nada o realización de algo a partir de las propias capacidades: *La Biblia comienza con el relato de la creación del mundo por Dios.* **3** Establecimiento, fundación, invención o introducción de algo por primera vez: *La creación de las Universidades tuvo lugar en Europa en el siglo XII.* **4** Obra de ingenio, de arte o de artesanía muy laboriosa o que demuestra gran inventiva: *El modisto francés mostrará sus creaciones para la próxima primavera en el desfile de mañana.* ☐ SEM. En la acepción 1, es sinónimo de *cosmos*, *mundo*, *orbe* y *universo*.

crear v. **1** Referido a algo existente, producirlo de la nada o realizarlo a partir de las propias capacidades: *Según el Génesis, Dios creó el mundo en seis días y el séptimo descansó.* **2** Establecer, hacer aparecer, instituir o introducir por primera vez: *Creó con varios amigos un colegio que fue un modelo de renovación pedagógica. No le lleves la contraria y así no te crearás problemas.*

creatividad s.f. Facultad o capacidad para crear: *El contenido de estas obras revela la gran creatividad artística del autor.*

creativo, va adj. Que posee o que estimula la capacidad de creación: *Para ser un buen escritor hace falta tener una mente creativa.*

crecepelo s.m. Sustancia que se utiliza para hacer crecer el pelo: *Desde que empezó a quedarse calvo ha probado todos los crecepelos del mercado.*

crecer ▮ v. **1** Referido a un ser vivo, aumentar o desarrollarse de forma natural: *Esta planta ha crecido tanto que hay que cambiarla a un tiesto mayor.* **2** Aumentar, esp. si es por adquisición de nueva materia: *El río creció con las últimas lluvias. El poder económico de ese país crece día a día.* **3** En una labor de punto o de ganchillo, referido a un punto, añadirlo o aumentarlo: *Cuando acabes el puño, creces un punto cada seis vueltas hasta llegar al codo.* ▮ prnl. **4** Referido esp. a una persona, tomar mayor fuerza, autoridad, importancia o atrevimiento: *No temas por ella, porque se crece ante las adversidades y saldrá bien de esta.* ☐ MORF. Irreg.: Aparece una *z* delante de la *c* cuando la siguen *a*, *o* →**PARECER**.

creces ‖ **con creces.** Con abundancia, o más de lo suficiente o de lo debido: *No solo no me esperaba que me devolviera el favor, sino que me lo devolvió con creces.*

crecido, da ▮ adj. **1** Grande o numeroso: *Heredó una crecida suma de dinero de un tío suyo.* ▮ s.m. **2** En una labor de punto o de ganchillo, punto que se aumenta: *Para que te quede la manga ancha tienes que hacer crecidos cada cuatro vueltas.* ▮ s.f. **3** Aumento del caudal de un río o de un arroyo: *La crecida del río por las continuas y fuertes lluvias hizo que se perdiera casi toda la cosecha.*

crecimiento s.m. **1** Aumento o desarrollo natural de un ser vivo: *Una alimentación sana y equilibrada es fundamental para un crecimiento normal.* **2** Aumento de algo, esp. por adquisición de nueva materia o como resultado de una evolución favorable: *El crecimiento de la población ha descendido en la última década.*

credencial ▮ adj. **1** Que acredita: *Para entrar en la conferencia de prensa había que presentar la tarjeta credencial de periodista.* ▮ s.f. **2** Documento que sirve para que se dé a un empleado posesión de su plaza: *El ministro juró su cargo después de presentar su credencial ante el rey.* ▮ s.f.pl. **3** →**cartas credenciales.** ☐ MORF. Como adjetivo es invariable en género.

credibilidad s.f. Facilidad para ser creído: *Esa historia que me has contado carece de credibilidad.*

crédito s.m. **1** Cantidad de dinero que se debe y que el acreedor tiene derecho a exigir y a cobrar: *El prestamista exigía cobrar los créditos que le debían.* **2** Préstamo o cantidad de dinero que se pide prestada a un banco o a una entidad semejante: *He solicitado un crédito en el banco hipotecario para comprarme una vivienda.* **3** Reputación, fama o buen nombre: *Esta marca goza de mucho crédito entre los usuarios.* **4** Opinión que se tiene de que una persona cumplirá los compromisos que contraiga, y que la faculta para obtener de otra fondos o mercancías: *Aunque ahora no lleves dinero puedes llevarte lo que necesites porque tienes crédito en esta tienda.* **5** En los estudios universitarios, unidad de valoración de una materia o de una asignatura: *Me dijo que al final del doctorado debería tener unos treinta y dos créditos. En mi Universidad un crédito equivale a diez horas de enseñanza teórica, práctica o equivalentes.* **6** ‖ **a crédito. 1** Como anticipo o sin otra seguridad que la de la opinión que merece la persona que pide lo que se presta: *Se llevó los muebles a crédito y prometió volver a pagarlos. Adelántame parte del sueldo a crédito para poder pagar lo que debo.* **2** Sin pagar todo el importe de una vez, sino en varios plazos: *Me he comprado el coche a crédito.* ‖ **dar crédito a** algo. Creerlo o tenerlo por cierto o verdadero: *Me estás contando unas cosas tan extrañas que no puedo dar crédito a lo que me dices.*

credo s.m. **1** Oración que contiene los principales artículos de la fe enseñada por los apóstoles: *El credo comienza con las palabras 'Creo en Dios Padre'.* **2** Conjunto de doctrinas comunes a una colectividad: *Su credo no le permite comer carne de cerdo.*

credulidad s.f. Facilidad para creer algo: *Le gastaban muchas inocentadas aprovechándose de su credulidad.*

crédulo, la adj. Que cree algo con mucha facilidad: *Es tan crédulo que ya lo han timado varias veces.*

creencia s.f. **1** Certeza que se tiene de algo: *Tengo la firme creencia de que esto se solucionará.* **2** Religión o filosofía: *Debes respetar las creencias de los demás.* **3** Conjunto de ideas sobre algo: *Sacrificó la vida familiar por sus creencias políticas.*

creer v. **1** Referido esp. a algo que no está demostrado o que no se comprende, tenerlo por cierto o verdadero: *No creo nada de lo que cuentas. Aunque lo que cuentas parece imposible, me lo creo porque sé que eres de fiar.* **2** Referido a una sospecha o a una opinión, tenerlas, sostenerlas o considerarlas: *Creo que ha sido él el que te ha traicionado. Se cree la persona más lista del mundo.* **3** Considerar como probable o posible: *Creo que llegaré a tiempo, pero, por si acaso, no me esperéis.* **4** Referido a las verdades reveladas por Dios y propuestas por una religión, tenerlas o admitirlas como ciertas: *Creo las verdades de mi fe.* **5** Dar apoyo o tener confianza: *El director cree en esa joven actriz porque ha visto que tiene cualidades.* **6** ‖ **ya lo creo.** Expresión que se usa para dar a entender que algo es evidente: *Cuando le pregunté si tenía calor me respondió: «¡Ya lo creo».* ☐ ORTOGR. En las formas cuya desinencia contiene un diptongo *ie, io*, esta *i* se cambia en *y* →LEER. ☐ SINT. Constr. de la acepción 5: *creer* EN *alguien*.

creído, da adj./s. *col.* Referido a una persona, que es muy vanidosa u orgullosa: *Es tan creído que piensa que los demás son basura comparados con él. Su prima es una creída que alardea de ser muy guapa.*

crema s.f. **1** Pasta confeccionada con huevos, azúcar y con otros ingredientes que se usa en pastelería: *Me gustan los bocaditos de crema.* **2** Natillas espesas y con azúcar tostado en su superficie: *La crema suele presentarse en tarrinas de barro.* **3** Puré claro o poco espeso: *Para cenar haré crema de champiñones.* **4** Producto cosmético de consistencia pastosa que se aplica en la piel: *Para tomar el sol se pone una crema bronceadora.* **5** Pasta que se usa para limpiar y dar brillo a las pieles curtidas, esp. al calzado: *Tienes que dar crema a los zapatos, que los llevas muy sucios.* **6** Sustancia grasa de la leche: *Está a régimen y toma leche descremada porque le han dicho que la crema engorda.* **7** Lo más distinguido de un grupo social: *A la conferencia acudió la crema de la aristocracia.*

cremación s.f. Incineración o quema de cadáveres de personas: *Cuando muera no quiero ser enterrada, prefiero la cremación.*

cremallera s.f. **1** Cierre que se cose generalmente en una prenda de vestir, y que consta de dos tiras de tela dentadas, cuyos dientes se engranan o se separan al mover una pequeña pieza: *La cremallera del pantalón es metálica.* 👁 **costura** **2** En algunas vías férreas, raíl suplementario provisto de dientes, que se coloca en los tramos muy inclinados para que sirva de engranaje a una rueda dentada de la locomotora: *La cremallera permite que los trenes circulen por lugares que tienen mucha pendiente.*

crematorio, ria ▮ adj. **1** De la cremación de los cadáveres o relacionado con ella: *El féretro que contenía el cadáver fue introducido en el horno crematorio.* ▮ s.m. **2** Lugar en el que se queman los cadáveres: *Su cadáver será incinerado en el crematorio municipal.*

cremoso, sa adj. **1** Que tiene el aspecto o la textura de la crema: *Los quesos cremosos se pueden untar.* **2** Que tiene mucha crema: *La leche recién ordeñada es más cremosa que la envasada.*

crep s. →**crepe.** ☐ MORF. 1. Es de género ambiguo y admite concordancia en masculino o en femenino sin cambiar de significado: *{el/la} crep.* 2. Su plural es *creps*.

crepe s. Tortita fina hecha con una masa de harina, leche y huevo batido frita, que se rellena con ingredientes dulces o salados: *De postre comí una crepe de chocolate.* ☐ ORTOGR. Se usa también *crep.* ☐ MORF. 1. Es de género ambiguo y admite concordancia en masculino o en femenino sin cambiar de significado: *{el/la} crepe.* 2. Su plural es *crepes*.

crepería s.f. Establecimiento en el que se hacen y se venden crepes: *Fui a comer a una crepería.*

crepitar v. Referido esp. a una madera, dar chasquidos al arder: *La leña de la chimenea crepitaba.*

crepuscular adj. Del crepúsculo o relacionado con él: *La luz crepuscular apenas iluminaba la habitación.* ☐ MORF. Invariable en género.

crepúsculo s.m. **1** Claridad que hay desde que empieza a amanecer hasta que sale el sol, y desde que se empieza a poner hasta que es de noche: *El crepúsculo daba al jardín un aspecto triste.* **2** Tiempo que dura esta claridad: *Cuando conduzco durante el crepúsculo llevo encendidas las luces de cruce.* **3** *poét.* Decadencia: *Escribió sus más bellos poemas en el crepúsculo de su vida.*

crescendo (italianismo) s.m. **1** En música, aumento gradual de la intensidad con que se ejecutan un sonido o un pasaje: *La intérprete hizo un crescendo final que dio mayor expresividad a su interpretación.* **2** En una composición musical, pasaje que se ejecuta efectuando un aumento de intensidad de este tipo: *En el segundo movimiento del concierto hay un crescendo vibrante.* **3** ‖ **in crescendo.** *col.* En progresión creciente: *A medida que pasaba el tiempo, la tensión iba in crescendo.* ☐ PRON. [krechéndo], con *ch* suave.

crespo, pa adj. Referido al cabello, que está rizado de forma natural: *Mi prima tiene el pelo crespo.*

crespón s.m. Tela negra que se usa en señal de luto: *La bandera del ayuntamiento ondeaba a media asta y llevaba un crespón.*

cresta s.f. **1** En el gallo y en otras aves, carnosidad roja que está sobre la cabeza: *Los dos gallos peleaban y se picaban en la cresta.* **2** Moño de plumas de algunas aves: *Supe que era una abubilla en cuanto le vi la cresta.* **3** Lo que imita esta carnosidad o este moño de plumas: *Ese punk lleva una cresta de pelo teñida de amarillo.* **4** Parte más elevada de algo, esp. de una montaña o de una ola: *Los escaladores consiguieron llegar a la cresta de la montaña.* **5** ‖ **estar en la cresta de la ola.** Estar en el mejor momento: *Este actor de moda está en la cresta de la ola y los directores se lo disputan.*

crestería s.f. Adorno calado característico del estilo gótico ojival, que se colocaba en las partes altas de los edificios: *En el vértice de los arcos ojivales solía haber cresterías.*

cretácico, ca ▮ adj. **1** En geología, del tercer período de la era secundaria o mesozoica o de los terrenos que se formaron en él: *En estos terrenos cretácicos abundan las calizas, las areniscas y las arcillas.* ▮ adj./s.m. **2** En geología, referido a un período, que es el tercero de la era secundaria o mesozoica: *En el período cretácico tuvo lugar el plegamiento alpino. El cretácico es el último período de la era secundaria.*

cretense adj./s. De Creta (isla mediterránea griega), o relacionado con ella: *La isla cretense permaneció mucho tiempo bajo el dominio turco. Los cretenses tienen fama de ser muy acogedores con los turistas.* ☐ MORF. 1. Como adjetivo es invariable en género. 2. Como sustantivo es de género común y exige concordancia en masculino o en femenino para señalar la diferencia de sexo: *el cretense, la cretense*. 3. Como sustantivo se refiere solo a las personas de Creta.

cretino, na adj./s. *desp.* Estúpido o necio: *No seas tan cretino y no digas bobadas. Ese cretino no se va a burlar de mí.* □ USO Se usa como insulto.

cretona s.f. Tela fuerte, generalmente de algodón, que se usa en tapicería: *He mandado tapizar el sofá con una cretona estampada.*

creyente adj./s. Que profesa una determinada fe religiosa: *Es una persona muy creyente y va a misa todos los días. El papa pidió a todos los creyentes que rezaran por la unión de las Iglesias.* □ MORF. 1. Como adjetivo es invariable en género. 2. Como sustantivo es de género común y exige concordancia en masculino o en femenino para señalar la diferencia de sexo: *el creyente, la creyente*.

cría s.f. Véase **crío, a**.

criadero s.m. Lugar destinado a la cría de animales: *En este pueblo hay varios criaderos de truchas.*

criadilla s.f. Testículo de los animales cuya carne se destina al consumo humano: *Compró en la casquería criadillas de toro.*

criado, da s. **1** Persona que sirve a otra a cambio de un salario, esp. la que se emplea en el servicio doméstico: *La criada vestía delantal y cofia.* **2** ‖ **bien criado.** Cortés y con buena educación: *Una persona bien criada nunca me hubiera insultado de esa forma.* ‖ **mal criado.** →**malcriado, da.**

criador, -a s. Persona que se dedica profesionalmente a la cría de animales o que los tiene a su cargo: *Este criador de canarios ha conseguido varios premios.*

crianza s.f. **1** Nutrición, alimentación y cuidado de los hijos, esp. durante el período de lactancia: *Su madre la aconsejó en la crianza del bebé.* **2** Época de la lactancia: *Durante la crianza, las madres tienen unos horarios más flexibles en sus trabajos.* **3** Alimentación y cuidados que se dan a algunos animales, esp. a los destinados a la venta o al consumo: *En su granja se dedica a la crianza de gallinas.* **4** Instrucción y educación de una persona: *Ella misma se encargó de la crianza de sus hijos.* **5** Proceso de elaboración de algunos vinos: *La crianza de los vinos se realiza en lugares frescos y con poca luz.* **6** ‖ **{buena/mala} crianza.** Buena o mala educación: *Es una chica de buena crianza y saluda a los vecinos que se encuentra en la escalera.*

criar ▌v. **1** Referido a un niño, nutrirlo y alimentarlo con leche: *Cría a su hijo con biberón porque no tiene suficiente leche para darle de mamar.* **2** Referido a las aves o a otros animales, alimentarlos, cuidarlos y cebarlos: *Me dedico a criar canarios.* **3** Referido a sus hijos, cuidarlos y alimentarlos un animal: *El macho y la hembra se turnan para criar a los pollos del nido.* **4** Referido a un animal, tener descendencia: *Está dando a su perra unas pastillas para evitar que críe.* **5** Referido a una persona, instruirla o educarla: *Crio a sus hijos en un ambiente familiar. Se crio en los mejores colegios.* ▌prnl. **6** Referido a una persona, crecer o desarrollarse: *Me crie en la misma ciudad en la que nací.* □ ORTOGR. La *i* lleva tilde en los presentes, excepto en las personas *nosotros* y *vosotros* →**GUIAR**.

criatura s.f. **1** En teología, lo que ha sido creado de la nada: *El hombre es una criatura de Dios.* **2** Niño recién nacido o de poco tiempo: *La madre daba de mamar a su criatura.* **3** Ser fantástico, inventado o imaginado: *En su novela de terror unas criaturas de la noche raptan al protagonista.*

criba s.f. **1** Utensilio formado por un aro de madera al que se fijan un cuero o una plancha metálica agujereados o una malla metálica, y que se utiliza para cribar o limpiar de impurezas el trigo u otras semillas o para separar las partes menudas de las gruesas; *harnero: Mi abuelo usaba la criba para el centeno.* 👁 **apero** **2** Selección o elección de lo que interesa: *En una primera criba eliminaron cuatro de los diez candidatos para el puesto.*

cribar v. **1** Referido esp. a una semilla o a un mineral, pasarlos por la criba para limpiarlos de impurezas o para separar las partes gruesas de las finas: *Los buscadores de oro cribaban la arena del río para encontrar pepitas de oro.* **2** Seleccionar o elegir, separando lo que interesa: *La secretaria cribaba las llamadas telefónicas que recibía su jefe.*

cricket (anglicismo) s.m. →**críquet.** □ PRON. [kríket].

crimen s.m. **1** Acción voluntaria de matar o herir gravemente a una persona: *En cuanto se descubrió el cadáver, comenzaron las investigaciones para encontrar al autor del crimen.* **2** Acción que resulta gravemente perjudicial o censurable: *No dar ayuda al necesitado es un crimen.*

criminal ▌adj. **1** Del crimen o relacionado con él: *Quemar los bosques es un acto criminal.* **2** Referido esp. a una ley, a un organismo o a una acción, que están destinados a perseguir y a castigar los crímenes o los delitos: *Le puso una querella criminal porque le había acusado falsamente del asesinato.* ▌adj./s. **3** Que intenta cometer o ha cometido un crimen: *Al ser considerado culpable del delito, el joven criminal ingresó en prisión. Ese criminal ha asesinado a dos personas a sangre fría.* □ MORF. 1. Como adjetivo es invariable en género. 2. Como sustantivo es de género común y exige concordancia en masculino o en femenino para señalar la diferencia de sexo: *el criminal, la criminal*.

criminología s.f. Ciencia que estudia los delitos, sus causas y su control: *La criminología tuvo un gran desarrollo a partir del siglo XVIII.*

crin s.f. **1** Conjunto de cerdas o pelos gruesos que tienen algunos animales en la parte superior del cuello: *Cuando se le rompieron las riendas tuvo que cabalgar agarrada a las crines del caballo.* **2** Filamentos flexibles y elásticos que se obtienen de las hojas del esparto cocido o humedecido: *Frotarse con un guante de crin favorece la circulación de la zona.* □ MORF. En la acepción 1, en plural tiene el mismo significado que en singular.

crío, a ▌s. **1** Niño que se está criando: *Aún tiene que dar de mamar al crío.* **2** Persona joven o de corta edad: *Todavía es un crío y no entiende lo que le dices.* ▌s.f. **3** Nutrición, alimentación y cuidados que se dan a las personas o a los animales: *Se ha fabricado un acuario porque quiere dedicarse a la cría de peces de colores.* **4** Animal que se está criando: *La perra amamanta a sus seis crías.*

criollo, lla adj./s. **1** De un país hispanoamericano o relacionado con él: *Me gusta la música criolla. Los criollos del siglo XIX deseaban la independencia.* **2** Referido a una persona, que es descendiente de europeos y nacida en los antiguos territorios españoles del continente americano o en algunas colonias europeas de dicho continente: *En Haití queda una población criolla que desciende de los franceses. Algunos criollos todavía tienen rasgos faciales europeos.*

cripta s.f. **1** Lugar subterráneo en el que se solía enterrar a los muertos: *Los monjes muertos son enterrados en la cripta del monasterio.* **2** En una iglesia, espacio subterrá-

a b c d e f g h i j k l m n ñ o p q r s t u v w x y z

a b c d e f g h i j k l m n ñ o p q r s t u v w x y z

neo en el que se solía enterrar a los santos: *La misa de doce se celebra en la cripta de san Vicente.*

críptico, ca adj. Oscuro, enigmático o de difícil comprensión: *Su forma críptica de hablar provoca confusión en los oyentes.*

criptógamo, ma ▮ adj./s.f. **1** Referido a una planta, que se caracteriza por carecer de flores o por no tener los órganos sexuales visibles a simple vista: *Los musgos y los helechos son plantas criptógamas. Las criptógamas suelen vivir en lugares húmedos.* ▮ s.f.pl. **2** En botánica, grupo de estas plantas: *En clasificaciones antiguas, las criptógamas constituían un grupo taxonómico.*

criptograma s.m. Documento cifrado: *Para descifrar el criptograma necesito el libro de claves.*

criptón s.m. Elemento químico, no metálico y gaseoso, de número atómico 36, inerte e incoloro, que se encuentra en muy bajas proporciones en el aire: *El criptón se usa para hacer fotografías rápidas y en medicina.* ☐ ORTOGR. Su símbolo químico es *Kr*.

críquet s.m. Deporte que se juega en un campo de césped, entre dos equipos de once jugadores, con bates, pelota y dos rastrillos: *El críquet es un deporte de origen británico.* ☐ ORTOGR. Dist. de *croquet*. ☐ MORF. Su plural es *críquets*. ☐ USO Es un término del inglés (*cricket*) adaptado al español.

crisálida s.f. En zoología, insecto lepidóptero que está en una fase de desarrollo posterior a la larva y anterior al adulto: *La mariposa de la seda se transforma en crisálida dentro del capullo que la protege.* 👁 **metamorfosis**

crisantemo s.m. **1** Planta perenne de tallo casi leñoso, de hojas hendidas y dispuestas de forma alterna, más oscuras por el haz que por el envés, que tiene flores abundantes y de variados colores: *Los crisantemos son plantas ornamentales que florecen en otoño.* **2** Flor de esta planta: *El crisantemo es una flor compuesta, al igual que la margarita.*

crisis s.f. **1** Situación caracterizada por un cambio importante en el desarrollo de un proceso: *El enfermo ha superado la crisis y parece que mejora.* **2** Situación complicada de un asunto o de un proceso, en la que está en duda la continuación, la modificación o el cese de estos: *El Gobierno dijo que, debido a la crisis internacional, los sueldos no subirían lo esperado.* **3** Escasez o carestía: *La crisis del petróleo ha provocado un aumento del precio de la gasolina.* ☐ MORF. Invariable en número.

crisma ▮ s. **1** Aceite y bálsamo mezclados que consagran los obispos el Jueves Santo (conmemoración de la última cena de Jesucristo), y que se usa para ungir a las personas que se bautizan o que se confirman, a los obispos y a los sacerdotes que se consagran o que se ordenan: *En el sacramento del bautismo, el sacerdote hace el signo de la cruz en la cabeza con el crisma.* ▮ s.f. **2** *col.* Cabeza humana: *Como te caigas, te vas a romper la crisma.* ☐ MORF. En la acepción 1, es de género ambiguo y admite concordancia en masculino y en femenino sin cambiar el significado: *{el/la} crisma {sagrado/sagrada}*.

crispación s.f. **1** Irritación, enojo o enfurecimiento: *Su crispación hacía que chillara en lugar de hablar.* **2** Contracción repentina o pasajera de un tejido contráctil, esp. de un músculo: *La crispación de su frente mostraba su preocupación.*

crispar v. **1** *col.* Irritar o causar enojo: *Tu lentitud me crispa. No pude evitar crisparme cuando me insultó.* **2** Causar una contracción repentina o pasajera en un tejido contráctil, esp. en un músculo: *Las manos se le crisparon de dolor.*

cristal s.m. **1** Vidrio incoloro y transparente que se fabrica a partir de la mezcla y fusión de arena silícea, potasa y minio: *Me rompieron un cristal de las gafas de un balonazo.* 👁 **gafas** **2** Pieza de vidrio o de una sustancia semejante en forma de lámina que se usa para tapar huecos, esp. en las ventanas o en las puertas: *Los ladrones rompieron el cristal del escaparate.* **3** En mineralogía, cuerpo sólido cuya estructura atómica es ordenada y se repite periódicamente en las tres direcciones del espacio: *Los cristales de sal común tienen forma cúbica.* **4** ‖ **cristal de roca.** Cuarzo cristalizado, incoloro y transparente: *Las cuentas de cristal de roca de mi collar tienen mucho brillo.*

cristalera s.f. Véase **cristalero, ra.**

cristalería s.f. **1** Establecimiento en el que se fabrican o se venden objetos de cristal: *Entré en la cristalería a comprar un espejo.* **2** Conjunto de los objetos que se fabrican o venden en este establecimiento: *La cristalería de esta tienda es de gran calidad.* **3** En una vajilla, parte formada por los vasos, las copas y las jarras de cristal: *Cuando vienen invitados saca la cristalería buena.*

cristalero, ra ▮ s. **1** Persona que se dedica profesionalmente a la fabricación, a la colocación o a la venta de cristales: *Llama al cristalero para que cambie el cristal roto de la ventana.* ▮ s.f. **2** Ventana o puerta de cristales: *Veía llover resguardada detrás de la cristalera de la terraza.* **3** Armario con cristales: *Los trofeos que ha ganado los guarda en la cristalera del salón.*

cristalino, na ▮ adj. **1** Del cristal o con sus características: *El agua del estanque es clara y cristalina.* ▮ s.m. **2** En el ojo, cuerpo en forma de lente situado detrás de la pupila y que permite el paso de los rayos de luz: *En los casos de cataratas se da una opacidad del cristalino.*

cristalización s.f. En geología, formación de un cristal: *Una cristalización lenta favorece la aparición de cristales de gran tamaño.*

cristalizar v. **1** Tomar o hacer tomar una estructura cristalina: *El cuarzo cristaliza en el sistema hexagonal. La solidificación es uno de los métodos para cristalizar una sustancia. Una temperatura adecuada y el reposo favorecen que una sustancia se cristalice.* **2** Referido esp. a un deseo o a un plan, tomar una forma determinada o precisa: *Tras muchos esfuerzos consiguió que sus planes cristalizaran.* ☐ ORTOGR. La *z* se cambia en *c* delante de *e* →**CAZAR.**

cristalografía s.f. Parte de la geología que estudia las formas que toman los cuerpos al cristalizar: *Esta lección de cristalografía trata de los ejes y de los planos de simetría de los cristales.*

cristalográfico, ca adj. De la cristalografía o relacionado con esta parte de la geología: *Hemos hecho un estudio cristalográfico de los minerales que cristalizan en el sistema cúbico.*

cristiandad s.f. Conjunto de personas o de países que profesan la religión cristiana: *Católicos, protestantes y ortodoxos forman parte de la cristiandad.*

cristianismo s.m. Religión que afirma la existencia de un único dios, creador y salvador del mundo, y cuyas doctrinas fueron predicadas por Jesucristo y recogidas especialmente en el Nuevo Testamento (para los cristianos, segunda parte de la Biblia): *Uno de los preceptos del cristianismo es amar al prójimo.*

cristiano, na ▮ adj. **1** Del cristianismo o relacionado con esta religión: *Las Iglesias cristianas están divididas.* ▮ adj./s. **2** Que sigue o que practica el cristianismo: *Los creyentes cristianos creen en un solo dios. Para los cristianos la caridad es una virtud fundamental.* ▮ s.m. **3** *col.* Persona o individuo de la especie humana: *El día del partido de fútbol no había ni un cristiano en la calle.* **4** ‖ **en cristiano.** *col.* En términos sencillos y comprensibles, o en el idioma conocido: *Yo solo sé castellano, así que si no me hablas en cristiano no te entiendo.*

cristo s.m. **1** Imagen del hijo del dios cristiano crucificado; *crucifijo: En el altar hay un cristo de madera policromada.* **2** Persona con muchas heridas, con la ropa rota o muy sucia: *Se cayó de la bicicleta por una cuesta y vino hecho un cristo.* **3** ‖ **todo cristo.** *col.* Todo el mundo o todas las personas presentes: *Aquí mando yo y todo cristo me obedece.* ☐ USO Se usa como nombre propio cuando hace referencia al hijo del dios cristiano.

criterio s.m. **1** Capacidad o facultad que se tienen para comprender algo y formar una opinión sobre ello: *Obraré en esta ocasión según mi criterio.* **2** Norma, regla o pauta para conocer la verdad o la falsedad de algo o para distinguir, clasificar o relacionar algo: *Califica a sus alumnos con un criterio muy severo.*

critérium s.m. Prueba o conjunto de pruebas que se celebran sin carácter oficial, en las que intervienen deportistas de alta categoría: *En el critérium que se celebrará hoy veremos a los mejores ciclistas del momento.* ☐ MORF. Su plural es *critériums*.

crítica s.f. Véase **crítico, ca**.

criticar v. Referido esp. a una persona o a sus actos, censurarlos o juzgarlos de forma desfavorable: *Ahora te alaba, pero cuando te vayas te criticará. Puedes hacer lo que quieras porque yo no lo critico, pero a mí no me metas en ello.* ☐ ORTOGR. La *c* se cambia en *qu* delante de *e* →**SACAR**.

crítico, ca ▮ adj. **1** De la crítica o relacionado con este juicio, opinión o censura: *Tiene una actitud muy crítica ante el progreso.* **2** Que hace críticas sobre algo, esp. para que se mejore: *Has sido muy crítico con la actuación de tu hermano.* **3** De la crisis o relacionado con ella: *Las enfermedades tienen un momento crítico.* **4** Decisivo, que debe atenderse o aprovecharse: *Decídete, porque estamos en un momento muy crítico.* ▮ s. **5** Persona que se dedica profesionalmente a la crítica o al juicio de obras de ficción: *Esa mujer es la mejor crítica de cine.* ▮ s.f. **6** Arte y técnica de juzgar algo o de formar opiniones justificadas por algún criterio: *Me dedico a la crítica deportiva.* **7** Juicio, opinión o conjunto de ellos que se hacen sobre algo: *Esta película tiene muy buena crítica.* **8** Censura o juicio negativo sobre una persona o sus actos: *Estoy harto de tus continuas críticas hacia mis amigos.* **9** ‖ **la crítica.** El conjunto de críticos profesionales de una determinada materia: *Cuando un pintor no cuenta con el favor de la crítica no encuentra salas donde exponer.*

criticón, -a adj./s. Que lo censura todo, sin perdonar lo más mínimo: *No seas tan criticón, que ese defecto ni se nota. Ya sabía yo que una criticona como tú encontraría mal este hotel.*

croar v. Referido a una rana, emitir su voz característica: *En el estanque croaban las ranas.*

croata ▮ adj./s. **1** De Croacia (país europeo), o relacionado con ella: *Hay muy buenos jugadores de baloncesto croatas. Los croatas han luchado por su independencia en la década de los noventa.* ▮ s.m. **2** Lengua eslava meridional hablada en este país: *Estoy aprendiendo a hablar croata.* ☐ MORF. 1. Como adjetivo es invariable en género. 2. Como sustantivo es de género común y exige concordancia en masculino o en femenino para señalar la diferencia de sexo: *el croata, la croata*. 3. En la acepción 1, como sustantivo se refiere solo a las personas de Croacia.

crocanti s.m. Helado cubierto por una capa de chocolate con almendras: *Los crocantis de nata me gustan más que los de vainilla.*

croché s.m. **1** Labor que se hace con una aguja de unos veinte centímetros de largo, que tiene uno de sus extremos más delgado y terminado en gancho; *ganchillo: Compré en la mercería una aguja para hacer croché.* **2** En boxeo, puñetazo que se da con el brazo doblado en forma de gancho: *Casi derriba a su adversario con un croché muy fuerte.*

croissant (galicismo) s.m. →**cruasán.** ☐ PRON. [kruasán].

croissanterie (galicismo) s.f. →**cruasantería.** ☐ PRON. [kruasanterí].

crol s.m. En natación, estilo que consiste en mover los brazos alternativamente y de forma circular e impulsarse con las piernas estiradas y moviéndolas de arriba abajo también de forma alternativa: *El crol permite nadar muy rápidamente.* ☐ ORTOGR. Es un anglicismo (*crawl*) adaptado al español.

cromar v. Referido a un metal o a un objeto metálico, darles un baño de cromo para hacerlos inoxidables: *He cromado la barandilla para no tener que pintarla todos los años.*

cromático, ca adj. **1** De los colores o relacionado con ellos: *Este paisaje presenta una gran variedad cromática.* **2** En música, referido a una escala o a un sistema musical, que procede por semitonos: *Si tocas todas las teclas del piano, blancas y negras, entre un do y el siguiente, escucharás una escala cromática.* ☐ SEM. En la acepción 2, dist. de *diatónico* (que procede por alternancia de dos tonos y un semitono y de tres tonos y un semitono).

cromo s.m. **1** Elemento químico, metálico y sólido, de número atómico 24, duro, de color blanco plateado y muy resistente a los agentes atmosféricos: *El cromo no se oxida con la humedad.* **2** Estampa, papel o tarjeta con un dibujo o una fotografía impresos: *Me faltan dos cromos para acabar la colección de animales salvajes.* **3** ‖ **como un cromo** o **hecho un cromo.** Con heridas, muy sucio o demasiado arreglado: *Se cayó jugando al fútbol y tiene las rodillas como un cromo. Todos los días viene del recreo como un cromo. Después de estar dos horas arreglándose salió a la calle hecho un cromo.* ☐ ORTOGR. En la acepción 1, su símbolo químico es *Cr*.

cromolitografía s.f. **1** Arte y técnica de hacer litografías con varios colores: *La cromolitografía necesita impresiones sucesivas.* **2** Estampa obtenida por este procedimiento: *Tengo un libro antiguo con varias cromolitografías.*

cromosfera s.f. Capa exterior de la envoltura gaseosa del Sol: *La cromosfera es de color rojizo y en ella abunda el helio.*

cromosoma s.m. Cada uno de los filamentos de material hereditario que forman parte del núcleo celular y que tienen como función conservar, transmitir y expresar la información genética que contienen: *El ser humano tiene 23 pares de cromosomas.*

cromosómico, ca adj. Del cromosoma o relacionado

con él: *La deficiencia mental puede tener origen en una tara cromosómica.*

cromotipografía s.f. **1** Arte y técnica de imprimir en colores: *Prácticamente casi todas las publicaciones actuales recurren a la cromotipografía.* **2** Obra hecha por este procedimiento: *Tengo una colección de antiguas cromotipografías.*

crónico, ca ▌adj. **1** Referido a una enfermedad, que es muy larga o habitual: *La alergia suele ser una enfermedad crónica.* **2** Referido esp. a un vicio, que está muy arraigado o se tiene desde hace mucho tiempo: *Su falta de puntualidad es crónica. La envidia es un mal crónico en esa familia.* **3** Que viene desde tiempo atrás o que se repite desde hace tiempo: *La contaminación ya es crónica en las grandes ciudades. La sequía en verano es algo crónico en la zona sur desde hace muchos años.* ▌s.f. **4** Artículo periodístico o información de radio o de televisión sobre temas de actualidad: *En una crónica se cuenta algo que se ha visto y se permiten comentarios personales.* **5** Historia en que se observa el orden de los tiempos: *Las crónicas de Indias cuentan acciones del descubrimiento y exploración de América en el siglo XVI.*

cronicón s.m. Relato histórico breve ordenado por orden cronológico: *Tiene en su biblioteca un volumen con varios cronicones de tiempos pasados.*

cronista s. Autor de una crónica histórica o periodística: *Antiguamente todos los reyes tenían algún cronista. Su primo es un cronista de deportes muy conocido.* ☐ MORF. Es de género común, es decir, exige concordancia en masculino o en femenino para señalar la diferencia de sexo: *el cronista, la cronista.*

cronístico, ca adj. De la crónica, del cronista o relacionado con ellos: *La literatura cronística es muy importante para los historiadores. Sus artículos cronísticos suelen ser muy buenos y gustan a los lectores.*

crono s.m. **1** En una prueba de velocidad, tiempo medido con cronómetro: *En la última carrera el velocista ha conseguido mejorar su crono personal.* **2** →**cronómetro.** 👁 **medida**

cronoescalada s.f. Prueba ciclista contrarreloj que se desarrolla en un trayecto ascendente: *El vencedor de la cronoescalada tiene casi asegurado el triunfo de la vuelta ciclista.*

cronología s.f. **1** Serie de personas, de obras o de sucesos por orden de fechas: *Al final del artículo hay una cronología de los hechos más notables del año.* **2** Manera o sistema de computar los tiempos: *La cronología de los países occidentales se basa en la fecha de nacimiento de Cristo.* **3** Ciencia que tiene por objeto determinar el orden y las fechas de los sucesos: *La cronología se considera una ciencia auxiliar de la historia.*

cronológico, ca adj. **1** Según la aparición en el tiempo: *Te contaré mis viajes en orden cronológico.* **2** De la cronología o relacionado con ella: *Los estudios cronológicos son muy importantes para la historia.*

cronometraje s.m. Medición del tiempo utilizando un cronómetro: *Ha habido un error en el cronometraje y hay que repetir la prueba.*

cronometrar v. Referido esp. al tiempo, medirlo con un cronómetro: *Cronométrame el tiempo que tardo en dar una vuelta a la manzana corriendo.*

cronómetro s.m. Reloj de gran precisión que sirve para medir fracciones de tiempo muy pequeñas: *El tiempo en las competiciones deportivas se mide con un cronómetro.* ☐ MORF. Se usa mucho la forma abreviada *crono.* 👁 **medida**

croquet (anglicismo) s.m. Juego que consiste en golpear una bola con un mazo para hacerla pasar por debajo de unos aros clavados en el suelo: *He jugado poco al croquet y siempre acabo el recorrido en última posición.* ☐ ORTOGR. Dist. de *críquet*.

croqueta s.f. Bola ovalada que se hace con una masa de besamel con trozos pequeños generalmente de carne o de pescado, y que se fríe: *Reboza las croquetas en huevo y pan rallado y fríelas.*

croquis s.m. Dibujo rápido y esquemático que se hace a ojo y sin instrumentos adecuados o sin precisión ni detalles: *Me hizo un croquis de la ruta en un trozo de papel para que no me perdiera.* ☐ MORF. Invariable en número.

cross (anglicismo) s.m. Carrera, generalmente de larga distancia, a campo traviesa: *Los participantes en el cross llegaron a la meta llenos de barro.* ☐ MORF. Invariable en número.

crótalos s.m.pl. Instrumento musical de percusión formado por dos pequeños platillos que se tocan sujetándolos al dedo índice y al pulgar y entrechocando sus bordes: *Los crótalos son un instrumento muy antiguo, que se empezó a emplear en la orquesta en el siglo XIX.*

cruasán s.m. Bollo, generalmente de hojaldre, en forma de media luna: *He desayunado un cruasán con mantequilla y un café.* ☐ ORTOGR. Es un galicismo (*croissant*) adaptado al español.

cruasantería s.m. Pastelería o cafetería especializadas en la fabricación y venta de cruasanes: *Siempre desayuno en una cruasantería que han abierto unos emigrantes franceses.* ☐ ORTOGR. Es un galicismo (*croissanterie*) adaptado al español.

cruce s.m. **1** Lugar o punto en los que se encuentran dos líneas: *Te espero en la plaza que hay en el cruce de las dos calles.* **2** Paso señalado para que crucen los peatones: *Cuando tengas que pasar al otro lado de la carretera, hazlo por el cruce.* **3** Interferencia telefónica o de emisiones de radio o televisión: *Cuelga y te llamo más tarde porque hay un cruce y no te oigo.* **4** Colocación de una cosa sobre otra para que queden en forma de cruz: *El cruce de dos trazos iguales por el centro de ambos forma una cruz griega.* **5** Unión de animales de distinta raza pero de la misma especie o de especies muy semejantes: *No se pueden hacer cruces con animales de especies muy diferentes.* **6** Animal que nace de esta unión: *Mi perro es un cruce de pastor alemán y mastín.*

crucería s.f. Sistema de construcción en el cual la bóveda se logra mediante el cruce de arcos diagonales, ojivas o nervios: *Las bóvedas de crucería son propias de la arquitectura gótica.*

crucero s.m. **1** Viaje de recreo en barco, con distintas escalas: *Haré un crucero por el Nilo.* **2** En un templo, esp. en una iglesia, espacio en el que se cruza la nave central con la transversal: *Sobre el crucero de la catedral había una enorme cúpula.* **3** Buque de guerra de gran velocidad, equipado con cañones de calibre medio y pesado y destinado al reconocimiento y protección de las rutas de navegación: *En el puerto había varios cruceros atracados.*

crucial adj. Referido esp. a un momento o a un punto, que son decisivos o muy importantes porque condicionan el desarrollo de algo: *La elección de profesión es una decisión crucial.* ☐ MORF. Invariable en género.

crucificar v. **1** Referido a una persona, ajusticiarla clavándola en una cruz: *Los romanos crucificaban a los condenados.* **2** Referido a una persona, perjudicarla o abandonarla a un daño, generalmente en provecho de un fin o de un interés que se consideran más importantes: *Con esa crítica que a ti te favorece, a él lo crucificas.* □ ORTOGR. La *c* se cambia en *qu* delante de *e* →**SACAR**.

crucifijo s.m. Imagen de Jesucristo crucificado; *cristo: En la pared de su habitación tiene un crucifijo de madera.*

crucifixión s.f. **1** Colocación o fijación de una persona en una cruz: *Los antiguos romanos condenaban a algunos delincuentes a la crucifixión.* **2** Representación de la muerte de Jesucristo en la cruz: *En la sacristía de la iglesia había una crucifixión de un pintor flamenco.*

crucigrama s.m. Pasatiempo que consiste en llenar con letras las casillas en blanco de un dibujo, de forma que leídas horizontal y verticalmente formen las palabras que corresponden a una serie de definiciones dadas: *Para acabar el crucigrama necesito una palabra de cuatro letras que signifique 'sacerdote' o 'remedio'.*

crudelísimo, ma superlat. irreg. de **cruel**.

crudeza s.f. **1** Aspereza, crueldad o realismo con que se muestra algo, esp. lo que puede resultar desagradable o afectar a la sensibilidad: *Censuraron la película por la crudeza de algunas imágenes.* **2** Rigor o dureza del clima: *La crudeza de los últimos inviernos ha sido difícil de soportar.*

crudo, da ▮ adj. **1** Referido a un alimento, que no está cocinado o que lo está muy poco: *El tomate me gusta crudo, pero frito me desagrada.* **2** Referido esp. a un producto, que está en estado natural sin haber sido elaborado: *La seda cruda es de color hueso y un poco basta.* **3** Referido a un color, que es blanco amarillento como el de los huesos o el de la lana natural: *Tiene una chaqueta de color crudo.* **4** Referido esp. al tiempo o al clima, que son muy fríos y desapacibles: *En el norte los inviernos son crudos.* **5** Cruel, áspero, despiadado o que muestra con realismo lo que puede resultar desagradable o afectar a la sensibilidad: *Las crudas imágenes de la catástrofe nos dejaron atónitos.* **6** *col.* Difícil o muy complicado: *Tienes crudo encontrar un trabajo si no sabes idiomas.* ▮ s.m. **7** Petróleo sin refinar o sin haber sido sometido a casi ningún tratamiento industrial: *Subirá la gasolina porque han aumentado los precios del crudo.*

cruel adj. **1** Referido esp. a una persona o a su comportamiento, que se complace en hacer sufrir a los demás o que no siente compasión por los padecimientos ajenos: *Fuiste muy cruel al darme la espalda sabiendo lo mal que lo estaba pasando yo.* **2** Difícil de soportar o excesivamente duro: *Las guerras más crueles son las guerras civiles.* □ MORF. 1. Invariable en género. 2. Sus superlativos son *cruelísimo* y *crudelísimo*.

crueldad s.f. **1** Complacencia o falta de compasión hacia el sufrimiento ajeno: *Es imperdonable la crueldad con la que te reíste de sus defectos.* **2** Lo que resulta cruel e inhumano: *Si tú no lo quieres, hacer que se enamore de ti es una crueldad.*

cruento, ta adj. Que causa abundante derramamiento de sangre; *sangriento: Aquí tuvo lugar un asesinato cruento en el que murieron apuñaladas tres personas.*

crujido s.m. Ruido característico que hacen la madera y algunas telas al partirse, doblarse, rozarse o apretarse: *Oyó el crujido de las ramas cuando el árbol cayó al suelo.*

crujir v. Referido esp. a la madera o a algunas telas, hacer un ruido característico al partirse, doblarse, rozarse o apretarse: *Los peldaños de madera crujían bajo sus pies.* □ ORTOGR. Conserva la *j* en toda la conjugación.

crupier s. En una casa de juego, persona que se dedica profesionalmente a dirigir una partida de cartas, repartir los naipes y pagar y recoger el dinero apostado: *Trabaja de crupier en el casino de la ciudad y se lleva muy buenas propinas.* □ MORF. 1. Es de género común y exige concordancia en masculino o en femenino para señalar la diferencia de sexo: *el crupier, la crupier*. 2. Su plural es *crupieres*.

crustáceo, a ▮ adj./s.m. **1** Referido a un animal, que se caracteriza por tener respiración branquial, un par de antenas y el cuerpo cubierto por un caparazón duro o flexible: *La langosta y la gamba son animales crustáceos. La mayoría de los crustáceos viven en el mar, aunque otros viven en aguas dulces o en terrenos húmedos.* ▮ s.m.pl. **2** En zoología, clase de estos animales, perteneciente al tipo de los artrópodos: *Algunas de las especies que pertenecen a los crustáceos poseen dos pinzas fuertes que les sirven como defensa y para atrapar a sus presas.* 👁 **marisco**

cruz s.f. **1** Figura formada básicamente por dos líneas que se cortan perpendicularmente: *Una cruz delante de un nombre de persona indica que esta ya ha muerto.* **2** Lo que tiene la forma de esta figura: *El distintivo de las farmacias es una cruz verde.* **3** Patíbulo formado por un madero vertical atravesado en su parte superior por otro horizontal y más corto, en el que se clavaban o sujetaban los pies y las manos de los condenados: *Jesucristo fue condenado a morir en la cruz.* **4** Imagen de este patíbulo que es insignia o señal del cristianismo: *Lleva en el cuello una cadena y una cruz de plata.* **5** Pena, dolor, carga o trabajo grandes, duros y generalmente prolongados: *Estos chicos tan desobedientes son mi cruz.* **6** En una moneda, lado o superficie opuestos a la cara o anverso: *Tiro una moneda y, si sale cruz, gano yo.* **7** En algunos animales cuadrúpedos, parte más alta del lomo, donde se cruzan los huesos de las extremidades anteriores y el espinazo: *La alzada de un caballo es la distancia entre la cruz y el suelo.* **8** ‖ **cruz gamada.** La que tiene los cuatro brazos doblados en ángulo recto, y que es el emblema del nazismo; *esvástica: La cruz gamada es un símbolo de origen hindú.* ‖ **cruz griega.** La que tiene los cuatro brazos iguales: *La cruz griega es como el símbolo de la suma.* ‖ **cruz latina.** La que tiene los dos brazos horizontales iguales, pero más cortos que el vertical inferior y más largos que el superior: *La cruz latina es el símbolo del cristianismo.*

cruzado, da ▮ adj. **1** Referido a una prenda de vestir, que tiene el ancho necesario para abrochar una parte del delantero sobre la otra: *Te queda muy elegante esa chaqueta cruzada.* ▮ adj./s. **2** Referido a una persona, que se había alistado en una cruzada o expedición militar: *El ejército de los soldados cruzados partió en busca del infiel. Los cruzados intentaban conquistar los lugares ocupados por los musulmanes.* ▮ s.f. **3** En los siglos XI, XII, XIII y XIV, expedición militar que organizaba la cristiandad para luchar contra los considerados infieles: *El papa organizó una cruzada para conquistar territorios en tierra santa.* **4** Campaña en favor de algún fin importante: *Se ha organizado una cruzada contra la droga.*

cruzar ▮ v. **1** Referido a un lugar, recorrerlo desde una parte a otra; *atravesar, pasar: Crucé el río en barca.* **2** Referido a una cosa, ponerla sobre otra formando una cruz: *Cruzó las piernas cuando se sentó. Te espero en el punto en el que se cruzan los caminos.* **3** Referido a un animal, juntarlo con otro de distinta raza pero de la misma especie o de una muy semejante, para que procreen: *He cruzado mi perro con el de mi vecino.* **4** Referido a un cheque, trazar dos rayas paralelas para que solo pueda cobrarse por medio de una cuenta corriente: *Si cruzas el cheque no podré cobrarlo en efectivo.* **5** Referido esp. a palabras, miradas o gestos, intercambiarlos: *Desde que discutimos no he cruzado con él ni una sola palabra.* ▌ prnl. **6** Referido esp. a dos personas, animales o cosas, pasar por un mismo lugar en dirección contraria: *Me crucé en la escalera con ella, pero ni nos saludamos. A las tres el tren de ida se cruza con el de vuelta.* **7** Aparecer o ponerse: *Espero que no vuelvas a cruzarte en mi camino.* **8** Interponerse o mezclarse: *Algunas palabras se usan mal porque se cruzan unos significados con otros.* □ ORTOGR. La *z* se cambia en *c* delante de *e* →**CAZAR**.

cu s.f. Nombre de la letra *q*: *La palabra 'quemar' empieza por cu.* □ MORF. Su plural es *cus*.

cuaderna s.f. **1** En una embarcación, cada una de las piezas curvas cuya parte inferior encaja en la quilla a derecha o a izquierda y que forma su armazón: *Los carpinteros colocaron las cuadernas de la barca.* **2** Conjunto de estas piezas: *Cuando esté bien ensamblada la cuaderna, comienza a cubrirla con estos maderos.* **3** ‖ **cuaderna vía.** En métrica, estrofa formada por cuatro versos de catorce sílabas, con una sola rima común a todos, y cuyo esquema es AAAA: *Gonzalo de Berceo y otros autores del Mester de Clerecía emplearon la cuaderna vía.*

cuaderno s.m. **1** Conjunto de varios pliegos de papel doblados y generalmente cosidos en forma de libro: *Tengo un cuaderno con tapas azules para los problemas de matemáticas.* **2** Especie de libro o conjunto de hojas de papel en el que se registra todo tipo de información relacionada con una determinada actividad: *El biólogo apuntaba en su cuaderno de campo datos sobre la fauna y la flora de la región.* **3** ‖ **cuaderno de bitácora.** Aquel en el que se apuntan los datos e incidencias de la navegación: *El capitán apuntó el rumbo, la velocidad y las maniobras hechas en el cuaderno de bitácora.*

cuadra s.f. **1** Instalación o lugar cubierto preparado para la estancia de caballos y otras caballerías; *caballeriza*: *Nunca he visitado las cuadras del hipódromo.* **2** Conjunto de caballos, generalmente de carreras, que pertenecen a una misma persona y que suelen llevar el nombre de su dueño: *Algunos caballos de su cuadra han ganado prestigiosas carreras.* **3** Lugar muy sucio: *Tu habitación es una cuadra, así que límpiala.* **4** Manzana de casas: *Vivo a dos cuadras de aquí.*

cuadrado, da ▌ adj. **1** Con cuatro lados iguales y cuatro ángulos rectos o de sección semejante: *Todas las caras del cubo son cuadradas.* **2** *col.* Referido a una persona, de complexión fuerte y ancha: *Los jugadores de rugby están cuadrados.* ▌ s.m. **3** En geometría, polígono que tiene cuatro lados iguales y cuatro ángulos rectos: *El rectángulo se diferencia del cuadrado en que sus cuatro lados no son iguales.* **4** En matemáticas, resultado que se obtiene de multiplicar una cantidad por sí misma: *Sesenta y cuatro es el cuadrado de ocho.* **5** ‖ **al cuadrado.** Referido a la base de una potencia, de exponente 2: *El resultado de elevar 2 al cuadrado es 4.*

cuadragésimo, ma numer. **1** En una serie, que ocupa el lugar número cuarenta: *Esta es la cuadragésima edición de este certamen literario. No sé si me llamarán, porque soy la cuadragésima en la lista de sustitutos.* **2** Referido a una parte, que constituye un todo con otras treinta y nueve iguales a ella; *cuarentavo*: *No tengo ni la cuadragésima parte de lo que cuesta esa casa. Dejó una cuadragésima parte de su inmensa fortuna para obras de caridad.* □ MORF. 1. *Cuadragésima primera* (incorr. **cuadragésimo primera*), etc. 2. →APÉNDICE DE PRONOMBRES.

cuadrangular adj. Que tiene o forma cuatro ángulos: *Mi pecera es cuadrangular.* □ MORF. Invariable en género.

cuadrante s.m. **1** En geometría, cuarta parte de un círculo o de una circunferencia, limitados por dos radios perpendiculares: *El cuadrante tiene un ángulo de noventa grados.* 👁 **círculo** **2** Instrumento formado por un cuarto de círculo graduado y que se utiliza en astronomía para medir ángulos: *En el observatorio astronómico había una exposición de cuadrantes antiguos.*

cuadrar ▌ v. **1** Ajustar, encajar, casar con algo: *Tu voz no cuadra con tu físico.* ▌ prnl. **2** Referido esp. a un soldado, ponerse en posición erguida con los pies unidos por los talones y separados en sus puntas: *Los soldados se cuadraron ante su capitán.*

cuadratura ‖ **la cuadratura del círculo.** *col.* Expresión que se usa para indicar la imposibilidad de algo: *Cuándo te vas a dar cuenta de que eso es imposible y que llevas dos horas hablándome de la cuadratura del círculo.*

cuadri- Elemento compositivo que significa 'cuatro': *cuadrienio, cuadrisílabo.*

cuadrícula s.f. Conjunto de cuadrados que resultan de cortarse perpendicularmente dos series de rectas paralelas: *Para aprender a escribir los niños suelen utilizar cuadernos de cuadrícula.*

cuadriculado, da adj. **1** Con líneas que forman una cuadrícula: *Con un papel cuadriculado te será más fácil copiar el dibujo.* **2** Sometido a una estructura u orden muy rígidos: *Tiene una mente cuadriculada y se le dan muy bien las matemáticas.*

cuadriga s.f. Carro tirado por cuatro caballos de frente, esp. el que se usaba en las carreras de circo y en los triunfos de la antigua Roma: *Uno de los espectáculos del circo romano eran las carreras de cuadrigas.* □ PRON. Incorr. *[kuádriga].

cuadrilátero, ra ▌ adj./s.m. **1** En geometría, referido a un polígono, que tiene cuatro lados: *El cuadrado es un polígono cuadrilátero. El rectángulo y el rombo son dos cuadriláteros.* ▌ s.m. **2** Espacio limitado por cuerdas y con suelo de lona en el que tienen lugar los combates de boxeo; *ring*: *Los dos boxeadores subieron al cuadrilátero entre los aplausos del público.*

cuadrilla s.f. **1** Grupo de personas que se reúne con un mismo fin o para desempeñar un mismo trabajo: *Una cuadrilla de albañiles construye mi casa.* **2** En tauromaquia, conjunto de toreros que está bajo las órdenes de un matador: *En el paseíllo, la cuadrilla iba detrás del diestro.*

cuadro s.m. **1** Figura formada por cuatro lados y cuatro ángulos rectos: *La falda de mi uniforme es de cuadros.* **2** En un todo, sección con esta forma: *El jardín de palacio tiene varios cuadros plantados de rosales.* **3** Pintura, dibujo o grabado, que generalmente se enmarcan y se cuelgan de las paredes como adorno: *Este es uno de los cuadros más famosos de Goya.* **4** Espectáculo, situación o suceso que se ofrece a la vista y que conmueve o produce determinada impresión: *Después de las riadas, el cuadro era desolador.* **5** Descripción viva y animada de un suceso o de un espectáculo: *¿No has leído ningún cuadro de costumbres del siglo XIX?* **6** Conjunto de datos organizados y presentados de manera que se hace visible la relación existente entre ellos: *Utilicé un cuadro sinóptico como ayuda y guía para estudiarme la lección.* **7** En una representación dramática, cada una de las partes en las que se dividen los actos: *En uno de los cuadros del tercer acto, el decorado representa el vestíbulo de un hotel.* **8** En una organización o en determinada actividad profesional, conjunto de personas que la componen, esp. el que la dirige y coordina: *El cuadro técnico de esta empresa está muy satisfecho con los nuevos trabajadores.* **9** Conjunto de mecanismos o instrumentos necesarios para manejar un aparato o una instalación: *Frente al asiento de los pilotos estaba el cuadro de mandos del avión.* **10** En una bicicleta o en una motocicleta, conjunto de tubos que forman su armazón: *Pintó de azul el cuadro de su bicicleta.* **11** ‖ **cuadro clínico.** En medicina, conjunto de síntomas que presenta un enfermo o que caracterizan una enfermedad: *Según el cuadro clínico, este hombre puede padecer leucemia.* ‖ **{estar/quedarse} en cuadro.** Referido a una corporación, cuerpo o familia, quedar reducidos a pocos miembros o a menos de los necesarios: *Nuestro equipo ha quedado en cuadro debido a las lesiones.*

cuadru- Elemento compositivo que significa 'cuatro': *cuadrúmano, cuadrúpedo.*

cuadrumano, na o **cuadrúmano, na** adj./s. Referido a un mamífero, con manos en sus cuatro extremidades, por ser el dedo pulgar oponible a sus otros dedos en todas ellas: *El gorila es animal cuadrumano. El chimpancé es un cuadrumano.*

cuadrúpedo adj./s.m. Que tiene cuatro patas: *El caballo y el perro son cuadrúpedos. Los cuadrúpedos apoyan sus cuatro extremidades al andar.*

cuádruple ▮ numer. **1** Que consta de cuatro o que es adecuado para cuatro: *Tienen un asiento cuádruple y dos sillones en el salón para que puedan sentarse seis personas.* ▮ adj./s.m. **2** Referido a una cantidad, que es cuatro veces mayor: *Este año hemos conseguido unos beneficios cuádruples, respecto de los del año pasado. Por esperar tanto tiempo, lo han subido y me ha costado el cuádruple que a ti.* □ MORF. 1. Como adjetivo es invariable en género. 2. ⟶APÉNDICE DE PRONOMBRES. □ SEM. Es sinónimo de *cuádruplo.*

cuadruplicar v. Multiplicar por cuatro o hacer cuatro veces mayor: *Si con lo que has hecho no es suficiente, tendrás que cuadruplicar tus esfuerzos. Los precios de los pisos se han cuadruplicado.* □ ORTOGR. La *c* se cambia en *qu* delante de *e* ⟶**SACAR.** □ MORF. Incorr. **cuatriplicar.*

cuádruplo, pla numer. ⟶**cuádruple.** □ MORF. ⟶APÉNDICE DE PRONOMBRES.

cuajada s.f. Parte grasa de la leche que se separa del suero por la acción del calor, del cuajo o de los ácidos, y que se toma como alimento: *De postre quiero cuajada con miel.*

cuajar ▮ s.m. **1** En el estómago de los rumiantes, última de las cuatro cavidades de que consta: *La panza, la redecilla, el libro y el cuajar son las partes en que se divide el estómago de los rumiantes.* ▮ v. **2** Referido a una sustancia líquida, convertirla en una masa sólida o pastosa: *Para la elaboración del queso es necesario cuajar la leche.* **3** Referido a la nieve, formar una capa sólida sobre una superficie: *Como ha nevado muy poco, no ha cuajado.* **4** *col.* Realizarse, llegar a ser o adoptar una forma definitiva: *Mi propuesta no cuajó por falta de interés.* **5** *col.* Gustar, agradar o resultar bien acogido: *El nuevo detergente no cuajó y fue retirado del mercado.* ▮ prnl. **6** Llenarse o poblarse: *Los ojos se me cuajaron de lágrimas.* □ ORTOGR. Conserva la *j* en toda la conjugación.

cuajo s.m. **1** *col.* Calma o despreocupación excesivas en la forma de actuar; parsimonia: *¡Menudo cuajo debe de tener para estar así de tranquilo!* **2** ‖ **de cuajo.** De raíz o desde el origen: *El temporal arrancó de cuajo varios árboles y se han bloqueado algunas carreteras.*

cuákero, ra s. ⟶**cuáquero, ra.**

cual ▮ pron.relat. **1** Designa una persona, un objeto o un hecho ya mencionados: *Vine con su hermano, el cual conduce muy deprisa.* ▮ adv. **2** *poét.* Como: *Hablaba y se comportaba cual persona instruida y de alta posición.* **3** ‖ **cada cual.** Designa separadamente a una persona en relación con otras: *Cada cual que se ocupe de sus cosas y no se meta en vidas ajenas.* ‖ **tal cual.** Así, de esta forma o de esta manera: *No lo pienses más y hazlo tal cual, como te he dicho.* □ ORTOGR. Dist. de *cuál.* □ MORF. 1. No tiene diferenciación de género. 2. ⟶APÉNDICE DE PRONOMBRES. □ SINT. En la acepción 1, es un relativo con antecedente y siempre va precedido de determinante.

cuál ▮ interrog. **1** Pregunta por algo o por alguien entre varios: *¿Cuál es tu coche?* ▮ exclam. **2** Se usa para encarecer o ponderar: *¡Cuál no sería mi sorpresa al veros llegar!* □ ORTOGR. Dist. de *cual.* □ MORF. 1. No tiene diferenciación de género. 2. ⟶APÉNDICE DE PRONOMBRES.

cualesquier pron.indef. pl. de **cualquier.** □ MORF. 1. No tiene diferenciación de género. 2. ⟶APÉNDICE DE PRONOMBRES.

cualesquiera pron.indef. pl. de **cualquiera.** □ MORF. 1. No tiene diferenciación de género. 2. ⟶APÉNDICE DE PRONOMBRES.

cualidad s.f. Carácter, propiedad o modo de ser propio y distintivo de algo, esp. si se considera positivo: *La blancura es una cualidad de la nieve.*

cualificado, da adj. **1** Que está especialmente preparado para el desempeño de una actividad o de una profesión: *Estoy perfectamente cualificado para este trabajo.* **2** De buena calidad o de muy buenas cualidades: *Cela es un cualificado escritor.* **3** Con autoridad y digno de respeto: *No pongas en duda las cualificadas sugerencias de tu director de tesis.*

cualificar v. Referido a una persona, darle o atribuirle cualidades, esp. las necesarias para desempeñar una profesión: *Este curso nos cualifica para trabajar con ordenadores.* □ ORTOGR. La *c* se cambia en *qu* delante de *e* ⟶**SACAR.**

cualitativo, va adj. De la cualidad o relacionado con ella: *Pedían mejoras cualitativas de la seguridad en el trabajo.*

cualquier indef. ⟶**cualquiera.** □ MORF. 1. No tiene diferenciación de género y es apócope de *cualquiera* cuando precede a un sustantivo determinándolo: *cualquier año, cualquier día.* 2. Su plural es *cualesquier.* 3. ⟶APÉNDICE DE PRONOMBRES.

cualquiera indef. **1** Indica una persona o cosa indeterminadas, que no se precisan ni se señalan: *Se lo habrá dicho cualquier chico de su clase. Cualquiera de esas herramientas me vale.* **2** ‖ **ser** alguien **{un/una} cualquiera.** Ser persona de poca importancia o indigna de consideración: *¿Pero es que te has creído que soy una cualquiera y que puedes hablarme así?* □ MORF. 1. No tiene diferenciación de género. 2. Su plural es *cualesquiera.* 3. Se usa la forma apocopada *cualquier* cuando precede a un sustantivo determinándolo. 4. ⟶APÉNDICE DE PRONOMBRES.

cuán adv. *poét.* Se usa para encarecer o ponderar el grado o la intensidad de algo: *¡Cuán felices fuimos en aquel paraíso, juntos tú y yo!*

cuando conj. **1** En el tiempo, en el momento o en la ocasión en que: *Llegó cuando yo salía.* **2** Enlace gramatical subordinante con valor condicional: *Cuando no te ha dicho nada todavía, es que no piensa invitarte.* **3** ‖ **de cuando en cuando.** Algunas veces o de tiempo en tiempo: *Antes nos veíamos a diario, pero ahora solo nos vemos de cuando en cuando.* □ ORTOGR. Dist. de *cuándo.* □ SINT. En frases sin verbo, funciona como una preposición: *Cuando niño, me gustaba que mi padre me contara cuentos.*

cuándo adv. En qué tiempo o en qué momento: *¡Cuándo vas a reconocer que te has equivocado!* □ ORTOGR. Dist. de *cuando.*

cuantía s.f. **1** Cantidad o medida: *La cuantía de los daños se eleva a varios millones.* **2** ‖ **de {mayor/menor} cuantía.** De mayor o menor importancia: *Arreglado lo urgente, vamos con los problemas de menor cuantía.*

cuantificación s.f. Expresión de una cantidad, esp. por medio de números: *La cuantificación de la intensidad de mi dolor es imposible.*

cuantificador s.m. En gramática, término que cuantifica a otro o expresa la cantidad de otro: *'Tres' en español es un cuantificador.*

cuantificar v. Expresar una cantidad, esp. por medio de números: *En 'tres niños', 'tres' cuantifica al sustantivo 'niños'.* □ ORTOGR. La *c* se cambia en *q* delante de *e* →**SACAR.**

cuantioso, sa adj. Abundante o grande en cantidad o número: *Gasta en el juego cuantiosas sumas de dinero.*

cuantitativo, va adj. De la cantidad o relacionado con ella: *No me importa el valor cuantitativo del objeto robado, sino su valor sentimental.*

cuanto adv.relat. Designa la totalidad de lo ya mencionado o de lo sobrentendido: *Lo que me estás contando es cuanto necesitaba saber.* □ ORTOGR. Dist. de *cuánto.* □ SINT. Se usa como adverbio relativo seguido de *más, menos, mayor, menor,* y en correlación con *tan* y *tanto*: *Cuanto menor sea el precio del producto, tanto más lo venderás.*

cuanto, ta pron.relat. **1** Designa la totalidad de lo mencionado o de lo sobrentendido: *Puedes comer cuantos pasteles desees. Me trajo cuantos le pedí sin ningún problema.* **2** ‖ **cuanto antes.** Con rapidez, con prisa o lo antes posible: *Ven a casa cuanto antes y no te entretengas por ahí.* ‖ **cuanto más.** Expresión que se usa para contraponer, ponderar o encarecer algo: *Se venden pisos viejos, cuanto más los nuevos.* ‖ **en cuanto.** Al punto o tan pronto como: *Nos pondremos en marcha en cuanto amanezca.* ‖ **en cuanto a** algo. Por lo que toca o corresponde a ello: *En cuanto a lo que te dije el otro día sobre la excursión, no ha habido cambios.* ‖ **unos cuantos.** Cantidad indeterminada: *Mientras estabas fuera te han llamado unos cuantos para felicitarte.* □ ORTOGR. Dist. de *cuánto.* □ MORF. 1. Como pronombre se usa más en plural. 2. Para la acepción 1 →APÉNDICE DE PRONOMBRES.

cuánto adv. En qué grado o en qué cantidad: *¡Cuánto llueve! ¿Cuánto dura esa película?* □ ORTOGR. Dist. de *cuanto.*

cuánto, ta ▮ interrog. **1** Pregunta por el número, por la cantidad o por la intensidad de algo: *¿Cuánto dinero tienes? Pregúntale cuántas ha escrito.* ▮ exclam. **2** Se usa para encarecer o ponderar el número, la cantidad o la intensidad de algo: *¡Cuánta gente ha venido! ¡Cuánto me gustaría acompañarte en este viaje!* □ ORTOGR. Dist. de *cuanto.* □ MORF. →APÉNDICE DE PRONOMBRES.

cuáquero, ra s. Miembro de un grupo religioso protestante surgido en el siglo XVII en Inglaterra (región británica) y extendido por Estados Unidos (país norteamericano) que carece de jerarquía eclesiástica y que se caracteriza por la sencillez y severidad de sus costumbres; *cuákero*: *El pacifismo es una característica de los cuáqueros.*

cuarcita s.f. Roca de cuarzo, muy dura, generalmente de estructura granulosa y de color blanco lechoso, gris o rojiza: *La cuarcita se utiliza en la construcción. La cuarcita rojiza tiene óxido de hierro.*

cuarenta ▮ numer. **1** Número 40: *En mi cumpleaños llevé cuarenta caramelos para repartir en clase. Su moto de carreras lleva un cuarenta dibujado.* ▮ s.m. **2** Signo que representa este número: *Los romanos escribían el cuarenta como 'XL'.* **3** ‖ **cantar las cuarenta** a alguien. *col.* Decirle claramente lo que se piensa, aunque le moleste: *Lo ha cogido sin mi permiso y, en cuanto lo vea, le voy a cantar las cuarenta.* □ MORF. 1. Es invariable en género y en número. 2. →APÉNDICE DE PRONOMBRES.

cuarentavo, va numer. Referido a una parte, que constituye un todo junto con otras treinta y nueve iguales a ella; *cuadragésimo*: *Te pagaré una cuarentava parte de mi sueldo cada mes para devolverte el préstamo que me hiciste. Como me correspondió un cuarentavo de un premio de cuatrocientos euros, cobré diez.* □ MORF. →APÉNDICE DE PRONOMBRES.

cuarentena s.f. **1** Aislamiento preventivo por razones sanitarias de personas y animales durante un período de tiempo: *La cuarentena en el barco duró dos meses.* **2** Conjunto de cuarenta unidades, esp. un período de tiempo de días, años o meses: *En esta clase hay una cuarentena de alumnos.*

cuarentón, -a adj./s. *col.* Referido a una persona, que tiene más de cuarenta años y aún no ha cumplido los cincuenta: *Todas las mujeres del grupos somos cuarentonas. Ese cuarentón se mantiene muy joven.* □ USO Tiene un matiz despectivo.

cuaresma s.f. En el cristianismo, período de tiempo en torno a cuarenta días que va desde el Miércoles de Ceniza hasta el domingo de Pascua o Resurrección: *Con la cuaresma se conmemora el ayuno de Jesucristo durante cuarenta días en el desierto.*

cuark s.m. Partícula elemental hipotética que forma parte del neutrón y del protón: *Todavía no hay prueba experimental de la existencia aislada del cuark.* □ ORTOGR. Es un anglicismo (*quark*) adaptado al español. □ USO Es innecesario el uso del anglicismo *quark.*

cuarta s.f. Véase **cuarto, ta.**

cuartear ▮ v. **1** Partir o dividir en cuatro partes: *Pedí que me cuartearan el pollo, porque así se asa mejor.* ▮ prnl. **2** Rajarse o agrietarse: *La pared se ha cuarteado con la humedad.*

cuartel s.m. **1** Lugar o instalación donde viven y se alojan las tropas o unidades del ejército: *Tengo permiso de fin de semana, pero mañana tengo que estar en el cuartel a las siete.* **2** Lugar en el que acampa o se establece una fuerza militar en campaña: *Ante la llegada de las nieves, se decidió establecer allí mismo los cuarteles de invierno.* **3** Tregua, descanso o buen trato dado al enemigo: *Era una guerra cruel y sin cuartel.* **4** ‖ **cuartel general. 1** Lugar en el que se establece con su Estado Mayor el jefe de un ejército o de una gran unidad: *Al cuartel general, situado en la retaguardia, llegaban noticias de todos los frentes.* **2** *col.* Lugar en el que se encuentra o se establece la dirección de una organización o asociación: *Este partido político tiene su cuartel general en una calle muy céntrica.*

cuartelero, ra ▮ adj. **1** Referido al lenguaje, que es vulgar, grosero o de mal gusto: *No es propio de una persona como tú utilizar esas expresiones cuarteleras.* ▮ s.m. **2** Soldado encargado del cuidado y de la vigilancia de los dormitorios de su compañía: *El cuartelero cuidaba de que todo estuviera en orden en los dormitorios.*

cuartelillo s.m. Lugar o puesto de una sección militar, esp. de la guardia civil, o alojamiento de una sección de tropa: *Prestó declaración sobre el accidente en el cuartelillo de la guardia civil que había en el pueblo.*

cuarteto s.m. **1** Composición musical escrita para cuatro instrumentos o para cuatro voces: *Haydn compuso numerosos cuartetos para cuerda.* **2** Conjunto formado por este número de instrumentos o de voces: *El concierto corrió a cargo de un cuarteto formado por una viola, un contrabajo y dos violines.* **3** En métrica, estrofa formada por cuatro versos de arte mayor, generalmente con rima consonante, y cuyo esquema más frecuente es *ABBA*: *Un soneto clásico se compone de catorce endecasílabos, distribuidos en dos cuartetos y dos tercetos.*

cuartilla s.f. Hoja de papel para escribir, aproximadamente del tamaño de un folio doblado por la mitad: *Pásame una cuartilla, que voy a escribir una carta.*

cuartillo s.m. **1** Unidad de capacidad para líquidos que equivale aproximadamente a 0,5 litros: *Un cuartillo viene a ser una cuarta parte de un azumbre.* **2** Unidad de capacidad para granos, legumbres y otros frutos secos que equivale aproximadamente a 1,1 litros: *Un cuartillo es la cuarta parte de un celemín.* ☐ USO Es una medida tradicional española.

cuarto, ta ▮ numer. **1** En una serie, que ocupa el lugar número cuatro: *Las entradas son de la cuarta fila. Llegué el cuarto en la carrera de cien metros lisos.* **2** Referido a una parte, que constituye un todo junto con otras tres iguales a ella: *Se ha comido la cuarta parte de mi bollo. Déme un cuarto de kilo de carne picada.* ▮ s.m. **3** En una vivienda, cada uno de los espacios o departamentos en que está dividida, esp. los destinados a dormir; *habitación*: *Este cuarto lo utilizamos de trastero.* **4** En un animal cuadrúpedo o en un ave, cada una de las cuatro partes en que se considera dividido su cuerpo: *El jinete palmeó al caballo en los cuartos traseros.* ▮ s.m.pl. **5** *col.* Dinero: *Gana cuatro cuartos y el muy iluso se cree millonario.* ▮ s.f. **6** Unidad de longitud que equivale aproximadamente a 20 centímetros; *palmo*: *Una cuarta es el largo de una mano abierta y extendida desde el extremo del meñique hasta el del pulgar.* **7** En música, intervalo existente entre una nota y la cuarta nota anterior o posterior a ella en la escala, ambas inclusive: *De 're' a 'sol', hay una cuarta ascendente.* **8** En el motor de algunos vehículos, marcha que tiene mayor velocidad que la tercera y menor potencia que la quinta: *Es una imprudencia que bajes este puerto con el motor en cuarta.* **9** ‖ **(cuarto de) aseo.** Aquel que es pequeño y tiene lavabo y retrete, pero no bañera: *En mi casa hay dos cuartos de baño y un aseo.* ‖ **(cuarto de) baño.** El que está destinado al aseo corporal y tiene lavabo, retrete, bañera y otros servicios sanitarios: *Se pasa el día en el cuarto de baño, peinándose y mirándose al espejo.* ‖ **cuarto de estar.** Aquel en el que hace vida la familia; *living*: *En casi todas las casas, la televisión está en el cuarto de estar.* ‖ **cuarto de Luna.** Cada uno de los cuatro períodos en que se divide el tiempo que tarda la Luna desde una conjunción a otra con el Sol: *Cuando la Luna está en cuarto menguante se ve en forma de 'C', y cuando está en cuarto creciente, en forma de 'D'.* 👁 **fase** ‖ **cuarto oscuro.** Aquel sin luz exterior que se usa como trastero y donde se encerraba a los niños como castigo: *Le da miedo la oscuridad porque de pequeño se pasaba el día en el cuarto oscuro.* ‖ **tres cuartos.** Referido a una prenda de abrigo, que mide tres cuartas partes de la longitud corriente: *Con este chaquetón tres cuartos se me ve la falda.* ‖ **tres cuartos de lo mismo.** *col.* Expresión que se usa para indicar que lo dicho para uno es aplicable al otro: *Ese será bobo, pero tú, tres cuartos de lo mismo.* ☐ MORF. Para las acepciones 1 y 2 ⟶APÉNDICE DE PRONOMBRES. ☐ USO Es innecesario el uso del anglicismo *living* por *cuarto de estar*.

cuarzo s.m. Mineral de sílice, duro, de brillo vítreo, incoloro o blanco cuando es puro, de gran conductividad calorífica y componente de muchas rocas: *El granito está formado esencialmente por cuarzo, feldespato y mica.*

cuásar s.m. Cuerpo celeste muy brillante que se aleja en el universo, cuya naturaleza exacta es desconocida y que es una poderosa fuente de radiación: *Los cuásares están casi en el límite del universo observable.* ☐ MORF. 1. Es un acrónimo procedente de la sigla *quasistellar radio source* (fuente de radiación cuasiestelar). 2. Su plural es *cuásares*. ☐ USO Es innecesario el uso del anglicismo *quasar*.

cuasi- Elemento compositivo que significa 'casi': *cuasidelito, cuasibien, cuasiperfecto.* ☐ USO Se usa mucho en la lengua coloquial.

cuaternario, ria ▮ adj. **1** Que se compone de cuatro partes o elementos: *El compasillo es un compás cuaternario.* **2** En geología, de la era antropozoica, quinta de la historia de la Tierra, o relacionado con ella; *antropozoico*: *Los fósiles cuaternarios son los más recientes.* ▮ s.m. **3** ⟶**era cuaternaria.**

cuatrero, ra s. Ladrón de ganado, esp. de caballos: *Los cuatreros robaron en el rancho.*

cuatri- Elemento compositivo que significa 'cuatro': *cuatrimotor, cuatrimestral, cuatrisílabo.*

cuatrienio s.m. Período de tiempo de cuatro años: *En España, los diputados y senadores son elegidos para representar al pueblo durante un cuatrienio.*

cuatrillizo, za adj./s. Que ha nacido de un parto cuádruple: *Cuatro de mis hijos son cuatrillizos. Los cuatrillizos han sido dos niñas y dos niños.* ☐ MORF. Se usa solo en plural.

cuatrimestral adj. **1** Que tiene lugar cada cuatro meses: *Como suelo hacer revisiones cuatrimestrales, al año hago un total de tres.* **2** Que dura cuatro meses: *Este curso está compuesto de asignaturas cuatrimestrales.* ☐ MORF. Invariable en género.

cuatrimestre s.m. Período de tiempo de cuatro meses: *Enero, febrero, marzo y abril forman el primer cuatrimestre del año.*

cuatrimotor s.m. Avión provisto de cuatro motores: *El jumbo es un cuatrimotor.*

cuatro ▮ numer. **1** Número 4: *Este coche tiene cuatro ruedas: dos delante y dos detrás. Dos más dos son cuatro.* ▮ s.m. **2** Signo que representa este número: *Los romanos escribían el cuatro como 'IV'.* ☐ MORF. 1. Como numeral es invariable en género y en número. 2. →APÉNDICE DE PRONOMBRES. 3. Cuando se antepone a otra palabra para formar compuestos, adopta la forma *cuadri-*, *cuadru-* o *cuatri-*. ☐ USO Cuando va antepuesto a ciertos sustantivos, se usa para indicar una cantidad pequeña e indeterminada: *Apenas llovió, cayeron solo cuatro gotas.*

cuatrocientos, tas ▮ numer. **1** Número 400: *Cuesta cuatrocientos euros. De los mil kilómetros que tenemos que recorrer ya hemos pasado cuatrocientos.* ▮ s.m. **2** Signo que representa este número: *Los romanos escribían el cuatrocientos como CD.* ☐ MORF. 1. Como numeral es invariable en número. 2. Incorr. *página {*cuatrocientos › cuatrocientas}*. 3. →APÉNDICE DE PRONOMBRES.

cuba s.f. **1** Recipiente, generalmente de madera, formado por tablas curvas unidas y sujetadas por aros de metal y por dos bases circulares en sus extremos, que se utiliza para contener líquidos: *La bodega estaba llena de cubas de vino.* **2** ‖ **como una cuba.** *col.* Muy borracho: *Está como una cuba y se le traba la lengua.*

cubalibre s.m. Bebida alcohólica de distintos ingredientes, esp. si se hace mezclando ron y cola: *Póngame un cubalibre y un gin-tonic.* ☐ USO En la lengua coloquial se usa mucho la forma *cubata*.

cubano, na adj./s. De Cuba o relacionado con este país centroamericano: *El territorio cubano está formado por una isla del mar Caribe. Muchos cubanos se dedican al cultivo de la caña de azúcar.* ☐ MORF. Como sustantivo se refiere solo a las personas de Cuba.

cubata s.m. *col.* Cubalibre: *Está borracho porque se ha tomado varios cubatas.*

cubertería s.f. Conjunto de cuchillos, cucharas, tenedores y utensilios semejantes para el servicio de mesa: *La cubertería de plata fue un regalo de boda.*

cubeta s.f. **1** Recipiente poco profundo, generalmente de forma rectangular, que se usa mucho en laboratorios químicos y fotográficos: *Se volcó la cubeta y se estropeó el revelado de las fotos.* **2** Depósito de mercurio que tiene un barómetro en su parte inferior: *La presión atmosférica incide directamente en la cubeta.*

cúbico, ca adj. **1** Con forma de cubo: *El muro estaba hecho con piedras cúbicas y argamasa.* **2** Del cubo: *¿Sabes que fórmula tengo que aplicar para hallar el área cúbica? En este problema tendrás que hacer una raíz cúbica. En esta botella caben 33 centímetros cúbicos.*

cubículo s.m. Habitación o recinto pequeños: *Para estudiar se mete en su cubículo.*

cubierto, ta ▮ **1** part. irreg. de **cubrir.** ▮ s.m. **2** Conjunto de cuchillo, cuchara y tenedor: *Tú lleva los platos a la mesa, que yo llevo los cubiertos.* **3** Cada uno de estos utensilios: *Pásame el cubierto para la sopa, por favor.* **4** Servicio de mesa que se pone a cada uno de los comensales y que está compuesto de cuchillo, cuchara, tenedor, plato, vaso y servilleta: *Falta un cubierto, porque reservamos una mesa para cuatro personas y hemos venido cinco.* **5** En un restaurante, en un hotel o en un lugar semejante, comida que se sirve por un precio fijo y que se compone de determinados platos: *El cubierto de este bar está muy bien porque es barato y la comida está buena.* ▮ s.f. **6** Lo que se pone encima de algo para taparlo o protegerlo: *Tengo que comprar una cubierta para el colchón.* **7** En un libro, parte exterior que lo cubre y protege: *La cubierta del libro era de cartón.* 👁 **libro** **8** En un edificio, parte exterior de la techumbre: *Hay que revisar la cubierta porque hay goteras en el último piso.* **9** En la rueda de un vehículo, banda que protege exteriormente la cámara del neumático y que sufre el rozamiento con el suelo: *Tienes que cambiar estos neumáticos porque las cubiertas están muy desgastadas.* **10** En un barco, cada uno de los pisos situados a diferente altura, esp. el piso superior: *Los pasajeros del transatlántico tomaban el sol en cubierta.* **11** ‖ **a cubierto.** Resguardado, defendido o protegido: *Cuando empezó a llover, nos pusimos a cubierto.* ☐ MORF. En la acepción 1, incorr. **cubrido*.

cubil s.m. Lugar que sirve de refugio: *Los lobos salieron de su cubil cuando pasó el peligro.*

cubilete s.m. Especie de vaso estrecho y hondo que se usa para mover los dados o para hacer algunos juegos de manos: *Cuando se juega al parchís, se agita el dado en un cubilete.*

cubismo s.m. Movimiento artístico de principios del siglo XX que se caracteriza por el empleo de formas geométricas para representar cualquier imagen: *Picasso fue uno de los máximos representantes del cubismo pictórico.*

cubista ▮ adj. **1** Del cubismo o con rasgos propios de este movimiento artístico: *El uso del collage es una técnica típicamente cubista.* ▮ adj./s. **2** Que defiende o sigue el cubismo: *Juan Gris fue un gran pintor cubista. Los cubistas se dieron cita en París a principios del siglo XX.* ☐ MORF. 1. Como adjetivo es invariable en género. 2. Como sustantivo es de género común y exige concordancia en masculino o en femenino para señalar la diferencia de sexo: *el cubista, la cubista*.

cubitera s.f. Recipiente para hacer o servir cubitos de hielo: *Para la fiesta de esta tarde he llenado el congelador de cubiteras.*

cubito s.m. Trozo pequeño de hielo que se añade a una bebida para enfriarla: *Ponme en el cubalibre dos cubitos más, por favor.* ☐ ORTOGR. Dist. de *cúbito*.

cúbito s.m. En el antebrazo, hueso más largo y grueso de los dos que lo forman: *El cúbito y el radio están entre el codo y la muñeca.* ☐ ORTOGR. Dist. de *cubito*. 👁 **esqueleto**

cubo s.m. **1** Cuerpo geométrico limitado por seis polígonos o caras que son seis cuadrados iguales: *Los dados tienen forma de cubo.* **2** Recipiente de forma cónica, con la boca más ancha que el fondo y un asa en el borde superior, y que suele tener un uso doméstico: *Tira todo esto al cubo de la basura.* **3** En matemáticas, resultado que se obtiene al multiplicar una cantidad tres veces por sí misma: *El cubo de tres es veintisiete.* **4** ‖ **al cubo.** Referido a la base de una potencia, de exponente 3: *Si elevamos dos al cubo obtendremos ocho.*

cuboides s.m. →**hueso cuboides.** ☐ MORF. Invariable en número.

cubrecama s.m. Cobertura de la cama que sirve de adorno y de abrigo; *colcha*: *En verano, antes de acostarme quito el cubrecama.*

cubrimiento s.m. **1** Ocultación o colocación de una cosa sobre otra, de manera que desaparezca de la vista: *Ya era hora de que realizasen el cubrimiento de los baches de la carretera.* **2** Lo que sirve para cubrir: *Estas paredes llevan un cubrimiento de material aislante.*

cubrir ▮ v. **1** Ocultar, tapar o quitar de la visión: *Las nubes cubren el sol.* **2** Depositar o extender sobre una superficie: *Cubrió de abono todo el jardín y olía fatal.* **3** Disimular o falsear: *Cubre su orgullo con una falsa modestia.* **4** Defender, proteger o resguardar de un daño o de un peligro: *El vaquero dijo a sus compañeros: «Vosotros cubridme, mientras yo me acerco». El torero se cubre con la muleta.* **5** Referido a una cavidad, rellenarla de manera que quede nivelada: *Cubre el agujero con tierra.* **6** Referido a una plaza o a un puesto de trabajo, hacer que deje de estar vacante por adjudicación a una persona: *Se han convocado oposiciones para cubrir treinta plazas de administrativos.* **7** Referido a un servicio, disponer del personal necesario para desempeñarlo: *Con tan poca gente no podemos cubrir las necesidades del hotel.* **8** Referido a un espacio, ponerle techo: *Quiero cubrir una parte del jardín.* **9** Referido a una distancia, recorrerla: *Cubrió los veinte kilómetros de la carrera en menos de dos horas.* **10** Referido a un acontecimiento, seguir su desarrollo, esp. si es para transmitirlo como noticia: *Veinte periodistas se encargaron de cubrir el viaje del presidente.* **11** Referido esp. a muestras de afecto, prodigarlas u ofrecerlas de forma insistente y repetida: *Cubrió de besos a su hijo.* **12** En algunos deportes, referido a un jugador o a una zona del campo, marcarlos o defenderlos: *Tú cubre la banda derecha, que yo cubriré la izquierda.* **13** Referido a una deuda, a un gasto o a una necesidad, pagarlos o solventarlos: *Con este último pago, la deuda queda cubierta.* **14** Referido a una emisión de títulos de deuda pública o de valor comercial, suscribirla enteramente: *Esta emisión de bonos ha sido cubierta en apenas tres días.* **15** Referido a un animal macho, unirse sexualmente a la hembra para fecundarla; *montar: El caballo cubrió a la yegua.* ▮ prnl. **16** Ponerse el sombrero: *Cuando salió de la iglesia, se cubrió.* **17** Referido al cielo, nublarse o llenarse de nubes: *Como se cubra el cielo, no podremos tomar el sol.* ☐ MORF. Su participio es *cubierto*. ☐ SINT. Constr. de la acepción 11: *cubrir* DE *algo*.

cuca s.f. Véase **cuco, ca**.

cucamonas s.f.pl. *col.* Caricias, halagos o demostraciones de cariño para conseguir algo de alguien; *carantoñas: A mí no me vengas con cucamonas, que te he dicho que no y es que no.*

cucaña s.f. Palo largo, untado de jabón o grasa, por el que hay que trepar o andar para coger como premio un objeto colocado en su extremo: *Ninguno de los participantes consiguió llegar a lo alto de la cucaña.*

cucaracha s.f. Insecto de cuerpo en forma ovalada y aplanada, de color negro por encima y rojizo por debajo, con aparato bucal masticador, seis patas casi iguales y el abdomen terminado en dos puntas articuladas: *Las cucarachas suelen salir por las noches.* ☐ MORF. Es un sustantivo epiceno y la diferencia de sexo se señala mediante la oposición *la cucaracha {macho/hembra}*. 👁 **insecto**

cuchara s.f. Cubierto formado por un mango y una pieza cóncava, que sirve para llevarse a la boca los alimentos líquidos o blandos: *La sopa y el puré se toman con cuchara.*

cucharada s.f. Cantidad que cabe en una cuchara: *Debes echar dos cucharadas de harina.*

cucharadita s.f. Cantidad que cabe en una cucharilla: *Échame una cucharadita más de azúcar al café.*

cucharilla s.f. **1** Cuchara pequeña: *El flan se come con cucharilla.* **2** Utensilio para pescar con caña que tiene varios anzuelos y una pieza metálica cuyo brillo atrae a los peces: *Es un experto en la pesca de truchas con cucharilla.* 👁 **pesca**

cucharón s.m. Cubierto de servir, en forma de cazo o de cuchara grande: *Tráeme el cucharón, por favor, que voy a servir la sopa.*

cuchichear v. Hablar en voz baja o al oído, para que los demás no se enteren: *Al profesor le molesta que cuchicheemos en clase.*

cuchicheo s.m. Conversación en voz baja o al oído, para que los demás no se enteren: *Cuando el profesor repartió el examen, se oyeron los cuchicheos nerviosos de los alumnos.*

cuchilla s.f. Lámina de acero, generalmente con un filo, que se usa para cortar: *Al afeitarme esta mañana me he cortado con la cuchilla.*

cuchillada s.f. Corte hecho con un cuchillo o con un arma blanca; *cuchillazo: Hubo una pelea y le dieron varias cuchilladas en el pecho.*

cuchillazo s.m. →**cuchillada.**

cuchillo s.m. **1** Utensilio cortante formado por un mango y una hoja de metal con un solo filo: *Has puesto en la mesa las cucharas y los tenedores, pero se te han olvidado los cuchillos.* 👁 cuchillo 👁 **arma; electrodoméstico** **2** ‖ **pasar a cuchillo.** Referido esp. a los habitantes de un lugar conquistado, darles muerte: *Pasaron a cuchillo a todo el pueblo.*

cuchipanda s.f. *col.* Reunión de varias personas para comer abundantemente y divertirse: *Todos los sábados por la noche organizan una cuchipanda.*

cuchitril s.m. Cuarto o lugar pequeños y sucios: *No sé cómo puedes vivir en este cuchitril inmundo.*

cuchufleta s.f. *col.* Dicho gracioso o burlesco: *Con lo serio que es, no me lo imagino diciendo cuchufletas.*

cuclillas ‖ **en cuclillas.** Con el cuerpo doblado de forma que las nalgas se acercan al suelo o a los talones: *Para que todos pudiéramos salir en la foto, algunos se colocaron delante en cuclillas.* ☐ SINT. Incorr. **de cuclillas*.

cuclillo s.m. Ave trepadora, de pequeño tamaño, plumaje ceniciento y cola negra con pintas blancas, cuya hembra pone los huevos en los nidos de otras aves; *cuco: El cuclillo se alimenta de insectos.* ☐ MORF. Es un sustantivo epiceno y la diferencia de sexo se señala mediante la oposición *el cuclillo {macho/hembra}*.

cuco, ca ▮ adj. **1** *col.* Que resulta bonito, agradable y gracioso: *Aunque la casa es pequeña, es muy cuca y da gusto estar allí.* ▮ adj./s. **2** *col.* Que actúa con astucia y habilidad en busca de su propio provecho o conveniencia: *Es muy cuco y, si te ha dicho eso, es porque quiere algo de ti. Tú eres una cuca y solo me cuentas lo que te interesa.* ▮ s.m. **3** Ave trepadora, de pequeño tamaño, plumaje ceniciento y cola negra con pintas blancas, cuya hembra pone los huevos en los nidos de otras aves; *cuclillo: Un cuco cantaba en el bosque.* ▮ s.f. **4** *col.* Peseta: *Me he encontrado una cuca en un bolso que ya no utilizo.* ☐ MORF. En la acepción 3, es un sustantivo epiceno y la diferencia de sexo se señala mediante la oposición *el cuco {macho/hembra}*.

CUCHILLO

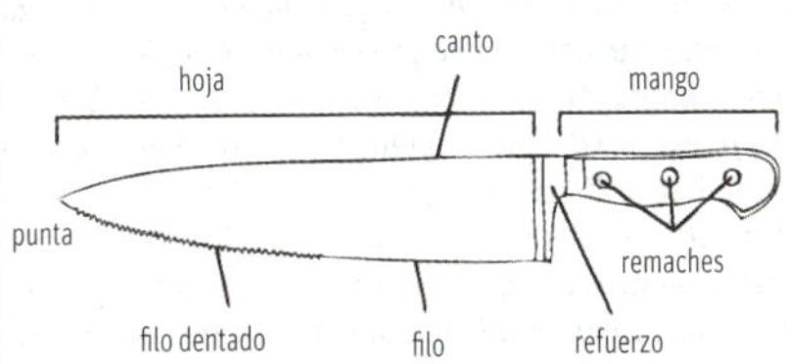

a b **c** d e f g h i j k l m n ñ o p q r s t u v w x y z

cucú s.m. Canto característico del cuco: *Oímos a lo lejos el repetitivo cucú del cuco.* ☐ MORF. Su plural es *cucús*.

cucurucho s.m. **1** Lámina enrollada en forma cónica, que sirve para contener cosas menudas; *cartucho*: *El cucurucho de los helados es un barquillo.* **2** Especie de gorro con esta forma, que llevan los penitentes en las procesiones: *Algunos penitentes llevaban cucuruchos morados y otros blancos.*

cuello s.m. **1** En una persona o en algunos animales vertebrados, parte estrecha del cuerpo que une la cabeza con el tronco: *La niña llevaba una bufanda alrededor del cuello.* **2** En una prenda de vestir, tira unida a su parte superior y que rodea a esta parte del cuerpo: *En invierno suelo llevar jersey de cuello alto, porque abriga más.* **3** En un recipiente, parte superior más estrecha: *El cuello del jarrón estaba decorado con motivos geométricos.* **4** En un objeto, parte más estrecha y alargada, esp. si es de forma redondeada: *El cuello de un diente está oculto por la encía.* 👁 **dentadura; raíz 5** ‖ **cuello de botella.** Lo que por su estrechez dificulta o hace más lento el paso natural de algo: *Ese tramo de la carretera es un cuello de botella, porque de dos carriles se pasa a uno y se forman grandes atascos.* ☐ MORF. Cuando se antepone a otra palabra para formar compuestos, adopta la forma *cuelli-*: *cuellilargo*.

cuenca s.f. **1** Territorio cuyas aguas van a parar a un mismo río, lago o mar: *La cuenca del Guadalquivir es muy fértil.* **2** Territorio en cuyo subsuelo abunda un determinado mineral que es extraído en las minas: *La cuenca minera asturiana es rica en carbón.* **3** Terreno hundido y rodeado de montañas: *El pueblo se encuentra en una cuenca de difícil acceso.* **4** Cavidad en la que está cada uno de los ojos: *En la película de terror, el monstruo sacaba los ojos de las cuencas a sus víctimas.*

cuenco s.m. **1** Recipiente hondo, ancho y sin reborde: *Los pastores bebían la leche de sus ovejas en unos cuencos.* **2** Sitio cóncavo: *Llevaba los caramelos en el cuenco de la mano.*

cuenta ▮ s.f. **1** Numeración o recuento de los elementos de un conjunto considerados como unidades homogéneas: *Ya se ha iniciado la cuenta atrás para las elecciones generales.* **2** Cálculo u operación aritmética: *Echa la cuenta de lo que te debo.* **3** Factura o nota escrita en la que aparece lo que debe pagar una persona: *En la cuenta del restaurante nos pusieron una botella de vino de más.* **4** Depósito de dinero en una entidad bancaria: *El banco me notifica todos los meses las operaciones realizadas en mi cuenta.* **5** Conjunto de anotaciones o registros de los gastos e ingresos de una actividad comercial: *Las cuentas de la empresa muestran que este año los beneficios han sido menores.* **6** Explicación o justificación de algo, esp. del comportamiento de una persona: *Tendrás que dar cuenta de estos gastos ante el jefe.* **7** Cuidado, incumbencia o cargo que caen sobre alguien: *A mí no me hables de ese asunto porque es cuenta tuya.* **8** Consideración o atención: *No le tomes en cuenta lo que dijo porque estaba un poco bebido.* **9** Beneficio o provecho: *No me tiene cuenta comprar ahora el coche, porque a principio de año bajarán los impuestos.* **10** Bola pequeña y perforada que se utiliza para hacer distintos objetos, esp. collares o rosarios: *Las cuentas de este collar son de nácar.* ▮ pl. **11** Asuntos o negocios entre varias personas: *Tú y yo tenemos cuentas pendientes. Déjalos solos porque tienen que ajustar sus cuentas.* **12** ‖ **a cuenta.** Como anticipo o señal de una suma que se ha de pagar: *Cuando encargues el jersey deja seis euros a cuenta.* ‖ **a cuenta de.** En compensación o a cambio de: *Se quedó con el piso a cuenta de lo que le debía.* ‖ **caer en la cuenta.** *col.* Conocer o entender algo que no se comprendía o en lo que no se había reparado: *Cuando vio aquellas fotos cayó en la cuenta de que conocía a aquel hombre de la época del colegio.* ‖ **cuenta corriente.** La que permite a su titular hacer cargos en ella o disponer de manera inmediata de las cantidades depositadas: *Los recibos de la luz y del teléfono los tengo domiciliados en una cuenta corriente.* ‖ **dar cuenta de** algo. *col.* Acabarlo o dar fin de ello, esp. si es destruyéndolo o malgastándolo: *No tardarán ni cinco minutos en dar cuenta de la bandeja de pasteles.* ‖ **darse cuenta** de algo. *col.* Advertirlo o percatarse de ello: *En cuanto abrí la bolsa, me di cuenta de que me había dejado el paquete en la tienda.* ‖ **estar fuera de cuenta(s)** o **salir de cuenta(s).** Referido a una mujer embarazada, cumplir o haber cumplido ya el período de gestación: *Mi mujer está fuera de cuenta y en cualquier momento puede dar a luz.* ‖ **la cuenta de la vieja.** *col.* La que se hace con los dedos o por otro procedimiento semejante: *Por la cuenta de la vieja te calculo rápidamente cuántos iremos a la cena.* ‖ **por {mi/tu/su...} cuenta.** A mi juicio o según mi parecer: *Si nadie me lo explica tendré que hacerlo yo por mi cuenta.*

cuentacuentos ▮ s. **1** Persona que se dedica a contar historias en público: *Hoy irá un cuentacuentos al colegio.* ▮ s.m. **2** Espectáculo en el que una persona cuenta historias: *En ese bar suelen hacer cuentacuentos los jueves.* ☐ MORF. 1. Invariable en número. 2. En la acepción 1, es de género común y exige concordancia en masculino o en femenino para señalar la diferencia de sexo: *el cuentacuentos, la cuentacuentos*.

cuentagotas s.m. **1** Utensilio formado generalmente por un tubo de cristal y un sistema de goma, que sirve para verter un líquido gota a gota: *Cuenta diez gotas de este medicamento con el cuentagotas, y tómatelas con un poco de agua.* 👁 **medicamento; medida 2** ‖ **con cuentagotas.** *col.* Poco a poco, lentamente o con escasez: *En aquella oficina nos daban el papel con cuentagotas.* ☐ MORF. Invariable en número.

cuentakilómetros s.m. En un vehículo, aparato que registra los kilómetros recorridos: *Cuando compré el coche, el cuentakilómetros marcaba 40 000 km.* ☐ MORF. Invariable en número.

cuentarrevoluciones s.m. Aparato que cuenta y registra las revoluciones de un motor: *Este modelo de coche lleva cuentarrevoluciones.* ☐ MORF. Invariable en número.

cuentista ▮ adj./s. **1** *col.* Que acostumbra a contar enredos, chismes o embustes, o que exagera la realidad: *Si no fueras tan cuentista haríamos más caso de lo que dices. Lo de tu divorcio me lo contó la cuentista de tu prima.* ▮ s. **2** Persona que suele narrar o escribir cuentos: *Cortázar es un gran novelista y cuentista hispanoamericano.* ☐ MORF. 1. Como adjetivo es invariable en género. 2. Como sustantivo es de género común y exige concordancia en masculino o en femenino para señalar la diferencia de sexo: *el cuentista, la cuentista*.

cuentitis s.f. *col.* Enfermedad inventada para no hacer algo que debe hacerse: *Anda, sal de la cama, porque lo único que tienes es cuentitis.* ☐ MORF. Invariable en número. ☐ USO Tiene un matiz humorístico.

cuento s.m. **1** Narración breve de sucesos ficticios, esp. la que va dirigida a los niños: *En los cuentos de hadas, la historia siempre tiene un final feliz.* **2** Embuste, engaño o relación de un suceso falso o inventado: *Siempre sale con algún cuento para justificar sus retrasos. Vive del cuento y no da ni golpe.* **3** Chisme o enredo: *A mí déjame de cuentos, porque no me interesa la vida de los vecinos.* **4** ‖ **a cuento.** A propósito de algo o en relación con ello: *Eso no viene a cuento y no hay por qué discutirlo ahora.* ‖ **cuento chino.** Embuste o invención: *Eso de que yo no salí por no verla a ella no es más que un cuento chino.* ‖ **el cuento de la lechera.** Proyecto ambicioso y optimista que se hace sin una base sólida: *La previsión de crecimiento de su negocio no es más que el cuento de la lechera, porque aún no lo ha montado.* ‖ **el cuento de nunca acabar.** *col.* Asunto o negocio que se complica y del que nunca se ve el fin: *Primero faltaba la firma del director, luego dijeron que un documento estaba mal, y esto ya es el cuento de nunca acabar.*

cuerda s.f. Véase **cuerdo, da.**

cuerdo, da ▌adj./s. **1** Que está en su sano juicio: *Te considero persona cuerda y digna de confianza. A veces no hay mucha diferencia entre el comportamiento de un cuerdo y el de un loco.* **2** Que es prudente o que reflexiona antes de actuar: *Es muy cuerdo y nunca toma una decisión sin antes meditarla bien. Los más cuerdos prefirieron esquivar la pregunta para no comprometerse.* ▌s.f. **3** Conjunto de hilos que, retorcidos, forman un solo cuerpo cilíndrico, largo, flexible y más o menos grueso: *Necesito una cuerda para atar estas cajas.* 👁 **alpinismo; gimnasio** **4** En un instrumento musical, hilo que produce los sonidos por vibración: *La guitarra y el violín son instrumentos de cuerda.* **5** En música, en una orquesta, conjunto de los instrumentos que se tocan frotando, pulsando y haciendo vibrar estos hilos: *La cuerda de la orquesta acompañaba al piano en algunas partes de su interpretación.* 👁 cuerda, en la página siguiente. **6** En algunos mecanismos, esp. en un reloj, muelle o resorte que lo pone en funcionamiento: *La caja de música tiene la cuerda rota.* **7** En anatomía, tendón, nervio o ligamento del cuerpo de las personas o de los animales: *La cuerda del tímpano es una rama de un par de nervios que salen del encéfalo.* **8** En geometría, línea recta que une dos puntos de un arco o porción de curva: *Si trazas una línea que una dos puntos de una circunferencia, habrás dibujado una cuerda.* 👁 **círculo** **9** ‖ **bajo cuerda.** De forma reservada o con medios ocultos: *Al final se supo que el jefe le había dado un dinero extra bajo cuerda.* ‖ **cuerda floja.** Cable o alambre con poca tensión sobre el que los acróbatas hacen sus ejercicios: *El equilibrista solo tenía cinco años cuando empezó a caminar por la cuerda floja.* ‖ **cuerdas vocales.** Membranas situadas en la laringe, capaces de tensarse, y que producen la voz al vibrar con el paso del aire: *Le extirparon el nódulo que tenía en las cuerdas vocales.* ‖ **dar cuerda** a algo. **1** Tensar el muelle o resorte que hace funcionar un mecanismo: *El reloj está parado porque no le has dado cuerda.* **2** Alargarlo o hacer que dure: *Lo que está haciendo el abogado es dar cuerda al asunto para ganar más dinero.* ‖ **en la cuerda floja.** En una situación inestable, conflictiva o peligrosa: *En el trabajo estoy en la cuerda floja, porque no sé si me renovarán el contrato.*

cuerno s.m. **1** En algunos animales, pieza ósea, generalmente puntiaguda y algo curva, que nace en la región frontal; *asta: El toro embistió al torero con los cuernos.* **2** En un rinoceronte, prolongación dura y puntiaguda que tiene sobre la mandíbula superior: *En muchas culturas se cree que el cuerno de rinoceronte es afrodisíaco.* **3** Lo que tiene la forma de estas prolongaciones: *Si le tocas los cuernos al caracol, los esconde.* **4** Instrumento musical de viento, de forma curva y con un sonido grave semejante al de la trompeta; *bocina: El cuerno es un instrumento de origen prehistórico.* **5** Símbolo de la infidelidad sentimental de uno de los miembros de una pareja: *Muchos poemas de Quevedo tratan el tema de los cuernos.* **6** ‖ **cuerno de la abundancia.** Vaso en forma de cuerno lleno y rebosante de flores y frutas: *En algunos salones del rococó francés se utiliza el cuerno de la abundancia como elemento decorativo.* ‖ **irse al cuerno** un asunto. *col.* Fracasar: *Nuestros planes se fueron al cuerno porque alguien habló más de la cuenta.* ‖ **mandar al cuerno** algo. *col.* Rechazarlo o desentenderse de ello: *Si te da la lata con sus preguntas lo mandas al cuerno y en paz.* ‖ **poner los cuernos** a alguien. Serle infiel: *Cuando se enteró que su novia le ponía los cuernos, cortó con ella.* ‖ **romperse los cuernos.** *col.* Esforzarse en algo o trabajar mucho: *Se rompió los cuernos para hacer estos dibujos y luego no se lo recompensaron.* ‖ **saber a cuerno quemado.** *col.* Producir una impresión desagradable en el ánimo: *La noticia de tu vuelta le supo a cuerno quemado.* □ MORF. 1. Cuando se antepone a otra palabra para formar compuestos, adopta la forma *corni-*. 2. La acepción 5 se usa más en plural. □ USO En plural, se usa mucho en la lengua coloquial como interjección: *¡Cuernos, me he quemado!*

cuero s.m. **1** Pellejo que cubre la carne de los animales: *El rinoceronte tiene el cuero muy duro.* **2** Este pellejo, curtido y preparado para su uso en la industria; *piel: Con el cuero se fabrican muchas prendas de vestir.* **3** Recipiente hecho de piel de cabra o de otro animal, y que sirve para contener líquidos, esp. vino o aceite; *odre, pellejo: En la bodega guardaba patatas y un cuero de vino.* **4** ‖ **cuero cabelludo.** Piel en la que nace el cabello: *Este champú ayuda a eliminar la grasa del cuero cabelludo.* ‖ **en cueros.** Completamente desnudo; *en porreta, en porretas: Se estaba bañando en cueros en el estanque.*

cuerpo s.m. **1** Lo que tiene extensión limitada y ocupa un lugar en el espacio: *Todos los cuerpos están sujetos a la ley de la gravedad. El aire es un cuerpo gaseoso.* **2** En una persona o en un animal, materia orgánica que constituye sus diferentes partes: *El cuerpo de las personas se compone de cabeza, tronco y extremidades.* **3** En una persona o en un animal, tronco o parte comprendida entre la cabeza y las extremidades: *El cuerpo está constituido por el tórax y el abdomen.* **4** Aspecto físico de una persona: *El culto al cuerpo es característico de la época actual.* **5** Cadáver de una persona: *Sobre el estanque flotaba el cuerpo de un hombre.* **6** En geometría, objeto de tres dimensiones: *Una pirámide cuadrangular es un cuerpo limitado por cinco caras.* **7** Cada una de las partes unidas a otra principal y que pueden ser consideradas independientemente: *En el cuerpo central de la fachada del edificio aparecen dos ventanas.* **8** En un vestido, parte superior que cubre desde el cuello hasta la cintura: *Cuando hayas terminado de rematar el cuerpo, cóselo a la falda.* **9** En un texto, parte principal, prescindiendo de los índices y preliminares: *En este diccionario los índices aparecen con numeración romana y el cuerpo con números arábigos.* **10** Conjunto de personas que forman una comunidad, una asociación, o que desempeñan una misma profesión: *El cuerpo de baile de este teatro cuenta con grandes profesionales.* **11** Conjunto de informaciones, conocimientos, leyes o principios: *En la conferencia expuso el cuerpo*

a b c d e f g h i j k l m n ñ o p q r s t u v w x y z

a b c d e f g h i j k l m n ñ o p q r s t u v w x y z

CUERDA (INSTRUMENTOS)

INSTRUMENTOS DE CUERDAS PUNTEADAS

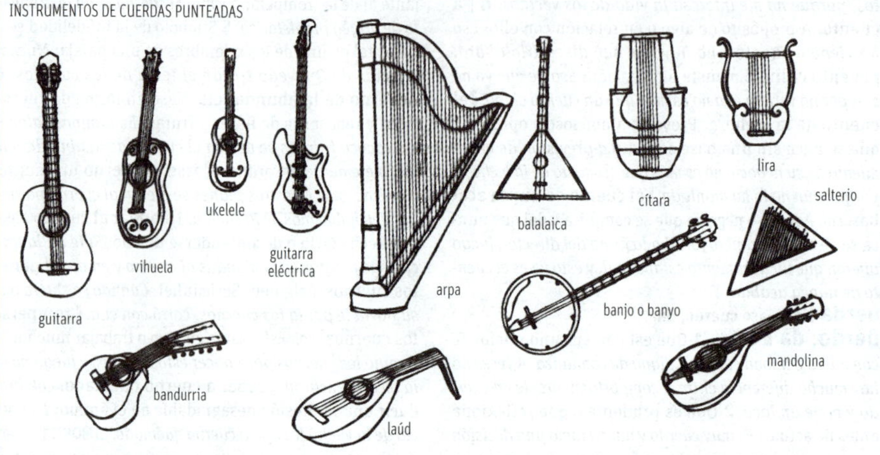

INSTRUMENTOS DE ARCO

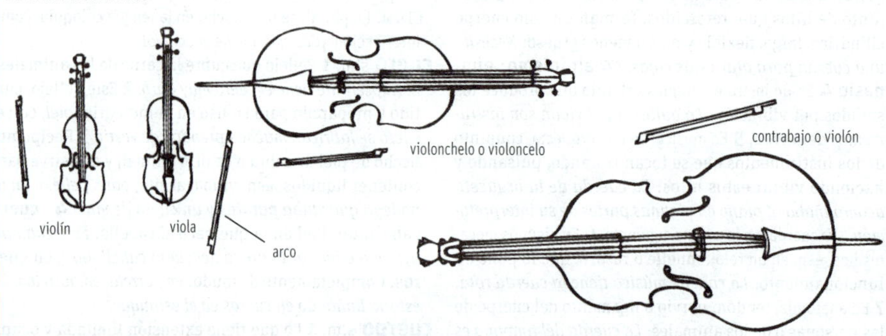

INSTRUMENTOS DE TECLADO

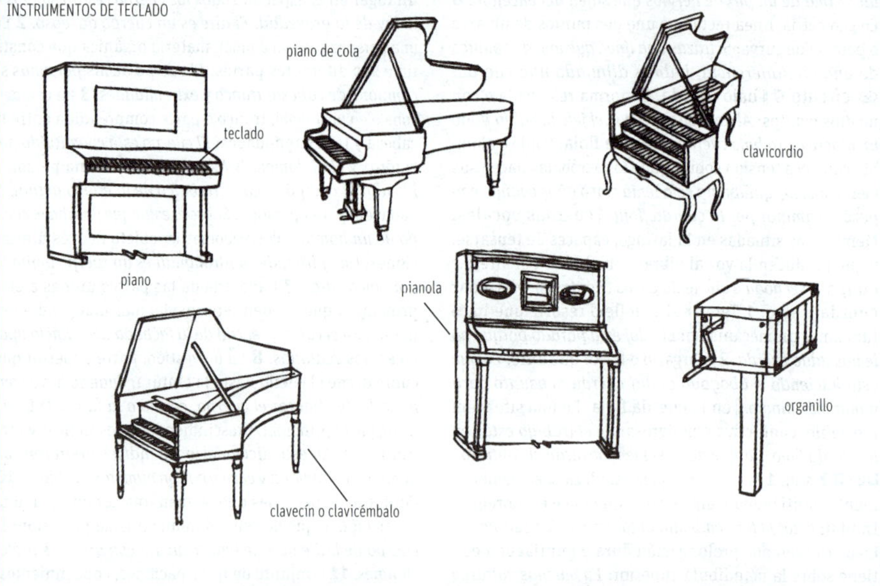

principal de su teoría económica. **12** Grosor o espesor de algo, esp. de un tejido o de un papel: *Este papel es bueno para hacer manualidades porque tiene mucho cuerpo.* **13** Densidad o espesura de algo, esp. de un líquido: *Tienes que batir con fuerza la salsa para darle más cuerpo.* **14** En imprenta, tamaño del tipo de letra: *Este documento está impreso con una letra helvética de cuerpo 12.* **15** ‖ **a cuerpo.** Sin ninguna prenda de abrigo exterior: *Si sales a cuerpo te cogerás un resfriado.* ‖ **a cuerpo de rey.** Con toda comodidad: *En esta pensión tratan a cuerpo de rey.* ‖ **cuerpo a cuerpo.** Referido a un enfrentamiento, que se realiza mediante el contacto físico directo entre los adversarios: *La batalla terminó en un cuerpo a cuerpo entre los soldados.* ‖ **cuerpo compuesto.** En química, sustancia que puede descomponerse en elementos de naturaleza diferente: *El agua es un cuerpo compuesto que puede descomponerse en oxígeno e hidrógeno.* ‖ **cuerpo de ejército.** Gran unidad militar integrada por dos o más divisiones, por unidades de artillería, carros de combate y servicios auxiliares: *El general jefe del cuerpo de ejército solicitó la agregación de una brigada de montaña.* ‖ **cuerpo del delito.** Objeto con el que se ha cometido un delito: *El detective guardó la pistola como cuerpo del delito.* ‖ **cuerpo simple.** En química, sustancia formada por átomos que tienen el mismo número de protones nucleares, independientemente del número de neutrones; *elemento: La variación en el número de neutrones de un cuerpo simple produce un isótopo.* ‖ **de cuerpo presente.** Referido a un cadáver, que está preparado para ser conducido al enterramiento: *Los familiares rezaron junto al cadáver de cuerpo presente.* ‖ **en cuerpo y (en) alma.** Totalmente o por completo: *Se dedica en cuerpo y alma a su trabajo.* ‖ **hacer del cuerpo.** *euf. col.* Evacuar el vientre: *Se tomó un laxante porque llevaba varios días sin hacer del cuerpo.* ‖ **tomar cuerpo.** Empezar a realizarse o a tomar importancia: *El proyecto de construcción de una nueva autopista está tomando cuerpo.*

cuervo s.m. Pájaro carnívoro de plumaje negro y extremidades fuertes, cuyo pico es cónico, grueso y más largo que su cabeza, con cola de contorno redondeado y con alas de aproximadamente un metro de envergadura: *El cuervo es un animal solitario, que no suele formar grupos.* □ MORF. Es un sustantivo epiceno y la diferencia de sexo se señala mediante la oposición *el cuervo {macho/hembra}*.

cuesco s.m. **1** *col.* Pedo ruidoso: *Se tira unos cuescos que huelen fatal.* **2** Hueso de la fruta: *Rebañó muy bien el cuesco del melocotón.*

cuesta s.f. **1** Terreno en pendiente: *Verás la casa al bajar la cuesta.* **2** ‖ **a cuestas.** Sobre la espalda o sobre los hombros: *Estaba muy cansado y quería que su padre lo llevara a cuestas.* ‖ **cuesta de enero.** Período de dificultades económicas que coincide con este mes y que se debe a los gastos extraordinarios realizados con motivo de las Navidades: *Aunque haya rebajas no puedo comprarme nada porque estamos en la cuesta de enero.*

cuestación s.f. Petición de limosnas con un fin benéfico o piadoso: *El próximo domingo se celebra la cuestación para la lucha contra el cáncer.*

cuestión s.f. **1** Asunto o materia, esp. los que resultan dudosos, discutibles o controvertidos: *La cuestión planteada no es sencilla.* **2** Pregunta o problema que se plantean con el fin de averiguar algo: *El examen de matemáticas se compone de diez cuestiones.* **3** ‖ **cuestión de confianza.** La planteada por un Gobierno o su presidente ante una asamblea legislativa sobre su programa político o sobre una declaración de política general, y que, dependiendo de su aprobación o no aprobación, puede tener como consecuencia la permanencia o la caída de dicho Gobierno: *La cuestión de confianza está prevista en el artículo 112 de la Constitución Española.* ‖ **en cuestión.** Designa a la persona o cosa de la que se está tratando: *Ahí llega el individuo en cuestión.*

cuestionar v. Discutir o poner en duda: *Hay que cuestionar las informaciones que publica esa revista, porque no son nada fiables. Me estoy cuestionando si seguir aquí o abandonar este puesto.*

cuestionario s.m. Lista de preguntas o de cuestiones con un fin determinado: *El entrevistado contestó al cuestionario preparado por el periodista.*

cueva s.f. Cavidad subterránea, natural o construida artificialmente: *El espeleólogo encontró una cueva con estalactitas y estalagmitas.* 👁 **vivienda**

cuezo ‖ **meter el cuezo.** *col.* Cometer un error o tener una intervención poco acertada o inconveniente: *Pensé que él lo sabía y metí el cuezo hablando de ello en su presencia.*

cuidado s.m. **1** Solicitud o especial atención: *Durante su enfermedad disfrutó de toda clase de cuidados.* **2** Vigilancia por el bienestar de alguien o por el funcionamiento de algo: *Es una organización humanitaria dedicada al cuidado de ancianos y enfermos terminales.* **3** Preocupación, intranquilidad o temor de que ocurra algo malo: *Pierde cuidado, que en cuanto reciba el paquete, te llamo.* **4** ‖ **de cuidado.** Peligroso o que se debe tratar con cautela: *¡Tienes un genio de cuidado, tío!* ‖ **sin cuidado.** Sin preocupación o sin inquietud: *Me trae sin cuidado lo que pienses de mí.* □ SINT. *Sin cuidado* se usa más con los verbos *traer, tener* o *dejar*. □ USO Se usa como aviso, como señal de advertencia o para indicar la proximidad de un peligro: *¡Cuidado con ese cable, que está suelto!*

cuidador, -a adj./s. **1** Que cuida. **2** Referido a una persona, que se dedica al cuidado de otra.

cuidadoso, sa adj. Solícito y diligente para hacer algo con exactitud: *Seguro que lo hará muy bien porque es muy cuidadoso.*

cuidar ▮ v. **1** Atender con solicitud o dedicar especial atención e interés: *Cuida a sus ancianos padres con todo su cariño. Cuidó de los niños como si fueran sus hijos.* **2** Prestar atención o vigilar: *Un enorme perro cuida la casa. Cuida de que no pase nadie por aquí. El profesor me recomendó que cuidara mi ortografía.* ▮ prnl. **3** Preocuparse por uno mismo y vigilar el propio estado físico: *Cuídate, que nos haces mucha falta.* **4** Tener en cuenta o tomar en consideración: *Cuídate de tus asuntos.* □ SINT. Constr.: *cuidar algo* o *cuidar(se)* DE *algo*.

cuita s.f. Desventura, pena o alteración del ánimo que alguien tiene de forma pasajera y por algo determinado: *Si me cuentas tus cuitas te quedarás más tranquila.* □ USO Tiene un matiz humorístico o literario.

culata s.f. **1** En un arma de fuego, parte posterior que sirve para agarrarla o apoyarla antes de disparar: *Esta escopeta tiene la culata de madera.* **2** En un motor de explosión, pieza metálica que se ajusta al bloque del motor y que cierra el cuerpo de los cilindros: *Llevó el coche al taller porque la junta de la culata se había roto.*

culebra s.f. Reptil de cuerpo cilíndrico, escamoso y muy alargado, que no tiene pies y que vive en la tierra o en el agua; *serpiente: Según su especie, hay culebras de distin-*

tos tamaños, coloraciones y costumbres. □ MORF. Es un sustantivo epiceno y la diferencia de sexo se señala mediante la oposición *la culebra {macho/hembra}.* 👁 **serpiente**

culebrear v. Ondular, hacer eses o moverse de un lado a otro como las culebras: *El río culebreaba por el valle.*

culebrina s.f. Relámpago con forma ondulada o de culebra: *Las culebrinas anunciaban una fuerte tormenta.*

culebrón s.m. *col. desp.* Telenovela de muchos capítulos, de argumento enredado y tono marcadamente sentimental: *El culebrón de la sobremesa presenta situaciones muy exageradas y es de escasa calidad.*

culera s.f. **1** En algunas prendas de vestir, pieza que cubre el culo como remiendo o como adorno: *Los pantalones se quedaron como nuevos cuando les puse unas culeras y unas rodilleras de cuero.* **2** En algunas prendas de vestir, mancha o desgaste en la parte que cubre el culo: *No entiendo dónde te has podido sentar para que el pantalón tenga esas culeras negras.*

culetín s.m. Bañador para niños o niñas, que consiste solo en una braguita: *Mi hermana pequeña todavía lleva culetín cuando vamos a la playa.*

culinario, ria adj. De la cocina o relacionado con el arte de cocinar: *Este restaurante tiene en su carta las especialidades culinarias de la región.*

culmen s.m. Punto más alto de algo: *Con aquel disco llegó al culmen de su carrera.*

culminación s.f. **1** Llegada de algo a su punto más alto: *El nombramiento de ministro fue la culminación de su carrera política.* **2** Fin o terminación de una actividad: *Se publicó el cartel con el que se llevará a cabo la culminación de la temporada taurina.*

culminar v. **1** Llegar al punto más alto: *Mi enfado culminó cuando me llamó mentiroso.* **2** Referido a una actividad, darle fin o terminarla: *Culminó el curso con sobresaliente. Las conversaciones culminaron y se firmó un convenio que satisfizo a las dos partes.*

culo s.m. **1** Nalgas o parte carnosa que rodea el ano: *Como no te estés quieto te voy a dar un azote en el culo.* **2** *col.* Ano: *Siente grandes picores porque tiene una almorrana en el culo.* **3** Extremo inferior o posterior de algo: *Se rompió el culo del vaso.* **4** *col.* Escasa porción de líquido que queda en el fondo de un vaso: *¿Por qué nunca te terminas la leche, y siempre dejas un culo?* **5** ‖ **con el culo al aire.** *col.* En situación difícil o comprometida: *Se marchó con toda la información y nos dejó con el culo al aire.* ‖ **culo de mal asiento.** *col.* Persona inquieta que no permanece mucho tiempo en un lugar o en una actividad: *Es un culo de mal asiento y no para quieto un segundo.* ‖ **dar por el culo.** *vulg.malson.* →**sodomizar.** □ MORF. 1. Cuando se antepone a otra palabra para formar compuestos, adopta la forma *culi-*: *culibajo.* 2. En la acepción 4 se usa mucho el diminutivo *culín.*

culombio s.m. En el Sistema Internacional, unidad de carga eléctrica equivalente a la cantidad de electricidad transportada en un segundo por una corriente de un amperio; *coulomb*: *El resultado del problema de electricidad debía darse en culombios.*

culón, -a adj. *col.* Que tiene mucho culo: *A la gente culona no le sientan bien los pantalones ajustados.*

culotte (galicismo) s.m. Pantalón corto que llega hasta la rodilla y está muy ceñido a las piernas: *El ciclista ganador llevaba un culotte azul.* □ PRON. [kulót].

culpa s.f. **1** Falta voluntaria o involuntaria: *Sus culpas no lo dejan dormir tranquilo. Pagarás tus culpas.* **2** Responsabilidad que ocasiona esta falta: *Tú tienes la culpa de que todo haya salido mal.* **3** Causa de un daño o de un perjuicio: *La culpa del accidente la tuvo el mal estado de la carretera.*

culpabilidad s.f. Responsabilidad del que tiene una culpa o del que ha cometido un delito: *Reconoció su culpabilidad en el crimen.*

culpabilizar v. →**culpar.** □ ORTOGR. La *z* se cambia en *c* delante de *e* →**CAZAR**.

culpable adj./s. **1** Que tiene culpa o que se le atribuye: *La sequía es culpable de la pérdida de la cosecha. Nos dijo quién era el culpable de que él hubiese abandonado su empleo.* **2** Responsable de un delito: *Fue declarado culpable del asesinato. Los culpables serán castigados por la justicia.* □ MORF. 1. Como adjetivo es invariable en género. 2. Como sustantivo es de género común y exige concordancia en masculino o en femenino para señalar la diferencia de sexo: *el culpable, la culpable.*

culpar v. Atribuir la culpa; *culpabilizar*: *No me culpes a mí de lo que solo era responsabilidad tuya. Se culpa de no haber hecho todo lo posible para solucionar el problema.* □ SINT. Constr.: *culpar* DE *algo.*

culteranismo s.m. Estilo literario propio del Barroco español, y caracterizado, entre otros rasgos, por un lenguaje de difícil comprensión, cargado de cultismos y palabras eruditas, metáforas abundantes y enrevesadas y una sintaxis muy compleja: *El máximo representante del culteranismo fue el poeta Luis de Góngora.*

cultismo s.m. Palabra, significado o expresión de una lengua clásica en una lengua moderna, esp. referido a la palabra que ha penetrado por la vía culta y no ha tenido transformaciones fonéticas: *'Otitis' y 'otorrinolaringólogo' son cultismos propios del lenguaje de la medicina.*

cultivar v. **1** Referido a la tierra o a las plantas, trabajarlas o darles lo necesario para que produzcan sus frutos: *Ese agricultor cultiva la tierra desde niño. En el invernadero cultivo plantas de interior.* **2** Referido a un microrganismo, sembrarlo y hacer que se desarrolle en los medios adecuados: *Ese biólogo cultiva bacterias patógenas y estudia su comportamiento.* **3** Referido a un ser vivo, criarlo y explotarlo con fines industriales, económicos y científicos: *Cultiva ostras en un vivero.* **4** Referido esp. a un sentimiento o a una relación, hacer lo necesario para mantenerlos y desarrollarlos: *Si no cultivas su amistad, la perderás.* **5** Referido a una capacidad, ejercitarla para que se perfeccione: *Cultiva su inteligencia mediante la lectura y el estudio.* **6** Referido esp. a un arte o a una ciencia, practicarlos o dedicarse a su ejercicio: *Cultiva la poesía desde la juventud.*

cultivo s.m. **1** Trabajo y cuidado de la tierra o de las plantas para que produzcan fruto: *El cultivo de la vid es un trabajo delicado.* **2** Preparación de un microrganismo para que se desarrolle en los medios adecuados: *Examinaba al microscopio el cultivo de bacterias.* **3** Cría y explotación de algunos animales, esp. si es con fines industriales, económicos o científicos: *El cultivo del mejillón se realiza en bateas.* **4** Fomento, mantenimiento y desarrollo de un sentimiento, de una relación o de una capacidad: *Induce a sus alumnos al cultivo de la fantasía y de la memoria.* **5** Dedicación a un arte o a una ciencia, ejercitándolos y practicándolos: *Mi padre me inició en el cultivo de la música.*

culto, ta ▌ adj. **1** Con las características que provienen de la cultura o de la sólida formación intelectual: *Es una* *persona muy culta y su conferencia estaba llena de citas y referencias históricas.* ▌ s.m. **2** Homenaje externo de veneración y respeto que se rinde a lo que se considera divino o sagrado: *Se ha construido un santuario para el culto a la Virgen de Fátima.* **3** Conjunto de ritos o ceremonias litúrgicas con los que se expresa este homenaje: *La misa es parte importante del culto católico.* **4** Admiración afectuosa e intensa: *Es un gran artista y todos sus colaboradores le rinden culto.*

cultura s.f. **1** Resultado de cultivar los conocimientos humanos mediante el ejercicio de las facultades intelectuales: *Tiene una gran cultura porque ha leído, ha viajado y se ha relacionado mucho con otras personas.* **2** Conjunto de conocimientos y modos de vida y costumbres que se dan en un pueblo o en una época: *Es un estudioso de la cultura oriental.*

cultural adj. De la cultura o relacionado con ella: *La convocatoria de un concurso literario, las visitas a museos y la asistencia a conciertos son algunas de las actividades culturales organizadas en el colegio.* □ MORF. Invariable en género.

culturismo s.m. Práctica sistemática de ejercicios gimnásticos y de pesas que, combinados con un determinado régimen alimenticio, desarrollan los músculos del cuerpo humano: *Se dedica seriamente al culturismo y se entrena cuatro horas al día.*

culturista s. Persona que practica el culturismo: *Con los mismos ejercicios y la misma alimentación, los culturistas desarrollan antes su masa muscular que las culturistas.* □ MORF. Es de género común y exige concordancia en masculino o en femenino para señalar la diferencia de sexo: *el culturista, la culturista.*

culturizar v. Dar o llevar la propia cultura: *Los misioneros culturizaron a la población indígena.* □ ORTOGR. La *z* se cambia en *c* delante de *e* ⟶**CAZAR**.

cumbre s.f. **1** En una elevación del terreno, cima o parte más alta: *La cumbre de la montaña estaba nevada.* 👁 **montaña** **2** Punto más alto, o último grado al que se puede llegar; *cúspide*: *Su meta es llegar a la cumbre del poder.* **3** Reunión de personalidades de amplio poder y autoridad para tratar asuntos de especial importancia: *En la próxima cumbre, los dos jefes de Estado hablarán sobre una posible reducción del armamento nuclear.*

cumpleaños s.m. Aniversario del nacimiento de una persona: *El día de mi cumpleaños recibí muchos regalos.* □ MORF. Invariable en número.

cumplido, da ▌ adj. **1** Referido a una persona, que cumple de forma meticulosa las normas de cortesía: *Su padre es muy cumplido y siempre dice lo que los demás quieren oír.* ▌ s.m. **2** Muestra de cortesía o de amabilidad: *Los cumplidos, cuando son sinceros, me agradan. Aunque aseguró que le gustaba mi artículo, yo creo que lo dijo como cumplido.*

cumplimentar v. **1** Referido esp. a una autoridad, saludarla o visitarla con motivo de algún acontecimiento y dando las muestras de respeto oportunas: *Los altos mandos del ejército cumplimentaron al rey con motivo de la Pascua Militar.* **2** Referido al despacho o la orden de un superior, llevarla a cabo o ponerla en ejecución: *El agente judicial cumplimentó la orden del juez de citar al testigo.* **3** Referido a un impreso, rellenarlo: *Los alumnos cumplimentaban los impresos de matrícula.*

cumplimiento s.m. **1** Realización de lo que es un deber o de lo que se considera una obligación: *El desconocimiento de la ley no exime de su cumplimiento.* **2** Terminación o finalización de un plazo o de un período de tiempo: *Si esperas al cumplimiento del plazo, lo tendrás que pagar con recargo.*

cumplir ▌ v. **1** Hacer lo que se debe: *Aquí, o cumplimos todos, o dimito.* **2** Referido a una obligación, llevarla a cabo o ejecutarla: *Espero que cumpla su promesa. Las leyes se deben cumplir.* **3** Seguir las normas de cortesía establecidas para quedar bien: *Te lo digo de corazón y no por cumplir.* **4** Referido a una edad, llegar a tenerla: *Cumple veinte años el próximo abril.* **5** Referido a un plazo o a un período de tiempo, terminar o llegar a su fin: *Empezó a trabajar cuando cumplió el servicio militar. Se cumplió el plazo y ya no hay posibilidad de vuelta atrás.* ▌ prnl. **6** Realizarse o hacerse realidad: *Todos los deseos que pedí se cumplieron.*

cúmulo s.m. **1** Conjunto de cosas reunidas o agrupadas: *Eres un pesimista si crees que la vida es un cúmulo de errores.* **2** Nube blanca, de aspecto algodonoso, con base plana y forma de cúpula redondeada: *Los cúmulos son característicos del verano.* 👁 **nube**

cuna s.f. **1** Cama para bebés o para niños muy pequeños, que generalmente tiene barandillas laterales: *Los padres han colocado la cuna del bebé junto a su cama.* 👁 **cama** **2** Patria o lugar de nacimiento de una persona: *Alcalá de Henares es la cuna de Cervantes.* **3** Estirpe, familia o linaje: *Alguna vez le echaron en cara la humildad de su cuna.*

cundir v. **1** Extenderse o propagarse: *El miedo cundió entre los pasajeros.* **2** Dar mucho de sí: *Este detergente cunde mucho, porque basta con echar muy poca cantidad.*

cuneiforme ▌ adj. **1** Con forma de cuña, esp. referido a los caracteres de un tipo de escritura usada por antiguos pueblos asiáticos: *Los asirios utilizaban una escritura cuneiforme.* ▌ s.m. **2** ⟶**hueso cuneiforme.** □ MORF. Como adjetivo es invariable en género.

cuneta s.f. Zanja existente a los lados de un camino para recoger las aguas de la lluvia: *El coche se salió de la carretera y fue a parar a la cuneta.*

cuña s.f. **1** Pieza de madera o de metal, terminada por uno de sus extremos en un ángulo agudo, y que se introduce entre dos elementos o en una ranura: *Si la mesa sigue cojeando tendrás que calzar la pata más corta con una cuña.* **2** Especie de orinal de poca altura que tiene la forma adecuada para ser usado por los enfermos que están en cama: *El enfermo quería orinar y la enfermera le llevó la cuña.* **3** En meteorología, formación de determinadas presiones que penetran en zonas de presión distinta causando cambios atmosféricos: *La cuña anticiclónica que se desplaza hacia la península producirá un aumento de las temperaturas.* **4** Noticia breve que se imprime para ajustar mejor la página de un periódico: *Una cuña que aparece al final de la página informa de que la actriz sufrió un desmayo en el camerino.* **5** En radio y televisión, espacio breve para la publicidad: *Esta cadena interrumpe constantemente la programación para meter cuñas.*

cuñado, da s. **1** Respecto de una persona, hermano o hermana de su cónyuge: *Los hermanos de mi padre son cuñados de mi madre.* **2** Respecto de una persona, cónyuge de su hermano o hermana: *Cuando te cases con mi hermano serás mi cuñada.*

cuño s.m. **1** Troquel o molde con el que se sellan las monedas, las medallas y otras cosas semejantes: *El cuño suele ser de acero.* **2** ‖ **de nuevo cuño.** De reciente aparición: *Los diccionarios no suelen recoger los términos de nuevo cuño hasta que no se han consolidado en la lengua.*

cuórum s.m. **1** En una reunión, número de individuos necesario para que se pueda llegar a un acuerdo o tomar una decisión: *No se pudo tomar ninguna decisión por falta de cuórum.* **2** Proporción de votos favorables necesaria para que haya acuerdo: *El cuórum para nombrar presidente exige que la mitad más uno de los votos emitidos sean favorables.* □ ORTOGR. Es un latinismo (*quorum*) semiadaptado al español. □ MORF. Su plural es *cuórums.* □ USO Es innecesario el uso del latinismo *quorum.*

cuota s.f. **1** Cantidad de dinero que debe pagar cada contribuyente: *Este mes nos han subido la cuota del club de tenis.* **2** Parte o porción fija y proporcional de algo: *Esperamos obtener una importante cuota de beneficios para nuestro departamento.*

cupé s.m. **1** Antiguo coche de caballos, cerrado, con cuatro ruedas y con dos o cuatro asientos; *berlina: En el museo de carruajes vimos un cupé del siglo pasado.* 👁 **carruaje** **2** Automóvil de dos puertas, generalmente con dos asientos: *Se ha comprado un bonito cupé de línea deportiva.* □ SINT. En la acepción 2 se usa más en aposición, pospuesto a un sustantivo.

cupido s.m. Representación pictórica o escultórica del amor que consiste en un niño desnudo y alado, con los ojos vendados, y que lleva flechas, arco y carcaj: *El cupido que tienen en la entrada del museo lo esculpió un famoso escultor.*

cuplé s.m. Canción corta y ligera, generalmente de texto picaresco, que suele cantarse en teatros y otras salas de espectáculos: *Los cuplés se popularizaron a comienzos del siglo XX.*

cupletista s.f. Artista que canta cuplés: *Cuando la cupletista callaba, el público coreaba el estribillo de la canción.*

cupo s.m. **1** Parte proporcional de algo, que corresponde a una persona o a una comunidad: *Nuestra comunidad de vecinos ya ha consumido el cupo de gasóleo que tenía asignado para la calefacción.* **2** Número de reclutas que cada localidad o provincia debe aportar al contingente anual de las fuerzas armadas, o número de reclutas que entran en filas: *En el cupo de este año han entrado 3000 muchachos de esta provincia.*

cupón s.m. Parte que se corta de un objeto, de un documento o de un conjunto de elementos iguales, y a la que se le asigna un valor o un uso determinado: *Juntando diez de los cupones que vienen en las cajas de galletas te dan un balón.*

cúprico, ca adj. **1** Referido a un óxido de cobre, que en él actúa el cobre con valencia 2: *En el examen me preguntaron la fórmula del óxido cúprico.* **2** Referido a una sal, que está formada con este óxido de cobre: *La gema es verde porque tiene sulfato cúprico.*

cúpula s.f. **1** En arquitectura, bóveda en forma de media esfera, que cubre un edificio o parte de él: *La cúpula de la iglesia está decorada con pinturas al fresco.* **2** Conjunto de los máximos dirigentes de un partido, administración, organismo o empresa: *Circulan rumores de que habrá cambios en la cúpula del partido.* □ SEM. En la acepción 1, dist. de *bóveda* (estructura arqueada).

cura ▮ s.m. **1** *col.* Sacerdote católico: *El cura que me casó es un amigo de la familia.* ▮ s.f. **2** Aplicación de los remedios necesarios para que desaparezca una enfermedad o una lesión: *El veterinario se esmeró en la cura de las heridas del perro.* **3** Método curativo o tratamiento para recuperar la salud: *Tú necesitas una buena cura de sueño para tranquilizarte.* □ SEM. En la acepción 2, es sinónimo de *curación.*

curación s.f. **1** Recuperación de la salud: *Todos rezamos por tu pronta curación.* **2** Aplicación de los remedios necesarios para que desaparezca una enfermedad o una lesión: *Este médico consagró su vida a la curación de los leprosos.* **3** Preparación de algo para que se conserve durante mucho tiempo, esp. referido a la carne o al pescado; *curado: La sal es necesaria en la curación de las sardinas. En este taller se dedican a la curación de pieles.* □ SEM. En la acepción 2, es sinónimo de *cura.*

curado s.m. Preparación de algo para que se conserve durante mucho tiempo, esp. referido a la carne o al pescado; *curación: Según como se haga el curado de los chorizos, variará su sabor.*

curandero, ra s. Persona que, sin ser médico, ejerce prácticas curativas, esp. si utiliza procedimientos naturales o mágicos: *Muchos curanderos recitan oraciones para sanar a sus pacientes.*

curar v. **1** Recuperar la salud: *El niño curó pronto porque estaba muy fuerte. Ya me he curado del catarro.* **2** Referido a una persona o a un animal enfermos, aplicarles los tratamientos correspondientes a su enfermedad: *El veterinario curó al perro.* **3** Referido a una enfermedad o a una lesión, aplicarles los tratamientos necesarios para que desaparezcan: *Me curaron la herida de la rodilla en el ambulatorio. Guardó cama para curarse la gripe.* **4** Referido a un mal espiritual o a un defecto, sanarlos o corregirlos: *Tardó algún tiempo en curarse de aquel mal de amores.* **5** Referido a la carne o al pescado, prepararlos para que se conserven durante mucho tiempo: *Los jamones se curan gracias a la sal y al humo de la chimenea.* **6** Referido a una piel, curtirla y prepararla para usos industriales: *Estas pieles están curadas con productos químicos.*

curare s.m. Sustancia negra, parecida a la resina, amarga y muy tóxica, que se extrae de varias especies de plantas, y que tiene la propiedad de paralizar el sistema muscular de los animales y de las personas: *Algunos indios americanos envenenaban sus flechas con curare.*

curasao s.m. Licor fabricado con corteza de naranja y otros ingredientes: *El curasao es una bebida típica caribeña.*

curativo, va adj. Que sirve para curar: *Me preparé una infusión curativa para el catarro.*

curda s.f. *col.* Borrachera: *¡Menuda curda se cogió en el banquete!*

curdo, da adj./s. →**kurdo, da.**

curia s.f. **1** Conjunto de abogados, escribanos, procuradores y empleados de la administración de justicia: *La curia reclama un mayor reconocimiento público de su labor.* **2** ‖ **curia diocesana.** Conjunto de personas que ayudan al obispo en la administración de la diócesis: *La curia diocesana acudió a felicitar a su obispo.* ‖ **curia {pontificia/romana}.** Conjunto de las congregaciones y tribunales que existen en la corte del papa para el gobierno de la Iglesia católica: *La curia romana aún no se ha pronunciado respecto a este tema.*

curio s.m. Elemento químico, metálico y artificial, de número atómico 96, radiactivo y que se obtiene bombardeando el plutonio con partículas alfa: *El curio se emplea en algunos instrumentos de vehículos espaciales.* □ ORTOGR. Su símbolo químico es *Cm.*

curiosear v. **1** Indagar o investigar por costumbre, y con disimulo o maña; *fisgonear: Tiene la mala costumbre de curiosear lo que la gente tiene en sus casas.* **2** Mirar sin mucho interés o de manera superficial: *En realidad no pienso comprar nada, solo estoy curioseando.*

curiosidad s.f. **1** Deseo de saber o de conocer: *Tengo gran curiosidad por conocer las costumbres de tu país.* **2** Interés de una persona por saber o por averiguar lo que no debiera importarle: *La curiosidad es tu mayor defecto.* **3** Cosa curiosa, rara o interesante: *Este libro recoge multitud de anécdotas y curiosidades relacionadas con mi ciudad.*

curioso, sa ▌adj. **1** Deseoso de saber o de conocer: *Los científicos suelen tener un espíritu curioso.* **2** Que excita la curiosidad, esp. por su rareza o interés: *El abuelo me contó unas historias muy curiosas sobre la familia.* **3** Limpio o aseado: *Siempre lleva a sus niños muy curiosos.* ▌adj./s. **4** Que tiene curiosidad o interés por lo que no debiera importarle: *Si no fueras tan curiosa no andarías escuchando detrás de las paredes. Quiere enterarse de todo no por ayudarte, sino porque es un curioso.*

currar v. *col.* Trabajar; *currelar: Este sábado me toca currar.*

currelar v. *col.* →**currar.**

currelo s.m. *col.* Trabajo: *Para ir al currelo me levanto a las siete.* □ MORF. Se usa también la forma *curre*.

curricular adj. Del currículo o relacionado con él: *Antes de que comience el curso los profesores elaboran el proyecto curricular del centro.* □ MORF. Invariable en género.

currículo s.m. **1** Plan de estudios: *La reforma de la ley de educación prevé una restructuración del currículo escolar.* **2** Conjunto de estudios y prácticas destinadas a que el alumno desarrolle plenamente sus posibilidades: *En el currículo de cada asignatura aparecen una serie de objetivos y las actividades que permitirán alcanzarlos.* **3** →**curriculum vitae.**

currículum s.m. Relación de datos biográficos, académicos y profesionales de una persona; *curriculum vitae* □ MORF. Su plural es *currículums*.

curriculum vitae (latinismo) s.m. ‖ Relación de datos biográficos, académicos y profesionales de una persona; *currículo, currículum: Mandó su curriculum vitae a varias empresas para buscar trabajo.* □ MORF. Invariable en número.

currito s.m. **1** *col.* Trabajador, esp. el que está a las órdenes de un jefe: *Yo no tengo nada que ver con la mala gestión de la empresa porque solo soy un currito.* **2** Golpe dado con los nudillos en la cabeza de alguien: *Como no te calles te vas a ganar un currito.*

curro s.m. *col.* Trabajo: *Me lo encuentro todas las mañanas cuando voy al curro.*

currusco s.m. →**cuscurro.** 👁 **pan**

curry (anglicismo) s.m. Condimento procedente de la India (país asiático) preparado con distintas especias, esp. jengibre, clavo y azafrán, y que se utiliza en la elaboración de algunos platos: *Muchos platos de la cocina china están sazonados con curry.*

cursado, da adj. Acostumbrado a algo o experto en ello: *Detuvieron a un jovenzuelo cursado en picardías y pequeños robos.* □ SINT. Constr.: *cursado EN algo*.

cursar v. **1** Referido a una materia o a un curso, seguirlos en un centro de enseñanza: *Cursó estudios de filosofía en la Universidad.* **2** Referido esp. a un documento o a una orden, darles curso o tramitarlos: *Tienes que cursar la solicitud de la beca.* □ SEM. No debe emplearse con el significado de 'correr', 'regir': *El plazo vence el 10 del mes que {*cursa > corriente/en curso}.*

cursi adj./s. *col.* Que pretende ser elegante y refinado sin serlo: *Por querer ser más que nadie, se presentó en la boda con un vestido de lentejuelas muy cursi. Para acudir a la fiesta el muy cursi se plantó sus mejores galas.* □ MORF. 1. Como adjetivo es invariable en género. 2. Como sustantivo es de género común y exige concordancia en masculino o en femenino para señalar la diferencia de sexo: *el cursi, la cursi*.

cursilada s.f. Hecho propio de una persona cursi: *Eso de salir al campo en coche de caballos me parece una cursilada.*

cursilería s.f. **1** Propiedad de lo que es cursi: *Todo el mundo se reía de su cursilería al hablar.* **2** Lo que es cursi: *Esa película es una verdadera cursilería.*

cursillo s.m. Curso de poca duración: *Durante esta semana todos los empleados recibirán un cursillo de primeros auxilios.*

cursiva s.f. →**letra cursiva.**

curso s.m. **1** Paso, marcha o evolución de algo: *La recuperación del enfermo sigue su curso normal.* **2** Movimiento de un líquido, esp. del agua, que se traslada en masa continua por un cauce: *Seguí con la mirada el curso del río hasta que se perdió entre las montañas.* **3** Dirección o recorrido de un astro: *Con un telescopio puedes seguir el curso de las estrellas.* **4** Tiempo del año señalado para que los alumnos asistan a clase: *Este curso comienza en septiembre y termina en junio.* **5** División o parte en que se divide un ciclo de enseñanza: *El Ministerio quiere reducir las carreras de letras a cuatro cursos.* **6** Conjunto de alumnos que forman cada una de estas divisiones: *El curso de primero suele tener problemas de adaptación.* **7** Conjunto de enseñanzas sobre una materia: *Quiero aprender inglés en un curso audiovisual.* **8** Circulación o difusión entre la gente: *Estas monedas son de curso legal.*

cursor s.m. Pieza pequeña o marca que se mueve y que sirve de indicador: *El cursor de la pantalla del ordenador es una marca luminosa.*

curtir v. **1** Referido a una piel, prepararla para su uso posterior: *Para curtir las pieles se suelen utilizar sustancias vegetales.* **2** Referido a la piel de una persona, tostarla o endurecerla el sol o el aire: *El sol y el aire curten la piel de los campesinos.* **3** Referido a una persona, acostumbrarla a la vida dura y a las adversidades: *Las desgracias lo han curtido y ya no es aquel joven ingenuo. Se curtió a fuerza de desengaños.*

curva s.f. Véase **curvo, va.**

curvado, da adj. Con forma de curva: *La parte interior de una curva de carretera es más curvada que la exterior.*

curvar v. Doblar dando forma curva; *encorvar: Para curvar el hierro hay que fundirlo. La puerta se ha curvado a causa de la humedad.*

curvatura s.f. Desviación continua respecto de la dirección recta: *Midió la curvatura del arco.*

curvilíneo, a adj. Con curvas: *La existencia de colinas hace que el trazado de esta carretera sea curvilíneo.*

curvo, va ▌adj. **1** Que se aparta continuamente de la línea recta sin formar ángulos: *Muchos pájaros tienen el pico curvo.* ▌s.f. **2** Línea cuyos puntos se apartan gradualmente de la línea recta sin formar ángulos: *La circunferencia es una curva cerrada, ya que su trazo acaba en el punto de partida. Al dibujar un arco, trazas una curva abierta.* 👁 **línea** **3** Lo que tiene esta forma, esp. referido al tramo de una carretera o de otra vía terrestre de comunicación: *Esta carretera tiene unas curvas muy peligrosas. El coche se salió en una curva.* **4** Representación gráfica de un fenómeno por medio de una línea que une puntos que representan valores de una variable: *Esta curva de natalidad representa el progresivo descenso de nacimientos.* ▮ s.f.pl. **5** *col.* Formas del cuerpo femenino: *Se pone siempre ropa muy ajustada para realzar más sus curvas.*

cuscurro s.m. Parte del pan más tostada que corresponde a los extremos o al borde: *Siempre se pide los cuscurros del pan porque no le gusta la miga.* ☐ SEM. Es sinónimo de *corrusco, coscurro* y *currusco.* 👁 **pan**

cuscús s.m. Plato de origen árabe que se compone de sémola de trigo o una especie de bolitas hechas con harina, cocidas al baño maría y guisadas con carne, pollo o verduras: *Cuando fui a Marruecos probé el cuscús.*

cúspide s.f. **1** En una elevación del terreno, parte más alta, esp. si es puntiaguda: *En la cúspide de la montaña ondeaba una bandera.* **2** Remate superior de algo, que tiende a formar punta: *La cúspide del cimborrio de la iglesia era un chapitel.* **3** Punto más alto, o último grado al que se puede llegar; *cumbre: Este cantante está ya en la cúspide de la fama.* **4** En geometría, punto en el que concurren los vértices de todos los triángulos que forman las caras de una pirámide, o de las generatrices del cono: *La cúspide de una pirámide es su vértice.*

cusqui ‖ **hacer la cusqui.** *col.* Molestar, fastidiar o perjudicar: *Me roza el pantalón en la herida y me está haciendo la cusqui. Al contar mi secreto me hizo la cusqui.*

custodia s.f. **1** Guardia o protección atenta y vigilante: *Estos cuadros serán depositados en un banco para su mejor custodia.* **2** Pieza de oro, plata u otro metal en que se expone el Santísimo Sacramento (pan de la eucaristía) para la adoración de los fieles: *La custodia de esta catedral es una obra de arte y lleva incrustadas piedras preciosas.* **3** Templete o trono de grandes dimensiones y generalmente de plata en que se coloca esta pieza cuando se saca en una procesión: *Varios hombres llevaban la custodia a hombros.*

custodiar v. Guardar o cuidar con atención y vigilancia: *Varios guardias custodian al testigo para evitar un posible atentado.* ☐ ORTOGR. La *i* nunca lleva tilde.

cutáneo, a adj. De la piel o relacionado con ella: *El calor me produce erupciones cutáneas.*

cutícula s.f. **1** Capa fina y delicada que recubre muchos tejidos u órganos que están en contacto con el exterior, esp. la que rodea la parte inferior de la uña: *La manicura no me hace ningún daño al quitarme las cutículas.* 👁 **mano** **2** Capa más externa de la piel; *epidermis: Bajo la cutícula se encuentra la dermis.*

cutis s.m. Piel que cubre el cuerpo humano, esp. la cara: *Tienes el cutis muy fino y no debes ponerte demasiado al sol.* ☐ MORF. Invariable en número.

cutre ▮ adj. **1** Descuidado, sucio o de baja calidad: *Era un bar muy cutre y estaba lleno de gente extraña.* ▮ adj./s. **2** Tacaño o miserable: *No seas cutre y paga de una vez. ¡Vaya una propina cutre que has dejado! Ese cutre no invita ni aunque lo maten.* ☐ MORF. 1. Como adjetivo es invariable en género. 2. Como sustantivo es de género común y exige concordancia en masculino o en femenino para señalar la diferencia de sexo: *el cutre, la cutre.*

cutrez s.f. **1** Descuido, suciedad o baja calidad: *Debido a la cutrez del local, salimos nada más entrar.* **2** Tacañería o mezquindad: *No sé cómo no te avergüenzas de la cutrez de tu propina.*

cuyo, ya relat. Designa una relación de posesión: *Mi coche, cuyo motor es diésel, utiliza gasóleo.* ☐ MORF. 1. Es incorrecto el uso del relativo *que* seguido de un posesivo en sustitución de *cuyo*: *Vine con un chico {*que su › cuya} madre es vecina tuya.* 2. ⟶APÉNDICE DE PRONOMBRES.

a b c d e f g h i j k l m n ñ o p q r s t u v w x y z

D

d

d s.f. Cuarta letra del abecedario: *'Madrid' termina en 'd'.* □ PRON. 1. Representa el sonido consonántico dental sonoro. 2. En posición final de sílaba, en la lengua coloquial, está muy extendida su pronunciación como [t] o [z]: *virtud* [birtút], *Madrid* [Madríz]. 3. En posición intervocálica, en la lengua coloquial, está muy extendida su desaparición, esp. en la terminación *-ado*: *aprobado* [aprobáo], *perdido* [perdío].

dacha (del ruso) s.f. En algunos países del este europeo, casa de campo y de recreo, de propiedad privada: *Algunos dirigentes corruptos disfrutaban de una dacha particular mientras el pueblo pasaba hambre.*

dacio, cia adj./s. De Dacia (región centroeuropea que se extendía por los actuales territorios húngaros y rumanos), o relacionado con ella: *El pueblo dacio era eminentemente guerrero. Los dacios fueron sometidos por el emperador romano Trajano entre los años 101 y 107 d.C.* □ MORF. Como sustantivo se refiere solo a las personas de la antigua Dacia.

dactilar adj. De los dedos o relacionado con ellos; *digital: El ladrón dejó huellas dactilares por todas partes.* □ MORF. Invariable en género.

dadá ▮ adj. **1** →**dadaísta.** ▮ s.m. **2** →**dadaísmo.** □ MORF. Como adjetivo es invariable en género.

dadaísmo s.m. Movimiento artístico y literario vanguardista que surgió en el continente europeo durante la I Guerra Mundial, que rechaza todo lo establecido y defiende la espontaneidad absoluta y lo no racional en el arte: *El dadaísmo provocó el escándalo en el ambiente artístico de la época.* □ MORF. Se usa mucho la forma abreviada *dadá*.

dadaísta ▮ adj. **1** Del dadaísmo o con rasgos propios de este movimiento artístico: *Tristán Tzara escribió el manifiesto dadaísta en 1916.* ▮ adj./s. **2** Que defiende o sigue este movimiento: *El arte dadaísta es provocador y antiacademicista. Los dadaístas hacían sátiras y burlas de todo.* □ MORF. 1. Como adjetivo es invariable en género. 2. Como sustantivo es de género común y exige concordancia en masculino o en femenino para señalar la diferencia de sexo: *el dadaísta, la dadaísta*. 3. Como adjetivo se usa mucho la forma abreviada *dadá*.

dádiva s.f. Lo que que se da como regalo o se concede como una gracia: *Los reyes premiaban a sus vasallos con dádivas y mercedes.*

dadivoso, sa adj. Inclinado a hacer dádivas o a regalar desinteresadamente: *Es una persona desprendida y dadivosa, y te concederá lo que le pidas.*

dado s.m. **1** Pieza de forma cúbica en cuyas caras hay un número de puntos o una figura, y que se utiliza en algunos juegos de azar: *En el parchís, cada jugador tiene un cubilete y un dado.* **2** Lo que tiene forma cúbica: *Sacó de aperitivo unos daditos de jamón.* **3** ‖ **dado que.** Enlace gramatical subordinante con valor causal: *Deja ya de preocuparte por eso, dado que no tiene solución.*

daga s.f. Arma blanca de hoja ancha y corta, generalmente provista de una guarnición para proteger la mano: *Los guerreros lucharon cuerpo a cuerpo con dagas y espadas.* 👁 **arma**

daguerrotipia s.f. →**daguerrotipo.**

daguerrotipo s.m. **1** Técnica fotográfica en la que las imágenes tomadas por la cámara oscura se reproducen y se fijan sobre una plancha metálica; *daguerrotipia: El daguerrotipo fue inventado por Daguerre y Niepce en el siglo XIX.* **2** Reproducción fotográfica obtenida con este aparato: *Aún se conservan algunos daguerrotipos de ilustres personajes del siglo pasado.*

daiquiri s.m. Cóctel elaborado con ron, zumo de limón y azúcar: *Me bebí dos daiquiris y se me subieron a la cabeza.*

dalái-lama s.m. En el budismo, nombre que recibe el máximo guía, que es a la vez dirigente espiritual y jefe de Estado en el Tíbet (región autónoma del suroeste chino): *Un niño español ha sido reconocido como el designado por la divinidad para futuro dalái-lama.*

dalia s.f. **1** Planta herbácea, con hojas de color verde oscuro y flores grandes y de colores vistosos: *Las dalias son muy apreciadas en la jardinería ornamental.* **2** Flor de esta planta: *Las dalias tienen un botón central amarillo rodeado de numerosos pétalos.*

dálmata ▮ adj./s. **1** De Dalmacia (región europea entre la costa adriática y el sistema balcánico), o relacionado con ella: *La región dálmata se integró en Yugoslavia en 1920. Los dálmatas fueron sometidos por los romanos en el siglo I a.C.* **2** Referido a un perro, de la raza que se caracteriza por tener el pelaje corto, de color blanco y con manchas negras u oscuras: *Los perros dálmatas son buenos animales de compañía. Vimos la película de dibujos animados '101 dálmatas'.* 👁 **perro** ▮ s.m. **3** Antigua lengua románica de la región de Dalmacia: *El dálmata se habló hasta el siglo XIX.* □ MORF. 1. Como adjetivo es invariable en género. 2. Como sustantivo es de género común, es decir, exige concordancia en masculino o en femenino para señalar la diferencia de sexo: *el dálmata, la dálmata*. 3. En la acepción 1, como sustantivo se refiere solo a las personas de Dalmacia.

daltónico, ca adj./s. Que tiene daltonismo: *Hay menos mujeres daltónicas que hombres con este defecto visual. Algunos daltónicos no distinguen el color rojo del verde.*

daltonismo s.m. Defecto de la vista que impide percibir o distinguir con claridad determinados colores: *El daltonismo se transmite hereditariamente.*

dama ▌ s.f. **1** Mujer distinguida, esp. si es de origen noble: *Se casó con una dama de la aristocracia.* **2** En una corte real, mujer que acompañaba o servía a la reina, a las princesas o a las infantas: *La amada de Garcilaso era dama de Isabel de Portugal.* **3** *poét.* Mujer amada: *El poeta dedicó varios sonetos a su dama. Dulcinea era la dama de don Quijote.* **4** En el teatro, actriz que interpreta los papeles principales: *Se retiró del teatro, porque toda su vida fue primera actriz y ahora nunca le ofrecían papeles de dama.* **5** En el juego de las damas, pieza que consigue alcanzar la primera línea del contrario y coronarse: *Una dama puede moverse en todas las direcciones.* **6** En el juego del ajedrez, la reina: *Cuando le comieron la dama, perdió su mejor pieza de ataque.* ▌ pl. **7** Juego que se practica entre dos contrincantes sobre un tablero de cuadros blancos y negros y con doce fichas para cada jugador: *Jugar a las damas me resulta más sencillo que jugar al ajedrez.* **8** ‖ **dama de honor.** En una ceremonia, mujer que acompaña a otra principal o que ocupa un lugar secundario respecto a esta: *La reina de las fiestas y sus damas de honor abrieron el desfile.* ‖ **primera dama.** Esposa del jefe de Estado o del jefe de Gobierno: *El acto oficial contó con la presencia de la primera dama.*

damasco s.m. Tela fuerte de seda o de lana, con dibujos entretejidos con hilos del mismo color y de distinto grosor: *Las colgaduras de la cama principesca eran de damasco.*

damasquinado s.m. Trabajo o adorno que se hace incrustando metales preciosos, esp. oro o plata, en objetos de hierro o acero: *Los damasquinados de Toledo tienen fama mundial.*

damasquinar v. Referido a un objeto de hierro o de acero, adornarlo con incrustaciones de metales preciosos, esp. de oro o de plata: *En este taller damasquinan espadas y puñales.*

damero s.m. **1** Tablero sobre el que se juega a las damas, y que consta de sesenta y cuatro casillas cuadradas, alternativamente blancas y negras: *Cada jugador se sentó a un lado del damero.* **2** Plano de una zona urbanizada cuya distribución semeja ese tablero: *En el damero de Barcelona se observan las calles largas y rectas.* **3** Pasatiempo semejante al crucigrama y en el que, una vez rellenas sus casillas, puede leerse una frase: *Resuelva este damero y podrá leer unos versos famosos.*

damisela s.f. Muchacha que presume de dama o de señorita refinada: *Esa damisela no es más que una niña cursi y consentida.* □ USO Tiene un matiz irónico o cariñoso.

damnificado, da adj./s. Que ha sufrido grandes daños como consecuencia de una desgracia colectiva: *Las tierras damnificadas por las inundaciones han sido declaradas zona catastrófica y recibirán ayuda económica. Los damnificados por las inundaciones recibirán ayuda estatal.*

damnificar v. Causar un daño o un perjuicio importantes: *El huracán damnificó a varias poblaciones.* □ ORTOGR. La *c* se cambia en *qu* delante de *e* →**SACAR**.

dan (del japonés) s.m. En yudo y otras artes marciales, cada uno de los diez grados superiores, concedidos a partir de cinturón negro: *Conozco a un cinturón negro que es tercer dan.*

dandi s.m. Hombre que se distingue por su extremado refinamiento o por la afectación de su aspecto: *Con ese traje y con esos zapatos estás hecho un auténtico dandi.* □ ORTOGR. Es un anglicismo (*dandy*) adaptado al español. □ MORF. Su plural es *dandis*.

danés, -a ▌ adj./s. **1** De Dinamarca (país europeo), o relacionado con ella: *La agricultura danesa está muy tecnificada. Muchos daneses son rubios.* ▌ s.m. **2** Lengua germánica de este país y de otras regiones: *El danés se habla también en Groenlandia.* **3** ‖ **gran danés.** Referido a un perro, de la raza que se caracteriza por su gran tamaño y por tener el pelaje oscuro o blanco con manchas negras; *dogo*: *El perro gran danés tiene andares de caballo. El guarda llevaba un gran danés que daba miedo.* □ MORF. En la acepción 1, como sustantivo se refiere solo a las personas de Dinamarca. □ SEM. En las acepciones 1 y 2, es sinónimo de *dinamarqués*.

dantesco, ca adj. Referido a una situación, que horroriza o resulta sobrecogedora (por alusión a las escenas del infierno que Dante describe en su *Divina comedia*): *En los campos de concentración nazis se vivieron escenas dantescas.*

dantzari (del euskera) s. Persona que baila danzas tradicionales vascas: *Los festejos se abrieron con una actuación de dantzaris.* □ PRON. [danzári]. □ MORF. Es de género común y exige concordancia en masculino o en femenino para señalar la diferencia de sexo: *el dantzari, la dantzari*.

danza s.f. **1** Conjunto de movimientos que se hacen con el cuerpo al ritmo de una música, esp. si esta es clásica o folclórica: *En cuanto sonó la música, empezó la danza.* **2** Serie de movimientos que se ejecutan siguiendo una técnica y un ritmo establecidos, generalmente al compás de composiciones musicales clásicas o folclóricas: *En muchas tribus se bailan danzas rituales.* **3** *col.* Ajetreo o movimiento continuo: *Siempre estoy en danza, sin parar de trabajar un momento.* **4** ‖ **danzas de la muerte.** Composición escénica típicamente medieval, en la que se personificaba la muerte y se ponía de manifiesto la igualdad de todas las personas ante ella: *En las danzas de la muerte aparecen figuras representativas de todas las clases sociales y de todos los oficios.*

danzante s. *col.* Persona de poco juicio, presuntuosa y que se entromete en todo: *Ese danzante nunca sentará la cabeza.* □ MORF. Aunque es de género común y exige concordancia en masculino o en femenino para señalar la diferencia de sexo: *el danzante, la danzante*, para el femenino se usa también la forma coloquial *danzanta*.

danzar v. **1** Bailar al ritmo de una música, esp. si esta es de carácter clásico o folclórico: *En las fiestas danzaron varios grupos folclóricos.* **2** Moverse con agitación o de un lado para otro y sin parar: *Estuvimos danzando todo el día, pero no encontramos lo que buscábamos.* □ ORTOGR. La *z* se cambia en *c* delante de *e* →**CAZAR**.

danzarín, -a s. Persona que danza o baila con destreza: *El Ballet Nacional cuenta con excelentes danzarines.*

dañar v. **1** Causar dolor, molestia o sufrimiento: *Los niños se dañaron jugando. Si le dices eso, dañarás su sensi-*

a b c **d** e f g h i j k l m n ñ o p q r s t u v w x y z

bilidad. **2** Estropear o causar un perjuicio: *Los golpes dañaron la fruta madura.*

dañino, na adj. Que causa daño o perjuicio: *Abusar del alcohol es dañino para la salud.*

daño s.m. **1** Dolor, sufrimiento o molestia: *El dentista no me ha hecho daño al sacarme la muela.* **2** Perjuicio o deterioro: *Las llamas ocasionaron un daño irreparable en la estructura del edificio.*

dar ▌ v. **1** Regalar o ceder voluntaria y gratuitamente; *donar: Dio todo lo que tenía a los más necesitados.* **2** Poner en manos de otra persona: *Dame un plato, por favor.* **3** Proporcionar, proveer o facilitar: *Un conocido nos dio casa y vestido.* **4** Asignar o adjudicar según lo que corresponde: *Le dieron un buen puesto en la empresa.* **5** Sugerir o indicar: *Me dieron un buen tema para la tesis.* **6** Otorgar o conceder como una gracia: *Les dieron permiso para salir.* **7** Ocasionar o causar: *La estufa da mucho calor.* **8** Transmitir o comunicar: *El periódico dio la noticia.* **9** Referido a frutos o a beneficios, producirlos: *El nogal da nueces.* **10** Referido a lo que se suministra a través de un conducto, abrir la llave de paso de este: *Cuando se hizo de noche, dio la luz.* **11** Referido a una sustancia, untarla o aplicarla: *Dio una mano de pintura al techo.* **12** Referido a una enseñanza, transmitirla o recibirla: *Dará la asignatura un profesor nuevo.* **13** *col.* Referido a un espectáculo, exhibirlo o celebrarlo: *La televisión dio un gran documental.* **14** Referido a un acto social, organizarlo e invitar a asistir a él: *El rey dio una recepción al cuerpo diplomático.* **15** Referido a una hora, señalarla un reloj: *Van a dar las diez.* **16** Referido a un período de tiempo, fastidiarlo o causar muchas molestias durante su transcurso: *Ese tipo me ha dado el día con sus impertinencias.* **17** En un juego de cartas, repartirlas a los jugadores: *¡Da cartas de una vez y deja de barajar!* **18** Golpear o chocar: *La lluvia daba con fuerza sobre los cristales.* **19** Acertar, atinar o caer: *No dio ni una en el examen y suspendió.* **20** Ir a parar o desembocar: *Siguiendo por esta calle vas a dar a una glorieta.* **21** Producir buena imagen en la pantalla: *La protagonista da muy bien en esa película.* **22** Referido a una enfermedad o a una sensación, sobrevenir: *Le han dado ya varios infartos.* **23** Seguido de algunos sustantivos, realizar la acción expresada por estos: *Da saltos de alegría. Me gusta dar paseos.* ▌ prnl. **24** Suceder o existir: *No se dan las condiciones favorables para hacer el experimento.* **25** ‖ **dale.** *col.* Expresión que se usa para indicar enfado o molestia por la insistencia u obstinación de alguien: *Y dale, ¿es que no me vas a dejar en paz?* ‖ **dar a entender.** Insinuar o hacer saber sin expresar claramente: *No lo dijo, pero dio a entender que estaba ofendido.* ‖ **dar {a/sobre}** un lugar. Estar orientado en esa dirección: *Mi habitación da al norte.* ‖ **dar con** algo. Encontrarlo: *¡Por fin doy contigo!* ‖ **dar de sí. 1** Referido esp. a un tejido, extender o ensanchar: *La falda se ha dado de sí y se me cae.* **2** Rendir, aprovechar o ser capaz: *Con poca cantidad basta, porque da mucho de sí.* ‖ **dar en** algo. Empeñarse en ello: *Don Quijote dio en leer libros de caballerías.* ‖ **dar {igual/lo mismo}. 1** No importar o ser indiferente: *Me da igual lo que pienses.* **2** Tener el mismo valor: *Lo mismo da seis huevos que media docena.* ‖ **darle a** algo. *col.* Tenerlo como hábito o dedicarse a ello intensa o insistentemente: *Lo expulsaron del trabajo porque le daba al vino.* ‖ **darle** a alguien **por** algo. **1** Entrarle gran interés por ello: *Le ha dado por la música y se pasa el día oyendo discos.* **2** Ponerse a hacerlo intensamente: *Nos dio por reír y no podíamos parar.* ‖ **dar para** algo. Alcanzar o ser suficiente para ello: *Ese dinero te da para la entrada del cine.* ‖ **dar por.** Seguido de una expresión que indica cualidad, considerar que la tiene: *Todos le insultan, pero él no se da por aludido.* ‖ **dar que.** Seguido de un infinitivo, ofrecer ocasión o motivo para realizar la acción expresada por este: *Aquel escándalo dio que hablar a todo el pueblo.* ‖ **darse a** algo. Entregarse intensamente a ello: *Se dio a la bebida para olvidar sus penas.* ‖ **darse a conocer.** Referido a una persona, comunicar o descubrir su identidad: *El príncipe apareció disfrazado y hasta el final no se dio a conocer.* ‖ **darse a entender.** Comunicarse por señas: *Como no conoce el idioma, se da a entender por señas.* ‖ **dársela** a alguien. *col.* Engañarlo o serle infiel: *Su novio se la da con su mejor amiga.* ‖ **dárselas de** algo. *col.* Presumir de ello: *Se las da de saber mucho.* ‖ **darse por vencido.** *col.* Reconocer la incapacidad de lograr algo y desistir de ello: *Me doy por vencido, dime la solución.* ‖ **para dar y tomar.** En gran abundancia o variedad: *En la biblioteca tienes libros para dar y tomar.* ☐ MORF. Irreg. ⟶**DAR.** ☐ USO 1. Su participio se usa para presentar los datos de un problema o los condicionantes de una situación: *Dada una circunferencia con un radio de 3 cm, averiguar su perímetro.* 2. El empleo abusivo de la acepción 23 en lugar del verbo correspondiente indica pobreza de lenguaje.

dardo s.m. **1** Arma arrojadiza, semejante a una lanza pequeña y delgada, que se lanza con la mano o con cerbatana: *Clavé el dardo en el centro de la diana, y gané la partida.* **2** Dicho satírico o punzante con el que se intenta molestar o herir a alguien: *De su boca solo salen dardos envenenados contra todo el mundo.*

dársena s.f. En aguas navegables o en un puerto, parte resguardada artificialmente y acondicionada para la carga y descarga de las embarcaciones: *El mercante fondeó en la dársena para recoger la carga.*

darwinismo s.m. Teoría biológica expuesta por Charles Darwin (naturalista británico del siglo XIX), que explica la evolución de las especies como resultado de una selección natural debida a la lucha por la existencia y a la transmisión de los caracteres hereditarios: *El darwinismo revolucionó la biología del siglo XIX.*

data s.f. **1** Tiempo en el que se hace o sucede algo: *La data de ese cuadro es anterior al siglo XV.* **2** Indicación del lugar y del tiempo en que se hace o sucede algo, esp. la que se pone al principio o al final de un escrito: *Según la data, el contrato se firmó en Barcelona el 2 de mayo de 1990.* ☐ SEM. Es sinónimo de *fecha*.

datación s.f. Indicación o determinación de una data o de una fecha: *En el banco es obligatoria la datación de todos los documentos.*

datar v. **1** Poner una fecha o determinarla: *Dató su carta en Madrid a 3 de marzo de 1850. El arqueólogo dató en el Paleolítico los restos encontrados.* **2** Seguido de una expresión de tiempo, existir desde entonces o haberse originado en ese momento: *La catedral data del siglo pasado.* ☐ SINT. Constr. de la acepción 2: *datar* DE *una época*.

dátil s.m. **1** Fruto de algunas palmeras, de forma alargada, color marrón y con un hueso en su interior: *En Navidad comimos dátiles confitados.* **2** *col.* Dedo de la mano: *El muy cerdo cogió la tajada de carne con los dátiles.* **3** ‖ **dátil de mar.** Molusco marino, con una concha de dos valvas que se asemeja a ese fruto: *La carne del dátil de mar es muy apreciada.* ☐ MORF. La acepción 2 se usa más en plural.

dativo s.m. →**caso dativo.**

dato s.m. **1** Información previa, necesaria para llegar a un conocimiento exacto o para deducir conclusiones acertadas: *No me salía el problema porque los datos estaban equivocados.* **2** En informática, información representada o codificada de modo que pueda ser tratada por un ordenador: *En esta base de datos está metido todo lo que necesitamos saber del personal laboral.*

de ▮ s.f. **1** Nombre de la letra *d*: *La palabra 'dedo' tiene dos des.* ▮ prep. **2** Indica posesión o pertenencia: *Vino en el coche de su padre.* **3** Indica el lugar del que algo viene o procede: *Llegó un paquete de Barcelona. Su familia es del norte.* **4** Indica la materia de la que está hecho algo: *Compré muebles de madera.* **5** Indica el todo del que se toma una parte: *Tomó un poco de carne asada.* **6** Indica el asunto o materia de que se trata: *Me gustan los libros de aventuras.* **7** Indica la naturaleza, carácter o condición de algo o de alguien: *Es persona de buen carácter.* **8** Indica la profesión o el oficio de alguien: *Actúa de asesor.* **9** Indica la causa o el factor desencadenante de algo: *Salta de alegría. Murió de infarto.* **10** Indica el modo de hacer algo: *Nos miró de refilón. Lo dijo de buena fe.* **11** Indica el contenido de algo: *Pidió un sobre de azúcar.* **12** Indica el tiempo en el que sucede algo: *Llegamos cuando todavía era de día.* **13** Indica la finalidad o la utilidad de algo: *Le regalaron una máquina de escribir. Nos dieron un día de descanso.* **14** Introduce un término específico que concreta o restringe a otro con valor genérico: *El mes de agosto es muy caluroso. Vive en la ciudad de Madrid.* **15** Introduce un complemento agente: *Es querido de todos. Vino acompañado de sus amigos.* **16** Precedido de una expresión que indica cualidad, señala el individuo al que se atribuye esta: *Es un encanto de mujer. ¡Pobre de ti si no vienes!* **17** Seguido del numeral 'uno' y de un sustantivo de acción, indica la rapidez o la eficacia con que algo se ejecuta: *Se bebió el refresco de un trago.* **18** En combinación con la preposición 'a', indica distancia en el tiempo o en el espacio, o diferencia entre dos términos que se comparan: *Trabajo de ocho a tres de la tarde. De aquí a mi casa hay varios kilómetros.* **19** En combinación con la preposición 'en', indica paso o transcurso por fases sucesivas: *Iba creciendo de día en día. La noticia corrió de boca en boca.* **20** En combinación con la preposición 'en' y seguidas ambas de un mismo numeral, indica grupos de ese número de unidades: *Llegaron de dos en dos.* **21** Seguido de infinitivo, sirve para formar oraciones con valor condicional: *De haberlo sabido, te habría avisado. De no ser así, no aceptaré.* □ SINT. 1. Sobre el uso incorrecto de *de* ante una subordinada introducida por *que* →**dequeísmo**. 2. En las denominaciones de accidentes geográficos, vías públicas, años, instituciones y otros objetos designados con un término genérico seguido de otro específico, aunque tradicionalmente este iba precedido de la preposición *de*, en la lengua actual está muy extendida su omisión: *cabo (de) San Vicente. Calle (de) España. Instituto (de) Cervantes. Año (de) 1950.* 3. Está muy extendida la omisión incorrecta de la preposición *de* en algunas locuciones y expresiones: *Se dio cuenta {*que › de que} estaba solo. ¡Ya era hora {*que › de que} viniese! Da la impresión {*que › de que} no le importa. Estoy seguro {*que › de que} lo vi. Se enteró {*que › de que} estuve aquí. Me alegro {*que › de que} vengas. No cabe duda {*que › de que} es listo. A pesar {*que › de que} lo intentó, no pudo*, etc.

de- Prefijo que significa 'privación' (*decapitar, demente*) o acción inversa a la expresada por la palabra madre (*decolorar, decelerar, decrecer*).

deambular v. Ir de un lado para otro sin rumbo fijo: *Los domingos me gusta deambular por las calles.*

deambulatorio s.m. En una iglesia, pasillo transitable, de forma semicircular, que rodea por detrás al altar mayor y da acceso a pequeñas capillas: *Los deambulatorios son característicos de las catedrales.*

deán s.m. En una catedral, eclesiástico que preside el cabildo o comunidad de canónigos en ausencia del obispo: *El deán es un colaborador fiel del obispo de la diócesis.*

debacle s.f. Ruina, desastre o situación lamentable: *Lo que había empezado bien terminó como una auténtica debacle.*

debajo adv. En una posición o parte inferior: *Los niños encontraron sus regalos debajo del árbol de Navidad. Ese vecino vive debajo.* □ SINT. Su uso seguido de un adjetivo posesivo es incorrecto: *Está debajo {*tuyo › de ti}.*

debate s.m. Intercambio y enfrentamiento de ideas o de argumentos sobre un asunto: *El moderador del debate iba dando la palabra a los participantes.*

debatir ▮ v. **1** Intercambiar y enfrentar ideas o argumentos: *Los diputados debatieron durante toda la sesión. Esta tarde debatiremos un tema muy polémico.* ▮ prnl. **2** Agitarse, forcejear o luchar interiormente: *El enfermo se debate entre la vida y la muerte.*

debe s.m. **1** En una cuenta, parte en la que se apuntan las cantidades que tiene que pagar su titular: *En el debe de esta notificación bancaria aparece lo que he tenido que pagar de la última factura de teléfono.* **2** Lista imaginaria donde se lleva cuenta de los fallos o de las deudas de alguien: *En el debe de este Gobierno hay que anotar su falta de atención a los marginados.* □ SEM. Dist. de *haber* (apunte de las cantidades a favor del titular; lista de aciertos o méritos).

deber ▮ s.m. **1** Lo que se tiene obligación de hacer, esp. si es por imposición legal o moral: *El primer deber de un médico es luchar por salvar la vida del enfermo.* ▮ pl. **2** Tarea que el alumno tiene que hacer fuera de las horas de clase: *El maestro nos puso muchos deberes.* ▮ v. **3** Estar obligado por imposición legal o moral: *Me debo a mi familia. Debemos a los padres gratitud eterna.* **4** Referido a una deuda o a un compromiso, estar obligado a satisfacerlos: *Has perdido la apuesta y me debes una cena.* ▮ prnl. **5** Tener por causa o ser consecuencia: *La mala cosecha se debe a la sequía.* □ SINT. 1. La perífrasis *deber + de + infinitivo* indica probabilidad o suposición: *A estas horas, debe de estar ya en casa.* 2. La perífrasis *deber + infinitivo* indica obligación: *Un soldado debe obedecer a su superior.*

debido ‖ **como es debido.** De manera correcta, o como corresponde: *Tranquilo, que lo haré como es debido.* ‖ **debido a.** A causa de: *Debido a las fuertes lluvias, se anuló la excursión.*

débil adj. Que tiene poca fuerza, poco vigor o poca resistencia: *Las personas débiles son propensas a las enfermedades. Esa bombilla da una luz muy débil. Tu argumento es tan débil que se cae por su propio peso.* □ MORF. Invariable en género.

debilidad s.f. **1** Escasez de fuerza o de resistencia física: *Su debilidad apenas le permite mantenerse en pie.* **2** Falta de energía en la forma de ser, esp. para imponerse o para tomar resoluciones: *Con esa debilidad de carácter, nunca conseguirás nada en la vida.* **3** Hecho o dicho que son consecuencia de esta falta de fuerza o de energía: *Fue una debilidad ceder a su absurda propuesta.* **4** Afecto o inclinación especiales: *Los abuelos suelen sentir debilidad por el nieto mayor.* **5** *col.* Hambre: *Cuando siento debilidad, me comería cualquier cosa.*

debilitamiento s.m. Disminución o pérdida de fuerza, de energía o de resistencia: *Su progresivo debilitamiento es consecuencia de su enfermedad.*

debilitar v. Quitar o perder fuerza, energía o resistencia: *Las acusaciones de fraude debilitaron su posición en el partido. Nuestra amistad nunca se debilitará.*

débito s.m. *poét.* Deuda: *Antes de morir, saldó su débito con los que le habían ayudado.*

debut s.m. En una actividad, esp. en el mundo del espectáculo, comienzo o primera actuación: *El actor hizo su debut profesional ante un público exigente.* □ ORTOGR. Es un galicismo (*début*) semiadaptado al español. □ MORF. Su plural es *debuts*.

debutar v. Hacer el debut en una actividad y empezar a desempeñarla: *Hoy debuta en nuestra ciudad una nueva compañía de teatro.*

deca- Elemento compositivo que significa 'diez': *decárea, decagramo, decalitro, decámetro.*

década s.f. Período de tiempo de diez años, que comprende cada decena de siglo: *El movimiento jipi es propio de la década de los sesenta.* □ SEM. Dist. de *decenio* (período de diez años).

decadencia s.f. **1** Pérdida progresiva de cualidades; *decaimiento: Aquella enfermedad marcó el principio de su decadencia física.* **2** Período de tiempo en el que tiene lugar este proceso, esp. referido a períodos históricos o artísticos: *La decadencia del Imperio romano marcó el comienzo de una nueva civilización.*

decadente adj. **1** Que se halla o se encuentra en decadencia: *El edificio está en un estado decadente.* **2** Que revaloriza formas o gustos pasados de moda: *Están de moda los locales de ambiente decadente.* **3** Que se caracteriza por un excesivo refinamiento: *Los modernistas pusieron de moda una estética decadente y artificiosa.* □ MORF. Invariable en género.

decadentismo s.m. Movimiento literario europeo, desarrollado a finales del siglo XIX como una derivación del simbolismo francés, y caracterizado por su desencanto y pesimismo ideológicos y por un marcado refinamiento estilístico: *Las 'Sonatas' de Valle-Inclán se inscriben dentro del decadentismo.*

decaedro s.m. Cuerpo geométrico limitado por diez polígonos o caras: *Un decaedro regular tiene sus diez caras iguales.*

decaer v. Ir a menos, o perder progresivamente cualidades: *La calidad de este periódico ha decaído últimamente. ¡Música, maestro, y que no decaiga la fiesta!* □ MORF. Irreg. →**CAER**.

decágono, na adj./s.m. En geometría, referido a un polígono, que tiene diez lados y diez ángulos: *Es un edificio casi redondo porque tiene planta decágona. Utilizamos el compás para construir un decágono regular.*

decaído, da adj. Referido a una persona, sin fuerzas o baja de ánimo: *Está muy decaída desde que se jubiló.*

decaimiento s.m. **1** Falta o pérdida de fuerzas o de ánimo: *Tienes que superar ese decaimiento y enfocar la vida con optimismo.* **2** Pérdida progresiva de cualidades; *decadencia: Me da mucha pena ver el decaimiento imparable de los abuelos.*

decalcificación s.f. →**descalcificación.**

decalcificar v. →**descalcificar.** □ ORTOGR. La *c* se cambia en *qu* delante de *e* →**SACAR.**

decálogo s.m. **1** En el cristianismo y en el judaísmo, los diez mandamientos o normas de la ley de Dios que fueron entregados a Moisés (personaje bíblico) en el Sinaí (monte egipcio): *El quinto mandamiento del decálogo es 'No matarás'.* **2** Conjunto de normas o puntos que, aunque no sean diez, se consideran básicos para el correcto ejercicio de una actividad: *'Ser claro' es la primera norma del decálogo del profesor.*

decanato s.m. **1** Cargo de decano: *Tres candidatos aspiran al decanato.* **2** Tiempo durante el que un decano ejerce su cargo: *Durante su decanato, la facultad conoció grandes mejoras.* **3** Lugar oficial de trabajo de un decano: *Los nuevos profesores deben presentar sus credenciales en el decanato.*

decano, na ▮ adj./s. **1** En una colectividad, referido a una persona, que es la de más edad o el miembro más antiguo: *La socia decana preside la mesa electoral. El decano del cuerpo diplomático habló en nombre de todos.* ▮ s. **2** En una corporación o en una facultad universitaria, persona que la preside: *El decano del Colegio de Médicos abrió el acto con un discurso.*

decantación s.f. Inclinación a favor de una opción: *La decantación del juez hacia las tesis de la defensa fue decisiva.*

decantarse v.prnl. Tomar partido o mostrar preferencia: *El político se decantó hacia posturas más conservadoras.*

decapitación s.f. Separación de la cabeza del resto del cuerpo: *La decapitación de los prisioneros tendrá lugar en el patíbulo.*

decapitar v. Cortar la cabeza separándola del tronco: *Los condenados eran decapitados con la guillotina.*

decápodo, da ▮ adj./s.m. **1** Referido a un crustáceo, que tiene cinco pares de patas: *El caparazón de los crustáceos decápodos les cubre la cabeza y el tórax. El cangrejo y la langosta son dos decápodos.* **2** Referido a un molusco, que tiene diez tentáculos provistos de ventosas: *Los cefalópodos decápodos tienen dos tentáculos más largos que los demás. El calamar y la sepia son dos decápodos.* ▮ s.m.pl. **3** En zoología, orden de esos crustáceos, perteneciente al tipo de los artrópodos: *Los crustáceos que pertenecen a los decápodos tienen tres pares de patas en las mandíbulas.* **4** En zoología, grupo de esos moluscos: *En clasificaciones antiguas, los decápodos eran un orden.*

decasílabo, ba adj./s.m. De diez sílabas, esp. referido a un verso: *Dime una palabra decasílaba. El verso de Bécquer 'Yo sé un himno gigante y extraño' es un decasílabo.*

decatlón s.m. Competición atlética que consta de diez pruebas, realizadas por un mismo deportista: *El salto con pértiga y el lanzamiento de jabalina son pruebas típicas del decatlón.* □ ORTOGR. 1. Incorr. **decalón*. 2. Es un anglicismo (*decathlon*) adaptado al español.

deceleración s.f. Disminución de la rapidez o de la velocidad: *Al subir pendientes, se suele producir una deceleración en la marcha de un vehículo.*

decena s.f. Conjunto de diez unidades: *En el cine habría solo una decena de espectadores. En el número 453, el '5' ocupa el lugar de las decenas y simboliza 50 unidades.* □ SEM. Dist. de *década* (cada decena de un siglo) y de *decenio* (período de 10 años).

decencia s.f. **1** Honradez, dignidad o respeto a los principios morales socialmente aceptados: *La decencia me impide aprovecharme de las circunstancias.* **2** Respeto a la moral sexual: *Dice que algunos escotes atentan contra la decencia.* **3** Dignidad o calidad suficientes, pero no excesivas: *No es una obra brillante, pero está hecha con decencia.*

decenio s.m. Período de tiempo de diez años: *Trabajé en esa empresa durante un decenio.* ☐ SEM. 1. Dist. de *decena* (conjunto de 10 unidades) y de *década* (cada decena de un siglo).

decente adj. **1** Honrado, digno o respetuoso con los principios morales socialmente aceptados: *Las personas decentes viven de su trabajo y no se meten en líos.* **2** Que actúa de acuerdo con la moral sexual: *Mi abuela opina que no es decente desnudarse en un escenario.* **3** De buena calidad o en buenas condiciones, pero sin excesos: *Nos dieron una comida decente y nada sofisticada.* **4** Limpio y aseado: *Nos dieron una habitación decente y agradable.* ☐ MORF. Invariable en género.

decepción s.f. Desilusión o pesar producidos por el conocimiento de algo que no es como se esperaba: *Cuando me enteré de que me habías mentido, me llevé una gran decepción.*

decepcionar v. Referido a una persona, desilusionarla o defraudarla por no ser algo como se esperaba: *Me habían hablado tan bien de esa novela que me decepcionó. En el primer curso se decepcionó y dejó la carrera.*

deceso s.m. Muerte natural de una persona: *El deceso se produjo después de una larga enfermedad.* ☐ USO Es característico del lenguaje culto.

dechado s.m. Lo que, por reunir cualidades en su más alto grado, sirve de ejemplo digno de imitación: *Tu primo es un dechado de virtudes.*

deci- Elemento compositivo que significa 'décima parte': *decibelio, deciárea, decigramo, decilitro, decímetro.*

decidido, da ▮ adj. **1** Firme y sin vacilación: *Adoptó una actitud decidida y enérgica.* ▮ adj./s. **2** Que actúa con decisión o valentía: *La decidida muchacha se lanzó al agua y salvó al náufrago. El éxito es de los intrépidos y de los decididos.*

decidir v. **1** Tomar una determinación o inclinarse definitivamente por una opción; *resolver: He decidido quedarme. Se decidió por el modelo más barato.* **2** Orientar decisivamente en un sentido: *El penalti decidió el partido.*

décima s.f. Véase **décimo, ma**.

decimal ▮ adj. **1** Que se basa en estructuras de diez elementos: *Los sistemas de clasificación decimal de bibliotecas estructuran los conocimientos en 10 grupos.* **2** Referido a una parte, que constituye una cantidad junto con otras nueve iguales a ella: *Cada uno de los 10 nietos recibió una parte decimal de la herencia.* ▮ adj./s.m. **3** En una expresión numérica, referido a una cifra, que está a la derecha del punto o de la coma: *La calculadora redondea el resultado hasta ocho cifras decimales. Se equivocó en la división al sacar los decimales.* ▮ s.m. **4** →**número decimal.** ☐ MORF. Como adjetivo es invariable en género.

decímetro s.m. **1** En el Sistema Internacional, unidad de longitud que equivale a la décima parte de un metro: *Un metro tiene diez decímetros.* **2** ‖ **decímetro cuadrado.** En el Sistema Internacional, unidad de superficie que equivale a la centésima parte de un metro cuadrado: *El mosaico medía cinco decímetros cuadrados.* ‖ **decímetro cúbico.** En el Sistema Internacional, unidad de volumen que equivale a la milésima parte de un metro cúbico: *Las marcas del tubo de ensayo indican decímetros cúbicos.*

décimo, ma ▮ numer. **1** En una serie, que ocupa el lugar número diez: *Me senté en la décima fila del patio de butacas. Es el décimo entre 20 clasificados.* **2** Referido a una parte, que constituye un todo junto con otras nueve iguales a ella: *De los 10 socios, cada uno recibió la décima parte de los beneficios. Ganó por unas décimas de segundo.* ▮ s.m. **3** En el juego de la lotería, cada una de las diez participaciones en que se divide un billete o número, y que se pueden vender por separado: *Me gusta comprar varios décimos de números distintos.* ▮ s.f. **4** En la forma de medir la fiebre, cada una de las diez partes en que se divide un grado del termómetro clínico: *Tengo unas décimas de fiebre y no me encuentro bien.* **5** En métrica, estrofa formada por diez versos octosílabos de rima consonante y cuyo esquema es *abbaaccddc*: *Las primeras décimas aparecen en el siglo XVI, en un libro de Vicente Espinel titulado 'Diversas rimas'.* ☐ MORF. 1. Como numeral, sirve para formar los ordinales compuestos que corresponden a los números 11 al 19; pueden escribirse en una o dos palabras: *décimo primero* o *decimoprimero*, *décimo segundo* o *decimosegundo*, *décimo quinto* o *decimoquinto*, etc. 2. →APÉNDICE DE PRONOMBRES.

decimoctavo, va numer. En una serie, que ocupa el lugar número dieciocho: *Vive en el decimoctavo piso de un rascacielos. Fue la decimoctava en llegar.* ☐ ORTOGR. 1. Incorr. **decimooctavo*. 2. Admite también la forma *décimo octavo*. ☐ MORF. →APÉNDICE DE PRONOMBRES.

decimocuarto, ta numer. En una serie, que ocupa el lugar número catorce: *Es la decimocuarta vez que se lo repito. Nuestro equipo es el decimocuarto en la liga.* ☐ ORTOGR. 1. Nunca lleva tilde. 2. Admite también la forma *décimo cuarto*. ☐ MORF. →APÉNDICE DE PRONOMBRES.

decimonónico, ca adj. **1** Del siglo XIX o relacionado con él: *'La Regenta' es una de las grandes novelas decimonónicas.* **2** Anticuado o pasado de moda: *El empleo de la fuerza en la enseñanza resulta cruel y decimonónico.* ☐ USO En la acepción 2, tiene un matiz despectivo.

decimonoveno, na numer. En una serie, que ocupa el lugar número diecinueve: *Ocupa el decimonoveno lugar entre treinta aspirantes. Es la decimonovena en la lista.* ☐ ORTOGR. 1. Nunca lleva tilde. 2. Admite también la forma *décimo noveno*. ☐ MORF. →APÉNDICE DE PRONOMBRES.

decimoprimero, ra numer. En una serie, que ocupa el lugar número once: *Soy el decimoprimero en la lista. undécimo* ☐ ORTOGR. 1. Nunca lleva tilde. 2. Admite también la forma *décimo primero*. ☐ MORF. →APÉNDICE DE PRONOMBRES.

decimoquinto, ta numer. En una serie, que ocupa el lugar número quince: *Llegó a la meta en decimoquinta posición. A partir del decimoquinto quedaron descalificados.* ☐ ORTOGR. 1. Nunca lleva tilde. 2. Admite también la forma *décimo quinto*. ☐ MORF. →APÉNDICE DE PRONOMBRES.

decimosegundo, da numer. En una serie, que ocupa el lugar número doce: *Diciembre es el decimosegundo mes del año. duodécimo* ☐ ORTOGR. 1. Nunca lleva tilde. 2. Admite también la forma *décimo segundo*. ☐ MORF. →APÉNDICE DE PRONOMBRES.

decimoséptimo, ma numer. En una serie, que ocupa el lugar número diecisiete: *Es tu decimoséptimo éxito esta temporada. El decimoséptimo en salir fue el primero en llegar.* ☐ ORTOGR. Admite también la forma *décimo séptimo*. ☐ MORF. →APÉNDICE DE PRONOMBRES.

decimosexto, ta numer. En una serie, que ocupa el lugar número dieciséis: *El muy torpe solo consiguió entenderlo en la decimosexta lectura. El decimosexto perdió los nervios y abandonó la prueba.* □ ORTOGR. 1. Nunca lleva tilde. 2. Admite también la forma *décimo sexto*. □ MORF. ⟶APÉNDICE DE PRONOMBRES.

decimotercero, ra numer. En una serie, que ocupa el lugar número trece: *Entrar en decimotercera posición por delante de cien corredoras está muy bien. Los decimoterceros de cada eliminatoria se enfrentarán entre sí.* □ ORTOGR. 1. Nunca lleva tilde. 2. Admite también la forma *décimo tercero*. □ MORF. ⟶APÉNDICE DE PRONOMBRES.

decir ▮ s.m. **1** Palabra o conjunto de palabras con las que se expresa un concepto, esp. si es de carácter ingenioso o incluye una sentencia; *dicho: Sus decires y ocurrencias encierran gran sabiduría.* ▮ v. **2** Pronunciar o expresar con palabras: *Me dijo que no vendría. En el prospecto dice que este medicamento tiene efectos secundarios.* **3** Afirmar, opinar o sostener: *A ti te parecerá bien, pero yo digo que es un error.* **4** Dar por nombre o llamar: *Al rape aquí le dicen 'pez sapo'.* **5** Indicar, mostrar o comunicar: *Sus ojos me dicen que me ama.* **6** Seguido de una expresión de modo, resultar o sentar de esa manera: *Esa corbata no dice bien con la camisa que llevas.* ▮ prnl. **7** Reflexionar consigo mismo: *Quise contestarle, pero me dije: «Cállate o te arrepentirás».* **8** ‖ **como quien dice** o **como si dijéramos.** Expresión que se usa para suavizar lo que se afirma a continuación: *Empezó a insultarme y me puso, como quien dice, a caer de un burro.* ‖ **decir bien.** Hablar con verdad o con acierto: *Pensaba que eso sucedió el año pasado, pero, dices bien, fue hace más tiempo.* ‖ **decir {entre/para} sí.** Reflexionar consigo mismo: *Cuando se enteró, dijo para sí: «Esta me la pagas».* ‖ **díga(me).** Expresión que se usa para indicar al interlocutor que puede empezar a hablar, esp. cuando se atiende una llamada telefónica: *Al otro lado del teléfono solo se oía '¡Diga..., diga...!'.* ‖ **el qué dirán.** La opinión pública o las habladurías: *No se atrevió a hacerlo por miedo al qué dirán.* ‖ **es decir.** Expresión que se usa para introducir una explicación a lo anteriormente dicho: *La cefalea, es decir, el dolor de cabeza, es muy molesta.* ‖ **ni que decir tiene.** Expresión que se usa para indicar que lo que sigue es evidente o se da por supuesto: *Ni que decir tiene que todos los alumnos deben asistir al acto de inauguración.* ‖ **ser un decir.** Ser una suposición: *Si no vengo, es un decir, tampoco pasa nada.* ‖ **y que lo digas.** Expresión que se usa para confirmar las palabras del interlocutor: *Opine lo que opine, siempre contesta '¡Y que lo digas!'.* □ MORF. Irreg.: 1. Su participio es *dicho*. 2. ⟶**DECIR**.

decisión s.f. **1** Determinación o resolución que se toman en un asunto dudoso o incierto: *No sé qué hacer, porque todavía no he tomado ninguna decisión.* **2** Firmeza y ausencia de vacilación en la forma de actuar: *El policía actuó con decisión antes de que el delincuente pudiera reaccionar.*

decisivo, va adj. **1** Que decide o que lleva a tomar una determinación: *Tengo razones decisivas para actuar así.* **2** *col.* Que tiene una importancia trascendental para el futuro: *Sé que estoy atravesando una etapa decisiva en mi vida.*

decisorio, ria adj. Que tiene capacidad para decidir: *Los delegados del partido fueron a consultar a las bases, porque no tenían poder decisorio en ese asunto.*

declamación s.f. **1** Pronunciación o recitado de un discurso, en voz alta y acompañándolo con la entonación y los gestos adecuados: *Un actor debe dominar la técnica de la declamación.* **2** Discurso pronunciado en público: *La declamación del conferenciante fue un ejemplo de oratoria.*

declamar v. **1** Hablar o recitar en voz alta, acompañando con la entonación y los gestos adecuados: *Nunca vi declamar ese monólogo con tanto sentimiento.* **2** Hablar en público: *Antiguamente, había clases de retórica para aprender a declamar.*

declaración s.f. **1** Manifestación, explicación o exposición públicas: *Las declaraciones del ministro sobre la situación económica son preocupantes.* **2** Atribución o concesión de una calificación, esp. si es de carácter oficial: *El preso esperaba una declaración de inocencia.* **3** Manifestación que un testigo o un reo hacen ante un juez u otra autoridad acerca de lo que saben sobre aquello que se les pregunta: *Las declaraciones de los testigos se contradicen.* **4** Manifestación oficial de los bienes sujetos a impuestos, que se hace para pagar dichos impuestos: *En la declaración de la renta se hacen constar los ingresos anuales.* **5** Manifestación de amor que una persona hace a otra pidiéndole relaciones: *Su declaración aquí, a la luz de la luna, parecía una escena de cine.* **6** Reconocimiento, comunicación o determinación de un estado o de una condición: *Una declaración de guerra llevaría al país a la ruina.* **7** Aparición o manifestación de algo que se extiende o se propaga: *Los vecinos abandonaron el edificio precipitadamente ante la declaración de un incendio.*

declarado, da adj. Manifiesto o muy claro: *Es un declarado defensor de los derechos humanos.*

declarar ▮ v. **1** Manifestar, explicar o decir públicamente: *El ministro declaró que no subirán los impuestos.* **2** Atribuir, otorgar o conceder una calificación, esp. si es de carácter oficial: *El juez declaró inocente al acusado.* **3** Referido a bienes sujetos al pago de impuestos, manifestar oficialmente su cantidad y su naturaleza para satisfacer dichos impuestos: *En la aduana nos preguntaron si teníamos algo que declarar.* **4** Referido esp. a una situación política, comunicar oficialmente su inicio: *El presidente declaró el estado de sitio.* **5** Referido a un testigo o a un reo, manifestar ante un juez u otra autoridad lo que saben sobre aquello que se enjuicia o se les pregunta: *Los testigos del accidente fueron llamados a declarar.* ▮ prnl. **6** Referido a una persona, manifestar su amor a otra pidiéndole relaciones: *El que hoy es mi marido se me declaró hace veinte años en una fiesta.* **7** Referido a un estado o a una condición, reconocerlos o comunicarlos: *Los obreros se han declarado en huelga.* **8** Producirse o empezar a manifestarse: *El incendio se declaró en el sótano y se propagó por todo el edificio.*

declinación s.f. **1** En gramática, enunciación ordenada de las formas que presenta una palabra con flexión para cada caso: *En latín, la declinación de 'rosa' es: 'rosa, rosa, rosam, rosae...'.* **2** En gramática, cada uno de los grupos que sirven como modelo para la flexión de casos de una palabra: *La palabra latina 'civitas, civitatis' pertenece a la tercera declinación.*

declinar v. **1** Disminuir, ir a menos o perder cualidades progresivamente: *La hegemonía española comenzó a declinar en el siglo XVI.* **2** Aproximarse o acercarse al fin: *Declinaba el día y empezaba a extenderse el silencio de la noche.* **3** Renunciar, rechazar o no aceptar: *Declinó cortésmente la invitación.* **4** En gramática, referido a una palabra con flexión casual, enunciarla en las formas que presenta para cada caso: *Al declinar 'civitas, civitatis', me equivoqué en el ablativo.*

declive s.m. **1** Inclinación o pendiente de un terreno o de otra superficie: *Esa cuesta tiene un declive muy pronunciado.* **2** Descenso, decadencia o pérdida progresiva de cualidades: *Con aquella enfermedad comenzó el declive de su salud.*

decoloración s.f. Privación o pérdida de color: *El tiempo ha causado la decoloración y deterioro de esos tapices.*

decolorar v. Quitar o perder color; *descolorir: El sol ha decolorado las cortinas. Esa tela se decolora al lavarla.*

decomisar v. Referido a una mercancía de contrabando, confiscarla o apropiársela una autoridad en nombre del Estado: *La policía decomisó un alijo de tabaco.*

decomiso s.m. **1** En derecho, pena que consiste en la confiscación o privación de mercancías de contrabando: *Los aduaneros procedieron al decomiso de los productos no declarados.* **2** Mercancía que es objeto de esta confiscación: *El Estado hará una subasta pública de decomisos.*

decomisos s.m. Establecimiento comercial en el que se venden a bajo precio mercancías de contrabando que han sido confiscadas por el Estado: *En este decomisos encontrarás radios de todo tipo, y muy baratas.* □ MORF. Invariable en número.

decoración s.f. **1** Hecho de embellecer con adornos: *La decoración de las calles anuncia todos los años la llegada de la Navidad.* **2** Colocación de muebles y otros objetos en un lugar para embellecerlo y crear un ambiente determinado: *La decoración de las oficinas suele obedecer a criterios funcionales.* **3** Lo que decora o sirve de adorno: *Para mí, las flores son la mejor decoración en una casa.* **4** Arte o técnica de decorar o combinar distintos elementos ornamentales: *Estudió decoración y hoy es diseñador de interiores.* **5** En una representación teatral, conjunto de telones, bambalinas y objetos con que se representa una escena: *Es un grupo de teatro aficionado y la decoración de sus obras suele ser muy pobre.*

decorado s.m. Decoración, esp. la de una representación teatral: *El decorado de la obra representa un palacio.*

decorador, -a s. Persona que se dedica profesionalmente a la decoración de interiores: *Contrataron a una famosa decoradora para decorar la mansión.*

decorar v. **1** Adornar o embellecer con adornos: *Los niños decoraron el árbol de Navidad con guirnaldas.* **2** Servir de decoración o de adorno: *Varios tapices decoran la sala.* **3** Referido a un lugar, dotarlo de muebles y otros objetos de forma que se embellezca y se cree un ambiente determinado: *Decoró el apartamento con un estilo moderno y funcional.*

decorativo, va adj. De la decoración o relacionado con este arte: *Las técnicas decorativas conceden mucha importancia a la iluminación de los espacios.*

decoro s.m. **1** Honor o respeto que merece una persona, esp. en razón de su condición social: *El embajador fue tratado con el debido decoro.* **2** Recato o respeto a la moral sexual: *Su falta de decoro escandaliza al vecindario.* **3** Dignidad o calidad suficiente, pero sin lujo ni excesos: *Mi sueldo me da para vivir con suficiente decoro.*

decoroso, sa adj. Que tiene o que manifiesta decoro: *Mi abuela me regañó porque decía que mi vestido de tirantes no era decoroso.*

decrecer v. Hacerse menor en tamaño, en cantidad o en intensidad: *Nuestro entusiasmo no decrecerá con el paso de los años.* □ MORF. Irreg.: Aparece una *z* delante de la *c* cuando la siguen *a, o* →**PARECER**.

decrecimiento s.m. Reducción del tamaño, de la cantidad o de la intensidad; *disminución: Resulta preocupante el decrecimiento del interés por la lectura.*

decrépito, ta adj. Referido a una persona, que es de edad muy avanzada, esp. si por ello tiene menguadas sus facultades: *La pobre anciana estaba decrépita y ya no podía ni incorporarse en la cama.*

decrepitud s.f. Vejez extrema, esp. si va acompañada de una pérdida de facultades: *Su decrepitud le impide valerse por sí mismo.*

decretar v. Decidir o determinar, porque se tiene autoridad para ello: *El Ayuntamiento ha decretado el cierre de ese local.*

decretazo s.m. *col. desp.* Decreto que se pone en vigor sin haber sido pactado previamente, y cuyo contenido no es aceptado por la mayoría: *El decretazo del Gobierno ha sido muy criticado por la oposición.*

decreto s.m. **1** Decisión, determinación o resolución de un jefe de Estado, de su Gobierno o de una autoridad judicial, esp. sobre asuntos de carácter político: *El Consejo de Ministros aprobó un decreto sobre oferta pública de empleo.* **2** En la Iglesia católica, decisión que toma el papa después de haber consultado a los cardenales: *Tras el concilio, el papa hizo público un decreto sobre la moral cristiana.* **3** ‖ **decreto ley.** El que, teniendo carácter de ley, es dictado de manera excepcional por el poder ejecutivo sin someterlo al órgano legislativo competente: *Los decretos leyes deben cumplir ciertas condiciones establecidas previamente por el Parlamento.* ‖ **por (real) decreto.** *col.* Obligatoriamente y sin razón justificada: *¡Se hace así por real decreto, y no preguntes más!* ‖ **real decreto.** En una monarquía constitucional, el aprobado por el Consejo de Ministros: *Los reales decretos entran en vigor a partir de su publicación en el Boletín Oficial del Estado.* □ MORF. El plural de *decreto ley* es *decretos leyes*.

decúbito s.m. **1** Posición del cuerpo de una persona o de un animal cuando están tendidos horizontalmente: *Debido a su enfermedad pasó mucho tiempo en posición de decúbito.* **2** ‖ **decúbito lateral.** Aquel en que el cuerpo se apoya sobre uno de sus costados: *La juez halló el cadáver en posición de decúbito lateral.* ‖ **decúbito prono.** Aquel en que el cuerpo se apoya sobre el pecho y el vientre: *La víctima fue atacada por la espalda y quedó en posición de decúbito prono.* ‖ **decúbito supino.** Aquel en que el cuerpo se apoya sobre la espalda: *El forense colocó el cuerpo en decúbito supino para hacerle la autopsia.*

décuplo, pla numer. Referido a una cantidad, que es diez veces mayor: *Recibí una cantidad décupla de lo que había calculado. Me exige el décuplo de lo que le ofrecí.* □ MORF. →APÉNDICE DE PRONOMBRES.

dedal s.m. Utensilio de costura, de material duro y forma cilíndrica, que se encaja en el extremo de un dedo para protegerlo al empujar la aguja: *Me han regalado un dedal de plata.* 👁 **costura**

dedicación s.f. **1** Ocupación en una actividad o entrega intensa a ella: *Si trabajas en régimen de dedicación exclusiva, tu trabajo excluye cualquier otro.* **2** Destino o empleo para un fin: *El pleno aprobó la dedicación de fondos a actividades culturales.* **3** Ofrecimiento o consagración como homenaje: *Fue muy criticada la dedicación de un monumento al alcalde anterior.*

dedicar ▮ v. **1** Emplear o destinar a un fin o a un uso determinados: *Dediqué el fin de semana a la lectura.* **2** Ofrecer o dirigir como obsequio u homenaje: *La ciudad dedicó un monumento al insigne escritor.* **3** Referido a un objeto, firmar o escribir unas palabras en él en atención a alguien: *En la presentación de su libro, el poeta dedicó cientos de ejemplares.* **4** Referido esp. a un templo, ponerlo bajo la advocación o protección de una divinidad o de un santo, o consagrarlo a su culto: *Esta ermita está dedicada a san Saturio.* ▮ prnl. **5** Tener como ocupación o como profesión: *Me dedico a la enseñanza.* □ ORTOGR. La *c* se cambia en *qu* delante de *e* ⟶**SACAR**. □ SINT. Constr. de la acepción 5: *dedicarse* A *algo*.

dedicatoria s.f. Escrito o nota que se pone en un libro, en una fotografía o en otro objeto, y que se dirige a la persona a la que estos se ofrecen: *Me regaló un libro con una dedicatoria muy cariñosa.*

dedillo ‖ **al dedillo.** *col.* Muy bien: *El taxista se conocía al dedillo todas las calles.*

dedo s.m. **1** En las personas y en algunos animales, cada una de las prolongaciones articuladas en las que terminan sus manos o sus pies: *Una mano tiene cinco dedos.* 👁 **mano; pie 2** Porción que equivale al ancho de un dedo de la mano: *Cuando copies el texto, deja tres dedos de margen.* **3** Unidad de longitud que equivale aproximadamente a 18 milímetros: *Un dedo es la duodécima parte de un palmo.* **4** ‖ **a dedo. 1** Referido a la forma de realizar una elección o un nombramiento, por decisión personal de una autoridad o sin procedimiento legal de selección: *Sus colaboradores son amigos o parientes nombrados a dedo.* **2** *col.* Referido a la forma de viajar, haciendo autostop: *Como no tiene dinero, siempre viaja a dedo.* ‖ **chuparse el dedo.** *col.* Ser fácil de engañar o no enterarse de lo que pasa alrededor: *¿Crees que me chupo el dedo y que me trago todo lo que me cuentas?* ‖ **{cogerse/pillarse} los dedos.** *col.* Quedarse corto por un error o por una falta de previsión: *Nada más decirle aquello, me di cuenta de que me estaba pillando los dedos.* ‖ **(dedo) anular.** El cuarto de la mano, empezando a contar por el pulgar: *El novio colocó la alianza en el dedo anular de la novia.* ‖ **dedo (del) corazón.** El del centro y más largo de la mano: *Tiene un callo en el dedo corazón de tanto apretar el bolígrafo.* ‖ **dedo gordo** o **(dedo) pulgar.** El primero y más grueso de la mano o del pie: *El piloto alzó su pulgar como señal de que estaba listo.* ‖ **(dedo) índice.** El segundo de la mano, empezando a contar por el pulgar: *El maestro se pone el dedo índice en los labios para mandarnos callar.* ‖ **(dedo) meñique.** El quinto y más pequeño de la mano o del pie, empezando a contar por el pulgar: *El zapato me hace daño en el dedo meñique.* ‖ **no mover un dedo.** *col.* No tomarse la menor molestia: *Ese egoísta no mueve un dedo por nadie.* ‖ **no tener dos dedos de frente.** Ser poco sensato o poco inteligente: *Esas barbaridades las dice porque no tiene dos dedos de frente.* ‖ **poner el dedo en la llaga.** Acertar a señalar el punto más delicado o que más afecta de una cuestión: *Has puesto el dedo en la llaga al decir que su defecto es que todo lo hace por dinero.* ‖ **señalar con el dedo.** *col.* Criticar o censurar: *Todo el mundo lo señala con el dedo por ladrón.* □ USO En la acepción 3, es una medida tradicional española.

dedocracia s.f. *col.* Sistema de adjudicación o designación a dedo que realiza una autoridad abusando de su poder: *Se ha denunciado la dedocracia con la que han sido adjudicados estos pisos.* □ USO Tiene un matiz humorístico.

dedocrático, ca adj. De la dedocracia o que practica este sistema de elección: *Siendo sobrino del ministro, se sospecha que su nombramiento ha sido por procedimiento dedocrático.* □ USO Tiene un matiz humorístico.

deducción s.f. **1** Conclusión o resultado que se extraen o se alcanzan a partir de un antecedente y por medio del razonamiento; *derivación*: *Si te fías de las murmuraciones, es fácil que saques falsas deducciones.* **2** Método de razonamiento que consiste en partir de un principio general conocido y avanzar lógicamente hasta alcanzar una conclusión particular desconocida: *La deducción es característica de los sistemas racionalistas.* **3** Descuento de una cantidad: *Si paga la multa antes de diez días, obtendrá una deducción del diez por ciento.* □ SEM. En la acepción 2, dist. de *inducción* (método que alcanza un principio general a partir de datos particulares).

deducir v. **1** Referido a una conclusión o a un resultado, extraerlos o alcanzarlos por medio del razonamiento; *inferir*: *Por su reacción, deduzco que no le gustó el regalo. De lo que te ha dicho, no se deduce que esté enfadado.* **2** Referido a una cantidad, restarla o descontarla: *Este es mi sueldo bruto, es decir, sin deducir los descuentos correspondientes.* □ MORF. Irreg. ⟶**CONDUCIR**. □ SINT. Constr.: *deducir una cosa* DE *otra*. □ SEM. Dist. de *inducir* (alcanzar un principio general a partir de datos particulares).

deductivo, va adj. De la deducción o relacionado con este método de razonamiento: *El método deductivo llevó a Descartes a la conclusión de que Dios existe.*

defecación s.f. Expulsión de excrementos por el ano: *La defecación se produce después de la digestión.* □ ORTOGR. Dist. de *defección*.

defecar v. Expulsar excrementos por el ano: *Las personas estreñidas defecan con dificultad.* □ ORTOGR. La *c* se cambia en *qu* delante de *e* ⟶**SACAR**.

defección s.f. Deserción, abandono o separación de una causa o de un partido: *Al perder las elecciones, aumentaron las defecciones en el partido.* □ ORTOGR. Dist. de *defecación*.

defectivo, va adj. En gramática, referido a un verbo, que no se usa en todas las formas de su conjugación: *El verbo 'soler' es defectivo porque no suele usarse en las formas que expresan la acción acabada.*

defecto s.m. **1** Imperfección o falta natural o moral: *Cojea porque tiene un defecto en la pierna. Tu mayor defecto es ser tan cotilla.* **2** ‖ **en su defecto.** En su falta o en su ausencia: *Debe presentar el carné de identidad o, en su defecto, el de conducir.* ‖ **por defecto. 1** Por no alcanzar el mínimo suficiente: *Si no sabes calcular cuántos vendrán, al encargar la comida más vale que peques por exceso que por defecto.* **2** Referido a una opción, que se selecciona automáticamente si no se elige expresamente otra: *Cuando enciendas el ordenador, estarás en este directorio por defecto.*

defectuoso, sa adj. Imperfecto o con algún defecto: *En esa tienda liquidan ropa defectuosa a precio de saldo.*

defender ▮ v. **1** Proteger, apartar o preservar de un daño o de un peligro: *Mi hermano mayor me defendió. Encendieron una hoguera para defenderse del frío.* **2** Referido a una posición ideológica, mantenerla, sostenerla o argumentar a su favor: *Está convencido de lo que dice y lo defiende con todas sus fuerzas.* **3** Referido a la acción de un adversario, impedirla u obstaculizarla: *Tú serás el jugador encargado de defender al delantero centro.* **4** Referido esp. a un acusado, abogar o intervenir en su favor: *El* *abogado que me defendió en el juicio demostró mi inocencia.* ▌ prnl. **5** Desenvolverse bien: *No sé mucho alemán, pero me defiendo.* ☐ MORF. Irreg.: La *e* de la raíz diptonga en *ie* en los presentes, excepto en las personas *nosotros* y *vosotros* →**PERDER**.

defenestrar v. **1** Referido a una persona, destituirla o expulsarla de su puesto, esp. si se hace de manera drástica e inesperada: *El ministro fue defenestrado por razones que no se han hecho públicas.* **2** Referido a una persona, arrojarla por una ventana: *Cuando se vio acorralado, amenazó con defenestrar a un rehén. La policía evitó que se defenestrase un psicópata.* ☐ MORF. En la acepción 1, se usa más en voz pasiva.

defensa ▌ s. **1** En algunos deportes de equipo, jugador que tiene la misión de obstaculizar la acción del adversario; *zaguero: El otro equipo no nos ha metido ningún gol gracias a la labor de nuestros defensas.* ▌ s.f. **2** Protección frente a un daño o a un peligro: *Fue declarado inocente porque cometió el homicidio en legítima defensa.* **3** Mantenimiento de una postura ideológica o argumentación a su favor: *Hizo una acalorada defensa de sus teorías.* **4** Interposición de obstáculos a la acción de un adversario: *Hicieron una defensa eficaz durante todo el partido.* **5** Alegación o intervención en favor de algo, esp. de un acusado: *La defensa que hizo su abogado impresionó al jurado.* **6** Abogado o conjunto de abogados que representan a un acusado en un pleito e intervienen a su favor: *La defensa rebate las tesis del fiscal.* **7** Lo que sirve para defender o para defenderse: *La enfermedad me pilló débil y con pocas defensas.* ☐ MORF. En la acepción 1, es de género común y exige concordancia en masculino o en femenino para señalar la diferencia de sexo: *el defensa, la defensa.*

defensivo, va ▌ adj. **1** Que sirve para defender o defenderse: *Este equipo tiene una buena línea defensiva y les marcan muy pocos goles.* ▌ s.f. **2** Situación en la que se desiste del ataque y se pretende solo defenderse: *Los enemigos cercados organizaron la defensiva y resistieron hasta la muerte.* **3** ‖ **a la defensiva.** En actitud de defenderse, esp. si esta está originada por un sentimiento de recelo: *Pensó que íbamos contra él y estuvo todo el rato a la defensiva.* ☐ SINT. *A la defensiva* se usa más con los verbos *estar, ponerse* o *quedarse*.

defensor, -a adj. **1** Que defiende o protege: *Mi amigo es un gran defensor de los marginados.* **2** ‖ **defensor del pueblo.** Persona designada por el Parlamento para presidir la institución pública encargada de defender los derechos fundamentales de los ciudadanos ante la Administración y de velar por que esta los respete: *El defensor del pueblo informó a los diputados sobre las quejas recibidas.* ☐ USO La expresión *defensor del pueblo* se usa como nombre propio cuando hace referencia a la institución.

deferencia s.f. Amabilidad o atención que se tiene con alguien como muestra de respeto o de cortesía: *Tuvo la deferencia de acompañarme hasta la salida.*

deficiencia s.f. Imperfección, fallo o carencia: *Las deficiencias del servicio provocaron la protesta de los clientes.*

deficiente ▌ adj. **1** Que tiene algún defecto o alguna deficiencia: *Ese mueble tiene un acabado deficiente.* **2** Que no alcanza el nivel normal o requerido: *Su rendimiento en clase es muy deficiente.* ▌ adj./s. **3** Referido a una persona, que tiene alguna deficiencia física o psíquica. ☐ MORF. 1. Como adjetivo es invariable en género. 2. Como sustantivo es de género común y exige concordancia en masculino o en femenino para señalar la diferencia de sexo: *el deficiente, la deficiente.* ☐ USO En la acepción 3, tiene un matiz despectivo y, por ello, es preferible el uso de la expresión *persona con discapacidad*.

déficit s.m. **1** En economía, diferencia que hay entre los ingresos y los gastos, cuando los segundos son mayores que los primeros: *Los presupuestos del Estado prevén un aumento de ingresos y un descenso del déficit público.* **2** Falta o escasez de algo que se considera necesario: *En esta ciudad hay déficit de zonas verdes.* ☐ MORF. Su plural es *déficits.* ☐ SEM. Dist. de *superávit* (diferencia entre ingresos y gastos cuando aquellos son mayores; abundancia o exceso de algo).

definición s.f. **1** Determinación y explicación precisa de la significación de una palabra o de una expresión: *Me resulta difícil hacer una definición clara y precisa de algunos sustantivos abstractos.* **2** Aclaración o explicación de algo dudoso o incierto: *Ha tardado en la definición de su postura debido a las dudas que tenía.* **3** Claridad y precisión con que se percibe una imagen observada mediante un instrumento óptico, o la formada sobre una película fotográfica o una pantalla de televisión: *Me enseñó unas fotografías desenfocadas y con mala definición.*

definir ▌ v. **1** Referido a una palabra o a una expresión, determinar y explicar de manera precisa su significación: *En el diccionario de la lengua española se definen las palabras de nuestro idioma.* **2** Caracterizar o determinar la naturaleza o los límites: *En la Constitución se definen las competencias del Gobierno.* ▌ prnl. **3** Referido a una persona, mostrar claramente cuál es su pensamiento o su actitud: *Después de meditarlo, se definió a favor nuestro.*

definitivo, va adj. **1** Que decide o que es inamovible: *Ha dado una respuesta definitiva y nada le hará cambiar de opinión.* **2** ‖ **en definitiva.** De manera definitiva, en conclusión o en resumen: *Hablamos mucho, pero, en definitiva, no llegamos a nada.*

definitorio, ria adj. Que sirve para definir o para caracterizar: *La bondad y la generosidad son sus rasgos definitorios.*

deflación s.f. En economía, descenso del nivel general de precios que produce un aumento del valor del dinero: *Durante la crisis se produjo una importante deflación.* ☐ ORTOGR. Incorr. **deflacción.* ☐ SEM. Dist. de *inflación* (subida del nivel general de precios).

defoliación s.f. Caída prematura de las hojas de una planta, esp. si es provocada por un agente externo: *Una plaga causó la defoliación de muchos árboles.* ☐ ORTOGR. Incorr. **desfoliación.*

deforestación s.f. Eliminación o desaparición de plantas forestales; *desforestación: La deforestación del monte favorece la erosión del terreno.*

deforestar v. Referido a un terreno, despojarlo de plantas forestales; *desforestar: Los incendios han deforestado grandes extensiones de terreno.*

deformación s.f. **1** Alteración de la forma natural o de la manera de ser: *Los espejos cóncavos producen una deformación de la imagen.* **2** ‖ **deformación profesional.** Conjunto de hábitos adquiridos por el ejercicio de una profesión: *Soy maestra y mi deformación profesional me hace hablar a todo el mundo como si nadie entendiera nada.*

deformar v. Alterar la forma natural o la manera de ser: *Tengo los pies muy anchos y deformo los zapatos.*

deforme adj. **1** Desproporcionado o irregular en la forma: *Dibujé un hombre deforme, con una cabeza enorme y el cuerpo pequeño.* **2** Que ha sufrido deformación: *Tiene las piernas deformes porque de pequeño tuvo poliomielitis.* ☐ MORF. Invariable en género. ☐ SEM. Es sinónimo de *disforme*.

deformidad s.f. Desproporción o irregularidad en la forma: *Me aseguraron que la deformidad del pie se corregirá con una operación quirúrgica.*

defraudar v. **1** Referido esp. al pago de un impuesto, eludirlo o burlarlo: *Defraudó varios miles de euros a Hacienda.* **2** Referido a algo que corresponde a otra persona, privarla de ello con abuso de confianza o faltando a la fidelidad de las obligaciones propias: *Falsificando la firma del cajero, defraudó dos mil euros a su empresa.* **3** Referido a una persona, frustrar o desvanecer la confianza que tiene puesta en algo: *Estudia por lo menos para acabar el curso y no defraudar a tus padres.*

defunción s.f. Muerte, fallecimiento o terminación de la vida de una persona: *En el momento de su defunción se encontraba sola.*

degeneración s.f. Paso a un estado peor o pérdida de las características o cualidades positivas anteriores o primitivas: *La vejez causa una degeneración en las arterias que se conoce como arteriosclerosis.*

degenerado, da adj./s. Referido a una persona, con un grado de anormalidad mental y moral que se manifiesta en el comportamiento y en el aspecto físico: *Ahora tiene unos amigos degenerados que lo están pervirtiendo. No intentes justificarte, porque tus vicios solo son propios de un degenerado.*

degenerar v. Decaer o pasar a un estado peor, o perder las características y cualidades positivas anteriores o primitivas: *Ese catarro ha degenerado en una grave bronquitis.*

degenerativo, va adj. Que causa o produce degeneración: *La causa de su invalidez es un proceso degenerativo del sistema nervioso.*

deglución s.f. Paso de un alimento o de una materia sólida o líquida de la boca al estómago: *La deglución de los alimentos no es posible si no se mastican bien antes.*

deglutir v. Referido esp. a un alimento, tragarlos o hacerlos pasar de la boca al estómago: *Deglute con dificultad porque le duele mucho la garganta.*

degollar v. Referido a una persona o a un animal, cortarles la garganta o el cuello: *Los matarifes degollaban los corderos del matadero.* ☐ MORF. Irreg.: La *o* se cambia en *üe* en los presentes, excepto en las personas *nosotros* y *vosotros* →**AVERGONZAR**.

degradación s.f. **1** Privación o pérdida del empleo, de la dignidad, del privilegio o del honor que tiene una persona: *La degradación se produjo por su falta de valor en campaña.* **2** Reducción o desgaste de las cualidades inherentes o características: *La degradación de sus facultades mentales se debió al consumo de drogas.*

degradar v. **1** Referido a una persona, privarla del empleo, de la dignidad, del privilegio o del honor que tiene: *Los oficiales que huyeron ante el enemigo serán degradados a soldados rasos.* **2** Reducir o desgastar las cualidades características: *La contaminación degrada los edificios de la ciudad.*

degüello s.m. Acción de cortar la garganta o el cuello de una persona o de un animal: *El degüello de las reses se realizaba en un matadero a la entrada del pueblo.*

degustación s.f. Prueba, cata o toma de una pequeña cantidad de un alimento o de una bebida: *Una señorita invitaba a los clientes del supermercado a la degustación de patés y de vino blanco.*

degustar v. Referido a un alimento o a una bebida, probarlos, catarlos o tomar una pequeña cantidad de ellos: *Hoy había en la tienda un plato con trozos pequeños de un nuevo queso para que los clientes lo degustaran.*

dehesa s.f. Tierra generalmente acotada o limitada y destinada a pastos: *En la dehesa pastan toros y vacas.*

dehiscente adj. Referido a un fruto, que tiene el pericarpio que se abre naturalmente para que salga la semilla: *Algunas legumbres son frutos dehiscentes.* ☐ MORF. Invariable en género.

deíctico, ca ▮ adj. **1** De la deixis o relacionado con este tipo de forma de señalar: *En las oraciones 'Ayer mismo te dije que no' y 'Este niño es mi hermano', 'ayer mismo' y 'este niño' son expresiones deícticas.* ▮ s.m. **2** Elemento gramatical que realiza una deixis: *Los demostrativos 'este', 'ese' y 'aquel' son tres deícticos.*

deidad s.f. **1** En religión, ser supremo o sobrenatural al que se le rinde culto; *dios: En la mitología romana, Neptuno era la deidad de los mares.* **2** Conjunto de características o cualidades propias de un dios: *Algunas herejías del cristianismo negaban la deidad de Cristo.*

deificar v. Considerar o creer divino, o tributar culto u honores divinos; *divinizar: Durante algunos períodos, los egipcios deificaron a sus faraones.* ☐ ORTOGR. La *c* se cambia en *qu* delante de *e* →**SACAR**.

deísmo s.m. Concepción filosófica que reconoce la existencia de un dios como autor de la creación, pero que no admite la revelación ni el culto externo: *El deísmo tuvo un gran desarrollo en el siglo XVIII.*

deixis s.f. En gramática, forma de señalar que se realiza en el discurso mediante determinados elementos lingüísticos que muestran o indican un lugar, una persona o un tiempo: *La deixis puede hacer referencia a otros elementos del discurso o presentes solo en la memoria.* ☐ MORF. Invariable en número.

dejadez s.f. Pereza, falta de cuidado, de atención, de interés: *Tenía que haber escrito pidiendo esa beca, pero no lo hizo por dejadez y ahora se arrepiente.*

dejado, da adj. Perezoso, descuidado o que no se ocupa de sí mismo o de las cosas propias: *No seas dejado y aféitate de una vez.*

dejar ▮ v. **1** Consentir, permitir o no impedir: *¿Me dejas ir al cine?* **2** Encargar o encomendar: *Si salimos esta noche podemos dejarle los niños a mi madre.* **3** Dar, regalar o ceder gratuitamente por voluntad del dueño antes de ausentarse o de morir: *Como era soltero, cuando murió dejó todo lo que poseía a sus sobrinos.* **4** Soltar o poner en un lugar: *Cuando se acuesta deja el reloj encima de la mesilla de noche.* **5** No inquietar, no molestar o no perturbar: *Deja a tu padre, que está durmiendo la siesta.* **6** Referido a una persona, abandonarla o desampararla: *Dejaron un bebé a la puerta del convento.* **7** Referido a un lugar, abandonarlo o ausentarse de él: *Dejé su casa casi al amanecer.* **8** Referido a una actividad, abandonarla o no proseguirla: *Dejé el baloncesto cuando empecé la carrera.* **9** Referido a algo habitual, retirarse, apartarse o renunciar a ello: *Dejó a su novio por imposición de su familia.* **10** Referido a una ganancia o a un beneficio, valerlos o producirlos: *La venta del coche me dejó beneficios.* **11** Referido esp. a una posesión, entregarla o darla provisionalmente, a condición de que sea devuelta; *prestar: ¿Me dejas tu coche para ir a la facultad?* **12** Seguido de algunos adjetivos y participios, hacer pasar al estado o situación que estos expresan: *El ciclista aceleró y dejó atrás al resto del pelotón.* **13** Seguido de la preposición 'de' y de un infinitivo, interrumpir la acción expresada por este: *Deja de chillar, que te vas a quedar ronco.* **14** Nombrar, designar o proclamar para el desempeño de un cargo o para una función: *El millonario dejó a su hijo como único heredero de sus bienes.* ▮ prnl. **15** Abandonarse o descuidarse por desánimo o por pereza: *Aunque creas que no adelgazas con el régimen, no te dejes y sigue intentándolo.* **16** ‖ **dejar {bastante/mucho} que desear.** Ser inferior a lo que se esperaba: *Ahora que los conozco, sé que su familia deja mucho que desear.* ‖ **dejar caer** algo. En una conversación, decir algo de pasada pero con intención: *Durante la reunión, dejé caer que no estaba todo tan bien organizado como ella pensaba.* ‖ **dejarse caer.** *col.* Presentarse de forma inesperada: *A ver cuándo te dejas caer por aquí, que hace mucho que no te vemos.* ‖ **dejarse de** algo. Dejar de prestarle atención, para pasar a dedicársela a otras cuestiones: *Déjate de juegos de ordenador y ponte a estudiar ahora mismo.* ‖ **no dejar de.** Seguido de una oración de infinitivo, se usa para afirmar irónicamente lo que esta expresa: *No deja de resultar extraño que la hayan elegido para ese premio siendo la última de su clase.* □ ORTOGR. Conserva la *j* en toda la conjugación. □ SINT. La perífrasis *dejar + participio* indica que la acción realizada por este ha sido ya realizada por precaución: *Si sales, déjame dicho lo que tengo que comprar.*

deje s.m. **1** Modo particular de pronunciación y de entonación que acusa o revela un estado de ánimo transitorio o peculiar del hablante: *Noté un deje de tristeza en su comentario cuando le dije que no habías venido.* **2** Acento peculiar del habla de una región determinada: *A mi padre se le nota el deje andaluz en la pronunciación de la 'j'.* **3** Gusto o sabor que queda en la comida o en la bebida: *No había probado nunca ese guiso y me pareció que tenía un deje de jamón un poco fuerte.* □ SEM. Es sinónimo de *dejo*.

dejo s.m. **1** →**deje. 2** Placer o disgusto que queda después de una acción: *Sentí un dejo amargo cuando se despidió y dijo que no volvería.*

del Contracción de la preposición *de* y del artículo determinado *el*: *Coge la llave del armario.* □ ORTOGR. 1. Incorr. *{*de el > del} armario.* 2. Esta contracción no se produce cuando el artículo forma parte de un nombre propio: *Llegaron tarde de El Ferrol.*

delantal s.m. Prenda que, colgada generalmente del cuello, se ata a la cintura y se pone encima de la ropa para protegerla; *mandil: El pescadero lleva un delantal de rayas horizontales negras y verdes.*

delante adv. **1** En una posición o lugar anterior o más avanzado: *Se puso delante de mí un señor muy alto y no vi nada.* **2** ‖ **delante de.** A la vista o en presencia de: *No se te ocurra decir nada sobre la fiesta delante de ella, porque no está invitada.* □ SINT. Su uso seguido de un adjetivo posesivo es incorrecto: *Hay sitio libre delante {*mío/de mí}.*

delantero, ra ▮ adj. **1** Que está delante o en una posición anterior: *Con tu triunfo en la carrera de hoy te has colocado en las posiciones delanteras de la clasificación.* ▮ s. **2** En el fútbol y otros deportes, jugador que, en la alineación de un equipo, forma parte de la línea situada en posición avanzada cuya misión es atacar al equipo contrario: *Los tres goles del equipo han sido conseguidos por sus delanteros.* ▮ s.f. **3** Parte anterior de algo: *Lo que no me gusta de ese coche es la delantera tan baja que tiene.* **4** Espacio o distancia con los que se adelanta a una persona: *El nadador lleva una delantera de veinte metros al segundo clasificado.* **5** En el fútbol y otros deportes, línea formada por los jugadores que juegan en una posición avanzada, y cuya misión es la de atacar al equipo contrario: *La delantera de este equipo cuenta con los máximos goleadores de la liga.* **6** *col.* Pecho de la mujer: *Le gusta llevar jerséis ajustados para que se le marque la delantera.* **7** ‖ **llevar la delantera.** Ir por delante en una carrera o en alguna materia: *Debemos acelerar nuestro trabajo porque la competencia nos lleva la delantera.*

delatar ▮ v. **1** Referido a una persona, revelarla voluntariamente a la autoridad como autora de un delito para que sea castigada: *El atracador arrepentido delató a sus compañeros a la policía.* **2** Referido a algo oculto y generalmente reprobable, descubrirlo o ponerlo de manifiesto: *Aquel artículo del periódico delataba la falta de seguridad ciudadana. El criminal se delató al mostrarse tan nervioso.* ▮ prnl. **3** Hacer patente de forma involuntaria una intención: *Te delataste cuando dijiste delante de ella que harías cualquier cosa por complacerla.*

delator, -a adj./s. Referido a una persona, que denuncia o acusa, esp. si lo hace en secreto y cautelosamente: *No se fiaba de él porque pensaba que podía ser uno de los miembros delatores de la banda. La conspiración fue descubierta gracias a un delator anónimo.* □ SEM. Es sinónimo de *acusica*, *acusón* y *chivato*.

delco s.m. En un motor de explosión, aparato que distribuye la corriente de alto voltaje haciéndola llegar por turno a cada una de las bujías: *Si el delco está mojado, el coche no arranca.* □ MORF. Es un acrónimo que procede de la sigla de *Dayton Engineering Laboratories Corporation* (nombre de la sociedad norteamericana que creó este dispositivo de encendido).

delegación s.f. **1** Cesión que hace una persona a otra de la jurisdicción o de las funciones que posee para que las ejerza o para que las represente: *El contrato lo firma el jefe de personal por delegación del gerente de la empresa.* **2** Cargo de delegado: *Se rumorea que lo van a seleccionar para la delegación de una sucursal.* **3** Cuerpo o conjunto de delegados: *Forma parte de la delegación diplomática que representa a nuestro país.* **4** Oficina del delegado: *Fui a la delegación de Hacienda para resolver un asunto relacionado con mis impuestos.*

delegado, da adj./s. Referido a una persona, que representa a otra que ha delegado una jurisdicción o función en ella: *Es miembro delegado de la comisión que estudia la posible venta de la empresa. El delegado de clase habló con el profesor para que cambiara el examen de día.*

delegar v. Referido esp. a una función, dejar a otra persona para que la ejerza: *Delegó algunas de sus funciones directivas en sus colaboradores más directos.* □ ORTOGR. La *g* se cambia en *gu* delante de *e* →**PAGAR**.

deleitar v. Producir deleite o placer: *La anfitriona nos deleitó con una interpretación al piano de antiguas canciones de nuestra tierra. Me deleito leyendo la buena literatura del Siglo de Oro.* □ ORTOGR. La *i* nunca lleva tilde.

deleite s.m. Placer o gozo del ánimo o de los sentidos: *Se sentía feliz al ver cómo su familia comía con deleite lo que él había preparado con tanto cariño.*

deletrear v. Referido esp. a una palabra, pronunciar aislada y separadamente las letras que la forman: *Como no sabía escribir mi apellido, me pidió que lo deletreara.*

deleznable adj. Referido esp. a una persona o a sus acciones, que son reprobables, despreciables o viles: *Entregar a tus compañeros al enemigo fue un acto deleznable.*

delfín s.m. **1** Mamífero marino, que se alimenta de peces, grisáceo por encima y blanquecino por debajo, de cabeza voluminosa y ojos pequeños, que tiene el hocico delgado y agudo, la boca muy grande y dientes cónicos en ambas mandíbulas: *Los delfines viven en los mares templados y tropicales y se domestican con facilidad.* **2** Hijo primogénito del rey de Francia (país europeo): *El delfín sucedía al rey de Francia a la muerte de este.* **3** Persona elegida por otra para que sea su sucesora: *El presidente del partido preparaba al delfín para cuando llegara a la presidencia.* □ MORF. En la acepción 1, es un sustantivo epiceno y la diferencia de sexo se señala mediante la oposición *el delfín {macho/hembra}*.

delfinario s.m. Instalación adecuada para la exhibición de delfines vivos: *Estuvimos en el delfinario del zoo viendo cómo saltaban y jugaban los delfines.*

delgadez s.f. Flaqueza, escasez de carnes o grosor inferior al normal: *Le han puesto un régimen para engordar porque su delgadez es extrema.*

delgado, da adj. **1** Flaco, de pocas carnes o poco grueso: *Estos pantalones solo sientan bien a las personas delgadas.* **2** Delicado, suave, fino o de poco espesor: *Quiero una blusa de una tela delgada que resulte fresca para el verano.*

deliberación s.f. Reflexión o meditación que se hacen antes de tomar una decisión, considerando atenta y detenidamente los pros y los contras o los motivos que llevan a tomarla: *La decisión fue tomada después de una larga deliberación en la que participaron todos los afectados por las inundaciones.*

deliberado, da adj. Referido esp. a un acto, voluntario, intencionado o hecho a propósito: *Tu crítica mordaz fue un ataque personal deliberado porque le tienes mucha envidia.*

deliberante adj. Referido esp. a una junta, que toma acuerdos, por mayoría de votos, que trascienden a la vida de la colectividad, y que tiene poder para ejecutarlos: *Es una reunión deliberante para buscar soluciones a los problemas de esta comunidad de vecinos.* □ MORF. Invariable en género.

deliberar v. Reflexionar o meditar antes de tomar una decisión, considerando con atención y con detenimiento los pros y los contras o los motivos que llevan a tomarla: *El jurado se reunió a deliberar para poder dar el veredicto.*

delicadeza s.f. **1** Debilidad, finura o facilidad para estropearse o para romperse: *La delicadeza de esta tela exige que la cosas con una aguja especial.* **2** Atención, miramiento, tacto o gran cuidado: *Coge el jarrón con delicadeza porque acabo de pegarlo.* **3** Ternura, suavidad o consideración: *Cogí al bebé con mucha delicadeza para no despertarlo.*

delicado, da adj. **1** Débil, flaco, delgado o enfermizo: *Es un niño muy delicado y que está casi siempre enfermo.* **2** Fino, suave, tierno o atento: *Sus delicadas palabras de consuelo me hicieron mucho bien en aquel momento tan triste.* **3** Quebradizo, que se rompe, se deteriora o se estropea fácilmente: *Cuidado con la vajilla de porcelana, que es muy delicada.* **4** Fino, primoroso, elegante o exquisito: *Fue un detalle muy delicado por tu parte llamar para agradecer la visita.* **5** Difícil, expuesto a contingencias, problemas o cambios: *Tu traslado es una cuestión delicada y tenemos que hablar detenidamente sobre ello.* **6** Sabroso, gustoso, agradable o placentero: *Me gusta el jabón con un delicado perfume a lavanda.* **7** Referido a una persona, suspicaz o que resulta difícil de contentar: *Eres tan delicado que no se te puede decir nada.* **8** Que procede o actúa con escrupulosidad o con miramiento: *Para solucionar este asunto tan difícil necesitamos una persona de confianza y delicada en el trato con los demás.*

delicia s.f. **1** Placer muy intenso o muy vivo del ánimo o de los sentidos: *¡Qué delicia poder disfrutar de este sol espléndido todo el año!* **2** Lo que produce este placer: *Tu hermana toca el piano que es una delicia.* **3** Comida hecha con pescado cocido y desmenuzado, que se reboza en huevo y pan rallado y se fríe: *Tomamos delicias de merluza de segundo plato.*

delicioso, sa adj. Muy agradable, ameno o que produce o puede producir delicia o placer: *He pasado una tarde deliciosa con vosotros.*

delictivo, va adj. Que implica delito: *La policía le avisó de que encubrir a los ladrones podría considerarse comportamiento delictivo.*

delimitación s.f. Determinación o fijación con precisión de los límites de algo: *Pudimos acabar el trabajo a tiempo gracias al reparto y a la delimitación de cometidos.*

delimitar v. Determinar o fijar con precisión los límites: *Los obreros ya han delimitado el solar en el que van a construir la nueva urbanización.*

delincuencia s.f. Conjunto de delitos cometidos en un determinado lugar o en un determinado período de tiempo: *Las medidas tomadas para reducir la delincuencia juvenil han tenido éxito durante este último año.*

delincuente adj./s. Que delinque o que comete delito: *La población delincuente ha aumentado en esta zona. Los delincuentes que atracaron el banco huyeron en un coche robado.* □ MORF. 1. Como adjetivo es invariable en género. 2. Como sustantivo es de género común y exige concordancia en masculino o en femenino para señalar la diferencia de sexo: *el delincuente, la delincuente*.

delineación s.f. Trazado o dibujo de las líneas de una figura: *La delineación de los planos del edificio le ocupó toda la tarde.*

delineante s. Persona que se dedica profesionalmente al trazado o dibujo de planos: *El arquitecto encargó al nuevo delineante el trazado general.* □ MORF. Es de género común y exige concordancia en masculino o en femenino para señalar la diferencia de sexo: *el delineante, la delineante*.

delinear v. Referido a una figura, trazar sus líneas: *El arquitecto delineaba el plano del edificio que le habían encargado.* □ PRON. Aunque la pronunciación correcta es la que acentúa la *e* [delinéo, delinéas...], está muy extendida la pronunciación [delíneo, delíneas...], por influencia de la palabra *línea*.

delinquir v. Cometer un delito: *La persona que roba delinque.* □ ORTOGR. La *qu* se cambia en *c* delante de *a*, *o* →DELINQUIR.

delirar v. **1** Desvariar, decir locuras o despropósitos o tener perturbada la razón por una enfermedad o por una pasión violenta: *La fiebre era tan alta que lo hacía delirar.* **2** Hacer o decir despropósitos o disparates: *Tú deliras si crees que tu primo te va a dar ese dinero, con lo avaro que es.*

a b c **d** e f g h i j k l m n ñ o p q r s t u v w x y z

a b c d e f g h i j k l m n ñ o p q r s t u v w x y z

delirio s.m. **1** Desorden o perturbación de la razón o de la fantasía, causados por una enfermedad o por una pasión violenta: *La fiebre muy alta puede producir delirios.* **2** Despropósito, disparate o lo que resulta ilógico o sin sentido: *Hace tiempo que lo conozco y ya no hago caso de sus delirios.* **3** ‖ **con delirio.** *col.* Mucho: *Me gusta el cine con delirio.* ‖ **delirios de grandeza.** Actitud de la persona que sueña con una situación o con un lujo que están fuera de su alcance: *No sé de dónde te vienen esos delirios de grandeza de querer vivir en un palacio, siendo tu familia de clase media.*

delito s.m. **1** Culpa, crimen o quebrantamiento de la ley: *Dime qué delito he cometido para que te hayas enfadado.* **2** En derecho, acción u omisión voluntaria, castigada por la ley con pena grave: *Está en la cárcel por un delito de estafa.* **3** ‖ **delito de sangre.** Aquel que se hace contra la vida o la integridad física de una persona y que puede llegar a causar su muerte: *Los penas para los delitos de sangre son mayores que para otros delitos.*

delta ▮ s.m. **1** Terreno comprendido entre los brazos de un río en su desembocadura: *En el delta del Ebro hay arrozales.* ▮ s.f. **2** En el alfabeto griego clásico, nombre de la cuarta letra: *La grafía de la delta es δ.*

deltoides s.m. Músculo propio de los mamíferos, de forma triangular, situado en la parte superior del hombro y que permite elevar el brazo: *Los jugadores de baloncesto tienen muy desarrollado el deltoides.* ☐ MORF. Invariable en número.

demacrar v. Quitar o perder carnes o adelgazar mucho por una causa física o moral: *Tuvo una gripe tan fuerte que le demacró el rostro. Se demacró por las muchas preocupaciones que le daba el trabajo.*

demagogia s.f. Utilización de todo lo necesario para conseguir convencer a la gente, sin reparar en los métodos, y utilizando más la exaltación de los ánimos que los razonamientos: *En la campaña destacó la demagogia de los políticos que prometían al electorado lo imposible para conseguir sus votos.*

demagógico, ca adj. De la demagogia o relacionado con ella: *No ha cumplido ni una de sus promesas prelectorales, lo que demuestra que eran demagógicas.*

demagogo, ga adj./s. Referido a una persona, que practica la demagogia o que intenta convencer a la gente sin reparar en los medios: *Estoy harta de políticos demagogos que nunca cumplen lo que prometen. Los demagogos basan su actuación en la euforia y no en el razonamiento.*

demanda s.f. **1** Petición o solicitud, esp. si se hace como súplica o en nombre de un derecho: *Acudió a la policía en demanda de protección.* **2** En derecho, reclamación o acción judiciales que se emprenden contra alguien: *La víctima del accidente presentó una demanda por daños y perjuicios.* **3** En economía, cantidad de mercancías o conjunto de servicios que una colectividad solicita o está dispuesta a comprar: *La multinacional se instalará en el país donde la demanda sea mayor.*

demandar v. **1** Pedir o solicitar, esp. si se hace como súplica o en nombre de un derecho: *Los trabajadores demandan unas condiciones de trabajo dignas.* **2** En derecho, referido a una persona o a una entidad, emprender una acción judicial contra ellas para reclamarle algo: *La cliente demandó a la empresa por incumplimiento de contrato.*

demarcación s.f. **1** Señalización o establecimiento de los límites de un terreno, esp. si se trata de un territorio: *Haz la demarcación de la zona peligrosa con balizas.* **2** Terreno o territorio comprendido entre estos límites: *Las rivalidades internas dividieron el país en pequeñas demarcaciones.* **3** División administrativa o territorio sobre el que tiene competencias una autoridad: *Las dos provincias pertenecen a la misma demarcación militar.*

demarcar v. Referido esp. a un territorio, marcar o fijar sus límites: *Cada colono demarcó sus concesiones con alambradas.* ☐ ORTOGR. La *c* se cambia en *qu* delante de *e* →SACAR.

demarrar v. En deporte, referido esp. a un corredor, acelerar bruscamente para distanciarse de sus seguidores: *El corredor demarró y dejó clavado al pelotón.* ☐ ORTOGR. Es un galicismo (*démarrer*) adaptado al español.

demás indef. **1** Designa a los individuos restantes de una serie o a una parte no mencionada de un todo: *Hoy ceno con mis padres, mis tíos y demás familia. Vive para estudiar y lo demás no le importa.* **2** ‖ **los demás.** El prójimo o las otras personas que forman parte de la misma colectividad: *Debemos amar y perdonar a los demás. Vino solo ella porque los demás no se enteraron.* ‖ **por demás. 1** Inútilmente o en vano: *Estás hablando por demás con ese cabezota, porque nunca lo convencerás.* **2** Excesivamente: *Trabaja por demás y va a enfermar.* ‖ **por lo demás.** Por lo que respecta a otras cosas: *Es un poco pesado, pero, por lo demás, parece buena persona.* ‖ **y demás.** En una enumeración, expresión que se usa para sustituir su parte final y evitar detallarla: *Vinieron amigos, vecinos, familiares y demás.* ☐ ORTOGR. Dist. de *de más*. ☐ MORF. Como indefinido no tiene diferenciación de género ni de número. 2. →APÉNDICE DE PRONOMBRES. ☐ SINT. Como indefinido se usa más precedido de un artículo determinado o de un posesivo.

demasía ‖ **en demasía.** s.f. De manera excesiva: *Los mejores manjares, tomados en demasía, pueden hacer daño.*

demasiado adv. En exceso: *Corrió demasiado y casi se ahoga del esfuerzo.* ☐ SINT. Intercalar la preposición *de* entre *demasiado* y un adjetivo se considera un vulgarismo: *Es demasiado {*de bueno › bueno} para ser verdad.*

demasiado, da indef. Que sobrepasa los límites de lo ordinario o de lo debido: *Tiene demasiados problemas para poderse concentrar. Puede recibir visitas, pero no demasiadas.* ☐ MORF. →APÉNDICE DE PRONOMBRES.

demencia s.f. **1** Locura o trastorno de la razón: *Su demencia le lleva a creerse perseguido por todo el mundo.* **2** En medicina, estado caracterizado por el debilitamiento de las facultades mentales, generalmente con carácter progresivo e irreversible: *La abuela tiene demencia senil y no se da mucha cuenta de lo que hace.* **3** *col.* Hecho o dicho disparatados o faltos de cordura: *Déjate de demencias y haz algo sensato por una vez.*

demencial adj. De la demencia o con características no racionales: *Nadie apoyaría una propuesta tan demencial.* ☐ MORF. Invariable en género.

demente adj./s. Referido a una persona, que padece demencia o trastorno de sus facultades mentales: *Han abierto una residencia para enfermos dementes. El que destruya una obra de arte es un demente.* ☐ MORF. 1. Como adjetivo es invariable en género. 2. Como sustantivo es de género común y exige concordancia en masculino o en femenino para señalar la diferencia de sexo: *el demente, la demente.*

democracia s.f. **1** Forma de gobierno en la que el poder reside en el pueblo: *En nuestra democracia, elegimos a nuestros representantes políticos como máximo cada cuatro años.* **2** Doctrina política que defiende esta forma de gobierno: *Rousseau fue uno de los teóricos que sentaron las bases de la democracia.* **3** Estado que tiene esa forma de gobierno: *Muchos países europeos son democracias.* **4** Tiempo durante el que está vigente esa forma de gobierno: *Durante la democracia, Atenas conoció su mayor esplendor.* **5** Participación de todos los miembros de una colectividad en la toma de decisiones: *En nuestra asociación, hay democracia y las decisiones se toman por votación.*

demócrata adj./s. Partidario o defensor de la democracia: *El líder demócrata condenó los regímenes dictatoriales. Los demócratas del país se manifestaron en contra de los abusos de poder.* ☐ MORF. 1. Como adjetivo es invariable en género. 2. Como sustantivo es de género común y exige concordancia en masculino o en femenino para señalar la diferencia de sexo: *el demócrata, la demócrata*.

democrático, ca adj. De la democracia o con características de esta forma de gobierno: *El Parlamento es una institución democrática.*

democratización s.f. **1** Conversión en partidario de la democracia: *Algunos antiguos reaccionarios han demostrado una sincera democratización.* **2** Transformación que se lleva a cabo de acuerdo con criterios democráticos: *La nueva ley persigue la democratización de todos los organismos públicos.*

democratizar v. **1** Hacer partidario de la democracia: *El nuevo Gobierno pretende democratizar los altos mandos militares. Algunos defensores del régimen autoritario se fueron democratizando con el tiempo.* **2** Transformar de acuerdo con criterios democráticos: *El militar golpista anunció su intención de democratizar el país. Con la llegada del nuevo régimen, las instituciones se democratizaron.* ☐ ORTOGR. La *z* se cambia en *c* delante de *e* ⟶**CAZAR**.

demografía s.f. Estudio estadístico de la población humana según su composición, estado y distribución en un determinado momento o según su evolución histórica: *Los censos son una de las principales herramientas de la demografía.* ☐ SEM. Dist. de *población* (conjunto de habitantes de un territorio).

demográfico, ca adj. De la demografía o relacionado con ella: *Varios estudios demográficos ponen de manifiesto el descenso del índice de natalidad.*

demoler v. Destruir o hacer caer: *Los bomberos demolieron las casas que amenazaban ruina.* ☐ MORF. Irreg.: La *o* diptonga en *ue* en los presentes, excepto en las personas *nosotros* y *vosotros* ⟶**MOVER**.

demolición s.f. Destrucción o derribo, esp. de una construcción o de algo dotado de estructura: *Las luchas internas causaron la demolición del sistema.*

demoníaco, ca o **demoniaco, ca** ▮ adj. **1** Del demonio, o que tiene semejanza o relación con él: *El asesino demostró tener una mente demoníaca.* ▮ adj./s. **2** Poseído por el demonio; *endemoniado: Decían que las brujas eran seres demoníacos. Llamaron a un exorcista para que librara del diablo a un demoníaco.*

demonio s.m. **1** Espíritu maligno que se opone a la acción de Dios: *En el Evangelio se atribuyen a los demonios posesiones diabólicas y enfermedades.* **2** Persona muy hábil y astuta para conseguir lo que se propone: *Gana tanto dinero porque es un demonio de las finanzas.* **3** Persona muy traviesa e inquieta, esp. si es un niño: *Ese demonio se pasa el día haciendo trastadas.* **4** Persona malvada o que tiene mal genio: *Un crimen así tuvo que ser obra de un demonio.* **5** ‖ **a (mil) demonios.** Referido a la forma de oler o de saber, muy mal o de manera muy desagradable: *Esta sopa sabe a mil demonios.* ‖ **como {el/un} demonio.** *col.* Mucho o excesivamente: *Corrí como un demonio y nadie pudo alcanzarme.* ‖ **del demonio** o **de mil demonios. 1** *col.* Expresión que se usa para exagerar el carácter negativo de algo: *Nos hizo un tiempo de mil demonios.* **2** *col.* Tremendo o impresionante: *Ese niño tiene una imaginación del demonio.* ‖ **llevarse el demonio** a alguien o **ponerse hecho un demonio.** Irritarse mucho: *Cuando oyó aquellas calumnias sobre ella, se puso hecha un demonio.* ☐ MORF. Cuando se antepone a una palabra para formar compuestos, adopta la forma *demono-*. ☐ SEM. Es sinónimo de *diablo*. ☐ USO En plural, se usa mucho en la lengua coloquial como interjección.

demonios interj. *col.* Expresión que se usa para indicar extrañeza, sorpresa, admiración o disgusto: *¡Demonios, ya se me han olvidado otra vez las llaves!*

demontre ▮ s.m. **1** *euf. col.* Diablo: *¡Ese demontre de muchacho no sabe más que meterse en líos!* ▮ interj. **2** *col.* Expresión que se usa para indicar extrañeza, sorpresa, admiración o disgusto: *No sé qué demontre pretende conseguir de mí.*

demora s.f. Tardanza o retraso en la realización o en el cumplimiento de algo, esp. de una obligación: *La demora en el pago de impuestos se castiga con multa.*

demorar ▮ v. **1** Referido a una acción, retrasarla en el tiempo; *atrasar, retardar: Los viajeros demoraron su salida hasta que mejorase el tiempo. El comienzo de las obras se demoró varios meses.* ▮ prnl. **2** Detenerse o entretenerse durante un tiempo: *Los dos amigos se demoraron hablando de sus cosas.*

demostración s.f. **1** Lo que hace evidente de manera definitiva la verdad de algo: *La demostración de que te envié el paquete en esa fecha es el resguardo de correos.* **2** Muestra o manifestación exterior, esp. de sentimientos: *El público acogió a su ídolo con demostraciones de entusiasmo.* **3** Exhibición u ostentación, esp. de poder: *Los gimnastas hicieron una demostración de fuerza física.* **4** Lo que se hace para enseñar de manera práctica: *Un informático nos hizo una demostración del funcionamiento del programa.* **5** Comprobación que se hace de un principio o de una teoría aplicándola en experimentos o casos concretos: *El profesor hizo en la pizarra una demostración del teorema de Pitágoras.*

demostrar v. **1** Referido a la verdad de algo, hacerla evidente con razones o pruebas definitivas: *Aquellas cartas demostraban que el acusado fue objeto de chantaje.* **2** Manifestar o dar a entender: *Demostraste poco interés marchándote de esa manera.* **3** Enseñar o mostrar de manera práctica: *El ciclista demostró cómo corre un campeón.* ☐ MORF. Irreg.: La *o* diptonga en *ue* en los presentes, excepto en las personas *nosotros* y *vosotros* ⟶**CONTAR**.

demostrativo, va ▮ adj. **1** Que demuestra o pone de manifiesto: *Le exigieron un documento demostrativo del pago del impuesto.* ▮ s.m. **2** ⟶**pronombre demostrativo.**

demudar v. Referido esp. al color o a la expresión del rostro, cambiar o alterarse por una fuerte impresión: *La mala noticia le demudó el rostro. Cuando vio a su hijo herido, se le demudó el color.*

dendrita s.f. En biología, en una célula nerviosa, prolongación ramificada de su citoplasma: *En las neuronas, las dendritas son más cortas y más numerosas que los axones.*

denegación s.f. Respuesta negativa que se da a una petición o a una solicitud: *El sargento comunicó al soldado la denegación del permiso solicitado. Huyó del accidente y fue acusado de denegación de auxilio a un herido.*

denegar v. Referido a una petición o a una solicitud, negarlas o no concederlas: *Solicité un aumento de sueldo, pero me lo denegaron.* ☐ ORTOGR. Aparece una *u* después de la *g* cuando le sigue *e*. ☐ MORF. Irreg.: La *e* final diptonga en *ie* en los presentes, excepto en las personas *nosotros* y *vosotros* →REGAR.

dengue s.m. Hecho o dicho afectados con los que se finge disgusto o desagrado por lo que en realidad se desea: *Si te gusta, déjate de dengues y cómpratelo de una vez.*

denigrar v. **1** Atacar la reputación o la buena fama: *Las malas lenguas denigran tu buen nombre tachándote de inmoral.* **2** Ofender o insultar gravemente, esp. con acusaciones injustas; *injuriar*: *El carcelero denigraba a los presos con sus burlas y malos tratos.*

denodado, da adj. Con denuedo o con decisión: *Me lancé a la aventura con espíritu denodado.*

denominación s.f. **1** Asignación de un nombre o de una expresión que sirven para identificar: *Con el nuevo régimen se cambió la denominación de muchas calles.* **2** ‖ **denominación de origen.** La que se asigna oficialmente a un producto como garantía de que procede de una determinada comarca y tiene la calidad y las propiedades características de ese lugar: *En esa tienda venden solo vinos con denominación de origen.*

denominador s.m. **1** En un número quebrado o en una fracción matemática, término que indica el número de partes iguales en que se considera dividido un todo o la unidad: *En el quebrado 2/3, el denominador es 3.* **2** ‖ **común denominador** o **denominador común. 1** En un conjunto de fracciones, número que es múltiplo de todos sus denominadores: *Un denominador común a las fracciones 1/3 y 3/4 es 12.* **2** Aquello en lo que se coincide: *El común denominador de todos los hermanos es su inteligencia.*

denominar v. Asignar o recibir un nombre o una expresión que identifique: *En medicina, la infección de amígdalas se denomina 'amigdalitis'.*

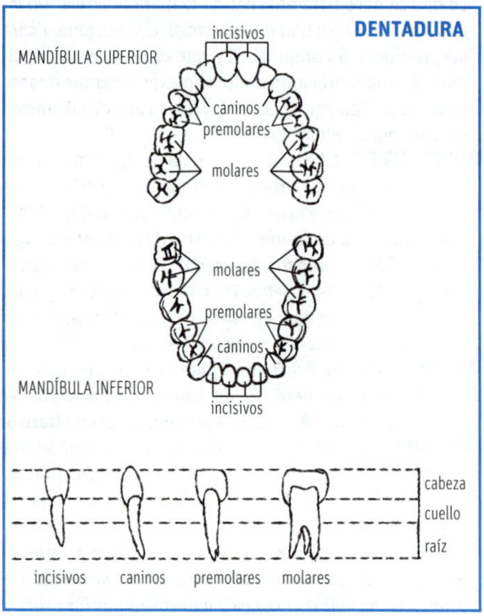

denostar v. Desacreditar u ofender gravemente y de palabra: *Fue expulsado por denostar a un superior en público.* ☐ MORF. Irreg.: La *o* diptonga en *ue* en los presentes, excepto en las personas *nosotros* y *vosotros* →CONTAR.

denotación s.f. **1** Significación o indicación, esp. las que se dan a entender mediante indicios o señales: *Sus respuestas eran una constante denotación de disgusto.* **2** En lingüística, significación básica y desprovista de matizaciones subjetivas que presenta una palabra o una unidad léxica: *Ninguna de las palabras del poema está usada con su simple denotación.* ☐ SEM. Dist. de *connotación* (significación secundaria y subjetiva).

denotar v. **1** Referido esp. a un signo, significar o indicar: *Su gesto denota admiración y respeto.* **2** En lingüística, poseer un significado básico y desprovisto de matizaciones subjetivas: *La palabra 'víbora' denota un tipo de culebra y connota 'persona mordaz'.* ☐ SEM. Dist. de *connotar* (poseer significados secundarios y subjetivos).

densidad s.f. **1** Espesor o concentración de elementos: *La capa de contaminación ha alcanzado una gran densidad.* **2** Gran cantidad o concentración de contenido, esp. si ello conlleva oscuridad o dificultad: *La densidad de su pensamiento dejó al auditorio boquiabierto.* **3** En física, relación entre la masa y el volumen de una sustancia o de un cuerpo: *La densidad del acero es de 7,8 g/cm³.* **4** ‖ **densidad de población.** Relación entre el número de habitantes que pueblan un territorio y su superficie: *La densidad de población de esa región es de 80 habitantes por kilómetro cuadrado.*

denso, sa adj. **1** Espeso o formado por elementos muy juntos o apretados: *El bosque era tan denso que apenas pasaba la luz del sol.* **2** Sustancioso o con mucho contenido y muy concentrado, esp. si por ello resulta oscuro o difícil: *El libro es tan denso que tengo que pararme en cada párrafo para pensar en lo que he leído.*

dentado, da adj. Que tiene dientes o salientes semejantes a ellos: *Este cuchillo tiene el filo dentado.*

dentadura s.f. Conjunto de dientes, muelas y colmillos de una persona o de un animal: *La higiene de la dentadura evita la caries.* 👁 dentadura

dental ▮ adj. **1** De los dientes o relacionado con ellos: *El dentista le ha hecho una prótesis dental.* **2** En lingüística, referido a un sonido consonántico, que se articula acercando la lengua a la cara interior de los dientes incisivos superiores: *El sonido [t] es un sonido dental.* ▮ s.f. **3** Letra que representa este sonido: *La 'd' es una dental.* ☐ MORF. Como adjetivo es invariable en género.

dente (italianismo) ‖ **al dente.** Referido a la pasta italiana, cocida de modo que no quede excesivamente blanda ni desprenda harina: *Los macarrones me gustan al dente.*

dentellada s.f. Mordedura hecha con los dientes: *El perro guardián redujo al ladrón a dentelladas.*

dentera s.f. Sensación desagradable que se nota en los dientes, esp. cuando se oyen chirridos o cuando se toman sustancias agrias; *grima*: *El chirrido de la tiza sobre la pizarra le da dentera.*

dentición s.f. **1** Formación y salida de los dientes: *La dentición en los niños se inicia hacia los seis meses.* **2** Tiempo que dura este proceso: *Durante la dentición se recomienda tomar mucha leche.* **3** En zoología, tipo de dentadura que caracteriza a un mamífero según su especie:

Los animales carnívoros y los herbívoros tienen una dentición distinta.

dentífrico, ca adj./s.m. Que se usa para limpiar los dientes: *Usa una pasta dentífrica desinfectante. Los dentífricos con flúor previenen la caries.* ☐ PRON. Incorr. *[dentrífiko].

dentista s. Persona que se dedica profesionalmente al cuidado y arreglo de la dentadura y al tratamiento de enfermedades asociadas con esta: *El dentista me ha sacado una muela y me ha hecho varios empastes.* ☐ MORF. Es de género común y exige concordancia en masculino o en femenino para señalar la diferencia de sexo: *el dentista, la dentista*.

dentro adv. **1** En la parte interior: *Tengo el libro dentro de la cartera.* **2** ‖ **dentro de.** Seguido de una expresión que indica tiempo, durante su transcurso o una vez terminado ese período: *Dentro de unos días volveré.* ☐ SINT. Constr. incorr. *dentro {*el › del} armario.*

denuedo s.m. Coraje o intrepidez para acometer o para culminar algo: *Su constancia y su denuedo le ayudaron a conseguir el ansiado trofeo.*

denuncia s.f. **1** En derecho, comunicación que se hace ante una autoridad judicial o policial de que se ha cometido una falta o un delito: *La víctima presentó en comisaría una denuncia por robo.* **2** Comunicación que se hace públicamente de una ilegalidad o de algo que se considera injusto o intolerable: *Ese reportaje es una denuncia estremecedora del hambre en el Tercer Mundo.* **3** Comunicación que una de las partes hace de que queda cancelado o sin efecto un contrato o un tratado: *La denuncia del tratado de paz fue el prólogo de la guerra.*

denunciar v. **1** Referido a un daño, dar parte de él a la autoridad: *Denunció en la comisaría de Policía el robo de su cartera.* **2** Referido a una ilegalidad o a algo que se considera injusto o intolerable, hacer pública esta consideración: *Con sus reportajes denunció las inhumanas condiciones de trabajo de algunos emigrantes.* **3** Referido esp. a un contrato o a un tratado, comunicar una de las partes que lo considera cancelado o sin efecto: *Los dos países denunciaron su convenio comercial para redactar otro nuevo.* ☐ ORTOGR. La *i* nunca lleva tilde.

deparar v. Referido esp. a algo inesperado o a una ocasión, proporcionarlos o concederlos: *La celebración nos deparó la oportunidad de rencontrarnos. La vida le deparó una cadena de desdichas.*

departamento s.m. **1** En un todo, parte o sección que es resultado de dividirlo o de estructurarlo: *La caja de herramientas tiene un departamento para tornillos.* **2** En la Administración pública, Ministerio o ramo: *El Departamento de Defensa del Gobierno anunció un descenso en los gastos militares.* **3** En una facultad universitaria, unidad de docencia e investigación formada por una o varias áreas de materias afines: *La cátedra de literatura catalana pertenece al departamento de Filología Románica.* ☐ SEM. Dist. de *apartamento* (vivienda pequeña).

departir v. Conversar o hablar de manera distendida: *Los contertulios departían sobre lo humano y lo divino.* ☐ SINT. Constr.: *departir {DE/SOBRE} algo.*

depauperación s.f. **1** Empobrecimiento o mengua de los recursos económicos: *La crisis económica produjo la depauperación de las capas sociales más necesitadas.* **2** Hecho de debilitar o extenuar el organismo: *Su estado de depauperación era tan grave que tuvieron que internarlo en un hospital.*

depauperar v. **1** Hacer pobre o más pobre; *empobrecer*: *La crisis económica ha depauperado los sectores más pobres de nuestra sociedad. Nuestra economía se depaupera debido a los altos impuestos que nos gravan.* **2** En medicina, extenuar o debilitar en extremo: *El hambre ha depauperado a los niños de los países subdesarrollados. Unos de los trabajadores en huelga de hambre está empezando a depauperarse.*

dependencia s.f. **1** Subordinación a una autoridad o a una jurisdicción: *Le molesta la dependencia que tiene de sus padres.* **2** →**drogodependencia.** **3** Conexión o relación de origen: *La policía investiga la dependencia de estos dos sucesos.* **4** Oficina que depende de otra superior: *Trabaja en una de las dependencias del ministerio.* **5** En un edificio, cada una de las habitaciones o de los espacios destinados a un uso determinado: *Los sirvientes viven en una de las dependencias anejas al palacio.* ☐ SINT. Constr. de las acepciones 1, 2 y 3: *dependencia* DE *algo.*

depender v. **1** Estar subordinado o sometido a una autoridad o una jurisdicción: *Las colonias dependían de la metrópoli.* **2** Estar condicionado por algo: *El que vaya o no depende del humor del que me levante.* **3** Estar necesitado de algo para vivir: *Los consumidores de drogas acaban dependiendo de estas.* ☐ SINT. Constr.: *depender* DE *algo.*

dependienta s.f. de **dependiente.**

dependiente s. Persona que se dedica profesionalmente a atender a los clientes en un establecimiento comercial: *Trabajo como dependiente en unos grandes almacenes.* ☐ MORF. Aunque es de género común, y exige concordancia en masculino o en femenino para señalar la diferencia de sexo: *el dependiente, la dependiente*, para el femenino se usa más la forma *dependienta*.

depilación s.f. Eliminación del vello de la piel: *La depilación a la cera es una de las más duraderas.*

depilar v. Eliminar el vello de la piel: *Esta crema depila y no duele. Se depilaba las cejas con unas pinzas.*

depilatorio, ria adj. Que depila: *Para eliminar el vello utiliza una crema depilatoria.*

deplorable adj. Lamentable, malo o infeliz: *Me parece deplorable que no te hayas dignado a saludarnos.* ☐ MORF. Invariable en género.

deplorar v. Lamentar o sentir profundamente: *Todos deploramos ese desgraciado accidente.*

deponer v. **1** Dejar, abandonar o apartar de sí: *El coronel sublevado accedió a deponer las armas.* **2** Privar de un empleo o de los honores que se tenían: *Tus graves errores me han obligado a deponerte del cargo.* ☐ MORF. Irreg.: 1. Su participio es *depuesto*. 2. →**PONER.**

deportación s.f. Destierro de una persona a un lugar alejado, por razones políticas o como castigo: *El Gobierno autorizó la deportación de los terroristas a un país sudamericano.*

deportar v. Desterrar por razones políticas o como castigo: *Muchos judíos fueron deportados a campos de concentración.*

deporte s.m. **1** Actividad física que se practica como juego o como competición, que está sujeta a determinadas normas, y que requiere entrenamiento: *El baloncesto es un deporte de equipo.* **2** Diversión, actividad física o pasatiempo que suelen realizarse al aire libre: *Se dice que la siesta es el deporte nacional español.* **3** ‖ **por deporte.** *col.* Por gusto o desinteresadamente: *Tranquilo, no me pagues, que yo hago esto por deporte.*

deportista adj./s. Que practica algún deporte: *Como es* *una mujer tan deportista se conserva ágil y fuerte. Los deportistas deben seguir una dieta sana y equilibrada.* □ MORF. 1. Como adjetivo es invariable en género 2. Como sustantivo es de género común y exige concordancia en masculino o en femenino para señalar la diferencia de sexo: *el deportista, la deportista*.

deportividad s.f. Comportamiento deportivo o ajustado a las normas de corrección que se considera que deben guardarse en la práctica de un deporte: *Debes jugar con más deportividad y pensar que si esta vez has perdido, otra ganarás.*

deportivo, va ▮ adj. **1** Del deporte o relacionado con esta actividad física: *Es socio de un club deportivo.* **2** Que se ajusta a las normas de corrección que se considera que deben cumplirse en la práctica de un deporte: *Nuestro equipo asumió su derrota de forma deportiva.* **3** Referido a una prenda de vestir, que es cómoda o informal: *Cuando no tiene que asistir a ninguna reunión le gusta vestir ropa deportiva.* ▮ s.m. **4** →**coche deportivo.**

deposición s.f. **1** Expulsión de excrementos por el ano: *El médico le preguntó el número de deposiciones diarias.* **2** Abandono de algo, esp. de una actitud o de una forma de comportamiento: *El director exige la deposición de tu actitud para readmitirte en la escuela.* **3** Expulsión o privación de un cargo o de una dignidad: *El ministro ordenó la deposición del gobernador civil por su manifiesta incompetencia.*

depositar ▮ v. **1** Poner o colocar en un sitio determinado: *Han depositado las joyas en la caja fuerte.* **2** Referido a un bien o a un objeto de valor, ponerlos bajo la custodia de una persona o de una entidad que debe responder de ellos: *Deposité mis ahorros en el banco.* **3** Referido esp. a un sentimiento, ponerlo en alguien o confiarlo a alguien: *Deposité toda mi confianza en ti y me has defraudado.* ▮ prnl. **4** Referido a una materia que está en suspensión en un líquido, separarse y caer al fondo: *La arena se depositaba en el fondo del estanque.*

depositario, ria ▮ adj./s. **1** Que guarda o tiene a su cargo algo, esp. un bien o un objeto de valor por los que debe responder: *Las entidades bancarias son depositarias de nuestros ahorros. Los depositarios suelen cobrar comisión por la función que realizan.* ▮ s. **2** Persona en la que se deposita un sentimiento: *Su madre es la depositaria de todas sus penas.*

depósito s.m. **1** Posición o colocación en un sitio determinado: *La ausencia de viento favorece el depósito de las partículas de polvo sobre una superficie.* **2** Colocación de un bien o de un objeto de valor bajo la custodia de una persona o de una entidad que debe responder de ellos: *Para realizar un depósito en el banco se debe rellenar un impreso.* **3** Lo que se deposita: *Para alquilar el coche me pedían un depósito de sesenta euros.* **4** Lugar o recipiente en el que se deposita algo: *Tienen en el jardín un depósito de agua.* **5** Sedimento o materia que, habiendo estado en suspensión en un líquido, se deposita por su mayor gravedad en un fondo: *En el fondo del río se formó un depósito de arena.* **6** ‖ **en depósito.** Referido a una mercancía, que ha sido entregada para su exposición y su posible venta: *El comerciante debe devolver al representante las piezas de bisutería que este le dejó en depósito y que no vendió.*

depravación s.f. Corrupción o adquisición de vicios o costumbres negativas o perjudiciales: *Su depravación llegó a tal extremo que ya no distinguía el bien del mal.*

depravado, da adj./s. Muy corrompido o que posee muchas costumbres negativas o perjudiciales: *Aquella depravada mujer no tuvo escrúpulos para abandonar a su hijo. Ese crimen solo puede ser obra de un depravado.*

depre ▮ adj./s. **1** *col.* →**deprimido, da.** ▮ s.f. **2** *col.* →**depresión.** □ MORF. 1. Como adjetivo es invariable en género. 2. En la acepción 1, como sustantivo es de género común y exige concordancia en masculino o en femenino para señalar la diferencia de sexo: *el depre, la depre*.

deprecación s.f. Petición, súplica o ruego para conseguir algo: *En sus deprecaciones pedía el perdón de su padre una y otra vez.*

depreciación s.f. Disminución del valor o del precio de algo: *Con el paso del tiempo se produce la depreciación de los coches porque aparecen nuevos modelos.*

depreciar v. Referido al valor o al precio de algo, disminuirlo o rebajarlo: *La construcción de la fábrica depreciará el valor de los pisos de alrededor. La moneda del país se depreció a consecuencia de la crisis económica.* □ ORTOGR. La *i* nunca lleva tilde.

depredador, -a adj./s. Referido a un animal, que se alimenta de los animales de distinta especie que caza: *Muchos animales carnívoros son depredadores y otros son carroñeros. El tigre es un depredador.*

depredar v. **1** Referido a un animal, cazarlo otro de distinta especie para su subsistencia: *Las fieras salvajes suelen depredar animales débiles o enfermos.* **2** Robar o saquear con violencia y destrozo: *Las tropas enemigas depredaron cuantos pueblos encontraron a su paso.*

depresión s.f. **1** Estado psíquico caracterizado por una tristeza profunda, una disminución de la actividad del organismo y por una pérdida de interés: *Los problemas familiares que pesaban sobre él lo llevaron a una depresión.* **2** Hundimiento de una superficie o de una parte de un cuerpo: *El terremoto produjo la depresión del terreno.* **3** En una superficie, esp. en un terreno, concavidad producida por este hundimiento: *El río corre a lo largo de una depresión.* **4** Período de baja actividad económica general que se caracteriza sobre todo por el desempleo masivo, la caída de las inversiones y un decreciente uso de los recursos: *En 1929 se produjo una gran depresión en Estados Unidos.* **5** Caída o empobrecimiento de algo: *La disminución de las ventas produjo la depresión de la economía del sector.* □ MORF. En la acepción 1, en la lengua coloquial se usa mucho la forma abreviada *depre*.

depresivo, va adj. Que deprime el ánimo o que tiene tendencia a sentir depresión: *Trabaja en un ambiente depresivo.*

deprimido, da adj. Que padece depresión: *Cuando me siento deprimida no me apetece ver gente.* □ MORF. En la lengua coloquial se usa mucho la forma abreviada *depre*.

deprimir v. Producir decaimiento en el ánimo: *La noticia de la catástrofe nos deprimió muchísimo. Siempre me deprimo cuando llega la primavera.*

deprisa adv. Con mucha rapidez; *aprisa*: *Caminaba deprisa para llegar antes.* □ ORTOGR. Admite también la forma *de prisa*.

depuesto, ta part. irreg. de **deponer**. □ MORF. Incorr. **deponido*.

depuración s.f. **1** Purificación o eliminación de las impurezas de algo, esp. de una sustancia: *Los riñones realizan la depuración de la sangre.* **2** Perfeccionamiento o aumento de la pureza de algo, esp. del estilo o del lenguaje: *El nuevo profesor intentó la depuración de ese vocabulario tan grosero que empleaban sus alumnos.*

depuradora s.f. Aparato o instalación que sirve para depurar o limpiar algo, esp. las aguas: *La depuradora de la piscina está funcionando durante todo el día.*

depurar v. **1** Referido esp. a una sustancia, limpiarla, purificarla o quitarle impurezas: *Para depurar el agua se le añade cloro. Muchas sustancias se depuran mediante el filtrado.* **2** Referido esp. al estilo o al lenguaje, perfeccionarlo o hacerlo más puro: *A fuerza de leer buenas obras su estilo se depuró.*

dequeísmo s.m. En gramática, uso indebido de la preposición 'de' ante una subordinada introducida por la conjunción 'que': *En la expresión 'Le dijimos de que saliera esta noche' hay un dequeísmo.*

derbi s.m. **1** Encuentro deportivo, generalmente futbolístico, entre dos equipos de la misma ciudad o de ciudades próximas: *El derbi entre los dos equipos de la provincia promete ser muy interesante.* **2** Competición hípica importante: *En la ciudad inglesa de Epson se celebra anualmente un derbi para la selección de potros de tres años.* □ MORF. Su plural es *derbis.* □ USO Es innecesario el uso del anglicismo *derby.*

derby (anglicismo) s.m. →**derbi.**

derecha s.f. Véase **derecho, cha.**

derechista ▌ adj. **1** De la derecha o relacionado con estas ideas políticas: *El resultado de las encuestas se inclina a favor de los grupos derechistas.* ▌ adj./s. **2** Partidario o seguidor de las ideas políticas conservadoras: *La iniciativa del Gobierno solo ha contado con el apoyo de grupos derechistas. Los derechistas se oponen a introducir reformas en la ley de huelga.* □ MORF. 1. Como adjetivo es invariable en género. 2. Como sustantivo es de género común y exige concordancia en masculino o en femenino para señalar la diferencia de sexo: *el derechista, la derechista.*

derecho adv. Referido a la forma de hacer algo, de manera directa o sin hacer rodeos: *Si sigues derecho por esta calle, llegarás a la plaza.*

derecho, cha ▌ adj. **1** Referido a una parte del cuerpo, que está situada en el lado opuesto del corazón: *Los diestros escriben con la mano derecha.* **2** Que está situado en el lado opuesto que el corazón del observador: *En nuestro país los coches circulan por el lado derecho.* **3** Referido a un objeto, que, respecto de su parte delantera, está situado en el lado opuesto del que correspondería al del corazón de una persona: *Mi oficina está en el lado derecho de la avenida.* **4** Recto, erguido o sin torcerse a un lado o a otro: *Ponte derecho, que voy a medirte para ver si has crecido.* **5** Directo, sin hacer rodeos o sin desviarse: *Ve derecho al asunto y déjate de rodeos.* **6** Justo o conforme a la razón: *Su padre es una persona derecha y honesta.* ▌ s.m. **7** Conjunto de principios, leyes y reglas a las que están sometidas las relaciones humanas en una sociedad civil y que deben cumplir obligatoriamente todas las personas: *El derecho mercantil regula todas las relaciones comerciales.* **8** Ciencia que estudia estos principios y leyes: *Los abogados han estudiado derecho.* **9** Facultad de hacer legítimamente lo que conduce a los fines de la vida de una persona: *La Constitución reconoce a todos los españoles el derecho a la educación.* **10** Facultad de hacer o exigir todo lo que la ley o la autoridad establece en favor de alguien, o lo que el dueño de algo nos permite de ello: *En el convenio se recogen los derechos y obligaciones del trabajador.* **11** Conjunto de consecuencias naturales derivadas del estado de una persona o de sus relaciones respecto a otras: *Como viuda tengo derecho a cobrar la pensión de mi marido.* **12** Acción que se tiene sobre algo: *Tengo derecho sobre esta casa porque la heredé de mis padres.* **13** Justicia o razón: *Ganaré este juicio porque el derecho me asiste.* **14** En un objeto, parte o lado que se considera principal y que aparece labrado o trabajado con más perfección: *En el derecho de la tela aparecen bordadas unas flores.* ▌ s.m.pl. **15** Cantidades que se cobran en algunas profesiones: *En el presupuesto debes incluir los derechos del arquitecto.* **16** Cantidad que se paga por la realización de determinados hechos regulados por la ley, esp. por la introducción de una mercancía: *Al introducir productos en un país hay que pagar los derechos de aduana.* ▌ s.f. **17** Mano o pierna que están situadas en el lado opuesto del corazón: *Cógelo con la derecha, porque veo que se te va a caer.* **18** Dirección o situación correspondiente al lado derecho: *Tuerce a la derecha.* **19** Conjunto de personas o de organizaciones políticas que defienden ideas conservadoras: *La derecha triunfó en las últimas elecciones.* **20** ‖ **a derechas.** Referido a la forma de hacer algo, bien, con acierto, o de forma justa: *¡Vaya día que llevas, no haces una a derechas!* ‖ **de derecho.** Según la ley: *Un juez no puede negarte lo que te corresponde de derecho.* ‖ **derecho de asilo.** Protección que recibe una persona para no poder ser apresada en determinados lugares o en un país extranjero: *Los perseguidos políticos que se refugian en otro país tienen derecho de asilo.* ‖ **derechos de autor.** Cantidad que un profesional cobra como participación de los beneficios que produzca la publicación, ejecución o reproducción de su obra: *Por todas las novelas que ha publicado cobra derechos de autor.* □ MORF. Precedido del número de planta de un edificio, se usa siempre la forma femenina: *Vivo en el 1 derecha.*

deriva s.f. **1** Desvío del rumbo que algo sigue, esp. una embarcación, por efecto del viento, del mar o de la corriente: *El capitán del barco corrigió la deriva provocada por las corrientes marinas.* **2** ‖ **a la deriva. 1** Referido a un objeto flotante, esp. a una embarcación, a merced de la corriente o del viento, o sometido a su dominio: *Se rompió el timón y el barco quedó a la deriva.* **2** Sin dirección o sin propósito fijo: *Todos sus asuntos van a la deriva porque no es capaz de plantearse unos objetivos concretos.* ‖ **deriva continental.** En geología, desplazamiento lento y continuo de las masas continentales sobre una materia fluida formada por una masa de rocas fundidas: *Muchas hipótesis explican la formación de los continentes actuales mediante la deriva continental.*

derivación s.f. **1** Conclusión o resultado que se extraen o se alcanzan a partir de un antecedente y por medio del razonamiento; *deducción: Esos datos los hemos obtenido por derivación de los estudios realizados.* **2** Separación de una parte del todo, o de un elemento de su origen o su principio: *La carretera comarcal que tomamos es una derivación de la nacional.* **3** En lingüística, procedimiento de formación de palabras que consiste en alterar o en ampliar la estructura o la significación de otra ya existente: *Si a 'conocer' le añadimos el prefijo 're-', obtenemos por derivación el verbo 'reconocer'.* **4** En electrónica, pérdida de fluido en una línea eléctrica, esp. si se produce por la acción de la humedad del ambiente: *Una derivación en el tendido eléctrico produjo un apagón en el pueblo.*

derivada s.f. En matemáticas, en una función respecto a una variable, límite hacia el que tiende el cociente entre

a b c **d** e f g h i j k l m n ñ o p q r s t u v w x y z

el incremento de la función y el atribuido a la variable, cuando este último tiende a cero: *El profesor nos enseñó a calcular la derivada de una función.*

derivado s.m. **1** Producto obtenido a partir de otro: *La gasolina es un derivado del petróleo.* **2** En lingüística, palabra formada por derivación: *A partir de la raíz 'beb-' se han formado derivados como'bebida', 'bebible' o 'bebedor'.*

derivar v. **1** Referido esp. a un objeto, proceder de otro u originarse a partir de él: *Su comportamiento deriva de los ejemplos que recibió en su casa. Estas conclusiones se derivan de los últimos datos aportados.* **2** En lingüística, referido a una palabra, formarse a partir de otra o a partir de una determinada raíz: *La palabra 'llavero' deriva de 'llave'.* **3** Desviar, tomar una nueva dirección o encaminar a otra parte: *Derivaron la carretera nacional para que no pasase por el centro de la ciudad.* **4** En matemáticas, referido a una función, hallar su derivada: *Para derivar una función hay que tener en cuenta su variable.*

dermatitis s.f. Inflamación de la piel: *Algunas sustancias químicas pueden producir dermatitis.* ☐ MORF. Invariable en número.

dermatoesqueleto s.m. En algunos animales, capa externa gruesa o endurecida que se ha formado por la acumulación de materias quitinosas o calcáreas, o por la calcificación u osificación de la dermis: *La concha de los caracoles es su dermatoesqueleto.*

dermatología s.f. Parte de la medicina que trata de las enfermedades de la piel: *La dermatología estudia los efectos de las radiaciones solares sobre la piel.*

dermatólogo, ga s. Médico especializado en las enfermedades de la piel: *El dermatólogo me recetó una pomada para el acné.*

dérmico, ca adj. De la piel, de la dermis o relacionada con ellas: *Las glándulas sebáceas son formaciones dérmicas.*

dermis s.f. Capa intermedia de la piel, situada entre la epidermis y la hipodermis: *En la dermis se encuentran las glándulas sudoríparas.* ☐ MORF. Invariable en número.

dermohidratante adj. Que restablece o mantiene el grado normal de humedad de la piel: *Quiero un producto dermohidratante para manos resecas.* ☐ MORF. Invariable en género.

dermoprotector, -a adj. Que mantiene el equilibrio de la piel y la protege de los efectos de los agentes atmosféricos: *Este gel dermoprotector evita las infecciones de la piel.*

derogación s.f. Anulación de una norma jurídica: *Los cambios sociales imponen la derogación de algunas leyes.*

derogar v. Referido a una norma jurídica, anularla o dejarla sin validez: *Han sido derogadas las leyes contra la libertad de expresión.* ☐ ORTOGR. La *g* se cambia en *gu* delante de *e* →**PAGAR**.

derramamiento s.m. Caída o salida de un líquido o de cosas pequeñas contenidas en algo; *derrame: Fue una pelea con navajas pero sin derramamiento desangre.*

derramar v. Referido a algo contenido en un sitio, esp. a un líquido o a cosas pequeñas, hacer que salga o caiga de donde está y se esparza: *Cuidado no vayas a derramar el agua del vaso. Se cayó el salero y la sal se derramó en la mesa.*

derrame s.m. **1** →**derramamiento.** **2** Acumulación anormal de un líquido orgánico en una cavidad o salida anormal de dicho líquido al exterior: *Tuvo un derrame cerebral y está muy grave.*

derrapar v. Referido a un vehículo o a sus ruedas, deslizarse o patinar sobre el suelo desviándose lateralmente: *Derrapó la rueda delantera y casi me caigo de la bici.*

derrape s.m. Deslizamiento o patinazo laterales de un vehículo o de sus ruedas: *En las curvas cerradas son frecuentes los derrapes.* ☐ USO Es innecesario el uso del galicismo *derrapaje*.

derredor ‖ **en derredor.** Alrededor o en círculo: *Hicimos una hoguera y nos sentamos en derredor para contar historias.*

derrengado, da adj. Agotado físicamente: *En cuanto llegue a casa me tumbo, porque estoy derrengada.*

derrengar v. **1** Referido a una persona o un animal, dañarles el espinazo o los lomos; *desriñonar: Pesas tanto que me derrengaste cuando te llevé a cuestas. Derrengó al caballo a palos.* **2** Torcer o inclinar a un lado más que al otro: *Tiene un problema de columna y cada vez se derrenga más. Derrenga un poco el árbol para llegar a las ramas.* ☐ ORTOGR. Aparece una *u* después de la *g* cuando le sigue *e*.

derretimiento s.m. Fusión o conversión en líquido de algo sólido o pastoso a causa del calor: *El derretimiento de los hielos polares aumentaría el nivel de los mares.*

derretir ▌ v. **1** Referido a algo sólido o pastoso, fundirlo o hacerlo líquido por medio del calor: *Derrite un poco de mantequilla en la sartén. Se derritió el helado por sacarlo de la nevera.* **2** Referido a los bienes materiales, esp. al dinero, gastarlos o derrocharlos: *Derritió una gran fortuna en pocos años.* ▌ prnl. **3** *col.* Sentirse muy enamorado: *Me derrito cada vez que me mira a los ojos.* ☐ MORF. Irreg.: La segunda *e* se cambia en *i* cuando la sílaba siguiente no tiene *i* o la tiene formando diptongo →**PEDIR**.

derribar v. **1** Tirar o hacer caer al suelo: *El caballo derribó a su jinete.* **2** Referido a una construcción, hacerla caer al suelo destruyéndola: *Derribaron la casa con dinamita.* **3** Referido a una persona, hacerle perder el poder, el cargo o la estimación: *Una revuelta popular derribó al dictador.* **4** Referido a una res, hacerla caer en tierra, corriendo tras ella a caballo y empujándola con una garrocha: *Derribaban a las vacas en tierra y luego las marcaban.*

derribo s.m. **1** Demolición de una construcción: *Nadie puede acercarse porque van a efectuar el derribo de la casa.* **2** Caída al suelo provocada: *El derribo del jugador le costó la expulsión.*

derrocamiento s.m. Expulsión forzosa del puesto o cargo que ocupa una persona o caída provocada de un sistema de gobierno: *La revolución consiguió el derrocamiento del tirano.*

derrocar v. **1** Referido a una persona o a un sistema de gobierno, hacerlos caer: *Los golpistas derrocaron el Gobierno legalmente constituido.* **2** Referido a algo que está sobre una roca, despeñarlo o arrojarlo hacia abajo: *Se deshizo de él derrocándolo desde lo alto del acantilado.* **3** Referido a una construcción, derribarla, demolerla o hacerla caer al suelo: *Van a derrocar una manzana de casas para hacer un parque.* ☐ ORTOGR. La *c* se cambia en *qu* delante de *e*.

derrochar v. **1** Gastar demasiado, de forma insensata o sin necesidad: *Nunca tiene dinero porque lo derrocha. No derroches gasolina.* **2** *col.* Referido a algo positivo o bueno, tenerlo en gran cantidad: *Es alegre y derrocha vitalidad.*

derroche s.m. Gasto excesivo, superfluo o innecesario: *El derroche es contrario al ahorro. Hay que evitar el derroche de agua y energía.*

derrota s.f. **1** Resultado adverso a causa de perder en un enfrentamiento: *La derrota del tenista fue total. Las elecciones supusieron una derrota para la oposición.* **2** En marina, rumbo o dirección que lleva una embarcación al navegar: *El barco sigue su derrota hacia el norte.*

derrotar v. **1** Referido a un contrincante o a un enemigo, vencerlo, esp. si este queda inutilizado para seguir el enfrentamiento: *Derrotaron al ejército invasor en poco tiempo. Nos vencieron, pero no nos derrotaron.* **2** En tauromaquia, referido a un toro, dar cornadas levantando la cabeza con cambio brusco de dirección: *El torero no hizo una buena faena porque el toro derrotaba continuamente.*

derrote s.m. En tauromaquia, cornada que da el toro levantando la cabeza con cambio brusco de dirección: *Los derrotes del toro son muy peligrosos.*

derrotero s.m. **1** Camino, rumbo o medio para llegar al fin propuesto: *Nos volveremos a ver aunque tomemos distintos derroteros.* **2** En marina, línea señalada en la carta de navegación para gobierno de los pilotos: *Aunque haya niebla, seguiremos el derrotero del mapa con la brújula.* **3** En marina, dirección que debe seguirse y que se da por escrito: *El timonel ya tiene el derrotero de este viaje.*

derrotismo s.m. Actitud o tendencia pesimista que se caracteriza por el desaliento y el convencimiento de la imposibilidad de vencer o de conseguir algo positivo: *El derrotismo de los jugadores impidió que ganaran el partido.*

derrotista adj./s. Pesimista y sin la menor esperanza de conseguir algo positivo: *Con una actitud derrotista no llegaremos al final. No quiero trabajar con derrotistas como tú.* □ MORF. 1. Como adjetivo es invariable en género. 2. Como sustantivo es de género común y exige concordancia en masculino o en femenino para señalar la diferencia de sexo: *el derrotista, la derrotista.*

derrubio s.m. **1** Material que resulta de la erosión, generalmente formado por tierra o trozos de roca: *Los derrubios pueden acumularse en el fondo de los valles.* **2** Desgaste producido por la erosión de una corriente de agua: *El río cada vez es más ancho por el derrubio de sus orillas.*

derruir v. Referido a una construcción, derribarla, destruirla o hacerla caer al suelo: *Una bomba derruyó la torre de la iglesia.* □ ORTOGR. Incorr. **derruír.* □ MORF. Irreg.: La *i* se cambia en *y* delante de *a, e, o* →**CONTRIBUIR.**

derrumbadero s.m. **1** En un terreno, precipicio escarpado y con peñascos desde donde es fácil caerse: *El camión se precipitó por un derrumbadero.* **2** Peligro o riesgo grandes: *Esa inversión es un derrumbadero porque la empresa está a punto de quebrar.* □ SEM. Es sinónimo de *despeñadero.*

derrumbamiento s.m. **1** Hundimiento de una construcción: *El derrumbamiento del muro principal retrasó la terminación del edificio.* **2** Hundimiento moral: *La culpa de su derrumbamiento la tiene la falta de apoyo.*

derrumbar v. **1** Referido a una construcción, hundirla o hacerla caer hundiéndola: *El viento derrumbó el castillo de naipes. Se derrumbó el techo sobre la cama.* **2** Hacer caer algo desde una roca o por una pendiente escarpada: *Derrumbó la bicicleta desde lo alto de la colina. El caballo se derrumbó por el precipicio.* **3** Referido a una persona, hundirla moralmente: *El suspenso lo derrumbó y no quiere seguir estudiando. Se derrumbaron cuando les metieron el tercer gol.*

derviche s.m. Especie de monje musulmán que ha hecho voto de pobreza: *Los derviches eran ermitaños.*

des- Prefijo que indica negación (*desacatar, desconfiar, desagradar, desafortunado, desacostumbrado, desfavorable, deshonesto*), privación (*desconfianza, desacuerdo, desagrado, desamor, desinformación*) o acción inversa a la expresada por la palabra madre (*desabollar, deshacer, desatrancar, desandar, descalzar, desvestir, desactivar, desaceleración, desobediencia*). □ ORTOGR. Las palabras que comienzan por este prefijo admiten separación silábica a fin de línea, pero admiten también la separación por el prefijo: *de-sánimo* o *des-ánimo.*

desaborido, da ▌adj. **1** Sin sabor o sin sustancia: *Échale a la sopa un hueso de jamón para que no salga desaborida.* ▌adj./s. **2** *col.* Referido a una persona, que no tiene gracia o que tiene un carácter indiferente: *Es tan desaborida que aburre a cualquiera. Ese desaborido no se ríe aunque le paguen.* □ ORTOGR. Dist. de *desabrido.*

desabrido, da adj. **1** Referido a un alimento, esp. a la fruta, con poco o ningún sabor, o con sabor desagradable: *Esas fresas desabridas no me gustan ni con azúcar.* **2** Referido al tiempo atmosférico, con variaciones desagradables: *El mes de febrero tuvimos un tiempo de lo más desabrido.* **3** Referido a una persona o a su carácter, que son desagradables o ásperos en el trato: *Tiene un carácter antipático y desabrido como pocos.* □ ORTOGR. Dist. de *desaborido.*

desacato s.m. Falta de respeto que se comete al calumniar, injuriar, insultar o amenazar a una autoridad en el ejercicio de sus funciones: *Lo multaron por desacato al tribunal.*

desacierto s.m. Equivocación o falta de acierto: *Fue un desacierto regalarle un libro, porque no le gusta nada leer.*

desaconsejar v. Aconsejar no hacer, o considerar poco recomendable: *El mecánico me desaconsejó que comprara ese coche porque consume mucho.* □ ORTOGR. Conserva la *j* en toda la conjugación.

desacreditar v. Quitar reputación o estimación: *Un fracaso ahora podría desacreditarme en el trabajo.*

desafiar v. **1** Incitar o invitar a la lucha o a la competición: *Lo desafié a un partido de tenis para ver quién es el mejor.* **2** Referido esp. a una persona, hacerle frente u oponerse a sus opiniones o mandatos: *Se atrevió a desafiar al jefe y a decirle que sus órdenes eran injustas.* **3** Referido a una dificultad o a un peligro, afrontarlos con valentía o ir en busca de ellos: *El trapecista desafía a la muerte en cada actuación.* **4** Referido a una cosa, oponerse o contradecir a otra: *Mi abuela decía que los aviones desafían las leyes de la gravedad.* □ ORTOGR. La *i* de la raíz lleva tilde en los presentes, excepto en las personas *nosotros* y *vosotros* →**VACIAR.** □ SINT. Constr. de la acepción 1: *desafiar* A *hacer algo.*

desafinar v. En música, referido esp. a una voz o a un instrumento, desviarse del punto de la perfecta entonación, causando desagrado al oído: *Si desafinas así, no creo que te dejen cantar en el coro. Algunos instrumentos se desafinan por la falta de uso.*

desafío s.m. **1** Incitación o invitación a la lucha o a la competición: *Acepté su desafío porque sé que voy a ganar.* **2** Rivalidad o competencia: *Estamos preparados para el desafío tecnológico de los próximos años.* **3** Oposición o contradicción: *Algunos fenómenos paranormales parecen un desafío a las leyes físicas.*

desaforado, da adj. Desmedido, enorme o fuera de lo común: *Tu desaforada ambición te ha convertido en una persona sin escrúpulos.*

desafuero s.m. Acción hecha contra la ley, la justicia o las costumbres establecidas, esp. si se lleva a cabo con violencia: *Los bandidos cometieron todo tipo de desafueros.*

desagradar v. No gustar o causar disgusto: *Me desagrada discutir continuamente.*

desagravio s.m. Reparación de un agravio o compensación de un perjuicio: *Me invitó a cenar en desagravio por la faena que me había hecho.*

desaguar v. **1** Referido a un lugar, extraer o sacar el agua que hay en él: *Cada vez que llueve, hay que desaguar el sótano porque se inunda.* **2** Referido esp. a un río, verter sus aguas; *desembocar: Ese río desagua en el mar.* **3** Referido a un recipiente o a una concavidad, dar salida al agua que contiene: *El lavabo no desagua porque está atascado.* **4** *euf.* →**orinar.** □ ORTOGR. 1. La *u* lleva diéresis cuando la sigue *e*. 2. La *u* permanece siempre átona →**AVERIGUAR.**

desagüe s.m. Conducto o canal por donde se da salida al agua: *Las hojas de los árboles han atascado los desagües de la calle.*

desaguisado s.m. *col.* Destrozo o fechoría: *¡Menudo desaguisado monta en la cocina cada vez que hace la comida!*

desahogado, da adj. **1** Referido a un lugar, con amplitud o con suficiente espacio libre: *Aunque hay bastantes muebles, la habitación queda desahogada.* **2** Con los suficientes recursos, esp. si son económicos, como para estar cómodo y despreocupado: *Sus ingresos le permiten llevar una vida muy desahogada.*

desahogar ▌v. **1** Referido esp. a un sentimiento contenido, expresarlo para encontrar alivio: *Desahoga tus penas conmigo.* ▌prnl. **2** Aliviarse del peso de una pena o de un sentimiento contenido: *Cuando los problemas me agobian, grito para desahogarme.* □ ORTOGR. La *g* se cambia en *gu* delante de *e* →**PAGAR.**

desahogo s.m. **1** Alivio de una pena, de un sentimiento contenido o de un trabajo: *Hoy no he tenido en la oficina ni un momento de desahogo.* **2** Seguridad debida a la falta de problemas económicos: *Con lo que le tocó en la lotería, puede vivir con desahogo aunque no trabaje.*

desahuciar v. **1** Referido al inquilino de una vivienda, desalojarlo u obligarlo a salir de ella mediante una acción legal: *El edificio fue declarado en ruina y desahuciaron a los inquilinos.* **2** Referido a un enfermo, declararlo incurable y sin esperanzas de sobrevivir: *Lleva dos días en estado de coma y los médicos lo han desahuciado.* □ ORTOGR. La *i* nunca lleva tilde.

desahucio s.m. Desalojo o expulsión de un inquilino, obligándole a salir de su vivienda mediante una acción legal: *Agentes de la Policía municipal procederán al desahucio de las personas que no abandonen voluntariamente el edificio.*

desairado, da adj. Sin lucimiento o sin mucha fortuna: *Mi intervención quedó un poco desairada y fuera de lugar.*

desairar v. Referido a una persona, humillarla al no hacer caso o aprecio de lo que dice o hace: *Le di el regalo ilusionado, pero me desairó dejándolo en la mesa sin abrirlo.* □ ORTOGR. La *i* nunca lleva tilde.

desaire s.m. Humillación a una persona, al no hacer caso o aprecio de lo que hace o de lo que dice: *Me hizo el desaire de rechazar la invitación.*

desalentar v. Quitar las ganas o el ánimo de hacer algo: *Me desalienta ver que nadie colabora en el trabajo.* □ MORF. Irreg.: La segunda *e* diptonga en *ie* en los presentes, excepto en las personas *nosotros* y *vosotros* →**PENSAR.**

desalmado, da adj./s. Referido a una persona, que es cruel e inhumana, o que no tiene conciencia: *Solo una madre desalmada puede abandonar a su hijo. El cruel asesinato fue obra de un desalmado.*

desalojar v. **1** Referido a un lugar, abandonarlo o dejarlo vacío: *Los bomberos desalojaron el edificio en tres minutos.* **2** Referido a una persona, sacarla o hacerle salir de un lugar: *La policía desalojó a los huelguistas.* **3** En física, referido a un fluido, trasladarlo o moverlo de un lugar a otro; *desplazar: Al meter un cuerpo en el agua, desaloja una cantidad de líquido igual a su volumen.* □ ORTOGR. Conserva la *j* en toda la conjugación.

desalojo s.m. Evacuación de un lugar o de sus ocupantes: *La policía ordenó el desalojo del edificio cuando se recibió el aviso de bomba.*

desamor s.m. Enemistad o aborrecimiento: *A fuerza de discutir, fue creciendo entre ellos un profundo desamor.*

desamortización s.f. Liberación mediante disposiciones legales de un bien que no se podía vender para que pueda ser vendido o traspasado: *Una de las desamortizaciones españolas más importantes fue la de Mendizábal.*

desamortizar v. Referido a un bien que no se puede vender, dejarlo libre mediante disposiciones legales para que pueda ser vendido o traspasado: *En el siglo XIX español, se desamortizaron muchas tierras eclesiásticas.* □ ORTOGR. La *z* se cambia en *c* delante de *e* →**CAZAR.**

desamparar v. Referido a una persona que necesita ayuda, dejarla sin amparo o sin protección: *Nunca perdonó a su familia que lo desampararan cuando murieron sus padres.*

desangelado, da adj. Falto de ángel, de gracia o de adorno: *Hasta que no tengamos dinero para decorar la casa, está todo un poco desangelado.*

desangrar v. Referido a una persona o a un animal, sacarles o perder la sangre en gran cantidad: *En una matanza, desangran al cerdo antes de abrirlo en canal. Si no le cortamos la hemorragia, se desangrará.*

desanimar v. Desalentar o quitar el ánimo de hacer algo: *Pensé vender mis libros, pero me desanimaron a hacerlo.*

desaparecer v. **1** Ocultarse, dejar de estar en un sitio o dejar de ser perceptible: *Abre la ventana para que desaparezca este mal olor.* **2** Dejar de ser o de existir: *Muchos de los que están en esa fotografía ya han desaparecido.* □ MORF. Irreg.: Aparece una *z* delante de la *c* cuando la siguen *a*, *o* →**PARECER.**

desaparición s.f. **1** Ocultación o ausencia de algo en el lugar en que estaba: *Han denunciado la desaparición de dos niños.* **2** Terminación de la existencia: *Es triste que tenga que producirse la desaparición de una persona para que se le reconozcan sus méritos.*

desapercibido, da adj. Inadvertido o no percibido: *Pasa desapercibido en las reuniones porque nunca dice nada.* □ SINT. Se usa más con el verbo *pasar*.

desaprensivo, va adj./s. Que actúa sin miramiento hacia los demás o sin respetar las normas: *Unos individuos desaprensivos iban por la calle haciendo destrozos. Cayó en manos de un desaprensivo que abusó de su ingenuidad.*

desaprobar v. Reprobar o no admitir como bueno: *Desaprueba mi comportamiento porque le parece egoísta.* □ MORF. Irreg.: La *o* de la raíz diptonga en *ue* en los presentes, excepto en las personas *nosotros* y *vosotros* →**CONTAR.**

desarbolar v. Desbaratar o dejar sin capacidad de defensa: *Con su velocidad, nuestros delanteros consiguieron desarbolar la defensa contraria.*

desarmar v. **1** Referido a un objeto, desunir o separar las piezas que lo componen; *desmontar: Desarmó la radio y ahora no es capaz de dejarla como estaba.* **2** Quitar las armas o el armamento: *La policía desarmó al atracador y lo esposó. Los pacifistas quieren que las naciones se desarmen.* **3** Referido a una persona, confundirla o dejarla sin posibilidades de actuar: *No me respondió porque la desarmé con mis argumentos.*

desarme s.m. Retirada o eliminación de las armas o del armamento: *Se celebrará una conferencia internacional sobre el desarme y la paz en el mundo.*

desarrapado, da adj./s. Andrajoso o vestido con harapos y ropa sucia y rota; *desharrapado: Unos niños desarrapados pedían limosna en la calle. Vimos a un desarrapado rebuscando en las basuras.*

desarreglo s.m. Alteración, desorden o falta de arreglo: *Siempre he tenido desarreglos intestinales.*

desarrollar ▮ v. **1** Acrecentar, aumentar o hacer crecer en el orden físico, intelectual o moral: *Leer desarrolla la inteligencia. Las plantas se desarrollan con el calor.* **2** Referido esp. a un tema, exponerlo y explicarlo con amplitud y detalle: *Tienes que desarrollar más algunos puntos de la lección.* **3** Referido esp. a un proyecto, realizarlo o llevarlo a cabo: *No le dejan desarrollar ninguna de sus iniciativas.* **4** En matemáticas, efectuar las operaciones de cálculo necesarias para llegar a un resultado: *Si desarrollas mal el problema, llegarás a un resultado falso.* **5** Referido a una comunidad humana, hacerla progresar económica, social, cultural o políticamente: *La cultura desarrolla a los pueblos. Los países del norte se han desarrollado más que los del sur.* **6** Producir o alcanzar: *Este coche desarrolla una velocidad de 160 km/h.* ▮ prnl. **7** Referido a un hecho, suceder o tener lugar: *La acción se desarrolla en un país indeterminado.*

desarrollo s.m. **1** Crecimiento o aumento en el orden físico, intelectual o moral: *Nadar favorece el desarrollo de los pulmones.* **2** Proceso de crecimiento económico, social, cultural o político de una comunidad humana: *El nivel de desarrollo de un país se mide tanto por su capacidad de producción como por su nivel de bienestar.* **3** Exposición o explicación amplia y detallada: *El desarrollo del tema le llevó casi una hora.* **4** Realización, producción o evolución en etapas sucesivas de algo: *Durante el desarrollo de las negociaciones no se concederán declaraciones a la prensa.* **5** En matemáticas, realización de las operaciones necesarias para obtener un resultado o para cambiar la forma de una expresión analítica: *El planteamiento del problema está bien, pero te has equivocado en el desarrollo.*

desarticular v. **1** Referido a algo articulado, desencajarlo o separar su articulación: *Tiró tan fuerte de su brazo que casi se lo desarticula. Se desarticuló el tren eléctrico.* **2** Referido a algo organizado, desmantelarlo o deshacer su organización: *La policía desarticuló una red internacional de tráfico de estupefacientes.*

desasosegar v. Quitar el sosiego o la tranquilidad: *Los problemas de mis hijos me desasosiegan. Empezaba a desasosegarme porque tardabas demasiado.* □ ORTOGR. Aparece una *u* después de la *g* cuando la sigue *e*. □ MORF. Irreg.: La segunda *e* diptonga en *ie* en los presentes, excepto en las personas *nosotros* y *vosotros* ⟶**REGAR**.

desasosiego s.m. Falta de sosiego o de tranquilidad: *Tu tardanza nos produjo cierto desasosiego.*

desastrado, da adj./s. Desaseado y mal vestido: *Iba tan desastrado que lo confundieron con un mendigo. A este desastrado no lo dejaron entrar en la discoteca.*

desastre s.m. **1** Desgracia grande o suceso lamentable en el que hay mucho daño y destrucción: *Nuevas medidas de seguridad intentan evitar los desastres aéreos.* **2** Lo que tiene mala calidad, mala organización o mal resultado: *Nos llovió y la merienda fue un desastre.* **3** Persona llena de imperfecciones o con absoluta falta de habilidad o de suerte: *Este desastre de mujer rompe todo lo que toca.*

desastroso, sa adj. Muy malo o que produce desastres: *Las heladas son desastrosas para el campo.*

desatar ▮ v. **1** Soltar o quitar las ataduras: *No puedo desatar los cordones de los zapatos. Se desató el saco de trigo y se salió un poco.* **2** Originar o provocar, esp. si es de forma violenta; *desencadenar: Mi desprecio desató su ira. Se desató una tormenta de arena.* ▮ prnl. **3** Perder la timidez o el temor y empezar a actuar con desenvoltura: *Al principio estaba muy calladito, pero luego se desató y fue el centro de atención.*

desatascador s.m. Utensilio formado generalmente por una ventosa unida a un mango, y que sirve para desatascar: *Utilizamos un desatascador para desatascar la pila.*

desatino s.m. Error, desacierto o disparate: *Cuando se emborracha, no dice más que desatinos.*

desatornillador s.m. ⟶**destornillador.**

desatornillar v. Sacar los tornillos dándoles vueltas; *destornillar: Desatornilla la cerradura y pon una nueva. Aprieta bien el tornillo para que no se desatornille.*

desautorizar v. Quitar la autoridad, el poder o el crédito: *El presidente desautorizó al ministro y negó que se fuese a hacer lo que este había anunciado.* □ ORTOGR. La *z* se cambia en *c* delante de *e* ⟶**CAZAR**.

desavenencia s.f. Falta de armonía, de acuerdo o de entendimiento entre varias personas: *Se fue a otra empresa por desavenencias con sus compañeros.*

desayunar v. Tomar el desayuno o tomar como desayuno: *¿Has desayunado ya? Siempre me desayuno antes de salir. Desayuna café con leche y una tostada.*

desayuno s.m. **1** Primera comida del día, que se hace por la mañana: *Me gusta oír música durante el desayuno.* **2** Alimento que se toma en esta comida: *El día de mi cumpleaños, me traen el desayuno a la cama.*

desazón s.f. Sensación anímica de intranquilidad, temor y falta de alegría: *Cuando tengo desazón, parece que me falta algo y no sé lo que es.*

desazonar v. Disgustar, intranquilizar o causar desazón: *¡Pórtate bien y no desazones más a tu padre! Me desazono cuando veo que mis esfuerzos son inútiles.*

desbancar v. Referido a una persona, hacerle perder la posición o la consideración que tiene, ganándolas para uno mismo: *Tú eres mi mejor amigo y en eso nadie puede desbancarte.*

desbandada s.f. **1** Huida o dispersión en desorden: *Al llegar la policía, se produjo la desbandada de los manifestantes.* **2** ‖ **{a la/en} desbandada.** Confusamente y sin orden: *Gritaron que había fuego y todos salimos a la desbandada.*

desbarajustar v. Desordenar introduciendo gran caos y confusión: *Puse mal una fecha y desbarajusté todos los horarios.*

desbarajuste s.m. Desorden caótico y muy confuso: *No encuentro nada en ese desbarajuste de habitación que tienes.*

desbaratar v. **1** Deshacer, estropear o arruinar: *El mal tiempo desbarató nuestros planes. Él lo intenta, pero es tan manazas que todo se le desbarata.* **2** Referido a bienes materiales, malgastarlos o derrocharlos: *Se metió en el juego y desbarató la fortuna familiar en dos meses.*

desbarrar v. Razonar o actuar sin sentido común o de forma contraria a la razón: *¡Deja ya de desbarrar y de decir tantos disparates!*

desbastar v. Referido a una materia, quitarle las partes más bastas: *El carpintero desbastaba la madera antes de darle forma con el torno.* □ ORTOGR. Dist. de *devastar*.

desbeber v. *col.* Orinar: *Voy al cuarto de baño a desbeber.* □ USO Tiene un matiz humorístico.

desbocado, da adj. Referido al cuello o a las mangas de una prenda de vestir, que están más abiertos de lo debido, generalmente por haberse dado de sí: *Este jersey lo he usado tanto que ya tiene el cuello desbocado.*

desbocarse v.prnl. Referido a una caballería, dejar de obedecer al freno y galopar alocadamente: *La yegua se desbocó y acabó tirando al jinete.* □ ORTOGR. La *c* se cambia en *qu* delante de *e* →SACAR.

desbordamiento s.m. **1** Salida o derrame de lo que está contenido en un recipiente o en un cauce, sobrepasando los bordes de estos: *El desbordamiento del río provocó inundaciones.* **2** Superación de la capacidad o de los límites de una persona: *Te advierto que mi aguante es limitado y está a punto de llegar a su desbordamiento.* **3** Exaltación e imposibilidad de contención de un sentimiento: *Recibió la noticia del premio con un desbordamiento de alegría.*

desbordar ▌v. **1** Referido esp. a un recipiente o a un cauce, sobrepasar sus bordes lo que está contenido en ellos: *Dejé el grifo abierto y el agua desbordó el lavabo. Si sigue lloviendo tanto, se desbordará el río.* **2** Referido esp. a una persona o a una capacidad, sobrepasarlas o exceder sus límites: *Esta travesura desborda mi paciencia y no aguanto una más. Me desbordo con tanto trabajo.* ▌prnl. **3** Referido esp. a un sentimiento, exaltarse y no poder ser contenido o dominado: *El entusiasmo del público se desbordó cuando el cantante interpretó su tema más famoso.*

desbrozar v. Referido a un lugar, limpiarlo de broza, de ramas y de hojas secas: *En verano desbrozan el monte para evitar incendios.* □ ORTOGR. La *z* se cambia en *c* delante de *e* →CAZAR.

descabalar v. **1** Referido a algo completo o cabal, quitarle o perder alguna de las partes que lo componen: *He descabalado este juego de pendientes, porque perdí uno. Se ha descabalado el juego de café al romper una taza.* **2** Referido a un plan o una previsión, desorganizarlos o alterarlos: *Tu retraso descabala la excursión que íbamos a hacer. Con la subida del precio del piso, se han descabalado mis previsiones económicas.*

descabalgar v. Desmontar o bajar de una caballería: *El jinete descabalgó y desensilló el caballo.* □ ORTOGR. La *g* se cambia en *gu* delante de *e* →PAGAR.

descabellado, da adj. Contrario a la razón o a la prudencia: *¡Qué idea tan descabellada la de escalar la montaña en plena tormenta!*

descabellar v. En tauromaquia, referido a un toro, matarlo instantáneamente clavándole en la cerviz la punta de la espada o la puntilla: *Si un toro no muere por efecto de la estocada, lo descabellan.*

descabello s.m. En tauromaquia, muerte instantánea que se da al toro, clavándole en la cerviz la punta de la espada o la puntilla: *Después de tres estocadas, el torero tuvo que recurrir al descabello del toro.*

descabezar v. Quitar la cabeza: *Al detener al último de los jefes, han descabezado la organización.* □ ORTOGR. La *z* se cambia en *c* delante de *e* →CAZAR.

descacharrar v. →escacharrar.

descafeinado, da ▌adj. **1** Falto de autenticidad o de intensidad por haber perdido alguna característica esencial: *A ti te gusta un campo descafeinado, con todas las comodidades de la ciudad.* ▌s.m. **2** →café descafeinado.

descafeinar v. **1** Referido al café, extraer o eliminar toda o casi toda su cafeína: *Existen procedimientos industriales para descafeinar el café y restarle capacidad estimulante.* **2** Privar de alguna característica considerada perjudicial o peligrosa: *Interpretar el problema de los enfrentamientos raciales como una lucha entre vecinos es una forma de descafeinarlo.* □ ORTOGR. La *i* lleva tilde en los presentes, excepto en las personas *nosotros* y *vosotros* →VACIAR.

descalabrar v. **1** Herir en la cabeza: *Lo descalabraron de una pedrada. Se cayó de la bicicleta y se descalabró.* **2** Causar un grave perjuicio: *La negativa del crédito descalabró el negocio.* □ SEM. Es sinónimo de *escalabrar*.

descalabro s.m. Contratiempo o problema que ocasionan un grave daño: *Perder ese partido sería un descalabro para nuestro equipo y supondría descender de categoría.*

descalcificación s.f. Pérdida o disminución del calcio y de los compuestos cálcicos que contienen un hueso u otro tejido orgánico; *decalcificación: El consumo de leche ayuda a evitar la descalcificación de los huesos.*

descalcificar v. Referido esp. a un hueso, eliminar o disminuir el calcio y los compuestos cálcicos que contiene; *decalcificar: Una lactación prolongada puede descalcificar los tejidos orgánicos de la madre. Toma calcio para evitar que se le descalcifiquen los huesos.* □ ORTOGR. La *c* se cambia en *qu* delante de *e* →SACAR.

descalificación s.f. **1** En una competición, eliminación de un participante, generalmente por haber cometido una infracción de las reglas: *La descalificación del líder avivó las esperanzas de los demás.* **2** Pérdida de reputación, de capacidad o de autoridad de una persona: *Su descalificación política fue inmediata cuando se descubrió su implicación en la compra de votos.*

descalificar v. **1** Desacreditar o restar capacidad o autoridad: *Su falta de prudencia lo descalifica para los negocios.* **2** En una competición, referido a un participante, eliminarlo, generalmente por cometer una infracción de las reglas: *Descalificarán a los que queden en los diez últimos lugares.* □ ORTOGR. La *c* se cambia en *qu* delante de *e* →SACAR.

descalzo, za ▌adj. **1** Sin calzado: *Me gusta andar descalza por la arena.* ▌adj./s. **2** Referido a un religioso, que profesa una regla que exige llevar los pies sin calzado: *Santa Teresa de Jesús fue carmelita descalza. Los monjes de ese monasterio son descalzos.*

descamarse v.prnl. Referido a la piel, caerse en forma de escamas: *Se me descama la piel porque la tengo muy reseca.*

descambiar v. *col.* Referido a una compra, devolverla a cambio de dinero o de otro artículo: *Compré la blusa con* *la condición de que, si no te quedaba bien, podíamos descambiarla.* □ ORTOGR. La *i* nunca lleva tilde.

descaminado, da adj. Equivocado o mal orientado: *Vas descaminado si piensas eso, porque la realidad no es así.*

descamisado, da ▮ adj. **1** *col.* Sin camisa o con ella desabrochada: *Pasea descamisado por la playa.* ▮ adj./s. **2** *col.* Referido a una persona, que es pobre o desarrapada: *En esas chabolas se hacinan gentes descamisadas. Un descamisado se me acercó pidiendo limosna.* □ USO En la acepción 2, tiene un matiz despectivo.

descampado, da adj./s.m. Referido a un lugar, que está descubierto y libre de viviendas, de árboles y de vegetación espesa: *Harán un parque en ese terreno descampado. Van a un descampado a jugar al balón.*

descansado, da adj. Que no exige mucho trabajo o esfuerzo: *Tengo un trabajo descansado y tranquilo.*

descansar v. **1** Cesar en el trabajo o recuperar fuerzas con el reposo: *Se tomó unos días de vacaciones para descansar de las tensiones del trabajo.* **2** Reposar o dormir: *Habla bajito, que está descansando.* **3** Quedar tranquilo después de un dolor o una inquietud: *Cuando me saquen la muela, descansaré.* **4** Referido a una cosa, apoyarla o apoyarse sobre otra: *Siéntate y descansa los pies sobre el taburete. El techo descansa sobre cuatro columnas.* **5** Referido a un terreno, estar sin cultivo para recuperar su fertilidad: *Dejaremos esta tierra descansar este año y la sembraremos el que viene.* **6** Estar enterrado o reposar en el sepulcro: *Mis antepasados descansan lejos de aquí.* **7** Aliviar o disminuir la fatiga: *Ya verás como un buen masaje te descansa.*

descansillo s.m. En una escalera, parte llana en que termina cada uno de sus tramos; *descanso, rellano: Hay una maceta en cada descansillo de la escalera.*

descanso s.m. **1** Quietud, reposo o pausa en el trabajo o en el esfuerzo: *Nos tomaremos un descanso de media hora y volveremos a la tarea.* **2** Lo que alivia en las dificultades o disminuye la fatiga: *Los hijos mayores son el descanso de los padres.* **3** En un espectáculo, una representación o un programa, espacio de tiempo que los interrumpe; *intermedio: Salí a beber agua en el descanso de la obra.* **4** En una escalera, parte llana en que termina cada uno de sus tramos; *descansillo, rellano: En el segundo descanso de la escalera está el extintor.* **5** Lugar sobre el que se apoya o asegura algo: *Unas vigas de hierro sirven de descanso a la techumbre.*

descapotable s.m. Automóvil que tiene el techo plegable: *No pudo subir la capota del descapotable y se mojó cuando empezó a llover.*

descarado, da adj./s. Referido a una persona, que habla o actúa con atrevimiento y sin respeto ni pudor: *No seas tan descarada y aprende a respetar a la gente. Cae mal a todo el mundo porque es un descarado.*

descararse v.prnl. Hablar o actuar sin vergüenza, sin cortesía o sin pudor: *Se descaró y le dijo a la cara todo lo que pensaba de él.*

descarga s.f. **1** Extracción, eliminación o salida de una carga: *Estos tres chicos se ocuparán de la descarga del camión.* **2** Liberación de un peso o de una preocupación: *Dice que, cuando se confiesa, la sensación de descarga de los pecados lo deja como nuevo.* **3** Paso de electricidad de un cuerpo a otro de distinto potencial: *La descarga ocasionada por el rayo provocó un incendio.*

descargar v. **1** Quitar, extraer o anular la carga: *Descarga camiones en el mercado. Las pilas se descargan aunque no se usen.* **2** Referido a una carga, sacarla o desviarla de donde está: *Ayúdame a descargar los muebles de la furgoneta.* **3** Referido a un arma de fuego, dispararla: *Descargó la escopeta sobre una perdiz.* **4** Referido a un golpe, darlo con violencia: *Le descargó un puñetazo en toda la cara.* **5** Referido a un enfado o a un sentimiento violento, hacerlo recaer sobre alguien o algo, como forma de liberarse de él: *No descargues tu ira sobre mí, que yo no tengo la culpa.* **6** Producir lluvia o granizo, o producirse una precipitación atmosférica: *Como descarguen esas nubes tan negras, nos vamos a empapar.* □ ORTOGR. La *g* se cambia en *gu* delante de *e* →**PAGAR**.

descargo ‖ **en descargo de** alguien. Como excusa o justificación para librarlo de una acusación que se le hace o de una obligación de conciencia: *Sé que te he hecho daño, pero diré en mi descargo que no lo hice conscientemente.*

descarnado, da adj. Sin adornos, sin rodeos o sin atenuaciones: *Nos hizo un relato descarnado de la vida en la cárcel.*

descaro s.m. Insolencia o falta de vergüenza, de recato o de respeto: *Ese maleducado habla con un descaro insultante.*

descarriar v. **1** Referido esp. a una persona, apartarla del camino que debe seguir: *Las malas compañías lo descarriaron. Una buena formación ayuda a no descarriarse en la vida.* **2** Referido a un animal, esp. a una oveja, apartarlo del rebaño: *El perro pastor evita que se descarríen las ovejas.* □ ORTOGR. La *i* lleva tilde en los presentes, excepto en las personas *nosotros* y *vosotros* →**VACIAR**. □ MORF. Se usa más como pronominal.

descarrilar v. Referido a un tren o a un vehículo semejante, salirse de los carriles: *El metro descarriló, pero no hubo heridos.*

descartar ▮ v. **1** Referido a una posibilidad, desecharla o no tenerla en cuenta: *Si pensabas contar con mi ayuda este verano, ya puedes descartar esa posibilidad.* ▮ prnl. **2** En algunos juegos de naipes, dejar las cartas que se tienen y se consideran inútiles: *No me descarto de ninguna carta porque todas las que tengo son buenas.*

descascarillar v. **1** Referido esp. a un fruto, quitarle la cáscara o la cascarilla: *Para hacer harina refinada, hay que descascarillar el trigo.* **2** Referido esp. a un objeto, quitar parte de la capa que lo recubre: *Un balonazo descascarilló la pared. Cuando empieza a descascarillarse el esmalte de las uñas, es mejor quitarlo todo.*

descastado, da adj./s. Referido a una persona, que muestra poco cariño a su familia o que no corresponde al cariño que recibe: *Nunca vas a ver a tu madre porque eres un hijo descastado. ¡Qué error enamorarme de una descastada como ella!*

descendencia s.f. Conjunto de hijos, nietos y demás generaciones sucesivas que descienden de una persona por línea directa: *Una de sus grandes ilusiones cuando se casó era tener descendencia.*

descender v. **1** Ir a un lugar o a una posición inferiores: *Descendimos al sótano por una escalera de mano.* **2** Disminuir en intensidad, cantidad o valor: *En invierno desciende mucho la temperatura.* **3** Referido a una persona o a un animal, proceder por generaciones sucesivas de un antepasado, de un linaje o de un pueblo: *El hombre desciende del primate.* □ MORF. Irreg.: La tercera *e* diptonga en *ie* en los presentes, excepto en las personas *nosotros* y *vosotros* →**PERDER**. □ SINT. Constr. de la acepción 3: *descender*

DE *alguien*. □ SEM. 1. En las acepciones 1 y 2, es sinónimo de *bajar*. 2. **Descender abajo* es una expresión redundante e incorrecta.

descendiente s. Respecto de una persona, hijo, nieto u otro miembro de las generaciones sucesivas por línea directa: *Quiero que alguna de mis descendientes se llame María, como yo.* □ MORF. Es de género común y exige concordancia en masculino o en femenino para señalar la diferencia de sexo: *el descendiente, la descendiente.*

descenso s.m. **1** Camino que lleva hacia un lugar o una posición inferiores: *Es un descenso lleno de curvas y piedras.* **2** Inclinación de un terreno: *El descenso de esa ladera es suave y poco pronunciado.* **3** Ida a un lugar o a una posición inferior: *El descenso de los ciclistas desde el puerto fue rapidísimo.* **4** Disminución de la intensidad, de la cantidad o del valor: *Un descenso del índice de natalidad conduce al envejecimiento de la población.* □ SEM. En las acepciones 1 y 2, es sinónimo de *bajada*.

descentrar v. Referido esp. a una persona o a un objeto, hacer que dejen de estar centrados: *Los ruidos me descentran y no puedo estudiar. Se descentró el proyector y la película se veía fuera de la pantalla.*

descerebrar v. **1** Producir la inactividad funcional del cerebro: *El golpe que sufrió en la cabeza no lo mató, pero lo descerebró.* **2** Referido a un animal, extirparle experimentalmente el cerebro: *En el laboratorio descerebraron a un ratón para hacer un experimento.*

descerrajar v. Referido a algo con cerradura, romper o forzar esta: *El caco descerrajó la puerta para entrar en la casa.* □ ORTOGR. Conserva la *j* en toda la conjugación.

descifrar v. Referido a algo confuso o difícil de comprender, deducir o averiguar su significado: *No consiguió descifrar el jeroglífico.*

desclasado, da adj./s. Referido a una persona, que no está integrada en un grupo social o que lo está en el que no le corresponde: *Ese hombre desclasado era antes uno de los más ricos del país. Es una desclasada, porque ha ido a nacer en un entorno que rechaza por principios.* □ ORTOGR. Es un galicismo (*déclassé*) adaptado al español. □ USO Tiene un matiz despectivo.

descocarse v.prnl. *col.* Referido a una persona, mostrar demasiada desenvoltura o descaro: *En las fiestas se descoca y es el centro de todas las miradas.* □ ORTOGR. La *c* se cambia en *qu* delante de *e* →**SACAR**.

descoco s.m. Descaro o desenvoltura excesiva; *descoque: Actúa con un descoco impropio de su cargo.*

descojonarse v.prnl. *vulg.malson.* Reírse mucho: *Cuenta unos chistes como para descojonarse.*

descolgar ▌v. **1** Referido a algo colgado, bajarlo o quitarlo de donde está: *Descuelga la lámpara para limpiarla. Se descolgó el sombrero de la percha.* **2** Referido a algo que pende de una cuerda, bajarlo despacio: *Descolgaron el piano por el balcón hasta la calle. Me descolgué con una cuerda desde lo alto del acantilado.* **3** Referido a un teléfono, levantar su auricular: *Descolgó el teléfono para no recibir llamadas.* ▌prnl. **4** *col.* Referido a una persona, aparecer inesperadamente o sin una finalidad determinada: *Ayer se descolgó Paco por casa y estuvimos charlando.* **5** Referido a un miembro de un grupo, separarse de este o quedarse rezagado: *Un ciclista se descolgó del pelotón y ya no pudo alcanzarlo.* **6** *col.* Hacer o decir algo inesperado: *¿Ahora que nos habías convencido a todos te descuelgas tú con que estabas equivocado?* □ ORTOGR. Aparece una *u* después de la *g* cuando le sigue *e*. □ MORF. Irreg.: La *o* de la raíz diptonga en *ue* en los presentes, excepto en las personas *nosotros* y *vosotros* →**COLGAR**. □ SINT. 1. Constr. de las acepciones 2 y 5: *descolgarse* DE *algo*. 2. Constr. de la acepción 6: *descolgarse* CON *algo*.

descollar v. **1** Destacar en altura o en anchura: *El campanario de la iglesia descuella sobre los tejados.* **2** Distinguirse entre los demás: *Descuella en habilidad entre todos sus hermanos.* □ MORF. Irreg.: La *o* de la raíz diptonga en *ue* en los presentes, excepto en las personas *nosotros* y *vosotros* →**CONTAR**. □ SINT. Constr. de la acepción 2: *descollar* EN *algo*. □ SEM. Es sinónimo de *sobresalir*.

descolocar v. Poner en una posición o en una situación indebidas: *No me descoloques los libros. Se te ha descolocado el clavel de la solapa.* □ ORTOGR. La *c* se cambia en *qu* delante de *e* →**SACAR**.

descolorido, da adj. De color pálido: *Aún tiene la tez descolorida por la hepatitis.*

descolorir v. Quitar o perder color; *decolorar: El sol ha descolorido las persianas.* □ MORF. Verbo defectivo: se usa solo en los tiempos compuestos y en las formas no personales (infinitivo, gerundio y participio).

descomedido, da adj. Excesivo, desproporcionado o fuera de lo regular: *Tiene un orgullo descomedido que lo hace intratable.*

descomer v. *col.* Defecar: *Todo lo que se come se descome.* □ USO Tiene un matiz humorístico.

descompasar v. Perder o hacer perder el compás o el ritmo: *El despiste del director descompasó a toda la orquesta. Uno de los que desfilaban se descompasó por mirar al público.*

descompensar v. Perder o hacer perder la compensación o el equilibrio: *Se nos descompensó el presupuesto con los gastos imprevistos. Si el árbitro expulsa a un jugador, descompensará el equilibrio de fuerzas entre los dos equipos.*

descomponer ▌v. **1** Referido a una sustancia o a un todo, separar sus componentes o sus partes: *Para descomponer una palabra en sílabas, hay que tener en cuenta determinadas reglas. Cuando la sal se descompone, obtenemos cloro y sodio.* **2** Referido esp. a un cuerpo orgánico, alterarlo o corromperlo de forma que entre en estado de putrefacción: *El excesivo calor puede descomponer un alimento. Un cadáver empieza a descomponerse a los tres días de la muerte.* **3** Referido a un mecanismo o a un aparato, estropearlo o hacer que deje de funcionar: *Si metes el reloj en agua, lo vas a descomponer. Se descompuso la nevera y no congela bien.* **4** Referido a una persona o a su cuerpo, dañarlos o perjudicar su salud: *La salsa me descompuso el estómago. Con este frío, se me descompone el cuerpo.* **5** Referido a una persona, enfadarla, irritarla o hacerle perder la serenidad: *Las injusticias me descomponen. Me descompongo cuando veo pegar a un niño.* **6** Desarreglar, desordenar o hacer perder la armonía: *Si habéis descompuesto la habitación, tenéis que colocarla. Con el aire, se me descompuso el peinado.* ▌prnl. **7** Referido esp. a una persona o a su cara, cambiarse su color o su expresión, esp. debido a una fuerte impresión: *La cara se le descompuso de ira.* □ MORF. Irreg.: 1. Su participio es *descompuesto*. 2. →**PONER**.

descomposición s.f. **1** Separación de los componentes de una sustancia o de las partes de un todo: *De la descomposición del agua se obtiene hidrógeno y oxígeno.* **2** Corrupción, alteración o cambio de algo: *El humus es la capa que se forma sobre el suelo por descomposición de* *materias animales y vegetales.* **3** *col.* Diarrea: *He cogido frío en el vientre y tengo descomposición.*

descompresión s.f. Reducción de la compresión o de la presión a la que ha estado sometido un cuerpo, esp. un gas o un líquido: *Un buceador debe subir a la superficie poco a poco para evitar que una brusca descompresión afecte a su organismo.*

descompuesto, ta part. irreg. de **descomponer**. ☐ MORF. Incorr. **descomponido.*

descomunal adj. Enorme, monstruoso o totalmente fuera de lo común: *La descomunal estatua tiene más de diez metros.* ☐ MORF. Invariable en género.

desconcertar v. Referido a una persona, sorprenderla, desorientarla o dejarla sin saber lo que pasa realmente: *Aquellas acusaciones tan directas me desconcertaron y no supe reaccionar. Dudo que tu profesor se desconcierte por nada que tú le digas.* ☐ MORF. Irreg.: La segunda *e* diptonga en *ie* en los presentes, excepto en las personas *nosotros* y *vosotros* →**PENSAR**.

desconchar v. Referido a una superficie, quitar parte de la capa que la recubre: *Al clavar el clavo, desconché un poco la pared. Si golpeas la jarra de porcelana, se desconchará.*

desconchón s.m. Caída de una parte del revestimiento o de la pintura de una superficie: *Los desconchones que presenta la estatua son obra de unos vándalos.*

desconcierto s.m. **1** Sorpresa o confusión de una persona, dejándola sin saber lo que ocurre realmente: *El desconcierto del público fue total cuando apareció un ballet en vez de los futbolistas.* **2** Perturbación del orden o del concierto: *Había tal desconcierto en el aeropuerto que muchos pasajeros perdieron su vuelo.*

desconfiar v. No confiar, no fiarse o tener poca seguridad: *Desconfío de él, porque ya me engañó una vez.* ☐ ORTOGR. La *i* lleva tilde en los presentes, excepto en las personas *nosotros* y *vosotros* →**VACIAR**. ☐ SINT. Constr.: *desconfiar* DE *algo*.

descongelar v. **1** Referido a algo congelado, hacer que deje de estarlo: *El acuerdo permitió descongelar los salarios que no subían desde hacía dos años. Mete la comida en el horno para que se descongele.* **2** Referido esp. a un frigorífico, eliminar o deshacer el hielo que contiene: *Desenchufa la nevera para descongelarla.*

descongestionar v. Disminuir o quitar la congestión o la acumulación excesiva de algo: *Estas gotas están indicadas para descongestionar la nariz. Con la carretera de circunvalación, se descongestionará el tráfico de la ciudad.*

desconocer v. **1** No conocer: *Desconozco cuáles son sus verdaderas intenciones.* **2** Referido a algo conocido, no reconocerlo o encontrarlo distinto: *Me desconozco en esta foto.* ☐ MORF. Irreg.: Aparece una *z* delante de la *c* cuando la siguen *a, o* →**PARECER**.

desconocido, da ▮ adj. **1** Muy cambiado: *Con ese peinado estás desconocida.* ▮ adj./s. **2** Referido a una persona, que no es conocida o que no es famosa: *El premio lo ganó una escritora desconocida. Un desconocido pregunta por ti.*

desconocimiento s.m. Falta de conocimiento o de información: *El desconocimiento de las leyes no exime de su cumplimiento.*

desconsideración s.f. Falta de consideración o de amabilidad y respeto: *Me parece una desconsideración por su parte tenernos tanto tiempo esperando.*

desconsolar v. Causar desconsuelo o gran pena: *Me desconsuela verte llorar. No te desconsueles, que todo se arreglará.* ☐ MORF. Irreg.: La segunda *o* diptonga en *ue* en los presentes, excepto en las personas *nosotros* y *vosotros* →**CONTAR**.

desconsuelo s.m. Angustia y pena profundas, esp. por la pérdida de algo muy querido o necesario: *La muerte de su mujer lo sumió en un gran desconsuelo.*

descontado ‖ **dar** algo **por descontado.** *col.* Darlo por hecho o por cierto: *Doy por descontado que me recogerás en la estación.* ‖ **por descontado.** *col.* Expresión que se usa para asentir mostrando seguridad y firmeza: *Cuando le pregunté si podía ayudarme, contestó: «¡Por descontado que sí!».*

descontar v. Referido a una cantidad, quitarla o restarla de otra: *Si compras ahora, te descontarán un 10 % del precio fijado.* ☐ MORF. Irreg.: La *o* diptonga en *ue* en los presentes, excepto en las personas *nosotros* y *vosotros* →**CONTAR**.

descontentar v. Desagradar o causar insatisfacción o disgusto: *No me entusiasma ese tipo de literatura, pero tampoco me descontenta. Como no esté todo a su gusto, enseguida se descontenta.*

descontextualizar v. Sacar de contexto: *Me fastidia que descontextualicen mis palabras y las citen de forma que parezcan tener otro sentido.* ☐ ORTOGR. La *z* se cambia en *c* delante de *e* →**CAZAR**.

descontrol s.m. Falta de control, de orden o de disciplina: *Hay tal descontrol en la oficina que todos los trabajos salen con retraso.*

descontrolarse v.prnl. **1** Perder el control o el dominio de sí mismo: *Cuando hago algo mal, enseguida se descontrola y empieza a gritarme.* **2** Referido esp. a un mecanismo, perder su ritmo normal de funcionamiento: *Una brújula se descontrola si le acercas un imán.*

desconvocar v. Referido a un acto convocado, anular su convocatoria antes de que comience dicho acto: *Los sindicatos acaban de desconvocar la huelga que estaba anunciada para mañana.* ☐ ORTOGR. La *c* se cambia en *qu* delante de *e* →**SACAR**. ☐ SEM. Su uso con el significado de 'suspender un acto convocado y ya iniciado' es incorrecto, aunque está muy extendido.

desconvocatoria s.f. Anulación de la convocatoria de un acto antes de que este comience: *Las previsiones de mal tiempo forzaron la desconvocatoria de la manifestación.*

descoque s.m. *col.* →**descoco**.

descorazonar v. Quitar o perder el ánimo o la esperanza: *Sentir que nadie te apoya descorazona a cualquiera. Inténtalo otra vez y no te descorazones a la primera.*

descorchador s.m. Utensilio consistente en una espiral metálica encajada en un soporte al que se da vueltas, que se usa para sacar los corchos de las botellas; *sacacorchos*: *No pude abrir la botella de vino porque no tenía descorchador.*

descorchar v. Referido esp. a una botella, destaparla sacando el corcho que la cierra: *Descorcha una botella de champán para celebrarlo.*

descornarse v.prnl. *col.* Entregarse con decisión y esfuerzo a la consecución de un fin: *Se descuerna trabajando para dar a sus hijos lo mejor.* ☐ PRON. Está muy extendida la pronunciación [eskornárse]. ☐ MORF. Irreg.: La *o* diptonga en *ue* en los presentes, excepto en las personas *nosotros* y *vosotros* →**CONTAR**.

descorrer v. **1** Referido a algo estirado, esp. a unas cortinas, plegarlo o recogerlo: *Descorrió las cortinas para que entrara luz.* **2** Referido esp. a un pestillo, moverlo para que pueda abrirse lo que cerraba: *Descorre el cerrojo de la puerta, que quiero entrar.*

descortesía s.f. Falta de cortesía, de buena educación o de amabilidad: *Tuvo la descortesía de darme la espalda mientras duró la reunión.*

descortezar v. Quitar la corteza: *En la serrería vi cómo descortezan los troncos de los árboles.* □ ORTOGR. La *z* se cambia en *c* delante de *e* →**CAZAR**.

descosido s.m. **1** En una prenda de vestir o en una tela, parte que tiene sueltas las puntadas que la cosían: *Tengo un descosido en el pantalón.* **2** ‖ **como un descosido.** *col.* Mucho o con exceso: *Cuando llegan los exámenes estudia como una descosida.*

descoyuntar v. Referido a algo articulado, esp. a los huesos, desencajarlo de las articulaciones: *Me descoyunté un brazo al intentar mover yo solo la lavadora.*

descrédito s.m. Pérdida o disminución de la reputación, del valor o de la estima: *Aquel sucio asunto te hizo caer en el descrédito para muchos.*

descreído, da adj./s. Incrédulo, sin fe o sin creencias: *Es muy descreído y no lo convencerás de nada si no se lo demuestras. Después de tantos desengaños, se ha convertido en un descreído.*

descreimiento s.m. Falta o abandono de la fe o de las creencias: *Pasó de ser un creyente convencido a caer en el más absoluto descreimiento.*

descremar v. Referido esp. a un producto lácteo, quitarle la crema o la grasa; *desnatar*: *La leche que descreman en las centrales lecheras suele emplearse para regímenes de adelgazamiento.*

describir v. **1** Representar por medio del lenguaje, refiriendo o explicando las distintas partes, cualidades o circunstancias: *El autor describe con todo detalle la sociedad de su tiempo.* **2** Referido a una línea, trazarla o recorrerla moviéndose a lo largo de ella: *Los planetas describen órbitas elípticas.* □ MORF. Irreg.: Su participio es *descrito*.

descripción s.f. Representación de algo por medio del lenguaje, explicando sus distintas partes, cualidades o circunstancias: *Hazme una descripción detallada de lo que viste.*

descriptivo, va adj. Que describe: *Ese escritor tiene una gran capacidad narrativa y descriptiva.*

descrito, ta part. irreg. de **describir**. □ MORF. Incorr. **describido*.

descuajaringar v. →**descuajeringar**. □ ORTOGR. La *g* se cambia en *gu* delante de *e* →**PAGAR**.

descuajeringar ▌v. **1** Referido esp. a un objeto, romperlo, estropearlo o desunir sus partes: *El niño estuvo jugando con la radio y la descuajeringó. Ha vuelto a descuajeringarse la lavadora.* ▌prnl. **2** *col.* Cansarse mucho: *Si te descuajeringas con tan poco esfuerzo, es que ya estás viejo.* **3** *col.* Reírse mucho: *Se descuajeringa viendo cómo se viste su hijo pequeño.* □ ORTOGR. 1. Se admite también *descuajaringar*. 2. La *g* se cambia en *gu* delante de *e* →**PAGAR**.

descuartizar v. Referido a un cuerpo, dividirlo en trozos: *En el matadero descuartizan las reses muertas para vender su carne.* □ ORTOGR. La *z* se cambia en *c* delante de *e* →**CAZAR**.

descubierto, ta ▌**1** part. irreg. de **descubrir**. ▌adj. **2** Referido esp. a un lugar, que es despejado o espacioso: *Las zonas descubiertas y sin resguardos naturales no son las idóneas para acampar.* ▌s.m. **3** Falta de fondos en una cuenta bancaria: *No puedo prestarte nada, porque yo mismo tengo un descubierto en mi cuenta.* **4** ‖ **al descubierto. 1** Claramente o sin ocultar nada: *Te contaré la verdad al descubierto.* **2** Al raso o sin resguardo: *Prefiero dormir al descubierto que en un lugar sucio.* □ MORF. En la acepción 1, incorr. **descubrido*.

descubrimiento s.m. **1** Hallazgo o conocimiento de lo que estaba oculto o se desconocía: *El descubrimiento de la penicilina sirvió para salvar muchas vidas.* **2** Lo que se descubre: *El científico presentó en la conferencia su último descubrimiento.*

descubrir ▌v. **1** Referido a algo tapado o cubierto, destaparlo o quitarle lo que lo cubre: *Al final del acto el presidente descubrió una placa conmemorativa. Tápate con la manta y no te descubras, que hace mucho frío.* **2** Referido a algo escondido o ignorado, encontrarlo o hallarlo: *Colón descubrió América en 1492.* **3** Manifestar, mostrar o dar a conocer: *Jamás os descubriré mi secreto.* ▌prnl. **4** Referido a una persona, quitarse el sombrero o lo que le cubre la cabeza: *El soldado se descubrió al entrar en el despacho del coronel.* □ MORF. Irreg.: Su participio es *descubierto*.

descuento s.m. **1** Rebaja que se hace en una cantidad, generalmente en un precio: *Al comprar el frigorífico, me hicieron un descuento por pagar al contado.* **2** En un encuentro deportivo, tiempo que se añade al final para compensar el que se ha perdido durante su transcurso: *El gol del desempate llegó en los minutos de descuento.*

descuidado, da adj. No preparado, no prevenido o falto de lo necesario; *desprevenido*: *Me voy ahora que el niño está descuidado, porque, si me ve irme, llorará.*

descuidar ▌v. **1** Referido esp. a una obligación, no prestarle la atención o los cuidados debidos: *No descuides tu higiene personal.* ▌prnl. **2** Despistarse o retirar la atención sobre algo: *En cuanto me descuido, ya estás haciendo alguna travesura.* □ USO Se usa en imperativo para dar tranquilidad o seguridad sobre algo: *Descuida, que mañana estoy aquí sin falta.*

descuido s.m. **1** Distracción, negligencia o falta de cuidado: *El accidente se produjo por un descuido del conductor.* **2** Falta de arreglo o de cuidado: *Hay tanto descuido en tu habitación que parece una pocilga.*

desde prep. **1** Indica el punto, en el tiempo o en el espacio, del que procede, se origina o se empieza a contar algo: *Desde ayer no lo he visto. Vengo andando desde la parada de tren. Hay regalos desde un euro.* **2** ‖ **desde luego.** Por supuesto o sin duda: *Cuando le pregunté si se mantenía la cita, contestó: «Desde luego».* ‖ **desde ya.** Ahora mismo o inmediatamente: *Quiero que empecéis a trabajar desde ya.* □ USO No debe usarse para indicar un talante o una postura: *Hago un llamamiento {*desde › por} la solidaridad.*

desdecir ▌v. **1** No corresponder o ser impropio del origen o de la condición que se tienen: *Esa actitud tan intransigente desdice de tu cuidada educación.* **2** Desentonar o no convenir: *Ese adorno tan chabacano desdice en un ambiente tan elegante.* ▌prnl. **3** Volverse atrás o contradecirse de lo que se ha dicho: *Si se compromete a algo, que te lo dé por escrito para que no pueda desdecirse.* □ MORF. Irreg.: 1. Su participio es *desdicho*. 2. →**DECIR**. 3. En el imperativo se usa más la forma *desdice (tú)* frente a *desdí (tú)*. □ SINT. Constr.: *desdecir(se)* DE *algo*.

desdén s.m. Indiferencia y falta de interés que denotan

menosprecio: *Dicen que, si tratas con desdén a quien te ama, avivarás su pasión.*

desdentado, da adj. Que ha perdido los dientes o que le faltan algunos: *El abuelo está ya desdentado y le cuesta comer.*

desdeñar v. **1** Menospreciar o tratar con desdén o indiferencia: *Un día desdeñé tu amistad y ahora me arrepiento.* **2** Rechazar o desestimar con desprecio: *En un gesto de orgullo, desdeñó el premio por considerarlo insignificante.*

desdeñoso, sa adj./s. Que manifiesta desdén o indiferencia: *Es muy desdeñoso y jamás le he oído una palabra de agradecimiento.*

desdibujar v. Hacer perder o perder claridad, precisión o nitidez: *La niebla desdibuja los árboles. Con la lejanía, las montañas se desdibujan.* ☐ ORTOGR. Conserva la *j* en toda la conjugación.

desdicha s.f. Véase **desdicho, cha.**

desdichado, da adj./s. Que es desgraciado o que tiene desgracias y mala suerte: *No te quejes de tu suerte, que siempre hay alguien más desdichado. Nada le sale bien a esa desdichada.*

desdicho, cha ▮ **1** part. irreg. de **desdecir.** ▮ s.f. **2** Desgracia, mala suerte o infelicidad: *¡Qué desdicha la suya, tan joven y ya viudo!* ☐ MORF. En la acepción 1, incorr. **desdecido.*

desdoblar v. **1** Referido a algo doblado, extenderlo o estirarlo: *Desdobló el mapa para estudiar la ruta. Lleva esas camisas planchadas con cuidado para que no se desdoblen.* **2** Referido a una sola cosa, separar sus elementos para formar dos o más cosas a partir de ella: *Tendré que desdoblar mi horario para poder comer en casa. Uno de los actores se desdobla en dos personajes.*

desdoro s.m. Deshonor o desprestigio: *Pedir ayuda cuando se necesita no es ningún desdoro para mí.*

desear v. **1** Anhelar o querer con vehemencia: *Estoy deseando que lleguen las vacaciones.* **2** Referido a una persona, sentir atracción sexual hacia ella: *Piensa que las mujeres lo desean porque es joven y guapo.* **3** ‖ **dejar {bastante/mucho} que desear.** Ser inferior a lo que se esperaba: *Dice que es una casa maravillosa, pero a mí me parece que deja mucho que desear.*

desecar v. Extraer la humedad o dejar seco: *Para desecar los pétalos de rosa, mételos entre dos láminas de papel secante. Si persiste la sequía, algunos pantanos se desecarán.* ☐ ORTOGR. 1. Dist. de *disecar*. 2. La *c* se cambia en *qu* delante de *e* ⟶**SACAR.**

desechable adj. Referido a un objeto, que está destinado a ser usado una sola vez y tirado después de su uso: *Para evitar contagios, se utilizan jeringuillas desechables.* ☐ MORF. Invariable en género.

desechar v. **1** No admitir, rechazar o despreciar: *Desecharon mi proyecto porque era muy costoso.* **2** Referido a un objeto de uso, dejar de usarlo por considerarlo inútil o inservible: *Al comprar el ordenador, desechó su máquina de escribir.* **3** Referido esp. a un temor o a un mal pensamiento, apartarlos de la mente: *Desecha tus dudas sobre mí, porque siempre estaré a tu lado.*

desecho s.m. **1** Residuo, cosa inservible o resto que queda después de haber escogido lo mejor y más útil de algo: *Los desechos industriales han contaminado el río.* **2** Lo que es vil y despreciable: *No sé cómo eres amigo de ese desecho humano.* ☐ ORTOGR. Dist. de *deshecho* (del verbo *deshacer*).

desembarazar ▮ v. **1** Dejar libre y sin impedimentos: *Desembarazaron el camino de las piedras caídas por los derrumbamientos.* ▮ prnl. **2** Apartarse o librarse de algo molesto: *En cuanto pueda desembarazarme de ese pesado, me voy contigo.* ☐ SINT. Constr.: *desembarazar(se)* DE *algo.*

desembarazo s.m. Desenvoltura y facilidad en el trato o en las acciones: *Resolvió la situación con mucho desembarazo y sin perder los nervios.*

desembarcar v. **1** Referido a algo embarcado, sacarlo o salir de la nave en la que están: *Los operarios del puerto desembarcarán la carga del buque. Esperaremos aquí a que desembarquen los pasajeros.* **2** Llegar a un lugar o a una organización para iniciar o desarrollar una actividad: *Pronto desembarcarán en el ministerio los colaboradores del nuevo ministro.* ☐ ORTOGR. La *c* se cambia en *qu* delante de *e* ⟶**SACAR.**

desembarco s.m. **1** Bajada de mercancías o de pasajeros de una embarcación: *Para el desembarco de las mercancías de los barcos utilizan grandes grúas.* **2** Operación militar que realizan en tierra las tropas de un buque o de una escuadra: *El desembarco de las tropas aliadas en Normandía fue decisivo para el final de la II Guerra Mundial.*

desembocadura s.f. Lugar por donde desemboca un río u otra corriente de agua: *La desembocadura de ese río es un estuario.*

desembocar v. **1** Referido esp. a un río, verter sus aguas; *desaguar: El Ebro desemboca en el mar Mediterráneo.* **2** Referido esp. a una calle, acabar o tener salida: *En esta plaza desembocan cuatro calles.* **3** Concluir o terminar: *La discusión desembocó en una pelea callejera.* ☐ ORTOGR. La *c* se cambia en *qu* delante de *e* ⟶**SACAR.**

desembolsar v. Referido a una cantidad de dinero, pagarla o entregarla: *Para comprar el coche tuve que desembolsar una buena suma.*

desembolso s.m. Entrega de una cantidad de dinero, esp. si se hace en efectivo y al contado: *La educación de los hijos supone un gran desembolso para los padres.*

desembragar v. Referido esp. a un motor, quitarle o soltarle el embrague: *Para meter las marchas del coche hay que desembragar el motor pisando el embrague.* ☐ ORTOGR. La *g* se cambia en *gu* delante de *e* ⟶**PAGAR.**

desembuchar v. *col.* Referido a algo que se tenía callado, decirlo por completo: *Desembucha de una vez y no te guardes la información para ti solo.*

desempeñar v. **1** Referido esp. a un cargo, ejercerlo o realizar las funciones propias de él: *Desempeñó el cargo de alcalde durante tres años.* **2** Referido a un papel dramático, interpretarlo o representarlo: *En su última obra, ese actor desempeña el papel de galán.* **3** Referido a algo entregado como garantía de un préstamo, recuperarlo pagando la cantidad acordada: *En cuanto gane un poco de dinero, desempeñaré el anillo.*

desempeño s.m. Realización de las funciones propias de un cargo o de una ocupación: *Un juez debe ser imparcial en el desempeño de sus funciones.*

desempleado, da adj./s. Referido a una persona, que está sin trabajo de forma forzosa; *parado: Muchos trabajadores desempleados reciben una percepción económica del Estado. La crisis ha hecho crecer el número de desempleados.*

desempleo s.m. Carencia de trabajo por causas ajenas al trabajador y generalmente también al patrono; *paro: En épocas de crisis económica, siempre aumenta el desempleo.*

desempolvar v. **1** Quitar el polvo: *Desempolva de vez en cuando las tazas de la vitrina, aunque no las uses.* **2** Referido a algo olvidado o desechado tiempo atrás, traerlo a la memoria o volver a utilizarlo: *La prensa desempolvó un viejo asunto en el que estuvo complicado el nuevo ministro.*

desencadenar v. **1** Soltar o librar de las cadenas: *Desencadenaron a los presos cuando llegaron a la cárcel.* **2** Originar o provocar, esp. si es de forma violenta; *desatar: La subida de precios desencadenó numerosas protestas callejeras. Se desencadenó una tempestad que produjo graves inundaciones.*

desencajar ▮ v. **1** Referido a algo encajado, separarlo o arrancarlo de donde está: *Desencajé las patas de la silla para pintarlas mejor. Cuando se cayó el cuadro, se desencajó el marco.* ▮ prnl. **2** Referido a una persona o a su rostro, desfigurarse o alterarse sus facciones: *Cuando le dieron la mala noticia, se le desencajó el rostro.* □ ORTOGR. Conserva la *j* en toda la conjugación.

desencanto s.m. Pérdida de la ilusión y de la admiración que se tenían: *El desencanto de la juventud se debe a la falta de oportunidades que le ofrece la sociedad.*

desencuadernar v. Referido a un libro o un cuaderno, romper o deshacer su encuadernación: *Desencuadernaron el libro para fotocopiarlo mejor. Los libros encuadernados en rústica se desencuadernan fácilmente.*

desenfadado, da adj. Libre y sin seriedad ni estorbos: *Tiene un carácter abierto y desenfadado.*

desenfado s.m. Desenvoltura, naturalidad y falta de seriedad: *Me gusta el desenfado y la cordialidad con que trata a todo el mundo.*

desenfocar v. Enfocar mal o perder el enfoque: *Creo que has llegado a conclusiones exageradas porque has desenfocado el tema. Si mueves la cámara, se desenfocará la imagen.* □ ORTOGR. La *c* se cambia en *qu* delante de *e* →**SACAR**.

desenfrenado, da adj. Sin freno o sin moderación: *El ritmo desenfrenado de las grandes ciudades me desequilibra.*

desenfreno s.m. Falta de moderación o de freno en las pasiones o en los vicios: *Lleva una vida de desenfreno que es poco saludable.*

desenganchar ▮ v. **1** Referido a algo enganchado, soltarlo o desprenderlo: *Ayúdame a desenganchar la blusa de las zarzas. Los caballos se desengancharon del carro y se escaparon.* ▮ prnl. **2** *col.* Librarse de la adicción a una droga: *Hay centros especiales para ayudar a los drogadictos a desengancharse.*

desengañar v. **1** Hacer reconocer el engaño o el error: *Lo creía persona de confianza, pero aquella indiscreción suya me desengañó. ¡Desengáñate y desconfía porque es demasiado barato!* **2** Quitar las esperanzas o las ilusiones: *Desengaña a ese chico y dile de una vez que no estás interesada en él. Si confiabas en obtener ese puesto, es mejor que te desengañes, porque seguro que está dado.*

desengaño s.m. Pérdida de la esperanza y de la confianza que se había puesto en algo o alguien: *Está hundido porque ha tenido un desengaño amoroso.*

desenlace s.m. En un suceso, en una narración o en una obra dramática, final en el que se resuelve la historia tratada: *La película tiene un desenlace feliz.*

desenmascarar v. Referido esp. a una persona, quitarle la máscara o descubrir lo que oculta de sí misma: *Con un par de preguntas, lo desenmascaramos y vimos sus verdaderas intenciones. Iba disfrazada y no la reconocí hasta que no se desenmascaró.*

desentenderse v.prnl. **1** Quedarse al margen y sin ocuparse de algo: *Yo me desentiendo de eso y lo dejo en tus manos.* **2** Fingir que se ignora o que no se entiende: *Como le hables cuando está leyendo, él sigue a lo suyo y se desentiende.* □ MORF. Irreg.: La tercera *e* diptonga en *ie* en los presentes, excepto en las personas *nosotros* y *vosotros* →**PERDER**. □ SINT. Constr.: *desentenderse* DE *algo.*

desenterrar v. **1** Referido a algo enterrado, sacarlo o descubrirlo quitando la tierra que lo cubre: *El perro ha desenterrado del jardín un hueso.* **2** Referido a algo largo tiempo olvidado, traerlo a la memoria o a la actualidad; *exhumar: El reportaje desentierra un viejo asunto de estafas.* □ MORF. Irreg.: La tercera *e* diptonga en *ie* en los presentes, excepto en las personas *nosotros* y *vosotros* →**PENSAR**.

desentonar v. **1** En música, desafinar o desviarse de la entonación justa que corresponde a cada nota: *Tiene una voz muy potente, pero canta de pena porque desentona.* **2** Contrastar desagradablemente con el entorno: *La corbata roja desentona con la camisa marrón.* **3** Referido esp. al cuerpo, hacerle perder el tono, el vigor o el equilibrio interno: *La fiebre me ha desentonado el cuerpo.*

desentrañar v. Referido esp. a algo difícil de comprender, averiguar o llegar a conocer lo más recóndito y profundo de ello: *Nadie ha podido desentrañar el misterio de la vida.*

desentrenado, da adj. Falto de entrenamiento: *Fui a correr y me cansé enseguida porque estoy desentrenado.*

desenvoltura s.f. Facilidad o gracia en la forma de actuar o de hablar: *Me admira la desenvoltura que tienes para hablar en público.*

desenvolver ▮ v. **1** Quitar la envoltura: *Desenvuelve el regalo antes de que me vaya.* ▮ prnl. **2** Encontrar la manera de proceder, o actuar con desenvoltura y habilidad: *¿Qué tal te desenvuelves con los nuevos compañeros?* **3** Salir de una dificultad: *Con la experiencia que tienes ya, sabrás desenvolverte por apurada que sea la situación.* □ MORF. Irreg.: 1. Su participio es *desenvuelto*. 2. La *o* de la raíz diptonga en *ue* en los presentes, excepto en las personas *nosotros* y *vosotros* →**VOLVER**.

desenvuelto, ta ▮ **1** part. irreg. de **desenvolver.** ▮ adj. **2** Que tiene facilidad y soltura para actuar o para hablar: *Es un chico muy desenvuelto y sabe arreglárselas solo.* □ MORF. En la acepción 1, incorr. **desenvolvido*.

deseo s.m. **1** Impulso enérgico de la voluntad hacia el conocimiento, hacia la posesión o hacia el disfrute de algo: *El deseo de viajar me ha llevado a recorrer medio mundo.* **2** Lo que se desea: *Mi mayor deseo es hacerte feliz.* **3** Apetito sexual: *Su relación se ha enfriado porque ya no hay deseo entre ellos.* **4** ‖ **arder en deseos de** algo. *col.* Desearlo vivamente: *Ardo en deseos de llegar a casa y descansar.*

desequilibrado, da adj./s. Que carece de equilibrio mental o padece alguna enfermedad nerviosa: *Los problemas familiares la han convertido en una muchacha desequilibrada. Solo un desequilibrado haría actos tan vandálicos.*

desequilibrar v. Hacer perder o perder el equilibrio: *Los gastos imprevistos desequilibran mi presupuesto. La trapecista se desequilibró y casi se cae.*

desequilibrio s.m. Falta o alteración del equilibrio: *Esos continuos cambios de humor reflejan un profundo desequilibrio emocional.*

desercion s.f. Abandono de un puesto, de una obligación o de un grupo, esp. el que hace un soldado del ejército sin autorización: *La deserción de un soldado puede costarle el calabozo.*

desertar v. **1** Referido a un soldado, abandonar su puesto sin autorización: *Le formaron consejo de guerra por desertar de su puesto.* **2** Abandonar una obligación,un ideal o un grupo: *Cuando empezó a ver tantos cambios en el partido, desertó de su militancia.* □ SINT. Constr.: *desertar* DE *algo.*

desértico, ca adj. **1** Del desierto o relacionado con él: *El clima desértico es cálido y muy seco.* **2** Despoblado, vacío o sin habitantes; *desierto: Cuentan los viejos que este paraje desértico estuvo lleno de gente hace años.*

desertización s.f. Transformación de un terreno en un desierto: *Están repoblando zonas de arbolado quemadas para evitar su desertización.*

desertizar v. Referido a un terreno, transformarlo en un desierto: *Los incendios forestales están desertizando la comarca. Los cambios climáticos hacen que muchas zonas se deserticen.* □ ORTOGR. La *z* se cambia en *c* delante de *e* ⟶**CAZAR**.

desertor, -a adj./s. Referido a una persona, que deserta: *Agentes de la Policía militar buscan a un soldado desertor. Desde que se echó novio, se ha convertido en una desertora y ya nunca viene con nosotros.*

desescombrar v. Limpiar de escombros: *Tras derribar el muro, desescombraron la acera.*

desesperación s.f. **1** Pérdida total de la esperanza: *Tu desesperación es injustificada, porque todo tiene solución.* **2** Alteración del ánimo causada por la cólera, el despecho o el enojo: *¡Qué desesperación con este chico que no quiere estudiar!* **3** Lo que desespera: *Tener un hijo vago como tú es una desesperación.*

desesperada ‖ **a la desesperada.** Como última solución o como último recurso para conseguir lo que se pretende: *Le dije que sí a la desesperada porque no vi otra solución.*

desesperanza s.f. Estado de ánimo de la persona que ha perdido las esperanzas: *Está hundida en la desesperanza y no puede pensar en el futuro.*

desesperanzar v. Quitar o perder la esperanza; *desesperar: Otro suspenso podría desesperanzarlo del todo. Se ha desesperanzado porque no obtiene los resultados apetecidos.* □ ORTOGR. La *z* se cambia en *c* delante de *e* ⟶**CAZAR**.

desesperar v. **1** *col.* Hacer perder la calma, la tranquilidad o la paciencia: *Me desespera que llegues tan tarde. Me desespero cuando veo tanto desorden.* **2** Quitar o perder la esperanza; *desesperanzar: Confía en tus posibilidades y no dejes que un tropiezo te desespere. Después de mucho buscarlo, ya he desesperado de encontrarlo.* □ SINT. Constr. de la acepción 2: *desesperar* DE *hacer algo.*

desestabilizar v. Referido esp. a una situación, perturbar o comprometer su estabilidad: *Grupos terroristas intentan desestabilizar la democracia. Si la economía internacional se desestabiliza, repercutirá en nuestro país.* □ ORTOGR. La *z* se cambia en *c* delante de *e*⟶**CAZAR**.

desestimar v. **1** Referido esp. a una petición, no admitirla o no concederla: *El juez desestimó la solicitud por considerarla inapropiada.* **2** Referido a una persona o a una cosa, hacerles poco aprecio: *No desestimes nunca la ayuda que te presten.*

desfachatez s.f. *col.* Insolencia, desvergüenza o falta total de respeto: *¡Qué desfachatez la del camarero, insultarme porque no tenía suelto!*

desfalcar v. Referido esp. a una cantidad de dinero, apropiarse de ella quien la tiene bajo su custodia: *El cajero desfalcó varios miles de euros y desapareció.* □ ORTOGR. La *c* se cambia en *qu* delante de *e* ⟶**SACAR**.

desfalco s.m. Apropiación de una cantidad de dinero por parte de quien la tiene bajo su custodia: *Acusaron de desfalco al contable por no poder justificar la desaparición del dinero.*

desfallecer v. Desmayarse o decaer perdiendo el ánimo, el vigor y las fuerzas: *Desfallezco de hambre.* □ MORF. Irreg.: Aparece una *z* delante de la *c* cuando la siguen *a*, *o* ⟶**PARECER**.

desfallecimiento s.m. Desmayo, disminución del ánimo o decaimiento del vigor y de las fuerzas: *El calor excesivo puede causar desfallecimientos en personas con tensión baja.*

desfasado, da adj. **1** Con una diferencia de fase: *El sonido y las imágenes de la película estaban desfasados y se oían las palabras antes de que los actores movieran los labios.* **2** No ajustado ni adaptado a las circunstancias del momento: *Tus viejas ideas se han quedado desfasadas y no son aplicables al presente.*

desfase s.m. **1** Falta de acuerdo o de adaptación a las ideas o circunstancias del momento: *Tu desfase en temas económicos es grande y debes actualizarte si quieres trabajar.* **2** Diferencia de fase entre dos mecanismos o entre dos movimientos periódicos: *Hay un desfase de dos minutos entre tu reloj y el mío.*

desfavorecer v. **1** Perjudicar o hacer oposición favoreciendo lo contrario: *La sociedad de consumo desfavorece a los pobres privilegiando a los ricos.* **2** No ayudar, no apoyar o dejar de favorecer: *La suerte me desfavoreció en aquella ocasión y perdí todo lo que había ganado.* □ MORF. Irreg.: Aparece una *z* delante de *c* cuando la siguen *a*, *o* ⟶**PARECER**.

desfigurar v. **1** Referido esp. al rostro, transformar su aspecto, afeándolo o deformándolo: *El terror le desfiguraba la cara. Con el accidente se le desfiguró el rostro.* **2** Disfrazar o encubrir con una apariencia diferente: *No desfigures la realidad con tus interpretaciones fantásticas.*

desfiladero s.m. Paso estrecho entre montañas: *Tuvimos que pasar por el desfiladero de uno en uno.*

desfilar v. **1** Referido esp. a tropas militares, marchar o pasar en fila, en formación o en orden: *Las tropas desfilaban ante la bandera al son de la marcha militar.* **2** Pasar sucesivamente: *En estos años, por este despacho han desfilado varios directores.* **3** Salir del lugar, esp. si es con orden: *Los espectadores ya habían empezado a desfilar cuando llegó el último gol.*

desfile s.m. Marcha o pase en fila, en formación o en orden, generalmente como exhibición o para rendir honores: *Voy a participar en un desfile de modelos.*

desflorar v. Referido a una mujer, desvirgarla o hacer que pierda la virginidad: *El padre pedía venganza contra el hombre que desfloró a su hija.*

desfogar v. Referido esp. a una pasión, manifestarla o exteriorizarla con violencia: *Desfogó su ira tirando al suelo un jarrón. No te desfogues conmigo, que yo no tengo la culpa de tu fracaso.* □ ORTOGR. La *g* se cambia en *gu* delante de *e* ⟶**PAGAR**.

desfondar v. **1** Referido esp. a un recipiente, quitarle o romperle el fondo: *Si pones tanto peso en una caja de* *cartón, la vas a desfondar. El yate se desfondó al chocar contra los arrecifes.* **2** Referido a una persona, quitarle o perder las fuerzas o el empuje: *El esfuerzo desfondó al ciclista, que llegó a la meta muy rezagado. Como no hago deporte, en cuanto echo una carrera me desfondo.*

desforestación s.f. →**deforestación.**

desforestar v. →**deforestar.**

desgaire s.m. **1** Descuido, generalmente afectado, en la forma de moverse o de vestir: *Viste con un desgaire que parece que le cuesta arreglarse.* **2** ‖ **al desgaire.** Con descuido o desinterés generalmente afectados: *Todo lo hace al desgaire y de cualquier manera.*

desgajar ▮ v. **1** Referido a una rama, arrancarla o desprenderla con violencia del tronco: *El huracán desgajó varias ramas. Una rama del manzano se desgajó por el peso de las manzanas.* ▮ prnl. **2** Separarse o apartarse por completo: *El grupo más conservador se ha desgajado del partido.* □ ORTOGR. Conserva la *j* en toda la conjugación.

desgana s.f. **1** Inapetencia o falta de ganas de comer: *Aunque sea con desgana, algo tendrás que comer.* **2** Falta de interés, de deseo o de gusto: *Haces las cosas con desgana y por eso te salen mal.*

desganar v. **1** Quitar o perder el apetito: *El dolor de estómago me ha desganado. Con estos calores, el niño se desgana y no hay forma de hacerle comer.* **2** Quitar o perder el gusto o las ganas de hacer algo: *Me desgana tener que pelear por todo con mis compañeros. Uno acaba por desganarse si se da cuenta de que todo lo tiene que hacer solo.*

desgañitarse v.prnl. *col.* Esforzarse mucho gritando o dando voces: *Me desgañité llamándolo, pero él no me oyó.*

desgarbado, da adj. Falto de garbo o de elegancia y gracia: *Es tan alto y tan delgado que sus movimientos resultan desgarbados.*

desgarrado, da adj. Descarnado o terrible: *Tiene un tono de voz desgarrado, muy adecuado para papeles trágicos.*

desgarrar v. **1** Referido a algo de poca consistencia, romperlo o hacerlo pedazos mediante la fuerza y sin ayuda de ningún instrumento; *rasgar*: *El tigre desgarraba a zarpazos la carne de su víctima. Se me enganchó el vestido en una zarza y se desgarró la tela.* **2** Apenar profundamente o despertar honda compasión: *Su muerte en accidente desgarró a la familia. Se me desgarra el corazón cuando lo veo tan abatido.*

desgarro s.m. **1** Rotura producida mediante la fuerza o el estiramiento, sin ayuda de ningún instrumento: *Un esfuerzo excesivo puede producir un desgarro muscular.* **2** Realismo descarnado: *Algunas imágenes de la película impresionaban por su desgarro.*

desgarrón s.m. Rotura grande de algo flexible y de poca consistencia, producida generalmente por estiramiento y sin ningún instrumento: *Se cayó de la bici y me trajo el pantalón lleno de desgarrones.*

desgastar v. **1** Referido a algo material, consumirlo o hacerlo desaparecer poco a poco por el uso o por el roce: *La lluvia y el viento desgasta las piedras. Las ruedas del coche se desgastan mucho al frenar bruscamente.* **2** Hacer disminuir o perder la fuerza, el vigor o el poder: *Tanta tensión me ha desgastado mucho y necesito unas vacaciones. Un partido en el poder se desgasta más que la oposición.*

desgaste s.m. Consumición o pérdida del volumen, de la fuerza o del vigor de algo, generalmente por efecto del uso o del roce: *A juzgar por el desgaste de los peldaños, por estas escaleras debe de haber pasado mucha gente.*

desglosar v. Referido a un todo, separar sus partes para estudiarlas o considerarlas por separado: *Desglosó su explicación en varios apartados.*

desglose s.m. Separación de las partes de un todo para poder estudiarlas o considerarlas por separado: *En la factura puedes ver el desglose del importe total por partidas.*

desgobierno s.m. Desorden, desconcierto o falta de gobierno: *Si yo no pusiera orden, en esta casa reinaría el desgobierno.*

desgracia s.f. **1** Mala suerte: *Por desgracia, las cosas no salieron como era de desear.* **2** Suceso que causa un dolor o un daño muy grandes: *Ha ocurrido una desgracia terrible.* **3** Motivo de aflicción o de pesar: *Este chico tan irresponsable solo me trae desgracias.* **4** Pérdida del favor, de la consideración o del afecto: *Tuvo un puesto destacado hasta que cayó en desgracia del rey.* □ SINT. En la acepción 4, se usa más en la expresión *caer en desgracia*. □ SEM. En las acepciones 1 y 2, es sinónimo de *desventura*.

desgraciado, da adj./s. **1** Que padece alguna desgracia o que tiene mala suerte; *desventurado*: *Murió en un desgraciado accidente. Esa pobre desgraciada ha perdido a casi toda su familia.* **2** *desp.* Que inspira compasión o menosprecio: *Desde que te fuiste soy muy desgraciado. Ese desgraciado ha vuelto a aprovecharse de mí.* □ USO En la acepción 2 se usa como insulto.

desgraciar v. **1** Malograr, estropear o echar a perder: *Con lo manazas que es, cosa que toca, la desgracia.* **2** *col.* Herir gravemente: *La próxima vez que me hagas burla, te desgracio. Me caí por la escalera y casi me desgracio.* □ ORTOGR. La *i* nunca lleva tilde.

desgranar v. **1** Referido esp. a un fruto, sacarle el grano: *Desgrana las mazorcas de maíz. Esta granada está tan madura que casi se desgrana sola.* **2** Referido a varias cosas ensartadas, soltarlas o dejarlas caer una detrás de otra: *No sabe hablar de su hijo sin desgranar una a una sus muchas virtudes. Se rompió el hilo del collar y se desgranaron las perlas.*

desgravar v. Referido esp. a una cantidad de dinero, rebajarla o descontarla del importe de un impuesto: *La compra de una vivienda desgrava un tanto por ciento en el impuesto sobre la renta.*

desgreñar v. Despeinar o desordenar el pelo de la cabeza: *El viento me ha desgreñado el peinado. Cuando se dio cuenta de lo que había hecho, empezó a desgreñarse y a tirarse de los pelos.*

desguace s.m. Despiece total de algo: *Este coche viejo está ya para el desguace.*

desguarnecer v. Dejar sin protección o sin defensa: *El ataque enemigo desguarneció la parte norte de la ciudad. Dejaron una retaguardia para no desguarnecerse por detrás.* □ MORF. Irreg.: Aparece una *z* delante de *c* cuando la siguen *a, o* →**PARECER.**

desguazar v. Deshacer o desarmar totalmente: *Desguaza coches usados en un taller mecánico. Se me ha desguazado el reloj y no creo que tenga arreglo.* □ ORTOGR. La *z* se cambia en *c* delante de *e* →**CAZAR.**

déshabillé (galicismo) s.m. →**salto de cama.**

deshabitado, da adj. Referido a un lugar, que estuvo habitado, pero ya no lo está: *Aquel pueblo deshabitado tenía un aspecto fantasmagórico.*

deshacer ▮ v. **1** Referido esp. a algo material, destruirlo, descomponerlo o deformarlo: *Tengo que deshacer parte del jersey, porque me he equivocado en el dibujo. El castillo de arena se deshizo por un golpe de mar.* **2** Referido esp. a un acuerdo, alterarlo o hacer que quede sin efecto: *Deshice el trato porque no me convenía.* **3** Referido a un cuerpo sólido, derretirlo, disolverlo o convertirlo en líquido: *El calor deshace el hielo. El chocolate se deshace en la boca.* ▮ prnl. **4** Afligirse mucho o estar muy impaciente o inquieto: *Está que se deshace de nervios esperando el resultado del examen.* **5** ‖ **deshacerse de** algo. Desprenderse o librarse de ello: *Deshazte de ese trasto cuanto antes. En cuanto pueda deshacerme de este pesado, me voy.* ‖ **deshacerse en** algo. Seguido de un sustantivo, extremar o prodigarse en lo que este indica: *Siempre que lo visitamos, se deshace en atenciones con nosotros.* ☐ MORF. Irreg.: 1. Su participio es *deshecho*. 2. →HACER.

desharrapado, da adj./s. →**desarrapado, da.**

deshecho, cha part. irreg. de **deshacer.** ☐ ORTOGR. Dist. de *desecho*. ☐ MORF. Incorr. **deshacido*.

desheredado, da adj./s. Pobre o que carece de lo necesario para vivir: *Cuando te quejes de lo que tienes, acuérdate de tanta gente desheredada como hay en el mundo. Hace fuertes donativos en favor de los desheredados.*

desheredar v. Referido a una persona, excluirla de la herencia a la que tiene derecho: *Desheredó a uno de sus hijos porque se casó sin su consentimiento.*

deshidratar v. Referido esp. a un cuerpo o a un organismo, quitarles o perder el agua que contienen: *Para obtener leche en polvo, deshidratan la leche. Cuando hace mucho calor conviene beber mucha agua para no deshidratarse.*

deshielo s.m. **1** Transformación en líquido del hielo, de la nieve o de algo helado: *El deshielo de la nieve de las montañas hace que los ríos aumenten su caudal.* **2** Desaparición de la desconfianza o de la frialdad entre personas: *La solución de las desavenencias que mantenían los dos países propiciará el deshielo de sus relaciones.*

deshilachar v. Referido a una tela, sacarle o perder hilachas: *Está de moda deshilachar los bajos de los pantalones. Esa camisa está tan usada que los puños se están deshilachando.*

deshilar v. Referido a un tejido, sacarle los hilos o destejerlos por la orilla dejándolos pendientes: *Deshiló la orilla del mantel para hacerle flecos. Esta tela no está bien tejida y se deshila.*

deshinchar ▮ v. **1** Referido a algo hinchado, quitarle o perder el aire o la sustancia que lo hincha: *Deshinchó la colchoneta y la guardó. Infla el balón, que se ha deshinchado.* ▮ prnl. **2** Referido a una parte del cuerpo inflamada, perder su inflamación: *Para que se te deshinche el dedo, mételo en agua fría.* **3** *col.* Referido a una persona, desanimarse o perder las ganas o las fuerzas que se tenían: *Empezó con mucho entusiasmo, pero pronto se deshinchó y lo dejó.*

deshojar v. Referido esp. a una flor o a una planta, arrancarles o perder los pétalos o las hojas: *Deshojó una rosa y guardó los pétalos en un libro. Los árboles se deshojan en otoño.* ☐ ORTOGR. 1. Dist. de *desojar*. 2. Conserva la *j* en toda la conjugación.

deshoje s.m. Caída de las hojas de una planta: *El deshoje de los árboles anuncia la llegada del frío.*

deshollinar v. Referido a una chimenea, limpiarla quitándole el hollín: *Se subió al tejado para deshollinar la chimenea.*

deshonor s.m. **1** Pérdida del honor: *Aquel escándalo trajo consigo el deshonor de la familia.* **2** Lo que se considera indigno o supone una ofensa o una humillación: *Considera la cobardía como un deshonor.*

deshonra s.f. **1** Pérdida de la honra: *No hagas nada que suponga la deshonra de los tuyos.* **2** Hecho o dicho que causan esta pérdida: *Tu origen humilde no es ninguna deshonra.*

deshonrar v. Quitar la honra: *Tu mal comportamiento te deshonra.*

deshora ‖ **a deshora.** En un momento inoportuno o inconveniente: *Siempre telefonea a deshora, cuando ya estoy acostado.*

deshoras ‖ **a deshoras.** →**a deshora.**

deshuesar v. Referido esp. a un animal o a un fruto, quitarles los huesos: *Compré un jamón y le dije al carnicero que me lo deshuesara.*

deshumanizar v. Despojar de sentimientos o de rasgos humanos: *El poder deshumaniza e insensibiliza muchas veces a quien lo ejerce. La vida en las grandes ciudades se ha deshumanizado.* ☐ ORTOGR. La *z* se cambia en *c* delante de *e* →CAZAR.

desiderativo, va adj. Que expresa o indica deseo: *'Ojalá llueva' es una oración desiderativa.*

desidia s.f. Negligencia, desgana o falta de interés: *Tengo tal desidia que no me apetece hacer nada.*

desierto, ta ▮ adj. **1** Despoblado, vacío o sin habitantes; *desértico: Las calles se quedan desiertas cuando retransmiten un partido de fútbol importante.* **2** Referido esp. a un premio o una plaza, que quedan sin adjudicar: *Al presentarse tan poca gente a la oposición, muchas plazas quedaron desiertas.* ▮ s.m. **3** Extensión amplia de terreno que se caracteriza por la gran escasez de lluvias, de vegetación y de fauna: *El cactus es la planta más común en los desiertos cálidos.* **4** Lugar despoblado de edificios y gentes: *Estaba deseando pedir el traslado porque estaba de médico en una zona que era un desierto.* **5** ‖ **{predicar/clamar} en (el) desierto.** *col.* Esforzarse inútilmente por convencer a alguien de lo que no está dispuesto a admitir: *Hablar con vosotros es predicar en el desierto, porque ni me escucháis.*

designación s.f. **1** Hecho de señalar o de nombrar a una persona o una cosa para un fin: *Han retrasado la designación del nuevo director.* **2** Denominación o indicación, por medio del lenguaje, de un objeto, de una idea o de una realidad extralingüística: *La palabra 'hada' permite la designación de un ser fantástico.*

designar v. **1** Referido a una persona o a una cosa, señalarlas o destinarlas para un fin: *Te han designado para que dirijas el proyecto.* **2** Denominar o indicar: *Con la palabra 'lápiz', designamos un objeto que sirve para escribir.*

designio s.m. Propósito, plan o idea que alguien se propone realizar: *Nadie conoce los designios divinos.*

desigual adj. **1** Que no es igual: *Debes cambiar estos zapatos porque tienen el color desigual.* **2** Referido esp. a un terreno o a una superficie, que tiene desniveles: *Es incómodo pasear en bicicleta por un camino tan desigual.* **3** Diverso, variable o cambiante: *En esta época, el tiempo es desigual y tan pronto llueve como hace sol.* ☐ MORF. Invariable en género.

desigualdad s.f. **1** Falta de igualdad: *Conviene que la desigualdad de edades en los alumnos de una misma clase no sea muy grande.* **2** Prominencia o depresión de un terreno: *Los túneles y los puentes permiten salvar las desigualdades más pronunciadas del terreno.*

desilusionar v. Quitar o perder las ilusiones: *Lo desilusioné cuando le dije que su cuento no era bueno. Se desilusionó al ver que su esfuerzo no servía de nada.*

desinencia s.f. En gramática, morfema flexivo que se añade a la raíz de un adjetivo, de un nombre, de un pronombre o de un verbo: *Las desinencias verbales indican el tiempo, el modo, la persona y el número.*

desinfectante s.m. Producto o sustancia que desinfectan: *El alcohol es un buen desinfectante.*

desinfectar v. Referido esp. a algo infectado, quitarle la infección o la propiedad de causarla, eliminando los gérmenes nocivos o evitando su desarrollo: *Échate agua oxigenada para que se desinfecte la herida. Friega el suelo con lejía para desinfectarlo.* ☐ ORTOGR. Dist. de *desinsectar*.

desinflar v. **1** Referido a algo inflado, sacarle el aire o el gas que lo llena: *Desinfla el flotador para guardarlo. El balón se ha desinflado porque tenía un pinchazo.* **2** Desanimar o desilusionar rápidamente: *No te dejes desinflar por el primer inconveniente. Quería venir de excursión, pero se desinfló cuando le dije que dormiríamos al aire libre.*

desinformar v. Dar información intencionadamente manipulada o incompleta: *Esos periódicos tendenciosos, en vez de informar, desinforman.*

desinhibir v. Hacer perder las inhibiciones o comportarse con espontaneidad: *El alcohol desinhibe a muchas personas. Es tímida, pero en cuanto conoce a la gente se desinhibe.*

desinsectar v. Limpiar de insectos, esp. de los parásitos de las personas o de los que son perjudiciales para la salud: *Cada cierto tiempo, hay que desinsectar los locales públicos.* ☐ ORTOGR. Dist. de *desinfectar*.

desintegrar v. Referido a un todo, separar las partes o los elementos que lo forman, de manera que deje de existir como tal: *La explosión desintegró las rocas que estaban cerca. El grupo se desintegró debido a las rivalidades internas.*

desinterés s.m. **1** Falta de interés, de atención o de entusiasmo: *Muestra un gran desinterés por los estudios.* **2** Generosidad o ausencia del deseo de conseguir beneficio o provecho personales: *Me ofreció su ayuda con total desinterés.*

desinteresado, da adj. Que actúa sin que le mueva el interés por obtener un provecho o un beneficio para sí: *Es un chico desinteresado y te ayudará sin pedirte nada a cambio.*

desintoxicar v. Referido esp. a una persona intoxicada, aplicarle un tratamiento que combata la intoxicación o sus efectos: *Le han hecho un lavado de estómago para desintoxicarlo. Para desintoxicarte debes ir a un centro especializado.* ☐ ORTOGR. La *c* se cambia en *qu* delante de *e* →**SACAR**.

desistir v. Referido esp. a un plan o a un proyecto comenzados, abandonarlos o dejar de hacerlos: *He encontrado tantas dificultades que voy a desistir de mis planes.* ☐ SINT. Constr.: *desistir* DE *algo*.

deslavazado, da adj. Desordenado, mal compuesto o sin conexión: *Pronunció un discurso deslavazado e incomprensible.*

deslealtad s.f. Falta de lealtad: *La deslealtad en el ejército se considera un grave delito.*

desleír v. Referido esp. a algo sólido, disolverlo y desunir sus partes por medio de un líquido; *diluir: Para hacer el pastel, hay que desleír el chocolate en un poco de leche. La harina se deslíe mejor en agua fría que en agua caliente.* ☐ MORF. Irreg.: →**SONREÍR**.

deslenguado, da adj./s. Mal hablado o desvergonzado: *Eres un niño deslenguado y mal educado. ¿Quién ha enseñado a hablar a esta deslenguada?*

desligar v. **1** Desatar o soltar las ligaduras: *Desligó a los prisioneros para que escapasen. Es un irresponsable y se desliga cuando quiere de sus obligaciones.* **2** Separar o independizar: *No puedes desligar un suceso de otro, porque están relacionados. Cuando se enamoró, se desligó de sus antiguos compañeros de pandilla.* ☐ ORTOGR. La *g* se cambia en *gu* cuando le sigue *e* →**PAGAR**.

deslindar v. Referido esp. a un asunto, aclararlo o señalar sus límites claramente, de modo que no haya confusión: *Hay que deslindar el problema del paro del de la inflación y abordarlos por separado.*

deslinde s.m. Separación de varias cosas para poder entenderlas mejor: *En su estudio hace un esclarecedor deslinde entre poesía y prosa poética.*

desliz s.m. **1** Desacierto, fallo o indiscreción involuntaria, esp. en cuanto a las relaciones sexuales; *tropiezo: Su primer hijo es fruto de un desliz de juventud.* **2** →**deslizamiento.**

deslizamiento s.m. Movimiento con suavidad sobre una superficie lisa o mojada; *desliz: Cuando la carretera tiene hielo, los deslizamientos de los coches son frecuentes y peligrosos.*

deslizar ▌v. **1** Referido a algo material, moverlo con suavidad sobre una superficie lisa o mojada: *Para abrir la puerta, desliza el pestillo hacia la izquierda. Los esquíes se deslizan sobre la nieve. Estas zapatillas deslizan.* **2** Entregar o colocar con disimulo: *Me deslizó unas monedas sin que lo viera nadie.* **3** Referido esp. a una idea intencionada, incluirla disimuladamente en un escrito o en un discurso: *En la conferencia deslizó una serie de frases en contra del Gobierno.* ▌prnl. **4** Moverse o andar con mucha cautela: *Aprovechó la noche para deslizarse en la casa sin ser visto.* ☐ ORTOGR. La *z* se cambia en *c* delante de *e* →**CAZAR**.

deslomar v. **1** Dañar o lesionar la espaldas o los lomos: *No pegues más al asno, que lo vas a deslomar.* **2** Referido a una persona, agotarla por un trabajo o por un esfuerzo: *Estos críos tan traviesos me desloman. Me deslomo desde las seis de la mañana para que tú vivas bien.*

deslucir v. Quitar la gracia, el atractivo o el brillo: *La mala actuación de la cantante deslució el concierto.* ☐ MORF. Irreg.: Aparece una *z* delante de *c* cuando la sigue *o, a* →**LUCIR**.

deslumbramiento s.m. **1** Pérdida o turbación momentáneas de la vista, producidas por un exceso de luz: *La causa del accidente fue el deslumbramiento del conductor por los faros del coche que venía de frente.* **2** Aturdimiento del entendimiento por efecto de una pasión o de la fascinación: *Cuando se te pase el deslumbramiento que tienes con él, te darás cuenta de que no es un dios.*

deslumbrar v. **1** Cegar o turbar la vista momentáneamente por un exceso de luz: *No me enfoques con la linterna, que me deslumbras. La liebre se deslumbró con los faros del coche y se quedó en medio de la carretera.* **2** Referido a una persona, dejarla confusa, impresionada o admirada: *No te dejes deslumbrar por el dinero. Me deslumbré con la fastuosidad de su forma de vida y me dejé engañar.*

deslustrar v. **1** Referido esp. a un objeto, quitarle el brillo o el buen aspecto: *El polvo deslustra tus zapatos.* **2** Deslucir, desacreditar o difamar: *Ese fraude deslustrará su historial de médico honesto.*

desmadejado, da adj. Referido a una persona, que tiene sensación de flojera y de debilidad en el cuerpo: *El calor y el hambre me dejan desmadejado.*

desmadrarse v.prnl. *col.* Referido a una persona, comportarse o actuar sin moderación o con exceso de libertad: *Se desmadraron en la fiesta y los vecinos tuvieron que llamar a la policía.*

desmadre s.m. **1** *col.* Pérdida de la moderación o excesiva libertad en la forma de actuar: *Podemos pasarlo bien sin necesidad de llegar al desmadre.* **2** *col.* Desorden o desorganización muy grandes: *Esta oficina es un desmadre y cada uno entra y se va cuando quiere.* **3** *col.* Juerga desenfrenada: *La fiesta acabó en un desmadre en el que todos estaban borrachos.*

desmán s.m. Desorden, exceso o abuso: *Tarde o temprano pagarás tus desmanes con la bebida.*

desmandarse v.prnl. Actuar sin freno, sin mesura o sin comedimiento: *Los soldados se desmandaron y cometieron muchos atropellos entre la población civil.*

desmano ‖ **a desmano.** Fuera del camino que se lleva: *Hoy no paso por tu casa porque voy a otro sitio y me pilla a desmano.*

desmantelamiento s.m. Destrucción, generalmente de una construcción o de una organización: *Estuve observando el desmantelamiento de una fábrica.*

desmantelar v. **1** Referido esp. a una construcción, derribarla, cerrarla o desmontarla de forma que se impida una actividad: *Han desmantelado las bases militares de esta zona.* **2** Desarmar, desarticular o desmontar totalmente: *La policía desmanteló una red de traficantes.*

desmañado, da adj./s. Falto de maña, de destreza y de habilidad: *Es tan desmañada que no es capaz ni de colocar un cuadro en la pared. Me dijo que era un manitas, pero ha resultado un desmañado.*

desmarcarse v.prnl. **1** En algunos deportes, referido a un jugador, desplazarse para librarse de la vigilancia del adversario: *Mete muchos goles porque sabe desmarcarse muy bien.* **2** Distanciarse o alejarse, esp. si con ello se logra destacar: *Con sus últimas declaraciones,se desmarca de la línea ideológica del partido.* ☐ ORTOGR. La *c* se cambia en *qu* delante de *e* ⟶**SACAR**. ☐ SINT. Constr.: *desmarcarse* DE *algo.*

desmayado, da adj. Referido a un color, que es pálido y apagado: *Ha conseguido dar al cuadro un tono de tristeza utilizando grises y azules desmayados.*

desmayar v. **1** Causar o experimentar momentáneamente una pérdida del sentido y un desfallecimiento de las fuerzas: *El hambre te va a desmayar. Se desmayó y se cayó al suelo.* **2** Perder las fuerzas, el ánimo o el valor: *No debes desmayar en tu intento, por más dificultades que encuentres.*

desmayo s.m. **1** Pérdida momentánea del sentido y desfallecimiento de las fuerzas: *Con el calor, sufre desmayos.* **2** Pérdida del ánimo o del valor: *Tenemos que trabajar sin desmayo, si queremos acabar a tiempo.*

desmedido, da adj. Desproporcionado, sin medida o sin término: *Debes moderar tu pasión desmedida por el riesgo.*

desmedrado, da adj. Que no tiene el desarrollo normal: *Daba pena ver a aquellos pobres niños desmedrados y raquíticos.*

desmejorar v. **1** Ir perdiendo la salud: *Desde que sufrió el infarto, ha desmejorado mucho. Se desmejoró por no seguir las indicaciones del médico.* **2** Hacer perder las buenas condiciones, el esplendor o la perfección: *Este suspenso desmejora tu brillante expediente.*

desmelenar ▮ v. **1** Despeinar o desordenar el cabello: *El aire me desmelenó y tuve que peinarme de nuevo. Se tiraron de los pelos y se desmelenaron.* ▮ prnl. **2** *col.* Perder la timidez y lanzarse a hablar o a actuar de forma despreocupada y decidida: *Los sábados se desmelena y no vuelve a casa hasta la madrugada.* **3** *col.* Enfadarse mucho o enfurecerse: *Cada vez que le sacan ese espinoso tema, se desmelena y suelta de todo por la boca.*

desmembración s.f. División o separación en partes: *Las invasiones causaron la desmembración del imperio.*

desmembrar v. **1** Referido a un todo, dividirlo o separarlo en partes: *Las luchas internas desmembraron el antiguo país en Estados independientes. El partido se desmembró por las diferencias ideológicas que había en su seno.* **2** Referido al cuerpo, separar sus miembros: *La bomba le desmembró el cuerpo y murió en el acto.* ☐ MORF. 1. Irreg.: La *e* de la raíz diptonga en *ie* en los presentes, excepto en las personas *nosotros* y *vosotros* ⟶**PENSAR**. 2. Puede usarse también como regular.

desmemoriado, da adj./s. Que tiene poca memoria o que la conserva solo a intervalos: *Quizá no te recuerde, porque es un poco desmemoriado. El desmemoriado de la casa nunca sabe dónde deja las cosas.*

desmentido s.m. **1** Afirmación de la falsedad de algo que se dice: *Se espera la confirmación o el desmentido de la noticia.* **2** Comunicado en que se desmiente algo públicamente: *La prensa publicó un desmentido del Gobierno sobre las últimas acusaciones.*

desmentir v. **1** Referido a un hecho o a un dicho, decir que no es verdad o demostrar su falsedad: *La dirección ha desmentido que vayan a subir los sueldos este año.* **2** Referido a una persona, decirle que miente: *No se atrevió a desmentirme cuando lo acusé.* **3** Referido a algo que no se muestra, disimularlo o hacerlo desaparecer: *Su cortesía desmiente el tremendo enfado que tiene.* ☐ MORF. Irreg. ⟶**SENTIR**.

desmenuzar v. **1** Referido a un todo, deshacerlo dividiéndolo en partes menudas: *No seas guarro y no desmenuces el terrón de azúcar. Se me cayó la caja de galletas y se han desmenuzado todas.* **2** Analizar o examinar minuciosamente: *El prólogo desmenuza los aspectos más relevantes de la obra.* ☐ ORTOGR. La *z* se cambia en *c* delante de *e* ⟶**CAZAR**.

desmerecer v. **1** Perder mérito o valor: *Su heroica acción no desmerece por el hecho de no haber tenido un éxito total.* **2** Ser inferior a algo con lo que se compara: *Esta tela es bonita, pero desmerece de la que hemos visto antes.* ☐ MORF. Irreg.: Aparece una *z* delante de la *c* cuando la siguen *a, o* ⟶**PARECER**. ☐ SINT. Constr. de la acepción 2: *desmerecer* DE *algo.*

desmesura s.f. Exageración o falta de moderación: *No se puede criticar a nadie con tanta desmesura.*

desmesurar ▮ v. **1** Exagerar o hacer más grande de lo que corresponde: *No hay que desmesurar los hechos, pues en realidad no revisten tanta gravedad.* ▮ prnl. **2** Referido a una persona, excederse o perder la moderación: *Como estaba tan enfadado, se desmesuró en lo que dijo.* ☐ SINT. Constr. de la acepción 2: *desmesurarse* EN *algo.*

desmigar v. Referido al pan, deshacerlo en migas o qui-

a b c d e f g h i j k l m n ñ o p q r s t u v w x y z

tarle la miga: *Desmigó el pan en la leche.* □ ORTOGR. La *g* se cambia en *gu* delante de *e* →**PAGAR**.

desmilitarizar v. **1** Referido a un territorio, reducir o suprimir sus tropas e instalaciones militares, esp. si se hace por un acuerdo internacional: *Los pacifistas piden que se desmilitarice el centro de Europa.* **2** Referido a una colectividad, suprimir su carácter o su organización militares: *Las nuevas autoridades democráticas desmilitarizaron el cuerpo policial. Ese grupo armado se desmilitarizó y luego se deshizo.* □ ORTOGR. La *z* se cambia en *c* delante de *e* →**CAZAR**.

desmirriado, da adj. →**esmirriado, da.**

desmitificar v. Referido esp. a algo mitificado o valorado en exceso, quitarle o hacerle perder el carácter mítico o idealizado: *Hasta que no desmitifiques a tu pareja, no la conocerás realmente.* □ ORTOGR. La *c* se cambia en *qu* delante de *e* →**SACAR**.

desmochar v. Referido a algo material, quitarle o cortarle la parte superior, dejándolo mocho o sin su debida terminación: *El cañonazo desmochó la torre de la iglesia.*

desmontar v. **1** Referido a un objeto, desunir o separar las piezas que lo componen; *desarmar*: *Desmontó el reloj para arreglarlo. Al aflojarse los tornillos, se desmontó la mesa.* **2** Bajar del vehículo o de la cabalgadura en que se va: *El jinete desmontó al terminar la carrera. Tuvo que desmontarse de la bicicleta porque se le pinchó una rueda.* **3** Referido a un edificio o a una parte de él, derribarlos: *Hay que desmontar los pisos superiores porque está prohibido edificar tan alto.* □ SINT. Constr. de la acepción 2: *desmontar algo* o *desmontar* DE *algo*.

desmoralización s.f. Desánimo o pérdida del valor y de las esperanzas: *Reacciona ante el fracaso y no caigas en la desmoralización.*

desmoralizar v. Quitar el ánimo, el valor o las esperanzas: *Las últimas derrotas han desmoralizado al equipo. Los jóvenes se desmoralizan ante las pocas perspectivas de trabajo.* □ ORTOGR. La *z* se cambia en *c* delante de *e* →**CAZAR**.

desmoronamiento s.m. **1** Disgregación, destrucción o derrumbamiento que se produce poco a poco: *El fracaso de algunos sistemas políticos produjo el desmoronamiento de muchas ideologías.* **2** Caída de una persona en un estado de profundo desánimo: *Esa declaración causó el desmoronamiento del acusado y le hizo confesar.*

desmoronar v. **1** Deshacer, destruir o derrumbar poco a poco: *Las lluvias y el viento van desmoronando el muro. El Imperio romano se desmoronó y acabó fragmentándose.* **2** Referido a una persona, caer en un estado de profundo desánimo: *La enfermedad lo desmoronó y ha perdido las ilusiones. Se desmoronó con aquella desgracia y se echó a llorar delante de mí.*

desmotivar v. Perder o hacer perder la motivación o el interés por algo: *Su fracaso escolar lo ha desmotivado y no quiere seguir estudiando. La competencia era tanta que se desmotivó.*

desnatar v. Referido esp. a un producto lácteo, quitarle la nata; *descremar*: *Se realiza un proceso especial para desnatar la leche.*

desnaturalizado, da adj./s. Que no cumple con las obligaciones familiares que se consideran naturales: *A esa madre desnaturalizada no le importan lo más mínimo sus hijos. Ese chico es un desnaturalizado y no tiene ninguna consideración con sus padres.*

desnaturalizar v. Referido esp. a una sustancia, alterarla de manera que deje de ser apta para el consumo humano: *El aceite que ha sido desnaturalizado no sirve para cocinar.* □ ORTOGR. La *z* se cambia en *c* delante de *e* →**CAZAR**.

desnivel s.m. **1** Falta de nivel o de igualdad: *Entre los alumnos de esta clase hay mucho desnivel.* **2** Diferencia de alturas entre dos o más puntos: *Entre el acantilado y la playa, hay un desnivel de veinte metros.*

desnivelar v. Desequilibrar o alterar el nivel existente: *Este gol ha desnivelado el partido. Al poner más peso en un lado que en otro, la balanza se desnivela.*

desnucar v. **1** Sacar de su lugar los huesos de la nuca: *Al darle aquel golpe, lo desnucó. Se desnucó al chocar de frente con otro automóvil.* **2** Matar de un golpe en la nuca: *Desnucó al perro y lo enterró en el jardín. El forense dijo que el difunto se había desnucado.* □ PRON. Incorr. *[esnukar]. □ ORTOGR. La *c* se cambia en *qu* delante de *e* →**SACAR**.

desnuclearización s.f. Eliminación o reducción del armamento o de las instalaciones nucleares: *Los ecologistas exigen la desnuclearización del planeta.*

desnudar ▮ v. **1** Quitar el vestido o parte de él: *Desnudó a su hijo y lo metió en el baño. Cuando llega a casa, se desnuda y se pone otra ropa.* **2** Referido a algo adornado u oculto, quitarle lo que lo adorna o cubre: *Desnudó de adornos las paredes de su habitación. Las ramas de los árboles se desnudaron de hojas.* **3** Referido a una persona, quitarle el dinero o las cosas de valor que lleva encima: *Los otros jugadores lo desnudaron y no le quedó dinero para volver.* ▮ prnl. **4** Referido a una persona, contar a otra sus pensamientos o sentimientos íntimos: *Necesitaba hablar con alguien y se desnudó ante mí.* □ SINT. Constr. de la acepción 2: *desnudar* DE *algo*.

desnudez s.f. Falta de vestido, de adorno, de cobertura o de riquezas: *Era una zona de nudistas y nadie se avergonzaba de su desnudez.*

desnudismo s.m. →**nudismo.**

desnudista adj./s. →**nudista.** □ MORF. 1. Como adjetivo es invariable en género. 2. Como sustantivo es de género común y exige concordancia en masculino o en femenino para señalar la diferencia de sexo: *el desnudista, la desnudista*.

desnudo, da ▮ adj. **1** Sin ropa: *Estaba solo y se bañó desnudo en el mar.* **2** Con poca ropa o con ropa considerada indecente: *¡Ponte otra ropa, que vas desnuda con ese vestidito de nada!* **3** Falto de lo que cubre o adorna: *Le gustan las paredes desnudas de cuadros.* **4** Sin riquezas o falto de bienes de fortuna: *Le dio varios millones a su hermano, pero él no se quedó desnudo.* **5** Patente, claro o sin doblez: *No se anduvo con tapujos y nos contó la verdad desnuda.* **6** Falto de algo no material: *La enfermedad lo dejó desnudo de fuerzas.* ▮ s.m. **7** En arte, figura humana sin vestido o cuyas formas se perciben aunque esté vestida: *Las esculturas que más me gustaron fueron los desnudos griegos.* **8** ‖ **al desnudo.** Descubiertamente o a la vista de todos: *Esta biografía deja al desnudo la vida de varios políticos.*

desnutrición s.f. Debilitamiento o debilidad del organismo por insuficiente aportación de alimentos: *Era un niño raquítico y con síntomas de desnutrición.*

desobedecer v. Referido a una orden o a quien la da, no hacerles caso: *Desobedeció las órdenes de su superior y lo expulsaron.* □ MORF. Irreg.: Aparece una *z* delante de la *c* cuando la siguen *a, o* →**PARECER**.

desocupar ▮ v. **1** Referido esp. a un lugar, dejarlo libre de ocupantes o sacar lo que hay dentro: *Como hay invitados tendrás que desocupar tu habitación.* ▌ prnl. **2** Quedarse libre de una ocupación: *Cuando me desocupe, te echaré una mano en tu trabajo.*

desodorante adj./s.m. Referido esp. a un producto, que elimina el mal olor, esp. el corporal: *El bicarbonato es una sustancia desodorante. Después de ducharme, me echo desodorante.* □ MORF. Como adjetivo es invariable en género.

desoír v. Referido esp. a un consejo o a una advertencia, no atenderlos o hacer caso omiso de ellos: *No tuvo éxito porque desoyó mi recomendación de que actuara con prudencia.* □ MORF. Irreg. →**OÍR**.

desojarse v.prnl. Forzar la vista al mirar o al buscar, o perder agudeza visual por ello: *Te vas a desojar si lees con poca luz.* □ ORTOGR. 1. Dist. de *deshojar*. 2. Conserva la *j* en toda la conjugación.

desolación s.f. **1** Destrucción completa: *El huracán solo dejó desolación a su paso.* **2** Aflicción, tristeza o sufrimiento grandes: *Al enterarnos del tremendo accidente, todos sentimos una gran desolación.* **3** Falta de personas y cosas en un lugar: *La desolación del paisaje nevado sobrecogía a los viajeros.*

desolado, da adj. Referido a un lugar, que está despoblado o sin nada ni nadie: *Aquel paraje desolado parecía el fin del mundo.*

desolarse v.prnl. Afligirse o sentir gran tristeza o sufrimiento: *Desolarse por lo que no tiene remedio no soluciona nada.* □ MORF. 1. Irreg.: La *o* diptonga en *ue* en los presentes, excepto en las personas *nosotros* y *vosotros* →**CONTAR**. 2. Se usa más en infinitivo y como participio.

desolladura s.f. Herida o marca que quedan donde se ha levantado la piel: *Se cayó y tiene las rodillas llenas de desolladuras.*

desollar v. **1** Referido al cuerpo o a alguno de sus miembros, quitarles la piel o el pellejo; *despellejar*: *Los caníbales desollaron vivo al cazador. Si no te compras un número mayor de zapato, se te van a desollar los pies.* **2** Referido a una persona, arruinarla o causarle daño, esp. en su fortuna o en su honor: *Los acreedores lo desollaron y se ha quedado sin nada.* □ MORF. Irreg.: La *o* diptonga en *ue* en los presentes, excepto en las personas *nosotros* y *vosotros* →**CONTAR**.

desorbitar v. **1** Referido esp. a un cuerpo, sacarlo o salir de su órbita o de sus límites habituales: *Un meteorito ha desorbitado un satélite artificial. Los precios se han desorbitado.* **2** Exagerar, abultar o conceder demasiada importancia: *Nadie te cree porque siempre desorbitas los hechos.*

desorden s.m. **1** Confusión, alboroto o alteración del orden: *Los desórdenes callejeros han ocasionado cuantiosos destrozos.* **2** Exceso o abuso: *De joven, se cometen muchos desórdenes.* **3** Desarreglo o anomalía: *Sufre desórdenes estomacales.* □ MORF. La acepción 2 se usa más en plural.

desordenar v. Referido a algo ordenado, dejarlo sin orden o alterárselo: *Al buscar el vestido, revolvió y desordenó el armario. Se ha caído el fichero y se han desordenado las fichas.*

desorganizar v. Desordenar totalmente, deshaciendo la organización existente: *Estuve fuera dos días y desorganizaron el archivo. En cuanto falta el jefe, todo se desorganiza.* □ ORTOGR. La *z* se cambia en *c* delante de *e* →**CAZAR**.

desorientar v. Confundir o hacer perder la orientación: *Consulté a un abogado y sus explicaciones me desorientaron aún más. En esta zona me desoriento porque todas las calles son iguales.*

desovar v. Referido a las hembras de los peces o de los anfibios, soltar sus huevos: *Los salmones viven en el mar, pero desovan en los ríos.*

desove s.m. Puesta de huevos o huevas por parte de las hembras de los peces o de los anfibios: *Algunos peces marinos realizan el desove en los ríos.*

desoxidar v. **1** En química, referido a una sustancia combinada con oxígeno, quitarle este; *desoxigenar*: *Para desoxidar sustancias químicas, se usan compuestos muy reactivos con el oxígeno.* **2** Referido a un metal oxidado, quitarle el óxido: *He desoxidado las bisagras de hierro con un líquido especial.* **3** Referido a algo que ha estado abandonado, actualizarlo o recuperar su buen estado: *Me he apuntado a un curso intensivo para desoxidar mi francés.*

desoxigenar v. En química, referido a una sustancia combinada con oxígeno, quitarle este; *desoxidar*: *Un procedimiento para desoxigenar compuestos orgánicos consiste en tratarlos con hidrógeno gaseoso.*

despabilar v. **1** Referido esp. a una vela, quitarle la pavesa o la parte ya quemada del pabilo o de la mecha: *Despabila la vela para que dé más luz.* **2** →**espabilar.**

despachar ▌ v. **1** *col.* En un establecimiento comercial, referido a un cliente, atenderlo el tendero o el dependiente: *Despacha a esa señora, que lleva un rato esperando.* **2** En un establecimiento comercial, referido a un artículo, venderlo: *En aquella tienda despachan pan.* **3** Referido a un asunto, atenderlo y resolverlo o concluirlo: *Los ministros despacharon todos los asuntos del día.* **4** Hacer ir o hacer llegar; *enviar*: *Despachó una misiva urgente para el rey.* **5** Referido a una persona, echarla, despedirla o apartarla de sí: *Despachó a su ayudante porque trabajaba poco y mal.* **6** *col.* Referido a una comida o a una bebida, tomarlas completamente: *Despacharon los pollos en un instante. Tenía tanta sed que me despaché una botella de litro.* **7** *col.* Matar: *Despachó al perro porque tenía la rabia. El asesino se despachó a todos los que se le pusieron delante.* **8** Darse prisa: *Despacha, que nos están esperando.* ▌ prnl. **9** Decir lo que viene en gana o hablar sin contención: *Se despachó a gusto contra las nuevas medidas de tráfico.* □ USO En la acepción 9, se usa más la expresión *despacharse alguien a su gusto*.

despacho s.m. **1** Habitación o conjunto de salas destinadas al estudio, a ciertos trabajos intelectuales o a recibir clientes o personas con las que se tratan los negocios: *El abogado lo citó en su despacho a las cinco.* **2** Conjunto de muebles de esta habitación: *El despacho del alcalde es de roble.* **3** Venta de un artículo al público: *Los sábados no hay despacho de billetes.* **4** Lugar en el que se venden ciertos artículos: *En esta calle no hay ningún despacho de pan.* **5** Comunicación oficial, esp. la que hace un Gobierno a sus representantes diplomáticos en el extranjero, o la que se hace para notificar el nombramiento de un empleo: *El embajador recibió un despacho para que acelerase la firma del acuerdo.* **6** Comunicación transmitida por vía rápida, esp. por teléfono o por telégrafo: *Un despacho de última hora informa del aplazamiento de la huelga.*

despachurrar v. →**espachurrar.**

despacio ▌ adv. **1** Poco a poco o lentamente: *Lee más*

a b c **d** e f g h i j k l m n ñ o p q r s t u v w x y z

despacio, que no me entero de nada. ▮ interj. **2** Expresión que se usa para imponer o recomendar moderación: *¡Despacio!, deja que te explique.* ☐ SEM. No debe emplearse con el significado de 'en voz baja': *Habla {*despacio › en voz baja}, que vas a despertar a todos.*

despacioso, sa adj. Lento o con pausa: *Su movimiento era tan despacioso que parecía que andaba a cámara lenta.*

despampanante adj. Asombroso, deslumbrante o que llama la atención por su aspecto: *Estaba tan despampanante aquel día que todo el mundo la miraba.* ☐ MORF. Invariable en género.

despanzurrar v. **1** Referido esp. a algo blando o que está relleno, aplastarlo o reventarlo de forma que se esparza: *Se cayó sobre la tarta y la despanzurró. Se me ha caído la bolsa de leche y se ha despanzurrado.* **2** Referido a un animal o a una persona, romperle o abrirle la panza: *El toro embistió con tal fuerza que despanzurró con sus cuernos al caballo. Casi se despanzurra al tirarse del trampolín.*

desparasitar v. Quitar los parásitos: *Tengo que llevar a mi perro al veterinario para que lo vacune y lo desparasite.*

desparejar v. Referido a una pareja, deshacerla: *Procura no desparejar los guantes, que luego siempre te falta uno. Al hacer la mudanza, se han desparejado varios calcetines.* ☐ ORTOGR. Conserva la *j* en toda la conjugación.

desparpajo s.m. *col.* Desenvoltura, facilidad y atrevimiento en la forma de hablar o de actuar: *Acostumbrado a hablar en público, hizo la entrevista con mucho desparpajo.*

desparramar v. **1** Referido a algo que está junto, esparcirlo o extenderlo por muchas partes: *Desparramó las cartas de la baraja sobre la mesa. Al llegar los antidisturbios, los manifestantes se desparramaron por las calles adyacentes.* **2** Referido al dinero o a los bienes, derrocharlos o malgastarlos: *Desparramó su hacienda en diversiones y ahora está lleno de deudas.* ☐ SEM. Es sinónimo de *esparramar*.

despatarrar v. *col.* Referido esp. a una persona, a un animal o a un mueble, abrirles excesivamente las piernas o las patas: *Al tropezar, caí sobre el perro y casi lo despatarro. Pisó una cáscara de plátano y se despatarró.* ☐ SEM. Como pronominal es sinónimo de *espatarrarse*.

despavorido, da adj. Con pavor o terror: *Salió despavorido de aquella casa porque creyó ver fantasmas.*

despecharse v.prnl. Sentir resentimiento o indignación a causa de los desengaños o de las ofensas: *Se despechó porque no lo invité a mi fiesta de cumpleaños.*

despecho s.m. **1** Resentimiento o indignación producidos por los desengaños o por las ofensas: *Nos critica por despecho, porque tenemos éxito donde él fracasó.* **2** ‖ **a despecho de** alguien. A pesar suyo o contra su deseo: *Haré mi voluntad a despecho de lo que diga la gente.*

despechugar ▮ v. **1** Referido a un ave, quitarle la pechuga: *Despechuga el pollo y haz filetes.* ▮ prnl. **2** *col.* Referido a una persona, mostrar o llevar el pecho descubierto: *Hacía tanto calor, que los albañiles se despechugaron para trabajar.* ☐ ORTOGR. La *g* se cambia en *gu* delante de *e* ⟶**PAGAR**.

despectivo, va ▮ adj. **1** Que indica desprecio; *despreciativo: ¿Quién te crees que eres al hablarnos con un tono tan despectivo?* ▮ s.m. **2** En gramática, palabra formada con un sufijo que indica desprecio: *'Medicucho', 'pequeñajo' y 'mujerzuela' son algunos despectivos.*

despedazar v. **1** Referido a algo material, hacerlo pedazos de manera desordenada o violenta: *El lobo mató al cordero y lo despedazó. Se le resbaló el plato, cayó al suelo y se despedazó.* **2** Referido a una persona o a algo no material, maltratarlos o destruirlos: *La crítica lo ha despedazado porque ha tratado de ser diferente. Se me despedaza el alma de ver tanta injusticia.* ☐ ORTOGR. La *z* se cambia en *c* delante de *e* ⟶**CAZAR**.

despedida s.f. **1** Acompañamiento que se hace a una persona que se va a ir hasta el momento de irse: *Las despedidas me ponen triste.* **2** Expresión de afecto o cortesía al separarse varias personas: *Como despedida me lanzó un beso desde el balcón.* **3** Reunión o acto en honor de alguien que se va o que cambia de estado: *En la despedida de soltero nos juntamos veinte amigos del novio.* **4** En algunas canciones populares, estribillo final en el que el cantor se despide: *Todo el público tarareó la despedida.*

despedir ▮ v. **1** Referido a una persona que se va de un lugar, acompañarla hasta que se vaya o decirle adiós: *Fuimos a despedirlo a la estación. No me acompañes, nos despediremos aquí.* **2** Referido a una persona, prescindir de sus servicios o alejarla de su ocupación o de su empleo: *Van a despedir a muchos trabajadores porque hay problemas económicos. Como no quisieron subirle el sueldo, se despidió.* **3** Referido a una persona, echarla o apartarla de sí, esp. por resultar molesta: *Conseguí que me recibiera, pero me despidió enseguida con malos modos.* **4** Desprender, esparcir o difundir: *Los alimentos en descomposición despiden mal olor.* **5** Arrojar, lanzar con impulso o echar fuera de sí con fuerza: *Ese volcán en erupción despide lava.* ▮ prnl. **6** Hacer o decir alguna expresión de afecto o de cortesía al separarse: *Se despidió de mí con un abrazo.* **7** *col.* Referido a algo que se tiene o que se quiere, renunciar a la esperanza de mantenerlo o de conseguirlo: *Como no apruebes todo el curso, vete despidiéndote de las vacaciones.* ☐ MORF. Irreg.: La *e* de la raíz se cambia en *i* cuando la sílaba siguiente no tiene *i* o la tiene formando diptongo ⟶**PEDIR**. ☐ SINT. Constr. como pronominal: *despedirse* DE *algo*.

despegado, da adj. *col.* Poco afectuoso: *Es un niño muy despegado y no le gustan ni los besos ni las caricias.*

despegar ▮ v. **1** Referido a algo pegado o muy junto, separarlo o desprenderlo de donde está: *Moja el papel pintado para despegarlo de la pared. El ciclista se despegó de sus perseguidores.* **2** Referido a algo que vuela, esp. a un avión, separarse de la superficie en la que descansaba para iniciar el vuelo: *En el aeropuerto despegan y aterrizan aviones continuamente.* **3** Comenzar un proceso de desarrollo o de ascenso: *El diseño español despegó en los años ochenta.* ▮ prnl. **4** Desprenderse de una relación que se tenía, esp. si se sentía apego o afecto hacia ella: *Cuando me cambié de barrio, me despegué de mis amistades.* ☐ ORTOGR. La *g* se cambia en *gu* delante de *e* ⟶**PAGAR**.

despego s.m. Falta de afecto o de interés por alguien o por algo: *Trata a su familia con tal despego que parece que fueran extraños para él.*

despegue s.m. **1** Inicio del vuelo, separándose de la superficie en la que se descansaba: *Retransmitieron por televisión el despegue del cohete espacial.* **2** Comienzo de un proceso de desarrollo o de ascenso: *¿Cuándo se produjo el despegue de la industria del automóvil en el país?*

despeinar v. Deshacer el peinado o desordenar y enredar el pelo: *No despeines el maniquí hasta que lo haya* *fotografiado. Cuando hay viento, siempre me despeino.* □ ORTOGR. La *i* nunca lleva tilde.

despejado, da adj. **1** De ingenio ágil, vivo y despierto: *Ese científico tiene una de las mentes más despejadas del mundo.* **2** Espacioso, extenso o sin obstáculos: *Desde la cumbre de la montaña, divisó una despejada llanura.*

despejar ▌ v. **1** Referido a un lugar, desocuparlo o dejarlo libre y sin estorbos: *Despejó el pasillo de cajas para poder pasar.* **2** Poner en claro o explicar; *aclarar: Hasta que no se despeje la situación financiera, no compraré más acciones. En la película, el detective reunió a los implicados para despejar el misterio.* **3** En algunos deportes, referido a la pelota, enviarla lo más lejos posible del área de meta: *El defensa despejó el balón de cabeza. Ante el temor de un nuevo gol, despejó hacia la banda derecha.* **4** En matemáticas, referido a una incógnita, separarla mediante diversas operaciones de los restantes miembros de una ecuación: *Si habéis despejado bien la incógnita de la ecuación '3x = 1', el resultado debe ser 'x = 1/3'.* ▌ prnl. **5** Referido esp. al tiempo atmosférico, aclararse o mejorar al desaparecer las nubes: *Amaneció nublado, pero luego se despejó el día y pudimos salir de excursión.* **6** Referido a una persona, sentirse despierto y en buen estado, después de desprenderse de un malestar o de una atmósfera viciada: *Tomó un café bien cargado para despejarse porque tenía sueño.* □ ORTOGR. Conserva la *j* en toda la conjugación.

despeje s.m. En algunos deportes, esp. en fútbol, lanzamiento del balón lo más lejos posible del área de meta: *El despeje del portero evitó el gol.*

despellejar ▌ v. **1** Referido al cuerpo o a alguno de sus miembros, quitarles la piel o el pellejo; *desollar: Despellejó el pollo antes de freírlo. Se despellejó el dedo al pillarse con la puerta.* **2** Referido a una persona, murmurar de ella o criticarla negativamente: *Despelleja vivo a todo el que envidia.* ▌ prnl. **3** Estropearse al levantarse una parte superficial de la piel: *Los zapatos se han despellejado por el uso.* □ ORTOGR. Conserva la *j* en toda la conjugación. □ USO En la acepción 2, se usa más la expresión *despellejar vivo a alguien*.

despelotarse v.prnl. **1** *col.* Desnudarse: *Como no había nadie en la playa, se despelotaron.* **2** *col.* Reírse mucho, alborotarse o perder la formalidad: *Es tímido, pero cuando bebe un poco se despelota.*

despelote s.m. **1** *col.* Hecho de quitarse la ropa para quedar desnudo: *Era de suponer que esa orgía acabaría con un despelote.* **2** *col.* Juerga o risa desmedidas o excesivas: *Menudo despelote cuando contó lo que le había pasado.*

despeluchar v. Referido a algo peludo o semejante a la felpa, quitarle o estropearle el pelo o la felpa: *El perro ha despeluchado la alfombra. Llora porque su osito se ha despeluchado al lavarlo.*

despenalizar v. Referido a algo que constituye delito, legalizarlo o levantar la pena que pesa sobre ello: *Algunas asociaciones piden al Gobierno que despenalice el consumo de drogas.* □ ORTOGR. La *z* se cambia en *c* delante de *e* →CAZAR.

despendolarse v.prnl. *col.* Actuar de forma alocada: *Cuando se queda solo en casa, se despendola e invita a todos sus amigos.*

despensa s.f. **1** En una casa, lugar en el que se almacenan los comestibles: *La despensa era un pequeño cuarto debajo de la escalera.* **2** Conjunto de estos comestibles almacenados: *Ante los rumores de guerra, mucha gente se hizo con una buena despensa.*

despeñadero s.m. **1** En un terreno, precipicio escarpado y con peñascos desde donde es fácil caerse: *Se salió de la carretera y cayó por el despeñadero.* **2** Peligro o riesgo grandes: *Ese negocio es un despeñadero y no te recomiendo que lo emprendas.* □ SEM. Es sinónimo de *derrumbadero*.

despeñar v. Referido a una persona o a un objeto, arrojarlos o caer desde un lugar alto, esp. si es escarpado y rocoso: *Colocó el coche al borde del acantilado y lo despeñó. El montañero temía despeñarse y se aseguró con otra cuerda.*

despepitar ▌ v. **1** Referido a un fruto, quitarle las pepitas o semillas: *¿Sabes despepitar una manzana con cuchillo y tenedor?* ▌ prnl. **2** Hablar o gritar con vehemencia, con enojo o sin medida: *Vas a romperte las cuerdas vocales si sigues despepitándote así.* **3** *col.* Reírse mucho: *Nos despepitamos cada vez que vemos a tu hijo intentando agarrarle el rabo al perro.*

desperdiciar v. **1** Emplear mal o no aprovechar debidamente: *Desperdiciaste aquella oportunidad y ya no te surgirán más.* **2** Dejar inservible: *Al cortar así la tela, has desperdiciado muchos trozos.* □ ORTOGR. La *i* nunca lleva tilde.

desperdicio s.m. **1** Residuo que no se puede aprovechar: *Tira los desperdicios a la basura.* **2** Derroche o mal uso de algo: *Aprender cosas nunca es un desperdicio de tiempo.* **3** ‖ **no tener desperdicio** algo. Ser de mucho provecho o utilidad: *Es un libro tan interesante que no tiene desperdicio.*

desperdigar v. **1** Referido a un conjunto o a sus componentes, separar y extender estos, o esparcirlos en distintas direcciones: *La guerra desperdigó a la familia por toda Europa. Se cayó el archivo y todos los albaranes se desperdigaron.* **2** Referido esp. al esfuerzo o a la actividad de una persona, dividirlos y repartirlos en distintos objetivos: *Si no desperdigaras tus fuerzas en tantas cosas, disfrutarías más de algunas.* □ ORTOGR. La *g* se cambia en *gu* delante de *e* →PAGAR.

desperezarse v.prnl. Extender los miembros del cuerpo para desentumecerse o quitarse la pereza; *estirarse: Desperezarse ante los demás es de mala educación.* □ ORTOGR. La *z* se cambia en *c* delante de *e* →CAZAR.

desperfecto s.m. **1** Daño o deterioro leves: *El armario sufrió algunos desperfectos al subirlo por la escalera.* **2** Falta o defecto que restan cierto valor o perfección a algo: *Si no me dicen que el pantalón tenía un desperfecto, yo ni lo noto.*

despersonalizar v. **1** Referido a una persona, quitarle o perder los rasgos característicos o individuales que la distinguen: *El fiel seguimiento de la moda despersonaliza a los chicos. Por imitar a sus amigos, ha conseguido despersonalizarse.* **2** Referido esp. a un asunto, quitarle el carácter personal: *Intenté despersonalizar el problema para ser más objetivo.* □ ORTOGR. La *z* se cambia en *c* delante de *e* →CAZAR.

despertador s.m. Reloj que hace sonar un timbre u otro sonido a una hora previamente fijada: *Todos los días me levanto a las siete, cuando suena el despertador.* 👁 **medida**

despertar ▌ s.m. **1** Interrupción del sueño o momento en que ocurre: *Tiene muy mal despertar y es mejor no hablarle hasta pasado un rato.* **2** Principio del desarrollo de

a b c d e f g h i j k l m n ñ o p q r s t u v w x y z

una actividad o de un negocio: *El despertar de la industria se fecha a principios de siglo.* ▮ v. **3** Referido a una persona o a un animal dormidos, interrumpirles el sueño o dejar de dormir: *Estaba tan dormido que no podían despertarme. Despertó a las diez de la mañana. ¿A qué hora te despiertas tú?* **4** Referido a algo olvidado, recordarlo o traerlo a la memoria: *Aquel sitio despertó en mí el recuerdo de un antiguo amigo.* **5** Provocar, incitar o estimular: *El olor del asado despertó mi apetito.* **6** Referido a una persona, hacerla más prudente, más lista o más astuta de lo que era: *Aquel engaño lo despertó de su inocencia. Despertó de su ignorancia y ya no actúa tan ingenuamente.* ☐ MORF. Irreg.: 1. Tiene un participio regular (*despertado*), que se usa en la conjugación, y otro irregular (*despierto*), que se usa como adjetivo. 2. La *e* de la raíz diptonga en *ie* en los presentes, excepto en las personas *nosotros* y *vosotros* ⟶**PENSAR**. ☐ SINT. Constr. de la acepción 6: *despertar(se)* DE *algo*.

despiadado, da adj. Cruel o sin piedad: *El carcelero trataba a los prisioneros de forma despiadada.*

despido s.m. **1** Expulsión o destitución de una persona de la ocupación o del empleo que tenía: *Hay una manifestación en protesta por el despido de miles de trabajadores.* **2** Indemnización o dinero que se cobra por esta expulsión: *Me echaron, pero al menos cobré un buen despido.*

despiece s.m. Separación de un todo en partes o en piezas: *Existe una zona de despiece en el matadero.*

despierto, ta adj. **1** Que no está dormido: *Hoy llevo despierto desde las seis de la mañana.* **2** De ingenio ágil, vivo y claro: *Tiene una mente despierta y lo caza todo al vuelo.*

despiezar v. Referido a un todo, descomponerlo en partes o piezas, o separar estas: *Despiezó la impresora para arreglarla.* ☐ ORTOGR. La *z* se cambia en *c* delante de *e* ⟶**CAZAR**.

despilfarrar v. Derrochar o gastar con insensatez, con exceso o sin necesidad: *Despilfarró su fortuna en juegos y diversiones.*

despilfarro s.m. Derroche o gasto excesivo, insensato o innecesario: *Los Gobiernos quieren acabar con el despilfarro de energía.*

despintar v. **1** Referido a algo pintado o teñido, quitarle la pintura o perderla: *La lluvia ha despintado la puerta del portal. Con el paso del tiempo se despintó la valla.* **2** Referido a un asunto, cambiarlo o desfigurarlo: *El paso del tiempo despinta los malos recuerdos.* **3** ‖ **no despintársele** algo a alguien. *col.* Conservar con viveza y claridad su recuerdo: *No se me despintará en la vida aquella angustiosa escena.*

despiojar v. Quitar los piojos: *La maestra dijo que había que despiojar a los niños. Se despiojó con un champú especial.* ☐ ORTOGR. Conserva la *j* en toda la conjugación.

despiporre s.m. *col.* Juerga desmedida, esp. si conlleva escándalos y desorden: *Armamos tal despiporre en la fiesta que los vecinos protestaron.* ☐ ORTOGR. Se admite también *despiporren*.

despiporren s.m. *col.* ⟶**despiporre**.

despistar v. **1** Hacer perder la pista: *Los ladrones consiguieron despistar a la policía y escaparon.* **2** Desorientar o hacer perder el rumbo: *Los edificios nuevos me despistaron y estuve a punto de perderme. Me despisté y no fui capaz de encontrar la casa.*

despiste s.m. Distracción, fallo u olvido: *El conductor tuvo un despiste y chocó contra la farola.*

desplante s.m. Hecho o dicho bruscos, arrogantes o insolentes: *Mi pregunta no era malintencionada, así que no merezco ese desplante.*

desplazado, da adj./s. Referido a una persona, que no se adapta al lugar en el que está o a las circunstancias que lo rodean: *Me encontraba desplazado en la fiesta porque no conocía a nadie. En ninguna sociedad debería haber desplazados y grupos marginales.*

desplazamiento s.m. **1** Cambio o traslado de lugar: *El tráfico dificulta mucho los desplazamientos por la ciudad.* **2** Sustitución en un cargo, en un puesto o en una función: *El desplazamiento de los viejos por parte de los jóvenes es inevitable.*

desplazar v. **1** Mover o cambiar de lugar: *Desplazó el sillón hacia la ventana para estar más cerca de la luz. Me desplazo al centro de la ciudad en metro.* **2** Quitar de un cargo, de un puesto o de una función: *Las máquinas han desplazado al hombre en muchos trabajos.* **3** En física, referido a un fluido, trasladarlo o moverlo de un lugar a otro; *desalojar*: *Un globo aerostático desplaza una cantidad de aire igual a su volumen.* ☐ ORTOGR. La *z* se cambia en *c* delante de *e* ⟶**CAZAR**.

desplegar v. **1** Referido a algo plegado, extenderlo o desdoblarlo: *Despliega el mantel para colocarlo sobre la mesa. El periódico se desplegó con el aire.* **2** Referido esp. a un conjunto de tropas, hacerlo pasar a una formación abierta y extendida: *El jefe de Policía desplegó a sus hombres por toda la plaza para evitar posibles desórdenes. Las tropas se desplegaron rápidamente por la llanura.* **3** Referido esp. a una cualidad o a una actividad, ejercitarlas o ponerlas en práctica: *Para conseguir lo que pretendía, desplegó toda su astucia.* ☐ ORTOGR. Aparece una *u* después de la *g* cuando la sigue *e*. ☐ MORF. Irreg.: La segunda *e* diptonga en *ie* en los presentes, excepto en las personas *nosotros* y *vosotros* ⟶**REGAR**.

despliegue s.m. **1** Hecho de extender o desdoblar lo que está plegado: *El capitán ordenó el despliegue de las velas para navegar más rápidamente.* **2** Formación en una disposición abierta y extendida de un grupo organizado de personas, esp. de un conjunto de tropas: *Tras el despliegue de la compañía, esta quedó dispuesta para iniciar el combate.* **3** Ejercicio o puesta en práctica de una cualidad, de una aptitud o de una actividad: *Lo consiguió con un gran despliegue de simpatía.* **4** Ostentación o exhibición de algo para que sea conocido y admirado: *Estábamos impresionados ante aquel despliegue de medios.*

desplomar ▮ v. **1** Referido esp. a una pared o a un edificio, hacerles perder la posición vertical o caerse: *El peso del techo está desplomando la columna. La torre de Pisa parece que se va a desplomar.* ▮ prnl. **2** Referido a una persona, caerse sin vida o sin conocimiento: *Le bajó tanto la tensión que se desplomó.* **3** Arruinarse, perderse o venirse abajo: *Su imperio industrial se desplomó en tres años.*

desplome s.m. **1** Caída de algo que estaba en una posición vertical: *El desplome del edificio se debió a la mala cimentación.* **2** Desaparición o destrucción de algo: *El desplome de aquella civilización supuso el paso a una nueva etapa histórica.*

desplumar v. **1** Referido a un ave, quitarle las plumas: *Metió el pavo en agua hirviendo para desplumarlo. Los gallos de pelea se desplumaron a picotazos.* **2** *col.* Quitar los bienes ajenos mediante engaño, arte o violencia; *cepillar, pelar*: *Me desplumaron en una partida de cartas.*

despoblado s.m. Lugar no poblado, esp. el que antes tuvo población: *En algunos despoblados, las casas permanecen en pie.*

despoblar v. **1** Referido a un lugar habitado, reducir su población o dejarlo sin habitantes: *La emigración a zonas industrializadas ha despoblado muchos pueblos. La zona se despobló por la pobreza de aquellos campos.* **2** Referido a un lugar, despojarlo de lo que hay en él, esp. de vegetación: *Despoblaron de álamos la avenida.* ☐ MORF. Irreg.: La *o* diptonga en *ue* en los presentes, excepto en las personas *nosotros* y *vosotros* ⟶CONTAR.

despojar ▌v. **1** Referido a una persona, privarla de lo que tiene o de lo que disfruta, esp. si se hace con violencia: *Lo despojaron de su cargo y decidió abandonar la empresa. Se despojó de todos sus bienes y se hizo ermitaño.* **2** Referido esp. a algo adornado o cubierto, quitarle lo que lo adorna, lo cubre o lo completa: *Al llegar de vacaciones, despojó de sábanas los muebles.* ▌prnl. **3** Desnudarse o quitarse alguna prenda de vestir: *Se despojó de la camisa y se puso a cavar.* ☐ ORTOGR. Conserva la *j* en toda la conjugación. ☐ SINT. Constr.: *despojar(se)* DE *algo*.

despojo ▌s.m. **1** Privación o pérdida de lo que se tiene: *Los ladrones hicieron un buen despojo de mi casa.* **2** Lo que se ha perdido por el paso del tiempo, por la muerte o por otros accidentes: *La belleza es despojo del tiempo.* ▌pl. **3** Vísceras y partes poco carnosas de los animales, que se consumen como carne: *Le dije al pollero que no quería ni el cuello, ni la molleja, ni los demás despojos del pollo.* **4** Sobras, residuos o desperdicios: *Recoge los despojos de la comida y échaselos a los animales.* **5** Restos mortales: *Enterraron sus despojos en tierra cristiana.*

desportillar v. Referido a un objeto, estropearlo quitándole parte del borde: *Al tirar el plato al suelo, lo desportilló. Si se desportilla un vaso, prefiero tirarlo para evitar cortarnos.*

desposar v. Casar o unir en matrimonio: *El sacerdote que nos desposó era amigo nuestro. Los novios se desposaron en la catedral.* ☐ ORTOGR. Dist. de *esposar*.

desposeer ▌v. **1** Referido a una persona, privarla de lo que posee: *Teme que lo desposean de alguna de sus fincas por no pagar las deudas.* ▌prnl. **2** Renunciar a lo que se posee: *Se desposeyó de sus riquezas y las entregó a una institución benéfica.* ☐ ORTOGR. En las formas cuya desinencia contiene un diptongo *ie, io*, esta *i* se cambia en *y* ⟶LEER. ☐ SINT. Constr.: *desposeer(se)* DE *algo*.

desposeído, da adj./s. Que es pobre o que carece de lo indispensable para vivir: *Cada vez son más las personas desposeídas. Si los desposeídos se rebelaran, temblarían los poderosos.*

desposorio s.m. Promesa mutua de futuro matrimonio que se hacen dos personas: *Se casaron seis meses después de los desposorios.* ☐ MORF. Se usa más en plural.

déspota ▌adj./s. **1** Que abusa de su autoridad y trata de imponerse con dureza: *Esa organización lucha contra los Gobiernos déspotas. Tiene problemas con sus hijos porque es un déspota.* ▌s. **2** Soberano que gobierna sin más norma que su voluntad: *El pueblo se rebeló contra el déspota y lo expulsó del poder.* ☐ MORF. 1. Como adjetivo es invariable en género. 2. Como sustantivo es de género común y exige concordancia en masculino o en femenino para señalar la diferencia de sexo: *el déspota, la déspota*.

despótico, ca adj. Del déspota, propio de él o relacionado con él: *Con una actitud tan despótica, tendrás súbditos, pero no amigos.*

despotismo s.m. **1** Abuso de superioridad, de poder o de fuerza en el trato con los demás: *Trata a sus subordinados con despotismo.* **2** Autoridad absoluta no limitada por la ley: *El despotismo es propio de regímenes políticos totalitarios.* **3** ‖ **despotismo ilustrado.** Política propia de algunas monarquías absolutas del siglo XVIII, en la que se intentaba conciliar el poder absoluto del rey y las ideas ilustradas de la razón y orden natural: *La frase 'todo para el pueblo, pero sin el pueblo' resume el programa del despotismo ilustrado.*

despotricar v. *col.* Hablar sin consideración ni reparo criticando algo: *Despotrica contra todo y nunca está conforme con nada.* ☐ ORTOGR. La *c* se cambia en *qu* delante de *e* ⟶SACAR.

despreciar v. No considerar digno de aprecio: *Desprecia a su primo porque tiene un trabajo humilde.* ☐ ORTOGR. La *i* nunca lleva tilde.

despreciativo, va adj. Que indica desprecio; *despectivo*: *Me lanzó una mirada despreciativa que me hizo sentirme como un gusano.*

desprecio s.m. **1** Falta de aprecio: *Sus compañeros están ofendidos por el desprecio que muestra por ellos.* **2** Hecho o dicho despreciativos: *El desprecio que me hizo no lo olvidaré.*

desprender ▌v. **1** Referido a algo fijo o unido a otra cosa, desunirlo, separarlo o despegarlo de ella: *Desprendió los alfileres del vestido y lo cosió. Se han desprendido varias tejas y han caído a la acera.* **2** Echar de sí o esparcir: *Ese pescado desprende muy mal olor.* ▌prnl. **3** Referido esp. a algo propio, apartarse o prescindir de ello, o renunciar a ello: *Cuando se divorció, le costó mucho desprenderse de sus hijos.* **4** Deducirse o inferirse: *De todo lo que has dicho se desprende que no quieres ir.* ☐ SINT. Constr. de la acepción 3: *desprenderse* DE *algo*.

desprendido, da adj. Desinteresado o generoso: *Es un niño muy desprendido y deja sus juguetes a todos.*

desprendimiento s.m. **1** Desunión o separación de trozos o de partes de algo: *El terremoto provocó un desprendimiento de rocas.* **2** Generosidad o actitud desinteresada: *Ha vivido siempre con tal desprendimiento que apenas tiene nada propio.* **3** En medicina, separación o desplazamiento de un órgano respecto de su posición normal: *Como consecuencia del golpe en la cabeza, sufrió un desprendimiento de retina.*

despreocuparse v.prnl. **1** Librarse o salir de una preocupación: *Tú no eres responsable de lo que ha pasado, así que despreocúpate de ello.* **2** Desentenderse o no prestar la atención o el cuidado debidos: *No puedes despreocuparte de tus hijos así como así.* ☐ SINT. Constr.: *despreocuparse* DE *algo*.

desprestigiar v. Quitar el prestigio o la buena fama: *Intenta desprestigiarme porque ve en mí un adversario. Su imagen pública se desprestigió al asociarse con ese grupo.* ☐ ORTOGR. La *i* nunca lleva tilde.

desprevenido, da adj. No preparado, no prevenido o falto de lo necesario; *descuidado*: *Avísame antes de venir para que no me pilles desprevenido.*

desproporción s.f. Falta de la debida proporción: *Hay una gran desproporción entre la calidad y el precio de ese producto.*

desproporcionar v. Quitar la proporción o sacar de la medida: *Al desproporcionar las figuras, sus cuadros resultan extraños.*

despropósito s.m. Hecho o dicho inoportunos, sin

a b c d e f g h i j k l m n ñ o p q r s t u v w x y z

sentido o sin razón: *Se enfadó y soltó tal cantidad de insultos y despropósitos que me asustó.*

desprovisto, ta adj. Falto o carente, generalmente de lo necesario: *Es una película desprovista de calidad y de emoción.*

después adv. **1** En un lugar o en un tiempo posteriores; luego: *Deja eso para después. Saldremos a la calle después de comer.* **2** Seguido de 'de', en orden o jerarquía posteriores: *Después de ti, es la persona que mejor me cae.* **3** ‖ **después de todo.** A pesar de todo o teniendo en cuenta las circunstancias: *Después de todo, no nos fue tan mal.* ☐ SINT. Se usa también con valor adversativo: *Después de lo que me preocupé por él, ahora me lo echa en cara.*

despuntar v. **1** Referido a algo con punta, gastarla, quitarla o estropearla: *El uso ha despuntado el cuchillo. Al caerse el lápiz, se despuntó.* **2** Referido a una planta o a alguna de sus partes, empezar a brotar: *Ya han empezado a despuntar las flores del rosal.* **3** Referido al alba, a la aurora o al día, empezar a aparecer: *Nos levantamos al despuntar el día.* **4** Destacar o sobresalir: *Despuntaba entre sus amigos por su simpatía.*

desquiciamiento s.m. Exasperación, trastorno o alteración nerviosa de una persona: *Tiene tal desquiciamiento que no sabe lo que hace.*

desquiciar v. **1** Referido a una persona, exasperarla, trastornarla o ponerla fuera de sí: *Su tranquilidad cuando hay prisa me desquicia. Según ha ido envejeciendo, se ha ido desquiciando.* **2** Referido esp. a una idea o a una situación, darles una interpretación o un sentido distintos al natural: *Te ofendes sin razón, porque desquicias mis palabras. La situación se ha desquiciado porque todos estamos muy nerviosos.* **3** Referido esp. a una puerta o a una ventana, desencajarlas o sacarlas de su quicio: *De una fuerte patada desquició la puerta. Las ventanas de la casa abandonada se han desquiciado.* ☐ ORTOGR. La *i* nunca lleva tilde.

desquitar ▮ v. **1** Referido a una persona, compensarla de una pérdida o de un contratiempo: *El premio me desquitó lo que había perdido. Al terminar los exámenes, se desquitó de su encierro no parando en casa ni un momento.* ▮ prnl. **2** Vengarse o tomar la revancha de un daño o de un disgusto recibidos: *Al ganar por cinco goles a cero, el equipo se desquitó de su anterior derrota.* ☐ MORF. La acepción 1 se usa más como pronominal. ☐ SINT. Constr.: *desquitar(se)* DE *algo.*

desquite s.m. Venganza o revancha del daño o del disgusto recibidos: *Su desquite contra el hombre que la abandonó fue sonado.*

desratización s.f. Exterminio de las ratas y ratones que hay en un lugar: *Una vez al año, el almacén contrata un servicio de desratización.* ☐ ORTOGR. Incorr. **desrratización.*

desriñonar v. **1** Referido a una persona o a un animal, dañarles el espinazo o los lomos; *derrengar*: *Le hizo llevar un pesado saco de patatas a la espalda y lo desriñonó. Al agacharse bruscamente, se desriñonó.* **2** *col.* Agotar o cansar mucho: *En ese trabajo lo desriñonan y encima le pagan una miseria. No te desriñones por ayudarlos, que no lo merecen.*

destacamento s.m. En el Ejército, grupo de tropa que se separa del resto para realizar una misión determinada: *Cuando el batallón partió, un destacamento se quedó en el pueblo para protegerlo.*

destacar v. **1** Referido esp. a una característica, resaltarla o ponerla de relieve: *Destacó la importancia de la calidad de enseñanza.* **2** Sobresalir o notarse más: *En ese cuadro destaca el color azul. Le gusta destacarse de los demás.* **3** En el Ejército, referido a un grupo de tropa, separarlo del cuerpo principal para una acción determinada: *El comandante destacó una sección de infantería para que vigilase la carretera.* ☐ ORTOGR. La *c* se cambia en *qu* delante de *e* →SACAR.

destajo ‖ **a destajo. 1** Referido a un modo de trabajar o de contratación, cobrando por el trabajo hecho y no por el tiempo invertido: *Como trabajan a destajo, les conviene hacer lo máximo en el mínimo de tiempo.* **2** Con empeño, sin descanso o muy deprisa: *Ahora estamos trabajando a destajo día y noche para entregar el proyecto a tiempo.*

destapar ▮ v. **1** Referido a algo tapado, quitarle la tapa o el tapón: *Destapó la olla y probó la comida. Al destaparse la botella, el champán salió con fuerza.* **2** Referido a algo oculto o cubierto, descubrirlo quitando lo que lo cubre: *El periodista destapó varios casos de corrupción. Me destapé anoche y me he acatarrado.* ▮ prnl. **3** *col.* Desnudarse exhibiéndose: *La primera vez que esa actriz se destapó en una película fue un escándalo.*

destape s.m. Despojo de la ropa para exhibir el cuerpo desnudo: *Cuando hay una escena de destape, se escandaliza y apaga la televisión.*

destartalado, da adj. Mal cuidado, estropeado o medio roto: *A mitad de camino, se estropeó aquel autobús destartalado.*

destellar v. Despedir destellos, rayos de luz o chispas, generalmente intensos y de breve duración; *destellear*: *Las estrellas destellan en la noche.*

destellear v. →**destellar.**

destello s.m. **1** Resplandor o rayo de luz intenso y de breve duración: *Nos deslumbraron los destellos de los faros.* **2** Manifestación breve o momentánea de algo: *Ha perdido la cabeza, pero de vez en cuando tiene destellos de lucidez.*

destemplado, da adj. Referido al tiempo atmosférico, que es desapacible: *En estos días destemplados, no me apetece salir a la calle.*

destemplar v. **1** Referido a un instrumento musical, desafinarlo o romper la armonía con que está afinado: *Destempló el violín porque no sabía tocarlo. Se ha destemplado la guitarra y no sé afinarla.* **2** Producir o sentir malestar físico: *He dormido poco y eso me ha destemplado. Se destempló por una corriente de aire y se echó una manta por encima.*

desteñir v. **1** Quitar el tinte o apagar el color: *El sol ha desteñido la camisa y se ha quedado blancuzca. La ropa de color se destiñe de tanto lavarla.* **2** Manchar al perder el color: *Lava ese pantalón aparte para que no destiña las demás prendas. Esa tela no es de buena calidad y destiñe.* ☐ MORF. Irreg. →DESTEÑIR.

desternillarse v.prnl. *col.* Reírse mucho: *Es tan bueno contando chistes que nos desternillamos con él.*

desterrar ▮ v. **1** Referido a una persona, expulsarla de un territorio por orden judicial o por decisión gubernamental: *A Lope de Vega lo desterraron de la corte.* **2** Referido a una costumbre o a un uso, abandonarlos o hacer que se desechen: *Habría que desterrar la costumbre de dar propinas.* **3** Echar o apartar de sí: *Jamás pudo desterrar de su mente aquella imagen.* ▮ prnl. **4** Abandonar la patria por algún motivo que impida vivir en ella: *Muchos intelectuales se desterraron al implantarse la dictadura.*

□ MORF. Irreg.: La *e* de la raíz diptonga en *ie* en los presentes, excepto en las personas *nosotros* y *vosotros* →**PENSAR**.

destetar ▌v. **1** Referido a un niño o a una cría animal, hacer que dejen de mamar, dándoles otro tipo de alimento: *Hasta que no dejó de tener leche, no destetó a su hijo.* ▌prnl. **2** Referido a una persona, apartarse de la protección de su casa y aprender a valerse por sí misma: *Ya es hora de que te destetes y de que no tengan que decidir tus padres por ti.*

destete s.m. Terminación de la lactancia: *El pediatra te dirá cuándo es el momento adecuado para el destete del bebé.*

destiempo ‖ **a destiempo.** Fuera de tiempo o en un momento inoportuno: *Siempre me ofreces ayuda a destiempo, cuando ya no la necesito.*

destierro s.m. **1** Expulsión de un territorio que se hace de una persona por orden judicial o por decisión gubernativa: *El tribunal le impuso una pena de dos años de destierro.* **2** Abandono de la patria por decisión propia: *Emprenderé el destierro y no volveré mientras las cosas no cambien.* **3** Tiempo que dura esta expulsión o este abandono: *Mi abuelo nos contaba que le parecía que su destierro nunca acabaría.* **4** Lugar donde vive la persona que está desterrada: *La vida en el destierro suele ser muy difícil al principio.* **5** Abandono de una costumbre o de un uso: *La calefacción ha conseguido el destierro de los viejos braseros.*

destilación s.f. Proceso mediante el que se separa una sustancia volátil de otra que no lo es, por medio del calor: *El aguardiente se obtiene de la uva mediante un proceso de destilación.*

destilar v. **1** Referido a una sustancia volátil, separarla de otra que no lo es, por medio de calor y en alambiques o en otros vasos: *El alambique sirve para destilar alcohol. El queroseno se destila entre 190 y 260 grados centígrados.* **2** Revelar, mostrar o dejar ver: *Su mirada destilaba envidia.* **3** Referido a un líquido, soltarlo gota a gota: *La herida destila pus.*

destilería s.f. Lugar donde se hacen destilaciones: *En esa destilería fabrican licores y aguardientes.*

destinar v. **1** Señalar o determinar para un fin o para una función: *Parte del presupuesto lo destinarán para hospitales.* **2** Referido a una persona, designarle un empleo, una ocupación o un lugar donde ejercerlos: *Aprobó unas oposiciones de juez y lo destinaron a Burgos.* **3** Referido a un envío, dirigirlo hacia una persona o hacia un lugar: *Esa crítica iba destinada a tu primo.*

destinatario, ria s. Persona a quien va dirigido o destinado algo: *El destinatario recibirá la carta en su domicilio.*

destino s.m. **1** Punto de llegada, o hacia el que se dirige alguien o algo: *Ya ha salido el tren con destino a tu pueblo.* **2** Uso, finalidad o función que se da a algo: *Quiero conocer el destino del dinero que pagamos como impuestos.* **3** Empleo u ocupación: *Le han dado un destino como ayudante de un juez.* **4** Lugar o establecimiento en el que se ejerce un empleo: *En las listas de los aprobados en las oposiciones, figuran los destinos de cada uno.* **5** Encadenamiento de los sucesos considerado como necesario e inevitable: *Si las cosas han salido así, será que era mi destino.* **6** Hado o fuerza desconocida que actúa irresistiblemente sobre las personas y los sucesos: *El destino me ha obligado a ser como soy.*

destitución s.f. Expulsión de una persona del cargo que tiene: *El ministro decidió la destitución del subsecretario.*

destituir v. Referido a una persona, separarla o expulsarla del cargo que tiene: *Lo destituyeron del cargo de director porque su gestión era mala.* □ MORF. Irreg.: La segunda *i* se cambia en *y* delante de *a, e, o* →**CONTRIBUIR**.

destornillador s.m. **1** Herramienta que sirve para atornillar y desatornillar; *atornillador, desatornillador: Entre las herramientas del coche, lleva un juego de destornilladores de distintos tamaños.* **2** *col.* Bebida alcohólica hecha con vodka y naranjada: *El destornillador es el único combinado que me gusta.*

destornillar v. →**desatornillar.**

destreza s.f. Habilidad, facilidad o arte para hacer algo bien hecho: *Para los trabajos manuales, hay que tener destreza con las manos.*

destripar v. **1** Referido a una persona o a un animal, sacarles las tripas: *El toro embistió al caballo y lo destripó. Una cabra se ha caído por un barranco y se ha destripado.* **2** Referido a un objeto, desarmarlo y sacar lo que tiene en el interior: *Destripó la muñeca para averiguar por qué hablaba.* **3** Referido esp. a algo blando, aplastarlo o reventarlo apretando con fuerza: *Se sentó sobre el paquete y lo destripó.* **4** *col.* Referido esp. a un relato, estropearlo por anticipar su final: *Sé que sabes el final, pero cállate y no me destripes el chiste.* □ SEM. En la acepción 3, es sinónimo de *apachurrar, despachurrar* y *espachurrar*.

destripaterrones s. **1** *col.* Persona tosca, inculta y poco educada: *¡Cómo le va a gustar la danza a una destripaterrones como tú!* **2** Persona que trabaja cavando la tierra: *Si no quieres estudiar, acabarás de destripaterrones en el campo.* □ MORF. En la lengua actual es de género común y exige concordancia en masculino o en femenino para señalar la diferencia de sexo: *el destripaterrones, la destripaterrones.* □ USO Tiene un matiz despectivo.

destrísimo, ma superlat. irreg. de **diestro.** □ MORF. Es la forma culta de *diestrísimo*.

destronar v. **1** Referido a un rey o a una reina, expulsarlos o echarlos del trono: *Los sublevados pretendían destronar al rey.* **2** Referido esp. a una persona, quitarle la posición importante o privilegiada que ocupa: *El hermano mayor está celoso porque el bebé lo ha destronado.*

destrozar v. **1** Romper, destruir o convertir en pedazos: *En ese edificio cayó una bomba y lo destrozó. El coche se destrozó al caer por el barranco.* **2** Estropear, maltratar o deteriorar: *No te presto mis libros porque los destrozas. Por fregar sin guantes, se me han destrozado las manos.* **3** Referido esp. a una persona, causarle un profundo daño moral: *La noticia del accidente ha destrozado a la familia.* **4** Referido esp. a un contrincante, vencerlo totalmente: *Nuestro equipo destrozó al contrario en los primeros veinte minutos de partido.* **5** Agotar o cansar muchísimo: *Tanto pasear me ha destrozado. No te destroces trabajando.* □ ORTOGR. La *z* se cambia en *c* delante de *e* →**CAZAR**.

destrozo s.m. **1** Destrucción o rotura de algo en trozos: *La onda explosiva causó un destrozo de cristales.* **2** Daño muy grande: *¡Cuántos destrozos producen las guerras!*

destrozón, -a adj./s. Referido a una persona, que rompe o estropea las cosas más de lo normal al usarlas: *Cuida más tus juguetes y no seas tan destrozón. Mi hija es una destrozona y no gano para comprarle zapatos.*

destrucción s.f. **1** Daño o destrozo muy grandes: *El terremoto causó la destrucción de puentes y edificios.* **2** Hecho de hacer desaparecer o inutilizar totalmente: *Ha* *ordenado la destrucción de los documentos que lo comprometían.*

destructible adj. Que puede ser destruido: *Todo enemigo es destructible.* □ MORF. Invariable en género.

destructivo, va adj. Que destruye o tiene el poder de destruir: *Su crítica destructiva nos ha desmoralizado mucho.*

destructor, -a ▮ adj./s. **1** Que destruye: *Las drogas tienen efectos destructores sobre las neuronas del cerebro. La envidia es un destructor de relaciones personales.* ▮ s.m. **2** Barco de guerra rápido, de tonelaje medio y preparado para misiones de escolta y ofensivas: *Los destructores están equipados con diversas clases de armamento.* 👁 **embarcación**

destruir v. **1** Referido a algo material, deshacerlo o arruinarlo totalmente: *El incendio destruyó el edificio entero. La presa se destruyó por la presión excesiva del agua.* **2** Referido a algo no material, hacerlo desaparecer o inutilizarlo: *Destruyó mis argumentos con una frase. ¡Qué fácilmente puede destruirse una esperanza!* □ MORF. Irreg.: La *i* se cambia en *y* delante de *a, e, o* →**CONTRIBUIR**.

desunión s.f. Discordia, enemistad o separación, esp. entre personas: *Al morir los padres, cundió la desunión entre los hermanos.*

desunir v. **1** Referido a dos o más cosas unidas, separarlas o apartarlas: *Tengo que desunir las mangas del vestido porque me quedan mal. Se ha desunido uno de los vagones del tren porque estaba mal enganchado.* **2** Referido a dos o más personas, hacer que se lleven mal entre sí: *Los problemas económicos nunca han desunido a la familia. Esa pareja se desunió cuando empezaron a conocerse de verdad.*

desusado, da adj. **1** Desacostumbrado, insólito o poco normal: *Me habló con una amabilidad desusada en él.* **2** Anticuado o que ha dejado de usarse: *No sé cómo siendo tan joven tienes unas ideas tan desusadas.*

desuso s.m. Falta de uso o de utilización: *Los braseros y los candiles ya están en desuso.*

desvaído, da adj. **1** Referido esp. a un color, que es pálido o apagado: *Se ha comprado una blusa de un rosa desvaído muy bonito.* **2** Desdibujado, impreciso o poco claro: *La niebla nos mostraba un paisaje desvaído.*

desvaírse v.prnl. Hacer perder el color, la fuerza o la intensidad: *El colorido del toldo se está desvayendo.* □ MORF. 1. Verbo defectivo: solo se usan las formas que presentan *i* en su desinencia. 2. Irreg.: La *i* se cambia en *y* delante de *a, e, o*.

desvalido, da adj./s. Que no puede valerse por sí mismo, o que carece de ayuda y de protección: *Espero no encontrarme desvalida en la vejez. Intenta socorrer a los desvalidos en lo que puede.*

desvalijamiento s.m. Robo de todo lo que se tiene: *En vacaciones, hay bandas de cacos que se dedican al desvalijamiento de casas.*

desvalijar v. **1** Referido a una persona, despojarla de todo lo que lleva mediante el robo, el engaño o el juego: *Unos tipos me desvalijaron en el aeropuerto y no me dejaron más que la ropa que llevaba puesta.* **2** Referido esp. a un lugar, robar todas las cosas valiosas que tiene: *Los ladrones le desvalijaron la casa mientras él estaba fuera.* □ ORTOGR. Conserva la *j* en toda la conjugación.

desvalimiento s.m. Abandono o falta de amparo, de ayuda y de protección: *¿Quién puede tener el valor de aprovecharse del desvalimiento de un niño?*

desvalorizar v. Referido a algo con valor, disminuir su valor o su precio: *Poner un basurero justo al lado ha desvalorizado estos terrenos. Los coches se desvalorizan con el paso del tiempo.* □ ORTOGR. La *z* se cambia en *c* delante de *e* →**CAZAR**.

desván s.m. En una casa, parte más alta, inmediatamente bajo el tejado, que suele usarse para guardar objetos viejos o que ya no se usan; *buhardilla: Tenía en el desván baúles llenos de ropa de sus antepasados.*

desvanecer ▮ v. **1** Referido esp. a una sustancia o a un color, disgregarlos o hacerlos desaparecer poco a poco: *El sol desvaneció la niebla. El humo se desvanece en la atmósfera.* **2** Referido esp. a una idea o a un recuerdo, deshacerlos, anularlos o quitarlos de la mente: *Espero que mi declaración haya desvanecido tus dudas. En cuanto te tomes esto, se te desvanecerá el dolor.* ▮ prnl. **3** Perder el sentido o desmayarse: *Se ha desvanecido porque lleva el día entero sin comer.* □ MORF. Irreg.: Aparece una *z* delante de *c* cuando la siguen *a, o* →**PARECER**.

desvanecimiento s.m. **1** Desaparición de algo sin dejar ningún rastro: *El desvanecimiento de la niebla nos permitió hacer el viaje con tranquilidad.* **2** Desmayo o pérdida del sentido: *Sufrió un desvanecimiento al ver a aquel herido ensangrentado.*

desvariar v. Decir o hacer locuras o cosas ilógicas o sin sentido: *La fiebre te hace desvariar.* □ ORTOGR. La *i* lleva tilde en los presentes, excepto en las personas *nosotros* y *vosotros* →**VACIAR**.

desvarío s.m. **1** Hecho o dicho disparatados, irracionales o sin lógica: *Cuando empieza con sus desvaríos sobre su origen noble, no lo aguanto.* **2** Pérdida momentánea de la razón o del juicio, generalmente causada por una enfermedad o por la vejez: *El anciano cada vez tiene desvaríos más frecuentes.*

desvelar ▮ v. **1** Quitar el sueño o no dejar dormir: *Las preocupaciones me desvelan. El niño se ha desvelado y no hay quien lo duerma.* **2** Referido a algo que no se sabe, descubrirlo o ponerlo de manifiesto: *Nunca desvelaré el secreto de este postre.* ▮ prnl. **3** Referido a una persona, poner gran cuidado y atención en las personas o en las cosas que tiene a su cargo, o en la consecución de un propósito: *Se desvela para que no les falte nada a sus hijos.*

desvelo s.m. **1** Pérdida del sueño cuando se necesita dormir: *¡Cuántos desvelos he sufrido pensando en ti!* **2** Cuidado y atención que se pone en lo que uno tiene a su cargo: *Se ocupa de su bebé con gran desvelo.*

desvencijar v. Referido esp. a una construcción, aflojar, desunir o separar las partes que la forman: *El viento ha desvencijado las ventanas de esa casa abandonada. Peso tanto que al sentarme se desvencijó la silla.* □ ORTOGR. Conserva la *j* en toda la conjugación.

desventaja s.f. **1** Perjuicio que tiene algo en comparación con otra cosa: *Tengo una desventaja frente a ti, porque tú sabes más idiomas.* **2** Inconveniente o impedimento: *Eres un pesimista y solo ves desventajas.*

desventura s.f. **1** Mala suerte: *La desventura le persiguió durante toda su amarga vida.* **2** Suceso que causa un dolor o un daño grandes: *Tantas desventuras acabarán conmigo.* □ SEM. Es sinónimo de *desgracia*.

desventurado, da adj./s. Que padece alguna desgracia o que tiene mala suerte; *desgraciado: La desventurada niña que se perdió en el bosque no ha sido encontrada. Ese desventurado no consigue salir adelante.*

desvergonzado, da adj./s. Que habla o actúa con desvergüenza: *Es muy desvergonzada y tiene un vocabulario muy grosero. Ese desvergonzado me sacó la lengua.*

desvergüenza s.f. Insolencia, falta de vergüenza o falta de educación ostentosa: *Su desvergüenza es tal que no tiene ningún pudor al hablar de su vida íntima.*

desviación s.f. **1** Cambio de la trayectoria de algo que llevaba determinada dirección: *Lo acusaron de desviación de fondos públicos para su beneficio personal.* **2** Separación de la dirección o de la posición normales o debidas: *Anda encorvado porque tiene desviación de columna.* **3** Tramo de una carretera que se aparta de la general: *Para llegar a mi pueblo, coge la carretera nacional y toma la primera desviación a la derecha.* **4** Camino provisional que sustituye un tramo inutilizado de una carretera: *La carretera está cortada por obras y hay que ir por una desviación.* **5** Tendencia o hábito que se consideran anormales en el comportamiento de una persona: *El masoquismo se considera una desviación del comportamiento sexual.* ☐ SEM. En las acepciones 1, 3 y 4 es sinónimo de *desvío*.

desviar v. **1** Referido a algo que lleva determinada dirección, cambiar su trayectoria o apartarlo del camino que llevaba: *La policía desviaba los coches por calles secundarias para evitar el atasco.* **2** Referido a una persona, disuadirla o apartarla del propósito o de la idea que tenía: *Tanto juego te está desviando del estudio.* ☐ ORTOGR. La *i* lleva tilde en los presentes, excepto en las personas *nosotros* y *vosotros* ⟶VACIAR.

desvío s.m. ⟶**desviación.**

desvirgar v. Referido a una persona, hacer que pierda la virginidad: *En la Edad Media, el señor feudal tenía el derecho a desvirgar a las mujeres de sus vasallos.* ☐ ORTOGR. La *g* se cambia en *gu* delante de *e* ⟶PAGAR.

desvirtuar v. Quitar la virtud, la esencia o las características propias: *Esta salsa es tan fuerte que desvirtúa el sabor de la carne. Muchas fiestas populares se han desvirtuado y han perdido su sentido.* ☐ ORTOGR. La *u* lleva tilde en los presentes, excepto en las personas *nosotros* y *vosotros* ⟶ACTUAR.

desvitalizar v. Referido esp. a un nervio, dejarlo sin sensibilidad: *El dentista me ha desvitalizado el nervio de la muela que tanto me dolía.* ☐ ORTOGR. La *z* se cambia en *c* delante de *e* ⟶CAZAR.

desvivirse v.prnl. Mostrar amor o incesante y vivo interés por una persona: *Se desvive por todos nosotros y nos colma de atenciones.* ☐ SINT. Constr.: *desvivirse {POR/CON} algo.*

detallar v. Contar o tratar por partes o de forma pormenorizada: *Ha detallado muy bien todos sus gastos. La policía me pidió que detallara los hechos.*

detalle s.m. **1** Pormenor, parte o fragmento de algo: *Nos contó la película con todo lujo de detalles. Me explicó la historia por encima porque no se acordaba de los detalles. La foto era un detalle de la cara del retrato.* **2** Muestra de cortesía, de amabilidad o de cariño: *Te quiere mucho y tiene muchos detalles contigo. Tuvo el detalle de regalarme un libro el día de mi cumpleaños.* **3** ‖ **al detalle.** Referido esp. a la forma de comprar o de vender, al por menor o en pequeña cantidad: *Los pequeños comercios venden al detalle.*

detallista ▌ adj./s. **1** Que es minucioso, meticuloso o que se fija en los detalles: *Esta novela es un relato muy detallista de las costumbres del siglo XIX. Es muy detallista y siempre me felicita el día de mi cumpleaños. Los detallistas se fijan en todo.* ▌ s. **2** Persona que se dedica profesionalmente a la venta al por menor o en pequeñas cantidades: *Los detallistas compran la mercancía a los mayoristas.* ☐ MORF. 1. Como adjetivo es invariable en género. 2. Como sustantivo es de género común, es decir, exige concordancia en masculino o en femenino para señalar la diferencia de sexo: *el detallista, la detallista.*

detección s.f. Descubrimiento o localización de algo, esp. por métodos físicos o químicos: *La policía tiene perros entrenados en la detección de drogas. Los radares sirven para la detección y el seguimiento de los aviones. Las revisiones médicas periódicas facilitan la detección precoz del cáncer.*

detectar v. **1** Referido a algo que no puede ser observado directamente, ponerlo de manifiesto por métodos físicos o químicos: *Los análisis no han detectado en su organismo ningún tipo de sustancia contaminante. Detecto ironía en el tono de tu voz.* **2** Descubrir o hacer patente: *Le han detectado un bulto en el cuello. Han detectado restos de una antigua cultura en la zona.*

detective s. **1** Policía que se dedica a la investigación de determinados casos y que a veces interviene en los procesos judiciales: *Los detectives del cuerpo de Policía no van uniformados.* **2** ‖ **detective (privado).** Persona legalmente autorizada para la investigación de los asuntos para los que es contratada: *Ha contratado a un detective privado para averiguar si su mujer lo engaña.* ☐ MORF. Es de género común y exige la concordancia en masculino o en femenino para señalar la diferencia de sexo: *el detective, la detective.*

detector s.m. Aparato que sirve para detectar: *Encontró el tesoro usando un detector de metales.*

detención s.f. **1** Privación provisional de la libertad, ordenada por la autoridad competente: *El juez firmó una orden de detención contra los malhechores.* **2** Parada o suspensión de una acción o del movimiento de algo; *detenimiento: Una detención en el crecimiento del niño puede deberse a carencias vitamínicas.*

detener v. **1** Referido al desarrollo de algo, suspenderlo o impedirlo: *El juez detuvo la ejecución en el último momento.* **2** Parar o cesar en el movimiento o en una acción: *El conductor detuvo el coche delante de la casa. El crecimiento económico se ha detenido.* **3** Privar de libertad por un corto espacio de tiempo: *La policía soltó al joven que acababa de detener, porque la denuncia fue retirada.* ☐ MORF. Irreg. ⟶TENER.

detenido, da adj. Que se detiene o que requiere detenerse en los menores detalles; *minucioso: Después de un detenido estudio del proyecto, decidieron aprobarlo.*

detenimiento s.m. **1** ⟶**detención.** **2** ‖ **con detenimiento.** De forma minuciosa o con cuidado: *El médico examinó al paciente con detenimiento.*

detentar v. Referido a un poder o a un cargo públicos, ejercerlos ilegítimamente: *El general detentó el poder del país gracias a un golpe de Estado.* ☐ SEM. No debe emplearse referido a cargos o a títulos legales: *Ganó las elecciones y {*detenta > ocupa} la jefatura del Gobierno.*

detergente s.m. Sustancia o producto artificiales que sirven para limpiar: *Antes de lavar, pongo detergente en la lavadora.*

deteriorar v. Estropear o poner en un estado peor que el original: *La lluvia ha deteriorado la pintura de la puerta. Las relaciones entre estos dos países se han deteriorado.*

a b c **d** e f g h i j k l m n ñ o p q r s t u v w x y z

deterioro s.m. Empeoramiento del estado o de la condición de algo: *Este incidente ha provocado el deterioro de las relaciones internacionales.*

determinación s.f. **1** Resolución que se toma sobre algo: *Sigue en pie mi determinación de estudiar matemáticas.* **2** Valor, osadía o actitud del que actúa con decisión y no se detiene ante los riesgos o las dificultades: *Sacamos adelante nuestro proyecto gracias a su determinación.* **3** Establecimiento de los términos o límites: *Gracias a la determinación de cada área, no nos inmiscuimos en el trabajo de los demás.* **4** Distinción o conocimiento de algo al establecer sus diferencias o características: *Sin una clara determinación de la enfermedad, no habrá diagnóstico.* **5** Fijación para un efecto: *La determinación de la fecha no depende de nosotros.*

determinante s.m. En gramática, palabra que limita o precisa la extensión significativa del nombre: *Artículos, demostrativos, posesivos y numerales pueden funcionar como determinantes.*

determinar v. **1** Fijar o establecer los términos o límites: *Hay que determinar las competencias de las autonomías.* **2** Distinguir, averiguar o conocer al establecer las diferencias o características: *No soy capaz de determinar la naturaleza de este virus.* **3** Señalar, concretar o fijar para un efecto: *El forense no ha determinado aún la hora de la muerte.* **4** Tomar o hacer tomar una decisión: *Determiné comprarme un coche nuevo.* **5** Originar o ser causa o motivo: *El aumento de precio del petróleo determinó la subida de la gasolina.* **6** En gramática, referido a un nombre, limitar o precisar su extensión significativa: *'Casa' es un sustantivo sin determinar, frente a 'la casa', 'esta casa', 'dos casas'...*

determinativo, va adj. Que determina, esp. referido a un adjetivo: *La gramática tradicional llama adjetivos determinativos a lo que hoy se conoce con el nombre de 'determinantes'.*

determinismo s.m. Concepción filosófica según la cual todos los acontecimientos del universo están sometidos a las leyes naturales: *El determinismo niega la existencia de la libertad humana para decidir.*

detestable adj. Muy malo o digno de ser detestado: *Lo que acabas de hacer me parece detestable. Los asesinos son personas detestables.* ☐ MORF. Invariable en género.

detestar v. Referido a una persona o a una cosa, sentir aversión o repugnancia hacia ellas, de forma que el impulso natural sea alejarse o desear que desaparezca; *aborrecer: Detesto a la gente que miente.*

detonación s.f. Explosión o estallido fuertes o bruscos: *Antes del incendio del almacén se oyeron dos detonaciones.*

detonador s.m. Dispositivo que sirve para hacer estallar una carga explosiva: *La bomba no estallará si le falta el detonador.*

detonante s.m. **1** Agente capaz de producir una detonación: *La pólvora es un detonante.* **2** Lo que provoca o causa un resultado: *La subida de los precios del pan fue el detonante de las protestas populares.*

detonar v. **1** Estallar o dar un estampido o un trueno: *Cuando la bomba detonó, no había nadie cerca.* **2** Producir una explosión o un estallido: *Este mecanismo sirve para detonar la bomba.*

detractor, -a s. Persona que critica o que no está conforme con algo: *Los detractores del Gobierno critican el despilfarro en la Administración.*

detrás adv. **1** En una posición o lugar posterior o más retrasado: *Detrás de la casa hay un precioso jardín.* **2** ‖ **(por) detrás.** En ausencia: *Cuando comenta algo de él lo hace por detrás, porque no se atreve a decírselo a la cara.* ☐ SINT. Su uso seguido de un adjetivo posesivo es incorrecto: *El niño se ha escondido detrás {*mío › de mí}.*

detrimento s.m. Perjuicio o daño contra los intereses de alguien: *El médico le ha dicho que esos excesos van en detrimento de su salud.*

detrito s.m. →**detritus.**

detritus s.m. Materia que resulta de la descomposición de una masa sólida en partículas: *El humus está formado por detritus orgánicos.* ☐ MORF. Invariable en número. ☐ ORTOGR. Se admite también *detrito.*

deuda s.f. **1** Obligación que se ha contraído, esp. si consiste en un pago o en una devolución de dinero: *Antes de marcharse del país, pagó todas sus deudas.* **2** Pecado, culpa u ofensa que se comete contra algo: *En la oración del padrenuestro se decía 'perdónanos nuestras deudas'.*

deudor, -a adj./s. Que debe o que ha contraído una obligación, esp. si consiste en un pago o en una devolución de dinero: *Soy deudora de esa mujer porque me ayudó cuando lo necesitaba. Denunció a sus deudores por el incumplimiento de los pagos.*

devaluación s.f. Disminución del valor de algo, esp. de una moneda: *La devaluación de la moneda favorece las exportaciones de un país.*

devaluar v. Referido esp. a una moneda, rebajar o disminuir su valor: *El Gobierno ha devaluado la moneda. El yen se ha devaluado.* ☐ ORTOGR. La *u* lleva tilde en los presentes, excepto en las personas *nosotros* y *vosotros* →**ACTUAR**.

devanar v. Referido esp. a un hilo, enrollarlo alrededor de un eje: *Devané la madeja de lana y formé un ovillo.*

devaneo s.m. Relación superficial y pasajera, esp. si es amorosa: *Déjate de devaneos y plantéate empezar una relación seria.*

devastación s.f. Destrucción de algo, esp. de un territorio, arrasando sus edificios y asolando o echando a perder sus campos: *La guerra provocó la devastación de toda la región.* ☐ ORTOGR. Incorr. **desvastación.*

devastar v. Referido esp. a un territorio, destruirlo arrasando sus edificios y asolando o echando a perder sus campos: *El incendio devastó la parte vieja de la ciudad.* ☐ ORTOGR. Dist. de *desbastar.*

devengar v. Referido a una cantidad de dinero, adquirir derecho a su percepción o a su retribución, esp. por el trabajo o por un servicio realizado: *Mi cuenta corriente devenga unos intereses de unos treinta euros al mes.* ☐ ORTOGR. La *g* se cambia en *gu* delante de *e* →**PAGAR**.

devenir ▌ s.m. **1** Cambio, transformación o transcurso de algo: *El devenir de los tiempos ha transformado las ricas y florecientes culturas de la Antigüedad en pobres países dependientes de otros.* ▌ v. **2** Suceder, producirse o venir de forma repentina o inesperada: *En esta situación nos puede devenir cualquier cosa.* ☐ MORF. Irreg. →**VENIR**.

devoción s.f. **1** Amor o sentimiento intenso y de respeto, esp. si son religiosos: *Oraba con devoción ante el crucifijo.* **2** Inclinación, admiración o afición especial hacia algo: *El abuelo tiene devoción por el nieto más pequeño.* **3** Práctica religiosa no obligatoria: *Todas las noches cumple con sus devociones y reza un padrenuestro.*

devocionario s.m. Libro que contiene oraciones para el uso de los fieles: *Todas las mañanas leía una oración de su devocionario.*

devolución s.f. **1** Entrega que se hace a alguien de lo que había dado o prestado: *Siempre me retraso en la devolución de los libros.* **2** Lo que se hace para corresponder a otro acto, esp. a un favor o a una ofensa: *No espero la devolución de la visita.* **3** Entrega de una compra a quien la vendió, a cambio del importe pagado por su adquisición: *En esa tienda solo admiten devoluciones por la mañana.*

devolver v. **1** Referido a algo prestado o dado, entregarlo a quien lo tenía antes: *Devuélveme mi bicicleta.* **2** Hacer volver al estado o a la situación que se tenía: *El descanso le ha devuelto el optimismo.* **3** Referido esp. a un favor o a una ofensa, corresponder a ellos: *No sé si tendré ocasión de devolverle los favores que me hizo.* **4** *col.* Referido a algo que está en el estómago, expulsarlo violentamente por la boca; *arrojar, vomitar: No aguanta el alcohol y siempre lo devuelve. Devolvió porque le hizo daño la comida.* **5** Referido a lo que sobra de un pago, darlo a la persona que efectuó la compra: *Como valía cinco euros y pagué con un billete de diez, me devolvieron cinco euros.* **6** Referido a una compra, entregársela a quien la vendió, a cambio del importe pagado por su adquisición: *Como el pantalón que compré estaba roto, lo he devuelto.* □ MORF. Irreg.: 1. Su participio es *devuelto*; incorr. **devolvido*. 2. La *o* diptonga en *ue* en los presentes, excepto en las personas *nosotros* y *vosotros* →VOLVER.

devoniano, na adj./s.m. →**devónico, ca.**

devónico, ca ▮ adj. **1** En geología, del cuarto período de la era primaria o paleozoica o de los terrenos que se formaron en él: *Este suelo está compuesto de materiales devónicos.* ▮ adj./s.m. **2** En geología, referido a un período, que es el cuarto de la era primaria o paleozoica: *Los peces y los anfibios se desarrollaron en la etapa devónica. En el devónico se formaron los bosques y los mares interiores.* □ SEM. Es sinónimo de *devoniano*.

devorar v. **1** Comer con ansia y rapidez: *Se atragantó al devorar la comida.* **2** Referido a una animal, comer a otro: *El león devoró al ciervo en un instante.* **3** Consumir o hacer desaparecer por completo: *El incendio ha devorado el edificio.* **4** Referido a algo que gusta, consumirlo o volcarse en ello con avidez: *Devora novelas de aventuras.*

devoto, ta ▮ adj. **1** Que inspira devoción: *Se dedica a esculpir imágenes devotas. Las procesiones son actos devotos.* ▮ adj./s. **2** Que tiene o siente devoción: *Un grupo de devotos seguidores esperaban al actor en la entrada. Los devotos de ese santo acuden regularmente a su ermita.*

devuelto, ta ▮ **1** part. irreg. de **devolver.** ▮ s.m. **2** *col.* Lo que estaba en el estómago y se arroja por la boca; *vómito: En la acera hay un devuelto.* □ MORF. Incorr. **devolvido.*

deyección s.f. Conjunto de excrementos expelidos por el ano: *Tenemos que analizar las deyecciones de los animales enfermos.* □ MORF. Se usa más en plural.

di- Elemento compositivo que significa 'dos': *dipétalo, disépalo, diglosia, disílabo.*

día ▮ s.m. **1** Período de tiempo de aproximadamente veinticuatro horas: *La Tierra tarda un día en dar una vuelta sobre sí misma. Si no hay pan del día, no lo compres.* **2** Período de tiempo en el que hay luz solar: *En primavera y verano, los días son más largos y las noches, más cortas. Cuando llegué a la ciudad, era ya de día.* **3** Momento u ocasión en los que sucede algo: *El día que decida hacerlo, te avisaré.* ▮ pl. **4** Respecto de una persona, período de tiempo que transcurre desde su nacimiento hasta su muerte; *vida: La anciana está llegando al fin de sus días.* **5** ‖ **al día.** Al corriente o sin retraso: *Está al día de los últimos descubrimientos científicos.* ‖ **al otro día.** Al día siguiente: *Al otro día, salió de compras.* ‖ **buenos días.** Expresión que se usa como saludo por la mañana: *¡Buenos días, ya es hora de que te levantes!* ‖ **de un día {a/para} otro.** Con prontitud: *Arreglarán los trámites de un día para otro.* ‖ **día D.** El que se ha fijado o es decisivo para realizar algo complicado o arriesgado, esp. una acción militar: *Los soldados se preparaban para el día D de su entrada en combate.* ‖ **día de autos.** Aquel en que sucedió el hecho que ya se ha mencionado o que está en la mente de los hablantes: *Todo el mundo secundó la huelga general y, al atardecer del día de autos, el Gobierno tomó medidas represivas.* ‖ **día del Señor.** Domingo: *Va a misa los días del Señor.* ‖ **día de precepto.** Aquel en el que la Iglesia católica dispone que se oiga misa: *El domingo es día de precepto.* ‖ **(día) festivo.** Fiesta oficial o eclesiástica: *En mi ciudad es día festivo, pero en esta no lo es.* ‖ **(día) laborable.** Aquel en el que oficialmente se trabaja: *En mi empresa algunos sábados son días laborables. Este centro comercial abre laborables y festivos.* ‖ **día (natural).** Período de tiempo de aproximadamente veinticuatro horas: *Enero tiene 31 días naturales.* ‖ **día y noche.** Constantemente o a todas horas: *Mi vecino toca la guitarra día y noche.* ‖ **el día de mañana.** En el futuro: *El día de mañana te arrepentirás de no haber aprovechado el tiempo.* ‖ **el otro día.** Uno de los días inmediatamente anteriores al actual: *El otro día me encontré a un amigo que hacía años que no veía.* ‖ **en su día.** En su debido momento o en el momento oportuno: *En su día, todo llegará.* ‖ **hoy (en) día.** En la actualidad o en el tiempo presente: *Los jóvenes de hoy en día son muy independientes.* ‖ **tener** alguien **los días contados.** Estar muy cerca del fin: *Este anciano está tan enfermo que tiene los días contados.*

diabetes s.f. Enfermedad que se caracteriza por un alto nivel de glucosa en la sangre: *Hay un tipo de diabetes causada por insuficiente secreción de insulina por el páncreas.* □ ORTOGR. Incorr. **diabetis.* □ MORF. Invariable en número.

diabético, ca ▮ adj. **1** De la diabetes o relacionado con esta enfermedad: *Presenta síntomas diabéticos.* ▮ adj./s. **2** Que padece diabetes: *Esa mujer diabética se inyecta insulina dos veces al día. Los diabéticos no pueden comer dulces.*

diablo, bla s. **1** Espíritu maligno que se opone a la acción de Dios: *El diablo se ha representado a menudo con forma humana, pero con cuernos, cola y patas de cabra.* **2** Persona muy hábil y astuta para conseguir lo que se propone: *Como es un verdadero diablo, llegará a la presidencia de la empresa.* **3** Persona muy traviesa e inquieta, esp. si es un niño: *Estos niños son unos diablos y no hay quien los aguante.* **4** Persona malvada o que tiene mal genio: *No confíes en él porque es un diablo y cuando menos te lo esperes, te traicionará.* **5** ‖ **como un diablo.** *col.* Mucho o excesivamente: *El mueble pesa como un diablo.* ‖ **del diablo** o **de mil diablos.** *col.* Expresión que se usa para exagerar el carácter negativo de algo: *Hace un frío de mil diablos.* ‖ **irse al diablo** un asunto. *col.* Fracasar: *Después de años de novios, todo se fue al diablo y acabaron cada uno por su lado.* ‖ **mandar al diablo** algo. *col.* Rechazarlo o desentenderse de ello: *Estaba tan harto de él que lo mandé al diablo.* ‖ **pobre diablo.** *col.* Persona infeliz, sin malicia o de carácter débil, y a la que se considera poco valiosa: *Como es un pobre diablo, se lleva todas las broncas. Es un pobre diablo y no tiene dónde caerse muerto.* ‖ **tener el diablo en el cuerpo.** *col.* Ser muy astuto o muy travieso e inquieto: *Debe de tener el diablo en el cuerpo porque no se está quieto ni un momento.* □ MORF. Se usa también el sustantivo femenino *diabla.* □ SEM. En las acepciones 1, 2, 3 y 4, es sinónimo de *demonio.* □ USO En plural, se usa mucho en la lengua coloquial como interjección.

diablura s.f. Travesura de poca importancia: *Esconder las llaves del coche ha sido la última diablura de tu hijo.*

diabólico, ca adj. **1** Del diablo o relacionado con él: *Asegura que una figura diabólica se le aparece de noche.* **2** *col.* Excesivamente malo: *Ese crimen solo lo pudo planear una mente diabólica. No salió de casa porque hacía un tiempo diabólico.*

diábolo s.m. Juguete que consiste en hacer girar sobre una cuerda atada al extremo de los palos una figura formada por dos conos unidos por sus vértices: *Mi madre jugaba mucho con el diábolo cuando era pequeña.*

diaconado s.m. Orden inmediatamente inferior al sacerdocio: *El diaconado puede ser ejercido por personas casadas.* □ ORTOGR. Se admite también *diaconato.*

diaconato s.m. →**diaconado.**

diaconisa s.f. En algunas Iglesias, mujer esp. dedicada a los servicios religiosos: *Las diaconisas protestantes están ordenadas, pero las católicas no.* □ MORF. Su masculino es *diácono.*

diácono s.m. Eclesiástico que ha recibido el diaconado y cuya categoría es inmediatamente inferior a la del presbítero o sacerdote: *El diácono se encarga de ayudar al sacerdote en sus funciones.* □ MORF. Su femenino es *diaconisa.*

diacrítico, ca adj. En gramática, referido a un signo ortográfico, que da a una letra un valor especial: *En la palabra 'cigüeña', los puntos diacríticos indican que esa 'u' se pronuncia.*

diacronía s.f. En lingüística, evolución de una lengua o de un fenómeno lingüístico a través del tiempo: *Este libro trata de la diacronía del sistema consonántico español.* □ SEM. Dist. de *sincronía* (consideración de la lengua en un momento dado de su existencia histórica).

diadema s.f. **1** Adorno semicircular que se pone en la cabeza, generalmente para sujetar el pelo: *La niña se puso una diadema porque le molestaba el pelo en la cara.* **2** Corona sencilla y redonda que se usa como adorno o como símbolo honorífico o de autoridad: *El emperador se ciñó la diadema.* 👁 **joya**

diáfano, na adj. **1** Referido a un cuerpo, que deja pasar la luz casi en su totalidad: *El agua es una sustancia diáfana.* **2** Claro, limpio o sin ocultación: *Con este día tan diáfano, no apetece nada quedarse en casa. Nos dio una diáfana explicación sobre el estado de cuentas de la empresa.*

diafragma s.m. **1** En un mamífero, músculo que separa la cavidad torácica de la cavidad abdominal: *El diafragma interviene en el proceso respiratorio.* **2** En una cámara fotográfica, dispositivo que permite regular la cantidad de luz que se deja pasar: *Como está anocheciendo, abre más el diafragma de la cámara.* **3** Dispositivo anticonceptivo femenino con forma de disco flexible y que se coloca en la entrada del útero: *Le han colocado un diafragma para evitar más embarazos.*

diagnosis s.f. Identificación de una enfermedad a partir de sus síntomas; *diagnóstico: Varios doctores participaron en la diagnosis de mi enfermedad.* □ MORF. Invariable en número.

diagnosticar v. Referido a una enfermedad, identificarla mediante el análisis de sus síntomas: *El médico le diagnosticó una úlcera y le puso un régimen alimenticio.* □ ORTOGR. La *c* se cambia en *qu* delante de *e* →**SACAR**.

diagnóstico s.m. **1** Identificación de una enfermedad a partir de sus síntomas; *diagnosis: No hemos conseguido realizar un diagnóstico claro, así que tendremos que repetir las pruebas.* **2** Calificación que da el médico a una enfermedad según sus síntomas: *Como el médico estaba tan serio, temí su diagnóstico. El diagnóstico sobre el estado de los heridos es preocupante.*

diagonal adj./s.f. **1** En un polígono, referido a una línea recta, que une dos vértices no consecutivos: *Si trazas la línea diagonal de un cuadrado, formas dos triángulos iguales. El profesor trazó en la pizarra las diagonales del rectángulo.* **2** En un poliedro, referido a una línea recta, que une dos vértices no situados en la misma cara: *La línea diagonal de un cubo no coincide con su altura. ¿Cuántas diagonales hay en un prisma hexagonal?* □ MORF. Como adjetivo es invariable en género. 👁 **línea**

diagrama s.m. Representación gráfica de las variaciones de un fenómeno o de las relaciones que existen entre los elementos de un conjunto: *Según este diagrama, este año han aumentado las importaciones de queso.*

dial (anglicismo) s.m. **1** En un aparato de radio o en un teléfono, placa o superficie graduada con letras o números que se seleccionan para establecer la comunicación deseada: *Nuestra emisora se sintoniza en el 88 del dial de su radio.* **2** Superficie graduada sobre la que se mueve un indicador que mide una determinada magnitud: *El dial de mi coche debe de estar estropeado porque no marca la velocidad.*

dialectal adj. De un dialecto o relacionado con él: *La aspiración de la 'h' es un rasgo dialectal extremeño y andaluz.* □ MORF. Invariable en género.

dialectalismo s.m. En lingüística, palabra, significado o construcción sintáctica propios de un dialecto: *El ceceo y el seseo son dialectalismos. La palabra 'juerga' es un dialectalismo procedente del andaluz.*

dialéctico, ca ▌adj. **1** De la dialéctica o relacionado con esta parte de la filosofía: *Con su dominio dialéctico, nadie pudo rebatirle.* ▌s.f. **2** Parte de la filosofía que estudia el razonamiento, sus leyes, formas y modos de expresión: *Para algunos filósofos, la dialéctica fue sinónimo de lógica.* **3** Método de razonamiento que consiste en ir enfrentando posiciones distintas para extraer de su confrontación una conclusión que las supere y se acerque más a la verdad: *El diálogo es un instrumento de la dialéctica.* **4** Arte y técnica de dialogar y convencer con la palabra: *Si yo tuviera su dialéctica, le sacaría más partido.* **5** Sucesión encadenada de hechos o de razonamientos que se derivan unos de otros: *La dialéctica de la historia enseña que la ambición de poder puede acabar en guerra.*

dialecto s.m. En lingüística, modalidad de una lengua en un determinado territorio: *El andaluz y el canario son dialectos del español.*

diálisis s.f. *col.* →**hemodiálisis.** □ MORF. Invariable en número.

dialogar v. **1** Referido a dos o más personas, conversar turnándose en el uso de la palabra: *Los espectadores dialogaban en el descanso.* **2** Discutir sobre un asunto con la intención de llegar a un acuerdo entre las distintas posiciones: *En los trámites de separación, es fundamental que las partes implicadas dialoguen.* □ ORTOGR. La *g* se cambia en *gu* delante de *e* ⟶**PAGAR**.

diálogo s.m. **1** Conversación en la que dos o más personas se turnan en el uso de la palabra: *Gracias a los largos diálogos que tuvimos, le fui conociendo.* **2** Género literario cuyas obras parecen reproducir literalmente una conversación entre los personajes: *El diálogo fue un género cultivado por humanistas en el siglo XVI.* **3** Negociación o discusión sobre un asunto con la intención de llegar a un acuerdo entre las distintas posiciones: *El diálogo entre sindicatos y patronal ha quedado interrumpido a causa de las diferencias en la subida salarial.* **4** ‖ **diálogo de besugos.** *col.* Aquel en el que no existe relación lógica entre lo que dicen los interlocutores: *Si yo te pregunto la hora y tú me contestas que te duele un pie, estamos teniendo un diálogo de besugos.* ‖ **diálogo de sordos.** *col.* Aquel en el que no existe comunicación entre los interlocutores: *La negociación con ellos fue un diálogo de sordos.*

diamante ▌ s.m. **1** Mineral formado por carbono cristalizado, transparente o ligeramente coloreado, de gran brillo y dureza, y muy estimado como piedra preciosa: *Tengo un anillo con varios diamantes.* ▌ pl. **2** En la baraja francesa, palo que se representa con uno o varios rombos de color rojo: *La baraja francesa se compone de picas, diamantes, tréboles y corazones.* 👁 **baraja 3** ‖ **diamante (en) bruto.** Lo que tiene grandes cualidades o facultades en potencia, pero desaprovechadas o sin desarrollar: *Ha contratado a ese actor porque se ha dado cuenta de que es un diamante en bruto.*

diámetro s.m. Segmento de recta que pasa por el centro de una circunferencia, de una curva cerrada o de una superficie esférica y que está limitado por dos puntos de las mismas: *El diámetro divide un círculo en dos partes iguales.* 👁 **círculo**

diana s.f. **1** Punto central de un blanco de tiro: *Como clavó todas las flechas justo en la diana, ganó el torneo.* **2** Blanco de tiro formado por una superficie circular con varias circunferencias concéntricas dibujadas sobre ella: *Tira los dardos a la diana, no a la pared.* **3** Toque o música militar que sirve para despertar a la tropa: *En mi cuartel tocan diana a las siete.*

diantre ▌ s.m. **1** *euf. col.* Diablo: *¡Ese diantre de chiquillo me está volviendo loco!* ▌ interj. **2** *col.* Expresión que se usa para indicar extrañeza, sorpresa, admiración o disgusto: *¿Qué diantre quiere? ¡Cómo diantre has podido llegar hasta aquí!*

diapasón s.m. En música, instrumento capaz de emitir un sonido de altura conocida y constante, que se toma como referencia para afinar o para entonar: *El director sacó un diapasón con forma de horquilla y lo golpeó para que escuchásemos la nota 'la'.*

diapositiva s.f. Fotografía sacada en película transparente y directamente en positivo, sin invertir los colores; *filmina*: *Proyectamos las diapositivas del viaje sobre una pared blanca.*

diario, ria ▌ adj. **1** Correspondiente a todos los días o que se repite cada día: *Solo hace una comida diaria. Tiene bronca diaria por llegar tarde a casa.* ▌ s.m. **2** Periódico que se publica todos los días: *Por las mañanas compro el diario para enterarme de las noticias.* **3** Relación o relato de lo que ocurre cada día: *Escribe un diario desde que tenía diez años.* **4** ‖ **a diario.** Todos los días: *Hace deporte a diario.* ‖ **diario hablado.** Programa informativo de una emisora de radio que se emite todos los días a la misma hora: *Me gusta oír el diario hablado de las dos por su objetividad.*

diarrea s.f. **1** Trastorno intestinal que consiste en la expulsión de heces más o menos líquidas, generalmente de manera frecuente y dolorosa: *Comió un alimento en mal estado y tuvo diarrea.* **2** ‖ **diarrea mental.** *col.* Confusión de ideas: *Tiene tal diarrea mental que no sabe qué hacer con su vida.*

diáspora s.f. Dispersión de una comunidad humana, esp. la del pueblo judío: *La historia del pueblo judío está marcada por la diáspora.*

diástole s.f. En anatomía, movimiento de dilatación del corazón y de las arterias que se produce cuando la sangre entra en ellos: *Con la diástole la sangre entra de nuevo en la aurículas.* □ SEM. Dist. de *sístole* (movimiento de contracción).

diatomea s.f. Organismo marino, microscópico y unicelular, que tiene un caparazón silíceo formado por dos valvas de distinto tamaño que encajan entre sí: *Las diatomeas suelen agruparse en colonias.*

diatónico, ca adj. En música, referido a una escala o a un sistema musical, que procede por la alternancia de dos tonos y un semitono y de tres tonos y un semitono: *La escala diatónica es: do-re-mi-fa-sol-la-si-do.* □ SEM. Dist. de *cromático* (que procede por semitonos).

diatriba s.f. Discurso o escrito violentos y ofensivos, dirigidos contra algo o alguien: *Ese texto es una diatriba contra los malos poetas.*

dibujante s. Persona que se dedica profesionalmente al dibujo: *Soy una dibujante de cómics.* □ MORF. Es de género común y exige concordancia en masculino o en femenino para señalar la diferencia de sexo: *el dibujante, la dibujante*.

dibujar ▌ v. **1** Trazar en una superficie líneas y rasgos que representan figuras: *El niño dibujó un gato en su cuaderno.* **2** Describir con palabras: *En esta novela, se dibuja la vida provinciana de principios de siglo.* ▌ prnl. **3** Mostrarse o dejarse ver: *En su rostro se dibujó una sonrisa. A lo lejos, se dibujaban las montañas.* □ ORTOGR. Conserva la *j* en toda la conjugación.

dibujo s.m. **1** Arte o técnica de dibujar: *Va a clases de dibujo.* **2** Representación o imagen trazadas según este arte: *Hice un dibujo de cada una de las partes de la máquina.* **3** Forma de combinarse las líneas o las figuras que adornan un objeto: *El punto del jersey hace un dibujo muy bonito.* **4** ‖ **dibujos animados.** Película cinematográfica hecha con fotografías de dibujos que representan fases sucesivas de un movimiento: *¿Has visto 'La Cenicienta' en dibujos animados?*

dicción s.f. **1** Manera de pronunciar; *pronunciación*: *Su dicción es muy clara y se le entiende todo.* **2** Manera de hablar o de escribir: *Tiene una dicción perfecta porque no comete ninguna incorrección lingüística.*

diccionario s.m. **1** Inventario en el que se recogen y definen las palabras de uno o más idiomas, generalmente por orden alfabético: *En 1992, se publicó la vigésima primera edición del diccionario de la Real Academia Española.* **2** Inventario en el que se recogen y explican los términos propios de una ciencia o de una materia, generalmente por orden alfabético: *Si no sabes lo que es un* *'bono', consulta un diccionario de economía. Me he comprado un diccionario de sinónimos.* **3** ‖ **diccionario manual.** Aquel que es reducción de otro más amplio: *El diccionario manual contiene generalmente orientaciones normativas y gramaticales.*

dicha s.f. Véase **dicho, cha.**

dicharachero, ra adj. *col.* Que tiene una conversación amena y jovial: *Es un muchacho muy dicharachero y siempre te ríes con él.*

dicho, cha ▮ **1** part. irreg. de **decir.** ▮ s.m. **2** Palabra o conjunto de palabras con las que se expresa un concepto, esp. si es de carácter ingenioso o contiene una sentencia; *decir: ¿Conoces el dicho de 'más sabe el diablo por viejo que por diablo'?* ▮ s.f. **3** Estado de ánimo del que se encuentra contento y satisfecho con las circunstancias de la vida: *Todo había salido tan bien que rebosaba dicha.* **4** Satisfacción, gusto o contento: *Vosotros sois mi única dicha. ¡Qué dicha tan grande veros felices!* **5** Suerte favorable: *Espero que salgas con dicha de ese asunto tan escabroso.* **6** ‖ **dicho y hecho.** Expresión con que se explica la prontitud con que se hace algo: *Fue decirle que me acercase un vaso de agua y... dicho y hecho.* ☐ MORF. En la acepción 1, incorr. **decido.* ☐ SEM. 1. En las acepciones 3 y 4, es sinónimo de *felicidad.* 2. En las acepciones 3 y 5, es sinónimo de *ventura.*

dichoso, sa adj. **1** Con dicha o felicidad: *Es un hombre muy dichoso en su matrimonio.* **2** Que causa dicha o felicidad: *¿Cuándo llegará el día dichoso de tu graduación?* **3** *col.* Que causa enfado o molestias: *Ese dichoso ruido no nos deja dormir.* **4** Referido a algo que se piensa o que se expresa, que es oportuno, acertado o eficaz: *Esta fiesta ha sido una idea dichosa de mi hermano.* ☐ SEM. En las acepciones 1, 2 y 4, es sinónimo de *feliz.*

diciembre s.m. Duodécimo y último mes del año,entre noviembre y enero: *Nochevieja es el 31 de diciembre.*

dicotiledóneo, a ▮ adj./s.f. **1** Referido a una planta, que tiene un embrión con dos cotiledones: *La judía es una planta dicotiledónea. El fruto de algunas dicotiledóneas es comestible.* ▮ s.f.pl. **2** En botánica, clase de estas plantas, perteneciente a la división de las angiospermas: *Las legumbres pertenecen a las dicotiledóneas.*

dicotomía s.f. División en dos partes, esp. referido a un método de clasificación: *Si divides en dos grupos, y cada grupo en dos partes, haces una dicotomía.* ☐ SEM. Dist. de *disyuntiva* (alternativa entre dos posibilidades).

dictado ▮ s.m. **1** Acción de decir algo con las pausas necesarias para que otro lo vaya escribiendo: *Les hago dos dictados por semana para que aprendan ortografía.* **2** Texto que transcribe lo que se dice de esta manera: *Siempre tengo faltas de ortografía en los dictados.* ▮ pl. **3** Lo que está inspirado u ordenado por la razón o por los sentimientos: *Ayuda a sus padres siguiendo los dictados de su conciencia.*

dictador, -a s. **1** Gobernante que asume todos los poderes estatales y los ejerce sin limitaciones: *En el dictador se concentran el poder ejecutivo, legislativo y judicial.* **2** Persona que abusa de su autoridad y trata de imponerse a los demás: *Su jefe es un dictador y todos le temen.*

dictadura s.f. **1** Forma de gobierno caracterizada por la concentración del poder sin limitaciones en una sola persona o institución: *En la dictadura se suprimen todos los derechos y libertades del hombre.* **2** Nación que tiene esta forma de gobierno: *Chile fue durante años una dictadura.* **3** Tiempo que dura esta forma de gobierno: *Durante la dictadura, los partidos políticos se mantuvieron en la clandestinidad.*

dictáfono s.m. Aparato que se usa para grabar y reproducir lo que se dicta o lo que se dice (por extensión del nombre de la marca comercial *Dictaphone®*): *Utilizo el dictáfono cuando quiero que no se me olvide nada.*

dictamen s.m. Opinión o juicio que se forma o emite sobre algo, esp. si lo hace un especialista: *Según el dictamen de los peritos en balística, estos proyectiles no fueron disparados por la misma pistola.*

dictaminar v. Dar dictamen u opinión sobre algo, esp. si lo hace un especialista: *Los arquitectos dictaminaron que el edificio se había derrumbado por la mala calidad de los cimientos.*

dictar v. **1** Referido esp. a un texto, decirlo con las pausas adecuadas para que otro lo vaya escribiendo: *El profesor dictaba muy deprisa y no me dio tiempo a copiar todos los números.* **2** Referido esp. a una ley, darla o publicarla formalmente: *Se dictó una ley para evitar las estafas inmobiliarias.* **3** Sugerir o inspirar de forma sutil: *El sentido común me dictó prudencia.*

dictatorial adj. Del dictador o relacionado con él: *La opinión pública consideró la medida dictatorial porque restringía la libertad de expresión.* ☐ MORF. Invariable en género.

didacticismo s.m. →**didactismo.**

didáctico, ca ▮ adj. **1** De la enseñanza, de la didáctica o relacionado con ellas: *Muchas obras literarias medievales tenían un carácter didáctico y moralizante.* ▮ s.f. **2** Parte de la pedagogía que se ocupa de los métodos y técnicas de enseñanza: *Cada disciplina cuenta con una didáctica propia.*

didactismo s.m. Reunión de las condiciones necesarias para la enseñanza; *didacticismo: El didactismo de sus explicaciones permite que los alumnos entiendan a la primera.*

diecinueve ▮ numer. **1** Número 19: *En clase somos diecinueve alumnos. Dice que el diecinueve es su número de la suerte.* ▮ s.m. **2** Signo que representa este número: *Los romanos escribían el diecinueve como 'XIX'.* ☐ MORF. Como numeral es invariable en género y en número. 2. →APÉNDICE DE PRONOMBRES.

diecinueveavo, va numer. Referido a una parte, que constituye un todo junto con otras dieciocho iguales a ella: *Como somos diecinueve tocamos a un diecinueveavo de pastel cada uno.* ☐ MORF. →APÉNDICE DE PRONOMBRES.

dieciochavo, va numer. →**dieciochoavo, va.** ☐ MORF. →APÉNDICE DE PRONOMBRES.

dieciochesco, ca adj. Del siglo XVIII o relacionado con él: *El Neoclasicismo es el estilo artístico dieciochesco por excelencia.*

dieciocho ▮ numer. **1** Número 18: *Hay dieciocho vasos en el armario. La matrícula de su coche termina en dieciocho.* ▮ s.m. **2** Signo que representa este número: *Los romanos escribían el dieciocho como 'XVIII'.* ☐ MORF. 1. Como numeral es invariable en género y en número. 2. →APÉNDICE DE PRONOMBRES.

dieciochoavo, va numer. Referido a una parte, que constituye un todo junto con otras diecisiete iguales a ella; *dieciochavo: Si repartimos la gratificación entre los dieciocho compañeros, nos tocará un dieciochoavo a cada uno.* ☐ MORF. →APÉNDICE DE PRONOMBRES.

dieciséis ▮ numer. **1** Número 16: *Ese jugador ha conseguido dieciséis puntos en el partido de hoy. La camiseta* *con el dieciséis la lleva generalmente un jugador reserva.* ▮ s.m. **2** Signo que representa este número: *Los romanos escribían el dieciséis como 'XVI'.* ☐ MORF. 1. Como numeral es invariable en género y en número. 2. ⟶APÉNDICE DE PRONOMBRES.

dieciseisavo, va numer. Referido a una parte, que constituye un todo junto con otras quince iguales a ella: *Al repartir la herencia entre los dieciséis sobrinos, nos tocó un dieciseisavo a cada uno.* ☐ MORF. ⟶APÉNDICE DE PRONOMBRES.

diecisiete ▮ numer. **1** Número 17: *Mi hermano ya ha cumplido diecisiete años. Mi madre preparó una fiesta para diecisiete.* ▮ s.m. **2** Signo que representa este número: *Los romanos escribían el diecisiete como 'XVII'.* ☐ MORF. 1. Como numeral es invariable en género y en número. 2. ⟶APÉNDICE DE PRONOMBRES.

diecisieteavo, va numer. Referido a una parte, que constituye un todo junto con otras dieciséis iguales a ella: *El abuelo nos repartió su paga extra entre los diecisiete nietos y cada uno tocamos a un diecisieteavo.* ☐ MORF. ⟶APÉNDICE DE PRONOMBRES.

diente s.m. **1** En una persona y en algunos animales, cada una de las piezas duras y blancas que, encajadas en las mandíbulas, sirven para masticar o para defenderse: *Debemos cepillarnos los dientes después de cada comida. Fue al dentista porque tenía varios dientes picados.* 👁 **dentadura** **2** En una superficie, esp. en la de algunos instrumentos o herramientas, cada uno de los salientes que aparecen en su borde: *Se ha roto un diente de la sierra al cortar el tablón.* **3** ‖ **a regaña dientes.** ⟶**a regañadientes.** ‖ **decir** algo **entre dientes** o **hablar entre dientes.** *col.* Refunfuñar o murmurar: *El día que se levanta enfadado no deja de hablar entre dientes.* ‖ **(diente) canino.** El que es fuerte y puntiagudo, está situado entre el último incisivo y la primera muela de cada cuarto de la boca y cuya función es desgarradora o defensiva; *colmillo: Los rumiantes no tienen caninos en el maxilar superior.* ‖ **diente de ajo.** Cada una de las partes en que se divide la cabeza del ajo, y que está separada por su propia tela y su propia cáscara: *Añade un diente de ajo muy picado a la sopa.* ‖ **diente de leche.** En una persona y en los animales que mudan la dentadura cuando alcanzan cierta edad, cada uno de los que forman la primera dentición: *Los dientes de leche se caen para ser sustituidos por los definitivos.* ‖ **diente de león.** Planta herbácea con hojas dentadas y flores amarillas, y que tiene propiedades medicinales: *El diente de león crece en gran parte del hemisferio norte.* ‖ **(diente) incisivo.** Cada uno de los que están situados en la parte más saliente de la mandíbula, antes del canino de cada cuarto de boca, y que sirven para cortar: *Una persona adulta tiene cuatro dientes incisivos en la mandíbula superior, y otros cuatro en la mandíbula inferior.* ‖ **(diente) molar.** Cada uno de los situados en la parte posterior de la boca después de los premolares, más anchos que estos y cuya función es trituradora: *Los dientes molares tienen las raíces más profundas que los premolares. Cuando nace un molar no es el de leche, si no el definitivo.* ‖ **(diente) premolar.** Cada una de las muelas de leche o definitivas, que están situadas después del colmillo en cada cuarto de la boca, y cuya raíz es más sencilla que la de las otras muelas: *Una persona adulta tiene dos premolares en cada cuarto de boca.* ‖ **{enseñar/mostrar} los dientes.** *col.* Amenazar o mostrar disposición para atacar o para defenderse: *Tuve que enseñarle los dientes para hacer valer mi posición.* ‖ **{hincar/meter} el diente. 1** *col.* Referido a algo ajeno, apropiarse de ello: *Está haciendo gestiones porque quiere hincar el diente a las tierras de su familia.* **2** *col.* Referido a un asunto, abordarlo y empezar a tratarlo: *Hacía tiempo que quería leer el libro y anoche, por fin, le hinqué el diente.* ‖ **ponerle los dientes largos** a alguien. *col.* Sentir o provocar un deseo intenso por algo: *Como sabe que me gusta su coche, me habla constantemente de él para ponerme los dientes largos.*

diéresis s.f. En ortografía, signo gráfico que se coloca sobre la 'u' de las sílabas 'gue', 'gui' para indicar que esta letra debe pronunciarse, o sobre la primera vocal del diptongo cuyas vocales han de pronunciarse en sílabas distintas: *'Vergüenza' lleva diéresis sobre la 'u'.* ☐ ORTOGR. ⟶APÉNDICE DE SIGNOS DE PUNTUACIÓN. ☐ MORF. Invariable en número.

diésel s.m. **1** ⟶**motor diésel. 2** Coche que tiene este motor: *Su nuevo coche es un diésel.*

diestro, tra ▮ adj. **1** Hábil o experto en una actividad: *Es muy diestro manejando todo tipo de armas.* **2** Referido a una persona, que tiene más habilidad con la mano o con la pierna derechas: *La mayor parte de las personas son diestras.* ▮ s.m. **3** En tauromaquia, torero, esp. el matador de toros: *El diestro pidió la espada para matar al toro.* **4** ‖ **a diestro y siniestro.** A todos lados, sin orden o sin miramiento: *Enfurecido, daba golpes a diestro y siniestro.* ☐ MORF. Sus superlativos son *diestrísimo* y *destrísimo.*

dieta s.f. **1** Regulación de la alimentación que ha de observar o guardar una persona: *El médico lo puso a dieta porque tiene problemas de obesidad.* **2** Conjunto de comidas y bebidas que componen esta alimentación regulada: *En su dieta no aparecen las grasas ni los dulces.* **3** Conjunto de comidas y bebidas que una persona toma normalmente: *El aceite de oliva es un elemento importante de la dieta mediterránea.* **4** Cantidad de dinero que se paga a la persona encargada de realizar una determinada actividad, esp. si esta debe ser realizada fuera de su residencia habitual: *Cada vez que tiene que viajar por motivos de trabajo, su empresa le paga buenas dietas.* ☐ MORF. La acepción 4 se usa más en plural.

dietético, ca ▮ adj. **1** De la dieta o regulación de la alimentación: *En muchos herbolarios venden alimentos dietéticos.* ▮ s.f. **2** Ciencia que estudia la alimentación más adecuada para conservar la salud o para recuperarla: *La dietética aconseja llevar una alimentación equilibrada.*

diez ▮ numer. **1** Número 10: *Entre las dos manos tenemos diez dedos. He sacado un diez en el examen.* ▮ s.m. **2** Signo que representa este número: *Los romanos escribían el diez como 'X'.* ☐ MORF. 1. Como numeral es invariable en género y en número. 2. ⟶APÉNDICE DE PRONOMBRES. ☐ SEM. En la lengua coloquial, pospuesto a un sustantivo, se usa con el significado de 'excelente': *Presume de que su novia es una chica diez.*

diezmar v. **1** Referido esp. a una población, causar gran mortandad en ella: *La guerra ha diezmado la población de la ciudad.* **2** Hacer disminuir o causar bajas: *Las lesiones que se produjeron en el último partido han diezmado nuestro equipo.*

diezmilésimo, ma numer. **1** En una serie, que ocupa el lugar número diez mil: *Esta es la diezmilésima carta que recibimos en el programa. Usted es el diezmilésimo que concursa.* **2** Referido a una parte, que constituye un todo junto con otras 9 999 iguales a ella: *No me creo ni la diezmilésima parte de lo que cuenta. Para hacer este experimento necesito un aparato capaz de medir diezmilésimas.* □ MORF. →APÉNDICE DE PRONOMBRES.

diezmo s.m. Parte de la cosecha o de los frutos, generalmente la décima, que pagaban los fieles a la Iglesia: *El pago de los diezmos fue causa de numerosos conflictos sociales.*

difamación s.f. Hecho de quitar la reputación de una persona publicando cosas que perjudiquen su buena opinión o fama: *La difamación puede ser un delito.*

difamar v. Referido a una persona, desacreditarla o quitarle reputación publicando cosas que perjudiquen su buena opinión o fama: *Aquel hombre me difamó diciendo que le había robado.*

diferencia s.f. **1** Característica o propiedad por las que una persona o una cosa se distinguen de otras: *Entre nosotros hay una diferencia de edad de seis años.* **2** Desacuerdo u oposición entre dos o más personas: *Siempre hubo algunas diferencias que empañaron la relación de los socios.* **3** En matemáticas, resultado de una resta; *resto: Si a 25 le resto 5, la diferencia es 20.* **4** ‖ **a diferencia de.** De modo diferente a: *A diferencia del resto de mis hermanos, yo soy rubia.*

diferenciación s.f. Percepción y determinación de las diferencias que existen entre varios elementos: *Hay una clara diferenciación entre estas dos posturas ideológicas.*

diferencial ▮ adj. **1** De la diferencia o relacionado con esta característica o propiedad: *Si los observas verás muchos rasgos diferenciales entre ellos.* **2** En matemáticas, referido a una cantidad, que es infinitamente pequeña: *Los incrementos en matemáticas son cantidades diferenciales.* ▮ s.f. **3** En matemáticas, derivada de una función: *Para hallar la diferencial de esta función hay que utilizar una ecuación.* □ MORF. Como adjetivo es invariable en género.

diferenciar v. **1** Referido a varios elementos, hacer distinción entre ellos o percibir las diferencias que entre ellos existen: *Con los años aprendió a diferenciar el bien del mal.* **2** Distinguir o hacer diferente o distinto: *El carácter diferencia a los dos hermanos. Todos estos jóvenes se diferencian por sus gustos musicales.* □ ORTOGR. La *i* nunca lleva tilde.

diferente adj. Distinto o que no es igual: *Los dos sois muy diferentes porque tú eres tranquila y él, nervioso.* □ MORF. Invariable en género.

diferido ‖ **en diferido.** Referido a un programa de radio o de televisión, que se emite posteriormente a su grabación: *El partido se jugó a las siete de la tarde, pero lo transmitieron en diferido a las once de la noche.*

diferir v. **1** Referido a la realización de algo, retrasarla o dejarla para más tarde; *aplazar: Los responsables han decidido diferir la entrevista hasta tener todos los resultados del experimento.* **2** Referido a un elemento, ser diferente de otro o tener distintas cualidades: *Nuestras opiniones difieren porque partimos de puntos de vista distintos.* **3** Referido a una persona, no estar de acuerdo con algo: *Difiero de todo lo que has dicho.* □ MORF. Irreg. →**SENTIR.** □ SINT. Constr. de la acepción 3: *diferir* DE *algo.*

difícil adj. **1** Que se hace con mucho trabajo o con mucha dificultad: *El examen era bastante difícil.* **2** Que tiene poca probabilidad de suceder: *Es difícil que aquí nieve en mayo, pero alguna vez ha ocurrido.* **3** Referido a una persona, que es poco tratable o rebelde, o que presenta problemas: *Es un muchacho difícil y nunca sé cómo tratarlo para que no se ofenda.* □ MORF. Invariable en género.

dificultad s.f. **1** Inconveniente, contrariedad u objeción, esp. los que impiden la realización o el logro rápido de algo: *Quiero zanjar este asunto cuanto antes, pero no encuentro más que dificultades por todas partes.* **2** Presencia de esfuerzo en la realización de algo: *Debido a la dificultad del examen suspendieron muchos alumnos.*

dificultar v. Referido a la realización o al logro de algo, ponerle dificultades o inconvenientes: *El temporal dificultaba el rescate de los náufragos.*

difracción s.f. En física, fenómeno por el cual un rayo luminoso se desvía de su propagación rectilínea al rozar el borde de un cuerpo opaco o al pasar por aberturas cuyo diámetro es menor o igual que la longitud de onda: *La difracción es un caso de interferencia.*

difteria s.f. En medicina, enfermedad infecciosa caracterizada por la formación de placas o falsas membranas en las mucosas y que produce dificultad para respirar y sensación de ahogo: *La difteria produce una fiebre muy alta.*

difuminar v. **1** Referido a una línea o a un color, extenderlos o rebajar sus tonos, esp. si para ello se utiliza un difumino: *Difuminó los contornos del dibujo para que tuviera sombras.* **2** Hacer perder claridad o intensidad: *La niebla difuminaba los contornos de los edificios.*

difumino s.m. Rollito de papel suave, terminado en punta, que sirve para difuminar; *esfumino: Usa un difumino para extender el color uniformemente.*

difundir v. **1** Extender, propagar o hacer que se ocupe más espacio: *El viento difundió el olor de las flores por todo el campo.* **2** Referido esp. a una noticia o a un conocimiento, extenderlo o hacer que llegue a muchos lugares o a muchas personas: *La radio y la televisión difunden las noticias. La costumbre de ese antiguo pueblo se difundió por toda la región.* □ MORF. Tiene un participio regular (*difundido*), que se usa en la conjugación, y otro irregular (*difuso*), que se usa como adjetivo.

difunto, ta adj./s. Referido a una persona, que está muerta: *Mi difunto esposo solía guardar una botella de vino para las ocasiones. Visitaron a la familia de la difunta para darles el pésame.*

difusión s.f. **1** Extensión, propagación o aumento del espacio que algo ocupa: *Los espacios amplios y abiertos permiten una mejor difusión de la luz.* **2** Propagación de algo, esp. de una noticia o de un conocimiento, para que llegue a muchos lugares o a muchas personas: *La prensa contribuyó a la difusión de la noticia.*

difuso, sa adj. Impreciso y poco claro: *Entre las sombras se veía la imagen difusa de un hombre.*

difusor, -a adj./s. Que difunde o extiende: *Realizó una importante labor difusora de la cultura entre los sectores más marginados. A este secador se le puede acoplar un difusor para que el aire salga más repartido.*

digerir v. **1** Referido a un alimento, convertirlo, en el aparato digestivo, en sustancias que puedan ser asimiladas y absorbidas por el organismo: *Una ensalada ligera se digiere fácilmente.* **2** Referido a una desgracia o a una ofensa, sufrirlas con paciencia o superarlas: *No pude digerir aquel fracaso profesional.* □ MORF. Irreg. →**SENTIR.**

digestible adj. Que se puede digerir con facilidad: *El médico le recomendó alimentos digestibles que tuvieran pocas grasas.* □ MORF. Invariable en género. □ SEM. Dist. de *digestivo* (que ayuda a digerir).

digestión s.f. Proceso fisiológico complejo por el cual el aparato digestivo convierte un alimento en sustancias que puedan ser asimiladas y absorbidas por el organismo: *Los jugos gástricos, la bilis y el jugo pancreático intervienen en la digestión de los alimentos.*

digestivo, va adj. **1** De la digestión o relacionado con ella: *El estómago, el hígado y los intestinos son parte del aparato digestivo.* **2** Que ayuda a hacer la digestión: *Los alimentos con fibra son digestivos.* □ SEM. En la acepción 2, dist. de *digestible* (que se puede digerir con facilidad).

digital adj. **1** De los dedos o relacionado con ellos; *dactilar: Las huellas digitales permiten identificar a una persona.* **2** Referido a un instrumento de medida, que representa dicha medida mediante números dígitos: *En un reloj digital, las siete menos diez se marcan como 18:50.* ◉ **medida** □ MORF. Invariable en género.

dígito s.m. ⟶**número dígito.**

diglosia s.f. En lingüística, en una comunidad de hablantes, situación de bilingüismo en que una lengua goza de mayor prestigio social que la otra: *La diglosia supone la especialización de cada lengua para situaciones sociales bien diferenciadas.* □ SEM. Dist. de *bilingüismo* (coexistencia de dos lenguas con el mismo prestigio social).

dignarse v.prnl. Referido a una acción, acomodarse a realizarla o tener a bien hacerla: *Es un antipático y no se digna saludarnos. Dígnate pasar por casa de vez en cuando.* □ SINT. Constr.: *dignarse hacer algo*; incorr. **dignarse A hacer algo*, aunque su uso está muy extendido.

dignatario, ria s. Persona que tiene un cargo honorífico y de autoridad: *Altos dignatarios visitarán la construcción del puente.*

dignidad s.f. **1** Seriedad, decoro y gravedad en el comportamiento: *Actuó con mucha dignidad.* **2** Cargo o empleo honorífico y de autoridad: *Tiene la dignidad de cardenal.*

dignificar v. Hacer digno o hacer que lo parezca: *Tu honradez te dignifica. Un empleo se dignifica si mejoran las condiciones de trabajo.* □ ORTOGR. La *c* se cambia en *qu* delante de *e* ⟶**SACAR**.

digno, na adj. **1** Que es merecedor de algo, en sentido favorable o adverso: *No es digna de desprecio sino de alabanza.* **2** Que tiene dignidad o que actúa de modo que merece respeto y admiración: *Lleva una vida digna dedicada a la familia y al trabajo.* **3** Correspondiente o proporcionado al mérito y la condición que se tiene: *Tuvo una digna recompensa por su honradez.* **4** Que permite mantener la dignidad: *Es un sueldo digno que le permite vivir bien.* □ SINT. Constr. de la acepción 1: *digno DE algo*.

digresión s.f. Ruptura del hilo de un discurso por tratar en él asuntos que no tienen conexión o relación con aquello de lo que se está tratando: *Es un libro confuso y con muchas digresiones.* □ MORF. Incorr. **disgresión*.

dije s.m. Joya pequeña que suele llevarse colgada de una cadena o de una pulsera: *Mi madre tiene una pulsera con varios dijes.*

dilación s.f. Demora, tardanza o detención por algún tiempo: *Hazme este encargo sin dilación, por favor.*

dilapidación s.f. Derroche o gasto excesivo de los bienes materiales: *La dilapidación de la herencia en pocos meses lo dejó en la miseria.*

dilapidar v. Referido esp. a bienes materiales, malgastarlos o derrocharlos: *No dilapides el dinero en gastos inútiles. Dilapidó su fortuna y ahora está arruinado.*

dilatación s.f. **1** Alargamiento o extensión en el espacio o en el tiempo: *Cuando respiramos, se produce la dilatación pulmonar.* **2** En física, aumento del volumen de un cuerpo por separación de sus moléculas y disminución de su densidad: *El calor produce la dilatación de los cuerpos.*

dilatar v. **1** Alargar, extender o hacer ocupar más espacio: *El calor dilata los cuerpos. La pupila se dilata cuando hay poca luz.* **2** Extender en el tiempo o hacer durar más: *Las preguntas dilataron el debate. El concierto se dilató porque el público pidió la repetición de varias canciones.* **3** Diferir o retrasar en el tiempo: *La conferencia se dilató dos semanas por enfermedad del conferenciante.* **4** Referido esp. a la fama, propagar o hacer que se extienda: *La prensa contribuyó a dilatar la fama de esta novela. La popularidad de ese gran músico se dilata de día en día.*

dilema s.m. **1** Situación de duda en la que hay que elegir: *Tengo un dilema y no sé qué hacer. Estoy en un dilema, ¿tú qué me aconsejas?* **2** En filosofía, argumento formado por dos proposiciones contrarias y disyuntivas de modo que, negada o afirmada cualquiera de las dos, queda demostrado lo que se intenta probar: *Un dilema es la oposición de dos tesis, de modo que si una es verdadera, la otra ha de considerarse falsa.*

diligencia s.f. **1** Coche grande de caballos que estaba dividido en dos o tres departamentos y se destinaba al transporte de viajeros: *En esa película del oeste, unos bandidos atracan una diligencia.* ◉ **carruaje** **2** Cuidado o prontitud con que se hace algo: *Acudió con diligencia a mi llamada.* **3** Trámite de un asunto administrativo y constancia por escrito de haberlo efectuado: *Fui al ministerio a hacer unas diligencias.*

diligente adj. **1** Que hace las cosas con mucho cuidado y exactitud: *Es muy diligente y me ayuda mucho en el taller.* **2** Que actúa con prontitud: *No eres tan diligente a la hora de trabajar como a la hora de cobrar.* □ MORF. Invariable en género.

dilucidación s.f. Explicación o aclaración de algo: *La lógica nos llevó a la dilucidación de lo que parecía inexplicable.*

dilucidar v. Referido esp. a un asunto, explicarlo y aclararlo: *Ya dilucidé la causa del accidente.*

dilución s.f. Desunión de las partes de algo sólido en un líquido: *Agitaré el jarabe hasta su perfecta dilución.*

diluir v. **1** Referido esp. a algo sólido, disolverlo y desunir sus partes por medio de un líquido; *desleír: El cacao se diluye bien en leche caliente.* **2** Referido esp. a una disolución, añadirle un líquido para aclararla: *Diluye la pintura con aguarrás porque está espesa.* □ MORF. Irreg.: La *i* de la raíz se cambia en *y* delante de *a, e, o* ⟶**CONTRIBUIR**. □ SEM. No debe emplearse con el significado de 'dispersar': *La policía {*diluyó › dispersó} a los manifestantes.*

diluviar v. Llover muy abundantemente: *No salgas ahora, que está diluviando.* □ ORTOGR. La *i* nunca lleva tilde. □ MORF. Verbo unipersonal: se usa solo en tercera persona del singular y en las formas no personales (infinitivo, gerundio y participio).

diluvio s.m. **1** Lluvia muy abundante: *Hace falta un diluvio para acabar con la sequía que hay.* **2** *col.* Abundancia excesiva de algo: *Aquel diluvio de preguntas confundió al joven.*

diluyente adj./s.m. Que diluye: *El aguarrás es una sustancia diluyente. El agua es un diluyente.* □ MORF. Como adjetivo es invariable en género.

dimanación s.f. Acción de dimanar, originarse o proceder: *En la monarquía absolutista, se pensaba que los reyes tenían el poder por dimanación divina.*

dimanar v. Originarse, provenir o proceder: *Antiguamente, se creía que el poder real dimanaba de Dios.* ☐ SINT. Constr.: *dimanar* DE *algo.*

dimensión s.f. **1** Extensión de un objeto en una dirección determinada: *El concierto se dará en un teatro de grandes dimensiones.* **2** Cada una de las magnitudes que sirven para definir un fenómeno o un objeto: *La longitud, la anchura y la altura son las tres dimensiones espaciales.* **3** Magnitud o alcance que tiene o que puede adquirir algo: *Aún no se pueden calcular las dimensiones de la desgracia.*

dimes ‖ **dimes y diretes.** *col.* Respuestas, debates o comentarios entre dos o más personas: *Siempre andan en dimes y diretes cotilleando en la vida de los demás.*

diminutivo, va ▌adj. **1** En gramática, referido a un sufijo o a una categoría gramatical, que indica menor tamaño o que da un valor afectivo determinado: *El adjetivo diminutivo 'pequeñín' tiene un matiz cariñoso.* ▌s.m. **2** En gramática, palabra formada con un sufijo que indica menor tamaño o valor afectivo: *'Cochecín', 'cochecito' y 'cochecillo' son tres diminutivos de 'coche'.* ☐ ORTOGR. Incorr. **disminutivo.*

diminuto, ta adj. De tamaño excesivamente pequeño: *Me regaló un anillo con un diminuto brillante.*

dimisión s.f. Renuncia o abandono del cargo que se desempeña, esp. si se comunica a la autoridad correspondiente: *No puedes dejar el cargo porque no han aceptado tu dimisión.*

dimitir v. Renunciar al cargo que se desempeña, esp. si se comunica a la autoridad correspondiente: *Como me obliguen a hacer algo que no quiero, tendré que dimitir. Dimite de su cargo porque no está satisfecho.* ☐ SINT. 1. Su uso como transitivo es incorrecto: *{*dimitir › hacer dimitir} a alguien de su cargo.* 2. Constr.: *dimitir* DE *un cargo.*

dina s.f. En el sistema cegesimal, unidad de fuerza que equivale a 10^{-5} newtons: *En el Sistema Internacional, la fuerza no se mide en dinas sino en newtons.*

dinamarqués, -a ▌adj./s. **1** De Dinamarca (país europeo), o relacionado con ella: *La costa dinamarquesa limita al oeste con el mar del Norte. Los dinamarqueses suelen ser de piel blanca.* ▌s.m. **2** Lengua germánica de este país y de otras regiones: *El dinamarqués es de la misma familia que el alemán.* ☐ MORF. En la acepción 1, como sustantivo se refiere solo a las personas de Dinamarca. ☐ SEM. Es sinónimo de *danés.*

dinámico, ca ▌adj. **1** *col.* Referido a una persona, que es muy activa y tiene mucha energía: *Es muy dinámico y siempre está haciendo algo nuevo.* **2** De la dinámica, de la fuerza que produce movimiento o relacionado con ellas: *La geología dinámica estudia los volcanes o las fallas en su fuerza expansiva.* ▌s.f. **3** Parte de la mecánica que estudia el movimiento de los cuerpos en relación con las fuerzas que lo producen: *Las tres leyes básicas de la dinámica son la inercia, el movimiento, y la acción y reacción.* **4** Conjunto de hechos o de fuerzas que actúan en algún sentido: *Cuando entras en la dinámica del poder es difícil salir de ella.* ☐ SEM. En la acepción 3, dist. de *estática* (estudio de las leyes del equilibrio de los cuerpos).

dinamismo s.m. **1** Actividad y presteza para hacer o para emprender cosas: *Su dinamismo le ha hecho progresar en los negocios.* **2** Energía activa que estimula el cambio o el desarrollo: *Las relaciones internacionales actuales se caracterizan por su dinamismo.*

dinamita s.f. **1** Mezcla explosiva de nitroglicerina con un cuerpo muy poroso: *Volaron las rocas con cargas de dinamita.* **2** *col.* Lo que tiene facilidad para crear alboroto: *Ese actor es pura dinamita, porque es muy provocativo.*

dinamitar v. Destruir o volar con dinamita: *Dinamitan el puente viejo para construir uno nuevo.*

dinamitero, ra adj./s. Referido a una persona, que está especializada en destruir algo por medio de la dinamita: *Un obrero dinamitero de la cantera ha sufrido un accidente con una carga. Dos dinamiteros tuvieron que volar el puente.*

dinamizar v. Referido esp. a algo que no es activo, transmitirle dinamismo o hacer que se desarrolle o que cobre más importancia: *Las nuevas inversiones han dinamizado la economía.* ☐ ORTOGR. La *z* se cambia en *c* delante de *e* →CAZAR.

dinamo o **dínamo** s.f. Máquina que transforma la energía mecánica o movimiento en energía eléctrica por medio de la inducción electromagnética: *La dinamo de los coches permite que se cargue de electricidad la batería.*

dinamómetro s.m. Instrumento que sirve para apreciar la resistencia de las máquinas y para medir fuerzas motrices: *El dinamómetro funciona por medio de un muelle que lleva en su interior.* 👁 **medida**

dinar s.m. Nombre genérico que recibe la unidad monetaria de distintos países: *El dinar es la moneda de algunos países como Argelia, Irak, Jordania, Kuwait y Libia.*

dinastía s.f. **1** Conjunto de príncipes soberanos en un país y que pertenecen a la misma familia: *La dinastía española de los Austrias reinó en el siglo XVII.* **2** Familia en cuyos individuos se perpetúa el poder o la influencia en algún sector: *Ese músico forma parte de una dinastía de artistas.*

dinástico, ca adj. De la dinastía o relacionado con ella: *Llegó al trono por sucesión dinástica.*

dineral s.m. Cantidad grande de dinero: *Este palacio vale un dineral.*

dinero s.m. **1** Conjunto de billetes y monedas corrientes o que tienen valor legal: *No tengo bastante dinero para comprar la casa.* **2** En economía, lo que una sociedad acepta generalmente como medio de pago: *El dinero lo constituyen las piezas metálicas acuñadas, los billetes y otros instrumentos con un valor asignado.* **3** *col.* Conjunto de bienes y riquezas, esp. de billetes y monedas corrientes: *Esa chica ha tenido dinero siempre.* **4** ‖ **de dinero.** Referido esp. a una persona, que tiene dinero en abundancia: *Está tan acostumbrado al lujo y a las comodidades porque viene de una familia de dinero.* ‖ **dinero {limpio/sucio}.** *col.* El que se gana de forma legal o ilegal respectivamente: *No le temo a la ley porque todo lo que tengo es dinero limpio. Todo su dinero es dinero sucio porque es un traficante de drogas.* ‖ **dinero negro.** El que se mantiene oculto al fisco: *El Gobierno modificará la legislación fiscal para perseguir el dinero negro.*

dinosaurio s.m. Reptil de gran tamaño que vivió en la era secundaria, con cabeza pequeña, cuello y cola largos, y las patas anteriores más cortas que las posteriores: *A cualquier paleontólogo le gustaría encontrar un fósil de dinosaurio.* 👁 dinosaurio

dintel s.m. En una puerta o en una ventana, parte superior horizontal sostenida por dos piezas laterales: *Es muy alto y toca con la cabeza el dintel de la puerta.* ☐ SEM. Dist. de *umbral* (suelo de la puerta).

diñar ‖ **diñarla.** v. *vulg.* Morir: *Con ese tipo de vida que llevas, pronto la diñas.*

diocesano, na adj. De la diócesis o relacionado con ella: *A este sínodo diocesano asisten los obispos de varios países.*

diócesis s.f. Distrito o territorio en el que ejerce su jurisdicción un prelado: *Esta parroquia pertenece a la diócesis cordobesa.* □ MORF. Invariable en número.

diodo s.m. Válvula electrónica de dos electrodos que sirve para dejar pasar la corriente en un solo sentido: *Los diodos se utilizan para la rectificación en el campo de altas frecuencias.*

dionisíaco, ca o **dionisiaco, ca** adj. **1** De Dioniso (dios griego del vino y de la sensualidad), o relacionado con él: *Las fiestas dionisíacas se realizaban en los solsticios.* **2** Relacionado con el vino o con la borrachera; *báquico: Sus fiestas siempre son dionisíacas, y en ellas siempre se bebe y se come en abundancia.*

dioptría s.f. **1** En óptica, unidad de potencia de una lente: *La dioptría equivale al poder de una lente cuya distancia de enfoque es de un metro.* **2** Unidad que expresa el grado de defecto visual de un ojo: *En el ojo derecho tengo tres dioptrías.* □ ORTOGR. Incorr. **diotría*.

dios, -a s. **1** En religión, ser supremo o sobrenatural al que se le rinde culto; *deidad: Las religiones politeístas tienen varios dioses y diosas.* **2** Persona muy admirada y querida, y considerada superior a las demás: *Esta foto es del dios de la natación.* **3** ‖ **a la buena de Dios.** *col.* De cualquier modo, sin especial cuidado o sin preparación: *Toma un paraguas y no salgas a la buena de Dios con esta lluvia.* ‖ **{andar/marchar/ir} con Dios.** Expresión que se usa como fórmula de despedida: *¡Ve con Dios y vuelve cuando quieras!* ‖ **como Dios.** *col.* Muy bien: *No te quejes, que en tu casa estás como Dios.* ‖ **como Dios manda.** Como está socialmente admitido que debe ser: *Pórtate como Dios manda y nadie podrá criticarte. Me fío de él porque es un chico como Dios manda.* ‖ **Dios mediante.** Si Dios quiere o si no hay contratiempo: *Iremos a veros, Dios mediante, esta misma tarde.* ‖ **Dios y ayuda.** *col.* Mucha ayuda o mucho esfuerzo: *Me cuesta Dios y ayuda entender la filosofía.* ‖ **la de Dios (es Cristo).** *col.* Alboroto o jaleo muy grandes: *Se arma la de Dios cada vez que se estropea el semáforo.* ‖ **sin encomendarse** alguien **a Dios ni al diablo.** *col.* Sin pensarlo y sin precaución: *No preguntó a nadie y, sin encomendarse a Dios ni al diablo, salió él solo.* ‖ **todo Dios.** *col.* Todo el mundo: *¿Cómo no te has enterado si lo sabe todo Dios?* □ MORF. *Dios* se usa mucho como interjección: *¡Dios!, se me olvidó avisarlo.* □ USO En la acepción 1, en el contexto de las religiones monoteístas, se usa como nombre propio.

dióxido s.m. En química, óxido cuya molécula contiene dos átomos de oxígeno: *El dióxido de carbono, llamado también 'anhídrido carbónico', se produce en combustiones y en algunas fermentaciones.*

dipétalo, la adj. Referido esp. a una flor, que tiene dos pétalos: *Me suspendieron el examen por poner que la rosa era una flor dipétala.*

diplodocus s.m. Reptil del grupo de los dinosaurios que existió en la era secundaria, tenía gran tamaño, cabeza muy pequeña, cuello y cola muy largos y las vértebras ahuecadas para aliviar su carga: *Debido a su débil mandíbula, el diplodocus comía las hojas blandas de los árboles.* 👁 **dinosaurio**

diploma s.m. Título o documento que expide una corporación o un organismo y que acredita generalmente un grado académico o un premio: *Tengo varios diplomas de cursos sobre informática.*

diplomacia s.f. **1** Ciencia que estudia los intereses y

DINOSAURIOS Y OTROS REPTILES PREHISTÓRICOS

las relaciones internacionales de los Estados: *Estudió diplomacia y trabaja en una embajada.* **2** Conjunto de personas y organización al servicio de cada Estado en sus relaciones internacionales: *Se firmó el tratado de cooperación gracias a la diplomacia internacional.* **3** *col.* Cortesía aparente e interesada: *Un amigo verdadero habla con sinceridad, no con diplomacia.* **4** *col.* Habilidad o disimulo al hacer o decir algo: *Díselo con diplomacia para que no le resulte penosa la noticia.*

diplomado, da s. Persona que tiene un diploma o una diplomatura: *Es un diplomado en peluquería.* ☐ SINT. Constr.: *diplomado* EN *algo*.

diplomar v. Conceder u obtener un diploma facultativo o de aptitud: *Me he diplomado en enfermería.* ☐ SINT. Constr.: *diplomar* EN *algo*.

diplomático, ca ▮ adj. **1** De la diplomacia o relacionado con ella: *El cuerpo diplomático ofreció una recepción al embajador extranjero.* **2** *col.* Que trata a los demás con cortesía aparente e intencionada o con habilidad y disimulo: *Para dar una mala noticia conviene ser diplomático.* ▮ s. **3** Persona que se dedica profesionalmente al servicio de un Estado en sus relaciones internacionales: *Los cónsules y embajadores son diplomáticos.*

diplomatura s.f. Grado universitario obtenido tras realizar estudios de tres años de duración: *Quiero obtener una diplomatura y después veré si me interesa una licenciatura.*

díptero, ra ▮ adj./s. **1** Referido a un insecto, que se caracteriza por carecer de alas, o tener las dos anteriores membranosas y las dos posteriores transformadas en balancines, y por tener el aparato bucal chupador: *Los mosquitos son insectos dípteros. Los dípteros tienen metamorfosis complicada.* ▮ s.m.pl. **2** En zoología, orden de estos insectos, perteneciente al tipo de los artrópodos: *Las moscas y los tábanos pertenecen a los dípteros.*

díptico s.m. Cuadro o bajo relieve formado por dos partes que pueden cerrarse como las tapas de un libro: *En la época romana solían hacerse dípticos en relieve y en marfil.*

diptongación s.f. **1** Transformación de una vocal en diptongo: *En la forma 'cuento' del verbo 'contar', se ha producido la diptongación de la 'o' del infinitivo.* **2** Pronunciación de dos vocales en una sola sílaba formando diptongo: *Si lees 'había' como [hábia], estás haciendo una diptongación de las vocales 'ía' que estaban en hiato.*

diptongar v. **1** Referido a una vocal, transformarse en diptongo: *La 'o' de 'volar' diptonga en 'ue' en el presente 'vuelo'.* **2** Referido a dos vocales, pronunciarlas en una sola sílaba formando diptongo: *Si diptongamos 'baúl', obtendremos la pronunciación vulgar [bául].* ☐ ORTOGR. La *g* se cambia en *gu* delante de *e* ⟶**PAGAR**.

diptongo s.m. Conjunto de dos vocales que se pronuncian en una misma sílaba: *La combinación 'ue' de la primera sílaba de 'huerta' es un diptongo.* ☐ SEM. Dist. de *hiato* (contacto de dos vocales que forman sílabas distintas).

diputación s.f. **1** Cuerpo o conjunto de los diputados: *Esta Diputación defiende los intereses de la provincia.* **2** Edificio o lugar donde los diputados celebran las sesiones: *Me acerqué a la diputación a resolver un asunto.* ☐ USO En la acepción 1, se usa como nombre propio.

diputado, da s. Persona nombrada por elección popular como representante de una Cámara legislativa, de ámbito nacional, regional o provincial: *Ha sido elegida diputada por Logroño.*

dique s.m. **1** Muro que se construye para contener el empuje de las aguas: *En el puerto hay un dique para proteger del oleaje a los barcos.* **2** Lo que sirve para contener, moderar o proteger algo: *No se arruinó porque pusieron dique a sus exageradas pretensiones.* **3** ‖ **dique (seco).** En una dársena, cavidad o recinto que se llena de agua para que entre un barco y luego se vacía para reparar su casco o limpiarlo: *Abrieron las compuertas del dique para que entrara el barco.*

dirección s.f. **1** Camino o rumbo que sigue algo en su movimiento: *El viento sopla en dirección norte.* **2** Enseñanza, normas o consejos que guían un trabajo o una actuación: *La dirección de su tesis está a cargo de ese profesor.* **3** Persona o conjunto de personas que gobiernan o dirigen a otras en una empresa, asociación o grupo: *La dirección de este local prohíbe que se fume en él.* **4** Cargo de director: *La dirección está vacante porque el antiguo director ha dimitido.* **5** Oficina o lugar en el que está el director: *Me llamaron a dirección para hablar del aumento de sueldo.* **6** Domicilio o calle, número y piso en el que vive una persona: *Me dijo una dirección equivocada y no la encontré.* **7** En un automóvil, mecanismo que sirve para guiarlo o conducirlo: *El volante forma parte de la dirección de un coche.* **8** ‖ **dirección asistida.** La que tiene un mecanismo adicional que facilita el movimiento del volante: *Este coche no lleva dirección asistida y cuesta mucho girar el volante.*

directivo, va ▮ adj./s. **1** Que tiene la facultad, la cualidad o el poder de dirigir: *La junta directiva ha acordado aumentar el período de vacaciones. Los directivos de la empresa están reunidos en una asamblea.* ▮ s.f. **2** Mesa o junta de gobierno de una corporación o sociedad: *La directiva del club ha decidido fichar a un nuevo jugador.*

directo, ta ▮ adj. **1** Derecho o en línea recta, desde el punto de partida al de destino: *Fui directa al trabajo para no perder tiempo.* **2** Que va de una parte a otra sin detenerse en puntos intermedios: *Hay un vuelo directo a París.* **3** Que va directamente a un objeto o a un propósito: *Recibe órdenes directas del jefe.* ▮ s.f. **4** Marcha que permite alcanzar la máxima velocidad: *En la autopista siempre meto la directa.* **5** ‖ **en directo.** Referido a un espacio de radio o de televisión, que se emite al mismo tiempo que se realiza o tiene lugar: *Retransmiten el partido en directo, no en diferido.*

director, triz ▮ adj./s. **1** En geometría, referido a una línea, a una figura o a una superficie, que determina las condiciones de generación de otra línea, figura o superficie: *Un vector director es el que indica la dirección de una curva. Una circunferencia que guía el movimiento de una recta y genera una superficie cilíndrica es una directriz.* ▮ s.f. **2** Conjunto de instrucciones o normas generales que deben seguirse en la ejecución de algo: *La directriz general de la asociación está en sus estatutos.* ☐ MORF. La acepción 2 se usa más en plural. ☐ SEM. Dist. de *directora* (mujer que dirige).

director, -a s. Persona a cuyo cargo está la dirección de algo: *La directora convocó asamblea general en la empresa.* ☐ SEM. Dist. de *directriz* (un tipo de línea, de figura o de superficie en geometría).

directorio s.m. Lista informativa de direcciones, de departamentos o de otras cosas: *Mira en el directorio de estos grandes almacenes para saber en qué planta está la librería.*

dírham s.m. Unidad monetaria de la Unión de Emiratos

Árabes (país asiático) y de Marruecos (país africano): *Estas babuchas me costaron un dírham.* ☐ PRON. [dírjam], con *j* suave. ☐ ORTOGR. Se admite también *dírhem*. ☐ MORF. Su plural es *dírhams*.

dírhem s.m. →**dírham.** ☐ PRON. [dírjem], con *j* suave. ☐ MORF. Su plural es *dírhems*.

dirigible s.m. →**globo dirigible.** 👁 **globo**

dirigir v. **1** Llevar hacia un término o lugar señalados: *Dirigiré el coche hacia ese aparcamiento. Me dirijo hacia tu casa.* **2** Mostrar un camino por medio de señas o consejos: *Tú conduces y yo te dirijo.* **3** Poner en una dirección determinada o encaminar a determinado fin: *Dirigió los ojos hacia el cielo. Mi pregunta se dirige a los poderosos.* **4** Referido a una carta o a un paquete, ponerle la dirección o las señas del destinatario: *Dirige esta carta al presidente.* **5** Referido esp. a un grupo de personas, guiarlo o disponer su trabajo o su actuación conjunta: *Dirige muy bien la orquesta.* **6** Referido esp. a un trabajo, orientarlo o poner las pautas para su realización: *Yo he dirigido una película.* **7** Referido a una obra de creación, dedicarla o destinarla: *Dirijo mi libro a los que no tienen trabajo.* ☐ ORTOGR. La *g* se cambia en *j* delante de *a, o* →**DIRIGIR**.

dirimir v. Referido esp. a una discusión, terminarla, concluirla o resolverla: *Dirimiremos nuestro desacuerdo con una tercera persona.*

dis- Prefijo que significa 'negación', 'dificultad' o 'anomalía': *discapacidad, disconforme, dislexia.*

discal adj. Del disco intervertebral o relacionado con él: *Una hernia discal puede producir dolores fuertes.* ☐ MORF. Invariable en género.

discapacidad s.f. Limitación de la capacidad de una persona para realizar ciertas actividades a causa de una deficiencia física o psíquica; *minusvalidez: Una persona con problemas de motricidad tiene discapacidades de la destreza.* ☐ USO Las normas de Naciones Unidas recomiendan la utilización genérica de la expresión *personas con discapacidad* frente a expresiones despectivas como *deficientes, disminuidos, minusválidos* y otras.

discernimiento s.m. Distinción o separación de dos o más cosas señalando sus diferencias: *El discernimiento del bien y del mal se aprende desde niño.*

discernir v. Referido a dos o más cosas, distinguirlas señalando sus diferencias: *En ese tema hay que discernir lo principal de lo accesorio. Debes discernir al amigo sincero entre los hipócritas.* ☐ MORF. Irreg.: La *e* de la raíz diptonga en *ie* en los presentes, excepto en las personas *nosotros* y *vosotros* →**DISCERNIR**.

disciplina s.f. **1** Sujeción de una persona a ciertas reglas de comportamiento propias de una profesión o de un grupo: *Es difícil mantener la disciplina en una clase con muchos alumnos.* **2** Doctrina o instrucción de una persona: *La disciplina militar suele ser dura.* **3** Ciencia, arte o técnica que trata un tema concreto: *Las matemáticas son una disciplina difícil para los estudiantes.*

disciplinado, da adj. Que guarda la disciplina o que cumple las leyes: *Debes ser más disciplinado si no quieres tener problemas con los profesores.*

disciplinario, ria adj. **1** De la disciplina o relacionado con ella: *El código disciplinario de este colegio es muy rígido.* **2** Que se hace o que sirve para mantener la disciplina o para castigar las faltas contra esta: *Le destinaron a un batallón disciplinario por mal comportamiento.*

discípulo, la s. **1** Persona que aprende y recibe la enseñanza de un maestro: *Los apóstoles eran discípulos de Cristo.* **2** Persona que sigue o defiende las ideas de una escuela o de un maestro: *Muchos filósofos siguen teniendo discípulos aun después de haber muerto.*

disc jockey s. →**disyóquey.** ☐ PRON. [disyókei]. ☐ MORF. Es de género común: *el disc jockey, la disc jockey*.

discman (anglicismo) s.m. Aparato portátil reproductor de discos compactos: *Hoy llevo un walkman porque se me ha roto el auricular del discman.*

disco s.m. **1** Cuerpo cilíndrico cuya base es muy grande respecto de su altura: *Las monedas son pequeños discos de metal.* **2** Figura circular y plana, esp. la que tienen el Sol, la Luna y los planetas al ser observados desde la Tierra: *Con los prismáticos se ve el disco lunar muy grande.* **3** Lámina circular hecha generalmente de un material plástico, que se emplea en la grabación y reproducción fonográfica: *Le regalé un disco de música clásica.* **4** Aparato eléctrico que emite señales luminosas y se usa para regular la circulación; *semáforo: Cuando el disco se ponga rojo, debes parar.* **5** En un semáforo, cada una de sus señales luminosas de color verde, naranja o rojo, que regulan la circulación de automóviles y el paso de peatones: *Cruza cuando se encienda el disco verde.* **6** En informática, elemento de almacenamiento de datos, que tiene forma circular y está recubierto por un material magnético: *Mete el disco en el ordenador.* **7** En deporte, plancha circular y gruesa con forma circular que se lanza en ciertas pruebas atléticas: *El disco que lanzan las mujeres tiene distinto peso que el de los hombres.* 👁 **estadio 8** En un teléfono, pieza giratoria que sirve para marcar el número con el que se quiere establecer una comunicación: *No puedo marcar el número porque se ha roto el disco del teléfono.* **9** *col.* Tema de conversación o explicación que se repite y resulta fastidioso o pesado: *Cambia de disco porque siempre me cuentas lo mismo.* **10** ‖ **(disco) compacto.** El que se graba y se reproduce por medio de un rayo láser: *El sonido de un disco compacto es mejor que el de un disco normal.* ‖ **disco de larga duración.** El que tiene un diámetro de unos treinta centímetros y está grabado a treinta y tres revoluciones por minuto: *Este disco de larga duración tiene siete canciones.* ‖ **disco duro.** El que tiene más capacidad que el disquete y está fijo en el ordenador: *En un disco duro caben mucho datos.* ‖ **disco flexible.** El portátil, de capacidad reducida, que se introduce en el ordenador para su grabación o lectura; *disquete: Antes de encender el ordenador, mete el disco flexible.* ‖ **disco (intervertebral).** Formación fibrosa con esta forma que se encuentra entre dos vértebras y en cuyo interior hay una masa poco consistente: *El accidente le causó una hernia de disco.* ‖ **disco óptico.** Placa circular de material plástico donde se graba información sonora, visual o digital por medio de un haz de láser codificado: *El disco óptico tiene la ventaja de que no se desgasta por el uso y puede almacenar cientos de millones de caracteres.* ‖ **(disco) sencillo.** El más pequeño y de menor duración: *Un disco sencillo suele tener una canción en cada cara.* ☐ USO Es innecesario el uso de los anglicismos *single, long play* y *compact disc* en lugar de *disco sencillo, disco de larga duración* y *disco compacto*, respectivamente.

discobar s.m. Establecimiento en el que se sirven bebidas, se escucha música y se baila: *Después de la cena estuvimos en un discobar tomando una copa y bailando un rato.*

discóbolo s.m. En los juegos de la Antigüedad clásica,

atleta que lanzaba el disco: *Vi en el museo la estatua de un discóbolo griego.*

discografía s.f. Conjunto de las obras musicales relativas a un autor, a un intérprete o a un tema: *Su discografía comprende tres óperas y varios conciertos para piano.*

discográfico, ca adj. De los discos o de la discografía, o relacionado con ellos: *Es un cantante muy solicitado por las casas discográficas.*

díscolo, la adj./s. Referido esp. a un niño o a un joven, que son rebeldes, poco dóciles y desobedientes: *Tiene un carácter indomable y díscolo. Es un díscolo y un perturbador.*

discopub (anglicismo) s.m. Establecimiento en el que se sirven bebidas y se puede escuchar música, que tiene un pequeño espacio para bailar: *Ese discopub tiene una pista de baile muy pequeña.* □ PRON. [diskopáb].

discordancia s.f. **1** Oposición, diferencia o falta de armonía entre dos o más cosas: *No me gusta esta melodía por la discordancia de sonidos.* **2** Falta de acuerdo entre dos o más personas: *La discordancia entre él y yo hace que nos tratemos poco.*

discorde adj. **1** Opuesto, diferente o sin armonía: *Son estilos discordes y contrastan mucho entre sí.* **2** Sin acuerdo en las ideas o en las opiniones: *Tienen pareceres discordes y no se pondrán de acuerdo.* **3** En música, referido esp. a una voz o a un instrumento, que no están acordes o en consonancia con otros: *Son voces discordes y no armonizan.* □ MORF. Invariable en género.

discordia s.f. Situación entre personas con deseos opuestos o con opiniones contrarias o muy diferentes: *La discordia que hay entre ellos ha hecho que rompan su relación.*

discoteca s.f. **1** Establecimiento público en el que se escucha música, se baila y se consumen bebidas: *En las discotecas no se puede hablar porque la música está muy alta.* **2** Colección de discos fonográficos: *En su casa tiene una discoteca muy buena de música clásica.* □ SEM. En la acepción 2, es dist. de *fonoteca* (colección de documentos sonoros de cualquier tipo).

discotequero, ra ▌adj. **1** De la discoteca o relacionado con ella: *Le gusta la música discotequera.* ▌adj./s. **2** *col.* Referido a una persona, que es aficionada a las discotecas: *Es muy discotequero y todas las tardes va a la discoteca. Eres una discotequera y una bailona.*

discreción s.f. **1** Tacto, moderación y sensatez para hacer o decir algo: *Mi discreción me aconseja tener paciencia.* **2** Reserva al callar lo que no interesa que se divulgue: *Te cuento mis secretos porque confío en tu discreción.* **3** ‖ **a discreción.** A la voluntad o al antojo de alguien o sin medida ni limitación: *¡Disparen a discreción!*

discrecional adj. Que no está regulado o que se deja a la voluntad de la autoridad correspondiente: *Los servicios discrecionales son los que una empresa ofrece al público en función de su propio interés y en el de sus usuarios.* □ MORF. Invariable en género.

discrepancia s.f. Diferencia de opinión, de ideas o de comportamiento entre varias personas: *Su discrepancia se debe a la distinta ideología que tienen.*

discrepar v. **1** Referido a una persona, no estar de acuerdo con otra: *Discrepo de tus ideas.* **2** Referido a una cosa, ser diferente o desigual a otra: *Esta revista discrepa de esa en el tratamiento de algunos temas. Sus ideas del mundo discrepan en la forma de ver la vida.* □ SINT. Constr.: *discrepar* {DE/EN} *algo.*

discreto, ta adj. **1** Que tiene o muestra discreción: *Te cuento mis secretos porque sé que eres muy discreto.* **2** Que se caracteriza por su moderación y no es exagerado ni extraordinario en ningún sentido: *Viste de forma discreta y no sobresale.*

discriminación s.f. Actitud por la que se considera inferior a una persona o a una colectividad por motivos sociales, religiosos o políticos, y se le niegan ciertos derechos o se la desfavorece en la legislación: *Todos debemos luchar para acabar con la discriminación racial.*

discriminar v. Referido a una persona o a una colectividad, considerarlas inferiores por motivos sociales, religiosos o políticos, y negarles ciertos derechos: *En un país racista, las leyes discriminan a algunas personas.*

discriminatorio, ria adj. Que considera inferior a una persona o a una colectividad por motivos sociales, religiosos o políticos, y les niega ciertos derechos: *No dejar entrar en el ejército a las mujeres es una norma discriminatoria.*

disculpa s.f. **1** Razón o pretexto que se da para excusarse o para pagar una culpa: *Acepté su disculpa porque lo hizo sin mala intención.* **2** ‖ **pedir disculpas.** Pedir perdón o disculparse: *Te pido disculpas porque he llegado tarde.*

disculpar v. **1** *col.* Referido esp. a un defecto o a un error, no tenerlo en cuenta, perdonarlo o justificarlo: *A un amigo se le disculpa casi todo. Su juventud le disculpa sus imprudencias.* **2** Referido a una persona, dar razones o pruebas que la alivien o la descarguen de una culpa o de una acción: *¿Vas a disculpar a esa chica después de lo que ha hecho? Puedo disculparme y debéis escucharme.*

discurrir v. **1** Reflexionar acerca de algo para llegar a comprenderlo o para encontrar una respuesta: *Discurre un poco y lo comprenderás.* **2** Referido a algo nuevo, descubrirlo o inventarlo después de haber pensado sobre ello: *¿Qué nuevo plan has discurrido?* **3** Ir de una parte a otra o pasar por cierto sitio: *Ese camino discurre desde el pueblo hasta el valle.* **4** Referido al tiempo, pasar o tener curso: *A veces el tiempo discurre lentamente.* **5** Referido esp. a un camino o a un río, caminar, pasar o extenderse por un territorio: *El río discurre entre álamos hacia el valle.* □ SEM. En las acepciones 4 y 5, es sinónimo de *correr.*

discursivo, va adj. **1** Del discurso, del razonamiento o relacionado con ellos: *La retórica describe distintos procedimientos discursivos.* **2** Que discurre o reflexiona: *Su temperamento discursivo le lleva a analizarlo todo.*

discurso s.m. **1** Serie de palabras o frases con las que se expresa un pensamiento, un sentimiento o un deseo: *Empieza otra vez porque he perdido el hilo del discurso.* **2** Razonamiento o exposición sobre un tema determinado que se pronuncia en público: *En su discurso habló de la poesía.* **3** Tratado o escrito no muy extenso en el que se reflexiona sobre un tema para enseñar o para persuadir: *El discurso académico ocupaba varias páginas.* **4** Resultado del ejercicio del habla o cualquier porción de la emisión sonora que posee coherencia lógica y gramatical: *Las frases se agrupan en el discurso.* **5** Paso de cierto período de tiempo: *Con el discurso de los años aprendió a ser prudente.*

discusión s.f. **1** Conversación en la que se defienden opiniones contrarias: *No merece la pena tener una discusión por esa tontería.* **2** Conversación en la que se analiza un asunto desde distintos puntos de vista para explicarlo o solucionarlo: *De esta discusión hay que sacar algo en claro.* **3** Objeción que se pone a una orden o a lo que alguien dice: *Las órdenes del jefe no admiten discusión.*

discutir v. **1** Sostener y defender opiniones o puntos de vista opuestos: *No quiero discutir sobre este asunto.* **2** Referido a un asunto, analizarlo con detenimiento desde distintos puntos de vista para explicarlo o solucionarlo: *Discutiremos los pros y los contras de esa cuestión.* **3** Referido a lo que alguien dice, ponerle objeciones y manifestar una opinión contraria: *Le discutes las órdenes solo por fastidiar.* □ SINT. Constr. de la acepción 1: *discutir {DE/SOBRE} algo.*

disecar v. Referido a un animal muerto, prepararlo para que no se descomponga y conserve la apariencia que tenía: *El taxidermista disecó el zorro que cazamos.* □ ORTOGR. 1. Dist. de *desecar*. 2. La *c* se cambia en *qu* delante de *e* →**SACAR**.

disección s.f. Corte de un cadáver o de una planta, o separación de sus partes, para el estudio de su estructura o de sus órganos: *El zoólogo realizó la disección del perro para saber de qué había muerto.* □ ORTOGR. Dist. de *bisección*.

diseccionar v. Referido a un cadáver o a una planta, cortarlos o dividirlos en partes para estudiar su estructura o sus órganos: *En el examen de biología tuve que diseccionar una rana.*

diseminación s.f. Separación o extensión de algo en distintas direcciones: *Al sembrar, procura que la diseminación de las semillas sea uniforme.* □ ORTOGR. Dist. de *inseminación*.

diseminar v. Referido a algo que está junto, esparcirlo, sembrarlo o extenderlo por muchas partes o en distintas direcciones: *El campesino diseminó las semillas sobre la tierra. La pandilla de gamberros se diseminó entre el gentío para que no los cogieran.* □ ORTOGR. Dist. de *inseminar*.

disensión s.f. **1** Oposición o falta de acuerdo entre varias personas por su forma de pensar o por sus propósitos: *La disensión entre ellos hace que su matrimonio no vaya bien.* **2** Enfrentamiento o riña entre personas: *Esperemos que todo salga bien y sin que haya disensiones.*

disentería s.f. Enfermedad infecciosa que consiste en la inflamación y la aparición de úlceras en el intestino y que se manifiesta con dolor abdominal, diarrea intensa y deposiciones de mucosidades y sangre: *La disentería es frecuente en países tropicales.*

disentir v. Referido a una persona, estar en desacuerdo con las ideas, los sentimientos o las opiniones de otra: *Disientes de mí en todo.* □ MORF. Irreg. →**SENTIR**. □ SINT. Constr.: *disentir DE alguien EN algo.*

diseñador, -a s. Persona que se dedica profesionalmente al diseño: *Él es diseñador de moda y ella es diseñadora de muebles.*

diseñar v. **1** Referido a un edificio o a una figura, dibujar su trazo con líneas: *Diseñó la casa en unas pocas líneas.* **2** Referido a un objeto, idearlo o crearlo de tal forma que se conjuguen su utilidad y su estética: *Diseño moda para una modista italiana.*

diseño s.m. **1** Actividad creativa y artística que se dirige a la producción de un objeto que se caracterice por su utilidad y su estética y que pueda ser fabricado en serie: *Para hacer un buen diseño de un mueble hay que pensar en su utilidad.* **2** Forma o características externas de estos objetos: *Me gusta mucho el diseño de ese aspirador.* **3** Dibujo con líneas del trazo de un edificio o de una figura: *Haz un diseño sencillo de tu casa para tener una idea de cómo es.* **4** Descripción o explicación breve de algo: *Os haré un diseño de la situación en pocas palabras.*

disertación s.f. **1** Razonamiento o reflexión que se hace detenida y metódicamente acerca de algo: *Hizo una disertación sobre arte.* **2** Escrito o discurso oral en el que se hace un razonamiento detenido y metódico: *Escuché con atención su disertación metafísica.*

disforme adj. →**deforme.** □ MORF. Invariable en género.

disfraz s.m. **1** Prenda de vestir con la que se oculta la apariencia física y que suele llevarse en una fiesta: *Yo iré a la fiesta con un disfraz de elefante.* **2** Lo que sirve para desfigurar la apariencia o la forma de algo y hacer que no se reconozca: *Tus sonrisas no son más que un disfraz para tu disgusto.*

disfrazar v. **1** Vestir con un disfraz: *Disfrázalo de enano. Me disfracé con un traje de vampiro.* **2** Referido a algo que no se quiere que se reconozca, desfigurarlo, disimularlo o cambiarle la apariencia o la forma: *Disfrazó el sabor del pescado con una salsa. Habla continuamente para disfrazar su nerviosismo.* □ ORTOGR. La *z* se cambia en *c* delante de *e* →**CAZAR**.

disfrutar v. **1** Sentir placer o alegría; *gozar*: *Ayer disfruté mucho. Disfruto con la buena música.* **2** Apreciar y considerar bueno, útil o agradable: *Disfruté mucho la cena.* **3** Referido a algo que se considera positivo, tenerlo o gozar de ello: *Disfruto de muy buena salud.* **4** Referido esp. a la amistad, la ayuda o la protección de alguien, poseerlas o aprovecharse de ellas: *Disfrutemos de su generosidad.* □ SINT. Constr. de las acepciones 3 y 4: *disfrutar DE algo.*

disfrute s.m. Uso o aprovechamiento de algo bueno, útil o agradable: *Todos los trabajadores tienen derecho al disfrute de unas vacaciones.*

disfunción s.f. Alteración en el funcionamiento de algo, esp. en el de una función orgánica: *Una disfunción cardíaca le impide realizar esfuerzos físicos.*

disgregación s.f. Separación o desunión de las partes de algo que estaba unido: *La disgregación de las rocas produce la arena.*

disgregar v. Referido a algo que estaba unido, apartar, separar o desunir sus partes: *La policía disgregó a los huelguistas.* □ ORTOGR. La *g* se cambia en *gu* delante de *e* →**PAGAR**.

disgustar ▮ v. **1** Causar tristeza, inquietud o mal humor: *La pérdida de su perro lo ha disgustado. Se disgustó por no conseguir el premio.* **2** Producir desagrado al paladar: *Esta comida está ácida y me disgusta.* ▮ prnl. **3** Enfadarse o perder la amistad por enfados o disputas: *Se disgustó con su primo y casi ni se saludan.*

disgusto s.m. **1** Sentimiento de tristeza, de inquietud o de pesar ante una contrariedad o una desgracia: *No sabes qué disgusto cuando vi la casa en llamas.* **2** Enfado o disputa con alguien cuando existen diferencias o desacuerdo: *Como sigas en ese plan, tú y yo vamos a tener un disgusto.* **3** Fastidio, aburrimiento o enfado: *La monotonía me produce disgusto.* **4** ‖ **a disgusto.** De mala gana, sin ganas o en contra de lo que se desea: *En esas fiestas me siento a disgusto y no sé cómo actuar.*

disidente adj./s. Que se separa de las ideas, de las creencias o de la conducta comunes: *Un político disidente ha creado un nuevo partido. Los disidentes políticos en Estados totalitarios son perseguidos.* □ MORF. 1. Como adjetivo es invariable en género. 2. Como sustantivo es de género común y exige concordancia en masculino o en femenino para señalar la diferencia de sexo: *el disidente, la disidente*.

disimulado, da adj./s. **1** Inclinado a disimular y a fingir con habilidad lo que no siente: *Es tan disimulada que no sé si creer lo que me dice. Es un disimulado y un hipócrita.* **2** ‖ **hacerse el disimulado.** *col.* Fingir no enterarse de algo o no conocerlo: *¡Anda, no te hagas el disimulado y cuéntamelo!*

disimular v. **1** Referido esp. a una intención o a un sentimiento, ocultarlos para que los demás no se den cuenta: *Has sido tú, así que no disimules.* **2** Fingir desconocimiento: *No disimules, porque sé que te lo ha contado.* **3** Referido esp. a algo material, disfrazarlo o desfigurarlo para que parezca distinto de lo que es o para que no se vea: *Disimuló el roto del pantalón con un parche.*

disimulo s.m. Capacidad para ocultar la intención o el sentimiento, sin que los demás se den cuenta: *Cogí las galletas con disimulo y sin que se dieran cuenta.*

disipado, da adj./s. Libertino o que actúa con un gran relajación moral: *Llevó una vida disipada y acabó arruinado. Un disipado como él no te dirá que no a esa fiesta.*

disipar v. **1** Esparcir, desvanecer o hacer desaparecer: *El viento disipó las nubes. Me dijo la verdad y todas mis dudas se disiparon.* **2** Referido esp. al dinero, malgastarlo y no aprovecharlo debidamente: *Disipó toda su fortuna en poco tiempo.*

dislate s.m. Hecho o dicho sin sentido común o contrario a la razón; *disparate: Tu examen está lleno de dislates y de confusiones.*

dislexia s.f. Trastorno de la capacidad de leer, que se manifiesta en la confusión, en la inversión y en la omisión de letras, sílabas o palabras: *La dislexia puede producirse por lesión cerebral o por motivos afectivos.*

disléxico, ca adj./s. Que padece dislexia: *Una persona disléxica comprende con dificultad lo que lee. Es un disléxico, y lee y escribe con dificultad.*

dislocar v. Sacar o salirse de su lugar, esp. referido a un hueso o a una articulación: *Un mal movimiento me dislocó el brazo. Al caer, se dislocó la muñeca.* □ ORTOGR. La *c* se cambia en *qu* delante de *e*⟶**SACAR**. □ MORF. Se usa más como pronominal.

dismenorrea s.f. Menstruación dolorosa o difícil: *El ginecólogo me dijo que mi dismenorrea se debía a una infección.*

disminución s.f. Reducción del tamaño, de la cantidad o de la intensidad; *decrecimiento: La sequía provocó la disminución del caudal del río.*

disminuido, da adj./s. Referido a una persona, que no tiene completas sus facultades físicas o psíquicas: *Las personas disminuidas reciben una educación especial. Un cojo es un disminuido físico.* □ USO Tiene un matiz despectivo y por ello es preferible usar la expresión *persona con discapacidad*.

disminuir v. Hacer o hacerse menor en tamaño, en cantidad o en intensidad: *En la curva disminuí la velocidad del coche.* □ MORF. Irreg.: La tercera *i* se cambia en *y* delante de *a, e, o* ⟶**CONTRIBUIR**.

disociar v. Referido a dos cosas que están unidas, separarlas: *Disociemos la vida pública y la privada en ese artista. Las intenciones y los actos suelen disociarse.* □ ORTOGR. La *i* nunca lleva tilde.

disolubilidad s.f. **1** Capacidad o facilidad para disolverse: *El azúcar aumenta su disolubilidad en un líquido caliente.* **2** Posibilidad de separación o desunión: *Mis padres no aceptan la disolubilidad de un matrimonio.*

disoluble adj. Que se puede disolver: *El cacao en polvo no es disoluble en leche fría.* □ MORF. Invariable en género.

disolución s.f. **1** Desunión de las partículas o de las moléculas de una sustancia en un líquido de forma que queden incorporadas a él: *Remueve el agua hasta la completa disolución del azúcar.* **2** Separación o desunión de las partes de un todo: *La disolución del equipo fue inevitable debido a sus desacuerdos.* **3** Mezcla que resulta de disolver una sustancia en un líquido: *En una disolución acuosa el agua es el disolvente.* **4** Anulación de los lazos o de los vínculos existentes entre varias personas: *La disolución de su matrimonio ha sido el final de su relación.*

disoluto, ta adj./s. Que pasa el mayor tiempo posible disfrutando de vicios y placeres: *Lleva una vida disoluta que escandaliza a todos. Es un disoluto y derrocha su dinero en el juego.*

disolvente s.m. Producto que se emplea para disolver una sustancia: *El aguarrás es un disolvente de la pintura.*

disolver v. **1** Referido esp. a una sustancia, desunir sus partículas en un líquido de forma que queden incorporadas a él: *Disuelve el azúcar en el café. Los polvos se disolvieron en el agua.* **2** Referido a algo que está unido, separarlo o desunirlo: *El Gobierno disolverá el Parlamento y convocará elecciones. La asociación se disolvió cuando terminó su cometido.* **3** Referido a un contrato que liga a dos o más personas, anularlo o romperlo: *El matrimonio se ha disuelto legalmente y ya no viven juntos.* **4** Hacer desaparecer totalmente o destruir: *La muerte lo disuelve todo. Con el paso del tiempo se disuelven muchas ilusiones.* □ MORF. Irreg.: 1. Su participio es *disuelto*. 2. La *o* diptonga en *ue* en los presentes, excepto en las personas *nosotros* y *vosotros* ⟶**VOLVER**. □ SEM. No debe emplearse con el significado de 'dispersar': *La policía {*disolvió › dispersó} a los manifestantes.*

disonancia s.f. **1** En música, acorde o combinación de sonidos simultáneos que no están en consonancia: *La combinación de un do y un re forma una disonancia.* **2** Carencia de igualdad, de correspondencia o de la proporción adecuada: *Hay disonancia e incoherencia entre sus ideas y su comportamiento.*

dispar adj. Desigual o diferente: *Tus dos propuestas son muy dispares y no se parecen en nada.* □ MORF. Invariable en género.

disparado, da adj. Precipitado o con mucha prisa: *Cuando me enteré de la noticia, salí disparada a casa para contarla.*

disparador s.m. **1** En un arma portátil de fuego, pieza que sujeta el mecanismo que sirve para dispararla y que permite el disparo cuando se oprime por uno de sus extremos: *El gatillo es una parte del disparador.* **2** En una cámara fotográfica, pieza que sirve para hacer funcionar el obturador automático: *Presiona el disparador cuando estemos listos para la foto.*

disparar v. **1** Referido esp. a un arma, hacer que lance un proyectil o lanzarlo: *Apreté el gatillo y disparé. La ametralladora dispara con rapidez. Se le disparó el arma y hubo un herido.* **2** Referido a un objeto, esp. a un proyectil, lanzarlo con violencia o salir despedido: *Los arqueros dispararon sus flechas. La bomba se disparó del cañón.* **3** Referido a algo con un disparador, hacerlo funcionar: *¡Dispara la cámara ya y haz la foto! La alarma se dispara al abrir la puerta.* **4** Crecer o aumentar rápidamente y sin moderación: *La subida del petróleo ha disparado los precios de la gasolina. Con el descontento social y la crisis, se ha disparado la violencia.*

disparatar v. Hablar o actuar sin sentido común o de forma contraria a la razón: *¡Piensa un poco lo que dices y no disparates!*

disparate s.m. **1** Hecho o dicho sin sentido común o contrario a la razón; *dislate: Decir que los burros vuelan es un disparate.* **2** *col.* Lo que va más allá de lo razonable o de las normas, o se sale de los límites de lo ordinario o lícito; *atrocidad: Me comí un disparate de pasteles, y ahora me duele la tripa.*

disparo s.m. **1** Lanzamiento hecho generalmente con fuerza o violencia: *El disparo del delantero acabó en gol. He oído un disparo de pistola.* **2** Operación con la que se pone en marcha un disparador o un mecanismo: *El sistema contra incendios tiene un mecanismo de disparo automático.*

dispendio s.m. Gasto excesivo y generalmente innecesario, esp. si es de tiempo o de dinero: *Comprar tres coches me parece un dispendio.*

dispensa s.f. Privilegio que se concede a alguien como gracia, por el cual queda libre del cumplimiento de una obligación o de una ley, orden o prohibición: *Los dos primos se casaron gracias a la dispensa matrimonial del papa.*

dispensar v. **1** Referido esp. a una obligación, permitir su incumplimiento: *Te dispenso del examen porque estás enferma.* **2** Referido a una falta, no tenerla en cuenta y perdonarla: *Está muy mimado y se le dispensa todo.* **3** Referido esp. a algo positivo, darlo, concederlo o distribuirlo: *El público le dispensó una calurosa acogida.* □ SINT. Constr. de la acepción 1: *dispensar DE algo.*

dispensario s.m. Establecimiento médico en el que se da asistencia médica y farmacéutica a personas que no están internadas en él: *Hazle una cura de urgencia en el dispensario antes de iros al hospital.*

dispersar v. Referido a algo que está o debe estar unido, dividirlo, separarlo, extenderlo o repartirlo: *El bombardeo dispersó a los enemigos en la llanura. No te disperses en tantos trabajos y céntrate en uno solo para que puedas hacerlo bien.*

dispersión s.f. Separación, extensión o distribución en distintas direcciones o en distintos objetivos: *La dispersión de los náufragos dificultó su búsqueda.*

disperso, sa adj. Separado y extendido en distintas direcciones o repartido en distintos objetivos: *Sus discos, dispersos por todo el mundo, son famosos.*

display (anglicismo) s.m. Pantalla donde se representan visualmente los datos que proporciona el sistema de un aparato electrónico: *Los números del display de esta calculadora no se ven bien.* □ PRON. [displéi].

displicente adj./s. Referido a una persona, que muestra mal humor y falta de interés, afecto y entusiasmo: *Eres muy displicente y arisca en el trato. Un displicente como tú es difícil de contentar.* □ MORF. 1. Como adjetivo es invariable en género. 2. Como sustantivo es de género común y exige concordancia en masculino o en femenino para señalar la diferencia de sexo: *el displicente, la displicente.*

disponer ▮ v. **1** Poner o ponerse en el orden o en la situación adecuados o de la manera que conviene para un fin: *Antes del acto dispón las sillas en varias filas. Nos dispusimos alrededor de la mesa para la cena.* **2** Referido a algo que debe hacerse, decidirlo, determinarlo o mandarlo: *El médico ha dispuesto que tomes esta medicina.* **3** Referido a algo que tiene que estar preparado, hacer lo necesario para tenerlo así en el momento adecuado: *Dispondré la cena para las nueve. Me dispondré para recibirlos como se merecen.* **4** Tener, poseer o usar libremente como si fuera propio: *No dispongo de tiempo para atenderte. Te dejo mi casa para cuando quieras disponer de ella.* ▮ prnl. **5** Referido a una acción, estar a punto de realizarla: *Me disponía a salir cuando llegaste.* □ MORF. Irreg.: 1. Su participio es *dispuesto.* 2. →**PONER**. □ SINT. 1. Constr. de la acepción 4: *disponer DE algo.* 2. Constr. de la acepción 5: *disponerse A hacer algo.*

disponible adj. Que puede ser utilizado o que está libre para hacer algo: *Hay un asiento disponible al final de la sala. Hoy estoy disponible para ir al cine.* □ MORF. Invariable en género.

disposición s.f. **1** Ordenación del modo adecuado o conveniente: *La disposición de los capítulos de ese libro es incoherente.* **2** Decisión que toma la autoridad y mandato de qué debe hacerse y cómo: *El Gobierno dictará disposiciones que regularán la venta ambulante.* **3** Estado de salud o de ánimo para hacer algo: *Con este sueño no tengo la disposición necesaria para estudiar.* **4** Capacidad o aptitud para algo: *Tiene disposición para escribir y llegará a ser buen escritor.* **5** Medio empleado para realizar o conseguir algo: *Se tomarán las disposiciones necesarias para evitar inundaciones.* **6** Distribución de las partes de un edificio: *Me gusta la disposición de esta casa por la comodidad que supone.*

dispositivo s.m. **1** Mecanismo o artefacto dispuestos para que se produzca una acción prevista: *Cuando este dispositivo se activa, suena una alarma.* **2** ‖ **dispositivo intrauterino.** El que se coloca en el interior del útero de una mujer para evitar el embarazo; *diu: El dispositivo intrauterino es un método anticonceptivo.*

disprosio s.m. Elemento químico, metálico y sólido, de número atómico 66, que pertenece al grupo de los lantánidos: *El disprosio tiene propiedades magnéticas.* □ ORTOGR. Su símbolo químico es *Dy.*

dispuesto, ta ▮ **1** part. irreg. de **disponer**. ▮ adj. **2** Que es capaz de hacer muchas cosas bien o fácilmente: *Es una persona muy dispuesta para cualquier actividad en la casa.* □ MORF. En la acepción 1, incorr. **disponido.*

disputa s.f. **1** Discusión acalorada entre personas que mantienen obstinada y vehementemente su punto de vista: *La disputa terminó en una pelea.* **2** Enfrentamiento por la posesión o la defensa de algo, o por un mismo objetivo: *La disputa de los perros por el hueso fue violenta.*

disputar v. Referido a un objetivo, rivalizar y competir varias personas por él: *Varios equipos disputan la liga este año. Se disputan el premio cinco participantes.*

disquete s.m. En informática, disco magnético portátil, de capacidad reducida, que se introduce en el ordenador para su grabación o lectura; *disco flexible: El disquete está hecho de un material flexible.* □ ORTOGR. Es un anglicismo (*diskette*) adaptado al español.

disquetera s.f. En un ordenador, dispositivo en el que se inserta un disquete para su grabación o lectura: *Mi ordenador tiene dos disqueteras.*

disquisición s.f. Comentario que se aparta del tema que se trata: *Déjate de disquisiciones y cuéntame lo que pasó.* □ MORF. Se usa más en plural.

distancia s.f. **1** Espacio entre dos cosas, medido por el camino o la línea que las une: *Desde casa al colegio exis-*

te una distancia de cien metros. **2** Intervalo de tiempo entre dos sucesos: *Eso sucedió hace mucho y hay que juzgarlo desde una cierta distancia.* **3** Falta de semejanza o diferencia grande entre personas o cosas: *Hay gran distancia entre nuestras creencias, pero somos amigos.* **4** En matemáticas, longitud del segmento de recta comprendido entre dos puntos del espacio: *La distancia más corta entre dos puntos es una recta.* **5** ‖ **a distancia. 1** Apartado o desde lejos: *Se mantienen a cierta distancia porque se respetan y se temen.* **2** Referido a la enseñanza, por correspondencia y sin contacto directo y diario entre alumno y profesor: *Estudia en una Universidad a distancia porque no tiene tiempo de asistir a las clases.* ‖ **guardar las distancias.** Evitar la familiaridad o la excesiva confianza en el trato: *Con esos indeseables debes guardar las distancias.*

distanciamiento s.m. **1** Alejamiento o separación en el tiempo o en el espacio: *El distanciamiento permite analizar con imparcialidad la historia.* **2** Alejamiento afectivo o intelectual de una persona respecto a un grupo: *Su distanciamiento del partido es cada día mayor y terminará por abandonarlo.*

distanciar v. Separar, apartar o hacer que haya más distancia: *El enfrentamiento generacional distancia a padres e hijos.* ☐ ORTOGR. La *i* nunca lleva tilde.

distante adj. **1** Lejano o apartado en el espacio o en el tiempo; *extremo: Es un aventurero y le gusta viajar por lugares distantes y exóticos.* **2** Frío en el trato o que se aparta del trato amistoso o íntimo: *¿Por qué estás distante conmigo, si no te he hecho nada?* ☐ MORF. Invariable en género.

distar v. **1** Estar apartado o a cierta distancia en el espacio o en el tiempo: *Su casa dista de la mía tres kilómetros.* **2** Ser diferente o estar lejos de un modo de ser, de un sentimiento o de una acción: *Su alegría dista mucho de ser sincera.* ☐ SINT. Constr.: *distar* DE *algo.*

distensión s.f. **1** Pérdida de la tensión de lo que está tirante o tenso: *Tus acertados comentarios lograron la distensión del ambiente en una reunión tan difícil.* **2** En medicina, estiramiento violento, esp. de un tejido o de una membrana: *La torcedura me produjo una distensión de ligamentos.*

distinción s.f. **1** Conocimiento y determinación de las características que diferencian una cosa de otra: *Hagamos la distinción entre tragedia y comedia.* **2** Característica por la cual algo no es lo mismo ni es igual a otra cosa: *Hay una distinción clara entre un clavel y una rosa.* **3** Elegancia o elevación sobre lo vulgar: *Viste con mucha distinción y con ropa muy cara.* **4** Privilegio, gracia u honor que se conceden como un trato especial: *Es lógico que un sabio como él sea objeto de tal distinción.* **5** Respeto y atención que se dan a una persona: *Debes tratarla con distinción y cortesía.*

distingo s.m. Reparo u objeción que se ponen con cierta malicia o sutileza: *Si dices que todos somos amigos tuyos no sé por qué haces distingos con nosotros.*

distinguido, da adj. Ilustre y que sobresale entre los demás por alguna cualidad: *Eres una estudiante distinguida y brillante.*

distinguir ▌ v. **1** Referido a dos o más cosas, conocer las características que las hacen diferentes: *¿Sabes distinguir un mulo de un asno?* **2** Referido esp. a una imagen o a un sonido, ser capaz de verla, de oírlo o de percibirlos a pesar de que haya alguna dificultad: *No distingo bien las letras lejanas porque soy algo miope.* **3** Referido a dos o más cosas, diferenciarlas mediante una señal o una peculiaridad: *Ese lunar de la barbilla distingue a un gemelo de otro. Esos tres perros se distinguen entre sí por su color.* **4** Referido esp. a un comportamiento o a una cualidad, caracterizar y hacer peculiar a algo o a alguien: *Su sinceridad es lo que lo distingue. Todas sus obras se distinguen por una belleza serena.* **5** Referido a una persona, concederle un privilegio, una gracia o un honor como un trato especial: *La distinguieron con el primer premio.* ▌ prnl. **6** Sobresalir o destacar entre otros: *Se distingue por su humor peculiar.* ☐ ORTOGR. La *gu* se cambia en *g* delante de *a, o* →DISTINGUIR.

distintivo, va ▌ adj. **1** Que distingue o que permite distinguir o caracterizar algo: *Dime los elementos distintivos del gótico frente al románico.* ▌ s.m. **2** Lo que distingue o caracteriza esencialmente: *La hospitalidad es el distintivo de esa familia.* **3** Señal o insignia, esp. las que indican la pertenencia a un grupo: *Los vigilantes llevan como distintivo un escudo en la manga.*

distinto, ta adj. **1** Que tiene realidad o existencia diferentes de otros y no es igual a ellos: *La fruta y la verdura son distintos alimentos.* **2** Que no se parece a otros porque no tiene las mismas cualidades: *Vivir en el campo es muy distinto de vivir en la ciudad.* ☐ SINT. Constr.: *distinto* {A/DE} *algo.*

distorsión s.f. Deformación de las imágenes o de los sonidos producida en su transmisión: *Pones la radio a tanto volumen que la distorsión del sonido es inevitable.*

distorsionar v. **1** Referido a una imagen o a un sonido, deformarlos: *La avería de la antena distorsiona las imágenes en la televisión y no se ven bien.* **2** Referido esp. a lo que se dice, interpretarlo equivocadamente y darle un significado que no corresponde: *No distorsiones mis palabras ni digas que he dicho lo que no he dicho.*

distracción s.f. **1** Falta de atención, esp. en lo que se está haciendo o en lo que debe hacerse: *Tu distracción hace que no te acuerdes de lo que te cuento.* **2** Entretenimiento o recreo proporcionados por un rato alegre: *Te traigo unas revistas para que te sirvan de distracción.* **3** Lo que atrae la atención apartándola de otra cosa: *Cuando estudia, una mosca es para él una distracción.* ☐ SEM. En la acepción 2, es sinónimo de *diversión*, de *divertimento* y de *divertimiento*.

distraer v. **1** Referido a una persona, apartarle o hacerle apartar la atención de lo que se está haciendo o de lo que debe hacerse: *Si hablas al conductor lo distraerás. En clase me distraigo con el vuelo de una mosca.* **2** Entretener, recrear o proporcionar un rato alegre; *divertir: La televisión distrae mucho a mis abuelos. Me distraigo escuchando música.* **3** Apartar, desviar o alejar: *Distraeré el hambre con pipas.* ☐ MORF. Irreg. →TRAER.

distraído, da adj./s. Que se distrae con facilidad y actúa sin darse cuenta de lo que dice o de lo que sucede a su alrededor: *Eres muy distraída y no pones atención. Eres un distraído y todo lo olvidas.*

distribución s.f. **1** Reparto entre varios, designando lo que corresponde a cada uno de acuerdo con cierta regla o derecho, o según dicte la voluntad o la conveniencia: *La distribución del trabajo se hará según la capacidad de cada uno.* **2** Colocación o situación de las partes de un todo del modo conveniente o adecuado: *Haré la distribución de los muebles según su utilidad.* **3** Reparto de la mercancía a vendedores y consumidores: *Esa empresa se* *dedica a la distribución de películas a los cines.* **4** Forma de distribuir o de colocar, esp. las partes de un edificio o los muebles: *La distribución de esta casa es muy funcional.*

distribuidor, -a ▌s. **1** Persona que se dedica profesionalmente a la distribución de mercancías: *Esta calle tiene problemas de tráfico porque los distribuidores de las tiendas aparcan en doble fila.* ▌s.m. **2** En una casa, pieza de paso a la que van a dar varias habitaciones: *La cocina y el salón dan a un mismo distribuidor.* ▌s.f. **3** Empresa que se dedica a la distribución de un producto y actúa entre el productor y el comerciante: *Pedí cinco ejemplares del libro a la distribuidora.*

distribuir v. **1** Dividir entre varios, designando lo que corresponde a cada uno de acuerdo con cierta regla o derecho, o según dicte la voluntad o la conveniencia: *Distribuyó el quehacer y todos trabajan por igual.* **2** Repartir o colocar del modo conveniente o adecuado: *Distribuye bien tu tiempo para no perderlo. La sangre se distribuye gracias al aparato circulatorio.* **3** Referido a una mercancía, entregarla a los vendedores y consumidores: *Ha llegado el camión que distribuye la leche por las tiendas.* □ MORF. Irreg.: La tercera *i* se cambia en *y* delante de *a, e, o* →**CONTRIBUIR**.

distributivo, va adj. Que expresa distribución o que está relacionado con ella: *La conjunción 'ya', antepuesta a cada uno de los términos coordinados, tiene valor distributivo.*

distrito s.m. Subdivisión administrativa o jurídica en que se divide un territorio o una población: *Se informó de las actividades del barrio en la junta de distrito.* □ SEM. Dist. de *barriada* y *barrio* (divisiones no administrativas de una población).

disturbio s.m. Alteración del orden, de la paz y de la tranquilidad: *Se produjo un disturbio en la calle y el tráfico quedó interrumpido.*

disuadir v. Referido a una persona, hacerle cambiar con razones la opinión o el propósito: *Lo disuadieron de fumar diciéndole que era perjudicial. Debes disuadirte de tu error y reconocer que obraste mal.* □ SINT. Constr.: *disuadir* DE *algo*.

disuasión s.f. Utilización de razones para conseguir cambiar la opinión o el propósito de alguien: *Con mi capacidad de disuasión le hice desistir de su plan.*

disuelto, ta part. irreg. de **disolver**. □ MORF. Incorr. **disolvido*.

disyóquey s. Persona encargada del equipo de sonido en una discoteca: *Trabaja como disyóquey en una discoteca de la costa.* □ MORF. 1. Es de género común y exige concordancia en masculino o en femenino para señalar la diferencia de sexo: *el disyóquey, la disyóquey*. 2. Su plural es *disyoqueis*.

disyuntivo, va ▌adj. **1** Que implica opción, alternancia o exclusión: *La frase '¿Estudias o trabajas?' es disyuntiva.* ▌s.f. **2** Alternativa entre dos posibilidades por una de las cuales hay que optar: *Me encuentro en la disyuntiva de ir o de quedarme.* □ SEM. En la acepción 2, dist. de *dicotomía* (división en dos).

diu s.m. Dispositivo anticonceptivo que se coloca en el interior del útero de una mujer para evitar el embarazo; *dispositivo intrauterino: Se ha puesto un diu para no quedar embarazada.* □ PRON. Se usa mucho la pronunciación [díu]. □ MORF. Es un acrónimo que procede de la sigla de *dispositivo intrauterino*.

diurético, ca adj./s.m. Referido a un medicamento, que aumenta o facilita la secreción y eliminación de la orina: *Como tenía retención de líquidos, el médico me recetó un medicamento diurético. Las personas que tienen la tensión alta suelen tomar diuréticos.*

diurno, na adj. **1** Del día o relacionado con él: *El tiempo de luz diurna es más largo en verano que en invierno.* **2** Referido a un animal, que busca el alimento durante el día: *El águila es un ave rapaz diurna.* **3** Referido a una planta, con flores que solo están abiertas durante el día: *La margarita y el diente de león son plantas diurnas.*

divagación s.f. Alejamiento o separación del asunto principal que se está tratando: *Con tantas divagaciones no acabaremos nunca.*

divagar v. Hablar o escribir apartándose del asunto principal que se está tratando o sin un propósito fijo: *No divagues tanto y ve al grano, que tenemos poco tiempo.* □ ORTOGR. La *g* se cambia en *gu* delante de *e* →**PAGAR**.

diván s.m. Asiento alargado y mullido, generalmente sin respaldo y con almohadones, en el que una persona puede tenderse: *El paciente hablaba tumbado en el diván con su psicoanalista.*

divergencia s.f. Discrepancia o falta de acuerdo: *Entre nosotros han surgido serias divergencias que nos impiden continuar trabajando juntos.*

divergir v. **1** Referido a dos o más líneas o superficies, irse apartando sucesivamente unas de otras: *Las calles que nacen en una misma plaza redonda divergen en forma radial.* **2** Discrepar o no estar de acuerdo: *Aunque tú y yo divergimos en gustos, nos complementamos.* □ ORTOGR. La *g* se cambia en *j* delante de *a, o* →**DIRIGIR**.

diversidad s.f. **1** Variedad o diferencia de naturaleza, cantidad o cualidad: *Nunca imaginé la diversidad de formas en que podía ser tratado este tema.* **2** Abundancia o concurrencia de varias cosas distintas: *Una gran diversidad de especies caracteriza la fauna y la flora de este hábitat.*

diversificación s.f. Conversión en múltiple y diverso de lo que era uniforme y único: *Cuando los terrenos agrícolas están muy parcelados, suele darse una diversificación de la producción agraria.*

diversificar v. Referido a algo uniforme y único, convertirlo en múltiple y diverso: *Hay que diversificar la producción para satisfacer toda la demanda. Con el tiempo mis intereses se diversificaron.* □ ORTOGR. La *c* se cambia en *qu* delante de *e* →**SACAR**.

diversión s.f. **1** Entretenimiento o recreo proporcionados por un rato alegre; *distracción, divertimiento: El espectáculo nos proporcionó un buen rato de diversión.* **2** Lo que sirve de entretenimiento, de recreo o de pasatiempo: *La lectura es mi mayor diversión.* □ SEM. Es sinónimo de *divertimento* y *divertimiento*.

diverso, sa adj. De distinta naturaleza, cantidad o cualidad: *En la selva hay muy diversas especies de plantas.* □ SEM. En plural equivale a 'varios' o 'más de uno': *Tiene talento musical y toca diversos instrumentos.*

divertido, da adj. **1** Que produce diversión: *Si te gusta la comedia, debes ver esta película, porque es muy divertida.* **2** Referido a una persona, alegre, graciosa o de buen humor: *Es una persona muy divertida y lo pasamos bien juntos.*

divertimento s.m. **1** →**divertimiento.** **2** Composición musical para un número reducido de instrumentos, de forma más o menos libre y generalmente de carácter alegre: *Mozart compuso varios divertimentos.*

a b c d e f g h i j k l m n ñ o p q r s t u v w x y z

divertimiento s.m. **1** Entretenimiento o recreo proporcionados por un rato alegre; *distracción: Compone canciones por divertimiento y así se distrae.* **2** Lo que sirve de entretenimiento, de recreo o de pasatiempo: *Ir al cine es mi divertimiento.* □ SEM. Es sinónimo de *diversión* y *divertimento*.

divertir v. Entretener, recrear o proporcionar un rato alegre; *distraer: ¡Que os divirtáis en la fiesta!* □ MORF. Irreg. →**SENTIR**.

dividendo s.m. En una división matemática, cantidad que tiene que dividirse por otra: *Si divides 4 entre 2, 4 es el dividendo y 2 es el divisor.*

dividir v. **1** Referido a un todo, separarlo o partirlo en varias partes: *Un biombo dividía el salón en dos partes.* **2** Repartir o distribuir entre varios: *Dividió sus bienes entre los tres hijos.* **3** Referido a dos o más personas, enemistarlas o provocar desunión entre ellas creando enfrentamientos: *Los problemas surgidos con la empresa han dividido a los dos socios.* **4** En matemáticas, realizar la operación aritmética de la división: *Si dividimos 6 entre 2, da 3.*

divinidad s.f. **1** Naturaleza de los dioses o conjunto de características que definen su esencia: *Los cristianos creen en la divinidad de Jesucristo, Dios y hombre.* **2** Dios o ser divino al que se rinde culto: *Las religiones politeístas adoran a muchas divinidades.*

divinizar v. Considerar o creer divino, o tributar culto u honores divinos; *deificar: No entiendo que la juventud actual divinice todo lo que sale por la tele.* □ ORTOGR. La *z* se cambia en *c* delante de *e* →**CAZAR**.

divino, na adj. **1** De los dioses o que tiene relación con ellos: *Algunos emperadores romanos se consideraban seres divinos.* **2** Extraordinario o muy bueno: *¡Qué zapatos tan divinos!* □ SINT. En la lengua coloquial se usa también como adverbio de modo con el significado de 'muy bien': *Lo pasamos 'divino'.*

divisa s.f. **1** En economía, respecto de la unidad monetaria de un país, moneda extranjera: *El turismo extranjero deja muchas divisas en España.* **2** Señal exterior que se adopta como distintivo o como símbolo: *El lema 'libertad, igualdad, fraternidad' fue la divisa de la Revolución francesa de 1789.* **3** En tauromaquia, lazo de cintas de colores con que se distinguen en la lidia los toros de cada ganadero: *Los toros llevan la divisa en el morrillo.*

divisar v. Ver o percibir, aunque con poca claridad: *A lo lejos se divisaban los torreones del castillo.*

divisibilidad s.f. **1** Posibilidad de ser dividido: *La divisibilidad del átomo ya está demostrada.* **2** En matemáticas, propiedad de un número entero de poder dividirse por otro número entero y dar de cociente un número también entero, sin decimales: *La divisibilidad de 24 entre 2 es clara porque su cociente es 12.*

divisible adj. **1** Que se puede dividir: *Si solo yo he puesto dinero, los beneficios obtenidos no son divisibles.* **2** En matemáticas, referido a un número entero, que, al dividirse por otro número entero, da por cociente un número también entero: *10 es divisible por 2 porque el resultado de su división es 5.* □ MORF. Invariable en género.

división s.f. **1** Separación o partición de un todo en varias partes: *Un municipio es una división territorial y administrativa.* **2** Reparto entre varios: *La división del trabajo supone una especialización en las distintas partes del proceso de producción.* **3** En matemáticas, operación mediante la cual se calcula las veces que una cantidad, llamada *divisor*, está contenida en otra, llamada *dividendo: La división de 6 entre 2 da 3.* **4** Enemistad, desunión o enfrentamiento entre personas: *No existe división en el partido, y todos apoyamos a nuestro presidente.* **5** En deporte, grupo en que compiten, según su categoría, los equipos o los deportistas: *Jugar en primera división es la aspiración de este futbolista.* **6** En el Ejército, gran unidad que consta de dos o más brigadas o regimientos: *Un general de división está al frente de una división.* **7** En biología, en la clasificación de las plantas, categoría superior a la de clase e inferior a la de reino: *Los musgos pertenecen a una división de plantas inferiores.*

divismo s.m. Condición del divo o artista que goza de gran fama: *El divismo y la ópera van asociados desde siempre.*

divisor, -a ▌ adj./s.m. **1** En matemáticas, referido a un número, que está contenido exactamente dos o más veces en otro; *submúltiplo: 5 es un número divisor de 10. 3 es un divisor de 21 porque 21 lo contiene 7 veces.* ▌ s.m. **2** En una división matemática, cantidad por la que se divide otra: *Si divides 24 entre 2, 24 es el dividendo y 2 es el divisor.* □ SEM. En la acepción 1, como sustantivo es sinónimo de *factor*.

divisorio, ria adj./s.f. Que sirve para dividir o separar: *Antes era una sola habitación, pero con un tabique divisorio se hicieron dos dormitorios. Los Pirineos son la divisoria natural entre España y Francia.*

divo, va ▌ adj. **1** *poét.* Divino: *¡Que todos los romanos te rindan culto, oh, divo Augusto!* **2** Referido a una persona, arrogante, engreída y que se cree superior a los demás: *No sé quién te crees que eres para mostrarte tan divo.* ▌ adj./s. **3** Referido a un artista del mundo del espectáculo, que goza de muchísima fama: *Ese actor va de divo y no lo conoce nadie. En el concierto actúa uno de los divos de la ópera española.* □ USO En la acepción 2, tiene un matiz despectivo.

divorciarse v.prnl. Referido a una persona, obtener el divorcio legal de su cónyuge: *Tras dos años de matrimonio, decidieron divorciarse.*

divorcio s.m. **1** Disolución de un matrimonio declarada por un juez competente: *Le han concedido el divorcio y puede casarse de nuevo.* **2** Separación de lo que estaba en estrecha relación: *El divorcio entre los socios es inevitable a causa de sus discrepancias.* □ SEM. En la acepción 1, dist. de *separación* (sin ruptura del vínculo matrimonial).

divulgación s.f. Publicación, propagación o difusión entre la gente: *La divulgación de secretos de Estado es un delito. En libros de divulgación se explican los temas científicos de forma sencilla para que cualquiera pueda entenderlos.*

divulgar v. Publicar, dar a conocer o poner al alcance de mucha gente: *Divulgó mi secreto y ahora todos hablan de mí. En este libro se divulgan los últimos avances científicos.* □ ORTOGR. La *g* se cambia en *gu* delante de *e* →**PAGAR**.

do s.m. **1** En música, primera nota de la escala de do mayor: *En clave de sol, el do se escribe en la primera línea adicional por debajo del pentagrama, o en el cuarto espacio.* **2** ‖ **do de pecho.** *col.* El mayor esfuerzo que se puede hacer para lograr un fin: *Dio el do de pecho y dejó claro lo mucho de lo que era capaz.*

dóberman adj./s. Referido a un perro, de la raza que se caracteriza por tener mediana estatura, cuerpo musculoso, cabeza larga y estrecha y pelo corto y duro: *La raza* *dóberman es de origen alemán. Los dóberman son muy buenos perros guardianes.* □ ORTOGR. Es un germanismo (*dobermann*) adaptado al español. □ MORF. Como adjetivo es invariable en género. 👁 **perro**

dobladillo s.m. En una tela, pliegue cosido que se hace doblando el borde dos veces hacia adentro: *¿Puedes coserme el dobladillo del pañuelo?* □ SEM. Dist. de *bajo* (solo en una prenda de vestir).

doblaje s.m. En cine y televisión, sustitución de las voces originales de los actores por otras voces que traducen el texto original a la lengua del público destinatario de la película: *El doblaje de muchas películas de dibujos animados que vemos en España es sudamericano.*

doblar ▮ v. **1** Referido a un objeto flexible, plegarlo de forma que una parte quede superpuesta a otra: *Dobló la carta y la metió en el sobre.* **2** Referido a algo que estaba recto o derecho, torcerlo o darle forma curva: *Es imposible arrodillarse sin doblar las piernas por las rodillas.* **3** Referido a un lugar, pasar por delante de él y ponerse al otro lado: *El barco dobló el cabo y entró en el puerto. Cuando llegues al cruce, dobla a la derecha.* **4** Duplicar en edad o hacer dos veces mayor: *Te doblo en edad, pues yo tengo veinte años y tú, diez. Me han doblado el trabajo y no doy abasto.* **5** En cine y televisión, hacer un doblaje: *Prefiero las películas subtituladas a las que han sido dobladas.* **6** En cine, referido a un actor, sustituirlo en determinados momentos del rodaje de una película: *Los especialistas doblan a los protagonistas en las escenas más peligrosas.* **7** En algunos deportes, referido a un corredor, ser alcanzado por otro que ya ha dado una vuelta más que él: *En los 10 000 metros lisos es muy normal que el primer clasificado doble a los últimos.* **8** *col.* Referido a una persona, causarle desaliento, daño, dolor o pena: *Tantas desgracias me han dejado doblado. Como no te calles, te voy a doblar a palos.* **9** En tauromaquia, referido al toro, echarse a tierra para morir después de haber recibido la estocada: *Cuando el toro dobló, el público sacó los pañuelos y pidió la oreja para el torero.* **10** Referido esp. a las campanas, tocar a muerto: *Todas las campanas del pueblo doblan por el boticario, que murió ayer.* ▮ prnl. **11** Ceder a la persuasión o a la fuerza, y renunciar a un intento: *No te dobles ante los contratiempos y trata de superarlos.* □ SEM. **Doblar a muerto* es una expresión redundante e incorrecta, aunque está muy extendida.

doble ▮ adj. **1** Que va acompañado por algo semejante o idéntico, junto con lo cual desempeña una misma función: *Las casas de montaña suelen tener doble ventana.* **2** Referido esp. a un tejido, que es más fuerte, más grueso o más consistente de lo normal: *Este abrigo de franela doble me abriga mucho.* ▮ numer. **3** Que consta de dos o que es adecuado para dos: *He reservado una habitación doble, por si te animas a venir conmigo. Esta calle es de doble sentido.* ▮ adj./s.m. **4** Referido a una cantidad, que es dos veces mayor; *duplo*: *Esta casa es de doble tamaño que la mía. 10 es el doble de 5.* ▮ adj./s. **5** Referido esp. a una persona, que no se comporta con naturalidad, esp. si se muestra de una manera y después es de otra: *Es tan doble que desconfío de sus buenas palabras. No te fíes de ellos, porque son unos dobles.* ▮ s. **6** Persona que se parece tanto a otra que puede sustituirla o pasar por ella sin que se note: *Eres la doble de mi prima y siempre os confundo.* **7** En cine, actor que sustituye a otro en determinados momentos del rodaje de una película: *Una doble sustituyó a la protagonista en la escena del accidente.* ▮ s.m. **8** Medida de cerveza mayor de lo normal: *¿Quieres una caña o un doble?* ▮ s.m.pl. **9** En tenis y otros deportes, partido en el que juegan dos contra dos: *Mi hermana y yo jugamos unos dobles y ganamos.* **10** En baloncesto, falta que se comete cuando un jugador bota con las dos manos a la vez o cuando salta con el balón y cae con él todavía en las manos: *El jugador hizo dobles, pero el árbitro no los vio.* ▮ adv. **11** Dos veces o dos veces más: *Es erróneo pensar que las mujeres embarazadas deben comer doble.* **12** Referido a la forma de actuar, con doblez y con malicia: *No juegues doble conmigo, que a mí no me engañas.* □ MORF. 1. Como adjetivo es invariable en género. 2. Para las acepciones 3 y 4 ⟶APÉNDICE DE PRONOMBRES. 3. En las acepciones 6 y 7, es de género común, es decir, exige concordancia en masculino o en femenino para señalar la diferencia de sexo: *el doble, la doble.*

doblegar v. Someter o hacer desistir de una idea o propósito y obligar a obedecer o a aceptar otros: *No conseguirás doblegar mi voluntad. Habrá que doblegarse a la opinión de la mayoría.* □ ORTOGR. La *g* se cambia en *gu* delante de *e* ⟶**PAGAR**.

doblete s.m. **1** Serie de dos victorias o éxitos consecutivos, esp. en deporte: *Nuestro equipo hizo doblete porque fue campeón de liga y de copa.* **2** ‖ **hacer doblete.** Referido a un actor, desempeñar dos papeles en una misma obra: *Esta actriz hizo doblete en la última obra de teatro que he visto.*

doblez ▮ s.f. **1** Hipocresía, astucia o malicia en la manera de actuar, dando a entender lo contrario de lo que verdaderamente se siente: *No me fío de él, porque actúa siempre con doblez.* ▮ s.m. **2** Parte que se dobla o se pliega: *Cuando vayas a planchar las sábanas, hazle varios dobleces.* **3** Señal que queda en la parte por donde se ha doblado: *Al sacar la ropa de la maleta estaba llena de dobleces.*

doblón s.m. Antigua moneda española de oro con distintos valores según la época: *Los españoles del siglo XVII pagaban con doblones.*

doce ▮ numer. **1** Número 12: *Siete más cinco son doce.* ▮ s.m. **2** Signo que representa este número: *Los romanos escribían el doce como XII.* □ MORF. 1. Como numeral es invariable en género y en número. 2. ⟶APÉNDICE DE PRONOMBRES.

doceavo, va numer. Referido a una parte, que constituye un todo junto con otras once iguales a ella; *duodécimo*: *Cada uno de los doce hijos recibió la doceava parte de la herencia. Si somos doce, nos tocará un doceavo de los beneficios.* □ MORF. ⟶APÉNDICE DE PRONOMBRES.

docena s.f. Conjunto de doce unidades: *Aquí es costumbre vender los pasteles por unidades o por docenas en vez de por kilos.*

docencia s.f. Actividad del que se dedica a la enseñanza: *Se dedica a la docencia desde hace años y sus alumnos lo adoran.*

docente ▮ adj. **1** De la enseñanza o relacionado con esta actividad educativa: *La actividad docente de las universidades se interrumpe en agosto.* ▮ adj./s. **2** Que se dedica profesionalmente a la enseñanza: *El personal docente dará las calificaciones este mes. Los docentes y los alumnos de este instituto harán una fiesta.* □ MORF. 1. Como adjetivo es invariable en género. 2. Como sustantivo es de género común y exige concordancia en masculino o en femenino para señalar la diferencia de sexo: *el docente, la docente.*

a b c d e f g h i j k l m n ñ o p q r s t u v w x y z

dócil adj. **1** Dulce y apacible o fácil de educar: *Es agradable en el trato y muy dócil.* **2** Que obedece o cumple lo que se le manda; *obediente: Mi perro es muy dócil y viene en cuanto le llamo.* **3** Referido esp. a un metal o a una piedra, que puede labrarse con facilidad: *Este metal es dócil y maleable.* □ MORF. Invariable en género.

docilidad s.f. **1** Modo de ser del que es dulce y apacible o fácil de educar: *Es muy agradable trabajar con tu hermano por su docilidad.* **2** Modo de ser del que cumple lo que se le manda; *obediencia: Los caballos suelen distinguirse por su docilidad.*

docto, ta adj./s. Sabio o con muchos conocimientos, esp. si han sido adquiridos a través del estudio: *Muchos compañeros consultan a esta docta profesora. Es un docto en la materia y te resolverá cualquier duda.*

doctor, -a s. **1** Persona legalmente autorizada para ejercer la medicina; *médico: El doctor te examinará y te dirá qué enfermedad tienes.* **2** Persona que tiene un título universitario de doctorado: *Está haciendo la tesis para poder ser doctora en Matemáticas.* **3** En la Iglesia católica, título que se concede al santo que se ha distinguido en la defensa o en la enseñanza de esta religión: *Santa Teresa es conocida como 'la Doctora de Ávila'.* □ SINT. Constr. de la acepción 2: *doctor EN algo.*

doctorado s.m. **1** Título universitario que se obtiene después de haber realizado los estudios necesarios y haber presentado y aprobado la tesis: *Después de dos años de clases y otros dos de tesis, conseguí el doctorado.* **2** Estudios necesarios para obtener este título: *Ya es licenciado y ahora está haciendo el doctorado.*

doctoral adj. De doctor o del doctorado, o relacionado con ellos: *Ese profesor es quien me dirige la tesis doctoral.* □ MORF. Invariable en género.

doctorar v. Conceder o conseguir un título de doctor en una universidad: *Lo doctoraron con la máxima nota. Se doctoró en Filosofía por la Universidad Complutense de Madrid.* □ SINT. Constr.: *doctorarse EN algo.*

doctrina s.f. **1** Conjunto de ideas o de creencias defendidas y sostenidas por un grupo: *La doctrina cristiana defiende el amor a Dios y al prójimo.* **2** Ciencia, sabiduría o conjunto de conocimientos ordenados sobre un tema: *No estoy en absoluto de acuerdo con la doctrina expuesta por el autor de este libro.*

docudrama s.m. Programa de radio, de cine o de televisión que trata, con técnicas dramáticas, hechos reales propios de un documental: *Hoy ponen un docudrama sobre los problemas de los jóvenes.*

documentación s.f. **1** Conocimiento de un asunto a través de la información que se recibe de él: *No puedo opinar, porque me falta documentación sobre el tema.* **2** Conjunto de documentos, esp. si son de carácter oficial, que sirven como identificación personal o como prueba de algo: *Al pasar la frontera, la policía me pidió la documentación.*

documental ▮ adj. **1** Que se basa en documentos para probar o demostrar algo, o que se refiere a ellos: *Su investigación es fidedigna porque presenta pruebas documentales.* ▮ adj./s.m. **2** Referido a un programa de radio, cine o televisión, que trata asuntos o hechos de la realidad con un fin informativo o pedagógico: *Esa película documental ha sido filmada en la selva. Vimos un documental sobre las aves.* □ MORF. Como adjetivo es invariable en género.

documentalista s. **1** Persona que se dedica a hacer programas documentales, esp. si esta es su profesión: *Esa documentalista ha rodado varios cortometrajes sobre los hindúes.* **2** Persona que se dedica profesionalmente a la preparación y elaboración de todo tipo de informes, de noticias y de datos bibliográficos acerca de un asunto: *La documentalista te sacará del archivo las imágenes que necesites para el informativo.* □ MORF. Es de género común y exige concordancia en masculino o en femenino para señalar la diferencia de sexo: *el documentalista, la documentalista.*

documentar v. **1** Referido a una cuestión, aportar documentos para probarla o demostrarla: *No hagas acusaciones si no puedes documentarlas.* **2** Informar acerca de lo que atañe a un asunto: *Tu conferencia ha sido brillante porque te has documentado muy bien.*

documento s.m. **1** Escrito en el que constan datos fiables para probar o acreditar algo: *Esta escritura notarial es el documento que justifica lo que te digo.* **2** Lo que informa o ilustra sobre un hecho: *Algunas películas son verdaderos documentos históricos.*

dodeca- Elemento compositivo que significa 'doce': *dodecasílabo, dodecágono, dodecaedro.*

dodecaedro s.m. En geometría, cuerpo geométrico limitado por doce polígonos o caras: *Las caras del dodecaedro regular son pentágonos regulares.* □ SEM. Dist. de *dodecágono* (polígono).

dodecágono, na adj./s.m. En geometría, referido a un polígono, que tiene doce lados y doce ángulos: *Un polígono dodecágono tiene siete lados más que un pentágono. Un dodecágono casi parece una circunferencia.* □ SEM. Dist. de *dodecaedro* (cuerpo geométrico).

dodecasílabo, ba adj./s.m. De doce sílabas, esp. referido a un verso: *En castellano no hay vocablos dodecasílabos. El dodecasílabo fue utilizado por Juan de Mena en su 'Laberinto de Fortuna'.*

dodo s.m. Ave de gran tamaño, incapaz de volar, que tenía el pico fuerte y ganchudo y movimientos torpes y cuya hembra ponía un solo huevo que debía ser incubado por el macho y la hembra: *El dodo está actualmente extinguido y vivía en algunas islas del océano Pacífico.* □ MORF. Es un sustantivo epiceno y la diferencia de sexo se señala mediante la oposición *el dodo {macho/hembra}.*

dodotis s.m. Pañal de un solo uso, hecho con celulosa absorbente y que se ajusta al cuerpo por medio de unas tiras adhesivas (por extensión del nombre de la marca comercial *Dodotis®*): *En cuanto le cambie el dodotis al bebé, iremos a pasear.* □ USO Su uso es innecesario y puede sustituirse por *pañal.*

dogma s.m. **1** Afirmación que se considera verdadera y segura, y que no puede se negada ni puesta en duda por sus adeptos: *La lucha de clases es uno de los dogmas del marxismo.* **2** Fundamento o conjunto de los puntos principales de una ciencia, de un sistema, de una doctrina o de una religión: *La Iglesia católica considera sus dogmas como verdades reveladas por Dios.*

dogmático, ca adj./s. Referido a una persona, que es inflexible en sus opiniones y las mantiene como verdades firmes que no admiten duda ni contradicción: *Una persona dogmática suele ser intransigente. Los dogmáticos están convencidos de que siempre tienen razón.*

dogmatismo s.m. **1** Presunción de quien se muestra inflexible en sus opiniones al mantenerlas como verdades firmes que no admiten duda ni contradicciones: *Habla con dogmatismo porque tiene un alto concepto de sí mismo.* **2** Conjunto de las afirmaciones que se consideran principios innegables de una ciencia, de una religión o de una doctrina: *En los últimos años se ha criticado mucho el dogmatismo marxista.*

dogmatizar v. Afirmar y defender como verdades absolutas e innegables principios o ideas que pueden contradecirse: *No dogmatices cuando hablas, porque tú también te equivocas.* □ ORTOGR. La *z* se cambia en *c* delante de *e* →**CAZAR**.

dogo, ga adj./s. Referido a un perro, de la raza que se caracteriza por su gran tamaño y por tener el pelaje oscuro o blanco con manchas negras; *gran danés: El perro dogo tiene mucha fuerza. Mi casa está vigilada por dos enormes dogos.*

dólar s.m. **1** Unidad monetaria estadounidense: *El dólar se divide en cien centavos.* **2** Nombre genérico que recibe la unidad monetaria de distintos países: *El dólar canadiense tiene distinto valor que el australiano.*

dolby s.m. Sistema que reduce el ruido de fondo de la grabación sonora (por extensión del nombre de la marca comercial *Dolby®*): *un equipo de alta fidelidad con dolby.* □ PRON. [dólbi].

dolencia s.f. Enfermedad, achaque o indisposición: *Padece una grave dolencia que requiere tratamiento médico.*

doler ▮ v. **1** Referido a una parte del cuerpo, hacer sentir dolor físico: *Cuando me duelen las muelas me desespero.* **2** Causar pena, tristeza o pesar: *Este fracaso me duele y me apena mucho.* ▮ prnl. **3** Sentir pesar y expresarlo: *Me duelo de mi mala suerte.* **4** Referido al mal ajeno, compadecerse de ello: *Yo también sufro con tu desgracia y me duelo contigo.* □ MORF. Irreg.: La *o* diptonga en *ue* en los presentes, excepto en las personas *nosotros* y *vosotros* →**MOVER**. □ SINT. Constr. como pronominal: *dolerse* DE *algo.*

dolmen s.m. Monumento megalítico formado por una o varias piedras horizontales puestas sobre varias piedras verticales: *Los dólmenes son monumentos funerarios prehistóricos.* □ SEM. Dist. de *menhir* (formado por una sola piedra vertical).

dolor s.m. **1** Sensación molesta que se siente en una parte del cuerpo: *Entre el dolor de cabeza y los dolores en las piernas estoy hecho una pena.* **2** Sentimiento grande de pena, de tristeza o de pesar: *Su muerte me causó un gran dolor.*

dolorido, da adj. Que padece o que siente dolor: *Tengo los pies doloridos de tanto andar.*

doloroso, sa adj. **1** Que causa o implica dolor: *Es muy doloroso saber que hay niños que mueren de hambre.* **2** ‖ **la dolorosa.** *col.* La factura: *Cuando el camarero traiga la dolorosa ¡a ver quién la paga!*

doma s.f. **1** Operación de amansar a un animal mediante el ejercicio y la enseñanza: *La doma de animales es un trabajo que requiere paciencia y habilidad.* **2** Control o represión de una pasión o de un comportamiento: *La doma de las pasiones requiere fuerza de voluntad.*

domador, -a s. Persona que se dedica profesionalmente a la doma de animales o a la exhibición de animales salvajes domados: *El domador metió la cabeza en la boca del león y no le pasó nada.*

domar v. **1** Referido a un animal, amansarlo y hacerlo dócil mediante el ejercicio y la enseñanza: *Ha domado un caballo salvaje y ahora lo monta para pasear.* **2** Referido esp. a una pasión o a una conducta, dominarlas o reprimirlas: *No consigue domar su pasión por el juego.* **3** Referido a una persona, hacer que sea más agradable y de carácter menos áspero; *domesticar: Debes domar a ese niño, porque es muy rebelde.* **4** Referido a un objeto, darle flexibilidad y holgura: *A ver si domo estos zapatos, porque me hacen daño.*

domeñar v. Someter, dominar o sujetar: *No consigue domeñar a ese joven rebelde.*

domesticación s.f. Transformación de las costumbres de un animal salvaje o fiero de forma que se haga doméstico y se acostumbre a la convivencia con seres humanos: *La domesticación de animales fue un gran paso en la historia de la humanidad.*

domesticar v. **1** Referido a un animal, hacerlo doméstico y acostumbrarlo a la convivencia con seres humanos: *El cachorro de león que domestiqué está en el jardín.* **2** Referido a una persona, hacer que sea más agradable y de carácter menos áspero; *domar: Mi suegra siempre dice que yo he domesticado a su hijo.* □ ORTOGR. La *c* se cambia en *qu* delante de *e* →**SACAR**.

doméstico, ca adj. **1** De la casa, del hogar o relacionado con ellos: *Los domingos me dedico a planchar y a otras tareas domésticas.* **2** Referido a un animal, que se cría en la compañía de las personas: *El perro es un animal doméstico, pero el lobo no.* □ SEM. No debe emplearse con el significado de 'nacional' o 'interior' (anglicismo): *Se retrasaron algunos vuelos {*domésticos › nacionales}.*

domiciliación s.f. Autorización de un pago o de un cobro con cargo a una cuenta existente en una entidad bancaria: *Haré la domiciliación de los recibos del gas en mi cuenta.*

domiciliar v. Referido a un pago o a un cobro, autorizarlos con cargo a una cuenta existente en una entidad bancaria: *Ya he domiciliado todos mis pagos en la cuenta corriente.* □ ORTOGR. La *i* nunca lleva tilde.

domiciliario, ria adj. **1** Que se hace o que se cumple a domicilio: *Ese médico hace visitas domiciliarias a los enfermos. Cumplirá un arresto domiciliario de tres días.* **2** Del domicilio o relacionado con él: *Necesito tus datos domiciliarios para mandarte el paquete.*

domicilio s.m. **1** Lugar que legalmente se considera residencia y permanencia habitual de una persona: *Por tu domicilio, no te corresponde votar en este colegio electoral.* **2** Lugar o casa donde se habita de forma fija y permanente: *No tengo domicilio fijo porque viajo mucho.* **3** ‖ **a domicilio. 1** En el domicilio del interesado: *Esa tienda envía la compra a domicilio.* **2** En el campo deportivo o en la pista del contrario: *Vencimos a domicilio por tres goles.*

dominación s.f. Ejercicio del dominio sobre algo o sobre alguien: *Los independentistas opinan que la dominación extranjera dura ya mucho tiempo.*

dominante ▮ adj. **1** En biología, referido a un carácter hereditario, que siempre se manifiesta cuando se posee: *Los caracteres dominantes siempre se ven en el fenotipo. El color de ojos marrón es dominante sobre el azul.* ▮ adj./s. **2** Referido a una persona o a su carácter, que avasalla a otras y no tolera que la contradigan: *Es tan dominante que sus hijos siempre hacen lo que ella quiere. Es un dominante y su mujer nunca opina en la casa.* ▮ s.f. **3** En música, en una escala diatónica, quinto grado a partir de la tónica: *En la escala de do mayor, la dominante es el sol.* □ MORF. 1. Como adjetivo es invariable en género. 2. En la acepción 2, como sustantivo es de género común y exige concordancia en masculino o en femenino para señalar la diferencia de sexo: *el dominante, la dominante.*

dominar v. **1** Referido a algo, tener o ejercer dominio sobre ello: *Los antiguos romanos dominaron a muchos pueblos.* **2** Sujetar, reprimir o contener: *Debes dominar tus nervios.* **3** Referido esp. a un arte o a una ciencia, conocerlas perfectamente: *Domina las matemáticas y resuelve los problemas en menos de nada.* **4** Referido a una extensión de terreno, divisarla desde una altura: *Desde la montaña domino todo el valle.* **5** Referido esp. a un edificio, ser más alto que otros o sobresalir entre ellos: *Las torres dominan toda la ciudad.*

dómine s.m. Antiguamente, persona que enseñaba gramática latina: *Quevedo hizo popular la figura del dómine Cabra, que mataba de hambre a sus alumnos y no los instruía.*

domingas s.f.pl. *vulg.* Pechos femeninos: *¡Vaya domingas tiene esa cantante!*

domingo s.m. Séptimo día de la semana, entre el sábado y el lunes: *Los domingos no trabajo.*

dominguero, ra s. **1** Persona que suele arreglarse y salir a divertirse solo los domingos y festivos: *El campo está lleno de domingueros que desaparecen en cuanto se oculta el sol.* **2** Conductor inexperto porque solo usa el coche los domingos y festivos para salir de la ciudad: *Un dominguero que iba delante de mí frenó bruscamente y casi le doy.* □ USO Tiene un matiz despectivo.

dominical ▌adj. **1** Del domingo o relacionado con él: *Me paso la semana esperando el descanso dominical.* ▌adj./s.m. **2** Referido a un periódico o a su suplemento, que sale los domingos: *El suplemento dominical de este domingo trae buenos artículos. Si tú vas a leer el periódico, pásame a mí el dominical.* □ MORF. Como adjetivo es invariable en género.

dominicano, na adj./s. De la República Dominicana (país centroamericano), o relacionado con ella: *El estado dominicano ocupa la parte este de la isla de Santo Domingo. Los dominicanos son mayoritariamente mulatos.* □ MORF. Como sustantivo se refiere solo a las personas de la República Dominicana.

dominico, ca adj./s. De la Orden de Santo Domingo (fundada por Domingo de Guzmán en el siglo XIII), o relacionado con ella: *Los predicadores dominicos difundían la religión cristiana y convertían a los herejes. Santo Tomás de Aquino fue un dominico.*

dominio s.m. **1** Poder que se ejerce sobre algo o sobre alguien sometiéndolo a la propia voluntad y controlándolo: *Los romanos ejercieron dominio sobre Europa durante mucho tiempo.* **2** Territorio sobre el que alguien, esp. un Estado, ejerce este poder: *En el siglo XVI eran numerosos los dominios españoles.* **3** Conocimiento suficiente de un arte o de una ciencia: *Para ese empleo se necesita el dominio absoluto de dos lenguas.* **4** Ámbito real o imaginario de una actividad: *El estudio de la célula es dominio de la biología.* **5** ‖ **de dominio público.** Sabido o conocido por la mayoría de la gente: *Aunque no es oficial, es de dominio público que habrá elecciones anticipadas.*

dominó s.m. Juego de mesa que consta de veintiocho fichas rectangulares, cada una dividida en dos partes iguales y con una puntuación que señala todas las combinaciones posibles entre el cero y el seis: *En el juego del dominó se ponen las fichas por turno, y gana el que se queda antes sin fichas.*

don s.m. **1** Tratamiento de respeto que se da a los hombres: *Don Antonio es buena persona.* **2** Cualidad o habilidad para hacer algo: *Tienes el don de la palabra y le convencerás con facilidad.* **3** Regalo, dádiva o bien naturales o sobrenaturales: *El hada le concedió tres dones.* **4** ‖ **don de gentes.** El que se tiene para tratar a otras personas, para convencerlas o para atraer su simpatía: *Su don de gentes hace que tenga muchos amigos.* ‖ **don nadie.** Persona de poca influencia, a la que no se reconoce ningún valor: *Se cree un don nadie porque los demás no le hacen ni caso.* □ MORF. En la acepción 1, su femenino es *doña.* □ SINT. En la acepción 1, se usa antepuesto a un nombre propio de persona.

donación s.f. Entrega voluntaria y gratuita de algo que se posee: *Hizo donación de una importante cantidad de dinero.*

donaire s.m. Agilidad, discreción y gracia en la forma de hablar o de moverse: *Es modelo y por eso camina con tanto donaire.*

donar v. Regalar o ceder voluntaria y gratuitamente; *dar: Donó su finca para que se construyera allí un colegio. Soy A positivo y dono sangre cada tres meses.*

donativo s.m. Dádiva, regalo o cesión, esp. si se hacen con fines benéficos: *Ha hecho un importante donativo para la lucha contra el cáncer.*

doncel s.m. **1** Antiguamente, joven noble que aún no había sido armado caballero: *Los donceles entraban al servicio de algún señor y aprendían el uso de las armas.* **2** *poét.* Joven que no ha tenido relaciones sexuales: *El joven escudero dijo que solo dejaría de ser doncel con la dama de sus sueños.* □ MORF. En la acepción 2, su femenino es *doncella.*

doncella s.f. **1** *poét.* s.f. de **doncel. 2** Mujer que forma parte del servicio doméstico de una casa y se dedica a los trabajos ajenos a la cocina: *La doncella ayudó a vestirse a la duquesa.*

doncellez s.f. *poét.* Virginidad: *Cuidaba su doncellez como su don más preciado.*

donde adv.relat. Designa un lugar ya mencionado o sobrentendido: *Esa es la calle donde vivo. Iré donde quieras.* □ ORTOGR. 1. Dist. de *dónde.* 2. Precedido de la preposición *a*, se escribe *adonde*; incorr. **a donde.* □ SINT. 1. En frases sin verbo, funciona como una preposición: *Estuve donde tus tíos.* 2. Es un relativo con o sin antecedente. □ SEM. *Adonde* y *en donde* tienen el mismo significado que *donde.* □ USO *Por donde* se usa, generalmente precedido de un imperativo, para expresar un hecho inesperado: *Creíamos que no volverías y, mira tú por donde, no has podido estar sin nosotros ni un día.*

dónde adv. **1** En qué lugar o en qué sitio: *¿Dónde vives? ¿Por dónde pasa este autobús y hasta dónde llega?* **2** ‖ **de dónde.** Expresión que se utiliza para indicar sorpresa: *¿De dónde has sacado tú que yo sé hablar arameo?* □ ORTOGR. 1. Dist. de *donde.* 2. Precedido de la preposición *a*, se escribe *adónde.* □ SEM. *Adónde* y *en dónde* se usan con el mismo significado que *dónde.*

dondequiera adv. En cualquier parte: *Dondequiera que esté, lo encontraré.* □ MORF. Se admite también *donde quiera.*

dondiego s.m. Planta herbácea con tallos derechos, hojas opuestas y lanceoladas, y flores generalmente rojas, amarillas o blancas con forma de embudo que están abiertas solo durante la noche; *dondiego de noche: El dondiego se cultiva en jardines.*

donjuán s.m. Hombre aficionado a seducir mujeres (por alusión al personaje literario de don Juan, galanteador y atrevido): *Ese donjuán es todo amabilidad con las mujeres.* □ MORF. Su plural es *donjuanes.*

donostiarra adj./s. De San Sebastián o relacionado con

esta ciudad guipuzcoana: *La ciudad donostiarra es la capital de Guipúzcoa. Los donostiarras están acostumbrados a que los turistas frecuenten la playa de La Concha.* □ MORF. 1. Como adjetivo es invariable en género. 2. Como sustantivo es de género común y exige concordancia en masculino o en femenino para señalar la diferencia de sexo: *el donostiarra, la donostiarra*. 3. Como sustantivo se refiere solo a las personas de San Sebastián.

donut s.m. Bollo esponjoso y frito con forma de rosquilla, cubierto de azúcar o de chocolate (por extensión del nombre de la marca comercial *Donut®*): *¿Quieres un donut con el café?* □ PRON. [dónut].

doña s.f. Tratamiento de respeto que se da a las mujeres: *Esta tarde iremos a casa de doña Carmen.* □ MORF. Su masculino es *don*. □ SINT. Se usa antepuesto a un nombre de pila.

dopaje s.m. Uso de determinadas sustancias para conseguir un mayor rendimiento en el deporte: *En el deporte, el dopaje se castiga con severidad.* □ USO Es innecesario el uso del anglicismo *doping*.

doparse v.prnl. Tomar sustancias estimulantes para conseguir un mayor rendimiento, esp. en competiciones deportivas: *La federación ha descalificado a ese deportista porque se dopaba.*

doping (anglicismo) s.m. →**dopaje.** □ PRON. [dópin].

doquier adv. *ant.* →**dondequiera.** □ SINT. Se usa más en la expresión *por doquier*.

doquiera adv. *ant.* →**dondequiera.**

dorado, da ▌adj. **1** Del color del oro o semejante a él: *Tengo una sortija dorada, pero no es de oro.* **2** Referido esp. a un período de tiempo, esplendoroso o feliz: *Nunca olvidaré los años dorados de mi juventud.* ▌s.m.pl. **3** Conjunto de adornos metálicos, de oro o de latón: *Limpiaré los dorados de la puerta con esta pasta especial.* ▌s.f. **4** Pez marino con el dorso gris azulado, los flancos amarillos plateados y un mancha dorada sobre la frente, entre los ojos: *La dorada era muy apreciada como alimento entre los antiguos romanos y griegos.* □ MORF. En la acepción 4, es un sustantivo epiceno y la diferencia de sexo se señala mediante la oposición *la dorada {macho/hembra}*.

dorar v. **1** Referido a un alimento, asarlo o freírlo ligeramente: *Tienes que dorar cebolla en la sartén antes de echar la carne.* **2** Cubrir con oro o dar el aspecto del oro: *Quiero dorar este jarrón de latón.*

dórico, ca ▌adj. **1** De la Dóride (región de la antigua Grecia), o relacionado con ella; *dorio: La llanura dórica producía mucho trigo.* **2** En arte, del orden dórico: *El capitel dórico es más sencillo que el jónico o el corintio.* ▌s.m. **3** →**orden dórico.**

dorio, -a adj./s. De la Dóride (región de la antigua Grecia), o relacionado con ella: *El territorio dorio era rico en cereales y pastos. Los dorios daban a sus jóvenes una formación militar muy completa.* □ SEM. Como adjetivo es sinónimo de *dórico*.

dormida s.f. *col.* Acto de dormir, durante el cual se suspende la actividad consciente y se reposa con el sueño: *Con una dormida de un par de horas estaremos como nuevos.*

dormilón, -a adj./s. *col.* Que duerme mucho o que se duerme con facilidad: *No seas dormilón y despierta, porque ya es tarde. Eres una dormilona y se te pegan las sábanas.*

dormir ▌v. **1** Estar o hacer estar en un estado de reposo en el que se suspende la actividad consciente: *Estoy tan cansada que me dormiría aquí mismo. Acuné al niño para dormirlo.* **2** Pasar la noche en un lugar, esp. si es fuera del domicilio propio; *pernoctar: Esta última semana he dormido en casa de mis tíos.* **3** Producir mucho aburrimiento: *Esa película tan larga duerme a cualquiera.* **4** *euf. col.* Tener relaciones sexuales: *No dormiría con ese chico ni aunque fuera el único hombre del mundo.* ▌prnl. **5** Descuidarse en una acción y no realizarla con la diligencia y con el cuidado necesarios: *No te duermas y acaba de una vez los deberes.* **6** Referido a un miembro del cuerpo, adormecerse o perder temporalmente la sensibilidad: *Siento un hormigueo en el pie porque se me está durmiendo.* □ MORF. 1. Irreg. →**DORMIR**.

dormitar v. Estar medio dormido o dormir con un sueño poco profundo: *El abuelo dormitaba y daba cabezadas viendo la televisión.*

dormitorio s.m. En una casa, cuarto destinado a dormir; *alcoba: Quiero que tengas siempre bien ordenado tu dormitorio.*

dorsal ▌adj. **1** Del dorso, espalda o lomo, o relacionado con ellos: *La espina dorsal de una persona está en su espalda. La aleta dorsal de los peces está en la parte superior del cuerpo.* **2** En fonética y fonología, referido a un sonido, que se articula con el dorso de la lengua: *[ch] es un sonido dorsal.* ▌s.m. **3** Trozo de tela con un número, que llevan en la espalda los participantes en algunos deportes: *Ha ganado la carrera un ciclista con el dorsal 53.* ▌s.f. **4** Letra que representa un sonido dorsal: *La 'k' es una dorsal.* □ MORF. Como adjetivo es invariable en género.

dorso s.m. Parte posterior de algo o parte opuesta a la que se considera principal: *Escribe el remite en el dorso del sobre.* 👁 **mano**

dos ▌numer. **1** Número 2: *Vendrá dentro de dos horas a recogerte. Invité a todos tus amigos, pero solo vinieron dos.* ▌s.m. **2** Signo que representa este número: *Los romanos escribían el dos como 'II'.* **3** ‖ **(a) cada dos por tres.** Con frecuencia: *Cada dos por tres prepara una fiesta en su casa.* ‖ **una de dos.** Expresión que se usa para contraponer dos cosas por una de las cuales hay que optar: *Una de dos: o te vienes en coche con nosotros, o te vas tú solo en autobús.* □ MORF. 1. Como numeral es invariable en género y en número. 2. →APÉNDICE DE PRONOMBRES.

doscientos, tas ▌numer. **1** Número 200: *Este libro tiene doscientas páginas. Cien más cien son doscientos. En la carrera llegué el doscientos.* ▌s.m. **2** Signo que representa este número: *Los romanos escribían el doscientos como 'CC'.* □ MORF. 1. Como numeral es invariable en número. 2. Incorr. *página {*doscientos › doscientas}*. 3. →APÉNDICE DE PRONOMBRES.

dosel s.m. Cubierta ornamental con forma de techo, que se coloca a cierta altura sobre un altar, un trono, una cama o algo semejante: *El rey se sentó en un sitial con dosel para presenciar el desfile.* 👁 **cama**

dosier s.m. Informe, expediente o conjunto de papeles y documentos sobre un asunto: *La revista incluye un dosier actualizado y muy completo sobre el problema del hambre en el mundo.* □ USO Es innecesario el uso del galicismo *dossier*.

dosificación s.f. División o graduación de algo en dosis: *La dosificación de un medicamento debe hacerla el médico.*

dosificar v. Dividir o graduar en dosis: *Dosifica tus esfuerzos o no podrás llegar al final de la carrera.* □ ORTOGR. La *c* se cambia en *qu* delante de *e* →**SACAR**.

a b c d e f g h i j k l m n ñ o p q r s t u v w x y z

dosis s.f. **1** Cantidad de un medicamento o de otra sustancia que debe tomarse cada vez: *El médico me cambió la dosis y ahora solo tomo una pastilla al día.* **2** Cantidad o porción de algo: *A ese libro no le falta su dosis de humor.* □ MORF. Invariable en número.

dossier (galicismo) s.m. →**dosier.** □ PRON. [dosiér].

dotación s.f. **1** Equipamiento o provisión con algo que proporciona una mejora: *El Gobierno aprobó un plan para la dotación al país de modernas vías de comunicación.* **2** Concesión a una persona de los dones o cualidades que se expresan: *Solo el Creador puede ser autor de la dotación de una persona con tantas virtudes.* **3** Asignación del personal y de los medios necesarios para el funcionamiento de un lugar: *La dotación de los colegios públicos en esta comunidad es competencia de la Consejería de Educación.* **4** Conjunto de las personas asignadas para un servicio: *La dotación de un barco está constituida por los marineros y oficiales que prestan servicio en él.* **5** Asignación de una cantidad como pago: *La dotación de la beca no es muy cuantiosa, pero le da para vivir.*

dotado, da adj. **1** Equipado o provisto: *Inauguraron un nuevo hospital dotado con los últimos adelantos tecnológicos.* **2** Que tiene condiciones o cualidades naturales para una actividad: *Ya desde pequeño, se veía que estaba dotado para la pintura.*

dotar v. **1** Equipar o proveer con algo que proporcione una mejora: *Este vehículo viene dotado con todas las comodidades.* **2** Referido a una persona, darle o concederle los dones o cualidades que se expresan: *Según la Biblia, Dios dotó al hombre de inteligencia.* **3** Referido a un lugar, asignarle el personal y los medios necesarios para su funcionamiento: *Cada Ministerio cuenta con un presupuesto para dotar las oficinas que dependen de él.* **4** Referido esp. a un cargo, asignarle una cantidad como pago: *Dotaron los cargos directivos con una suma desproporcionada en comparación con los sueldos medios.* □ SINT. Constr. de las acepciones 1 y 2: *dotar* DE *algo.*

dote ▮ s. **1** Conjunto de dinero o de bienes que lleva una mujer al matrimonio o que entrega al convento o a la orden religiosa en que profesa: *No todos los padres de familia podían dar a sus hijas una dote cuando iban a casarse.* ▮ s.f. **2** Cualidad o buena capacidad de una persona para una actividad: *Sus dotes para el canto son extraordinarias.* □ MORF. 1. En la acepción 1, aunque se usa más como femenino, es de género ambiguo y admite concordancia en masculino y en femenino sin cambiar el significado: *{el/la} dote {paterno/paterna}.* 2. La acepción 2 se usa más en plural.

dovela s.f. En arquitectura, piedra labrada en forma de cuña truncada para formar un arco, una bóveda u otras superficies: *En un arco románico de medio punto se aprecian muy bien las dovelas.* 👁 **arco**

dracma s. Unidad monetaria griega hasta la adopción del euro: *La dracma dejó de ser válida en febrero del año 2002.* □ MORF. Es de género ambiguo y admite concordancia en masculino o en femenino sin cambiar de significado: *{el/la} dracma.*

draga s.f. Máquina que se emplea para excavar y limpiar el fondo de puertos y zonas de aguas navegables, extrayendo de ellos fango, piedras u otros materiales: *Las modernas dragas facilitan mucho las tareas de limpieza de los fondos marinos.*

dragado s.m. Excavación y limpieza del fondo de una zona de aguas navegables con una draga: *El dragado del puerto permitirá que atraquen en él barcos de mayor calado.*

dragaminas s.m. Barco preparado para limpiar el mar de minas submarinas: *Precediendo a la escuadra iba una flotilla de dragaminas para detectar posibles minas enemigas.* □ MORF. Invariable en número. 👁 **embarcación**

dragar v. Referido esp. a una zona de aguas navegables, excavar y limpiar su fondo con una draga: *Periódicamente dragan el puerto para evitar acumulaciones que puedan dañar el casco de los barcos.* □ ORTOGR. La *g* se cambia en *gu* delante de *e* →**PAGAR.**

drago s.m. Árbol de hasta veinte metros de altura, de tronco grueso, ramificado y liso, copa amplia y siempre verde, pequeñas flores acampanadas de color blanco verdoso con estrías encarnadas, y fruto en forma de baya anaranjada: *El drago es un árbol de vida muy larga, propio de las islas Canarias.*

dragón s.m. **1** Animal fabuloso, con cuerpo en forma de serpiente muy corpulenta, con patas y alas, y al que se atribuye gran fiereza y la capacidad de arrojar fuego por la boca: *En el cuento aparece un dragón que tenía atemorizado a todo un pueblo e incendiaba cuanto encontraba a su paso.* 👁 **mitología** **2** Reptil parecido al lagarto, de unos veinte centímetros de largo, cuya piel forma a ambos lados del abdomen una especie de alas que le ayudan en los saltos, y que suele vivir subido a los árboles: *El dragón es un reptil propio de Filipinas y de otras zonas tropicales asiáticas.* **3** Embarcación deportiva de vela, de nueve metros de longitud como máximo: *La embarcación ganadora de la última competición náutica ha sido un dragón español.* **4** Antigua embarcación vikinga movida por remos y por una vela, y utilizada para el transporte: *En las expediciones guerreras, las proas de los dragones se adornaban con tallas de monstruos míticos.* 👁 **embarcación**

drama s.m. **1** Obra literaria destinada a ser representada en un escenario, y cuyo argumento se desarrolla mediante la acción y el lenguaje directo y dialogado de los personajes: *Tragedias y comedias son distintos tipos de dramas.* **2** Género literario formado por las obras de este tipo; *dramática, dramaturgia: El drama es, junto con la lírica y la épica, uno de los tres grandes géneros clásicos.* **3** Obra teatral o cinematográfica, en que se presentan acciones y situaciones desgraciadas o dolorosas, y sin llegar a los grados extremos de la tragedia: *La película era un drama sobre las penalidades de una familia durante la guerra.* **4** Suceso que interesa y conmueve vivamente: *Hay que terminar con el drama de los refugiados políticos.*

dramática s.f. Véase **dramático, ca.**

dramático, ca ▮ adj. **1** Del drama, relacionado con él, o con rasgos propios de este género literario o de este tipo de obras: *Estudia arte dramático para convertirse en actor.* **2** Capaz de interesar y conmover vivamente: *Toda la prensa se hace eco del dramático caso de la niña desaparecida.* **3** Teatral o falto de naturalidad: *Se pone tan dramático para contar cualquier cosa, que parece que le va la vida en ello.* ▮ adj./s. **4** Referido a un autor, que escribe obras dramáticas: *Vimos una comedia de un autor dramático poco conocido. Calderón de la Barca es uno de nuestros grandes dramáticos religiosos.* ▮ s.f. **5** Género literario formado por los dramas u obras destinadas a ser representadas en un escenario; *drama: El teatro de Lope de Vega es una de las cumbres de la dramática en*

España. **6** Arte de componer estas obras: *La dramática clásica establecía que en las obras de teatro debían respetarse las unidades de tiempo, lugar y acción.* □ SEM. En las acepciones 5 y 6, es sinónimo de *dramaturgia*.

dramatismo s.m. Carácter de lo que es dramático o de lo que tiene capacidad para interesar y conmover vivamente: *Nos relató con gran dramatismo cómo lo rescataron del vagón incendiado.*

dramatización s.f. Exageración de algo, poniéndole tintes dramáticos o afectados: *Si no puedes evitar la dramatización de esos pequeños problemas, no sé cómo te vas a enfrentar a los verdaderamente importantes.*

dramatizar v. Exagerar con tintes dramáticos o afectados: *¡Anda, no dramatices, que no ha sido para tanto!* □ ORTOGR. La *z* se cambia en *c* delante de *e* ⟶**CAZAR**.

dramaturgia s.f. ⟶**dramático, ca.**

dramaturgo, ga s. Autor de obras dramáticas o teatrales: *Buero Vallejo es un dramaturgo español del siglo XX.*

dramón s.m. *col.* Drama de baja calidad, en el que se exageran los aspectos que pueden conmover más al espectador: *La telenovela que están echando me parece un dramón que solo busca hacer llorar.* □ USO Tiene un matiz despectivo.

drapeado, da adj. Referido esp. a una prenda de vestir, con muchos pliegues: *Las faldas drapeadas tienen mucho vuelo.*

drástico, ca adj. Enérgico, radical, riguroso o muy severo: *Tomaron medidas drásticas para atajar la situación y evitar consecuencias más graves.*

drenaje s.m. **1** Desagüe o eliminación del agua acumulada en un lugar, generalmente mediante zanjas o cañerías: *El campo cuenta con un sistema de drenaje para evitar que se encharque el agua.* **2** En medicina, operación que se realiza para dar salida a los líquidos anormalmente acumulados en el interior de una herida o de una cavidad orgánica: *Le han practicado un drenaje en la herida para que no se cierre y permitir así la eliminación del líquido del interior.* **3** Tubo, gasa u otro material que se utiliza en esta operación: *La enfermera me cambió el drenaje que me habían puesto en la herida.*

drenar v. **1** Referido a un lugar, dar salida al agua acumulada en él, generalmente mediante zanjas o cañerías: *Después de las inundaciones, tuvieron que drenar varios campos.* **2** En medicina, referido esp. a una herida o a una cavidad orgánica, dar salida a los líquidos anormalmente acumulados en su interior: *Tuvieron que drenarme la herida para sacarme el pus.*

dríada s.f. ⟶**dríade.**

dríade s.f. En la mitología grecolatina, ninfa o divinidad de los bosques, cuya vida duraba lo que la del árbol al que se suponía unida; *dríada*: *Una de las dríades más famosas era Eurídice, esposa de Orfeo.*

dribbler (anglicismo) s. En algunos deportes de equipo, jugador que dribla o regatea muy bien a los del equipo contrario: *Este extremo es un gran dribbler.* □ PRON. [dríbler]. □ USO Su uso es innecesario y puede sustituirse por *regateador*.

dribbling (anglicismo) s.m. En algunos deportes de equipo, amago que se hace a un contrario con un movimiento engañoso para no dejarse quitar el balón por él: *Con un habilidoso dribbling, se deshizo del defensa y se presentó en solitario ante la portería.* □ PRON. [dríblin]. □ USO Su uso es innecesario y puede sustituirse por *regate* o *finta*.

driblar v. En algunos deportes de equipo, referido a un contrario, amagarle con un movimiento engañoso para no dejarse quitar el balón por él: *El pívot de nuestro equipo encestó después de driblar a dos defensas.* □ USO Su uso es innecesario y puede sustituirse por *regatear*.

dril s.m. Tejido fuerte de algodón o de lino crudos o sin tratar: *Para limpiar el garaje se puso unos pantalones de dril.* □ ORTOGR. Es un anglicismo (*drill*) adaptado al español.

droga s.f. **1** Sustancia o preparado que produce estimulación, depresión, alucinaciones o disminución de la sensibilidad o de la consciencia, y cuyo consumo reiterado puede crear adicción o dependencia: *La heroína y la cocaína son dos de las drogas que más muertes han causado.* **2** *col.* Lo que atrae hasta el punto de ser más fuerte que la voluntad: *Para él, el trabajo es una droga sin la que no sabría vivir.* **3** ‖ **droga blanda.** La que no crea adicción o lo hace en bajo grado: *Muchos expertos consideran engañoso distinguir entre drogas blandas o duras, porque todas son perjudiciales.* ‖ **droga dura.** La que crea una fuerte adicción: *Muchos que empiezan fumando porros acaban pasándose a las drogas duras y convirtiéndose en drogadictos.*

drogadicción s.f. Dependencia física o psíquica de alguna droga, ocasionada por el consumo reiterado de esta; *adicción*: *El alcoholismo es un problema de drogadicción grave en las sociedades modernas.*

drogadicto, ta adj./s. Referido a una persona, que tiene una dependencia física o psíquica de alguna droga, ocasionada por el consumo reiterado de esta; *drogodependiente*: *Los hijos de padres drogadictos suelen tener problemas de salud. Cuando un drogadicto está con el síndrome de abstinencia, puede perder completamente el control de sus actos.* □ USO En la lengua coloquial se usan mucho las formas *drogata* y *drogota*.

drogar v. Administrar alguna droga: *Al final de su enfermedad, tenía tantos dolores que lo drogaban constantemente para que no sufriera. Cuando empezó a drogarse, perdió trabajo y amigos, y su vida se convirtió en un infierno.* □ ORTOGR. La *g* se cambia en *gu* delante de *e* ⟶**PAGAR**.

drogata s. *col.* ⟶**drogadicto, ta.** □ MORF. Es de género común y exige concordancia en masculino o en femenino para señalar la diferencia de sexo: *el drogata, la drogata*.

drogodependencia s.f. Dependencia física o psíquica que tiene un drogadicto y que le lleva a hacer uso habitual de drogas o de estupefacientes: *La drogodependencia empuja a muchos drogadictos a cometer actos delictivos para conseguir la droga que necesitan.* □ MORF. Se usa mucho la forma abreviada *dependencia*.

drogodependiente adj./s. ⟶**drogadicto, ta.** □ MORF. 1. Como adjetivo es invariable en género. 2. Como sustantivo es de género común y exige concordancia en masculino o en femenino para señalar la diferencia de sexo: *el drogodependiente, la drogodependiente*.

drogota s. *col.* ⟶**drogadicto, ta.** □ MORF. Es de género común y exige concordancia en masculino o en femenino para señalar la diferencia de sexo: *el drogota, la drogota*.

droguería s.f. Establecimiento en el que se venden productos de limpieza, pinturas y otros semejantes: *Compré detergente, lejía y betún en la droguería de la esquina.*

droguero, ra s. Persona que se dedica profesionalmente a la elaboración o a la venta de artículos de droguería: *Como no sabía qué tipo de pintura comprar, le pedí al droguero que me aconsejase.*

dromedario s.m. Mamífero rumiante propio de zonas

a b c d e f g h i j k l m n ñ o p q r s t u v w x y z

árabes y norteafricanas, muy parecido al camello pero con una sola joroba, y muy empleado en el desierto como animal de carga y medio de transporte: *Los dromedarios pueden aguantar días enteros sin beber gracias a su estómago, que actúa como una reserva de agua.* ☐ MORF. Es un sustantivo epiceno y la diferencia de sexo se señala mediante la oposición *el dromedario {macho/hembra}*. ☐ SEM. Dist. de *camello* (rumiante con dos jorobas). 👁 **rumiante**

druida s.m. Sacerdote de los antiguos celtas: *Los druidas ejercían, además de como sacerdotes, como jueces y maestros.*

drupa s.f. En botánica, fruto carnoso, con una sola semilla en su interior rodeada por un endocarpio o envoltura leñosos en forma de hueso: *El melocotón y la ciruela son drupas.*

druso, sa ▌adj. **1** De los drusos o relacionado con estos habitantes libaneses o sirios: *La religión drusa combina elementos del islamismo, del cristianismo y de otras religiones.* ▌adj./s. **2** Habitante de territorios libaneses o sirios, que tiene una religión que deriva de la mahometana: *En el Líbano se han producido violentos enfrentamientos entre grupos drusos y cristianos. Los drusos creen en el juicio final.*

dseda s.f. En el alfabeto griego clásico, sexta letra: *La grafía de la dseda mayúscula es 'Z'.*

dual adj. Que reúne o presenta dos aspectos, dos caracteres o dos fenómenos distintos: *Según algunas religiones, la persona es un ser dual, compuesto de alma y de cuerpo.* ☐ MORF. Invariable en género.

dualidad s.f. Existencia de dos aspectos, caracteres o fenómenos distintos en una misma persona o en un mismo estado de cosas; *dualismo*: *La personalidad de un esquizofrénico se suele caracterizar por su marcada dualidad.*

dualismo s.m. →**dualidad.**

dubitación s.f. →**duda.** ☐ USO Su uso es característico del lenguaje culto.

dubitativo, va adj. Que implica, manifiesta o expresa duda: *Miraba dubitativo los dos trajes, sin saber cuál elegir.*

dubles s.m.pl. *col.* Juego que consiste en saltar a la comba dejando pasar la cuerda bajo los pies más de una vez en cada salto: *Soy muy patosa, y nunca aprendí a saltar dubles.*

ducado s.m. **1** Estado gobernado por un duque: *Luxemburgo es un ducado europeo.* **2** Título nobiliario de duque: *El ducado de la casa de Alba es uno de los títulos nobiliarios españoles más antiguos.* **3** Territorio sobre el que antiguamente un duque ejercía su autoridad: *Heredó de su padre y anterior duque un ducado de cientos de hectáreas.* **4** Antigua moneda de oro española: *Los ducados y los doblones eran monedas de curso corriente en la España del siglo XVI.*

ducha s.f. Véase **ducho, cha.**

duchar v. **1** Dar una ducha: *La madre advirtió al niño: «¡Te duchas tú o te ducho yo!». Se levantó y se duchó con agua fría para espabilarse.* **2** *col.* Empapar con gotas de un líquido: *Con los charcos que hay por aquí, como pase un coche un poco deprisa nos ducha enteros. Le hicieron reír cuando tenía la boca llena de sopa y duchó a todos los que estaban cerca.* ☐ MORF. En la acepción 1, se usa más como pronominal.

ducho, cha ▌adj. **1** Experimentado o con conocimiento y destreza en una actividad: *Pregúntale a otro, que en ese tema no ando yo muy ducho.* ▌s.f. **2** Aplicación de agua en forma de lluvia o de chorro, haciéndola caer sobre el cuerpo, para limpiarlo o para refrescarlo: *Me di una ducha y me quedé como nuevo.* **3** Aparato o instalación que sirve para aplicar agua de esta forma: *Las duchas en forma de teléfono son muy cómodas, porque permiten echarse el agua por donde se quiera.* **4** Recipiente de loza o de otro material en el que cae y se recoge el agua que sale de este aparato: *En el cuarto de baño han puesto una ducha, porque no cabía una bañera.* **5** Habitación o lugar donde está instalado uno de esos aparatos: *Las duchas están junto a los vestuarios.* **6** Hecho de empapar algo con un líquido en forma de gotas: *Procura que no se te caiga ese jarro de vino, no nos vayas a dar una ducha.* **7** ‖ **ducha de agua fría.** *col.* Noticia o suceso generalmente repentinos y que producen una impresión fuerte y desagradable o decepcionante: *El rechazo de su propuesta fue una ducha de agua fría para él.*

dúctil adj. **1** Referido esp. a una persona o a su carácter, que se conforma fácilmente con todo y cede a la voluntad de otros: *Con lo dúctil que es, no tendrás que insistirle mucho para convencerlo.* **2** Referido a un metal, que puede ser sometido a grandes deformaciones mecánicas en frío, sin llegar a romperse: *El plomo es un metal extremadamente dúctil.* ☐ MORF. Invariable en género.

ductilidad s.f. **1** Blandura de carácter o tendencia a conformarse fácilmente con todo y a ceder a la voluntad de otros: *Con esa ductilidad tuya, dudo que hayas discutido nunca por defender una opinión.* **2** Propiedad que presenta un metal de poder ser sometido a grandes deformaciones mecánicas en frío, sin llegar a romperse: *La ductilidad del hierro hace posible su forja en frío.*

duda s.f. **1** Inseguridad, vacilación o indeterminación ante opciones distintas o acerca de un hecho o de una información: *Es un hecho científicamente demostrado y que no admite duda.* **2** Desconfianza o sospecha: *Existen serias dudas sobre su inocencia en este asunto. No admito que pongas en duda mis afirmaciones.* **3** Cuestión que se propone para solucionarla o resolverla: *Dedicamos la última clase antes del examen a ver dudas.* ☐ SEM. Es sinónimo de *dubitación*.

dudar v. **1** Estar inseguro, vacilante o indeciso entre opciones contradictorias: *Si dudas así en todo, no me extraña que tardes tanto en hacer cualquier cosa. Dudo que apruebe el curso si no estudia un poco más. Con esta información, dudo del resultado del estudio.* **2** Desconfiar o sospechar: *Los celos le hacen dudar de su pareja sin motivo.* **3** Referido a una información que se oye, no concederle crédito o considerarla poco fiable: *Dicen que la estafa fue obra suya, pero, conociendo su honradez, lo dudo.* ☐ SINT. 1. Constr. de la acepción 1: *dudar algo* o *dudar* DE *algo*. 2. Constr. de la acepción 2: *dudar* DE *alguien*.

dudoso, sa adj. **1** Que ofrece duda, inseguridad o sospecha: *Anda metido en negocios de dudosa legalidad.* **2** Indeciso en la forma de actuar: *De momento está muy dudoso y no sabe cuál de las dos ofertas aceptará.* **3** Inseguro o poco probable: *Están invitados, pero es dudoso que vengan.*

duelo s.m. **1** Combate o pelea entre dos, como consecuencia de un reto o de un desafío: *El caballero retó a duelo al que le había ofendido y le anunció la visita de sus padrinos para fijar momento y lugar.* **2** Enfrentamiento entre dos, muy reñido o en el que cada uno busca la derrota del contrario: *El jefe del Gobierno y el de la oposición* *mantuvieron un violento duelo dialéctico.* **3** Conjunto de demostraciones que se hacen como manifestación de dolor por la muerte de una persona: *Más valiera que le hubiesen ayudado en vida esos que ahora hacen tanto duelo por su muerte.* **4** Conjunto de las personas que asisten a la casa mortuoria o a los actos funerales como demostración de su sentimiento por una muerte: *El duelo se despidió a la entrada del cementerio.*

duende s.m. **1** Espíritu fantástico y travieso, que suele representarse con figura de viejo o de niño, y del que se dice que habita en algunas casas y lugares, causando en ellos alteraciones y desórdenes: *En un famoso cuento popular, aparecen unos duendecillos que cada noche ayudaban a un zapatero en su trabajo.* **2** Encanto o atractivo, esp. el que resulta misterioso y no se puede explicar con palabras: *No es una gran bailarina, pero encandila al público porque tiene duende.*

dueño, ña s. **1** Persona que tiene la propiedad o el dominio de algo: *Pasaron los tiempos en que alguien podía comprar a otra persona y convertirse en su dueño y señor.* **2** ‖ **dueño de sí mismo.** Referido a una persona, que sabe dominarse y no dejarse arrastrar por los primeros impulsos: *En todo momento se mantuvo serena y dueña de sí misma.* ‖ **ser (muy) dueño de** hacer algo. *col.* Tener libertad o derecho para ello: *Cada quien es muy dueño de hacer lo que le venga en gana, siempre que no moleste a los demás.*

duermevela s. Sueño ligero o frecuentemente interrumpido: *Con los nervios de la espera he pasado la noche en duermevela.* □ MORF. Es de género ambiguo y admite concordancia en masculino y en femenino sin cambiar de significado: *{el/la} duermevela {intranquilo/intranquila}.*

dulce ▌adj. **1** De sabor suave y agradable al paladar, como el del azúcar o la miel: *En las pastelerías venden productos dulces.* 👁 **sabor** **2** Que no sabe agrio ni salado, esp. si se considera comparativamente con otras cosas de la misma especie: *Los vinos dulces están bien como aperitivo, pero no para acompañar platos de carne.* **3** Agradable, apacible o que resulta placentero: *Aprovecha las oportunidades que te salgan en este momento dulce de tu vida.* **4** Amable, complaciente o afectuoso en el trato: *Da gusto hablar con personas tan dulces y atentas.* ▌s.m. **5** Alimento elaborado con azúcar y en el que el sabor de este ingrediente destaca sobre los demás: *De postre sacaron fruta y dulces variados.* **6** Fruta cocida con almíbar o con azúcar: *Cogimos unos membrillos en el campo para hacer dulce de membrillo.* ▌adv. **7** Dulcemente o con dulzura: *Canta tan dulce que oyéndola se siente uno en el cielo.* □ MORF. Como adjetivo es invariable en género.

dulcero, ra adj. *col.* Aficionado al dulce: *En mi casa somos todos muy dulceros y siempre estamos comprando tartas y pasteles.*

dulcificación s.f. Transformación de algo, haciéndolo más dulce, suave, más agradable o menos áspero: *No creo que una dulcificación de esas severas normas de disciplina produjese desórdenes graves.*

dulcificar v. Hacer más dulce, suave, más agradable o menos áspero: *Tienes que dulcificar un poco tu trato con los niños si quieres que te pierdan el miedo.* □ ORTOGR. La *c* se cambia en *qu* delante de *e* ⟶**SACAR**.

dulcinea s.f. *col.* Amada o mujer querida (por alusión a Dulcinea, dama ideal de la que don Quijote se sentía enamorado): *La que hoy es su mujer ha sido siempre su dulcinea.*

dulzaina s.f. Instrumento musical de viento, formado por un tubo de madera alargado, con agujeros que se tapan con los dedos para producir los diferentes sonidos, y con una doble lengüeta por la que se sopla para hacerlo sonar: *La dulzaina se usa mucho como instrumento popular y folclórico.* 👁 **viento**

dulzor s.m. **1** Sabor suave y agradable al paladar, como el del azúcar o la miel: *Está acostumbrado al azúcar y no le gusta el dulzor de la sacarina.* **2** ⟶**dulzura.**

dulzura s.f. **1** Carácter apacible o bondadoso de lo que resulta agradable o placentero: *El clima mediterráneo se caracteriza por su suavidad y dulzura.* **2** Amabilidad, complacencia o afecto en el trato: *La enfermera trataba al niño con tanta dulzura y cariño que parecía su madre.* **3** ⟶**dulzor.**

duna s.f. En un desierto o en una playa, colina de arena que forma y empuja el viento: *Avanzaban sedientos por el desierto con la esperanza de encontrar un oasis detrás de alguna duna.*

dúo s.m. **1** Composición musical escrita para dos instrumentos o para dos voces: *Lo que más me gustó del recital fue el dúo final para tenor y soprano.* **2** Conjunto formado por este número de instrumentos o de voces: *El famoso pianista actuó primero como solista y, luego, formando dúo con un violonchelista.* **3** Conjunto formado por dos personas, esp. si hay colaboración o entendimiento entre ellas: *Los dos amigos forman un dúo inseparable.*

duodécimo, ma numer. **1** En una serie, que ocupa el lugar número doce: *Diciembre es el duodécimo mes del año. En una fila de trece elementos, el penúltimo es el duodécimo. decimosegundo* **2** Referido a una parte, que constituye un todo junto con otras once iguales a ella; *doceavo: A cada uno de los doce invitados le corresponde una duodécima parte. 2 es un duodécimo de 24.* □ MORF. ⟶APÉNDICE DE PRONOMBRES.

duodenal adj. Del duodeno o relacionado con esta parte del intestino: *Tiene una úlcera duodenal que le produce fuertes dolores.* □ MORF. Invariable en género.

duodeno s.m. Parte inicial del intestino delgado de los mamíferos, que comienza en el estómago y termina en el yeyuno: *El duodeno rodea la cabeza del páncreas, que vierte sus jugos en él.*

dúplex s.m. Vivienda constituida por la unión de dos pisos o apartamentos superpuestos y comunicados entre sí por una escalera interior: *En la planta de arriba del dúplex están los dormitorios y un baño.* □ MORF. Invariable en número. □ SINT. Se usa mucho en aposición, pospuesto a un sustantivo.

duplicación s.f. Multiplicación por dos o aumento de algo en dos veces: *Se teme una duplicación del número de parados en el próximo año.*

duplicado s.m. **1** Copia o segundo documento de las mismas características que el primero, hechos generalmente por si este o el original se pierden: *Mi abogado guarda un duplicado de la escritura de compraventa de mi casa.* **2** ‖ **por duplicado.** En dos ejemplares: *Las solicitudes se presentarán por duplicado en secretaría.*

duplicar v. **1** Multiplicar por dos o hacer dos veces mayor: *Con las obras de ampliación se ha duplicado el espacio disponible.* **2** Hacer exactamente igual dos veces o hacer una copia: *Siempre hemos duplicado los documentos importantes para tener una copia de seguridad.* □ ORTOGR. La *c* se cambia en *qu* delante de *e* ⟶**SACAR**.

duplicidad s.f. Hipocresía, falsedad o manera de ser o

a b c d e f g h i j k l m n ñ o p q r s t u v w x y z

de actuar de quien da a entender lo contrario de lo que verdaderamente siente: *Yo pensaba que eras una persona sincera, y no he advertido tu duplicidad hasta este momento.*

duplo, pla numer. Referido a una cantidad, que es dos veces mayor; *doble: 8 es un número duplo de 4. El duplo de 3 es 6.* ☐ MORF. →APÉNDICE DE PRONOMBRES.

duque s.m. Persona que tiene un título nobiliario entre el de príncipe y el de marqués: *Los duques son los nobles de rango más elevado.* ☐ MORF. Su femenino es *duquesa*.

duquesa s.f. de **duque**.

duración s.f. Tiempo que dura algo o que transcurre entre su comienzo y su fin: *La duración de la obra es de casi tres horas.*

duradero, ra adj. Que dura o puede durar mucho: *Aún se perciben los duraderos efectos de la catástrofe. Espero que la relación que ahora iniciamos sea duradera.*

duralex s.m. Vidrio más resistente a los golpes de lo habitual, que se utiliza en la fabricación de platos, vasos y otras piezas de vajilla (por extensión del nombre de la marca comercial *Duralex®*): *Normalmente utilizo platos de duralex, porque son baratos y resistentes.* ☐ MORF. Invariable en número.

duramen s.m. En botánica, parte más seca, compacta y generalmente de color más oscuro del tronco o de las ramas gruesas de un árbol: *El duramen es la parte muerta del tronco, que ya no es capaz de conducir la savia.*

durante prep. Indica el tiempo a lo largo del cual algo dura o sucede: *Jugamos al fútbol durante todo el recreo. Durante mi estancia allí, conocí a mucha gente interesante.*

durar v. **1** Prolongarse o extenderse en el tiempo: *El concierto duró más de dos horas. Al principio se puso muy contenta, pero sus ilusiones duraron poco.* **2** Permanecer, conservarse o mantener las propias cualidades: *Algunos alimentos duran más si se guardan en el frigorífico.*

dureza s.f. **1** Resistencia que ofrece un cuerpo a ser labrado, rayado o deformado: *El diamante es un mineral de gran dureza.* **2** Falta de blandura, terneza o carácter mullido: *Nos pusieron un jamón de tal dureza que era difícil de masticar.* **3** Fortaleza o capacidad para resistir y soportar bien la fatiga y el trabajo: *Era admirable la dureza de aquellas mujeres que trabajaban el campo.* **4** Aspereza, falta de suavidad o severidad excesiva: *Nos habló con una dureza que hizo muy tensa la entrevista.* **5** Violencia, crueldad o falta de sensibilidad: *Las faltas eran castigadas con dureza.* **6** Rigidez o falta de armonía y de suavidad en un estilo o en una línea: *Sus dibujos se caracterizan por la falta de color y la dureza de sus trazos.* **7** En el cuerpo, endurecimiento de la piel que se forma en algunas zonas generalmente por el roce o por la presión: *Va periódicamente al callista porque le salen muchos callos y durezas en los pies.*

duro adv. Duramente o con fuerza o violencia: *Trabaja duro para llegar a ser algo en la vida.*

duro, ra ▌adj. **1** Referido a un cuerpo, que se resiste a ser labrado, rayado o deformado: *Ese material es duro como una roca.* **2** Que no está lo blando, mullido o tierno que debe estar: *Tenía tanta hambre que hasta un pedrusco de pan duro me habría sabido bien.* **3** Fuerte y resistente a la fatiga, al trabajo y a las contrariedades: *Tienes que ser dura y no dejar que este contratiempo te hunda.* **4** Áspero, falto de suavidad o excesivamente severo: *Considera injustificadas las críticas tan duras que ha recibido.* **5** Riguroso, que no hace concesiones o que resulta difícilmente tolerable: *La mayoría considera extremistas las posiciones del ala dura del partido.* **6** Violento, cruel o insensible: *El presentador advirtió que se emitirían imágenes duras y que podían dañar la sensibilidad del espectador.* **7** Referido esp. a un estilo, falto de armonía, de suavidad o de fluidez: *Era un hombre de facciones duras y rasgos muy marcados.* **8** Referido a un mecanismo, que funciona o se acciona con dificultad y esfuerzo: *La cerradura estaba tan dura que tuve que empujar la llave con las dos manos para abrir.* ▌s.m. **9** Antigua moneda española que equivalía a cinco pesetas: *Todavía tengo algunos duros.* **10** ‖ **estar a las duras y a las maduras.** *col.* Aceptar o cargar con las desventajas o partes desagradables de una situación, de la misma manera que se aceptan las ventajas y partes agradables: *Un amigo de verdad está a las duras y a las maduras, y no te abandona en las dificultades.*

duty-free (anglicismo) s.m. Establecimiento comercial de artículos libres de las tasas fiscales: *Me voy a comprar un perfume en el duty-free del aeropuerto porque es más barato.* ☐ PRON. [diútifri].

dux (italianismo) s.m. En las antiguas repúblicas de Génova y de Venecia (ciudades italianas), príncipe o magistrado supremo: *Había una estatua del dux en la plaza principal.* ☐ MORF. Invariable en número.

E

e

e ■ s.f. **1** Quinta letra del abecedario: *'Entender' tiene tres es.* ■ conj. **2** →**y.** ☐ PRON. En la acepción 1, representa el sonido vocálico anterior o palatal y de abertura media. ☐ ORTOGR. Dist. de *eh* y *he.* ☐ MORF. Su plural es *es* o *ees.* ☐ USO Como conjunción, se usa ante palabra que comienza por *i-* o por *hi-*, con dos excepciones: ante palabras que empiezan por *hie-* (*flores y hierba*), y en inicio de oraciones interrogativas o exclamativas (*¿Y Isabel?*).

ea interj. *col.* Expresión que se usa para dar ánimo o estímulo: *¡Ea, levantaos, que ya son las diez!* ☐ USO Se usa mucho repetido para acunar a los niños.

ebanista s. Persona que se dedica profesionalmente a realizar trabajos en maderas finas: *Se nota que esta mesa la hizo un buen ebanista.* ☐ MORF. Es de género común y exige concordancia en masculino o en femenino para señalar la diferencia de sexo: *el ebanista, la ebanista.*

ebanistería s.f. **1** Taller de un ebanista: *Los muebles de la biblioteca los han hecho artesanalmente en una ebanistería.* **2** Arte o técnica de trabajar maderas finas: *La ebanistería requiere gran habilidad con las manos.* **3** Conjunto de obras fabricadas según este arte, esp. si tienen una característica común: *La ebanistería del palacio fue encargada a un artesano francés.*

ébano s.m. **1** Árbol de copa ancha y tronco grueso, de madera maciza, pesada y lisa, muy negra en el centro y blanquecina hacia la corteza: *El ébano crece en los países cálidos.* **2** Madera de este árbol: *Los pueblos africanos tallan el ébano para hacer figuras.*

ebriedad s.f. **1** Turbación o trastorno temporal de las capacidades físicas o mentales, producidos por un consumo excesivo de bebidas alcohólicas o por una intoxicación de gas o de otra sustancia: *Iba en tal estado de ebriedad, que se cayó y no podía ponerse en pie.* **2** Alteración o turbación del ánimo: *Tanta felicidad te tiene en un estado de ebriedad continuo.* ☐ SEM. Es sinónimo de *embriaguez.*

ebrio, bria ■ adj. **1** Ciego o dominado por un sentimiento o por una pasión fuertes: *El poeta, ebrio de amor, compuso extraordinarios poemas.* ■ adj./s. **2** Que tiene disminuidas temporalmente las capacidades físicas o mentales a causa de un consumo excesivo de bebidas alcohólicas; *borracho: Estaba ebrio y chocó contra una farola. Al final de la fiesta, no quedaba allí más que una panda de ebrios.*

ebullición s.f. **1** Movimiento agitado y con burbujas que se produce en un líquido al elevarse su temperatura o al ser sometido a fermentación; *hervor: La temperatura de ebullición del agua es de 100 °C.* **2** Estado de agitación: *Vivimos un momento de gran ebullición política.*

eccema s.m. En medicina, afección de la piel, caracterizada por la aparición de escamas, ampollas, manchas rojizas y picores; *eczema: Tengo alergia a ese jabón y al usarlo me ha salido un eccema.*

echar ■ v. **1** Hacer llegar o enviar dando impulso: *Échame el balón.* **2** Dejar caer o introducir, esp. si se hace en el lugar apropiado: *Con el mal pulso que tengo, siempre echo el agua fuera del vaso.* **3** Expulsar, despedir o hacer salir, esp. si se hace de manera violenta o despreciativa: *Si me echas de tu casa, no volveré más.* **4** Dar, repartir o proporcionar: *Échale alpiste a los canarios.* **5** Despedir de sí o emitir: *La cafetera echa mucho humo.* **6** *col.* Poner o colocar: *Echó una manta en la cama porque por las noches pasaba frío.* **7** Inclinar o poner en posición horizontal: *El vino se conserva mejor si echas las botellas en vez de dejarlas de pie.* **8** Tender o acostar, esp. si es para un descanso breve: *Echó al bebé en su cunita. Después de comer le gusta echarse unos minutos en el sofá.* **9** Empezar a tener o a mostrar: *¡Menuda barriga estás echando!* **10** Referido esp. a una pena o a una tarea, imponerlas como obligación o como condena: *Robó un banco y le echaron veinte años de cárcel.* **11** Referido esp. a un período de tiempo, gastarlo o invertirlo: *Echo casi una hora en ir al trabajo.* **12** Referido a un dato desconocido, suponerlo o calcularlo aproximadamente: *Tiene treinta años, pero con esa barba, le eché casi cuarenta.* **13** Referido a un juego o a una competición, jugarlos, participar en ellos o llevarlos a cabo: *¿Te apetece que echemos un parchís?* **14** Referido a una prueba de competición, realizarla para ver cuál de los participantes resulta vencedor: *Te echo una carrera y el que pierda invita al cine.* **15** *col.* En un juego de azar, jugar o apostar: *Echó la paga en una rifa y lo perdió todo.* **16** Referido a algo que hay que decidir, dejar que lo decida la suerte: *Echamos a cara o cruz quién debía ir y me tocó a mí.* **17** *col.* Referido esp. a un espectáculo, exhibirlo o representarlo: *¿Sabes qué echan en el teatro?* **18** *col.* Referido a un documento, presentarlo ante la autoridad o el organismo correspondientes: *Echaré una instancia para pedir revisión de examen.* **19** Referido a una llave o a un mecanismo de cierre, accionarlos para cerrar; *correr: Echa el cerrojo y no dejes que entre nadie.* **20** Referido esp. a un dicho o a un discurso, decirlos o pronunciarlos: *El sacerdote echó un responso ante la tumba.* **21** Referido a una parte del cuerpo, inclinarla o moverla en alguna dirección: *Echa la cabeza a un lado, que no me dejas ver.* **22** Seguido de un sustantivo, realizar la acción expresada por este: *Me echó una mirada que me dejó petrificada.* **23** Seguido de una expresión que indica lugar o dirección, ir o encaminarse por ellos: *Echa por la derecha, que llegaremos antes.* **24** Seguido de una expresión que indica un lugar inferior, derribar o arruinar: *El policía echó al suelo la puerta de una patada.* ▮ prnl. **25** Dirigir el cuerpo en alguna dirección: *Échate un poco a un lado, para que salgas bien en la foto.* **26** Tenderse por un rato para descansar: *Todos los días me echo un ratito después de comer.* **27** Moverse con violencia y brusquedad hacia abajo: *Se echó a tierra cuando oyó los aviones enemigos.* **28** Lanzarse o precipitarse hacia algo: *Se echó de cabeza a la piscina.* **29** Seguido de un sustantivo con el que se califica a una persona, establecer con esta la relación expresada por dicho sustantivo: *No sé nada de él desde que se echó novia.* **30** ‖ **echar a.** Seguido de infinitivo, empezar a realizar la acción expresada por este: *Cuando nos acercamos a él, el pajarillo echó a volar. Es tan sensible, que se echa a llorar por cualquier cosa.* ‖ **echar {de menos/en falta}** algo. Notar su falta o sentirse apenado por ella: *Echo de menos aquellas tardes de tertulia.* ‖ **echarse atrás.** No cumplir un trato o desdecirse de algo: *Me eché atrás porque no vi claro el negocio.* ‖ **echarse encima** algo. Estar muy próximo: *Acaba de terminar el verano y ya se echan encima los primeros fríos.* ☐ SEM. En las acepciones 2, 3 y 5, es sinónimo de *arrojar*. ☐ USO El empleo abusivo de la acepción 22 en lugar del verbo correspondiente indica pobreza de lenguaje.

echarpe s.m. Prenda de vestir femenina, mucho más ancha que larga, generalmente de seda o de lana, y que se lleva sobre los hombros como abrigo o como adorno; chal: *Encima del abrigo llevaba un elegante echarpe de seda.*

eclecticismo s.m. Modo de actuar o de pensar que adopta posturas intermedias y alejadas de soluciones extremas o muy definidas: *Practica un eclecticismo que le ha dado fama de persona abierta y nada radical.*

ECLIPSE

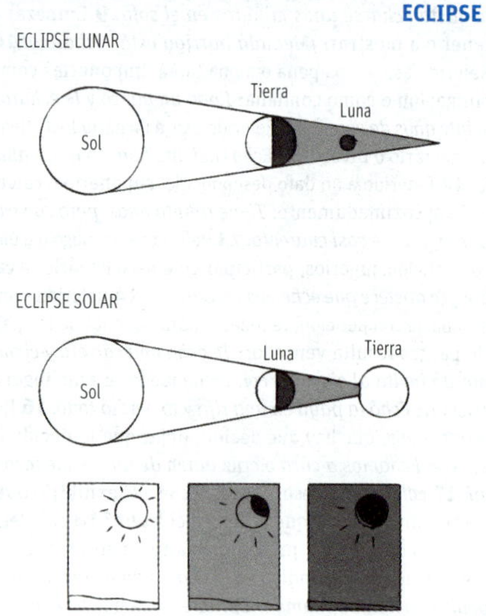

ecléctico, ca ▮ adj. **1** Del eclecticismo o relacionado con este modo de actuar o de pensar: *En un buen arbitraje, conviene saber adoptar soluciones eclécticas.* ▮ adj./s. **2** Que practica el eclecticismo: *El partido centrista tiene a gala contar entre sus filas con políticos eclécticos. Huye de los radicalismos porque es un ecléctico.*

eclesial adj. De la comunidad cristiana que constituye la Iglesia, o relacionado con ella: *El papa cuenta con el apoyo de toda la comunidad eclesial católica.* ☐ MORF. Invariable en género. ☐ SEM. Dist. de *eclesiástico* (referido esp. a los clérigos).

eclesiástico, ca adj. De la comunidad cristiana que constituye la Iglesia, esp. de los clérigos, o relacionado con ella: *Un cardenal es una autoridad eclesiástica.* ☐ SEM. Dist. de *eclesial* (de la Iglesia en general).

eclipsar ▮ v. **1** Referido a un astro, causar el eclipse de otro: *La Luna eclipsó al Sol.* **2** Oscurecer o deslucir: *Tiene tanto encanto, que eclipsa a cuantos estén con ella.* ▮ prnl. **3** Referido a un astro, sufrir un eclipse: *Cuando el Sol se eclipsa, parece que se ha hecho la noche.* **4** Desaparecer, ausentarse o perder notoriedad: *Su belleza no se eclipsa con el paso de los años.*

eclipse s.m. **1** Desaparición transitoria de un astro a la vista de un observador, debida a la interposición de otro cuerpo celeste: *Aunque hay luna llena, el eclipse hace que la veamos como cuarto creciente.* **2** Desaparición, ausencia o pérdida de notoriedad: *Tras su detención por consumo de drogas, se produjo el eclipse de su fama como actor.* **3** ‖ **eclipse lunar.** El producido por la interposición de la Tierra entre la Luna y el Sol: *Los astronautas filmaron el eclipse lunar desde el espacio.* ‖ **eclipse solar.** El producido por la interposición de la Luna entre el Sol y la Tierra: *El próximo día 15 habrá un eclipse solar.* 👁 eclipse

eclosión s.f. Manifestación, aparición o brote repentinos de un fenómeno, esp. en el ámbito social o cultural: *La eclosión del Romanticismo en España se produjo más tardíamente que en otros países europeos.*

eco s.m. **1** Repetición de un sonido producida cuando las ondas sonoras son reflejadas por un cuerpo duro: *Si gritas en este túnel, comprobarás que hay eco.* **2** Sonido débil y confuso: *De lejos se oían los ecos de la verbena.* **3** Noticia o rumor vagos: *Nos llegaron ecos de un golpe de Estado en la isla.* **4** Difusión, repercusión o alcance: *La convocatoria de huelga no tuvo ningún eco.* **5** ‖ **hacerse eco de** algo. Contribuir a su difusión: *Solo un periódico se hizo eco del estreno.* ☐ SINT. La acepción 4 se usa más con el verbo *tener* o equivalentes.

eco- Elemento compositivo que significa 'casa' (*economía*) o 'medio ambiente' (*ecología, ecológico*). ☐ USO En la lengua actual se usa mucho antepuesto a otras palabras para indicar protección del medio ambiente: *ecoturismo.*

ecografía s.f. Exploración interna de un órgano mediante ondas electromagnéticas o acústicas cuyos ecos quedan reflejados en una pantalla: *Está en el quinto mes de embarazo y tiene que hacerse una ecografía.*

ecología s.f. **1** Ciencia que estudia las relaciones de los seres vivos entre sí y con su medio ambiente: *La ecología analiza la influencia del desarrollo industrial en el equilibrio de la naturaleza.* **2** Relación existente entre los grupos humanos y el medio ambiente natural: *Se detecta una creciente preocupación social por la ecología.*

ecológico, ca adj. De la ecología o relacionado con ella: *El accidente de la central nuclear produjo un desastre ecológico.*

ecologismo s.m. Movimiento que defiende la necesidad de proteger el medio ambiente, y que pretende que las relaciones entre el ser humano y su entorno sean más armónicas: *El ecologismo se opone a la utilización de la naturaleza como fuente inagotable de recursos.*

ecologista ▌adj. **1** Del ecologismo o relacionado con este movimiento: *Los partidos verdes defienden las ideas ecologistas.* ▌adj./s. **2** Partidario o seguidor del ecologismo: *Muchas asociaciones ecologistas han decidido intervenir en política para defender sus ideas. Los ecologistas se oponen a la construcción de una central nuclear en nuestra comarca.* □ MORF. 1. Como adjetivo es invariable en género. 2. Como sustantivo es de género común y exige concordancia en masculino o en femenino para señalar la diferencia de sexo: *el ecologista, la ecologista.*

economato s.m. Establecimiento en el que se pueden adquirir productos a un precio más bajo del habitual, y cuyo acceso suele estar restringido a los miembros de un colectivo: *Hacemos la compra de la semana en un economato para empleados de banca.*

economía s.f. **1** Ciencia que se ocupa de la creación, desarrollo y administración de los recursos, bienes y servicios dirigidos a satisfacer las necesidades humanas: *Hace un máster de economía aplicada.* **2** Estructura o régimen económicos de una organización o de un sistema: *En un sistema de economía mixta, algunos medios de producción son del Estado y otros de particulares.* **3** Riqueza pública o conjunto de actividades económicas: *La agricultura es uno de los pilares de nuestra economía.* **4** Ahorro de dinero o de otros recursos: *El aislamiento térmico permite una importante economía en gastos de calefacción.* **5** ‖ **economía de mercado.** Sistema económico en el que los precios se determinan en función de la oferta y la demanda: *Los países capitalistas se rigen por una economía de mercado.* ‖ **economía sumergida.** Conjunto de actividades económicas realizadas al margen de la legislación y eludiendo el control del Estado: *Los que trabajan sin contrato al tiempo que cobran una prestación por desempleo engrosan la economía sumergida.*

económico, ca adj. **1** De la economía o relacionado con ella: *La fuerte crisis económica hará que se dispare el desempleo.* **2** Que cuesta poco dinero o que gasta poco: *Hace la compra en un hipermercado, porque le sale más económica.*

economista s. Persona que se dedica profesionalmente a la economía, esp. si es licenciada en ciencias económicas: *Casi todos los directivos del banco son economistas.* □ MORF. Es de género común y exige concordancia en masculino o en femenino para señalar la diferencia de sexo: *el economista, la economista.*

economizar v. **1** Ahorrar o disminuir los gastos, generalmente con el fin de guardar para el futuro: *Si el sueldo no te llega, aprende a economizar en la compra diaria.* **2** Referido esp. a un esfuerzo o a un riesgo, evitarlos o no realizarlos: *Economiza energías, que queda mucho camino.* □ ORTOGR. La *z* se cambia en *c* delante de *e* →**CAZAR**.

ecosistema s.m. Sistema biológico formado por una comunidad de seres vivos y el medio ambiente en el que se desarrollan: *Cada especie desempeña un papel concreto en el ecosistema.*

ecotasa s.f. Impuesto con el que se gravan las energías más contaminantes: *La ecotasa pretende frenar la contaminación atmosférica.*

ecuación s.f. En matemáticas, igualdad que contiene una o más incógnitas: *La expresión matemática '3x = 6' representa una ecuación.*

ecuador s.m. En geografía, círculo máximo imaginario que está a igual distancia de los dos polos terrestres; línea equinoccial: *El ecuador divide la Tierra en dos hemisferios.* 👁 **globo**

ecualizador s.m. En un equipo de alta fidelidad, dispositivo que sirve para ajustar las frecuencias del sonido: *Un ecualizador permite que la reproducción del sonido sea más fiel.*

ecuánime adj. Que tiene ecuanimidad o que se manifiesta de manera equilibrada o imparcial: *Te pido una opinión ecuánime y en la que no tengas en cuenta nuestra amistad.* □ MORF. Invariable en género.

ecuanimidad s.f. Imparcialidad de opinión o de juicio: *Ha sido felicitado por la ecuanimidad con que ha dictado sentencia.*

ecuatorial adj. Del ecuador o relacionado con este círculo imaginario de la Tierra: *La vegetación de las regiones ecuatoriales se caracteriza por su exuberancia.* □ MORF. Invariable en género.

ecuatoriano, na adj./s. De Ecuador (país sudamericano), o relacionado con él: *La capital ecuatoriana es Quito. Los ecuatorianos se dedican principalmente a la agricultura.* □ MORF. Como sustantivo se refiere solo a las personas de Ecuador.

ecuestre adj. **1** Del caballo o relacionado con él: *En la práctica de deportes ecuestres, la compenetración entre caballo y jinete es fundamental.* **2** En arte, referido esp. a una figura, que está representada montada a caballo: *Velázquez pintó un retrato ecuestre de Felipe IV.* □ MORF. Invariable en género.

ecuménico, ca adj. Universal o que se extiende al mundo entero: *El mensaje de salvación que transmite el cristianismo tiene carácter ecuménico.*

eczema s.m. →**eccema.**

edad s.f. **1** Tiempo de vida desde el nacimiento: *Tengo treinta años de edad.* **2** Cada uno de los períodos de la vida humana: *Cada edad tiene su encanto.* **3** Antigüedad o duración de algo desde el inicio de su existencia: *Los científicos tratan de fijar la edad del mundo.* **4** Cada uno de los grandes períodos de tiempo en los que se divide tradicionalmente la historia: *Visitamos una exposición sobre las edades del hombre en la Tierra.* **5** ‖ **de edad.** Entrado en años: *No debe permitirse ciertos excesos porque ya es un hombre de edad.* ‖ **Edad Antigua.** Período histórico anterior a la Edad Media, que abarca desde la aparición de la escritura hasta el fin del Imperio romano: *Se puede decir que la Edad Antigua termina con la toma y saqueo de Roma por los visigodos de Alarico en el año 410 d.C.* ‖ **Edad Contemporánea.** Período histórico posterior a la Edad Moderna, que abarca aproximadamente desde finales del siglo XVIII hasta nuestros días: *Se suele decir que la Revolución francesa de 1789 da inicio a la Edad Contemporánea.* ‖ **Edad del Bronce.** Segundo período de la Edad de los Metales, anterior a la Edad del Hierro y posterior a la Edad del Cobre, que se caracteriza por el uso del bronce en la fabricación de armas y herramientas: *La Edad del Bronce abarca aproximadamente el milenio II a.C.* ‖ **Edad del Cobre.** Primer período de la Edad de los Metales, anterior a la Edad del Bronce, que se caracteriza por el uso del cobre en la fabricación de armas y herramientas: *La Edad del Cobre abarca aproximadamente desde el año 4000 a.C. al 1700 a.C.* ‖ **Edad del Hierro.** Tercer período de la Edad de los Metales, posterior a la Edad del Bronce, que se caracteriza por el uso del hierro en la fabricación de armas y herramientas: *La Edad del Hierro abarca desde el año 1000 a.C. hasta la aparición de los primeros testimonios escritos.* ‖ **Edad de los Metales.** Período prehistórico posterior a la Edad de Piedra, durante el cual se empezaron a usar los metales: *La Edad de los Metales se divide en la Edad del Cobre, la Edad del Bronce y la Edad del Hierro, y abarca aproximadamente desde el año 4000 a.C. al 500 a.C.* ‖ **edad del pavo.** *col.* La que marca el paso a la adolescencia: *Se necesita mucha paciencia para ser profesor de niños en la edad del pavo.* ‖ **edad de merecer.** *col.* Aquella en la que se considera que ya se está preparado para formar pareja: *Con veintidós años, ya estás en edad de merecer.* ‖ **Edad de Piedra.** Período prehistórico anterior al uso de los metales: *La Edad de Piedra se considera dividida en Paleolítico, Mesolítico y Neolítico, y abarca desde la aparición del hombre hasta la utilización del metal por los distintos grupos humanos.* ‖ **Edad Media.** Período histórico anterior a la Edad Moderna y posterior a la Edad Antigua, que abarca aproximadamente desde el siglo V hasta el siglo XV; *medievo: La Edad Media se suele dividir en alta Edad Media, de los siglos V al XII, y baja Edad Media, del XII al XV.* ‖ **edad mental.** Grado de desarrollo intelectual de una persona: *Aunque tiene catorce años, su edad mental es de siete.* ‖ **Edad Moderna.** Período histórico anterior a la Edad Contemporánea y posterior a la Edad Media, que abarca aproximadamente desde finales del siglo XV hasta principios del siglo XIX: *Los acontecimientos que marcan los límites de la Edad Moderna son los grandes descubrimientos y la Revolución francesa.* ‖ **mayor de edad.** Referido a una persona, que ha llegado a la edad fijada por la ley para poder ejercer todos sus derechos civiles: *Es una persona mayor de edad y puede marcharse de casa cuando quiera.* ‖ **menor de edad.** Referido a una persona, que no ha llegado a la mayoría de edad: *No vota en las próximas elecciones porque aún es menor de edad.* ‖ **tercera edad.** Ancianidad o período de la vida de una persona que se inicia alrededor de los sesenta y cinco años: *Está en una residencia para personas de la tercera edad.* ☐ SEM. *Edad Antigua* es dist. de *Antigüedad* (época de la historia que corresponde a la época antigua de los pueblos situados en torno al Mediterráneo). ☐ USO En la acepción 4, se usa como nombre propio cuando hace referencia a un período histórico concreto.

edelweiss (germanismo) s.m. Planta herbácea de flores blancas en forma de estrella, que crece en zonas de alta montaña y es muy apreciada por su belleza: *Aún guardo un edelweiss disecado que cogí en los Pirineos.* ☐ PRON. [edelbáis].

edema s.m. En medicina, acumulación y retención patológicas de líquido en un órgano o en el tejido subcutáneo: *La muerte le sobrevino a causa de un edema pulmonar.* ☐ ORTOGR. Dist. de *enema*.

edén s.m. Según la Biblia, paraíso terrenal, en el que vivieron Adán y Eva (primer hombre y primera mujer, según la Biblia) hasta que fueron expulsados de él: *En la Biblia se dice que el edén era un lugar con abundante vegetación.*

edición s.f. **1** Impresión o reproducción de una obra para su publicación: *Le han propuesto hacer la edición corregida y aumentada de su antología poética.* **2** Conjunto de ejemplares de una obra, producidos a partir del mismo molde, en una o varias impresiones: *La novela tuvo tanto éxito, que de la primera edición se hicieron varias reimpresiones.* **3** Texto de una obra preparado con criterios filológicos: *El profesor nos recomendó leer el 'Cantar de Mio Cid' en la edición anotada de un prestigioso medievalista.* **4** Celebración de una exposición, de un festival o de otro acontecimiento semejante, que se repiten periódicamente: *La presente edición del festival de cine está contando con gran afluencia de público.*

edicto s.m. **1** Mandato o decreto publicados por una autoridad competente: *Un edicto judicial ordena la busca y captura del peligroso criminal.* **2** Aviso o notificación públicos que se hacen para los ciudadanos en general: *¿Has leído el edicto del alcalde anunciando restricciones de agua por causa de la sequía?*

edificación s.f. **1** Construcción de un edificio: *En el plan de urbanización de la zona, está prevista la edificación de varios bloques.* **2** Edificio o conjunto de edificios: *En el casco viejo de la ciudad se conservan edificaciones con siglos de antigüedad.*

edificar v. **1** Referido a un edificio, construirlo o mandarlo construir: *En estos terrenos van a edificar un complejo deportivo.* **2** Referido esp. a una entidad o a una sociedad, establecerlas, fundarlas o levantarlas: *Edificó un gran imperio económico partiendo de la nada.* **3** Referido a una persona, darle ejemplo e infundir en ella sentimientos de piedad y de virtud: *Su vida de entrega a los demás nos edifica a todos.* ☐ ORTOGR. La *c* se cambia en *qu* delante de *e* →SACAR.

edificio s.m. Construcción hecha con ladrillos o con otros materiales resistentes, y destinada generalmente a servir de vivienda o de espacio para una actividad: *En los edificios del centro, cada vez hay menos viviendas y más oficinas y centros comerciales.*

edil s. En un concejo o ayuntamiento, persona que tiene un cargo de gobierno; *concejal: En la próxima reunión del alcalde con sus ediles, se aprobarán los presupuestos municipales para este año.* ☐ MORF. Aunque es de género común y exige concordancia en masculino o en femenino para señalar la diferencia de sexo: *el edil, la edil*, se usa también el femenino *edila*.

editar v. Referido esp. a un libro, publicarlo por medio de la imprenta o por otro procedimiento de reproducción: *De su último libro han editado más de trescientos mil ejemplares.*

editor, -a ▮ s. **1** Persona o entidad que editan o publican una obra por medio de la imprenta o de otros procedimientos de reproducción, multiplicando el número de ejemplares: *Una editora internacional lanzará la colección en varios mercados europeos.* **2** Persona que se ocupa de la preparación de un texto para su publicación siguiendo criterios filológicos: *Además de dar clases, realiza trabajos como editor de textos clásicos.* ▮ s.m. **3** En informática, programa que permite crear, modificar, visualizar e imprimir textos: *Este libro está escrito con un editor antiguo.*

editorial ▮ adj. **1** Del editor, de la edición, o relacionado con ellos: *En todo proceso editorial, es fundamental una revisión final de las pruebas de imprenta.* ▮ s.m. **2** Artículo periodístico de fondo, generalmente sobre un tema de actualidad, que suele aparecer sin firmar y en el que se refleja la opinión de la dirección de la publicación: *El editorial de ese periódico aparece siempre en la tercera página y enmarcado por un recuadro.* ▌ s.f. **3** Empresa que se dedica a la edición o publicación de obras: *Esta editorial tiene en el mercado varias colecciones de libros infantiles.* ☐ MORF. Como adjetivo es invariable en género.

edredón s.m. Colcha o cobertor de cama rellenos de plumas de ave, de algodón o de otros materiales de abrigo: *Un edredón pesa menos que una manta y abriga más.*

educación s.f. **1** Desarrollo o perfeccionamiento de las facultades intelectuales y morales de una persona: *La educación de los niños es competencia de los padres.* **2** Enseñanza o adoctrinamiento que se da a alguien para conseguir este desarrollo: *Quiere dar a sus hijos una educación religiosa.* **3** Urbanidad y cortesía: *Si tuvieses más educación, no dirías esas palabrotas.* **4** Instrucción por medio de la enseñanza docente: *Criticó la baja calidad de la educación universitaria.* **5** ‖ **educación especial.** La que se destina a personas discapacitadas física o psíquicamente: *Mi hijo es ciego y asiste a un colegio de educación especial.* ‖ **educación física.** Conjunto de disciplinas y ejercicios encaminados a lograr el desarrollo corporal: *En clase de educación física hacemos gimnasia y deporte.*

educado, da adj. Que tiene buena educación o modales correctos: *Es un chico tan formal y educado, que no me lo imagino diciendo tacos.*

educar v. **1** Referido a una persona, hacer que desarrolle o perfeccione sus facultades intelectuales y morales: *A un hijo hay que educarlo, además de alimentarlo y vestirlo. Se educó en un colegio bilingüe.* **2** Referido a una persona, enseñarle las normas de urbanidad y de cortesía: *¡A ver si educas un poco mejor a tus hijos, que da asco verlos comer!* **3** Referido esp. a un sentido, desarrollarlo, perfeccionarlo o afinarlo: *Si quieres llegar a cantante, tendrás que educar la voz.* **4** Dirigir, encaminar u orientar, esp. en una doctrina: *Desde niño lo educaron en el respeto a los mayores.* ☐ ORTOGR. La *c* se cambia en *qu* delante de *e* →**SACAR.**

educativo, va adj. **1** De la educación o relacionado con ella: *El fracaso escolar es uno de los mayores problemas educativos del momento.* **2** Que educa o sirve para educar: *Los rompecabezas son juegos educativos.*

edulcorante s.m. Sustancia que edulcora o endulza alimentos o medicamentos: *Echa en el café un edulcorante líquido, en vez de azúcar, para no engordar.*

edulcorar v. Endulzar con azúcar o con otra sustancia: *Echa sacarina a la leche para edulcorarla.*

efe s.f. Nombre de la letra *f*: *La palabra 'fábrica' empieza por efe.*

efebo s.m. Muchacho joven o adolescente: *En la antigua Grecia se esculpían muchas figuras de efebos, por considerar que respondían al ideal de belleza masculina.*

efectista adj. Que tiene intención de producir un fuerte efecto o impresión en el ánimo: *Los relatos de suspense suelen ser muy efectistas.* ☐ MORF. Invariable en género.

efectividad s.f. **1** Capacidad de producir efecto: *A juzgar por lo rápido que te has curado, esas pastillas son de gran efectividad.* **2** Realidad, validez o carácter verdadero: *Un justificante de baja laboral que no esté firmado por el médico carece de efectividad.*

efectivo, va ▌ adj. **1** Que produce efecto: *Pedirle las facturas es la única forma efectiva de controlar sus gastos.* **2** Real, verdadero o válido: *El nombramiento no será efectivo hasta que no se publique en el Boletín Oficial.* ▌ s.m. **3** Dinero en moneda o en billetes: *¿Va a pagar la compra con tarjeta o en efectivo?* ▌ s.m.pl. **4** Conjunto de miembros de fuerzas militares o policiales que se hallan bajo un solo mando o que desempeñan una misión: *Efectivos de la Policía nacional disolvieron la manifestación.* **5** ‖ **hacer efectivo.** Referido a una cantidad de dinero o a los documentos que la representan, pagarlos o cobrarlos: *El banco hará efectivo el crédito a los dos días de recibir la solicitud.*

efecto ▌ s.m. **1** Lo que es consecuencia de una causa: *Se desmayó por efecto del dolor.* **2** Impresión producida en el ánimo: *Sus palabras causaron muy mal efecto entre los asistentes.* **3** Fin para el que se hace algo: *Los que quieran solicitar un préstamo deberán presentarse en el banco a tal efecto.* **4** Documento o valor mercantiles: *Las letras del Tesoro y los cheques son efectos bancarios.* **5** Movimiento giratorio que se da a algo al lanzarlo, y que lo hace desviarse de su trayectoria normal: *Lanzó la falta con efecto para engañar al portero y coló el balón por la escuadra.* **6** En algunos espectáculos, truco o artificio utilizados para provocar determinadas impresiones en los espectadores: *En las películas de ciencia ficción se utilizan muchos efectos especiales.* ▌ pl. **7** Bienes, enseres o pertenencias: *Cuando salió en libertad, la policía le devolvió todos sus efectos personales.* **8** ‖ **a efectos de** algo. Con la finalidad de conseguirlo o de aclararlo: *Pasó por el banco a efectos de cobrar un cheque.* ‖ **efecto invernadero.** Elevación de la temperatura de la atmósfera, producida por un exceso de óxidos de carbono procedentes de las combustiones industriales: *Uno de los grandes peligros del efecto invernadero es que se deshielen las masas polares.* ‖ **en efecto.** Efectivamente o realmente: *Cuando le pregunté si se iba de vacaciones, respondió: «En efecto».* ‖ **surtir efecto.** Dar el resultado deseado: *El medicamento pronto surtirá efecto y te sentirás mejor.* ☐ MORF. Las acepciones 4 y 6 se usan más en plural.

efectuar ▌ v. **1** Realizar, ejecutar o llevar a cabo: *Rogamos que efectúe las instrucciones al pie de la letra.* ▌ prnl. **2** Cumplirse o hacerse real o efectivo: *El anunciado intercambio de prisioneros se efectuó por fin esta madrugada.* ☐ ORTOGR. La *u* lleva tilde en los presentes, excepto en las personas *nosotros* y *vosotros* →**ACTUAR.**

efeméride ▌ s.f. **1** Acontecimiento muy importante que se recuerda en cualquier aniversario del mismo: *Cada año los españoles celebran la efeméride de la aprobación de la Constitución.* **2** Conmemoración de este aniversario: *El 12 de octubre tiene lugar la efeméride del descubrimiento de América.* ▌ pl. **3** Conjunto de acontecimientos importantes ocurridos en el día de la fecha, pero en años anteriores: *En la sección de efemérides del periódico he leído que hoy es el aniversario de la muerte de Cervantes.* ☐ MORF. Se admite también *efemérides*.

efemérides s.f. →**efeméride.** ☐ MORF. Invariable en número.

efervescencia s.f. **1** Desprendimiento de burbujas gaseosas a través de un líquido: *La efervescencia de muchos refrescos se debe a que contienen gas carbónico.* **2** Agitación o excitación grandes: *El país vive en un ambiente de efervescencia política.*

efervescente adj. Que está o puede estar en efervescencia: *El médico le recetó vitamina C en pastillas efervescentes para combatir el catarro.* ☐ MORF. Invariable en género.

a b c d **e** f g h i j k l m n ñ o p q r s t u v w x y z

eficacia s.f. Capacidad para obrar o para producir el efecto deseado: *Es un medicamento de gran eficacia para bajar la fiebre.* ☐ SEM. Se usa referido esp. a cosas, frente a *eficiencia*, que se prefiere para personas.

eficaz adj. Que produce el efecto al que está destinado: *Las medidas más eficaces contra el tráfico de drogas son las que se toman internacionalmente.* ☐ MORF. Invariable en género. ☐ SEM. Se usa referido esp. a cosas, frente a *eficiente*, que se prefiere para personas.

eficiencia s.f. Capacidad para realizar satisfactoriamente la función a la que se está destinado: *El director ha demostrado su eficiencia y su capacidad de gestión durante años.* ☐ SEM. Se usa referido esp. a personas, frente a *eficacia*, que se prefiere para cosas.

eficiente adj. Que realiza satisfactoriamente la función a la que está destinado: *Es muy trabajador y eficiente.* ☐ MORF. Invariable en género. ☐ SEM. Se usa referido esp. a personas, frente a *eficaz*, que se prefiere para cosas.

efigie s.f. Imagen o representación de una persona: *Una de las caras de la moneda lleva la efigie del rey.*

efímero, ra adj. Pasajero o que dura poco tiempo: *El poeta se queja de que la vida es efímera y huidiza.*

efluvio s.m. Emisión de vapores o de partículas muy pequeñas desprendidos por un cuerpo: *Supe que había bebido por los efluvios del alcohol que desprendía.*

efusión s.f. **1** Exteriorización e intensidad en los afectos o en los sentimientos alegres: *Cuando volvieron a encontrarse al cabo de los años, se abrazaron con gran efusión.* **2** Derramamiento de un líquido, esp. de sangre: *Le hicieron un torniquete para detener la efusión de sangre.*

efusivo, va adj. Que siente o manifiesta efusión: *Es muy cariñosa y efusiva con todo el mundo.*

egipcio, cia ▮ adj./s. **1** De Egipto (país africano), o relacionado con él: *El territorio egipcio está atravesado por el Nilo. Los antiguos egipcios construyeron impresionantes pirámides.* ▮ s.m. **2** Antigua lengua de esta zona: *El egipcio empleó, entre otros tipos de escritura, la jeroglífica.* ☐ MORF. En la acepción 1, como sustantivo se refiere solo a las personas de Egipto.

égloga s.f. Composición poética y bucólica, caracterizada por ofrecer una visión idealizada de la naturaleza y de la vida en el campo: *Algunas églogas latinas sirvieron de modelo para los poetas del Renacimiento.*

ego s.m. Valoración excesiva de uno mismo: *Si no tuvieras tanto ego, verías que en el mundo hay más problemas que los tuyos.*

egocéntrico, ca adj. Que se cree el centro de la atención o de la actividad generales: *Dicen que los grandes divos de la ópera suelen ser muy egocéntricos.*

egoísmo s.m. Amor excesivo hacia uno mismo, que lleva a prestar una atención desmedida a los propios intereses sin ocuparse de los ajenos: *El egoísmo es incompatible con la solidaridad y la generosidad.*

egoísta ▮ adj. **1** Del egoísmo o relacionado con este sentimiento: *Esa negativa a ayudarte revela una actitud egoísta por su parte.* ▮ adj./s. **2** Que tiene o manifiesta egoísmo: *No seas tan egoísta y dame un poco de lo que te sobra. Eres un egoísta incapaz de molestarte por nadie.* ☐ MORF. 1. Como adjetivo es invariable en género. 2. Como sustantivo es de género común y exige concordancia en masculino o en femenino para señalar la diferencia de sexo: *el egoísta, la egoísta*.

ególatra adj./s. Que tiene o manifiesta adoración o estimación excesiva de sí mismo: *Es demasiado ególatra y solo está a gusto con aduladores. Los ególatras no pueden admitir que alguien los supere en algo.* ☐ MORF. 1. Como adjetivo es invariable en género. 2. Como sustantivo es de género común y exige concordancia en masculino o en femenino para señalar la diferencia de sexo: *el ególatra, la ególatra*.

egregio, gia adj. Ilustre o destacado por su categoría o por su fama: *Visitaron la exposición egregias personalidades de todo el mundo.*

eh interj. Expresión que se usa para llamar la atención, preguntar, advertir o reprender: *¡Eh, tú, no tires el papel al suelo! ¿Eh, cómo dices?* ☐ ORTOGR. Dist. de *e* y *he*.

einstenio s.m. Elemento químico, metálico y artificial, de número atómico 99, radiactivo, y que pertenece al grupo de los actínidos: *El einstenio no se encuentra libre en la naturaleza.* ☐ ORTOGR. Su símbolo químico es *Es*.

eje s.m. **1** En un cuerpo o en una superficie, línea que divide de su ancho por la mitad: *La línea pintada en el eje de la carretera separa los dos sentidos de la circulación.* **2** En un cuerpo giratorio, barra que lo atraviesa y le sirve de sostén en su movimiento: *En el camino se partió uno de los ejes de las ruedas del carro.* **3** En un cuerpo, línea imaginaria que pasa por su centro geométrico: *El eje de rotación de la Tierra es la recta imaginaria alrededor de la cual gira nuestro planeta.* **4** En geometría, recta fija alrededor de la cual se considera que gira una línea para engendrar una superficie, o una superficie para engendrar un cuerpo geométrico: *Un cono es un cuerpo geométrico engendrado por una recta que gira en torno a un eje, unida a él por uno de sus extremos.* **5** Idea fundamental, tema predominante o punto de apoyo principal de algo: *La trama de la película está montada sobre varios ejes argumentales.* **6** Lo que se considera el centro de algo, en torno al cual gira todo lo demás: *Mis hijos son el eje de mi vida.* **7** En una máquina, pieza mecánica que transmite el movimiento de rotación: *El camión no anda porque se ha roto el eje de transmisión.* **8** ‖ **eje de abscisas.** En matemáticas, en un sistema de coordenadas, la coordenada horizontal: *En la parte derecha del eje de abscisas se representan los valores positivos, y en la izquierda, los negativos.* ‖ **eje de coordenadas. 1** En matemáticas, cada una de las dos rectas perpendiculares que se cortan en un punto de un plano, y que se toman como referencia para determinar la posición de los demás puntos del mismo plano: *La ordenada y la abscisa son los dos ejes de coordenadas.* **2** En matemáticas, cada una de las tres rectas que resultan de la intersección de dos planos perpendiculares, y que se toman como referencia para determinar la posición de un punto en el espacio: *Traza tres ejes de coordenadas y nómbralos como 'x', 'y' y 'z'.* ‖ **eje de ordenadas.** En matemáticas, en un sistema de coordenadas, la coordenada vertical: *En la parte superior del eje de ordenadas se representan los valores positivos, y en la inferior, los negativos.*

ejecución s.f. **1** Acción o realización de algo: *El público aplaudió al torero tras la ejecución del pase de pecho.* **2** Acto de dar muerte a una persona en cumplimiento de una condena: *Antes, las ejecuciones de los reos se hacían en lugares públicos para que sirviesen de escarmiento.* **3** Interpretación de una pieza musical: *Tu ejecución de la sonata al piano fue impecable.*

ejecutar v. **1** Hacer, realizar o llevar a cabo: *Su empresa ejecutará las obras de remodelación.* **2** Referido a una persona, darle muerte en cumplimiento de una condena;

ajusticiar: Un pelotón de fusilamiento ejecutó a los rebeldes. **3** Referido a una pieza musical, tocarla o interpretarla: *La orquesta ejecutó la sinfonía con perfección.*

ejecutivo, va ▮ adj. **1** Que no admite espera ni permite que se aplace la ejecución: *Las órdenes del capitán son ejecutivas y nada puede excusar su inmediato cumplimiento.* **2** Referido esp. a un organismo, que tiene la facultad o la misión de ejecutar o de llevar a cabo algo, esp. tareas de gobierno: *El Gobierno de una nación ejerce el poder ejecutivo de la misma.* ▮ s. **3** Persona que ocupa un cargo directivo en una empresa: *El mundo empresarial necesita ejecutivos con preparación.* ▮ s.f. **4** Junta directiva de una entidad o de una sociedad: *La ejecutiva aprobó la integración de la empresa en una multinacional.* ☐ SEM. En la acepción 2, se usa mucho como sustantivo masculino para designar al poder ejecutivo o Gobierno de un país: *La oposición criticó las últimas medidas del ejecutivo.*

ejem interj. Expresión que se usa para llamar la atención o para dejar en suspenso lo que se estaba diciendo: *El otro día me encontré con ..., ejem, disimula, que acaba de entrar.*

ejemplar ▮ adj. **1** Que es digno de ser tomado como modelo: *Fue un hombre ejemplar en todo.* **2** Que sirve o debe servir de escarmiento: *Los jueces endurecieron el castigo para que fuese ejemplar.* ▮ s.m. **3** Copia o reproducción sacadas de un mismo original o modelo: *La revista tiene una tirada de cien mil ejemplares.* **4** Original o muestra prototípica o representativa: *El perro premiado era todo un ejemplar de pastor alemán.* **5** Individuo de una especie, de una raza o de un género: *Esa ballena es uno de los pocos ejemplares que quedan de su especie.* ☐ MORF. Como adjetivo es invariable en género.

ejemplificar v. Demostrar, ilustrar o respaldar con ejemplos: *Ejemplificaré la explicación para que se entienda mejor.* ☐ ORTOGR. La *c* se cambia en *qu* delante de *e* →SACAR.

ejemplo s.m. **1** Lo que se propone para ser imitado o evitado, según se considere bueno o malo respectivamente: *Toma como ejemplo a tu hermano, a ver si aprendes. Su error debe servirnos de ejemplo a todos.* **2** Lo que es digno de ser imitado: *Su honestidad es un ejemplo para todos.* **3** Lo que se cita para ilustrar o respaldar lo que se dice: *Para que lo entendiéramos bien, nos puso unos ejemplos.* **4** ‖ **dar ejemplo.** Incitar con las propias obras a ser imitado: *Pórtate bien y da ejemplo a los más pequeños.* ‖ **por ejemplo.** Expresión que se usa para introducir un dato que ilustre o respalde lo que se está diciendo: *Un lugar para ir de vacaciones puede ser, por ejemplo, la montaña.*

ejercer v. **1** Referido a una profesión, practicarla o desempeñar las funciones que le son propias: *Ejerce la medicina en un pequeño pueblo. Le llegó la edad de jubilación y ya no ejerce.* **2** Referido esp. a una acción o a una influencia, realizarlas o producirlas: *Los dibujos animados ejercen una extraña fascinación en los niños.* **3** Referido esp. a un derecho, practicarlo o hacer uso de él: *Ejerce tu derecho como ciudadano y vota en las elecciones.* ☐ ORTOGR. La *c* se cambia en *z* delante de *a, o* →VENCER.

ejercicio ▮ s.m. **1** Práctica o uso que se hace de una facultad o de un derecho: *Era el dueño y entró en la finca haciendo ejercicio de sus derechos.* **2** Ocupación en una actividad o dedicación a un arte o a una profesión: *El ejercicio de la cirugía le ha dado mucha fama.* **3** Movimiento corporal repetido y destinado a conservar la salud o a recobrarla: *Si quieres perder peso, tendrás que hacer ejercicio.* **4** Actividad que se hace para desarrollar una facultad: *Intentar recordar algún poema es un buen ejercicio para la memoria.* **5** Prueba que hay que superar para obtener un grado académico o una plaza por oposición: *Suspendí el ejercicio práctico pero aprobé el oral.* **6** Tarea práctica que sirve de complemento a la enseñanza teórica en el aprendizaje de ciertas disciplinas: *De deberes tenemos unos ejercicios de gramática sobre el uso del subjuntivo.* **7** Período de tiempo, generalmente de un año, en que se divide la actividad de una empresa o de una institución: *Cerramos el último ejercicio con ganancias.* ▮ pl. **8** Movimientos y evoluciones militares con que los soldados y mandos se ejercitan y adiestran: *Tropas de varios países participaron en unos ejercicios conjuntos.* **9** ‖ **ejercicios (espirituales).** Los que se practican durante algunos días, retirándose de las ocupaciones del mundo y dedicándose a la oración: *Algunos alumnos del colegio están en una residencia de nuestra comunidad haciendo ejercicios espirituales.* ‖ **en ejercicio.** Que ejerce su profesión o su cargo: *Es un médico aún en ejercicio, pero a punto de jubilarse.*

ejercitación s.f. Ocupación en una actividad o práctica reiterada de ella, generalmente para adquirir destreza o habilidad: *La ejercitación en la lectura ayuda a escribir bien.*

ejercitar v. **1** Referido esp. a un arte o a una profesión, practicarlos o dedicarse a su ejercicio: *Ejercita la pintura en un taller.* **2** Referido a una actividad, adiestrar en ella: *Mi padre me ejercitó para ser tan buen carpintero como él. El futbolista se ejercita en el lanzamiento a portería.* **3** Usar reiteradamente con el fin de hacer adquirir destreza o habilidad: *Aprende poesías para ejercitar la memoria.* ☐ SINT. Constr. de la acepción 2: *ejercitar* EN *algo.*

ejército s.m. **1** Conjunto de las fuerzas aéreas o terrestres de una nación: *Hizo el servicio militar en el Ejército de Tierra.* **2** Conjunto de las Fuerzas Armadas de una nación: *La misión fundamental del Ejército es la defensa de la patria.* **3** Gran unidad militar formada por varios cuerpos agrupados bajo las órdenes de un alto mando: *Cuando el ejército sitió la ciudad, la gente se preparó para resistir el asedio.* **4** Colectividad numerosa, esp. si está organizada o se ha agrupado para un fin: *Un ejército de fanes se abalanzó sobre el cantante.* ☐ USO En las acepciones 1 y 2, se usa como nombre propio.

el, la art.determ. Se usa antepuesto a un nombre para indicar que el objeto al que este se refiere es ya conocido por el hablante y por el oyente: *He traído un libro, pero no es el que me regalaste.* ☐ ORTOGR. Dist. de *él.* ☐ MORF. 1. El plural de *el* es *los.* 2. *El* se usa ante sustantivo femenino que empieza por *a* o *ha* tónicas o acentuadas: *el águila.*

él, ella pron.pers. Forma de la tercera persona del singular que corresponde a la función de sujeto, de predicado nominal o de complemento precedido de preposición: *Nada más irte tú, llegó ella. Es él el que mejor lo pasa en sus fiestas. Se han portado muy bien con él.* ☐ ORTOGR. Dist. de *el.* ☐ MORF. 1. El plural de *él* es *ellos.* 2. →APÉNDICE DE PRONOMBRES.

elaboración s.f. **1** Preparación, transformación o producción de algo por medio del trabajo adecuado: *Las abejas utilizan el néctar de las flores para la elaboración de la miel.* **2** Invención, diseño o creación de algo complejo, esp. de un proyecto: *La elaboración del plan fue un proceso largo y difícil.*

elaborado, da adj. **1** Trabajado, preparado o dispuesto para un fin y no improvisado: *Leyó un discurso muy elaborado y con todas las palabras muy medidas.* **2** Referido a un producto, que ha sufrido un proceso de elaboración industrial: *Dicen que los productos elaborados tienen más garantías de higiene que los caseros.*

elaborar v. **1** Referido esp. a un producto, prepararlo, transformarlo o producirlo por medio del trabajo adecuado; *fabricar*: *El pan se elabora con harina, agua y levadura.* **2** Referido a algo complejo, esp. a un proyecto, trazarlo o idearlo: *Los presos elaboraron un plan para escapar de la cárcel.*

elasticidad s.f. **1** Propiedad que presenta un cuerpo sólido de poder recuperar su forma y su extensión cuando cesa la fuerza que las comprimía o estiraba: *Los objetos de goma se caracterizan por su elasticidad.* **2** Capacidad para acomodarse o adaptarse fácilmente a distintas situaciones o circunstancias: *Si no hay cierta elasticidad en los planteamientos de las dos partes, no llegarán a un punto de acuerdo.*

elástico, ca ▮ adj. **1** Referido a un cuerpo, que es capaz de recuperar su forma y extensión cuando cesa la fuerza que lo comprimía o estiraba: *Ató el fajo de billetes con una goma elástica.* **2** Que se acomoda o adapta fácilmente a distintas situaciones o circunstancias: *Adopta siempre una actitud tan elástica, que es difícil mostrarse en desacuerdo con él.* **3** Que admite muchas interpretaciones o que resulta discutible: *Eso de que un subordinado deba estar siempre de acuerdo con su jefe es una afirmación muy elástica.* ▮ s.m. **4** Cinta, cordón o tejido con elasticidad, esp. los que se ponen en algunas prendas de vestir para que ajusten o den de sí: *Para hacer las mangas del jersey, empieza por el elástico de los puños.*

ele ▮ s.f. **1** Nombre de la letra *l*: *La palabra 'luna' empieza por ele.* ▮ interj. **2** *col.* Expresión que se usa para indicar aprobación: *¡Ele, así se habla!*

elección ▮ s.f. **1** Selección que se hace para un fin en función de una preferencia: *¡Qué buena elección has hecho inclinándote por ese coche!* **2** Nombramiento o designación de una persona, generalmente mediante votación: *Su elección como diputado le produjo gran alegría.* **3** Capacidad o posibilidad de elegir: *No tienes elección, así que no le des más vueltas al asunto.* ▮ pl. **4** Emisión de votos para elegir cargos políticos: *Los sondeos de opinión ya prevén quién ganará las próximas elecciones.*

electo, ta adj./s. Referido a una persona, que ha sido elegida para desempeñar un cargo, pero aún no ha tomado posesión de él: *El presidente electo tomará posesión de su cargo mañana. Un electo no tiene ningún poder hasta que su nombramiento no se haga efectivo.*

elector, -a adj./s. Que tiene la capacidad o el derecho de elegir, esp. en unas elecciones políticas: *En España, son ciudadanos electores los españoles mayores de edad. El setenta por ciento de los electores acudió a las urnas.*

electorado s.m. Conjunto de los electores: *El líder del partido confiaba en la fidelidad de su electorado.*

electoral adj. De los electores, de las elecciones o relacionado con ellos: *Una empresa publicitaria orientará la campaña electoral del partido.* ☐ MORF. Invariable en género.

electoralismo s.m. Consideración de razones puramente electorales en el ejercicio de la política: *Esas promesas que hacen los políticos sabiendo que no podrán cumplirlas son una clara muestra de electoralismo.*

electoralista adj. Que tiene claros fines de propaganda electoral: *Según la oposición, la aprobación ahora de créditos que antes se habían negado responde a razones electoralistas.* ☐ MORF. Invariable en género.

electricidad s.f. **1** Forma de energía presente en la materia y derivada del movimiento de los electrones y de los protones que forman los átomos: *Las turbinas hidráulicas se utilizan para producir electricidad.* **2** *col.* Corriente eléctrica: *Tienen que contratar la electricidad con la empresa suministradora.* **3** Parte de la física que estudia los fenómenos eléctricos: *Leí en un libro de electricidad que dos cargas de distinto signo se atraen.* **4** *col.* Tensión o nerviosismo: *Había electricidad en el ambiente, porque nadie cedía en sus posturas.* **5** ‖ **electricidad estática.** La que aparece en un cuerpo cuando existen en él cargas eléctricas en reposo: *La electricidad estática de algunos cuerpos hace que al tocarlos den calambre.* ☐ MORF. Cuando se antepone a otra palabra para formar compuestos, adopta la forma *electro-*.

electricista ▮ adj. **1** Referido a una persona, que es experta en las aplicaciones técnicas y mecánicas de la electricidad: *El ingeniero electricista señaló los puntos en los que deben instalarse los enchufes eléctricos.* ▮ s. **2** Persona especializada en instalaciones eléctricas: *Un electricista nos arregló el timbre de la puerta.* ☐ MORF. 1. Como adjetivo es invariable en género. 2. Como sustantivo es de género común y exige concordancia en masculino o en femenino para señalar la diferencia de sexo: *el electricista, la electricista*.

eléctrico, ca adj. De la electricidad, con electricidad o relacionado con ella: *La mayoría de los hogares actuales dispone de luz eléctrica.* ☐ MORF. Cuando se antepone a otra palabra para formar compuestos adopta la forma *electro-*.

electrizar v. **1** Referido a un cuerpo, producir electricidad en él o comunicársela: *Puedes electrizar un bolígrafo frotándolo con un trozo de lana.* **2** Exaltar o producir entusiasmo: *Las palabras del conferenciante electrizaron al auditorio, que no dejaba de aplaudir.* ☐ ORTOGR. La *z* se cambia en *c* delante de *e* →**CAZAR**.

electro *col.* →**electrocardiograma**.

electro- Elemento compositivo que significa 'electricidad' o 'eléctrico': *electroimán, electrodinámica, electromagnético, electroterapia, electrocardiograma.*

electrocardiograma s.m. Gráfico en el que se registran las corrientes eléctricas producidas por la actividad del músculo cardíaco: *En el electrocardiograma no se apreciaba nada que hiciese temer un infarto.* ☐ MORF. En la lengua coloquial se usa mucho la forma abreviada *electro*.

electrochoque s.m. Tratamiento médico de enfermedades o perturbaciones mentales, consistente en la aplicación de una descarga eléctrica al cerebro: *El electrochoque es un tratamiento con muchos riesgos, ya que puede producir un estado de coma.* ☐ USO Es innecesario el uso del anglicismo *electroshock*.

electrocutar v. Matar por medio de una descarga eléctrica: *Si tocas un cable de alta tensión, puedes electrocutarte.*

electrodo s.m. En física, extremo de un conductor en contacto con un medio, al que lleva o del que recibe una corriente eléctrica: *Para que la batería del coche funcione bien, los electrodos tienen que estar limpios.*

electrodoméstico s.m. Aparato eléctrico que se utiliza en el hogar: *El frigorífico, el aspirador, la televisión son electrodomésticos.* 👁 electrodoméstico

electroencefalograma s.m. Gráfico en el que se registran las corrientes eléctricas producidas por la actividad del encéfalo: *Un electroencefalograma plano refleja un estado de muerte clínica.* ☐ MORF. Se usa mucho la forma abreviada *encefalograma.*

electroimán s.m. En electricidad, imán cuyo campo magnético se produce mediante una corriente eléctrica: *El electroimán es una de las partes constituyentes de una dinamo.*

electrólisis o **electrolisis** s.f. Reacción química consistente en la descomposición de un electrolito al pasar por él una corriente eléctrica: *Se puede obtener oxígeno e hidrógeno por electrólisis del agua.* ☐ MORF. Invariable en número.

electrolito o **electrólito** s.m. En química, sustancia que, en estado líquido o en disolución, conduce la corriente eléctrica con transporte de materia, por contener iones libres: *Las disoluciones acuosas de ácidos, bases y sales son electrolitos.*

electromagnético, ca adj. Referido a un fenómeno, que presenta campos eléctricos y magnéticos relacionados entre sí: *Las ondas electromagnéticas son las producidas por cargas eléctricas en movimiento y que se propagan a través del espacio.*

electrón s.m. En un átomo, partícula elemental de la corteza, que tiene carga eléctrica negativa: *El átomo de hidrógeno solo posee un electrón.*

electrónico, ca ▮ adj. **1** Del electrón, de la electrónica o relacionado con ellos: *Muchos de los componentes de un ordenador son electrónicos.* ▮ s.f. **2** Parte de la física que estudia los fenómenos originados por el movimiento de los electrones libres en el vacío, en gases o en semiconductores, cuando dichos electrones están sometidos a la acción de campos electromagnéticos: *Los avances de la electrónica han tenido una gran aplicación en el campo de la medicina.* **3** Técnica que aplica los conocimientos de esta parte de la física a la industria: *La*

ELECTRODOMÉSTICO

electrónica ha permitido revolucionar el campo de la maquinaria industrial.

electroshock s.m. →**electrochoque.** ☐ PRON. [elektrochók], con *ch* suave. ☐ USO Es un anglicismo innecesario.

electrostático, ca ▮ adj. **1** De la electrostática o relacionado con esta parte de la física: *Cuando frotas un bolígrafo de plástico y lo acercas a unos trocitos de papel, estos se pegan al bolígrafo debido a un fenómeno electrostático.* ▮ s.f. **2** Parte de la física que estudia los fenómenos relacionados con la electricidad estática o debidos a cargas eléctricas en reposo: *Coulomb fue un gran investigador en el campo de la electrostática.*

elefante, ta s. **1** Mamífero de gran tamaño, de piel grisácea, rugosa y dura, con cuatro extremidades terminadas en pezuñas, cabeza y ojos pequeños, grandes orejas colgantes, la nariz y el labio superior unidos y prolongados en forma de una larga trompa que le sirve de mano, y dos grandes colmillos macizos: *El elefante es el mayor de los animales terrestres.* **2** ‖ **elefante marino.** Mamífero carnicero, parecido a la foca pero de mayor tamaño, cuyo macho presenta una nariz extensible y en forma de trompa: *La gestación de los elefantes marinos dura once meses.*

elegancia s.f. **1** Gracia, sencillez o distinción: *Siempre viste con elegancia.* **2** Proporción adecuada, o buen gusto: *Sus esculturas admiran por la elegancia y sobriedad de sus líneas.* **3** Corrección, adecuación y moderación, esp. en la forma de actuar: *Rechazó mi oferta con tal elegancia, que no pude ofenderme.*

elegante adj. **1** Que tiene gracia, sencillez y nobleza o distinción: *Te has puesto muy elegante para ir a la fiesta.* **2** Bien proporcionado, airoso o de buen gusto: *Escribe con un estilo cuidado y elegante, además de correcto.* **3** Referido esp. a la forma de actuar, que resulta apropiada y correcta: *No darnos la dirección de su nueva casa fue poco elegante.* ☐ MORF. Invariable en género.

elegía s.f. Composición poética de carácter lírico en la que se lamenta un hecho desgraciado, esp. la muerte de una persona: *El 'Llanto por la muerte de Ignacio Sánchez Mejías' es una elegía escrita por García Lorca.*

elegir v. **1** Escoger o preferir para un fin: *Después de mucho pensarlo, eligió el más grande.* **2** Nombrar o designar mediante elección: *Sus compañeros lo han elegido delegado de curso.* ☐ ORTOGR. La *g* se cambia en *j* delante de *a, o.* ☐ MORF. Irreg.: 1. Tiene un participio regular (*elegido*), que se usa en la conjugación, y otro irregular (*electo*), que se usa como adjetivo o sustantivo. 2. La *e* final de la raíz se cambia en *i* cuando la sílaba siguiente no tiene *i* o la tiene formando diptongo →**ELEGIR**.

elemental adj. **1** Fundamental, básico o primordial: *No hablo bien el alemán, porque solo tengo conocimientos elementales.* **2** Evidente, sencillo o fácil de entender: *No tomé apuntes porque hablaban de cosas elementales y más que sabidas.* ☐ MORF. Invariable en género.

elemento ▮ s.m. **1** Parte o pieza integrante y constitutiva de un todo: *La lectura de los clásicos fue un elemento decisivo en su formación.* **2** Fundamento o base de algo: *No tengo suficientes elementos de juicio para opinar.* **3** Principio físico o químico que entra en la composición de los cuerpos: *En la Antigüedad se creía que los cuatro elementos fundamentales de la vida eran la tierra, el agua, el aire y el fuego.* **4** En química, sustancia formada por átomos que tienen el mismo número de protones nucleares, independientemente del número de neutrones; cuerpo simple: *Consulté en la tabla periódica de los elementos cuál era el número atómico del helio.* **5** Medio en el que se desarrolla y habita un ser vivo: *El agua dulce es el elemento de muchos peces.* **6** Individuo valorado positiva o negativamente: *¡Menudo elemento está hecho tu hermano!* ▮ pl. **7** Fuerzas de la naturaleza capaces de alterar las condiciones atmosféricas o climáticas: *Como dijo Felipe II tras el desastre de 1588: «Yo no envié mi Armada a luchar contra los elementos».* **8** Medios o recursos: *Yo te proporcionaré los elementos necesarios para este trabajo.* **9** ‖ **estar** alguien **en su elemento.** Hallarse en una situación que le resulta cómoda o acorde con sus gustos e inclinaciones: *En esas reuniones de sociedad, está en su elemento.* ☐ MORF. En la acepción 6, se usa también el femenino coloquial *elementa*.

elenco s.m. **1** Conjunto de artistas que forman una compañía teatral: *El reparto de la obra estaba formado por un elenco de prestigiosos actores.* **2** Conjunto de personas que trabajan juntas o que constituyen un grupo representativo: *A la inauguración asistió todo un elenco de personalidades del mundo de la cultura.*

elepé s.m. *col.* Disco de larga duración: *Han sacado la banda de la película en elepé y en casete.* ☐ MORF. Es un acrónimo que procede de la sigla de *long play* (larga duración).

elevación s.f. **1** Levantamiento, movimiento hacia arriba o impulso de algo hacia lo alto: *La elevación del avión después del despegue fue rapidísima.* **2** Colocación de una persona en un puesto o en una categoría de consideración: *Su elevación al cargo de director fue acogida favorablemente por todos.* **3** Altura o zona elevada: *Una colina es una elevación del terreno menor que un monte.*

elevado, da adj. **1** De gran categoría, o de una elevación moral o intelectual extraordinarias: *No todo el mundo puede comprender esos elevados pensamientos filosóficos.* **2** Alto o levantado a gran altura: *Los jugadores de baloncesto tienen una estatura elevada.*

elevador, -a s. Aparato destinado a subir, bajar o desplazar mercancías, generalmente en almacenes y construcciones: *Un elevador es una especie de ascensor capaz de transportar grandes cargas.*

elevalunas s.m. En un automóvil, mecanismo que sirve para subir o bajar los cristales de las ventanillas: *Mi coche tiene elevalunas eléctrico.* ☐ MORF. Invariable en número.

elevar v. **1** Alzar, levantar, mover hacia arriba, o colocar en un nivel más alto: *El avión se elevó por encima de los 3000 metros.* **2** Referido esp. a la mirada o al espíritu, dirigirlos o impulsarlos hacia lo alto: *Caído en el suelo, elevó la mirada buscando una mano que lo ayudase.* **3** Referido esp. al ánimo, fortalecerlo o darle vigor o empuje: *Aquel reconocimiento a su esfuerzo le elevó la moral.* **4** Referido a una persona, colocarla en un puesto honorífico o mejorar su condición social o política: *Tras años de servicio, me elevaron a la dirección de la empresa.* **5** Referido a un escrito o a una petición, dirigirlos a una autoridad: *Los vecinos elevaron una solicitud de mejora del alumbrado en el barrio.* **6** En matemáticas, referido a una cantidad, efectuar su potencia o multiplicarla por sí misma un número determinado de veces: *El resultado de elevar 4 al cuadrado es 16.* ☐ SEM. En las acepciones 2 y 3, es sinónimo de *levantar*.

elidir v. **1** En gramática, referido a una vocal, suprimirla cuando es final de palabra y la palabra siguiente empieza por otra vocal: *La contracción 'al' se forma porque se elide la 'e' del artículo.* **2** En gramática, referido a una palabra, omitirla en una oración cuando se sobrentiende: *En 'Tú tomaste un helado y yo otro', en la segunda parte de la frase se ha elidido el verbo 'tomé'.* □ ORTOGR. Dist. de *eludir*.

eliminación s.f. **1** Supresión, separación o desaparición de algo: *Este detergente consigue la eliminación de todas las manchas.* **2** Exclusión o alejamiento de una persona, generalmente respecto de un grupo o de un asunto: *Se procederá a la eliminación de los concursantes que no superen esta prueba.* **3** En matemáticas, desaparición de la incógnita de una ecuación mediante el cálculo: *El primer paso es la eliminación de la 'x', y luego podrás despejar 'y'.* **4** En medicina, expulsión de una sustancia por parte del organismo: *La eliminación de la orina se produce a través de la uretra.*

eliminar v. **1** Quitar, separar o hacer desaparecer: *Este producto elimina el mal aliento. Los problemas no se eliminan solos si no te ocupas de ellos.* **2** Referido esp. a una persona, excluirla o alejarla, generalmente de un grupo o de un asunto: *Me eliminaron en el primer ejercicio de las oposiciones.* **3** En matemáticas, referido a una incógnita de una ecuación, hacerla desaparecer mediante el cálculo: *Mediante esta operación, eliminamos la 'x' de la ecuación.* **4** En medicina, referido a una sustancia, expulsarla o hacerla salir el organismo: *El cuerpo humano elimina toxinas a través de la orina y del sudor.*

eliminatorio, ria ▌adj. **1** Que elimina o que sirve para eliminar: *Los exámenes de esta asignatura son eliminatorios, y si los vas aprobando no tienes que presentarte al final.* ▌s.f. **2** En una competición o en un concurso, prueba que sirve para seleccionar a los participantes: *En los campeonatos de fútbol, la eliminatoria es anterior a los cuartos de final.*

elipse s.f. En geometría, curva cerrada y plana, que resulta de cortar un cono circular con un plano oblicuo a su eje y que afecte a todas sus generatrices: *Una elipse tiene forma de círculo achatado.* □ ORTOGR. Dist. de *elipsis*.

elipsis s.f. En gramática, supresión de una o de más palabras necesarias para la correcta construcción gramatical de una oración, pero no para la claridad de su sentido: *En 'Yo lo sé y tú no', hay elipsis de 'lo sabes'.* □ ORTOGR. Dist. de *elipse*. □ MORF. Invariable en número.

elíptico, ca adj. **1** De la elipse o con forma semejante a la de esta curva: *La órbita que describe este astro es elíptica.* **2** En gramática, de la elipsis o relacionado con esta supresión de palabras: *El sujeto elíptico de la oración 'Voy al cine' es 'yo'.*

elisión s.f. En gramática, supresión de una vocal cuando es final de palabra y la palabra siguiente empieza por otra vocal: *La contracción 'del' se forma por elisión de la 'e' de la preposición.*

élite o **elite** s.f. Minoría selecta y destacada en un campo o en una actividad: *A la investidura del académico asistió toda la élite del mundo de las letras.*

elitismo s.m. Sistema que favorece la aparición de élites o minorías selectas en perjuicio de otras capas sociales: *Se criticó el elitismo de la política gobernante y su absoluto desprecio por los más desfavorecidos.*

elitista adj./s. De la élite, del elitismo, o relacionado con ellos: *Las posturas elitistas suelen despreciar los intereses de la mayoría. Solo se codea con elitistas de su nivel y categoría.* □ MORF. 1. Como adjetivo es invariable en género. 2. Como sustantivo es de género común y exige concordancia en masculino o en femenino para señalar la diferencia de sexo: *el elitista, la elitista*.

élitro s.m. Ala anterior de algunos insectos, esp. de los coleópteros, que se ha endurecido y ha quedado convertida en una gruesa lámina córnea que sirve para proteger el ala posterior: *Los élitros de las mariquitas son de color rojo con puntos negros.*

elixir s.m. **1** Líquido compuesto de sustancias medicinales, generalmente disueltas en alcohol: *Después de lavarme los dientes, me enjuago con un elixir antiséptico.* **2** Medicamento o remedio con propiedades maravillosas: *Hoy por hoy, nadie ha encontrado el elixir de la eterna juventud.*

ella pron.pers. s.f. de **él**. □ MORF. →APÉNDICE DE PRONOMBRES.

elle s.f. Nombre que se da a la doble *l* en español: *La palabra 'lluvia' empieza por elle.*

ello pron.pers. Forma de la tercera persona del singular que corresponde a la función de sujeto, de predicado nominal o de complemento precedido de preposición: *Si él no quiere visitarte, ello no impide que lo visites tú a él. ¡Vamos, a ello, que tú puedes!* □ MORF. 1. No tiene plural. 2. →APÉNDICE DE PRONOMBRES.

ellos, ellas pron.pers. Forma de la tercera persona del plural que corresponde a la función de sujeto, de predicado nominal o de complemento precedido de preposición: *Si ellas lo dicen, será verdad. He traído estos bombones para ellos.* □ MORF. →APÉNDICE DE PRONOMBRES.

elocución s.f. Modo de hablar o de usar las palabras para expresar los conceptos: *En un buen discurso, importa tanto el contenido como su correcta elocución.* □ ORTOGR. Dist. de *alocución* y *locución*.

elocuencia s.f. Eficacia para persuadir o conmover que tienen las palabras, los gestos u otras acciones con las que se da a entender algo con viveza: *Aunque no dijera nada, la elocuencia de su mirada despejó cualquier duda.*

elocuente adj. Que tiene elocuencia o hace uso de esta capacidad al expresarse: *Es tan elocuente, que podría convencer a cualquiera de la cosa más absurda.* □ MORF. Invariable en género.

elogiar v. Alabar o ensalzar con elogios: *Siempre elogia los pasteles y exquisiteces que hace su madre.* □ ORTOGR. La *i* nunca lleva tilde.

elogio s.m. Alabanza de las cualidades o de los méritos de algo: *Hizo un elogio tan encendido de ti, que pensé que era tu amigo del alma.*

elogioso, sa adj. Que elogia, alaba o contiene elogios: *Solo tengo palabras elogiosas para calificar esa obra maestra.*

elucidación s.f. Explicación o aclaración de algo: *Se abrirá una investigación para la elucidación de los hechos ocurridos.*

elucidar v. Explicar o poner en claro: *Antes de seguir leyendo, intentemos elucidar el sentido de lo leído.*

elucubración s.f. **1** Pensamiento, reflexión o trabajo que se llevan a cabo en obras de creación o en producciones de la mente: *Escribir ese ensayo le exigió muchas horas de ardua elucubración.* **2** Imaginación sin mucho fundamento: *Sus proyectos de futuro no son más que elucubraciones.* □ SEM. Es sinónimo de *lucubración*.

elucubrar v. **1** Pensar, reflexionar o trabajar con empeño en obras de creación o en producciones de la mente: *El autor del libro elucubra y argumenta sobre las posibilidades de vida en otros planetas. Elucubró hipótesis que se* *adelantaban a la ciencia de su tiempo.* **2** Imaginar sin mucho fundamento: *Le gusta elucubrar sobre cómo habría sido su vida si se hubiese casado con aquella chica. ¡Deja de elucubrar cosas imposibles y abre los ojos a la realidad!* ☐ SINT. Se usa más como verbo intransitivo. ☐ SEM. Es sinónimo de *lucubrar*.

eludir v. **1** Referido esp. a una dificultad o a un problema, esquivarlos, rechazarlos o no aceptarlos: *Eludió toda responsabilidad en el asunto.* **2** Evitar con habilidad o astucia: *Salió por la puerta trasera para eludir a los periodistas.* ☐ ORTOGR. Dist. de *elidir*.

e-mail (anglicismo) s.m. →**correo electrónico.** ☐ PRON. [iméil].

emanación s.f. **1** Desprendimiento, salida o emisión de algo, esp. de sustancias volátiles: *Las emanaciones de gases tóxicos son muy peligrosas.* **2** Derivación o procedencia de un origen o de un principio: *Desde su mentalidad científica, le parece imposible que el mundo haya aparecido por emanación de un ser superior.*

emanar v. **1** Proceder, derivar o venir originariamente: *De la pereza emanan muchos otros vicios.* **2** Referido a una sustancia volátil, desprenderse o salir de un cuerpo: *El gas emanaba peligrosamente de la bombona por un pequeño orificio.* **3** Emitir o desprender de sí: *Las rosas emanan un agradable perfume.*

emancipación s.f. Liberación de la autoridad legal paterna, de la tutela, de la servidumbre o de otro tipo de subordinación o dependencia: *Se ha avanzado mucho en el proceso de emancipación de la mujer respecto del hombre.*

emancipar v. Liberar de la autoridad legal paterna, de la tutela, de la servidumbre o de otro tipo de subordinación o dependencia: *La guerra de Secesión norteamericana sirvió para emancipar a los esclavos negros. No puede emanciparse de sus padres porque aún no es mayor de edad.*

embadurnar v. Untar, manchar o pintarrajear: *Se ofreció a pintarme la pared y lo que hizo fue embadurnarla y dejarlo todo perdido.*

embajada s.f. **1** Residencia y oficinas en las que tiene su sede la representación diplomática del Gobierno de un país en otro extranjero: *Los residentes en el extranjero tienen que comunicar su residencia a la embajada.* **2** Cargo de embajador: *Ha sido propuesto para una embajada ante la Santa Sede.* **3** Mensaje o comunicación sobre un asunto de importancia, esp. referido a los que se intercambian los jefes de Estado o de Gobierno por medio de sus embajadores: *El presidente español contestó por escrito la embajada de su homólogo francés.* **4** *col.* Proposición o exigencia impertinentes: *¿Ahora que ya estaba todo claro me sales tú con esa embajada?* ☐ SINT. La acepción 4 se usa más con los verbos *salir*, *venir* o equivalentes, y en expresiones exclamativas.

embajador, -a s. **1** Diplomático que representa oficialmente al Gobierno de su país en el extranjero: *Fue designada embajadora de España ante la ONU.* **2** Representante de algo fuera de su ámbito: *Ese modisto se ha convertido en embajador de la moda española.*

embalaje s.m. **1** Empaquetado o colocación de un objeto dentro de envolturas para protegerlo durante su transporte: *Están muy atareados con el embalaje de todo lo que se tienen que llevar.* **2** Caja o envoltura con que se protege un objeto para transportarlo: *Creo que tiré la garantía junto con el embalaje de la lavadora.*

embalar ▮ v. **1** Referido a un objeto, empaquetarlo o colocarlo convenientemente dentro de envolturas para protegerlo durante su transporte: *Para hacer la mudanza, embaló todos sus libros y pertenencias en cajas.* **2** Hacer adquirir o adquirir gran velocidad: *En cuanto ve una recta, embala el coche de una manera que da miedo. Se embaló en la cuesta abajo.* ▮ prnl. **3** Dejarse llevar por un impulso, esp. por un empeño o por un sentimiento: *Cuando empezó la discusión, se embaló y soltó todo lo que había callado durante años.* ☐ MORF. La acepción 2 se usa más como pronominal.

embalsamar v. **1** Referido a un cadáver, prepararlo con determinadas sustancias o realizando en él diversas operaciones para evitar su corrupción: *El cuerpo del presidente fallecido será expuesto después de ser embalsamado.* **2** Perfumar o aromatizar: *Se embalsama con unos perfumes tan fuertes que marean.*

embalsar v. Referido esp. al agua, recogerla o acumularla en un embalse o en un hueco del terreno: *Los embalses en construcción permitirán embalsar agua y aumentar las reservas para períodos de sequía.*

embalse s.m. **1** Depósito artificial en el que se recoge y retiene el agua de un río o de un arroyo, generalmente cerrando la boca de un valle con un dique o con una presa, para su posterior aprovechamiento: *Las aguas de ese embalse sirven para producir energía eléctrica.* **2** Recogida o acumulación de agua en uno de estos depósitos o en un hueco del terreno: *La construcción de un muro en la garganta del valle permitiría el embalse del agua que baja de las cumbres.*

embarazada adj./s.f. Referido a una mujer, que está preñada: *Está embarazada de ocho meses y ya le cuesta mucho moverse. He visto en el gimnasio cómo se preparan para el parto las embarazadas.* ☐ SEM. Como adjetivo es sinónimo de *encinta*.

embarazar ▮ v. **1** *col.* Referido a una mujer, hacer que quede preñada: *Al poco tiempo de casarse, la embarazó y tuvieron un hijo varón. Le gustaría embarazarse y tener familia pronto.* ▮ prnl. **2** Quedar imposibilitado o frenado por algún obstáculo, por falta de soltura o por un sentimiento de embarazo: *En cuanto tiene que hablar en público, se embaraza y no puede evitar que se le trabe la lengua.* ☐ ORTOGR. La *z* se cambia en *c* delante de *e* →**CAZAR**.

embarazo s.m. **1** Estado en el que se encuentra una mujer embarazada: *Un embarazo normal dura nueve meses.* **2** Encogimiento, turbación o falta de soltura en lo que se hace: *Poco a poco ha ido perdiendo el embarazo que sentía cuando tenía que hablar en público.*

embarazoso, sa adj. Que embaraza e incomoda o turba: *Tener que llamarte la atención a ti, que eres mi amigo, me resulta muy embarazoso.*

embarcación s.f. Construcción que flota y se desliza por el agua y se usa como medio de transporte; *nave: Hasta que el capitán de la embarcación no suba a bordo, no zarparemos.* 👁 embarcación, en la página siguiente

embarcadero s.m. Lugar destinado al embarque de mercancías o de personas: *La barca nos esperaba en el embarcadero del río.*

embarcar v. **1** Subir o introducir en una embarcación, en un avión o en un tren: *Después de embarcar el equipaje, podemos tomar un café en el bar del aeropuerto. Los pasajeros del vuelo a París embarcarán por la puerta 8.* **2** Referido a una persona, hacerla intervenir en una empresa difícil, arriesgada o que ocasiona molestias: *Me he*

a b c d e f g h i j k l m n ñ o p q r s t u v w x y z

embarcado en un negocio que no sé si va a salir bien. □ ORTOGR. La *c* se cambia en *qu* delante de *e* →SACAR.

embargar v. **1** En derecho, referido a un bien, retenerlo por orden de una autoridad judicial o administrativa, quedando sujeto al resultado de un juicio o de un procedimiento: *Si no pagas tus deudas con Hacienda, pueden embargarte el sueldo.* **2** Referido esp. a una persona, causarle gran admiración o arrebato, una sensación o un sentimiento: *La pena lo embargaba y le impedía hablar.* □ ORTOGR. La *g* se cambia en *gu* delante de *e* →PAGAR.

embargo s.m. **1** En derecho, retención o inmovilización de bienes por orden de una autoridad judicial o administrativa: *Si no paga la indemnización en el plazo de un mes, se procederá al embargo de su casa y de su nómina.* **2** Prohibición del comercio y transporte de algo, esp. de armas o útiles para la guerra, decretada por un Gobierno: *El Gobierno hizo público el embargo de armamento pesado a las dos naciones en guerra.* **3** ‖ **sin embargo.** Enlace gramatical coordinante con valor adversativo: *No estaba convencido y, sin embargo, accedió porque yo se lo pedí.* □ ORTOGR. *Sin embargo* va siempre aislado del resto de la frase por medio de comas.

embarque s.m. Subida o introducción de personas o de mercancías en una embarcación, en un avión o en un tren para su transporte: *El embarque de los pasajeros se realizará media hora antes de la salida del vuelo.*

embarrancar v. Referido a una embarcación, encallar o quedar detenida al chocar violentamente con arena o con rocas del fondo: *El petrolero embarrancó en los arrecifes. El casco del barco resultó dañado al embarrancarse en la costa.* □ ORTOGR. La *c* se cambia en *qu* delante de *e* →SACAR.

embarrar v. Llenar, cubrir o manchar de barro: *Los niños se embarraron de pies a cabeza jugando en el parque.*

embarullar v. **1** *col.* Confundir mezclando desordenadamente unas cosas con otras: *Como embarulles más la historia con nuevos datos, acabaremos perdiendo el hilo.* **2** *col.* Referido a una persona, confundirla o hacer que se líe: *Inventa tantas mentiras, que él solo se embarulla y acaba contradiciéndose.*

embate s.m. **1** Golpe impetuoso de mar: *El acantilado recibía el embate de las olas durante la tempestad.* **2** Acometida impetuosa o violenta: *Resistieron heroicamente los embates del enemigo.*

embaucar v. Referido a una persona, engañarla aprovechándose de su inexperiencia o de su ingenuidad: *No te dejes embaucar por ese charlatán, que solo busca sacarte dinero.* □ ORTOGR. La *c* se cambia en *qu* delante de *e* →SACAR.

embeber ▌v. **1** Referido a un líquido, absorberlo o retenerlo un cuerpo sólido: *Las tiras de la fregona embeben el agua.* **2** Referido a algo poroso o esponjoso, empaparlo o llenarlo de un líquido: *Una vez cocido el bizcocho, lo embebimos en zumo.* ▌prnl. **3** Entretenerse, abstraerse o entregarse poniendo gran interés o atención en una actividad: *Se embebe con el ordenador y se le pasan las horas sin darse cuenta.* **4** Instruirse con rigor y profundidad en algo, esp. en una doctrina: *Durante su viaje a China, se embebió en las doctrinas orientales y eso se refleja en sus novelas.*

embelecar v. Engañar con zalamerías o con falsas apariencias: *Embeleca a su abuelo para sacarle dinero.* □ ORTOGR. La *c* se cambia en *qu* delante de *e* →SACAR.

embeleco s.m. Embuste o engaño, esp. si se hace con zalamerías: *No gastes embelecos conmigo, que a mí ya no me la das.*

embelesar v. Producir o sentir una admiración o un placer tan grandes que hacen olvidarse de todo lo demás; *arrobar, extasiar: La buena música lo embelesa. Me embeleso viéndote bailar.*

embeleso s.m. **1** Admiración o placer producidos en una persona, y que son de tal magnitud que le hacen olvidarse de todo lo demás: *Aún recuerda el embeleso que le producía la lectura de aquellas cartas de amor.* **2** Lo que embelesa o produce este efecto en una persona: *Para mí el cine ha sido, más que una afición, un embeleso.*

embellecedor s.m. Moldura o pieza que se coloca en una superficie para cubrirla y adornarla, esp. referido a las molduras metálicas de los automóviles: *Los tapacubos de las ruedas de los coches son embellecedores.*

embellecer v. Hacer o poner bello: *Los poetas utilizan figuras retóricas para embellecer su estilo.* □ MORF. Irreg.: Aparece una *z* delante de la *c* cuando la siguen *a, o* →PARECER.

embestida s.f. Acometida o lanzamiento sobre algo con ímpetu o con violencia: *La embestida del toro pilló desprevenido al torero y casi lo engancha.*

embestir v. Acometer o lanzarse con ímpetu o violencia: *En medio de la niebla, el transatlántico embistió a un pesquero e hizo que naufragara. Si el animal no embiste, poco puede hacer el torero para bordar la faena.* □ MORF. Irreg.: La *e* final de la raíz se cambia en *i* cuando la sílaba siguiente no tiene *i* o la tiene formando diptongo →PEDIR. □ SINT. Constr.: *embestir algo* o *embestir {A/CONTRA} algo.*

emblandecer v. Referido a una persona, hacer que ceda en una postura intransigente o que se suavice su enojo; *ablandar: Tantos ruegos consiguieron emblandecerme y le di finalmente mi permiso.* □ MORF. Irreg.: Aparece una *z* delante de la *c* cuando la siguen *a, o* →PARECER.

emblanquecer v. Poner de color blanco; *blanquear, blanquecer: Este producto es bueno para emblanquecer las sábanas que han estado guardadas mucho tiempo. Antes, las mujeres usaban polvos de arroz para emblanquecerse la cara.* □ MORF. Irreg.: Aparece una *z* delante de la *c* cuando la siguen *a, o* →PARECER.

emblema s.m. **1** Símbolo, representación o figura, acompañados de un lema o frase explicativos de lo que representan: *El emblema de mi equipo de baloncesto es una canasta con el nombre del club formando el aro.* **2** Lo que es representación simbólica de algo: *La corona de laurel es el emblema de los vencedores.*

emblemático, ca adj. Del emblema, que lo incluye o que está relacionado con él: *El fundador del grupo fue también el más emblemático de sus miembros.*

embobamiento s.m. Admiración o suspensión del ánimo producidos en una persona y que le hacen olvidarse de todo lo demás: *Desde que se ha enamorado, tiene un embobamiento encima...*

embobar v. Referido a una persona, entretenerla o mantenerla admirada o perpleja: *Los partidos de fútbol lo emboban más que a un niño los juguetes. Habla tan bien que me embobo escuchándolo.*

embocadura s.f. **1** En un instrumento musical de viento, pieza hueca que se adapta a su tubo y por la que se sopla para producir el sonido; *boquilla: El clarinete tiene embocadura.* **2** Gusto o sabor de un vino: *Los vinos blancos de esta región tienen una embocadura suave.* **3** Paraje o lugar por los que pueden entrar los buques en un río, en un puerto

EMBARCACIÓN

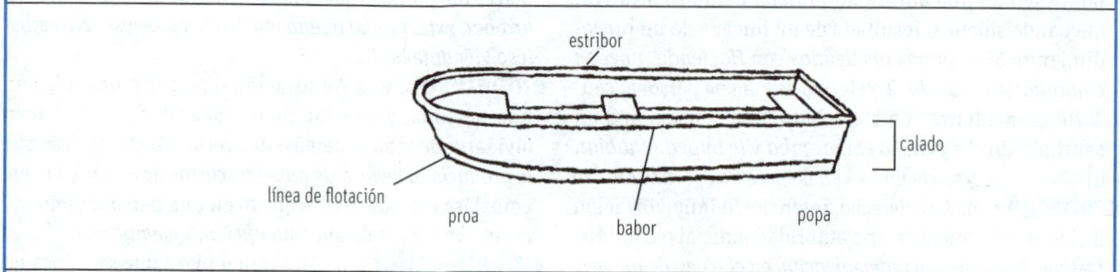

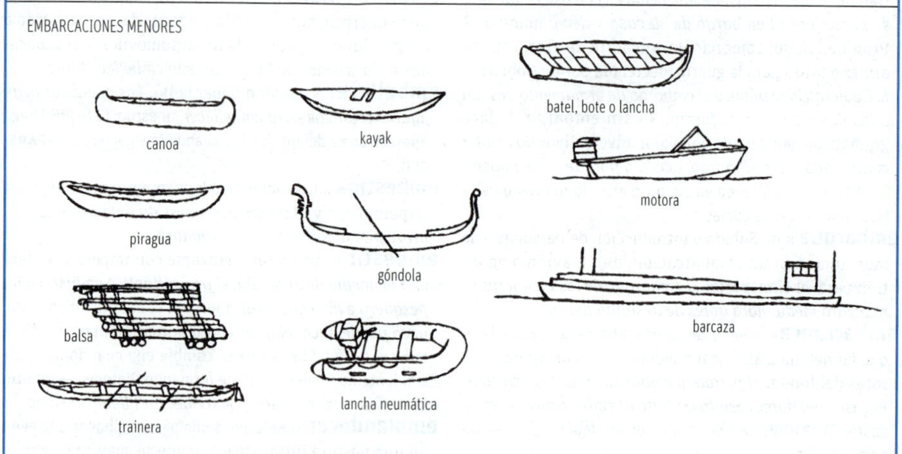

BARCOS DE PESCA

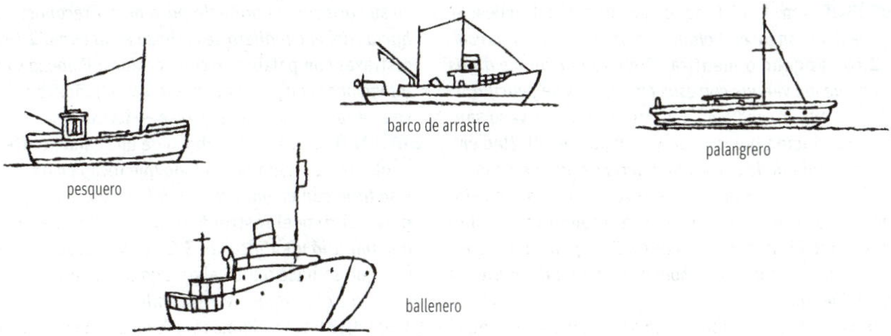

BARCOS MERCANTES

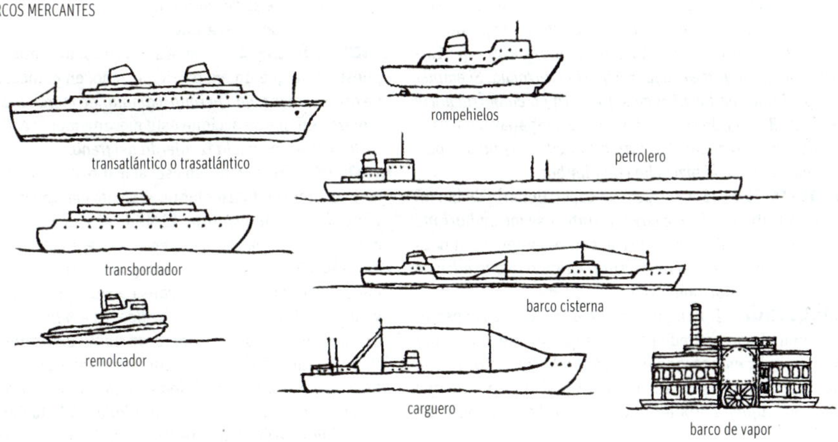

BARCOS DE GUERRA

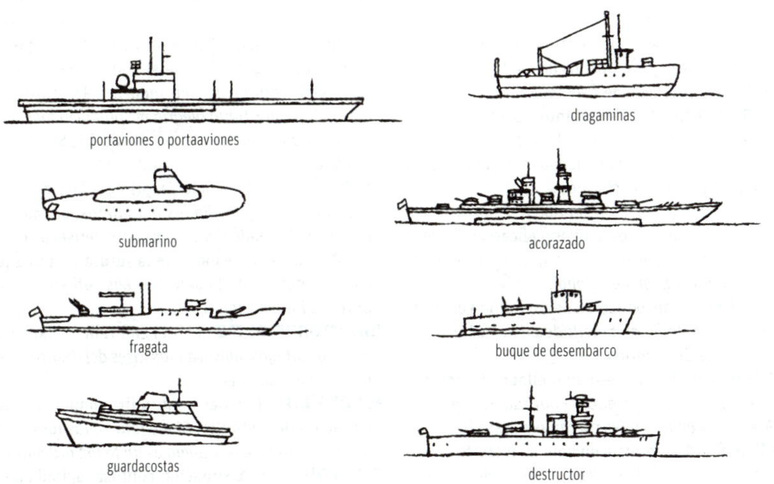

o en un canal: *Están dragando la embocadura del puerto para que puedan entrar en él barcos de más tonelaje.*

embolado s.m. **1** *col.* Problema o situación difíciles: *Se fue y me dejó con un embolado que no sé cómo voy a resolver.* **2** *col.* Engaño o mentira: *Prefiero que no me digas nada a que me vengas con esos embolados de película.*

embolia s.f. En medicina, obstrucción de un vaso sanguíneo producida por un cuerpo alojado en él: *Una embolia cerebral puede causar la muerte de una persona.*

émbolo s.m. En un cilindro, cuerpo ajustado a su interior y que se mueve alternativamente para comprimir un fluido o para recibir movimiento de él: *Para poner una inyección, hay que empujar el émbolo de la jeringuilla para que salga el líquido.*

embolsarse v.prnl. Obtener como ganancia, esp. en el juego o en un negocio: *El que gane esta baza se embolsará el premio y el bote acumulado.*

emborrachar v. **1** Causar embriaguez o poner borracho: *El vino emborracha. Fueron a celebrar el aprobado y se emborracharon todos.* **2** Atontar, adormecer o perturbar: *Usa un perfume tan fuerte que emborracha. Si empiezas a triunfar en los negocios, procura no emborracharte de éxito.* **3** Referido esp. a un bizcocho, empaparlo en vino, en licor o en almíbar: *La tarta me quedó muy jugosa porque emborraché el bizcocho con almíbar.*

emborronar v. **1** Referido a un papel, llenarlo de borrones o garabatos: *Se me cayó la tinta y se me emborronó toda la carta.* **2** Escribir deprisa, con desorden o con poca meditación: *Se las da de escritor, cuando lo que hace no es más que emborronar hojas.*

emboscada s.f. **1** Ocultación de una o de varias personas en un lugar retirado para llevar a cabo un ataque por sorpresa: *La emboscada les permitió hacer varios prisioneros.* **2** Trampa o engaño para perjudicar o dañar a una persona: *Aquella propuesta era una emboscada para hacerlo fracasar.*

emboscar ▮ v. **1** En el Ejército, referido a un grupo de personas, ponerlas en un lugar oculto para llevar a cabo una operación militar, esp. un ataque por sorpresa: *El capitán emboscó a sus soldados en un recodo del camino para sorprender al enemigo cuando pasara por allí.* ▮ prnl. **2** Adentrarse u ocultarse entre el ramaje: *Se emboscaron en la maleza para darnos un susto.* ☐ ORTOGR. La *c* se cambia en *qu* delante de *e* →**SACAR**.

embotamiento s.m. Debilitamiento o pérdida de actividad y de eficacia de un sentido o de una facultad: *Después de tantas horas estudiando, tengo tal embotamiento que ya no puedo pensar con claridad.*

embotar v. Referido esp. a un sentido o a una facultad, debilitarlos o hacerlos menos activos y eficaces: *El miedo embotaba sus sentidos y le impedía moverse. Su inteligencia se embotó por el abuso de alcohol.*

embotellado s.m. Introducción de un líquido en botellas; *embotellamiento: El embotellado en las fábricas de refrescos suele ser automático.*

embotellamiento s.m. **1** →**embotellado.** **2** Densidad alta del tráfico; *atasco: Al acabar el partido, siempre hay embotellamientos en las calles cercanas al estadio.*

embotellar ▮ v. **1** Referido a un líquido, meterlo en botellas: *Cuando visitamos la bodega, nos enseñaron cómo embotellan el vino.* ▮ prnl. **2** Referido a un lugar de tráfico, congestionarse por exceso de vehículos: *En todos los comienzos de vacaciones, se embotellan las carreteras de salida de las grandes ciudades.*

embozar v. **1** Referido al rostro, cubrirlo por la parte inferior hasta la nariz o hasta los ojos: *El bandido embozó su cara con un pañuelo para no ser reconocido. Como hacía frío, el caballero se embozó en la capa.* **2** Ocultar o disfrazar con palabras o con acciones: *Emboza sus malas intenciones con palabras bonitas y engañosas.* ☐ ORTOGR. La *z* se cambia en *c* delante de *e* →**CAZAR**.

embozo s.m. **1** En la sábana de una cama, parte que se dobla hacia afuera por el lado que toca la cara: *Se acostó y se tapó con el embozo hasta los ojos.* **2** Lo que se usa para cubrirse el rostro: *El atracador llevaba un embozo que impidió identificarlo.* **3** Cautela, astucia o disimulo con que se hace o dice algo: *Cuando no estáis presentes, os critica abiertamente y sin embozo.*

embragar v. En algunos vehículos, conectar dos ejes en rotación para transmitir el movimiento de uno al movimiento de otro: *Al pisar el pedal del embrague no se embraga, sino que se desembraga.* ☐ ORTOGR. La *g* se cambia en *gu* delante de *e* →**PAGAR**.

embrague s.m. **1** En algunos vehículos, mecanismo dispuesto para que un eje participe, o no, en el mecanismo de otro: *El embrague permite cambiar de marcha.* **2** Pedal o pieza con que se acciona este mecanismo: *El embrague de los coches está a la izquierda del freno.*

embravecer v. Referido esp. al mar o al viento, enfurecerlo o alterarlo fuertemente: *El viento embraveció el mar y las olas se encresparon.* ☐ MORF. Irreg.: Aparece una *z* delante de la *c* cuando la siguen *a, o* →**PARECER**.

embriagar v. **1** Causar embriaguez o turbar las capacidades físicas o mentales a causa de un consumo excesivo de bebidas alcohólicas: *Ese licor es tan fuerte que embriaga solo con olerlo. Bebieron hasta embriagarse.* **2** Producir atontamiento o perturbar los sentidos: *Ese perfume huele tanto que embriaga. Se embriaga con el riesgo y es capaz de las mayores temeridades.* **3** Extasiar hasta sacar fuera de sí o hacer perder la razón: *Es un melómano empedernido y la música lo embriaga. Se embriagó con la felicidad de haber obtenido el primer premio.* ☐ ORTOGR. La *g* se cambia en *gu* delante de *e* →**PAGAR**.

embriaguez s.f. **1** Turbación o trastorno temporal de las capacidades físicas o mentales, producidos por un consumo excesivo de bebidas alcohólicas o por una intoxicación de gas o de otra sustancia: *Fue detenido por conducir en estado de embriaguez.* **2** Trastorno o alteración del ánimo: *Tanta alegría me producía tal embriaguez que no podía expresarme con claridad.* ☐ SEM. Es sinónimo de *ebriedad*.

embrión s.m. **1** En biología, primera fase del desarrollo del huevo o cigoto: *En los mamíferos, al embrión se le llama 'feto' cuando tiene ya las características de su especie.* **2** En botánica, esbozo de la futura planta que se encuentra dentro de la semilla: *Los cotiledones son una parte de los embriones.*

embrionario, ria adj. Del embrión o relacionado con él: *Estos dibujos muestran las fases del desarrollo embrionario de un mamífero.*

embrollar v. Enredar, confundir, complicar o crear una situación de embrollo: *Si me fotocopias los apuntes, no me los embrolles, que luego es un follón ordenarlos.*

embrollo s.m. **1** Situación confusa, agitada o embarazosa, esp. si va acompañada de gran alboroto y tumulto: *¡Menudo embrollo se formó cuando hubo gente que quiso colarse en la cola...!* **2** Conjunto desordenado, revuelto y enredado: *Con este embrollo de ropa no me extraña que no* *encuentres la bufanda.* **3** Mentira disfrazada con habilidad; *embuste: Me contó tan serio ese embrollo, que me lo creí.* ☐ SEM. En las acepciones 1 y 2, es sinónimo de *lío*.

embrujamiento s.m. Fascinación o trastorno del juicio y de la salud, esp. si se causan mediante prácticas mágicas o sobrenaturales: *Cree que su mala suerte se debe a un embrujamiento.*

embrujar v. Hechizar, fascinar o trastornar el juicio y la salud, esp. mediante prácticas mágicas o sobrenaturales: *La maga del cuento embrujó a los niños y no volvieron a hablar.* ☐ ORTOGR. Conserva la *j* en toda la conjugación.

embrujo s.m. **1** Fascinación o atracción misteriosa y oculta: *Su fuerte personalidad ejerce un extraño embrujo sobre las personas que la rodean.* **2** Hechizo o trastorno del juicio y de la salud, esp. si se causan mediante prácticas mágicas o sobrenaturales: *La Inquisición perseguía a las personas que hacían embrujos y hechicerías.*

embrutecer v. Volver bruto, entorpecer o reducir la capacidad de razonar: *Esa vida de apoltronamiento que llevas acabará por embrutecerte.* ☐ MORF. Irreg.: Aparece una *z* delante de la *c* cuando la siguen *a, o* →**PARECER**.

embuchado s.m. Tripa rellena, generalmente con carne de cerdo picada y aderezada con condimentos: *Compré en la charcutería embuchado de lomo.*

embuchar v. **1** Referido a la carne, embutirla picada en una tripa: *Para hacer chorizo, embuchan carne de cerdo mezclada con especias.* **2** Referido a un ave, introducirle comida o líquido en el buche: *En esa granja embuchan patos para obtener hígados buenos para la elaboración de paté.*

embudo s.m. **1** Utensilio hueco de forma cónica, terminado por su parte más estrecha en un tubo, y que sirve para pasar líquidos de un recipiente a otro: *Cuando llenes la botella, utiliza un embudo para que no caiga nada fuera.* 👁 **química** **2** Tramo final de una situación en el que se produce un estrechamiento que da lugar a acumulaciones que dificultan la salida: *Al final de la cadena de trabajo se produjo un embudo, porque solo había un técnico para inspeccionar la labor de veinte operarios.*

embuste s.m. Mentira disfrazada con habilidad; *embrollo: Estoy cansada de tus embustes y ya no confío en que algún día digas la verdad.*

embustero, ra adj./s. Que dice embustes: *Ha escrito un artículo embustero y lleno de infamias. Me han advertido que no me fíe de lo que me digas, porque eres un embustero.*

embutido s.m. **1** Tripa rellena con carne picada o con otro relleno semejante: *El salchichón es el embutido que más me gusta.* **2** Introducción de una cosa dentro de otra, apretándola o encajándola en ella: *El embutido de la carne en la tripa es una de las tareas más laboriosas de la matanza.*

embutir v. **1** Referido a una cosa, meterla dentro de otra apretándola o encajándola en ella: *Embutieron más lana en el colchón para que quedase más mullido.* **2** Referido a un embutido, hacerlo o fabricarlo: *Para embutir chorizo, utilizan tripas naturales.*

eme s.f. Nombre de la letra *m*: *'Memo' tiene dos emes.* ☐ USO Se usa como sustitución eufemística de *mierda*: *¡Vete a la eme, imbécil!*

emergencia s.f. **1** Suceso o accidente imprevistos o de necesidad: *Si surge cualquier emergencia, no dudes en llamarme.* **2** Salida a la superficie del agua o de otro líquido: *Se dio la orden de emergencia en el submarino e inmediatamente salió a la superficie.* **3** Situación de peligro o de desastre: *Todos los aeropuertos tienen que estar preparados para un aterrizaje de emergencia.*

emerger v. Salir a la superficie del agua o de otro líquido: *El submarino emergió para repostar.* ☐ ORTOGR. La *g* se cambia en *j* delante de *a, o* →**RECOGER**.

emérito, ta adj. Referido a un profesor universitario, que se ha jubilado, pero aún puede seguir dando clases como reconocimiento a sus méritos: *Uno de los cursos de doctorado lo da un profesor emérito que es un verdadero sabio en la materia.*

emidosaurio ▌adj./s.m. **1** Referido a un reptil, que tiene el dorso cubierto de grandes escamas óseas y los dedos unidos entre sí por una membrana: *El caimán es un reptil emidosaurio. Los emidosaurios viven en los ríos de los países cálidos.* ▌s.m.pl. **2** En zoología, orden de estos reptiles: *El cocodrilo pertenece a los emidosaurios.*

emigración s.f. Movimiento de población que consiste en la salida de personas de un lugar para establecerse en otro: *La emigración suele dirigirse hacia países ricos.* ☐ SEM. Dist. de *inmigración* y *migración* →**emigrar**.

emigrante s. Persona que sale de un lugar para establecerse en otro: *La obsesión de muchos emigrantes es ganar dinero rápidamente y volver a su país.* ☐ MORF. Es de género común y exige concordancia en masculino o en femenino para señalar la diferencia de sexo: *el emigrante, la emigrante*. ☐ SEM. Dist. de *emigrado* (persona que reside fuera de su país por razones políticas) y de *inmigrante* →**emigrar**.

emigrar v. **1** Salir de un lugar para establecerse en otro: *Muchos habitantes de países pobres emigran en busca de una vida mejor. Algunas especies de aves emigran en cada cambio de estación.* **2** *col.* Marcharse: *Si veo que las cosas se ponen feas, yo emigro.* ☐ SEM. En la acepción 1, dist. de *inmigrar* (llegar a un lugar para establecerse en él) y de *migrar* (desplazarse para cambiar el lugar de residencia).

emigratorio, ria adj. De la emigración o relacionado con este movimiento de población: *Ha estudiado los movimientos emigratorios en la región durante los últimos veinticinco años.* ☐ SEM. Dist. de *inmigratorio* y *migratorio* →**emigrar**.

emilio s.m. *col.* Correo electrónico: *Voy a mandar un emilio a mi hermana, que está en Argentina.*

eminencia s.f. **1** Tratamiento honorífico que corresponde a los cardenales católicos: *Su eminencia el cardenal primado tiene muchas posibilidades de ser elegido papa.* **2** Persona que sobresale o destaca en un campo o en una actividad: *El conferenciante es una eminencia en cirugía.* ☐ ORTOGR. Dist. de *inminencia*. ☐ USO La acepción 1 se usa más en la expresión *{su/vuestra} eminencia*.

eminente adj. Que sobresale o destaca en un campo o en una actividad: *Fue operado por un eminente cirujano.* ☐ ORTOGR. Dist. de *inminente*. ☐ MORF. Invariable en género.

eminentísimo, ma adj. Tratamiento honorífico que corresponde a los cardenales católicos: *Oficiará la misa el eminentísimo señor cardenal de Toledo.*

emir s.m. Príncipe o jefe político y militar de una comunidad árabe: *En el Imperio musulmán, los emires dependían del califa, que era el jefe político y militar supremo.*

emirato s.m. **1** Título o cargo de emir: *Los emires que accedían al emirato de Córdoba estaban bajo la autoridad del califa de Damasco.* **2** Tiempo durante el que un emir ejerce su cargo: *Durante su emirato, la producción petrolífera del país creció espectacularmente.* **3** Territorio sobre

a b c d e f g h i j k l m n ñ o p q r s t u v w x y z

el que un emir ejerce su autoridad o su gobierno: *Kuwait es un emirato.*

emisario, ria s. Mensajero que se envía para hacer averiguaciones sobre un asunto o para comunicar o tratar algo: *El presidente recibió en audiencia al emisario del país vecino.*

emisión s.f. **1** Expulsión o producción de algo hacia el exterior: *La emisión de calor de este radiador es muy baja porque tiene poca potencia.* **2** Producción y puesta en circulación de papel moneda o de efectos públicos, bancarios o comerciales: *La emisión de títulos de deuda pública permitirá al Estado recaudar dinero para financiar varios proyectos.* **3** Manifestación de una opinión o de un juicio: *La emisión de la sentencia tendrá lugar al día siguiente del juicio.* **4** Transmisión hecha lanzando ondas hertzianas para hacer oír señales o programas: *La emisión televisiva se cerrará a las doce de la noche.*

emisor, -a ▌adj./s. **1** Que emite: *El Sol es un foco emisor de energía. Procura no convertirte en un emisor de juicios infundados.* ▌s. **2** En lingüística, persona que enuncia un mensaje en un acto de comunicación: *El emisor y el receptor se comunican utilizando un mismo código.* ▌s.m. **3** Aparato productor de ondas hertzianas: *Los emisores de radio cada día son más potentes.* ▌s.f. **4** Estación en la que está instalado este aparato: *Trabaja de locutor en una emisora de radio.*

emisora s.f. Véase **emisor, -a**.

emitir v. **1** Arrojar, producir o echar hacia fuera: *Los faros de la costa suelen emitir una luz intermitente. Este pájaro emite un sonido muy agudo.* **2** Referido esp. al papel moneda o a efectos públicos o bancarios, producirlos y ponerlos en circulación: *El Banco Central de un país es el encargado de emitir moneda.* **3** Referido esp. a una opinión, darlos o manifestarlos: *En las últimas elecciones, emitieron su voto más de la mitad de los ciudadanos censados.* **4** Transmitir lanzando ondas hertzianas para hacer oír señales o programas: *La televisión emitirá un informativo sobre la sesión parlamentaria. La nueva emisora de radio emite en onda media.*

emmental (galicismo) s.m. Queso de leche de vaca, de pasta dura y grandes agujeros, originario de Emmental (valle suizo): *El queso que más me gusta es el emmental.*

emoción s.f. Agitación del ánimo, producida por impresiones, ideas o sentimientos intensos: *Es un poco reservado y le cuesta exteriorizar sus emociones.*

emocional adj. **1** De la emoción o relacionado con este estado anímico: *La noticia del fatal suceso lo sumió en un estado emocional fuertemente depresivo.* **2** Que se deja llevar por las emociones: *Es una persona muy emocional, y a veces no se puede controlar.* □ MORF. Invariable en género.

emocionar v. Conmover o causar emoción: *Sus palabras de agradecimiento me emocionaron. Siempre me emociono cuando escucho esa canción.*

emolumento s.m. Remuneración que corresponde a un cargo o a un empleo: *Sus emolumentos son muy altos porque es un abogado muy prestigioso.* □ MORF. Se usa más en plural.

emoticón s.m. →**emoticono.**

emoticono s.m. Símbolo gráfico que se utiliza en correos electrónicos o telefonía móvil y que representa el estado de ánimo del emisario: *El emoticono :-) significa 'estoy feliz'.* emoticón

emotividad s.f. **1** Capacidad de producir emoción: *El banquete de despedida que le ofrecieron sus compañeros fue de una gran emotividad.* **2** Sensibilidad a las emociones: *En el momento más delicado, no pudo controlar su emotividad y se le saltaron las lágrimas.*

emotivo, va adj. **1** Relacionado con la emoción: *Su estado emotivo está alterado y el médico le ha recetado unos calmantes.* **2** Que produce emoción: *El homenaje que se le rindió fue muy emotivo.* **3** Sensible a las emociones: *Es muy emotiva y siempre llora con las películas tristes.*

empachar v. **1** Causar o sufrir indigestión: *No comas más, que los dulces empachan. Se empachó de golosinas y luego no quería comer.* **2** Molestar, cansar o hartar: *Ese niño tan pesado acaba por empachar a cualquiera.*

empacho s.m. **1** Indigestión de comida: *Sufre empachos a menudo porque come sin medida.* **2** Hartazgo, cansancio o molestia producidos por algún exceso: *La conferencia fue tan larga y pesada, que salimos de allí con empacho.* **3** Vergüenza, cortedad o turbación: *Todas las críticas que le hicieron no produjeron en él el menor empacho.*

empadronamiento s.m. Inscripción de una persona en el padrón o registro de los habitantes de una localidad: *El correcto empadronamiento es un requisito para poder votar en unas elecciones.*

empadronar v. Referido a una persona, inscribirla en el padrón o registro en el que constan los habitantes de una localidad: *Al nacer un niño, hay que empadronarlo en el Ayuntamiento en el que vivirá con sus padres. Cuando se empadronó dio los datos mal, y ahora no puede votar.*

empalagar v. **1** Referido a una comida, desagradar o producir hartazgo o repugnancia, esp. su sabor excesivamente dulce: *Estos caramelos tan dulces empalagan. No me gusta el chocolate porque me empalaga.* **2** Hartar, aburrir o molestar por exceso: *Tantos elogios desmedidos, más que halagarme me empalagan.* □ ORTOGR. La *g* se cambia en *gu* delante de *e* →**PAGAR.**

empalagoso, sa ▌adj. **1** Referido a un alimento, que empalaga: *Si le pones tanta mantequilla al pastel, va a quedar empalagoso.* ▌adj./s. **2** Referido a una persona, que molesta por su afectación y excesivas muestras de cariño; *pegajoso: Con tantos saludos y aspavientos, resulta un poco empalagoso. Eres un empalagoso y estoy harta de que siempre me estés alabando en público.*

empalar v. Referido a una persona o a un animal, atravesarlos con un palo, introduciéndoles este por el ano: *El conde Drácula empalaba a sus prisioneros.*

empalizada s.f. Valla hecha de palos o de estacas clavados en el suelo: *El poblado indígena estaba rodeado por una empalizada.*

empalmar ▌v. **1** Referido a dos cosas, juntarlas acoplando una con otra o entrelazándolas: *El fontanero empalmó las dos tuberías y luego las soldó.* **2** Referido esp. a planes o a ideas, ligarlas o combinarlas: *Oírte hablar me encanta, porque empalmas muy bien temas muy distintos.* **3** Seguir o suceder a otra cosa sin que se produzca interrupción o desviación: *Su nuevo libro empalma con el anterior e insiste en el mismo tema.* **4** Referido esp. a un camino o a un medio de transporte, unirse o combinarse con otro: *El tren va solo hasta Burgos, pero allí empalma con otro que va hasta Bilbao.* ▌prnl. **5** *vulg.* Referido a un hombre o a un animal macho, excitarse sexualmente, con erección del pene.

empalme s.m. **1** Unión de dos cosas acoplando una con otra: *El empalme de las tuberías está mal hecho y se sale el agua.* **2** Combinación de un medio de transporte con otro; *enlace: Para ir en tren a mi pueblo tengo que hacer empalme en otro que está a cien kilómetros.* **3** Punto en el que se empalma: *Cuando llegues al empalme, tienes que coger la primera calle a la derecha.*

empanada s.f. **1** Comida compuesta de dos capas de pan o de hojaldre rellenas y cocidas: *A mí me gusta la empanada de carne, y a mí hermano, la de bonito.* **2** *col.* Ocultación o enredo engañoso de un asunto: *El día que se descubra la empanada que hay detrás de todo esto, van todos a la cárcel.* **3** ‖ **empanada (mental).** *col.* Confusión o lío mental: *Tiene una tremenda empanada mental y no sabe qué hacer con su vida.*

empanadilla s.f. Especie de pastel pequeño, que se hace doblando una masa de pan sobre sí misma, cubriendo con ella un relleno y friéndolo después: *De segundo, tomaremos empanadillas de bonito.*

empanar v. Referido a un alimento, rebozarlo con pan rallado para freírlo: *Para empanar los filetes, primero tienes que pasarlos por el batido de huevo y después untarlos en pan rallado.*

empantanar v. **1** Referido a un terreno, llenarlo de agua hasta inundarlo y dejarlo hecho un pantano: *Las fuertes lluvias han empantanado las huertas.* **2** *col.* Desordenar o revolver: *Cuando dice que va a cocinar él, lo temo, porque no hace más que empantanarlo todo.*

empañar v. **1** Quitar la claridad, el brillo o el resplandor: *Cuando guiso, el vapor empaña los cristales de la cocina. Se me empañaron los ojos en lágrimas cuando me enteré de su muerte.* **2** Referido esp. a la fama o al mérito, mancharlos u oscurecerlos: *Intentaron empañar su buen nombre con calumnias.*

empapar ▌v. **1** Referido a algo poroso, humedecerlo tanto que quede totalmente penetrado por un líquido: *Me gusta empapar el pan en la salsa de la carne. Si tiendes y empieza a llover, la ropa se empapará.* **2** Referido a un líquido, absorberlo dentro de los poros o de los huecos de algo, esp. de un cuerpo poroso o esponjoso: *Después de ducharte, empapa el agua del suelo con la fregona.* ▌prnl. **3** Enterarse bien o llenarse completamente, esp. de una doctrina o de un afecto: *Hizo un curso intensivo para empaparse de las últimas tendencias.* □ SINT. Constr. de la acepción 3: *empaparse* DE *algo.*

empapelar v. **1** Referido a una superficie, esp. a una pared, cubrirla con papel: *Elige un papel bonito para empapelar la habitación.* **2** *col.* Referido a una persona, procesarla o abrirle expediente: *Lo empapelaron por estafa pública.*

empapuciar v. *col.* →**empapuzar.** □ ORTOGR. La *i* nunca lleva tilde.

empapujar v. *col.* →**empapuzar.** □ ORTOGR. Conserva la *j* en toda la conjugación.

empapuzar v. *col.* Referido a una persona, forzarla a comer demasiado: *Si no tiene hambre, no lo empapuces, que le va a sentar mal.* □ ORTOGR. 1. Se admiten también *empapuciar* y *empapujar.* 2. La *z* se cambia en *c* delante de *e* →**CAZAR.**

empaque s.m. **1** *col.* En una persona, aspecto externo: *Camina con el gesto altivo y el empaque de un príncipe.* **2** Seriedad o gravedad acompañadas de cierta afectación: *Habla con empaque, escogiendo palabras rebuscadas para impresionar.*

empaquetar v. Hacer paquetes o envolver en paquetes: *En una mudanza, hay que empaquetarlo todo para trasladarlo.*

emparedado s.m. Bocadillo hecho con pan de molde: *Merendé un emparedado de queso de dos pisos.*

emparedar v. Referido a una persona, encerrarla entre paredes dejándola sin comunicación con el exterior: *Antiguamente, emparedaban a la gente como método de tortura.*

emparejamiento s.m. Unión de dos para formar pareja: *El que dirigía la banda dispuso también los emparejamientos para el baile.*

emparejar v. **1** Juntar o unir formando pareja: *Antes de guardar los calcetines, emparéjalos. ¿Quién te ha dicho a ti que me gustaría emparejarme contigo?* **2** Ser igual o ser pareja de otra cosa: *Te has equivocado y me has dado unos guantes que no emparejan.* □ ORTOGR. 1. Dist. de *aparejar.* 2. Conserva la *j* en toda la conjugación.

emparentar v. **1** Contraer parentesco por vía de matrimonio: *Se casó sin estar enamorado, porque quería emparentar con la nobleza.* **2** Relacionar señalando o descubriendo lazos de parentesco o de afinidad: *Un experto en heráldica emparentó nuestro apellido con una antigua e ilustre familia.*

emparrado s.m. Parra o conjunto de tallos y hojas de parras que se entrelazan sobre un armazón y forman una cubierta: *Comimos al aire libre, a la sombra del emparrado.*

empastar v. Referido esp. a un diente, rellenar los huecos producidos en él por la caries: *Si la muela está picada, te la tendrás que empastar.*

empaste s.m. **1** Relleno de los huecos producidos en un diente o en una muela por la caries: *Para hacerme el empaste, el dentista me puso anestesia.* **2** Pasta con que se hace este relleno: *Se me ha caído el empaste de la muela, así que tendré que volver al dentista.*

empatar v. En una votación o en una confrontación, obtener dos o más contrincantes el mismo número de votos o de puntos: *Los dos equipos empataron a cero. Si dos partidos empatan la votación, ambos obtendrán el mismo número de diputados. Nos basta con empatar este encuentro para ponernos a la cabeza de la clasificación.*

empate s.m. En una votación o en una confrontación, obtención del mismo número de votos o de puntos por parte de dos o más contrincantes: *El partido terminó en empate.*

empecer v. Ser impedimento u obstáculo: *Tu abandono no empece para que nosotros sigamos adelante.* □ MORF. 1. Se usa más en tercera persona y en las formas no personales (infinitivo, gerundio y participio). 2. Irreg.: Aparece una *z* delante de la *c* cuando la siguen *a, o* →**PARECER.** □ SINT. Constr.: *empecer* PARA *hacer algo.* □ USO Se usa más en expresiones negativas.

empecinamiento s.m. Obstinación o empeño grande: *Tiene tal empecinamiento con la idea de salir este fin de semana, que saldrá aunque nieve.*

empecinarse v.prnl. Obstinarse, encapricharse o empeñarse con mucho afán: *Cuando se empecina en una idea, no hay quien le haga cambiar de opinión.* □ SINT. Constr.: *empecinarse* EN *algo.*

empedernido, da adj. Referido a una persona, que es muy persistente o incorregible en el mantenimiento de una actitud, de una costumbre o de un vicio, por tenerlos muy arraigados: *Toda su vida ha sido un fumador empedernido y no creo que nada le haga dejar el tabaco.*

empedrar v. Referido a un suelo, cubrirlo con piedras que se ajustan entre sí: *Antiguamente, las calles se empe-*

draban. □ MORF. Irreg.: La *e* final de la raíz diptonga en *ie* en los presentes, excepto en las personas *nosotros* y *vosotros* →**PENSAR**.

empeine s.m. **1** En un pie, parte superior, desde su unión con la pierna hasta los dedos: *Me duele el empeine porque me até demasiado apretados los zapatos.* 👁 **pie** **2** En un calzado, parte que cubre esta zona del pie: *Los cordones del zapato están en el empeine.*

empellón s.m. Empujón fuerte que se da con el cuerpo a algo para desplazarlo: *Me dio tal empellón, que me tiró al suelo.*

empeñar ▌v. **1** Referido esp. a un objeto, entregarlo como garantía de un préstamo: *Para conseguir dinero, empeñó su abrigo de visón.* **2** Referido esp. al honor, comprometerlo, involucrarlo o utilizarlo como mediador para conseguir algo: *He empeñado mi palabra para sacarte del apuro.* **3** Referido a un período de tiempo, dedicarlo a una actividad: *Empeñó seis años de su vida en escribir este libro.* ▌prnl. **4** Insistir en algo con tenacidad: *Aunque no corre prisa, se ha empeñado en terminar hoy el trabajo.* **5** Llenarse de deudas; *endeudarse: Se ha empeñado hasta las cejas para comprarse un coche nuevo.* □ SINT. Constr. de la acepción 4: *empeñarse* EN *algo.*

empeño s.m. **1** Deseo o afán intensos por realizar o conseguir algo: *Tengo empeño en que nos veamos hoy mismo.* **2** Esfuerzo, constancia o insistencia en lo que se hace: *Pone mucho empeño en los estudios.* **3** Entrega de algo como garantía de un préstamo: *En la casa de empeños le dijeron que no podían darle mucho dinero por ese reloj.* **4** Compromiso o utilización de algo, esp. del propio honor, como mediador para conseguir fin: *El empeño de mi palabra me obliga a cumplir lo prometido.* **5** Intento o propósito de realizar algo, aunque no se tenga la certeza de conseguirlo: *Está dispuesto a morir en el empeño, si es preciso.*

empeoramiento s.m. Cambio para peor: *Se prevé un empeoramiento del tiempo, con lluvias abundantes.*

empeorar v. **1** Pasar o hacer pasar de un estado a otro peor: *Si la economía del país empeora, aumentará el paro. La falta de lluvias empeora cada día los problemas del campo.* **2** Perder la salud: *Se encontraba bien, pero de pronto empeoró y tuvieron que ingresarlo.* **3** Referido al tiempo atmosférico, hacerse más desagradable: *Si empeora el día, suspenderemos la excursión.*

empequeñecer v. Hacer más pequeño o menos importante: *Es tan envidioso, que empequeñece los éxitos de los demás para que resalten los suyos.* □ MORF. Irreg.: Aparece una *z* delante de la *c* cuando la siguen *a, o* →**PARECER**.

emperador s.m. **1** En un imperio, soberano y jefe del Estado: *Augusto fue el primer emperador romano.* **2** Pez marino, con piel sin escamas, áspera y negruzca por el lomo y blanca por el vientre, con cabeza apuntada y mandíbula superior en forma de espada de dos cortes, y cuya carne es muy apreciada para la alimentación; *pez espada: Pedí filete de emperador a la plancha porque no tiene espinas.* 👁 **pez** □ MORF. 1. En la acepción 1, su femenino es *emperatriz*. 2. En la acepción 2, es un sustantivo epiceno y la diferencia de sexo se señala mediante la oposición *el emperador {macho/hembra}*.

emperatriz s.f. de **emperador**.

emperejilar v. *col.* →**emperifollar**.

emperifollar v. *col.* Referido a una persona, adornarla con esmero o en exceso; *emperejilar: No emperifolles tanto al niño, que parece un muñeco. Cada vez que va a salir de casa, se emperejila.*

emperrarse v.prnl. *col.* Obstinarse o empeñarse: *Se emperró en que le comprara ese juguete y no dejó de darme la lata hasta que lo consiguió.* □ SINT. Constr.: *emperrarse* EN *algo.*

empezar v. **1** Tener principio: *Mi calle empieza en una plaza.* **2** Dar principio: *El cantante esperó a que todo el público estuviera sentado para empezar la actuación.* **3** Referido esp. a un producto, iniciar su uso o su consumo: *Si se te acaba ese paquete de jabón, empieza otro.* □ ORTOGR. La *z* se cambia en *c* delante de *e*. □ MORF. Irreg.: La *e* final de la raíz diptonga en *ie* en los presentes, excepto en las personas *nosotros* y *vosotros* →**EMPEZAR**. □ SEM. En las acepciones 1 y 2, es sinónimo de *comenzar*.

empiece s.m. *col.* Comienzo: *Cuéntame el empiece de la película.*

empinado, da adj. Referido esp. a un camino, que tiene mucha pendiente o una cuesta muy pronunciada: *Subimos hasta la plaza por una calle muy empinada.*

empinar ▌v. **1** Referido a algo horizontal o tumbado, enderezarlo o ponerlo vertical: *Empinamos las estacas que había derribado el viento. Por esa parte, la calle se empina y cuesta subirla.* **2** Levantar y sostener en alto: *¡Empíname, papá, que no veo con ese señor tan alto! La mesa tiene las patas desiguales y, si te apoyas por ese lado, se empina por el otro.* **3** Referido a una jarra o a otro recipiente, inclinarlos mucho, levantándolos en alto, para beber: *Para beber a chorro, tienes que empinar el porrón.* **4** *col.* Beber alcohol en gran cantidad: *Como vuelvas a empinar no salgo más contigo.* ▌prnl. **5** Referido a una persona, ponerse sobre las puntas de los pies y alzarse: *Si no me empino, no alcanzo para descolgar las cortinas.* **6** Referido a una montaña o a otra cosa elevada, alcanzar gran altura: *Al fondo se empina la torre de la iglesia.*

empingorotado, da adj. *col.* Referido a una persona, que tiene una posición social ventajosa, esp. si presume de ello: *Este restaurante es frecuentado por empingorotados ejecutivos.*

empírico, ca ▌adj. **1** De la experiencia, fundado en ella o relacionado con ella: *Un médico debe tener conocimientos empíricos complementarios de su saber teórico.* ▌adj./s. **2** Que procede basándose en la experiencia: *En su investigación, empleó un método empírico que lo llevó a tener en cuenta solo hechos comprobados. Un empírico como él nunca aceptará afirmaciones que se sostienen solo desde la fe.*

empirismo s.m. Procedimiento o método basados en la práctica o en la experiencia: *Frente a la filosofía, la ciencia se caracteriza por su empirismo.*

emplasto s.m. **1** Preparado medicinal, sólido, moldeable y adhesivo, que se fabrica con materias grasas y se aplica externamente: *Mi abuela se curaba los dolores de tripa poniéndose emplastos.* 👁 **medicamento** **2** Cosa blanda, apelmazada y de mal aspecto: *Esta sopa fría con tantos fideos es un emplasto.*

emplazamiento s.m. **1** Colocación o situación en un determinado lugar: *El nuevo supermercado tiene un buen emplazamiento.* **2** Concesión de un plazo a una persona para la ejecución de algo: *Lo vi tan harto que me sorprendió su emplazamiento para continuar en una próxima sesión.* **3** Citación a una persona en un tiempo y en un lugar determinados, generalmente para que dé razón de algo o para presentarse ante un juez: *Si no se presenta en el juzgado en la fecha del emplazamiento, el juez podrá ordenar su busca y captura.*

emplazar v. **1** Colocar o situar en un determinado lugar: *Emplazar bien los cañones es fundamental para que su ataque sea eficaz.* **2** Referido a una persona, darle un plazo para la ejecución de algo: *El presentador emplazó al invitado a continuar su conversación en un próximo programa.* **3** Referido a una persona, citarla en un tiempo y en un lugar determinados, esp. para que dé razón de algo o para que se presente ante un juez: *Lo emplazaron el próximo día 17, a las 10 horas, en el juzgado de lo penal, para declarar ante el juez.* ☐ ORTOGR. La *z* se cambia en *c* delante de *e* ⟶**CAZAR**. ☐ SINT. Constr. de la acepción 2: *emplazar A hacer algo.*

empleado, da s. **1** Persona que desempeña un trabajo a cambio de un sueldo: *El dueño no está en este momento, yo soy un empleado.* **2** ‖ **dar** algo **por bien empleado.** *col.* Conformarse gustosamente con ello, a pesar de lo desagradable que haya sido, por las consecuencias favorables que se derivan de ello: *Si apruebo la oposición, daré por bien empleado el sacrificio de estos años.* ‖ **empleado de hogar.** El que desempeña trabajos domésticos o ayuda en ellos: *Cuando llegó a la ciudad, trabajó unos años como empleada de hogar.* ‖ **estar bien empleado.** *col.* Referido esp. a algo, tenerlo merecido: *Si te han suspendido, te está bien empleado, por vago.*

emplear v. **1** Hacer servir como instrumento para un fin; *usar: Empleó todo tipo de trucos para intentar engañarme.* **2** Referido a una persona, ocuparla en una actividad o darle un empleo o puesto de trabajo: *Esta empresa emplea a unos doscientos trabajadores. Se empleó como vendedor en una inmobiliaria.* **3** Gastar, consumir o invertir: *Empleas demasiado tiempo en cosas muy poco prácticas.*

empleo s.m. **1** Utilización de algo como instrumento para un fin: *El empleo del ordenador nos facilita mucho el trabajo.* **2** Ocupación de una persona como empleado o para una actividad: *El Gobierno pretende fomentar el empleo.* **3** Puesto de trabajo: *Consiguió su primer empleo nada más acabar la carrera.* **4** Gasto, consumo o inversión que se hacen en una actividad: *Solo con el empleo de todas tus fuerzas podrás conseguir una meta tan alta.* **5** En el Ejército, jerarquía o categoría personal: *Cuando se retiró, había alcanzado el empleo de coronel.*

empobrecer v. Hacer pobre o más pobre; *depauperar: El paro ha empobrecido este barrio. Era rico pero se empobreció. Con el nuevo alcalde, la oferta cultural se ha empobrecido.* ☐ MORF. Irreg.: Aparece una *z* delante de la *c* cuando la siguen *a, o* ⟶**PARECER**.

empobrecimiento s.m. Transformación en pobre o en más pobre: *La caída de la Bolsa causó el brusco empobrecimiento de muchos inversores.*

empollar v. **1** Referido a un huevo de ave, calentarlo para que se desarrolle el embrión y salga el pollo: *Las aves cubren con su cuerpo los huevos que ponen para empollarlos. Los huevos de gallina se empollan durante veintiún días.* **2** *col.* Estudiar mucho: *Saca buenas notas porque se pasa el día empollando.*

empollón, -a adj./s. *col.* Referido a un estudiante, que estudia mucho, esp. si destaca más por su aplicación que por su inteligencia: *Aunque es un poco torpe, es muy empollón y aprueba. Si tiene media de sobresaliente en todo, o es un genio o un empollón.* ☐ USO Tiene un matiz despectivo.

empolvar v. **1** Cubrir de polvo: *El paso de tantos camiones empolvó los cristales. Le da rabia que al poco tiempo de limpiar el polvo se empolve todo otra vez.* **2** Referido esp. a una persona, echarle polvos de tocador: *Fue al baño a empolvarse la nariz. Cuando se empolva y se pinta un poco, parece mucho más joven.*

emponzoñar v. **1** Dar ponzoña o infectar con alguna ponzoña o sustancia nociva: *El asesino emponzoñó la bebida con cianuro. El agua de la fuente se ha emponzoñado y no se puede beber.* **2** Corromper, dañar o echar a perder: *Consiguió emponzoñar a toda la directiva mediante sobornos. Su vieja amistad se emponzoñó por prestar oídos a habladurías malintencionadas.*

emporio s.m. **1** Lugar que constituye un centro de comercio al que acuden comerciantes de diversas naciones: *Antiguamente, Cádiz fue un emporio fenicio.* **2** Lugar notable o destacado por su florecimiento en algún campo o actividad: *Barcelona es un emporio cultural de primer orden.*

empotrar v. **1** Meter en la pared o en el suelo, generalmente asegurando la colocación con trabajos de albañilería: *Queremos hacer algunas obras en la casa y empotrar armarios en todas las habitaciones.* **2** Encajar o meter en una superficie, generalmente al chocar contra ella: *El conductor perdió el control y empotró su coche contra un árbol. En el accidente, el coche se empotró contra el camión.*

emprendedor, -a adj. Referido a una persona, que tiene iniciativa y decisión para emprender acciones que entrañan dificultad o que resultan arriesgadas: *Es un joven muy emprendedor y llegará lejos en la vida.*

emprender v. **1** Referido a una actividad, iniciar su ejecución: *El rey emprenderá viaje al país vecino esta tarde.* **2** ‖ **emprenderla con** alguien. *col.* Adoptar una actitud hostil frente a él, generalmente molestándolo o buscando riña: *Se enfadó y la emprendió a tortas con el que tenía más cerca.*

empresa s.f. **1** Acción o tarea que entrañan dificultad y cuya ejecución requiere decisión y esfuerzo: *Esa es una empresa que muy pocos podrían culminar con éxito.* **2** En comercio, entidad integrada por el capital y el trabajo como factores de la producción, y dedicada a actividades industriales, mercantiles o de prestación de servicios, generalmente con el fin de obtener beneficios económicos: *La mayoría de los autobuses urbanos pertenecen a la empresa municipal de transportes.*

empresariado s.m. Conjunto de las empresas o de los empresarios: *En la Confederación de Organizaciones Empresariales está representado todo el empresariado del país.*

empresarial adj. De la empresa, del empresario o relacionado con ellos: *Las organizaciones empresariales se opusieron a las propuestas de los sindicatos.* ☐ MORF. Invariable en género.

empresario, ria s. **1** Propietario o directivo de una empresa, de una industria o de un negocio: *Los empresarios negocian con los sindicatos el convenio laboral.* **2** Persona que se encarga de la explotación de un espectáculo público: *El nuevo empresario de la plaza de toros aseguró que contrataría a las primeras figuras del toreo.*

empujar v. **1** Referido esp. a un objeto, hacer fuerza contra él para moverlo, sostenerlo o rechazarlo: *No me empujes que me vas a tirar.* **2** Presionar o influir, generalmente para conseguir un fin o para impulsar a otro a hacer algo: *Su insistencia me empujó a contárselo todo.* ☐ ORTOGR. Conserva la *j* en toda la conjugación.

empuje s.m. **1** Fuerza que se aplica sobre algo para moverlo, sostenerlo o rechazarlo: *Según el principio de Arquímedes, todo cuerpo que se sumerge en un fluido experimenta un empuje hacia arriba equivalente al peso del fluido desalojado.* **2** Presión o influencia que se ejercen generalmente para conseguir un fin o para impulsar a otro a hacer algo: *El empuje que recibió de los suyos le ayudó a llegar hasta el fin.* **3** Arranque, resolución o brío para emprender acciones o para conseguir propósitos: *Mi madre es una mujer de gran empuje y coraje.* **4** Fuerza producida por el peso de una construcción o de una carga sobre las paredes que la sostienen: *Fuertes muros soportan el empuje de la bóveda.*

empujón s.m. **1** Impulso que se da con fuerza a algo para apartarlo o para moverlo: *Casi me caigo del empujón que me dio.* **2** Avance rápido y considerable que se da a lo que se está haciendo, trabajando con mayor dedicación y empeño en ello: *No salgo porque tengo que darle un buen empujón a la tesis si quiero terminarla en el plazo previsto.*

empuñadura s.f. En algunos objetos, esp. en un arma blanca, puño o parte por las que se agarran o sujetan con la mano: *Llevaba un bastón con engarces de piedras preciosas en la empuñadura.*

empuñar v. Referido a un objeto con empuñadura, cogerlo o sujetarlo por esta: *Empuñó el cuchillo de forma amenazadora.*

emulación s.f. Imitación de las acciones de una persona, intentando igualarlas o superarlas: *El afán de emulación con su maestro lo llevó a conseguir grandes metas.*

emular v. Referido a una persona, imitarla en sus acciones, intentando igualarlas o superarlas: *Estudia mucho porque quiere emular a su hermano y llegar tan lejos como él. Intentaba emularse con el ilustre poeta, pero sus obras no estaban a la misma altura.* ☐ SINT. Constr. como pronominal: *emularse* CON *alguien*.

émulo, la s. Persona que compite con algo o que intenta aventajarlo: *El médico ya tiene un émulo en su propio hijo.*

emulsión s.f. **1** Mezcla de dos líquidos insolubles entre sí, de tal manera que uno de ellos se distribuye en pequeñísimas partículas en el otro: *Las emulsiones de agua y aceite tienen un aspecto lechoso.* **2** En fotografía, suspensión de bromuro de plata en gelatina, que forma la capa sensible a la luz de las películas y otros materiales fotográficos: *Las nuevas emulsiones son cada vez más sensibles a la luz.*

en prep. **1** Indica el lugar en el que se realiza la acción del verbo: *Nací en Madrid. ¿Están en tu casa?* **2** Indica el tiempo durante el que se realiza la acción del verbo: *En primavera, el campo se llena de flores.* **3** Indica el modo en el que se realiza la acción del verbo: *Apareció en pijama.* **4** Indica el medio o el instrumento con el que se realiza la acción del verbo: *Suele viajar en avión.* **5** Indica la forma o el formato que algo tiene: *La película está rodada en 16 milímetros.* **6** Indica el término de un movimiento: *¿Entramos en casa?* **7** Sobre o encima de: *La cazuela está en el fuego.* **8** Introduce un complemento del verbo, esp. si es de materia: *Me he especializado en electrónica.* **9** Con un verbo de percepción y seguido de un sustantivo, indica causa: *Se lo noté en la voz. Te conocí en los andares.* **10** En combinación con la preposición 'de', indica paso o transcurso por fases sucesivas: *La noticia corrió de boca en boca.* **11** En combinación con la preposición 'de', y seguidas ambas de un mismo numeral, indica grupos de ese número de unidades: *Bajó los escalones de tres en tres.* ☐ SEM. No debe usarse en expresiones temporales con el significado de 'dentro de': *regreso {*en › dentro de} quince minutos*.

enagua s.f. **1** Prenda de ropa interior femenina, semejante a una falda, y que se lleva debajo de esta: *Coge el bajo de las enaguas para que no asomen por debajo de la falda.* **2** Prenda de ropa interior femenina, semejante a esta, pero que cubre también el torso: *Con las blusas escotadas, no me pongo enagua porque se me ve.* ☐ MORF. La acepción 1 en plural tiene el mismo significado que en singular.

enajenación s.f. **1** Transmisión a otra persona del dominio o de otro derecho que se tienen sobre algo: *Puede realizar una enajenación de bienes si él es el único dueño.* **2** Acción de sacar a una persona fuera de sí o de trastornarle la razón o los sentidos: *Los nervios la tienen en un estado de enajenación preocupante.* **3** Distracción, falta de atención o embeleso que hace olvidarse de todo lo demás: *La música clásica produce en él una enajenación próxima al éxtasis.* **4** ‖ **enajenación mental.** Perturbación de las facultades mentales; *locura*: *La enajenación mental constituye una circunstancia atenuante para rebajar la condena por un delito.*

enajenar v. **1** Referido al dominio o a otro derecho sobre algo, pasarlos o transmitirlos a otra persona: *Durante su gobierno, enajenó bienes que pertenecían a la Corona.* **2** Referido a una persona, sacarla fuera de sí o trastornarle la razón o los sentidos; *alienar*: *La ira lo enajenó y no pudo controlarse. Se enajenó cuando perdió a su hijo en un accidente.*

enaltecer v. **1** Engrandecer o exaltar: *Tanta generosidad te enaltece. Los ánimos se enaltecieron cuando vieron tan cerca la victoria.* **2** Alabar o elogiar: *Siempre enaltece el trabajo de sus compañeros. Aprovecha cualquier situación para enaltecerse ante los demás.* ☐ MORF. Irreg.: Aparece una *z* delante de la *c* cuando la siguen *a, o* →**PARECER**. ☐ SEM. Es sinónimo de *ensalzar*.

enaltecimiento s.m. **1** Engrandecimiento o exaltación de algo: *Consigue causar en sus lectores un enaltecimiento de las grandes pasiones.* **2** Alabanza o elogio: *El enaltecimiento que hizo de mis cualidades consiguió ruborizarme.* ☐ SEM. Es sinónimo de *ensalzamiento*.

enamoradizo, za adj. Inclinado a enamorarse con facilidad: *Eres tan enamoradiza que siempre estás pensando en chicos.*

enamorado, da adj./s. **1** Que tiene o siente amor: *Esos detalles son propios de un hombre enamorado. El día de san Valentín es el día de los enamorados.* **2** Muy aficionado a algo: *El espectáculo estaba especialmente pensado para un público enamorado de la música clásica. Es un enamorado de la naturaleza y en cuanto tiene ocasión se va al campo.*

enamoramiento s.m. Aparición o excitación en una persona del sentimiento del amor: *Lo tuyo no es más que un enamoramiento pasajero.*

enamorar ▌v. **1** Referido a una persona, despertar o excitar en ella el sentimiento del amor: *Con tantos regalos y palabras dulces, terminó por enamorarla.* **2** Atraer, aficionar o hacer sentir entusiasmo: *La casa nos enamoró nada más verla. Cada día que paso aquí, me enamoro más de la vida en el campo.* ▌prnl. **3** Referido a una persona, empezar a sentir amor por otra: *Me enamoré por primera* *vez a los quince años.* ☐ SINT. Constr. como pronominal: *enamorarse* DE *algo.*

enamoriscarse v.prnl. *col.* Enamorarse superficialmente o de forma poco intensa: *Reconoce que solo estás enamoriscado, pero que no la quieres de verdad.* ☐ ORTOGR. La *c* se cambia en *qu* delante de *e* →**SACAR**.

enanismo s.m. Trastorno patológico del crecimiento, caracterizado por una estatura inferior a la que se considera normal en los individuos de la misma especie y edad: *El enanismo suele estar causado por un desequilibrio de las glándulas endocrinas.*

enano, na ▮ adj. **1** Diminuto en su clase o en su especie: *Los bonsáis son árboles enanos.* ▮ s. **2** Persona de muy baja estatura o de extraordinaria pequeñez, esp. si padece enanismo: *Los enanos no suelen sobrepasar la talla de 1,30 metros en la edad adulta.* **3** *col.* Niño: *Soy maestro y tengo en clase a veinticinco enanos maravillosos.* **4** En la tradición popular, ser fantástico con figura humana, de estatura muy baja y que suele estar dotado de poderes extraordinarios: *Los enanitos del bosque cuidaron de Blancanieves.* **5** ‖ **como un enano.** *col.* Mucho o intensamente: *Vengo rendido porque he trabajado como un enano.* ☐ MORF. En la acepción 4, se usa mucho el diminutivo *enanito.*

enarbolar v. Referido esp. a una bandera o a un estandarte, levantarlos en alto: *Los manifestantes de la primera fila enarbolaban banderas y pancartas.*

enarcar v. Dar o adquirir forma de arco; *arquear: Enarcó las cejas en señal de asombro.* ☐ ORTOGR. La *c* se cambia en *qu* delante de *e* →**SACAR**.

enardecer v. Referido esp. a una pasión o a una disputa, excitarlas o avivarlas: *Aquellas ofensas enardecieron su orgullo y lo impulsaron a la pelea. Se enardece cuando habla de sus hazañas.* ☐ MORF. Irreg.: Aparece una *z* delante de la *c* cuando la siguen *a, o* →**PARECER**.

encabalgamiento s.m. En métrica, distribución en versos o en hemistiquios contiguos de una palabra o de una frase que normalmente forman una unidad fonética y léxica o sintáctica: *Se produce un encabalgamiento cuando una pausa del verso no coincide con una pausa de la frase.*

encabezamiento s.m. Fórmula que se pone al principio de un escrito: *Como encabezamiento de la carta, puedes poner la fecha y el asunto que vas a tratar.*

encabezar v. **1** Referido esp. a una lista, iniciarla o abrirla: *Nuestro equipo encabeza la clasificación.* **2** Referido a un escrito, ponerle un encabezamiento: *Encabecé la carta con un 'Muy señor mío'.* **3** Referido esp. a un movimiento o a una protesta, presidirlos, dirigirlos o ponerse al frente de ellos: *Los generales que encabezaron la rebelión fueron detenidos.* ☐ ORTOGR. La *z* se cambia en *c* delante de *e* →**CAZAR**.

encabritarse v.prnl. **1** Referido a un caballo, ponerse sobre las patas traseras y levantando las manos: *La yegua se encabritó al oír los disparos.* **2** *col.* Enojarse o enfadarse: *Tu amigo por poca cosa se encabrita.*

encabronar v. *vulg.malson.* →**enojar.**

encadenamiento s.m. **1** Atadura o sujeción con cadenas: *El emperador ordenó el encadenamiento de los prisioneros.* **2** Conexión y enlace de unas cosas con otras: *Sus conclusiones responden a un encadenamiento lógico de los datos analizados.*

encadenar v. **1** Atar o sujetar con cadenas: *Encadena la moto a una farola para que no te la roben. Varios presos se encadenaron a las rejas en señal de protesta.* **2** Unir o enlazar, relacionando unas cosas con otras: *Al redactar hay que encadenar bien los pensamientos que se expresan. Los acontecimientos se encadenaron precipitadamente y dieron lugar a un desenlace fatal.*

encajar v. **1** Referido a un objeto, meterlo dentro de otro, de manera que queden ajustados: *Encaja esta pieza en su agujero y ponle un tope para que no se vuelva a salir. Ese mueble es demasiado ancho y no encaja en este hueco.* **2** *col.* Referido a algo que se dice, introducirlo en una conversación o en un discurso: *Se hable de lo que se hable, él siempre se las ingenia para encajar las anécdotas de sus viajes.* **3** *col.* Referido a algo molesto o desagradable, recibirlo o aceptarlo: *Encajó muy bien la enfermedad de su madre.* **4** *col.* Ser apropiado o adaptarse al lugar o a la situación en la que se encuentra: *El nuevo empleado ha encajado bien en la empresa.* **5** *col.* Coincidir o estar de acuerdo: *Las declaraciones de los dos testigos no encajaban, porque uno de ellos mentía.* ☐ ORTOGR. Conserva la *j* en toda la conjugación. ☐ SINT. La acepción 4 se usa más con los adverbios *bien, mal* o equivalentes.

encaje s.m. **1** Tejido hecho con calados que forman dibujos: *Mi abuela hacía encajes de bolillos para adornar la pechera de los vestidos.* **2** Ajuste o introducción de un objeto en otro, haciendo coincidir sus partes: *El encaje de las patas de la mesa en el tablero resultó más difícil de lo que creía.*

encajonar ▮ v. **1** Meter o guardar dentro de un cajón: *Ha encajonado todos los libros para hacer la mudanza.* **2** Introducir en un sitio estrecho: *Nos encajonaron a los cuatro en el asiento trasero del coche.* **3** En tauromaquia, referido a un toro, encerrarlo en cajones para su traslado: *Van a encajonar los toros de la corrida para llevarlos a la plaza.* ▮ prnl. **4** Referido a una corriente de agua, correr por un lugar estrecho: *El río se encajona en un profundo cañón.*

encalado s.m. Revestimiento o blanqueo hechos con cal: *El encalado de la tapia del jardín le da un aspecto más limpio.*

encalar v. Cubrir o blanquear con cal: *En muchos pueblos andaluces es costumbre encalar las casas y dejarlas completamente blancas.*

encallar v. Referido a una embarcación, tropezar con un obstáculo, esp. piedras o arena, quedando en él sin movimiento: *El pesquero encalló en un banco de arena. El velero se encalló en las rocas de la costa.* ☐ SINT. Constr. encallar(se) EN algo.

encallecer v. **1** Referido a la piel o a una parte del cuerpo, endurecerse o criar callos: *Sus manos encallecieron de tanto manejar el azadón.* **2** Endurecer o hacer insensible, esp. por efecto de la costumbre o de la reiteración: *Los muchos sufrimientos encallecieron su alma. Cuenta que, durante la guerra, tuvo que encallecerse para poder soportar tantas atrocidades.* ☐ MORF. Irreg.: Aparece una *z* delante de la *c* cuando la siguen *a, o* →**PARECER**.

encamarse v.prnl. Echarse o meterse en la cama, esp. si es por causa de una enfermedad: *Con esa fiebre, cualquier médico te mandaría encamarte.*

encaminar v. **1** Dirigir o conducir hacia un punto determinado: *Encaminaron sus pasos hacia el lugar de la cita. Cuando acabó la reunión, cada uno se encaminó hacia su casa.* **2** Poner en camino o enseñar por dónde se ha de ir: *Estaba desorientado y un taxista me encaminó hacia la carretera de salida.*

encandilar v. **1** Deslumbrar, alucinar o producir una admiración o placer que hacen olvidarse de todo lo demás: *La encandiló con aquellas historias, pero todo era inventado. Se encandila con todo lo que sea arte.* **2** Referido a una persona, despertar o excitar en ella el sentimiento o el deseo amorosos: *Sus tiernas miradas me encandilaban. Se encandila cada vez que la ve pasar.*

encanecer v. Poner cano o envejecer: *Encaneció muy joven y todo el mundo le echaba más edad de la que tenía. Se te han encanecido las sienes.* ☐ MORF. Irreg.: Aparece una *z* delante de la *c* cuando la siguen *a, o* →**PARECER**.

encanijar v. Referido esp. a un niño, ponerlo débil, flaco y enfermizo: *La falta de una alimentación adecuada ha encanijado a la población infantil tercermundista. Se encanijó cuando cogió aquella infección y le costó mucho recuperarse.* ☐ ORTOGR. Conserva la *j* en toda la conjugación.

encantado, da adj. Satisfecho o muy contento: *Está encantado con su nuevo coche.*

encantador, -a ▮ adj. **1** Que produce una impresión muy grata: *¿Dónde has encontrado a ese muchacho tan encantador? Presentarse con un ramo de flores fue un detalle encantador por su parte.* ▮ s. **2** Persona que se dedica a hacer encantamientos: *Cuando fuimos al circo, nos impresionó el número del encantador de serpientes.*

encantamiento s.m. **1** Sometimiento de algo a poderes mágicos, esp. para producir su conversión en algo diferente: *Cuando la princesa besó a la rana, se rompió el encantamiento y el príncipe recuperó su naturaleza.* **2** Atracción de la voluntad de una persona, conseguidos generalmente con atractivos naturales: *Ninguna muchacha podía resistirse al encantamiento de tan apuesto galán.*

encantar v. **1** Someter a poderes mágicos, esp. para producir una conversión en algo diferente: *El hada encantó al príncipe con su varita mágica y lo convirtió en rana.* **2** Referido a una persona, atraer o ganar su voluntad, generalmente con atractivos naturales: *Me encantó con su mirada y no pude dejar de pensar en él. El bailarín encantó al público con su arte.* **3** Gustar o atraer mucho: *Me encanta pasear por el campo.*

encanto ▮ s.m. **1** Lo que cautiva los sentidos o causa admiración: *Tu amiga es un encanto. Sabe crear ambientes con mucho encanto.* ▮ pl. **2** Atractivo de una persona, esp. el físico: *Se puso un vestido escotado y salió a la calle a lucir sus encantos. Desconfía y no te dejes seducir por sus encantos.* ☐ USO Se usa como apelativo: *No te vayas todavía, encanto.*

encañonar v. **1** Apuntar con un arma de fuego: *Los atracadores encañonaron al cajero con sus pistolas.* **2** Dirigir para hacer pasar por un cañón o paso estrecho: *Han cavado surcos para encañonar el agua de las lluvias. El río se encañona al pasar entre esas montañas.*

encapotarse v.prnl. Referido al cielo, cubrirse de nubes oscuras: *Cuando el cielo se encapota de esa manera, es que va a haber tormenta.* ☐ MORF. Verbo unipersonal: se usa solo en tercera persona del singular y en las formas no personales (infinitivo, gerundio y participio).

encapricharse v.prnl. **1** Referido a algo que se considera un capricho, empeñarse en conseguirlo: *Se encaprichó con una moto y dio la lata hasta que se la compraron.* **2** Enamorarse de forma poco seria: *Se ha encaprichado de una chica veinte años más joven que él.* ☐ SINT. Constr.: *encapricharse* {CON/DE} *algo.*

encapuchado, da adj./s. Referido a una persona, que va cubierta con capucha: *En esta procesión desfilan muchos penitentes encapuchados. Me atracaron dos encapuchados.*

encapuchar v. Cubrir o tapar con capucha: *Encapucharon al prisionero para que no viera dónde estaba.*

encarado, da ‖ **{bien/mal} encarado.** Referido a una persona, de buen o mal aspecto, o de bellas o feas facciones: *Era un joven apuesto y bien encarado. Se le acercó un individuo mal encarado y se asustó.*

encaramar v. **1** Subir o poner en un lugar alto o difícil de alcanzar: *Encaramó la pecera en lo alto del armario para que no la alcanzara el gato. Se encaramó a un árbol para ver mejor el paisaje.* **2** *col.* Elevar a una posición importante o a un puesto honorífico: *Su capacidad para las relaciones públicas lo encaramó a un importante cargo diplomático. Ya con su primer disco, se encaramó en los primeros puestos de las listas de éxitos.*

encarar ▮ v. **1** Poner cara a cara o frente a frente: *Encara las mangas para ver si están igual de largas.* **2** Referido esp. a una dificultad, hacerle frente: *Sabe encarar sus problemas sin ponerse nervioso. Está decidido a encararse con lo que se le ponga por delante con tal de conseguir su propósito.* ▮ prnl. **3** Referido a una persona o a un animal, colocarse frente a otro en actitud violenta o agresiva: *Se encaró con un chico para defender a su hermano.* ☐ SINT. Constr. como pronominal: *encararse* CON *algo.*

encarcelamiento s.m. Encierro o reclusión de una persona en la cárcel: *Sufrió pena de encarcelamiento durante tres años.*

encarcelar v. Referido a una persona, meterla en la cárcel: *Encarcelaron a la ladrona por orden judicial.*

encarecer v. **1** Hacer más caro o subir de precio: *La mano de obra encarece el producto. Es alarmante cómo ha encarecido la vivienda. La gasolina se encareció como consecuencia de la crisis del petróleo.* **2** Alabar mucho o exagerar: *Me encareció tanto este hotel, que vinimos directamente sin mirar otros. El presidente del jurado encareció las virtudes y méritos del premiado.* **3** Recomendar, encargar o pedir con empeño: *Si algo me pasara a mí, te encarezco y te suplico que cuides del niño.* ☐ MORF. Irreg.: Aparece una *z* delante de la *c* cuando la siguen *a, o* →**PARECER**.

encarecimiento s.m. **1** Aumento o subida del precio de algo: *La consecuencia inmediata de una mala cosecha es el encarecimiento de frutas y hortalizas.* **2** Exageración o alabanza muy grande de algo: *El encarecimiento que tu jefe me hizo de tu trabajo era innecesario, porque los resultados hablan por sí solos.* **3** Insistencia o empeño con que se pide o se ruega algo: *Me pidió con encarecimiento que no lo abandonase en aquel momento.*

encargado, da s. **1** Persona que tiene a su cargo un establecimiento, un negocio o un trabajo, en representación del dueño o del interesado: *Para cambiar los zapatos, hable usted con el encargado de la tienda.* **2** ‖ **encargado de negocios.** Diplomático de categoría inferior a la de embajador, al cual puede remplazar en el desempeño de sus funciones: *Cerraron la embajada y solo quedó allí un encargado de negocios.*

encargar ▮ v. **1** Referido esp. a un asunto o a una tarea, mandar o confiar su realización: *Me encargó que te diera recuerdos de su parte. Siempre me encargan los trabajos más difíciles.* **2** Referido esp. a una compra, pedir que se haga llegar desde otro sitio: *Si no tienen el libro en la librería, encárgalo.* ▮ prnl. **3** Hacerse cargo u ocuparse: *¿Te encargas tú de reservar mesa?* ☐ ORTOGR. La *g* se cambia en *gu* delante de *e* →**PAGAR**. ☐ SINT. Constr. de la acepción 3: *encargarse DE algo*.

encargo s.m. **1** Acción de mandar o de confiar la realización de algo: *¿Obedeciste mi encargo de regar las plantas en mi ausencia? Esa modista solo hace ropa por encargo.* **2** Petición de que se haga llegar algo, esp. una compra, desde otro sitio: *El tendero hizo el encargo de los artículos que le faltaban.* **3** Lo que se encarga: *El último día antes de volver, compré todos los encargos que me habían hecho.*

encariñarse v.prnl. Referido a algo, tomarle cariño: *Los niños se han encariñado contigo y lloran cuando te vas. Se encariñó con la casa y le costó mucho dejarla.* ☐ SINT. Constr.: *encariñarse CON algo*.

encarnación s.f. **1** Adopción de una forma carnal o material por parte de una idea o de un ser espiritual: *La encarnación del Hijo de Dios es la unión de la naturaleza divina y humana en una sola persona.* **2** Personificación o representación de un concepto abstracto: *Ese régimen político es la encarnación de la injusticia.*

encarnado, da adj./s.m. De color más o menos rojo: *Tiene las mejillas encarnadas por el calor. Como color de labios, te sienta mejor el encarnado que el rosa.* ☐ SEM. Como adjetivo es sinónimo de *colorado*.

encarnar ▮ v. **1** Referido a una idea o a un ser espiritual, tomar forma material: *Según la mitología, Júpiter encarnó en un toro para raptar a la ninfa Europa. Según la confesión católica, el Hijo de Dios se encarnó, por obra del Espíritu Santo, y se hizo Hombre.* **2** Referido a un concepto abstracto, personificarlo o representarlo: *Ese amigo tuyo encarna la bondad misma.* **3** Referido a un personaje, representarlo en una obra dramática o de ficción: *Ese actor encarna a don Quijote en una serie de televisión.* ▮ prnl. **4** Referido a una uña, introducirse, al crecer, en las partes blandas que la rodean produciendo alguna molestia: *Le duele el dedo porque se le ha encarnado la uña.* ☐ MORF. En la acepción 1, se usa más como pronominal.

encarnizado, da adj. Referido esp. a un enfrentamiento, que es muy cruel, duro o violento: *La encarnizada batalla dejó muy mermados a los dos ejércitos.*

encarnizamiento s.m. **1** Adopción de una actitud cruel con otra persona, persiguiéndola o perjudicándola en su reputación o en sus intereses: *Tu encarnizamiento con los más débiles me parece inmoral.* **2** Crueldad con la que alguien se ceba en el daño de otro: *Con aquel acto de venganza, dio muestras de un encarnizamiento inhumano.* **3** Ensañamiento de un animal con su víctima: *El encarnizamiento del lobo con las ovejas fue horrible.*

encarnizarse v.prnl. **1** Referido a una persona, mostrarse cruel con otra, persiguiéndola o perjudicándola en su reputación o en sus intereses: *Se encarniza contigo porque sabe que no puedes defenderte.* **2** Referido a un animal, cebarse o ensañarse en su víctima: *El tigre se encarnizaba con la gacela.* ☐ ORTOGR. La *z* se cambia en *c* delante de *e* →**CAZAR**. ☐ SINT. Constr.: *encarnizarse CON alguien*.

encarrilar v. **1** Referido a un tren o a un vehículo semejante, colocarlos sobre los carriles o rieles: *Tuvieron que emplear grúas para volver a encarrilar el tren que había descarrilado.* **2** Dirigir por el buen camino o por el rumbo que conduce al acierto: *Procura encarrilar a tu hijo para que llegue a ser un hombre de bien. Las conversaciones de paz se han encarrilado y pronto se firmará el tratado.*

encarte s.m. Hoja o folleto que se introduce entre las hojas de un libro o de una publicación periódica, generalmente para repartirlos con estos: *El periódico del domingo traía un encarte con publicidad de automóviles.*

encasillar v. **1** Clasificar distribuyendo en los sitios que corresponden, generalmente en función de un criterio fijado: *Hizo un examen para determinar su grado de conocimientos de inglés y lo encasillaron en el nivel intermedio.* **2** Referido a una persona, considerarla o declararla, generalmente sin razones fundadas, como adicta a un partido o a una ideología: *Dijo una vez que no le gustaba el ejército y ya lo han encasillado como objetor de conciencia.* **3** Clasificar con criterios poco flexibles o simplistas: *Rechazó protagonizar otra película como galán, porque no quiere que lo encasillen en ese papel.*

encasquetar v. **1** Referido a un sombrero o a una prenda semejante, encajarlos bien en la cabeza: *Me encasqueté el sombrero de tal manera, que luego no me lo podía sacar.* **2** Referido esp. a una idea sin fundamento, metérsela a alguien en la cabeza: *¿Quién te ha encasquetado esa idea tan absurda?* **3** Referido esp. a una charla molesta, hacerla oír: *Cada vez que me encuentra, me encasqueta el mismo rollo de siempre.* **4** Referido a algo que estorba o supone una carga, endosarlo o hacer que alguien se haga cargo de ello: *Me encasquetó a sus hijos para que los cuidara justo cuando yo pensaba salir.*

encasquillarse v.prnl. **1** Referido a un arma de fuego, atascarse con el casquillo de la bala al disparar: *Se le encasquilló la pistola y no pudo seguir disparando.* **2** Referido a un mecanismo, atascarse o quedarse sin posibilidad de movimiento: *Se ha encasquillado la cerradura y no puedo abrir la puerta.* **3** *col.* Referido a una persona, atascarse al hablar o al razonar: *Si estás nervioso, habla más despacio para no encasquillarte.*

encastrar v. Encajar, empotrar o meter dentro de otra cosa, generalmente de forma que quede ajustada la colocación: *Hemos encastrado el armario en el hueco que quedaba entre la pared y la chimenea.*

encausar v. Referido a una persona, formarle causa o proceder judicialmente contra ella: *Lo encausaron por fraude.*

encauzamiento s.m. **1** Conducción de una corriente de agua por un cauce: *El encauzamiento del río permitirá desviarlo por zonas con menos riesgo de inundaciones.* **2** Orientación o dirección de algo por buen camino: *Su mayor obsesión es el encauzamiento de sus hijos por el camino recto en la vida.*

encauzar v. **1** Referido a una corriente de agua, conducirla por un cauce o dotarla de cauce para que discurra por él: *Encauzaron el río para evitar nuevos desbordamientos.* **2** Encaminar o dirigir por buen camino: *Han encauzado muy bien las conversaciones y pronto firmarán el acuerdo.* ☐ ORTOGR. La *z* se cambia en *c* delante de *e* →**CAZAR**.

encefálico, ca adj. Del encéfalo o relacionado con este conjunto de órganos: *El accidente le ha producido una pérdida de masa encefálica.*

encéfalo s.m. En el sistema nervioso de un vertebrado, conjunto de órganos contenidos en la cavidad del cráneo: *El encéfalo está formado fundamentalmente por el cerebro, el cerebelo y el bulbo raquídeo.*

encefalograma s.m. →**electroencefalograma**.

encelarse v.prnl. Referido a un animal, entrar en celo: *Cuando los gatos se encelan, lanzan maullidos que parecen llantos de niños.*

encendedor s.m. Aparato que sirve para encender una

materia combustible: *Encendía la pipa con su encendedor de bolsillo.*

encender ▌ v. **1** Hacer arder, incendiar o prender fuego, generalmente para proporcionar luz o calor: *Encendió una vela para bajar al sótano. Si la leña está húmeda, tardará más en encenderse.* **2** Referido a un aparato o a un circuito eléctricos, conectarlos o ponerlos en funcionamiento: *Enciende la luz, que no se ve bien. Al motor del coche le cuesta más encenderse cuando está frío.* **3** Referido a una guerra o a otro enfrentamiento, suscitarlos u ocasionarlos: *Las disputas fronterizas encendieron la guerra entre las dos naciones. El enfrentamiento entre las dos familias se encendió con el reparto de la herencia.* **4** Referido esp. a un sentimiento o a una pasión, excitarlos, enardecerlos o hacerlos sentir intensamente: *Los éxitos de su rival encendieron su envidia. Se enciende de ira cuando le llevan la contraria.* ▌ prnl. **5** Ruborizarse o ponerse colorado: *Su rostro se encendía de timidez cada vez que le hablaba una persona mayor.* □ MORF. Irreg.: La *e* final de la raíz diptonga en *ie* en los presentes, excepto en las personas *nosotros* y *vosotros* ⟶**PERDER**.

encendido, da ▌ adj. **1** De color rojo muy intenso o subido: *Con ese jersey tan encendido que llevas, si te ve un toro, te engancha.* ▌ s.m. **2** En algunos motores de explosión, inflamación del carburante por medio de una chispa eléctrica: *El encendido se produce cuando la chispa de la bujía enciende el combustible.* **3** En un motor de explosión, conjunto formado por la instalación eléctrica y los aparatos destinados a producir la chispa que da lugar a esta inflamación: *Me han dicho en el taller que el encendido de mi coche falla.*

encerado s.m. Superficie de material duro, de color generalmente negro o verde, que se utiliza para escribir en ella con tiza y poder borrar con facilidad, y que suele colgarse de una pared; *pizarra: En todas las aulas del colegio hay un gran encerado.*

encerar v. Referido esp. a un suelo, cubrirlo con cera o aplicársela: *Después de limpiar el suelo del salón, lo encero para que brille más.*

encerrar v. **1** Meter en una parte o en un lugar, impidiendo la salida fuera de ellos; *cerrar: Encerraron a los prisioneros en el calabozo. Se encierra en su despacho para trabajar con más tranquilidad.* **2** Incluir, contener o llevar implícito: *La película encierra un mensaje muy profundo que hay que saber entender.* **3** Referido a algo escrito, ponerlo dentro de ciertos signos, generalmente para separarlo del resto del texto: *Encierra esa oración entre paréntesis.* **4** En algunos juegos de tablero, referido al contrario, ponerlo en situación de no poder mover sus piezas: *Si mueves esa ficha, me encerrarás y la partida terminará en tablas.* □ MORF. Irreg.: La *e* final de la raíz diptonga en *ie* en los presentes, excepto en las personas *nosotros* y *vosotros* ⟶**PENSAR**.

encerrona s.f. Situación, preparada de antemano, en la que se coloca a una persona para obligarla a hacer algo contra su voluntad: *Me prepararon una encerrona y no tuve más remedio que aceptar sus condiciones.*

encestar v. En baloncesto, referido esp. al balón, introducirlo por el aro de la cesta o canasta contrarias: *Encestó solo uno de los dos tiros libres de que disponía. El equipo local encestó en el último segundo y ganó.*

enceste s.m. En baloncesto, introducción del balón a través del aro de la canasta; *canasta: El último enceste dio la victoria a su equipo.*

encharcar v. **1** Referido a un terreno, cubrirlo parcialmente de agua, formando charcos en él: *Abrió las compuertas para encharcar el arrozal. El campo de fútbol se encharcó por causa de la tormenta.* **2** Referido a un órgano, llenarlo de un líquido: *La sangre ha encharcado sus pulmones y los médicos se temen lo peor.* □ ORTOGR. La *c* se cambia en *qu* delante de *e* ⟶**SACAR**.

enchironar v. *col.* Encarcelar o meter en chirona: *Lo enchironaron por robo.*

enchufado, da s. Persona que ha conseguido un empleo o un beneficio por enchufe, y no por méritos propios: *Si le han ascendido nada más entrar, tiene que ser un enchufado del jefe.*

enchufar v. **1** Referido a un aparato eléctrico, conectarlo a la red, encajando las dos piezas del enchufe: *Enchufa la plancha y espera a que se caliente antes de empezar a planchar.* **2** Referido esp. a un tubo o a una pieza, conectarlos o ajustarlos por su extremo a otros: *Enchufa la manguera a la boca de riego, que tenemos que regar el césped.* **3** *col.* Referido esp. a algo que lanza un chorro de agua o de luz, dirigirlos hacia un punto determinado: *Enchufa aquí la linterna, que no veo nada.* **4** *col.* Referido a una persona, proporcionarle un empleo o un beneficio por medio de influencias y recomendaciones, esp. si dicha persona no tiene méritos para ello: *En época de crisis, aquí no se contrata a nadie, a menos que lo enchufe alguien importante.*

enchufe s.m. **1** Dispositivo que sirve para conectar un aparato eléctrico a la red y que consta generalmente de una parte fija, colocada en el terminal de la red, y de otra móvil, unida al cable del aparato: *Si metes los dedos mojados en un enchufe, te puedes electrocutar.* **2** Recomendación o influencia para conseguir un empleo o un beneficio sin hacer valer méritos propios: *Consiguió el cargo gracias al enchufe de un directivo que es pariente suyo.*

enchufismo s.m. Práctica o costumbre de conceder empleos o beneficios atendiendo a influencias y recomendaciones, y no a los méritos propios: *Dicen que van a erradicar el enchufismo de la Administración.* □ USO Tiene un matiz despectivo.

encía s.f. Tejido que cubre interiormente las mandíbulas y protege la dentadura: *A veces me sangran las encías cuando me lavo los dientes.*

encíclica s.f. En la Iglesia católica, carta solemne que el papa dirige a todos los obispos y fieles, para tratar algún tema que afecta a la religión: *En esta encíclica el papa habla de la doctrina social de la Iglesia.*

enciclopedia s.f. Obra en la que se expone una gran cantidad de conocimientos sobre una ciencia o materia: *Tengo en casa una enciclopedia general que trata de todos los saberes.*

enciclopédico, ca adj. De la enciclopedia o relacionado con ella: *Tiene una cultura enciclopédica y es capaz de hablar sobre cualquier tema.*

encierro s.m. **1** Introducción en un lugar, impidiendo la salida fuera de él: *Los mineros hicieron un encierro voluntario en la mina para exigir mayor seguridad en el trabajo.* **2** Lugar en el que se encierra: *Este despacho es su encierro preferido para concentrarse y estudiar.* **3** Fiesta popular en la que los toros son conducidos por un recorrido fijado hasta el lugar en el que serán lidiados: *En los encierros de San Fermín, multitud de pamploneses corren delante de los toros para llevarlos hasta la plaza.*

encima adv. **1** En una posición o parte superior, o en una altura más elevada: *El plato está encima de la mesa. Solo hay dos jefes por encima de ella.* **2** Por si fuera poco: *La comida de ese restaurante es mala y, encima, cara.* **3** Sobre sí o sobre la propia persona: *No sé cómo puedes cargar tantos kilos encima.* **4** Muy cerca o muy próximo: *¡Ya tenemos encima la fecha del viaje y tú aún no has preparado nada!* **5** ‖ **echarse encima** algo. Sobrevenir u ocurrir antes de lo que se esperaba o antes de haberse preparado para afrontarlo: *Tienes que estudiar, que los exámenes se echan pronto encima.* ‖ **echarse encima de** alguien. Acosarlo, asediarlo o acometerlo: *Después de una larga persecución, la policía se echó encima de los ladrones.* ‖ **estar encima de** algo. Vigilarlo o atenderlo con mucho cuidado: *Si quieres tener ganancias, tienes que estar encima del negocio.* ‖ **por encima.** Referido a la forma de hacer algo, superficialmente o sin profundizar: *Nos explicó el tema muy por encima, solo para que nos hiciéramos una idea.* ‖ **por encima de** algo. A pesar de ello o sin tenerlo en consideración: *Llegó a ser lo que quería, pero para ello tuvo que pasar por encima de su familia.* ☐ ORTOGR. Dist. de *enzima.* ☐ SINT. Su uso seguido de un adjetivo posesivo es incorrecto: *Siéntate encima {*mío/de mí}.*

encimero, ra ▮ adj. **1** Que está o se pone encima: *La sábana encimera lleva un bordado en el embozo, pero la bajera es completamente lisa.* ▮ s.f. **2** Superficie plana, generalmente de un material resistente, que cubre la parte superior de los muebles de una cocina formando una especie de mostrador: *Los muebles de mi cocina son blancos, con la encimera gris.*

encina s.f. **1** Árbol de tronco grueso y corteza grisácea, que se divide en varios brazos que forman una copa grande y redonda, con hojas verdes por el haz y blanquecinas por el envés, y cuyo fruto es la bellota: *La encina es propia de la región mediterránea.* **2** Madera de este árbol: *En su habitación tiene un armario de encina.* ☐ SEM. Es sinónimo de *encino.*

encino s.m. →**encina.**

encinta adj. Referido a una mujer, que está preñada; *embarazada: Mi hermana está encinta y tendrá el bebé en mayo.* ☐ ORTOGR. Incorr. **en cinta.*

enclaustramiento s.m. **1** Entrada o encierro en un claustro o en un convento, generalmente como religioso: *Antes de decidir tu enclaustramiento, tienes que estar seguro de que tu vocación es sólida.* **2** Apartamiento de la vida social, generalmente para llevar una vida retirada: *Dice que necesita un período de enclaustramiento para terminar el libro.*

enclaustrar ▮ v. **1** Meter o encerrar en un claustro o en un convento, generalmente como religioso: *Hoy ya ningún padre enclaustra a su hija si sabe que esta no tiene vocación. Decidió enclaustrarse y dedicar su vida a la oración.* ▮ prnl. **2** Apartarse de la vida social, generalmente para llevar una vida retirada: *Se ha enclaustrado para preparar la oposición. Cuando le preocupa algo, se enclaustra en sí mismo y no hay quien lo saque de ahí.*

enclavado, da adj. Referido a un lugar, que está encerrado o situado dentro del área de otro: *El campin está enclavado en uno de los parajes más hermosos de la sierra.*

enclave s.m. Territorio o grupo humano incluidos en otros más extensos y de características diferentes: *Treviño es un enclave burgalés situado en la provincia de Álava.*

enclenque adj./s. Débil, enfermizo o muy flaco: *Es un niño muy enclenque y siempre están de médicos con él. Si no comes mejor, acabarás convertido en un enclenque.* ☐ PRON. Incorr. *[enkenkle]. ☐ MORF. 1. Como adjetivo es invariable en género. 2. Como sustantivo es de género común y exige concordancia en masculino o en femenino para señalar la diferencia de sexo: *el enclenque, la enclenque.*

enclítico, ca adj. En gramática, referido a una partícula o a una parte de la oración, que se une con la palabra precedente, formando con ella una unidad léxica: *En 'sujétamelo', 'me' y 'lo' son pronombres enclíticos.*

encocorar v. *col.* Irritar, fastidiar o molestar en exceso: *¡No te encocores por esas tonterías!*

encoger ▮ v. **1** Disminuir de tamaño: *El vestido encogió al lavarlo con agua caliente. El cuero se encogió por tenerlo al sol.* **2** Referido al cuerpo o a una de sus partes, recogerlos o retirarlos contrayéndolos: *Encogió las piernas para dejarme pasar. Se encogió de hombros y dio a entender que no sabía nada.* ▮ prnl. **3** Acobardarse o carecer de coraje; *arrugarse: Cuando me gritan, me encojo y no respondo.* ☐ ORTOGR. La *g* se cambia en *j* delante de *a, o* →**RECOGER.**

encogimiento s.m. **1** Disminución de tamaño: *Lava la ropa en frío para evitar su encogimiento.* **2** Recogimiento o movimiento de contracción del cuerpo o de una de sus partes: *En gimnasia hacemos encogimientos y estiramientos.* **3** Escasez o cortedad de ánimo: *Pon más coraje y menos encogimiento en las situaciones difíciles.*

encolado s.m. **1** Operación de pegar con cola: *Creo que no hiciste un encolado muy bueno, porque se ha vuelto a despegar por el mismo sitio.* **2** Aplicación de cola en una superficie, generalmente para pegar algo sobre ella o para pintarla al temple: *Hicieron el encolado del muro antes de pintarlo.*

encolar v. **1** Pegar con cola: *Encoló la pieza rota con cola de contacto.* **2** Referido a una superficie, darle cola, generalmente para pegar algo sobre ella o para pintarla al temple: *Los empapeladores encolaron con cuidado las paredes para que el papel quede bien fijado.*

encolerizarse v.prnl. Ponerse colérico o enfadarse mucho: *Se encoleriza cuando alguien le desordena sus papeles.* ☐ ORTOGR. La *z* se cambia en *c* delante de *e* →**CAZAR.**

encomendar ▮ v. **1** Referido a una acción, encargar su realización: *He encomendado a mi madre que me solucione las gestiones del banco.* **2** Entregar y poner bajo el cuidado o bajo la responsabilidad de alguien: *Mientras estoy fuera, te encomiendo a mi hijo. Encomendé los documentos a mi abogado. Antes de morir, se arrepintió de sus pecados y encomendó su alma a Dios.* ▮ prnl. **3** Confiarse a alguien buscando su protección o su amparo: *Al iniciar un viaje, se encomienda a san Cristóbal, patrón de viajeros y caminantes.* ☐ MORF. Irreg.: La *e* final de la raíz diptonga en *ie* en los presentes, excepto en las personas *nosotros* y *vosotros* →**PENSAR.**

encomiar v. Elogiar o alabar encendidamente: *Siempre encomiaré su espíritu de sacrificio.* ☐ ORTOGR. La *i* nunca lleva tilde.

encomiástico, ca adj. Que alaba o que contiene alabanza o encomio: *La novela fue recibida con críticas encomiásticas.*

encomienda s.f. **1** Encargo de la realización de algo: *Me dejó la encomienda de que cuidara de los suyos mientras él estuviera en el exilio.* **2** Durante el Imperio colonial español, institución por la que se concedía a un colonizador el tributo o el trabajo de un grupo de indios, a

a b c d **e** f g h i j k l m n ñ o p q r s t u v w x y z

cambio de que se comprometiera a protegerlos y evangelizarlos: *La encomienda dio lugar a abusos que motivaron leyes restrictivas.* **3** Beneficio o renta vitalicia que se concedían sobre un lugar o territorio: *Obtuvo del rey una encomienda en premio por sus servicios.*

encomio s.m. Elogio o alabanza encendidos: *Su lealtad en los momentos difíciles es digna de encomio.*

enconado, da adj. Referido a un enfrentamiento, que es muy violento o encendido: *Mantenían una enconada discusión sobre política.*

enconar v. Irritar o enfurecer contra alguien: *Tus ofensas consiguieron enconarme. Hay que evitar que los ánimos de los que tienen que colaborar se enconen.*

encono s.m. Enemistad o rencor muy arraigados en el ánimo: *Habla con encono y resentimiento de algunos de sus compañeros.*

encontradizo, za ‖ **hacerse el encontradizo.** Salir al encuentro de otro sin que parezca que se ha hecho intencionadamente: *Aunque me hice la encontradiza, se dio cuenta de que había ido a buscarla.*

encontrado, da adj. Opuesto, contrario o enfrentado: *Rompieron la asociación porque tenían intereses encontrados.*

encontrar ▮ v. **1** Referido a algo que se busca, hallarlo o dar con ello: *Lo encontré donde me dijiste que podría estar. No encuentro la forma de decírselo sin que se moleste.* **2** Referido a algo que no se busca, descubrirlo o dar con ello inesperadamente: *Me encontré a tus padres en la calle y estuvimos charlando un rato. Hago la tesis sobre un manuscrito que encontré en la Biblioteca Nacional.* **3** Considerar, juzgar o valorar: *No lo encuentro tan interesante como dices.* ▮ prnl. **4** Estar o hallarse en la circunstancia que se indica: *El Museo del Prado se encuentra en Madrid. Me encuentro enfermo y tengo algo de fiebre.* **5** Referido a dos o más personas, reunirse o juntarse en un mismo lugar: *Si quedamos mañana, ¿dónde nos encontramos?* **6** Referido esp. a dos o más actitudes, coincidir o estar de acuerdo: *Perseguimos fines distintos y nuestras formas de ver la vida no se encuentran.* **7** Referido esp. a dos o más actitudes, oponerse o enfrentarse: *Nos llevamos muy bien, aunque en temas religiosos nuestras opiniones se encuentran.* **8** Coincidir o confluir en un punto: *Estas cuatro calles se encuentran en la plaza de allí abajo.* **9** ‖ **encontrarse con** algo. Descubrirlo o hallarlo por sorpresa: *Fui a ver la exposición y me encontré con que el museo estaba cerrado.* ☐ MORF. Irreg.: La *o* diptonga en *ue* en los presentes, excepto en las personas *nosotros* y *vosotros* ⟶**CONTAR**.

encontronazo s.m. *col.* Choque o golpe violentos entre dos cosas que se encuentran: *Al doblar la esquina, tuve un encontronazo con otro señor.*

encopetado, da adj. Que presume demasiado de sí mismo o de su alto copete o linaje: *Desde que es director, se ha vuelto muy encopetado.*

encorajinar v. Encolerizar o hacer enfadar: *Hizo una pifia conduciendo que encorajinó al conductor del coche de atrás. Me encorajino cuando te veo hacer el vago de esa manera.*

encorbatarse v.prnl. *col.* Ponerse corbata: *Se encorbató para ir a recoger el premio.*

encorsetar v. Limitar, oprimir o someter a unas normas excesivamente rígidas: *La excesiva cortesía encorseta su espontaneidad.*

encorvar ▮ v. **1** Doblar dando forma curva; *curvar: No he podido encorvar la barra de hierro.* ▮ prnl. **2** Referido a una persona, doblarse por la edad o por enfermedad: *A su edad, lo normal es que se vaya encorvando.*

encrespar ▮ v. **1** Referido esp. al cabello, rizarlo o hacerle bucles: *El aire encrespó su flequillo. Con la humedad del mar, en seguida se me encrespa el pelo.* **2** Referido esp. al pelo o al plumaje, erizarlo por alguna impresión fuerte, esp. por el miedo: *Los gallos de pelea encrespan las plumas del cuello para intimidar al contrario. Al entrar en esa casa deshabitada, se me encrespó el vello.* **3** Enfurecer, irritar o inquietar: *Encrespa a cualquiera con sus impertinencias. Los ánimos se encresparon y la reunión acabó en pelea.* **4** Referido al mar, agitarlo o levantar sus olas; *alborotar: El fuerte viento encrespó el mar.* ▮ prnl. **5** Referido esp. a un asunto, enredarse y dificultarse: *La negociación se encrespó y fue difícil llegar al acuerdo.* ☐ MORF. La acepción 2 se usa más como pronominal.

encrucijada s.f. **1** Lugar en el que se cruzan varios caminos: *Al llegar a la encrucijada, podemos seguir recto o torcer a la derecha.* **2** Situación en la que resulta difícil decidir: *¡En menuda encrucijada me vi cuando me obligaron a elegir!* **3** Trampa o engaño con intención de hacer daño: *Logré salir de la encrucijada que me preparaste.*

encuadernación s.f. **1** Operación de coser o unir las hojas que van a formar un libro, y de ponerles una cubierta: *Me hicieron las fotocopias y la encuadernación de la tesis en el mismo taller.* **2** Cubierta o tapas que se ponen en esta operación para resguardar las hojas del libro: *Puedes comprar el libro con encuadernación en piel o en rústica.*

encuadernador, -a s. Persona que se dedica profesionalmente a la encuadernación: *Algunos encuadernadores prestigiosos ponen su marca en la cubierta de los libros que encuadernan.*

encuadernar v. Referido a un libro o a las hojas que lo van a formar, coser o unir estas y ponerles una cubierta: *Voy a encuadernar todas esas fotocopias para que no se me pierda ninguna.*

encuadrar v. **1** Meter en un cuadro o marco: *Compró un marco dorado para encuadrar el dibujo.* **2** Incluir o encajar dentro de unos límites: *Las luchas sociales del siglo XIX encuadran la protesta sindical. La nueva ley se encuadra en el programa de reforma de la función pública.* ☐ SEM. Es sinónimo de *enmarcar*.

encuadre s.m. En cine, vídeo y fotografía, espacio que capta en cada toma el objetivo de una cámara: *Repetimos la foto porque no nos gustaba aquel encuadre.*

encubierto, ta part. irreg. de **encubrir**. ☐ MORF. Incorr. **encubrido*.

encubrimiento s.m. Ocultación que se hace de algo, esp. de un delito, para impedir que quede de manifiesto o que llegue a descubrirse: *El encubrimiento de la verdad no beneficia a nadie.*

encubrir v. **1** Ocultar o impedir quedar de manifiesto: *Su sonrisa encubría oscuras intenciones.* **2** Referido esp. a un delincuente o a su delito, esconderlos o impedir que lleguen a descubrirse: *La familia encubrió al asesino la noche del crimen. Fue acusado de encubrir varias estafas.* ☐ MORF. Su participio es *encubierto*.

encuentro s.m. **1** Coincidencia de dos o más personas en un lugar: *Fue un encuentro inesperado y nada grato. Cuando me vio, vino a mi encuentro.* **2** Coincidencia en un punto de dos o más cosas, generalmente chocando una contra otra: *El punto de encuentro de las dos vías está en aquel semáforo.* **3** Reunión o entrevista entre dos o más personas, generalmente para tratar un asunto: *Se celebrará un encuentro sobre creación de empleo entre la patronal y los sindicatos.* **4** Competición deportiva: *El encuentro de baloncesto se celebrará el próximo martes.*

encuesta s.f. **1** Recogida de datos obtenidos mediante la formulación de preguntas a un cierto número de personas sobre un tema determinado, generalmente para conocer el estado de opinión sobre él: *El resultado de la encuesta refleja un descontento generalizado de la población con la situación económica.* **2** Cuestionario en el que se recogen estas preguntas: *Ahora no tengo tiempo de rellenar la encuesta.*

encuestar v. Referido a una persona, interrogarla para una encuesta: *Encuestaron a personas de todas las edades y condiciones para analizar cómo variaba la opinión en función de estas circunstancias.*

encumbramiento s.m. Ensalzamiento o engrandecimiento de una persona, generalmente colocándola en puestos elevados: *Al éxito de la película siguió el inmediato encumbramiento de su director.*

encumbrar v. Referido a una persona, ensalzarla o engrandecerla, generalmente colocándola en puestos elevados: *Desconfía de la objetividad de quien solo encumbra a sus amigos y censura a sus enemigos. Se encumbró hasta la dirección de la empresa por sus propios méritos.* ☐ SINT. Constr. como pronominal: *encumbrarse {A/HASTA} un lugar.*

encurtido s.m. Fruto o legumbre que se han conservado en vinagre: *Compré berenjenas en vinagre en una tienda de ultramarinos y encurtidos.* ☐ MORF. Se usa más en plural.

ende ‖ **por ende.** Por tanto: *Después de exponer las razones de su petición, el solicitante terminaba así su carta: «Por ende, solicito que me sea concedido...».* ☐ USO Su uso es característico del lenguaje culto.

endeble adj. Débil o escaso de fuerza o de solidez: *Tus argumentos son endebles y no convencen a nadie.* ☐ MORF. Invariable en género.

endecasílabo, ba ▌adj. **1** Con endecasílabos o compuesto por este tipo de versos: *El cuarteto es una estrofa generalmente endecasílaba.* ▌adj./s.m. **2** De once sílabas, esp. referido a un verso: *Un soneto clásico está compuesto por versos endecasílabos. El endecasílabo es uno de los versos más frecuentes en el Renacimiento.*

endecha s.f. Canción triste o de lamento: *Compuso una estremecedora endecha por la muerte de su padre.*

endemia s.f. Enfermedad que afecta a una comunidad de manera habitual o en fechas fijas: *En algunos países africanos, la malaria es una endemia.* ☐ SEM. Dist. de *epidemia* (afecta de forma temporal y a gran número de individuos).

endémico, ca adj. **1** Referido esp. a una enfermedad, que afecta a una comunidad de manera habitual o en fechas fijas: *En esta zona, el cólera es una enfermedad endémica.* **2** Referido esp. a un acto o a un suceso, que está muy extendido o que se repite frecuentemente: *El paro se ha convertido en un mal endémico en las sociedades capitalistas.*

endemoniado, da ▌adj. **1** *col.* Sumamente malo, perverso o nocivo; *endiablado: Tienes un genio endemoniado y no hay quien te aguante, guapo. ¡Cualquiera sale a la calle con este tiempo endemoniado!* ▌adj./s. **2** Poseído por el demonio; *demoníaco: Fue a hablar con el sacerdote porque creía que estaba endemoniada. El sacerdote practicó un exorcismo y liberó del demonio al endemoniado.*

enderezar v. **1** Referido a algo torcido o inclinado, ponerlo recto: *Endereza el alambre para que llegue hasta la pared. Enderézate y no vayas tan encogido, que parece que tienes chepa.* **2** Corregir, dirigir por buen camino o poner en buen estado: *El nuevo director intentará enderezar la marcha de la empresa. ¡Ya te enderezaré yo a ti, sinvergüenza!* ☐ ORTOGR. La *z* se cambia en *c* delante de *e* →**CAZAR**.

endeudar v. Llenar de deudas; *empeñarse: Se endeudó para comprarse una casa.*

endiablado, da adj. **1** *col.* Sumamente malo, perverso o nocivo; *endemoniado: Ese tipo tiene unas ideas endiabladas. No entiendo lo que pones porque tienes una letra endiablada.* **2** *col.* Que resulta desagradable o desproporcionado: *En la cima del monte soplaba un viento endiablado.*

endibia s.f. Hortaliza de sabor amargo, de la que se consume el cogollo de hojas puntiagudas, lisas y blanquecinas; *endivia: Me gustan las endibias con salsa de roquefort.*

endilgar v. *col.* Referido a algo que supone una carga o una molestia, hacer que alguien lo acepte o se haga cargo de ello; *colocar, endosar: Cuando no están mis padres en casa, mi hermana me endilga las tareas más desagradables.* ☐ ORTOGR. La *g* se cambia en *gu* delante de *e* →**PAGAR**.

endiñar v. *col.* Referido esp. a un golpe, darlo o propinarlo: *Le endiñó tal bofetón, que lo tiró al suelo.*

endiosar v. **1** Elevar a la categoría de dios: *Más que admirarlos, endiosa a sus ídolos deportivos.* **2** Referido a una persona, volverse altiva, soberbia o vanidosa: *Tantos premios terminarán por endiosarlo. Se ha endiosado y se cree superior a los demás.*

endivia s.f. →**endibia.**

endo- Elemento compositivo que significa 'dentro de' o 'en el interior': *endovenoso, endoscopia, endoesqueleto, endosfera.*

endocardio s.m. En anatomía, tejido que tapiza las cavidades del corazón: *El endocardio está formado por dos capas.* ☐ ORTOGR. Dist. de *endocarpio.*

endocarpio s.m. En botánica, en un fruto carnoso, parte más interna del pericarpio o envoltura externa: *En el melocotón, el endocarpio es el hueso.* ☐ ORTOGR. 1. Se usa también *endocarpo.* 2. Dist. de *endocardio.*

endocarpo s.m. →**endocarpio.**

endocrino, na ▌adj. **1** De las hormonas o relacionado con estas sustancias o con las glándulas que las producen: *Le han dicho que su obesidad se debe a un problema endocrino.* ▌s. **2** →**endocrinólogo, ga.**

endocrinología s.f. Parte de la medicina que estudia las glándulas endocrinas, la naturaleza de las sustancias que segregan y el efecto que estas producen en el organismo: *Ese tratado de endocrinología habla de los problemas de la glándula tiroides y de los efectos que produce su funcionamiento deficiente.*

endocrinólogo, ga s. Médico especialista en endocrinología: *El endocrinólogo me ha puesto un régimen de adelgazamiento.* ☐ MORF. Se usa mucho la forma abreviada *endocrino.*

endodoncia s.f. **1** Parte de la odontología que estudia las enfermedades de la pulpa de los dientes: *Este dentista está especializado en endodoncia.* **2** Tratamiento de estas enfermedades: *Me han hecho una endodoncia para matarme el nervio del diente.*

a b c d e f g h i j k l m n ñ o p q r s t u v w x y z

endogamia s.m. **1** En biología, cruce entre individuos que pertenecen a un mismo grupo, aislado de otras poblaciones de la misma especie: *La endogamia mantiene la pureza de la raza.* **2** Práctica social consistente en contraer matrimonio personas que tienen una ascendencia común o que son naturales de una población o de una comarca pequeñas: *Las tribus primitivas practicaban la endogamia.*

endógeno, na adj. **1** Que se origina o que nace en el interior: *La rocas endógenas se forman en el interior de la corteza terrestre.* **2** Que está producido por una causa interna: *El médico me dijo que la intoxicación era endógena, debida a una fuerte infección.*

endometrio s.m. Capa mucosa que recubre el interior de la cavidad uterina: *Después de la fecundación, el óvulo se implanta en el endometrio.*

endosar v. **1** *col.* Referido a algo que supone una carga o una molestia, hacer que alguien lo acepte o se haga cargo de ello; *colocar, endilgar: ¡Siempre me endosan a mí lo que no quiere hacer nadie!* **2** Referido a un documento de crédito, cederlo su titular en favor de otro, haciéndolo constar en el dorso: *Al endosar un cheque, el titular tiene que firmar por detrás.*

endoscopia s.f. En medicina, exploración visual del interior de una cavidad corporal o de un órgano hueco, mediante un endoscopio: *Me hicieron una endoscopia de esófago.*

endoscopio s.m. En medicina, instrumento óptico generalmente en forma de tubo, dotado de un sistema de iluminación y que se utiliza para ver el interior de una cavidad corporal o de un órgano hueco: *El médico utilizó el endoscopio para ver la úlcera que tengo en el estómago.*

endosfera s.f. Capa más interna de la Tierra, situada bajo la mesosfera y compuesta posiblemente por hierro y níquel: *Se cree que la endosfera tiene una parte externa fluida y una interna sólida y muy rígida.*

endotelio s.m. Tejido de células planas dispuestas en una sola capa, que recubre el interior de algunas cavidades internas de los vertebrados: *El endotelio recubre la parte interior de los vasos sanguíneos.*

endrina s.f. Fruto del endrino, de pequeño tamaño, de color negro azulado y forma redondeada, que tiene un sabor áspero y que se utiliza para aromatizar algunos licores: *El pacharán se obtiene por maceración de endrinas en aguardiente anisado.*

endrino s.m. Arbusto de hojas alargadas de color verde mate, con flores blancas y espinas en las ramas, y cuyo fruto es la endrina: *El endrino es un tipo de ciruelo.*

endulzar v. **1** Poner dulce o quitar el sabor amargo: *Endulza el café con un poco de azúcar. Metió la fruta en almíbar para que se endulzara.* **2** Referido a algo desagradable, suavizarlo o hacerlo más llevadero: *Las visitas de su familia endulzan su estancia en el hospital.* □ ORTOGR. La *z* se cambia en *c* delante de *e* ⟶**CAZAR**.

endurecer v. **1** Poner duro: *El aire ha endurecido el pan y no hay quien lo coma. Si la arcilla se endurece, no podrás modelarla.* **2** Referido a un cuerpo o a una de sus partes, robustecerlos o acostumbrarlos a la fatiga: *Ir en bicicleta endurece las piernas. El cuerpo se endurece con el ejercicio físico.* **3** Hacer severo o exigente: *Las dos partes endurecieron sus posturas y acabaron rompiendo las negociaciones. El profesor se ha endurecido y suspende a mucha gente.* **4** Volver cruel, riguroso o insensible: *Las desgracias que se sufren endurecen el corazón. La vida me ha endurecido y ya no lloro por nada.* □ MORF. Irreg.: Aparece una *z* delante de la *c* cuando la siguen *a, o* ⟶**PARECER**.

endurecimiento s.m. **1** Transformación por la que algo adquiere mayor dureza: *La sequedad del ambiente hace que el endurecimiento del pan sea más rápido en verano que en invierno.* **2** Fortalecimiento del cuerpo o de una de sus partes: *El culturismo es una buena práctica para el endurecimiento de los músculos.* **3** Obstinación, tenacidad o aumento de exigencia o de rigor: *Con la nieve se produjo un endurecimiento de las condiciones de vida de los refugiados.*

ene s.f. Nombre de la letra *n*: *'Nunca' tiene dos enes.*

enea s.f. Planta de tallos cilíndricos y sin nudos, hojas largas y estrechas y flores en forma de espiga vellosa, que crece en lugares pantanosos; *anea: Las hojas de la enea se usan para fabricar cestos y sillas.*

eneasílabo, ba adj./s.m. De nueve sílabas, esp. referido a un verso: *'Voy a comer' patatas es una frase eneasílaba. El famoso verso de Rubén Darío 'Juventud, divino tesoro,' es un eneasílabo.*

enebro s.m. **1** Arbusto conífero, de abundantes ramas y copa espesa, hojas en grupos de tres, rígidas y punzantes, flores en espigas y de color pardo rojizo, que tiene por fruto bayas esféricas y cuya madera es fuerte, rojiza y olorosa; *junípero: Las hojas del enebro son blanquecinas por el haz y verdes por el envés.* **2** Madera de este arbusto: *La madera del enebro es muy apreciada en ebanistería.* □ ORTOGR. Dist. de *enhebro* (del verbo *enhebrar*).

enema s.m. **1** Líquido que se introduce en el recto a través del ano, generalmente con fines terapéuticos o laxantes, o para facilitar una operación de diagnóstico: *Antes de la operación de intestino, la enfermera le aplicó un enema.* **2** Instrumento manual que se utiliza para aplicar este líquido: *Este enema tiene forma de pera.* □ ORTOGR. Dist. de *edema*. □ SEM. Es sinónimo de *lavativa* y de *ayuda*. 👁 **medicamento**

enemigo, ga ▌adj. **1** Que se opone a algo; *contrario: El ejército enemigo fue derrotado.* ▌s. **2** Respecto de una persona, otra que tiene inclinación desfavorable hacia ella o que le desea o hace algún mal: *Tiene muchos enemigos porque es una persona sin escrúpulos.* ▌s.m. **3** En una guerra, bando contrario: *Hay que evitar que el enemigo se acerque a nuestra línea defensiva.* □ SINT. Constr. de la acepción 1: *enemigo DE algo*.

enemistad s.f. Aversión u odio entre personas: *Su enemistad surgió a raíz de una discusión profesional.*

enemistar v. Referido esp. a dos o más personas, convertirlas en enemigas o hacer que pierdan su amistad: *El reparto de la herencia enemistó a los herederos. Los dos países se enemistaron por disputas territoriales.*

eneolítico, ca ▌adj. **1** Del Eneolítico o relacionado con esta etapa prehistórica: *Las pinturas rupestres eneolíticas tienen figuras humanas estilizadas.* ▌adj./s.m. **2** Referido a una etapa del Neolítico, que es la última de este período y que se caracteriza por el uso de útiles de piedra pulimentada, de cobre y de otros metales: *La etapa eneolítica se desarrolló aproximadamente hacia el año 2000 a.C. El Eneolítico es un período de transición entre la Edad de Piedra y la de los Metales.* □ SEM. Es sinónimo de *calcolítico*. □ USO Como sustantivo, se usa como nombre propio.

energético, ca adj. **1** De la energía o relacionado con ella: *Se están buscando nuevas fuentes energéticas.* **2** Que produce energía: *Las comidas con un alto contenido en grasas son muy energéticas.*

energía s.f. **1** Eficacia o poder para obrar: *Está enfermo y no tiene energía para moverse.* **2** Fuerza de voluntad, vigor y tesón para llevar a cabo una actividad: *El orador habló con energía.* **3** En física, causa capaz de transformarse en trabajo mecánico: *Estas placas transforman la energía solar en energía eléctrica.*

enérgico, ca adj. Con energía o relacionado con ella: *Me dijo de forma enérgica que él no pensaba abandonar el proyecto.*

energúmeno, na s. Persona furiosa, alborotada o sin educación: *Unos energúmenos iban por ahí destrozando cabinas telefónicas.*

enero s.m. Primer mes del año, entre diciembre y febrero: *Enero tiene 31 días.*

enervar v. **1** Poner nervioso: *La falta de puntualidad me enerva.* **2** Debilitar o quitar las fuerzas: *La fiebre alta enerva al enfermo. Después de varios días en huelga de hambre, sus músculos empezaban a enervarse.*

enésimo, ma adj. **1** Que se ha repetido un número indeterminado de veces: *Es la enésima vez que te digo que no pienso ir contigo.* **2** En matemáticas, que ocupa un lugar indeterminado en una serie: *En este problema, tienes que elevar ese número a la enésima potencia.*

enfadar v. Causar o sentir enfado: *Si llegas tarde, enfadarás a tus padres. Se enfada cuando las cosas no salen como él quisiera.*

enfado s.m. Enojo o disgusto, generalmente contra alguien: *¡Menudo enfado tiene porque no lo invité a mi fiesta de cumpleaños!*

enfangar ▮ v. **1** Cubrir de fango o meter en él: *La inundación ha enfangado la ciudad. Al meterse en la charca, se enfangó las botas.* ▮ prnl. **2** *col.* Mezclarse en actividades o negocios sucios: *Me contó que se había enfangado en un negocio ilegal y que la policía le seguía los pasos.* ☐ ORTOGR. La *g* se cambia en *gu* delante de *e* ⟶**PAGAR**.

énfasis s.m. **1** Fuerza en la expresión o en la entonación para realzar lo que se dice: *El profesor de teatro me dijo que diera más énfasis a mi interpretación para hacerla más dramática.* **2** Intensidad, relieve o importancia que se conceden a algo: *El director puso énfasis en que se debían conseguir los objetivos propuestos.* ☐ MORF. Invariable en número.

enfático, ca adj. Que se expresa con énfasis, que lo denota o que lo implica: *Nos leyó el desenlace de la novela dando a su voz una entonación enfática.*

enfatizar v. **1** Destacar o resaltar poniendo énfasis: *El alcalde enfatizó los esfuerzos que estaba llevando a cabo la corporación.* **2** Expresarse con énfasis: *Los actores tienen que aprender a enfatizar cuando declaman un texto.* ☐ ORTOGR. La *z* se cambia en *c* delante de *e* ⟶**CAZAR**.

enfebrecido, da adj. *col.* Muy entusiasmado o exaltado: *El público aplaudía enfebrecido los goles de su equipo.*

enfermar v. Poner o ponerse enfermo: *Cuando enferma de la garganta, se queda completamente afónico. Enfermaron los frutales y apenas recogimos fruta. Intento ser paciente con los niños, pero me enferman sus pataletas.*

enfermedad s.f. **1** En un ser vivo, alteración de su buena salud: *No debe comer grasas porque tiene una enfermedad de hígado. Los árboles del jardín han contraído una enfermedad y se les secan las hojas.* **2** Lo que daña o altera el estado o el buen funcionamiento de algo: *Esa afición desmedida al juego es una enfermedad en él.*

enfermería s.f. **1** Lugar o dependencia donde se atiende a enfermos y heridos, esp. donde se prestan primeros auxilios: *Instalaron la enfermería del campamento en una de las tiendas. El torero que resultó cogido fue operado en la enfermería de la plaza.* **2** Conjunto de disciplinas básicas relacionadas con la asistencia a enfermos y heridos: *Ha estudiado tres años en una escuela universitaria y es diplomado en enfermería.* ☐ SEM. En la acepción 1, dist. de *botiquín* (lugar o recipiente donde se guarda lo necesario para prestar primeros auxilios).

enfermero, ra s. Persona que se dedica profesionalmente a la asistencia de enfermos y heridos, esp. la que actúa como ayudante del médico: *El enfermero le iba dando al cirujano el instrumental que le pedía.*

enfermizo, za adj. **1** Que tiene poca salud o que enferma con frecuencia: *Es un niño débil y enfermizo, y cada dos por tres se acatarra.* **2** Capaz de causar enfermedades: *En el centro de la ciudad se respira un aire sucio y enfermizo.* **3** Propio de un enfermo: *Tiene una inclinación enfermiza hacia los juegos de azar.*

enfermo, ma adj./s. Que padece una enfermedad o un trastorno patológico: *Tiene un hermano enfermo que necesita cuidados constantes. Ya han dado de alta al enfermo.*

enfervorizar v. **1** Despertar un entusiasmo o un interés intensos: *En sus discursos sabía enfervorizar al auditorio. El público se enfervorizaba cuando su ídolo salía al escenario.* **2** Infundir fervor o devoción religiosos: *El sermón del sacerdote enfervorizó a los fieles.* ☐ ORTOGR. La *z* se cambia en *c* delante de *e* ⟶**CAZAR**.

enfilar v. **1** Referido a un camino o a un punto de llegada, tomar su dirección: *El corredor enfiló la última recta con decisión. El barco salió del puerto y se enfiló hacia alta mar.* **2** Dirigir u orientar: *Cuando se cansó de vagar, enfiló sus pasos hacia su casa.* **3** Referido a un punto, ponerlo en línea con el punto de vista: *Para apuntar, enfila la mira de la escopeta y el blanco y, después, dispara.* **4** *col.* Referido a una persona, tomarle gran antipatía o ponerse en contra suya: *El jefe me enfiló el primer día y me hace la vida imposible.*

enfisema s.m. Infiltración gaseosa en el tejido pulmonar, en el celular o en la piel: *El enfisema pulmonar es característico de las personas con bronquitis crónica.*

enflaquecer v. **1** Poner flaco o más delgado: *Desde que empezó el régimen, ha enflaquecido mucho. La enfermedad y los disgustos me han hecho enflaquecer.* **2** Debilitar o perder fuerza: *Su voluntad fue enflaqueciendo con el paso de los años.* ☐ MORF. Irreg.: Aparece una *z* delante de la *c* cuando la siguen *a, o* ⟶**PARECER**.

enfocar v. **1** Referido a una imagen, hacer que se vea clara y nítidamente: *Antes de hacer la foto, enfoca la imagen en el visor de la cámara para que no salga borrosa.* **2** Referido a un cuerpo o a un lugar, proyectar sobre ellos un haz de luz: *El vigilante nos enfocó con la linterna para ver quiénes éramos.* **3** Referido a un asunto, plantearlo o estudiarlo: *No eres capaz de solucionar el problema porque no lo enfocas bien.* ☐ ORTOGR. La *c* se cambia en *qu* delante de *e* ⟶**SACAR**.

enfoque s.m. **1** Ajuste de una imagen para que se vea de forma clara y nítida: *Gira la rueda del proyector hasta que el enfoque sea perfecto.* **2** Planteamiento o estudio de un asunto: *Para resolver un problema, es fundamental darle un enfoque adecuado.*

enfrascar ▮ v. **1** Meter en frascos: *Enfrasco los tomates para hacer conservas.* ▮ prnl. **2** Dedicarse con mucha intensidad o atención a una actividad: *Cuando se enfrasca*

a b c d e f g h i j k l m n ñ o p q r s t u v w x y z

en el trabajo, no oye nada. □ ORTOGR. La *c* se cambia en *qu* delante de *e* →**SACAR**. □ SINT. Constr. de la acepción 2: *enfrascarse* EN *algo*.

enfrentamiento s.m. Lucha o discusión: *Las dos naciones firmaron un acuerdo que evitó el enfrentamiento armado.*

enfrentar v. **1** Poner frente a frente: *Ese asunto ha enfrentado a los dos amigos. Si enfrentas dos espejos, se reflejarán uno en otro infinitas veces.* **2** Hacer frente, desafiar u oponerse: *Los púgiles se enfrentarán mañana. Me enfrenté a él y le exigí lo que era mío.*

enfrente adv. **1** En la parte opuesta o en la parte que está delante: *Vivo enfrente del colegio. Estuve jugando con mis vecinos de enfrente.* **2** En contra o en lucha: *No me gustaría tener enfrente a una persona tan poderosa.* □ ORTOGR. Admite también la forma *en frente*. □ SINT. Su uso seguido de un adjetivo posesivo es incorrecto: *Está enfrente {*tuyo › de ti}.*

enfriamiento s.m. **1** Disminución de la temperatura: *El ventilador se acciona cuando es necesario un enfriamiento del motor.* **2** Disminución de la intensidad o de la fuerza: *La diferencia de opiniones produjo el enfriamiento de sus relaciones.* **3** Catarro o enfermedad ligeros ocasionados por frío: *En cuanto llega el invierno, temo los enfriamientos.*

enfriar ▌v. **1** Disminuir o hacer que disminuya la temperatura: *Puso el café en la ventana para enfriarlo. Si tardas en venir, se te enfriará la sopa.* **2** Referido esp. a un sentimiento, disminuir su intensidad o su fuerza: *La distancia no enfrió su amistad.* **3** Referido esp. a una persona, templar o suavizar su pasión: *El gol del contrario enfrió al equipo. El espectáculo era tan monótono, que el público se iba enfriando.* ▌prnl. **4** Acatarrarse o ponerse enfermo debido al frío: *Me empapé con la lluvia y me he enfriado.* □ ORTOGR. La *i* lleva tilde en los presentes, excepto en las personas *nosotros* y *vosotros* →**VACIAR**.

enfundar ▌v. **1** Meter en una funda: *Después de la pelea, enfundó el arma y se fue.* ▌prnl. **2** Referido a una prenda de vestir, esp. si es ajustada, ponérsela o cubrirse con ella: *El día de la fiesta, se enfundó unos guantes que le llegaban al codo.*

enfurecer ▌v. **1** Poner furioso: *Tu falta de puntualidad enfurece al más paciente. Cuando lo echaron del equipo, se enfureció.* ▌prnl. **2** Alborotarse, agitarse o alterarse, esp. referido al mar: *Con la tormenta, el mar se enfureció y casi naufragamos.* □ MORF. Irreg.: Aparece una *z* delante de la *c* cuando la siguen *a, o* →**PARECER**.

enfurecimiento s.m. Irritación o agitación muy grandes: *El enfurecimiento de las olas atemorizaba a los navegantes.*

enfurruñamiento s.m. *col.* Enfado ligero: *Aunque ahora ponga mala cara, sus enfurruñamientos no le duran demasiado.*

enfurruñarse v.prnl. *col.* Enfadarse un poco: *Cuando se enfurruña, frunce el ceño.*

engalanar v. Adornar o embellecer, generalmente de forma vistosa y con la intención de agradar: *Para las fiestas del pueblo engalanan las calles. Se engalanó con su mejor traje para ir al concierto.*

enganchada s.f. *col.* Discusión, riña o pelea, esp. si se llega al enfrentamiento físico: *¡Menuda enganchada tuve el otro día con un tipo que me intentó timar!*

enganchar ▌v. **1** Agarrar o prender con un gancho u objeto semejante, o colgar de ellos: *El vagón se enganchó a la locomotora. Le he puesto botones a la blusa porque los corchetes no enganchaban bien.* **2** *col.* Coger o atrapar: *Huyó, pero la policía lo volvió a enganchar enseguida.* **3** Referido esp. a un caballo, sujetarlo al carruaje para que tire de él: *El cochero enganchó caballos frescos para continuar el viaje.* **4** En tauromaquia, referido esp. a una persona, cogerla el toro y levantarla con los cuernos: *En un descuido del banderillero, lo enganchó el toro y lo volteó.* **5** *col.* Referido a una persona, atraerla o ganarse su afecto o su voluntad: *Su única obsesión es enganchar un novio rico.* **6** *col.* Referido esp. a una enfermedad, contraerla o adquirirla: *Este invierno enganché un resfriado que me duró dos semanas.* ▌prnl. **7** Hacerse adicto o aficionarse mucho: *Se enganchó a la heroína muy joven y ahora está destrozado.* **8** Alistarse voluntariamente como soldado: *Se enganchó en infantería cuando terminó el bachillerato.* □ SINT. Constr. de la acepción 7: *'engancharse'* A *algo*.

enganche s.m. **1** Agarre que se hace por medio de un gancho o de un objeto semejante: *En las modernas estaciones, el enganche de los vagones se hace automáticamente.* **2** Colocación de un animal de tiro, sujetándolo al carruaje del que ha de tirar: *Si vamos en carro, el mozo de cuadras se ocupará del enganche de los caballos.* **3** *col.* Adicción o afición desmedida: *Tiene un enganche con la televisión, que no es normal.* **4** Alistamiento como soldado: *Su enganche en la legión sorprendió a todos.* **5** Pieza o mecanismo que sirve para enganchar: *Se le cayó la cadena porque el enganche estaba roto.*

enganchón s.m. Desgarrón o roto producidos por un enganche: *Cosió el enganchón que tenía en el jersey.*

engañabobos ▌s. **1** *col.* Persona que engaña a otra aprovechándose de su ingenuidad para obtener un beneficio: *Un engañabobos le vendió un reloj que no funciona.* ▌s.m. **2** Lo que engaña con su apariencia: *Me parece que este supuesto robot para todo es un engañabobos.* □ MORF. 1. Invariable en número. 2. En la acepción 1, es de género común y exige concordancia en masculino o en femenino para señalar la diferencia de sexo: *el engañabobos, la engañabobos*.

engañar ▌v. **1** Referido a una persona, hacerle creer como cierto algo que no lo es: *Me juró que me quería, pero ahora veo que me engañaba.* **2** Producir una ilusión o una falsa impresión: *La cuesta parece suave, pero engaña. El balón llevaba tal efecto que engañó al portero.* **3** Referido esp. a una necesidad, distraerla o calmarla momentáneamente: *Tomamos un aperitivo para engañar el hambre hasta la hora de la comida.* **4** Referido a una persona, ganar su voluntad mediante halagos y mentiras para conseguir algo; engatusar: *A ver a quién engaño para que me regale este caprichito.* **5** Referido a un compañero sentimental, serle infiel: *Se separó de su marido porque la engañaba con otra mujer.* ▌prnl. **6** No querer reconocer la verdad, por resultar más grata la mentira: *Deja de engañarte a ti mismo y admite que no vales para ese trabajo.* **7** Equivocarse o no acertar: *Me engañé contigo cuando te creí una persona de confianza.*

engañifa s.f. Engaño artificioso con apariencia de utilidad: *Ese nuevo negocio que te ofrecen no es más que una engañifa para sacarte el dinero.*

engaño s.m. **1** Falta de verdad en algo para que no parezca falso: *Porque conozco la verdad de lo ocurrido, sé que hay engaño en lo que dices.* **2** Ilusión o falsa impresión: *Un espejismo es un engaño de la vista.* **3** Distracción o calma momentánea de una necesidad: *Los aperitivos* *son un engaño para el hambre.* **4** Obtención de la voluntad de alguien mediante mentiras o falsedades: *Para conseguir lo que quieres eres capaz de llegar al engaño.* **5** Infidelidad sentimental: *Cuando descubrió los engaños de su cónyuge, decidió abandonarlo.* **6** Equivocación o falta de acierto: *Sal de tu engaño y reconoce tu error.* **7** Lo que sirve para engañar: *Este anuncio es un engaño, porque el producto real no se parece en nada al producto anunciado.* **8** En tauromaquia, muleta o capa que utiliza el torero para que el toro embista: *El torero echó el engaño abajo para poder entrar a matar.*

engañoso, sa adj. Que engaña o da ocasión a engañarse: *Me estafó con promesas engañosas y no volveré a confiar en él.*

engarce s.m. **1** Unión de una cosa con otra para formar una cadena: *El engarce de esos eslabones tan pequeños requiere mucha paciencia.* **2** Encaje o introducción de un objeto en otro, esp. de una piedra preciosa en una montura de metal: *¿Cuánto me costaría el engarce de un topacio en esta diadema?* **3** Montura o armadura de metal que rodea y asegura la piedra preciosa engarzada: *El diamante va en un engarce de oro.* ☐ SEM. En las acepciones 2 y 3, es sinónimo de *engaste*.

engarzar v. **1** Referido a una cosa, unirla con otra u otras para formar una cadena: *Está engarzando eslabones para hacerse una pulsera. Los nervios me impedían engarzar ordenadamente las ideas del discurso.* **2** Referido esp. a una piedra preciosa, encajarla en una superficie; *engastar: Encargó que le engarzaran un rubí en el anillo.* ☐ ORTOGR. La *z* cambia en *c* delante de *e* →CAZAR.

engastar v. Referido esp. a una piedra preciosa, encajarla en una superficie; *engarzar: El joyero engastó pequeños diamantes en la diadema de oro.*

engaste s.m. **1** Encaje o introducción de un objeto en otro, esp. de una piedra preciosa en una montura de metal: *El engaste de piedras preciosas es un trabajo muy delicado y con frecuencia artesanal.* **2** Montura o armadura de metal que rodea y asegura la piedra preciosa engastada: *El joyero montaba las esmeraldas en un engaste de platino.* ☐ SEM. Es sinónimo de *engarce*.

engatusar v. *col.* Referido a una persona, ganar su voluntad mediante halagos y mentiras para conseguir algo; *engañar: No te dejes engatusar por ese liante.*

engendrar v. **1** Referido a un ser humano o animal, producirlos un ser de su misma especie por medio de la reproducción: *Mi abuela engendró nueve hijos, pero solo sobreviven cuatro.* **2** Causar u originar: *Las guerras engendran odio.*

engendro s.m. **1** *desp.* Persona muy fea: *Es muy simpático, pero el pobre es un engendro y ninguna chica se le acerca.* **2** *desp.* Plan u obra intelectual absurdos o mal concebidos: *La novela que empecé a leer era un engendro y no conseguí terminarla.*

englobar v. Referido a una o a varias cosas, incluirlas o considerarlas reunidas en una sola: *Esta cantidad engloba todos los gastos de la semana.*

engolado, da adj. **1** Referido al modo de hablar, que es exageradamente grave o enfático: *Sus discursos engolados pretenden dar a lo que dice una importancia que no tiene.* **2** Referido a una persona, que es engreída o presuntuosa: *Es una persona engolada y carente de la menor espontaneidad.*

engomar v. Untar de cola o de pegamento: *Antes de colocar el papel, engómalo bien para que no se despegue.*

engominarse v.prnl. Darse gomina o fijador de cabello: *Se engominó para que no se le deshiciera el peinado.*

engordaderas s.f.pl. *col.* Granos pequeños que les salen en la cara a los bebés que se alimentan solo de leche: *A su bebé le han salido engordaderas en la frente.*

engordar v. **1** Cebar o dar de comer mucho para poner gordo: *Estoy engordando los pavos para el día de Navidad.* **2** Aumentar mucho de peso o ponerse gordo: *En vacaciones siempre engordo, porque me inflo a comer.* **3** Aumentar o hacer crecer para dar una apariencia mejor o más importante: *El periodista engordó una noticia de escasa importancia.*

engorde s.m. Alimentación excesiva de un animal para engordarlo: *En esta granja se dedican al engorde de cerdos.*

engorro s.m. Fastidio, impedimento o molestia: *La lluvia es un engorro en las excursiones campestres.*

engorroso, sa adj. Que resulta fastidioso, molesto o difícil: *Es una tarea engorrosa esto de archivar documentos.*

engranaje s.m. **1** Encaje entre sí de los dientes de varias piezas dentadas: *Si falla el engranaje entre la cadena y el piñón de la bicicleta, no podrás andar en ella.* **2** Enlace o trabazón de ideas, de circunstancias o de hechos: *Pronunció un discurso redondo, con un perfecto engranaje de ideas.* **3** Sistema de piezas dentadas que engranan entre sí: *El reloj de la iglesia no funciona porque algunas piezas del engranaje están oxidadas.* **4** Conjunto de los dientes de este sistema de piezas: *Hay que cambiar el engranaje de la máquina, porque está muy desgastado.* **5** Conjunto de los elementos de un grupo y de las relaciones que tienen entre sí: *El engranaje político del Gobierno está empezando a fallar.*

engranar v. **1** Referido esp. a dos o más piezas dentadas, encajar los dientes de una en los de la otra: *El reloj no funciona porque las ruedas de su mecanismo no engranan bien.* **2** Referido esp. a dos o más ideas, enlazarlas y relacionarlas entre sí: *Supo engranar las ideas de su exposición brillantemente.*

engrandecer v. **1** Hacer grande o más grande: *La nueva disposición de los muebles engrandece el salón. Su fama se engrandeció tras conseguir el Premio Nobel.* **2** Exaltar o elevar a una categoría o dignidad superiores: *La historia de la humanidad se ha engrandecido con vuestras hazañas.* ☐ MORF. Irreg.: Aparece una *z* delante de la *c* cuando la siguen *a, o* →PARECER.

engrandecimiento s.m. **1** Aumento del tamaño de algo: *En los últimos años se ha producido un importante engrandecimiento de la ciudad.* **2** Exaltación o elevación a una categoría superior: *Esta composición musical contribuirá al engrandecimiento de su creador.*

engrasar v. Untar con grasa, con aceite o con otra sustancia lubricante, generalmente para disminuir el rozamiento: *Engrasó las bisagras de la puerta para que no chirriaran.*

engrase s.m. Aplicación de aceite o de otra sustancia lubricante para disminuir el rozamiento: *Lleva el coche a que le hagan un engrase del motor.*

engreído, da adj./s. Referido a una persona, que está demasiado convencida de su valía: *Se ha vuelto muy engreída desde que le dieron aquel premio. No soporto a ese engreído que se cree más importante que nadie.*

engreír v. Infundir soberbia, vanidad o presunción; *envanecer: Las continuas alabanzas que te prodigan te han* *engreído. Muchos que empiezan a conseguir triunfos acaban por engreírse.* ☐ MORF. Irreg. ⟶**SONREÍR**.

engrescarse v.prnl. Incitar a la riña o meter en ella: *Se engrescaron en una discusión.* ☐ ORTOGR. La *c* se cambia en *qu* delante de *e* ⟶**SACAR**.

engrosar v. Aumentar o hacer más numeroso: *Recibiremos refuerzos para engrosar nuestras filas. Los fondos de la biblioteca se han engrosado con numerosas donaciones.* ☐ MORF. 1. Irreg.: La *o* final de la raíz diptonga en *ue* en los presentes, excepto en las personas *nosotros* y *vosotros* ⟶**CONTAR**. 2. Puede usarse también como regular.

engrudo s.m. Masa pegajosa, hecha generalmente con harina o con almidón cocidos en agua, y que se usa para pegar papeles y otras cosas ligeras: *Si se te acaba el pegamento no te preocupes, que yo sé preparar engrudo.*

enguachinar v. Llenar de agua o mezclar con mucha agua: *El café que preparas no sabe a nada porque lo enguachinas.*

engullir v. Tragar con ansia y sin masticar: *En cinco minutos, engulló toda la comida y se fue.* ☐ MORF. Irreg.: En las formas cuya desinencia contiene un diptongo *ie, io*, se pierde esta *i* ⟶**ZAMBULLIR**.

engurruñar v. Arrugar o encoger: *Le sentó tan mal la carta, que la engurruñó y la tiró. Guarda bien el cheque, que si se engurruña no sirve.*

enharinar v. Manchar o cubrir de harina: *Antes de freír el pescado, tienes que enharinarlo y bañarlo en huevo.*

enhebrar v. **1** Referido esp. a una aguja o a una cuenta, pasar una hebra por su agujero: *No veo bien y no puedo enhebrar la aguja.* **2** *col.* Referido esp. a una serie de dichos o de ideas, encadenarlos o enlazarlos sin orden; *ensartar: A lo largo de toda la conversación, fue enhebrando mentira tras mentira.*

enhiesto, ta adj. Levantado o derecho: *El poema habla de la enhiesta figura de un ciprés.*

enhorabuena ▮ s.f. **1** Manifestación de la satisfacción que alguien siente por algún suceso feliz que le ha ocurrido a otra persona; *felicitación: Te doy mi enhorabuena por el nacimiento de tu hijo.* ▮ adv. **2** Con bien o con felicidad: *Los invitados iban diciendo al recién casado: «¡Que sea enhorabuena!».* ☐ ORTOGR. Como adverbio, admite también las formas *en hora buena* y *en buena hora*. ☐ USO La acepción 1 se usa para expresar una felicitación: *¡Enhorabuena por tu aprobado!*

enigma s.m. Lo que resulta difícil de entender o de interpretar: *El origen de la vida sigue siendo un enigma.*

enigmático, ca adj. Que encierra un enigma o que resulta difícil de comprender: *Continúan las investigaciones sobre la enigmática desaparición del empresario.*

enjabonar v. Lavar o limpiar con jabón y agua; *jabonar: Aclara bien la ropa después de enjabonarla.*

enjaezar v. Referido a una caballería, ponerle los jaeces o adornos: *Enjaezó su yegua alazana para ir a la feria.* ☐ ORTOGR. La *z* se cambia en *c* delante de *e* ⟶**CAZAR**.

enjalbegar v. Referido a una pared, blanquearla con cal, yeso o tierra blanca: *En las ciudades andaluzas, es una tradición enjalbegar las paredes exteriores de las casas.* ☐ PRON. Incorr. *[enjabelgar]. ☐ ORTOGR. La *g* se cambia en *gu* delante de *e* ⟶**PAGAR**.

enjambre s.m. **1** Conjunto de abejas con su reina, que salen juntas de la colmena para formar otra nueva: *La producción de miel aumentará con el nuevo enjambre.* **2** Conjunto numeroso de personas, animales o cosas que van juntos: *Un enjambre de jóvenes se agolpaba a las puertas de la discoteca.*

enjaular v. **1** Meter dentro de una jaula: *Enjaularon animales para llevarlos a un circo.* **2** *col.* Encarcelar: *Lo enjaularon por cometer un atraco.*

enjoyar v. Adornar con joyas: *Me parece ridículo enjoyar de esa manera a un niño. Se enjoyó para acudir a la recepción en palacio.*

enjuagar v. **1** Referido a algo enjabonado, aclararlo con agua clara y limpia: *Después de enjabonarlos, enjuagó los platos y los puso a escurrir.* **2** Referido esp. a la boca, limpiarla con agua o con un líquido adecuado: *Cuando el dentista terminó el empaste, me dijo que me enjuagara la boca. Enjuágate con este elixir después de lavarte los dientes.* **3** Lavar ligeramente: *Si tú ya has bebido, enjuaga el vaso y me lo das.* ☐ ORTOGR. La *g* se cambia en *gu* delante de *e* ⟶**PAGAR**. ☐ SEM. Dist. de *enjugar* (quitar la humedad).

enjuague s.m. **1** Aclarado o lavado ligero con agua: *Le dio un enjuague al coche con la manguera.* **2** Limpieza de la boca y de la dentadura utilizando agua o un líquido adecuado: *Haz varios enjuagues hasta que te dejen de sangrar las encías.*

enjugar v. **1** Referido esp. a algo húmedo, quitarle la humedad superficial, absorbiéndola con un paño o con algo semejante: *Enjugó el agua caída en el suelo con una fregona. Toma un pañuelo y enjúgate esas lágrimas.* **2** Referido a una deuda o a un déficit, cancelarlos o hacerlos desaparecer: *Las buenas ventas de los últimos meses enjugaron el déficit de la empresa. Si no dejas de gastar, nunca se enjugarán tus deudas.* ☐ ORTOGR. La *g* se cambia en *gu* delante de *e* ⟶**PAGAR**. ☐ SEM. En la acepción 1, dist. de *enjuagar* (lavar con agua).

enjuiciar v. **1** Referido a una cuestión, someterla a examen, discusión y juicio: *Después del partido, el periodista enjuició la labor del árbitro.* **2** En derecho, referido a una persona, someterla a juicio: *Enjuiciaron a un empresario por estafa.* ☐ ORTOGR. La *i* nunca lleva tilde.

enjundia s.f. Lo que es más sustancioso e importante de algo inmaterial: *Es un libro entretenido y sin mucha enjundia.*

enjuto, ta adj. Flaco o muy delgado: *En sus últimos años se le veía ya viejo y enjuto.*

enlace s.m. **1** Atadura, ligazón o unión de elementos distintos: *Construirán una variante para el enlace de las dos carreteras.* **2** Unión, conexión o relación de una cosa con otra; *cohesión: No hay enlace entre las partes del libro y por eso resulta incoherente.* **3** Lo que enlaza una cosa con otra: *Una conjunción es un enlace para oraciones gramaticales.* **4** Combinación de un medio de transporte con otro; *empalme: Hay dos enlaces al día entre entre el tren y los autobuses que van al pueblo.* **5** Casamiento o boda: *El enlace tendrá lugar en la iglesia parroquial.* **6** Persona que actúa como intermediaria entre otras, esp. dentro de una organización; *contacto: El capitán del equipo es el enlace entre los jugadores y el entrenador.* **7** En química, unión entre átomos o grupos de átomos de un compuesto químico, producida por la existencia de una fuerza de atracción entre ellos: *La ruptura de un enlace siempre conlleva desprendimiento de energía.*

enlatar v. Meter o envasar en latas: *En las fábricas de conservas se enlatan todo tipo de alimentos.*

enlazar v. **1** Unir, trabar o poner en relación: *Van a enlazar la carretera comarcal con la autopista. Aquel verano, sus vidas se enlazaron para siempre.* **2** Referido a un animal, atraparlo o aprisionarlo con un lazo: *El vaquero enlazó la res desde el caballo con gran habilidad.* **3** Referido a un medio de transporte colectivo, empalmar o combinarse con otro: *El tren procedente de Madrid enlaza en Toledo con el rápido.* ☐ ORTOGR. La *z* se cambia en *c* delante de *e* ⟶**CAZAR**.

enlodar v. Manchar o cubrir de lodo: *Aquel turbio asunto enlodó el buen nombre de la familia. Se cayó en la charca y se enlodó de arriba abajo.*

enloquecer v. Volver o volverse loco: *Tantas preocupaciones acabarán por enloquecerte. Don Quijote enloqueció leyendo libros de caballería. Se enloquece de gusto cada vez que piensa en las vacaciones.* ☐ MORF. Irreg.: Aparece una *z* delante de la *c* cuando la siguen *a, o* ⟶**PARECER**.

enloquecimiento s.m. Pérdida del juicio o fuerte alteración del ánimo o de los nervios: *Su enloquecimiento obligó a ingresarlo en un psiquiátrico. En cuanto se va de vacaciones, se olvida del enloquecimiento que le produce el trabajo.*

enlosar v. Referido a un suelo, revestirlo o cubrirlo con losas: *Quiero enlosar el cuarto de baño con baldosas blancas.*

enlucir v. **1** Referido a un muro o a un techo, revestirlos o cubrirlos con una capa de yeso, argamasa u otro material semejante; *lucir: Levantaron un muro de ladrillos y luego procedieron a enlucirlo.* **2** Referido a una superficie, esp. si es metálica, limpiarla y sacarle brillo: *Para enlucir la plata, frótala con este producto.* ☐ MORF. Irreg.: Aparece una *z* delante de la *c* cuando la siguen *a, o* ⟶**LUCIR**.

enlutar v. Cubrir o vestir de luto: *La noticia del fallecimiento del monarca enlutó al país entero. Se negó a enlutarse porque decía que ella llevaba el dolor por dentro.*

enmadrarse v.prnl. Referido a una persona, esp. a un niño, encariñarse excesivamente con su madre: *Cuanto más lo mimes, más se enmadrará y más tardará en aprender a vivir su vida.*

enmarañar v. **1** Enredar o convertir en una maraña: *Cuando se me enmaraña el pelo, puedo tardar horas en desenredarlo.* **2** Hacer más confuso o complicado: *Tantas intrigas enmarañaron la situación y ahora todo son malentendidos. El argumento de la película se enmaraña tanto, que al final no queda claro el móvil del crimen.*

enmarcar v. **1** Meter en un marco o cuadro: *Enmarqué unas láminas para colgarlas en la habitación.* **2** Incluir o encajar dentro de unos límites: *La crítica enmarca su obra dentro de los movimientos de vanguardia. El tratado se enmarca en el ámbito de las colaboraciones que vienen manteniendo ambos países.* ☐ ORTOGR. La *c* se cambia en *qu* delante de *e* ⟶**SACAR**. ☐ SEM. Es sinónimo de *encuadrar*.

enmascarar v. **1** Referido esp. al rostro, cubrirlo con una máscara: *Todos los asistentes al baile de disfraces enmascaraban sus rostros. Los atracadores se enmascararon para no ser reconocidos.* **2** Disimular o disfrazar: *Enmascara su ambición de poder diciendo que todo lo hace por el bien del país.*

enmendar v. **1** Referido esp. a un error o a quien lo comete, corregirlos o eliminar sus faltas: *Mi máquina de escribir tiene una cinta correctora para enmendar los errores. Después de aquella reprimenda, se enmendó y ahora su comportamiento es excelente.* **2** Referido a un daño, repararlo o compensarlo: *Quiso enmendar el daño que nos había causado dándonos dinero.* ☐ MORF. Irreg.: La *e* final de la raíz diptonga en *ie* en los presentes, excepto en las personas *nosotros* y *vosotros* ⟶**PENSAR**.

enmienda s.f. **1** Corrección o eliminación de errores: *Está arrepentida y ha hecho propósito de enmienda.* **2** Propuesta de modificación de algo, esp. de un texto legal: *La oposición presentó una enmienda al proyecto de ley del Gobierno.*

enmohecer ▮ v. **1** Cubrir o cubrirse de moho: *La humedad ha enmohecido las bisagras de las ventanas. En las zonas costeras, los muros enmohecen con más facilidad. Dejaste la fruta fuera de la nevera y se ha enmohecido.* ▮ prnl. **2** Inutilizarse o caer en desuso: *Piensas tan poco que se te va a enmohecer el cerebro de no usarlo.* ☐ MORF. Irreg.: Aparece una *z* delante de la *c* cuando la siguen *a, o* ⟶**PARECER**.

enmoquetar v. Cubrir con moqueta: *Dudamos entre enmoquetar el suelo o poner parqué.*

enmudecer v. **1** Hacer callar: *La vergüenza me enmudeció.* **2** Quedar mudo o perder el habla: *Enmudeció cuando era niño a consecuencia de una lesión cerebral.* **3** Dejar de producir sonido: *Al atardecer, las campanas enmudecieron.* ☐ MORF. Irreg.: Aparece una *z* delante de la *c* cuando la siguen *a, o* ⟶**PARECER**.

enmudecimiento s.m. Pérdida del habla o interrupción de la emisión de sonidos: *Al conocerse la noticia, se produjo un estremecedor enmudecimiento en toda la sala.*

ennegrecer v. Poner de color negro o más oscuro: *El humo ha ennegrecido las paredes. El cielo se ennegreció y enseguida estalló la tormenta. La pintura ennegrece con el tiempo.* ☐ MORF. Irreg.: Aparece una *z* delante de la *c* cuando la siguen *a, o* ⟶**PARECER**.

ennegrecimiento s.m. Oscurecimiento o adquisición de un color negro: *El ennegrecimiento de las fachadas de muchos edificios se debe a la contaminación atmosférica.*

ennoblecer v. **1** Hacer noble: *Tu actitud humanitaria te ennoblece.* **2** Dar realce o comunicar esplendor y distinción: *Ese traje tan elegante ennoblece tu figura. Nuestra ciudad se ennoblece con la presencia de tan ilustre persona.* ☐ MORF. Irreg.: Aparece una *z* delante de la *c* cuando la siguen *a, o* ⟶**PARECER**.

ennoviarse v.prnl. *col.* Echarse novio: *Desde que te ennoviaste, no te hemos visto.* ☐ ORTOGR. La *i* nunca lleva tilde.

enojar v. Causar o sentir enojo: *Tu falta de educación me enoja. Se enojó con nosotros porque no la esperamos.* ☐ ORTOGR. Conserva la *j* en toda la conjugación.

enojo s.m. **1** Sentimiento que causa ira, disgusto o enfado contra alguien: *Su enojo por el suspenso le hacía insultar a todo el mundo.* **2** Molestia, trastorno o trabajo: *Me causa enojo tener que repetir tantas veces lo mismo.*

enojoso, sa adj. Que causa enojo: *Los trámites burocráticos siempre resultan enojosos.*

enología s.f. Conjunto de conocimientos sobre el vino, esp. los relacionados con su elaboración: *Un entendido en enología nos explicó que en un vino hay que apreciar su color, su olor y su sabor.*

enólogo, ga s. Persona especializada en enología: *Los enólogos nos han aconsejado mantener el vino un año más en la barrica.* ☐ SEM. Dist. de *catador* y de *catavinos* (persona que cata los vinos para informar de su calidad y propiedades).

enorgullecer v. Llenar de orgullo: *¡Quién no se enorgullecería de un hijo así!* ☐ MORF. Irreg.: Aparece una *z* delante de la *c* cuando la siguen *a, o* ⟶**PARECER**. ☐ SINT. Constr. como pronominal: *enorgullecerse* DE *algo.*

enorgullecimiento s.m. Sentimiento de orgullo producido por algo que satisface: *No veo motivo de enorgullecimiento en esa acción tan ruin.*

a b c d e f g h i j k l m n ñ o p q r s t u v w x y z

enorme adj. **1** Desproporcionado, excesivo o mucho mayor de lo normal: *Su fortuna es enorme. ¡Qué enorme error fiarte de ese sinvergüenza!* **2** *col.* Espléndido, muy bueno o admirable: *Los aficionados dicen que es un torero enorme.* □ MORF. Invariable en género.

enormidad s.f. **1** Tamaño, cantidad o calidad excesivos o desmedidos: *Quedamos impresionados ante la enormidad del edificio.* **2** ‖ **una enormidad.** *col.* Muchísimo: *Esa joya debe de valer una enormidad.*

enquistarse v.prnl. **1** Transformarse en un quiste: *El grano que tenía en el cuello se me ha enquistado y tienen que extirpármelo.* **2** Incrustarse profundamente: *Una espina se me enquistó en la planta del pie y no puedo sacármela.* **3** *col.* Estancarse, estacionarse o mantenerse sin solución: *Si nadie cede, las negociaciones se enquistarán y será muy difícil llevarlas a buen puerto.*

enrabietarse v.prnl. Coger una rabieta: *Los niños mimados se enrabietan si no les das lo que piden.*

enraizar v. Arraigar o echar raíces: *El abeto ha enraizado muy bien en el jardín. El odio se enraizó en su corazón.* □ ORTOGR. 1. La *z* se cambia en *c* delante de *e*. 2. La *i* lleva tilde en los presentes, excepto en las personas *nosotros* y *vosotros* →ENRAIZAR.

enramada s.f. Conjunto de ramas frondosas y entrelazadas: *Nos sentamos a comer a la sombra de una enramada.*

enrarecer v. **1** Referido a un cuerpo gaseoso, dilatarlo haciéndolo menos denso: *La altitud puede enrarecer el aire atmosférico.* **2** Referido esp. al aire que se respira, contaminarlo o disminuir el oxígeno que hay en él: *Me lloran los ojos porque el humo de los cigarrillos ha enrarecido el ambiente. En los bares muy cerrados, el aire se enrarece rápidamente.* **3** Referido esp. a una situación, turbarla, deteriorarla o hacer que disminuyan la cordialidad y entendimiento que había en ella: *Las luchas por los ascensos enrarecen el clima de trabajo. Desde que te fuiste tú, las relaciones aquí se enrarecieron mucho.* □ MORF. Irreg.: Aparece una *z* delante de la *c* cuando la siguen *a, o* →PARECER.

enrarecimiento s.m. **1** Dilatación de un cuerpo gaseoso que produce una disminución de su densidad: *El enrarecimiento de la atmósfera puede producir alteraciones en los organismos vivos.* **2** Falta de oxígeno en el aire que se respira: *El humo de las fábricas contribuye al enrarecimiento de la atmósfera.* **3** Turbación o deterioro de una situación o de la relación que mantiene un grupo de personas: *Tu actitud intransigente contribuye al enrarecimiento del ambiente.*

enredadera adj./s.f. Referido a una planta, que tiene los tallos largos, nudosos y trepadores, y las flores en campanilla: *La hiedra y la madreselva son plantas enredaderas. Alrededor del tronco del árbol ha crecido una enredadera.*

enredar ▌v. **1** Referido a una cosa, revolverla, entrelazarla o liarla con otra de forma desordenada: *Has enredado el cable de la antena con el del enchufe. Se enredaron los hilos de las bobinas y me costó mucho separarlos.* **2** Referido a una persona, hacerla participar en un asunto, esp. si es peligroso o si se la convence con engaño: *Me enredó para ir a la playa, cuando yo lo que quería era dormir.* **3** Referido a una persona, hacerla perder el tiempo o entretenerla: *Me enredé con tonterías y al final no hice lo que pensaba.* **4** Complicar o hacer más difícil: *La declaración del testigo enredó aún más la situación. Las cosas se enredaron y decidimos que era mejor terminarlo.* **5** Intrigar o crear discordias: *Por delante nos pone buena cara, pero por detrás enreda todo lo que puede.* **6** Hacer travesuras o manejar algo sin un fin determinado: *El niño no paró de enredar en toda la tarde. ¡Deja de enredar con el bolígrafo, que me estás poniendo nerviosa!* ▌prnl. **7** Hacerse un lío: *El gato se ha enredado entre la maleza.* **8** *col.* Establecer una relación amorosa o sexual sin llegar a formalizarla; *liarse*: *Se ha enredado con un chico bastante mayor que ella.*

enredo s.m. **1** Lío que resulta de entrelazarse objetos flexibles, esp. los hilos o los cabellos: *¡A ver cómo deshaces este enredo de cables!* **2** Complicación o problema difíciles de solucionar: *Está metido en un buen enredo a causa de sus deudas.* **3** Confusión de ideas o falta de claridad de ellas: *¡Menudo enredo tienes en la cabeza!* **4** Intriga, mentira o engaño que ocasionan problemas: *Tus enredos provocaron la enemistad de las dos familias.* **5** En una obra narrativa o dramática, conjunto de sucesos entrelazados que preceden al desenlace: *Cuanto mejor trabado esté el enredo de una obra, mayor será el grado de intriga y la expectación que se creen en el público.* **6** *col.* Relación amorosa o sexual considerada ilícita por la sociedad; *lío*: *Me he enterado de que su mujer tiene un enredo con el vecino.*

enrejado s.m. Conjunto de rejas: *Todo el enrejado de la casa es de hierro labrado.*

enrejar v. Tapar o cercar con rejas o con algo semejante: *Los vecinos del primero enrejaron las ventanas para evitar que entren ladrones.* □ ORTOGR. Conserva la *j* en toda la conjugación.

enrevesado, da adj. **1** Confuso o difícil de entender: *El argumento de la película era un poco enrevesado.* **2** Que tiene muchas vueltas o rodeos: *Al final hay un camino enrevesado que parece que no se termina nunca.*

enriquecer v. **1** Hacer rico: *La instalación de la fábrica enriqueció a toda la comarca. Se enriqueció gracias a su negocio de transportes.* **2** Referido a una cosa, mejorar o aumentar sus propiedades: *Aquella experiencia enriqueció su espíritu. El estilo literario se enriquece con el empleo de recursos expresivos.* □ MORF. Irreg.: Aparece una *z* delante de la *c* cuando la siguen *a, o* →PARECER.

enriquecimiento s.m. **1** Aumento de la riqueza: *Un golpe de suerte determinó el enriquecimiento de la familia.* **2** Mejora o aumento de las propiedades de algo: *Las relaciones contribuyen al enriquecimiento de la personalidad.*

enriscado, da adj. Lleno de riscos o peñascos: *La subida por aquel camino enriscado fue muy accidentada.*

enrocar v. En el juego del ajedrez, mover al mismo tiempo el rey y una torre del mismo bando, trasladando al rey dos casillas hacia la torre y poniendo la torre al lado del rey saltando por encima de él: *No se puede enrocar el rey si ha sido movido anteriormente.* □ ORTOGR. La *c* se cambia en *qu* delante de *e* →SACAR.

enrojecer v. **1** Poner de color rojo: *Enrojeció sus labios con carmín. Sus mejillas se enrojecieron por el esfuerzo.* **2** Referido a una persona, ponérsele el rostro de color rojo, esp. si es por un sentimiento de vergüenza; *ruborizarse, sonrojarse*: *Enrojeció al oír los halagos.* □ MORF. Irreg.: Aparece una *z* delante de la *c* cuando la siguen *a, o* →PARECER.

enrojecimiento s.m. **1** Coloración de rojo o adopción de este color: *Lo que más me gusta de las puestas de sol es el enrojecimiento del cielo.* **2** Coloración del rostro tomando un color rojo, esp. por un sentimiento de vergüenza: *Cuando me dijo aquella grosería, no pude evitar un enrojecimiento.*

enrolar ▮ v. **1** Referido a una persona, inscribirla en la lista de tripulantes de un barco: *Lo han enrolado como cocinero. Se enroló en un barco mercante y está recorriendo el Mediterráneo.* ▮ prnl. **2** Inscribirse o alistarse en una organización, esp. en el ejército: *Se enroló en la Marina.*

enrollar ▮ v. **1** Poner o colocar en forma de rollo: *Enrolla la cinta métrica para guardarla.* **2** *col.* Convencer o confundir: *Me ha enrollado con su palabrería para que la llevase al cine.* **3** *vulg.* Gustar o interesar mucho: *Esa película enrolla cantidad.* ▮ prnl. **4** Extenderse demasiado al hablar o al escribir: *No te enrolles tanto y acaba ya el examen.* **5** *col.* Entretenerse o distraerse sin darse cuenta: *Me enrollé con las facturas y me acosté muy tarde.* **6** *col.* Establecer relaciones amorosas o sexuales superficiales y pasajeras; *ligar: Anoche se enrollaron y hoy ni siquiera se hablan.* **7** *col.* Tener facilidad para encajar en un ambiente o para entablar trato con la gente: *Tus amigos me caen bien porque saben enrollarse.*

enronquecer v. Poner o dejar ronco: *El frío de la noche me enronqueció. Enronqueces con frecuencia porque hablas muy alto. Se enronqueció de tanto gritar animando a su equipo.* ☐ MORF. Irreg.: Aparece una *z* delante de la *c* cuando la siguen *a, o* →**PARECER**.

enroque s.m. En el juego del ajedrez, movimiento simultáneo del rey y de una torre del mismo bando, según determinadas reglas: *El enroque corto es el que se hace con la torre del rey, y el enroque largo, el que se hace con la torre de la reina.*

enroscar v. **1** Colocar en forma de rosca: *Enroscaron serpentinas en las columnas del salón para decorarlas. La serpiente se enroscó bajo un matorral.* **2** Referido a un objeto, introducirlo a vuelta de rosca o haciéndolo girar sobre sí mismo: *Enrosca el tornillo en su tuerca. Este tapón no se enrosca bien en esta botella.* ☐ ORTOGR. La *c* se cambia en *qu* delante de *e* →**SACAR**.

ensaimada s.f. Bollo formado por una tira alargada de pasta hojaldrada que se enrolla en espiral: *Las ensaimadas son un bollo típico de Mallorca.*

ensalada s.f. **1** Comida fría compuesta por una mezcla de distintas hortalizas crudas, troceadas y aderezadas generalmente con aceite, sal y vinagre: *He preparado una ensalada mixta con lechuga, tomate y bonito.* **2** Mezcla confusa de objetos que no guardan relación: *¡Menuda ensalada de fechas tienes en la cabeza!* **3** ‖ **ensalada de frutas.** Postre de frutas troceadas en almíbar; *macedonia: Si echas un poco de anís en la ensalada de frutas tendrá mejor sabor.*

ensaladera s.f. Fuente honda en la que se sirve la ensalada: *Coloca la ensaladera en el centro de la mesa para que todos podamos pinchar.*

ensaladilla s.f. Comida fría preparada con trozos de patata cocida, atún, zanahoria, guisantes y otros ingredientes, que va cubierta por salsa mayonesa: *Esta ensaladilla tiene demasiada patata y poco atún.* ☐ USO Se usa más la expresión *ensaladilla rusa*.

ensalmo s.m. **1** Oración o práctica a las que se atribuyen poderes curativos o beneficiosos: *Ese curandero utiliza ensalmos para curar a los enfermos.* **2** ‖ **(como) por ensalmo.** Con gran rapidez y de forma desconocida: *En cuanto llegó su padre, se le pasaron todos los males como por ensalmo.*

ensalzamiento s.m. **1** Engrandecimiento o exaltación de algo: *Los soldados combatieron para mayor ensalzamiento de la gloria nacional.* **2** Alabanza o elogio: *El presentador hizo un encendido ensalzamiento del homenajeado.* ☐ SEM. Es sinónimo de *enaltecimiento*.

ensalzar v. **1** Engrandecer o exaltar: *Escritores de su calidad ensalzan la literatura.* **2** Alabar o elogiar: *El sacerdote ensalzó las virtudes del fallecido. No pierde ocasión de ensalzarse a sí mismo.* ☐ ORTOGR. La *z* se cambia en *c* delante de *e* →**CAZAR**. ☐ SEM. Es sinónimo de *enaltecer*.

ensamblaje s.m. Unión o acoplamiento de dos o más piezas, esp. si son de madera; *ensamble: El armazón se derrumbó porque el ensamblaje de las piezas no estaba bien hecho.*

ensamblar v. Referido esp. a dos o más piezas de madera, unirlas o acoplarlas, generalmente haciendo que encajen: *Para montar la estantería, solo tienes que ensamblar las tablas.*

ensamble s.m. →**ensamblaje.**

ensanchamiento s.m. Aumento de la anchura o de la amplitud; *ensanche: El ensanchamiento del puente permitirá la circulación en los dos sentidos.*

ensanchar ▮ v. **1** Hacer más ancho o más amplio: *Como he engordado, me han tenido que ensanchar los pantalones. La calle se ensancha a partir de ese cruce.* ▮ prnl. **2** Mostrarse satisfecho u orgulloso: *Se ensancha cuando le dicen que juega muy bien al tenis.*

ensanche s.m. **1** En una población, terreno dedicado a nuevas edificaciones en las afueras, y conjunto de edificios allí construidos: *Vive en el ensanche de Barcelona.* **2** →**ensanchamiento.**

ensangrentar v. Manchar o teñir de sangre: *El terrorismo ensangrentó la ciudad. Me cambié la venda porque la que llevaba se había ensangrentado.* ☐ MORF. Irreg.: La *e* final de la raíz diptonga en *ie* en los presentes, excepto en las personas *nosotros* y *vosotros* →**PENSAR**.

ensañamiento s.m. Deleite o placer en causar el mayor daño o dolor posibles a quien no está en condiciones de defenderse: *Las quince puñaladas que aparecieron en el cuerpo de la víctima probaban el ensañamiento del asesino.*

ensañarse v.prnl. Deleitarse o complacerse en causar el mayor daño y dolor posibles a quien no está en condiciones de defenderse: *Es cruel ensañarse con los más débiles.* ☐ SINT. Constr.: *ensañarse* CON *alguien*.

ensartar v. **1** Referido a un objeto con un agujero, pasarle un hilo u otro filamento por dicho agujero: *Ensartó las cuentas para hacerse un collar.* **2** Referido a un cuerpo, atravesarlo con un objeto puntiagudo: *Para hacer un pincho moruno, ensarta trozos de carne en una varilla, y luego los asas.* **3** Referido esp. a una serie de dichos o de ideas, encadenarlos o enlazarlos sin orden; *enhebrar: Cuando bebe, empieza a ensartar disparates y no para.*

ensayar v. **1** Referido a un espectáculo, preparar su montaje y ejecución antes de ofrecerlo al público: *Antes del estreno, ensayaron la obra durante meses. No puedo quedar esta tarde porque tengo que ensayar con el coro.* **2** Referido a una actuación, prepararla y hacer la prueba, generalmente para comprobar sus resultados o para adquirir soltura en su realización: *Ensayó ante el espejo la reverencia que debía hacer al rey.* **3** Referido esp. a un material, someterlo a determinadas pruebas para determinar su calidad o comportamiento: *Están ensayando un nuevo medicamento para combatir el sida.*

a b c d **e** f g h i j k l m n ñ o p q r s t u v w x y z

ensayismo s.m. Género literario constituido por los ensayos o escritos en prosa en los que se exponen los pensamientos del autor sobre un tema; *ensayo*: *Ortega y Gasset es uno de los maestros del ensayismo en España.*

ensayista s. Escritor de ensayos: *Miguel de Unamuno fue un gran ensayista.* ☐ MORF. Es de género común y exige concordancia en masculino o en femenino para señalar la diferencia de sexo: *el ensayista, la ensayista.*

ensayo s.m. **1** Preparación de una actuación como prueba para comprobar sus resultados o para adquirir mayor soltura en su realización: *Hay que hacer un ensayo de la situación, que después siempre metes la pata.* **2** Preparación del montaje y de la ejecución de un espectáculo, antes de ofrecerlo al público: *El actor tiene ensayo todas las mañanas.* **3** Escrito en prosa, generalmente breve y de carácter didáctico, en el que se exponen los pensamientos y meditaciones del autor sobre un tema, sin la extensión ni la precisión que requiere un tratado completo sobre la misma materia: *Ha publicado un ensayo científico en el que adelanta las ideas que expondrá en su próximo libro.* **4** Género literario constituido por estos escritos; *ensayismo*: *Algunos críticos ven en los escritos de Feijoo una primera muestra del ensayo en España.* **5** Prueba o conjunto de pruebas para determinar la calidad o la eficacia de algo, esp. de un material: *Realizaron ensayos con este medicamento y se comprobó que no tiene efectos secundarios.* **6** En rugby, acción del jugador que consigue apoyar el balón contra el suelo tras la línea de marca contraria, ya sea con las manos, con los brazos o con el tronco: *Obtuvieron ventaja gracias a un ensayo.* **7** ‖ **ensayo general.** Representación completa de una obra dramática antes de presentarla al público: *La víspera del estreno hubo ensayo general.*

enseguida adv. Inmediatamente después, en el tiempo o en el espacio: *Espérame, que vuelvo enseguida. Si no coges esa salida en la autopista, enseguida hay otra.* ☐ ORTOGR. Admite también la forma *en seguida.*

ensenada s.f. Entrada del mar en la tierra, menor que una bahía: *La ensenada constituye un refugio natural para las embarcaciones.*

enseña s.f. Estandarte o insignia, esp. los que representan a una colectividad: *En el desfile, un representante de cada equipo portaba la enseña de su país.*

enseñanza ▌s.f. **1** Comunicación de conocimientos, de habilidades o de experiencias para que sean aprendidos: *Se dedica a la enseñanza de idiomas.* **2** Lo que sirve como experiencia, ejemplo o advertencia: *Aprende a sacar enseñanzas de los fracasos.* **3** Conjunto de medios, personal y actividades destinados a la educación: *En el debate se hablará de la enseñanza en España.* **4** Sistema y método utilizado para enseñar o para aprender: *Vivía en un pueblo aislado y pudo estudiar derecho gracias a la enseñanza a distancia.* ▌pl. **5** Conjunto de principios, ideas o conocimientos que una persona transmite o enseña a otra: *Aún tengo presentes las enseñanzas de mi maestro.* **6** ‖ **enseñanza {media/secundaria} o segunda enseñanza.** La intermedia entre la primera y la superior, y que comprende los estudios de cultura general: *El bachillerato y la formación profesional son dos tipos de enseñanzas medias.* ‖ **(enseñanza) primaria** o **primera enseñanza.** La elemental y obligatoria: *Cuando termine la enseñanza primaria, estudiará formación profesional en la rama de electricidad.* ‖ **enseñanza superior.** La que comprende los estudios especializados de cada profesión o carrera: *La enseñanza universitaria es enseñanza superior.*

enseñar v. **1** Referido esp. a un conocimiento, comunicarlo para que sea aprendido: *El profesor de lengua nos enseña a escribir correctamente.* **2** Servir de ejemplo o de advertencia: *Esa caída te enseñará a ser más prudente.* **3** Indicar o dar señas: *Te enseñaré el camino.* **4** Mostrar o dejar ver, voluntaria o involuntariamente: *Nos enseñó su nueva casa. Abróchate la blusa, que vas enseñando la camiseta.* ☐ SINT. Constr. de las acepciones 1 y 2: *enseñar* A *hacer algo.*

enseñorearse v.prnl. Hacerse dueño y señor: *Las tropas invasoras se enseñorearon de la región.* ☐ SINT. Constr.: *enseñorearse* DE *algo.*

enseres s.m.pl. Útiles, muebles o instrumentos necesarios que hay en una casa o que son convenientes para una actividad: *Cuando viene aquí a estudiar, se trae todos sus enseres de trabajo.*

ensillar v. Referido esp. a un caballo, ponerle la silla de montar: *Ensilló el caballo poco antes de iniciar la excursión.*

ensimismamiento s.m. Concentración en los propios pensamientos, aislándose del mundo exterior: *Era tal su ensimismamiento, que no se dio cuenta de nuestra llegada.*

ensimismarse v.prnl. Sumirse o concentrarse en los propios pensamientos, aislándose del mundo exterior: *Se ensimismó mirando al techo y no se enteró de nada de lo que dijimos.*

ensombrecer v. **1** Oscurecer o cubrir de sombra: *Los edificios ensombrecen el callejón. El día se ha ensombrecido y amenaza lluvia.* **2** Poner triste o melancólico: *La noticia de su enfermedad nos ensombreció a todos. Su rostro se ensombrece cuando le hablan del pasado.* ☐ MORF. Irreg.: Aparece una *z* delante de la *c* cuando la siguen *a, o* →**PARECER.**

ensoñación s.f. →**ensueño.**

ensordecedor, -a adj. Referido esp. a un sonido, que es muy intenso: *En esa discoteca, la música es ensordecedora.*

ensordecer v. **1** Causar sordera o quedarse sordo: *Ensordeció cuando era ya anciano.* **2** Incapacitar para oír momentáneamente: *El ruido de motores nos ensordeció.* **3** Referido a un sonido o a un ruido, disminuir su intensidad o hacerlos menos perceptibles: *La sordina ensordece los sonidos de los instrumentos musicales.* ☐ MORF. Irreg.: Aparece una *z* delante de la *c* cuando la siguen *a, o* →**PARECER.**

ensordecimiento s.m. Pérdida o disminución de la capacidad de oír: *La explosión nos produjo un ensordecimiento momentáneo.*

ensortijar ▌v. **1** Referido esp. al pelo, rizarlo o darle forma de anillo: *Con la humedad del mar, enseguida se me ensortija el pelo.* ▌prnl. **2** Ponerse sortijas o joyas: *Le gusta ensortijarse y arreglarse bien para ir a las fiestas.* ☐ ORTOGR. Conserva la *j* en toda la conjugación.

ensuciar ▌v. **1** Manchar o cubrir de suciedad: *Las calumnias ensuciaron el honor de la familia. Si te pones ya el traje de la fiesta, procura no ensuciarte.* ▌prnl. **2** Expulsar los excrementos de forma involuntaria o sin poderlo controlar: *Acabo de ponerle el pañal y ya ha vuelto a ensuciarse.* ☐ ORTOGR. La *i* nunca lleva tilde.

ensueño s.m. **1** Ilusión o fantasía: *El poema gira en torno a los ensueños del poeta.* **2** ‖ **de ensueño.** Fantástico o magnífico: *Nos bañamos en una playa de ensueño, con* *un agua totalmente transparente.* □ SEM. Es sinónimo de *ensoñación*.

entablamento s.m. En arquitectura, conjunto de elementos horizontales que sirven como remate de una estructura y que están generalmente sostenidos por columnas o pilares: *En la arquitectura clásica, el entablamento está compuesto de arquitrabe, friso y cornisa.*

entablar v. Referido esp. a una conversación, a una relación o una disputa, iniciarlas o darles comienzo: *Es tan charlatán, que entabla conversación con cualquiera.*

entablillar v. Referido a un miembro fracturado del cuerpo, sujetarlo o inmovilizarlo con unas tablillas y un vendaje: *Le entablillaron el brazo roto antes de llevarlo al hospital, como cura de urgencia.*

entallar v. Referido a una prenda de vestir, ajustarla al talle o a la cintura: *Si me entallas un poco el vestido, no me quedará tan holgado.*

entarimado s.m. Suelo formado por tablas ensambladas: *El entarimado del salón es de roble y hay que encerarlo de vez en cuando.*

entarimar v. Referido esp. al suelo, cubrirlo con tablas o con tarima: *Acaban de entarimar el suelo y no se puede pisar.*

ente s.m. **1** Lo que es, lo que existe o lo que puede existir: *Los personajes de las novelas son entes de ficción.* **2** Organismo, institución o empresa: *Trabajo en un ente autonómico.*

entelequia s.f. Lo que es irreal y solo existe en la imaginación: *Tus ideas sobre el amor son pura entelequia.*

entendederas s.f.pl. *col.* Entendimiento: *Es un chico torpe y de pocas entendederas.*

entender ▌ v. **1** Comprender o percibir el sentido: *Entendió bien mis explicaciones. Para un español, el italiano se entiende bien.* **2** Referido esp. a una persona, conocer sus motivos, sus intenciones o su forma de ser: *No te justifiques conmigo, que te entiendo muy bien.* **3** Saber o tener conocimientos: *No entiendo nada de fútbol.* **4** Creer, opinar o deducir: *Entiendo que este no es momento de discusiones.* **5** Tener autoridad o competencia para intervenir en un asunto: *La Audiencia Nacional entiende en temas de delitos de narcotráfico.* **6** *col.* Ser homosexual: *A este local suele ir gente que entiende.* ▌ prnl. **7** Referido a una persona, llevarse bien con otra o ponerse fácilmente de acuerdo con ella: *Se entiende muy bien con su primo y se pasan el día jugando.* **8** Mantener una relación amorosa oculta o irregular: *Se entiende con el marido de su mejor amiga.* **9** ‖ **a {mi/tu/...} entender.** Según la opinión o el modo de pensar de la persona que se indica: *A mi modesto entender, estás equivocado.* ‖ **entenderse con** algo. Hacerse cargo de ello para manejarlo o sacarle rendimiento: *Entiéndete tú con el nuevo ordenador.* ‖ **entenderse con** alguien. Tratar con él: *Yo haré el informe y tú te entiendes con el delegado.* ‖ **entendérselas.** *col.* Saber desenvolverse en una situación y resolver con tino los problemas: *Allá se las entienda, que a mí no me importa su vida.* □ MORF. Irreg.: La *e* final de la raíz diptonga en *ie* en los presentes, excepto en las personas *nosotros* y *vosotros* →PERDER. □ SINT. 1. Constr. de la acepción 3: *entender* DE *algo*. 2. Constr. de la acepción 5: *entender* EN *algo*. 3. Constr. de las acepciones 7 y 8: *entenderse* CON *alguien*.

entendido, da adj./s. Referido a una persona, que es especialista o experta en algo: *Es muy entendido en electricidad. Dice que el arte actual solo lo comprenden los entendidos.*

entendimiento s.m. **1** Facultad de conocer, comprender y formar juicios nuevos a partir de otros conocidos: *El entendimiento distingue a las personas de los animales.* **2** Razón humana o sentido común: *No dejes que la ira nuble tu entendimiento.* **3** Acuerdo o relación amistosa, esp. entre pueblos o Gobiernos: *No nos levantaremos de la negociación hasta que no lleguemos a un entendimiento.*

enterado, da adj./s. Especialista, entendido o buen conocedor de algo: *Es una abogada muy enterada en asuntos de herencias. ¡No te hagas el enterado, que no sabes de qué va esto!*

enterar ▌ v. **1** Informar, hacer conocer o poner al corriente: *No entera a su madre de nada. Me enteré de tu boda por una amiga.* ▌ prnl. **2** Notar o darse cuenta o llegar a saber: *Hoy no me entero de nada porque tengo mucho sueño.* □ SINT. Constr. como pronominal: *enterarse* DE *algo*.

entereza s.f. **1** Fortaleza de ánimo o de carácter, esp. para soportar las desgracias: *En el entierro de sus hijos, dio muestras de gran entereza.* **2** Firmeza, rectitud o severidad: *El juez actuó con entereza.*

enternecer v. Causar o sentir ternura: *La sonrisa de un bebé enternece a cualquiera. Se enterneció al verla llorar.* □ MORF. Irreg.: Aparece una *z* delante de la *c* cuando la siguen *a, o* →PARECER.

enternecimiento s.m. Sentimiento de ternura: *Si piensas que el enternecimiento es propio de los débiles, es que tú eres insensible.*

entero, ra ▌ adj. **1** Con todas las partes y sin que falte ningún trozo: *Nadie comió tarta y aún está entera. Estuvimos dos días enteros en su casa.* **2** Referido a una persona, que tiene entereza y fuerza de ánimo: *Hay que ser una persona muy entera para no derrumbarse ante semejante drama.* **3** Sano o en perfecto estado: *El ciclista terminó la escalada muy entero.* ▌ s.m. **4** →**número entero.** **5** En economía, centésima parte del valor nominal de una acción: *Las acciones de nuestra compañía han subido cinco enteros, es decir, veinticinco euros, porque su valor nominal es de quinientos euros.*

enterrador, -a s. Persona que se dedica profesionalmente a abrir sepulturas y a enterrar cadáveres; *sepulturero: En este cementerio trabajan cinco enterradores.*

enterramiento s.m. **1** Hecho de enterrar un cadáver; *entierro: El sacerdote hizo una señal para que se procediera al enterramiento.* **2** Construcción generalmente de piedra y levantada sobre el suelo en la que se da sepultura a uno o varios cadáveres; *sepulcro: En esta región se han descubierto varios enterramientos prehistóricos.* **3** Lugar en el que se entierra un cadáver; *sepultura: En su pueblo hay varios enterramientos excavados en la roca.*

enterrar v. **1** Poner bajo tierra: *Los piratas enterraron el tesoro en algún lugar de la isla.* **2** Referido a un cadáver, darle sepultura: *Murió el día 3 y lo enterramos el día 4.* **3** Referido a una cosa, hacerla desaparecer bajo otras: *Creo que has enterrado las cartas debajo de esos libros.* **4** Olvidar o arrinconar en el olvido: *Enterremos nuestras diferencias e intentemos ser amigos.* □ MORF. Irreg.: La *e* final de la raíz diptonga en *ie* en los presentes, excepto en las personas *nosotros* y *vosotros* →PENSAR.

entidad s.f. **1** Valor o importancia: *Comparados con el hambre en el mundo, mis problemas tienen muy poca entidad.* **2** Colectividad o empresa que se consideran como una unidad: *Trabaja en una entidad bancaria.*

entierro s.m. **1** Hecho de enterrar a un cadáver; *enterramiento: En el entierro, el sacerdote dirigió unas palabras de consuelo a la familia.* **2** Grupo formado por un cadáver y por las personas que lo van a enterrar: *Desde su ventana vio pasar un entierro.* **3** ‖ **entierro de la sardina.** Fiesta de carnaval consistente en un entierro burlesco que simboliza el paso a la cuaresma: *Algunos asistentes al entierro de la sardina llevaban sábanas para enjugar sus lágrimas.*

entoldado s.m. **1** Conjunto de toldos colocados para dar sombra o para proteger de la intemperie: *El entoldado de la terraza está desteñido por el sol.* **2** Lugar cubierto con toldos: *Tomamos un refresco en un entoldado del parque.*

entoldar v. Cubrir con un toldo: *Pensamos entoldar la terraza para poder comer a la sombra en verano.*

entomología s.f. Parte de la zoología que estudia los insectos: *Estudia entomología y le interesan especialmente los insectos transmisores de enfermedades.*

entomólogo, ga s. Persona especializada en el estudio de los insectos: *Nuestra profesora de ciencias naturales es una buena entomóloga.*

entonación s.f. **1** Variación del tono de la voz según el sentido de lo que se dice, la emoción que expresa y el estilo o el acento con los que se habla: *Hablé con él por teléfono y, por su entonación, me pareció que estaba triste.* **2** En lingüística, secuencia sonora de los tonos con que se emite el discurso oral, y que puede contribuir al significado de este; *tonalidad: Las oraciones interrogativas se pronuncian con una entonación ascendente.* **3** Canto ajustado al tono: *Si no fallaras en la entonación, cantarías muy bien, porque tienes buena voz.*

entonar ▮ v. **1** Cantar con el tono adecuado o afinando la voz: *Entonaré una canción de despedida. No te han admitido en el coro porque no entonas bien.* **2** Empezar a cantar para dar el tono a los demás: *El director del coro entonó las primeras notas y el coro lo siguió.* **3** Referido esp. al organismo, darle tensión o vigor; *tonificar: Este caldo caliente te entonará. La gimnasia ayuda a entonar los músculos.* ▮ prnl. **4** *col.* Emborracharse ligeramente: *No está acostumbrado a beber y con un par de cervezas ya se entona.*

entonces adv. **1** En aquel tiempo o en aquella ocasión: *Entonces no había tantos coches como ahora. Le pregunté y fue entonces cuando me confesó lo que pensaba.* **2** En tal caso o siendo así: *Si no querías verme, ¿a qué has venido entonces?* **3** ‖ **(pues) entonces.** Expresión que se usa para indicar a otra persona que no se queje por las consecuencias de sus actos: *¿No fuiste tú quien se empeñó en venir? ¡Pues entonces...!* ☐ USO En la acepción 1, equivale a *en aquel entonces*, *para entonces* o *por aquel entonces*.

entontecer v. Volver o volverse tonto; *atontar: El golpe en la cabeza lo ha entontecido. Deja de ver tanta tele, si no quieres entontecer. Acabará por entontecerse con tanto jugar con el ordenador.* ☐ MORF. Irreg.: Aparece una *z* delante de la *c* cuando la siguen *a*, *o* →**PARECER**.

entorchado s.m. Cuerda o hilo de seda cubiertos por otro de seda o de metal para darles consistencia, y que suelen usarse en los bordados y para la fabricación de cuerdas de instrumentos musicales: *Compra un entorchado para que te haga un bordado en la manga.* 👁 **pasamanería**

entornar v. **1** Referido a una puerta o a una ventana, volverlas hacia donde se cierran sin cerrarlas completamente: *Entorna la ventana para que no entre tanto aire.* **2** Referido a los ojos, cerrarlos a medias: *Acaricia al gato y verás cómo entorna los ojos.*

entorno s.m. Ambiente o conjunto de circunstancias, de personas o de cosas que rodean algo: *La gente de su entorno ha influido mucho en él.* ☐ ORTOGR. Dist. de *en torno*.

entorpecer v. **1** Volver torpe física o intelectualmente: *El alcohol entorpece el entendimiento. Los músculos se entorpecen si no los ejercitas.* **2** Retardar o dificultar: *El camión mal aparcado entorpecía el paso. Las negociaciones se entorpecerán con tantas protestas.* ☐ MORF. Irreg.: Aparece una *z* delante de la *c* cuando la siguen *a*, *o* →**PARECER**.

entorpecimiento s.m. **1** Pérdida de agilidad: *La artrosis produce un entorpecimiento de las articulaciones.* **2** Retraso o aumento de la dificultad en el desarrollo de algo: *El atentado supuso un entorpecimiento de las conversaciones de paz.*

entrada s.f. Véase **entrado, da.**

entrado, da ▮ adj. **1** Referido a un período de tiempo, que ya ha transcurrido en parte: *Les esperábamos de madrugada y no llegaron hasta bien entrada la mañana.* ▮ s.f. **2** Paso hacia el interior: *En esta exposición hay entrada libre.* **3** Espacio por el que se accede a un lugar: *He quedado con mi hermano en la entrada principal del aparcamiento.* **4** En un edificio o en una vivienda, vestíbulo o parte cercana a la puerta principal: *Me hizo esperar en la entrada, mientras terminaba de arreglarse.* **5** Ingreso de una persona en un grupo determinado: *Hay una fiesta para celebrar la entrada de un nuevo miembro en la asociación.* **6** Afluencia de público a un espectáculo: *El concierto no tuvo mucha aceptación y solo hubo media entrada.* **7** Dinero que se recauda en un espectáculo: *La entrada del concierto se destinará a obras benéficas.* **8** Billete que da derecho a la asistencia a un espectáculo o a la visita de un lugar: *He perdido la entrada y no me dejan pasar.* **9** Señal que se hace a una persona que tiene que hablar o actuar en público para que inicie su intervención: *El solista esperó a que el director le diese la entrada.* **10** Conjunto de los primeros días de un período de tiempo, esp. de una estación: *La entrada de esta primavera ha sido algo fría.* **11** En un diccionario o en una enciclopedia, término que encabeza cada artículo y que es lo que se define; *lema: Los diccionarios suelen tener menos entradas que las enciclopedias.* **12** En la cabeza de una persona, zona lateral y superior que ha perdido el cabello: *Hacía tiempo que no lo veía, y me impresionó ver las entradas que tenía ya, pese a ser aún joven.* **13** En algunos deportes, esp. en fútbol, hecho de obstaculizar el movimiento de un contrario para quitarle el balón: *El árbitro sancionará con tarjeta las entradas duras.* **14** En una interpretación musical, comienzo de la intervención de un intérprete o de un instrumento: *Empezaron de nuevo la pieza porque uno de los violines había hecho su entrada a destiempo.* **15** En una comida, plato que se sirve antes del principal: *Como entrada, nos pondrán unos entremeses.* **16** Cantidad de dinero que se adelanta o que se entrega al formalizar una compra, un alquiler o una inscripción: *Si tienes dinero para la entrada del piso, para el resto puedes pedir un crédito.* **17** Caudal o ingresos que entran en una caja o en un registro de cuentas: *Las entradas de esta semana han hecho disminuir el déficit que teníamos acumulado.* **18** ‖ **de entrada.** Para empezar o en primer lugar: *De entrada nos dijo que no había sitio, pero después de insistir nos dejó pasar.*

entramado s.m. **1** Armazón o esqueleto de una obra de albañilería: *Desalojaron la casa porque el entramado del techo estaba en muy mal estado.* **2** Conjunto de cosas entrelazadas o relacionadas entre sí y que forman un todo: *La policía desmontó un entramado golpista.*

entramparse v.prnl. Empeñarse o contraer deudas de dinero: *No te puedo prestar dinero porque me he entrampado comprando el piso.*

entrante s.m. **1** En una comida, plato ligero que se toma en primer lugar: *Como entrante tomamos embutidos variados.* **2** Entrada del borde de una cosa hacia el interior de otra: *Una ría es un entrante del mar en la tierra.*

entraña ▮ s.f. **1** Órgano contenido en una de las principales cavidades del cuerpo; *víscera: El león despedazaba las entrañas de la cebra.* **2** Lo más íntimo o esencial: *Si llegas a la entraña del problema, te será más fácil solucionarlo.* ▮ pl. **3** Lo más oculto y escondido: *Los exploradores llegaron hasta las entrañas de la selva.* **4** Lo que está en medio o en el centro: *Por muy hondo que caves, no conseguirás llegar a las entrañas de la Tierra.* **5** Sentimientos o voluntad de ánimo de una persona, esp. si son positivos: *El crimen lo cometió una persona sin entrañas.* □ MORF. La acepción 1 se usa más en plural.

entrañable adj. Íntimo o muy afectuoso: *Nos conocemos de toda la vida y somos amigos entrañables.* □ MORF. Invariable en género.

entrañar v. Contener, implicar o llevar dentro de sí: *El oficio de bombero entraña muchos riesgos.*

entrar v. **1** Ir o pasar de fuera adentro o al interior: *Según la policía, el ladrón entró por la ventana.* **2** Penetrar o introducirse: *Tuve que hacer fuerza para que la broca del taladro entrara en la pared.* **3** Encajar o poderse meter: *En este autobús entran 60 pasajeros.* **4** Estar incluido, tener cabida o formar parte integrante: *En el precio del viaje no entran las excursiones. Entre los componentes de un óxido entra siempre el oxígeno.* **5** Ingresar o empezar a ser miembro: *No podía entrar en ese colegio porque no vivía en la zona.* **6** Intervenir o tomar parte: *Prefiero quedarme al margen y no entrar en discusiones tan acaloradas.* **7** Seguido de una expresión que indica estado o circunstancia, empezar a estar en ellos: *Tras la victoria, la afición entró en un estado de euforia colectiva.* **8** En algunos juegos de cartas, aceptar una apuesta; *ir, jugar: Esta vez no entro porque tengo unas cartas muy malas.* **9** En una interpretación musical, referido a un intérprete o a un instrumento, empezar su intervención: *En el tercer compás entran los violines.* **10** Referido a un período de tiempo, esp. a una estación, empezar o tener principio: *Cuando entra la primavera, empiezo a tener alergia.* **11** Referido esp. a una sensación o a una enfermedad, sobrevenir o empezar a dejarse sentir: *La película tiene escenas tan tiernas, que entran ganas de llorar.* **12** Referido a una comida o a una bebida, ser agradable de tomar: *Cuando hace calor, un helado entra estupendamente.* **13** Referido esp. a una prenda de vestir, resultar suficientemente amplia para podérsela poner: *Si esa falda no te entra, pide una talla mayor.* **14** Meter o introducir en el interior: *Entra la ropa tendida para que se acabe de secar con el calor de la habitación.* **15** Referido a un toro, acometer o embestir: *El toro entró al torero por el pitón izquierdo y lo volteó.* **16** Referido a una persona o a un asunto, abordarlos o empezar a tratarlos: *Me quiere pedir un favor y no sabe cómo entrarme.* **17** En algunos deportes, referido a un jugador, interceptarlo un adversario para quitarle el balón: *El defensa entró al delantero para evitar que marcara un gol.* **18** ‖ **no entrar (ni salir) en** un asunto. *col.* Mantenerse al margen o no hacer consideraciones sobre ello: *Eso es asunto tuyo y yo ahí ni entro ni salgo.* □ SINT. Constr. de las acepciones 5, 6 y 7: *entrar* EN *algo.*

entre prep. **1** Indica situación, estado o punto intermedios: *Me senté a la mesa entre mis dos hermanos. Te espero en casa entre las cinco y las seis.* **2** Indica cooperación de dos o más personas o cosas: *Terminamos el ejercicio entre mi amigo y yo.* **3** Indica pertenencia a un grupo o a una colectividad: *Entre actores, el amarillo es el color de la mala suerte.* □ USO Se usa para indicar la operación matemática de la división: *Diez entre dos son cinco.*

entre- Prefijo que indica situación intermedia (*entrecejo, entreguerras, entreacto*), cualidad o estado intermedios (*entrecano, entrefino*) o acción realizada a medias o de forma imperfecta (*entreabrir, entrever*).

entreabierto, ta part. irreg. de **entreabrir**.

entreabrir v. Abrir un poco o a medias: *El niño dormía pero entreabrió los ojos cuando salí.* □ MORF. Su participio es *entreabierto.*

entreacto s.m. En un espectáculo, esp. en una representación dramática, pausa o intermedio entre dos partes: *En el entreacto, los asistentes comentaban la representación.*

entrecejo s.m. Espacio que separa las dos cejas; *ceño: Parece que solo tiene una ceja, porque tiene el entrecejo poblado de pelo.*

entrecerrar v. Cerrar a medias: *Entrecerró la puerta para que no oyeran lo que hablábamos.* □ MORF. Irreg. →PENSAR.

entrechocar v. Referido a una cosa, chocar con otra, esp. si es de forma repetida: *El fuerte viento hacía entrechocar las ramas de los árboles.* □ ORTOGR. La *c* se cambia en *qu* delante de *e* →SACAR.

entrecomillado s.m. Lo que está escrito entre comillas: *Los entrecomillados del texto corresponden a las frases textuales del entrevistado.*

entrecomillar v. Referido a una o a más palabras, escribirlas entre comillas: *Si escribes palabras no admitidas por la Real Academia Española, debes entrecomillarlas.*

entrecortado, da adj. Referido esp. a la voz o a un sonido, que se emiten con interrupciones: *El miedo le hacía hablar con palabras entrecortadas.*

entrecot s.m. Filete grueso, generalmente de carne de vacuno, esp. el que se corta de entre dos costillas: *De segundo plato pedí un entrecot muy hecho.* □ ORTOGR. Es un galicismo (*entrecôte*) adaptado al español. □ MORF. Su plural es *entrecots.*

entredicho s.m. Duda que pesa sobre algo o alguien, esp. sobre su honradez o su veracidad: *Al descubrirse el fraude, su credibilidad ha quedado en entredicho.* □ USO Se usa más en la expresión *poner en entredicho.*

entredós s.m. Tira bordada o de encaje que se cose entre dos telas: *Los entredoses se emplean como adorno en los vestidos.* 👁 **pasamanería**

entrega s.f. **1** Puesta de algo a disposición de una persona: *Los secuestradores exigieron la entrega de un rescate.* **2** Dedicación completa a algo: *Se ocupa de los niños con verdadera entrega.* **3** Cada uno de los cuadernos que forman un libro publicado por partes o una serie coleccionable, y que salen a la venta periódicamente de forma independiente; *fascículo: Con la primera entrega de esta*

a b c d e f g h i j k l m n ñ o p q r s t u v w x y z

publicación, te regalan un archivador. **4** Parte de un todo que se da de una vez: *Recibirás los seis mil euros en dos entregas de tres mil.*

entregar ▮ v. **1** Dar o poner en poder de una persona: *El presidente del tribunal me entregó el diploma. Es mejor que te entregues a la policía antes de que te detengan.* ▮ prnl. **2** Dedicarse enteramente a algo: *Se entrega a su profesión como si en ello le fuera la vida.* **3** Dejarse dominar por algo, esp. por un vicio o por un sentimiento: *Se entregó a la bebida y está totalmente alcoholizado.* **4** Rendirse o declararse vencido o sin fuerzas para continuar: *Cuando vio que su ejército no podía resistir, decidió entregarse.* ☐ ORTOGR. La *g* se cambia en *gu* delante de *e* →PAGAR. ☐ SINT. Constr. como pronominal: *entregarse A algo.*

entreguerras ‖ **de entreguerras.** Referido a un período de tiempo, que transcurre en paz entre dos guerras consecutivas, esp. entre la Primera Guerra Mundial y la Segunda: *En el período de entreguerras se desarrollan las escuelas literarias y artísticas de vanguardia.* ☐ ORTOGR. Incorr. **de entre guerras.*

entrelazar v. Referido a dos o más cosas, enlazarlas cruzándolas entre sí: *Los dos novios entrelazaron sus manos con cariño.* ☐ ORTOGR. La *z* se cambia en *c* delante de *e* →CAZAR.

entremedias adv. Entre dos o más momentos, lugares o cosas: *Sufrió una cadena de desgracias, pero entremedias hubo algún momento de felicidad.*

entremés s.m. **1** Plato variado y generalmente frío, que se sirve como aperitivo o antes de los platos fuertes: *Mientras van llegando los demás invitados, saca unos entremeses.* **2** Pieza teatral breve, en un solo acto, de carácter cómico o burlesco, en la que intervienen personajes populares, y que solía representarse entre los actos de una comedia o de una obra seria más extensa con la que no guardaba relación argumental: *Los entremeses formaban habitualmente parte de las representaciones teatrales de los siglos XVI y XVII.* ☐ MORF. La acepción 1 se usa más en plural.

entremeter ▮ v. **1** Referido a una cosa, meterla entre otras: *Entremetió el dinero en la ropa que llevaba en la maleta.* ▮ prnl. **2** →**entrometerse.**

entremetido, da adj./s. →**entrometido, da.**

entremezclar v. Referido a cosas distintas, mezclarlas sin que formen un todo homogéneo: *Entremezcló varios hilos de colores para hacer la cinta. En ese local se entremezcla todo tipo de gentes.*

entrenador, -a s. Persona que se dedica al entrenamiento de personas o de animales, esp. si esta es su profesión: *El entrenador decide la alineación de sus jugadores en función de lo que hayan rendido en el entrenamiento.*

entrenamiento s.m. Adiestramiento o preparación que se hacen para realizar una actividad, esp. para la práctica de algún deporte: *Nuestro equipo de baloncesto tiene dos horas diarias de entrenamiento.*

entrenar v. Adiestrar, preparar o prepararse, esp. si es para la práctica de un deporte: *Entrena a los galgos para las carreras. Entrenamos todos los días en el polideportivo.*

entrenervio s.m. En un libro, cada uno de los espacios comprendidos entre los nervios del lomo: *El tejuelo se coloca en uno de los entrenervios.* 👁 **libro**

entrepaño s.m. **1** En una pared, parte comprendida entre dos pilastras, entre dos columnas o entre dos huecos: *Voy a colgar un cuadro en el entrepaño que hay entre las dos puertas.* **2** En una estantería o en un armario, tabla horizontal que sirve para colocar objetos sobre ella: *Tiene todos los entrepaños llenos de libros.*

entrepierna s.f. **1** Parte interior de los muslos: *Está un poco gordo y al andar roza las entrepiernas.* **2** En un pantalón, parte que cubre esta zona de la pierna: *Se me ha roto la entrepierna de los pantalones y voy a coserle un refuerzo.* **3** *col.* En una persona, órganos genitales: *Se dio un golpe en la entrepierna y casi se desmaya de dolor.* **4** ‖ **pasarse** algo **por la entrepierna.** *vulg.* Despreciarlo o ignorarlo: *Se pasa tus consejos por la entrepierna, porque pasa de ti.*

entreplanta s.f. Planta construida entre otras dos, quitando parte de la altura de una de ellas: *Como el almacén tiene un techo muy alto, hemos hecho una entreplanta que usamos como oficina.* ☐ SEM. Dist. de *entresuelo* (planta situada entre el bajo y el principal; planta baja situada a más de un metro del nivel del suelo).

entresacar v. **1** Sacar de entre otras cosas: *Voy a entresacar las frases más importantes de la conferencia y las escribiré en el cuaderno.* **2** Referido al pelo, cortar algunos mechones para que resulte menos espeso: *Tiene tanto pelo, que el peluquero suele entresacárselo un poco para que no abulte tanto.* ☐ ORTOGR. La *c* se cambia en *qu* delante de *e* →SACAR.

entresijo s.m. **1** Lo que está escondido o en el interior: *Me gustaría conocer los entresijos de esta empresa.* **2** *col.* Repliegue membranoso del peritoneo, que une el intestino a la pared del abdomen; *mesenterio, redaño: He ido a la carnicería a comprar entresijos de cerdo.*

entresuelo s.m. **1** En algunos edificios, planta situada entre el bajo y el principal: *Los entresuelos están situados a la misma altura que los primeros.* **2** En algunos edificios, planta baja situada a más de un metro sobre el nivel del suelo, y que debajo tiene sótanos o cuartos abovedados: *Vive en un entresuelo y ha puesto verjas para que no entren a robar desde la calle.* **3** En un cine o en un teatro, planta situada sobre el patio de butacas: *Como no quedaban entradas de butacas, tuvimos que subir al entresuelo.* ☐ SEM. Dist. de *entreplanta* (planta que se construye quitando parte de la altura de otra).

entretanto ▮ s.m. **1** Tiempo de espera: *Tardaré un poco en llegar a comer, así que en el entretanto ve poniendo la mesa.* ▮ adv. **2** Mientras o durante un tiempo indeterminado; *en tanto: Tú ve haciendo la comida y, entretanto, yo pondré la mesa.* ☐ ORTOGR. Admite también la forma *entre tanto.*

entretejer v. **1** Referido a un hilo, mezclarlo o meterlo en una tela para hacer un adorno: *Entreteje hilos de distintos colores en la colcha para hacer los dibujos.* **2** Referido a una cosa, trabarla y enlazarla con otra: *Entretejía los juncos para hacer un canasto.*

entretelas s.f.pl. *col.* Lo más íntimo y profundo del corazón: *Este hijo de mis entretelas me va a matar a disgustos.*

entretener v. **1** Divertir o proporcionar entretenimiento: *Entretuvo a sus amigos haciéndoles trucos de magia. El niño se entretenía con sus juguetes.* **2** Referido a una persona, distraerla o retenerla impidiendo que haga algo o que continúe su camino: *Su compinche entretuvo al policía mientras él escapaba. Llegó tarde a la cita porque se entretuvo hablando con unos amigos.* **3** Hacer menos molesto y más llevadero: *Entretenía la espera viendo la televisión.* ☐ MORF. Irreg. →TENER. ☐ SINT. Constr. como pronominal: *entretenerse {CON/EN} algo.*

entretenido, da s. Persona a la que su amante paga los gastos: *No entiendo que aceptes ser la entretenida de nadie.*

entretenimiento s.m. **1** Diversión o distracción con la que alguien pasa el tiempo: *Le gusta coleccionar mariposas por puro entretenimiento.* **2** Lo que sirve para divertirse: *Ir al cine es mi mejor entretenimiento.*

entretiempo s.m. Tiempo de primavera o de otoño cercano al verano y de temperatura suave: *Cuando llegue marzo, tendré que sacar del armario la ropa de entretiempo.*

entrever v. **1** Ver de manera confusa: *A pesar de la niebla, el capitán pudo entrever el puerto desde el barco. Desde la colina apenas se entreveía el pueblo.* **2** Referido a algo futuro, sospecharlo o adivinarlo: *Se entreveía hacía tiempo el fracaso de ese matrimonio.* ☐ MORF. Irreg.: 1. Su participio es *entrevisto*. 2. ⟶**VER**.

entreverar v. Referido a una cosa, mezclarla o meterla en otra u otras: *Entreveré la carne con huevo y jamón.*

entrevista s.f. **1** Reunión de dos o más personas para tratar sobre un asunto determinado: *En su entrevista, los dos jefes de Estado hablaron de las relaciones bilaterales entre sus países.* **2** Conversación con una persona, en la que se le hacen una serie de preguntas encaminadas a informar al público sobre ella o sobre sus opiniones: *Durante la entrevista, la famosa actriz habló de su próxima película.*

entrevistar ▌v. **1** Referido a una persona, hacerle una serie de preguntas encaminadas a informar al público sobre ella o sobre sus opiniones: *Tres periodistas entrevistarán al presidente del Gobierno en directo.* ▌prnl. **2** Referido a dos o más personas, reunirse para mantener una conversación o para tratar algún asunto: *El ministro de Asuntos Exteriores se entrevistará con su homólogo británico.*

entrevisto part. irreg. de **entrever**.

entristecer v. **1** Poner triste: *La muerte del cantante entristeció a todos sus seguidores. Se entristeció al oír aquellas críticas hirientes e infundadas.* **2** Dar un aspecto triste: *La tormenta entristeció el día.* ☐ MORF. Irreg.: Aparece una *z* delante de la *c* cuando la siguen *a, o* ⟶**PARECER**.

entrometerse v.prnl. Inmiscuirse o meterse en un asunto ajeno sin tener motivo o permiso para ello; *entremeterse: No te entrometas en mi vida y déjame en paz.* ☐ SINT. Constr.: *entrometerse* EN *algo*.

entrometido, da adj./s. Que tiende a meterse en asuntos ajenos sin tener motivo o permiso para ello; *entremetido: No seas tan entrometida y ocúpate mejor de tus asuntos. Ese entrometido se pasa el día preguntando lo que no debe.*

entrometimiento s.m. Intervención en un asunto ajeno sin tener motivo o permiso para ello; *intromisión: Tu entrometimiento en esa pelea te va a costar un disgusto.*

entroncar v. **1** Tener una relación o dependencia: *Las ideas del Renacimiento entroncan con las de la Antigüedad clásica.* **2** Tener parentesco o contraerlo: *Su familia entronca con una de las ramas aristocráticas más importantes del país. Con esa boda, entroncarás con una familia noble.* ☐ ORTOGR. La *c* se cambia en *qu* delante de *e* ⟶**SACAR**. ☐ SINT. Constr.: *entroncar* CON *algo*.

entronización s.f. **1** Colocación de una persona en un trono: *Personalidades del mundo entero asistirán a la entronización del príncipe heredero.* **2** Ensalzamiento o colocación de una persona en una posición muy elevada: *Este premio ha supuesto su entronización en el panorama literario nacional.* **3** Colocación de una imagen en un altar para adorarla: *El próximo domingo, habrá una ceremonia de entronización de la nueva imagen del santo.*

entronizar v. **1** Referido a una persona, colocarla en el trono: *A la muerte del rey, entronizaron a su hijo.* **2** Referido a una persona, ensalzarla o colocarla en una posición muy elevada: *Sus éxitos teatrales lo entronizaron a uno de los primeros lugares entre los actores europeos.* **3** Referido a una imagen, colocarla en un altar para adorarla: *En la iglesia de mi pueblo, el día de la fiesta mayor entronizaron una nueva imagen del santo patrón.* ☐ ORTOGR. La *z* se cambia en *c* delante de *e* ⟶**CAZAR**.

entubar v. **1** Poner tubos: *Están entubando las calles del barrio para la conducción del gas.* **2** ⟶**intubar**.

entuerto s.m. Daño o perjuicio que se causa a alguien: *Intentó arreglar el entuerto invitándome a cenar a su casa.*

entumecer v. Referido esp. a un miembro del cuerpo, impedir o entorpecer su movimiento: *El frío me entumeció los pies y las manos. Si no haces ejercicio, se te entumecerán los músculos.* ☐ MORF. Irreg.: Aparece una *z* delante de la *c* cuando la siguen *a, o* ⟶**PARECER**.

entumecimiento s.m. Entorpecimiento o disminución de la capacidad de movimiento de una parte del cuerpo: *A mi edad, se empieza a sentir ya cierto entumecimiento de las articulaciones.*

enturbiar v. **1** Hacer o poner turbio: *No muevas el café, que tiene muchos posos y lo vas a enturbiar. El agua de los ríos se enturbia con las tormentas.* **2** Oscurecer, alterar o dar un aspecto desfavorable: *Los celos enturbiaron su amor. No dejes que tu tranquilidad se enturbie por cosas insignificantes.* ☐ ORTOGR. La *i* nunca lleva tilde.

entusiasmar v. Producir o sentir entusiasmo, admiración apasionada o vivo interés: *La orquesta entusiasmó al público con su actuación. No te entusiasmes tan pronto, que luego vienen las decepciones.*

entusiasmo s.m. **1** Exaltación y emoción del ánimo, producidas por algo que se admira: *Desde muy joven, la música despertó en mí gran entusiasmo.* **2** Adhesión e interés que llevan a apoyar una causa o a trabajar en un empeño: *Pone gran entusiasmo en todo lo que hace.*

entusiasta ▌adj. **1** Del entusiasmo, con entusiasmo o relacionado con él: *Recibió entusiastas aplausos al terminar su actuación.* ▌adj./s. **2** Que siente entusiasmo o que se entusiasma con facilidad: *Es una persona entusiasta de su trabajo. Es un entusiasta de la música pop.* ☐ MORF. 1. Como adjetivo es invariable en género. 2. Como sustantivo es de género común y exige concordancia en masculino o en femenino para señalar la diferencia de sexo: *el entusiasta, la entusiasta*.

enumeración s.f. **1** Exposición sucesiva y ordenada de las partes que forman un todo: *Me hizo una enumeración de todos los países que le gustaría visitar.* **2** Cálculo o cuenta numeral de algo: *Para hacer el inventario de los productos del almacén, antes hay que proceder a su enumeración.* **3** Figura retórica o procedimiento del lenguaje consistente en referir de manera rápida y ágil, generalmente mediante sustantivos o adjetivos, varias ideas o distintas partes de un concepto o de un pensamiento general: *La enumeración, empleada en descripciones, suele producir una imagen disgregada y que el lector tiene que recomponer.*

enumerar v. Exponer haciendo una enumeración: *Me*

a b c d e f g h i j k l m n ñ o p q r s t u v w x y z

enumeró una por una las razones de su comportamiento. ☐ ORTOGR. Dist. de *numerar.*

enunciación s.f. **1** Exposición breve y sencilla de una idea: *Inició el discurso con la enunciación de los principales puntos de su programa electoral.* **2** Planteamiento de un problema y exposición de los datos que permiten su resolución: *Si la enunciación del problema está mal hecha, no podremos resolverlo.* ☐ SEM. Es sinónimo de *enunciado.*

enunciado s.m. **1** →**enunciación. 2** En lingüística, conjunto de palabras emitidas en un acto de comunicación: *En la oración 'Yo corro', 'yo' designa distintas personas según quién emita ese enunciado.*

enunciar v. **1** Referido a una idea, expresarla o exponerla de manera breve y sencilla: *No desarrolló su programa, sino que se limitó a enunciar sus principios básicos.* **2** Referido a un problema, plantearlo y exponer los datos cuyo conocimiento permitirá su resolución: *Muchos problemas de matemáticas se enuncian con esta fórmula: 'Dado..., averiguar...'.* ☐ ORTOGR. La *i* nunca lleva tilde.

enunciativo, va adj. Que enuncia o expresa una idea de forma breve y sencilla: *'Pedro estudia arquitectura' es una oración enunciativa afirmativa.*

envainar v. **1** Referido a un arma blanca, enfundarla o meterla en su vaina: *Después de herir a su adversario, envainó su espada y se fue.* **2** Ceñir o envolver a modo de vaina: *Las hojas del trigo envainan el tallo.*

envalentonar ▮ v. **1** Infundir valentía y arrogancia: *Saber que sus hijos estaban presentes lo envalentonó para contestar a aquellos insultos.* ▮ prnl. **2** Mostrarse valiente y desafiante: *El torero se envalentonó después de sacarle al toro unos espléndidos pases.*

envanecer v. Infundir soberbia, vanidad o presunción; *engreír: Un éxito tan notorio envanece a cualquiera. No te envanezcas, porque los que ahora te alaban después te criticarán.* ☐ MORF. Irreg.: Aparece una *z* delante de la *c* cuando la siguen *a, o* →**PARECER.**

envarado, da adj./s. Referido a una persona, que es orgullosa o que adopta una actitud de superioridad con respecto a los demás: *Un tipo altivo y envarado nos dijo que nosotros no podíamos entrar allí. No soporto a esos envarados que miran a todo el mundo por encima del hombro.*

envasado s.m. Proceso por el que un producto se distribuye en envases para su conservación o transporte: *El envasado se ha hecho más rápido gracias a las modernas técnicas de mecanización.*

envasar v. Referido esp. a un producto, echarlo en un envase para su conservación o transporte: *En esa planta envasan la leche en botellas de cristal.*

envase s.m. Recipiente que se usa para guardar, conservar o transportar un producto: *Compra las cervezas en envases de cristal no retornables.*

envejecer v. Hacer o hacerse viejo: *El paso del tiempo nos envejece a todos. Las buenas películas no envejecen nunca. A partir del momento en que se quedó viudo, se envejeció mucho.* ☐ MORF. Irreg.: Aparece una *z* delante de la *c* cuando la siguen *a, o* →**PARECER.**

envejecimiento s.m. Transformación que hace más viejo o más antiguo: *La cirugía estética disimula el envejecimiento, pero no lo frena. Los vinos mejoran tras un período de envejecimiento.*

envenenado, da adj. Con intención de molestar o de perjudicar: *Lanzó una serie de preguntas envenenadas que el entrevistado esquivó hábilmente.*

envenenamiento s.m. **1** Administración o aplicación de veneno, o efecto causado por ello: *Lo acusaron del envenenamiento de la víctima. El consumo de setas produjo un envenenamiento masivo.* **2** Corrupción, daño o deterioro de algo: *Esas habladurías malintencionadas produjeron un progresivo envenenamiento de nuestra amistad.*

envenenar v. **1** Referido esp. a una persona o a un producto, administrarles o poner en ellos veneno: *Envenenaron el agua del río con sustancias tóxicas. La autopsia demostró que el suicida se envenenó con arsénico.* **2** Corromper, dañar o echar a perder: *Las malas compañías lo envenenaron. Nuestras relaciones fueron envenenándose por culpa de la cizaña que nos metían.*

envergadura s.f. **1** En un ave, distancia entre las puntas de sus alas cuando están completamente abiertas: *La envergadura de un águila es mayor que la longitud de su cuerpo.* **2** En un avión, distancia entre los extremos de sus alas: *A mayor envergadura de un avión, mayor estabilidad de vuelo.* **3** En una persona, distancia entre los extremos de sus brazos cuando están completamente extendidos en cruz: *Los nadadores profesionales suelen tener gran envergadura.* **4** En un barco, ancho de la vela en la parte por la que va unida a la verga del mástil: *Los barcos de vela con gran envergadura pueden moverse aunque haya poco viento.* **5** Importancia, alcance o categoría de algo: *Está inmerso en un negocio de gran envergadura.*

envés s.m. En una hoja vegetal, cara inferior: *En el envés de una hoja, los nervios se notan más que en el haz.*

enviado, da s. Persona que, por encargo de otra, lleva un mensaje o un recado: *El rey recibió a los enviados de las cortes extranjeras.*

enviar v. Hacer ir o hacer llegar; *despachar: Envió a un emisario a la corte. Envía una postal a tus padres.* ☐ ORTOGR. La *i* de la raíz lleva tilde en los presentes, excepto en las personas *nosotros* y *vosotros* →**VACIAR.**

enviciar ▮ v. **1** Referido a una persona, hacer que adquiera un vicio: *Las malas compañías te están enviciando. Se ha enviciado con el tabaco y no es capaz de dejarlo.* ▮ prnl. **2** Aficionarse demasiado o darse con exceso a algo: *Se envició en el juego de las máquinas tragaperras y se está arruinando.* ☐ ORTOGR. La *i* nunca lleva tilde. ☐ SINT. Constr. como pronominal: *enviciarse* {CON/EN} *algo.*

envidar v. En algunos juegos de cartas, apostar o hacer un envite: *Envidó todo su dinero en la última jugada y lo perdió.*

envidia s.f. **1** Tristeza, dolor o pesar que produce en alguien el bien ajeno: *No creas que por ser más rico que yo me das envidia.* **2** Deseo de algo que no se posee: *Me dio envidia su nuevo reloj y me compré otro igual.*

envidiar v. **1** Referido a una persona, tener o sentir envidia hacia ella: *Envidia a su vecino porque tiene una casa mejor y más grande que la suya.* **2** Referido a algo ajeno, desearlo o apetecerlo: *Envidio tu inteligencia y tu belleza.* ☐ ORTOGR. La *i* nunca lleva tilde.

envidioso, sa adj./s. Que tiene o siente envidia: *Es un ser envidioso e incapaz de alegrarse de los éxitos de otros. Se compró un vestido igual que el mío porque es una envidiosa.*

envilecer v. Hacer vil y despreciable: *Los vicios y las malas compañías te están envileciendo. Un hombre de su integridad es difícil que se envilezca.* ☐ MORF. Irreg.: Aparece una *z* delante de la *c* cuando la siguen *a, o* →**PARECER.**

envío s.m. **1** Acción de mandar, de hacer ir o de hacer llegar a un lugar: *El envío de medicamentos al lugar del* *siniestro se realizó rápidamente.* **2** Lo que se envía: *La empresa de transportes nos comunicó la pérdida de tu envío.*

envite s.m. **1** En algunos juegos de cartas, apuesta que se hace en una jugada y que permite ganar tantos extraordinarios: *Si supieras jugar bien al mus, no aceptarías todos los envites que te hacen.* **2** Ofrecimiento que se hace de algo: *Acepto tu envite y contaré contigo en cuanto necesite ayuda.* **3** Empujón, impulso o golpe brusco hacia adelante: *Un envite del toro derribó al caballo.* **4** ‖ **al primer envite.** *col.* De buenas a primeras o sin pensarlo dos veces: *Entró en la casa y, al primer envite, ya dijo que quería comprarla.*

enviudar v. Quedarse viudo: *Enviudó al año y medio de casarse.*

envoltorio s.m. **1** Lío desordenado que se hace de algo, generalmente de ropa: *Metió un envoltorio de ropa sucia en la lavadora.* **2** Lo que envuelve o cubre algo exteriormente; *envoltura: Después de abrir los regalos, la habitación quedó llena de envoltorios.*

envoltura s.f. Lo que envuelve o cubre algo exteriormente; *envoltorio: Si mandas la envoltura del detergente a un apartado de correos, entrarás en un sorteo.*

envolver v. **1** Cubrir total o parcialmente, rodeando y ciñendo con algo: *Le envolvieron el pescado en papel de periódico. Una densa bruma envolvía el puerto. Se tumbó en el sofá y se envolvió en una manta.* **2** Referido a una persona, acorralarla en una conversación utilizando argumentos que la dejen sin saber qué responder: *Me envolvió con su palabrería y terminé dándole la razón.* **3** Referido a una persona, mezclarla o complicarla en un asunto, haciéndole tomar parte en él: *Envolvieron al empresario en un negocio ilegal. De repente, me di cuenta de que me había envuelto en un asunto de contrabando.* **4** Referido a una cosa, incluir o contener otra: *Sus amables palabras envolvían una amenaza.* □ MORF. Irreg.: 1. Su participio es *envuelto*. 2. La *o* final de la raíz diptonga en *ue* en los presentes, excepto en las personas *nosotros* y *vosotros* →VOLVER.

envuelto, ta part. irreg. de **envolver**.

enyesar v. **1** Cubrir o tapar con yeso: *El albañil enyesó la pared para igualarla.* **2** Referido esp. a un miembro fracturado o dislocado, ponerle un vendaje endurecido con yeso o escayola, para sostener en posición conveniente los huesos afectados; *escayolar: Se rompió un brazo y se lo tuvieron que enyesar.*

enzarzar ▮ v. **1** Meter o implicar en una disputa: *Enzarzó a su amigo en la pelea porque él solo no podía defenderse. Los dos políticos se enzarzaron en una discusión que casi acaba a tortas.* ▮ prnl. **2** Meterse o enredarse en un asunto complicado: *Se enzarzó en un negocio que lo llevó a la ruina.* **3** Enredarse en las zarzas o en los matorrales: *Un pajarillo se enzarzó entre las matas.* □ ORTOGR. La *z* cambia en *c* delante de *e* →CAZAR. □ SINT. Constr. como pronominal: *enzarzarse* EN *algo*.

enzima s. Molécula de gran tamaño producida por las células vivas y que actúa como catalizadora en las reacciones químicas del organismo: *Durante las reacciones químicas en las que intervienen, las enzimas ni se alteran ni se destruyen.* □ ORTOGR. Dist. de *encima*. □ MORF. Es de género ambiguo y admite concordancia en masculino y en femenino sin cambiar de significado: *{el/la} enzima {digestivo/digestiva}*.

eñe s.f. Nombre de la letra *ñ*: *La palabra 'ñoño' tiene dos eñes.*

eoceno, na ▮ adj. **1** En geología, del segundo período de la era terciaria o cenozoica, o relacionado con él: *En unos terrenos eocenos se encontraron fósiles de mamíferos.* ▮ adj./s.m. **2** En geología, referido a un período, que es el segundo de la era terciaria o cenozoica: *En el período eoceno se formaron los grandes bosques. El eoceno es anterior al oligoceno.*

eólico, ca ▮ adj. **1** Del viento, producido por el viento, o relacionado con él (por alusión a Eolo, dios griego del viento): *Los molinos de viento aprovechaban la energía eólica para moler el grano.* ▮ adj./s. **2** De la Eolia (antigua región de la costa occidental de Asia Menor), o relacionado con ella: *Una muestra del arte eólico son los frisos de terracota de Larisa. Los eólicos fueron expulsados de Tesalia por los dorios en el siglo IX a.C.* □ SEM. Como adjetivo, es sinónimo de *eolio*.

eolio, lia adj. →**eólico, ca.**

epa interj. Expresión que se usa para indicar advertencia o precaución: *¡Epa, que se te cae!*

epi- Prefijo que significa 'sobre': *epidermis, epicentro.*

epicardio s.m. En anatomía, tejido que rodea el corazón: *Entre el epicardio y el miocardio hay un líquido que facilita el movimiento del corazón y disminuye los rozamientos.* □ ORTOGR. Dist. de *epicarpio*.

epicarpio s.m. En botánica, en un fruto carnoso, parte externa del pericarpio o envoltura externa: *El epicarpio del melocotón es su piel.* □ ORTOGR. Dist. de *epicardio*.

epiceno adj./s.m. En gramática, referido a un sustantivo, que designa seres cuya diferencia de sexo se señala mediante la oposición *macho/hembra*: *'Jirafa' es un sustantivo epiceno. 'Búho' es un epiceno porque su género gramatical es masculino, pero la diferencia de sexo se marca mediante la oposición 'el búho {macho/hembra}'.*

epicentro s.m. En geología, punto o zona de la superficie terrestre que constituye el centro de un terremoto y que está situada encima de su hipocentro: *La mayor intensidad de un movimiento sísmico se da siempre en su epicentro.* □ SEM. Dist. de *hipocentro* (zona interior de la corteza terrestre donde se origina un terremoto).

épico, ca ▮ adj. **1** De la épica, relacionado con ella o con rasgos propios de este género literario: *El 'Cantar de Mio Cid' es un poema épico castellano.* **2** *col.* Digno de figurar en un poema de este tipo, por el esfuerzo, la dedicación o el heroísmo que supone: *Tuvieron quehacer un esfuerzo épico para ganar el partido.* ▮ adj./s. **3** Referido a un poeta, que cultiva la poesía épica: *Los poetas épicos medievales suelen ser autores anónimos. Ercilla es un épico del Renacimiento, autor de 'La Araucana'.* ▮ s.f. **4** Género literario al que pertenecen las epopeyas y la poesía heroica: *Los cantares de gesta forman parte de la épica.*

epidemia s.f. **1** Enfermedad que ataca a un gran número de individuos de una población, simultánea y temporalmente: *Una epidemia de peste equina causó la muerte de numerosos caballos.* **2** Lo que se extiende de manera rápida, esp. si se considera negativo: *El consumo de droga se ha convertido en una epidemia en las sociedades modernas.* □ SEM. En la acepción 1, dist. de *endemia* (afecta habitualmente o en fechas fijas).

epidémico, ca adj. De la epidemia o relacionado con ella: *Un brote epidémico de cólera ha alertado a las autoridades sanitarias.*

epidemiología s.f. Estudio de las epidemias: *Especialistas en epidemiología detectaron un brote de tuberculosis.*

a b c d e f g h i j k l m n ñ o p q r s t u v w x y z

epidemiológico, ca adj. De la epidemiología o relacionado con ella: *Recientes estudios epidemiológicos previenen sobre la gripe del próximo invierno.*

epidérmico, ca adj. De la epidermis o relacionado con ella: *El tejido epidérmico de los dedos es rugoso, y constituye las huellas digitales.*

epidermis s.f. **1** Capa más externa de la piel; *cutícula: La epidermis está formada por varias capas de células.* **2** En botánica, membrana transparente e incolora, formada por una sola capa de células, que cubre el tallo y las hojas de algunas plantas: *Las células de la epidermis carecen de clorofila.* □ MORF. Invariable en número.

epífisis s.f. **1** En anatomía, estructura nerviosa situada en la base del encéfalo, y que tiene función endocrina; *glándula pineal: La epífisis regula el desarrollo de los caracteres sexuales.* **2** En anatomía, parte final de los huesos largos que, durante el período de crecimiento, está separada del cuerpo de estos por un cartílago que les permite crecer: *Las epífisis suelen estar formadas por tejido óseo esponjoso.* □ MORF. Invariable en número. □ SEM. En la acepción 1, dist. de *hipófisis* (glándula de la base del cráneo, que es el principal centro productor de hormonas).

epífito, ta o **epifito, ta** adj. Referido a un vegetal, que vive sobre otro pero sin alimentarse a su costa: *Los musgos y los líquenes que cubren las cortezas de los árboles son plantas epífitas.* □ SEM. Dist. de *parásito* (animal o vegetal que vive a costa de otro).

epifonema s.m. Figura retórica o procedimiento del lenguaje consistente en una exclamación con la que se comenta y cierra enfáticamente lo que anteriormente se ha dicho: *El poema termina con un epifonema estremecedor: «¡Dios mío, qué solos se quedan los muertos!».*

epigastrio s.m. En anatomía, región superior del abdomen, que se extiende desde la punta del esternón hasta cerca del ombligo, y que está limitada a ambos lados por las costillas falsas: *El estómago se localiza en el epigastrio.*

epiglotis s.f. En anatomía, cartílago elástico de forma ovalada, cubierto por una membrana mucosa y sujeto a la parte posterior de la lengua, que cubre la glotis durante el paso de los alimentos desde la boca al estómago: *Durante la deglución, la epiglotis impide el paso de alimentos al aparato respiratorio.* □ PRON. Incorr. *[epíglotis]. □ MORF. Invariable en número.

epígono s.m. Persona que sigue las huellas de otra, esp. referido al seguidor de la escuela o del estilo de una generación anterior: *Estudiaremos a los grandes poetas de la Generación del 27 y, si nos queda tiempo, a algunos de sus epígonos.*

epígrafe s.m. **1** En un texto, título o rótulo que lo encabezan: *Los epígrafes suelen ir destacados sobre el resto del texto.* **2** En un escrito, resumen o texto breve que figura en su encabezamiento, generalmente precediendo cada capítulo o apartado: *Al comienzo de cada capítulo de la novela figura una cita famosa como epígrafe.* 👁 **libro 3** Inscripción grabada sobre piedra, metal u otro material semejante: *En la parte inferior de la estatua figura un epígrafe con el nombre del rey.*

epilepsia s.f. Enfermedad del sistema nervioso que se manifiesta generalmente por medio de ataques repentinos con pérdida de consciencia y convulsiones: *La epilepsia se produce por una actividad eléctrica anormal en la corteza cerebral.*

epiléptico, ca ▮ adj. **1** De la epilepsia o relacionado con esta enfermedad: *Si le da un ataque epiléptico, ponle algo en la boca para que no se muerda la lengua.* ▮ adj./s. **2** Que padece epilepsia: *Las personas epilépticas suelen seguir un tratamiento médico. Los epilépticos deben intentar hacer una vida normal.*

epílogo s.m. **1** En algunas obras, parte final, desligada en cierto modo de las anteriores, y en la que se representa una acción o se refieren sucesos que son consecuencia de la acción principal o que están relacionados con ella: *En el epílogo de la novela se nos cuenta lo que fue del protagonista años después de los hechos relatados.* **2** En un discurso o en una obra literaria, recapitulación o resumen de lo dicho en ellos: *Al final de la conferencia, el conferenciante hizo un epílogo para destacar las ideas claves de lo expuesto.* **3** Lo que es final, consecuencia o prolongación de algo: *El epílogo de las guerras es siempre el hambre y la miseria.*

episcopado s.m. **1** Cargo de obispo: *Declaró que desde el episcopado seguiría sirviendo a Dios y luchando por paliar las necesidades de los más pobres.* **2** Tiempo durante el que un obispo ejerce su cargo: *Durante su episcopado se construyó la nueva catedral.* **3** Conjunto de obispos: *El episcopado español celebró la decisión papal de canonizar a la beata.*

episcopal adj. Del obispo o relacionado con este cargo eclesiástico: *Los fieles recibieron la bendición episcopal.* □ MORF. Invariable en género.

episodio s.m. **1** En una obra narrativa o dramática, acción secundaria o incorporada a la principal y enlazada con ella: *El relato está salpicado de episodios ajenos a la trama pero que le dan amenidad.* **2** En una narración, esp. en una serie de radio o de televisión, parte diferenciada o dotada de autonomía: *De esa serie de televisión, solo vi el primer episodio.* **3** Suceso enlazado con otros con los que forma un todo, esp. si se considera por separado o si tiene poca trascendencia: *Para él, aquella relación fue solo un episodio en su vida.* **4** Suceso imprevisto y muy accidentado o complicado: *¡No veas qué episodio para salir de aquella jungla!*

epístola s.f. Carta o misiva que se escribe a alguien: *Del Nuevo Testamento, la lectura que más me gusta es la Epístola de san Pablo a los Efesios.* □ USO Su uso es característico del lenguaje culto.

epistolar adj. De la epístola o con sus características: *La novela tiene forma epistolar, y recoge las cartas enviadas por el protagonista a su padre.* □ MORF. Invariable en género.

epistolario s.m. Libro en el que se recoge una colección de epístolas o cartas, de uno o de varios autores y escritas generalmente a distintas personas sobre materias diversas: *Leyendo el epistolario de un autor, se pueden llegar a conocer muchos datos sobre su biografía.*

epitafio s.m. Texto o inscripción dedicados a un difunto y que generalmente se pone sobre su sepulcro: *El epitafio de su tumba decía: «Luchó contra la injusticia».*

epitelio s.m. En anatomía, tejido que recubre las estructuras y cavidades del organismo: *Las células del epitelio intestinal están provistas de vellosidades para facilitar el avance del bolo alimenticio.*

epíteto s.m. En gramática, adjetivo que expresa una cualidad característica del nombre al que acompaña: *En 'nieve blanca' o 'noche oscura', 'blanca' y 'oscura' son epítetos.*

época s.f. **1** Espacio de tiempo que se considera en su conjunto por estar caracterizado de determinada manera: *Recuerdo con cariño la época de mi niñez.* **2** Espacio de tiempo que se distingue por algún suceso o acontecimiento histórico importantes: *La época napoleónica se caracteriza por la lucha de casi todos los países europeos contra Francia.* **3** ‖ **de época.** Ambientado en un tiempo pasado: *Asistimos a una exposición de coches de época en la que todos los autos eran del siglo XIX.* ‖ **hacer época.** Tener mucha resonancia: *Ha sido un robo de los que hacen época.*

epónimo, ma adj./s.m. Referido esp. a un personaje ilustre, que da nombre a algo, generalmente a un lugar o a una época: *Atenea es la diosa epónima de la ciudad de Atenas.*

epopeya s.f. **1** Poema narrativo extenso, de estilo elevado, que ensalza los hechos bélicos o gloriosos protagonizados por un pueblo o por sus héroes y en los que generalmente intervienen elementos fantásticos o sobrenaturales: *'La Eneida' de Virgilio es la gran epopeya de Roma.* **2** Conjunto de estos poemas que forman la tradición épica de un pueblo: *'El Cantar de Mio Cid' es la joya de la epopeya castellana.* **3** Conjunto de hechos heroicos o gloriosos, dignos de ser cantados en estos poemas: *Los historiadores de Indias relatan la epopeya del descubrimiento de América.* **4** Acción que se lleva a cabo con grandes sufrimientos o venciendo grandes dificultades: *El rescate de los prisioneros fue una verdadera epopeya.*

épsilon s.f. En el alfabeto griego clásico, nombre de la quinta letra: *La grafía de la épsilon es* ε.

equi- Elemento compositivo que significa 'igual': *equidistar, equivaler.*

equidad s.f. Justicia e imparcialidad para tratar a las personas o para dar a cada una lo que se merece de acuerdo con sus méritos o condiciones: *Esta vez no hubo favoritismos y el reparto de premios se hizo con equidad.*

equidistar v. Referido esp. a uno o a varios puntos, hallarse a la misma distancia de otro punto, o distar lo mismo entre sí: *El centro de un segmento equidista de los dos extremos.*

équido ▮ adj./s.m. **1** Referido a un mamífero, que es herbívoro y tiene las patas largas y terminadas en un solo dedo muy desarrollado y provisto de pezuña: *El caballo es un animal équido. Muchos équidos son utilizados por el hombre como animales de carga y medios de transporte.* ▮ s.m.pl. **2** En zoología, familia de estos mamíferos: *El asno pertenece a los équidos.*

equilibrado, da ▮ adj. **1** Imparcial, prudente o sensato: *No creo que haga ninguna barbaridad, porque parece un chico muy equilibrado.* ▮ s.m. **2** Colocación de un cuerpo en estado de equilibrio: *En el taller me han hecho un equilibrado de las ruedas del coche.*

equilibrar v. **1** Referido a un cuerpo, ponerlo en equilibrio: *Si no equilibras bien la estantería, volcará con el peso de los libros. Al sentarse dos niños de igual peso en cada extremo del balancín, este se equilibra.* **2** Referido a una cosa, disponerla de modo que no exceda ni supere a otra y se mantenga en una relación de igualdad con ella: *El déficit se mantendrá si conseguimos equilibrar el volumen de importaciones y el de exportaciones. Al final, las fuerzas se equilibraron y el partido resultó muy reñido.*

equilibrio ▮ s.m. **1** Estado de un cuerpo sometido a dos o más fuerzas que se contrarrestan: *La balanza permanece en equilibrio porque las pesas que hay en cada plato pesan lo mismo.* **2** Situación de un cuerpo que, a pesar de tener poca base de sustentación, se mantiene en una posición sin caerse: *El malabarista mantiene veinte copas en equilibrio sobre su dedo.* **3** Armonía entre cosas diversas: *En esta ciudad hay un gran equilibrio entre zonas edificadas y zonas verdes.* **4** Imparcialidad, prudencia o sensatez en la forma de pensar o de actuar: *Sabe mantener el equilibrio y la serenidad en las situaciones difíciles.* ▮ pl. **5** Lo que se hace para sostener una situación difícil: *¡Cuántos equilibrios para poder llegar a fin de mes!* □ SINT. La acepción 5 se usa más con el verbo *hacer*.

equilibrismo s.m. Actividad que consiste en realizar juegos o ejercicios difíciles sin perder el equilibrio: *Andar por la cuerda floja es el ejercicio de equilibrismo que más difícil me parece.*

equilibrista adj./s. Referido a una persona, que realiza con destreza ejercicios de equilibrismo, esp. si esta es su profesión: *La mujer equilibrista se mantenía con una sola mano sobre la barra. Para ser un buen equilibrista es necesario mucho tiempo de entrenamiento.* □ MORF. 1. Como adjetivo es invariable en género. 2. Como sustantivo es de género común y exige concordancia en masculino o en femenino para señalar la diferencia de sexo: *el equilibrista, la equilibrista.*

equino, na ▮ adj. **1** Del caballo o relacionado con este animal: *Asistimos a un concurso de doma equina.* ▮ s.m. **2** Caballo o mamífero que se domestican fácilmente y que se suelen emplear como montura o como animales de carga: *Este ganadero tiene una buena cuadra de equinos.* **3** En arte, en un capitel dórico, moldura saliente y de forma convexa que forma su cuerpo principal, y que lo separa del fuste: *A través del equino, se pasa de la sección circular del fuste a la sección cuadrada del ábaco.* □ MORF. En la acepción 2, es un sustantivo epiceno y la diferencia de sexo se señala mediante la oposición *el equino {macho/hembra}.*

equinoccio s.m. Época del año en que la duración de los días y de las noches es la misma en toda la Tierra, porque el Sol, en su trayectoria aparente, corta el plano del ecuador: *El equinoccio de primavera se produce entre el 20 y el 21 de marzo, y el equinoccio de otoño, entre el 22 y el 23 de septiembre.* 👁 **estación**

equinodermo ▮ adj./s.m. **1** Referido a un animal, que es marino, tiene un cuerpo con simetría radiada, la piel gruesa formada por placas calcáreas a veces provistas de espinas, y numerosos orificios o canales por los que circula el agua del mar: *La estrella de mar es un animal equinodermo. Los equinodermos suelen tener la boca situada en la parte inferior del cuerpo.* ▮ s.m.pl. **2** En zoología, tipo de estos animales, perteneciente al reino de los metazoos: *El erizo de mar pertenece a los equinodermos.*

equipaje s.m. Conjunto de cosas que se llevan en los viajes: *Salgo hoy en avión y aún no he hecho el equipaje.*
👁 equipaje, en la página siguiente

equipamiento s.m. **1** Suministro de lo necesario para una actividad o para una función determinadas: *Del equipamiento de nuestro equipo de fútbol se encarga el colegio.* **2** Conjunto de servicios e instalaciones necesarios para desarrollar una determinada actividad: *La ciudad cuenta con un equipamiento sanitario insuficiente.* □ SEM. No debe emplearse referido al equipo material (anglicismo): *El {*equipamiento › equipo} de este hospital está anticuado.*

equipar v. Proveer de lo necesario para una actividad o

para una función determinadas: *Han equipado el buque de guerra con modernos torpedos. Los soldados se equiparon con uniformes de campaña.* □ SINT. Constr. *equipar {DE/CON} algo.*

equiparación s.f. Consideración de dos o más cosas como iguales o equivalentes: *Hay que llevar a cabo la equiparación de algunos títulos españoles con los extranjeros.*

equiparar v. Referido a dos o más cosas, considerarlas iguales o equivalentes: *Su talento se puede equiparar con el de cualquier intelectual del momento. El muy engreído, cree que nadie puede equipararse a él.* □ SINT. Constr. *equiparar una cosa {A/CON} otra.*

equipo s.m. **1** Conjunto de objetos materiales necesarios para realizar una actividad o una función determinadas: *Me estuvo enseñando su equipo de submarinismo.* **2** Grupo de personas organizadas para realizar una actividad determinada: *Trabajo muy a gusto con este equipo de colaboradores.* **3** Conjunto de ropas y otros objetos materiales para el uso particular de una persona: *En septiembre, los padres compran a sus hijos el equipo de colegial.* **4** En algunos deportes, cada uno de los grupos que se disputan el triunfo: *En un partido de baloncesto, saltan a la cancha cinco jugadores por cada equipo.* **5** ‖ **caerse con todo el equipo.** *col.* Fracasar o equivocarse totalmente: *Si firmas esa birria de contrato, te caerás con todo el equipo.* ‖ **en equipo.** En colaboración o coordinadamente entre varios: *El mérito no es solo mío, porque el trabajo se hizo en equipo.*

equipolencia s.f. En matemáticas, igualdad que existe entre dos o más elementos, esp. en cuanto a su valor: *Entre esos dos vectores de igual magnitud, hay una relación de equipolencia.*

equipolente adj. En matemáticas, referido a dos o más elementos, que tienen igual valor: *Los vectores equipolentes son los que tienen igual magnitud, dirección y sentido.* □ MORF. Invariable en género.

EQUIPAJE

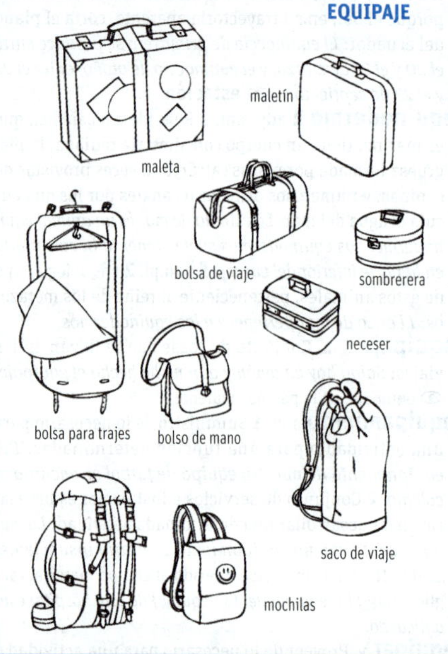

equipotente adj. En matemáticas, referido esp. a un conjunto, que tiene igual potencia, capacidad o efecto que otro: *Los conjuntos equipotentes pueden relacionarse biunívocamente.* □ MORF. Invariable en género.

equis ▮ adj. **1** Referido a una cantidad, que es desconocida o que resulta indiferente: *Un número equis de personas se quedó sin entradas para el concierto.* ▮ s.f. **2** Nombre de la letra *x*: *La segunda letra de la palabra 'examen' es una equis.* □ MORF. 1. Como adjetivo es invariable en género. 2. Invariable en número.

equitación s.f. Arte o práctica de montar a caballo: *Para hacer equitación es necesario estar en buena forma física.*

equitativo, va adj. Que tiene equidad o que demuestra justicia e imparcialidad: *Si haces un reparto equitativo de los caramelos, tocáis a dos cada uno.*

equivalencia s.f. Igualdad en la estimación, en el valor o en la eficacia de dos o más cosas: *Entre 2 kilómetros y 20 hectómetros, la equivalencia es total.*

equivalente adj./s.m. Que es igual en estimación, en valor o en eficacia: *Los significados de dos palabras sinónimas son equivalentes entre sí. No tengo exactamente lo que buscas, pero te puedo dar un equivalente.* □ MORF. Como adjetivo es invariable en género.

equivaler v. Ser igual en estimación, en valor o en eficacia: *Un kilómetro equivale a mil metros.* □ MORF. Irreg. →**VALER**. □ SINT. Constr.: *equivaler A algo.*

equivocación s.f. **1** Confusión de una cosa por otra, debido a un descuido, al desconocimiento o a un error; *equívoco*: *Por equivocación, tomé la calle que no era.* **2** Hecho o dicho equivocados: *Eso que has hecho es una equivocación que deberías intentar corregir cuanto antes.*

equivocar v. **1** Referido esp. a una cosa, tomarla o tenerla por otra, debido a un descuido, al desconocimiento o a un error: *Equivoqué el camino y por eso tardé tanto en llegar. Si crees que me has convencido, te equivocas.* **2** Referido a una persona, confundirla o hacerle caer en un equívoco: *Fue la lectura de tu carta la que me equivocó y me hizo pensar lo que no era.* □ ORTOGR. La *c* se cambia en *qu* delante de *e* →**SACAR**. □ MORF. En la acepción 1, se usa más como pronominal.

equívoco, ca ▮ adj. **1** Que puede entenderse o interpretarse de varias maneras: *Para no comprometerse, contestó con una frase equívoca.* ▮ s.m. **2** →**equivocación. 3** Figura retórica o procedimiento del lenguaje consistente en el empleo de palabras que pueden entenderse en varios sentidos: *El texto está plagado de equívocos que producen una ambigüedad premeditada.*

era s.f. **1** Período histórico extenso, caracterizado por un gran cambio en las formas de vida y de cultura, y que generalmente comienza con un suceso importante, a partir del cual se cuentan los años: *La era cristiana comienza con el nacimiento de Cristo.* **2** En geología, espacio de tiempo de gran duración en la evolución del mundo, esp. de la Tierra, y que a su vez se subdivide en períodos: *Desde el origen del mundo hasta nuestros días, se distinguen cinco eras geológicas.* **3** Espacio de tierra limpia y llana, que se utiliza para realizar distintas labores del campo, esp. para trillar la mies o el cereal maduro: *Las eras suelen estar en las afueras de los pueblos.* **4** ‖ **era {antropozoica/cuaternaria}.** La quinta de la historia de la Tierra; *cuaternario*: *La era cuaternaria es la actual.* ‖ **era arcaica.** La primera de la historia de la Tierra; *arcaico*: *Al principio de la era arcaica, no había seres vivos* *en la Tierra.* ‖ **era {cenozoica/terciaria}.** La cuarta de la historia de la Tierra; *cenozoico, terciario: La flora de la era terciaria era muy rica y de carácter tropical.* ‖ **era {mesozoica/secundaria}.** La tercera de la historia de la Tierra; *mesozoico: El triásico, el jurásico y el cretácico son períodos de la era secundaria.* ‖ **era {paleozoica/primaria}.** La segunda de la historia de la Tierra; *paleozoico: El cámbrico es el primer período de la era primaria.*

eral, -a s. Hijo del toro, de más de un año y de menos de dos: *En la dehesa pastaban varios erales.*

erario s.m. **1** Conjunto de haberes, rentas e impuestos del Estado; *hacienda pública: Las nuevas medidas fiscales engrosarán considerablemente el erario.* **2** Lugar en el que se guardan estos bienes o riquezas: *El dinero obtenido por la venta de las fincas se depositó en el erario municipal.*

erbio s.m. Elemento químico, metálico y sólido, de número atómico 68, que se presenta en forma de polvo de color gris oscuro plateado, que es poco abundante en la naturaleza y que pertenece al grupo de los lantánidos: *El erbio es utilizado en la industria metalúrgica.* □ ORTOGR. Su símbolo químico es *Er*.

erección s.f. Levantamiento o adquisición de rigidez, esp. los producidos en un órgano por la afluencia de sangre: *La erección del pene permite que el hombre pueda realizar el coito.*

eréctil adj. Que puede levantarse, enderezarse o ponerse rígido: *El pene es un órgano eréctil.* □ MORF. Invariable en género.

erecto, ta adj. Levantado, enderezado o rígido: *La posición erecta al andar es propia del ser humano.*

eremita s.m. **1** Persona que vive en una ermita y que cuida de ella: *El eremita nos enseñó la imagen del santo.* **2** Persona que vive en soledad: *Un eremita vivió en esta cueva durante más de veinte años.* □ SEM. Es sinónimo de *ermitaño*.

erg s.m. **1** Denominación internacional del **ergio**. **2** Extensa superficie arenosa formada por un conjunto de dunas: *En el desierto del Sáhara, al pie del monte Atlas, hay un importante erg.* □ MORF. Su plural es *ergs*.

ergio s.m. En el sistema cegesimal, unidad de energía que equivale a 10^{-7} julios; *erg: El ergio es el trabajo realizado por una dina cuando su punto de aplicación recorre un centímetro.*

ergo (latinismo) conj. Por tanto o pues: *El silogismo dice: «Los españoles son europeos, Juan es español, ergo Juan es europeo».* □ USO Su uso es característico del lenguaje filosófico.

ergonomía s.f. Estudio de la capacidad y de la psicología humanas en relación con el ambiente de trabajo y con el equipo que maneja el trabajador: *La ergonomía trata de reducir la fatiga física y psíquica producida en el período laboral.*

ergonómico, ca adj. De la ergonomía o relacionado con ella: *La empresa ha comprado unos sillones ergonómicos para reducir los problemas de espalda de los empleados que deben pasar mucho tiempo sentados.*

erguir ▌v. **1** Referido esp. a la cabeza o a una parte del cuerpo, levantarla y ponerla derecha: *Parecía que estaba dormido, pero oyó un ruido e irguió rápidamente la cabeza.* ▌prnl. **2** Levantarse, ponerse derecho o sobresalir sobre lo que hay alrededor: *Estaba agachado y al erguirse se mareó. Si miras a la izquierda, verás cómo las montañas se yerguen sobre el valle.* **3** Engreírse o llenarse de soberbia, de vanidad o de orgullo: *No te yergas tanto por haber conseguido el puesto, porque tu suerte puede cambiar en cualquier momento.* □ MORF. Irreg. →**ERGUIR**.

erial adj./s.m. Referido a un terreno, que no está cultivado: *En las afueras del pueblo hay muchos terrenos eriales. Ya no puede trabajar el campo y su finca se ha convertido en un erial.* □ MORF. Como adjetivo es invariable en género.

erigir v. **1** Levantar, fundar o instituir: *Mandó erigir un templo para conmemorar la victoria militar.* **2** Elevar a una categoría o a una condición que antes no se tenía: *Tras su victoria electoral, lo erigieron alcalde. Se erigió en portavoz de la familia.* □ ORTOGR. 1. Incorr. **eregir*. 2. La *g* se cambia en *j* delante de *a, o* →**DIRIGIR**. □ SINT. Constr. de la acepción 2: *erigirse* EN *algo*.

eritema s.m. **1** Inflamación superficial de la piel que se caracteriza por la aparición de manchas rojas: *Los eritemas se producen por la congestión de los vasos capilares.* **2** ‖ **eritema solar.** El producido por los rayos solares: *Se pone una crema hidratante para evitar el escozor del eritema solar que tiene en la espalda.*

erizado, da adj. Que está cubierto de púas o espinas: *El puercoespín tiene el cuerpo erizado.*

erizar v. Referido esp. al pelo, levantarlo o ponerlo rígido: *El pánico me erizó el cabello. Cuando escucha esta música, se le eriza el vello.* □ ORTOGR. La *z* se cambia en *c* delante de *e* →**CAZAR**.

erizo s.m. **1** Mamífero insectívoro nocturno, con el dorso y los costados cubiertos de púas, de cabeza pequeña y hocico afilado: *El erizo, cuando se siente en peligro, se contrae formando una bola.* **2** En la castaña y en otros frutos, corteza espinosa que los recubre: *Dentro de este erizo había dos castañas.* **3** *col.* Persona de carácter áspero y difícil de tratar: *Tú dirás que es simpático, pero a mí ese chico me parece un erizo.* **4** ‖ **erizo {de mar/marino}.** Animal marino con el cuerpo en forma de esfera aplanada y cubierto con una concha caliza llena de púas: *En la playa, pisé un erizo de mar y se me quedaron clavadas varias púas en el pie.* □ MORF. En la acepción 1, es un sustantivo epiceno y la diferencia de sexo se señala mediante la oposición *el erizo {macho/hembra}*.

ermita s.f. Capilla o iglesia pequeña, situada generalmente en un lugar despoblado o a las afueras de un pueblo, y en la que no suele haber culto permanente: *La romería termina en la ermita del santo.*

ermitaño, ña ▌s. **1** Persona que vive en una ermita y que cuida de ella: *Aquel ermitaño vivía dedicado a la oración y a la meditación.* **2** Persona que vive en soledad: *Abandonó familia y amigos, y se convirtió en un ermitaño.* ▌s.m. **3** →**cangrejo ermitaño.** □ SEM. En las acepciones 1 y 2, como masculino es sinónimo de *eremita*.

erógeno, na adj. Que produce excitación sexual o que es sensible a ella: *El lóbulo de la oreja es una zona erógena del cuerpo humano.*

erosión s.f. **1** En una superficie, esp. en la terrestre, desgaste producido por la acción de agentes externos, esp. por el agua y el viento: *Esas formas caprichosas de las rocas en el acantilado son efecto de la erosión del mar.* **2** Desgaste o disminución de la importancia, del prestigio o de la influencia de algo inmaterial: *El partido que gobierna largo tiempo, acaba sufriendo la erosión que causa el ejercicio del poder.*

erosionar v. **1** Referido a un cuerpo, producir su erosión: *Las corrientes de agua erosionan su cauce. Los agentes atmosféricos hacen que rocas y montañas se erosionen.* **2** Referido esp. a algo inmaterial, desgastarlo o disminuir su

a b c d e f g h i j k l m n ñ o p q r s t u v w x y z

prestigio, su influencia o su importancia: *Ese turbio asunto puede erosionar su imagen pública. Su fortaleza se ha ido erosionando a fuerza de recibir golpes.*

erosivo, va adj. De la erosión o relacionado con ella: *La lluvia, el viento y el hielo son agentes erosivos.*

erótico, ca ▌ adj. **1** Del erotismo o relacionado con este tipo de amor: *Este psicólogo está interesado en el estudio del comportamiento erótico del ser humano.* **2** Que excita el deseo sensual: *Son famosas las eróticas danzas de las bailarinas orientales.* **3** Referido a una obra artística, que describe o muestra temas sexuales o amorosos: *En el Renacimiento se escribieron muchos poemas eróticos.* ▌ s.f. **4** Atracción de una intensidad semejante a la sexual: *Dimitió a los pocos meses de asumir el cargo para no dejarse atrapar por la erótica del poder.*

erotismo s.m. **1** Amor sensual: *Cada cultura tiene una visión diferente del erotismo.* **2** Carácter de lo que tiene la capacidad de excitar el deseo sensual: *El erotismo de sus movimientos es inconsciente.* **3** Expresión del amor físico en el arte: *El erotismo del arte clásico responde a cánones muy distintos de los actuales.* ☐ SEM. En la acepción 3, dist. de *pornografía* (obscenidad o falta de pudor en la expresión de lo relacionado con el sexo).

errabundo, da adj. Que anda vagando de una parte a otra sin tener lugar fijo: *Desde que se arruinó, vive errabundo y duerme cada día en un sitio.*

erradicación s.f. Extracción de raíz o eliminación total de algo, esp. de lo que está extendido y se considera negativo: *Los familiares de los drogadictos exigen al Gobierno medidas para la erradicación de la droga.*

erradicar v. Arrancar de raíz o eliminar por completo: *Se dictó una ley para erradicar los castigos corporales de las escuelas.* ☐ ORTOGR. La *c* se cambia en *qu* delante de *e* →SACAR.

errar v. **1** Fallar, no acertar o equivocarse en lo que se hace: *El cazador erró el tiro y espantó la pieza. Erró en su elección y ahora se arrepiente.* **2** Andar vagando de una parte a otra: *El mendigo llevaba años errando y sin tener adónde ir.* **3** Referido esp. al pensamiento o a la atención, divagar o pasar de una cosa a otra: *Dejaba errar su imaginación y escribía lo que se le iba ocurriendo.* ☐ ORTOGR. Dist. de *herrar*. ☐ MORF. Irreg.: La *e* se cambia en *ye* en los presentes, excepto en las personas *nosotros* y *vosotros* →ERRAR.

errata s.f. Error material cometido en la escritura o en la impresión de un texto: *Es una errata que ponga 'infación' en lugar de 'inflación'.*

errático, ca adj. Que vaga sin rumbo ni domicilio fijos: *Los cómicos llevaban una vida errática, siempre de pueblo en pueblo.*

erre s.f. **1** Nombre de la letra *r*: *La palabra 'recibir' tiene dos erres.* **2** ‖ **erre que erre.** *col.* De manera insistente u obstinada: *Le dije que no, pero él siguió erre que erre hasta que me convenció.*

erróneo, a adj. Que contiene error: *Con un planteamiento tan erróneo, tus conclusiones tienen que ser poco acertadas.*

error s.m. **1** Concepto equivocado o juicio falso: *Sus teorías no se sostienen porque están construidas sobre errores de base.* **2** Equivocación o desacierto: *Al telefonearte, marqué otro número por error y me contestó una voz extraña.* **3** En una medida o en un cálculo, diferencia entre el valor real o exacto y el resultado obtenido: *Se calcula que en las primeras informaciones sobre el resultado electoral habrá un error de +/- 3 puntos.*

eructar v. Expulsar por la boca y haciendo ruido los gases del estómago: *Eructar en público es de mala educación.* ☐ PRON. Incorr. *[eruptar].

eructo s.m. Expulsión por la boca y haciendo ruido de los gases del estómago; *regüeldo*: *El agua mineral con gas me produce eructos.* ☐ PRON. Incorr. *[erupto].

erudición s.f. Conocimiento amplio y profundo adquirido mediante el estudio, esp. el relacionado con temas literarios o históricos y basado en el examen de fuentes y documentos: *El rigor y la erudición del ensayo presentado impresionó al tribunal.*

erudito, ta adj./s. Que tiene o demuestra erudición: *El libro tiene tantas notas y datos eruditos, que a veces se pierde el hilo de lo que dice. Solo un erudito en la materia podría contestar una pregunta tan rebuscada.*

erupción s.f. **1** En medicina, aparición y desarrollo en la piel de granos, manchas u otras lesiones, generalmente por efecto de una enfermedad o como reacción del organismo: *El sarampión se manifiesta con fiebre alta y erupciones.* **2** Conjunto de estos granos y lesiones de la piel: *Me ha salido una erupción en la cara por haber comido un alimento en mal estado.* **3** En geología, emisión o salida a la superficie, generalmente de manera repentina y violenta, de materias sólidas, líquidas o gaseosas procedentes del interior de la tierra: *Cuando el volcán entró en erupción, se temió que la lava llegase a zonas pobladas.* **4** Salida violenta de algo que estaba contenido: *Hay que tomar medidas contra la erupción de manifestaciones violentas en las calles.*

eruptivo, va adj. De la erupción, con erupción o procedente de ella: *La urticaria es una enfermedad eruptiva.*

esa pron.demos. adj./s.f. de **ese**. ☐ MORF. →APÉNDICE DE PRONOMBRES.

esbeltez s.f. Altura y delgadez, o proporción airosa y elegante en la figura: *Las columnas de los templos griegos admiran por su esbeltez.*

esbelto, ta adj. Alto y delgado, o de figura proporcionada, airosa y elegante: *Es un muchacho esbelto y toda la ropa le sienta bien. Hace ejercicios para mantener el busto firme y esbelto.*

esbirro s.m. *desp.* Persona encargada de ejecutar las órdenes de una autoridad, esp. si para ello tiene que emplear la violencia: *El malo de la película contrata a un par de esbirros para que se carguen al policía.*

esbozar v. **1** Referido a una obra de creación, hacer un primer proyecto de modo provisional, con los elementos esenciales y sin mucha precisión: *En dos minutos, esbozó mi retrato a carboncillo.* **2** Referido esp. a una idea o a un plan, explicarlos brevemente y de un modo general y vago: *En la rueda de prensa, solo esbozó el tema de su próxima novela.* **3** Referido esp. a un gesto, insinuarlo, iniciarlo o hacerlo levemente: *Cuando me vio, esbozó una sonrisa.* ☐ ORTOGR. La *z* se cambia en *c* delante de *e* →CAZAR. ☐ SEM. En las acepciones 1 y 2, es sinónimo de *bosquejar*.

esbozo s.m. **1** Primer plan o proyecto, hecho de modo provisional, solo con los elementos esenciales y sin mucha precisión: *Estas líneas son el esbozo del paisaje que quiero pintar.* **2** Explicación breve, general y vaga, generalmente acerca de una idea o de un plan: *Ayer nos hizo el esbozo del tema y hoy lo va a tratar en profundidad.* **3** Insinuación de un gesto: *En su cara asomó el esbozo de una sonrisa cuando le dije que vendrías.* ☐ SEM. En las acepciones 1 y 2, es sinónimo de *bosquejo*.

escabechar v. **1** Referido a un alimento, ponerlo en escabeche: *Escabecha las sardinas para que se conserven más tiempo.* **2** *col.* Matar violentamente, esp. si es con arma blanca: *El atracador decía que, si no le daba la cartera, lo escabechaba.*

escabeche s.m. **1** Salsa hecha con aceite, ajo, hojas de laurel, pimienta en grano y vinagre: *He preparado el escabeche para las perdices.* **2** Alimento conservado en esta salsa: *Echa atún en escabeche a la ensalada.*

escabechina s.f. **1** *col.* Abundancia de suspensos en un examen: *El examen fue una verdadera escabechina y solo aprobamos siete.* **2** *col.* Daño, ruina o destrozo: *La primera vez que se afeitó se hizo tal escabechina, que parecía que lo habían acuchillado.*

escabel s.m. Tarima pequeña que se usa para apoyar los pies en ella mientras se está sentado: *Se sentó en el sillón y colocó los pies en el escabel.*

escabrosidad s.f. **1** Desigualdad, irregularidad o aspereza de un terreno: *La escabrosidad del terreno nos hizo reducir el ritmo de la marcha.* **2** Dificultad que presenta un asunto para manejarlo o resolverlo, de modo que requiere gran cuidado al tratarlo: *A pesar de la escabrosidad de la cuestión, no tengo más remedio que preguntar por la herencia.* **3** Proximidad a lo que se considera inconveniente, inmoral u obsceno: *No pude soportar la escabrosidad de la película, y me salí a la mitad.*

escabroso, sa adj. **1** Referido esp. a un terreno, que es desigual, irregular o muy accidentado: *Llegamos agotados porque subimos por una zona de monte muy escabrosa.* **2** Referido esp. a un asunto, que es difícil de manejar o de resolver, y que requiere mucho cuidado al tratarlo: *No me atreví a preguntarle por un tema tan escabroso.* **3** Que está al borde de lo que se considera inconveniente, inmoral u obsceno: *No me hacen gracia los chistes escabrosos que cuenta tu amigo.*

escabullirse v.prnl. **1** Salir o escaparse de un sitio sin que se note en el momento: *Eran las dos de la madrugada cuando conseguí escabullirme de la fiesta y volver a casa.* **2** Irse o escaparse de entre las manos: *Tenía agarrado al conejo, pero dio un tirón y se escabulló entre los matorrales.* □ MORF. Irreg.: En las formas cuya desinencia contiene un diptongo *ie*, *io*, se pierde esta *i* →**ZAMBULLIR**.

escacharrar v. *col.* Romper, estropear o malograr; *descacharrar*: *Dio tal golpe al despertador, que lo escacharró. Se ha escacharrado la radio y hay que llevarla a arreglar.*

escafandra s.f. **1** Equipo formado por un traje impermeable y un casco perfectamente cerrado, que está provisto de unos orificios y tubos por los que se renueva el aire necesario para respirar, y que se utiliza para permanecer un tiempo prolongado debajo del agua: *El buzo se colocó la escafandra para sumergirse y reparar el casco del barco.* **2** *col.* Traje utilizado por los astronautas para salir al espacio: *Vimos por televisión a los astronautas con sus escafandras, y parecía que flotaban.*

escafoides s.m. →**hueso escafoides.** □ MORF. Invariable en número.

escala s.f. **1** Serie ordenada de cosas distintas de la misma especie, esp. si su orden responde a un criterio: *En la escala de salarios, el mío ocupa un lugar intermedio.* **2** Graduación o división que tienen algunos instrumentos de medida: *La escala de este termómetro va desde los 35 a los 42 grados.* 👁 escala **3** En una representación gráfica o tridimensional de un objeto, proporción entre las dimensiones reales del objeto y las de la reproducción: *Si la escala del mapa es de 1/100, cada milímetro representa 100 metros de terreno.* **4** Tamaño o proporción en que se desarrolla un plan o una idea: *El próximo mes empezamos la venta del producto a gran escala.* **5** Escalera portátil formada por dos cuerdas laterales en las que se encajan los travesaños que sirven de escalones: *Escapó del castillo descolgándose por una escala.* **6** Lugar en el que un barco o un avión hacen una parada en su trayecto: *Este avión va de Nueva York a París, con escala en Madrid.* **7** En música, sucesión de notas en alturas sucesivas: *Los ejercicios de piano que más me cuestan son las escalas.* **8** En el Ejército, escalafón o lista jerarquizada de sus componentes: *El grado de capitán se encuentra entre el de comandante y el de teniente en la escala.* **9** ‖ **escala técnica.** La que se efectúa por necesidades de la navegación: *Era un vuelo muy largo y tuvimos que hacer una escala técnica para repostar.*

escalabrar v. →**descalabrar.**

escalada s.f. **1** Subida o ascenso por una pendiente o hasta una gran altura: *El mal tiempo hizo que los montañeros abandonaran la escalada a mitad de trayecto.* **2** Aumento o intensificación rápidos y generalmente alarmantes de un fenómeno: *Se teme una escalada de la violencia en la zona del conflicto.* **3** Ascenso rápido a un cargo o a un puesto más elevados: *La escalada del equipo al segundo lugar de la clasificación sorprendió a todos.*

escalafón s.m. Lista de los individuos de una corporación clasificados según un criterio, generalmente según la importancia de su cargo o su antigüedad: *El vicepresidente ocupa el segundo lugar en el escalafón de la empresa.*

escalar ▌adj. **1** Referido a una magnitud física, que carece de dirección o que se expresa solo por un número: *La temperatura es una magnitud escalar, y la fuerza, una magnitud vectorial.* ▌v. **2** Referido a algo de gran altura, subir o trepar por ello o hasta su cima: *Un equipo de montañeros escaló el pico más alto de la zona.* **3** Referido a un cargo o a una posición elevados, ascender hasta ellos: *Empezó siendo botones y fue escalando hasta llegar a presidente.* □ MORF. Como adjetivo es invariable en género.

escaldado, da adj. *col.* Receloso o escarmentado: *Salí escaldado de ese negocio y no quiero ni oír hablar de él.*

escaldar v. **1** Bañar con agua hirviendo: *En la granja escaldan los pollos y los pavos para desplumarlos fácilmente.* **2** Abrasar o quemar con fuego o con algo muy caliente: *¿Es que quieres escaldarnos sirviéndonos la comida tan caliente? No tomes todavía la sopa, que te escaldarás.*

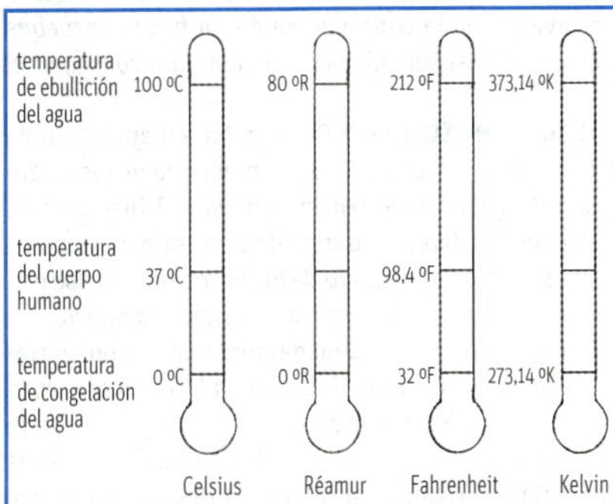

ESCALAS DE TEMPERATURA

a b c d e f g h i j k l m n ñ o p q r s t u v w x y z

escaleno, na adj. En geometría, referido a un cono o a una pirámide, que tienen su eje oblicuo a la base: *Un cono escaleno da la impresión de estar inclinado hacia un lado.*

escalera s.f. **1** Serie de peldaños colocados uno a continuación de otro y a diferente altura, que sirve para subir y bajar y para comunicar pisos o niveles de diferente altura: *Como vivo en un primer piso, suelo subir por la escalera en vez de coger el ascensor.* **2** Armazón, generalmente de madera o de metal, con travesaños paralelos entre sí, y que se usa para alcanzar sitios altos: *Esta escalera es demasiado corta para pintar el techo.* **3** Reunión de cartas de valor correlativo: *Con la reina, el rey y el as que le has dado, ha completado su escalera.* **4** ‖ **escalera de caracol.** La de forma en espiral: *A la torre del castillo se sube por una escalera de caracol.* ‖ **escalera de color.** La formada por cartas del mismo palo: *Me ganó porque él tenía escalera de color de corazones y yo solo escalera.*

escalerilla s.f. Escalera de pocos escalones, esp. la móvil que se usa para subir o bajar de un avión: *Hasta que no coloquen la escalerilla, no podemos bajar.*

escaléxtric s.m. **1** Juego de coches en miniatura, que se controlan con un mando a distancia y se hacen correr por unas pistas de plástico con curvas, puentes y pendientes (por extensión del nombre de la marca comercial *Scalextric®*): *Gané a mi hermano jugando al escaléxtric porque su coche se salió de la pista.* **2** Sistema de cruces de carreteras a distintos niveles: *El escaléxtric que pasa sobre la plaza aligera mucho el tráfico de la zona.*

escalfar v. Referido a un huevo, cocerlo sin cáscara en un líquido hirviendo: *Se tarda más en escalfar un huevo que en freírlo.*

escalinata s.f. Escalera amplia y artística, generalmente de un solo tramo, construida en el exterior o en el vestíbulo de un edificio: *Los recién casados bajaban del brazo la escalinata de la iglesia.*

escalofriante adj. Terrible, asombroso o sorprendente: *La frialdad con que acogió la noticia de la muerte de su padre me pareció escalofriante.* □ MORF. Invariable en género.

escalofrío s.m. Sensación de frío, generalmente repentina, acompañada de contracciones musculares, y producida por la fiebre o por el miedo: *Me debe de estar subiendo la fiebre, porque siento escalofríos.*

escalón s.m. **1** En una escalera, cada una de las partes que sirve para apoyar el pie al subir o bajar por ella; peldaño: *La escalera de mi casa tiene veinte escalones.* **2** Grado o rango, esp. en un empleo: *Sueña con alcanzar el escalón de directivo en su empresa.* **3** Paso o medio con que se avanza en la consecución de un fin: *Si apruebas este curso, habrás salvado otro escalón para conseguir el título.*

escalonamiento s.m. **1** Colocación o disposición de algo de trecho en trecho: *El escalonamiento de los soldados permitió cubrir un terreno más amplio.* **2** Distribución o reparto de las diversas partes de una serie en tiempos sucesivos: *El escalonamiento de las vacaciones de los empleados permitirá que la empresa no cierre en agosto.*

escalonar v. **1** Situar ordenadamente de trecho en trecho: *Escalonaron teléfonos de socorro a lo largo de toda la autopista. Los soldados se escalonaron para cubrir toda la zona.* **2** Referido a las partes de una serie, distribuirlas o repartirlas en tiempos sucesivos: *Antes venía a diario, pero luego empezó a escalonar sus visitas y aparece cada dos o tres días.*

escalope s.m. Filete de carne de ternera o de vaca, empanado y frito: *De segundo, tomaré escalope de ternera con patatas fritas.*

escalpelo s.m. Instrumento de cirugía en forma de cuchillo pequeño, de hoja estrecha y puntiaguda, y que se usa para hacer disecciones y autopsias: *El forense utilizó un escalpelo para hacer el examen del cadáver.*

escama s.f. **1** Cada una de las pequeñas placas duras y ovaladas que recubren el cuerpo de algunos animales, esp. de los peces y de los reptiles: *Le dije al pescadero que me limpiara de escamas el pescado.* **2** Laminilla formada por células epidérmicas, unidas y muertas, que se desprenden de la piel: *Ponte crema en los brazos, que tienes la piel seca y llena de escamas.*

escamar v. **1** *col.* Referido a una persona, hacer que entre en recelo o en desconfianza: *Me escamó que me dijera que vivía con lo justo, porque sospeché que no me iba a pagar. ¿No te escamaste cuando te dijo que no pasaba nada?* **2** Referido a un pez, quitarle las escamas: *Antes de cocinar la merluza hay que escamarla.*

escamoso, sa adj. Con escamas: *Los reptiles son animales escamosos.*

escamotear v. **1** Suprimir de forma intencionada o arbitraria: *No escamoteó elogios hacia todos los asistentes.* **2** Hacer desaparecer de la vista por ilusión o por artificio: *El prestidigitador metió la paloma bajo su chistera y la escamoteó ante la admiración del público.* **3** Robar con agilidad y con astucia: *Me escamotearon la cartera en el autobús y ni me enteré.*

escampar v. Aclararse el cielo nublado y dejar de llover: *Llovió toda la mañana, pero por la tarde escampó.* □ MORF. Es verbo unipersonal: solo se usa en tercera persona y en las formas no personales (infinitivo, gerundio y participio).

escanciar v. Referido al vino o a la sidra, servirlos o echarlos en los vasos: *Un camarero escanciaba el vino en las copas de los comensales. La sidra natural se escancia desde muy arriba para que se oxigene.* □ ORTOGR. La *i* nunca lleva tilde.

escandalera s.f. *col.* Escándalo, jaleo o alboroto: *Cuando le robaron la cartera, armó tal escandalera que se enteró toda la calle.*

escandalizar ▌ v. **1** Referido a una persona, causarle escándalo: *Nos escandalizó verlo tirado en la calle y borracho. Si la película tiene escenas eróticas, seguro que hay quien se escandaliza.* ▌ prnl. **2** Mostrarse indignado u horrorizado por algo: *Me escandalicé al ver cómo había subido todo de precio.* □ ORTOGR. La *z* se cambia en *c* delante de *e* ⟶**CAZAR**.

escándalo s.m. **1** Hecho o dicho considerados contrarios a la moral social y que producen indignación, desprecio o habladurías maliciosas: *Fue un escándalo que se casara con alguien que le doblaba la edad.* **2** Situación producida por uno de estos hechos: *Dimitió como alcalde al verse envuelto en el escándalo financiero.* **3** Alboroto, tumulto o ruido grande: *Los vecinos arman tal escándalo, que no me dejan dormir.* □ SINT. La acepción 3 se usa más con el verbo *armar* o equivalentes.

escandaloso, sa ▌ adj. **1** Que causa escándalo: *La prensa se hizo eco de escandalosos casos de corrupción política.* ▌ adj./s. **2** Que es ruidoso o revoltoso: *No sé cómo soportas a esos niños tan escandalosos. Esa escandalosa siempre está metiendo bulla.*

escandinavo, va adj./s. De Escandinavia (región del norte europeo), o relacionado con ella: *El pueblo escan-*

dinavo ha alcanzado un alto grado de bienestar social. Los escandinavos suelen tener la piel muy blanca y el pelo rubio. □ MORF. Como sustantivo se refiere solo a las personas de Escandinavia.

escandio s.m. Elemento químico, metálico y sólido, de número atómico 21, de color gris plateado, de escasa dureza y muy estable frente a la corrosión: *El escandio se encuentra en algunos minerales.* □ ORTOGR. Su símbolo químico es *Sc*.

escanear v. Referido a un cuerpo o a un objeto, pasarlos por un escáner: *Si escaneas la foto, la podrás recuperar en la pantalla y modificarla.*

escáner s.m. **1** Aparato de rayos X que se usa para exploraciones médicas y que, con la ayuda de un ordenador, permite obtener la imagen completa de varias secciones transversales de la zona explorada: *Instalarán un nuevo escáner en la clínica.* **2** Aparato que, conectado a un ordenador, sirve para seccionar y analizar una imagen, o para explorar el interior de un objeto: *Me hicieron pasar el bolso por un escáner para comprobar que no llevaba objetos peligrosos.* **3** Estudio, trabajo o exploración hechos con estos aparatos: *El escáner de la foto permitió ampliar aquel detalle que parecía insignificante.* □ USO Es un anglicismo (*scanner*) adaptado al español.

escaño s.m. En una Cámara parlamentaria, asiento, puesto o cargo de cada uno de sus miembros: *En la sesión de ayer en el Congreso de los Diputados, se veían muchos escaños vacíos. Su partido ha obtenido veinte escaños en las últimas elecciones.*

escapada s.f. **1** Salida que se hace deprisa o a escondidas: *Le compraré el regalo en una escapada a la hora del recreo.* **2** *col.* Viaje o salida breves que se realizan para divertirse o para descansar de las ocupaciones habituales: *El próximo fin de semana haremos una escapada a la playa.* **3** En algunos deportes, adelantamiento de un deportista respecto del grupo en que está corriendo: *Una escapada de varios corredores sorprendió al pelotón.*

escapar ▌v. **1** Salir o irse deprisa o a escondidas: *Cuando el ladrón oyó entrar al dueño, escapó por la puerta del jardín. Si puedo, me escapo un momento del trabajo y te llevo al aeropuerto.* **2** Salir o librarse de un peligro o de un encierro: *En el accidente, escapó de la muerte por casualidad. El león se escapó de su jaula.* **3** Referido esp. a un asunto, quedar fuera del dominio, de la influencia o del alcance: *No puedo solucionarte ese problema porque escapa de mi competencia.* **4** Referido esp. a una oportunidad, pasar o alejarse sin ser aprovechada: *Dejó escapar la ocasión de su vida. Se me escapó la oportunidad de realizar el viaje.* ▌prnl. **5** Referido esp. a un error, pasar inadvertido: *Se le escaparon varias faltas de ortografía al corregir el escrito.* **6** Referido esp. a un medio de transporte, alejarse sin que sea alcanzado: *¡Corre, que se nos escapa el tren!* **7** Referido a un fluido contenido en un recipiente, salirse por algún resquicio: *Anuda bien el globo para que no se escape el aire.* **8** Referido a algo que está sujeto, soltarse: *Agarra bien al perro, que no se te escape.* **9** En algunos deportes, referido a una persona, adelantarse al grupo en el que está corriendo: *El ciclista se escapó del pelotón y llegó a la meta en solitario.* **10** ‖ **escaparse** algo a alguien. **1** Decirlo o emitirlo involuntariamente: *Te lo cuento si después no se te escapa el secreto.* **2** No alcanzar a entenderlo: *Se me escapa lo que me quiso decir con ese gesto.* □ SINT. Constr. de la acepción 2: *escapar* DE *algo*.

escaparate s.m. **1** Espacio acristalado que sirve para exponer mercancías y que se encuentra generalmente en la fachada del establecimiento en el que estas se venden: *Salimos a ver escaparates, pero no compramos nada.* **2** *col.* Medio de promoción o de lucimiento: *La feria será un escaparate para el país ante el mundo entero.*

escapatoria s.f. Salida, excusa o recurso para escapar de una situación de apuro: *Lo pillaron con las manos en la masa y no tuvo escapatoria.*

escape s.m. **1** Salida o vía de solución a una situación, esp. si esta es complicada o peligrosa: *No tienes escape, así que ríndete.* **2** Salida o fuga de un fluido por algún resquicio del recipiente que lo contiene: *La cocina olía a gas porque había un escape.* **3** En un motor de explosión, salida de los gases quemados: *El tubo de escape de la moto hace mucho ruido porque no tiene silenciador.* **4** ‖ **a escape.** Muy deprisa o rápidamente: *En cuanto tocaron el timbre, salió a escape para llegar a tiempo.*

escápula s.f. Cada uno de los dos huesos anchos, casi planos y de forma triangular, situados a uno y otro lado de la espalda, donde se articulan los húmeros y las clavículas; *omóplato*: *En la escápula de un animal se insertan muchos músculos.* 👁 **esqueleto**

escapulario s.m. Cinta de tela que se coloca de modo que cuelgue sobre el pecho y la espalda, y que se usa como distintivo de algunas órdenes religiosas o para sujetar una insignia religiosa: *Es devota de la Virgen del Carmen y lleva un escapulario con su imagen.*

escaquearse v.prnl. *col.* Escabullirse o evitar una obligación o una situación comprometida: *Ese vago siempre se escaquea cuando hay trabajo.* □ SINT. Constr.: *escaquearse* DE *algo*.

escarabajo s.m. **1** Insecto coleóptero, esp. el de cuerpo grande y patas cortas: *Algunos escarabajos hacen bolas de estiércol, en el interior de las cuales depositan los huevos.* 👁 **insecto** **2** *col.* Nombre popular de un coche utilitario de formas redondeadas y fabricado por Volkswagen (firma alemana de coches): *No se quiere deshacer de su viejo escarabajo porque dice que es una reliquia.* □ MORF. En la acepción 1, es un sustantivo epiceno y la diferencia de sexo se señala mediante la oposición *el escarabajo {macho/hembra}*.

escaramujo s.m. **1** Planta leñosa, parecida al rosal silvestre, de tallo liso con espinas alternas, cuyo fruto es una baya ovalada que, cuando está madura, tiene color rojo: *El escaramujo puede alcanzar los tres metros de altura.* **2** Fruto de esta planta: *Los escaramujos se utilizan en medicina.*

escaramuza s.f. **1** Combate de poca importancia, esp. el sostenido por las avanzadas de los ejércitos: *En las zonas fronterizas, eran constantes las escaramuzas entre moros y cristianos.* **2** Riña o discusión de poca importancia: *La policía detuvo a los que provocaron la escaramuza callejera.*

escarapela s.f. Adorno o distintivo en forma de disco o de roseta y hecho con plumas o con cintas: *El sombrero iba adornado con una escarapela.*

escarbar v. **1** Referido esp. a la tierra, arañar, rasgar o remover su superficie ahondando un poco en ella: *El perro escarbó el suelo del jardín con las pezuñas para enterrar el hueso. Es de mala educación escarbarse en los dientes con un palillo.* **2** Investigar con el fin de hacer averiguaciones o descubrimientos: *Por más que escarbé, no logré enterarme de lo que pasó en ese viaje.*

escarcela s.f. En una armadura, parte que caía desde la

a b c d e f g h i j k l m n ñ o p q r s t u v w x y z

cintura y cubría el muslo: *El caballero recibió un golpe en el muslo, pero la escarcela lo libro de resultar herido.* 👁 **armadura**

escarceo s.m. **1** Prueba o tentativa antes de iniciar una acción o de dedicarse a una actividad: *Antes de hacerse pintor, tuvo sus escarceos con la literatura.* **2** ‖ **escarceo (amoroso).** Aventura amorosa superficial o que está en sus inicios: *Su escarceo amoroso con una famosa actriz fue ampliamente comentado en los medios de comunicación.*

escarcha s.f. Rocío de la noche congelado: *El césped apareció esta mañana cubierto de escarcha.*

escarchar v. **1** Formarse escarcha o congelarse el rocío que cae en las noches frías: *Esta noche ha escarchado.* **2** Referido esp. a una fruta, prepararla de forma que el azúcar cristalice en su superficie: *Hemos escarchado melocotones y peras para Navidad.* ☐ MORF. En la acepción 1, es verbo unipersonal: se usa solo en tercera persona del singular y en las formas no personales (infinitivo, gerundio y participio).

escardar v. Referido a un terreno sembrado, arrancarle los cardos y las malas hierbas: *El agricultor escardó el trigal para que el trigo creciera sano.*

escardilla s.f. →**escardillo.**

escardillo s.m. Herramienta semejante a una azada pequeña, con dos puntas en el extremo opuesto al corte, y que se usa para escardar la tierra y para trasplantar plantas pequeñas; *escardilla: Escarda con escardillo en vez de con una herramienta mayor para no dañar las plantas.* 👁 **apero**

escarlata adj./s.m. De color rojo intenso, más brillante que el granate: *Le han salido en la cara unas manchas escarlatas por una reacción alérgica. Te sientan bien los colores cálidos como el escarlata.* ☐ MORF. Como adjetivo es invariable en género.

escarlatina s.f. Enfermedad infecciosa y contagiosa, propia de la infancia, y cuyos síntomas son fiebre alta, anginas y aparición de manchas rojo escarlata en la piel: *Durante la guerra, una epidemia de escarlatina costó la vida a muchos niños.*

escarmentar v. **1** Extraer una enseñanza de errores ajenos o pasados, que sirva de advertencia para evitar repetirlos: *Desde que tuve el accidente, he escarmentado y conduzco con más prudencia. ¡Fíjate en lo que me ha pasado y escarmienta en cabeza ajena!* **2** Referido a una persona, reprenderla duramente o aplicarle una sanción para que no repita los errores o faltas cometidos; *castigar: Mi padre me prohibió salir durante un mes para escarmentarme.* ☐ MORF. Irreg.: La *e* final de la raíz diptonga en *ie* en los presentes, excepto en las personas *nosotros* y *vosotros* →**PENSAR.** ☐ SINT. Constr. de la acepción 1: *escarmentar* CON *algo* o *escarmentar* EN *alguien.*

escarmiento s.m. **1** Enseñanza que se extrae de errores ajenos o pasados y que sirve de advertencia para evitar repetirlos: *Aquel timo le sirvió de escarmiento y ya no se fía de nadie.* **2** Castigo que se da a una persona por los errores o faltas cometidos para evitar que los repita: *Como escarmiento por pisar el césped, le pusieron una multa.*

escarnecer v. Referido a una persona, hacer escarnio de ella o insultarla de manera humillante: *Ese cobarde solo ataca y escarnece a los que son más débiles que él.* ☐ MORF. Irreg.: Aparece una *z* delante de la *c* cuando la siguen *a*, *o* →**PARECER.**

escarnio s.m. Burla o muestra de desprecio groseras y muy humillantes: *Apareció con un traje extravagante que fue objeto del escarnio más despiadado.*

escarola s.f. Hortaliza semejante a la lechuga, de hojas abundantes, recortadas y muy rizadas, y que se suele comer en ensalada: *La escarola tiene un sabor ligeramente amargo.*

escarolado, da adj. Rizado de forma que recuerda las hojas de una escarola: *El niño tiene el pelo escarolado y muy gracioso.*

escarpado, da adj. **1** Referido a un terreno, con una gran pendiente: *Regresamos porque no teníamos material para subir una ladera tan escarpada.* **2** Referido a un lugar, de acceso muy difícil: *El monasterio está en un paraje escarpado, al que no llega ninguna carretera.*

escarpe s.m. En una armadura, pieza que cubre el pie: *El caballero quedó enganchado por el escarpe en el estribo de su caballo.* 👁 **armadura**

escarpelo s.m. Herramienta de carpintería o de escultura, semejante a una lima dentada, que se usa para limpiar y raspar superficies: *Antes de volver a pintar la talla, el artesano eliminó los restos de pintura vieja con un escarpelo.*

escarpia s.f. Clavo en forma de ele mayúscula, que se utiliza para colgar cosas; *alcayata: Pon dos escarpias en la pared para colgar el cuadro.*

escarpín s.m. **1** Zapato ligero y flexible, de una pieza o con una sola suela y con una sola costura: *Con su disfraz de duende, llevaba escarpines.* 👁 **calzado 2** Prenda de abrigo para los pies, que se suele poner encima del calcetín o de la media: *Mi abuela me hizo unos escarpines para las noches de frío.*

escasear v. Haber en cantidad escasa o insuficiente: *En el Tercer Mundo escasean los alimentos.*

escasez s.f. **1** Falta o poca cantidad: *La escasez de alimentos ocasionó una revuelta. La obra admira por su sencillez y por la escasez de materiales empleados.* **2** Pobreza o falta de lo necesario para vivir: *Viven con una escasez que conmueve.* ☐ SEM. En plural se usa con el significado de 'apuros económicos': *En la guerra pasamos muchas 'escaseces'.*

escaso, sa adj. **1** Poco, pequeño o insuficiente en cantidad o en número: *Su propuesta tuvo escaso éxito y no saldrá adelante. Faltan escasos días para las vacaciones.* **2** Que le falta un poco para estar justo o completo: *Para la blusa necesitó dos metros escasos de tela.*

escatimar v. Referido a algo que se da, darlo en la menor cantidad posible: *Si quieres que el trabajo salga bien, no escatimes medios.*

escatología s.f. **1** Conjunto de expresiones o manifestaciones groseras y relacionadas con excrementos y suciedades: *En la literatura picaresca abundan la escatología y las expresiones vulgares.* **2** Conjunto de creencias y de doctrinas relacionadas con la vida de ultratumba: *La escatología estudia la muerte y lo que hay más allá de ella.*

escatológico, ca adj. De los excrementos y suciedades o relacionado con ellos: *La película tiene unas escenas escatológicas que dan ganas de vomitar.*

escay s.m. Material sintético o plástico que imita la piel o el cuero y que se suele usar en tapicería (por extensión del nombre de la marca comercial *Skai®*): *En verano, los sillones de escay son incómodos porque se pegan a la piel.* ☐ MORF. Su plural es *escáis.*

escayola s.f. **1** Vendaje endurecido con yeso y destinado a sostener en posición conveniente los huesos rotos o dislocados: *Me fracturé el brazo y me pusieron una escayola.* **2** Material hecho con yeso y que, amasado con agua, se emplea para hacer moldes o para modelar figuras: *Ha puesto en el techo del salón una moldura de escayola.* **3** Escultura realizada con este material: *Compré una escayola que es imitación de una famosa escultura en mármol.*

escayolar v. Referido esp. a un miembro fracturado o dislocado, ponerle un vendaje endurecido con yeso o escayola, para sostener en posición conveniente los huesos afectados; *enyesar: Me escayolaron una pierna y para andar tengo que apoyarme en unos bastones.*

escena s.f. **1** En un teatro, parte en la que se representa el espectáculo: *Al terminar la obra, los actores saludaron desde la escena.* **2** En una obra teatral, cada una de las partes en las que se divide un acto y en la que generalmente intervienen los mismos personajes: *El protagonista no aparece hasta la escena tercera del acto segundo.* **3** En una película, parte de la acción que tiene unidad en sí misma y que se desarrolla en un mismo lugar y con unos mismos personajes: *Tardaron varios días en rodar la escena del bosque.* **4** Suceso de la vida real que llama la atención o que conmueve: *Se produjeron escenas de violencia entre la policía y los manifestantes.* **5** Actuación que pretende impresionar y que parece teatral o fingida: *Me montó una escena de celos.* **6** Plano en el que se refleja lo más destacado o visible de una actividad: *Desapareció de la escena política para dedicarse a su oficio de abogado.* **7** Arte de la interpretación: *La actriz dedicó toda su vida a la escena.* **8** Teatro o literatura dramática: *La escena española conoció uno de sus momentos de mayor esplendor en la época de Lope de Vega.* **9** ‖ **poner en escena.** Referido esp. a una obra teatral, prepararla y representarla: *La Compañía Nacional pondrá en escena una obra de Lope de Vega.*

escenario s.m. **1** En un local de espectáculos, parte en la que se realiza la representación de dicho espectáculo: *Están montando el escenario para el concierto de mañana.* **2** Lugar en el que ocurren o se desarrollan un hecho o una escena: *La llanura fue el escenario de la batalla. Están buscando escenarios para la nueva película.* **3** Ambiente o conjunto de circunstancias que rodean a una persona o un suceso: *Quizá un cambio de escenario la ayudaría a superar su depresión.*

escénico, ca adj. De la escena o relacionado con ella: *Estudió artes escénicas y hoy es un gran actor.*

escenificación s.f. Representación o puesta en escena, generalmente de una obra dramática: *En Semana Santa hicieron en el pueblo una escenificación de la Pasión de Cristo.*

escenificar v. **1** Referido a una obra teatral, representarla o ponerla en escena: *Escenificarán la obra en la fiesta de fin de curso.* **2** Referido a una obra literaria, darle forma dramática para ponerla en escena: *Escenificar esa novela sería difícil, porque tiene muchas descripciones y pocos diálogos.* **3** Representar o interpretar en público: *Cuando escenifica los chistes, nos partimos de risa.* □ ORTOGR. La *c* se cambia en *qu* delante de *e* →**SACAR**.

escenografía s.f. **1** Arte de proyectar o de realizar decorados para las representaciones escénicas: *Si un director teatral tiene conocimientos de escenografía, le será más fácil organizar el montaje de la obra.* **2** Conjunto de decorados que se preparan o se utilizan para una representación: *El director de la obra quiere que la escenografía sea muy sencilla.* **3** Conjunto de circunstancias que rodean un hecho o una actuación: *La policía quiere reconstruir la escenografía del crimen.*

escepticismo s.m. Incredulidad, desconfianza o duda sobre la verdad o la eficacia de algo: *No es ateo, pero tiene un gran escepticismo en materia religiosa.*

escéptico, ca adj./s. Que no cree o que finge no creer en determinadas cosas: *Se mostró escéptico cuando le dije que iba a cambiar. Es un escéptico en política y desconfía de la eficacia de cualquier programa de gobierno.*

escindir v. **1** Separar o dividirse: *Escindieron su asociación y cada uno siguió por su cuenta. En el partido había dos tendencias tan distintas, que acabaron por escindirse.* **2** En física, referido a un núcleo atómico, romperlo en dos porciones aproximadamente iguales, con la consiguiente liberación de energía: *Es posible escindir un núcleo mediante un bombardeo con neutrones.*

escisión s.f. Separación o división: *El Partido Comunista surgió de la escisión de una rama del Partido Socialista.*

esclarecer v. **1** Referido a un asunto, ponerlo en claro o dilucidarlo: *Los investigadores se proponen esclarecer el misterio que envuelve el crimen.* **2** Referido esp. al entendimiento, iluminarlo o ilustrarlo: *Las buenas lecturas esclarecen la mente.* **3** Empezar a amanecer: *Al esclarecer el día, iniciaron la marcha.* □ MORF. 1. Irreg.: Aparece una *z* delante de la *c* cuando la siguen *a, o* →**PARECER**. 2. En la acepción 3, es verbo unipersonal: se usa solo en tercera persona del singular y en las formas no personales (infinitivo, gerundio y participio).

esclarecido, da adj. Claro, ilustre o insigne: *Bécquer fue un esclarecido poeta.*

esclarecimiento s.m. Puesta en claro o dilucidación de un asunto: *La policía trabaja en el esclarecimiento de los hechos.*

esclava s.f. Véase **esclavo, va**.

esclavina s.f. Capa corta que se ata al cuello y que cubre los hombros: *Los peregrinos llevaban bordón y esclavina.*

esclavista adj./s. Partidario de la esclavitud: *La política esclavista de la antigua Roma no concedía categoría jurídica de ciudadano a los esclavos. En la guerra de Secesión americana se enfrentaron los Estados del norte contra los esclavistas del sur.* □ MORF. 1. Como adjetivo es invariable en género. 2. Como sustantivo es de género común y exige concordancia en masculino o en femenino para señalar la diferencia de sexo: *el esclavista, la esclavista*.

esclavitud s.f. **1** Situación y condición social del esclavo que carece de libertad por estar bajo el dominio de otra: *El esclavo que protestaba por su esclavitud podía ser duramente castigado por su dueño.* **2** Fenómeno social basado en la existencia de esclavos: *En el siglo XIX se desarrolló un proceso encaminado a abolir la esclavitud.* **3** Sometimiento o sujeción excesiva a algo: *Los drogadictos mantienen con la droga una relación de esclavitud.*

esclavizar v. Referido a una persona, hacerla esclava o someterla a esclavitud: *En América esclavizaron a muchos africanos para utilizarlos como mano de obra. Entregarte así a tus ocupaciones es esclavizarte a ti mismo.* □ ORTOGR. La *z* se cambia en *c* delante de *e* →**CAZAR**.

esclavo, va ▮ adj./s. **1** Referido a una persona, que carece de libertad por estar bajo el dominio de otra: *En la Antigüedad, se hacía esclavos a los vencidos en las conquistas. Los esclavos eran considerados como una propiedad más de su señor.* **2** Sometido o dominado excesivamente por algo: *No quiero convertirme en una mujer esclava del hogar. Es un esclavo de su trabajo y apenas disfruta de tiempo libre.* ▮ s.f. **3** Pulsera de eslabones que tiene en su parte central una pequeña placa en la que se suele grabar un nombre de persona; *nomeolvides: Tengo una esclava de plata con mi nombre grabado.* 👁 **joya**

esclerosis s.f. Endurecimiento patológico de un tejido orgánico o de un órgano, generalmente debido a un aumento anormal de tejido conjuntivo: *La esclerosis arterial es una dolencia grave.* □ MORF. Invariable en número.

esclerótica s.f. Membrana dura, opaca y de color blanquecino, que cubre el globo del ojo: *La parte anterior de la esclerótica es transparente y se llama 'córnea'.*

esclusa s.f. En un canal de navegación, recinto construido entre dos tramos de diferente nivel y provisto de compuertas de entrada y salida que permiten aumentar o disminuir el nivel del agua para así facilitar el paso de los barcos: *En el documental explicaban el funcionamiento de las esclusas del canal de Panamá.*

escoba s.f. **1** Utensilio formado por un manojo de ramas flexibles o de filamentos de otro material atados al extremo de un palo, y que sirve para barrer: *La tradición representa a las brujas volando en una escoba.* **2** Juego de cartas que consiste en intentar sumar quince puntos siguiendo ciertas reglas: *Se puede jugar a la escoba individualmente o por parejas.*

escobazo s.m. **1** Golpe dado con una escoba: *De un escobazo, echó al gato de la cocina.* **2** Barrido superficial hecho con una escoba: *Dale un escobazo al suelo y nos vamos.*

escobilla s.f. **1** Escoba o cepillo de pequeño tamaño, esp. si están hechos de cerdas o de alambres: *La escobilla del váter la venden con un accesorio para colocarla.* **2** En una máquina eléctrica, pieza que sirve para mantener el contacto entre una parte fija y otra móvil: *La escobilla suele estar formada por un haz de hilos de cobre.* **3** En un vehículo, pieza de caucho que forma parte del limpiaparabrisas: *Tengo que cambiar las escobillas del coche, porque están muy desgastadas y me van a rayar el parabrisas.*

escobón s.m. Escoba de palo largo y que se usa para barrer o para deshollinar: *Como no tenía tiempo para fregar el suelo, no hice más que pasarle el escobón.*

escocedura s.f. **1** Irritación o enrojecimiento de una parte del cuerpo, esp. por efecto del sudor o del roce: *Estos zapatos me han hecho escoceduras en los talones.* **2** Producción de escozor: *Este líquido es muy bueno para aliviar la escocedura de los ojos.*

escocer ▮ v. **1** Producir escozor o sensación de picor doloroso: *Cuando me curan la herida, me escuece.* **2** Producir una impresión amarga o dolorosa en el ánimo: *Sé que mis críticas te escuecen, pero te las hago por tu bien.* ▮ prnl. **3** Referido esp. a una parte del cuerpo, irritarse o enrojecerse, generalmente por efecto del sudor o del roce: *Al niño se le escuecen los muslos con el calor. Los bebés se escuecen si no les cambias los pañales a menudo.* □ ORTOGR. La *c* se cambia en *z* delante de *a, o.* □ MORF. Irreg.: La *o* diptonga en *ue* en los presentes, excepto en las personas *nosotros* y *vosotros* →**COCER**.

escocés, -a ▮ adj. **1** Referido a un tela o a una prenda de vestir, con un dibujo a cuadros de distintos colores y generalmente de lana: *Llevaba un traje de chaqueta con una falda escocesa en tonos verdes.* ▮ adj./s. **2** De Escocia (región británica), o relacionado con ella: *Las costas escocesas son frías y recortadas. Los escoceses suelen tener un espíritu nacionalista muy arraigado.* □ MORF. En la acepción 2, como sustantivo se refiere solo a las personas de Escocia.

escoger v. Referido a una persona o a una cosa, tomarlas de entre otras: *Escogió las peras más maduras para hacer la compota.* □ ORTOGR. La *g* se cambia en *j* delante de *a, o* →**RECOGER**.

escogido, da adj. Que es o se considera lo mejor en relación con algo de la misma especie o clase; *selecto: A la fiesta real asistió lo más escogido de la nobleza.*

escolanía s.f. Conjunto de niños que en algunos monasterios son educados para el canto y para ayudar al culto: *El coro de la escolanía ensayaba los villancicos de Nochebuena.*

escolapio, pia adj./s. De las Escuelas Pías (orden religiosa fundada en 1597 por san José de Calasanz), o relacionado con ellas; *calasancio: ¿Sabes cómo es el uniforme de las alumnas escolapias? Estudió bachillerato en un colegio de los escolapios.*

escolar ▮ adj. **1** Del estudiante o de la escuela: *Un niño con seis años está en edad escolar.* ▮ s. **2** Alumno que cursa estudios en una escuela, esp. referido a los estudiantes de enseñanza obligatoria: *Cuando los escolares salen al patio, el bullicio se oye por todo el barrio.* □ MORF. 1. Como adjetivo es invariable en género. 2. Como sustantivo es de género común y exige concordancia en masculino o en femenino para señalar la diferencia de sexo: *el escolar, la escolar.*

escolaridad s.f. Período de tiempo durante el que se asiste a un centro de enseñanza, esp. para cursar los estudios de enseñanza obligatoria: *Ningún niño debería verse obligado a trabajar durante su escolaridad.*

escolarización s.f. Dotación de escuela para recibir una enseñanza, esp. la obligatoria: *Con un colegio más, se conseguirá la escolarización de todos los niños del barrio.*

escolarizar v. **1** Referido a un niño, proporcionarle escuela para que reciba la enseñanza obligatoria: *El Ministerio de Educación se propone escolarizar a todos los menores de dieciséis años.* **2** Referido a una persona, proporcionarle cualquier enseñanza incluida dentro del sistema académico oficial: *Con el programa de alfabetización de adultos, se consiguió escolarizar a muchos analfabetos funcionales.* □ ORTOGR. La *z* se cambia en *c* delante de *e* →**CAZAR**.

escoliosis s.f. En medicina, desviación lateral de la columna vertebral: *Algunas escoliosis pueden corregirse con ejercicios gimnásticos adecuados.* □ MORF. Invariable en número.

escollera s.f. Obra hecha con grandes piedras o bloques de cemento, que protege contra la acción del mar y que se construye para formar diques de defensa contra el oleaje, para servir de cimiento a un muelle o para resguardar el pie de otra obra: *Las olas rompían con fuerza contra la escollera.*

escollo s.m. **1** Roca o peñasco poco visibles en la superficie del agua, que suponen un peligro para las embarcaciones: *El barco se hundió tras chocar contra un escollo.* **2** Dificultad, obstáculo o riesgo: *Para llegar a su actual puesto ha tenido que salvar muchos escollos.*

escolopendra s.f. Animal invertebrado de respiración traqueal, cuyo cuerpo alargado, brillante y dividido en anillos alcanza los veinte centímetros de largo, con numerosas patas dispuestas por parejas y dos uñas venenosas en la cabeza que pueden producir dolorosas picaduras: *La escolopendra es parecida al ciempiés y vive debajo de las piedras.* □ MORF. Es un sustantivo epiceno y la diferencia de sexo se señala mediante la oposición *la escolopendra {macho/hembra}*.

escolta ▮ s. **1** Persona que acompaña o conduce algo o a alguien para protegerlo o para custodiarlo: *En el atentado resultó herido un escolta del ministro.* **2** En baloncesto, jugador que ayuda al base en la organización del juego y que a veces desempeña las funciones del alero: *Empezó de base, pero ahora juega de escolta porque es muy rápido.* ▮ s.f. **3** Acompañamiento o conducción de algo o de alguien para protegerlos, custodiarlos u honrarlos: *La policía se encargará de la escolta del industrial amenazado.* **4** Conjunto de personas, de vehículos o de fuerzas militares destinados a realizar esta función: *Cortarán la circulación cuando llegue la escolta real.* □ MORF. En las acepciones 1 y 2, es de género común y exige concordancia en masculino o en femenino para señalar la diferencia de sexo: *el escolta, la escolta*.

escoltar v. **1** Referido a una persona o a una cosa, acompañarlas o conducirlas para protegerlas o para custodiarlas: *Dos policías escoltaban el furgón blindado con el dinero.* **2** Acompañar en señal de honra o de respeto: *Familiares y amigos escoltaban el féretro.*

escombrera s.f. Lugar en el que se tiran los escombros: *Ese descampado se ha convertido en una escombrera.*

escombro s.m. Material de desecho que queda de una obra de albañilería o del derribo de un edificio: *Después del bombardeo, solo quedaron los escombros de los edificios.* □ MORF. Se usa más en plural.

esconder v. **1** Poner en un lugar secreto o en el que es difícil ser encontrado: *Escondió los documentos en la caja fuerte. Se escondió detrás del armario para que no la vieran.* **2** Incluir o guardar en el interior: *Su carácter malhumorado esconde un corazón de oro. En sus palabras se esconde una visión angustiada de la vida.* **3** Tapar o no dejar ver: *Los árboles esconden la pradera que hay tras ellos. Una hermosa visión se escondía detrás de aquella cortina.*

escondido, da adj. **1** Fuera o lejos de los sitios frecuentados: *Lo encontramos en un rincón escondido del bosque.* **2** ‖ **a escondidas.** Sin ser visto u ocultándose: *Cogí a escondidas el último trozo de chocolate.*

escondite s.m. **1** Lugar apropiado para esconder algo o para esconderse: *El ratón se metió en su escondite y no volvimos a verlo.* **2** Juego de niños que consiste en que uno de ellos busque a los otros, que previamente se han escondido: *Esos niños que están detrás de los árboles están jugando al escondite.*

escondrijo s.m. Lugar apropiado para esconderse o para esconder o guardar algo en él: *Esa cueva parece un buen escondrijo y no creo que nadie nos busque aquí.*

escoñar v. *vulg.malson.* →**estropear.**

escopeta s.f. Arma de fuego portátil, con uno o dos cañones largos montados sobre una pieza de madera, y que se usa generalmente para cazar: *Salió con su escopeta a cazar conejos.* 👁 **arma**

escopetado, da adj. *col.* Con mucha prisa o muy rápido: *En cuanto suena el timbre, los alumnos salen escopetados de clase.*

escopetazo s.m. **1** Disparo hecho con una escopeta: *Cogió el arma y, de un escopetazo, acabó con el animal.* **2** Noticia o suceso repentinos e inesperados, esp. si son desagradables: *El cierre de la empresa fue un escopetazo.*

escoplo s.m. Herramienta formada por una barra de hierro acerado terminada en un corte oblicuo y generalmente unida a un mango de madera, que se utiliza para hacer cortes en la madera o para labrar la piedra: *El carpintero golpea con el martillo el mango del escoplo para introducirlo en la madera.*

escorar ▮ v. **1** Referido a una embarcación, inclinarse de costado: *El transatlántico escoró tanto, que los pasajeros se asustaron. La nave se escoró por el peso de la carga.* ▮ prnl. **2** Inclinarse hacia un lado o hacia una determinada posición: *Acusan al partido de centro de estar escorándose hacia la derecha.*

escorbuto s.m. Enfermedad producida por la carencia de ciertas vitaminas, esp. de la vitamina C, y que se manifiesta con debilidad muscular, hemorragias, encías sangrantes y manchas amoratadas en la piel: *Antes, el escorbuto era una enfermedad frecuente entre los navegantes que hacían largos viajes.*

escoria s.f. **1** Lo que se considera peor, más despreciable o más indigno: *En esos garitos se junta la escoria de la ciudad.* **2** Sustancia de aspecto vítreo formada por las impurezas de los metales y que flota cuando estos se funden: *La escoria procede de la parte menos pura de los metales.* **3** Materia que desprende el hierro candente al ser golpeado con un martillo: *Apártate, no te vaya a caer la escoria y te queme.* **4** Residuo voluminoso que queda tras la combustión del carbón: *De las antiguas máquinas de vapor se desprendía mucha escoria.* **5** Lava ligera y voluminosa de los volcanes: *Vimos unos fragmentos de lava porosos y de forma irregular, que eran escoria de la última erupción del volcán.*

escoriación s.f. Levantamiento de la piel con aparición de escamas: *Se da una pomada para evitar la escoriación de la piel.*

escoriar v. Referido esp. a una zona del cuerpo, escamarla y levantarle la piel, esp. la capa más superficial: *El roce con la pared le escorió el codo. La piel muy reseca se escoria fácilmente.* □ ORTOGR. La *i* nunca lleva tilde.

escornarse v.prnl. **1** *col.* Darse un golpe muy fuerte: *Átate los zapatos, que te vas a escornar.* **2** *vulg.* →**descornarse.** □ MORF. Irreg.: La *o* diptonga en *ue* en los presentes, excepto en las personas *nosotros* y *vosotros* →**CONTAR.**

escorpio adj./s. Referido a una persona, que ha nacido entre el 24 de octubre y el 22 de noviembre aproximadamente (por alusión a Escorpio, octavo signo zodiacal); *escorpión: Tiene el carácter muy reservado porque es escorpio. Aunque hayas nacido el 16 de noviembre, no pareces un escorpio típico.* □ MORF. 1. Como adjetivo es invariable en género. 2. Como sustantivo es de género común y exige concordancia en masculino o en femenino para señalar la diferencia de sexo: *el escorpio, la escorpio*.

escorpión ▮ adj./s. **1** →**escorpio.** ▮ s.m. **2** Animal arácnido que tiene el abdomen prolongado en una cola dividida en segmentos y terminada en un aguijón venenoso en forma de gancho; *alacrán: El escorpión común en España puede medir hasta ocho centímetros y es de color amarillento.* □ MORF. 1. En la acepción 1, como adjetivo es invariable en género y como sustantivo es de género común y exige concordancia en masculino o en femenino para señalar la diferencia de sexo: *el escorpión, la escorpión*. 2. En la acepción 2, es un sustantivo epiceno y la diferencia de sexo se señala mediante la oposición *el escorpión {macho/hembra}*.

escorzo s.m. **1** Representación de una figura que se extiende en sentido perpendicular u oblicuo al plano de la superficie sobre la que se pinta, acortando sus líneas de acuerdo con las reglas de la perspectiva: *El escorzo da sensación de profundidad.* **2** Figura o parte de la misma representada de este modo: *El pintor renacentista Mantegna pintó famosos escorzos.*

escotado, da adj. Con escote, esp. si es grande: *En verano suele ir muy escotada.*

escote s.m. **1** En una prenda de vestir, corte o abertura hechos en la parte del cuello y que dejan al descubierto parte del pecho o de la espalda: *Llevaba una blusa de escote redondo.* **2** Parte del busto que queda descubierta por esta abertura: *Me abrocharé los botones de la camisa para que no se me vea el escote.* **3** ‖ **a escote.** Pagando cada persona la parte que le corresponde de un gasto común: *Cuando vamos en grupo, lo que compramos para todos se paga a escote.*

escotilla s.f. **1** En un barco, cada una de las aberturas que hay en la cubierta: *Abrieron la escotilla de proa para bajar los barriles a la bodega.* **2** En un carro de combate, abertura que permite acceder a su interior: *Las escotillas del tanque se cierran herméticamente.*

escozor s.m. **1** Sensación de picor doloroso, parecida a la que produce una quemadura: *El humo me produce escozor en los ojos.* **2** Sentimiento causado por un disgusto o por una ofensa: *Al recordar sus crueles palabras sobre mí, no puedo evitar sentir cierto escozor.*

escriba s.m. En algunos pueblos de la Antigüedad, persona que copiaba textos o que los escribía al dictado: *Los escribas persas utilizaban un punzón para escribir sobre la piedra.*

escribanía s.f. **1** Escritorio o mueble para guardar papeles: *En el palacio vimos una escribanía de marfil, regalada al monarca español por el rey de Francia.* **2** Juego de escritorio formado por un soporte sobre el que van colocadas varias piezas, generalmente una pluma, un tintero y un secante: *Tiene una bonita escribanía dorada sobre la mesa del despacho.*

escribano, na ▮ s. **1** Persona que escribe con muy buena letra: *Encargaron las copias del manuscrito a los mejores escribanos del reino.* ▮ s.m. **2** Antiguamente, funcionario público que estaba autorizado para dar fe de las escrituras, de los documentos y de los demás actos que pasaban ante él: *Las funciones de los antiguos escribanos las realizan hoy notarios y secretarios judiciales.*

escribir v. **1** Representar por medio de letras o de otros signos gráficos convencionales: *Escribe tu nombre en esta hoja.* **2** Referido a un texto o a una obra musical, componerlos o crearlos: *Escribió su ópera inspirándose en una leyenda medieval.* **3** Comunicar por escrito: *En la carta me escribe las últimas novedades. Desde que son novios, se escriben tres veces por semana.* ☐ MORF. Su participio es *escrito*.

escrito, ta ▮ **1** part. irreg. de **escribir**. ▮ s.m. **2** Carta, documento o cualquier otro papel manuscrito, mecanografiado o impreso: *Me han pedido un escrito que resuma lo que voy a tratar en la ponencia.* **3** Obra o composición científicas o literarias: *Ya en sus escritos de juventud daba muestras de ser un gran novelista.* **4** ‖ **estar escrito** algo. Estar dispuesto por el destino: *Me tocó la lotería porque estaba escrito.* ‖ **por escrito.** Por medio de la escritura: *Si no está usted de acuerdo, presente una queja por escrito.* ☐ MORF. En la acepción 1, incorr. **escribido*.

escritor, -a s. Persona que se dedica a escribir obras literarias o científicas, esp. si esta es su profesión: *Es una conocida escritora de novelas de ciencia ficción.*

escritorio s.m. Mueble con cajones y un tablero para escribir y guardar papeles, y que normalmente se puede cerrar: *Guarda sus cartas y sus cosas de escribir en el escritorio cerrado con llave.*

escritura s.f. **1** Representación de palabras o de ideas por medio de letras o de otros signos gráficos convencionales: *En el colegio hacen ejercicios de lectura y de escritura.* **2** Sistema utilizado para escribir: *El español utiliza una escritura alfabética.* **3** Manera de escribir: *No entiendo lo que dice porque su escritura es poco clara.* **4** En derecho, documento en el que se hace constar una obligación o un acuerdo, y en el que firman los interesados: *Firmaron las escrituras del piso ante notario.*

escroto s.m. En anatomía, bolsa de piel que cubre los testículos: *La piel del escroto tiene muchas glándulas sebáceas.*

escrúpulo s.m. **1** Duda o recelo que se tiene sobre si una acción es buena, moral o justa: *No tiene el menor escrúpulo en pasar por encima de quien sea para beneficiarse él.* **2** Asco o repugnancia hacia algo, esp. por temor a la suciedad o al contagio: *Me da escrúpulos ducharme en duchas públicas.* **3** Exactitud en la averiguación o en el cumplimiento de algo: *Es una persona muy metódica y cumplirá el encargo con el mayor escrúpulo.* ☐ MORF. Las acepciones 1 y 2 se usan más en plural.

escrupulosidad s.f. Exactitud en el examen y en la averiguación de algo, y perfecta ejecución de lo que se emprende o desempeña: *Es un crítico exigente y analiza cada página del texto con escrupulosidad.*

escrupuloso, sa ▮ adj. **1** Que hace o cumple con exactitud y cuidado sus deberes: *Es muy escrupuloso en su trabajo y no deja nada sin rematar.* ▮ adj./s. **2** Que padece o que tiene escrúpulos: *Me gusta que todo esté muy limpio, porque soy muy escrupuloso. Es una escrupulosa y prefiere no comer a comer en el mismo plato que otros.*

escrutar v. **1** Referido esp. a los votos de una elección, reconocerlos y contarlos: *No se darán a conocer datos sobre la votación hasta que no se termine de escrutar todos los votos.* **2** Explorar, indagar o examinar con mucha atención: *Me escrutó con la mirada, intentando recordar dónde me había visto antes.*

escrutinio s.m. **1** Reconocimiento y recuento de los votos de una elección o de los boletos de una apuesta: *En el escrutinio de las quinielas de esta semana ha aparecido un boleto con quince aciertos.* **2** Examen y averiguación exactas y cuidadosas de algo: *El escrutinio de sus papeles dio pistas a la policía sobre su paradero.*

escuadra s.f. **1** Instrumento con figura de triángulo rectángulo o compuesto solamente por dos reglas que forman ángulo recto: *En dibujo se usa la escuadra para trazar líneas perpendiculares.* 👁 **medida** **2** Lo que tiene la forma de este instrumento: *El balón se coló por la escuadra de la portería.* **3** Conjunto de barcos de guerra que participan en una determinada misión bajo el mismo mando; *armada*: *El Gobierno de la nación mandó una escuadra a la zona del conflicto.* **4** Grupo de soldados a las órdenes de un cabo: *El teniente envió por delante una escuadra en misión de reconocimiento.* ☐ SEM. No debe emplearse con el significado de 'equipo de fútbol' (italianismo): *Ambas {*escuadras › equipos} ofrecieron un gran partido.*

escuadrilla s.f. **1** Conjunto de aviones que realizan un mismo vuelo dirigidos por un jefe: *Una escuadrilla reali-*

zaba ejercicios de acrobacia aérea como exhibición. **2** Escuadra o conjunto de barcos de pequeño tamaño: *Hacia la isla se dirigía una escuadrilla de patrulleras.*

escuadrón s.m. **1** En el Ejército, unidad de caballería, mandada normalmente por un capitán: *El escuadrón de caballería es equiparable a la compañía en infantería o la batería en artillería.* **2** En el Ejército del Aire, unidad equiparable en importancia y en jerarquía al batallón o grupo terrestre: *Situaron un escuadrón de transporte aéreo en el centro de la península.* **3** Unidad aérea formada por un número importante de aviones: *El desfile dio comienzo con un escuadrón de aviones alineados.*

escuálido, da adj. Flaco, delgado o esquelético: *Come más, hombre, que te vas a quedar escuálido.*

escualo s.m. Pez con el cuerpo en forma de huso y con la boca muy grande situada en la parte inferior de la cabeza: *El tiburón es un escualo.* □ ORTOGR. Es un latinismo (*squalus*) adaptado al español.

escucha s.f. **1** Percepción de sonidos, esp. si es atenta: *Había altavoces por toda la plaza para favorecer la escucha en los puntos más alejados del escenario.* **2** ‖ **a la escucha.** Atento o dispuesto para escuchar: *El presentador pidió al oyente que telefoneó que permaneciese unos minutos a la escucha.* ‖ **escucha telefónica.** Percepción y grabación de las llamadas de teléfono de una persona sin que ella se dé cuenta: *Las escuchas telefónicas son ilegales si no están autorizadas por un juez.* □ SINT. *A la escucha* se usa más con los verbos *estar* y *ponerse* o equivalentes.

escuchar v. **1** Referido a algo que se oye, prestarle atención: *Te oigo, pero prefiero no escuchar lo que me dices.* **2** Referido esp. a un consejo, atenderlo o hacer caso de él: *Escucha mis consejos, o te arrepentirás.* **3** Aplicar el oído para oír: *No escuches, que lo que están hablando es una conversación privada.* □ SEM. En la acepción 1, dist. de *oír* (percibir los sonidos).

escuchimizado, da adj. Muy flaco y débil: *Nos atendió un muchacho escuchimizado y de aspecto enfermizo.*

escudar ▮ v. **1** Proteger o defender de un peligro que amenaza: *Si buscas siempre quien te escude, nunca aprenderás a valerte por ti mismo.* ▮ prnl. **2** Valerse de algún medio para justificarse o para librarse de un riesgo o de un peligro: *Se escuda en que está enfermo para no trabajar.* □ SINT. Constr. como pronominal: *escudarse* EN *algo*.

escudería s.f. En una competición automovilista o motociclista, conjunto de vehículos, pilotos y personal técnico que forman parte de un mismo equipo: *Ese piloto corre con una escudería italiana.*

escudero s.m. **1** Antiguamente, criado que servía y asistía a una persona distinguida en determinadas ocasiones: *Era frecuente que toda persona noble o de posición tuviese su escudero.* **2** Paje o sirviente que llevaba el escudo y otras armas del caballero: *Sancho Panza era el fiel escudero de don Quijote.* **3** Persona que por su sangre es noble o distinguida: *El escudero del 'Lazarillo de Tormes' se esforzaba por mantener su imagen distinguida a pesar de su pobreza.*

escudilla s.f. Vasija ancha y en forma de media esfera en la que se suele servir la sopa: *El mendigo tomaba un caldo en una escudilla de barro.*

escudo s.m. **1** Arma defensiva que se lleva sujeta por un brazo para cubrir y proteger el cuerpo: *El gladiador paraba los golpes de su enemigo con el escudo.* **2** Amparo, defensa o protección: *Su padre es su mejor escudo.* **3** Unidad monetaria portuguesa hasta la adopción del euro: *El escudo dejó de ser válido en febrero del año 2002.* **4** Antigua moneda española: *En el siglo XVII, el escudo era de plata y equivalía a diez reales de vellón.* **5** ‖ **escudo (de armas).** En heráldica, superficie u objeto con la forma de esta arma, donde se pintan las figuras o piezas que son distintivos de un reino, de una ciudad, de un linaje o de una persona; *armas, blasón: La bandera de España tiene un escudo en el centro.*

escudriñar v. Examinar o indagar para averiguar detalles: *Escudriñó detenidamente el problema hasta que dio con la solución.*

escuela s.f. **1** Establecimiento público en el que se imparte enseñanza primaria: *Todo lo que sabe lo aprendió en la escuela.* **2** Establecimiento público en el que se imparte cualquier tipo de instrucción: *Estudió tres años en una escuela universitaria para obtener el título de diplomado en enfermería.* **3** Enseñanza que se da o que se adquiere: *Es un actor joven y se nota que le falta escuela.* **4** Conjunto de discípulos, seguidores o imitadores de una persona, de una doctrina, de un estilo o de un arte: *Velázquez es el pintor más representativo de la escuela pictórica sevillana del siglo XVII.* **5** Lo que de alguna manera enseña o da ejemplo y experiencia: *En su padre tuvo una buena escuela para los negocios.*

escueto, ta adj. Referido esp. al lenguaje, que es breve, sin rodeos o sin detalles superfluos e innecesarios: *Su escueta respuesta fue un simple 'no'.*

esculpir v. **1** Labrar a mano, esp. en piedra, en madera o en metal: *Un famoso escultor fue el encargado de esculpir en mármol la imagen del alcalde.* **2** Grabar o labrar en hueco o en relieve: *Mandó esculpir en la lápida un sencillo epitafio.*

escultismo s.m. Movimiento juvenil internacional, fundado a principios del siglo XX por Baden-Powell (oficial británico), que pretende facilitar la formación integral de los jóvenes mediante actividades de grupo, realizadas generalmente en contacto con la naturaleza: *A los miembros del escultismo se les llama 'scouts'.*

escultor, -a s. Persona que se dedica al arte de la escultura: *Las tres estatuas de la plaza son obra del mismo escultor.*

escultórico, ca adj. De la escultura o relacionado con ella: *Ese caballo de mármol es su mejor obra escultórica.*

escultura s.f. **1** Arte o técnica de modelar, de tallar o de esculpir figuras en cualquier material: *Estudió escultura en una escuela de Bellas Artes.* **2** Obra hecha según este arte: *En el jardín tiene una escultura que representa a Hércules.*

escultural adj. Con las proporciones o los rasgos de belleza propios de una escultura: *Llevaba un vestido ajustado que resaltaba su figura escultural.* □ MORF. Invariable en género.

escupidera s.f. Pequeño recipiente que se usa para escupir en él: *El vaquero escupió en la escupidera que había en un rincón del bar.*

escupir v. **1** Arrojar saliva por la boca: *Escupir en la calle es de mala educación.* **2** Despedir o echar fuera de sí, esp. si se hace violentamente: *El volcán sigue activo y aún escupe lava.* **3** Referido a algo que se tiene en la boca, echarlo fuera de ella: *En cuanto me metí la cereza en la boca, me di cuenta de que estaba mala y la escupí.* **4** *vulg.* Referido a algo que se sabe, contarlo o confesarlo: *A fuerza de torturarlo, le hicieron escupir todo lo que sabía.*

a b c d e f g h i j k l m n ñ o p q r s t u v w x y z

escupitajo s.m. Saliva, flema o sangre que se escupen o se expulsan por la boca; *esputo, escupitinajo: Regañé al niño porque estaba echando escupitajos desde el balcón.*

escupitinajo s.m. →**escupitajo.**

escurreplatos s.m. Utensilio o mueble de cocina en los que se colocan los platos y cacharros fregados para que escurran; *escurridor: Si ya están secos los platos del escurreplatos, guárdalos en el armario.* ☐ MORF. Invariable en número.

escurridizo, za adj. **1** Que se escurre o se desliza con facilidad: *Este pez tiene la piel muy escurridiza.* **2** Que hace escurrirse o deslizarse: *Ten cuidado, que acaban de fregar el suelo y está escurridizo.* **3** Que se escapa o se escabulle con facilidad: *Es muy escurridiza y aún no he conseguido hablar con ella sobre ese asunto.*

escurrido, da adj. Referido a una persona, que es muy delgada y de formas poco pronunciadas: *Es tan escurrida y con tan pocas caderas, que los vestidos le quedan fatal.*

escurridor s.m. **1** Colador de agujeros grandes: *Después de hervidos, pon los macarrones en el escurridor para quitarles el agua.* **2** Utensilio o mueble de cocina en los que se colocan los platos y cacharros fregados para que escurran; *escurreplatos: Tiene el escurridor encima del fregadero.*

escurrir ▮ v. **1** Referido a algo mojado, quitarle o hacer que pierda el líquido que lo empapa: *Antes de tender la blusa, escúrrela bien.* **2** Referido a un líquido contenido en un recipiente, verterlo hasta sus últimas gotas: *Escurre bien el aceite de la botella antes de tirarla.* **3** Deslizar, resbalar o correr por encima de una superficie: *La suela de estos zapatos escurre. Al andar en calcetines por estas baldosas te escurres.* **4** Referido a algo empapado, soltar el líquido que contiene: *Las sábanas lavadas escurrían en el tendedero.* ▮ prnl. **5** Referido a una cosa, deslizarse o escaparse de entre otras que la sujetan, esp. de las manos: *La anguila se me escurrió de las manos y volvió al río.* **6** Marcharse o escaparse con disimulo o con habilidad: *Me escurrí de la fiesta cuando llegaban sus tíos.*

escusado s.m. →**excusado.**

esdrújulo, la adj. **1** Referido a una palabra, que lleva el acento en la antepenúltima sílaba: *'Régimen', como todas las palabras esdrújulas, lleva tilde.* **2** Referido a un verso, que termina en palabra acentuada en la antepenúltima sílaba: *Al hacer el cómputo métrico de un verso esdrújulo, se cuenta una sílaba menos de las que tiene realmente.* ☐ ORTOGR. Para la acepción 1 →APÉNDICE DE ACENTUACIÓN. ☐ SEM. Es sinónimo de *proparoxítono*.

ese s.f. **1** Nombre de la letra *s*: *La palabra 'seso' tiene dos eses.* **2** Lo que tiene la forma de esta letra: *Esa carretera de montaña es una cadena de eses.*

ese, sa demos. **1** Designa lo que está cerca, en el espacio o en el tiempo, de la persona a la que se habla: *En esa casa de mi infancia volvería a vivir yo. Ese de ahí es mi nuevo coche. Necesito unos zapatos como esos.* **2** Representa y señala lo ya mencionado o sobrentendido: *Tengo que ver esa película de la que hablabais. Esos que te insultan ahora te elogiarán cuando triunfes.* ☐ ORTOGR. Se recomienda la escritura sin tilde de los pronombres demostrativos, aunque se pueda producir ambigüedad. ☐ MORF. El plural del pronombre *ese* es *esos* →APÉNDICE DE PRONOMBRES. ☐ USO Pospuesto a un sustantivo y precedido del artículo determinado suele tener un matiz despectivo: *No soporto a la niña esa.*

esencia s.f. **1** Naturaleza de las cosas: *Muchos filósofos han intentado definir la esencia humana y la divina.* **2** Lo característico y más importante de algo: *La amistad es la esencia de su relación.* **3** Extracto líquido y concentrado de una sustancia, generalmente aromática: *Echamos al pastel esencia de vainilla para darle más sabor.* **4** Sustancia volátil y de olor intenso que se extrae de ciertos vegetales: *La esencia de trementina se emplea en medicina y en la industria.* **5** ‖ **quinta esencia.** →**quintaesencia.**

esencial adj. **1** Que forma parte de la naturaleza de algo, o que es una de sus características inherentes: *La razón es esencial en el ser humano.* **2** De importancia tal que resulta imprescindible: *Deja a un lado los detalles, y cuéntame solo lo esencial.* ☐ MORF. Invariable en género.

esfenoides s.m. →**hueso esfenoides.** ☐ MORF. Invariable en número. 👁 **cráneo**

esfera s.f. **1** Cuerpo geométrico limitado por una superficie curva cuyos puntos están todos a la misma distancia del punto interior llamado centro: *Una bola de billar es una esfera.* **2** En un reloj o en un objeto semejante, círculo o superficie en los que giran las manecillas: *Mi reloj tiene la esfera negra y las manecillas doradas.* **3** Clase, rango o ámbito social: *Estudió con varios ministros y tiene amigos de las altas esferas.* **4** Espacio o ámbito a los que se extiende la acción o la influencia de algo o de alguien: *Con el puesto que tiene, su esfera de acción está muy limitada.* **5** ‖ **esfera armilar.** Representación de la esfera celeste en la que se representan las trayectorias de los astros mediante circunferencias o aros concéntricos y en cuyo centro suele colocarse la Tierra: *Los antiguos astrónomos utilizaban la esfera armilar.* ‖ **esfera celeste.** Superficie ideal, curva, cerrada y concéntrica a la Tierra, en la que se mueven aparentemente los astros: *El Sol recorre la esfera celeste a lo largo del día.* ‖ **esfera {terráquea/terrestre}.** Representación de la Tierra con su misma forma en la que figura la disposición de sus tierras y de sus mares; *globo terráqueo, globo terrestre: En clase de geografía nos enseñaron un mapamundi y una esfera terrestre.* 👁 **globo**

esférico, ca ▮ adj. **1** De la esfera o con la forma de este cuerpo geométrico: *Las canicas son cuerpos esféricos.* ▮ s.m. **2** En el lenguaje del deporte, balón: *El delantero golpeó el esférico de cabeza y marcó gol.*

esfinge s.f. Animal fabuloso, con cabeza, cuello y pecho humanos, y cuerpo y pies de león: *En nuestro viaje a Egipto, vimos la famosa escultura de la esfinge de Gizeh.* 👁 **mitología**

esfínter s.m. En anatomía, músculo o conjunto de músculos que regulan la apertura o el cierre de algunos orificios del cuerpo: *Un bebé se hace pis y caca porque aún no sabe controlar los esfínteres.*

esforzado, da adj. Valiente, animoso o de gran corazón: *Realiza una esforzada labor en favor de las personas con discapacidad.*

esforzar ▮ v. **1** Dar fuerza o someter a un esfuerzo: *Si lees con poca luz, tienes que esforzar la vista.* ▮ prnl. **2** Hacer un esfuerzo físico, intelectual o moral para conseguir algo: *Nos esforzamos en terminar el trabajo para la fecha prevista.* ☐ ORTOGR. La *z* se cambia en *c* delante de *e*. ☐ MORF. Irreg.: La *o* diptonga en *ue* en los presentes, excepto en las personas *nosotros* y *vosotros* →**FORZAR.** ☐ SINT. Constr. de la acepción 2: *esforzarse {EN/POR} algo.*

esfuerzo s.m. **1** Empleo enérgico de la fuerza física o intelectual: *En el último mes de embarazo, no hagas esfuerzos. Estoy haciendo un esfuerzo para no enfadarme.* **2**

Utilización de medios superiores a los normales para conseguir algo: *Las vacaciones de sus hijos supusieron un esfuerzo económico.*

esfumarse v.prnl. **1** Desaparecer poco a poco: *A medida que bajábamos la montaña, la niebla se iba esfumando.* **2** *col.* Marcharse o irse de un lugar con rapidez o con disimulo: *Se esfumaron de la fiesta sin que nadie se diera cuenta.*

esfumino s.m. →**difumino.**

esgrima s.f. Deporte en el que dos personas combaten manejando la espada, el sable o el florete, y que se practica con un traje especial para proteger el cuerpo y la cara de posibles heridas: *En el lenguaje de la esgrima, se dice 'tirar' en vez de 'luchar' o 'combatir'.*

esgrimir v. **1** Referido a un arma, esp. a un arma blanca, sostenerla o empuñarla con intención de atacar o de defenderse: *Esgrimían sus espadas esperando la orden de ataque.* **2** Referido esp. a algo inmaterial, emplearlo como arma o medio para atacar o para defenderse: *Se retrasó y esgrimió la excusa de siempre.*

esguince s.m. Lesión producida por la tensión violenta, a veces con rotura, de un ligamento de una articulación: *Se torció el tobillo y se hizo un esguince.*

eslabón s.m. **1** Cada uno de los aros o piezas que, enlazados unos con otros, forman una cadena: *Se enganchó la cadena y se le abrió un eslabón.* **2** Elemento imprescindible para el enlace de una sucesión de cosas, esp. de hechos o de ideas: *El hombre es el último eslabón en la evolución de las especies animales.*

eslabonar v. Referido esp. a una serie de sucesos o de ideas, enlazarlos o encadenarlos: *A veces parece que las desgracias se eslabonan.*

eslalon s.m. Competición de esquí en la que los deportistas siguen un trazado con pasos obligados: *En el eslalon especial, el trazado está señalizado por medio de banderas.* □ ORTOGR. Es un término del noruego (*slalom*) adaptado al español.

eslavo, va ▮ adj./s. **1** De un antiguo grupo de pueblos indoeuropeos que ocupó el noreste y centro europeos, o relacionado con él: *Rusia, Polonia y Bulgaria son pueblos eslavos. Los eslavos son originarios de la zona situada entre los ríos Vístula y Dnieper.* ▮ adj./s.m. **2** Del grupo de lenguas indoeuropeas de esta zona: *El ruso, el polaco y el ucraniano son lenguas eslavas. El eslavo se ramifica en los grupos oriental, meridional y occidental.* □ MORF. En la acepción 1, como sustantivo se refiere solo a las personas de estos antiguos pueblos.

eslip s.m. Calzoncillo ajustado que solo llega hasta las ingles: *Viste de forma deportiva y prefiere el eslip al calzoncillo tradicional.* □ MORF. Su plural es *eslips*.

eslogan s.m. Frase publicitaria breve, ingeniosa y fácil de recordar: *Aún no han decidido el eslogan para la campaña de lanzamiento del nuevo producto.* □ ORTOGR. Es un anglicismo (*slogan*) adaptado al español. □ SEM. Dist. de *lema* (expresa una intención o una regla de conducta).

eslora s.f. Longitud de un barco de proa a popa medida sobre la cubierta principal: *El pesquero tiene veinte metros de eslora.*

eslovaco, ca ▮ adj./s. **1** De la Eslovaquia (país centroeuropeo), o relacionado con ella: *Bratislava es la capital eslovaca. La antigua República Checoslovaca estaba formada por los checos y los eslovacos.* ▮ s.m. **2** Lengua eslava de este país: *El eslovaco es parecido al checo.* □ MORF. En la acepción 1, como sustantivo se refiere solo a las personas de la República Eslovaca. □ SEM. Dist. de *esloveno* (de Eslovenia).

esloveno, na ▮ adj./s. **1** De Eslovenia (país centroeuropeo), o relacionado con ella: *Liubliana es la capital eslovena. Los eslovenos formaban parte de la antigua Yugoslavia.* ▮ s.m. **2** Lengua eslava de este país: *El esloveno, el serbocroata y el macedonio eran lenguas oficiales de la antigua Yugoslavia.* □ MORF. En la acepción 1, como sustantivo se refiere solo a las personas de Eslovenia. □ SEM. Dist. de *eslovaco* (de la República Eslovaca).

esmaltar v. **1** Cubrir con esmalte: *En el taller aprendió a esmaltar porcelana.* **2** Adornar o embellecer: *Le gusta esmaltar sus frases con todo tipo de recursos expresivos.*

esmalte s.f. **1** Barniz o pasta brillante y dura, que se obtiene fundiendo polvo de vidrio coloreado con óxidos metálicos, y que se aplica generalmente sobre cerámica o metal: *La vasija está pintada con esmalte de diversos colores.* **2** Objeto cubierto o adornado con este barniz: *En el museo exponían una importante colección de esmaltes.* **3** Materia dura y blanca que cubre la parte de los dientes que está fuera de las encías: *El esmalte protege los dientes de la caries.* **4** ‖ **esmalte (de uñas).** Cosmético que sirve para colorear las uñas y darles brillo; *pintaúñas: Se pintó las uñas con esmalte de color rojo.*

esmerado, da adj. Hecho con esmero: *El jurado premió el esmerado trabajo de un joven artista.*

esmeralda ▮ adj./s.m. **1** De color verde azulado brillante: *El mar se pone esmeralda cuando tiene muchas algas. El negro combina muy bien con el esmeralda.* ▮ s.f. **2** Piedra preciosa de este color: *Lucía un valioso collar de esmeraldas.* □ MORF. Como adjetivo es invariable en género.

esmerarse v.prnl. Poner el máximo cuidado en lo que se hace, prestando especial atención a los más mínimos detalles: *Se esmeró para que todo quedara perfecto.*

esmeril s.m. **1** Roca negruzca que se utiliza para pulimentar metales: *El esmeril raya todos los cuerpos, excepto el diamante.* **2** Piedra artificial, áspera y dura, que se usa para afilar herramientas metálicas y para desgastar el hierro: *Afila el cuchillo con esmeril.*

esmerilar v. Referido a una superficie, pulirla o alisarla con esmeril: *En ese taller esmerilan cristales.* 👁 **tapón**

esmero s.m. Máximo cuidado que se pone en lo que se hace, prestando especial atención a los más mínimos detalles: *Decoró la sala con esmero para crear un ambiente acogedor.*

esmirriado, da adj. Muy flaco o poco desarrollado; *desmirriado: Es un muchacho esmirriado y debilucho.*

esmoquin s.m. Chaqueta masculina de etiqueta, con cuello largo y generalmente de seda: *Se casó de esmoquin.* □ MORF. Su plural es *esmóquines*.

esnifar v. Referido a una droga en polvo, esp. a la cocaína, absorberla o aspirarla por la nariz: *Desde que se desintoxicó, no ha vuelto a esnifar cocaína.*

esnob adj./s. Referido a una persona, que, por darse tono, sigue todo lo que está de moda o adopta costumbres, modas e ideas que considera distinguidas: *La gente esnob actúa con muy poca naturalidad. Le gusta todo lo que parece novedoso porque es un esnob.* □ ORTOGR. Es un anglicismo (*snob*) semiadaptado al español. □ MORF. 1. Como adjetivo es invariable en género. 2. Como sustantivo es de género común y exige concordancia en masculino o en femenino para señalar la diferencia de sexo: *el esnob, la esnob*. 3. Su plural es *esnobs*. □ USO Tiene un matiz despectivo.

esnobismo s.m. Exagerada admiración por todo lo que

está de moda o inclinación a adoptar costumbres, modas e ideas porque se consideran distinguidas: *Se ha comprado un coche de importación por puro esnobismo.* □ USO Tiene un matiz despectivo.

eso pron.demos. Designa objetos o situaciones señalándolos sin nombrarlos: *Eso que está encima de la mesa es para ti. Eso de que me has llamado hoy no te lo crees ni tú.* □ ORTOGR. Nunca lleva tilde. □ MORF. 1. No tiene plural. 2. →APÉNDICE DE PRONOMBRES.

esófago s.m. En el sistema digestivo, conducto que va desde la faringe al estómago: *Cuando comemos, los alimentos pasan por el esófago.*

esos pron.demos. adj./s.m.pl. de **ese.** □ MORF. →APÉNDICE DE PRONOMBRES.

esotérico, ca adj. **1** Oculto, secreto o reservado: *El espiritismo y los temas esotéricos me atraen mucho.* **2** Que es incomprensible o de difícil acceso para la mente: *No alcanzo el sentido de esos razonamientos esotéricos.*

esoterismo s.m. Lo que está oculto o resulta incomprensible para la mente: *Le interesan el esoterismo y la parapsicología.*

espabilar v. **1** Despertar del todo o sacudir el sueño o la pereza: *La luz que entraba por la ventana me espabiló. Espabílate, que ya está preparado el desayuno.* **2** Quitar la torpeza o la excesiva ingenuidad: *Tienes que espabilar a este niño para que no le tomen tanto el pelo. Ya se espabilará cuando crezca.* **3** Aligerar o darse prisa: *¡Espabila, que llegas tarde!* □ SEM. Es sinónimo de *despabilar*.

espachurrar v. Referido esp. a algo blando, aplastarlo o reventarlo apretando con fuerza: *Le gusta espachurrar los garbanzos antes de comérselos. Los tomates se espachurraron en el camino.* □ SEM. Es sinónimo de *apachurrar*, *despachurrar* y *destripar*.

espaciador s.m. En el teclado de una máquina de escribir o de un ordenador, barra o tecla que se pulsan para dejar espacios en blanco: *El espaciador está en la parte inferior del teclado y se pulsa con el pulgar.*

espacial adj. Del espacio o relacionado con él: *La ciencia avanza constantemente en la exploración espacial.* □ MORF. Invariable en género.

espaciar v. **1** Referido esp. a dos o más cosas, separarlas o poner espacio entre ellas: *Espacia más las líneas para que sea más fácil leerlas.* **2** Referido esp. a dos o más acciones, aumentar el espacio de tiempo que transcurre entre ellas: *Ha espaciado sus visitas y ya solo viene una vez al mes.* □ ORTOGR. La *i* nunca lleva tilde.

espacio s.m. **1** Extensión en la que está contenida toda la materia existente: *No conocemos los límites del espacio.* **2** Parte de esta extensión situada más allá de los límites de la atmósfera terrestre: *Los astronautas viajan al espacio en naves espaciales.* **3** Porción delimitada de aquella extensión: *Tiene fobia a los espacios cerrados.* **4** Extensión que ocupa un cuerpo o que queda entre dos cuerpos: *Este armario ocupa demasiado espacio.* **5** Intervalo o porción de tiempo: *Podemos ocupar la sala por espacio de dos horas.* **6** En física, distancia que recorre un móvil en un tiempo determinado: *La velocidad es igual al cociente del espacio entre el tiempo.* **7** En música, separación que hay entre las rayas del pentagrama: *Un pentagrama está formado por cinco líneas y cuatro espacios.* **8** En un texto escrito a máquina, separación entre sus líneas o porción de página correspondiente a una pulsación de teclado: *El trabajo ocupa doscientas páginas a doble espacio. Para sangrar el párrafo, deja cinco espacios en blanco al comienzo de la línea.* **9** En radio o televisión, programa o parte de la programación: *Es locutora de un espacio informativo.* **10** ‖ **espacio aéreo.** Parte de la atmósfera destinada al tráfico aéreo y sometida a la jurisdicción de un Estado: *La violación del espacio aéreo de una nación puede provocar un conflicto con ella.* ‖ **espacio vital.** Territorio o medio necesarios para la vida y el desarrollo: *A medida que la selva se adueñaba del terreno, se reducía el espacio vital de los pobladores de la tribu.*

espacioso, sa adj. Amplio o grande: *Su casa tiene un salón muy espacioso.*

espada ▮ s.m. **1** En tauromaquia, torero o matador: *El espada fue vitoreado al acabar la faena.* **2** →**espadachín.** ▮ s.f. **3** Arma blanca larga y delgada, recta y afilada, con empuñadura; *hoja: Desenvainaron las espadas e iniciaron la lucha.* 👁 **arma** **4** En la baraja española, carta del palo que se representa con una o varias de estas armas: *Con la espada que me echaron, completé la escalera de color.* ▮ s.f.pl. **5** En la baraja española, palo que se representa con una o varias de esas armas: *Pinta en espadas.* 👁 **baraja** **6** ‖ **entre la espada y la pared.** *col.* En situación comprometida por tener que decidir entre dos opciones, sin posible escapatoria: *Cuando me dices que o tú o mi madre, me pones entre la espada y la pared.* ‖ **espada de Damocles.** Amenaza constante de un peligro: *El paro es la espada de Damocles para los trabajadores asalariados.* □ USO En la acepción 4, *una espada* designa a cualquier carta de espadas y *la espada* designa al as.

espadachín s.m. Persona que sabe manejar bien la espada; *espada: Dicen que de joven fue un gran espadachín.*

espadaña s.f. **1** Campanario formado por una sola pared con huecos en los que se colocan las campanas: *La iglesia de mi pueblo está coronada por una bonita espadaña.* **2** Planta herbácea de hojas en forma de espada y un tallo largo con una mazorca cilíndrica en el extremo, que suelta una especie de pelusa blanca cuando está seca: *Las hojas de la espadaña se emplean para hacer asientos de sillas.*

espagueti s.m. Pasta alimenticia en forma de cilindro largo y delgado hecha de harina de trigo: *Los espaguetis son más gruesos y más largos que los fideos.* □ ORTOGR. Es un italianismo (*spaghetti*) adaptado al español. □ MORF. Su plural es *espaguetis*.

espalda s.f. **1** En una persona, parte posterior de su cuerpo comprendida entre los hombros y la cintura: *Se echó la mochila a la espalda y empezó a andar.* **2** En una prenda de vestir, parte que se corresponde con esa parte del cuerpo: *Se apoyó en la pared y se manchó toda la espalda de la chaqueta.* **3** Parte posterior de algo: *La farmacia está en la espalda de aquel edificio.* **4** En natación, estilo que consiste en nadar boca arriba, haciendo movimientos circulares con los brazos y pendulares de arriba abajo con las piernas: *Es el campeón de los cien metros espalda.* **5** ‖ **a espaldas de** alguien. En ausencia suya o a escondidas de él: *Lo abandoné cuando supe que se veía con otra a mis espaldas.* ‖ **dar la espalda** a alguien. Retirarle la confianza o el apoyo: *No le perdono que nos diera la espalda cuando más necesitábamos su ayuda.* ‖ **guardar las espaldas** a alguien. Protegerlo o defenderlo: *Me guarda las espaldas porque lo que a mí me pase repercutirá en él. No nos dio toda la información para guardarse las espaldas.* □ MORF. Las acepciones 1 y 3 en plural tienen el mismo significado que en singular.

espaldarazo s.m. **1** Golpe dado en la espalda con una

espada o con la mano: *En la Edad Media, el espaldarazo formaba parte de la ceremonia para armar caballero a alguien.* **2** Reconocimiento de la habilidad o del mérito de alguien en su profesión o en la actividad que realiza: *Con su última novela, ha conseguido el espaldarazo definitivo de la prensa.* **3** Ayuda o empuje que se da a alguien para conseguir un objetivo: *Llegó adonde está gracias al espaldarazo de su padre.*

espalderas s.f.pl. En gimnasia, aparato que se fija a una pared y que está formado por varias barras de madera horizontales: *En las espalderas hacemos ejercicios de estiramiento.* 👁 **gimnasio**

espaldilla s.f. En algunos cuadrúpedos, cuarto delantero; *paletilla: La espaldilla está formada por la pata delantera y por la parte del cuerpo donde se inserta.* 👁 **carne**

espantada s.f. Huida o abandono rápidos y repentinos de un lugar, generalmente por el miedo: *La explosión produjo una espantada de pájaros.*

espantajo s.m. **1** Lo que se pone para espantar o asustar: *Colocamos un espantajo en el huerto para espantar los pájaros.* **2** *col.* Persona de aspecto despreciable y estrafalario: *Con ese traje tan ridículo, pareces un espantajo.*

espantapájaros s.m. Muñeco, generalmente hecho de trapo y de paja, que se coloca en los sembrados y en los árboles para ahuyentar a los pájaros: *El espantapájaros que he puesto en el sembrado parece una persona.* ☐ MORF. Invariable en número.

espantar v. **1** Causar o sentir espanto: *Es de un feo que espanta. Con sus gritos nos espantó a todos. Me espanté al ver el accidente.* **2** Echar de un lugar: *Espanta las moscas para que no se posen en el pan.*

espanto s.m. **1** Terror, asombro o turbación del ánimo: *La explosión causó espanto en todos los presentes.* **2** *col.* Lo que resulta muy molesto o desagradable: *Tener que coger el autobús cuando va tan lleno es un espanto.* **3** ‖ **estar curado de {espanto/espantos}.** *col.* No sorprenderse ante algo por estar ya acostumbrado a ello: *No me escandalizan sus groserías, porque con ese tipo ya estoy curada de espanto.*

espantoso, sa adj. **1** Que causa espanto: *En la película salía un monstruo espantoso.* **2** Muy grande: *Tengo un hambre espantosa.*

español, -a ▌adj./s. **1** De España (país europeo), o relacionado con ella; *hispano: La tortilla española está hecha con patatas. Los españoles suelen acostarse más tarde que el resto de los europeos.* ▌adj./s.m. **2** Lengua románica de este y otros países: *El español se habla en muchos países americanos.* ☐ MORF. 1. Cuando se antepone a una palabra para formar compuestos, adopta la forma *hispano-*. 2. En la acepción 1, como sustantivo se refiere solo a las personas de España. ☐ SEM. En la acepción 1, como adjetivo es sinónimo de *hispánico*.

españolizar v. Dar o adquirir características que se consideran propias de lo español o del español; *hispanizar: Los misioneros españolizaron amplias zonas americanas. La palabra francesa 'chauffeur' se españolizó en 'chófer'.* ☐ ORTOGR. La *z* se cambia en *c* delante de *e* →**CAZAR**.

esparadrapo s.m. Tira de tela o de papel con una de sus caras adhesiva, que se utiliza generalmente para sujetar vendajes: *Compré en la farmacia un rollo de esparadrapo.*

esparaván s.m. Ave rapaz diurna, de plumaje gris azulado y pardo, de alas redondeadas y cola larga, y que se alimenta de pequeños mamíferos y de otras aves; *gavilán: La hembra del esparaván es de mayor tamaño que el macho.* 👁 **rapaz** ☐ MORF. Es un sustantivo epiceno y la diferencia de sexo se señala mediante la oposición: *el esparaván {macho/hembra}*.

esparavel s.m. Red redonda para pescar en los ríos y parajes de poco fondo: *Para arrojar bien el esparavel, se necesita bastante fuerza en los brazos.* 👁 **pesca**

esparcimiento s.m. **1** Diversión o distracción: *Después de tantos días estudiando, necesito un poco de esparcimiento.* **2** Separación y extensión de algo que estaba junto: *El viento es agente del esparcimiento de las semillas.* **3** Divulgación de una noticia: *Las autoridades intentaron evitar el esparcimiento de la noticia para no alarmar a la población.*

esparcir v. **1** Referido a algo que está junto, separarlo y extenderlo: *Esparce las lentejas para ver si hay alguna piedrecita. Al caerse el azucarero, el azúcar se esparció por la mesa.* **2** Referido a una noticia, divulgarla o extenderla: *La radio esparció enseguida la noticia del accidente. El rumor se esparció rápidamente entre la población.* **3** Divertir o distraer: *Después del trabajo, es bueno esparcir un poco el ánimo. Voy a pasear un rato porque necesito esparcirme.* ☐ ORTOGR. La *c* se cambia en *z* delante de *a, o* →**ESPARCIR**.

espárrago s.m. **1** Planta herbácea de flores de color blanco verdoso y fruto redondeado de color rojo, de cuyo tallo, horizontal y subterráneo, crecen unos brotes comestibles; *esparraguera: Los espárragos también se cultivan como planta ornamental.* **2** Brote comestible de la raíz de esta planta, que es delgado, recto y de color blanquecino: *Me gusta echar espárragos a la ensalada.* **3** ‖ **espárrago triguero.** El silvestre que generalmente brota en los trigales: *Los espárragos trigueros suelen ser de color verde.* ‖ **mandar a freír espárragos** algo. *col.* Expresión que se usa para indicar rechazo o desinterés: *Como me cansen, lo mando todo a freír espárragos. ¡Anda a freír espárragos, que me tienes harto!*

esparraguera s.f. Planta herbácea de flores de color blanco verdoso y fruto redondeado de color rojo, de cuyo tallo, horizontal y subterráneo, crecen unos brotes comestibles; *espárrago: La esparraguera crece espontáneamente en algunas regiones mediterráneas.*

esparramar v. *col.* →**desparramar.**

espartano, na ▌adj. **1** Austero y severo (por alusión a la organización social rígida y militarizada de la antigua Esparta): *Se quejaban de que el jefe los tenía sometidos a una disciplina espartana.* ▌adj./s. **2** De Esparta (antigua ciudad griega), o relacionado con ella: *Las jóvenes espartanas eran más libres que las atenienses. Los espartanos tenían una severa cultura militarista.* ☐ MORF. En la acepción 2, como sustantivo se refiere solo a las personas de la antigua Esparta.

esparto s.m. **1** Planta herbácea de flores en panoja, semillas muy pequeñas y hojas largas, enrolladas sobre sí mismas y de gran resistencia: *El esparto es muy abundante en las regiones mediterráneas.* **2** Hoja de esta planta que se utiliza para la fabricación de sogas, esteras y otros objetos: *Me he comprado unas zapatillas de esparto para el verano.*

espasmo s.m. Contracción brusca e involuntaria de los músculos: *Se le ha quedado la pierna agarrotada debido a un espasmo muscular.*

espasmódico, ca adj. Del espasmo o que se acompaña

de este síntoma: *Las contracciones espasmódicas del intestino le causaban un gran dolor.*

espatarrarse v.prnl. *col.* ⟶**despatarrarse.**

espátula s.f. Paleta, generalmente pequeña, con los bordes afilados y el mango largo: *Usa una espátula para rellenar de yeso las rendijas de la pared.*

especia s.f. Sustancia vegetal aromática que se usa principalmente para sazonar las comidas: *El clavo, el laurel y la pimienta son especias.* □ ORTOGR. Dist. de *especie.*

especial adj. **1** Particular o que se diferencia de lo normal o de lo general: *Va a una escuela especial porque tiene problemas de lenguaje.* **2** Muy adecuado o propio para algo: *Este arroz es especial para paellas.* □ MORF. Invariable en género.

especialidad s.f. **1** Rama de una ciencia, de un arte o de una actividad que se dedica de forma específica a una parte limitada de las mismas, y sobre la que se poseen conocimientos o habilidades muy precisos: *La dermatología es una especialidad médica.* **2** Respecto de una persona o de un lugar, producto o confección en cuya elaboración destacan: *Las chuletas a la brasa son la especialidad de este cocinero.*

especialista ▮ adj./s. **1** Que cultiva una especialidad determinada de un arte o de una ciencia, y que sobresale en ella: *Es especialista en literatura medieval. El médico de cabecera me ha mandado al especialista de huesos.* **2** Que hace algo con habilidad: *Eres especialista en poner nervioso a los demás. Es un especialista en sacar motes a los amigos.* ▮ s. **3** En cine y televisión, persona que suele sustituir a los actores principales en las escenas peligrosas o que requieren cierta habilidad: *En la escena del accidente, lo sustituirá un especialista.* □ MORF. 1. Como adjetivo es invariable en género. 2. Como sustantivo es de género común y exige concordancia en masculino o en femenino para señalar la diferencia de sexo: *el especialista, la especialista.*

especialización s.f. **1** Adiestramiento o preparación específica en una determinada rama de una ciencia, de un arte o de una actividad: *La industria moderna exige un grado de especialización cada vez mayor a los trabajadores.* **2** Limitación a un uso o a un fin determinado: *El medio acuático en el que viven las focas ha dado lugar a la especialización de sus extremidades para nadar.*

especializar v. **1** Adiestrar o preparar de manera específica en una rama determinada de una ciencia, de un arte o de una actividad: *Esta escuela especializa a los alumnos en la reparación de ordenadores. Muchos abogados se especializan en Derecho Administrativo.* **2** Limitar a un uso o a un fin determinado: *La actividad que realiza el topo y el medio en el que vive han especializado sus extremidades para cavar.* □ ORTOGR. La *z* se cambia en *c* delante de *e* ⟶**CAZAR.**

especie s.f. **1** Conjunto de cosas con caracteres comunes: *Si él es tacaño, tú eres de su misma especie.* **2** En biología, en la clasificación de los seres vivos, categoría superior a la de raza e inferior a la de género: *La mayor parte de las especies de arañas son terrestres y de respiración aérea.* **3** ‖ **en especie(s).** En productos o en géneros y no en dinero: *Cuando no existían las monedas, se pagaba en especie.* ‖ **especies (sacramentales).** En la eucaristía, el pan y el vino convertidos en el cuerpo y la sangre de Cristo, una vez consagrados: *Comulgaron bajo las dos especies sacramentales.* ‖ **una especie de** algo. Algo parecido a ello: *Llevaba puesta una especie de gabardina extrañísima.* □ ORTOGR. Dist. de *especia.*

especiero s.m. Armarito o estantería en el que se guardan las especias: *En el especiero encontrarás pimienta y orégano.*

especificación s.f. **1** Determinación de algo de forma precisa: *El profesor no hizo especificación de la fecha ni del lugar del examen.* **2** Explicación detallada de algo: *Al principio de una receta de cocina, suele haber una especificación de todos los ingredientes necesarios.*

especificar v. **1** Fijar o determinar de modo preciso: *No especificó el día de su llegada. El adjetivo demostrativo 'este' especifica al sustantivo al que acompaña indicando su proximidad respecto del hablante.* **2** Explicar detalladamente: *El contrato especifica todas las condiciones de la compraventa de la casa.* □ ORTOGR. La *c* se cambia en *qu* delante de *e* ⟶**SACAR.**

especificativo, va adj. Que especifica o que determina de modo preciso: *En 'mira los pájaros que vuelan', 'que vuelan' es una oración de relativo especificativa.*

especificidad s.f. **1** Conjunto de propiedades que caracterizan y distinguen una especie o un elemento de otros: *La especificidad de las personas frente a los animales radica en la capacidad de razonar.* **2** Adecuación de algo para el fin específico al que se destina: *La especificidad de este medicamento para combatir la gripe hace que sea uno de los más recetados por los médicos.*

específico, ca adj. **1** Que es propio de algo y lo caracteriza y distingue de otra especie o de otro elemento: *El arco ojival es específico de la arquitectura gótica.* **2** Referido a un medicamento, que es apropiado para tratar una determinada enfermedad: *Este medicamento es específico contra la alergia.*

espécimen s.m. Modelo o ejemplar, generalmente con las características de su especie muy definidas: *El león del zoológico es un buen espécimen de su raza.* □ PRON. Aunque la pronunciación correcta es [espézimen], está muy extendida [espezímen]. □ MORF. Su plural es *especímenes.*

espectacular adj. **1** Aparatoso, exagerado o impresionante: *Un incendio espectacular acabó con el decorado.* **2** Con características propias de un espectáculo público: *Para conmemorar la victoria se organizó un acto solemne y espectacular.* □ MORF. Invariable en género.

espectacularidad s.f. **1** Aparatosidad, exageración o capacidad de impresionar: *No hubo víctimas, pero todos quedamos asustados ante la espectacularidad del accidente.* **2** Propiedad de lo que tiene características propias de un espectáculo público: *Se utilizaron luces de colores para dar espectacularidad a la fiesta.*

espectáculo s.m. **1** Función o diversión públicas: *Un grupo de artistas hacía un espectáculo circense en la plaza.* **2** Lo que atrae la atención y conmueve el ánimo de quien lo presencia: *La puesta de sol en el mar es un espectáculo grandioso.* **3** Lo que causa gran extrañeza o escándalo: *Con tantos gritos, disteis un buen espectáculo en medio de la calle.* □ SINT. La acepción 3 se usa más con el verbo *dar.*

espectador, -a adj./s. **1** Que mira con atención: *Una mirada espectadora presenciaba la escena. Yo aquí solo soy un espectador y no quiero intervenir.* **2** Que asiste a un espectáculo público: *El público espectador puede participar en el concurso. Cuando terminó la función, los espectadores aplaudieron.*

espectral adj. Del espectro o relacionado con él: *Con la*

a b c d **e** f g h i j k l m n ñ o p q r s t u v w x y z

cara tan pálida, pareces una imagen espectral. ☐ MORF. Invariable en género.

espectro s.m. **1** Fantasma horrible o imagen estremecedora: *Decía que había visto el espectro de su tatarabuelo por los pasillos del castillo.* **2** En física, resultado de la dispersión de fenómenos ondulatorios, de forma que resulten separados de los de distinta frecuencia: *En fonética experimental se estudian los espectros de los sonidos.* **3** En medicina, conjunto de especies de microrganismos que constituyen el campo sobre el que es capaz de actuar terapéuticamente una sustancia, esp. un antibiótico: *La penicilina es un antibiótico de amplio espectro.* **4** ‖ **espectro (luminoso).** Banda de colores que resulta de la descomposición de la luz blanca al atravesar un prisma u otro cuerpo refractor: *En el espectro luminoso aparece la gama de colores del arco iris.* 👁 espectro

especulación s.f. **1** Meditación o reflexión que se hace sobre algo: *Se han hecho fundadas especulaciones sobre la existencia de vida fuera de la Tierra.* **2** Suposición o cábala hechas sin base real: *Lo que te he dicho no es más que una mera especulación que no sé si se cumplirá.* **3** Realización de operaciones comerciales, consistentes generalmente en adquirir bienes cuyo precio se espera que suba a corto plazo, con el único objetivo de vender en el momento oportuno y obtener un beneficio: *La especulación con el terreno ha disparado el precio de las viviendas.*

especular ▮ adj. **1** Del espejo o relacionado con él: *Veía su rostro reflejado en la superficie especular del lago.* **2** En óptica, referido a una imagen, que está reflejada en un espejo: *La imagen especular de un objeto aparece invertida.* ▮ v. **3** Meditar o reflexionar sobre algo: *Los filósofos seguidores de Aristóteles especulaban sobre el origen del conocimiento.* **4** Hacer cábalas o suposiciones sin base real: *En vez de especular sobre lo que pueda pensar o no pensar él, pregúntale directamente.* **5** Efectuar operaciones comerciales, generalmente adquiriendo bienes cuyo precio se espera que suba a corto plazo, con el único objetivo de vender en el momento oportuno y obtener un beneficio: *Unos especulan en Bolsa, otros con pisos y terrenos edificables.* **6** Valerse de algún recurso para obtener provecho o ganancias fuera del campo comercial: *Me parece inmoral que especules con información obtenida por confidencias personales para ascender en la empresa.* ☐ MORF. Como adjetivo es invariable en género. ☐ SINT. Constr. de las acepciones 5 y 6: *especular* CON *algo.*

especulativo, va adj. **1** De la especulación o relacionado con ella: *Consiguió enriquecerse gracias a sus actividades especulativas.* **2** Que procede de un conocimiento teórico y no ha sido reducido a la práctica: *Apoya su tesis en bases especulativas e indemostrables.* **3** Muy pensativo o inclinado a la especulación o a la reflexión: *Su mente especulativa le empuja a buscar un porqué para todo.*

espejismo s.m. **1** Ilusión óptica debida a la reflexión total de la luz cuando atraviesa capas de aire de distinta densidad, y por la cual los objetos lejanos dan imágenes engañosas en cuanto a su posición y a su situación: *En las llanuras de los desiertos se producen frecuentemente espejismos.* **2** Ilusión de la imaginación: *Creíamos que con este negocio ganaríamos mucho dinero, pero todo fue un espejismo.*

espejo s.m. **1** Lámina de vidrio cubierta de mercurio por la parte posterior para que se refleje en ella lo que hay delante: *En la puerta del armario de la habitación hay un espejo.* **2** Lo que reproduce algo fielmente: *La novela realista busca ser un espejo de la sociedad.* **3** Lo que se toma como modelo o es digno de imitación: *Esa mujer es un espejo de bondad.* **4** ‖ **(espejo) retrovisor.** El pequeño que va colocado en la parte delantera de un vehículo y permite al conductor ver la parte del camino que deja detrás de sí: *En los coches, es obligatorio llevar por lo menos dos espejos retrovisores.*

espeleología s.f. **1** Deporte que consiste en la exploración de cavidades naturales subterráneas: *He comprado unas cuerdas especiales para practicar espeleología.* **2** Ciencia que estudia la naturaleza, origen y formación de las cavernas, así como su fauna y su flora: *La espeleología estudia las cavidades naturales de la superficie terrestre.*

espeleólogo, ga s. Persona que se dedica a la espeleología, esp. si esta es su profesión: *En sus exploraciones, los espeleólogos se suelen encontrar corrientes de agua subterráneas.*

espeluznar v. Espantar o causar horror: *Me espeluzna ver imágenes sangrientas y de guerras.*

espera s.f. **1** Permanencia en un lugar, aguardando la llegada de alguien o de algo: *La espera en la consulta se prolongó porque el médico estaba atendiendo a otro paciente.* **2** Plazo que se señala o se concede para ejecutar una acción o cumplir con una obligación: *El juez estableció una espera de veinte días antes de proceder al desalojo.* **3** ‖ **estar {a la/en} espera de** algo. Estar a la expectativa o en observación de que ocurra: *Estamos a la espera de los resultados del análisis para ver si conviene operar.*

esperanto s.m. Idioma creado artificialmente para que pudiese servir como lengua universal: *En el esperanto, las palabras están tomadas de lenguas románicas y del inglés.*

esperanza s.f. **1** Confianza en que ocurra o en que se logre lo que se desea: *No he abandonado mi empeño porque todavía tengo esperanzas de conseguirlo.* **2** Lo que sustenta esta confianza: *Tú eres mi última esperanza y, si no me ayudas, estoy perdido.* **3** En el cristianismo, virtud teologal que configura al creyente como una persona abierta a Dios: *La fe, la esperanza y la caridad son las tres virtudes teologales.* **4** ‖ **dar esperanza(s)** a alguien. Darle a entender que puede lograr lo que desea: *El médico no me aseguró que me curaría, pero me ha dado muchas esperanzas.*

esperanzar v. Dar o concebir esperanza: *Tus palabras de ánimo me han esperanzado. Me esperancé cuando leí tu carta.* ☐ ORTOGR. La *z* se cambia en *c* delante de *e* →**CAZAR**.

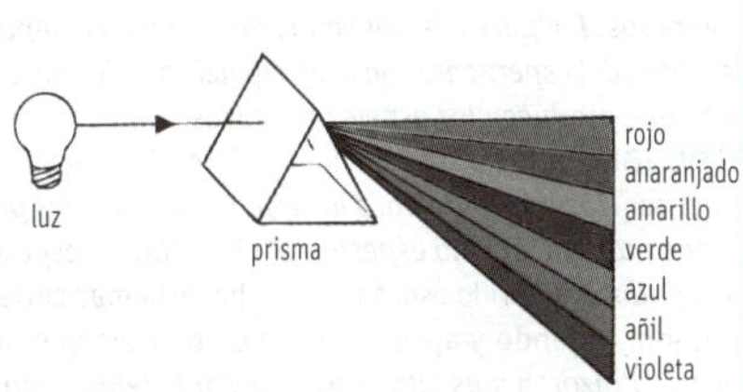

ESPECTRO LUMINOSO

a b c d e f g h i j k l m n ñ o p q r s t u v w x y z

esperar v. **1** Referido a algo que se desea, tener esperanza de conseguirlo: *Espero aprobar todo en junio, porque he estudiado mucho.* **2** Referido a un suceso o a una acción, creer que va a suceder o que se va a producir: *Esta jugarreta no me la esperaba de ti.* **3** Referido a una persona o a un suceso, aguardar su llegada en el lugar donde se cree que se producirá: *Espérame en la puerta, que ahora voy.* **4** Detenerse o no empezar a actuar hasta que suceda algo: *El autobús esperó a que estuviésemos todos para arrancar.* **5** Referido esp. a algo desagradable, ser inminente o estar a punto de suceder: *Cuando llegue a casa me espera una buena regañina. Se esperan fuertes lluvias.* **6** ‖ **de aquí te espero.** *col.* Extraordinario o muy grande: *Me pegó un susto de aquí te espero.* ‖ **esperar sentado.** Expresión que se utiliza para indicar que lo que se dice tardará mucho o no sucederá nunca: *Si crees que voy a ir yo, puedes esperar sentado, que no me pienso mover.* □ SINT. Constr. de la acepción 4: *esperar {A/HASTA} que suceda algo.*

esperma s.m. Líquido que contiene los espermatozoides que se producen en el aparato genital masculino de los animales y del hombre; *semen: En los bancos de esperma, se conserva este líquido para realizar inseminaciones artificiales.* □ MORF. Se usa también como sustantivo de género ambiguo.

espermáfito, ta o **espermafito, ta** adj./s.f. Referido a una planta, que se reproduce mediante semillas; *fanerógamo: La patata y el trigo son plantas espermáfitas. Las espermáfitas pueden tener las semillas desnudas o encerradas en el fruto.*

espermatozoide s.m. En los animales, célula sexual masculina que se forma en los testículos: *Los espermatozoides suelen tener un flagelo que les sirve para desplazarse.*

espermicida adj./s.m. Referido a una sustancia, que es de uso local y que destruye los espermatozoides: *Las cremas espermicidas se usan como método anticonceptivo. Algunos espermicidas se aplican después de haber mantenido una relación sexual.* □ MORF. Como adjetivo es invariable en género.

esperpéntico, ca adj. Del esperpento o con los rasgos grotescos, absurdos o de otro tipo característicos de este género literario: *Su proyecto ha sido calificado de esperpéntico, por responder a una visión deformada de las necesidades reales.*

esperpento s.m. **1** *col.* Lo que se considera muy feo, ridículo, o de mala apariencia: *El individuo que la acompañaba era todo un esperpento.* **2** Género literario teatral creado por Ramón María del Valle-Inclán (escritor español de finales del siglo XIX y principios del XX) y que se caracteriza por buscar una deformación sistemática de la realidad, intensificando sus rasgos grotescos y absurdos, y por una degradación de los valores literarios consagrados: *En 'Luces de Bohemia', Valle-Inclán compara la estética del esperpento con el efecto deformador de la imagen que producen los espejos cóncavos.*

espesar v. **1** Referido a un líquido, hacerlo espeso o más espeso: *Has espesado poco la crema. No sé qué les pasa a estas natillas, que no espesan. El chocolate se espesó demasiado.* **2** Referido esp. a un todo, hacerlo más cerrado o tupido, uniendo y apretando los elementos que lo forman: *Utilizaron más hilos para espesar la tela y evitar que se claree. Por esa parte del monte, el bosque se espesa y apenas pasa luz entre los árboles.*

espeso, sa adj. **1** Referido a un líquido o a un gas, que es muy denso o que está muy condensado: *El yogur es más espeso que la leche.* **2** Formado por elementos que están juntos y apretados: *La ardilla se metió entre la espesa arboleda y la perdimos de vista.* **3** Grueso, macizo o con mucho cuerpo: *La casa está cercada por un espeso muro.*

espesor s.m. **1** Grosor o anchura de un cuerpo sólido: *El espesor de este muro es de medio metro.* **2** Densidad o condensación de un fluido o de una masa: *Había un humo de tal espesor que no nos dejaba ver nada.*

espesura s.f. **1** Densidad o alta condensación de un líquido o de un gas: *Es difícil colar el aceite debido a su espesura.* **2** Carácter de lo que está formado por elementos muy juntos o apretados: *Cuanto mayor sea la espesura de la copa de un árbol, mayor sombra dará.* **3** Grosor, corpulencia o carácter macizo de algo: *Será difícil perforar una superficie de semejante espesura.* **4** Complicación, densidad o dificultad para ser comprendido: *Sus razonamientos eran de tal espesura, que me fue imposible seguirlos.* **5** Lugar muy poblado de árboles y matorrales: *Cuando el conejo se metió en la espesura, el cazador lo perdió.*

espetar v. *col.* Referido a algo sorprendente o molesto, decirlo, esp. si se hace con brusquedad: *Delante de todos, se levantó y me espetó que le debía dinero.*

espía s. **1** Persona que observa o que escucha con atención y disimulo lo que otros hacen o dicen para comunicarlo a quien desea saberlo: *Sé lo que ha ocurrido porque tengo mis espías en la empresa.* **2** Persona que trata de obtener información secreta, esp. si trabaja al servicio de un país extranjero: *Un espía ha pasado al enemigo los planos del nuevo avión de combate.* □ MORF. Es de género común y exige concordancia en masculino o en femenino para señalar la diferencia de sexo: *el espía, la espía.* □ SINT. Se usa en aposición, pospuesto a un sustantivo.

espiar v. **1** Referido a lo que otros hacen o dicen, observarlo o escucharlo con atención y disimulo: *¡Deja de espiarme y métete en tus asuntos!* **2** Referido esp. a un enemigo o a un contrario, tratar de obtener información secreta sobre él y sobre sus actividades: *Camuflaron a un agente secreto en el cuartel general enemigo para que espiara a sus altos mandos.* □ ORTOGR. 1. Dist. de *expiar*. 2. La *i* lleva tilde en los presentes, excepto en las personas *nosotros* y *vosotros* ⟶**VACIAR**.

espichar v. *col.* Morir: *Le dio algo al corazón y espichó.* □ SINT. Se usa más en la expresión *espicharla*.

espiga s.f. **1** En botánica, inflorescencia formada por un conjunto de flores colocadas a lo largo de un tallo común: *Las espigas del trigo se doblan por el peso de los granos.* 👁 **inflorescencia** **2** En un objeto, esp. en una herramienta o en un madero, parte cuyo espesor se ha disminuido para que encaje en la ranura de otra pieza: *Para montar la librería, debes meter las espigas de cada tabla en los agujeros de los listones verticales.*

espigado, da adj. Referido a una persona, que es alta y delgada: *Es tan espigado, que parece que va a doblarse como un junco.*

espigar ▌ v. **1** Referido a un terreno ya segado, recoger las espigas que han quedado en él: *Tras la siega, se espigan los trigales.* **2** Referido a un cereal, empezar a echar espiga: *Este año el trigo ha espigado muy pronto.* **3** Referido a una serie de datos, tomarlos de una o de varias fuentes de información, rebuscando aquí y allá: *Para su estudio, tuvo que espigar noticias en los periódicos y revistas de la época.* ▌ prnl. **4** Referido a una persona, crecer mucho: *Tu* *hijo se ha espigado mucho desde el verano pasado.* ☐ ORTOGR. La *g* se cambia en *gu* delante de *e* ⟶**PAGAR**.

espigón s.m. Muro que se construye en la orilla de un río o del mar y que sirve generalmente para proteger esta orilla o para modificar la dirección de la corriente: *Están construyendo un nuevo espigón en el puerto.*

espiguilla s.f. En un tejido, dibujo que semeja una espiga y que está formado por una línea que hace de eje y otras cuantas laterales, oblicuas a este eje y paralelas entre sí: *Ha comprado un tejido de espiguillas para hacerse un traje.*

espina s.f. **1** En una planta o en su fruto, pincho generalmente formado por la transformación de una hoja o de un brote: *Los rosales tienen espinas.* **2** En un pez, cada una de las piezas óseas que forman parte de su esqueleto, esp. si son largas y puntiagudas: *Creo que me he tragado una espina del pescado.* **3** Astilla pequeña y puntiaguda: *Al coger la tabla, me clavé una espina en el dedo.* **4** Parte saliente, larga y delgada de un hueso: *En la espina de la escápula u omóplato se insertan varios músculos.* **5** Pesar o tristeza íntima y duradera: *Siempre tuvo la espina de no haber podido estudiar en su juventud.* **6** ‖ **dar mala espina** algo. *col.* Hacer pensar o sospechar que puede ocurrir algo malo o desagradable: *Sus salidas nocturnas me dan muy mala espina.* ‖ **espina bífida.** Malformación congénita de la columna vertebral que da lugar a una mala soldadura de los arcos posteriores de las vértebras: *La espina bífida ocasiona la hernia de las meninges de la médula espinal.* ‖ **espina dorsal.** Columna vertebral: *En el interior de la espina dorsal se halla la médula espinal.*

espinaca s.f. Hortaliza con hojas verdes, estrechas y suaves, que nacen de la raíz y se utilizan para la alimentación: *Las espinacas se comen cocidas o en ensalada.*

espinal adj. De la médula o de la columna vertebral: *No puede doblar la espalda porque tiene una lesión en la región espinal.* ☐ MORF. Invariable en género.

espinazo s.m. **1** Columna vertebral: *En un accidente se rompió el espinazo y quedó paralítico.* **2** ‖ **doblar el espinazo. 1** *col.* Trabajar o esforzarse: *Cuando su padre deje de pasarle dinero, tendrá que doblar el espinazo como los demás.* **2** *col.* Humillarse y someterse de forma servil: *Siempre dobla el espinazo ante su jefe, porque está buscando un ascenso.*

espinilla s.f. **1** Parte delantera de la tibia o hueso de la pierna: *Le han dado una patada en la espinilla.* **2** Grano de pequeño tamaño que aparece en la piel por la obstrucción del conducto secretor de las glándulas sebáceas: *Las espinillas contiene materias sebáceas, polvo y otros elementos de la piel.*

espinillera s.f. Pieza generalmente acolchada que protege la pierna por la espinilla: *Los futbolistas suelen llevar espinilleras bajo las medias.*

espino s.m. **1** Arbusto con ramas espinosas, hojas sin pelo, flores blancas y olorosas, madera dura, y cuya corteza se usa en tintorería: *El espino crece sobre todo en zonas montañosas.* **2** ‖ **espino (artificial).** Alambrada con pinchos, esp. la que se utiliza como cerca: *Han puesto un espino artificial rodeando toda la finca.*

espinoso, sa adj. **1** Referido esp. a una planta, que tiene espinas: *El rosal tiene ramas espinosas.* **2** Delicado, comprometido, o que presenta grandes dificultades: *Ten mucho tacto cuando le hables de ese asunto tan espinoso.*

espionaje s.m. **1** Actividad encaminada a obtener información secreta, esp. si se hace para servir a un país extranjero: *A través del espionaje industrial, algunas empresas acceden a los planes de la competencia.* **2** Organización y medios dedicados a obtener información secreta: *El espionaje internacional actúa muchas veces camuflado bajo tapaderas diplomáticas.*

espira s.f. **1** Cada una de las vueltas de una espiral: *Los zarcillos con que se enredan algunas plantas crecen formando espiras.* **2** En geometría, línea en espiral: *Cada vuelta de la espira tiene un tamaño superior a la anterior e inferior a la posterior.*

espiración s.f. Expulsión del aire de los pulmones: *La respiración consta de dos fases: inspiración y espiración.*

espiral ▮ adj. **1** De la espiral o con la forma de esta línea curva: *Un muelle es un alambre enrollado de forma espiral.* ▮ s.f. **2** En geometría, línea curva que gira alrededor de un punto alejándose de este un poco más en cada vuelta: *El profesor de matemáticas trazó una espiral en la pizarra.* **3** Lo que tiene la forma de esta línea curva: *Tengo un cuaderno con espiral a un lado.* **4** Proceso que aumenta de una forma rápida, progresiva y no controlable: *La policía intenta frenar la espiral de violencia desencadenada en la ciudad.* ☐ MORF. Como adjetivo es invariable en género.

espirar v. **1** Referido al aire o a una sustancia gaseosa, expulsarla de los pulmones: *Cuando hacemos deporte, es conveniente espirar el aire por la boca. Si aspiras y espiras lentamente, te relajarás.* **2** Referido a un olor, despedirlo o exhalarlo: *Las rosas espiran una suave fragancia.* ☐ ORTOGR. Dist. de *expirar*.

espiritismo s.m. **1** Creencia según la cual los espíritus de los muertos pueden entrar en comunicación con los vivos: *El espiritismo supone que el espíritu pervive bajo una forma semimaterial.* **2** Conjunto de prácticas encaminadas a establecer comunicación con los espíritus de los muertos: *Dice que cuando hicieron espiritismo, el espíritu de su padre le habló a través del médium.*

espiritoso, sa adj. Referido esp. a una bebida, que contiene bastante alcohol; *espirituoso*: *Los licores son bebidas espiritosas.*

espiritrompa s.f. Aparato chupador de algunos insectos que consiste en un tubo largo que se enrolla en forma de espiral y que sirve para chupar el néctar de las flores: *Las mariposas tienen espiritrompa.*

espíritu s.m. **1** En una persona, parte inmaterial de la que dependen los sentimientos y las facultades intelectivas: *Su espíritu no estaba tranquilo porque sabía que había obrado mal.* **2** Alma de una persona muerta: *La médium intentó evocar los espíritus del más allá.* **3** Ser inmaterial dotado de inteligencia: *Según el catolicismo, los ángeles son espíritus celestes.* **4** *col.* Persona, generalmente considerada en cuanto a su inteligencia: *No dejó de estudiar nunca porque era un espíritu ansioso de saber.* **5** Ánimo, valor o fortaleza, esp. para actuar: *Sabe afrontar los problemas porque es una persona de mucho espíritu.* **6** Idea principal, carácter íntimo o esencia de algo: *El espíritu de la ley es proteger al ciudadano.* **7** Demonio infernal o ser sobrenatural maligno: *Cuando se le pone ese genio, parece poseído por los espíritus.* **8** ‖ **el espíritu {inmundo/maligno}.** El diablo: *El espíritu maligno se apoderó de su cuerpo y le incitaba a hacer el mal.* ‖ **espíritu de contradicción.** Tendencia de una persona a decir o a hacer lo contrario de lo que hacen los demás o de lo que se espera de ella: *Tu espíritu de contradicción te impide darme la razón, pero sé que estamos de acuerdo.*

a b c d **e** f g h i j k l m n ñ o p q r s t u v w x y z

‖ **pobre de espíritu.** Tímido o apocado: *Es una persona pobre de espíritu y que se sonroja por nada.* □ MORF. La acepción 7 se usa más en plural.

espiritual ▌adj. **1** Del espíritu, con espíritu, o relacionado con él: *Dice que la fe le da fuerza espiritual.* **2** Referido esp. a una persona, que es muy sensible y que tiene mayor interés por los sentimientos, los pensamientos y las cuestiones de religión, que por lo material: *Siempre fue una mujer muy espiritual y nunca se dejó deslumbrar por el lujo.* ▌s.m. **3** Canto religioso originario de la población negra del sur estadounidense: *Los espirituales me resultan estremecedores.* □ MORF. Como adjetivo es invariable en género.

espiritualidad s.f. **1** Propiedad de lo que es espiritual o manifiesta las características del espíritu: *Casi todas las religiones señalan como característica del alma su espiritualidad.* **2** Sensibilidad e inclinación de una persona hacia los sentimientos, los pensamientos y las cuestiones religiosas, más que hacia lo material: *Es una persona muy humana y de profunda espiritualidad.* **3** Conjunto de creencias y ejercicios relacionados con la vida espiritual: *En la sociedad medieval, la espiritualidad tenía mucho más peso que en la moderna.*

espirituoso, sa adj. →**espiritoso, sa.**

espita s.f. **1** En una cuba o en un recipiente semejante, canuto que se introduce en su agujero, generalmente provisto de una llave, para que salga por él el líquido: *El vino de la cuba se salía porque la espita no ajustaba bien en el agujero.* **2** Dispositivo semejante a este canuto que regula el paso de un fluido, esp. a través de un conducto: *Abre la espita del gas antes de encender el calentador.*

esplendidez s.f. Abundancia, grandiosidad o gran generosidad: *En cada regalo que hace, da muestras de una esplendidez propia de príncipes.*

espléndido, da adj. **1** Magnífico o maravilloso: *Hoy hace un día espléndido.* **2** Generoso o desprendido: *Era tan espléndido con todo el mundo, que se arruinó.*

esplendor s.m. **1** Grandeza, hermosura o riqueza: *La entrega de premios se hizo en un acto de gran esplendor.* **2** Situación de lo que ha alcanzado un punto muy alto de su desarrollo o en sus cualidades: *En el siglo XVII, el Barroco estaba en todo su esplendor.* **3** Brillo o resplandor: *Solo el esplendor de la luna iluminaba el bosque.*

espliego s.m. **1** Arbusto de tallos leñosos, hojas estrechas y grisáceas, y flores azules en espiga y muy aromáticas: *De la flor del espliego se obtiene un aceite que se utiliza en perfumería.* **2** Semilla de este arbusto, que suele usarse para dar humo aromático: *Colocó espliego en el incensario para esparcir su aroma sobre el altar.*

espolear v. **1** Referido a una caballería, picarla el jinete con la espuela para que ande u obedezca: *El bandolero espoleó su caballo y huyó velozmente.* **2** Referido a una persona, estimularla o animarla a hacer algo; *pinchar*: *El éxito de su primera película sirvió para espolearlo en su carrera.* □ SEM. Es sinónimo de *picar*.

espoleta s.f. En un artefacto con carga explosiva, dispositivo que se coloca para producir la explosión de dicha carga: *Las granadas hacen explosión cuando su espoleta choca con la tierra.*

espoliar v. →**expoliar.** □ ORTOGR. La *i* nunca lleva tilde.

espolio s.m. →**expolio.**

espolón s.m. **1** En algunas aves, esp. en un gallo, saliente óseo que aparece en el tarso o parte más delgada de sus patas: *Los gallos de pelea tienen fuertes espolones que utilizan para defenderse.* **2** En una caballería, saliente córneo en la parte posterior y baja de las patas: *El caballo cojea porque tiene una herida en el espolón de una pata.* **3** Muro que se construye en la orilla de un río o del mar para contener las aguas, o al borde de un barranco o de un precipicio para asegurar el terreno: *Sobre el espolón construyeron un bonito paseo marítimo.* **4** En una embarcación, punta que remata la proa, esp. si es de hierro, puntiaguda y saliente, y que se utiliza para embestir barcos enemigos: *Las antiguas galeras tenían espolones.*

espolvorear v. Referido a una sustancia con consistencia de polvo, esparcirla sobre algo: *Espolvorea coco rallado sobre la tarta. Espolvoreó el pastel con azúcar glaseada.*

espongiario ▌adj./s.m. **1** Referido a un animal, que es invertebrado, acuático, con forma de saco o tubo con una sola abertura, y que tiene la pared del cuerpo reforzada por pequeñas piezas calcáreas o silíceas o por fibras cruzadas entre sí, y atravesada por numerosos conductos que se abren al exterior: *El esqueleto de algunos animales espongiarios se utiliza como utensilio de limpieza. La esponja de mar es un espongiario.* ▌s.m.pl. **2** En zoología, grupo de estos animales: *Antiguamente, los espongiarios constituían un grupo taxonómico.*

esponja s.f. **1** Animal perteneciente al tipo de los espongiarios: *Las esponjas carecen de órganos diferenciados.* **2** Esqueleto de algunos de estos animales, formado por fibras córneas cruzadas entre sí, cuyo conjunto da lugar una masa elástica llena de agujeros y que absorbe fácilmente los líquidos: *Las esponjas se preparan para ser utilizadas como utensilios de limpieza.* **3** Cuerpo con la elasticidad, la porosidad y la suavidad de estos esqueletos, y que se utiliza como utensilio de limpieza: *Para limpiar la bañera y el lavabo, utilizo una esponja.*

esponjar ▌v. **1** Referido a un cuerpo, ahuecarlo o hacerlo más poroso: *Para esponjar la masa del pan, se le echa levadura. A medida que vaya cociendo el bizcocho, irá esponjándose.* ▌prnl. **2** Envanecerse o ponerse orgulloso: *Se esponja cuando le hablan bien de su hijo.* □ ORTOGR. Conserva la *j* en toda la conjugación.

esponjosidad s.f. Suavidad, ligereza y porosidad que presenta un cuerpo: *Se nota que el pan está reciente por su esponjosidad.*

esponjoso, sa adj. Referido a un cuerpo, que es muy poroso, hueco y ligero: *El tejido de las toallas suele ser muy esponjoso.*

esponsales s.m.pl. Promesa mutua que se hacen dos personas de casarse la una con la otro: *Mañana celebran sus esponsales, pero aún no sé la fecha de la boda.*

espónsor s. →**patrocinador, -a.** □ MORF. Es de género común y exige concordancia en masculino o en femenino para señalar la diferencia de sexo: *el espónsor, la espónsor.*

espontaneidad s.f. Naturalidad y sinceridad o ausencia de artificio en la forma de actuar: *Lo que más me gusta de ti es la espontaneidad de tus actos.*

espontáneo, a ▌adj. **1** Natural, sincero y sin premeditación, esp. en la forma de actuar: *Prefiero una respuesta espontánea, aunque sea brusca, para saber realmente a qué atenerme.* **2** Referido esp. a una planta, que se produce sin cultivo y sin cuidado del ser humano: *Ese campo no lo cuida nadie, pero en él crecen hierbas espontáneas.* ▌s. **3** Persona que asiste a un espectáculo público, esp. a una corrida de toros, como espectador y que, en un momento dado, interviene en él por propia iniciativa: *Muchos espontáneos saltan al ruedo para darse a conocer.*

espora s.f. Célula reproductora de algunos organismos con reproducción asexual: *Los helechos y los hongos se reproducen por esporas.*

esporádico, ca adj. Ocasional o sin relación con otros casos: *Los casos de cólera detectados son esporádicos y no se puede hablar aún de epidemia.*

esposar v. Referido esp. a un detenido, ponerle las esposas para que no pueda mover las manos: *La policía esposó a los atracadores.* ☐ ORTOGR. Dist. de *desposar.*

esposas s.f.pl. Véase **esposo, sa.**

esposo, sa ▌s. **1** Respecto de una persona, otra que está casada con ella: *Esta pulsera se la regaló su esposo por el aniversario de su matrimonio.* ▌s.f.pl. **2** Conjunto de dos aros de metal unidos por una cadena, que se utilizan para sujetar a los detenidos por las muñecas: *La policía lo condujo a la comisaría con las esposas puestas.*

espray s.m. →**aerosol.** ☐ PRON. [esprái].

esprín s.m. **1** En una carrera deportiva, esfuerzo momentáneo que hace un deportista, esp. al final, para conseguir la mayor velocidad: *En la última curva, el atleta ganador realizó un esprín que dejó atrás a sus seguidores.* **2** Esfuerzo final que permite conseguir o lograr algo: *Todavía tengo exámenes, pero ya solo me falta el último esprín para aprobar todo en junio.* ☐ MORF. Su plural es *esprines.* ☐ USO Es innecesario el uso del anglicismo *sprint*, y de la grafía *esprint.*

esprint s.m. →**esprín.** ☐ MORF. Su plural es *esprints.*

esprínter s. Deportista especializado en correr una distancia a máxima velocidad: *Para el último relevo de la carrera han elegido a la mejor esprínter del equipo.* ☐ MORF. 1. Es de género común y exige concordancia en masculino o en femenino para señalar la diferencia de sexo: *el esprínter, la esprínter.* 2. Su plural es *esprínteres.*

espuela s.f. Arco de metal, con una pieza alargada y terminada en una pequeña rueda dentada, que se ajusta al talón del jinete y se usa para picar a la cabalgadura: *El caballo corrió más cuando sintió la picadura de las espuelas.*

espuerta s.f. **1** Cesta de esparto, de palma o de otra materia, con dos asas pequeñas: *Llena la espuerta de escombros y tíralos al contenedor.* **2** ‖ **a espuertas.** A montones o en gran cantidad: *Con el nuevo negocio, está ganando dinero a espuertas.*

espulgar v. Limpiar de pulgas o de piojos: *Compramos un insecticida para espulgar al perro.* ☐ ORTOGR. 1. Dist. de *expurgar.* 2. La *g* se cambia en *gu* delante de *e* →**PAGAR.**

espuma s.f. **1** Conjunto de burbujas que se forman en la superficie de los líquidos: *Las olas, al deshacerse en la playa, forman espuma.* **2** Producto cosmético con consistencia semejante a la de estas burbujas: *Tengo que comprar otro bote de espuma de afeitar.* **3** Tejido muy ligero y esponjoso: *Llevo medias de espuma porque abrigan más que las de nailon.* **4** *col.* →**gomaespuma.**

espumadera s.f. Utensilio de cocina en forma de paleta agujereada y con un mango largo: *Para sacar los fritos de la sartén, utilizo una espumadera.*

espumajo s.m. →**espumarajo.**

espumarajo s.m. Saliva arrojada en gran cantidad por la boca; *espumajo: El niño lloraba con tal rabieta, que le salían espumarajos.*

espumillón s.m. Tira con flecos, muy ligera y de colores vivos y brillantes, que se utiliza como adorno en las fiestas navideñas: *En Navidad decoramos el salón y el árbol con bolas y espumillones.*

espumoso, sa adj. Que tiene o que hace mucha espuma: *El cava y el champán son vinos espumosos.*

espurio, ria adj. Falso, adulterado o no auténtico: *Los supuestos documentos medievales resultaron ser espurios.* ☐ PRON. Incorr. *[espúreo].

espurrear v. Rociar con agua o con otro líquido arrojados por la boca: *Si el niño no quiere comer, no le obligues, que nos va a espurrear a todos.* ☐ ORTOGR. Se admite también *espurriar.*

espurriar v. →**espurrear.** ☐ ORTOGR. La *i* lleva tilde en los presentes, excepto en las personas *nosotros* y *vosotros* →**VACIAR.**

esputar v. Referido a flemas o a otras secreciones de las vías respiratorias, arrancarlas y arrojarlas por la boca: *Está acatarrado y toma un jarabe para esputar las flemas.*

esputo s.m. Saliva, flema o sangre que se escupen o se expulsan de una vez por la boca: *Lanza muchos esputos porque tiene un catarro tremendo. escupitajo*

esqueje s.m. Tallo o brote de una planta que se injerta en otra o que se introduce en la tierra para que nazca una planta nueva: *Injertó un esqueje de geranio y le han salido un montón.*

esquela s.f. Aviso o notificación de la muerte de una persona, esp. los que aparecen en los periódicos: *Supe que había muerto porque vi su esquela en el periódico.*

esquelético, ca adj. Muy flaco o muy delgado: *No adelgaces más, que te estás quedando esquelético.*

esqueleto s.m. **1** Conjunto de piezas duras y resistentes, generalmente trabadas o articuladas entre sí, que da consistencia al cuerpo de los animales, sosteniendo o protegiendo sus partes blandas: *El esqueleto de una persona está formado por más de doscientos huesos.* **2** Armazón que sostiene algo: *Los cimientos y las vigas son el esqueleto de un edificio.* **3** Esquema o conjunto de líneas básicas sobre los que se monta o hace algo: *Cuando ya tenga el esqueleto del trabajo, empezaré a redactarlo.* **4** ‖ **{menear/mover} el esqueleto.** *col.* Bailar, generalmente con música moderna: *Fuimos a una discoteca a mover el esqueleto.* 👁 esqueleto, en la página siguiente

esquema s.m. **1** Resumen de una cosa atendiendo a sus ideas o caracteres más significativos: *Siempre estudia haciendo esquemas de las lecciones para organizar las ideas.* **2** Representación gráfica y simbólica de cosas materiales o inmateriales: *Este es el esquema de cómo quiero que sea el nuevo local.* **3** *col.* Estructura que constituye la base de algo: *O cambias esos esquemas mentales tan llenos de prejuicios, o tendrás problemas para relacionarte con la gente.*

esquemático, ca adj. **1** Explicado o hecho de una manera simple, a rasgos generales y sin entrar en detalles: *Hizo una exposición muy clara y esquemática.* **2** Que tiene capacidad para elaborar esquemas: *Una mente esquemática ayuda a organizar las ideas.*

esquematizar v. Representar de forma esquemática o con rasgos generales: *El profesor esquematizó en un dibujo el funcionamiento del motor de explosión.* ☐ ORTOGR. La *z* se cambia en *c* delante de *e* →**CAZAR.**

esquí s.m. **1** Especie de patín formado por una tabla alargada que sirve para deslizarse sobre la nieve o sobre el agua: *Me caí en la bajada porque patiné y se me cruzaron los esquíes.* **2** Deporte que se practica deslizándose sobre la nieve con estos patines: *El esquí es un deporte olímpico.* **3** ‖ **esquí acuático.** Deporte que consiste en deslizarse rápidamente sobre el agua con estos patines

a b c d e f g h i j k l m n ñ o p q r s t u v w x y z

ESQUELETO

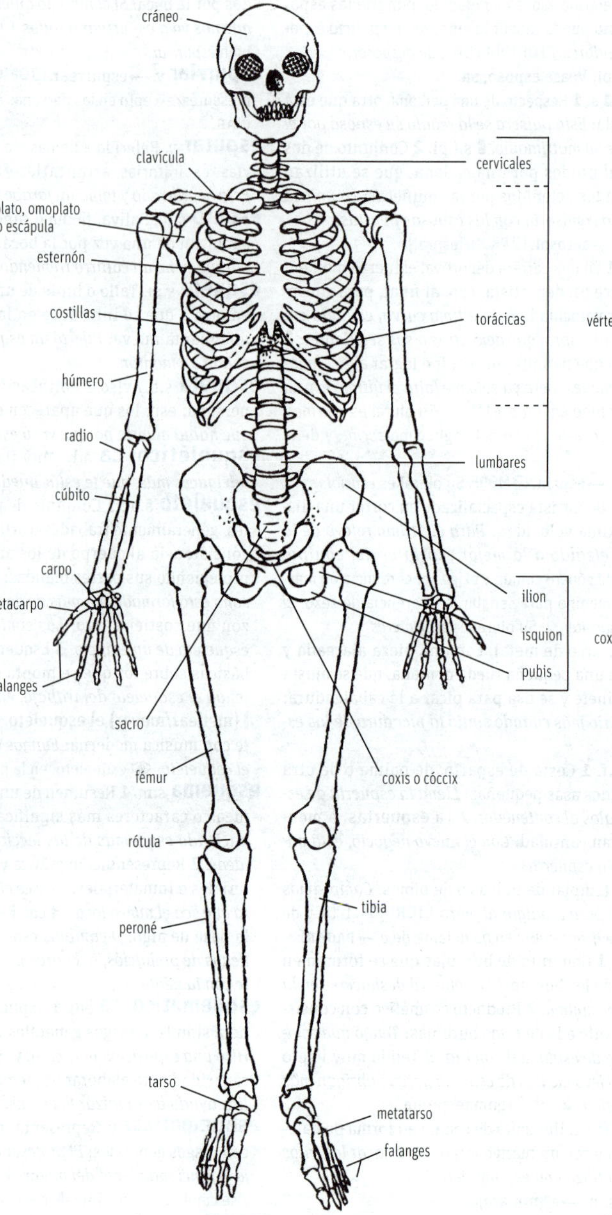
cráneo
clavícula
omóplato, omoplato
o escápula
esternón
costillas
húmero
radio
cúbito
carpo
metacarpo
falanges
sacro
fémur
rótula
peroné
tarso
cervicales
torácicas
vértebras
lumbares
ilion
isquion
coxal
pubis
coxis o cóccix
tibia
metatarso
falanges

y arrastrado por una lancha motora: *En verano, practica el esquí acuático en la playa.* □ MORF. Su plural es *esquíes* o *esquís.* □ USO Es innecesario el uso del anglicismo *ski.*

esquiador, -a s. Persona que practica el esquí, esp. si esta es su profesión: *Un esquiador suizo ganó la prueba de descenso.*

esquiar v. Deslizarse con esquíes sobre la nieve o sobre el agua: *Hice un curso en la misma estación de esquí para aprender a esquiar.* □ ORTOGR. La *i* lleva tilde en los presentes, excepto en las personas *nosotros* y *vosotros* →VACIAR.

esquijama s.m. Pijama cerrado que se ciñe al cuerpo, hecho de tejido de punto y que se usa generalmente en invierno: *Un esquijama abriga más que un pijama normal.*

esquila s.f. **1** Cencerro pequeño en forma de campana: *Todas sus ovejas llevan una esquila al cuello.* **2** Corte del pelo o de la lana de un animal, esp. de una oveja: *Para la esquila de las ovejas, utilizaban una máquina eléctrica.*

esquilar v. Referido a un animal, esp. a una oveja, cortarle el pelo o la lana; *trasquilar: Después de esquilarla, la oveja abultaba la mitad.*

esquilmar v. **1** Referido esp. a una fuente de riqueza, agotarla o hacer que disminuya por explotarla más de lo debido: *Los pescadores furtivos han esquilmado esta parte del río y ya casi no hay peces.* **2** Referido a una persona, empobrecerla o sacarle el dinero abusivamente: *Esquilmó a su padre para pagar sus deudas de juego.* **3** Referido a un terreno, absorber con exceso los elementos nutritivos que contiene: *Los eucaliptos y otros árboles de crecimiento rápido esquilman el suelo.*

esquimal ▌adj./s. **1** De un pueblo que habita en las regiones árticas americanas y asiáticas, o relacionado con él: *Cuando estuve en Alaska, conviví con pueblos esquimales. Vi en un documental cómo unos esquimales construían su iglú.* ▌s.m. **2** Grupo de lenguas de este pueblo: *Algunas de las lenguas habladas en Alaska y Canadá pertenecen al esquimal.* □ MORF. 1. Como adjetivo es invariable en género. 2. En la acepción 1, como sustantivo es de género común y exige concordancia en masculino o en femenino para señalar la diferencia de sexo: *el esquimal, la esquimal.* 3. En la acepción 1, como sustantivo se refiere solo a las personas de ese pueblo.

esquina s.f. Arista o parte exterior del lugar en que se juntan dos lados de algo, esp. las paredes de un edificio: *Mi casa está en la esquina de esas dos calles.*

esquinar v. **1** Hacer o formar esquina: *Coincidimos mucho porque su casa esquina con la mía.* **2** Poner en esquina: *Si esquinas un poco la televisión, la veremos también desde aquí.*

esquinazo s.m. **1** Esquina de un edificio: *Vivo en un esquinazo y mi casa tiene ventanas a las dos calles.* **2** ‖ **dar esquinazo.** *col.* Referido a una persona, rehuirla, evitarla o abandonarla: *Cuando vi que se me acercaba ese pesado, decidí darle esquinazo.*

esquirla s.f. Astilla desprendida de algo duro, esp. de un hueso fracturado: *Le quitaron varias esquirlas óseas en la operación que le hicieron tras el accidente.*

esquirol s.m. *desp.* Persona que trabaja cuando hay huelga, o que sustituye a un huelguista: *Los huelguistas insultaban a los esquiroles por su falta de solidaridad.*

esquivar v. Evitar o rehusar con habilidad: *El boxeador esquivaba los golpes de su rival.*

esquivez s.f. Rechazo de las atenciones, de las muestras de afecto o del trato de otras personas: *No es propio de un padre tratar a sus hijos con esquivez.*

esquivo, va adj. Que rehúye las atenciones, las muestras de afecto o el trato de otras personas: *En el trabajo se muestra esquivo y distante con sus compañeros.*

esquizofrenia s.f. En psiquiatría, enfermedad mental que se caracteriza por una pérdida de contacto con la realidad y por alteraciones de la personalidad: *La esquizofrenia altera el pensamiento, la emotividad y la conducta del enfermo.*

esquizofrénico, ca ▌adj. **1** De la esquizofrenia o relacionado con esta enfermedad: *El paciente presenta un comportamiento esquizofrénico.* ▌adj./s. **2** Que padece esquizofrenia: *Conocí a un muchacho esquizofrénico que creía ser otra persona. En este psiquiátrico hay muchos esquizofrénicos.*

esta pron.demos. adj./s.f. de **este.** □ MORF. →APÉNDICE DE PRONOMBRES.

estabilidad s.f. **1** Permanencia o duración en el tiempo, esp. si se produce sin cambios esenciales: *Después de años de estabilidad del régimen democrático, ya no hay riesgo de golpes de Estado.* **2** Firmeza o seguridad, esp. en el espacio, en la posición o en el rumbo: *Unos buenos cimientos dan estabilidad al edificio.* **3** Propiedad de un cuerpo o de un sistema de volver a su posición de equilibrio después de haber sido separados de ella: *Los amortiguadores de este coche garantizan una gran estabilidad en todos los terrenos.* **4** Situación meteorológica que se caracteriza por la resistencia a que se desarrollen cambios: *El servicio meteorológico espera que hoy continúe la estabilidad atmosférica.*

estabilización s.f. Concesión o adquisición de un carácter estable: *La política del Gobierno pretende lograr la estabilización de los precios.*

estabilizante s.m. Sustancia que se añade a una disolución para impedir que precipite: *Algunos alimentos, como los helados, llevan estabilizantes.*

estabilizar v. Hacer estable: *Tras la crisis económica los Gobiernos han estabilizado sus economías. Pasó una temporada muy nervioso, pero ha ido estabilizándose.* □ ORTOGR. La *z* se cambia en *c* delante de *e* →CAZAR.

estable adj. **1** Constante, firme, permanente o duradero en el tiempo: *Necesita un empleo estable y seguro.* **2** En química, referido esp. a una sustancia, que no resulta fácil de descomponer por la acción de la temperatura o de agentes químicos: *Los gases nobles son muy estables y no reaccionan químicamente.* □ MORF. Invariable en género.

establecer ▌v. **1** Fundar, instituir o crear, generalmente con un propósito de continuidad: *Las dos naciones establecieron relaciones diplomáticas.* **2** Ordenar, mandar o decretar: *El código de la circulación establece que las bicicletas no pueden circular por las autopistas.* **3** Referido a un pensamiento, expresarlo o demostrar su valor general: *Newton estableció que todos los cuerpos de la Tierra están sometidos a la acción de la fuerza de la gravedad.* ▌prnl. **4** Fijar la residencia: *No nací en esta ciudad, pero me establecí aquí al acabar los estudios.* **5** Abrir un negocio por cuenta propia: *Antes trabajaba aquí de dependiente, pero ahora se ha establecido en otro barrio.* □ MORF. Irreg.: Aparece una *z* delante de *c* cuando la siguen *a, o* →PARECER.

establecimiento s.m. **1** Fundación, institución o creación de algo, generalmente con un propósito de continuidad: *El establecimiento del campamento al lado del río fue un acierto.* **2** Lugar en el que habitualmente se desarrolla una industria, una profesión o una actividad comercial:

Las tiendas son establecimientos comerciales. **3** Colonia fundada en un país por naturales de otro: *Esta ciudad fue un antiguo establecimiento cartaginés.* **4** Fijación de la residencia o del trabajo en un lugar: *Desconozco las razones que motivaron su establecimiento definitivo en ese pueblo.*

establo s.m. Lugar cubierto en el que se encierra o se guarda el ganado: *Ha construido un moderno establo para sus vacas.*

estaca s.f. **1** Palo acabado en punta para que pueda ser clavado: *Clavó una estaca junto al cerezo para enderezarlo.* **2** Palo grueso que puede manejarse como un bastón: *Subía la montaña apoyándose en una estaca.*

estacada ‖ **dejar en la estacada** a alguien. Abandonarlo en un peligro o en una situación difícil: *No te perdonaría que me dejaras en la estacada en un momento de apuro.*

estacazo s.m. **1** Golpe dado con una estaca: *Le pegó tal estacazo, que tuvieron que darle tres puntos en la ceja.* **2** Golpe o choque muy fuertes: *Iba distraído y me di un tremendo estacazo contra una farola.*

estación s.f. **1** Cada uno de los cuatro grandes períodos de tiempo en que se divide el año: *Las cuatro estaciones son: primavera, verano, otoño e invierno.* 👁 estación **2** Período de tiempo señalado por una actividad o por ciertas condiciones climáticas: *Estamos en la estación de la fresa y por eso están tan baratas en el mercado.* **3** Sitio en el que habitualmente hace parada un medio de transporte público, esp. el tren o el metro, para recoger o dejar viajeros o mercancías durante el recorrido de su línea: *Este tren efectúa paradas en todas las estaciones de su recorrido.* **4** Conjunto de edificios y de instalaciones de un servicio de transporte público: *Puedes comprar el billete en la misma estación de autobuses.* **5** Conjunto de instalaciones y de aparatos necesarios para realizar una actividad determinada: *Han abierto dos pistas nuevas en esta estación de esquí.* **6** En el viacrucis, cada una de las quince escenas que representan la pasión, muerte y resurrección de Jesucristo: *Las estaciones del vía crucis de mi parroquia son cruces con un dibujo del momento que recuerda cada una.* **7** Conjunto de oraciones que se rezan ante cada una de estas escenas: *Me ha dicho el párroco que prepare la tercera estación para el vía crucis de esta tarde.* **8** ‖ **estación de servicio.** La que está provista de productos y servicios necesarios para el aprovisionamiento de los automovilistas y de sus vehículos: *Pararé a echar gasolina en la próxima estación de servicio.*

estacional adj. Propio y característico de una estación del año: *El clima de esta región se caracteriza por sus lluvias estacionales de primavera.* ☐ MORF. Invariable en género.

estacionamiento s.m. **1** Detención de un vehículo en un lugar, en el que se deja parado y generalmente desocupado: *El estacionamiento en segunda fila está prohibido.* **2** Lugar donde puede estacionarse un vehículo, esp. referido a los recintos dispuestos para ello: *En esta zona hay varios estacionamientos públicos.* **3** Estancamiento o estabilización en una situación, sin que se produzcan avances ni retrocesos: *El estacionamiento de su estado ha hecho concebir esperanzas a los médicos.*

estacionar ▌v. **1** Referido esp. a un vehículo, pararlo y dejarlo, generalmente desocupado, en un lugar: *Estacionó el camión a la puerta del mercado. Temo que me pongan una multa por estacionarme en zona prohibida.* ▌prnl. **2** Estancarse o estabilizarse en una situación, sin experimentar avance ni retroceso: *Su enfermedad se ha estacionado y ni mejora ni empeora.*

estacionario, ria adj. Que permanece en el mismo estado o situación, sin avance ni retroceso: *El paciente continúa en estado estacionario, pero los médicos confían en una pronta mejoría.*

estadio s.m. **1** Recinto con gradas para los espectadores

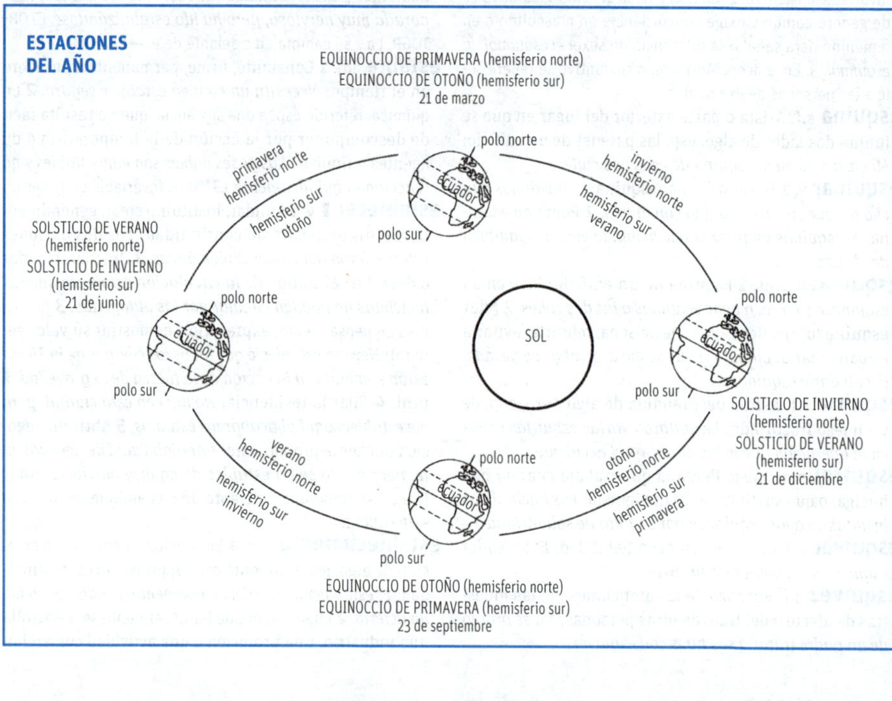

y destinado generalmente a albergar competiciones deportivas: *El estadio de fútbol se llenó de seguidores que aclamaban a su equipo.* 👁 estadio **2** En un proceso, cada una de sus etapas o fases: *La larva es uno de los estadios de la metamorfosis de un insecto.*

estadista s. **1** Persona especializada en asuntos de Estado: *El presidente del Gobierno está considerado como un gran estadista.* **2** Jefe de Estado: *En la cumbre estarán presentes los estadistas de todos los países comunitarios.* ☐ MORF. Es de género común y exige concordancia en masculino o en femenino para señalar la diferencia de sexo: *el estadista, la estadista.*

estadístico, ca ▌adj. **1** De la estadística o relacionado con esta ciencia: *Se hizo un estudio estadístico sobre el índice de alcoholismo en el país.* ▌s. **2** Persona que se dedica profesionalmente a la estadística: *Prestigiosos estadísticos realizaron un informe sobre el crecimiento de la población activa.* ▌s.f. **3** Ciencia que se ocupa de la recogida y obtención de datos, y de su tratamiento para expresarlos numéricamente y poder extraer conclusiones a partir de ellos: *La estadística es una disciplina auxiliar de ciencias como la sociología.* **4** Conjunto de estos datos: *Según las últimas estadísticas, la situación económica ha mejorado.*

estado s.m. **1** Situación, circunstancia o condición en la que se encuentra algo sujeto a cambios: *Su estado de salud es satisfactorio.* **2** Clase o condición a la que está sujeta la vida de una persona: *Colgó los hábitos y abandonó el estado religioso.* **3** Estamento o grupo social en que se divide la sociedad: *En la sociedad medieval, la nobleza constituía uno de los estados privilegiados.* **4** En física, cada uno de los grados o de los modos de agregación o de unión de las moléculas de un cuerpo: *El hielo se encuentra en estado sólido.* **5** Conjunto de los órganos de gobierno de un país soberano: *La lotería y las quinielas son juegos que organiza el Estado.* **6** Territorio y población de cada país independiente: *Las elecciones tendrán lugar en todo el Estado.* **7** En un sistema federal, cada uno de los territorios que se rigen por leyes propias, aunque sometidos en determinados asuntos al Gobierno general: *El candidato a la presidencia del país presentó su programa político en su estado natal.* **8** Inventario, resumen o relación, generalmente por escrito, de las partidas o de los conceptos que permiten determinar la situación de algo: *Pidió al banco el estado de su cuenta corriente.* **9** En la Edad Media o en la Edad Moderna, país o dominio bajo la autoridad de un príncipe o de un señor feudal: *Muchos príncipes alemanes impusieron la religión luterana en sus estados.* **10** ‖ **de Estado.** Referido a una persona, que tiene aptitud reconocida para dirigir los asuntos de una nación: *Es un hombre de Estado y sabe anteponer los intereses del país a los de su partido.* ‖ **en estado (de buena esperanza/interesante).** Referido a una mujer, embarazada: *Me dijo ilusionada que estaba en estado de buena esperanza.* ‖ **estado (civil).** Condición de cada persona en relación con los derechos y obligaciones civiles: *Mi estado civil es de soltera.* ‖ **estado de excepción.** En un territorio, situación declarada oficialmente como grave para el mantenimiento del orden público y que supone la suspensión de garantías constitucionales: *Se declaró el estado de excepción en todo el país tras el golpe de Estado.* ‖ **Estado federal.** El que está formado por territorios particulares y en el que los poderes regionales gozan de autonomía e incluso de soberanía para su vida interna; *federación: Estados Unidos es un Estado federal.* ‖ **estado llano** o **tercer estado.** En la sociedad europea medieval, el formado por burgueses y campesinos: *Al estado llano pertenecían las personas más desfavorecidas de la sociedad.* ‖ **Estado Mayor.** En el Ejército, cuerpo de oficiales encargados de informar técnicamente a los jefes su-

ESTADIO DE ATLETISMO

1 salto de longitud
2 lanzamiento de disco y de martillo
3 triple salto
4 lanzamiento de jabalina
5 lanzamiento de peso
6 salto con pértiga
7 salto de altura
carreras { 8 salida recta, 9 salida escalonada, 10 llegada o meta, 11 calles }

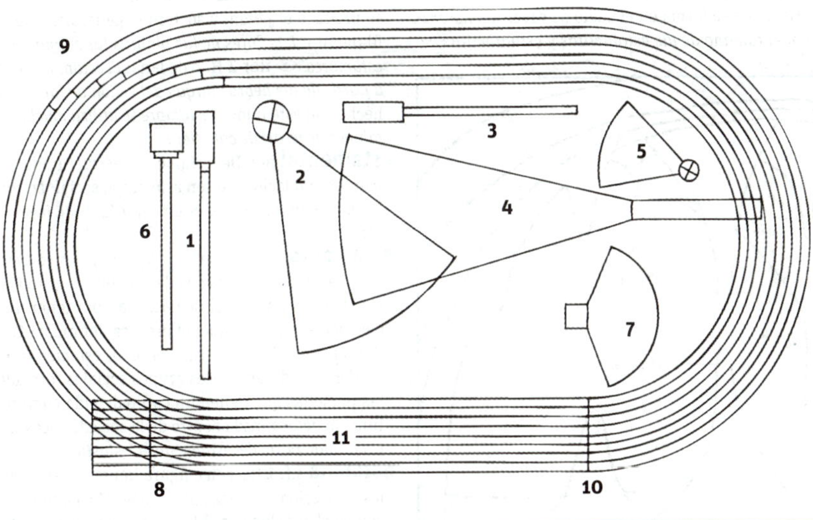

periores, de distribuir las órdenes y de procurar y vigilar su cumplimiento: *El Estado Mayor de la división está preparando un plan de ataque.* ☐ USO En las acepciones 5 y 6, se usa como nombre propio.

estadounidense adj./s. De los Estados Unidos de América o relacionado con este país norteamericano; *norteamericano: La capital estadounidense es Washington D.C. Los estadounidenses gozan de una tecnología muy desarrollada.* ☐ MORF. 1. Como adjetivo es invariable en género. 2. Como sustantivo es de género común y exige concordancia en masculino o en femenino para señalar la diferencia de sexo: *el estadounidense, la estadounidense*. 3. Como sustantivo se refiere solo a las personas de los Estados Unidos de América.

estafa s.f. **1** Privación hecha con engaño de una cantidad de dinero o de algo valioso: *La estafa al banco asciende a varios millones.* **2** En derecho, realización de alguno de los delitos que tienen como fin el lucro y que utilizan como medio el engaño o el abuso de confianza: *El cajero fue condenado a diez años de cárcel por cometer una estafa.*

estafar v. **1** Referido a una cantidad de dinero o a algo valioso, quitárselo a su dueño con engaño: *Estafó a su socio cien mil euros.* **2** En derecho, cometer alguno de los delitos que tienen como fin el lucro y que utilizan como medio el engaño o el abuso de confianza: *Denunciaron a la empresa por estafar a sus clientes vendiéndoles productos de calidad inferior.*

estafeta s.f. Oficina del servicio de correos, esp. si es sucursal de la central: *Puedes enviar un giro postal desde cualquier estafeta.*

estafilococo s.m. Bacteria de forma redondeada, que se agrupa en racimos: *Algunos estafilococos son capaces de causar enfermedades en el hombre.*

estalactita s.f. En geología, formación calcárea, generalmente con forma de cono irregular y con la punta hacia abajo, que cuelga del techo de cavernas naturales: *Las estalactitas se forman por las filtraciones de agua con sales calizas o silíceas.* ☐ SEM. Dist. de *estalagmita* (con la punta hacia arriba). 👁 estalactita

estalagmita s.f. En geología, formación calcárea, generalmente con forma de cono irregular y con la punta hacia arriba, que se forma en el suelo de cavernas naturales: *Por el tamaño de las estalactitas y estalagmitas, se puede saber si es abundante la circulación de agua en una gruta.* ☐ SEM. Dist. de *estalactita* (con la punta hacia abajo). 👁 **estalactita**

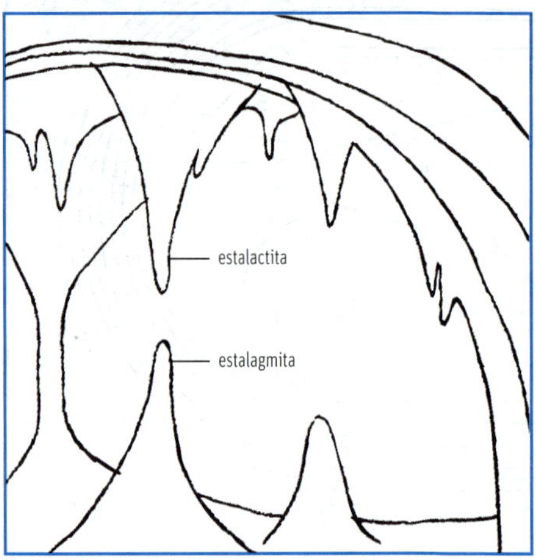

estalinismo s.m. Teoría y práctica políticas propugnadas por Stalin (político y militar soviético de los siglos XIX y XX), y que se caracterizan principalmente por la rígida jerarquización de la vida social y por su dogmatismo: *El estalinismo supuso la puesta en práctica de las ideas de Lenin.*

estalinista ▮ adj. **1** Del estalinismo o relacionado con esta teoría y práctica políticas: *Las teorías estalinistas fueron duramente criticadas por los propios marxistas.* ▮ adj./s. **2** Partidario del estalinismo: *Los políticos estalinistas practicaban el culto a la personalidad del líder. Los estalinistas defendían una eliminación drástica de las tendencias críticas.* ☐ MORF. 1. Como adjetivo es invariable en género. 2. Como sustantivo es de género común y exige concordancia en masculino o en femenino para señalar la diferencia de sexo: *el estalinista, la estalinista*.

estallar v. **1** Romperse o reventar de golpe y con gran ruido: *La bomba que estalló causó varios heridos.* **2** Referido esp. a algo cerrado, abrirse o romperse debido a la presión o a la tirantez que soporta: *Al sentarme, la cremallera del pantalón estalló.* **3** Referido a un suceso, sobrevenir u ocurrir de manera violenta: *Un motín de presos estalló en la cárcel de máxima seguridad.* **4** Referido a una persona, sentir y manifestar de manera repentina y violenta una pasión o un afecto: *Estalló de alegría cuando supo que había ganado el premio.* ☐ SINT. Constr. de la acepción 4: *estallar* DE *algo*.

estallido s.m. **1** Rotura o explosión producidas de golpe y con gran ruido: *El estallido de la bombona de gas produjo graves desperfectos.* **2** Producción de un suceso de manera violenta: *Se teme el estallido de una rebelión militar.* **3** Sentimiento y manifestación repentinos y violentos de una pasión o de un afecto: *En un estallido de ira, le dio un puñetazo y lo tiró.* **4** Ruido seco que produce un látigo o una honda al sacudirlos en el aire con fuerza: *Los niños se asustaron al oír los estallidos del látigo.*

estambre s.m. **1** En botánica, en algunas flores, órgano reproductor masculino, situado en el centro de estas, protegido por la corola, formado por una antera en la que se produce el polen, y sostenido generalmente por un filamento: *Las flores de las plantas fanerógamas tienen estambres.* 👁 **flor** **2** Hilo de lana: *El estambre se obtiene a partir de las hebras largas del vellón de lana.* **3** Tejido hecho con este hilo: *El estambre se utiliza mucho en pantalones de vestir de caballero.*

estamental adj. Del estamento, estructurado en estamentos, o relacionado con este grupo social: *La sociedad feudal era una sociedad estamental.* ☐ MORF. Invariable en género.

estamento s.m. **1** En la sociedad europea medieval y hasta la Revolución francesa, cada uno de los grupos que la constituían y que se caracterizaban por tener una función social y una condición jurídica definidas: *En el feudalismo, la nobleza y el clero eran los estamentos privilegiados.* **2** Cada uno de los grupos sociales formados por las personas que tienen un estilo de vida común o una función determinada dentro de la sociedad: *Los sacerdotes forman parte del estamento eclesiástico.*

estampa s.f. **1** Imagen o figura impresas, esp. referido a las ilustraciones de una publicación: *Me gustan los libros con muchas estampas.* **2** Papel o tarjeta con la reproducción de una imagen, esp. si es de tema religioso: *Los toreros suelen llevar en su equipaje las estampas de la Virgen de su devoción.* **3** Aspecto o figura total de una persona o de un animal: *El toro que salió en primer lugar tenía una bella estampa.* **4** *ant.* Imprenta o impresión: *Antes, los libros que se daban a la estampa, tenían que recibir la aprobación de la autoridad para ser publicados.* **5** ‖ **maldecir la estampa de** alguien. *col.* Maldecirlo: *Cuando supe la faena que me había hecho, maldije su estampa.* ‖ **ser la (viva) estampa de** alguien. *col.* Parecérsele mucho: *Eres la viva estampa de tu madre.*

estampación s.f. →**estampado, da.**

estampado, da ▮ adj. **1** Referido esp. a un tejido, que tiene diferentes labores o dibujos: *Con la falda negra te irá bien una camisa estampada.* ▮ s.m. **2** Impresión, esp. de dibujos o de letras y generalmente sobre tela o sobre papel; *estampación: Para el estampado de tejidos utilizan sustancias que no destiñan.*

estampar v. **1** Referido esp. a dibujos o a letras, imprimirlos, generalmente sobre papel o tela: *Estamparon varias ilustraciones de flores en el libro. Las últimas palabras de su padre se estamparon en su mente para siempre.* **2** Referido a una firma o a un sello, ponerlos, generalmente al pie de un documento: *Estampó su firma en el contrato de trabajo.* **3** Referido a una cosa, señalarla o imprimirla en otra: *Estampó su pie en el cemento blando.* **4** *col.* Referido esp. a un objeto, arrojarlo con violencia haciéndolo chocar contra algo: *En un arrebato, estampó la copa de vino contra el suelo.* **5** Referido esp. a un golpe o a un beso, darlos con mucha fuerza: *Le estampó tal bofetada, que lo tiró al suelo.*

estampida s.f. **1** Huida rápida e impetuosa, esp. de un grupo de personas o de animales: *El incendio provocó una estampida de animales en el bosque.* **2** ‖ **{de/en} estampida.** De repente o de manera rápida e impetuosa: *Salió de estampida y me dejó con la palabra en la boca.*

estampido s.m. Ruido fuerte y seco: *Los estampidos de los cañones se oían a miles de kilómetros.*

estancamiento s.m. Detención o suspensión del curso de algo: *El último año se produjo un estancamiento del crecimiento económico.*

estancar v. **1** Referido a un líquido, detener y parar su curso: *Los embalses permiten estancar agua y almacenarla como reserva. Las alcantarillas estaban obstruidas y el agua de lluvia se estancó en las calles.* **2** Referido a un asunto, suspenderlo o detener su curso: *La subida de precios estancó la venta de coches. El proceso judicial se estancó por falta de pruebas.* □ ORTOGR. La *c* se cambia en *qu* delante de *e* →**SACAR**.

estancia s.f. **1** Permanencia en un lugar durante cierto tiempo: *Aprendió varios idiomas durante su estancia en el extranjero.* **2** Aposento o habitación de una vivienda: *Las estancias del castillo estaban llenas de muebles de época.* **3** En métrica, estrofa formada por una combinación variable de versos heptasílabos y endecasílabos, que riman generalmente en consonante al gusto del poeta, y cuya estructura se repite a lo largo del poema: *Las estrofas de la canción renacentista de origen italiano son estancias.*

estanco, ca ▮ adj. **1** Completamente cerrado y sin comunicación: *La ciencia no se puede dividir en compartimentos estancos si quiere avanzar.* ▮ s.m. **2** Establecimiento en el que se vende tabaco, sellos y otros productos con los que está prohibido comerciar libremente y cuya venta se concede a determinadas personas o entidades: *Si pasas por un estanco, cómprame cigarrillos.*

estándar ▮ adj. **1** Que sigue un modelo o que copia y repite un patrón muy extendido: *Se considera lengua estándar al nivel de lengua con unas características comunes a todos los hablantes.* ▮ s.m. **2** Tipo, modelo o patrón que se consideran un ejemplo digno de ser imitado: *En el estándar de vida actual no se concibe una casa sin televisión ni lavadora.* □ ORTOGR. Es un anglicismo (*standard*) adaptado al español. □ MORF. 1. Su plural es *estándares* 2. Como adjetivo es invariable en género y a veces en número.

estandarizar v. Referido a varias cosas semejantes, adaptarlas a un tipo, a un modelo o a una norma comunes; *normalizar, tipificar: La Real Academia Española se encarga de estandarizar nuestro idioma. La influencia de los medios de comunicación de masas hace que las costumbres se estandaricen.* □ ORTOGR. La *z* se cambia en *c* delante de *e* →**CAZAR**.

estandarte s.m. **1** Insignia o bandera de una corporación civil, militar o religiosa, consistente en un trozo de tela generalmente cuadrado, que pende de un asta y sobre el que figura un escudo u otro distintivo: *Cada cofradía desfilaba en la procesión detrás de su estandarte.* **2** Lo que se convierte en representación o símbolo de un movimiento o de una causa: *Este hombre fue el estandarte del movimiento sindical en su tiempo.*

estanque s.m. Depósito artificial de agua, que se construye con fines prácticos u ornamentales: *En el estanque del parque hay patos.*

estanquero, ra s. Persona que se dedica a la venta de tabaco y otros productos de estanco: *La estanquera me vendió sellos y un cartón de tabaco.*

estante s.m. En un armario o en una estantería, tabla horizontal sobre la que se colocan las cosas; *anaquel, balda: Puso el libro en uno de los estantes de la librería.*

estantería s.f. Mueble formado por estantes: *Tiene una estantería solo para libros y discos.*

estaño s.m. Elemento químico, metálico y sólido, de número atómico 50, blanco, más duro, dúctil y brillante que el plomo, que cruje cuando se dobla y que, al frotarlo, despide un olor particular: *El estaño es un buen conductor de la electricidad.* □ ORTOGR. Su símbolo químico es *Sn*.

estar ▮ v. **1** Existir o hallarse en un lugar, en un tiempo, en una situación o en una condición: *España está en Europa. Para eso están los amigos.* **2** Permanecer o hallarse con cierta estabilidad en un lugar, en un tiempo, en una situación o en una condición: *Estaré siempre a tu lado.* **3** Seguido de una expresión que indica cualidad o condición, tener o sentir estas en el momento actual: *La casa está sucia. Estoy que no me tengo de cansancio.* **4** Consistir o radicar: *El mérito no está en parecer honrado, sino en serlo.* **5** Referido a una prenda de vestir, quedar o sentar: *Esa falda te está ancha.* **6** Seguido de 'al' y de un infinitivo, estar a punto de ocurrir lo que este expresa: *Espéralo aquí, que debe de estar al llegar.* ▮ prnl. **7** Detenerse, entretenerse o quedarse: *Se estuvo dos horas para pintarse las uñas.* **8** ‖ **estar al caer** algo. *col.* Estar a punto de llegar o de producirse: *Estoy contento porque las vacaciones ya están al caer.* ‖ **estar a** un precio. Costarlo: *¿A cuánto está la carne?* ‖ **estar con** alguien. **1** Ser novio o novia: *Estoy con esa chica desde hace un año.* **2** Verse o reunirse con él: *Enseguida estoy contigo.* ‖ **estar {con/**

a b c d e f g h i j k l m n ñ o p q r s t u v w x y z

por} algo. Estar de acuerdo con ello o a su favor: *Estoy con los que creen en la justicia.* ‖ **estar de. 1** Seguido de un sustantivo, encontrarse realizando la acción expresada por este: *Estamos de matanza en el pueblo.* **2** Seguido de un término con el que se asocian determinadas funciones, desempeñar estas: *Hoy está él de jefe.* ‖ **estar en** un asunto. Atenderlo u ocuparse de él: *No he terminado tu encargo, pero estoy en ello.* ‖ **estar en** un hecho. Tener la convicción de que ocurrirá o de que será cierto: *Estoy en que no vendrá.* ‖ **estar para** algo. Tener disposición para ello: *No bromees conmigo, que no estoy para bromas.* ‖ **estar por** alguien. *col.* Sentirse muy atraído por él: *Sé que estás por ella, porque te pones colorado cuando te mira.* ‖ **estar por ver** algo. No haber certeza de que ocurra o de que sea cierto: *Está por ver que seas capaz de hacer lo que dices.* ‖ **(ya) estar bien de** algo. Ser suficiente: *Nos pareció que ya estaba bien de tanto trabajar y nos fuimos.* ☐ MORF. Irreg. →**ESTAR**. ☐ SINT. 1. Constr. de la acepción 4: *estar* EN *algo.* 2. La perífrasis *estar + gerundio* indica duración: *¿Todavía estás comiendo?* ☐ USO 1. Se usa mucho en forma interrogativa para pedir conformidad al oyente o para dar por terminada una cuestión: *He dicho que no sales, ¿estamos?* 2. La expresión *estamos a*, conjugada en los distintos tiempos, se usa para indicar fechas o temperaturas: *Estamos a 9 de mayo.*

estatal adj. Del Estado o relacionado con él o con sus órganos de gobierno: *Los Ministerios son organismos estatales.* ☐ MORF. Invariable en género.

estatalizar v. Referido esp. a una empresa o a un servicio privados, ponerlos bajo la administración o intervención del Estado: *Un partido de tendencia comunista propuso estatalizar las televisiones privadas.* ☐ ORTOGR. La *z* se cambia en *c* delante de *e* →**CAZAR**.

estático, ca ▮ adj. **1** Que permanece en un mismo estado sin sufrir cambios: *Pasó horas sentado en un banco, estático y pensativo.* ▮ s.f. **2** Parte de la física mecánica que estudia las leyes del equilibrio de los cuerpos: *Arquímedes fue un pionero de los estudios de estática.* ☐ ORTOGR. Dist. de *extático*. ☐ SEM. En la acepción 2, dist. de *dinámica* (estudio del movimiento de los cuerpos en relación con las fuerzas que lo producen).

estatua s.f. Escultura labrada a imitación del natural y hecha generalmente en piedra o en mármol: *En la plaza hay una estatua ecuestre de un famoso general.*

estatura s.f. **1** Altura de una persona desde los pies hasta la cabeza: *Los jugadores de baloncesto suelen tener gran estatura.* **2** Mérito o valor: *Es una persona de gran estatura intelectual.*

estatus s.m. Posición que ocupa una persona en un grupo o en la sociedad: *Aunque es muy joven, ya ha alcanzado el estatus de directivo en una multinacional.* ☐ ORTOGR. Es un latinismo (*status*) adaptado al español. ☐ MORF. Invariable en número. ☐ USO Es innecesario el uso del latinismo *status*.

estatuto s.m. **1** Reglamento, ordenanza o conjunto de normas legales que regulan el funcionamiento de una entidad o de una colectividad: *El estatuto de los trabajadores establece los derechos y los deberes de los trabajadores por cuenta ajena.* **2** ‖ **estatuto de autonomía.** En el Estado español, norma institucional básica de cada comunidad autónoma, que forma parte del cuerpo legislativo español: *El estatuto de autonomía solo es inferior a la Constitución.*

este, ta ▮ demos. **1** Designa lo que está más cerca, en el espacio o en el tiempo, de la persona que habla: *Ponte esta falda que acabo de planchar. Estos pueden ser nuestros últimos momentos juntos.* **2** Representa y señala lo ya mencionado o lo sobrentendido: *No conozco yo a esta cantante de la que habláis.* **3** En oposición a *aquel*, designa un término del discurso que se nombró en último lugar: *Quedaron con mi hermano y con Juan; este llegó tarde y aquel no llegó nunca.* ▮ s.m. **4** Punto cardinal que cae hacia donde sale el sol: *La ventana del salón está orientada al este.* **5** Respecto de un lugar, otro que cae hacia este punto: *En el este del país abunda el cultivo de regadío.* **6** Viento que sopla o viene de dicho punto: *Un este suave movía las olas.* levante ☐ ORTOGR. Se recomienda la escritura sin tilde de los pronombres demostrativos, aunque se pueda producir ambigüedad. ☐ MORF. El plural del pronombre *este* es *estos* →APÉNDICE DE PRONOMBRES. ☐ SINT. En las acepciones 4, 5 y 6, se usa mucho en aposición, pospuesto a un sustantivo: *La entrada de servicio está en la fachada este.* ☐ USO Como demostrativo, pospuesto a un sustantivo precedido del artículo determinado suele tener un matiz despectivo: *El niño este no deja de darme la lata.*

estegosaurio s.m. Reptil del grupo de los dinosaurios que existió en la era secundaria, herbívoro, con el dorso encorvado y cubierto de placas óseas sobresalientes, y con una larga cola terminada en dos pares de espinas: *Sus placas óseas y sus espinas servían a los estegosaurios para protegerse de los depredadores.* 👁 **dinosaurio**

estela s.f. **1** Señal o rastro que deja tras de sí en el agua o en el aire un cuerpo en movimiento: *Al avanzar en el mar, el velero va formando una estela.* **2** Rastro o huella que deja un suceso: *Su estancia entre nosotros dejó una estela imborrable.* **3** Monumento conmemorativo, generalmente de piedra, que se levanta sobre el suelo y que está adornado con inscripciones o con bajorrelieves: *En las excavaciones se encontró una estela funeraria romana.*

estelar adj. **1** De las estrellas o relacionado con ellas: *En las noches sin luna, solo nos ilumina la luz estelar.* **2** Extraordinario o de gran categoría: *En el festival hubo algunas actuaciones estelares.* ☐ MORF. Invariable en género.

estenotipia s.f. **1** Taquigrafía a máquina: *Está yendo a una academia para aprender estenotipia.* **2** Máquina de escribir con taquigrafía, cuyo teclado permite imprimir, con una sola pulsación, sílabas y palabras completas en una forma fonética simplificada: *La estenotipia es bastante más pequeña que la máquina de escribir normal.*

estentóreo, a adj. Referido a un sonido, esp. a la voz, que es muy fuerte y ruidoso o que retumba: *Nos llamó con unos gritos estentóreos que nos asustaron.*

estepa s.f. Gran extensión de tierra llana y no cultivada, esp. si es de terreno seco con poca vegetación: *El documental narra la vida de los campesinos mongoles que viven en la estepa.*

estepario, ria adj. De la estepa o propio de ella: *La flora esteparia se caracteriza por su extremada pobreza.*

estera s.f. Tejido grueso hecho de esparto, de junco o de otro material semejante, y que se utiliza generalmente para cubrir el suelo de las habitaciones: *Colocó en la puerta una estera como felpudo.*

estercolero s.m. Lugar en el que se recoge y se amontona el estiércol o la basura: *Hay un estercolero a las afueras del pueblo.*

estéreo adj. *col.* →**estereofónico, ca.** ☐ MORF. Invariable en género.

estereofonía s.f. Técnica de grabación y de reproducción del sonido por medio de dos o más canales que se reparten los tonos agudos y los graves, de modo que dan una sensación de relieve acústico: *La estereofonía se fundamenta en la capacidad del oído para distinguir las ondas sonoras según su intensidad.*

estereofónico, ca adj. De la estereofonía o relacionado con esta técnica de grabación y reproducción del sonido: *El sonido estereofónico se graba simultáneamente desde dos o más puntos convenientemente distanciados.* □ MORF. En la lengua coloquial se usa mucho la forma abreviada *estéreo*.

estereotipado, da adj. Referido esp. a una expresión, que se repite sin variación: *'Muy señor mío' es una fórmula estereotipada que se usa para encabezar cartas.*

estereotipo s.m. Imagen o idea aceptadas comúnmente por un grupo o por una sociedad con carácter fijo e inmutable: *Sus ideas políticas responden a los estereotipos de la clase alta y no tienen originalidad.*

estéril adj. **1** Que no da fruto o que no produce nada: *Tu esfuerzo por conseguir el puesto fue estéril, porque ya estaba dado.* **2** Referido a un ser vivo, que no puede reproducirse: *Ser estéril no es un impedimento para mantener relaciones sexuales.* **3** Libre de gérmenes que puedan causar enfermedades: *Venda la herida con gasa estéril para evitar infecciones.* □ MORF. Invariable en género. □ SEM. En la acepción 2, dist. de *impotente* (que no puede realizar el acto sexual completo).

esterilidad s.f. **1** Incapacidad de fecundar en el macho y de concebir en la hembra: *Las paperas en un hombre adulto pueden producir su esterilidad.* **2** Ausencia de gérmenes que puedan causar enfermedades: *La esterilidad de los instrumentos quirúrgicos garantiza que no haya contagios.*

esterilización s.f. **1** Transformación de alguien o de algo en estéril: *La vasectomía es un procedimiento de esterilización masculina.* **2** Sometimiento de algo a un proceso de destrucción de gérmenes causantes de enfermedades: *Los pediatras aconsejan la esterilización del biberón antes de prepararlo para el niño.*

esterilizar v. **1** Hacer infecundo o estéril: *Quieren esterilizar a la perra para que no tenga más cachorros.* **2** Limpiar de gérmenes causantes de enfermedades: *En las centrales lecheras esterilizan la leche sometiéndola a una elevada temperatura.* □ ORTOGR. La *z* se cambia en *c* delante de *e* →**CAZAR**.

esterilla s.f. Estera pequeña, esp. la que se utiliza para tumbarse a tomar el sol: *Extendió la esterilla en la arena y se tumbó al sol.*

esternocleidomastoideo s.m. Músculo del cuello que permite el giro y la inclinación lateral de la cabeza: *Los dos esternocleidomastoideos van desde el esternón y la clavícula hasta el hueso temporal.*

esternón s.m. Hueso plano con forma alargada y terminado en punta, situado en la parte delantera del pecho, y en el cual se articulan los primeros siete pares de costillas: *El esternón está formado por distintos segmentos óseos.* 👁 **esqueleto**

estertor s.m. Respiración jadeante y que se realiza con dificultad, que produce un sonido ronco o silbante y que es propia de los moribundos: *Agonizaba y ya solo se oían sus últimos estertores.*

esteta s. **1** Persona que concede más importancia a la belleza que a otros de los aspectos que caracterizan una obra artística o una faceta de la vida: *Los estetas solo se fijan en la belleza exterior.* **2** Persona entendida en la manifestación de la belleza en las cosas: *Un esteta me ha recomendado que no me vista con colores oscuros.* □ MORF. Es de género común y exige concordancia en masculino o en femenino para señalar la diferencia de sexo: *el esteta, la esteta*.

esteticista s. Persona que se dedica profesionalmente a cuidar y embellecer el cuerpo humano: *La esteticista me ha hecho una limpieza de cutis.* □ MORF. Es de género común y exige concordancia en masculino o en femenino para señalar la diferencia de sexo: *el esteticista, la esteticista*. □ USO Para el femenino, es innecesario el uso del galicismo *esthéticienne*.

estético, ca ▌adj. **1** De la estética, de la belleza o relacionado con ellas: *La contemplación de un buen cuadro produce placer estético.* **2** Artístico o de bello aspecto: *El diseño de este palacio resulta muy estético.* ▌s.f. **3** Rama de la filosofía que trata de la belleza y de la teoría fundamental y filosófica del arte: *Cada estilo artístico tiene su sentido de la estética.* **4** Apariencia que algo presenta atendiendo a su belleza: *Al elegir los muebles, sacrificó la utilidad en favor de la estética.*

estetoscopio s.m. Instrumento médico utilizado para auscultar el pecho y otras partes del cuerpo: *Ahora, en lugar del estetoscopio se suele usar el fonendoscopio.*

esthéticienne s.f. →**esteticista.** □ PRON. [estetizién]. □ USO Es un galicismo innecesario.

estiaje s.m. Nivel más bajo o caudal mínimo que tienen una corriente o una extensión de agua en algunas épocas del año, como consecuencia de la sequía: *El estiaje de los ríos de esta región se produce en el mes de agosto.*

estibador, -a s. Persona que se dedica profesionalmente a la carga, descarga y distribución adecuada de las cargas de los barcos: *Los estibadores suelen ayudarse de potentes grúas.*

estiércol s.m. **1** Materia orgánica en descomposición que resulta de la mezcla de excrementos de animales con materias vegetales, y que se usa como abono: *El estiércol es el mejor abono natural.* **2** Excremento de animal: *Saca a los caballos de la cuadra para limpiar el estiércol.*

estigma s.m. **1** Marca o señal en el cuerpo: *Antiguamente, se hacía a los esclavos un estigma marcado a hierro como signo de su esclavitud.* **2** Motivo de deshonra o de mala fama: *Ser madre soltera fue considerado un estigma en la sociedad de su época.* **3** En el cuerpo de algunos santos, huella o marca impresa que recuerda las de la Pasión de Jesucristo; *llaga: Se decía que la santa tenía estigmas en las manos y en los pies.* **4** En una flor, parte superior del pistilo, que recibe el polen en la fecundación: *El estigma, al madurar, se hace pegajoso y retiene los granos de polen.* 👁 **flor** **5** En algunos animales con respiración traqueal, pequeña abertura de su abdomen por la que penetra el aire en su aparato respiratorio: *El aparato respiratorio de los insectos tiene estigmas.*

estigmatizar v. Marcar con un estigma: *En la ceremonia de iniciación, estigmatizaban a los nuevos miembros de la secta.* □ ORTOGR. La *z* se cambia en *c* delante de *e* →**CAZAR**.

estilarse v. Ser costumbre o estar de moda: *Antes no se estilaba que las mujeres llevaran pantalones.*

estilete s.m. **1** Puñal de hoja muy estrecha y aguda: *Antiguamente, algunos bastones ocultaban un agudo estilete en su interior.* 👁 **arma** **2** Punzón que se usaba antiguamente para escribir sobre tablas enceradas; *estilo:*

a b c d e f g h i j k l m n ñ o p q r s t u v w x y z

En el museo arqueológico se conservan estiletes de distintas culturas. **3** En medicina, instrumento que sirve para reconocer ciertas heridas: *El estilete del cirujano era una pequeña barra metálica, delgada y flexible, que terminaba en una bolita.*

estilista s. **1** Escritor u orador que se distinguen por lo cuidado y elegante de su estilo: *Azorín es el gran estilista de la Generación del 98.* **2** Persona responsable de todo lo relacionado con el estilo y la imagen, esp. en revistas de moda y en espectáculos: *Trabaja como estilista en una revista de decoración.* □ MORF. Es de género común y exige concordancia en masculino o en femenino para señalar la diferencia de sexo: *el estilista, la estilista.*

estilístico, ca ▌adj. **1** Del estilo de un escritor o de un orador, o relacionado con él: *Estoy estudiando los recursos estilísticos de la poesía de Góngora.* ▌s.f. **2** Estudio del estilo o de la expresión lingüística: *Es un experto en estilística y reconoció al momento la autoría del soneto.*

estilización s.f. Adelgazamiento de la silueta corporal: *La estilización que presentan algunas figuras del Greco hace que parezcan desproporcionadas.*

estilizar v. **1** *col.* Referido a la silueta corporal, adelgazarla: *Este traje estiliza tu silueta. Desde que empezó el régimen, se le ha estilizado mucho la figura.* **2** Referido esp. a un objeto, representarlo convencionalmente, haciendo sus rasgos más finos y delicados: *Los pintores realistas representan la realidad en toda su crudeza y evitando estilizarla.* □ ORTOGR. La *z* se cambia en *c* delante de *e* →CAZAR.

estilo s.m. **1** Manera o forma de hacer algo: *Viste con un estilo muy clásico.* **2** Carácter propio de algo: *Lo reconocí de lejos porque tiene un estilo inconfundible.* **3** Conjunto de rasgos que distinguen y caracterizan a un artista, a una obra o a un período artístico: *Los arcos ojivales son propios del estilo gótico.* **4** Clase, elegancia o personalidad: *Decoró la casa con mucho estilo.* **5** Forma de practicar un deporte: *Solo sé nadar a estilo braza.* **6** En botánica, en una flor, estructura en forma de tubo que parte del ovario y que sostiene al estigma: *La longitud del estilo varía según las especies.* 👁 **flor 7** →**estilete. 8** ‖ **por el estilo.** Parecido o de la misma manera: *Dile que no fuiste porque estabas enfermo o algo por el estilo.*

estilográfica s.f. →**pluma estilográfica.**

estima s.f. Aprecio, afecto o consideración que se tienen hacia algo: *Te tengo en gran estima y me apena que te vayas.*

estimación s.f. **1** Aprecio o valoración que se hace de algo: *Tu labor cuenta con mi más alta estimación.* **2** Juicio o consideración sobre algo: *Procura hacer una estimación objetiva de la situación.*

estimar v. **1** Apreciar o valorar: *Me molesta que no estimen mi trabajo. Te estimas en poco, porque estás acomplejado.* **2** Referido a una persona, sentir cariño o afecto por ella: *Estimo mucho a mis amigos.* **3** Juzgar o considerar: *Estimo que la situación económica es difícil.*

estimulación s.f. Incitación o excitación para iniciar o para avivar una actividad: *Las técnicas de estimulación precoz son utilizadas para mejorar las capacidades de los niños con deficiencias.*

estimulante adj./s.m. Referido a una sustancia, esp. a un medicamento, que excita la actividad funcional de los órganos: *La cafeína es una sustancia estimulante que puede quitar el sueño. Es peligroso tomar estimulantes sin medida.* □ MORF. Como adjetivo es invariable en género.

estimular ▌v. **1** Animar o incitar a hacer algo; *aguzar: Tus consejos me estimularon para seguir estudiando.* **2** Referido esp. a un órgano o a una función orgánica, excitarlos para iniciar o para avivar su actividad: *El ejercicio al aire libre estimula el apetito.* ▌prnl. **3** Administrarse una droga o un estimulante para aumentar la propia capacidad de acción: *Se estimula con café para aguantar toda la noche trabajando.*

estímulo s.m. **1** Lo que estimula o incita a hacer algo; *aguijón: Este aumento de sueldo es un estímulo para que trabajemos más.* **2** Agente o causa que provocan una reacción en un organismo o en una parte de él: *Los estímulos nerviosos se transmiten a través de los nervios.*

estío s.m. Estación del año entre la primavera y el otoño, y que en el hemisferio norte transcurre aproximadamente entre el 21 de junio y el 21 de septiembre; *verano: El estío es la estación más calurosa del año.* □ SEM. En el hemisferio sur, transcurre entre el 21 de diciembre y el 21 de marzo. 👁 **estación**

estipendio s.m. Cantidad de dinero que se paga a una persona por el trabajo realizado o por los servicios prestados: *El abogado cobró un alto estipendio por llevar ese caso.*

estipular v. Convenir, concertar o decidir de común acuerdo: *No estás cumpliendo con lo que se estipuló en la reunión.*

estirado, da adj. Referido a una persona, que se da mucha importancia en el trato con los demás: *No habla con sus subordinados porque es muy estirado.*

estiramiento s.m. **1** Hecho de alisar o de eliminar las arrugas o los pliegues: *El estiramiento de la piel consiguió que aparentara menos años.* **2** Extensión de los miembros del cuerpo, generalmente para desentumecerlos o para quitarse la pereza: *Los gimnastas hacen ejercicios de estiramiento.*

estirar ▌v. **1** Referido a un objeto, alargarlo, esp. si se hace tirando de sus extremos con fuerza para que dé de sí: *Si estiras tanto la goma se va a romper. El jersey se ha estirado porque lo tendiste mojado.* **2** Alisar o planchar ligeramente para quitar las arrugas: *Si no haces la cama, al menos estira las sábanas. Lo propio de la piel es que se arrugue con el tiempo, no que se estire.* **3** Referido a una cantidad de dinero, gastarla con moderación para que dé más de sí: *Si quiero llegar a fin de mes, tengo que estirar el sueldo.* **4** Alargar más de lo debido: *Estiró la reunión para hacer tiempo hasta la hora de la cena.* **5** Referido a una persona, esp. a un niño, crecer: *Cuando tienen fiebre, los niños suelen estirar.* ▌prnl. **6** Extender los miembros del cuerpo para desentumecerse o quitarse la pereza; *desperezarse: Lo primero que hago cuando me levanto es estirarme.*

estirón s.m. **1** Movimiento para estirar o arrancar algo con fuerza: *Dio un estirón del cable y lo desenchufó.* **2** Crecimiento rápido y fuerte de una persona: *La niña ha dado un buen estirón y ya es tan alta como su padre.*

estirpe s.f. Conjunto de ascendientes y descendientes de una persona: *Está orgullosa de la antigüedad y nobleza de su estirpe.*

estival adj. Del estío o relacionado con esta estación del año: *Aunque estamos en primavera, hace ya una temperatura estival.* □ MORF. Invariable en género.

esto pron.demos. **1** Designa objetos o situaciones cercanos, señalándolos sin nombrarlos: *Solo necesito esto para apretar bien el tornillo. Ya me temía yo que iba a pasar* *esto.* **2** ‖ **a todo esto.** Expresión que se usa para introducir un comentario al margen de la conversación o relacionado con algo que se acaba de decir: *...y me vine en taxi; a todo esto, ¿tú cómo regresaste?* ‖ **en esto.** Entonces, o durante el transcurso de un hecho: *Me estaba contando lo ocurrido, pero en esto llamaron a la puerta y tuvimos que dejarlo.* ‖ **esto es.** Expresión que se usa para introducir una explicación a lo anteriormente dicho: *El día 25, esto es, el próximo lunes, me voy de vacaciones.* □ ORTOGR. Nunca lleva tilde. □ MORF. 1. No tiene plural. 2. ⟶APÉNDICE DE PRONOMBRES.

estocada s.f. Golpe o corte dados con un estoque o espada: *El torero mató al toro de una certera estocada.*

estofa s.f. Clase, género o condición: *Era un bar cochambroso y lleno de gente de baja estofa.* □ USO Tiene un matiz despectivo.

estofado s.m. Guiso que se hace cociendo en crudo y a fuego lento un alimento, generalmente carne, y condimentándolo con aceite, vino o vinagre, ajo, cebolla y diversas especias: *El estofado de ternera estaba riquísimo.*

estofar v. Referido a un alimento, esp. a la carne, cocerlo en crudo y a fuego lento, con aceite, vino o vinagre, ajo, cebolla y diversas especias: *Al estofar la carne, se te fue la mano con la sal.*

estoicismo s.m. Fortaleza de carácter y dominio de los sentimientos ante las dificultades: *Soporta su enfermedad con estoicismo.*

estoico, ca adj./s. Que muestra entereza y dominio de los sentimientos ante las dificultades: *Adopta una actitud estoica que le hace parecer insensible. Hay que ser un estoico para no derrumbarse ante tantas adversidades.*

estola s.f. **1** Prenda femenina de abrigo o de adorno, consistente en una tira generalmente de piel, y que se pone alrededor del cuello o sobre los hombros: *Iba muy elegante con su estola de visón.* **2** Banda larga y estrecha que el sacerdote se pone alrededor del cuello y dejando caer los extremos sobre el pecho: *Sobre la sotana lleva una estola con tres cruces bordadas.*

estoma s.m. En las hojas de los vegetales, cada una de las aberturas microscópicas que hay en su epidermis para facilitar el intercambio de gases entre la planta y el exterior: *Algunos contaminantes atmosféricos alteran la función de los estomas de las plantas.*

estomacal adj. Del estómago o relacionado con él: *La gastritis produce dolores estomacales.* □ MORF. Invariable en género.

estomagar v. *col.* Causar fastidio o resultar insoportable: *Sus bromas pesadas me estomagan.* □ ORTOGR. La *g* se cambia en *gu* delante de *e* ⟶**PAGAR**.

estómago s.m. **1** En el sistema digestivo, órgano en forma de bolsa, situado entre el esófago y el intestino, en el que se digieren o descomponen los alimentos para ser asimilados por el organismo: *Le duele el estómago porque tiene una úlcera.* **2** *col.* En el cuerpo de una persona, parte exterior que se corresponde con dicho órgano, esp. si está ligeramente abultada: *No bebas tanta cerveza que vas a echar mucho estómago.* **3** Capacidad para hacer o para soportar cosas desagradables o humillantes: *No sé cómo tiene estómago para abandonar a su padre en una situación tan difícil.*

estomatología s.f. Parte de la medicina que se ocupa de las enfermedades de la boca: *Es especialista en estomatología y tiene una consulta como dentista.*

estomatólogo, ga s. Médico especialista en estomatología: *La estomatóloga me recetó unos calmantes para el dolor de muelas.*

estoniano, na adj./s. ⟶**estonio.**

estonio, nia ▮ adj./s. **1** De Estonia (país báltico europeo), o relacionado con ella: *El territorio estonio tiene frontera con Rusia y con Letonia. La mayoría de los estonios profesan la religión luterana.* **estoniano** ▮ s.m. **2** Lengua de este país: *El estonio es de la misma familia que el húngaro y el finés.* □ MORF. En la acepción 1, como sustantivo se refiere solo a las personas de Estonia.

estopa s.f. Parte basta y gruesa del lino o del cáñamo, que se usa generalmente para la fabricación de telas y de cuerdas: *La estopa es buena para tapar juntas de tuberías.*

estoque s.m. **1** Espada estrecha que hiere solo por la punta: *El caballero ocultaba el estoque bajo la capa.* **2** En tauromaquia, espada que se usa para matar a los toros en las corridas: *El matador clavó el estoque hasta la empuñadura.*

estor s.m. Cortina de una sola pieza y que se recoge verticalmente gracias al mecanismo que lleva incorporado: *Pondremos estores en las ventanas del salón.* □ ORTOGR. Es un galicismo (*store*) adaptado al español.

estorbar v. **1** Molestar o incomodar: *Me estorba el bolso y estoy deseando soltarlo. Me voy para no estorbar.* **2** Referido esp. a una acción o un propósito, ponerles obstáculos o dificultades: *Esta silla estorba el paso.*

estorbo s.m. Lo que estorba, molesta u obstaculiza: *Estos muebles viejos solo son un estorbo.*

estornino s.m. Pájaro de cabeza pequeña, plumaje negro con reflejos metálicos, pico cónico y amarillento, y que puede aprender a reproducir sonidos: *El estornino puede imitar el canto de otras aves.* □ MORF. Es un sustantivo epiceno y la diferencia de sexo se señala mediante la oposición *el estornino {macho/hembra}.*

estornudar v. Expulsar violenta y ruidosamente por la nariz y por la boca el aire contenido en los pulmones: *Estoy acatarrada y no paro de estornudar.*

estornudo s.m. Expulsión violenta y ruidosa por la nariz y por la boca del aire contenido en los pulmones: *Esos estornudos son síntoma de que te estás constipando.*

estos pron.demos. adj./s.m.pl. de **este**. □ MORF. ⟶APÉNDICE DE PRONOMBRES.

estrabismo s.m. En medicina, desviación de un ojo respecto de su posición normal; *bizquera: Una causa de estrabismo es la parálisis de los músculos motores del ojo.*

estrado s.m. En la sala donde se celebra un acto, lugar de honor, formado por una tarima o por un sitio elevado, donde se coloca un trono o se sitúa la presidencia: *El estrado estaba ocupado por el presidente y los directivos de la empresa.*

estrafalario, ria adj./s. **1** *col.* Desaliñado o descuidado en el aspecto o en la indumentaria: *Eres el centro de todas las miradas por la pinta estrafalaria que llevas. Ese estrafalario no sé dónde consigue una ropa tan rara.* **2** *col.* Extravagante o raro en el modo de pensar o de actuar: *¿De dónde has sacado la estrafalaria idea de irte al Polo Norte con una tienda de campaña? Esa estrafalaria siempre tiene que dar la nota.*

estragar v. Estropear o deteriorar: *Las comidas picantes me estragan el estómago.* □ ORTOGR. La *g* se cambia en *gu* delante de *e* ⟶**PAGAR**.

estrago s.m. Daño, ruina o destrozo, esp. los causados por una guerra o por una catástrofe: *Los bombardeos hi-*

a b c d **e** f g h i j k l m n ñ o p q r s t u v w x y z

cieron estragos entre la población. □ MORF. Se usa más en plural.

estragón s.m. Planta herbácea de tallos delgados y con abundantes ramas, hojas enteras en forma de lanza y flores amarillentas, que se usa como condimento: *El estragón es originario del norte y centro de Asia.*

estrambótico, ca adj. *col.* Extravagante, irregular o sin orden: *Es tan estrambótica que duerme durante el día y se pasa la noche leyendo.*

estramonio s.m. Planta herbácea de olor fuerte, con flores blancas en forma de embudo, fruto espinoso y hojas que contienen sustancias que se utilizan como medicamento: *El estramonio crece en lugares no cultivados.*

estrangulación s.f. →**estrangulamiento.**

estrangulamiento s.m. **1** Asfixia producida por la opresión del cuello hasta impedir la respiración; *estrangulación: La muerte se produjo por estrangulamiento.* **2** Estrechamiento de una vía o de un conducto, que impide o dificulta el paso por estos: *El estrangulamiento de la calle en este punto hace que se formen atascos.*

estrangular v. **1** Ahogar oprimiendo por el cuello hasta impedir la respiración: *El asesino estranguló a su víctima con las manos. Se suicidó estrangulándose con una cuerda.* **2** Referido a una vía o a un conducto, dificultar o impedir el paso por ellos: *Las obras estrangulan la calle.* **3** En medicina, referido esp. a la circulación sanguínea, detenerla en una parte del cuerpo por medio de una ligadura o de presión: *El médico me ató una cinta al brazo para estrangular la vena y poder extraerme la sangre.*

estraperlo s.m. Comercio ilegal de productos, esp. de los que están sujetos a una tasa o de aquellos cuya venta está restringida al Estado: *Se dedica al estraperlo de tabaco americano.*

estratagema s.f. **1** Acción de guerra destinada a conseguir un objetivo mediante el engaño o la astucia: *Diseñaron cuidadosamente la estratagema de ataque.* **2** Engaño hecho con astucia o con habilidad: *Siempre se sirve de estratagemas para conseguir sus propósitos.*

estratega s. Persona especializada en estrategia: *El general está considerado un gran estratega.* □ MORF. Es de género común y exige concordancia en masculino o en femenino para señalar la diferencia de sexo: *el estratega, la estratega.*

estrategia s.f. **1** Técnica de proyectar y dirigir operaciones militares: *Napoleón fue considerado un genio de la estrategia.* **2** Plan o técnica para dirigir un asunto o para conseguir un objetivo: *Piensan que cambiando la estrategia comercial podrán aumentar las ventas.*

estratégico, ca adj. **1** De la estrategia o relacionado con ella: *En la academia militar recibieron formación estratégica.* **2** Referido esp. a un lugar, que es clave o tiene una importancia decisiva para el desarrollo de algo: *España tiene una situación geográfica estratégica, porque está entre dos mares y entre dos continentes.*

estratificación s.f. Disposición en estratos o en capas: *Los terrenos sedimentarios se caracterizan por la estratificación de sus materiales.*

estratificar v. Disponer en estratos o en capas: *Las diferencias socioeconómicas estratifican la sociedad. El suelo terrestre ha ido estratificándose a lo largo de las distintas eras geológicas.* □ ORTOGR. La *c* se cambia en *qu* delante de *e* →**SACAR.**

estratigrafía s.f. Parte de la geología que estudia la disposición y las características de las rocas sedimentarias estratificadas: *La estratigrafía permite reconstruir la historia de la Tierra.*

estrato s.m. **1** Masa mineral en forma de capa que forma los terrenos sedimentarios: *En un terreno, los estratos más profundos suelen ser más antiguos que los superficiales.* **2** Clase o nivel social: *Los estratos más bajos de la sociedad deberían recibir mayor ayuda del Estado.* **3** Conjunto de elementos que, con determinados caracteres comunes, se ha integrado con otros conjuntos previos o posteriores para formar un producto histórico: *Toda lengua pasa en su evolución por distintos estratos históricos.* **4** Nube baja con forma de banda paralela al horizonte: *Cirros, cúmulos y estratos son distintos tipos de nubes.* 👁 **nube**

estratosfera s.f. En la atmósfera terrestre, zona que se extiende entre los diez y los cincuenta kilómetros de altura aproximadamente, y que está situada entre la troposfera y la mesosfera: *La capa de ozono se encuentra en la estratosfera.*

estrechamiento s.m. **1** Reducción o disminución de la anchura: *Ese estrechamiento de la carretera es un cuello de botella.* **2** Apretón que se da como señal de afecto: *El estrechamiento de manos selló el pacto.* **3** Profundización o intensificación de una relación: *El estrechamiento de las relaciones entre los dos países favorecerá el intercambio cultural.*

estrechar ▌v. **1** Referido esp. a un objeto o a un lugar, reducir su anchura: *Me han estrechado el pantalón porque he adelgazado. La calle se estrecha más adelante.* **2** Referido esp. a una relación, aumentar su intensidad o hacerla más íntima: *El encuentro entre los presidentes estrechó los lazos entre nuestras naciones. Nuestra amistad se estrechó aquel verano.* **3** Apretar con los brazos o con la mano en señal de afecto o de cariño: *Me estrechó entre sus brazos y me dijo que me quería.* ▌prnl. **4** Apretarse o encogerse: *Si nos estrechamos, cabremos todos.*

estrechez s.f. **1** Escasez de anchura: *La estrechez de la calle impide que circulen por ella los autobuses.* **2** Falta de amplitud intelectual o moral: *Tu estrechez de miras te impide aceptar nuevas ideas.* **3** Escasez de recursos económicos o austeridad de vida: *Su familia se arruinó y pasan muchas estrecheces.* **4** Unión o enlace íntimos: *La estrechez de sus relaciones es cada vez más evidente.* □ MORF. La acepción 3 se usa más en plural.

estrecho, cha ▌adj. **1** Que tiene poca anchura o menos anchura de la normal: *Fuimos por una carretera muy estrecha.* **2** Ajustado o apretado: *Esta camisa me queda estrecha.* **3** Rígido, riguroso o estricto: *El policía los sometió a una estrecha vigilancia.* **4** Referido esp. a una relación, que es muy íntima o que se asienta en fuertes vínculos: *Trabajamos en estrecha colaboración.* ▌adj./s. **5** *col.* Referido a una persona, que está reprimida sexualmente o que tiene ideas muy rígidas sobre las relaciones sexuales: *Que no le gusten las películas pornográficas no quiere decir que sea una persona estrecha. Dicen que es un estrecho porque nunca se relaciona con chicas.* ▌s.m. **6** En el mar, extensión de agua que separa dos costas próximas y que comunica dos mares: *El estrecho de Gibraltar comunica el océano Atlántico y el mar Mediterráneo.* □ USO La acepción 5 se usa como insulto.

estrella s.f. **1** Cuerpo celeste que brilla con luz propia: *Por las noches me gusta salir al balcón a contemplar las estrellas.* **2** Figura que consta de un punto central del que parten varias líneas que pueden o no formar picos entre sí: *Un asterisco es una pequeña estrella.* **3** En el Ejército, insignia o emblema de esta forma, que indica la graduación de jefes y oficiales: *Sé que es capitán porque lleva en su uniforme tres estrellas de seis puntas.* **4** En un establecimiento hotelero, signo con esta forma y que indica su categoría: *Un hotel de tres estrellas es peor que uno de cinco.* **5** Suerte o destino, esp. si es favorable: *Nació con estrella y todo le va bien.* **6** Persona que sobresale en su profesión o que es muy popular, esp. referido a un actor de cine; *astro: Una estrella del rock me firmó un autógrafo.* **7** Lo que destaca en un lugar o en un grupo: *La estrella de la exposición es ese cuadro.* **8** ‖ **estrella de mar.** Animal marino invertebrado con forma de estrella, generalmente con cinco brazos, con el cuerpo aplanado y un esqueleto exterior calizo: *Las estrellas de mar son equinodermos.* ‖ **estrella fugaz.** Cuerpo luminoso que suele verse repentinamente en el cielo y se mueve y desaparece a gran velocidad: *Dicen que ver una estrella fugaz da suerte.* ‖ **ver** alguien **las estrellas.** *col.* Sentir un dolor físico muy intenso: *Me dieron un pisotón y vi las estrellas.*

estrellado, da adj. Con forma de estrella: *Los tornillos de cabeza estrellada se aprietan con un destornillador de estrella.*

estrellar ▮ v. **1** *col.* Referido a un objeto, arrojarlo violentamente contra otro haciéndolo pedazos: *Lleno de ira, estrellé el jarrón contra la pared. Una copa se cayó y se estrelló contra el suelo.* ▮ prnl. **2** Referido al cielo, llenarse de estrellas: *Se hizo de noche y el cielo se estrelló.* **3** Sufrir un choque violento: *El conductor iba bebido y se estrelló contra un árbol.* **4** Fracasar por tropezar con dificultades insalvables: *Se estrelló con ese negocio por no haber calculado bien sus posibilidades.*

estrellato s.m. Situación de una persona cuando es muy famosa o se ha convertido en una estrella: *Una campaña publicitaria la lanzó al estrellato.*

estremecer ▮ v. **1** Conmover, alterar o hacer temblar: *El terremoto estremeció la ciudad. Los cimientos de la civilización se estremecen al contemplar tanta barbarie.* **2** Impresionar u ocasionar una alteración en el ánimo: *La noticia de su muerte nos estremeció. Me estremezco de miedo al pensar en fantasmas.* ▮ prnl. **3** Temblar con movimiento agitado y repentino: *Me he estremecido porque tengo frío.* ☐ MORF. Irreg.: Aparece una *z* delante de la *c* cuando la siguen *a, o* ⟶**PARECER**.

estremecimiento s.m. **1** Conmoción o temblor: *Una explosión fue la causa del estremecimiento del suelo.* **2** Alteración en el ánimo: *Las imágenes del accidente me produjeron estremecimiento.* **3** Temblor del cuerpo con movimiento agitado y repentino: *Los estremecimientos que tienes se deben a la fiebre.*

estrenar v. **1** Usar por primera vez: *El domingo estrenaré la camisa que me acabo de comprar.* **2** Referido a un espectáculo público, representarlo, proyectarlo o ejecutarlo por primera vez en un lugar: *Este año se han estrenado muchas obras de teatro interesantes.*

estreno s.m. **1** Uso de algo por primera vez: *¿Llevarás un traje de estreno a la fiesta?* **2** Primera representación, proyección o ejecución que se hacen de un espectáculo público en un lugar: *El protagonista de la película asistirá al estreno.*

estreñimiento s.m. Retención de los excrementos y dificultad para expulsarlos: *El médico le recomendó comer fruta y verduras para evitar el estreñimiento.*

estreñir v. Causar o padecer estreñimiento: *El arroz estriñe.* ☐ MORF. Irreg. ⟶**DESTEÑIR**.

estrépito s.m. Estruendo o ruido fuerte: *La estantería con las botellas cayó al suelo con gran estrépito.*

estrepitoso, sa adj. **1** Que causa estrépito: *Me despertó un ruido estrepitoso.* **2** Muy grande o espectacular: *Su última novela fue un estrepitoso fracaso.*

estreptococo s.m. Bacteria de forma redondeada que se agrupa en forma de cadena: *Algunos estreptococos pueden producir afecciones respiratorias.*

estrés s.m. Estado próximo a la enfermedad que presenta un organismo o una de sus partes por haberles exigido un rendimiento muy superior al normal: *El estrés en las personas se manifiesta con gran nerviosismo y ansiedad.* ☐ ORTOGR. Es un anglicismo (*stress*) adaptado al español. ☐ MORF. Su plural es *estreses*.

estresar v. Causar o sentir estrés: *Las tensiones en el trabajo me estresan. Cuando se estresa, no hay quien lo aguante.*

estría s.f. **1** En una superficie, surco o hendidura: *Las ruedas de los coches tienen estrías que hacen su dibujo.* **2** En la piel, línea más clara que aparece cuando la piel ha sufrido un estiramiento excesivo y más o menos rápido: *Desde el último embarazo, tiene estrías en la piel del abdomen.*

estriar v. Referido esp. a una superficie, formar estrías en ella: *Se me ha estriado la piel y parece que tengo pequeñas cicatrices.* ☐ ORTOGR. La *i* de la raíz lleva tilde en los presentes, excepto en las personas *nosotros* y *vosotros* ⟶**VACIAR**.

estribación s.f. En una cordillera, conjunto de montañas laterales que derivan de ella y que son generalmente más bajas: *Estas montañas son las estribaciones de los Alpes.* ☐ MORF. Se usa más en plural.

estribar v. Fundarse o apoyarse: *La importancia de este invento estriba en la amplitud de sus aplicaciones.* ☐ SINT. Constr.: *estribar EN algo.*

estribillo s.m. En algunas composiciones líricas, verso o conjunto de versos que se repiten después de cada estrofa y con los que a veces se abre también la composición: *De esa canción solo me sé el estribillo.*

estribo s.m. **1** En una silla de montar, cada una de las dos piezas que cuelgan a ambos lados y en las que el jinete apoya los pies: *Cuando el caballo se encabritó, se me salieron los pies de los estribos y me caí.* 👁 **arreos** **2** En algunos vehículos, escalón que sirve para subir o para bajar de ellos: *Nos saludó desde el estribo del vagón mientras se iba el tren.* **3** Pieza en la que se apoyan los pies: *La escala que usan los alpinistas recibe el nombre de estribo.* 👁 **alpinismo** **4** En anatomía, hueso del oído medio que se articula con el yunque: *La base del estribo está en contacto con el caracol.* 👁 **oído** **5** ‖ **perder los estribos.** Perder la paciencia o el dominio de uno mismo: *Me puso tan nerviosa, que perdí los estribos y empecé a gritar.*

estribor s.m. En una embarcación, lado derecho, según se mira de popa a proa: *Vimos un barco que se acercaba por estribor.* ☐ SINT. Constr. *{A/POR} estribor.* ☐ SEM. Dist. de *babor* (lado izquierdo). 👁 **embarcación**

estricnina s.f. Sustancia tóxica que se extrae de algunos vegetales y que puede utilizarse como estimulante cardíaco: *El envenenamiento por estricnina produce fuertes convulsiones.*

estricto, ta adj. Riguroso o que se ajusta completamente a la necesidad o a la ley y que no admite otra interpretación: *Es un árbitro muy estricto y sigue el reglamento al pie de la letra.*

estridencia s.f. **1** Sonido estridente: *Si no sintonizas bien la radio, no oiremos más que estridencias.* **2** Violencia al expresarse o al actuar: *No me molestan sus protestas, sino la estridencia con que reclama.*

estridente adj. **1** Referido a un sonido, que es agudo, desapacible y chirriante: *El silbido de los trenes es estridente.* **2** Que causa una sensación llamativa y molesta por su exageración o por su contraste: *Le gusta vestir de forma estridente y dar la nota.* ☐ MORF. Invariable en género.

estrofa s.f. En algunas composiciones poéticas, unidad estructural formada por un conjunto de versos, generalmente dispuestos según un esquema fijado, y cuya estructura suele repetirse a lo largo de la composición: *Un soneto se compone de cuatro estrofas: dos cuartetos y dos tercetos.*

estrófico, ca adj. **1** De la estrofa o relacionado con ella: *Los primeros cuatro versos del soneto forman una unidad estrófica denominada 'cuarteto'.* **2** Que está dividido en estrofas: *Un villancico es un poema estrófico en el que las estrofas alternan con el estribillo.*

estrógeno s.m. Hormona sexual femenina que interviene en la formación y en el desarrollo de los órganos sexuales y de los caracteres sexuales secundarios: *Los estrógenos provocan el celo en los mamíferos.*

estroncio s.m. Elemento químico, metálico y sólido, de número atómico 38, de color amarillo, que puede ser deformado fácilmente y que se disuelve en los ácidos: *El estroncio es escaso en la naturaleza.* ☐ ORTOGR. Su símbolo químico es *Sr*.

estropajo s.m. Trozo de un tejido o de una materia generalmente ásperos y que se utiliza para fregar: *Antes, los estropajos eran de esparto machacado.*

estropajoso, sa adj. **1** *col.* Con la sequedad, aspereza y rugosidad propias del estropajo: *La carne está estropajosa y no se puede masticar.* **2** *col.* De aspecto desaseado y andrajoso: *Quítate esa camisa estropajosa y ponte una nueva.* **3** *col.* Referido a la forma de hablar, con una pronunciación confusa o deficiente: *Ese presentador habla de forma estropajosa y no se le entiende nada.*

estropear v. **1** Maltratar, deteriorar o poner en malas condiciones: *Con esos golpes vas a estropear el juguete. El televisor se estropeó y no pudimos ver la película.* **2** Afear o quitar calidad: *La central nuclear ahí en medio estropea el paisaje.* **3** Referido esp. a un proyecto, malograrlo o echarlo a perder: *La lluvia estropeó nuestro plan de ir al campo. El negocio se estropeará por culpa de tu intransigencia.*

estropicio s.m. **1** *col.* Rotura o destrozo ruidosos, generalmente hechos sin premeditación: *Cuando tropecé y se me cayeron los platos hice un buen estropicio.* **2** Daño o trastorno de escasas consecuencias: *¡Menudo estropicio me ha hecho el perro metiéndose en la despensa!*

estructura s.f. **1** Distribución u orden que tienen las partes que forman un todo: *Analiza la estructura del poema y di cuáles son sus partes principales.* **2** En un edificio, armazón generalmente de acero o de hormigón armado y que, fijado al suelo, sirve para sustentarlo: *Desalojaron el edificio porque el terremoto había dañado su estructura.*

estructuración s.f. Distribución u ordenación de las partes que forman un todo: *He decidido que la estructuración del trabajo sea en cuatro partes.*

estructural adj. De la estructura o relacionado con ella: *El edificio se derrumbó debido a un fallo estructural.* ☐ MORF. Invariable en género.

estructurar v. Referido a un todo, distribuir sus partes u ordenarlas: *He estructurado mi discurso para que resulte más claro y fácil de seguir. Su libro se estructura en diez capítulos.*

estruendo s.m. Ruido grande: *He oído un estruendo en la calle, como si hubiera explotado algo.*

estruendoso, sa adj. Ruidoso o estrepitoso: *Al finalizar el concierto los espectadores aplaudieron de forma estruendosa.*

estrujar v. **1** Referido a algo que contiene líquido, apretarlo con fuerza para extraerle el líquido: *He tenido que estrujar tres naranjas para hacer el zumo.* **2** Apretar y comprimir con fuerza y violencia: *Cuando vio la factura, la estrujó y la tiró a la papelera.* **3** *col.* Sacar todo el partido posible; *exprimir: En esa fábrica estrujan a los trabajadores y les pagan un sueldo mísero.* ☐ ORTOGR. Conserva la *j* en toda la conjugación.

estuario s.m. Desembocadura de un río caudaloso en el mar, caracterizada por tener forma de embudo cuyos lados van apartándose en el sentido de la corriente: *La desembocadura del río Tajo en Lisboa es un estuario.*

estucar v. Referido esp. a una superficie, darle estuco o colocar sobre ella piezas de estuco: *El albañil levantó el muro y lo estucó, pero ahora hay que pintarlo.* ☐ ORTOGR. La *c* se cambia en *qu* delante de *e* →SACAR.

estuchar v. Referido esp. a un producto industrial, meterlo en un estuche: *Mi trabajo en la pastelería consiste en estuchar bombones.*

estuche s.m. Caja o envoltura que se usan para guardar o para proteger algo: *Guarda los lápices en el estuche.*

estuco s.m. Mezcla de distintos materiales que al secarse se endurece, y que se utiliza para revestir paredes interiores y para hacer molduras y reproducciones de figuras o de relieves: *El estuco tiene el inconveniente de ser muy frágil.*

estudiantado s.m. Conjunto de estudiantes, esp. los de un centro docente: *En ese colegio, el director es elegido por los votos del profesorado y del estudiantado.*

estudiante s. Persona que cursa estudios en un centro de enseñanza: *Los estudiantes universitarios se quejaban de la masificación de la enseñanza.* ☐ MORF. Aunque es de género común y exige concordancia en masculino o en femenino para señalar la diferencia de sexo: *el estudiante, la estudiante*, se usa también el femenino coloquial *estudianta*.

estudiantil adj. De los estudiantes o relacionado con ellos: *Las protestas estudiantiles reclamaban una mejora en la calidad de enseñanza.* ☐ MORF. Invariable en género.

estudiantina s.f. Grupo de estudiantes, generalmente universitarios, que forman un grupo musical y que salen por las calles tocando instrumentos musicales y cantando: *La guitarra, la bandurria y la pandereta son los instrumentos tradicionales de las estudiantinas.*

estudiar v. **1** Ejercitar el entendimiento para investigar, comprender o aprender: *Dedica dos horas al día a estudiar. Los actores tienen que estudiarse los guiones.* **2** Cursar estudios en un centro de enseñanza: *Estudia en un instituto público.* **3** Observar o examinar detenidamente: *Cuando le hagas la pregunta, estudia atentamente su reacción.* ☐ ORTOGR. La *i* nunca lleva tilde.

estudio ▮ s.m. **1** Esfuerzo y ejercicio del entendimiento para comprender o para aprender algo, esp. una ciencia o un arte: *Su profesor le dijo que debía dedicar más horas al estudio.* **2** Obra en la que se estudia o se investiga una cuestión: *Estoy leyendo un estudio muy interesante sobre la novela española actual.* **3** En una casa, sala en la que se trabaja o en la que se estudia: *En el estudio es donde tengo el ordenador y la biblioteca.* **4** Lugar de trabajo de un artista o de otros profesionales: *En el estudio del pintor había caballetes, lienzos y pinturas.* **5** Dibujo o pintura que se hacen como preparación o como ensayo, antes de hacer los definitivos: *Este estudio está hecho a lápiz, pero el cuadro definitivo será al óleo.* **6** Composición musical escrita generalmente con fines didácticos: *Está aprendiendo piano y practica con unos estudios de Chopin.* **7** Conjunto de edificios, locales e instalaciones que se utilizan para el rodaje de películas cinematográficas o para la realización de programas y grabaciones audiovisuales: *En estos estudios de cine se rodaron las más famosas películas de los años cincuenta.* **8** Apartamento de pequeñas dimensiones: *De soltero, vivía en un estudio.* ▮ pl. **9** Conjunto de materias que se estudian para obtener una titulación: *Ya ha terminado sus estudios de ingeniería.*

estudioso, sa ▮ adj. **1** Que estudia mucho o fácilmente: *Es un alumno muy estudioso y suele sacar buenas notas.* ▮ s. **2** Persona que se dedica al estudio de algo: *Esa historiadora es una estudiosa del arte egipcio.*

estufa s.f. Aparato que se utiliza para calentar espacios cerrados: *Esta estufa eléctrica funciona con resistencias.* 👁 **electrodoméstico**

estupefacción s.f. Admiración, sorpresa o asombro muy grandes: *Me miraba con cara de estupefacción, sin creer lo que le estaba contando.*

estupefaciente adj./s.m. Referido a una sustancia, que es narcótica, hace perder la sensibilidad y produce un estado de bienestar: *La heroína y la morfina son sustancias estupefacientes. Algunos estupefacientes crean adicción.* □ MORF. Como adjetivo es invariable en género.

estupefacto, ta adj. Sorprendido o asombrado hasta el extremo de no saber cómo actuar: *Su insultante respuesta me dejó estupefacta.*

estupendo, da adj. Admirable o extraordinariamente bueno: *¿Cuándo celebramos la estupenda noticia?* □ SINT. *Estupendo* se usa también como adverbio de modo con el significado de 'muy bien': *En las últimas vacaciones lo pasamos estupendo.*

estupidez s.f. **1** Hecho o dicho propios de un estúpido: *Me parece una estupidez que no te atrevas a contármelo.* **2** Torpeza grande para comprender las cosas: *Se cree muy listo, pero su grado de estupidez es considerable.*

estúpido, da ▮ adj. **1** Propio de una persona de escasa inteligencia o sin sentido común: *Habla de una forma estúpida y arrogante.* ▮ adj./s. **2** Muy torpe para comprender las cosas: *Es tan estúpido que hay que repetirle todo varias veces. Eres un estúpido si has interpretado que quería decirte eso.* □ USO Se usa como insulto.

estupor s.m. Sorpresa, pasmo o asombro muy grandes: *Oí, llena de estupor, cómo anunciaban mi despido.*

estupro s.m. Relación sexual mantenida con una persona menor de edad mediante el engaño o valiéndose de la superioridad que se tiene sobre ella: *El estupro es un delito castigado con penas mayores que la violación.*

esturión s.m. Pez marino comestible, de color gris con pintas negras en el lomo, con el esqueleto cartilaginoso, el cuerpo cubierto de placas óseas, la cabeza pequeña y la mandíbula superior muy prominente, y de cuyas huevas se obtiene el caviar: *Los esturiones remontan los ríos para desovar.* □ MORF. Es un sustantivo epiceno y la diferencia de sexo se señala mediante la oposición *el esturión {macho/hembra}*. 👁 **pez**

esvástica s.f. Cruz que tiene los cuatro brazos doblados en ángulo recto, y que es el emblema, y que es el emblema del nazismo; *cruz gamada*: *Los seguidores de Hitler llevaban banderas con una gran esvástica en su centro.*

eta s.f. En el alfabeto griego clásico, nombre de la séptima letra: *La grafía de la eta es* η.

etano s.m. Hidrocarburo natural gaseoso, incoloro y combustible, que se encuentra en el gas natural y en el petróleo, y que se utiliza en la producción de otros hidrocarburos: *La fórmula del etano es C_2H_6.*

etanol s.m. Hidrocarburo líquido, incoloro y soluble en agua, que se utiliza como disolvente y que es el componente fundamental de las bebidas alcohólicas; *alcohol etílico*: *La fórmula del etanol es CH_3- CH_2OH.*

etapa s.f. **1** Trecho de camino que se recorre entre dos puntos: *Saldremos pronto y esperamos hacer la primera etapa del viaje en seis horas.* **2** Época o fase en el desarrollo de una acción o de un proceso: *La vejez en una etapa de la vida.*

etarra ▮ adj. **1** De ETA (organización terrorista Euskadi ta Askatasuna, que significa 'Patria vasca y libertad'), o relacionado con ella: *El atentado etarra solo produjo daños materiales.* ▮ adj./s. **2** Que es miembro de esta organización: *Los presos etarras se pusieron en huelga. La policía detuvo a dos etarras.* □ MORF. 1. Como adjetivo es invariable en género. 2. Como sustantivo es de género común y exige concordancia en masculino o en femenino para señalar la diferencia de sexo: *el etarra, la etarra*.

etcétera s.m. En una enumeración, expresión que se usa para sustituir su parte final y evitar detallarla: *En la verdulería venden acelgas, lechugas, tomates, etcétera.* □ ORTOGR. Su abreviatura es *etc.* □ USO Incorr. **y etcétera*.

eteno s.m. →**etileno.**

éter s.m. Compuesto químico orgánico, que contiene un átomo de oxígeno unido a dos radicales de hidrocarburos: *Hay un tipo de éter que se utiliza como anestésico y como disolvente.*

etéreo, a adj. **1** Sutil, vago o sublime: *Esa es una cuestión tan abstracta y etérea, que no acabo de comprenderla.* **2** Del éter o relacionado con esta sustancia: *Una característica etérea es la rapidez con que se volatiliza.*

eternidad s.f. **1** Duración o perpetuidad sin principio, sin sucesión y sin fin: *Nada material dura toda la eternidad.* **2** *col.* Espacio de tiempo excesivamente largo: *Llevo esperándote una eternidad, y ya empezaba a cansarme.* **3** En algunas religiones, vida de la persona después de la muerte: *No debes temer a la muerte, porque después está la eternidad.*

eternizar ▮ v. **1** Prolongar o hacer durar mucho tiempo: *Hablas tan despacio, que eternizas la historia más corta. Se me eternizó la película porque era muy aburrida.* **2** Perpetuar o hacer perdurar en el tiempo: *Las obras artísticas eternizan a sus autores.* ▮ prnl. **3** Tardar mucho: *No te eternices hablando por teléfono, que soy yo quien paga la cuenta.* □ ORTOGR. La *z* se cambia en *c* delante de *e* →**CAZAR**.

eterno, na adj. **1** Que no tiene principio ni fin: *La confesión católica considera que Dios es eterno.* **2** Permanente o que dura mucho tiempo: *La belleza interior es eterna.* **3** Que se repite con frecuencia e insistentemente: *Ya está otra vez con sus eternas quejas por todo.*

ético, ca ▌adj. **1** De la ética o relacionado con esta parte de la filosofía: *Cuando devolvió la cartera que había encontrado, el policía le felicitó por su comportamiento ético.* ▌s.f. **2** Parte de la filosofía que estudia la moral y las obligaciones de las personas: *El profesor de ética nos habló de varias obras de Aristóteles.* **3** Conjunto de reglas morales que regulan la conducta y las relaciones humanas: *Mi ética profesional me impide cobrar las visitas muy caras.*

etileno s.m. Hidrocarburo gaseoso, con un doble enlace, incoloro, muy inflamable y de sabor dulce, del que se obtiene el etanol; *eteno: La fórmula del etileno es C_2H_4.*

etílico, ca adj. Del etanol, de sus efectos, o relacionado con este hidrocarburo presente en las bebidas alcohólicas: *Una borrachera es una intoxicación etílica.*

etilo s.m. Radical químico que forma parte del alcohol etílico y de otros compuestos orgánicos: *El etilo es un producto químico muy inestable que se genera en el proceso de una reacción orgánica.*

étimo s.m. Raíz o palabra de la que derivan otras: *La palabra latina 'petra' es el étimo del que deriva 'piedra'.*

etimología s.m. **1** Origen de las palabras y motivo de su existencia, de su significado y de su forma: *La mayoría de las palabras del español son de etimología latina.* **2** Parte de la lingüística que estudia estos aspectos de las palabras: *Gracias a la etimología, se sabe la historia de la mayoría de las palabras.*

etimológico, ca adj. De la etimología o relacionado con ella: *Para saber de dónde viene una palabra, puedes consultar un diccionario etimológico.*

etíope adj./s. De Etiopía o relacionado con este país africano: *La capital etíope es Adís Abeba. Los etíopes se dedican principalmente a la agricultura y a la ganadería.* □ MORF. 1. Como adjetivo es invariable en género. 2. Como sustantivo es de género común y exige concordancia en masculino o en femenino para señalar la diferencia de sexo: *el etíope, la etíope*. 3. Como sustantivo se refiere solo a las personas de Etiopía.

etiqueta s.f. **1** Trozo de papel o de otro material que se pega en un objeto para anotar sus características o sus referencias: *Para ver la composición de este pantalón, mira la etiqueta.* **2** Calificación que se da a una persona para identificarla o caracterizarla: *Le pusieron la etiqueta de intelectual porque siempre estaba leyendo.* **3** Ceremonial o conjunto de reglas que se siguen en los actos públicos, en los solemnes o en el trato con personas con las que no se tiene confianza: *No me trates con tanta etiqueta, que parece que no nos conozcamos.* **4** En informática, nombre que se da a una unidad de almacenamiento: *La etiqueta para nombrar un disco se suele introducir con el comando LABEL.* **5** ‖ **de etiqueta. 1** Referido a un acto, que es solemne y exige que se asista a él vestido adecuadamente: *Tengo que hacerme un vestido elegante, porque me han invitado a una fiesta de etiqueta.* **2** Referido a una prenda de vestir, que es adecuada para asistir a un acto de este tipo: *A esa boda hay que ir con traje de etiqueta.*

etiquetar v. **1** Referido esp. a un producto, colocarle una etiqueta: *Una vez envasado el producto, se etiqueta.* **2** Referido a una persona, ponerle un calificativo que lo identifique o que lo caracterice: *Lo etiquetaron de tacaño porque una vez se negó a hacer un préstamo.* □ SINT. Constr. de la acepción 2: *etiquetar* DE *algo.*

etmoides s.m. →**hueso etmoides.** □ MORF. Invariable en número.

etnia s.f. Grupo de personas que pertenecen a un mismo pueblo o que comparten una misma cultura: *Los miembros de una etnia tienen afinidades físicas, sociales y culturales.*

étnico, ca adj. De una nación o una etnia, o relacionado con ellas: *Un equipo de antropólogos ha hecho un estudio étnico de los habitantes de estas islas.*

etno- Elemento compositivo que significa 'etnia' o 'pueblo': *etnografía, etnología, etnolingüística.*

etnografía s.f. Ciencia que estudia y describe las etnias y los pueblos: *Este tratado de etnografía describe las características de las razas asiáticas.*

etnología s.f. Ciencia que estudia las etnias y los pueblos en todos sus aspectos y relaciones: *La etnología se basa en los datos proporcionados por la etnografía.*

etrusco, ca ▌adj./s. **1** De la antigua Etruria (territorio del noroeste de la península italiana), o relacionado con ella; *tirreno: El arte etrusco es uno de los antecedentes del arte romano. Los etruscos llegaron a dominar la zona central de Italia.* ▌s.m. **2** Lengua hablada por este pueblo: *El alfabeto del etrusco está tomado del griego.* □ MORF. En la acepción 1, como sustantivo se refiere solo a las personas de la antigua Etruria.

eucalipto s.m. **1** Árbol de tronco recto que alcanza gran altura, de copa cónica, hojas lanceoladas muy olorosas y de color verde plateado: *El eucalipto es originario de Australia y tiene un crecimiento muy rápido.* **2** Madera de este árbol: *El eucalipto es una madera muy utilizada en la fabricación de papel.* □ SEM. Es sinónimo de *eucaliptus*.

eucaliptus s.m. →**eucalipto.**

eucaristía s.f. **1** En el cristianismo, sacramento que celebra y hace posible la comunión con Cristo: *Jesucristo instituyó la eucaristía en la última cena con sus discípulos.* **2** Celebración en la que Cristo se hace presente entre los fieles en el pan y el vino; *misa: El obispo celebrará una eucaristía en la catedral.*

eucarístico, ca adj. De la eucaristía o relacionado con este sacramento: *La celebración eucarística resultó muy emotiva.*

eufemismo s.m. Palabra o expresión suave con la que se sustituye otra que se considera violenta, grosera o malsonante: *'Rellenito' es un eufemismo que se utiliza en lugar de 'gordo'.*

eufemístico, ca adj. Del eufemismo o relacionado con él: *'Tercera edad' es una expresión eufemística para referirse a la vejez.*

euforia s.f. Sensación intensa de alegría o de bienestar, producida generalmente por un buen estado de salud o por la administración de una droga: *Tras la primera botella de champán, la euforia se apoderó de todos.*

eufórico, ca adj. De la euforia, con euforia o relacionado con esta sensación: *Está eufórico porque ha aprobado el examen.*

eunuco s.m. Hombre al que le han extirpado los órganos genitales: *Los harenes musulmanes eran vigilados por eunucos.*

eureka interj. Expresión que se usa para indicar que se ha encontrado o descubierto lo que se buscaba con afán: *¡Eureka, esta es la fórmula para resolver la ecuación!* □ ORTOGR. Es un término del griego adaptado al español.

euro s.m. Unidad monetaria de la Unión Europea (organización que agrupa a países europeos de régimen democrático y economía de mercado): *El valor del euro está*

a b c d e f g h i j k l m n ñ o p q r s t u v w x y z

formado por el de las monedas de los países comunitarios en distintas proporciones.

euro- Elemento compositivo que significa 'europeo': *euroasiático, eurocomunismo, eurodiputado.*

eurocomunismo s.m. Tendencia del movimiento comunista defendida por los partidos que actúan en los países capitalistas y que rechazan el modelo soviético: *El eurocomunismo admite la propiedad privada de algunos medios de producción.*

eurocomunista adj./s. Partidario o seguidor del eurocomunismo: *Al partido comunista español, pertenecían algunos líderes eurocomunistas. Los eurocomunistas respetan las instituciones democráticas de los países occidentales.* ☐ MORF. 1. Como adjetivo es invariable en género. 2. Como sustantivo es de género común y exige concordancia en masculino o en femenino para señalar la diferencia de sexo: *el eurocomunista, la eurocomunista.*

eurodólar s.m. Dólar invertido en un banco o en una empresa instalados fuera del territorio estadounidense, y negociado en un mercado monetario internacional: *El eurodólar surgió tras la aparición de grandes déficit en la balanza de pagos estadounidense.*

europeísmo s.m. Defensa de la unificación de los Estados europeos: *Una reivindicación de los partidarios del europeísmo era el tener una moneda común para toda Europa.*

europeísta adj./s. Partidario de la unidad o de la hegemonía europeas: *Nuestros políticos más europeístas lucharon por la integración de España en la Comunidad Europea. Los primeros programas europeístas surgieron en el período de entreguerras.* ☐ MORF. 1. Como adjetivo es invariable en género. 2. Como sustantivo es de género común y exige concordancia en masculino o en femenino para señalar la diferencia de sexo: *el europeísta, la europeísta.*

europeizar v. Dar o adquirir características que se consideran propias de lo europeo: *La influencia política y económica de Europa ha contribuido a europeizar otros continentes. Los países norteafricanos se están europeizando cada vez más.* ☐ ORTOGR. 1. La *z* se cambia en *c* delante de *e*. 2. La *i* lleva tilde en los presentes, excepto en las personas *nosotros* y *vosotros* →**ENRAIZAR**.

europeo, a adj./s. De Europa (uno de los cinco continentes), o relacionado con ella: *Actualmente existen proyectos que tienden hacia la unidad europea. Los europeos de los países mediterráneos tienen fama de tener un carácter más abierto.* ☐ MORF. 1. Como sustantivo se refiere solo a las personas de Europa. 2. Cuando se antepone a una palabra para formar compuestos, adopta la forma *euro-*.

europio s.m. Elemento químico, metálico y sólido, de número atómico 63, cuyas sales son de color rosa pálido, y que pertenece al grupo de los lantánidos: *El europio se usa como moderador de neutrones en la industria atómica.* ☐ ORTOGR. Su símbolo químico es *Eu*.

eurotúnel s.m. Túnel que une el continente europeo con las islas británicas: *Este verano iremos a Inglaterra en tren por el eurotúnel.*

eurovisión s.f. Conjunto de circuitos de imagen y sonido que permiten el intercambio de programas, de comunicaciones y de informaciones entre varios países europeos asociados: *El partido de fútbol fue transmitido por eurovisión.*

euscalduna adj./s. Referido a una persona, que habla euskera: *Estoy haciendo la tesis sobre la obra de un escritor euscalduna. En el partido de fútbol había un grupo de euscaldunas vitoreando a su equipo.* ☐ MORF. 1. Como adjetivo es invariable en género. 2. Como sustantivo es de género común y exige concordancia en masculino o en femenino para señalar la diferencia de sexo: *el euscalduna, la euscalduna.*

euskaldún (del euskera) adj./s. →**euscalduna.** ☐ MORF. 1. Como adjetivo es invariable en género. 2. Como sustantivo es de género común y exige concordancia en masculino o en femenino para señalar la diferencia de sexo: *el euscalduna, la euscalduna.*

euskera ▮ adj. **1** De la lengua vasca o relacionado con ella: *'Lehendakari' es un término euskera.* ▮ s.m. **2** Lengua del País Vasco y de Navarra (comunidades autónomas españolas) y del territorio vascofrancés; *vasco, vascuence: Aún no se conoce bien la procedencia del euskera.* ☐ ORTOGR. Se admite también *eusquera*.

eusquera adj./s.m. →**euskera.**

eutanasia s.f. Acortamiento voluntario de la vida de quien sufre una enfermedad incurable, para poner fin a sus sufrimientos: *El código ético de los médicos no suele admitir la eutanasia.*

evacuación s.f. **1** Desocupación o desalojo de un lugar o de sus ocupantes: *La evacuación de los heridos se realizó en ambulancias.* **2** Expulsión de los excrementos o de otras secreciones del organismo: *Los alimentos ricos en fibra facilitan la evacuación.*

evacuar v. **1** Referido esp. a un lugar, desocuparlo o desalojarlo: *Las tropas enemigas evacuaron los territorios que iban ocupando.* **2** Referido a una persona, desalojarla o hacerla salir de un lugar, generalmente para evitar algún daño: *Los bomberos han evacuado a los inquilinos del edificio, porque se venía abajo.* **3** Referido a los excrementos o a otras secreciones, expulsarlos del organismo: *Estoy estreñido y no consigo evacuar. Una infección en la vejiga hace que me resulte doloroso evacuar la orina.* **4** Referido esp. a una gestión o a un trámite, cumplirlos o realizarlos: *Prolongó su horario de trabajo para evacuar los asuntos pendientes.* ☐ ORTOGR. La *u* puede llevar tilde en los presentes, excepto en las personas *nosotros* y *vosotros* →**ACTUAR**, o no llevarla nunca →**AVERIGUAR.**

evacuatorio s.m. **1** Urinario público: *Entré a orinar en el evacuatorio del parque.* **2** Sustancia que facilita la evacuación de excrementos: *Las personas estreñidas a veces necesitan un evacuatorio.*

evadir ▮ v. **1** Referido esp. a una dificultad inminente, evitarla, esp. si se hace con habilidad y astucia: *Está buscando la forma de evadir el pago de sus deudas.* **2** Referido al dinero o a otros bienes, sacarlos del país ilegalmente: *Evadió grandes sumas de dinero para no pagar impuestos.* ▮ prnl. **3** Fugarse o escaparse: *Los presos se evadieron de la cárcel.*

evaluación s.f. **1** Determinación o cálculo del valor de algo: *Al hacer la evaluación de su fortuna, no tuvieron en cuenta sus posesiones en el campo.* **2** Valoración de los conocimientos, de la actitud o del rendimiento de un alumno: *Hoy hay junta de evaluación en el instituto.*

evaluar v. **1** Valorar o calcular el valor: *Un perito ha evaluado los desperfectos de la avería.* **2** Referido a un alumno, valorar sus conocimientos, su actitud o su rendimiento: *El profesor evaluó a los alumnos y suspendió a la mitad de la clase.* ☐ ORTOGR. La *u* lleva tilde en los presentes, excepto en las personas *nosotros* y *vosotros* →**ACTUAR.**

evangélico, ca adj. **1** Del evangelio o relacionado con

a b c d **e** f g h i j k l m n ñ o p q r s t u v w x y z

él: *Siempre intentó que su vida fuera un ejemplo de vida evangélica.* **2** Referido a ciertas Iglesias, que han surgido de la reforma del siglo XVI: *Las Iglesias protestantes se denominan 'evangélicas' para distinguirse de la Iglesia católica.*

evangelio s.m. **1** Relato que contiene los hechos y dichos de Jesucristo: *En el Nuevo Testamento se conservan cuatro evangelios atribuidos a Mateo, Marcos, Lucas y Juan.* **2** Anuncio del mensaje de Jesucristo: *San Pablo predicó el evangelio a los paganos.* ☐ USO En la acepción 1, se usa como nombre propio.

evangelista s.m. Cada uno de los cuatro autores a los que se atribuyen los evangelios: *Los evangelistas son san Mateo, san Marcos, san Lucas y san Juan.*

evangelización s.f. Predicación y propagación del evangelio y de la fe cristiana en un lugar: *En los siglos XVI y XVII se realizó la evangelización de América.*

evangelizar v. Referido esp. a un lugar, predicar o dar a conocer en él el evangelio y la fe cristiana: *Los misioneros se ocupan de evangelizar los países donde no se conocen las enseñanzas de Jesús.* ☐ ORTOGR. La *z* se cambia en *c* delante de *e* →CAZAR.

evaporación s.f. **1** Conversión de un líquido en vapor: *El Sol produce la evaporación del agua de la superficie terrestre.* **2** Desaparición o desvanecimiento de algo: *Aquel fracaso supuso la evaporación de todas sus esperanzas.*

evaporar ▮ v. **1** Referido a un líquido, convertirlo en vapor: *El calor ha evaporado el agua de los charcos. El alcohol se ha evaporado.* **2** Desvanecer o desaparecer: *Aquel fracaso terminó por evaporar sus ilusiones. El dinero se evapora en sus manos.* ▮ prnl. **3** *col.* Fugarse o desaparecer sin ser notado: *Los detenidos se evaporaron en las mismas narices de los vigilantes.*

evasión s.f. **1** Fuga o huida: *Para él, la bebida es una forma de evasión.* **2** Rechazo hábil y astuto que se hace de algo, esp. de una dificultad inminente: *La evasión del pago de impuestos está penada por la ley.* **3** ‖ **de evasión.** Referido esp. a una obra literaria o cinematográfica, que tiene como finalidad principal divertir o entretener: *En vacaciones siempre leo literatura de evasión.* ‖ **evasión de capital.** Transferencia ilegal de bienes, esp. de dinero, de un país a otro: *La evasión de capitales es un delito perseguido por la justicia.*

evasivo, va ▮ adj. **1** Que trata de evitar una dificultad, un daño o un peligro: *No pude llegar al fondo de la cuestión porque solo recibí de él respuestas evasivas.* ▮ s.f. **2** Recurso o medio para evitar una dificultad, un daño o un peligro: *No me vengas con evasivas y dime la verdad de una vez.*

evasor, -a adj./s. Que evade o se evade: *Su actitud evasora no le sirvió conmigo. La ley castiga a los evasores de impuestos.*

evento s.m. Suceso, esp. el imprevisto o el que no es seguro que ocurra: *Un buen empresario sabe hacer frente a cualquier evento que ocurra.*

eventual ▮ adj. **1** Que no es seguro o regular, o que se realiza en función de las circunstancias: *En un eventual reajuste del Gobierno, podrían nombrarlo ministro.* ▮ adj./s. **2** Referido a un trabajador, que no forma parte de la plantilla de una empresa y solo trabaja en ella temporalmente: *En esta empresa, los trabajadores eventuales cobran por horas. Los eventuales tienen menos derechos que los trabajadores fijos.* ☐ MORF. 1. Como adjetivo es invariable en género. 2. Como sustantivo es de género común y exige concordancia en masculino o en femenino para señalar la diferencia de sexo: *el eventual, la eventual.*

eventualidad s.f. **1** Falta de seguridad o dependencia de las circunstancias que presenta algo: *Le preocupa la eventualidad de su cargo, porque puede quedarse sin trabajo en cualquier momento.* **2** Hecho o circunstancia cuya realización es incierta o se basa en suposiciones: *Si por cualquier eventualidad llego tarde, espérame.*

evidencia s.f. **1** Certeza absoluta, tan clara y manifiesta que no admite duda: *El culpable reconoció su delito ante la evidencia de las pruebas.* **2** ‖ **en evidencia.** En ridículo o en una situación comprometida: *Si te comportas mal, te pondrás en evidencia tú mismo.* ☐ SINT. La expresión *en evidencia* se usa más con los verbos *estar, poner, quedar* o equivalentes.

evidenciar v. Hacer evidente, claro y manifiesto: *Ese comportamiento evidencia su falta de educación.* ☐ ORTOGR. La *i* nunca lleva tilde.

evidente adj. Que se percibe claramente como cierto y no se puede poner en duda: *Es evidente que no ha venido nadie, porque la sala está vacía.* ☐ MORF. Invariable en género. ☐ USO Se usa para indicar asentimiento o conformidad: *Le pregunté si estaba a gusto y contestó: 'Evidente'.*

evitar v. **1** Referido a un daño o a una situación desagradable, apartarlos, prevenirlos o impedir que sucedan: *La familia quería evitar el escándalo.* **2** Referido esp. a una acción, rehuir hacerla: *Los días de lluvia, evito salir de casa.* **3** Referido a una persona, rehuirla o apartarse de su comunicación: *Me evita para no tener que darme explicaciones.*

evocación s.f. **1** Representación en la memoria o en la imaginación: *La evocación de aquellos tiempos me puso melancólica.* **2** Llamada a un espíritu para que acuda y se haga perceptible: *En la sesión de espiritismo, hicieron una evocación al espíritu de un antepasado.*

evocar v. Traer a la memoria o a la imaginación: *Cuando se reunían, evocaban los felices tiempos de su juventud.* ☐ ORTOGR. La *c* se cambia en *qu* delante de *e* →SACAR.

evolución s.f. **1** Desarrollo o cambio por el que se pasa gradualmente de un estado a otro: *En los últimos años, se ha producido una gran evolución en la sociedad española.* **2** Movimiento que hacen las tropas, los barcos o los aviones para pasar de unas formaciones a otras: *La voz del sargento dirigía las evoluciones de la tropa.* **3** Desplazamiento que se hace describiendo curvas: *El público aplaudía entusiasmado las evoluciones de la bailarina.* ☐ MORF. La acepción 3 se usa más en plural.

evolucionar v. **1** Desarrollarse o cambiar pasando gradualmente de un estado a otro: *El niño ha evolucionado mucho y ahora es más responsable.* **2** Referido a una tropa o a un grupo de barcos o de aviones, hacer evoluciones o movimientos para pasar de una formación a otra: *En las exhibiciones aéreas, los aviones evolucionan describiendo dibujos en el aire.* **3** Desplazarse describiendo líneas curvas: *Los patinadores evolucionan sobre el hielo.*

evolucionismo s.m. Teoría que sostiene que los seres vivos actuales proceden, por evolución y a través de cambios más o menos lentos, de antecesores comunes: *Darwin estableció los principios del evolucionismo moderno en el siglo XIX.*

evolucionista adj./s. Partidario o seguidor del evolucionismo: *Darwin expuso sus ideas evolucionistas en el libro 'El origen de las especies'. Los evolucionistas fueron* *acusados en su tiempo de ir contra la religión.* □ MORF. 1. Como adjetivo es invariable en género. 2. Como sustantivo es de género común y exige concordancia en masculino o en femenino para señalar la diferencia de sexo: *el evolucionista, la evolucionista.*

evolutivo, va adj. De la evolución o relacionado con ella: *El proceso evolutivo de esta enfermedad es muy largo.*

ex- Prefijo que se antepone a un nombre o a un adjetivo para indicar que ya no se es lo que estos significan: *Hoy me he encontrado con tu exjefa y su marido. Los exmilitantes del partido disuelto quieren formar otro.* □ ORTOGR. Solo se escribe separado de la base si esta está formada por dos o más palabras (*ex primer ministro*).

exabrupto s.m. Dicho o gesto bruscos e inconvenientes y manifestados con viveza: *Cuando le pedí explicaciones, me contestó con un exabrupto.*

exacerbar v. **1** Irritar o causar gran enfado: *Las medidas de la directiva exacerbaron el ánimo de los trabajadores. Me exacerbé cuando me dijeron que el viaje se suspendía.* **2** Referido esp. a un sentimiento o a una enfermedad, agravarlos o hacerlos más vivos: *Los ruidos de la calle exacerbaban su dolor de cabeza. Tu envidia se exacerba cada vez que yo consigo un logro.*

exactitud s.f. Precisión, fidelidad o completo ajuste con otra cosa: *La exactitud de sus respuestas asombró al tribunal.*

exacto, ta adj. Preciso, fiel o ajustado en todo a otra cosa: *La testigo hizo un relato exacto de los hechos.* □ SINT. *Exacto* se utiliza también como adverbio de afirmación con el significado de 'de forma exacta': Le pregunté si era por eso por lo que estaba enfadado y me dijo: *'Exacto'.*

exageración s.f. Aumento desmedido o atribución de proporciones excesivas a algo: *El afecto que me tienes te empuja a la exageración de mis virtudes.*

exagerado, da ▌adj. **1** Que es excesivo o que incluye en sí una exageración: *Cuando se conozca la verdad, comprobarás que tus deducciones eran exageradas.* ▌adj./s. **2** Referido a una persona, que exagera: *Si será exagerada tu hermana, que nos juró que había más de cien hombres enamorados de ella. ¡Eres un exagerado comiendo!*

exagerar v. Aumentar mucho o dar proporciones excesivas: *La prensa exageró la gravedad del accidente. ¡No exageres, que no es para tanto!*

exaltación s.f. **1** Alabanza excesiva, generalmente de una persona o de sus cualidades: *La mayor parte del discurso fue una exaltación del trabajo realizado por su equipo.* **2** Entusiasmo o excitación del que se deja llevar por los sentimientos: *Mi exaltación me impedía escuchar lo que me decían.*

exaltar ▌v. **1** Realzar o alabar en exceso: *El general exaltó en su discurso el heroísmo de su compañía.* **2** Referido esp. a un sentimiento, aumentarlo o avivarlo: *Sus palabras exaltaban la ira de los asistentes.* ▌prnl. **3** Dejarse llevar por un sentimiento perdiendo la moderación y la calma: *Se exalta cuando habla de política.*

examen s.m. **1** Prueba que se hace para valorar los conocimientos de una persona sobre una materia, o sus aptitudes para realizar determinada actividad: *He aprobado el examen final de curso.* **2** Investigación o estudio minuciosos de las cualidades y de las circunstancias de algo: *La junta directiva realizará un minucioso examen de todas las propuestas presentadas.* **3** ‖ **examen de conciencia.** Meditación sobre la propia conducta con el fin de valorarla: *Antes de confesarte, haz examen de conciencia.* □ ORTOGR. Incorr. **exámen*.

examinar v. **1** Referido a una persona, someterla a un examen para comprobar sus conocimientos sobre una materia o sus aptitudes para determinada actividad: *Hoy examino a los alumnos que suspendieron en junio. Los opositores se examinarán mañana.* **2** Indagar, investigar o estudiar con minuciosidad y cuidado: *El abogado examinó el contrato antes de darnos su opinión.*

exánime adj. **1** Que no da señales de vida, o que está sin vida; *inánime: Cuando lo sacaron del coche, ya estaba exánime.* **2** Muy debilitado o desmayado: *El atleta llegó exánime a la meta.* □ MORF. Invariable en género.

exasperación s.f. Irritación o enfurecimiento grandes: *Esa desfachatez suya me llena de exasperación.*

exasperar v. Irritar, enfurecer o dar motivo de gran enojo: *Tu falta de puntualidad me exaspera. Se exaspera cuando las cosas no salen como quiere.*

excarcelar v. Referido a un preso, ponerlo en libertad por mandamiento judicial: *Lo excarcelarán sin acabar de cumplir su condena, por buena conducta.*

ex cathedra (latinismo) ‖ **1** En la Iglesia católica, expresión que se usa para designar los actos solemnes propios del magisterio extraordinario del papa: *El papa Pío XII definió ex cathedra el dogma de la asunción de María.* **2** *col.* En tono magistral y con firmeza: *No me atrevo a discutirle nada a esta profesora porque habla ex cathedra.* □ SEM. Es sinónimo de *ex cátedra*.

excavación s.f. **1** Ahondamiento o perforación del terreno: *Han comenzado ya las excavaciones para hacer el pozo.* **2** Hoyo o cavidad abiertos en un terreno: *Hemos visitado unas excavaciones arqueológicas.*

excavadora s.f. Máquina que sirve para excavar y que está formada por una gran pala mecánica, montada sobre un vehículo de gran potencia: *Antes de construir los cimientos de un edificio, tienen que ahondar el terreno con excavadoras.*

excavar v. **1** Referido esp. a un terreno, hacer un hoyo o una cavidad en él: *Un equipo de arqueólogos excavó la zona y encontró unas ruinas romanas.* **2** Referido a un hoyo o a una cavidad, hacerlos en una superficie sólida: *El conejo excava su madriguera entre los arbustos.*

excedencia s.f. Situación del trabajador, esp. si es funcionario público, que deja de ejercer sus funciones temporalmente: *Ha pedido la excedencia para preparar una oposición e intentar subir de categoría.*

excedente ▌adj./s. **1** Referido a un trabajador, esp. a un funcionario, que deja de trabajar o de ejercer sus funciones temporalmente: *Mientras ejerció el cargo de concejal estuvo excedente como profesor. Los excedentes tienen derecho a reincorporarse a su trabajo, pero no necesariamente en su plaza anterior.* ▌s.m. **2** Lo que excede o sobra: *Los excedentes agrícolas han originado una caída de precios.* **3** ‖ **excedente (de cupo).** Joven que queda libre de hacer el servicio militar porque al sortear saca un número superior al del cupo establecido: *No hizo la mili porque salió excedente de cupo.* □ MORF. 1. Como adjetivo es invariable en género. 2. En la acepción 1, como sustantivo es de género común y exige concordancia en masculino o en femenino para señalar la diferencia de sexo: *el excedente, la excedente.*

exceder v. **1** Superar o aventajar en algo: *Este niño excede en inteligencia a todos los de su edad.* **2** Sobrepasar cierto límite o ir más allá de lo que se considera lí-

a b c d **e** f g h i j k l m n ñ o p q r s t u v w x y z

cito o razonable: *Firmar los cheques es una función que excede de tus obligaciones. No conviene excederse en la bebida.*

excelencia s.f. **1** Superioridad en la calidad o en la bondad de algo: *La excelencia de sus versos le hizo alcanzar gran fama.* **2** Tratamiento de cortesía que se da a determinadas personas: *Su excelencia el embajador les concederá una audiencia.* **3** ‖ **por excelencia.** Expresión que se utiliza para indicar que el nombre común con el que se designa a una persona o un objeto les corresponde a estos con más propiedad que a las otras personas o los otros objetos a los que también se les puede aplicar: *Santiago de Compostela es la ciudad monumental gallega por excelencia.* ☐ USO La acepción 2 se usa más en la expresión *{su/vuestra} excelencia.*

excelente adj. Que sobresale por sus buenas cualidades, esp. por su bondad o por su mérito: *Es una excelente persona y muy estimada por todos.* ☐ MORF. Invariable en género.

excelentísimo, ma adj. Tratamiento de cortesía que, antepuesto a *señor* o *señora*, se da a la persona a la que corresponde el tratamiento de excelencia: *El excelentísimo señor embajador ha hecho su entrada en la sala.*

excelso, sa adj. De gran superioridad o de elevada categoría: *El excelso poeta cuenta con un reconocimiento general.*

excentricidad s.f. Rareza o extravagancia de una persona: *La excentricidad de sus costumbres provoca muchos comentarios maliciosos.*

excéntrico, ca ▮ adj. **1** En geometría, que está fuera del centro o que tiene un centro diferente: *Si una circunferencia está dentro de otra más grande y sus contornos se tocan, ambas circunferencias son excéntricas.* ▮ adj./s. **2** Que tiene un carácter raro, extravagante o fuera de lo habitual: *No seas tan excéntrico y compórtate como todo el mundo. Es una excéntrica y no puede pasar inadvertida.*

excepción s.f. **1** Exclusión de algo que se aparta de la generalidad o de una regla común: *La ley debe aplicarse a todos sin excepción.* **2** Lo que se aparta de la regla o condición generales: *Los casos de jóvenes violentos son una excepción dentro de la juventud.* **3** ‖ **de excepción.** Extraordinario o fuera de lo normal: *Hemos pasado unas vacaciones de excepción.*

excepcional adj. **1** Que se aparta de la norma o condición generales: *Soy muy casera y salir de noche es algo excepcional para mí.* **2** Extraordinario o muy bueno: *El concierto de anoche me pareció excepcional.* ☐ MORF. Invariable en género.

excepto prep. A excepción de; *menos: Hay teatro todos los días, excepto los lunes, que descansan.*

exceptuar v. Excluir de la generalidad o de una regla común: *He dicho que salgáis todos y no exceptúo a nadie.* ☐ ORTOGR. La *u* lleva tilde en los presentes, excepto en las personas *nosotros* y *vosotros* →**ACTUAR**.

excesivo, va adj. Que excede o va más allá de lo que se considera normal o razonable: *Me parece excesivo que castigue sin comer a un niño de dos años.*

exceso s.m. **1** Superación de los límites de lo ordinario o de lo debido: *El exceso de trabajo no es bueno para la salud.* **2** Abuso, delito o crimen: *Los excesos se pagan tarde o temprano.* **3** ‖ **en exceso.** Más de lo normal o de lo debido: *Tu mujer habla en exceso.* ‖ **por exceso.** Referido a una expresión que indica error o inexactitud, que estos se producen por sobrepasar los límites de lo justo: *Prefiero equivocarme por exceso que por defecto.* ☐ MORF. La acepción 2 se usa más en plural.

excipiente s.m. Sustancia, generalmente inactiva, que se mezcla con los medicamentos para darles la consistencia, la forma u otras cualidades convenientes para su uso: *Algunos productos farmacéuticos contienen excipientes azucarados.*

excitación s.f. Estimulación o intensificación de la actividad o del sentimiento: *La excitación que me produce el café me impide dormir.*

excitante s.m. Lo que produce excitación o estimula la actividad de un sistema orgánico: *El café es un excitante.*

excitar v. **1** Referido esp. a un sentimiento, estimularlo, motivarlo o provocarlo: *El discurso excitó la ira de los asistentes.* **2** Referido a un órgano o a un organismo, producir, mediante un estímulo, un aumento de su actividad: *Nos ponemos morenos porque los rayos del Sol excitan las células productoras de melanina. Al excitarse las terminaciones nerviosas, envían impulsos nerviosos al cerebro.* **3** Provocar deseo sexual: *¿Qué es lo que más te excita de una persona?*

exclamación s.f. **1** Palabra o expresión que se pronuncian con vehemencia y que indican una emoción o un sentimiento intensos: *No pudo evitar una exclamación de alegría cuando supo la nota.* **2** En ortografía, signo gráfico de puntuación que se coloca al principio y, en posición invertida, al final de una expresión exclamativa; *admiración: La exclamación se representa con los signos '¡!'.* ☐ ORTOGR. Para la acepción 2 →APÉNDICE DE SIGNOS DE PUNTUACIÓN.

exclamar v. Decir o hablar con vehemencia para expresar la intensidad de lo que se siente: *El público exclamaba indignado: «¡Fuera!». Al oírlos exclamar, me acerqué a ver qué pasaba.*

exclamativo, va adj. Que implica, expresa o permite formular una exclamación: *'Qué', 'quién' y 'cuál' son pronombres exclamativos.*

excluir ▮ v. **1** Dejar fuera o quitar del lugar que se ocupaba: *No me excluyas de tu grupo de amigos. Con tu comportamiento, tú solo te excluiste de la herencia.* **2** Referido esp. a una posibilidad, descartarla, negarla o rechazarla: *El resultado de los análisis excluye la posibilidad de una enfermedad grave.* ▮ prnl. **3** Ser incompatible: *Piensa que trabajar y estudiar a la vez no se excluyen.* ☐ MORF. Irreg.: La *i* final de la raíz se cambia en *y* delante de *a, e, o* →**CONTRIBUIR**.

exclusión s.f. Eliminación o rechazo de algo, dejándolo fuera de su grupo: *Si las dos primeras respuestas son falsas, por exclusión la verdadera será la tercera.*

exclusiva s.f. Véase **exclusivo, va.**

exclusividad s.f. Inexistencia de algo igual: *Ese caso no es significativo por su exclusividad.*

exclusivo, va ▮ adj. **1** Único, solo o sin igual: *Este vestido es un modelo exclusivo, hecho expresamente para mí.* **2** Que excluye o que tiene capacidad para excluir algo: *Optó por una opción exclusiva de cualquier otra.* ▮ s.f. **3** Noticia o reportaje que se publican por un solo medio informativo, reservándose este los derechos de difusión: *Vendió la exclusiva de su boda a una revista del corazón.* **4** Privilegio por el que una persona o una entidad pueden hacer algo prohibido a las demás: *¿Es que te crees que por ser tú el padrino tienes la exclusiva de coger al niño?*

excomulgar v. En la Iglesia católica, referido a un fiel, apartarlo o excluirlo la jerarquía eclesiástica de su comunidad y del derecho a recibir los sacramento: *El papa excomulgó a varios herejes.* □ ORTOGR. La *g* se cambia en *gu* delante de *e* →PAGAR.

excomunión s.f. En la Iglesia católica, exclusión a la que la jerarquía eclesiástica somete a un fiel, apartándolo de su comunidad y del derecho a recibir los sacramentos; *anatema: El católico que no acata la autoridad papal puede ser castigado con pena de excomunión.*

excremento s.m. Residuos del alimento que, tras haberse hecho la digestión, elimina el organismo por el ano: *Defecar es expulsar excrementos por el ano.*

excretar v. Expulsar los excrementos: *Los laxantes ayudan a excretar.*

excretor, -a adj. Referido a un órgano o a un conducto, que sirven para excretar: *Algunas glándulas tienen conductos excretores para eliminar las sustancias que elaboran.*

excursión s.f. Viaje o salida a un lugar, generalmente como diversión, por deporte o con objeto de estudiar algo: *Estuve de excursión por la sierra y anduve más de seis horas.*

excursionista s. Persona que hace excursiones: *En la puerta de la catedral había un autocar de excursionistas.* □ MORF. Es de género común y exige concordancia en masculino o en femenino para señalar la diferencia de sexo: *el excursionista, la excursionista.*

excusa s.f. **1** Motivo o pretexto que se alegan para eludir una obligación o para disculpar una falta: *Aceptó sus excusas y quedaron como amigos.* **2** Descargo o justificación de una acción: *Lo que has hecho es un crimen y no tiene excusa.* □ SEM. *Pedir excusas* es una expresión incorrecta, aunque está muy extendida.

excusado s.m. Lugar para evacuar excrementos, esp. en establecimientos públicos: *Preguntó al camarero dónde estaba el excusado.* □ ORTOGR. Se admite también *escusado.*

excusar v. **1** Referido a una persona, alegar razones para justificarla por una culpa o para librarla de ella: *Excusó a uno de sus invitados diciendo que estaba enfermo. Se excusó ante todos por no llegar a tiempo a la cena.* **2** Referido a algo molesto o innecesario, evitarlo o impedir que suceda: *Si nos vemos luego, excuso decirte más cosas por teléfono.* **3** Eximir o liberar, generalmente del pago de un impuesto o de la prestación de un servicio: *Por problemas de salud, lo excusaron de hacer el servicio militar.* **4** Seguido de un infinitivo, poder evitar o poder dejar de hacer lo que este indica: *Si no has ido todavía, excusas ir, porque ya es tarde.* □ SINT. Constr. de la acepción 3: *excusar DE algo.*

execrable adj. Digno de duras críticas y de fuerte reprobación: *Todo crimen es execrable.* □ MORF. Invariable en género.

exención s.f. Liberación de una carga o de una obligación: *Las personas con unos ingresos inferiores a un límite fijado, gozan de exención de impuestos.*

exento, ta adj. Libre de algo, generalmente de una carga, o no sometido a ello: *Lleva una vida tranquila y exenta de preocupaciones.* □ SINT. Constr.: *exento DE algo.*

exequias s.f.pl. Conjunto de los oficios solemnes que se celebran por un difunto algunos días después del entierro o en cada aniversario de su muerte; *funeral: Muchos amigos y familiares acudieron a las exequias de mi hermano.*

exfoliación s.f. **1** Separación en láminas o en escamas: *La mica y el yeso se caracterizan por su capacidad de exfoliación.* **2** Pérdida o caída de la epidermis en forma de escamas: *Un jabón irritante puede producir la exfoliación de la piel.*

exfoliar v. Dividir en láminas o en escamas: *La falta de humedad exfolia la piel. La corteza del árbol se exfolió.* □ ORTOGR. La *i* nunca lleva tilde.

exhalación s.f. **1** Lanzamiento de un suspiro o de una queja: *Cuando por fin acabó el trabajo, se oyó una exhalación de alivio.* **2** ‖ **como una exhalación.** Muy rápido: *Los coches de carreras pasaban por la línea de meta como una exhalación.*

exhalar v. **1** Referido esp. a un gas o a un olor, despedirlos o echarlos: *Las rosas exhalan un suave perfume.* **2** Referido esp. a una queja o a un suspiro, lanzarlos o echarlos fuera: *Nunca le he oído exhalar una queja.*

exhaustivo, va adj. Hecho de manera completa o muy a fondo: *Dio una explicación exhaustiva sobre las razones de su dimisión.*

exhausto, ta adj. Completamente agotado: *La corredora llegó exhausta a la meta.*

exhibición s.f. Muestra o presentación en público: *No le gusta hacer exhibición de sus sentimientos.*

exhibicionismo s.m. **1** Comportamiento sexual que consiste en mostrar los órganos genitales en público: *Lo detuvieron por exhibicionismo y escándalo público.* **2** Deseo de exhibirse: *Hace todas esas tonterías con la bicicleta por puro exhibicionismo.*

exhibicionista adj./s. Que practica el exhibicionismo: *Es tan exhibicionista que siempre está mostrando sus habilidades a todo el mundo. La policía detuvo a un exhibicionista que habían visto varias veces delante de un colegio.* □ MORF. 1. Como adjetivo es invariable en género. 2. Como sustantivo es de género común y exige concordancia en masculino o en femenino para señalar la diferencia de sexo: *el exhibicionista, la exhibicionista.*

exhibir ▮ v. **1** Mostrar, enseñar o presentar en público: *Las modelos exhibieron la moda del próximo verano.* ▮ prnl. **2** Dejarse ver en público con el fin de llamar la atención: *Se exhibió por toda la ciudad con una rubia explosiva.*

exhortación s.f. **1** Incitación por medio de palabras, de razones o de ruegos a hacer algo: *Entiende la educación como una continua exhortación a hacer el bien.* **2** Sermón breve y familiar: *Nuestras exhortaciones para que vuelva temprano a casa no sirven para nada.*

exhortar v. Referido a una persona, incitarla con palabras, razones o ruegos a hacer algo: *Mi maestro me exhortaba a estudiar constantemente.* □ SINT. Constr.: *exhortar A hacer algo.*

exhortativo, va adj. Que implica, expresa o permite formular una exhortación: *'Siéntate ahí' es una oración exhortativa.*

exhumación s.f. Desenterramiento de un cadáver o de algo enterrado: *El juez ordenó la exhumación del cuerpo para practicarle una autopsia.* □ SEM. Dist. de *inhumación* →**exhumar.**

exhumar v. **1** Referido esp. a un cadáver, desenterrarlo: *Exhumaron el cadáver del escritor para trasladarlo a su ciudad natal.* **2** Referido a algo largo tiempo olvidado, traerlo a la memoria o a la actualidad; *desenterrar: Exhumaron juntos los viejos recuerdos de la juventud.* □ SEM. En la acepción 1, dist. de *inhumar* (enterrar un cadáver).

a b c d **e** f g h i j k l m n ñ o p q r s t u v w x y z

exigencia s.f. **1** Petición imperiosa o enérgica de algo: *Las exigencias de los trabajadores no fueron atendidas por la empresa.* **2** Requerimiento o necesidad forzosa: *Tuvo que prolongar su jornada laboral por exigencias del servicio.* **3** Pretensión caprichosa o desmedida: *¿Pero a qué vienen tantas exigencias, si tú no ofreces nada?* ☐ MORF. La acepción 3 se usa más en plural.

exigente adj./s. Que exige de manera caprichosa y autoritaria: *No seas tan exigente y confórmate con lo que tienes. Es un exigente en lo que se refiere a la comida.* ☐ MORF. 1. Como adjetivo es invariable en género. 2. Como sustantivo es de género común y exige concordancia en masculino o en femenino para señalar la diferencia de sexo: *el exigente, la exigente.*

exigir v. **1** Referido a algo a lo que se tiene derecho, pedirlo imperiosamente: *No pido justicia, la exijo.* **2** Necesitar, precisar o requerir forzosamente: *Esta difícil situación exige una decisión inmediata.* ☐ ORTOGR. La *g* se cambia en *j* delante de *a, o* →DIRIGIR.

exiguo, gua adj. Escaso o insuficiente: *Con este sueldo tan exiguo no podemos vivir.*

exilarse v.prnl. →**exiliarse.**

exiliarse v.prnl. Abandonar la patria, generalmente por motivos políticos: *Después de la guerra civil, muchos españoles se exiliaron.* ☐ ORTOGR. La *i* nunca lleva tilde. ☐ SINT. Constr.: *exiliarse A un lugar.*

exilio s.m. **1** Abandono que una persona hace de su patria, generalmente por motivos políticos: *Su exilio fue voluntario, porque no estaba de acuerdo con la situación política de su país.* **2** Situación o estado de la persona exiliada: *Su exilio duró hasta el final de sus días.* **3** Lugar en el que vive la persona exiliada: *Murió en el exilio.*

eximio, mia adj. Que es muy ilustre o que sobresale por alguna cualidad: *El eximio doctor accedió a recibirnos.*

eximir v. Librar de una carga, de una obligación o de algo semejante: *La ley exime del servicio militar a las personas no aptas físicamente. La ignorancia de la ley no exime de su cumplimiento.* ☐ MORF. Tiene un participio regular (*eximido*), que se usa en la conjugación, y otro irregular (*exento*), que se usa como adjetivo. ☐ SINT. Constr.: *eximir DE algo.*

existencia ▌ s.f. **1** Hecho o circunstancia de existir: *Desconocía la existencia de ese familiar.* **2** Vida humana: *Lleva una existencia tranquila desde que se jubiló.* ▌ pl. **3** Conjunto de productos de los que aún no se ha hecho uso y que permanecen almacenados para su venta o para su consumo posteriores: *Tienen existencias de alimentos para una semana.*

existencial adj. De la existencia o relacionado con ella: *A todos se nos plantea alguna vez la duda existencial sobre el sentido profundo de la vida.* ☐ MORF. Invariable en género.

existir v. **1** Referido a algo o a alguien, ser real y verdadero: *No tengas miedo a los ogros porque no existen.* **2** Tener vida o estar vivo: *Sus padres ya no existen.* **3** Haber, estar o hallarse: *En esa biblioteca existen libros muy antiguos.*

éxito s.m. **1** Resultado feliz o muy bueno de algo: *Espero que tengas éxito en todo lo que intentes en la vida.* **2** Buena aceptación que algo tiene: *El éxito de esta película se debe en parte a la espectacularidad de sus imágenes.* **3** Lo que tiene buena aceptación: *He comprado un disco con los éxitos del momento.*

exitoso, sa adj. Que tiene éxito: *Su última película ha resultado muy exitosa.*

exlibris s.m. Etiqueta o sello grabado que se estampan generalmente en el reverso de la tapa de los libros para indicar el nombre de su dueño o el de la biblioteca a la que pertenecen: *Todos mis libros llevan mi exlibris para que, si los presto o los pierdo, me los devuelvan.* ☐ ORTOGR. Es un latinismo (*ex libris*) adaptado al español. ☐ MORF. Invariable en número. ☐ USO Es innecesario el uso del latinismo *ex libris.*

ex libris (latinismo) s.m. ‖ →**exlibris.** ☐ MORF. Invariable en número.

exo- Elemento compositivo que significa 'fuera de' o 'en el exterior': *exoesqueleto.*

éxodo s.m. Emigración de un pueblo o de una muchedumbre: *En el Antiguo Testamento se narra el éxodo del pueblo judío, que abandonó Egipto para ir a la tierra prometida.*

exógeno, na adj. **1** Que se origina o que nace en el exterior: *Las esporas de algunos hongos son exógenas.* **2** Que está producido por una causa externa: *La erosión de este terreno se ha producido por factores exógenos como la lluvia, el hielo y el viento.*

exonerar v. Aliviar o descargar de un peso o de una obligación: *Me han exonerado del pago de la multa porque no había pruebas contra mí.* ☐ SINT. Constr.: *exonerar DE algo.*

exorbitante adj. Que es excesivo o que sobrepasa lo que se considera normal: *El precio de esos pisos me pareció exorbitante.* ☐ MORF. Invariable en género.

exorcismo s.m. Conjunto de palabras o de expresiones que se pronuncian para expulsar a un espíritu maligno de algún sitio: *El sacerdote realizó un exorcismo para curar al poseso.*

exorcista ▌ s. **1** Persona que se dedica a hacer exorcismos: *Una exorcista libró a su hijo del demonio.* ▌ s.m. **2** En la Iglesia católica, eclesiástico que tiene la potestad para exorcizar: *El exorcista realizó los ritos prescritos contra el espíritu maligno.* ☐ MORF. En la acepción 1, es de género común y exige concordancia en masculino o en femenino para señalar la diferencia de sexo: *el exorcista, la exorcista.*

exorcizar v. Someter a exorcismos para expulsar a un espíritu maligno: *El sacerdote exorcizó la casa que estaba endemoniada.* ☐ ORTOGR. La *z* se cambia en *c* delante de *e* →CAZAR.

exosfera s.f. En la atmósfera terrestre, zona más exterior, que se extiende entre los quinientos y los mil kilómetros de altura aproximadamente, y que es de densidad muy pequeña: *La exosfera está en contacto con el espacio interplanetario.*

exótico, ca adj. **1** Extranjero, esp. si es de un país lejano y desconocido: *Viajó por tierras exóticas y vivió increíbles aventuras.* **2** Extraño o raro: *No me gustan nada los cócteles exóticos, con mezclas extrañas de sabores rarísimos.*

expandir v. Extender, difundir o dilatar: *Expandieron la noticia por todo el pueblo. Los pulmones se expanden para tomar aire.* ☐ MORF. Incorr. **expander.*

expansible adj. Que puede extenderse o dilatarse: *Los materiales elásticos son expansibles.* ☐ MORF. Invariable en género.

expansión s.f. **1** Propagación, extensión o dilatación de algo: *La expansión de la epidemia produjo numerosas muertes.* **2** Manifestación o desahogo efusivos de un afecto o de un pensamiento: *Su expansión de alegría contagió a toda la familia.* **3** Recreo o diversión: *Necesito un momento de expansión después del duro trabajo.*

expansionarse ▮ v. **1** Expandir, dilatar o ensanchar: *La baja presión expansiona los gases. La empresa creció y se expansionó por todo el país.* ▮ prnl. **2** Desahogarse o manifestar pensamientos o sentimientos íntimos: *Se expansiona conmigo y me cuenta todas sus penas.* **3** Divertirse o distraerse: *Mañana voy a la playa para expansionarme un poco.*

expansionismo s.m. Tendencia de un pueblo o de un país a extender su dominio político y económico a otros: *El expansionismo alemán acabó provocando la II Guerra Mundial.*

expansivo, va adj. **1** Que tiende a extenderse o a dilatarse, ocupando mayor espacio: *La onda expansiva de la bomba afectó a varios edificios.* **2** Que es comunicativo o que manifiesta fácilmente su pensamiento: *Su carácter expansivo lo hace muy simpático.*

expatriar v. Hacer salir de la patria o abandonarla: *El Gobierno expatrió a varios opositores políticos. Tuvo que expatriarse para salvar su vida.* □ ORTOGR. La *i* puede llevar tilde en los presentes, excepto en las personas *nosotros* y *vosotros* →VACIAR, o no llevarla nunca.

expectación s.f. Espera, generalmente curiosa o tensa, de un acontecimiento que despierta interés: *El partido entre las dos selecciones ha producido una gran expectación.*

expectante adj. Que espera observando, esp. si es con curiosidad o con tensión: *No sé nada de mi contrato, pero sigo expectante.* □ MORF. Invariable en género.

expectativa s.f. **1** Esperanza o posibilidad de conseguir algo: *Con mi experiencia, tengo buenas expectativas de conseguir trabajo.* **2** ‖ **a la expectativa.** Sin actuar ni tomar una determinación hasta ver qué sucede: *Está a la expectativa ante los rumores de ascenso en su empresa.*

expectoración s.f. En medicina, extracción y expulsión por la boca de las flemas y de las secreciones que se depositan en las vías respiratorias: *Hay jarabes que facilitan la expectoración.*

expectorar v. En medicina, referido a las flemas y secreciones de las vías respiratorias, arrancarlas y expulsarlas por la boca: *Este jarabe te ayudará a expectorar las flemas de la garganta. Tose mucho y no consigue expectorar.*

expedición s.f. **1** Envío de una carta, de una mercancía o de algo semejante: *Las oficinas de correos se encargan de la expedición y recepción de cartas y paquetes postales.* **2** Realización por escrito de un documento, con las formalidades acostumbradas: *La expedición del título de bachillerato la realiza el Ministerio de Educación.* **3** Marcha o viaje que se realizan con un fin determinado, esp. si es científico o militar: *El Gobierno subvencionó una expedición científica a la selva amazónica.* **4** Conjunto de personas que realizan este viaje: *Felicitó a los miembros de la expedición que alcanzó el pico más alto del mundo.*

expedicionario, ria adj./s. Que forma parte de una expedición: *Los soldados expedicionarios estaban agotados al final del día. Los expedicionarios regresaron sanos y salvos.*

expedientar v. Referido a una persona, someterla a un expediente: *Me expedientaron por participar en la huelga y he denunciado a la empresa.*

expediente s.m. **1** Conjunto de los servicios prestados, de las incidencias ocurridas o de las calificaciones obtenidas en una carrera profesional o de estudios: *El expediente de este alumno en el bachillerato es muy bueno.* **2** Conjunto de informes y documentos sobre un asunto o un negocio determinados: *Pidió a su secretario el expediente sobre las ventas del último año.* **3** Procedimiento administrativo en el que se enjuicia la actuación de alguien: *Su club le abrirá expediente por unas duras declaraciones que hizo a la prensa.*

expedir v. **1** Enviar, remitir o mandar: *Para expedir paquetes certificados por correo hay que rellenar un impreso.* **2** Referido esp. a un documento, extenderlo o ponerlo por escrito con las formalidades acostumbradas: *Me expidieron el carné de identidad en una comisaría.* □ ORTOGR. Dist. de *expender.* □ MORF. Irreg.: La *e* final de la raíz se cambia en *i* cuando la sílaba siguiente no tiene *i* o la tiene formando diptongo →PEDIR.

expeditivo, va adj. Que tiene facilidad o rapidez para dar salida a un asunto sin detenerse ante los obstáculos o inconvenientes: *Contrató a un abogado expeditivo para agilizar los trámites de su divorcio.*

expedito, ta adj. **1** Libre o sin estorbos ni obstáculos: *Después de retirar toda la nieve, la carretera quedó expedita.* **2** Rápido en actuar: *Es una persona muy expedita y eficaz.*

expeler v. **1** Hacer salir del organismo: *Cuando respiras, expeles el aire por la boca.* **2** Arrojar o lanzar, generalmente con fuerza: *Un volcán en erupción puede expeler ceniza incandescente.*

expendeduría s.f. Establecimiento donde se venden al por menor productos que tienen prohibida la venta libre, generalmente tabaco y sellos, y cuya concesión se otorga a determinadas personas o entidades: *Los estancos son expendedurías de tabaco y de sellos.*

expender v. **1** Vender al por menor o por encargo del dueño de la mercancía: *Este producto solo se expende en farmacias.* **2** Referido esp. a una entrada o a un billete, despacharlos: *En la estación de tren han puesto máquinas que expenden billetes.* □ ORTOGR. Dist. de *expedir.*

expensas ‖ **a expensas de** algo. Por cuenta o a costa suya: *No trabaja y vive a mis expensas.*

experiencia s.f. **1** Enseñanza que se adquiere con el uso, con la práctica o con las propias vivencias: *La experiencia que dan los años es de gran valor.* **2** Operación para descubrir, comprobar o determinar fenómenos o principios, generalmente científicos: *Fuimos al laboratorio a hacer una experiencia de ciencias.* **3** Prueba práctica: *La experiencia de ducharme con agua fría no me gustó nada.* □ SEM. En las acepciones 2 y 3, es sinónimo de *experimento.*

experimentación s.f. **1** Método científico de investigación que se basa en la producción intencionada de fenómenos para ser estudiados o comprobados: *La ciencia procede por experimentación.* **2** Sometimiento de algo a experimentos para probar y examinar sus características: *Esa vacuna no puede comercializarse porque está en fase de experimentación.*

experimentado, da adj. Que tiene experiencia: *Es un conductor experimentado que lleva más de veinte años conduciendo.*

experimental adj. **1** Que se basa en la experiencia o en los experimentos: *La física y la química son ciencias experimentales.* **2** Que sirve de experimento con vistas a posibles perfeccionamientos o aplicaciones y a su posterior difusión: *Este año, varios institutos seguirán un plan de estudios experimental.* □ MORF. Invariable en género.

experimentar v. **1** Hacer experimentos: *En su empresa experimentan para conseguir materiales de construcción* *más baratos.* **2** Probar y examinar con la práctica: *Experimentó la nueva batidora y se dio cuenta de que no funcionaba.* **3** Referido esp. a una sensación, notarla o sentirla en uno mismo: *Al verlo, experimenté una gran alegría.* **4** Referido esp. a un cambio, sufrirlo o padecerlo: *El precio de la gasolina experimentará una subida.*

experimento s.m. **1** Operación para descubrir, comprobar o demostrar fenómenos o principios, generalmente científicos: *Los alumnos hicieron varios experimentos de química en el laboratorio.* **2** Prueba práctica: *Nuestro experimento de estudiar juntos terminó mal, porque nos distraemos mucho.* ☐ SEM. Es sinónimo de *experiencia*.

experto, ta ▮ adj./s. **1** Que tiene gran experiencia o habilidad en una actividad: *Es un experto nadador. Lleva años trabajando en esto y se ha convertido en una experta.* ▮ s. **2** Persona especialista en una materia: *Pertenece a la comisión de expertos en tecnología avanzada.*

expiar v. **1** Referido a una culpa, borrarla mediante el sacrificio o la penitencia: *Reza para expiar sus pecados.* **2** Referido a un delito, sufrir o cumplir la pena que ha sido impuesta por él: *Expió su crimen pasando 30 años en la prisión.* ☐ ORTOGR. 1. Dist. de *espiar*. 2. La *i* lleva tilde en los presentes, excepto en las personas *nosotros* y *vosotros* →**VACIAR**.

expiatorio, ria adj. Que sirve para expiar una culpa: *Algunos pueblos primitivos sacrificaban animales como víctimas expiatorias.*

expirar v. **1** Dejar de vivir; *morir*: *El enfermo expiró a última hora de la tarde.* **2** Referido esp. a un período de tiempo, acabar o concluir: *El plazo para pagar la contribución expira mañana.* ☐ ORTOGR. Dist. de *espirar*.

explanada s.f. Espacio de terreno llano o allanado: *Juegan al fútbol en una explanada a las afueras del pueblo.*

explayar ▮ v. **1** Referido esp. al pensamiento o a la mirada, extenderlos o ensancharlos: *Explayaba su mirada por los campos de trigo. Su pensamiento se explayaba por lejanos horizontes.* ▮ prnl. **2** Extenderse demasiado al expresarse: *Se explayó tanto en su discurso que los demás oradores no pudieron intervenir.* **3** Divertirse o distraerse: *Iremos al campo con los niños para que se explayen.*

expletivo, va adj. Referido a una palabra o a una expresión, que no es necesaria para el sentido de la frase, aunque añade valores expresivos: *En la oración 'Nunca jamás lo haré', 'jamás' es un adverbio expletivo.*

explicación s.f. **1** Expresión o exposición claras o ejemplificadas de algo para hacerlo comprensible: *Me dio explicaciones precisas sobre cómo llegar hasta aquí.* **2** Justificación que se ofrece como disculpa: *No encuentro explicación a tu absurdo comportamiento.* **3** Dato que aclara la razón o el motivo de algo: *Como no me des alguna explicación más, no creo que me entere.* ☐ MORF. La acepción 2 se usa mucho en la expresión *{dar/pedir} explicaciones*.

explicar ▮ v. **1** Referido esp. a algo de difícil comprensión, exponerlo de forma clara para hacerlo comprensible: *El profesor nos explica la lección.* **2** Declarar, manifestar o dar a conocer: *Explícame qué te pasa y no llores.* **3** Dar clase en un centro de enseñanza: *Explica química.* **4** Justificar ofreciendo una disculpa: *Sigo esperando que me expliques tu actitud.* ▮ prnl. **5** Llegar a comprender la razón de algo: *Ahora me explico por qué reaccionaste así.* **6** Hacerse entender: *Se explica bastante mal en español.* ☐ ORTOGR. La *c* se cambia en *qu* delante de *e* →**SACAR**.

explicativo, va adj. Que explica o que introduce una explicación: *En 'Mis hermanos, que son mayores que yo, no vendrán', 'que son mayores que yo' es una oración de relativo explicativa.*

explícito, ta adj. Que está claramente expreso, o que expresa algo con claridad: *El procedimiento de relección está explícito en los estatutos.* ☐ SEM. Dist. de *implícito* (incluido sin necesidad de ser expresado).

exploración s.f. Examen o reconocimiento minuciosos o exhaustivos: *Al llegar a la isla, los expedicionarios comenzaron la exploración del terreno.*

explorador, -a s. **1** Persona que explora un territorio lejano y poco conocido: *Este explorador ha recorrido grandes zonas de la selva amazónica.* **2** Miembro de una asociación educativa y deportiva que realiza actividades al aire libre: *Fue explorador de los Jóvenes Castores.*

explorar v. **1** Referido esp. a un territorio, examinarlo o recorrerlo para tratar de descubrir lo que hay en él: *Antes de plantar la tienda de campaña, vamos a explorar la zona.* **2** Referido esp. a una parte del organismo, examinarla a fondo: *El oftalmólogo me exploró el ojo y dijo que todo estaba bien.*

explosión s.f. **1** Liberación brusca de una gran cantidad de energía encerrada en un volumen relativamente pequeño, que produce un incremento grande y rápido de la presión, con desprendimiento de calor, luz y gases, y que va acompañada de estruendo y rotura violenta del recipiente que la contiene: *La explosión de la caldera se produjo por un exceso de presión.* **2** Dilatación repentina de un gas contenido en un dispositivo mecánico con el fin de producir un movimiento: *Este coche lleva motor de explosión.* **3** Manifestación o desarrollo violentos o repentinos de algo: *En esos años hubo una explosión demográfica, y la población creció espectacularmente.*

explosionar v. **1** Provocar una explosión: *Los artificieros de la Policía explosionaron un paquete bomba.* **2** Hacer explosión; *explotar*: *La bomba explosionó en manos del terrorista que pretendía instalarla.*

explosivo, va ▮ adj. **1** Que hace o que puede hacer explosión: *El artefacto explosivo pudo ser desactivado.* **2** Que impresiona o que llama la atención: *Fue un discurso explosivo porque criticó en él cosas muy serias. Es una chica explosiva y muy provocativa.* **3** En fonética y fonología, referido esp. a una consonante, que forma sílaba con la vocal que la sigue: *La 's' de 'seta' es explosiva.* ▮ adj./s.m. **4** Referido a una sustancia, que se incendia con explosión: *La dinamita es una mezcla explosiva de nitroglicerina y un cuerpo poroso. La pólvora es un explosivo.* ▮ adj./s.f. **5** En fonética y fonología, referido a un sonido consonántico oclusivo, que se articula con una abertura súbita final: *En 'entonar', la 't' es explosiva. No pronuncia bien las explosivas porque es muy pequeño.*

explotación s.f. **1** Conjunto de instalaciones destinadas a explotar un negocio o una industria: *En tierras de California hay importantes explotaciones vinícolas.* **2** Aprovechamiento u obtención del beneficio o de las riquezas de algo: *La explotación de esta mina produce grandes beneficios.* **3** Utilización abusiva y en provecho propio de las cualidades o de los sentimientos de los demás: *Los empleados han hecho frente común ante la explotación a la que se ven sometidos por parte de su empresa.*

explotar v. **1** Hacer explosión; *explosionar*: *Una bombona de butano explotó a primeras horas de la mañana.* **2** Manifestarse violenta o repentinamente: *Yo soy muy paciente y aguanto mucho, pero como explote, te vas a ente-*

a b c d **e** f g h i j k l m n ñ o p q r s t u v w x y z

rar de lo que es bueno. **3** Referido a algo que reporta beneficios, sacar utilidad o provecho de ello: *Van a volver a explotar esa antigua mina de carbón.* **4** Referido esp. a una persona, utilizar sus cualidades o sus sentimientos en provecho propio, generalmente de forma abusiva: *Explota a sus empleados pagándoles un sueldo mísero.*

expoliar v. Despojar con injusticia o con violencia; *espoliar: Unos bandidos expoliaron el pueblo abandonado.* □ ORTOGR. La *i* nunca lleva tilde.

expolio s.m. **1** Apropiación injusta o violenta de lo que pertenece a otro: *El expolio de las tiendas de la zona bombardeada fue inmediato en cuanto cesó el peligro.* **2** *col.* Alboroto, jaleo o bronca: *Armaron un expolio tremendo.* □ SEM. Es sinónimo de *espolio*.

exponente s.m. **1** En una potencia matemática, número o expresión algebraica que se coloca en la parte superior derecha de otro número o de otra expresión, e indica el número de veces que estos han de multiplicarse por sí mismos: *En la expresión '3^2' el exponente es '2', e indica que la operación debe ser '3 x 3'.* **2** Prototipo o ejemplo representativo de algo: *La música de ese grupo es el mejor exponente de la música inglesa actual.*

exponer v. **1** Mostrar al público o presentar para ser visto: *Este pintor expone su obra en una importante galería de arte.* **2** Decir para dar a conocer: *Me expuso sus planes con todo lujo de detalles.* **3** Arriesgar o poner en peligro: *Conduciendo tan deprisa expones tu vida y la de tus hijos.* **4** Referido esp. a un objeto, colocarlo para que reciba la acción o la influencia de algo: *No expongas este medicamento al calor, que se estropea.* □ MORF. Irreg.: 1. Su participio es *expuesto*. 2. →**PONER**.

exportación s.f. **1** Venta o envío de un producto nacional a un país extranjero: *Esos coches se venderán en el extranjero porque están destinados a la exportación.* **2** Conjunto de bienes exportados: *Este año han aumentado las exportaciones a los países del norte.* □ SEM. Dist. de *importación* (introducción en un país de algo extranjero).

exportar v. Referido a un producto nacional, venderlo o enviarlo a un país extranjero: *España exporta naranjas a muchos países de Europa. Los franceses exportaron sus ideas revolucionarias.* □ SEM. Dist. de *importar* (introducir algo extranjero en un país).

exposición s.f. **1** Exhibición y presentación al público de algo para que sea visto: *En el museo hay una exposición temporal de un famoso pintor alemán.* **2** Conjunto de los objetos que se exponen: *Ya se han llevado la exposición a otra sala.* **3** Explicación de un tema o de unas ideas para darlos a conocer: *El escrito era una exposición de las necesidades de su departamento.* **4** Colocación de manera que se reciba la acción o la influencia de algo: *La prolongada exposición de la piel al sol provoca quemaduras.* **5** En fotografía, tiempo durante el que se expone a la luz un soporte fotográfico para que se impresione: *La exposición no debe sobrepasar los treinta segundos.*

expositor, -a ▮ adj./s. **1** Referido a una persona o una entidad, que exhibe algo en una exposición: *Todas las empresas expositoras son del sector agrícola. Los expositores ofrecían sus productos en la feria.* ▮ s.m. **2** Mueble en el que se coloca lo que se expone: *Quiero comprar el libro que está en el expositor de la entrada.*

exprés ▮ adj. **1** Referido a algunos electrodomésticos, que funcionan con rapidez utilizando una gran presión: *Hago el cocido en la olla exprés, porque es más rápido que hacerlo en puchero.* **2** Referido a un café, que está preparado en una cafetera de este tipo: *Prefiero el café exprés al de puchero.* **3** Referido esp. al correo, que se entrega con rapidez: *Es una empresa de transporte exprés.* ▮ s.m. **4** →**tren exprés.** □ MORF. 1. Invariable en número. 2. Como adjetivo es invariable en género.

expresar ▮ v. **1** Referido a algo que se quiere dar a conocer, manifestarlo con palabras, miradas, gestos o dibujos: *Me expresó su agradecimiento. A veces se expresan mejor la cosas con un gesto.* **2** Referido esp. a un estado de ánimo, mostrarlo o hacerlo ver con viveza y exactitud: *Esos cuadros expresan la angustia que sentía el pintor.* ▮ prnl. **3** Darse a entender por medio de la palabra: *Tu hijo se expresa muy bien para tener solo tres años.* □ MORF. Tiene un participio regular (*expresado*), que se usa en la conjugación, y otro irregular (*expreso*), que se usa solo como adjetivo o sustantivo.

expresión s.f. **1** Declaración de lo que se quiere dar a conocer: *Mucha gente tímida tiene problemas para la expresión de sus sentimientos.* **2** Palabra o conjunto de palabras: *En sus libros utiliza muchas expresiones latinas.* **3** Forma o modo de expresarse: *El profesor me dijo que debía mejorar mi expresión oral.* **4** Viveza y exactitud con que se manifiestan los sentimientos o las sensaciones: *Es una persona sincera, con mucha expresión en los ojos.* **5** En matemáticas, conjunto de términos que representa una cantidad: *Los polinomios son expresiones algebraicas.*

expresionismo s.m. Movimiento artístico de origen europeo surgido en los últimos años del siglo XIX como reacción al impresionismo, y que se caracteriza por la intensidad de la expresión de los sentimientos y de las sensaciones, aun a costa del equilibrio formal: *Munch en pintura, Mahler en música y Kafka en literatura son representantes del expresionismo.*

expresionista ▮ adj. **1** Del expresionismo o con rasgos propios de este movimiento artístico: *El movimiento expresionista tuvo gran importancia en la Alemania de entreguerras.* ▮ adj./s. **2** Que defiende o sigue el expresionismo: *Tiene varias obras expresionistas. Los expresionistas rechazaban el optimismo positivista del progreso industrial.* □ MORF. 1. Como adjetivo es invariable en género. 2. Como sustantivo es de género común y exige concordancia en masculino o en femenino para señalar la diferencia de sexo: *el expresionista, la expresionista*.

expresividad s.f. Capacidad para manifestar o mostrar con viveza un pensamiento, un sentimiento o una sensación: *Tu cara tiene una gran expresividad y se te nota enseguida si estás triste o alegre.*

expresivo, va adj. Que manifiesta o muestra con viveza un pensamiento, un sentimiento o una sensación: *Me hizo un gesto muy expresivo y comprendí que no era el momento. El uso de interjecciones y exclamaciones es propio de la función expresiva del lenguaje.*

expreso adv. Expresamente o a propósito: *Lo hizo expreso para fastidiarnos.*

expreso, sa ▮ adj. **1** Claro, patente o especificado: *La carta dice de forma expresa que llegará hoy a las nueve de la noche.* ▮ adj./s.m. **2** →**tren expreso.**

exprimidor s.m. Aparato que se usa para sacar el zumo a las frutas: *Me hice un zumo de naranja con un exprimidor eléctrico.*

exprimir v. **1** Referido esp. a una fruta, sacarle el zumo estrujándola o retorciéndola: *Para llenar de zumo este vaso ha sido necesario exprimir tres naranjas.* **2** Referido a una persona, explotarla o aprovecharse de ella en beneficio propio: *En ese trabajo te están exprimiendo, porque te pagan muy poco.* **3** Sacar todo el partido posible; *estrujar: Por más que se exprima el cerebro, es tan zoquete que no dará con la solución.*

ex profeso (latinismo) ‖ Expresamente o a propósito: *He venido ex profeso para saludarte.* ☐ SINT. Incorr. **de ex profeso.*

expropiar v. Referido a una propiedad, quitársela legalmente a su propietario por motivos de interés público y generalmente a cambio de una indemnización: *El Ministerio de Obras Públicas expropiará unos terrenos para construir la autopista.* ☐ ORTOGR. La *i* nunca lleva tilde.

expuesto, ta ▮ **1** part. irreg. de **exponer.** ▮ adj. **2** Peligroso o arriesgado: *Me parece muy expuesto que salgas en esa ciudad sola y de noche.* ☐ MORF. Incorr. **exponido.*

expulsar v. Hacer salir de un lugar o del interior de algo: *El maestro me expulsó de clase por charlatán.*

expulsión s.f. **1** Apartamiento o abandono obligatorio de un lugar o de un grupo: *El Gobierno ha ordenado la expulsión de los espías.* **2** Salida o lanzamiento hacia fuera: *El tubo de escape de un coche permite la expulsión de los gases de la combustión.*

expurgar v. **1** Limpiar o purificar: *Expurgué mi biblioteca y tiré algunos folletos sin interés.* **2** Referido esp. a un escrito, censurar o corregir alguna de sus partes por orden de la autoridad competente, sin prohibir la lectura del resto: *'El Buscón' de Quevedo fue expurgado, porque algunos de sus fragmentos se consideraron inmorales.* ☐ ORTOGR. 1. Dist. de *espulgar*. 2. La *g* se cambia en *gu* delante *e* ⟶**PAGAR**.

exquisitez s.f. **1** Calidad, primor o gusto extraordinarios o singulares: *Su exquisitez en la forma de vestir contrasta con sus modales ordinarios.* **2** Lo que resulta exquisito: *Este postre es una verdadera exquisitez.*

exquisito, ta adj. De singular y extraordinaria calidad, primor o gusto: *Es un excelente cocinero y prepara una merluza exquisita. Ha sido educado al estilo inglés y tiene unos modales exquisitos.*

extasiar v. Producir o sentir una admiración o un placer tan grandes que hacen olvidarse de todo lo demás; *arrobar, embelesar: La belleza del retablo extasía a los que la contemplan. Me extasío con la música de Bach.* ☐ ORTOGR. La *i* lleva tilde en los presentes, excepto en las personas *nosotros* y *vosotros* ⟶**VACIAR**.

éxtasis s.m. **1** En algunas religiones, estado en el que la persona alcanza una unión mística con Dios por medio de la contemplación y del amor; *arrebato: Solo los santos pueden alcanzar el éxtasis.* **2** Estado de la persona cautivada por visiones o sensaciones extremadamente bellas, agradables o placenteras: *Contempló con éxtasis aquella obra de arte.* **3** Droga sintética de efectos alucinógenos y afrodisíacos: *El éxtasis hace que las sensaciones que se reciben se sientan con mucha intensidad.* ☐ MORF. Invariable en número. ☐ SEM. En las acepciones 1 y 2, es sinónimo de *arrobamiento*.

extático, ca adj. Que está en éxtasis, o que pasa por esta experiencia con frecuencia: *El cuadro representaba a santa Teresa extática, en plena levitación.* ☐ ORTOGR. Dist. de *estático*.

extemporáneo, a adj. **1** Impropio del tiempo: *El frío de este mes de junio es extemporáneo.* **2** Inoportuno o inconveniente: *Tu contestación es extemporánea porque no responde a mi pregunta y vuelve a plantear una cuestión zanjada.*

extender ▮ v. **1** Referido a algo material, hacer que aumente su superficie o que ocupe más espacio: *Extiende bien el betún en los zapatos. La mancha de petróleo se extendió por el mar.* **2** Referido a algo que está junto o amontonado, esparcirlo o desparramarlo: *Extendió los papeles por toda la mesa. Los garbanzos se cayeron y se extendieron por el suelo.* **3** Referido esp. a una noticia o a una influencia, propagarlas o hacer que llegue a muchos lugares: *Los apóstoles extendieron el evangelio por el mundo. Empezó como una manía, y ahora se ha extendido hasta convertirse en una moda.* **4** Referido esp. a un documento, ponerlo por escrito y en la forma acostumbrada: *Extendió un cheque por valor de seis euros.* ▮ prnl. **5** Ocupar una cantidad de espacio o de terreno: *La llanura se extiende kilómetros y kilómetros.* **6** Durar cierto tiempo: *La entrevista se extendió durante casi dos horas.* ☐ MORF. Irreg.: La *e* final de la raíz diptonga en *ie* en los presentes, excepto en las personas *nosotros* y *vosotros* ⟶**PERDER**.

extensión s.f. **1** Aumento del espacio que ocupa algo: *Me preocupa la rápida extensión de la mancha de humedad.* **2** Acción consistente en desplegar o estirar algo: *Para que las aves vuelen, es imprescindible la extensión de sus alas.* 👁 **bíceps** **3** Difusión o propagación de una noticia, de una influencia o de algo semejante: *Me asombra la extensión que ha tenido ese absurdo rumor.* **4** Superficie, dimensión o espacio ocupado: *La finca ocupa una gran extensión.* **5** Cada una de las líneas telefónicas conectadas a una centralita: *Nuestro departamento tiene la extensión 311.* **6** ‖ **en toda la extensión de la palabra.** En su sentido más amplio: *Le considero un vago, en toda la extensión de la palabra.*

extensivo, va adj. Que se puede extender, comunicar o aplicar a otras cosas: *Hago extensivo mi agradecimiento al resto del equipo.*

extenso, sa adj. **1** Con extensión o con más extensión de lo normal: *La conferencia de prensa fue muy extensa porque duró cuatro horas.* **2** ‖ **por extenso.** Con mucho detalle: *En su carta me contaba sus vacaciones por extenso.*

extensor, -a adj. Que se extiende o que hace que algo se extienda: *Los músculos extensores permiten extender los brazos.*

extenuar v. Debilitar o cansar al máximo: *Este último esfuerzo me ha extenuado. Se extenuó al subir la cuesta corriendo.* ☐ ORTOGR. La *u* lleva tilde en los presentes, excepto en las personas *nosotros* y *vosotros* ⟶**ACTUAR**.

exterior ▮ adj. **1** Que está fuera o en la parte de afuera: *Este helado de vainilla lleva una capa exterior de chocolate.* **2** Que se desarrolla fuera de un país o que se establece con otros países: *Trabajo en Francia en una empresa española dedicada al comercio exterior. El tratado estrechó las relaciones exteriores entre los países europeos.* ▮ adj./s.m. **3** Referido a una vivienda o a sus dependencias, que tiene ventanas que dan a la calle: *El piso tiene cuatro habitaciones exteriores y dos interiores. Vivo en un exterior muy luminoso.* ▮ s.m. **4** Parte de fuera de una cosa, esp. de un edificio o de sus dependencias: *Me gusta más el exterior del palacio que su interior.* **5** Aspecto o porte de alguien: *Aunque su exterior resulte agradable, es realmente antipático.* ▮ s.m.pl. **6** En cine, vídeo y televisión, espacios al aire libre en los que se ruedan o se graban escenas: *El famoso director está buscando exteriores para su* *nueva película.* **7** En cine, vídeo y televisión, escenas rodadas en estos espacios: *Los exteriores están rodados en tierras manchegas.* ☐ MORF. Como adjetivo es invariable en género.

exteriorización s.f. Manifestación o expresión hacia el exterior: *A la gente tímida le resulta difícil la exteriorización de sus sentimientos.*

exteriorizar v. Mostrar al exterior o hacer patente: *Es muy introvertido y no exterioriza sus sentimientos.* ☐ ORTOGR. La *z* se cambia en *c* delante de *e* →**CAZAR**.

exterminar v. **1** Referido a algo existente, acabar por completo con ello: *Exterminamos todas las ratas del garaje con un veneno eficaz.* **2** Destruir o arrasar con las armas: *El ejército invasor exterminó la población aborigen.*

exterminio s.m. Destrucción o desaparición total de algo: *Con este insecticida conseguiremos el exterminio de moscas y mosquitos.*

externo, na ▌adj. **1** Que está, actúa, se manifiesta o se desarrolla en el exterior: *La cáscara es la parte externa de la naranja. La pomada es un medicamento de aplicación externa.* ▌adj./s.m. **2** Referido a una persona, esp. un alumno, que no vive en el lugar en el que trabaja o en el que estudia: *Busco un trabajador externo para que venga cinco horas al día. Los externos van a comer a casa y vuelven a clase por las tardes.*

extinción s.f. **1** Hecho de sofocar un fuego o algo semejante: *Los bomberos se dedican a la extinción de incendios.* **2** Terminación total de algo que ha ido disminuyendo poco a poco: *Hay que proteger las especies animales o vegetales que están en peligro de extinción.*

extinguir ▌v. **1** Referido esp. a un fuego, apagarlo o hacer que cese: *Los bomberos extinguieron el incendio.* **2** Acabar totalmente después de haber disminuido poco a poco: *La distancia contribuyó a extinguir su amistad. Cuando la luz del día se extinga entraremos en casa.* ▌prnl. **3** Referido esp. a un plazo, acabar o concluir: *El contrato se ha extinguido sin que ninguna de las partes pida su renovación.* ☐ ORTOGR. La *gu* se cambia en *g* delante de *a, o* →**DISTINGUIR**. ☐ MORF. 1. En la acepción 2, se usa más como pronominal.

extintor s.m. Aparato que se usa para extinguir un fuego, y que contiene un líquido o un fluido de dificulta la combustión: *Debes enfocar el extintor a la base de la llama.*

extirpar v. **1** Arrancar de cuajo o seccionar por la base: *Me han operado para extirparme un quiste del ovario.* **2** Referido esp. a algo fuertemente arraigado, acabar con ello del todo, de forma que cese de existir: *Hay que extirpar de nuestra sociedad el racismo, la intransigencia y la discriminación.*

extorsión s.f. Usurpación de algo por la fuerza o con intimidación: *El soborno es un tipo de extorsión.*

extorsionar v. Usurpar o arrebatar por la fuerza o con intimidación: *Extorsiona a un líder político mediante el soborno y lo amenaza con divulgar unas cartas comprometedoras.*

extorsionista s. Persona que causa o que lleva a cabo una extorsión: *Un extorsionista le hizo chantaje durante seis meses con unas fotografías comprometedoras.* ☐ MORF. Es de género común y exige concordancia en masculino o en femenino para señalar la diferencia de sexo: *el extorsionista, la extorsionista*.

extra ▌adj. **1** Extraordinario o de calidad superior a la normal: *Es más caro porque es de calidad extra. En casa tomamos el aceite extra.* ▌adj./s.m. **2** Que se da o se hace por añadidura o como complemento: *Se ha portado tan bien que le haré un regalo extra además del que había pensado. El periódico del domingo traía un extra sobre la Unión Europea.* ▌s. **3** En una representación teatral o cinematográfica, persona que interviene como figurante o parte del acompañamiento, sin tener una actuación destacada: *Contrataron como extras a todos los chicos del pueblo donde se rodó la película.* ▌s.m. **4** *col.* →**extraordinario.** ▌s.f. **5** *col.* →**paga extraordinaria.** ☐ MORF. 1. Como adjetivo es invariable en género. 2. En la acepción 3, es de género común y exige concordancia en masculino o en femenino para señalar la diferencia de sexo: *el extra, la extra*. 3. Como adjetivo, en la acepción 1, es invariable en número. 4. La acepción 4 se usa más en plural.

extra- Prefijo que significa 'fuera de' (*extrajudicial, extraterrestre, extracorpóreo*) o 'en grado sumo' (*extraplano, extrafino, extraligero*).

extracción s.f. **1** Hecho de sacar algo fuera del lugar en el que estaba metido, incluido o situado: *La extracción de la muela no me produjo ningún dolor.* **2** Obtención de un valor o de un resultado: *No consigo hacer la extracción de esta raíz cúbica.* **3** Obtención de una sustancia por haberla separado del cuerpo o del compuesto que la contenía: *Nos explicarán el proceso de extracción de aceite de almendra.* **4** Origen o linaje de una persona: *Es de extracción humilde.*

extracto s.m. **1** Resumen de algo, esp. de un escrito, que expresa con términos precisos solo lo más importante: *Todos los meses me mandan del banco el extracto de los movimientos de mi cuenta corriente.* **2** Sustancia muy concentrada y generalmente sólida que se obtiene por evaporación de algunos líquidos: *Mezclando un poco de extracto de lavanda con alcohol sale agua de colonia.*

extractor s.m. Aparato que se usa para extraer o sacar fuera: *Hemos instalado en la cocina un extractor de humos.*

extradición s.f. Entrega de una persona refugiada o detenida en un país a las autoridades de otro que la reclama: *El Gobierno español solicitó la extradición del narcotraficante.*

extraditar v. Referido a un refugiado o a un detenido en un país, entregarlo a las autoridades de otro país que lo reclama: *El Gobierno francés extraditará a varios terroristas para que sean juzgados en España.*

extraer v. **1** Referido a algo, ponerlo fuera del lugar en que está contenido o encerrado; *sacar: El dentista me extrajo la muela del juicio.* **2** Deducir o sacar como consecuencia: *A partir de los hechos, extrae tus propias conclusiones.* **3** Referido a una raíz matemática, averiguar su valor o su resultado: *Extrae la raíz cuadrada de 1248.* **4** Referido esp. a una sustancia, obtenerla separándola del cuerpo o del compuesto que la contiene: *El mosto se extrae de la uva.* ☐ MORF. Irreg. →**TRAER**.

extraescolar adj. Referido a una actividad, que se desarrolla fuera de la escuela y fuera del horario lectivo, pero que está dentro del programa de educación del alumno: *Los viajes culturales de mi colegio son actividades extraescolares.* ☐ MORF. Invariable en género.

extralimitarse v.prnl. Ir más allá del límite debido: *El portero se extralimitó en sus funciones cuando te prohibió la entrada en mi casa.*

extranjería s.f. **1** Condición y situación legal de un extranjero que reside en un país y que no se ha nacionalizado en él: *Su extranjería le impide acceder a puestos de trabajo como el de funcionario público.* **2** Conjunto de normas reguladoras de la condición, los actos y los intereses de los extranjeros residentes en un país: *El diputado solicita la modificación de algunos artículos de la ley de extranjería.*

extranjerismo s.m. En lingüística, palabra, significado o construcción sintáctica de una lengua empleados en otra: *Los galicismos son extranjerismos.*

extranjero, ra ▌adj./s. **1** De una nación que no es la propia: *Han alquilado el piso a unos chicos extranjeros. Un extranjero me preguntó cómo se llegaba al museo.* ▌s.m. **2** País o conjunto de países distintos del propio: *Viaja mucho al extranjero por motivos de trabajo.*

extranjis ‖ **de extranjis.** *col.* En secreto, ocultamente o clandestinamente: *Pasó el reloj de extranjis por la aduana, para no pagar impuestos.*

extrañar v. **1** Producir o causar sorpresa, admiración o extrañeza: *Me extraña que te lo haya contado ella, porque no creo que lo sepa. Se extrañó de que me hubieran dado el premio a mí y no a ti.* **2** Echar de menos o echar en falta: *Te extraño mucho cuando estás lejos de mí.* **3** Referido a un objeto, considerarlo nuevo, raro o distinto de lo normal: *No suelo dormir bien en los hoteles porque extraño la cama.*

extrañeza s.f. **1** Conjunto de características que hacen que algo resulte extraño, raro o anómalo: *Me miró con extrañeza, como si no entendiese lo que le estaba contando.* **2** Sorpresa, admiración o asombro: *Mostró extrañeza al vernos allí, porque no nos esperaba.*

extraño, ña ▌adj. **1** Raro o distinto de lo normal: *Hoy tenías una expresión extraña y pensé que te pasaba algo.* **2** De una naturaleza o condición distinta a la de la cosa de la que forma parte: *Se me ha metido un cuerpo extraño en el ojo.* ▌adj./s. **3** De otra nación, de otra familia o de otra profesión: *No me gusta que hables de esto delante de gente extraña. Cuando vayas solo por la calle, no hagas caso a ningún extraño.* ▌s.m. **4** Movimiento súbito, inesperado o sorprendente: *La moto me ha hecho un extraño, pero afortunadamente he podido controlarla.*

extraordinario, ria ▌adj. **1** Que excede lo normal o lo ordinario: *Fue testigo de un acontecimiento extraordinario.* **2** De tamaño, cantidad o calidad mayores de lo ordinario o de lo normal; *formidable: Es una obra de teatro extraordinaria y sé que te gustará.* **3** Añadido a lo ordinario o a lo normal: *Conseguí un permiso extraordinario en el trabajo para poder venir a tu boda.* ▌s.m. **4** Número especial de una publicación periódica: *Después de la edición diaria, el periódico sacó un extraordinario con los últimos datos de las elecciones.* **5** Gasto añadido al presupuesto normal o previsto: *Este año, con el extraordinario del coche, no podremos irnos de vacaciones.* ▌s.f. **6** →**paga extraordinaria.** ☐ MORF. En las acepciones 5 y 6, en la lengua coloquial se usa mucho la forma abreviada *extra.* ☐ SEM. En la acepción 2, es sinónimo de *bárbaro* y *colosal.*

extrapolar v. **1** Referido a una conclusión, aplicarla a un campo diferente a aquel en el que ha sido obtenida: *No se pueden extrapolar los resultados de unas elecciones municipales para decir quién será el vencedor en las generales.* **2** Referido esp. a una expresión, sacarla de su contexto: *Extrapolaron una frase de la entrevista para cambiar el sentido de lo que dijo.*

extrarradio s.m. Parte o zona exterior que rodea el casco urbano de una población: *Vive en el extrarradio y trabaja en el centro de la ciudad.*

extrasensorial adj. Que se percibe o que acontece sin la intervención de los órganos sensoriales o que queda fuera de la esfera de estos: *Dice que ha tenido experiencias extrasensoriales y que se ha comunicado con personas muertas.* ☐ MORF. Invariable en género.

extraterrestre ▌adj. **1** Del espacio exterior a la Tierra, relacionado con él o procedente de él: *El espacio extraterrestre es conocido en una pequeñísima parte.* ▌adj./s. **2** Que procede de otro planeta; *alienígena: Yo nunca he visto una nave extraterrestre. Ese parapsicólogo dice que ha tenido contactos con extraterrestres.* ☐ MORF. 1. Como adjetivo es invariable en género. 2. Como sustantivo es de género común y exige concordancia en masculino o en femenino para señalar la diferencia de sexo: *el extraterrestre, la extraterrestre.*

extravagancia s.f. Rareza que resulta extraña porque se aparta de lo considerado normal o razonable: *Tienes extravagancias de loco.*

extravagante adj./s. Raro y fuera de lo común, por ser excesivamente peculiar u original: *Siempre lleva unas camisas extravagantes de colores muy chillones. Este escritor es un extravagante y escribe sus novelas metido en la bañera.* ☐ MORF. 1. Como adjetivo es invariable en género. 2. Como sustantivo es de género común y exige concordancia en masculino o en femenino para señalar la diferencia de sexo: *el extravagante, la extravagante.*

extravertido, da adj./s. →**extrovertido, da.**

extraviar v. **1** Referido a una cosa, perderla, no encontrarla en su sitio o no saber dónde está: *Me han extraviado una maleta en el aeropuerto. ¡No me digas que se te han extraviado esos documentos!* **2** Desviar del camino o perderlo: *Tantas indicaciones solo sirven para extraviar a los automovilistas. Se extraviaron en el bosque cuando se hizo de noche.* **3** Referido a la vista o a la mirada, no fijarla en un objeto determinado: *A muchos desequilibrados se les extravía la mirada.* ☐ ORTOGR. La *i* lleva tilde en los presentes, excepto en las personas *nosotros* y *vosotros* →**VACIAR.**

extravío s.m. **1** Pérdida de algo que no se encuentra o que no se sabe dónde está: *Denuncié la pérdida de importantes documentos, aún no sé si por extravío o por robo.* **2** Mal comportamiento o conducta desordenada: *Se lamentaba de sus extravíos de juventud.* ☐ MORF. La acepción 2 se usa más en plural.

extremado, da adj. Exagerado o destacado hasta el punto de salirse de lo normal o de llamar la atención: *Es una persona de una cortesía extremada.*

extremar ▌v. **1** Llevar al extremo o al grado máximo: *Cuando conduce de noche, extrema su prudencia.* ▌prnl. **2** Poner el esmero o el cuidado máximos: *Se extremó en los preparativos, y la fiesta resultó un éxito.* ☐ SINT. Constr. de la acepción 2: *extremarse* EN *algo.*

extremaunción s.f. En la Iglesia católica, antigua denominación del sacramento de la unción de los enfermos, que se administra a fieles en situación especialmente grave, ungiéndolos o haciéndoles el signo de la cruz el sacerdote con óleo santo: *Cuando los fieles estaban muy enfermos, el párroco les administraba la extremaunción.* ☐ ORTOGR. Incorr. **extrema unción.*

extremeño, ña adj./s. De Extremadura (comunidad autónoma española), o relacionado con ella: *La comunidad extremeña está formada por las provincias de Cáceres y Badajoz. Muchos extremeños han emigrado a las grandes ciudades españolas.* ☐ MORF. Como sustantivo se refiere solo a las personas de Extremadura.

extremidad s.f. **1** En una persona o en un animal, cada uno de los brazos y piernas, o de las patas y alas: *El cuerpo humano está formado por cabeza, tronco y extremidades.* **2** Parte extrema o última de una cosa: *Las uñas se encuentran en las extremidades de los dedos.*

extremismo s.m. Tendencia a adoptar ideas o actitudes extremas o exageradas: *Muchos terroristas se caracterizan por su extremismo político.*

extremista adj./s. Que adopta ideas o actitudes extremas o exageradas: *Los partidos extremistas suelen obtener pocos votos. La policía detuvo a un grupo de extremistas que irrumpió en el palacio presidencial.* ☐ MORF. 1. Como adjetivo es invariable en género. 2. Como sustantivo es de género común, y exige concordancia en masculino o en femenino para señalar la diferencia de sexo: *el extremista, la extremista.*

extremo, ma ▌adj. **1** Excesivo, enorme, o con el grado máximo de intensidad: *En esta zona montañosa en invierno hace un frío extremo.* **2** Que se encuentra en el límite de algo: *El atentado se atribuye a una banda de extrema derecha.* **3** Lejano o apartado en el espacio o en el tiempo; *distante: Vive en uno de los barrios más extremos de la ciudad.* ▌s. **4** En fútbol y otros deportes, jugador que tiene la misión de jugar por las bandas y crear ocasiones de gol: *El extremo derecha marcó dos goles.* ▌s.m. **5** Parte que está al principio o al final de una cosa: *El primero y el último de la lista ocupan los extremos de la fila.* **6** Asunto, punto o cuestión que se discute o se estudia: *Aún quedan algunos extremos por resolver.* **7** Punto último o límite a los que puede llegar una cosa: *Amó a los suyos hasta el extremo.* **8** ‖ **en extremo.** Muchísimo o excesivamente: *La película me aburrió en extremo.* ‖ **en último extremo.** En último caso, o si no hay otro remedio: *En último extremo, si vemos que el dinero no nos llega, podemos pedir un crédito al banco.*

extrínseco, ca adj. Que no es propio o característico de algo, o que es externo a él: *El plan fracasó por motivos extrínsecos a él, no porque fuera malo.* ☐ SEM. Dist. de *intrínseco* (que es propio y característico).

extrovertido, da adj./s. Referido a una persona, que tiene un carácter abierto, locuaz y sociable, y que tiende a manifestar sus sentimientos; *extravertido: Me parece muy fácil hacerse amigo de una persona extrovertida. A los extrovertidos se les notan enseguida los cambios de humor.*

exuberancia s.f. Abundancia o desarrollo extraordinarios de algo: *La exuberancia de estas plantas se debe a que el jardín está bien abonado y bien cuidado.*

exuberante adj. Abundante o desarrollado extraordinariamente: *En las selvas amazónicas hay una vegetación exuberante.* ☐ MORF. Invariable en género.

exudación s.f. Salida de un líquido poco a poco a través de los poros o las grietas del cuerpo que lo contiene: *En la herida ya no hay exudación y ha empezado a cicatrizar.*

exudar v. Salir un líquido poco a poco fuera del cuerpo que lo contiene: *Esas paredes exudan humedad. Cuando vio que la herida exudaba fue al médico.*

exultar v. Mostrar gran alegría, satisfacción o excitación: *Exultaba de alegría porque había ganado el primer premio del concurso.*

exvoto s.m. En algunas religiones, ofrenda dedicada a Dios, a los santos o alguna divinidad como agradecimiento por algún favor o beneficio recibidos: *Los exvotos por curación suelen ser figuras de la parte del cuerpo que ha sanado.*

eyaculación s.f. Expulsión potente y rápida del contenido de un órgano, de una cavidad o de un depósito, esp. del semen: *La eyaculación precoz puede ser debida a problemas psicológicos.*

eyacular v. Referido esp. al contenido de un órgano, de una cavidad o de un conducto, lanzarlo fuera con rapidez y con fuerza: *Cuando el macho eyacula, termina el acto sexual. Al eyacular el semen, los espermatozoides inician el recorrido hacia el óvulo femenino.*

eyección s.f. En un avión reactor militar o experimental, expulsión automática del asiento del piloto cuando debe abandonar el aparato en el aire: *La eyección del piloto fue justo unos segundos antes de la explosión del avión.*

eyectar v. Impulsar con fuerza hacia fuera: *El asiento eyectó al piloto segundos antes de que el avión se estrellara.*

F

f

f s.f. Sexta letra del abecedario: *'Foca' empieza por 'f'.* ☐ PRON. Representa el sonido consonántico labiodental fricativo sordo.

fa s.m. En música, cuarta nota de la escala de do mayor: *En clave de sol, el fa se escribe en el primer espacio del pentagrama.*

fabada s.f. Guiso que se prepara con alubias, tocino, morcilla y otros ingredientes: *La fabada es un plato típico de Asturias.*

fábrica s.f. **1** Lugar con las instalaciones necesarias para fabricar u obtener un producto: *Trabaja como mecánico en una fábrica de coches.* **2** Construcción hecha de sillares o de ladrillos y argamasa o mortero: *Los muros del jardín son de fábrica.*

fabricación s.f. **1** Producción en serie y generalmente por medios mecánicos: *Esa empresa se dedica a la fabricación de televisores.* **2** Construcción, preparación o creación de algo: *El cine alimenta la fabricación de ídolos.*

fabricante s. Persona o sociedad que se dedica a la fabricación de productos: *Si el producto está defectuoso, para reclamar debes dirigirte al fabricante.* ☐ MORF. Es de género común y exige concordancia en masculino y en femenino para señalar la diferencia de sexo: *el fabricante, la fabricante.*

fabricar v. **1** Producir en serie, generalmente por medios mecánicos: *Esta empresa fabrica tractores.* **2** Referido esp. a un producto, prepararlo, transformarlo o producirlo por medio del trabajo adecuado; *elaborar: Los gusanos fabrican seda para hacer los capullos.* **3** Levantar, construir, crear o dar forma: *En pocos años ha fabricado una fortuna.* ☐ ORTOGR. La *c* se cambia en *qu* delante de *e* →**SACAR**.

fábula s.f. **1** Composición literaria de carácter narrativo, generalmente breve y en verso, cuyos personajes suelen ser animales, y en la que se desarrolla una ficción con la que se pretende dar una enseñanza útil o moral, frecuentemente sintetizada en una moraleja final: *Me contó la fábula de la zorra y las uvas y me dijo que tomara buena nota de la moraleja.* **2** Relato falso o sin fundamento: *Esos rumores no son más que fábulas y habladurías.* **3** Mito o relato mitológico: *Góngora escribió un poema sobre la fábula griega de Polifemo y Galatea.* **4** ‖ **de fábula.** *col.* Muy bien o muy bueno: *Este dibujo me ha salido de fábula. Ven a bañarte, que el agua hoy está de fábula.*

fabulación s.f. Invención o imaginación de una historia: *A ese niño no se le puede creer siempre porque tiende a la fabulación.*

fabular v. Referido a una historia, inventarla o imaginarla: *A partir de un suceso real, fabuló un cuento de terror. Fabulas tan bien que tus novelas resultan muy amenas.*

fabulista s. Persona que escribe fábulas literarias: *El griego Esopo y los españoles Iriarte y Samaniego fueron grandes fabulistas.* ☐ MORF. Es de género común y exige concordancia en masculino o en femenino para señalar la diferencia de sexo: *el fabulista, la fabulista.*

fabuloso, sa adj. Maravilloso, fantástico, extraordinario o con las características propias de una fábula: *Han sido unas vacaciones fabulosas.* ☐ SINT. En la lengua coloquial *fabuloso* se usa también como adverbio de modo con el significado de 'muy bien': *Este fin de semana me lo he pasado 'fabuloso'.*

facción s.f. **1** Bando de personas que se separa de un grupo, generalmente por tener ideas diferentes: *Una facción del ejército rebelde asaltó el palacio presidencial.* **2** Cada una de las partes del rostro humano: *Aunque eres europeo, tienes facciones orientales.* ☐ MORF. La acepción 2 se usa más en plural.

faccioso, sa adj./s. Que pertenece a una facción o que causa disturbios y perturba la paz pública: *Un rebelde faccioso tiró una piedra a la sede del partido. Tres facciosos rompieron una farola.* ☐ SEM. Dist. de *facineroso* (delincuente habitual o persona malvada).

faceta s.f. Cada uno de los aspectos que se pueden considerar en un asunto: *La habilidad para dibujar es una de las facetas menos conocidas de mi personalidad.*

facha ▌adj./s. **1** *col.* →**fascista.** ▌s.f. **2** *col.* Aspecto o traza, esp. los de una persona: *Cámbiate de vestido porque con esa facha se van a reír de ti.* ☐ MORF. 1. Como adjetivo es invariable en género. 2. En la acepción 1, como sustantivo es de género común y exige concordancia en masculino o en femenino para señalar la diferencia de sexo: *el facha, la facha.* ☐ USO En la acepción 1, tiene un matiz despectivo.

fachada s.f. **1** En un edificio, muro exterior, esp. el principal: *Esa catedral gótica tiene un rosetón en el segundo cuerpo de la fachada.* **2** Aspecto externo: *¡A saber qué esconde ese tipo detrás de esa fachada tan tranquila!*

facial adj. De la cara o relacionado con ella: *Tienes rasgos faciales suaves.* ☐ MORF. Invariable en género.

fácil ▌adj. **1** Que se puede hacer sin mucho trabajo o sin mucha dificultad: *El profesor nos puso un problema muy fácil.* **2** Que tiene mucha probabilidad de suceder: *Con este catarro, es fácil que mañana no puedas ir a clase.* **3** Referido a una persona, que se deja seducir sin oponer mucha resistencia: *Cree que podrá ligar con él porque tiene fama de hombre fácil.* **4** Dócil, manejable o que no presenta problemas: *El profesor estaba contento porque le había tocado un curso fácil.* ▮ adv. **5** Sin esfuerzo o con facilidad: *Esto es muy sencillo y se aprende fácil.* ☐ MORF. Como adjetivo es invariable en género. ☐ USO En la acepción 3, tiene un matiz despectivo.

facilidad ▮ s.f. **1** Disposición o aptitud para hacer algo sin trabajo o sin dificultad: *Tiene facilidad para la música y toca la guitarra muy bien.* **2** Ausencia de dificultad o de esfuerzo en la realización de algo: *El manejo de los electrodomésticos se aprende con facilidad.* ▮ pl. **3** Medios que hacen fácil o posible conseguir algo: *Nos dieron un préstamo con facilidades.*

facilitar v. **1** Hacer fácil o posible: *La nueva autopista facilitará el transporte por carretera.* **2** Proporcionar o entregar: *Yo puedo facilitarte las herramientas que necesitas.*

facilongo, ga adj. *col.* Muy fácil: *Tardé muy poco en resolver el acertijo porque era facilongo.*

facineroso, sa adj./s. Delincuente habitual: *La policía ha detenido por cuarta vez a a un ladrón facineroso. Ese facineroso contrata a emigrantes y les paga una miseria.* ☐ SEM. Dist. de *faccioso* (que pertenece a una facción o que ocasiona disturbios).

facsímil adj./s.m. Referido esp. a una edición o a una reproducción, que copia o reproduce exactamente el original: *Tengo dos ediciones facsímiles de libros medievales. Me han regalado un facsímil de un antiguo manuscrito.* ☐ MORF. Como adjetivo es invariable en género.

factible adj. Que se puede hacer: *Esta propuesta no es factible por los gastos que supone.* ☐ MORF. Invariable en género. ☐ SEM. No debe emplearse con el significado de 'posible' ni de 'susceptible': *Es {*factible › posible} que llueva esta tarde.* Este trabajo es {*factible › susceptible} de mejora.

factor s.m. **1** Elemento o circunstancia que contribuyen a producir un resultado: *La suerte es uno de los factores del éxito.* **2** En una multiplicación matemática, cada una de las cantidades que se multiplican para calcular su producto: *Los factores de una multiplicación son el multiplicando y el multiplicador.* **3** En matemáticas, número que está contenido exactamente dos o más veces en otro; *divisor, submúltiplo: El 3 es factor de 6 porque este lo contiene dos veces.*

factoría s.f. **1** Fábrica o complejo industrial: *Trabaja como mecánico en una factoría de coches.* **2** Antiguamente, establecimiento comercial, esp. el situado en una colonia: *Los fenicios crearon factorías en las costas mediterráneas.*

factura s.f. **1** En una operación comercial, cuenta en la que se detallan las mercancías adquiridas o los servicios recibidos, y su importe: *Siempre que compro algo para la oficina, pido una factura para justificar los gastos.* **2** Ejecución o modo de hacer algo: *El delantero consiguió un gol de bella factura.* **3** ‖ **pasar factura. 1** *col.* Pedir un favor en correspondencia por otro que se había hecho: *Me ayudó, pero me advirtió que ya me pasaría factura.* **2** *col.* Traer consecuencias negativas: *El abuso de alcohol siempre acaba pasando factura.*

facturación s.f. **1** Entrega y registro de un equipaje o de una mercancía para que sean enviados a su destino: *En la estación de autobuses hay un mostrador para la facturación de equipajes.* **2** Elaboración y tramitación de una factura: *La facturación de los libros que he comprado me la harán mañana.*

facturar v. **1** Referido al equipaje o a una mercancía, entregarlos y registrarlos para que sean enviados a su destino: *Hay que llegar al aeropuerto con tiempo para facturar el equipaje.* **2** Referido a una cantidad de dinero, extender o hacer las facturas correspondientes a su importe: *Esa empresa factura varios millones de euros al año.*

facultad s.f. **1** Capacidad, aptitud o potencia física o moral: *Cuando escribió su testamento estaba en plenas facultades mentales. Tiene muchas facultades para el dibujo.* **2** Poder, derecho o autorización: *Solo el presidente tiene facultad para convocar elecciones.* **3** En una Universidad, sección que corresponde a una de las ramas del saber y en la que se estudian las carreras correspondientes: *Se matriculó en la facultad de Derecho para llegar a ser abogado.*

facultar v. Conceder o dar facultad, autorización o poder: *Este título me faculta para ejercer mi profesión en toda España.*

facultativo, va ▮ adj. **1** De la facultad o poder para hacer algo, o que depende de ellos: *La concesión del indulto es facultativa del Gobierno.* **2** Referido a un acto, que no es necesario, sino que libremente se puede hacer u omitir; *potestativo: En esta asignatura, la asistencia a clase es facultativa, pero no falta ningún alumno.* **3** Indicado, realizado o emitido por un médico: *Los médicos del hospital leyeron el parte facultativo del herido.* ▮ adj./s. **4** Referido esp. a una persona, que ha realizado estudios superiores o universitarios y desempeña funciones al servicio del Estado: *Las bibliotecas públicas están atendidas por personal facultativo especializado. La Administración convocará oposiciones para cubrir plazas de facultativos.* ▮ s. **5** Persona que ejerce la medicina o la cirugía: *Los facultativos aconsejan operar cuanto antes.*

fado s.m. Canción popular portuguesa de aire melancólico: *Cantó un fado acompañándose con guitarra.*

faena s.f. **1** Trabajo, ocupación o tarea que han de hacerse: *Las faenas del campo son muy duras.* **2** Hecho que causa un perjuicio, esp. si es malintencionado: *Soy rencoroso y todavía me acuerdo de la faena que me hizo hace dos años.* **3** En una corrida de toros, labor del torero durante la lidia, esp. en el último tercio: *Concedieron las dos orejas al diestro por la gran faena de muleta que ejecutó.* **4** ‖ **meterse en faena.** *col.* Comenzar a hacer un trabajo o una actividad: *Cuanto antes te metas en faena, antes acabarás.* ☐ SEM. En la acepción 2, es sinónimo de *cerdada, cochinada* y *jugada*.

faenar v. **1** Pescar y hacer los trabajos de la pesca marina: *Estos barcos faenan en las costas del norte de Europa.* **2** Trabajar la tierra: *Madruga para ir a faenar al campo.*

faenero, ra adj. Que faena en el mar: *Los barcos faeneros se vieron sorprendidos por la tormenta.*

faetón s.m. Carruaje descubierto, de cuatro ruedas, alto y ligero: *El faetón fue un carruaje muy utilizado en el siglo XIX.* 👁 **carruaje**

fagocito s.m. En la sangre o en algunos tejidos animales, célula móvil capaz de apoderarse de partículas nocivas o inútiles para el organismo, y de digerirlas: *Algunos glóbulos blancos son fagocitos.*

a b c d e f g h i j k l m n ñ o p q r s t u v w x y z

fagot s.m. Instrumento musical de viento formado por un tubo de unos siete centímetros de grueso y de más de un metro de largo, con agujeros y llaves, y con una boquilla de caña por la que se sopla para hacerlo sonar: *En las orquestas, los fagots se colocan en la zona central.* 👁 **viento** ☐ MORF. Su plural es *fagots*.

fair play (anglicismo) s.m. ‖ Participación honesta o que sigue las reglas, esp. en deporte: *En este partido de fútbol se ha echado de menos el fair play.* ☐ PRON. [férplei]. ☐ USO Su uso es innecesario y puede sustituirse por *juego limpio*.

faisán s.m. Ave del tamaño de un gallo, con un penacho de plumas en la cabeza y cola muy larga y tendida, cuyo macho tiene el plumaje de vistosos colores: *La carne de faisán es muy apreciada en gastronomía. En el plumaje de la hembra del faisán dominan los tonos pardos, grises y rojizos.* ☐ MORF. En la lengua actual *faisán* es un sustantivo epiceno y la diferencia de sexo se señala mediante la oposición *el faisán {macho/hembra}*.

faja s.f. **1** Prenda de ropa interior confeccionada con un material elástico, que cubre desde la cintura hasta las nalgas o hasta la parte superior del muslo: *Uso faja para tener una silueta más estilizada.* **2** Tira larga y estrecha de un material delgado y flexible que sujeta algo; *banda: Puso los billetes juntos y sujetos con una faja azul.* **3** Trozo largo y estrecho de tela o de punto que se utiliza para rodear la cintura, dando varias vueltas: *Algunos trajes de etiqueta de caballero llevan faja.* **4** Superficie o trozo mucho más largos que anchos: *En esta faja de terreno vamos a plantar varios almendros.*

fajo s.m. Conjunto de cosas, generalmente largas y estrechas, puestas unas sobre otras y atadas: *Sacó de su bolsillo un fajo de billetes y nos invitó a todos.*

fajón s.m. →**arco fajón.** 👁 **arco**

falacia s.f. Engaño, fraude o mentira, esp. los que se utilizan para dañar a alguien: *¿Cómo has podido creerte semejante falacia?*

falange s.f. **1** Cada uno de los huesos de los dedos, esp. el primero o más cercano a la muñeca: *Todos los dedos de la mano, excepto el pulgar, tienen tres falanges.* 👁 **esqueleto** **2** Cuerpo numeroso de tropas: *Las falanges del ejército enemigo asediaban la ciudad.*

falangismo s.m. Movimiento político y social caracterizado por su tendencia nacionalista y por propugnar la desaparición de los partidos políticos y la protección oficial de la tradición religiosa española: *El fundador del falangismo fue José Antonio Primo de Rivera.*

falangista ▮ adj. **1** Del falangismo o relacionado con este movimiento político y social: *El escudo falangista es un yugo con unas flechas.* ▮ adj./s. **2** Que defiende o sigue este movimiento: *Los militantes falangistas consideraban que la existencia de partidos políticos atentaba contra la unidad nacional. Los falangistas llevaban camisa azul y corbata negra.* ☐ MORF. 1. Como adjetivo es invariable en género. 2. Como sustantivo es de género común y exige concordancia en masculino o en femenino para señalar la diferencia de sexo: *el falangista, la falangista*.

falaz adj. **1** Embustero, falso o mentiroso: *Un hombre tan falaz y malintencionado no merece tu confianza.* **2** Que halaga y atrae con falsas apariencias: *Me dejé convencer por sus falaces alabanzas.* ☐ MORF. Invariable en género.

falda ▮ s.f. **1** Prenda de vestir, generalmente femenina, que cae desde la cintura: *Las faldas tableadas y de cuadros son parte del traje escocés masculino.* **2** En una prenda de vestir, parte que cae desde la cintura hacia abajo: *La falda del vestido era de una tela distinta a la del cuerpo.* 👁 **armadura** **3** En una mesa camilla, cobertura que la reviste y que suele llegar hasta el suelo: *Las faldas de la mesa camilla son iguales que las cortinas.* **4** En un monte o en una sierra, parte baja o inferior: *Pondremos el campamento en la falda de la montaña y desde allí empezaremos a escalar.* **5** En una res, carne que cuelga desde las agujas sin pegarse al hueso ni a las costillas: *He comprado 1 kilo de falda de ternera.* 👁 **carne** ▮ pl. **6** *col.* Mujeres: *Con lo enamoradizo que es, siempre anda metido en algún lío de faldas.* **7** ‖ **estar pegado a las faldas** de una persona. *col.* Depender demasiado de ella: *Está tan pegado a las faldas de su madre que no se separa de ella.* ☐ MORF. La acepción 3 se usa más en plural.

faldón s.m. **1** En algunas prendas de tela, parte inferior que cuelga: *Llevaba los faldones de la camisa fuera del pantalón.* **2** Falda larga y suelta que se pone a los bebés: *Mi faldón de bautizo era de encaje blanco.* **3** En una silla de montar, pieza de cuero que evita el roce de las piernas del jinete con los flancos del caballo: *Cuando aprendes a montar, ni los faldones te libran de llenarte las piernas de magulladuras.* 👁 **arreos**

faldriquera s.f. →**faltriquera.**

falla ▮ s.f. **1** En un terreno, fractura de un estrato producida por movimientos geológicos que ocasionan el desplazamiento de uno de los bloques con respecto al otro: *El terremoto ha causado grandes fallas en la zona.* **2** Defecto material de algo: *Esta tela me costó más barata porque tiene una falla en los hilos.* **3** Figura o conjunto de figuras de cartón piedra que representan de forma satírica y humorística personajes o escenas generalmente de actualidad, y que se construyen para ser quemadas en las calles durante las fiestas valencianas: *Las fallas se queman la noche de la víspera de San José, patrón de Valencia.* ▮ pl. **4** Fiestas valencianas que se celebran el 19 de marzo y durante las que se queman estas figuras: *Este año he estado tres días en las Fallas.* ☐ USO En la acepción 4, se usa como nombre propio.

fallar v. **1** No acertar o no conseguir lo que se espera: *Si fallas esta vez, no tendrás otra oportunidad. Falló tres de las cinco preguntas y suspendió.* **2** Referido esp. a un proceso judicial o a un premio, decidir su sentencia o su resultado el tribunal correspondiente: *El tribunal falló a mi favor y la constructora deberá indemnizarme. Mañana se falla el premio de poesía.* **3** Dejar de aguantar o de servir, o no dar el servicio esperado: *A sus años, es normal que le falle la memoria.*

fallecer v. Dejar de vivir; *morir: El enfermo falleció esta mañana.* ☐ MORF. Irreg.: Aparece una *z* delante de la *c* cuando la siguen *a, o* →PARECER.

fallecimiento s.m. Muerte o terminación de la vida de una persona: *El fallecimiento de los seres queridos siempre es doloroso.*

fallero, ra ▮ adj. **1** De las fallas valencianas o relacionado con ellas: *Las corridas falleras cuentan con muy buenos toreros.* ▮ s. **2** Persona que se dedica a la construcción de las fallas valencianas, esp. si esta es su profesión: *Los falleros son grandes artesanos.* **3** Persona que participa en estas fiestas: *El acto estuvo presidido por la fallera mayor.*

fallido, da adj. Frustrado, fracasado o que no da el resultado pretendido: *Mis gestiones para conseguir el puesto resultaron fallidas.*

fallo s.m. **1** Falta, imperfección o error: *El primer gol se debió a un fallo del portero.* **2** Defecto o mal funcionamiento: *El apagón se produjo por un fallo en la instalación eléctrica.* **3** Sentencia o decisión definitivas, esp. las que toma un tribunal: *El abogado espera que el fallo del juez sea favorable a su cliente.*

falo s.m. Órgano genital masculino que permite la cópula y que forma parte del último tramo del aparato urinario; *pene: Algunas tribus antiguas utilizaban en sus representaciones el falo como símbolo de masculinidad.*

falsear v. Referido esp. a algo verdadero, deformarlo o adulterarlo: *El testigo falseó los hechos, porque solo contó parte de la verdad.*

falsedad s.f. Falta de verdad o de autenticidad: *Todas esas acusaciones son embustes y falsedades.*

falsete s.m. Voz más aguda que la natural, que se produce al hacer vibrar las cuerdas vocales superiores de la laringe: *Para llegar a los tonos más altos, tengo que cantar en falsete.*

falsificación s.f. Copia que se hace de algo auténtico, para hacerla pasar por verdadera o auténtica: *Han desarticulado una banda que se dedicaba a la falsificación de billetes.*

falsificar v. Referido a algo auténtico, realizar una copia de ello para que pase por verdadera o auténtica: *Falsificó la firma de su padre para hacer un justificante de ausencia.* ☐ ORTOGR. La *c* se cambia en *qu* delante de *e* →SACAR.

falsilla s.f. Hoja con líneas muy marcadas, que se pone debajo del papel en el que se va a escribir para que sirva de guía: *Pon una falsilla debajo del folio para no torcerte al escribir.*

falso, sa ▌adj. **1** Contrario a la verdad: *Si te basas en argumentos falsos, llegarás a una conclusión errónea.* **2** Engañoso, fingido, simulado o no auténtico: *Aunque sonreía, su alegría era falsa. Todas las joyas que llevo son falsas.* ▌adj./s. **3** Que acostumbra a mentir o a simular la verdad: *Es mejor estar solo que con amigas tan falsas como tú. No te fíes de él, porque es un falso de cuidado.* **4** ‖ **en falso. 1** Con una intención contraria a la que se da a entender: *Declarar en falso ante un tribunal puede costarte la cárcel.* **2** Sin la debida seguridad o resistencia: *Al bajar el escalón, pisé en falso y me torcí el tobillo.* ☐ SEM. No debe emplearse con el significado de 'torpe, inadecuado o equivocado' (galicismo): *El conductor hizo una {*falsa > inadecuada} maniobra y chocó contra la farola.*

falta s.f. Véase **falto, ta**.

faltar v. **1** No existir donde sería necesario, o haber menos de lo que debiera: *Desde que te fuiste, en esta casa falta alegría.* **2** No acudir a un sitio o a una obligación: *No me gusta faltar a clase.* **3** No estar en el lugar acostumbrado o debido: *Buscan a dos niños que faltan de su casa desde hace un mes.* **4** No cumplir con lo que se debe o con lo que se espera: *Me prometió que vendría, pero faltó a su palabra y no apareció.* **5** Referido a una persona, tratarla con desconsideración o sin el debido respeto: *Empezó a discutir y a faltarme sin motivo.* **6** Referido a un período de tiempo, tener que transcurrir para que se realice o suceda algo: *Faltan solo quince minutos para que comience el partido.* **7** Referido esp. a una acción, quedar por hacer o por realizar: *Solo falta cambiar la rueda y el coche estará listo.* **8** ‖ **no faltaba más** o **(no) faltaría más. 1** *col.* Expresión que se usa para enfatizar una afirmación: *¡Tú no sales esta noche, rico, pues no faltaba más!* **2** *col.* Desde luego o sin duda: *Cuando le pregunté si podía llevarme a casa, contestó: «¡No faltaba más!».*

falto, ta ▌adj. **1** Escaso o necesitado de algo: *El campo sigue falto de agua.* ▌s.f. **2** Carencia o privación de algo, esp. de algo necesario o útil: *El proyecto no salió adelante por falta de dinero.* **3** Infracción o incumplimiento de una norma o de una obligación: *Con más de dos faltas de ortografía, suspendes el examen.* **4** Ausencia de una persona: *Aunque había mucha gente, noté tu falta en la fiesta.* **5** Imperfección o defecto: *Esta tela es más barata porque tiene una falta en la manga.* **6** Ausencia de la menstruación en la mujer, generalmente durante el embarazo: *Cree que está embarazada porque lleva dos faltas.* **7** En derecho, infracción voluntaria de la ley que se sanciona con pena leve: *Lo que ha hecho no se considera un delito, sino una falta que se castiga con multa.* **8** ‖ **a falta de** algo. Careciendo de ello o en sustitución suya: *A falta de tornillos, nos arreglaremos con estos clavos.* ‖ **echar en falta** algo. Echarlo de menos o notar su ausencia: *Eché en falta las llaves del coche cuando fui a abrirlo.* ‖ **hacer falta.** Ser preciso o necesario: *Aquí hace falta gente competente.* ‖ **sin falta.** Puntualmente o con seguridad: *El martes voy a verte sin falta.* ☐ SINT. Constr. como adjetivo: *falto* DE *algo.*

faltriquera s.f. Pequeño bolso que se lleva atado a la cintura; *faldriquera: La frutera buscó en la faltriquera el dinero para darme las vueltas.*

falucho s.m. Embarcación costera de poca categoría, que tiene una vela latina o triangular: *Los faluchos han desaparecido ya de nuestras costas.* 👁 **embarcación**

fama s.f. **1** Situación o estado de lo que es muy conocido y apreciado por sus cualidades: *Con esa película alcanzó la fama.* **2** Juicio u opinión que se tienen sobre alguien o sobre algo: *No sé de dónde te viene esa fama de persona seria y formal.*

famélico, ca adj. **1** Que tiene mucha hambre: *El perro estaba famélico y devoró la comida.* **2** Excesivamente delgado: *Antes estaba gordito, pero ahora se ha quedado famélico.*

familia s.f. **1** Grupo de personas emparentadas entre sí y que viven juntas bajo la autoridad de una de ellas: *En mi familia, cada uno tiene un horario y solo comemos juntos el domingo.* **2** Conjunto de ascendientes, descendientes y demás personas emparentadas directa o indirectamente entre sí: *Procede de una familia castellana de origen noble.* **3** Conjunto de hijos o descendientes de una persona: *Al año de casarse, tuvieron familia.* **4** Conjunto de personas o de cosas unidas por una característica o por una condición comunes: *Una familia de palabras está formada por todas las palabras que tienen la misma raíz.* **5** En biología, en la clasificación de los seres vivos, categoría superior a la de subfamilia e inferior a la de orden: *El toro pertenece a la familia de los bóvidos.* **6** ‖ **en familia.** En la intimidad o sin gente extraña: *Ahora que estamos en familia os contaré mi problema.* ‖ **familia numerosa.** La que tiene tres o más hijos menores de edad, o mayores pero incapacitados para el trabajo: *La matrícula del curso es más barata para los alumnos miembros de una familia numerosa.*

familiar ▌adj. **1** De la familia o relacionado con ella: *Has salido muy favorecido en este retrato familiar.* **2** Que se tiene muy sabido o que resulta conocido: *Debemos de estar cerca, porque esta zona ya me es familiar.* **3** Referido esp. al trato, llano, sencillo y sin ceremonia: *Nos dieron*

a b c d e f g h i j k l m n ñ o p q r s t u v w x y z

un trato familiar y estuvimos muy a gusto en su casa. **4** Referido esp. al lenguaje, que se emplea en la conversación normal y corriente: *El acortamiento de algunas palabras es propio del lenguaje familiar.* **5** Referido a un producto de consumo, que tiene un tamaño grande o adecuado para el uso de una familia: *Compra el gel familiar, que nos durará más que el normal.* ▮ s.m. **6** Pariente o persona de la misma familia: *En ese pueblo tengo unos familiares lejanos.* ☐ MORF. Como adjetivo es invariable en género.

familiaridad ▮ s.f. **1** Llaneza, sencillez y confianza en el trato: *En el trabajo somos pocos y nos tratamos con familiaridad.* ▮ pl. **2** Confianzas excesivas o inadecuadas en el trato: *Marca las distancias y no dejes que se tome esas familiaridades contigo.*

familiarizar ▮ v. **1** Acostumbrar o hacer que algo resulte familiar: *La televisión nos familiariza con lugares y costumbres muy lejanos.* ▮ prnl. **2** Llegar a tener trato familiar con alguien: *En dos días se familiarizó con todos y se integró perfectamente en el grupo.* ☐ ORTOGR. La *z* se cambia en *c* delante de *e* →**CAZAR**.

famoso, sa adj./s. Que tiene fama o que es muy conocido: *Oí una canción que fue famosa en los tiempos de mis padres. Las revistas del corazón cuentan la vida de los famosos.* ☐ SEM. Como adjetivo es sinónimo de *célebre*.

fan (anglicismo) s. Admirador entusiasta e incondicional de una persona o de una cosa: *Me gusta tanto ese cantante que me voy a apuntar a su club de fanes.* ☐ MORF. Es de género común y exige concordancia en masculino o en femenino para señalar la diferencia de sexo: *el fan, la fan*.

fanático, ca adj./s. **1** Que defiende apasionadamente creencias, ideas u opiniones, esp. las religiosas o las políticas: *Los disturbios fueron provocados por unos independentistas fanáticos. Ese grupo de fanáticos no tolera más religión que la suya.* **2** Preocupado o entusiasmado ciegamente por algo: *Es una persona fanática de la limpieza. Es un fanático de la bicicleta y ha recorrido miles de kilómetros con ella.*

fanatismo s.m. Admiración y entrega apasionadas y desmedidas a una creencia, a una causa o a una persona: *El fanatismo político ha sido causa de muchas guerras.*

fandango s.m. **1** Composición musical en compás de tres por cuatro o de seis por ocho que se acompaña con guitarra, cante y castañuelas y es de movimiento vivo y apasionado: *Los fandangos son típicamente andaluces.* **2** Baile que se ejecuta al compás de esta música: *Baila muy bien fandangos y sevillanas.*

fanega s.f. **1** Unidad de capacidad para granos, legumbres y otros frutos secos que equivale aproximadamente a 55,5 litros: *Una fanega tiene 12 celemines.* **2** ‖ **fanega (de tierra).** Unidad agraria de superficie que equivale aproximadamente a 6460 metros cuadrados: *El abuelo se ocupaba él solo de una finca de varias fanegas de tierra.* ☐ USO Es una medida tradicional española.

fanerógamo, ma adj./s.f. Referido a una planta, que se reproduce mediante semillas; *espermáfito*: *El rosal y el pino son plantas fanerógamas. La flor es el órgano reproductor de las fanerógamas.*

fanfarria s.f. **1** Conjunto musical ruidoso, esp. el de instrumentos de metal: *La fanfarria recorría el pueblo tocando música alegre.* **2** Música interpretada por este conjunto: *Suenan fanfarrias porque el barrio está en fiestas.*

fanfarrón, -a adj./s. *col.* Que presume o que hace alarde de lo que no es: *¡En mi vida he conocido persona tan creída y fanfarrona! Esos fanfarrones, cuando llega un peligro real, se esconden.*

fanfarronada s.f. →**fanfarronería.**

fanfarronear v. Hablar con arrogancia de lo que se tiene o presumir de lo que no se es: *Le gusta fanfarronear y dárselas de valiente, pero es un cobarde.*

fanfarronería s.f. **1** Modo de hablar y actitud propios de un fanfarrón: *Con su fanfarronería, les hizo creer que con él no correrían ningún riesgo.* **2** Hecho o dicho propios de un fanfarrón; *fanfarronada*: *Fue una fanfarronería decir que podía saltar desde tanta altura.*

fango s.m. **1** Lodo pegajoso y espeso que se forma generalmente en los terrenos donde hay agua detenida: *El fondo de ese pantano está lleno de fango.* **2** Mala fama, deshonra o indignidad: *Sus robos cubrieron de fango el buen nombre de la familia.*

fangoso, sa adj. Lleno de fango o con características de este: *La tierra del jardín está fangosa de tanto regarla.*

fantasear v. Imaginar o dejar volar la fantasía: *Le gusta fantasear sobre cómo sería su vida en un palacio.*

fantasía s.f. **1** Capacidad de la mente para imaginar cosas pasadas, lejanas o inexistentes: *Se deja llevar de la fantasía y se olvida de la realidad.* **2** Imagen o ficción formadas por esta capacidad mental: *¡Ya estás con tus fantasías de que te va a tocar la lotería!* **3** En música, composición instrumental libre: *Algunas fantasías se basan en fragmentos de óperas.* **4** ‖ **de fantasía. 1** Referido esp. a una prenda de vestir, que lleva muchos adornos o está hecha de manera imaginativa y poco corriente: *Siempre lleva medias de fantasía con flores o lunares.* **2** Referido esp. a un adorno, que no es de material noble o que imita a una joya: *Compré unos pendientes de fantasía porque no me llegaba el dinero para unos de oro.* ☐ MORF. La acepción 2 se usa más en plural.

fantasioso, sa adj./s. Que tiene mucha fantasía o que se deja llevar por la imaginación: *Sus fantasiosos proyectos suelen acabar en nada. Una fantasiosa como tú podría dedicarse a la literatura.*

fantasma ▮ adj. **1** Inexistente, dudoso o poco preciso: *Hablan de un buque fantasma que dicen que se ve en las noches de tormenta.* **2** Referido esp. a un lugar, que está abandonado o deshabitado: *La emigración convirtió esta aldea en un pueblo fantasma.* ▮ adj./s. **3** Referido a una persona, que presume de méritos, hazañas o posesiones que generalmente no tiene: *Es tan fantasma que no puedes hablar de nada que no haya hecho ella antes. De lo que cuente ese fantasma, créete solo la mitad de la mitad.* ▮ s.m. **4** Imagen de una persona muerta que se aparece a los vivos: *La leyenda del castillo cuenta que el fantasma del conde se aparece de noche.* **5** Amenaza o existencia de algo negativo: *Después de meses de sequía, el fantasma del hambre empezó a atemorizar a los campesinos.* **6** Visión o sentimiento imaginarios o irreales: *El fantasma de los celos arruinó su relación.* ☐ MORF. 1. Como adjetivo es invariable en género. 2. En la acepción 3, en la lengua actual es de género común y exige concordancia en masculino o en femenino para señalar la diferencia de sexo: *el fantasma, la fantasma*.

fantasmagoría s.f. Ilusión de los sentidos o figuración sin fundamento real: *Su mente enferma está llena de extrañas fantasmagorías.*

fantasmagórico, ca adj. De la fantasmagoría o relacionado con ella: *Tuve una pesadilla en la que seres fantasmagóricos trataban de atraparme.*

fantástico, ca adj. **1** De la fantasía, producido por ella o relacionado con ella: *Las hadas y las brujas son seres fantásticos.* **2** *col.* Magnífico, estupendo o maravilloso: *Es una playa fantástica, de arena fina y agua muy limpia.* □ SINT. En la lengua coloquial se usa también como adverbio de modo con el significado de 'muy bien': *Lo pasamos fantástico el fin de semana.*

fantoche s.m. **1** Persona de aspecto ridículo o grotesco: *Estás hecha un fantoche con ese abrigo tan grande.* **2** Persona informal o que presume sin fundamento o con vanidad: *Ese tipo que se las da de saberlo todo no es más que un fantoche.*

fanzine (anglicismo) s.m. Revista hecha por aficionados y generalmente con poco dinero: *En sus tiempos de estudiante, dirigía un fanzine en la facultad.*

faquir s.m. **1** En algunos países orientales, persona generalmente musulmana o hindú que lleva una vida de oración, vive de la limosna y realiza actos de gran austeridad y sacrificio: *Los faquires pasan horas meditando, sin preocuparse de las necesidades de su cuerpo.* **2** Artista de circo que realiza números espectaculares con objetos que pueden dañar su cuerpo, sin sufrir daño ni sentir dolor: *El faquir se tragó una espada y se tumbó sobre una tabla con clavos.*

farad s.m. →**faradio.** □ ORTOGR. Es la denominación internacional del *faradio*.

faradio s.m. En el Sistema Internacional, unidad básica de capacidad eléctrica que equivale a la capacidad de un condensador entre cuyas armaduras aparece una diferencia de potencial de un voltio, cuando está cargado con una cantidad de electricidad igual a un culombio: *El símbolo del faradio es 'F'.* □ ORTOGR. Su denominación internacional es *farad*.

faralá s.m. Volante que adorna un vestido u otra ropa, esp. el del típico traje femenino andaluz: *Bailaron unas sevillanas vestidas con trajes de lunares y faralaes.* □ MORF. Se usa más en plural.

farándula s.f. Profesión y ambiente de los actores y comediantes: *Siempre me atrajo el mundo de la farándula y del espectáculo.*

faraón s.m. Rey del antiguo Egipto (país africano): *La esposa del faraón Amenofis IV fue la reina Nefertiti.*

faraónico, ca adj. **1** Del faraón o relacionado con él: *Las pirámides egipcias son tumbas faraónicas.* **2** Grandioso o fastuoso: *El monumento que conmemorará la victoria será faraónico.*

fardar v. **1** *col.* Presumir mucho o darse importancia: *Vive en un chalé y está siempre fardando de casa.* **2** *col.* Resultar vistoso o causar admiración: *Tu nueva moto farda mucho.* □ SINT. Constr. de la acepción 1: *fardar* DE *algo.*

fardo s.m. Lío o paquete grande y muy apretado de ropa o de otra mercancía: *Hizo un fardo con la ropa sucia para llevarla a la lavandería.*

fardón, -a ▮ adj. **1** *col.* Que farda o resulta vistoso y atractivo: *Le han regalado una muñeca muy fardona.* ▮ adj./s. **2** *col.* Referido a una persona, que alardea o presume de algo: *Eres demasiado fardón con todo lo que te compras. No aguanto más los alardes de ese fardón.*

farero, ra s. Persona que se dedica profesionalmente al mantenimiento y vigilancia de un faro: *Los fareros pasan muchas horas en soledad.*

fárfara s.f. En el huevo de un ave, piel delgada y delicada que recubre la parte interior de la cáscara: *En un huevo cocido, la fárfara queda pegada a la clara.* 👁 **huevo**

farfullar v. *col.* Decir muy deprisa y de manera atropellada o confusa: *Farfulló una disculpa que apenas entendí, y se fue.*

faria s. Cigarro puro, de fabricación peninsular, hecho con hebras largas y más barato que los cubanos (por extensión del nombre de la marca comercial *Farias®*): *Muchos aficionados a los toros se fuman un faria en la corrida.* □ MORF. Es de género ambiguo y admite concordancia en masculino o en femenino sin cambiar de significado: *{el/la} faria {encendido/encendida}.*

faringe s.f. En el sistema digestivo de algunos vertebrados, conducto de paredes generalmente musculosas, situado a continuación de la boca, que comunica las fosas nasales con la laringe y con el esófago: *La deglución de los alimentos tiene lugar en la faringe.* □ SEM. Dist. de *laringe* (órgano del sistema respiratorio).

faríngeo, a adj. De la faringe o relacionado con ella: *Las arterias faríngeas son las que llevan la sangre a la faringe.*

faringitis s.f. Inflamación de la faringe: *La faringitis puede producir fiebre y ronquera de la voz.* □ MORF. Invariable en número.

farisaico, ca adj. De los fariseos o con sus características: *Tiene una postura farisaica y solo dice lo que le conviene.*

fariseo, a ▮ adj./s. **1** Hipócrita, esp. en lo religioso o en lo moral: *¡Dime claro si apruebas mi conducta y deja ya esa actitud farisea! Los fariseos como tú criticáis en los demás defectos que tenéis vosotros mismos.* ▮ s.m. **2** Miembro de un grupo judío de los tiempos de Jesucristo caracterizado por su preocupación por la observancia de la ley: *En la Biblia, es frecuente ver a Jesús discutiendo con los fariseos.*

farmacéutico, ca ▮ adj. **1** De la farmacia o relacionado con ella: *La industria farmacéutica fabrica medicamentos.* ▮ s. **2** Persona legalmente autorizada para ejercer la farmacia: *La farmacéutica me ha dicho que esas pastillas pueden producirme somnolencia.*

farmacia s.f. **1** Ciencia que trata de la preparación de medicamentos y de las propiedades de sus componentes como remedio contra las enfermedades o para conservar la salud: *Después de estudiar farmacia, decidió hacer la carrera de medicina.* **2** Lugar en el que se elaboran y se venden medicinas; *botica: He comprado el jarabe en la farmacia de la esquina.*

fármaco s.m. Sustancia que sirve para prevenir, curar o aliviar una enfermedad o para reparar sus secuelas; *medicamento, medicina: Hay muchos fármacos que se extraen de las plantas.* 👁 **medicamento**

faro s.m. **1** En las costas, torre alta que tiene en su parte superior una luz potente para que sirva de señal a los navegantes: *Gracias a la luz del faro, el capitán supo, a pesar de la niebla, que la costa estaba cerca.* **2** Proyector de luz potente, esp. el que llevan los vehículos en su parte delantera: *No se puede circular de noche con los faros estropeados.* 👁 **alumbrado**

farol s.m. **1** Caja de cristal o de otro material transparente con una luz en su interior para que alumbre: *Ha puesto en su terraza un farol de estilo andaluz.* 👁 **alumbrado** **2** Hecho o dicho exagerados o sin fundamento, con los que se pretende engañar, desconcertar o presumir: *Eso de que es capaz de andar cien kilómetros sin descansar es* *otro de sus faroles.* **3** En un juego de cartas, jugada o envite falsos hechos para desorientar: *Tenía muy malas cartas, pero fui de farol y gané.* ☐ SINT. La acepción 2 se usa más con los verbos *marcarse* o *tirarse*.

farola s.f. Farol grande, puesto en alto sobre un pie o sobre un poste, y que se usa para el alumbrado público: *Las farolas iluminan de noche las calles de la ciudad.* 👁 **alumbrado**

farolero, ra ▮ adj./s. **1** *col.* Que fanfarronea o presume de forma ostentosa: *A niñas tan faroleras como tú, nadie las cree. ¡No hagas caso de lo que diga, que es un farolero!* ▮ s. **2** Persona que se dedicaba profesionalmente al cuidado de los faroles del alumbrado público: *Al desaparecer las farolas de gas, desapareció también el oficio de farolero.*

farolillo s.m. **1** Farol de papel, celofán o plástico de colores, que se utiliza como adorno, generalmente en fiestas y verbenas: *Las casetas de la feria estaban adornadas con farolillos y cintas de colores.* **2** ‖ **farolillo rojo.** *col.* En algunos deportes, persona o equipo que ocupan el último lugar en la clasificación: *El farolillo rojo de la primera división de fútbol descenderá a segunda.*

farra s.f. Juerga o diversión animada y ruidosa: *Se fueron de farra y no volvieron hasta la mañana siguiente.*

farragoso, sa adj. Desordenado, confuso y con cosas o ideas sin relación: *Escribe en un estilo tan farragoso que resulta incomprensible.*

farruco, ca adj. *col.* Obstinado, insolente o con una actitud desafiante: *No te pongas farruca, porque el que manda soy yo.* ☐ USO Se usa más en la expresión *ponerse 'farruco'*.

farsa s.f. **1** Obra teatral, esp. la breve y de carácter cómico: *En las fiestas del pueblo, unos cómicos ambulantes representaron una farsa divertidísima.* **2** Enredo o trampa ingeniosos para ocultar algo o engañar; *mascarada: Esa historia que te contó no era más que una farsa para sacarte dinero.*

farsante ▮ adj./s. **1** *col.* Referido a una persona, que finge lo que no siente o que se hace pasar por lo que no es: *No te dejes engañar por un individuo tan farsante. Esa que se las da de santurrona no es más que una farsante.* ▮ s. **2** Persona que se dedicaba profesionalmente a la representación de farsas o de comedias: *En el siglo XVII eran frecuentes las compañías ambulantes de farsantes.* ☐ MORF. 1. Como adjetivo es invariable en género. 2. Como sustantivo es de género común y exige concordancia en masculino o en femenino para señalar la diferencia de sexo: *el farsante, la farsante.* 3. En la acepción 1, se usa también el femenino coloquial *farsanta*.

fasciculado, da adj. En biología, que está formado por elementos agrupados en haces: *Una raíz fasciculada está formada por muchas raicillas de parecido tamaño que se ramifican.* 👁 **raíz**

fascículo s.m. Cada uno de los cuadernos que forman un libro publicado por partes o una serie coleccionable, y que salen a la venta periódicamente de forma independiente; *entrega: El primer volumen de la enciclopedia lo forman los diez primeros fascículos.*

fascinación s.f. Atracción irresistible: *Nadie podía resistirse a la fascinación de aquellos ojos.*

fascinante adj. Asombroso o sumamente atractivo: *Los cuadros de ese pintor me parecen fascinantes.* ☐ MORF. Invariable en género.

fascinar v. Atraer, seducir o gustar de forma irresistible: *Su forma de cantar fascina al público.*

fascismo s.m. **1** Movimiento político y social de carácter totalitario y nacionalista, fundado por el político italiano Benito Mussolini tras la I Guerra Mundial: *El fascismo es un movimiento contemporáneo del nazismo y del falangismo.* **2** Doctrina de este movimiento político italiano y de otros similares en otros países: *La II Guerra Mundial acabó con los fascismos europeos.*

fascista ▮ adj. **1** Del fascismo o relacionado con él: *Las teorías fascistas arraigaron en la pequeña burguesía afectada por la crisis económica.* ▮ adj./s. **2** Partidario de esta doctrina o movimiento social: *Ese líder fascista consiguió huir del país. Los fascistas tienen una ideología intransigente y totalitaria.* ☐ MORF. 1. Como adjetivo es invariable en género. 2. Como sustantivo es de género común y exige concordancia en masculino o en femenino para señalar la diferencia de sexo: *el fascista, la fascista.* 3. En la lengua coloquial se usa mucho la forma abreviada 'facha'.

fase s.f. **1** Cada uno de los estados sucesivos que presenta algo en proceso de desarrollo o de evolución: *Durante la infancia, el ser humano está en fase de crecimiento.* **2** En astronomía, cada una de las diversas apariencias que presentan la Luna y algunos planetas según los ilumina el Sol: *La Luna hoy está en fase de cuarto menguante.* 👁 **fase**

fast food (anglicismo) s.m. ‖ →**comida rápida.** ☐ PRON. [fas fud].

fastidiado, da adj. *col.* Enfermo o mal de salud: *Últimamente ando algo fastidiado del estómago.*

fastidiar ▮ v. **1** Enfadar, molestar o disgustar: *Me fastidia que llames para esas tonterías.* **2** *col.* Estropear o dañar material o moralmente: *El mal tiempo fastidió la excursión.* ▮ prnl. **3** Aguantarse o sufrir con paciencia un contratiempo inevitable; *chincharse: Si llegas tarde, te fastidias y te quedas sin ver la película.* ☐ ORTOGR. La *i* nunca lleva tilde.

FASES DE LA LUNA

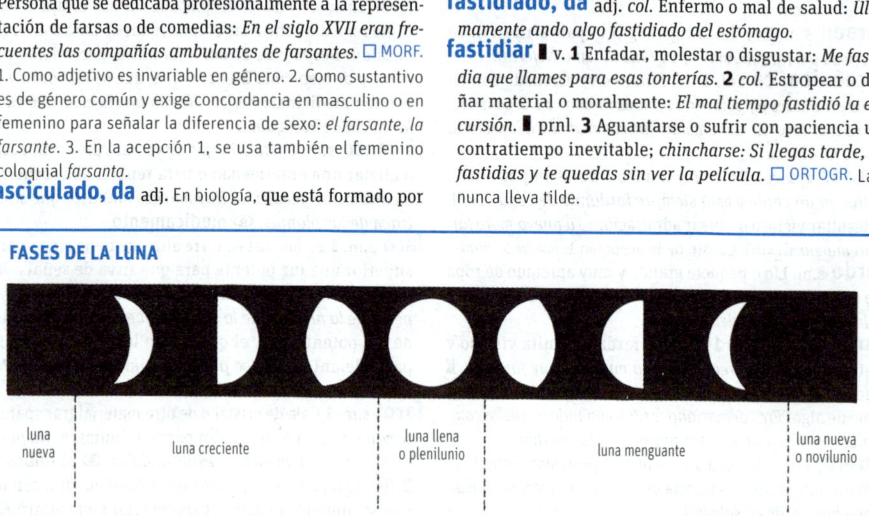

fastidio s.m. **1** *col.* Disgusto o molestia causados por un contratiempo de poca importancia: *Es un fastidio tener que salir con esta lluvia.* **2** Enfado, cansancio o aburrimiento: *Sus constantes quejas por todo empiezan a producirme fastidio.*

fastidioso, sa adj. Que causa fastidio: *Es fastidioso tener que trabajar hasta tan tarde.*

fasto s.m. Lujo, pompa o esplendor extraordinarios: *Su familia vive con gran fasto en un palacete.*

fastuosidad s.f. Lujo, riqueza u ostentación: *La fastuosidad de la fiesta contrasta con el motivo benéfico por el que se celebra.*

fastuoso, sa adj. Hecho con lujo y riqueza: *El sultán construyó un fastuoso palacio para su esposa.*

fatal adj. **1** Desgraciado, infeliz o muy negativo: *El fatal accidente se produjo por un descuido del conductor.* **2** Muy malo o poco acertado: *Hoy hace un tiempo fatal para salir al campo.* **3** Inevitable o determinado por el destino: *La muerte es el destino fatal de todo ser vivo.* □ MORF. Invariable en género. □ SINT. Se usa también como adverbio de modo con el significado de 'muy mal': *Abuchearon al equipo porque jugó fatal.*

fatalidad s.f. **1** Desgracia, desdicha o infelicidad: *Tuvo la fatalidad de caerse por las escaleras.* **2** Destino o fuerza desconocida que determina lo que ha de ocurrir: *Si os separasteis fue porque la fatalidad lo quiso así.*

fatídico, ca adj. **1** Que anuncia el porvenir, esp. el que traerá desgracias: *Vio el comienzo de la guerra en un sueño fatídico.* **2** Desgraciado, nefasto o muy malo: *El fatídico accidente se produjo por un fallo humano.*

fatiga s.f. **1** Sensación de cansancio, generalmente ocasionada por un esfuerzo físico o mental: *Me han recetado un complejo vitamínico para contrarrestar la fatiga.* **2** Molestia o dificultad al respirar: *La obesidad me causa fatiga.* **3** Penalidad, sufrimiento o trabajo intensos: *Pasé muchas fatigas para poder pagar esta casa.* **4** *col.* Miramiento, reparo o escrúpulo: *Me da fatiga llamarlo para una cosa tan tonta.* □ MORF. La acepción 3 se usa más en plural. □ SINT. La acepción 4 se usa más con el verbo *dar* o equivalentes.

fatigar v. Causar fatiga o cansancio: *Estoy tan gordo que me fatigo por subir tres escaleras. ¡Cuánto fatigan los niños pequeños!* □ ORTOGR. La *g* se cambia en *gu* delante de *e* →**PAGAR**.

fatigoso, sa adj. **1** Que causa fatiga: *Hacia la mitad de aquella fatigosa subida, nos sentamos a descansar.* **2** Referido esp. a la respiración, que es difícil o agitada: *Subía las escaleras con respiración fatigosa.*

fatuo, tua adj. Presuntuoso o ridículamente engreído: *Tus fatuas palabras te hicieron quedar como un pedante.*

fauces s.f.pl. En un mamífero, parte posterior de la boca, que se extiende desde el velo del paladar hasta el principio del esófago: *El león abrió la boca y enseñó sus fauces al domador.*

fauna s.f. **1** Conjunto de los animales que ocupan un lugar geográfico o que han vivido en un determinado período geológico: *El elefante, la cebra y la jirafa son animales representativos de la fauna africana.* **2** *col.* Grupo de gente, esp. si resulta peculiar o si hay una gran diversidad entre sus componentes: *En ese antro se junta una fauna de lo más raro.*

fauno s.m. En la mitología romana, divinidad que habitaba en los campos y en las selvas: *Los faunos se representaban con cuernos y patas de cabra.* **mitología**

fausto, ta adj. Feliz o afortunado: *Haremos una fiesta para celebrar tan fausto acontecimiento.*

favor ▮ s.m. **1** Ayuda o socorro que se conceden: *Nunca olvidaré los favores que me has hecho.* **2** Confianza, apoyo o beneficio: *Goza del favor de un público incondicional.* **3** Primer lugar o preferencia en la gracia o en la confianza de una persona, esp. si esta es de elevada condición: *El conde-duque de Olivares gozó del favor del rey Felipe IV.* ▮ pl. **4** Consentimiento de una persona para mantener con ella una relación amorosa o sexual: *Sueña con el día en que una chica le conceda sus favores.* **5** ‖ **{a/en} favor (de)** algo. **1** En su misma dirección: *Nadamos a favor del viento.* **2** En beneficio o utilidad suya: *Votaré a favor vuestro.* ‖ **hacer el favor de** hacer algo o **por favor.** Expresión de cortesía que se usa para pedir algo: *Haga el favor de salir de aquí. Por favor, pásame el pan.*

favorable adj. **1** Que favorece o que beneficia: *El barco llegará pronto porque navega con un viento favorable.* **2** Inclinado a hacer algo o a conceder lo que se le pide: *Se mostró favorable a un cambio en la dirección de la empresa.* □ MORF. Invariable en género.

favorecer v. **1** Ayudar, beneficiar o apoyar: *Si la suerte nos favorece, lo lograremos.* **2** Referido esp. a un adorno, sentar bien o mejorar la apariencia: *Ese peinado te favorece y te hace más joven.* □ MORF. Irreg.: Aparece una *z* delante de la *c* cuando la siguen *a, o* →**PARECER**.

favoritismo s.m. Preferencia injusta por algo o por alguien, al margen de sus méritos: *El jurado fue acusado de favoritismo en la concesión del premio.*

favorito, ta ▮ adj./s. **1** Preferido o más estimado: *Me pongo mucho esta blusa porque es mi favorita. A ti te trata mejor porque eres su favorito.* **2** Referido a un participante en una competición, que es el que tiene mayores probabilidades de ganar: *Todas las apuestas han sido para el caballo favorito. En la Vuelta de este año, el favorito es un ciclista navarro.* ▮ s. **3** Persona que goza de preferencia en la gracia o en la confianza de una persona distinguida, esp. de un rey: *El duque de Uceda fue el favorito de Felipe III.*

fax s.m. **1** Sistema de transmisión que permite enviar información escrita a través del teléfono: *El fax utiliza la línea telefónica para un tipo de comunicación no oral.* **2** Aparato que permite realizar este tipo de transmisión: *El técnico ha traído el fax y lo está montando.* **3** Documento reproducido por medio de ese sistema: *El periódico recibió un fax de la agencia con nuevos datos sobre el accidente.* □ MORF. 1. Su plural es *faxes*. 2. Es la forma abreviada y usual de *telefax*.

faz s.f. **1** Rostro o cara: *En su faz se advertían señales de cansancio.* **2** Superficie, vista o lado de algo: *Los cambios políticos del siglo XX han cambiado la faz del mapa de Europa.*

fe s.f. **1** En el cristianismo, virtud teologal que consiste en la adhesión a Dios y a Jesucristo y su mensaje: *La fe es un don de Dios.* **2** Conjunto de creencias y doctrinas de una persona o de un grupo: *De joven abrazó la fe del socialismo.* **3** Confianza que se tiene en algo o en las posibilidades de una persona: *Tengo fe en ti y sé que lo conseguirás.* **4** ‖ **{buena/mala} fe.** Buena o mala intención: *Lo hice con toda mi buena fe, pensando que te ayudaba. Actuó de mala fe porque es un envidioso.* ‖ **fe de erratas.** En un texto, lista de las erratas que aparecen en él y de las correcciones correspondientes: *La fe de erratas aparece al comienzo o al final de los libros.* □ ORTOGR. Incorr. **fé*.

a b c d e f g h i j k l m n ñ o p q r s t u v w x y z

fealdad s.f. Conjunto de características que hacen que algo resulte feo: *La fealdad de su rostro asustaba a los niños.*

febrero s.m. Segundo mes del año, entre enero y marzo: *El mes de febrero tiene 28 días, salvo en los años bisiestos, que tiene 29.*

febril adj. **1** De la fiebre o relacionado con ella: *Esos colores en la cara y esos escalofríos se deben a su estado febril.* **2** Muy agitado, desasosegado o intenso: *Trabajaron a un ritmo febril para poder terminar en el plazo fijado.* ☐ MORF. Invariable en género.

fecal adj. Del excremento intestinal o relacionado con él: *Las heces fecales son sustancias que el organismo no aprovecha y expulsa por el ano.* ☐ MORF. Invariable en género.

fecha s.f. **1** Tiempo en que se hace o en que sucede algo: *La fecha de la boda aún no ha sido fijada.* **2** Indicación del lugar y del tiempo en que se hace o sucede algo, esp. la que se pone al principio o al final de un escrito: *Pon la fecha en la parte superior de la carta.* ☐ SEM. Es sinónimo de *data*.

fechar v. **1** Referido esp. a un escrito, poner la fecha en él: *Tiene la costumbre de fechar y firmar todo lo que escribe.* **2** Referido esp. a una obra o a un suceso, determinar su fecha: *Un especialista fechó este poema en torno a la segunda mitad del siglo XIV.*

fechoría s.f. Travesura o mala acción: *Los ladrones tendrán que dar cuenta de sus fechorías ante la justicia.*

fécula s.f. Hidrato de carbono que se encuentra como sustancia de reserva en las células vegetales de semillas, tubérculos y raíces de algunas plantas, y que se utiliza como alimento o con fines industriales: *La papilla del niño está hecha con fécula de arroz.*

fecundación s.f. **1** En biología, unión de un elemento reproductor masculino y uno femenino para dar origen a un nuevo ser: *Con la fecundación del óvulo, comienza el desarrollo de un nuevo ser.* **2** ‖ **fecundación artificial.** Procedimiento que posibilita la unión de una célula sexual femenina con otra masculina utilizando el instrumental adecuado; *inseminación artificial: Consiguió quedarse embarazada gracias a la fecundación artificial.* ‖ **fecundación in vitro.** La que se realiza mediante técnicas de laboratorio, habiendo extraído previamente el óvulo del ovario: *Una vez realizada la fecundación in vitro, la célula huevo es implantada en el útero de la hembra.*

fecundar v. En biología, referido a un elemento reproductor masculino, unirse a otro femenino para dar origen a un nuevo ser: *En la mayoría de las especies animales el macho fecunda a la hembra. Los óvulos de las flores se fecundan con el polen.*

fecundo, da adj. **1** Que puede ser fecundado o que se reproduce por medios naturales: *La mujer suele ser fecunda entre los 15 y los 45 años de edad.* **2** Fértil, abundante o que produce en abundancia: *Esta es una tierra fecunda y da buenas cosechas.*

federación s.f. **1** Unión entre varios por alianza, liga o pacto: *Estados Unidos se formó como país a partir de una federación de Estados.* **2** Organismo o entidad que resulta de esta alianza o de esta unión: *El fútbol español cuenta con una federación a la que pertenecen todos los clubes del país.* **3** Estado formado por territorios particulares, en el que los poderes regionales gozan de autonomía e incluso de soberanía para su vida interna; *estado federal: Alemania es una federación.*

federal ▮ adj. **1** →**federativo.** ▮ adj./s. **2** →**federalista. 3** En la guerra de Secesión estadounidense, partidario de los estados del norte; *nordista: Los soldados federales apoyaban la abolición de la esclavitud. Los federales ganaron la guerra, frente a los confederados.* ☐ MORF. 1. Como adjetivo es invariable en género. 2. Como sustantivo es de género común y exige concordancia en masculino o en femenino para señalar la diferencia de sexo: *el federal, la federal*.

federalismo s.m. **1** Sistema de organización de una comunidad a través de la federación de distintas corporaciones o Estados: *El federalismo político se basa en el reparto del poder entre un Estado central y sus partes federadas.* **2** Doctrina que defiende este sistema político: *El federalismo cobró auge en España en la segunda mitad del siglo XIX.*

federalista ▮ adj. **1** →**federativo, va.** ▮ adj./s. **2** Partidario del federalismo; *federal: Los partidos nacionalistas se agruparán en una organización federalista. Pi y Margall fue el gran federalista español del siglo XIX.* ☐ MORF. 1. Como adjetivo es invariable en género. 2. Como sustantivo es de género común y exige concordancia en masculino o en femenino para señalar la diferencia de sexo: *el federalista, la federalista*.

federar ▮ v. **1** Unir por alianza, liga, unión o pacto: *Los tres dirigentes son partidarios de federar sus partidos para presentarse juntos a las elecciones. Varios pequeños Estados independientes estudian la posibilidad de federarse.* ▮ prnl. **2** Inscribirse en una federación: *Nuestro club de fútbol se federó el año pasado.*

federativo, va ▮ adj. **1** De la federación o relacionado con ella: *El jugador expulsado teme una sanción federativa.* **2** Referido esp. a un sistema político o a un Estado, que está formado por varios estados con leyes propias, pero sujetos en algunos casos y circunstancias a las decisiones de un Gobierno central: *Estados Unidos es un Estado federativo.* ▮ s.m. **3** Miembro dirigente de una federación, esp. de las deportivas: *La prensa deportiva critica a algunos federativos por su falta de preparación.* ☐ SEM. En las acepciones 1 y 2, es sinónimo de *federal* y *federalista*.

feedback (anglicismo) s.m. Conjunto de observaciones o de respuestas a una acción o a un proceso y enviadas a la persona o a la máquina responsables de ellos para que se cambie lo que sea necesario: *El continuo feedback de los clientes permite a la empresa adaptar sus productos a la demanda del mercado.* ☐ PRON. [fídbak]. ☐ ORTOGR. Dist. de *flashback*.

fehaciente adj. Digno de fe o que puede creerse como verdad: *El fiscal presentó pruebas fehacientes de la culpabilidad del acusado.* ☐ MORF. Invariable en género.

feldespato s.m. Mineral compuesto principalmente por silicato de aluminio, de color blanco, amarillento o rojizo, brillo nacarado y gran dureza: *El feldespato es uno de los componentes del granito.*

felicidad s.f. **1** Estado de ánimo del que se encuentra contento y satisfecho con las circunstancias de la vida; *ventura: Ahora le va todo bien y se le nota la felicidad en la cara.* **2** Satisfacción, gusto o contento: *Mi mayor felicidad es ver crecer a mis hijos.* ☐ SEM. Es sinónimo de *dicha*. ☐ USO En plural se usa para expresar una felicitación: *'¡Felicidades!', iban diciendo los invitados a los novios.*

felicitación s.f. **1** Manifestación de la satisfacción que alguien siente por algún suceso feliz que le ha ocurrido a otra persona; *enhorabuena: Recibe mi felicitación por el* *nacimiento de tu hijo.* **2** Palabras o tarjeta con las que se felicita: *En Navidad envío felicitaciones a los amigos.*

felicitar v. **1** Referido a una persona, manifestarle la satisfacción que se siente con motivo de algún suceso feliz para ella: *Te felicito por ese sobresaliente. Te felicito por el excelente trabajo.* **2** Referido a una persona, expresarle el deseo de que sea feliz: *Este año no me felicitaste el día de mi santo.*

félido ▌adj./s.m. **1** Referido a un mamífero, que se caracteriza por ser carnívoro y por tener la cabeza redondeada, el hocico corto, las patas anteriores con cinco dedos y las posteriores con cuatro, y uñas grandes que generalmente puede sacar o esconder: *El gato y el león son mamíferos félidos. Los félidos se alimentan de presas vivas.* ▌s.m.pl. **2** En zoología, familia de estos mamíferos: *Los animales que pertenecen a los félidos tienen gran agilidad y flexibilidad.* □ SEM. Dist. de *felino* (tipo de félido).

feligrés, -a s. **1** Persona que pertenece a una determinada parroquia: *Todos los feligreses acudieron a conocer al nuevo párroco.* **2** *col.* Cliente de un establecimiento, esp. si es habitual: *A la panadera le gusta conversar con todos sus feligreses.*

felino, na ▌adj. **1** Del gato, característico de él o relacionado con él: *Esa mujer tiene ojos verdes y mirada felina.* ▌adj./s.m. **2** Referido a un animal, que pertenece a la familia de los félidos: *El león es un felino que se alimenta de las presas que caza.* 👁 felino □ SEM. Dist. de *félido* (grupo al que pertenecen los felinos).

feliz adj. **1** Con felicidad o dicha: *Lo más importante es vivir feliz y en paz con todo el mundo.* **2** Que causa felicidad o dicha: *El nacimiento del niño fue un suceso feliz para todos.* **3** Referido a algo que se piensa o que se expresa, que es oportuno, acertado o eficaz: *Gracias a aquella feliz ocurrencia tuya, salimos del apuro.* □ SEM. Es sinónimo de *dichoso*.

felonía s.f. Deslealtad, traición o mala acción: *Fueron juzgados y condenados por sus felonías.*

felpa s.f. Tejido de tacto suave con pelo por una de sus caras: *En invierno usa camisetas de felpa.*

felpudo s.m. Alfombrilla que suele colocarse en la entrada de las casas: *Límpiate los zapatos en el felpudo antes de entrar en casa.*

femenino, na ▌adj. **1** De la mujer, relacionado con ella, o con rasgos que se consideran propios de ella: *Acudió a una asociación femenina para poner una denuncia por malos tratos.* **2** Referido a un ser vivo, que está dotado de órganos de reproducción para ser fecundados: *Los frutos se desarrollan en el interior de las flores femeninas.* **3** De este tipo de seres vivos o relacionado con ellos: *El óvulo es la célula sexual femenina.* ▌adj./s.m. **4** En lingüística, referido a la categoría gramatical del género, que es la de los nombres que significan seres vivos de sexo femenino y la de otros seres inanimados: *La terminación de género femenino más frecuente es '-a'. El femenino de 'chico' es 'chica', y el de 'actor', 'actriz'.*

feminidad s.f. Conjunto de las características propias de la mujer o de lo femenino: *La dulzura en un hombre no tiene por qué ser considerada un rasgo de feminidad.*

feminismo s.m. Doctrina y movimiento social que defienden a la mujer y le reconocen capacidades y derechos antes solo reservados a los hombres: *El feminismo no defiende la superioridad de la mujer frente al hombre, sino su igualdad.*

feminista ▌adj. **1** Del feminismo o relacionado con esta doctrina o movimiento social: *El movimiento feminista se desarrolló principalmente en el siglo XIX.* ▌adj./s. **2** Partidario del feminismo: *Las mujeres feministas lucharon por conseguir su derecho al voto. Las feministas exigen igualdad de salarios para hombres y mujeres.* □ MORF. 1. Como adjetivo es invariable en género. 2. Como sustantivo es de género común y exige concordancia en masculino o en femenino para señalar la diferencia de sexo: *el feminista, la feminista*.

femoral adj. Del fémur o relacionado con este hueso: *La radiografía de la pierna muestra una fractura femoral.* □ MORF. Invariable en género.

fémur s.m. En un vertebrado, hueso de la pierna que por un lado se articula con la cadera y, por el otro, con la tibia y el peroné: *En las personas, el fémur es el hueso más largo de la pierna.* 👁 **esqueleto**

fenecer v. **1** Dejar de vivir; *morir*: *Sus padres fenecieron en un accidente de coche.* **2** Acabarse, terminarse o tener fin: *Todas las culturas acaban por fenecer en favor de otras.* □ MORF. Irreg.: Aparece una *z* delante de la *c* cuando la siguen *a, o* →**PARECER**.

fenicio, cia ▌adj./s. **1** De Fenicia (antiguo país asiático), o relacionado con ella: *En el levante español se han encontrado esculturas fenicias dedicadas a divinidades femeninas. Los fenicios establecieron factorías comerciales en el sur de la península ibérica.* ▌s.m. **2** Antigua lengua de Fenicia: *El fenicio tiene un alfabeto del que se derivan la mayor parte de los del mundo occidental.*

fénix s.m. Ave fabulosa, semejante a un águila, que cada vez que se quemaba en una hoguera renacía de sus propias cenizas: *El fénix forma parte de la mitología clásica.* 👁 **mitología** □ MORF. Invariable en número.

fenomenal ▌adj. **1** *col.* Estupendo, admirable o muy bueno: *Te llevarás bien con él, porque es un chico fenomenal.* **2** Tremendo o muy grande: *Me diste un susto fenome-*

FELINO

nal cuando me agarraste por detrás. ▌ adv. **3** Muy bien: *Lo pasamos fenomenal jugando al parchís.* ☐ MORF. Como adjetivo es invariable en género.

fenómeno, na ▌ adj. **1** *col.* Muy bueno o magnífico: *La actriz estaba fenómena en su papel.* ▌ s.m. **2** Manifestación o apariencia que se produce, tanto en el orden material como en el espiritual: *La nieve es un fenómeno meteorológico.* **3** Lo que es extraordinario y sorprendente: *Varias personas vieron un fenómeno para el que los científicos aún no tienen explicación.* **4** Persona que sobresale en algo: *Ese amigo tuyo es un fenómeno tocando la guitarra.* ☐ SINT. Se usa también como adverbio de modo con el significado de 'muy bien': *El día de tu cumpleaños lo pasamos fenómeno.*

fenotipo s.m. En biología, manifestación externa de un genotipo en un determinado ambiente: *En España, el fenotipo más abundante de color de ojos es el castaño.*

feo, a ▌ adj. **1** Que carece de belleza y hermosura: *A ninguna madre le parecen feos sus hijos.* **2** Con aspecto malo o desfavorable: *No sabe cómo salir de ese feo asunto.* **3** Que causa horror o rechazo, o que se considera negativo: *Fue una fea acción por tu parte faltarle así al respeto.* ▌ s.m. **4** *col.* Desaire o desprecio manifiestos: *Me hizo el feo de rechazar mi invitación.* **5** ‖ **tocarle** a alguien **bailar con la más fea.** *col.* Tocarle la peor parte en un asunto: *Como siempre me toca a mí bailar con la más fea, me tuve que quedar a recogerlo todo.*

féretro s.m. Caja, generalmente de madera, en la que se coloca un cadáver para enterrarlo; *ataúd, caja: Cubrieron el féretro con coronas de flores.*

feria s.f. **1** Mercado que se celebra en un lugar público al aire libre y en determinadas fechas, para la compra y venta de productos agrícolas y ganaderos: *Muchos campesinos acudían a las ferias de ganado a comprar animales.* **2** Conjunto de instalaciones recreativas y de puestos de venta que se montan con ocasión de alguna fiesta: *Ya están montando la feria para las fiestas del barrio.* **3** Instalación en la que se exhiben cada cierto tiempo productos de un determinado ramo industrial o comercial para su promoción y venta: *Mañana inaugurarán la feria del libro.* **4** Fiesta popular que se celebra todos los años en una fecha determinada: *El torero cortó una oreja en la feria de San Isidro.*

ferial adj. De la feria o relacionado con ella: *Instalaron una montaña rusa en el recinto ferial.* ☐ MORF. Invariable en género.

feriante adj./s. Que va a una feria para la compra o la venta de algo: *Acudieron miles de feriantes a la feria del ganado.* ☐ MORF. 1. Como adjetivo es invariable en género. 2. Como sustantivo es de género común: *el feriante, la feriante.*

fermentación s.f. Proceso bioquímico por el que una sustancia orgánica se transforma por la acción de microrganismos o de sistemas de enzimas: *El vino se obtiene por fermentación del zumo de las uvas.*

fermentar v. Producir o experimentar fermentación: *La levadura fermenta la masa del pan y hace que esta crezca y se esponje. Para que el zumo de uvas se haga vino, tiene que fermentar.*

fermento s.m. **1** Sustancia orgánica soluble en agua que interviene en diversos procesos bioquímicos sin haberse alterado al final de la reacción: *Las levaduras son fermentos.* **2** Causa o motivo de la excitación o alteración de los ánimos: *La grave crisis económica fue el fermento de las revueltas sociales.*

fermio s.m. Elemento químico, metálico y artificial, de número atómico 100, radiactivo y que pertenece al grupo de las tierras raras: *El fermio, junto con el einstenio, se encontró entre los restos de la primera bomba de hidrógeno.* ☐ ORTOGR. Su símbolo químico es *Fm.*

ferocidad s.f. Fiereza, dureza o crueldad: *Los tigres y los leones se caracterizan por su ferocidad.*

feroz adj. **1** Que obra con fiereza y dureza: *Los animales salvajes son feroces.* **2** Cruel, violento o terrorífico: *Me asusté al ver su aspecto feroz.* **3** *col.* Muy grande o intenso: *No he comido nada y tengo un hambre feroz.* ☐ MORF. Invariable en género.

férreo, a adj. **1** Muy duro, tenaz o resistente: *Demostró tener una voluntad férrea.* **2** Del ferrocarril o relacionado con él: *Hubo un choque de trenes en la línea férrea de Madrid a Barcelona.* **3** De hierro o con sus características: *El edificio se levanta sobre una estructura férrea.*

ferretería s.f. Establecimiento en el que se venden principalmente herramientas, cacharros y otros objetos de metal: *Traje de la ferretería una cerradura, tornillos y clavos.*

ferretero, ra s. Propietario o encargado de una ferretería: *Pedí al ferretero que me mostrara varios modelos de enchufes.*

ferri s.m. Embarcación que hace el recorrido entre dos puntos, navegando en los dos sentidos, y que se utiliza para transportar viajeros y vehículos: *El ferri sale alternativamente de una y otra orilla del río. transbordador* ☐ USO Es innecesario el uso del anglicismo *ferry.*

ferrocarril s.m. **1** Medio de transporte que circula sobre raíles, formado por varios vagones arrastrados por una locomotora; *tren: Considero más seguro viajar en ferrocarril que en avión.* **2** Conjunto de instalaciones, vehículos y equipos que constituyen este medio de transporte: *Durante la huelga, los empleados del ferrocarril harán servicios mínimos en las horas punta.*

ferrovial adj. →**ferroviario, ria.** ☐ MORF. Invariable en género.

ferroviario, ria ▌ adj. **1** Del ferrocarril, de las vías férreas o relacionado con ellos; *ferrovial: Por estas pequeñas poblaciones aún no pasa la red ferroviaria.* ▌ s. **2** Persona que trabaja en una compañía de ferrocarril: *El jefe de estación es un ferroviario.*

ferruginoso, sa adj. Que contiene hierro: *La pirita es un mineral ferruginoso.*

ferry (anglicismo) s.m. →**ferri.** ☐ PRON. [férri]. ☐ MORF. Su plural es *ferries.*

ferry-boat (anglicismo) s.m. →**ferry.** ☐ PRON. [férri bóut].

fértil adj. **1** Que produce mucho: *Esta tierra es muy fértil y apenas necesita abono.* **2** Referido a una persona o a un animal, que pueden reproducirse: *Le gustaría tener más hijos, pero ya no está en edad fértil.* **3** Referido a un período de tiempo, que es muy productivo: *Espero que tengamos un año fértil en los campos.* ☐ MORF. Invariable en género.

fertilidad s.f. **1** Capacidad para producir mucho: *La fertilidad de estas tierras ha enriquecido a los campesinos de la región.* **2** Capacidad para reproducirse: *Las fecundación artificial soluciona algunos problemas de fertilidad.*

fertilizante s.m. Sustancia que fertiliza o que hace productiva la tierra: *El estiércol es un fertilizante.*

fertilizar v. Referido esp. a la tierra, hacerla fértil o productiva: *Fertilizaron el terreno con abono.* ☐ ORTOGR. La *z* se cambia en *c* delante de *e* →**CAZAR.**

ferventísimo, ma superlat. irreg. de **ferviente**.

ferviente adj. Que tiene o muestra fervor o gran entusiasmo; *fervoroso: Los fervientes seguidores del equipo jaleaban a los jugadores.* □ MORF. 1. Invariable en género. 2. Sus superlativos son *ferventísimo* y *fervientísimo*.

fervor s.m. **1** Sentimiento religioso muy intenso y activo: *Rezaba con fervor a la Virgen.* **2** Entusiasmo e interés intensos: *Siente verdadero fervor por todo lo relacionado con los niños.*

fervoroso, sa adj. Que tiene o muestra fervor o gran entusiasmo; *ferviente: Es un católico fervoroso que va todos los días a misa.*

festejar v. **1** Celebrar con fiestas: *Festejó su santo con sus familiares y amigos.* **2** Referido a una persona, hacer festejos o fiestas en su honor: *En su ciudad natal, festejaron al campeón por todo lo alto.* □ ORTOGR. Conserva la *j* en toda la conjugación.

festejo ▌s.m. **1** Fiesta que se hace para celebrar algo: *Después de la boda, habrá un festejo.* ▌pl. **2** Actos públicos que tienen ocasión durante las fiestas de una población: *El Ayuntamiento recortó el presupuesto para los festejos.*

festín s.m. Banquete espléndido, esp. el que se hace con motivo de una celebración y en el que suele haber baile o música: *En nuestras bodas de oro, daremos un festín al que invitaremos a toda la familia.*

festival s.m. **1** Conjunto de actuaciones o de manifestaciones dedicadas a un arte o a un artista: *Una película francesa fue la ganadora del festival de cine.* **2** Fiesta, esp. musical: *Todos los padres disfrutaron en el festival del colegio.* **3** Lo que resulta un gran espectáculo: *El partido de fútbol fue un festival de goles.*

festividad s.f. Fiesta o solemnidad con las que se celebra algo, esp. las fijadas por la Iglesia para celebrar un misterio o a un santo: *La festividad de Nuestra Señora del Pilar es el 12 de octubre.*

festivo, va ▌adj. **1** Alegre, divertido o chistoso: *El debate se desarrolló en un tono muy festivo.* ▌s.m. **2** →**día festivo**.

festón s.m. Bordado, dibujo o recorte en forma de ondas o de puntas que adorna el borde de algo: *Remató los bordes del mantel con un festón.*

festoneado, da adj. Con el borde en forma de festón o de onda: *Algunos tipos de olmos tienen las hojas festoneadas.*

fetal adj. Del feto o relacionado con él: *Siempre duermo en posición fetal, de lado y acurrucado.* □ MORF. Invariable en género.

fetén adj. *col.* Estupendo, excelente o auténtico: *Confío en él porque es un tío fetén.* □ MORF. Invariable en género. □ SINT. En la lengua coloquial se usa también como adverbio de modo con el significado de 'muy bien': *Lo pasamos fetén en la fiesta.*

fetiche s.m. **1** Ídolo u objeto de culto al que se atribuyen poderes sobrenaturales: *En muchos pueblos primitivos, los fetiches eran adorados como auténticas divinidades.* **2** Objeto al que se atribuye la capacidad de traer buena suerte: *Dice que suspendió porque se le olvidó llevar su fetiche al examen.*

fetichismo s.m. Culto a los fetiches: *En muchas culturas primitivas se practicaba el fetichismo.*

fetichista ▌adj. **1** Del fetichismo o relacionado con él: *Muchos coleccionistas sienten una pasión casi fetichista por los objetos que coleccionan.* ▌adj./s. **2** Referido a una persona, que practica el fetichismo: *No todas las personas supersticiosas son fetichistas. Muchos fetichistas adoraban a sus ídolos con una fe ciega.* □ MORF. 1. Como adjetivo es invariable en género. 2. Como sustantivo es de género común y exige concordancia en masculino o en femenino para señalar la diferencia de sexo: *el fetichista, la fetichista.*

fétido, da adj. Que desprende un olor muy desagradable; *hediondo: El profesor me expulsó de clase por lanzar bombas fétidas.*

feto s.m. **1** En algunos animales mamíferos, embrión, desde que se fija en el útero hasta el momento de su nacimiento: *En la ecografía se vio claramente que el feto era varón.* **2** *col. desp.* Persona muy fea: *No tienes ningún derecho a llamar feto a las personas que no te parecen guapas.*

fettuccini (italianismo) s.m. Pasta alimenticia en forma de cilindro largo y grueso hecha de harina o de trigo: *Cenamos en un restaurante italiano y yo pedí fettuccini de primero.* □ PRON. [fetuchíni]. □ MORF. Se usa más en plural.

feudal adj. Del feudo, del feudalismo o relacionado con ellos: *Los señores feudales poseían grandes extensiones de tierra.* □ MORF. Invariable en género.

feudalismo s.m. **1** En la Edad Media, sistema de gobierno y forma de organización política, económica y social, basados en la obligación de los vasallos de guardar fidelidad a sus señores a cambio de tierras o de rentas dadas en usufructo: *El feudalismo obligaba a los señores a proteger a sus vasallos.* **2** Época en la que rigió este sistema: *Durante el feudalismo, el sector económico predominante fue el agrario.*

feudo s.m. **1** En el feudalismo, contrato mediante el cual el rey y los grandes señores concedían tierras o rentas en usufructo, obligando al súbdito o al vasallo que las recibía a guardar fidelidad y a prestar determinados servicios: *El feudo establecía una relación de vasallaje.* **2** Tributo o renta que se pagaban para obtener este contrato: *Algunos vasallos pagaban el feudo en especie.* **3** Territorio concedido en usufructo por este contrato: *Los súbditos cultivaban los feudos que sus señores les concedían en régimen de explotación.* **4** Propiedad, zona o parcela en las que se ejercen una influencia o un poder exclusivos: *Esta región es un feudo electoral del partido centrista.*

fez s.m. Gorro de fieltro rojo, con forma de cubilete, muy usado por norteafricanos y turcos: *El fez a veces lleva una borla que cuelga de la parte superior.* 👁 **sombrero**

fi s.f. En el alfabeto griego clásico, nombre de la vigésima primera letra: *La grafía de la fi es* φ. □ ORTOGR. Se usa también *phi*.

fiabilidad s.f. **1** Confianza que inspira una persona: *Puedes contar con ellos, ya que son personas de total fiabilidad.* **2** Probabilidad de buen funcionamiento de algo: *Ese nuevo modelo de coche destaca por su fiabilidad y sólida construcción.*

fiable adj. **1** Referido a una persona, que es digna de confianza: *El asunto está en buenas manos, porque lo lleva una persona de lo más fiable.* **2** Referido a un objeto, que ofrece seguridad: *Este estudio no me sirve porque no está basado en datos fiables.* □ MORF. Invariable en género.

fiador s.m. Persona que fía a otra: *Mi fiador no me cobra intereses.*

fiambre s.m. **1** Carne o pescado curados o que se comen fríos después de asados o cocidos: *El chorizo y el salchi-*

a b c d e f g h i j k l m n ñ o p q r s t u v w x y z

chón son dos tipos de fiambre. **2** *col.* Cadáver: *El detenido dijo que no sabía nada del fiambre que encontraron en su coche.*

fiambrera s.f. Recipiente que cierra herméticamente y que se usa para llevar la comida: *Cuando paso el día en el campo, llevo la comida en una fiambrera.*

fianza s.f. **1** Lo que se deja como garantía del cumplimiento de una obligación: *Cuando alquilamos el coche, tuvimos que dejar una fianza que luego nos devolvieron.* **2** Obligación que una persona contrae cuando se compromete a responder por otra: *Salió de la cárcel en libertad bajo fianza.*

fiar ▌v. **1** Vender sin exigir el pago inmediato del importe y aplazándolo para más adelante: *No me fían en ningún sitio porque saben que no tengo dinero.* ▌prnl. **2** Referido a una persona, tener confianza en ella: *No me fiaba, así que comprobé si faltaba dinero. No te fíes de él, porque te engañará en cuanto pueda.* **3** ‖ **ser de fiar.** Ser merecedor de confianza: *Puedes hablar delante de ella, porque es de fiar.* ☐ ORTOGR. La *i* de la raíz lleva tilde en los presentes, excepto en las personas *nosotros* y *vosotros* ⟶**GUIAR**. ☐ SINT. Constr. de la acepción 2: *fiarse* DE *alguien.*

fiasco s.m. Chasco o fracaso: *El concierto al aire libre resultó un fiasco debido a la lluvia.*

fibra s.f. **1** Filamento largo y delgado que forma parte de algunos tejidos orgánicos o que se halla presente en algunos minerales: *Los músculos están formados por fibra muscular.* **2** Hilo que se obtiene de forma artificial y que se usa en la elaboración de telas: *Prefiero las camisetas de algodón a las de fibra.*

fibrilar adj. De la fibra o relacionado con ella: *Va a rehabilitación para tratar una rotura fibrilar.* ☐ MORF. Invariable en género.

fibroma s.m. Tumor benigno formado por tejido fibroso: *A mi madre le han extirpado un fibroma que le detectaron en el útero.*

fibrosis s.f. En medicina, formación patológica de tejido fibroso en un órgano: *El médico le diagnosticó una fibrosis pulmonar.* ☐ MORF. Invariable en número.

fibroso, sa adj. Con mucha fibra: *El tejido de los músculos del cuerpo es fibroso.*

fíbula s.f. Hebilla o broche, parecidos a un imperdible, que se usaban para sujetar las prendas de vestir: *Los griegos y los romanos usaban fíbulas para sujetar sus túnicas.* 👁 **joya**

ficción s.f. **1** Invención, esp. si es literaria: *Es un gran escritor de novelas de ficción.* **2** Presentación como verdadero o real de algo que no lo es: *Me parece que su pena es pura ficción y que no siente realmente lo sucedido.* ☐ SEM. No debe emplearse con el significado de *novela* (anglicismo): *Escribe hermosas {*ficciones › novelas} de aventuras.*

ficha s.f. **1** Pieza pequeña, generalmente delgada y plana, a la que se asigna un valor convencional para emplearla con distintos usos: *Las fichas del parchís son redondas y las del dominó, rectangulares.* **2** Hoja de papel o de cartulina que sirve para anotar datos y poder archivarlos o clasificarlos después con otros anotados de la misma forma: *Todos los libros de la biblioteca tienen su ficha correspondiente en el fichero alfabético de autores.* **3** Tarjeta o pieza semejante que se utiliza para contabilizar el tiempo que ha estado trabajando un empleado: *Algunas fichas funcionan por medio de una banda magnética.*

fichaje s.m. **1** Contratación de una persona, esp. de un deportista: *El fichaje del nuevo defensa será un gran refuerzo para la línea defensiva del equipo.* **2** *col.* Persona contratada, esp. si es un deportista: *Esta directora de ventas es el mejor fichaje de la empresa en toda su historia.*

fichar v. **1** Referido a una persona o a un objeto, anotar en una ficha o cartulina datos útiles para su clasificación: *He fichado más de dos mil libros de la biblioteca. La policía ficha a todos los delincuentes que detiene.* **2** Referido a una persona, esp. a un deportista, contratarla: *Nuestro equipo ha fichado a dos delanteros extranjeros.* **3** *col.* Referido a una persona, considerarla con prevención y desconfianza: *Algo habrás hecho, para que todos te tengan fichado.* **4** Referido a una persona, entrar a formar parte de una empresa o de una entidad deportiva: *Nuestro antiguo entrenador ha fichado por un equipo regional.* **5** Introducir una ficha en un aparato que permite contabilizar el tiempo que un empleado ha estado trabajando: *Hay que fichar a la entrada y a la salida del trabajo.* ☐ SINT. Constr. de la acepción 4: *fichar* POR *una entidad.*

fichero s.m. **1** Lugar donde se clasifican y se guardan ordenadamente las fichas: *El médico buscó en el fichero la ficha de su paciente.* **2** Conjunto ordenado de fichas: *Esta empresa tiene un fichero de clientes muy amplio.* **3** En informática, conjunto de informaciones o de instrucciones, grabadas como una sola unidad de almacenamiento que puede manejarse en bloque; *archivo: Todo programa es un fichero de instrucciones.*

ficticio, cia adj. **1** Fingido, falso o irreal: *Muchos escritores se crean un mundo ficticio para huir de la realidad.* **2** Aparente o convencional: *El papel moneda tiene un valor ficticio.*

ficus s.m. Árbol con hojas grandes, fuertes y ovaladas, que puede cultivarse como planta de interior: *En mi despacho tengo un hermoso ficus.* ☐ MORF. Invariable en número.

fidedigno, na adj. Digno de fe o de ser creído: *Según fuentes fidedignas, el atentado es obra de un grupo terrorista.* ☐ PRON. Incorr. *[fideligno].

fideicomiso s.m. Disposición testamentaria por la cual una persona deja encomendada a otra una herencia para que la transmita a un tercero o para que haga con ella lo que se le encarga: *Su padre le dejó unas tierras en fideicomiso, para que pasen a sus hijos cuando cumplan la mayoría de edad.*

fidelidad s.f. **1** Lealtad o constancia en las ideas, en los afectos o en las obligaciones: *Una pareja debe guardarse mutua fidelidad.* **2** Exactitud o precisión en la ejecución de algo: *Las fotocopias reproducen el original con total fidelidad.* **3** ‖ **alta fidelidad.** Sistema de grabación o reproducción de sonidos con un gran nivel de perfección: *Mi equipo de música es de alta fidelidad.* ☐ USO Es innecesario el uso del anglicismo *hi-fi* en lugar de *alta fidelidad.*

fidelísimo, ma adj. superlat. irreg. de **fiel**.

fideo s.m. **1** Pasta alimenticia en forma de hilo grueso y hecha con harina de trigo: *Me gusta más la sopa de fideos que la de verduras.* **2** *col.* Persona muy delgada: *¡A ver si comes más, que estás hecha un fideo!* ☐ MORF. La acepción 1 se usa más en plural.

fiebre s.f. **1** Aumento anormal de la temperatura del cuerpo, que es síntoma de algún trastorno o enfermedad; *calentura: Aunque me duele la garganta, no tengo fiebre.* **2** Enfermedad infecciosa cuyo síntoma fundamental es un aumento anormal de la temperatura: *Si vas a viajar a África, debes vacunarte contra las fiebres.* **3** Ansiedad o agitación con que se lleva a cabo una actividad: *Esa fie-*

bre por ganar dinero te puede llevar a meterte en negocios sucios. **4** ‖ **fiebre amarilla.** Enfermedad infecciosa y fácilmente contagiosa, producida por un virus, que es propia de algunos países tropicales y que causa graves epidemias: *El virus de la fiebre amarilla lo transmite la picadura de un mosquito.* ‖ **fiebre del heno.** Alergia que se presenta al aproximarse la primavera o el verano y que está producida por la inhalación del polen de algunas plantas: *La conjuntivitis y el catarro nasal son algunos de los síntomas de la fiebre del heno.* ‖ **fiebre de Malta.** Enfermedad infecciosa transmitida a las personas por algunos animales, y caracterizada por fiebres muy altas, cambios bruscos de temperatura y sudores abundantes; *brucelosis: Tomó leche de cabra sin hervir y ha contraído la fiebre de Malta.* ‖ **(fiebre) tifoidea.** Enfermedad infecciosa muy contagiosa, causada por una bacteria, y que afecta al intestino delgado: *La fiebre tifoidea produce lesiones en las placas linfáticas del intestino delgado.* □ MORF. La acepción 2 se usa más en plural.

fiel ▮ adj. **1** Referido a una persona, que es constante en sus ideas, afectos u obligaciones y que no defrauda la confianza depositada en ella: *Eres mi amigo más fiel y el que nunca me abandona.* **2** Exacto o conforme a la verdad: *Hazme un relato fiel de los hechos.* **3** Adecuado para la función que se le asigna: *Esta balanza es muy fiel y pesa con un error muy pequeño.* ▮ adj./s. **4** Referido a un creyente, esp. a un cristiano, que acata las normas de su fe o su religión: *Santa Teresa murió como hija fiel de la Iglesia pese a los problemas que tuvo con la Inquisición. El papa habló a los fieles allí congregados.* ▮ s.m. **5** En una balanza, aguja que marca el peso: *El fiel de la balanza está vertical porque en los dos platillos hay un kilo de peso.* □ MORF. 1. Como adjetivo es invariable en género. 2. En la acepción 4, como sustantivo es de género común y exige concordancia en masculino o en femenino para señalar la diferencia de sexo: *el fiel, la fiel.* 3. Sus superlativos son *fidelísimo* y *fielísimo*. □ SINT. Constr. de las acepciones 1, 2 y 3: *fiel A algo.*

fieltro s.m. Paño que no está tejido, sino que resulta de conglomerar lana o pelo: *El fieltro se usa mucho para hacer sombreros.*

fiera ▮ s. **1** Persona cruel o de carácter violento: *Esa fiera que tienes por marido me echó de tu casa.* **2** Persona que tiene excelentes cualidades para algo y lo demuestra: *No hay quien gane a un fiera como ese.* ▮ s.f. **3** Animal salvaje: *Los tigres y los leones son fieras.* **4** ‖ **fiera corrupia. 1** Figura de animal, deforme y de aspecto espantoso, que suele hacerse desfilar en fiestas populares: *Para las fiestas del pueblo construyeron una fiera corrupia con cartón.* **2** *col.* Persona cruel o de muy mal carácter: *El último alcalde era una fiera corrupia con la que no se podía hablar.* ‖ **hecho una fiera.** *col.* Muy irritado: *Cuando lo insultaron, se puso hecho una fiera.* ‖ **ser una fiera {en/para}** una actividad. *col.* Destacar en ella: *Este chico es una fiera en matemáticas y saca muy buenas notas.* □ MORF. En las acepciones 1 y 2, es de género común y exige concordancia en masculino o en femenino para señalar la diferencia de sexo: *el fiera, la fiera.* □ SINT. La expresión *hecho una fiera* se usa más con los verbos *estar, ponerse* o equivalentes.

fiereza s.f. Carácter fiero, violento o agresivo: *El viento agitaba con fiereza las copas de los árboles.*

fiero, ra adj. **1** De las fieras o relacionado con estos animales: *Cuando el príncipe se internó en el bosque, oyó unos fieros aullidos.* **2** Áspero, cruel o de difícil trato: *Su fiero carácter le ha creado muchas enemistades.* **3** Grande, intenso o excesivo: *Estaba poseído por una fiera envidia hacia su hermano.*

fiesta s.f. **1** Reunión de personas para divertirse o para celebrar algún acontecimiento: *Su fiesta de cumpleaños resultó muy alegre.* **2** Día en que no se trabaja por celebrarse alguna conmemoración religiosa o civil: *Hoy no hay colegio porque es la fiesta de nuestra comunidad autónoma.* **3** En la Iglesia católica, día que se celebra con mayor solemnidad que otros, o que está dedicado a la memoria de un santo: *El 24 de junio es la fiesta de San Juan.* **4** Conjunto de actos organizados para la diversión del público, esp. como celebración de un acontecimiento o de una fecha señalada: *Las fiestas de mi pueblo duran tres días. En España, la fiesta de los toros es la fiesta nacional por antonomasia.* **5** Alegría, diversión o regocijo: *Tu visita es una fiesta para nosotros.* **6** Muestra de afecto que se hace a alguien para ganar su voluntad o expresarle cariño: *La abuela no dejaba de hacer fiestas al niño.* **7** ‖ **fiesta de {guardar/precepto}.** Día en que es obligatorio oír misa y descansar: *El domingo es fiesta de guardar.* ‖ **{guardar/santificar} las fiestas.** Emplearlas en el culto a Dios y no dedicarlas al trabajo: *Guardar las fiestas es uno de los mandamientos de la Iglesia.* ‖ **hacer fiesta.** Tomar como festivo un día laborable: *Hacemos fiesta mañana porque la empresa nos debe un día libre.* □ MORF. Las acepciones 4 y 6 se usan más en plural.

fifty-fifty (anglicismo) adv. Expresión que se utiliza para indicar que algo se reparte en dos partes iguales: *En el negocio que monté con mi socio vamos fifty-fifty.* □ PRON. [fífti fífti]. □ USO Su uso es innecesario y puede sustituirse por *a medias* o *al cincuenta por ciento.*

figle s.m. Instrumento musical de viento que consta de un tubo largo de latón doblado por la mitad y provisto de llaves o pistones: *El figle tiene una sonoridad grave.* 👁 **viento**

figura s.f. **1** Forma exterior de un cuerpo que permite diferenciarlo de otro: *He comprado unas chocolatinas con figura de pez. A pesar de sus años, su figura sigue siendo la de una persona joven.* **2** Estatua, pintura o representación de algo, esp. de una persona o de un animal: *Me han regalado una figura de porcelana.* **3** En geometría, espacio cerrado por líneas o por superficies: *El cuadrado es una figura de cuatro lados.* **4** Personaje de ficción, esp. el que representa un tipo o una serie de características: *Toda la obra gira en torno a la figura de la madre. Zorrilla y Tirso de Molina emplearon en sus obras la figura de don Juan.* **5** Persona que destaca en una actividad: *En esta competición vuelven a juntarse las figuras del atletismo español.* **6** En retórica, procedimiento lingüístico o estilístico que se aparta del modo común de hablar y que generalmente busca dar mayor expresividad al lenguaje: *El hipérbaton y la anáfora son figuras retóricas.* **7** En música, representación gráfica de una nota, que es indicativa de su duración: *La blanca es una figura que equivale a dos negras.* **8** Naipe que representa a una persona o a un animal: *En la baraja española las figuras son la sota, el caballo y el rey.* □ MORF. En la acepción 5, se usa también como sustantivo de género común: *el figura, la figura.*

figuración s.f. Suposición, imaginación o representación de algo en la mente: *Esos fantasmas que dices que ves no son más que figuraciones tuyas.*

figurado, da adj. Referido esp. al significado de una palabra o de una expresión, que no se corresponde con el

a b c d e f g h i j k l m n ñ o p q r s t u v w x y z

originario o literal: *La palabra 'zorro' tiene un significado figurado que es 'hombre astuto'.*

figurante s. **1** En algunos espectáculos, persona que forma parte del acompañamiento o que tiene un papel poco importante o sin texto: *Empezó como figurante con una compañía que representaba comedias.* **2** Persona que desempeña un papel poco importante en un asunto o en un grupo: *En la última conferencia nuestro embajador fue solo un figurante.* ☐ MORF. Aunque es de género común y exige concordancia en masculino o en femenino para señalar la diferencia de sexo: *el figurante, la figurante*, para el femenino también se admite la forma *figuranta*.

figurar ▮ v. **1** Aparentar, fingir o simular: *El general figuró una retirada de las tropas para engañar al enemigo.* **2** Estar presente en algún sitio o formar parte de un número determinado de personas o de cosas: *Tu examen figura entre los mejores.* **3** *col.* Referido esp. a una persona, destacar, brillar o sobresalir: *Va a todas las fiestas porque le encanta figurar y dejarse ver.* ▮ prnl. **4** Referido a algo que no se conoce, imaginarlo o suponerlo: *Me figuro cuál habrá sido su reacción.*

figurativo, va adj. **1** Que representa o figura otra cosa: *La escritura figurativa representa las palabras mediante un solo símbolo.* **2** Referido al arte o a un artista, que representan figuras y realidades concretas y reconocibles: *El arte figurativo se opone al arte abstracto.*

figurín s.m. **1** Dibujo que sirve como modelo para confeccionar prendas de vestir y adornos: *El jersey me lo hice siguiendo el figurín de una revista.* **2** Revista que contiene estos dibujos: *En este figurín tienes muchos modelos de chaquetas.* **3** *col.* Persona joven que cuida mucho su aspecto y sigue rigurosamente la moda: *Siempre va a la oficina hecha un auténtico figurín.*

figurinista s. Persona que se dedica a hacer figurines, esp. si esta es su profesión: *Una conocida figurinista se encargó del diseño de los vestidos para la representación.* ☐ MORF. Es de género común y exige concordancia en masculino o en femenino para señalar la diferencia de sexo: *el figurinista, la figurinista*.

fijación s.f. **1** Colocación de un objeto sobre otro de forma que quede sujeto a este: *La fijación de anuncios se hace sobre vallas publicitarias.* **2** Estabilización de algo: *Siga moviendo el selector de canales hasta conseguir la fijación de la imagen.* **3** Determinación o establecimiento de algo de forma exacta: *Están discutiendo la fijación del nuevo horario.* **4** Obsesión o manía permanente: *La puntualidad se ha convertido en una fijación para él.*

fijador s.m. Producto que se utiliza para fijar: *La gomina es un tipo de fijador para el cabello.*

fijar ▮ v. **1** Referido a un objeto, asegurarlo o sujetarlo a otro: *Prohibido fijar carteles.* **2** Hacer fijo o estable: *Fijaré mi domicilio en la capital.* **3** Determinar o establecer de forma exacta: *Ayer fijaron la fecha del examen. Te has fijado unas metas demasiado difíciles.* **4** Referido esp. a la atención o a la mirada, dirigirlas, centrarlas o aplicarlas intensamente sobre algo: *El niño fijó su atención en las láminas de colores.* ▮ prnl. **5** Darse cuenta de algo o prestarle atención: *¿Te has fijado en las ojeras que tiene?* ☐ ORTOGR. Conserva la *j* en toda la conjugación. ☐ MORF. Tiene un participio regular (*fijado*), que se usa en la conjugación, y otro irregular (*fijo*), que se usa como adjetivo. ☐ SINT. Constr. de la acepción 5: *fijarse* EN *algo*.

fijeza s.f. Persistencia, firmeza o continuidad: *Cuando me mira con fijeza, me ruborizo.*

fijo adv. **1** Con certeza o con seguridad: *Fijo que ella ya lo sabe.* **2** ‖ **de fijo.** Seguro o sin duda: *No intentes mentirme porque lo sé de fijo.*

fijo, ja adj. **1** Firme, asegurado o inmóvil: *No puedo mover la mesa porque está fija al suelo.* **2** Permanente o que no está expuesto a ningún cambio o alteración: *No le conceden el crédito porque no tiene un trabajo fijo.*

fila ▮ s.f. **1** Línea formada por personas o por objetos colocados uno detrás de otro o uno al lado de otro: *En cuanto llegues al cine, te pones en la fila de las taquillas. Los libros están colocados en filas sobre las estanterías.* **2** Línea formada por letras o signos colocados ordenadamente uno al lado de otro: *Los elementos de las matrices matemáticas están dispuestos en filas y en columnas.* ▮ pl. **3** Ejército o servicio militar: *Fue llamado a filas y tuvo que interrumpir sus estudios.* **4** Colectivo o agrupación de personas, esp. si es de carácter político: *De joven militó en las filas de un partido revolucionario.* **5** ‖ **fila india.** La formada por varias personas colocadas una detrás de otra: *Cuando vayáis en bicicleta por la carretera, debéis ir en fila india.* ‖ **romper filas.** Deshacer una formación militar: *Cuando terminó de sonar el himno nacional los soldados rompieron filas.*

filamento s.m. **1** Cuerpo o elemento en forma de hilo: *El filamento de las bombillas se pone incandescente cuando pasa por él la corriente eléctrica.* **2** En una flor, parte del estambre que sujeta la antera: *El filamento es la parte estéril del estambre.* 👁 **flor**

filantropía s.f. Amor al género humano: *La filantropía se suele manifestar en la realización de actos humanitarios.* ☐ SEM. Dist. de *misantropía* (rechazo hacia el trato con los demás).

filántropo, pa s. Persona que se caracteriza por su amor hacia el género humano y por su inclinación a realizar obras en favor de los demás: *El colegio se construyó con la generosa donación de un filántropo.* ☐ SEM. Dist. de *misántropo* (persona que siente gran rechazo hacia el trato con los demás).

filarmónico, ca adj. Que siente pasión por la música: *Muchas orquestas famosas se denominan 'filarmónicas'.*

filatelia s.f. Afición a coleccionar o a estudiar los sellos de correos: *Es un amante de la filatelia y tiene varias colecciones de sellos antiguos.*

filatélico, ca adj. De la filatelia o relacionado con esta afición: *El último congreso filatélico reunió a filatelistas de todo el mundo.*

filatelista adj./s. Referido a una persona, que es aficionada a coleccionar o a estudiar los sellos de correos: *Un coleccionista filatelista me compró los viejos sellos que tenía por casa. La asociación de filatelistas fomenta el intercambio de sellos entre sus socios.* ☐ MORF. 1. Como adjetivo es invariable en género. 2. Como sustantivo es de género común y exige concordancia en masculino o en femenino para señalar la diferencia de sexo: *el filatelista, la filatelista*.

filete s.m. **1** Loncha de carne magra o pieza de pescado sin espinas: *Estoy friendo unos filetes de ternera.* **2** En arquitectura, moldura pequeña y de sección recta, con forma de lista larga y estrecha, que separa generalmente otras dos: *En el orden dórico, el friso se halla separado de la cornisa por un filete.* **3** Línea fina y alargada que sirve de adorno, esp. la que se coloca en los bordes de algo: *Algunas encuadernaciones de lujo llevan un filete dorado en los bordes.* **4** ‖ **darse el filete.** *vulg.* Referido a una pareja, besuquearse y toquetearse: *Un vecino los pilló dándose el filete en el portal.*

filiación s.f. **1** Dependencia de una persona o de una cosa con respecto a otras: *Algunos establecen una filiación clara entre delincuencia y desempleo.* **2** Afiliación a una corporación o dependencia de una doctrina: *Nunca ocultó su filiación al comunismo.*

filial ▌adj. **1** Del hijo o relacionado con él: *Aquella preocupación por su padre era una demostración de amor filial.* ▌adj./s.f. **2** Referido esp. a una empresa, que depende de otra principal que posee una participación mayoritaria de sus acciones: *Vendió algunas de sus empresas filiales para pagar sus deudas. Una multinacional de coches abrirá filiales en varios países europeos.* ☐ MORF. Como adjetivo es invariable en género.

filibustero s.m. En el siglo XVII, pirata que operaba en el mar de las Antillas (región insular centroamericana): *Los filibusteros atacaban a los navíos que comerciaban con las colonias españolas de América.*

filiforme adj. Con forma o apariencia de hilo: *Muchos insectos tienen patas filiformes.* ☐ MORF. Invariable en género.

filigrana s.f. **1** Dibujo o adorno de hilos de oro o de plata, unidos con perfección y delicadeza: *La capa llevaba unas filigranas preciosas.* **2** Lo que se hace con delicadeza o con habilidad: *Este trabajo de orfebrería es una verdadera filigrana. El delantero hacía filigranas con el balón.*

filípica s.f. Reprimenda o reprensión duras contra alguien: *El jefe le soltó una filípica por llegar tarde al trabajo.*

filipino, na adj./s. De Filipinas o relacionado con este país asiático: *El territorio filipino está formado por varias islas. Los filipinos se dedican principalmente a la explotación agrícola.* ☐ MORF. Como sustantivo se refiere solo a las personas de Filipinas.

filisteo, a adj./s. De un antiguo pueblo que habitaba el oeste palestino y que era enemigo de los israelitas, o relacionado con él: *Los hebreos consideraban al pueblo filisteo como bárbaro y sin cultura. Los filisteos desaparecieron como pueblo en el siglo VII a.C.*

film (anglicismo) s.m. →**filme.** ☐ MORF. Su plural es *films*.

filmación s.f. Registro o impresión de imágenes en una película cinematográfica: *La filmación de estas escenas se realizó en escenarios exteriores.*

filmar v. Registrar en película cinematográfica o impresionar esta con imágenes; *cinematografiar: El padre de la novia filmó la boda con una cámara de vídeo. En cuanto lleguen los actores, empezaremos a filmar.*

filme s.m. Película cinematográfica; *film: Vimos un filme del oeste en la televisión.* ☐ ORTOGR. Es un anglicismo (*film*) adaptado al español. ☐ MORF. Su plural es *filmes*.

filmina s.f. Fotografía sacada en película transparente y directamente en positivo, sin invertir los colores; *diapositiva: Proyectó las filminas sobre la comunión en una pantalla blanca.*

filmografía s.f. Relación o conjunto de películas cinematográficas con una característica común, esp. la de la participación en ellas de un director o de un actor determinados: *La filmografía de esa actriz abarca más de cincuenta películas.*

filmoteca s.f. **1** Local en el que se conserva una colección organizada de filmes, generalmente ya apartados de los circuitos comerciales, para poder ser estudiados o vistos por los usuarios: *En la filmoteca encontrarás películas que ya no se proyectan en los cines comerciales.* **2** Local en el que se proyectan este tipo de filmes: *En la filmoteca nacional ponen este mes un ciclo de cine mudo.* **3** Colección de filmes, generalmente ordenada y que consta de un número considerable: *Poco a poco se ha ido haciendo con una selecta filmoteca.* ☐ SEM. Es sinónimo de *cinemateca*.

filo s.m. **1** Borde agudo o afilado de algo, esp. de un instrumento cortante: *Algunas espadas son armas de doble filo y cortan por los dos lados.* 👁 **cuchillo 2** ‖ **al filo de** algo. Muy cerca o alrededor de ello: *Un buen periodista debe saber estar siempre al filo de la noticia. Llegaron a casa al filo de la medianoche.*

filo- Elemento compositivo que significa 'amigo o amante de': *filosoviético, filogermánico.*

filología s.f. Ciencia que estudia una cultura a través de su lengua y de su literatura, apoyándose fundamentalmente en los textos escritos: *En la carrera de filología clásica se estudia sobre todo latín y griego.*

filológico, ca adj. De la filología o relacionado con esta ciencia: *Hizo un estudio filológico sobre las antiguas lenguas americanas.*

filólogo, ga s. Persona que se dedica al estudio de una cultura a través de sus lenguas y de su literatura, esp. si es licenciada en filología: *Es filólogo y trabaja como profesor de lengua en un instituto.*

filón s.m. **1** Masa mineral que rellena una grieta o fisura de las rocas de un terreno: *Encontraron un filón de oro en la mina.* **2** Lo que resulta provechoso o da grandes ganancias: *Ese periodista es un filón para su periódico.*

filosofar v. **1** Discurrir o reflexionar con razonamientos filosóficos: *En este libro, la autora filosofa sobre el sentido de la vida.* **2** *col.* Meditar o hacer reflexiones para uno mismo: *¡Deja de filosofar y de dar vueltas al asunto y pon manos a la obra de una vez!*

filosofía s.f. **1** Saber que trata sobre la esencia, las propiedades, las causas y los efectos de las cosas naturales: *La filosofía griega es el punto de partida del pensamiento occidental.* **2** Forma de pensar o de entender las cosas: *No nos entendemos porque tu filosofía de la vida es muy distinta de la mía.* **3** Tranquilidad o serenidad del ánimo ante las dificultades de la vida: *Se ha tomado la derrota con mucha filosofía.*

filosófico, ca adj. De la filosofía o relacionado con ella: *Un pensamiento filosófico muy conocido es 'Pienso, luego existo', de Descartes.*

filósofo, fa s. **1** Persona que se dedica al estudio de la filosofía: *Ortega y Gasset fue un importante filósofo español.* **2** Persona con afición a filosofar: *Me gusta escuchar a mi abuelo porque es un filósofo.*

filoxera s.f. Insecto parecido al pulgón, con aparato bucal en forma de trompa y pico articulado, que ataca a las hojas y a los filamentos de las raíces de las vides: *Fumigó sus viñedos para acabar con la filoxera.* ☐ MORF. Es un sustantivo epiceno y la diferencia de sexo se señala mediante la oposición *la filoxera {macho/hembra}*.

filtración s.f. **1** Paso de un líquido o de otro elemento a través de un filtro: *Es imprescindible la filtración del agua de este manantial antes de consumirla.* **2** Penetración de un líquido o de otro elemento en un cuerpo, a través de los poros o de pequeñas aberturas de este: *En el sótano hay filtraciones de agua cuando llueve.* **3** Divulgación o comunicación indebidas de una información reservada: *La periodista se enteró por una filtración de que se iba a destituir a un alto cargo.*

a b c d e f g h i j k l m n ñ o p q r s t u v w x y z

filtrar v. **1** Referido a un líquido, hacerlo pasar por un filtro: *Antes de beber el café de puchero, hay que filtrarlo. Si la depuradora no filtra bien, habrá que llamar al técnico.* **2** Referido esp. a un dato, seleccionarlo para configurar una información: *Filtramos todas las llamadas de nuestros oyentes antes de sacarlos por antena.* **3** Referido a una información reservada, divulgarla o comunicarla indebidamente: *Filtró a la prensa el nombre de los implicados en el negocio.* **4** Referido esp. a un líquido, penetrar en un cuerpo a través de los poros o de pequeñas aberturas de este: *Algunos terrenos filtran el agua de la lluvia . La luz se filtra por las rendijas de la persiana.*

filtro s.m. **1** Materia porosa que se utiliza para eliminar las impurezas de las sustancias que se hacen pasar a través de ella: *El filtro del cigarrillo retiene gran parte de la nicotina.* **2** Pantalla que se interpone al paso de la luz y que sirve para eliminar determinados rayos y dejar pasar otros: *Desde que le puse un filtro a la pantalla del ordenador, se me cansa menos la vista.* **3** En electrónica, dispositivo que sirve para eliminar determinadas frecuencias en la corriente que lo atraviesa: *Mi cadena de música tiene un filtro para eliminar el ruido de fondo de las grabaciones.* **4** *col.* Procedimiento o sistema que permite seleccionar lo que se considera mejor o más interesante: *Esta prueba preliminar es un filtro para que solo lleguen a la final los mejores ciclistas.* **5** Bebida a la que se atribuye la propiedad mágica de despertar el amor de quien la toma: *En la novela, la muchacha se enamora en cuanto bebe el filtro que había preparado una alcahueta.*

fimosis s.f. En medicina, estrechez del orificio del prepucio que impide la salida del glande: *La fimosis se corrige con una sencilla operación quirúrgica.* ☐ MORF. Invariable en número.

fin s.m. **1** Término de algo: *Ese escándalo supuso el fin de su carrera política.* **2** Objetivo o motivo por los que se realiza una acción: *Se organizó un concierto con fines benéficos.* ‖ **a fin de** hacer algo. Para o con objeto de hacerlo: *Me callé a fin de evitarle un disgusto.* ‖ **a {fin/fines} de** un período de tiempo. Hacia su final: *El alquiler lo pago siempre a fin de mes.* **5** ‖ **a fin de cuentas** o **al fin y {a la postre/al cabo}.** Después de todo: *No quiso cambiar de trabajo porque, a fin de cuentas, iba a cobrar lo mismo.* ‖ **en fin.** En resumen o en definitiva: *En fin, que no me esperes hoy para comer porque llegaré tarde.* ‖ **fin de semana.** **1** Período de tiempo que comprende el sábado y el domingo: *En cuanto llega el buen tiempo, aprovecho los fines de semana para salir al campo.* **2** Maleta pequeña o bolso en los que cabe lo necesario para un viaje corto: *Como equipaje llevo solo un fin de semana.* ‖ **un sin fin.** Gran cantidad: *Hay un sin fin de razones que demuestran lo que te digo.*

finado, da s. Persona muerta: *La familia veló al finado la víspera del entierro.*

final ▮ adj. **1** Que termina, remata o pone fin: *Ya solo me queda por leer el capítulo final de la novela.* **2** Que expresa finalidad: *En 'Te llamo para invitarte a cenar', 'para invitarte a cenar' es una oración final.* ▮ s.m. **3** Fin o terminación de algo: *Solo le gustan las películas con final feliz.* ▮ s.f. **4** En una competición deportiva o en un concurso, última fase: *Llegaron a la final los dos mejores equipos del campeonato.* ☐ MORF. Como adjetivo es invariable en género.

finalidad s.f. Fin que se persigue y por el que se hace algo: *La fiesta tenía como finalidad reunir a los antiguos compañeros de clase.*

finalista adj./s. En un campeonato o en un concurso, referido a un participante, que ha llegado a la fase final: *La española es una de las selecciones finalistas del campeonato. Si hay un empate en la votación final, el premio se repartirá entre los dos finalistas.* ☐ MORF. 1. Como adjetivo es invariable en género. 2. Como sustantivo es de género común y exige concordancia en masculino o en femenino para señalar la diferencia de sexo: *el finalista, la finalista*.

finalizar v. **1** Referido a una obra o a una acción, concluirlas, acabarlas o darles fin: *Contrataron a más trabajadores para finalizar las obras en un plazo menor.* **2** Extinguirse, acabarse o llegar al fin: *Las vacaciones del colegio finalizan con el verano.* ☐ ORTOGR. La *z* se cambia en *c* delante de *e* ⟶**CAZAR**.

financiación s.f. Aportación del dinero necesario para una actividad, o pago de los gastos que genera: *El dinero que se obtiene de los impuestos se utiliza para la financiación de obras y servicios públicos.*

financiar v. Referido esp. a una actividad, sufragar sus gastos: *El banco financiará las obras de ampliación del local.* ☐ ORTOGR. La *i* nunca lleva tilde.

financiero, ra ▮ adj. **1** De las finanzas o relacionado con ellas: *Es economista y trabaja en un centro de actividades financieras.* ▮ adj./s. **2** Referido esp. a una entidad, que financia: *Una entidad financiera le concedió el dinero que necesitaba para comprar la casa. Las financieras solo trabajan el campo de los créditos al consumo.* ▮ s. **3** Persona especializada en finanzas o actividades relacionadas con la inversión del dinero: *Algunos financieros creen que se empieza a superar la crisis económica mundial.*

finanzas s.f.pl. **1** Conjunto de actividades relacionadas con la inversión de dinero: *El ministro de Hacienda es un experto en finanzas públicas.* **2** Capitales o bienes de los que se dispone: *Este año no me voy de vacaciones porque mis finanzas no andan muy bien.* **3** Hacienda pública: *El ministro de finanzas justificó la nueva subida de impuestos.*

finca s.f. Propiedad inmueble en el campo o en la ciudad: *Las casas son fincas urbanas. Se ha comprado una finca en el campo.*

finés, -a ▮ adj./s. **1** De Finlandia (país europeo), o relacionado con ella: *El clima finés es muy frío. La religión mayoritaria entre los fineses es la luterana.* *finlandés* ▮ s.m. **2** Lengua de este país: *El finés presenta unos grupos consonánticos muy reducidos y limitados.* ☐ MORF. En la acepción 1, como sustantivo se refiere solo a las personas de Finlandia.

fineza s.f. **1** Delicadeza o cuidado puestos en la realización de algo: *Es un bordado hecho con gran fineza.* **2** Hecho o dicho con el que una persona manifiesta su amor o su cariño a otra: *Le encanta que la alaben y le digan finezas.*

fingimiento s.m. Simulación de algo que no es cierto: *Con lo envidioso que es, seguro que esas muestras de alegría por mi premio son puro fingimiento.*

fingir v. Referido esp. a algo que no es cierto, darlo a entender, simularlo o aparentarlo; *afectar*: *Fingió dolor por lo ocurrido, pero en el fondo no le afectó lo más mínimo. Se fingió enfermo para no acudir a la cita. ¡Deja de fingir y muéstrate como eres por una vez en tu vida!* ☐ ORTOGR. La *g* se cambia en *j* delante de *a, o* ⟶**DIRIGIR**.

finiquito s.m. Pago o liquidación, esp. de una cuenta o

de una deuda: *Al terminar su contrato laboral, le dieron el finiquito.*

finisecular adj. Del final de un siglo o relacionado con él: *El modernismo fue un movimiento artístico finisecular.* □ MORF. Invariable en género.

finito, ta adj. Que tiene fin o límite: *La vida de los seres vivos es finita.*

finlandés, -a adj./s. De Finlandia o relacionado con este país del norte europeo: *La capital finlandesa es Helsinki. Los finlandeses han elegido democráticamente a sus gobernantes.* fínés □ MORF. Como sustantivo se refiere solo a las personas de Finlandia.

fino, na ▮ adj. **1** Delgado, sutil o de poco grosor: *Las hojas de este libro son muy finas.* **2** Referido esp. a una persona o a sus modales, que son corteses y muy educados: *Es una mujer de unos modales muy finos.* **3** Referido a un sentido corporal, que es agudo o rápido en percibir las sensaciones: *Tiene un oído muy fino y nada de lo que dijeron se le escapó.* **4** Suave, terso o sin asperezas: *Los bebés tienen la piel muy fina.* **5** Delicado y de buena calidad: *Me regaló un jarrón de porcelana fina.* **6** Astuto, sagaz o hábil: *Hay que ser muy fino para entender sus ironías.* **7** Referido a un metal, que está muy depurado o sin mezcla: *Le regalé unos pendientes de oro fino.* ▮ adj./s.m. **8** Referido al jerez, que es muy seco, de color claro, delicado y transparente: *El jerez fino tiene entre 15 y 17 grados de alcohol. Antes de comer suele tomar una copita de fino.*

finolis adj./s. *col.* Referido a una persona, que muestra una finura y una delicadeza exageradas: *Es algo finolis cuando trata con desconocidos. Me pone nerviosa oír hablar a esa finolis tan repipi.* □ MORF. 1. Como adjetivo es invariable en género. 2. Como sustantivo es de género común y exige concordancia en masculino o en femenino para señalar la diferencia de sexo: *el finolis, la finolis*. 3. Invariable en número. □ USO Tiene un matiz despectivo.

finta s.f. En algunos deportes, movimiento rápido y ágil que se hace con intención de engañar al adversario: *El jugador hizo una finta, esquivó al contrario y encestó.*

finura s.f. **1** Delgadez o escaso grosor: *La finura de esta tela hace que se transparente.* **2** Cortesía y buena educación de una persona: *Esa finura la adquirió en su estancia en colegios ingleses.* **3** Delicadeza y calidad de algo: *Esos muebles chinos son de una gran finura.* **4** Agudeza de un sentido corporal: *Para este trabajo se necesita a alguien con gran finura de oído.* **5** Suavidad, tersura o ausencia de asperezas: *El terciopelo se caracteriza por su finura.*

fiordo s.m. Valle glaciar rodeado por montañas escarpadas e invadido por el mar: *Los fiordos son propios de las costas noruegas.*

firma s.f. **1** Nombre y apellidos de una persona, generalmente acompañados de rúbrica, que se suelen poner al pie de un documento o de otro escrito: *Un cheque sin firma no tiene validez.* **2** Acto de firmar un conjunto de documentos: *El rey presidió el acto de firma de los acuerdos entre los dos países.* **3** Empresa o denominación legal que tiene: *Es directivo de una de las más prestigiosas firmas del sector del calzado.* **4** Estilo o marca característica de algo: *Esa película lleva la firma de su director.*

firmamento s.m. Espacio en el que se mueven los astros y que, visto desde la Tierra, parece formar sobre ella una cubierta arqueada; *bóveda celeste, cielo*: *En las noches claras, las estrellas brillan en el firmamento.*

firmar v. Poner o escribir la firma: *Firmé el contrato de trabajo para los próximos seis meses.*

firme ▮ adj. **1** Estable, fuerte o que no se mueve: *Las columnas que sostienen el edificio son muy firmes.* **2** Que permanece constante y sin dejarse dominar ni abatir: *A pesar de las fuertes críticas se mantuvo firme en su decisión de no dimitir.* ▮ s.m. **3** Capa de piedras pequeñas que sirve para consolidar el pavimento de una carretera: *Han cortado la carretera para arreglar el firme.* **4** Capa de terreno sólida sobre la que se puede edificar: *Levantaron una fábrica sobre el firme de un gran solar.* ▮ adv. **5** Con entereza o con constancia: *Estudió firme para aprobar todos los exámenes.* **6** ‖ **de firme. 1** Con constancia o sin parar: *Trabajó de firme para comprarse un coche.* **2** Con solidez o con seguridad: *Créete lo que te digo porque lo sé de firme.* **3** Con fuerza o con violencia: *El viento soplaba de firme y azotaba las copas de los árboles.* ‖ **en firme.** Referido a la forma de concertar una operación comercial, con carácter definitivo: *La venta del piso la hicieron en firme y ya no pueden desdecirse.* □ MORF. Como adjetivo es invariable en género.

firmeza s.f. **1** Estabilidad o fortaleza: *Llamaron a un técnico para que comprobara la firmeza de las vigas del piso.* **2** Entereza o constancia del que no se deja dominar ni abatir: *Defendió con firmeza sus convicciones.*

fiscal ▮ adj. **1** Del fisco o Hacienda Pública, o relacionado con él: *El pago de impuestos es una obligación fiscal.* **2** Del fiscal o relacionado con esta persona: *El abogado defensor y el representante del Ministerio fiscal mantuvieron un duro enfrentamiento durante el juicio.* ▮ s. **3** Persona legalmente autorizada para acusar de los delitos ante los tribunales de justicia: *El fiscal solicitó para el acusado dos años de cárcel.* □ MORF. 1. Como adjetivo es invariable en género. 2. Como sustantivo es de género común y exige concordancia en masculino o en femenino para señalar la diferencia de sexo: *el fiscal, la fiscal*.

fiscalía s.f. **1** Profesión de fiscal: *Ejerce la fiscalía casi desde que acabó la carrera de Derecho.* **2** Oficina de un fiscal: *En la fiscalía se recibió una copia del sumario del caso para estudiarlo.*

fiscalizar v. **1** Referido a una persona o a sus acciones, investigarlas, criticarlas o enjuiciarlas: *¡Deja de fiscalizar mi vida y métete en tus asuntos!* **2** Referido a una persona o una entidad, someterlas a una inspección fiscal: *El Estado fiscalizará a todo sospechoso de defraudar al fisco.* □ ORTOGR. La *z* se cambia en *c* delante de *e* ⟶**CAZAR**.

fisco s.m. **1** Estado, como recaudador de impuestos y tributos: *Una parte del sueldo que gano se lo lleva el fisco.* **2** Tesoro público o conjunto de bienes y de riquezas de un Estado: *El dinero que pagas de los impuestos va a parar al fisco.*

fisga s.f. Arpón con varias puntas o dientes, que sirve para pescar peces grandes: *La fisga se utiliza en la pesca manual.* 👁 **pesca**

fisgar v. Indagar, curiosear o investigar disimuladamente: *Ese entrometido todo lo tiene que fisgar y de todo se tiene que enterar. Si pillo a alguien fisgando entre mis papeles, me enfadaré.* □ ORTOGR. La *g* se cambia en *gu* delante de *e* ⟶**PAGAR**.

fisgón, -a adj./s. *desp.* Que tiene por costumbre fisgar o curiosear los asuntos ajenos: *No seas fisgona y no te metas en lo que no te importa.*

fisgonear v. Indagar o investigar por costumbre, y con disimulo o maña; *curiosear*: *Sé que te gusta fisgonear la vida de los vecinos.*

físico, ca ▮ adj. **1** De la física o relacionado con esta ciencia: *La gravedad es un fenómeno físico.* **2** De la constitución y naturaleza de un cuerpo o de la materia, o relacionado con ellas: *No sufrió daño físico, pero sí psicológico. Los ríos, las montañas y los mares se estudian en geografía física.* ▮ s. **3** Persona que se dedica profesionalmente al estudio de la materia, de la energía y de los fenómenos que las rigen, o que está especializada en física: *Trabaja como físico en una central nuclear.* ▮ s.m. **4** Aspecto externo de una persona: *Su atractivo físico le permite ser un modelo muy cotizado.* ▮ s.f. **5** Ciencia que estudia la materia, la energía, sus propiedades y los fenómenos y leyes que las rigen o caracterizan: *La física nuclear se dedica al estudio de la constitución del átomo.*

fisiología s.f. Ciencia que estudia las funciones de los seres vivos: *El funcionamiento del aparato digestivo se estudia en fisiología.*

fisiológico, ca adj. De la fisiología o relacionado con esta ciencia: *El sueño es una necesidad fisiológica durante la que el organismo descansa.*

fisiólogo, ga s. Persona que se dedica profesionalmente al estudio de las funciones de los seres vivos, o que está especializada en fisiología: *El famoso fisiólogo investiga sobre la transmisión de los impulsos nerviosos.*

fisión s.f. División del núcleo de un átomo en dos o más fragmentos, acompañada de la liberación de una gran cantidad de energía: *La fisión nuclear se puede producir bombardeando un núcleo atómico con neutrones.* ☐ SEM. Dist. de *fusión* (conversión de un sólido en líquido; unión de varias cosas en una sola).

fisioterapeuta s. Persona especializada en la aplicación de la fisioterapia: *El fisioterapeuta me indicó los ejercicios que debía hacer para recuperar la fuerza y la agilidad de la mano.* ☐ MORF. Es de género común y exige concordancia en masculino o en femenino para señalar la diferencia de sexo: *el fisioterapeuta, la fisioterapeuta.*

fisioterapia s.f. Tratamiento de enfermedades o de incapacidades físicas con técnicas basadas en el empleo de agentes y procedimientos naturales, esp. masajes, gimnasia y aplicación de agua o de calor: *Voy a sesiones de fisioterapia para recuperar la movilidad de la pierna.*

fisonomía s.f. **1** Aspecto característico del rostro de una persona: *Su nariz aguileña es lo más llamativo de su fisonomía.* **2** Aspecto externo de algo: *La fisonomía del barrio ha cambiado mucho con la construcción de la nueva carretera.*

fisonómico, ca adj. De la fisonomía o relacionado con ella: *Entre sus rasgos fisonómicos destacan sus grandes ojos.*

fisonomista adj./s. Referido a una persona, que tiene facilidad para recordar y distinguir a las personas por el aspecto de su rostro: *Una mujer fisonomista ayudó a la policía a identificar al atracador. Es buen fisonomista y le basta haber visto una sola vez a una persona para no olvidarla.* ☐ PRON. Incorr. *[fisionomista]. ☐ MORF. 1. Como adjetivo es invariable en género. 2. Como sustantivo es de género común y exige concordancia en masculino o en femenino para señalar la diferencia de sexo: *el fisonomista, la fisonomista.*

fístula s.f. Conducto anormal, estrecho, que se abre en la piel o en las membranas mucosas y que no se cierra espontáneamente: *Al cerrársele la herida infectada, se le ha producido una fístula por la que le sale pus.*

fisura s.f. **1** Grieta, raja o hendidura entre cuyos bordes solo hay una ligera separación: *Llamaremos a un arquitecto para que nos diga por qué han salido esas fisuras en la pared.* **2** Lo que impide o debilita la unión o la cohesión de algo: *Su relación amistosa tenía ya tantas fisuras que terminó por romperse.*

fitness s.m. Tipo de gimnasia para mantenerse en forma: *Todos los días hago una hora de fitness en el gimnasio.* ☐ PRON. [fítnes]. ☐ USO Su uso es innecesario.

fito- Elemento compositivo que significa 'planta' o 'vegetal': *fitografía, fitología, fitosociología, fitosanitario, fitófago.*

flacidez s.f. **1** Blandura, falta de consistencia o falta de fuerza: *Se hizo varias operaciones de cirugía para disimular la flacidez de su cuerpo.* **2** Debilidad muscular o flojera: *La fuerte gripe me ha dejado en un estado de gran flacidez.*

flácido, da adj. Blando, sin consistencia o sin fuerza: *Tiene las carnes flácidas porque es muy mayor.*

flaco, ca adj. **1** Delgado y con pocas carnes: *Está tan flaco porque apenas come nada.* **2** Débil, frágil o sin fuerza: *Flaca memoria la tuya, si ya no te acuerdas de lo que hablamos ayer. Me has hecho un flaco favor contando esas cosas de mí.*

flagelación s.f. Azote reiterado con un flagelo: *El cuadro representa la flagelación de Jesucristo.*

flagelado, da adj./s.m. Referido a una célula o a un microrganismo, que está provisto de flagelos: *Los espermatozoides son células flageladas. Algunos flagelados son protozoos.*

flagelar v. **1** Azotar o golpear con un flagelo: *Los soldados romanos flagelaron a Jesucristo antes de crucificarlo. En la procesión, un penitente se flagelaba como penitencia.* **2** Censurar, reprender o criticar con dureza: *Deja de flagelar a tus subordinados y procura motivarlos positivamente.*

flagelo s.m. **1** Instrumento que se usa para azotar y que generalmente está compuesto de un palo y de unas tiras largas: *Varios penitentes iban tras la procesión golpeándose en la espalda con un flagelo.* **2** En algunos microrganismos y células, prolongación o extremidad fina y muy móvil, que les sirve para moverse: *Los espermatozoides se mueven por medio de flagelos.* ☐ SEM. En la acepción 1, dist. de *cilicio* (cinturón con cerdas o con púas que se ciñe al cuerpo como penitencia o sacrificio).

flagrante adj. **1** Que está sucediendo o se está ejecutando actualmente: *Es un tema flagrante y que aparece en todos los periódicos del día.* **2** Que es claro y evidente, o que no necesita pruebas: *La culpabilidad del acusado era flagrante.* ☐ ORTOGR. Dist. de *fragante.* ☐ MORF. Invariable en género.

flamante adj. **1** Resplandeciente o con muy buen aspecto, esp. por ser nuevo o recién estrenado: *Salió a dar una vuelta en su flamante coche deportivo.* **2** Nuevo o reciente: *Tras la boda, saludamos al flamante marido.* ☐ MORF. Invariable en género.

flambear v. Referido a un alimento, someterlo a la acción de la llama de un líquido inflamable: *Roció la carne con coñac para luego flambearla.* ☐ ORTOGR. Es un galicismo (*flamber*) adaptado al español.

flamear v. **1** Despedir llamas: *Una antorcha flameaba en la oscuridad de la gruta.* **2** Referido esp. a una vela o a una bandera, ondear al viento: *Las banderas de los países participantes flameaban a las puertas del edificio.*

flamenco, ca ▮ adj./s. **1** De Flandes (antigua región del norte europeo que se extendía por parte del actual territorio belga), o relacionado con ella: *Las ciudades flamencas más importantes son Gante y Brujas. En los siglos XVI y XVII, los flamencos eran súbditos del rey de España.* **2** *col.* Referido a una persona, esp. a una mujer, que tiene aspecto robusto, saludable y desenvuelto: *Se la veía tan flamenca que nunca me la habría imaginado postrada en una cama. Tu abuelo sigue siendo el flamenco de siempre.* **3** *col.* Referido a una persona, que es pedante, presumida e insolente: *Se puso muy flamenco, diciendo que el sitio era suyo y que no se movía de allí. Ten cuidado con ella, que es una flamenca de armas tomar.* ▮ adj./s.m. **4** Referido esp. a un cante o a un baile, que es de origen andaluz, popular y agitanado: *El cante flamenco suele llevar acompañamiento de guitarra y de palmas. En el recital de flamenco cantaron sevillanas, bulerías y cantes por soleares.* ▮ s.m. **5** Variedad lingüística emparentada con el neerlandés y que se habla en la región belga de Flandes y en parte de Bruselas (capital belga): *Tengo una amiga belga que habla perfectamente flamenco, francés e inglés.* **6** Ave palmípeda y zancuda, de pico encorvado, patas y cuello largos, plumaje blanco, rosado y rojo, y que vive en grupos en las marismas: *El flamenco es parecido a la cigüeña.* 👁 **ave** ☐ MORF. 1. En la acepción 1, como sustantivo se refiere solo a las personas de la antigua Flandes. 2. En la acepción 6, es un sustantivo epiceno y la diferencia de sexo se señala mediante la oposición *el flamenco {macho/hembra}*.

flan s.m. **1** Dulce elaborado con huevos, leche y azúcar, que se cuaja poniéndolo al baño María en un molde generalmente con forma de cono truncado, y que se suele tomar como postre: *De postre pedimos flan con nata.* **2** ‖ **{como/hecho} un flan.** *col.* Tembloroso o muy nervioso: *Iba al examen como un flan.*

flanco s.m. **1** Cada una de la dos partes laterales de un cuerpo visto de frente: *El yudoca dejó sin guardia su flanco izquierdo.* **2** Lado o costado de una embarcación o de una formación militar: *El general esperaba el ataque enemigo por el flanco derecho.*

flanquear v. **1** Estar colocado a los flancos o a los lados: *Dos centinelas flanquean la entrada al palacio.* **2** Proteger o atacar el flanco o lado: *El plan era flanquear al enemigo por la izquierda.* ☐ ORTOGR. Dist. de *franquear*.

flaquear v. **1** Ir perdiendo fuerza; *flojear: La memoria flaquea con los años.* **2** Desanimarse o aflojar en una actividad: *No podemos flaquear ahora que nos queda tan poco para conseguir nuestro objetivo.*

flaqueza s.f. **1** Debilitamiento o falta de carnes en el cuerpo: *La llevamos al médico porque su flaqueza nos tenía preocupados.* **2** Debilidad o falta de fuerza, de vigor o de resistencia: *Sacó fuerzas de flaqueza y aguantó hasta el final.* **3** Acción cometida por esta debilidad: *Decirle que sí fue una flaqueza de la que me arrepiento.*

flash s.m. **1** Dispositivo luminoso que produce un destello breve e intenso, y que se utiliza cuando la luz para hacer una fotografía es insuficiente: *Mi cámara de fotos tiene un flash que se dispara automáticamente cuando detecta falta de luz.* **2** Resplandor provocado por este dispositivo: *El flash es muy molesto para los ojos.* **3** En periodismo, avance breve de una noticia importante de última hora: *De momento, lo único que sabemos del conflicto bélico es lo que decía el flash de la agencia.* **4** *col.* Impresión fuerte o sorprendente: *¡No me digas que tengo que tenerlo hecho para mañana, que me da un flash!*

flashback (anglicismo) s.m. En una película cinematográfica o en una narración, secuencia o pasaje que suponen una vuelta atrás en el tiempo del relato y que se intercalan en la acción rompiendo su desarrollo lineal: *Al final de la película, hay un flashback sobre la infancia del protagonista, que permite comprender el porqué de su comportamiento como adulto.* ☐ PRON. [flásbak]. ☐ ORTOGR. Dist. de *feedback*.

flato s.m. Acumulación molesta de gases en el tubo digestivo: *Los flatos suelen ser dolorosos.*

flatulento, ta ▮ adj. **1** Que produce flatos: *La fabada es una comida flatulenta.* ▮ adj./s. **2** Que padece flato: *A las personas flatulentas les suelen sentar mal las bebidas con burbujas. Los flatulentos deben evitar las comidas demasiado abundantes.*

flauta ▮ s. **1** →**flautista.** ▮ s.f. **2** Instrumento musical de viento formado por un tubo con embocadura y provisto de agujeros, que produce diversos sonidos cuando estos se tapan o se destapan: *Toca la flauta en la Orquesta Nacional.* 👁 **viento 3** ‖ **flauta {dulce/de pico}.** La que tiene la embocadura en forma de boquilla: *En el colegio nos enseñaron a tocar la flauta dulce.* ‖ **flauta travesera.** La que tiene la embocadura lateral, cerca de un extremo y en forma de agujero ovalado, y que se toca colocándola horizontalmente, por lo general sobre el lado derecho de la cara: *La flauta travesera tiene un complejo sistema de llaves.* ‖ **sonar la flauta.** *col.* Ocurrir algo de manera casual o haber un golpe de suerte: *Si arreglé la televisión fue porque sonó la flauta y no porque yo entienda nada de electrónica. Aunque no había estudiado, se presentó al examen por si sonaba la flauta.* ☐ MORF. En la acepción 1, es de género común y exige concordancia en masculino o en femenino para señalar la diferencia de sexo: *el flauta, la flauta*.

flautín s.m. Flauta pequeña, de tono agudo y penetrante: *El flautín se usa principalmente en bandas militares.* 👁 **viento**

flautista s. Persona que toca la flauta: *Es flautista en la banda municipal. flauta* ☐ MORF. Es de género común y exige concordancia en masculino o en femenino para señalar la diferencia de sexo: *el flautista, la flautista*.

flebitis s.f. En medicina, inflamación de las venas: *La flebitis suele afectar fundamentalmente a las venas de las piernas.* ☐ MORF. Invariable en número.

flecha s.f. **1** Arma arrojadiza formada por una varilla delgada y ligera con una punta triangular y afilada en su vértice, que se dispara con un arco; *saeta: Varios arqueros disparaban flechas desde las almenas del castillo.* **2** Signo con esta forma que se usa para indicar una dirección: *Si vas siguiendo las flechas, no te perderás.* **3** En arquitectura, distancia comprendida entre el vértice de un arco y la línea de arranque: *La flecha del arco apuntado es más grande que la del arco de medio punto.* 👁 **arco**

flechazo s.m. **1** Lanzamiento de una flecha: *Las carretas protegían a los soldados de los flechazos de los indios.* **2** Corte o herida hechos con este arma: *El caballero tenía un flechazo en el muslo.* **3** *col.* Enamoramiento repentino: *Lo suyo fue un flechazo y se casaron a los pocos días de conocerse.*

fleco s.m. **1** Adorno compuesto por una serie de hilos o cordoncillos colgantes: *Voy a ponerle unos flecos a este chaleco para que resulte más moderno.* 👁 **pasamanería** **2** Borde deshilachado de una tela: *Los pantalones están tan usados que tienen rotos y flecos.* **3** Lo que falta por solucionar: *Mientras quede algún fleco suelto, no firmaré el contrato.* ☐ MORF. Se usa más en plural.

a b c d e f g h i j k l m n ñ o p q r s t u v w x y z

flema s.f. **1** Mucosidad de las vías respiratorias que se expulsa por la boca: *Está muy acatarrado y tiene flemas.* **2** Impasibilidad, calma excesiva o frialdad en la forma de actuar: *No pierde su flema ni en los momentos de máxima tensión.*

flemático, ca adj. Que actúa con flema o con una serenidad imperturbable: *Tiene un carácter tan flemático que parece que nada le afecta.*

flemón s.m. Inflamación aguda y acompañada de infección en el tejido conjuntivo, esp. en el de la encía: *Tiene la cara hinchada porque le ha salido un flemón.*

flequillo s.m. Mechón de cabello recortado que se deja caer sobre la frente: *Tienes el flequillo tan largo que casi te tapa los ojos.* 👁 **peinado**

fletar v. **1** Referido a un vehículo, alquilarlo o contratarlo, generalmente para el transporte de personas o de mercancías: *Cuando el equipo tiene que viajar, suelen fletar un avión para ellos solos.* **2** Referido a mercancías o a personas, embarcarlas para su transporte: *Fletaron alimentos y medicinas para las víctimas del terremoto.*

flexibilidad s.f. **1** Capacidad para doblarse fácilmente, sin llegar a romperse: *El alambre y algunos plásticos tienen flexibilidad, a diferencia del cristal.* **2** Facilidad para adaptarse a las circunstancias o para ceder ante los deseos de otros: *Los jueces aplican la ley con flexibilidad y teniendo en cuenta las circunstancias de cada caso.*

flexibilizar v. Hacer flexible o dar mayor flexibilidad: *Al final flexibilizó su postura y permitió a su hijo ir de campamento.* ☐ ORTOGR. La *z* se cambia en *c* delante de *e* →**CAZAR.**

flexible adj. **1** Que se dobla con facilidad, sin llegar a romperse: *Estas zapatillas tienen una suela de goma muy flexible.* **2** Que se adapta fácilmente a las circunstancias o que cede ante los deseos de otros: *Tiene un horario flexible y puede salir cuando quiera siempre que trabaje ocho horas. Es una persona flexible y acepta muy bien las sugerencias de otros.* ☐ MORF. Invariable en género.

flexión s.f. **1** Movimiento que consiste en doblar o en torcerse lo que estaba derecho, esp. el cuerpo o alguno de sus miembros: *En clase de gimnasia realizamos flexiones de brazos y piernas.* 👁 **bíceps** **2** En gramática, variación o alteración que experimenta una palabra para expresar mediante desinencias sus distintas funciones o relaciones de dependencia: *Las variaciones de los sustantivos debidas al género y al número constituyen la flexión nominal.*

flexionar v. Referido al cuerpo o a uno de sus miembros, doblarlos hasta encorvarlos: *Al agacharnos flexionamos las piernas.*

flexivo, va adj. **1** De la flexión gramatical o relacionado con ella: *En español, el género y el número se expresan mediante morfemas flexivos.* **2** Que tiene flexión gramatical: *El español es una lengua flexiva porque los verbos llevan desinencias y los sustantivos, morfemas.*

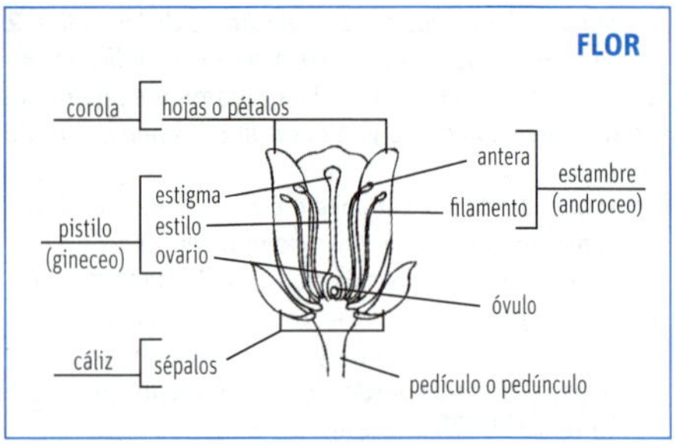

flexo s.m. Lámpara de mesa con brazo flexible o articulado: *La luz del flexo daba directamente sobre el libro.* 👁 **alumbrado**

flipar ▌v. **1** *col.* Entusiasmar o gustar mucho: *Tu cazadora me flipa cantidad, tío.* ▌prnl. **2** *col.* Drogarse o entrar en un estado de euforia por efecto de la droga: *Se flipó con un canuto y no paraba de reír.*

flirtear v. *col.* Mantener una relación pasajera y superficial, generalmente de carácter amoroso: *Le gusta flirtear, pero le horroriza comprometerse formalmente con alguien.*

flirteo s.m. Juego amoroso superficial o pasajero: *Tuvo flirteos con una muchacha, pero no llegaron a nada.*

flojear v. **1** Ir perdiendo fuerza; *flaquear: Desde aquella desgracia, su buen humor flojea día a día.* **2** Actuar con pereza y desgana, esp. en el trabajo: *No debes flojear en la última evaluación, porque te juegas el curso.*

flojedad s.f. →**flojera.**

flojera s.f. **1** Flaqueza o debilidad: *La enfermedad lo ha dejado en un estado de extrema flojera.* **2** Pereza, descuido y falta de interés en lo que se hace: *En el último capítulo, se nota una flojera impropia de ese escritor.* ☐ SEM. Es sinónimo de *flojedad*.

flojo, ja adj. **1** Mal atado, poco apretado o poco tirante: *Se te salen las zapatillas porque llevas los cordones flojos.* **2** Que tiene poca actividad o poca fuerza: *Sopla un viento demasiado flojo para navegar.* **3** Descuidado o con poco interés: *El examen estaba flojo y aprobé por los pelos.*

flor s.f. **1** En una planta, parte en la que se encuentran los órganos reproductores y que suele tener formas y colores vistosos: *La flor consta de cáliz y corola.* 👁 flor **2** Alabanza o piropo: *Si sigues echándome flores, me voy a poner colorada.* **3** Lo mejor o lo más selecto de algo: *Con treinta años, estás en la flor de la vida. Este pan está hecho con la flor de la harina.* **4** ‖ **a flor de piel.** Muy impresionable o muy cercano a la superficie: *Llora por nada porque tiene una sensibilidad a flor de piel.* ‖ **flor de la canela.** *col.* Lo que es muy bueno o excelente: *No debes tener queja, porque tu hijo es la flor de la canela.* ‖ **(flor de) lis.** En heráldica, figura parecida a un lirio: *El escudo de los Borbones franceses tiene flores de lis.* ‖ **la flor y nata.** Lo mejor o lo más destacado en su especie: *Asistió a la fiesta la flor y nata de la sociedad.* ‖ **ni flores.** *col.* Ni idea o nada en absoluto: *A mí no me preguntes, que yo no tengo ni flores. De lo prometido, ni flores.* ☐ MORF. La acepción 2 se usa más en plural.

flora s.f. **1** Conjunto de las plantas de un determinado territorio o de una determinada época: *La flora alpina es la propia de las regiones montañosas.* **2** Conjunto de bacterias y otros microrganismos que están adaptados a un medio determinado: *La flora intestinal es indispensable para el perfecto funcionamiento del intestino.*

floración s.f. **1** Abertura de los capullos de una planta: *La floración de este rosal se produjo en abril.* **2** Época en la que florecen las plantas: *Durante la floración los campos están cubiertos de flores.* **3** Tiempo que duran abiertas las flores de las plantas de una misma especie: *Los rosales en floración son muy hermosos.*

floral adj. **1** De flores: *En este pueblo se hace todos los años una ofrenda floral a la Virgen.* **2** En botánica, de la flor o relacionado con ella: *El capullo es el brote floral de las plantas.* ☐ MORF. Invariable en género.

florecer v. **1** Referido a una planta, echar flores: *La mayoría de las plantas florecen en primavera.* **2** Prosperar o crecer: *En la baja Edad Media floreció mucho el comercio europeo.* **3** Referido esp. a una persona o a un suceso importantes, existir o desarrollarse en un tiempo o lugar determinados: *El Barroco floreció en Europa en el siglo XVII.* ☐ MORF. Irreg.: Aparece una *z* delante de la *c* cuando la siguen *a, o* →PARECER.

floreciente adj. Favorable, que proporciona beneficios o que está en pleno desarrollo: *Su pequeña tienda se ha convertido en un floreciente negocio.* ☐ MORF. Invariable en género.

florecimiento s.m. **1** Aparición de flores en una planta: *Habrá que esperar al florecimiento del rosal para saber de qué color son las rosas que plantaste.* **2** Desarrollo, prosperidad o crecimiento: *En el siglo XVI, muchas familias adineradas contribuyeron al florecimiento de las artes.*

florería s.f. Establecimiento donde se venden flores y plantas de adorno; *floristería: En esta florería preparan unos ramos de flores muy bonitos.*

florero s.m. Recipiente para poner flores; *búcaro: He colocado tus rosas en un florero de cristal.*

floresta s.f. Terreno frondoso y agradable, poblado de árboles: *En primavera es agradable pasear por la floresta del pueblo.*

florete s.m. Espada de hoja estrecha y sin filo cortante que se utiliza en competiciones de esgrima: *Los dos competidores empuñaron el florete y comenzaron a luchar.* 👁 **arma**

floricultura s.f. Cultivo de las flores: *En Holanda, la floricultura tiene una gran importancia comercial.*

florido, da adj. **1** Con flores: *Los almendros floridos anuncian la llegada de la primavera.* **2** Referido esp. al lenguaje o al estilo, muy adornado o con muchos recursos retóricos: *Tiene una prosa demasiado florida y recargada.* **3** ‖ **lo más florido** de algo. Lo mejor y más escogido de ello: *Lo más florido de la ciudad acudió a la recepción.*

florín s.m. **1** Unidad monetaria de los Países Bajos (país europeo) hasta la adopción del euro: *El florín dejó de ser válido en enero del año 2002.* **2** Nombre genérico que recibe la unidad monetaria de distintos países: *La moneda de Aruba es el florín de Aruba.* **3** Antigua moneda de oro de la Corona de Aragón (reino español): *El florín tuvo distintos valores dependiendo de la cantidad de cobre de la aleación.*

floripondio s.m. Adorno de mal gusto, esp. si está formado por una flor o por un conjunto de flores grandes: *Llevaba un chal con un floripondio espantoso en la espalda.*

florista s. Persona que se dedica a la venta de flores y plantas, y a la confección de adornos florales: *La florista me preparó un bonito centro con rosas y clavellinas.* ☐ MORF. Es de género común y exige concordancia en masculino o en femenino para señalar la diferencia de sexo: *el florista, la florista.*

floristería s.f. Establecimiento donde se venden flores y plantas de adorno; *florería: He comprado una docena de claveles en la floristería.*

floritura s.f. Adorno o añadido accesorios, esp. en el canto: *Algunas piezas barrocas no me gustan porque tienen demasiadas florituras. Lo que afea el mueble es toda esa floritura que le han puesto en las esquinas.*

florón s.m. Adorno con forma de flor grande o de conjunto de hojas, muy utilizado en pintura y en arquitectura: *El centro de la bóveda está decorado con un florón de madera. En muchos libros antiguos, el lomo lleva un florón ornamental.* 👁 **libro**

flota s.f. **1** Conjunto de barcos pertenecientes a un mismo dueño, a una entidad o a una nación, esp. si están destinados a una actividad común: *La flota de guerra española cuenta con portaviones y modernos buques.* **2** Conjunto de vehículos de un mismo tipo, esp. de aviones, pertenecientes a una empresa o a una nación: *La empresa de transportes tiene previsto renovar su flota de autocares.*

flotación s.f. Sostenimiento de un cuerpo en equilibrio sobre la superficie de un líquido: *La flotación del corcho se produce porque tiene menos peso que el agua. En un barco, se llama línea de flotación a la que separa la parte sumergida del casco de la que no lo está.* 👁 **embarcación**

flotador s.m. **1** Pieza hecha de un material flotante que se sujeta al cuerpo de una persona para evitar que se hunda en el agua: *Los niños que no saben nadar usan flotador.* **2** Cuerpo que se hace flotar sobre un líquido con alguna finalidad, esp. para medir el nivel de dicho líquido o para regular su salida: *La cisterna lleva un flotador que cierra el conducto del agua cuando está llena. Las cañas de pescar suelen llevar un flotador en el sedal para que el pescador sepa aproximadamente dónde está el anzuelo.* 👁 **pesca**

flotante adj. Que no está fijo o estable, o que está sometido a variación: *La población flotante de una ciudad está formada por las personas que no viven en ella habitualmente.* ☐ MORF. Invariable en género.

flotar v. **1** Referido a un cuerpo, sostenerse en equilibrio sobre la superficie de un líquido: *El corcho flota en el agua.* **2** Referido a un cuerpo, mantenerse en suspensión en un medio gaseoso: *El humo de los cigarrillos flotaba sobre las cabezas de los asistentes.* **3** Referido a algo inmaterial, estar en el ambiente o dejarse notar: *La desconfianza flotaba entre ellos e hizo imposible el acuerdo.*

flote ‖ **a flote. 1** Flotando o en equilibrio sobre la superficie de un líquido: *Consiguieron reparar el barco y ponerlo a flote.* **2** A salvo de algún peligro o de algún apuro: *Con mucho trabajo, logramos superar la mala racha y salir a flote.* **3** A la luz o a la vista: *En aquella discusión salieron a flote los viejos rencores de la familia.*

flotilla s.f. Flota de barcos pequeños que se utilizan para un mismo fin: *Para la persecución del contrabando en la costa se cuenta con una flotilla de lanchas guardacostas.*

fluctuación s.f. Crecimiento y disminución alternativos de la intensidad, del valor o de la cantidad de algo; *oscilación: La fluctuación del valor de una moneda se debe en parte a la inestabilidad de la balanza de pagos.*

fluctuar v. Referido al valor de algo, crecer y disminuir alternativamente con más o menos regularidad; *oscilar: La especulación del terreno ha hecho fluctuar mucho el precio de los pisos.* ☐ ORTOGR. La *u* lleva tilde en los presentes, excepto en las personas *nosotros* y *vosotros* →ACTUAR.

fluidez s.f. **1** Facilidad y naturalidad en el lenguaje o en el estilo: *Con esa fluidez de palabra, serías un gran vendedor.* **2** Facilidad para discurrir o marchar sin ser obstaculizado: *Los vehículos circulan con fluidez y no se prevén atascos para hoy.* **3** Propiedad de la sustancia que tiene las moléculas con poca o con ninguna cohesión y cuya forma se adapta a la del recipiente que la contiene: *La fluidez del gas le permite expandirse por todas partes.*

fluido, da ▮ adj. **1** Referido al lenguaje o al estilo, que es fácil y natural: *Me gusta el estilo fluido y conciso de este escritor.* **2** Que marcha o discurre con facilidad y sin obstáculos: *La circulación es fluida solo hasta el kilómetro 50.* ▮ adj./s.m. **3** Referido a una sustancia, que tiene las moléculas con poca o con ninguna cohesión, y su forma se adapta a la del recipiente que la contiene: *Los líquidos y los gases son cuerpos fluidos. Las moléculas de un fluido se mueven libremente.* ▮ s.m. **4** *col.* Corriente eléctrica: *La compañía eléctrica le cortó el fluido por no pagar.* ☐ ORTOGR. Incorr. **fluído.*

fluir v. **1** Referido a un líquido o a un gas, correr por algún lugar o brotar de él: *La sangre de nuestro cuerpo fluye por venas y arterias.* **2** Marchar o discurrir con facilidad y sin obstáculos: *Hoy el tráfico fluye con normalidad.* **3** Referido esp. a las palabras o a las ideas, brotar o aparecer con facilidad: *En cuanto le propusieron el proyecto, miles de ideas comenzaron a fluir de su mente.* ☐ MORF. Irreg.: La *i* se cambia en *y* delante de *a, e, o* →**HUIR.**

flujo s.m. **1** Brote de un líquido o de un gas al exterior, o movimiento de estos a través de un lugar: *La herida le produjo un flujo de sangre.* **2** Movimiento de personas o de cosas de un lugar o otro: *El flujo migratorio aumenta en épocas de crisis.* **3** Movimiento ascendente de la marea: *El flujo de la marea cubrió la playa casi por completo.* ☐ SEM. 1. En la acepción 1, dist. de *aflujo* (llegada de una mayor cantidad de líquido orgánico a una determinada zona del organismo). 2. En la acepción 3, dist. de *reflujo* (movimiento descendiente de la marea).

flúor s.m. Elemento químico no metálico, gaseoso, de número atómico 9, de color amarillento, que ataca a casi todos los metales y que es muy tóxico: *Los compuestos de flúor se emplean para reforzar el esmalte dental.* ☐ ORTOGR. Su símbolo químico es *F.*

fluorescencia s.f. Luminosidad que tienen algunas sustancias mientras reciben la acción de ciertas radiaciones: *Entre las propiedades del neón y de otros gases nobles está la fluorescencia.*

fluorescente ▮ adj. **1** De la fluorescencia o relacionado con este tipo de luminosidad: *La oficina está iluminada por una luz fluorescente.* ▮ s.m. **2** Tubo de cristal que emite luz mediante el uso de una sustancia que posee este tipo de luminosidad: *Se ha roto uno de los fluorescentes de la cocina.* 👁 **alumbrado** ☐ PRON. Incorr. **floreszente.* ☐ MORF. Como adjetivo es invariable en género.

fluvial adj. De los ríos o relacionado con ellos: *Estas barcas tan pequeñas solo sirven para la navegación fluvial.* ☐ MORF. Invariable en género.

fobia s.f. **1** Temor angustioso y obsesivo a algo: *Tengo fobia a los espacios cerrados.* **2** Odio o antipatía hacia algo: *Le tengo tal fobia a esa chica que no la puedo ni ver.*

foca s.f. **1** Mamífero carnívoro adaptado a la vida acuática, con el cuerpo redondeado y alargado, pelaje corto, una gruesa capa de grasa bajo la piel que lo protege del frío y con las extremidades modificadas en aletas; *lobo marino: Las focas suelen vivir en zonas frías.* **2** *col. desp.* Persona muy gruesa: *No sé qué comerá ese chico, pero... ¡menuda foca!* ☐ MORF. En la acepción 1, es un sustantivo epiceno y la diferencia de sexo se señala mediante la oposición *la foca {macho/hembra}.*

foco s.m. **1** Punto, aparato o cuerpo de donde parte un haz de rayos luminosos o caloríficos: *Esta lámpara es el único foco de luz de la habitación.* **2** Lámpara eléctrica de luz muy potente: *El escenario estaba iluminado por grandes focos.* **3** Lugar en el que se desarrolla algo con gran intensidad y desde el cual se propaga o se ejerce influencia: *En la Edad Media los monasterios eran importantes focos de cultura. El foco del terremoto está a varios kilómetros de la capital.*

fofo, fa adj. Blando y con poca consistencia: *Tengo que hacer deporte para acabar con estos muslos tan fofos.*

fogarada s.f. Llama fuerte que surge del fuego: *Están quemando hierba en el campo y se ven las fogaradas desde el pueblo.*

fogata s.f. Fuego, generalmente hecho con leña, que levanta mucha llama: *Los que se perdieron hicieron una fogata para que pudiesen encontrarlos al ver el humo.*

fogón s.m. **1** En una cocina, esp. en las antiguas de leña o de carbón, sitio adecuado para hacer fuego y guisar: *La muchacha colocó el puchero sobre el fogón.* **2** En la caldera de una máquina de vapor o en un horno, lugar donde se quema el combustible: *Las ayudantes del maquinista del tren echaban carbón en los fogones.*

fogonazo s.m. **1** Llama instantánea que algunas materias producen al inflamarse: *Todos vimos el fogonazo que salió de su escopeta.* **2** Luz momentánea y muy fuerte: *Salí en la foto con los ojos cerrados porque el fogonazo del flash me deslumbró.*

fogosidad s.f. Viveza, ímpetu o apasionamiento en lo que se hace: *Pone en todo una fogosidad propia de su juventud.*

fogoso, sa adj. Que tiene o muestra gran ardor, viveza o apasionamiento: *Su discurso fue una fogosa defensa de la libertad de expresión.*

fogueo ‖ **de fogueo.** Referido a una munición, que está hueca y se rompe a poca distancia de la boca del arma sin causar daño: *Los cartuchos de fogueo se usan para acostumbrar a la tropa al ruido del combate.*

foie-gras o **foie gras** (galicismo) s.m. ‖ →**fuagrás.** ☐ PRON. [fuagrás].

folclor s.m. →**folclore.**

folclore s.m. **1** Conjunto de tradiciones de un pueblo: *Estos viejos cantos pertenecen al folclore andaluz.* **2** *col.* Juerga o jaleo: *¡Menudo folclore se armó cuando la señora intentó colarse en la panadería!* ☐ SEM. Es sinónimo de *folclor.* ☐ USO Es innecesario el uso del anglicismo *folklore.*

folclórico, ca ▮ adj. **1** Del folclore o relacionado con él: *Han publicado una recopilación de leyendas folclóricas gallegas.* ▮ s. **2** Persona que se dedica al baile o al cante flamencos o a otros semejantes, esp. si esta es su profesión: *Esta noche actúa una folclórica muy famosa en el tablao.*

folio s.m. **1** Hoja de papel de 31,5 centímetros de largo por 21,5 de ancho: *La redacción le ocupó un folio por las dos caras.* **2** Hoja de un libro o de un cuaderno: *La obra se conserva en un manuscrito de 20 folios.*

folíolo o **foliolo** s.m. En una planta, cada una de las hojas que forman parte de una hoja compuesta; *hojuela: En una hoja compuesta, salen varios folíolos del mismo pecíolo.*

folk (anglicismo) s.m. Género musical que tiene sus raíces en las canciones populares: *En el concierto de folk, cantaron romances recogidos por los pueblos y adaptados.* ☐ SINT. Se usa en aposición, pospuesto a un sustantivo.

a b c d e f g h i j k l m n ñ o p q r s t u v w x y z

folklore s.m. →**folclore.** □ USO Es un anglicismo innecesario.

follaje s.m. Conjunto de ramas y hojas de los árboles y otras plantas, esp. si es abundante; *verde: El follaje del bosque proporciona buena sombra en verano.*

follar v. *vulg.malson.* →**copular.**

folletín s.m. **1** Escrito que aparece en una publicación periódica, bien en la parte inferior de sus páginas, bien como cuadernillo, que trata de materias ajenas al objeto principal de dicha publicación, y que suele constituir una novela por entregas: *Los folletines aparecieron como forma de atraer al lector y asegurar la compra diaria del periódico.* **2** Relato u obra de otro género con características similares a las de las novelas publicadas de esta manera, esp. un argumento complicado, con mucha intriga, tono marcadamente sentimental y poco verosímil: *Sus novelas más vendidas son folletines que no pasarán a la historia de la literatura. Llevan meses echando en la tele un folletín insoportable.* **3** Situación o suceso insólitos y que poseen características propias de estos relatos: *La historia que ha vivido esa chica con el padre de sus hijos es un auténtico folletín.*

folleto s.m. Obra impresa, no periódica, que consta de más de cuatro páginas y de menos de cincuenta: *En la oficina de turismo me han dado un folleto sobre los monumentos más importantes de la región.*

follón s.m. **1** Situación confusa, agitada o embarazosa, esp. si va acompañada de gran alboroto y tumulto: *Los conductores empezaron a insultarse y terminó organizándose un buen follón.* **2** Conjunto desordenado, revuelto y enredado: *¡No sé cómo puedes aclararte con este follón de papeles!* □ SEM. Es sinónimo de *lío.*

fomentar v. Promover, impulsar, avivar o aumentar la intensidad: *Hay que fomentar la lectura entre los jóvenes. Con tu actitud fomentas las habladurías.*

fomento s.m. Promoción, impulso o aumento de la intensidad de una actividad: *El Gobierno aprobará medidas para el fomento del ahorro y de la inversión.*

fonador, -a adj. Referido esp. a un órgano corporal, que interviene en la emisión de la voz: *La laringe es un importante órgano fonador.*

fonda s.f. Establecimiento público en el que se da hospedaje y se sirven comidas: *La categoría de las fondas suele ser inferior a la de los hoteles.*

fondeadero s.m. Lugar con la profundidad suficiente para que pueda fondear en él una embarcación: *Amarramos las barcas en el fondeadero porque se avecinaba una tempestad.*

fondear v. Referido esp. a una embarcación, sujetarla por medio de anclas que se agarren al fondo del agua o de grandes pesos que descansen en él: *Los muchachos fondearon la barca cerca de la orilla. El pesquero fondeó en la ría.*

fondillos s.m.pl. Parte trasera de los calzones o de los pantalones: *El pantalón está tan viejo que tiene desgastados los fondillos.*

fondista s. Deportista que participa en carreras de largo recorrido: *Los corredores de los 10 000 metros lisos son fondistas.* □ MORF. Es de género común y exige concordancia en masculino o en femenino para señalar la diferencia de sexo: *el fondista, la fondista.*

fondo s.m. **1** En algo hueco o cóncavo, parte inferior: *Los libros pesaban tanto que se rompió el fondo de la caja y se cayeron.* **2** Distancia que hay entre esta parte inferior y su borde superior; *hondura, profundidad: Este baúl es muy práctico porque tiene mucho fondo.* **3** Parte opuesta a la entrada de un lugar o a la posición en que se encuentra la persona que habla: *La biblioteca está al fondo del edificio.* **4** Distancia que hay entre esta parte y la posición desde la que se considera: *Esta estantería tiene medio metro de fondo.* **5** Referido esp. al mar o a un lago, superficie sólida sobre la cual está el agua; *lecho: El ancla del barco se clavó en el fondo del mar.* **6** Base sobre la que se destaca algo: *Ha pintado a su perro sobre un fondo verde. Esta triste historia tiene un fondo romántico.* **7** Índole o carácter natural propios de una persona: *Pese a esos arrebatos de mal genio, tiene muy buen fondo.* **8** Lo principal y esencial de algo: *Déjate de rodeos y vamos al fondo del problema.* **9** Conjunto de dinero o de bienes que se poseen o que se destinan para un fin concreto: *Hemos hecho un fondo entre todos para pagar los destrozos. Voy a pedir información sobre los fondos de inversión.* **10** Conjunto de libros, de documentos o de obras de arte que posee una entidad, esp. una biblioteca o un museo: *Los fondos de la biblioteca municipal superan los 50 000 libros.* **11** En deporte, resistencia física para soportar esfuerzos prolongados: *Este corredor puede ganar, porque tiene mucho fondo.* **12** En deporte, referido a un tipo de competición, que se basa en esta capacidad de resistencia y que consiste generalmente en carreras de largo recorrido: *En las carreras de fondo de atletismo, el corredor debe recorrer más de 5000 metros.* **13** ‖ **a fondo.** Enteramente o hasta el límite de las posibilidades: *En el libro se analiza a fondo la época medieval.* ‖ **bajos fondos.** Barrios o sectores de las grandes ciudades en los que actúan o viven delincuentes: *La policía ha hecho una redada por los bajos fondos.* ‖ **tocar fondo.** Llegar al punto más bajo o a la fase final: *Cuando la depresión toque fondo, empezarás a recuperarte.* □ MORF. Las acepciones 9 y 10 se usan más en plural.

fondón, -a adj. *col.* Referido a una persona, que ha perdido agilidad y rapidez de movimientos por haber engordado: *Debes hacer más ejercicio, porque te estás poniendo fondón.*

fondue (galicismo) s.f. **1** Comida, generalmente de queso fundido o de carne, que se prepara en el momento de comerla en un hornillo especial: *La fondue de queso se toma untando trozos de pan en el queso fundido.* **2** Hornillo con el que se prepara este plato: *Pincha un trozo de carne cruda, mételo en la fondue cuando el aceite hierva, y después te lo comes con la salsa que prefieras.* □ PRON. [fondí].

fonema s.m. En lingüística, unidad fonológica mínima que en el sistema de una lengua puede oponerse a otras unidades en contraste distintivo: *El fonema /t/ se opone al fonema /l/ y nos permite distinguir 'pata' de 'pala'.*

fonendoscopio s.m. Aparato utilizado en medicina para auscultar y que, por medio de dos tubos con auriculares que se introducen en los oídos, permite oír los sonidos del organismo amplificados: *Cuando llegó la enfermera, el médico me estaba auscultando con un fonendoscopio y me pedía que respirara hondo.*

fonético, ca ▮ adj. **1** De la fonética, de los sonidos del lenguaje o relacionado con ellos: *En clase de lengua nos enseñaron a hacer transcripciones fonéticas.* **2** Referido a un sistema de escritura, que se caracteriza porque sus letras o símbolos representan los sonidos de cuya combinación resultan las palabras: *La escritura egipcia no era* *fonética, sino jeroglífica.* ▮ s.f. **3** Parte de la lingüística que estudia los sonidos de una lengua describiendo sus características fisiológicas y acústicas: *Cualquier experto en fonética te diría que la 'd' intervocálica en español tiende a debilitarse.* **4** Conjunto de sonidos de una lengua: *Hablo inglés con muy mal acento porque me resulta muy difícil su fonética.*

foniatra s. Médico especializado en foniatría: *El foniatra aconsejó a la cantante que procurase no forzar la voz en unos días.* ☐ MORF. Es de género común y exige concordancia en masculino o en femenino para señalar la diferencia de sexo: *el foniatra, la foniatra.*

foniatría s.f. Parte de la medicina que trata las enfermedades que afectan a los órganos fonadores: *En el servicio de foniatría me dijeron que tengo varios nódulos en las cuerdas vocales.*

fono- Elemento compositivo que significa 'voz' o 'sonido': *fonología, fonógrafo, fonotecnia.*

fonográfico, ca adj. Del fonógrafo o relacionado con este aparato: *Los modernos sistemas fonográficos permiten grabar discos con una gran calidad de sonido.*

fonógrafo s.m. Aparato que registra y reproduce las vibraciones de la voz humana o de cualquier otro sonido: *Los antiguos gramófonos, antecedentes del tocadiscos, eran un tipo de fonógrafos.*

fonología s.f. Parte de la lingüística que estudia los fonemas atendiendo a su valor funcional dentro del sistema propio de cada lengua: *La fonología establece que /r/ y /l/ son fonemas distintos porque permiten distinguir, por ejemplo, 'pala' de 'para'.*

fonológico, ca adj. De la fonología o relacionado con esta parte de la lingüística: *En la descripción fonológica de una lengua se define cada fonema y se exponen las combinaciones que aparecen.*

fonoteca s.f. **1** Colección de discos y otros documentos sonoros que consta de un número considerable de ejemplares: *En el centro de documentación cuentan con una buena fonoteca.* **2** Local en el que se conserva esta colección para poder ser consultada o escuchada por los usuarios: *En la fonoteca municipal tienen cintas magnetofónicas y discos que ya no se encuentran en el mercado.* ☐ SEM. En la acepción 1, dist. de *discoteca* (colección solo de discos).

fontana s.f. Fuente o manantial de agua: *El idílico palacio del rey moro tenía unos jardines con una fontana de oro.*

fontanería s.f. **1** Profesión de fontanero: *Dudó entre dedicarse a la fontanería o a la albañilería.* **2** Conjunto de conductos y aparatos necesarios para la canalización de agua o para la colocación de instalaciones sanitarias: *La fontanería de esta casa es de buena calidad.* **3** Establecimiento en el que se venden estos conductos y aparatos: *Compré los grifos en una fontanería.*

fontanero, ra s. Persona que se dedica profesionalmente a la colocación, mantenimiento y reparación de conducciones de agua y de instalaciones y aparatos sanitarios: *Para terminar la obra, solo falta que el fontanero nos instale los grifos.*

footing s.m. Ejercicio físico que consiste en correr a ritmo moderado y constante: *Hace footing todos los días para mantenerse en forma.* ☐ PRON. [fútin].

forajido, da adj./s. Referido a una persona, que comete delitos y vive fuera de los lugares poblados huyendo de la justicia: *En el cartel de busca y captura aparecía la foto del pistolero forajido. Un grupo de forajidos asaltó la diligencia.*

foráneo, a adj. Que es de fuera o de otro lugar: *Las modas foráneas están invadiendo nuestra sociedad.*

forastero, ra adj./s. Que es o que viene de otro lugar: *Ese debe de ser alguien forastero, porque nunca le habíamos visto por aquí. Cuando llegan las fiestas, la ciudad se llena de forasteros.*

forcejear v. **1** Hacer fuerza para vencer una resistencia o para desprenderse de una sujeción: *El prisionero forcejeó para desatarse las ligaduras de las muñecas.* **2** Oponerse con fuerza o contradecir tenazmente: *Los representantes sindicales forcejearon con el empresario para conseguir mejoras laborales.*

forcejeo s.m. **1** Uso de la fuerza hecho para vencer una resistencia o para desprenderse de una sujeción: *Después de un forcejeo con sus atacantes, logró escapar.* **2** Acción de oponerse con fuerza o de contradecir tenazmente: *Mantuvieron un forcejeo en el que cada parte defendió su postura sin ceder un ápice.*

fórceps s.m. Instrumento médico con forma de tenazas que se usa para facilitar la salida del bebé en un parto difícil: *El médico asió la cabeza del niño con el fórceps.* ☐ ORTOGR. Aunque es palabra llana terminada en *s*, debe llevar tilde. ☐ MORF. Invariable en número.

forense ▮ adj. **1** De los tribunales y administración de justicia, o relacionado con ellos: *Quiere especializarse en medicina forense porque, además de la medicina, le interesan los temas jurídicos.* ▮ s. **2** →**médico forense.** ☐ MORF. 1. Como adjetivo es invariable en género. 2. Como sustantivo es de género común y exige concordancia en masculino o en femenino para señalar la diferencia de sexo: *el forense, la forense.*

forestal adj. De los bosques o relacionado con ellos: *Los guardias forestales nos dijeron que estaba prohibido hacer fogatas en el bosque.* ☐ MORF. Invariable en género.

forfait (galicismo) s.m. Abono o vale de precio invariable que permite disfrutar de un número indefinido de actividades en un tiempo limitado: *Con el forfait semanal, puedes montar en cualquiera de los remontes de la estación de esquí las veces que quieras.* ☐ PRON. [forfáit].

forja s.f. **1** Trabajo del metal para darle forma, generalmente a golpes y en caliente: *La forja del hierro se hace cuando este está al rojo vivo.* **2** Taller en el que se forjan y trabajan los metales: *En esa forja fabrican espadas decorativas.* **3** Creación y formación de algo: *Los maestros ayudan a sus discípulos en la forja de su carácter.*

forjar v. **1** Referido a un metal, darle forma, generalmente a golpes y en caliente: *El herrero forja el hierro para hacer rejas.* **2** Crear y formar: *Con años de trabajo consiguió forjar una fortuna. Su férreo carácter se forjó a fuerza de disciplina.* **3** Imaginar, inventar, o fingir: *Forjó una historia increíble para justificar su ausencia.* ☐ ORTOGR. Conserva la *j* en toda la conjugación.

forma ▮ s.f. **1** Figura o conjunto de características exteriores de algo: *Las naranjas tienen forma esférica. Heredó del padre la forma de los labios.* **2** Modo o manera de ser, de hacer o de suceder algo: *Indique la forma de pago que prefiera. Esa no es forma de comportarse.* **3** Estado físico o mental de una persona: *Después de los exámenes, he quedado en baja forma.* **4** Hoja delgada y redonda de pan ázimo o sin levadura que el sacerdote consagra y los fieles comulgan en la misa; *hostia: El sacerdote guardó las sagradas formas en el sagrario.* ▮ pl. **5** Maneras o modo de comportarse según las conveniencias sociales: *Los diplomáticos deben saber guardar las formas en todo momento.* **6** ‖ **dar forma.** Concretar con precisión y organización: *Tengo algunas ideas sobre el proyecto, pero no sé cómo darles forma.* ‖ **de forma que.** Enlace gramatical subordinante con valor consecutivo: *Tú lo has roto, de forma que tú tienes que arreglarlo.* ‖ **de todas formas.** A pesar de todo: *Aunque no llegue a la hora, tú espérame de todas formas.* ‖ **en forma.** En buenas condiciones físicas o mentales: *El deporte ayuda a mantenerse en forma.* □ USO *De todas formas* se usa mucho para retomar un tema que ya ha salido en la conversación.

formación s.f. **1** Configuración de las características exteriores de algo: *La formación del relieve terrestre es un proceso en constante evolución.* **2** Creación o constitución: *La formación del nuevo partido político ha encontrado mucho eco en la prensa.* **3** Instrucción, educación o enseñanza: *Fue alumno del conservatorio y tiene una buena formación musical.* **4** Colocación o disposición ordenada de personas en filas uniformes: *La banda militar marchaba en formación.* **5** Conjunto de personas así colocadas: *Ahora desfila una formación de paracaidistas.* **6** En geología, conjunto de rocas o masas minerales con caracteres geológicos o paleontológicos comunes: *Esa formación rocosa se originó en la Era terciaria.*

formal adj. **1** De la forma o relacionado con ella: *Desde un punto de vista formal, la frase es correcta, pero no tiene sentido.* **2** Referido a una persona, que tiene formalidad o que es seria y responsable: *Ese chico le gusta para novio de su hija, porque es muy formal.* **3** Que cumple con los requisitos o formalidades establecidos: *Presentamos queja formal por el mal trato que nos dieron en el hospital.* □ MORF. Invariable en género.

formalidad s.f. **1** Seriedad, buen comportamiento o responsabilidad en el cumplimiento de lo que se debe hacer: *En ese taller no tienen ninguna formalidad y nunca tienen reparado el coche el día que habían dicho. ¡Niño, un poco de formalidad, que esto no es un patio de recreo!* **2** Requisito necesario para la realización de algo: *A la entrada tuvimos que rellenar un impreso con nuestros datos como una mera formalidad.* □ MORF. La acepción 2 se usa más en plural.

formalización s.f. **1** Concesión de un carácter de seriedad y estabilidad a lo que antes no lo tenía: *La ceremonia de pedida supuso la formalización de su noviazgo.* **2** Concesión de un carácter legal o reglamentario, cumpliendo con los requisitos necesarios: *Ya se ha llevado a cabo la formalización del expediente sancionador.*

formalizar v. **1** Dar carácter serio o estable: *Formalizaron su relación y al poco tiempo se casaron.* **2** Dar carácter legal o reglamentario, cumpliendo con los requisitos necesarios: *Mañana formalizaremos ante notario el contrato de compraventa.* □ ORTOGR. La *z* se cambia en *c* delante de *e* ⟶**CAZAR**.

formar v. **1** Dar forma: *Formamos un gran muñeco de nieve. La personalidad del individuo se forma a lo largo de los años.* **2** Crear o constituir: *Formamos una asociación de antiguos alumnos. Se formaron nubes y el sol dejó de lucir.* **3** Instruir, educar o enseñar: *El profesor pretende formar a sus alumnos, y no solo transmitirles conocimientos. Se formó con un gran maestro de canto.* **4** Referido esp. a un grupo de personas, colocarlo en formación o disponerlo en determinado orden: *El sargento formó a los reclutas en el patio del cuartel. Los soldados formaron para iniciar el desfile.*

formatear v. Referido esp. a un disco informático, prepararlo dándole una estructura utilizable por el ordenador: *Antes de grabar los datos, debes formatear el disquete.*

formativo, va adj. Que forma o que sirve para formar: *Leer es una actividad muy formativa.*

formato s.m. Tamaño de un libro, de una fotografía o de otros objetos semejantes: *Este libro tiene un formato de bolsillo. La película está rodada en formato de 16 milímetros.*

formica s.f. Lámina plástica, resistente y brillante, con la que se forran o protegen algunas maderas (por extensión del nombre de la marca comercial *Formica®*): *Puse los muebles de la cocina de formica, porque se limpian muy bien.*

formidable adj. De tamaño, cantidad o calidad mayores de lo normal; *extraordinario*: *En esta playa se levantan unas olas formidables. Tu padre es un tipo formidable.* □ MORF. Invariable en género.

formol s.m. Líquido de olor fuerte y penetrante, que se usa como desinfectante y para conservar en él seres orgánicos muertos y evitar su descomposición: *En el laboratorio tenían una lagartija muerta en un bote con formol.*

formón s.m. Herramienta de carpintería, parecida al escoplo, pero más ancha y menos gruesa: *El formón es muy utilizado en carpintería para hacer cajas.*

fórmula s.f. **1** Modo práctico propuesto para resolver algo discutido o difícil: *La directiva estudia una fórmula de participación para que intervengan todos los empleados.* **2** Manera establecida de redactar o de expresar algo: *Como la carta tiene un tono respetuoso, puedes utilizar como fórmula de despedida un 'atentamente'.* **3** Receta o escrito con las indicaciones necesarias para preparar algo, esp. un medicamento: *El farmacéutico hizo el preparado siguiendo la fórmula que me había dado el médico.* **4** Expresión de una ley física o matemática mediante signos: *La fórmula de la longitud de la circunferencia es 2;gpr.* **5** En química, expresión de la composición de una molécula mediante los símbolos de los cuerpos simples que la componen y de otros signos: *La fórmula del agua es 'H_2O'.* **6** En automovilismo, cada una de las categorías en las que se dividen las competiciones: *En fórmula 1 compiten los coches de carrera más potentes y veloces.*

formulación s.f. **1** Expresión o manifestación de algo, esp. si se hace en términos claros y precisos: *Escuché atentamente la formulación de todas sus quejas, pero creo que no tiene razón.* **2** Expresión de algo por medio de una fórmula: *Este manual explica los principios de la formulación química.*

formular v. **1** Expresar o manifestar, esp. si se hace en términos claros y precisos: *El libro formula una nueva tesis sobre el origen de la vida. Los condenados a muerte tienen derecho a formular un último deseo.* **2** Expresar por medio de una fórmula: *Para aprender a formular en química tienes que conocer el símbolo de cada elemento.*

formulario, ria ▌ adj. **1** De la fórmula o relacionado con ella: *En las instancias se emplea un lenguaje muy formulario.* ▌ s.m. **2** Impreso con espacios en blanco que deben rellenarse: *Para solicitar la beca, tienes que rellenar este formulario con todos tus datos.*

fornicar v. Mantener una relación sexual fuera del matrimonio: *Se acusó ante su confesor de haber fornicado.* □ ORTOGR. La *c* se cambia en *qu* delante de *e* ⟶**SACAR**.

fornido, da adj. Fuerte, robusto o de gran corpulencia: *Un fornido vigilante custodiaba la entrada del recinto.*

foro s.m. **1** En las antiguas ciudades romanas, plaza pública donde se celebraban reuniones y donde tenían lugar algunos juicios: *Visitamos las ruinas arqueológicas de un foro romano.* **2** Coloquio o reunión en los que se habla sobre un tema ante un auditorio que puede intervenir en la discusión; *fórum*: *Se celebrará un foro sobre la reforma de la enseñanza en nuestro país.* **3** En el escenario de un teatro, fondo o parte más alejada de los espectadores: *Los actores salían a escena por el foro.*

forofo, fa s. Seguidor incondicional o entusiasta, esp. de una actividad deportiva: *Es un forofo del fútbol y siempre que puede va a ver un partido.*

forraje s.f. Pasto o hierba con los que se alimenta al ganado: *Alimenta a las vacas con pienso y forraje.*

forrajero, ra adj. Referido a una planta, que se usa como forraje para el ganado: *El trébol y la alfalfa son plantas forrajeras.*

forrar ▮ v. **1** Cubrir con forro: *Forré el libro con plástico para que no se estropeara.* **2** *col.* Referido a una persona, darle una paliza: *Tuvieron que llevarlo al hospital porque lo forraron a palos.* ▮ prnl. **3** *col.* Hacerse muy rico: *En pocos años se forró con los negocios.* ☐ SINT. Constr. de la acepción 2: *forrar a alguien* A *golpes*.

forro s.m. **1** Cubierta con la que se protege el exterior o el interior de un objeto: *Dame el libro que tiene el forro de plástico. Se te ve el forro por debajo de la falda.* **2** ‖ **ni por el forro.** *col.* Ni por asomo o en absoluto: *Suspendió porque no se había mirado el examen ni por el forro.*

fortachón, -a adj. *col.* Referido a una persona, que es físicamente muy fuerte o robusta: *Es un chico fortachón y de aspecto saludable.*

fortalecer v. Hacer más fuerte o vigoroso: *El ejercicio fortalece los músculos. Las relaciones entre los dos países se fortalecieron con la firma del tratado.* ☐ MORF. Irreg.: Aparece una *z* delante de la *c* cuando la siguen *a, o* →**PARECER.**

fortalecimiento s.m. Aumento de la fuerza o del vigor: *Aquella experiencia de trabajo en común contribuyó al fortalecimiento de nuestra amistad.*

fortaleza s.f. **1** Fuerza o capacidad para vencer las contrariedades: *Para ser ciclista profesional hay que tener gran fortaleza física. En los momentos más difíciles, conservó siempre su gran fortaleza de ánimo.* **2** Recinto fortificado, esp. si está amurallado como un castillo; *alcázar*: *Ese castillo con almenas y foso es una auténtica fortaleza.*

forte s.m. **1** En música, grado de intensidad alto con que se ejecuta un sonido o un pasaje: *El forte es uno de los grados de intensidad más fuertes.* **2** En una composición musical, pasaje que se ejecuta con esta intensidad: *La percusión interpretó un forte breve e impactante.*

fortificación s.f. **1** Aumento de la fuerza o del vigor: *Sus palabras de consuelo contribuyeron a la fortificación de mi espíritu.* **2** Protección de un lugar construyendo alguna obra para su defensa: *La amenaza enemiga hizo aconsejable la fortificación de la ciudad.* **3** Conjunto de obras hechas para esta protección: *Las fortificaciones que defendían la plaza eran tan sólidas que resistieron el bombardeo.*

fortificar v. **1** Dar fuerza o vigor, material o moralmente: *Los ejercicios de rehabilitación fortificaron sus músculos. El apoyo de los amigos fortificó su alma.* **2** Referido a un lugar, protegerlo o hacerlo más fuerte construyendo alguna obra para su defensa: *El ejército fortificó la aldea con fosos y alambradas.* ☐ ORTOGR. La *c* se cambia en *qu* delante de *e* →**SACAR.**

fortín s.m. Fortaleza o fuerte pequeño: *Esa torre es un fortín del enemigo.*

fortísimo, ma superlat. irreg. de **fuerte.**

fortuito, ta adj. Que sucede casualmente o sin esperarlo: *Hubo un choque fortuito entre dos jugadores y uno quedó lesionado.*

fortuna s.f. **1** Circunstancia o causa indeterminada a la que se atribuye un suceso bueno o malo: *Estuvimos muy cerca, pero no quiso la fortuna que nos encontráramos.* **2** Buena suerte: *Tuvimos fortuna y todo salió a pedir de boca. Por fortuna, el accidente no fue grave.* **3** Hacienda o gran cantidad de posesiones y riquezas: *Su fortuna personal alcanza una cantidad elevadísima. Tu sueldo a mí me parece una fortuna.* **4** Éxito o rápida aceptación: *Este libro tendrá fortuna entre los jóvenes.*

fórum (latinismo) s.m. →**foro.** ☐ MORF. Su plural es *fórums*. ☐ SINT. Se usa más en aposición, pospuesto a un sustantivo: *Asistimos a una sesión de cine fórum.*

forward (anglicismo) s.m. En un vídeo o en un casete, tecla que, al ser pulsada, hace girar rápidamente una cinta hacia adelante: *Dale al forward para oír la última canción de esta cara de la cinta.* ☐ PRON. [fórguar].

forzado, da adj. Poco natural o sin espontaneidad: *Su sonrisa forzada escondía una gran tristeza.*

forzar v. **1** Referido a un objeto, esp. a un mecanismo, hacerlo ceder o vencer su resistencia utilizando la fuerza: *Perdió la llave y tuvo que forzar la cerradura para entrar.* **2** Referido a una persona, obligarla a hacer algo contra su voluntad: *No quiero forzarte a comer si no te gusta.* **3** Referido a una persona, obligarla a mantener una relación sexual utilizando la fuerza o la violencia: *La joven dijo que los agresores la forzaron en un descampado.* **4** Referido esp. a una situación, someterla a una presión para intentar que sea o que evolucione de forma distinta a como lo haría normalmente: *Si fuerzas la situación, se podría desencadenar una crisis.* ☐ ORTOGR. La *z* se cambia en *c* delante de *e*. ☐ MORF. Irreg.: La *o* diptonga en *ue* en los presentes, excepto en las personas *nosotros* y *vosotros* →**FORZAR.** ☐ SINT. Constr. de la acepción 2: *forzar a alguien* A *hacer algo*.

forzoso, sa adj. Obligatorio, necesario o inevitable: *Es forzoso que todos arrimemos el hombro si queremos superar este bache.*

forzudo, da adj. Que tiene mucha fuerza física: *Levanta cincuenta kilos como si nada porque es muy forzudo.*

fosa s.f. **1** Hoyo cavado en la tierra para enterrar uno o más cadáveres: *La fosa estaba cubierta con una plancha de mármol con una cruz.* **2** En el cuerpo humano o en el de algunos animales, cavidad o hueco: *Las fosas nasales están separadas por el tabique nasal.* **3** En geología, zona hundida de la corteza terrestre o del fondo marino: *Las fosas tectónicas son depresiones alargadas limitadas por fallas paralelas elevadas. Algunas fosas marinas son más profundas que alto es el monte Everest.* **4** ‖ **fosa común.** Lugar en el que se entierran los cadáveres que no pueden enterrarse en una sepultura particular: *Lo enterraron en la fosa común, porque la familia no podía pagar una sepultura.*

fosfatina ‖ **hacer fosfatina.** *col.* Estropear, perjudicar o causar un gran daño: *Dio un martillazo sobre la mesa y la hizo fosfatina. Su cruel respuesta me hizo fosfatina.*

‖ **hecho fosfatina.** *col.* Referido a una persona, que está muy cansada, abatida o enferma: *El duro trabajo de la fábrica me deja hecha fosfatina.*

fosfato s.m. Sal formada por la combinación del ácido fosfórico con una o más bases: *Los fosfatos de potasio son abonos de gran rendimiento.*

fosforescente adj. Que tiene o produce un brillo luminoso que lo hace visible en la oscuridad: *Mi despertador tiene los números fosforescentes para poder ver la hora de noche.* □ MORF. Invariable en género. □ SEM. En la lengua coloquial se usa mucho la forma *fosforito.*

fosfórico, ca adj. Que contiene fósforo: *El ácido fosfórico se utiliza en la industria farmacéutica.*

fosforito adj. *col.* Fosforescente: *Siempre subrayo los apuntes con un rotulador amarillo fosforito.* □ MORF. Invariable en género.

fósforo s.m. **1** Elemento químico no metálico y sólido, de número atómico 15, que luce en la oscuridad sin desprendimiento apreciable de calor, y que es muy combustible y venenoso: *El fósforo se encuentra en los huesos y en otros componentes del organismo animal.* **2** Palito de madera, papel encerado u otro material, con un extremo recubierto de esta sustancia que se prende al frotarlo con ciertas superficies; *cerilla: Prende un fósforo para encender la vela.* □ ORTOGR. En la acepción 1, su símbolo químico es *P.*

fósil adj./s.m. Referido a una sustancia de origen orgánico, que está más o menos petrificada en las capas terrestres y que pertenece a una época geológica anterior: *En las excavaciones se encontraron numerosos restos fósiles. Los fósiles de los animales prehistóricos han aportado muchos datos sobre la evolución de la vida en la Tierra.* □ MORF. Como adjetivo es invariable en género.

fosilizarse v.prnl. Convertirse en fósil: *Se siguen encontrando restos de animales que se fosilizaron hace millones de años.* □ ORTOGR. La *z* se cambia en *c* delante de *e* →**CAZAR**.

foso s.m. **1** Hoyo grande y generalmente de forma alargada: *Cuando terminen de excavar el foso, empezarán a construir los cimientos del edificio.* **2** Excavación profunda y alargada que rodea una fortaleza: *El castillo está rodeado por un foso lleno de agua para dificultar la entrada.* **3** En un teatro, zona situada debajo del escenario y en la que suele colocarse la orquesta: *Los músicos ocuparon su lugar en el foso.* **4** En un garaje o en un taller mecánico, cavidad desde la que se arregla o se limpia más cómodamente la máquina colocada encima: *El mecánico se metió en el foso para revisar los bajos del coche.* **5** En deporte, lugar donde caen los saltadores de longitud y de triple salto después de realizar su ejercicio: *El saltador se hizo daño en el tobillo al caer en el foso.*

foto s.f. *col.* →**fotografía.**

foto- Elemento compositivo que significa 'luz' (*fotofobia, fotosensible, fotoquímica, fotómetro*) o indica relación con la fotografía (*fotogénico, fotocomposición, fotonovela*).

fotocomposición s.f. Técnica de componer textos, basada en un proceso fotográfico y en la que se prescinde de los tipos metálicos: *La fotocomposición es una técnica más avanzada que la impresión tradicional.*

fotocopia s.f. Reproducción que se hace de forma instantánea y sobre papel, mediante un procedimiento fotoeléctrico: *Hazme tres fotocopias del carné de identidad.*

fotocopiadora s.f. Máquina que sirve para hacer fotocopias: *De la reparación de la fotocopiadora se encarga el servicio de mantenimiento.*

fotocopiar v. Reproducir mediante fotocopiadora: *Voy a fotocopiar tus apuntes de clase.* □ ORTOGR. La *i* nunca lleva tilde.

fotoeléctrico, ca adj. **1** De la acción de la luz en ciertos fenómenos eléctricos, o relacionado con ella: *Al incidir algunas radiaciones luminosas sobre determinados cuerpos, se produce un efecto fotoeléctrico con desprendimiento de electrones.* **2** Referido a un aparato, que utiliza esta acción: *La puerta del ascensor se abre automáticamente gracias a una célula fotoeléctrica.*

foto finish s.f. ‖ →**photofinish.** □ PRON. [fotofínis].

fotogénico, ca adj. Que tiene buenas condiciones para ser fotografiado o para salir favorecido en las fotografías: *En todas las fotos sale bien, porque es muy fotogénica.*

fotografía s.f. **1** Arte o técnica de fijar y reproducir, por medio de reacciones químicas y en una superficie sensible a la luz, las imágenes que son recogidas en el fondo de una cámara oscura: *La fotografía se basa en la acción química de la luz.* **2** Reproducción obtenida por medio de esta técnica: *Me enseñó todas sus fotografías del verano.* **3** Representación o descripción hecha con mucho detalle y exactitud: *Todo el libro es una fotografía de su manera de pensar.* □ MORF. En la acepción 2, en la lengua coloquial se usa mucho la forma abreviada *foto.*

fotografiar v. Reproducir por medio de la fotografía: *He fotografiado a los niños que jugaban en el parque.* □ ORTOGR. La *i* lleva tilde en los presentes, excepto en las personas *nosotros* y *vosotros* →**VACIAR**.

fotográfico, ca adj. **1** De la fotografía o relacionado con ella: *Para obtener fotografías de calidad hay que utilizar un buen material fotográfico.* **2** Con la precisión de imagen u otras características propias de la fotografía: *Tengo una gran memoria fotográfica y recuerdo con todo detalle cómo venía y dónde estaba sentado cada uno.*

fotógrafo, fa s. Persona que se dedica a hacer fotografías, esp. si esta es su profesión: *Trabaja como fotógrafo en un importante periódico.*

fotograma s.m. Cada una de las imágenes que se suceden en una película cinematográfica: *Tengo un póster que reproduce un fotograma de la película.*

fotólisis o **fotolisis** s.f. Descomposición química de una sustancia por la acción de la luz: *La fotólisis es fundamental en la fotosíntesis.* □ MORF. Invariable en número.

fotolito s.m. Cliché fotográfico de un original que se utiliza en algunas formas de impresión, esp. en el huecograbado: *El fotolito se hace sobre un soporte transparente.*

fotomatón s.m. Cabina equipada convenientemente para hacer fotografías, generalmente de pequeño formato, y entregarlas en pocos minutos (por extensión del nombre de la marca comercial *Fotomatón®*): *Me hice las fotografías para el carné de conducir en un fotomatón porque no tenía mucho tiempo.*

fotomecánica s.f. Procedimiento de reproducción de imágenes que utiliza generalmente medios fotográficos: *En la actualidad, la fotomecánica utiliza el rayo láser para la lectura de la imagen.*

fotonovela s.f. Relato, generalmente de tema amoroso, formado por una sucesión de fotografías acompañadas de texto breve o de diálogos que permiten seguir el argumento: *Las fotonovelas suelen tener poca calidad literaria.*

fotoprotección s.f. Protección contra los efectos nocivos de la luz solar: *La fotoprotección es fundamental para evitar algunas enfermedades de la piel.*

fotoprotector, -a adj./s.m. Referido esp. a un producto cosmético, que protege de los efectos nocivos de la radiación solar: *He usado una crema fotoprotectora para tomar el sol. Uso un fotoprotector fuerte porque tengo la piel muy blanca.*

fotosíntesis s.f. Proceso metabólico de algunos organismos vegetales por el que estos sintetizan y elaboran sus propias sustancias orgánicas a partir de otras inorgánicas, utilizando la energía luminosa: *Las plantas que carecen de clorofila no pueden llevar a cabo la fotosíntesis.* ☐ MORF. Invariable en número.

fox terrier (anglicismo) adj./s. ‖ Referido a un perro, de la raza que se caracteriza por tener poca altura, el cráneo ancho, la cara pequeña, orejas lacias y pelaje generalmente de color blanco con manchas negras y castañas: *Los perros fox terrier suelen ser buenos cazadores de ratones. Existen dos variedades de fox terrier, una de pelo duro y otra de pelo liso.* ☐ MORF. 1. Como adjetivo es invariable en género. 2. Como sustantivo es de género común y exige concordancia en masculino o en femenino para señalar la diferencia de sexo: *el fox terrier, la fox terrier.* 👁 **perro**

foxtrot o **fox-trot** s.m. **1** Composición musical en compás de cuatro por cuatro, de ritmo cortado y alegre: *Del foxtrot se derivó posteriormente el charlestón.* **2** Baile de pareja que se ejecuta al compás de esta música y que consta de pasos rápidos y lentos: *El foxtrot se bailaba en Europa y América en los años veinte.* ☐ ORTOGR. Es un término del inglés (*fox-trot*) adaptado al español. ☐ MORF. Su plural es *foxtrots*.

frac s.m. Prenda masculina de etiqueta, semejante a una chaqueta, que por delante termina en dos picos y llega hasta la cintura y por detrás se prolonga en dos largos faldones, y que suele combinarse con un pantalón del mismo color: *El director de la orquesta iba de frac.* ☐ MORF. Su plural es *fracs*. ☐ SEM. Dist. de *chaqué* (prenda que a la altura de la cintura se abre por delante y se prolonga hacia atrás).

fracasado, da adj./s. Referido a una persona, que está desprestigiada a causa de sus fracasos o que ha tenido fracasos en los aspectos importantes de su vida: *Soñaba con ser una estrella de cine y hoy es solo un artista fracasado. Tantos tropiezos en su vida sentimental y en la profesional lo han convertido en un fracasado.*

fracasar v. **1** Tener un resultado adverso en lo que se hace: *Fracasó en los negocios y se arruinó.* **2** Referido a una pretensión, frustrarse o salir mal: *El proyecto fracasó por falta de medios económicos.*

fracaso s.m. Resultado adverso en lo que se hace o en lo que se intenta: *Su último libro fue un fracaso, porque apenas se vendió.*

fracción s.f. **1** Cada una de las partes en que se divide un todo y que se consideran de forma separada: *Una fracción del campo está sembrada de trigo.* **2** En matemáticas, expresión que indica las partes en que se ha dividido la unidad y las que se han tomado de ella; *número fraccionario, número quebrado: La fracción 3/4 indica que, de una unidad dividida en cuatro partes, se han tomado tres.*

fraccionar v. Dividir en fracciones o partes: *Los intereses particulares acabarán fraccionando la unidad del grupo. El bloque de piedra se ha fraccionado en tres grandes trozos.*

fraccionario, ria ▌adj. **1** De la fracción o relacionado con ella: *La moneda de 2 céntimos es una moneda fraccionaria del euro.* ▌s.m. **2** →**número fraccionario.**

fractura s.f. Rotura de un material sólido y resistente, esp. de un hueso: *Le han escayolado la pierna porque tiene una fractura de tibia.*

fracturar v. Referido a algo duro y resistente, esp. a un hueso, romperlo con violencia o con brusquedad: *Los cambios de temperatura pueden fracturar una roca. Al caerse, se le fracturó el fémur.*

fragancia s.f. Olor suave y agradable: *La fragancia de las rosas se extiende por el jardín.*

fragante adj. Que tiene o despide fragancia: *Las flores daban un olor fresco y fragante a toda la sala.* ☐ ORTOGR. Dist. de *flagrante*. ☐ MORF. Invariable en género.

fragata s.f. **1** Barco de guerra menor que el destructor y destinado generalmente a dar escolta: *Las fragatas suelen estar provistas de armas antisubmarinas y antiaéreas.* 👁 **embarcación 2** Barco de vela de tres palos, con plataformas en su parte alta y vergas o palos horizontales para sujetar las velas en todos ellos: *La fragata se empleaba antiguamente como barco de guerra.* **3** ‖ **fragata ligera.** Antiguo barco de guerra con tres palos y vela cuadrada, semejante a este, pero de menor tamaño; *corbeta: Enviaron dos fragatas ligeras para inspeccionar la zona.* 👁 **embarcación**

frágil adj. **1** Que se quiebra o se rompe con facilidad: *Ten cuidado al fregar la vajilla, porque es de una porcelana muy frágil.* **2** Débil, poco resistente o que se estropea con facilidad: *Dada la frágil situación económica, este no es momento para hacer inversiones.* ☐ MORF. Invariable en género.

fragilidad s.f. **1** Facilidad para romperse: *La fragilidad del cristal exige que se trate con mucho cuidado.* **2** Debilidad, escasez de resistencia o facilidad para estropearse: *La fragilidad de su salud preocupa a los médicos.*

fragmentación s.f. División en fragmentos o en trozos pequeños: *La invasión de los pueblos bárbaros produjo la fragmentación del Imperio romano en varias naciones.*

fragmentar v. Dividir en fragmentos o en partes pequeñas: *He mandado fragmentar el rubí para hacer con él dos pendientes. Algunas piedras arcillosas se fragmentan con facilidad.*

fragmentario, ria adj. **1** Del fragmento o relacionado con él: *La estructura fragmentaria de esta novela hace que parezca una sucesión de relatos.* **2** Incompleto o no acabado: *Sobre esos hechos solo poseemos datos fragmentarios.*

fragmento s.m. Trozo fragmentado o separado de un todo: *En la excavación se encontraron fragmentos de antiguas vasijas griegas. El escritor leyó fragmentos de su nueva novela.*

fragor s.m. Ruido o estruendo, esp. si es fuerte y prolongado: *Los niños sintieron miedo por el fragor de la tormenta.*

fragua s.f. Fogón o lugar donde se hace fuego y se calientan los metales para forjarlos: *El herrero calentaba en la fragua barras de hierro para forjar la verja.*

fraguar v. **1** Referido a una pieza de metal, forjarla o darle forma: *Los talleres toledanos fraguan hermosas espadas ornamentales.* **2** Referido esp. a un proyecto, idearlo o planearlo: *En aquella reunión se fraguó el proyecto de expansión comercial.* **3** Referido esp. a una idea, tener éxito o ser aceptada: *Sus ideas innovadoras no podían fraguar en una sociedad tan conservadora.* **4** Referido al cemento o a una masa semejante, trabarse y endurecerse de forma consistente en la obra en que han sido empleados: *Cuan-*

do fragüe la masa pondremos otra hilera de ladrillos. ☐ ORTOGR. 1. La *u* lleva diéresis cuando la sigue *e*. 2. La *u* permanece siempre átona →**AVERIGUAR**.

fraile s.m. Miembro de algunas órdenes religiosas: *La orden de los frailes franciscanos es mendicante.* ☐ MORF. Ante nombre propio de persona se usa la apócope *fray*.

frailecillo s.m. Ave de plumaje negro en el dorso y blanco en el pecho, con el pico grande, comprimido lateralmente y de color rojo, azul y amarillo, y que se alimenta de peces, crustáceos y moluscos: *Los frailecillos viven y anidan en grandes colonias.* ☐ MORF. Es un sustantivo epiceno y la diferencia de sexo se señala mediante la oposición *el frailecillo {macho/hembra}*.

frambuesa s.f. Fruto parecido a la fresa, pero un poco velloso, de color rojo más oscuro y sabor agridulce: *Con las frambuesas se hacen mermeladas y confituras.*

francachela s.f. *col.* Reunión de personas para comer y divertirse de forma ruidosa y desordenada: *Anoche estuvimos de francachela y nos acostamos cuando ya estaba amaneciendo.*

francés, -a ▮ adj./s. **1** De Francia (país europeo), o relacionado con ella: *La capital francesa es París. Los franceses se sienten muy orgullosos de su propia cultura.* ▮ adj./s.m. **2** Lengua románica de este y de otros países: *El francés es la segunda lengua de algunos países africanos.* **3** ‖ **a la francesa.** Referido a la forma de marcharse, sin despedirse: *No me enteré de cuándo se fue porque se marchó a la francesa.* ☐ MORF. 1. En la acepción 1, como sustantivo se refiere solo a las personas de Francia. 2. Cuando se antepone a otra palabra para formar compuestos, adopta la forma *franco-* o *galo-*.

franchute, ta s. *col.* Francés: *Me gusta mucho la actitud de los franchutes algunas situaciones.* ☐ USO Tiene un matiz humorístico y despectivo.

francio s.m. Elemento químico metálico y líquido, de número atómico 87, radiactivo, y cuyo núcleo es muy inestable: *El francio es un metal alcalino.* ☐ ORTOGR. Su símbolo químico es *Fr*.

franciscano, na ▮ adj. **1** Con la paciencia, la humildad u otras características que se consideran propias de san Francisco de Asís (fraile italiano): *El profesor explica una y otra vez la lección con una paciencia franciscana.* ▮ adj./s. **2** De la Orden de San Francisco de Asís (fraile italiano que fundó dicha orden a principios del siglo XIII), o relacionado con ella: *Los frailes franciscanos predican la humildad y la pobreza. Los franciscanos visten un sayo de color marrón.*

franco, ca ▮ adj. **1** Sincero, patente, claro o que no ofrece duda: *Seré franco contigo, pero luego no te ofendas. La situación económica se encuentra en franca decadencia.* **2** Sin obstáculos o impedimentos: *En esta casa siempre hubo entrada franca para los amigos.* **3** En economía, libre de impuestos o de contribución: *En un puerto franco se pueden depositar los productos importados del extranjero sin pagar impuestos.* ▮ adj./s. **4** De los pueblos germánicos que conquistaron la Galia (región del Imperio romano) y dieron nombre a la actual Francia (país europeo), o relacionado con ellos: *Los pueblos francos fueron unificados por Clodoveo. Los francos se fueron fusionando con la población galorromana.* ▮ s.m. **5** Unidad monetaria francesa y de otros países hasta la adopción del euro: *El franco dejó de ser válido en febrero del año 2002. El franco belga dejó de ser válido en febrero del año 2002.* **6** Nombre genérico que recibe la unidad monetaria de distintos países: *La moneda de Suiza es el franco suizo.* ☐ MORF. 1. Es la forma que adopta *francés* cuando se antepone a otra palabra para formar compuestos: *francófilo, francocanadiense*. 2. En la acepción 4, como sustantivo se refiere solo a las personas de esos pueblos germánicos.

francotirador, -a s. Persona que dispara sobre un blanco con gran precisión y desde un lugar oculto y alejado: *El autor del atentado fue un francotirador que estaba en la azotea del edificio.*

franela s.f. Tejido fino de lana o de algodón, ligeramente cardado por una de sus caras: *Las camisas de franela abrigan mucho.*

franja s.f. Superficie más larga que ancha y que se distingue del resto: *La bandera española está formada por dos franjas rojas y una amarilla.*

franquear v. **1** Referido esp. a algo que sigue un curso, abrirle paso o apartar lo que estorbe o impida dicho curso: *Varios soldados se adelantaron para franquear el avance de las tropas.* **2** Referido esp. a un lugar, pasar al otro lado de él o atravesarlo, esp. si se hace con esfuerzo o venciendo una dificultad: *Para llegar hasta la frontera, tuvieron que franquear las posiciones del enemigo.* **3** Referido a un envío postal, ponerle los sellos para enviarlo: *Para mandar una carta por correo, hay que franquearla primero.* ☐ ORTOGR. Dist. de *flanquear*.

franqueo s.m. **1** Colocación a un envío postal de los sellos necesarios para enviarlo por correo: *El franqueo de un paquete se hace en una oficina de correos.* **2** Cantidad que se paga por estos sellos: *El franqueo para envíos al extranjero ha subido.*

franqueza s.f. Sinceridad, claridad o falta de duda: *Dame tu opinión con franqueza y sin tapujos.*

franquicia s.f. Privilegio que se concede a una persona o a una entidad para que quede libre del pago de impuestos por introducir o sacar mercancías o por el aprovechamiento de un servicio público: *Los organismos oficiales gozan de franquicia postal y no tienen que pagar sus envíos por correo.*

franquismo s.m. Régimen político de carácter totalitario, implantado en el territorio español por el general Francisco Franco (militar que ejerció el poder entre 1939 y 1975): *El franquismo se apoyaba en un cuerpo teórico de derechas.*

frappé adj. →**granizado, da.** ☐ MORF. Invariable en género. ☐ USO Es un galicismo innecesario.

frasco s.m. Recipiente de cuello estrecho, más pequeño que una botella: *El frasco de la colonia tiene una forma muy bonita.*

frase s.f. **1** Conjunto de palabras que tiene sentido: *En el póster aparece una frase de un filósofo famoso.* **2** ‖ **frase hecha.** La que se usa coloquialmente y tiene una forma fija: *'A vivir, que son dos días' y 'que si quieres arroz, Catalina' son frases hechas.*

fraternal adj. Con el afecto, la confianza u otras características que se consideran propias de hermanos: *Se conocen desde niños y mantienen una relación fraternal.* ☐ MORF. Invariable en género.

fraternidad s.f. Buena relación o afecto entre hermanos o entre los que se tratan como tales: *Nos unía una relación, más que de amistad, de fraternidad.*

fraterno, na adj. De los hermanos o relacionado con ellos: *Su sentimiento fraterno era mayor hacia su hermano que hacia sus hermanas.*

fratricida adj./s. Que mata a un hermano: *Toda guerra*

civil acaba siendo un enfrentamiento fratricida. El fratricida mató a su hermano el rey para quedarse con el poder. □ PRON. Incorr. *[fratizida]. □ MORF. 1. Como adjetivo es invariable en género. 2. Como sustantivo es de género común y exige concordancia en masculino o en femenino para señalar la diferencia de sexo: *el fratricida, la fratricida*.

fratricidio s.m. Muerte dada a un hermano: *La Biblia cuenta el fratricidio cometido por Caín en la persona de Abel.* □ PRON. Incorr. *[fratizidio].

fraude s.m. Engaño con el que se perjudica a otro para beneficiarse uno mismo: *El fraude fiscal está penado con multas y penas de cárcel.*

fraudulento, ta adj. Que es engañoso o que supone un fraude: *Esa publicidad es fraudulenta, porque da una idea del producto que no se corresponde con la realidad.*

fray s.m. →**fraile.** □ MORF. Apócope de *fraile* ante nombre propio de persona.

frecuencia s.f. **1** Repetición de un acto o de un suceso: *Nos vemos con mucha frecuencia, porque somos muy amigas.* **2** Número de veces que algo se repite en un período de tiempo determinado: *La frecuencia de llegada de trenes en las horas punta es de un tren cada cinco minutos.* **3** En física, en un movimiento periódico, número de ciclos completos realizados en una unidad de tiempo: *La unidad de frecuencia es el hertzio, que equivale a un ciclo por segundo.* **4** ‖ **frecuencia modulada.** En una emisión radiofónica, tipo de modulación de las ondas sonoras con una alta calidad de sonido: *Con esta vieja radio no puedo sintonizar la frecuencia modulada.*

frecuentar v. **1** Referido a un lugar, ir a él con frecuencia: *Suele frecuentar los locales de moda.* **2** Referido a una persona, tratarla con frecuencia: *Desde que nos conoció, no ha dejado de frecuentarnos.*

frecuente adj. **1** Que se repite a menudo o de manera habitual: *Las averías de este viejo televisor son ya frecuentes.* **2** Que es usual, común o normal: *Hoy ya no es frecuente que una familia tenga más de dos hijos.* □ MORF. Invariable en género.

freelance o **free lance** (anglicismo) adj.inv./s. ‖ Que trabaja independientemente y por su cuenta, para después vender su trabajo: *Si ningún periódico lo contrata, está dispuesto a trabajar como periodista freelance. Cuando necesitan alguna traducción, la encargan fuera de la empresa a un freelance.* □ PRON. [frílans].

fregadero s.m. Pila provista de grifo y desagüe, generalmente instalada en la cocina, y que se utiliza para fregar: *Al terminar de comer, friego los cacharros en el fregadero.*

fregado s.m. **1** Limpieza que se hace restregando con un estropajo u otro utensilio empapados en agua y jabón o en otra sustancia: *El fregado del suelo de la cocina me lleva más de diez minutos.* **2** *col.* Asunto complicado o difícil: *¡En menudo fregado te has metido aceptando ese encargo!*

fregar v. Limpiar restregando con un estropajo u otro utensilio empapados en agua y jabón o en otra sustancia limpiadora: *Mientras tú friegas los platos, yo friego el suelo.* □ MORF. Irreg.: La *e* diptonga en *ie* en los presentes, excepto en las personas *nosotros* y *vosotros* →**PENSAR**.

fregona s.f. **1** Utensilio formado por un mango largo con un manojo de tiras de un tejido absorbente en uno de sus extremos, y que se usa para fregar el suelo: *La fregona permite fregar los suelos sin tener que arrodillarse.* **2** Criada que se ocupa de la cocina y de fregar: *Mi madre dice que está harta de ser la fregona de todos nosotros.* □ USO En la acepción 2, tiene un matiz despectivo.

freidora s.f. Electrodoméstico que sirve para freír productos alimenticios: *Las patatas se fríen antes en la freidora que en la sartén.* □ PRON. Incorr. *[freidera]. 👁 **electrodoméstico**

freiduría s.f. Establecimiento en el que se fríen alimentos, esp. pescado, para su venta: *Comimos calamares fritos en una freiduría.*

freír ▌v. **1** Referido a un alimento, cocinarlo poniéndolo al fuego en aceite o grasa hirviendo: *Fríe el filete en la sartén y con poco aceite.* **2** *col.* Referido a una persona, acribillarla o matarla a tiros: *Los soldados rodearon a los indios y los frieron.* **3** *col.* Mortificar o molestar mucho a alguien: *Los periodistas freían al ministro a preguntas.* ▌prnl. **4** *col.* Pasar mucho calor: *A esta hora, en la playa te fríes.* □ MORF. Irreg.: 1. Tiene un participio regular (*freído*), que se usa más en la conjugación, y otro irregular (*frito*), que se usa más como adjetivo. 2. Irreg. →**REÍR.** □ SINT. Constr. de la acepción 3: *freír a alguien A algo.*

fréjol s.m. **1** Planta leguminosa, con tallos delgados de unos tres metros de longitud, hojas grandes compuestas y acorazonadas, flores blancas y fruto en vainas verdes y aplastadas, terminadas en dos puntas: *Hemos plantado fréjoles en nuestro huerto.* **2** Fruto comestible de esta planta: *Estos fréjoles son tiernos y sin hebras.* □ SEM. Es sinónimo de *judía*.

frenar v. **1** Referido a un vehículo, moderar su marcha o pararlo con el freno: *El conductor no pudo frenar el coche y se salió de la curva. Frena un poco, que vamos demasiado deprisa.* **2** Referido esp. a una persona o a sus actos, moderarlos, contenerlos o detenerlos: *Frénate y no le digas nada, que es el jefe. Con la edad ha aprendido a frenar sus impulsos.*

frenazo s.m. Moderación de la marcha o detención bruscas, esp. las de un vehículo al echar el freno: *Dio un frenazo para no atropellar al peatón.*

frenesí s.m. **1** Exaltación violenta de una pasión o de un sentimiento: *Lo que siente por ella, más que amor, es frenesí.* **2** Locura o delirio exaltados: *Cuando se siente inspirado, trabaja con verdadero frenesí y se olvida hasta de comer.* □ MORF. Aunque su plural en la lengua culta es *frenesíes*, también se usa *frenesís*.

frenético, ca adj. **1** Delirante, enloquecido o poseído de frenesí: *¿Cómo puedes mantener un ritmo de trabajo tan frenético?* **2** Furioso, rabioso o muy enfadado: *Se pone frenético si no obedeces inmediatamente.*

frenillo s.m. Membrana que se forma en determinados puntos del organismo y que limita el movimiento de algún órgano: *No pronuncia bien porque tiene el frenillo de la lengua muy desarrollado.*

freno s.m. **1** Dispositivo que se usa para moderar o parar un movimiento: *Pisa el freno, que te van a poner una multa por exceso de velocidad.* **2** Lo que modera o detiene algo, esp. un proceso o un impulso: *La subida del precio del petróleo será un freno para el crecimiento industrial.* **3** Instrumento de hierro que se ajusta a la boca de un caballo para sujetarlo y dirigirlo; *bocado: El jinete detuvo al caballo con el freno después de saltar el obstáculo.* 👁 **arreos**

frente ▌s.f. **1** Parte superior de la cara, desde las cejas hasta el inicio del cuero cabelludo: *El flequillo le tapa toda la frente.* ▌s.m. **2** Parte delantera de algo: *Están restaurando el frente de la catedral.* **3** Zona o franja de terreno en las que luchan los ejércitos; *línea: Al iniciarse la guerra, lo reclutaron y lo enviaron al frente.* **4** En meteorología, línea teórica que separa dos masas de aire de diferentes características en su superficie, esp. en cuanto a la temperatura: *Un frente cálido avanza hacia la península.* **5** En política, coalición entre partidos u organizaciones: *Los partidos del frente democrático luchan en el exilio por la vuelta a la democracia.* **6** ‖ **al frente. 1** Al mando o en la dirección: *Está al frente del negocio desde que murió su padre.* **2** Hacia adelante: *Los voluntarios, que den un paso al frente.* ‖ **con la frente muy alta.** Sin avergonzarse o con la conciencia tranquila: *No me arrepiento de nada y me presentaré ante ellos con la frente muy alta.* ‖ **de frente. 1** Con ímpetu o sin rodeos: *Abordó el asunto de frente para atajar las habladurías.* **2** Hacia adelante: *Sigue de frente y tuerce a la derecha en la primera calle.* ‖ **en frente.** →**enfrente.** ‖ **frente a. 1** Ante o enfrente de: *Vivo frente a la iglesia.* **2** En oposición a, o en contra de: *Frente a los que dicen que no vale nada, a mí el cuadro me parece bueno.* ‖ **frente a frente. 1** De manera abierta y directa: *Hablemos frente a frente y terminemos con todas estas intrigas.* **2** En presencia y delante de otro: *Deberíamos vernos, porque estos asuntos hay que tratarlos frente a frente.* ‖ **hacer frente** a algo. Enfrentarse, oponerse o resistirse a ello: *No huyas de las dificultades y hazles frente.*

fresa ▌adj./s.m. **1** De color rojo, semejante al del fruto de la fresa: *Se compró un jersey de un color fresa muy alegre. El color de la tela era un fresa tirando a rojo.* ▌s.f. **2** Planta herbácea, de tallos rastreros, hojas compuestas y flores blancas o amarillas, que da un fruto rojo, comestible y muy sabroso, formado por una agrupación de pequeños granos: *Hemos plantado fresas en el jardín.* **3** Fruto de esta planta: *La tarta era de nata y fresas.* **4** Herramienta con una serie de cuchillas y buriles que, al girar, perforan, alisan o labran piezas de metal: *Para hacer tornillos utilizan una fresa.* □ MORF. Como adjetivo es invariable en género.

fresca s.f. Véase **fresco, ca.**

frescales s. *col.* Fresco o descarado: *Ten cuidado con ese frescales porque se toma demasiadas confianzas.* □ MORF. 1. Es de género común y exige concordancia en masculino o en femenino para señalar la diferencia de sexo: *el frescales, la frescales.* 2. Invariable en número.

fresco, ca ▌adj. **1** Que tiene una temperatura moderada o agradablemente fría: *En mi casa, el agua del grifo sale fresca.* **2** Referido esp. a un alimento, que acaba de ser obtenido o que no está curado: *Hay lechugas frescas de la huerta. El tocino fresco le da buen sabor al cocido.* **3** Referido a un alimento, que no está congelado: *Aunque sea más cara, prefiero que compres la merluza fresca.* **4** Referido esp. a una prenda de vestir o a una tela, que no da calor o que es ligera y delgada: *Esta camisa de seda es muy fresca.* **5** Referido esp. a un olor, que es suave y refrescante: *En verano utilizo una colonia muy fresca.* **6** Referido esp. a una pintura, que aún no se ha secado: *No toques la puerta porque la pintura está fresca y te vas a manchar.* **7** Referido esp. a un acontecimiento, que acaba de suceder o que es inédito: *Me pasé por allí y traigo noticias frescas.* **8** Espontáneo o sin artificio: *Tiene un estilo fresco y natural.* **9** Que es joven y sano o que no ha empezado a deteriorarse físicamente: *Tiene cuarenta años, pero conserva una belleza fresca y lozana.* **10** Referido a una persona, que está descansada y no da muestras de fatiga: *Prefiero trabajar por las mañanas porque estoy más fresca y despejada.* **11** Referido a una persona, que está tranquila o que no se inmuta: *La vi después de la riña, pero estaba tan fresca.* ▌adj./s. **12** Referido a una persona, que es descarada o desvergonzada: *Es tan fresca que todavía no me ha devuelto el libro que le presté. Es un fresco, porque no quiere trabajar y vive a costa de su hermana.* ▌s.m. **13** Frío moderado: *Me voy a llevar una chaqueta porque por las noches ya hace fresco.* **14** Pintura que se hace en paredes y techos con colores disueltos en agua de cal y extendidos sobre una capa de estuco sin secar: *Esa iglesia tiene unos bonitos frescos pintados por Goya.* ▌s.f. **15** Frío moderado o agradable de las primeras o de las últimas horas del día: *Cortaré el césped con la fresca, porque a mediodía hace demasiado calor.* **16** *col.* Lo que se dice con descaro o insolencia y resulta molesto u ofensivo: *Como vuelva a meterse conmigo, le voy a decir cuatro frescas.* **17** ‖ **al fresco.** A la intemperie durante la noche; *al sereno: Le cerraron la puerta y tuvo que pasarse la noche al fresco.* ‖ **estar fresco.** *col.* Expresión que se usa para indicar que alguien tiene esperanzas que no se van a realizar: *¡Está fresco si piensa que le voy a volver a ayudar!* ‖ **traerle** a alguien algo **al fresco.** *col.* No importarle: *Me trae al fresco que venga.*

frescor s.m. Temperatura moderada o agradablemente fría: *El frescor de la brisa acariciaba su cara.*

frescura s.f. **1** Temperatura moderada o agradablemente fría: *Después de la tormenta se nota la frescura en el ambiente.* **2** Aspecto joven y sano, que no ha empezado a deteriorarse: *Su rostro sigue conservando la frescura de los veinte años.* **3** Propiedad de los alimentos que están recién obtenidos o sin curar: *Cuando las hortalizas llegan al mercado, ya han perdido gran parte de su frescura.* **4** Aroma suave y refrescante: *Me gusta la frescura de este perfume.* **5** Descaro, desvergüenza o desenfado: *Tuvo la frescura de comerse todos los pasteles que me habían regalado.*

fresno s.m. Árbol con abundantes ramas, de hojas caducas, tronco grueso y corteza grisácea, cuya madera blanca es muy apreciada por su elasticidad: *La madera del fresno se emplea en la fabricación de muebles.*

fresón s.m. Fruto parecido a una fresa, de mayor tamaño y de sabor más ácido: *De postre tomaremos fresones con nata.*

fresquera s.f. Mueble o espacio situados en un lugar fresco y ventilado, en los que se conservan los alimentos: *Guarda la fruta en la fresquera.*

fresquilla s.f. Variedad del melocotón, generalmente más pequeña y más jugosa que este: *Como estaban tan caros los melocotones, he comprado fresquillas.*

frialdad s.f. **1** Sensación que proviene de la falta de calor: *La frialdad en manos y pies puede deberse a un problema circulatorio.* **2** Indiferencia o falta de interés o de reacción en la forma de actuar: *Nos recibió con frialdad y sin la menor muestra de afecto.*

fricativo, va ▌adj. **1** En lingüística, referido a un sonido consonántico, que se articula de forma que el aire pasa rozando el canal de la boca: *En español, el sonido de la ese y el de la jota son fricativos.* ▌s.f. **2** Letra que representa este sonido: *La 'f' es una fricativa.*

fricción s.f. **1** Frotamiento de una superficie repetidas veces y con fuerza: *Unas buenas fricciones con estas manos de santo, y verás cómo se te pasa el dolor.* **2** Roce de dos superficies en contacto: *La fricción del viento sobre el*

a b c d e f g h i j k l m n ñ o p q r s t u v w x y z

coche hace disminuir la velocidad de este. **3** Enfrentamiento o desacuerdo entre personas: *Alguna fricción debe de haber habido entre ellos, porque no se hablan.* ☐ MORF. La acepción 3 se usa más en plural.

friccionar v. Frotar o dar friegas: *El masajista le friccionó los músculos con alcohol para relajarlos.*

friega s.f. Fricción o masaje dados sobre una parte del cuerpo, generalmente con alguna sustancia y con fines curativos: *Las friegas de alcohol son buenas para bajar la fiebre.*

friegaplatos s.m. *col.* Lavavajillas: *He comprado un nuevo detergente para el friegaplatos.* ☐ MORF. Invariable en número.

frígido, da adj. Referido a una persona, insensible a la excitación: *Un problema psicológico puede hacer que una persona se vuelva frígida.*

frigio, gia adj./s. De la antigua Frigia (región situada en el noroeste asiático), o relacionado con ella: *La cultura frigia supuso un centro de contacto entre las culturas orientales y el mundo griego. Entre los frigios, la diosa Cibeles simbolizaba la Tierra y su poder.* ☐ MORF. Como sustantivo se refiere solo a las personas de la antigua Frigia.

frigorífico, ca ▌adj. **1** Que produce frío o que mantiene algo frío: *El pescado se transporta en camiones y vagones frigoríficos.* ▌s.m. **2** Electrodoméstico que sirve para conservar fríos los alimentos y las bebidas; *nevera*: *Mete la leche en el frigorífico para que no se estropee.* 👁 **electrodoméstico**

frijol o **fríjol** s.m. En algunas zonas, judía: *Cuando estuve en México, comí unos frijoles riquísimos.*

frío interj. Expresión que se usa para indicar a alguien que está lejos de encontrar lo que busca: *Frío, frío, que por ahí no está.*

frío, a ▌adj. **1** Con temperatura inferior a la normal o a la conveniente: *En verano, desayuno leche fría. Los días fríos se queda en casa.* **2** Que produce sensación de frialdad o que no conserva el calor: *Este pantalón de viscosa es muy frío.* **3** Referido a una persona, que es poco afectuosa o que se muestra indiferente ante estímulos y sensaciones: *Es una mujer fría, distante y muy seria.* **4** *col.* Sin pasión o sin mostrar emoción o afecto: *Para atajar el problema debes actuar de forma fría y contundente. No me gusta este pintor porque sus cuadros son fríos y cerebrales.* **5** Referido a un color, que tiene como base el azul: *Los colores fríos suelen producir efectos sedantes.* ▌s.m. **6** Sensación que experimenta el cuerpo con una bajada de temperatura: *Se puso una chaqueta porque tenía frío.* **7** Temperatura ambiental baja: *En invierno suele hacer frío y en verano, calor.* **8** ‖ **en frío. 1** Sin estar bajo la presión del momento o de las circunstancias: *No quiero que me contestes ahora, es una decisión importante que debes tomar en frío.* **2** *col.* Sin preparación: *Tuvo que dar el discurso en frío.* ‖ **quedarse frío.** Quedarse sorprendido o sin capacidad de reacción: *Se quedó frío cuando le diste esa contestación tan brusca.*

friolero, ra ▌adj. **1** Muy sensible al frío: *Es tan friolero que hasta en el mes de agosto duerme con edredón.* ▌s.f. **2** *col.* Gran cantidad de algo, esp. de dinero: *Ese diamante cuesta la friolera de cien mil euros.*

friqui s.m. En fútbol, lanzamiento directo, a balón parado, en castigo por una falta hecha cerca del área: *El único gol del partido fue de friqui.*

frisar v. Referido a una edad, acercarse o aproximarse a ella: *Su padre frisa los sesenta, aunque parece más joven.*

friso s.m. **1** En la arquitectura clásica, franja decorativa horizontal que forma parte del entablamento y que está situada entre el arquitrabe y la cornisa: *El friso de los templos dóricos está dividido en triglifos y metopas.* **2** Banda o franja horizontal que suele instalarse o pintarse en la parte inferior de las paredes; *rodapié, zócalo*: *Hemos puesto un friso de granito, porque el mármol es más caro.*

frisón, -a adj./s. Referido a un caballo, que pertenece a una raza caracterizada por tener las patas y los pies fuertes y anchos, y el pelaje negro: *Los caballos frisones proceden de la región europea de Frisia. Los frisones tienen las crines y la cola muy largos.*

fritada s.f. →**fritura.**

frito, ta ▌**1** part. irreg. de **freír.** ▌adj. **2** *col.* Profundamente dormido: *Después de comer, se quedó frito en el sillón.* **3** *vulg.* Muerto: *El atracador le metió un tiro y lo dejó frito.* ▌s.m. **4** Alimento cocinado al fuego con aceite o grasa hirviendo: *Le gusta echar tomate a todos los fritos.* ☐ SINT. Las acepciones 2 y 3 se usan más con los verbos *quedarse* y *estar.* ☐ USO En la acepción 1, se usa más como adjetivo, frente al participio regular *freído*, que se usa más en la conjugación.

fritura s.f. Conjunto de alimentos fritos; *fritada*: *Pedimos una cerveza y una fritura de pescado.*

frivolidad s.f. Ligereza o falta de profundidad y de seriedad, esp. en el comportamiento: *No se puede hablar de problemas tan graves con esa frivolidad.*

frívolo, la ▌adj. **1** Ligero, superficial o de poca importancia: *Con ese chico solo se puede hablar de temas frívolos.* ▌adj./s. **2** Referido a una persona o a su comportamiento, que manifiestan inconstancia, despreocupación o ligereza: *Esa gente frívola y despreocupada está bien para una fiesta, pero nada más. No creas que porque no pare de reírse es un frívolo.*

fronda s.f. Conjunto de hojas o de ramas que forman una espesura: *La fronda que hay en la orilla del río proporciona una agradable sombra.* ☐ SEM. No debe emplearse con el significado de *arboleda*: *Dimos un paseo por la {*fronda › arboleda} del pueblo.*

frondoso, sa adj. **1** Referido a una planta, esp. a un árbol, abundante en hojas y ramas: *Nos sentamos a comer bajo un frondoso castaño.* **2** Referido a un lugar, que tiene gran abundancia de árboles que forman espesura: *Lo que más me gusta de este pueblo es el frondoso bosque que lo rodea.*

frontal ▌adj. **1** De la frente o relacionado con ella: *Tiene una cicatriz en la zona frontal de la cara.* **2** Del frente o parte delantera de algo, o relacionado con él: *La fachada frontal del edificio es de estilo rococó.* **3** Referido esp. a un enfrentamiento, que se produce de forma abierta y directa: *Esta huelga supone un ataque frontal a la política económica del Gobierno.* ▌s.m. **4** →**hueso frontal.** 👁 **cráneo** ☐ MORF. Como adjetivo es invariable en género.

frontera s.f. **1** Límite entre dos Estados: *España tiene fronteras con Francia, Portugal y Marruecos.* **2** Límite o fin de algo: *¿Quién sabe dónde está la frontera entre el bien y el mal?* ☐ MORF. La acepción 2 se usa más en plural.

fronterizo, za adj. **1** De la frontera o relacionado con ella: *Hay varias aduanas a lo largo de la línea fronteriza.* **2** Referido a un lugar, esp. a un país, que tiene frontera con otro: *Portugal es un país fronterizo con España.*

frontis s.m. Fachada o parte delantera de algo: *En el frontis de la casa hay una inscripción con la fecha en que se terminó.* ☐ MORF. Invariable en número.

frontispicio s.m. **1** Fachada o parte delantera de algo, esp. de un edificio: *En el frontispicio del palacio aparecía esculpido el escudo familiar.* **2** Frontón o remate triangular de una fachada: *Los templos griegos y romanos estaban coronados por un frontispicio.*

frontón s.m. **1** Edificio o lugar dispuesto para jugar a la pelota vasca y a otros juegos semejantes: *Casi todos los pueblos vascos tienen un frontón.* **2** En arquitectura, remate triangular o curvo que se coloca sobre fachadas, pórticos, puertas o ventanas: *El interior del frontón se llama 'tímpano'.*

frotación s.f. →**frotamiento.**

frotamiento s.m. Pasada de algo sobre una superficie, repetidamente y con fuerza; *frotación: Una forma de sacar brillo a algunos metales es mediante frotamiento.*

frotar v. Referido a una superficie, pasar algo sobre ella repetidas veces y con fuerza: *Frótame la espalda con la esponja.*

fructífero, ra adj. Que produce fruto: *Mis gestiones han sido muy fructíferas y el problema ya está resuelto.*

fructificar v. **1** Referido a una planta, dar fruto: *El peral ya ha fructificado y pronto podremos coger las peras.* **2** Producir utilidad o dar buenos resultados: *Si las conversaciones de paz fructifican, pronto acabará la guerra.* ☐ ORTOGR. La *c* se cambia en *qu* delante de *e* →**SACAR**.

fructuoso, sa adj. Que da fruto o que produce provecho o utilidad: *Tras unas fructuosas investigaciones, el detective descubrió al asesino.*

frugal adj. **1** Moderado en la comida y en la bebida: *Desde que estuvo enfermo se ha vuelto muy frugal en la mesa.* **2** Moderado o poco abundante, esp. referido a la comida: *Con un desayuno tan frugal, no podrás rendir toda la mañana.* ☐ MORF. Invariable en género.

frugívoro, va adj. Referido a un animal, que se alimenta de frutos: *El tucán es un ave frugívora.* 👁 **pico**

fruición s.f. Goce o placer intenso: *La madre leía con fruición las cartas que le enviaban sus hijos.*

frunce s.m. Pliegue o conjunto de pliegues pequeños y paralelos que se hacen en una superficie, esp. en una tela o en un papel; *fruncido: Hazle unos frunces a la falda para que se te ajuste mejor.*

fruncido s.m. →**frunce.**

fruncir v. **1** Referido esp. a la frente o a las cejas, arrugarlas en señal de sorpresa, de enfado o de preocupación: *Cuando la regañan, frunce el entrecejo y se va a su cuarto sin decir nada.* **2** Referido esp. a una tela o a un papel, hacerles frunces o pliegues pequeños y paralelos: *Frunce la parte de abajo de las mangas para que te queden ajustadas al brazo.* ☐ ORTOGR. La *c* se cambia en *z* delante de *a*, *o* →**ESPARCIR**.

fruslería s.f. Lo que se considera sin importancia o de poco valor; *tontería: Cómprale cualquier fruslería al niño para que se calle.*

frustración s.f. **1** Fracaso en el intento de obtener determinado resultado: *Aquel accidente supuso la frustración de todos sus sueños.* **2** En psicología, situación personal causada por la imposibilidad de satisfacer una necesidad física o espiritual: *La frustración suele provocar un estado de angustia o de depresión.*

frustrar v. **1** Referido a una persona, dejarla sin lo que esperaba o producirle un sentimiento de frustración: *Cada propuesta que me niegas me frustra un poco más. Inténtalo de nuevo y no te frustres tan pronto.* **2** Referido esp. a un proyecto, hacer que fracase o malograrlo: *La lluvia frustró nuestros planes de salir al campo. El atraco se frustró por la llegada de la policía.*

fruta s.f. **1** Fruto comestible de algunas plantas: *La piña y el plátano son frutas tropicales.* **2** ‖ **fruta de sartén.** Dulce hecho con una masa que se fríe: *Los pestiños son un tipo de fruta de sartén.*

frutal ▮ adj. **1** De la fruta o relacionado con ella: *Decoraron la mesa con adornos frutales.* ▮ adj./s.m. **2** Referido a una planta, esp. a un árbol, que produce fruta: *El peral y el manzano son árboles frutales. El vendaval echó a perder los frutales del huerto.* ☐ MORF. Como adjetivo es invariable en género.

frutería s.f. Establecimiento donde se vende fruta: *Ya hay fresas en la frutería.*

frutero, ra ▮ s. **1** Persona que se dedica a la venta de frutas: *El frutero me vendió un melón jugosísimo.* ▮ s.m. **2** Recipiente para colocar o para servir la fruta: *Hemos comprado un frutero de cristal muy bonito.*

frutícola adj. De la fruta, de su cultivo y comercialización, o relacionado con ellos: *La economía de esta región se basa en la actividad frutícola.* ☐ MORF. Invariable en género.

fruto s.m. **1** Producto del desarrollo del ovario fecundado de una flor, en el que están contenidas las semillas, y que está formado por envolturas protectoras de diversos tipos: *Todas las frutas son frutos, pero frutos como las almendras o las nueces no son frutas.* **2** Respecto de una pareja o de una mujer, su hijo: *Los padres contemplaban orgullosos el fruto de su amor.* **3** Producto de las plantas y de la tierra: *La tierra nos da sus frutos como recompensa al trabajo realizado.* **4** Producto o resultado obtenido: *Este libro es el fruto de tres años de trabajo.* **5** Utilidad y provecho: *Aprende a sacar fruto de tus experiencias.* **6** ‖ **fruto prohibido.** Lo que no está permitido hacer o usar: *Los pasteles son fruto prohibido para mí, mientras siga con la dieta.* ‖ **fruto seco.** El que carece de jugo, naturalmente o por haber sido desecado para favorecer su conservación, esp. referido a los que tienen cáscara dura y no son carnosos: *Las avellanas y los cacahuetes son frutos secos.*

fu ‖ **ni fu ni fa.** *col.* Expresión que se utiliza para indicar que algo resulta indiferente o que no se considera ni bueno ni malo: *Cuando le pregunté si le había gustado el libro me dijo que ni fu ni fa, que era una novela de tantas.*

fuagrás s.m. Pasta comestible que se elabora con el hígado de algunos animales: *Untaron unos canapés con fuagrás y otros con mantequilla.* ☐ MORF. Su plural es *fuagrases*. ☐ USO Es un galicismo (*foie gras* o *foie-gras*) adaptado al español.

fucsia ▮ adj./s.m. **1** De color rosa fuerte: *Se ha comprado una laca de uñas fucsia. El fucsia es un color muy alegre.* ▮ s.f. **2** Arbusto con hojas ovales y flores colgantes en forma de campanillas que tienen este color: *La fucsia es una planta originaria de América del Sur.* ☐ MORF. Como adjetivo es invariable en género.

fuego s.m. **1** Calor y luz que se desprenden de la combustión de un cuerpo: *Siéntate al fuego para calentarte.* **2** Materia en combustión que arde con o sin llama: *Preparamos un fuego para hacer la comida.* **3** Esta materia, cuando es de grandes proporciones y destruye lo que no está destinado a arder; *incendio: Los bomberos apagaron un fuego que se declaró en el garaje.* **4** Disparo de un arma de fuego: *El policía hizo fuego y los atracadores salieron huyendo.* **5** Ardor, pasión o entusiasmo de un senti-

a b c d e f g h i j k l m n ñ o p q r s t u v w x y z

miento: *El fuego de la rabia lo devoraba por dentro.* **6** En una cocina moderna, cada uno de los puntos que da lumbre: *Mi cocina tiene tres fuegos de gas y uno eléctrico.* **7** ‖ **abrir fuego.** Empezar a disparar: *Abrieron fuego contra el enemigo.* ‖ **alto el fuego.** Suspensión momentánea o definitiva de las acciones militares en un enfrentamiento bélico: *Los dos ejércitos negociarán un alto el fuego para celebrar unas conversaciones de paz.* ‖ **{atizar/avivar} el fuego.** *col.* Fomentar una contienda o una discordia: *Tus palabras solo sirvieron para avivar el fuego y empeorar las cosas.* ‖ **echar fuego por los ojos.** Manifestar gran furor o ira: *La discusión fue a más y los dos hombres echaban fuego por los ojos.* ‖ **entre dos fuegos.** En medio de dos bandos enfrentados o con opiniones distintas: *Al enfrentarse entre sí los directivos de la empresa, los trabajadores se quedaron entre dos fuegos.* ‖ **fuegos {artificiales/de artificio}.** Cohetes y otros artificios de pólvora que producen detonaciones y luces de colores, y que se hacen como espectáculo: *La verbena terminó con una traca y otros fuegos artificiales.* ‖ **jugar con fuego.** Realizar, por diversión, algo peligroso o que puede causar un daño: *No respetar las señales de circulación es jugar con fuego.* □ USO En el ejército se usa para mandar a la tropa disparar las armas de fuego: *Los soldados dispararon cuando el sargento gritó: '¡Fuego!'.*

fuel s.m. Producto combustible líquido, obtenido por refinado y destilación del petróleo natural, y que generalmente se utiliza para la calefacción y en las centrales térmicas; *fuel oil: La calefacción del edificio funciona con fuel.*

fuelle s.m. **1** Utensilio que sirve para aspirar el aire del exterior y expulsarlo con fuerza en una dirección determinada, y que generalmente está formado por una caja de laterales flexibles o plegados: *Aviva el fuego de la chimenea con el fuelle.* **2** En algunos instrumentos musicales, dispositivo que produce y gradúa la presión del aire para hacer vibrar los elementos sonoros: *El fuelle del acordeón se maneja de forma manual.* **3** *col.* Capacidad respiratoria y de resistencia física de una persona: *Este jugador no es muy rápido, pero tiene mucho fuelle y aguanta bien todo el partido.*

fuel oil (anglicismo) s.m. →**fuel.**

fuente s.f. **1** Manantial de agua que brota de la tierra: *He bebido agua de la fuente que hay entre esas rocas.* **2** Construcción que permite hacer salir el agua por uno o más caños: *En los jardines había preciosas fuentes escultóricas.* **3** Principio, fundamento u origen de algo: *El carbón y el petróleo son fuentes de energía.* **4** Documento, material o medio que proporcionan información o inspiración: *Para hacer su tesis ha consultado numerosas fuentes.* **5** Recipiente grande, generalmente de forma ovalada, que se usa para servirlos alimentos: *Coloca la fuente con el asado en el centro de la mesa.* □ MORF. La acepción 4 se usa más en plural.

fuera ▮ adv. **1** Hacia la parte exterior o en el exterior: *Sal fuera un momento, por favor. Has dejado la leche fuera de la nevera. En verano viene al pueblo mucha gente de fuera.* **2** No comprendido entre unos límites o no incluido en cierta actividad: *Presentó la instancia fuera de plazo y no se la admitieron. Nos dejaron fuera del negocio para no repartir las ganancias con nosotros.* ▮ interj. **3** Expresión que se usa para ordenar a alguien retirarse de un lugar; *afuera: ¡Fuera, que nadie me moleste!* **4** ‖ **fuera de.** Con excepción de: *Fuera de esos pequeños fallos, todo estaba bien.* ‖ **fuera de sí.** Referido a una persona, sin control sobre sí misma o muy alterada: *Estaba fuera de sí y no podía dejar de llorar.* □ SINT. 1. Precedido de la preposición *a*, se escribe como una sola palabra: *Id a jugar afuera.* 2. A diferencia de *afuera*, *fuera* no admite gradación; incorr. **más fuera*. □ USO En la acepción 3, lo usa el público en espectáculos y reuniones para expresar desaprobación: *Los espectadores gritaban al árbitro: '¡Fuera!, ¡fuera!'.*

fueraborda ▮ s.m. **1** Motor provisto de una hélice, que se coloca en la parte posterior y exterior de una embarcación: *Se acabó la gasolina del fueraborda y tuvimos que volver remando. Tengo un barco fueraborda y un velero.* ▮ s. **2** Embarcación provista de este tipo de motor: *Dimos un paseo por el mar en una fueraborda.* □ MORF. En la acepción 2, es de género ambiguo y admite concordancia en masculino y en femenino sin cambiar de significado: *{el/la} fueraborda {nuevo/nueva}.* □ SINT. En la acepción 1, se usa en aposición, pospuesto a un sustantivo.

fuero s.m. **1** En la Edad Media, ley que el monarca otorgaba a un territorio o a una localidad: *Los fueros de las ciudades medievales recogían los privilegios concedidos a sus habitantes.* **2** Conjunto de privilegios y de derechos concedidos a un territorio o a una persona: *Los diputados y senadores gozan de un fuero que prohíbe que sean juzgados sin autorización del Congreso o del Senado.* **3** Obra que reúne una serie de leyes: *El llamado 'Fuero Juzgo' contenía las leyes romanas y visigodas.* **4** Autoridad o poder al que corresponde juzgar un caso: *Los casos de divorcio deben someterse al fuero civil y los de nulidad de matrimonio, al fuero eclesiástico.* **5** ‖ **fuero {interior/interno}** de alguien. Su propia conciencia: *No lo reconoce, pero en su fuero interno sabe que se equivocó.*

fuerte ▮ adj. **1** Que es robusto, corpulento y con mucha fuerza: *Sus fuertes músculos son capaces de levantar grandes pesos. El muy presumido dice que no está gordo, sino fuerte.* **2** Que es resistente y no se daña ni se estropea con facilidad: *Para andar por el monte utilizo un calzado fuerte.* **3** Que tiene ánimo o valentía: *Tienes que ser fuerte y no rendirte ante las adversidades.* **4** De características o efectos muy intensos, vivos o eficaces: *Siento fuertes dolores de tripa. Ha decorado la habitación con colores fuertes. El cocido es una comida muy fuerte.* **5** Asombroso, excesivo o que tiene gran importancia: *Me dijo cosas muy fuertes que me dolieron. Maneja fuertes sumas de dinero.* **6** Que tiene solidez, poder o autoridad: *Su posición en la empresa es muy fuerte y, si te enfrentas a él, saldrás mal parado.* **7** Firme, sujeto o apretado de forma que no se puede quitar, o que es difícil de mover: *No puedo deshacer el nudo porque está muy fuerte.* **8** Que tiene capacidad de impactar, esp. por reflejar con gran realismo situaciones inmorales o violentas: *La película tenía escenas tan fuertes que tenía que taparme los ojos.* **9** Referido al carácter de una persona, que se irrita y se enfada con facilidad: *Tiene un genio muy fuerte, pero enseguida se le pasan los enfados.* **10** Referido a un lugar, que está protegido con obras de defensa para resistir los ataques del enemigo: *La muralla y los torreones hacían de la ciudad una verdadera plaza fuerte.* **11** Referido a un material, que es duro y difícil de labrar o de trabajar: *Para hacer este trabajo no se puede usar esta madera tan fuerte.* ▮ s.m. **12** Lugar o recinto fortificados: *Los indios atacaban el fuerte de los soldados.* **13** Actividad o conocimiento en el que destaca una persona: *Su fuerte son las matemáticas.* ▮ adv. **14** Con fuerza o con intensidad: *Está lloviendo fuerte.* **15**

Mucho o con exceso: *Almorzad fuerte porque volveremos tarde a casa.* **16** ‖ **estar muy fuerte en** algo. Saber mucho de ello: *Está muy fuerte en ortografía y rara vez comete una falta.* ‖ **hacerse** alguien **fuerte. 1** Protegerse en un lugar construyendo obras de defensa: *Los guerrilleros se hicieron fuertes en las montañas.* **2** Resistirse a ceder en algo: *El dueño se ha hecho fuerte y no hay quien le convenza para que nos venda la casa.* ☐ MORF. Como adjetivo: 1. Es invariable en género. 2. Sus superlativos son *fuertísimo* y *fortísimo*.

fuerza ▌s.f. **1** Capacidad para realizar un esfuerzo, para soportar una presión o para mover algo que ofrezca resistencia: *El motor de un camión tiene mucha fuerza. Cuando estuvo enfermo, se quedó sin fuerzas.* **2** Aplicación de esta capacidad: *Tira de la soga con fuerza. Tuve que hacer fuerza para abrir la puerta, porque se había encajado.* **3** En física, causa capaz de modificar la forma o el estado de reposo o de movimiento de un cuerpo: *La unidad de fuerza en el Sistema Internacional es el newton.* **4** Violencia física: *Si no me das buenas razones, por la fuerza no conseguirás nada.* **5** Capacidad para impactar o para producir un efecto: *Escribe artículos muy interesantes y con mucha fuerza. Sus argumentos tienen la suficiente fuerza para convencerme.* **6** Intensidad con que se manifiesta algo: *La fuerza de su amor era tan grande que lo dejó todo por él.* **7** Energía eléctrica aplicada a usos industriales o domésticos: *Si vas a instalar tantos ordenadores, necesitas contratar más fuerza.* ▌pl. **8** Conjunto de tropas militares y de su equipamiento: *El ejército desplegará más fuerzas de ataque en la frontera.* **9** Conjunto de personas que comparten y defienden unidas una misma ideología o unos mismos intereses: *Todas las fuerzas políticas condenaron el atentado terrorista.* **10** ‖ **a fuerza de.** Seguido de un sustantivo o de un verbo, empleando con insistencia lo que estos indican: *Todo lo ha conseguido a fuerza de mucho trabajo.* ‖ **a la fuerza** o **por fuerza. 1** Violentamente o contra la voluntad de alguien: *Yo no quería, pero me hicieron venir a la fuerza.* **2** Por necesidad: *Tienes que aceptar por fuerza, ya que no hay otra opción.* ‖ **fuerza bruta.** La que se aplica sin derecho o sin inteligencia: *Si usaras más la cabeza y menos la fuerza bruta, todo te resultaría más fácil.* ‖ **fuerza de voluntad.** Capacidad de una persona para imponerse esfuerzos y obligaciones: *Estudia todos los días, porque tiene mucha fuerza de voluntad.* ‖ **fuerza mayor.** La que, por no poderse prever o vencer, excusa del cumplimiento de una obligación: *Faltó al trabajo por razones de fuerza mayor.* ‖ **fuerza pública** o **fuerzas de orden (público).** Conjunto de agentes de la autoridad destinados a mantener el orden: *Las fuerzas de orden público detuvieron a varios manifestantes violentos.* ‖ **Fuerzas Armadas.** Conjunto formado por los Ejércitos de Tierra y del Aire y por la Armada de un país: *El rey presidió el desfile conmemorativo del día de las Fuerzas Armadas.* ‖ **fuerzas de choque.** Unidades militares que, por sus cualidades, instrucción o armamento, se suelen utilizar para el ataque: *Las fuerzas de choque se desplegaron para el ataque en primera línea.* ‖ **fuerzas vivas. 1** Conjunto de las personas y grupos sociales que impulsan la actividad y la prosperidad en un país o en una localidad: *Los empresarios que reinvierten sus beneficios son parte fundamental de las fuerzas vivas del país.* **2** Conjunto de las personas y grupos sociales más representativos de un lugar por la autoridad o por la influencia que ejercen sobre él: *Las fuerzas vivas de la ciudad se oponen a la demolición del histórico edificio.* ‖ **írsele** a alguien **la fuerza por la boca.** *col.* Decir con altivez o con presunción cosas que luego no se respaldan con hechos: *Se te va la fuerza por la boca y, a la hora de la verdad, no cumples ni la mitad de tus promesas.* ‖ **sacar fuerzas de flaqueza.** Hacer un esfuerzo extraordinario: *En la recta final, sacó fuerzas de flaqueza para conseguir llegar a la meta.*

fuet s.m. Embutido parecido al salchichón pero más estrecho, típico de la región catalana: *He merendado un bocadillo de fuet.* ☐ ORTOGR. Es un término del catalán (*fuet*) adaptado al español. ☐ MORF. Su plural es *fuets*.

fuga s.f. **1** Huida o abandono de un lugar, generalmente de forma apresurada: *Los vigilantes impidieron la fuga del recluso.* **2** Salida de un líquido o de un gas por un orificio o abertura producidos accidentalmente en el recipiente o en el conducto que los contenía: *La explosión se produjo por una fuga de butano.* **3** Composición musical basada en la repetición sucesiva de un mismo tema por las distintas voces: *Bach escribió célebres fugas en el siglo XVIII.*

fugacidad s.f. Duración breve o paso y desaparición veloces de algo: *El poema habla de la fugacidad de la vida y de lo pronto que llega la muerte.*

fugarse v.prnl. Escaparse o huir, esp. si es de forma inadvertida: *Se fugó de su casa porque se sentía incomprendido.* ☐ ORTOGR. La *g* se cambia en *gu* delante de *e* ⟶**PAGAR**.

fugaz adj. **1** Que pasa y desaparece con velocidad: *Si ves una estrella fugaz en el cielo, pide un deseo y se cumplirá.* **2** Que dura muy poco: *Me hizo una visita fugaz, porque tenía mucha prisa.* ☐ MORF. Invariable en género.

fugitivo, va adj./s. Que huye o se esconde: *Lo acusaron de acoger a varios hombres fugitivos de la justicia. Los fugitivos pasaron la frontera y se refugiaron en el país vecino.*

fulano, na ▌s. **1** Palabra comodín que se usa para designar a una persona cualquiera: *Siempre criticando lo que dice fulano o mengano, y él nunca opina.* **2** Persona cuya identidad se ignora o no se quiere decir; *individuo: Se presentó un fulano diciendo que te conocía.* ▌s.f. **3** *col.* Prostituta: *Te vieron hablando con una fulana en un oscuro callejón.* ☐ USO En la acepción 1 se usa más en la expresión *fulano, mengano, zutano y perengano*.

fular s.m. Bufanda o pañuelo largo para el cuello, de tela muy fina: *Lleva un fular de seda de vivos colores.* ☐ ORTOGR. Es un galicismo (*foulard*) adaptado al español.

fulgor s.m. Resplandor o brillo intenso: *La noche se iluminaba con el fulgor de los fuegos artificiales.*

fulgurante adj. Muy rápido o muy intenso: *Hizo una carrera fulgurante y llegó a director general muy joven.* ☐ MORF. Invariable en género.

full (anglicismo) s.m. En el póker, combinación de una pareja y un trío: *Ganó la partida con un full.* ☐ PRON. [ful].

full contact s.m. ‖ Deporte mezcla de boxeo, de taekwondo y de kárate, en el que se puede golpear con los puños y con los pies por encima de la cintura: *El full contact es un deporte muy violento.* ☐ PRON. [ful kóntak].

fullero, ra adj./s. Que hace trampas o engaños, esp. en el juego: *¡Eres el jugador más fullero y sucio que he conocido en mi vida! No le hagas caso, que es un fullero y se quiere aprovechar de ti.*

full time (anglicismo) ‖ Referido al modo de trabajar, a tiempo completo o en régimen de dedicación exclusiva:

Antes trabajaba full time en la empresa, pero ahora tengo horario de media jornada. ☐ PRON. [ful táim].

fulminante adj. Muy rápido y de efecto inmediato: *Su película obtuvo un éxito fulminante e inesperado.* ☐ MORF. Invariable en género.

fulminar v. **1** Dañar, destruir o causar la muerte, esp. si se hace con un rayo o con un arma, o de forma muy rápida: *Un rayo fulminó al hombre en un segundo. La publicidad dice que este detergente fulmina la suciedad.* **2** Referido a una persona, dejarla abatida o muy impresionada, esp. con una mirada intensa o airada: *Cuando hizo aquella impertinente pregunta, le eché una mirada de desprecio y lo fulminé.*

fumador, -a adj./s. Que tiene costumbre de fumar: *Las personas fumadoras tienen más peligro de padecer cáncer. Estaré en el vagón de los no fumadores.*

fumar ▮ v. **1** Aspirar y despedir el humo del tabaco o de otras sustancias: *Le gusta fumar en pipa. De joven fumaba marihuana.* ▮ prnl. **2** *col.* Gastar o consumir rápida o indebidamente: *Se fumó la herencia en menos de dos años.* **3** *col.* Referido a una obligación, faltar a ella o dejar de hacerla: *Se fumaba las clases de lengua porque no soportaba al profesor.*

fumata (italianismo) s.f. Columna de humo que procede de la combustión de las papeletas de votación de un cónclave o asamblea de cardenales que se reúnen para elegir papa: *La fumata blanca indica que ya hay un nuevo papa.*

fumigar v. Desinfectar por medio de humo, gas, vapores u otros productos, esp. para combatir las plagas de insectos y organismos nocivos: *El Ayuntamiento ordenó fumigar la casa para alejar el peligro de contagio.* ☐ ORTOGR. La *g* se cambia en *gu* delante de *e* ⟶**PAGAR**.

funámbulo, la s. Persona que se dedica a hacer ejercicios sobre la cuerda floja o sobre el alambre: *La atracción de circo que más me gusta es la de los funámbulos.*

función s.f. **1** Acción o actividad propias de algo o del cargo o la profesión que se tienen: *La función de las pestañas es impedir que entren partículas extrañas en los ojos. Mi función como profesora es educar y enseñar a mis alumnos.* **2** Representación, proyección o puesta en escena de una película o de un espectáculo: *En este cine hay tres funciones diarias. Llegamos al circo cuando la función ya había comenzado.* **3** En gramática, papel que desempeña un elemento morfológico, léxico o sintáctico dentro de la estructura de la oración: *Un sintagma nominal puede desempeñar la función de sujeto.* **4** En matemáticas, relación entre dos magnitudes de manera que a cada valor de una de ellas corresponde determinado valor de la otra: *Una función puede expresarse como 'y = f(x)'.* **5** ‖ **en función de** algo. Dependiendo de ello o de acuerdo con ello: *Las decisiones se tomarán en función de lo que decida la mayoría.* ‖ **en funciones.** En sustitución del titular del cargo: *En ausencia del presidente, el vicepresidente actúa como presidente en funciones.*

funcional adj. **1** De las funciones, esp. de las biológicas o psíquicas, o relacionado con ellas: *Tiene problemas funcionales en las piernas, derivados de un accidente.* **2** Que ha sido concebido atendiendo principalmente a la utilidad, a la facilidad de uso o a la adecuación a unos fines: *Los muebles que tiene en la oficina no son especialmente bonitos, pero sí muy funcionales.* ☐ MORF. Invariable en género.

funcionamiento s.m. Realización de la función que se tiene como propia: *Desde que me arreglaron el reloj, su funcionamiento es perfecto.*

funcionar v. **1** Realizar o desempeñar la función que es propia: *El ascensor no funcionaba y tuve que subir andando.* **2** *col.* Marchar o resultar bien: *Nuestra relación ya no funcionaba y preferimos separarnos.*

funcionario, ria s. Persona que desempeña un empleo en uno de los cuerpos de la Administración pública: *Prepara oposiciones para ser funcionario del cuerpo de archiveros del Estado.*

funda s.f. Cubierta con la que se envuelve algo para protegerlo o conservarlo: *Guardó las gafas en su funda de cuero.*

fundación s.f. **1** Establecimiento, edificación o creación de algo, esp. de una ciudad o de una empresa: *Celebramos el aniversario de la fundación de nuestra organización.* **2** Institución creada con fines benéficos, culturales o religiosos, y que continúa y cumple la voluntad de su fundador: *Una fundación le concedió una beca para que estudiara en el extranjero.*

fundamental adj. Básico, principal o que constituye un fundamento: *El profesor resumió las ideas fundamentales del tema.* ☐ MORF. Invariable en género.

fundamentalismo s.m. Integrismo religioso, esp. el islámico: *El fundamentalismo islámico se caracteriza por su radicalismo.* ☐ SEM. Dist. de *integrismo* (tendencia al mantenimiento estricto de la tradición).

fundamentalista ▮ adj. **1** Del fundamentalismo o relacionado con esta tendencia religiosa: *Las posturas fundamentalistas conllevan muchas veces manifestaciones de violencia.* ▮ adj./s. **2** Partidario o seguidor del fundamentalismo: *El atentado se atribuye a un grupo fundamentalista iraní. Los fundamentalistas islámicos rechazan la influencia del mundo occidental.* ☐ MORF. 1. Como adjetivo es invariable en género. 2. Como sustantivo es de género común y exige concordancia en masculino o en femenino para señalar la diferencia de sexo: *el fundamentalista, la fundamentalista.* ☐ SEM. Dist. de *integrista* (partidario del mantenimiento estricto de la tradición).

fundamentar v. Establecer, asegurar y hacer firme: *Empleó todo tipo de datos para fundamentar su tesis. Su buena relación se fundamenta en el profundo conocimiento que tienen el uno del otro.*

fundamento s.m. **1** Principio o base sobre los que se apoya o afianza algo: *Si desconoces los fundamentos de la física, no podrás entender teorías tan complejas. Esa acusación está realizada sin ningún fundamento.* **2** Seriedad o formalidad de una persona: *Yo no me fiaría de él, porque es una persona sin fundamento.*

fundar v. **1** Referido esp. a una ciudad o a una empresa, establecerlas, edificarlas o crearlas: *Los conquistadores fundaron varias ciudades junto a la costa. Heredó la empresa que fundó su padre.* **2** Referido esp. a una opinión, apoyarla con fundamentos, razones o argumentos: *Funda su teoría en datos irrebatibles. Su afirmación se funda en un sólido conocimiento del caso.*

fundición s.f. **1** Derretimiento y transformación en líquido de un cuerpo sólido, esp. de un metal: *La fundición del hierro se produce al someterlo a altas temperaturas.* **2** Lugar en el que se funden los metales: *Trabaja en los altos hornos de una fundición.*

fundir ▮ v. **1** Referido a un cuerpo sólido, esp. a un metal, derretirlos y convertirlos en líquidos: *En esta empresa siderúrgica funden hierro. Los metales se funden a temperaturas muy altas.* **2** Referido a dos o más cosas diferentes, reducirlas o unirlas en una sola: *Decidieron fundir sus intereses para tener más fuerza. Se fundieron en un largo* *abrazo.* **3** *col.* Referido a una cantidad de dinero, gastarla o despilfarrarla: *Fundió todo su dinero en las fiestas.* ▮ prnl. **4** Referido esp. a un aparato eléctrico, estropearse o quemarse, generalmente por un exceso de corriente o por un cortocircuito: *La bombilla se fundió y nos quedamos a oscuras.*

fúnebre adj. **1** Relacionado con los difuntos: *El coche fúnebre transportó el féretro hasta el cementerio.* **2** Muy triste, o que produce pena o dolor: *Vivía en un caserón de aspecto fúnebre y sombrío.* ☐ MORF. Invariable en género.

funeral ▮ adj. **1** Del entierro de una persona o de las ceremonias relacionadas con él; *funerario: A la misa funeral asistieron todos los familiares.* ▮ s.m. **2** Conjunto de los oficios solemnes que se celebran por un difunto algunos días después del entierro o en cada aniversario de su muerte; *exequias: Los funerales por su alma se celebrarán el próximo viernes.* ☐ MORF. 1. Como adjetivo es invariable en género. 2. La acepción 2 en plural tiene el mismo significado que en singular.

funerario, ria ▮ adj. **1** Del entierro de una persona o de las ceremonias relacionadas con él; *funeral: El acto funerario estuvo presidido por la viuda.* ▮ s.f. **2** Empresa encargada de facilitar los ataúdes, coches fúnebres y otros elementos necesarios para un entierro: *Un coche de la funeraria llevó el cuerpo del difunto desde el hospital al cementerio.*

funesto, ta adj. Triste, desgraciado o de consecuencias dramáticas: *Murió en un funesto accidente de moto.*

funicular adj./s.m. Referido a un vehículo o a una cabina, que se desplazan arrastrados por una cuerda, un cable o una cadena: *El tren funicular nos llevó a la cima de la montaña. Este funicular sube hasta la parte alta de la ciudad.* ☐ MORF. Como adjetivo es invariable en género. 👁 funicular

funk (anglicismo) s.m. →**funky.** ☐ PRON. [fank].

funky (anglicismo) s.m. Música moderna popular, parecida al jazz y de ritmo fuerte; *funk: Tus amigos van a una discoteca donde solo ponen funky.* ☐ PRON. [fanki].

furcia s.f. *col. desp.* Prostituta: *Su padre le dijo que se alejara de esas furcias y mujeres de mal vivir.*

furgón s.m. **1** Vehículo cerrado, de cuatro ruedas, que se usa para el transporte, generalmente de equipajes o de mercancías: *Trasladaron a los detenidos en un furgón policial.* **2** En un tren, vagón destinado al transporte de la correspondencia, de equipajes o de mercancías: *Las sacas de la correspondencia viajan en el furgón postal.* **3** ‖ **furgón de cola.** Último vagón del tren: *El furgón de cola es el vagón restaurante.*

furgoneta s.f. Vehículo cubierto, más pequeño que un camión, destinado al reparto de mercancías: *El panadero utiliza una furgoneta para hacer el reparto de pan por los pueblos.*

furia s.f. **1** Ira o enfado exaltados: *Su furia estalló cuando vio que intentaban engañarlo.* **2** Persona muy irritada o colérica: *Se pone hecho una furia cuando no le das la razón.* **3** Violencia o gran agitación con que se produce algo: *La furia del viento derribó varios árboles.* **4** Ímpetu, fuerza y velocidad en lo que se hace: *El equipo atacó con furia hasta el final.*

furibundo, da adj. **1** Airado o inclinado a enfurecerse: *Tiene un carácter furibundo que lo hace intratable.* **2** Que expresa furor o ira: *Lanzó unas miradas furibundas a su rival.* **3** Muy entusiasta o partidario de algo: *Es una furibunda seguidora de ese político.*

furioso, sa adj. **1** Lleno de furia: *No se le puede llevar la contraria porque se pone furioso.* **2** Terrible o violento: *Una furiosa tempestad hizo naufragar el barco.*

furor s.m. **1** Cólera o ira exaltada: *Los insultaba lleno de furor.* **2** Actividad y violencia con las que se produce algo: *Desde la terraza pudimos contemplar el furor de las olas contra los acantilados.* **3** Rapidez e ímpetu en lo que se hace: *Trabaja con furor para presentar el proyecto a tiempo.* **4** Momento en el que una moda o una costumbre se manifiestan con mayor intensidad: *En los años sesenta asistimos al furor de la minifalda.* **5** ‖ **hacer furor.** Ponerse o estar muy de moda: *Este modelo de pantalones cortos hizo furor el pasado verano.*

furtivo, va ▮ adj. **1** Que se hace a escondidas: *Los enamorados se citaron para un encuentro furtivo.* ▮ adj./s. **2** Que actúa a escondidas, esp. referido a la persona que caza o pesca sin permiso o en un coto vedado: *La policía seguía el rastro de unos pescadores furtivos. Detuvieron a dos furtivos que cazaban en su finca.*

fusa s.f. En música, nota que dura la mitad de una semicorchea y que se representa con un círculo relleno, una barrita vertical pegada a uno de sus lados y tres pequeños ganchos en el extremo de esta: *Una fusa equivale a dos semifusas.*

fuselaje s.m. En un avión, cuerpo o parte donde van los pasajeros y las mercancías: *El tren de aterrizaje de un avión está situado bajo el fuselaje.*

fusible s.m. En una instalación eléctrica, hilo o chapa metálicos que se funden con facilidad y que se colocan para que interrumpan la corriente cuando esta sea excesiva: *Los fusibles saltaron e impidieron que se quemara toda la instalación.*

fusil s.m. **1** Arma de fuego portátil, con un cañón de hierro o de acero montado en una culata de madera, y provista de un mecanismo con el que se disparan las balas: *El soldado limpiaba su fusil automático.* 👁 **arma** **2** ‖ **fusil submarino.** El que sirve para lanzar arpones a gran velocidad bajo la superficie del agua: *El buceador disparó su fusil submarino, pero falló el blanco.* 👁 **pesca**

fusilamiento s.m. Muerte dada a una persona con una descarga de fusil: *Goya pintó los fusilamientos de aquel famoso 2 de mayo en la Moncloa.*

fusilar v. **1** Referido a una persona, matarla con una descarga de fusil: *Fusilaron al condenado al amanecer.* **2** *col.* Referido a una obra o a una idea ajenas, copiarlas sin citar el nombre de su autor: *Denunciará por plagio al que fusiló una de sus canciones.*

fusión s.f. **1** Conversión de un sólido en líquido: *La fusión del hielo se produce por efecto del calor.* **2** Unión de dos o más cosas en una sola: *La coalición responde a la fusión de los intereses de ambas partes.* ☐ SEM. Dist. de *fisión* (división del núcleo de un átomo).

fusionar v. Referido a dos o más cosas, unirlas en una sola: *Fusionaron las dos compañías para hacer frente a*

FUNICULAR

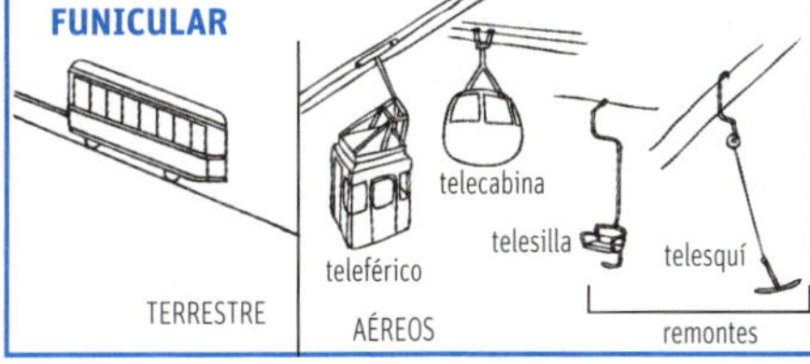

la competencia de las multinacionales. Los dos partidos se fusionarán para presentarse con más fuerza a las elecciones.

fusta s.f. Vara flexible con una correa redonda sujeta a uno de sus extremos, que se utiliza para castigar o estimular a las caballerías: *El jinete golpeaba al caballo con la fusta para que corriera más.*

fuste s.m. **1** En una columna, parte situada entre el capitel y la basa: *El fuste de esta columna está decorado con anillos en su parte superior.* **2** Importancia, entidad o valor: *Todos lo respetan, porque es un hombre de mucho fuste.*

fustigar v. **1** Azotar o golpear, esp. con una fusta: *La amazona fustigaba al caballo para que corriera más.* **2** Censurar o criticar con dureza: *El autor del artículo fustiga a los políticos sin piedad.* □ ORTOGR. La *g* se cambia en *gu* delante de *e* →PAGAR.

futbito s.m. Modalidad de fútbol sala: *El campeonato de futbito se celebrará en el polideportivo.*

fútbol s.m. **1** Deporte que se juega entre dos equipos de once jugadores y en el que estos intentan introducir un balón en la portería del equipo contrario sin tocarlo con las manos; *balompié*: *Un partido de fútbol dura noventa minutos.* **2** ‖ **fútbol americano.** Deporte popular estadounidense, parecido al rugby, y que se practica entre dos equipos de once jugadores: *El fútbol americano es más dinámico y violento que el rugby.* ‖ **fútbol sala.** El que se juega entre dos equipos de cinco jugadores y en un campo reducido: *En los partidos de fútbol sala solo hay un árbitro.*

futbolín s.m. Juego que imita un partido de fútbol, que se juega sobre un tablero que representa el campo de juego, y en el que, mediante unas barras, se mueven unas figuras que representan a los jugadores y que golpean la bola con la que se juega (por extensión del nombre de la marca comercial *Futbolín®*): *Cuando jugamos al futbolín yo siempre muevo al portero.*

futbolista s. Persona que practica el fútbol, esp. si esta es su profesión: *El público aplaudió el buen juego de los futbolistas.* □ MORF. Es de género común y exige concordancia en masculino o en femenino para señalar la diferencia de sexo: *el futbolista, la futbolista.*

fútil adj. De poca importancia o seriedad: *Mantuvieron una conversación insulsa y fútil.* □ MORF. Invariable en género.

futón s.m. Colchoneta plegable que se utiliza como cama y se apoya directamente sobre el suelo: *Como vive en una casa muy pequeña, duerme en un futón que se puede plegar y convertir en una especie de sillón.* 👁 **cama**

futuro, ra ▌adj. **1** Que está por llegar o por suceder: *No cree en la existencia de una vida futura.* ▌adj./s.m. **2** En gramática, referido a un tiempo verbal, que indica que la acción del verbo no se ha realizado todavía: *La oración 'Mañana vendrá' está en tiempo futuro. El futuro perfecto de indicativo de 'volver' es 'habré vuelto'.* ▌s.m. **3** Lo que está por llegar o por suceder: *Prefiere vivir el presente y no pensar en el futuro. ¿Qué futuro puede tener una empresa con semejante desorganización?*

G

g

g s.f. Séptima letra del abecedario: *La palabra 'garra' empieza por 'g'.* ☐ PRON. 1. Ante *e, i* representa el sonido consonántico velar fricativo sordo, y se pronuncia como [j]: *gente.* 2. En posición inicial absoluta o precedida de nasal o lateral representa el sonido consonántico velar oclusivo sonoro: *gota, gusto, grande,* en las demás posiciones representa el sonido consonántico velar fricativo sonoro: *pago, pegar, rogar.* 3. Este mismo sonido ante *e, i* se representa con la grafía *gu,* con *u* muda: *guerra, guitarra.* 4. En las grafías *güe, güi,* se pronuncia la *u: cigüeña.*

gabacho, cha adj./s. *col. desp.* Francés: *Ese jugador se enfadó con razón cuando le dijeron 'futbolista gabacho'. No debes llamar 'gabacho' a un francés, porque es una falta grave de respeto.*

gabán s.m. Abrigo, esp. el de tela fuerte: *El abuelo siempre usaba gabán y sombrero.*

gabardina s.f. **1** Prenda de vestir amplia y generalmente larga, hecha de tela impermeable: *Está lloviendo, así que ponte la gabardina para salir.* **2** Tela de tejido diagonal, muy tupido, con la que se hace esta y otras prendas de vestir: *Lleva un pantalón de gabardina y una camisa de algodón.* **3** *col.* Envoltura, generalmente de harina o de pan rallado, con la que se rebozan algunos pescados o mariscos: *Comimos una ración de gambas a la gabardina.*

gabarra s.f. Barco pequeño de forma achatada, que se utiliza para la carga y descarga en los puertos: *En aquella zona salina cargaban la sal en gabarras.* 👁 **embarcación**

gabinete s.m. **1** Habitación destinada al estudio o a recibir visitas: *Se pasa muchas horas encerrado en su gabinete leyendo y escribiendo.* **2** Cuerpo de ministros de un Estado: *El Gabinete ha decidido en su reunión de hoy la subida del precio de la gasolina.* **3** Departamento que atiende determinados asuntos del gobierno de un Estado; *ministerio: Esas medidas de seguridad deben ser aprobadas por el Gabinete de Industria.* **4** Despacho o local que se utiliza para el ejercicio de una profesión: *En el colegio hay un gabinete de psicólogos para atender a los alumnos.* ☐ USO En las acepciones 2 y 3, se usa como nombre propio.

gacela s.f. Mamífero herbívoro muy ágil, de color marrón claro en el dorso y blanco en el vientre, de cabeza pequeña con cuernos encorvados en forma de lira, y con ojos grandes y negros: *La gacela es un animal de tamaño parecido al de un corzo.* ☐ MORF. En la lengua actual *gacela* se usa como sustantivo epiceno y la diferencia de sexo se señala mediante la oposición *la gacela {macho/hembra}.* 👁 **rumiante**

gaceta s.f. Publicación periódica en la que se dan noticias, generalmente no políticas: *Sus primeros poemas aparecieron en la gaceta literaria de su ciudad natal.*

gachas s.f.pl. Véase **gacho, cha**.

gachí s.f. *col.* Mujer: *La gachí se puso el mantón de Manila para ir a la verbena.* ☐ MORF. Su plural es *gachís.*

gacho, cha ▮ adj. **1** Encorvado o inclinado hacia la tierra: *Se fue avergonzado y con la cabeza gacha.* ▮ s.f.pl. **2** Comida hecha de harina cocida con agua y sal, que se puede condimentar con leche, con miel o con otro aliño: *Me encantaban las gachas que me preparaba mi abuela.*

gachó s.m. *col.* Hombre: *El gachó paseaba por la plaza con su gachí cogida del brazo.*

gaditano, na adj./s. De Cádiz o relacionado con esta provincia española o con su capital: *Mi familia veranea en la ciudad gaditana de Rota. Los gaditanos son andaluces.* ☐ MORF. Como sustantivo se refiere solo a las personas de Cádiz.

gadolinio s.m. Elemento químico, metálico y sólido, de número atómico 64, de color blanco plateado, fácilmente deformable y que pertenece al grupo de los lantánidos: *El gadolinio es utilizado en la industria nuclear y en los tubos de los televisores.* ☐ ORTOGR. Su símbolo químico es *Gd.*

gaélico, ca adj./s.m. Referido a una lengua, que pertenece al grupo de lenguas célticas que se hablan en ciertas comarcas irlandesas y escocesas: *La influencia del inglés redujo mucho la fuerza del grupo de lenguas gaélicas. Aún pervive la práctica literaria en gaélico.*

gafar v. *col.* Transmitir mala suerte: *Aquella intervención tuya tan inoportuna me gafó el negocio. No soy supersticiosa y no creo que la mirada de un tuerto pueda gafar a nadie.*

gafas s.f.pl. **1** Conjunto formado por dos lentes o cristales, generalmente graduados, montados en una armadura que se coloca delante de los ojos apoyada en la nariz y sujeta a las orejas con unas patillas: *Soy miope y uso gafas para ver la televisión.* **2** Lo que se usa para proteger los ojos o para ver mejor: *Los soldadores utilizan unas gafas especiales para que las chispas no les quemen los ojos.* 👁 **alpinismo** 👁 gafas, en la página siguiente

gafe adj./s. Que lleva consigo la mala suerte: *Tu amigo* a b c d e f **g** h i j k l m n ñ o p q r s t u v w x y z

es gafe, porque siempre que viene con nosotros nos pasa algo malo. No traigas a esa gafe a la cena, porque seguro que nos intoxicamos. ☐ MORF. 1. Como adjetivo es invariable en género. 2. Como sustantivo es de género común y exige concordancia en masculino o en femenino para señalar la diferencia de sexo: *el gafe, la gafe*.

gafotas s. *col.* Persona que usa gafas: *De pequeña, los niños de mi clase se metían conmigo y me llamaban 'gafotas'.* ☐ MORF. 1. Es de género común y exige concordancia en masculino o en femenino para señalar la diferencia de sexo: *el gafotas, la gafotas*. 2. Invariable en número. ☐ USO Tiene un matiz despectivo.

gag (anglicismo) s.m. Representación de una situación cómica o graciosa: *Los humoristas hicieron un gag muy divertido.* ☐ MORF. Su plural es *gags*.

gaita s.f. **1** Instrumento musical de viento formado por un fuelle o bolsa de cuero que contiene el aire y que tiene acoplados tres tubos, cada uno de ellos con una función: *La gaita es un instrumento propio de la música folclórica gallega y asturiana.* 👁 **viento** **2** *col.* Lo que resulta molesto, fastidioso o importuno; *incordio: Conducir de noche y con tanta lluvia es una gaita. Déjate de gaitas, que hoy estoy cansada.* **3** ‖ **templar gaitas.** *col.* Ceder o interceder para que alguien no se enfade o se moleste: *Consiguió que no se enfadaran porque sabe cómo templar gaitas y cambió a tiempo de tema.*

gaitero, ra s. Persona que toca la gaita: *En el festival actuó un grupo muy bueno de gaiteros gallegos.*

gaje ‖ **gajes del oficio.** *col.* Molestias o inconvenientes que lleva consigo un cargo, un empleo o una profesión: *Este actor odia las fiestas, pero siempre acude a ellas porque son gajes del oficio.*

gajo s.m. **1** Cada una de las partes en las que está dividido naturalmente el interior de algunos frutos, esp. los cítricos: *Solo comió tres gajos de la naranja y dejó el resto en el plato.* **2** Cada uno de los grupos de uvas en que se divide un racimo: *Cortó dos gajos del racimo de uvas para tomarlos de postre.*

gal s. Miembro de la organización terrorista GAL (Grupo Antiterrorista de Liberación): *Han difundido un retrato del gal implicado en el atentado.* ☐ MORF. Es de género común y exige concordancia en masculino o en femenino para señalar la diferencia de sexo: *el gal, la gal*.

gala s.f. Véase **galo, la.**

galáctico, ca adj. De una galaxia o relacionado con ella: *Tres son los elementos galácticos fundamentales: estrellas, gases y polvo cósmico.*

galaico, ca adj. De Galicia (comunidad autónoma española), o relacionado con ella: *El relieve galaico es suave y sin grandes alturas.*

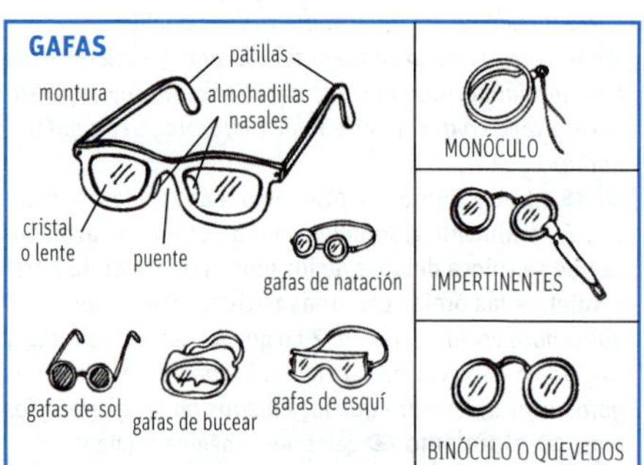

galaicoportugués, -a o **galaico-portugués, -a** adj./s.m. →**gallegoportugués, -a.** ☐ USO *Galaico-portugués* es el término menos usual.

galán ▌adj.m. **1** →**galano, na.** ▌s.m. **2** Hombre apuesto y atractivo: *Cuando te arreglas, eres un auténtico galán.* **3** Actor que representa un papel principal, generalmente de hombre joven y atractivo: *Es uno de los mejores galanes del teatro español actual.* **4** Hombre que pretende a una mujer: *Varios galanes se disputaban el amor de la primogénita del conde.* **5** ‖ **galán de noche.** Perchero con pie en el que se colocan prendas de vestir, esp. las masculinas: *Antes de acostarse, colocó el pantalón en el galán de noche para que no se arrugara.*

galano, na adj. **1** Adornado de forma vistosa: *La casa estaba muy galana, llena de flores y con todas las luces encendidas.* **2** Que viste bien o que cuida mucho su aspecto: *Dijo que le era muy agradable estar en tan galana compañía.* ☐ SEM. En masculino, es sinónimo de *galán*.

galante adj. **1** Amable, atento y cortés, esp. en el trato con las mujeres: *Fue muy galante al ceder a aquella viejecita su asiento en el autobús.* **2** Referido esp. a un tipo de literatura, que trata con picardía un tema amoroso: *La literatura galante ha gustado mucho en ambientes cortesanos de distintas épocas.* ☐ MORF. Invariable en género.

galantear v. Referido a una mujer, tratarla un hombre de forma amable y cortés, esp. si es para seducirla o para iniciar una relación sentimental; *cortejar: La muchacha era galanteada por varios jóvenes que pretendían su mano.*

galanteo s.m. Trato amable y cortés que recibe una mujer de un hombre, esp. cuando este intenta seducirla o iniciar una relación sentimental: *Me confesó que estaba harta de los galanteos de aquel joven.*

galantería s.f. Hecho o dicho amables, atentos o corteses: *Tuvo la galantería de regalar a su compañera de trabajo un ramo de flores el día de su cumpleaños.*

galanura s.f. Gracia, gentileza y elegancia: *La galanura de sus movimientos despertó la admiración de todos.*

galápago s.m. Reptil quelonio de vida acuática, parecido a la tortuga, pero con los dedos unidos por membranas interdigitales: *Los galápagos bucean con gran agilidad.* ☐ MORF. Es un sustantivo epiceno y la diferencia de sexo se señala mediante la oposición *el galápago {macho/hembra}*.

galardón s.m. Premio o recompensa por méritos o servicios: *Recibió el galardón al mejor deportista del año.*

galardonado, da adj./s. Que ha recibido un galardón o premio: *Los artistas galardonados posaron ante las cámaras.*

galardonar v. Referido a una persona, premiarla o remunerarla sus méritos o servicios: *Fue galardonado con una condecoración por sus años de dedicación a la enseñanza.*

gálata adj./s. De un antiguo pueblo que habitaba en Asia Menor: *San Pablo escribió una epístola dirigida a los cristianos gálatas. Los gálatas eran los naturales de Galacia.* ☐ MORF. 1. Como adjetivo es invariable en género. 2. Como sustantivo es de género común y exige concordancia en masculino o en femenino para señalar la diferencia de sexo: *el gálata, la gálata*.

galaxia s.f. Sistema formado por estrellas, polvo interestelar, gas y partículas que giran alrededor de un núcleo central: *La Vía Láctea es una galaxia que tiene varios soles.*

galbana s.f. *col.* Pereza, desidia o pocas ganas de hacer algo: *El calor de las tardes de verano me produce tal galbana que no puedo ni moverme.*

galena s.f. Mineral compuesto de azufre y plomo, blando, de color gris y de brillo intenso: *La galena es la mejor mena del plomo.*

galeno s.m. *poét.* Médico (por alusión a un célebre médico griego del mismo nombre): *Si no se me pasa el dolor, tendré que ir al galeno.*

galeón s.m. Antigua embarcación grande de vela con tres o cuatro palos: *Los galeones se usaron desde el siglo XV hasta el XVII para el comercio de España con América.* 👁 **embarcación**

galeote s.m. Antiguamente, persona condenada a remar en las galeras: *Don Quijote liberó a unos galeotes después de preguntarles cuáles eran sus delitos para merecer ese castigo.*

galera ▮ s.f. **1** Embarcación antigua de vela y remo: *Los romanos usaban las galeras como barcos de guerra.* 👁 **embarcación** ▮ pl. **2** Antiguamente, condena que consistía en remar en las galeras reales y que se imponía a ciertos delincuentes: *Los condenados a galeras solían ser malhechores habituales.*

galerada s.f. En imprenta, prueba de la composición de un texto que se saca para hacer sobre ella las correcciones oportunas: *Los libros se corrigen en galeradas antes de imprimirlos definitivamente.*

galería ▮ s.f. **1** Habitación larga y espaciosa con muchas ventanas, sostenida por columnas o pilares, que se usa generalmente para pasear por ella o para colocar cuadros y otros objetos de adorno: *En la galería del palacio están expuestos los retratos de la familia.* **2** Corredor que da luz a las habitaciones interiores: *La galería del claustro está cerrada por una arquería con arcos de medio punto.* **3** Camino subterráneo, generalmente largo y estrecho: *Las vagonetas transportan el carbón por las galerías de la mina.* **4** Público o gente en general: *Vive de cara a la galería y solo le preocupa lo que los demás digan de él.* **5** Pasaje interior con varios establecimientos comerciales: *Compró las naranjas en la galería de alimentación que hay debajo de su casa.* ▮ pl. **6** Tienda o almacén de cierta importancia: *Compró vuestros regalos en unas galerías muy famosas del centro de la ciudad.* **7** ‖ **galería de arte.** Establecimiento comercial en el que se exponen y se venden cuadros, esculturas y otros objetos de arte: *Visité una galería de arte y me gustó tanto este cuadro que lo compré.*

galerna s.f. Viento súbito y borrascoso que suele soplar en la costa norte de España con dirección oeste o noroeste: *Los pesqueros no salieron al mar hasta que no pasó la galerna.*

galés, -a ▮ adj./s. **1** De Gales (región británica), o relacionado con ella: *El equipo galés venció al inglés en el campeonato de Europa de fútbol. Los galeses son europeos.* ▮ s.m. **2** Lengua céltica de este país: *El galés cuenta con una tradición literaria casi ininterrumpida desde el siglo XI.* ☐ MORF. En la acepción 1, como sustantivo se refiere solo a las personas de Gales.

galgo, ga adj./s. Referido a un perro, de la raza que se caracteriza por tener el cuerpo delgado, la cabeza pequeña y el cuello, las patas y la cola largos: *La raza de este perro es galgo afgano. Estuvimos en una carrera de galgos españoles.* 👁 **perro**

gálibo s.m. Figura que marca las dimensiones máximas autorizadas para que un vehículo con carga pueda pasar por un túnel o bajo un paso elevado: *Si el camión tiene una altura mayor al gálibo de este túnel no puede pasar.*

galicismo s.m. En lingüística, palabra, significado o construcción sintáctica del francés empleados en otra lengua: *'Cabaré' es un galicismo ('cabaret') adaptado al español.*

galicista adj. **1** Del galicismo, con galicismos o relacionado con él: *'Barco a vapor' es un ejemplo de construcción galicista.* **2** Que emplea frecuentemente galicismos: *Algunos escritores españoles del siglo XVIII fueron tildados de galicistas.* ☐ MORF. Invariable en género.

gálico, ca adj. De la Galia (zona que se correspondía aproximadamente con el actual territorio francés), o relacionado con ella; *galo: En las guerras gálicas, el emperador romano Julio César conquistó la Galia para Roma.*

galimatías s.m. *col.* Lo que resulta confuso, desordenado e incomprensible: *La reunión era un auténtico galimatías porque todos hablaban a la vez.* ☐ MORF. Invariable en número.

galio s.m. Elemento químico, metálico y sólido, de número atómico 31, de color gris azulado o blanco brillante, fácilmente fusible, muy usado en odontología: *El galio es un metal parecido al aluminio.* ☐ ORTOGR. Su símbolo químico es *Ga*.

galladura s.f. En un huevo de gallina, pequeño coágulo de sangre que indica que está fecundado: *La galladura es de menor tamaño que una lenteja.*

gallardete s.m. Bandera estrecha y de forma triangular que se suele colocar en los mástiles de los barcos como insignia, adorno o señal: *Banderolas y gallardetes adornaban el barco el día de su botadura.*

gallardía s.f. **1** Valor y decisión en la forma de actuar; *bizarría: Su gallardía en la difícil misión le valió una medalla.* **2** Elegancia y garbo, esp. en el movimiento: *Ese buen mozo monta a caballo con gallardía.*

gallardo, da adj. **1** Que actúa con valor, con ánimo y con decisión; *bizarro, valiente: Hay que ser gallardo y afrontar los peligros de forma desenvuelta.* **2** Que resulta elegante y galán, o que actúa con desenvoltura: *Los modelos suelen ser guapos y gallardos.*

gallear v. *col.* Mostrarse presuntuoso ante los demás y alardear para intentar sobresalir: *Gallea mucho delante de todos, pero cuando hay peligro es el primero en huir.*

gallego, ga ▮ adj./s. **1** De Galicia (comunidad autónoma española), o relacionado con ella: *El clima gallego es lluvioso. Muchos gallegos viven de la pesca.* ▮ s.m. **2** Lengua románica de esta comunidad: *El español y el gallego son lenguas oficiales en Galicia.* ☐ MORF. En la acepción 1, como sustantivo se refiere solo a las personas de Galicia.

gallegoportugués, -a ▮ adj. **1** Del gallegoportugués o relacionado con esta lengua medieval: *Muchas composiciones de la lírica gallegoportuguesa se conservan en cancioneros.* ▮ s.m. **2** Lengua medieval romance de la región que comprende el actual territorio gallego y parte del norte portugués: *El gallegoportugués fue una lengua principalmente poética.* ☐ SEM. Es sinónimo de *galaicoportugués* y *galaico-portugués*.

galleguismo s.m. En lingüística, palabra, significado o construcción sintáctica del gallego empleados en otra lengua: *La palabra 'queimada' es un galleguismo en castellano.*

galleta s.f. **1** Pasta delgada y seca, compuesta de harina, azúcar y otros ingredientes, y cocida al horno: *Al mojarlas en leche, las galletas se ablandan.* **2** *col.* Golpe dado con la palma de la mano, esp. en la cara: *Como no te estés quieto te voy a dar una galleta.* **3** *col.* Golpe fuerte o violento: *¡Menuda galleta me di cuando me caí por la escalera!* **4** ‖ **galleta maría.** La de forma redonda (por extensión del nombre de una marca comercial): *Las galletas maría son crujientes.*

galletero s.m. Recipiente que se utiliza para conservar y servir las galletas: *Me han regalado un galletero metálico y de forma redondeada.*

gallina ▮ adj./s. **1** *col.* Referido a una persona, que es cobarde, apocada o tímida: *No seas tan gallina y atrévete a entrar en la cueva. Eres un gallina y te dan miedo hasta las moscas.* ▮ s.f. **2** Hembra del **gallo**. **3** ‖ **gallina ciega.** Juego infantil en el que una persona con los ojos vendados trata de coger a alguien y de adivinar quién es: *Cuando juegas a la gallina ciega, después de taparte los ojos te dan varias vueltas para desorientarte.* ‖ **la gallina de los huevos de oro.** *col.* Fuente inagotable de grandes beneficios (por alusión a un cuento popular): *¿Tú te has creído que soy la gallina de los huevos de oro y que puedes estar siempre pidiéndome dinero?* ☐ MORF. 1. Como adjetivo es invariable en género. 2. En la acepción 1, como sustantivo es de género común y exige concordancia en masculino o en femenino para señalar la diferencia de sexo: *el gallina, la gallina*.

gallináceo, a ▮ adj./s.f. **1** De la gallina, con sus características o relacionado con ella: *Las alas de las aves gallináceas solo les permiten realizar vuelos muy cortos. El pavo es una gallinácea.* ▮ s.f.pl. **2** En zoología, grupo de estas aves: *En clasificaciones antiguas, las gallináceas eran un orden.*

gallinejas s.f.pl. Comida hecha de tripas de gallina o de otros animales: *Las gallinejas son un plato típico madrileño.*

gallinero s.m. **1** Lugar en el que duermen las aves de corral: *Ve al gallinero y coge los huevos que hayan puesto las gallinas.* **2** *col.* Lugar en el que hay mucho ruido y jaleo: *Si habláis todos a la vez, en este gallinero no habrá quien se entienda.* **3** *col.* En algunos teatros, conjunto de asientos del piso más alto: *Las localidades de gallinero son más baratas que las de patio de butacas.*

gallo ▮ adj./s.m. **1** Referido a un hombre, que se considera superior a los demás o que presume de valiente: *¡Si eres tan gallito, enfréntate a ellos tú solo, bocazas! Ese gallito siempre anda armando bronca.* ▮ s.m. **2** Ave doméstica de plumaje abundante y lustroso, pico corto y curvado, que posee una cresta roja y erguida, un par de carnosidades pendientes a ambos lados de la cara y patas armadas con potentes espolones: *Los gallos cantan al amanecer.* **3** Pez marino comestible, parecido al lenguado: *Los gallos reposan en los fondos marinos sobre el costado que carece de pigmentación y de ojos.* **4** *col.* Nota falsa y chillona emitida por una persona al hablar o al cantar: *Cuando empezó a cantar, el tenor hizo un gallo y fue abucheado.* **5** ‖ **en menos que canta un gallo.** *col.* En muy poco tiempo: *Se lo dije y lo hizo en menos que canta un gallo.* ‖ **otro gallo cantaría** u **otro gallo {me/te/...} cantara.** *col.* Otra cosa sería o sucedería: *Si lo hubiéramos sabido a tiempo, otro gallo cantaría.* ☐ MORF. 1. En la acepción 1, se usa mucho el diminutivo *gallito*. 2. En la acepción 2, la hembra se designa con el sustantivo femenino *gallina*. 3. En la acepción 3, es un sustantivo epiceno y la diferencia de sexo se señala mediante la oposición *el gallo {macho/hembra}*.

galo, la ▮ adj./s. **1** De la Galia (zona que se correspondía aproximadamente con el actual territorio francés), o relacionado con ella: *La economía gala estaba basada en la explotación de los bosques y en los productos de la tierra. Los galos conocían la cerámica y el vidrio.* ▮ s.m. **2** Antigua lengua de esta zona: *El galo era una lengua céltica.* ▮ s.f. **3** Vestido elegante, lucido y lujoso: *Los asistentes a la fiesta lucían galas esplendorosas.* **4** Fiesta o ceremonia que, por su carácter solemne, requiere este tipo de vestuario: *Diversos líderes políticos estuvieron presentes en la gala de la embajada.* **5** Ceremonia o actuación artística de carácter excepcional: *La cantante realizará cuarenta galas este verano.* ▮ s.f.pl. **6** Trajes, joyas y demás complementos de lujo: *Se puso sus mejores galas y deslumbró a todos en la fiesta.* **7** ‖ **de gala.** Referido a una prenda de vestir, que es adecuada para asistir a esta fiesta o ceremonia: *En la celebración del santo patrón, todos llevaban el uniforme de gala.* ‖ **hacer gala de** algo. **1** Presumir de ello: *En ese restaurante hacen gala de amables, y es verdad que tratan muy bien a sus clientes.* **2** Mostrarlo o lucirlo: *Aunque criticaban su forma de vestir, hizo gala de su educación y no contestó.* ‖ **tener a gala** algo. Presumir en exceso de ello: *Tiene a gala ser muy puntual.* ☐ MORF. 1. Es la forma que adopta *francés* cuando se antepone a otra palabra para formar compuestos: *galorromano, galofobia, galófilo*. 2. En la acepción 1, como sustantivo se refiere solo a las personas de la Galia. ☐ SEM. En la acepción 1, como adjetivo es sinónimo de *gálico*.

galón s.m. **1** Tejido fuerte y estrecho, semejante a una cinta, que se usa generalmente como adorno en una prenda de vestir: *Ha puesto galones en los volantes de la falda.* **2** Distintivo que llevan en la bocamanga o en el brazo las diferentes graduaciones del ejército o de otra organización jerarquizada: *Los galones de sargento son tres cintas de tela amarilla.* 👁 **pasamanería** **3** En el sistema anglosajón, unidad de capacidad que equivale aproximadamente a 4,5 litros: *En Estados Unidos un galón son 3,8 litros.*

galopada s.f. Carrera a galope: *El potro terminó agotado después de la rápida galopada a que lo sometió su jinete.*

galopante adj. Referido esp. a una enfermedad, que avanza y se desarrolla muy rápidamente: *Una tuberculosis galopante acabó con su vida en poco tiempo.* ☐ MORF. Invariable en género.

galopar v. Ir a galope: *La yegua galopaba con elegancia. El jinete cayó del caballo mientras galopaba.*

galope s.m. Modo de marchar de una caballería, más rápido que el trote: *En las carreras del hipódromo, los caballos van a galope.*

galopín s.m. Muchacho travieso o pícaro: *Unos galopines intentaban cazar ranas en el río con mucho alboroto.*

galvánico, ca adj. Del galvanismo o relacionado con este tipo de electricidad: *Las pilas voltaicas producen corrientes galvánicas.*

galvanismo s.m. **1** Electricidad producida por el contacto de dos metales diferentes entre los que se ha interpuesto un líquido: *Los metales que se utilizan con mayor frecuencia para producir galvanismo son el cobre y el cinc.* **2** Propiedad de excitar los nervios y los músculos mediante corrientes eléctricas: *El galvanismo se utiliza con fines terapéuticos.*

galvanización s.f. **1** Cubrimiento de un metal con una capa de otro, empleando el galvanismo: *El cromado de algunos objetos metálicos se realiza mediante una galva-*

nización. **2** Reactivación súbita de una actividad humana: *La llegada del nuevo jugador ha conseguido la galvanización del juego del equipo.*

galvanizar v. **1** Referido a un metal, cubrirlo con una capa de otro utilizando el galvanismo para ello: *Ha galvanizado el alambre con cinc para que no se oxide.* **2** Referido esp. a una actividad, reactivarla súbitamente: *Este entrenador sabe cómo galvanizar el juego de su equipo.* ☐ ORTOGR. La *z* se cambia en *c* delante de *e* →CAZAR.

gama s.f. **1** Escala musical: *El teclado abarca una gama de cuatro octavas.* **2** Escala o gradación de colores: *En otoño los bosques tienen toda la gama de ocres.* **3** Serie o conjunto de cosas distintas, pero de la misma clase: *Esta marca de coches presenta una gran gama de modelos.*

gamba s.f. **1** Crustáceo marino comestible parecido al langostino, pero de menor tamaño: *Las gambas son de color grisáceo, pero se vuelven rojas cuando se cuecen.* 👁 **marisco** **2** ‖ **meter la gamba.** *col.* Hacer o decir algo poco acertado: *Has metido la gamba al acusarme, porque yo no he sido.* ☐ MORF. En la acepción 1, es un sustantivo epiceno y la diferencia de sexo se señala mediante la oposición *la gamba {macho/hembra}.*

gamberrada s.f. Hecho o dicho propios de un gamberro: *La última gamberrada de esa pandilla ha sido romper los cristales de varias tiendas.*

gamberrismo s.m. Conducta propia de un gamberro: *Fue expulsado del instituto por su gamberrismo.*

gamberro, rra adj./s. Referido esp. a una persona, que es grosera o poco cívica: *Esa actitud es propia de gente gamberra y no de personas educadas. Unos gamberros quemaron las papeleras del parque.*

gambito s.m. En el ajedrez, jugada que consiste en sacrificar alguna pieza al principio de la partida para lograr una posición favorable: *No dudé en hacer un gambito de dama con el fin de lograr una salida para mi ataque.*

gameto s.m. Célula sexual masculina o femenina de una planta o de un animal: *El óvulo es el gameto femenino.*

gamma s.f. En el alfabeto griego clásico, nombre de la tercera letra: *La grafía de la gamma es* γ.

gammaglobulina s.f. Proteína del suero sanguíneo que actúa en los procesos inmunitarios: *La gammaglobulina es un anticuerpo que se opone a la acción biológica de los antígenos.*

gamo s.m. Mamífero rumiante que tiene el pelaje rojizo oscuro con pequeñas manchas blancas, los cuernos en forma de pala y las nalgas y la parte inferior de la cola blancas: *Los gamos son originarios del sur de Europa.* ☐ MORF. En la lengua actual *gamo* se usa como sustantivo epiceno y la diferencia de sexo se señala mediante la oposición *el gamo {macho/hembra}.* 👁 **rumiante**

gamopétalo, la adj. Referido a una flor o a su corola, que tiene los pétalos total o parcialmente unidos: *Las petunias son flores gamopétalas.* ☐ SEM. Dist. de *monopétalo* (que tiene un solo pétalo).

gamosépalo, la adj. Referido a una flor o a su cáliz, que tiene los sépalos soldados, al menos en la base: *Una especie de salvia tiene las flores gamosépalas.* ☐ SEM. Dist. de *monosépalo* (que tiene un solo sépalo).

gamusino s.m. Animal imaginario con el que generalmente se gastan bromas a cazadores novatos: *Me tomaron el pelo y me hicieron levantarme a las cuatro de la mañana para ir a cazar gamusinos.* ☐ USO Tiene un matiz humorístico.

gamuza s.f. **1** Mamífero rumiante del tamaño de una cabra, que tiene las astas negras, lisas y solo curvadas en sus extremos, patas largas, gran agilidad para los saltos, y que habita en zonas de rocas escarpadas; *rebeco: Las gamuzas son parte de la fauna de las cordilleras de los Alpes y de los Pirineos.* 👁 **rumiante** **2** Piel curtida de este animal, caracterizada por ser muy flexible, tener aspecto aterciopelado y ser de color amarillo pálido: *Aunque parece una chaqueta de gamuza, es de piel sintética.* **3** Tejido o paño de aspecto semejante a esta piel, usado para la limpieza: *Quité el polvo de la mesa con una gamuza.* ☐ MORF. En la acepción 1, es un sustantivo epiceno y la diferencia de sexo se señala mediante la oposición *la gamuza {macho/hembra}.*

gana s.f. **1** Deseo, apetito o voluntad de algo: *Tengo muchas ganas de ir al cine. No mostró ninguna gana de volver a verlo.* **2** *col.* Hambre o apetito: *Si tienes gana, comemos ya.* **3** ‖ **con ganas.** *col.* Con intensidad: *Este niño es malo con ganas.* ‖ **dar** a alguien **la (real) gana** de algo. *col.* Querer hacerlo por deseo propio, con razón o sin ella: *Si lo hace mal es porque le da la gana, no porque no sepa.* ‖ **de {buena/mala} gana.** *col.* Con buena o mala disposición: *Si vas a hacerlo de mala gana, prefiero que no lo hagas.* ‖ **tener ganas** a alguien. *col.* Desear tener la oportunidad de perjudicarlo o hacerle daño: *Desde que discutimos sé que me tiene unas ganas...* ☐ MORF. 1. En plural tiene el mismo significado que en singular. 2. Se usa más en plural. ☐ SINT. Constr.: *gana* DE *algo.*

ganadería s.f. **1** Crianza de ganado para su comercio o su explotación: *La agricultura y la ganadería son dos actividades económicas importantes.* **2** Raza especial de ganado, esp. la que pertenece a un ganadero: *Los toros de la corrida eran de dos ganaderías distintas.*

ganadero, ra ▌adj. **1** Del ganado, de la ganadería o relacionado con ellos: *Se habló de la crisis de la industria ganadera.* ▌s.m. **2** Propietario de ganado: *Los toros de esta tarde son de un famoso ganadero afincado en Cádiz.* **3** Persona que cuida del ganado: *Los ganaderos condujeron el ganado hasta la frontera.*

ganado s.m. **1** Conjunto de animales cuadrúpedos que pastan juntos y se crían para la explotación: *El pastor sale todas las mañanas con el ganado.* **2** *col. desp.* Grupo numeroso de personas: *No me gusta nada el ganado que se junta en esa discoteca.* **3** ‖ **ganado de cerda.** El formado por cerdos: *El ganado de cerda es importante en la economía de la región extremeña.*

ganancia s.f. **1** Beneficio o provecho que se obtienen de algo, esp. el económico: *La buena marcha del negocio les proporcionó grandes ganancias.* **2** ‖ **no arrendar la ganancia** a alguien. No envidiar su posición por entenderse que saldrá perjudicado de ella: *Dices que tu trabajo es maravilloso, pero, sinceramente, no te arriendo la ganancia.* ☐ MORF. Se usa más en plural.

ganapán s.m. *col. desp.* Hombre rudo y tosco: *Es un ganapán, pero tiene muy buen corazón.*

ganar ▌v. **1** Referido a un bien o a una riqueza, adquirirlos o aumentarlos: *Trabajando seriamente ha ganado dinero y fama.* **2** Referido a un sueldo, cobrarlo en un trabajo: *El primer sueldo que gané me lo gasté en regalos para mi familia.* **3** Referido a algo que está en juego, obtenerlo o lograrlo: *Ganó una buena cantidad de dinero en la lotería. No consiguió ganar la plaza por oposición, pero entró como interino.* **4** Referido esp. a un sentimiento ajeno, obtenerlo o atraerlo: *Con sus palabras, logró ganar la atención* *del auditorio. Se ganó el cariño de todos nosotros.* **5** Referido a una persona, conseguir u obtener su afecto o su confianza: *Lo ganaron para la causa en aquella reunión clandestina. Se ganó a mis padres desde el primer día.* **6** Referido a un territorio, conquistarlo o tomarlo: *Los romanos ganaron Numancia después de un fuerte asedio.* **7** Referido al lugar de destino, llegar a él: *El náufrago ganó la costa a nado.* **8** Referido a una persona, aventajarla, superarla o excederla: *Nos gana a todos en eficacia.* **9** Mejorar o cambiar favorablemente: *Cuando te maquillas, ganas mucho.* ▌prnl. **10** Conseguir por propio merecimiento: *Te has portado tan bien que te has ganado un helado.*

ganchillo s.m. **1** Aguja de unos veinte centímetros de largo, que tiene uno de sus extremos más delgado y terminado en gancho, y que se usa para hacer labores de punto; *aguja de gancho: Este hilo se teje con un ganchillo más fino que el que tienes.* 👁 **aguja** **2** Labor que se hace con este tipo de aguja; *croché: Me encanta hacer ganchillo mientras veo la tele.*

gancho s.m. **1** Instrumento o pieza curvos y generalmente puntiagudos, que sirven para coger, sujetar o colgar algo: *El carnicero cuelga sus piezas de carne en unos ganchos. Colgó su chaqueta en el gancho que hay detrás de la puerta. En la tintorería cogen las perchas colgadas del techo con un palo terminado en un gancho.* **2** *col.* Compinche de un vendedor ambulante o de un estafador, que se mezcla entre el público y anima a la gente a que compre o a que caiga en el engaño: *La gente empezó a comprar el crecepelo después de que el gancho se llevara cinco botellas.* **3** *col.* Atractivo que cautiva: *Es una persona con muchísimo gancho entre los más jóvenes.* **4** Puñetazo que se da con el brazo doblado: *El boxeador derribó a su contrincante con un buen gancho.* **5** En baloncesto, tiro a canasta que se realiza arqueando el brazo sobre la cabeza: *Este pívot es especialista en ganchos.*

ganchudo, da adj. Con forma de gancho: *Tiene una nariz ganchuda que afea su cara.*

gandul, -a adj./s. *col.* Que es un holgazán y no tiene honradez ni vergüenza: *Es tan gandula que no quiere ni estudiar ni trabajar. Ese gandul vive del cuento.*

gandulear v. Vivir como un gandul: *Estás todo el día ganduleando y vas a suspender todo.*

ganga s.f. **1** Lo que es apreciable y se adquiere de forma ventajosa o sin esfuerzo; *chollo: Ese abrigo tan bueno por ese precio tan barato es una ganga.* **2** Materia inútil que se separa de los minerales: *Al lado de la mina había unas instalaciones en las que separaban la ganga de la mena del hierro.*

ganglio s.m. Pequeño abultamiento que se encuentra en el trayecto de las vías linfáticas o en un nervio: *Los ganglios nerviosos están formados por acumulación de células nerviosas.*

gangoso, sa adj./s. Que habla con resonancias nasales, generalmente como consecuencia de un defecto en los conductos de la nariz: *Tiene la nariz congestionada, pero no es gangoso. Ese humorista imita muy bien a los gangosos.*

gangrena s.f. Muerte del tejido orgánico de una persona o de un animal producida por una lesión, por la infección de una herida o por la falta de riego sanguíneo: *La gangrena es un proceso muy doloroso.*

gangrenarse v.prnl. Referido a un tejido orgánico, padecer gangrena: *Se le gangrenó la pierna y tuvieron que amputársela.*

gangster s.m. →**gánster.** ☐ PRON. [gánster].

gansada s.f. Hecho o dicho propios de una persona gansa: *Tus gansadas demuestran que no pones ningún interés en lo que haces. Se pasó toda la noche haciendo gansadas y después se disculpó diciendo que había bebido mucho.*

ganso, sa ▌adj./s. **1** Referido a una persona, que es patosa, torpe o descuidada: *Es muy ganso y rompe todo lo que coge. No se lo encargues a él, porque es un ganso y no lo hará bien.* **2** Referido a una persona, que presume de chistosa o de aguda: *Es bastante gansa y nos reímos mucho con ella. Eres un ganso y siempre estás diciendo tonterías.* ▌s. **3** Ave palmípeda con la parte superior del cuerpo de color ceniciento, los bordes de las alas y de las plumas más claros y la parte inferior blanca, que se alimenta de vegetales y vive en zonas pantanosas; *ánsar, oca: Algunos tipos de ganso se domestican fácilmente.*

gánster s.m. Miembro de una banda organizada de malhechores o delincuentes que tiene negocios clandestinos y actúa en las grandes ciudades: *El protagonista de la película era un gánster que controlaba todos los casinos de juego de la ciudad.* ☐ ORTOGR. Dist. de *hámster.* ☐ MORF. Aunque su plural es *gánsteres*, se usa también *gánsters.* ☐ USO Es innecesario el uso del anglicismo *gangster.*

ganzúa s.f. Alambre fuerte doblado por un extremo, que se utiliza para abrir cerraduras en lugar de hacerlo con la llave: *Los ladrones abrieron la puerta con una ganzúa.*

gañán s.m. **1** Mozo de labranza: *Un gañán araba el campo con unos bueyes.* **2** *desp.* Hombre rudo o tosco: *¡A ver si mejoras esos modales de gañán...!*

gañido s.m. Quejido característico del perro: *El perro soltaba gañidos de dolor.*

gañir v. **1** Referido a un perro, dar gañidos o emitir quejidos: *El perro que tenía la pata rota gañía sin parar.* **2** Referido a un ave, graznar, dar graznidos o emitir su voz característica: *Los grajos gañían al amanecer.* ☐ MORF. Irreg.: En las formas cuya desinencia contiene un diptongo *ie, io*, se pierde esta *i* →**ZAMBULLIR.**

gañote s.m. *col.* Parte interior de la garganta; *gaznate: La pimienta me quemaba el gañote.*

garabatear v. Hacer garabatos o trazos irregulares: *Garabateó su firma en el documento. Su madre lo regañó por garabatear en la pared.*

garabato s.m. Trazo irregular que se hace con cualquier instrumento que sirva para escribir, esp. el hecho por los niños pequeños sin que represente nada: *Me mandó una nota, pero no pude entender sus garabatos.*

garaje s.m. **1** Local, generalmente cubierto, destinado a guardar automóviles: *El garaje está en el sótano de su edificio.* **2** Taller en el que se reparan automóviles: *El mecánico sueña con dejar la empresa y montar su propio garaje.* ☐ ORTOGR. Incorr. **garage.*

garambaina ▌s.f. **1** Adorno innecesario y de mal gusto: *Esta pulsera lleva demasiadas garambainas.* ▌pl. **2** *col.* Tonterías o pamplinas: *Déjate de garambainas y ponte a trabajar de una vez.* ☐ MORF. La acepción 1 se usa más en plural.

garantía s.f. **1** Seguridad que se da del cumplimiento o realización de algo estipulado o convenido: *Me dio garantía de que iría.* **2** Fianza o prenda: *Para concederles el préstamo, el banco les exigió la hipoteca de la casa como garantía de pago.* **3** Lo que asegura o protege contra un riesgo o una necesidad: *No decírselo es la mejor garantía para que no desvele el secreto.* **4** Compromiso, generalmente temporal, por el que un fabricante o un vendedor se obligan a reparar gratuitamente algo vendido: *El frigorífico tiene garantía por dos años.* **5** Documento que acredita este compromiso: *Perdimos la garantía y tuvimos que pagar la reparación.*

garantizar v. Dar garantía: *Las lluvias garantizan el abastecimiento de agua. Te garantizo que se portará bien.* ☐ ORTOGR. La *z* se cambia en *c* delante de *e* →**CAZAR**.

garbancero, ra adj. Del garbanzo o relacionado con él: *Es un buen terreno garbancero y la cosecha será abundante.*

garbanzo s.m. **1** Planta herbácea de tallo duro y abundante en ramas, con hojas compuestas de bordes aserrados, flores blancas o rojas, y semilla comestible: *En su huerto, tiene plantadas unas matas de garbanzos.* **2** Semilla de esta planta, de aproximadamente un centímetro de diámetro, de color amarillento y de forma redonda con una pequeña hendidura en uno de sus polos: *Mi plato preferido es el potaje de garbanzos.* **3** ‖ **buscarse los garbanzos.** *col.* Buscar y encontrar los medios económicos suficientes para vivir: *¿Cuándo vas a dejar de pedir dinero en casa y vas a empezar a buscarte los garbanzos?* ‖ **garbanzo negro.** En un grupo, persona mal considerada por sus condiciones morales: *Ese incompetente es el garbanzo negro que está desprestigiando nuestra profesión.*

garbeo s.m. *col.* Paseo: *Voy a darme un garbeo por la plaza.* ☐ SINT. Se usa más con el verbo *dar*.

garbo s.m. Desenvoltura, gracia o buena disposición, esp. en la forma de actuar o de andar: *Ponte derecha y anda con más garbo, mujer.*

garboso, sa adj. Que tiene garbo o desenvoltura: *Es un torero muy garboso y se mueve con mucha elegancia.*

garçon (galicismo) ‖ **a lo garçon.** Referido a un peinado de mujer, con el pelo corto y la nuca despejada: *Mi abuela causó un gran escándalo en su época cuando se cortó el pelo a lo garçon y se puso pantalones.* ☐ PRON. [a lo garsón]. 👁 **peinado**

gardenia s.f. **1** Arbusto de tallos espinosos que llegan a medir unos dos metros de altura, de hojas lisas, grandes y ovaladas, de color verde brillante y con flores blancas y olorosas de pétalos gruesos: *La gardenia es originaria de Asia oriental.* **2** Flor de este arbusto: *Las gardenias son muy apreciadas como flores ornamentales.*

garduña s.f. Mamífero carnicero de cabeza pequeña, orejas redondas, cuello largo y patas cortas, que busca alimento durante la noche destruyendo las crías de muchos animales: *La garduña se alimenta de polluelos y de crías de conejo.* ☐ MORF. Es un sustantivo epiceno y la diferencia de sexo se señala mediante la oposición *la garduña {macho/hembra}*.

garete ‖ **irse al garete.** *col.* Referido esp. a un proyecto, fracasar o malograrse: *Su matrimonio se fue al garete y terminaron separándose.*

garfio s.m. Gancho o instrumento curvo y puntiagudo, generalmente de hierro, que sirve para agarrar o sujetar algo: *El pirata tenía un brazo de palo que terminaba en un garfio.*

gargajo s.m. Saliva o flema que se escupe o se expulsa por la boca: *¡Qué asco, he pisado un gargajo!*

garganta s.f. **1** En el cuerpo de una persona o de un animal, parte anterior o delantera del cuello: *Si vas a salir con ese resfriado, ponte un pañuelo que te cubra bien la garganta.* **2** En el cuerpo de una persona o de un animal, espacio interno comprendido entre el velo del paladar y la entrada del esófago y de la laringe: *Tengo dolor de garganta y me cuesta mucho tragar.* **3** Paso estrecho entre montes, ríos y otros parajes: *Las gargantas son muy apropiadas para las emboscadas.*

gargantilla s.f. Collar corto que rodea el cuello: *La reina llevaba una gargantilla de oro y diamantes.* 👁 **joya**

gárgara s.f. **1** Acción de mantener un líquido en la garganta, con la boca hacia arriba, sin tragarlo, y expulsando el aire para moverlo: *Haz gárgaras con agua caliente con miel y verás cómo te mejora la ronquera.* **2** ‖ **mandar a hacer gárgaras** algo. *col.* Rechazarlo o desentenderse de ello: *Si te sigue importunando lo mandas a hacer gárgaras y en paz.* ☐ MORF. Se usa más en plural.

gárgola s.f. En un tejado o en una fuente, parte final del canal de desagüe o del caño, esp. la que está esculpida en forma de figura humana o animal: *Muchas construcciones góticas tienen gárgolas que representan cabezas de dragones o de seres fantásticos.*

garita s.f. Torrecilla, caseta o cuarto que sirve de resguardo o de protección a personas que vigilan: *Los turistas se fotografiaron al lado de un miembro de la guardia real situado delante de la garita.*

garito s.m. **1** Casa de juego no autorizada: *La policía detuvo a todos los que encontró en el garito.* **2** *col.* Establecimiento público de diversión, esp. si no tiene buena reputación: *Este garito abre solo de una a seis de la madrugada.*

garlopa s.f. En carpintería, cepillo largo y con mango utilizado para igualar y afinar las superficies ya cepilladas: *Para alisar la tabla, el carpintero primero pasa el cepillo y después la garlopa.*

garra ▮ s.f. **1** En algunos animales vertebrados, mano o pie con dedos terminados en uñas fuertes, curvas y cortantes: *El águila cogió a su presa con las garras y se la llevó volando.* **2** Cada una de las uñas fuertes, curvas y afiladas de estos animales: *El león tiene garras muy afiladas.* **3** *col.* En una persona, mano: *¡Quita tus sucias garras de aquí, cerdo!* **4** Fuerza o atractivo: *Esta novela tiene garra para los lectores más jóvenes.* ▮ pl. **5** Influencia o poder que se consideran negativos y perjudiciales: *Cayó en las garras de un estafador.* **6** En peletería, piel que corresponde a las patas del animal y que es poco apreciada: *Aunque parece un abrigo de garras de zorro, es de piel sintética.* ☐ MORF. La acepción 2 se usa más en plural. ☐ SINT. 1. La acepción 4 se usa más con el verbo *tener*. 2. La acepción 5 se usa más con los verbos *caer*, *sacar*, *estar* o equivalentes. ☐ USO En la acepción 3, tiene un matiz despectivo.

garrafa s.f. **1** Vasija esférica de cuello largo y estrecho, generalmente con asa: *Este vino lo venden en garrafas con un revestimiento de mimbre.* **2** ‖ **de garrafa.** *col.* Referido a una bebida alcohólica, que se distribuye a granel y es de mala calidad: *En ese bar sirven ginebra de garrafa.*

garrafal adj. Referido a una falta, enorme o muy grave: *Cometimos un error garrafal que ya no tiene solución.* ☐ MORF. Invariable en género. ☐ SINT. Se usa también como adverbio de modo: *No es que hiciera el examen mal, es que lo hice 'garrafal'.*

garrafón s.m. Vasija redondeada para contener líquidos, generalmente de vidrio, con el cuello corto y protegida por un revestimiento: *En la despensa hay un garrafón de vino.*

garrapata s.f. Artrópodo de unos seis milímetros de largo, de forma ovalada y con patas terminadas en dos uñas mediante las cuales se agarra al cuerpo de ciertos mamíferos o aves sobre los que vive parásito y a los que chupa la sangre: *Este perro abandonado está lleno de garrapatas.*

garrapiñado, da adj. Referido esp. a una almendra, que está recubierta o bañada con una capa de azúcar hecha caramelo: *Las almendras garrapiñadas de Alcalá de Henares son exquisitas.*

garrido, da adj. Gallardo, elegante, hermoso o bien parecido: *Un garrido mozo se ofreció a llevarla en su carruaje.*

garrocha s.f. Vara larga, esp. la terminada en punta que se usa para picar toros: *La puya es la punta acerada de la garrocha.*

garrota s.f. **1** Palo grueso y fuerte que puede manejarse como un bastón; *garrote: Es más cómodo andar por el monte si se lleva una garrota.* **2** Bastón cuyo extremo superior es curvo: *Recuerdo a mi abuelo siempre apoyado en su garrota.* ☐ SEM. En la acepción 2, es sinónimo de *cachava, cachavo* y *cayado*.

garrotazo s.m. Golpe dado con un garrote: *La pelea terminó a garrotazos.*

garrote s.m. **1** Palo grueso y fuerte que puede manejarse como un bastón; *garrota: El hombre primitivo se defendía con piedras y garrotes.* **2** Instrumento de tortura que consistía en un palo aplicado a una cuerda que, al ser retorcida, comprimía un miembro del cuerpo: *No confesó a pesar de que le aplicaron el garrote.* **3** ‖ **garrote (vil). 1** Pena de muerte o procedimiento para ejecutar a un condenado estrangulándolo mediante una soga retorcida por un palo o mediante un instrumento mecánico de similar efecto: *En la plaza el verdugo dio garrote a los reos.* **2** Este instrumento: *El garrote vil consta de un aro de hierro que rodeaba la garganta del reo y se accionaba con una manivela.*

garrotillo s.m. *col.* Denominación que recibían ciertas enfermedades respiratorias: *Antiguamente, muchos niños morían de garrotillo.*

garrucha s.f. Rueda que gira alrededor de un eje y que tiene un canal o hundimiento en su perímetro por el que se hace pasar una cuerda, que sirve para disminuir el esfuerzo necesario para elevar un cuerpo; *polea: Se ha roto la garrucha del tendedero y no puedo mover la cuerda.*

garrulería s.f. **1** Charla de persona gárrula: *Su garrulería me da dolor de cabeza.* **2** Torpeza, basteza o tosquedad: *Me tienes harta con tu garrulería sin límites.*

garrulo, la adj./s. Referido a una persona, que es torpe o que actúa con tosquedad: *No seas garrulo y piensa un poquito. Eres una garrula sin la menor educación.*

gárrulo, la adj. Referido a una persona, que es muy habladora o charlatana: *Me tocó un compañero de viaje muy gárrulo, que me levantó dolor de cabeza.*

garzo, za ▮ adj. **1** De color azulado, esp. referido a los ojos o a la persona que los tiene de este color: *Tiene los ojos garzos y expresivos.* ▮ s.f. **2** Ave zancuda que vive en las orillas de ríos y pantanos, de cabeza pequeña con moño largo y gris, pico prolongado, cuello alargado y cuerpo de color grisáceo o pardo: *En invierno las garzas emigran a países cálidos.* **3** ‖ **garza real.** La de moño negro y brillante, manchas negruzcas en el pecho, pico largo y amarillo más oscuro en la punta, que abunda en la península ibérica: *La garza real vive en terrenos pantanosos y se alimenta de peces y ranas.* ☐ MORF. En la acepción 2, es un sustantivo epiceno y la diferencia de sexo se señala mediante la oposición *la garza {macho/hembra}*.

gas ▮ s.m. **1** Fluido que tiende a expandirse indefinidamente y que se caracteriza por su baja densidad: *El aire es un gas.* **2** Combustible en este estado: *No te puedes duchar con agua caliente porque no hay gas en la bombona.* **3** *col.* Velocidad, fuerza o intensidad: *Nuestro equipo perdió gas en la segunda parte.* ▮ pl. **4** Restos gaseosos producidos en el aparato digestivo: *Las judías me producen gases.* **5** ‖ **gas ciudad.** El que se suministra por tuberías para uso doméstico o industrial: *Ese gas ciudad procede de la destilación de la hulla.* ‖ **gas mostaza.** El tóxico que ataca los ojos y las vías respiratorias, empleado con fines bélicos: *En la I Guerra Mundial se utilizó el gas mostaza.* ‖ **gas natural.** El que procede de depósitos subterráneos naturales: *La calefacción de mi casa es de gas natural.*

gasa s.f. **1** Tela muy ligera y transparente, generalmente de seda o de hilo: *Lleva una falda de gasa con un forro del mismo color.* **2** Tejido poco tupido y generalmente de algodón, esp. el que se usa para poner vendas o hacer curas: *La gasa que me pusieron en la herida estaba esterilizada.*

gascón, -a adj./s. De Gascuña (antigua región del suroeste francés), o relacionado con ella: *El territorio gascón estaba situado entre el océano Atlántico, el río Garona y los montes Pirineos. En la Edad Media, los gascones estuvieron bajo el dominio del rey de Inglaterra.* ☐ MORF. Como sustantivo se refiere solo a las personas de Gascuña.

gasear v. **1** Referido a un líquido, esp. al agua, hacer que absorba cierta cantidad de gas: *Esa empresa gasea y embotella agua mineral.* **2** Someter a la acción de un gas tóxico o dañino: *Los manifestantes fueron gaseados con gases lacrimógenos para dispersarlos.*

gaseoso, sa ▮ adj. **1** Que se encuentra en estado de gas: *El vapor de agua es agua en estado gaseoso.* **2** Que contiene o desprende gases: *La combustión de la gasolina es un proceso gaseoso.* ▮ s.f. **3** Bebida refrescante, efervescente y sin alcohol: *En la comida solemos beber vino con gaseosa.*

gasificación s.f. **1** Conversión o paso de un líquido o de un sólido a estado de gas: *Cuando abrimos la llave de una bombona, se produce la gasificación del butano.* **2** Disolución de gas carbónico en un líquido: *La gaseosa es el resultado de la gasificación de agua azucarada.*

gasificar v. **1** Referido a un cuerpo sólido o líquido, convertirlo en gas, aumentando su temperatura o sometiéndolo a reacciones químicas: *Haciendo el vacío se pueden gasificar los gasóleos.* **2** Referido a un líquido, aplicarle gas carbónico: *En esta planta gasifican el agua mineral procedente de un manantial cercano.* ☐ ORTOGR. La *c* se cambia en *qu* delante de *e* →**SACAR**.

gasoducto s.m. Tubería muy gruesa y de gran longitud que se usa para conducir a largas distancias un gas combustible: *Este gasoducto va desde Rusia hasta Francia.*

gasógeno s.m. Aparato que produce gas combustible combinando materiales sólidos o líquidos con aire, oxígeno o vapor: *Instalaron un gasógeno en algunos coches para producir carburo de hidrógeno que sirviera como carburante.*

gasoil (anglicismo) s.m. →**gasóleo.** ☐ PRON. [gasóil].

gasóleo s.m. Mezcla de hidrocarburos líquidos obtenida por la destilación del petróleo crudo que se purifica especialmente para eliminar el azufre y que se usa como combustible; *gasoil: Los motores Diésel y muchas calefacciones funcionan con gasóleo.*

gasolina s.f. Mezcla de hidrocarburos líquidos obtenida

generalmente por la destilación del petróleo crudo, que es inflamable, se evapora con facilidad y se usa como combustible en motores de combustión: *La gasolina sin plomo contamina menos que la normal.*

gasolinera s.f. Establecimiento en el que se vende gasolina y otros combustibles: *Las gasolineras están situadas al borde de las carreteras.*

gastador s.m. Soldado encargado de cavar trincheras o de abrir el paso en las marchas: *Los gastadores encabezaban el desfile.*

gastar v. **1** Referido al dinero, emplearlo en algo: *Gastó una fortuna en esa casa. Es poco ahorrador y siempre está gastando.* **2** Consumir, acabar o deteriorar por el uso o por el paso del tiempo: *Este coche gasta mucha gasolina. Se me ha gastado la punta del lápiz.* **3** Usar, emplear o llevar habitualmente: *Mi abuelo gasta sombrero. No me gusta que gastes esas bromas.* **4** Referido esp. a una actitud negativa, tenerla habitualmente: *Gasta unos aires de grandeza insoportables.* **5** ‖ **gastarlas.** *col.* Proceder o comportarse: *No sé de qué te extrañas, si ya te advertí que aquí las gastamos así.*

gasterópodo ▌ adj./s.m. **1** Referido a un molusco, que tiene una cabeza provista de tentáculos sensoriales y un pie carnoso con el cual se arrastra, y generalmente está protegido por una concha de una pieza: *El caracol es un molusco gasterópodo. Los gasterópodos son hermafroditas.* ▌ s.m.pl. **2** En zoología, clase de estos moluscos: *La lapa y la babosa pertenecen a los gasterópodos.*

gasto s.m. **1** Empleo de dinero en algo: *El gasto de este mes en ropa ha sido excesivo.* **2** Consumo o deterioro por el uso o por el paso del tiempo: *No sé si podrás soportar tanto gasto de energía.* **3** Lo que se gasta: *En una casa, todos los meses hay muchos gastos fijos.*

gástrico, ca adj. En medicina, del estómago o relacionado con él: *Está a dieta porque tiene una úlcera gástrica.*

gastritis s.f. En medicina, inflamación de las mucosas del estómago: *La gastritis suele producir vómitos y un fuerte dolor de estómago.* □ MORF. Invariable en número.

gastroenteritis s.f. En medicina, inflamación simultánea de la membrana mucosa del estómago y de la del intestino: *Su gastroenteritis ha sido debida a la ingestión de un alimento en mal estado.* □ MORF. Invariable en número.

gastrointestinal adj. Del estómago y los intestinos o relacionado con estos órganos: *Los vómitos, las náuseas y la diarrea son procesos gastrointestinales.* □ MORF. Invariable en género.

gastronomía s.f. **1** Arte o técnica de preparar una buena comida: *Prefiero la gastronomía española a la francesa.* **2** Afición a comer bien: *A veces, la gastronomía no es compatible con la economía.*

gastronómico, ca adj. De la gastronomía o relacionado con este arte de cocinar o comer: *Hicimos una fiesta gastronómica y cada invitado llevaba un plato cocinado por él.*

gastrónomo, ma s. **1** Especialista en gastronomía: *Ese cocinero vasco es uno de los mejores gastrónomos del país.* **2** Persona aficionada a comer bien: *Los buenos gastrónomos eligen cuidadosamente el vino que se ha de tomar con cada comida.*

gatear v. **1** *col.* Andar a gatas: *El bebé ya gatea y pronto se soltará a andar.* **2** Trepar como lo hacen los gatos: *El niño gateó por el tronco y logró alcanzar el nido.*

gatera s.f. En una pared, un tejado o una puerta, agujero para diversos usos, esp. el hecho para que entren y salgan los gatos: *En mi pueblo aún quedan puertas con gateras.*

gatillo s.m. En un arma de fuego, pieza que se presiona con el dedo para disparar: *El atracador no dudó en apretar el gatillo de su pistola.*

gato, ta ▌ s. **1** Mamífero felino y carnicero, doméstico, de cabeza redonda, lengua muy áspera y pelaje espeso y suave, que es muy hábil cazando ratones: *A los gatos les gusta el pescado.* 👁 **felino** ▌ s.m. **2** Máquina compuesta de un engranaje, que sirve para levantar grandes pesos a poca altura: *Para cambiar la rueda pinchada hay que levantar el coche con el gato.* **3** ‖ **a gatas.** *col.* Apoyando las manos y las rodillas en el suelo: *El niño todavía no sabe andar y va a gatas.* ‖ **cuatro gatos.** Poca gente: *Llegamos demasiado pronto a la reunión y solo había cuatro gatos.* ‖ **dar gato por liebre.** *col.* Engañar dando una cosa de poca calidad por otra mejor: *No le gusta comprar a los vendedores ambulantes porque dice que te dan gato por liebre.* ‖ **gato de Angora.** El de la raza que se caracteriza por tener el pelo muy largo: *El gato de Angora es originario de Asia.* ‖ **gato montés.** Mamífero felino y carnicero, de mayor tamaño que el gato doméstico, de color gris con rayas más oscuras: *El gato montés vive en los montes del norte de España.* 👁 **felino** ‖ **haber gato encerrado.** *col.* Haber algo oculto o secreto: *La policía lo vigila porque cree que en su negocio hay gato encerrado.* ‖ **llevarse el gato al agua.** *col.* En un enfrentamiento, triunfar o salir victorioso: *El tenista estuvo a punto de perder, pero al final se llevó el gato al agua.* □ USO El uso de *cuatro gatos* tiene un matiz despectivo.

gatopardo s.m. Mamífero felino y carnicero domesticable, de pelaje claro con manchas oscuras, que vive en algunos desiertos asiáticos y africanos; *guepardo, onza: En Persia domesticaban a los gatopardos y los usaban para cazar gacelas.* □ MORF. Es un sustantivo epiceno y la diferencia de sexo se señala mediante la oposición *el gatopardo {macho/hembra}.* 👁 **felino**

gauchesco, ca adj. De los gauchos o relacionado con ellos: *El 'Martín Fierro', del argentino José Hernández, está considerado como la obra cumbre de la literatura gauchesca.*

gaucho, cha ▌ adj. **1** Del gaucho o relacionado con este campesino: *Las boleadoras son un instrumento gaucho.* ▌ s.m. **2** Campesino de las llanuras de Argentina, Uruguay y Brasil (países sudamericanos): *Los gauchos vigilaban y conducían los rebaños montados a caballo.*

gaveta s.f. **1** En algunos muebles, cajón corredizo que se utiliza para guardar lo que se quiere tener a mano: *Guarda estos papeles en la gaveta del escritorio.* **2** Mueble que tiene uno o varios de estos cajones: *Me he comprado una gaveta para tener ordenados estos documentos.*

gavia s.f. En algunas embarcaciones, vela que se coloca en algunos mástiles: *Debido al fuerte viento, los marineros recogieron las gavias.*

gavilán s.m. Ave rapaz diurna, de plumaje gris azulado y pardo, de alas redondeadas y cola larga, y que se alimenta de pequeños mamíferos y de otras aves; *esparaván: La hembra del gavilán tiene el plumaje más claro que el macho.* 👁 **rapaz** □ MORF. Es un sustantivo epiceno y la diferencia de sexo se señala mediante la oposición *el gavilán {macho/hembra}.*

gavilla s.f. Conjunto de cañas, ramas o cosas semejantes, colocadas longitudinalmente y atadas por el centro: *Una gavilla es mayor que un manojo y menor que un haz.*

a b c d e f g h i j k l m n ñ o p q r s t u v w x y z

gaviota s.f. Ave acuática palmípeda, con el plumaje blanco y gris, el pico anaranjado y las patas rojizas, que se alimenta de peces: *Las gaviotas pueden medir un metro de envergadura.* ☐ MORF. Es un sustantivo epiceno y la diferencia de sexo se señala mediante la oposición *la gaviota {macho/hembra}*. 👁 **ave**

gay (anglicismo) adj./s.m. Referido a un hombre, que es homosexual: *El colectivo gay defiende la dignidad de los homosexuales. Mi vecino es un gay y vive con otro hombre.* ☐ PRON. Se usa mucho la pronunciación anglicista [guéi]. ☐ MORF. 1. Como adjetivo es invariable en género. 2. Su plural es *gais*.

gayumbos s.m.pl. *col.* Calzoncillo: *Súbete los pantalones, tío, que se te ven los gayumbos.*

gazapo s.m. **1** Cría del conejo: *La coneja estaba en la madriguera con los gazapos.* **2** *col.* Yerro o equivocación que se comete al hablar o al escribir: *El corrector de la revista no pudo evitar que se le escapara algún gazapo.* ☐ MORF. En la acepción 1, es un sustantivo epiceno y la diferencia de sexo se señala mediante la oposición *el gazapo {macho/hembra}*.

gazmoñería s.f. Actitud de quien finge devoción, escrúpulos o virtudes que no posee: *A nadie engaña ya su gazmoñería, porque todos sabemos que sus escrúpulos son falsos.*

gazmoño, ña adj./s. Que finge devoción, escrúpulos o virtudes que no posee: *Las personas gazmoñas son unas hipócritas. Todos dicen que es un gazmoño porque es muy puritano.*

gaznápiro, ra adj./s. Que es simple, torpe o corto de entendimiento: *No seas tan gaznápiro y no creas todo lo que te dicen. ¿A quién se le ocurre fiarse de esa gaznápira?*

gaznate s.m. *col.* Parte interior de la garganta; *gañote: El trago de tequila le abrasó el gaznate.*

gazpacho s.m. Sopa que se toma fría y cuyos ingredientes principales son pan, aceite, vinagre, tomate, ajo y cebolla: *El gazpacho es una comida típica de las zonas del sur de España.*

ge s.f. Nombre de la letra *g*: *'Gigante' tiene dos ges.*

géiser s.m. Fuente natural intermitente de agua caliente, en forma de surtidor: *En mi viaje a Islandia vi muchos géiseres.*

geisha (del japonés) s.f. Cantante y danzarina japonesa: *Las geishas visten el tradicional kimono.* ☐ PRON. [guéisa].

gel s.m. **1** Estado de una materia en el que la parte sólida se separa de la líquida formando partículas: *Una materia en estado de gel tiene un aspecto semejante al de la gelatina.* **2** Producto que tiene una consistencia parecida: *Hay medicamentos que se presentan en forma de gel y que son como pomadas, pero casi transparentes.* **3** Jabón líquido; *gel de baño: Me gusta más ducharme con gel que con jabón en pastilla.*

gelatina s.f. **1** Sustancia sólida, incolora y transparente, que se obtiene de la cocción del tejido conjuntivo, de los huesos y de los cartílagos: *La gelatina es insípida y no tiene olor.* **2** Preparado alimenticio que tiene esa consistencia: *De postre hay gelatina de fresa.*

gelatinoso, sa adj. Con gelatina o con sus características: *Este pegamento es gelatinoso.*

gélido, da adj. Helado o muy frío: *Un viento gélido nos enfriaba la cara. Me recibió con un gélido saludo.*

gema s.f. Piedra preciosa: *La esmeralda es una gema.*

gemación s.f. **1** En una planta, desarrollo de una yema para la formación de una rama, de una hoja o de una flor: *El período de gemación de las plantas es en primavera.* **2** Reproducción asexual de algunas plantas y de algunos animales inferiores en la que el nuevo individuo se desarrolla a partir de una yema o de un grupo de células del cuerpo del progenitor: *Las hidras y los corales se reproducen por gemación.*

gemelo, la ▮ adj. **1** Referido a dos o más elementos, que son iguales, esp. si colocados por pares cooperan para un mismo fin: *Las dos hermanas duermen en camas gemelas.* 👁 **cama** ▮ adj./s. **2** Que ha nacido del mismo parto y se ha originado del mismo óvulo: *Los hermanos gemelos son casi iguales. Los gemelos siempre son del mismo sexo.* ▮ s.m. **3** Adorno compuesto de dos piezas unidas por una cadenita, que se usa para cerrar el puño de la camisa sustituyendo al botón: *Las camisas preparadas para usar gemelos tienen dos ojales en cada puño.* **4** Cada uno de los dos músculos que forman la pantorrilla: *Me dio un calambre en los gemelos mientras estaba en la cama.* ▮ s.m.pl. **5** Aparato óptico formado por dos tubos que contienen en su interior una combinación de lentes, y que sirve para mirar por los dos ojos y ver ampliados los objetos lejanos; *anteojos: Déjame los gemelos para que pueda identificar ese pájaro.* ☐ SEM. En la acepción 5, dist. de *binoculares* (cualquier aparato formado por dos tubos con lentes).

gemido s.m. Sonido o voz lastimeros que expresan pena o dolor: *Era angustioso oír sus gemidos de dolor.*

geminado, da adj. **1** Que está repetido o duplicado: *En la frase 'Dilo, dilo, no tengas miedo', hay una construcción geminada.* **2** Que está partido o dividido: *Las ventanas geminadas del castillo están divididas en dos partes iguales por una columna central.*

géminis adj./s. Referido a una persona, que ha nacido entre el 22 de mayo y el 21 de junio aproximadamente (por alusión a Géminis, tercer signo zodiacal): *Dice que tiene doble personalidad porque es géminis. El símbolo de los géminis son dos gemelos.* ☐ MORF. 1. Como adjetivo es invariable en género. 2. Como sustantivo es de género común y exige concordancia en masculino o en femenino para señalar la diferencia de sexo: *el géminis, la géminis*. 3. Invariable en número.

gemir v. **1** Emitir gemidos: *Acongojaba verlo gemir de pena.* **2** Aullar o emitir un sonido semejante al gemido humano: *El viento gimió durante toda la noche.* ☐ MORF. Irreg.: La *e* se cambia en *i* cuando la sílaba siguiente no tiene *i* o la tiene formando diptongo →**PEDIR**.

gemología s.m. Ciencia que estudia las gemas o piedras preciosas: *Este geólogo se ha especializado en gemología.*

gemólogo, ga s. Persona que se dedica profesionalmente al estudio de la gemas o piedras preciosas, o que está especializado en gemología: *Esta gemóloga trabaja en una joyería.*

gen s.m. En un cromosoma, fragmento de ácido desoxirribonucleico que constituye la más pequeña unidad funcional: *Los genes son los responsables de la transmisión hereditaria de los caracteres.*

gendarme s.m. En Francia (país europeo) y en otros países, agente de Policía destinado a mantener la seguridad y el orden públicos: *Al pasar la frontera de Hendaya, dos gendarmes nos pidieron la documentación.*

gendarmería s.f. **1** Cuartel o puesto de gendarmes: *Cuando estuve en París, me robaron el bolso y lo denuncié en una gendarmería.* **2** Cuerpo de tropa de los gendarmes: *La gendarmería goza en Francia de mucho prestigio.*

genealogía s.f. Serie de progenitores y ascendientes de una persona o de un animal: *En la genealogía de mi familia hay un conde, un bandolero y dos santos.*

genealógico, ca adj./s. De la genealogía o relacionado con ella: *He encargado un estudio genealógico de mi familia.*

genealogista s. Persona especializada en genealogías y linajes, y que escribe sobre ellos: *He pedido a un genealogista que confeccione un árbol genealógico de mi familia.* □ MORF. Es de género común y exige concordancia en masculino o en femenino para señalar la diferencia de sexo: *el genealogista, la genealogista.*

generación s.f. **1** Conjunto de las personas que, por haber nacido en fechas próximas y haber recibido una educación o una influencia social semejante, se comportan de una forma parecida o comparten características comunes: *Machado y Unamuno son escritores de la que se conoce como 'Generación del 98'.* **2** Conjunto de todos los seres vivientes contemporáneos: *Debemos cuidar el planeta para dejárselo en buen estado a las próximas generaciones.* **3** Serie de descendientes en línea directa: *En mi casa vivimos tres generaciones: mis abuelos, mis padres y yo.* **4** Producción de seres de la misma especie por medio de la reproducción: *La generación espontánea, es decir, sin proceder de otro ser vivo, es imposible.* **5** Producción o creación: *Prometieron la generación de nuevos puestos de trabajo.*

generacional adj. De una generación de contemporáneos o relacionado con ella: *Padre e hijo no se llevan muy bien porque entre ellos hay una diferencia generacional.* □ MORF. Invariable en género.

generador s.m. En una máquina, parte que produce la fuerza o la energía: *En una máquina de vapor, el generador es la caldera.*

general ▌adj. **1** Que es común a todos los individuos que forman un todo: *La opinión general es favorable a estas medidas.* **2** Que ocurre o se utiliza con mucha frecuencia o de forma usual: *De forma general, como fuera de casa.* **3** Referido esp. a una explicación, que no entra en detalles o que no especifica: *No había tiempo de entrar en detalles y me dio una explicación general.* **4** Referido a una persona, que es el responsable máximo de la dirección de un organismo, de una empresa o de una sección: *El director general se reunió con el comité de empresa.* ▌s.m. **5** Prelado máximo de una orden religiosa: *El general de los jesuitas está alojado estos días en este colegio.* ▌s. **6** En los Ejércitos de Tierra y del Aire y en algunos cuerpos de la Armada, persona cuya categoría militar es superior a la de coronel: *La categoría de general comprende los empleos de capitán general, teniente general, general de división y general de brigada en los Ejércitos de Tierra y del Aire.* **7** ‖ **{en/por lo} general. 1** Con frecuencia o por lo común: *Por lo general, salgo del trabajo a las tres.* **2** Sin especificar o sin dar detalles: *En general, la película está bien, aunque hay escenas que no me gustan.* □ MORF. 1. Como adjetivo es invariable en género. 2. La acepción 6 es de género común y exige concordancia en masculino o en femenino para señalar la diferencia de sexo: *el general, la general.*

generalidad ▌s.f. **1** Mayoría o conjunto que comprende a casi todos los componentes de una clase: *La generalidad de los trabajadores estuvo de acuerdo con la huelga.* **2** Vaguedad o falta de precisión en lo que se dice o escribe: *El político contestó a las preguntas de los periodistas con generalidades.* ▌pl. **3** Conocimientos generales relacionados con una ciencia: *De este tema no estoy bien informada y solo sé generalidades.*

generalización s.f. **1** Extensión o propagación de algo: *La generalización del uso del transporte privado está causando atascos en las grandes ciudades.* **2** Aplicación a una generalidad de lo que es propio de un individuo: *En las generalizaciones es fácil cometer errores.*

generalizar v. **1** Extender, propagar o hacer público o común: *La cultura generaliza las medidas de higiene entre la población. La práctica del deporte se ha generalizado.* **2** Aplicar a una generalidad lo que es propio de un individuo: *Es injusto que el profesor generalice y diga que todos somos malos alumnos.* □ ORTOGR. La *z* se cambia en *c* delante de *e* →**CAZAR**.

generar v. Producir, originar o causar: *Los problemas raciales generan odios.*

generativo, va adj. Que es capaz de generar, engendrar u originar: *Los rayos de sol de la primavera son una fuerza generativa para el crecimiento de nuevas plantas.*

generatriz adj.f./s.f. En matemáticas, referido a una línea o a una figura, que engendran una figura o un sólido geométrico respectivamente: *La línea generatriz de un cilindro es una línea paralela al eje y que une las dos circunferencias que forman las bases. La generatriz de un cono va desde el vértice a un punto cualquiera de la circunferencia que forma la base.*

genérico, ca adj. **1** Común a los elementos de un conjunto: *'Árbol' es una palabra genérica que incluye al pino, al manzano, al cerezo y a otros.* **2** Del género o relacionado con él: *En la palabra 'perro', la desinencia genérica es '-o'.*

género s.m. **1** Conjunto de seres que tienen uno o varios caracteres comunes: *Barbaridades así me hacen avergonzarme de pertenecer al género humano.* **2** Forma o modo de hacer algo: *No me gusta el género de vida que llevas.* **3** Naturaleza o índole; *clase: No tengo dudas de ningún género sobre esto.* **4** Clase de tela: *Los géneros de algodón son muy frescos.* **5** En el comercio, cualquier mercancía: *Voy siempre a esa carnicería porque tienen un género muy bueno.* **6** En biología, en la clasificación de los seres vivos, categoría superior a la de especie e inferior a la de subfamilia: *El género 'Felis' comprende a los gatos salvajes y a los domésticos.* **7** En arte y literatura, categoría en la que se agrupan las obras que tienen rasgos comunes de forma y de contenido: *Los tres géneros literarios clásicos son la lírica, la dramática y la épica.* **8** En gramática, categoría gramatical propia del nombre, del pronombre y del artículo, que está fundada en la distinción natural de los sexos, o en una distinción puramente convencional: *Las lenguas indoeuropeas tienen tres formas de género: masculino, femenino y neutro. El adjetivo concuerda en género y en número con el sustantivo al que acompaña.* **9** ‖ **género ambiguo.** El de los nombres que se emplean como masculinos o femeninos sin que varíe su significado: *'Mar' es un sustantivo de género ambiguo porque se puede decir '{el/la} mar {tranquilo/tranquila}'.* ‖ **género chico.** Clase de obras teatrales ligeras, generalmente musicales y de carácter popular, a la que pertenecen sainetes, comedias y zarzuelas de uno o de dos actos: *El género chico surgió a finales del siglo XIX como reacción frente a la ópera.* ‖ **género común.** El de los nombres que exigen concordancia en masculino o en femenino para señalar la diferencia de sexo: *'Artista' es un sustantivo de género común porque se dice 'el artista' y 'la artista'.*

a b c d e f g h i j k l m n ñ o p q r s t u v w x y z

generosidad s.f. **1** Inclinación a dar lo que se tiene sin buscar el propio interés: *Los organizadores de la subasta benéfica agradecieron a los asistentes su generosidad en las compras.* **2** Nobleza o grandeza del ánimo: *Su generosidad le hizo perdonar a aquellos que lo habían ofendido.*

generoso, sa adj. **1** Inclinado a dar lo que tiene sin buscar el propio interés: *Es muy generoso y comparte todo con sus amigos.* **2** Que muestra nobleza y grandeza de ánimo: *Fue muy generoso de tu parte ayudarme en aquel trance.* **3** Excelente en relación con algo de la misma especie o clase: *Heredé unas tierras generosas que dan abundantes cosechas.*

genésico, ca adj. De la generación o relacionado con ella: *El instinto sexual se denomina también 'instinto genésico'.* □ ORTOGR. Dist. de *genético*.

génesis s.f. **1** Origen o principio de algo: *Hoy en día, la génesis del universo es aún un misterio.* **2** Serie encadenada de hechos y de causas que conducen a un resultado: *Los científicos distinguen varias etapas en la génesis de la Tierra.* □ MORF. Invariable en número.

genético, ca ▮ adj. **1** De la genética o relacionado con esta parte de la biología: *En este estudio genético se investiga la transmisión de caracteres.* **2** De la génesis u origen de algo, o relacionado con ellos: *Un estudio crítico de la obra y de los diferentes manuscritos conservados revela que tuvo un complicado proceso genético.* ▮ s.f. **3** Parte de la biología que estudia la herencia o la naturaleza y los mecanismos de transmisión de los caracteres hereditarios de los organismos: *En clase de genética estudiaremos las leyes de Mendel.* □ ORTOGR. Dist. de *genésico*.

genial ▮ adj. **1** Que posee genio creador o que lo manifiesta: *El 'Quijote' es una novela genial.* **2** Muy bueno, estupendo o extraordinario: *Lo que propones me parece una idea genial.* ▮ adv. **3** Muy bien o de forma extraordinaria: *Esa pareja baila genial.* □ MORF. Como adjetivo es invariable en género.

genialidad s.f. **1** Propiedad de lo que posee genio creador o lo manifiesta: *La genialidad de este pintor queda fuera de toda duda.* **2** Propiedad de lo que es muy bueno, estupendo o extraordinario: *No dudo de la genialidad de la propuesta, pero me parece difícil de llevar a la práctica.* **3** Hecho o dicho geniales: *Otra de sus genialidades fue vender el coche nuevo y quedarse con el viejo.* □ USO La acepción 3 se usa mucho con un sentido irónico.

genio s.m. **1** Índole o inclinación que guía generalmente el comportamiento de alguien: *Es una persona agradable y de genio tranquilo.* **2** Estado de ánimo habitual o pasajero: *Su buen genio le permite aceptar bien las bromas.* **3** Firmeza de ánimo, energía o temperamento; *carácter: Suele reaccionar bruscamente porque tiene mucho genio.* **4** Disposición o habilidad para la realización de algo: *Mozart tuvo un extraordinario genio musical.* **5** Facultad o fuerza intelectual para crear o inventar cosas nuevas y admirables: *Todas estas pinturas son obra de su gran genio creador.* **6** Persona que posee esta facultad: *Lope de Vega fue un gran genio de nuestra literatura.* **7** En la mitología grecolatina, divinidad creadora, esp. la que presidía el nacimiento de una persona y tenía como misión esencial acompañarla a lo largo de su vida y velar por ella: *Los romanos creían en un genio del lecho nupcial que otorgaba hijos a la pareja.* **8** Ser fantástico que aparece en leyendas y cuentos: *El genio de la lámpara de Aladino le concedía lo que le pedía.*

genital ▮ adj. **1** Que sirve para la generación: *Los órganos genitales masculinos son diferentes de los femeninos.* ▮ s.m.pl. **2** Órganos sexuales externos: *El defensa recibió un balonazo en los genitales.* □ MORF. Como adjetivo es invariable en género.

genitivo s.m. →**caso genitivo.**

genocidio s.m. Exterminio o eliminación sistemática de un grupo social por motivos raciales, políticos o religiosos: *El asesinato de miles de judíos por los nazis en campos de concentración fue un genocidio.*

genoma s.f. Conjunto de los cromosomas de una célula: *El genoma humano está formado por 23 parejas de cromosomas.*

genotípico, ca adj. Del genotipo o relacionado con este conjunto de genes: *Las radiaciones nucleares pueden producir alteraciones genotípicas en los individuos que las reciben.*

genotipo s.m. En biología, conjunto de los genes existentes en cada uno de los núcleos celulares de los individuos que pertenecen a una determinada especie vegetal o animal: *Los caracteres del genotipo que se manifiestan en un individuo constituyen el fenotipo.*

gente s.f. **1** Conjunto de personas: *Hoy ha venido poca gente al teatro. La gente aún no conoce el peligro que entraña esta droga.* **2** Cada una de las clases o grupos sociales que pueden distinguirse en la sociedad: *Estos barrios están llenos de gente de mal vivir. Su familia es gente de dinero.* **3** *col.* Familia o parentela: *Se ha ido de vacaciones con su gente.* **4** *col.* Precedido de algunos adjetivos, individuo o persona: *Confío en él, porque es buena gente.* **5** ‖ **gente de bien.** La que es honrada y actúa con buena intención: *Todos sus vecinos son gente de bien y se echan una mano cuando lo necesitan.* ‖ **gente de la calle.** La que no tiene especial relevancia social, ni especial significación en relación con el asunto de que se trata: *La encuesta manifiesta que la gente de la calle está en contra de la violencia.* ‖ **gente guapa.** *col.* La adinerada, famosa y moderna: *Ese es uno de los sitios a los que va a divertirse la gente guapa.* ‖ **gente menuda.** *col.* Los niños: *A la gente menuda le encanta el circo.*

gentil ▮ adj. **1** Amable o cortés: *Nos atendió un oficinista muy gentil.* **2** Elegante, gracioso o de buena presencia: *Un gentil mozo galanteaba a la pastorcilla.* ▮ adj./s. **3** Que adoraba ídolos o deidades diferentes de los considerados verdaderos, esp. referido a los que tenían una religión diferente de la judía o la cristiana: *Para los primeros cristianos, los griegos y los romanos eran gentiles. Los apóstoles predicaron el cristianismo entre los gentiles.* □ MORF. 1. Como adjetivo es invariable en género. 2. Como sustantivo es de género común y exige concordancia en masculino o en femenino para señalar la diferencia de sexo: *el gentil, la gentil.*

gentileza s.f. **1** Amabilidad, cortesía o atención: *Tuvo la gentileza de acompañarme a casa.* **2** Gracia o desenvoltura para hacer algo: *Cabalgaba con tal gentileza que todos se volvían a contemplarlo.* **3** Lo que se hace o se ofrece por cortesía: *Esta jarrita fue una gentileza del restaurante donde comimos.*

gentilhombre s.m. Antiguamente, persona que servía en la corte o que acompañaba a un personaje importante: *El duque se hacía acompañar de un gentilhombre de confianza.* □ MORF. Su plural es *gentilhombres* y *gentileshombres*.

gentilicio adj./s.m. Referido a un adjetivo o a un sustantivo, que expresa el origen o la patria: *'Español' es el nom-*

bre gentilicio de las personas de nacionalidad española. 'Abulense' es el gentilicio que se aplica a los oriundos de Ávila.

gentío s.m. Aglomeración de gente: *Un gran gentío esperaba al cantante en el aeropuerto.*

gentleman (anglicismo) s.m. Hombre que se caracteriza por su distinción, elegancia y comportamiento educado: *Cuando lleva traje, sombrero y bastón va hecho un auténtico gentleman.* □ PRON. [yéntelman].

gentuza s.f. *desp.* Gente despreciable: *En este garito se reúne toda la gentuza del barrio.*

genuflexión s.f. Flexión de una rodilla, bajándola hacia el suelo, que se hace generalmente en señal de reverencia: *Al pasar por delante del sagrario hizo una genuflexión.*

genuino, na adj. Puro, natural, o que conserva sus características propias: *Nos han dado a probar un genuino caldo gallego.*

geo- Elemento compositivo que significa 'tierra' (*geofagia, geomancia*), 'la Tierra' (*geografía, geocéntrico, geopolítica, geoquímica, geodinámica*).

geocéntrico, ca adj. **1** Del centro de la Tierra o relacionado con él: *A través del sismógrafo se pueden detectar los movimientos geocéntricos.* **2** Referido a un sistema astronómico, que considera que la Tierra es el centro del universo: *El sistema geocéntrico de Tolomeo resumía los conocimientos griegos sobre el tema.*

geocentrismo s.m. Teoría astronómica que sostenía que la Tierra era el centro del universo y que los planetas giraban alrededor de ella: *El astrónomo griego Tolomeo fue uno de los principales defensores del geocentrismo.*

geodesia s.f. Ciencia matemática que se ocupa de determinar la figura y las dimensiones del globo terrestre o de una parte de él, y de su representación en mapas: *Actualmente, la geodesia utiliza los datos proporcionados por los satélites artificiales.*

geodésico, ca adj. De la geodesia o relacionado con esta ciencia: *Los estudios geodésicos permiten elaborar los mapas terrestres.*

geofísico, ca ▮ adj. **1** De la geofísica o relacionado con esta parte de la geología: *Los estudios geofísicos incluyen la meteorología.* ▮ s.f. **2** Parte de la geología que estudia la física terrestre: *Del estudio de los movimientos sísmicos se ocupa la geofísica.*

geografía s.f. Ciencia que se ocupa de la descripción de la Tierra y de la distribución en el espacio de los diferentes elementos y fenómenos que se desarrollan sobre la superficie terrestre: *La geografía utiliza los mapas como instrumento de representación de los fenómenos estudiados.*

geográfico, ca adj. De la geografía o relacionado con esta ciencia: *En el atlas geográfico encontrarás mapas con los ríos y montañas de cada región.*

geógrafo, fa s. Persona que se dedica profesionalmente al estudio de la geografía o que está especializada en esta ciencia: *Un equipo de geógrafos trabajó en la elaboración de este atlas.*

geología s.f. Ciencia que estudia la forma interior y exterior del globo terrestre, la naturaleza de las materias que lo componen, su formación, su transformación y su disposición actual: *La geología estudia los minerales y rocas que aparecen en la Tierra y los procesos que han dado lugar a su formación.*

geológico, ca adj. De la geología o relacionado con esta ciencia: *La historia de la Tierra se divide en eras y períodos geológicos.*

geólogo, ga s. Persona que se dedica profesionalmente al estudio de la geología o que está especializada en esta ciencia: *Los geólogos afirman que en esta comarca hay yacimientos de carbón.*

geomagnetismo s.m. Conjunto de los fenómenos relacionados con las propiedades magnéticas de la Tierra: *El movimiento de la aguja de una brújula hacia el norte es un fenómeno debido al geomagnetismo.*

geómetra s. Persona que se dedica profesionalmente al estudio de la geometría o que está especializada en esta parte de las matemáticas: *Este matemático es un buen geómetra.* □ MORF. Es de género común y exige concordancia en masculino o en femenino para señalar la diferencia de sexo: *el geómetra, la geómetra*.

geometría s.f. Parte de las matemáticas que estudia las propiedades y medidas de puntos, líneas, planos y volúmenes, y las relaciones que entre ellos se establecen: *En la clase de geometría hemos aprendido a distinguir los tipos de triángulos.*

geométrico, ca adj. De la geometría o relacionado con esta parte de las matemáticas: *El cuadrado y el rectángulo son figuras geométricas. El capitel de la columna está decorado con motivos geométricos que representan rombos.*

geoquímico, ca ▮ adj. **1** De la geoquímica o relacionado con este estudio: *Los estudios geoquímicos se ocupan de la composición química de los estratos terrestres.* ▮ s.f. **2** Estudio de la distribución, proporción y asociación de los elementos químicos de la corteza terrestre, y de las leyes que las condicionan: *Según la geoquímica, la combinación de elementos químicos más frecuente en la litosfera terrestre es la que da lugar a la sílice.*

georgiano, na ▮ adj./s. **1** De Georgia o relacionado con este país europeo: *Tiflis es la capital georgiana. Los georgianos se dedican principalmente a la agricultura.* ▮ s.m. **2** Lengua hablada en Georgia (país europeo): *Existe una abundante literatura en georgiano.* □ MORF. En la acepción 1, como sustantivo se refiere solo a las personas de Georgia.

geórgica s.f. Obra, generalmente literaria, que trata de la agricultura o de la vida en el campo: *Las geórgicas por antonomasia son las escritas por el poeta latino Virgilio.* □ MORF. Se usa más en plural.

geotectónico, ca adj. De la forma, disposición y estructura de las rocas y terrenos que constituyen la corteza terrestre, o relacionado con ellos: *Un estudio geotectónico muestra el tipo de plegamientos que se dan en esta zona.*

geranio s.m. **1** Planta que tiene hojas de borde ondeado, generalmente grandes, flores de vivos y variados colores reunidas en umbelas, y que se utiliza como adorno: *El geranio se cultiva en jardines y en macetas.* **2** Flor de esta planta: *Corté unos geranios y los puse como adorno en un jarrón.*

gerencia s.f. **1** Cargo de gerente: *Le han dado la gerencia de unos grandes almacenes.* **2** Tiempo durante el que un gerente ejerce su cargo: *Durante su gerencia las ventas se duplicaron.* **3** Oficina del gerente: *Pásese por la gerencia para firmar el contrato.*

gerente s. Persona que dirige los negocios y lleva la gestión en una sociedad o empresa mercantil, de acuerdo con lo establecido en la constitución de la misma: *El nuevo gerente de la empresa multinacional tiene mucha* *experiencia en comercio exterior.* ☐ MORF. Es de género común y exige concordancia en masculino o en femenino para señalar la diferencia de sexo: *el gerente, la gerente.*

geriatra s. Médico especializado en geriatría: *El geriatra le ha mandado a mi abuelo una dieta rica en vitaminas.* ☐ MORF. Es de género común y exige concordancia en masculino o en femenino para señalar la diferencia de sexo: *el geriatra, la geriatra.*

geriatría s.f. Parte de la medicina que estudia la vejez y sus enfermedades: *La geriatría tiene mucha importancia, porque cada vez hay más personas ancianas.*

geriátrico, ca ▮ adj. **1** De la geriatría o relacionado con esta parte de la medicina: *Las personas mayores precisan tratamiento geriátrico.* ▮ adj./s.m. **2** Referido a un sanatorio o una residencia, que acoge a personas ancianas y se ocupa de su cuidado: *Muchos ancianos se resisten a ser ingresados en un centro geriátrico. Acuden al geriátrico todas las semanas para visitar a su anciana madre.*

gerifalte s.m. *col.* Persona que destaca o que sobresale en una actividad: *A la inauguración del museo acudieron todos los gerifaltes de la política local.*

germanía s.f. **1** Variedad lingüística o jerga que usan entre sí ladrones y rufianes y que se compone de voces del idioma a las que se les ha cambiado su significado, y de otros vocablos de orígenes muy diversos: *En los siglos XVI y XVII, los pícaros utilizaban una germanía muy peculiar.* **2** En el antiguo reino de Valencia, hermandad o reino: *Las germanías valencianas se sublevaron durante el reinado de Carlos I.*

germánico, ca ▮ adj. **1** De Germania (antigua zona centroeuropea ocupada por pueblos de origen indoeuropeo), de los germanos o relacionado con ellos: *Los visigodos eran un pueblo germánico. La sociedad germánica se organizaba en estamentos.* **2** De Alemania (país europeo), o relacionado con ella: *El pueblo germánico se plantea las ventajas de la unificación europea. Tras vivir muchos años en Alemania adoptó muchas costumbres germánicas.* ▮ adj./s.m. **3** Referido a una lengua, que pertenece a un grupo de lenguas indoeuropeas que eran habladas por los pueblos germanos: *El alemán, el inglés y el neerlandés son lenguas germánicas. El germánico se extendía por las actuales Alemania, Dinamarca y parte sur de Escandinavia.*

germanio s.m. Elemento químico, semimetálico y sólido, de número atómico 32, de color blanco, que se oxida a temperaturas muy elevadas y es resistente a los ácidos y a las bases: *El germanio se utiliza en la fabricación de transistores.* ☐ ORTOGR. Su símbolo químico es *Ge*.

germanismo s.m. En lingüística, palabra, significado o construcción sintáctica del alemán o de las lenguas habladas por los germanos empleados en otra lengua: *Muchos germanismos se incorporaron al latín antes de la desmembración del Imperio romano.*

germanista s. Persona especializada en el estudio de la lengua y de la cultura alemanas o germánicas: *Se celebró un congreso de germanistas para estudiar la literatura romántica alemana.* ☐ MORF. Es de género común y exige concordancia en masculino o en femenino para señalar la diferencia de sexo: *el germanista, la germanista.*

germano, na adj./s. **1** De la antigua Germania (zona centroeuropea ocupada por pueblos de origen indoeuropeo): *El pueblo germano no utilizó la moneda. Los germanos invadieron el Imperio romano.* **2** De Alemania (país europeo), o relacionado con ella; *alemán: La industria germana experimentó un gran desarrollo tras la II Guerra Mundial. El germano regateó con el balón y metió un gol.* ☐ MORF. 1. Es la forma que adopta *alemán* cuando se antepone a una palabra para formar compuestos: *germanófilo, germanofobia, germanoespañol.* 2. Como sustantivo se refiere solo a personas.

germen s.m. **1** Célula o conjunto de células que dan origen a un nuevo ser orgánico: *Tras la fecundación, el espermatozoide y el óvulo darán lugar al germen que originará un nuevo ser.* **2** Parte de la semilla de la que se forma la planta: *El germen del trigo es el embrión que dará lugar a la nueva planta.* **3** Primer tallo que brota de una semilla: *Planta una judía, riégala y dentro de poco verás aparecer el germen.* **4** Principio u origen de algo: *La filosofía griega es el germen de muchos sistemas filosóficos posteriores.* **5** ‖ **germen (patógeno).** Microrganismo que puede causar o propagar una enfermedad: *Hay que limpiar la herida para eliminar todos los gérmenes.*

germinación s.f. **1** Inicio del desarrollo de la semilla de un vegetal: *Tras estar sumergida varios días en agua, se produjo la germinación de la semilla.* **2** Brote y comienzo del crecimiento de una planta: *La primavera es la época de la germinación de las plantas.* **3** Desarrollo o comienzo de las manifestaciones de algo no material: *Se dice que la pereza favorece la germinación de todos los vicios.*

germinal adj. Del germen o relacionado con él: *Es un gran proyecto, aunque está en estado germinal.* ☐ MORF. Invariable en género.

germinar v. **1** Referido a una semilla, comenzar a desarrollarse: *Para que estas semillas germinen, necesitan calor y un ambiente húmedo.* **2** Referido a una planta, brotar y comenzar a crecer: *El trigo ya está empezando a germinar.* **3** Referido a algo no material, desarrollarse o empezar a manifestarse: *Las ideas más geniales germinaban continuamente en su mente creadora.*

gerontocracia s.f. Sistema de gobierno en el que el poder reside en las personas ancianas: *La gerontocracia fue el sistema de gobierno de muchos pueblos prehistóricos.*

gerontología s.f. Ciencia que estudia la vejez y los fenómenos que la caracterizan: *La gerontología estudia los problemas de adaptación de los ancianos en la sociedad actual.*

gerontólogo, ga s. Persona especializada en gerontología: *Los gerontólogos valoran mucho la situación afectiva en que viven los ancianos.*

gerundense adj./s. De Gerona o relacionado con esta provincia española o con su capital: *Estas vacaciones viajaremos por tierras gerundenses. Los gerundenses son catalanes.* ☐ MORF. 1. Como adjetivo es invariable en género. 2. Como sustantivo es de género común y exige concordancia en masculino o en femenino para señalar la diferencia de sexo: *el gerundense, la gerundense.* 3. Como sustantivo se refiere solo a las personas de Gerona.

gerundio s.m. Forma no personal del verbo, que presenta la acción en su curso de desarrollo y que generalmente tiene una función adverbial: *En español, los gerundios terminan en '-ando' o en '-iendo', según sean de la primera conjugación, o de la segunda y la tercera. 'Habiendo comido' es el gerundio compuesto del verbo 'comer'.*

gesta s.f. Conjunto de hazañas o de hechos memorables de una persona o de un pueblo: *Los más viejos del lugar aún recuerdan las gestas de sus antepasados.*

gestación s.f. **1** Desarrollo del feto dentro del cuerpo de la madre: *El período de gestación varía según las distintas especies animales.* **2** Desarrollo o formación de algo no material: *La lectura da lugar a la gestación de nuevas ideas.*

gestante adj./s.f. Referido a una mujer, que está embarazada: *Este medicamento no debe ser administrado a una mujer gestante sin consultar antes a su médico. Las gestantes deben acudir al ginecólogo periódicamente.* ☐ MORF. Como adjetivo es invariable en género.

gestar ▮ v. **1** Referido a una hembra, llevar y alimentar en el vientre al feto hasta el momento del parto: *Las mujeres gestan a sus hijos durante nueve meses.* ▮ prnl. **2** Referido a algo no material, formarse o desarrollarse: *El alzamiento popular se gestó en reuniones clandestinas.*

gesticulación s.f. Realización de gestos: *Desde mi coche vi las gesticulaciones de enfado del otro conductor.*

gesticular v. Hacer gestos: *Al hablar gesticula mucho con las manos.*

gestión s.f. **1** Realización de las acciones oportunas para conseguir el logro de un asunto o de un deseo: *Su gestión para intentar ascender de categoría no le dio el resultado que esperaba.* **2** Cada una de estas acciones: *No sé si podré verte, porque tengo que realizar ciertas gestiones y no sé a qué hora acabaré.* **3** Organización y dirección de algo, esp. de una empresa o de una institución: *La propia dueña se ocupa de la gestión de la fábrica.*

gestionar v. Referido a un asunto, realizar las gestiones oportunas para conseguir su resolución: *Ha gestionado su traslado a una ciudad más pequeña.*

gesto s.m. **1** Movimiento del rostro o de las manos con el que se expresa algo: *Con un gesto me dio a entender que no dijera nada.* **2** Movimiento exagerado del rostro que se hace por hábito o por enfermedad: *Los continuos gestos de su cara son debidos a un tic nervioso.* **3** Rostro o semblante: *Cuando volvió a casa traía el gesto alegre.* **4** Acción que se realiza obedeciendo a un impulso o sentimiento: *Felicitar al rival por su victoria es un gesto que te honra.* **5** ‖ **torcer el gesto.** *col.* Mostrar enfado o enojo en el rostro: *En lugar de torcer el gesto, podías decir qué es lo que te desagrada.*

gestor, -a ▮ adj./s. **1** Que gestiona: *Nuestro director está en contacto con una empresa gestora de negocios internacionales. Un gestor se hará cargo de la empresa hasta que se nombre el nuevo gerente.* ▮ s. **2** Miembro de una sociedad mercantil que participa en su administración: *El gestor ha elaborado los presupuestos de la empresa para el próximo año.*

gestoría s.f. Oficina de un gestor: *Una gestoría me está tramitando la renovación del carné de conducir.*

gestual adj. **1** De los gestos o relacionado con ellos: *La crítica ha alabado la riqueza gestual de la actriz.* **2** Que se hace con gestos: *Los sordomudos utilizan un lenguaje gestual.* ☐ MORF. Invariable en género.

ghetto s.m. →**gueto.** ☐ USO Es un italianismo innecesario.

giba s.f. **1** Curvatura anómala de la columna vertebral, del pecho o de ambos a la vez: *Debes hacer gimnasia para corregir esa giba.* **2** Bulto dorsal de algunos animales, esp. el de los camellos y los dromedarios, en el que almacenan grasa: *En esta foto aparezco sentado entre las dos gibas del camello.* ☐ SEM. Es sinónimo de *joroba*.

gibar v. *col.* Fastidiar o molestar: *¡No te giba, ahora dice que no le apetece salir de casa!*

gibón s.m. Mono que habita en los árboles, camina erguido, tiene los brazos muy largos y carece de cola: *El gibón vive en el sur de Asia.* ☐ MORF. Es un sustantivo epiceno y la diferencia de sexo se señala mediante la oposición *el gibón {macho/hembra}*. 👁 **primate**

giboso, sa adj./s. Que tiene giba: *Quevedo satirizó en algunos de sus poemas a personas gibosas. En el museo vimos el retrato de un giboso que era bufón de Felipe IV.*

giga- Elemento compositivo que significa 'mil millones': *gigavatio.*

gigante adj. →**gigantesco, ca.** ☐ MORF. Invariable en género.

gigante, ta ▮ s. **1** Persona de estatura mucho mayor que la normal: *En los cuentos infantiles aparecen muchos gigantes.* ▮ s.m. **2** Figura que representa a una persona de gran altura y que suele desfilar en algunos festejos populares: *En las fiestas de mi pueblo hay desfiles de gigantes y cabezudos.* **3** Persona que destaca por actuar de modo extraordinario o por poseer alguna cualidad en grado muy alto: *Cervantes fue un gigante de la literatura.*

gigantesco, ca adj. Excesivo, muy sobresaliente o de dimensiones muy superiores a las normales; *ciclópeo, gigante: Hice esfuerzos gigantescos por no perder la paciencia con aquel pesado.*

gigantismo s.m. Trastorno del crecimiento caracterizado por una estatura mayor a la que se considera normal en los individuos de la misma especie y de la misma edad: *El gigantismo se debe a un mal funcionamiento de la glándula hipófisis.*

gigoló s.m. Hombre joven que tiene relaciones sexuales con una mujer de más edad que lo mantiene: *Presumía de haberse echado novio, pero todos sabíamos que era su gigoló.* ☐ PRON. [yigoló].

gilí adj./s. *col.* →**gilipollas.** ☐ MORF. 1. Como adjetivo es invariable en género. 2. Como sustantivo es de género común y exige concordancia en masculino o en femenino para señalar la diferencia de sexo: *el gilí, la gilí*. 3. Su plural es *gilís*. ☐ USO Se usa como insulto.

gilipollas adj./s. *vulg.malson. desp.* Tonto, de poco valor o de poca importancia: *Hoy estás gilipollas, tío, y no das una. Tu amiga es una gilipollas y no entiendo cómo vas con ella.* ☐ MORF. 1. Como adjetivo es invariable en género. 2. Como sustantivo es de género común y exige concordancia en masculino o en femenino para señalar la diferencia de sexo: *el gilipollas, la gilipollas*. 3. Invariable en número. 4. En la lengua coloquial se usa mucho la forma abreviada *gilí*. ☐ USO Se usa como insulto.

gilipollez s.f. *vulg.malson.* Tontería: *¿Quieres dejar de decir gilipolleces y reconocer que no tienes ni zorra?*

gilipuertas adj./s. *euf.* →**gilipollas.** ☐ MORF. 1. Como adjetivo es invariable en género. 2. Como sustantivo es de género común y exige concordancia en masculino o en femenino para señalar la diferencia de sexo: *el gilipuertas, la gilipuertas*. 3. Invariable en número.

gim-jazz (anglicismo) s.m. Tipo de gimnasia que se practica con música de jazz: *Me he apuntado a unas clases de gim-jazz.* ☐ PRON. [yim-yas].

gimnasia s.f. **1** Conjunto de ejercicios que se realizan para desarrollar, fortalecer y dar flexibilidad al cuerpo o a alguna parte de él: *Hace gimnasia tres horas a la semana.* **2** Práctica o ejercicio que adiestra en cualquier actividad: *Las traducciones de griego y de latín son una buena gimnasia mental.* **3** ‖ **gimnasia rítmica.** La que se hace acompañada de música, pasos de danza y, a veces, de algunos accesorios: *En mi colegio hacíamos gimnasia rít-*

a b c d e f g h i j k l m n ñ o p q r s t u v w x y z

mica con cinta, pelota, aro y cuerda. ‖ **gimnasia sueca.** La que se hace sin aparatos: *Saltar abriendo los brazos en cruz y abriendo las piernas a la vez es un ejercicio de gimnasia sueca.*

gimnasio s.m. Local provisto de las instalaciones y de los aparatos adecuados para practicar gimnasia y otros deportes: *En el gimnasio del colegio hay potro, plinto, espalderas, colchonetas y canastas de baloncesto.* 👁 gimnasio

gimnasta s. Deportista que practica algún tipo de gimnasia: *Este gimnasta consiguió dos medallas en la pasada olimpiada.* ☐ MORF. Es de género común y exige concordancia en masculino o en femenino para señalar la diferencia de sexo: *el gimnasta, la gimnasta.*

gimnástico, ca adj. De la gimnasia o relacionado con ella: *Todas las mañanas realizo algunos ejercicios gimnásticos.*

gimnospermo, ma ▮ adj./s.f. **1** Referido a una planta, que tiene flores solo masculinas o solo femeninas, y las semillas al descubierto: *El pino, el ciprés y el cedro son árboles gimnospermos. Las gimnospermas no tienen fruto que envuelva a las semillas.* ▮ s.f.pl. **2** En botánica, división de estas plantas, perteneciente al reino de las metafitas: *Las flores femeninas de las plantas que pertenecen a las gimnospermas carecen de pétalos.*

gimotear v. Llorar sin fuerza y por una causa leve, o simular un llanto débil sin llegar a llorar de verdad: *Aunque gimotees así, no te voy a comprar el osito de peluche.*

gimoteo s.m. Llanto débil, o gemido leve e insistente: *Los gimoteos del bebé se calmaron en cuanto lo cogí en brazos.*

gin (anglicismo) s.m. **1** →**ginebra. 2** ‖ **gin tonic.** →**gin-tonic.** ☐ PRON. [yin].

ginebra s.f. Bebida alcohólica, transparente, obtenida de semillas y aromatizada con las bayas del enebro; *gin: A mí la ginebra me sabe a colonia.*

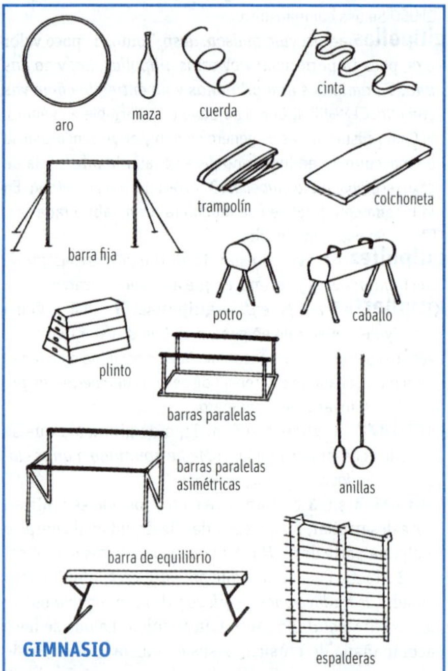

GIMNASIO

gineceo s.m. **1** En una flor, pistilo o parte femenina: *En el gineceo están los óvulos.* 👁 **flor 2** En la antigua Grecia, parte de la casa destinada a las mujeres: *Las mujeres griegas se quedaban en el gineceo y no acudían a los juegos olímpicos.*

ginecología s.f. Parte de la medicina que estudia los órganos sexuales y reproductores de la mujer, las enfermedades de estos y sus tratamientos: *Está a punto de terminar su especialización en ginecología.*

ginecológico, ca adj. De la ginecología o relacionado con esta parte de la medicina: *Cada año le realizan un completo examen ginecológico.*

ginecólogo, ga s. Médico especializado en ginecología: *El médico de cabecera me ha enviado a la ginecóloga para que me haga un examen más detallado.*

gineta s.f. →**jineta.** ☐ MORF. Es un sustantivo epiceno y la diferencia de sexo se señala mediante la oposición *la gineta {macho/hembra}.*

ginger-ale (anglicismo) s.m. Bebida efervescente elaborada con jengibre y que generalmente se mezcla con otras bebidas: *Ponme un ginger-ale y unas aceitunas, por favor.* ☐ PRON. [yínyer éil].

gingival adj. De las encías o relacionado con ellas: *El odontólogo me ha dicho que tengo una infección gingival.* ☐ MORF. Invariable en género.

ginseng s.m. Arbusto originario de Asia (uno de los cinco continentes), a cuya raíz se atribuyen propiedades curativas: *Mi primo dice que se encuentra con más energía desde que toma pastillas de ginseng.* ☐ PRON. [yínsen].

gin-tonic (anglicismo) s.m. Combinado de tónica y ginebra. ☐ PRON. [yintónik]. ☐ ORTOGR. Se usa también *gin tonic.*

gira s.f. **1** Serie de actuaciones sucesivas de un artista o de una compañía artística en diferentes lugares: *Cinco músicos acompañan a la cantante en su gira americana.* **2** Viaje o excursión por distintos lugares volviendo al lugar de partida: *Estuve de gira turística con mi familia por la costa mediterránea.*

girar v. **1** Mover sobre un eje o un punto, o dar vueltas sobre ellos: *No gires el volante todavía. La Tierra gira alrededor de sí misma y alrededor del Sol. Gírate para que pueda verte la cara.* **2** Referido a una cantidad de dinero, enviarla por giro telegráfico o postal: *Si tienes problemas de dinero, llámame y te giro lo que necesites.* **3** Referido esp. a una letra de cambio, extenderla y enviarla a la persona a cargo de la cual se ha emitido: *Nuestra empresa gira letras de cambio a noventa días para pagar a los proveedores.* **4** Desviar o cambiar la dirección inicial: *En el próximo cruce tienes que girar a la derecha. El camino giraba antes de lo que me habías dicho y casi nos perdemos.*

girasol s.m. **1** Planta herbácea de tallo largo, de hojas alternas y acorazonadas, con flores grandes de color amarillo, y cuyo fruto tiene muchas semillas negruzcas comestibles: *Los girasoles se cultivan para obtener aceite y pipas.* **2** Flor de esta planta: *Los girasoles se mueven siguiendo la luz del sol.*

giratorio, ria adj. Que gira o se mueve alrededor de algo: *El movimiento de traslación de la Tierra es un movimiento giratorio de esta alrededor del Sol.*

girl scout s.f. ‖ →**scout.** ☐ PRON. [guerl eskáut], con *r* suave. ☐ USO Es un anglicismo innecesario.

giro s.m. **1** Movimiento circular o sobre un eje o un punto: *El giro de la Tierra sobre sí misma dura aproximadamente un día. Al llegar a la plaza haces un giro a la derecha.* **2** Dirección que se da a una conversación o a un asunto: *Su llegada hizo que la conversación tomara un giro más informal.* **3** Envío de una cantidad de dinero que se hace por medio del servicio de correos o de telégrafos: *Fui a la oficina de correos a mandarle un giro postal a mi hijo para pagar la matrícula.* **4** En lingüística, estructura especial u ordenación de las palabras de una frase: *Es inglesa y, aunque sabe mucho español, a veces emplea giros muy ingleses.* **5** Extensión y envío de un recibo, factura o letra de cambio: *El giro de esas letras de cambio se realizó la semana pasada.*

girola s.f. En una iglesia, nave de forma semicircular, que rodea por detrás el altar y que da acceso a pequeñas capillas: *La girola de esta catedral es continuación de las dos naves laterales.*

gitanada s.f. *desp.* Lo que se considera propio de los gitanos: *A mi abuela viajar en tienda de campaña le parecía una gitanada.*

gitanear v. *desp.* Tratar de engañar en una compra o en una venta: *Una cosa es saber regatear el precio y otra, gitanear.*

gitanería s.f. **1** *desp.* Hecho o dicho que se consideran propios de un gitano: *Dice que esta vida ambulante que llevo es una gitanería.* **2** Reunión o conjunto de gitanos: *La gitanería se reunió a cantar y bailar alrededor del fuego.*

gitanismo s.m. **1** Conjunto de los valores históricos y culturales propios de los gitanos: *En algunos poemas de García Lorca se entrevé un profundo conocimiento del gitanismo.* **2** En lingüística, palabra, significado o construcción sintáctica característicos del lenguaje gitano: *'Gachí' y 'gachó' son gitanismos en el idioma español.*

gitano, na ▮ adj. **1** De los gitanos o con las características de estos: *La piel morena y esos ojos negros le dan un aspecto gitano.* ▮ adj./s. **2** De una etnia o pueblo de origen hindú que se extendió por grandes zonas europeas y africanas, que mantiene en gran parte su nomadismo y que conserva sus rasgos físicos y culturales propios: *El pueblo gitano tiene un sentido de clan familiar muy arraigado. Los gitanos respetan la autoridad de sus mayores.* **3** Referido a una persona, esp. a una mujer, que tiene gracia y arte para ganarse a los demás: *Es tan gitana que no puedo enfadarme con ella. Mi padre dice que soy una gitana, porque lo convenzo de lo que quiero.* **4** *col.* Que estafa o que actúa con engaño: *No seas gitano y devuélveme lo que me has quitado. En esa tienda son unos gitanos.* **5** ‖ **que no se lo salta un gitano.** *col.* Expresión que se utiliza para alabar o ponderar el carácter extraordinario de algo: *Se comió un plato de judías que no se lo salta un gitano.* ☐ USO En la acepción 4, tiene un matiz despectivo.

glaciación s.f. En geología, invasión de hielo producida en extensas zonas del globo terráqueo debida a un descenso acusado de las temperaturas: *Desde la era cuaternaria hasta nuestros días se han dado cuatro glaciaciones, separadas entre sí por períodos de clima más benigno.*

glacial adj. **1** Extremadamente frío o helado: *Hace un tiempo glacial y no consigo entrar en calor con nada. Nos recibió con un saludo glacial.* **2** Referido a una zona, que está situada en los círculos polares: *Las tierras glaciales tienen hielos perpetuos.* ☐ ORTOGR. Dist. de *glaciar.* ☐ MORF. Invariable en género.

glaciar ▮ adj. **1** Del glaciar o relacionado con esta masa de hielo: *El circo glaciar es la zona rodeada de montañas donde se acumula la nieve.* ▮ s.m. **2** Masa de hielo acumulada en las zonas de las cordilleras por encima del límite de las nieves perpetuas y cuya parte inferior se desliza muy lentamente como si fuera un río: *Un glaciar produce efectos de erosión, transporte y sedimentación.* 👁 **montaña** ☐ ORTOGR. Dist. de *glacial.* ☐ MORF. Como adjetivo es invariable en género.

gladiador, -a s.m. En la antigua Roma, persona que luchaba contra otro o contra una fiera en el circo: *Los gladiadores podían ir armados con redes para inmovilizar a sus rivales o a las fieras.*

gladiolo o **gladíolo** s.m. **1** Planta de terrenos húmedos, con hojas en forma de espada que nacen de la raíz, y con flores en espiga muy larga: *He comprado varios bulbos de gladiolo para plantarlos.* **2** Flor de esta planta: *El altar estaba adornado con ramos de gladiolos.*

glamour (anglicismo) s.m. Atractivo, encanto o fascinación: *Es una actriz con mucho glamour.* ☐ PRON. [glamúr].

glande s.m. En el órgano genital masculino, parte final de forma abultada; *bálano: El orificio por el que sale la orina está en el glande.*

glándula s.f. **1** En una planta o en un animal, órgano unicelular o pluricelular que segrega sustancias de diversos tipos: *El sudor se elimina por las glándulas sudoríparas.* **2** ‖ **glándula pineal.** En anatomía, estructura nerviosa situada en la base del encéfalo, y que tiene función endocrina; *epífisis: La glándula pineal elabora una secreción interna reguladora del crecimiento.* ‖ **glándula pituitaria.** En anatomía, la de secreción interna que está situada en la base del cráneo y que es el principal centro productor de hormonas; *hipófisis: La glándula pituitaria regula el ciclo reproductor femenino.* ‖ **glándula tiroides.** La que está situada debajo y a los lados de la tráquea y que produce una hormona que actúa sobre el metabolismo e influye en el crecimiento; *tiroides: La glándula tiroides es una glándula de secreción interna.*

glandular adj. De la glándula, con sus características o relacionado con ella: *El retraso en el crecimiento puede ser debido a problemas glandulares.* ☐ MORF. Invariable en género.

glasé s.m. Tafetán de mucho brillo: *Se puso una blusa de glasé para la fiesta.*

glasear v. En pastelería, recubrir con una mezcla de almíbar y azúcar derretido que, al secarse, queda como una capa brillante: *Una vez cocido el bizcocho, lo glaseé para darle un aspecto más vistoso.*

glauco, ca adj. *poét.* Verde claro: *Era una dama de cabellos de oro y ojos glaucos.*

glaucoma s.m. Enfermedad de los ojos que se caracteriza por un aumento de la presión intraocular, dureza del globo del ojo, atrofia de la retina y del nervio óptico y pérdida de la visión: *El glaucoma es un proceso muy doloroso.*

glicerina s.f. Líquido incoloro, espeso, de sabor dulce, que se encuentra en todos los lípidos como base de su composición: *La glicerina se usa en farmacia, en perfumería y en la fabricación de explosivos.*

global adj. Que se toma en conjunto, sin dividirlo en partes: *Ese libro ofrece una visión global de la Edad Media.* ☐ MORF. Invariable en género.

a b c d e f g h i j k l m n ñ o p q r s t u v w x y z

globo s.m. **1** Especie de bolsa de goma o de otro material flexible que se llena de aire o de un gas ligero y que se utiliza generalmente para jugar o para adornar: *El niño llevaba un globo atado a una cuerda mientras paseaba con sus padres.* **2** Objeto de forma más o menos esférica, generalmente de cristal, con el que se cubre una luz como adorno o para que no moleste: *La lámpara de su mesita de noche tiene un globo opaco con dibujos.* **3** En un dibujo, texto enmarcado por una línea, que expresa lo que dice o piensa el personaje al que señala; *bocadillo: Cuando ese personaje de cómic se enfada, en su globo salen serpientes, hachas y fuego.* **4** En algunos deportes, trayectoria semicircular que describe la pelota al ser lanzada muy alto: *El delantero hizo un globo y el portero no pudo parar el balón.* **5** ‖ **globo (aerostático).** Aeronave formada por una gran bolsa, más o menos esférica, llena de un gas de menor densidad que el aire atmosférico, de la que cuelga una barquilla o cesto en la que van los viajeros y la carga: *Me gustaría montar en globo aerostático para contemplar desde arriba la belleza de las praderas.* ‖ **globo celeste.** Esfera en cuya superficie se representan las constelaciones principales con una situación semejante a la que ocupan en el espacio: *El profesor de geografía nos explicó la posición y distancia de las constelaciones con un globo celeste.* ‖ **(globo) dirigible.** Aeronave formada por una gran bolsa con forma de huso y que lleva una o dos barquillas con motores y hélices para impulsarlo y un timón para dirigirlo; *zepelín: La bolsa de un dirigible tiene una armadura que le da rigidez.* ‖ **globo ocular.** En anatomía, el ojo, desprovisto de los músculos y de los demás tejidos que lo rodean: *El cristalino es un elemento que forma parte del globo ocular.* ‖ **globo sonda.** El globo aerostático pequeño y no tripulado que lleva aparatos registradores y que se eleva generalmente a gran altura: *Los globos sonda se utilizan para estudios meteorológicos.* ‖ **globo (terráqueo/terrestre). 1** Tierra o planeta en el que vivimos: *La Luna gira alrededor del globo terrestre, y este gira alrededor del Sol.* **2** Representación de la Tierra con su misma forma en la que figura la disposición de sus tierras y de sus mares; *esfera terráquea, esfera terrestre: Mira en el globo terráqueo la extensión de América y compárala con la de España.* ☐ MORF. El plural de *globo sonda* es *globos sonda.* 👁 globo

globoso, sa adj. Con forma de globo: *Los leucocitos son células globosas y sin color que se encuentran en la sangre.*

globulina s.f. Proteína insoluble en agua y soluble en disoluciones salinas, que forma parte del suero sanguíneo: *Algunas globulinas actúan como anticuerpos.*

glóbulo s.m. **1** Cuerpo pequeño de forma esférica o redondeada: *En la leche hay glóbulos grasos.* **2** ‖ **glóbulo blanco.** Célula globosa e incolora de la sangre de los vertebrados con un núcleo y un citoplasma que puede ser granular o no; *leucocito: Los glóbulos blancos son de mayor tamaño que los glóbulos rojos.* ‖ **glóbulo rojo.** Célula de la sangre de los vertebrados que contiene hemoglobina y cuya misión es transportar oxígeno a todo el organismo; *hematíe: Los glóbulos rojos se originan en la médula roja de los huesos y en el bazo.*

gloria ▮ s.m. **1** En la Iglesia católica, oración o cántico de la misa que empieza con la palabra *gloria*: *Una de las partes más vibrantes de la misa cantada es el gloria.* **2** En la Iglesia católica, oración que empieza con la palabra *gloria* y que se reza después de otras oraciones: *Después del padrenuestro y del avemaría rezamos un gloria.* ▮ s.f. **3** En algunas religiones, goce eterno que se disfruta en presencia de Dios; *bienaventuranza, cielo: En el cristianismo, los que mueren limpios de pecado alcanzan la gloria.* **4** Reputación o fama que se alcanzan por las buenas acciones o por los méritos: *Después de publicar su segunda novela consiguió la gloria como escritor.* **5** Lo que ennoblece o hace conseguir esta reputación o fama: *Velázquez es una de las glorias de la pintura española.* **6** Gusto, placer o

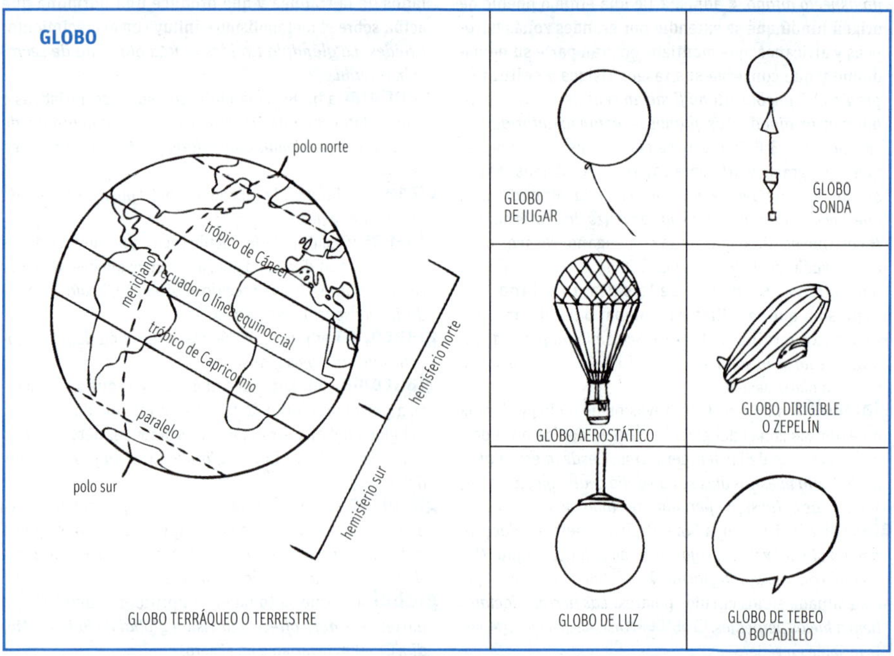

satisfacción: *Iba tan limpio y tan arreglado que daba gloria verlo.* **7** Majestad, grandeza o esplendor: *Bajo su reinado el país vivió un período de gloria.* **8** ‖ **en la gloria.** *col.* Muy a gusto: *Contigo siempre estoy en la gloria.* ‖ **saber a gloria** algo. *col.* Gustar mucho o ser muy agradable: *Esta tortilla que me has preparado me sabe a gloria.*

gloriar ▮ v. **1** Alabar o ensalzar; *glorificar: Gloriaba a Dios por las gracias que le había otorgado.* ▮ prnl. **2** Preciarse o presumir demasiado de algo: *No debes gloriarte de tus éxitos delante de los demás.* □ ORTOGR. La *i* lleva tilde en los presentes, excepto en las personas *nosotros* y *vosotros* ⟶**VACIAR**. □ SINT. Constr. como pronominal: *gloriarse* DE *algo.*

glorieta s.f. Plaza en la que desembocan varias calles o alamedas: *En esta glorieta se cruzan cuatro calles.*

glorificación s.f. Proclamación y reconocimiento de las buenas acciones o de los méritos de algo: *Los cantares de gesta llevan a cabo una glorificación de los grandes héroes nacionales.*

glorificar v. **1** Dar gloria, honor o fama: *Sus poemas glorifican el nombre de la patria.* **2** Alabar o ensalzar; *gloriar: Este salmo glorifica la grandeza de Dios.* □ ORTOGR. La *c* se cambia en *qu* delante de *e* ⟶**SACAR**.

glorioso, sa adj. **1** Digno de gloria, de honor y de alabanza: *La batalla de Lepanto fue un hecho glorioso para la Armada española.* **2** En la Iglesia católica, de la gloria eterna o relacionado con ella: *Los fieles entonaron un canto en honor de la gloriosa Virgen María.*

glosa s.f. **1** Explicación o comentario de un texto oscuro o difícil de entender: *El primer documento del castellano escrito lo constituyen unas glosas que aparecen en el margen de un texto latino.* **2** Composición poética de extensión variable, elaborada a partir de un texto breve en verso que se desarrolla, amplifica y comenta a lo largo de varias estrofas: *En el siglo XV se empezaron a escribir glosas a partir de pequeñas cancioncillas, bajo la influencia de la forma del zéjel y del villancico.*

glosar v. **1** Añadir glosas o explicaciones a un texto oscuro o difícil: *Algunos traductores medievales glosaban en romance textos latinos que no se entendían porque ya no se hablaba latín.* **2** Referido a palabras propias o ajenas, comentarlas ampliándolas: *Los periodistas glosaron en sus artículos la conferencia del profesor.*

glosario s.m. Catálogo de palabras oscuras, desusadas o técnicas, con definición o explicación de cada una de ellas: *Al final de ese libro de informática viene un glosario de los términos técnicos utilizados.* □ SEM. Dist. de *léxico* (conjunto de palabras de una lengua; inventario de palabras de un idioma con definición).

glotis s.f. Orificio o abertura superior de la laringe: *Cuando respiramos de una forma normal, la glotis está ampliamente abierta.* □ MORF. Invariable en número.

glotón, -a adj./s. Que come con exceso y con ansia: *Es muy glotona y le tengo que quitar el biberón para que respire y no se ahogue. No le des más pasteles, porque es un glotón y se comería toda la bandeja.*

glotonería s.f. Afán desmedido y ansioso por comer: *Creo que su gordura se debe a su glotonería.*

glucemia s.f. Cantidad de glucosa que hay en la sangre: *Para determinar los niveles de glucemia de un organismo hay que hacer un análisis de sangre en ayunas.*

glúcido s.m. Compuesto orgánico formado por carbono, hidrógeno y oxígeno, en el que el hidrógeno está en doble proporción que el oxígeno; *hidrato de carbono: Los alimentos formados por glúcidos proporcionan energía al organismo.*

glucosa s.f. Hidrato de carbono de color blanco, cristalizable, de sabor muy dulce, muy soluble en agua y poco soluble en alcohol, que se halla presente en la miel, en la fruta y en la sangre de los animales: *La diabetes se caracteriza por una presencia mayor de la normal de glucosa en la sangre.*

gluten s.m. Conjunto de sustancias que forman la parte proteica de las semillas de las gramíneas: *El gluten constituye una reserva nutritiva que el embrión de la semilla utiliza durante su desarrollo.*

glúteo, a ▮ adj. **1** De la nalga o relacionado con esta parte: *El médico le preguntó si el dolor le venía desde la región glútea.* ▮ s.m. **2** Cada uno de los tres músculos que forman la nalga: *Los glúteos permiten mantener la posición erecta.*

gneis s.m. Roca de estructura parecida a la de la pizarra e igual composición que el granito; *neis: El gneis está compuesto fundamentalmente de cuarzo, feldespato y mica.* □ PRON. [néis]. □ MORF. Su plural es *gneises* o *gneis.*

gnéisico, ca adj. Del gneis o relacionado con este tipo de roca; *néisico: La estructura gnéisica presenta capas alternas de colores claros y oscuros.* □ PRON. [néisiko].

gnomo s.m. Ser fantástico con figura de enano y dotado generalmente de poderes mágicos; *nomo: En la mitología germánica, los gnomos son guardianes de importantes tesoros ocultos en grutas del bosque.* □ PRON. [nómo].

gnosis s.f. Conocimiento absoluto e intuitivo, esp. el de la divinidad: *Para los gnósticos, la gnosis es el conocimiento supremo, superior incluso a la fe.* □ MORF. Invariable en número.

gnosticismo s.m. Doctrina filosófica y religiosa, mezcla de cristianismo y de creencias judaicas y orientales, que fundaba la salvación en el conocimiento de las cosas divinas; *nosticismo: El gnosticismo se introdujo en algunas comunidades cristianas.* □ ORTOGR. Dist. de *agnosticismo.*

gnóstico, ca ▮ adj. **1** Del gnosticismo o relacionado con esta doctrina: *Las escuelas gnósticas se desarrollaron sobre todo en el siglo II.* ▮ adj./s. **2** Partidario o seguidor del gnosticismo: *Los filósofos gnósticos tenían precedentes en el idealismo de Platón. Durante el siglo II, los gnósticos de Alejandría fueron perseguidos por sus planteamientos heréticos.* □ ORTOGR. Dist. de *agnóstico.* □ SEM. Es sinónimo de *nóstico.*

gobernación s.f. **1** Dirección del funcionamiento de una colectividad con autoridad: *El trabajo que supone la gobernación del país tiene desbordado al actual presidente. Dedica dos horas al día a la gobernación de la empresa.* **2** Conducción o dirección de un vehículo: *El patrón se encarga de la gobernación de la nave.*

gobernador, -a s. **1** En una provincia o un territorio, jefe superior: *El gobernador civil es el máximo responsable del orden público en la provincia. La jura de bandera estuvo presidida por el gobernador militar de la región.* **2** En una entidad pública, representante del Gobierno: *Será nombrado un nuevo gobernador del Banco de España.*

gobernante s. Persona que gobierna un país o que forma parte de un Gobierno: *Las elecciones se convocan para elegir a los gobernantes. El alcalde y los concejales son los gobernantes municipales.* □ MORF. Es de género común y exige concordancia en masculino o en femenino para señalar la diferencia de sexo: *el gobernante, la gobernante.*

gobernante, ta ▮ adj./s. **1** *col.* Referido a una persona, que se mete a gobernar incluso aquello que no le corresponde: *No seas tan gobernante y deja que decida yo lo que me conviene. Me molestan estas gobernantas que quieren organizar la vida de los demás.* ▌s.f. **2** En un establecimiento hotelero, mujer encargada del servicio, de la limpieza y del orden: *La gobernanta organizó los turnos de vacaciones del personal de limpieza.* **3** En una casa o una institución, mujer encargada de la administración: *La gobernanta dijo que ese era un gasto superfluo.*

gobernar ▌v. **1** Referido a una colectividad, regirla o dirigir su funcionamiento con autoridad: *Este presidente gobierna un Estado democrático.* **2** Referido a una persona, guiarla o influir en ella: *No se deja gobernar por nadie. Te gobiernas de acuerdo con unas normas morales demasiado rígidas.* **3** Referido a un vehículo, conducirlo o dirigirlo: *El timonel gobierna el barco.* ▌prnl. **4** *col.* Manejarse o administrarse: *Se gobierna muy mal, a pesar de que lleva varios años viviendo solo.* □ MORF. Irreg.: La *e* diptonga en *ie* en los presentes, excepto en las personas *nosotros* y *vosotros* →**PENSAR**.

gobierno s.m. **1** Dirección del funcionamiento de una colectividad: *El gobierno de la empresa está en manos del accionista mayoritario. Su forma de gobierno fue criticada por todos los sectores sociales.* **2** Conjunto de personas y organismos que dirigen un Estado, esp. referido al formado por el presidente, los vicepresidentes y los ministros: *El Gobierno ejerce la función ejecutiva de acuerdo con la Constitución y las leyes.* **3** Lugar o edificio en el que tiene su despacho y oficinas la persona que gobierna: *Pasé por el Gobierno Civil para solicitar un permiso de armas.* **4** Conducción o dirección de un vehículo: *El timón es una pieza fundamental para el gobierno de un barco.* □ USO En la acepción 2, se usa como nombre propio.

gobio s.m. Pez de pequeño tamaño, cuyas aletas abdominales están unidas formando un pequeño embudo o ventosa, que tiene reflejos amarillos, pardos y azules, y vive en los ríos o en las costas litorales: *El gobio es comestible y abunda en la costa española.* □ MORF. Es un sustantivo epiceno y la diferencia de sexo se señala mediante la oposición *el gobio {macho/hembra}*.

goce s.m. Sentimiento intenso de placer, alegría o satisfacción: *Sentí un goce tremendo al saber de tus éxitos.*

godo, da adj./s. De un antiguo pueblo germánico que invadió gran parte del Imperio romano o relacionado con él: *El pueblo godo fundó reinos en España y en Italia. Los godos se asentaron en la península ibérica desde el siglo V hasta la invasión árabe.*

gofre s.m. Dulce en forma rectangular con relieve de rejilla, que se toma caliente: *Me gustan mucho los gofres con chocolate líquido y nata.* □ ORTOGR. Es un galicismo (*gaufre*) adaptado al español.

gogó s. **1** Persona que baila en un grupo musical, una sala de fiestas o algo semejante para animarlos: *Las gogós de la discoteca se encargan de que no decaiga la fiesta.* **2** ‖ **a gogó.** En abundancia: *Esta noche tendremos música y canciones a gogó.* □ ORTOGR. En la acepción 1, es un anglicismo (*gogo*) adaptado al español. □ MORF. En la acepción 1, es de género común y exige concordancia en masculino o en femenino para señalar la diferencia de sexo: *el gogó, la gogó*.

gol s.m. **1** En un deporte, esp. en el fútbol, introducción del balón en la portería: *Ganaron por dos goles a uno. El centrocampista metió el gol del empate.* **2** ‖ **meter un gol** a alguien. *col.* Conseguir un triunfo sobre alguien que no lo espera, esp. mediante algún engaño: *No leí bien el contrato y me metieron un gol.*

gola s.f. **1** Adorno que se ponía alrededor del cuello y que generalmente estaba hecho de tela plegada o rizada: *Los caballeros de los siglos XVI y XVII llevaban gola.* **2** En una armadura, pieza que protegía la garganta: *La gola evitaba heridas que solían ser mortales.* 👁 **armadura**

goleada s.f. En un deporte, esp. en el fútbol, gran cantidad de goles que un equipo marca al otro: *Ganaron por goleada.*

golear v. En un deporte, esp. en el fútbol, marcar un gol o marcar varios goles: *Nos golearon y ganaron por seis a cero.*

goleta s.f. Embarcación de vela con dos o tres mástiles, ligera y con bordes poco elevados: *Las goletas se utilizaron para la pesca y el comercio.* 👁 **embarcación**

golf s.m. Deporte que consiste en introducir una pequeña pelota en unos hoyos muy separados y situados correlativamente golpeándola con un bastón, y que se juega en un extenso terreno cubierto normalmente de césped: *En el golf gana el jugador que hace el recorrido con el menor número de golpes.* □ MORF. Su plural es *golfs*.

golfante s.m. Golfo o sinvergüenza: *Ese golfante se acuesta todos los días cuando los demás empezamos a trabajar.*

golfear v. Vivir o portarse como un golfo: *¿Cuándo vas a dejar de golfear y vas a convertirte en un hombre de provecho?*

golfería s.f. Hecho propio de un golfo: *No lo disculpes, porque sus golferías son casi delitos.*

golfo, fa ▌adj./s. **1** Referido a una persona, que vive de forma desordenada, que actúa en contra de las normas sociales o que es deshonesta en su comportamiento sexual: *¡Es más golfo, cada día está con una distinta! Eres una golfa: tu familia no tiene para comer y tú te gastas el sueldo del mes en un día.* ▌s.m. **2** Entrante grande del mar en la tierra entre dos cabos: *El golfo tiene forma semicircular.* ▌s.f. **3** *col.* Prostituta: *En esa calle se suelen poner las golfas a la espera de clientes.*

goliardesco, ca adj. De los goliardos o relacionado con ellos: *Los famosos 'Carmina Burana' son poemas goliardescos.*

goliardo s.m. En la época medieval, clérigo o estudiante que llevaba una vida desordenada, licenciosa y generalmente vagabunda: *Los goliardos proliferaron en el siglo XIII con la aparición de las primeras Universidades.*

gollería s.f. **1** Comida exquisita y delicada: *En este restaurante sirven unas gollerías deliciosas.* **2** *col.* Lo que es innecesario y supone un exceso de delicadeza o de refinamiento: *Adáptate a los medios que tienes y no pidas gollerías.*

gollete s.m. **1** Parte superior de la garganta por donde se une a la cabeza: *Lo amenazaron diciendo que le iban a retorcer el gollete.* **2** En una vasija, esp. en una botella, cuello o estrechamiento superior: *Al intentar verter el líquido se formaron burbujas en el gollete.*

golondrina s.f. **1** Pájaro de pico negro y corto, cuerpo negro azulado por encima y blanco por debajo, alas largas y puntiagudas y cola en forma de horquilla, que vive en países de clima templado: *Las golondrinas vienen a España a principios de la primavera y cuando pasa el verano emigran a países más cálidos.* 👁 **ave** **2** Pequeña embarcación con motor que se utiliza para el transporte de pasajeros en trayectos cortos y que generalmente suele llevar un toldo: *Dimos un paseo por el puerto en una golondrina.* ☐ MORF. En la acepción 1, es un sustantivo epiceno y la diferencia de sexo se señala mediante la oposición *la golondrina {macho/hembra}*.

golondrino s.m. **1** Cría de la golondrina: *El nido estaba lleno de golondrinos.* **2** Bulto en la axila producido por la inflamación de una glándula sudorípara: *El golondrino se trata con antibióticos.* ☐ MORF. En la acepción 1, es un sustantivo epiceno y la diferencia de sexo se señala mediante la oposición *el golondrino {macho/hembra}*.

golosina s.f. Alimento delicado, generalmente dulce, que se suele comer sin necesidad y solo para dar gusto al paladar: *Los caramelos y los bombones son golosinas.*

goloso, sa ▮ adj. **1** Muy apetecible o muy codiciable: *No pensaba vender la casa, pero le han hecho una oferta tan golosa que no ha podido resistirse.* ▮ adj./s. **2** Aficionado a comer golosinas: *Es muy goloso y las tartas lo vuelven loco. Eres una golosa y se te van a picar los dientes de comer tantos caramelos.*

golpe s.m. **1** Encuentro brusco y violento de un cuerpo contra otro: *Vi un golpe terrible entre un coche y un camión, pero no hubo heridos. Se dio un golpe contra la mesa.* **2** Efecto producido por este encuentro: *El golpe que me di contra la puerta todavía me duele.* **3** Disgusto o contrariedad repentinos: *La muerte de su padre fue un duro golpe para ellos.* **4** Robo o atraco: *Los ladrones estuvieron dos meses planeando el golpe.* **5** Fuerte impresión o gran sorpresa: *Ese romance va a ser un auténtico golpe para la sociedad.* **6** Ocurrencia graciosa y oportuna en el curso de una conversación: *Parece serio, pero tiene unos golpes buenísimos.* **7** Ataque, acceso o aparición repentina y muy fuerte de algo, esp. de un estado físico o moral: *Le dio un golpe de tos y casi se ahoga.* **8** En algunos deportes, esp. en golf, lanzamiento de la pelota por parte de un jugador: *Empleó tres golpes para llegar al hoyo.* **9** ‖ **dar el golpe.** Causar sorpresa o admiración: *Se vistió de una forma tan llamativa que dio el golpe en la fiesta.* ‖ **de golpe.** De repente o de una vez: *De golpe me di cuenta de lo ocurrido.* ‖ **de golpe y porrazo.** *col.* De forma inesperada o brusca: *De golpe y porrazo se levantó y abandonó el banquete.* ‖ **de un golpe.** De una sola vez o en una sola acción: *¿Por qué no invitamos a todos de un golpe y nos evitamos tantas cenas?* ‖ **golpe bajo. 1** En boxeo, el dado por debajo de la cintura: *El golpe bajo es antirreglamentario.* **2** Hecho o dicho malintencionados y no admitidos socialmente, esp. si con ellos se perjudica a alguien: *Tus críticas a mis espaldas han sido un golpe bajo.* ‖ **golpe de efecto.** Acción inesperada que sorprende o impresiona: *Decir que iba a dimitir fue un golpe de efecto para conseguir el apoyo a su propuesta.* ‖ **golpe de Estado.** Toma ilegal y por la fuerza del gobierno de un país: *El golpe de Estado fracasó y el Gobierno constitucional siguió ejerciendo sus funciones.* ‖ **golpe de {fortuna/suerte}.** Suceso muy favorable que ocurre de forma repentina: *Solo con un golpe de suerte podrá pagar las deudas y continuar con su negocio.* ‖ **golpe de gracia. 1** El que se da para rematar al que está gravemente herido: *Dio al caballo el golpe de gracia para evitarle sufrimientos innecesarios.* **2** Lo que completa la desgracia o la ruina de una persona: *El desahucio fue el golpe de gracia para ese desgraciado.* ‖ **golpe de mano.** Acción violenta, rápida e inesperada que altera una situación en provecho de quien la realiza: *Dio un golpe de mano y logró arrebatarle el negocio.* ‖ **golpe de mar.** Ola de gran tamaño o muy fuerte que rompe contra un buque, un peñasco o una costa: *Un golpe de mar hizo volcar la embarcación.* ‖ **golpe de pecho.** Gesto de arrepentimiento, esp. el que hace una persona golpeándose el pecho con el puño: *Deja de lamentarte y de darte golpes de pecho, y haz algo para arreglar tu vida.* ‖ **golpe de vista.** Percepción rápida de algo: *El mecánico localizó la avería al primer golpe de vista.* ‖ **golpe franco.** En fútbol, penalización con que se castiga la obstrucción de una jugada en las proximidades del área de penalti, y que permite el tiro directo a gol: *Un golpe franco permitió el empate.* ‖ **no {dar/pegar} golpe.** *col.* No trabajar nada: *Se pasa el día de cháchara y no da golpe.*

golpear v. Dar uno o más golpes: *Golpeó la puerta con los nudillos. La vida me ha golpeado duramente.*

golpetazo s.m. Golpe fuerte: *Es tan alto que, al entrar, se dio un golpetazo contra el marco de la puerta.*

golpetear v. Dar varios golpes poco fuertes: *La lluvia golpeteaba contra los cristales de la ventana.*

golpeteo s.m. Serie de golpes poco fuertes: *En la oscuridad de la noche oíamos el golpeteo del granizo sobre el tejado.*

golpismo s.m. **1** Actitud favorable al golpe de Estado: *El golpismo toma fuerza en las épocas de crisis.* **2** Actividad de los que preparan o ejecutan golpes de Estado: *El golpismo quedó desmantelado tras el descubrimiento de la base de operaciones.*

golpista ▮ adj. **1** Del golpe de Estado o relacionado con él: *La intentona golpista no triunfó.* ▮ adj./s. **2** Que participa en un golpe de Estado o que lo apoya: *Fueron detenidos los tres generales golpistas. Los golpistas se rindieron y entregaron sus armas a las fuerzas leales al Gobierno.* ☐ MORF. 1. Como adjetivo es invariable en género. 2. Como sustantivo es de género común y exige concordancia en masculino o en femenino para señalar la diferencia de sexo: *el golpista, la golpista*.

goma s.f. **1** Sustancia viscosa que se extrae de algunas plantas, y que después de seca es soluble en agua e insoluble en alcohol y éter: *Si haces unas pequeñas incisiones en este tronco verás cómo fluye la goma.* **2** Pegamento líquido, esp. el fabricado a partir de esta sustancia vegetal: *Antes de sentarte para hacer el trabajo manual, coge el papel, las tijeras y la goma.* **3** Tira o hilo elástico que se usa generalmente para sujetar cosas: *Lleva la coleta sujeta con una goma.* **4** *col.* Manguera: *Compró una goma para regar el jardín.* **5** *col.* Preservativo: *Dice que le da vergüenza ir a la farmacia a comprar gomas.* **6** *col.* En el lenguaje de la droga, hachís de buena calidad: *En esa calle hay varios tipos que venden goma.* **7** ‖ **de goma.** *col.* Muy ágil: *Esos gimnastas son de goma.* ‖ **goma 2.** Explosivo plástico, impermeable e insensible a los golpes y al fuego: *Una carga de goma 2 destruyó los pilares del puente.* ‖ **goma arábiga.** La que se obtiene a partir de una acacia africana y que se emplea en farmacia y para la fabricación de pegamentos: *La goma arábiga es amarillenta y casi transparente.* ‖ **goma (de borrar).** Utensilio hecho de caucho o goma elástica que se usa para borrar la tinta o el lápiz, esp. de un papel; *borrador: Pásame la goma de borrar, que me he equivocado en una letra.* ‖ **goma de mascar.** Golosina que se mastica pero no se traga, de sabor agradable; *chicle: Me pone nerviosa verlo todo el día con la goma de mascar en la boca.* ‖ **goma (elástica).** Sustancia elástica, impermeable, resistente a la abrasión y a las corrientes eléctricas, que se obtiene por procedimientos químicos o a partir del látex o jugo lechoso de

a b c d e f **g** h i j k l m n ñ o p q r s t u v w x y z

algunas plantas tropicales; *caucho: Lleva unos zapatos muy fuertes con suela de goma.* ☐ SINT. *De goma* se usa más con los verbos *ser*, *parecer* o equivalentes.

gomaespuma s.f. Caucho natural o sintético caracterizado por su esponjosidad y elasticidad: *La gomaespuma se usa en la fabricación de colchones.* ☐ MORF. En la lengua coloquial se usa mucho la forma abreviada *espuma*.

gomero, ra adj./s. De la isla canaria de La Gomera o relacionado con ella: *El silbo gomero es una forma peculiar de comunicación. Los gomeros viven en una isla de paisaje volcánico y muy accidentado.* ☐ MORF. Como sustantivo se refiere solo a las personas de La Gomera.

gomet (catalanismo) s.m. Pegatina para hacer dibujos y ejercicios escolares: *Los gomets suelen tener forma geométrica, y se usan mucho en educación infantil.*

gomina s.f. Producto cosmético que se usa para fijar el cabello: *Utiliza gomina para que el pelo no se le alborote.* ☐ SEM. Dist. de *brillantina* (para dar brillo al cabello).

gomoso, sa adj. Que contiene goma o que se parece a ella: *Este juguete está hecho de una sustancia gomosa para que puedan cogerlo y morderlo los niños.*

gónada s.f. Glándula sexual masculina o femenina que produce los gametos o células sexuales: *Los testículos son las gónadas masculinas y los ovarios, las femeninas.*

góndola s.f. Embarcación con la popa y la proa salientes y puntiagudas, movida por un solo remo colocado generalmente en la popa, y que es característica de la ciudad italiana de Venecia: *Paseamos en góndola por los canales mientras un guitarrista tocaba bonitas melodías.* 👁 **embarcación**

gondolero, ra s. Persona que se dedica profesionalmente a conducir una góndola: *El gondolero nos llevó por canales alejados de las tradicionales rutas turísticas.*

gong s.m. Instrumento de percusión formado por un disco que, suspendido de un soporte, resuena fuertemente al ser golpeado por una maza; *batintín, gongo: En los combates de boxeo, el gong sirve para anunciar el comienzo y el fin de los asaltos.* 👁 **percusión**

gongo s.m. →**gong.**

goniómetro s.m. Instrumento que sirve para medir ángulos: *Los morteros llevan un goniómetro que permite apuntar al blanco.* 👁 **medida**

gonorrea s.f. Flujo mucoso patológico de la uretra: *Algunas enfermedades infecciosas de transmisión sexual producen gonorrea.*

gordinflas adj./s. *col.* Gordo: *De pequeña, yo era una niña gordinflas y mofletuda. Ese gordinflas tiene cara de buena persona.* ☐ MORF. 1. Como adjetivo es invariable en género. 2. Como sustantivo es de género común y exige concordancia en masculino o en femenino para señalar la diferencia de sexo: *el gordinflas, la gordinflas*. 3. Invariable en número.

gordinflón, -a adj./s. *col.* Gordo: *Tiene dos hijos gordinflones iguales que su marido. Cuando el gordinflón entró en la piscina, subió el nivel del agua.* ☐ USO Tiene un matiz humorístico.

gordo, da ▮ adj. **1** Grueso, abultado o voluminoso: *Este jersey es muy gordo y abriga mucho.* **2** Grave, importante o fuera de lo corriente: *Tengo un problema bastante gordo.* ▮ adj./s. **3** Referido a una persona o a un animal, que tiene muchas carnes o grasas: *Si no estuvieras tan gordo no te fatigarías tanto al correr. Dicen que los gordos suelen tener buen humor.* ▮ s.m. **4** →**premio gordo. 5** *col.* Grasa de la carne animal: *Dejó el gordo del filete en el plato.* **6** ‖ **armarse la gorda.** *col.* Organizarse un alboroto: *Cuando vino el jefe y vio que el trabajo no estaba hecho, se armó la gorda.* ‖ **caer gordo.** *col.* Referido a una persona, resultar antipática: *No sé por qué, pero me cae gordo.* ‖ **ni gorda.** *col.* Nada o casi nada: *Sin gafas no veo ni gorda.*

gordura s.f. Exceso o abundancia de carnes y grasas en una persona o en un animal: *He decidido acabar con mi gordura y he empezado un régimen de adelgazamiento.*

gore (anglicismo) adj. Referido a una película, que tiene muchas escenas sangrientas: *Este director americano está especializado en hacer películas gore con mucha sangre y violencia.* ☐ MORF. Invariable en género. ☐ USO Su uso es innecesario y puede sustituirse por *sangrienta*.

gorgojo s.m. Insecto coleóptero, con la cabeza ovalada y prolongada en un pico o una trompa en cuyo extremo se encuentran las mandíbulas, y que se alimenta de vegetales: *Algunos gorgojos son muy perjudiciales para la agricultura.*

gorgorito s.m. *col.* Quiebro que se hace con la voz en la garganta, esp. al cantar: *La soprano hizo varios gorgoritos imitando el canto del ruiseñor.* ☐ MORF. Se usa más en plural.

gorgotear v. Referido a un líquido o a un gas, hacer ruido al moverse en el interior de una cavidad: *El agua de la calefacción gorgotea al pasar por esos tubos.*

gorgoteo s.m. Ruido producido por un líquido o un gas al moverse en el interior de una cavidad: *¿No oyes el gorgoteo del agua en las cañerías?*

gorigori s.m. *col.* Canto fúnebre de un entierro: *Si no te cuidas más, pronto te cantaremos el gorigori.*

gorila s.m. **1** Mono de estatura semejante a la del hombre, cuerpo velludo, pies prensiles y patas cortas, que no es arborícola y se alimenta de vegetales: *El gorila vive en los bosques húmedos de África ecuatorial.* 👁 **primate 2** *col.* Guardaespaldas: *Varios gorilas escoltaban al famoso cantante.* ☐ MORF. En la acepción 1, es un sustantivo epiceno y la diferencia de sexo se señala mediante la oposición *el gorila {macho/hembra}*.

gorjear v. Referido a un pájaro o a una persona, hacer quiebros o cambios de voz con la garganta; *trinar: Al amanecer, se oye gorjear a los pájaros.*

gorjeo s.m. **1** Quiebro o cambio de voz hecho con la garganta: *Se oían los gorjeos y las risas del bebé.* **2** Canto o voz de algunos pájaros; *trino: Me gusta despertarme oyendo el gorjeo de los pájaros.*

gorra s.f. **1** Prenda de vestir que se usa para cubrir la cabeza, sin copa ni alas, y generalmente con visera: *Cuando voy a la playa me pongo una gorra para protegerme del sol.* **2** ‖ **con la gorra.** *col.* Fácilmente o sin esfuerzo: *Esa plaza que hay vacante la sacas tú con la gorra.* ‖ **de gorra.** *col.* Gratis o a costa ajena: *Comí de gorra porque fui a casa de mi hermano.* ‖ **gorra de plato.** La de visera que tiene una parte cilíndrica de poca altura y sobre ella otra más ancha y plana: *El uniforme de gala de los oficiales del Ejército lleva gorra de plato.* 👁 **sombrero**

gorrinada s.f. **1** Hecho que causa un perjuicio, esp. si es malintencionado; *faena: Me hizo tal gorrinada que me dieron ganas de estrangularlo.* **2** Lo que está sucio o mal hecho: *No sé cómo puedes comerte esa gorrinada de guiso.* **3** Lo que se considera indecoroso o contrario a la moral establecida: *Se pasa el día contando gorrinadas y chistes verdes.* ☐ SEM. 1. Es sinónimo de *gorrinería*. 2. En las acepciones 2 y 3, es sinónimo de *guarrada*.

gorrinería s.f. →**gorrinada.**

gorrino, na ▮ adj./s. **1** Sucio o falto de limpieza: *No seas gorrina y límpiate la boca antes de hablar. Con esa camisa tan sudada vas hecho un gorrino.* **2** Referido a una persona, que tiene mala intención o carece de escrúpulos: *Es tan gorrino que se fue y me dejó aquí tirado. Demostró ser un gorrino lleno de mala intención.* ▮ s. **3** Cerdo, esp. el que no llega a cuatro meses: *El granjero tiene varios gorrinos en la pocilga.* ☐ SEM. En las acepciones 1 y 2, es sinónimo de *cerdo*.

gorrión, -a s. Pájaro de plumaje pardo o castaño con manchas negras o rojizas, pico fuerte, cónico y algo doblado en la punta, que no emigra en invierno y es muy común en la península ibérica: *En casi todos los parques conviven palomas y gorriones.* 👁 **ave**

gorro s.m. **1** Prenda de vestir que se usa para cubrir y abrigar la cabeza, esp. la que tiene forma redonda y carece de alas y visera: *Los esquiadores suelen llevar un gorro de lana.* 👁 **sombrero 2** ‖ **estar hasta el gorro.** *col.* Estar harto o no aguantar más: *Estoy hasta el gorro de este pesado.*

gorrón, -a adj./s. Referido a una persona, que gorronea: *Es tan gorrón que sus amigos ya no quieren salir con él. Eres una gorrona, y ya va siendo hora de que alguna vez invites tú.*

gorronear v. **1** Referido a algo ajeno, usarlo o consumirlo para no gastar dinero propio: *Gorronea tabaco a los amigos para no comprarse un paquete.* **2** Comer o vivir a costa ajena: *¿Cuándo vas a dejar de gorronear a tus amigos y te vas a poner a trabajar?*

gota ▮ s.f. **1** Partícula de un líquido que adopta una forma parecida a la de una esfera: *Le caían gotas de sudor por la frente.* **2** *col.* Trozo o cantidad muy pequeñas; *pizca*: *Para que esté a mi gusto, a la sopa le falta una gota de sal.* **3** Enfermedad producida por un exceso de ácido úrico en el organismo y caracterizada por la inflamación dolorosa de algunas articulaciones: *Cree que tiene gota porque siente pinchazos en el dedo gordo del pie.* ▮ pl. **4** Sustancia líquida medicinal que se toma o aplica en muy pequeñas cantidades: *El médico me ha recetado unas gotas para los oídos.* 👁 **medicamento 5** ‖ **cuatro gotas.** Lluvia escasa y breve: *Las cuatro gotas que han caído no han servido para aliviar la sequía.* ‖ **gota a gota. 1** En medicina, método para administrar lentamente una solución por vía intravenosa: *Para las transfusiones sanguíneas se utiliza el gota a gota.* **2** Aparato para aplicar este método: *Trae el gota a gota para poner suero al enfermo.* ‖ **gota fría.** En meteorología, masa de aire muy frío que provoca el desplazamiento en altura y el enfriamiento del aire cálido, y que causa una gran perturbación atmosférica: *Una gota fría suele producir inundaciones.* ‖ **ni gota.** *col.* Nada: *Sin las gafas no veo ni gota.* ‖ **ser la última gota.** *col.* Ser lo que colma la paciencia: *Sus insultos fueron la última gota, y ahora ya no le hablo.* ‖ **sudar la gota gorda.** *col.* Esforzarse mucho: *Para conseguir aprobar, tuve que sudar la gota gorda.*

gotear v. **1** Referido a un líquido, caer o dejarlo caer gota a gota: *Puse un barreño para recoger el agua que goteaba del techo. La bolsa está rota y gotea.* **2** Caer gotas pequeñas y espaciadas cuando empieza a llover o cuando deja de hacerlo: *Coge el paraguas, que está empezando a gotear.* ☐ MORF. En la acepción 2, es verbo unipersonal: se usa solo en tercera persona del singular y en las formas no personales (infinitivo, gerundio y participio).

gotelé s.m. Técnica para pintar paredes que consiste en esparcir pintura espesa sobre ellas para que queden rugosas o granuladas: *Vamos a quitar el papel de las paredes y las vamos a pintar con gotelé.*

goteo s.m. **1** Caída de un líquido gota a gota: *El goteo de la cisterna no me ha dejado dormir.* **2** Lo que se da o se recibe en pequeñas cantidades y de forma intermitente: *Las reparaciones de este coche viejo son un constante goteo de dinero.*

gotera s.f. **1** Filtración de agua en un techo: *Tenemos una gotera porque la teja está rota.* **2** Grieta por la que se filtra el agua: *He llamado al albañil para que tape la gotera.* **3** Señal que deja el agua que se filtra: *Esa mancha amarillenta que ves en el techo es la gotera.* **4** *col.* Achaque propio de la vejez: *Ya empieza a estar mayor y a tener algunas goteras.* ☐ MORF. La acepción 4 se usa más en plural.

goterón s.m. Gota grande de agua de lluvia: *No salgas ahora, porque menudos goterones están cayendo...*

gótico, ca ▮ adj. **1** De los godos o relacionado con ellos: *El pueblo gótico procedía del norte de Europa.* **2** Del gótico o con rasgos propios de este estilo: *El arco ojival y la bóveda por arista son elementos góticos.* **3** Referido esp. a un tipo de letra, que se usaba antiguamente y que tiene formas rectilíneas y angulosas: *La letra gótica se usa aún en Alemania.* ▮ s.m. **4** Estilo artístico que se desarrolló en el occidente europeo desde el siglo XII hasta el Renacimiento: *Las grandes vidrieras son típicas del gótico.* **5** Antigua lengua germánica hablada por el pueblo godo: *Los visigodos hablaban gótico.* **6** ‖ **gótico {flamígero/florido}.** El del último período, que se caracteriza por la decoración exuberante y por los adornos en forma de llama: *El gótico flamígero es recargado.*

gouache (galicismo) s.m. Técnica pictórica que se caracteriza por el empleo de colores que se diluyen en agua sola o en agua mezclada con goma arábiga, miel u otras sustancias, y que son más espesos y más opacos que los de la acuarela: *La pintura al gouache requiere mucha destreza en el preparado de sus colores.* ☐ PRON. [guach], con *ch* suave.

gourmet (galicismo) s. Persona que aprecia la buena comida y los buenos vinos: *El amigo que va a venir a cenar es un gourmet y no le puedo ofrecer cualquier cosa.* ☐ PRON. [gurmé]. ☐ MORF. Es de género común y exige concordancia en masculino o en femenino para señalar la diferencia de sexo: *el gourmet, la gourmet*.

gozada s.f. *col.* Goce o placer intensos: *Es una gozada no tener que madrugar mañana.*

gozar v. **1** Sentir placer o alegría; *disfrutar*: *Se nota que gozas oyendo buena música.* **2** Referido a algo positivo, tenerlo, poseerlo o disfrutarlo: *A pesar de su avanzada edad, goza de una salud envidiable.* **3** Referido a una persona, realizar el acto sexual con ella: *El muy canalla la gozó y la abandonó.* **4** ‖ **gozarla.** *col.* Pasarlo bien o disfrutar: *La gozamos anoche en la fiesta.* ☐ ORTOGR. La *z* se cambia en *c* delante de *e* →CAZAR. ☐ SINT. Constr. de la acepción 2: *gozar DE algo*.

gozne s.m. Mecanismo metálico articulado que une las hojas de las puertas o de las ventanas al quicio para que se abran y se cierren girando sobre él: *Tengo que engrasar los goznes de la puerta para que no chirríe.*

gozo ▮ s.m. **1** Sentimiento de placer o de alegría causado por algo agradable o apetecible: *¡Qué gozo ver que por fin eres feliz!* ▮ pl. **2** Composición poética que alaba a la Virgen María (según la Biblia, madre de Jesucristo) o a los santos, que se divide en coplas, seguidas cada una por un estribillo: *La estrofa más utilizada en los gozos es la redondilla.*

gozoso, sa adj. **1** Que siente gozo: *Estaba gozoso por el nacimiento de su hijo.* **2** Que produce gozo: *He disfrutado mucho con esta gozosa representación operística.* **3** En la Iglesia católica, de determinados episodios de la vida de Jesucristo y de la Virgen María (según la Biblia, madre de Jesucristo) mencionados en el rosario o relacionado con ellos: *La anunciación es el primer misterio gozoso del rosario.*

grabación s.f. **1** Recogida e impresión de imágenes, de sonidos o de informaciones, generalmente en un disco o en una cinta magnética: *Estuve de espectador en la grabación de ese programa musical de televisión.* **2** Disco o cinta magnética que contienen esta impresión: *Ya está a la venta la última grabación de este conjunto musical.*

grabado s.m. **1** Arte o técnica de grabar una imagen o una superficie: *Este artista está experimentando el grabado en materiales plásticos.* **2** Procedimiento para grabar: *En el grabado al agua fuerte, se echa ácido nítrico sobre una lámina.* **3** Estampa que se produce mediante la impresión de láminas grabadas: *En el salón de mi casa tengo un grabado hecho por un amigo mío.*

grabador, -a ▮ s. **1** Persona que se dedica profesionalmente al grabado: *He ido al grabador para encargar una placa con mi nombre.* ▮ s.m. **2** Aparato electrónico que sirve para grabar. ▮ s.f. **3** Aparato capaz de grabar y de reproducir sonidos en una cinta magnética; *magnetófono: La periodista llevaba una grabadora para recoger las respuestas del famoso.*

grabadora s.f. →**grabador, -a.**

grabar v. **1** Señalar mediante incisiones, o labrar en hueco o en relieve: *Quiere grabar la pulsera con su nombre.* **2** Referido esp. a imágenes, sonidos o informaciones, recogerlos e imprimirlos mediante un disco, una cinta magnética u otro procedimiento para poderlos reproducir: *Este cantante ha grabado ya muchos discos.* **3** Referido esp. a un recuerdo o a un sentimiento, fijarlos profundamente en el ánimo: *Se me ha grabado la imagen del accidente y no consigo quitármela de la cabeza.* ☐ ORTOGR. Dist. de *gravar*.

gracejo s.m. Gracia al hablar o al escribir: *Tiene mucho gracejo contando anécdotas.*

gracia ▮ s.f. **1** Lo que resulta divertido o hace reír: *Nadie se ríe de sus gracias, porque es bastante grosero.* **2** Capacidad de divertir, de hacer reír o de sorprender: *Los chistes de este humorista tienen mucha gracia.* **3** En el cristianismo, don gratuito que Dios da a las personas para que puedan alcanzar la gloria: *Los sacramentos son signos visibles instituidos por Jesucristo para darnos la gracia.* **4** Conjunto de características que hacen agradable a una persona o a las cosas que las poseen: *La gracia y bondad de su carácter le han granjeado muchas amistades.* **5** Garbo, donaire y soltura al hacer algo: *Desde pequeña baila con mucha gracia.* **6** En las rasgos de la cara de una persona, atractivo independiente de la hermosura: *No es guapo, pero tiene cierta gracia.* **7** Lo que resulta molesto e irritante: *Que se nos averiara el coche ayer fue una gracia.* **8** Perdón o indulto de una pena que concede el jefe del Estado o el poder público competente: *El preso llevaba un año esperando la gracia del jefe del Estado.* **9** Beneficio, don o favor que se otorgan sin merecimiento: *Dios me ha dado la gracia de la inteligencia.* **10** Nombre de una persona: *El funcionario de la ventanilla me preguntó cuál era mi gracia.* ▮ pl. **11** Divinidades mitológicas que personificaban la belleza y la armonía físicas y espirituales: *Las tres gracias eran hijas de Zeus y de Eurinome.*

gracias interj. **1** Expresión que se usa para expresar agradecimiento: *Gracias por haberme ayudado.* **2** ‖ **dar {gracias/las gracias}.** Manifestar agradecimiento por un beneficio recibido: *¿Has dado las gracias a esta señora por el regalo?* ‖ **gracias a** algo. Por causa de algo que produce un bien o evita un mal: *Gracias a sus horas de estudio, aprobó todas las asignaturas.* ‖ **gracias a Dios.** Expresión que se usa para indicar alegría por algo que se esperaba con ansia, o alivio al desaparecer un temor o un peligro: *¡Gracias a Dios que has llegado, porque ya me tenías preocupada!*

grácil adj. Delgado, delicado o menudo: *Las bailarinas de ballet clásico tienen una figura grácil.* ☐ MORF. Invariable en género.

gracioso, sa ▮ adj. **1** Que tiene gracia: *Es muy gracioso contando chistes. Tiene unos andares muy graciosos.* **2** Tratamiento honorífico que se da a los reyes de Gran Bretaña (país europeo): *Su Graciosa Majestad pasó revista a las tropas.* ▮ s.m. **3** En el teatro español de los siglos XVI y XVII, personaje que se caracteriza por su ingenio y su socarronería: *El gracioso solía ser un criado.* ☐ USO La acepción 2 se usa más en la expresión *Su Graciosa Majestad.*

grada s.f. **1** Asiento en forma de escalón largo o seguido: *Llegamos tarde al partido y nos tuvimos que sentar en la última grada.* **2** En algunos lugares públicos, conjunto de estos asientos: *Las gradas del estadio estaban abarrotadas de gente.*

gradación s.f. **1** Disposición o ejecución de algo en grados sucesivos, ascendentes o descendentes: *En la explicación de los temas seguiré una gradación, empezando por los fáciles y terminando por los complejos.* **2** Serie ordenada gradualmente o por grados: *Entre el blanco y el negro hay una gradación de grises.* **3** Figura retórica o procedimiento del lenguaje consistente en juntar palabras o frases que van ascendiendo o descendiendo en cuanto a su significado, de modo que cada una de ellas exprese algo más o algo menos que la anterior: *En los versos de Miguel Hernández 'En mis manos levanto una tormenta / de piedras, rayos y hachas estridentes', hay un ejemplo de gradación ascendente o clímax.*

graderío s.m. **1** Conjunto de gradas, esp. en un campo de deporte o en una plaza de toros: *En el graderío no quedaba una sola localidad libre.* **2** Público que ocupa este conjunto de gradas: *El graderío puesto en pie pedía la oreja para el diestro.*

grado s.m. **1** Voluntad o gusto: *Lo haré encantada y de buen grado.* **2** Cada uno de los estados, valores o calidades que, de menor a mayor, puede tener algo: *Los heridos en el incendio tenían quemaduras de tercer grado.* **3** Cada una de las generaciones que marcan el parentesco entre las personas: *Somos primos en segundo grado.* **4** En las enseñanzas secundaria y superior, título que se obtiene al superar determinados niveles de estudio: *Tiene el grado de licenciado.* **5** En algunas escuelas, cada una de las secciones en las que se agrupan los alumnos según la edad y sus conocimientos: *Los alumnos de segundo grado salen al recreo más tarde.* **6** En un escalafón, grupo constituido por personas de saber o de condiciones similares; *jerarquía: Los tenientes pertenecen al grado de los oficiales.* **7** Cada lugar que este grupo ocupa en el escalafón: *La tro-*

pa es el primer grado en la jerarquía militar. **8** En una ecuación matemática o en un polinomio en forma racional y entera, exponente más alto de una variable: *En las ecuaciones de segundo grado el exponente más alto es el dos.* **9** Unidad de ángulo plano que equivale a la nonagésima parte de un ángulo recto: *La circunferencia tiene 360 grados.* **10** En gramática, forma de expresar la intensidad relativa de los adjetivos: *'Alto' es un adjetivo en grado positivo, frente a 'altísimo', que está en grado superlativo.* **11** ‖ **grado {centígrado/Celsius}.** El de la escala de temperatura que marca con 0 el punto de fusión del hielo y con 100 el punto de ebullición del agua: *La temperatura normal del cuerpo humano es aproximadamente de 36,5 °C.* ‖ **grado Fahrenheit.** El de la escala de temperatura que marca con 32 el punto de fusión del hielo y con 212 el punto de ebullición del agua: *Cuando estuve en Estados Unidos me confundía al ver los termómetros de las calles porque daban la temperatura en grados Fahrenheit.* 👁 **escala**

graduación s.f. **1** Control del grado o de la calidad que corresponde a algo: *Este mando sirve para la graduación del sonido de la radio.* **2** División u ordenación en grados o estados correlativos: *Sin una adecuada graduación del esfuerzo, no llegarás al final de una carrera tan larga.* **3** Señalización de los grados en que se divide algo, esp. un objeto: *El termómetro es tan viejo que ya no se lee la graduación.* **4** Medición de la calidad o del grado de algo: *Para la graduación de la vista voy al oftalmólogo.* **5** Cantidad proporcional de alcohol que contienen las bebidas alcohólicas: *La graduación de las cervezas es más baja que la de los vinos.* **6** Categoría profesional de un militar: *Los oficiales de menor graduación deben saludar a los de graduación mayor.* **7** Obtención de un grado o de un título: *Los estudiantes hicieron una fiesta para celebrar su graduación.*

graduado ‖ **graduado escolar.** Título que se obtiene al cursar con éxito los estudios primarios exigidos por la ley: *Para poder cursar el bachillerato es necesario tener el graduado escolar.*

gradual adj. Por grados o de grado en grado: *Durante la semana habrá un aumento gradual de las temperaturas.* □ MORF. Invariable en género.

graduar v. **1** Dar el grado o la calidad que corresponde: *Gradúa la temperatura del radiador para que haga menos calor.* **2** Dividir u ordenar en grados o estados correlativos: *El entrenador graduó los ejercicios para que hiciéramos los más suaves al principio y los más fuertes al final.* **3** Dar u obtener un grado o un título: *Graduaron a su padre de comandante. Se graduó en derecho en una famosa Universidad extranjera.* **4** Referido esp. a un objeto, señalar los grados en que se divide: *Al graduar el mapa vimos que España está aproximadamente a 42° latitud norte.* **5** Referido a la calidad o al grado de algo, medirlos o evaluarlos: *El oculista me ha graduado la vista y tengo dos dioptrías en cada ojo.* □ ORTOGR. La *u* lleva tilde en los presentes, excepto en las personas *nosotros* y *vosotros* →**ACTUAR**.

grafema s.m. Unidad mínima e indivisible de la escritura de una lengua: *'S' es un grafema, pero 'll' no lo es, ya que se puede dividir en 'l' y 'l'.*

graffiti (italianismo) s.m.pl. →**grafiti.** □ PRON. [grafíti].

grafía s.f. Letra o conjunto de letras con que se representa un sonido en la escritura: *'M' es la grafía del sonido consonántico bilabial nasal sonoro.*

gráfica s.f. →**gráfico, ca.**

gráfico, ca ▌adj. **1** De la escritura y de la imprenta o relacionado con ellas: *Estudia artes gráficas.* **2** Referido a la forma de expresarse, que es clara o fácil de comprender: *Nos lo explicó de una forma muy gráfica y lo entendimos a la primera.* ▌adj./s. **3** Que se representa por medio de figuras o de signos: *Me presentó un esquema gráfico del proyecto. Los organigramas son gráficos que representan la organización jerárquica de una entidad.* ▌s.m. **4** Representación de datos numéricos por medio de líneas que hacen visible la relación que guardan entre sí estos datos: *El profesor nos mandó representar la gráfica de una ecuación.* *gráfica*

grafiti s.m. Letrero o conjunto de letreros murales de carácter popular, escritos o pintados a mano; *grafito: Ha comprado aerosoles de varios colores para pintar un grafiti con sus amigos.* □ MORF. Su plural es *grafitis.* □ USO Es innecesario el uso del italianismo *graffiti.*

grafito s.m. **1** Variedad de carbono cristalizado, compacto, opaco, de color negro y de brillo metálico: *Las minas de los lápices son de grafito.* **2** →**graffiti.**

grafología s.f. Arte y técnica de averiguar las cualidades psicológicas de una persona por su letra: *La grafología me permite afirmar que el autor de esta carta es una persona nerviosa.*

grafológico, ca adj. De la grafología o relacionado con esta técnica: *Me han hecho un estudio grafológico para determinar cómo es mi personalidad.*

grafólogo, ga s. Persona que se dedica profesionalmente a la grafología: *La policía llamó a un grafólogo para que examinara el anónimo.*

gragea s.f. Porción pequeña y generalmente redondeada de una sustancia medicinal, que está recubierta de una capa de una sustancia de sabor agradable: *Las grageas suelen ser de colores brillantes.* 👁 **medicamento**

grajilla s.f. Ave parecida a la graja, pero de plumaje negro con la parte posterior de la cabeza gris, y que forma grandes bandadas: *Las grajillas suelen alimentarse de gusanos, insectos y pequeños roedores.* □ MORF. Es un sustantivo epiceno y la diferencia de sexo se señala mediante la oposición *la grajilla {macho/hembra}.*

grajo, ja s. Ave parecida al cuervo, pero de menor tamaño, que tiene el plumaje negro irisado, la cara blancuzca y el pico negro y afilado: *Los grajos anidan en las copas de los árboles. El canto del grajo es un sonido poco agradable.*

gramaje s.m. Peso en gramos de un papel por metro cuadrado: *Se nota que este papel es de gramaje superior al normal, porque es más grueso.*

gramatical adj. **1** De la gramática o relacionado con esta ciencia: *Creo que los ejercicios gramaticales son muy útiles cuando se aprende una lengua.* **2** Que respeta las reglas de la gramática: *'Los niños juegan en el parque' es una oración gramatical.* □ MORF. Invariable en género.

gramaticalidad s.f. Cualidad de la oración que se ha formado respetando las reglas de la gramática: *La concordancia incorrecta es la causa de la falta de gramaticalidad de la oración *'Los niños corre'.*

gramático, ca ▌s. **1** Persona que se dedica al estudio de la gramática, esp. si esta es su profesión: *Varrón fue un importante gramático romano.* ▌s.f. **2** Ciencia que estudia los elementos de una lengua y sus combinaciones: *Morfología y sintaxis son dos partes fundamentales de la gramática.* **3** Libro en el que se contienen estos conocimientos de una lengua: *He comprado una gramática de francés para aprender mejor este idioma.* **4** Conjunto de normas y de reglas para hablar y escribir correctamente una lengua: *La Real Academia Española fija la gramática del idioma español.* **5** Obra en la que se enseña este arte: *Nebrija publicó la primera gramática de la lengua castellana en 1492.* **6** ‖ **gramática generativa.** Modelo gramatical que trata de generar o producir todas las oraciones posibles y aceptables de un idioma a partir de un número finito de elementos: *Chomsky elaboró la gramática generativa para dar cuenta de la creatividad del hablante, de su capacidad de emitir y comprender oraciones inéditas.* ‖ **gramática parda.** *col.* Habilidad para desenvolverse en la vida: *Es muy difícil engañarlo porque sabe mucha gramática parda.* ‖ **gramática tradicional.** La que recoge las ideas que sobre el lenguaje y su estudio aportaron los griegos y que siguió desarrollándose en los siglos posteriores hasta la primera mitad del siglo XX: *Los estudios de gramática tradicional sirven de punto de partida para estudios gramaticales con una orientación más moderna.* ☐ USO El uso de *gramática parda* tiene un matiz despectivo.

gramíneo, a ▮ adj./s.f. **1** Referido a una planta, que tiene el tallo cilíndrico y generalmente hueco, hojas alternas que lo abrazan, flores sencillas en espiga o en panoja, y cuyo fruto tiene un solo cotiledón: *El grano de las plantas gramíneas está recubierto por las escamas de la flor. El maíz es una gramínea.* ▮ s.f.pl. **2** En botánica, familia de estas plantas, perteneciente a la clase de las monocotiledóneas: *La avena, el trigo y el arroz pertenecen a las gramíneas.*

grammy s.m. Figura con forma de gramófono que se entrega a los ganadores del premio musical estadounidense que se concede anualmente a un cantante, a un grupo o a un compositor: *Recibió un grammy honorífico por su larga trayectoria musical.* ☐ PRON. [grámi]. ☐ USO Se usa como nombre propio cuando hace referencia a la denominación oficial del premio.

gramo s.m. En el Sistema Internacional, unidad de masa que equivale a la milésima parte de un kilogramo: *Un cuarto de kilo son 250 gramos.*

gramófono s.m. Aparato que reproduce las vibraciones de cualquier sonido, inscritas previamente en un disco giratorio (por extensión del nombre de la marca comercial *Gramófono®*): *Los gramófonos tienen una bocina exterior para ampliar el sonido.*

gramola s.f. **1** Gramófono portátil que lleva la bocina en el interior: *La gramola lleva un brazo articulado que puede replegarse dentro de la caja.* **2** Gramófono eléctrico en el que al introducir una moneda se hace sonar el disco seleccionado (por extensión del nombre de la marca comercial *Gramola®*): *En los años sesenta, las gramolas eran habituales en los bares y otros establecimientos públicos.*

gran adj. **1** →**grande. 2** Referido a un cargo, principal o primero en una jerarquía: *Llegó a ser gran maestre de la orden.* ☐ MORF. 1. En la acepción 1, es apócope de *grande* ante sustantivo singular. 2. Invariable en género.

grana ▮ adj./s.m. **1** De color rojo oscuro: *El traje más típico de los toreros es grana y oro. La grana y el azul son los colores de la camiseta del Fútbol Club Barcelona.* ▮ s.f. **2** Formación y crecimiento del grano de los frutos en algunas plantas; *granazón: Con la grana, los campos empiezan a cubrirse de espigas verdes.* **3** Tiempo en el que se produce esta formación y crecimiento del grano: *Este año la grana de los trigales se ha retrasado.*

granada s.f. Véase **granado, da.**

granadero s.m. Soldado de infantería armado con granadas de mano: *En el siglo XIX los granaderos fueron figuras destacadas de los combates.*

granadino, na ▮ adj./s. **1** De Granada o relacionado con esta provincia española o con su capital: *La Alhambra y el Generalife son monumentos granadinos. Los granadinos pueden disfrutar de la montaña y de la playa.* ▮ s.f. **2** Refresco hecho con zumo de granada: *La granadina es una bebida muy dulce.* **3** Variedad del cante andaluz propio de la provincia de Granada: *Para animar la fiesta cantaron y bailaron unas granadinas.* ☐ MORF. En la acepción 1, como sustantivo se refiere solo a las personas de Granada.

granado, da ▮ adj. **1** Notable, señalado o principal: *En la fiesta estaba lo más granado de la ciudad.* ▮ s.m. **2** Árbol que alcanza los seis metros de altura, con tronco liso y tortuoso, ramas delgadas, hojas brillantes y flores grandes de color rojo: *El granado es propio de zonas con clima suave.* ▮ s.f. **3** Fruto de este árbol, con forma redondeada, de color amarillo rojizo y que encierra numerosos granos comestibles de color rojo: *La granada la tomo con azúcar porque es un poco amarga.* **4** Artefacto explosivo de pequeño tamaño, lleno de pólvora, que dispone de una espoleta o dispositivo para provocar la explosión de la carga: *El soldado arrojó una granada sobre las tiendas del campamento enemigo.*

granar v. Formarse y crecer el grano de los frutos en algunas plantas: *Las espigas de trigo ya empiezan a granar.*

granate adj./s.m. De color rojo oscuro: *Llevaba un jersey granate con unos pantalones azules. El granate te sienta muy bien.* ☐ MORF. Invariable en género.

granazón s.f. Formación y crecimiento del grano de los frutos en algunas plantas; *grana: La helada destruyó el maíz que ya estaba en granazón.*

grande ▮ adj. **1** De mayor tamaño, importancia, cualidad o intensidad que algo de su misma especie: *Vive en una casa muy grande con doce habitaciones. La separación de los seres queridos produce una pena muy grande.* **2** De dimensiones mayores a las necesarias o convenientes: *Esta falda te queda muy grande.* **3** *col.* Referido a una persona, de edad adulta: *Cuando sea grande quiere ser médico.* ▮ s.m. **4** Persona de elevada jerarquía o nobleza: *Se han reunido los grandes de Europa para decidir sobre el futuro comunitario.* **5** ‖ **a lo grande.** Con mucho lujo: *Celebró su aniversario a lo grande, en el hotel más caro de la ciudad.* ‖ **en grande.** *col.* Muy bien: *Estas vacaciones lo hemos pasado en grande.* ‖ **grande de España.** Persona que tiene el grado máximo de la nobleza española: *Los grandes de España podían cubrirse delante del rey si eran caballeros, y sentarse delante de la reina si eran señoras.* ☐ MORF. Como adjetivo: 1. Invariable en género. 2. Ante sustantivo singular se usa la apócope *gran*. 3. Su comparativo de superioridad es *mayor*. 4. Su superlativo irregular es *máximo*.

grandeza s.f. **1** Importancia en el tamaño, en la intensidad o en la cualidad de algo: *Nadie sabe la grandeza de su fortuna.* **2** Excelencia, elevación o nobleza de espíritu: *Aceptó la derrota con grandeza de ánimo y felicitó al vencedor.* **3** Poder y majestad: *La grandeza de su reinado quedó recogida por los cronistas de la época.* **4** Dignidad nobiliaria de grande de España: *Gracias a sus victorias militares accedió a la grandeza.* **5** Conjunto de los grandes de España: *La grandeza no apoyaba las reformas de Carlos III.*

grandilocuencia s.f. **1** Gran capacidad para deleitar, conmover o persuadir mediante el uso eficaz de la palabra: *Su grandilocuencia lo convirtió en uno de los mejores oradores políticos del siglo pasado.* **2** Estilo sublime o muy elevado: *Se expresa con grandilocuencia incluso en las cartas familiares.* □ PRON. Incorr. *[grandielokuenzia].

grandilocuente adj. Que habla o escribe con grandilocuencia: *Estuvo tan grandilocuente en su discurso que nos emocionó a todos.* □ PRON. Incorr. *[grandielokuente]. □ MORF. Invariable en género.

grandiosidad s.f. Grandeza admirable, magnificencia o capacidad que algo tiene para impresionar por sus grandes dimensiones o por sus cualidades: *Es digna de elogio la grandiosidad de su gesto con su adversario.*

grandioso, sa adj. Magnífico, o que destaca o impresiona por su tamaño o por sus cualidades: *El cantante acompañó su actuación de un espectáculo grandioso.*

grandullón, -a adj./s. *col.* Referido esp. a un muchacho, que está muy crecido para su edad: *Esas chicas grandullonas aún están en edad de jugar. Unos grandullones jugaban al fútbol en la playa.*

granel ‖ **a granel. 1** Referido a un producto, sin envase o sin empaquetar: *En la venta a granel, el dependiente pesa y vende la cantidad que el cliente desea en cada caso.* **2** En gran cantidad o en abundancia: *Hubo comida a granel y no faltó de nada.*

granero s.m. Lugar en el que se guarda el grano: *Los hórreos son los graneros característicos de Galicia y de Asturias.*

granítico, ca adj. Del granito o que tiene semejanza con esta roca: *Esta montaña es una inmensa masa granítica.*

granito s.m. Roca plutónica o consolidada en el interior de la corteza terrestre, que está compuesta fundamentalmente de feldespato, cuarzo y mica: *El granito es un material muy empleado en la construcción de casas y monumentos.*

granívoro, ra adj. Referido a un animal, que se alimenta de grano: *La mayoría de los pájaros son granívoros.* 👁 **pico**

granizado, da ▮ adj./s. **1** Referido a un refresco, que está hecho con hielo picado y alguna bebida, esp. zumo de frutas: *Nos hemos tomado un café granizado. Me tomé un granizado de limón riquísimo.* ▮ s.f. **2** Caída o precipitación de granizo: *Las granizadas del comienzo del verano pueden destruir las cosechas.* **3** Gran número de cosas que caen o se manifiestan de forma continua y abundante: *Los vaqueros recibieron a los indios con una granizada de balas.* □ SEM. En la acepción 1, es innecesario el uso del galicismo *frappé*.

granizar v. Caer granizo: *Granizó tanto que se estropeó la cosecha.* □ ORTOGR. La *z* se cambia en *c* delante de *e* →CAZAR. □ MORF. Es verbo unipersonal: se usa solo en tercera persona del singular y en las formas no personales (infinitivo, gerundio y participio).

granizo s.m. Agua congelada que se desprende de las nubes y que cae con fuerza sobre la superficie terrestre en forma de granos de hielo: *El granizo de las tormentas primaverales puede estropear las cosechas.*

granja s.f. **1** Finca de campo con una casa y edificios dependientes para la gente y el ganado: *Vivir en una granja me permite dedicarme a la agricultura y a la ganadería.* 👁 **vivienda 2** Conjunto de instalaciones dedicadas a la cría de animales domésticos: *Tiene una granja de cerdos y otra de gallinas.* **3** Establecimiento dedicado a la venta de leche y sus derivados: *Acércate a la granja de la esquina a comprar leche y yogures, por favor.*

granjearse v.prnl. Referido esp. a un sentimiento ajeno, captarlo, atraerlo o lograrlo: *Con su trabajo se granjeó el respeto de todos.*

granjero, ra s. Persona que posee una granja o que cuida de ella: *La granjera recogía los huevos que habían puesto las gallinas.*

grano s.m. **1** Semilla y fruto de los cereales y de otras plantas: *El grano del trigo se muele para obtener la harina.* **2** Cada uno de los frutos o semillas que con otros iguales forman un racimo: *Termínate el racimo de uvas y no lo dejes con cuatro granos.* **3** Parte muy pequeña de algo: *Se me ha metido un grano de arena en el zapato.* **4** Bulto muy pequeño que aparece sobre la piel: *Me ha salido un grano en la nariz.* **5** Cada una de las pequeñas partículas que se aprecian en la masa o en la superficie de algo: *Tienes que lijar más la madera porque aún tiene granos.* **6** ‖ **grano de arena.** Ayuda pequeña con la que alguien contribuye a una obra o a un fin determinados: *Yo también aporté mi granito de arena poniendo la mesa.* ‖ **ir al grano.** *col.* Atender a lo fundamental de un asunto sin dar rodeos: *Para hacer bien este examen hay que ir al grano y dejarse de rollos.*

granuja adj./s. Referido a una persona, que no tiene honradez y que engaña a otra en provecho propio: *Es tan granuja que, si no estás atento, te engañará. Se topó con un granuja que lo estafó.* □ MORF. 1. Como adjetivo es invariable en género. 2. Como sustantivo es de género común y exige concordancia en masculino y en femenino para señalar la diferencia de sexo: *el granuja, la granuja*.

granulado, da ▮ adj. **1** Referido a una sustancia, que tiene una masa formada por granos pequeños; *granuloso: El granito es un mineral de aspecto granulado.* ▮ s.m. **2** Preparado farmacéutico presentado en forma de granos: *El médico me recetó un granulado vitamínico.*

granular ▮ adj. **1** Referido esp. a una sustancia, que está formada por granos o por porciones muy pequeñas: *La sal común es una sustancia granular.* ▮ v. **2** Desmenuzar en granos muy pequeños: *El estaño y el plomo son metales que se pueden granular.* □ MORF. Como adjetivo es invariable en género.

granuloso, sa adj. Referido a una sustancia, que tiene una masa formada por granos pequeños; *granulado: Las natillas te han quedado granulosas porque no las has batido bien.*

grapa s.f. Pieza de metal cuyos dos extremos, doblados y acabados en punta, se clavan y se cierran para unir o sujetar varios objetos: *Une todas estas fotocopias con una grapa.*

grapadora s.f. Utensilio que sirve para grapar: *Necesito una grapadora para unir estos papeles y tenerlos todos juntos.*

grapar v. Sujetar o unir con grapas: *Grápame estos folios para que no se pierdan.*

grapo s. Miembro de la organización terrorista GRAPO (Grupo de Resistencia Antifascista Primero de Octubre): *La policía ha detenido a dos grapos cuando colocaban una bomba.* □ MORF. Es de género común y exige concordancia en masculino o en femenino para señalar la diferencia de sexo: *el grapo, la grapo.*

grasa s.f. Véase **graso, sa**.

grasiento, ta adj. Con mucha grasa: *Las comidas grasientas me sientan mal.*

graso, sa ▮ adj. **1** Que tiene grasa o que está formado por ella: *Tienes la piel muy grasa.* ▮ s.f. **2** Sustancia orgánica existente en ciertos tejidos animales y vegetales, formada por la combinación de glicerina y algunos ácidos, y que generalmente forma las reservas energéticas de los seres vivos: *Las personas gordas tienen mucha grasa bajo la piel.* **3** Sustancia utilizada para engrasar: *He puesto grasa en la cadena de la bicicleta para que funcione mejor.*

grasoso, sa adj. Impregnado de grasa: *No me gusta comer en ese restaurante porque la comida es muy grasosa.*

gratificación s.f. Lo que se da para agradecer o recompensar algo, esp. un servicio eventual: *Por quedarme a trabajar dos tardes, me han dado una gratificación económica.*

gratificar v. **1** Referido a una persona, recompensarla con una gratificación: *Si colaboras en esto, serás generosamente gratificado.* **2** Gustar o complacer: *A tus padres les gratifica que estudies con tanto empeño.* ☐ ORTOGR. La *c* se cambia en *qu* delante de *e* ⟶**SACAR**.

gratinador s.m. En algunos hornos, dispositivo situado en la parte superior para gratinar o dorar los alimentos: *Enciende el gratinador para tostar el asado.* ☐ USO Es innecesario el uso del anglicismo *grill*.

gratinar v. Referido a un alimento, tostarlo por encima en el horno: *Cubre los canelones con besamel y gratínalos para que sepan mejor.*

gratis ▮ adj. **1** *col.* Que no cuesta dinero; *gratuito: Me han regalado dos pases gratis para la exposición.* ▮ adv. **2** Sin pagar o sin cobrar nada: *Entré gratis al teatro porque mi primo trabaja de acomodador.* ☐ MORF. Como adjetivo es invariable en género y en número. ☐ SINT. Incorr. **de gratis.*

gratitud s.f. Sentimiento que obliga a estimar un favor o un beneficio que se ha hecho y a corresponder a él de alguna manera; *reconocimiento: Le debo gratitud eterna porque ella fue quien me dio mi primera oportunidad profesional.*

grato, ta adj. Que produce gusto o agrado: *Tuvimos una grata conversación sobre nuestra época de juventud.*

gratuidad s.f. **1** Concesión o uso de algo sin tener que pagar nada por ello: *En todos los países se tiende a la gratuidad de la enseñanza obligatoria.* **2** Falta de base o de fundamento: *Me enfadó la gratuidad de sus críticas.*

gratuito, ta adj. **1** Que no cuesta dinero; *gratis: La entrada al museo es gratuita para los jubilados.* **2** Sin base o sin fundamento: *Eso es una acusación gratuita porque no tienes pruebas contra mí.*

grava s.f. **1** Conjunto de piedras pequeñas, esp. si proceden de la erosión de otras rocas: *El viento había ido depositando la grava al borde del camino.* **2** Piedra machacada que se utiliza para cubrir y allanar el suelo o para hacer hormigón: *Saltó una china de grava y me rompió el parabrisas del coche.*

gravamen s.m. Carga o impuesto sobre un inmueble o sobre un caudal: *La contribución urbana es un gravamen que tienen las viviendas.*

gravar v. Imponer un gravamen o impuesto: *Esta casa está gravada con una fuerte hipoteca.* ☐ ORTOGR. Dist. de *agravar* y *grabar*.

grave adj. **1** Que tiene mucha entidad o importancia: *Estamos atravesando una grave crisis económica.* **2** Serio o que causa respeto: *Llegó preocupada y con una expresión grave.* **3** Referido a una persona, que está muy enferma: *El paciente está todavía muy grave.* **4** Referido a una palabra, que lleva el acento en la penúltima sílaba: *'Toro' y 'ángel' son palabras graves aunque solo lleve tilde la última.* **5** Referido a un verso, que termina en palabra acentuada en la penúltima sílaba: *El verso de Bécquer 'Por una mirada un mundo' es un octosílabo grave.* **6** Referido esp. a una obra artística o a su estilo, de carácter serio y elevado: *En sus conferencias, emplea siempre un estilo grave y algo solemne.* **7** Referido a un sonido, a una voz o a un tono musical, que tienen una frecuencia de vibraciones pequeña; *bajo: Los hombres tienen la voz más grave que las mujeres.* ☐ ORTOGR. Para la acepción 4 ⟶APÉNDICE DE ACENTUACIÓN. ☐ MORF. Invariable en género. ☐ SEM. En las acepciones 4 y 5, es sinónimo de *llano* y *paroxítono*.

gravedad s.f. **1** Importancia que algo tiene: *Este asunto es de máxima gravedad y debe resolverse cuanto antes.* **2** Seriedad y compostura en la forma de hablar o de actuar: *Dio la conferencia con su acostumbrada gravedad y sin permitirse ninguna broma.* **3** En física, manifestación de la atracción que ejercen entre sí dos cuerpos con masa, esp. la que ejercen la Tierra y los cuerpos que están sobre su superficie o próximos a ella: *Todos los cuerpos caen porque son atraídos por la fuerza de gravedad de la Tierra.*

gravidez s.f. Embarazo de la mujer: *La gravidez dura aproximadamente nueve meses.*

grávido, da adj. **1** Lleno, cargado o abundante: *El poeta cantaba con el pecho grávido de amor a su dama.* **2** Referido a una mujer, que está embarazada: *Las mujeres grávidas deben controlar su peso y su tensión arterial.* ☐ USO El uso de la acepción 1 es característico del lenguaje poético y del científico.

gravitación s.f. **1** En física, fenómeno de atracción mutua que ejercen entre sí dos masas separadas por una determinada distancia: *Según la ley de la gravitación universal, dos cuerpos se atraen en razón directa al producto de sus masas y en razón inversa al cuadrado de las distancias que los separan.* **2** Movimiento de un cuerpo por la atracción gravitatoria de otro: *La gravitación de la Luna se produce alrededor de la Tierra.*

gravitar v. **1** Referido a un cuerpo, esp. a un astro, moverse por la atracción gravitatoria de otro: *La Tierra gravita alrededor del Sol.* **2** Referido a un cuerpo, descansar o hacer fuerza sobre otro: *Todo el peso de la casa gravita sobre los muros de carga.*

gravitatorio, ria adj. De la gravitación o relacionado con este fenómeno: *Los cuerpos con más masa ejercen una mayor fuerza gravitatoria.*

gravoso, sa adj. **1** Que ocasiona mucho gasto: *Mantener a la población de parados resulta gravoso para la economía de un país.* **2** Molesto, pesado o incómodo: *¿Te importaría hacerme este favor, si no te resulta muy gravoso?*

graznar v. Referido a algunas aves, dar graznidos o emitir su voz característica: *¿Oyes graznar a los cuervos?*

graznido s.m. Voz característica de algunas aves: *Los graznidos de los grajos me resultan muy desagradables.*

greba s.f. En una armadura, pieza que cubre la pierna desde la rodilla hasta el comienzo del pie: *La greba estaba entre la rodillera y el escarpe.* 👁 **armadura**

greca s.f. Véase **greco, ca**.

greco, ca ▮ adj./s. **1** De Grecia: *Los romanos tomaron muchos elementos de la cultura greca. Los antiguos grecos desarrollaron una importante mitología.* ▮ s.f. **2** Adorno formado por una franja en la que se repite la misma combinación de elementos decorativos, esp. la compuesta por líneas rectas que vuelven sobre sí mismas y forman ángulos rectos: *La greca es un elemento ornamental típico de la arquitectura griega.* □ MORF. 1. Es la forma que adopta *griego* cuando se antepone a una palabra para formar compuestos: *grecolatino, grecorromano*. 2. En la acepción 1, como sustantivo se refiere solo a las personas de Grecia.

greda s.f. Arcilla arenosa, generalmente de color blanquecino: *Con la lluvia, la greda resulta muy resbaladiza.*

gregario, ria ▮ adj. **1** Referido a un animal, que vive en rebaño o en manada: *Los lobos son animales gregarios.* **2** Referido a una persona, que sigue fielmente las ideas e iniciativas ajenas, porque no las tiene propias: *Ten personalidad propia y no seas tan gregario, porque siempre opinas lo mismo que tus amigos.* ▮ s.m. **3** En ciclismo, corredor encargado de ayudar al jefe de equipo o a otro ciclista de categoría superior a la suya: *En el equipo del campeón hay buenos gregarios.*

gregarismo s.m. **1** Tendencia de algunos animales a vivir en sociedad: *El gregarismo es una característica de los bisontes, de los jabalíes y de los grajos.* **2** Seguimiento fiel de las ideas e iniciativas ajenas, porque no se tienen propias: *Lo hace por simple gregarismo, y no se plantea si está bien o mal.*

gregoriano, na ▮ adj. **1** De alguno de los papas llamados Gregorio o relacionado con ellos: *Para medir los días y los meses empleamos el calendario gregoriano, que fue reformado por el papa Gregorio XIII en el siglo XVI.* ▮ s.m. **2** →**canto gregoriano.**

greguería s.f. Agudeza o imagen expresadas brevemente y en prosa, en las que se plasma una visión de la realidad sorprendente y con frecuencia crítica o humorística, y cuyo modelo fue inventado por Ramón Gómez de la Serna (escritor español del siglo XX): *'La pistola es el grifo de la muerte' es una greguería.*

grelo s.m. Hoja o brote de la planta del nabo, que se caracteriza por ser tierna y comestible: *La especialidad de este restaurante gallego es el lacón con grelos.*

gremial adj. De un gremio o relacionado con un oficio o profesión: *Las jornadas de información sobre derecho laboral han sido organizadas por distintas asociaciones gremiales.* □ MORF. Invariable en género.

gremio s.m. **1** Agrupación formada por personas que tienen el mismo oficio o profesión, en sus distintas categorías, y regida por un estatuto especial: *Los gremios medievales fueron asociaciones de artesanos propias de las ciudades.* **2** Conjunto de personas que están en la misma situación o que tienen la misma profesión o estado social: *Afortunadamente, ya no estoy en el gremio de los parados.*

greña s.f. **1** Pelo revuelto o mal arreglado: *Tengo que ir a la peluquería, porque tengo unas greñas...* **2** ‖ **andar a la greña.** Referido a dos o más personas, reñir o estar siempre en disposición de hacerlo: *Estos hermanos siempre están a la greña, pero luego no pueden vivir el uno sin el otro.*

gres s.m. Pasta cerámica de arcilla plástica y arena que contiene cuarzo, con la que se fabrican objetos que, cocidos a temperaturas muy elevadas, son resistentes, impermeables y soportan bien el calor: *Las baldosas de la cocina son de gres.*

gresca s.f. Alboroto, riña o discusión: *Se montó una buena gresca y acabaron a guantazos.*

grey s.m. **1** Rebaño o ganado: *El pastor reunía a su grey con ayuda de dos perros.* **2** Conjunto de fieles cristianos agrupados bajo la dirección de un sacerdote o un obispo: *El párroco hablaba a su grey desde el púlpito.* □ MORF. Su plural es *greyes*.

grial s.m. Vaso o copa que, según los libros de caballería medievales, empleó Jesucristo en la última cena: *El rey Arturo y los caballeros de la Tabla Redonda iban en busca del santo grial.*

griego, ga ▮ adj./s. **1** De Grecia (país europeo), o relacionado con ella; *heleno, helénico*: *Atenas es la capital griega. Los griegos son mediterráneos.* ▮ adj./s.m. **2** Lengua indoeuropea de este y otros países: *El griego tiene un alfabeto distinto al latino.* □ MORF. Cuando se antepone a una palabra para formar compuestos, adopta la forma *greco-*. □ SEM. 1. En la acepción 1, como sustantivo se refiere solo a las personas de Grecia. 2. Como adjetivo es sinónimo de *helénico*.

grieta s.f. **1** Abertura larga y estrecha: *Tras el terremoto, la pared quedó llena de grietas.* **2** Lo que amenaza la estructura o la solidez de algo: *La falta de cohesión puede ser la grieta que inicie la crisis.*

grifa s.f. Marihuana, esp. la de origen marroquí: *Nunca he fumado grifa.*

grifería s.f. Conjunto de grifos y llaves que sirven para regular el paso del agua: *El fontanero cambió toda la grifería de la casa.*

grifo s.m. **1** Utensilio o dispositivo que sirve para abrir, cerrar o regular el paso de un líquido contenido en un depósito: *La cañería está atascada y, aunque abras el grifo, no saldrá agua.* **2** Animal fabuloso con cabeza y alas de águila y cuerpo de león: *Muchas gárgolas de catedrales medievales tienen forma de grifo.* 👁 **mitología**

grill (anglicismo) s.m. **1** →**parrilla.** **2** →**gratinador.** □ PRON. [gril]. □ USO Su uso es innecesario.

grillarse v.prnl. *col.* Volverse loco o perder el juicio: *Dicen que se grilló tras la muerte de su marido y sus dos hijos en un accidente.*

grillera s.f. **1** Jaula para grillos: *Mi hijo tiene dos grillos en una grillera.* **2** *col.* Lugar en el que se habla mucho y nadie se entiende: *La reunión de vecinos era una grillera porque todos hablaban al mismo tiempo.*

grillete s.m. Arco de metal casi semicircular, con dos agujeros, uno en cada extremo, por los que se hace pasar una pieza alargada metálica, y que se utilizaba esp. para asegurar una cadena en el tobillo de un presidiario: *Los grilletes le produjeron grandes heridas.*

grillo, lla ▮ s. **1** Insecto de unos tres centímetros, de color negro rojizo, cabeza redonda y ojos prominentes, cuyo macho, cuando está tranquilo, sacude y roza los élitros o alas interiores produciendo un sonido agudo y monótono: *Me gusta oír cantar a los grillos en verano.* 👁 **insecto** ▮ s.m.pl. **2** Conjunto de dos grilletes unidos por una cadena, que se colocaba en los pies de los presidiarios para impedirles andar: *Me disfracé de preso y me hice los grillos con cartulina negra.*

grima s.f. **1** Desazón, irritación o disgusto producidos por algo: *Tanta injusticia me da grima.* **2** Sensación desagradable que se nota en los dientes, esp. cuando se oyen

a b c d e f g h i j k l m n ñ o p q r s t u v w x y z

chirridos o cuando se toman sustancias agrias; *dentera: No rasgues esas telas delante de mí, que me da grima.*

gringo, ga s. *desp.* Persona nacida en los Estados Unidos (país norteamericano): *Tengo unos primos sudamericanos que nunca llaman 'gringos' a los estadounidenses, porque sería una falta de respeto.*

gripal adj. De la gripe o relacionado con esta enfermedad: *Está en cama porque padece una afección gripal.* ☐ MORF. Invariable en género.

griparse v.prnl. Referido a un motor, engancharse en alguna de sus piezas internas, generalmente por falta de lubricante: *El motor se gripó y tuve que llevarlo al taller.*

gripe s.f. Enfermedad infecciosa aguda, producida por un virus y cuyos síntomas más frecuentes son la fiebre, el catarro y el malestar generalizado: *Los pacientes con riesgo de padecer gripe deberían vacunarse.*

griposo, sa adj. Que padece gripe o que tiene síntomas parecidos a los de esta enfermedad: *Prefirió no salir porque estaba griposo.*

gris ▮ adj. **1** Que no destaca ni se distingue: *Es un hombre gris, sin ningún aliciente en su vida.* **2** Referido al tiempo atmosférico, sin sol, frío o lluvioso: *Me gustan las tardes grises de otoño.* ▮ adj./s.m. **3** Del color que resulta de mezclar el blanco con el negro: *El cielo es gris cuando está nublado. El gris es el color de la ceniza.* ▮ s.m. **4** *col.* Miembro de la Policía nacional, cuando esta llevaba un uniforme de este color: *Los grises desalojaron la universidad al recibir el chivatazo de que se estaba celebrando una asamblea.* **5** ‖ **(gris) marengo.** El oscuro, cercano al negro: *No se nota demasiado la suciedad de la moqueta porque es gris marengo.* ‖ **gris perla.** El claro, cercano al blanco: *Iba muy elegante, con un vestido gris perla.* ☐ MORF. Como adjetivo es invariable en género.

grisáceo, a adj. De color semejante al gris o con tonalidades grises: *Me he comprado un traje estampado en tonos grisáceos.*

grisú s.m. En una mina de carbón, mezcla de gases, compuesta principalmente por metano, que se desprende espontáneamente y que se inflama al mezclarse con el aire: *El grisú fue el causante de la violenta explosión en la que murieron cinco mineros.* ☐ MORF. Aunque su plural en la lengua culta es *grisúes*, también se usa *grisús*.

gritar v. **1** Levantar la voz más de lo acostumbrado, esp. si se hace para regañar a alguien o para manifestar desagrado: *No grites, que no soy sorda. No soporto que nadie me grite por algo que no es culpa mía.* **2** Dar uno o varios gritos: *Me asustaron y grité.*

griterío s.m. Conjunto de voces altas y desentonadas que producen mucho ruido; *vocerío: Vámonos a un sitio más tranquilo, que aquí hay mucho griterío.*

grito s.m. **1** Sonido que se emite fuerte y violentamente: *Se asustó y dio un grito enorme. El herido lanzaba gritos de dolor.* **2** Palabra o expresión breve que se emite de esta forma: *Mantuvo siempre el recuerdo del grito de los espectadores diciendo: «¡Bravo, bravo!».* **3** ‖ **a grito {limpio/pelado}.** Dando voces: *Lo llamamos a grito pelado, pero no nos oyó.* ‖ **el último grito.** Lo más moderno o lo último: *Este disco es el último grito en música moderna.* ‖ **pedir a gritos.** Necesitar urgentemente: *Esta puerta pide a gritos una mano de pintura.* ‖ **poner el grito en el cielo.** Mostrar gran enfado o indignación: *Cada vez que le mandas hacer algo, pone el grito en el cielo.*

gritón, -a adj./s. *col.* Que grita mucho: *Habla más bajo y no seas tan gritón. El gritón es aquel señor gordo que está sentado en el banco.*

grogui adj. **1** *col.* Atontado o casi dormido: *A estas horas de la noche yo ya estoy grogui.* **2** En algunos deportes de combate, esp. en boxeo, tambaleante o aturdido a consecuencia de los golpes: *Los golpes del campeón dejaron grogui a su adversario.* ☐ ORTOGR. Es un anglicismo (*groggy*) adaptado al español. ☐ MORF. 1. Es invariable en género. 2. Su plural es *groguis*.

grosella ▮ adj./s.m. **1** De color rojo vivo: *Con ese vestido grosella está muy favorecida. El grosella es más claro que el granate.* ▮ s.f. **2** Fruto en baya de este color y de sabor agridulce y cuyo jugo es medicinal: *El jugo de la grosella suele usarse en bebidas y en la fabricación de mermeladas.* ☐ MORF. Como adjetivo es invariable en género.

grosellero s.m. Arbusto de tronco abundante en ramas, hojas alternas y divididas en cinco lóbulos con festones en el margen, flores de color amarillo verdoso en racimos y cuyo fruto es la grosella: *El grosellero es propio de las regiones de clima templado.*

grosería s.f. Descortesía o falta de educación o delicadeza: *En nuestra cultura, eructar en público es considerado como una grosería. Compórtate y no digas más groserías.*

grosero, ra adj./s. Que es descortés o que no demuestra educación ni delicadeza: *No seas grosero y cédele el asiento a ese anciano. Esa grosera me ha pisado y no se ha disculpado.*

grosor s.m. Anchura o espesor de un cuerpo: *Ese muro de hormigón tiene un grosor considerable.*

grosso modo (latinismo) ‖ Aproximadamente, a grandes rasgos, o poco más o menos: *No entres en detalles y cuéntame grosso modo lo que pasó.* ☐ SINT. Incorr. **a grosso modo.*

grotesco, ca adj. Que resulta ridículo, extravagante o de mal gusto: *Resultaba grotesco verlo vestido de forma tan estrafalaria en un acto tan solemne.*

grúa s.f. **1** Máquina que consta de una estructura metálica con un brazo del que cuelgan cables y poleas, y que se usa para elevar grandes pesos y transportarlos a distancias cortas: *Están descargando el barco con ayuda de una gran grúa.* **2** Vehículo automóvil con una estructura similar a la de esta máquina, que se usa para remolcar otros vehículos: *Dejé el coche mal aparcado y se lo llevó la grúa.*

grueso, sa ▮ adj. **1** Corpulento y abultado, esp. porque tiene muchas carnes o grasas: *Debes adelgazar, porque estás muy gruesa.* **2** Que excede de lo normal: *Obtuvo gruesos beneficios.* ▮ s.m. **3** Grosor de una cosa: *¿Sabes cuánto mide el grueso de esta columna?* **4** Parte principal o más importante de un todo: *El grueso del batallón inició la retirada.* ☐ MORF. Sus superlativos son *gruesísimo* y *grosísimo*.

grulla s.f. Ave zancuda de gran tamaño, de pico cónico y prolongado, cuello largo y negro, alas grandes y redondas, cola pequeña y plumaje de color gris, que suele mantenerse sobre un solo pie cuando se posa: *En España, las grullas son aves de paso.* ☐ MORF. Es un sustantivo epiceno y la diferencia de sexo se señala mediante la oposición *la grulla {macho/hembra}*.

grumete s.m. Muchacho que aprende el oficio de marinero ayudando a la tripulación en sus faenas: *Se embarcó como grumete cuando solo tenía catorce años.*

grumo s.m. En una masa líquida, parte que se coagula o

se hace más compacta: *No has movido bien la besamel y te ha quedado con grumos.*

grumoso, sa adj. Lleno de grumos: *Echa más leche y remueve bien el chocolate, o te quedará grumoso.*

grunge (anglicismo) adj./s.m. Referido esp. a la moda, que es de apariencia pobre y descuidada, pero no es barata: *Los protagonistas de la película llevaban ropa desaliñada y poco convencional, al estilo grunge.* □ PRON. [grunch], con *ch* suave. □ MORF. Como adjetivo, es invariable en género.

gruñido s.m. **1** Voz característica del cerdo: *El cerdo emitía gruñidos cuando el veterinario intentaba ponerle la inyección.* **2** Voz ronca del perro o de otros animales cuando amenazan: *Hasta que llegó su dueño, el perro no dejó de emitir gruñidos.* **3** Sonido no articulado y ronco, o palabra que emite una persona como señal de protesta o de mal humor: *Llegué tarde y me recibió con un gruñido.*

gruñir v. **1** Referido a un cerdo, dar gruñidos o emitir su voz característica: *Los cerdos gruñían en sus pocilgas.* **2** Referido esp. a un perro, dar gruñidos o emitir una voz ronca en señal de advertencia: *El perro nos gruñó porque no nos conocía.* **3** Referido a una persona, mostrar disgusto, quejarse o protestar, esp. si lo hace murmurando entre dientes: *No gruñas tanto y pon buena cara, mujer.* □ MORF. Irreg.: En las formas cuya desinencia contiene un diptongo *ie, io*, se pierde esta *i* →**ZAMBULLIR**.

gruñón, -a adj./s. *col.* Que gruñe con frecuencia: *Venga, sonríe un poco y no seas gruñón. Eres una gruñona, siempre protestando por todo.*

grupa s.f. Parte superior y posterior de una caballería: *El pequeño pidió al jinete que le diera un paseo montado a la grupa.*

grupo s.m. **1** Conjunto de personas, animales o cosas que están o se consideran juntas: *Un grupo de jubilados charlaba en la plaza. Un guía acompañaba al grupo de turistas.* **2** En pintura o escultura, conjunto de figuras: *La figura central de ese grupo escultórico es un Cristo yacente.* **3** Unidad del Ejército compuesta de varios escuadrones o baterías, y mandada generalmente por un comandante: *Las maniobras del grupo están previstas para el próximo otoño.* **4** En química, cada una de las columnas del sistema periódico que contiene elementos de propiedades semejantes: *El grupo de los gases nobles está formado por el helio, el neón, el argón, el criptón, el xenón y el radón.* **5** ‖ **grupo electrógeno.** Conjunto formado por un motor de explosión y un generador de electricidad, que se usa en algunos establecimientos para suplir la falta de corriente procedente de las centrales: *Cuando no hay corriente eléctrica ponemos en marcha el grupo electrógeno y así podemos seguir trabajando.* ‖ **grupo sanguíneo.** Cada uno de los tipos en que se clasifica la sangre en función de los antígenos y de los anticuerpos presentes en los glóbulos rojos sanguíneos: *Mi grupo sanguíneo es A positivo.*

grupúsculo s.m. Organización, generalmente política, formada por un reducido número de miembros, esp. si son agitadores y radicales: *El ministro dijo que la organización terrorista no era más que un grupúsculo aislado que no representaba el sentir de la mayoría.*

gruta s.f. En peñas o lugares subterráneos, cavidad natural más o menos profunda: *Visitamos una gruta llena de estalactitas y estalagmitas.*

gruyer s.m. Queso suave, de color amarillo pálido y con agujeros en su interior, elaborado con leche de vaca y cuajo triturado, y originario de Gruyère (región suiza): *De postre tomamos un trocito de gruyer.*

gua s.m. **1** Juego de las canicas: *En el recreo jugamos al gua.* **2** En el juego de las canicas, hoyo pequeño que se hace en el suelo: *Por fin conseguí meter la bola en el gua.*

guacamayo s.m. Ave de origen americano, parecida al papagayo, que se caracteriza por tener una cola muy vistosa y un plumaje de variados y vivos colores: *El guacamayo es rojo, azul, verde y amarillo.* □ MORF. Es un sustantivo epiceno y la diferencia de sexo se señala mediante la oposición *el guacamayo {macho/hembra}*.

guadalajareño, ña adj./s. De Guadalajara o relacionado con esta provincia española o con su capital: *La Alcarria es una región guadalajareña. En mi viaje conocí a un guadalajareño de Sigüenza.* □ MORF. Como sustantivo se refiere solo a las personas de Guadalajara.

guadaña s.f. Herramienta formada por un mango largo al que se sujeta una cuchilla curva, larga y puntiaguda por un extremo, y que se utiliza para segar a ras de tierra: *La muerte se suele representar con la figura de una mujer vieja con una guadaña, porque va segando vidas.* 👁 **apero**

guagua s.f. En algunas regiones, autobús: *Cuando estuve en Canarias, cogía la guagua para ir del hotel a la playa.*

guajiro, ra ▮ s. **1** Campesino cubano: *En 1898, los guajiros deseaban la independencia de Cuba.* ▮ s.f. **2** Canto popular de los campesinos cubanos: *Las guajiras se hicieron populares en la España de la segunda mitad del siglo XIX.*

gualda adj.inv./s.m. De color amarillo dorado: *La bandera española es roja y gualda.* □ MORF. Se admite también con género variable: *gualdo, gualda*.

gualdo, da adj. →**gualda.**

guanaco s.m. Mamífero rumiante parecido a la llama pero de mayor tamaño, que vive salvaje en la zona andina sudamericana, y cuya lana es muy apreciada: *La carne de guanaco sirve de alimento a los indígenas de la zona.* □ MORF. Es un sustantivo epiceno y la diferencia de sexo se señala mediante la oposición *el guanaco {macho/hembra}*.

guanche ▮ adj./s. **1** Del antiguo pueblo que habitaba las islas Canarias cuando fueron conquistadas por los españoles en el siglo XV o relacionado con ellos: *Las herramientas guanches eran de piedra tallada y de hueso. Los guanches se dedicaban a la agricultura y la ganadería.* ▮ s.m. **2** Lengua hablada por este pueblo: *El guanche desapareció en torno al siglo XVI.* □ MORF. 1. En la acepción 1, como adjetivo es invariable en género y como sustantivo es de género común y exige concordancia en masculino o en femenino para señalar la diferencia de sexo: *el guanche, la guanche*. 2. En la acepción 1, se usa también la forma de femenino *guancha*. 3. En la acepción 1, como sustantivo se refiere solo a las personas de este antiguo pueblo.

guano s.m. **1** Materia formada por la acumulación de excrementos de aves marinas, que se encuentra en gran cantidad en las costas de Perú y del norte de Chile (países sudamericanos) y que se usa como abono: *El guano es muy rico en nitrógeno y fósforo.* **2** Abono mineral fabricado a imitación de esta materia: *En el almacén de fertilizantes venden sacos de guano.*

guantada s.f. →**guantazo.**

guantazo s.m. **1** Golpe dado con la mano abierta: *Le pegó un guantazo y le dejó la cara roja.* **2** *col.* Golpe fuerte o violento: *Iba a toda velocidad y se pegó un guantazo tremendo contra un árbol.* □ SEM. Es sinónimo de *guantada*.

a b c d e f g h i j k l m n ñ o p q r s t u v w x y z

guante s.m. **1** Prenda para cubrir o para proteger la mano, que suele tener una funda para cada dedo: *En invierno uso guantes para calentarme las manos. Para fregar utilizo guantes de goma.* **2** ‖ **arrojar el guante** a alguien. Desafiarlo o provocarlo para que luche o compita: *Le arrojó el guante a su oponente, pero este se fue sin querer discutir.* ‖ **colgar los guantes.** Retirarse de una actividad, esp. del boxeo: *El veterano púgil colgará los guantes este año.* ‖ **como un guante.** *col.* Muy dócil u obediente: *Desde que le echaste esa bronca está como un guante.* ‖ **de guante blanco.** Referido esp. a un ladrón, que actúa sin violencia y con gran corrección: *Las joyas las robó un ladrón de guante blanco.* ‖ **echar el guante** a algo. *col.* Cogerlo: *La policía ya ha echado el guante al ladrón.* 👁 guante

guantelete s.m. En una armadura, pieza que cubre y protege la mano; *manopla: La lanza rompió el guantelete e hirió la mano del caballero.* 👁 **armadura**

guantera s.f. En un automóvil, espacio cerrado situado en el salpicadero y que sirve para guardar objetos: *En la guantera llevo la póliza del seguro y unas gafas de sol.*

guaperas adj./s. *col.* Guapo, esp. si presume de ello: *Ayer me presentaron a un chico muy guaperas. Estoy harta de guaperas y presuntuosos.* ☐ MORF. 1. Como adjetivo es invariable en género. 2. Como sustantivo es de género común y exige concordancia en masculino o en femenino para señalar la diferencia de sexo: *el guaperas, la guaperas*. 3. Invariable en número.

guapo, pa ▮ adj. **1** Referido a una persona, que es físicamente atractiva o que tiene una cara bella: *Es una mujer ya madura, pero aún se conserva guapa.* **2** Bien vestido o arreglado: *¡Qué guapo vienes hoy! Ponte guapa, que nos vamos a cenar.* **3** *col.* Bonito, bueno o que resulta interesante: *Tiene una casa muy guapa.* ▮ s. **4** *col.* Persona decidida y valiente: *¿Quién es el guapo que se atreve a pedirle un aumento al jefe?*

guapura s.f. *col.* Belleza o buen aspecto físico: *Su guapura ha conseguido enamorar a muchos hombres. Nos dijo que la guapura de ese chico llamaba la atención, y la verdad es que es muy guapo.*

guaraní ▮ adj./s. **1** De un pueblo amerindio sudamericano que se extendía, dividido en diferentes grupos, entre el río Amazonas y el Río de la Plata, o relacionado con él: *La economía guaraní se basaba fundamentalmente en la agricultura. Actualmente perviven grupos de guaraníes en Paraguay y en Brasil.* ▮ s.m. **2** Lengua americana de este pueblo, hablada hoy en Paraguay (país americano) y en otras regiones limítrofes: *El guaraní y el español son las lenguas oficiales de Paraguay.* ☐ MORF. 1. En la acepción 1, como adjetivo es invariable en género y como sustantivo es de género común y exige concordancia en masculino o en femenino para señalar la diferencia de sexo: *el guaraní, la guaraní*. 2. Aunque su plural en la lengua culta es *guaraníes*, también se usa *guaranís*. 3. En la acepción 1, como sustantivo se refiere solo a las personas de este pueblo.

GUANTE

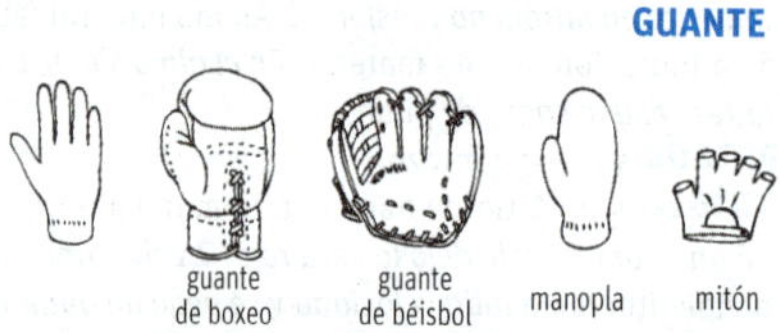

guarda ▮ s. **1** Persona que tiene a su cargo el cuidado o la conservación de algo: *Los guardas forestales evitan muchos incendios en los bosques.* ▮ s.f. **2** Cuidado, conservación o defensa de algo: *Un notario es el encargado de la guarda y custodia de estos documentos.* **3** Autoridad legal que se concede a una persona adulta para que cuide de un menor o de una persona legalmente incapacitada; *tutela: Al morir el padre, la madre es la única encargada de la guarda y custodia de los hijos.* **4** En un libro encuadernado, cada una de las dos hojas que se ponen al principio y al final: *En muchas encuadernaciones de lujo, los libros llevan guardas de cartulina.* 👁 **libro 5** ‖ **guarda jurado.** El que jura su cargo y sus responsabilidades ante la autoridad, pero puede ser contratado por empresas particulares: *Los guardas jurados están controlados por el Ministerio del Interior.* ☐ ORTOGR. Dist. de *guardia*. ☐ MORF. 1. En la acepción 1, es de género común y exige concordancia en masculino o en femenino para señalar la diferencia de sexo: *el guarda, la guarda*. 2. La acepción 4 se usa más en plural.

guardabarrera s. En las líneas de ferrocarril, persona encargada de la vigilancia de un paso a nivel: *El guardabarrera acciona las barreras para que los coches se detengan cuando el tren va a pasar por la vía.* ☐ MORF. Es de género común y exige concordancia en masculino o en femenino para señalar la diferencia de sexo: *el guardabarrera, la guardabarrera*.

guardabarros s.m. En algunos vehículos, pieza curva que está situada sobre cada una de sus ruedas para evitar las salpicaduras; *aleta: La bici no tenía guardabarros en la rueda trasera, y llegué con la espalda salpicada de barro.* ☐ MORF. Invariable en número.

guardabosque s. →**guardabosques.**

guardabosques s. Persona que cuida y vigila los bosques; *guardabosque: El guardabosques nos dijo que no podíamos acampar en esa zona.* ☐ MORF. 1. En la lengua actual es de género común y exige concordancia en masculino o en femenino para señalar la diferencia de sexo: *el guardabosque, la guardabosque*. 2. Invariable en número.

guardacoches s. Persona que aparca y vigila los automóviles en un aparcamiento: *En algunos establecimientos hay guardacoches que vigilan los coches de los clientes.* ☐ MORF. En la lengua actual es de género común y exige concordancia en masculino o en femenino para señalar la diferencia de sexo: *el guardacoches, la guardacoches*. 2. Invariable en número.

guardacostas s.m. Barco pequeño destinado a la vigilancia de las costas, esp. el dedicado a la persecución del contrabando: *El guardacostas ha apresado una lancha que transportaba droga.* ☐ MORF. Invariable en número. 👁 **embarcación**

guardaespaldas s. Persona que se dedica profesionalmente a acompañar a otra para protegerla: *Desde que sufrió un atentado, siempre va acompañada por sus guardaespaldas.* ☐ MORF. 1. Es de género común y exige concordancia en masculino o en femenino para señalar la diferencia de sexo: *el guardaespaldas, la guardaespaldas*. 2. Invariable en número.

guardagujas s. Persona encargada del manejo de las agujas en los cambios de vía de los ferrocarriles: *Un descuido del guardagujas puede hacer descarrilar un tren.* ☐ MORF. 1. Es de género común y exige concordancia en masculino o en femenino para señalar la diferencia de sexo: *el guardagujas, la guardagujas*. 2. Invariable en número.

guardameta s. En algunos deportes de equipo, jugador que debe evitar que el balón entre en la portería; *portero: En fútbol, el guardameta es el único jugador que puede tocar el balón con las manos.* □ MORF. 1. Es de género común y exige concordancia en masculino o en femenino para señalar la diferencia de sexo: *el guardameta, la guardameta.* 2. Se usa mucho la forma abreviada *meta.*

guardamuebles s.m. Local destinado a guardar muebles: *Al mudarnos a una casa más pequeña, tuvimos que dejar varios muebles en un guardamuebles.* □ MORF. Invariable en número.

guardapolvo s.m. **1** Prenda de vestir amplia, larga y con mangas, hecha de tela ligera, que se pone sobre el traje para que no se ensucie: *Los trabajadores de las imprentas suelen usar guardapolvos.* **2** Funda con que se cubre algo para evitar que se llene de polvo: *Cuando terminó de coser, cubrió la máquina con un guardapolvo.*

guardar ▮ v. **1** Cuidar, vigilar o defender: *El perro ayuda al pastor a guardar el ganado.* **2** Colocar en un lugar seguro o apropiado: *Guardó el dinero en la caja fuerte.* **3** Conservar o retener: *Guardo un buen recuerdo de ellos.* **4** Referido a algo a lo que se está obligado, cumplirlo o acatarlo: *Todos tenemos que guardar las normas de nuestra comunidad.* **5** Ahorrar o no gastar: *Guarda parte de su asignación semanal para comprarse una moto.* ▮ prnl. **6** Referido a algo que encierra un daño o un peligro, precaverse de ello: *Guárdate de los falsos amigos, porque te traicionarán.* **7** Referido a una acción, dejar de hacerla o evitar su realización: *Me guardaré muy bien de asistir a esa reunión.* **8** ‖ **guardársela** a alguien. *col.* Esperar el momento oportuno para vengarse de él: *Esta se la guardo, y algún día me pagará la faena que me ha hecho.* □ SINT. Constr. como pronominal: *guardarse* DE *algo.*

guardarropa s.m. **1** En un local público, habitación donde se dejan los abrigos y otros objetos: *Cuando voy al teatro, dejo el abrigo y el paraguas en el guardarropa.* **2** Conjunto de prendas de vestir de una persona: *Lo único que le falta a tu guardarropa es un traje de chaqueta.*

guardarropía s.f. En teatro, cine y televisión, conjunto de trajes y de objetos que se emplean en las representaciones o en los rodajes: *La guardarropía de muchas películas históricas se confecciona con el asesoramiento de historiadores.*

guardería s.f. Centro en el que se cuida a niños pequeños que aún no están en edad escolar: *Los padres que trabajan suelen llevar a sus hijos a la guardería.*

guardés, -a s. Persona encargada de guardar una casa o una finca: *El guardés de la finca nos impidió el paso porque no nos conocía.*

guardia ▮ s. **1** Persona que pertenece a alguno de los cuerpos encargados de determinadas funciones de vigilancia o de defensa: *Un guardia de tráfico me puso una multa por aparcar mal el coche. Los guardias civiles visten uniforme de color verde.* ▮ s.f. **2** Cuidado, vigilancia, protección o defensa: *Dos policías se ocupan de la guardia del ministerio.* **3** Conjunto de personas armadas que se encargan de la defensa o vigilancia de una persona o de un lugar: *El ministro siempre iba escoltado por tres guardaespaldas que constituían su guardia personal.* **4** Cuerpo encargado de determinadas funciones de vigilancia o de defensa: *La guardia municipal es la encargada de mantener el orden en cada Ayuntamiento.* **5** Servicio de defensa o de vigilancia: *Durante la noche haremos guardias para vigilar el campamento.* **6** Servicio especial que se presta fuera del horario de trabajo obligatorio: *Los días festivos solo están abiertas las farmacias de guardia.* **7** Postura y actitud de defensa: *Manténte en guardia, porque creo que se está tramando algo contra ti.* **8** ‖ **bajar la guardia.** Descuidar la defensa o la vigilancia: *No bajes la guardia en esto, porque es el punto clave.* ‖ **guardia civil.** →**guardiacivil.** ‖ **guardia de Corps.** La destinada a proteger al rey: *La guardia de Corps fue introducida en España por Felipe V.* ‖ **guardia marina.** →**guardiamarina.** ‖ **guardia suiza.** La que da escolta al papa y se ocupa del mantenimiento del orden en la ciudad del Vaticano: *La guardia suiza está formada por católicos suizos.* ‖ **poner en guardia** a alguien. Llamarle la atención sobre un posible riesgo o peligro: *Cuando se enteró de que querían despedir a algunos empleados, nos puso en guardia.* □ ORTOGR. Dist. de *guarda.* □ MORF. 1. En la acepción 1, es de género común y exige concordancia en masculino o en femenino para señalar la diferencia de sexo: *el guardia, la guardia.* 2. El plural de *guardia civil* es *guardias civiles.*

guardiacivil s. Miembro de la Guardia Civil (cuerpo de seguridad español destinado principalmente a mantener el orden público en las zonas rurales y a vigilar las costas, las fronteras, las carreteras y los ferrocarriles): *Los guardiaciviles visten uniforme de color verde.* □ ORTOGR. Se admite también *guardia civil.* □ MORF. 1. Es de género común y exige concordancia en masculino o en femenino para señalar la diferencia de sexo: *el guardiacivil, la guardiacivil.* 2. Su plural es *guardiaciviles.*

guardiamarina s. Alumno que cursa los dos últimos años en una escuela naval militar: *Los guardiamarinas pasan muchos meses en alta mar.* □ ORTOGR. Admite también la forma *guardia marina.* □ MORF. 1. Es de género común y exige concordancia en masculino o en femenino para señalar la diferencia de sexo: *el guardiamarina, la guardiamarina.* 2. Su plural es *guardiamarinas.*

guardián, -a s. Persona que guarda algo y cuida de ello: *El guardián del almacén oyó ruidos extraños y llamó a la policía.*

guarecer ▮ v. **1** Proteger de un daño o peligro: *La vieja choza nos guareció de la tormenta.* ▮ prnl. **2** Refugiarse en un lugar para librarse de un daño o peligro: *Nos guarecimos en los soportales hasta que pasó la lluvia.* □ ORTOGR. Dist. de *guarnecer.* □ MORF. Irreg.: Aparece una *z* delante de la *c* cuando la siguen *a, o* →**PARECER.**

guarida s.f. **1** Lugar resguardado en el que se refugian los animales: *El oso herido se escondió en su guarida.* **2** Refugio o lugar oculto al que acude una persona para librarse de un daño o peligro: *Los ladrones tenían su guarida en una casa abandonada.*

guarismo s.m. **1** Signo con que se representa un número; *cifra: El número 980 está formado por tres guarismos.* **2** Expresión de una cantidad con dos o más de estos signos: *Una docena se expresa numéricamente con el guarismo 12.*

guarnecer v. **1** Poner guarnición: *Guarneció los puños de la blusa con unos encajes.* **2** Referido a un lugar, protegerlo o defenderlo: *La tropa que guarnecía el castillo fue aniquilada por el enemigo.* **3** Referido a una pared, revocarla o revestirla: *Después de poner los ladrillos debes guarnecer la pared con yeso.* □ ORTOGR. Dist. de *guarecer.* □ MORF. Irreg.: Aparece una *z* delante de la *c* cuando la siguen *a, o* →**PARECER.**

guarnición ▮ s.f. **1** Alimento o conjunto de alimentos que se sirven como complemento con la carne y el pescado: *Nos* *sirvió la ternera con una guarnición de guisantes y pimientos.* **2** Adorno, esp. el que se pone sobre una prenda de vestir o sobre una colgadura: *El vestido de fiesta lleva una guarnición de lentejuelas brillantes.* **3** Tropa que protege o defiende un lugar: *Fue necesario reforzar la guarnición de la plaza con dos compañías más.* **4** En un arma blanca, esp. en una espada, defensa que se pone junto al puño para proteger la mano: *La guarnición de esta espada está finamente labrada.* ▮ pl. **5** Conjunto de correas y otros objetos que se ponen a las caballerías para que tiren de un carruaje, para montarlas o para cargarlas: *La silla de montar, la collera y las riendas forman parte de las guarniciones.*

guarrada s.f. **1** Hecho que causa un perjuicio, esp. si es malintencionado; *faena: Nunca le perdonaré la guarrada que me hizo.* **2** Lo que está sucio o mal hecho: *Daba asco estar en esa guarrada de local.* **3** Lo que se considera indecoroso o contrario a la moral establecida: *El anciano decía que aquel espectáculo de desnudo era una guarrada.* ☐ SEM. En las acepciones 2 y 3, es sinónimo de *cerdada, cochinada, gorrinada, guarrería* y *marranada*.

guarrazo s.m. *col.* Golpe que se da alguien al caer: *¡Menudo guarrazo se metió cuando resbaló con la cáscara del plátano!*

guarrear v. Manchar, ensuciar o hacer guarrerías: *A todos los niños les encanta jugar guarreando con el barro.*

guarrería s.f. **1** →**guarrada.** **2** Suciedad o basura; *porquería: ¡A ver si limpias toda esta guarrería!*

guarro, rra ▮ adj./s. **1** *col.* Sucio o falto de limpieza: *No sé cómo puedes vivir en un lugar tan guarro. La habitación de esos guarros parece una pocilga.* **2** *col.* Referido a una persona, que tiene mala intención o carece de escrúpulos: *El tío guarro ha ido poniéndome verde a mis espaldas. Esa guarra es capaz de todo para salirse con la suya.* ▮ s. **3** Mamífero doméstico de cuerpo grueso, cola en forma de espiral, patas cortas y cabeza grande con un hocico casi cilíndrico, que se cría para aprovechar su carne: *En el campo vimos unos guarros sueltos comiendo bellotas.* **4** ‖ **no tener ni guarra.** *vulg.* No saber absolutamente nada: *Me presenté al examen sin tener ni guarra y me suspendieron.* ☐ SEM. En las acepciones 1, 2, y 3, es sinónimo de *cerdo*.

guasa s.f. *col.* Broma, burla o intención burlesca: *No sé si creerlo, porque lo dijo con mucha guasa.*

guasearse v.prnl. Burlarse o tomarse a guasa: *Me sienta muy mal que se guasee de mi timidez delante de todos.* ☐ SINT. Constr.: *guasearse* DE *algo*.

guasón, -a adj./s. Que tiene guasa o que es aficionado a hacer uso de bromas: *No me cayeron bien esas amigas tan guasonas que tienes. No tomes en serio sus respuestas porque es un guasón.*

guata s.f. Lámina gruesa de algodón preparada para servir como acolchado o como material de relleno: *El edredón de mi cama está relleno de guata.*

guateado, da adj. Que está relleno con guata: *Las batas guateadas son muy calentitas.*

guatemalteco, ca adj./s. De Guatemala o relacionado con este país centroamericano: *La capital guatemalteca es Ciudad de Guatemala. Una gran parte de los guatemaltecos son indios.* ☐ MORF. Como sustantivo se refiere solo a las personas de Guatemala.

guateque s.m. Fiesta particular, celebrada generalmente en una casa, en la que se come y se baila: *Los guateques eran muy populares entre los jóvenes de los años sesenta.*

guau interj. Expresión que se usa para indicar admiración o alegría: *¡Guau, hemos vuelto a ganar!*

guay adj. *col.* Muy bueno o excelente: *Subir hasta la cima de la montaña fue una experiencia guay.* ☐ MORF. 1. Es invariable en género. 2. Su plural es *guais*. ☐ SINT. Se usa también como adverbio de modo: *Estas vacaciones lo hemos pasado guay.*

guayaba s.f. Fruto comestible del guayabo, que tiene un tamaño parecido al de una pera, sabor dulce y la carne llena de semillas pequeñas: *La guayaba es una fruta muy rica en vitaminas.*

guayabera s.f. Chaqueta o camisa sueltas y de tela ligera, cuyas faldas suelen llevarse por encima del pantalón: *La guayabera es una prenda veraniega.*

guayabo s.m. Árbol americano que tiene el tronco torcido y con muchas ramas, hojas puntiagudas, ásperas y gruesas, y flores blancas y olorosas: *El fruto del guayabo es la guayaba.*

gubernamental adj. **1** Del gobierno del Estado: *Las medidas gubernamentales para solucionar el paro no han tenido mucho éxito.* **2** Partidario del Gobierno o favorecedor del principio de autoridad: *Los partidos gubernamentales aprobarán el proyecto de ley presentado por el Gobierno.* ☐ MORF. Invariable en género.

gubernativo, va adj. Referido esp. a una orden o a una normativa, que proceden del Gobierno: *El local ha sido cerrado por orden gubernativa.*

gubia s.f. Herramienta formada por una barra de hierro acerado, con la punta en bisel, que se utiliza para labrar superficies curvas: *La gubia es una herramienta muy utilizada por carpinteros y ebanistas.*

guedeja s.f. **1** Mechón de pelo: *El suelo pronto se cubrió con las guedejas que el peluquero iba cortando.* **2** Cabellera larga: *La dama peinaba su guedeja con un peine de marfil.* **3** Melena del león: *El león tiene cubiertas la cabeza y la parte anterior del cuerpo por una espesa guedeja.*

guepardo s.m. Mamífero felino y carnicero domesticable, de pelaje claro con manchas oscuras, que vive en algunos desiertos asiáticos y africanos; *gatopardo, onza: El guepardo es un animal muy veloz que puede alcanzar los 100 km/h.* ☐ MORF. Es un sustantivo epiceno y la diferencia de sexo se señala mediante la oposición *el guepardo {macho/hembra}*. 👁 **felino**

guerra s.m. **1** Lucha armada entre naciones o entre grupos contrarios: *Todas las guerras resultan crueles para vencedores y vencidos.* **2** Pugna o lucha, esp. la que se produce entre dos o más personas: *Los dos novelistas siguen con su guerra de descalificaciones mutuas.* **3** ‖ **dar guerra.** *col.* Causar molestia, esp. referido a un niño: *Pórtate bien y no des guerra a los abuelos.* ‖ **de antes de la guerra.** *col.* Muy antiguo: *No te preocupas por tu aspecto físico y usas unos trajes de antes de la guerra.* ‖ **guerra civil.** La que se produce entre los habitantes de un mismo pueblo o nación: *La última guerra civil española se produjo entre 1936 y 1939.* ‖ **guerra {de nervios/psicológica}.** La que se desarrolla sin violencia física entre los adversarios y solo recurre a procedimientos para desmoralizar al contrario: *La guerra psicológica se sirve con frecuencia de propaganda engañosa contra el enemigo.* ‖ **guerra fría.** Situación de hostilidad y de tensión entre dos naciones o grupos de naciones, esp. la que surgió entre los bloques capitalista y socialista tras la II Guerra Mundial: *La guerra fría dio lugar a una rápida formación de bloques militares enfrentados.* ‖ **guerra santa.** La que se hace por motivos religiosos, esp. la que hacen los musulmanes contra los que no lo son: *Uno de los preceptos del*

Corán es la guerra santa. ☐ USO La expresión *guerra fría* se usa como nombre propio cuando se refiere al período histórico comprendido entre el final de la Segunda Guerra Mundial y la caída de la Unión Soviética, caracterizado por la hostilidad entre los bloques capitalista y socialista.

guerrear v. Hacer la guerra: *Los señores feudales guerreaban unos contra otros.*

guerrero, ra ▌ adj. **1** De la guerra o relacionado con ella; *bélico: Los celtas fueron un pueblo guerrero.* **2** *col.* Travieso o revoltoso, esp. referido a un niño: *Con este niño tan guerrero no se puede ir a ninguna parte.* ▌ s. **3** Persona que lucha en la guerra: *Los guerreros iberos resistieron con valentía la invasión romana.* ▌ s.f. **4** Chaqueta ajustada y abrochada desde el cuello que forma parte de algunos uniformes militares: *La guerrera del teniente lleva bordadas en la bocamanga dos estrellas de seis puntas.*

guerrilla s.f. Grupo de personas armadas no pertenecientes al Ejército que, al mando de un jefe particular y aprovechando su conocimiento del terreno y su facilidad de maniobra, luchan contra el enemigo mediante ataques por sorpresa: *Durante la guerra de la Independencia, los españoles se organizaron en guerrillas para luchar contra los ejércitos de Napoleón.*

guerrillero, ra s. Persona que sirve en una guerrilla o que es jefe de ella: *Espoz y Mina fue un guerrillero de la guerra de Independencia española.*

gueto s.m. **1** Minoría de personas con un mismo origen, que vive marginada del resto de la sociedad: *El gueto musulmán se rebela contra la opresión que encuentra en los países europeos.* **2** Barrio en el que vive esta minoría de personas: *Una bula pontificia del siglo XVI obligaba a los judíos a vivir en guetos.* ☐ ORTOGR. Es un italianismo (*ghetto*) adaptado al español.

guía ▌ s. **1** Persona que conduce a otras, les muestra algo o da explicaciones sobre ello, esp. si está legalmente autorizada para realizar este trabajo: *El guía explicó a los turistas las distintas partes de la catedral.* ▌ s.f. **2** Lo que dirige, encamina o sirve de orientación: *El profesor nos ha dado una guía de lectura para 'Fuenteovejuna'.* **3** Tratado en el que se marcan determinadas pautas de comportamiento: *En esta 'Guía del buen agricultor' se indican las épocas adecuadas para sembrar cada producto.* **4** Lista impresa de datos o noticias referentes a una determinada materia: *Encontré tu número en la guía de teléfonos.* ☐ MORF. En la acepción 1, es de género común y exige concordancia en masculino o en femenino para señalar la diferencia de sexo: *el guía, la guía.* ☐ SINT. En la acepción 2, se usa mucho en aposición, pospuesto a un sustantivo: *libro guía, palabra guía.*

guiar ▌ v. **1** Ir delante mostrando el camino: *La tradición cuenta que una estrella guio a los Reyes Magos hasta el portal de Belén.* **2** Dirigir mediante enseñanzas y consejos: *Siempre me ha guiado el buen ejemplo de mis padres.* **3** Referido esp. a un vehículo, conducirlo: *Si no sabes guiar una bicicleta de carreras no la cojas.* ▌ prnl. **4** Dejarse dirigir o llevar: *Es muy intuitiva y se guía por corazonadas.* ☐ ORTOGR. La *i* lleva tilde en los presentes, excepto en las personas *nosotros* y *vosotros* ⟶**GUIAR**. ☐ SINT. Constr. como pronominal: *guiarse POR algo.*

guija s.f. Piedra lisa y pequeña que se encuentra en las orillas y cauces de los ríos: *Las guijas son pulidas y arrastradas por el agua.*

güija s.f. Tablero alfabético usado en espiritismo, sobre el que se desliza un vaso o algún otro objeto para ir formando mensajes (por extensión del nombre de la marca comercial *Ouija*®): *Si sabes que no cree en el espiritismo, ¿cómo se te ocurrió regalarle una güija?* ☐ USO Es innecesario el uso de *ouija* (extensión del nombre de una marca comercial).

guijarro s.m. Piedra pequeña y lisa desgastada por la erosión: *Los guijarros abundan en las orillas de los ríos.*

guijo s.m. Conjunto de guijas o piedras pequeñas: *El guijo se usa para consolidar y rellenar los caminos.*

guillotina s.f. **1** Máquina compuesta por una cuchilla que resbala por un armazón de madera, y que se usaba para cortar la cabeza a los condenados a muerte: *La guillotina fue inventada en Francia.* **2** En imprenta, instrumento utilizado para cortar papel: *Si necesitas cuartillas, corta estos folios por la mitad con la guillotina.*

guillotinar v. **1** Referido a una persona, decapitarla o cortarle la cabeza con la guillotina: *El rey de Francia Luis XVI fue guillotinado en la época de la Revolución francesa.* **2** Cortar de forma parecida a como lo hace la guillotina: *Guillotinó las hojas para que quedaran todas del mismo tamaño.*

guinda s.f. **1** Fruto comestible del guindo, de forma redonda, pequeño y generalmente de sabor ácido: *Las guindas confitadas se usan para adornar tartas y pasteles.* **2** Lo que remata, culmina o colma algo: *Aquellos insultos fueron la guinda que terminó con mi paciencia.*

guindilla s.f. **1** Variedad de pimiento, de tamaño pequeño y muy picante: *No tomes guindillas, que te va a doler el estómago.* **2** *col.* Policía municipal: *En la zarzuela, dos guindillas bailaban con dos chulapas.* ☐ USO En la acepción 2, tiene un matiz despectivo o humorístico.

guindo s.m. **1** Árbol frutal que tiene las hojas dentadas de color oscuro y las flores blancas, y cuyo fruto es la guinda: *El guindo es parecido al cerezo.* **2** ‖ **caerse** alguien **del guindo.** *col.* Darse cuenta de lo que sucede: *Menos mal que se cayó del guindo y se enteró de que lo estaban engañando.*

guineano, na adj./s. De Guinea o relacionado con este país africano: *La capital guineana es Conakri. Los guineanos se independizaron en 1958.* ☐ MORF. Como sustantivo se refiere solo a las personas de Guinea.

guiñapo s.m. **1** Trapo o prenda de vestir rotos, sucios, arrugados o estropeados: *Dobla bien la camisa, que la has dejado hecha un guiñapo.* **2** Persona débil, enfermiza o decaída moralmente: *La gripe me ha dejado hecha un guiñapo.*

guiñar v. **1** Referido a un ojo, cerrarlo brevemente mientras el otro permanece abierto: *Guiñar el ojo a otra persona suele ser signo de complicidad.* **2** Referido a los ojos, cerrarlos ligeramente, esp. por efecto de la luz o por mala visión: *Ponte las gafas y deja de guiñar los ojos.*

guiño s.m. **1** Cierre breve de un ojo mientras el otro permanece abierto: *Ese que me hace guiños es un compañero de clase.* **2** Mensaje que no se expresa claramente: *Aquella llamada de teléfono fue un guiño para que supiera que podía confiar en él.*

guiñol s.m. Representación teatral por medio de muñecos o títeres manejados por una persona que introduce su mano en el interior de los mismos y que se oculta tras el escenario: *Esta tarde llevaré a mis sobrinos a ver un guiñol.*

guion s.m. **1** Escrito esquemático en el que se apuntan de forma breve y ordenada algunas ideas y que sirve como ayuda o como guía para algo, esp. para desarrollar un tema: *Está preparando el guion de la conferencia.* **2**

Texto que contiene los diálogos, las indicaciones técnicas y los detalles necesarios para la realización de una película o de un programa de radio o de televisión: *Esta película se llevó el premio al mejor guion.* **3** En ortografía, signo gráfico de puntuación formado por una pequeña raya horizontal que se coloca a la altura del centro de la letra y que se usa generalmente para partir palabras al final de un renglón o como separación de fechas o de componentes de palabras compuestas: *El signo '-' es un guion.* ☐ ORTOGR. Se escribe siempre sin tilde aunque se pronuncie como bisílabo. Para la acepción 3 →APÉNDICE DE SIGNOS DE PUNTUACIÓN.

guionista s. Persona que se dedica a escribir guiones de películas o de programas de radio o televisión, esp. si esta es su profesión: *Algunos grandes escritores fueron guionistas de cine.* ☐ MORF. Es de género común y exige concordancia en masculino o en femenino para señalar la diferencia de sexo: *el guionista, la guionista.*

guipuzcoano, na adj./s. De Guipúzcoa o relacionado con esta provincia española: *La ría guipuzcoana del Bidasoa hace frontera con Francia. Los guipuzcoanos han conservado muchas tradiciones vascas.* ☐ MORF. Como sustantivo se refiere solo a las personas de Guipúzcoa.

guiri s. **1** *col.* Extranjero: *No debes llamar 'guiri' a un extranjero, porque es una falta de respeto.* **2** *vulg.* Miembro de la guardia civil: *Aunque les contamos lo sucedido, los guiris seguían preguntando y nos miraban de arriba abajo.* ☐ MORF. Es de género común y exige concordancia en masculino o en femenino para señalar la diferencia de sexo: *el guiri, la guiri.* ☐ USO Tiene un matiz despectivo.

guirigay s.m. *col.* Alboroto, lío o follón: *Con tanta gente y tanto ruido la fiesta era un guirigay.* ☐ MORF. Su plural es *guirigáis* o *guirigayes.*

guirlache s.m. Dulce o pasta comestible hechos con almendras tostadas y caramelo: *En la bandeja había turrón de guirlache y de chocolate.*

guirnalda s.f. Tira hecha con flores, hojas u otras cosas entretejidas, que se usa como adorno: *Adornaba su cabeza con una guirnalda de flores a modo de corona.*

guisa s.f. Modo, manera o semejanza con algo: *¿Cómo se te ocurre presentarte vestido de esa guisa?*

guisado s.m. Plato preparado generalmente con trozos de carne, patatas, verduras u otros ingredientes, cocidos y con salsa; *guiso: Tomamos un guisado calentito que nos sentó muy bien.*

guisante s.m. **1** Planta trepadora, cuya semilla está dentro de una vaina, es de forma casi esférica y muy apreciada para la alimentación humana: *El guisante de la huerta ya está en flor.* **2** Semilla de esta planta, que es de color verde: *De primer plato tomaré guisantes con jamón.*

guisar ▮ v. **1** Referido a un alimento, prepararlo sometiéndolo a la acción del fuego, esp. si se hace cociéndolo en una salsa después de rehogarlo: *Guisa muy bien la carne. Cuando se pone a guisar, se pasa toda la mañana en la cocina.* ▮ prnl. **2** Disponer, preparar u organizar: *Intuyo que aquí se está guisando un negocio que me interesa.*

guiso s.m. **1** Plato preparado generalmente con trozos de carne, patatas, verduras u otros ingredientes, cocidos y con salsa; *guisado: Hace unos guisos de ternera que están para chuparse los dedos.* **2** Modo de cocinar que consiste en añadir una salsa al plato que se está cocinando: *Si no has puesto sal a las lentejas, échala ahora en el guiso.*

guita s.f. **1** Cuerda delgada de cáñamo: *Ese macetero colgante es de guita.* **2** *col.* Dinero: *Montar un negocio cuesta mucha guita.*

guitarra ▮ s. **1** →guitarrista. ▮ s.f. **2** Instrumento musical de cuerda que se compone de una caja de madera en forma de ocho, con un agujero central y seis cuerdas sujetas a un puente fijo que se prolongan por un brazo o mástil en cuyo extremo superior se sitúan seis clavijas con las que se tensan las cuerdas: *El cantautor se acompañaba con una guitarra.* **3** ‖ **guitarra eléctrica.** Aquella en la que la vibración de las cuerdas se recoge y amplifica mediante un equipo electrónico: *El sonido de la guitarra eléctrica es muy fuerte.* ☐ MORF. En la acepción 1, es de género común y exige concordancia en masculino o en femenino para señalar la diferencia de sexo: *el guitarra, la guitarra.* 👁 **cuerda**

guitarrista s. Persona que toca la guitarra: *Cantaba flamenco acompañado de un gran guitarrista. guitarra* ☐ MORF. Es de género común y exige concordancia en masculino o en femenino para señalar la diferencia de sexo: *el guitarrista, la guitarrista.*

güito s.m. Hueso más o menos redondeado, esp. el de las aceitunas o el de frutas como el albaricoque: *No tires los güitos al suelo y ponlos en aquel platito.*

gula s.f. Exceso en la comida o en la bebida: *No comas con gula, y toma solo lo que necesites.*

gulag (del ruso) s.m. Campo de concentración soviético: *En la época estalinista, muchos disidentes políticos estaban recluidos en el gulag.* ☐ PRON. [gulág], con la *g* final suave.

gulasch s.m. Estofado de carne y hortalizas hecho con una especia que le da un sabor muy picante: *El gulasch es un plato típico de Hungría.* ☐ PRON. [gulách], con *ch* suave. ☐ MORF. Invariable en número.

gumía s.f. Arma blanca, de hoja ancha, corta y ligeramente curva, muy usada por los moros: *En el desfile de moros y cristianos, los que hacían de moros llevaban gumías.* 👁 **arma**

guripa s.m. *col.* Soldado o guardia: *Está haciendo la mili, y por eso va vestido de guripa.*

gurriato s.m. Cría del gorrión: *El nido estaba lleno de gurriatos.* ☐ MORF. En la acepción 1, es un sustantivo epiceno y la diferencia de sexo se señala mediante la oposición *el gurriato {macho/hembra}.*

gurruño s.m. Lo que está arrugado o encogido; *burruño: Te has sentado encima de la camisa y la has dejado hecha un gurruño.*

gurú s. Jefe o director espiritual de un grupo religioso de inspiración oriental, esp. si es hinduista: *Las comunidades religiosas del brahmanismo son dirigidas por un gurú.* ☐ MORF. 1. Es de género común y exige concordancia en masculino o en femenino para señalar la diferencia de sexo: *el gurú, la gurú.* 2. Su plural es *gurúes* o *gurús.*

gusa s.f. *col.* Hambre: *Vamos a comer, que tengo una gusa...*

gusanillo s.m. **1** Hilo, alambre o plástico enrollados en espiral: *Encuaderné el informe con gusanillo para que las hojas no se desperdigaran.* **2** *col.* Hambre: *Tomaremos unas tapas para matar el gusanillo.* **3** *col.* Intranquilidad o desazón: *No estoy tranquila, porque tengo el gusanillo de no saber si acerté o metí la pata.*

gusano s.m. **1** Animal de cuerpo alargado, cilíndrico, blando, sin esqueleto ni extremidades, de vida libre o parásito, y que se desplaza contrayendo y estirando el cuerpo: *La tenia y la lombriz son gusanos.* **2** Larva de algunos insectos u oruga de ciertas mariposas: *Los alimentos en descomposición crían gusanos.* **3** *col. desp.* Persona despreciable o mala: *Al negarme su ayuda se comportó como un vil gusano.* **4** *col. desp.* Persona insignificante, humilde o abatida: *Nos desprecia tanto que nos hace sentirnos como gusanos.* **5** ‖ **gusano de seda.** Oruga de la mariposa de seda: *El gusano de seda hace un capullo de seda dentro del cual se transforma primero en crisálida y después en mariposa adulta.* ☐ MORF. En las acepciones 1 y 2, es un sustantivo epiceno y la diferencia de sexo se señala mediante la oposición *el gusano {macho/hembra}*.

gusarapo s.m. Animal con forma de gusano que se cría en los líquidos: *La charca estaba llena de gusarapos.*

gustar v. **1** Resultar agradable o atractivo, o parecer bien: *La fruta que más me gusta es el melocotón. ¿Te gustaría ir de excursión?* **2** Sentir agrado o afición por algo: *Gusta de leer hasta altas horas de la noche.* **3** Referido esp. a un alimento, probarlo o percibir su sabor: *Gusté una pizca para ver si estaba en su punto.* **4** Probar o experimentar: *Se marchó de casa para gustar emociones fuertes.* ☐ SINT. Constr. de la acepción 2: *gustar* DE *algo*. ☐ SEM. En forma interrogativa se usa como fórmula de cortesía para ofrecer a alguien de lo que se está comiendo o bebiendo.

gustativo, va adj. Del sentido del gusto o relacionado con él: *Distinguimos lo dulce y lo amargo gracias a las papilas gustativas de la lengua.*

gustillo s.m. **1** Ligero sabor que queda en la boca después de comer algo o que acompaña a otro sabor más fuerte: *Este bombón tiene gustillo a coñac.* **2** Sensación o impresión dejadas por algo: *La discusión me dejó un gustillo amargo.*

gusto s.m. **1** Sentido corporal que permite percibir y distinguir los sabores: *En los animales vertebrados, los órganos del gusto están en la lengua.* **2** Sabor de las cosas que se percibe a través de este sentido: *El café tiene un gusto amargo.* **3** Placer o deleite que se experimenta con algún motivo o que se recibe de algo: *Trabaja con gusto, porque el ambiente es bueno. Me da mucho gusto que me rasquen la espalda.* **4** Voluntad, decisión o determinación propias: *Si vienes, que sea por tu gusto.* **5** Forma propia que tiene una persona de apreciar las cosas: *Nunca nos ponemos de acuerdo, porque nuestros gustos son diferentes.* **6** Capacidad que tiene alguien para sentir o apreciar lo bello y lo feo: *Ha decorado su casa con mucho gusto.* **7** Cualidad que hace bella o fea una cosa: *Me parece un chiste grosero y de mal gusto.* **8** Estilo o tendencia artísticos: *Este salón rococó sigue el gusto francés.* **9** ‖ **a gusto.** Bien, cómodamente o sin problemas: *Nos llevamos bien y estamos a gusto juntos.* ‖ **al gusto.** Referido a un alimento, condimentado según la preferencia de quien lo va a consumir: *Alíñese la ensalada al gusto.* ‖ **con mucho gusto.** Expresión de cortesía que se usa para acceder a una petición: *Iré a buscarte al aeropuerto con mucho gusto.* ‖ **{mucho/tanto} gusto.** Expresión que se utiliza para corresponder a una presentación: *«Tanto gusto, señorita», dijo el anciano cuando le fui presentada.*

gustoso, sa adj. Referido a una persona, que hace algo con gusto: *Te acompañaré muy gustoso hasta tu casa.*

gutural ▮ adj. **1** De la garganta o relacionado con ella: *Solo emitía unos sonidos guturales totalmente incomprensibles.* **2** En lingüística, referido a un sonido, que se articula acercando el dorso de la lengua a la parte posterior del velo del paladar y formando una estrechez por la que pasa el aire espirado: *[g], [j] y [k] son sonidos guturales.* ▮ s.f. **3** Letra que representa este sonido: *La 'j' es una gutural.* ☐ MORF. Como adjetivo es invariable en género.

gymkhana (anglicismo) s.f. →**yincana.** ☐ PRON. [yinkána].

a b c d e f g h i j k l m n ñ o p q r s t u v w x y z

H h

h s.f. Octava letra del abecedario: *La palabra 'habano' empieza con 'h'.* □ PRON. 1. No representa ningún sonido, excepto en algunas palabras extranjeras o de origen extranjero, en las que se aspira: *hippy*, *hall*. 2. Se aspira en algunas zonas del español.

haba s.f. **1** Planta herbácea anual con tallo de aproximadamente un metro, con hojas de color verde azulado y flores amariposadas blancas o rosáceas: *El haba es una planta leguminosa.* **2** Fruto de esta planta, en forma de vaina grande y aplastada, que se consume como alimento: *Las habas secas se utilizan como pienso para el ganado.* **3** Semilla de este fruto: *Las habas estofadas son muy nutritivas.* **4** ‖ **ser habas contadas. 1** *col.* Ser escaso o quedar en muy poca cantidad: *Las becas que concedieron eran habas contadas.* **2** *col.* Ser cierto y claro: *¡O trabajas o te despido, son habas contadas!* □ MORF. Por ser un sustantivo femenino que empieza por *a* tónica o acentuada, va precedido de *el*, *un*, *algún*, *ningún* y de las formas femeninas del resto de los determinantes.

habanero, ra ■ adj./s. **1** De La Habana (capital cubana), o relacionado con ella: *La rumba es un baile habanero. Los habaneros son de piel morena.* ■ s.f. **2** Composición musical de compás binario y ritmo cadencioso: *La habanera es de origen cubano.* **3** Baile que se ejecuta al compás de esta música: *Estoy aprendiendo a bailar tangos, rumbas y habaneras.* □ MORF. En la acepción 1, como sustantivo se refiere solo a las personas de La Habana.

habano s.m. Cigarro puro elaborado en Cuba (isla caribeña): *Se fumó un habano en los toros.*

habeas corpus (latinismo) s.m. ‖ En derecho, procedimiento por el que todo detenido que se considera ilegalmente privado de libertad solicita ser llevado ante un juez para que este decida su ingreso en prisión o su puesta en libertad: *Lo detuvieron y solicitó que se le aplicara el habeas corpus.* □ MORF. Invariable en plural.

haber ■ s.m. **1** Conjunto de posesiones y riquezas: *Entre sus haberes destaca una colección de cuadros.* **2** Dinero que se cobra periódicamente por la realización de un trabajo o por la prestación de un servicio: *El abogado recibe sus haberes cada primero de mes.* **3** En una cuenta, parte en la que se apuntan las cantidades o ingresos a favor del titular: *Ya han incluido en mi haber el dinero del premio. Aún hay que contabilizar en el haber de la empresa los ingresos atípicos del mes.* **4** Lista imaginaria donde se lleva cuenta de los aciertos o méritos de alguien: *Tiene en su haber muchas virtudes.* ■ v. **5** Ocurrir, tener lugar o producirse: *Ayer hubo un apagón en todo el barrio. Hoy hay concierto en el auditorio.* **6** Estar presente o encontrarse: *En la fiesta solo había veinte personas.* **7** Existir: *Había razones de peso que apoyaban mi decisión. Tiene un genio que no hay quien lo aguante.* **8** *poét.* Referido a un período de tiempo, haber transcurrido; *hacer*: *Cinco años ha que dejó estas tierras para no volver.* **9** ‖ **de lo que no hay** o **como hay pocos.** Excepcional o con una cualidad, generalmente negativa, en alto grado: *Tiene un hijo de lo que no hay, que siempre lo estropea todo.* ‖ **habérselas con** alguien. Tratar o enfrentarse con él: *Si quiere ese puesto, tendrá que habérselas conmigo primero.* ‖ **no haber tal.** No ser cierto: *Me acusa de haberlo engañado, pero no hay tal.* ‖ **no hay de qué.** Expresión que se usa para corresponder a un agradecimiento: *Le di las gracias por su regalo y me dijo: «No hay de qué».* ‖ **qué hay.** Expresión que se usa como saludo: *¡Hola, qué hay!* ‖ **todo lo habido y por haber.** Muchas cosas y de todo tipo: *Me contó lo habido y por haber de su vida.* □ ORTOGR. Dist. de *a ver*. □ MORF. 1. Las acepciones 1 y 2 se usan más en plural. 2. Excepto cuando actúa como auxiliar, es verbo unipersonal: se usa solo en tercera persona del singular y en las formas no personales (infinitivo, gerundio y participio); incorr. *{*Hubieron › Hubo} muchas personas en la reunión. {*Habían › Había} varios coches aparcados.* 3. Irreg. →**HABER**. □ SINT. 1. En la perífrasis *haber + participio*, se usa como auxiliar para formar los tiempos compuestos de los verbos correspondientes: *He venido sola.* 2. La perífrasis *haber + de + infinitivo* indica obligación o necesidad: *Has de terminar enseguida.* 3. La perífrasis *haber + que + infinitivo* indica obligación, necesidad o conveniencia; *haber* debe ir en tercera persona del singular: *Hay que tener cuidado al cruzar la calle.* □ SEM. En las acepciones 3 y 4, dist. de *debe* (apunte de las cantidades que debe el titular; lista de los fallos o deudas de alguien). □ USO La acepción 8, fuera del lenguaje poético, se considera un arcaísmo.

habichuela s.f. **1** Planta leguminosa, con tallos delgados de unos tres metros de longitud, hojas grandes compuestas y acorazonadas, flores blancas y fruto en vainas verdes y aplastadas, terminadas en dos puntas: *En mi huerto cultivo habichuelas.* **2** Semilla de esta planta, que tiene forma de riñón: *Las habichuelas se pueden comer frescas o secas.* □ SEM. Es sinónimo de *judía*.

hábil adj. **1** Que tiene capacidad para hacer algo con facilidad: *Es muy hábil en los juegos de cartas.* **2** Que resulta apropiado, útil o adecuado para algo: *Usó una hábil estratagema para engañarnos.* **3** Que es legalmente apto para algo: *Los domingos, las fiestas nacionales y las fiestas comarcales no son días hábiles.* ☐ MORF. Invariable en género.

habilidad s.f. **1** Capacidad o destreza para hacer algo bien o con facilidad: *Los futbolistas tienen habilidad en el manejo del balón.* **2** Lo que alguien realiza con facilidad, gracia y destreza: *Los niños disfrutaron con las habilidades del mago.*

habilidoso, sa adj. Que tiene habilidad: *Ella te arreglará la plancha, porque es muy habilidosa.*

habilitación s.f. **1** Capacitación o adecuación para determinado fin: *Se llevó a cabo la habilitación de unos viejos locales para oficinas.* **2** En derecho, autorización que se concede a una persona para realizar un acto jurídico, otorgándole capacidad de obrar: *Se acordó la habilitación del abogado a petición del cliente ante el juzgado.* **3** Concesión del dinero necesario para determinado fin hecha por la Administración pública: *Se dio luz verde a la habilitación de los créditos necesarios para la construcción de autopistas.* **4** Conversión de un día festivo en laborable a efectos jurídicos, a petición de las partes de los juzgados y tribunales, por razones de urgencia: *Se hizo necesaria la habilitación del día de la fiesta nacional para acabar el juicio.*

habilitado, da s. Persona legalmente autorizada para gestionar y efectuar el pago de cantidades asignadas por el Estado: *Los habilitados pagan los sueldos a los funcionarios.*

habilitar v. **1** Referido a una persona o a una cosa, hacerla apta o capaz para lo que antes no lo era: *Habilitó ese viejo garaje como sala de juegos.* **2** En derecho, reconocer legalmente apto o capacitar para determinado fin: *Pidió que la habilitaran para su nuevo cargo. Habilitaron el domingo para celebrar la vista.* **3** En economía, referido a una cantidad de dinero, darla o concederla la Administración pública para un fin determinado: *Se habilitarán los créditos necesarios para las nuevas viviendas.*

habitación s.f. En una vivienda, cada uno de los espacios o departamentos en que está dividida, esp. los destinados a dormir; *cuarto*: *Mi casa tiene cinco habitaciones.*

habitáculo s.m. **1** Edificio o lugar destinados a ser habitados: *Las pocilgas son el habitáculo de los cerdos.* **2** En un vehículo, parte que ocupan el conductor y los viajeros: *El habitáculo de este coche es muy amplio.*

habitante s.m. Individuo que forma parte de la población de un lugar: *En mi aldea solo quedan doce habitantes.*

habitar v. Referido a un lugar, ocuparlo y hacer vida en él: *El oso habita su cueva durante todo el invierno. Yo habito en un pueblo, pero nací en una ciudad.*

hábitat s.m. Área geográfica con unas condiciones naturales determinadas y en la que vive una especie animal o vegetal: *El hábitat de los gorilas es la selva.* ☐ MORF. Su plural es *hábitats*.

hábito s.m. **1** Modo de actuar adquirido por la frecuente práctica de un acto; *costumbre*: *Tengo el hábito de levantarme temprano.* **2** Facilidad para realizar algo adquirida con la práctica: *Tengo hábito de estudio y no me cuesta concentrarme.* **3** Vestidura característica de los miembros de una corporación, esp. si es una orden religiosa o militar: *El hábito franciscano es de color marrón.* **4** En medicina, situación de dependencia respecto de ciertas drogas: *Puede ser difícil dejar de fumar porque la nicotina crea hábito.*

habitual adj. Que se hace por hábito o que es frecuente, ordinario o usual: *Cantar en la ducha es muy habitual. Es un cliente habitual de la empresa.* ☐ MORF. Invariable en género.

habituar v. Acostumbrar o hacer adquirir un hábito: *Mi madre me habituó a dormir siete horas diarias. Si te habitúas a tomar ese medicamento no te hará efecto.* ☐ ORTOGR. La *u* lleva tilde en los presentes, excepto en las personas *nosotros* y *vosotros* ⟶**ACTUAR**.

habla s.f. **1** Facultad o capacidad de hablar o de comunicarse con palabras: *El habla nos permite exteriorizar nuestras ideas. Una lesión cerebral le ha afectado al habla.* **2** Expresión lingüística del pensamiento o emisión de palabras: *La escritura es la realización escrita del habla.* **3** En lingüística, utilización individual que los hablantes hacen de la lengua: *El habla es la realización del sistema lingüístico.* **4** En un sistema lingüístico, variedad propia de una comunidad, caracterizada por determinados rasgos peculiares o diferenciales: *El habla de la zona norte de esta región es distinta del habla de la zona sur.* **5** ‖ **al habla.** Expresión que se usa al contestar una llamada telefónica para indicar que se está preparado para escuchar: *Cuando lo llamo por teléfono siempre dice: «Al habla».* ☐ MORF. Por ser un sustantivo femenino que empieza por *a* tónica o acentuada, va precedido de *el, un, algún, ningún* y de las formas femeninas del resto de los determinantes.

hablador, -a adj./s. Que habla demasiado: *Me llamaron la atención por ser muy habladora. Los habladores del fondo, que se callen.*

habladuría s.f. Dicho o rumor sin fundamento: *No hagas caso de esas habladurías.* ☐ MORF. Se usa más en plural.

hablante s.m. Persona que habla, esp. referido al usuario de una determinada lengua: *En el acto de comunicación el hablante comunica un mensaje al oyente.*

hablar v. **1** Pronunciar o decir palabras para comunicarse: *El niño ya habla bastante bien.* **2** Mantener una conversación; *conversar*: *Hablé con mi madre de ese asunto.* **3** Referido a una lengua, conocerla lo suficiente como para usarla: *Hablo francés, alemán e inglés.* **4** Pronunciar un discurso: *En el mitin de ayer habló el presidente del partido.* **5** Referido a un asunto, concertarlo o ponerse de acuerdo sobre él: *Antiguamente los padres hablaban las bodas de sus hijos.* **6** Manifestar o expresar una opinión: *No me gusta hablar de política. Me tiene tanta envidia que siempre habla mal de mí.* **7** Dirigir la palabra: *Desde que repartieron la herencia no habla a su hermano. Se hablaron a voces.* **8** Comunicarse mediante signos distintos de la palabra: *Los sordomudos hablan con las manos.* **9** Dar a entender algo del modo que sea: *La expresión de su cara habla de su gran paciencia.* **10** ‖ **hablar mal.** Decir palabras malsonantes: *Cada vez que habla mal su padre lo castiga.* ‖ **hablar por** alguien. Rogar o interceder por él: *Habló por él al director y no lo expulsaron del colegio.* ‖ **ni hablar.** Expresión que se usa para indicar que no se acepta algo: *De ir todos juntos de vacaciones, ni hablar.* ‖ **no se hable más.** Expresión que se usa para dar por terminado un asunto: *No saldrás por la noche, y no se hable más.* ☐ SINT. Constr. de la acepción 6: *hablar {DE/SOBRE} algo.*

habón s.m. Bulto que se forma en la piel a causa de una alergia o de la picadura de un insecto; *roncha: Me pica mucho el habón que me ha salido en la pierna.*

hacendado, da adj./s. Que tiene fincas y tierras en cantidad: *Este joven pertenece a una familia hacendada de mi pueblo. El hacendado quería vender una de sus fincas.*

hacendoso, sa adj. Que hace de buena gana y con cuidado las tareas de la casa: *Es tan hacendoso que él solo arregla todo lo de su casa.*

hacer ▮ v. **1** Crear o dar existencia: *Según la Biblia, Dios hizo el cielo y las estrellas.* **2** Fabricar, construir o dar forma: *En ese solar harán casas. El carácter se hace ante los problemas.* **3** Componer o formar, esp. referido a un producto de la mente: *El poeta hace versos. No te hagas ilusiones.* **4** Causar o producir: *El zapato le hizo una herida. Sus críticas me hacen daño.* **5** Conseguir, ganar o generar: *Su abuelo hizo una fortuna en América. El pívot hizo 20 puntos.* **6** Ejecutar o llevar a cabo: *Hace lo que quiere.* **7** Disponer, preparar o arreglar: *Yo hago las camas y tú el salón. Hizo una ensalada en un momento.* **8** Acostumbrar o amoldar: *No consigo hacerme al nuevo horario.* **9** Aparentar o dar a entender: *Hizo como que no lo sabía, pero estaba enterado de todo. Hace que trabaja, pero no da ni golpe.* **10** Volver o transformar: *Lo que me dices me hace feliz. El jarrón se cayó y se hizo añicos.* **11** Referido esp. a una edad, cumplirla: *Pronto haré treinta años.* **12** Referido a una velocidad, alcanzarla: *Esta moto hace una media de 120 km/h.* **13** Referido a un espectáculo, actuar en él o representarlo: *Hizo una película como protagonista.* **14** Referido a una actividad, esp. a un deporte, dedicarse a ella o practicarla: *Está tan fuerte porque hace pesas. Empezó a hacer teatro en el colegio.* **15** Referido esp. a un curso académico, cursarlo: *Este año hago segundo de inglés.* **16** Referido a una parte del cuerpo, ejercitarla: *Se ha apuntado a un gimnasio para hacer músculos.* **17** Referido a una distancia o a un camino, recorrerlos: *Hace todos los días varios kilómetros para estar en forma.* **18** Referido a un alimento, cocerlo, asarlo o freírlo: *¿Puedes hacer un poco más la carne?* **19** Referido a una persona, suponerla en las circunstancias o en el estado que se indica: *Yo la hacía en casa, pero llamé y no estaba.* **20** Referido a excrementos, expulsarlos: *Mamá, quiero hacer caca.* **21** Actuar o proceder: *Haces bien tomando precauciones.* **22** Hacer parecer: *Este traje te hace gordo.* **23** Importar o concernir: *Por lo que hace a ese asunto, no tengo más que decir.* **24** *col.* Agradar, apetecer o convenir: *¿Hacen unas cañitas?* **25** Referido a dos o más cantidades, sumar o dar como resultado: *Tres más dos hacen cinco.* **26** Referido al tiempo atmosférico, presentarse como se indica: *Hace frío. Mañana hará buen día.* **27** Referido a un período de tiempo, haber transcurrido: *Hace años que no nos hablamos.* **28** Seguido de un sustantivo, realizar la acción expresada por este: *Siempre está haciendo bromas. Los indios hacen señales de humo.* **29** Seguido de una expresión que reproduce un sonido, emitirlo o producirlo: *El gallo hace 'kikirikí'.* **30** Seguido de un sustantivo con el que se identifica determinado comportamiento, tenerlo o fingirlo: *Estate quieto y no hagas el bestia. Se hace el sordo, pero se entera de todo.* **31** Seguido de un numeral, ocupar esa posición dentro de una serie: *Hace el décimo de cincuenta.* **32** Seguido de una expresión de lugar, apartar o retirar hacia él: *El camión se hizo un poco a la derecha para que pudiera adelantarlo.* ▮ prnl. **33** Llegar a ser o convertirse: *Se hizo pastor. ¿Un actor nace o se hace?* **34** Referido a un organismo, crecer o desarrollarse: *Con las últimas lluvias, las mieses se harán antes.* ‖ **hacer de.** Seguido de un término que designa un papel o un oficio, desempeñarlos o ejercerlos, esp. con carácter temporal: *Hizo de galán en la última función.* **36** ‖ **hacer** alguien **de las suyas.** Actuar como es propio de él, esp. si lo que hace resulta censurable: *Como me hagas otra de las tuyas, te vas a enterar.* ‖ **hacer de menos.** Menospreciar: *Ser rico no te da derecho a hacer de menos a nadie.* ‖ **hacerla (buena).** *col.* Realizar algo que se considera perjudicial, equivocado o censurable: *¡Buena la hicimos comprando ese trasto!* ‖ **hacer por** hacer algo. Procurarlo o intentarlo: *Haré por llegar a tiempo.* ‖ **hacerse con** algo. **1** Proveerse de ello o apropiárselo: *Los excursionistas se hicieron con víveres para el camino.* **2** Dominarlo o controlarlo: *No pudo hacerse con el coche y se estrelló.* ‖ **hacerse con** alguien. Ganarse su admiración o su favor: *El acusado se hizo con el tribunal con solo soltar unas lágrimas.* ‖ **hacerse fuerte.** Mantenerse o resistir frente a los ataques: *Se hace fuerte en sus decisiones y no hay quien le haga rectificar.* ‖ **hacer y deshacer.** Referido a una persona, obrar según su criterio o su voluntad y sin tener en cuenta otras opiniones: *Desde que es jefe, hace y deshace sin dar explicaciones.* ‖ **qué le {voy/vas/...} a hacer.** Expresión que se usa para indicar resignación: *¡Tendré que aguantarme, a ver qué le voy a hacer! Si sale mal, qué se le va a hacer, pero al menos inténtalo.* ☐ MORF. Irreg.: 1. Su participio es *hecho*. 2. ⟶**HACER**. 3. En las acepciones 23 y 24, es verbo defectivo: solo se usa en tercera persona y en las formas no personales (infinitivo, gerundio y participio). 4. En las acepciones 26 y 27, es verbo unipersonal: se usa solo en tercera persona del singular y en las formas no personales (infinitivo, gerundio y participio); incorr. *{*Hacen › Hace} treinta grados centígrados bajo cero.* ☐ SINT. 1. Seguido de infinitivo o de una oración introducida por *que* indica que el sujeto no realiza la acción por sí mismo sino que ordena o provoca que otros la realicen: *El presidente hizo desalojar la sala. Hizo que todo estuviera preparado para su llegada.* 2. Incorr. *hacer {*de rabiar › rabiar}.* ☐ USO El empleo abusivo de las acepciones 2, 3, 4 y 28 en lugar del verbo correspondiente indica pobreza de lenguaje.

hacha s.f. **1** Herramienta formada por un mango al que se sujeta una hoja metálica ancha y fuerte, con corte por uno de sus lados, y que se utiliza generalmente para cortar leña: *El leñador tala los árboles con el hacha.* **2** Vela gruesa de cera con cuatro pabilos, esp. si la mecha es de esparto y alquitrán; *hachón: Un capuchino con un hacha encendida encabezaba la procesión.* **3** ‖ **desenterrar el hacha de guerra.** *col.* Declarar abierto un enfrentamiento o una enemistad: *Ya no soporto más la situación y voy a desenterrar el hacha de guerra.* ‖ **ser un hacha.** *col.* Destacar o sobresalir en una actividad: *Es un hacha en natación y ha ganado tres medallas.* ☐ MORF. Por ser un sustantivo femenino que empieza por *a* tónica o acentuada, va precedido de *el*, *un*, *algún*, *ningún* y de las formas femeninas del resto de los determinantes.

hachazo s.m. **1** Golpe dado con un hacha o corte producido con esta: *Lo atacó dándole un hachazo.* **2** *col.* En algunos deportes, golpe que un jugador da a un contrario intencionadamente: *El futbolista fue sancionado por el hachazo que dio al portero contrario.*

hache s.f. **1** Nombre de la letra *h*: *La palabra 'alcohol' tiene una hache intercalada.* **2** ‖ **por hache o por be.** *col.*

Por una u otra razón: *Por hache o por be, siempre vamos donde tú dices.* ☐ MORF. A pesar de ser un sustantivo femenino que empieza por *a* tónica o acentuada, va precedido de *la, una, ninguna* y *alguna* y del resto de las formas femeninas de los determinantes.

hachís s.f. Sustancia obtenida a partir de las flores del cáñamo índico y que, mezclada con otros productos, se utiliza como estupefaciente: *El hachís es una droga que se fuma.* ☐ PRON. [jachís], con *j* suave. ☐ MORF. Invariable en número.

hachón s.m. Vela gruesa de cera con cuatro pabilos, esp. si la mecha es de esparto y alquitrán; *hacha: La procesión discurrió en silencio a la luz de los hachones.*

hacia prep. **1** Indica la dirección de un movimiento con respecto al punto de su término; *para: Voy hacia tu casa. Mira hacia la cámara.* **2** Indica tiempo o lugar aproximado: *Llegaron a casa hacia las seis de la mañana. Mi casa está hacia allá.* ☐ SINT. Incorr. *hacia {*bajo › abajo}.*

hacienda s.f. **1** Finca agrícola: *El sábado saldremos de la ciudad para ir a la hacienda de mis abuelos.* **2** Conjunto de posesiones y riquezas: *En los últimos cinco años ha duplicado su hacienda.* **3** Departamento de la Administración que elabora los presupuestos generales y recauda los ingresos de una nación: *Tengo que presentar la declaración de la renta en la delegación de Hacienda.* **4** ‖ **Hacienda Pública.** Conjunto de haberes, rentas e impuestos del Estado; *erario* ☐ USO En la acepción 3 se usa como nombre propio.

hacinamiento s.m. Aglomeración de un número de personas o de animales que se considera excesivo en un mismo lugar: *El hacinamiento de animales en una granja facilita la propagación de enfermedades.*

hacinar v. Amontonar o acumular: *Hacinó la leña en el cobertizo. En el metro los viajeros se hacinan en el vagón durante las horas punta.*

hacker s. Persona con una afición desmedida por los ordenadores, que puede llegar a actuar ilegalmente en programas o sistemas informáticos: *Un hacker fue detenido por piratear información de la red informática del Ejército.* ☐ PRON. [háker], con *h* aspirada. ☐ MORF. Es de género común y exige concordancia en masculino o en femenino para señalar la diferencia de sexo: *el hacker, la hacker.* ☐ USO Su uso es innecesario y puede sustituirse por una expresión como *pirata informático.*

hada s.f. Ser fantástico con forma de mujer y dotado de poderes mágicos: *El hada tocó la calabaza con su varita mágica y la convirtió en carroza.* ☐ MORF. Por ser un sustantivo femenino que empieza por *a* tónica o acentuada, va precedido de *el, un, algún, ningún* y de las formas femeninas del resto de los determinantes.

hado s.m. *poét.* Destino: *¡Que los hados te sean propicios!* ☐ MORF. Se usa más en plural.

hafnio s.m. Elemento químico, metálico y sólido, de número atómico 72, fácilmente deformable y poco abundante en la corteza terrestre: *El hafnio tiene pocas aplicaciones porque, debido a su escasez, tiene un precio muy elevado.* ☐ ORTOGR. Su símbolo químico es *Hf.*

hagiografía s.f. Historia o relato de la vida de un santo: *Es muy aficionado a leer hagiografías del siglo XV.*

hagiográfico, ca adj. De la hagiografía: *Hizo un estudio hagiográfico de la época medieval.*

haiga s.f. *vulg.* Coche lujoso y de gran tamaño: *A la puerta del hotel de lujo había unos cuantos haigas.*

haitiano, na adj./s. De Haití (país centroamericano), o relacionado con él: *El Estado haitiano ocupa la parte oeste de la isla de Santo Domingo. Los haitianos han vivido mucho tiempo bajo un sistema dictatorial.* ☐ MORF. Como sustantivo se refiere solo a las personas de Haití.

hala interj. →**ala.** ☐ ORTOGR. Dist. del sustantivo *ala.* ☐ SEM. Es sinónimo de *alá, ale* y *hale.*

halagar v. **1** Dar motivo para satisfacer el orgullo y la vanidad: *Me halaga que vengas desde tan lejos para verme.* **2** Referido a una persona, adularla o decirle interesadamente cosas que le agraden: *Halagué a mi tía hasta que conseguí que me llevara de viaje con ella.* ☐ ORTOGR. La *g* se cambia en *gu* delante de *e* →**PAGAR.**

halago s.m. **1** Demostración de afecto: *Siempre que me ve me colma de halagos.* **2** Adulación o alabanza con un fin interesado: *Dime lo que quieres y deja ya los halagos.*

halagüeño, ña adj. **1** Que da motivos de satisfacción: *Son unas perspectivas muy halagüeñas.* **2** Que lisonjea o adula: *Unas palabras halagüeñas a tiempo pueden dar más beneficios que un buen trabajo.*

halcón s.m. Ave rapaz diurna, de casi un metro de envergadura, con pico fuerte y curvo y con alas puntiagudas, que puede ser domesticada para la caza de cetrería: *Los caballeros medievales utilizaban halcones para cazar.* ☐ MORF. Es un sustantivo epiceno y la diferencia de sexo se señala mediante la oposición *el halcón {macho/hembra}.* 👁 **rapaz**

halconero, ra s. Persona que se dedica profesionalmente al cuidado y adiestramiento de halcones: *En la época medieval había muchos halconeros en las cortes.*

hale interj. **1** →**ale.** **2** ‖ **hale hop.** →**ale hop.**

hálito s.m. **1** Aire que sale de la boca al respirar; *aliento: En las mañanas de invierno, el hálito de los transeúntes parece vapor.* **2** *poét.* Soplo suave y apacible del aire: *Un ligero hálito refrescaba la noche de verano.*

halitosis s.f. Mal olor del aliento: *Las caries pueden provocar halitosis.* ☐ MORF. Invariable en número.

hall (anglicismo) s.m. →**vestíbulo.** ☐ PRON. [jol], con *j* suave.

hallar ▮ v. **1** Referido a algo, encontrarlo o verlo, esp. si se está buscando: *Hallé el libro debajo de tu cama. No pararé hasta hallar lo que busco.* **2** Descubrir por medio del ingenio y de la meditación, o por casualidad: *Los médicos no han hallado el medicamento para acabar con esa enfermedad.* **3** Ver o notar: *Hallé a tu padre muy cambiado.* **4** Conocer o entender tras una reflexión: *Por más que pienso en el problema, no lo hallo.* ▮ prnl. **5** Estar o encontrarse: *Me hallo en la mejor época de mi vida.* **6** ‖ **no hallarse** alguien. No encontrarse a gusto: *Aunque lo he intentado todo, en este trabajo no me hallo.*

hallazgo s.m. **1** Descubrimiento, encuentro o averiguación, generalmente de algo que se está buscando: *Comuniqué en comisaría el hallazgo de doce mil euros.* **2** Lo que se descubre o se encuentra, esp. si es muy conveniente: *Los hallazgos arqueológicos han sido trasladados al museo.*

halo s.m. **1** Fenómeno atmosférico luminoso que a veces aparece rodeando algunos cuerpos celestes, esp. la Luna y el Sol; *cerco: Había tanta humedad que se veía la Luna con halo.* **2** Resplandor, disco o círculo luminoso que se representa detrás de la cabeza de las imágenes de los santos; *aureola, corona: El halo de esta escultura está sujeto a la cabeza con dos clavos.* **3** Fama o prestigio que rodea a una persona o a un ambiente: *A esa familia la rodea un halo maldito.* ☐ SEM. En las acepciones 1 y 2, es sinónimo de *corona.*

a b c d e f g h i j k l m n ñ o p q r s t u v w x y z

halo- Elemento compositivo que significa 'sal': *halógeno, halófilo, halotecnia.*

halógeno, na adj./s. **1** Referido a un elemento químico, que pertenece al grupo séptimo de la clasificación periódica y que forma sales al combinarse directamente con un metal: *El flúor, el cloro, el bromo, el yodo y el astato son elementos halógenos. Las sales de los halógenos son muy comunes en la naturaleza.* **2** Referido a una luz eléctrica, que utiliza uno de estos elementos químicos o que lo contiene en forma de gas: *Uno de los faros halógenos de mi coche está fundido. Hemos puesto un halógeno porque da una luz más blanca.*

halterofilia s.f. Deporte que consiste en el levantamiento de unos pesos dispuestos de forma equilibrada a ambos lados de una barra: *La halterofilia es un deporte olímpico desde los años veinte.*

hamaca s.f. **1** Rectángulo de red o de tela resistentes que, colgado de sus extremos, se utiliza como cama o como columpio: *Buscó dos árboles para colgar la hamaca y se tumbó a leer.* 👁 **cama** **2** Asiento que consta de un armazón graduable, generalmente en tijera, en el que se sujeta una tela que sirve de asiento y de respaldo: *Como ya no daba el sol, cerró la hamaca y se fue.*

hambre s.f. **1** Sensación producida por la necesidad de comer: *Tengo hambre, ¿a qué hora comemos?* **2** Escasez de alimentos esenciales: *Hay que buscar soluciones para paliar el hambre en el mundo.* **3** Deseo intenso de algo: *Su hambre de libertad hizo que se escapara de allí.* **4** ‖ **hambre canina.** Ganas de comer exageradas: *Hoy me como lo que sea, porque vengo con un hambre canina.* ‖ **más listo que el hambre.** *col.* Muy listo: *No intentes engañarle porque es más listo que el hambre.* ☐ MORF. 1. Por ser un sustantivo femenino que empieza por *a* tónica o acentuada, va precedido de *el, un, algún, ningún* y de las formas femeninas del resto de los determinantes. 2. Incorr. su uso como masculino: *Pasamos {*mucho › mucha} hambre.*

hambriento, ta adj./s. Con hambre, deseo o necesidad de algo: *Está hambriento de cariño. Eres un hambriento, siempre estás pidiendo comida.*

hambrón, -a adj./s. *col.* Muy hambriento: *Estos gatos hambrones comen más que nosotros. La hambrona de tu hija saquea la nevera cada vez que viene.*

hambruna s.f. Hambre o escasez de alimentos generalizadas: *La última sequía provocó una gran hambruna en la zona.*

hamburguesa s.f. **1** Filete de carne picada y forma redondeada: *Cené huevos fritos con hamburguesas.* **2** Bocadillo hecho con un pan redondo y muy blando, generalmente relleno con esta carne: *Compré pan para hacer hamburguesas.*

hamburguesería s.f. Establecimiento en el que se sirven hamburguesas y otro tipo de comida rápida: *Cené en una hamburguesería.* ☐ USO Es innecesario el uso del anglicismo *burger*.

hampa s.f. Conjunto de maleantes, pícaros y rufianes que viven al margen de la ley o que se dedican a cometer delitos: *El hampa de esta ciudad se dedica al tráfico de drogas.* ☐ MORF. Por ser un sustantivo femenino que empieza por *a* tónica o acentuada, va precedido de *el, un, algún, ningún* y de las formas femeninas del resto de los determinantes.

hámster s.m. Mamífero roedor parecido a un ratón, pero de cuerpo macizo, rechoncho y con la cola corta, que se suele utilizar como animal de laboratorio: *En muchos países, el hámster es un animal doméstico.* ☐ PRON. [jámster], con *j* suave. ☐ ORTOGR. 1. Es un germanismo (*Hamster*) adaptado al español. 2. Dist. de *gánster*. ☐ MORF. 1. Es un sustantivo epiceno y la diferencia de sexo se señala mediante la oposición *el hámster {macho/hembra}*. 2. Aunque su plural es *hámsteres*, se usa también *hámsters*. 👁 **roedor**

handicap (anglicismo) s.m. **1** →**obstáculo.** **2** Prueba deportiva, esp. si es hípica, en la que algunos participantes reciben una ventaja para igualar las condiciones de la competición: *En este handicap los tres mejores caballos llevan jinetes con lastre.* ☐ PRON. [jándikap], con *j* suave.

hangar (galicismo) s.m. Cobertizo grande, generalmente utilizado para guardar, revisar o reparar aviones: *La avioneta no ha salido del hangar porque no han conseguido repararla.* ☐ PRON. Incorr. *[hángar].

hápax s.m. En lingüística, palabra, forma o construcción documentadas una sola vez en la lengua o en el conjunto de textos que se consideran: *Los editores discuten si ese término es un hápax en la obra del autor o una errata. Es normal la aparición de hápax en los escasos testimonios conservados de algunas lenguas muertas.* ☐ MORF. Invariable en número.

happening (anglicismo) s.m. Manifestación, generalmente artística, en forma de espectáculo y caracterizada por la participación espontánea de los asistentes: *Ha sido interesante el happening de ese grupo teatral vanguardista.* ☐ PRON. [jápenin], con *j* suave.

haragán, -a adj./s. Que evita trabajar y pasa el tiempo sin hacer nada que se considere provechoso: *Las personas haraganas no tienen sitio en esta empresa. A ese haragán le gusta estar siempre tumbado.*

haraganear v. Dejar pasar el tiempo sin hacer nada que se considere provechoso y evitando trabajar: *No estudia nada y está todo el día haraganeando.*

harakiri s.m. Suicidio ritual de origen japonés que consiste en abrirse el vientre con algo cortante: *El samuray se hizo el harakiri por una cuestión de honor.* ☐ PRON. Incorr. *[jarakiri]. ☐ ORTOGR. Es un término del japonés (*hara-kiri*) adaptado al español.

harapiento, ta adj./s. Lleno de harapos: *No me gusta que lleves esa blusa tan harapienta. Aunque vayas limpio, con esa ropa tan vieja vas hecho un harapiento.*

harapo s.m. Trozo desgarrado de ropa muy usado y muy viejo; *andrajo: Ese mendigo lleva una chaqueta llena de harapos.*

hardware (anglicismo) s.m. Conjunto de elementos físicos que constituyen un equipo informático: *El monitor, la impresora y el teclado forman parte del hardware.* ☐ PRON. [járdgüer], con *j* suave y con la *e* muy abierta.

harem s.m. →**harén.** ☐ MORF. Su plural es *harems*.

harén s.m. **1** En la cultura oriental, esp. en la musulmana, conjunto de mujeres que viven bajo la dependencia de un mismo jefe de familia: *El sultán tenía un harén de más de cien mujeres.* **2** En las viviendas musulmanas, parte reservada a las mujeres; *serrallo: Los niños conviven con las mujeres en el harén.* ☐ ORTOGR. Se admite también *harem*. ☐ MORF. Su plural es *harenes*.

harina s.f. **1** Polvo que resulta de moler el trigo u otras semillas: *Necesito harina de trigo para hacer este bizcocho.* **2** Polvo al que quedan reducidas algunas materias sólidas: *La harina de pescado se utiliza en la alimentación animal.* **3** ‖ **estar metido en harina.** *col.* Estar entregado o dedicado a un asunto por completo: *Estoy metido en harina con este proyecto.* ‖ **ser** algo **harina de otro cos-**

tal. *col.* Ser muy distinto o resultar ajeno al asunto que se trata: *Ahora no me hables de eso, que es harina de otro costal.*

harinoso, sa adj. **1** Que tiene mucha harina: *Hoy me ha quedado el bizcocho muy harinoso.* **2** Con características propias de la harina: *No me gustan las manzanas de textura harinosa.*

harnero s.m. Utensilio formado por un aro de madera al que se fijan un cuero o una plancha metálica agujereados o una malla metálica, y que se utiliza para cribar o limpiar de impurezas el trigo u otras semillas o para separar las partes menudas de las gruesas; *criba*: *Usé el harnero para quitar el polvo y la tierra de la cebada.* 👁 **apero**

hartada s.f. Cantidad suficiente para hartarse: *Trajo una hartada de pescado y tuvimos que tirar la mitad.*

hartar v. **1** Saciar en exceso el hambre o la sed: *El perro está tumbado porque lo han hartado de comida. Beberé agua hasta hartarme.* **2** Referido esp. a un deseo, saciarlo o satisfacerlo por completo: *Dijo que le gustaba el campo y lo han hartado de paseos. Es incansable y no se harta de bailar.* **3** Molestar, cansar o aburrir: *Creo que tus mimos hartan al gato. Ya me he hartado de prestarte dinero.* **4** Dar o recibir en abundancia: *Han hartado al animalito de besos. El día de mi cumpleaños me hartaron de libros.* □ SINT. 1. En la acepción 4, se usa también como pronominal. 2. Constr.: *hartar* DE *algo.*

hartazgo s.m. Satisfacción completa o excesiva, esp. de un deseo o de una necesidad, que suele causar molestias, cansancio o aburrimiento: *El hartazgo que tengo de pasteles hace que los aborrezca. Ayer me di un hartazgo de bailar.* □ SEM. Es sinónimo de *hartazón*, *hartón* y *hartura*. □ USO *Hartazón* es el término menos usual.

hartazón s.m. →**hartazgo.**

harto adv. Muy o bastante: *Están harto cansados.*

harto, ta indef. **1** Bastante, sobrado o grande: *Tengo hartos motivos para protestar.* **2** Molesto, cansado o aburrido en exceso: *Estoy harta de hacer siempre lo mismo.*

hartón s.m. *col.* →**hartazgo.**

hartura s.f. **1** →**hartazgo.** **2** Abundancia excesiva: *Había tal hartura de bebidas, que sobraron más de la mitad.*

hasta ▌prep. **1** Indica el término o el límite de lugares, acciones, cantidades y tiempo: *Fui hasta la puerta de la iglesia. Me puedo gastar hasta seiscientos euros.* **2** Indica que el dato que a continuación se aporta se considera sorprendente; *incluso*: *Hasta mi padre se divierte con este juego.* ▌conj. **3** Seguida de 'cuando' o de un gerundio, enlace gramatical coordinante copulativo con valor incluyente: *Habla hasta durmiendo. Trabaja hasta cuando está de vacaciones.* **4** Seguida de 'que', enlace gramatical coordinante copulativo con valor excluyente: *El bebé llora hasta que come.* **5** ‖ **hasta {ahora/después/luego}.** Expresión que se usa como despedida si la ausencia va a ser breve: *'Hasta ahora', dijo cuando se fue a comprar tabaco.* ‖ **hasta {más ver/otra}.** Expresión que se usa como despedida de alguien a quien se espera volver a ver: *Me lo pasé tan bien con ellos que me despedí diciendo: 'Hasta otra'.* ‖ **hasta nunca.** Expresión que denota enfado y que se usa como despedida violenta de alguien a quien no se desea volver a ver: *Hemos terminado, ¡hasta nunca!* ‖ **hasta siempre.** Expresión que se usa como despedida de alguien a quien se quiere demostrar que siempre será bien recibido: *Mientras se alejaba en el tren, me decía: Hasta siempre.* □ ORTOGR. Dist. de *asta*.

hastiar v. Causar hastío o provocar aburrimiento o repugnancia: *Me hastían las películas largas en las que no ocurre nada. Me sentaron mal las fresas que comí, y ahora me hastían.* □ ORTOGR. La *i* lleva tilde en los presentes, excepto en las personas *nosotros* y *vosotros* →**VACIAR**.

hastío s.m. Aburrimiento, cansancio o repugnancia: *La obra de teatro produjo un enorme hastío entre el público.*

hatajo s.m. Grupo o conjunto; *atajo*: *Ha dicho un hatajo de bobadas sin sentido.* □ SEM. Su uso como sinónimo de *atajo* con el significado de 'camino más corto' es incorrecto. □ USO Tiene un matiz despectivo.

hato s.m. Ropa y objetos personales, esp. si está liada o recogida en un envoltorio: *Mis únicas pertenencias son un hato y un chucho callejero.* □ ORTOGR. Dist. de *ato* (del verbo *atar*).

hawaiano, na adj./s. De Hawai o relacionado con este archipiélago del océano Pacífico: *La capital hawaiana es Honolulú. Los hawaianos obtienen grandes inversiones del turismo.* □ MORF. Como sustantivo se refiere solo a las personas de Hawai.

haya s.f. **1** Árbol de gran altura, con tronco grueso y liso, ramas altas que forman una copa redonda y espesa, hojas alargadas, de punta aguda y borde dentado: *Las hayas son propias de climas húmedos.* **2** Madera de este árbol: *Tengo una cofre de haya que no pesa nada y es muy resistente.* □ ORTOGR. Dist. de *halla* (del verbo *hallar*) y de *aya*. □ MORF. Por ser un sustantivo femenino que empieza por *a* tónica o acentuada, va precedido de *el*, *un*, *algún*, *ningún* y de las formas femeninas del resto de los determinantes.

hayal s.m. →**hayedo.**

hayedo s.m. Terreno poblado de hayas; *hayal*: *Los hayedos son propios de las regiones húmedas de clima templado.*

haz ▌s.m. **1** Conjunto de cosas alargadas, esp. mieses, leña o lino, colocadas longitudinalmente y atadas: *En la era se amontonaban los haces de mieses.* **2** Conjunto de rayos luminosos que proceden de un mismo punto: *Un haz de luz iluminó la cara del actor.* **3** En biología, conjunto de células alargadas o de fibras que se agrupan en disposición paralela: *Las fibras nerviosas se unen formando un haz nervioso.* **4** En geometría, conjunto de rectas que pasan por un punto o de planos que concurren en una misma recta: *El haz de líneas de un punto delimita un círculo.* ▌s.f. **5** En una hoja vegetal, cara superior: *En el haz de la hoja, los nervios se notan menos que en el envés.* □ MORF. En la acepción 5, por ser un sustantivo femenino que empieza por *a* tónica o acentuada, va precedido de *el*, *un*, *algún*, *ningún* y de las formas femeninas del resto de los determinantes.

hazaña s.f. Hecho importante, esp. el que requiere mucho valor y esfuerzo: *Desarticular la banda de terroristas fue toda una hazaña de la policía.*

hazmerreír s.m. *col.* Persona o conjunto de personas que son objeto de burla, esp. por su aspecto o su comportamiento ridículos: *Vestidos así seréis el hazmerreír de la fiesta.* □ USO Se usa solo en singular, esp. en la expresión *ser el hazmerreír*.

he ▌adv. **1** Expresión que se usa delante de un adverbio de lugar, y combinada a veces con un pronombre átono, para señalar o presentar lo que se dice después: *He ahí la respuesta a tu pregunta. Henos aquí, preparados para la lucha.* ▌interj. **2** Expresión que se usa para llamar a alguien: *¡He, chico, ven aquí!* □ ORTOGR. Dist. de *e* y *eh*.

a b c d e f g h i j k l m n ñ o p q r s t u v w x y z

heavy (anglicismo) adj./s. **1** Del heavy metal o relacionado con este estilo musical: *A mis abuelos la música heavy les parece puro ruido. Mi amigo, el heavy, lleva siempre un cinturón de tachuelas muy llamativo.* **2** ‖ **(heavy) metal.** Género musical en el que cobra importancia el sonido metálico de los instrumentos eléctricos. ☐ PRON. [jébi] y [jébi métal], con *j* suave. ☐ MORF. En la acepción 1, como adjetivo es invariable en género y como sustantivo es de género común y exige concordancia en masculino o en femenino para señalar la diferencia de sexo: *el heavy, la heavy*.

hebilla s.f. En una correa, en un cinturón o en otro tipo de cintas, pieza que sirve para unir sus extremos o para ajustar la cinta que pasa por ella: *Se ajustó bien el abrigo, apretando el cinturón y sujetándolo con la hebilla.*

hebra s.f. **1** Porción de hilo, que suele utilizarse para coser: *Cuando terminé de quitar los hilvanes, el sofá estaba lleno de hebras.* 👁 **costura 2** Filamento de una materia textil: *Las hebras de esta tela son de distintos colores.* **3** Porción de materia vegetal o animal, de forma delgada y alargada semejante a un hilo: *Cuando cortes las judías verdes, quítales las hebras.* **4** ‖ **pegar la hebra.** *col.* Entablar conversación y mantenerla prolongadamente: *Llego tarde porque he estado pegando la hebra con unos amigos.*

hebraico, ca adj. →**hebreo, a.**

hebraísmo s.m. **1** Religión de los hebreos o judíos, relacionada con Moisés (personaje bíblico), que se caracteriza por su estricto monoteísmo; *judaísmo: El hebraísmo sigue los diez mandamientos de la ley de Dios y otras leyes morales.* **2** En lingüística, palabra, significado o construcción sintáctica del hebreo empleados en otra lengua: *La palabra 'amén' es un hebraísmo en español.*

hebraísta s. Persona que se dedica al estudio de la lengua y literatura hebreas: *Han encargado a un prestigioso hebraísta una traducción de textos bíblicos.* ☐ MORF. Es de género común y exige concordancia en masculino o en femenino para señalar la diferencia de sexo: *el hebraísta, la hebraísta*.

hebreo, a ▮ adj. **1** Del hebraísmo o relacionado con esta religión: *Heredé la fe hebrea de mis padres.* ▮ adj./s. **2** De un antiguo pueblo semita que conquistó y habitó Canaán (territorio situado en el oeste asiático), o relacionado con él: *El pueblo hebreo ha sufrido muchas persecuciones. Los hebreos fueron el pueblo escogido por Dios.* **3** Que tiene como religión el hebraísmo o judaísmo: *Los niños hebreos son circuncidados. El sábado es el día santo de los hebreos.* ▮ s.m. **4** Lengua semítica de ese pueblo: *El hebreo tiene una escritura en la que normalmente solo se anotan las consonantes.* ☐ SEM. 1. Como adjetivo es sinónimo de *hebraico*. 2. En las acepciones 1, 2 y 3, es sinónimo de *israelita* y *judío*.

hecatombe s.f. Desastre, catástrofe o suceso en el que hay muchos daños o muchos perjudicados: *Las inundaciones han sido una auténtica hecatombe.*

hechicería s.f. Conjunto de conocimientos y poderes sobrenaturales con los que se pretende dominar los acontecimientos y las voluntades: *En la Edad Media se persiguió duramente la hechicería.*

hechicero, ra ▮ adj. **1** Que atrae irresistiblemente; *brujo: Unos labios hechiceros han apresado mi corazón.* ▮ adj./s. **2** Referido a una persona, que utiliza conocimientos y poderes supuestamente sobrenaturales para intentar dominar los acontecimientos y las voluntades: *Dicen que es una mujer hechicera porque quita las verrugas con solo tocarlas. El hechicero de la tribu invocó a sus dioses para curar al enfermo.*

hechizar v. **1** Ejercer una influencia sobrenatural, esp. si es dañina o maléfica, mediante poderes mágicos: *La bruja hechizó a Blancanieves con una manzana.* **2** Despertar una atracción que provoca afecto, admiración, fascinación o deseo: *La bailarina hechizó al público con su arte.* ☐ ORTOGR. La *z* se cambia en *c* delante de *e* →**CAZAR.**

hechizo s.m. **1** Lo que se utiliza o lo que se hace para conseguir un fin por medios sobrenaturales o mágicos: *La bruja le trajo un hechizo de amor para enamorar a una joven.* **2** Atracción que provoca admiración o fascinación: *Ese cantante ejerce gran hechizo sobre su público.*

hecho, cha ▮ **1** part. irreg. de **hacer.** ▮ adj. **2** Que ha alcanzado el desarrollo completo, que está terminado o que ha llegado a la madurez: *Hasta finales de verano estas peras no estarán hechas. Nos pagan según el trabajo hecho.* ▮ s.m. **3** Acción u obra: *Menos palabras y más hechos.* **4** Lo que ocurre o sucede: *Los hechos tuvieron lugar al atardecer.* **5** Asunto o materia: *El hecho es que no sé cómo hacerlo.* **6** ‖ **de hecho. 1** En realidad: *Te prometí que vendría y de hecho aquí estoy.* **2** En derecho, sin ajustarse a una norma: *Aunque no nos hemos casado, somos marido y mujer de hecho.* ‖ **hecho y derecho.** Referido a una persona, que es adulta y se comporta como tal: *Hace tanto que no veo a tu hija, que ya será una mujer hecha y derecha.* ☐ ORTOGR. Dist. de *echo* (del verbo *echar*). ☐ MORF. En la acepción 1, incorr. **hacido*. ☐ USO *Hecho* se usa para indicar que se concede o se acepta lo que se pide o propone: *-¿Quieres que te cuide los niños esta noche? -¡Hecho!*

hechura s.f. **1** Confección o realización de una prenda de vestir: *La hechura del vestido me costó menos que la tela.* **2** En una persona o en un animal, configuración o disposición de su cuerpo: *El quinto toro de la tarde era un animal de buenas hechuras.* ☐ MORF. La acepción 2 se usa más en plural.

hectárea s.f. Unidad de superficie que equivale a diez mil metros cuadrados: *He comprado dos hectáreas de terreno cerca del río.*

hecto- Elemento compositivo que significa 'cien': *hectogramo, hectómetro, hectovatio.*

heder v. Despedir muy mal olor: *El pescado podrido hiede.* ☐ MORF. Irreg.: La *e* de la raíz diptonga en *ie* en los presentes, excepto en las personas *nosotros* y *vosotros* →**PERDER.**

hediondez s.f. **1** Olor desagradable y penetrante: *La hediondez del pescado podrido es insoportable.* **2** Lo que resulta muy molesto, repugnante o desagradable: *Ese espectáculo pornográfico me parece una hediondez sin nada de arte.*

hediondo, da adj. **1** Que desprende un olor muy desagradable; *fétido: En la caja había fruta podrida y hedionda.* **2** Que resulta repugnante por su suciedad o por su obscenidad: *No soporto la hedionda moral de las personas sin escrúpulos.* **3** Que resulta muy molesto o intolerable: *Sus continuos halagos me parecen hediondos.*

hedónico, ca adj. Del hedonismo o de los hedonistas; *hedonístico: Según el pensamiento hedónico, la ausencia momentánea de placer permite apreciarlo más.*

hedonismo s.m. Concepción filosófica que considera que la felicidad obtenida a través del placer es el fin último de la vida: *El hedonismo afirma que, a veces, para conseguir un placer es preciso superar etapas de dolor.*

hedonista ▮ adj. **1** Del hedonismo o relacionado con esta concepción filosófica: *La filosofía hedonista busca destruir todas las angustias humanas.* ▮ adj./s. **2** Que busca el placer o que defiende el hedonismo: *Lleva una vida hedonista y no se priva de ningún capricho. Para un hedonista, el placer físico es menos apreciado por ser menos duradero.* ☐ MORF. 1. Como adjetivo es invariable en género. 2. Como sustantivo es de género común y exige concordancia en masculino o en femenino para señalar la diferencia de sexo: *el hedonista, la hedonista*.

hedonístico, ca adj. Del hedonismo o de los hedonistas; hedónico: *La filosofía hedonística estima sobre todo los placeres espirituales.*

hedor s.m. Olor desagradable y penetrante, generalmente producido por materia orgánica en descomposición: *El hedor de las basuras me mareó.*

hegemonía s.f. Supremacía o dominio, esp. los que un Estado ejerce sobre otros: *Es clara la hegemonía de los países desarrollados sobre los menos desarrollados.*

hegemónico, ca adj. De la hegemonía o relacionado con ella: *Siempre hubo una clase hegemónica que gozó de mayores privilegios.*

hégira s.f. En la cronología musulmana, era o fecha desde la cual se empiezan a contar los años (por ser la fecha de la huida del profeta Mahoma de la ciudad de La Meca hacia la ciudad de Medina): *La hégira comienza en el año 622 de la era cristiana.* ☐ ORTOGR. Se admite también *héjira*.

héjira s.f. →**hégira**.

helada s.f. Véase **helado, da**.

heladería s.f. Establecimiento en el que se fabrican o se venden helados: *Siempre que paso por esta heladería, entro a tomarme un helado de chocolate.*

heladero, ra s. Persona que vende o fabrica helados: *El heladero todavía no ha abierto su quiosco.*

helado, da ▮ adj. **1** Muy frío, con desdén o distante: *Nos recibió con una mirada helada y ni siquiera nos saludó.* ▮ s.m. **2** Dulce hecho generalmente con leche, azúcar y zumos o esencias de frutos, cuyos ingredientes están en cierto grado de congelación: *De postre tomé una copa con helado de tres gustos.* ▮ s.f. **3** Fenómeno atmosférico que consiste en la congelación del agua por un descenso persistente de la temperatura: *Con este frío, seguro que cae una helada esta noche.*

heladora s.f. Máquina para hacer helados: *Desde que tenemos la heladora, nos pasamos el día comiendo helados caseros.*

helamiento s.m. Congelación o conversión en hielo, esp. si es causada por el frío: *El helamiento del río nos permite patinar sobre él.*

helar ▮ v. **1** Referido esp. a un líquido, congelarlo o convertirlo en sólido por la acción del frío, esp. el agua en hielo: *El frío heló la nieve que cayó esta mañana. Hace tanto frío que se han helado los charcos.* **2** Referido a una persona, sobrecogerla o dejarla sorprendida o pasmada: *La noticia de su muerte me dejó helada.* **3** Referido esp. al ánimo, frustrarlo o hacerlo decaer: *Su negativa heló mis ilusiones.* **4** Referido a una planta o a sus frutos, dañarlos o secarlos el frío por congelación de su savia y de sus jugos: *El frío ha helado los brotes de los árboles. Este invierno se han helado los geranios.* **5** Hacer una temperatura ambiental inferior a cero grados, con lo que se congelan los líquidos: *Esta noche ha helado.* ▮ prnl. **6** Pasar mucho frío o ponerse muy frío: *Me voy a helar esperando en la parada del autobús.* ☐ MORF. 1. Irreg.: La *e* diptonga en *ie* en los presentes, excepto en las personas *nosotros* y *vosotros* →**PENSAR**. 2. En la acepción 5, es verbo unipersonal: se usa solo en tercera persona del singular y en las formas no personales (infinitivo, gerundio y participio).

helecho s.m. Planta herbácea, sin flores, con el tallo subterráneo horizontal del que nacen por un lado numerosas raíces y por el otro hojas verdes, grandes, perennes y ramificadas, en cuya cara inferior se forman las esporas, en dos filas paralelas al nervio medio: *Los helechos crecen en bosques húmedos y son muy frondosos.*

helénico, ca adj. **1** De Grecia (país europeo), o relacionado con ella; griego, heleno: *Las islas helénicas son muchísimas. La sociedad helénica tiene una gran tradición histórica.* **2** De la antigua Grecia o Hélade, o de sus habitantes: *La cultura helénica fue fuente de inspiración en la época renacentista.* ☐ SEM. En la acepción 1, se usa referido esp. a cosas, frente a *heleno*, que se prefiere para personas.

helenismo s.m. **1** Período de la cultura y de la civilización griegas que abarca desde la muerte de Alejandro Magno (rey macedonio) en el siglo IV hasta la dominación romana en el siglo I a.C.: *Durante el helenismo, las artes alcanzaron un gran desarrollo.* **2** Influencia ejercida por la cultura griega clásica en otras civilizaciones: *El período renacentista se caracteriza por su helenismo.* **3** En lingüística, palabra, significado o construcción sintáctica del griego, esp. los empleados en otra lengua: *Muchos de los términos científicos que se usan en español son helenismos.*

helenista s. Persona especializada en el estudio de la lengua y de la cultura griegas: *Habla del arte griego con la autoridad de un helenista.* ☐ MORF. Es de género común y exige concordancia en masculino o en femenino para señalar la diferencia de sexo: *el helenista, la helenista*.

helenístico, ca adj. Del helenismo, de los helenistas o relacionado con ellos: *Este historiador es especialista en la época helenística.*

helenización s.f. Adopción de la cultura y de la civilización griegas: *La helenización de la sociedad romana fue paulatina.*

helenizarse v.prnl. Adoptar la cultura y la civilización griegas: *Los conquistadores romanos terminaron por helenizarse.* ☐ ORTOGR. La *z* se cambia en *c* delante de *e* →**CAZAR**.

heleno, na ▮ adj./s. **1** De Grecia (país europeo), o relacionado con ella; griego, helénico: *El equipo heleno de baloncesto ganó el partido. He conocido a una helena que hacía turismo aquí.* ▮ s. **2** Persona perteneciente a los pueblos aqueo, dorio, jonio o eólico, cuya instalación en diversas zonas del litoral mediterráneo dio lugar a la civilización griega antigua: *Los helenos se instalaron en Grecia, Sicilia y otras zonas mediterráneas.* ☐ MORF. En la acepción 1, como sustantivo se refiere solo a las personas de Grecia. ☐ SEM. Como adjetivo es sinónimo de *helénico* y se usa referido esp. a personas, frente a *helénico*, que se prefiere para cosas.

helero s.m. En una montaña, masa de hielo o de nieve situada en una zona inferior a la de las nieves perpetuas: *No creo que este verano haya sido el más caluroso del siglo, porque los heleros no se han derretido.*

hélice s.f. Instrumento formado por dos o más aletas o aspas curvas que giran alrededor de un eje movidas por un motor, y que se utiliza como propulsor de barcos y aviones: *La hélice de la lancha se ha enredado en las algas, y no hay forma de hacerla funcionar.* ☐ MORF. Cuando se antepone a una palabra para formar compuestos, adopta la forma *helico-*.

helicoidal adj. En forma de hélice: *Las aspas de este ventilador tienen forma helicoidal.* □ MORF. Invariable en género.

helicóptero s.m. Aeronave que se eleva y se sostiene en el aire gracias a una gran hélice de eje vertical movida por un motor y situada en la parte superior: *Los helicópteros aterrizan y despegan verticalmente.*

helio s.m. Elemento químico, no metálico y gaseoso, de número atómico 2, muy ligero, incoloro, insípido y de poca actividad química: *El helio forma parte de la atmósfera solar. El helio es un gas noble.* □ ORTOGR. Su símbolo químico es *He*.

helio- Elemento compositivo que significa 'sol': *heliocentrismo, heliofísica, heliomotor, helioscopio.*

heliocéntrico, ca adj. En astronomía, referido a un sistema, que considera el Sol como centro del universo: *Copérnico defendió las teorías heliocéntricas de los seguidores de Pitágoras.*

heliógrafo s.m. Aparato que se utiliza para emitir señales telegráficas mediante la reflexión de rayos solares sobre un espejo plano que se mueve para producir destellos cortos o largos agrupados de diversas maneras: *Desde nuestra embarcación recibimos el mensaje que transmitieron desde el velero con un heliógrafo.*

helioterapia s.f. Tratamiento curativo de algunas enfermedades, que consiste en la exposición de la parte enferma a la acción de los rayos solares: *Algunos médicos recomiendan la helioterapia para el reumatismo.*

heliotropismo s.m. Fenómeno que se produce en las plantas cuando orientan sus tallos, sus flores o sus hojas hacia la luz del sol: *El heliotropismo es muy característico de los girasoles.*

helipuerto s.m. Pista destinada al aterrizaje y despegue de helicópteros: *En la azotea del hospital hay un helipuerto.*

helminto s.m. Gusano, esp. el que es parásito de las personas y de los animales: *La tenia y la triquina son helmintos.*

helvecio, cia adj./s. →**helvético, ca.**

helvético, ca adj./s. **1** De la antigua Helvecia (zona que se corresponde aproximadamente con el actual territorio suizo) o relacionado con ella: *El pueblo helvético destacó por su bravura. Los helvéticos eran un pueblo celta.* **2** De Suiza (país europeo) o relacionado con ella; *suizo, helvecio: El francés y el italiano son dos de las lenguas oficiales en el territorio helvético. El índice de natalidad de los helvéticos es muy bajo.* □ MORF. Como sustantivo se refiere solo a las personas de la antigua Helvecia o de Suiza. □ SEM. Es sinónimo de *helvecio*.

hematíe s.m. Célula de la sangre de los vertebrados que contiene hemoglobina y cuya misión es transportar oxígeno a todo el organismo; *glóbulo rojo: La sangre es de color rojo a causa de la hemoglobina de los hematíes.* □ SEM. Dist. de *hematites* (mineral de hierro oxidado).

hematites s.f. Mineral de hierro oxidado, de color rojizo o pardo, y de gran dureza: *La hematites se utiliza para bruñir metales.* □ MORF. Invariable en número. □ SEM. Dist. de *hematíe* (célula de la sangre).

hemato- Elemento compositivo que significa 'sangre': *hematología, hematológico, hematófago.*

hematoma s.m. Acumulación de sangre en un tejido debida a un derrame: *Le atropelló una moto y sufre varios hematomas y contusiones.*

hembra s.f. **1** Animal de sexo femenino: *Las hembras de los caballos son las yeguas.* **2** En las plantas que tienen los órganos reproductores masculinos y femeninos en individuos distintos, el que tiene los femeninos: *Las hembras de las palmeras dan dátiles.* **3** *col.* Mujer: *Esta sí que es una real hembra.* **4** En un objeto que consta de dos piezas encajables, la que tiene el orificio por el que la otra se introduce: *Metió los dedos en la hembra del enchufe y le dio un calambre.* □ SINT. En la acepción 1, se usa en aposición, pospuesto a un sustantivo, para designar el sexo femenino de los sustantivos epicenos: *el gorila hembra; las focas hembra.*

hembrilla s.f. Pieza pequeña en que otra se introduce o asegura: *Los corchetes se abrochan enganchando una de sus partes a la hembrilla.*

hemeroteca s.f. Local en el que se conserva una colección organizada de diarios y de otras publicaciones periódicas para poder ser consultados, estudiados o leídos por los usuarios: *Fui a la hemeroteca a ver qué noticias había publicado la prensa el día en que yo nací.*

hemi- Elemento compositivo que significa 'medio': *hemiciclo, hemiplejia, hemisferio.*

hemiciclo s.m. **1** Espacio semicircular provisto de gradas, esp. el de la sala de sesiones del Congreso de los Diputados: *Los diputados han ocupado sus asientos en el hemiciclo.* **2** En geometría, cada una de las dos mitades del círculo separadas por un diámetro; *semicírculo: La suma del área de los dos hemiciclos es el área del círculo.* 👁 **círculo**

hemiplejia o **hemiplejía** s.f. Parálisis de un lado del cuerpo, generalmente producida por una lesión en el encéfalo o en la médula espinal: *Sufre una hemiplejia y no puede valerse por sí mismo.*

hemipléjico, ca ▌adj. **1** De la hemiplejia o con características de este tipo de parálisis: *Este enfermo sufre un proceso hemipléjico.* ▌adj./s. **2** Referido a una persona, que padece hemiplejia: *Cuido a un joven hemipléjico. Este hemipléjico utiliza una silla de ruedas.*

hemisférico, ca adj. Del hemisferio o con forma de este: *El edificio está coronado por una cúpula hemisférica.*

hemisferio s.m. **1** En geografía, mitad de la esfera terrestre dividida por un círculo máximo imaginario: *El ecuador divide la Tierra en los hemisferios norte y sur.* 👁 **estación; globo 2** En geometría, cada una de las dos mitades de una esfera dividida por un plano que pasa por su centro: *Esta lámina muestra cómo un plano divide la esfera en dos hemisferios.* **3** En anatomía, cada una de las dos mitades laterales en que se dividen el cerebro o el cerebelo: *Las lesiones en el hemisferio derecho del cerebro afectan al lado izquierdo del cuerpo.*

hemistiquio s.m. En un verso, cada una de las dos divisiones métricas determinadas por la pausa interna: *Este verso de dieciséis sílabas se divide en dos hemistiquios octosílabos.*

hemo- Elemento compositivo que significa 'sangre': *hemodiálisis, hemopatía, hemorragia.*

hemodiálisis s.f. En medicina, técnica terapéutica que consiste en eliminar artificialmente las sustancias nocivas de la sangre, haciéndola pasar a través de una membrana semipermeable: *Tiene un problema renal y debe ir periódicamente al hospital para que le hagan una hemodiálisis.* □ MORF. 1. Invariable en número. 2. En la lengua coloquial se usa mucho la forma abreviada *diálisis*.

hemofilia s.f. Enfermedad hereditaria que se caracteriza por la dificultad de coagulación de la sangre: *La hemofilia es una enfermedad hereditaria que aumenta su frecuencia con la consanguinidad.*

hemofílico, ca ▮ adj. **1** De la hemofilia o relacionado con esta enfermedad: *El enfermo presenta un cuadro hemofílico.* ▮ adj./s. **2** Referido a una persona, que padece esta enfermedad: *Las personas hemofílicas no pueden donar sangre. Los hemofílicos corren el riesgo de desangrarse con cualquier pequeña herida, porque su sangre coagula con dificultad.*

hemoglobina s.f. Pigmento contenido en los hematíes o en el plasma sanguíneo, que transporta el oxígeno a las células y que da a la sangre su color rojo característico: *La molécula de la hemoglobina tiene una parte proteínica.*

hemorragia s.f. Salida de la sangre de los vasos sanguíneos, esp. cuando se produce en grandes cantidades: *Sufre una hemorragia cerebral y ha entrado en estado de coma. Tiene frecuentes hemorragias por la nariz.*

hemorroide s.f. Pequeño tumor sanguíneo que se forma en el ano o en la parte final del recto por una excesiva dilatación de las venas en esa zona; *almorrana*: *El médico le ha recomendado operarse de las hemorroides.*

henar s.m. Terreno plantado de heno: *Hay un henar en las afueras del pueblo.*

henchidura s.f. Llenado de un espacio vacío, esp. si con ello aumenta su volumen: *Una inspiración profunda provoca la henchidura de los pulmones.*

henchir ▮ v. **1** Referido a un espacio vacío, llenarlo con algo, esp. si al hacerlo aumenta su volumen: *Aprovechaos y henchid vuestros pulmones de aire puro.* ▮ prnl. **2** Hartarse de comida o de bebida: *Comimos dulces hasta henchirnos.* ☐ MORF. Irreg.: La *e* se cambia en *i* cuando la sílaba siguiente no tiene *i* o la tiene formando diptongo →PEDIR.

hendedura s.f. →**hendidura.**

hender v. **1** Hacer una hendidura: *Hendió con su espada la armadura del caballero que le había ofendido. Con tanto peso se ha hendido el tablero de la estantería.* **2** Referido a un fluido, atravesarlo o cortar su superficie algo que se mueve avanzando: *El halcón hendía el aire. Las naves hendían las aguas tranquilas del mar.* ☐ MORF. Irreg.: La *e* diptonga en *ie* en los presentes, excepto en las personas *nosotros* y *vosotros* →PERDER. ☐ SEM. Es sinónimo de *hendir*.

hendidura s.f. **1** En un cuerpo sólido, abertura o corte profundos que no llega a dividirlo en dos: *Las poleas tienen una hendidura por la que pasa la cuerda.* **2** En una superficie, grieta más o menos profunda: *Ha aparecido una hendidura en la pared.* ☐ SEM. Es sinónimo de *hendedura*.

hendir v. →**hender.** ☐ MORF. Irreg.: La *e* diptonga en *ie* en los presentes, excepto en las personas *nosotros* y *vosotros* →DISCERNIR.

heno s.m. **1** Planta gramínea, con tallo herbáceo en forma de caña, hojas estrechas y cortas, flores en espiga abierta, y con una arista en la cascarilla que envuelve el grano: *Mañana comenzaremos la siega del heno.* **2** Hierba segada y seca que se utiliza para alimento del ganado: *Cuando las vacas no salen a pastar al prado, comen heno en el establo.*

henrio s.m. En el Sistema Internacional, unidad básica de inductancia; *henry*: *La inductancia de este circuito es de dos henrios.*

henry s.m. →**henrio.** ☐ ORTOGR. Es la denominación internacional del *henrio*.

hepático, ca ▮ adj. **1** Del hígado: *Le han detectado una enfermedad hepática.* ▮ adj./s. **2** Referido a una persona, que tiene problemas en esta víscera: *Soy hepático y debo seguir un régimen alimenticio muy estricto. Los hepáticos suelen tener la piel amarillenta.*

hepatitis s.f. Inflamación del hígado: *Debe permanecer tres meses en cama porque tiene hepatitis.* ☐ MORF. Invariable en número.

hepato- Elemento compositivo que significa 'hígado': *hepatología.* ☐ MORF. Ante vocal adopta la forma *hepat-*: *hepatitis*.

hepta- Elemento compositivo que significa 'siete': *heptágono, heptasílabo, heptámetro.*

heptaedro s.m. Cuerpo geométrico limitado por siete polígonos o caras: *El heptaedro es un poliedro irregular.*

heptagonal adj. Con forma de heptágono: *Tiene una curiosa bandeja heptagonal.* ☐ MORF. Invariable en género.

heptágono, na adj./s.m. En geometría, referido a un polígono, que tiene siete lados y siete ángulos: *Dibuja un heptágono dentro de la circunferencia.*

heptámetro adj./s. Referido a un verso, que consta de siete pies métricos: *Este poema se compone de cuatro versos heptámetros. El heptámetro se usó mucho en la lírica grecolatina.*

heptasilábico, ca adj. Del heptasílabo, en heptasílabos o relacionado con este tipo de verso: *Ha hecho una composición heptasilábica.*

heptasílabo, ba adj./s.m. De siete sílabas, esp. referido a un verso: *Necesito una palabra heptasílaba para terminar este pasatiempo. El heptasílabo es un verso con siete sílabas métricas.*

heráldico, ca ▮ adj. **1** De la heráldica o relacionado con este arte: *El león es un signo heráldico muy frecuente.* ▮ s.f. **2** Arte de explicar y describir los escudos de armas: *Halló el escudo de su familia en un libro de heráldica.*

heraldo s.m. **1** En las cortes medievales, caballero que transmitía los mensajes, ordenaba las grandes ceremonias y llevaba los registros de la nobleza: *El heraldo anunció solemnemente la boda del príncipe.* **2** Lo que anuncia con su presencia la llegada de algo: *El presidente volvió a su país como un heraldo de paz.*

herbáceo, a adj. Con la naturaleza o las cualidades propias de la hierba: *La remolacha es una planta herbácea.*

herbario s.m. Colección de plantas secas y clasificadas, generalmente fijadas a hojas de papel, que se usa para el estudio de la botánica: *Estoy haciendo un herbario con todas las especies de mi jardín.*

herbicida adj./s.m. Referido a un producto químico, que destruye las hierbas o impide su desarrollo: *Han echado un compuesto herbicida en el trigal. El empleo excesivo de herbicidas puede provocar una fuerte contaminación.*

herbívoro, ra adj./s.m. Referido a un animal, que se alimenta de vegetales, esp. de hierbas: *Las vacas y las ovejas son animales herbívoros. Algunos herbívoros son rumiantes.*

herbolario s.m. Establecimiento en el que se venden hierbas y plantas medicinales; *herboristería*: *Me han vendido en el herbolario una mezcla de hierbas para tranquilizar los nervios.*

herboristería s.f. →**herbolario.**

herciano, na adj. →**hertziano, na.**

herciniano, na adj. En geología, del movimiento orogénico producido durante los últimos períodos de la era paleozoica y que dio lugar a numerosos relieves: *El plegamiento herciniano dio lugar al macizo francés de los Vosgos.*

hercio s.m. En el Sistema Internacional, unidad de frecuencia que equivale a una vibración por segundo; *hertz*: *Esta emisora se sintoniza en la longitud de onda de 9 metros y 1 200 hercios.*

hercúleo, a adj. De Hércules (héroe de las mitologías griega y romana al que se le atribuía mucha fuerza), relacionado con él o con sus características: *Los levantadores de pesas suelen ser muchachos hercúleos.*

hércules s.m. Hombre con mucha fuerza (por alusión a Hércules, héroe de la mitología romana al que se le atribuía esta cualidad): *Desde que derribó la puerta de un puñetazo, decimos que es un hércules.* □ MORF. Invariable en número.

heredad s.f. **1** Terreno cultivado que pertenece a un solo dueño: *Mi heredad colinda con la del alcalde.* **2** Conjunto de fincas y otras posesiones que pertenecen a una persona o entidad: *Aún conservo mis heredades en el pueblo.* □ MORF. La acepción 2 en plural tiene el mismo significado que en singular.

heredar v. **1** Referido a los bienes, obligaciones y derechos de una persona, recibirlos por ley o por testamento al morir esta: *Al morir sus padres heredó todo el patrimonio familiar. Heredé el título de nobleza de mi tío.* **2** Referido esp. a un carácter biológico, recibirlo por vía genética: *Ha heredado los ojos azules de su abuela.* **3** Recibir de los antepasados o de una situación anterior: *El nuevo comité de empresa ha heredado los problemas que no solucionó el anterior.* **4** *col.* Referido a las pertenencias de otra persona, recibirlas para uso propio: *La hermana pequeña hereda la ropa de la mayor.*

heredero, ra adj./s. **1** Referido a una persona, que tiene derecho a una herencia o que disfruta de ella: *Serás heredero de estas tierras. Es el heredero de todos los bienes de su tío soltero.* **2** Que tiene las mismas cualidades o características que sus ascendientes o antepasados: *Este cachorro de león es heredero de la agresividad del padre. Mi hermano es el heredero de la altura del abuelo.* **3** Que recibe una característica procedente de una situación o un estado anteriores: *No soy heredera de las deudas del anterior inquilino. Este músico es el heredero de la técnica de su maestro.*

hereditario, ria adj. De la herencia o adquirido a través de ella: *La hemofilia es una enfermedad hereditaria.*

hereje s. **1** Respecto de una religión, persona que se aparta de alguno de sus dogmas, o que es creyente de otra religión distinta: *Los herejes fueron duramente perseguidos por las autoridades religiosas.* **2** *col.* Persona desvergonzada o atrevida, esp. si su comportamiento denota falta de respeto: *Se presentó en la fiesta blasfemando contra todos, como el perfecto hereje que es.* □ MORF. Es de género común y exige concordancia en masculino o en femenino para señalar la diferencia de sexo: *el hereje, la hereje.* □ SEM. En las acepciones 1 y 2, dist. de *apóstata* (que abandona o niega sus ideas o creencias).

herejía s.f. **1** Doctrina u opinión que en materia de fe se aparta de los dogmas de la Iglesia católica: *La herejía de Lutero fue la causa de su excomunión.* **2** Posición que se aparta de los principios aceptados en cualquier cuestión, ciencia o arte: *Negar la influencia de los poetas simbolistas en la poesía del siglo XX es una herejía.* **3** *col.* Disparate, hecho o dicho sin sentido común: *Pintar de amarillo brillante la fachada de la casa es una herejía.* **4** Daño causado injustamente a una persona o a un animal: *El niño no paraba de hacerle herejías al pobre perro.*

herencia s.f. **1** Derecho de heredar: *La casa me corresponde por herencia.* **2** Conjunto de bienes, obligaciones y derechos que se heredan a la muerte de una persona: *El título de duquesa es herencia de mi madre.* **3** En biología, transmisión de caracteres genéticos de una generación a la siguiente: *Las unidades de herencia biológica son los genes.* **4** En biología, conjunto de caracteres de los seres vivos que se transmiten de esta manera: *El pelo blanco de este perro es herencia de su madre.* **5** Lo que se transmite a los descendientes o a los continuadores: *Su actitud intransigente es herencia familiar. El subjetivismo de la primera época de ese escritor fue herencia de su maestro.*

heresiarca s. Autor de una herejía: *Los heresiarcas fueron excomulgados por la jerarquía eclesiástica.* □ MORF. Es de género común, es decir, exige concordancia en masculino o en femenino para señalar la diferencia de sexo: *el heresiarca, la herisiarca.*

herético, ca adj. De la herejía, del hereje o relacionado con ellos: *Siempre ha habido movimientos heréticos dentro de la Iglesia.*

herido, da ▮ adj./s. **1** Con heridas: *Llegó con el brazo herido de un navajazo. En el accidente hubo dos heridos leves.* ▮ s.f. **2** En el tejido de los seres vivos, perforación o desgarro, generalmente sangrantes, producidos por un golpe o por un corte: *Se cayó y se hizo una herida en la rodilla.* **3** Pena o daño producidos en el ánimo, esp. por una ofensa: *Deja de hurgar en la herida y olvida ya lo que te hizo.*

herir v. **1** Referido a un ser vivo o a una parte de su organismo, dañarlos por algún medio violento, esp. con un golpe o con un corte: *Lo hirieron con un disparo de bala.* **2** Referido esp. a una persona o a su ánimo, conmoverlos o causarles un fuerte sentimiento, esp. si es doloroso: *Su dramática historia hirió la sensibilidad de los oyentes.* **3** Referido esp. a una persona, ofenderla o agraviarla: *Aquel desprecio me hirió en lo más hondo.* **4** Referido a un sentido, esp. a la vista o al oído, causar una impresión o un efecto desagradable en él: *Esta música atronadora hiere mis oídos.* **5** *poét.* Referido esp. a las cuerdas de un instrumento musical, hacerlas sonar o pulsarlas para producir sonido: *Sus manos herían las cuerdas del arpa y la sala se llenaba de música.* **6** *poét.* Referido esp. al aire, atravesarlo velozmente y produciendo un zumbido: *Una flecha hería el aire de aquella cálida mañana.* □ MORF. Irreg. →SENTIR.

hermafrodita ▮ adj. **1** Que tiene los órganos reproductores de los dos sexos, más o menos desarrollados (por alusión a Hermafrodita, personaje de la mitología griega que tenía ambos sexos): *Las personas hermafroditas presentan anomalías anatómicas.* **2** En botánica, referido a una planta o a su flor, que tiene reunidos en esta los estambres y el pistilo: *Las rosas son flores hermafroditas.* **3** En zoología, referido a un animal, que tiene los dos sexos: *La lombriz de tierra es hermafrodita.* ▮ adj./s. **4** Referido a una persona, que tiene rasgos propios de los dos sexos, esp. si ello se debe a que sus órganos genitales están formados por tejido masculino y femenino: *Algunas estatuas griegas representan a jóvenes hermafroditas. Muchos hermafroditas tienen problemas de identidad.* □ MORF. 1. Como adjetivo es invariable en género. 2. Como

a b c d e f g h i j k l m n ñ o p q r s t u v w x y z

sustantivo es de género común y exige concordancia en masculino o en femenino para señalar la diferencia de sexo: *el hermafrodita, la hermafrodita.*

hermanamiento s.m. **1** Unión armónica: *Su gran ilusión es el hermanamiento de todas las razas.* **2** Consideración de hermano en sentido espiritual: *Pasar tanto tiempo juntos trajo como consecuencia el hermanamiento de los participantes.* **3** Vinculación institucional entre dos localidades: *Mañana se celebrará solemnemente el hermanamiento entre la ciudad española y la hispanoamericana.*

hermanar v. **1** Unir con armonía o juntar haciendo compatible: *En una ciencia deben hermanarse teoría y práctica.* **2** Referido a una persona, hacerla hermana de otra en sentido espiritual: *Al hacer sus votos se hermanó con todos los miembros de la comunidad.* **3** Referido a dos localidades, establecer institucionalmente un vínculo entre ellas: *Los alcaldes hermanaron las dos ciudades con un acto simbólico.* □ SINT. Constr. como pronominal: *hermanarse* CON *algo.*

hermanastro, tra s. Respecto de una persona, otra que tiene solo el mismo padre o solo la misma madre, o es hija solo de uno de los dos cónyuges: *Mi hermanastra nació del segundo matrimonio de mi padre.*

hermandad s.f. **1** Parentesco que existe entre hermanos: *Los celos estropean muchas relaciones de hermandad.* **2** Relación caracterizada por el afecto y la solidaridad propios de hermanos; *confraternidad, confraternización: Se ha celebrado un acto por la hermandad de los pueblos.* **3** Asociación autorizada que algunos devotos forman con fines piadosos; *cofradía: Es famosa la procesión que en Semana Santa realiza esa hermandad.* **4** Asociación de personas con unos mismos intereses, esp. si estos son profesionales o altruistas: *Todo el pueblo pertenece a la hermandad de pescadores.*

hermano, na ▌ s. **1** Respecto de una persona, otra que tiene sus mismos padres o solo el mismo padre o la misma madre: *Me parezco a mi hermana mayor.* **2** Persona que vive en una comunidad religiosa o pertenece a ella sin tener ninguna de las órdenes clericales: *En este monasterio de clausura hay dos hermanos encargados del contacto con el exterior.* **3** Respecto de una persona, otra a la que está unida por algún vínculo ideológico o espiritual: *Los cristianos son hermanos en Cristo.* **4** Miembro de una hermandad, de una cofradía o de una comunidad religiosa: *Mi padre es el hermano mayor de la cofradía de la Virgen del Carmen.* **5** Respecto de una cosa, otra a la que es semejante: *No encuentro el hermano de este calcetín.* ▌ s.m.pl. **6** Respecto de una persona, otras que tienen sus mismos padres o solo el mismo padre o la misma madre. **7** ‖ **hermano de leche.** Respecto de una persona, hijo de la nodriza que lo amamantó, y viceversa: *Esos hermanos de leche se quieren con locura.* ‖ **(hermanos) siameses.** Los gemelos que nacen unidos por alguna parte de su cuerpo: *Operarán a los hermanos siameses para separarlos.* ‖ **medio hermano.** Respecto de una persona, otra que tiene solo el mismo padre o solo la misma madre: *Los medio hermanos que tienen el mismo padre se llaman consanguíneos, y los que tienen la misma madre, uterinos.* □ SEM. En la acepción 2, el femenino *hermana* es sinónimo de *sor.*

hermeneuta s. Persona que se dedica a la hermenéutica o arte de interpretación de textos: *Es el mejor hermeneuta de los clásicos griegos.* □ MORF. Es de género común y exige concordancia en masculino o en femenino para señalar la diferencia de sexo: *el hermeneuta, la hermeneuta.*

hermenéutico, ca ▌ adj. **1** De la hermenéutica o relacionado con este arte de interpretar textos: *Los trabajos hermenéuticos ayudan a conocer mejor los textos sagrados.* ▌ s.f. **2** Arte o técnica de interpretar textos, esp. si son textos sagrados, para fijar su verdadero sentido: *Este sacerdote es especialista en hermenéutica bíblica.*

hermético, ca adj. **1** Que se cierra de modo que no permite el paso de gases ni de líquidos: *Los botes de conserva son envases herméticos.* **2** Impenetrable, cerrado o muy difícil de entender: *Tiene un carácter tan hermético que apenas sé nada de su vida.*

hermetismo s.m. Carácter de lo que es impenetrable, cerrado o difícil de entender: *El hermetismo de esta teoría filosófica me impide llegar a comprenderla.*

hermoso, sa adj. **1** Que resulta bello o agradable al ser percibido por la vista o por el oído; *precioso: ¡Qué hermosa canción! Hace un hermoso día.* **2** Grande o abundante: *Su casa tiene un hermoso salón.* **3** Noble, excelente o digno de elogio: *Ayudar a los necesitados es una hermosa acción.* **4** *col.* Referido a una persona, que está sana, fuerte o robusta: *Después de dar el estirón, tu hijo se ha puesto muy hermoso.*

hermosura s.f. **1** Conjunto de cualidades bellas o agradables para la vista o el oído: *Me enamoró la hermosura del lugar.* **2** Lo que destaca por ser hermoso: *Ese niño es una hermosura. ¡Qué hermosura de tarta!*

hernia s.f. Tumor blando que se produce por la salida de una víscera o de otra parte blanda fuera de su cavidad natural: *La hernia umbilical es frecuente en los recién nacidos. Me operaron de una hernia discal.*

herniarse v.prnl. **1** Causarse o sufrir una hernia: *Se hernió al hacer un esfuerzo brusco.* **2** *col.* Trabajar demasiado: *Ayúdame, que no vas a herniarte por echarme una mano.* □ ORTOGR. La *i* nunca lleva tilde.

héroe s.m. **1** Persona famosa y admirada por sus hazañas o por sus méritos: *Ese deportista es un héroe nacional.* **2** Persona que realiza una acción heroica: *Al salvar a los tres niños del incendio, se convirtió en un héroe.* **3** En una obra de ficción, personaje principal o protagonista, esp. el que está dotado de cualidades positivas: *El héroe de la película acaba con todos los malos.* **4** En la Antigüedad clásica, hijo de una divinidad y de un ser humano: *El héroe griego Heracles, famoso por su fuerza, era hijo del dios Zeus y de la mortal Alcmena.* □ MORF. En las acepciones 1, 2 y 3, su femenino es *heroína.*

heroicidad s.f. **1** Carácter extraordinario, admirable o digno de admiración: *La heroicidad de su comportamiento provocó la admiración de todos.* **2** Acción admirable o extraordinaria por el valor que requiere: *Considero una heroicidad que se enfrente a ese energúmeno.*

heroico, ca adj. **1** Admirable, famoso o extraordinario por el valor que requiere o por sus méritos: *Fue una lucha heroica por la libertad. Es una mujer heroica en su defensa de los oprimidos.* **2** En literatura, esp. referido a la poesía, que narra o canta sucesos admirables o memorables: *Este poema heroico cuenta el destierro de un castellano y su lucha contra los moros.*

heroína s.f. **1** s.f. de **héroe.** **2** Droga derivada de la morfina, de aspecto semejante al azúcar pero con sabor amargo, y que crea fácilmente adicción: *La heroína se fabricó para evitar la adicción a la morfina y ha resultado mucho más peligrosa.*

a b c d e f g h i j k l m n ñ o p q r s t u v w x y z

a b c d e f g h i j k l m n ñ o p q r s t u v w x y z

heroinómano, na adj./s. Referido a una persona, que es adicta a la heroína: *Era heroinómana y murió de una sobredosis. Afortunadamente, lo han admitido en un centro de recuperación para heroinómanos.*

heroísmo s.m. Valor extraordinario o conjunto de cualidades propias de un héroe: *El pueblo demostró un gran heroísmo durante la invasión extranjera.*

herpes s.m. Erupción en la piel, generalmente acompañada de escozor, causada por un virus y debida al agrupamiento de pequeñas ampollas que, al romperse, rezuman un humor que forma costras cuando se seca: *Me salió un herpes en la cara y me picaba mucho.* □ MORF. Su plural es *herpes*.

herradura s.f. Pieza en forma de 'U' que se clava a las caballerías en los cascos para que no se dañen al marchar: *El caballo perdió una herradura y empezó a cojear.*

herraje s.m. Conjunto de piezas de hierro o de acero con las que se decora, se refuerza o se asegura un objeto: *Este baúl tiene unos herrajes muy buenos.*

herramienta s.f. Objeto con el que se desempeña un oficio o con el que se realiza un trabajo manual: *El destornillador está en la caja de herramientas. La pluma es mi herramienta de trabajo.*

herrar v. **1** Referido esp. a una caballería, ponerle herraduras: *Han herrado mal este caballo, y cojea.* **2** Referido esp. al ganado, marcarle la piel con un hierro candente: *En una tarde herraron cien vacas.* □ ORTOGR. Dist. de *errar*. □ MORF. Irreg.: La *e* diptonga en *ie* en los presentes, excepto en las personas *nosotros* y *vosotros* ⟶**PENSAR**.

herreño, ña adj./s. De la isla canaria de Hierro o relacionado con ella: *El territorio herreño es muy montañoso. Los herreños se dedican principalmente a la agricultura y a la ganadería.* □ MORF. Como sustantivo se refiere solo a las personas de la isla de Hierro.

herrería s.f. **1** Taller o tienda del herrero: *En la herrería había un yunque, una fragua y un fuelle.* **2** Oficio del herrero: *Le gusta la herrería y no ha querido dedicarse a otra cosa.* **3** Taller o fábrica en que se funde y se forja el hierro: *Todavía quedan varias herrerías en el norte del país.*

herrerillo s.m. Pájaro insectívoro de pequeño tamaño y plumaje de colores: *El herrerillo es un pájaro europeo muy común.* □ MORF. Es un sustantivo epiceno y la diferencia de sexo se señala mediante la oposición *el herrerillo {macho/hembra}*.

herrero, ra s. Persona que se dedica profesionalmente a trabajar el hierro: *El herrero fundió dos espadas para hacer otra más grande.*

herrumbre s.f. **1** Óxido de hierro, esp. el que se forma en algunos metales al estar expuestos al aire o a la humedad: *Para que no se forme herrumbre en la verja, le daré minio antes de pintarla de blanco.* **2** Gusto o sabor a hierro: *El agua de esta fuente sabe a herrumbre, porque el caño de hierro está oxidado.*

herrumbroso, sa adj. Con herrumbre o con características de este óxido: *Hay que pintar esa verja herrumbrosa.*

hertz s.m. Denominación internacional del **hercio**.

hertziano, na adj. Referido a una onda electromagnética, que se usa en la comunicación radiofónica; *herciano: Las ondas hertzianas permiten la transmisión de los sonidos y de las imágenes de radio y de televisión.*

hervidero s.m. Conjunto abundante y ruidoso de personas o de animales, esp. si están en movimiento: *La manifestación era un hervidero de jóvenes.*

hervir v. **1** Referido a un líquido, moverse agitadamente y formando burbujas por efecto de la alta temperatura o de la fermentación; *bullir: El agua hierve a distinta temperatura que el aceite.* **2** Referido a una persona, sentir un afecto o una pasión con intensidad y vehemencia: *Tu hermana hierve de envidia al verme.* **3** Tener en abundancia: *Este pueblo hierve en cotilleos.* **4** Referido a un líquido, hacer que alcance la temperatura de ebullición: *¿Has hervido ya el agua para el biberón del bebé?* **5** Referido esp. a un alimento, cocerlo o someterlo a la acción de un líquido en ebullición: *Herví el arroz con un poquito de laurel.* □ MORF. Irreg. ⟶**SENTIR**. □ SINT. 1. Constr. de la acepción 2: *hervir* DE *algo*. 2. Constr. de la acepción 3: *hervir* EN *algo*.

hervor s.m. Movimiento agitado y con burbujas que se produce en un líquido al elevarse su temperatura o al ser sometido a fermentación; *ebullición: Dejó que el agua diera un hervor antes de echar los macarrones.*

hetero- Elemento compositivo que significa 'otro' (*heterodoxo, heterónimo, heterosexual*) o 'desigual' (*heterogéneo, heterocelular, heteromorfo*).

heteróclito, ta adj. **1** Irregular o extraño: *Con tanta mezcla y tanto cambio, el resultado va a ser de lo más heteróclito.* **2** En lingüística, referido a una palabra o a una locución, que aparentemente están formadas sin seguir las reglas regulares de la gramática: *'Óptimo' es un superlativo heteróclito de 'bueno'.*

heterodoxia s.f. **1** Disconformidad con la doctrina de la religión de que se trata o con alguno de sus dogmas: *La heterodoxia divide a los miembros de una misma religión.* **2** Oposición o disconformidad con una doctrina o práctica aceptadas mayoritariamente: *Su heterodoxia lo separó de la cúpula del partido.*

heterodoxo, xa adj./s. **1** Que está en desacuerdo con la doctrina de la religión de que se trata o con alguno de sus dogmas: *Lo excomulgaron por sus ideas heterodoxas. He leído una historia de los heterodoxos españoles.* **2** Que se opone a una doctrina o práctica aceptadas mayoritariamente: *Su opinión heterodoxa le creó muchos enemigos. Los heterodoxos del partido están en contra de las últimas propuestas de la dirección.*

heterogeneidad s.f. Composición o mezcla en un todo de partes de diversa naturaleza o de elementos diferentes: *Dada la heterogeneidad del grupo, es muy difícil complacer a todos.*

heterogéneo, a adj. Formado por partes de diversa naturaleza o por elementos diferentes: *La obra de este pintor es muy heterogénea y variada.*

heteronimia s.f. En lingüística, fenómeno por el que palabras de gran proximidad semántica proceden de étimos diferentes: *Un caso de heteronimia es el par 'caballo-yegua'.*

heterónimo s.m. **1** En lingüística, palabra de gran proximidad semántica con otra pero de étimo diferente: *'Toro' y 'vaca' son heterónimos.* **2** Nombre con el que un autor firma parte de su obra cuando adopta una personalidad fingida: *A cada uno de los heterónimos de Pessoa le correspondía un estilo literario distinto.* □ SEM. En la acepción 2, dist. de *seudónimo* (nombre falso utilizado por un autor para encubrir su nombre real).

heterosexual ▌ adj. **1** De la heterosexualidad o relacionado con esta inclinación sexual: *Las relaciones heterosexuales permiten la reproducción de los mamíferos.* ▌ adj./s. **2** Que siente atracción sexual por individuos del sexo opuesto: *La mayor parte de la población es heterosexual. Los homosexuales se manifestaron para reivindicar los mismos derechos que los heterosexuales.* □ MORF. 1. Como adjetivo es invariable en género. 2. Como sustantivo es de género común y exige concordancia en masculino o en femenino para señalar la diferencia de sexo: *el heterosexual, la heterosexual.*

heterosexualidad s.f. **1** Atracción sexual hacia individuos del sexo opuesto: *La heterosexualidad marca la relación entre hombres y mujeres.* **2** Práctica de relaciones sexuales con individuos del sexo opuesto: *La heterosexualidad permite la reproducción.*

heterótrofo, fa adj./s. Referido a un organismo, que es incapaz de elaborar su propia materia orgánica a partir de sustancias inorgánicas: *Por su modo de nutrición, los animales y los vegetales sin clorofila son heterótrofos. Los heterótrofos se alimentan de materia elaborada por otros seres vivos.*

heurístico, ca ▌adj. **1** De la heurística o relacionado con este arte o esta búsqueda: *Para llegar a esa conclusión, utilicé el método heurístico.* ▌s.f. **2** Búsqueda o investigación de documentos o fuentes históricas: *La historia medieval debe mucho a la heurística.* **3** Arte de inventar o descubrir: *La heurística es habitual en la elaboración de los principios matemáticos.*

hexa- Elemento compositivo que significa 'seis': *hexagonal, hexápodo, hexasílabo.*

hexaedro s.m. Cuerpo geométrico limitado por seis polígonos o caras: *El cubo es un hexaedro regular.*

hexagonal adj. Con forma de hexágono: *Las baldosas del suelo son hexagonales.* □ MORF. Invariable en género.

hexágono, na adj./s.m. En geometría, referido a un polígono, que tiene seis lados y seis ángulos: *Dibuja un hexágono regular.*

hexámetro s.m. En métrica grecolatina, verso que consta de seis pies métricos: *'La Odisea' está escrita en hexámetros.*

hexasílabo, ba adj./s.m. De seis sílabas, esp. referido a un verso: *En español no son frecuentes las palabras hexasílabas. El hexasílabo es uno de los versos más cortos.*

hez ▌s.f. **1** Sedimento o parte de desperdicio de un preparado líquido que queda depositado en el fondo de un recipiente: *Apuró la copa de vino hasta las heces.* **2** Lo más vil y despreciable: *Esos delincuentes son la hez de esta ciudad.* ▌pl. **3** Excrementos que expulsa el cuerpo por el ano: *Hoy saben los resultados del análisis de heces y de orina.* □ USO En la acepción 1, se usa más en plural.

hiato s.m. **1** Contacto de dos vocales que forman sílabas distintas: *En 'tranvía' hay un hiato.* **2** En métrica, licencia que consiste en pronunciar separadas la vocal final de una palabra y la inicial de la palabra siguiente: *En ese verso hay hiato en 'mi hado'.* □ SEM. 1. En la acepción 1, dist. de *diptongo* (conjunto de dos vocales que se pronuncian en una misma sílaba). 2. En la acepción 2, dist. de *sinalefa* (pronunciación en una misma sílaba de la vocal final de una palabra y de la inicial de la palabra siguiente).

hibernación s.f. **1** En ciertos animales, estado que se presenta como adaptación al invierno y que consiste en un descenso de la temperatura corporal y de la actividad metabólica: *La hibernación es como un sueño que dura todo el invierno.* **2** En una persona, estado semejante que se consigue de modo artificial mediante el frío y el uso de ciertos fármacos: *Dicen que un famoso dibujante americano está en estado de hibernación esperando que los adelantos científicos puedan revivirlo.*

hibernar v. **1** Referido a un animal, pasar el invierno en estado de hibernación: *El lirón hiberna en los meses fríos.* **2** Referido a un organismo, conservarlo artificialmente mediante su enfriamiento progresivo y el uso de ciertos fármacos: *En su testamento pidió que lo hibernaran, por si en un futuro era posible hacerlo vivir de nuevo.*

híbrido, da adj./s.m. **1** Referido a un animal o a un vegetal, que procede del cruce de dos individuos de distinto género o distinta especie: *La ingeniería genética crea nuevas especies híbridas. El mulo es un híbrido de burro y yegua.* **2** Que es producto de elementos de distinta naturaleza o está formado por ellos: *La mezcla de verso y prosa hacen que sea un poema híbrido. Esta película es un híbrido de comedia y tragedia.*

hidalgo, ga ▌adj. **1** Del hidalgo o relacionado con este miembro de la baja nobleza: *Su educación hidalga le impedía trabajar.* **2** Noble y generoso: *Con su hidalgo comportamiento ha resuelto las situaciones más delicadas.* ▌s. **3** Persona que por su sangre es de una clase noble y distinguida: *Los hidalgos pertenecían a la antigua baja nobleza y vivían de sus propiedades.*

hidalguía s.f. **1** Condición social del hidalgo: *La hidalguía eximía del pago de tributos.* **2** Nobleza y generosidad de carácter: *Se comportó con hidalguía y reconoció su error.*

hidátide s.f. **1** Larva de una tenia intestinal del perro que puede pasar a las personas y alojarse en su hígado o en sus pulmones formando quistes: *Este quiste se ha formado en los tejidos por el crecimiento de hidátides.* **2** Vesícula o quiste que contiene esta larva: *Operaron al niño para extirparle las hidátides.*

hidatídico, ca adj. De la hidátide, esp. referido al quiste formado por esta larva: *Puede formarse un quiste hidatídico en los pulmones o en el hígado.*

hidra s.f. Animal cuyo cuerpo, parecido a un tubo, contiene una sola cavidad que comunica con el exterior por un orificio rodeado de tentáculos que le sirve de boca y de ano, y que vive en charcas adherido a las plantas acuáticas: *La hidra se reproduce por gemación.*

hidrácido s.m. Ácido inorgánico que resulta de la combinación de hidrógeno con elementos químicos no metálicos: *El ácido sulfhídrico es un hidrácido.*

hidratación s.f. **1** Combinación de un cuerpo o de un compuesto químico con agua: *De la hidratación de ácidos fuertes se desprende calor.* **2** Restablecimiento del grado de humedad normal de la piel: *Conviene beber mucha agua para una correcta hidratación del cuerpo.*

hidratante s.f. Producto cosmético que hidrata la piel: *Me he comprado una hidratante para la cara.*

hidratar v. **1** Referido a un cuerpo, combinarlo con agua: *Cuando se hidrata la cal viva, desprende calor.* **2** Restablecer el grado de humedad normal de la piel: *Esta crema broncea e hidrata.*

hidrato s.m. **1** Compuesto químico que resulta de combinar una sustancia con una o varias moléculas de agua: *Los hidratos inorgánicos pierden moléculas de agua cuando se calientan.* **2** ‖ **hidrato de carbono.** Compuesto orgánico formado por carbono, hidrógeno y oxígeno, en el que el hidrógeno está en doble proporción que el oxígeno; *glúcido: Una dieta equilibrada debe incluir grasas, proteínas e hidratos de carbono.*

hidráulico, ca ▌adj. **1** De la hidráulica o relacionado con ella: *El agua embalsada se usa para producir energía hidráulica.* **2** Que se mueve o funciona por medio del agua o de otro líquido: *Tengo que cambiar el líquido de los frenos hidráulicos de mi coche.* ▌s.f. **3** Parte de la física que estudia el equilibrio y el movimiento del agua y otros fluidos: *Este principio físico es esencial en hidráulica.* **4** Técnica de conducir, contener, elevar y aprovechar las aguas: *Los acueductos son muestras del gran desarrollo de la hidráulica en la época romana.*

hidro- Elemento compositivo que significa 'agua': *hidroavión, hidrocarburo, hidroelectricidad, hidrosoluble, hidrotermal.*

hidroavión s.m. Avión que lleva unos flotadores que le permiten posarse en el agua o despegar de ella: *Los hidroaviones son muy utilizados en la extinción de incendios.*

hidrocarburo s.m. Compuesto químico formado por carbono e hidrógeno: *La gasolina es un hidrocarburo.*

hidrocefalia s.f. En medicina, acumulación anormal de líquido cefalorraquídeo en las cavidades cerebrales: *La hidrocefalia es una lesión congénita que puede producir trastornos nerviosos.* ☐ PRON. Incorr. *[hidrozefalía].

hidrocéfalo, la adj. Que padece hidrocefalia: *Las personas hidrocéfalas suelen tener la cabeza anormalmente grande.*

hidrodinámico, ca ▌adj. **1** De la hidrodinámica o relacionado con esta parte de la física: *En física se hacen estudios hidrodinámicos.* ▌s.f. **2** Parte de la física que estudia el movimiento de los fluidos y de los cuerpos sumergidos en ellos: *Los estudios de hidrodinámica han permitido construir submarinos.*

hidroeléctrico, ca adj. De la energía eléctrica obtenida por la fuerza del agua en movimiento o relacionado con ella: *Los embalses producen energía hidroeléctrica.*

hidrófilo, la adj. **1** Referido a una sustancia, que absorbe el agua con facilidad: *Usó algodón hidrófilo para limpiarse las heridas.* **2** Referido a un organismo, que vive en ambientes húmedos: *Las plantas que hay en la orilla del río son hidrófilas.*

hidrofobia s.f. **1** Temor enfermizo al agua: *No se baña porque tiene hidrofobia.* **2** Enfermedad infecciosa producida por un virus, que padecen algunos animales y que se transmite a las personas o a otros animales por mordedura; *rabia: Los zorros juegan un papel importante en la difusión de la hidrofobia.*

hidrófobo, ba adj./s. Que padece hidrofobia: *Los perros hidrófobos sienten un gran dolor al tragar. La mordedura de los hidrófobos puede contagiar la rabia.*

hidrógeno s.m. Elemento químico, no metálico, gaseoso, de número atómico 1, y que combinado con el oxígeno forma el agua: *El hidrógeno es catorce veces más ligero que el aire.* ☐ ORTOGR. Su símbolo químico es *H*.

hidrografía s.f. **1** Parte de la geografía que trata de la descripción de los mares, de los lagos y de las corrientes de agua: *Un especialista en hidrografía demostró que el río había cambiado su curso.* **2** Conjunto de los lagos y de las corrientes de agua de un territorio: *La hidrografía de la zona norte del país es mayor que la de la zona sur.*

hidrográfico, ca adj. De la hidrografía o relacionado con ella: *Dejé en blanco la pregunta sobre las características hidrográficas de nuestro país.*

hidrólisis o **hidrolisis** s.f. En química, división o descomposición de un compuesto producidos por la acción del agua, de un ácido o de un fermento: *Durante la digestión, las grasas sufren una hidrólisis.* ☐ MORF. Invariable en número.

hidrolizado, da adj. Referido a un compuesto, que ha sido desdoblado o descompuesto por la acción del agua, de un ácido o de un fermento: *Los cereales hidrolizados son de más fácil digestión.*

hidropesía s.f. Acumulación anormal de líquido segregado por algunas membranas en cualquier cavidad o tejido del organismo: *Tener el vientre muy hinchado puede ser síntoma de hidropesía.*

hidrosfera s.f. Capa de la Tierra, situada entre la atmósfera y la litosfera, y que está compuesta por el conjunto de todas las aguas terrestres: *Lagos, mares, océanos y ríos forman la hidrosfera, junto con los hielos y las aguas subterráneas.* ☐ PRON. Incorr. *[hidrósfera].

hidrosoluble adj. Que se disuelve en el agua: *La vitamina C es hidrosoluble.* ☐ MORF. Invariable en género.

hidrostático, ca ▌adj. **1** De la hidrostática o relacionado con esta parte de la física: *En clase de física nos explicaron el funcionamiento de la balanza hidrostática.* ▌s.f. **2** Parte de la física que estudia el equilibrio de los fluidos y de los cuerpos sumergidos en ellos: *La hidrostática estudia las fuerzas que se ejercen sobre los fluidos y viceversa.*

hidroterapia s.f. Tratamiento y curación de las enfermedades mediante la aplicación del agua: *La hidroterapia se practica en balnearios.*

hidrotropismo s.m. Movimiento de orientación de un organismo, esp. de un vegetal o de una de sus partes, como respuesta al estímulo de la humedad: *La raíz de una planta busca la humedad a causa del hidrotropismo.*

hidróxido s.m. Compuesto químico inorgánico que contiene el hidroxilo o radical formado por un átomo de hidrógeno y otro de oxígeno: *Los hidróxidos de los metales forman bases y los de los no metales, ácidos.*

hidroxilo s.m. Radical químico formado por un átomo de hidrógeno y otro de oxígeno: *El hidroxilo forma parte de los alcoholes.*

hidruro s.m. Compuesto químico formado por la combinación del hidrógeno con otro elemento químico: *El amoniaco es un hidruro de nitrógeno.*

hiedra s.f. Planta trepadora, siempre verde, de flores verdosas en umbela, frutos negros, y de cuyos troncos y ramas nudosos brotan pequeñas raíces que se adhieren a las superficies en las que se apoyan; *yedra: La pared está cubierta de hiedra.*

hiel ▌s.f. **1** En el sistema digestivo de algunos animales, líquido viscoso de color verdoso o amarillento que es segregado por el hígado y que interviene en la digestión junto con el jugo pancreático: *La hiel es de sabor muy amargo.* **2** Sentimiento de irritación o de amargura: *Esas críticas tan duras son pura hiel.* ▌pl. **3** Circunstancias desagradables o adversas: *Para triunfar tuvo que soportar antes las hieles de los entrenamientos.* ☐ SEM. En las acepciones 1 y 2, es sinónimo de *bilis*.

hielo s.m. **1** Agua solidificada a causa de un descenso suficiente de la temperatura: *Con cero grados de temperatura esta agua en estado líquido se convertiría en hielo. Si la bebida está fría, no me eches cubitos de hielo.* **2** Indiferencia o frialdad en los sentimientos: *Me lanzó una mirada de hielo.* **3** ‖ **{quebrar/romper} el hielo.** *col.* En una relación, romper la reserva, el recelo, el embarazo o la frialdad existentes: *La conversación era muy tensa y rompió el hielo contando un chiste.*

a b c d e f g **h** i j k l m n ñ o p q r s t u v w x y z

hiena s.f. **1** Mamífero carnívoro propio de los continentes asiático y africano, de pelo áspero y grisáceo, que se alimenta fundamentalmente de carroña: *La hiena produce un sonido parecido a la risa humana.* **2** Persona cruel y de malos instintos: *Es una hiena y siempre se aprovecha de los demás.* □ MORF. En la acepción 1, es un sustantivo epiceno y la diferencia de sexo se señala mediante la oposición *la hiena {macho/hembra}*.

hierático, ca adj. **1** Referido a un estilo artístico, que es de rasgos rígidos y majestuosos: *La antigua escultura egipcia era hierática.* **2** Referido a un gesto, que no deja ver ningún sentimiento: *Tus ademanes hieráticos te convierten en una persona distante.*

hieratismo s.m. Rigidez, majestuosidad o severidad en el aspecto exterior: *El hieratismo es una característica del arte egipcio, griego y bizantino.*

hierba ▮ s.f. **1** Planta anual, de pequeño tamaño y que carece de tallo leñoso persistente: *Las hierbas crecen en los campos cuando llueve.* **2** Conjunto de estas plantas que crecen en un terreno, esp. el que sirve de alimento al ganado: *El valle estaba cubierto de hierba y flores.* **3** En el lenguaje de la droga, marihuana: *Nunca he fumado hierba.* ▮ pl. **4** *col.* Conjunto de plantas usadas como condimento, para hacer infusiones o para la elaboración de algunos productos: *Le gusta echar a la comida todo tipo de hierbas.* **5** ‖ **como la mala hierba.** *col.* Referido a algo perjudicial o desagradable, muy deprisa: *Aquellos rumores crecieron como la mala hierba y no hubo modo de pararlos.* ‖ **finas hierbas.** Las que se pican muy menudas y se usan como condimento: *¿Te gusta el paté a las finas hierbas?* ‖ **hierba buena.** →**hierbabuena.** ‖ **(hierba) luisa.** →**hierbaluisa.** □ MORF. 1. El plural de *hierba buena* es *hierbas buenas*. 2. El plural de *hierba luisa* es *hierbas luisas*. □ SINT. *Como la mala hierba* se usa más con los verbos *crecer*, *extenderse* o equivalentes. □ SEM. Es sinónimo de *yerba*.

hierbabuena s.f. Planta herbácea de olor agradable que se emplea como condimento: *Me gusta el té con hierbabuena.* □ ORTOGR. Admite también la forma *hierba buena*. □ MORF. Su plural es *hierbabuenas*.

hierbaluisa s.f. Planta herbácea de olor agradable, cuyas hojas se toman como infusión tónica, estomacal y digestiva; *luisa*: *La hierbaluisa tiene olor a limón.* □ ORTOGR. Admite también la forma *hierba luisa*. □ MORF. Su plural es *hierbaluisas*.

hierro s.m. **1** Elemento químico, metálico y sólido, de número atómico 26, dúctil, maleable y de color gris azulado, muy utilizado en la industria y en el arte: *Las rejas son de hierro forjado.* **2** Arma, instrumento o pieza hechos con este metal: *Mientras unos juntaban el ganado para marcarlo, otros calentaban los hierros.* **3** En tauromaquia, ganadería de toros de lidia: *Se llevó el premio de la feria al mejor hierro.* **4** ‖ **de hierro.** Dotado de gran fortaleza y resistencia, esp. referido a la salud o al carácter de una persona: *Tiene una salud de hierro y nunca se resfría.* ‖ **quitar hierro.** *col.* Referido a algo que parece grave, exagerado o peligroso, quitarle importancia: *Quitó hierro al problema para que los demás no se preocuparan.* □ ORTOGR. 1. Dist. de *yerro*. 2. En la acepción 1, su símbolo químico es *Fe*.

hifa s.f. En un hongo, filamento blanco y ramificado que se encuentra en el interior de la tierra y que forma el micelio o aparato vegetativo: *Cada hifa encierra en su interior una sustancia celular y muchos núcleos.*

hi-fi s.m. →**alta fidelidad.** □ MORF. Es un acrónimo que procede de la sigla de *High Fidelity* (alta fidelidad). □ USO Es un anglicismo innecesario.

higa s.f. **1** Amuleto con figura de puño con el dedo pulgar asomando entre el índice y el corazón: *Le regaló una cadena y una higa de azabache.* **2** ‖ **una higa.** Muy poco o nada: *Me importa una higa que no me salude.* □ SINT. La acepción 2 se usa más con los verbos *importar*, *valer* o equivalentes, y en expresiones negativas.

higadillo s.m. Hígado de los animales de pequeño tamaño, esp. el de las aves: *Me gustan los higadillos de pollo fritos.*

hígado s.m. **1** En el sistema digestivo de los animales vertebrados, órgano glandular, situado en la parte anterior derecha del abdomen, que produce la bilis y que desempeña funciones metabólicas importantes: *El hígado destruye sustancias tóxicas, almacena vitaminas y colabora en la digestión.* **2** En el sistema digestivo de algunos animales invertebrados, glándula parecida a este órgano: *El hígado de los invertebrados también desempeña importantes funciones metabólicas.* **3** *col.* Ánimo o valor: *Tiene que tener muchos hígados, porque si no, no se hubiera ofrecido a llevar él solo toda la responsabilidad.* **4** ‖ **echar los hígados.** *col.* Realizar un gran esfuerzo: *Echó los hígados para ganar la carrera.* □ MORF. La acepción 3 se usa más en plural.

higiene s.f. Aseo o limpieza que tiene por objeto la conservación de la salud y la prevención de enfermedades: *Me ducho todos los días porque para mí la higiene diaria es una necesidad. En el colegio enseñan a los niños higiene bucal.*

higiénico, ca adj. De la higiene o relacionado con ella: *La recogida de la basura es una medida higiénica que evita malos olores y posibles infecciones.*

higienizar v. Dotar de condiciones higiénicas: *Hay que higienizar los establecimientos públicos.* □ ORTOGR. La *z* se cambia en *c* delante de *e* →**CAZAR.**

higo s.m. **1** Fruto de la higuera, blando, dulce, de carne blanca o más o menos rojiza y con muchas semillas, cuya piel es de color verde, violáceo o negro según las especies: *Los higos también se pueden comer secos.* **2** ‖ **de higos a brevas.** *col.* Con poca frecuencia: *Solo vienes a verme de higos a brevas.* ‖ **hecho un higo.** *col.* Estropeado o arrugado: *Dobló mal los jerséis y ahora están hechos un higo.* ‖ **higo chumbo.** Fruto de la chumbera: *Los higos chumbos tienen espinas.* ‖ **un higo.** Muy poco o nada: *Me importa un higo que vengas o no.* □ SINT. *Un higo* se usa más con los verbos *importar*, *valer* o equivalentes, y en expresiones negativas.

higro- Elemento compositivo que significa 'humedad': *higrometría, higroscopio.*

higrometría s.f. Parte de la física que estudia las causas que producen la humedad atmosférica y la medida de sus variaciones: *La higrometría está relacionada con la meteorología.*

higrométrico adj. De la higrometría, del higrómetro o relacionado con ellos: *Hay que hacer un análisis de las condiciones higrométricas de la atmósfera.*

higrómetro s.m. Instrumento que sirve para medir la humedad del aire atmosférico: *El profesor nos explicó los distintos tipos de higrómetro.* 👁 **medida**

higuera s.f. **1** Árbol frutal de savia lechosa, con hojas grandes de color verde brillante y cuyos frutos son los higos: *Las higueras tienen la savia muy amarga.* **2** ‖ **estar en la higuera.** *col.* Estar distraído o ajeno a lo que sucede alrededor: *No te has enterado de la conversación porque estabas en la higuera.* ‖ **higuera chumba.** Planta muy carnosa, con tallos a modo de hojas y en forma de paletas ovales con espinas, y cuyo fruto es el higo chumbo; *chumbera: Los frutos de la higuera chumba tienen el tamaño de un huevo de gallina.*

hijastro, tra s. Respecto de una persona, hijo o hija que su cónyuge ha tenido en una unión anterior: *Tiene un hijastro porque su marido aportó un hijo al matrimonio.*

hijo, ja ▮ s. **1** Respecto de una persona, otra engendrada por ella o que está legalmente a su cargo aunque no sea esta su padre o madre biológicos: *Al mes de casarse se quedó embarazada de su primer hijo. Mi tío adora a su hija adoptiva.* **2** Respecto de un suegro, su nuera o su yerno: *Al anciano le emociona ver la buena pareja que hacen sus hijos.* **3** Respecto de una persona, miembro de las generaciones que descienden de ella: *Según la Biblia, todos somos hijos de Adán y Eva.* **4** Respecto de un lugar geográfico, persona nacida en él: *Soy hija de Madrid.* **5** Lo que es resultado de algo: *Su destreza es hija de la experiencia.* ▮ s.m. **6** Respecto de un ser, esp. de una planta, lo que nace o brota de él: *A la palmera que compré le está saliendo un hijo.* ▮ s.m.pl. **7** Respecto de una persona, otras engendradas por ella. **8** ‖ **hijo {de confesión/espiritual}.** Respecto de un director espiritual, persona a la que este guía en materia de religión y de conciencia: *El sacerdote escuchaba en confesión a su hijo espiritual.* ‖ **hijo de leche.** Respecto de un ama de cría, persona que ha sido amamantada por ella: *Quiere a sus hijos de leche como si fueran propios.* ‖ **hijo de papá.** *col.* Persona que satisface sus necesidades y deseos gracias al respaldo paterno y sin hacer esfuerzos o merecimientos propios: *Es un hijo de papá que ha llegado a director por enchufe y no por sus méritos.* ‖ **hijo de {perra/puta}.** *vulg.malson.* Persona a la que se considera malvada o despreciable: *¡Me las pagarás, hijo de puta!* ‖ **hijo de {su madre/tal}.** *euf.* Hijo de puta: *No quiero volver a ver a ese hijo de tal.* ‖ **hijo de vecino.** *col.* Persona normal y corriente: *Se las da de noble, pero es un hijo de vecino como tú y como yo. Le gusta la diversión, como a cualquier hijo de vecino.* ‖ **hijo ilegítimo.** El no reconocido legalmente: *Después de los resultados de las pruebas de paternidad, el cantante tuvo que reconocer a su hijo ilegítimo.* ‖ **hijo legítimo.** El reconocido legalmente: *Solo el hijo legítimo del rey podrá sucederlo en el trono.* ‖ **hijo natural.** El ilegítimo, esp. el de padres que están libres para contraer matrimonio: *Cuando supieron que iban a tener un hijo natural, adelantaron la boda.* ‖ **hijo pródigo.** El que regresa al hogar de los padres después de haberlo abandonado (por alusión a la parábola bíblica del mismo nombre): *Toda la familia se alegró por el regreso del hijo pródigo.* ☐ MORF. La acepción 3 se usa más en plural. ☐ USO 1. Se usa como apelativo: *Mi hermana me dijo: '¡Ay, hija, no sé cómo lo aguantas!'.* 2. Las expresiones *hijo de {'perra'/puta}* e *hijo de {su madre/tal}* son despectivas y se usan como insulto.

hijodalgo s.m. *ant.* →**hidalgo, ga.** ☐ MORF. Su plural es *hijosdalgo.*

hilacha s.f. **1** En una tela, hilo que se ha desprendido y cuelga de ella: *Se rasgó el pantalón y le colgaban hilachas.* **2** Resto o porción insignificante: *Aún quedan por hacer algunas hilachas del trabajo.* ☐ SEM. Es sinónimo de *hilacho.*

hilacho s.m. →**hilacha.**

hilada s.f. Conjunto de elementos colocados en línea; *hilera: El río estaba bordeado por una hilada de árboles.*

hiladillo s.m. Cinta estrecha de hilo, de seda o de algodón: *Puso hiladillo en el bajo de la falda para que no se deshilachara.*

hilado, da s.m. **1** Transformación de una materia textil en hilo: *El hilado de la seda requiere una técnica compleja.* **2** Porción de materia textil que ha sido sometida a esta transformación; *hilaza: Los hilados de lana se vendieron a buen precio.*

hilandería s.f. **1** Arte o técnica de hilar: *La hilandería se ha practicado durante siglos de manera artesanal.* **2** Fábrica de hilados: *En las modernas hilanderías se confeccionan tejidos por procedimientos muy automatizados.*

hilandero, ra s. Persona que se dedica profesionalmente a hilar: *El pintor español Velázquez inmortalizó a las hilanderas en un famoso cuadro.*

hilar v. **1** Referido a una materia textil, transformarla en hilo: *Aún quedan artesanos que hilan con rueca. Con la lana que hilaron hicieron varios ovillos.* **2** Referido a cosas sin relación aparente, relacionarlas de modo que se llegue a una deducción a partir de ellas: *Después de hilar todos los datos, se dio cuenta de lo que realmente sucedía.* **3** Referido a un animal, esp. a una araña o a un gusano de seda, producir o segregar una hebra de hilo: *El gusano de seda hila para formar el capullo. La araña hila una sustancia líquida con la que teje sus telas.* **4** ‖ **hilar {delgado/fino}.** Proceder con exactitud, minuciosidad o sutileza, esp. en las apreciaciones subjetivas: *Cuando le expongas tus críticas tendrás que hilar fino para no ofenderla.*

hilarante adj. Que produce gran alegría o ganas de reír: *De repente me vi metida en una situación absurda e hilarante.* ☐ MORF. Invariable en género.

hilaridad s.f. Risa ruidosa y prolongada que se provoca en una reunión: *La ocurrencia del payaso causó gran hilaridad entre los niños.*

hilatura s.f. Arte, técnica o industria de transformar materias textiles en hilo: *La hilatura es conocida desde la Antigüedad.*

hilaza s.f. Porción de materia textil transformada en hilo; *hilado: Tejieron la tela con hilaza de lino.*

hilera ▮ s.f. **1** Conjunto de elementos colocados en línea; *hilada: En cada estante había una hilera de libros. En el desfile los soldados marchaban en hilera.* **2** En metalurgia o en orfebrería, máquina o instrumento para reducir los metales a hilos o alambres: *Con las hileras se fabrica el hilo de plata que se emplea en artesanía.* ▮ pl. **3** En una araña o en otro animal hilador, conjunto de apéndices o abultamientos agrupados alrededor del ano y en los que se localizan las glándulas productoras del líquido con el que forman los hilos: *Las arañas tienen seis hileras, provistas de numerosos tubitos por los que sale la seda.*

hilo s.m. **1** Fibra o conjunto de fibras retorcidas, largas y delgadas que se obtienen de una materia textil, esp. las que se usan para coser: *Cogí aguja e hilo para coser un botón. He comprado unas madejas de hilo para hacerme un jersey fresquito.* 👁 **costura** **2** Tela confeccionada con esta fibra: *Me gustan las sábanas de hilo por lo suaves que son.* **3** Hebra que segregan algunos animales, esp. las arañas y los gusanos de seda: *Las telarañas y los capullos del gusano de seda están formados por hilos.* **4** Filamento o alambre muy delgados y flexibles: *Los cables de la luz llevan hilos de cobre.* **5** Cable transmisor: *El ladrón cortó* *el hilo telefónico para dejar incomunicada la vivienda.* **6** Chorro muy delgado de un líquido: *Le salía un hilo de sangre de la herida.* **7** Lo que da continuidad a lo que se dice o a lo que ocurre, esp. a una conversación: *Estaba tan cansada que a ratos perdía el hilo de la película. Un suceso inesperado precipitó el hilo de los acontecimientos.* **8** ‖ **{colgar/pender} de un hilo.** Estar en situación de gran inseguridad o riesgo: *En manos de esos malhechores, la vida de los rehenes pende de un hilo.* ‖ **hilo de voz.** Voz muy débil o apagada: *Después del susto, solo le salía un hilo de voz.* ‖ **hilo musical.** Sistema de transmisión del sonido que permite escuchar programas a través de un receptor conectado al cable telefónico y sin impedir el uso del teléfono: *En la sala de espera del dentista se oía el hilo musical.*

hilván s.m. **1** Costura provisional de puntadas largas, con la que se unen y preparan las telas para su cosido definitivo: *Pruébate los pantalones con cuidado para no deshacer el hilván.* **2** Cada una de esas puntadas: *No hace falta que hagas los hilvanes tan pequeños.* **3** Hilo o hebra con los que se hace esa costura: *Cuando lo hayas cosido a máquina, saca los hilvanes.*

hilvanar v. **1** Referido a una tela, coserla con hilvanes para preparar su cosido definitivo: *Hilvana la camisa y pruébatela para ver cómo te sienta.* **2** Referido esp. a ideas o a palabras, enlazarlas o coordinarlas: *Si hilvanas bien todos los datos, podrás sacar conclusiones acertadas.* **3** *col.* Preparar con precipitación o de manera imprecisa: *El consejo solo hilvanó un plan que ahora deben desarrollar los expertos.*

himen s.m. En una mujer o en las hembras de algunos animales, repliegue membranoso que cierra parcialmente el orificio externo de la vagina y que se desgarra en la primera relación sexual; *virgo: El himen se ha considerado tradicionalmente una prueba de virginidad.*

himeneo s.m. **1** *poét.* Boda: *La poesía bucólica relata los amores e himeneos pastoriles.* **2** Composición lírica destinada a ser cantada en una boda: *El poema de Antonio Machado 'Bodas de Francisco Romero' es un himeneo.*

himno s.m. Composición poética o musical de alabanza o de exaltación, de tono solemne, esp. la que se hace en honor de la divinidad o para representar a una colectividad: *La oración que rezamos era un himno a la Virgen. Cuando izaron la bandera sonó el himno nacional.*

hincapié ‖ **hacer hincapié en** algo. *col.* Recalcarlo o insistir especialmente en ello: *El médico hizo mucho hincapié en que debes evitar cualquier esfuerzo.*

hincar ▮ v. **1** Referido esp. a algo con punta, clavarlo o introducirlo en otra cosa mediante presión: *Hincó el tenedor en el filete y se lo echó en su plato.* **2** Apoyar con fuerza o con firmeza en algo: *El acróbata hincó sus manos en el suelo y empezó a andar boca abajo.* ▮ prnl. **3** Arrodillarse: *El sacerdote se hincó ante el altar mayor.* ☐ ORTOGR. La *c* se cambia en *qu* delante de *e* →**SACAR**.

hincha ▮ s. **1** Partidario entusiasta o apasionado de alguien, esp. de un equipo deportivo o de una persona famosa: *Los hinchas celebraron con gran alboroto la victoria de su equipo.* ▮ s.f. **2** *col.* Sentimiento de odio o de rechazo contra alguien: *Desde que me hizo aquella faena, le tengo una hincha que no lo puedo ver.* ☐ MORF. En la acepción 1, es de género común y exige concordancia en masculino o en femenino para señalar la diferencia de sexo: *el hincha, la hincha.* ☐ USO En la acepción 1, es innecesario el uso del anglicismo *supporter.*

hinchada s.f. Conjunto de hinchas: *La hinchada del equipo local estuvo cantando durante todo el partido.*

hinchar ▮ v. **1** Referido a un cuerpo, llenarlo o hacer que aumente su volumen introduciendo en él una sustancia, esp. un fluido: *Hincha más el balón para que bote mejor. Comimos hasta hincharnos.* **2** Referido esp. a un suceso, exagerarlo o ampliarlo: *La radio hinchó el incidente y lo presentó como un escándalo.* ▮ prnl. **3** Referido a una parte del cuerpo, aumentar su volumen, esp. por efecto de una herida, de un golpe o de una acumulación de líquido: *Después del golpe se me hinchó el codo.* **4** *col.* Referido a una actividad, hacerla en exceso: *Me he hinchado a trabajar y estoy agotado.* **5** Mostrarse presuntuoso u orgulloso de las propias cualidades y obras: *Cuando habla de sus estudios se hincha.* ☐ SINT. Constr. de la acepción 4: *hincharse {A/DE} algo.* ☐ SEM. En las acepciones 1, 2, 4 y 5, es sinónimo de *inflar.*

hinchazón s.f. Aumento de volumen de una parte del cuerpo, esp. el que se produce por efecto de una herida, de un golpe o de una acumulación de líquido; *tumefacción: Con este linimento te bajará la hinchazón del tobillo.*

hindi s.m. Lengua indoeuropea de la India (país asiático): *El hindi y el inglés son las dos lenguas oficiales de la India.* ☐ PRON. Aunque la pronunciación correcta es [índi], está muy extendida la pronunciación [indí]. ☐ ORTOGR. Dist. de *hindú.*

hindú adj./s. **1** Que tiene como religión el hinduismo; *hinduista: Los creyentes hindúes consideran a las vacas animales sagrados. Los hindúes creen en la transmigración de las almas.* **2** De la India (país asiático), o relacionado con ella; *indio: Mi amiga vestía un traje hindú. Los hindúes tienen una civilización muy antigua.* ☐ ORTOGR. Dist. de *hindi.* ☐ MORF. 1. Como adjetivo es invariable en género. 2. Como sustantivo es de género común y exige concordancia en masculino o en femenino para señalar la diferencia de sexo: *el hindú, la hindú.* 3. Aunque su plural en la lengua culta es *hindúes*, también se usa *hindús.* 4. En la acepción 2, como sustantivo se refiere solo a las personas de la India.

hinduismo s.m. Religión mayoritaria en la India (país asiático), en la que se engloba un conjunto poco unificado de ritos y cultos que responden a creencias comunes determinantes de una cultura y una actitud vital: *Según el hinduismo, las almas deben rencarnarse sucesivamente hasta alcanzar la inmortalidad.*

hinduista ▮ adj. **1** Del hinduismo o relacionado con esta religión: *Algunos ritos hinduistas son antiquísimos.* ▮ adj./s. **2** Que tiene como religión el hinduismo; *hindú: La población hinduista es mayoritaria en la India. Los hinduistas tienen varios dioses.* ☐ MORF. 1. Como adjetivo es invariable en género. 2. Como sustantivo es de género común y exige concordancia en masculino o en femenino para señalar la diferencia de sexo: *el hinduista, la hinduista.*

hinojo s.m. **1** Planta herbácea aromática, de hasta dos metros de altura, de hojas recortadas y flores amarillas agrupadas, muy usada en medicina por sus propiedades digestivas y como condimento por su sabor dulce y anisado: *Echó un poco de hinojo para suavizar el guiso.* **2** ‖ **de hinojos.** De rodillas: *Cayó de hinojos a sus pies y le imploró perdón.*

hipar v. **1** Tener hipo: *Le di un susto para que dejara de hipar.* **2** Llorar con sollozos semejantes al hipo: *El niño hipaba porque quería irse con su madre.*

hiper- Elemento compositivo que significa 'con exceso'

(*hiperrealismo, hipersensible, hipertensión, hipervitaminosis*) o 'muy grande' (*hipermercado*). ☐ USO Su uso con el significado de 'muy' es propio de la lengua coloquial: *hipercontento, hiperrápido, hiperlejos*.

híper s.m. *col.* →**hipermercado.** ☐ MORF. Invariable en número.

hipérbaton s.m. Figura retórica o procedimiento del lenguaje consistente en la alteración del orden lógico o normal de las palabras o de las oraciones: *La oración de 'verdes sauces hay una espesura' es un hipérbaton.* ☐ MORF. Su plural es *hipérbatos*.

hipérbola s.f. En geometría, curva plana y simétrica que resulta de cortar una superficie cónica por un plano paralelo a su eje: *El enunciado del problema pedía que encontrásemos la ecuación de la hipérbola.* ☐ ORTOGR. Dist. de *hipérbole*.

hipérbole s.f. Figura retórica o procedimiento del lenguaje consistente en exagerar aquello de lo que se habla: *'Érase un naricísimo infinito' es una hipérbole de Quevedo.* ☐ ORTOGR. Dist. de *hipérbola*.

hiperbólico, ca adj. **1** En literatura, de la hipérbole, con hipérboles o relacionado con esta figura retórica: *Cuando habla de su ídolo, todo son grandes alabanzas y expresiones hiperbólicas.* **2** En geometría, de la hipérbola o con la forma de esta curva: *Al representar la función sobre los ejes de coordenadas obtuvimos una figura hiperbólica.*

hiperclorhidria s.f. En medicina, exceso de ácido clorhídrico en el jugo gástrico: *Toma bicarbonato para paliar su hiperclorhidria.*

hiperespacio s.m. *col.* En ciencia ficción, espacio de más de tres dimensiones: *La nave surcó el hiperespacio en dirección a su galaxia.*

hiperestesia s.f. En medicina, sensibilidad excesiva, patológica y molesta: *Tiene hiperestesia en esa zona del brazo y al rozarlo siente un gran dolor.*

hiperestésico, ca adj. En medicina, de la hiperestesia o relacionado con esta patología de la sensibilidad: *Los trastornos hiperestésicos pueden deberse a una lesión en algún nervio.*

hipermercado s.m. Establecimiento de grandes dimensiones, en el que la venta se realiza por autoservicio y generalmente a precios económicos, que suele estar situado en las afueras de las ciudades y que dispone de grandes aparcamientos para sus clientes: *Fuimos al hipermercado con el coche y cargamos compra para un mes.* ☐ MORF. En la lengua coloquial se usa mucho la forma abreviada *híper*.

hipermétrope adj./s. Referido a una persona, que padece de hipermetropía: *Las personas hipermétropes ven borrosos los objetos cercanos. Los hipermétropes necesitan lentes para corregir su visión.* ☐ MORF. 1. Como adjetivo es invariable en género. 2. Como sustantivo es de género común y exige concordancia en masculino o en femenino para señalar la diferencia de sexo: *el hipermétrope, la hipermétrope*.

hipermetropía s.f. Defecto de la visión consistente en ver de manera confusa lo que está cerca, por formarse la imagen de los objetos más allá de la retina: *La hipermetropía se corrige con gafas.*

hipertenso, sa adj./s. Que tiene la tensión alta: *A las personas hipertensas el médico les suele prohibir la sal. Los hipertensos suelen tener dolores de cabeza y hemorragias nasales.* ☐ SEM. Dist. de *hipotenso* (que tiene la tensión baja).

hipertexto s.m. Sistema informático que permite acceder a toda la información escrita contenida en el ordenador y manipularla según se necesite: *Con el hipertexto se puede buscar la misma palabra en todos los documentos que se hayan archivado.*

hipertrofia s.f. **1** En medicina, aumento excesivo del volumen de un órgano o de un tejido orgánico: *Los culturistas tienen hipertrofia muscular.* **2** Desarrollo excesivo, esp. si tiene efectos perjudiciales: *La hipertrofia de la burocracia, lejos de mejorar el servicio, lo complica y entorpece.* ☐ SEM. Dist. de *atrofia* (falta de desarrollo o disminución de tamaño).

hipertrofiar v. Producir hipertrofia o un desarrollo excesivo: *El ejercicio excesivo hipertrofia los músculos. A los tenistas se les hipertrofia el brazo con el que cogen la raqueta.* ☐ ORTOGR. La *i* nunca lleva tilde. ☐ SEM. Dist. de *atrofiar* (impedir el desarrollo).

hipervínculo s.m. Enlace que permite ir de una página web a otras relacionadas con esta: *Estuve en una página web que trataba sobre cine y tenía muchos hipervínculos.*

hip-hop s.m. Movimiento cultural popular que surgió en los años setenta en Estados Unidos (país norteamericano): *El rap y el grafiti son algunas de las manifestaciones culturales del hip-hop.* ☐ PRON. [hip hop], con *h* aspirada.

hípico, ca ▌adj. **1** Del caballo o relacionado con él: *Este domingo hay varias competiciones hípicas en el hipódromo.* ▌s.f. **2** Deporte que se practica a caballo y cuyas pruebas presentan distintas modalidades: *La hípica es un deporte olímpico.*

hipido s.m. Gimoteo leve e insistente: *Daba pena verlo llorar dando hipidos.*

hipnosis s.f. Estado semejante al sueño, producido artificialmente por medio de la sugestión y caracterizado por el sometimiento de la voluntad a las órdenes de quien lo produce: *Sus ojos seguían el movimiento del péndulo y poco a poco fue cayendo en una hipnosis profunda.* ☐ MORF. Invariable en número.

hipnótico, ca ▌adj. **1** Del hipnotismo o relacionado con él: *Cuando despertó de la sesión hipnótica no recordaba nada de lo que había dicho.* ▌adj./s.m. **2** Referido esp. a un medicamento, que produce sueño: *Tomé un calmante con efectos hipnóticos. El médico le recetó un hipnótico contra el insomnio.*

hipnotismo s.m. Conjunto de teorías y procedimientos que se ponen en práctica para producir hipnosis: *Algunos psiquiatras recurren al hipnotismo para acceder al subconsciente de sus pacientes.*

hipnotizador, ra s. Persona que se dedica a producir hipnosis: *Entre los magos hay muchos hipnotizadores.*

hipnotizar v. **1** Producir hipnosis: *El mago hipnotizó a un grupo de espectadores.* **2** Producir gran fascinación o asombro: *Su presencia me hipnotiza y no me deja pensar en otra cosa.* ☐ ORTOGR. La *z* se cambia en *c* delante de *e* →**CAZAR.**

hipo s.m. **1** Movimiento convulsivo involuntario del diafragma, que produce un ruido característico debido a la expulsión interrumpida y brusca del aire de los pulmones: *Me tomé dos vasos de agua seguidos para quitarme el hipo.* **2** ‖ **quitar el hipo.** *col.* Sorprender o asombrar, generalmente a causa de la belleza o de las buenas cualidades: *Es una película de quitar el hipo.*

hipo- Elemento compositivo que significa 'debajo de' (*hipocentro, hipodermis, hipogeo*), 'escaso' (*hipoalergé-*

a b c d e f g h i j k l m n ñ o p q r s t u v w x y z

nico, hipotensión, hipofunción) o 'caballo' (*hipódromo, hipogrifo, hipología*).

hipoalergénico, ca adj. Con bajo riesgo de producir reacciones alérgicas: *Los maquillajes que se venden en farmacias suelen ser hipoalergénicos.*

hipocalórico, ca adj. Que contiene o que proporciona un bajo número de calorías: *El médico me recomendó un régimen hipocalórico para adelgazar.*

hipocampo s.m. Pez marino que nada en posición vertical y tiene la cabeza semejante a la del caballo; *caballito de mar: Los hipocampos miden entre 4 y 30 centímetros de longitud.* ☐ MORF. Es un sustantivo epiceno y la diferencia de sexo se señala mediante la oposición *el hipocampo {macho/hembra}*. 👁 **pez**

hipocentro s.m. En geología, punto o zona interior de la corteza terrestre donde se origina un terremoto: *La profundidad del hipocentro varía en cada seísmo.* ☐ SEM. Dist. de *epicentro* (zona de la superficie terrestre que cae encima del hipocentro).

hipocondría s.f. En medicina, depresión anímica caracterizada por una preocupación obsesiva por la propia salud y por el convencimiento de estar padeciendo graves enfermedades: *Por los síntomas que me describió, supuse que padecía hipocondría.* ☐ PRON. Incorr. *[hipokóndria].

hipocondríaco, ca o **hipocondriaco, ca** ▮ adj. **1** De la hipocondría o relacionado con esta depresión anímica: *Este enfermo presenta síntomas hipocondríacos.* ▮ adj./s. **2** Que padece hipocondría: *Era hipocondríaco y nunca salía de casa sin llevar todo tipo de medicamentos. Como es una hipocondríaca, cada vez que lee algo sobre una enfermedad cree padecerla.*

hipocondrio s.m. En anatomía, cada una de las dos partes situadas en la región del abdomen, debajo de las costillas falsas: *El bazo está en el hipocondrio izquierdo.*

hipocresía s.f. Fingimiento de cualidades, de ideas o de sentimientos contrarios a los que verdaderamente se tienen: *Es tal su hipocresía que, cuando yo estoy delante, me pone por las nubes, y cuando me doy la vuelta, me pone verde.*

hipócrita adj./s. Que finge cualidades, ideas o sentimientos contrarios a los que verdaderamente tiene: *Es tan hipócrita que solo actúa por el qué dirán. Son unos hipócritas porque dicen lo que no sienten.* ☐ MORF. 1. Como adjetivo es invariable en género. 2. Como sustantivo es de género común y exige concordancia en masculino o en femenino para señalar la diferencia de sexo: *el hipócrita, la hipócrita*.

hipodérmico, ca adj. Que está o se pone debajo de la piel: *Le pusieron una vacuna en el brazo con una aguja hipodérmica.*

hipodermis s.f. Capa más profunda de la piel, situada bajo la dermis: *Las células adiposas se acumulan en la hipodermis.* ☐ MORF. Invariable en número.

hipódromo s.m. Lugar destinado a la celebración de carreras de caballos: *En los hipódromos se pueden hacer apuestas por el caballo ganador.*

hipófisis s.f. En anatomía, glándula de secreción interna que está situada en la base del cráneo y que es el principal centro productor de hormonas; *glándula pituitaria: La hipófisis es del tamaño de un garbanzo y consta de dos lóbulos.* ☐ MORF. Invariable en número. ☐ SEM. Dist. de *epífisis* (pequeña glándula situada en el encéfalo, relacionada con el desarrollo de los caracteres sexuales).

hipogástrico, ca adj. Del hipogastrio o relacionado con esta parte del abdomen: *Los vasos hipogástricos se localizan en la zona abdominal.*

hipogastrio s.m. En anatomía, parte inferior del abdomen: *El hipogastrio se sitúa más abajo del ombligo.*

hipogeo s.m. **1** Sepultura subterránea abovedada en la que antiguamente se conservaban los cadáveres sin quemarlos: *Son conocidos los hipogeos egipcios.* **2** Capilla o edificio subterráneos: *En esa iglesia se descubrió un hipogeo.*

hipogrifo s.m. Animal fabuloso que se representaba mitad caballo y mitad grifo con alas: *Los hipogrifos suelen aparecer en los libros de caballerías medievales.* ☐ PRON. Incorr. *[hipógrifo].

hipopótamo s.m. Mamífero de gran tamaño, con patas cortas, cabeza y boca grandes y la piel gruesa y negruzca, que suele vivir en los grandes ríos del continente africano: *Los hipopótamos tienen los ojos, las orejas y los orificios nasales en la parte alta de la cabeza.* ☐ MORF. Es un sustantivo epiceno y la diferencia de sexo se señala mediante la oposición *el hipopótamo {macho/hembra}*. 👁 **ungulado**

hipotálamo s.m. En el encéfalo, parte que está situada en la base del cerebro y que desempeña un papel importante en la regulación de la vida vegetativa: *Las hormonas que produce el hipotálamo controlan las secreción de otras hormonas que, a su vez, controlan el organismo.*

hipotaxis s.f. Relación gramatical que se establece entre dos oraciones cuando una depende de la otra y esta funciona como principal; *subordinación: En la oración compuesta 'Dile que venga', entre 'que venga' y 'dile' hay hipotaxis.* ☐ MORF. Invariable en número.

hipoteca s.f. En derecho, contrato o derecho real que grava determinados bienes o recae sobre ellos, esp. sobre los inmuebles, como garantía para el cumplimiento de una obligación: *Obtuvo el préstamo del banco con una hipoteca de su casa.*

hipotecar v. **1** En derecho, referido esp. a bienes inmuebles, gravarlos como garantía para el cumplimiento de una obligación: *Hipotecó sus fincas para pagar sus deudas.* **2** Condicionar, obstaculizar o poner limitaciones: *Hipotecó su vida al aceptar aquel trabajo.* ☐ ORTOGR. La *c* se cambia en *qu* delante de *e* →**SACAR**.

hipotecario, ria adj. De la hipoteca o relacionado con esta: *Pidió un préstamo hipotecario para su nuevo negocio.*

hipotenso, sa adj./s. Que tiene la tensión baja: *Las personas hipotensas se fatigan con facilidad. Los hipotensos suelen tener mareos.* ☐ SEM. Dist. de *hipertenso* (que tiene la tensión alta).

hipotenusa s.f. En un triángulo rectángulo, lado opuesto al ángulo recto: *La hipotenusa es el lado más largo de un triángulo rectángulo.*

hipótesis s.f. Suposición o afirmación no demostrada a partir de las cuales se extrae una conclusión o una consecuencia: *Hay diversas hipótesis sobre el origen del universo.* ☐ MORF. Invariable en número.

hipotético, ca adj. De la hipótesis, que la expresa o que está basado en ella: *Esa investigación está realizada sobre casos hipotéticos. 'Si vienes, me quedaré' es una oración hipotética.*

hippie (anglicismo) adj./s. →**jipi.** ☐ PRON. [jípi], con *j* suave.

hippy (anglicismo) adj./s. →**jipi.** ☐ PRON. [jípi], con *j* suave. ☐ MORF. 1. Como adjetivo es invariable en género. 2. Como sustantivo es de género común y exige concordancia en masculino o en femenino para señalar la diferencia de sexo: *el hippy, la hippy*. 3. Su plural es *hippies*.

hirsuto, ta adj. **1** Referido al pelo, que es duro y áspero: *Tenía la barba hirsuta y le era muy difícil afeitarse.* **2** Que está cubierto por este tipo de pelo, por púas o por espinas: *Era un hombre de pecho hirsuto.*

hisopo s.m. **1** Planta con hojas pequeñas en forma de punta de lanza, tallos leñosos y flores en espiga, que se utiliza en medicina y en perfumería: *El hisopo es una planta muy aromática.* **2** Instrumento utilizado en el culto religioso católico, formado por un palo corto y redondo en uno de cuyos extremos hay una bola hueca agujereada que, al ser agitada, deja salir el agua bendita: *El sacerdote bendijo a los fieles con el hisopo.*

hispalense adj./s. Sevillano, esp. de la antigua Híspalis (ciudad romana correspondiente a la actual Sevilla andaluza): *La Giralda es uno de los monumentos hispalenses más famosos. Los hispalenses estuvieron bajo la dominación del Imperio romano.* ☐ MORF. 1. Como adjetivo es invariable en género. 2. Como sustantivo es de género común y exige concordancia en masculino o en femenino para señalar la diferencia de sexo: *el hispalense, la hispalense*. 3. Como sustantivo se refiere solo a personas.

hispánico, ca adj. **1** De España (país europeo), o relacionado con ella; *español: Un tópico hispánico es la siesta.* **2** De Hispania (nombre dado por los romanos a la península ibérica), relacionado con ella o con sus habitantes: *Los pueblos hispánicos fueron romanizados.* ☐ SEM. Es sinónimo de *hispano*.

hispanidad s.f. **1** Conjunto de países o pueblos de cultura o de lengua hispánicas: *La hispanidad celebra su fiesta el día 12 de octubre.* **2** Conjunto de características comunes de estos países o pueblos: *La marcada hispanidad de esta novela no impide su reconocimiento internacional.*

hispanismo s.m. **1** Estudio de la lengua y de la cultura hispánicas: *En el último congreso de hispanismo se habló de la expansión del español.* **2** En lingüística, palabra, significado o construcción sintáctica del español empleados en otra lengua: *En inglés, la palabra 'guerrilla' es un hispanismo.*

hispanista s. Persona especializada en el estudio de la lengua y de la cultura hispánicas: *Hubo un congreso de hispanistas sobre literatura del siglo XX.* ☐ MORF. Es de género común y exige concordancia en masculino o en femenino para señalar la diferencia de sexo: *el hispanista, la hispanista*.

hispanizar v. Dar o adquirir características que se consideran propias de lo español o del español; *españolizar: Las misiones españolas hispanizaron las tribus americanas. Se hispanizó durante su estancia en España.* ☐ ORTOGR. La *z* se cambia en *c* delante de *e* →**CAZAR**.

hispano, na ▮ adj. **1** De Hispania (nombre dado por los romanos a la península ibérica), relacionado con ella o con sus habitantes: *'Híspalis' es el nombre hispano de la ciudad andaluza de Sevilla.* ▮ adj./s. **2** De España (país europeo) o relacionado con ella; *español: Las sevillanas son un baile hispano. No a todos los hispanos nos gusta la paella.* **3** De las naciones americanas que tienen como lengua oficial el español, o relacionado con ellas; *hispanoamericano: Existen muchos inmigrantes hispanos con nacionalidad estadounidense. Los hispanos viven marginados en algunos países.* ☐ MORF. 1. Como sustantivo se refiere solo a personas. 2. Es la forma que adopta la forma *español* cuando se antepone a una palabra para formar compuestos: *hispanofrancés, hispanohablante, hispanófilo.* ☐ SEM. En las acepciones 1 y 2, como adjetivo es sinónimo de *hispánico*.

hispanoamericano, na ▮ adj. **1** De los españoles y los americanos o con elementos propios de ambos: *El acuerdo hispanoamericano entre España y Estados Unidos se firmó ayer.* ▮ adj./s. **2** De las naciones americanas que tienen como lengua oficial el español o relacionado con ellas; *hispano: Durante algún tiempo, la arquitectura hispanoamericana tuvo influencia española. Los hispanoamericanos se comunican a través del español.* ☐ SEM. Dist. de *iberoamericano* (de los países americanos de habla española o portuguesa) y de *latinoamericano* (de los países americanos con lenguas de origen latino).

histamina s.f. Compuesto orgánico que interviene en algunos procesos biológicos, como la producción del jugo gástrico o las reacciones alérgicas: *La histamina es un potente dilatador vascular.*

histamínico, ca adj. De la histamina o relacionado con este compuesto orgánico: *La reacción alérgica es un proceso histamínico.*

histeria s.f. **1** Enfermedad nerviosa que se caracteriza por frecuentes cambios emocionales, ansiedad y, a veces, ataques convulsivos: *La histeria provoca crisis nerviosas y trastornos psicológicos.* **2** Estado de gran excitación nerviosa producido por una situación anómala o irregular: *Los seguidores del cantante lo recibieron dando muestras de histeria.* ☐ SEM. Es sinónimo de *histerismo*.

histérico, ca adj./s. Que padece o tiene histeria o histerismo: *Es tranquila, pero cuando se asusta tiene un comportamiento totalmente histérico. No quiero discutir con ese histérico que enseguida se pone a gritar.*

histerismo s.m. →**histeria**.

histología s.f. Parte de la anatomía que estudia los tejidos orgánicos: *En histología es esencial un buen microscopio.*

histológico, ca adj. De la histología o relacionado con esta parte de la anatomía: *Ese laboratorio se dedica a estudios histológicos de vegetales.*

historia s.f. **1** Narración o exposición de acontecimientos pasados y hechos memorables: *Me encanta oír contar a mi abuelo la historia de su familia.* **2** Conjunto de sucesos o acontecimientos pasados: *La invasión árabe marcó la historia española.* **3** Ciencia o disciplina que estudia estos acontecimientos: *Soy profesor de historia.* **4** Narración de cualquier suceso, esp. si es inventado: *Me contó una historia fantástica de duendes y brujas.* **5** Cuento, enredo o chisme, esp. si no tienen fundamento y sirven de pretexto: *Déjate de historias y cuéntame de verdad por qué lo hiciste.* **6** ‖ **hacer historia.** Marcar un hito: *Esos atletas hicieron historia en los campeonatos mundiales.* ‖ **historia clínica.** Conjunto de datos relativos a un paciente: *Cuando ingresé en el hospital, me preguntaron todos los datos necesarios para hacer mi historia clínica.* ‖ **historia natural.** Estudio de los reinos animal, vegetal y mineral: *Cuando estaba en el colegio, lo que más me gustaba era la historia natural.* ‖ **historia {sacra/sagrada}.** Conjunto de narraciones bíblicas: *La historia sagrada incluye los evangelios.* ‖ **pasar a la historia.** **1** Tener mucha importancia: *Escucha atentamente, que lo que dice pasará a la historia.* **2** Perder actualidad o interés: *No sé por qué me lo recuerdas, si sabes que eso ya ha pasado a la historia.*

historiado, da adj. Recargado de adornos o de colores mal combinados: *Se hizo un vestido muy historiado, lleno de volantes y puntillas.*

historiador, -a s. Persona que se dedica a escribir historia, esp. si esta es su profesión: *Esa historiadora ha escrito un libro sobre la civilización maya.*

historial s.m. Conjunto de datos y circunstancias referentes a la actividad de una persona o de una entidad: *Su historial académico es excelente.*

historiar v. Referido a un suceso real o inventado, escribirlo o narrarlo de forma ordenada y detallada: *Historió las guerras civiles europeas del siglo XX.* ☐ ORTOGR. La *i* nunca lleva tilde.

historicidad s.f. Existencia real y verdadera de algo pasado: *Muchos ponen en duda la historicidad de la Atlántida.*

histórico, ca adj. **1** De la historia o relacionado con ella: *Una buena biografía necesita referencias históricas.* **2** Acontecido, cierto o sucedido en la realidad: *Lo que te estoy contando es un hecho histórico.* **3** Digno de formar parte de la historia: *Si nos entrenamos a fondo, podemos conseguir un triunfo histórico.* **4** Referido a una obra literaria o cinematográfica, que tiene el argumento centrado en una época pasada y recrea su ambiente, sus ideales y alguno de sus personajes: *En las novelas históricas se mezclan realidad y fantasía.*

historieta s.f. **1** Historia desarrollada por medio de viñetas o dibujos: *¿No has leído nunca las historietas de Astérix?* **2** Narración o relato cortos que describen hechos de poca importancia: *Mi abuelo nos contaba historietas de su infancia.*

historiografía s.f. **1** Técnica o arte de escribir la historia: *Los cronistas medievales crearon una historiografía propia.* **2** Estudio bibliográfico y crítico de escritos que tratan sobre historia y sus fuentes, y de los autores que han tratado estas materias: *La historiografía actual concede gran importancia a los cambios políticos.*

historiográfico, ca adj. De la historiografía o relacionado con ella: *Para mi tesis doctoral necesito un compendio historiográfico del siglo pasado.*

historiógrafo, fa s. Persona que se dedica a la historia o a la historiografía, esp. si esta es su profesión: *Es un gran historiógrafo de la época contemporánea.*

histrión s.m. **1** En el teatro grecolatino, actor que representaba disfrazado: *Los histriones solían salir a escena con máscaras.* **2** Actor de teatro, esp. el que actúa de forma exagerada: *Es un histrión y ridiculiza los personajes que representa.* **3** Persona que se expresa de forma teatral, exagerada y ridícula: *Eres un histrión y no me creo que te haya hecho tanto daño.* ☐ MORF. Su femenino es *histrionisa*.

histriónico, ca adj. Del histrión o con características de este tipo de actor: *Sus gestos histriónicos lo convierten en un fantoche.*

histrionisa s.f. de **histrión**.

histrionismo s.m. Afectación o exageración expresiva que caracterizan a un histrión: *Su histrionismo resulta ridículo en los momentos más dramáticos.*

hit (anglicismo) s.m. En el mundo del espectáculo, obra o producto de éxito: *En dos semanas su disco se ha convertido en un hit.* ☐ PRON. [jit]. ☐ USO Su uso es innecesario y puede sustituirse por *éxito*.

hitita ▌adj./s. **1** De un antiguo pueblo indoeuropeo que constituyó un gran imperio en Anatolia (región asiática turca): *La arquitectura hitita creó grandes fortificaciones. Los hititas vivieron en el segundo milenio a.C.* ▌s.m. **2** Lengua indoeuropea de este pueblo: *Se conservan documentos del hitita en escritura cuneiforme.* ☐ MORF. En la acepción 1, como adjetivo es invariable en género y como sustantivo es de género común y exige concordancia en masculino o en femenino para señalar la diferencia de sexo: *el hitita, la hitita*. 2. Como sustantivo de género común se refiere solo a las personas del antiguo imperio.

hito s.m. **1** Acontecimiento o hecho importantes: *Mi boda marcó un hito en mi vida.* **2** ‖ **mirar de hito en hito.** Mirar con atención y sin perder detalle: *Los dos rivales se miraron de hito en hito.*

hit-parade (anglicismo) s.m. Lista en la que figuran los productos de éxito más destacados por orden de popularidad: *Esta emisora pone cada semana el hit-parade de la música moderna.* ☐ PRON. [hit-paréid], con *h* aspirada. ☐ ORTOGR. Se usa también *hit parade*. ☐ USO Su uso es innecesario y puede sustituirse por *lista de éxitos*.

hobby (anglicismo) s.m. Afición o entretenimiento preferidos para pasar el tiempo libre: *Mi hobby es coleccionar sellos.* ☐ PRON. [jóbi], con *j* suave. ☐ MORF. Su plural es *hobbies*.

hocicar v. Mover y levantar la tierra con el hocico, esp. referido al cerdo o al jabalí; ***hociquear, hozar****: El cerdo hocicaba buscando bellotas.* ☐ ORTOGR. La segunda *c* se cambia en *qu* delante de *e* →**SACAR**.

hocico s.m. **1** En la cabeza de algunos animales, parte más o menos abultada en la que se encuentran la boca y los orificios nasales; *morro: El perro se lamió el hocico al oler la comida.* **2** *vulg.* En una persona, boca, esp. si tiene los labios muy abultados: *No seas guarro y límpiate esos hocicos.* **3** ‖ **meter el hocico en** algo. *vulg.* Curiosear o cotillear: *Estoy harta de que siempre metas el hocico en mis asuntos.* ☐ USO En la acepción 2, tiene un matiz despectivo.

hocicudo, da adj./s. Que tiene el hocico muy abultado o la boca muy saliente: *Me gustan mucho los perros hocicudos. Esa hocicuda es mi hermana.*

hociquear v. →**hocicar.**

hockey (anglicismo) s.m. Deporte que se juega entre dos equipos rivales y que consiste en intentar introducir una bola o un disco en la portería contraria, con ayuda de un bastón curvo en uno de sus extremos: *El hockey se practica generalmente en campo de hierba o en pista de hielo.* ☐ PRON. [jókei], con *j* suave. ☐ SEM. Dist. de *jockey*, *yóquey* y *yoqui* (jinete profesional).

hogar s.m. **1** Lugar donde se vive, esp. si es acogedor: *En tu casa me siento como en mi propio hogar.* **2** En una casa o en una cocina, sitio en el que se hace lumbre; *lar: Todas las noches nos sentamos al calor del hogar.* **3** Familia o conjunto de personas con las que se vive, esp. si la convivencia es agradable: *Nos casaremos y formaremos un hogar.* **4** ‖ **hogar del pensionista.** Lugar de recreo y esparcimiento para jubilados: *Mi abuelo jugaba al dominó en el hogar del pensionista.*

hogareño, ña adj. **1** Del hogar o relacionado con él: *En esta residencia me siento como en casa porque hay un ambiente muy hogareño.* **2** Referido a una persona, que es amante del hogar o de la vida en familia: *Es difícil sacarlo de casa, porque es muy hogareño.*

hogaza s.f. Pan grande de forma redondeada: *La hogaza tiene mucha miga.* 👁 **pan**

a b c d e f g h i j k l m n ñ o p q r s t u v w x y z

hoguera s.f. Fuego con mucha llama, esp. el que se hace en el suelo al aire libre: *Si enciendes una hoguera en un bosque, asegúrate de que la apagas bien.*

hoja s.f. **1** En una planta, parte que nace de su tallo o de sus ramas y que generalmente es verde, delgada y plana: *El limbo y el pecíolo son partes de una hoja.* **2** Conjunto de estas partes de una planta: *La hoja del pino es perenne.* **3** En una flor, cada una de las láminas de colores que forman la corola; *pétalo: Las hojas de la amapola son rojas.* 👁 **flor 4** En un libro o en un cuaderno, cada una de las partes iguales que resultan al doblar el papel para formar el pliego: *Una hoja tiene dos páginas.* 👁 **libro 5** Lámina delgada de cualquier material: *Esta mesa es de contrachapado, con una fina hoja de madera por encima.* **6** En una herramienta o en un arma blanca, cuchilla: *La hoja de la navaja está muy afilada.* 👁 **cuchillo 7** Arma blanca larga y delgada, recta y afilada, con empuñadura; *espada: Desenvainó la hoja y le desafió.* **8** En una puerta o en una ventana, parte movible que se abre y se cierra; *batiente: La puerta del comedor tiene dos hojas.* **9** ‖ **de hoja caduca.** Referido a un árbol, que pierde sus hojas al llegar el otoño; *caducifolio: El roble es un árbol de hoja caduca.* ‖ **de hoja perenne.** Referido a un árbol, que cambia sus hojas gradualmente; *perennifolio: El pino es un árbol de hoja perenne y nunca se queda sin hojas.* ‖ **hoja bipinnada.** La que es compuesta y dos veces pinnada o con el pecíolo ramificado en peciolillos a su vez ramificados en folíolos u hojuelas: *En el jardín hay un árbol de hojas bipinnadas.* ‖ **hoja compuesta.** La que tiene más de un limbo: *La acacia tiene hojas compuestas.* ‖ **hoja de afeitar.** Lámina de acero muy fina que corta generalmente por dos de sus lados y que, colocada en una maquinilla, se usa para afeitar: *Se hizo un corte en la oreja con la hoja de afeitar.* ‖ **hoja de cálculo.** Programa informático que permite realizar con mucha rapidez operaciones matemáticas de distinta complejidad: *La hoja de cálculo permite visualizar tablas.* ‖ **hoja de lata.** →**hojalata.** ‖ **hoja de ruta.** Documento que justifica un transporte o un viaje: *El camionero anotó el trayecto y la mercancía en la hoja de ruta.* ‖ **hoja de servicios.** Documento en el que se recogen todos los datos profesionales de un funcionario público y las incidencias en el ejercicio de su profesión: *La excedencia quedó reflejada en su hoja de servicios.* ‖ **hoja entera.** La que tiene el borde del limbo continuo y sin recortes: *La adelfa tiene hojas enteras.* ‖ **hoja envainadora.** La que no tiene pecíolo y rodea completamente al tallo envolviéndolo como una vaina: *El trigo tiene hojas envainadoras.* ‖ **hoja hendida.** La que tiene el limbo dividido en partes desiguales: *Algunos robles tienen hojas hendidas.* ‖ **hoja imparipinnada.** La que es compuesta y pinnada, y que tiene un número impar de folíolos u hojuelas: *El rosal tiene hojas imparipinnadas.* ‖ **hoja palmado-compuesta.** La que es compuesta y sus folíolos u hojuelas nacen de un punto común y se separan como los dedos de una mano abierta: *El castaño de Indias tiene hojas palmado-compuestas.* ‖ **hoja palminervia.** La que tiene las nerviaciones principales que parten del punto de unión entre el limbo y el pecíolo: *La higuera tiene hojas palminervias.* ‖ **hoja paralelinervia.** La que tiene las nerviaciones paralelas entre sí: *El lirio tiene hojas paralelinervias.* ‖ **hoja paripinnada.** La que es compuesta y pinnada, y tiene un número par de folíolos u hojuelas: *El nogal negro tiene hojas paripinnadas.* ‖ **hoja partida.** La que tiene el borde del limbo con hendiduras que llegan al nervio principal: *Tengo una planta ornamental con las hojas partidas.* ‖ **hoja penninervia.** La que tiene un nervio central principal del que parten oblicuamente los secundarios: *Las nerviaciones de una hoja penninervia tienen forma de pluma de pájaro.* ‖ **hoja pinnada.** La que es compuesta y sus folíolos u hojuelas nacen de ambos lados del pecíolo: *Las acacias tienen hojas pinnadas.* ‖ **hoja {sencilla/simple}.** La que tiene un solo limbo: *El chopo tiene hojas simples.* ‖ **hoja {sentada/sésil}.** La que carece de pecíolo o rabillo que la une al tallo: *El jacinto tiene hojas sentadas.* ‖ **hoja trifoliada.** La que es compuesta y tiene tres folíolos u hojuelas: *El trébol tiene hojas trifoliadas.* ‖ **hoja uninervia.** La que tiene un solo nervio: *El pino tiene hojas uninervias.* ‖ **poner** a alguien **como hoja de perejil.** *col.* Criticarlo e insultarlo: *Después de la pelea, puso a su vecino como hoja de perejil.* 👁 hoja

hojalata s.f. Lámina delgada de hierro o de acero, cubierta de estaño por sus dos caras para preservarla de la corrosión; *lata: Los botes de conserva son de hojalata.* ☐ ORTOGR. Admite también la forma *hoja de lata*.

hojaldrado, da ▮ adj. **1** De hojaldre o semejante a él: *Los bollos hojaldrados pesan menos que los que están rellenos de crema.* ▮ s.m. **2** Pastel hecho con masa de hojaldre: *He comprado unos hojaldrados con chocolate.*

hojaldre s.m. **1** Masa hecha con harina, agua, manteca y otros ingredientes y que, al ser cocida en el horno, se separa formando numerosas láminas muy delgadas y superpuestas: *Me encantan los pasteles de hojaldre con nata.* **2** Pastel hecho con esta masa: *Compré una caja de hojaldres para tomarlos de postre.* ☐ MORF. Se usa también como sustantivo de género ambiguo.

hojarasca s.f. **1** Conjunto de las hojas caídas de los árboles: *En otoño los parques se llenan de hojarasca.* **2** En una planta, exceso de hojas: *Hay que podar la hojarasca de este arbusto.* **3** Lo que resulta inútil o tiene poca importancia, pero está muy adornado, esp. referido a las palabras o a las promesas: *Es un libro con mucha hojarasca y sin tema de fondo.*

hojear v. Referido esp. a un libro, pasar las hojas o leerlo rápida y superficialmente: *Antes de comprar estos libros, los estuve hojeando en la librería.* ☐ SEM. Dist. de *ojear* (mirar de manera rápida y superficial).

hojuela s.f. **1** Dulce que se hace friendo una masa fina y extendida: *Las hojuelas se suelen comer cubiertas de miel.* **2** En una planta, cada una de las hojas que forman parte de una hoja compuesta; *folíolo: La hoja trifoliada tiene tres hojuelas.*

hola interj. **1** *col.* Expresión que se usa como saludo: *¡Hola!, ¿cómo te va?* **2** Expresión que se usa para indicar extrañeza: *¡Hola, hola, no me lo puedo creer!* ☐ ORTOGR. Dist. de *ola*.

holanda s.f. Tela muy fina de lino, de cáñamo o de algodón, que se usa generalmente para hacer sábanas y camisas: *Durmió en sábanas de holanda.*

holandés, -a ▮ adj./s. **1** De Holanda (región de los Países Bajos europeos, cuyo nombre se usa generalmente también para denominar a los Países Bajos en su totalidad), o relacionado con ella: *El queso de bola es de origen holandés. Los holandeses usan la bicicleta como medio de transporte para distancias cortas.* ▮ s.m. **2** Lengua germánica de este y otros países; *neerlandés: El holandés se sigue hablando en las Antillas y antiguas colonias de Holanda.* ▮ s.f. **3** Hoja de papel para escribir, de 27,50 cen-

HOJA

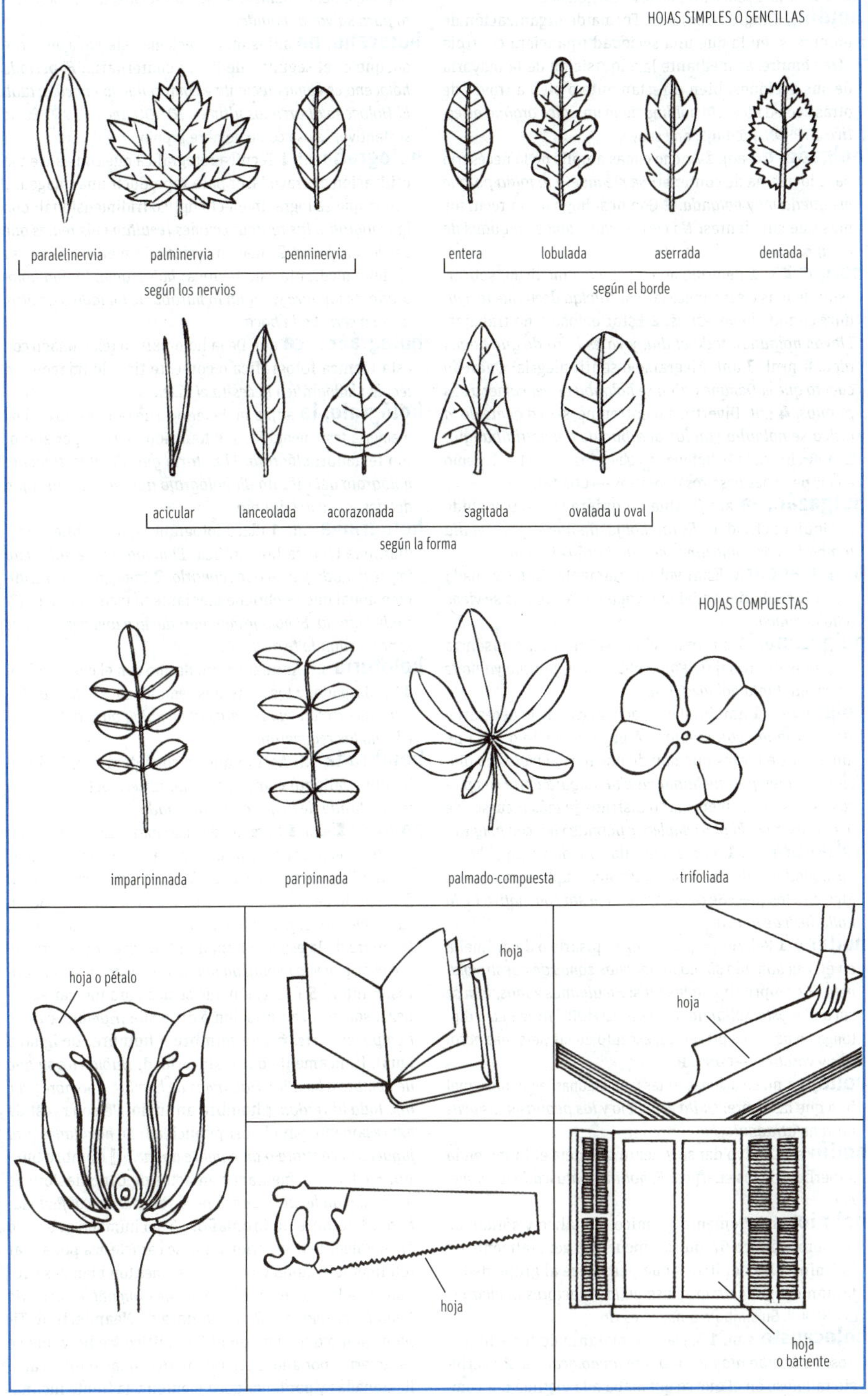
HOJAS SIMPLES O SENCILLAS
paralelinervia
palminervia
penninervia
según los nervios
entera
lobulada
aserrada
dentada
según el borde
acicular
lanceolada
acorazonada
sagitada
ovalada u oval
según la forma
HOJAS COMPUESTAS
imparipinnada
paripinnada
palmado-compuesta
trifoliada
hoja o pétalo
hoja
hoja
hoja
hoja
o batiente

tímetros de largo por 21,50 de ancho: *La holandesa es más pequeña que el folio. Quiere que presentemos el trabajo en holandesas.* ☐ MORF. En la acepción 1, como sustantivo se refiere solo a las personas de Holanda.

holding (anglicismo) s.m. Forma de organización de empresas, en la que una sociedad financiera controla otras empresas mediante la adquisición de la mayoría de sus acciones, bien directamente o bien a través de otras sociedades: *Un holding tiene un único órgano directivo.* ☐ PRON. [jóldin], con *j* suave.

holgado, da adj. **1** Ancho o más amplio de lo necesario para lo que ha de contener: *Se me mueve la falda porque me queda muy holgada.* **2** Con desahogo o con recursos más que suficientes: *No corras, que vamos holgados de tiempo.*

holgar ▮ v. **1** Referido a un hecho o a un dicho, sobrar, estar de más o ser innecesarios: *Huelga decir que te ayudaré cuando lo necesites.* **2** Estar ocioso o no trabajar: *Llevas holgando todo el día, y ya es hora de que hagas algo.* ▮ prnl. **3** *ant.* Alegrarse o sentir alegría: *Quevedo cuenta que el Dómine Cabra se holgaba de ver comer a sus pupilos.* **4** *ant.* Divertirse o entretenerse: *La gente de la aldea se holgaba con las acrobacias del saltimbanqui.* ☐ MORF. Irreg.: La *o* diptonga en *ue* en los presentes, excepto en las personas *nosotros* y *vosotros* →**CONTAR**.

holgazán, -a adj./s. Que no quiere trabajar y elude cualquier actividad: *Es tan holgazán que se pasa el día tumbado. Los holgazanes no aprobarán el curso.*

holgazanear v. Estar voluntariamente sin hacer nada y eludir cualquier actividad; *vaguear: A clase no se viene a holgazanear.*

holgazanería s.f. Inactividad voluntaria, o ausencia de ganas de trabajar: *Ponte a estudiar, porque ya no te consiento tanta holgazanería.*

holgura s.f. **1** Amplitud o espacio mayor de lo necesario: *Has aprobado con holgura.* **2** Espacio vacío o falta de ajuste entre piezas que han de encajar: *El motor no funcionaba bien porque había mucha holgura entre sus piezas.* **3** Desahogo, bienestar o disfrute de más recursos de los necesarios: *El pluriempleo le permite vivir con holgura.*

holladura s.f. **1** Marca o huella: *Quedaron en el barro las holladuras de sus botas.* **2** Pisoteo o aplastamiento de algo con los pies: *Se celebrará una fiesta con motivo de la holladura de la uva.*

hollar v. **1** Referido esp. a un lugar, pisarlo o dejar huella en él: *Quedan aún sin hollar muchas zonas de nuestro planeta.* **2** Comprimir con los pies: *En algunas zonas, aún se saca el mosto hollando las uvas.* ☐ MORF. Irreg.: La *o* diptonga en *ue* en los presentes, excepto en las personas *nosotros* y *vosotros* →**CONTAR**.

hollejo s.m. En algunas frutas o en algunas legumbres, piel fina que las cubre: *Quita el hollejo y las pepitas a las uvas para no atragantarte.*

hollín s.m. Polvo denso y negro que deja el humo en la superficie de los cuerpos: *El hollín ha atascado la chimenea.*

holmio s.m. Elemento químico, metálico y sólido, de número atómico 67, que se encuentra generalmente en los minerales del itrio y que pertenece al grupo de los lantánidos: *El holmio se usa en los reactores nucleares.* ☐ ORTOGR. Su símbolo químico es *Ho*.

holocausto s.m. **1** Masacre o matanza de seres humanos: *La bomba atómica produjo un holocausto.* **2** Sacrificio religioso en el que se quemaba a la víctima por completo, esp. el realizado entre los judíos: *Ofreció a Dios en holocausto el mejor cordero de su rebaño.* **3** Sacrificio personal o entrega de uno mismo que se hace por amor en beneficio de los demás: *Jesucristo se ofreció en holocausto para salvar al mundo.*

holoceno, na adj./s.m. En geología, referido a un período, que es el segundo de la era cuaternaria: *El período holoceno es el más reciente y comprende la época actual. El Holoceno abarca los últimos 10 000 años.* ☐ USO Como sustantivo, se usa como nombre propio.

holografía s.f. **1** Técnica fotográfica que consiste en la utilización del rayo láser para reproducir una imagen, y con la que se logra un efecto óptico tridimensional: *Con la holografía, las reproducciones resultan más reales que con la fotografía.* **2** Imagen óptica tridimensional que se obtiene mediante esta técnica; *holograma: Vi una holografía de un tigre y, según lo miraba de un lado o de otro, abría o cerraba la boca.*

holográfico, ca adj. De la holografía o relacionado con esta técnica fotográfica o con este tipo de imagen: *La técnica holográfica necesita el láser.*

hológrafo, fa adj./s.m. Referido a un testamento o a una memoria testamentaria, que han sido escritos por el propio testador; *ológrafo: El notario guarda el testamento hológrafo del difunto. El hológrafo apareció en un cajón del despacho del difunto.*

holograma s.m. **1** Placa fotográfica que se obtiene mediante la técnica holográfica: *El holograma estaba mal impresionado y tuvo que repetirlo.* **2** Imagen óptica tridimensional que se obtiene mediante la técnica holográfica; *holografía: El holograma reproducía a una persona que sonreía cuando te acercabas.*

holoturia s.f. Animal equinodermo con el cuerpo blando y alargado, y los extremos redondeados: *Algunas holoturias arrojan sus vísceras al enemigo para defenderse y luego las regeneran.*

hombrada s.f. Acción que se considera propia de un hombre valiente y animoso: *Aunque era peligroso, hizo la hombrada de llegar a la isla a nado.*

hombre ▮ s.m. **1** Persona de sexo masculino; *varón: Los hombres no pueden parir.* **2** Persona adulta de sexo masculino: *Este hombre despreciable fue un niño encantador.* **3** Respecto de una mujer, compañero sentimental: *Se casaron en marzo, pero todavía no conozco a su hombre.* **4** Miembro de la especie humana: *Hay diversas teorías sobre el origen y la evolución del hombre y de otros seres vivos.* ▮ interj. **5** Expresión que se usa para indicar extrañeza, sorpresa, admiración o disgusto: *¡Hombre, cuánto tiempo sin verte!* **6** ‖ **de hombre a hombre.** De igual a igual, francamente o con sinceridad: *Habla con su hijo de hombre a hombre. Hablamos de hombre a hombre y me dijo toda la verdad.* ‖ **hombre anuncio.** Persona vestida expresamente para hacer publicidad: *En navidades esta juguetería contrata a un hombre anuncio.* ‖ **hombre bueno.** En derecho, mediador en actos de conciliación: *Se nombró a un hombre bueno para resolver un conflicto laboral.* ‖ **hombre de Cromañón.** Tipo humano que vivió en el Paleolítico Superior y que se caracteriza por andar totalmente erguido y por tener el mentón bien desarrollado y la frente recta: *El hombre de Cromañón consiguió tallar hojas finas de sílex.* ‖ **hombre de Neanderthal.** Tipo humano que vivió en el Paleolítico Medio y que se caracteriza por andar erguido pero con las rodillas algo flexionadas y por tener poco mentón y la frente inclinada hacia atrás: *El hombre de Neanderthal era robusto y de estatura media.* ‖ **hombre de paja.** El que actúa según el dictado de otro al que no le interesa figurar en un primer plano: *Voy a descubrir quién está detrás de este hombre de paja.* ‖ **hombre de pelo en pecho.** *col.* El que es fuerte y osado: *Él solo se enfrentó a los atracadores porque es un hombre de pelo en pecho.* ‖ **hombre del saco.** En la tradición popular, personaje imaginario que se lleva en un saco a los niños que no se portan bien: *Si te portas mal, te llevará el hombre del saco.* ‖ **hombre fuerte.** En un grupo, el más representativo: *Es el nuevo hombre fuerte del partido.* ‖ **hombre objeto.** *col.* El considerado solo como un objeto que produce placer: *Es muy guapo y algunas mujeres lo consideran un hombre objeto.* ‖ **hombre orquesta.** El que lleva encima varios instrumentos musicales y puede tocarlos al mismo tiempo: *Este hombre orquesta toca a la vez el tambor, la guitarra y la armónica.* ‖ **hombre rana.** Buzo que puede permanecer de forma autónoma bajo el agua: *El hombre rana subió a la superficie para reponer sus botellas de oxígeno.* ‖ **muy hombre.** *col.* Con las características que tradicionalmente se han considerado propias de las personas de sexo masculino: *Aunque estoy en paro, soy muy hombre para mantener yo solo a mi familia.* ☐ MORF. En las acepciones 2 y 3, su femenino es *mujer.* ☐ USO Se usa como apelativo: *No se ponga usted así, buen hombre, e intentemos arreglar las cosas con calma.*

hombrera s.f. **1** Pieza que se adapta al hombro y que se usa para realzarlo o como protección: *Las hombreras evitaron que el jugador de rugby se rompiera la clavícula.* 👁 **armadura 2** En algunas prendas de ropa, cinta o tira de tela con que se suspenden de los hombros: *Este vestido tan escotado me lo pongo siempre con un sujetador sin hombreras.* **3** En un uniforme militar, cordón, franja o pieza de paño o metal que, sobrepuesta a los hombros, sirve generalmente de adorno o de sujeción para correas o cordones, o como indicación de la jerarquía: *La hombrera de este teniente tiene dos estrellas de seis puntas.*

hombría s.f. Conjunto de características que se consideran positivas y propias de un hombre: *Su hombría le ayudó a conservar la entereza.*

hombro s.m. **1** En algunos vertebrados, parte en la que se une el tórax con las extremidades superiores o las extremidades delanteras: *Me saludó con una palmada en el hombro.* **2** En una prenda de vestir, parte que cubre la zona en la que nace el brazo: *El hombro de esta camisa me queda holgado.* **3** ‖ **{a/en} hombros.** Sobre los hombros o sobre la espalda: *Los jugadores pasearon en hombros a su entrenador.* ‖ **{arrimar/poner} el hombro.** Ayudar, esp. si se trabaja intensamente: *Es muy trabajador y siempre está dispuesto a arrimar el hombro.* ‖ **cargado de hombros.** Referido a una persona, con la parte superior de la columna vertebral más curvada de lo normal: *Es cargado de hombros y la chaqueta le respinga.* ‖ **encoger los hombros** o **encogerse de hombros.** Moverlos en señal de indiferencia o de extrañeza: *Al darle la noticia, se encogió de hombros y no mostró interés.* ‖ **hombro {a/con} hombro.** Conjuntamente o a la vez: *Mi jefe y yo, hombro con hombro, pusimos al día las estadísticas.* ‖ **mirar por encima del hombro.** *col.* Desdeñar a alguien por considerarlo inferior: *Es muy engreída y mira por encima del hombro a sus compañeras.* ☐ SEM. En *hombros* se usa referido esp. a personas, frente a *a hombros*, que se usa tanto para personas como para cosas.

hombruno, na adj. Que tiene las características que se consideran propias del varón: *Mi vecina tiene gestos muy hombrunos.*

homenaje s.m. **1** Acto celebrado en honor o en memoria de alguien: *Tras su jubilación, se le tributó un caluroso homenaje.* **2** Muestra de respeto, veneración o sumisión: *Rindieron homenaje a la patria el día de la jura de bandera.* **3** Juramento solemne de fidelidad, que un vasallo hacía a su rey o a su señor: *En la época feudal, el homenaje obligaba al vasallo a guerrear para su señor, y al señor, a proteger al vasallo.*

homenajear v. Rendir homenaje: *Homenajearemos a nuestro viejo profesor.*

homeo- Elemento compositivo que significa 'semejante' o 'parecido': *homeopatía, homeotermia.*

homeópata adj./s. Especialista en el método curativo de la homeopatía: *Mi farmacéutico es homeópata y me ha puesto un tratamiento para la alergia. Los homeópatas consideran fundamental la prevención de las enfermedades.* ☐ MORF. 1. Como adjetivo es invariable en género. 2. Como sustantivo es de género común y exige concordancia en masculino o en femenino para señalar la diferencia de sexo: *el homeópata, la homeópata.*

homeopatía s.f. Método curativo que consiste en administrar a un enfermo una pequeña cantidad de sustancias que, tomadas en mayores cantidades, producirían a cualquier individuo sano los síntomas que se pretenden combatir: *En la actualidad, la homeopatía es una medicina alternativa aún no regulada por el Gobierno ni reconocida por el Colegio de Médicos.*

homeopático, ca adj. De la homeopatía o relacionado con este método curativo: *Estoy en tratamiento homeopático para eliminar la alergia. Las vacunas son tratamientos homeopáticos.*

homicida adj./s. Que ocasiona la muerte de una persona: *En el lugar del crimen, encontraron el arma homicida. El homicida huyó sin dejar rastro.* ☐ MORF. 1. Como adjetivo es invariable en género. 2. Como sustantivo es de género común y exige concordancia en masculino o en femenino para señalar la diferencia de sexo: *el homicida, la homicida.* ☐ SEM. Dist. de *asesino* (que mata con premeditación o con otras circunstancias agravantes).

homicidio s.m. Muerte causada a una persona por otra: *Lo condenaron por homicidio.* ☐ SEM. Dist. de *asesinato* (muerte causada con premeditación o con otras circunstancias agravantes).

homilía s.f. En la misa católica, explicación o discurso dirigido a los fieles sobre temas religiosos: *El sacerdote pronunció su homilía después de leer el evangelio.*

homínido ▮ adj./s.m. **1** Referido a un primate, que tiene postura erguida, las extremidades anteriores liberadas y gran capacidad craneana: *La mayor parte de los primates homínidos que han existido son hoy fósiles. El único homínido que pervive es el hombre actual.* ▮ s.m.pl. **2** En zoología, familia de estos primates, perteneciente a la clase de los mamíferos: *La característica más notable de los homínidos es la gran capacidad craneana.*

homo- Elemento compositivo que significa 'igual': *homogéneo, homonimia, homófono, homólogo.*

homo erectus (latinismo) s.m. ‖ Tipo humano que vivió en el Paleolítico Inferior, y que se caracterizaba por caminar erguido, por tener la cara prominente y la frente inclinada hacia atrás, y por carecer de mentón: *El Ho-*

mo Erectus era cazador y recogía frutos silvestres. ☐ USO Se usa como nombre propio.

homófono, na adj. **1** Referido a una palabra, que se pronuncia igual que otra de significado distinto: *'Baca' y 'vaca' son palabras homófonas.* **2** Referido a una música o a un canto, que tiene todas sus voces con el mismo sonido: *El coro ensayó hasta conseguir una interpretación homófona y equilibrada.*

homogeneidad s.f. **1** Igualdad o semejanza en la naturaleza, la condición o el género de varios elementos: *La homogeneidad de ambos comportamientos revela que han tenido una educación semejante.* **2** Uniformidad de la composición o estructura de una sustancia o una mezcla: *No conseguirás la homogeneidad de la pasta si no bates bien sus componentes.*

homogeneización s.f. **1** Hecho de dar carácter homogéneo: *Están intentando la homogeneización de los horarios entre los distintos departamentos.* **2** Tratamiento al que son sometidos algunos líquidos para evitar la separación de sus componentes: *Casi toda la leche que se vende para el consumo ha pasado por un proceso de homogeneización.*

homogeneizar v. Referido a un compuesto o a una mezcla de elementos diversos, hacerlos homogéneos por medios físicos o químicos: *La leche se homogeneiza para evitar la separación de sus componentes.* ☐ ORTOGR. 1. La *z* se cambia en *c* delante de *e* →**CAZAR**. 2. La *i* nunca lleva tilde.

homogéneo, a adj. **1** Formado por partes de igual naturaleza o por elementos iguales: *Somos un grupo muy homogéneo, con gustos y aficiones parecidos.* **2** Referido a una sustancia o a una mezcla, que tienen una composición o una estructura uniformes: *Mezcla bien la masa hasta que quede homogénea.*

homógrafo, fa adj. Referido a una palabra, que se escribe igual que otra de significado distinto: *'Cazo', del verbo 'cazar' y 'cazo', como recipiente, son palabras homógrafas.*

homologación s.f. **1** En derecho, equiparación de una cosa a otra: *La homologación de sus salarios con los del resto de los trabajadores de la empresa fue difícil.* **2** En deporte, registro y confirmación del resultado de una prueba por parte de un organismo autorizado: *La homologación de ese récord tardó unos meses en realizarse.* **3** Verificación por parte de la autoridad oficial del cumplimiento de determinadas características: *Rechazaron mi solicitud por la falta de homologación de mis estudios de idiomas.*

homologar v. **1** Referido a una cosa, ponerla en relación de igualdad o de semejanza con otra: *Hemos de homologar nuestros medios de transporte con los de los países más avanzados.* **2** Referido a un objeto o a una acción, verificar la autoridad oficial, que cumple determinadas características: *El Ministerio de Educación homologó mi colegio el año pasado.* **3** En deporte, referido al resultado de una prueba, registrarlo y confirmarlo el organismo autorizado: *Para que este salto sea homologado, su realización debe cumplir ciertas normas.* ☐ ORTOGR. La *g* cambia en *gu* delante de *e* →**PAGAR**.

homólogo, ga ▌adj. **1** En un ser vivo, referido a una parte del cuerpo o a un órgano, que son semejantes a los de otros por su origen embrionario o por su estructura, aunque su aspecto y función sean diferentes: *Las alas de las aves y las extremidades anteriores de los mamíferos son homólogas.* **2** En una figura geométrica, referido esp. a uno de sus lados, que está colocado en el mismo orden o posición que otro en otra figura semejante: *Las hipotenusas de dos triángulos rectángulos son homólogas entre sí.* **3** En lógica, referido a un término, que significa lo mismo que otro: *El término 'Sócrates es hombre' es homólogo de 'Sócrates es mortal'.* ▌adj./s. **4** Referido a una persona, que desempeña funciones semejantes a otra: *En su país no hay un ministro homólogo de nuestro ministro de asuntos sociales. El presidente se entrevistó con su homólogo francés.*

homonimia s.f. **1** En lingüística, identidad ortográfica o de pronunciación entre palabras con distinto significado y distinto origen: *La homonimia puede ser total ('haya', nombre de árbol o forma del verbo 'haber') o parcial ('halla', 'haya' y 'aya').* **2** Identidad de nombres: *Entre el nombre del país de México y el de su capital hay homonimia.* ☐ SEM. Dist. de *polisemia* (pluralidad de significados de una misma palabra) y de *sinonimia* (coincidencia de significado en varias palabras).

homónimo, ma ▌adj. **1** Referido a una persona o a una cosa, que tienen el mismo nombre que otra: *La ciudad española de 'Guadalajara' es homónima de la 'Guadalajara' mexicana.* ▌adj./s.m. **2** Referido a una palabra, que tiene la misma forma que otra de significado y origen etimológico distintos: *'Hoz', con el significado de 'herramienta', y 'hoz', como 'curva de un río', son palabras homónimas.* ☐ SEM. En la acepción 1, cuando se refiere a personas es sinónimo de *tocayo*.

homo sapiens (latinismo) s.m. ‖ Tipo humano que corresponde al ser humano actual y que también incluye al hombre de Neanderthal y al hombre de Cromañón: *El Homo Sapiens realizaba esculturas, grabados y pinturas rupestres.* ☐ USO Se usa como nombre propio.

homosexual ▌adj. **1** De la homosexualidad o relacionado con esta inclinación sexual: *Estos dos hombres mantienen relaciones homosexuales.* ▌adj./s. **2** Que siente atracción sexual por individuos de su mismo sexo: *El sida afecta por igual a las personas homosexuales y heterosexuales. Los homosexuales convocaron una manifestación para defender sus derechos.* ☐ MORF. 1. Como adjetivo es invariable en género. 2. Como sustantivo es de género común y exige concordancia en masculino o en femenino para señalar la diferencia de sexo: *el homosexual, la homosexual*.

homosexualidad s.f. **1** Atracción sexual por individuos del mismo sexo: *La homosexualidad se da tanto entre mujeres como entre hombres.* **2** Práctica de relaciones sexuales con individuos del mismo sexo: *En algunas sociedades aún se persigue la homosexualidad.*

honda s.f. Véase **hondo, da.**

hondo, da ▌adj. **1** Referido a un recipiente o a una cavidad, con el fondo muy distante del borde superior: *La sopa se toma en plato hondo.* **2** Referido a un terreno, que tiene la parte inferior mucho más abajo que lo circundante: *Esa parte de la poza es tan honda que no se puede tocar el fondo.* **3** Que penetra mucho o va hasta muy adentro: *El corte fue muy hondo y la herida tardará mucho en cicatrizar.* **4** Difícil de penetrar o de comprender: *Se me sinceró y me contó sus hondos pensamientos.* ▌s.f. **5** Tira de cuero o de otro material semejante que se usa para tirar piedras con violencia: *David derribó al gigante Goliat disparándole con la honda.* ☐ SEM. En las acepciones 1, 2, 3 y 4, es sinónimo de *profundo*.

hondonada s.f. Espacio de terreno que está más bajo que todo lo que lo rodea: *El arroyo corre por una hondonada.*

hondura s.f. **1** Distancia que hay entre el fondo de algo y su borde superior; *fondo, profundidad: Los cimientos de un edificio alto deben tener mucha hondura.* **2** Intensidad o sinceridad de un sentimiento: *La hondura de su pena se refleja en la tristeza de su expresión.* **3** Viveza o capacidad de penetración del pensamiento: *Es muy inteligente y es innegable la hondura de sus ideas.* **4** ‖ **meterse en honduras.** *col.* Tratar de temas difíciles y complicados: *Si no estás bien enterado, mejor será que no te metas en honduras sobre un tema tan peliagudo.* □ SEM. Es sinónimo de *profundidad*.

hondureño, ña adj./s. De Honduras o relacionado con este país centroamericano: *La capital hondureña es Tegucigalpa. La mayor parte de los hondureños son mestizos.* □ MORF. Como sustantivo se refiere solo a las personas de Honduras.

honestidad s.f. **1** Respeto de los principios morales y seguimiento de lo que se consideran buenas costumbres: *Mi honestidad me impide acusar a nadie.* **2** Decencia, rectitud y justicia en las personas o en su manera de actuar: *Su honestidad le impide robar.*

honesto, ta adj. **1** Que respeta los principios morales, que sigue lo que se consideran buenas costumbres o que no hiere el pudor de los demás: *Me ha dado un honesto beso en la frente.* **2** Que actúa con rectitud y justicia: *Es una persona honesta y, cuando se equivoca, no le importa reconocerlo.* **3** Que actúa con honradez: *Es un honesto trabajador que cumple con su tarea.* **4** Que se realiza de forma honrosa: *Tenía pocos medios pero consiguió hacer un trabajo honesto.* □ SEM. En las acepciones 3 y 4, es sinónimo de *honrado*.

hongo ▌ s.m. **1** Organismo que no tiene clorofila, no forma tejidos, es incapaz de transformar la materia inorgánica en orgánica y tiene reproducción asexual y sexual, generalmente alternadas: *Algunos hongos, como el champiñón o el níscalo, son comestibles.* **2** →**sombrero hongo.** 👁 **sombrero** ▌ pl. **3** En botánica, reino de estos organismos: *Las levaduras pertenecen a los hongos.*

honor ▌ s.m. **1** Actitud moral que impulsa a las personas a cumplir con sus deberes: *Mi honor no me permite engañar a nadie.* **2** Gloria, prestigio o buena reputación adquiridos por un mérito, una virtud o una acción heroica: *Cedió el dinero del premio porque solo le interesa el honor de vencer.* **3** En una mujer, honestidad, recato y buena opinión que estas cualidades producen en los demás: *El teatro de Calderón de la Barca destaca el valor del honor de la mujer.* **4** Dignidad, cargo o empleo: *Aspira a los más altos honores dentro de la empresa.* **5** Lo que hace que una persona se sienta enaltecida, alabada o elogiada: *Tu visita es un honor para mí.* ▌ pl. **6** Ceremonia con que se celebra a una persona por cortesía o como reconocimiento a sus méritos: *La banda de música rindió honores al presidente.* **7** ‖ **en honor de** alguien. Como obsequio o como alabanza hacia esa persona: *Se celebró una fiesta en su honor.* ‖ **hacer honor a** algo. *col.* Ponerlo de manifiesto o dejarlo en buen lugar: *Hizo honor a su fama de generoso y nos invitó.* ‖ **hacer los honores. 1** En una fiesta, agasajar a los invitados: *Los dueños de la casa hacían los honores a los invitados.* **2** Referido a la comida o a la bebida, alabarlas o apreciarlas: *Los comensales hicieron los honores a la comida y casi todos repitieron.* □ MORF. La acepción 4 se usa más en plural.

honorabilidad s.f. Condición de la persona que es digna de ser honrada o respetada: *Su honorabilidad no le permitió aceptar el soborno.*

honorable adj. **1** Que es digno de ser honrado o respetado: *No tiene problemas con la ley porque sus negocios son muy honorables.* **2** Tratamiento honorífico que corresponde a determinados cargos: *El presidente de la Generalitat de Cataluña recibe el tratamiento de honorable.* □ MORF. Invariable en género.

honorario, ria ▌ adj. **1** Que sirve para honrar: *Como es un cargo honorario, no recibirá ningún sueldo.* **2** Referido a una persona, que tiene los honores de una dignidad o de un empleo pero no su propiedad: *Me han nombrado presidente honorario de un club deportivo.* ▌ s.m. **3** En las profesiones liberales y en algún arte, remuneración que se da por la realización de un trabajo: *El abogado me dijo que ya me pasaría sus honorarios.* □ MORF. La acepción 3 se usa más en plural.

honorífico, ca adj. Que da honor, mérito o fama: *No recibe ningún sueldo por su cargo honorífico.*

honoris causa (latinismo) ‖ Referido a un título académico, esp. al doctorado, que se concede de manera honorífica como reconocimiento de grandes méritos: *Este investigador es doctor honoris causa por varias Universidades extranjeras.*

honra ▌ s.f. **1** Respeto o estima de la propia dignidad: *Esa familia defiende su honra por encima de todo.* **2** Reconocimiento público o demostración de aprecio que se hace de alguien por su virtud o sus méritos: *La honra de haber sido invitado a esta ceremonia me llena de orgullo.* **3** Buena opinión o fama adquiridas por un mérito o una virtud: *La honra hay que ganarla.* **4** En una mujer, pudor y recato, esp. en lo concerniente a cuestiones sexuales: *El conde juró matar al hombre que hizo perder la honra a su hija.* ▌ pl. **5** Oficio solemne que se celebra por los difuntos algunos días después del entierro o en cada aniversario de su muerte: *Toda la familia acudió a las honras del anciano.* **6** ‖ **tener** algo **a mucha honra.** *col.* Presumir y enorgullecerse de ello: *Tiene a mucha honra haber sacado adelante a sus hijos.*

honradez s.f. Respeto de unos valores morales, rectitud de ánimo e integridad en la forma de actuar; *probidad: Su honradez le impide robar, engañar y estafar. Demostró su honradez profesional como abogado.*

honrado, da adj. **1** Que actúa con honradez: *Es demasiado honrado para mezclarse en asuntos ilegales.* **2** Que se realiza de forma honrosa: *Ese empleo es un trabajo honrado del que deberías sentirte orgulloso.* □ SEM. Es sinónimo de *honesto*.

honrar ▌ v. **1** Referido a una persona, respetarla: *Debes honrar siempre a tus padres.* **2** Referido a una persona, reconocer o premiar su mérito: *Me honraron con un homenaje por mis años de trabajo.* **3** Dar honor, celebridad o fama o ser motivo de orgullo: *Las grandes hazañas honran a los que las realizan.* ▌ prnl. **4** Sentirse orgulloso o tener como motivo de orgullo: *Me honro en presentaros a este gran escritor.* □ SINT. Constr. como pronominal: *honrarse* {EN/CON} *algo*.

honrilla s.f. Vergüenza o amor propio que impulsan a una persona a actuar por la opinión que de ello puedan tener los demás: *Aunque solo sea por la honrilla, tenemos que ganar este partido.*

a b c d e f g **h** i j k l m n ñ o p q r s t u v w x y z

honroso, sa adj. Que da honra y estimación: *Terminé la carrera en un honroso cuarto puesto.*

hooligan (anglicismo) s. Hincha inglés que se caracteriza por sus actos vandálicos y violentos: *La policía detuvo a un hooligan por arrojar una botella al guardameta del equipo contrario.* ☐ PRON. [júligan], con *j* suave. ☐ MORF. 1. Es de género común y exige concordancia en masculino o en femenino para señalar la diferencia de sexo: *el hooligan, la hooligan.* 2. Su plural es *hooligans*.

hopalanda s.f. Vestidura grande y pomposa, esp. la que usaban los estudiantes que iban a las universidades: *Los estudiantes del siglo XV se vestían con hopalandas.* ☐ MORF. Se usa más en plural.

hora ▮ s.f. **1** En el Sistema Internacional, unidad de tiempo que equivale a 60 minutos: *El día se divide en 24 horas.* **2** Momento oportuno y determinado para algo: *¡Ya era hora de que vinieras!* **3** Momento determinado del día: *¿Qué hora es? ¡Vaya hora de venir!* **4** Últimos instantes de la vida: *En la cama del hospital le llegó su hora.* ▮ pl. **5** Libro o devocionario que contiene el oficio o los rezos consagrados a la Virgen María (según la Biblia, la Madre de Dios) y a otras devociones religiosas: *Mi abuela siempre llevaba el libro de horas a la iglesia.* **6** Este oficio o rezo: *Por la noche, reza las horas en su habitación.* **7** ‖ **a buena hora** o **a buenas horas mangas verdes.** *col.* Expresión que se usa para indicar que algo resulta inútil porque llega fuera de tiempo: *¡A buena hora me lo traes, si ya no me hace falta!* ‖ **a última hora.** En el último momento o cuando está a punto de finalizar un plazo: *Entrega los trabajos a última hora porque lo deja todo para el final.* ‖ **de buena hora.** Temprano: *Llegó a la cita de buena hora.* ‖ **en hora buena** o **en buena hora.** Con bien o con felicidad; *enhorabuena*: *«¡Que la boda sea en buena hora y si no, que no llegue!», me dijeron cuando anuncié que me casaba.* ‖ **en hora mala** o **en mala hora.** Expresión que se usa para indicar desaprobación o disgusto por algo: *En mala hora se juntó con esos maleantes.* ‖ **entre horas.** Entre las horas de las comidas: *Lo que más engorda es comer entre horas.* ‖ **hacer horas.** Trabajar al margen de la jornada laboral: *Esta semana hice horas porque tenía trabajo atrasado.* ‖ **hacerse hora de** algo. Llegar el momento oportuno para realizarlo: *Se está haciendo hora de irnos a dormir.* ‖ **hora H.** La fijada para realizar algo complicado o arriesgado, esp. una acción militar: *El general fijó la hora H para el ataque al campamento enemigo.* ‖ **hora punta.** Aquella en la que se produce un mayor uso de un servicio público: *No hay quien pueda sentarse en el autobús a las horas punta.* ‖ **horas canónicas.** Conjunto de las partes en que se divide el oficio o rezo diario al que están obligados los eclesiásticos y que se distribuyen en distintas horas del día: *Maitines y laudes son las primeras horas canónicas.* ‖ **horas muertas.** Tiempo que transcurre o que se dedica a una actividad sin tener consciencia de su paso: *Se pasa las horas muertas viendo la televisión.* ‖ **hora suprema.** *poét.* La de la muerte: *Luchará contra ellos hasta la hora suprema.* ‖ **la hora de la verdad.** *col.* Momento decisivo: *Promete muchas cosas pero, a la hora de la verdad, nunca cumple nada.* ‖ **poner en hora.** Referido a un reloj, hacer que marque la misma hora que otro que se toma como patrón: *Puso en hora su reloj para no llegar tarde a la cita.* ‖ **sonar la hora.** *col.* Ser o llegar el momento oportuno: *Cuando suene la hora de mi muerte, espero estar tranquilo con mi conciencia.* ☐ ORTOGR. Dist. de *ora*. ☐ MORF. El plural de *hora punta* es *horas punta*; incorr. **horas puntas*. ☐ SINT. La acepción 4 se usa más con el verbo *llegar*.

horadar v. Hacer agujeros atravesando de parte a parte: *Cogí el taladro para horadar la madera.*

horario, ria ▮ adj. **1** De las horas: *Cuando suene la señal horaria en la radio, pondré en hora el reloj.* ▮ s.m. **2** Cuadro que indica las horas en que deben realizarse determinados actos: *Según este horario, el tren sale dentro de cinco minutos.* **3** Distribución o reglamentación de las horas de una jornada laboral: *Lo despidieron por no cumplir el horario de trabajo.*

horca s.f. **1** Mecanismo con el que se ejecuta a una persona colgándola del cuello con una cuerda: *En el oeste norteamericano condenaban a la horca a los ladrones de caballos.* **2** Instrumento de labranza formado por una vara terminada en dos o más puntas por uno de sus extremos, que se utiliza generalmente para hacinar y remover las mieses y la paja: *El labrador usó la horca para aventar la paja y separarla del grano.* 👁 **apero** **3** Instrumento formado por una vara terminada en dos puntas, que se utiliza para sostener, colgar o descolgar algo; *horquilla*: *Sujeta la rama con una horca para que no se parta con el peso de la fruta.* 👁 **apero** **4** Antiguo instrumento de tortura en el que se introduce el cuello de un condenado para pasearlo por las calles antes de su ejecución: *Todos se burlaban al ver pasar al acusado con la horca.* ☐ ORTOGR. Dist. de *orca*.

horcajada ‖ **a horcajadas.** Referido a la manera de sentarse, con una pierna a cada lado del objeto en el que se está sentado: *Antes, las mujeres no cabalgaban a horcajadas.*

horchata s.f. Bebida refrescante de color blanco hecha con chufas machacadas y disueltas en agua con azúcar: *La horchata es una bebida típica valenciana.*

horchatería s.f. Establecimiento donde se elabora o se vende horchata: *Esta horchatería también vende helados.*

horco s.m. →**orco.**

horda s.f. **1** Conjunto de personas de pueblos sin civilizar y de vida primitiva, que viven en comunidad y sin morada fija: *La invasión de las hordas bárbaras contribuyó al fin del Imperio romano.* **2** Grupo de personas que actúa sin control y sin disciplina: *La policía logró contener a las hordas de alborotadores.* **3** Grupo armado que no forma parte de un ejército regular: *Los ataques de las hordas enemigas no han podido acabar con nuestro ejército.*

horizontal adj./s.f. **1** Paralelo al horizonte o que tiene todos sus puntos a la misma altura: *Las líneas de este diccionario son horizontales. En un eje de coordenadas, la horizontal se llama 'abscisa'.* **2** ‖ **coger la horizontal.** *col.* Acostarse o dormir: *Me voy a coger la horizontal, que estoy muy cansado.* ☐ MORF. Como adjetivo es invariable en género.

horizontalidad s.f. Posición paralela a la línea del horizonte: *La horizontalidad de la barra en una balanza romana marca el peso correcto.*

horizonte s.m. **1** Línea límite de la superficie terrestre que alcanza la vista, y en la que la tierra o el mar parece que se juntan con el cielo: *Vimos ponerse el sol en el horizonte.* **2** Espacio circular de la superficie terrestre encerrado en esta línea: *Había muchas nubes de tormenta en el horizonte.* **3** Conjunto de posibilidades o de perspectivas: *El cambio de trabajo me abrió nuevos horizontes.* ☐ MORF. La acepción 3 se usa más en plural.

horma s.f. **1** Instrumento que sirve de molde para dar forma a un objeto, esp. a zapatos y sombreros: *Si te aprietan los zapatos, ponlos en la horma para que den de sí.* **2** ‖ **encontrar** alguien **la horma de su zapato.** *col.* Hallar lo que le conviene, esp. si es otra persona que entienda sus mañas o que sepa hacerle frente: *Encontró la horma de su zapato y tuvo que ceder.*

hormiga s.f. **1** Insecto de pequeño tamaño con el cuerpo de color oscuro o rojizo dividido, por dos estrechamientos, en cabeza, tórax y abdomen, que vive en hormigueros o galerías subterráneas: *Algunas hormigas tienen alas.* 👁 **insecto 2** ‖ **ser una {hormiga/hormiguita}.** *col.* Ser trabajador y ahorrativo: *Es una hormiguita y ahorra todo lo que gana.* ☐ MORF. Es un sustantivo epiceno y la diferencia de sexo se señala mediante la oposición *la hormiga {macho/hembra}.*

hormigón s.m. **1** Masa compacta de gran dureza y resistencia que se usa en la construcción y que está formada por un conglomerado de grava, piedras pequeñas, arena, agua y cemento o cal: *El hormigón comprimido es muy resistente.* **2** ‖ **hormigón armado.** El que está reforzado con varillas de acero o con tela metálica; *cemento armado: Esta casa tiene los cimientos de hormigón armado.*

hormigonera s.f. Máquina que se utiliza para mezclar los materiales con que se fabrica el hormigón: *La hormigonera está compuesta por un tambor que gira mecánicamente sobre su eje.*

hormiguear v. **1** Referido a una parte del cuerpo, experimentar una sensación molesta de picor o de cosquilleo: *Me hormiguean los pies por el cansancio.* **2** Referido a una multitud de personas o de animales, moverse de un lado para otro, esp. si es de forma agitada: *La gente hormigueaba en el mercadillo.* ☐ SEM. No debe emplearse con el significado de 'abundar' (galicismo): *En ese barrio {*hormiguean › abundan} los emigrantes.*

hormigueo s.m. **1** Sensación molesta en una parte del cuerpo, esp. si es de picor o cosquilleo: *Se me ha dormido la pierna y siento un hormigueo.* **2** Movimiento bullicioso y desordenado de una multitud de personas o de animales: *Desde mi balcón veo el hormigueo de la gente.*

hormiguero s.m. **1** Lugar en el que habitan las hormigas: *Muchos hormigueros están formados por galerías subterráneas.* **2** Conjunto de hormigas que habitan en este lugar: *Maté el hormiguero con un potente insecticida.* **3** Lugar en el que hay mucha gente en movimiento: *Los alrededores del estadio antes del partido eran un hormiguero.*

hormona s.f. Sustancia segregada por determinados órganos y que, transportada por la sangre en algunos animales y por la savia en las plantas, regula la actividad de otros órganos: *Las hormonas sexuales producen los cambios físicos que sufren los niños al convertirse en adultos.*

hormonal adj. De las hormonas o relacionado con ellas: *La diabetes es una enfermedad producida por una alteración hormonal.* ☐ MORF. Invariable en género.

hornacina s.f. En un muro, cavidad en forma de arco, generalmente usada para colocar una escultura o un objeto decorativo: *En la hornacina de la fachada de la iglesia está la imagen del santo patrón.*

hornada s.f. **1** Cantidad de pan o de otras cosas que se cuecen de una vez en el horno: *El panadero coció dos hornadas de pan.* **2** *col.* Conjunto de personas que acaban los estudios o consiguen un trabajo o un cargo al mismo tiempo: *Soy de una hornada de estudiantes anterior a la tuya.*

hornazo s.m. Rosca o torta adornada con huevos, que se cuece en el horno y suele estar rellena de chorizo y jamón; *mona: El hornazo es una comida típica salmantina y de otras ciudades castellanas.*

hornear v. Meter en el horno para asar o cocer: *Después de preparar la carne, hornéala durante diez minutos.*

hornillo s.m. Horno pequeño, manual y generalmente portátil, esp. el empleado para cocinar: *Cocino en un hornillo de gas que tengo en mi cuarto de la pensión.*

horno s.m. **1** Aparato o construcción de albañilería fabricados para generar calor, que se usa para caldear, cocer o fundir una materia que se introduce en su interior: *El alfarero metió la cerámica en el horno.* **2** En una cocina, aparato que se usa para asar los alimentos: *He hecho un pollo asado en el horno.* **3** Establecimiento donde se cuece y se vende el pan; *panificadora, tahona: Compro el pan en el horno que está al otro lado de la calle.* **4** *col.* Lugar donde hace mucho calor: *En verano, esta habitación es un horno.* **5** ‖ **alto horno.** En metalurgia, el que está destinado para fundir minerales de hierro: *Los altos hornos funcionan sobre todo con carbón y aire a presión.* ‖ **horno crematorio.** El que está destinado a la incineración de cadáveres: *En algunos cementerios hay un horno crematorio.* ‖ **no estar el horno para bollos.** *col.* No ser el mejor momento para algo: *Déjame en paz, que hoy no está el horno para bollos.*

horóscopo s.m. **1** Predicción del futuro que los astrólogos realizan y deducen de la posición de los astros del sistema solar en relación con los signos zodiacales en un momento dado: *Quiero que me hagan un horóscopo para saber cómo me va a ir en amores.* **2** Escrito que recoge estas predicciones: *Esta revista no trae el horóscopo.* **3** Cada uno de los signos zodiacales: *¿Qué horóscopo eres?*

horqueta s.f. En un árbol, parte donde una rama medianamente gruesa se junta con el tronco, formando un ángulo agudo: *Se subió al árbol y se sentó en la primera horqueta.*

horquilla s.f. **1** Pequeña pieza de peluquería, generalmente formada por un alambre doblado por el medio, que se utiliza para sujetar el pelo: *Necesito algunas horquillas para poder hacerme un moño.* **2** Instrumento formado por una vara terminada en dos puntas, que se utiliza para sostener, colgar o descolgar algo; *horca: Toma la horquilla para descolgar la lámpara.* 👁 **apero 3** En una bicicleta o en una motocicleta, tubo que va desde la rueda delantera hasta el manillar: *No gira la rueda delantera de la bicicleta porque la horquilla está doblada.*

horrendo, da adj. **1** Que causa horror: *Fue un crimen horrendo.* **2** *col.* Muy feo, muy malo o muy desagradable: *Se rieron de él porque iba con un traje horrendo.* **3** *col.* Muy grande o muy intenso: *Hace un frío horrendo.* ☐ SEM. Es sinónimo de *horroroso* y *horrible.*

hórreo s.m. Construcción, generalmente de madera, sostenida por pilares, que se usa para guardar el grano y otros productos agrícolas: *El suelo del hórreo no toca la tierra para evitar la humedad y los roedores.*

horribilísimo, ma superlat. irreg. de **horrible.** ☐ MORF. Incorr. **horriblísimo.*

horrible adj. **1** Que causa horror: *Se presentó con una máscara horrible y dimos un grito.* **2** *col.* Muy feo, muy malo o muy desagradable: *Es horrible tener que madrugar* *tanto.* **3** *col.* Muy grande o muy intenso: *A las tres de la tarde tengo un hambre horrible.* ☐ MORF. 1. Invariable en género. 2. Su superlativo es *horribilísimo.* ☐ SEM. Es sinónimo de *horrendo* y *horroroso.*

horripilación s.f. Transmisión de horror, esp. si se eriza el vello de la piel: *En el cine, la horripilación fue general en aquellas escenas tan desagradablemente violentas.*

horripilar v. Causar horror; *horrorizar: Me horripila pensar en el accidente.*

horrísono, na adj. Que causa horror o molestia con su sonido: *El horrísono sonido de la taladradora me ha levantado dolor de cabeza.*

horror s.m. **1** Miedo muy intenso: *El horror me paralizó y no pude moverme hasta que me tranquilicé.* **2** Sentimiento de temor, antipatía, aversión o repugnancia: *Tanta suciedad me produce horror.* **3** Lo que produce una fuerte impresión, esp. si es de miedo, temor, antipatía, aversión o repugnancia: *Este libro describe los horrores de la guerra.* **4** ‖ **un horror.** *col.* Gran cantidad: *Tengo un horror de deudas.* ☐ SINT. En la lengua coloquial, en plural y en la expresión *un horror* se usa mucho como adverbio de cantidad con el significado de 'mucho': *El cine me gusta 'horrores'. Me he cansado 'un horror'.*

horrorizar v. Causar horror; *horripilar: Me horroriza pensar que este año no tengo vacaciones. Se horrorizó cuando vio los precios de las camisas.* ☐ ORTOGR. La *z* se cambia en *c* delante de *e* →**CAZAR**.

horroroso, sa adj. **1** Que causa horror: *En el cuento, un monstruo horroroso asolaba la región.* **2** *col.* Muy feo, muy malo o muy desagradable: *No hemos salido de casa porque ha hecho un tiempo horroroso.* **3** *col.* Muy grande o muy intenso: *¡Qué calor más horroroso!* ☐ SEM. Es sinónimo de *horrendo* y *horrible.*

hortaliza s.f. Planta comestible que se cultiva en una huerta: *La lechuga y la zanahoria son hortalizas.*

hortelano, na ▌adj. **1** De la huerta o relacionado con este terreno de cultivo: *Los agricultores hortelanos necesitan mucha agua para sus tierras.* ▌s. **2** Persona que se dedica profesionalmente al cultivo de una huerta; *hurtano: Ayudé al hortelano a plantar tomates.*

hortense adj. De las huertas: *Las coliflores son productos hortenses.* ☐ MORF. Invariable en género.

hortensia s.f. **1** Arbusto ornamental de jardín, con hojas de color verde brillante y flores agrupadas que pierden poco a poco su color rosa o azulado hasta quedar casi blancas: *Tengo una hortensia en la terraza de mi casa.* **2** Flor de esta planta: *Puso un ramo de hortensias en el jarrón.*

hortera adj./s. Que se considera feo y de mal gusto por su carácter vulgar y ordinario: *Lleva una camisa muy hortera. No soporto a los horteras que presumen de elegantes.* ☐ MORF. 1. Como adjetivo es invariable en género. 2. Como sustantivo es de género común y exige concordancia en masculino o en femenino para señalar la diferencia de sexo: *el hortera, la hortera.*

horterada s.f. Lo que se considera feo y de mal gusto por su carácter vulgar y ordinario: *Lo que para ti es una horterada para mí es el colmo de la elegancia.*

hortícola adj. De la horticultura o relacionado con ella: *Un estudio hortícola nos hizo ver que aquella zona era muy seca y no resultaba apta para huerta.* ☐ MORF. Invariable en género.

horticultor, -a s. Persona que se dedica a la horticultura: *He contratado a una horticultora para que me diga qué debo cultivar en mi huerta.*

horticultura s.f. **1** Cultivo de las huertas y de los huertos: *En sus ratos libres se dedica a la horticultura.* **2** Técnica de este tipo de cultivo: *La horticultura es una rama de la agricultura.*

hosanna s.m. En la liturgia católica, exclamación o expresión de júbilo: *El himno empezaba con un hosanna.*

hosco, ca adj. **1** Poco sociable, o desagradable y áspero en el trato con los demás: *Antes tenía un carácter muy hosco, pero ahora es encantador.* **2** Referido al tiempo o a un lugar, que resultan desagradables, amenazadores o poco acogedores: *Me fui enseguida porque había un ambiente muy hosco.* ☐ ORTOGR. Dist. de *osco.*

hospedaje s.m. **1** Alojamiento y asistencia que se prestan a una persona que vive en un lugar de forma temporal: *Busco a alguien que me dé hospedaje hoy y mañana.* **2** Dinero que se paga por un alojamiento temporal: *Del sueldo tengo que descontar el hospedaje.*

hospedar v. Dar o tomar alojamiento, esp. si es de forma temporal; *alojar: Busco una casa en la que hospeden estudiantes. Me hospedé en casa de mis tíos.*

hospedería s.f. **1** Establecimiento donde se admiten huéspedes que pagan por su alojamiento y asistencia: *La hospedería estaba situada en el barrio antiguo.* **2** En algunas comunidades religiosas, conjunto de habitaciones destinadas al alojamiento de viajeros o de peregrinos: *Los monjes benedictinos tienen una hospedería en este monasterio.*

hospedero, ra s. Persona que tiene a su cargo una hospedería: *Siempre nos alojamos aquí, porque los hospederos son muy amables.*

hospiciano, na adj./s. Que está o ha estado interno en un hospicio: *Han adoptado a una niña hospiciana. Estos hospicianos guardan muy buen recuerdo de su paso por el hospicio.*

hospicio s.m. **1** Institución donde se recoge a niños huérfanos, abandonados o pobres para su cuidado y educación: *Estuvo en el hospicio hasta los diez años.* **2** Establecimiento destinado a albergar a peregrinos y pobres: *Algunos mendigos pasan las noches en un hospicio.*

hospital s.m. **1** Establecimiento donde se diagnostica y se trata a los enfermos: *Después de ser operado estuvo tres días en el hospital.* **2** ‖ **hospital de (primera) sangre.** En una guerra, lugar donde se hace la primera cura a los heridos: *Los medios de que dispone el hospital de sangre son escasos.*

hospitalario, ria adj. **1** Referido a una persona o a un grupo, que acoge o socorre con amabilidad a forasteros o a necesitados: *Mi madre es muy hospitalaria y recibe muy bien a todos mis amigos.* **2** Referido a un lugar, que resulta agradable y acogedor: *Menos mal que encontramos una cueva hospitalaria para refugiarnos de la lluvia.* **3** Del hospital o relacionado con él: *El centro hospitalario está cerca de aquí.*

hospitalidad s.f. Asistencia y acogida que se proporciona a los forasteros y necesitados, dándoles alojamiento y ayuda: *Agradeceré siempre la hospitalidad con la que me trataron en aquel país.*

hospitalización s.f. Ingreso de un paciente en un hospital: *Una operación de apendicitis requiere la hospitalización del enfermo.*

hospitalizar v. Referido a una persona, ingresarla en un hospital o una clínica: *Me han hospitalizado para hacer-*

me unas pruebas médicas. □ ORTOGR. La *z* cambia en *c* delante de *e* →**CAZAR**.

hosquedad s.f. **1** Aspereza o falta de amabilidad en el trato con los demás: *La hosquedad de su comportamiento lo aísla de la gente.* **2** Carácter desagradable, amenazador o poco acogedor de un lugar o del tiempo atmosférico: *La hosquedad del tiempo nos estropeó las vacaciones.*

hostal s.m. Establecimiento público donde se da comida o alojamiento a cambio de dinero; *hostería: Fuimos a comer al hostal y nos quedamos a dormir.*

hostelería s.f. Conjunto de servicios que proporcionan principalmente comida y alojamiento a huéspedes y viajeros, a cambio de dinero: *La huelga de hostelería me impidió salir de vacaciones.*

hostelero, ra ▮ adj. **1** De la hostelería o relacionado con ella: *La capacidad hostelera española es grande porque es un país turístico.* ▮ s. **2** Persona que tiene a su cargo un hostal: *El hostelero me dio la mejor habitación.*

hostería s.f. Establecimiento público donde se da comida o alojamiento a cambio de dinero; *hostal: Comimos en la hostería, pero no dormimos allí.*

hostia s.f. **1** Hoja delgada y redonda de pan ázimo o sin levadura que el sacerdote consagra y los fieles comulgan en la misa; *forma: El sacerdote guardó las hostias consagradas en el sagrario.* **2** *vulg.malson.* →**golpe.** **3** ‖ **ser la hostia.** *vulg.malson.* →**ser el colmo.** □ USO Se usa mucho como palabra comodín en expresiones vulgares malsonantes.

hostiar v. *vulg.malson.* Dar una paliza o pegar violentamente: *Como te metas conmigo, te hostio.* □ ORTOGR. La *i* nunca lleva tilde.

hostias u **hostia** interj. *vulg.malson.* Expresión que se usa para indicar extrañeza, sorpresa, admiración o disgusto: *¿Quién hostias es ese? ¡Hostia, qué daño!*

hostigamiento s.m. **1** Azote o golpe dado con un látigo, con una vara o con algo parecido: *El caballo no pudo resistir el hostigamiento del jinete.* **2** Acoso o molestia continuados que se hacen a una persona, generalmente con el fin de conseguir algo: *El hostigamiento del sindicato a la patronal logró una subida de sueldo.*

hostigar v. **1** Azotar con un látigo, con una vara o con algo parecido: *Hostigó al caballo para que corriera más rápido.* **2** Referido esp. a una persona, molestarla o acosarla, esp. si es con el fin de conseguir que haga algo: *Las guerrillas hostigaban al ejército oficial.* □ ORTOGR. La *g* se cambia en *gu* delante de *e* →**PAGAR**.

hostil adj. Que muestra oposición o enemistad: *Me lanzó una mirada hostil y llena de odio.* □ MORF. Invariable en género.

hostilidad s.f. **1** Enemistad, oposición o animadversión: *Su hostilidad hacia mí es evidente.* **2** Cualquier acción u operación desde la declaración de guerra o desde la iniciación de la lucha hasta la firma de la paz: *No sé si cesarán las hostilidades entre israelíes y palestinos.* **3** ‖ **romper las hostilidades.** Iniciar la guerra con un ataque al enemigo, invadiendo su territorio: *Avisaron de que romperían las hostilidades si no se llegaba a un acuerdo satisfactorio.*

hot dog (anglicismo) s.m. ‖ →**perrito caliente.** □ PRON. [jot dog], con *j* suave. □ USO Es un anglicismo innecesario.

hotel s.m. **1** Establecimiento público destinado a alojar personas a cambio de dinero: *Un hotel es de mayor categoría que un hostal.* **2** Vivienda unifamiliar aislada total o parcialmente de otras viviendas, generalmente rodeada de un terreno ajardinado: *Los fines de semana los paso en un hotelito que tengo en la sierra.* □ MORF. En la acepción 2, se usa mucho el diminutivo *hotelito*.

hotelero, ra ▮ adj. **1** Del hotel o relacionado con este establecimiento de hostelería: *El número de estrellas determina la categoría hotelera.* ▮ s. **2** Persona que posee un hotel o que lo dirige: *Los hoteleros dicen que este año han venido menos turistas.*

hotentote, ta adj./s. De un pueblo indígena que habitó la zona suroeste del continente africano: *El pueblo hotentote habitaba cerca del cabo de Buena Esperanza. Los hotentotes tienen la piel negra.* □ MORF. Como sustantivo se refiere solo a las personas de este pueblo.

hovercraft (anglicismo) s.m. Vehículo que puede desplazarse a gran velocidad sobre la tierra o sobre el agua al ir sustentado por una capa de aire a presión; *hoverfoil: El hovercraft se desplaza sobre superficies lisas.* □ PRON. [oberkráf].

hoverfoil (anglicismo) s.m. →**hovercraft.** □ PRON. [oberfóil].

hoy ▮ s.m. **1** Tiempo actual: *Hay que aprender a vivir el hoy sin olvidarse ni del mañana ni del ayer.* ▮ adv. **2** En el día actual: *Hoy me he levantado temprano.* **3** En esta época o en la actualidad: *Hoy hay más comodidades que en el siglo pasado.* **4** ‖ **de hoy {a/para} mañana.** De manera rápida y en poco tiempo: *Son muy eficientes y te lo resuelven todo de hoy para mañana.* ‖ **hoy (en) día.** En la época actual: *Hoy en día es fácil salir al extranjero.* ‖ **hoy por hoy.** En el momento actual: *Hoy por hoy no se puede viajar a través del tiempo.*

hoya s.f. **1** Concavidad u hondura grandes en la tierra: *Cubrió con tierra una hoya que había en un extremo del huerto.* **2** Concavidad que se hace en la tierra para enterrar un cadáver; *hoyo, sepultura: Me impresionó ver cómo introducían el ataúd en la hoya.* **3** Llanura extensa rodeada de montañas: *En las hoyas de Andalucía oriental se practica una agricultura de regadío.* □ ORTOGR. Dist. de *olla*.

hoyo s.m. **1** En una superficie, esp. en la tierra, concavidad formada natural o artificialmente: *Hizo un hoyo en el jardín para plantar un sauce.* **2** Concavidad que se hace en la tierra para enterrar un cadáver; *hoya, sepultura: Cavaron un hoyo en el campo para enterrar al perro muerto.* **3** ‖ **hacer un hoyo.** En golf, hacer el recorrido necesario hasta introducir la pelota en cada agujero reglamentario del campo: *Gana el jugador que consigue hacer más hoyos en menos golpes.*

hoyuelo s.m. Hoyo que tienen algunas personas en el centro de la barbilla o que se forma en las mejillas al reír: *Qué hoyuelos más graciosos te salen cuando ríes.*

hoz s.f. **1** Herramienta que sirve para segar, formada por un mango y una hoja curva afilada o dentada en su parte cóncava: *Mi abuelo afilaba las hoces antes de empezar a segar.* 👁 **apero** **2** Angostura o paso estrecho que forma un valle profundo o un río que corre entre dos sierras: *El río ha formado unas hoces muy profundas.*

hozar v. Mover y levantar la tierra con el hocico, esp. referido al cerdo o al jabalí; *hocicar: Los cerdos hozan para encontrar trufas.* □ ORTOGR. La *z* se cambia en *c* delante de *e* →**CAZAR**.

hucha s.f. Recipiente cerrado, con una ranura estrecha por la que se mete dinero para guardarlo y ahorrar: *Me han regalado una hucha con forma de cerdito.*

hueco, ca ▮ adj. **1** Vacío o sin relleno: *Siempre uso pendientes huecos para que no pesen y no me duelan las orejas.* **2** Referido esp. al lenguaje o al estilo, que es pedante o expresa conceptos vanos y triviales: *En sus huecos discursos nunca dice nada nuevo.* **3** Referido a una persona, que manifiesta una actitud presumida u orgullosa: *Cuando me felicitaron me puse más hueca...* **4** Referido a un sonido, que es retumbante y profundo: *Nos impresionó su voz hueca y solemne.* **5** Que es mullido, esponjoso o ahuecado: *Me voy a cardar el pelo para que me quede más hueco.* **6** Que no está ajustado o pegado a lo que hay en su interior: *Déjate la camisa más hueca.* ▮ s.m. **7** Abertura o cavidad: *Se le cayeron las llaves por el hueco del ascensor.* **8** *col.* Lugar no ocupado: *Busco un hueco para aparcar.* **9** Intervalo de tiempo: *Si tengo un hueco esta tarde, te llamo, ¿vale?* **10** ‖ **hacer (un) hueco.** Correrse en un asiento para hacer sitio: *Hicieron hueco y pude sentarme.*

huecograbado s.m. **1** Procedimiento de grabado mediante el cual las figuras o los trazos quedan en hueco en una plancha o en un cilindro de cobre, de forma que, al llenarlos de tinta, se plasman sobre el papel: *El huecograbado es el procedimiento contrario a la tipografía.* **2** Imagen obtenida por este procedimiento: *Algunos periódicos tienen páginas de huecograbado.*

huelga s.f. **1** Interrupción del trabajo hecha de común acuerdo para conseguir mejoras laborales: *Cuando estos trabajadores están en huelga organizan paros de doce horas.* **2** ‖ **huelga de brazos caídos.** La que se lleva a cabo en el lugar de trabajo: *Pasaron dos días encerrados en la oficina en huelga de brazos caídos.* ‖ **huelga de celo.** La que se hace aplicando literalmente todas las disposiciones y requisitos laborales para que disminuya el rendimiento y se retrasen los servicios: *Los aviones tienen mucho retraso porque los controladores aéreos están en huelga de celo.* ‖ **huelga de hambre.** Abstinencia total de alimentos que se impone una persona para demostrar que está dispuesta a morir si no consigue lo que pretende: *El preso que se declaró en huelga de hambre está ahora en la enfermería.* ‖ **huelga general.** La que se plantea al mismo tiempo en todos los oficios de un país o de una localidad: *Una huelga general paraliza un país.* ‖ **huelga revolucionaria.** La que se hace por motivos políticos más que por motivos laborales: *Los estudiantes hicieron una huelga revolucionaria para conseguir más libertades.*

huelguista s. Persona que participa en una huelga: *Los huelguistas pedían una jornada laboral de menos horas.* ☐ MORF. Es de género común y exige concordancia en masculino o en femenino para señalar la diferencia de sexo: *el huelguista, la huelguista.*

huelguístico, ca adj. De la huelga, de los huelguistas o relacionado con ellos: *Los sindicatos controlan las acciones huelguísticas de los trabajadores afiliados.*

huella s.f. **1** En una superficie, marca que queda después del contacto con algo: *Seguimos las huellas de las ruedas del coche.* 👁 **pie** **2** Rastro o vestigio que deja algo: *Su cara mostraba las huellas del llanto.* **3** Impresión profunda y duradera que deja algo en una persona: *Las enseñanzas del profesor dejaron huella en sus alumnos.* **4** ‖ **seguir las huellas** de alguien. Seguir su ejemplo: *Quería seguir las huellas de su padre.* ☐ MORF. La acepción 2 se usa más en plural.

huérfano, na ▮ adj. **1** Falto de algo necesario, esp. de protección o de ayuda: *Esos niños están huérfanos de amor y cariño.* ▮ adj./s. **2** Referido a una persona de poca edad, que ya no tiene padre, madre o ninguno de los dos, porque han muerto: *Es huérfano de madre desde los quince años. Algunos huérfanos suelen vivir en los orfanatos.*

huero, ra adj. **1** Referido a un huevo, que no produce cría por no estar fecundado por el macho: *Esa gallina solo pone huevos hueros, así que mejor será que nos la comamos en pepitoria.* **2** Que no tiene contenido o sustancia: *Fue un discurso largo, huero y aburrido.*

huerta s.f. **1** Terreno en el que se cultivan legumbres, verduras y árboles frutales: *Tengo una huerta con judías y patatas.* **2** Tierra de regadío: *Las inundaciones causaron graves daños en la huerta valenciana.* ☐ SEM. Dist. de *huerto* (más pequeño y con más árboles que verdura).

huertano, na ▮ adj./s. **1** Que vive en la huerta o comarca de regadío: *Mis padres son huertanos porque nacieron en un pueblo murciano. Las riadas valencianas producen grandes pérdidas a los huertanos.* ▮ s. **2** Persona que se dedica profesionalmente al cultivo de una huerta; *hortelano: Estuve en el campo y vi trabajar a los huertanos en sus tierras.*

huerto s.m. **1** Terreno de pequeñas dimensiones en el que se cultivan legumbres, verduras y árboles frutales: *Mi tío tiene en su huerto manzanos, tomates y zanahorias.* **2** ‖ **llevarse** a alguien **al huerto.** **1** *col.* Engañarlo: *En esta tienda te llevan al huerto en cuanto te despistas.* **2** *vulg.* Conseguir una relación sexual: *Presume de habérsela llevado al huerto.* ☐ SEM. Dist. de *huerta* (más grande y con más verduras que árboles).

hueso ▮ adj.inv./s.m. **1** De color blanco amarillento: *El hueso combina bien con los colores oscuros.* ▮ s.m. **2** Cada una de las piezas duras y blanquecinas que forman parte del esqueleto de los vertebrados: *El cráneo es un hueso que protege el encéfalo.* 👁 **esqueleto** **3** En algunos frutos, parte interna, dura y leñosa, dentro de la cual se encuentra la semilla: *He plantado un hueso de melocotón para tener un melocotonero.* **4** *col.* Profesor que suspende a muchos alumnos: *La profesora de matemáticas de este año es un hueso.* **5** *col.* Lo que causa trabajo o molestia: *Esta asignatura es un hueso y me cuesta mucho aprobarla.* **6** *col.* Persona difícil de tratar y de carácter desagradable: *Ese es un hueso y no se puede hablar con él.* ▮ pl. **7** *col.* Cuerpo de una persona: *El vagabundo dio con sus huesos en el parque.* **8** ‖ **{calado/empapado} hasta los huesos.** *col.* Muy mojado: *No llevé paraguas y terminé calada hasta los huesos.* ‖ **{dar/pinchar} en hueso.** *col.* Fallar en el intento de lograr algo: *Si intentas convencerlo, darás en hueso.* ‖ **en los huesos.** *col.* Muy delgado: *Ha vuelto del viaje en los huesos.* ‖ **hueso cuadrado.** En una persona, el situado en la segunda fila del carpo o de la muñeca: *El hueso cuadrado se llama así por su forma.* ‖ **(hueso) cuboides.** En el pie, el situado en el borde externo del tarso: *Le escayolaron el pie porque se rompió el hueso cuboides.* ‖ **(hueso) cuneiforme.** En el pie, cada uno de los tres situados en la parte anterior de la segunda fila del tarso: *El hueso cuneiforme tiene forma de cuña.* ‖ **hueso de santo.** Dulce de mazapán en forma de rollito, generalmente relleno de yema: *Nos ofrecieron huesos de santo con el café.* ‖ **(hueso) escafoides.** **1** El situado en la parte externa de la primera fila del carpo o de la muñeca: *Se rompió el hueso escafoides en el gimnasio.* **2** En el pie, el situado en la parte interna media del tarso: *El hueso escafoides se encuentra cerca del talón.* ‖ **(hueso) esfenoides.** El situado en el cráneo y que forma parte de las fosas nasales y de las órbitas de los ojos: *El hueso esfenoides asoma al exterior en las sienes.* 👁 **cráneo** ‖ **(hueso) etmoides.** El que forma parte de la base del cráneo, de las fosas nasales y de las órbitas de los ojos: *El hueso etmoides tiene forma cúbica.* ‖ **(hueso) frontal.** El que forma la parte anterior y superior del cráneo: *Se dio un golpe en la frente y se rompió el hueso frontal.* 👁 **cráneo** ‖ **hueso ganchudo.** El que tiene figura de gancho y forma parte del carpo o de la muñeca: *En clase de anatomía el profesor nos habló del hueso ganchudo.* ‖ **hueso hioides.** El situado en la base de la lengua y encima de la laringe: *El hueso hioides tiene forma de herradura.* ‖ **(hueso) malar.** El que forma la parte saliente de las mejillas; *pómulo: El hueso malar es un hueso par.* 👁 **cráneo** ‖ **(hueso) maxilar.** Cada uno de los tres que forman parte de las mandíbulas superior e inferior: *De un puñetazo le rompió uno de los tres huesos maxilares.* 👁 **cráneo** ‖ **(hueso) occipital.** El que forma parte del cráneo y lo une a las vértebras del cuello: *El hueso occipital está situado en la región de la nuca.* 👁 **cráneo** ‖ **hueso orbital.** El que forma parte de las órbitas de los ojos: *Los huesos orbitales se localizan a ambos lados de la nariz.* ‖ **(hueso) parietal.** El que forma la parte media y lateral del cráneo: *Los dos huesos parietales son los de mayor tamaño del cráneo.* 👁 **cráneo** ‖ **hueso piramidal.** El que tiene figura de pirámide y forma parte del carpo o de la muñeca: *Se rompió el hueso piramidal hace un año y aún no dobla bien la muñeca.* ‖ **(hueso) sacro.** El situado en la parte inferior de la columna vertebral y que está formado por vértebras soldadas: *Le quitaron la silla cuando iba a sentarse y se rompió el hueso sacro.* ‖ **(hueso) temporal.** El del cráneo que está situado en la región del oído: *Los dos huesos temporales se unen a los pómulos por una rama de estos.* 👁 **cráneo** ‖ **(hueso) trapecio.** El primero de la segunda fila del carpo o de la muñeca: *El hueso trapecio se llama así por su forma.* ‖ **(hueso) trapezoide.** El segundo de la segunda fila del carpo o de la muñeca: *En la radiografía se aprecia que tiene roto el hueso trapezoide.* ‖ **la sin hueso.** *col.* La lengua: *Es un charlatán y siempre le está dando a la sin hueso.* □ ORTOGR. *La sin hueso* admite también la forma *la sinhueso.*

huésped s. Persona que se aloja en un hotel o en casa ajena: *Tengo a mis primos en casa como huéspedes.* □ MORF. 1. Es de género común y exige concordancia en masculino o en femenino para señalar la diferencia de sexo: *el huésped, la huésped.* 2. Su femenino tradicional es *huespeda*, aunque está en desuso.

hueste s.f. Conjunto de los partidarios o defensores de una misma causa: *El político habló ante sus huestes.* □ MORF. Se usa más en plural.

huesudo, da adj. Con mucho hueso o con los huesos muy marcados: *A ver si engordas un poco, que estás demasiado huesuda.*

hueva s.f. En algunos peces, masa que forman los huevecillos dentro de una bolsa ovalada: *Nos pusieron de aperitivo huevas adobadas.* □ MORF. Se usa más en plural.

huevera s.f. Véase **huevero, ra.**

huevería s.f. Establecimiento en el que se venden huevos: *Compró una docena de huevos en la huevería.*

huevero, ra ▌s. **1** Persona que se dedica a la venta de huevos: *El huevero me ha regalado un huevo de paloma.* ▌s.f. **2** Utensilio con forma de copa pequeña que se utiliza para colocar el huevo cocido o pasado por agua: *Pon las hueveras en la mesa, que hoy desayunaremos huevos pasados por agua.* **3** Recipiente que se utiliza para transportar o guardar huevos: *Los huevos suelen venderse en hueveras de plástico o de cartón.*

huevo s.m. **1** En biología, célula procedente de la unión del gameto masculino con el femenino en la reproducción sexual de animales y plantas: *La división celular del huevo produce el embrión.* **2** Cuerpo en forma más o menos esférica, resultado de la fecundación de un óvulo por un espermatozoide y que contiene el germen del individuo y las sustancias con las que se alimenta durante las primeras fases de su desarrollo: *Las hembras de las aves y de los reptiles ponen huevos.* 👁 **huevo 3** En algunos animales, esp. en peces y anfibios, óvulo que es fecundado por los espermatozoides del macho después de haber salido del cuerpo de la hembra: *Los huevos de los peces contienen las materias nutritivas necesarias para que se forme el embrión.* 👁 **metamorfosis 4** *vulg.malson.* →**testículo. 5** ‖ **a huevo.** De la mejor manera posible o de forma que resulte fácil conseguir algo: *Te he dejado la partida a huevo para que puedas ganarla. Ese sitio vacío está a huevo para que aparques el coche.* ‖ **huevo de {Colón/Juanelo}.** *col.* Lo que parece difícil pero no lo es: *No te quejes, anda, que lo que me estás contando es el huevo de Colón.* ‖ **huevo de zurcir.** Utensilio duro en forma ovalada que se utiliza para zurcir medias y calcetines: *Guardó el huevo de zurcir en el costurero.* 👁 **costura** ‖ **huevo duro.** El que se cuece con cáscara en agua hirviendo hasta que se cuajen completamente la yema y la clara: *Adornó la ensaladilla con trozos de huevo duro.* ‖ **huevo estrellado.** El que se fríe sin batirlo antes y sin tostarlo por arriba: *El huevo estrellado es un plato muy típico de ese restaurante.* ‖ **huevo frito.** El que se fríe sin batirlo: *Se tomó dos huevos fritos en la comida.* ‖ **huevo hilado.** El que se mezcla con azúcar y se sirve en forma de hilos: *Adornó la fuente de fiambre con huevo hilado.* ‖ **huevo pasado por agua.** El que se cuece con cáscara en agua hirviendo sin que cuajen completamente la clara y la yema: *Un huevo pasado por agua tiene que hervir unos tres minutos.* ‖ **huevos al plato.** Los que están cocidos con calor suave, sin cáscara y sin batir, y se sirven en el mismo recipiente en el que se han cocinado: *En la cena puso huevos al plato con tomate y guisantes.* ‖ **huevos revueltos.** Los que se fríen sin batirlos, con poco aceite y revolviéndolos hasta que se cuajen: *Cené huevos revueltos con jamón.* ‖ **parecerse como un huevo a una castaña.** *col.* Diferenciarse mucho: *Te pareces a tu primo*

HUEVO

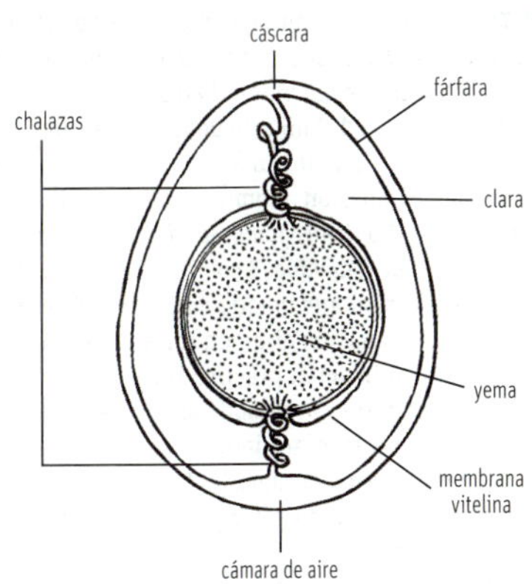

a b c d e f g h i j k l m n ñ o p q r s t u v w x y z

a b c d e f g h i j k l m n ñ o p q r s t u v w x y z

como un huevo a una castaña. ‖ **pisando huevos.** *col.* Referido a la forma de andar, muy despacio y con cierto cuidado: *Va pisando huevos y siempre llega tarde.* ☐ USO En la acepción 4, se usa mucho como palabra comodín en expresiones vulgares malsonantes.

huevón, -a adj./s. *vulg.malson.* Referido a una persona, que es excesivamente tranquila y perezosa: *No seas tan huevón y preocúpate de lo que pasa a tu alrededor. Me saca de quicio la pachorra de esa huevona.*

hugonote, ta adj./s. Seguidor francés de las doctrinas protestantes calvinistas: *Los católicos franceses se enfrentaron a la facción hugonota en guerras de religión. Los hugonotes se organizaron como movimiento en el siglo XVI.*

huida s.f. Véase **huido, da.**

huidizo, za adj. Que huye o que tiende a huir: *Las personas tímidas suelen tener una mirada huidiza.*

huido, da ▌adj./s. **1** Referido a una persona, que se ha escapado de un lugar en el que está recluida: *Se busca a dos locos peligrosos huidos del sanatorio. Escondió en su casa a un huido del penal.* ▌s.f. **2** Alejamiento rápido de lo que se considera molesto o perjudicial, para evitar un daño, un disgusto o una molestia: *El incendio del bosque provocó la huida de los animales. Planearon la huida del campo de concentración durante meses.* **3** Paso rápido del tiempo: *La huida de los años pesa sobre mi ánimo.*

huir v. **1** Apartarse deprisa de lo que se considera molesto o perjudicial, para evitar un daño, un disgusto o una molestia: *El ladrón huyó entre la multitud. Debes huir de los vicios.* **2** Referido a una persona, esquivarla o evitarla: *Cuando me ve, me huye.* **3** Referido al tiempo, pasar rápidamente: *Los días huyen sin que me dé cuenta.* ☐ MORF. Irreg.: La *i* se cambia en *y* delante de *a, e, o* →**HUIR.** ☐ SINT. Constr. de la acepción 1: *huir DE algo.*

hula-hoop s.m. Aro que se hace girar alrededor de la cintura al hacer movimientos circulares (por extensión del nombre de la marca comercial *Hula Hoop®*): *Hay que saber moverse para bailar el hula-hoop.* ☐ PRON. [hulahóp], con las dos *h* aspiradas. ☐ MORF. Su plural es *hula-hoops.*

hule s.m. Tela recubierta por una de sus caras con un material plástico o pintada con óleo y barnizada para hacerla flexible e impermeable: *Limpia el mantel de hule con un paño mojado.*

hulla s.f. Carbón mineral de color negro intenso y gran poder calorífico, que se utiliza como combustible y para la obtención de gas ciudad y alquitrán: *La hulla tiene más poder calorífico que el lignito.*

hullero, ra adj. De la hulla, o que contiene esta variedad del carbón: *En la cuenca minera asturiana se encuentran importantes yacimientos hulleros.*

humanidad ▌s.f. **1** Conjunto de todos los seres humanos: *Una guerra nuclear acabaría con la humanidad.* **2** Sensibilidad, compasión o comprensión hacia los demás; *humanitarismo: No tienes humanidad si eres capaz de tratar tan cruelmente a un niño.* **3** *col.* Corpulencia o gordura: *Tropezó y dio con su humanidad en el suelo.* ▌pl. **4** Conjunto de disciplinas que giran en torno al ser humano y que no tienen aplicación práctica inmediata; *letras: La literatura, la historia y la filosofía son parte de las humanidades.* **5** ‖ **oler a humanidad.** *col.* Referido a un recinto cerrado, oler de forma desagradable por la escasa ventilación y la presencia de gente: *Abre las ventanas, que huele a humanidad.*

humanismo s.m. **1** Movimiento cultural que se desarrolló en Europa entre los siglos XIV y XVI y que se caracterizó por su consideración del ser humano como centro de todas las cosas y por su defensa de un ideal de formación integral apoyada en el conocimiento de los modelos grecolatinos: *El humanismo actuó como impulsor del Renacimiento.* **2** Formación intelectual obtenida a partir del estudio de las humanidades y que potencia el desarrollo de las cualidades esenciales del hombre: *Una parte de nuestra sociedad lucha por la vuelta al humanismo.*

humanista ▌adj. **1** Del humanismo o con características de este movimiento cultural: *La pedagogía humanista propugna el estudio de las ciencias humanas.* ▌adj./s. **2** Que se dedica al estudio de las humanidades: *Tengo un profesor humanista que sabe un poco de todo. Esta filósofa es una verdadera humanista.* ☐ MORF. 1. Como adjetivo es invariable en género. 2. Como sustantivo es de género común y exige concordancia en masculino o en femenino para señalar la diferencia de sexo: *el humanista, la humanista.*

humanístico, ca adj. Del humanismo o de las disciplinas que giran en torno al ser humano: *Tiene una buena formación humanística y conoce a los escritores clásicos griegos y latinos.*

humanitario, ria adj. **1** Que busca el bien de todos los seres humanos: *Esta organización humanitaria lucha por la abolición de la pena de muerte.* **2** Bondadoso y caritativo: *Su carácter humanitario le ha granjeado el cariño de todos los que lo rodean.*

humanitarismo s.m. Sensibilidad, compasión o comprensión hacia los demás; *humanidad: La solidaridad con los más necesitados es una cuestión de humanitarismo.*

humanización s.f. Adquisición de un carácter más humano, más agradable, menos cruel o menos duro: *Siempre luchó por la humanización del trabajo en las minas.*

humanizar v. Hacer más humano, más agradable, menos cruel o menos duro: *Un poco más de educación humanizaría la vida en las ciudades. Era muy inflexible, pero con la edad se ha humanizado.* ☐ ORTOGR. La *z* se cambia en *c* delante de *e* →**CAZAR.**

humano, na ▌adj. **1** De las personas o con las características que se consideran propias de ellas: *Llorar es muy humano.* **2** Que posee o manifiesta buenos sentimientos, o que se muestra solidario y comprensivo con los demás: *Es muy humano y ayuda a los demás siempre que puede.* ▌s.m. **3** Individuo perteneciente al conjunto de las personas: *Los humanos debemos cuidar nuestro entorno.*

humanoide adj./s. Que tiene forma o rasgos del ser humano: *Este robot humanoide es capaz de efectuar cien operaciones distintas. En la película unos humanoides invadían la Tierra.* ☐ MORF. 1. Como adjetivo es invariable en género. 2. Como sustantivo es de género común y exige concordancia en masculino o en femenino para señalar la diferencia de sexo: *el humanoide, la humanoide.*

humarada s.f. →**humareda.**

humareda s.f. Abundancia de humo; *humarada: El tubo de escape del coche desprendía una humareda horrible.* ☐ USO *Humarada* es el término menos usual.

humear v. **1** Desprender humo o vapor: *La sopa debe de quemar mucho, porque humea mucho.* **2** Referido a algo pasado, estar vivo o no haberse olvidado del todo: *Su vieja enemistad todavía humea, y discuten por el menor motivo.*

humectante adj. Que humedece: *Compré en la óptica un producto humectante para las lentillas.* ☐ MORF. Invariable en género.

humedad s.f. **1** Presencia de agua o de otro líquido en un cuerpo o en el aire: *La humedad no es muy saludable* *para un reumático.* **2** Agua que impregna un cuerpo o está mezclada en el aire: *Hay que volver a pintar las paredes porque tienen manchas de humedad.* **3** En meteorología, cantidad de vapor de agua de la atmósfera: *Un higrómetro sirve para medir la humedad del aire atmosférico.*

humedecer v. Poner húmedo o mojar ligeramente: *Para planchar las sábanas es conveniente humedecerlas.* ☐ MORF. Irreg.: Aparece una *z* delante de la *c* cuando le sigue *a, o* →PARECER.

húmedo, da adj. **1** Del agua o con características propias de ella: *Toqué una rana y noté una sensación húmeda.* **2** Que está ligeramente mojado: *No te pongas la falda, porque aún está húmeda.* **3** Referido esp. a la atmósfera o al ambiente, que están cargados de vapor de agua: *Seguro que llueve, porque se nota el aire húmedo. No me gustan los días bochornosos y húmedos.* **4** Referido a un lugar o a un clima, con abundantes lluvias y con un alto grado de humedad en el aire: *Galicia y Asturias son zonas muy húmedas. La vegetación de los climas cálidos y húmedos es exuberante.* **5** ‖ **la húmeda.** *col.* La lengua: *No le des tanto a la húmeda y ponte a trabajar.*

humeral ▮ adj. **1** Del húmero o relacionado con este hueso: *La arteria humeral recorre el brazo.* ▮ s.m. **2** Paño que el sacerdote se pone sobre los hombros y con cuyos extremos se cubre las manos para coger la custodia o el copón: *Al mostrar la hostia a los fieles el sacerdote llevaba puesto el humeral.* ☐ MORF. Como adjetivo es invariable en género.

húmero s.m. Hueso largo que está entre el hombro y el codo: *Se rompió el húmero y le han escayolado todo el brazo.* 👁 **esqueleto**

humidificador s.m. Aparato que contiene agua y que, al hacer que esta se evapore, sirve para mantener húmedo el ambiente: *El humidificador es muy útil para las personas asmáticas.*

humidificar v. Referido a un ambiente, aumentar su grado de humedad: *Estos helechos crecen bien en casa porque humidifico el ambiente.* ☐ ORTOGR. La *c* se cambia en *qu* delante de *e* →SACAR.

humildad s.f. **1** Actitud derivada del conocimiento de las propias limitaciones y que lleva a obrar sin orgullo: *La humildad permite reconocer los propios errores.* **2** Condición baja o inferioridad de algo, esp. de la clase social: *Llegó a lo más alto y nunca se avergonzó de la humildad de su cuna.*

humilde adj. **1** Que tiene humildad: *Es una persona humilde y nada orgullosa.* **2** Que no pertenece a la nobleza: *Los condes no querían emparentar con una persona humilde.* ☐ MORF. Invariable en género.

humillación s.f. Hecho por el cual se pierde la dignidad o el orgullo: *Sus enemigos lo sometieron a graves humillaciones.*

humilladero s.m. Lugar que suele haber a la entrada de los pueblos o en los caminos, y que generalmente está marcado por una cruz sobre un pedestal: *Los humilladeros son lugares devotos.*

humillar ▮ v. **1** Referido a una persona, hacerle perder el orgullo o la dignidad: *Lo humilló delante de todos señalando su error en público.* **2** Referido a una parte del cuerpo, inclinarla en señal de acatamiento o de sumisión: *Humilló la cabeza ante el rey.* **3** En tauromaquia, referido a un toro, bajar la cabeza como precaución defensiva: *Cuando el toro humilló, el torero entró a matar.* ▮ prnl. **4** Hacer un acto de humildad, esp. si este se considera excesivo: *No entiendo que te humilles por ese cretino.*

humo ▮ s.m. **1** Producto gaseoso que se desprende de la combustión incompleta de una materia: *El humo se compone sobre todo de vapor de agua y de pequeñas partículas de carbón.* **2** Vapor que desprende un líquido al hervir o un cuerpo en una reacción química: *El agua está hirviendo y echa humo.* ▮ pl. **3** Orgullo, vanidad o presunción: *No va a soportar ese desprecio porque tiene muchos humos.* **4** ‖ **bajar los humos** a alguien. *col.* Refrenar su orgullo: *Tendré que bajarle los humos porque se cree superior a todos.* ‖ **echar** alguien **humo.** *col.* Estar muy enfadado: *Desde que lo despidieron está que echa humo.* ‖ **hacerse humo.** *col.* Desaparecer: *A los pocos meses su herencia se había hecho humo.* ‖ **irse todo en humo.** Desvanecerse lo que encerraba grandes esperanzas: *Esperaba mucho de ti pero ahora veo que todo se ha ido en humo.* ‖ **subírsele los humos** a alguien. *col.* Envanecerse o engullecerse: *Desde que lo ascendieron se le han subido los humos.*

humor s.m. **1** Estado de ánimo, esp. si se manifiesta ante los demás: *Su humor es muy variable y tan pronto lo ves contento como triste.* **2** Buena disposición de una persona para hacer algo: *No estoy de humor para aguantar tonterías.* **3** Capacidad para ver o para mostrar las cosas desde un punto de vista gracioso o ridículo: *No le gastes bromas porque no tiene sentido del humor.* **4** Expresión o estilo que manifiesta lo cómico o lo divertido de las cosas; *humorismo: Tómate la vida con más humor.* **5** Antiguamente, cualquiera de los líquidos del cuerpo de las personas o de los animales: *La palidez se decía que la causaban los malos humores.* **6** ‖ **buen humor.** Inclinación a mostrar un carácter alegre y complaciente: *Hoy está de buen humor y nos invita a cenar.* ‖ **humor {ácueo/acuoso}.** En el globo del ojo, líquido incoloro y transparente que se halla delante del cristalino: *El humor acuoso se encuentra entre la córnea y el cristalino.* ‖ **humor negro.** Capacidad para descubrir aspectos graciosos en lo que de por sí es triste o trágico: *Cuando le amputaron la mano su humor negro le hizo decir que ahorraría en sortijas.* ‖ **humor vítreo.** En el globo del ojo, sustancia de aspecto gelatinoso que se encuentra detrás del cristalino: *El humor vítreo se encuentra entre el cristalino y la retina.* ‖ **mal humor.** →**malhumor.**

humorada s.f. Hecho o dicho chistoso o extravagante con el que alguien pretende hacer reír: *Hizo la humorada de disfrazarse de elefante.*

humorismo s.m. **1** Expresión o estilo que manifiesta lo cómico o lo divertido de las cosas; *humor: Me divierten las novelas con humorismo.* **2** Actividad profesional enfocada hacia la diversión del público: *La gente que se dedica al humorismo suele tener una gran capacidad de imitación.*

humorista s. Persona que se dedica profesionalmente a divertir o a hacer reír al público; *cómico: Este humorista es muy bueno imitando a personajes famosos.* ☐ MORF. Es de género común y exige concordancia en masculino o en femenino para señalar la diferencia de sexo: *el humorista, la humorista.*

humorístico, ca adj. **1** Del humor o relacionado con este estilo o esta forma de expresión: *Tengo una antología humorística española.* **2** Que expresa o contiene humor: *Las caricaturas son dibujos humorísticos.*

humus s.m. Materia orgánica formada por restos descompuestos de vegetales y de animales, que ocupa la capa superior del suelo y se utiliza como abono; *mantillo: El humus de este bosque es rico en minerales.* ☐ MORF. Invariable en número. ☐ USO Su uso es característico del lenguaje científico.

hundimiento s.m. **1** Introducción de algo en un líquido o en otra materia hasta que quede cubierto o hasta que llegue al fondo: *El ciclón produjo el hundimiento de algunas embarcaciones.* **2** Agobio o pérdida del ánimo o de la fuerza física: *Tanta presión en el trabajo está provocando mi hundimiento.* **3** Derrota o fracaso: *Las crisis producen el hundimiento de muchos negocios.* **4** Destrucción o derrumbamiento de una construcción: *El hundimiento del edificio causó la muerte de dos personas.* **5** Deformación de una superficie hacia dentro: *El choque contra el árbol produjo el hundimiento de la parte delantera del coche.*

hundir v. **1** Referido esp. a un cuerpo, meterlo en un líquido o en otra cosa hasta que quede cubierto o llegue al fondo: *Hundió el puñal en su pecho. Las ruedas del carro se hundieron en el barro.* **2** Agobiar, abrumar o hacer perder el ánimo o la fuerza física: *No dejes que los problemas te hundan.* **3** Derrotar o vencer, esp. si es con razones: *Me hunde la moral que nadie me publique lo que escribo.* **4** Referido a una construcción, destruirla o derrumbarla: *La riada hundió el puente. El edificio se hundió porque no tenía cimientos profundos.* **5** Hacer fracasar o arruinarse: *La crisis económica hundió su negocio. La empresa se hundió cuando dimitió el director.* **6** Referido esp. a una superficie, deformarla desde fuera hacia adentro: *Has hundido el capó del coche por subirte encima.*

húngaro, ra ▮ adj./s. **1** De Hungría (país europeo), o relacionado con ella: *Ganó una atleta húngara. ¿Cuándo tienen elecciones los húngaros?* ▮ s.m. **2** Lengua de este país y otras regiones; *magiar: El húngaro se escribe con el alfabeto latino más unos cuantos signos especiales.* ☐ MORF. En la acepción 1, como sustantivo se refiere solo a las personas de Hungría.

huno, na adj./s. De un antiguo pueblo nómada de origen asiático: *Las hordas hunas sembraban el pánico por donde pasaban. Los hunos lucharon contra los romanos en el siglo V.* ☐ ORTOGR. Dist. de *uno*.

huracán s.m. **1** Viento muy fuerte que gira en grandes círculos como un torbellino; *ciclón: El huracán arrasó muchas casas.* **2** Viento extraordinariamente fuerte: *Antes de la tormenta hubo un huracán que tiró dos árboles.*

huracanado, da adj. Con la fuerza o con las características propias de un huracán: *Un viento huracanado derribó varios árboles.*

huraño, ña adj./s. Que huye y se esconde de la gente o evita su trato: *No habla con sus compañeros porque es muy huraño. A esa huraña no conseguirás llevarla a una fiesta.*

hurgar v. **1** Tocar repetidamente o remover con los dedos o con un utensilio: *Deja de hurgar en la herida, que se te va a infectar. Es de mala educación hurgarse en la nariz.* **2** Revolver entre varias cosas: *Hurgué dentro del bolso hasta encontrar las llaves.* **3** Curiosear y fisgar en los asuntos de los demás: *Ese cotilla se pasa el día hurgando en la vida de sus vecinos.* ☐ ORTOGR. La *g* se cambia en *gu* delante de *e* →**PAGAR**.

hurí s.f. En el Corán (libro fundamental del islamismo), mujer de gran belleza que habita en el paraíso: *Para un musulmán, morir en la guerra santa supone vivir eternamente con hermosas huríes.* ☐ MORF. Aunque su plural en la lengua culta es *huríes*, también se usa *hurís*.

hurón, -a ▮ s. **1** Mamífero carnicero de pequeño tamaño, con el cuerpo alargado y flexible y las patas cortas, que despide un olor desagradable y que se emplea para cazar conejos: *La caza de conejos con hurón está prohibida actualmente.* ▮ s.m. **2** *col.* Persona muy hábil en descubrir lo escondido y lo secreto: *Esa chica es un hurón, y solo piensa en descubrir los pequeños secretos de sus amigos.* **3** *col.* Persona huraña que huye del trato y de la conversación con los demás: *En el trabajo no habla con nadie porque es un hurón.*

huronear v. **1** Cazar con hurón: *Está prohibido huronear en la caza de conejos.* **2** *col.* Intentar saber o descubrir con habilidad todo lo que pasa: *Es un cotilla y le gusta huronear en la vida de los demás.*

huroniano, na adj. En geología, del movimiento orogénico producido durante los períodos precámbricos: *El movimiento huroniano es característico de terrenos canadienses.*

hurra interj. Expresión que se usa para indicar alegría y satisfacción: *¡Hurra, nos vamos al campo!*

hurtadillas ‖ **a hurtadillas.** Referido a la forma de hacer algo, a escondidas y sin que nadie se entere: *Me pescó fumando a hurtadillas en el cuarto de baño.*

hurtar v. **1** Referido a bienes ajenos, tomarlos o retenerlos en contra de la voluntad de su dueño y sin violencia ni fuerza: *Le hurtaron el monedero en el autobús.* **2** Apartar, esconder o desviar de lo que se considera molesto o peligroso: *Hurtó su cuerpo de las miradas de la gente. Se hurtó tras una cortina para no ser visto.* **3** Referido al mar o a un río, llevarse tierras: *El río va hurtando poco a poco el terreno de sus orillas.*

hurto s.m. **1** Apropiación de objetos sin usar la violencia ni la fuerza: *El hurto puede ser una falta o un delito, según el valor de lo sustraído.* **2** Lo que ha sido sustraído sin el uso de la violencia o de la fuerza: *Todos los hurtos los escondía en su casa.*

húsar s.m. Antiguo soldado de caballería ligera de origen húngaro: *El uniforme de los húsares era muy vistoso.*

husky s.m. **1** Prenda de vestir parecida a un anorak y que está acolchada en forma de rombos: *Al principio el husky era solo de color verde y luego se hicieron de otros colores.* **2** ‖ **husky (siberiano).** Perro de una raza que se caracteriza por tener las orejas en punta, los ojos pardos o azules y el pelaje suave y muy espeso, generalmente de color blanco y gris: *Un husky siberiano es un perro que soporta muy bien el frío.* ☐ PRON. [háski], con *h* aspirada. ☐ MORF. Es un sustantivo epiceno y la diferencia de sexo se señala mediante la oposición *el husky {macho/hembra}.*

husmear v. **1** Rastrear o buscar con el olfato: *El perro husmeaba dentro del cubo de basura.* **2** *col.* Referido a una persona, indagar o investigar con disimulo y con maña: *Le gusta husmear la vida de los demás.*

huso s.m. **1** Instrumento de forma redondeada y alargada, más estrecho en los extremos, que se utiliza en el hilado a mano para enrollar en él la hebra hilada: *La hilandera emplea el huso en su trabajo.* **2** En una máquina de hilar, pieza que lleva el carrete o bobina: *El hilo del algodón se arrolla en el huso.* **3** ‖ **huso esférico.** En geometría, parte de la superficie de una esfera que se encuentra entre dos semicírculos máximos: *El huso esférico es como la cáscara que corresponde al gajo de una naranja.* ‖ **huso horario.** Cada una de las veinticuatro partes imaginarias e iguales en que se divide la superficie terrestre, y en las cuales rige la misma hora: *Tu país y el mío están en husos horarios distintos, y las siete aquí son las ocho allí.* ☐ ORTOGR. Dist. de *uso* (del verbo *usar*).

huy interj. →**uy.**

I

i

i s.f. **1** Novena letra del abecedario: *'Iglú' empieza por 'i'.* **2** ‖ **i griega.** Nombre de la letra 'y'; *ye*: *La palabra 'yate' tiene una 'i' griega.* ‖ **i (latina).** Nombre de la letra 'i': *La primera vocal de la palabra 'inca' es una 'i' latina.* □ PRON. En la acepción 1, representa el sonido vocálico anterior o palatal y de abertura mínima. □ MORF. Aunque su plural en la lengua culta es *íes*, también se usa *is*.

i- →**in-**. □ ORTOGR. Es la forma que adopta el prefijo *in-* cuando se antepone a palabras que empiezan por *l* o *r*: *irreconocible, ilegal, ilógico, irreconciliable.*

ibérico, ca adj. **1** De la península ibérica (territorio peninsular hispano-portugués), o relacionado con ella: *El jamón ibérico es muy apreciado.* **2** De la antigua Iberia (zona que se correspondía aproximadamente con el actual territorio peninsular hispano-portugués o con el litoral mediterráneo español), o relacionado con ella; *ibero*: *Conservamos importantes restos del arte ibérico.* □ SEM. Dist. de *ibérico* (de la actual península ibérica) y de *español* (de España).

ibero, ra o **íbero, ra** ▮ adj./s. **1** De la antigua Iberia (zona que se correspondía aproximadamente con el actual territorio peninsular hispano-portugués o con el litoral mediterráneo español), o relacionado con ella: *La economía ibera estaba basada en la agricultura. Los iberos y los celtas habitaban la península ibérica antes de la llegada de los romanos.* ▮ s.m. **2** Antigua lengua de esta zona: *El ibero es una lengua muerta.* □ SEM. Dist. de *ibérico* (de la actual península ibérica) y de *español* (de España).

iberoamericano, na adj./s. **1** De Iberoamérica (conjunto de países americanos de habla española o portuguesa), o relacionado con ella: *La geografía iberoamericana abarca tierras polares y tropicales. Muchos iberoamericanos son hijos de emigrantes españoles.* **2** De la colectividad formada por estos países junto con España y Portugal (países europeos), o relacionado con ella: *El presidente portugués y el argentino propusieron un tratado de cooperación iberoamericana. Muchos iberoamericanos viven y trabajan en el continente europeo.* □ SEM. Dist. de *hispanoamericano* (de los países americanos de habla española) y de *latinoamericano* (de los países americanos con lenguas de origen latino).

ibicenco, ca adj./s. De Ibiza (isla balear), o relacionado con ella: *En la moda ibicenca predominan los colores claros. El turismo es la principal fuente de riqueza de los ibicencos.* □ MORF. Como sustantivo se refiere solo a las personas de Ibiza.

ibis s.m. Ave zancuda de pico largo, delgado y curvo, que vive en zonas pantanosas y que se alimenta principalmente de moluscos fluviales: *Los egipcios consideraban al ibis un ave sagrada.* □ MORF. 1. Es un sustantivo epiceno y la diferencia de sexo se señala mediante la oposición *el ibis {macho/hembra}*. 2. Invariable en número.

iceberg s.m. Masa de hielo que se ha desprendido de un glaciar y que flota en el mar arrastrada por las corrientes: *Los icebergs son muy peligrosos para la navegación.* □ MORF. Su plural es *icebergs*.

icono s.m. **1** Imagen religiosa pintada al estilo bizantino: *Los iconos son característicos del arte cristiano ortodoxo.* **2** Signo que tiene alguna relación de semejanza con lo que representa: *Algunas señales de tráfico, como la que indica una curva a la derecha, son iconos.* □ SEM. Dist. de *ídolo* (representación de un ser al que se rinde culto; lo amado y admirado).

iconoclasta adj./s. **1** Que rechaza el culto a las imágenes sagradas: *Los teóricos iconoclastas defendían que lo divino no puede ser representado por una imagen material. Los iconoclastas bizantinos fueron considerados herejes por la Iglesia católica.* **2** Que no respeta las normas o los valores admitidos por la tradición: *La poesía vanguardista fue iconoclasta. Es un iconoclasta y sus teorías han revolucionado la filosofía moderna.* □ MORF. 1. Como adjetivo es invariable en género. 2. Como sustantivo es de género común y exige concordancia en masculino o en femenino para señalar la diferencia de sexo: *el iconoclasta, la iconoclasta*.

icosaedro s.m. Cuerpo geométrico limitado por veinte polígonos o caras: *Todas las caras de un icosaedro regular son triángulos equiláteros.*

ictericia s.f. En medicina, coloración amarillenta de la piel y de las membranas mucosas, que suele ser síntoma de algunas enfermedades hepáticas: *La ictericia se debe a un aumento de los pigmentos biliares en la sangre.*

ictiófago, ga adj./s. Que se alimenta de peces: *El pelícano es un ave ictiófaga. Los ictiófagos son generalmente buenos nadadores.* 👁 **pico**

ida s.f. Véase **ido, da**.

idea s.f. **1** Conocimiento abstracto de algo: *Convénceme con hechos y no con ideas.* **2** Imagen o representación que se forman en la mente: *Antiguamente, se tenía la idea errónea de que el mundo era plano y no redondo.* **3** Intención o propósito de hacer algo: *Mi idea es salir el sábado.* **4** Plan o esquema mental para la realización de algo: *No estoy de acuerdo con vuestra idea para la distribución del producto.* **5** Opinión o juicio formados sobre algo: *Tienes una idea equivocada de él.* **6** Creencia o convicción: *Defendió firmemente sus ideas, pero no fue entendido por sus coetáneos.* **7** ‖ **hacerse a la idea de** algo. Aceptarlo o resignarse a ello: *Me he hecho a la idea de que nunca estaremos de acuerdo.* ‖ **idea de bombero.** La que resulta descabellada: *Tienes ideas de bombero y debes de estar mal de la cabeza.* ‖ **mala idea.** Intención de hacer daño: *Lo has hecho con mala idea y para fastidiar.* ‖ **no tener (ni) idea.** *col.* No saber absolutamente nada: *Suspenderé, porque no tengo ni idea.* □ MORF. La acepción 6 se usa más en plural.

ideal ▮ adj. **1** De las ideas o relacionado con ellas: *La existencia de los unicornios es solo ideal.* **2** Que es o que se considera perfecto: *Han sido unas vacaciones ideales.* ▮ s.m. **3** Prototipo o modelo de perfección: *El ideal de belleza ha ido cambiando a lo largo de la historia.* **4** Aquello a lo que se tiende o a lo que se aspira por considerarlo positivo para una persona o para la colectividad: *Mi ideal es irme a vivir al campo. No tiene sentido vivir sin un ideal.* □ MORF. Como adjetivo es invariable en género.

idealismo s.m. **1** Disposición que se tiene para idealizar o mejorar la realidad al describirla o al representarla: *Tu visión del matrimonio es puro idealismo.* **2** Tendencia a actuar guiado más por ideales que por consideraciones prácticas: *Tu idealismo te lleva a vivir de forma comprometida.* **3** Índole o naturaleza de los sistemas filosóficos que consideran la idea como principio del ser o del conocer: *En el siglo XIX, la filosofía alemana más influyente fue la del idealismo.*

idealista adj./s. **1** Que tiende a idealizar la realidad o que actúa guiado más por ideales que por consideraciones prácticas: *No seas idealista y admite que las cosas no son tan bonitas como pensabas. De joven eras un idealista, pero los años y el poder te han cambiado.* **2** Partidario o seguidor de la doctrina filosófica del idealismo: *Se suele considerar idealistas a Descartes, Leibniz, Kant y Hegel. Los idealistas se basan en principios contrarios a los de los realistas.* □ MORF. 1. Como adjetivo es invariable en género. 2. Como sustantivo es de género común y exige concordancia en masculino o en femenino para señalar la diferencia de sexo: *el idealista, la idealista.*

idealización s.f. Consideración o presentación de algo como mejor o más bello de lo que en realidad es: *La idealización a menudo lleva al desengaño.*

idealizar v. Referido a algo real, considerarlo o presentarlo mejor o más bello de lo que en realidad es: *Si idealizas a las personas, te decepcionarán.* □ ORTOGR. La *z* cambia en *c* delante de *e* →**CAZAR**.

idear v. **1** Referido a ideas, formarlas o darles forma en la mente: *Ideó su teoría y la plasmó en su mejor obra.* **2** Referido esp. a un proyecto, inventarlo, crearlo o trazarlo: *El mecanismo que ideó ha sido utilizado por la industria.*

ideario s.m. Repertorio de las principales ideas de un autor o de una colectividad referentes a uno o varios temas: *El pasado enero debatimos el ideario de nuestra asociación.*

ídem adv. Lo mismo: *Si tú vas a la piscina yo ídem.*

idéntico, ca adj. Igual o muy parecido: *Nuestros vestidos eran idénticos. Es idéntico a su abuelo.*

identidad s.f. **1** Conjunto de características o de datos que permiten individualizar, identificar o distinguir algo: *Se desconoce la identidad del ladrón.* **2** Igualdad o alto grado de semejanza: *No existe identidad de criterios entre ellos.* **3** En matemáticas, igualdad que se cumple siempre, independientemente del valor que tomen sus variables: *'$x^2 = x \cdot x$' es una identidad.*

identificación s.f. **1** Consideración de dos o más cosas distintas como si fueran la misma: *No se debe hacer una identificación entre mendicidad y delincuencia.* **2** Reconocimiento de algo como lo que se supone o lo que se busca: *Ayer se produjo la identificación del arma homicida.* **3** Hecho o circunstancia de darse a conocer una persona, esp. con algún documento que lo acredite: *Procedí a mi identificación ante el guardia de seguridad.*

identificar ▮ v. **1** Referido a dos o más cosas distintas, hacer que parezcan idénticas o considerarlas como la misma: *Aunque identifiques el atractivo con la belleza, son cosas diferentes.* **2** Referido a algo supuesto o buscado, reconocer que es lo que se supone o lo que se busca: *Identificaron al asesino por sus huellas.* ▮ prnl. **3** Dar los datos personales necesarios para ser reconocido, esp. mediante algún documento que lo acredite: *Para que me permitieran entrar me identifiqué ante el portero.* **4** Estar de acuerdo o solidarizarse: *Me identifico plenamente con tu forma de ver la vida.* □ ORTOGR. La *c* se cambia en *qu* delante de *e* →**SACAR**. □ SINT. Constr. de la acepción 4: *identificarse* CON *algo.*

ideograma s.m. En algunos sistemas de escritura, símbolo que representa un morfema, una palabra o una frase: *La escritura china y la japonesa utilizan ideogramas.*

ideología s.f. Conjunto de ideas o valores que caracteriza a una forma de pensar o que marca una línea de actuación: *Esta asociación es de ideología conservadora.*

ideológico, ca adj. De la ideología o relacionado con este conjunto de valores: *Aunque tenemos diferencias ideológicas somos grandes amigos.*

ideólogo, ga s. Persona que se dedica a la elaboración o a la difusión de una ideología: *Los ideólogos del partido se reunirán en el próximo congreso.*

idílico, ca adj. Agradable, hermoso y tranquilo: *Acampamos en un paisaje idílico, lejos de los ruidos y la contaminación de la ciudad.*

idilio s.m. Relación amorosa, esp. si es romántica y muy intensa: *Esta pareja vive un idilio permanente.*

idioma s.m. Lengua de un pueblo o nación: *El idioma oficial de Francia es el francés.*

idiosincrasia s.f. Manera de ser propia y distintiva de un individuo o de una colectividad: *Se dice que la hospitalidad forma parte de la idiosincrasia de los pueblos mediterráneos.*

idiota adj./s. Que manifiesta ignorancia o poca inteligencia: *No hagas preguntas tan idiotas. Este caos solo ha podido provocarlo un idiota.* □ MORF. 1. Como adjetivo es invariable en género. 2. Como sustantivo es de género común y exige concordancia en masculino o en femenino para señalar la diferencia de sexo: *el idiota, la idiota.* □ USO Se usa como insulto.

idiotez s.f. Hecho o dicho propios de un idiota: *Es una idiotez comprarte un coche si no vas a utilizarlo.*

ido, da ▮ adj. **1** Referido a una persona, que tiene disminuidas sus facultades mentales o que está distraída: *El asunto de la boda os tiene completamente idos.* ▮ s.f. **2** Desplazamiento de un lugar a otro: *Vive lejos y pierde mucho tiempo entre idas y venidas.*

idólatra adj./s. Que adora o admira a un ídolo, como si fuera un dios: *Los primeros cristianos consideraban idólatras a los practicantes de la religión romana. Los idólatras suelen ser algo fanáticos.* □ MORF. 1. Como adjetivo es invariable en género. 2. Como sustantivo es de género común y exige concordancia en masculino o en femenino para señalar la diferencia de sexo: *el idólatra, la idólatra*.

idolatrar v. **1** Referido a un ídolo, rendirle culto o adorarlo: *Muchos pueblos antiguos idolatraban estatuillas de sus dioses.* **2** Amar o admirar con exceso: *Idolatra a su esposa y siente por ella auténtica adoración.*

idolatría s.f. **1** Adoración de la representación de una divinidad, esp. si se trata de una deidad considerada falsa: *Muchas sectas han sido acusadas de idolatría.* **2** Amor o admiración excesivos hacia algo: *Lo que esa chica siente por ti más que amor es idolatría.*

ídolo s.m. **1** Representación o imagen de una divinidad, a la que se rinde culto o adoración: *Esas grandes piedras con forma de cabeza eran los ídolos de la tribu.* **2** Lo que es amado o admirado con exceso: *Este actor es el ídolo de mi hermana.* □ SEM. Dist. de *icono* (imagen religiosa; signo semejante a lo que representa).

idóneo, a adj. Oportuno y adecuado, o con las condiciones necesarias para algo: *Este valle es el lugar idóneo para acampar.*

iglesia s.f. **1** Comunidad formada por todos los cristianos que viven la fe de Jesucristo: *'Sobre esta piedra edificaré mi iglesia' fueron las palabras con las que Jesucristo instituyó la Iglesia.* **2** Cada una de las confesiones cristianas: *La Iglesia ortodoxa sigue el rito griego.* **3** Conjunto de fieles cristianos de una época o de una zona geográfica determinadas: *La iglesia española ha crecido en los últimos años.* **4** Edificio destinado al culto cristiano: *Han adornado la iglesia con flores para la boda.* □ USO En las acepciones 1 y 2, se usa como nombre propio.

iglú s.m. Vivienda de forma semiesférica propia de los esquimales, construida con bloques de hielo: *Los esquimales pasan el invierno en el iglú.* □ ORTOGR. Es un anglicismo (*igloo*) adaptado al español. □ MORF. Aunque su plural en la lengua culta es *iglúes*, también se usa *iglús*. 👁 **vivienda**

ígneo, a adj. **1** De fuego o con sus características: *El volcán desprendía una masa ígnea.* **2** En geología, referido a una roca volcánica, que procede de la masa en fusión que hay en el interior de la Tierra: *El basalto es una roca ígnea.*

ignominia s.f. Situación o estado de quien ha perdido el respeto de los demás, generalmente por su conducta o por sus actos vergonzosos: *Cayó en la más absoluta ignominia al descubrirse su oscuro pasado.*

ignorancia s.f. **1** Falta general de instrucción o educación: *Para acabar con la ignorancia de un pueblo hay que escolarizar a los niños.* **2** Desconocimiento de una materia o de un asunto: *No puedo asegurarte nada porque mi ignorancia en ese asunto es total.*

ignorante adj./s. Que carece de instrucción o que desconoce una materia o un asunto: *Daría lo que fuera por saber leer y no ser tan ignorante. Soy una absoluta ignorante en materia de economía.* □ MORF. 1. Como adjetivo es invariable en género. 2. Como sustantivo es de género común y exige concordancia en masculino o en femenino para señalar la diferencia de sexo: *el ignorante, la ignorante*.

ignorar v. **1** Referido a un asunto, desconocerlo o no tener noticia de él: *Ignoro cuál es su nuevo trabajo.* **2** No hacer caso o no prestar atención: *Me ignoró durante toda la fiesta.*

igual ▮ adj. **1** Referido a una cosa, que tiene la misma naturaleza, cantidad o cualidad que otra: *Si superpones dos figuras geométricas y coinciden exactamente son iguales.* **2** Muy parecido, semejante o con las mismas características: *Tu hija es igual que su padre.* **3** Proporcionado o que está en adecuada relación: *La empresa quebró porque las pérdidas no eran iguales a los beneficios, sino mayores.* ▮ adj./s. **4** Referido a una persona, que es de la misma clase social, de la misma condición o de la misma categoría que otra: *Solo intima con personas iguales a él. El muy clasista solo se relaciona con sus iguales.* ▮ s.m. **5** En matemáticas, signo gráfico formado por dos rayas horizontales paralelas y que se utiliza para indicar la equivalencia entre dos cantidades o dos funciones: *El signo '=' es un igual.* ▮ adv. **6** *col.* Quizá: *No lo sé todavía, pero igual me acerco a verte.* **7** ‖ **sin igual.** Único o extraordinario: *Esta alumna tiene una inteligencia sin igual.* □ ORTOGR. La expresión *sin igual* se admite también con la forma *sinigual*. □ MORF. 1. Como adjetivo es invariable en género. 2. En la acepción 4, como sustantivo es de género común y exige concordancia en masculino o en femenino para señalar la diferencia de sexo: *el igual, la igual*. □ SINT. 1. En expresiones comparativas, es incorrecto el uso de **igual como*: *Es igual {*como › que} su hermano*. 2. En la lengua coloquial, se usa también como adverbio de modo: *Los dos se mueven igual*. □ USO La expresión *igual a* se usa para indicar una igualdad matemática: *Dos más tres igual a cinco*.

igualar v. **1** Referido a dos o más personas o cosas, hacerlas de la misma naturaleza, cantidad o cualidad: *Nos han igualado los sueldos y ahora todos cobramos lo mismo. En este país el burgués y el noble ya se han igualado.* **2** Referido a una superficie de tierra, ponerla llana o lisa: *Hay que igualar el camino antes de echarle alquitrán.*

igualdad s.f. **1** Semejanza o correspondencia de una cosa con otra: *La igualdad de derechos es esencial en nuestra sociedad.* **2** En matemáticas, expresión de la relación de equivalencia entre dos cantidades o dos funciones: *La expresión matemática 'x - y = z' es una igualdad.*

igualitario, ria adj. Que contiene igualdad o tiende a ella, esp. referido a cuestiones sociales: *Los derechos y los deberes deben ser igualitarios.*

igualmente adv. También, además o por añadidura: *Haz la traducción y, después, estudia igualmente los verbos.* □ USO Se usa para corresponder a un deseo o a una felicitación: *-¡Que te diviertas! -Igualmente, gracias.*

iguana s.f. Reptil con el cuerpo cubierto de escamas, cuatro extremidades, una papada muy grande, párpados móviles y una cresta espinosa desde la cabeza hasta el final de la cola, que se alimenta de vegetales: *La iguana es ovípara.* □ MORF. Es de género epiceno y la diferencia de sexo se señala mediante la oposición *la iguana {macho/hembra}*.

iguanodonte s.m. Reptil herbívoro del grupo de los dinosaurios que existió en la era secundaria, tenía una larga cola, los pies con tres dedos y se erguía sobre las extremidades posteriores, mucho más largas que las delanteras: *El iguanodonte llegó a medir hasta 12 metros de largo.* 👁 **dinosaurio**

ikastola (del euskera) s.f. Escuela de carácter popular en la que las clases se imparten en euskera: *Mi sobrino está estudiando en una ikastola.*

a b c d e f g h i j k l m n ñ o p q r s t u v w x y z

ikurriña (del euskera) s.f. Bandera oficial del País Vasco (comunidad autónoma española): *La ikurriña tiene aspas verdes y blancas sobre fondo rojo.*

íleon s.m. Parte final del intestino delgado de los mamíferos, que termina donde comienza el intestino grueso: *El duodeno, el yeyuno y el íleon son las tres partes en que se divide el intestino delgado.*

ilerdense adj./s. De Lérida o relacionado con esta provincia española o con su capital; *leridano*: *La agricultura es una importante actividad ilerdense. Los ilerdenses desarrollaron una próspera industria textil durante la Edad Media.* ☐ MORF. 1. Como adjetivo es invariable en género. 2. Como sustantivo es de género común y exige concordancia en masculino o en femenino para señalar la diferencia de sexo: *el ilerdense, la ilerdense*. 3. Como sustantivo se refiere solo a las personas de Lérida.

ileso, sa adj. Referido a una persona o a un animal, que no ha sufrido ninguna lesión: *El coche chocó contra un árbol, pero los ocupantes resultaron ilesos.*

ilion s.m. En anatomía, cada uno de los dos huesos que en los vertebrados forman la parte anterior de la pelvis y, en la especie humana, la parte superior: *En la radiografía de la cadera se veía una fractura del ilion.* ☐ PRON. [ílion]. 👁 **esqueleto**

iluminación s.f. **1** Proyección o dotación de luz: *De la iluminación de la sala me encargo yo.* **2** Cantidad de luz que hay en un lugar: *No se puede leer aquí porque hay una iluminación muy mala.*

iluminar v. **1** Alumbrar, dar luz o bañar de resplandor: *El Sol ilumina la Tierra durante el día.* **2** Adornar con luces: *En época navideña el Ayuntamiento ilumina las calles de la ciudad.* **3** Clarificar o explicar y facilitar la comprensión o el conocimiento: *Ese ejemplo ilumina muy bien tu teoría. Cuando me enseñaron los dibujos se me iluminó la mente y lo entendí todo.*

ilusión s.f. **1** Falsa representación de la realidad provocada en la mente por la imaginación o por una interpretación errónea de los datos que aportan los sentidos: *Los exploradores creyeron ver un oasis en el desierto, pero solo era una ilusión.* **2** Esperanza generalmente sin fundamento real: *Es tan bobo que su mayor ilusión es casarse con una guapa millonaria.* **3** Sentimiento de alegría y de satisfacción: *¡Qué ilusión volver a verte!*

ilusionar v. **1** Crear ilusiones o esperanzas, generalmente con poco fundamento real: *El nacimiento de su primer hijo los ilusionó mucho. Me ilusiona oírte hablar de proyectos.* **2** Crear satisfacción o alegría: *Tu regreso le ilusiona enormemente. Se ilusiona con cualquier cosa.*

ilusionismo s.m. Técnica de producir efectos ilusorios o aparentemente sobrenaturales mediante trucos: *Ese mago es una estrella del ilusionismo.*

ilusionista s. Persona que se dedica a la práctica del ilusionismo, esp. si esta es su profesión: *Un ilusionista hizo aparecer un conejo en una chistera.* ☐ MORF. Es de género común y exige concordancia en masculino o en femenino para señalar la diferencia de sexo: *el ilusionista, la ilusionista*.

iluso, sa adj./s. **1** Que se deja engañar con facilidad: *Soy tan ilusa que me creo todas sus bromas. Se aprovechan de ese iluso porque se lo cree.* **2** Que se ilusiona con cosas imposibles: *Si sigues siendo tan iluso te vas a llevar muchas decepciones. Soy una ilusa y pensaba que volvería a verlo.*

ilusorio, ria adj. Engañoso, irreal o que no tiene ningún valor: *¿Pero no te das cuenta de que tus esperanzas son ilusorias?*

ilustración s.f. **1** Decoración de un texto o de un impreso por medio de dibujos o láminas: *Este libro tiene una ilustración muy buena.* **2** Cada uno de estos dibujos o láminas: *Este libro lleva ilustraciones en blanco y negro.* 👁 **libro** **3** Esclarecimiento o aclaración de un tema: *La ilustración de esa teoría científica con ejemplos de la vida normal la hace más comprensible.* **4** Movimiento cultural europeo del siglo XVIII que defendía que la razón, la ciencia y la educación eran elementos esenciales para el progreso: *Las ideas de la Ilustración dieron lugar a una política de reformas.* ☐ USO En la acepción 4, se usa como nombre propio.

ilustrado, da adj./s. De la Ilustración o relacionado con este movimiento cultural: *Las ideas ilustradas marcaron el siglo XVIII. Los ilustrados decían que las leyes de la naturaleza debían ser descubiertas a través de la razón.*

ilustrador, -a s. Persona que se dedica profesionalmente a la ilustración de textos o de impresos: *El ilustrador de este diccionario es Javier Vázquez.*

ilustrar v. **1** Referido a un texto o a un impreso, adornarlo con dibujos o láminas, generalmente relacionados con él: *Ilustró el trabajo con fotografías de periódicos.* **2** Referido a un tema, esclarecerlo dando información sobre él: *Ilustró su explicación con datos estadísticos.* **3** Referido a una persona, proporcionarle conocimientos o cultura: *En clase disfruta ilustrando a sus alumnos. Ha hecho un largo viaje al extranjero para ilustrarse.*

ilustre adj. **1** Que tiene un origen distinguido: *Pertenece a una familia muy ilustre.* **2** Célebre o famoso: *Leí un libro de una ilustre escritora.* **3** Tratamiento honorífico que corresponde a determinados cargos: *Se entrevistó con el ilustre presidente del Colegio de Abogados.* ☐ MORF. Invariable en género.

ilustrísimo, ma ▮ adj. **1** Tratamiento honorífico que corresponde a determinados cargos: *A la inauguración del curso asistió el ilustrísimo señor decano.* ▮ s.f. **2** Tratamiento honorífico que correspondía a los obispos: *Su Ilustrísima recibió a los canónigos de la diócesis.* ☐ USO La acepción 2 se usa más en la expresión *{su/vuestra} ilustrísima*.

im- →in-. ☐ ORTOGR. Es la forma que adopta el prefijo *in-* cuando se antepone a palabras que empiezan por *b* o *p* (*imbebible, imborrable, impensable, impiedad*).

imagen s.f. **1** Figura o representación de algo, esp. si es de una divinidad o de un personaje sagrado: *En esta iglesia se venera una imagen de san Antonio.* **2** Apariencia, aspecto o consideración ante los demás: *La imagen de ese político se deterioró mucho después del escándalo.* **3** Recurso expresivo que consiste en reproducir o suscitar una intuición o visión poética por medio del lenguaje: *Las imágenes de los poetas surrealistas son muy expresivas.* **4** En física, reproducción de la figura de un objeto por la combinación de los rayos de luz: *En la retina del ojo se representan las imágenes de los objetos.* **5** ‖ **ser la viva imagen de** alguien. *col.* Parecérsele mucho: *Este niño es la viva imagen de su madre.*

imaginación s.f. **1** Facultad de representar algo real o irreal en la mente: *Los juegos educativos fomentan la imaginación de los niños.* **2** Apreciación falsa de algo que no existe: *Nadie te odia, solo son imaginaciones tuyas.* **3** Facilidad para formar nuevas ideas o crear nuevos proyectos: *No tengo imaginación para inventar juegos.* ☐ MORF. La acepción 2 se usa más en plural.

imaginar v. **1** Inventar o representar en la mente: *Imaginó la forma de salir de casa sin ser visto. Imagínate que nos toca la lotería.* **2** Sospechar o suponer, teniendo como base indicios o hechos reales: *Imagino que no irás al cine, con todo el trabajo que tienes. Me imaginé lo que pasaba al verte tan nervioso.*

imaginario, ria adj. Que solo existe en la imaginación: *Las cosas imaginarias no son reales.*

imaginativo, va ▮ adj. **1** De la imaginación o relacionado con ella: *No se conocen los límites de la capacidad imaginativa de la mente humana.* ▮ s.f. **2** Capacidad o facultad de imaginar: *Los publicitarios suelen tener mucha imaginativa.*

imaginería s.f. Arte y técnica de tallar o de pintar imágenes religiosas: *En el Barroco fue muy importante la imaginería andaluza.*

imán s.m. **1** Mineral u otra materia que tiene la propiedad de atraer determinados metales: *Los imanes atraen el hierro y el acero.* **2** En una persona, lo que atrae la voluntad o el interés de los demás: *Su simpatía es un imán para sus compañeros de oficina.* **3** En la religión musulmana, guía o jefe religioso, o persona que preside la oración pública: *El imán se coloca delante de los fieles para dirigir la oración.*

imbécil adj./s. *col. desp.* Referido a una persona o a su comportamiento, que resultan simples, con poca inteligencia o con poco juicio: *Estoy imbécil hoy y no doy una a derechas. No debes llamar imbécil a tu compañero.* ☐ MORF. 1. Como adjetivo es invariable en género. 2. Como sustantivo es de género común y exige concordancia en masculino o en femenino para señalar la diferencia de sexo: *el imbécil, la imbécil.* ☐ USO Se usa como insulto.

imbecilidad s.f. **1** Falta o escasez de inteligencia o de juicio: *¡Qué imbecilidad la tuya si has rechazado esa oferta!* **2** Hecho o dicho propios de un imbécil: *Ha sido una imbecilidad enfadarte por eso.*

imberbe adj./s.m. Que todavía no tiene barba o que tiene poca, esp. referido a un joven: *Es un muchacho imberbe de unos catorce años. ¿Por qué te afeitas si eres un imberbe?* ☐ MORF. Como adjetivo es invariable en género.

imbuir v. Referido a una idea o a un sentimiento, inculcarlos o infundirlos: *No sé quién ha podido imbuirte tantas tonterías. Se imbuyó de las nuevas tendencias artísticas.* ☐ MORF. Irreg.: La segunda *i* se cambia en *y* delante de *a, e, o* →CONTRIBUIR. ☐ SINT. Constr. como pronominal: *imbuirse* DE *algo*.

imitación s.f. **1** Representación o realización de algo a semejanza de un modelo: *Ese humorista hace muy buenas imitaciones de cantantes famosos.* **2** Lo que guarda gran parecido o semejanza con otra cosa: *Mi pañuelo es una imitación de una marca conocida.* ☐ SINT. Constr.: *imitación* DE *algo*; incorr. *imitación {*a › de} algo.*

imitamonas adj./s. →**imitamonos.** ☐ MORF. 1. Como adjetivo es invariable en género. 2. Como sustantivo es de género común y exige concordancia en masculino o en femenino para señalar la diferencia de sexo: *el imitamonas, la imitamonas*. 3. Invariable en número. ☐ USO Tiene un matiz despectivo.

imitamonos adj./s. Referido a una persona, que imita a otra en todo lo que hace o dice; *imitamonas*: *No seas tan imitamonos y deja de copiar mis gestos. Los niños suelen ser los imitamonos de sus hermanos mayores.* ☐ MORF. 1. Como adjetivo es invariable en género. 2. Como sustantivo es de género común y exige concordancia en masculino o en femenino para señalar la diferencia de sexo: *el imitamonos, la imitamonos*. 3. Invariable en número. ☐ USO Tiene un matiz despectivo.

imitar v. **1** Referido a una acción, realizarla a semejanza de un modelo: *El cómico imitó la forma de hablar de un político famoso.* **2** Referido a algo inanimado, parecerse en el aspecto: *El tapizado de estas sillas imita al cuero.*

impacientar ▮ v. **1** Causar intranquilidad o nerviosismo: *Me impacienta su tardanza, porque siempre es puntual.* ▮ prnl. **2** Perder la paciencia: *No te impacientes, que ya voy.*

impactar v. **1** Referido a un objeto, chocar violentamente contra otro: *La bala impactó en el muro de la finca.* **2** Referido a un acontecimiento, causar una gran impresión o un gran desconcierto: *La llegada del hombre a la Luna impactó al mundo.*

impacto s.m. **1** Choque violento de un objeto con otro, esp. si es un proyectil: *El impacto de la piedra rompió el cristal.* **2** Huella o señal que deja este choque: *En la puerta quedaron los impactos de bala.* **3** Fuerte impresión producida en el ánimo por una noticia, un acontecimiento o un suceso sorprendentes: *Las declaraciones del presidente causaron gran impacto en la opinión pública.*

impala s.m. Mamífero africano de la familia de los bóvidos, con pelaje castaño rojizo, y cuyos cuernos, en los machos, están dispuestos en forma de lira: *Los impalas son un tipo de antílopes.* ☐ MORF. Es un sustantivo epiceno y la diferencia de sexo se señala mediante la oposición *el impala {macho/hembra}*. 👁 **rumiante**

impar s.m. →**número impar.**

impartir v. Repartir, comunicar o transmitir entre los demás: *Los jueces imparten justicia. El profesor imparte clases.*

impasibilidad s.f. **1** Indiferencia o ausencia de alteración: *La impasibilidad de su rostro ante la trágica noticia fue desconcertante.* **2** Incapacidad para padecer o sufrir: *No puedo soportar la dureza y la impasibilidad de tu corazón.*

impasible adj. Que permanece indiferente o sin manifestar ninguna alteración: *Recibió la noticia de su aprobado con el gesto impasible.* ☐ MORF. Invariable en género. ☐ SEM. Dist. de *impávido* (tranquilo y sereno de ánimo).

impasse (galicismo) s.m. Situación sin salida: *Las negociaciones de paz están en un impasse y no avanzan.* ☐ PRON. [impás]. ☐ SEM. Su uso es innecesario y puede sustituirse por una expresión como *punto muerto*.

impávido, da adj. Sin miedo o con serenidad de ánimo ante un peligro: *El valiente soldado esperaba impávido la entrada en combate.* ☐ SEM. Dist. de *impasible* (sin alteración).

impecable adj. Que no tiene ningún defecto o imperfección: *Iba muy elegante y con un traje impecable.* ☐ MORF. Invariable en género.

impedido, da adj./s. Referido a una persona, que no puede usar alguno de sus miembros: *Los enfermos impedidos necesitan la ayuda de los enfermeros. Aunque es una impedida de las piernas, se mueve con soltura apoyándose en las muletas.* ☐ SINT. Constr.: *impedido* DE *un miembro del cuerpo*.

impedimento s.m. Obstáculo o estorbo que imposibilita la realización de algo: *Por más impedimentos que me pongas, conseguiré mi propósito.*

impedir v. Referido a una acción, estorbarla, dificultarla o imposibilitarla: *Se puso delante y me impidió salir.*

☐ MORF. Irreg.: La *e* de la raíz se cambia en *i* cuando la sílaba siguiente no tiene *i* o la tiene formando diptongo →**PEDIR**.

impenitente adj. Que se obstina en algo, esp. si se considera negativo, e insiste en ello sin arrepentirse ni intentar corregirse: *Tiene mal el hígado y, aun así, es un bebedor impenitente.* ☐ MORF. Invariable en género.

impepinable adj. *col.* Que no admite duda ni discusión: *Tiene razón y sus argumentos son impepinables.* ☐ MORF. Invariable en género.

imperar v. Mandar, dominar o predominar: *El miedo imperaba en la ciudad ocupada.*

imperativo, va ▮ adj./s.m. **1** Que manda o que expresa mandato u obligación: *'Ven aquí' es una oración imperativa. No estaba de acuerdo con ese decreto, pero tuvo que acatarlo por ser imperativo legal.* ▮ s.m. **2** →**modo imperativo.**

imperdible s.m. Alfiler doblado que se abrocha metiendo uno de sus extremos en un gancho o en un cierre para que no pueda abrirse fácilmente: *Ese niño lleva el chupete prendido a la blusa con un imperdible.* 👁 **costura**

imperfecto s.m. →**pretérito imperfecto.**

imperial adj. Del emperador, del imperio o relacionado con ellos: *El emperador entró en guerra para ampliar el territorio imperial.* ☐ MORF. Invariable en género.

imperialismo s.m. **1** Teoría política y económica que defiende la extensión del dominio de un país sobre otros por medio de la fuerza: *El imperialismo tuvo su mayor desarrollo a finales del siglo XIX y principios del XX.* **2** Teoría política que defiende el régimen imperial: *El imperialismo ruso sobrevivió a pesar de las revoluciones liberales.*

imperialista ▮ adj. **1** Del imperialismo o con características de esta teoría: *Los planteamientos imperialistas se basan en el dominio de extensos territorios.* ▮ adj./s. **2** Que defiende o practica esta teoría: *Un país imperialista pretende la explotación económica de otros países. Los imperialistas se amparan en la fuerza.* ☐ MORF. 1. Como adjetivo es invariable en género. 2. Como sustantivo es de género común y exige concordancia en masculino o en femenino para señalar la diferencia de sexo: *el imperialista, la imperialista.*

imperio s.m. **1** Forma de organización de un Estado que domina a otros pueblos sometidos a él con mayor o menor independencia: *Hay pocos países actuales cuya forma de organización sea el imperio.* **2** Nación que tiene gran importancia política y económica: *En la época de Carlos V España fue un imperio.* **3** Tiempo durante el que gobierna un emperador: *En el imperio de Claudio se ampliaron los derechos de los ciudadanos romanos.* **4** Período histórico durante el que gobernaron los emperadores de un territorio: *Durante el Imperio bizantino se sucedieron numerosos emperadores.* **5** Conjunto de Estados bajo el dominio de un emperador o de un país: *El Imperio español fue muy extenso en el siglo XVI.* **6** Gobierno o dominio hecho con autoridad: *El mundo moderno se basa en el imperio de la razón.* ☐ USO En las acepciones 4 y 5, se usa como nombre propio.

imperioso, sa adj. **1** *col.* Forzoso, necesario o urgente: *Siento la necesidad imperiosa de salir a tomar el aire.* **2** Que contiene autoritarismo o que abusa de autoridad: *Me habló en un tono imperioso y tajante.*

impermeabilizar v. Hacer impermeable: *Impermeabilizaron el tejado para evitar las goteras.* ☐ ORTOGR. La *z* se cambia en *c* delante de *e* →**CAZAR**.

impermeable s.m. Prenda de vestir amplia y generalmente larga, hecha con un material que impide el paso del agua, y que se pone sobre la ropa: *Si llueve, no olvides ponerte el impermeable.*

impersonal adj. **1** Que no tiene personalidad propia ni originalidad: *Encargó la decoración a un experto y el resultado es bastante impersonal.* **2** Que no se dirige a nadie en particular: *Habló a toda la clase de forma impersonal, sin mirar a nadie.* **3** En gramática, referido esp. a una oración, que tiene un sujeto indeterminado: *La oración 'Se vive bien aquí' es impersonal porque no tiene sujeto. Se llama 'verbo impersonal' al que no admite sujeto, como por ejemplo, 'llover' o 'nevar'.* ☐ MORF. Invariable en género.

impertérrito, ta adj. Que no se altera ni se asusta ante situaciones difíciles o peligrosas: *Se mantuvo impertérrita ante las amenazas.*

impertinencia s.f. Hecho o dicho impertinente o molesto: *En cuanto bebes de más, empiezas a decir impertinencias y no hay quien te aguante.*

impertinente ▮ adj./s. **1** Que molesta porque resulta inadecuado o poco oportuno: *Hizo observaciones impertinentes sobre mi edad. Eres un impertinente y deberías tener más respeto a tus mayores.* ▮ s.m.pl. **2** Anteojos con una varilla lateral larga y delgada para colocarlos delante de los ojos: *Mi abuela usaba los impertinentes en el teatro para ver de cerca a los actores.* 👁 **gafas** ☐ MORF. En la acepción 1, como adjetivo es invariable en género, y como sustantivo es de género común y exige concordancia en masculino o en femenino: *el impertinente, la impertinente.*

ímpetu s.f. Fuerza, energía o violencia: *Empujó la puerta con tanto ímpetu que la rompió.*

impetuoso, sa ▮ adj. **1** Que tiene ímpetu o violencia: *Un viento impetuoso derribó varios árboles.* ▮ adj./s. **2** Referido a una persona, que actúa de forma precipitada o irreflexiva: *No seas tan impetuosa y piensa un poco antes de decidir. Los impetuosos como yo tenemos que aprender a controlar nuestros impulsos.*

implacable adj. Que no se puede aplacar o moderar: *La fuerza implacable del destino rige nuestras vidas.* ☐ MORF. Invariable en género.

implantación s.f. **1** Establecimiento de una innovación para que empiece a funcionar o a regir: *La implantación de la democracia es un logro de todos los ciudadanos.* **2** En medicina, colocación por medios quirúrgicos de un órgano o de una pieza artificial en un ser vivo: *Gracias a la implantación de órganos se salvan muchas vidas.*

implantar v. **1** Referido a una innovación, establecerla y hacer que empiece a funcionar o a regir: *Las nuevas generaciones implantan nuevas costumbres.* **2** En medicina, referido a un órgano o a una pieza artificial, colocarlos en un ser vivo por medios quirúrgicos: *Sigo vivo gracias a que me implantaron el riñón de un donante recién fallecido.*

implemento s.m. Denominación que en algunas escuelas lingüísticas recibe la función sintáctica de complemento directo: *En 'Compré un coche', 'un coche' es el implemento.*

implicación s.f. **1** Participación, enredo o complicación en un asunto, esp. en un delito: *Las fotos demuestran tu implicación en el atraco.* **2** Repercusión o consecuencia: *La declaración del testigo tuvo graves implicaciones para el acusado.*

implicar v. **1** Conllevar, significar o tener como consecuencia: *Estudiar una carrera universitaria implica mucho* *esfuerzo.* **2** Referido a una persona, enredarla en un asunto o involucrarla en él: *Lo implicaron para que organizara el curso. Me impliqué en el asunto sin darme cuenta.* □ ORTOGR. La *c* se cambia en *qu* delante de *e* →**SACAR**. □ SINT. Constr. de la acepción 2: *implicar* EN *algo.*

implícito, ta adj. Referido esp. a una información, que está incluida sin necesidad de ser expresada: *La imagen de un niño hambriento lleva implícita la idea de injusticia.* □ SEM. Dist. de *explícito* (que es claramente expresado).

implorar v. Pedir con ruegos o con lágrimas: *Imploraba la caridad de la gente en la puerta de la iglesia.*

implosivo, va ▮ adj. **1** En fonética y fonología, referido esp. a una consonante, que está situada en final de sílaba: *La 's' de 'abstracto' es implosiva.* ▮ adj./s.f. **2** En fonética y fonología, referido a un sonido consonántico oclusivo, que se articula sin la abertura súbita final que le es característica: *En 'acto', la 'c' es implosiva por ser final de sílaba. En alemán hay muchas implosivas.*

impoluto, ta adj. Limpio y sin mancha: *En la cima de la montaña la nieve estaba impoluta.*

imponer ▮ v. **1** Hacer obligatorio, hacer aceptar o hacer cumplir: *Impuso silencio antes de empezar a hablar. Me impuse la tarea de estudiar todos los días.* **2** Producir respeto, miedo o asombro: *Saltar en paracaídas me impone un gran respeto.* **3** Referido a un nombre, asignárselo a una persona: *Al recién nacido le impusieron el nombre de su abuelo.* **4** Colocar o asignar: *Le impusieron la medalla al mérito militar. El primer miércoles de Cuaresma se impone la ceniza a los católicos.* ▮ prnl. **5** Prevalecer o hacer valer la autoridad o la superioridad: *Su poderío físico le ayudó a imponerse en la carrera.* **6** Predominar o destacar: *El rojo se ha impuesto como color de moda este año.* □ MORF. 1. Su participio es *impuesto*. 2. Irreg. →**PONER**.

importación s.f. **1** Introducción en un país de un producto extranjero: *La importación de coches se ha reducido en los últimos años.* **2** Conjunto de productos importados: *Ha aumentado el déficit de la balanza comercial por el aumento de las importaciones.* □ SEM. Dist. de *exportación* (envío de un producto nacional a un país extranjero).

importancia s.f. **1** Valor, interés o influencia: *Tu cariño es para mí lo que más importancia tiene.* **2** Categoría o influencia sociales: *Es una persona de gran importancia en el mundo de los negocios.* **3** ‖ **darse** alguien **importancia.** Creerse superior: *Se da mucha importancia desde que se compró el coche.*

importante adj. Que tiene importancia: *Ganó un premio importante en el mundo de la literatura.* □ MORF. Invariable en género.

importar v. **1** Ser conveniente o tener valor, interés o influencia: *No te preocupes, no importó que no vinieras.* **2** Referido esp. a un producto extranjero, introducirlo en un país: *Los países europeos importan petróleo de los países árabes.* □ SEM. En la acepción 2, dist. de *exportar* (enviar un producto nacional al extranjero).

importe s.m. Cantidad de dinero o cuantía de un precio, de un crédito, de una deuda o de algo semejante: *Pagué el importe de la factura en la caja central.*

importunar v. Molestar con peticiones insistentes o inoportunas: *Los periodistas me importunaron con preguntas indiscretas.*

importuno, na adj./s. **1** →**inoportuno.** **2** Que molesta o que fastidia: *Tus continuas peticiones son muy importunas. Es un importuno cuando empieza a hablar de enfermedades.*

imposibilitado, da adj. Referido a una persona o a un miembro de su cuerpo, que están privados de movimiento; *tullido: Va en silla de ruedas porque tiene las piernas imposibilitadas.*

imposible ▮ adj. **1** *col.* Inaguantable o intratable: *Este niño se pone imposible cuando tiene sueño.* ▮ adj./s.m. **2** No posible o sumamente difícil: *Con esta nevada es imposible que lleguen a la cima de la montaña. Aprender un idioma en dos horas es un imposible.* **3** ‖ **hacer lo imposible.** *col.* Agotar todos los medios para lograr algo: *Hizo lo imposible para conseguir que aplazaran el juicio.* □ MORF. Como adjetivo es invariable en género. □ SINT. La acepción 1 se usa más con los verbos *estar* o *ponerse*.

imposición s.f. **1** Establecimiento de algo que debe ser aceptado o cumplido obligatoriamente: *La imposición de sanciones a los evasores de impuestos a veces no es suficiente.* **2** Exigencia desmedida que se obliga a realizar: *Tengo tantos derechos como tú, así que no te admito imposiciones.* **3** Ingreso de dinero en una entidad bancaria: *Ya he recibido el comprobante de la imposición que hice en mi cuenta ayer.* **4** Colocación de una cosa sobre otra: *El alcalde asistió al acto de imposición de medallas.*

imposta s.f. Hilada de sillares o piedras labradas sobre la que se inicia la curvatura de un arco o de una bóveda y que sobresale ligeramente del muro: *Las impostas pueden estar labradas con o sin molduras.* 👁 **arco**

impostar v. En música, referido a la voz, hacer que salga con un sonido uniforme sin vacilación ni temblor: *Para impostar bien la voz debes saber llevar el aire a las cuerdas vocales.*

impostor, -a adj./s. **1** Referido a una persona, que se hace pasar por lo que no es: *Entró en la casa un policía impostor, cómplice de un atracador. Eres una impostora porque ejerces de doctora sin título.* **2** Que engaña con apariencia de verdad: *Me fie de sus palabras impostoras y se aprovechó de mí. Lo que me contó ese impostor de su viaje era falso.*

impotencia s.f. **1** Falta de potencia, de fuerza o de poder para hacer algo: *Contempló con impotencia cómo ardía su casa.* **2** En un hombre, incapacidad de realizar el acto sexual completo: *La impotencia puede deberse a trastornos psíquicos.*

impotente ▮ adj. **1** Que no tiene potencia, fuerza o poder para hacer algo: *Me siento impotente ante el sufrimiento humano.* ▮ adj./s.m. **2** Referido a un hombre, que no es capaz de realizar el acto sexual completo: *Está en tratamiento médico porque es impotente. Un impotente no puede mantener unas relaciones sexuales normales.* □ MORF. Como adjetivo es invariable en género. □ SEM. En la acepción 2, dist. de *estéril* (que no puede tener hijos).

imprecación s.f. Palabra o expresión que manifiesta vivamente el deseo de que alguien reciba algún daño: *Se retiró del campo de fútbol con imprecaciones contra el árbitro.* □ ORTOGR. Dist. de *increpación*.

impregnar v. Referido a algo poroso, empaparlo o mojarlo con un líquido hasta que no admita más: *Impregna la mecha con alcohol para que prenda fuego. La arcilla aumenta su volumen al impregnarse de agua y, al secarse, se agrieta.*

imprenta s.f. **1** Arte o técnica de reproducir textos o ilustraciones por medio de presión mecánica u otros procedimientos; *tipografía: La invención de la imprenta favoreció la difusión de la cultura.* **2** Taller o lugar en el que se imprime; *prensa: En esta imprenta trabajan veinte empleados.*

impresión s.f. **1** Reproducción de un texto o de una ilustración aplicando los procedimientos de la imprenta u otros similares; *tirada: Encargó la impresión de su libro a una imprenta de confianza.* **2** Estampación o huella producidas por medio de presión: *La impresión del matasellos en la carta era muy clara.* **3** Calidad gráfica y forma de letra con las que se imprime una obra: *Para la nueva edición hay que mejorar la impresión.* **4** Efecto o alteración causados en una persona o en un animal: *El agua fría le produjo tal impresión que salió rápidamente de la piscina.* **5** Opinión o idea formadas sobre algo: *Tu comportamiento hizo que me llevara una mala impresión de ti.*

impresionar v. **1** Causar una impresión o una emoción profundas: *El libro sobre los marginados sociales me impresionó. ¡Te impresionas con cada tontería...!* **2** Fijar sonidos o imágenes en una superficie convenientemente tratada para que puedan ser reproducidas por medios fonográficos o fotográficos: *La cámara de fotos está estropeada y la película no se impresionó.*

impresionismo s.m. **1** Movimiento artístico de origen europeo y de finales del siglo XIX que se caracteriza por la reproducción de impresiones subjetivas de manera imprecisa y sugerente: *El impresionismo fue muy importante en pintura.* **2** Forma de expresión con rasgos propios de este movimiento: *En sus poemas practica un personal impresionismo de frases cortas y adjetivación colorista.*

impresionista ▌adj. **1** Del impresionismo o con rasgos propios de este movimiento artístico: *La pintura impresionista emplea trazos poco perfilados.* ▌adj./s. **2** Que defiende o sigue el impresionismo: *Es autor de varias novelas impresionistas. Los impresionistas pintaron muchos paisajes.* □ MORF. 1. Como adjetivo es invariable en género. 2. Como sustantivo es de género común y exige concordancia en masculino o en femenino para señalar la diferencia de sexo: *el impresionista, la impresionista.*

impreso, sa ▌ **1** part. irreg. de **imprimir.** ▌s.m. **2** Libro, folleto u hoja suelta reproducidos con los procedimientos de la imprenta: *En esta biblioteca hay manuscritos e impresos del siglo XVI.* **3** Formulario que hay que rellenar para realizar un trámite: *No me he podido matricular porque he perdido el impreso.* **4** ‖ **impreso (postal).** El que cumple determinados requisitos para ser enviado por correo en condiciones especiales de distribución y franqueo: *Si envías ese libro como impreso, te saldrá más barato que si lo envías como paquete.* □ USO La acepción 1 se usa más como adjetivo, frente al participio regular *imprimido*, que se usa más en la conjugación.

impresor, -a ▌s. **1** Propietario de una imprenta: *En el colofón del libro figura el nombre del impresor.* **2** Persona que se dedica profesionalmente a la impresión de textos o de ilustraciones: *Mi padre trabaja de impresor en un periódico.* ▌s.f. **3** En informática, máquina que se conecta a un ordenador y que reproduce en papel la información que recibe de este: *No tengo impresora y no puedo sacar en papel los datos del ordenador.*

imprevisto, ta adj./s.m. Que no está previsto o que resulta inesperado: *He tenido una visita imprevista que me ha hecho mucha ilusión. Me ha surgido un imprevisto y no puedo cenar contigo esta noche.*

imprimir v. **1** Referido a un texto o a una ilustración, reproducirlos aplicando los procedimientos de la imprenta u otros similares: *En las modernas imprentas se imprime por medios informáticos.* **2** Referido a una obra impresa, confeccionarla: *En este taller imprimen libros de texto.* **3** Referido esp. a una característica o a un aspecto, darlos o proporcionarlos: *Ese traje imprime un aire de seriedad a su aspecto.* □ MORF. Tiene un participio regular (*imprimido*), que se usa más en la conjugación, y otro irregular (*impreso*), que se usa más como adjetivo o sustantivo.

ímprobo, ba adj. Referido esp. a un esfuerzo, que es excesivo o continuado: *Me ha costado un trabajo ímprobo que me publiquen el libro.*

impronta s.f. Marca o huella que quedan en algo: *En ti reconozco la impronta de tus maestros.*

improperio s.m. Injuria o insulto grave de palabra, esp. si se dice para ofender o acusar: *Se enfadó conmigo y empezó a soltarme improperios.* □ PRON. Incorr. *[impropério].

improvisación s.f. Acción repentina, sin ninguna preparación previa y que se realiza valiéndose solo de los medios de que se dispone: *Todo buen actor debe tener capacidad de improvisación.*

improvisar v. Hacer o realizar en el momento, sin un plan previo y valiéndose solo de los medios de que se dispone: *Le pidieron que hablara e improvisó unas palabras de agradecimiento.*

improviso ‖ **de improviso.** De manera repentina o inesperada: *El suceso ocurrió tan de improviso que nos sorprendió a todos.*

impudicia s.f. Descaro o falta de vergüenza o de pudor: *Miente con impudicia.*

impuesto, ta ▌ **1** part. irreg. de **imponer.** ▌s.m. **2** Tributo o cantidad de dinero que se paga al Estado, a las comunidades autónomas o a los Ayuntamientos de manera obligatoria para contribuir al sostenimiento del gasto público: *Una parte de los impuestos se destinará a la construcción de carreteras.* **3** ‖ **impuesto revolucionario.** Cantidad de dinero que exige un grupo terrorista mediante amenazas: *Los terroristas secuestraron al empresario por no pagar el impuesto revolucionario.* □ MORF. En la acepción 1, incorr. **imponido*.

impugnación s.f. Rechazo o solicitud de anulación de algo, esp. de una decisión oficial: *La impugnación de las actas hizo que se reuniera el comité de competición.*

impugnar v. Referido esp. a una decisión oficial, combatirla o solicitar su invalidación: *Impugnaron el testamento de la abuela alegando locura.*

impulsar v. **1** Dar empuje de modo que se produzca un movimiento: *Súbete al columpio, que yo te impulso.* **2** Referido a una acción o a una actividad, estimularla o promoverla: *Tus consejos me impulsaron a acabar los estudios.* □ SINT. Constr. de la acepción 2: *impulsar A algo.*

impulsivo, va adj./s. Referido a una persona o a su forma de actuar, que es irreflexiva y obedece a impulsos: *Eres muy impulsivo y deberías reflexionar antes de tomar una decisión. Es difícil discutir con un impulsivo como tú.*

impulso s.m. **1** Empuje o fuerza con el que se produce un movimiento: *El impulso de las olas acercó la barca a la playa.* **2** Fuerza que lleva algo que se mueve, crece o se desarrolla: *Llevaba tanto impulso que no pude frenar al dar la curva.* **3** Motivo afectivo o deseo que lleva a actuar de manera súbita o irreflexiva: *Me pones tan nervioso que no sé si podré contener el impulso de darte una bofetada.* **4** ‖ **tomar impulso.** Correr antes de dar un salto o de realizar un lanzamiento, con el fin de llegar más lejos: *Para dar un buen salto debes tomar impulso.*

impulsor, -a adj./s. Que impulsa o que estimula una acción o una actividad: *Este es el eje impulsor de la máquina. Se le acusa de haber sido la impulsora del crimen.*

impune adj. Que queda sin castigo: *Prometió que no habría más crímenes impunes.* ☐ ORTOGR. Dist. de *inmune.* ☐ MORF. Invariable en género.

impunidad s.f. Falta de castigo: *Ese asesinato no puede quedar en la impunidad.* ☐ ORTOGR. Dist. de *inmunidad.*

impureza s.f. **1** Materia extraña a un cuerpo que suele deteriorar alguna de sus cualidades: *No bebas esa agua porque tiene muchas impurezas.* **2** Falta de pureza o castidad: *El sexto mandamiento de la Iglesia católica condena la impureza.*

imputación s.f. Atribución de una culpa, de un delito o de una acción: *Para la imputación del delito es necesario presentar pruebas.*

imputar v. Referido esp. a una culpa o a un delito, atribuírselo o achacárselo a alguien: *La policía ha imputado el atentado a un grupo terrorista.*

in adj. Que está de moda o de actualidad: *Va a los bares más in de su ciudad.* ☐ MORF. Invariable en género y número. ☐ USO Es un anglicismo innecesario.

in- Prefijo que indica negación (*increíble, inacabable, inalterable, inconfesable*) o privación (*injusticia, inexpresivo, infidelidad, inactividad*). ☐ ORTOGR. Ante *b* o *p* adopta la forma *im-* (*imposible, impagable, imborrable*), y ante *l* o *r* adopta la forma *i-* (*ilegalizar, ilimitado, irracional, irrealizable*).

inalámbrico, ca adj./s.m. Referido a un sistema de comunicación eléctrica, que no tiene alambres o hilos conductores: *Cantaba con un micrófono inalámbrico. Con un inalámbrico puedes telefonear desde cualquier parte de la casa.*

in albis (latinismo) ‖ En blanco o sin comprender: *No te enteras de qué hablo porque estás in albis.* ☐ USO Se usa más con los verbos *dejar, estar* y *quedarse.*

inalienable adj. En derecho, que no se puede enajenar o transmitir a otra persona, esp. referido a un derecho o a algo que está fuera del ámbito comercial: *Los derechos fundamentales son inalienables.* ☐ MORF. Invariable en género.

inamovible adj. Que no puede ser movido: *Aunque protestó, no consiguió nada porque era una resolución inamovible.* ☐ MORF. Invariable en género.

inane adj. Inútil, sin valor o sin importancia: *Ha sido un esfuerzo inane porque no ha valido para nada.* ☐ MORF. Invariable en género.

inanición s.f. Debilidad extrema producida generalmente por la falta de alimento: *La pobreza de la zona es causa directa del estado de inanición en el que se encuentran sus habitantes.*

inanimado, da adj. Que no tiene alma o que no tiene vida: *Los minerales son seres inanimados.*

inánime adj. Que no da señales de vida, o que está sin vida; *exánime: Los enfermeros recogieron el cuerpo inánime del accidentado.* ☐ MORF. Invariable en género.

inapetencia s.f. Falta de apetito o de ganas de comer: *Tengo inapetencia porque estoy enfermo.*

inapetente adj. Que no tiene apetencia o ganas de comer: *Llevo dos meses inapetente y estoy adelgazando demasiado.* ☐ MORF. Invariable en género.

inapreciable adj. **1** Que se considera muy valioso: *Entre los dos existe una amistad inapreciable.* **2** Que no se puede apreciar o percibir, generalmente por su pequeñez: *No te preocupes por ese defecto porque es inapreciable.* ☐ MORF. Invariable en género.

inaudito, ta adj. Sorprendente, increíble o nunca oído, esp. si es por su carácter atrevido o escandaloso: *Nos conocemos desde niños y es inaudito que digas que jamás me has visto.*

inauguración s.f. **1** Inicio de una actividad, esp. si se hace con un acto solemne: *El rey asistirá a la inauguración de esas jornadas por la paz.* **2** Apertura al público por primera vez, esp. de un establecimiento: *En enero está prevista la inauguración del hospital.* ☐ PRON. Incorr. *[inagurazión].

inaugural adj. De la inauguración o relacionado con ella: *El diputado pronunció unas palabras en el acto inaugural.* ☐ PRON. Incorr. *[inagurál]. ☐ MORF. Invariable en género.

inaugurar v. **1** Dar inicio, esp. si es con un acto solemne: *Con unas palabras de bienvenida, el rector inauguró el curso.* **2** Referido esp. a un establecimiento, abrirlo al público por primera vez: *Mañana se inaugura una exposición de esculturas al aire libre.* ☐ PRON. Incorr. *[inagurár].

inca adj./s. De un antiguo pueblo indígena que se estableció en el oeste sudamericano o relacionado con él: *Son famosas las ciudades incas, edificadas en elevadas altiplanicies. Los incas fabricaban cerámica con motivos decorativos geométricos.* ☐ MORF. 1. Como adjetivo es invariable en género. 2. Como sustantivo es de género común y exige concordancia en masculino o en femenino para señalar la diferencia de sexo: *el inca, la inca.*

incaico, ca adj. De los incas o relacionado con este antiguo pueblo: *Este antropólogo es un gran conocedor de la cultura incaica.*

incandescente adj. Referido a un cuerpo, esp. si es metálico, que está rojo o blanco por la acción del calor; *candente: Al encender una bombilla, el filamento que tiene se pone incandescente.* ☐ MORF. Invariable en género.

incapacitado, da adj./s. Referido a una persona, que tiene disminuidas sus facultades físicas o psíquicas, esp. si se le reconoce de manera legal: *Es una mujer incapacitada para ciertos trabajos a causa de su sordera. Los incapacitados físicos protestan por la falta de acondicionamiento de los edificios públicos.*

incautación s.f. Toma de posesión de mercancías o de bienes por parte de la autoridad competente: *El resultado de la redada policial fue la incautación de tres kilos de cocaína.*

incautar v. Referido a mercancías o a bienes, tomar posesión de ellos la autoridad competente: *La policía se ha incautado de un alijo de heroína.* ☐ SINT. Es correcto su uso como verbo pronominal intransitivo con complemento de régimen y como verbo transitivo y no pronominal: *La guardia civil se incautó de un cargamento de armas* y *La guardia civil incautó un cargamento de armas.*

incauto, ta adj./s. Sin cautela, sin malicia y fácil de engañar: *Se aprovechó de la ignorancia de aquel joven incauto. Solo un incauto creería semejante historia.*

incendiar v. Referido a algo que no está destinado a arder, prenderle fuego: *Un pirómano ha incendiado el bosque. El edificio se ha incendiado a causa de un cortocircuito.* ☐ ORTOGR. La *i* nunca lleva tilde.

incendiario, ria ▮ adj. **1** Que sirve para incendiar o que puede causar un incendio: *Las flechas incendiarias destruyeron el poblado.* ▮ adj./s. **2** Que provoca un incendio voluntariamente: *Un chico incendiario causó la devastación total del bosque. Los incendiarios deben ser duramente perseguidos.*

incendio s.m. Fuego de grandes proporciones que destruye lo que no está destinado a arder; *fuego: Los bomberos sofocaron el incendio.*

incensario s.m. Recipiente hondo, circular y con tapa, que cuelga de cadenas y que se usa para quemar incienso y esparcir su aroma, esp. en ceremonias religiosas: *Entre los tesoros de la catedral hay varios incensarios.*

incentivar v. **1** Referido a una persona, estimularla con gratificaciones para la obtención de mejores rendimientos: *Las posibilidades de ascenso incentivan a los empleados.* **2** Referido a una actividad, impulsarla o promover su realización mediante gratificaciones: *El Gobierno incentiva el ahorro y la creación de empresas.*

incentivo, va ▌adj./s.m. **1** Que impulsa o estimula la realización de una actividad o la mejora de los rendimientos: *El Gobierno ofrece medidas incentivas a la producción. Esta empresa da incentivos a sus trabajadores cada tres meses.* ▌s.m. **2** Lo que resulta gratificante e impulsa a hacer o a desear algo; *acicate: Leer es uno de los incentivos del fin de semana.*

incertidumbre s.f. Duda o falta de certeza, esp. si provoca ansiedad o inquietud: *Me preocupa la incertidumbre de no saber cuál va a ser mi futuro.*

incesante adj. **1** Que no cesa: *Fui al médico ante mi incesante dolor de cabeza.* **2** Repetido y frecuente: *Sé que le gusta la pintura por sus incesantes visitas al museo.* ☐ MORF. Invariable en género.

incesto s.m. Relación sexual entre familiares que están emparentados en línea directa: *Lo condenaron por incesto por mantener relaciones sexuales con su hija.*

incestuoso, sa adj. Del incesto o relacionado con este tipo de relación sexual: *Las relaciones incestuosas no se toleran en nuestra sociedad.*

incidencia s.f. **1** Suceso que se produce en el transcurso de un asunto y que no es parte esencial de él: *Llámame y te contaré las incidencias del fin de semana.* **2** En estadística, número de casos ocurridos, generalmente expresados en tanto por ciento: *La incidencia de la gripe este año ha sido del sesenta por ciento.* **3** Influencia o repercusión de un fenómeno: *Se estudió la incidencia de la contaminación en los problemas respiratorios.*

incidental adj. **1** Que constituye un incidente: *El pinchazo de la rueda fue el único hecho incidental digno de mención.* **2** De poca importancia o no esencial: *Eso no me preocupa porque es una cuestión incidental.* ☐ MORF. Invariable en género.

incidente s.m. **1** Suceso que repercute en el transcurso de un asunto del que no forma parte: *En el aeropuerto se produjeron algunos incidentes que retrasaron el vuelo.* **2** Pelea, disputa o riña, esp. si son de poca importancia: *Tuvieron un pequeño incidente, pero ya han hecho las paces.*

incidir v. **1** Referido esp. a una falta o a un error, caer en ellos: *Espero que esta vez no incidas en el error de dejarlo todo para el último día.* **2** Recalcar o hacer hincapié: *Los pedagogos inciden en la importancia de los padres en la educación infantil.* **3** Influir, causar efecto o tener trascendencia en algo posterior; *repercutir: La subida de los salarios incidirá en el aumento de los precios.* **4** Caer sobre una superficie: *La luz incidía en el espejo.* ☐ SINT. Constr.: *incidir* EN *algo.*

incienso s.m. Resina gomosa y aromática que se extrae de diversos árboles originarios de los continentes asiático y africano y que se utiliza generalmente como perfume en ceremonias religiosas: *El botafumeiro esparcía el incienso por toda la catedral.*

incierto, ta adj. **1** Poco seguro: *La hora de su llegada es incierta, pero probablemente llegue antes de que anochezca.* **2** Desconocido, ignorado o poco claro: *El futuro del ser humano es incierto.*

incineración s.f. Quema de algo, esp. de un cadáver, hasta reducirlo a cenizas: *La incineración de cadáveres se realiza en hornos crematorios.*

incinerador, -a adj./s. Referido a un aparato o a una instalación, que sirve para incinerar o quemar hasta reducir a cenizas, esp. cadáveres: *En ese horno incinerador se queman las basuras. Instalarán un incinerador en el cementerio.*

incinerar v. Referido esp. a un cadáver, quemarlo hasta reducirlo a cenizas: *Cuando muera, no quiero que me entierren, sino que me incineren.*

incipiente adj. Que está empezando: *Tiene una calvicie incipiente y apenas se le nota.* ☐ MORF. Invariable en género.

incisión s.f. Corte o hendidura que se hace en algunos cuerpos con un instrumento cortante: *La cirujana hizo una incisión con el bisturí.*

incisivo, va ▌adj. **1** Que sirve para abrir o cortar: *La herida que le causó la muerte fue hecha con un instrumento incisivo.* **2** Que critica de forma hiriente e ingeniosa: *Eres muy incisivo en tus críticas.* ▌s.m. **3** →**diente incisivo.** 👁 **dentadura**

inciso s.m. **1** Relato o comentario que se intercala en un discurso o en una conversación y que tiene poca relación con el tema central: *El conferenciante hizo un inciso para rogar silencio.* **2** En una oración, miembro intercalado que va generalmente entre comas o paréntesis y que encierra un sentido parcial: *En la oración 'Tú, dicho en honor a la verdad, nunca me has fallado', 'dicho en honor a la verdad' es un inciso.*

incitación s.f. Provocación o estímulo para hacer algo: *El discurso del líder se consideró como una incitación a la revuelta.* ☐ SINT. Constr.: *incitación* A *algo.*

incitar v. Referido a una acción, impulsar a realizarla: *Esa película ha sido muy criticada porque incita a la violencia.* ☐ SINT. Constr.: *incitar* A *algo.*

inclemencia s.f. **1** Fenómeno atmosférico que resulta desagradable por su rigor o intensidad: *En el invierno este abrigo me ayuda a soportar las inclemencias del tiempo.* **2** Falta de clemencia: *A causa de la inclemencia del juez le han impuesto la pena máxima.*

inclinación s.f. **1** Desviación de la posición vertical u horizontal: *La inclinación de la torre de Pisa es cada vez mayor.* **2** Tendencia o propensión hacia algo: *Me preocupa tu inclinación a no hacer nada.* **3** Afición o cariño especial: *Sentí inclinación por la lectura desde pequeño.* **4** Reverencia que se hace inclinando la cabeza o el cuerpo hacia adelante: *Saludó al rey con una ligera inclinación.*

inclinar ▌v. **1** Desviar de la posición vertical u horizontal: *El peso del abrigo ha inclinado el perchero hacia la derecha. Los invitados al baile se inclinaron al entrar el rey.* **2** Referido a una persona, persuadirla para que diga o haga algo sobre lo que antes dudaba: *El testimonio del último testigo inclinó al juez a absolver al acusado.* ▌prnl. **3** Mostrar tendencia, afición o propensión hacia algo: *Me* *inclino a pensar que todo ha sido una farsa. Se inclinó por el azul.*

ínclito, ta adj. Ilustre o famoso: *El ínclito profesor recibió emocionado el premio a su labor.* □ USO Su uso es característico del lenguaje culto.

incluir v. **1** Poner dentro de algo o hacer formar parte de ello: *Incluyó una carta en el paquete que me envió. Me incluyo entre tus amigos íntimos.* **2** Referido a una parte, comprenderla un todo: *La península ibérica incluye España y Portugal.* **3** Contener o llevar implícito: *El precio del coche incluye todos los impuestos.* □ MORF. Irreg. →**CONTRIBUIR**.

inclusa s.f. Institución donde se recoge para su cuidado y educación a niños abandonados, huérfanos o con padres incapacitados: *Su madre estaba en un hospital psiquiátrico y él, en una inclusa.*

inclusión s.f. Introducción de algo en una cosa o conversión de algo en parte de un todo: *Mi inclusión en el grupo de los que han sido becados me llenó de alegría.*

inclusive adv. Indica que se tienen en cuenta los límites que se citan: *Estaré de vacaciones del 1 al 15, ambos inclusive.* □ MORF. Incorr. **inclusives.*

inclusivo, va adj. Que incluye o que tiene capacidad para incluir algo: *Entre los conjuntos 'A' y 'B' existe una relación inclusiva, es decir, el conjunto 'B' está incluido en 'A'.*

incluso ▮ adv. **1** Con inclusión de: *El concierto gustó a todos, incluso a los más jóvenes.* ▮ prep. **2** Indica que el dato que a continuación se aporta se considera sorprendente; *hasta: Me gustó incluso a mí, que odio ese tipo de espectáculos.* **3** En una comparación, indica énfasis: *Si ayer hizo bueno, hoy hace mejor, incluso.* **4** En una gradación, indica un grado más: *Estás muy pálido, incluso amarillo.* ▮ conj. **5** Enlace gramatical con valor concesivo; *aun: Incluso sabiéndolo, no te dirá nada.* □ SINT. Como preposición, cuando precede a los pronombres de primera y segunda persona de singular, estos no toman las formas *mí, ti*, sino *yo, tú*.

incoar v. En derecho, referido a una actuación oficial, iniciarla: *Las denuncias obligaron al Ayuntamiento a incoar expediente.*

incoativo, va adj. En lingüística, que indica el inicio de una acción, esp. si es progresiva: *'Anochecer' es un verbo incoativo porque significa 'empezar a hacerse de noche'.*

incógnito, ta ▮ adj. **1** No conocido: *Anduvo errante por incógnitos lugares.* ▮ s.f. **2** En una ecuación matemática, cantidad desconocida cuyo valor hay que determinar y que se representa con una letra: *Las incógnitas se representan generalmente con las letras 'x', 'y', 'z'.* **3** Lo que se desconoce: *Su decisión es una incógnita para mí.* **4** ‖ **de incógnito**. Sin darse a conocer u ocultando la verdadera identidad: *Viaja de incógnito para despistar a los periodistas.*

incoloro, ra adj. Sin color: *El agua es una sustancia incolora.*

incólume adj. Que no ha sufrido daño o deterioro: *Afortunadamente, los viajeros salieron incólumes del accidente.* □ MORF. Invariable en género.

incombustible adj. **1** Que no se puede quemar: *El líquido de los extintores es incombustible.* **2** Referido a una persona, que no se agota a pesar del tiempo o de las dificultades: *A pesar de llevar treinta años en la política, es incombustible.* □ MORF. Invariable en género.

incomodar v. Molestar o causar o sentir enfado: *Las preguntas personales incomodaron al entrevistado. Incomodarse cuando te dicen una verdad es propio de una persona inmadura.*

incomodo s.m. Molestia o falta de comodidad: *Si no supone ningún incomodo para ustedes, les agradecería que me cambiaran el sitio.*

incómodo, da adj. **1** Que no es o no resulta cómodo: *La cama del hotel era tan incómoda que no pude dormir nada.* **2** Que incomoda, molesta o disgusta: *Me resulta muy incómodo estar con dos personas que se llevan muy mal entre ellas.*

incomprendido, da adj./s. Referido a una persona, mal comprendida, esp. si no cuenta con el reconocimiento o la valoración de su mérito: *En su época no vendió ningún cuadro porque fue una pintora incomprendida. Fue un incomprendido, ya que nadie consideró la importancia de sus investigaciones.*

incomunicar v. Aislar o privar de comunicación: *Han incomunicado a los tres presos que se pelearon ayer.* □ ORTOGR. La *c* se cambia en *qu* delante de *e* →**SACAR**.

incondicional ▮ adj. **1** Absoluto o sin limitaciones ni condiciones: *Ya sabes que mi amistad es incondicional y que puedes contar conmigo para lo que quieras.* ▮ adj./s. **2** Partidario o seguidor de algo sin limitación ni condición alguna: *El cantante actuó muy mal, pero sus incondicionales admiradores aplaudieron a rabiar. Este candidato solo cuenta con los votos de sus incondicionales.* □ MORF. 1. Como adjetivo es invariable en género. 2. Como sustantivo es de género común y exige concordancia en masculino o en femenino para señalar la diferencia de sexo: *el incondicional, la incondicional.*

inconfesable adj. Que no se puede confesar o declarar, esp. por ser vergonzoso o deshonroso: *Siento una inconfesable envidia de mi compañero.* □ MORF. Invariable en género.

inconsciente ▮ adj./s. **1** No consciente: *A causa de una bajada de tensión, estuvo varios minutos inconsciente. Es un inconsciente que hace las cosas sin pensarlas.* ▮ s.m. **2** En psicología, conjunto de procesos mentales del individuo que escapan a la consciencia: *Para Freud, el inconsciente es una de las partes que estructuran la psique.* □ MORF. En la acepción 1, como adjetivo es invariable en género, y como sustantivo es de género común y exige concordancia en masculino o en femenino para señalar la diferencia de sexo: *el inconsciente, la inconsciente.*

incontinencia s.f. **1** Falta de continencia, de moderación en los deseos y pasiones o de abstinencia sexual: *Su incontinencia con la bebida lo ha llevado al alcoholismo.* **2** En medicina, trastorno que consiste en la expulsión involuntaria de heces u orina: *A veces la incontinencia necesita un tratamiento psicológico.*

inconveniente s.m. **1** Impedimento o dificultad que existe en la realización de algo: *A pesar de los inconvenientes haré todo lo posible para verte.* **2** Daño o perjuicio que resulta de la realización de algo: *Esas amistades no te han traído más que inconvenientes.*

incordiar v. *col.* Molestar, fastidiar o importunar: *Con sus gritos incordia a toda la vecindad.* □ ORTOGR. La *i* nunca lleva tilde.

incordio s.m. *col.* Lo que resulta molesto, fastidioso o importuno; *gaita: Es un incordio tener que madrugar.*

incorporación s.f. **1** Agregación o integración en un todo: *La incorporación de esos dos gráficos mejora mucho el libro.* **2** Levantamiento de la cabeza o de la parte superior del cuerpo: *Las camas de los hospitales facilitan la incorporación de los enfermos.* **3** Comienzo de las actividades en un puesto de trabajo: *La fecha tope para la incorporación de los nuevos es el próximo día 1.*

incorporar ▌ v. **1** Agregar o integrar en un todo: *He incorporado ejercicios prácticos en cada tema. Grupos ecologistas se han incorporado a la protesta de los trabajadores.* **2** Levantar o erguir la cabeza o la parte superior del cuerpo: *El perro incorporó la cabeza cuando oyó a su amo. El enfermo se ha incorporado en la cama para comer.* ▌ prnl. **3** Referido a una persona, presentarse en su puesto de trabajo para tomar posesión de su cargo o para empezar a desempeñar sus funciones: *El capitán se incorporó al regimiento al que había sido destinado.* ☐ SINT. 1. Constr. de la acepción 1: *incorporar {A/EN} algo.* 2. Constr. de la acepción 3: *'incorporarse' A una actividad.*

incorpóreo, a adj. **1** Que no tiene cuerpo ni consistencia: *Según la confesión católica, los ángeles son incorpóreos.* **2** Que no tiene materia: *Es difícil definir el amor porque es incorpóreo.*

incorruptible adj. Que no puede corromperse: *No intentes sobornarla porque es una mujer incorruptible.* ☐ MORF. Invariable en género.

incrementar v. Aumentar o hacer mayor: *Las lluvias han incrementado el caudal del río. Las ventas se incrementan en épocas navideñas.*

incremento s.m. Crecimiento en tamaño, en cantidad, en cualidad o en intensidad; *aumento: Gracias al incremento de la calidad se han disparado las ventas.*

increpación s.f. Reprensión o advertencia severas: *Mis increpaciones no sirvieron para que dejara las malas compañías.* ☐ ORTOGR. Dist. de *imprecación.*

increpar v. Referido a una persona, reprenderla o reñirla duramente: *Su madre lo increpó por haberle cogido el coche sin permiso.*

incrustación s.f. **1** Introducción de materiales en una superficie lisa y dura para adornarla: *La incrustación de piedras preciosas es una tarea laboriosa.* **2** Penetración violenta de un cuerpo en otro o fuerte adhesión a él: *La incrustación de sales en las paredes de las calderas de vapor puede provocar una explosión.* **3** Lo que se incrusta: *Se me perdió una de las incrustaciones del broche.*

incrustar v. **1** Referido esp. a piedras, metales o maderas, introducirlas en una superficie lisa y dura para adornarla: *Para adornar la caja han incrustado trozos de nácar en la tapa.* **2** Referido a un cuerpo o a una sustancia, hacer que penetre en algo con violencia o que quede adherido a ello: *Disparó e incrustó la bala en la pared. La suciedad se ha incrustado en el suelo y no hay quien quite la mancha.*

incubación s.f. **1** Proceso en el que se calientan los huevos de los animales ovíparos, esp. de las aves, mediante calor natural o artificial para que se desarrolle el embrión: *Retira los huevos antes de que las gallinas comiencen la incubación.* **2** En medicina, desarrollo de una enfermedad infecciosa hasta que se manifiestan sus efectos: *La incubación de la gripe le ha durado toda la semana.* **3** Desarrollo oculto de algo, esp. de una tendencia o de un movimiento social, hasta su plena manifestación: *La incubación del conflicto se produjo a lo largo de todo el año.*

incubadora s.f. **1** Máquina o lugar utilizados para incubar huevos de modo artificial, esp. los de aves domésticas: *En la granja de pollos hemos instalado dos nuevas incubadoras.* **2** Cámara acondicionada para facilitar el desarrollo de los niños prematuros o nacidos en circunstancias anormales: *Tuvieron al bebé un mes en la incubadora porque era sietemesino.*

incubar ▌ v. **1** Referido a los huevos que pone un animal ovíparo, empollarlos o calentarlos durante el tiempo necesario para que se desarrolle el embrión: *La gallina incuba los huevos durante veintiún días.* **2** Referido a una enfermedad, desarrollarla desde que se contagian los gérmenes nocivos hasta que se manifiestan sus efectos: *Creo que estoy incubando la gripe, porque empiezo a sentirme mal.* ▌ prnl. **3** Referido esp. a una tendencia o un movimiento social, iniciarse su desarrollo de forma oculta hasta su plena manifestación: *La revolución se fue incubando durante la larga crisis económica.*

íncubo adj./s. Referido a un demonio, que toma la apariencia de un varón para tener relaciones sexuales con una mujer: *Creo que está loca porque dice que hay un demonio íncubo en su cama. Tuve una pesadilla con íncubos y monstruos.*

inculcación s.f. Fijación firme y duradera en el ánimo, generalmente de ideas, conceptos o sentimientos: *La inculcación de los principios morales en el niño debe realizarse desde los primeros años.*

inculcar v. Referido esp. a un sentimiento o a una idea, fijarlos firmemente en el ánimo o en la memoria: *El profesor inculcó a sus alumnos el sentido del deber.* ☐ ORTOGR. La *c* se cambia en *qu* delante de *e* →**SACAR**.

inculpación s.f. Acusación o atribución de un delito: *Una inculpación por estafa acabó con su carrera.*

inculpar v. Referido a una persona, acusarla o atribuirle un delito: *Lo inculpan de varios hurtos y estafas.*

inculto, ta ▌ adj. **1** Que no está cultivado: *En el pueblo hay terrenos incultos porque han sido abandonados.* ▌ adj./s. **2** Referido a una persona o a un grupo, que no tienen cultura: *Un pueblo inculto es un pueblo poco interesante. Que no haya estudiado una carrera no quiere decir que sea una inculta.*

incumbencia s.f. Función u obligación que corresponde a una persona o entidad, generalmente por su cargo o su situación; *competencia: La educación y el cuidado de los hijos es incumbencia de los padres.*

incumbir v. Referido esp. a un asunto o una obligación, estar a cargo de alguien: *El bienestar social incumbe al Estado. Tus problemas no me incumben.* ☐ MORF. Se usa más en tercera persona y en las formas no personales.

incunable adj./s.m. Referido a un texto impreso, que está hecho en el período que va desde la invención de la imprenta hasta principios del siglo XVI: *Lo más cotizado en la subasta fueron unos textos incunables. Ha adquirido varios incunables españoles para la biblioteca.* ☐ MORF. Como adjetivo es invariable en género.

incurrir v. Referido a una falta o a un delito, cometerlos: *Incurrió en el error de reprochar la actuación de su jefe.* ☐ SINT. Constr.: *incurrir EN algo.*

incursión s.f. **1** Penetración de un ejército o de parte de él en un territorio para realizar un ataque: *Un comando armado hizo una incursión nocturna en el pueblo vecino.* **2** Penetración en un terreno o en un ámbito desconocido o nuevo: *La incursión de este poeta en la novela ha resultado un éxito.*

indagación s.f. Investigación hecha para descubrir algo desconocido: *Haré indagaciones para averiguar dónde vive.*

indagar v. Referido a algo desconocido, tratar de llegar a su conocimiento mediante razonamientos o suposiciones: *La policía indagaba el paradero del ladrón.* □ ORTOGR. La *g* se cambia en *gu* delante de *e* →**PAGAR**.

indeciso, sa adj./s. Referido a una persona, que duda o que no se decide fácilmente: *Está indeciso entre uno y otro. Es un indeciso y tarda días en tomar una decisión.*

indefectible adj. Que no puede faltar o dejar de ser: *Llegó el invierno con su indefectible mal tiempo.* □ MORF. Invariable en género.

indefensión s.f. Falta de defensa o situación del que está indefenso: *Es preocupante la indefensión del consumidor ante la publicidad engañosa.*

indefenso, sa adj./s. Sin defensa o sin protección: *Recogió de la calle un cachorrito indefenso. Es una cobardía abusar de un indefenso.*

indefinido, da ▮ adj. **1** Que no está definido o precisado: *Lleva una camisa vieja de un color indefinido.* **2** Que no tiene término o límite determinado: *Le dejé mi casa por un tiempo indefinido.* ▮ s.m. **3** →**pretérito indefinido. 4** →**pronombre indefinido.**

indeleble adj. Que no se puede borrar o quitar: *Esta mancha es indeleble y no consigo eliminarla.* □ MORF. Invariable en género.

indemne adj. Libre de daños o de perjuicios: *Tuvo suerte y salió indemne del accidente.* □ MORF. Invariable en género.

indemnización s.f. **1** Compensación por el daño recibido: *Está tramitando la indemnización por el error judicial de que fue objeto.* **2** Cosa con que se indemniza o se compensa el daño recibido: *La indemnización no fue suficiente para pagar los desperfectos.*

indemnizar v. Referido a una persona, compensarla por los daños que ha sufrido: *Indemnizarán a los heridos en el accidente.* □ ORTOGR. La *z* se cambia en *c* delante de *e* →**CAZAR**.

independencia s.f. **1** Falta de dependencia: *Haré lo que considere oportuno, con independencia de lo que piensen los demás.* **2** Libertad o autonomía de actuación: *El coche me da independencia y facilidad de movimientos.* **3** En política, condición de un Estado que se gobierna autónomamente y no está sometido a otro: *Las antiguas colonias consiguieron su independencia después de una larga guerra.*

independentismo s.m. Movimiento político que defiende o exige la independencia de un territorio: *El independentismo es un movimiento muy arraigado en la población de algunas regiones.*

independentista ▮ adj. **1** Del independentismo o relacionado con este movimiento político: *Unos guerrilleros encabezaban la manifestación independentista.* ▮ adj./s. **2** Que defiende o sigue el independentismo: *Los manifestantes independentistas llevaban grandes pancartas. Los independentistas buscaban el apoyo de otros países.* □ MORF. 1. Como adjetivo es invariable en género. 2. Como sustantivo es de género común y exige concordancia en masculino o en femenino para señalar la diferencia de sexo: *el independentista, la independentista.*

independiente ▮ adj. **1** Que tiene independencia: *Hicieron una manifestación para lograr que su país fuese independiente.* ▮ adj./s. **2** Referido a una persona, que actúa con libertad y autonomía, sin dejarse presionar: *El periódico buscaba periodistas independientes para aquel difícil reportaje. Dice que es una independiente, pero todo se lo hace su madre.* ▮ adv. **3** Independientemente o con independencia: *Independiente de las condiciones atmosféricas se dará la salida de la carrera.* □ MORF. Como adjetivo es invariable en género, y como sustantivo es de género común y exige concordancia en masculino o en femenino para señalar la diferencia de sexo: *el independiente, la independiente.*

independizar v. Hacer independiente: *Hizo un tabique en el salón para independizarlo del comedor. Me he independizado y ya no vivo con mis padres.* □ ORTOGR. La *z* se cambia en *c* delante de *e* →**CAZAR**.

indexación s.f. En informática, elaboración de índices: *Este procesador de textos permite la indexación automática.*

indexar v. En informática, referido a un conjunto de datos, ordenarlo y elaborar un índice de ellos: *Este programa informático indexa automáticamente las palabras utilizadas.*

indiano, na ▮ adj. **1** De las Indias occidentales (costa atlántica del continente americano que fue española), o relacionado con este territorio: *Muchos de los que regresaron de América seguían manteniendo las costumbres indianas.* ▮ adj./s. **2** Referido a una persona, que se hizo rica en la zona americana que fue española y vuelve a España: *Mi primo indiano construyó una gran casa en el pueblo con el dinero que ganó en América. El indiano que vive enfrente vino rico de América el año pasado.*

indicación s.f. **1** Explicación, demostración o comunicación con indicios y señales: *Por la indicación que me hizo, deduje que quería que fuera con ellos.* **2** Lo que sirve para indicar: *Nos perdimos porque no vimos ninguna indicación por el camino.* **3** Receta o recomendación hechas por un médico sobre el tratamiento que se debe seguir: *Siguió las indicaciones del médico y se recuperó totalmente de la enfermedad.*

indicar v. **1** Dar a entender con indicios y señales: *Un niño me indicó dónde estaba la parada del autobús.* **2** Referido esp. a un médico, aconsejar o recetar un remedio: *El médico le indicó que no comiera dulces.* □ ORTOGR. La *c* se cambia en *qu* delante de *e* →**SACAR**.

indicativo, va ▮ adj. **1** Que indica o que sirve para indicar: *Con un gesto indicativo me advirtió de tu llegada.* ▮ s.m. **2** →**modo indicativo.**

índice s.m. **1** →**dedo índice.** 👁 **mano 2** Indicio o señal de algo, esp. de intensidad o de importancia: *La inflación es un índice de la crisis económica.* **3** Lista ordenada de capítulos, libros, autores o materias: *En la biblioteca cogió el índice de autores para buscar el libro que deseaba.* **4** Número que se obtiene de la relación entre dos o más dimensiones o cantidades: *El índice de natalidad expresa la relación entre los nacidos vivos y el total de la población.* **5** En matemáticas, en una raíz, número o letra que indica su grado: *El índice de una raíz cúbica es tres.*

indicio s.m. **1** Hecho que permite conocer o deducir la existencia de otro que es desconocido: *El humo es indicio de que hay fuego.* **2** Cantidad muy pequeña o restos: *Murió envenenado, porque se encontraron indicios de veneno en las vísceras.*

índico, ca adj. De la India (país asiático), del sureste asiático o relacionado con estos territorios: *La zona índica sufre inundaciones periódicamente.*

indiferencia s.f. Falta de interés, de sentimientos o de preferencias: *Recibió la noticia con tanta indiferencia que ni siquiera parpadeó.*

a b c d e f g h i j k l m n ñ o p q r s t u v w x y z

a b c d e f g h i j k l m n ñ o p q r s t u v w x y z

indiferenciado, da adj. Que no se diferencia o que no tiene caracteres diferentes: *Muchos animales en su primera etapa tienen los órganos sexuales indiferenciados.*

indiferente adj. **1** Que no despierta interés o afecto: *Me es indiferente que vengas o no.* **2** Que puede ser o hacerse de varios modos, sin que importe cuál: *El orden de la suma es indiferente, porque no altera el resultado.* ☐ MORF. Invariable en género.

indígena adj./s. Originario o propio de un lugar: *Las tribus indígenas están preocupadas por la deforestación de la zona. Los indígenas del Amazonas conservan muchas de sus costumbres ancestrales.* ☐ MORF. 1. Como adjetivo es invariable en género. 2. Como sustantivo es de género común y exige concordancia en masculino o en femenino para señalar la diferencia de sexo: *el indígena, la indígena*.

indigencia s.f. Falta de medios para subsistir o situación del que no los tiene: *Es difícil salir de la indigencia sin ayuda.*

indigenismo s.m. **1** Estudio de los pueblos indígenas iberoamericanos que hoy forman parte de las naciones en las que predomina la civilización europea: *La conferencia sobre indigenismo fue muy interesante.* **2** Movimiento que apoya reivindicaciones políticas, sociales y económicas para los indígenas y mestizos de los países iberoamericanos: *El indigenismo es frecuente en la novela hispanoamericana.*

indigenista ▮ adj. **1** Del indigenismo o relacionado con este estudio o con este movimiento: *El movimiento indigenista pretende la igualdad de oportunidades para los indígenas.* ▮ adj./s. **2** Que defiende o sigue el indigenismo: *Sus escritos indigenistas fueron muy criticados. En el congreso se reunieron los indigenistas más destacados del país.* ☐ MORF. Como adjetivo es invariable en género, y como sustantivo es de género común y exige concordancia en masculino o en femenino para señalar la diferencia de sexo: *el indigenista, la indigenista*.

indigente adj./s. Referido a una persona, que no tiene los medios suficientes para subsistir: *Niños indigentes piden limosna en el metro. Los indigentes se reunían en la puerta de la iglesia para pedir comida.* ☐ ORTOGR. Dist. de *ingente*. ☐ MORF. 1. Como adjetivo es invariable en género. 2. Como sustantivo es de género común y exige concordancia en masculino o en femenino para señalar la diferencia de sexo: *el indigente, la indigente*.

indigestarse v.prnl. **1** Referido a una comida, sentar mal: *Se le indigestaron los pasteles porque los comió muy deprisa.* **2** *col.* Resultar molesto y desagradable: *Se me ha indigestado la física y no podré aprobarla.*

indigestión s.f. Digestión anómala que produce un trastorno en el organismo: *Los alimentos fuertes producen indigestión.*

indigesto, ta adj. Imposible o muy difícil de digerir: *Los pimientos fritos pueden resultar indigestos.*

indignación s.f. Irritación o enfado violentos por un hecho que se considera reprochable: *¡Qué indignación me produjo ver que nadie nos ayudaba!*

indignar v. Irritar o enfadar intensamente: *Indignó a sus padres cuando los desobedeció. Me indigné cuando oí sus falsas acusaciones.*

indio, dia ▮ adj./s. **1** De la India (país asiático), o relacionado con ella; *hindú*: *Me han regalado un pañuelo indio. Algunos indios llevan turbante.* **2** De la antigua población indígena del continente americano y de sus descendientes sin mezcla de raza: *Los mocasines son zapatos de origen indio. Los indios fueron expulsados de sus tierras por los colonos blancos.* ▮ s.m. **3** Elemento químico, metálico y sólido, de número atómico 49, maleable y fácilmente deformable: *El indio es parecido al estaño.* **4** ‖ **hacer el indio.** *col.* Hacer tonterías para divertirse o divertir a los demás: *Cuando está contenta siempre hace el indio para que nos riamos.* ☐ ORTOGR. En la acepción 3, su símbolo químico es *In*. ☐ MORF. 1. En la acepción 1, cuando se antepone a una palabra para formar compuestos, adopta la forma *indo-*. 2. En la acepción 1, como sustantivo se refiere solo a las personas de la India. ☐ USO En la acepción 4, tiene un matiz despectivo.

indirecta s.f. Medio que se utiliza para dar a entender algo sin expresarlo con claridad: *Su mirada fue una indirecta para decirme que nos fuéramos de allí.*

indiscriminado, da adj. Que no hace discriminación o distinción: *Disparó de forma indiscriminada contra la multitud.*

indisoluble adj. Que no se puede disolver o desunir: *De acuerdo con la confesión católica el matrimonio es indisoluble.* ☐ MORF. Invariable en género.

indispensable adj. Absolutamente necesario o imprescindible: *El agua es indispensable para la vida.* ☐ MORF. Invariable en género.

indisponer v. **1** Referido a una persona, ponerla a mal con otra o procurarle el menosprecio de esta; *malmeter, malquistar*: *Va hablando mal de ti para indisponerte con todo el mundo. Los dos amigos se indispusieron por culpa de una chica.* **2** Referido a una persona, producirle o experimentar un malestar o una enfermedad leves y pasajeros: *Los viajes en barco me indisponen. La cena era tan fuerte que nos indispusimos todos.* ☐ MORF. Irreg.: 1. Su participio es *indispuesto*. 2. →**PONER**. 3. La acepción 2 se usa más como pronominal. ☐ SINT. Constr. de la acepción 1: *indisponer a una persona {CON/CONTRA} otra*.

indisposición s.f. Malestar o enfermedad leves y pasajeros: *Comió algo en mal estado que le produjo una ligera indisposición.*

indispuesto, ta part. irreg. de **indisponer**. ☐ MORF. Incorr. **indisponido*.

individual adj. **1** Del individuo o relacionado con él: *Durante el estado de sitio se suspendieron algunos derechos individuales.* **2** Para una sola persona: *Venden las tartas enteras o en raciones individuales.* **3** Particular y característico de un individuo: *Sus rasgos individuales más destacados son la bondad y la inteligencia.* ☐ MORF. Invariable en género.

individualismo s.m. **1** Tendencia a pensar y a actuar al margen de los demás o sin atenerse a las normas generales: *Su marcado individualismo dificulta su integración en el equipo.* **2** Tendencia a anteponer el propio interés al de los demás: *Los sociólogos observan un individualismo creciente en nuestra sociedad.*

individualista adj./s. Que tiende a pensar y a actuar al margen de los demás o sin atenerse a las normas generales: *La asociación no funcionará si sus miembros actúan de manera tan individualista. Un individualista nunca renunciará a sus privilegios en favor de otros.* ☐ MORF. 1. Como adjetivo es invariable en género. 2. Como sustantivo es de género común y exige concordancia en masculino o en femenino para señalar la diferencia de sexo: *el individualista, la individualista*.

individualizar v. Referido a un ser, diferenciarlo atribuyéndole características distintivas: *Su talento y su in-*

teligencia lo individualizan de todos sus compañeros. □ ORTOGR. La *z* se cambia en *c* delante de *e* →**CAZAR**.

individuo, dua ▮ s. **1** Persona cuya identidad se ignora o no se quiere decir; *tipo, sujeto: Cuatro individuos encapuchados atracaron la sucursal de esta banco esta mañana.* **2** *desp.* Persona a la que se considera despreciable: *Sale con un individuo al que no soporto.* ▮ s.m. **3** Persona considerada en sí misma e independientemente de los demás: *Todo individuo tiene derecho a una vida digna.* **4** Ser organizado o elemento que pertenece a una especie o a una clase y se diferencia de sus semejantes: *Se declararán protegidas las especies animales de las que queden pocos individuos.*

indoeuropeo, a ▮ adj./s. **1** De un conjunto de antiguos pueblos de origen asiático que, a finales del Neolítico, se extendieron desde el actual territorio indio hasta el occidente europeo: *Los pueblos indoeuropeos emigraron en sucesivas oleadas hacia Europa. Los indoeuropeos conocían la metalurgia del hierro.* ▮ adj./s.m. **2** De la lengua hipotética de la que descenderían las lenguas de estos pueblos, la mayoría de las actuales europeas y algunas de las asiáticas: *Las lenguas románicas y eslavas son indoeuropeas. Los últimos estudios defienden que el indoeuropeo fue un conjunto de lenguas con rasgos comunes.*

índole s.f. **1** Carácter o inclinación natural propios de una persona: *Me gustan las personas de índole tranquila y bondadosa.* **2** Naturaleza o rasgo característico: *Sus problemas son de índole sentimental.* □ MORF. Incorr. *{*el › la} índole*.

indolente adj./s. Perezoso, dejado o que evita cualquier esfuerzo: *Es buena persona, pero indolente y vaga como ella sola. No puedo admitir a un indolente en mi equipo de trabajo.* □ MORF. 1. Como adjetivo es invariable en género. 2. Como sustantivo es de género común y exige concordancia en masculino o en femenino para señalar la diferencia de sexo: *el indolente, la indolente*.

indoloro, ra adj. Que no produce dolor: *El médico le puso un tratamiento indoloro.*

indómito, ta adj. **1** Que no está domado o que no se puede domar: *Ningún vaquero consiguió montar al indómito animal.* **2** Difícil de someter o de dominar: *Ningún poblador se estableció en aquellas indómitas tierras.*

indonesio, sia adj./s. De Indonesia o relacionado con este país asiático: *El territorio indonesio está formado por varias islas del océano Índico y del Pacífico. Los indonesios son mayoritariamente musulmanes.* □ MORF. Como sustantivo se refiere solo a las personas de Indonesia.

indubitable adj. Que no admite duda: *Para los cristianos, la existencia de Dios es una verdad indubitable.* □ MORF. Invariable en género.

inducción s.f. **1** Provocación para hacer algo: *Él no fue el asesino, pero fue condenado por inducción al asesinato.* **2** Método de razonamiento que consiste en partir del estudio y análisis de datos particulares conocidos y avanzar lógicamente hasta alcanzar un principio general desconocido: *La inducción es característica de las ciencias empíricas.* **3** En física, producción de un fenómeno eléctrico que un cuerpo electrizado causa en otro situado a cierta distancia de él: *Existen bobinas de inducción para transmitir energía eléctrica.* □ SEM. En la acepción 2, dist. de *deducción* (método que, partiendo de un principio general, alcanza una conclusión particular).

inducir v. **1** Referido a una acción, provocar o mover a realizarla: *Su socio lo indujo al delito.* **2** Referido a un principio general, alcanzarlo por medio de la inducción: *Para inducir una ley no basta con observar los hechos, sino que hay que seguir un método riguroso.* □ MORF. Irreg. →**CONDUCIR**. □ SINT. 1. Constr. de la acepción 1: *inducir A algo*. 2. Constr. de la acepción 2: *inducir una cosa DE otra*. □ SEM. En la acepción 2, dist. de *deducir* (alcanzar una conclusión particular a partir de un principio general).

inductancia s.f. Propiedad de un circuito eléctrico para generar corrientes inducidas: *La inductancia se mide en henrios.*

inductivo, va adj. De la inducción o relacionado con este método de razonamiento: *A partir de la experiencia podemos adquirir conocimientos inductivos.*

inductor, -a adj./s. Que induce a algo, esp. a cometer un delito: *Tiene un juicio pendiente por ser inductora de un suicidio. Los inductores del crimen han sido detenidos.*

indulgencia s.f. **1** Buena disposición para perdonar o tolerar faltas o para conceder gracias: *El juez lo trató con indulgencia y le conmutó la pena.* **2** En la Iglesia católica, perdón que concede la autoridad eclesiástica de las penas correspondientes a los pecados cometidos: *El papa concedió a todos los asistentes la indulgencia de los pecados veniales.* **3** ‖ **indulgencia plenaria.** Aquella por la que se perdona toda la pena: *En año jacobeo, puedes conseguir la indulgencia plenaria en la catedral de Santiago.*

indulgente adj. Tolerante con las faltas o inclinado a conceder gracias: *El verdadero sabio se muestra indulgente con los ignorantes.* □ MORF. Invariable en género.

indultar v. Referido a una persona, perdonarla o conmutarle la pena legal que le fue impuesta quien tiene autoridad para ello: *Si el Consejo de Ministros lo indulta, su pena se reducirá a quince años de cárcel.*

indulto s.m. Perdón total o parcial de una pena, o conmutación de la misma, que la autoridad competente concede a una persona: *El Gobierno le concedió el indulto en atención a su avanzada edad y a su buen comportamiento en prisión.* □ SEM. Dist. de *amnistía* (perdón total que se concede a todo el que cumple una pena).

indumentaria s.f. Conjunto de prendas de vestir que se llevan puestas o que se poseen: *Como indumentaria de trabajo usa un mono azul.*

industria s.f. **1** Actividad económica consistente en realizar operaciones de obtención, transformación o transporte de productos: *La industria es el sector económico más pujante del país.* **2** Empresa o fábrica dedicadas a esa actividad: *Trabaja en la única industria de calzado que hay en su ciudad.* **3** Conjunto de estas empresas con una característica común, esp. si constituyen un ramo: *La industria siderometalúrgica atraviesa una grave crisis.* **4** ‖ **industria ligera.** La que trabaja con pequeñas cantidades de materia prima y elabora productos destinados directamente al consumo: *La elaboración de productos alimenticios es propia de la industria ligera.* ‖ **industria pesada.** La que trabaja con grandes cantidades de materia prima pesada y fabrica productos semielaborados o bienes de equipo: *La construcción de maquinaria es una actividad característica de la industria pesada.*

industrial ▮ adj. **1** De la industria o relacionado con ella: *En las afueras de la ciudad se construirá un polígono industrial.* ▮ s. **2** Empresario o propietario de una industria: *Un famoso industrial compró una cadena de tiendas que iban a ser cerradas.* **3** Persona que se dedica profesionalmente al comercio o a otra actividad industrial: *Los industriales de la hostelería creen que será un buen*

a b c d e f g h i j k l m n ñ o p q r s t u v w x y z

año para el turismo. ☐ MORF. 1. Como adjetivo es invariable en género. 2. Como sustantivo es de género común y exige concordancia en masculino o en femenino para señalar la diferencia de sexo: *el industrial, la industrial.*

industrialización s.f. **1** Creación o desarrollo de industrias con carácter predominante en la economía de un país: *En los países pobres aún no se ha producido una industrialización fuerte.* **2** Sometimiento a un proceso industrial o aplicación de métodos industriales: *La fundición es necesaria en el proceso de industrialización del acero.*

industrializar v. **1** Referido a un lugar, crear o desarrollar en él industrias de manera preponderante: *El Gobierno aprobó un plan para industrializar el país.* **2** Referido a una actividad o a un producto, someterlos a un proceso industrial o aplicarles los métodos de la industria: *Razones de rentabilidad han obligado a industrializar muchos procesos artesanales. La producción lechera se ha industrializado para hacerse más competitiva.* ☐ ORTOGR. La *z* se cambia en *c* delante de *e* →**CAZAR**.

inédito, ta ▮ adj. **1** Referido a un escritor, que no ha publicado nada: *A pesar de su fama, sigue siendo un poeta inédito por problemas con la censura.* **2** Nuevo o desconocido: *Practica una técnica quirúrgica inédita en el país.* ▮ adj./s.m. **3** Referido a un escrito, que no ha sido publicado: *Su novela sigue inédita porque ninguna editorial se la acepta. Se encontraron varios inéditos de poesía juglaresca.*

inefable adj. Que no se puede explicar con palabras; *inenarrable: Experimenté una alegría inefable al encontrarme con él.* ☐ MORF. Invariable en género. ☐ SEM. Dist. de *infalible* (que no puede fallar o equivocarse; cierto, seguro).

inenarrable adj. Que no se puede explicar con palabras; *inefable: Fue una experiencia inenarrable y maravillosa.* ☐ MORF. Invariable en género.

ineptitud s.f. Falta de aptitud: *Se arruinó por su ineptitud para los negocios.*

inepto, ta adj./s. Referido a una persona, que no tiene aptitud o no sirve para nada: *La empresa se hundió por culpa de su inepto director. Le despidieron del trabajo porque era un inepto.*

inercia s.f. **1** Pereza o tendencia a continuar una actividad sin introducir cambios que supongan un esfuerzo: *No le gusta la carrera, pero sigue estudiando por inercia.* **2** Resistencia que opone un cuerpo a variar su estado de reposo o a cambiar las condiciones de su movimiento: *Cuando vas en coche y frenas bruscamente, el cuerpo tiende a ir hacia adelante por inercia.*

inerme adj. Sin armas o sin defensas: *La población inerme se rindió a las tropas enemigas.* ☐ ORTOGR. Dist. de *inerte.* ☐ MORF. Invariable en género.

inerte adj. **1** Sin vida o sin movimiento: *Cubrieron con mantas los cuerpos inertes de los fallecidos.* **2** En química, referido a un cuerpo, que es inactivo o carece de capacidad para reaccionar al combinarse con otro: *El helio es un gas inerte.* ☐ ORTOGR. Dist. de *inerme.* ☐ MORF. Invariable en género.

inexorable adj. **1** Que no se compadece o no se deja convencer por ruegos: *El tribunal se mantuvo inexorable en su sentencia, a pesar de las súplicas del acusado.* **2** Que sucederá o continuará con certeza y a pesar de la resistencia que se oponga: *El paso inexorable de los años nos afecta a todos sin excepción.* ☐ MORF. Invariable en género.

in extremis (latinismo) ‖ En los últimos momentos de la vida o en una situación peligrosa y comprometida: *La doctora que lo atendió en urgencias lo operó y consiguió salvarlo in extremis.*

inextricable adj. Muy enredado o difícil de desenredar o de entender: *El origen de la vida sigue siendo un misterio inextricable.* ☐ MORF. Invariable en género.

infalibilidad s.f. Imposibilidad de fallar o de equivocarse: *Los jueces son humanos y no tienen el don de la infalibilidad.*

infalible adj. **1** Que no puede fallar o equivocarse: *Intentaré responder bien, pero no soy infalible.* **2** Seguro o cierto: *Es infalible: siempre que intento ser amable me contesta con un desprecio.* ☐ MORF. Invariable en género. ☐ SEM. Dist. de *inefable* (inexplicable con palabras).

infamar v. Referido esp. a una persona, quitarle la buena fama, la honra y la estimación: *No pierde ocasión de calumniar e infamar a sus enemigos. Te infamas tú mismo contando esas mentiras.*

infamatorio, ria adj. Que infama, ofende o deshonra: *La revista publicó un artículo infamatorio contra el alcalde.*

infame ▮ adj. **1** Muy malo en su tipo: *Después del día infame que hizo ayer, hoy hace un sol espléndido.* ▮ adj./s. **2** Que carece de buena fama, de honra o de estimación: *Un tipo infame me atacó a traición. Al tratarte así de mal ha demostrado ser una infame.* ☐ MORF. 1. Como adjetivo es invariable en género. 2. Como sustantivo es de género común y exige concordancia en masculino o en femenino para señalar la diferencia de sexo: *el infame, la infame.*

infamia s.f. **1** Deshonra, descrédito o pérdida de la buena fama o de la estimación: *La infamia cayó sobre la familia cuando se descubrió el escándalo.* **2** Hecho o dicho infames o despreciables: *Lo que publicaron sobre mi padre es una infamia.*

infancia s.f. **1** Primer período de la vida de una persona, desde que nace hasta la adolescencia; *niñez: El pediatra es el médico que trata las enfermedades de la infancia.* **2** Conjunto de los niños: *Trabajo en una asociación internacional de ayuda a la infancia.*

infantado s.m. **1** Título de infante: *El infantado corresponde a los hijos de rey no primogénitos.* **2** Territorio sobre el que un infante real ejercía su autoridad: *Heredó de su padre el rey un infantado muy extenso y rico.* ☐ SEM. Es sinónimo de *infantazgo.*

infantazgo s.m. →**infantado.**

infante s. Soldado o miembro del arma de infantería: *una infante de Marina.* ☐ MORF. Es de género común y exige concordancia en masculino o en femenino para señalar la diferencia de sexo: *el infante, la infante.*

infante, ta ▮ s. **1** En España y en Portugal (países europeos), hijo legítimo del rey que no tiene la condición de príncipe heredero: *Si la princesa tiene un hermano varón, este será príncipe y ella se convertirá en infanta.* **2** Pariente del rey que, por gracia real, obtiene un infantado meramente honorífico y que no conlleva autoridad sobre un territorio: *El infante agradeció a su primo, el rey, la distinción de haberle concedido el título.* **3** Niño que aún no ha cumplido los siete años: *Aún era un tierno infante y ya empezaba a mostrar inclinación por el deporte.* ▮ s.m. **4** En la Edad Media, hijo primogénito del rey: *El infante don Alfonso era el heredero del trono de Castilla.*

infantería s.f. Arma del ejército que tiene como misión ocupar el terreno durante la ofensiva y mantenerlo cuando se está en situación defensiva: *La infantería constituye el núcleo principal del Ejército de Tierra.*

infanticida adj./s. Que mata a un niño: *La policía detuvo a la madre infanticida. Un psiquiatra descubrió en el infanticida un odio patológico a los niños.* ☐ MORF. 1. Como adjetivo es invariable en género. 2. Como sustantivo es de género común y exige concordancia en masculino o en femenino para señalar la diferencia de sexo: *el infanticida, la infanticida*.

infanticidio s.m. Muerte dada a un niño, esp. a un recién nacido: *Solo una madre trastornada podría cometer infanticidio.*

infantil ▮ adj. **1** De la infancia o relacionado con ella: *Tengo un libro de literatura infantil.* **2** Con la inocencia, la candidez o el comportamiento propios de la infancia: *Me encanta la sonrisa infantil de tu abuelo.* ▮ adj./s. **3** Referido a un deportista, que, por edad, pertenece a la categoría posterior a la de alevín y anterior a la de cadete: *Este año juego en el equipo infantil. Los infantiles de mi colegio han ganado el campeonato nacional.* ☐ MORF. 1. Como adjetivo es invariable en género. 2. Como sustantivo es de género común y exige concordancia en masculino o en femenino para señalar la diferencia de sexo: *el infantil, la infantil*.

infantilismo s.m. Persistencia de los caracteres físicos y mentales propios de la infancia en adolescentes o adultos: *El infantilismo de tu actitud demuestra que eres un inmaduro.*

infanzón, -a s. En la Edad Media, noble hidalgo que en sus propiedades tenía un poder limitado y sometido a una autoridad superior: *Los infanzones eran nobles de sangre y se dedicaban al arte de las armas.*

infarto s.m. Muerte de un tejido o de un órgano provocada por la falta de riego sanguíneo que deriva de la obstrucción de la arteria correspondiente: *Una de las lesiones de corazón más comunes es el infarto de miocardio.*

infausto, ta adj. Referido a un acontecimiento, desdichado o que conlleva o produce una desgracia: *El accidente supuso un final infausto para su carrera.*

infección s.f. **1** Transmisión o desarrollo de gérmenes que infectan o contaminan: *Con las normas básicas de higiene se evitan infecciones.* **2** Enfermedad o trastorno producido por gérmenes: *Los virus y las bacterias transmiten infecciones.*

infeccioso, sa adj. De la infección o que la produce: *Los vecinos protestan contra el basurero por considerarlo un foco infeccioso.*

infectar ▮ v. **1** Causar infección o contaminar con gérmenes de una enfermedad: *Una caries me ha infectado la encía. Se infectó de sida cuando le hicieron una transfusión.* ▮ prnl. **2** Referido a una lesión, desarrollar gérmenes infecciosos: *La herida se ha infectado y me sale pus.*

infecto, ta adj. Que está infectado o corrompido por gérmenes o por influencias nocivas: *Vive en una habitación infecta y en condiciones inhumanas.*

infeliz adj./s. **1** No feliz o de suerte adversa: *Los problemas de su casa la hacen profundamente infeliz. Todos consolaban a la huérfana, pero la infeliz era incapaz de contener el llanto.* **2** *col.* De carácter débil y bondadoso o sin malicia: *Es tan infeliz que por más que lo humillen no protestará. Soy una infeliz y me creo todo lo que me cuentan.* ☐ MORF. 1. Como adjetivo es invariable en género. 2. Como sustantivo es de género común y exige concordancia en masculino o en femenino para señalar la diferencia de sexo: *el infeliz, la infeliz*.

inferencia s.f. Deducción de un juicio desconocido a partir de otro conocido: *'Estoy despierto, luego esto no es un sueño' es una inferencia.*

inferior ▮ adj. **1** comp. de superioridad de **bajo. 2** Que es menor en calidad o en cantidad: *Mis conocimientos sobre este tema eran inferiores hace cinco años.* **3** Referido a un ser vivo, que tiene una organización más sencilla y que se supone es más primitivo que otro: *Las bacterias son organismos inferiores.* ▮ adj./s. **4** Referido a una persona, que está subordinada a otra: *En esta oficina se trata a los trabajadores inferiores como a los jefes. La directora del centro se reúne cada semana con sus inferiores.* ☐ MORF. 1. Como adjetivo es invariable en género. 2. Como sustantivo es de género común y exige concordancia en masculino o en femenino para señalar la diferencia de sexo: *el inferior, la inferior*. ☐ SINT. 1. Incorr. *{*más inferior › inferior}*. 2. Constr.: *inferior* A *algo*.

inferioridad s.f. Estado de lo que es más bajo en cantidad o en calidad: *Si jugáis los dos contra mí, estaré en inferioridad de condiciones.*

inferir v. **1** Referido a una conclusión o a un resultado, extraerlos o alcanzarlos por medio del razonamiento; *deducir: De tu herida en la rodilla infiero que te has dado un golpe.* **2** Referido a un daño, hacerlo o causarlo: *Con tales palabras le infirió una grave ofensa.* ☐ MORF. Irreg. →**SENTIR.** ☐ SINT. Constr. de la acepción 1: *inferir* DE *algo*.

infernal adj. **1** Del infierno o relacionado con él: *Tuve una pesadilla en la que aparecían demonios y seres infernales.* **2** *col.* Muy malo, perjudicial, desagradable o que causa disgusto o enfado: *Mi padre dice que la música actual es infernal.* ☐ MORF. Invariable en género.

infernillo s.m. →**infiernillo.**

infestar v. **1** Referido a un lugar, llenarlo o invadirlo gran cantidad de personas, de animales o de cosas: *Los periodistas infestaban el lugar del accidente.* **2** Referido a un lugar, invadirlo o causarle daños los animales o las plantas perjudiciales: *Las langostas infestaron los campos de maíz.* **3** Corromper con malas doctrinas o con malos ejemplos: *Mi abuelo dice que las ideas revolucionarias infestan a la juventud. Al principio se resistió a las herejías, pero al final se infestó de ellas.* ☐ SINT. Constr.: *infestar* DE *algo*.

infiernillo s.m. Aparato portátil productor de calor por medio de una resistencia eléctrica; *infernillo: Tengo un infiernillo para cocinar cuando se me acaba el gas.*

infierno s.m. **1** En algunas tradiciones religiosas, lugar en el que penan los que han muerto en pecado o separados de Dios: *El infierno consiste en estar apartado de la comunión con Dios y con los bienaventurados.* **2** En mitología, lugar donde iban las almas de los muertos; *averno: En la mitología griega el infierno se llamaba 'Hades'.* **3** Lugar o situación donde hay alboroto, desorden, desacuerdo o malestar: *Con vuestras discusiones convertís esta casa en un infierno.* **4** ‖ **al infierno con** algo. *col.* Expresión que se usa para indicar el enfado o la impaciencia que causa: *¡Al infierno con el trabajo, me tomo unas vacaciones!* ‖ **irse al infierno** un asunto. *col.* Fracasar: *Después de tantos preparativos, el viaje se fue al infierno y nos quedamos aquí.* ‖ **mandar al infierno** algo. *col.* Rechazarlo o desentenderse de ello: *Me mandó al infierno porque no lo dejaba dormir.* ☐ USO En las acepciones 1 y 2, se usa también como nombre propio.

infijo, ja adj./s.m. En lingüística, referido a un morfema, que se introduce en el interior de una palabra o de su raíz para formar derivados o palabras compuestas: *La* *partícula infija '-ar-' forma derivados como 'humareda' y 'polvareda'. El infijo 'c' en 'hombrecito' une la raíz 'hombre-' y el sufijo diminutivo '-ito'.* ☐ SEM. 1. Como sustantivo es sinónimo de *interfijo*. 2. Dist. de *prefijo* (que se une por delante) y de *sufijo* (que se une por detrás).

infiltración s.f. **1** Introducción secreta de una persona en algún lugar o en alguna organización, esp. si se hace para averiguar lo que se mantiene oculto: *Fue descubierta la infiltración de un espía en el Gobierno.* **2** Introducción de una idea o de una doctrina en la mente de una persona o de un grupo, esp. si se hace de manera encubierta o poco clara: *Se sospecha que hay una infiltración de ideas subversivas en el ejército.* **3** Penetración de un líquido entre los poros de un sólido: *La madera se pudrirá por las infiltraciones de agua.*

infiltrado, da adj./s. Referido a una persona, que se ha introducido en un lugar o en una organización de manera oculta o a escondidas, esp. si lo hace para averiguar lo que se mantiene en secreto: *El policía infiltrado detuvo a los terroristas. Un infiltrado descubrió documentos que culpaban al acusado.*

infiltrar ▌v. **1** Referido a un líquido, introducirlo entre los poros de un sólido: *Me han infiltrado calmantes en el pie para evitar el dolor. El agua se infiltra por las paredes y produce humedad.* **2** Referido a una idea, introducirla en la mente de una persona o de un grupo, esp. si se hace de manera encubierta o poco clara: *El líder infiltró sus ideas entre los más jóvenes. Las ideas liberales se infiltraron en los escritores románticos.* ▌prnl. **3** Referido a una persona, penetrar en algún lugar o en alguna organización de manera oculta o a escondidas, esp. si se hace para averiguar lo que se mantiene en secreto: *Dos policías se infiltraron en la banda de narcotraficantes para desarticularla.*

ínfimo, ma **1** superlat. irreg. de **malo**. **2** superlat. irreg. de **bajo**. ☐ SINT. Incorr. **más ínfimo* o **infimísimo*.

infinidad s.f. Gran cantidad o multitud: *En el concierto había infinidad de personas.*

infinitesimal adj. Referido a una cantidad, que es infinitamente pequeña o que está muy próxima a 0: *0,00000000001 es una cantidad infinitesimal.* ☐ MORF. Invariable en género.

infinitivo s.m. Forma no personal del verbo que expresa la acción sin matiz temporal: *'Jugar', 'comer' y 'dormir' son infinitivos.*

infinito adv. *col.* Muchísimo o en exceso: *Lamento infinito no poder ayudarte.*

infinito, ta ▌adj. **1** Que no tiene límites o que no tiene fin: *No gastes tanto dinero, que mis ahorros no son infinitos.* **2** Muy numeroso o muy grande y enorme: *En el desierto hay infinitos granos de arena.* ▌s.m. **3** En matemáticas, signo gráfico con forma de ocho tendido que expresa un valor mayor que cualquier cantidad: *El signo de infinito es* ∞*.* **4** Lugar indefinido y lejano: *Disfruto paseando por el campo mirando al infinito.*

inflación s.f. Subida del nivel general de precios que produce una disminución del valor del dinero: *La inflación ocasiona un desequilibrio económico difícil de solucionar.* ☐ PRON. Incorr. *[inflakzión]. ☐ ORTOGR. Dist. de *infracción*. ☐ SEM. Dist. de *deflación* (descenso del nivel de los precios).

inflacionario, ria adj. De la inflación monetaria o relacionado con ella; *inflacionista*: *El fenómeno inflacionario es un problema de la economía capitalista.*

inflacionismo s.m. Tendencia a la inflación económica: *El inflacionismo descontrolado puede desequilibrar la economía de un país.*

inflacionista adj. →**inflacionario, ria**. ☐ MORF. Invariable en género.

inflamación s.f. **1** Alteración de una parte del organismo caracterizada generalmente por dolor, enrojecimiento, hinchazón y aumento de la temperatura: *La inflamación de tu encía se debe a una infección.* **2** Combustión repentina y con llamas de una sustancia inflamable: *No se puede fumar en las gasolineras para evitar la inflamación de la gasolina.*

inflamar ▌v. **1** Referido a una sustancia, arder o hacer que arda bruscamente y desprendiendo llamas: *Una chispa inflamó el bidón de gasóleo. El butano se inflamó y todo saltó por los aires.* **2** Referido a una persona o a un grupo, estimular o avivar sus ánimos: *El político inflama a las masas con promesas de justicia y bienestar. Se inflamó de rabia y salió gritando.* ▌prnl. **3** Referido a una parte del cuerpo, producirse una inflamación en ella: *Se le inflamó el tobillo derecho a consecuencia de la caída.*

inflamatorio, ria adj. **1** Que causa o produce inflamación: *Necesito una pomada para evitar el proceso inflamatorio.* **2** Que procede de una inflamación: *Le hicieron una punción para extraer el infiltrado inflamatorio.*

inflar ▌v. **1** Referido a un cuerpo, llenarlo o hacer que aumente su volumen introduciendo en él una sustancia, esp. un fluido: *Ínflame el flotador, por favor, que me voy al agua.* **2** *col.* Referido esp. a un suceso, exagerarlo o ampliarlo: *A este periódico le gusta inflar las noticias para vender más ejemplares.* **3** *col.* Referido a una persona, fastidiarla o hartarla: *Me estás inflando con tanto lloriqueo.* ▌prnl. **4** *col.* Referido a una actividad, hacerla en exceso: *Durante las vacaciones me inflo a leer.* **5** Mostrarse presuntuoso u orgulloso de las propias cualidades y obras: *Cuando habla de su triunfo, se infla.* ☐ SINT. Constr. de la acepción 4: *'inflarse' A hacer algo.* ☐ SEM. En las acepciones 1, 2, 4 y 5, es sinónimo de *hinchar*.

inflexión s.f. **1** Variación que experimenta la entonación al pasar de un tono a otro: *El actor leyó el poema con numerosas inflexiones.* **2** En matemáticas, punto en el que una curva pasa del valor máximo al mínimo: *El gráfico sobre la evolución del paro muestra numerosas inflexiones a lo largo del año.*

infligir v. Referido a una pena o a un castigo, imponerlos, aplicarlos o causarlos: *Lo denunciaron por infligir castigos crueles a sus hijos.* ☐ ORTOGR. La *g* se cambia en *j* delante de *a, o* →**DIRIGIR**. ☐ SEM. Dist. de *infringir* (desobedecer o quebrantar una ley o una orden).

inflorescencia s.f. En botánica, conjunto de flores nacidas sobre un mismo eje: *La margarita es una inflorescencia compuesta por multitud de flores amarillas.* 👁 inflorescencia

influencia s.f. **1** Efecto producido: *El clima tiene gran influencia sobre la vegetación.* **2** Poder, autoridad o dominio: *Tus amigos tienen una enorme influencia en tus decisiones.* **3** Contacto o relación capaces de proporcionar algo: *Ha conseguido la licencia gracias a sus influencias en el Ayuntamiento.* ☐ MORF. La acepción 3 se usa más en plural. ☐ SEM. En las acepciones 1 y 2 es sinónimo de *influjo*.

influenciar v. Referido a una persona, ejercer influencia sobre ella: *No te dejes influenciar por las malas personas.* ☐ ORTOGR. La *i* nunca lleva tilde.

influir v. Causar o producir un efecto o un cambio: *El* *calor influye en el comportamiento animal.* □ MORF. Irreg.: La segunda *i* se cambia en *y* delante de *a, e, o* ⟶**CONTRIBUIR**.

influjo s.m. ⟶**influencia**.

influyente adj. Que tiene influencia o poder: *Aunque ya no es ministro, sigue siendo una persona influyente en el Gobierno.* □ MORF. Invariable en género.

información s.f. **1** Noticia o conjunto de noticias o de datos: *La información que me pides no se consigue fácilmente.* **2** Transmisión o recepción de una noticia o de un informe: *Este periodista está dedicado a la información deportiva.* **3** Lugar o establecimiento donde se consiguen datos generales o referencias sobre algo: *En información le dirán lo que usted quiere saber.*

informar v. **1** Referido esp. a una noticia o a un dato, transmitirlos o recibirlos: *Los periódicos informan de la actualidad. ¿Dónde puedo informarme de las bases del concurso?* **2** Referido a un órgano o a una persona competentes, opinar, hacer un juicio o dictaminar: *Este consejo informa favorablemente la petición solicitada.* □ SINT. Constr. de la acepción 1: *informar* DE *algo*.

informático, ca ▌adj. **1** De la informática o relacionado con esta forma de tratamiento de la información: *Por un problema informático, las nóminas tendrán que hacerse este mes de forma manual.* ▌adj./s. **2** Referido a una persona, que se dedica a la investigación o al trabajo en la informática, esp. si esta es su profesión: *Una investigadora informática explicó el programa de tratamiento de textos. Sin los informáticos, esta empresa no podría salir adelante.* ▌s.f. **3** Conjunto de conocimientos científicos y técnicos que posibilitan el tratamiento automático de la información mediante el uso de ordenadores: *Los avances de la informática en los últimos años son espectaculares.*

informativo, va ▌adj. **1** Que informa: *El próximo boletín informativo será dentro de una hora.* ▌s.m. **2** En radio y televisión, programa dedicado a transmitir información de actualidad o de interés general: *En nuestro próximo informativo mantendremos un debate con varios representantes del Gobierno.*

informatización s.f. Aplicación de medios informáticos a un sistema de organización: *La informatización de una biblioteca es esencial para que pueda funcionar eficazmente.*

informatizar v. Referido a la información, organizarla por medios informáticos: *Informatizó la contabilidad de la empresa.* □ ORTOGR. La *z* se cambia en *c* delante de *e* ⟶**CAZAR**.

informe ▌adj. **1** Que no tiene una forma bien determinada: *El alfarero convirtió una masa informe en un bonito jarrón.* ▌s.m. **2** Noticia o conjunto de datos: *Tiene buenos informes de las empresas en las que ha trabajado antes.* **3** Exposición, generalmente ordenada y exhaustiva, sobre un tema o sobre el estado de una cuestión, esp. si es objetiva o si se basa en hechos documentados o probados: *El informe policial esclarece totalmente los hechos.* □ MORF. 1. Como adjetivo es invariable en género. 2. La acepción 2 se usa más en plural.

infortunado, da adj. Sin fortuna o con mala suerte: *Un infortunado ciclista fue atropellado por un camión.*

infortunio s.m. Suerte, hecho o suceso desgraciados o situación del que los padece: *Realmente fue un infortunio que lo despidieran.*

infovía s.f. Red de comunicación para ordenadores, de ámbito internacional, a la que se accede a través del servicio telefónico, y que permite el intercambio de información entre los usuarios: *Accedí a una empresa de seguros de Argentina a través de infovía.*

infra- Elemento compositivo que significa 'debajo' (*infrascrito, infraestructura*) o que indica un nivel inferior a un determinado límite (*infrahumano, infravalorar, infrautilizar*).

infracción s.f. Desobediencia o incumplimiento de algo establecido, esp. de una ley, de una orden o de una norma: *Las infracciones de tráfico se sancionan con multas.* □ ORTOGR. Dist. de *inflación*.

infractor, -a adj./s. Que desobedece o no cumple algo establecido, esp. una ley, una orden o una norma: *La persona infractora de la que hablamos logró pasar la aduana sin pasaporte. En el partido de ayer expulsaron al infractor que insultó al árbitro.*

infraestructura s.f. Conjunto de medios o instalaciones que son necesarios para la creación y funcionamiento de una organización, una actividad o un servicio: *La infraestructura turística relaciona muchos sectores de un país.*

in fraganti adv. En el momento en que se está cometiendo un delito o una acción censurables: *Los pillaron in fraganti cuando estaban robando el examen de la sala de profesores.* □ ORTOGR. Admite también la forma *infraganti*.

infrarrojo, ja adj./s.m. Referido a una radiación, que se encuentra más allá del rojo visible y se caracteriza por tener efectos caloríficos pero no luminosos ni químicos: *Esa alarma se pone en funcionamiento al detectar radiaciones infrarrojas que indiquen aumento de temperatura. Un secador de infrarrojos desprende calor sin producir aire.*

infringir v. Referido a algo establecido, esp. a una ley, a una orden o a una norma, desobedecerlas o no cumplirlas: *Le retiraron el carné de conducir por infringir gravemente las normas de circulación.* □ PRON. Incorr. *[infrigir]. □ ORTOGR. La *g* se cambia en *j* delante de *a, o* ⟶**DIRIGIR**. □ SEM. Dist. de *infligir* (imponer, aplicar o causar una pena o un castigo).

INFLORESCENCIA

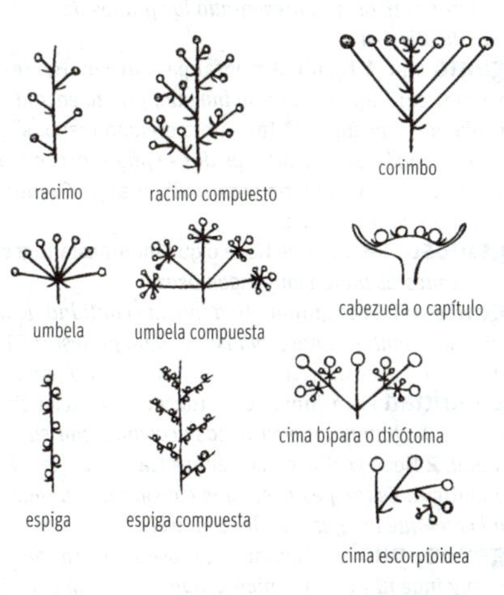

a b c d e f g h i j k l m n ñ o p q r s t u v w x y z

infructuoso, sa adj. Que no produce los resultados esperados: *La búsqueda resultó infructuosa y la policía no consiguió hacerse con el botín.*

infrutescencia s.f. Conjunto de frutos agrupados de forma que parecen uno solo, y que se desarrolla a partir de una inflorescencia: *La frambuesa, el higo y la mora son infrutescencias.*

ínfulas s.f.pl. **1** Presunción o soberbia: *Ha llegado con muchas ínfulas, pero ya veremos cómo acaba.* **2** ‖ **darse ínfulas.** *col.* Darse importancia: *No te des tantas ínfulas y demuestra lo que vales.* □ ORTOGR. Dist. de *ínsula.*

infundado, da adj. Sin fundamento real o racional: *Con sospechas infundadas no puedes acusar a nadie.*

infundio s.m. Mentira, rumor o noticia falsa, esp. si se difunde con mala intención: *No te lo creas, porque es un infundio divulgado por mis enemigos.*

infundir v. **1** Referido esp. a un sentimiento, producirlo o inspirarlo: *Con esa cara tan seria infundes respeto.* **2** En teología, referido a un don o a una gracia, comunicarlos Dios al ser humano: *Dios infundió una gracia especial a Adán.*

infusión s.f. **1** Introducción en agua hirviendo de plantas, esp. de hojas o de semillas, para extraer sus principios activos: *Lávate la cara con agua en la que hayas hecho una infusión de hojas de rosa.* **2** Líquido que resulta de esta operación: *Las infusiones de tila calman los nervios.*

ingeniar v. **1** Idear o inventar utilizando la facultad del ingenio: *Ha ingeniado un sistema de alarma antirrobo para coches.* **2** ‖ **ingeniárselas.** Encontrar el modo de solucionar uno mismo un problema o de salir adelante en la vida: *No sé cómo te las ingenias para salir de todos los apuros con una sonrisa.* □ ORTOGR. La *i* nunca lleva tilde.

ingeniería s.f. **1** Conjunto de conocimientos y técnicas que permiten aplicar el saber científico a los recursos naturales para aprovecharlos en beneficio de las personas: *Gracias a la ingeniería se puede aprovechar la energía.* **2** ‖ **ingeniería genética.** Conjunto de técnicas que permiten la manipulación de los genes y la creación de material genético nuevo: *La finalidad de la ingeniería genética es la mejora de las especies.*

ingeniero, ra s. Persona que se dedica profesionalmente a la ingeniería, esp. si es licenciado: *Los ingenieros aeronáuticos han presentado los planos de la nueva pista de aterrizaje.*

ingenio s.m. **1** Facultad mental para discurrir, crear o inventar con rapidez: *Con su ingenio, pronto encontrará la solución adecuada.* **2** Invento o creación, esp. si son mecánicos: *¡Algún día mis ingenios se pagarán con oro!* **3** Habilidad, gracia o maña para realizar algo: *Cuenta los chistes con mucho ingenio.*

ingenioso, sa adj. Que tiene o que manifiesta ingenio: *Sus respuestas fueron muy ingeniosas.*

ingente adj. Muy grande: *Una ingente cantidad de personas se amontonó ante el ministerio para protestar.* □ ORTOGR. Dist. de *indigente.* □ MORF. Invariable en género.

ingenuidad s.f. **1** Sinceridad, inocencia o ausencia de malicia: *Lo han timado en varias ocasiones por su ingenuidad.* **2** Hecho o dicho que demuestra inocencia o falta de malicia: *Es tan pesimista que considera una ingenuidad creer que la injusticia desaparecerá.*

ingenuo, nua adj./s. Sincero, inocente o sin malicia: *Es muy ingenua y nunca piensa que la quieran engañar. No te hagas el ingenuo, porque conozco tus mañas.*

ingerir v. Referido esp. a comida o a un medicamento, introducirlos en el estómago a través de la boca: *El médico le ha dicho que no debe ingerir bebidas alcohólicas.* □ MORF. Irreg. →**SENTIR**.

ingestión s.f. Introducción en el estómago de alimentos, medicamentos u otras sustancias a través de la boca: *La ingestión de algunos medicamentos puede producir efectos secundarios.*

ingle s.f. En el cuerpo de algunos animales, esp. en el humano, cada una de las dos partes en las que se unen los muslos con el vientre: *Para ver si tengo fiebre mi madre me pone el termómetro en la ingle.*

inglés, -a ▌adj./s. **1** De Inglaterra (región británica), o relacionado con ella: *Tomar té es una arraigada costumbre inglesa. Los ingleses son los habitantes de la parte central y sureste de la isla de Gran Bretaña.* ▌adj./s.m. **2** Lengua germánica de esta región y de otros países: *El inglés se habla en Estados Unidos, Gran Bretaña, Canadá y otros lugares.* □ MORF. En la acepción 1, como sustantivo se refiere solo a las personas de Inglaterra. □ SEM. En la acepción 1, dist. de *británico* (del Reino Unido de Gran Bretaña e Irlanda del Norte).

ingravidez s.f. **1** Estado de un cuerpo material que no está sometido a un campo de gravedad: *Los astronautas se preparan para resistir la ingravidez del espacio interplanetario.* **2** Ligereza, poco peso o poca sustancia: *Me gusta la ingravidez de los movimientos de esa bailarina.*

ingrávido, da adj. **1** Referido a un cuerpo material, que no pesa porque no está sometido a ningún campo de gravedad: *En el espacio exterior a la Tierra los cuerpos son ingrávidos.* **2** Ligero, con poco peso o con poca sustancia: *¿Has visto cómo se mueven las nubes ingrávidas sobre nosotros?*

ingrediente s.m. **1** Sustancia que forma parte de un compuesto: *Lee en la receta qué ingredientes necesitamos para hacer el pastel.* **2** Elemento que contribuye a caracterizar una situación o un hecho: *Parece que en el cine actual, el sexo y la violencia son dos ingredientes básicos.*

ingresar v. **1** Referido a una persona, entrar a formar parte de un grupo, de una sociedad o de una corporación, generalmente después de haber cumplido algún requisito: *Ingresó en la Universidad el año pasado.* **2** Referido a una persona, entrar en un centro sanitario para someterse a un tratamiento: *El enfermo ingresó en el hospital con quemaduras leves.* **3** Referido esp. al dinero, depositarlo en una entidad, esp. si es bancaria: *He ingresado el cheque en mi cuenta corriente.* □ SINT. Constr.: *ingresar* EN *un sitio.*

ingreso ▌s.m. **1** Entrada en un grupo, en una corporación o en un centro sanitario, generalmente para formar parte de ellos: *Apoyaremos tu ingreso en la comisión.* **2** Acto de ser admitido como miembro en algunas sociedades: *Hoy a las seis de la tarde es el ingreso del nuevo académico.* **3** Depósito de dinero en una entidad, esp. si es bancaria: *El ingreso puedo realizarlo en cualquier sucursal.* ▌pl. **4** Cantidad de dinero que se recibe regularmente: *Este mes, los ingresos han sido menores porque ha habido menos ventas.* □ SINT. Constr.: *ingreso* EN *un sitio.*

inguinal adj. De la ingle o relacionado con esta parte del cuerpo humano: *Tiene que operarse de una hernia inguinal.* □ MORF. Invariable en género.

inhalación s.f. Aspiración de un gas, de un vapor o de una sustancia pulverizada, esp. si se hace con fines medicinales: *Le receté inhalaciones de vapor antes de acostarse para humedecer las vías respiratorias.*

inhalador s.m. Aparato que se usa para hacer inhalaciones: *Los enfermos de asma toman inhalaciones de oxígeno mediante un inhalador.*

inhalar v. Referido a un gas, a un vapor o a una sustancia pulverizada, aspirarlos, esp. si se hace con fines medicinales: *Cuando estoy resfriado, inhalo vapores de eucalipto para descongestionarme.*

inherente adj. Propio o característico de algo o que está unido a ello de manera que no se puede separar: *La contaminación es un problema inherente al desarrollo industrial.* □ MORF. Invariable en género. □ SINT. Constr.: *inherente A algo.*

inhibición s.f. **1** Represión o impedimento en la realización o en el desarrollo de algo, esp. de una acción o de un impulso: *La inhibición de algunos impulsos puede producir frustración.* **2** Abstención de actuar o de intervenir en una actividad: *Mi inhibición ante vuestras peleas es absoluta.* **3** En medicina, suspensión o disminución de una función o de una actividad del organismo mediante un estímulo: *Las drogas pueden producir la inhibición de algunas capacidades cerebrales.*

inhibir ▮ v. **1** Referido esp. a una acción o a un impulso, impedir o reprimir su realización o su desarrollo: *Es muy vengativo porque nunca inhibe sus deseos de venganza. Me inhibo mucho cuando estoy con desconocidos.* **2** En medicina, referido a una función o a una actividad orgánica, suspenderlas o disminuirlas mediante un estímulo: *Este compuesto inhibe algunas reacciones en las que intervienen enzimas.* ▮ prnl. **3** Dejar de actuar o abstenerse de intervenir: *Prefiere inhibirse de todo y dejar que sus padres decidan por él.* □ SINT. Constr. como pronominal: *inhibirse {DE/EN} algo.*

inhóspito, ta adj. **1** Referido esp. a un lugar, poco grato, incómodo o desagradable: *El desierto es un lugar inhóspito.* **2** Que no ofrece seguridad ni protección: *Los exploradores se encontraron con un paisaje inhóspito y solitario.*

inhumación s.f. Enterramiento de un cadáver: *Tras realizarse la autopsia del cuerpo se procedió a su inhumación.* □ SEM. Dist. de *exhumación* ⟶**inhumar**.

inhumar v. Referido a un cadáver, enterrarlo: *El cadáver fue inhumado en el cementerio del pueblo.* □ SEM. Dist. de *exhumar* (desenterrar un cadáver).

iniciación s.f. **1** Comienzo de algo: *Mañana tendrá lugar la iniciación de las obras.* **2** Primeros conocimientos que se aportan o que se adquieren: *He asistido a un curso de iniciación a la fotografía.* **3** Admisión de una persona en las prácticas o en el conocimiento de algo secreto: *Para entrar en nuestra sociedad debes pasar unas pruebas de iniciación.*

iniciado, da adj./s. Referido a una persona, que participa de las prácticas o de los conocimientos de algo, esp. si es secreto: *El libro será más útil para las personas iniciadas en el tema. Es un iniciado en ciencias ocultas.*

inicial ▮ adj. **1** Del origen o del comienzo de algo: *La escena inicial de la película es en un castillo medieval.* ▮ s.f. **2** Letra con la que empieza una palabra: *Me han regalado un colgante con la inicial de mi nombre.* □ MORF. Como adjetivo es invariable en género.

iniciar v. **1** Comenzar o empezar: *El presidente inició la sesión parlamentaria con un discurso. La fiesta se inició cuando dejó de llover.* **2** Referido a una persona, aportarle los primeros conocimientos sobre algo: *Su madre lo inició en la lectura cuando era muy pequeño. Me inicié en la medicina con una enciclopedia médica.* **3** Referido a una persona, admitirla en las prácticas de algo, esp. si es o se considera oculto, o introducirla en sus secretos: *Algunas tribus conservan ritos para iniciar a los adolescentes en la madurez.* □ ORTOGR. La *i* nunca lleva tilde. □ SINT. 1. Constr. como pronominal: *iniciarse EN algo.* 2. Constr. de las acepciones 2 y 3: *iniciar A alguien EN algo.*

iniciativa s.f. **1** Propuesta o idea que inicia algo: *La iniciativa del proyecto fue mía.* **2** Capacidad para idear, inventar o empezar algo: *Le gustan los empleados con iniciativa.* **3** ‖ **tomar la iniciativa.** Anticiparse una persona a las demás en la realización de algo: *Ella fue quien tomó la iniciativa de salir al campo.*

inicio s.m. Principio o comienzo con el que algo se inicia: *Procura ser puntual, porque el inicio del acto será a las ocho.*

inicuo, cua adj. **1** Injusto o no equitativo: *La decisión de la directiva es inicua porque solo beneficia a algunos departamentos.* **2** Malvado o cruel: *Los niños te odian por tu comportamiento inicuo con ellos.* □ SEM. Dist. de *inocuo* (que no hace daño).

iniquidad s.f. Injusticia o crueldad grandes: *El hambre en el mundo me parece una iniquidad.*

injerencia s.f. Intromisión o intervención de una persona en un asunto ajeno: *Creo que tu injerencia en los asuntos de la familia no es bien recibida.*

injertar v. **1** Unir a una rama o al tronco de una planta un trozo de otra provisto de yemas para que brote: *Ha injertado los naranjos para mejorar la calidad de los frutos.* **2** En medicina, referido a una porción de tejido vivo, implantarla en una parte lesionada para que se produzca una unión orgánica: *Le han injertado piel de un brazo en la mano que se quemó.* □ MORF. Tiene un participio regular (*injertado*), que se usa más en la conjugación, y otro irregular (*injerto*), que se usa solo como sustantivo.

injerto s.m. **1** Unión del fragmento de una planta provisto de yemas a una rama o al tronco de otra para que brote: *Mañana haremos el injerto de estos frutales.* **2** Planta o fruto que es resultado de esta operación: *La nectarina es un injerto de ciruelo y melocotonero.* **3** Fragmento de una planta provisto de yemas, que se une a una rama o al tronco de otra para que brote: *Reserva esos injertos para los árboles de la otra finca.* **4** En medicina, implantación de una porción de tejido vivo en una parte lesionada para que se produzca una unión orgánica: *El injerto de cabello ha dado resultado y ya no está calvo.*

injuria s.f. Ofensa contra el honor de una persona que se hace con palabras o con hechos, esp. si son injustos: *Se indignó y comenzó a proferir injurias contra todos.* □ SEM. Dist. de *calumnia* (acusación falsa).

injuriar v. **1** Ofender o insultar gravemente, esp. con acusaciones injustas; *denigrar: Fue una discusión terrible porque se injuriaron de forma despiadada.* **2** Dañar, estropear o menoscabar: *Con las acusaciones que me haces no conseguirás injuriar mi reputación.* □ ORTOGR. La *i* nunca lleva tilde. □ SEM. Dist. de *calumniar* (atribuir falsamente palabras, actos o malas intenciones; acusar falsamente de un delito).

injurioso, sa adj. Que causa ofensa o daño graves: *Sus palabras injuriosas me ofendieron mucho.*

inmaculado, da adj. Sin mancha o sin tacha: *Lleva siempre las camisas inmaculadas.*

inmanencia s.f. Unión inseparable por ser propia de

a b c d e f g h i j k l m n ñ o p q r s t u v w x y z

una naturaleza y no dependiente de algo externo: *Es innegable la inmanencia de las emociones en las personas.*

inmanente adj. Inherente a un ser o propio de su naturaleza y no dependiente de algo externo: *El peso y la extensión son cualidades inmanentes a los cuerpos.* □ MORF. Invariable en género. □ SINT. Constr.: *inmanente* A *algo.*

inmediaciones s.f.pl. Terrenos que rodean un lugar: *En las inmediaciones de la casa había un riachuelo.*

inmediatez s.f. Proximidad en el espacio o en el tiempo: *El fax es muy útil por la inmediatez con que se reciben los documentos.*

inmediato, ta adj. **1** Que sucede enseguida: *Cuando me vio llegar su reacción fue inmediata y vino corriendo.* **2** Que está justo al lado: *El asiento inmediato al mío está ocupado.* **3** ‖ **de inmediato.** Enseguida o cuanto antes: *Cuando llegó al hospital lo atendieron de inmediato.* ‖ **la inmediata.** La primera reacción, rápida y sin pensar: *Cuando se enteró de que le había tocado la lotería, la inmediata fue invitarnos a todos.* □ SINT. Constr.: *inmediato* A *algo.* □ SEM. No debe emplearse con el significado de 'reciente': *La historia {*inmediata › reciente} es la de esta última década.*

inmemorial adj. Tan antiguo que no se recuerda cuándo comenzó: *Esta fiesta se celebra en nuestro pueblo desde tiempos inmemoriales.* □ MORF. Invariable en género.

inmensidad s.f. **1** Extensión tan grande que no tiene principio ni fin: *Es fascinante imaginar una nave atravesando la inmensidad del océano.* **2** Cantidad o número muy grandes: *En el firmamento hay una inmensidad de estrellas.*

inmenso, sa adj. Muy grande o muy difícil de medir: *Estuve en una casa inmensa con más de doce habitaciones.*

inmersión s.f. **1** Introducción total en un líquido, esp. en agua: *Vi desde las rocas la inmersión en el mar de un buceador.* **2** Profundización en un campo del conocimiento: *Hizo un curso de inmersión en griego porque le atraía ese idioma.*

inmerso, sa adj. **1** Sumergido en algo, esp. en un líquido, o cubierto totalmente por él: *El buceador estuvo inmerso en el agua hasta que se le acabó el oxígeno.* **2** Concentrado o abstraído en un asunto o en una materia: *Estaba inmerso en mis pensamientos y no oí el timbre.* □ SINT. Constr.: *inmerso* EN *algo.*

inmigración s.f. Movimiento de población que consiste en la llegada de personas a un lugar para establecerse en él: *En las grandes ciudades, la inmigración causa la aparición de barrios periféricos.* □ SEM. Dist. de *emigración* y de *migración* →**inmigrar**.

inmigrante s. Persona que llega a un lugar para establecerse en él: *Muchos inmigrantes no llegan a adaptarse al país que los acoge.* □ MORF. Es de género común y exige concordancia en masculino o en femenino para señalar la diferencia de sexo: *el inmigrante, la inmigrante.* □ SEM. Dist. de *emigrante* →**inmigrar**.

inmigrar v. Llegar a un lugar para establecerse en él: *Los países ricos acogen a gente que inmigra de zonas menos desarrolladas.* □ SEM. Dist. de *emigrar* (salir de un lugar) y de *migrar* (desplazarse para cambiar de lugar de residencia).

inmigratorio, ria adj. De la inmigración o relacionado con este movimiento de población: *Ese geógrafo ha estudiado los movimientos inmigratorios en nuestra ciudad.* □ SEM. Dist. de *emigratorio* y *migratorio* →**inmigrar**.

inminencia s.f. Proximidad de un suceso, esp. de un riesgo: *La inminencia de la tormenta nos decidió a no salir de casa.* □ ORTOGR. Dist. de *eminencia*.

inminente adj. Que está próximo a suceder o a punto de ocurrir: *Estaba nervioso por la inminente llegada del director.* □ ORTOGR. Dist. de *eminente*. □ MORF. Invariable en género.

inmiscuirse v.prnl. Meterse en temas o asuntos ajenos sin tener razón o autoridad para ello: *No me gusta inmiscuirme en la vida de los demás.* □ MORF. Irreg.: La *i* final se cambia en *y* delante de *a, e, o* →**CONTRIBUIR**. □ SEM. Dist. de *involucrarse* (verse complicado en un asunto).

inmobiliario, ria ▮ adj. **1** De los inmuebles o edificios, o relacionado con ellos: *Ha invertido su dinero en un negocio inmobiliario de alquiler de pisos.* ▮ s.f. **2** Empresa o sociedad que construye, vende, arrienda y administra viviendas: *Denunció a la inmobiliaria porque los materiales empleados no eran los convenidos.*

inmolación s.f. **1** Sacrificio de una víctima degollándola como ofrenda a una divinidad: *En algunas civilizaciones antiguas se realizaban inmolaciones humanas.* **2** Sacrificio hecho en beneficio de una persona o de una causa: *La inmolación de esos soldados salvó a todo el ejército.*

inmolar ▮ v. **1** Referido a una víctima, sacrificarla degollándola, esp. si es como ofrenda a una divinidad: *Antiguamente inmolaban animales para obtener el favor de los dioses.* ▮ prnl. **2** Sacrificarse o dar la vida, generalmente por una causa o por una persona: *Se inmoló en medio de la plaza para protestar por tanta injusticia.*

inmortalizar v. Hacer perdurar en la memoria de los hombres a través de los tiempos: *El pintor inmortalizó a la modelo en un magnífico cuadro. Esa escritora se inmortalizó con sus obras.* □ ORTOGR. La *z* se cambia en *c* delante de *e* →**CAZAR**.

inmovilismo s.m. Oposición a todo cambio que afecte a lo ya establecido: *El inmovilismo de ese partido hace que tenga poco apoyo popular.*

inmovilista adj./s. Que defiende o sigue el inmovilismo: *Su actitud inmovilista le impide adaptarse a nuevas realidades. Los inmovilistas se opusieron a la reforma del partido.* □ MORF. 1. Como adjetivo es invariable en género. 2. Como sustantivo es de género común y exige concordancia en masculino o en femenino para señalar la diferencia de sexo: *el inmovilista, la inmovilista*.

inmovilización s.f. Hecho de imposibilitar un movimiento: *La escayola posibilita la inmovilización del brazo mientras se suelda la fractura.*

inmovilizar v. Imposibilitar el movimiento: *Una hemiplejia le inmovilizó el lado izquierdo del cuerpo.* □ ORTOGR. La *z* se cambia en *c* delante de *e* →**CAZAR**.

inmueble s.m. Casa o edificio: *Desalojaron el inmueble porque había amenaza de bomba.*

inmundicia s.f. Suciedad, porquería o basura: *Nunca limpias y esto está lleno de inmundicias.*

inmundo, da adj. **1** Muy sucio, asqueroso o repugnante: *No encontraba alojamiento y acabé en un hotel inmundo.* **2** Muy impuro: *Se avergonzó mucho al confesar sus pensamientos inmundos.*

inmune adj. **1** Referido a un ser vivo, que no es atacable por una determinada enfermedad: *Es inmune al sarampión, porque fue vacunada cuando era pequeña.* **2** Que está libre de ciertos cargos u obligaciones: *Los diputados y senadores españoles son inmunes y solo pueden ser juzgados si lo autorizan sus respectivas cámaras.* **3** Referido a una persona, que no se resiente de la acción de algo que se considera negativo: *Ese actor está muy seguro de sí mismo y es inmune a las críticas adversas.* ☐ ORTOGR. Dist. de *impune*. ☐ MORF. Invariable en género. ☐ SINT. Constr.: *inmune* A *algo*.

inmunidad s.f. **1** Estado del organismo que lo hace resistente a una determinada enfermedad: *La inmunidad puede ser espontánea o conseguida con vacunas.* **2** Privilegio por el que determinadas personas o determinados lugares quedan libres de ciertas obligaciones, penas o cargos: *Detuvieron al embajador sin respetar su inmunidad diplomática.* ☐ ORTOGR. Dist. de *impunidad*.

inmunitario, ria adj. En medicina, de la inmunidad o relacionado con este estado: *Su nivel inmunitario es tan bajo que siempre está enfermo.* ☐ SEM. Dist. de *inmunológico* (de la inmunología o relacionado con esta ciencia).

inmunizar v. Hacer inmune: *Hay que vacunar a los niños para inmunizarlos frente a la poliomielitis. Ha padecido tanto que se ha inmunizado contra cualquier sufrimiento.* ☐ ORTOGR. La *z* se cambia en *c* delante de *e* →**CAZAR**.

inmunodeficiencia s.f. Estado que se caracteriza por la disminución de las defensas inmunitarias de un organismo: *Un organismo con inmunodeficiencia es menos resistente a las enfermedades infecciosas.*

inmunología s.f. Parte de la medicina que estudia las reacciones inmunitarias del organismo: *En el laboratorio de inmunología se investigaba sobre una nueva vacuna.*

inmunológico, ca adj. De la inmunología o relacionado con esta parte de la medicina: *Se hacen continuos estudios inmunológicos para curar enfermedades inmunitarias.* ☐ SEM. Dist. de *inmunitario* (de la inmunidad o relacionado con este estado).

inmutable adj. Que no se inmuta o que no cambia: *Permaneció inmutable mientras oía la mala noticia.* ☐ MORF. Invariable en género.

inmutar v. Alterar o mostrar alteración, esp. en el semblante o en la voz: *El miedo no inmuta a los valientes. Recibió la noticia de su despido sin inmutarse.* ☐ USO Se usa más en expresiones negativas.

innato, ta adj. Que no es aprendido y se tiene desde el nacimiento: *Tiene una facilidad innata para el dibujo.*

innovación s.f. Cambio que supone una novedad: *En nuestro siglo se han producido grandes innovaciones técnicas.*

innovar v. Referido a algo ya establecido, introducirle un cambio que supone una novedad: *Los vanguardistas innovan las artes al usar nuevas técnicas.*

innumerable adj. **1** Imposible o muy difícil de contar: *Hay innumerables estrellas en el cielo.* **2** Abundante o muy numeroso: *Tengo una innumerable cantidad de amigos.* ☐ MORF. 1. Invariable en género. 2. solo se usa en singular con sustantivos colectivos: *innumerable ejército, innumerables soldados*.

inocencia s.f. **1** Simplicidad o falta de malicia: *Todos se aprovechan de su inocencia y él no se da cuenta.* **2** Falta de culpabilidad: *Estas pruebas demuestran la inocencia del acusado.*

inocentada s.f. Broma o engaño en los que se cae por descuido o por falta de malicia, esp. las que se gastan el 28 de diciembre (día de los Santos Inocentes, fecha en que la Iglesia católica conmemora la matanza de niños inocentes ordenada por el rey judío Herodes): *Le gastaron una inocentada y, como es tan serio, se enfadó.*

inocente ▮ adj. **1** Que no produce daño porque no tiene malicia: *No te enfades, que es una broma inocente.* ▮ adj./s. **2** Libre de culpa o de pecado: *Lo detuvieron, pero era inocente del crimen que se le imputaba. Los inocentes están en gracia de Dios.* **3** Simple, falto de malicia o fácil de engañar: *Es tan inocente que se cree todo lo que le dicen. Encontró a un inocente al que timó.* ☐ MORF. 1. Como adjetivo es invariable en género. 2. Como sustantivo es de género común y exige concordancia en masculino o en femenino para señalar la diferencia de sexo: *el inocente, la inocente*.

inocuidad s.f. Incapacidad de hacer daño: *La inocuidad de este medicamento lo hace apto para niños.*

inoculación s.f. Introducción de una sustancia en un organismo: *La inoculación de vacunas se hace para inmunizar frente a las enfermedades.*

inocular v. **1** Referido a una sustancia, introducirla artificialmente en un organismo: *En el laboratorio inoculan sustancias a ratones para buscar remedios a enfermedades humanas.* **2** Referido a una sustancia, esp. a un veneno, introducirla de forma natural en un organismo el animal que la posee: *Al morderle, la víbora le inoculó el veneno. No es cierto que ese arácnido se inocule su propio veneno clavándose el aguijón.*

inocuo, cua adj. Que no hace daño: *Es un medicamento inocuo y pueden tomarlo los niños pequeños.* ☐ SEM. Dist. de *inicuo* (injusto; cruel).

inodoro, ra ▮ adj. **1** Que no tiene olor: *Quiero un desodorante inodoro, que simplemente quite el olor corporal.* ▮ s.m. **2** Recipiente conectado con una tubería y provisto de una cisterna con agua, que sirve para evacuar los excrementos; *retrete, váter: En este cuarto de baño hay un lavabo, una bañera y un inodoro.*

inofensivo, va adj. Que no puede causar daño ni molestia: *No tengas miedo, porque es un perro inofensivo.*

inoperante adj. Ineficaz o que no sirve para lo que se quería: *Las medidas contra la inflación han sido inoperantes, porque los precios no han bajado.* ☐ MORF. Invariable en género.

inopia ‖ **estar en la inopia.** *col.* Estar distraído o ajeno a lo que sucede alrededor: *No supo contestar al profesor porque estaba en la inopia.*

inopinado, da adj. Inesperado o que sucede sin haber pensado en ello: *La solución al problema se nos ocurrió de forma inopinada.*

inoportuno, na adj./s. Que no es oportuno; *importuno: Le hicieron una pregunta inoportuna que no quiso contestar.*

input (anglicismo) s.m. En informática, término que se utiliza para introducir datos desde un periférico: *Con el input introduzco datos, con el output el ordenador me los muestra.* ☐ PRON. [ímput].

inquietar v. Quitar la tranquilidad o el sosiego: *El accidente del padre inquietó a toda la familia. Se inquieta por cualquier problema.*

inquieto, ta adj. **1** Que no puede estar quieto: *Es una niña muy inquieta y traviesa.* **2** Agitado, sin tranquilidad ni reposo: *Estaba inquieto esperando las notas finales del curso.* **3** Interesado por descubrir o conocer cosas nuevas: *Estos jóvenes inquietos siempre andan intentado aprender algo distinto.*

inquietud s.f. **1** Falta de quietud o de sosiego: *Tu tardanza me causó cierta inquietud.* **2** Inclinación o interés de tipo intelectual, esp. en el campo artístico: *Es un mu-*

a b c d e f g h i j k l m n ñ o p q r s t u v w x y z

chacho apático sin inquietudes de ningún tipo. ☐ MORF. La acepción 2 se usa más en plural.

inquilino, na s. Persona que ha alquilado una casa o parte de ella para habitarla: *Vive como inquilino en una casa antigua.*

inquina s.f. Antipatía o mala voluntad hacia alguien: *La inquina que siente por él hace que siempre intente fastidiarlo.*

inquirir v. Indagar o investigar para conseguir una información: *La policía inquiría las causas del asesinato.* ☐ MORF. Irreg.: La segunda *i* diptonga en *ie* en los presentes, excepto en las personas *nosotros* y *vosotros* →**ADQUIRIR**. ☐ SEM. *Inquirir* no debe emplearse con el significado de *preguntar*: *Me {*inquirió › preguntó} la solución.*

inquisición s.f. Indagación o investigación hechas para conseguir información: *Las inquisiciones del detective no aclararon los móviles del crimen.*

inquisidor, -a ▌adj./s. **1** Que indaga o investiga para conseguir información, esp. si lo hace de forma apremiante o exigente: *Es una pregunta inquisidora que no voy a contestar. Nunca le contesta cuando se comporta como un inquisidor.* ▌s.m. **2** Antiguamente, en el Tribunal de la Santa Inquisición (institución eclesiástica dedicada a la persecución de la herejía), juez que instruía y sentenciaba los procesos de herejía, asistía a los tormentos y predicaba la fe: *El inquisidor Torquemada era consejero de los Reyes Católicos.*

inquisitivo, va adj. Que indaga o averigua de forma apremiante o exigente: *Pasó su mirada inquisitiva por todas las caras buscando al culpable.*

inri ‖ **para más inri.** *col.* Por si fuera poco; *encima*: *Se me rompió el coche, tuve que ir andando y para más inri perdí las llaves de casa.*

inscribir v. **1** Incluir en una lista para un determinado fin: *Inscribió a su hijo para participar en el concurso. Se inscribió en una excursión a la montaña.* **2** Grabar en metal, piedra u otra materia: *El autor de la escultura inscribió su nombre en ella.* **3** Tomar nota de los actos y de los documentos en un registro público, generalmente para legalizarlos: *Inscribieron sus nombres en el registro civil.* **4** Referido a una figura geométrica, trazarla en el interior de otra de manera que estén las dos en contacto en varios de los puntos de su contorno: *Inscribió un triángulo en una circunferencia.* ☐ MORF. Su participio es *inscrito.*

inscripción s.f. **1** Inclusión de un nombre en una lista para un determinado fin: *Se acabó el plazo de inscripción de matrícula para la oposición.* **2** Escrito que está grabado en metal, en piedra o en otra materia: *Encontró una inscripción latina labrada en una excavación.* **3** Anotación que se toma de los actos y de los documentos en un registro público, generalmente para legalizarlos: *Cuando se casaron tuvieron que hacer la inscripción en el registro.*

inscrito, ta part. irreg. de **inscribir**. ☐ MORF. Incorr. **inscribido.*

insecticida adj./s.m. Referido a una sustancia o a un producto, que sirven para matar insectos: *Compró un producto insecticida para acabar con las cucarachas. Cierra la puerta cuando eches el insecticida.* ☐ MORF. Como adjetivo es invariable en género.

insectívoro, ra ▌adj./s. **1** Referido a un ser vivo, que se alimenta de insectos: *Hay plantas insectívoras. La golondrina es un insectívoro.* 👁 **pico** ▌adj./s.m. **2** Referido a un mamífero, que se caracteriza por apoyar toda la planta del pie en el suelo y por tener el cuerpo pequeño, las garras con los dedos terminados en uñas y los dientes especializados para masticar insectos: *El erizo es un animal insectívoro. El topo es un insectívoro.* ▌s.m.pl. **3** En zoología, orden de estos mamíferos: *Los animales que pertenecen a los insectívoros suelen ser de costumbres nocturnas.*

insecto ▌adj./s.m. **1** Referido a un animal artrópodo, que tiene respiración por tráqueas, el cuerpo dividido en ca-

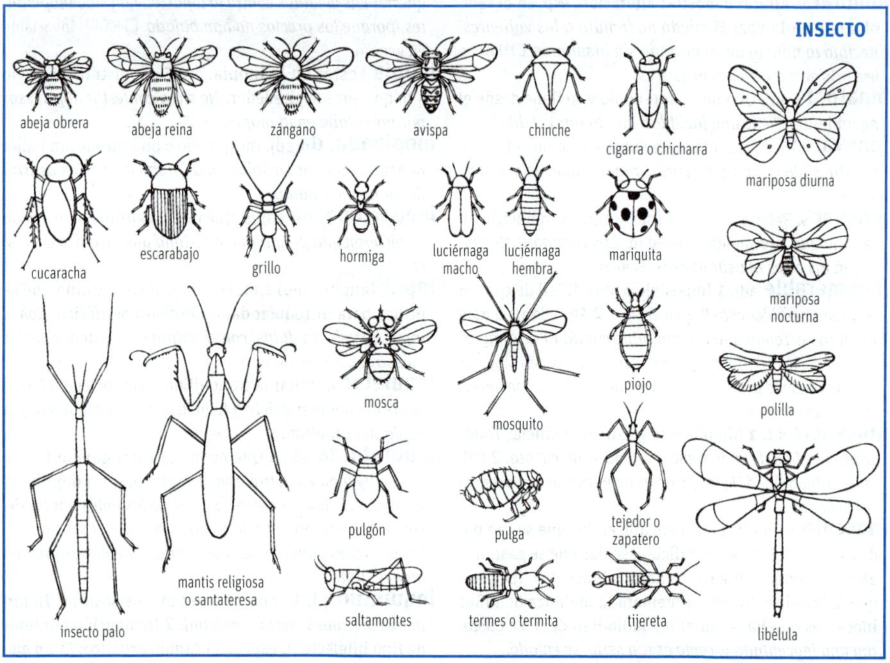

beza, tórax y abdomen, dos antenas, seis patas y dos o cuatro alas: *La mosca y la hormiga son insectos.* ▮ s.m.pl. **2** En zoología, clase de estos artrópodos, perteneciente al reino de los metazoos: *Se ha especializado en el estudio y la clasificación de los insectos.* 👁 insecto **3** ‖ **insecto palo.** El que es largo y delgado, de color pardo y de cuerpo cilíndrico, que parece un tallo cortado: *Cuando un insecto palo está quieto, es muy fácil confundirlo con un palito.*

inseminación s.f. **1** Llegada del semen del macho al óvulo de la hembra para fecundarlo: *La inseminación natural se produce después de una unión sexual.* **2** ‖ **inseminación artificial.** Procedimiento que posibilita la unión de una célula sexual femenina con otra masculina utilizando el instrumental adecuado; *fecundación artificial: La inseminación artificial se utiliza en ganadería para cruzar las reses.* □ ORTOGR. Dist. de *diseminación*.

inseminar v. En biología, hacer llegar el semen del macho al óvulo de la hembra para fecundarlo: *Esta mujer pidió que se la inseminara artificialmente.* □ ORTOGR. Dist. de *diseminar*.

inserción s.f. **1** Introducción de una cosa en otra: *La inserción de un anuncio en un periódico es muy cara.* **2** Unión de un órgano en otro, esp. de un músculo en un hueso: *La inserción de los músculos en los huesos permite el movimiento.*

insertar ▮ v. **1** Referido a una cosa, incluirla en otra, esp. un texto en otro: *El texto que insertaron en el artículo salió con otra letra.* ▮ prnl. **2** Referido a un órgano, introducirse entre las partes de otro, o adherirse a su superficie: *Los músculos se insertan en los huesos.* □ MORF. Irreg.: Tiene un participio regular (*insertado*), que se usa más en la conjugación, y otro irregular (*inserto*), que se usa más como adjetivo.

inserto, ta part. irreg. de **insertar**. □ USO Se usa más como adjetivo, frente al participio regular *insertado*, que se usa más en la conjugación.

insidia s.f. Engaño para perjudicar; *asechanza: Con sus insidias consiguieron desprestigiarlo.* □ MORF. Se usa más en plural.

insidioso, sa adj. Malicioso o dañino pese a su apariencia inofensiva: *Hizo un comentario insidioso sobre la edad que tengo.*

insigne adj. Célebre o famoso: *Una insigne catedrática dio una conferencia en la universidad.* □ MORF. Invariable en género.

insignia s.f. Imagen, medalla o símbolo distintivos: *Siempre lleva en la solapa la insignia de su asociación.* 👁 **joya**

insignificancia s.f. Pequeñez, escaso valor o falta de importancia: *Eres tonto si te enfadas por esas insignificancias.*

insignificante adj. Pequeño o de poca importancia: *La subida de precios fue insignificante y apenas se notó.* □ MORF. Invariable en género.

insinuación s.f. **1** Indicación disimulada y sutil: *Déjate de insinuaciones y dime las cosas claras.* **2** *col.* Demostración indirecta del deseo de entablar relaciones amorosas: *No me hagas más insinuaciones porque no te daré una cita.*

insinuar ▮ v. **1** Dar a entender de manera sutil o disimulada: *Insinué que su libro no era bueno, pero no lo critiqué abiertamente.* ▮ prnl. **2** *col.* Mostrar de manera indirecta el deseo de entablar relaciones amorosas: *Se insinuó a la chica que le gustaba dándole su número de teléfono.* □ ORTOGR. La *u* lleva tilde en los presentes, excepto en las personas *nosotros* y *vosotros*→**ACTUAR**. □ SINT. Constr. de la acepción 2: *insinuarse {A/CON} alguien*.

insipidez s.f. **1** Falta de sabor: *La comida sin sal no me gusta por su insipidez.* **2** Falta de gracia o de viveza: *No sé cómo te hacen gracia comentarios de tanta insipidez.*

insípido, da ▮ adj. **1** Sin sabor o con poco sabor: *Esta fruta es insípida porque no está madura.* ▮ adj./s. **2** Sin gracia o sin viveza: *Es un libro aburrido e insípido. No cuenta chistes porque es un insípido.* □ MORF. Incorr. **insaboro*.

insistencia s.f. Repetición reiterada y firme: *Llamé con insistencia, pero nadie abrió la puerta.*

insistir v. **1** Repetir una petición o una acción varias veces: *Insiste hasta que te oigan.* **2** Hacer hincapié: *El médico insistió sobre la importancia de la medicina preventiva.* **3** Mostrar firmeza: *Insistía en su postura y no escuchaba otras opciones.* □ SINT. Constr.: *insistir {EN/SOBRE} algo*.

in situ (latinismo) ‖ En el sitio o en el lugar: *Los periodistas fueron al lugar del suceso para hacer un reportaje in situ.*

insolación s.f. Malestar o trastorno producidos por una prolongada exposición a los rayos solares: *Tiene una insolación grave porque se durmió tomando el sol.*

insolencia s.f. **1** Atrevimiento o falta de respeto en el trato: *Le dijo con insolencia que estaba harto de sus consejos.* **2** Hecho o dicho ofensivos o insultantes: *¿Es que solo sabes decir insolencias?*

insolente adj./s. Que ofende o molesta por ser irrespetuoso, atrevido, insultante o soberbio: *Me castigó por dar una contestación insolente. Esos insolentes no respetan mis canas.* □ MORF. 1. Como adjetivo es invariable en género. 2. Como sustantivo es de género común y exige concordancia en masculino o en femenino para señalar la diferencia de sexo: *el insolente, la insolente*.

insólito, ta adj. Poco frecuente, no común o fuera de lo habitual: *Llegar tan tarde es algo insólito en ti.*

insomne adj. Sin sueño o sin dormir: *Permaneció insomne esperando a que llegara.* □ MORF. Invariable en género.

insomnio s.m. Dificultad para conciliar el sueño cuando se debe dormir: *El café me produce insomnio.*

insondable adj. Imposible o muy difícil de averiguar o de conocer a fondo: *Leí un libro sobre los misterios insondables del más allá.* □ MORF. Invariable en género.

insonorización s.f. **1** Acondicionamiento de un lugar para aislarlo de sonidos o de ruidos: *La insonorización de este local está hecha con planchas de corcho.* **2** Amortiguación de un sonido: *Antes de la insonorización de la maquinaria teníamos que hablar a gritos.*

insonorizar v. **1** Referido a un lugar, acondicionarlo para aislarlo de sonidos o de ruidos: *Insonoricé el local antes de poner el bar para no molestar a los vecinos.* **2** Referido a una máquina, hacer que funcione con el menor ruido posible: *Tengo que insonorizar la moto porque hace demasiado ruido.* □ ORTOGR. La *z* se cambia en *c* delante de *e* →**CAZAR**.

inspección s.f. **1** Examen o reconocimiento realizados con atención y detenimiento: *Los policías realizaron una exhaustiva inspección en el lugar del crimen.* **2** Profesión de inspector: *Hace cinco años que trabajo en la inspección.* **3** Lugar de trabajo de un inspector: *¿Podría decirme dónde está la inspección?*

inspeccionar v. Examinar o reconocer con atención:

La policía inspeccionó el lugar del crimen buscando huellas.

inspector, -a s. Persona legalmente autorizada para examinar y vigilar las actividades que se realizan dentro del campo al que pertenece: *Aprobé la oposición y ahora soy inspectora de trabajo.*

inspiración s.f. **1** Aspiración o introducción de aire en los pulmones: *En una inspiración normal se introduce aproximadamente medio litro de aire en los pulmones.* **2** Estímulo o influencia que permite la creación artística: *No he pintado nada nuevo porque me falta inspiración.* **3** Iluminación o movimiento sobrenatural que Dios transmite al ser humano: *Conocer la solución fue inspiración divina.* **4** Lo que ha sido inspirado: *Fue una inspiración traerte el libro, porque no sabía que te iba a ver.*

inspirar v. **1** Referido esp. al aire, aspirarlo para introducirlo en los pulmones: *Inspiró profundamente la brisa marina.* **2** Referido esp. a un sentimiento, producirlo en el ánimo: *Tu sonrisa me inspira confianza.* **3** Sugerir o producir ideas para la creación artística: *La belleza de este lugar inspiró a muchos pintores. Este poeta se inspira en la literatura medieval.* □ SINT. Constr. de la acepción 3: *inspirarse* EN *algo.*

inspiratorio, ria adj. De la inspiración respiratoria, que la permite o que está relacionado con ella: *El diafragma es un músculo inspiratorio.*

instalación s.f. **1** Colocación en el lugar y forma adecuados para una función: *¿Quién se encarga de la instalación de los altavoces?* **2** Colocación de los instrumentos y servicios necesarios para poder utilizar un lugar: *Han tardado dos días en hacer la instalación del polideportivo.* **3** Establecimiento o acomodo de una persona, esp. si es para fijar su residencia: *La instalación de los refugiados fue muy problemática.* **4** Conjunto de cosas instaladas: *La instalación eléctrica del local es muy segura.* **5** Recinto o lugar acondicionados con todo lo necesario para realizar un servicio o una función: *Celebrarán los campeonatos de gimnasia en estas instalaciones deportivas.*

instalador, -a s. Persona que se dedica profesionalmente a la instalación o puesta en funcionamiento de algo: *El instalador de la antena vendrá mañana.*

instalar v. **1** Colocar en el lugar y forma adecuados para una función: *¿Han venido a instalar el teléfono?* **2** Referido a un lugar, esp. a un edificio, colocar los instrumentos y los servicios necesarios para poder ser utilizado: *Han instalado una nueva tienda al otro lado de la calle.* **3** Referido a una persona, colocarla o acomodarla, esp. si es para fijar su residencia: *Instalaron a los prisioneros en barracones. ¿Dónde piensas instalarte hasta que encuentres piso?*

instancia s.f. **1** Petición solicitada por escrito según determinadas fórmulas, esp. la que se hace a una autoridad: *Haré una instancia pidiendo una beca de estudios.* **2** Documento en que figura esta petición: *Para reclamar rellene la instancia, por favor.* **3** Cada uno de los grados jurisdiccionales que la ley tiene establecidos para examinar y sentenciar juicios y pleitos: *En el orden civil y penal existen dos instancias.* **4** Grado o nivel de una institución pública o privada: *Llevaremos la queja a instancias superiores.* **5** Dirigente o alto cargo de una organización: *Hemos acudido a altas instancias del partido para resolver los conflictos internos.* **6** Institución u organismo de alto grado: *Las autoridades locales no han sabido resolver el problema, así que se ha llevado a la instancia competente.* **7** ‖ **a instancia(s) de** alguien. Por sus ruegos o por su petición: *El pianista interpretó una pieza más a instancias del público.* ‖ **en última instancia.** Como último recurso o en definitiva: *En última instancia siempre puedes pedírselo a tu padre.*

instantáneo, a ▌adj. **1** Que se produce o se prepara en el momento: *El accidente le causó la muerte instantánea y no sufrió.* **2** Que solo dura un instante: *En mi sueño apareciste en una imagen instantánea.* ▌s.f. **3** Fotografía que se obtiene en el momento: *Tengo una instantánea de la celebración de tu cumpleaños.*

instante s.m. **1** Porción de tiempo que se considera muy breve, esp. en relación con otra; *momento: Te ha llamado tu padre hace un instante.* **2** ‖ **(a) cada instante.** Con frecuencia o continuamente: *Me llama a cada instante, y no me deja en paz un momento.* ‖ **al instante.** Enseguida o inmediatamente: *Siempre que le pido algo me lo hace al instante.*

instar v. Referido a una acción, insistir en su rápida ejecución: *Le instaban a que entregara el informe en el tiempo señalado.* □ SINT. Constr.: *instar* A *algo.*

instauración s.f. Establecimiento, fundación, creación o institución de algo, esp. de leyes, de costumbres o de formas de gobierno: *La instauración de la monarquía en ese país duró hasta su guerra civil.*

instaurar v. Referido esp. a una ley, a una costumbre o a una forma de gobierno, establecerlas, fundarlas, crearlas o instituirlas *Ese ministro instauró el plan de estudios que tenemos ahora.*

instigación s.f. Incitación o provocación para hacer algo, esp. si es negativo: *Aquellas palabras eran una instigación al crimen.*

instigar v. Referido a una acción, esp. si es negativa, incitar o inducir a realizarla: *Lo instigaban a que robara los mapas secretos del Ejército.* □ ORTOGR. La *g* se cambia en *gu* delante de *e* →PAGAR. □ SINT. Constr.: *instigar* A *algo.*

instintivo, va adj. Que se hace por instinto o sin que aparentemente intervenga la razón: *Los animales conocen al enemigo de forma instintiva.*

instinto s.m. **1** En un animal o en una persona, conducta innata, hereditaria y no aprendida, que los lleva a actuar de igual manera ante los mismos estímulos y que es común a todos los individuos de una misma especie: *Los instintos obedecen más a impulsos internos que a estímulos del medio ambiente.* **2** Impulso interior que origina una acción o un sentimiento y que obedece a una razón que desconoce quien lo siente: *Cada vez que veo un niño, mi instinto maternal me empuja a jugar con él.*

institución s.f. **1** Establecimiento o fundación de algo: *A esta editorial se le debe la institución de un importante premio novelístico.* **2** Lo que se ha establecido o fundado: *Los concursos artísticos son instituciones que no deben desaparecer.* **3** Organismo que desempeña una función de interés público, esp. benéfico o de enseñanza: *Trabajo en una institución médica para la prevención del cáncer.* **4** En un Estado, una nación o una sociedad, cada una de sus organizaciones o de sus leyes fundamentales: *Las instituciones deben respaldar y proteger al ciudadano.* **5** ‖ **ser** alguien **una institución.** Gozar de un prestigio largamente reconocido: *Lleva tantos años trabajando en esta empresa que es una institución.*

institucional adj. De una institución, relacionado con ella o con características que le son propias: *El plan se llevará a cabo porque tiene apoyo institucional.* □ MORF. Invariable en género.

a b c d e f g h i j k l m n ñ o p q r s t u v w x y z

institucionalización s.f. Concesión de carácter institucional: *La institucionalización de las mafias es algo que debe perseguir todo Gobierno.*

institucionalizar v. **1** Convertir en institucional: *Los intelectuales quieren volver a institucionalizar las tertulias. Con el tiempo, algunas costumbres se institucionalizan.* **2** Dar carácter legal o de institución: *Algunos Gobiernos han institucionalizado el divorcio.* ☐ ORTOGR. La *z* se cambia en en *c* delante de *e* ⟶**CAZAR**.

instituir v. **1** Referido esp. a algo de interés público, fundarlo, establecerlo o crearlo: *El alcalde anterior instituyó un premio de poesía juvenil.* **2** Referido a un cargo, a una ley o a una costumbre, establecerlos de nuevo o por primera vez: *Me instituyeron presidenta de la asociación.* ☐ MORF. Irreg.: La segunda *i* se cambia en *y* delante de *a, e, o* ⟶**CONTRIBUIR**.

instituto s.m. **1** Centro estatal de enseñanza donde se siguen los estudios de enseñanza secundaria: *Cuando iba al instituto suspendía siempre matemáticas.* **2** Corporación científica, benéfica, social o cultural: *Acudió al Instituto de la Mujer a pedir asesoramiento jurídico.* **3** Establecimiento público en el que se presta un tipo específico de servicios o de cuidados: *Fui a un instituto de belleza para que me hicieran una limpieza de cutis.* **4** Nombre genérico que reciben algunos cuerpos militares y algunas asociaciones y congregaciones religiosas: *La guardia civil es un instituto militar armado.*

institutriz s.f. Mujer que se dedica a la educación y formación de uno o varios niños en el hogar de estos: *La institutriz de mi abuela le enseñaba francés y buenos modales.*

instrucción ▮ s.f. **1** Enseñanza de los conocimientos necesarios para una actividad: *Se dedica a la instrucción de los nuevos empleados.* **2** Conjunto de conocimientos adquiridos: *Es una persona culta y de gran instrucción.* **3** En derecho, curso o desarrollo que sigue un proceso o un expediente: *Durante la instrucción del sumario, el juez fue reuniendo todo lo necesario para resolver el caso.* ▮ pl. **4** Indicaciones o reglas para conseguir un fin: *Para montar la estantería sigue las instrucciones.* **5** Órdenes que se dictan a los agentes diplomáticos o a los jefes de las fuerzas navales: *El embajador recibió las instrucciones de su ministro antes de marchar a su destino.* **6** ‖ **instrucción (militar).** Conjunto de enseñanzas y de prácticas que se llevan a cabo para la formación del soldado: *Hicieron la instrucción militar en el patio del cuartel.*

instructivo, va adj. Que instruye o sirve para enseñar: *Tiene un juego instructivo para empezar a leer.*

instructor, -a s. Persona que se dedica profesionalmente a la enseñanza de algún tipo de actividad, esp. deportiva o militar: *El otro día volé en la avioneta sin mi instructor de vuelo.*

instruido, da adj. Que ha adquirido gran cantidad de conocimientos: *Es una persona muy culta e instruida.*

instruir v. **1** Proporcionar conocimientos teóricos o prácticos: *El teniente instruía a los soldados en el manejo de las armas. Antes de comprar el coche, me instruí sobre mecánica.* **2** Informar o comunicar algo, esp. reglas de conducta: *Los viajes instruyen mucho. Se instruyó en un colegio bilingüe.* **3** En derecho, referido a un proceso o a un expediente, realizar todas las actuaciones necesarias encaminadas a conocer la inocencia o la culpabilidad de un encausado: *Se instruyó una causa contra mi vecino por tráfico de drogas.* ☐ MORF. Irreg.: La *i* se cambia en *y* delante de *a, e, o* ⟶**CONTRIBUIR**. ☐ SINT. Constr.: *instruir {EN/SOBRE} algo.*

instrumentación s.f. **1** Arreglo de una composición musical para que sea interpretada por varios instrumentos: *El maestro compuso la melodía, pero encargó su instrumentación a otra persona.* **2** Estudio de los instrumentos musicales en función de sus características y posibilidades: *Para llegar a director de orquesta necesita hacer varios cursos de instrumentación.* **3** Disposición de un plan o de una solución con los medios necesarios para su ejecución: *Los sindicatos exigen la instrumentación inmediata de un plan para la mejora de la enseñanza.*

instrumental ▮ adj. **1** Del instrumento, esp. del musical, o relacionado con él: *La música instrumental me gusta más que el canto.* **2** Que sirve de instrumento o que tiene la función de este: *Es un cínico que entiende la amistad como una relación instrumental.* ▮ s.m. **3** Conjunto de instrumentos, esp. los destinados a un fin determinado: *La enfermera repasó el instrumental antes de la operación.* ☐ MORF. Como adjetivo es invariable en género.

instrumentar v. **1** Referido a una composición musical, arreglarla para que sea interpretada por varios instrumentos o añadir a su partitura las partes correspondientes a estos: *Instrumentó para piano y flauta un concierto que había sido escrito para guitarra.* **2** Referido esp. a un plan o a una solución, disponerlos y poner los medios para su ejecución: *El Gobierno instrumentará medidas para combatir el paro.*

instrumentista s. Persona que toca un instrumento: *El trompeta y el batería del conjunto son grandes instrumentistas.* ☐ MORF. Es de género común y exige concordancia en masculino o en femenino para señalar la diferencia de sexo: *el instrumentista, la instrumentista.*

instrumento s.m. **1** Objeto simple o formado por una combinación de piezas, y que es adecuado para un uso concreto, esp. para la realización de operaciones manuales técnicas o delicadas: *Ahí tienes los instrumentos necesarios para restaurar el arcón.* 👁 **medida; química** **2** Lo que sirve como medio para conseguir un fin: *Tu hermano fue solo un instrumento para que yo entrara en su empresa.* **3** Objeto adecuado para producir sonidos musicales: *Me gustaría aprender a tocar algún instrumento.* **4** ‖ **instrumento de cuerda.** El que suena al pulsar, golpear o frotar las cuerdas tensadas que posee: *La guitarra y el piano son instrumentos de cuerda.* 👁 **cuerda** ‖ **instrumento de percusión.** El que suena al golpearlo, generalmente por medio de badajos, baquetas o varillas: *El bombo, el triángulo y el xilófono son instrumentos de percusión.* 👁 **percusión** ‖ **instrumento de viento.** El que suena al pasar el aire a través de él: *El oboe y la trompeta son instrumentos de viento.* 👁 **viento**

insubordinación s.f. Sublevación o falta de subordinación a los superiores: *La desobediencia a las órdenes del capitán se juzgó como un acto de insubordinación.*

insubordinar ▮ v. **1** Referido a un subordinado, hacer que desobedezca a sus superiores o que se subleve: *Las malas condiciones laborales insubordinaron a los empleados.* ▮ prnl. **2** Quebrantar la subordinación a los superiores o sublevarse: *La tripulación se insubordinó ante el racionamiento de comida ordenado por el capitán.*

insuficiente adj. Que no es suficiente.

insuflar v. **1** Referido a un gas, a un líquido o a una sustancia pulverizada, introducirlos a soplos o inyectarlos en un órgano o en una cavidad: *La respiración artificial se hace*

a b c d e f g h i j k l m n ñ o p q r s t u v w x y z

insuflando aire en los pulmones. **2** Referido esp. a un estímulo, aportarlo o transmitirlo: *Sus palabras nos insuflaron ánimo para seguir adelante.*

ínsula s.f. *poét.* Isla: *Don Quijote prometió a Sancho Panza el gobierno de una ínsula.* ☐ ORTOGR. Dist. de *ínfulas*.

insular adj./s. De una isla o relacionado con ella; *isleño*: *El presidente del Gobierno insular abrió el acto. Esos insulares viajaron al continente en barco.* ☐ MORF. 1. Como adjetivo es invariable en género. 2. Como sustantivo es de género común y exige concordancia en masculino o en femenino para señalar la diferencia de sexo: *el insular, la insular*. ☐ SEM. *Isleño* se prefiere para referirse a lo que es característico de una isla.

insulina s.f. **1** Hormona producida por el páncreas y encargada de regular la cantidad de glucosa de la sangre: *La deficiencia de insulina en el organismo es causa de diabetes.* **2** Medicamento preparado con esta hormona, y que se emplea en el tratamiento contra la diabetes: *Los diabéticos necesitan inyectarse insulina periódicamente.*

insulso, sa ▌adj. **1** Soso o falto de sabor: *La comida sin sal ni especias resulta insulsa.* ▌adj./s. **2** Falto de gracia, de viveza o de interés: *La novela me resultó tan insulsa que no la acabé. Con lo graciosa que es ella, no sé cómo puede ir con ese insulso.*

insultar v. Ofender, esp. si es por medio de palabras agresivas: *Me insultó delante de todos acusándome de irresponsable y estúpido.*

insulto s.m. Lo que se dice o se hace para ofender a una persona, esp. si son palabras agresivas: *De su boca salieron los insultos más hirientes.*

insumisión s.f. **1** Falta de sumisión o de obediencia: *La insumisión es propia de los rebeldes.* **2** Negativa a realizar el servicio militar o cualquier otro servicio social que lo sustituya: *Los movimientos pacifistas apoyan la insumisión.*

insumiso, sa adj./s. **1** Que no se somete o que no obedece: *Lo han despedido porque es una persona conflictiva e insumisa. Es una insumisa y se niega a ser la típica esposa que no sale de casa.* **2** Que se niega a realizar el servicio militar o cualquier servicio social sustitutivo: *Los manifestantes insumisos se concentraron frente al Ministerio del Ejército. Varios insumisos se han declarado en huelga de hambre.* ☐ SEM. En la acepción 2, dist. de *objetor* (que se niega a realizar el servicio militar, pero no a prestar otro servicio sustitutorio).

insurrección s.f. Sublevación o levantamiento de una colectividad contra la autoridad: *La insurrección del ejército aceleró la caída del presidente.*

insurrecto, ta adj./s. Sublevado o levantado contra la autoridad: *Las tropas insurrectas tomaron el palacio presidencial. El rey salió del país obligado por los insurrectos.*

intachable adj. Que no admite tacha o reproche: *Es una persona recta y de moral intachable.* ☐ MORF. Invariable en género.

intacto, ta adj. **1** Que no ha sido tocado: *No teníamos hambre y dejamos la comida intacta.* **2** Que no ha sido alterado, dañado o estropeado: *Dio un golpe espectacular al reloj, pero quedó intacto.*

integración s.f. **1** Formación o composición de un todo: *El entrenador decidirá cuál será la integración del equipo.* **2** Incorporación o unión a un todo, esp. si se consigue la adaptación a él: *Algunas instituciones benéficas trabajan por la integración social de los marginados.*

integral ▌adj. **1** Completo o global: *Una educación integral debe atender los aspectos físicos y los mentales.* **2** Referido a un alimento, esp. al pan, que está elaborado con harina rica en salvado: *Con ese régimen solo puede tomar pan integral.* ▌s.f. **3** En matemáticas, operación por medio de la cual se obtiene una función cuya derivada es la función dada: *¿Cómo pretendes calcular integrales, si aún no sabes ni multiplicar?* ☐ MORF. Como adjetivo es invariable en género.

integrar v. **1** Referido a un todo, formarlo o componerlo: *Cinco jugadores integran el equipo.* **2** Referido esp. a una persona, incorporarla o unirla a un todo, esp. si se consigue su adaptación a él: *Es necesario integrar en nuestra sociedad a las minorías étnicas. Su origen aristocrático le impide integrarse en ambientes populares.*

integridad s.f. Honradez y rectitud en la forma de actuar: *Su demostrada integridad lo libra de toda sospecha.*

integrismo s.m. Tendencia al mantenimiento estricto de la tradición y oposición a toda evolución o apertura: *El integrismo religioso puede rayar en el fanatismo.* ☐ SEM. Dist. de *fundamentalismo* (integrismo religioso islámico).

integrista ▌adj. **1** Del integrismo o relacionado con esta tendencia: *Me asustan sus ideas integristas en política.* ▌adj./s. **2** Partidario o seguidor del integrismo: *Los movimientos integristas se han multiplicado en los países árabes. La policía detuvo a un integrista acusado de cometer actos terroristas.* ☐ MORF. 1. Como adjetivo es invariable en género. 2. Como sustantivo es de género común y exige concordancia en masculino o en femenino para señalar la diferencia de sexo: *el integrista, la integrista*. ☐ SEM. Dist. de *fundamentalista* (integrista religioso islámico).

íntegro, gra adj. **1** Entero o con todas sus partes: *Mi paga íntegra la gastaré en pagar deudas.* **2** Honrado y recto en la forma de actuar: *Un político íntegro no admite sobornos.* ☐ MORF. Su superlativo irregular es *integérrimo*.

intelectivo, va adj. Del intelecto o relacionado con esta facultad humana: *Un deficiente mental tiene una capacidad intelectiva inferior a lo normal.*

intelecto s.m. Facultad humana de comprender, conocer y razonar: *Para resolver este problema tendrás que usar el intelecto.*

intelectual ▌adj. **1** Del intelecto o relacionado con esta facultad: *El estudio es una actividad intelectual.* ▌adj./s. **2** Referido a una persona, que se dedica profesionalmente al estudio o a actividades que requieren un empleo prioritario de la inteligencia: *Entre las personas intelectuales hay científicos y escritores. Se dice que los intelectuales son la conciencia de un país.* ☐ MORF. 1. Como adjetivo es invariable en género. 2. Como sustantivo es de género común y exige concordancia en masculino o en femenino para señalar la diferencia de sexo: *el intelectual, la intelectual*.

inteligencia s.f. **1** Facultad de comprender, conocer y razonar: *La inteligencia hace al hombre superior a los animales.* **2** Habilidad o acierto: *Juega al tenis con una inteligencia y unos reflejos sorprendentes.* **3** →**servicio de inteligencia.** **4** ‖ **inteligencia artificial.** Aplicación de los conocimientos sobre la inteligencia humana al desarrollo de sistemas informáticos que reproduzcan o aventajen su funcionamiento: *La inteligencia artificial ha posibilitado la fabricación de robots que facilitan el trabajo del hombre.*

inteligente adj. **1** Dotado de la facultad de la inteligencia: *No está demostrado que haya seres inteligentes en otros planetas.* **2** Que tiene o manifiesta mucha inteligencia: *Hizo una apreciación acertada e inteligente.* **3** Referido a algo que ofrece un servicio, que está dotado de mecanismos, generalmente electrónicos o informáticos, que determinan su funcionamiento en función de las circunstancias: *En este edificio inteligente, la luz interior se regula en función de la exterior.* □ MORF. Invariable en género.

inteligible adj. Que puede ser entendido: *Por fin lo has redactado de forma clara e inteligible.* □ MORF. Invariable en género.

intemperie ‖ **a la intemperie.** Al aire libre, sin ningún techado o protección: *Nos robaron las tiendas de campaña y pasamos la noche a la intemperie.*

intempestivo, va adj. Que está fuera de tiempo o es inoportuno o inconveniente: *¿Cómo se te ocurre venir a estas horas intempestivas?*

intención s.f. **1** Propósito o pensamiento de hacer algo: *Tengo la intención de tomarme unas vacaciones.* **2** Malicia con que se habla o se actúa porque se da a entender algo distinto de lo que se dice o se hace: *Me dijo unas palabras llenas de intención.* **3** ‖ **{segunda/doble} intención.** *col.* Propósito o finalidad ocultos y generalmente malévolos: *Estoy segura de que tiene segundas intenciones.* □ SEM. Dist. de *intencionalidad* (premeditación o clara intención).

intencionado, da adj. **1** Que tiene una intención determinada, esp. si está disimulada: *Fueron preguntas intencionadas para dejarme en ridículo.* **2** Realizado a propósito: *No fue sin querer, lo hice de forma intencionada después de pensarlo bien.* **3** ‖ **bien intencionado.** →**bienintencionado, da.** ‖ **mal intencionado.** →**malintencionado, da.**

intencionalidad s.f. Premeditación o clara intención con las que se realiza algo: *La intencionalidad de un delito es una circunstancia agravante.* □ SEM. Dist. de *intención* (propósito o voluntad de hacer algo).

intendencia s.f. **1** En el Ejército, cuerpo encargado del abastecimiento de las tropas y del servicio de caudales y ordenación de pagos: *Es capitán del cuerpo de intendencia y trabaja en el servicio de vestuario y equipo.* **2** Dirección, control y administración de algún servicio o del abastecimiento de una colectividad: *Un joven se encargaba de la intendencia del campamento.* **3** Cargo de intendente: *Consiguió la intendencia tras cuatro años de estar en el ejército.* **4** Lugar de trabajo u oficina del intendente: *La intendencia está en la parte norte del cuartel general.*

intendente s. **1** En una colectividad, persona encargada del abastecimiento: *El intendente del asilo hizo la compra de la semana.* **2** En la Administración pública, jefe superior de algunos servicios económicos o de empresas dependientes del Estado: *Esa factura tiene que entregársela al intendente.* **3** En el Ejército, militar que pertenece al cuerpo de intendencia: *El capitán intendente encargó los abastecimientos del barco. En la fiesta de la patrona de los intendentes del Ejército de Tierra, había miembros de los demás cuerpos del ejército.* **4** En el Ejército, jefe superior de los servicios de administración militar: *La categoría jerárquica del intendente está asimilada a la de general de división o de brigada.* □ MORF. Aunque es de género común y exige concordancia en masculino o en femenino para señalar la diferencia de sexo: *el intendente, la intendente*, para el femenino también se admite la forma *intendenta*.

intensidad s.f. **1** Energía o fuerza con la que se manifiesta un fenómeno o se realiza una acción: *Fue un terremoto de escasa intensidad.* **2** Vehemencia, apasionamiento o profundidad con que se manifiesta un estado anímico: *No dudo de la intensidad de tu amor.* **3** Cantidad de electricidad que circula por un conductor durante un segundo: *La intensidad se mide en amperios.* **4** Propiedad de un fenómeno sonoro que determina sus condiciones de audición y que depende de la amplitud de sus ondas: *El oído humano no puede percibir sonidos de baja intensidad.*

intensificación s.f. Aumento de intensidad: *La intensificación de los trabajos permitirá terminar las obras a tiempo.*

intensificar v. Aumentar la intensidad: *Intensifica el azul del cielo para diferenciarlo del mar. Su enfado se intensificaba por momentos.* □ ORTOGR. La *c* se cambia en *qu* delante de *e* →**SACAR**.

intensivo, va adj. **1** Que intensifica o hace adquirir mayor intensidad: *El adjetivo ultrarrápido tiene un matiz intensivo que no tiene rápido.* **2** Que se realiza de forma intensa o en un espacio de tiempo inferior a lo normal: *He hecho un curso intensivo de inglés que duró dos semanas.*

intenso, sa adj. Con intensidad, energía o fuerza: *El dolor es muy intenso.*

intentar v. Referido a una acción, hacer todo lo posible para realizarla aunque no se tenga la certeza de conseguirlo: *Intenta adelgazar siguiendo una dieta.*

intento s.m. **1** Propósito o intención de realizar algo aunque no se tenga la certeza de conseguirlo: *Lo acusaron por intento de asesinato.* **2** Lo que se intenta: *Hizo varios intentos y, al no lograrlo, desistió.*

intentona s.f. *col.* Intento que conlleva peligro o imprudencia, esp. si resulta frustrado: *La policía frustró la intentona de los atracadores.*

inter- Prefijo que significa 'entre' e indica situación intermedia (*intertropical, intervocálico, intercelular, interdental, interdigital*) o relación recíproca entre varios (*interactivo, internacional, intercomunicación, interprofesional, intercambiar, intercontinental, interdisciplinario*).

interacción s.f. Acción o influencia recíprocas: *La interacción entre algunos medicamentos disminuye su eficacia.*

intercalar v. Referido a un elemento, ponerlo entre otros, esp. si forman una serie: *Intercaló la foto entre las demás.*

intercambio s.m. **1** Cambio mutuo: *El congreso facilitó el intercambio de opiniones.* **2** Reciprocidad de servicios o actividades entre organismos, entidades o países: *El intercambio cultural entre España y Francia fue un éxito.*

interceder v. Referido a una persona, mediar en su favor: *Mi hermana mayor siempre intercede ante mis padres para que no me castiguen.* □ SINT. Constr.: *interceder* ANTE *una persona* POR *otra.*

interceptar v. **1** Referido esp. a un objeto, detenerlo, apoderarse de él o destruirlo antes de que llegue a su destino: *Los servicios de espionaje interceptaban su correspondencia.* **2** Referido esp. a una vía de comunicación, obstruirla de forma que se dificulte o se impida el paso: *Unos bultos interceptaban la salida del garaje.*

intercesión s.f. Intervención en favor de alguien: *Agradezco tu intercesión para que me levantaran el castigo.* □ ORTOGR. Dist. de *intersección*.

intercesor, -a adj./s. Que intercede o media en favor de alguien: *Fue intercesora del reo ante el juez. No necesito ningún intercesor para conseguir el trabajo.*

a b c d e f g h i j k l m n ñ o p q r s t u v w x y z

intercostal adj. Que está entre dos costillas: *Los músculos intercostales permiten la respiración.* ☐ MORF. Invariable en género.

interdental ▮ adj. **1** En lingüística, referido a un sonido, que se pronuncia colocando la punta de la lengua entre los incisivos superiores y los inferiores: *La letra 'z' representa un sonido interdental en español.* ▮ s.f. **2** Letra que representa este sonido: *La 'z' es una interdental en español.* ☐ MORF. Como adjetivo es invariable en género.

interés ▮ s.m. **1** Provecho o utilidad que se pueden obtener: *Sé que lo dices por mi propio interés.* **2** Valor o importancia que tiene algo en sí mismo o para alguien: *Es un descubrimiento de gran interés para la ciencia.* **3** Inclinación, curiosidad o afición hacia algo: *Pon más interés en los estudios y aprobarás.* **4** Ganancia que produce un capital: *En cuentas a plazo fijo obtendrás un mayor interés.* ▮ pl. **5** Bienes y propiedades que se poseen: *Ese negociante tiene intereses en el extranjero.* **6** Conveniencias o necesidades de una persona o de un colectivo: *Si no defiendes tus intereses nadie los defenderá por ti.* ☐ SINT. Constr. de la acepción 3: *interés {EN/POR} algo.*

interesado, da adj./s. **1** Que tiene interés o que lo muestra: *Tus amigos están muy interesados por tu salud. Los interesados en el asunto se reunirán mañana.* **2** Que actúa solo por interés y buscando su propio beneficio: *Es muy interesada y solo te ayudará si consigue algo a cambio. Ese interesado no te regalará ni un minuto de su tiempo.*

interesante adj. **1** Que interesa o que tiene interés: *Es una película interesante por la problemática social que refleja.* **2** ‖ **hacerse {el/la} interesante.** *col.* Comportarse de una forma especial para llamar la atención: *Se hace el interesante para que todos nos fijemos en él.* ☐ MORF. Invariable en género.

interesar ▮ v. **1** Producir interés o cautivar o atraer la atención o el ánimo: *Le interesa mucho la política. Ese chico me interesa.* **2** Despertar interés: *Trato de interesar a mis hijos en la lectura.* **3** Ser motivo de interés: *Ese asunto no interesa nada. ¿Te interesa venir?* ▮ prnl. **4** Mostrar interés o inclinación: *Se interesa mucho por el futuro de su sobrino.*

interfecto, ta ▮ adj./s. **1** En derecho, referido a una persona, que ha muerto de forma violenta, esp. si ha sido víctima de una acción delictiva: *La mujer interfecta fue hallada en el sótano. El cuerpo del interfecto estaba mutilado.* ▮ s. **2** *col.* Persona de la que se está hablando: *En ese momento llegó el interfecto, y todos nos callamos.*

interferencia s.f. **1** Alteración del curso normal de algo en desarrollo o en movimiento por la interposición de un obstáculo: *No permitiremos más interferencias en nuestra relación.* **2** Introducción de una señal extraña o perturbadora en la recepción de otra señal y perturbación resultante: *No pudimos terminar de ver la película porque había interferencias de otro canal.* **3** En física, acción recíproca de las ondas, que a veces tiene como consecuencia un aumento, una disminución o una neutralización del movimiento ondulatorio: *La interferencia de las ondas puede darse en el agua, en la propagación del sonido o de la luz, etc.*

interferir v. **1** Referido esp. a algo en desarrollo, alterar su curso normal por la interposición de un obstáculo: *Los manifestantes iban por la carretera para interferir el tráfico.* **2** Producir una interferencia: *Un radioaficionado interfirió una transmisión policial.* **3** Referido a una señal, introducirse en la recepción de otra señal, perturbándola: *Una emisión pirata está interfiriendo nuestro programa.* ☐ MORF. Irreg. →**SENTIR**.

interfijo s.m. →**infijo**.

interfono s.m. Sistema telefónico que se utiliza para las comunicaciones internas: *Comunicó la decisión al capitán del barco por medio del interfono.*

ínterin s.m. **1** Intervalo de tiempo que transcurre entre dos hechos: *Aprovechó el ínterin entre los dos actos para llamar por teléfono.* **2** Tiempo que dura el desempeño de un cargo sustituyendo al titular: *El ínterin en que el subsecretario sustituyó al ministro duró dos semanas.* ☐ PRON. Incorr. *[interín].

interinidad s.f. **1** Tiempo en el que una persona desempeña una función sustituyendo a otra: *Durante su interinidad puso al día todo el trabajo del bedel enfermo.* **2** En la Administración pública, cargo de la persona que ocupa el puesto de un funcionario de carrera sin serlo: *Consiguió la interinidad hace tres años.* **3** Tiempo durante el que un interino ejerce su cargo: *Este año he tenido tres interinidades.*

interino, na ▮ adj./s. **1** Referido a una persona, que sustituye temporalmente a otra en una función: *Ahora es director interino por enfermedad del titular. El interino solo debe atender las cuestiones más urgentes.* ▮ s. **2** En la Administración pública, persona que cubre una plaza de funcionario de carrera sin serlo, debido a una urgente necesidad del órgano administrativo: *Estuvo de interina hasta que se incorporó la persona a la que sustituía por enfermedad.*

interior ▮ adj. **1** Que está en la parte de dentro o que está dentro de algo: *Busca en el bolsillo interior de la chaqueta.* **2** Que es espiritual o que solo se desarrolla en la conciencia de una persona: *Es muy tímido y debe tener una vida interior muy rica.* **3** Que se desarrolla dentro de una zona geográfica o de un lugar determinados: *El comercio interior del país decayó tras la crisis económica.* ▮ adj./s.m. **4** Referido a una vivienda o a sus dependencias, que no tiene ventanas que den a la calle: *No me gustan las habitaciones interiores porque tienen poca luz. Ha comprado un interior en una calle céntrica.* ▮ s.m. **5** Parte de dentro de una cosa, esp. de un edificio o de sus dependencias: *Él mismo se encargó de la decoración del interior.* **6** Ánimo, conciencia o pensamientos íntimos de alguien: *En mi interior no estoy conforme por haber cedido.* **7** En un lugar, esp. en un país, parte central que se opone a las zonas costeras o fronterizas: *Tras recorrer la costa pasamos al interior.* **8** En algunos deportes, esp. en el fútbol, jugador que se coloca entre el delantero centro y el extremo: *El interior izquierdo metió un gol.* ▮ s.m.pl. **9** En cine, vídeo y televisión, escenas que se ruedan o se graban en un estudio o en un escenario natural cerrado: *Los interiores de la película se rodaron en un palacio.* ☐ MORF. Como adjetivo es invariable en género. ☐ SEM. En las acepciones 1, 2 y 3, es sinónimo de *interno*.

interioridad s.f. **1** Situación o desarrollo de algo en la parte interna o central: *Nadie conoce la interioridad de sus pensamientos.* **2** Intimidad o conjunto de asuntos privados y generalmente secretos de una persona o de una corporación: *A ti no te incumben las interioridades de la empresa.*

interiorismo s.m. Estudio de la organización espacial y de la decoración de espacios interiores: *Algunas tendencias empiezan a asociar el interiorismo al mundo del arte.*

interiorizar v. **1** Referido esp. a un sentimiento, no manifestarlo: *No se desahoga porque interioriza sus penas.* **2** Referido esp. a un pensamiento o a una creencia, hacerlos muy íntimos o asentarlos en la conciencia: *Para consolidar el aprendizaje hay que interiorizar lo aprendido.* □ ORTOGR. La *z* se cambia en *c* delante de *e* →CAZAR.

interjección s.f. En gramática, parte invariable de la oración que equivale a una oración completa y que,dotada de la entonación apropiada, sirve para expresar un estado de ánimo o para llamar la atención del oyente: *'¡Ay!', '¡ole!' y '¡canastos!' son interjecciones.* □ ORTOGR. Las interjecciones deben escribirse entre signos de admiración.

interjectivo, va adj. **1** De la interjección o relacionado con ella: *Los insultos se pronuncian con una entonación interjectiva.* **2** En gramática, que funciona como una interjección: *'¡Ay de mí!' es una locución interjectiva.*

interlocutor, -a s. Persona que interviene en una conversación: *En un debate, cada interlocutor debe esperar su turno para hablar.*

intermediario, ria adj./s. **1** Que media entre dos o más partes en conflicto para intentar que se reconcilien o que lleguen a un acuerdo: *La conferencia de paz se celebrará en el país intermediario. Para arreglar sus problemas necesitan un intermediario que sea objetivo.* **2** Que hace llegar las mercancías desde el productor hasta el consumidor a cambio de un beneficio: *La empresa intermediaria tiene más beneficios que el fabricante. Esto es más barato porque se compra directamente en la fábrica, sin intermediarios.*

intermedio, dia ▮ adj. **1** Que está situado entre dos o más cosas o entre los extremos de una gradación: *Quiero un jarrón de tamaño intermedio.* ▮ s.m. **2** Espacio que hay entre dos acciones o entre dos tiempos: *En el intermedio entre el robo y la detención, el ladrón ocultó las joyas.* **3** En un espectáculo, una representación o un programa, espacio de tiempo que los interrumpe; *descanso: Durante los intermedios de la televisión, ponen anuncios publicitarios.*

intermitencia s.f. Interrupción y continuación sucesivas, y generalmente a intervalos regulares: *Los dolores de este enfermo se repiten con intermitencia.*

intermitente ▮ adj. **1** Que se interrumpe y prosigue, generalmente a intervalos regulares: *A lo lejos se veía una luz roja intermitente.* ▮ s.m. **2** En un automóvil, luz lateral que se enciende y se apaga sucesivamente para indicar un cambio de dirección o una avería: *Antes de torcer a la derecha avisa con el intermitente derecho.* □ MORF. Como adjetivo es invariable en género.

internada s.f. En algunos deportes, esp. en fútbol, acción individual de un jugador que se adentra en el campo contrario, esp. en el área, sorteando a sus rivales: *La internada del delantero terminó en gol.*

internado s.m. **1** Centro en el que residen personas internas, esp. alumnos; *pensionado: Estudió en un internado porque sus padres trabajaban.* **2** Estado y régimen de una persona interna, esp. de un alumno: *En los años de internado conoció a sus actuales amigos.* **3** Conjunto de alumnos internos: *El internado ha hecho varias propuestas que debemos considerar.*

internar ▮ v. **1** Conducir o trasladar al interior de un lugar: *La policía internó a los perros en el bosque para que buscaran al desaparecido. Llegué en tren a la frontera y me interné en el país andando.* **2** Referido esp. a una persona, dejarla o meterla en un lugar, esp. en una institución, para que viva o permanezca allí: *Internó a su hijo en un colegio. Se internó en una clínica para adelgazar.* ▮ prnl. **3** Referido esp. a una materia o al conocimiento de una persona, profundizar en ellos: *Se internó en el estudio de la época medieval.* □ SINT. Constr.: *internar EN algo.*

internauta s. Persona que utiliza una red informática mundial de comunicación: *Los internautas son los usuarios de internet.* □ MORF. Es de género común y exige concordancia en masculino o en femenino para señalar la diferencia de sexo: *el internauta, la internauta.*

internet s. Conjunto de redes de comunicación al que se puede acceder desde un ordenador y que permite el intercambio de información entre todos los usuarios: *A través de internet puedo acceder a bases de datos de otros países.* □ MORF. 1. Es de género ambiguo y admite concordancia en masculino o en femenino sin cambiar de significado: *{el/la} internet.* 2. Es un acrónimo que procede de *International Network.* □ USO Se usa también como nombre propio.

interno, na ▮ adj. **1** Que está en la parte de dentro o que está dentro de algo: *El hígado es un órgano interno del cuerpo de muchos animales.* **2** Espiritual o que solo se desarrolla en la conciencia de una persona: *Sus vivencias internas eran muy profundas.* **3** Que se desarrolla dentro de una zona geográfica o de un lugar determinados: *La oposición ha criticado la política interna del Gobierno.* ▮ adj./s. **4** Referido a una persona, esp. a un alumno, que vive en el lugar en el que trabaja o en el que estudia: *Me cuida el niño una chica interna que libra viernes y domingos. Los internos vuelven a sus casas en vacaciones.* **5** Referido esp. a un médico, que realiza su especialización o sus prácticas en una cátedra o en un hospital: *Los médicos internos piden una mejora de sus condiciones. El médico dejó el caso en manos de un interno.* ▮ s. **6** Persona que cumple condena en un establecimiento penitenciario: *Dos de los internos saldrán de la cárcel mañana.* □ SEM. En las acepciones 1, 2 y 3, es sinónimo de *interior.*

interpelación s.f. **1** Exigencia o petición de explicaciones, esp. si se hace con autoridad o con derecho: *La interpelación de los periodistas puso nervioso al ministro.* **2** En un Parlamento, planteamiento por parte de uno de sus miembros de una discusión ajena a los proyectos de ley o de las proposiciones: *La interpelación del senador se centró en la detención de los terroristas.*

interpelar v. **1** Pedir explicaciones o exigirlas, esp. si se hace con autoridad o con derecho: *El inspector interpeló a toda la familia, pero nadie confesó.* **2** En un Parlamento, plantear uno de sus miembros una discusión ajena a los proyectos de ley o a las proposiciones: *El diputado interpeló al Gobierno sobre el adelanto de las elecciones.*

interpolación s.f. Situación o colocación de una cosa entre otras, esp. de palabras o de frases en un texto ajeno: *La interpolación de palabras del editor dificulta el conocimiento de la obra original.*

interpolar v. Referido a una cosa, esp. a palabras o frases, ponerlas o situarlas entre otras: *El copista interpoló frases propias al copiar el manuscrito.*

interponer v. **1** Poner entre dos cosas o dos personas: *Han interpuesto la estantería entre tu mesa y la mía. Se interpuso entre los dos para evitar que se pegaran.* **2** Referido a una persona, ponerla como mediadora entre otras: *El Gobierno ha interpuesto un delegado para negociar con los sindicatos.* **3** En derecho, referido a un recurso, formalizarlo por medio de un escrito que se presenta ante un juez: *Los acusados interpusieron un recurso tras la sentencia.* ☐ MORF. Irreg.: 1. Su participio es *interpuesto.* 2. ⟶**PONER**.

interposición s.f. **1** Situación de una persona o de una cosa entre otras: *El color de la fotografía se debe a la interposición de un filtro entre la flor y el objetivo.* **2** Situación de una persona como mediadora entre otras: *La interposición de tu madre en el asunto ayudará a resolverlo.* **3** En derecho, formalización de un recurso por medio de un escrito que se presenta ante un juez: *La interposición de demanda de divorcio la efectuó el marido.*

interpretación s.f. **1** Explicación del sentido o del significado de algo: *La interpretación de los sueños puede revelar la personalidad.* **2** Concepción o expresión personal: *Me gusta la interpretación que el arquitecto ha hecho de mi idea.* **3** Representación de un papel o de un texto dramáticos: *La crítica destaca la buena interpretación del joven actor.* **4** Ejecución de una composición musical o de un baile: *El pianista mejoró bastante en la segunda interpretación.*

interpretar v. **1** Referido a algo, explicar su significado o darle un sentido: *Cada escritor interpreta la realidad a su manera.* **2** Referido a un dicho o a un hecho, concebirlos o realizarlos una persona según los deseos de otra: *El programador informático interpretó muy bien mis necesidades.* **3** Referido a un papel o a un texto dramáticos, representarlos: *Esa actriz interpreta muy bien el papel de ingenua.* **4** Referido a una composición musical o a un baile, ejecutarlos: *La orquesta interpretó dos obras de Falla.*

interpretativo, va adj. De la interpretación o relacionado con ella: *Es un actor con capacidad interpretativa para los personajes cómicos.*

intérprete s. **1** Persona que se dedica a la interpretación de textos, de papeles dramáticos o de composiciones musicales, esp. si esta es su profesión: *Es una buena intérprete de papeles cómicos.* **2** Persona que se dedica profesionalmente a traducir para otros de forma oral y generalmente simultánea: *Consiguió un trabajo de intérprete en la embajada.* ☐ MORF. Es de género común y exige concordancia en masculino o en femenino para señalar la diferencia de sexo: *el intérprete, la intérprete.*

interpuesto, ta part. irreg. de **interponer**. ☐ MORF. Incorr. **interponido.*

inter-rail s.m. **1** Billete de tren que permite viajar durante un mes por la mayoría de los países europeos: *El inter-rail está destinado principalmente a jóvenes, puesto que para comprarlo no se puede superar un límite de edad.* **2** Viaje que se realiza utilizando este tipo de billete: *El verano pasado hicimos un inter-rail y viajamos por toda Europa.*

interrogación s.f. **1** Formulación de una cuestión o demanda de información; *pregunta: La interrogación del detenido duró varias horas.* **2** En ortografía, signo gráfico de puntuación que se coloca al principio o, en posición invertida, al final de una expresión interrogativa: *La interrogación se representa con los signos '¿ ?'.* ☐ ORTOGR. 1. No debe omitirse el signo inicial de una interrogación. 2. ⟶APÉNDICE DE SIGNOS DE PUNTUACIÓN.

interrogante s. Cuestión dudosa o no aclarada: *El conocimiento del origen del mundo plantea serios interrogantes.* ☐ MORF. Es de género ambiguo y admite concordancia en masculino y en femenino sin cambiar de significado: *{el/la} interrogante {angustioso/angustiosa}.* 2. Se usa más como masculino.

interrogar v. Referido a una persona, hacerle preguntas, esp. con intención de esclarecer un asunto: *La policía interrogó a los detenidos. Interrógate sobre lo sucedido, y después me das una explicación.* ☐ ORTOGR. La *g* se cambia en *gu* delante de *e* ⟶**PAGAR**.

interrogativo, va adj. Que implica, expresa o permite formular una interrogación: *Tienes que dar a la frase una entonación interrogativa.*

interrogatorio s.m. Formulación de preguntas, generalmente con la intención de esclarecer un asunto: *La policía sometió al detenido a un interrogatorio para averiguar quiénes eran sus compinches.*

interrumpir v. **1** Referido esp. a una acción, impedirlo o suspender su continuación: *Los árboles derribados sobre la carretera interrumpían el paso. La carretera se interrumpe a la altura del puente.* **2** Cortar una conversación porque se habla cuando lo está haciendo otra persona: *No me interrumpas, porque todavía no he terminado de hablar.*

interrupción s.f. Suspensión o detención de la continuación de algo: *Estuvo hablando dos horas sin interrupción.*

interruptor s.m. Aparato que se utiliza para abrir o cerrar el paso de corriente eléctrica en un circuito: *Para encender la luz, pulsa el interruptor que hay en la pared.*

intersección s.f. **1** En geometría, encuentro de dos líneas, dos planos o dos cuerpos que se cortan: *Un punto es el lugar de intersección entre dos rectas.* **2** Punto o lugar en el que se cortan dos líneas, dos planos o dos volúmenes: *La intersección de dos superficies es una línea.* **3** En matemáticas, conjunto formado por los elementos comunes de varios conjuntos: *Entre el conjunto de los números pares y el de los números naturales menores de 5, la intersección es el 2 y el 4.* ☐ ORTOGR. Dist. de *intercesión.*

intersticio s.m. Espacio pequeño entre dos cuerpos o entre las partes de un mismo cuerpo: *Por el intersticio que queda entre la puerta y la pared entra un haz de luz.*

intervalo s.m. **1** Espacio o distancia que hay entre dos momentos o entre dos puntos: *Recibí cuatro llamadas en un intervalo de veinte minutos.* **2** Conjunto de valores que toma una magnitud entre dos límites dados: *El intervalo de mi termómetro es de 7,5 °C.* **3** En música, distancia de tono existente entre dos notas y que se mide por el número de notas correlativas y de tonos y semitonos que median entre ellas en la escala, ambas incluidas: *Entre 'do' y 'mi' hay un intervalo de tercera ascendente y entre 're' y 'do', de segunda descendente.*

intervención s.f. **1** Participación o actuación en un asunto: *Gracias a tu intervención todo salió bien.* **2** Vigilancia y control de algo por parte de la autoridad: *La intervención de su correspondencia se hizo por orden judicial.* **3** Oficina del interventor: *Tengo que pasarme por intervención para hablar de la inspección de mi empresa.* **4** Operación quirúrgica: *Podrá salir pronto del hospital porque la intervención ha sido un éxito.* **5** Apropiación por parte de la policía de una mercancía ilegal que estaba en poder de alguien: *La intervención del alijo de cocaína se realizó gracias a la colaboración ciudadana.*

intervenir v. **1** Tomar parte en un asunto: *Intervino en la conversación para apoyar mis ideas.* **2** Referido a una persona o a una entidad, interponer su autoridad en un asunto: *Tuvo que intervenir la policía para disolver la manifestación.* **3** Interceder o mediar por alguien: *Intervino para que me ascendieran.* **4** Referido a una comunicación privada o a un teléfono, controlarlos o vigilarlos la autoridad: *Intervinieron el teléfono del traficante.* **5** Referido a un paciente, practicarle una operación quirúrgica; *operar: Lo intervinieron de urgencia porque estaba muy grave.* **6** Referido a una mercancía ilegal, apoderarse de ella la autoridad: *La policía ha intervenido un cargamento de tabaco de contrabando.* ☐ MORF. Irreg. ⟶**VENIR**.

interventor, -a s. **1** Persona que controla y autoriza las cuentas u otras operaciones para que se hagan con legalidad: *El interventor examinó los libros de cuentas y no encontró fallos.* **2** En unas elecciones, persona designada por el candidato para vigilar y autorizar, junto a los demás miembros de la mesa, el resultado de la votación: *El interventor de mi partido impugnó la votación porque detectó irregularidades.* **3** Persona que comprueba y controla los billetes en el tren: *El interventor nos pidió los billetes a la hora del viaje.*

interviú s. Entrevista periodística: *Esta semana se publica la interviú hecha al presidente del Gobierno.* ☐ ORTOGR. Es un anglicismo (*interview*) adaptado al español. ☐ MORF. 1. Se usa más como femenino, aunque es de género ambiguo y admite concordancia en masculino o en femenino sin cambiar de significado: *{el/la} interviú*. 2. Su plural es *interviús*.

intestinal adj. Del intestino o relacionado con este conducto: *Me han operado de una obstrucción intestinal.* ☐ MORF. Invariable en género.

intestino, na ▮ adj. **1** Que está o se desarrolla en el interior: *Las guerras intestinas han acabado con la economía del país.* ▮ s.m. **2** En el aparato digestivo de muchos animales, conducto membranoso que se extiende desde el estómago hasta el ano y en el que se completa la digestión y se absorben los productos útiles resultantes de la misma: *En los animales superiores, el intestino se encuentra plegado en varias vueltas.* **3** ‖ **intestino delgado.** En los mamíferos, el que comienza en el estómago y termina en el intestino grueso y en el que se realiza la digestión intestinal y la absorción de la mayor parte de las sustancias útiles: *En los animales superiores, el intestino delgado está formado por el duodeno, el yeyuno y el íleon.* ‖ **intestino grueso.** En los mamíferos, el que, teniendo mayor diámetro que el intestino delgado, comienza al acabar este y termina en el ano: *En algunos animales, el intestino grueso está formado por el ciego, el colon y el recto.*

intifada s.f. Rebelión popular palestina: *La intifada se inició el 9 de diciembre de 1987 en los territorios ocupados por Israel.*

intimar v. Entablar una amistad íntima: *En la mili intimó con los compañeros y ahora salen juntos los fines de semana.*

intimidación s.f. Provocación o inspiración de miedo: *Fue un robo con intimidación, ya que los amenazó con una navaja.*

intimidad ▮ s.f. **1** Amistad íntima o muy estrecha: *La gran intimidad que hay entre ellos hace que no tengan secretos el uno para el otro.* **2** Parcela privada de la vida de una persona: *Violaron su intimidad al hacerle las fotos sin que se diera cuenta.* **3** Carácter privado o reservado: *En la intimidad de la noche confesó que la amaba.* ▮ pl. **4** Asuntos o sentimientos de la vida privada de una persona: *Es muy tímido y no cuenta a nadie sus intimidades.* **5** En una persona, órganos sexuales externos: *Le hicieron una foto descarada en la que se le veían las intimidades.*

intimidar v. Causar o infundir miedo: *Tu seriedad intimida a los niños y no te quieren.*

intimismo s.m. Tendencia que muestra predilección por asuntos de la vida íntima o familiar: *La poesía amorosa se caracteriza por su intimismo.*

intimista adj. Referido a una obra de arte, que expresa temas de la vida íntima o familiar: *Sus cuadros están llenos de escenas intimistas.* ☐ MORF. Invariable en género.

íntimo, ma ▮ adj. **1** De la intimidad o relacionado con ella: *La decoración de la casa resultaba íntima y acogedora.* **2** Profundo, interno o reservado: *Me descubrió sus sentimientos más íntimos.* ▮ s. **3** Amigo de confianza: *A la celebración solo fuimos los íntimos.*

intoxicación s.f. Envenenamiento o trastorno producido por una sustancia tóxica: *Los alimentos en mal estado causan intoxicaciones.*

intoxicar v. Envenenar o administrar una sustancia tóxica: *El humo del incendio intoxicó a un bombero. Me intoxiqué por beber agua del río.* ☐ ORTOGR. La *c* se cambia en *qu* delante de *e* ⟶**SACAR**.

intra- Prefijo que significa 'dentro de' o 'en el interior': *intramuros, intracelular, intramuscular, intravenoso.*

intradós s.m. En un arco o en una bóveda, superficie cóncava que queda a la vista por su parte interior: *El intradós de la bóveda de la iglesia estaba pintado al fresco.* 👁 **arco**

intrepidez s.f. Valor y arrojo ante el peligro o ante las dificultades: *Nos sorprendió tu intrepidez cuando te vimos trepar por el acantilado.*

intrépido, da adj. Que no se detiene ante el peligro o ante las dificultades: *Un intrépido bombero nos salvó del incendio.*

intriga s.f. **1** Acción que se ejecuta con astucia y de forma oculta para conseguir un fin: *Sus intrigas le han permitido subir al poder.* **2** Enredo o lío: *¡Menudas intrigas te traes para preparar la fiesta!* **3** En una narración, conjunto de acontecimientos que constituyen la trama o el nudo, esp. si despiertan o mantienen vivo el interés: *La intriga de la novela es muy buena, aunque no está bien escrita.* **4** Interés o intensa curiosidad que produce algo: *El título de la película despertó mi intriga y fui al cine a verla.*

intrigante s. Persona que intriga o que participa en una intriga: *No confíes demasiado en él, porque es un intrigante de cuidado.* ☐ MORF. Es de género común y exige concordancia en masculino o en femenino para señalar la diferencia de sexo: *el intrigante, la intrigante.*

intrigar v. **1** Actuar con astucia y de forma oculta para conseguir un fin: *Intrigó con las potencias extranjeras hasta lograr derrocar al presidente.* **2** Producir interés o intensa curiosidad: *Su extraño comportamiento de estos días me intriga.* ☐ ORTOGR. La *g* se cambia en *gu* delante de *e* ⟶**PAGAR**.

intrincado, da adj. Enredado, difícil o confuso: *Tardamos mucho en encontrar la solución a un asunto tan intrincado.*

intríngulis s.m. *col.* Dificultad o complicación que presenta una cosa: *Cuando descubra el intríngulis del asunto, todo irá sobre ruedas.* ☐ MORF. Invariable en número.

intrínseco, ca adj. Propio y característico de algo por sí mismo y no por causas exteriores: *El estudio es un deber intrínseco del estudiante.* ☐ SEM. Dist. de *extrínseco* (que no es propio o característico).

introducción s.f. **1** Colocación en el interior de algo o entre varias cosas: *Tú te encargarás de la introducción del* *relleno en las almohadas.* **2** Aceptación de una persona en un ambiente o en un grupo social: *Su introducción en el club fue todo un éxito.* **3** Aparición de algo que no había o de algo nuevo: *La introducción de este producto en el mercado ha tenido una gran campaña publicitaria.* **4** Lo que sirve de preparación, de explicación o de inicio: *En la introducción explica el motivo por el que escribió el libro.*

introducir v. **1** Meter o hacer entrar en el interior de algo o entre varias cosas: *Introdujo la moneda en el teléfono y marcó el número. Se ha introducido agua en el reloj.* **2** Referido a una persona, acompañarla o conducirla al interior de un lugar: *El acomodador introdujo al muchacho en el cine. Me introduje en su casa cuando no había nadie.* **3** Referido a una persona, meterla o incorporarla a un ambiente o a un grupo social: *Introduje a mi primo en la sociedad de la que formo parte. Aunque ha tenido que luchar mucho, ya se ha introducido en el mundo de la moda.* **4** Referido a algo no conocido o no extendido, ponerlo en uso: *Gracias a la publicidad pudo introducir sus productos en el mercado. Esa costumbre se introdujo en España en los años sesenta.* ☐ MORF. Irreg. →**CONDUCIR**.

intromisión s.f. Intervención en un asunto ajeno sin tener motivo o permiso para ello; *entrometimiento*: *Perdonad mi intromisión, pero os he oído y creo que estáis equivocados.*

introspección s.f. Observación y análisis de la propia conciencia o de los propios pensamientos y sentimientos: *El conocimiento de uno mismo se logra por medio de la introspección.*

introspectivo, va adj. De la introspección o relacionado con ella: *El examen de conciencia supone un análisis introspectivo.*

introvertido, da adj./s. Referido a una persona, que tiende a concentrarse en su mundo interior y a evitar exteriorizarlo: *Nunca habla de sus sentimientos porque es muy introvertido. Sois una panda de introvertidos y no me extraña que os cueste hacer nuevas amistades.*

intruso, sa adj./s. Que se ha introducido sin derecho, sin autorización o sin consentimiento: *Las personas intrusas fueron expulsadas sin contemplaciones. Unos intrusos entraron en casa y lo desordenaron todo.*

intubación s.f. En medicina, introducción de un tubo en una cavidad orgánica, esp. en la tráquea, para permitir la entrada de aire en los pulmones: *El médico ordenó la intubación del paciente cuando vio que se estaba asfixiando.*

intubar v. En medicina, referido a una persona, introducirle un tubo en una cavidad orgánica, esp. en la tráquea, para permitir la entrada de aire en los pulmones; *entubar*: *Tiene problemas respiratorios y lo han tenido que intubar.*

intuición s.f. **1** Conocimiento claro y directo de una idea o de una realidad sin necesidad de razonamientos: *En filosofía, la intuición es una forma de conocimiento admitida por muchos.* **2** *col.* Capacidad para comprender algo rápidamente o para darse cuenta de ello antes que los demás: *Tiene mucha intuición y sabe captar las intenciones de la gente.*

intuir v. **1** Percibir o comprender mediante la intuición: *Intuyó que era un buen negocio y por eso se arriesgó.* **2** Presentir o tener la impresión: *Intuyo que hoy me van a llamar por teléfono.* ☐ MORF. Irreg.: La *i* final se cambia en *y* delante de *a, e, o* →**CONTRIBUIR**.

intuitivo, va adj. **1** De la intuición o relacionado con ella: *Lo sé de una forma intuitiva, sin que tú me lo hayas dicho.* **2** Referido a una persona, que actúa llevada más por la intuición que por el razonamiento: *Es tan intuitivo que parece que lee el pensamiento.*

inundación s.f. **1** Cubrimiento de un lugar con agua: *Las intensas lluvias produjeron inundaciones.* **2** Invasión o afluencia masiva de algo: *Protestaron por la inundación del mercado con productos japoneses.*

inundar v. **1** Referido a un lugar, cubrirlo el agua; *anegar*: *La crecida del río inundó el valle. Se salió el agua de la lavadora y se inundó la cocina.* **2** Referido a un lugar, llenarlo completamente: *Los turistas inundan las playas. La habitación se inunda de sol al amanecer.*

inusitado, da adj. Extraño o poco habitual: *Aunque llegó tarde, no me enfadé, porque es algo inusitado en él.*

inutilizar v. Referido a algo, hacer que ya no sirva para lo que estaba destinado: *El rayo que cayó ha inutilizado la instalación eléctrica.* ☐ ORTOGR. La *z* se cambia en *c* delante de *e* →**CAZAR**.

invadir v. **1** Referido a un lugar, entrar en él por la fuerza y ocuparlo: *El ejército invadió el país vecino y se ha declarado la guerra.* **2** Referido a algo delimitado, traspasar su límite: *La actriz no pudo evitar que los fotógrafos invadieran su intimidad.* **3** Referido a una sensación o a un estado de ánimo, sobrevenirle a alguien dominándolo por completo: *Después de comer, me invade una sensación de modorra.* **4** Llenar u ocupar todo y ocasionando molestias: *Los bañistas invaden la playa cada verano.*

invalidar v. Quitar la validez o dar por nulo: *Los jueces han invalidado la carrera porque hubo irregularidades.*

invalidez s.f. Incapacidad de una persona para realizar ciertas actividades a causa de una deficiencia física o psíquica: *A causa de su invalidez ha tenido que contratar los servicios de una enfermera.* ☐ USO Tiene un matiz despectivo, y por ello resulta preferible el término *discapacidad*.

inválido, da adj./s. Referido a una persona, que tiene una deficiencia física o psíquica que le impide la realización de ciertas actividades: *A causa de un accidente de moto, tiene inválidas las piernas. Algunos inválidos de guerra exigieron el reconocimiento de su jubilación.* ☐ USO Resulta preferible la expresión *persona con discapacidad*.

invasión s.f. **1** Entrada en un lugar por la fuerza y ocupación del mismo: *El pueblo se levantó contra la invasión del ejército agresor.* **2** Traspaso y violación de los límites establecidos: *La grabación de esa conversación supone una invasión de mi intimidad.* **3** Ocupación total de un lugar de forma que se ocasionan molestias: *En el mundo de la canción hay una invasión de chicos guapos que cantan mal.*

invasor, -a adj./s. Que invade un lugar entrando en él por la fuerza, traspasando sus límites o llegando a ocuparlo por completo: *El pueblo español se sublevó en 1808 contra el ejército invasor napoleónico. Los invasores declararon suyo el territorio conquistado.*

invectiva s.f. Discurso o escrito crítico y violento contra algo: *Lanzó una invectiva contra el plan económico del Gobierno.* ☐ ORTOGR. Dist. de *inventiva*.

invención s.f. **1** Creación o descubrimiento de algo nuevo o desconocido por medio del ingenio y la meditación o por casualidad: *En el siglo XV tuvo lugar la invención de la imprenta.* **2** Lo que es creado o descubierto de esta manera: *El teléfono es una gran invención.* **3** Fingimiento o presentación como real de algo falso: *Estoy ocupado en* *la invención de una excusa para que no me reprendan.* **4** Hecho o dicho falsos que se fingen o se presentan como reales: *Que le haya tocado la lotería es una invención, porque sé que no tiene dinero.* ☐ SEM. Es sinónimo de *invento*.

inventar v. **1** Referido a algo nuevo o desconocido, crearlo o descubrirlo por medio del ingenio y la meditación o por casualidad: *Los novelistas inventan historias para contárselas a sus lectores. Me he inventado un modo de combatir la calvicie.* **2** Referido a algo falso, fingirlo o presentarlo como real: *Todos los días inventa una excusa para explicar su retraso. Se inventó una historia increíble para que no lo castigaran.*

inventariar v. Hacer inventario: *Tuve que inventariar el género del almacén.* ☐ ORTOGR. La segunda *i* lleva tilde en los presentes, excepto en las personas *nosotros* y *vosotros* →**VACIAR**.

inventario s.m. **1** Relación ordenada y detallada del conjunto de bienes y demás cosas pertenecientes a una persona, una entidad o una comunidad: *No voy a hacer ahora el inventario de tus errores.* **2** Documento en el que está escrita esta relación: *Le entregó el inventario de todas sus pertenencias.*

inventiva s.f. Capacidad o facilidad que se tiene para inventar: *Tiene una gran inventiva para contar historias.* ☐ ORTOGR. Dist. de *invectiva*.

invento s.m. **1** Creación o descubrimiento de algo nuevo o desconocido por medio del ingenio y la meditación o por casualidad: *El invento de la rueda fue fundamental en la historia del hombre.* **2** Lo que es creado o descubierto de esta manera: *Se hizo famoso después de comercializar su invento.* **3** Fingimiento o presentación como real de algo falso: *Me ha traído más problemas el invento de la mentira que haber dicho la verdad.* **4** Hecho o dicho falsos que se fingen o se presentan como reales: *Tu enfermedad es un invento para no ir al colegio.* ☐ SEM. Es sinónimo de *invención*.

inventor, -a adj./s. Que inventa o que se dedica a inventar: *Edison fue el americano inventor del telégrafo. Los inventores deben registrar sus patentes.*

invernadero s.m. Lugar cubierto en el que se crean las condiciones ambientales adecuadas para el cultivo de plantas fuera de su ámbito natural: *Tengo orquídeas en el invernadero.*

invernal adj. Del invierno o relacionado con él: *Abrígate porque hace un frío invernal.* ☐ MORF. Invariable en género.

inversión s.f. **1** Alteración del orden, de la dirección o del sentido de algo: *En español, en las preguntas directas hay una inversión del orden sujeto-verbo en verbo-sujeto.* **2** Empleo de una cantidad de dinero con la intención de obtener beneficios: *La modernización de la empresa ha sido posible gracias a la inversión de capital extranjero.* **3** Ocupación de un período de tiempo: *En un proyecto a largo plazo siempre hay una gran inversión de tiempo.*

inverso, sa adj. **1** Alterado o contrario en el orden, la dirección o el sentido: *En algunos crucigramas hay que escribir las palabras en el orden inverso.* **2** ‖ **a la inversa.** Al contrario: *Yo me ducho primero y después me lavo la cabeza y tú lo haces a la inversa.*

inversor, -a adj./s. Que invierte, esp. referido a la persona que invierte una cantidad de dinero: *Los socios inversores han retirado su capital de la empresa. Busco un inversor para mi nuevo negocio.*

invertebrado, da ▌ adj./s.m. **1** Referido a un animal, que no tiene columna vertebral: *Los insectos son animales invertebrados. El gusano es un invertebrado.* ▌ s.m.pl. **2** En zoología, grupo de estos animales: *En clasificaciones antiguas, se dividía a los animales en vertebrados e invertebrados.*

invertido adj./s.m. Referido a un hombre, que siente atracción sexual por individuos de su mismo sexo: *Debido a su amaneramiento piensan que es un invertido.* ☐ USO Tiene un matiz despectivo.

invertir v. **1** Referido al orden, a la dirección o al sentido de algo, trastornarlos o alterarlos: *Si inviertes el orden del abecedario, la primera letra es la 'z'.* **2** Referido a una cantidad de dinero, emplearla con la intención de obtener beneficios; *colocar: Invirtió todo su capital en la compra de un piso.* **3** Referido a un período de tiempo, ocuparlo en algo: *Invirtió dos años de su vida en ese trabajo de investigación.* ☐ MORF. 1. Tiene un participio regular (*invertido*), que se usa en la conjugación, y otro irregular (*inverso*), que se usa solo como adjetivo. 2. Irreg. →**SENTIR**. ☐ SINT. Constr.: *invertir algo* EN *algo*.

investidura s.f. Concesión de una dignidad o de un cargo importante: *Los reyes han asistido a la sesión de investidura del nuevo presidente.*

investigación s.f. **1** Empleo de los medios necesarios para aclarar o descubrir algo: *La investigación policial sobre el atraco ha sido un éxito.* **2** Trabajo en un campo de estudio con el fin de aclarar o descubrir ciertas cuestiones: *Su última publicación es producto de años de investigación.*

investigar v. **1** Referido a algo desconocido, hacer lo necesario para aclararlo o descubrirlo: *Varios policías investigan el crimen.* **2** Referido a un campo de estudio, trabajar en él a fondo con el fin de aclarar o descubrir determinadas cuestiones: *Les han concedido una ayuda económica para investigar sobre el cáncer.* ☐ ORTOGR. La *g* se cambia en *gu* delante de *e* →**PAGAR**.

investir v. Referido a una persona, concederle o asignarle una dignidad o un cargo importante: *Invistió al ex ministro con el título de marqués.* ☐ MORF. Irreg.: La *e* se cambia en *i* cuando la sílaba siguiente no tiene *i* o la tiene formando diptongo →**PEDIR**. ☐ SINT. Constr.: *investir a alguien {*DE/CON*} algo*.

inveterado, da adj. Muy antiguo o arraigado: *Sigue con su inveterada costumbre de fumar.*

invicto, ta adj./s. Que no ha sido vencido: *Este equipo sigue invicto y ocupa el primer puesto de la clasificación. A pesar de los miles de muertos y de las pérdidas, se consideran los invictos de la guerra.*

invierno s.m. Estación del año entre el otoño y la primavera, y que en el hemisferio norte transcurre aproximadamente entre el 21 de diciembre y el 21 de marzo: *En invierno los días son más cortos que las noches.* ☐ SEM. En el hemisferio sur, transcurre aproximadamente entre el 21 de junio y el 21 de septiembre. 👁 **estación**

invitación s.f. **1** Ofrecimiento para participar en una celebración o en un acontecimiento: *No sé si aceptaré su invitación de ir al cine.* **2** Pago de lo que otros consumen: *Rechacé su invitación y me pagué yo el café.* **3** Incitación a hacer algo: *Su discurso ha sido una invitación a la reflexión.* **4** Tarjeta o escrito con los que se invita: *Ya he recibido vuestra invitación de boda.*

invitado, da s. Persona que recibe una invitación: *A la boda asistieron todos los invitados.*

invitar v. **1** Comunicar el deseo de que se participe en una celebración o en un acontecimiento: *Me han invitado al acto de presentación del libro.* **2** Pagar lo que otros consumen: *Guarda el dinero, que hoy invito yo.* **3** Referido a una acción, incitar o estimular a hacerla: *Este calor invita a ir a la piscina.* **4** *col.* Referido a una acción, mandar o pedir con firmeza y educación que se haga: *El portero invitó a los gamberros a salir de la discoteca para que no armaran jaleo.* ☐ SINT. Constr.: *invitar a alguien* A *algo*.

invocación s.f. **1** Llamada o apelación mediante ruegos, esp. las que se dirigen a una divinidad o a un espíritu: *Las brujas hicieron una invocación a los espíritus malignos.* **2** Mención que se hace de algo con autoridad para ampararse o respaldarse en ello: *El periodista hizo una invocación a la libertad de expresión como rechazo de la censura.* **3** Palabra o conjunto de palabras con las que se invoca: *En la estampa figuraba una invocación al santo patrón.*

invocar v. **1** Referido esp. a una divinidad, llamarla o dirigirse a ella con ruegos: *Invocó la ayuda de Dios antes de decidirse.* **2** Referido a una autoridad legal o ética, mencionarla para ampararse o respaldarse en ella: *Invocó sus años de matrimonio para solicitar comprensión.* ☐ ORTOGR. La *c* se cambia en *qu* delante de *e* →**SACAR**.

involución s.m. Retroceso en la marcha o en la evolución de un proceso: *El golpe de Estado supuso la involución política del país.*

involucionar v. Referido a un proceso, retroceder o volver atrás: *La situación política del país involucionó a raíz del golpe de Estado.*

involucrar v. Referido a una persona, complicarla en un asunto o comprometerla en él: *Involucró a su hermano en la estafa y lo han detenido. No se involucró en aquel negocio porque le parecía ilegal.* ☐ SINT. Constr.: *involucrar a alguien* EN *algo*. ☐ SEM. Como pronominal, dist. de *inmiscuirse* (entrometerse sin razón o autoridad).

involuntario, ria adj. Que sucede independientemente de la voluntad: *Respirar es un acto involuntario.*

involutivo, va adj. De la involución o relacionado con ella: *Sufrió un proceso involutivo en su enfermedad y vuelve a tener fiebre.*

inyección s.f. **1** Introducción a presión de una sustancia, esp. de un fluido, en un cuerpo o en una cavidad: *En la clase de mecánica van a hablar de los motores de inyección.* **2** Sustancia que se inyecta: *Me recetaron unas inyecciones de hierro contra la anemia.* 👁 **medicamento** **3** Aportación que puede servir de estímulo: *La visita de su nieto supuso una inyección de vitalidad para ella.* ☐ SEM. En la acepción 2, dist. de *jeringa* y de *jeringuilla* (instrumentos que sirven para inyectar).

inyectar v. **1** Referido a una sustancia, esp. a un fluido, introducirla a presión en un cuerpo o en una cavidad: *Los albañiles inyectaron hormigón a los muros para reforzarlos. Yo sola me inyecto la vacuna.* **2** Referido a algo que pueda servir de estímulo, aportarlo o transmitirlo: *Los nuevos mercados han inyectado capital a la empresa.*

inyector s.m. Dispositivo que permite introducir a presión un fluido en una cavidad: *Los motores de inyección llevan incorporado un inyector.*

iodo s.m. →**yodo.**

ion s.m. Átomo o agrupación de átomos que tienen carga eléctrica por la pérdida o por la ganancia de electrones y que resultan de la descomposición de moléculas: *En la disolución acuosa de la sal (Na Cl), el ion Cl^- tiene carga negativa y el ion Na^+ tiene carga positiva.* ☐ ORTOGR. Se escribe siempre sin tilde aunque se pronuncie como bisílabo.

ionosfera s.f. En la atmósfera, zona que, a partir de los ochenta kilómetros de altitud aproximadamente, se caracteriza por la abundancia de iones a causa de la radiación solar: *La ionosfera tiene un papel determinante en la propagación de ondas radioeléctricas.*

iota s.f. En el alfabeto griego clásico, nombre de la novena letra: *La grafía de la iota es* ι.

ípsilon s.f. En el alfabeto griego clásico, nombre de la vigésima letra: *La grafía de la ípsilon es* υ.

ipso facto (latinismo) ‖ De manera inmediata, en el acto o por el mismo hecho: *Entré en la oficina y me atendieron ipso facto.*

ir ▌ v. **1** Dirigirse a un lugar o moverse de un lugar a otro: *Voy a mi casa andando. Se fue al hotel en taxi.* **2** Asistir a un lugar o frecuentarlo: *Este es el último año que voy al colegio.* **3** *col.* Funcionar o marchar: *Tu reloj va retrasado.* **4** Actuar o desenvolverse: *¿Qué tal vas en el trabajo?* **5** Arreglarse, vestirse o llevar como adorno: *Siempre voy con falda.* **6** Estar o hallarse en el estado o en la situación que se expresa: *Esto va al lado de aquello.* **7** Alcanzar el estado que se expresa: *El negocio se fue a la quiebra por tu falta de discreción.* **8** Corresponder o tener relación: *Este sobre va con esta carta, no te confundas.* **9** Ser adecuado, acomodarse o armonizar: *No te va nada ese peinado.* **10** Convenir o gustar: *Me va mucho eso de pasear en bici.* **11** Importar: *¿Qué te va a ti en eso?* **12** Existir diferencia entre dos términos que se comparan: *Del 3 al 7 van 4.* **13** En algunos juegos de cartas, aceptar una apuesta; *entrar, jugar: Siempre que juego al mus y me envidan a la chica, yo voy con cinco más.* **14** Referido a un asunto, desarrollarse como se indica: *Sus amenazas iban en serio.* **15** Referido esp. a un camino, llevar determinada dirección: *¿Adónde va este sendero?* **16** Referido a un espacio comprendido entre dos puntos, extenderse entre ellos: *Esta costa va desde mi pueblo hasta el tuyo.* **17** Referido a algo que se fija de antemano, apostarlo: *¿Cuánto va a que corro más que tú?* ▌ prnl. **18** Abandonar un lugar por decisión propia; *marcharse: Me fui de aquel trabajo porque no lo aguantaba más.* **19** Desaparecer o borrarse: *La mancha de tinta se fue al echarle leche.* **20** Morirse: *Cuando vimos que el abuelo se nos iba, rompimos a llorar.* **21** Gastarse o consumirse: *El dinero se me va en tonterías.* **22** *euf.* Ventosear o expulsar los excrementos involuntariamente: *¿Quién se ha ido, que huele fatal?* **23** ‖ **el no va más.** *col.* Lo mejor que puede existir, imaginarse o desearse: *Se ha comprado una casa que es el no va más.* ‖ **ir** alguien **a lo suyo.** *col.* Ocuparse solo de sus asuntos: *Es una egoísta y solo va a lo suyo.* ‖ **ir con.** Ser partidario de: *Yo voy con este equipo.* ‖ **ir de.** *col.* Seguido de una expresión que identifica determinado comportamiento, tenerlo o adoptarlo: *Va de guapo, pero a mí no me gusta nada.* ‖ **ir {de/sobre}.** Tratar o versar: *¿De qué va ese libro?* ‖ **ir {detrás de/por}** algo. *col.* Inclinarse o mostrar inclinación hacia ello: *Mi hermano va detrás de un coche.* ‖ **ir lejos.** *col.* Llegar a una situación extrema: *Las cosas han ido demasiado lejos.* ‖ **ir para.** Seguido de una profesión, estar aprendiéndola: *Mi primo va para militar.* ‖ **qué va.** *col.* Expresión que se usa para negar lo que otro afirma: *¡Qué va, no fui yo!* ☐ MORF. 1. Irreg. →**IR**. 2. En el imperativo, incorr. {**Ves* › *Ve*} *a casa de tu tía*. 3. En las acepciones 9, 10 y 11, es verbo unipersonal y defectivo: solo se usa en tercera persona del singular y en las formas no personales (infinitivo, gerundio y participio). □ SINT. La perífrasis *ir + a + infinitivo* tiene valor incoativo, es decir, indica intención de realizar la acción que se expresa o inicio de esta: *Ya va a empezar la película*. 2. La perífrasis *ir + gerundio* indica la actual ejecución de la acción que se expresa: *Ya voy estando cansada*. 3. Seguido de *y + un verbo*, sirve para poner de relieve la acción expresada por este: *Ahora va y se pone a llover*.

ira s.f. **1** Enfado o sentimiento de indignación violentos: *Descargó su ira contra mí.* **2** *poét.* Furia o violencia de los elementos de la naturaleza: *El viento soplaba con ira antes de la tormenta.*

iracundia s.f. **1** Inclinación a la ira: *Su iracundia lo lleva a enemistarse con todo el mundo.* **2** Cólera, enfado o enojo muy violentos: *Le dije lo que pensaba y me contestó con iracundia que me callara.*

iracundo, da adj./s. Inclinado a la ira o que está dominado por ella: *Las personas iracundas se enfadan a la mínima. Con ese iracundo es imposible convivir.*

iraní adj./s. De Irán (país del suroeste asiático), o relacionado con él: *La capital iraní es Teherán. Los iraníes cuentan con un gran puerto petrolífero en el golfo Pérsico.* □ MORF. 1. Como adjetivo es invariable en género. 2. Como sustantivo es de género común y exige concordancia en masculino o en femenino para señalar la diferencia de sexo: *el iraní, la iraní*. 2. Aunque su plural en la lengua culta es *iraníes*, se usa mucho *iranís*. 3. Como sustantivo se refiere solo a las personas de Irán.

iraquí adj./s. De Irak (país del suroeste asiático), o relacionado con él: *La capital iraquí es Bagdad. Los iraquíes hablan árabe.* □ ORTOGR. Incorr. **irakí*. □ MORF. 1. Como adjetivo es invariable en género. 2. Como sustantivo es de género común y exige concordancia en masculino o en femenino para señalar la diferencia de sexo: *el iraquí, la iraquí*. 3. Aunque su plural en la lengua culta es *iraquíes*, se usa mucho *iraquís*. 4. Como sustantivo se refiere solo a las personas de Irak.

irascible adj. Que se irrita o se enfada fácilmente: *No tiene muchos amigos porque es muy irascible.* □ MORF. Invariable en género.

iridiado, da adj. Mezclado con iridio: *En el museo de ciencias había una barra de platino iridiado.*

iridio s.m. Elemento químico, metálico y sólido, de número atómico 77, quebradizo y que se funde muy difícilmente: *La punta de muchas plumas estilográficas es de iridio.* □ ORTOGR. Su símbolo químico es *Ir*.

iris s.m. **1** En el ojo, disco membranoso situado entre la córnea y el cristalino, que puede tener distintas coloraciones y en cuyo centro está la pupila: *El iris de mis ojos es castaño.* **2** →**arco iris.**

irisado, da adj. Que brilla o destella como los colores del arco iris: *Encontré en la playa una concha de nácar con reflejos irisados.*

irlandés, -a ▮ adj./s. **1** De Irlanda (isla europea del océano Atlántico), o relacionado con ella: *La parte norte del territorio irlandés es británica. Los irlandeses están muy apegados a sus tradiciones.* ▮ s.m. **2** Lengua céltica de Irlanda (país europeo): *El irlandés es lengua oficial de Irlanda junto con el inglés.* □ MORF. 1. En la acepción 1, como sustantivo se refiere solo a las personas de Irlanda. 2. Dist. de *islandés*.

ironía s.f. **1** Burla ingeniosa y disimulada: *Soltó un par de ironías que me ofendieron.* **2** Tono con que se dice esta burla: *Me dijo con mucha ironía que no esperaba menos de mí.* **3** Lo que resulta ilógico o inesperado y parece una broma pesada: *Fue una ironía de la vida que se fuera cuando más la necesitaba.* **4** Figura retórica o procedimiento del lenguaje consistente en dar a entender lo contrario de lo que se dice: *La ironía es un uso figurado del lenguaje.*

irónico, ca adj. Que muestra, expresa o implica ironía: *Me molesta que te pongas irónica cuando estamos hablando en serio.*

ironizar v. Ridiculizar o hablar con ironía: *Este novelista ironiza las costumbres de sus contemporáneos. No ironices sobre la situación, porque es bastante triste.* □ ORTOGR. La *z* se cambia en *c* delante de *e* →**CAZAR**.

irradiación s.f. **1** Emisión y propagación de luz, de calor o de otro tipo de energía: *La vida en la Tierra no existiría sin la irradiación solar.* **2** Transmisión, difusión o propagación de algo, esp. si se trata de sentimientos o de pensamientos: *Alemania fue el centro de irradiación de las ideas románticas.* □ SEM. Es sinónimo de *radiación*.

irradiar v. **1** Referido a la luz, el calor u otro tipo de energía, despedirlos o emitirlos un cuerpo: *El hombre aprovecha la energía que irradia el sol.* **2** Referido esp. a un sentimiento o a un pensamiento, transmitirlos, difundirlos o propagarlos: *Estaba tan sonriente que irradiaba optimismo a sus compañeros.* □ ORTOGR. La *i* nunca lleva tilde.

irreductible adj. Que no se puede reducir: *El enemigo tuvo que retirarse ante nuestro irreductible ejército.* □ MORF. Invariable en género.

irregular adj. **1** Que no es regular: *'Ser' y 'sentir' son verbos irregulares. Llevo un horario de comidas muy irregular.* **2** No conforme a la ley, a la regla o a un uso establecido: *Se ha enriquecido de una forma un tanto irregular.* **3** Que no ocurre ordinariamente: *Es una situación tan irregular que necesita un planteamiento distinto.* □ MORF. Invariable en género.

irregularidad s.f. **1** Falta de regularidad: *Si no corriges tu irregularidad en el estudio no conseguirás sacar la carrera.* **2** Lo que es irregular: *Los inspectores de la Hacienda Pública han descubierto numerosas irregularidades en el pago de impuestos.*

irrigación s.f. **1** Riego de un terreno: *No tuvimos buena cosecha porque el sistema de irrigación no funcionó.* **2** En medicina, aporte de sangre a los tejidos orgánicos: *Debido a problemas de irrigación tuvieron que amputarle la pierna.* **3** En medicina, introducción de un líquido en una cavidad, esp. en el intestino, a través del ano: *El médico le recomendó una irrigación para solucionar sus problemas intestinales.* **4** En medicina, líquido introducido de esta manera: *La irrigación era agua tibia.*

irrigar v. **1** Referido a un terreno, regarlo: *Instaló un nuevo sistema para irrigar mejor la huerta.* **2** En medicina, referido a un tejido orgánico, aportarle sangre los vasos sanguíneos: *Las venas y las arterias irrigan los tejidos del cuerpo.* **3** En medicina, introducir un líquido en una cavidad, esp. en el intestino a través del ano: *La enfermera irrigó a la paciente antes de hacerle la radiografía.* □ ORTOGR. La *g* se cambia en *gu* delante de *e* →**PAGAR**.

irrisión s.f. *col.* Lo que provoca o mueve a risa y burla: *Con ese traje era la irrisión de la fiesta.*

irrisorio, ria adj. **1** Que provoca risa y burla: *Lo que contó no tenía ni pies ni cabeza y resultó irrisorio.* **2** Referido esp. a una cantidad de dinero, insignificante o muy pequeña: *Como es un piso de renta antigua, pago un alquiler irrisorio.*

irritabilidad s.f. Facilidad para irritarse: *Su irritabilidad hace que sea una persona intratable.*

irritable adj. Que se irrita con facilidad: *Es muy irritable y se enfada por cualquier cosa. Tengo que usar una crema especial porque tengo la piel muy irritable.* □ MORF. Invariable en género.

irritación s.f. **1** Enfado o enojo: *Su irritación era tan grande que creí que me iba a pegar.* **2** Reacción de un órgano o de una parte del cuerpo, que se caracteriza por enrojecimiento, escozor o dolor: *Las ortigas me produjeron irritación en la piel.*

irritar v. **1** Causar ira o sentirla: *Su falta de responsabilidad me irrita. Se irrita cuando llego tarde a casa.* **2** Referido a un órgano o a una parte del cuerpo, provocarle una reacción caracterizada por enrojecimiento, escozor o dolor: *Los gases irritan los ojos. Cuando estoy resfriada, se me irrita la nariz.*

irrumpir v. **1** Entrar violentamente o con ímpetu en un lugar: *Los alborotadores irrumpieron en el bar y causaron varios destrozos.* **2** Aparecer con fuerza o de repente: *Esa moda irrumpió en nuestro país a principios de los ochenta.* □ SINT. Constr.: *irrumpir* EN *algo.* □ SEM. Dist. de *prorrumpir* (exteriorizar un sentimiento violenta o repentinamente).

irrupción s.f. **1** Invasión o entrada violenta o impetuosa de algo en un lugar: *La irrupción de los manifestantes en la plaza produjo un atasco.* **2** Aparición que se produce con fuerza o de repente: *La irrupción del verano trajo las noches de insomnio por el calor.*

isabelino, na adj. De cualquiera de las reinas españolas o inglesas que se llamaron Isabel, o relacionado con ellas: *Con el reinado isabelino surgió en la primera mitad del siglo XIX el movimiento carlista.*

isla s.f. **1** Porción de tierra rodeada de agua por todas partes: *Los náufragos consiguieron llegar a una pequeña isla que había en mitad del océano.* **2** En un lugar, zona o parte claramente delimitadas o diferenciadas de lo que las rodea: *Frente al jaleo que hay en el edificio, la biblioteca es una isla de paz.*

islam s.m. **1** →**islamismo.** **2** Conjunto de los pueblos que tienen como religión el islamismo: *En la Edad Media, el islam dominó las costas mediterráneas occidentales.*

islámico, ca adj. Del islam o relacionado con esta religión: *Las mezquitas son templos islámicos. La población islámica suele ser la más numerosa en los países árabes.* □ SEM. Dist. de *árabe* (referente a la cultura).

islamismo s.m. Religión monoteísta cuyos dogmas y preceptos fueron predicados por Mahoma (profeta árabe) y recogidos en el libro sagrado del *Corán*; *islam, mahometismo*: *Uno de los preceptos del islamismo es rezar cinco veces al día.*

islamización s.f. Difusión o adopción de la religión, de la cultura o de las costumbres islámicas: *La islamización de España comenzó con la invasión árabe del siglo VIII.*

islandés, -a ▌adj./s. **1** De Islandia o relacionado con este país europeo: *El paisaje islandés es volcánico. Los islandeses viven en una isla.* ▌s.m. **2** Lengua germánica de este país: *Me hablaron en islandés y no entendí nada.* □ ORTOGR. Dist. de *irlandés.* □ MORF. En la acepción 1, como sustantivo se refiere solo a las personas de Islandia.

isleño, ña adj./s. De una isla o relacionado con ella; *insular*: *Recibir a los extraños con guirnaldas de flores era una de las costumbres isleñas. Los isleños suelen ser buenos pescadores.* □ SEM. Se usa referido esp. a lo que es característico de una isla.

isleta s.f. En una calzada, zona delimitada que generalmente sirve para determinar la dirección de los vehículos o como refugio para los peatones: *Aparqué el coche en una isleta y me pusieron una multa.*

islote s.m. **1** Isla pequeña y despoblada: *El náufrago recorrió el islote hasta el que había sido arrastrado por las olas.* **2** Peñasco grande que sobresale en el mar o en otra superficie: *Los marineros temían que el oleaje empujara el barco contra el islote.*

ismo s.m. Tendencia o movimiento de orientación innovadora, esp. artístico, que se opone a lo ya existente: *El modernismo fue uno de los ismos literarios más importantes de finales del siglo XIX.*

iso- Elemento compositivo que significa 'igual': *isomorfo, isocromático, isosilábico, isotermo.*

isobara s.f. En un mapa meteorológico, línea que une los puntos de la Tierra que tienen la misma presión atmosférica: *Señaló las isobaras para que viéramos el anticiclón.*

isósceles adj. Referido a una figura geométrica, que tiene solo dos lados iguales: *El trapecio isósceles tiene iguales los dos lados no paralelos.* □ MORF. Invariable en género y en número.

isotérmico, ca adj. Referido a un proceso, que tiene una temperatura constante durante su desarrollo: *La evaporación del agua es isotérmica.*

isótopo s.m. Átomo que tiene el mismo número atómico que otro, y por tanto, ambos pertenecen al mismo elemento químico, pero tienen distinta masa atómica: *Todos los isótopos de un elemento químico ocupan la misma casilla que este en el sistema periódico.*

isquion s.m. En anatomía, cada uno de los dos huesos que en los vertebrados forman la porción posterior de la pelvis y, en la especie humana, la parte inferior de esta: *El coxal está formado por tres huesos: el ilion, el pubis y el isquion.* □ PRON. Incorr. *[iskión]. 👁 **esqueleto**

israelí adj./s. De Israel o relacionado con este país asiático: *Los israelíes viven mayoritariamente en ciudades.* □ MORF. 1. Como adjetivo es invariable en género. 2. Como sustantivo es de género común y exige concordancia en masculino o en femenino para señalar la diferencia de sexo: *el israelí, la israelí.* 3. Aunque su plural en la lengua culta es *israelíes*, también se usa *israelís.* 4. Como sustantivo se refiere solo a las personas de Israel. □ SEM. Dist. de *israelita* (del judaísmo o relacionado con esta religión).

israelita ▌adj. **1** Del judaísmo o relacionado con esta religión: *Los preceptos israelitas están recogidos en el Talmud.* ▌adj./s. **2** De un antiguo pueblo semita que conquistó y habitó Canaán (territorio situado en el oeste asiático), o relacionado con él: *Había doce tribus israelitas. En la época de los patriarcas, los israelitas eran dirigidos por el más anciano.* **3** Que tiene como religión el judaísmo: *Los creyentes israelitas tienen la costumbre de orar ante el Muro de las Lamentaciones. Los israelitas han luchado a lo largo de la historia por conseguir un territorio propio.* **4** Del antiguo reino de Israel o relacionado con este: *La capital israelita fue Samaria. Los israelitas fueron gobernados por ocho dinastías.* □ MORF. 1. Como adjetivo es invariable en género, y como sustantivo es de género común y exige concordancia en masculino o en femenino para señalar la diferencia de sexo: *el israelita, la israelita.* 2. En la acepción 4, como sustantivo se refiere solo a las personas del antiguo reino de Israel. □ SEM. 1. Dist. de *israelí* (del moderno Estado de Israel o relacionado con este país asiático). 2. En las acepciones 1, 2 y 3, es sinónimo de *hebreo* y *judío*.

istmo s.m. Franja de tierra que une dos continentes o una península y un continente: *Con la construcción de un canal en el istmo de Panamá se unieron los océanos Atlántico y Pacífico.*

italianismo s.m. En lingüística, palabra, significado o construcción sintáctica del italiano empleados en otra lengua: *'Pizza' es un italianismo común en el inglés y al español.*

italiano, na ▌adj./s. **1** De Italia o relacionado con este país europeo: *El arte italiano tuvo un gran momento en el Renacimiento. Los italianos tienen un carácter abierto.* ▌adj./s.m. **2** Lengua románica de este y otros países: *Muchos términos musicales se escriben en italiano.* □ MORF. 1. Cuando se antepone a una palabra para formar compuestos, adopta la forma *italo-*. 2. En la acepción 1, como sustantivo se refiere solo a las personas de Italia.

itálico, ca ▌adj. **1** Italiano, esp. de la Italia antigua: *Los historiadores hablaron de los pueblos itálicos.* ▌s.f. **2** →**letra itálica.**

ítalo, la adj./s. *poét.* Italiano: *El poeta canta la belleza de las playas ítalas. Le gustaba leer poemas que narraran las batallas de los ítalos.*

iterativo, va adj. En lingüística, que indica una acción que se repite: *'Hojear' es un verbo iterativo porque significa 'pasar hojas muchas veces'.*

iterbio s.m. Elemento químico, metálico y sólido, de número atómico 70, brillante, fácilmente deformable y que pertenece al grupo de los lantánidos: *Los principales yacimientos de iterbio están en la península escandinava.* □ ORTOGR. Su símbolo químico es *Yb*.

itinerante adj. Que va de un lugar a otro sin establecerse en un sitio fijo: *Esta exposición itinerante de pintura recorrerá varias ciudades.* □ MORF. Invariable en género.

itinerario s.m. **1** Descripción detallada de las características de un camino, de una ruta o de un viaje: *El itinerario que nos dieron no estaba completo porque no hablaba de los alojamientos.* **2** Trayecto que se sigue para llegar a un lugar; *ruta*: *Me explicó el itinerario que debía seguir para llegar a su pueblo.*

itrio s.m. Elemento químico, metálico y sólido, de número atómico 39, inflamable y que se descompone con el agua: *El itrio se emplea en aleaciones y en tecnología nuclear.* □ ORTOGR. Su símbolo químico es *Y*.

izar v. Referido esp. a una bandera o a una vela de barco, hacerla subir tirando del cabo de la que está sujeta: *Los soldados izaron la bandera mientras sonaba la corneta.* □ ORTOGR. La *z* se cambia en *c* delante de *e* →**CAZAR**.

izquierda s.f. Véase **izquierdo, da.**

izquierdista ▌adj. **1** De la izquierda o relacionado con estas ideas políticas: *Los votos izquierdistas han decidido la votación.* ▌adj./s. **2** Partidario o seguidor de estas ideas políticas: *Los manifestantes izquierdistas exigían libertad de expresión. En la última asamblea, los izquierdistas de la asociación se han hecho notar.* □ MORF. 1. Como adjetivo es invariable en género. 2. Como sustantivo es de género común y exige concordancia en masculino o en femenino para señalar la diferencia de sexo: *el izquierdista, la izquierdista*.

izquierdo, da ▌adj. **1** Referido a una parte del cuerpo, que está situada en el lado del corazón: *Sabe escribir con la mano izquierda.* **2** Que está situado en el mismo lado que el corazón del observador: *En carretera, los peatones deben circular por el lado izquierdo de la calzada.* **3** Referido a un objeto, que, respecto de su parte delantera, está situado en el mismo lado que correspondería al del corazón de una persona: *Trabajo en el ala izquierda del edificio.* ▌s.f. **4** Mano o pierna que están situadas en el lado del corazón: *Siempre chuta con la izquierda porque es zurdo.* **5** Dirección o situación correspondiente al lado izquierdo: *Prohibido torcer a la izquierda.* **6** Conjunto de personas o de organizaciones políticas de tendencias contrarias a las ideas conservadoras: *La izquierda se ha hecho eco de las reivindicaciones de los trabajadores.* □ MORF. Precedido del número de planta de un edificio, se usa siempre la forma femenina: *Vivo en el 2º izquierda.*

j

j s.f. Décima letra del abecedario: *La palabra 'jabalí' empieza por 'j'.* □ PRON. 1. Representa el sonido consonántico velar fricativo sordo. 2. En Extremadura, en Andalucía, en Canarias y en determinadas zonas de Hispanoamérica se pronuncia como la *h* aspirada.

jabalí s.m. Mamífero salvaje parecido al cerdo, de cabeza aguda y hocico prolongado, con orejas tiesas, pelaje muy tupido y fuerte, y colmillos grandes que le sobresalen de la boca: *El jabalí es muy común en los montes españoles.* □ MORF. 1. La hembra se designa con el sustantivo femenino *jabalina*. 2. Aunque su plural en la lengua culta es *jabalíes*, se usa mucho *jabalís*.

jabalina s.f. **1** Hembra del **jabalí**. **2** En atletismo, vara que se usa en una de las pruebas deportivas de lanzamientos: *El atleta lanzó la jabalina a más de 60 metros.* 👁 **estadio**

jabato, ta ▮ adj./s. **1** *col.* Valiente o atrevido: *Esa joven jabata no se asusta por nada. Defendieron la fortaleza como unos jabatos.* ▮ s.m. **2** Cría del jabalí: *Los jabatos mamaban de la jabalina.* □ MORF. En la acepción 2, es un sustantivo epiceno y la diferencia de sexo se señala mediante la oposición *el jabato {macho/hembra}*.

jábega s.f. **1** Embarcación pesquera más pequeña que el jabeque: *La jábega es muy usada en el sur de España.* **2** Red de pesca, muy larga y compuesta de un saco y dos bandas, de las cuales se tira desde tierra por medio de dos cabos muy largos; *bol: Desde un bote, unos pescadores ayudaban a manejar la jábega a sus compañeros de tierra.* 👁 **pesca**

jabeque s.m. Embarcación con tres palos y velas triangulares o latinas, con la que también se podía navegar a remo: *Los jabeques se usaban para navegar por la costa.* 👁 **embarcación**

jabón s.m. **1** Producto que se usa para lavar con agua y que resulta de la combinación de un álcali con grasas o aceites: *Siempre me lavo la cara con agua y jabón. Eché tanto jabón al fregar que la espuma se salía de la pila.* **2** ‖ **dar jabón** a alguien. *col.* Adularlo o elogiarlo con fines interesados: *Jamás se cansa de dar jabón a su jefe.* ‖ **jabón de olor.** El que se usa para el aseo personal: *Como se me acabó el detergente, lavé la camisa con jabón de olor.*

jabonar v. →**enjabonar.**

jaboncillo s.m. Pastilla hecha con una variedad de talco y que se utiliza para marcar en las telas el lugar por donde estas se han de cortar o coser: *El sastre marcó con jaboncillo la forma del patrón.*

jabonero, ra ▮ adj. **1** Relacionado con el jabón: *En esta región hay varias industrias jaboneras.* **2** Referido a un toro, que tiene la piel de color blanco sucio: *Como no estoy acostumbrado a ver toros jaboneros, me sorprende su color.* ▮ s.f. **3** Recipiente en el que se pone o se guarda el jabón que se utiliza para el aseo personal: *Nunca pone el jabón en la jabonera y luego me toca a mí limpiar el lavabo.*

jabonoso, sa adj. Con jabón o con características de este: *Dejé la ropa en remojo en agua jabonosa.*

jaca s.f. **1** Hembra del caballo; *yegua: El jinete iba orgulloso a lomos de su jaca.* **2** Caballo o yegua de poca alzada: *Compró una jaca porque no quería un caballo grande.*

jacarandoso, sa adj. *col.* Con donaire, alegría o desenvoltura: *A esa actriz tan jacarandosa no le va el papel de mujer apocada.*

jacetano, na adj./s. De un antiguo pueblo indígena prerromano que habitaba la zona de la actual Jaca (ciudad de la provincia de Huesca), o relacionado con él: *Hay una exposición sobre arqueología jacetana. Los jacetanos lucharon contra la dominación romana.*

jacinto s.m. **1** Planta herbácea con tallo subterráneo en forma de bulbo, hojas largas y lustrosas, flores olorosas agrupadas en racimo, y fruto en forma de cápsula: *Los jacintos tienen un uso ornamental.* **2** Flor de esta planta: *Hay jacintos blancos, azules, rosas y amarillos.*

jaco s.m. Caballo de mal aspecto: *No sé cómo dices que ese pobre jaco parece un corcel.*

jacobeo, a adj. Relacionado con el apóstol Santiago (discípulo de Jesucristo): *Conocí Galicia cuando fui en peregrinación al santuario jacobeo.* □ SEM. Dist. de *jacobino* (partidario de la doctrina política del jacobinismo).

jacobinismo s.m. Corriente política surgida durante la Revolución francesa, y que defendía el radicalismo revolucionario y violento: *Robespierre y Danton son algunas de las grandes figuras del jacobinismo.*

jacobino, na adj./s. Partidario o seguidor del jacobinismo: *Los diputados jacobinos formaban parte de la pequeña burguesía urbana. Los jacobinos intentaron instaurar una república democrática basada en el sufragio universal y en una cierta igualdad.* □ SEM. Dist. de *jacobeo* (relacionado con el apóstol Santiago).

jactancia s.f. Presunción o alabanza excesivas de algo

que se posee o se disfruta: *Aunque es millonario, nunca habla con jactancia de sus riquezas.*

jactancioso, sa adj./s. Que presume o se alaba con exceso: *No soporto el tono jactancioso con que siempre habla de sus negocios. Es una jactanciosa cuando habla de su birria de biblioteca.*

jactarse v.prnl. Referido a algo que se posee o se disfruta, presumir excesivamente de ello: *Nunca te jactes de nada si no quieres ser tachado de engreído.* □ SINT. Constr.: *jactarse* DE *algo.*

jaculatoria s.f. Oración breve: *Mi abuela me enseñó las jaculatorias que rezo siempre antes de dormirme.*

jacuzzi s.m. Baño con un sistema de corrientes de agua caliente que se utiliza para hidromasajes (por extensión del nombre de la marca comercial *Jacuzzi®*): *Este hotel dispone de sauna, sala de masajes y jacuzzi.* □ PRON. [yakúdsi] o [yakúsi].

jade s.m. Mineral muy duro, de aspecto jabonoso y color blanquecino o verdoso, muy estimado en joyería: *El jade es una piedra semipreciosa. Muchas herramientas prehistóricas se hacían con jade.*

jadear v. Respirar trabajosamente o con dificultad, generalmente a causa del cansancio: *No digas que estás en forma si no puedes subir diez escalones sin jadear.*

jadeo s.m. Respiración que se realiza con dificultad, generalmente a causa del cansancio: *Poco después de terminar la carrera de galgos, cesaron los jadeos de los perros.*

jaez s.m. **1** Adorno que se pone a las caballerías, esp. referido a las cintas con las que se trenzan las crines: *Los caballos desfilaban con sus cascabeles y jaeces.* **2** *desp.* Clase, género o condición: *Desprecia a las personas de ese jaez.* □ MORF. La acepción 1 se usa más en plural.

jaguar s.m. Mamífero felino y carnicero, de gran tamaño, con cabeza redondeada y hocico corto, de piel amarilla con manchas circulares de color negro; *yaguar: El jaguar es propio de la fauna americana.* □ MORF. Es un sustantivo epiceno y la diferencia de sexo se señala mediante la oposición *el jaguar {macho/hembra}.* 👁 **felino**

jalar v. **1** *col.* Comer con mucho apetito: *Estás tan gordo porque jalas mucho. Se jaló todo lo que le pusieron.* **2** *col.* Correr o andar muy deprisa: *Tenía tanto miedo que salió jalando sin mirar atrás.*

jalea s.f. **1** Conserva dulce de aspecto gelatinoso, hecha con el zumo de algunas frutas: *Me encanta tomar jalea de fresas.* **2** ‖ **jalea real.** Sustancia segregada por las glándulas salivales de las abejas para alimentar a las larvas y a las reinas: *La jalea real es muy rica en vitaminas y se toma como reconstituyente.*

jalear v. **1** Animar con palmadas y gritos: *El público jaleaba a los atletas. Los guitarristas jaleaban a los bailaores.* **2** Referido a un perro, animarlo con voces a continuar la caza: *Los ojeadores jaleaban a sus perros durante la cacería.*

jaleo s.m. **1** *col.* Situación confusa, agitada o embarazosa, esp. si va acompañada de gran alboroto o tumulto: *Armó tal jaleo en la calle que todos se asomaron a la ventana.* **2** *col.* Conjunto desordenado, revuelto y enredado: *Tiene un jaleo de ideas que no se aclara.* □ SEM. Es sinónimo de *lío.*

jalón s.m. **1** Hecho o situación importantes que sirven de punto de referencia en la vida de alguien o en el desarrollo de algo: *El paso por la Universidad será un jalón esencial en mi vida.* **2** Vara con punta metálica que se clava en la tierra para señalar puntos fijos cuando se traza el plano de un terreno: *Clavó los jalones en el campo con una separación de varios metros entre sí.*

jalonar v. **1** Señalar con jalones: *El topógrafo midió y jalonó el terreno.* **2** Referido a un hecho o a una situación importantes, marcar una etapa en la vida de alguien o en el desarrollo de algo: *Diversos éxitos jalonan su carrera artística.*

jamacuco s.m. *col.* Indisposición repentina y de poca gravedad: *Al ver su nombre en la lista de premiados le dio un jamacuco de la emoción.*

jamaicano, na adj./s. De Jamaica o relacionado con este país centroamericano: *El Estado jamaicano se encuentra en una isla del mar Caribe. La capital de los jamaicanos es Kingston.* □ MORF. Como sustantivo se refiere solo a las personas de Jamaica.

jamar v. *col.* Comer: *Jamó la tortilla rápidamente. Se jamó el filete en un momento.*

jamás adv. En ningún momento; *nunca: No he ido jamás a un concierto. Eso es mentira, porque jamás he escrito nada semejante.* □ SEM. En las expresiones *nunca jamás, siempre jamás* o *jamás de los jamases* tiene un matiz intensivo.

jamba s.f. En una puerta o ventana, cada una de las dos piezas laterales que sostienen el dintel: *Las jambas de la puerta eran de piedra.*

jamelgo s.m. *col.* Caballo flaco y de mal aspecto: *No me creo que ese jamelgo sea un caballo de carreras.*

jamón s.m. **1** Pata trasera del cerdo: *Compró un jamón para asarlo.* **2** Carne curada de esta parte del cerdo: *Déme 200 gramos de jamón en lonchas muy finas.* 👁 **carne 3** *col.* Parte superior de la pierna o del brazo de una persona, esp. si es gruesa: *Está acomplejada por sus jamones.* **4** ‖ **estar jamón** alguien. *col.* Ser físicamente atractivo: *Esa modelo está jamón.* ‖ **jamón de pata negra.** El del cerdo criado en el campo y alimentado con bellotas: *El jamón de pata negra es de muy buena calidad.* ‖ **jamón {de York/york}.** El cocido y preparado como fiambre: *El jamón de York está deshuesado.* ‖ **jamón (en) dulce.** El cocido con vino blanco y preparado como fiambre: *Me gusta el jamón en dulce con huevo hilado.* ‖ **jamón serrano.** El curado y no cocido: *Siempre guiso las lentejas con jamón serrano.* ‖ **un jamón (con chorreras).** *col.* Expresión que se usa para indicar negación o rechazo: *Le dijo que fuera a comprar el pan y le contestó: «¡Y un jamón!».*

jamona adj./s.f. *col.* Referido a una mujer, que es gruesa y de edad madura: *Ella estará jamona, pero tú tampoco eres ningún maniquí. Siempre dice que una jamona resulta más atractiva que una mujer delgada.*

jamonería s.f. Establecimiento donde se venden jamones: *Fui a la jamonería de la esquina a comprar un buen jamón.*

jamonero ▮ adj./s.m. **1** Referido a un cuchillo, que se utiliza para cortar jamón serrano: *El cuchillo jamonero que tenemos en casa es largo, estrecho y afilado.* ▮ s.m. **2** Soporte en el que se coloca el jamón para poder cortarlo con facilidad: *Tenemos un jamonero de madera en la cocina.*

jansenismo s.m. Movimiento religioso, basado en las teorías de Cornelio Jansen (teólogo y obispo holandés del s. XVII), que defiende que la salvación de las personas solo puede alcanzarse con la intervención de la gracia divina: *El jansenismo suponía la limitación del libre albedrío.*

jansenista ▮ adj. **1** Del jansenismo o con características de este movimiento religioso: *Los jesuitas criticaron las ideas jansenistas.* ▮ adj./s. **2** Partidario o seguidor del jansenismo: *Los teólogos jansenistas propugnaban el retorno a las tesis de las Sagradas Escrituras. Los jansenistas defendían la autoridad de los obispos.* □ MORF. 1. Como adjetivo es invariable en género. 2. Como sustantivo es de género común y exige concordancia en masculino o en femenino para señalar la diferencia de sexo: *el jansenista, la jansenista.*

japonés, -a ▮ adj./s. **1** Del Japón (país asiático), o relacionado con él: *La tecnología japonesa es una de las más avanzadas. Los japoneses hacen mucho turismo.* ▮ s.m. **2** Lengua de este país: *El japonés me parece un idioma muy difícil porque en su representación gráfica se utilizan ideogramas.* □ MORF. En la acepción 1, como sustantivo se refiere solo a las personas de Japón.

japuta s.f. Pez marino, de cabeza pequeña, boca redonda con dientes finos y largos, cuerpo aplastado y de forma ovalada, que vive en aguas mediterráneas; *palometa: La japuta es comestible.* □ MORF. Es un sustantivo epiceno y la diferencia de sexo se señala mediante la oposición *la japuta {macho/hembra}.*

jaque s.m. **1** En el juego del ajedrez, jugada en la que se amenaza con una pieza al rey o a la reina del contrario: *Cuando se hace jaque al rey, hay que avisarlo.* **2** ‖ **(jaque) mate.** El que supone el final de la partida porque el rey amenazado no puede escapar ni protegerse: *Después de dos horas de juego consiguió darme jaque mate.* ‖ **{poner/tener/traer} en jaque.** Perturbar, inquietar o intranquilizar: *Con tu última locura, nos tienes en jaque a toda la familia.*

jaqueca s.f. Dolor intenso de cabeza que solo afecta a un lado o a una parte de ella; *migraña: Las preocupaciones me producen jaqueca.*

jara s.f. Arbusto de ramas de color pardo rojizo, hojas pegajosas, flores grandes con corola blanca y fruto en cápsula, muy abundante en la zona mediterránea: *Al meterme entre las jaras me pringué toda la ropa.*

jarabe s.m. **1** Preparado medicinal, líquido y pegajoso, generalmente de sabor dulce: *El médico me ha recetado un jarabe para la tos.* 👁 **medicamento** **2** Bebida cuya base se hace cociendo azúcar en agua hasta que se espese: *Mi madre me preparó un jarabe a base de hierbas.* **3** Bebida muy dulce: *Echas tanto azúcar que no tomas café sino jarabe.* **4** ‖ **jarabe de palo.** *col.* Paliza que se da como medio de disuasión o de castigo: *Es un maleducado y lo que necesita es jarabe de palo.*

jarana s.f. **1** *col.* Juerga o diversión animada y ruidosa en la que intervienen varias personas: *No quiso ir de jarana con los amigos. Cómo vas a rendir en tu trabajo, si todas las noches estás de jarana.* **2** *col.* Riña o pelea: *Montaron tal jarana que tuvo que acudir la policía.*

jaranero, ra adj. Aficionado a las jaranas: *Es tan jaranero que no se pierde ni una fiesta.*

jarcha s.f. Estrofa breve, de carácter popular y escrita en mozárabe, que aparece como parte final de una composición de carácter culto escrita en árabe o hebreo y llamada *moaxaja*: *Las jarchas son la primera manifestación conocida de la lírica romance.*

jarcia s.f. Conjunto de aparejos y cabos de un barco: *El marinero revisó las jarcias del velero.* □ MORF. Se usa más en plural.

jardín s.m. **1** Terreno en el que se cultivan plantas ornamentales: *En mi jardín tengo tres rosales y un macizo de margaritas. Me gustaría tener una casa con jardín.* **2** ‖ **jardín botánico.** Lugar destinado al cultivo de plantas que son objeto de estudio por parte de los investigadores: *En este jardín botánico hay todo tipo de plantas exóticas.* ‖ **jardín de infancia.** Centro escolar para niños pequeños, a los que todavía no se enseña a leer o a escribir: *El primer día que llevó a su hijo al jardín de infancia, el niño se quedó llorando.* □ USO Es innecesario el uso del germanismo *kindergarten* en lugar de *jardín de infancia.*

jardinera s.f. Véase **jardinero, ra**.

jardinería s.f. Arte o técnica de cultivar los jardines: *Este libro de jardinería explica cómo se podan los árboles.*

jardinero, ra ▮ s. **1** Persona que se dedica al cuidado y al cultivo de un jardín, esp. si esta es su profesión: *A mi marido le gustan mucho las flores y es muy buen jardinero. Todo el mérito de los jardines del castillo hay que atribuírselo a los jardineros.* ▮ s.f. **2** Recipiente o soporte en el que se cultivan plantas de adorno o en el que se colocan las macetas donde estas se cultivan: *En esta jardinera caben tres macetas.*

jareta s.f. **1** En una prenda de vestir, doblez cosido con un pespunte paralelo, y que generalmente sirve de adorno: *Tiene una blusa con toda la pechera llena de jaretas finitas.* **2** En una tela, dobladillo hueco por el que se puede meter una cinta, una goma o algo semejante: *La jareta de la bolsa del pan se ha roto y se ha salido la cinta.*

jaretón s.m. Dobladillo muy ancho: *La sábana lleva bordados en el jaretón del embozo.*

jarra s.f. **1** Recipiente de cuello y boca anchos, con una o más asas, que se usa para contener un líquido: *Llené la jarra de agua. Se bebió de un trago una jarra de cerveza.* **2** ‖ **{de/en} jarras.** Con las manos en la cintura y los codos separados del cuerpo: *Se puso en jarras de modo desafiante.*

jarrear v. Llover con fuerza y de forma abundante: *Llegaron empapados, porque estaba jarreando.* □ MORF. Es verbo unipersonal: se usa solo en tercera persona del singular y en las formas no personales (infinitivo, gerundio y participio).

jarro s.m. **1** Jarra con una sola asa, esp. si es de barro o de loza: *Este jarro pesa tanto que tengo que coger el asa con las dos manos para poder servir el agua.* **2** Unidad de capacidad para el vino, que equivale aproximadamente a 0,24 litros: *En mi pueblo, se sigue vendiendo el vino a jarros.* **3** ‖ **echar un jarro de agua fría** a alguien. *col.* Quitarle de manera repentina una esperanza o una ilusión: *Me echó un jarro de agua fría cuando me dijo que no iría conmigo de viaje.* ‖ **llover a jarros.** *col.* Llover con fuerza y de forma abundante: *Empezó chispeando, pero ahora llueve a jarros.* □ USO La acepción 2 es una medida tradicional española.

jarrón s.m. Recipiente más alto que ancho, que se usa como objeto decorativo o para contener flores: *La escalinata estaba adornada con grandes jarrones de mármol. Pon las flores con agua en el jarrón.*

jaspe s.m. Variedad de cuarzo, opaca, de grano fino y color generalmente rojo, amarillo o pardo, que se usa en ornamentación: *El jaspe suele tener vetas de colores diferentes al suyo.*

jaspeado, da adj. Con vetas o manchas parecidas a las del jaspe: *Tengo un jersey de lana jaspeada.*

jauja s.f. Lugar o situación ideales en los que se cumplen todos los deseos (por alusión al pueblo y a la provincia peruanos del mismo nombre, célebres por su buen clima y su riqueza): *No pidas un coche para tu cumpleaños porque esto no es jauja.*

jaula s.f. **1** Caja hecha con listones o barrotes separados entre sí, que sirve para encerrar o transportar animales: *Tiene un loro en una jaula.* **2** *col.* Cárcel: *Metieron al asesino en la jaula.*

jauría s.f. Conjunto de perros que participan juntos en una cacería: *La jauría persiguió al zorro hasta el río.*

jazmín s.m. **1** Arbusto con tallos trepadores, verdes, delgados y flexibles, con hojas alternas y compuestas, y flores en forma de embudo con cinco pétalos, blancas o amarillas y muy olorosas: *Si no riegas el jazmín, se secará.* **2** Flor de este arbusto: *El jazmín se usa en perfumería por su intenso aroma.*

jazz (anglicismo) s.m. Género musical caracterizado por tener ritmos muy marcados y cambiantes y por conceder gran importancia a la improvisación, que tiene su origen en la música negra norteamericana a finales del siglo XIX: *Para mí, el jazz es una música muy sugerente.* ☐ PRON. [yas].

jazz-band s.f. Conjunto de músicos de jazz: *Esta noche vamos a ir al café de la esquina a ver una jazz-band.* ☐ PRON. [yasbán]. ☐ USO Su uso es innecesario y puede sustituirse por *banda de jazz*.

jeans s.m.pl. →**pantalón vaquero.** ☐ PRON. [yins]. ☐ USO Es un anglicismo innecesario.

jeep s.m. Vehículo ligero y resistente que se adapta a todo tipo de terreno (por extensión del nombre de la marca comercial *Jeep®*): *Atravesaron el desierto en jeep.* ☐ PRON. [yip]. ☐ MORF. Su plural es *jeeps*. ☐ USO Su uso es innecesario y puede sustituirse por una expresión como *coche todoterreno*.

jefatura s.f. **1** Cargo de jefe: *Aceptó la jefatura del departamento de tesorería.* **2** Oficina o edificio donde están instalados determinados organismos oficiales: *Denunció un robo en la jefatura de Policía.*

jefe s. **1** En los Ejércitos de Tierra y del Aire, persona cuya categoría militar es superior a la de oficial e inferior a la de general: *La categoría de jefe comprende los empleos de comandante, teniente coronel y coronel.* **2** En la Armada, persona cuya categoría militar es superior a la de oficial e inferior a la de almirante: *La categoría de jefe comprende los empleos de capitán de corbeta, de fragata y de navío.* **3** ‖ **jefe de Estado.** Autoridad superior de un país: *En España, el jefe de Estado es el rey.* ‖ **jefe de Gobierno.** Persona que preside y dirige el Consejo de Ministros: *Cuando el partido gane las elecciones generales, su secretario general será el jefe de Gobierno.* ☐ MORF. Es de género común y exige concordancia en masculino o en femenino para señalar la diferencia de sexo: *el jefe, la jefe*.

jefe, fa s. **1** Persona que manda o dirige a un grupo: *Para esas cuestiones económicas habla con la jefa del departamento de contabilidad. El jefe nos va a aumentar el sueldo.* **2** Representante o líder de un grupo: *La jefa hablará en representación de todos nosotros.* **3** *col.* Padre o madre: *Esta tarde hay una fiesta en mi casa, porque los jefes no están.* **4** *col.* Tratamiento que se da a una persona que tiene algún tipo de autoridad: *Jefe, póngame cuando pueda una cañita y unas aceitunas.* ☐ MORF. En la acepción 1, se usa también *jefe* como sustantivo de género común.

jengibre s.m. Planta herbácea con hojas lanceoladas, flores en espiga de color púrpura, y un rizoma muy aromático y de sabor picante del que nacen las raíces: *El jengibre se usa en medicina y también como especia.*

jeque s.m. En los países musulmanes, jefe que gobierna un territorio: *Los jeques árabes tienen fama de vivir muy bien.*

jerarca s. En una agrupación, persona que tiene una categoría elevada: *Los jerarcas del partido ocupan los primeros lugares en las listas electorales. En el concilio había jerarcas de todo el mundo que trataron la acomodación de la liturgia.* ☐ MORF. Es de género común y exige concordancia en masculino o en femenino para señalar la diferencia de sexo: *el jerarca, la jerarca*.

jerarquía s.f. **1** Clasificación u organización en rangos de distinta categoría: *La jerarquía de la sociedad medieval era muy rígida.* **2** En un escalafón, grupo constituido por personas de saber o de condiciones similares; *grado: El Ejército está compuesto por cinco jerarquías: tropa, suboficiales, oficiales, jefes y generales.* **3** Persona importante dentro de una organización: *El gobernador civil y otras jerarquías provinciales visitaron mi pueblo.*

jerárquico, ca adj. De la jerarquía o relacionado con ella: *El Ejército es una organización jerárquica.*

jerarquizar v. Clasificar u organizar en rangos de distinta categoría: *El dinero es lo que realmente jerarquiza la sociedad actual en distintos grupos.* ☐ ORTOGR. La *z* se cambia en *c* delante de *e* →**CAZAR.**

jerez s.m. Vino blanco, seco, de fina calidad y de alta graduación alcohólica, originario de Jerez de la Frontera (ciudad gaditana): *De aperitivo tomé un jerez y unas aceitunas.*

jerga s.f. Variedad de lengua que usan entre sí las personas pertenecientes a un mismo grupo profesional o social; *argot: La jerga médica es difícil de entender si no eres médico.* ☐ SEM. *Jerga* se aplica esp. al lenguaje de grupos profesionales, frente a *argot*, que se prefiere para el lenguaje que usan ciertos grupos sociales con intención de no ser entendidos por los demás o de diferenciarse de ellos.

jergal adj. De la jerga o relacionado con esta forma de lenguaje: *El vocabulario jergal es incomprensible para el que no lo conozca.* ☐ MORF. Invariable en género.

jergón s.m. Colchón de paja, hierba o esparto, sin bastas o ataduras que mantengan el relleno repartido y sujeto: *Pasé muy mala noche porque dormí en un jergón directamente apoyado en el suelo.* 👁 **cama**

jerigonza s.f. Lenguaje difícil de entender; *jeringonza: No sabe bien el idioma y utiliza una jerigonza que nadie comprende.*

jeringa s.f. Instrumento formado por un tubo con un émbolo en su interior y estrechado por un extremo, que se utiliza para aspirar o para expulsar líquidos o materias blandas: *El practicante desinfectó la jeringa y la aguja antes de poner la inyección.* ☐ SEM. Dist. de *inyección* (sustancia que se inyecta). 👁 **medicamento**

jeringar v. *col.* Molestar o enfadar: *Me jeringan las preguntas impertinentes.* ☐ ORTOGR. La *g* se cambia en *gu* delante de *e* →**PAGAR.**

jeringonza s.f. →**jerigonza.**

jeringuilla s.f. Jeringa pequeña que se usa para inyectar sustancias medicamentosas en los tejidos orgánicos: *El practicante tiró la jeringuilla después de ponerme la inyección.* ☐ SEM. Dist. de *inyección* (sustancia que se inyecta).

jeroglífico, ca ▌adj. **1** Referido a un sistema de escritura, que se caracteriza por representar las palabras con

a b c d e f g h i **j** k l m n ñ o p q r s t u v w x y z

figuras o símbolos, y no con signos fonéticos o alfabéticos: *Los egipcios utilizaron la escritura jeroglífica.* ▮ s.m. **2** Símbolo o figura empleados en este tipo de escritura: *Conozco el significado de algunos jeroglíficos egipcios.* **3** Pasatiempo o juego de ingenio que consiste en un conjunto de signos y figuras de los cuales hay que deducir una palabra o una frase: *El jeroglífico de hoy es el dibujo de una cama y de un león, y hay que adivinar de qué animal se trata.* **4** Lo que es difícil de entender o de interpretar: *No puedo armar este mueble, porque las instrucciones son un jeroglífico.*

jerónimo, ma adj./s. Referido a un religioso, que pertenece a la Orden de San Jerónimo (fundada en el siglo XIV por unos ermitaños): *El hábito de los monjes jerónimos es pardo. Los jerónimos se dedican al estudio y a la formación intelectual.*

jersey s.m. Prenda de vestir, generalmente de punto y con manga larga, que cubre el cuerpo desde el cuello hasta más abajo de la cintura; *suéter: Tengo un jersey de cuello alto y otro con cuello de pico.* □ MORF. Su plural es *jerséis*; incorr. **jerseises*.

jesuita ▮ adj./s.m. **1** Referido a un religioso, que pertenece a la Compañía de Jesús (orden fundada por el santo español Ignacio de Loyola en el siglo XVI): *Los sacerdotes jesuitas extendieron la fe católica por todo el mundo. Los jesuitas tienen el voto especial de la obediencia directa al papa.* ▮ s. **2** *col. desp.* Hipócrita y astuto: *Si crees que soy hipócrita, dímelo, pero no debes llamarme 'jesuita' por ello.* □ MORF. 1. Como adjetivo es invariable en género. 2. En la acepción 2, es de género común y exige concordancia en masculino y en femenino para señalar la diferencia de sexo: *el jesuita, la jesuita.*

jesuítico, ca adj. **1** De la Compañía de Jesús (orden fundada por el santo español Ignacio de Loyola en el siglo XVI) o relacionado con ella: *La labor jesuítica en la educación ha sido muy importante durante siglos.* **2** *col. desp.* Referido a la forma de actuar, hipócrita o poco clara: *No eres digno de mi confianza por tu actitud jesuítica.*

jesuitina adj.f./s.f. Referido a una religiosa o a una congregación, que pertenece a la Compañía de las Hijas de Jesús (orden fundada en el siglo XIX): *La congregación jesuitina se dedica a las misiones y a la educación. Estudié en un colegio de jesuitinas.*

jet (anglicismo) ▮ s.m. **1** Reactor o avión de reacción: *El jet privado del presidente llegó a la hora prevista.* **2** ‖ **jet (set).** s.f. Grupo internacional de personas ricas, famosas y con éxito, que viajan mucho y llevan una vida placentera: *Asistí a una fiesta de la jet set.* □ PRON. [yet] y [yet set].

jeta ▮ adj./s. **1** *col.* Referido a una persona, que es fresca, desvergonzada o cínica: *Es un tío jeta y se cuela en todos sitios. Eres una jeta y siempre tengo que hacerte yo todo.* ▮ s.f. **2** *col.* Desfachatez, descaro o cinismo: *Tienes una jeta tremenda y siempre logras que te inviten.* **3** *col.* Cara o parte anterior de la cabeza: *No me pongas esa jeta porque tengo razón.* **4** En un cerdo, hocico: *En ese bar sí que saben preparar la jeta de cerdo.* □ MORF. En la acepción 1, como adjetivo es invariable en género y como sustantivo es de género común y exige concordancia en masculino o en femenino para señalar la diferencia de sexo: *el jeta, la jeta.*

ji s.f. En el alfabeto griego clásico, nombre de la vigésima segunda letra: *La grafía de la ji es* χ.

jíbaro, ra adj./s. De un pueblo indígena de Ecuador y de Perú (países sudamericanos) o relacionado con él: *Estoy leyendo un libro sobre las costumbres jíbaras. Los jíbaros reducen el tamaño de las cabezas de sus enemigos.*

jibia s.f. **1** Molusco cefalópodo marino, de cuerpo ovalado y con diez tentáculos, parecido al calamar; *sepia: La jibia es comestible y de sabor parecido al calamar.* **2** Concha caliza que se encuentra en el interior de este molusco: *Compré una jibia a mi periquito para que se le endurezca el pico.* □ MORF. Es un sustantivo epiceno y la diferencia de sexo se señala mediante la oposición *la jibia {macho/hembra}*.

jícara s.f. Taza pequeña, generalmente utilizada para tomar chocolate: *Tomaron el chocolate en jícaras de loza.*

jienense adj./s. De Jaén o relacionado con esta provincia española o con su capital: *El río Guadalquivir nace al este de la provincia jienense. Muchos jienenses se dedican al cultivo del olivo.* □ ORTOGR. Se admite también *jiennense*. □ MORF. 1. Como adjetivo es invariable en género. 2. Como sustantivo es de género común y exige concordancia en masculino o en femenino para señalar la diferencia de sexo: *el jienense, la jienense.* 3. Como sustantivo se refiere solo a las personas de Jaén.

jiennense adj./s. →**jienense.** □ MORF. 1. Como adjetivo es invariable en género. 2. Como sustantivo es de género común y exige concordancia en masculino o en femenino para señalar la diferencia de sexo: *el jiennense, la jiennense.*

jijona s.m. Turrón blando y grasiento, hecho de almendras molidas y miel, de color ocre y originario de Jijona (ciudad alicantina): *En casa comemos mucho jijona en Navidad.*

jilguero s.m. Pájaro cantor muy vistoso, con el plumaje pardo, amarillo y negro, y la cabeza blanca con una mancha roja en torno al pico y otra negra en lo alto: *Los jilgueros son pájaros muy apreciados por su canto.*

jineta s.f. Mamífero carnívoro de cabeza pequeña, patas cortas y pelaje de color blanco en la garganta, pardo amarillento con manchas en fajas negras por el cuerpo, y anillos blancos y negros en la cola; *gineta: Vimos una jineta correr por el monte.* □ MORF. Es un sustantivo epiceno y la diferencia de sexo se señala mediante la oposición *la jineta {macho/hembra}*. □ SEM. Dist. de *amazona* (mujer que monta a caballo).

jinete s. Persona que monta a caballo, esp. si es diestro en la equitación: *Es un gran jinete porque monta desde que era pequeño.* □ MORF. Es de género común y exige concordancia en masculino o en femenino para señalar la diferencia de sexo: *el jinete, la jinete.* Se usa también el femenino *amazona*.

jiñar v. *vulg.* Cagar: *Sal del váter, tío, que me jiño.*

jipi ▮ adj. **1** Referido a un movimiento cultural, que surgió en los años sesenta y se caracteriza por el inconformismo y por la defensa del pacifismo, de la vida en comunas y de la vuelta a la naturaleza: *El movimiento jipi era un movimiento principalmente juvenil.* ▮ adj./s. **2** De este movimiento o relacionado con él: *'Haz el amor y no la guerra' fue un lema jipi muy difundido. Se ha ido a vivir a una comuna de jipis.* □ MORF. 1. Como adjetivo es invariable en género. 2. Como sustantivo es de género común y exige concordancia en masculino o en femenino para señalar la diferencia de sexo: *el jipi, la jipi.* 3. Su plural es *jipis*. □ USO Es innecesario el uso de los anglicismos *hippy* y *hippie*.

jipiar v. *col.* Ver: *Desde la azotea jipiaban todo lo que pasaba en la calle.* □ ORTOGR. La *i* de la raíz lleva tilde en los presentes, excepto en las personas *nosotros* y *vosotros* →**VACIAR**.

jipido s.m. →**jipío.**

jipijapa s.m. Sombrero de ala ancha hecho con un tejido de paja muy fino y flexible: *El jipijapa es originario de América del Sur.*

jipío s.m. En el cante flamenco, grito, quejido o lamento característico que se intercala en la copla; *jipido: Los jipíos de este cantaor conmueven a cualquiera.*

jirafa s.f. **1** Mamífero rumiante de gran altura, con el cuello muy largo, la cabeza pequeña con dos cuernos acabados en forma redondeada, y con el pelaje de color amarillento con manchas oscuras: *Para las jirafas, es más fácil comer las hojas de los árboles que la hierba del suelo.* 👁 **rumiante 2** En cine, vídeo y televisión, brazo articulado que permite mover un micrófono y ampliar su alcance: *Hay que repetir la toma, porque ha salido la jirafa en imagen.* **3** *col.* Persona muy alta: *Ese jugador de baloncesto es una jirafa.* ☐ MORF. En la acepción 1, es un sustantivo epiceno y la diferencia de sexo se señala mediante la oposición: *la jirafa {macho/hembra}.*

jirón s.m. **1** Trozo desgarrado de una prenda de vestir o de una tela: *El viento ha hecho jirones la bandera.* **2** Parte pequeña de un todo: *Esa guerra significó la pérdida de los últimos jirones coloniales de este país.*

jiu-jitsu (del japonés) s.m. Deporte de origen japonés que procede de un sistema de lucha basado en dar golpes sin utilizar armas: *En el jiu-jitsu se aprovecha la inercia de los movimientos del contrario para vencerlo.* ☐ PRON. [yíu yítsu].

jo interj. *col.* Expresión que se usa para indicar extrañeza, sorpresa, admiración o disgusto: *¡Jo, qué rabia no poder ir contigo! ¡Jo, menudo sitio has elegido!*

jobar interj. *col.* Expresión que se usa para indicar extrañeza, sorpresa, admiración o disgusto: *¡Jobar, qué daño me has hecho! ¡Jobar, vaya coche que te has comprado!*

jockey (anglicismo) s. →**yóquey.** ☐ PRON. [yókei]. ☐ MORF. Es de género común y exige concordancia en masculino o en femenino para señalar la diferencia de sexo: *el jockey, la jockey.* ☐ SEM. Dist. de *hockey* (un deporte).

jocosidad s.f. **1** Facilidad o capacidad para hacer reír: *La jocosidad de sus movimientos nos hizo reír.* **2** Hecho o dicho graciosos o chistosos: *Sus anécdotas y jocosidades nos alegraron la tarde.*

jocoso, sa adj. Gracioso o chistoso: *Sus comentarios jocosos nos hicieron reír.*

jocundidad s.f. Alegría, serenidad y tranquilidad: *Te envidio por la jocundidad de tu carácter.*

jocundo, da adj. Alegre, agradable y apacible: *Un carácter jocundo permite encarar con optimismo y serenidad los reveses de la vida.*

joder ▌ v. **1** *vulg.malson.* →**copular. 2** *vulg.malson.* →**fastidiar.** ▌ interj. **3** *vulg.malson.* Expresión que se usa para indicar extrañeza, sorpresa, admiración o disgusto: *¡Joder, qué mal conduces! ¡Vaya regalo me has hecho, joder!*

jodienda s.f. *vulg.malson.* Incomodidad, engorro o incordio: *Es una jodienda que tarde tanto el autobús.*

jofaina s.f. Vasija de gran diámetro y de poca profundidad, que se utiliza esp. para lavarse la cara y las manos; *palancana, palangana: Cuando no había agua corriente lo normal era lavarse en jofainas.*

jogging (anglicismo) s.m. Ejercicio físico que consiste en correr a ritmo moderado y constante: *Todas las mañanas hago media hora de jogging.* ☐ PRON. [yóguin].

jojoba s.f. **1** Arbusto americano de semillas comestibles de las que se extrae aceite: *Las semillas de jojoba tienen un uso industrial.* **2** Semilla de este arbusto: *Esta crema hidratante tiene aceite de jojoba.* ☐ PRON. Aunque la pronunciación correcta es [jojóba], está muy extendida [yoyóba]. ☐ ORTOGR. Se usa también *yoyoba.*

joker (anglicismo) s.m. En la baraja francesa, comodín o carta sin valor fijo: *Tenía póker de damas con tres damas, un joker y un as.* ☐ PRON. [yóker]. ☐ USO Su uso es innecesario y puede sustituirse por *comodín.* 👁 **baraja**

jolgorio s.m. *col.* Animación o diversión alegre y ruidosa: *Celebró su cumpleaños con un gran jolgorio. El jolgorio de la verbena se oía desde mi casa.*

jolín interj. *col.* Expresión que se usa para indicar extrañeza, sorpresa, admiración o disgusto: *¡Jolín, ya he vuelto a perder la llave!*

jolines interj. *col.* Expresión que se usa para indicar extrañeza, sorpresa, admiración o disgusto: *¡Jolines, qué día llevo!*

jónico, ca ▌ adj. **1** De Jonia (región de la antigua Grecia) o relacionado con ella; *jonio: Los filósofos jónicos se ocupaban de la naturaleza, el origen y la causa de lo real.* **2** En arte, del orden jónico: *El capitel jónico está adornado con volutas.* ▌ s.m. **3** →**orden jónico.**

jonio, nia adj./s. De Jonia (región de la antigua Grecia) o relacionado con ella: *La ciudad de Mileto fue el gran centro cultural y económico jonio. Los jonios desarrollaron una importante labor colonizadora.* ☐ MORF. Como sustantivo se refiere solo a las personas de la antigua Jonia. ☐ SEM. Como adjetivo es sinónimo de *jónico.*

jopé o **jope** interj. Expresión que se usa para indicar extrañeza, sorpresa, admiración o disgusto: *¡Jopé, qué casa tienes! ¡Jopé, yo no sabía nada!*

jordano, na adj./s. De Jordania o relacionado con este país asiático: *La capital jordana es Amán. Los jordanos hablan árabe.* ☐ MORF. Como sustantivo se refiere solo a las personas de Jordania.

jornada s.f. **1** Tiempo dedicado al trabajo diario o semanal: *Mi jornada es de siete horas. Los sindicatos intentan negociar la reducción de jornada.* **2** Período de tiempo de 24 horas aproximadamente: *Estas son las noticias más importantes de la jornada.* **3** Distancia que se puede recorrer normalmente en un día: *El siguiente pueblo está a tres jornadas a caballo.* **4** En una obra de teatro clásico español, acto o parte en que se divide su desarrollo, esp. la que abarca un día en la vida de los personajes: *La comedia clásica del siglo XVII está dividida en tres jornadas.* **5** ‖ **jornada intensiva.** La que se realiza en un horario continuado y sin parar para comer: *Tengo las tardes libres porque hago jornada intensiva. En mi empresa tenemos jornada intensiva de 8 a 15.30.*

jornal s.m. Salario que recibe el trabajador por cada día de trabajo: *Tienen que pagarme el jornal de ayer y el de hoy.*

jornalero, ra s. Persona que trabaja a jornal o por un salario diario, esp. si lo hace en el campo: *La mecanización del trabajo agrícola dejó sin trabajo a muchos jornaleros.*

joroba ▌ s.f. **1** Curvatura anómala de la columna vertebral, del pecho, o de ambos a la vez; *chepa: Si sigues sentándote tan torcida, te va a salir joroba.* **2** Bulto dorsal de algunos animales, esp. el de los camellos y los dromedarios, en el que almacenan grasa; *giba: Los camellos tienen dos jorobas y los dromedarios solamente una.* ▌ interj.

3 *col.* Expresión que se usa para indicar extrañeza, sorpresa, admiración o disgusto: *¡Joroba, este no es el regalo que quería! ¡Joroba, qué bien te queda ese vestido!* ☐ SEM. En la acepción 1, es sinónimo de *chepa*, *corcova* y *giba*.

jorobado, da adj./s. Que tiene joroba o corcova: *Un mendigo jorobado pedía limosna a la puerta de la iglesia. Se disfrazó de jorobado y no le reconocimos.*

jorobar v. *col.* Molestar o fastidiar: *Me joroba tener que madrugar. Si está mal, tendremos que jorobarnos y repetirlo.*

josefino, na adj./s. **1** Referido a una persona, que pertenece a alguna de las congregaciones devotas de san José (según la Biblia, padre terrenal de Jesucristo): *Ha hecho sus votos como religiosa josefina. Visité el convento de las josefinas.* **2** Partidario de José I Bonaparte (rey impuesto a España por Napoleón): *Muchos nobles josefinos se exiliaron después de la guerra de la Independencia española. Los josefinos defendían la monarquía impuesta por Napoleón en España.*

jota s.f. **1** Nombre de la letra *j*: *La palabra 'jauja' tiene dos jotas.* **2** Composición musical popular de varias provincias españolas: *Me gusta la letra de esta jota segoviana.* **3** Baile que se ejecuta al compás de esta música: *Mi prima me enseñó a bailar la jota.* **4** ‖ **ni jota.** Nada o casi nada: *No entiendo ni jota de alemán. Se me sentó un señor muy alto delante, y no vi ni jota de la película.*

jotero, ra s. Persona que compone, canta o baila jotas: *Actuó un grupo de joteros en el festival.*

joule s.m. Denominación internacional del **julio**. ☐ PRON. [yul].

joven ▮ adj. **1** Con las características que se consideran propias de la juventud: *Mis hijos siempre están a la última de la moda joven. Ha cumplido sesenta años, pero tiene una mente joven.* **2** De poca edad o que se encuentra en las primeras etapas de su existencia o de su desarrollo: *Fíjate en el tamaño del tronco y verás que es un árbol joven.* ▮ adj./s. **3** Referido a una persona, que está en la juventud o en la etapa intermedia entre la niñez y la edad adulta; *mozo*: *Cuando mis padres eran jóvenes venían mucho a este cine. Es una revista dedicada a los jóvenes.* ☐ MORF. 1. Como adjetivo es invariable en género. 2. Como sustantivo es de género común y exige concordancia en masculino o en femenino para señalar la diferencia de género: *el joven, la joven*.

JOYA o ALHAJA

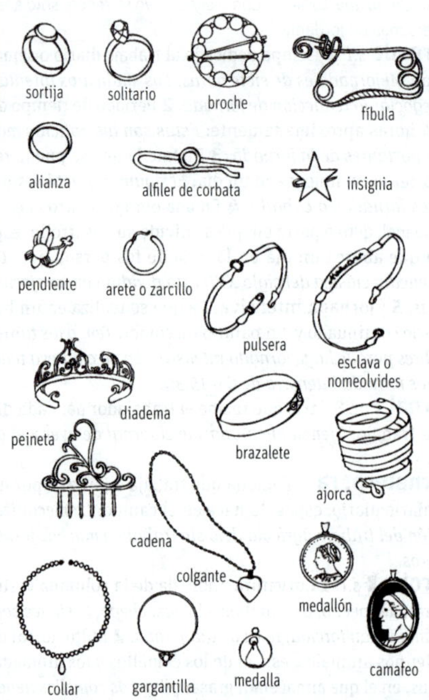

jovial adj. Alegre, de buen humor o inclinado a la diversión: *Es tan jovial que siempre termina animándonos a todos.* ☐ MORF. Invariable en género.

jovialidad s.f. Alegría, buen humor o inclinación a la diversión: *Me admira que mantengas la jovialidad incluso en los momentos malos.*

joya s.f. **1** Objeto de adorno personal, hecho con piedras y metales preciosos: *Guardo las joyas en una caja fuerte.* 👁 joya **2** Lo que es de gran valía o tiene excelentes cualidades: *¡Qué joya de ordenador, lo hace todo! Este hombre es una verdadera joya.* ☐ SEM. Es sinónimo de *alhaja*.

joyel s.m. Joya pequeña: *En esta tienda de antigüedades venden joyeles de gran valor.*

joyería s.f. **1** Establecimiento en el que se fabrican o se venden joyas: *¿En qué joyería te has comprado ese anillo?* **2** Arte, técnica o industria de fabricar joyas: *Es diseñador en una importante empresa de joyería.*

joyero, ra ▮ s. **1** Persona que se dedica profesionalmente a la fabricación o a la venta de joyas: *Encargué al joyero que me agrandara el anillo.* ▮ s.m. **2** Caja en la que se guardan joyas: *Siempre se me olvida cerrar el joyero con llave.*

joystick (anglicismo) s.m. Palanca de control de algunos mecanismos electrónicos, que se puede mover en todas direcciones: *El joystick de mi consola de videojuegos está estropeado.* ☐ PRON. [yóistik].

juanete s.m. Deformación o inflamación crónica en la base del hueso del dedo gordo del pie: *Nunca llevo sandalias porque tengo juanetes y hace un efecto horroroso. Hoy me duele mucho el juanete.*

jubilación s.f. **1** Retirada definitiva de un trabajo, generalmente por haber cumplido la edad determinada por la ley o por sufrir una incapacidad física: *Le concedieron la jubilación anticipada por desequilibrio mental.* **2** Cantidad de dinero que cobra un jubilado: *Con la jubilación que recibe, apenas puede vivir.*

jubilado, da adj./s. Referido a una persona, que está retirada definitivamente del trabajo, generalmente por haber cumplido la edad determinada por la ley o por sufrir una incapacidad física: *Las personas jubiladas tienen mucho tiempo libre. Algunos jubilados juegan a la petanca en el parque.*

jubilar ▮ adj. **1** Del jubileo o relacionado con este: *En los años jubilares la fiesta de Santiago Apóstol cae en domingo.* ▮ v. **2** Referido a una persona, retirarla de su trabajo, generalmente por haber cumplido la edad determinada por la ley o por sufrir una incapacidad física, dándole una pensión de por vida: *Jubilaron a dos compañeros que llevaban muchos años en la empresa. Me jubilé a los 65 años.* **3** *col.* Referido a un objeto, desecharlo por inservible: *Hay que jubilar este frigorífico, porque ya no enfría.* ☐ MORF. Como adjetivo es invariable en género.

a b c d e f g h i j k l m n ñ o p q r s t u v w x y z

jubileo s.m. **1** En el cristianismo, indulgencia plenaria, solemne y universal, concedida por el papa en determinados momentos: *Fue a la catedral para ganar el jubileo.* **2** Entrada y salida de mucha gente en un lugar: *La oficina de reclamaciones era un jubileo.*

júbilo s.m. Alegría intensa, esp. si se manifiesta con signos exteriores: *Se abrazaron con júbilo al conseguir la victoria.*

jubiloso, sa adj. Lleno de júbilo o de alegría: *Supe que traía buenas noticias al ver su cara jubilosa.*

jubón s.m. Antigua prenda de vestir ajustada al cuerpo, que cubría desde los hombros hasta la cintura: *El jubón podía tener o no tener mangas.*

judaico, ca adj. De los judíos o relacionado con ellos: *La circuncisión de los niños es un rito religioso judaico.*

judaísmo s.m. Religión de los judíos o hebreos, relacionada con Moisés (personaje bíblico), que se caracteriza por su estricto monoteísmo; *hebraísmo: Abrazó el judaísmo y acabó siendo rabino.*

judas s.m. Persona malvada y traidora (por alusión a Judas, discípulo que entregó a Jesucristo): *Ese tipo es un judas capaz de traicionar a su mejor amigo.* □ MORF. Invariable en número.

judeocristiano, na adj. Referido esp. a la cultura o a la moral, que deriva de la tradición judía y de la cristiana: *La moral judeocristiana es muy tradicionalista.*

judeoespañol, -a ▮ adj. **1** De los sefardíes o judíos españoles, o relacionado con ellos: *La comunidad judeoespañola conserva la cultura de sus antepasados.* ▮ s.m. **2** Variedad del español hablada por los sefardíes: *El judeoespañol conserva rasgos del castellano medieval.* □ ORTOGR. Se usa también la forma *judeo-español*.

judería s.f. En una ciudad, barrio en el que habitaban los judíos: *La judería de esta ciudad castellana es de época medieval.*

judía s.f. Véase **judío, -a**.

judiada s.f. *desp.* Acción malintencionada o perjudicial: *Dejad de hacer judiadas al pobre perro y no le tiréis piedras.*

judicatura s.f. **1** Cargo o profesión de juez: *Celebró su acceso a la judicatura después de aprobar la oposición.* **2** Tiempo durante el que un juez ejerce su cargo: *Durante su judicatura condenó a muchos criminales.* **3** Cuerpo o conjunto de los jueces de un país: *Es un miembro de la judicatura española.*

judicial adj. Del juicio, de la administración de justicia o de la judicatura: *Por un error judicial lo acusaron de un delito que no cometió. Los tribunales de justicia ejercen el poder judicial del Estado.* □ MORF. Invariable en género.

judío, a ▮ adj. **1** Del judaísmo o relacionado con esta religión: *Se casó según el rito judío.* ▮ adj./s. **2** Que tiene como religión el judaísmo: *Las mujeres judías deben cubrirse la cabeza cuando entran en el templo. Los judíos celebran sus ceremonias religiosas en las sinagogas.* **3** De un antiguo pueblo semita que habitó Canaán (territorio situado en el oeste asiático), o relacionado con él: *El rey judío no pudo resistir el ataque de los babilonios.* **4** De Judea (antiguo país asiático) o relacionado con él: *La región judía está entre el mar Muerto y el Mediterráneo. Los judíos fueron incorporados a Roma en el siglo VI.* ▮ s. **5** *col. desp.* Usurero: *No le pidas nada a esa judía, porque después te costará el doble devolvérselo.* ▮ s.f. **6** Planta leguminosa, con tallos delgados, hojas grandes compuestas y acorazonadas, flores blancas y fruto en vainas de color verde y aplastadas, que terminan en dos puntas: *La judía se cultiva en las huertas.* **7** Fruto de esta planta, que es comestible: *Trocea unas judías verdes para hacer la comida.* **8** Semilla de este fruto, que tiene forma de riñón: *Ayer comí judías blancas con chorizo.* □ SEM. 1. En las acepciones 1, 2 y 3, es sinónimo de *hebreo* e *israelita*. 2. En las acepciones 6 y 7, es sinónimo de *alubia, fréjol, frijol*. En las acepciones 6 y 8 es sinónimo de *habichuela*.

judión s.m. Variedad de judía, de hoja mayor y más redonda, y con vainas más anchas, cortas y fibrosas: *Los judiones son más duros que las judías.*

judo (anglicismo) s.m. →**yudo.** *El judo es un buen sistema de defensa personal.* □ PRON. [yúdo].

judoca s. Deportista que practica el yudo; *yudoca: Un yudoca debe saber concentrarse totalmente.* □ PRON. [yudóka]. □ MORF. Es de género común y exige concordancia en masculino o en femenino para señalar la diferencia de sexo: *el judoca, la judoca*.

juego ▮ s.m. **1** Acción que se realiza como diversión o entretenimiento: *A los niños les encanta el juego.* **2** Actividad recreativa que se realiza bajo determinadas reglas: *El parchís y la oca son juegos de mesa. Los crucigramas son juegos de ingenio.* **3** Práctica de actividades recreativas en las que se realizan apuestas: *El juego ha arruinado a mucha gente.* **4** Participación en una diversión, en un entretenimiento o en un deporte: *Sin entrenamiento no se puede tener buen juego.* **5** Participación en un sorteo o en un juego de azar con el fin de ganar dinero: *Hagan juego, señores, la ruleta se va a poner en movimiento.* **6** Conjunto de elementos que se usan o se combinan juntos para un determinado fin: *Toma un juego de llaves para que vengas a casa cuando quieras.* **7** Combinación de elementos que generalmente produce un efecto estético: *El juego de luces de este espectáculo es muy vistoso.* **8** Disposición con la que dos elementos están unidos de manera que puedan tener movimiento sin separarse: *Esa puerta tiene roto el juego del gozne.* **9** Movimiento que tienen estos elementos: *La inflamación del tendón no me permite el juego de la rodilla.* **10** Plan, esp. si es secreto, para conseguir algo: *Descubrieron su juego y no pudo llevar a cabo el plan previsto.* **11** En un deporte o en una actividad recreativa, cada una de las partes en que se divide un partido o una partida: *En el partido de tenis conseguí solo tres juegos. Aún faltan tres juegos para acabar esta partida de cartas.* **12** En una partida de cartas, conjunto de estas que se reparten a cada jugador: *Con el juego que me has dado, pierdo seguro.* ▮ pl. **13** En la Antigüedad clásica, fiestas y espectáculos públicos que se celebraban en los circos o lugares destinados para ellos: *El público romano disfrutaba en los juegos con la lucha de los gladiadores.* **14** ‖ **a juego.** En buena combinación o en armonía: *Las cortinas van a juego con la colcha.* ‖ **crear juego.** En algunos deportes de equipo, esp. en fútbol, proporcionar un jugador a sus compañeros oportunidades de atacar y conseguir tantos: *El centrocampista trataba de crear juego por la banda derecha.* ‖ **dar juego** alguien o algo. **1** Ofrecer muchas posibilidades o dar buen resultado: *Ese programa infantil da juego y gusta mucho a los niños.* **2** Dar lugar a muchos comentarios: *La boda del famoso torero dio mucho juego en las revistas.* ‖ **en juego. 1** En acción o en marcha: *Puso en juego sus influencias para conseguirle un trabajo.* **2** En una situación arriesgada o en peligro: *Está en juego tu vida si no pagas tus deudas.* ‖ **fuera de juego.** En algunos deportes de equipo, esp. en fútbol, posición antirreglamentaria de un jugador, que se sanciona con falta a su equipo: *Anularon el gol porque el delantero estaba en fuera de juego.* ‖ **hacer el juego** a alguien. Favorecer sus intereses, esp. si es de forma involuntaria: *Esa huelga está haciendo el juego a la oposición porque crea descontento en la población.* ‖ **hacer juego.** Combinar bien o armonizar: *El granate no hace juego con el rojo.* ‖ **juego de {azar/suerte}.** El que no se basa en la destreza ni en la inteligencia del jugador sino en el azar o en la suerte: *Para participar en este juego de azar, la única condición es tener dinero para apostar.* ‖ **juego de manos.** El que se realiza para hacer aparecer o desaparecer algo mediante la agilidad de las manos: *El mago hizo un juego de manos y sacó un conejo de su chistera.* ‖ **juego de niños.** Actividad o asunto que no tiene dificultad ni importancia: *Arreglar el motor del coche es para mí un juego de niños.* ‖ **juego de palabras.** Figura retórica o procedimiento del lenguaje consistente en un uso ingenioso de las palabras basado, bien en el doble y equívoco sentido de alguna de ellas, bien en el parecido formal entre varias: *Cuando dijo que más que casada se sentía cazada, hizo un juego de palabras.* ‖ **juego de sociedad.** El que se realiza en reuniones sociales como mero entretenimiento: *Los animadores de grupo saben muchos juegos de sociedad.* ‖ **juego malabar.** Ejercicio de agilidad y destreza que consiste en mantener algunos objetos en equilibrio o en lanzarlos al aire y recogerlos de diversas formas: *Hizo un juego malabar lanzando y recogiendo alternativamente cuatro bolas de colores.* ‖ **juegos florales.** Concurso poético en el que el vencedor recibe como premio simbólico una flor: *Los primeros juegos florales fueron organizados por los trovadores para revitalizar la vida literaria.* □ SINT. *En juego* se usa más con los verbos *andar, entrar, estar* y *poner* o equivalentes.

juerga s.f. **1** Diversión ruidosa y muy animada en la que suele cometerse algún exceso: *Estuvo toda la noche de juerga y hoy no hay quien lo levante.* **2** ‖ **correrse** alguien **una juerga.** *col.* Participar en ella: *En las fiestas de mi pueblo nos corrimos una buena juerga.*

juerguista adj./s. Aficionado a la juerga: *Es demasiado juerguista como para quedarse en casa el fin de semana. Siempre está planeando fiestas porque es una juerguista.* □ MORF. 1. Como adjetivo es invariable en género. 2. Como sustantivo es de género común y exige concordancia en masculino o en femenino para señalar la diferencia de sexo: *el juerguista, la juerguista.*

jueves s.m. **1** Cuarto día de la semana, entre el miércoles y el viernes: *Tengo una cita de trabajo el próximo jueves.* **2** ‖ **no ser** algo **nada del otro jueves.** *col.* No ser extraordinario: *A pesar de haber obtenido tres premios, la película no era nada del otro jueves.* □ MORF. Invariable en número.

juez s. **1** Persona legalmente autorizada para juzgar, sentenciar y hacer ejecutar la sentencia: *El juez lo condenó a veinte años de cárcel.* **2** En un certamen público, esp. si es literario, persona autorizada para vigilar y cuidar las bases que lo rigen y para distribuir los premios: *Uno de los jueces del concurso literario dio a conocer el nombre del ganador.* **3** Persona elegida para resolver una duda o una discusión: *Tú, que eres una persona objetiva, serás la juez en nuestra discusión.* **4** En una competición deportiva, persona que posee la máxima autoridad y que tiene diferentes funciones y atribuciones según sea su especialidad: *El juez declaró nulo el salto del atleta.* **5** ‖ **juez de instrucción.** El que instruye los asuntos penales que le atribuye la ley: *Denunció malos tratos ante la jueza de instrucción.* ‖ **juez de línea.** En algunos deportes, esp. en el fútbol, auxiliar del árbitro principal, encargado de controlar el juego desde fuera de las bandas del campo; *linier: El juez de línea levantó la bandera para señalarle al árbitro un fuera de juego.* ‖ **juez de paz.** Persona legalmente autorizada para instruir asuntos penales y civiles de menor importancia en los municipios en los que no existen juzgados de primera instancia ni de instrucción: *El juez de paz casó a una pareja de jóvenes.* ‖ **juez de primera instancia.** El que conoce de los asuntos civiles que le atribuye la ley: *El juez de primera instancia no se declaró competente en un caso de injurias.* ‖ **juez de silla.** En algunos deportes de red, esp. en tenis o en voleibol, el que hace cumplir las reglas de la competición: *El juez de silla no dio como bueno el primer servicio del tenista.* ‖ **juez ordinario.** El que conoce en primera instancia las causas y los pleitos: *Tuvo que responder ante el juez ordinario por el robo cometido.* ‖ **ser juez y parte.** Juzgar algo ante lo que no se puede ser neutral: *No eres objetivo porque eres juez y parte en la disputa.* □ MORF. Aunque es de género común y exige concordancia en masculino o en femenino para señalar la diferencia de sexo: *el juez, la juez*, para el femenino se usa también la forma *jueza.*

jueza s.f. de **juez**.

jugada s.f. **1** En un juego, intervención de un jugador cuando le toca su turno: *Estuvo tres jugadas sin tirar el dado.* **2** Lance o circunstancia notable del juego: *No repitieron la jugada del gol.* **3** Hecho o dicho malintencionados que causan un perjuicio: *Le hicieron una jugada y lo acusaron de un delito no cometido.* □ SEM. En la acepción 3, es sinónimo de *cerdada, cochinada* y *faena.*

jugador, -a s. **1** Persona que se dedica profesionalmente a jugar, esp. si es en deporte: *Los jugadores de baloncesto suelen ser muy altos.* **2** Persona muy aficionada a los juegos de azar o muy hábil en ellos: *Gasta todo su dinero en el bingo porque es un jugador empedernido.*

jugar ▮ v. **1** Hacer algo para divertirse o entretenerse: *¡Deja de jugar y cómete el bocadillo! Está jugando en la calle.* **2** Enredar o hacer travesuras: *No juegues con cerillas, que te quemarás.* **3** Referido a un juego o a un deporte, participar en ellos: *Jugaron a policías y ladrones en el patio del colegio.* **4** Referido a un sorteo o a un juego de azar, participar en ellos con el fin de ganar dinero: *Juega a la lotería todas las semanas.* **5** Referido a algo serio o importante, tomarlo a broma o quitarle importancia: *Detesto a los que juegan con los sentimientos de los demás.* **6** Referido a una persona, no tomarla en consideración o burlarse de ella: *No juegues conmigo o lo lamentarás.* **7** En el desarrollo de un juego, intervenir por ser el turno: *Tira el dado, que te toca jugar.* **8** En algunos juegos de cartas, aceptar una apuesta; *entrar, ir: Yo juego y doblo la apuesta.* **9** Referido a las cartas de una baraja o a las fichas de un juego, utilizarlas: *Jugué la reina y di jaque mate al rey.* **10** Referido a un juego o a una competición, llevarlos a cabo; *echar: Jugó un mus con los amigos.* ▮ prnl. **11** Arriesgar o poner en peligro: *Te juegas la vida cada vez que te lanzas en paracaídas.* **12** Referido a algo que se fija de antemano, apostarlo: *Me juego lo que quieras a que llego antes que tú.* **13** ‖ **jugar fuerte.** Arriesgar grandes cantidades de dinero: *Ganó mucho dinero en la ruleta porque jugó fuerte.* ‖ **jugar limpio.** No hacer trampas ni engaños: *Siempre juega limpio cuando propone algún negocio.* ‖ **jugar sucio.** Utilizar trampas y engaños: *Jugó sucio* *para conseguir el ascenso.* ☐ ORTOGR. Aparece una *u* después de la *g* cuando le sigue *e*. ☐ MORF. Irreg.: La *u* de la raíz diptonga en *ue* en los presentes, excepto en las personas *nosotros* y *vosotros* ⟶**JUGAR**. ☐ SINT. 1. Constr. de las acepciones 3 y 4: *jugar A algo*. 2. Constr. de las acepciones 5 y 6: *jugar CON algo*. ☐ SEM. No debe emplearse con el significado de 'desempeñar, representar o llevar a cabo' (galicismo): *En su empresa {*juega › desempeña} un papel importante.*

jugarreta s.f. *col.* Hecho o dicho malintencionados que causan un perjuicio; *faena*: *Menuda jugarreta me has hecho contándole mis planes a ese tipo.*

juglar s.m. **1** En la Edad Media, artista ambulante que divertía al público con bailes, juegos, interpretaciones u otras habilidades: *Los juglares iban de pueblo en pueblo, actuando en calles, plazas y castillos.* **2** En la Edad Media, artista con cierta preparación cultural, que sabía tocar un instrumento y que actuaba en ambientes cortesanos, recitando o cantando poemas épicos o trovadorescos: *Los juglares recitaban de memoria poemas compuestos por ellos mismos o por un trovador.* ☐ MORF. Su femenino es *juglaresa*.

juglaresa s.f. de **juglar**.

juglaresco, ca adj. Del juglar, característico de él o relacionado con él: *La métrica de la literatura juglaresca se diferencia de la métrica culta por su irregularidad.*

juglaría s.f. Actividad u oficio de juglar: *El canto de poemas épicos forma parte de la juglaría.*

jugo s.m. **1** Líquido que se extrae de sustancias animales o vegetales por presión, cocción o destilación: *Hemos hecho carne en su jugo. Extrajo el jugo de la naranja.* **2** En biología, líquido orgánico que segrega una célula o una glándula: *El jugo gástrico es esencial para la realización de la digestión.* **3** Utilidad o provecho: *Es un libro muy interesante y con mucho jugo.* **4** ‖ **sacar (el) jugo.** Obtener toda la utilidad y el provecho posibles: *Si queremos ganar dinero hay que sacarle el jugo a este negocio.*

jugosidad s.f. **1** Abundancia de jugo o de sustancia: *La sandía es muy refrescante por su jugosidad.* **2** Cantidad o valor importantes: *La jugosidad de la herencia recibida lo ha sacado de la miseria.*

jugoso, sa adj. **1** Que tiene jugo: *La naranja es una fruta jugosa.* **2** Referido a un alimento, que es sustancioso: *Necesitas tomar carnes nutritivas y jugosas.* **3** Valioso, estimable o abundante: *Hizo jugosos comentarios.*

juguete s.m. **1** Objeto, generalmente infantil, que sirve para jugar: *Sus juguetes preferidos son los balones y las construcciones. Tiene un pie tan pequeño que sus zapatos parecen de juguete.* **2** Persona u objeto dominado o manejado por una fuerza material o moral superior: *La barca era juguete de las olas en medio de la tormenta.* **3** Pieza musical o teatral breve y ligera: *El dúo de Papageno y Papagena en la ópera 'La flauta mágica' de Mozart es un juguete escénico y musical.*

juguetear v. Entretenerse jugando de forma intrascendente: *Mientras hablaba conmigo jugueteaba con las llaves.*

jugueteo s.m. Juego intrascendente que produce entretenimiento: *Su jugueteo con el mechero es una forma inconsciente de calmar los nervios.*

juguetería s.f. **1** Establecimiento en el que se venden juguetes: *Compraron los regalos en una juguetería.* **2** Industria o actividad relacionada con los juguetes: *La juguetería produce grandes beneficios en la comunidad valenciana.*

juguetón, -a adj. Que juega y retoza con frecuencia: *Es una gata muy juguetona, y le encanta perseguir a las moscas corriendo sin parar de un lado a otro.*

juicio s.m. **1** Facultad mental de distinguir y valorar racionalmente: *El juicio y la inteligencia distinguen al hombre de los animales.* **2** Opinión o valoración que se forman o emiten sobre algo: *A mi juicio, esta es la mejor novela del autor. Si te fías de la primera impresión, puedes formarte un juicio equivocado.* **3** Sensatez o cordura en la forma de actuar: *Si tuvieras un poco de juicio no harías esos disparates.* **4** En derecho, proceso que se celebra ante un juez o ante un tribunal y en el que estos intentan esclarecer unos hechos y dictan sentencia sobre ellos: *El reparto de la herencia se decidió en un juicio de testamentaría.* **5** En lógica, relación que se establece entre dos conceptos afirmando o negando el uno al otro, y que suele expresarse en forma de proposición: *En un juicio se distinguen el sujeto, el predicado que se afirma de él y la cópula que los relaciona.* **6** ‖ **estar** alguien **en su (sano) juicio.** Estar en plena posesión de sus facultades mentales y actuar en consecuencia y de manera sensata: *Una persona que piensa esas barbaridades no está en su sano juicio.* ‖ **juicio {declarativo/ordinario}.** El de carácter civil que trata sobre hechos dudosos o discutibles y que debe terminar con una declaración inequívoca del juez al respecto: *En función de la cantidad que se reclama, los juicios declarativos se dividen en juicios de mayor cuantía, de menor cuantía y verbales.* ‖ **juicio de faltas.** El que versa sobre transgresiones leves del código penal: *Su hermano tendrá un juicio de faltas como consecuencia de la pelea que tuvo en la discoteca.* ‖ **juicio {final/universal}.** En el cristianismo, el que realizará Dios al final de los tiempos para juzgar a los vivos y a los muertos: *Dios tendrá buena cuenta de tus obras en el juicio final.* ‖ **juicio sumario.** El de carácter civil en el que se prescinde de algunas formalidades y se limitan las actuaciones de los abogados para hacerlo más rápido: *Como querían demoler su casa, inició un juicio sumario.* ‖ **juicio sumarísimo.** El de carácter militar, que se celebra con gran rapidez por juzgarse en él delitos muy claros o especialmente graves: *Los cabecillas de la intentona golpista fueron condenados en juicio sumarísimo.* ‖ **perder el juicio.** Volverse loco: *Los psiquiátricos están llenos de personas que han perdido el juicio.*

juicioso, sa adj./s. Con juicio o sensatez: *¡Ojalá fueras más juiciosa en tu forma de actuar! Si los juiciosos gobernasen el mundo, habría menos desastres.*

julepe s.m. **1** Juego de cartas en el que se reparten cinco a cada jugador, una se deja de triunfo, y ganan los que consiguen, al menos, dos bazas: *Pasé la tarde jugando al julepe.* **2** *col.* Esfuerzo o trabajo excesivo para una persona: *Menudo julepe me di haciendo la limpieza general. Mañana nos espera un buen julepe en la oficina.* **3** Bebida medicinal elaborada con agua destilada, jarabes y otras sustancias: *El julepe de menta es bueno para curar el catarro.*

julio s.m. **1** Séptimo mes del año, entre junio y agosto: *Julio tiene treinta y un días.* **2** En el Sistema Internacional, unidad de trabajo y de energía que equivale al trabajo producido por una fuerza de un newton, cuyo punto de aplicación se desplaza un metro en la dirección de la fuerza: *El julio equivale a diez millones de ergios.* ☐ ORTOGR. En la acepción 2, su denominación internacional es *joule*.

a b c d e f g h i j k l m n ñ o p q r s t u v w x y z

jumbo (anglicismo) s.m. Tipo de avión de pasajeros de grandes dimensiones: *'Jumbo' es el nombre coloquial del 'Boeing 747'.* ☐ PRON. [yúmbo].

jumento, ta s. Mamífero cuadrúpedo, doméstico, más pequeño que el caballo, con largas orejas, pelo áspero y normalmente grisáceo, y que se suele emplear como montura o como animal de carga o de tiro; *asno: Cargó el jumento con los haces de hierba.*

jumilla s.m. Vino de alta graduación, mezcla de seco y dulce, y originario de Jumilla (comarca de la provincia de Murcia): *El jumilla puede ser tinto o rosado.*

juncal adj. Esbelto, gallardo o airoso: *El torero, orgulloso y juncal, dio una vuelta al ruedo.* ☐ MORF. Invariable en género.

juncia s.f. Planta herbácea, olorosa, de tallo triangular, hojas largas y estrechas, de bordes ásperos, flores verdosas en espigas terminales y fruto en granos secos: *La chufa es el tubérculo de la juncia.*

junco s.m. **1** Planta herbácea con tallos largos, lisos, cilíndricos y flexibles, de color verde oscuro por fuera y blancos y esponjosos en el interior, hojas reducidas a vainas delgadas, y que abunda en lugares húmedos: *La rana se escondió entre los juncos de la orilla.* **2** Tallo de esta planta: *Hace cestas y sillas con juncos secos.* **3** Embarcación pequeña y ligera, con velas rectangulares reforzadas con listones de bambú, y que es utilizada esp. en el sureste asiático: *El junco se emplea para el transporte de mercancías.* 👁 **embarcación**

jungla s.f. **1** Terreno cubierto de espesa y exuberante vegetación y que es propio de zonas de clima tropical de tierras americanas y del sureste asiático: *Como querían atravesar la jungla, contrataron como guías a unos nativos.* **2** Lugar caótico o lleno de peligros y dificultades y en el que la ley de la fuerza se impone a la de la razón o el orden: *Se dice que la ciudad es una jungla de asfalto.*

junio s.m. Sexto mes del año, entre mayo y julio: *Junio tiene treinta días.*

junior, -a s. Religioso joven que, aunque ya ha hecho el noviciado, todavía no ha profesado o no tiene los votos definitivos: *Estos juniores se ordenarán muy pronto.* ☐ MORF. Su plural es *juniores* o *junioras*.

júnior ▮ adj. **1** Referido a una persona, que es más joven que otra de su familia con el mismo nombre: *Me ha escrito José Díaz júnior, a quien siempre llaman así para diferenciarlo de su padre.* ▮ adj./s. **2** Referido a un deportista, que, por edad, pertenece a la categoría posterior a la de juvenil y anterior a la de sénior: *Una tenista júnior ha conseguido una medalla. El reglamento impide que un júnior pueda jugar en la categoría juvenil.* ☐ PRON. Aunque la pronunciación correcta es [júnior], está muy extendida la pronunciación anglicista [yúnior]. ☐ ORTOGR. 1. Es un anglicismo (*junior*) adaptado al español. 2. Se recomienda la forma adaptada *yúnior*. ☐ MORF. 1. Como adjetivo es invariable en género. 2. Como sustantivo es de género común y exige concordancia en masculino o en femenino para señalar la diferencia de sexo: *el júnior, la júnior*. 3. Su plural es *júniores*.

juniorado s.m. Período intermedio entre el noviciado y la profesión solemne o la toma de los votos definitivos: *Durante el juniorado estuvo viviendo en una casa de la congregación.* ☐ PRON. Incorr. *[yuniorádo].

junípero s.m. Arbusto conífero, de tronco abundante en ramas y copa espesa, hojas en grupos de tres, rígidas y punzantes, flores en espigas y de color pardo rojizo, que tiene por fruto bayas esféricas y cuya madera es fuerte, rojiza y olorosa; *enebro: De algunas especies de junípero se extrae un aceite usado en dermatología.*

junquillo s.m. Moldura delgada y de forma redondeada: *Pusieron junquillos de madera alrededor de los cristales de la puerta.*

junta s.f. Véase **junto, ta**.

juntar ▮ v. **1** Agrupar o poner de manera que se forme un conjunto: *Junta toda la ropa sucia para echarla a lavar.* **2** Referido a dos o más cosas, acercarlas entre sí o ponerlas contiguas: *Junta las sillas para que quede más espacio libre. Si os juntáis un poco, cabrá una persona más en el sofá.* **3** Acumular o reunir en gran cantidad: *En pocos años juntó mucho dinero.* **4** Reunir en un mismo sitio o hacer acudir a él: *Juntó a toda la familia el día de su boda. Se juntaron en el bar para discutir el asunto.* ▮ prnl. **5** Relacionarse o mantener amistad: *Ahora se junta con las hijas del médico.* **6** Referido a una persona, vivir con otra con la que mantiene relaciones sexuales sin estar casada con ella; *amancebarse: Se ha juntado con su novia.* ☐ MORF. Tiene un participio regular (*juntado*), que se usa más en la conjugación, y otro irregular (*junto*), que se usa solo como adjetivo o adverbio. ☐ SINT. Constr. de las acepciones 5 y 6: *juntarse* CON *alguien*.

junto adv. **1** En una posición próxima o inmediata: *Tengo una casa junto a la playa.* **2** Al mismo tiempo o a la vez: *No sé cómo puedes hacer junto tantas cosas: leer, escuchar música y atender a la conversación. Junto con el libro, me mandó una carta.* ☐ SINT. 1. Constr. de la acepción 1: *junto* A *algo*. 2. Constr. de la acepción 2: *junto* CON *algo*.

junto, ta ▮ adj. **1** Unido, cercano, agrupado o reunido: *Tienes que coser juntos estos dos bordes. Me agobia ver a tanta gente junta en un local cerrado.* **2** En compañía, en colaboración o a un tiempo: *Les gusta trabajar juntos.* ▮ s.f. **3** Reunión de personas para tratar un asunto: *Hoy es la junta de vecinos para decidir si se pinta la escalera.* **4** Conjunto de personas elegidas para dirigir los asuntos de una colectividad: *La junta directiva se reúne todos los viernes.* **5** Lugar en el que se reúne este grupo de personas: *Van a trasladar la junta de distrito a otra calle.* **6** Parte o lugar en el que se juntan y unen dos o más cosas: *Está soldando la junta de las tuberías.* **7** Pieza que se coloca entre dos tubos o dos partes de un aparato para efectuar su unión: *Se ha roto la junta de goma del grifo y no puedo cerrarlo.* **8** En construcción, espacio, generalmente relleno de mortero o de yeso, que queda entre dos sillares o ladrillos contiguos de una pared: *En las juntas de dilatación se sustituye el mortero por un material elástico.* **9** En construcción, superficie de este espacio: *Cuando el muro esté acabado, pintaremos los ladrillos de un color y las juntas de otro.* ☐ SEM. En la acepciones 6 y 7, es sinónimo de *juntura*.

juntura s.f. **1** Parte o lugar en el que se juntan y unen dos o más cosas: *El agua se escapa por la juntura de las dos tuberías.* **2** Pieza que se coloca entre dos tubos o dos partes de un aparato para efectuar su unión: *Esta juntura no sirve porque no encaja.* ☐ SEM. Es sinónimo de *junta*.

jura s.f. **1** Compromiso solemne, y con juramento de fidelidad y obediencia, de cumplir con las obligaciones o exigencias que conllevan un cargo o unos principios: *La jura de los nuevos ministros se realizará en presencia del rey.* **2** Ceremonia en la que se realiza este compromiso: *En la jura de Santa Gadea, el Cid hizo jurar a Alfonso VI que no había participado en la muerte de su hermano, Sancho II.*

jurado, da ▌ adj. **1** Que ha prestado juramento para desempeñar su cargo o su función: *Han solicitado los servicios de un intérprete jurado.* ▌ s.m. **2** En un proceso judicial, tribunal formado por ciudadanos y cuya función es determinar la culpabilidad o la inocencia del acusado: *No es competencia del jurado, sino de los magistrados, imponer las penas al reo.* **3** En un concurso o en una competición, tribunal formado por un grupo de personas competentes en una materia y cuya función es examinar y calificar algo: *Todos los miembros del jurado puntuaron con un diez el ejercicio de la gimnasta.*

juramentar ▌ v. **1** Referido a una persona, tomarle juramento: *Hoy se procederá a juramentar a los nuevos ministros.* ▌ prnl. **2** Referido a varias personas, comprometerse u obligarse mediante juramento a hacer algo: *Nos hemos juramentado para acabar con esta injusticia.*

juramento s.m. **1** Afirmación o promesa rotundas, esp. las que se hacen de forma solemne y poniendo por testigo algo sagrado o valioso: *Es hombre de palabra y cumplió su juramento.* **2** Blasfemia o palabra ofensiva y malsonante: *Por el patio oí los insultos y juramentos de mi vecino.*

jurar v. **1** Afirmar o prometer rotundamente, esp. si se hace de forma solemne y poniendo por testigo algo sagrado o valioso: *Te juro que se lo diré. Me juró por su honor que él no había sido.* **2** Referido esp. a un cargo o a unos principios, comprometerse solemnemente y con juramento de fidelidad y obediencia a cumplir con las obligaciones o exigencias que estos conllevan: *El presidente ha jurado hoy el cargo. Los diputados electos juraron la Constitución.* **3** Decir palabras ofensivas: *¿Quieres dejar de jurar y de decir tacos?* **4** ‖ **{jurársela/jurárselas}** a alguien. *col.* Prometer venganza contra él: *Me la ha jurado porque dice que ofendí a su familia.*

jurásico, ca ▌ adj. **1** En geología, del segundo período de la era secundaria o mesozoica, o de los terrenos que se formaron en él: *En la región francesa del Jura hay sedimentos jurásicos.* ▌ adj./s.m. **2** En geología, referido a un período, que es el segundo de la era secundaria o mesozoica: *Los animales que predominaban en la etapa jurásica eran los dinosaurios. En el jurásico se empiezan a delimitar las masas continentales.*

jurel s.m. Pez marino, de cuerpo rollizo y de color azul o verdoso por el lomo y blanco rojizo por el vientre, cabeza corta, escamas pequeñas y muy unidas a la piel, excepto a lo largo de los costados, donde son fuertes y agudas, con dos aletas dorsales provistas de grandes espinas y una cola extensa y en forma de horquilla; *chicharro: El jurel es un pescado azul.* □ MORF. Es un sustantivo epiceno y la diferencia de sexo se señala mediante la oposición *el jurel {macho/hembra}.*

jurídico, ca adj. Que se refiere al derecho o a las leyes, o que se ajusta a ellos: *Este asunto ya solo puede resolverse por la vía jurídica. Las Cortes generales han fijado el marco jurídico para la aplicación del derecho de huelga.*

jurisconsulto, ta s. **1** Persona que, con el debido título, se dedica a la ciencia del derecho: *Ulpiano fue un famoso jurisconsulto del derecho romano.* **2** Persona especializada en cuestiones legales, esp. en derecho civil y canónico, aunque no participe en los pleitos; *jurisperito: El jurisconsulto nos aconsejó iniciar un pleito para recuperar las tierras.*

jurisdicción s.f. **1** Autoridad, poder o competencia para gobernar y para hacer cumplir las normas, esp. las legales: *Los jueces no tienen jurisdicción para elaborar las leyes, solo para aplicarlas. Este asunto entra dentro de la jurisdicción eclesiástica.* **2** Territorio o demarcación administrativos, esp. los que están sometidos a la competencia de una autoridad: *Esa finca no entra dentro de esta jurisdicción municipal.*

jurisdiccional adj. De la jurisdicción: *Por la competencia jurisdiccional, correspondió al juez de mi pueblo conocer de ese asesinato.* □ MORF. Invariable en género.

jurisperito, ta s. Persona especializada en cuestiones legales, esp. en derecho civil y canónico, aunque no participe en los pleitos; *jurisconsulto: El jurisperito nos aconsejó que fuésemos a juicio y nos recomendó a una abogada conocida suya.*

jurisprudencia s.f. **1** Ciencia del derecho: *Estudio jurisprudencia para llegar a ser abogado.* **2** Conjunto de sentencias de los tribunales: *Buscó en la jurisprudencia un precedente a su caso, pero no lo encontró.* **3** Doctrina o enseñanza que se desprende de este conjunto de sentencias, esp. de las del Tribunal Supremo: *El juez tuvo más en cuenta la jurisprudencia que las alegaciones de los abogados.* **4** Criterio o norma sobre un problema jurídico, establecidos por una serie de sentencias concordes o relacionadas: *Las omisiones de la ley ante nuevos delitos se suplen con la jurisprudencia.*

jurista s. Persona que se dedica al estudio o a la interpretación de las leyes o del derecho, esp. si esta es su profesión: *La jurista de la empresa nos informará sobre el tema de las deducciones.* □ MORF. Es de género común y exige concordancia en masculino o en femenino para señalar la diferencia de sexo: *el jurista, la jurista.*

justa s.f. Véase **justo, ta**.

justamente adv. Precisamente o en el preciso momento o lugar: *Llegó justamente cuando yo me iba y casi no pudimos hablar. Está justamente detrás de ti, y por eso no lo ves.*

justedad s.f. →**justeza**.

justeza s.f. Rectitud, equidad o precisión en las acciones; *justedad: El juez sentenció con justeza al acusado. Has repartido las ganancias con justeza.*

justicia s.f. **1** Inclinación a dar y reconocer a cada uno lo que le corresponde: *Actuó con justicia y sin dejarse llevar de favoritismos.* **2** Lo que debe hacerse según el derecho o la razón: *El pueblo espera justicia de sus gobernantes.* **3** Organismo o autoridad encargados de aplicar las leyes y de castigar su incumplimiento: *El delincuente cayó en manos de la justicia. Presentó un recurso y la justicia sentenció a su favor.* **4** ‖ **administrar justicia.** Dictar sentencia aplicando las leyes en un juicio y hacer que se cumpla: *El Tribunal Supremo será el encargado de administrar justicia en este caso.* ‖ **hacer justicia a alguien.** Tratarlo como le corresponde por sus propios méritos o condiciones: *Por fin le hicieron justicia y le concedieron un premio tan merecido. Ese retrato no te hace justicia, tú eres más guapa.* ‖ **ser de justicia.** Ser como corresponde según el derecho o la razón: *Es de justicia que la Administración te devuelva lo que te cobró de más.* ‖ **tomarse** alguien **la justicia por su mano.** Aplicar él mismo el castigo que cree justo: *En vez de denunciarlo, decidió tomarse la justicia por su mano y le dio una paliza.*

justiciero, ra adj. Que acata y hace acatar estrictamente la justicia, esp. en lo relacionado con el castigo de los delitos: *Los delincuentes lo temen porque es un policía justiciero.*

justificación s.f. **1** Aportación de razones para hacer parecer una acción oportuna, válida o adecuada: *Estoy esperando una justificación de tu actitud.* **2** Demostración por medio de pruebas: *Si no presentas la justificación de los gastos no te pagaré lo que dices que te debo.* **3** Argumento, motivo o prueba que justifican: *El recibo sirve como justificación de que te has matriculado.* **4** En tipografía, igualación del largo de las líneas de un texto impreso: *Olvidaste hacer la justificación y han quedado las líneas desiguales.*

justificante s.m. Documento o prueba que justifica: *Traigo un justificante del médico explicando por qué no debo hacer deporte.*

justificar v. **1** Referido a una acción, aportar razones para hacerla parecer oportuna, válida o adecuada: *Que estuviera borracho no justifica su actitud.* **2** Demostrar con pruebas, esp. con razones, con testigos o con documentos: *Los gastos de empresa se justifican con facturas.* **3** Referido a una persona, defenderla o demostrar su inocencia: *Siempre justifica al niño ante su padre. Se justificó diciendo que él no sabía lo que iba a ocurrir.* **4** En tipografía, referido a las líneas de un texto impreso, igualar su longitud: *Ese procesador de textos justifica automáticamente por la derecha.* □ ORTOGR. La *c* se cambia en *qu* delante de *e* →**SACAR**.

justipreciación s.f. Valoración o tasación rigurosas: *No está conforme con la justipreciación que se ha hecho de la mercancía.*

justipreciar v. Valorar o tasar con rigor: *Los peritos se encargaron de justipreciar sus bienes antes de subastarlos.* □ ORTOGR. La *i* nunca lleva tilde.

justiprecio s.m. Valor o tasa que se determinan de forma rigurosa: *El técnico ya ha fijado el justiprecio de la máquina.*

justo adv. Exactamente o en el preciso momento o lugar: *Llegó justo cuando yo salía. Estoy justo en medio de la calle.*

justo, ta ▮ adj. **1** Como debe ser según la justicia, el derecho o la razón: *El tribunal dictó una sentencia justa e irreprochable. Es justo que se te reconozcan tus méritos.* **2** Exacto en medida o en número: *Las medidas justas del cuadro son 15 x 20 cm. Me queda el dinero justo para llegar a fin de mes.* **3** Preciso, atinado o adecuado: *Dio con la solución justa a mis problemas.* **4** Apretado o ajustado: *Desde que engordé, la ropa me queda muy justa.* ▮ adj./s. **5** Que obra con justicia: *Una persona justa no toma decisiones arbitrarias. Los justos no podrán callarse ante este fraude.* **6** En el cristianismo, que tiene la gracia de Dios y que vive según su ley: *Era una mujer justa, buena con los demás. Según las bienaventuranzas, los justos verán a Dios.* ▮ s.f. **7** En la Edad Media, combate en el que dos contendientes se enfrentaban a caballo y con lanza, esp. si se hacía como exhibición y para amenizar las fiestas: *El vencedor de las justas recibió el galardón de la dama.* **8** Certamen o competición literaria, esp. la de carácter poético: *El ganador de la justa poética publicará sus poesías de juventud.* □ SEM. En la acepción 2, en plural equivale a 'el número exacto o necesario': *Me quedan los clavos justos para sujetar el cuadro. Estamos los justos para echar una partida.*

juvenil ▮ adj. **1** De la juventud o relacionado con esta fase del desarrollo del ser vivo: *Esos granos en la cara no son más que el típico acné juvenil.* ▮ adj./s. **2** Referido a un deportista, que, por edad, pertenece a la categoría posterior a la de cadete y anterior a la de júnior: *La atleta juvenil hizo unas declaraciones a la prensa. Los juveniles han jugado muy bien.* □ MORF. 1. Como adjetivo es invariable en género. 2. Como sustantivo es de género común y exige concordancia en masculino o en femenino para señalar la diferencia de sexo: *el juvenil, la juvenil.*

juventud ▮ s.f. **1** Período de la vida de una persona que media entre la niñez y la edad adulta: *Durante la juventud se consolida la personalidad del individuo.* **2** Conjunto de las características físicas y mentales, esp. la energía y la frescura, que caracterizan este período de la vida humana: *Sus cincuenta años aún están llenos de juventud.* **3** Conjunto de los jóvenes: *La juventud actual está mejor preparada académicamente.* **4** Primeros tiempos o etapas del desarrollo de algo: *Sus novelas de juventud las escribió con cuarenta años.* ▮ pl. **5** Organización juvenil de un partido político: *Las juventudes del partido protestan porque quieren más participación.*

juzgado s.m. **1** Lugar en el que se celebran juicios: *El cliente y su abogado se citaron en el juzgado un poco antes del juicio.* **2** Órgano judicial constituido por un solo juez: *He recibido una citación del juzgado para declarar.* **3** Territorio bajo la jurisdicción o competencia de este juez: *Este caso pertenece al juzgado de otra provincia.* **4** Conjunto de jueces que dictan una sentencia: *Los juzgados de causas especiales suelen estar formados por eminentes juristas.* **5** ‖ **de juzgado de guardia.** *col.* Intolerable o contrario a lo que debe hacerse en justicia: *La faena que me ha hecho es de juzgado de guardia.*

juzgar v. **1** Creer o considerar: *Se fue del pueblo porque juzgó que allí no tenía futuro. Te juzgo capaz de todo.* **2** Referido esp. a una persona, valorar sus acciones o sus condiciones y emitir dictamen o sentencia sobre ellas quien tiene autoridad para ello: *El magistrado que juzgó al sospechoso lo declaró culpable. Tú no eres el más indicado para juzgar lo que hago.* **3** ‖ **a juzgar por** algo. Según se deduce de ello: *A juzgar por la letra, el que escribió esto estaba muy nervioso.* □ ORTOGR. La *g* se cambia en *gu* delante de *e* →**PAGAR**.

a b c d e f g h i j k l m n ñ o p q r s t u v w x y z

K k

k s.f. Undécima letra del abecedario: *En español, las palabras que se escriben con 'k' suelen proceder de una lengua extranjera.* □ PRON. Representa el sonido consonántico velar oclusivo sordo.

ka s.f. Nombre de la letra *k*: *La primera letra de 'kilo' es una ka.*

kabuki (del japonés) s.m. Modalidad de teatro japonés, de carácter tradicional y popular, en la que se combinan el recitado, el canto y el baile, y cuyos intérpretes son actores masculinos: *En el kabuki, la mímica tiene un papel fundamental.*

kafkiano, na adj. Referido a una situación, que resulta angustiosa y absurda (por alusión al mundo opresivo e irreal que el escritor checo Kafka describe en sus novelas): *Viví una situación kafkiana cuando me detuvieron por error.*

káiser s.m. Emperador del II Reich (imperio germánico de finales del siglo XIX y principios del XX): *No ha habido káiseres desde la I Guerra Mundial.*

kamikaze ▮ adj./s. **1** Que arriesga su vida en una misión suicida, esp. referido a los pilotos japoneses de la II Guerra Mundial: *El atentado fue obra de un terrorista kamikaze que llevaba una bomba pegada al pecho. Murieron más de dos mil kamikazes japoneses durante la II Guerra Mundial.* **2** Que pone en peligro su vida y la de los demás en acciones temerarias: *El conductor kamikaze fue detenido por la policía. El kamikaze se metió en dirección prohibida por la autopista.* ▮ s.m. **3** En la II Guerra Mundial, avión japonés cargado de explosivos, cuya misión consistía en estrellarse voluntariamente contra un objetivo enemigo: *Los kamikazes iban pilotados por voluntarios suicidas.* □ ORTOGR. Se usa también *camicace*. □ MORF. En la acepción 1, como adjetivo es invariable en género y como sustantivo es de género común, y exige concordancia en masculino o en femenino para señalar la diferencia de sexo: *el kamikaze, la kamikaze.*

kan s.m. Jefe o príncipe de los tártaros o de los persas; *can*: *Algunos kanes asiáticos fueron sometidos por los zares.*

kantiano, na adj./s. De Kant (filósofo alemán de finales del siglo XVIII), o de su sistema filosófico: *En la 'Crítica de la razón pura' se expone la teoría kantiana del conocimiento. Según los kantianos, la razón opera con una serie de categorías previas a toda experiencia.*

kantismo s.m. Sistema filosófico creado por Kant (filósofo alemán de finales del siglo XVIII) y que parte del sometimiento de la razón a un juicio crítico como requisito para hacer posible el conocimiento científico: *El kantismo supera tanto el dogmatismo como el escepticismo respecto al conocimiento.*

kantista s. Partidario o defensor del kantismo: *Mi profesor de filosofía es un kantista convencido.* □ MORF. Es de género común y exige concordancia en masculino o en femenino para señalar la diferencia de sexo: *el kantista, la kantista.*

kappa s.f. En el alfabeto griego clásico, nombre de la décima letra; *cappa*: *La grafía de la kappa es* κ.

karaoke (del japonés) s.m. Local público donde los clientes pueden acceder a un pequeño escenario y cantar canciones con un acompañamiento musical grabado: *Terminamos la fiesta en un karaoke, cantando como locos y muertos de risa.*

kárate (del japonés) s.m. Deporte de origen japonés en el que se enfrentan dos luchadores que intentan derribarse mediante golpes secos dados con las manos, con los codos o con los pies: *El kárate es un arte marcial que comenzó siendo un sistema de defensa personal.*

karateca s. Persona que practica el kárate: *Los karatecas llevan kimonos blancos de tela muy resistente.* □ MORF. Es de género común y exige concordancia en masculino o en femenino para señalar la diferencia de sexo: *el karateca, la karateca.* □ ORTOGR. Se usa también *karateka*.

karateka s. →**karateca.** □ MORF. Es de género común y exige concordancia en masculino o en femenino para señalar la diferencia de sexo: *el karateka, la karateka.*

karma s.m. En el hinduismo, creencia según la cual los actos que un ser realiza en una vida influirán en sus vidas sucesivas: *El karma es el dogma en que se basa la teoría de la rencarnación.*

karst s.m. Relieve típico de terrenos con rocas calizas o fácilmente solubles y caracterizado por la abundancia de grietas, galerías y formas originadas por la acción erosiva o disolvente del agua (por alusión a Karst, región de la antigua Yugoslavia en que se da este relieve): *Paseamos por un karst que parecía una ciudad encantada.* □ ORTOGR. Se usa también *carst*. □ MORF. Invariable en número.

kárstico, ca adj. Del karst o con características de este tipo de relieve; *cárstico*: *En los paisajes kársticos se descubren formas que parecen esculturas.*

a b c d e f g h i j k l m n ñ o p q r s t u v w x y z

kart (anglicismo) s.m. Coche de carreras de una sola plaza, de pequeña cilindrada y sin carrocería ni sistema de suspensión: *En el parque de atracciones hay un circuito de karts.*

kasba s.f. Casco antiguo de una ciudad árabe: *La ciudad conserva una kasba medieval con callejuelas llenas de recovecos.* □ ORTOGR. Es un arabismo (*casbah*) adaptado al español.

katiuska (del ruso) s.f. Bota de goma impermeable que llega hasta media pierna o hasta la rodilla: *Las katiuskas son un calzado apropiado para protegerse de la lluvia.* 👁 **calzado**

kayak s.m. **1** Embarcación muy ligera, formada por un armazón de madera recubierto con un tejido impermeable, larga, estrecha y casi cerrada, con una abertura para el tripulante: *El kayak tradicional es la canoa de pesca de los esquimales. El descenso del río en kayak es una prueba emocionante.* 👁 **embarcación 2** Deporte de competición que se practica con estas embarcaciones y con remos provistos de palas a ambos lados: *La modalidad K-4 de kayak es la que se practica con embarcaciones de cuatro tripulantes.* □ PRON. [kayák]. □ ORTOGR. Es un término del inglés (*kayak*) semiadaptado al español. □ MORF. Su plural es *kayaks*.

kéfir s.m. Leche fermentada artificialmente, de fuerte sabor agridulce: *El kéfir es una bebida típicamente rusa.*

kelvin s.m. En el Sistema Internacional, unidad básica de temperatura termodinámica (por alusión al físico irlandés Kelvin, que formuló la escala absoluta de temperaturas); *kelvinio: Una diferencia de temperatura puede expresarse en grados kelvin o en grados Celsius.* □ ORTOGR. Es la denominación internacional del *kelvinio*.

kelvinio s.m. →**kelvin.**

kendo (del japonés) s.m. Deporte de origen japonés, semejante a la esgrima, que se practica con espadas de madera: *El kendo es una de las artes marciales defensivas.*

keniano, na adj./s. De Kenia o relacionado con este país africano: *La capital keniana es Nairobi. La mayor parte de los kenianos se dedican a la agricultura.* □ MORF. Como sustantivo se refiere solo a las personas de Kenia.

kermés s.f. Fiesta popular que se celebra al aire libre, con bailes, rifas y otras diversiones, y generalmente con fines benéficos; *quermés: La recaudación de la kermés se destinará a la ayuda para los refugiados. En esta crónica costumbrista del siglo XVIII se describe una kermés.*

kétchup s.m. Salsa de tomate condimentada con vinagre, azúcar y especias: *Me gustan las hamburguesas con kétchup y mostaza.* □ ORTOGR. Se usan también *cátchup* y *cátsup*. □ MORF. Su plural es *kétchups*.

kibutz s.m. Granja agraria israelí, de propiedad estatal, que el Estado arrienda a una comunidad para su explotación en régimen de cooperativa: *Con los kibutz se ha conseguido una agricultura de alta calidad y rentabilidad.* □ PRON. [kibúz]. □ ORTOGR. Es una palabra hebrea (*kibboutz*) semiadaptada al español. □ MORF. Invariable en número.

kick boxing (anglicismo) s.m. ‖ Modalidad de arte marcial, en la que, además de usar los puños con guantes, está permitido golpear con los pies desnudos y con las espinillas: *El kick boxing es un deporte muy violento.* □ PRON. [kik bóxin].

kiko s.m. Maíz tostado (por extensión del nombre de la marca comercial *Kikos®*): *Los kikos dan mucha sed porque están salados.*

kílim o **kilim** s.m. **1** Tela típicamente oriental, de vivos colores y decorada con motivos geométricos: *Entre otros objetos exóticos, destacaba un sofá tapizado en kílim.* **2** Alfombra o tapiz de pequeñas dimensiones confeccionados con esta tela: *Se ha comprado un kílim y lo ha puesto de tapiz en la pared.* □ MORF. Su plural es *kílims* o *kilims*.

kilo s.m. **1** →**kilogramo. 2** *col.* Millón de pesetas: *Este coche costaba más de tres kilos.*

kilo- Forma compositiva que significa 'mil': *kilocaloría, kilohercio, kilolitro, kilovatio.* □ MORF. Puede adoptar la forma *quilo-*: *quilogramo, quilolitro, quilómetro*.

kilogramo s.m. **1** En el Sistema Internacional, unidad básica de masa: *Un kilogramo equivale a la masa de 1000 centímetros cúbicos de agua destilada a cuatro grados centígrados al nivel del mar.* **2** ‖ **kilogramo fuerza.** Unidad de fuerza que equivale a la atracción que la Tierra ejerce sobre la masa de un kilogramo sometido a una aceleración de la gravedad al nivel del mar; *kilopondio: Un kilogramo fuerza equivale a 9,80665 newtons.* □ ORTOGR. Se admite también *quilogramo*. □ MORF. Se usa mucho la forma abreviada *kilo*.

kilometraje s.f. **1** Medida de una distancia en kilómetros, esp. si se hace marcando el límite de estos con postes, mojones u otras señales: *Un especialista se encargó del kilometraje de la pista. El kilometraje de la nueva autovía se realizará con señales reflectantes.* **2** Número de kilómetros recorridos: *Aunque parece un coche nuevo, tiene mucho kilometraje.*

kilometrar v. Referido a una distancia, medirla en kilómetros, esp. si se hace marcando los límites de estos con postes, mojones u otras señales: *Han kilometrado el nuevo tramo de la carretera con postes reflectantes.*

kilométrico, ca adj. **1** Del kilómetro o relacionado con esta unidad de longitud: *Esta guía turística indica la distancia kilométrica y el tiempo aproximado del viaje.* **2** *col.* Muy largo: *Corta unas hebras kilométricas para coser y siempre se le enredan.* □ ORTOGR. Se admite también *quilométrico*.

kilómetro s.m. **1** En el Sistema Internacional, unidad de longitud que equivale a 1000 metros; *quilómetro: Mi pueblo está a 50 kilómetros de aquí.* **2** ‖ **kilómetro cuadrado.** En el Sistema Internacional, unidad de superficie que equivale a un millón de metros cuadrados: *Tengo una finca de un kilómetro cuadrado.*

kilopondio s.m. Unidad de fuerza que equivale a la atracción que la Tierra ejerce sobre la masa de un kilogramo sometido a una aceleración de la gravedad al nivel del mar; *kilogramo fuerza: Un kilopondio equivale a 9,80665 newtons en el Sistema Internacional.*

kilt (anglicismo) s.m. Falda de tela de cuadros, corta y con pliegues, que usan los hombres escoceses como parte de su traje nacional: *Actuó un conjunto de gaiteros que vestían el típico kilt.*

kimono s.m. **1** Prenda de vestir japonesa, con forma de túnica de mangas largas y anchas, abierta por delante y ceñida a la cintura con un cinturón; *quimono: La actriz japonesa escondía sus manos en las mangas del kimono.* **2** Vestimenta deportiva, formada por chaqueta y pantalón, amplia y de tela resistente, que se usa para practicar artes marciales; *quimono: El yudoca llevaba puesto su kimono blanco con su cinturón negro.*

kindergarten s.m. →**jardín de infancia.** □ PRON. [kindergárten]. □ USO Es un germanismo innecesario.

kiosco s.m. →**quiosco.**

kirsch (germanismo) s.m. Aguardiente elaborado con

cerezas amargas fermentadas: *El kirsch es un licor alemán típico.* ☐ PRON. [kirs].

kit s.m. **1** Equipo formado por un conjunto de artículos destinados a un uso determinado: *Le regalaron un kit de oficina, con grapadora, bote de lápices y un montón de cosas más.* **2** Conjunto de las piezas de un objeto que se venden con instrucciones para que puedan ser fácilmente montadas: *He comprado un kit de rejilla para hacerme una estantería.* ☐ MORF. Su plural es *kits*.

kitsch (germanismo) ▮ adj. **1** Referido esp. a un objeto decorativo, que resulta cursi o de mal gusto: *Me envió una postal kitsch horrorosa.* ▮ s.m. **2** Estilo o tendencia estética caracterizados por la mezcla de elementos que se consideran desfasados y de mal gusto: *Para muchos críticos de arte, el kitsch es una estética decadente.* ☐ PRON. [kich]. ☐ MORF. Como adjetivo es invariable en género.

kiwi s.m. **1** Arbusto trepador de flores blancas o amarillas y frutos en forma de huevo, de piel parda y peluda y pulpa verde: *El kiwi es propio de climas cálidos.* **2** Fruto comestible de este arbusto: *El kiwi es una fruta exótica, típica de tierras neozelandesas.* **3** Ave nocturna, corredora, de pico largo y curvado, patas fuertes, plumaje pardo oscuro y alas poco desarrolladas que no le permiten volar: *El kiwi es un animal propio de Nueva Zelanda.* ☐ PRON. [kíui]. ☐ MORF. En la acepción 3, es un sustantivo epiceno y la diferencia de sexo se señala mediante la oposición *el kiwi {macho/hembra}*.

kleenex s.m. →**clínex.** ☐ PRON. [klínex]. ☐ USO Extensión del nombre de la marca comercial *Kleenex®*. Su uso es innecesario y puede sustituirse por una expresión como *pañuelo de papel*.

knock-out ‖ Fuera de combate: *El boxeador dejó knock-out a su contrincante. Aquel descubrimiento me dejó knock-out.* ☐ PRON. [nokáut]. ☐ ORTOGR. Se usa también la forma castellanizada *nocaut*. ☐ MORF. Se usa mucho la sigla inglesa *K.O.*, pronunciada [káo]. ☐ USO Es un anglicismo innecesario.

koala s.m. Mamífero trepador australiano de pequeño tamaño, que carece de cola, tiene orejas grandes y hocico ancho, corto y de color oscuro, pelaje gris rojizo y cuya hembra tiene una especie de bolsa en la espalda en donde transporta a sus crías los seis primeros meses de vida; *coala: El koala trepa lentamente por los eucaliptos y se alimenta de sus hojas.* ☐ MORF. Es un sustantivo epiceno y la diferencia de sexo se señala mediante la oposición *el koala {macho/hembra}*.

koiné s.f. Lengua común originada a partir de la unificación de diversas variedades dialectales, esp. referido a la adoptada por los griegos a partir del siglo V a.C. y que dio lugar al griego clásico; *coiné: La koiné griega se formó con elementos de todos los dialectos griegos. Defienden el esperanto como nueva koiné que posibilite el entendimiento entre personas de cualquier procedencia.*

kopek s.m. Moneda rusa equivalente a la centésima parte de un rublo; *copec: Un kopek apenas tiene ya valor.* ☐ PRON. [kopék]. ☐ MORF. Su plural es *kopeks*.

koré (del griego) s.f. En el arte griego antiguo, escultura de mujer joven y vestida: *Las primeras korés aparecen en el período arcaico del arte griego.* ☐ MORF. Se usa mucho el plural griego *korai*.

krausismo s.m. Doctrina filosófica de Krause (filósofo alemán del siglo XIX), de carácter marcadamente ético y conciliador entre el racionalismo y la moral religiosa: *Las ideas del krausismo animaron en España la fundación de la Institución Libre de Enseñanza.*

kril s.m. Conjunto de pequeños crustáceos que forman parte del plancton marino: *Algunas ballenas se alimentan de kril.* ☐ MORF. Su plural es *kriles*.

kulak (del ruso) s.m. En la sociedad eslava tradicional, campesino rico propietario de la tierra que trabajaba: *El kulak desapareció después de la Revolución socialista.* ☐ PRON. [kulák].

kung-fu (anglicismo) s.m. Arte marcial de origen chino que consiste en luchar cuerpo a cuerpo, con una gran concentración mental y usando las manos y los pies: *El kung-fu es un sistema de defensa personal de origen budista.* ☐ PRON. [kunfú].

kurdo, da ▮ adj./s. **1** Del Kurdistán (región asiática), o relacionado con él: *La región kurda se localiza en lo alto de una meseta. Los kurdos están repartidos por varios países asiáticos.* ▮ s.m. **2** Lengua indoeuropea de esta región: *El kurdo tiene varios dialectos.* ☐ MORF. En la acepción 1, como sustantivo se refiere solo a las personas del Kurdistán. ☐ ORTOGR. Se usa también *curdo*.

kurós (del griego) s.m. En el arte griego antiguo, escultura de hombre joven y desnudo: *El kurós se representa de pie y en actitud frontal.* ☐ MORF. Se usa mucho el plural griego *kuroi*.

kuwaití adj./s. De Kuwait (país asiático) o relacionado con él: *El paisaje kuwaití es desértico. El petróleo es una fuente de riqueza para los kuwaitíes.* ☐ MORF. 1. Como adjetivo es invariable en género. 2. Como sustantivo es de género común y exige concordancia en masculino o en femenino para señalar la diferencia de sexo: *el kuwaití, la kuwaití*. 3. Aunque su plural en la lengua culta es *kuwaitíes*, se usa mucho *kuwaitís*. 4. Como sustantivo se refiere solo a las personas de Kuwait.

L l

l s.f. Duodécima letra del abecedario: *La palabra 'luna' empieza por 'l'.* □ PRON. Representa el sonido alveolar lateral sonoro.

la **1** pron.pers. f. de **lo**. **2** art.determ. f. de **el**. s.m. **3** En música, sexta nota de la escala de do mayor: *En clave de sol, el la se escribe en el segundo espacio del pentagrama.* □ MORF. En la acepción 1, sobre laísmo → APÉNDICE DE PRONOMBRES.

laberíntico, ca adj. **1** Del laberinto o relacionado con él: *Paseamos por el laberíntico jardín del castillo. La infección le ha producido una inflamación de las membranas laberínticas del oído.* **2** Confuso o enredado: *La contabilidad de esta empresa es laberíntica.*

laberinto s.m. **1** Lugar formado por numerosos caminos cruzados entre sí o dispuestos de forma que es difícil encontrar la salida: *El casco antiguo de la ciudad es un laberinto de callejuelas. En la mitología griega, Dédalo escapó junto con su hijo Ícaro del laberinto de Creta, lugar que él mismo había diseñado, con unas alas de cera.* **2** Lo que es confuso y está enredado: *Su mente es un laberinto de obsesiones y miedos.* **3** En los vertebrados, conjunto de canales y cavidades que forman el oído interno: *Sufre vértigo a causa de una infección en el laberinto.*

labia s.f. *col.* Facilidad de palabra y gracia al hablar: *Como tiene tanta labia, siempre nos convence para hacer lo que ella quiere.*

labiado, da ▮ adj. **1** Referido a una flor o a su corola, que están divididas en dos partes, una superior formada por dos pétalos y una inferior, formada por tres: *La flor del tomillo es labiada.* ▮ adj./s.f. **2** Referido a una planta, que tiene esta flor: *La menta y la lavanda son plantas labiadas. Las labiadas crecen en zonas templadas.* ▮ s.f.pl. **3** En botánica, familia de estas plantas, perteneciente a la clase de las dicotiledóneas: *Muchas especies de labiadas poseen sustancias aromáticas.*

labial ▮ adj. **1** De los labios: *La vaselina es un buen protector labial.* **2** En lingüística, referido a un sonido consonántico, que se articula con los labios: *Los fonemas labiales pueden ser, a su vez, bilabiales o labiodentales.* ▮ s.f. **3** Letra que representa este sonido: *Algunas labiales en castellano son la 'b', la 'p' y la 'f'.* □ MORF. Como adjetivo es invariable en género.

lábil adj. **1** Que resbala o que se desliza fácilmente: *La gelatina es una sustancia lábil.* **2** Que es frágil, caduco o débil: *Lo bonito de una rosa es que sea tan lábil.* **3** Referido a un compuesto químico, que es fácil de transformar en otro más estable: *El monóxido de carbono es un contaminante lábil porque evoluciona fácilmente a dióxido de carbono.* □ MORF. Invariable en género.

labilidad s.f. **1** Fragilidad, caducidad o debilidad: *La labilidad de algunas bacterias las hace sensibles a los cambios de temperatura.* **2** Inestabilidad de carácter y facilidad para cambiar: *Sus opiniones se caracterizan por su labilidad.*

labio s.m. **1** En una persona o en algunos animales, cada uno de los bordes carnosos y movibles de la boca: *Se pintó los labios de rojo.* **2** Borde exterior de una abertura o de algunas cosas, esp. si tienen la forma de este: *Es importante desinfectar bien los labios de la herida. Engánchalo bien con los labios del clip.* **3** ‖ **labio leporino.** El superior cuando tiene una malformación congénita consistente en una fisura o hendidura parecida a la del labio de la liebre: *Mi hermana nació con labio leporino, pero la operaron a los diez años.* ‖ **morderse los labios.** *col.* Contenerse o hacer esfuerzos para no hablar o no reírse: *Deberías haberte mordido los labios y no haberle contado toda esa historia. Estaba diciendo tantas tonterías que tuve que morderme los labios para no estallar en carcajadas.* ‖ **no despegar los labios.** *col.* No hablar o mantenerse callado: *Estaba tan cortado en la fiesta que no despegué los labios en toda la tarde.* ‖ **sellar los labios.** Impedir hablar o que se diga algo: *Las amenazas han sellado los labios del testigo.*

labiodental ▮ adj. **1** En lingüística, referido a un sonido consonántico, que se articula acercando el labio inferior al borde de los incisivos superiores: *El fonema /f/ es labiodental.* ▮ s.f. **2** Letra que representa este sonido: *La 'f' es una labiodental.* □ MORF. Como adjetivo es invariable en género.

labor s.f. **1** Trabajo, tarea u ocupación: *Mi labor consiste en pasar las facturas a la base de datos. Vamos a dejarnos de bromas y cada uno, a su labor.* **2** Trabajo agrícola, esp. el destinado a la preparación o al cultivo de la tierra: *Aunque no es agricultor, sabe mucho de labores del campo.* **3** Obra o trabajo que se hacen a mano o a máquina con alguna materia textil, esp. si son de costura o de bordado: *Está aprendiendo a hacer labores de punto y ya se ha hecho un jersey.* **4** ‖ **estar por la labor.** Estar dispuesto a hacer algo: *Cuando pido un voluntario para bajar la basura, ninguno está por la labor.* ‖ **sus labores.** Expresión que se usa para designar la dedicación exclusiva y no remunerada de la mujer a las tareas domésticas de su hogar: *Mi madre se dedica a sus labores.* □ USO 'Estar por la labor' se usa más en expresiones negativas.

laborable ▮ adj. **1** Que se puede laborar o trabajar: *Estas tierras son laborables, aunque ahora estén abandonadas.* ▮ s.m. **2** →**día laborable.** □ MORF. Como adjetivo es invariable en género.

laboral adj. Del trabajo o relacionado con él, esp. en sus aspectos económico, jurídico y social: *El derecho laboral regula los derechos y los deberes de los trabajadores y de los empresarios.* □ MORF. Invariable en género.

laboralista adj./s. Que se dedica profesionalmente al derecho laboral o que está especializado en él: *Acudió a un abogado laboralista cuando lo despidieron del trabajo. Ese caso lo llevó uno de los mejores laboralistas, y consiguió que la empresa tuviera que indemnizar a los trabajadores despedidos.* □ MORF. 1. Como adjetivo es invariable en género. 2. Como sustantivo es de género común y exige concordancia en masculino o en femenino para señalar la diferencia de sexo: *el laboralista, la laboralista.*

laborar v. **1** Referido a la tierra, trabajarla o faenar en ella: *Cada día hay menos gente que labora los campos.* **2** Esforzarse para conseguir algo: *Es una organización humanitaria que labora en beneficio de los más pobres.*

laboratorio s.m. Lugar equipado con los instrumentos, los aparatos y los productos necesarios para realizar una investigación científica o un trabajo técnico: *Como trabaja en un laboratorio farmacéutico, conoce las propiedades de los componentes de los medicamentos. En mi colegio no hay laboratorio y no podemos hacer las prácticas de ciencias. Llevé el carrete de fotos al laboratorio fotográfico para revelarlas.*

laboriosidad s.f. **1** Dedicación, constancia y cuidado en el trabajo: *Ese ascenso es un premio a tu laboriosidad. Las hormigas almacenan la comida para el invierno con gran laboriosidad.* **2** Dificultad o complejidad: *Estos trabajos de artesanía se caracterizan por su laboriosidad y su perfecto acabado.*

laborioso, sa adj. **1** Que es muy trabajador, o que es constante y cuidadoso en el trabajo: *Da gusto ayudar a jóvenes inteligentes y laboriosos.* **2** Que cuesta o causa mucho trabajo: *Consiguió el crédito después de laboriosas gestiones. No es una tarea difícil, pero sí muy laboriosa.*

laborismo s.m. En Gran Bretaña (país europeo) y en algunas de sus antiguas colonias, doctrina y movimiento político, de carácter moderado y socialista: *La base social del laborismo es la clase trabajadora.*

laborista ▮ adj. **1** Del laborismo o relacionado con él: *El partido laborista británico fue fundado en los primeros años del siglo XX, para defender a los obreros ante el Parlamento.* ▮ adj./s. **2** Partidario o seguidor del laborismo: *Algunos políticos laboristas se negaron a firmar el comunicado. Los laboristas han sido derrotados en las elecciones.* □ MORF. 1. Como adjetivo es invariable en género. 2. Como sustantivo es de género común y exige concordancia en masculino o en femenino para señalar la diferencia de sexo: *el laborista, la laborista.*

labra s.f. Trabajo que se hace de una materia, esp. de piedra o de mármol: *La labra de esta escultura la realizó un escultor muy famoso.*

labrado s.m. Trabajo que se hace de una materia para darle forma o para grabarla o decorarla: *Los orfebres se dedican al labrado de metales preciosos.*

labrador, -a adj./s. Que se dedica a las tareas agrícolas, esp. si cultiva tierras de su propiedad: *Estas tierras las heredé de mi abuelo, que era labrador. Los labradores no tienen horario fijo.*

labrantío, a adj./s.m. Referido a una tierra o a un campo, que es de cultivo o que se puede cultivar: *Ha heredado dos campos labrantíos. Aunque vive en la ciudad, tiene en su pueblo una casa y un labrantío.*

labranza s.f. **1** Cultivo de los campos: *Guarda los aperos de labranza en el cobertizo.* **2** Tierra de cultivo: *La labranza estaba a las afueras del pueblo.*

labrar v. **1** Referido a una materia, trabajarla para darle forma o para grabarla o decorarla: *Labra la madera con una navaja y hace todo tipo de figuras con ella. Labrar la piedra con un cincel es un trabajo muy laborioso.* **2** Cultivar la tierra: *Como llevo varios años labrando esta finca, este año la voy a dejar en barbecho.* **3** Hacer surcos en la tierra para sembrarla después; *arar: Actualmente casi nadie labra con arado.* **4** Conseguir o preparar: *Debes trabajar duro para labrarte un buen futuro. Con esa conducta se está labrando su ruina.*

labriego, ga s. Persona que cultiva la tierra y que vive en el medio rural: *Los labriegos ofrecieron a su santo patrón los mejores productos de la cosecha.*

laca s.f. **1** Sustancia semejante a la resina, obtenida de algunos árboles asiáticos, y que se usa para la fabricación de barnices y colorantes: *La laca se forma en las ramas de algunos árboles con la exudación producida por las picaduras de ciertos insectos.* **2** Barniz duro y brillante que se fabrica con esta y otras sustancias: *Muchos muebles chinos antiguos van recubiertos por una capa de laca.* **3** Objeto barnizado con este producto, esp. si es artístico: *Compró una colección de lacas.* **4** Cosmético que se aplica sobre el cabello para fijar el peinado: *En el envase de esta laca ponía que no destruye la capa de ozono.* **5** ‖ **laca de uñas.** Cosmético que se usa para dar color o brillo a las uñas: *Nos compramos una laca de uñas de color rojo.*

lacar v. Pintar o barnizar con laca; *laquear: Ha lacado la librería del salón.* □ ORTOGR. La *c* se cambia en *qu* delante de *e* →**SACAR**.

lacayo s.m. **1** Antiguo criado vestido con librea cuya principal ocupación era acompañar a su amo: *El lacayo abrió a su señor la portezuela del coche de caballos.* **2** *col.* Persona servil y aduladora: *Más que su colaborador, eres su lacayo.*

lacedemonio, nia adj./s. De Lacedemonia (ciudad y comarca de la antigua Grecia), o relacionado con ella: *El legislador lacedemonio estableció duras leyes. La ciudad más importante en la que vivían los lacedemonios era Esparta.* □ MORF. Como sustantivo se refiere solo a las personas de Lacedemonia.

lacerar v. **1** Herir, lastimar o magullar: *Se laceró las rodillas al caerse.* **2** Dañar o producir un perjuicio o un daño: *El escándalo laceró su reputación.*

lacería s.f. En arte, adorno geométrico consistente en una serie de molduras o de líneas que se enlazan y se cruzan entre sí alternativamente formando figuras estrelladas y con forma de polígono: *La bóveda del claustro tiene lacerías árabes.*

lacero, ra s. **1** Persona que maneja hábilmente el lazo para atrapar animales: *En el rancho contrataron varios laceros.* **2** Cazador, generalmente furtivo, que captura animales de caza menor con una trampa de lazo: *El juez* *impuso una multa al lacero.* **3** Empleado municipal que se encarga de recoger perros vagabundos atrapándolos con un lazo: *El lacero introdujo los perros en la jaula de la camioneta.*

lacetano, na adj./s. De la antigua Lacetania (zona que comprendía parte de las actuales provincias de Barcelona, Lérida y Tarragona), o relacionado con ella: *El pueblo lacetano era guerrero y sostuvo constantes luchas con los romanos. Los lacetanos, tras la conquista romana, pasaron a formar parte de la Tarraconense.* ☐ MORF. Como sustantivo se refiere solo a las personas de Lacetania.

lacio, cia adj. **1** Referido al cabello, que es liso y cae sin formar ondas ni rizos: *Mi primo es rubio y tiene el pelo lacio.* **2** Marchito o mustio: *Cambia las rosas del jarrón, porque estas ya están lacias.* **3** Flojo, débil o sin fuerza: *Si hicieras pesas, no tendrías los músculos lacios.*

lacón s.m. Parte de la pata delantera del cerdo, esp. cuando está cocida o salada y curada: *El lacón con grelos es un plato típico gallego.*

lacónico, ca adj. **1** Breve o conciso: *Prefiero el estilo lacónico a la verborrea.* **2** Referido a una persona, que habla o que escribe de esta manera: *Es tan lacónico que todo lo explica en dos palabras.*

laconismo s.m. Carácter breve o conciso: *Lo único destacable de su última carta es su laconismo.*

lacra s.f. **1** Señal que deja en alguien una enfermedad o un daño físico: *Estos dolores me han quedado como lacra de la lesión de espalda que sufrí.* **2** Defecto, tara o vicio: *La mendicidad es una lacra de nuestra sociedad.*

lacrar v. Cerrar con lacre: *Lacró el sobre para que nadie pudiera curiosear lo que había escrito en la carta.*

lacre s.m. Pasta sólida hecha con goma, laca y trementina y que, derretida, se utiliza para cerrar o sellar documentos, sobres o paquetes: *El lacre se vende en barras y es normalmente de color rojo.*

lacrimal adj. De las lágrimas o relacionado con ellas: *Las glándulas que segregan las lágrimas se denominan glándulas lacrimales. Los conductos lacrimales llevan las lágrimas a las fosas nasales.* ☐ ORTOGR. Dist. de *lagrimal.* ☐ MORF. Invariable en género.

lacrimógeno, na adj. **1** Referido esp. a un gas, que produce lágrimas: *La policía dispersó a los manifestantes con gases lacrimógenos.* **2** Referido esp. a una narración, que pretende tocar la fibra sensible del lector, espectador u oyente, y que incita a llorar: *Todo el mundo salía con los ojos enrojecidos de aquella lacrimógena película.* ☐ ORTOGR. Incorr. **lagrimógeno.*

lacrimoso, sa adj. **1** Con lágrimas: *Tiene los ojos lacrimosos por la congestión.* **2** Que incita a llorar; *lagrimoso: Ayer vi una película triste y lacrimosa, y me pasé las dos horas llorando.* **3** Que llora o se lamenta con facilidad: *No me extraña que te ponga nervioso una persona tan lacrimosa.*

lactancia s.f. **1** Acción de mamar: *Estos meses tiene derecho a salir antes del trabajo para la lactancia de su hijo.* **2** Primer período de la vida de los mamíferos, durante el que se alimentan de leche, esp. de la producida por las glándulas mamarias de sus madres: *La lactancia de mi hijo duró seis meses.* **3** Forma de alimentación durante este período: *Los médicos recomiendan la lactancia materna.*

lactante s. Niño que se halla en el período de lactancia: *Me gustan más los niños a partir de los dos años, porque los lactantes solo lloran, comen y duermen.* ☐ MORF. Es de género común y exige concordancia en masculino o en femenino para señalar la diferencia de sexo: *el lactante, la lactante.*

lactar v. **1** Referido esp. a un bebé, amamantarlo o criarlo con la propia leche: *Mi madre lactó a todos sus hijos.* **2** Referido a un bebé o a un cachorro, mamar o alimentarse con leche, esp. cuando la toma del seno de su madre: *Tiene ocho meses pero todavía lacta.*

lacteado, da adj. Mezclado con leche: *Las papillas de harina lacteada son un buen alimento para la primera infancia.*

lácteo, a adj. De la leche o derivado de ella: *Los yogures y los quesos son productos lácteos.*

láctico, ca adj. En química, de la leche o relacionado con esta: *El ácido láctico se produce cuando la lactosa, que es el azúcar de la leche, fermenta por la acción de un bacilo.*

lactosa s.f. Hidrato de carbono, de sabor dulce, que abunda en la leche: *La lactosa no se disuelve en alcohol.*

lacustre adj. De los lagos o relacionado con ellos: *Los patos son aves lacustres. Los antiguos poblados lacustres se levantaban sobre pilares encima del agua.* ☐ MORF. Invariable en género.

ladear v. Inclinar o torcer hacia un lado: *Ladea el cuadro un poco hacia la derecha, que está torcido. No quiso saludarnos y, al vernos, ladeó la cabeza. Se ladeó para dejarme pasar.*

ladeo s.m. Inclinación o torcimiento hacia un lado: *Dijo 'no' con un ligero ladeo de cabeza. No acabo de entender su ladeo hacia posiciones tan extremistas.*

ladera s.f. Pendiente de una montaña por cualquiera de sus lados: *Ascendimos por la ladera del monte hasta llegar a la cima.* 👁 **montaña**

ladilla s.f. Insecto chupador, sin alas, de pequeño tamaño y que vive parásito en la zonas vellosas de los órganos genitales de las personas: *Fue a un especialista en enfermedades venéreas, porque tenía ladillas.*

ladino, na adj. Que actúa con astucia y disimulo para conseguir lo que quiere: *No me gusta hacer negocios con ella porque es muy ladina.*

lado s.m. **1** En una persona o en un animal, costado o parte del cuerpo comprendida entre el brazo y el hueso de la cadera: *Se dio un golpe en el lado derecho y se rompió una costilla.* **2** En un cuerpo simétrico, costado o mitad derecha o izquierda: *A causa de la apoplejía se le ha paralizado el lado derecho. El volante está en el lado izquierdo del coche.* **3** En un espacio delimitado o en un cuerpo, zona o parte próximas a los extremos: *La cama estaba situada en el lado de la ventana.* **4** Referido a algo con bordes o con límites, zona contigua a ellos por la derecha o por la izquierda: *El lado derecho del río está cultivado. Los guardias estaban colocados a ambos lados de la puerta.* **5** Respecto de un lugar o de un cuerpo, zona diferenciada que forma parte de su entorno: *Los caballos se acercaban por el lado norte del campamento.* **6** En un cuerpo plano, cada una de sus caras: *La moneda está grabada por ambos lados. Me gusta más la tela por este lado.* **7** Sitio o lugar: *Hazme un lado en el sofá, que estoy agotada. ¿Quieres que vayamos a otro lado?* **8** Aspecto que se destaca en la consideración de algo o punto de vista que se adopta en ello: *Es mejor mirar el lado positivo de las cosas. Por un lado, lleva razón en lo que dice.* **9** Vía o camino que se toman, esp. para alcanzar un propósito: *Si no me admiten en la Universidad, seguiré por otro lado.* **10** Rama o línea de parentesco: *Es primo mío por el lado* *materno.* **11** En geometría, cada una de las líneas que limitan y forman un ángulo, un polígono o la cara de un poliedro regular: *Un cuadrado tiene cuatro lados iguales.* 👁 **ángulo 12** ‖ **al lado** de algo. **1** Muy cerca de ello o junto a ello: *La farmacia que busca esta ahí al lado. Las gafas están al lado de la radio.* **2** En comparación con ello: *A tu lado, ese chico no vale nada.* ‖ **dar de lado** a alguien. *col.* Rechazarlo, ignorarlo o apartarse de su trato o compañía: *Se comportaron bastante mal al darte de lado en la fiesta.* ‖ **dejar {a un lado/de lado}.** Prescindir o no tomar en cuenta: *La dejaron a un lado en el negocio. Deja de lado tus preocupaciones y diviértete.* ‖ **de (medio) lado.** Ladeado o torcido: *Si te colocas el sombrero de medio lado, te quedará mejor.* ‖ **de un lado para otro.** Sin parar o en continua actividad: *Llevo todo el día de un lado para otro, y estoy muy cansado.* ‖ **{estar/ponerse} del lado** de algo. Ser partidario suyo o estar a su favor: *Desconfío de ellos porque no sé de qué lado están.* ‖ **ir de lado.** *col.* Estar muy equivocado o ir descaminado en un propósito: *Si crees que contándome esas historias voy a tener miedo, vas de lado.* ‖ **ir** alguien **por su lado.** *col.* Seguir su camino sin ponerse de acuerdo con otro: *No conseguiremos hacer una labor de equipo si cada uno va por su lado.* ‖ **mirar de (medio) lado.** Mirar con desprecio o con disimulo: *Es muy orgulloso y siempre nos mira de medio lado. Aunque me miró de lado, noté que me observaba.*

ladrar v. **1** Referido a un perro, dar ladridos o emitir su voz característica: *Cuando el perro ladra hace 'guau'.* **2** *col.* Referido a una persona, hablar o expresarse de una forma desagradable, esp. si se hace gritando: *No soporto que me des las órdenes ladrando.* **3** *col.* Amenazar, sin llegar a actuar: *Mi madre ladra mucho pero, a la hora de la verdad, es incapaz de hacer daño a nadie.*

ladrido s.m. **1** Voz característica del perro: *El perro ahuyentó al ladrón con ladridos amenazadores.* **2** *col.* Lo que se dice gritando o de forma desagradable: *Más que órdenes, da ladridos.*

ladrillazo s.m. Golpe dado con un ladrillo: *Al pasar debajo del andamio recibió un ladrillazo en la cabeza.*

ladrillo s.m. **1** Pieza de arcilla cocida en forma de prisma rectangular que se usa en construcción, esp. para hacer muros o tabiques: *La fachada era de ladrillo rojo.* **2** *col.* Lo que resulta pesado, aburrido o difícil de soportar: *Esta novela es un ladrillo y resulta imposible leerla de un tirón.*

ladrón, -a ▌ adj./s. **1** Que roba o que hurta: *Las personas ladronas no respetan la propiedad ajena. Han detenido al ladrón que robó en la joyería.* ▌ s.m. **2** *col.* Enchufe que, al ser colocado en una toma de corriente, permite que sean enchufados a la vez varios aparatos: *Para enchufar a la vez la lámpara, el calefactor y la radio, tienes que colocar un ladrón en el enchufe de la pared.* **3** En un río o en una acequia, portillo que se hace en el cauce para extraer el agua o para desviarla: *Han multado al hortelano que colocó un ladrón en el río para llevar el agua a su finca.*

ladronzuelo, la s. Persona, esp. un niño, que hurta con astucia cosas de poco valor: *Un ladronzuelo le robó la bolsa de la compra.*

lagar s.m. **1** Recipiente en el que se pisa la uva para obtener el mosto, se prensa la aceituna para obtener el aceite o se machaca la manzana para obtener la sidra: *Se descalzó porque se iba a meter en el lagar a pisar la uva.* **2** Edificio o lugar destinados a esas labores: *Estuvimos de visita en un lagar asturiano y nos invitaron a probar la sidra.*

lagartija s.f. Reptil de pequeño tamaño, con cuatro extremidades cortas, mandíbula con dientes, cola y cuerpo largos, muy ágil y espantadizo, que se alimenta de invertebrados, vive esp. en los huecos de las paredes y que abunda en la península ibérica: *Si una lagartija pierde la cola, es capaz de regenerarla.* ☐ MORF. Es un sustantivo epiceno y la diferencia de sexo se señala mediante la oposición: *la lagartija {macho/hembra}.*

lagarto, ta ▌ adj./s. **1** *col.* Referido a una persona, que es pícara o astuta: *No creo que la hayas engañado, porque es muy lagarta. Ten cuidado, porque menudo lagarto te has echado como socio.* ▌ s.m. **2** Reptil con cuatro extremidades cortas, mandíbula con dientes, cola y cuerpo largos, de color verdoso, y piel cubierta de escamas: *El lagarto es muy útil para la agricultura porque devora gran cantidad de insectos.* ☐ MORF. En la acepción 2, es un sustantivo epiceno y la diferencia de sexo se señala mediante la aposición: *el lagarto {macho/hembra}.* ☐ USO *Lagarto* se usa para ahuyentar la mala suerte: *Cuando empezamos a hablar del diablo, la abuela, que es muy supersticiosa, dijo: 'Lagarto, lagarto!'.*

lago s.m. Gran masa de agua, generalmente dulce, depositada en una depresión del terreno: *El lago estaba rodeado de bosque.*

lágrima s.f. **1** Cada una de las gotas acuosas segregadas por las glándulas situadas entre el globo ocular y la órbita: *Las lágrimas lubrican y protegen la córnea.* **2** Lo que tiene la forma de esta gota acuosa: *Al limpiar la araña del salón, he roto una lágrima de cristal. Perdí una lágrima y, con el otro pendiente, me hice un colgante. En la tienda de frutos secos no tenían lágrimas de caramelo.* **3** Cantidad muy pequeña de licor: *Con el postre se tomó una lágrima de anís.* **4** Penas, dolores o sufrimientos: *Me costó muchas lágrimas despedirme de mi familia.* **5** ‖ **lágrimas de cocodrilo.** Las que se derraman fingiendo dolor o pena: *Sus lágrimas de cocodrilo ya no me engañan.* ‖ **llorar a lágrima viva.** *col.* Llorar mucho y desconsoladamente: *El niño lloraba a lágrima viva porque su madre se había ido y lo había dejado allí.* ‖ **saltársele** a alguien **las lágrimas.** Enternecerse o emocionarse hasta asomar estas a los ojos: *Me afectó tanto oír la noticia, que se me saltaron las lágrimas.* ☐ MORF. La acepción 1 se usa más en plural.

lagrimal ▌ adj. **1** Que segrega o expele lágrimas: *Me van a operar porque se me ha obstruido la glándula lagrimal.* ▌ s.m. **2** Extremidad del ojo próxima a la nariz: *Cuando me maquillo, me pinto la raya hasta el lagrimal.* ☐ ORTOGR. Dist. de *lacrimal.* ☐ MORF. Como adjetivo es invariable en género.

lagrimear v. Segregar lágrimas con facilidad o involuntariamente: *El ojo derecho no me paraba de lagrimear, y fui al oftalmólogo.*

lagrimoso, sa adj. **1** Referido a los ojos, que presentan un aspecto húmedo y brillante: *Debe tener conjuntivitis, porque tiene los ojos enrojecidos y lagrimosos.* **2** Referido a una persona o a un animal, que tiene los ojos en este estado: *Debes llevar al perro al veterinario, porque siempre está lagrimoso.* **3** Que incita a llorar; *lacrimoso: Deja de contarme historias lagrimosas y cuéntame algún chiste, hombre.*

laguna s.f. **1** Masa de agua depositada de forma natural

a b c d e f g h i j k l m n ñ o p q r s t u v w x y z

en una depresión del terreno, y generalmente de menor extensión que un lago: *¿Cuándo vamos a ir a ver las lagunas de Ruidera? Acampamos cerca de una laguna.* **2** En un impreso o en una exposición, lo que falta o se omite: *Las lagunas que presenta el manuscrito impiden conocer con exactitud toda la historia.* **3** Lo que se desconoce o no se recuerda: *Con los años se aprenden muchas cosas, pero también se tienen muchas más lagunas en la memoria.* **4** En un conjunto o en una serie, espacio vacío o sin ocupar: *Tenemos que rellenar con música esta laguna de la programación televisiva. Mi biblioteca tiene grandes lagunas, sobre todo en materia filosófica y científica.*

laicado s.m. **1** Estado o situación de los laicos o fieles de la Iglesia que no han recibido órdenes religiosas. **2** Conjunto de estos fieles: *El documento hecho público por los obispos es apoyado por el laicado español.*

laicismo s.m. Doctrina o tendencia que defiende la independencia individual, social o estatal respecto de la influencia religiosa o eclesiástica: *En España, los liberales del siglo XIX fueron partidarios del laicismo.*

laicista adj./s. Partidario o seguidor del laicismo: *El Estado laicista no tiene ninguna religión oficial. Los laicistas de finales del siglo XIX se enfrentaron con los partidarios de la corriente tradicionalista.* ☐ MORF. 1. Como adjetivo es invariable en género. 2. Como sustantivo es de género común y exige concordancia en masculino o en femenino para señalar la diferencia de sexo: *el laicista, la laicista*.

laicizar v. Hacer laico o romper con toda influencia religiosa: *Al suprimir la asignatura de religión, se pretende laicizar la enseñanza. Un pueblo no se laiciza desde el poder.* ☐ ORTOGR. La *z* se cambia en *c* delante de *e* →**CAZAR**.

laico, ca ▮ adj. **1** Independiente de la influencia religiosa: *Yo estudio en un colegio de monjas y ella, en un colegio laico. El país se convirtió en un Estado laico tras la entrada en vigor de la nueva Constitución.* ▮ adj./s. **2** Que no ha recibido órdenes religiosas o que no tiene estado religioso; *seglar: Analizaron el papel del cristiano laico en la sociedad. El coro de esta parroquia está constituido por laicos.*

laísmo s.m. En gramática, uso de las formas femeninas del pronombre personal de tercera persona *la* y *las* como complemento indirecto, en lugar de *le* y *les*: *En la oración 'dila que me llame' hay un caso de laísmo.* ☐ MORF. →APÉNDICE DE PRONOMBRES.

laísta adj./s. Que hace uso del laísmo: *En las regiones castellanas hay grandes zonas laístas. Los laístas tienen dificultades para analizar sintácticamente las oraciones y reconocer cuál es el objeto directo.* ☐ MORF. 1. Como adjetivo es invariable en género. 2. Como sustantivo es de género común y exige concordancia en masculino o en femenino para señalar la diferencia de sexo: *el laísta, la laísta*.

laja s.f. Piedra lisa y de poco grosor, de origen natural; *lancha, lastra: La pizarra es una piedra que se presenta en lajas.*

lama ▮ s.m. **1** Sacerdote o monje del budismo tibetano: *Los lamas están predestinados para ejercer su función.* ▮ s.f. **2** Barro blando, pegajoso y de color oscuro que se halla en el fondo del mar o de los ríos, o en lugares en los que ha habido agua durante largo tiempo: *Cuando baja la marea, se ve muy bien la lama de la desembocadura del río.* **3** Lámina, tira de un material duro o plancha de metal: *Se ha roto una de las lamas de la persiana.*

lamaísmo s.m. Rama del budismo propia de la zona del Tíbet (región del suroeste chino): *En el lamaísmo, los lamas detentan el poder temporal y espiritual.*

lamaísta ▮ adj. **1** Del lamaísmo o relacionado con esta rama del budismo: *Los dogmas lamaístas tienen un fuerte carácter místico.* ▮ adj./s. **2** Que tiene como religión el budismo tibetano: *Los monjes lamaístas son educados en monasterios. Un lamaísta me explicó la base de sus creencias.* ☐ MORF. 1. Como adjetivo es invariable en género. 2. Como sustantivo es de género común y exige concordancia en masculino o en femenino para señalar la diferencia de sexo: *el lamaísta, la lamaísta*.

lambda s.f. En el alfabeto griego clásico, nombre de la undécima letra: *La grafía de la lambda es* λ.

lamé (galicismo) s.m. Tejido hecho con hilos de seda y de oro o plata: *Una de las cortinas del palacio era de lamé.*

lameculos s. *vulg. desp.* Persona aduladora y servil: *Se comportó sin ninguna dignidad y como un vulgar lameculos.* ☐ MORF. 1. Es de género común y exige concordancia en masculino o en femenino para señalar la diferencia de sexo: *el lameculos, la lameculos*. 2. Invariable en número.

lamedura s.f. Deslizamiento de la lengua sobre algo repetidas veces: *La gata limpia a los cachorros con sus lameduras.*

lamelibranquio ▮ adj./s.m. **1** Referido a un molusco, que es acuático, de concha con dos valvas, cabeza no diferenciada, branquias laterales en forma de láminas y que vive enterrado en el limo o fijo en las rocas: *La ostra es un molusco lamelibranquio. Los lamelibranquios se alimentan por filtración.* ▮ s.m.pl. **2** En zoología, clase de estos moluscos: *El mejillón y la almeja pertenecen a los lamelibranquios.*

lamentable adj. **1** Digno de ser lamentado o que merece causar pena o disgusto: *Me parece que han cometido contigo una injusticia lamentable.* **2** Estropeado, deplorable o que produce mala impresión: *La casa está en un estado lamentable. Todos estábamos asombrados al contemplar tan lamentable espectáculo en plena calle.* ☐ MORF. Invariable en género.

lamentación s.f. **1** Queja acompañada de llanto o de otras muestras de dolor; *lamento: Cuando tienes problemas, soy yo quien escucha siempre tus lamentaciones.* **2** Expresión de dolor, pena o sentimiento; *queja: Su carta está llena de lamentaciones sobre su desgracia.* ☐ MORF. Se usa más en plural.

lamentar ▮ v. **1** Referido a un hecho, sentir pena, contrariedad o disgusto por él: *Lamento mucho la muerte de tu abuelo. Lamentarás la faena que me has hecho.* ▮ prnl. **2** Quejarse o expresar pena, contrariedad o disgusto: *¿De qué sirve lamentarse si no haces nada para remediar la situación?* ☐ SINT. Constr. como pronominal: *lamentarse* {DE/POR} *algo*.

lamento s.m. Queja acompañada de llanto o de otras muestras de dolor; *lamentación: Lo único que logras con tus continuos lamentos es que la gente te huya.*

lamer v. **1** Pasar la lengua repetidas veces sobre algo: *El perro se lame la herida de la pata.* **2** Tocar o rozar suavemente: *Las olas lamen la arena de la playa con su vaivén.*

lametada s.f. →**lametón.**

lametazo s.m. →**lametón.**

lametón s.m. Cada una de las pasadas de la lengua al lamer, esp. si se hacen con fuerza o ansia; *lametada, lametazo: El niño no sabe besar y da lametones a su madre. Me dan asco los lametones de los perros.*

lamido, da adj. **1** Referido a una persona o a una parte de su cuerpo, que es excesivamente delgada: *Ese chico tiene la cara muy lamida.* **2** Afectado o excesivamente aseado o esmerado, esp. en los modales; *relamido: Es extraño encontrar niños tan ordenados y lamidos.* **3** Desgastado por el uso o por el roce: *La tela de esta bata vieja está toda lamida.* **4** Referido al cabello, que cae liso, sin volumen y pegado a la cara: *El pelo tan lamido no te queda bien.* ☐ USO En la acepción 2, tiene un matiz despectivo.

lámina s.f. **1** Pieza o porción plana y delgada de una materia: *Ha reforzado la puerta con una lámina de acero.* **2** Plancha, esp. de metal, en la que se ha grabado un dibujo para estamparlo o reproducirlo después: *La imprenta ya ha preparado las láminas de cobre con las ilustraciones del libro.* **3** Estampa, grabado o figura impresos: *He comprado unas láminas que reproducen cuadros de Velázquez. Las láminas de ese libro son en blanco y negro.* **4** Aspecto o figura total de una persona o de un animal; *estampa: El quinto toro de la tarde era cárdeno y de bella lámina.*

laminación s.f. →**laminado.**

laminado s.m. **1** Reducción de un material a láminas: *En esta industria también se realiza el laminado de metales.* **2** Cubrimiento con láminas: *El laminado del cofre se está ahuecando.* ☐ SEM. Es sinónimo de *laminación*.

laminar ▌adj. **1** Con forma de lámina: *La figurilla tiene un recubrimiento laminar de oro.* **2** Referido a la estructura de un cuerpo, que está formada por láminas o capas sobrepuestas y paralelamente colocadas: *Las micas tienen una estructura laminar.* ▌v. **3** Referido a un material, reducirlo a láminas o transformarlo en ellas: *En esa fábrica laminan acero y hierro.* **4** Cubrir con láminas: *En el colegio lamínábamos en estaño las cajas de cerillas.* ☐ MORF. Como adjetivo, es invariable en género.

lampar v. *col.* Pedir o mendigar, esp. dinero: *Ese chico está siempre lampando a la puerta de la iglesia.*

lámpara s.f. **1** Aparato o utensilio destinados a producir luz artificial: *Al irse la luz, mi abuelo encendió una lámpara de petróleo. He encendido varias lámparas de aceite a ese santo.* 👁 **alumbrado** **2** Aparato que sirve de soporte a los que producen luz: *La lámpara del salón tiene ocho brazos. Colocó la lámpara de pie junto al sillón, para leer con comodidad.* **3** En un aparato de radio o de televisión, dispositivo electrónico parecido a una bombilla: *No se veía nada en la pantalla de la televisión porque se había fundido una lámpara.* **4** *col.* Mancha en la ropa, esp. si es de grasa: *Cámbiate de jersey, porque ese lo llevas lleno de lámparas.* ☐ MORF. En la acepción 4, se usa mucho el aumentativo *lamparón*.

lamparilla s.f. **1** Mecha sujeta a un trozo de corcho que flota sobre aceite; *mariposa: Encendió unas lamparillas ante la imagen de la Virgen, como signo de devoción.* **2** Recipiente en el que se pone esta mecha: *Hay poco aceite en las lamparillas.*

lamparón s.m. Mancha en la ropa, esp. si es de grasa: *Llevas la falda llena de lamparones.* ☐ MORF. Es aumentativo de *lámpara*.

lampiño, ña adj. **1** Referido a un hombre, que no tiene barba: *Era un muchacho aún lampiño.* **2** Que tiene poco pelo o vello: *Por las mangas asomaban sus brazos lampiños.* **3** En botánica, referido esp. a la hoja o al tallo, que no tiene pelos: *Las hojas del manzano tienen el haz lampiño y el envés piloso.*

lampista s. Persona que se dedica profesionalmente a labores de fontanería y de electricidad: *Vino un lampista y arregló el grifo que goteaba.* ☐ MORF. Es de género común y exige concordancia en masculino o en femenino para señalar la diferencia de sexo: *el lampista, la lampista*.

lamprea s.f. Pez de cuerpo alargado y cilíndrico, piel sin escamas, boca desprovista de mandíbulas y en forma de ventosa, que vive asido a las rocas y que tiene una carne muy apreciada en gastronomía: *La lamprea de río mide alrededor de 40 centímetros.* ☐ MORF. Es un sustantivo epiceno y la diferencia de sexo se señala mediante la oposición *la lamprea {macho/hembra}*. 👁 **pez**

lana s.f. **1** Pelo que cubre el cuerpo de algunos animales, esp. de la oveja y del carnero, y que se usa como materia textil: *Cuando esquilen todas las ovejas, venderán la lana.* **2** Hilo elaborado a partir de este pelo: *Compraré más lana para terminar el jersey.* **3** Tejido confeccionado con este hilo: *Lleva un bonito abrigo de lana.* **4** *col.* Cabello, esp. si es largo y está revuelto: *¡A ver si te cortas esas lanas que llevas!* **5** ‖ **cardarle la lana** a alguien. *col.* Reprenderlo severamente: *Ya me encargaré de cardarle la lana a tu hijo cuando vuelva.* ☐ USO La acepción 4 se usa más en plural.

lanar adj. Referido esp. al ganado, que tiene lana: *La importancia en la zona de la industria textil se debe en gran medida a la existencia de ganado lanar.* ☐ MORF. Invariable en género.

lance s.m. **1** Suceso o acontecimiento interesantes o importantes que ocurren en la vida real o en la ficción: *Te gustarán los lances cómicos de la novela.* **2** Momento o situación difícil: *En su corta vida ya ha tenido que superar varios lances.* **3** Pelea o riña: *Los lances entre caballeros son característicos de las novelas de caballería.* **4** En un juego, esp. si es de cartas, cada una de las acciones o jugadas importantes que se producen en su transcurso: *Ganó porque todos los lances de la partida fueron a su favor.* **5** En tauromaquia, pase que el torero da al toro con la capa: *Con dos lances colocó al toro ante el caballo del picador.* **6** ‖ **lance de fortuna.** Casualidad o accidente inesperado: *Conseguí el trabajo gracias a un lance de fortuna.* ‖ **lance de honor.** Desafío hecho para solucionar una cuestión de honor: *Solo un lance de honor puede borrar tantas injurias.*

lanceado, da adj. →**lanceolado, da.**

lancear v. **1** Dar lanzadas o herir con la lanza: *Los caballeros medievales lanceaban a sus enemigos en las batallas.* **2** En tauromaquia, referido al torero, ejecutar cualquier acto de la lidia, esp. con la capa: *El torero mostró su buen estilo al lancear el toro.*

lanceolado, da adj. Referido esp. a la hoja de una planta, que tiene forma semejante a la punta de una lanza; *lanceado: El eucalipto tiene hojas lanceoladas.*

lancero s.m. **1** Soldado armado con lanza: *Los lanceros fueron los primeros en entrar en combate.* **2** Persona que se dedica profesionalmente a hacer lanzas: *El caballero encargó una lanza al lancero de la casa real.*

lancha s.f. **1** Barca grande, generalmente de motor, que se utiliza para los servicios auxiliares en buques, puertos y costas: *Las lanchas pueden ser motoras, de vela o de remos. Una lancha rápida apresó un barco cargado de droga.* **2** Embarcación pequeña, sin cubierta y con unas tablas atravesadas que sirven de asiento; *bote, batel: Dimos un paseo por el lago en una lancha neumática.* 👁 **embarcación** **3** Embarcación pequeña que se usa para navegar, pescar o llevar mercancías, generalmente en un río o cerca de la costa; *barca: Estos pueblos utilizaban lanchas para el comercio.* **4** Piedra lisa y de poco grosor, de origen natural; *laja, lastra: Las aceras de mi pueblo están hechas con lanchas.*

landa s.f. Gran extensión de terreno llano en la que abundan las plantas silvestres: *Las landas son propias de las regiones de clima oceánico.*

landó s.m. Carruaje de cuatro ruedas tirado por caballos, con una capota plegable por delante y por detrás que puede unirse para que quede cubierto: *La escena, que reflejaba la vida del siglo XIX, reproducía un paseo en landó por las calles de la ciudad.* 👁 **carruaje**

land rover s.m. ‖ Automóvil preparado para la circulación por el campo (por extensión del nombre de la marca comercial *Land Rover®*): *Cuando van de caza suelen llevarse el land rover.* □ PRON. [lanróber]. □ USO Su uso es innecesario y puede sustituirse por una expresión como *coche todo terreno*.

lanero, ra ▌adj. **1** De la lana o relacionado con ella: *La producción lanera de Castilla tuvo mucha importancia durante siglos.* ▌s. **2** Persona que se dedica profesionalmente al comercio de lana: *Los laneros recorrían los pueblos para comprar y vender lana.* ▌s.m. **3** Almacén en el que se guarda la lana: *Estaremos en el lanero vareando la lana.*

langosta s.f. **1** Crustáceo marino con cinco pares de patas terminadas en pequeñas uñas, cuatro antenas, ojos prominentes, cuerpo alargado y casi cilíndrico, cola larga y gruesa, y cuya carne es muy apreciada en gastronomía: *La langosta vive en alta mar. De todo el marisco, la carne de langosta es lo que más me gusta.* 👁 **marisco** **2** Insecto saltador, masticador, que se alimenta de vegetales y se multiplica con tal rapidez que puede llegar a formar plagas de efectos devastadores para la agricultura: *Las langostas se desplazan formando espesas nubes que arrasan comarcas enteras.* □ MORF. Es un sustantivo epiceno y la diferencia de sexo se señala mediante la oposición *la langosta {macho/hembra}*.

langostino s.m. Crustáceo marino con cinco pares de patas, dos antenas, cefalotórax con tres crestas longitudinales, cuerpo alargado y comprimido lateralmente, caparazón poco consistente y cuya carne es muy apreciada en gastronomía: *El langostino es de mayor tamaño que la gamba.* □ MORF. Es un sustantivo epiceno y la diferencia de sexo se señala mediante la oposición *el langostino {macho/hembra}*. 👁 **marisco**

languidecer v. **1** Debilitarse o perder fuerza o intensidad: *El fuego de la chimenea languidecía según iba transcurriendo la noche.* **2** Desanimarse o perder el ánimo, el valor o la alegría: *Mi abuelo languideció rápidamente cuando lo trajeron a vivir a la ciudad.* □ MORF. Irreg.: Aparece una *z* delante de la *c* cuando la siguen *a, o* →**PARECER**.

languidez s.f. **1** Falta de ánimo, de valor o de alegría: *La muerte de su esposa lo dejó sumergido en una gran languidez.* **2** Flaqueza, debilidad o falta de fuerzas: *La extrema languidez del enfermo preocupa seriamente a sus familiares. La languidez de la luz dejaba la sala en penumbra.*

lánguido, da adj. **1** Falto de ánimo, de valor o de alegría: *Mantuvieron una conversación lánguida y aburrida.* **2** Flaco, débil o sin fuerzas: *Es un muchacho delgado, pálido y lánguido.*

lanilla s.f. **1** Pelillo que tiene el paño por el derecho: *La lanilla del vestido me ha puesto perdido el abrigo.* **2** Tejido poco consistente hecho con lana fina: *Ponte un traje de lanilla, porque está refrescando.*

lanolina s.f. Sustancia grasa que se obtiene de la lana de las ovejas y que se utiliza en perfumería y en farmacia: *Me han recomendado que me lave la cara con un jabón de lanolina, para suavizar la piel.*

lanoso, sa adj. Que tiene mucha lana o mucho vello, o que posee sus características; *lanudo*: *Solo van a esquilar los carneros más lanosos. Me encantan los jerséis lanosos y abrigaditos.*

lantánido ▌adj./s.m. **1** Referido a un elemento químico, que tiene un número atómico comprendido entre el 57 y el 71, ambos inclusive: *El comportamiento químico de todos los elementos lantánidos es muy similar. Los lantánidos se presentan en la naturaleza en forma de óxidos y sales.* ▌s.m.pl. **2** Grupo formado por estos elementos químicos: *El holmio pertenece a los lantánidos.*

lantano s.m. Elemento químico, metálico y sólido, de número atómico 57, de color plomizo, que arde al contacto con el aire y que pertenece al grupo de los lantánidos: *El lantano es maleable.* □ ORTOGR. Su símbolo químico es *La*.

lanudo, da adj. Que tiene mucha lana o mucho vello, o que posee sus características; *lanoso*: *Las ovejas y los carneros son animales lanudos. Los caniches son perros lanudos.*

lanza s.f. **1** Arma ofensiva formada por una barra larga en cuyo extremo está sujeta una punta aguda y cortante: *Los caballeros medievales luchaban con lanza y con espada.* **2** En un carruaje, vara de madera que va unida por uno de sus extremos a la parte delantera y que sirve para darle dirección: *La gran velocidad del coche de caballos causó la rotura de la lanza y el consiguiente accidente.* **3** ‖ **con la lanza en ristre.** Preparado para acometer un asunto: *Siempre está con la lanza en ristre, preparado para actuar.* ‖ **romper una lanza por** algo. Salir en su defensa o en su apoyo: *Hay que romper una lanza por la libertad y por la paz.*

lanzadera s.f. **1** Instrumento con un carrete de hilo en su interior que utilizan los tejedores para fabricar tejidos: *La lanzadera de los telares pasa de un lado a otro de la trama formando el tejido.* **2** Aeronave espacial que se utiliza para transportar una carga al espacio, y que puede regresar al punto de partida: *Las lanzaderas aterrizan como los aviones y pueden volver a ser usadas.*

lanzado, da ▌adj. **1** *col.* Muy rápido: *Salió lanzado y dispuesto a ganar la carrera.* ▌adj./s. **2** *col.* Decidido, impetuoso o atrevido: *Es muy lanzada y hace las cosas sin pensarlas dos veces. Es un lanzado con las mujeres, y se lleva cada corte...* ▌s.f. **3** Golpe dado con una lanza, o corte producido por esta; *lanzazo*: *Sangraba abundantemente por la lanzada del pecho.*

lanzador, -a s. Deportista que practica algún tipo de lanzamiento: *Las lanzadoras de jabalina tienen los brazos muy fuertes.*

lanzagranadas s.m. Arma portátil que consiste en un tubo abierto en los dos extremos, que se apoya en el hombro y se usa para lanzar proyectiles, generalmente contra los carros de combate; *bazooka, bazuca*: *Apuntó su lanzagranadas contra un carro de combate enemigo.* □ MORF. Invariable en número. 👁 **arma**

lanzallamas s.m. Arma portátil que se usa para lanzar a corta distancia un chorro de líquido inflamado: *Prendieron fuego al poblado con los lanzallamas.* □ MORF. Invariable en número.

lanzamiento s.m. **1** Impulso que se da a algo de modo que salga despedido con fuerza en una dirección: *Realizaron el lanzamiento del transbordador espacial con tres* *tripulantes a bordo. Nuestro equipo tuvo mala suerte porque realizó muchísimos lanzamientos a puerta pero no marcó ningún gol.* **2** Anuncio o propaganda que se hace de algo, esp. si es una novedad: *El lanzamiento del nuevo coche deportivo no tuvo éxito.* **3** En atletismo, prueba que consiste en lanzar un determinado objeto: *El lanzamiento de peso, el de disco, el de martillo y el de jabalina son deportes olímpicos.* 👁 **estadio**

lanzar ▮ v. **1** Referido a un objeto, darle impulso para soltarlo después, de modo que salga despedido con fuerza en una dirección; *arrojar: Le lanzó una lata a la cabeza y le produjo una herida. El atleta lanzó la jabalina con fuerza.* **2** Referido esp. a un cohete espacial, hacerlo partir: *El satélite fue lanzado desde una aeronave espacial.* **3** Referido esp. a un sonido o a una palabra, pronunciarlos, decirlos o dirigirlos contra alguien: *Lanzó insultos airados contra sus enemigos. El boxeador lanzó una mirada de odio a su adversario.* **4** Referido esp. a una novedad, hacerle propaganda con una gran campaña publicitaria: *Lanzaron al mercado una nueva marca de colonia.* ▮ prnl. **5** Empezar o emprender una acción con ánimo, con valentía o con irreflexión: *Se lanzaron a protestar a la calle porque no estaban de acuerdo con la política gubernamental.* **6** Dirigirse o precipitarse contra algo, esp. si es de manera rápida o violenta: *Los aviones se lanzaron en picado para destruir el objetivo militar.* □ ORTOGR. La *z* se cambia en *c* delante de *e* ⟶**CAZAR**. □ SINT. Constr. de la acepción 5: *lanzarse A hacer algo.*

lanzazo s.m. Golpe dado con una lanza, o corte producido por esta; *lanzada: El escudero curó a su señor el lanzazo que tenía en el brazo.*

laña s.f. Grapa o pieza de metal que se usa para unir o sujetar dos piezas o dos superficies: *El restaurador arregló con una laña el jarrón de porcelana que se había roto.*

lapa s.f. **1** Molusco marino comestible, de concha cónica lisa o con estrías, que vive adherido a las rocas de las costas: *Es difícil despegar las lapas de las rocas.* **2** *col.* Persona muy insistente, inoportuna y pesada: *Eres una lapa, siempre pegado a mí y sin dejarme ni a sol ni a sombra.*

lapicero s.m. ⟶**lápiz.**

lápida s.f. Piedra llana en la que ordinariamente se pone una inscripción conmemorativa: *En la fachada del edificio donde vivió ese famoso músico, hay una lápida conmemorativa. En las sepulturas se coloca una lápida con el nombre de las personas allí enterradas.*

lapidación s.f. Lanzamiento de piedras contra alguien hasta conseguir su muerte: *En algunas culturas, el adulterio se castigaba con la lapidación.*

lapidar v. Matar a pedradas; *apedrear: Antiguamente, en algunas civilizaciones se lapidaba a los criminales.*

lapidario, ria ▮ adj. **1** Referido esp. a una frase, que parece digna de ser la inscripción de una lápida por su solemnidad y concisión: *Habla con frases lapidarias y rimbombantes para dárselas de culto. Algunos refranes encierran pensamientos lapidarios.* **2** De las piedras preciosas o relacionado con ellas: *Es un rubí muy valorado en círculos lapidarios.* ▮ s. **3** Persona que se dedica profesionalmente a la talla de piedras preciosas o al comercio de estas: *Acudió a un lapidario para comprar una esmeralda.* **4** Persona que se dedica profesionalmente a la fabricación y grabación de lápidas: *Pidió al lapidario que esculpiera unas palabras de recuerdo al gran pintor.* ▮ s.m. **5** Libro que trata de las piedras preciosas, sus características y sus propiedades: *Uno de los lapidarios medievales más famosos es el de Alfonso X el Sabio.*

lapilli (italianismo) s.m. En geología, producto expulsado por un volcán en erupción, que está compuesto por fragmentos pequeños de mineral: *El lapilli se deposita en las zonas cercanas al foco de emisión.* □ PRON. [lapíli].

lapislázuli s.m. Mineral de color azul intenso, que se usa mucho en objetos de adorno: *El mosaico que compró lleva incrustaciones de lapislázuli.* □ MORF. Su plural es *lapislázulis.*

lápiz s.m. **1** Cilindro o prisma de madera que contiene una barra de grafito en su interior y que, convenientemente afilado por uno de sus extremos, sirve para escribir y dibujar; *lapicero: Prefiero escribir con lápiz porque así puedo borrar si me equivoco.* **2** Barrita de diferentes formas y colores que se usa para maquillar: *Soy alérgica a este lápiz de ojos. Se probó un lápiz de labios rojo que no le gustó nada.* **3** ‖ **lápiz óptico.** Dispositivo electrónico con esta forma, capaz de captar una señal y transmitirla a una pantalla de vídeo, de ordenador o de un aparato semejante: *El lápiz óptico es muy utilizado en el diseño por ordenador.*

lapo s.m. *vulg.* Saliva, flema o sangre que se escupe o se expulsa de una vez por la boca; *esputo: No seas guarro y deja de echar lapos.*

lapso s.m. **1** Transcurso de un período de tiempo: *En el lapso de una semana, resolverán su petición de divorcio.* **2** ⟶**lapsus.**

lapsus s.m. **1** Equivocación que se comete por descuido; *lapso: Sufrí un lapsus y se me olvidó decirle que no podía acudir a nuestra cita.* **2** ‖ **lapsus linguae.** Equivocación que se comete al hablar: *He tenido un lapsus linguae al decir 'infracción' en vez de 'inflación'.* □ ORTOGR. La locución *lapsus linguae* es un latinismo. □ MORF. Invariable en número.

laquear v. ⟶**lacar.**

lar ▮ s.m. **1** En la mitología romana, divinidad menor, fundadora del hogar y protectora de la familia, esp. en lo referente a la casa material, en cuyos umbrales y puertas permanecía: *En el atrio de cada casa se veneraban las imágenes de sus lares.* **2** En una casa o en una cocina, sitio en el que se hace lumbre; *hogar: El fuego del lar de la chimenea calentaba toda la cocina.* ▮ pl. **3** *poét.* Casa propia u hogar: *¡Cuánto honor, dignarte a visitar mis lares!* □ MORF. La acepción 1 se usa más en plural.

larga s.f. Véase **largo, ga.**

largar ▮ v. **1** *col.* Decir de forma inoportuna, inconveniente o pesada: *Me largó una sarta de insultos. Nos largó un discurso de más de dos horas.* **2** Referido a un golpe, darlo o propinarlo: *Le largó un puñetazo que le tumbó en el suelo.* **3** *col.* Referido a una persona, echarla, expulsarla o despedirla de un lugar, empleo u ocupación: *Hace un mes me largaron del trabajo y ahora estoy en el paro.* **4** En náutica, referido esp. a amarras o cabos, aflojarlos o irlos soltando poco a poco: *Los marineros largaron amarras para que zarpase el barco.* **5** *col.* Hablar mucho, esp. si es con indiscreción: *Me amenazaron diciendo: «Como largues más de la cuenta te vamos a rajar».* ▮ prnl. **6** *col.* Marcharse: *Discutimos y se largó dando un portazo. Me largué de allí en cuanto pude.* □ ORTOGR. La *g* se cambia en *gu* delante de *e* ⟶**PAGAR**.

largo ▮ adv. **1** Sin escasez o con abundancia: *Hablamos largo de nuestros planes para el futuro. Nos reímos largo de sus tonterías.* **2** *vulg.* Lejos o situado a distancia: *Tu*

a b c d e f g h i j k l m n ñ o p q r s t u v w x y z

a b c d e f g h i j k l m n ñ o p q r s t u v w x y z

casa está muy largo de la mía. ▮ interj. **3** Expresión que se usa para echar bruscamente a alguien de un lugar: *¡Largo de aquí, no quiero volver a verte!* **4** ‖ **largo y tendido.** Durante mucho tiempo: *Hablamos largo y tendido sobre la situación actual.*

largo, ga ▮ adj. **1** Que tiene mucha longitud o más de la normal o de la necesaria: *Después de la curva hay una recta muy larga. Tiene una camisa de manga larga. El abrigo me queda largo.* **2** Dilatado o extenso: *El relato me resultó largo y aburrido. Ayer no pude acabar la novela porque era muy larga. Fue una película demasiado larga.* **3** Referido a una cantidad, que es más de lo que indica: *Caminamos durante dos horas largas. Vivió en aquel pueblo treinta años largos.* **4** Referido a una persona, generosa o dadivosa: *Es larga en invitar a los buenos amigos.* **5** Referido a una prenda de vestir, que llega hasta los pies: *En la recepción las mujeres iban con vestidos largos. Antes, los hombres llevaban pantalones largos y los niños, cortos.* ▮ s.m. **6** En una superficie, dimensión más grande: *El largo de una sábana es mayor que el de la cama.* **7** En natación, recorrido del lado mayor de una piscina: *Acabó muy cansado después de nadar cuatro largos.* **8** Referido a un tejido, trozo de una determinada longitud: *Para la falda necesitas dos largos de cincuenta centímetros.* **9** En música, aire o velocidad muy pausados con que se ejecutan una composición o un pasaje; *lento: El largo es un aire más reposado que el adagio.* **10** En música, composición o pasaje que se ejecutan con este aire: *El segundo movimiento de la sonata era un largo.* ▮ s.f. **11** En un automóvil, luz de mayor alcance: *Pon la larga si no ves bien la carretera. Las largas pueden deslumbrar a los otros conductores.* **12** En tauromaquia, lance que consiste en sacar al toro del caballo con el capote extendido en toda su longitud: *El torero hizo una larga y el toro lo embistió.* **13** ‖ **a la larga.** Después de haber pasado algún tiempo: *Si estudias, a la larga, tendrás un gran futuro profesional.* ‖ **a lo largo de.** Durante o en el transcurso: *A lo largo de mi vida he visto muchas cosas.* ‖ **a lo largo.** En sentido longitudinal: *Corta la tabla a lo largo.* ‖ **dar largas.** Retrasar de manera intencionada: *El Ayuntamiento da largas a su proyecto urbanístico cada vez que lo presenta.* ‖ **de largo. 1** Con vestidura hasta los pies: *A esta fiesta debes ir vestida de largo.* **2** Desde hace mucho tiempo: *No te hagas el sorprendido porque ese problema viene de largo.* ‖ **para largo.** Para dentro de mucho tiempo: *No te impacientes, porque eso va para largo.* □ SEM. Como adjetivo, en plural y seguido de una expresión de tiempo, equivale a 'mucho': *Viví largos años en el extranjero.*

largometraje s.m. Película cinematográfica que sobrepasa los sesenta minutos de duración: *Ayer vi en la televisión un largometraje muy interesante.*

larguero s.m. **1** En una obra de carpintería, cada uno de los dos palos que se colocan a lo largo de ella: *Se rompió un larguero de la cama y me caí al suelo.* **2** En una portería, palo superior y horizontal que une los dos postes; *travesaño: El balón dio en el larguero y no entró en la portería.*

largueza s.f. Generosidad o desprendimiento, esp. si llevan a dar algo sin esperar recompensa; *liberalidad: Su largueza hace que todos hablen bien de él.*

largura s.m. En una superficie, longitud o dimensión mayor: *La largura de los vestidos es lo que más cambia con las modas.*

laringe s.f. En el sistema respiratorio de algunos vertebrados, órgano en forma de tubo, constituido por varios cartílagos, que se sitúa entre la faringe y la tráquea: *La laringe forma parte del aparato fonador del hombre.* □ MORF. Cuando se antepone a una palabra para formar compuestos, adopta la forma *laringo-*. □ SEM. Dist. de *faringe* (órgano del sistema digestivo).

laríngeo, a adj. De la laringe o relacionado con ella: *La cavidad laríngea tiene forma de tubo.*

laringitis s.f. Inflamación de la laringe: *Está ronco porque tiene laringitis.* □ MORF. Invariable en número.

laringología s.f. Parte de la medicina que estudia las enfermedades de la laringe y su tratamiento: *La laringología estudia los distintos tipos de afonía.*

laringólogo, ga s. Persona especializada en el estudio y tratamiento de las enfermedades de la laringe, esp. si esta es su profesión: *La laringóloga me diagnosticó una inflamación de las cuerdas vocales.*

larva s.f. En zoología, animal joven en estado de desarrollo cuando ha salido del huevo y es muy diferente del adulto: *El renacuajo es la larva de la rana y la oruga, la larva de la mariposa.*

larvado, da adj. **1** Referido a una enfermedad, que se presenta con síntomas que no permiten determinar su verdadera naturaleza: *Padece alguna enfermedad larvada que solo se manifiesta a través de fiebre y de vómitos.* **2** Que no se manifiesta de forma externa: *Parece que se llevan bien, pero en la mirada se les nota un odio larvado que algún día aflorará.*

larvario, ria adj. De las larvas, de sus fases o relacionado con ellas: *Muchos insectos tienen un estadio larvario antes de ser adultos.*

las 1 art.determ. f.pl. de **el. 2** pron.pers. f.pl. de **la.** □ MORF. Para la acepción 2 ⟶APÉNDICE DE PRONOMBRES.

lasaña s.f. Comida elaborada con sucesivas capas de carne o pescado, besamel y queso, separadas por finas láminas de pasta de forma cuadrada o rectangular: *La lasaña es un plato de origen italiano.* □ ORTOGR. Es un italianismo (*lasagna*) adaptado al español.

lasca s.f. Trozo pequeño y plano desprendido de una piedra: *La pizarra se rompe en lascas.*

lascivia s.f. Inclinación de una persona habitualmente dominada por un deseo sexual exagerado: *Miraba con lascivia a todas las mujeres. Me ofenden esos gestos llenos de lascivia.*

lascivo, va adj./s. Con lascivia o dominado exagerada y habitualmente por el deseo sexual: *No soporto a la gente con mirada lasciva. Aquellos lascivos aplaudían a rabiar cuando salían las bailarinas medio desnudas.*

láser s.m. **1** Aparato electrónico que genera haces luminosos intensos y de un solo color debido a la emisión estimulada de radiación por parte de las moléculas del gas que contiene en su cavidad: *Han equipado el hospital con un láser para tratar tumores cancerosos.* **2** Haz de luz que genera este aparato: *Durante el concierto, el láser se movía al ritmo de la música. El rayo láser se usa mucho en medicina.* **3** ‖ **láser disc.** Aparato reproductor de los discos compactos que tienen imagen y sonido digital: *Vio unos vídeos musicales en el láser disc.* □ MORF. Es un acrónimo que procede de la sigla de *Light Amplification by Stimulated Emission of Radiation* (luz amplificada por la emisión estimulada de radiación). □ SINT. En la acepción 2, se usa mucho en aposición, pospuesto a un sustantivo.

lasitud s.f. Debilidad, cansancio o falta de fuerza extremados: *Se dejó caer con lasitud a lo largo del sofá.* □ ORTOGR. Dist. de *laxitud*.

laso, sa adj. **1** Cansado, desfallecido o decaído: *Se desplomó en la cama, laso y al límite de sus fuerzas.* **2** Referido al pelo, lacio y sin rizos: *Me gusta peinar esa cabellera larga y lasa.* ☐ ORTOGR. Dist. de *laxo*.

lástima ▮ s.f. **1** Sentimiento de compasión que se tiene hacia los que sufren desgracias o males: *Me inspira mucha lástima la gente sin hogar que duerme en la calle.* **2** Lo que produce este sentimiento: *Es una lástima que tengas que marcharte ya.* ▮ interj. **3** Expresión que se usa para indicar pena por algo que no sucede tal como se esperaba: *¡Lástima, por un número no me ha tocado la lotería!* **4** ‖ **hecho una lástima.** Muy estropeado o muy dañado: *El abrigo quedó hecho una lástima después de teñirlo.* ☐ SINT. La acepción 1 se usa más en la expresión *dar lástima*.

lastimar v. **1** Herir o hacer daño físico: *Una pedrada le lastimó el brazo. Me lastimé una pierna cuando me caí por las escaleras.* **2** Referido a una persona, agraviarla u ofenderla: *Me han lastimado mucho tus críticas.*

lastimero, ra adj. Que inspira lástima o compasión; *lastimoso: Sus quejas lastimeras me conmovieron, y lo perdoné. Deja salir al perro, porque no soporto más sus aullidos lastimeros.*

lastimoso, sa adj. **1** Que inspira lástima o compasión; *lastimero: Un lastimoso mendigo pedía limosna a la salida de la iglesia.* **2** *col.* Con un aspecto deplorable y muy estropeado: *Tras el golpe, el coche quedó en un estado lastimoso.*

lastra s.f. Piedra lisa y de poco grosor, de origen natural; *laja, lancha: La erosión del mar convirtió los peñascos en lastras.*

lastrar v. **1** Referido a una embarcación, ponerle peso para que se hunda en el agua lo necesario para ser estable: *El oleaje hizo volcar la lancha porque no la habían lastrado.* **2** Referido a algo que está en desarrollo, obstaculizarlo: *La incompetencia de mis ayudantes está lastrando el trabajo.*

lastre s.m. **1** En una embarcación, peso que se coloca en su fondo para que se hunda en el agua lo suficiente como para conseguir estabilidad: *La falta de lastre en el barco hizo que el oleaje se notara mucho.* **2** En un globo aerostático, peso que se lleva en la barquilla para ascender con más rapidez al soltarlo: *Cuando nos subimos a la cesta del globo, soltamos el lastre y empezamos a subir.* **3** Impedimento para llevar algo a buen fin; *rémora: La falta de dinero me supone un lastre importante para poder comprarme una casa.*

lata s.f. Véase **lato, ta**.

latencia s.f. **1** Período de incubación de una enfermedad: *Una enfermedad en estado de latencia no presenta síntomas.* **2** Existencia de lo que permanece oculto y sin manifestarse: *La revolución estalló tras un largo período de latencia.*

latente adj. Referido a algo existente, que está oculto y escondido, o que no se manifiesta de forma visible: *Entre ambos existe un odio latente que pronto acabará estallando.* ☐ MORF. Invariable en género.

lateral ▮ adj. **1** Que está situado en un lado: *Vieron la representación desde uno de los palcos laterales.* **2** Con una importancia menor: *Olvida ahora las cuestiones laterales y hablemos de lo esencial.* **3** Que no viene por línea directa: *Tiene un parentesco lateral conmigo, porque es la mujer de mi hermano.* **4** En lingüística, referido a un sonido, que se articula de modo que el aire salga por los lados de la lengua: *El sonido [l] es un sonido lateral.* ▮ s. **5** En algunos deportes, esp. en el fútbol, jugador que cubre una de las bandas del campo con función generalmente defensiva: *Un lateral evitó el gol.* ▮ s.m. **6** En un lugar o en un objeto, parte que está próxima a cada extremo: *Los peatones deben circular por el lateral izquierdo de la carretera. En los laterales del campo había dos filas de gradas.* ▮ s.f. **7** Letra que representa un sonido articulado de modo que el aire sale por los lados de la lengua: *La 'll' es una lateral.* ☐ MORF. 1. Como adjetivo es invariable en género. 2. En la acepción 5, es de género común y exige concordancia en masculino o en femenino para señalar la diferencia de sexo: *el lateral, la lateral*.

látex s.m. Líquido de aspecto lechoso que se obtiene de los cortes hechos a diferentes plantas: *El látex, al coagularse, produce sustancias como el caucho.* ☐ MORF. Invariable en número.

latido s.m. Cada uno de los golpes producidos por el movimiento rítmico de contracción y dilatación del corazón contra la pared del pecho, o de las arterias contra los tejidos que las cubren: *Apoyé la cabeza en su pecho y pude oír los latidos de su corazón.*

latifundio s.m. Finca agraria de gran extensión, propiedad de un solo dueño: *La mala explotación de los latifundios causó una revuelta campesina.* ☐ SEM. Dist. de *minifundio* (finca de reducida extensión).

latifundismo s.m. Sistema de explotación agraria basado en la distribución de la propiedad de la tierra en grandes latifundios: *El latifundismo es característico de algunas partes de la mitad sur de España.*

latifundista ▮ adj. **1** Del latifundismo o relacionado con este sistema de explotación agraria: *La explotación latifundista de la tierra requiere grandes inversiones en maquinaria.* ▮ s. **2** Persona que posee uno o varios latifundios: *Los latifundistas suelen delegar la gestión de la empresa agraria en un capataz.* ☐ MORF. 1. Como adjetivo es invariable en género. 2. Como sustantivo es de género común y exige concordancia en masculino o en femenino para señalar la diferencia de sexo: *el latifundista, la latifundista*.

latigazo s.m. **1** Golpe dado con un látigo: *Recibió treinta latigazos como castigo.* **2** Chasquido o sonido producido al agitar el látigo en el aire: *El animal se asustó al oír los latigazos.* **3** Dolor brusco, breve y agudo: *Pisé mal, y sentí un latigazo en el tobillo.* **4** Hecho o dicho impensado e inesperado que hiere o produce dolor: *La muerte de su novia fue un latigazo para él.* **5** *col.* Trago de bebida alcohólica; *lingotazo, pelotazo: Después de varios latigazos estaba completamente borracho.*

látigo s.m. **1** Instrumento formado por una vara en cuyo extremo va sujeta una cuerda o correa, y que se utiliza para avivar la marcha de las caballerías o para azotar: *El domador utilizó el látigo para defenderse del ataque del león.* **2** Atracción de feria formada por una serie de coches o de vagonetas que recorren un circuito eléctrico, aumentando su velocidad en las curvas para producir bruscas sacudidas: *No se subió en el látigo porque se marea.* **3** ‖ **usar el látigo.** *col.* Actuar con mucha dureza o severidad: *No creo que usar el látigo con las personas sea la mejor forma de tratarlas.*

latiguillo s.m. **1** En una conversación, palabra o expresión que, de tanto repetirse, pierden su fuerza expresiva; *muletilla: Me pone nervioso cada vez que habla, porque no soporto sus latiguillos.* **2** Tubo delgado y flexible, generalmente con una rosca en sentido inverso en cada extremo, que sirve para comunicar una cosa con otra: *Enrosca el latiguillo de la bomba de aire en la válvula y empieza a inflar la rueda.* ☐ SEM. En la acepción 1, dist. de *coletilla* (añadido a lo que se dice o se escribe).

latín s.m. **1** Lengua indoeuropea hablada en el antiguo Imperio romano y de la que derivan el español y las demás lenguas romances: *El francés, el italiano y el rumano son lenguas que proceden del latín.* **2** ‖ **saber (mucho) latín.** *col.* Ser listo, astuto y despierto: *No hagas negocios con él, porque sabe latín y te puede engañar.*

latinajo s.m. *col.* Palabra o construcción latinas empleadas en castellano: *Presume de culto y lo único que hace es soltar latinajos.* ☐ MORF. Se usa más en plural. ☐ USO Tiene un matiz despectivo.

latinidad s.f. **1** Conjunto de países o pueblos de origen latino: *La latinidad mundial se reunirá en un congreso para hablar de su común origen.* **2** Cultura latina: *La latinidad fue muy valorada en la época renacentista.*

latinismo s.m. En lingüística, palabra, significado o construcción sintáctica del latín, esp. los empleados en otra lengua: *'In extremis' y 'per capita' son dos latinismos del español.*

latinista ▮ adj. **1** Con las características propias del latín: *En los textos medievales españoles hay muchas palabras y construcciones latinistas.* ▮ s. **2** Persona especializada en el estudio de la lengua, la literatura y la cultura latinas: *La traducción de esa obra de Cicerón la hizo un latinista de renombre mundial.* ☐ MORF. 1. Como adjetivo es invariable en género. 2. Como sustantivo es de género común y exige concordancia en masculino o en femenino para señalar la diferencia de sexo: *el latinista, la latinista*.

latinización s.f. **1** Adaptación de un término o de un texto no latinos a las formas latinas: *Mi ejercicio literario consistió en la latinización de un poema contemporáneo.* **2** Difusión de la lengua y de la cultura latinas: *La expansión del Imperio romano produjo la latinización de extensos territorios.*

latinizar v. **1** Referido a un término o a un texto no latinos, darles forma latina: *Hoy en día, resulta pedante que alguien latinice su vocabulario para parecer más culto.* **2** Dar o adquirir características que se consideran propias de la cultura latina: *Los romanos latinizaron las culturas de los pueblos a los que vencieron. Algunos territorios se latinizaron de tal modo bajo la dominación romana que perdieron su primitiva identidad.* ☐ ORTOGR. La *z* se cambia en *c* delante de *e* ⟶**CAZAR**.

latin lover s.m. ‖ Amante apasionado y considerado como muy atractivo: *Ese actor da la imagen perfecta del latin lover.* ☐ PRON. [látin lóber].

latino, na ▮ adj. **1** Del latín o con características propias de esta lengua: *En sus obras literarias aparecen numerosas palabras y expresiones latinas.* ▮ adj./s. **2** De los países en los que se hablan lenguas derivadas del latín o relacionado con ellos: *España y Portugal son dos naciones latinas. Gran parte de la población estadounidense está formada por latinos.* **3** Del Lacio (región central italiana), de los pueblos italianos que formaron parte del Imperio romano, o relacionado con ellos: *Muchas comarcas latinas fueron incorporadas a Roma. No todos los latinos contaban con los mismos derechos civiles.*

latinoamericano, na ▮ adj. **1** De los países americanos que fueron colonizados por España, Portugal o Francia (países europeos): *Numerosos escritores y artistas acudieron a un encuentro cultural latinoamericano.* ▮ adj./s. **2** De Latinoamérica (conjunto de países americanos con lenguas de origen latino): *Los pueblos latinoamericanos lanzaron un mensaje de paz a todo el mundo. Los latinoamericanos se pueden comunicar con el español, el francés y el portugués.* ☐ MORF. En la acepción 2, como sustantivo se refiere solo a las personas de Latinoamérica. ☐ SEM. Dist. de *hispanoamericano* (de los países americanos de habla española) y de *iberoamericano* (de los países americanos de habla española o portuguesa).

latir v. **1** Referido esp. al corazón o a las arterias, dar latidos: *Le dieron un susto y su corazón empezó a latir aceleradamente.* **2** Estar vivo o presente pero sin manifestarse de forma evidente: *Aunque nadie lo diga, entre los empleados late el descontento.*

latitud s.f. **1** Distancia que existe desde un punto de la superficie terrestre hasta el paralelo del ecuador, y que se mide en grados, en minutos y en segundos a lo largo de un meridiano: *La latitud de Murcia es de 38 grados.* **2** *col.* Lugar, zona o región, esp. si se considera en relación con su distancia al paralelo del ecuador: *¡Cuánto tiempo sin verte por estas latitudes!* **3** Extensión de un lugar tanto de ancho como de largo: *La latitud de sus tierras era tal que no se veían los límites.* **4** En astronomía, distancia en grados que existe a cualquier punto al norte y al sur del círculo máximo de la esfera celeste: *La latitud de la estrella polar respecto al polo es variable.* ☐ MORF. La acepción 2 se usa más en plural.

latitudinal adj. Que se extiende a lo ancho: *Dividió todas sus tierras con vallas en sentido latitudinal.* ☐ MORF. Invariable en género.

lato, ta ▮ adj. **1** Extenso, dilatado: *La llanura se extiende por un lato territorio.* ▮ s.f. **2** Lámina delgada de hierro o de acero, cubierta de estaño por sus dos caras para preservarla de la corrosión; *hojalata: Los botes de cerveza están hechos de lata.* **3** Recipiente hecho de este material: *Metían los mejillones en las latas y, una vez cerradas, las etiquetaban.* **4** *col.* Lo que resulta molesto, fastidioso o importuno; *incordio: Es una lata que tengamos que volvernos tan pronto.* **5** ‖ **dar la lata.** *col.* Molestar, fastidiar o importunar: *El crío se pasó toda la noche dando la lata porque quería un helado.* ‖ **en sentido lato.** En un sentido más amplio del que correspondería exacta, literal o rigurosamente: *Esas afirmaciones las hizo en sentido lato y sin precisar.*

latón s.m. Aleación de cobre y de cinc, maleable, fácil de pulir y de abrillantar y resistente a la corrosión atmosférica: *Tengo una jarra de latón.*

latoso, sa adj./s. Molesto, pesado o fastidioso: *Los resfriados no son graves, pero sí muy latosos. Ese latoso siempre está pidiendo que le compren cosas.*

latrocinio s.m. Robo o fraude, esp. el que se comete contra los intereses públicos: *El recaudador de tributos incurrió en latrocinio al quedarse con algunas cantidades del dinero público.*

laúd s.m. **1** Instrumento musical de cuerda, parecido a la guitarra pero con el cuerpo ovalado y con un número variable de cuerdas que se agrupan por pares: *El laúd se suele tocar pulsando sus cuerdas con una púa.* 👁 **cuerda** **2** Embarcación de vela, pequeña y con dos palos: *El laúd era una embarcación característica de las aguas mediterráneas.*

laudable adj. Digno de alabanza; *loable: Salvó la vida del niño en una acción laudable.* ☐ MORF. Invariable en género.

a b c d e f g h i j k l m n ñ o p q r s t u v w x y z

láudano s.m. Preparación compuesta de vino blanco, opio, azafrán y otras sustancias: *Antiguamente, el láudano se utilizaba como medicamento para calmar los dolores.*

laudatorio, ria adj. Que alaba o que contiene alabanza: *Habló de ti en términos laudatorios.*

laudes s.m.pl. En la Iglesia católica, segunda de las horas canónicas: *Los laudes se rezan después de los maitines.* □ ORTOGR. Dist. de *laúdes* (pl. de *laúd*).

laudo s.m. En derecho, fallo o resolución que dictan los árbitros en un conflicto: *El laudo arbitral puso fin al conflicto.*

laureado, da ▮ adj./s. **1** Referido a un militar, que ha sido recompensado con honor y gloria por su comportamiento, esp. si ha sido condecorado con la cruz de San Fernando: *Fue laureado por méritos de guerra. El laureado llevaba varias condecoraciones en el pecho.* ▮ s.f. **2** Insignia con la que se condecora a estos militares: *La laureada es una cruz rodeada por una corona de laurel.*

laurear v. **1** Coronar con laurel: *En el fresco aparece un personaje desconocido laureando al dios Apolo.* **2** Premiar o distinguir con un galardón: *Se celebró un acto solemne para laurear al gran poeta.*

laurel s.m. **1** Árbol de corteza delgada y lisa, fruto carnoso de color negro y hojas alternas verdes muy empleadas como condimento por sus propiedades aromáticas; *lauro: El laurel es propio de las zonas mediterráneas. Unas hojas de laurel le dan buen sabor al guiso. Al ganador le dieron un trofeo y le pusieron una corona de laurel al cuello.* **2** Premio o gloria obtenidos por un éxito o por un triunfo: *Solo uno de los concursantes obtendrá el codiciado laurel. Si te esfuerzas, saborearás los laureles de la victoria.* **3** ‖ **dormirse en los laureles.** *col.* Reducir el esfuerzo por confiarse en el éxito ya obtenido: *El actual campeón se ha dormido en los laureles y no está en condiciones de renovar el título.* □ MORF. La acepción 2 se usa más en plural.

laurencio s.m. →**lawrencio.**

lauro s.m. →**laurel.**

lava s.f. Material fundido e incandescente vertido por un volcán en erupción, y que, al enfriarse, se solidifica y forma rocas: *La ciudad fue arrasada por un río de lava.*

lavable adj. Referido esp. a un tejido, que no se encoge ni pierde sus colores al lavarlo: *En el tinte limpian en seco las telas no lavables.* □ MORF. Invariable en género.

lavabo s.m. **1** Pila provista de grifo y desagüe, generalmente instalada en el cuarto de baño, y que se utiliza para el lavado personal de manos y cara: *Han elegido el lavabo y el bidé en color crema.* **2** Cuarto con una de estas pilas y destinado al aseo corporal: *Todas las mañanas se tira una hora en el lavabo pintándose y arreglándose.*

lavadero s.m. **1** Lugar o recipiente en los que se lava, esp. el preparado para lavar ropa: *El lavadero del pueblo se construyó junto al río para aprovechar sus aguas.* **2** En una mina, conjunto de instalaciones para el lavado o la preparación de minerales: *Una cinta transportadora acarreaba los minerales hasta el lavadero.*

lavado s.m. **1** Limpieza que se hace con agua o con otro líquido: *Me ducho por las noches y por las mañanas me doy solo un lavado rápido.* **2** Limpieza o reparación de ofensas, faltas u otras manchas morales: *Sintió la necesidad de hacer un lavado de conciencia y confesar sus culpas.*

lavadora s.f. Electrodoméstico que sirve para lavar ropa: *Estoy esperando a que termine la lavadora para tender la ropa.* 👁 **electrodoméstico**

lavafrutas s.m. Recipiente que se saca con agua a la mesa para lavar la fruta: *Al final de la comida sacaron unos lavafrutas de cristal para lavar las uvas.* □ MORF. Invariable en número.

lavamanos s.m. Recipiente o depósito con agua que se utiliza para lavarse las manos o los dedos: *En la mesa pusieron un lavamanos para enjuagarse los dedos después de comer el marisco.* □ MORF. Invariable en número.

lavanda s.f. **1** Arbusto de tallos leñosos, hojas estrechas y grisáceas y con flores azules en espiga muy aromáticas: *La lavanda se usa mucho en perfumería.* **2** Perfume que se obtiene de este arbusto: *Utilizo un agua de lavanda muy refrescante.*

lavandería s.f. Establecimiento donde se lava ropa: *El hotel dispone de lavandería y servicio de plancha.*

lavandero, ra ▮ s. **1** Persona que se dedica profesionalmente a lavar ropa: *Las lavanderas iban hasta el río con el cesto de ropa a la cabeza.* ▮ s.f. **2** Pájaro terrestre de colores variados, larga cola, pico y patas muy finos, y que corre y anda con gran viveza: *Las lavanderas suelen anidar en las rocas o en las grietas.*

lavaplatos s.m. *col.* Electrodoméstico que sirve para lavar platos o útiles de cocina; *lavavajillas: Se compró un lavaplatos porque le fastidia fregar los cacharros.* □ MORF. Invariable en número. 👁 **electrodoméstico**

lavar v. **1** Referido a algo sucio, limpiarlo mojándolo con agua o con otro líquido: *Lava la ropa con detergente. Está prohibido lavar el coche en la vía pública. Se lavó la cara y las manos. Utiliza un producto especial para lavar las manchas de grasa.* **2** Referido esp. al honor o a la conciencia, limpiarlos de ofensas, faltas u otras manchas: *Con esa noble acción lavó su honor y recuperó su buena fama.* **3** En arte, referido a un dibujo, darle color o sombra con aguadas o con tinta diluida en agua: *Lavó el dibujo para difuminar los contornos de las figuras.* **4** *col.* Referido a un tejido, resistir el lavado: *Llevaré esta chaqueta a la tintorería porque no lava bien.*

lavativa s.f. **1** Líquido que se introduce en el recto a través del ano, generalmente con fines terapéuticos o laxantes, o para facilitar una operación de diagnóstico: *Le pusieron una lavativa de agua hervida porque llevaba varios días estreñido.* **2** Instrumento manual que se utiliza para aplicar este líquido: *Usó como lavativa una jeringa.* □ SEM. Es sinónimo de *enema*. 👁 **medicamento**

lavatorio s.m. En la Iglesia católica, gesto que se lleva a cabo en la misa del Jueves Santo (conmemoración de la última cena de Jesucristo) y en el que el sacerdote lava los pies a doce personas, en recuerdo del acto semejante que Jesucristo realizó con sus apóstoles durante la última cena: *El lavatorio es un símbolo del servicio y la entrega de Jesucristo.*

lavavajillas s.m. **1** Electrodoméstico que sirve para lavar platos o útiles de cocina; *lavaplatos: Tengo que comprar detergente para el lavavajillas.* 👁 **electrodoméstico** **2** Detergente que se usa para lavar la vajilla: *Este lavavajillas reseca mucho las manos.* □ MORF. Invariable en número.

lavotear v. *col.* Lavar aprisa y de cualquier manera: *¡Lo lavotea todo en un momento, y así le luce!*

lavoteo s.m. Lavado que se hace aprisa y de cualquier manera: *Con un simple lavoteo no conseguirás quitar toda esta porquería.*

a b c d e f g h i j k l m n ñ o p q r s t u v w x y z

lawrencio s.m. Elemento químico, metálico, artificial y radiactivo, de número atómico 103, que pertenece al grupo de las tierras raras; *laurencio: El lawrencio se usa para estudiar la fisión espontánea.* ☐ PRON. [laurénzio]. ☐ ORTOGR. Su símbolo químico es *Lw* o *Lr*.

laxante s.m. Medicamento o producto que facilita la defecación o evacuación del vientre: *No puede prescindir de los laxantes porque es muy estreñido.*

laxar v. **1** Referido esp. al vientre, aflojarlo o facilitar la defecación por medio de sustancias que producen este efecto: *Por las mañanas toma unas hierbas para laxar el vientre. Si sigues tan estreñido necesitarás laxarte.* **2** Referido a algo tenso, aflojarlo, relajarlo o disminuir su tensión: *Un masaje te ayudará a laxar los músculos.*

laxitud s.f. **1** Flojera o falta de tensión: *La laxitud de los músculos se combate con el ejercicio físico.* **2** Falta de severidad y de firmeza o excesiva relajación moral: *Siempre dice que le preocupa la laxitud de las costumbres actuales.* ☐ ORTOGR. Dist. de *lasitud*.

laxo, xa adj. **1** Flojo o sin la tensión que le correspondería: *Después de clase de gimnasia, siempre me relajo y dejo los músculos laxos.* **2** Referido esp. a la actitud moral, que es excesivamente relajada o poco estricta: *Tus principios éticos me parecen demasiado laxos.* ☐ ORTOGR. Dist. de *laso*.

lazada s.f. **1** Lazo que se deshace con facilidad tirando de uno de sus cabos: *Se ata los zapatos con doble lazada para que no se le aflojen.* **2** Lazo de adorno: *Con una lazada bonita, el paquete quedará más vistoso.*

lazareto s.m. **1** Lugar destinado a la observación de individuos que pueden tener una enfermedad contagiosa o que presentan los síntomas de esta: *Antiguamente, la gente que llegaba de un lugar apestado tenía que hacer la cuarentena en un lazareto.* **2** Hospital de leprosos; *leprosería: Su vocación era trabajar de enfermera en un lazareto.*

lazarillo s.m. Persona o animal que guían a un ciego o a una persona necesitada (por alusión a Lazarillo de Tormes, personaje de una novela picaresca española publicada en el siglo XVI): *En este centro adiestran perros para que hagan de lazarillos.*

lázaro s.m. **1** Mendigo u hombre muy pobre y andrajoso (por alusión a un mendigo del mismo nombre que aparece en una parábola evangélica): *Dale limosna a ese pobre lázaro.* **2** ‖ **estar hecho un lázaro.** Estar lleno de llagas: *Tenía una enfermedad infecciosa tan avanzada que ya estaba hecho un lázaro.*

lazo s.m. **1** Atadura que se hace con una cinta o con un cordón, esp. la que se hace para sujetar o para adornar y se deshace con facilidad tirando de uno de sus cabos: *Envolvió el regalo en papel de colores y le puso un lazo de cinta roja.* **2** Lo que tiene la forma de esta atadura: *Me gustan los lazos de hojaldre con mucha miel. El jardinero dispuso los arbustos en lazos de formas caprichosas. Tan pronto bailaban en corro como hacían lazos cogiéndose por las manos.* **3** Cinta o cordón empleados para hacer esas ataduras, esp. los que se ponen en la cabeza como adorno o para sujetar el pelo: *Lleva un lazo de terciopelo a modo de diadema.* **4** Cuerda con un nudo corredizo en uno de sus extremos y que se utiliza para sujetar o atrapar animales: *Una de las pruebas del rodeo consistía en atrapar una res lanzándole el lazo.* **5** Corbata consistente en una cinta que se anuda con dos lazadas en el cierre del cuello: *Antiguamente se usaba lazo en vez de corbata de nudo.* **6** Vínculo u obligación contraídos: *Nos unen fuertes lazos de amistad.* **7** *col.* Engaño o trampa que se tiende: *Le preparamos una encerrona y el muy tonto cayó en el lazo.* **8** En arte, dibujo o motivo decorativo que se repite encadenadamente y forma una lacería: *La lacería del friso estaba formada por lazos en forma de rombos.* **9** ‖ **echar el lazo** a alguien. *col.* Atraparlo o ganarse su voluntad: *Dijiste que no te casarías nunca, pero al final te han echado el lazo.* ☐ MORF. La acepción 6 se usa más en plural.

le pron.pers. Forma de la tercera persona que corresponde a la función de complemento indirecto sin preposición: *A mi hija le dieron un premio. Diles que tengan mucho cuidado. Déjales a tus hermanas el libro de cuentos.* ☐ MORF. 1. No tiene diferenciación de género. 2. Su plural es *les*. 3. Sobre leísmo →APÉNDICE DE PRONOMBRES.

leal ▮ adj. **1** Referido a una persona, que es fiel o digna de confianza en su forma de actuar porque nunca engaña ni traiciona: *Él nunca me haría una faena así, porque es un amigo leal. Aquel viejo mayordomo siempre fue leal a sus señores.* **2** Referido a un animal, que obedece o sigue fielmente a su amo: *El perro es un animal muy leal.* ▮ adj./s. **3** Partidario fiel e incondicional: *Los ministros leales al presidente apoyaron todas sus propuestas. Los leales del partido cerraron filas en torno a su líder.* ☐ MORF. 1. Como adjetivo es invariable en género. 2. Como sustantivo es de género común y exige concordancia en masculino o en femenino para señalar la diferencia de sexo: *el leal, la leal*.

lealtad s.f. **1** Fidelidad y sentido del honor en la forma de actuar: *Actuaste con mucha lealtad al advertirme de que conspiraban contra mí.* **2** Obediencia o fidelidad incondicionales que muestran algunos animales hacia su amo: *El perro es un animal de gran lealtad.*

leandra s.f. *col.* Peseta: *Tengo unas cuantas leandras.*

leasing (anglicismo) s.m. Régimen de financiación, generalmente de bienes de equipo, por el que se dispone de estos durante un período de tiempo en el que se paga una cuota y al final del cual se suele tener opción de compra: *El transportista tiene un camión en leasing.* ☐ PRON. [lísin].

lebeche s.m. Viento cálido y seco procedente del suroeste, que sopla en el litoral mediterráneo: *El lebeche arrastra polvo procedente del desierto del Sáhara.*

lebrato s.m. Cría de la liebre o liebre todavía no adulta: *Está prohibido cazar lebratos.* ☐ MORF. Es un sustantivo epiceno y la diferencia de sexo se señala mediante la oposición *el lebrato {macho/hembra}*.

lebrel adj./s.m. Referido a un perro, de la raza que se caracteriza por ser de gran tamaño y tener el labio superior y las orejas caídos, el lomo largo y recto, y las patas retiradas hacia atrás: *El perro lebrel tiene grandes cualidades para la caza. En el canódromo corrían varios lebreles.* ☐ MORF. Como adjetivo es invariable en género.

lección s.f. **1** Exposición o explicación, generalmente orales, que se hacen sobre un tema: *¿Han publicado ya la lección que pronunció con motivo de su ingreso en esta institución? En sus oposiciones a cátedra, la lección versó sobre energía solar.* **2** Conjunto de conocimientos teóricos o prácticos que un maestro imparte de una vez: *No estuve en la lección del lunes porque fui al médico. Aprendió a conducir con pocas lecciones.* **3** En un libro de texto, cada una de las partes en que se divide, generalmente numeradas y con semejanza formal: *En la próxima evaluación veremos hasta la lección 20.* **4** Parte de una materia que se estudia o que se aprende de una vez: *No puedo salir porque tengo mucha lección para mañana.* **5** Lo que enseña o escarmienta: *El accidente fue una lección para él y ya no va haciendo el loco por la carretera.* **6** ‖ **dar la lección.** Decirla el alumno al profesor: *Hoy me han sacado a dar la lección.* ‖ **dar una lección. 1** Hacer comprender una falta, de manera hábil o dura: *Es tan engreído y orgulloso que necesita que le den una lección.* **2** Dar buen ejemplo: *Me dio una lección de honradez al devolverme el dinero que yo le había pagado de más.* ‖ **lección inaugural.** La de carácter solemne, con la que se inicia un curso académico: *El catedrático más antiguo de la Universidad pronunció la lección inaugural.* ‖ **lección magistral.** La de carácter solemne, que se pronuncia con motivo de una conmemoración: *El día de la entrega de premios, el director de la Academia pronunció una lección magistral.* ‖ **tomar la lección.** Oírla el maestro al alumno, para ver si se la sabe: *Mi madre me ayuda a hacer los deberes tomándome la lección.*

lechal adj./s.m. Referido a un animal, esp. a un cordero, que todavía mama: *El cordero lechal tiene una carne muy tierna. Tiene una granja con lechales.* □ MORF. Como adjetivo es invariable en género.

lechazo s.m. Cordero lechal: *En este horno asan muy bien el lechazo.*

leche s.f. **1** Líquido blanco y opaco que se forma en las mamas de la hembra de un mamífero y es usado por esta para alimentar a sus crías: *La leche contiene hidratos de carbono, grasas y proteínas.* **2** Jugo blanco segregado por algunos tipos de plantas, frutos o semillas: *La leche de almendra tiene muchas vitaminas.* **3** Cosmético en forma de crema líquida: *Me han recomendado una nueva leche limpiadora.* **4** *vulg.* →**golpe. 5** *vulg.* Lo que resulta molesto, fastidioso o importuno; *incordio: Es una leche tener que madrugar todos los días.* **6** ‖ **de leche.** Referido a la cría de un mamífero, que aún mama: *Mira qué pequeñín es este ternerito de leche.* ‖ **leche condensada.** La mezclada con azúcar y sometida a un proceso de evaporación por el que pierde el agua: *La leche condensada recupera el aspecto de la leche normal cuando se le añade agua.* ‖ **leche de paloma.** Secreción del epitelio del buche de las palomas, que sirve para criar a los pichones: *Los pichones han de introducir la cabeza en la garganta de la madre para tomar la leche de paloma.* ‖ **leche entera.** La que, después de tratada, conserva su grasa y sus sustancias nutritivas: *Me gusta más la leche entera que la desnatada.* ‖ **leche frita.** Dulce elaborado con una masa de leche y harina que se fríe rebozada: *La especialidad de esta pastelería es la leche frita.* ‖ **leche merengada.** Bebida refrescante elaborada con leche, azúcar, canela y clara de huevo: *En esta heladería preparan una estupenda leche merengada.* ‖ **mala leche.** *vulg.* Mala intención: *Lo hizo con mala leche y para jorobarme.* ‖ **ser la leche.** *vulg.* Ser el colmo: *Eres la leche, siempre llegas tarde.* □ USO En la acepción 4, se usa mucho como palabra comodín en expresiones vulgares malsonantes.

lechera s.f. Véase **lechero, ra.**

lechería s.f. Establecimiento en el que se vende leche: *En las lecherías también se pueden comprar yogures, mantequilla y otros productos lácteos.*

lechero, ra ▮ adj. **1** *col.* De la leche o relacionado con ella: *La industria lechera sufre una crisis.* **2** Referido a un mamífero hembra, que se cría para aprovechar su leche: *El granjero ha comprado tres vacas lecheras.* ▮ s. **3** Persona que se dedica profesionalmente a la venta o al reparto de la leche: *El lechero del barrio hace el reparto en una bicicleta.* ▮ s.f. **4** Recipiente para transportar, guardar o servir leche: *La vaquera tropezó y se le cayó la lechera al suelo.*

lecho s.m. **1** Cama con la ropa necesaria para descansar o para dormir: *La enfermedad la mantiene postrada en el lecho.* **2** Lugar preparado para que el ganado descanse o duerma: *Hicimos en el establo un lecho de paja.* **3** En un río, cauce o lugar por donde corren sus aguas: *El lecho de este río es muy profundo.* **4** En el mar o en un lago, superficie sólida sobre la cual está el agua; *fondo: El lecho del mar está lleno de algas.* **5** Superficie plana sobre la que se asienta algo: *Al embalar la vajilla protégela con lechos de paja. Sirvió la carne sobre un lecho de lechuga.*

lechón, -a ▮ s. **1** Cerdo adulto: *Hasta que las lechonas no estén bien cebadas, no las venderemos.* ▮ s.m. **2** Cerdo que todavía mama: *Me gusta mucho el lechón asado.*

lechoso, sa adj. **1** Que tiene la apariencia de la leche: *Esta crema bronceadora es muy lechosa.* **2** Referido a una planta o a un fruto, que desprende un jugo semejante a la leche: *El higo es un fruto lechoso.*

lechucear v. *col.* Estar continuamente comiendo golosinas: *Deja de lechucear, que ya vamos a cenar.*

lechuga s.f. **1** Hortaliza de hojas verdes que se agrupan alrededor de un tronco, y que se suele comer en ensalada: *He comido una ensalada de lechuga, tomate, atún y aceitunas.* **2** ‖ **como una lechuga.** *col.* Con aspecto fresco y saludable: *Está como una lechuga, aunque no ha dormido en toda la noche.*

lechuguino, na s. *col. desp.* Persona joven que se arregla o se acicala en exceso: *Presumen de ser modelos, pero solo son dos ridículos lechuguinos.*

lechuzo, za ▮ adj./s.m. **1** *col.* Tonto: *Desprecio a los jóvenes lechuzos sin formación. Ese lechuzo no se enterará, por mucho que se lo expliques.* ▮ s.f. **2** Ave rapaz nocturna, de plumaje blanco y dorado con manchas pardas, cabeza redonda, ojos grandes y pico corto y curvo: *La lechuza caza de noche pájaros y roedores pequeños.* 👁 **rapaz** □ MORF. En la acepción 2, es un sustantivo epiceno y la diferencia de sexo se señala mediante la oposición *la lechuza {macho/hembra}.*

lecitina s.f. Lípido que se encuentra en los tejidos animales y vegetales, y que suele usarse con fines terapéuticos: *He comprado en el herbolario un reconstituyente con lecitina de soja.*

lectivo, va adj. Referido a un período de tiempo, destinado a impartir clases en los centros de enseñanza: *Las vacaciones comienzan el 22, porque el 21 es día lectivo.*

lector, -a ▮ adj./s. **1** Que lee o es aficionado a la lectura: *Las personas lectoras suelen escribir sin faltas de ortografía. Este periódico ha publicado una encuesta para conocer la opinión de sus lectores.* ▮ s. **2** Profesor que enseña su lengua materna en el extranjero, generalmente en una universidad o en un instituto de segunda enseñanza: *Trabaja como lector de español en una Universidad francesa.* **3** En una editorial, persona encargada de leer originales para asesorar sobre su posible publicación: *El lector fue felicitado porque la obra que aconsejó publicar obtuvo el premio nacional.* ▮ s.m. **4** Aparato que capta las señales o marcas grabadas en un soporte y las transforma o las reproduce: *El nuevo lector de discos compactos ya está en el mercado.* **5** ‖ **lector óptico.** Aparato electrónico que permite identificar e interpretar marcas y caracteres escritos de acuerdo con cierto código: *En las cajas de los hipermercados, usan lectores ópticos para leer los códigos de barras.*

lectorado s.m. Cargo del profesor que enseña su lengua materna en el extranjero: *Consiguió una plaza de lectorado nada más terminar la carrera de filología.*

lectura s.f. **1** Actividad consistente en comprender un texto escrito o impreso después de haber pasado la vista o el tacto por él: *Este niño a los cinco años ya dominaba la lectura. Estoy ya en la segunda lectura de los apuntes. El sistema de lectura de los ciegos es el braille.* **2** Lo que se lee o lo que se debe leer: *Las novelas policíacas son su lectura favorita. Solo tenéis tres lecturas para este trimestre. La lectura que se leyó en misa fue una carta de san Pablo a los Corintios.* **3** Interpretación del sentido de un texto: *Esa frase tiene una lectura distinta de la que le han dado los periodistas.* **4** Actividad consistente en comprender o interpretar cualquier tipo de signo: *Tras la lectura de los posos del café, la pitonisa me echó las cartas.* **5** Exposición ante un tribunal de un ejercicio redactado o escrito previamente: *La lectura de la tesis será mañana.* **6** En informática, acceso a alguna de las unidades de almacenamiento de un ordenador para recuperar o visualizar la información contenida en ella: *Este ordenador solo tarda dos minutos en realizar la lectura del disco.*

leer v. **1** Referido a signos escritos o impresos, pasar la vista o el tacto por ellos para entender su significado: *Siempre leo un rato antes de dormir. Leyó el poema en voz alta. Cuando se quedó ciego aprendió a leer en braille.* **2** Referido a cualquier tipo de signo, comprender su significado: *Los adivinos leen las rayas de la mano. Es sordo, pero sabe leer los movimientos de los labios.* **3** Referido a lo que ocurre en el interior de una persona, llegar a conocerlo: *En tu cara leo que eres feliz.* **4** Referido a un texto, entenderlo o interpretarlo: *Me escribió una carta de amor pero yo leí un reproche.* **5** Realizar ante un tribunal la lectura de un ejercicio redactado o escrito previamente: *Los opositores cuyo apellido empieza por 'M' leen mañana. Leerá la tesis el mes que viene.* **6** En informática, referido a un ordenador, acceder a alguna de sus unidades de almacenamiento para recuperar o visualizar información contenida en ella: *No teclees nada ahora, porque está leyendo.* □ ORTOGR. En las formas cuya desinencia contiene un diptongo *ie, io*, esta *i* se cambia en *y* ⟶**LEER**.

legación s.m. **1** Cargo o facultad representativa del legado de una autoridad, esp. los del representante de un Gobierno ante otro Gobierno extranjero: *El actual embajador ha ejercido diversas legaciones a lo largo de su carrera diplomática.* **2** Misión o mensaje que lleva este legado: *La legación era un mensaje personal del rey.* **3** Conjunto de empleados a las órdenes de dicho legado: *Toda la legación fue convocada para recibir al nuevo embajador.* **4** Sede o conjunto de oficinas de una representación diplomática, esp. de una embajada: *La legación española está en una céntrica calle de la capital.*

legado s.m. **1** Lo que se deja en herencia o se dona a través de un testamento: *Uno de los herederos renunció a su legado.* **2** Lo que se deja o transmite a los sucesores o a la posteridad: *Dentro del legado de Roma al mundo moderno, destacan los principios del derecho.* **3** Persona enviada por una autoridad civil o eclesiástica para que la represente o actúe en su nombre: *El cardenal que abrió el concilio era el legado pontificio.*

legajo s.m. Conjunto de papeles atados o reunidos por guardar relación con un mismo asunto: *Los legajos que se conservan en los archivos contienen documentos originales.*

legal adj. **1** De la ley, del derecho o relacionado con ellos: *El derecho a la libertad de expresión está recogido en el marco legal de la Constitución. Un especialista en medicina legal determinó la hora aproximada en que se produjo el asesinato.* **2** Establecido por la ley o de acuerdo con ella: *Los ciudadanos tienen la obligación legal de pagar impuestos. Todos sus negocios son legales.* **3** Referido a la persona que desempeña un cargo, que cumple recta y fielmente sus funciones: *Toda su vida fue un funcionario legal y nunca tuvieron que llamarle la atención.* **4** *col.* Referido a una persona, que es leal o digna de confianza: *Mis amigos son gente legal, y nunca me han fallado.* □ MORF. Invariable en género.

legalidad s.f. **1** Conjunto o sistema de leyes que rigen la vida de un país: *Los tribunales vigilan el cumplimiento de la legalidad vigente.* **2** Adecuación o conformidad con lo que establece la ley: *La legalidad del acuerdo es más que discutible.*

legalismo s.m. **1** Tendencia a anteponer a cualquier otra consideración la aplicación estricta de la ley: *Si te dejas llevar de un legalismo exagerado, puedes ser muy injusto.* **2** Formalidad o tecnicismo legales que constituyen un obstáculo o un condicionante: *Con tantos legalismos no abriremos nunca el restaurante.*

legalista adj./s. Que antepone a cualquier otra consideración la aplicación estricta de la ley: *El tribunal actuará con criterios legalistas y sin atender a la situación personal de cada candidato. El secretario es un legalista y no admite un formulario que se aparte una coma del modelo oficial.* □ MORF. 1. Como adjetivo es invariable en género. 2. Como sustantivo es de género común y exige concordancia en masculino o en femenino para señalar la diferencia de sexo: *el legalista, la legalista*.

legalización s.f. **1** Concesión del estado o carácter legales: *Tras la legalización del juego se abrieron numerosos casinos.* **2** Certificación de la autenticidad de una firma o de un documento: *Un notario se encargó de la legalización de las firmas de los socios.*

legalizar v. **1** Dar estado o carácter legal: *Han decidido casarse para legalizar su unión.* **2** Referido a una firma o a un documento, certificar su autenticidad; *legitimar: Un notario legalizó el contrato de compraventa.* □ ORTOGR. La *z* se cambia en *c* delante de *e* ⟶**CAZAR**.

légamo s.m. Barro que se forma en el fondo de las aguas: *Nuestros pies se hundieron en el légamo del río.*

legaña s.f. Sustancia procedente de la secreción de las glándulas de los párpados y que se seca en los bordes y ángulos internos de los ojos, generalmente durante el sueño: *Muchas mañanas me levanto con los ojos llenos de legañas.* □ MORF. Se usa más en plural.

legañoso, sa adj./s. Con muchas legañas: *Despertó con los ojos legañosos. Me abrió la puerta un legañoso que se acababa de levantar.*

legar v. **1** Referido a los bienes de una persona, dejarlos en herencia por medio de un testamento o de un codicilo: *Ha legado todos sus bienes a una institución benéfica.* **2** Referido esp. a ideas o a costumbres, transmitirlas a los que siguen en el tiempo: *Las culturas clásicas nos legaron su forma de entender el mundo.* **3** Referido a una persona, enviarla como legado o representante: *El presidente legó* *a su secretario para que lo sustituyera en la reunión.* □ ORTOGR. La *g* se cambia en *gu* delante de *e* →**PAGAR**.

legatario, ria s. En derecho, persona o grupo de personas favorecidas en un testamento o en un codicilo: *Los legatarios del fallecido son sus sobrinos.*

legendario, ria ▮ adj. **1** De las leyendas, con sus características o relacionado con ellas: *De niña soñaba con los héroes legendarios de los cuentos de aventuras.* **2** *col.* Que ha alcanzado gran fama y popularidad: *Tengo un autógrafo de un actor legendario de películas de vaqueros.* ▮ s.m. **3** Libro que reúne varias leyendas: *En la biblioteca hay un legendario del siglo XVI.*

legging (anglicismo) s.m. Prenda de vestir que consiste en un malla ceñida al cuerpo desde la cintura a los tobillos: *Llevo unos legging porque me resultan más cómodos que unos pantalones.* □ PRON. [léguin]. □ USO Su uso es innecesario y puede sustituirse por *malla*.

legibilidad s.f. Posibilidad de ser leído, esp. por tener la suficiente claridad: *El profesor nos pidió que cuidásemos la legibilidad de nuestros escritos.*

legible adj. Que se puede leer: *Tiene una letra tan poco legible que no hay quien entienda sus cartas.* □ MORF. Invariable en género.

legión s.f. **1** En el Ejército, cuerpo de élite formado por soldados profesionales y esp. adiestrados para actuar como fuerza de choque: *Los miembros de la legión suelen tener una disciplina y un espíritu militar muy acentuados.* **2** En el Ejército de la antigua Roma, formación muy variable integrada por tropas de infantería y de caballería: *Las legiones eran las principales unidades de combate del ejército romano.* **3** Multitud de personas o de animales: *Una legión de admiradores rodeó al artista.*

legionario, ria ▮ adj. **1** De la legión: *Las unidades legionarias lanzaron el ataque.* ▮ s.m. **2** Soldado de una legión: *Julio César conquistó las Galias al frente de sus legionarios. Varios legionarios fueron condecorados por su valor en combate.*

legionela s.f. **1** Bacteria que puede causar una enfermedad que se caracteriza por la presencia de fiebre, congestión, neumonía y a veces por producir la muerte: *Decían que en el hospital el aire acondicionado había favorecido la propagación de la legionela.* **2** Enfermedad causada por esta bacteria: *Han detectado un brote de legionela en un cuartel.* □ PRON. [legionéla].

legislación s.f. **1** Conjunto de leyes por las que se gobierna un Estado o por las que se rige una actividad o una materia: *La legislación laboral regula los derechos y deberes de trabajadores y empresarios.* **2** Ciencia o estudio de las leyes: *Estudia la legislación europea con el catedrático.* **3** Elaboración o establecimiento de leyes: *Una comisión del Parlamento trabaja en la legislación fiscal.*

legislar v. Dar, elaborar o establecer leyes: *En los regímenes democráticos los Parlamentos son los encargados de legislar.*

legislativo, va adj. **1** De la legislación, de los legisladores, o relacionado con ellos: *El cambio de régimen obligará a reformar el código legislativo.* **2** Referido esp. a un organismo, que tiene la facultad o la misión de elaborar o establecer leyes: *Diputados y senadores ejercen el poder legislativo del Estado.*

legislatura s.f. **1** Período de tiempo que transcurre desde que se constituyen el poder ejecutivo y los órganos legislativos del Estado hasta que se disuelven, generalmente entre dos elecciones, y durante el cual desarrollan sus actividades: *La duración máxima de una legislatura en España es de cuatro años.* **2** Conjunto de los órganos legislativos que desarrollan sus actividades durante este período: *La nueva mayoría reformará varias leyes aprobadas por la anterior legislatura.*

legitimación s.f. **1** Concesión del carácter legítimo: *Solo unas elecciones libres dan legitimación al poder político.* **2** Demostración o certificación de la autenticidad de un documento o de un acto, de su certeza o de su correspondencia con lo que indica la ley: *La legitimación de un testamento no requiere trámites complicados.* **3** Capacitación que se otorga a una persona para desempeñar una función o un cargo: *El abogado presentó un documento que acreditaba su legitimación para representar a su cliente.* **4** Reconocimiento como legítimo de un hijo que no lo era: *Decidió iniciar cuanto antes los trámites de legitimación de su hijo natural.*

legitimar v. **1** Dar carácter legítimo: *El régimen democrático legitimó los partidos prohibidos durante la dictadura.* **2** Referido esp. a un acto o a una persona, probar o certificar su certeza o su correspondencia con lo que indica la ley: *Un notario legitimó la renuncia voluntaria del candidato al puesto que le correspondía.* **3** Referido a una firma o a un documento, certificar su autenticidad; *legalizar: El notario legitimó las firmas de los contratantes.* **4** Referido a una persona, capacitarla o dotarla de legítima autoridad para desempeñar una función o un cargo: *Legitimó a su abogado para que actuase en su nombre.* **5** Referido a un hijo ilegítimo, reconocerlo como legítimo: *En cuanto se casó, legitimó al hijo que su esposa tuvo de soltera.*

legitimidad s.f. **1** Conformidad con la ley: *Sus propuestas políticas se caracterizan por la más exquisita legitimidad y respeto a la justicia.* **2** Derecho que, de acuerdo con la ley, tiene un poder político para ejercer su autoridad: *En democracia, la legitimidad para gobernar se gana en las urnas.* **3** Carácter de lo que es justo desde el punto de vista de la razón o de la moral: *El famoso filósofo defendió la legitimidad de la aspiración humana a una vida digna.* **4** Autenticidad o carácter verdadero: *Un experto comprobó la legitimidad de la firma que aparecía en el cuadro.*

legitimismo s.m. Postura política que defiende que los derechos al trono de determinada dinastía o de uno de sus miembros son legítimamente superiores a los de la dinastía o la persona reinantes: *El legitimismo español en el siglo XIX defendía el derecho a reinar de don Carlos de Borbón y sus descendientes.*

legitimista adj./s. Partidario o defensor de determinada dinastía o de uno de sus miembros frente a la dinastía o a la persona reinantes, por considerar que los derechos al trono de los primeros son legítimamente superiores: *En sus pretensiones al trono, el príncipe contó con el apoyo de un grupo de diputados legitimistas. Los legitimistas franceses defendieron el derecho a reinar de los Borbones frente a la rama segunda de la casa de Orleans.* □ MORF. 1. Como adjetivo es invariable en género. 2. Como sustantivo es de género común y exige concordancia en masculino o en femenino para señalar la diferencia de sexo: *el legitimista, la legitimista.*

legítimo, ma ▮ adj. **1** De acuerdo con la ley: *Aunque llevan años separados, él sigue siendo su esposo legítimo.* **2** Justo, desde el punto de vista de la razón o de la moral; *lícito: Todos tenemos el legítimo derecho de intentar mejorar nuestra vida.* **3** Auténtico o verdadero: *Lo que parecía* *la firma legítima del artista resultó ser una falsificación.* ▌s.f. **4** Parte de la herencia de la que la persona que hace testamento no puede disponer libremente porque la ley la asigna a determinados herederos forzosos: *Aunque tu padre te desherede, siempre te quedará la legítima.*

lego, ga ▌adj./s. **1** Referido a una persona, que carece de formación o de conocimientos: *Sobre esa materia pregunta a otro, porque yo soy completamente lega. El congreso está abierto tanto a especialistas como a legos y curiosos.* ▌adj./s.m. **2** En un convento, referido a un religioso, que siendo profeso no tiene opción a recibir las órdenes sagradas: *El hermano lego ayudaba en la celebración de la eucaristía. Los legos del convento se encargaban de repartir la comida a los pobres.* ▌adj./s.f. **3** En un convento, referido a una monja, que se dedica a las tareas caseras: *De la cocina se ocupa una de las hermanas legas. En el convento hay varias legas, pero la mayoría de las monjas se dedica a la enseñanza.*

legrado s.m. Operación quirúrgica consistente en raspar una zona del organismo, esp. la cavidad uterina o un hueso, para limpiarlos de sustancias adheridas o para obtener muestras de estas; *raspado: Le han hecho un legrado para analizarle la mucosa uterina.*

legrar v. En medicina, referido a una zona del organismo, rasparla para limpiarla de sustancias adheridas o para obtener muestras de ella: *Después de un aborto, hay que legrar la matriz para eliminar los restos de placenta.*

legua s.f. **1** Unidad de longitud que equivale a 5572,7 metros: *Una legua tiene 20 000 pies.* **2** ‖ **a la legua** o **a cien leguas.** *col.* Desde muy lejos o de forma clara o evidente: *Aunque se las da de enterado, se le nota a la legua que no tiene ni idea.* ‖ **legua {marina/marítima}.** Unidad marítima de longitud que equivale a 5555,55 metros: *Una legua marina tiene tres millas.* ☐ SINT. La acepción 2 se usa más con los verbos *ver, notar* o equivalentes. ☐ USO En la acepción 1, es una medida tradicional española.

leguleyo, ya s. *desp.* Persona que se ocupa de cuestiones legales sin tener el conocimiento o la especialización suficientes: *Busca un buen abogado que te aconseje y no hagas caso de leguleyos y aficionados.*

legumbre s.f. **1** Fruto en forma de vaina, característico de las plantas leguminosas: *Las judías verdes son legumbres que se consumen frescas.* **2** Grano o semilla que se cría en esta vaina: *Los guisantes, las habas y los garbanzos son legumbres.*

leguminoso, sa ▌adj./s.f. **1** Referido a una planta, que tiene flores amariposadas, hojas generalmente alternas y compuestas, y frutos en vaina o legumbre con varias semillas en su interior: *La lenteja es una planta leguminosa. El garbanzo es una leguminosa muy empleada en la cocina mediterránea.* ▌s.f.pl. **2** En botánica, familia de estas plantas, perteneciente a la clase de las dicotiledóneas: *La producción de leguminosas es uno de los pilares de nuestra agricultura.*

leído, da ▌adj. **1** Referido a una persona, que tiene una gran cultura y erudición por haber leído mucho: *Me gusta hablar con ella porque es una mujer muy leída que sabe de todo.* ▌s.f. **2** *col.* Actividad consistente en leer un texto escrito o impreso después de haber pasado la vista o el tacto por él; *lectura: El abuelo solía dar dos leídas al periódico cada día.*

leísmo s.m. En gramática, uso de las formas del pronombre de tercera persona *le* y *les* como complemento directo, en lugar de *lo, la, los, las*: *En la oración 'A tus hermanos les vi en el cine' hay un caso de leísmo. La Real Academia Española admite el leísmo cuando le hace referencia a una persona masculina.* ☐ MORF. → APÉNDICE DE PRONOMBRES.

leísta adj./s. Que hace uso del leísmo: *La zona centro de España es leísta. Entre los escritores del Siglo de Oro había muchos leístas.* ☐ MORF. 1. Como adjetivo es invariable en género. 2. Como sustantivo es de género común y exige concordancia en masculino o en femenino para señalar la diferencia de sexo: *el leísta, la leísta.*

leitmotiv (germanismo) s.m. **1** Idea central o que se repite insistentemente en una obra, en una conversación o en el transcurso de un hecho: *El tema de la decadencia de España es un leitmotiv en la obra de Quevedo.* **2** En una composición musical, tema característico, que se asocia a una idea extramusical y que se repite insistentemente: *Wagner utilizaba distintos leitmotiv para identificar a sus personajes.* ☐ PRON. [leitmotíf].

lejanía s.f. **1** Parte remota o distante de un lugar, de un paisaje o de una vista panorámica: *En la lejanía se divisaba una enorme columna de humo.* **2** *col.* Distancia: *En la lejanía, los problemas se ven con otra perspectiva.*

lejano, na adj. **1** Que está a gran distancia o apartado: *Ha viajado por países lejanos y exóticos.* **2** Referido esp. a una relación o a un parentesco, que se asientan sobre lazos débiles o indirectos: *Además de amigos, son primos lejanos por parte de madre.*

lejía s.f. Producto líquido que se obtiene de la disolución en agua de sales alcalinas, sosa cáustica u otras sustancias semejantes, y que se utiliza para blanquear la ropa y para destruir los gérmenes: *Para fregar el suelo, echo siempre un chorrito de lejía en el agua.*

lejísimos superlat. irreg. de **lejos.**

lejos adv. **1** A gran distancia o en un punto apartado: *Mi casa queda lejos de aquí. Aquello está ya muy lejos en el recuerdo. Nada más lejos de mi intención que ofenderte.* **2** ‖ **{a lo/de/desde} lejos.** A larga distancia o desde ella: *A lo lejos, los sembrados parecen una tela de cuadros.* ‖ **lejos de.** Seguido de infinitivo, sirve para introducir una expresión que indica que se hace o sucede lo contrario de lo expresado por dicho infinitivo: *Lejos de enfadarse, agradeció sus críticas.* ☐ MORF. Su superlativo es *lejísimos.* ☐ SINT. Su uso seguido de un pronombre posesivo es incorrecto: *Queda muy lejos {*tuyo › de ti}.*

lelo, la adj./s. Referido a una persona, que está atontada o que tiene poca viveza de entendimiento: *Cuando ve a la chica que le gusta se queda lelo. Ese lelo no va a entender lo que le dices.* ☐ USO Se usa como insulto.

lema s.m. **1** Frase que expresa una intención o una regla de conducta: *Ya sabes que el lema de esta empresa es que el jefe nunca se equivoca.* **2** En un emblema, en un escudo o en un estandarte, leyenda o letrero que figura en ellos: *El lema del escudo de ese caballero andante era el nombre de su dama.* **3** Tema de un discurso: *El lema de la conferencia fue el bilingüismo en Cataluña.* **4** En una obra literaria, texto breve que aparece al principio como resumen de su argumento o de su idea central: *El lema que encabeza el libro es una cita famosa sobre la amistad.* **5** En un diccionario o en una enciclopedia, término que encabeza cada artículo y que es lo que se define; *entrada: Los lemas de los diccionarios suelen ir en letra negrita para resaltar sobre la definición.* **6** En un concurso, palabra, texto o cualquier combinación de caracteres que se utiliza como contraseña en los trabajos presentados para mantener oculto el nombre de su autor: *El primer premio se concedió a la obra presentada bajo el lema 'Sol de medianoche'.* ☐ SEM. En la acepción 1, dist. de *eslogan* (frase publicitaria).

lencería s.f. **1** Ropa interior femenina: *En la lencería esta temporada predomina el color blanco.* **2** Ropa de cama, de baño o de mesa: *Todos los días lavamos la lencería del restaurante.* **3** Establecimiento o sección en los que se vende este tipo de ropa: *Se ha comprado un camisón de seda en la lencería del barrio.* **4** Industria y comercio de esta clase de ropa: *Últimamente la lencería nos aporta grandes beneficios.*

lencero, ra s. Persona que se dedica profesionalmente a la confección o a la venta de productos de lencería: *Compré estas sábanas de lino a una lencera.*

lendakari s. Presidente del Gobierno autónomo vasco: *El lendakari se entrevistó con el presidente del Gobierno central.* ☐ ORTOGR. Es un término euskera (*lehendakari*) semiadaptado al español. ☐ MORF. Es de género común y exige concordancia en masculino o en femenino para señalar la diferencia de sexo: *el lendakari, la lendakari.*

lengua s.f. **1** En las personas o en algunos animales, órgano muscular movible situado en el interior de la boca, que participa en la masticación y deglución de los alimentos y en la articulación de sonidos: *El perro jadeaba con la lengua fuera. Sacar la lengua es un gesto de burla. ¿Has probado alguna vez lengua de ternera estofada?* 👁 **carne; sabor** **2** Lo que tiene la forma estrecha y alargada de este órgano: *Aquello que ves a lo lejos es una lengua de tierra que se adentra en el mar.* **3** Sistema de signos orales que utiliza una comunidad humana para comunicarse: *Después de vivir varios años allí, llegó a dominar la lengua del país.* **4** Variedad lingüística característica de ciertos hablantes o de ciertas situaciones: *La lengua del poeta barroco Góngora es rica en latinismos.* **5** En una campana, badajo: *Si tiras de esta cuerda, la lengua golpea la campana.* **6** ‖ **andar en lenguas.** *col.* Ser objeto de murmuraciones: *Soy enemigo de escandalizar y de andar en lenguas.* ‖ **atar la lengua** a alguien. Obligarle a callar o impedirle revelar algo: *El respeto al secreto de confesión ata la lengua al sacerdote.* ‖ **con la lengua afuera.** *col.* Con gran cansancio o atropelladamente debido al esfuerzo realizado: *Vino corriendo y llegó con la lengua afuera.* ‖ **hacerse lenguas de** algo. *col.* Alabarlo mucho: *No deja de hacerse lenguas de tus virtudes.* ‖ **irse de la lengua.** *col.* Hablar o decir más de lo debido, esp. si se hace de forma involuntaria: *Se fue de la lengua y desveló nuestro secreto.* ‖ **lengua de {estropajo/trapo} o media lengua.** *col.* La de la persona que pronuncia mal o de manera deficiente, esp. la de los niños que aún no hablan bien: *Con su lengua de trapo, mi hijo dice 'aba' en vez de 'agua'.* ‖ **lengua de gato.** Chocolatina o pequeño bizcocho duro de forma semejante a la lengua de un gato: *Hemos comprado lenguas de gato en la pastelería.* ‖ **(lengua de) oc.** Conjunto de dialectos romances que en la época medieval se hablaban en la zona sur francesa; *occitano, provenzal: La lengua de oc fue la que utilizaron los trovadores.* ‖ **(lengua de) oíl.** Conjunto de dialectos romances que se hablaban en la zona francesa del norte del río Loira: *De la unificación de la lengua de oíl surgió el francés actual.* ‖ **lengua {de víbora/viperina}.** Persona murmuradora que acostumbra a hablar mal de los demás: *Ten cuidado con lo que le cuentas, porque es una lengua de víbora.* ‖ **lengua madre.** La que al evolucionar ha dado lugar a otras: *El latín es la lengua madre de las lenguas románicas.* ‖ **lengua {materna/natural}.** **1** La del país en el que ha nacido una persona: *Nuestra lengua materna es el español.* **2** La primera o primeras que aprende un niño: *Tiene dos lenguas maternas porque su madre es francesa y su padre español.* ‖ **lengua muerta.** La que ya no se habla: *El latín es una lengua muerta.* ‖ **lengua viva.** La que es utilizada por una comunidad de hablantes: *Durante el Imperio romano, el latín era una lengua viva.* ‖ **lenguas hermanas.** Las que proceden de un tronco común: *El catalán, el castellano y el gallego son lenguas hermanas.* ‖ **malas lenguas.** *col.* Gente que murmura y habla mal de cuestiones ajenas: *Las malas lenguas decían que tenía relaciones con una mujer casada.* ‖ **morderse la lengua.** Contenerse para no decir lo que se tiene en mente: *Tuve que morderme la lengua para no soltar cuatro verdades.* ‖ **segunda lengua.** La que se adquiere además de la que se aprendió de los padres: *Su segunda lengua es el inglés porque lo estudió desde pequeño.* ‖ **tener la lengua muy larga.** *col.* Tener tendencia a hablar más de lo debido o a decir inconveniencias: *Tienes la lengua muy larga y eso te traerá problemas.* ‖ **tirar de la lengua** a alguien. *col.* Provocarlo para sonsacarle información o hacerle decir lo que no quiere: *Intentó tirarme de la lengua pero no solté nada.* ‖ **trabarse la lengua.** Pronunciar mal o con dificultad ciertas combinaciones de palabras o de sonidos: *Se me trabó la lengua y, en lugar de decir «pamplinas», dije «plimpanas».*

lenguado s.m. Pez marino de cuerpo casi plano y más largo que ancho, que tiene los dos ojos y las mandíbulas en un solo lado del cuerpo, y que vive siempre echado del mismo lado: *El lenguado abunda en aguas mediterráneas y atlánticas.* ☐ MORF. Es un sustantivo epiceno y la diferencia de sexo se señala mediante la oposición *el lenguado {macho/hembra}.*

lenguaje s.m. **1** Facultad humana que permite la comunicación y la expresión del pensamiento: *Una lesión cerebral puede impedir el desarrollo del lenguaje.* **2** Sistema utilizado por una colectividad para comunicarse, esp. referido al conjunto de sonidos articulados empleados por el ser humano: *Está haciendo estudios sobre el lenguaje de las abejas. Un niño de un año aún no domina el lenguaje.* **3** Modo particular de hablar, característico de ciertos hablantes o de ciertas situaciones: *El lenguaje médico contiene numerosos tecnicismos que los profanos no entendemos.* **4** En informática, conjunto de símbolos o caracteres que, ordenados de acuerdo con unas reglas, permite dar instrucciones a un ordenador: *Para ser un buen programador debes aprender varios lenguajes.*

lenguaraz adj./s. Referido a una persona, que habla con descaro y desvergüenza: *Dice muchos tacos porque es lenguaraz y malhablado. Esa lenguaraz siempre tiene que hablar de lo que no sabe.* ☐ MORF. Como adjetivo es invariable en género, y como sustantivo es de género común y exige concordancia en masculino o en femenino para señalar la diferencia de sexo: *el lenguaraz, la lenguaraz.*

lengüeta s.f. **1** En un instrumento musical de viento, lámina fina y pequeña situada en la boquilla, hecha generalmente de caña o de metal, y cuya vibración con el paso del aire produce el sonido: *Los clarinetes y oboes llevan lengüeta.* **2** En un zapato de cordones, tira que refuerza la parte del empeine: *Estira bien la lengüeta antes de atarte los cordones.* **3** Pieza, moldura o instrumento con forma de lengua: *El rasgo más característico de este edificio son las lengüetas que adornan su fachada.*

a b c d e f g h i j k l m n ñ o p q r s t u v w x y z

lengüetada s.f. →**lengüetazo.**

lengüetazo s.m. Movimiento de la lengua para lamer o para coger algo con ella; *lengüetada: El perro se zampó el pastel de un lengüetazo.*

lenidad s.f. Blandura para castigar las faltas o para exigir el cumplimiento de los deberes: *Hay delitos tan graves que deben ser castigados sin lenidad.*

lenificar v. Referido esp. a un sufrimiento o a un exceso de rigor, suavizarlos o aplacarlos: *Esta pomada lenifica el picor que produce la urticaria.* ☐ ORTOGR. La *c* se cambia en *qu* delante de *e* →**SACAR.**

leninismo s.m. **1** Teoría política aportada al marxismo por Lenin (político y teórico ruso de finales del siglo XIX y comienzos del siglo XX), que constituyó la rama más ortodoxa del comunismo soviético: *Tras la revolución de 1917, la URSS se organizó de acuerdo con las ideas del leninismo.* **2** Conjunto de los partidarios de esta teoría política: *El leninismo entró en crisis tras los últimos cambios ocurridos en la antigua URSS.*

leninista ▮ adj. **1** Del leninismo o relacionado con esta teoría política: *Las teorías leninistas defienden la dictadura del proletariado.* ▮ adj./s. **2** Partidario del leninismo: *Los partidos leninistas rechazan la democracia parlamentaria. En el último congreso de leninistas hubo serias discrepancias.* ☐ MORF. 1. Como adjetivo es invariable en género. 2. Como sustantivo es de género común y exige concordancia en masculino o en femenino para señalar la diferencia de sexo: *el leninista, la leninista.*

lenitivo, va ▮ adj./s.m. **1** Referido esp. a un medicamento, que sirve para aplacar o aliviar un dolor: *Le han recetado una crema lenitiva para los picores. Tómate este lenitivo y el dolor cesará.* ▮ s.m. **2** Lo que sirve para aliviar un sufrimiento o una inquietud: *La lectura es un buen lenitivo para sus preocupaciones.*

lenocinio s.m. Mediación o intervención de una tercera persona en el establecimiento de relaciones amorosas o sexuales entre dos personas: *Celestina realizaba funciones de lenocinio entre Calisto y Melibea.*

lente ▮ s. **1** Pieza de cristal o de otro material transparente, limitada por dos caras de las que al menos una es cóncava o convexa, y con la que se consigue un determinado efecto óptico: *Algunos defectos de visión se pueden corregir con lentes.* **2** Cristal graduado e instalado sobre una armadura para facilitar su manejo: *La lupa es una lente de aumento. De pequeña, llevé mucho tiempo gafas con una lente tapada, porque tenía el ojo vago y esa era la única forma de forzarlo a trabajar.* 👁 **gafas** ▮ pl. **3** Cristales graduados instalados sobre una armadura que permite sujetarlos con la mano o en la nariz: *Las gafas y los anteojos son dos tipos de lentes.* 👁 **gafas 4** ‖ **lente de contacto.** Disco pequeño con graduación óptica, cóncavo por un lado y convexo por el otro, que se aplica directamente sobre la córnea del ojo; *lentilla, microlentilla: Desde que usa lentes de contacto ve mucho mejor.* ☐ MORF. 1. Es de género ambiguo y admite concordancia en masculino y en femenino sin cambiar de significado: *{el/la} lente {graduado/graduada}.* 2. En las acepciones 1 y 2 se usa más como femenino.

lenteja s.f. **1** Planta herbácea anual con flores blancas y fruto en vaina: *La lenteja se cultiva desde la Antigüedad para la alimentación humana.* **2** Fruto de esta planta, cuyas semillas, en forma de disco pequeño y de color oscuro, se emplean como alimento: *Las lentejas son muy nutritivas porque tienen mucho hierro.*

lentejuela s.f. Pequeña lámina redonda de material brillante, que se cose a la ropa como adorno: *Se hizo un vestido de noche adornado con lentejuelas.*

lenticular ▮ adj. **1** Que tiene la forma de una lenteja: *Este ciclista corre la contrarreloj con ruedas lenticulares.* ▮ s.m. **2** En anatomía, hueso del oído medio, de pequeño tamaño, que se articula con el yunque y con el estribo: *El lenticular es el hueso más pequeño de los que forman la cadena de huesecillos del oído.* ☐ MORF. Como adjetivo es invariable en género.

lentilla s.f. Disco pequeño con graduación óptica, cóncavo por un lado y convexo por el otro, que se aplica directamente sobre la córnea del ojo; *lente de contacto, microlentilla: Con lentillas, el ojo miope alcanza una visión más perfecta que con gafas.*

lentisco s.m. Arbusto de hoja perenne, de hojas compuestas y flores pequeñas, de madera rojiza y dura muy empleada en ebanistería, característico de zonas calcáreas de la región mediterránea: *De las ramas del lentisco se obtiene una resina amarillenta.*

lentitud s.f. Tardanza con la que ocurre un suceso o se ejecuta una acción: *La tarde caía con lentitud sobre el campo. Me exaspera la lentitud con que lo haces todo.*

lento, ta ▮ adj. **1** Tardo o pausado en el movimiento o en la acción: *Eres muy lento comiendo y siempre terminas el último.* **2** Poco enérgico o poco eficaz: *Asa las manzanas a fuego lento.* ▮ s.m. **3** En música, aire o velocidad muy pausados con que se ejecutan una composición o un pasaje; *largo: El lento es un aire más reposado que el adagio.* **4** En música, composición o pasaje que se ejecutan con este aire: *El lento de la sinfonía me emocionó.* ☐ SINT. En la lengua coloquial, *lento* se usa también como adverbio de modo: *Los acompañantes caminaban 'lento' detrás de los novios.*

leña s.f. **1** Madera de árboles y matas que, cortada en trozos, se emplea para hacer fuego: *Debes ir al bosque a cortar más leña.* **2** *col.* Castigo, paliza o golpes: *Creo que el otro día hubo leña en la taberna.* **3** ‖ **{añadir/echar} leña al fuego.** *col.* Dar más motivos para continuar o acrecentar un mal o una pasión: *Es mejor callarse y no echar más leña al fuego.* ‖ **dar leña.** *col.* En deporte, jugar duro y de forma violenta: *Ese defensa da mucha leña y el árbitro lo va a expulsar.*

leñador, -a s. Persona que se dedica profesionalmente a cortar o vender leña: *Ya salen los leñadores con sus hachas al hombro.*

leñazo s.m. **1** Golpe fuerte, esp. si se da con un palo o algo parecido: *Le dio tal leñazo con el paraguas, que dobló las varillas.* **2** *col.* Colisión o choque fuertes: *¡Menudo leñazo se han dado dos coches en el cruce!*

leñe interj. *col.* Expresión que se usa para indicar extrañeza, sorpresa, admiración o disgusto: *¡Leñe, qué pronto has vuelto! ¡Hazme caso, leñe!*

leñera s.f. Lugar en el que se guarda leña; *leñero: La leñera está en el garaje. Ya no queda ni un solo tronco en la leñera.*

leñero s.m. →**leñera.**

leño s.m. **1** Trozo de árbol cortado y limpio de ramas: *Pon un leño más en la chimenea para que no se apague el fuego.* **2** En las plantas superiores, conjunto de vasos leñosos: *El leño conduce la savia bruta o ascendente.* **3** En un árbol, parte sólida y fibrosa debajo de su corteza; *madera: El leño del pino es de color muy claro.* **4** *col.* Persona torpe o de poco talento: *Para las matemáticas soy un leño y* *siempre las suspendo.* **5** *col.* Lo que resulta pesado, insufrible o inaguantable: *No pude acabar ese libro porque es un leño.* **6** ‖ **como un leño.** Referido a la forma de dormir, profundamente o sin moverse: *He dormido como un leño y estoy muy descansado.*

leñoso, sa adj. **1** Referido esp. a una planta o a una de sus partes, que tienen la dureza y la consistencia de la madera: *El pino tiene el tronco leñoso.* **2** Referido esp. a un vaso que forma parte de un tejido vegetal, que conduce la savia bruta o ascendente: *Los vasos leñosos están formados por células muertas.*

leo adj/s. Referido a una persona, que ha nacido entre el 23 de julio y el 22 de agosto aproximadamente (por alusión a Leo, quinto signo zodiacal): *¿Tienes algún amigo que sea leo? Mi hermana es una leo, porque nació el 20 de agosto.* □ MORF. 1. Como adjetivo es invariable en género. 2. Como sustantivo es de género común y exige concordancia en masculino o en femenino para señalar la diferencia de sexo: *el leo, la leo.*

león, -a s. **1** Mamífero felino y carnicero de pelaje amarillo rojizo, cola larga y dientes y uñas fuertes, cuyo macho presenta una larga melena en la nuca y en el cuello, y que es propio de África: *La leona es de menor tamaño que el león.* 👁 **felino** **2** Persona valiente y atrevida: *Los soldados eran unos leones y ganaron la batalla.* **3** ‖ **león marino.** Mamífero marino de cuerpo en forma de huso, extremidades transformadas en aletas, que generalmente se alimenta de peces: *Una de las diferencias entre las focas y los leones marinos es que estos tienen orejas visibles y las focas no.* □ MORF. En la acepción 3, es de género epiceno y la diferencia de sexo se señala mediante la oposición *el león marino {macho/hembra}.*

leonado, da adj. De color rubio oscuro, semejante al del pelo del león; *aleonado: Me lo dijo el chico del pelo leonado.*

leonera s.f. **1** Habitación o casa con mucho desorden: *Tu habitación es una leonera, porque siempre tienes todo tirado por el suelo.* **2** Lugar en el que se tiene encerrados a los leones: *En el zoológico hay dos leoneras.*

leonés, -a ▮ adj./s. **1** De León o relacionado con esta provincia española o con su capital: *El Bierzo es una comarca leonesa. Los leoneses se han dedicado durante mucho tiempo a la trashumancia de ganado.* **2** Del antiguo reino de León o relacionado con él: *Durante cierto período de la época medieval, el reino leonés estuvo constituido por Galicia, Asturias y León. La unión definitiva de leoneses y castellanos en un solo reino tuvo lugar en el siglo XIII.* ▮ s.m. **3** Dialecto romance que se hablaba en zonas que actualmente corresponden a León, Zamora, Salamanca y Asturias; *asturleonés: El leonés medieval tuvo un uso jurídico.* □ MORF. En las acepciones 1 y 2, como sustantivo se refiere solo a las personas de León.

leonino, na adj. **1** De los leones o con características de estos: *Esa cantante tiene una melena leonina.* **2** Referido a un contrato, que no es equitativo porque favorece a una de las partes: *Esta cláusula del contrato de alquiler es leonina, porque beneficia al arrendador.*

leopardo s.m. Mamífero felino y carnicero, de pelaje amarillento con manchas negras regularmente distribuidas, propio de los continentes africano y asiático: *El aspecto de un leopardo es el de un gato grande.* □ MORF. Es un sustantivo epiceno y la diferencia de sexo se señala mediante la oposición *el leopardo {macho/hembra}.* 👁 **felino**

leotardo s.m. Prenda de ropa interior que se ajusta a las piernas y las cubre desde la cintura a los pies: *Ponte los leotardos de lana, porque hace mucho frío.* □ MORF. En plural tiene el mismo significado que en singular.

lepidóptero ▮ adj./s.m. **1** Referido a un insecto, que tiene cuatro alas cubiertas de escamas, boca chupadora en forma de tubo en espiral, un par de antenas y un par de ojos compuestos: *Estas orugas son larvas de insectos lepidópteros. La mariposa es un lepidóptero.* ▮ s.m.pl. **2** En zoología, orden de estos insectos, perteneciente al tipo de los artrópodos: *Los lepidópteros tienen metamorfosis completa.*

lepra s.f. **1** Enfermedad infecciosa causada por una bacteria y caracterizada por lesiones cutáneas y nerviosas: *La lepra produce manchas, úlceras y falta de sensibilidad en la zona afectada.* **2** Mal que se considera contagioso y difícilmente controlable: *El racismo es la lepra de nuestra sociedad.*

leprosería s.f. Hospital de leprosos; *lazareto: Antiguamente las leproserías estaban en lugares aislados para evitar el contagio.*

leproso, sa adj./s. Que padece lepra: *Durante mucho tiempo se marginó a los enfermos leprosos. Este médico ha dedicado toda su vida al cuidado de los leprosos.*

lerdo, da adj./s. *desp.* Referido a una persona, que es lenta y torpe para comprender o para hacer algo: *Es muy lerdo y nunca entiende nada a la primera. No puedo trabajar en equipo con esa lerda, porque termino haciéndolo yo todo.* □ USO Se usa como insulto.

leridano, na adj./s. De Lérida o relacionado con esta provincia española o con su capital; *ilerdense: La provincia leridana no tiene costa. Muchos leridanos son de origen aragonés.* □ MORF. Como sustantivo se refiere solo a las personas de Lérida.

les pron.pers. s.pl. de **le.** □ MORF. → APÉNDICE DE PRONOMBRES.

lesbiana s.f. Véase **lesbiano, na.**

lesbianismo s.m. Homosexualidad femenina: *En algunas sociedades se persigue y condena el lesbianismo.*

lesbiano, na ▮ adj. **1** Del lesbianismo o relacionado con esta inclinación sexual; *lésbico: Esta novela trata de una pasión lesbiana entre dos mujeres de principios de siglo.* ▮ adj./s.f. **2** Referido a una mujer, que siente atracción sexual por personas de su mismo sexo: *En sus clases tuvo una compañera lesbiana. La novela relata la pasión entre dos lesbianas.*

lésbico, ca adj. Del lesbianismo o relacionado con esta inclinación sexual; *lesbiano: Esta novela es la historia de un amor lésbico contada por una de sus protagonistas.*

lesión s.f. **1** Daño corporal causado por una herida, por un golpe o por una enfermedad: *El defensa será operado mañana de su lesión en la rodilla.* **2** Cualquier daño o perjuicio: *Esas fotos comprometedoras suponen una seria lesión de su fama.*

lesionar v. Causar o producir lesión o daño: *Ese contrato lesionó su economía. Me lesioné el tobillo jugando al tenis.*

lesivo, va adj. Que causa o puede causar lesión, daño o perjuicio: *Esa subida de precios es lesiva para los consumidores.*

leso, sa adj. En derecho, que ha sido agraviado, ofendido o lastimado: *El espía fue acusado de crimen de lesa patria.*

letal adj. Que ocasiona o puede ocasionar la muerte física; *mortífero: El enemigo utilizó gases letales en el último ataque.* □ MORF. Invariable en género. □ SEM. Se aplica esp. a sustancias tóxicas.

letanía s.f. **1** Oración formada por una serie de invocaciones o de súplicas que recita una persona y que son repetidas o contestadas por las demás: *Al final del rosario, rezamos la letanía de la Virgen.* **2** *col.* Enumeración, lista o retahíla larga e interminable: *Me sé de memoria la letanía de los reyes godos.* □ MORF. En la acepción 1, se usa más en plural.

letárgico, ca adj. Del letargo o relacionado con este estado: *La lagartija pasa el invierno en estado letárgico.*

letargo s.m. **1** En medicina, estado de profunda somnolencia o pesadez y torpeza de los sentidos motivado por el sueño, y que es síntoma de ciertas enfermedades nerviosas, infecciosas o tóxicas: *La enfermedad le produjo una fiebre tan alta que estuvo en letargo tres días.* **2** Sueño artificial provocado por sugestión o por medio de fármacos: *Los hipnotizadores pueden producir el letargo.* **3** Estado de sopor o de inactividad y de reposo en que viven algunos animales durante determinadas épocas: *Los reptiles pasan el invierno en letargo.* **4** *col.* Modorra, sopor o inactividad: *La nueva novela de este autor rompe un período de letargo de cinco años.*

letón, -a ▮ adj./s. **1** De Letonia (país europeo), o relacionado con ella: *La economía letona es principalmente agrícola. Los letones proclamaron su independencia de la antigua URSS el 21 de agosto de 1991.* ▮ s.m. **2** Lengua indoeuropea de este país: *La primera gramática del letón apareció en el siglo XVIII.* □ MORF. En la acepción 1, como sustantivo se refiere solo a las personas de Letonia.

letra ▮ s.f. **1** Signo gráfico con que se representa un sonido del lenguaje: *La palabra 'mesa' tiene cuatro letras.* **2** Forma de este signo o modo particular de escribirlo: *Escribes con letra muy pequeña.* **3** En imprenta, pieza con este u otro signo en relieve para que pueda estamparse; *tipo: Tengo que limpiar las letras de mi máquina de escribir porque no se marcan bien.* **4** En una composición musical, conjunto de palabras que se cantan: *Me gusta mucho la letra de esta canción.* **5** Sentido propio y no figurado de las palabras de un texto: *No puedes quedarte con la letra de la noticia, tienes que profundizar en ella.* **6** En un diccionario, conjunto de los artículos que empiezan por el mismo signo gráfico: *'Uso' y 'huso' no están en la misma letra del diccionario.* ▮ pl. **7** Conjunto de disciplinas que giran en torno al ser humano y que no tienen aplicación práctica inmediata; *humanidades: En bachillerato escogí las optativas de letras. Es hombre de letras, siempre ávido de lectura.* **8** ‖ **a la letra.** Literalmente: *Cumplió su promesa a la letra.* ‖ **atarse a la letra.** Ceñirse al sentido literal de un texto: *Si te atas a la letra de esa parábola no entenderás nada.* ‖ **girar una letra.** En economía, expedirla o extenderla para que sea pagada: *Para pagar el resto de mi deuda prefiero que me giren una letra a treinta días.* ‖ **(letra) {bastarda/bastardilla/cursiva/itálica}.** La que es inclinada a la derecha e imita a la manuscrita: *Este ejemplo está escrito en letra cursiva.* ‖ **letra (de cambio).** En economía, documento mercantil por el que una persona o entidad extiende una orden de pago a cargo de otra por un importe concreto que ha de efectuarse en una fecha y en un lugar determinados: *Ha firmado muchas letras de cambio para hacer frente a sus problemas de liquidez.* ‖ **letra de imprenta.** La mayúscula escrita a mano: *Hay que rellenar el impreso con letras de imprenta.* ‖ **letra de molde.** La impresa: *Presumía de que su nombre iba a aparecer en letra de molde.* ‖ **letra del tesoro.** Título de deuda pública hasta un año emitido por el Banco de España para obtener recursos financieros y por el que se remunera al comprador con unos intereses fijados en su compra: *He invertido un millón en letras del tesoro a un año.* ‖ **letra doble.** Conjunto de dos signos que representa un sonido o un fonema: *La 'll' es una letra doble.* ‖ **letra historiada.** La mayúscula con adornos y figuras: *Los capítulos de este libro empiezan con una letra historiada.* ‖ **(letra) {mayúscula/versal}.** La que tiene figura propia y tamaño grande y se utiliza al principio de nombre propio y después de punto: *'COCHE' está escrito con mayúsculas.* ‖ **letra {menuda/pequeña}.** En un documento, parte que está escrita en un tipo menor y que pasa inadvertida: *Antes de firmar el contrato, lee bien la letra menuda para que sepas lo que firmas.* ‖ **(letra) minúscula.** La que tiene figura propia y tamaño pequeño y se utiliza comúnmente: *Las letras de esta frase son todas minúsculas excepto la primera.* ‖ **(letra) {negrilla/negrita}.** La que es de trazo grueso y se utiliza para destacar: *Las locuciones de este diccionario están escritas en negrilla.* ‖ **letra por letra.** Enteramente, sin quitar ni poner nada: *Se sabe la lección letra por letra.* ‖ **(letra) {redonda/redondilla}.** La que es derecha y circular: *Las definiciones de este diccionario están escritas con letra redonda.* ‖ **(letra) versalita.** La mayúscula del mismo tamaño que la minúscula: *'CASA' está escrito en versalitas.* ‖ **primeras letras.** Primeros estudios, esp. de lectura y de escritura: *En esta escuela aprendí mis primeras letras.* ‖ **protestar una letra.** En economía, requerir ante notario a la persona a cuyo nombre está emitida y que no quiere aceptarla o pagarla, para recobrar su importe: *El banco me ha protestado una letra porque no tenía fondos en la cuenta el día del vencimiento.* ‖ **ser letra muerta.** Referido esp. a una norma o a una ley, haber dejado de cumplirse o de tener efecto: *Por mucho que lo diga la ley, esa norma es ya letra muerta y nadie la respeta.*

letrado, da ▮ adj. **1** Referido a una persona, que es culta o instruida: *Es un hombre letrado y con mucha cultura.* ▮ s. **2** Persona legalmente autorizada para defender a sus clientes en los juicios o aconsejarlos sobre cuestiones legales; *abogado: La letrada pidió la absolución del acusado.*

letrero s.m. Escrito que se coloca en un lugar determinado para dar a conocer algo: *Pusieron un letrero luminoso con el nombre de la tienda.*

letrilla s.f. Composición poética estrófica, de versos octosílabos o hexasílabos, con un estribillo que se repite al final de cada estrofa, y de tema generalmente burlesco o satírico: *'Poderoso caballero / es don Dinero' es el estribillo de una letrilla de Quevedo.*

letrina s.f. **1** Lugar para evacuar excrementos, esp. en cuarteles o en campamentos: *Al montar el campamento, un grupo se encargó de cavar las letrinas en un lugar apartado.* **2** *col.* Cosa o lugar sucio y asqueroso: *Hay que limpiar y desinfectar el almacén porque es una letrina.*

leucemia s.f. Enfermedad que se caracteriza por el aumento anormal del número de leucocitos o glóbulos blancos que circulan por la sangre: *Este tratamiento para curar la leucemia provoca la caída del cabello.*

leucémico, ca ▮ adj. **1** De la leucemia o relacionado con esta enfermedad: *Está en tratamiento médico porque sufre un proceso leucémico.* ▮ adj./s. **2** Que padece esta enfermedad: *Es leucémica y la han ingresado en el hospital para hacerle pruebas. Este leucémico necesita un donante de médula ósea.*

leucocito s.m. Célula globosa e incolora de la sangre de los vertebrados con un núcleo y con un citoplasma que puede ser granular o no; *glóbulo blanco: Los leucocitos son uno de los componentes principales del sistema inmunitario.*

leucoma s.m. En medicina, mancha u opacidad blanca en la córnea del ojo: *Tengo un leucoma en el ojo a consecuencia de una herida.*

leva s.f. **1** Reclutamiento de personas para un servicio estatal, esp. para el militar: *Antiguamente, las levas para la guerra dejaban los pueblos sin hombres.* **2** Partida de las embarcaciones del puerto: *La leva de la flota tendrá lugar cuando todos los barcos estén reparados.* **3** En mecánica, pieza que gira alrededor de un punto que no es su centro y que transforma el movimiento circular continuo en rectilíneo alternativo: *El motor no funciona porque se ha roto el árbol de levas.*

levadizo, za adj. Que se puede levantar: *Al anochecer, se subía el puente levadizo del castillo para evitar que nadie entrara.*

levadura s.f. **1** En botánica, hongo unicelular que provoca la fermentación alcohólica de los hidratos de carbono: *La levadura se reproduce por gemación y división.* **2** Sustancia constituida por estos hongos y que es capaz de hacer fermentar el cuerpo con el que se la mezcla: *Para que la tarta suba hay que echar levadura a la masa.*

levantamiento s.m. **1** Movimiento de abajo hacia arriba o colocación en un nivel más alto: *Es campeón de levantamiento de pesos.* **2** Sublevación o movimiento de protesta en contra de una autoridad: *La comunidad internacional ha criticado duramente el levantamiento militar.* **3** Construcción de una edificación o de un monumento: *El levantamiento de esta casa duró seis meses.* **4** Supresión de una prohibición o de una pena por parte de quien tiene autoridad para ello: *He sacado ya la licencia de caza porque el levantamiento de la veda está próximo.* **5** En geología, elevación de la corteza terrestre en una zona más o menos grande: *Esta cordillera se originó por el levantamiento del terreno.* **6** ‖ **levantamiento del cadáver.** Trámite que llevan a cabo un médico forense y un juez y que consiste en el reconocimiento y orden de traslado de un cadáver en el mismo lugar en el que ha sido encontrado: *Hasta que no llegó el juez, una hora después del accidente, no se procedió al levantamiento del cadáver.*

levantar ▮ v. **1** Mover de abajo hacia arriba: *Los que estéis de acuerdo conmigo levantad la mano. Si tiras de la cuerda, la persiana se levanta.* **2** Poner en un nivel más alto: *El paquete pesaba tanto que no fui capaz de levantarlo del suelo. La empresa se levantó gracias al esfuerzo de todos.* **3** Referido esp. a algo caído o en posición horizontal, ponerlo derecho o en posición vertical: *Levanta la papelera, que se ha volcado. La cabecera de la cama se levanta girando la manivela hacia la derecha.* **4** Referido esp. a la mirada o al espíritu, dirigirlos o impulsarlos hacia lo alto: *Las lecturas religiosas levantan el alma hacia Dios.* **5** Referido a algo que descansa sobre otra cosa o que está adherido a ella, separarlo o desprenderlo de esta: *La humedad levanta el papel de la pared del salón. Hay que arreglar estos baldosines que se han levantado.* **6** Referido a algo que tapa o cubre otra cosa, quitarlo para que esta quede visible: *Levanté las faldas de la mesa para ver cómo era.* **7** Referido esp. a una edificación o a un monumento, hacerlos o construirlos: *Levantaron una estatua al alcalde en mitad de la plaza.* **8** Producir o dar lugar: *Sus continuos viajes levantaban sospechas. La música tan alta me levanta dolor de cabeza. Cuando me quemé, se me levantaron ampollas.* **9** Crear o fundar: *Entre todos los hermanos levantaron un gran negocio.* **10** Sublevar o provocar un estado de revolución: *La grave situación levantará al pueblo contra el Gobierno.* **11** Referido a una prohibición o a una pena, suprimirlos o ponerles fin quien tiene autoridad para ello: *Me han levantado el castigo y ya puedo quedar contigo esta noche.* **12** Referido a algo montado o instalado, desmontarlo para retirarlo o para trasladarse con lo que había en ello: *Hay que madrugar para levantar el campamento antes de la excursión. Harto de la ciudad, levantó la casa y se fue a vivir al campo.* **13** Referido a la voz, emitirla con mayor intensidad o hacer que suene más: *No tienes razón, por mucho que levantes la voz.* **14** Referido esp. al ánimo, fortalecerlo o darle vigor o empuje: *Tus palabras me levantan la moral.* **15** Referido a algo falso, atribuírselo a alguien o difundirlo: *Todo esto es consecuencia de las calumnias que han levantado mis enemigos.* **16** Referido a la caza, hacer que salga del sitio en el que estaba: *En esta zona, la liebre se levanta con ojeadores.* **17** Referido a un plano o un mapa, realizarlos o trazarlos: *Hay que levantar el plano de esta zona.* **18** Referido a la baraja con la que se juega, cortarla o dividirla en dos o más partes: *Si no te fías de mí, levanta la baraja y así no habrá trampas.* **19** Referido a una carta echada en el juego, echar otra que le gane: *¡A ver si puedes levantar mi as!* **20** Referido esp. al día o a las nubes, aclararse o mejorar atmosféricamente: *Si no levantan las nubes, no habrá luz para hacer la foto.* **21** *col.* Robar: *Me han levantado la cartera en el metro.* ▮ prnl. **22** Sobresalir en altura sobre una superficie o sobre un plano: *Estas montañas se levantan sobre la llanura.* **23** Dejar la cama después de haber dormido o tras una enfermedad: *Todos los días me levanto a las ocho.* **24** Referido esp. al viento o al oleaje, empezar a producirse: *Por las tardes se levanta una suave brisa.* □ SINT. En la acepción 24, se usa también como verbo intransitivo. □ SEM. 1. En las acepciones 1 y 7, es sinónimo de *alzar*. 2. En las acepciones 4 y 14, es sinónimo de *elevar*.

levante s.m. **1** Este: *Al levante de estas regiones reina siempre un clima envidiable.* **2** Viento que sopla o viene de dicho punto: *El barco era azotado por un fuerte levante.* este □ SINT. Se usa mucho en aposición, pospuesto a un sustantivo: *Se empezó a sentir un viento levante muy cálido.*

levantisco, ca adj. De genio inquieto, indómito o rebelde: *A los conquistadores les costó años de lucha acabar con las tribus levantiscas.*

levar v. Referido a un ancla, arrancarla del fondo y subirla: *Unos minutos antes de zarpar, el capitán ordenó levar anclas.*

leve adj. **1** De poco peso: *Tiene dolor de espalda y no puede levantar ni el más leve paquete.* **2** Sin importancia o de poca gravedad: *Aprobé, porque solo cometí una falta leve.* **3** Suave o de poca intensidad: *Cuando le conté la historia, esbozó una leve sonrisa.* □ MORF. Invariable en género. □ SEM. 1. Es sinónimo de *ligero*. 2. En las acepciones 1 y 2, es sinónimo de *liviano*.

levedad s.f. **1** Poco peso; *ligereza: La levedad de la bailarina tenía asombrados a los espectadores.* **2** Poca importancia o poca gravedad: *Debido a la levedad de su enfermedad no está tomando ningún medicamento.* **3** Suavidad o poca intensidad: *Me asusté, a pesar de la levedad de aquel ruido.* □ SEM. En las acepciones 1 y 2, es sinónimo de *liviandad*.

a b c d e f g h i j k l m n ñ o p q r s t u v w x y z

leviatán s.m. Lo que es de gran tamaño o difícil de controlar (por alusión a un monstruo marino bíblico inhumano y destructor): *Aquel inmenso transatlántico era un leviatán más que un barco.*

levita s.f. Antigua prenda de abrigo masculina, ajustada al talle y con faldones largos que llegaban a cruzarse por delante: *La levita se usó mucho como traje de etiqueta en el siglo XIX.*

levitación s.f. Elevación y suspensión en el aire sin ayuda de agentes físicos conocidos: *Se cuenta que, cuando santa Teresa entraba en éxtasis, a menudo se producía su levitación.*

levitar v. Elevarse y mantenerse en el aire sin ayuda de agentes físicos conocidos: *Aquel místico en estado de éxtasis religioso levitaba. Un mago hacía levitar los objetos que miraba.*

lexema s.m. En una palabra, unidad léxica mínima que posee significado propio, definible por el diccionario y no por la gramática: *El lexema de la palabra 'perro' es 'perr' y el de 'descorchar' es 'corch'.* □ SEM. Dist. de *morfema* (unidad mínima con significado gramatical).

lexicalización s.f. **1** Conversión de una expresión en una unidad léxica capaz de funcionar gramaticalmente como una sola palabra: *Las expresiones 'no pegar ojo' y 'no dar pie con bola' son dos lexicalizaciones.* **2** Incorporación de una metáfora de origen individual al sistema general de la lengua: *La expresión 'Viajé a lo largo de toda la geografía española' es un ejemplo de lexicalización, porque se usa 'geografía' con el sentido de 'territorio' en vez de 'ciencia'.*

lexicalizar v. **1** Referido a una expresión, convertirla en una unidad léxica capaz de funcionar gramaticalmente como una sola palabra: *El uso ha lexicalizado 'hombre rana' porque funciona igual que 'submarinista'. El sonido onomatopéyico 'tictac' se ha lexicalizado y se usa a veces como sustantivo.* **2** Referido a una metáfora de origen individual, incorporarla al sistema general de la lengua: *Los medios de comunicación ayudan a lexicalizar expresiones personales.* □ ORTOGR. La *z* se cambia en *c* delante de *e* →CAZAR.

léxico, ca ▌adj. **1** Del vocabulario de una lengua o región, o relacionado con él: *Los diccionarios definen los significados léxicos de las palabras.* ▌s.m. **2** Conjunto de palabras que componen una lengua o que pertenecen a una región, a una persona o a un campo determinados; *vocabulario: El léxico de esta región es muy rico en términos botánicos. En el léxico de la caza, 'ojear' tiene un sentido específico distinto del de 'mirar sin detenimiento'.* **3** Inventario en el que se recogen y definen las palabras de un idioma, generalmente por orden alfabético; *diccionario: Cuando vaya a París, me llevaré un léxico francés.* □ SEM. Como sustantivo, dist. de *glosario* (conjunto de palabras desusadas o de palabras técnicas con definición).

lexicografía s.f. **1** Técnica de composición de diccionarios o de léxicos: *Los conocimientos lingüísticos son esenciales para la lexicografía.* **2** Parte de la lingüística que estudia los principios teóricos para la elaboración de diccionarios: *La lexicografía es una parte de la lexicología.* □ SEM. Dist. de *lexicología* (estudio del léxico).

lexicográfico, ca adj. De la lexicografía o relacionado con la técnica de elaboración de los diccionarios: *Para hacer un diccionario hay que conocer las técnicas lexicográficas.* □ SEM. Dist. de *lexicológico* (del estudio del léxico).

lexicógrafo, fa s. Persona especializada en la lexicografía o estudio y elaboración de diccionarios: *Los lexicógrafos parten de los diccionarios ya existentes para crear otros nuevos.* □ SEM. Dist. de *lexicólogo* (estudioso del léxico).

lexicología s.f. Parte de la lingüística que se dedica al estudio de las unidades léxicas y de las relaciones que se establecen entre ellas: *La lexicología estudia cómo se relacionan las palabras y los significados en un momento dado de la historia.* □ SEM. Dist. de *lexicografía* (estudio y elaboración de diccionarios).

lexicológico, ca adj. De la lexicología o relacionado con esta parte de la lingüística que estudia las unidades léxicas: *Estoy realizando un estudio lexicológico del adverbio 'bien' en la década pasada.* □ SEM. Dist. de *lexicográfico* (del estudio y la elaboración de diccionarios).

lexicólogo, ga s. Persona especializada en la lexicología o estudio del vocabulario: *Esa lexicóloga está estudiando los verbos pronominales que son también transitivos.* □ SEM. Dist. de *lexicógrafo* (especializado en el estudio y la elaboración de diccionarios).

lexicón s.m. Léxico o diccionario, esp. si es de una lengua antigua: *Han publicado un nuevo lexicón de griego clásico.*

ley s.f. **1** Regla o norma constante e invariable de las cosas que está determinada por sus propias cualidades o condiciones o por su relación con otras cosas: *La muerte es ley de vida. Hay que respetar la ley de la naturaleza. Por la ley de la oferta y la demanda, cuando un producto escasea aumenta su precio. En lingüística, las leyes expresan regularidades observadas en fenómenos fonéticos, morfológicos, semánticos o de otro tipo.* **2** Norma, precepto o conjunto de ellos establecidos por una autoridad para regular, prohibir o mandar algo: *Le han puesto una multa por infringir una ley de tráfico. La ley militar no es idéntica a la civil.* **3** Conjunto de normas éticas obligatorias: *La ley moral obliga a todos los seres que tienen la capacidad de elegir.* **4** En un régimen constitucional, disposición votada por las Cortes y sancionada por el jefe del Estado: *La ley se aprobó por mayoría absoluta.* **5** En el judaísmo, expresión de la voluntad de Dios: *Los niños judíos asisten a las clases del rabino para aprender la ley judía.* **6** ‖ **con todas las de la ley.** Con todos los requisitos necesarios: *No puedes reprocharme nada porque estoy actuando con todas las de la ley.* ‖ **de {buena/mala} ley.** De buenas o de malas condiciones morales o materiales: *No salgas con él porque dicen que es de mala ley.* ‖ **de ley. 1** Como se considera que debe ser o debe hacerse: *Son amigos desde la infancia y su amistad es de ley.* **2** Referido a una persona, que tiene cualidades morales que se consideran positivas: *Fíate de ella porque es una persona de ley.* **3** Referido a un metal precioso, que tiene la cantidad de este fijada por las normas legales: *Me he comprado un anillo de oro de ley.* ‖ **ley antigua.** En el cristianismo, la que Dios dio a Moisés (personaje bíblico): *La ley antigua estaba escrita en dos tablas.* ‖ **ley de Dios.** Lo que se atiene a la voluntad de Dios: *Cumplir la ley de Dios es imprescindible para ser un buen cristiano.* ‖ **ley de la ventaja.** En algunos deportes, ventaja que da el árbitro a un equipo cuando este tiene el control del balón, no pitando una falta que se ha cometido a alguno de sus jugadores: *En lugar de pitar la falta, el árbitro dio la ley de la ventaja y consiguieron un gol.* ‖ **ley del embudo.** *col.* La que se emplea con desigualdad y se aplica estrictamente a unos y ampliamente a otros: *Mi jefe aplica la ley del embudo,* *ya que impone unas obligaciones que luego él mismo no cumple.* ‖ **ley fundamental.** La que sirve de fundamento de todas las otras: *La Constitución es la ley fundamental española.* ‖ **ley marcial.** La que rige durante el estado de guerra: *Al empezar la guerra se impuso la ley marcial y nadie podía salir de casa por la noche.* ‖ **ley natural.** La que emana de la razón: *Para algunos filósofos, la ley natural ordena y regula la conducta humana.* ‖ **ley nueva.** La que Jesucristo dejó en el Nuevo Testamento (para los cristianos, segunda parte de la Biblia): *La ley nueva manda que nos amemos los unos a los otros.* ‖ **ley orgánica.** La dictada para desarrollar los derechos fundamentales reconocidos en la Constitución de un Estado: *Tres de las leyes orgánicas son la ley orgánica del derecho a la educación, la ley orgánica del poder judicial y la ley orgánica de la objeción de conciencia.* ‖ **ley sálica.** La que excluía del trono a las mujeres y a sus descendientes: *Aunque en España no hay ley sálica, tienen preferencia al trono los varones.* ‖ **ley seca.** La que prohíbe el tráfico y el consumo de bebidas alcohólicas: *Mientras duró la ley seca en Estados Unidos se hicieron muchos negocios ilegales con el alcohol.* ‖ **{tener/tomar} ley** a alguien. Tenerle afecto o ser leal o fiel: *Le tengo ley a mi amigo y nunca le haría una jugarreta.* ☐ MORF. Su plural es *leyes*.

leyenda s.f. **1** Narración de sucesos fabulosos o imaginarios, generalmente basados en un hecho real: *Los viejos del lugar conocen muchas leyendas. Todo lo que murmuran de ella es solo una leyenda sin fundamento.* **2** *col.* Lo que se considera inalcanzable, o persona que es considerada un ídolo: *Se ha convertido en una leyenda en el mundo del baloncesto.* **3** Inscripción que acompaña a una imagen: *Leyó emocionado la leyenda de la medalla que acababa de recibir.* **4** ‖ **leyenda negra.** Opinión negativa generalizada que se tiene de algo, normalmente infundada: *La leyenda negra de esta casa dice que aquí se cometieron varios asesinatos.*

lía s.f. Cuerda gruesa de esparto que sirve para atar, esp. fardos o cargas: *La lía que sujetaba el saco se rompió y el contenido cayó al suelo.*

liado, da adj. Muy atareado u ocupado: *Ahora estoy liado y no puedo atenderte.*

liana s.f. Planta de la selva tropical, de tallo largo, delgado y flexible, que trepa sobre los árboles hasta las zonas altas, en las que se ramifica: *Tarzán se desplazaba por la selva colgándose de las lianas.*

liar ▮ v. **1** Referido a un fardo o a una carga, atarlos o asegurarlos con lías u otras cuerdas: *Lio los libros para poderlos llevar mejor.* **2** Envolver con papeles, cuerdas o algo semejante: *Lio el bocadillo muy deprisa y salió hacia el colegio.* **3** Referido a un cigarrillo, hacerlo envolviendo la picadura en un papel de fumar: *Mi abuelo lía los cigarrillos con gran habilidad.* **4** *col.* Referido a una persona, convencerla por medio de la persuasión, de la insistencia o del engaño: *Lio a mi hermano para que lo acompañara. Me liaron y al final accedí a organizar la fiesta. La próxima vez no me lías para esto.* **5** Enrollar dando vueltas sucesivas: *Lía la lana y haz un ovillo.* **6** Mezclar de manera desordenada: *No lo entiendes porque has liado los conceptos. Los hilos se han liado y no encuentro los cabos.* **7** *col.* Confundir o complicar, por estar las ideas poco claras o por haber demasiados detalles: *No líes al niño con tantos datos. Quería que entendiéramos el problema pero al final nos liamos.* ▮ prnl. **8** Referido a una actividad, ejecutarla con ímpetu o con violencia: *Se lio a trabajar y solo salió de la habitación para cenar.* **9** Referido a golpes, darlos: *Se liaron a patadas y nadie podía separarlos.* **10** Establecer una relación amorosa o sexual sin llegar a formalizarla: *Pidió el divorcio cuando se enteró que su marido se había liado con otra.* **11** ‖ **liarla.** *col.* Realizar algo que se considera perjudicial, equivocado o censurable: *Como la líes otra vez, nos echarán y no nos dejarán volver.* ☐ ORTOGR. La *i* de la raíz lleva tilde en los presentes, excepto en las personas de *nosotros* y *vosotros* ⟶**GUIAR**. ☐ SINT. 1. Constr. de las acepciones 8 y 9: *liarse* A *algo*. 2. Constr. de la acepción 10: *liarse* CON *alguien*.

libación s.f. **1** Succión suave de un jugo: *Las mariposas realizan la libación del néctar de las flores mediante la espiritrompa.* **2** En la Antigüedad, ceremonia que consistía en llenar un vaso con un licor y derramarlo después de haberlo probado: *Era frecuente que en los sacrificios los sacerdotes ofrecieran libaciones a los dioses.* **3** Prueba o degustación de un licor: *¡Cómo no vas a estar borracho si lleváis toda la tarde con libaciones...!* ☐ USO La acepción 3 se usa mucho con un matiz humorístico.

libanés, -a adj./s. Del Líbano (país asiático), o relacionado con él: *La capital libanesa es Beirut. Los libaneses se concentran principalmente en la zona de la costa.* ☐ MORF. Como sustantivo se refiere solo a las personas del Líbano.

libar v. **1** Referido a un insecto, chupar el néctar de las flores: *Me gusta ver cómo las abejas liban el néctar de las flores. Una abeja estaba libando en una rosa.* **2** En la Antigüedad, referido esp. al vino, derramarlo ritualmente el sacerdote: *El sacerdote libó el vino como sacrificio a los dioses.* **3** *poét.* Referido a un licor, probarlo o degustarlo: *Os invito a libar esta exótica bebida que he traído de mi viaje a Oriente.* ☐ USO La acepción 3, en la lengua coloquial se usa mucho con un matiz humorístico.

libelo s.m. Escrito que contiene difamaciones e injurias, en el que se critica algo duramente: *Un periodista ha sido acusado de escribir un libelo contra un conocido político.*

libélula s.f. Insecto de vuelo rápido con cuatro alas estrechas, cuerpo cilíndrico muy fino y largo, que suele vivir junto a estanques y ríos: *Las libélulas se diferencian de los caballitos del diablo en que no pliegan las alas cuando están posadas.* ☐ MORF. Es un sustantivo epiceno y la diferencia de sexo se señala mediante la oposición *la libélula {macho/hembra}*. 👁 **insecto**

líber s.m. En las plantas superiores, conjunto de los vasos liberianos: *El líber conduce la savia elaborada o descendente.*

liberación s.f. **1** Puesta en libertad o fin de un sometimiento o de una dependencia: *Los periódicos reseñaron la liberación del secuestrado. En el siglo XX se ha avanzado mucho en la liberación de la mujer.* **2** En economía, cancelación de las hipotecas y de las cargas impuestas sobre un inmueble: *Después de 20 años consiguió la liberación de la hipoteca de su piso.*

liberado, da adj./s. Referido a un miembro de una asociación, que tiene dedicación exclusiva a ella y recibe una remuneración a cambio: *Han detenido a un miembro liberado de una organización terrorista. Al ser un liberado, solo trabaja en el partido.*

liberal ▮ adj. **1** Que actúa con liberalidad o generosamente: *Presume de liberal, pero en realidad es un tacaño.* **2** Referido a una profesión, que requiere principalmente el ejercicio intelectual o la creatividad: *Muchos profesionales liberales trabajan por cuenta propia.* ▮ adj./s. **3** Que

a b c d e f g h i j k l m n ñ o p q r s t u v w x y z

defiende o sigue el liberalismo: *Pertenece a un partido liberal y se presentará a las próximas elecciones. Los liberales se reunieron para hablar del estado de los derechos humanos en algunos países.* **4** Tolerante o respetuoso con las ideas y prácticas de los demás: *Mis padres son muy liberales y no intervienen en mi vida privada. Es agradable hablar con ella porque es una liberal y acepta mis opiniones, aunque no las comparta.* **5** Que tiene costumbres libres y abiertas: *Choco con él por sus ideas liberales en cuestiones de sexo. Presume de ser un liberal pero educa a sus hijos a la antigua.* □ MORF. 1. Como adjetivo es invariable en género. 2. Como sustantivo es de género común y exige concordancia en masculino o en femenino para señalar la diferencia de sexo: *el liberal, la liberal.*

liberalidad s.f. **1** Generosidad o desprendimiento, esp. si llevan a dar algo sin esperar recompensa; *largueza: Agradecí su liberalidad cuando me invitó al cine.* **2** Respeto y consideración de las ideas nuevas o de las ideas distintas a las propias: *Acepta las críticas con mucha liberalidad y sin enfadarse.*

liberalismo s.m. **1** Corriente intelectual que proclama la libertad de los individuos, esp. la política, y la mínima intervención del Estado en la vida social y económica: *El liberalismo político se consolidó en Europa y en los Estados Unidos en el siglo XIX.* **2** Actitud del que es liberal o de mente abierta y tolerante: *Demostró su liberalismo al aceptar las opiniones de los demás.*

liberalización s.f. Transformación que hace más liberal o más abierto, esp. en el orden político o económico: *La liberalización del comercio consiste en el intento de eliminar o reducir las cuotas a la importación.*

liberalizar v. Hacer más liberal o más abierto, esp. en el orden político o económico: *Ha liberalizado sus costumbres y ya no es tan estricto. Al liberalizarse la política han surgido nuevos partidos.* □ ORTOGR. La *z* se cambia en *c* delante de *e* →CAZAR.

liberar v. **1** Poner en libertad o dejar libre: *¿Por qué no abres la jaula y liberas al pájaro? Consiguió liberarse cortando las cuerdas con una navaja.* **2** Librar de una atadura moral, de una obligación o de una carga: *Me liberó de la promesa que le había hecho. Le costó liberarse de la responsabilidad de dirigir la empresa.* **3** Desprender o dejar escapar: *Le energía que libera esta reacción química se aprovecha para producir calor. Están en alerta porque se han liberado unos gases tóxicos.* □ SINT. Constr. de la acepción 2: *liberar* DE *algo.*

liberatorio, ria adj. Que libera o exime, esp. de alguna obligación: *Este examen es liberatorio y, si lo apruebo, no volveré a examinarme de estas lecciones.*

liberiano, na ▌adj. **1** Referido a un vaso que forma parte de un tejido vegetal, que conduce la savia elaborada o descendente: *Los vasos liberianos están formados por células muertas.* ▌adj./s. **2** De Liberia (país africano), o relacionado con ella: *Las costas liberianas están en el océano Atlántico. La lengua oficial de los liberianos es el inglés.* □ MORF. En la acepción 2, como sustantivo se refiere solo a las personas de Liberia.

líbero s.m. En fútbol, jugador de la defensa que no tiene encomendados ni marcaje ni posición fijos: *El líbero no cubre a ningún delantero rival en concreto.* □ ORTOGR. Es un italianismo (*libero*) adaptado al español. □ USO Su uso es innecesario y puede sustituirse por una expresión como *libre.*

libérrimo, ma superlat. irreg. de **libre**. □ MORF. Incorr. **librísimo.*

libertad ▌s.f. **1** Facultad natural de las personas para obrar o no obrar o para elegir la forma de hacerlo: *La libertad es un derecho de todos los seres humanos. Los derechos salvaguardan la libertad.* **2** Condición o situación del que no es esclavo, no está preso o no está sometido: *No quiere casarse porque dice que perderá su libertad. Salió de la cárcel y ahora está en libertad bajo fianza.* **3** Permiso para realizar algo: *No tengo libertad para contratar a quien yo quiera.* **4** Derecho para ejercer una actividad libremente y sin intervención de la autoridad: *Si hay libertad de conciencia se puede profesar cualquier religión. En una democracia hay libertad siempre que no se vaya en contra de la ley.* **5** Confianza o familiaridad en el trato: *Confía en mí y háblame con toda libertad.* **6** Desenvoltura o naturalidad en los movimientos: *Los pantalones me dan libertad de movimiento cuando voy en bicicleta.* ▌pl. **7** Familiaridades excesivas e inadecuadas: *Para ser la primera vez que nos veía, se tomó demasiadas libertades con nosotros.* **8** ‖ **libertad bajo palabra.** La provisional que se le concede a un procesado bajo la garantía de su declaración de comparecer ante la autoridad correspondiente siempre que sea citado: *Cada mes tiene que presentarse ante el juez porque está en libertad bajo palabra.* ‖ **libertad condicional.** La que se puede conceder a los penados que están cumpliendo los últimos períodos de su condena: *Si no mantienes una buena conducta, te quitarán la libertad condicional.* ‖ **libertad provisional.** La que se puede conceder a los procesados y les permite no estar sometidos a prisión preventiva durante la causa: *La libertad provisional se puede conceder con o sin fianza previa.*

libertar v. **1** Soltar o poner en libertad: *¿Han libertado ya a los rehenes?* **2** Dejar libre de una atadura moral o de una obligación: *Debes libertar tu conciencia de ese absurdo sentimiento de culpa.*

libertario, ria adj./s. Que defiende la libertad absoluta y la supresión de los Gobiernos y de las leyes: *Fue muy criticado por sus ideas libertarias. No quiere trabajar bajo las órdenes de nadie porque es un libertario.*

libertinaje s.m. **1** Abuso de la propia libertad sin tener en cuenta la de los demás: *El libertinaje interfiere en los derechos de los demás.* **2** Falta de respeto a la religión y a las leyes: *Es acusado de libertinaje porque no respeta las normas morales.*

libertino, na adj./s. Que actúa con libertinaje o abusando de la propia libertad en perjuicio de los derechos de los demás: *Esa conducta libertina te va a causar problemas. Es un libertino y vive entregado al vicio.*

liberto, ta s. Persona libre que antes fue un esclavo: *Los libertos generalmente seguían manteniendo algún vínculo con sus antiguos amos.*

libidinoso, sa adj./s. Que tiene propensión exagerada a los placeres sexuales: *Sus propuestas libidinosas hicieron que me sonrojara. Es un libidinoso y le encantan las revistas pornográficas.*

libido s.f. En psicología, deseo sexual: *Algunos psicólogos consideran la libido como la base del comportamiento humano.* □ PRON. Incorr. *[líbido]. □ ORTOGR. Dist. de *lívido.*

libio, bia adj./s. De Libia (país norteafricano), o relacionado con ella: *Los libios son mayoritariamente nómadas o seminómadas.* □ MORF. Como sustantivo se refiere solo a las personas de Libia.

libra ▌adj./s. **1** Referido a una persona, que ha nacido entre el 23 de septiembre y el 23 de octubre aproximadamente (por alusión a Libra, séptimo signo zodiacal): *No soy tímido aunque sea libra. Eres una libra muy equilibrada.* ▌s.f. **2** Nombre genérico de la unidad monetaria de distintos países: *La libra irlandesa dejó de ser válida en febrero del año 2002. La libra chipriota es la moneda de Chipre.* **3** Unidad de peso que tenía distinto valor según las zonas: *La libra castellana equivalía a 460 gramos.* **4** Unidad de capacidad que contenía ese peso de un líquido: *He comprado una libra de aceite.* **5** En el sistema anglosajón, antigua unidad básica de peso que equivalía aproximadamente a 453,6 gramos: *Una libra tiene 16 onzas.* **6** *col.* Cien pesetas: *El billete de autobús costaba una libra.* **7** ‖ **libra esterlina.** Unidad monetaria británica: *Una libra esterlina tiene cien peniques.* □ MORF. En la acepción 1, como adjetivo es invariable en género y como sustantivo es de género común, y exige concordancia en masculino o en femenino para señalar la diferencia de sexo: *el libra, la libra.* □ USO En las acepciones 3 y 4, es una medida tradicional española.

libramiento s.m. Orden de pago que se da a alguien, generalmente por escrito, para que pague con fondos del que la expide: *¿Sabes si se ha procedido ya al libramiento de la letra de cambio?*

librar v. **1** Sacar o preservar de lo que se considera desagradable o negativo: *Le dije que me encontraba mal y me libró de los trabajos pesados. Salí antes de que empezara la tormenta y me libré de la lluvia.* **2** En derecho, referido esp. a una sentencia, darla, expedirla o comunicarla: *El juez libró la sentencia el martes pasado.* **3** En economía, referido esp. a una orden de pago, expedirla o emitirla: *He librado todos los cheques a cargo del mismo banco.* **4** Referido a algo que implique lucha, sostenerla: *Después de librar una dura batalla contra el enemigo, regresaron a la base.* **5** *col.* Referido a un trabajador, tener el día libre: *En mi nuevo empleo, trabajo los domingos y libro los martes.* □ SINT. Constr. de la acepción 1: *librar* DE *algo.*

libre adj. **1** Que tiene libertad para obrar o no obrar o para elegir la forma de hacerlo: *Eres libre de pensar lo que quieras, pero yo te he dicho la verdad. Todos los hombres nacemos libres y los condicionamientos sociales nos van esclavizando.* **2** Que no está sometido a ninguna condición, a ninguna presión ni a ninguna prohibición: *Puedes venir a la conferencia porque tiene entrada libre. Con el precio de la entrada hay barra libre y podrás consumir lo que quieras.* **3** Que no es esclavo, no está preso o no está sometido: *Cuando salió de la cárcel y se vio libre, prometió no volver a ella. Es una nación libre desde que consiguió la independencia.* **4** Referido a una persona, que está soltera y sin compromiso: *Le preguntó si estaba casada y ella le contestó que era libre.* **5** Exento de una culpa, un daño o una obligación: *Pocas personas están totalmente libres de culpa. El premio de la lotería es dinero libre de impuestos.* **6** Referido a los sentidos o a los miembros del cuerpo, que pueden ejercer sus funciones sin ningún obstáculo: *Si tienes las manos libres coge la bandeja.* **7** Referido esp. a un alumno, que tiene un tipo de matrícula que no lo obliga a asistir a las clases: *Los alumnos libres solo es necesario que vayan al instituto para hacer los exámenes.* **8** Referido esp. a un lugar, que no está ocupado o no ofrece obstáculos para ser utilizado: *En el autobús no había ningún asiento libre y tuve que ir de pie. Los días de lluvia hay pocos taxis libres.* **9** Referido esp. a un espacio de tiempo, que no está dedicado al trabajo: *Ahora estoy muy ocupada, pero cuando tenga un rato libre te llamaré.* **10** Que no sigue ninguna norma o ninguna regla: *Tiene una forma de vestir muy libre y desenfadada.* **11** Referido a una traducción, que no se ciñe completamente al texto original: *Es una traducción libre pero mantiene el sentido del libro.* **12** Referido a una prueba de una competición, que no tiene una forma de realización obligatoria: *Cuando nado los cien metros libres elijo el estilo más rápido.* **13** ‖ **por libre.** *col.* De forma independiente o sin contar con la opinión de los demás: *No sé si vendrá, porque va por libre y hace solo lo que le apetece.* □ MORF. 1. Invariable en género. 2. Su superlativo es *libérrimo.* □ SINT. 1. Constr. de la acepción 5: *libre* DE *hacer algo.* 2. *'Por libre'* se usa más con lo verbos *actuar, andar* e *ir.*

librea s.f. **1** Uniforme de gala usado por algunos trabajadores, generalmente ujieres, porteros y conserjes: *El portero del hotel estaba uniformado con librea.* **2** Pelaje o plumaje de algunos animales: *El armiño tiene una librea invernal blanca y otra de verano, marrón.*

librecambio s.m. Sistema económico basado en la libre circulación de las mercancías entre los distintos países: *El librecambio defiende la supresión de las trabas aduaneras.* □ ORTOGR. Admite también la forma *libre cambio.*

librecambismo s.m. Doctrina que defiende el sistema económico del librecambio: *El librecambismo favorece el comercio exterior.*

librecambista ▌adj. **1** Del librecambio o relacionado con este sistema económico: *Las ideas librecambistas aparecieron en el siglo XVIII.* ▌adj./s. **2** Que defiende o sigue el librecambio: *El comercio es muy importante para la economía librecambista. Los librecambistas no admiten la intervención del Estado en las actividades comerciales.* □ MORF. 1. Como adjetivo es invariable en género. 2. Como sustantivo es de género común y exige concordancia en masculino o en femenino para señalar la diferencia de sexo: *el librecambista, la librecambista.*

librepensador, -a adj./s. Referido a una persona, que defiende o sigue el librepensamiento: *Los filósofos librepensadores interpretan el mundo mediante la razón. Los librepensadores surgieron en los siglos XVII y XVIII.*

librepensamiento s.m. Doctrina que se basa en la independencia de la razón individual frente al pensamiento dogmático: *El librepensamiento rechaza las interpretaciones del mundo que no procedan de una razón autónoma.*

librería s.f. **1** Establecimiento comercial en el que se venden libros: *Esta librería está especializada en libros científicos.* **2** Mueble o estantería para colocar libros; biblioteca: *Los libros de poesía los tengo en la librería del salón.*

librero, ra s. Persona que se dedica profesionalmente a la venta de libros: *Como todos los meses compro varios libros, me he hecho amiga de la librera.*

libresco, ca adj. Inspirado o basado en los libros: *Su educación libresca hace que desconozca la realidad.* □ USO Tiene un matiz despectivo.

libreta s.f. **1** Cuaderno pequeño que se utiliza generalmente para hacer anotaciones: *Cuando leo un libro en inglés, voy apuntando lo que no entiendo en una libreta.* **2** Pieza de pan de forma redondeada que pesa aproximadamente una libra: *Las libretas son más pequeñas que las hogazas.* 👁 **pan 3** ‖ **libreta (de ahorros).** La expedida por una entidad bancaria al titular de una cuenta de ahorros: *En la libreta de ahorros se anotan las imposiciones, los intereses y los reintegros.*

libreto s.m. Texto de una obra musical operística o de carácter vocal; *libro: El libreto de esta zarzuela reproduce fielmente el lenguaje popular.*

librillo s.m. **1** Conjunto de hojas de papel de fumar enganchadas entre sí: *Al tirar de una hoja del librillo, la siguiente queda colocada para poder sacarla.* **2** En el estómago de los rumiantes, parte que se encuentra entre la redecilla y el cuajar, en la que se reabsorben los líquidos; *libro: El librillo tiene en su interior multitud de repliegues longitudinales.*

libro s.m. **1** Conjunto de hojas, generalmente impresas, cosidas o pegadas, que están encuadernadas y que forman un volumen: *Pon los libros en la estantería. Esta editorial está especializada en libros de literatura infantil y juvenil.* 👁 libro **2** Obra científica o literaria con la suficiente extensión para formar un volumen, que está impresa o en cualquier otro soporte: *¿Cómo quieres que publique un libro de cuentos si solo tengo escritos dos?* **3** En algunas obras escritas de gran extensión, cada una de las partes en las que suelen dividirse: *Lee el primer párrafo del segundo libro de esta obra.* **4** En el estómago de los rumiantes, parte que se encuentra entre la redecilla y el cuajar, en la que se reabsorben los líquidos; *librillo: En la pared interna del libro hay multitud de repliegues longitudinales.* **5** Texto de una obra musical operística o de carácter vocal; *libreto: El libro de esta ópera está inspirada en una leyenda medieval.* **6** ‖ **como un libro (abierto).** Referido a la forma de expresarse, con corrección y claridad: *Sus clases se comprenden perfectamente porque se expresa como un libro abierto.* ‖ **libro de caballerías.** El que cuenta las aventuras de los antiguos caballeros andantes; *novela de caballerías: En el 'Quijote', Cervantes parodia los libros de caballerías.* ‖ **libro de cabecera. 1** El que se prefiere: *La novela que me regalaste me gustó tanto que ahora es mi libro de cabecera.* **2** El que se tiene como guía intelectual o moral: *Tenía 'El Capital' de Carlos Marx como libro de cabecera de su partido.* ‖ **libro de coro.** El de gran tamaño, con las hojas generalmente de pergamino, que contiene la letra y la música de los himnos religiosos que se cantaban en las iglesias, y que solía colocarse sobre un atril en el coro; *cantoral: Los libros de coro eran enormes para que los monjes los leyeran desde su asiento.* ‖ **libro {de escolaridad/escolar}.** El que recoge las calificaciones obtenidas por el alumno en cada curso: *Creían que había suspendido, pero era un error del libro de escolaridad.* ‖ **libro de familia.** El que tiene anotados los nacimientos, los cambios de estado y las defunciones que suceden a los miembros de una familia: *Cuando se tiene un hijo hay que ir al Registro Civil para inscribirlo en el libro de familia.* ‖ **libro de horas.** El que contiene los rezos correspondientes a las horas canónicas: *Leímos las oraciones de la hora nona en el libro de horas.* ‖ **libro de oro.** El que tiene las dedicatorias firmadas de las personalidades que visitan un lugar: *Cuando el ministro visitó la fábrica, firmó en el libro de oro.* ‖ **(libro de) texto.** El que se usa en las aulas como guía de estu-

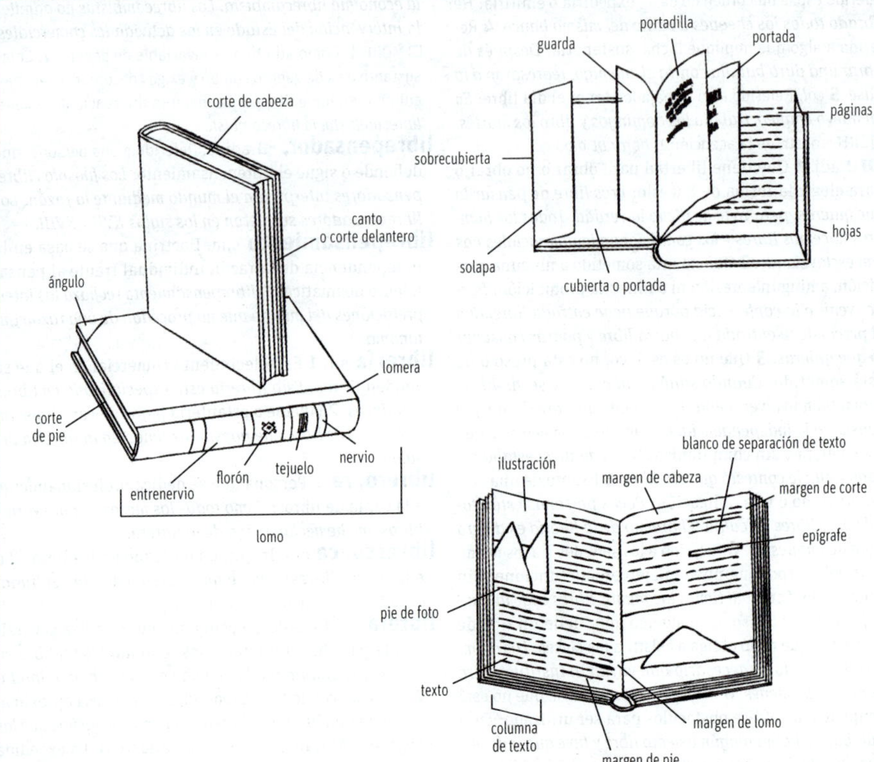

LIBRO

dio: *Tenía un libro de texto para cada asignatura.* ☐ SINT. *Como un libro (abierto)* se usa más con los verbos *explicarse, expresarse* o *hablar*.

licantropía s.f. Transformación de una persona en lobo: *La licantropía es el tema central de algunas películas de terror.*

licencia ▮ s.f. **1** Permiso o autorización, esp. si son legales, para hacer algo: *Mientras no le den la licencia no puede edificar. El vasallo pidió licencia para ver al rey.* **2** Permiso temporal para estar ausente de un empleo: *La empresa le ha dado una licencia de un año para que realice estudios de especialización.* **3** Documento en el que consta uno de estos permisos: *El policía le pidió la licencia de armas.* **4** En un libro, texto preliminar en el que se declara expresamente la autorización para ser publicado por no atentar contra los principios eclesiásticos y civiles: *En el Siglo de Oro, todos los libros llevaban, junto a otros preliminares administrativos, las licencias.* **5** Libertad excesiva: *Mi abuelo dice que la licencia de la juventud de hoy no conduce a nada bueno.* ▮ pl. **6** En la Iglesia católica, permisos que los superiores dan a los eclesiásticos para que puedan realizar sus funciones: *El obispo dio las licencias a los sacerdotes recién ordenados.* **7** ‖ **licencia (absoluta).** La que se concede a los militares liberándolos completa y permanentemente del servicio: *Le concedieron la licencia absoluta cuando terminó la guerra.* ‖ **licencia fiscal.** Impuesto directo que debían pagar las empresas por el hecho de ejercer sus actividades: *El pago de la licencia fiscal no estaba relacionado con los beneficios que obtenía el negocio.* ‖ **licencia poética.** La que puede permitirse un autor literario contra las leyes del lenguaje o del estilo, por exigencia de la métrica o por necesidades expresivas: *El cambio de acento de una palabra para que rime con otra es una licencia poética.* ‖ **tomarse la licencia de** algo. Hacerlo sin pedir permiso: *Me he tomado la licencia de llamarle para contárselo, antes de que tú dijeras nada.*

licenciado, da s. **1** Persona que tiene el título universitario de licenciatura: *La empresa ha solicitado un licenciado en medicina para cubrir la vacante.* **2** Soldado que ha obtenido la licencia y deja el servicio activo para volver a la vida civil: *Los licenciados pueden ser llamados a filas si hay una guerra.* ☐ SINT. Constr. de la acepción 1: *licenciado* EN *una carrera*.

licenciar v. **1** En el Ejército, conceder u obtener la licencia absoluta o temporal: *Lo licenciaron sin acabar el servicio militar porque le descubrieron un problema óseo. Dentro de un mes se licencia y volverá a su trabajo.* **2** Conceder u obtener el título académico de licenciatura: *El Ministerio de Educación y Ciencia ha licenciado este año a más estudiantes que el año pasado. Se ha licenciado en biología.* ☐ ORTOGR. La segunda *i* nunca lleva tilde. ☐ SINT. Constr. de la acepción 2: *licenciar* EN *una carrera*.

licenciatura s.f. **1** Título que se obtiene al acabar los estudios universitarios de segundo ciclo: *La licenciatura es el título universitario inmediatamente superior a la diplomatura.* **2** Acto en el que se recibía este título: *La licenciatura tuvo lugar en el salón de actos y acudieron los padres de los alumnos.*

licencioso, sa adj. Que no cumple lo que se considera moralmente aceptable, esp. en el terreno sexual: *Es muy criticado por sus vicios y por su vida licenciosa.*

liceo s.m. **1** Nombre de algunas sociedades culturales o de recreo: *Fue al liceo para participar en la tertulia sobre los poetas actuales.* **2** En algunos países, instituto de enseñanza media: *En Francia, tras acabar los estudios en el liceo se accede a la Universidad.*

licitar v. Ofrecer precio en una subasta: *Se llevó el cuadro la persona que licitó la cantidad más elevada.*

lícito, ta adj. **1** Que está permitido por la ley: *Abriremos mañana porque los permisos son lícitos.* **2** Justo, desde el punto de vista de la razón o de la moral; *legítimo: Es lícito querer vivir mejor y con más comodidades.*

licitud s.f. Conformidad o acuerdo con la ley, la razón o la moral: *Tienes que demostrar al Ministerio de Hacienda la licitud de tus ganancias.*

licor s.m. Bebida alcohólica obtenida por destilación: *El anís es un licor. Me gustan mucho los licores con sabor a fruta.*

licorera s.f. **1** Botella artísticamente decorada en la que se guardan o se sirven los licores: *Tengo una licorera de cristal tallado.* **2** Mueble o lugar que sirve para guardar bebidas alcohólicas: *Coge la botella de ron que está en la licorera.*

licra s.f. Tejido sintético, muy elástico y brillante, usado generalmente en prendas de vestir (por extensión del nombre de la marca comercial *Lycra®*): *Los bañadores de licra se ajustan al cuerpo. Lleva medias de licra.*

licuación s.f. **1** *col.* Transformación de un cuerpo sólido o gaseoso en un líquido: *Desayuno un zumo, porque con este aparato la licuación de las frutas se realiza en dos segundos.* **2** En química, paso de un cuerpo en estado gaseoso a estado líquido; *licuefacción: La licuación del aire se consigue por compresión y enfriamiento hasta temperaturas inferiores a los puntos de ebullición de sus componentes principales.*

licuadora s.f. Electrodoméstico que sirve para licuar alimentos, esp. frutas y verduras: *Me he hecho un zumo de manzana y zanahoria en la licuadora.* 👁 **electrodoméstico**

licuar v. **1** Referido a un cuerpo sólido o gaseoso, convertirlo en líquido: *Como me encantan los zumos, me he comprado una licuadora para licuar la fruta.* **2** En química, referido a un cuerpo en estado gaseoso, hacerlo pasar a estado líquido: *Para extraer oxígeno de la atmósfera hay que licuar el aire.* ☐ ORTOGR. La *u* puede llevar tilde en los presentes, excepto en las personas *nosotros* y *vosotros* →**ACTUAR**, o no llevarla nunca →**AVERIGUAR**.

licuefacción s.f. *ant.* →**licuación.**

lid ▮ s.f. **1** *ant.* Lucha, combate o enfrentamiento; *liza: Los caballeros medievales eran diestros en las lides.* ▮ pl. **2** Asuntos, actividades u ocupaciones: *No se me da bien vender porque no soy experta en estas lides.* **3** ‖ **en buena lid.** Por medios lícitos: *Consiguió el puesto en buena lid, respaldado solo por sus méritos.*

líder adj.inv./s. **1** Referido a una persona, que dirige un grupo o que tiene influencia sobre él: *En el congreso, el líder del partido habló de los presupuestos.* **2** Referido a una persona o entidad, que ocupa el primer puesto en una clasificación: *Mi equipo de fútbol es el líder de su grupo. Esta fábrica de automóviles es líder de ventas en Europa.* ☐ MORF. 1. Como adjetivo es invariable en género. 2. Como sustantivo es de género común y exige concordancia en masculino o en femenino para señalar la diferencia de sexo: *el líder, la líder*.

liderar v. **1** Referido a un grupo, dirigirlo o influir en él: *Este prestigioso político ha liderado varios partidos.* **2** Referido esp. a una clasificación, ocupar la primera posición en ella: *Está orgulloso de liderar la carrera ciclista durante tantas etapas. Nuestra empresa lidera el sector de las ventas de lavadoras.*

liderato s.m. Condición de líder, o ejercicio de las actividades propias de este; *liderazgo*: *¿Quién ostenta el liderato en este grupo?*

liderazgo s.m. **1** Condición de líder, o ejercicio de las actividades propias de este; *liderato*: *Fue muy duro para él ver cómo, tras tantos años en la cumbre, los más jóvenes le arrebataban el liderazgo.* **2** Situación de dominio ejercido en un ámbito determinado: *Un nueva empresa ha acabado con el liderazgo de la nuestra.*

lidia s.f. Conjunto de acciones que se realizan para esquivar al toro, siguiendo las reglas del toreo, hasta darle muerte: *En la lidia también intervienen los banderilleros y los picadores.*

lidiar v. **1** Referido a un toro, esquivarlo siguiendo las reglas del toreo, hasta darle muerte: *Lidiaron seis toros de una buena ganadería.* **2** Luchar o reñir para conseguir algo: *Estuvo lidiando con su madre para poder volver más tarde a casa. Está acostumbrado a lidiar con los clientes más pesados.* □ ORTOGR. La segunda *i* nunca lleva tilde. □ SINT. Constr. de la acepción 2: *lidiar* CON *alguien*.

liebre s.f. **1** Mamífero parecido al conejo, de largas orejas, pelo suave y carne apreciada, que tiene las extremidades posteriores más largas que las anteriores y suele vivir en terrenos llanos sin hacer madrigueras: *Las liebres son animales veloces. Las crías de las liebres son los lebratos.* **2** En atletismo, corredor encargado de imponer un ritmo rápido en la carrera: *Utilizaron varias liebres para conseguir la mejor marca del año.* **3** ‖ **levantar la liebre.** *col.* Llamar la atención sobre algo oculto: *En el asunto del desfalco, un periódico levantó la liebre y la policía comenzó a investigar.* □ MORF. En la acepción 1, es un sustantivo epiceno y la diferencia de sexo se señala mediante la oposición *la liebre {macho/hembra}*.

liendre s.f. Huevo de algunos parásitos, esp. del piojo: *Las liendres de los piojos son de color blanquecino.*

lienzo s.m. **1** Tejido fuerte que está preparado para pintar sobre él: *He comprado un lienzo para pintar un bodegón al óleo.* **2** Pintura hecha sobre este tejido: *La exposición constaba de veinte lienzos de diversos pintores.* **3** Tela que se fabrica con lino, con cáñamo o con algodón: *Se secó el sudor con un pañuelo de lienzo.* □ SEM. En las acepciones 1 y 2, es sinónimo de *tela*.

lifting (anglicismo) s.m. Operación de cirugía estética que consiste en estirar la piel para eliminar las arrugas: *Muchos actores se someten a algún lifting para parecer más jóvenes.* □ PRON. [líftin].

liga s.f. **1** Cinta o tira elástica que sirve para sujetar algo, esp. las medias o los calcetines a la pierna: *No usa medias con ligas porque dificultan la circulación sanguínea. Conservo mi correspondencia atada con una liga azul.* **2** Unión o asociación entre personas, grupos o entidades que tienen algo en común: *En el siglo XVI, varias naciones cristianas formaron una liga para luchar contra los turcos.* **3** Competición deportiva en la que cada uno de los participantes debe jugar sucesivamente con todos los demás de su categoría: *Este equipo es bastante malo y nunca ha ganado la liga.* **4** Sustancia pegajosa que contienen las semillas de algunos vegetales, con la que se untan las trampas para cazar pájaros: *La liga se obtiene frecuentemente del muérdago.*

ligado s.m. Unión o enlace de las letras al escribir: *La profesora enseñó a sus alumnos a realizar correctamente el ligado.*

ligadura s.f. **1** Sujeción hecha con una cuerda o algo parecido, que sirve para atar: *En las muñecas tenía las marcas de las ligaduras que le hicieron.* **2** Cuerda, correa u otro material que sirve para atar: *Rompió las ligaduras de sus brazos y huyó.* **3** Impedimento, obligación o compromiso moral que hacen difícil la realización de algo: *Acabó con las ligaduras familiares y se fue de casa.* **4** En medicina, atadura que consiste en anudar un vaso sanguíneo o un órgano hueco con un hilo de sutura: *No podrá tener más hijos porque le hicieron una ligadura de trompas.*

ligamento s.m. En medicina, cordón fibroso que une los huesos de las articulaciones: *Jugando al tenis, me torcí el tobillo y sufrí una distensión de ligamentos.*

ligar v. **1** Tener fuerza o autoridad suficientes para imponer lo que se ordena; *obligar*: *El contrato liga a las partes que lo firman.* **2** Unir, enlazar o relacionar: *La amistad liga a las personas. Los recuerdos me ligan a esta ciudad.* **3** Referido a las cartas de una baraja, reunir las que sean adecuadas para conseguir una buena jugada: *En esta partida no he podido ligar nada.* **4** Referido a dos o más metales, alearlos o mezclarlos fundiendo sus componentes: *Ligaron cobre con plata para hacer este anillo.* **5** En tauromaquia, ejecutar los pases de manera continuada y sin interrupción: *Consiguió dos orejas después de ligar una gran faena.* **6** Referido a varias sustancias, conseguir que formen una masa homogénea: *Para hacer ricos pasteles debes ligar bien los ingredientes. Bate el azúcar, la leche y los huevos hasta que liguen.* **7** *col.* Establecer relaciones amorosas o sexuales superficiales y pasajeras; *enrollarse*: *Se pasa el día ligando, en lugar de dedicarse a cosas más serias.* **8** ‖ **ligarla** o **ligársela.** *col.* En algunos juegos infantiles, ser el encargado de perseguir, buscar o atrapar a los demás: *Se cansó de jugar al escondite porque siempre la ligaba. ¿Quién se la liga?* □ ORTOGR. La *g* se cambia en *gu* delante de *e* →**PAGAR**.

ligazón s.f. Unión o relación muy estrechas de una cosa con otra: *Suspendí el examen porque no había ligazón entre las ideas expuestas.*

ligereza s.f. **1** Poco peso; *levedad, liviandad*: *Este abrigo es de gran ligereza pero abriga mucho.* **2** Rapidez o agilidad de movimientos: *Los bailarines se desplazaban con ligereza por todo el escenario.* **3** Hecho o dicho irreflexivos o poco meditados: *Tus continuas ligerezas te van a costar un disgusto.* **4** Falta de seriedad en la forma de actuar: *No me gusta que decidas con esa ligereza cosas tan trascendentes.*

ligero, ra adj. **1** De poco peso: *No cojas las maletas y lleva esas bolsas, que son más ligeras. Los abrigos de lana son más ligeros que los de piel.* **2** Sin importancia o de poca gravedad: *Tenía un ligero resfriado que no le impidió acudir a su trabajo.* **3** Suave o de poca intensidad: *Se despierta con cualquier ruido porque tiene el sueño muy ligero. La verdura es comida ligera, porque es fácil de digerir.* **4** Rápido o ágil de movimientos: *Caminaba con paso ligero. Necesitan una persona de mente ligera y lúcida para hacerse cargo de la dirección de la empresa.* **5** Referido a un tejido o a una prenda de vestir, que abriga poco: *Las noches de verano en el pueblo hay que ponerse un jersey ligerito.* **6** Referido al armamento, que es de poco peso o que resulta fácil de desplazar: *Las pistolas, las ametralladoras y los subfusiles forman parte del armamento ligero.* **7** *col.* Referido a una persona, que es inconstante y poco formal en sus opiniones y actitudes; *voluble: No es mal chico, aunque sí un poco ligero.* **8** ‖ **a la ligera.** Sin pensar ni reflexionar: *No te tomes este asunto tan a la ligera, que es más serio de lo que tú crees.* □ SEM. 1. En las acepciones 1, 2 y 3, es sinónimo de *leve*. 2. En las acepciones 1 y 2, es sinónimo de *liviano*.

light (anglicismo) adj. **1** Referido a alimentos, con menos calorías de lo habitual: *Las bebidas light no suelen contener azúcar.* **2** Suave, ligero y con rasgos menos marcados que lo habitual: *Los cigarrillos light son bajos en nicotina. Lleva una vida light y aburrida, sin el más mínimo espíritu de aventura.* □ PRON. [láit].

lignito s.m. Carbón mineral, poco compacto, de escaso poder calorífico, que se utiliza como combustible: *El azabache es una variedad de lignito que se usa en joyería.*

ligón, -a adj./s. *col.* Que intenta establecer relaciones amorosas superficiales y pasajeras: *No me gustan los chicos ligones que solo saben presumir de sus conquistas. No se considera una ligona, aunque tenga mucho éxito con los chicos.*

ligotear v. *col.* Intentar establecer relaciones amorosas o sexuales superficiales y pasajeras: *¿Quieres dejar de ligotear con todo el que se pone por delante?*

ligoteo s.m. *col.* Intento de establecer relaciones amorosas o sexuales superficiales y pasajeras: *No me gusta nada el ambiente de ligoteo que hay en esta oficina.*

ligue s.m. **1** *col.* Relación amorosa superficial y pasajera: *Fue un ligue que duró poco tiempo.* **2** *col.* Persona con la que se establece esta relación amorosa: *¿Conoces ya a su nuevo ligue?*

liguero, ra ▮ adj. **1** De una liga deportiva o relacionado con esta competición: *Consiguieron el campeonato liguero de balonmano en el último partido.* ▮ s.m. **2** Prenda de ropa interior femenina que consiste en una faja estrecha que se coloca alrededor de la cintura, de la que cuelgan dos o más cintas con enganches para sujetar el extremo superior de las medias: *No usa liguero porque siempre lleva leotardos.*

liguilla s.f. En una competición deportiva, fase en la que intervienen pocos participantes o equipos y en la que juegan todos contra todos: *Quedaron primeros en la liguilla de su grupo y pasarán a la siguiente ronda.*

ligur adj./s. De Liguria (región del norte italiano, cercana al golfo de Génova), o de un antiguo pueblo europeo que vivía en esta zona: *Los romanos consiguieron someter a la población ligur a costa de largas campañas militares. Los ligures eran expertos en las emboscadas.* □ MORF. 1. Como adjetivo es invariable en género. 2. Como sustantivo es de género común y exige concordancia en masculino o en femenino para señalar la diferencia de sexo: *el ligur, la ligur*. 3. Como sustantivo se refiere solo a las personas de Liguria.

lija s.f. **1** Papel fuerte que por una de sus caras tiene pegados materiales ásperos y abrasivos, y que se usa para alisar y pulir materiales duros: *Antes de pintar la silla, tienes que quitar la pintura vieja con la lija.* **2** Pez marino, carnicero y muy voraz, con una piel áspera sin escamas cubierta de granillos muy duros: *La lija habita en aguas atlánticas y mediterráneas.* □ MORF. En la acepción 2, es un sustantivo epiceno y la diferencia de sexo se señala mediante la oposición *la lija {macho/hembra}*.

lijado s.m. Operación de alisar o de pulir un objeto con lija o con cualquier otro material abrasivo: *El pintor realizó el lijado de todas las puertas de la casa y después las pintó.*

lijadora s.f. Máquina que sirve para lijar o pulir: *El parqué de su casa quedó como nuevo cuando le pasó la lijadora.*

lijar v. Referido a un objeto, alisarlo y pulirlo con lija o con cualquier otro material abrasivo: *Hay que lijar la puerta antes de pintarla, para quitar los restos de pintura vieja.* □ ORTOGR. Conserva la *j* en toda la conjugación.

lila ▮ adj./s.m. **1** De color morado claro: *Se compró una blusa lila. En ese cuadro destaca la preferencia del pintor por el lila.* **2** *col. desp.* Tonto y fácil de engañar: *No seas lila y no te creas todo lo que te dicen. Le timaron mil euros porque es un lila.* ▮ s.f. **3** Flor del lilo: *Las lilas son pequeñas, olorosas y de color morado o blanco.* □ MORF. Como adjetivo es invariable en género.

liliputiense adj./s. Referido a una persona, de estatura muy baja (por alusión a los diminutos habitantes de Liliput descritos por Swift en su obra 'Los viajes de Gulliver'): *Desde aquí arriba, la gente me parece liliputiense. Mi hermano es tan alto que yo, a su lado, soy un liliputiense.* □ MORF. 1. Como adjetivo es invariable en género. 2. Como sustantivo es de género común y exige concordancia en masculino o en femenino para señalar la diferencia de sexo: *el liliputiense, la liliputiense*.

lilo s.m. Arbusto de flores pequeñas y olorosas moradas o blancas: *El lilo se cultiva como planta ornamental.*

lima s.f. **1** Herramienta, generalmente de acero, con la superficie estriada o rayada en uno o en dos sentidos, que sirve para desgastar o alisar metales y otras materias duras: *El cerrajero pulió la cerradura de la puerta con una lima. Las limas que se usan para las uñas suelen ser de cartón.* **2** Hecho de desgastar, pulir o alisar una superficie con esta herramienta: *La lima del tornillo permitirá encajarlo en el agujero de la pared.* **3** *col.* Persona que come mucho: *Este chico es una lima con los pasteles.* **4** Corrección y remate final de una obra: *El artículo que escribiste necesita la lima de nuestros correctores.* **5** Árbol frutal de flores blancas, pequeñas y olorosas, y de hojas aserradas y duras; *limero: La lima tiene poca resistencia al frío.* **6** Fruto de este árbol: *La lima es más ácida que el limón.* **7** Bebida hecha con este fruto: *Se emborrachó bebiendo ginebra con lima.*

limadura ▮ s.f. **1** Hecho de alisar o pulir con la lima o con cualquier otro material abrasivo: *La limadura del pestillo de la puerta hará que encaje mejor.* ▮ pl. **2** Partículas o restos menudos que se desprenden al limar: *El suelo del taller está lleno de limaduras de hierro.*

limar v. **1** Referido a un objeto, alisarlo o pulirlo con la lima o con cualquier otro material abrasivo: *Limó los barrotes de la ventana de la cárcel para escaparse. En el salón de belleza me han limado las uñas de las manos.* **2** Referido a una obra, pulirla o perfeccionarla: *Tengo ya una idea para la novela, pero aún tengo que limarla un poco.* **3** Referido a un fallo o un defecto, debilitarlo o eliminarlo: *El entrenador limó los pequeños defectos que tenía el equipo.*

limbo s.m. **1** En la tradición cristiana, lugar al que se decía que iban las almas de los niños que morían sin bautizar: *Mi abuela siempre rezaba por un hijo suyo que murió al nacer y que decía que estaba en el limbo.* **2** En botánica, parte ensanchada y aplanada de las hojas de los vegetales: *El color verde del limbo se debe a la clorofila.* **3** ‖ **estar** alguien **en el limbo.** *col.* Estar distraído, sin enterarse de lo que ocurre alrededor: *No sabe de qué estamos hablando porque siempre está en el limbo.*

a b c d e f g h i j k **l** m n ñ o p q r s t u v w x y z

limeño, ña adj./s. De Lima (capital peruana), o relacionado con ella: *El puerto de la ciudad limeña es El Callao. Los limeños conservan un importante conjunto monumental del Barroco americano.* □ MORF. Como sustantivo se refiere solo a las personas de Lima.

limero s.m. Árbol frutal, de flores blancas, pequeñas y olorosas, y de hojas aserradas y duras; *lima: El limero, de origen asiático, necesita un clima cálido.*

limitación s.f. **1** Establecimiento o fijación de límites: *Es necesaria la limitación del poder para evitar abusos de autoridad.* **2** Acortamiento o restricción: *La limitación del tiempo previsto nos ha perjudicado.* **3** Impedimento que dificulta el desarrollo de algo o impide su perfección: *Todos tenemos limitaciones que debemos disculparnos unos a otros.*

limitar ▮ v. **1** Poner límites, esp. referido a un terreno: *He limitado la finca con unas vallas. Para hacer una tesis es fundamental limitar bien el campo de estudio.* **2** Acortar, ceñir o restringir: *El profesor limitó el tiempo del examen porque tenía prisa.* **3** Referido esp. a la jurisdicción, autoridad, derechos y facultades de alguien, fijarles los límites máximos: *El Parlamento limitó los poderes militares del ministro de Defensa.* **4** Referido esp. a lugares, tener un límite común o estar contiguos: *España limita al norte con Francia.* ▮ prnl. **5** Referido esp. a una acción, ceñirse a ella: *Limítate a hacer lo que te dije.* □ SINT. 1. Constr. de la acepción 4: *limitar* CON *algo.* 2. Constr. de la acepción 5: *limitarse* A *algo.*

límite s.m. **1** En un terreno, línea o borde que lo delimita; *linde, lindero: Marcaron los límites del campo de fútbol con rayas de pintura blanca.* **2** Fin, extremo o punto máximo al que puede llegar algo: *Estoy al límite de mis fuerzas y no aguanto más. Le pusieron una multa por sobrepasar el límite de velocidad. En las situaciones límite no sé cómo reaccionar.* **3** En matemáticas, valor fijo al que se aproximan los términos de una sucesión infinita de magnitudes: *El límite de los números naturales 1, 1/2, 1/3... es 0.* □ SINT. Se usa mucho en aposición, pospuesto a un sustantivo.

limítrofe adj. Referido esp. a un lugar, que limita con otro: *España y Portugal son países limítrofes.* □ MORF. Invariable en género.

limo s.m. Barro que se encuentra en el fondo de las aguas o que se forma en el suelo con la lluvia: *El limo que dejan las crecidas de los ríos fertiliza los campos.*

limón s.m. **1** Árbol frutal de hoja perenne, espinoso, de flores olorosas, y con un fruto amarillo comestible; *limonero: Plantó varios limones en un terreno cerca de su casa.* **2** Fruto de este árbol: *El limón tiene un sabor ácido.* **3** Refresco hecho con este fruto: *Dame un limón frío, porque estoy sediento.*

limonada s.f. Bebida refrescante hecha con agua, azúcar y zumo de limón: *En la fiesta del colegio, a los niños solo les sirvieron limonada.*

limonar s.m. Terreno plantado de limoneros: *En la región valenciana abundan los limonares.*

limoncillo s.m. Árbol tropical con hojas que huelen a limón y cuya madera es muy empleada en ebanistería: *La madera del limoncillo es amarillenta.*

limonero, ra ▮ adj. **1** Del limón o relacionado con este fruto: *La producción limonera valenciana ha bajado estos últimos años.* ▮ s. **2** Persona que se dedica a la producción o a la venta de limones: *El limonero consiguió la licencia para poner un puesto en el mercadillo.* ▮ s.m. **3** Árbol frutal de hoja perenne, espinoso, de flores olorosas, y con un fruto amarillo comestible; *limón: La fuerte tormenta arrasó numerosos limoneros.*

limonita s.f. Mineral blando y opaco, de color amarillo pardo, constituido por hidróxido de hierro: *La limonita es un mineral de origen sedimentario.*

limosna s.f. **1** Lo que se da por caridad, generalmente dinero: *Siempre da limosnas a los mendigos que hay en la puerta de la iglesia.* **2** Cantidad de dinero pequeña o insuficiente que se da para pagar un trabajo: *Cobró una limosna por pegar los carteles publicitarios.*

limosnero, ra adj. Referido esp. a una persona, que da limosna con frecuencia: *Es un beato limosnero que va repartiendo su dinero entre los mendigos.*

limoso, sa adj. Lleno de limo o lodo: *Cuando me baño en el pantano, no me gusta pisar el fondo porque está todo limoso.*

limousine s.f. →**limusina.** □ PRON. [limusín]. □ USO Es un galicismo innecesario.

limpia s.f. Véase **limpio, pia.**

limpiabotas s. Persona que se dedica profesionalmente a limpiar y a dar brillo a las botas y a los zapatos: *El limpiabotas iba de bar en bar en busca de clientes.* □ MORF. 1. En la lengua actual es de género común y exige concordancia en masculino o en femenino para señalar la diferencia de sexo: *el limpiabotas, la limpiabotas.* 2. Invariable en número.

limpiador s.m. Producto o instrumento que sirve para limpiar: *Necesito un limpiador para la plata.*

limpiaparabrisas s.m. En un vehículo, aparato formado por unas varillas articuladas que limpia automáticamente los cristales: *El limpiaparabrisas facilita la visibilidad los días de lluvia.* □ MORF. Invariable en número.

limpiar v. **1** Referido a la suciedad, quitarla o eliminarla: *Este detergente limpia muy bien la grasa. ¿Te limpio las gafas para que veas bien? Se limpió de barro las botas en el felpudo.* **2** Purificar o dejar sin lo que estorba o resulta perjudicial: *La policía limpió de rateros las calles del centro. Limpié el pescado y ya no tiene espinas. Su alma se limpió de pecados con la confesión.* **3** *col.* Dejar sin dinero o sin riquezas mediante engaño, arte o violencia: *Me limpiaron jugando a las cartas, y no tengo ni para una cerveza. Vimos cómo unos ladrones limpiaban una joyería.* □ ORTOGR. La *i* nunca lleva tilde.

limpidez s.f. *poét.* Limpieza, claridad o transparencia: *La limpidez del día les animó a realizar una excursión.*

límpido, da adj. *poét.* Limpio, claro o transparente: *Se zambulleron en las límpidas aguas del lago.*

limpieza s.f. **1** Ausencia de mancha, de suciedad, de mezcla o de accesorios: *No tengo ninguna queja de la limpieza del hotel.* **2** Eliminación de la suciedad, de lo perjudicial o de lo impuro: *Hace limpieza general solo los fines de semana. La limpieza del pescado es una tarea bastante desagradable.* **3** *col.* Pérdida o robo de bienes: *Le hicieron una buena limpieza en el casino y perdió todo su dinero.* **4** Destreza, precisión o perfección con las que se realiza una acción: *El atleta saltó con limpieza todas las vallas.* **5** En el juego y en el deporte, cumplimiento de las reglas que se imponen: *El árbitro pidió a los capitanes de los dos equipos que jugaran con limpieza.* **6** ‖ **limpieza de sangre.** Antiguamente, estado de una familia que no se había mezclado con otra que perteneciera a un grupo social distinto y considerado inferior o impuro: *Los cristianos viejos presumían de su limpieza de sangre.* ‖ **lim-**

pieza en seco. La que se efectúa por medio de un procedimiento en el que no se usa agua ni líquidos acuosos, sino una mezcla de hidrocarburos o compuestos químicos altamente disolventes de la grasa: *En esa tintorería están especializados en limpiezas en seco.*

limpio adv. Con limpieza o con corrección: *El árbitro expulsó a un defensa por no jugar limpio.*

limpio, pia ▮ adj. **1** Que no tiene mancha o suciedad: *Todos los días me pongo una camisa limpia.* **2** Referido esp. a una persona, que es aseada y cuidadosa con su higiene, con su aspecto y con sus cosas: *Se ducha dos veces al día porque es muy limpio.* **3** Referido esp. al grano, que no tiene mezcla de otra cosa: *Para que el arroz quede limpio hay que quitarle la cascarilla.* **4** Libre de lo accesorio, de lo superfluo o de lo inútil: *Leyó un discurso limpio y sencillo.* **5** *col.* Referido a una persona, sin dinero, generalmente porque lo ha perdido: *Me dejaron limpio en el casino.* **6** *col.* Referido a una cantidad de dinero, libre de los descuentos que le corresponden: *Al mes gano casi seiscientos euros limpios.* **7** Libre de impurezas o de lo que daña y perjudica: *Después de la lluvia el aire quedó limpio.* **8** Honrado y decente: *No tengo nada que ocultar porque mi comportamiento es limpio.* **9** Claro, bien definido o bien delimitado; *neto*: *En la niebla, los contornos no son limpios.* **10** *col.* Referido a una persona, que carece de conocimientos sobre una materia: *No le hagas preguntas de filosofía, porque está limpio.* ▮ s.f. **11** Eliminación o sustracción de algo hasta el punto de hacerlo disminuir notablemente: *Tiró mucha ropa vieja después de la limpia que hizo en los armarios. Cuando llega a casa hace tal limpia en la nevera que la deja vacía.* **12** ‖ **en limpio. 1** Una vez separados los gastos y los descuentos de una cantidad de dinero: *Con el negocio ganó una enorme cantidad de dinero en limpio.* **2** Sin enmiendas ni tachones: *No tengo los apuntes en limpio, y no los entenderás.* ‖ **pasar a limpio.** Referido a un texto, redactarlo o copiarlo en su forma definitiva y sin tachaduras: *El mecanógrafo pasó a limpio el discurso de su jefe.* ‖ **sacar en limpio.** Obtener ideas o conclusiones claras y concretas de algo: *Después de hablar con él, saqué en limpio que necesitaba mi dinero.* □ SINT. En expresiones adverbiales como *a tiro limpio* o *a grito limpio*, tiene un valor intensivo o de cantidad y equivale a 'con muchos tiros' y 'con muchos gritos', respectivamente.

limusín s.f. →**limusina.**

limusina s.f. **1** Automóvil lujoso de gran tamaño, generalmente con un cristal de separación entre los asientos delanteros y los asientos traseros: *Alquilaron una limusina para llevar a los novios a la iglesia.* **2** Antiguo carruaje cerrado para los asientos traseros y abierto para los asientos del conductor: *El cochero de las limusinas iba al descubierto.* □ ORTOGR. Es un galicismo (*limousine*) adaptado al español. □ SEM. Es sinónimo de *limusín*.

linaje s.m. **1** Conjunto de antepasados y descendientes de una persona, esp. de la que tiene un título de nobleza: *Pertenece a una familia de linaje ilustre, ya que su abuelo fue conde.* **2** Clase, condición o especie: *Aquí vive gente de los más variados linajes.*

linajudo, da adj./s. Que pertenece a un alto linaje o que presume de ello: *Pertenece a una de las más linajudas familias de la ciudad. El marqués invitó a su fiesta a los linajudos de la comarca.*

linaza s.f. Semilla del lino: *El aceite de linaza se utiliza como disolvente y aglutinante de pinturas.*

lince s.m. **1** Mamífero felino y carnicero, de pelaje gris rojizo, con manchas oscuras en el cuello y en la cabeza y con las orejas puntiagudas terminadas en un mechón de pelos negros: *El lince es uno de los animales que tiene mejor visión. La piel de lince es muy apreciada en peletería.* 👁 **felino 2** *col.* Persona astuta y sagaz: *Ese detective es un lince, ya que con pocas pistas descubrió al asesino.* □ MORF. 1. En la acepción 1, es un sustantivo epiceno y la diferencia de sexo se señala mediante la oposición *el lince {macho/hembra}*. 2. En la acepción 2, incorr. el femenino **una lince*.

linchamiento s.m. Muerte con la que una muchedumbre castiga a una persona sospechosa sin un juicio previo: *Todo el pueblo participó en el linchamiento del ladrón de caballos, sin que la ley pudiera intervenir a tiempo.*

linchar v. Referido a una persona, castigarla una muchedumbre, generalmente con la muerte y sin juicio previo: *La policía impidió que la multitud linchase al asesino.*

lindar v. **1** Referido esp. a lugares, tener una linde común o estar contiguos: *Ese campo de fútbol linda con las pistas de tenis.* **2** Estar muy cerca de lo que se expresa: *Tus duras palabras lindan con la mala educación.* □ SINT. Constr.: *lindar* CON *algo*.

linde s. En un terreno, línea o borde que lo delimita; *límite, lindero*: *Esa valla señala la linde de las dos fincas.* □ MORF. Es de género ambiguo y admite concordancia en masculino y en femenino sin cambiar de significado: *{el/la} linde {marcado/marcada}*.

lindero, ra ▮ adj. **1** Que linda o limita: *Sigue el camino lindero con la huerta y encontrarás la casa.* ▮ s.m. **2** →**linde.**

lindeza s.f. **1** Belleza que resulta agradable a la vista: *Los bordados dorados de tu falda son de una gran lindeza.* **2** Hecho o dicho agradables o elogiosos: *La cantante agradeció todas aquellas lindezas que le gritaba su público.* **3** Dicho ofensivo o desagradable contra alguien: *Entre otras muchas lindezas, les dijo que eran unos impresentables.* □ USO En la acepción 3, tiene un matiz irónico.

lindo, da adj. **1** Que resulta bello o hermoso al ser percibido por la vista: *El traje de noche que llevas es muy lindo.* **2** ‖ **de lo lindo.** *col.* Mucho o en exceso: *Nos divertimos de lo lindo en el parque de atracciones.*

línea s.f. **1** Sucesión continua de puntos en el espacio: *Una línea recta es la distancia más corta entre dos puntos. La letra 'c' es una línea curva abierta. Una circunferencia*

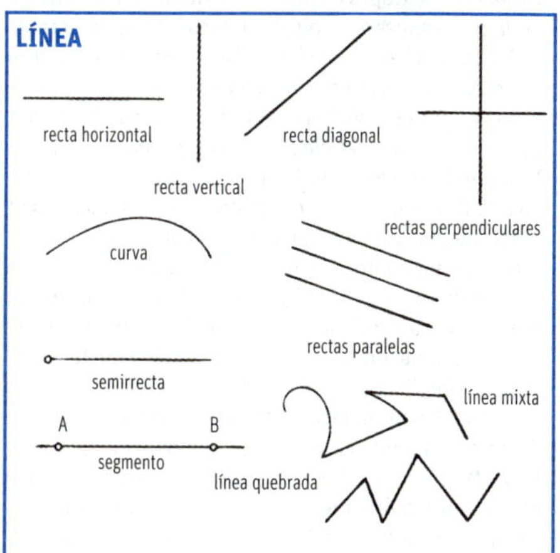

es una línea cerrada. 👁 línea **2** Extensión geométrica considerada solo en longitud: *La línea discontinua de una carretera indica que está permitido adelantar.* **3** Trazo o marca delgados y alargados; *raya: Me han leído las líneas de la mano.* **4** En un escrito, conjunto de palabras o de caracteres comprendidos en una horizontal; *renglón: Escríbelo a máquina dejando dos espacios entre línea y línea.* **5** Raya real o imaginaria que señala un límite o un término: *Si el agua sobrepasa la línea de flotación, el barco puede hundirse. El balón ha salido por la línea de banda.* **6** En algunos deportes de equipo, conjunto de jugadores que suelen desempeñar una función semejante: *No sé qué jugadores formarán la línea delantera.* **7** Serie de personas o de cosas situadas una detrás de otra o una al lado de otra: *Fui al bingo y no conseguí rellenar ni una sola línea de números. Sigue la línea de hormigas y llegarás al hormiguero.* **8** Servicio o ruta regulares de transporte: *Cambia a la línea 2 del metro y llegarás antes. Esta es la línea aérea que más vuelos nacionales tiene.* **9** Serie de individuos enlazados por parentesco: *Estos son primos míos por línea materna.* **10** En una persona, figura armoniosa, esbelta o delgada: *Juego al tenis para conservar la línea. Si comes tanto, perderás la línea.* **11** Contorno o diseño de un objeto: *La línea aerodinámica de este coche hace que sea más rápido. Quiero un armario de líneas clásicas.* **12** En un cuadro, dibujo o trazado de los contornos: *Hay pintores que cuidan más las líneas de sus cuadros que el color.* **13** Conducta, comportamiento o dirección que se siguen: *Si no cambias esa línea tan agresiva, vas a tener problemas. El nuevo director impuso un cambio de línea en el periódico.* **14** Orientación, tendencia o estilo: *Esos proyectos no entran en mi línea de pensamiento.* **15** Conjunto de los aparatos y de los hilos que conducen la energía eléctrica o permiten la comunicación telefónica o la telegráfica: *Los bandidos cortaron la línea del telégrafo.* **16** Comunicación telefónica o telegráfica: *No puedo llamar a casa porque no hay línea.* **17** En televisión, conjunto de puntos elementales alineados en que se descompone una imagen para su codificación: *Cuantas más líneas tenga la imagen de televisión, más nítida será.* **18** Categoría, clase u orden de valor: *Es un escritor de tercera línea.* **19** Serie de productos con características comunes o semejantes y que ofrece una cierta variedad: *¿Has probado la nueva línea de cosméticos de esta marca?* **20** Formación de tropas en orden de batalla: *Se reordenaron las líneas después del ataque.* **21** Zona o franja de terreno en las que luchan los ejércitos; *frente: Para escapar, tuvo que atravesar las líneas enemigas camuflado.* **22** ‖ **en líneas generales.** Esquemáticamente o sin pormenorizar: *No lo he visto con detalle pero, en líneas generales, está bastante bien.* ‖ **en toda la línea.** Del todo o completamente: *Este tenista es un campeón en toda la línea.* ‖ **leer entre líneas.** Suponer, a partir de lo que se dice, lo que intencionadamente se calla: *En los países con censura hay que buscar la verdad leyendo entre líneas.* ‖ **línea caliente.** *col.* La telefónica que ofrece determinados servicios e informaciones, esp. si estos son de carácter erótico: *Algunas líneas calientes ofrecen diálogos y relatos eróticos.* ‖ **línea {colateral/transversal}.** La que viene de un ascendiente común, pero que no va de padres a hijos: *Mis primos en línea colateral y yo tenemos la misma abuela.* ‖ **línea de fuego.** Posición o situación de las tropas que hacen fuego sobre el enemigo y soportan el de este: *Los heridos en la línea de fuego eran numerosos.* ‖ **línea de tiro.** Prolongación del eje de un arma cuando está dispuesta para efectuar un disparo: *Con esa línea de tiro no darás nunca en la diana.* ‖ **línea {directa/recta}.** Orden y sucesión de generaciones de padres a hijos: *Yo soy pariente de mi abuelo en línea recta.* ‖ **línea equinoccial.** En geografía, círculo máximo imaginario que está a igual distancia de los dos polos de la Tierra; *ecuador: En mi viaje a Argentina pasé la línea equinoccial.* 👁 **globo** ‖ **línea mixta.** La formada por rectas y curvas: *La silueta de una hoz de segar es una línea mixta.* ‖ **línea quebrada.** La que, sin ser recta, está formada por varias rectas: *La letra 'M' es una línea quebrada.* ☐ USO Es innecesario el uso del anglicismo *hotline* en lugar de *línea caliente*.

lineal adj. **1** De la línea, con líneas o relacionado con ellas: *El compás y el cartabón son esenciales para el dibujo lineal.* **2** Que se desarrolla en una sola dirección o en una sola dimensión: *Estas cifras demuestran un crecimiento lineal y progresivo de las ventas.* **3** Con forma semejante a una línea: *El pino tiene hojas lineales.* ☐ MORF. Invariable en género.

linfa s.f. Líquido orgánico claro e incoloro con gran cantidad de glóbulos blancos, que recorre los vasos linfáticos: *La mayor parte de los glóbulos blancos que circulan por la linfa son linfocitos.*

linfático, ca ▮ adj. **1** De la linfa o relacionado con este líquido orgánico: *Los vasos linfáticos forman parte del sistema circulatorio.* ▮ adj./s. **2** Referido a una persona, sin energía y excesivamente pasiva: *Su carácter linfático hace que sea poco afectiva y muy cerrada. Los linfáticos son enemigos de la agitación y aceptan la autoridad ajena.*

linfocito s.m. Leucocito o glóbulo blanco que se caracteriza por su movilidad y por su gran núcleo, y que es producido principalmente en la médula ósea: *Algunos linfocitos funcionan en el sistema inmunitario formando anticuerpos.*

lingotazo s.m. *col.* Trago de bebida alcohólica; *latigazo, pelotazo: Hacía tanto frío que me tomé unos lingotazos para entrar en calor.*

lingote s.m. Trozo o barra de metal en bruto fundido, esp. si es de oro, plata o platino: *El premio de esta lotería es un lingote de oro.*

lingual adj. De la lengua o relacionado con este órgano muscular: *Los músculos linguales permiten mover la lengua.* ☐ MORF. Invariable en género.

lingüista s. Persona que se dedica al estudio del lenguaje y de las lenguas, esp. si esta es su profesión: *Este lingüista es especialista en la adquisición del lenguaje.* ☐ MORF. Es de género común y exige concordancia en masculino o en femenino para señalar la diferencia de sexo: *el lingüista, la lingüista*.

lingüístico, ca ▮ adj. **1** De la lingüística o relacionado con esta ciencia: *Estoy realizando un estudio lingüístico comparado entre estas dos variedades dialectales.* **2** De la lengua o relacionado con este sistema de signos: *La comunicación verbal es posible gracias a los elementos lingüísticos.* ▮ s.f. **3** Ciencia que estudia el lenguaje y las lenguas: *Estudió filología y se ha especializado en lingüística. La lingüística comparada estudia y confronta las lenguas para establecer sus relaciones de parentesco.* **4** ‖ **lingüística del texto.** La que considera el texto como la unidad mínima de análisis: *La lingüística del texto estudia el lenguaje en diálogos, monólogos y textos literarios.*

linier s.m. →**juez de línea.**

linimento s.m. Medicamento de uso externo compuesto por aceites y por bálsamos y que se aplica dando masajes: *Los ciclistas reciben masajes con linimento para evitar contracciones musculares.*

link (anglicismo) s.m. →**hipervínculo.** □ PRON. [link].

lino s.m. **1** Planta herbácea anual, de raíz fibrosa, con tallos rectos y huecos y con flores azuladas: *Las semillas del lino se utilizan en medicina.* **2** Fibra que se extrae de los tallos de esta planta: *Con el lino se hacen tejidos resistentes.* **3** Tela confeccionada con esta fibra: *Para el verano me gusta la ropa de lino.*

linóleo s.m. Material impermeable de origen orgánico, muy utilizado en forma de láminas para cubrir suelos, por su gran resistencia: *El linóleo se hace con un tejido de yute y corcho en polvo, amasado con aceite de linaza.*

linotipia s.f. **1** En imprenta, máquina que se utilizaba para componer textos de modo que cada línea salía en una sola pieza: *La linotipia tiene un teclado parecido al de la máquina de escribir.* **2** Arte o técnica de componer textos con esta máquina: *Sé un poco de linotipia porque trabajé en una imprenta.*

linotipista s. Persona que se dedica profesionalmente al manejo de la linotipia: *Le di el artículo al linotipista para que lo compusiera.* □ MORF. Es de género común y exige concordancia en masculino o en femenino para señalar la diferencia de sexo: *el linotipista, la linotipista.*

linterna s.f. **1** Utensilio manual y portátil provisto de una bombilla, que funciona con pilas eléctricas y que sirve para proyectar luz: *Salí de noche al jardín alumbrándome con una linterna.* 👁 **alumbrado** **2** En arquitectura, construcción con ventanas que remata una cúpula, una torre o una cubierta, y que sirve para iluminar o para ventilar el espacio interior: *La linterna de esta catedral es octogonal con ventanas rectangulares.*

lío s.m. **1** Situación confusa, agitada o embarazosa, esp. si va acompañada de gran alboroto y tumulto: *Cuando se supo la verdad, se armó un buen lío.* **2** Conjunto desordenado, revuelto y enredado: *El profesor repetía que la geografía es algo más que un lío de nombres.* **3** Conjunto de cosas atadas, esp. de ropa: *Hizo un lío con la ropa sucia para llevarla a la lavandería.* **4** *col.* Mentira: *A mí no me vengas con líos y dime lo que de verdad ha pasado.* **5** *col.* Relación amorosa o sexual considerada ilícita por la sociedad: *Se dice que tiene un lío con una antigua compañera de clase. apaño* □ SEM. En las acepciones 1 y 2, es sinónimo de *embrollo, jaleo, alboroto, cacao, follón, bulla, bullicio.*

liofilización s.f. Método de deshidratación que consiste en congelar una sustancia y hacer pasar su agua a vapor sometiéndola a presiones cercanas al vacío, para obtener un material fácilmente soluble: *El puré de patatas de sobre se consigue por un proceso de liofilización.*

liofilizar v. Referido a una sustancia previamente congelada, deshidratarla haciendo que su agua pase a vapor mediante presiones cercanas al vacío: *El café instantáneo ha sido liofilizado.* □ ORTOGR. La *z* se cambia en *c* delante de *e* →CAZAR.

lioso, sa ▌adj. **1** Complicado, enredado o confuso: *Me dio una explicación tan liosa que no me enteré de nada.* ▌adj./s. **2** Chismoso o con tendencia a enredar las cosas o a indisponer a unas personas con otras: *Tu amigo es muy lioso y lo que te ha contado es mentira. Esa liosa nos ha hecho venir a todos para nada.*

lípido s.m. Sustancia orgánica insoluble en agua que generalmente forma las reservas energéticas de los seres vivos: *Una dieta equilibrada debe incluir lípidos, proteínas e hidratos de carbono.*

lipo- Elemento compositivo que significa 'grasa': *liposoluble, lipoproteína.*

liposoluble adj. Soluble en las grasas: *Las vitaminas A, E y D son liposolubles.* □ MORF. Invariable en género.

liposoma s.m. Pequeño órgano membranoso con forma de bolsa en el que se acumulan determinados compuestos químicos, generalmente proteínas, enzimas o medicamentos: *Las cremas cosméticas para la cara suelen tener liposomas.*

lipotimia s.f. Pérdida súbita y pasajera del sentido y del movimiento: *Tuvo una bajada de tensión y sufrió una lipotimia.*

liquen ▌s.m. **1** Organismo formado por la simbiosis de un hongo y de un alga, y que vive en terrenos húmedos: *En el tronco de ese árbol hay un liquen gris en forma de costra.* ▌pl. **2** En botánica, tipo de estos organismos perteneciente al reino de los protistas: *Los líquenes crecen sobre las rocas o sobre las cortezas de los árboles.*

liquidación s.f. **1** Pago de una cuenta o de una deuda por entero: *Hoy he hecho la liquidación de los libros que encargué.* **2** Venta de las existencias de un comercio a un precio muy rebajado: *La zapatería está de liquidación porque van a cerrar por obras.* **3** Conversión en dinero efectivo de algún bien: *La liquidación de los activos de la empresa no llegará para pagar a los acreedores.* **4** Finalización o terminación definitivas: *Este acuerdo supone la liquidación de nuestros enfrentamientos.* **5** Dinero que se paga a un empleado o trabajador cuando deja de prestar sus servicios: *Con el dinero de la liquidación montaré un pequeño negocio.*

liquidar v. **1** Terminar, poner fin o acabar: *Liquidaron sus diferencias y son amigos otra vez.* **2** Referido a una cuenta o a una deuda, saldarlas o pagarlas enteramente: *Ya he liquidado lo que le debía al sastre.* **3** Gastar o consumir por completo: *Liquidó el sueldo de un mes en un solo día de compras.* **4** *col.* Matar: *El jefe de la banda mandó liquidar al soplón.* **5** Referido a las existencias de un comercio, venderlas a un precio rebajado: *Se liquidan todos los artículos por cambio de negocio.*

liquidez s.f. **1** En economía, capacidad de hacer frente de forma inmediata a las obligaciones financieras: *Aunque tengo mucho dinero invertido, ahora mismo no tengo liquidez.* **2** En una sustancia, falta de cohesión entre sus moléculas y posibilidad de adaptación de su forma a la del recipiente que la contenga: *Mientras no tenga dientes tomará alimentos que se caractericen por su liquidez.*

líquido, da ▌adj. **1** Referido a una cantidad de dinero, libre de los descuentos que le corresponden; *neto: Gano al mes seiscientos euros líquidos.* **2** En lingüística, referido a un sonido consonántico, que tiene a la vez carácter consonántico y vocálico: *La palabra 'lira' tiene dos consonantes líquidas.* ▌adj./s.m. **3** Referido esp. a una sustancia, que tiene las moléculas con poca cohesión y se adapta a la forma del recipiente que la contiene: *El estado líquido es el estado intermedio entre el sólido y el gaseoso. Se rompió la botella y todo el líquido se extendió por el suelo.* **4** En economía, referido a un saldo o a una cantidad, que resultan de comparar el debe con el haber: *En esta cuenta hay un saldo líquido de tres millones. Este líquido no coincide con el que aparece en los libros de contabilidad.* **5** Referido a una cantidad de dinero, disponible porque no está invertida: *Serás millonario, pero si no tienes dinero* *líquido, ya me contarás... ¿De cuánto líquido dispondrías para esta operación financiera?* ▌ s.f. **6** Letra que representa un sonido consonántico que tiene a la vez carácter consonántico y vocálico: *En la primera sílaba de 'brazo' hay una bilabial, una líquida y una vocal.*

lira s.f. **1** Unidad monetaria italiana hasta la adopción del euro: *La lira dejó de ser válida en febrero del año 2002.* **2** Nombre genérico que recibe la unidad monetaria de distintos países: *La moneda de Turquía es la lira turca.* **3** Antiguo instrumento musical de cuerda, con forma de 'U', que se tocaba pulsando las cuerdas con ambas manos o con una púa: *La tradición cuenta que Nerón tocaba una lira mientras Roma entera ardía a sus pies.* 👁 **cuerda** **4** En métrica, estrofa formada por cinco versos, endecasílabos el segundo y el quinto y heptasílabos los demás, de rima consonante y cuyo esquema es *aBabB*: *La lira tomó su nombre en español de la oda de Garcilaso que empieza 'Si de mi baja lira'.*

lírico, ca ▌ adj. **1** De la lírica, relacionado con ella, o con rasgos propios de este género literario: *Aunque fue sobre todo novelista, Cervantes escribió también numerosas composiciones líricas.* **2** Característico de este género literario o apto para él: *El amor es uno de los temas líricos por excelencia.* **3** Que produce un sentimiento íntimo, intenso o sutil, semejante al que busca producir la poesía de este género literario: *Bailaron muy despacio, dejándose llevar por una melodía lírica y romántica.* **4** Referido a una composición musical, que es total o parcialmente cantada y está destinada a ser puesta en escena: *La ópera, la opereta y la zarzuela son tipos de composiciones líricas.* **5** De este tipo de composiciones o relacionado con ellas: *Sus cantantes líricos preferidos son un tenor alemán y una soprano italiana.* ▌ adj./s. **6** Referido a un poeta, que cultiva la poesía lírica: *Juan Ramón Jiménez es uno de nuestros poetas líricos más famosos. Las formas poéticas italianas fueron tomadas como modelo por los grandes líricos españoles de los Siglos de Oro.* ▌ s.f. **7** Género literario al que pertenecen las obras escritas generalmente en verso y caracterizadas por predominar en ellas la expresión de los sentimientos íntimos y personales del autor: *Según la poética clásica, los tres grandes géneros literarios son la lírica, la dramática y la épica.*

lirio s.m. **1** Planta de jardín, herbácea, con tallos largos y verdes, hojas que salen de la base y flores grandes y de colores vistosos; *lis: Me regalaron un lirio con la flor morada.* **2** Flor de esta planta: *Puse en un jarrón el lirio que cogí en el estanque.* **3** ‖ **lirio de agua. 1** Planta ornamental con una piña alargada de flores amarillas que sale del centro de una hoja blanca en forma de cucurucho: *Los lirios de agua crecen en zonas húmedas.* **2** Flor de esta planta: *Pusieron en el altar un ramo de lirios de agua.* ☐ SEM. *Lirio de agua* es sinónimo de *cala*.

lirismo s.m. Carácter de lo que es lírico o de lo que tiene capacidad para inspirar un sentimiento íntimo, intenso o sutil: *Cualquiera de las descripciones paisajísticas del libro es buena muestra del lirismo de su autor.*

lirón s.m. **1** Mamífero roedor de pequeño tamaño, muy parecido al ratón, que se alimenta esp. de los frutos de los árboles: *Los lirones trepan con gran agilidad a los árboles.* 👁 **roedor** **2** *col.* Persona dormilona o que duerme mucho; *marmota: Esa mujer es un lirón y duerme más de doce horas diarias.* ☐ MORF. En la acepción 1, es un sustantivo epiceno y la diferencia de sexo se señala mediante la oposición *el lirón {macho/hembra}*.

lis s.f. **1** Planta de jardín, herbácea, con tallos largos y verdes, hojas que salen de la base y flores grandes y de colores vistosos; *lirio: He plantado un bulbo de lis en el jardín.* **2** En heráldica, figura parecida a un lirio; *flor de lis: El escudo de los Maldonado tiene cinco lises.* ☐ MORF. Su plural es *lises*.

lisa s.f. Véase **liso, sa**.

lisboeta adj./s. De Lisboa (capital portuguesa), o relacionado con ella: *La ciudad lisboeta está dividida en dos partes por el río Tajo. Un lisboeta me enseñó la parte alta de la ciudad.* ☐ MORF. 1. Como adjetivo es invariable en género. 2. Como sustantivo es de género común y exige concordancia en masculino o en femenino para señalar la diferencia de sexo: *el lisboeta, la lisboeta*. 3. Como sustantivo se refiere solo a las personas de Lisboa.

lisiado, da adj./s. Referido a una persona, que padece una lesión permanente, esp. en las extremidades: *Organizaron un partido de baloncesto entre jóvenes lisiados. Han puesto una rampa al lado de la escalera para los lisiados.* ☐ USO Tiene un matiz despectivo.

lisiar v. Producir una lesión en alguna parte del cuerpo, esp. si es permanente: *Lo lisiaron en la guerra y no puede trabajar.* ☐ ORTOGR. La *i* nunca lleva tilde.

liso, sa ▌ adj. **1** Sin desigualdades, sin desniveles, sin arrugas o sin obstáculos: *Después de subir a la montaña, anduvimos por una zona muy lisa y llana. La tela estaba muy arrugada, pero la planché hasta que quedó lisa. Va a empezar la carrera de cien metros lisos.* **2** Sin adornos, sin decoración o de un solo color: *El papel pintado me gusta liso, sin flores ni dibujos.* **3** Referido al pelo, que es lacio y sin rizos: *Me pongo rulos porque tengo el pelo muy liso.* ▌ s.f. **4** Pez marino, de cuerpo alargado, cabeza aplastada y labios muy gruesos, que abunda en aguas mediterráneas y es muy apreciado como alimento; *mújol: Las lisas viven en fondos blandos con vegetación.* ☐ MORF. En la acepción 4, es un sustantivo epiceno y la diferencia de sexo se señala mediante la oposición *la lisa {macho/hembra}*.

lisonja s.f. Alabanza que se hace interesada e hipócritamente para ganarse la voluntad de alguien: *Déjate de lisonjas, que a mí no me engañas.*

lisonjear v. Referido a una persona, decirle o hacerle de manera intencionada y generalmente desmedida lo que se cree que puede agradarle; *adular: Aunque te pases el día lisonjeándome, no vas a conseguir nada de mí.*

lisonjero, ra ▌ adj. **1** Que agrada o satisface: *Este crítico es amigo del escritor y escribió un artículo muy lisonjero sobre el libro.* ▌ adj./s. **2** Que lisonjea, adula o halaga: *No seas tan lisonjero con ellos si no quieres que piensen que les estás haciendo la pelota. Me gusta la gente sincera, por eso detesto a los lisonjeros.*

lista s.f. Véase **listo, ta**.

listado, da ▌ adj. **1** Con listas o líneas de varios colores: *El toldo de mi terraza es listado en blanco y rojo.* ▌ s.m. **2** En informática, información obtenida por cualquiera de los dispositivos de salida de información de un ordenador: *Tengo en pantalla el listado de los ficheros que estoy utilizando.*

listeza s.f. **1** Capacidad para asimilar las cosas con facilidad y comprenderlas bien: *Demuestra gran listeza porque solo le tengo que explicar las cosas una vez.* **2** Habilidad para hacer algo o para saber ver lo que le conviene y sacar provecho de ello: *Es muy buen empresario gracias a su listeza en los negocios.*

listillo, lla adj./s. *col.* Referido a una persona, que presume de saber mucho: *La gente listilla me pone nervioso. Esa listilla se pasa el día metiendo la pata.* □ USO Tiene un matiz despectivo.

listín s.m. Lista de teléfonos o de direcciones: *No pude llamarte porque no me sé tu teléfono y no encontraba mi listín.*

listo, ta ▮ adj. **1** Que asimila las cosas con facilidad y las comprende rápidamente: *Va muy bien en los estudios porque es una chica muy lista.* **2** Dispuesto o preparado para hacer algo: *Ya estamos listos para ir al cine.* ▮ adj./s. **3** Referido a una persona, hábil para hacer algo, o capaz de ver lo que le conviene y de sacar provecho de ello: *No es buen organizador, pero es muy listo para conseguir clientes. Ese es un listo, así que si te ha ofrecido ayuda es que algo pensará sacar.* ▮ s.f. **4** Relación o enumeración de personas, de cosas o de sucesos, hecha generalmente en forma de columna: *Hazme la lista de la compra, que me voy al mercado.* **5** Línea de color distinto, esp. en una tela: *Los presidiarios antiguamente llevaban un traje a listas negras y blancas.* **6** Trozo largo y estrecho de un material delgado y flexible; *tira: Decoró el techo con listas de papel de colores.* **7** ‖ **{estar/ir} listo.** *col.* Estar muy equivocado o ir descaminado en un propósito: *Si crees que portándote tan mal te voy a dejar ir a la fiesta, vas lista.* ‖ **lista de boda.** La que contiene los objetos elegidos por los novios para que se los regalen sus invitados: *Pondremos en la lista de boda todos los electrodomésticos.* ‖ **lista negra.** La que contiene las personas o las cosas contra las que se tiene algo: *Desde que me hizo aquella faena, lo tengo fichado en mi lista negra.* ‖ **pasar lista.** Leer en voz alta una relación de nombres de personas para comprobar si se hallan presentes: *El profesor olvidó pasar lista y no te puso falta.* ‖ **pasarse de listo.** *col.* Equivocarse en lo que no se conoce pero que se cree conocer: *Presumía de saber cómo hacerlo, pero se ha pasado de listo porque lo ha estropeado del todo.* □ USO 1. En la acepción 4, es innecesario el uso del anglicismo *ranking*. 2. *Listo* se usa para indicar que algo ya está terminado o preparado: *¡Listo!, ya te he arreglado la bicicleta.*

listón s.m. **1** Moldura de sección cuadrada y poco saliente: *Las puertas de este armario tienen listones como adorno.* **2** Trozo de tabla estrecho: *El carpintero sacó de un mismo tablón varios listones.* **3** En deporte, barra colocada horizontalmente sobre dos soportes y que marca la altura que se debe sobrepasar en las pruebas de salto: *El atleta saltó el listón al tercer intento.* **4** ‖ **poner el listón alto.** *col.* Exigir demasiado o marcar un límite difícil de superar: *Nunca está satisfecha con su trabajo porque se pone el listón muy alto. La interpretación de este actor en esa película ha puesto el listón demasiado alto a los demás candidatos al premio.*

lisura s.f. Ausencia de desigualdades, de desniveles, de arrugas o de obstáculos: *La lisura del terreno permitió que plantáramos allí la tienda de campaña.*

litera s.f. **1** Mueble formado por dos o más camas superpuestas: *En mi habitación hay una litera de dos camas.* **2** Cada una de las camas, generalmente estrechas y sencillas, que forman este mueble: *Yo duermo en la litera de abajo y mi hermana, en la de arriba. Viajé en tren por la noche, en un compartimento que tenía seis literas.* 👁 **cama** **3** Vehículo antiguo para una o dos personas, formado por una especie de cabina con dos varas delante y dos detrás para ser llevado por personas o por caballerías: *En el antiguo Egipto, los esclavos llevaban al faraón en una litera.*

literal adj. **1** Que sigue el sentido exacto y propio de las palabras: *Si alguien dice que 'se muere de alegría', no debes entenderlo en el sentido literal.* **2** Que sigue o respeta fielmente las palabras del original: *Una cita literal debe ir entre comillas.* □ MORF. Invariable en género.

literalidad s.f. Respeto absoluto al sentido exacto de las palabras o a las palabras de un original: *La literalidad de 'no dar un palo al agua' no tiene nada que ver con su sentido coloquial de 'no trabajar'.*

literario, ria adj. De la literatura o relacionado con este arte: *Sus conocimientos literarios le dan una sólida base como escritor. A veces la vida parece una ficción literaria.*

literato, ta s. Persona que se dedica al ejercicio de la literatura o que está especializada en su estudio, esp. si esta es su profesión: *Ni siquiera los literatos se ponen de acuerdo sobre qué es literatura.*

literatura s.f. **1** Arte o técnica cuyo medio de expresión es la palabra, esp. la escrita: *El dominio del lenguaje es esencial en literatura.* **2** Conjunto de obras o de escritos creados según este arte, esp. si tienen una característica común: *En vacaciones le gusta leer solo literatura y olvidarse de los periódicos. Algunas coplas medievales son joyas de la literatura oral. La época dorada de la literatura española son los siglos XVI y XVII.* **3** Teoría que estudia estas obras y sus autores: *Un especialista en literatura medieval me recomendó esta edición del 'Libro de Buen Amor'.* **4** Conjunto de las obras escritas sobre una materia o un asunto específicos: *La literatura sobre el cáncer es ya muy extensa.* **5** ‖ **hacer literatura.** *col.* Hablar con mucha palabrería sobre un tema sin tocarlo a fondo: *Es fácil hacer literatura con el problema del hambre, pero lo difícil es ofrecer soluciones.*

litigar v. **1** Pleitear o disputar en un juicio: *Litigó la cuestión de la herencia hasta que consiguió que le reconocieran su parte. Litigaba contra su empresa para que le concedieran una indemnización.* **2** Discutir, debatir o contender: *No me gusta litigar sobre ese asunto contigo porque tú eres parte interesada en él.* □ ORTOGR. La *g* se cambia en *gu* delante de *e* ⟶**PAGAR**.

litigio s.m. **1** Pleito o disputa en juicio; *causa: Los dos hermanos han comenzado un litigio por unas tierras.* **2** Discusión, riña o contienda: *Te doy la razón para no entrar en litigios contigo.*

litio s.m. Elemento químico, metálico y sólido, de número atómico 3, de color blanco, blando y muy ligero: *El litio se utiliza en aleaciones con aluminio para fabricar ciertos vidrios.* □ ORTOGR. Su símbolo químico es *Li*.

lito- Elemento compositivo que significa 'piedra': *litofotografía, litosfera.*

litografía s.f. **1** Arte o técnica de imprimir imágenes previamente grabadas en una piedra calcárea o en una plancha metálica: *La litografía permite obtener unas cien pruebas de una sola piedra.* **2** Reproducción obtenida mediante esta técnica: *Han inaugurado una exposición de litografías de Goya.* **3** Taller donde se realizan estas reproducciones: *Hemos ido a la litografía para encargar unas estampas.*

litográfico, ca adj. De la litografía o relacionado con esta técnica de impresión: *Necesitas un lápiz litográfico para dibujar sobre la piedra.*

litoral ▮ adj. **1** De la orilla del mar o de su costa: *Las* *zonas litorales tienen el clima más suave que las regiones del interior.* ▌ s.m. **2** Franja de terreno que toca con el mar: *El litoral español es zona de turismo veraniego.* □ MORF. Como adjetivo es invariable en género.

litosfera s.f. Capa exterior sólida de la Tierra, situada entre la atmósfera y la astenosfera, que está compuesta principalmente por silicatos: *La litosfera engloba la corteza terrestre y una pequeña parte del manto.*

lítote o **litote** s.f. Figura retórica o procedimiento del lenguaje consistente en no manifestar expresamente todo lo que se quiere dar a entender, generalmente negando lo contrario de lo que se quiere afirmar: *Si para decir que te parece feo dices que no es muy bonito, estás empleando una lítote.* □ ORTOGR. Se admiten también *lítotes* y *litotes*.

lítotes o **litotes** s.f. →**lítote.** □ MORF. Invariables en número.

litro s.m. **1** Unidad de volumen que equivale al contenido de un decímetro cúbico: *La capacidad de esa garrafa es de cinco litros.* **2** Cantidad de líquido que cabe en esta unidad de capacidad: *Se bebió un litro de agua.*

litrona s.f. *col.* Botella de cerveza de un litro: *Llevaron litronas, refrescos y patatas fritas para la fiesta.*

lituano, na ▌ adj./s. **1** De Lituania (país europeo), o relacionado con ella: *El territorio lituano tiene una frontera con Polonia. Los lituanos tienen la capital en Vilna.* ▌ s.m. **2** Lengua indoeuropea de este país: *Los primeros textos escritos en lituano datan del siglo XVI.* □ MORF. En la acepción 1, como sustantivo se refiere solo a las personas de Lituania.

liturgia s.f. Orden y forma interna de los oficios y ritos con que cada religión rinde culto a su divinidad: *La liturgia católica prevé las lecturas correspondientes a cada domingo del año.*

litúrgico, ca adj. De la liturgia o relacionado con ella: *Estamos en el tercer domingo del año litúrgico.*

liviandad s.f. **1** Poco peso; *ligereza: Esta tela es de gran liviandad y casi ni pesa.* **2** Inconstancia o facilidad para el cambio: *Tu liviandad te lleva a dejar a medias lo que empiezas.* **3** Poca importancia o poca gravedad: *El médico no le dio la baja laboral por la liviandad de su enfermedad.* **4** Hecho o dicho livianos: *Esas liviandades son propias de su juventud.* □ SEM. En las acepciones 1 y 3, es sinónimo de *levedad*.

liviano, na ▌ adj. **1** De poco peso: *Esta chaqueta es de un tejido muy liviano. Puedo yo sola porque es una carga liviana.* **2** Sin importancia o de poca gravedad: *Las comedias suelen ser obras livianas pero entretenidas.* **3** Inconstante o que cambia con facilidad: *Su comportamiento liviano escandaliza a la gente.* ▌ s.m. **4** Pulmón, esp. el de la res destinada al consumo: *El carnicero metió los livianos en el frigorífico.* □ MORF. La acepción 4 se usa más en plural. □ SEM. En las acepciones 1 y 2, es sinónimo de *leve* y de *ligero*.

lividez s.f. **1** En una persona, palidez extrema: *Su cara, tras el susto, tenía una lividez cadavérica.* **2** Coloración parecida al morado o con tonos morados: *La lividez de sus pies se debe a la mala circulación de la sangre.*

lívido, da adj. Referido a una persona, que está muy pálida: *Al recibir la triste noticia se quedó lívida.* □ ORTOGR. Dist. de *libido*.

living (anglicismo) s.m. →**cuarto de estar.** □ PRON. [líbin].

liza s.f. **1** Campo preparado para un combate: *Los caballeros se colocaron en los extremos de la liza para empezar la lucha.* **2** Lucha, combate o enfrentamiento; *lid: Los dos candidatos mantuvieron una dura liza para ganar las elecciones.*

ll s.f. Letra doble que en español representa el sonido consonántico lateral, palatal y sonoro: *La palabra 'llama' empieza por 'll'.* □ PRON. Está muy extendida su pronunciación fricativa como [y] →**yeísmo.** □ ORTOGR. 1. Su grafía es indivisible; incorr. *cabal-lo › caba-llo. 2. Su grafía mayúscula es *Ll*; incorr. **LLuvia* › *Lluvia*.

llaga s.f. **1** En el cuerpo de una persona o de un animal, herida abierta o sin cicatrizar; *úlcera: Se enjuaga la boca con un producto antiséptico para prevenir las llagas.* **2** Daño o desgracia que causan sufrimiento o dolor moral: *A pesar de los años, la llaga que me dejó tu marcha aún permanece.* **3** En el cuerpo de algunos santos, huella o marca impresa que recuerda las de la Pasión de Jesucristo; *estigma: Santa Teresa de Jesús tuvo llagas en las manos.*

llagar v. Producir llagas: *Tres meses en la cama han llagado su cuerpo. Iba descalza y se llagó los pies por la caminata.* □ ORTOGR. La *g* se cambia en *gu* delante de *e* →**PAGAR**.

llama s.f. **1** Masa gaseosa que arde y se eleva desprendiendo luz y calor: *El gas está encendido, porque veo la llama. Las llamas del incendio arrasaron varias hectáreas de bosque.* **2** Viveza o intensidad, esp. de un sentimiento: *Mantenían viva la llama de su amor.* **3** Mamífero rumiante con pelaje de color marrón claro y orejas largas y erguidas, que se utiliza como animal de carga y del que se obtiene leche, carne y lana: *La llama es un animal de la familia de los camellos, originario de Sudamérica.* 👁 **rumiante** □ MORF. En la acepción 3, es un sustantivo epiceno y la diferencia de sexo se señala mediante la oposición *la llama {macho/hembra}*.

llamada s.f. **1** Captación de la atención de una persona o de un animal, generalmente por medio de la voz o de los gestos, para establecer una comunicación: *Yo le gritaba, pero él no atendía mi llamada. Sintió una llamada interior que cambió su vida.* **2** Establecimiento de una comunicación telefónica: *En el contestador automático se han grabado dos llamadas.* **3** Voz, gesto, sonido o señal con los que se intenta atraer la atención de una persona o de un animal: *Ese timbre es la llamada para entrar en clase. Si a la tercera llamada no cogen el teléfono, cuelga.* **4** En un texto, señal que se pone para remitir al lector a otro lugar de la misma obra, en el que generalmente se facilitan explicaciones o datos complementarios; *reclamo: Un número volado a la derecha de una palabra es una llamada que envía a las notas a pie de página.* **5** Atracción que algo ejerce sobre una persona: *De joven sintió la llamada de las letras y escribió bellos poemas.* **6** En el Ejército, toque de corneta reglamentario que se da generalmente para que la tropa tome las armas y se ponga en formación: *La llamada es un toque que debe ser obedecido inmediatamente.*

llamador s.m. **1** Utensilio que se coloca en una puerta y que se utiliza para llamar: *Golpeó varias veces con el llamador, pero nadie salió a abrir.* **2** Botón de un timbre eléctrico: *Si pulsas el llamador que hay en la cabecera de la cama, vendrá la enfermera.*

llamamiento s.m. Convocatoria, petición o incitación: *Los jefes sindicales han hecho un llamamiento a la movilización. El presidente hizo un llamamiento a la calma y a la pacificación laboral.*

llamar v. **1** Referido esp. a una persona o a un animal, dirigirse a ellos, esp. por medio de la voz o de gestos, para captar su atención o para establecer comunicación: *Lo llamé por señas pero no me vio. Llama al perro, a ver si te hace caso.* **2** Telefonear o solicitar una comunicación telefónica: *Te llamé, pero estuviste comunicando toda la tarde.* **3** Convocar, citar o hacer ir o venir: *Ayer me llamaron a filas. Levanta la mano para llamar un taxi.* **4** Invocar o pedir ayuda: *¡Llama a un guardia, que me roban! Si necesita llamar a la enfermera, pulse el timbre.* **5** Nombrar, dar nombre o tenerlo: *¿Cómo vas a llamar al perro? Yo no me llamo así.* **6** Designar con una palabra: *Me ha llamado tonta. ¿Cómo llaman a esto en tu pueblo?* **7** Atraer o gustar: *Si al chico no le llama el estudio, déjalo. Hoy no me llama la comida.* **8** Golpear una puerta o hacer funcionar un dispositivo que sirva de aviso, esp. un timbre: *Sal a abrir, que están llamando. Llamen antes de entrar.*

llamarada s.f. **1** Llama grande que surge de forma repentina y se apaga rápidamente: *La casa ardía y salían llamaradas por puertas y ventanas.* **2** Enrojecimiento repentino y momentáneo de la cara, generalmente producido por un sentimiento de vergüenza: *Cuando le dije que la quería, una llamarada cubrió su rostro.* **3** Manifestación repentina y pasajera de un sentimiento: *Temo tus llamaradas de ira.*

llamativo, va adj. Que llama mucho la atención: *Lleva una camisa muy llamativa, de colores vivos.*

llamear v. Echar llamas: *El fuego de la chimenea llameaba al arder la leña seca.*

llana s.f. Véase **llano, na**.

llanear v. **1** Andar por un terreno llano evitando las pendientes y las irregularidades: *Cuando salimos de marcha, me gusta más llanear que subir a las cumbres.* **2** Correr con facilidad por terrenos llanos: *Los ciclistas que llanean tienen ventaja hoy porque la etapa es llana.*

llanero, ra s. Persona que habita en las llanuras: *Los llaneros colombianos montan muy bien a caballo.*

llaneza s.f. **1** Sencillez, moderación o familiaridad en el trato con otras personas: *Me sigue tratando con la misma llaneza que cuando no era ministro.* **2** Sencillez y naturalidad de estilo: *Este autor gusta al público joven porque escribe con llaneza.*

llano, na ▮ adj. **1** Liso, igual, sin desniveles o sin desigualdades: *Este terreno llano es bueno para jugar al balón.* **2** Referido a una palabra, que lleva el acento en la penúltima sílaba: *'Azúcar' y 'antes' son palabras llanas aunque solo lleve tilde la primera.* **3** Referido a un verso, que termina en palabra acentuada en la penúltima sílaba: *El verso de fray Luis 'Del monte en la ladera es llano'.* **4** Referido a un grupo social, que tiene poca importancia o que no goza de privilegios: *El pueblo llano estaba obligado a pagar tributos.* **5** Sencillo, accesible, natural, sin presunción o sin adornos: *A pesar de su fama, es una persona llana y agradable.* **6** Claro, fácil de entender o que no presenta dificultades: *El estilo llano de este novelista gusta a mucha gente.* ▮ s.m. **7** Extensión de terreno sin desniveles: *Paramos en un llano para comer.* ▮ s.f. **8** Herramienta de albañilería formada por una plancha metálica sujeta a un asa, que se utiliza para extender el yeso o la argamasa: *El albañil pasa la llana por la pared para dejarla lisa.* **9** ‖ **dar de llana.** Pasar esta herramienta sobre el yeso o la argamasa para extenderlos: *Después de echar el yeso sobre la pared, tienes que dar de llana.* □ ORTOGR. Para la acepción 2 ⟶APÉNDICE DE ACENTUACIÓN. □ SEM. En las acepciones 2 y 3, es sinónimo de *grave* y *paroxítono*.

llanta s.f. **1** En una rueda neumática, cerco exterior, generalmente metálico, sobre el que se montan los neumáticos: *Un golpe ha deformado la llanta, y el neumático no encaja bien en ella.* **2** En una rueda, esp. la de un carro, cerco metálico exterior que la protege: *La llanta del carro está muy gastada, y está empezando a estropearse la madera.*

llantera s.f. *col.* ⟶**llantina.**

llantina s.f. *col.* Llanto fuerte y persistente; *llorera, llantera: ¡Menuda llantina le dio viendo esa película tan triste!*

llanto s.m. Derramamiento de lágrimas, generalmente acompañado de lamentos o de sollozos; *lloro: El llanto del bebé despertó a los vecinos.*

llanura s.f. **1** Extensión de terreno muy grande y sin desniveles: *El paisaje de la llanura castellana recuerda a un mar de tierra por su inmensidad.* **2** Igualdad en la superficie: *La llanura del terreno permite hacer carreteras rectas y sin túneles.*

llave s.f. **1** Utensilio, generalmente metálico y de forma alargada, que se utiliza para abrir o cerrar una cerradura: *Si te olvidas las llaves, no podrás entrar en casa.* **2** Utensilio que sirve para dar cuerda a un mecanismo: *Con una llave doy cuerda a mi cajita de música.* **3** Herramienta que sirve para apretar o aflojar tuercas o tornillos: *Se utilizan diferentes llaves según el tamaño de las tuercas.* **4** Mecanismo que sirve para facilitar o para impedir el paso de un fluido o de la electricidad: *Abre la llave del gas y enciende el fuego.* **5** En un instrumento musical de viento, pieza que abre o cierra el paso del aire para producir distintos sonidos: *Algunas flautas van provistas de llaves para poder tapar o destapar los agujeros a los que no llega la mano.* **6** En algunos deportes, movimiento con el que se consigue inmovilizar o derribar al adversario: *Le hizo una llave de yudo y lo tiró al suelo.* **7** En un texto escrito, signo gráfico que tiene la forma de paréntesis con un pico en el centro, y que se coloca al principio y, en posición invertida, al final de un texto, cuyo contenido es generalmente la clasificación o el desarrollo de lo que se escribe al otro lado de este signo: *Los signos '{ }' son llaves.* **8** Lo que permite el acceso: *La asignatura de lengua de este curso es llave para la lengua del curso próximo.* **9** Medio para conseguir o para saber algo: *Solo tú tienes la llave para solucionar el problema.* **10** ‖ **bajo llave** o **bajo siete llaves.** Encerrado, bien guardado u oculto: *Guarda las joyas bajo siete llaves.* ‖ **echar la llave.** Cerrar con ella: *He cerrado la puerta pero no he echado la llave.* ‖ **llave de contacto.** La que pone en funcionamiento un mecanismo, esp. un vehículo: *La llave de contacto permite arrancar el coche.* ‖ **llave (de paso).** La que se intercala en una tubería para regular el paso de un fluido, esp. del agua: *Cuando te vayas de vacaciones, no olvides cerrar la llave de paso general.* ‖ **llave en mano.** Referido a una vivienda, que es de nueva construcción y está totalmente terminada y preparada para ser habitada cuando se compra: *Solo vendemos pisos llave en mano.* ‖ **llave falsa.** La que se hace a escondidas para utilizarla sin permiso: *El ladrón utilizó una llave falsa para entrar en la casa.* ‖ **llave inglesa.** La que tiene un dispositivo que permite adaptarla a tuercas de distintos tamaños: *En lugar de tener tantas llaves, cómprate una llave inglesa.* ‖ **llave maestra.** La que sirve para distintas cerraduras:

El guarda tiene una llave maestra con la que abre todos los despachos.

llavero s.m. Utensilio en el que se guardan y se llevan las llaves: *Se ha comprado un llavero con el escudo de su equipo de fútbol.*

llegada s.f. **1** Aparición o entrada en un lugar; *arribo: Todo cambió con tu llegada a la ciudad. Su llegada a este puesto fue muy discutida. La llegada del tren se producirá a las tres.* **2** Comienzo o inicio: *Con la llegada de la primavera florecen los campos.* **3** Lugar en el que termina una carrera deportiva; *meta: La llegada de esta etapa ciclista es la plaza del Ayuntamiento.* 👁 **estadio**

llegar ▮ v. **1** Empezar a estar en un lugar o aparecer en él: *Hoy he llegado tarde al trabajo. Tus padres han llegado ya.* **2** Alcanzar el final de un recorrido: *El tren llegará a su destino mañana. La corredora con el número cinco llegó la primera.* **3** Referido a un momento determinado, durar hasta él: *Como sigas así, no llegas a cumplir los treinta.* **4** Empezar, producirse o tener lugar: *Llegó la hora de decirle la verdad. Cuando llegue la cosecha iré a ayudarte.* **5** Referido esp. a un objetivo, conseguirlo o lograrlo: *Aquel chico llegó a ser ministro. No llego a entenderlo.* **6** Referido esp. a una situación o a una cantidad, alcanzarla o estar muy cerca de ella: *Si sigues derrochando, llegarás a la miseria. La factura no llegó a siete euros.* **7** Referido esp. a una profesión o a un cargo, conseguir serlo: *Estudia y llegarás a catedrático.* **8** Referido a un punto determinado, tocarlo o extenderse hasta él: *El agua me llega por la cintura. La cola del cine llega hasta la esquina.* **9** Ser suficiente: *Ese dinero no te llega para nada. Los caramelos no llegaron para todos.* **10** Causar una gran impresión en el ánimo, esp. si es positiva, y conseguir interesar: *La novela no me llega, porque trata problemas que desconozco.* **11** Referido a una acción, conseguir hacerla aunque parezca increíble: *Se enfadó tanto que llegó a decir que me odiaba. Perdóname que llegara a creer esas mentiras.* ▮ prnl. **12** Referido a un punto, acercarse a él o alcanzarlo: *Llégate hasta la fuente y trae agua.* **13** ‖ **llegar** alguien **lejos.** Alcanzar el éxito en lo que se ha propuesto: *Sé que tú llegarás lejos.* ☐ ORTOGR. La *g* se cambia en *gu* delante de *e* →**PAGAR**. ☐ MORF. En la acepción 4, es unipersonal. ☐ SINT. 1. Constr. de las acepciones 5, 6 y 7: *llegar A algo*. 2. Constr. de la acepción 10: *llegar A alguien*. 3. Constr. de la acepción 11: *llegar A hacer algo*.

llenado s.m. Ocupación total o parcial de un espacio vacío o de un recipiente: *Tras el llenado de las botellas, se procede a la colocación del corcho.*

llenar ▮ v. **1** Referido a un espacio vacío o a un recipiente, ocuparlos total o parcialmente: *Llena el vaso solo hasta la mitad. El público llenaba la sala. Este autobús se llena en las horas punta.* **2** Referido esp. a muestras de aprecio o de desprecio, darlas o dispensarlas en abundancia; *colmar: Me llenó de ofensas sin que yo le diera motivo. Nos llenó de regalos.* **3** Satisfacer plenamente: *La película no me llenó demasiado.* **4** Referido esp. a un impreso, escribir los datos que se solicitan en los espacios destinados para ello; *rellenar: Llena el impreso y entrégalo en la ventanilla.* **5** Reunir lo necesario para ocupar con dignidad un lugar o un empleo: *Tú no llenas ese puesto porque te faltan muchos conocimientos.* ▮ prnl. **6** *col.* Hartarse de comida o de bebida: *Me he llenado con el asado, y ya no me cabe el postre.* ☐ SINT. Constr. de la acepción 2: *llenar DE algo*.

lleno, na ▮ adj. **1** Ocupado total o parcialmente por algo, o con abundancia de ello: *La jarra está llena de agua. El teatro estaba lleno. Tengo la mesa llena de papeles. Me envió una carta llena de promesas.* **2** Referido a una persona, que está un poco gorda: *No está gordo, pero sí algo llenito.* **3** Satisfecho o harto de comida o de bebida: *Estoy lleno y no puedo comer más.* ▮ s.m. **4** Asistencia de público a un espectáculo de forma que se ocupan todas las localidades: *La obra de teatro conseguía el lleno todas las tardes.* **5** ‖ **de lleno.** Entera o totalmente: *El balonazo le ha dado de lleno en la cara.* ☐ MORF. En la acepción 2, se usa mucho el diminutivo *llenito*. ☐ SINT. La acepción 3 se usa más con los verbos *estar*, *sentirse* o equivalentes.

llevadero, ra adj. Fácil de sufrir o de tolerar: *No protestes tanto y reconoce que tus problemas son bastante más llevaderos que los de mucha gente.*

llevar ▮ v. **1** Transportar o trasladar a otro lugar: *Te llevo en coche hasta casa. Llévate todos tus libros.* **2** Conducir o dirigir hacia un determinado lugar, hacia una opinión o hacia una circunstancia: *Este sendero lleva al pueblo. ¿No te das cuenta de que te lleva por donde quiere? Tus palabras me llevan a pensar que no me crees.* **3** Vestir o lucir: *¿Qué vestido llevabas ayer? Lleva una flor en la solapa.* **4** Tener, poseer o contener: *Llevo seis euros en el bolso. Llevas razón en lo que dices. Dame los frascos que lleven etiqueta. El pastel lleva leche y huevos.* **5** Cortar o amputar violentamente: *La segadora le llevó el brazo.* **6** Tolerar, sufrir o soportar: *Lleva muy bien sus cincuenta años. Llevo muy mal los madrugones.* **7** Dar o aportar: *Tu presencia llevará alegría a tu familia. El padre y la madre son los que llevan dinero a casa.* **8** Necesitar, consumir o exigir: *La instalación del aparato llevó dos horas. El vestido llevará más tela de la que crees.* **9** *col.* En una operación aritmética, referido a las decenas, reservarlas para agregarlas al resultado del orden superior inmediato: *5 por 4, 20, y llevas 2.* **10** Referido a una actividad, esp. si conlleva una responsabilidad, encargarse de ella, dirigirla o administrarla: *Una contable lleva las cuentas de la empresa. ¿Cómo puedes llevar a la vez el trabajo y la casa?* **11** Referido a un medio de transporte, conducirlo o guiarlo: *Ya llevas muy bien el coche.* **12** Referido esp. al ritmo, seguirlo, mantenerlo o acomodarse a él: *Llevaban el ritmo dando palmas. Cuando oigo música, me gusta llevar el compás con el pie.* **13** Referido esp. a una persona, tratarla de la forma adecuada: *Un buen profesor debe saber llevar a los alumnos conflictivos.* **14** Referido a una cantidad de dinero, cobrarla: *¿Cuánto me lleva por cortarme el pelo?* **15** Referido a una cantidad de tiempo, pasarla haciendo algo: *Lleva tres años en esta empresa. Llevo dos días buscándote.* **16** Referido a una cantidad, exceder o sobrepasar en ella: *Mi padre lleva dos años a mi madre. Estos sacos se llevan tres kilos.* **17** Referido esp. a una trayectoria, seguirla, mantenerla o sostenerla: *Lleva camino de ser famoso. Llevo una vida un tanto desordenada.* **18** Seguido del participio de un verbo transitivo, haber realizado la acción que este indica: *Llevo contadas 15 mariposas.* ▮ prnl. **19** Referido a una emoción o un sentimiento, experimentarlos: *Se llevó una sorpresa cuando nos vio allí.* **20** Estar de moda: *Este año se lleva el rojo.* **21** Referido a dos o más personas, congeniar o tratarse y entenderse: *No me llevo bien con sus amigos. Todos los hermanos nos llevamos muy bien.* **22** Obtener o conseguir: *Tu cuento se ha llevado la mejor puntuación.* **23** ‖ **llevar adelante** algo. Conseguir realizarlo o continuarlo: *No cejaré hasta llevar adelante mis planes.* ‖ **llevar las de {ganar/perder}.** *col.*

Estar frente a otros en una situación favorable o desfavorable, respectivamente: *Está tranquila porque sabe que, si vamos a juicio, lleva las de ganar. No te enfrentes a ese matón, que llevas las de perder.* ‖ **llevarse a matar.** *col.* Tener muy malas relaciones: *Que no venga ese, porque él y yo nos llevamos a matar.* ‖ **llevarse por delante** algo. *col.* Arrastrarlo con fuerza, atropellarlo o matarlo: *El viento se llevó por delante la antena de la televisión. Un coche se la llevó por delante.* ‖ **no llevarlas todas consigo.** *col.* Tener algún recelo o temor: *Aunque me diga que no me engaña, no las llevo todas conmigo.*

llorar v. **1** Derramar lágrimas: *Esta vez lloraba de alegría. Con tanto humo, me lloran los ojos.* **2** Referido a un suceso desgraciado, lamentarlo o sentirlo profundamente: *Toda la ciudad lloró la muerte de la alcaldesa.* **3** Referido esp. a una adversidad, exagerarla generalmente buscando algún interés: *Siempre está llorando sus desdichas para provocar nuestra compasión.*

llorera s.f. *col.* Llanto fuerte y persistente; *llantera, llantina: ¡Menuda llorera me entró cuando me enteré de su muerte!*

llorica s. *col.* Persona que llora con frecuencia y por cualquier motivo: *No te hacen caso porque eres un llorica.* ☐ MORF. Es de género común y exige concordancia en género para señalar la diferencia de sexo: *el llorica, la llorica.* ☐ USO Tiene un matiz despectivo.

lloriquear v. Simular un llanto débil sin llorar de verdad: *Aunque lloriquees no montarás más en los caballitos.* ☐ USO Tiene un matiz despectivo.

lloriqueo s.m. Llanto sin fuerza y sin motivo suficiente: *Los niños pequeños a menudo intentan convencer a sus padres con lloriqueos.*

lloro s.m. **1** Derramamiento de lágrimas, generalmente acompañado de lamentos o de sollozos; *llanto: Sus lloros cesaron en cuanto te vio aparecer.* **2** Lamento o sentimiento triste y profundo motivado por un suceso desgraciado: *El lloro por la pérdida de tan ilustre persona fue compartido por todos.* **3** *col.* Exageración de las adversidades o de las necesidades, generalmente buscando algún interés: *Sus lloros me ablandaron y le di el dinero que me pedía.*

llorón, -a ▮ adj. **1** Del llanto, que lo denota o con sus características: *Su voz llorona y lastimera era patética.* ▮ adj./s. **2** Referido a una persona, que llora mucho y con facilidad, o que se queja con frecuencia: *Fue un bebé llorón que no nos dejaba dormir. Es una llorona, siempre con lágrimas en los ojos.*

lloroso, sa adj. **1** Con señales de haber llorado o de estar a punto de llorar: *Se despidió de sus hijos con los ojos llorosos.* **2** Que causa llanto o tristeza: *Le gustan las películas de incomprensión y abandono, y todo tipo de historias llorosas.*

llover ▮ v. **1** Caer agua de las nubes en forma de gotas: *En otoño llueve bastante aquí. Cuando hay mucho polvo en el ambiente parece que llueve barro.* **2** Caer o sobrevenir en abundancia: *Tiene mucha suerte y le llueven los trabajos.* ▮ prnl. **3** Referido esp. a un techo u otra cubierta, calarse con la lluvia: *El techo se llueve, así que hay que arreglarlo.* **4** ‖ **como llovido (del cielo).** De forma inesperada e imprevista: *No invité a nadie pero aparecieron todos como llovidos.* ‖ **como quien oye llover.** *col.* Sin prestar atención o sin hacer caso: *Me escucha como quien oye llover, así que es la última vez que le doy mi opinión.* ‖ **haber llovido mucho.** *col.* Haber transcurrido mucho tiempo: *Ha llovido mucho desde que nos vimos la última vez.* ‖ **llover sobre mojado. 1** Sobrevenir algo que agrava una situación ya desagradable o molesta: *Me dices que no es para tanto, pero es que llueve sobre mojado.* **2** Repetirse algo que resulta enojoso o molesto: *No es la primera vez que discutimos, y en realidad, llueve sobre mojado.* ☐ MORF. 1. Irreg.: La *o* diptonga en *ue* en los presentes, excepto en las personas *nosotros* y *vosotros* ⟶**MOVER**. 2. En la acepción 1, es verbo unipersonal: se usa solo en tercera persona del singular y en las formas no personales (infinitivo, gerundio y participio).

llovizna s.f. Lluvia muy fina que cae de forma suave: *La llovizna es muy beneficiosa para el campo.*

lloviznar v. Llover de forma suave con gotas muy finas: *Llévate el paraguas, que está lloviznando.* ☐ MORF. Verbo unipersonal: se usa solo en tercera persona del singular y en las formas no personales (infinitivo, gerundio y participio).

lluvia s.f. **1** Caída o precipitación de gotas de agua de las nubes: *La lluvia es un fenómeno atmosférico.* **2** Agua o gotas de agua que caen de las nubes: *La lluvia ha entrado por las ranuras de la ventana. El limpiaparabrisas del coche quita la lluvia del cristal.* **3** *col.* Gran cantidad o abundancia: *Me ha llegado una lluvia de regalos.* **4** ‖ **lluvia ácida.** La que presenta un alto contenido de sustancias contaminantes, esp. ácido sulfúrico, como consecuencia de las emanaciones que producen algunos procesos industriales: *La lluvia ácida es muy perjudicial para la vegetación.* ‖ **lluvia de estrellas.** Aparición momentánea de muchas estrellas fugaces en una zona del cielo: *En algunas noches de verano se ven lluvias de estrellas.* ‖ **lluvia meona.** La que tiene las gotas muy finas: *Aunque solo es una lluvia meona, llévate el paraguas.*

lluvioso, sa adj. Con lluvias frecuentes; *pluvioso: Galicia tiene un clima lluvioso.*

lo ▮ pron.pers.n. **1** Forma de la tercera persona del singular que corresponde a la función de complemento directo sin preposición y de predicado nominal: *¡Ya lo creo que es listo! Lo que me dijiste lo sabía él antes que tú. Adivínalo. -¿Esa muchacha es lista? -Sí, lo es.* ▮ art.determ. n. **2** Se usa para sustantivar un sintagma adjetivo, un sintagma adverbial o un sintagma preposicional: *Lo mejor fue la cara de susto que puso. ¡Hay que ver lo bien que te conservas! Lo de tu trabajo es un escándalo.* ☐ MORF. 1. No tiene plural. 2. En la acepción 1, sobre loísmo ⟶APÉNDICE DE PRONOMBRES.

lo, la pron.pers. Forma de la tercera persona que corresponde a la función de complemento directo sin preposición: *Lo vi cuando salíamos de mi casa. La visité en el hospital. Lee esta poesía y coméntala. Si te gustan estos pantalones, cómpralos. Estas cuestiones de fonética las estudié el año pasado.* ☐ MORF. 1. Su plural es *los, las*. 2. Sobre loísmo y laísmo ⟶APÉNDICE DE PRONOMBRES.

loa s.f. **1** Elogio, alabanza o reconocimiento público de méritos o de cualidades: *Todas sus palabras fueron loas para sus colaboradores.* **2** En el teatro español de los siglos XVI y XVII, composición dramática breve con la que se abría la representación teatral y que servía como introducción o preludio a la comedia o al poema dramático: *La loa cobra un papel fundamental en los autos sacramentales de Calderón de la Barca.* **3** Composición poética, generalmente breve, en la que se alaba a una persona o se celebra un acontecimiento: *Muchos poetas del reino celebraron en sus loas la coronación del monarca.*

loable adj. Digno de alabanza; *laudable: Sacrificarse por* *los demás es una acción muy loable.* □ MORF. Invariable en género.

loar v. Elogiar, reconocer o dar muestras de admiración; *alabar: El discurso loaba el valor de los soldados.*

lobanillo s.m. **1** Tumor superficial, generalmente indoloro, que se forma en algunas partes del cuerpo: *Los lobanillos suelen ser acumulaciones de grasa.* **2** En el tronco o en las ramas de un árbol, abultamiento leñoso cubierto de corteza: *El perímetro del árbol era mucho mayor a la altura del lobanillo.*

lobato s.m. Cría del lobo; *lobezno: La loba no se aleja mucho de sus lobatos.* □ MORF. Es un sustantivo epiceno y la diferencia de sexo se señala mediante la oposición *el lobato {macho/hembra}.*

lobby (anglicismo) s.m. Grupo de personas influyentes que tienen capacidad de presión, generalmente en cuestiones políticas: *Un lobby presiona a los parlamentarios para que cambien un artículo del proyecto de ley.* □ PRON. [lóbi].

lobezno s.m. **1** Cría del lobo; *lobato: La loba daba de mamar a sus lobeznos.* **2** Lobo pequeño: *Tres grandes lobos y un lobezno atacaron al rebaño.* □ MORF. Es un sustantivo epiceno y la diferencia de sexo se señala mediante la oposición *el lobezno {macho/hembra}.*

lobo, ba s. **1** Mamífero carnicero salvaje, de aspecto parecido al de un perro grande, con hocico alargado, orejas cortas y larga cola, que vive formando grupos y se suele reunir en manadas para cazar: *Una manada de lobos atacó un rebaño de ovejas.* **2** ‖ **lobo de mar.** *col.* Marinero veterano y con experiencia en su profesión: *La tripulación del velero está formada por viejos lobos de mar.* ‖ **lobo marino.** Mamífero carnívoro adaptado a la vida acuática, con el cuerpo redondeado y alargado, pelaje corto, una gruesa capa de grasa bajo la piel que lo protege del frío y con las extremidades modificadas en aletas; *foca: El lobo marino está adaptado para la vida en el Ártico.* ‖ **lobos de {una/la misma} camada.** *col.* Personas que tienen en común opiniones o intereses que les llevan a defenderse unos a otros: *Estos empresarios son todos lobos de la misma camada, y no harán declaraciones que les perjudiquen.* ‖ **menos lobos.** *col.* Expresión que se usa para indicar que se exagera en lo que se cuenta: *¡Menos lobos, que tú no eres tan valiente como cuentas!* □ MORF. *Lobo marino* es epiceno y la diferencia de sexo se señala mediante la oposición *el lobo marino {macho/hembra}.*

lóbrego, ga adj. **1** Oscuro, sombrío o tenebroso: *Le daba miedo bajar al lóbrego sótano de la casa.* **2** Triste o melancólico: *Su cara lóbrega era señal de alguna desgracia.*

lobreguez s.f. **1** Oscuridad o falta de luz: *La lobreguez de la casa nos hizo sentir miedo.* **2** En un bosque, densidad sombría: *La lobreguez del bosque hacía pensar que estaba lleno de lobos.*

lobulado, da adj. **1** Con forma de lóbulo o semejante a ella: *Los riñones de algunas especies animales son lobulados.* **2** Con lóbulos: *Algunos robles tienen hojas lobuladas.*

lóbulo s.m. **1** En un objeto, parte con forma redondeada que sobresale: *Las hojas del trébol están formadas por tres lóbulos.* **2** En un órgano de un ser vivo, parte redondeada y saliente, generalmente separada de las demás por un pliegue o por una hendidura: *Los pendientes se llevan en los lóbulos de las orejas. Los pulmones y el hígado están formados por lóbulos.*

lobuno, na adj. Del lobo, con sus características o relacionado con este mamífero: *Este perro tiene orejas lobunas.*

loca s.f. Véase **loco, ca.**

local ▮ adj. **1** Propio o característico de un lugar: *Las ferias de los pueblos están llenas de colorido local.* **2** De un territorio, de un municipio, de una región o relacionado con ellos: *Las noticias de mi pueblo solo aparecen en el periódico local. Tras las elecciones locales, serán las generales.* **3** Que pertenece o que afecta solo a una parte de un todo: *Me aplicaron anestesia local en la rodilla para darme los puntos.* ▮ s.m. **4** Lugar cubierto y cerrado, generalmente situado en la parte baja de un edificio: *Ha alquilado un local para poner una tienda de ropa.* □ MORF. Como adjetivo es invariable en género.

localidad s.f. **1** Lugar poblado: *Siempre participo en las fiestas de mi localidad. Vivo en una localidad pequeña.* **2** En un local destinado a espectáculos públicos, plaza o asiento para un espectador: *En la localidad contigua a la tuya se sentó un actor famoso.* **3** Billete que da derecho a ocupar una de estas plazas: *Se han agotado las localidades para el partido.*

localismo s.m. **1** Interés o preferencia por lo que es característico de un determinado lugar: *El localismo de este periodista hace que sea subjetivo al escribir sobre su ciudad.* **2** Palabra o expresión propias de un lugar o de una localidad determinados: *Vivió mucho tiempo en la costa y su lenguaje está lleno de localismos.*

localista ▮ adj. **1** Del localismo o relacionado con él: *Critican el empleo localista de la lengua en tus artículos.* ▮ adj./s. **2** Referido esp. a un artista, que se interesa por temas locales o los refleja en sus obras: *Es un pintor localista y todos sus cuadros son paisajes de su región. Los localistas escriben sobre las costumbres de su tierra.* **3** Que muestra interés o preferencia por lo que es característico de un determinado lugar: *La decisión del jurado fue localista y premiaron a uno del lugar. Los localistas no aprueban la decisión del Ayuntamiento de unirse con el municipio vecino.* □ MORF. 1. Como adjetivo es invariable en género. 2. Como sustantivo es de género común y exige concordancia en masculino o en femenino para señalar la diferencia de sexo: *el localista, la localista.*

localización s.f. **1** Averiguación o determinación del lugar en el que algo se halla: *La localización propuesta para la nueva central nuclear ha sido muy criticada.* **2** Reducción a una extensión, a un punto o a unos límites determinados: *Una vez conseguida la localización del incendio, extinguirlo no es tan difícil.*

localizar v. **1** Referido a algo o a alguien en paradero desconocido, averiguar o determinar el lugar en el que se halla: *Ya han localizado a los náufragos. ¿Has localizado el museo en el mapa? La policía consiguió localizar la llamada de los secuestradores.* **2** Fijar o reducir a una extensión, a un punto o a unos límites determinados: *Han conseguido localizar la epidemia para que no se extienda. Muchas poblaciones se localizan cerca de los ríos.* □ ORTOGR. La *z* se cambia en *c* delante de *e* →**CAZAR.**

locatis adj./s. *col.* Referido a una persona, que es alocada o que tiene poco juicio: *Es muy locatis y hace las cosas sin pensar las consecuencias. Esa locatis se empeñó en salir a la calle en manga corta durante la nevada.* □ MORF. 1. Como adjetivo es invariable en género, y como sustantivo es de género común y exige concordancia en masculino o en femenino para señalar la diferencia de sexo: *el locatis, la locatis.* 2. Invariable en número.

locativo s.m. →**caso locativo.**

loción s.f. **1** Lavado o masaje dado sobre una parte del cuerpo con una sustancia medicinal o un cosmético: *Deberías darte lociones de leche hidratante para que no se te reseque la piel.* **2** Líquido o sustancia que se usa para el cuidado de la piel y del cabello: *Se le acabó la loción para después del afeitado.*

lock-out (anglicismo) s.m. Cierre de una empresa por parte de la patronal, o despido masivo de los obreros como forma de presión y respuesta a las reivindicaciones de los trabajadores o a una huelga de estos: *El director de la fábrica amenazaba a los huelguistas con el lock-out.* □ PRON. [lokáut]. □ USO Su uso es innecesario y puede sustituirse por una expresión como *cierre patronal.*

loco, ca ▮ adj. **1** *col.* Muy grande o que excede a lo normal: *Tuvo una suerte loca al encontrar ese trabajo. Tengo unas ganas locas de viajar.* **2** Muy ajetreado o movido: *Llevo un día loco, sin parar un momento.* **3** Referido a un mecanismo o a una parte de él, que no funciona bien: *La brújula está loca, porque has acercado un imán.* **4** Referido esp. a una persona, llena, colmada o henchida: *Está loco de contento con los regalos.* **5** Referido esp. a una persona, con mucho interés o con mucho afecto: *Este perro está loco por salir a la calle. Sigue loca por ese chico.* ▮ adj./s. **6** Referido a una persona, que no tiene sanas sus facultades mentales: *Tras el accidente se volvió loco y lo ingresaron en un sanatorio. Un loco rompió varios escaparates.* **7** Imprudente o poco juicioso: *Sus locas respuestas le costaron el despido. Ese loco se ha saltado el semáforo en rojo.* ▮ s.f. **8** *col. desp.* Hombre homosexual muy afeminado: *Las locas gustan de disfrazarse como mujeres y de imitar a estas en todo.* **9** ‖ **a lo loco.** Sin pensar o sin reflexionar: *Contestó todas las preguntas a lo loco y no acertó ninguna.* ‖ **hacer el loco.** *col.* Divertirse armando mucho escándalo: *En las fiestas siempre acaba haciendo el loco.* ‖ **hacerse el loco.** *col.* Fingir que no se ha advertido algo: *No te hagas el loco, y paga lo que te corresponde.* ‖ **ni loco.** *col.* De ninguna manera: *Lo pasé tan mal que no volvería ni loca.* ‖ **volver loco** a alguien. **1** *col.* Molestarlo o aturdirlo: *Los gritos de los vecinos me están volviendo loca.* **2** *col.* Gustar mucho: *Los coches deportivos lo vuelven loco.* □ SINT. 1. Constr. de la acepción 4: *loco* DE *algo.* 2. Constr. de la acepción 5: *loco* POR *algo.*

locomoción s.f. **1** Traslación o movimiento de un lugar a otro: *El tren, el avión y el barco son algunos medios de locomoción.* **2** En algunos seres vivos, esp. en los animales, facultad de trasladarse de un lugar a otro: *La locomoción requiere la coordinación de distintos órganos.*

locomotor, -a ▮ adj. **1** De la locomoción, que la produce o que la permite: *El aparato locomotor del ser humano son las piernas.* ▮ s.f. **2** En un tren, vagón en el que está montado el motor, que arrastra o mueve los demás vagones enganchados a él; *máquina: Las primeras locomotoras funcionaban con vapor.* □ MORF. Como adjetivo admite también la forma de femenino *locomotriz.*

locomotriz adj. f. de **locomotor.**

locomóvil adj./s.f. Referido esp. a una máquina de vapor, que puede llevarse de un sitio a otro: *Las grúas de este puerto son locomóviles y se mueven sobre raíles. Algunas locomóviles se empleaban para hacer funcionar las trilladoras.* □ MORF. Como adjetivo es invariable en género.

locuacidad s.f. Tendencia o inclinación a hablar mucho; *charlatanería: Su locuacidad le impide callarse para escuchar a los demás.*

locuaz adj. Que habla mucho o demasiado: *Las personas locuaces son capaces de hundir o de levantar una reunión.* □ MORF. Invariable en género.

locución s.f. Combinación fija de palabras que forman un solo elemento oracional y cuyo significado no es siempre el de la suma de significados de sus miembros: *La expresión 'lobo de mar' es una locución.* □ ORTOGR. Dist. de *alocución* y de *elocución.*

locura s.f. **1** Perturbación de las facultades mentales; *enajenación mental: Las alucinaciones que tiene son fruto de su locura.* **2** Hecho o dicho imprudentes o insensatos: *Es una locura gastarse tanto dinero en un simple vestido.* **3** Afecto, interés, entusiasmo o intensidad muy grandes: *Quiere a su mujer con locura.* **4** ‖ **de locura.** *col.* Extraordinario o fuera de lo normal: *Se ha comprado un coche de locura.*

locutor, -a s. Persona que se dedica profesionalmente a transmitir noticias o sucesos, en la radio o en la televisión, hablando a los oyentes por medio de un micrófono: *La locutora se equivocó al leer la noticia.*

lodazal s.m. Terreno lleno de lodo: *Cuando llueve, los caminos de tierra se convierten en lodazales.* □ ORTOGR. Se admite también *lodazar.*

lodazar s.m. →**lodazal.**

loden (germanismo) s.m. Abrigo confeccionado con un tejido grueso de lana que impide el paso del agua: *El loden es muy usado por los cazadores, porque es muy cómodo.* □ PRON. [lóden].

lodo s.m. **1** Barro que se forma al mezclarse agua, esp. de la lluvia, con la tierra del suelo: *Con estas lluvias, los caminos se han llenado de lodo.* **2** Deshonra o mala reputación: *Esa acción indigna llenó de lodo su carrera profesional.*

logarítmico, ca adj. De los logaritmos o relacionado con ellos: *En lugar de hallar el logaritmo de ese número, lo busqué en las tablas logarítmicas.*

logaritmo s.m. Exponente a que se debe elevar un número o base positivos para obtener una cantidad determinada: *El logaritmo de 100 en base 10 es el número 2, porque si elevas la base 10 al cuadrado, el resultado es 100.*

logia s.f. **1** Asamblea o agrupación de masones: *Esa logia está presidida por un político famoso.* **2** Local donde se reúne esta asamblea o esta agrupación: *Cerca de mi casa hay una logia donde se reunían clandestinamente un grupo de masones.*

lógico, ca ▮ adj. **1** De la lógica, relacionado con ella o conforme con sus planteamientos: *Si se aplican únicamente leyes lógicas, el resultado puede no ser real.* **2** Normal o natural, por ser conforme a la razón o al sentido común: *Si tú eres el culpable, es muy lógico que le pidas perdón.* **3** Referido a una persona, que razona y estructura todos sus pensamientos y sus acciones: *Es un chico muy lógico y no le gusta improvisar nada.* ▮ adj./s. **4** Referido a una persona, que se dedica al estudio de la lógica o que es especialista en esta ciencia: *Un especialista lógico podrá resolver este silogismo. Este filósofo es sobre todo un gran lógico.* ▮ s.f. **5** Ciencia que se ocupa de las leyes, los modos y las formas del conocimiento humano y científico: *La lógica es una ciencia auxiliar de las demás ciencias.* **6** Razonamiento, método o sentido común: *A tu proyecto le falta lógica. Por lógica, siguiendo el río llegaremos a la desembocadura.* **7** ‖ **lógica matemática.** La que emplea el método y los símbolos de las matemáticas; *logística:*

a b c d e f g h i j k l m n ñ o p q r s t u v w x y z

La lógica matemática utiliza un lenguaje formalizado que evita las ambigüedades.

logístico, ca ▌ adj. **1** De la logística o relacionado con ella: *El aprovisionamiento de alimentos y municiones para las tropas es una actividad logística. Los símbolos logísticos tienen un significado inequívoco.* ▌ s.f. **2** Parte del arte militar que se ocupa de la situación, del movimiento y de la alimentación de las tropas en campaña: *El éxito de la batalla se debió al eficaz apoyo de la logística.* **3** Método, organización o medios necesarios para llevar algo a cabo: *Si falla la logística y no recibimos ayuda exterior habrá que cerrar la fábrica.* **4** Lógica que emplea el método y los símbolos de las matemáticas; *lógica matemática: Este trimestre estudiaremos logística en clase de filosofía.*

logo s.m. *col.* →**logotipo.**

logopeda s. Persona especializada en logopedia: *La logopeda intenta corregir los defectos de pronunciación del niño.* ☐ MORF. Es de género común y exige concordancia en masculino o en femenino para señalar la diferencia de sexo: *el logopeda, la logopeda*.

logopedia s.f. Conjunto de conocimientos que tratan de conseguir la corrección de los defectos de pronunciación y otros trastornos del lenguaje: *La logopedia ha avanzado mucho en los últimos años.*

logotipo s.m. Distintivo o emblema formado generalmente por letras y gráficos: *Si es una carta oficial, escríbela en papel con el logotipo de la empresa. Cada marca comercial tiene un logotipo que la identifica.* ☐ MORF. En la lengua coloquial se usa mucho la forma abreviada *logo*.

lograr ▌ v. **1** Referido a algo que se intenta o se desea, conseguirlo: *Por fin logró disfrutar de unas buenas vacaciones. Logré un buen trabajo cerca de mi casa.* ▌ prnl. **2** Alcanzar la perfección o llegar a desarrollarse: *¡A ver si hay suerte y se nos logra lo que queremos!*

logro s.m. **1** Obtención de lo que se desea o pretende: *El logro de nuestros propósitos no es tan fácil como parece.* **2** Éxito o realización perfecta: *La organización del festival fue todo un logro.*

logroñés, -a adj./s. De Logroño o relacionado con esta ciudad riojana: *La ciudad logroñesa tiene fama de ser muy animada. Los logroñeses cuentan con una huerta muy rica.* ☐ MORF. Como sustantivo se refiere solo a las personas de Logroño.

loísmo s.m. En gramática, uso de las formas masculinas del pronombre personal de tercera persona *lo* y *los* como complemento indirecto, en lugar de *le* y *les*: *En la oración 'Lo dieron una patada' hay un caso de loísmo.* ☐ MORF. →APÉNDICE DE PRONOMBRES.

loísta adj./s. Que hace uso del loísmo: *Una persona loísta diría: «A su hermano lo regalaron una moto». Los loístas suelen confundir las funciones de complemento directo e indirecto.* ☐ MORF. 1. Como adjetivo es invariable en género. 2. Como sustantivo es de género común y exige concordancia en masculino o en femenino para señalar la diferencia de sexo: *el loísta, la loísta*.

loma s.f. Elevación pequeña y prolongada de un terreno: *Ni una sola loma interrumpía la llanura.*

lombarda s.f. Véase **lombardo, da.**

lombardo, da ▌ adj./s. **1** De un antiguo pueblo germánico establecido en el norte de Italia (país europeo), o relacionado con él; *longobardo: Me contaron antiguas historias lombardas. Los lombardos dieron nombre a Lombardía.* ▌ s.f. **2** Planta herbácea comestible, de forma redondeada y de color morado, muy parecida al repollo: *La lombarda es una hortaliza.*

lombriz s.f. **1** Gusano con el cuerpo blando y casi cilíndrico, alargado y con anillos transversales, de color blanco o rojizo, y con múltiples y pequeñísimos pelos rígidos en la parte inferior que le sirven para desplazarse: *Las lombrices de tierra son beneficiosas para la agricultura porque mezclan y airean la tierra.* **2** ‖ **lombriz (intestinal).** Parásito parecido a un gusano, de cuerpo cilíndrico, que vive en el intestino del hombre y de otros animales: *La hembra de la lombriz intestinal pone los huevos en el ano del hospedador.* ☐ MORF. Es un sustantivo epiceno y la diferencia de sexo se señala mediante la oposición *la lombriz {macho/hembra}*.

lomera s.f. En algunas encuadernaciones, pieza, generalmente de piel o de tela, que se coloca en el lomo del libro: *Tengo un libro antiguo con la lomera roja y el canto dorado.* 👁 **libro**

lomo s.m. **1** En un cuadrúpedo, parte superior del cuerpo, comprendida entre el cuello y las patas traseras: *Acaricia al caballo pasándole la mano por el lomo.* **2** Carne de esta parte del animal, esp. si es un cerdo: *De segundo plato, comí lomo adobado.* 👁 **carne 3** *col.* En una persona, espalda, esp. si es la parte inferior y central: *Me duelen los lomos por haber cargado con el saco de cemento. Se parte el lomo trabajando para sacar adelante a su familia.* **4** En un libro, parte opuesta al corte de las hojas, en la que van cosidos o pegados los pliegos: *En el lomo de los libros suele figurar el título y el nombre del autor.* 👁 **libro 5** En un instrumento cortante, parte opuesta al filo: *Dale la vuelta al cuchillo porque con el lomo no cortarás el filete.* **6** ‖ **a lomo(s) de** un animal. Sobre esta parte del animal: *El leñador trae la carga a lomos de un burro.* ☐ SINT. *A lomos de* se usa más con los verbos *traer, llevar* o equivalentes.

lona s.f. **1** Tela fuerte e impermeable, generalmente de algodón o cáñamo: *Las velas de los barcos y los toldos están confeccionados con lona.* **2** En algunos deportes, esp. en boxeo o en lucha libre, piso o suelo sobre el que se disputa una competición: *En el centro de la lona estaba el boxeador tendido.*

loncha s.f. Pieza ancha, alargada y de poco grosor que se separa o se corta de otra pieza mayor: *Se ha frito unas lonchas de tocino para la cena.* 👁 **queso**

londinense adj./s. De Londres (capital británica), o relacionado con ella: *El Támesis es el río londinense. Los londinenses acostumbran a tomar té.* ☐ MORF. 1. Como adjetivo es invariable en género. 2. Como sustantivo es de género común y exige concordancia en masculino o en femenino para señalar la diferencia de sexo: *el londinense, la londinense*. 3. Como sustantivo se refiere solo a las personas de Londres.

loneta s.f. Tejido resistente más delgado que la lona: *Para trabajar se pone unos pantalones de loneta.*

longaniza s.f. Embutido con forma alargada y delgada, elaborado con carne de cerdo picada y adobada: *Comí un trozo de pan con un poco de longaniza.*

longevidad s.f. Larga duración de la vida: *No aspiro a la longevidad, sino a vivir cada segundo con total intensidad.*

longevo, va adj. Muy anciano, de larga edad o que puede vivir mucho tiempo: *Mi tatarabuelo fue un hombre longevo que vivió 108 años. Las tortugas y los loros son animales longevos.*

longitud s.f. **1** En una superficie o en un cuerpo planos, dimensión mayor: *Su piscina tiene 25 metros de longitud y 10 de anchura.* **2** Distancia que existe desde un punto de la superficie terrestre hasta el meridiano cero y que se mide sobre la línea ecuatorial en grados, en minutos y en segundos: *La longitud tiene dirección este-oeste, y la latitud, norte-sur.* **3** *col.* Distancia entre dos puntos o magnitud de una línea: *Mide la longitud que tiene este mueble de ancho, de largo y de alto. El metro es la unidad de las medidas de longitud.* **4** ‖ **longitud de onda.** Distancia entre dos puntos que corresponden a una misma fase en dos ondas consecutivas: *Las diferentes longitudes de onda determinan los tipos de radiación electromagnética.*

longitudinal adj. **1** De la longitud o relacionado con esta dimensión o distancia: *El metro es una medida longitudinal.* **2** Hecho o colocado en el sentido de la longitud: *Una raya longitudinal separa ambos lados de la carretera.* □ MORF. Invariable en género.

longobardo, da ▮ adj./s. **1** De un antiguo pueblo germánico establecido en el norte de Italia (país europeo), o relacionado con él; *lombardo: Las invasiones longobardas ayudaron a la ruptura del Imperio romano. Los longobardos dieron su nombre a la región italiana de Lombardía.* ▮ s.m. **2** Lengua de este pueblo: *Este lingüista está haciendo un estudio sobre el longobardo.*

long play s.m. ‖ →**elepé.** □ PRON. [lóngpléi], con *g* suave. □ USO Es un anglicismo innecesario.

longui o **longuis** ‖ **hacerse el longui(s).** *col.* Hacerse el distraído: *A la hora de pagar, siempre se hace el longuis y tenemos que pagar los demás.*

lonja s.f. Edificio en el que se realizan transacciones comerciales, esp. ventas al por mayor: *El pescado más fresco es el que se vende en las lonjas de los puertos.*

lontananza s.f. **1** Parte de un cuadro que está más alejada del plano principal: *La lontananza del cuadro está pintada en tonos más suaves.* **2** ‖ **en lontananza.** A lo lejos o en la lejanía: *En lontananza se veía un rebaño de ovejas.*

look (anglicismo) s.m. Aspecto, imagen exterior o estilo personal: *Se ha cortado el pelo y ahora tiene un nuevo look.* □ PRON. [luk].

looping (anglicismo) s.m. **1** Acrobacia, esp. si es aérea, en la que se realiza en el aire un círculo completo en sentido vertical: *La avioneta realizó un looping ante la mirada de los espectadores.* 👁 **acrobacia** **2** En una montaña rusa, círculo que describen los raíles: *En la parte superior del looping de la montaña rusa, estás boca abajo.* □ PRON. [lúpin].

loor s.m. **1** Alabanza, elogio o reconocimiento públicos de méritos y cualidades: *Su buen comportamiento merece loores por parte de todos.* **2** Conjunto de palabras con las que se expresa esta alabanza: *En la estampa viene escrito un loor a la Virgen.* **3** ‖ **en loor de multitudes.** Elogiado o reconocido por muchas personas: *El cantante llegó al aeropuerto en loor de multitudes.*

loqueras adj./s. *col.* Alocado, insensato o imprudente: *No seas tan loqueras y piensa un poco antes de actuar. No hagas caso a ese loqueras, si no quieres acabar como él.* □ MORF. 1. Como adjetivo es invariable en género, y como sustantivo es de género común y exige concordancia en masculino o en femenino para señalar la diferencia de sexo: *el loqueras, la loqueras.* 2. Invariable en número.

loquero, ra s. *col.* Persona que se dedica profesionalmente a cuidar de los locos: *Estaba tan pirado que se lo llevaron los loqueros.*

lord s.m. En algunos países, esp. en Gran Bretaña, título nobiliario o tratamiento honorífico: *Los lores son personas de mucho prestigio.* □ MORF. Su plural es *lores.*

loriga s.f. Armadura, generalmente de acero, formada por láminas pequeñas sobrepuestas parcialmente unas sobre otras: *Los guerreros medievales se protegían con lorigas.* □ PRON. Incorr. *[lóriga].

loro s.m. **1** Ave tropical trepadora, con el pico fuerte, grueso y encorvado, patas prensoras y plumaje de colores vistosos, que se alimenta de semillas y frutos y que aprende a repetir palabras y frases; *papagayo: Los loros se domestican y pueden vivir en cautividad.* **2** *col.* Persona fea y de aspecto estrafalario: *En el cuento se dice que las hermanas de Cenicienta eran unos loros.* **3** *col.* Persona muy habladora; *cotorra: Mi compañero de viaje era un loro y no pude dormir.* **4** *col.* Aparato de radio o radiocasete: *Cuando va en coche lleva el loro a todo volumen.* **5** ‖ **al loro.** *col.* Expresión que se utiliza para llamar la atención del interlocutor: *Al loro, mira quién viene por allí.* ‖ **estar al loro.** *col.* Estar informado o al corriente: *Desde que lee el periódico está al loro de todo lo que ocurre en el país.* □ MORF. En la acepción 1, es un sustantivo epiceno y la diferencia de sexo se señala mediante la oposición *el loro {macho/hembra}.*

lorza s.f. En una tela, esp. en una prenda de vestir, jareta o doblez cosido con un pespunte paralelo, y que generalmente sirve de adorno: *Hice una lorza en la manga de la camisa para acortarla.*

los **1** art.determ. m.pl. de **el.** **2** pron.pers. m.pl. de **lo.** □ MORF. Para la acepción 2 →APÉNDICE DE PRONOMBRES.

losa s.f. **1** Piedra delgada y plana que sirve generalmente para pavimentar o cubrir el suelo: *El suelo de la bodega es de losas de granito. La losa que cubría la tumba tenía grabado un nombre y una fecha.* **2** *col.* Lo que supone una dura carga difícil de soportar: *Confesó el crimen porque no soportaba tal losa sobre su conciencia.*

loseta s.f. Pieza fina hecha con un material duro, de forma generalmente cuadrangular, que se usa para cubrir suelos; *baldosa: Han pavimentado el suelo de la cocina con losetas de cerámica.*

lote s.m. **1** Conjunto de cosas que tienen características similares: *Por comprar la cubertería me han regalado un lote de vasos.* **2** Cada una de las partes en las que se divide un todo: *Para que sus hijos no se peleen, ha dividido sus bienes en lotes iguales.* **3** ‖ **{darse/pegarse} el lote.** *vulg.* Referido a una pareja, besuquearse y toquetearse: *Aprovechaban la oscuridad del parque para darse el lote.*

lotería s.f. **1** Juego público de azar en el que se premian los billetes cuyos números coinciden con otros extraídos de unos bombos: *Juego a la lotería todos los sábados.* **2** Participación con que se juega a esto: *¿Has comprado lotería?* **3** Asunto en el que intervienen la suerte o la casualidad: *Comprar artículos de esa marca es una lotería, ya que nunca sabes el resultado que te van a dar.* **4** ‖ **{caer/tocar} a alguien la lotería.** Sucederle algo muy beneficioso: *Cuando te conocí me tocó la lotería.* ‖ **lotería (nacional).** La administrada por el Estado y en la que el premio máximo se obtiene cuando los cinco números del billete coinciden con los extraídos de los bombos: *Le tocó el premio gordo de la lotería nacional y se fue de vacaciones.* ‖ **(lotería) primitiva.** La administrada por el Estado y en la que el premio máximo se obtiene cuando los seis números marcados en la papeleta coinciden con los extraídos del bombo; *loto: Para jugar a la lotería* *primitiva debes marcar seis números del uno al cuarenta y nueve.*

lotero, ra s. Persona que vende lotería, esp. si tiene a su cargo un despacho de billetes: *El lotero siempre me vende números terminados en 6.*

loto s.m. **1** Planta acuática de grandes hojas y fruto globoso, que abunda en las orillas del Nilo (río egipcio): *El loto se cultiva en estanques y en lagos.* **2** Flor de esta planta: *El loto es blanco y oloroso.* **3** Fruto de esta planta: *Los lotos se comen después de tostados y molidos.* **4** s.f. →**lotería primitiva.**

loza s.f. **1** Barro fino, cocido y barnizado con el que se fabrican vajillas: *Como regalo de boda les compré una vajilla de loza blanca.* **2** Conjunto de los objetos fabricados con este barro: *Después de comer hay que fregar la loza.*

lozanía s.f. **1** En una persona, vigor o aspecto saludable: *Al ver sus rosadas mejillas, nadie dudaba de su lozanía.* **2** En una planta, verdor y abundancia de ramas y de hojas: *El abono proporciona lozanía a las plantas.*

lozano, na adj. **1** Referido a una persona, que tiene vigor o muestra un aspecto saludable: *Tras la enfermedad, vuelve a tener un aspecto lozano.* **2** Referido a una planta, que está verde y frondosa: *Los árboles del jardín están lozanos porque los riego a menudo.*

lubina s.f. Pez marino, de cuerpo alargado y color plateado, que vive en las costas rocosas de la desembocadura de los ríos, comestible y de carne muy apreciada; *róbalo: La lubina al horno es uno de mis platos favoritos.* ☐ MORF. Es un sustantivo epiceno y la diferencia de sexo se señala mediante la oposición *la lubina {macho/hembra}*. 👁 **pez**

lubricación s.f. Aplicación de una sustancia para disminuir el rozamiento; *lubrificación: El motor no está estropeado, pero necesita una buena lubricación.*

lubricante s.m. Sustancia que se utiliza para lubricar o hacer resbaladizo; *lubrificante: Tengo que llevar el coche al taller para que le pongan lubricante.*

lubricar v. **1** Hacer resbaladizo: *Para la cucaña hay que lubricar el palo.* **2** Referido a un mecanismo, aplicarle una sustancia para disminuir el rozamiento entre sus piezas: *Si no lubricas bien el motor, el rozamiento hará que aumente el desgaste de sus piezas.* ☐ ORTOGR. La *c* se cambia en *qu* delante de *e* →**SACAR.** ☐ SEM. Es sinónimo de *lubrificar*.

lubricidad s.f. **1** Propensión a la lujuria o provocación de este deseo sexual: *La lubricidad de tus pensamientos es casi enfermiza.* **2** Capacidad de deslizamiento, esp. mediante la aplicación de una sustancia resbaladiza: *La lubricidad de las piezas debe ser completa para mantener el buen estado del motor.*

lúbrico, ca adj. **1** Propenso a la lujuria o que la provoca: *En los cines 'X' ponen películas lúbricas.* **2** Que resbala o se escurre fácilmente; *resbaladizo: El aceite es una sustancia lúbrica.*

lubrificación s.f. →**lubricación.**

lubrificante s.m. →**lubricante.**

lubrificar v. →**lubricar.** ☐ ORTOGR. La *c* se cambia en *qu* delante de *e* →**SACAR.**

lucense adj./s. De Lugo o relacionado con esta provincia española o con su capital: *Mondoñedo es un pueblo lucense. Los lucenses viven mayoritariamente en zonas rurales.* ☐ MORF. 1. Como adjetivo es invariable en género. 2. Como sustantivo es de género común y exige concordancia en masculino o en femenino para señalar la diferencia de sexo: *el lucense, la lucense.* 3. Como sustantivo se refiere solo a las personas de Lugo.

lucerna s.f. Abertura alta que sirve para dar luz y ventilación a una habitación: *En la buhardilla, la luz entra por dos lucernas del tejado.*

lucero s.m. **1** Astro que aparece grande y brillante en el firmamento: *Le gusta salir a pasear por la noche y ver los luceros del cielo.* **2** *poét.* Ojo: *Las lágrimas que caen de tus luceros me hacen sufrir.* **3** En algunos animales, lunar grande y blanco en la frente: *Eligió el caballo del lucero porque era el que más le gustaba.* **4** ‖ **lucero {del alba/de la mañana/de la tarde}.** Segundo planeta del sistema solar: *El lucero del alba es Venus.*

lucha s.f. **1** Combate en el que generalmente se utilizan la fuerza o las armas: *La lucha entre los dos ejércitos produjo innumerables bajas.* **2** Trabajo o esfuerzo para conseguir algo: *¡Qué lucha tengo con estos niños para que ordenen su cuarto! La lucha por la supervivencia es propia de todos los seres vivos.* **3** Oposición o enfrentamiento, esp. entre ideas o fuerzas: *Esta lucha interna entre el amor y el odio me está volviendo loca.* **4** ‖ **lucha de clases.** La que tiene lugar entre la clase obrera y la capitalista: *'Lucha de clases' es un término propio del marxismo.* ‖ **lucha grecorromana.** Deporte en el que pelean sin armas dos personas y el vencedor es el que consigue que su adversario mantenga la espalda en contacto con el suelo durante unos segundos: *En la lucha grecorromana se utilizan llaves para tumbar al contrincante.* ‖ **lucha libre.** Deporte en el que pelean sin armas dos personas utilizando llaves y golpes, y que termina cuando uno de los contrincantes se rinde: *Los golpes y las llaves que se utilizan en la lucha libre deben estar incluidos en las reglas de este deporte.*

luchador, -a s. Deportista que practica algún tipo de lucha: *Los luchadores deben ser fuertes y flexibles.*

luchar v. **1** Pelear o combatir, generalmente utilizando la fuerza o las armas: *Los ejércitos luchaban a las puertas de la ciudad. En mi cabeza luchan la angustia y el coraje.* **2** Afanarse, trabajar o esforzarse mucho para conseguir algo, generalmente venciendo dificultades u oposiciones: *Varios equipos luchan para conseguir el campeonato. En la vida hay que luchar mucho.*

lucidez s.f. Claridad mental: *Cuando tengas un problema, tienes que ser capaz de analizarlo con lucidez.*

lucido, da adj. Con lucimiento: *¡Qué arreglada y lucida vienes!* ☐ ORTOGR. Dist. de *lúcido*.

lúcido, da adj. **1** Claro en el razonamiento: *Ha sido una decisión lúcida y muy acertada.* **2** Capaz de razonar con facilidad y con rapidez: *A pesar de su locura, a veces tiene momentos lúcidos.* ☐ ORTOGR. Dist. de *lucido*.

luciérnaga s.f. Insecto volador que despide una luz verdosa, y cuya hembra carece de alas, tiene las patas cortas y el abdomen formado por anillos: *La luz que despiden las hembras de las luciérnagas es mucho más potente que la que despiden los machos.* ☐ MORF. Es un sustantivo epiceno y la diferencia de sexo se señala mediante la oposición *la luciérnaga {macho/hembra}*. 👁 **insecto**

lucífero, ra adj. *poét.* Que da luz: *Los enamorados se decían palabras de amor bajo la lucífera luna.*

lucimiento s.m. **1** Exhibición o muestra de cualidades, esp. si se hace para presumir: *Esta partitura está escrita para facilitar el lucimiento del solista.* **2** Buena impresión o rendimiento brillante: *Nunca obtiene el lucimiento que* *su esfuerzo merece.* **3** Brillo o esplendor: *La presencia de sus majestades dará mayor lucimiento al acto.*

lucio s.m. Pez de cuerpo alargado, carne grasa, boca picuda, que vive en los ríos y en los lagos, y que se alimenta de otros peces, de ranas y de sapos: *El lucio es un pez muy voraz.* □ MORF. Es un sustantivo epiceno y la diferencia de sexo se señala mediante la oposición *el lucio {macho/hembra}.* 👁 **pez**

lucir ▮ v. **1** Brillar suavemente: *Las estrellas aparecen como pequeños puntos que lucen en el cielo.* **2** Dar luz y claridad: *Cambiaré la bombilla para que la lámpara luzca bien.* **3** Referido esp. a un esfuerzo, rendir o dar el resultado correspondiente: *Tus malas notas muestran que no te lucen las horas de estudio.* **4** Destacar o sobresalir, esp. si es aventajando a otros: *Mi hermana era la que más lucía en la fiesta.* **5** Dar importancia o prestigio: *En algunos ambientes luce mucho tener un coche deportivo.* **6** Exhibir o mostrar presumiendo: *Va a las fiestas para lucir las joyas. Le gusta lucirse ante las personas que todavía no lo conocen.* **7** Referido a una pared, blanquearla con yeso; *enlucir: Al lucir las paredes del patio, entra más luz en la casa.* **8** Llevar a la vista o exhibir: *El corredor luce el dorsal número 3.* ▮ prnl. **9** Quedar muy bien o causar buena impresión: *Cocino tan bien que siempre me luzco cuando doy una cena. Te has lucido al decirle esa impertinencia...* □ MORF. Irreg.: Aparece una *z* delante de la *c* cuando la siguen *a, o* →**LUCIR.** □ USO La acepción 9 se usa mucho con un sentido irónico.

lucrarse v.prnl. Obtener un beneficio de un negocio o de un encargo: *No me parece ético que la gente se meta en política con el único afán de lucrarse.*

lucrativo, va adj. Que produce ganancias o beneficios: *Es muy rico porque sus padres tenían un negocio muy lucrativo.*

lucro s.m. Ganancia o beneficio que se obtiene en un asunto, esp. en un negocio: *Tu desmedido afán de lucro te ha transformado en un egoísta.*

luctuoso, sa adj. Que produce tristeza o pena: *La muerte de un ser querido es siempre un hecho luctuoso.*

lucubración s.f. →**elucubración.**

lucubrar v. →**elucubrar.**

ludibrio s.m. Mofa, burla o desprecio crueles, que se hacen con palabras o acciones: *Para mayor ludibrio, le pusieron unas orejas de burro.*

lúdico, ca adj. Del juego, del tiempo libre o relacionado con ellos: *Las actividades lúdicas desarrollan la agilidad de los niños.* □ ORTOGR. Se admite también *lúdicro.*

lúdicro, cra adj. →**lúdico, ca.**

ludópata s. Persona que padece ludopatía o adicción patológica al juego: *La curación de los ludópatas se consigue con un tratamiento psicológico adecuado.* □ MORF. Es de género común y exige concordancia en masculino o en femenino para señalar la diferencia de sexo: *el ludópata, la ludópata.*

ludopatía s.f. Adicción patológica al juego: *Debido a su ludopatía, sus familiares han pedido en el bingo que no se le permita la entrada.*

luego ▮ adv. **1** En un lugar o en un tiempo posteriores; *después: En la lista de clase, primero voy yo y luego tú. Luego vendré y te ayudaré a terminar el trabajo.* ▮ conj. **2** Enlace gramatical subordinante con valor consecutivo: *Hay muchas nubes, luego va a llover.* **3** ‖ **desde luego.** Expresión que se utiliza para indicar asentimiento, conformidad o entendimiento: *Le dije que me esperara y él me respondió que desde luego.* ‖ **hasta luego.** Expresión que se utiliza como señal de despedida: *¿Por qué me dices 'hasta luego', si no nos vamos a ver hasta dentro de seis meses?*

luengo, ga adj. *ant.* →**largo, ga.**

lugar s.m. **1** Espacio ocupado o que puede ser ocupado; *sitio: Cuando termines, deja cada cosa en su lugar, por favor. Has llegado tarde y ya no hay lugar para ti.* **2** Paraje, sitio, terreno adecuado para algo, o parte de un espacio: *Ese valle es buen lugar para acampar. En algún lugar del mundo debe de haber lo que busco.* **3** Población pequeña: *Los más ancianos del lugar nos contaron antiguas anécdotas.* **4** Ocasión o momento oportunos para realizar o conseguir algo: *Me lo contarás cuando haya lugar. Esta fiesta no es lugar para tratar asuntos tan serios.* **5** En una serie ordenada, posición o sitio ocupados: *En primer lugar, debo darles las gracias por haber venido. ¿En qué lugar has terminado la carrera?* **6** ‖ **dar lugar a** algo. Causarlo o motivarlo: *Su buena actuación dio lugar a una gran ovación.* ‖ **en {buen/mal} lugar.** Bien o mal considerado: *No me dejes en mal lugar, y pórtate bien.* ‖ **en lugar de** algo. En su sustitución o en vez de ello: *En lugar de estar jugando, ven a ayudarme.* ‖ **estar fuera de lugar.** Ser inoportuno: *Lo que has dicho está fuera de lugar y lo considero un insulto.* ‖ **lugar común.** Expresión trivial o muy utilizada: *Déjate de lugares comunes y di algo de tu propia cosecha.* ‖ **no ha lugar.** En derecho, expresión que indica que no se accede a lo pedido: *A la propuesta, el juez dijo: «No ha lugar».* ‖ **sin lugar a dudas.** De manera evidente: *Si faltas mucho a clase, sin lugar a dudas que no entenderás la asignatura.* ‖ **tener lugar.** Ocurrir o suceder: *El terremoto tuvo lugar a las tres de la madrugada.*

lugareño, ña adj./s. De una población pequeña, de sus habitantes, o relacionado con ellos: *Las fiestas lugareñas son después de la cosecha. Un lugareño nos dijo cómo llegar a la autopista al salir del pueblo.*

lugarteniente s. Persona capacitada para sustituir a otra en un cargo o en un empleo: *El director dijo que mientras él estuviese ausente, el subdirector sería su lugarteniente.* □ MORF. Es de género común y exige concordancia en masculino o en femenino para señalar la diferencia de sexo: *el lugarteniente, la lugarteniente.*

lúgubre adj. **1** Triste o melancólico: *No pongas esa cara tan lúgubre, hombre, que todos los problemas tienen solución.* **2** Fúnebre o relacionado con la muerte: *Le gusta contar historias lúgubres para asustarnos.* □ MORF. Invariable en género.

luisa s.f. →**hierbaluisa.**

lujo s.m. **1** Abundancia o exhibición de riqueza o de comodidad: *Vive con mucho lujo porque es millonario.* **2** Lo que pone de manifiesto abundancia de tiempo, de dinero o de cosas semejantes: *Ese coche con tapicería de piel es un lujo.* **3** Abundancia de cosas que adornan o enriquecen pero que no son necesarias: *Se ha hospedado en un hotel de lujo. Me lo explicó muy bien, con todo lujo de detalles.* **4** ‖ **lujo asiático.** *col.* El excesivo: *Si no tenemos dinero, irnos de vacaciones en plan de hotel me parece un lujo asiático.*

lujoso, sa adj. Con lujo manifiesto: *El rey vivía en un lujoso palacio.*

lujuria s.f. Deseo o actividad sexuales inmoderados: *La lujuria es uno de los llamados 'pecados capitales'.*

lumbago s.m. Dolor en la región lumbar; *lumbalgia: Tiene un lumbago de tipo reumático.*

a b c d e f g h i j k l m n ñ o p q r s t u v w x y z

lumbalgia s.f. →**lumbago.**

lumbar adj. De la zona o región del cuerpo que está situada en la parte baja de la espalda, entre las últimas costillas: *Al agacharme, siento un terrible dolor lumbar.* □ MORF. Invariable en género.

lumbre s.f. **1** Fuego encendido voluntariamente, generalmente para hacer la comida o calentarse: *Nos quedamos toda la noche a la luz de la lumbre. ¿Me das lumbre para el cigarrillo, por favor?* **2** Materia combustible encendida, con o sin llama; *candela: Dame lumbre para encender la hoguera.*

lumbrera s.f. *col.* Persona que destaca por su inteligencia o por su saber: *No hace falta ser una lumbrera para aprender esa tontería.*

lumbreras s. *col.* →**lumbrera.** □ MORF. 1. Es de género común y exige concordancia en masculino o en femenino para señalar la diferencia de sexo: *el lumbreras, la lumbreras*. 2. Invariable en número.

lumen s.m. En el Sistema Internacional, unidad de flujo luminoso: *El símbolo del lumen es 'lm'.*

luminaria s.f. **1** Luz que se coloca en balcones, calles y monumentos como adorno para fiestas y ceremonias públicas: *En las fiestas del santo patrón, el pueblo entero se llena de luminarias.* **2** En una iglesia, luz que arde continuamente delante del sagrario (cuando contiene el pan de la eucaristía): *La luminaria suele ser una lámpara de aceite o una vela de color rojo.*

lumínico, ca adj. De la luz o relacionado con esta forma de energía: *El foco tiene gran potencia lumínica.*

luminiscencia s.f. Propiedad de emitir una luz débil y visible casi exclusivamente en la oscuridad, sin elevación de temperatura: *La luminiscencia de las luciérnagas hace que puedan ser vistas de noche.*

luminiscente adj. Que emite luz sin elevar la temperatura o sin llegar a la incandescencia: *El fósforo es luminiscente.* □ MORF. Invariable en género.

luminosidad s.f. **1** Emisión o abundancia de luz: *Este pintor vino buscando la luminosidad de la costa mediterránea.* **2** Claridad o brillantez: *Este detergente da gran luminosidad a los colores.*

luminoso, sa adj. **1** Que despide luz: *En la puerta hay un cartel luminoso con el nombre del local.* **2** Que tiene mucha luz natural: *El salón es muy luminoso, porque tiene dos grandes ventanales.* **3** Referido esp. a una idea, acertada, clara o brillante: *Irnos de excursión es una ocurrencia luminosa.* **4** *col.* Alegre o vivo: *Tiene una sonrisa franca y luminosa. Me gusta vestir con colores luminosos.*

luminotecnia s.f. Arte o técnica de la iluminación con luz artificial, generalmente para fines industriales o artísticos: *Un buen arquitecto debe saber luminotecnia y acústica.*

luminotécnico, ca ▌adj. **1** De la luminotecnia o relacionado con esta técnica de iluminación: *Las quejas sobre la iluminación navideña se trasladarán a la empresa luminotécnica que la llevó a cabo.* ▌s. **2** Persona que se dedica profesionalmente a la luminotecnia: *Un equipo de luminotécnicos se encargará de la iluminación de la escena teatral.*

lumpen (germanismo) s.m. Grupo social urbano que está formado por las personas socialmente más marginadas y sin los mínimos recursos económicos: *Mendigos, vagabundos e indigentes forman parte del lumpen.* □ PRON. [lúmpen].

luna s.f. **1** Cuerpo celeste que gira alrededor de un planeta; *satélite: La Luna tarda 28 días en dar la vuelta alrededor de la Tierra. El planeta Júpiter tiene 12 lunas.* 👁 **eclipse; fase 2** Luz del Sol reflejada por la Luna, que se percibe por la noche: *La luna entra por la ventana entreabierta.* **3** Período de tiempo comprendido entre una conjunción de la Luna con el Sol y la siguiente; *lunación: En los seres humanos, la gestación dura aproximadamente nueve lunas.* **4** Lámina de cristal: *La luna del espejo se ha roto. Las lunas del escaparate son muy gruesas.* **5** ‖ **a la luna de Valencia.** *col.* Sin haber podido cumplir lo que se esperaba: *Mientras tú lo consigues todo, yo me quedo a la luna de Valencia.* ‖ **en la luna.** *col.* Distraído o ajeno a lo que sucede alrededor: *Si no estuvieras siempre en la luna, te habrías enterado de mi pregunta.* ‖ **ladrar a la Luna.** *col.* Manifestar inútilmente ira o enojo: *Deja de ladrar a la Luna, porque no te va a servir de nada.* ‖ **luna creciente.** Fase lunar durante la cual la Luna se percibe desde la Tierra como medio disco iluminado, en forma de 'D': *La luna creciente está entre la luna nueva y la luna llena.* ‖ **luna de miel. 1** Primera etapa de un matrimonio, generalmente de especial intimidad y armonía: *En la luna de miel todo es fácil, después vienen los problemas.* **2** Viaje que hacen los recién casados después de la boda: *Están de luna de miel en La Habana.* ‖ **luna llena.** Fase lunar durante la cual la Luna se percibe desde la Tierra como un disco completo iluminado; *plenilunio: La luna llena está entre la luna creciente y la luna menguante. Las noches de verano con luna llena son muy luminosas.* ‖ **luna menguante.** Fase lunar durante la cual la Luna se percibe desde la Tierra como un medio disco iluminado, en forma de 'C': *La luna menguante está entre la luna llena y la luna nueva.* ‖ **luna nueva.** Fase lunar durante la cual la Luna no se percibe desde la Tierra; *novilunio: La luna nueva está entre la luna menguante y la luna creciente.* ‖ **media luna.** →**medialuna.** ‖ **pedir la Luna.** *col.* Pedir algo imposible: *Decirme que te preste dinero es pedirme la Luna.* □ MORF. El plural de *media luna* es *medias lunas*. □ SINT. 1. *A la luna de Valencia* se usa más con los verbos *dejar*, *estar*, *quedar* o equivalentes. 2. *Pedir la Luna* se usa también con los verbos *ofrecer*, *prometer*, *querer* o equivalentes. □ USO En la acepción 1, referido al satélite de la Tierra, es nombre propio.

lunación s.f. Período de tiempo comprendido entre una conjunción de la Luna con el Sol y la siguiente; *luna: Una lunación dura 29 días, 12 horas, 44 minutos y 2,9 segundos.*

lunar ▌adj. **1** De la Luna o relacionado con este satélite terrestre: *Los astronautas tomaron muestras de la superficie lunar.* ▌s.m. **2** En la piel humana, pequeña mancha redondeada y de color oscuro producida por acumulación de pigmentos: *Tiene un lunar en la mejilla.* **3** Dibujo o mancha en forma de círculo que destaca del fondo: *Con una tela de lunares me haré un vestido de sevillana.* □ MORF. 1. Como adjetivo es invariable en género. 2. La acepción 3 se usa más en plural.

lunático, ca adj./s. Referido a una persona, que tiene cambios bruscos de carácter o sufre ataques de locura: *Es un chico un poco lunático y extravagante. Con un lunático como tú, nunca sé a qué atenerme.*

lunch (anglicismo) s.m. Comida ligera o refrigerio que se ofrece a los invitados a una ceremonia: *Después de la boda habrá un lunch.* □ PRON. [lanch].

lunes s.m. Primer día de la semana, entre el domingo y

el martes: *Este museo cierra los lunes.* □ MORF. Invariable en número.

luneta s.f. **1** En un automóvil, cristal de la ventana trasera: *Un gamberro nos rompió la luneta de una pedrada.* **2** ‖ **luneta térmica.** La preparada con unos hilos conductores de modo que, mediante el calor, se elimine el vaho: *Conecta la luneta térmica, porque no veo nada por detrás.*

lúnula s.f. En una uña, parte inferior, semicircular y blanquecina de la base: *No te comas tanto las uñas, que a este paso vas a llegar a la lúnula.* 👁 **mano**

lupa s.f. **1** Lente de aumento, generalmente provista de un soporte o un mango adecuados para su uso: *Es muy viejo y utiliza la lupa para leer.* **2** ‖ **con lupa.** Referido al modo de hacer algo, detenidamente o a conciencia, esp. si se hace con intención de encontrar el más mínimo defecto: *No aprobó nadie porque corrigió los exámenes con lupa.* □ SINT. *'Con lupa'* se usa más con el verbo *mirar* o equivalentes.

lupanar s.m. Establecimiento público en el que se ejerce la prostitución; *burdel, prostíbulo: A la puerta del lupanar brillaba un farolillo rojo.*

lúpulo s.m. Planta herbácea trepadora, cuyo fruto desecado se utiliza en la fabricación de la cerveza para aromatizarla y darle sabor amargo: *Este champú anticaspa tiene lúpulo.*

lusitanismo s.m. En lingüística, palabra, significado o construcción sintáctica del portugués empleados en otra lengua; *portuguesismo: La palabra 'cachimba' es un lusitanismo.*

lusitano, na adj./s. **1** De un antiguo pueblo prerromano establecido en la franja comprendida entre los ríos Duero y Tajo del actual Portugal (país europeo) y de las provincias españolas de Cáceres y Badajoz, o relacionado con él: *El pueblo lusitano se dedicaba a la ganadería. Los lusitanos vivían en tribus.* **2** De la antigua Lusitania (provincia romana que agrupó a este pueblo), o relacionado con ella: *Mérida fue la capital de la cultura lusitana. Los lusitanos lucharon contra las legiones romanas.* **3** De Portugal (país europeo), o relacionado con él; *luso, portugués: Su libro trata la política lusitana con una óptica distinta. Conocimos a varios lusitanos en nuestro viaje a Lisboa.* □ MORF. En la acepción 3, como sustantivo se refiere solo a las personas de Portugal.

luso, sa adj./s. De Portugal (país europeo), o relacionado con él; *lusitano, portugués: La lengua lusa es el portugués. La península ibérica está habitada por lusos y españoles.* □ MORF. 1. Es la forma que adopta *portugués* cuando se antepone a una palabra para formar compuestos: *lusofrancés.* 2. Como sustantivo se refiere solo a las personas de Portugal.

lustrar v. Referido a una superficie, darle brillo frotándola con insistencia: *Me lustré bien los zapatos y quedaron relucientes.*

lustre s.m. **1** En una superficie, brillo, esp. el que se consigue después de limpiarla o frotarla con insistencia: *Limpié la bandeja dorada para sacarle lustre.* **2** Esplendor o aspecto brillante: *¡Qué buen lustre tiene esta manzana!* **3** Prestigio o distinción: *La presencia de tantos famosos dio mucho lustre a la ceremonia de entrega de premios.*

lustro s.m. Período de tiempo de cinco años: *Se fue con veinte años y, después de dos lustros, volvió para celebrar los treinta.*

lustroso, sa adj. **1** Con lustre o brillo: *Siempre lleva los zapatos lustrosos.* **2** De aspecto sano y saludable, esp. por el color y tersura de la piel: *Tiene dos niños gorditos y lustrosos.*

lutecio s.m. Elemento químico, metálico y sólido, de número atómico 71, de color rojo y que pertenece al grupo de los lantánidos: *El lutecio es un metal muy escaso en la naturaleza.* □ ORTOGR. Su símbolo químico es *Lu*.

luteranismo s.m. **1** Doctrina religiosa protestante, basada en las teorías de Lutero (reformador religioso alemán del siglo XVI): *El luteranismo defiende la libre interpretación de la Biblia.* **2** Comunidad o conjunto de personas que siguen esta doctrina: *El luteranismo abolió el celibato sacerdotal.*

luterano, na ▌adj. **1** De Lutero (reformador religioso alemán del siglo XVI), del luteranismo o relacionado con ellos: *La doctrina luterana suprimió el celibato y el culto a las imágenes.* ▌adj./s. **2** Que defiende o sigue el luteranismo: *El movimiento luterano se inició como un movimiento de renovación en la Iglesia católica. Los luteranos son protestantes.*

luthier (galicismo) s.m. →**lutier.** □ PRON. [lutié].

lutier s.m. Persona que se dedica profesionalmente a la fabricación o a la reparación de instrumentos musicales de cuerda: *Llevé la guitarra al lutier para que me reparara el mástil.* □ ORTOGR. Es un galicismo (*luthier*) adaptado al español.

luto s.m. **1** Signo exterior de tristeza o de dolor por la muerte de una persona, esp. los que se ponen en ropas, adornos u objetos: *Las banderas ondearán a media asta como luto por el presidente fallecido.* **2** Ropa de color negro que se usa como señal de dolor por la muerte de una persona cercana: *Lleva luto por su padre.* **3** Período de tiempo que dura la manifestación social de este dolor: *Estuvo tres años de luto.* **4** Tristeza o dolor moral: *Intenta parecer animado, pero el luto lo lleva por dentro.* **5** ‖ **aliviar el luto.** Vestirse de medio luto: *Para aliviar el luto, mi abuela se ha comprado un vestido negro con lunares blancos pequeñitos.* ‖ **medio luto.** El que no es riguroso: *Viste de gris porque ya hace un año que murió su marido y está de medio luto.*

lux s.m. En el Sistema Internacional, unidad de iluminación: *Un lux equivale a la iluminación de una superficie que recibe un flujo luminoso de un lumen, uniformemente repartido sobre un metro cuadrado de la superficie.* □ MORF. Su plural es *luxes*.

luxación s.f. En medicina, resultado de dislocarse un hueso: *No puede andar porque tiene una luxación de cadera.*

luxar v. En medicina, referido a un hueso, dislocarlo o sacarlo de su sitio: *El médico me dijo que me había luxado el codo.*

luxemburgués, -a ▌adj./s. **1** De Luxemburgo (país y capital europeos), o relacionado con él: *La historia luxemburguesa está marcada por las invasiones. Se dice que los luxemburgueses y los alemanes tienen un carácter semejante.* ▌s.m. **2** Lengua germánica de este país: *En Luxemburgo se habla francés, alemán y luxemburgués.* □ MORF. En la acepción 1, como sustantivo se refiere solo a las personas de Luxemburgo.

luz ▌s.f. **1** Forma de energía que ilumina y hace posible la visión: *Por esa ventana entra mucha luz. De noche nos iluminamos con luz eléctrica.* 👁 **espectro** **2** Claridad o destello que despiden algunos cuerpos: *La luz de las llamas es roja y amarilla.* **3** Aparato que sirve para alumbrar, o dispositivo que pone en marcha este aparato: *Se ha fundido la luz. Trae una luz, que no veo nada.* **4** Corriente eléctrica: *Les cortaron la luz porque no pagaban.* **5** Modelo que sirve de ejemplo o de guía: *Mi mujer es la luz de mi vida.* **6** Aclaración o ayuda: *Estos documentos arrojan nueva luz sobre el asunto.* **7** *col.* Iluminación: *La luz preparada para el bodegón es insuficiente.* **8** En construcción, cada una de las ventanas o troneras por donde se da luz a un edificio: *Es conveniente incorporar luces en la pared derecha.* **9** En construcción, referido a un vano, a un arco o a una habitación, su dimensión horizontal interior: *Son ventanas muy estrechas, apenas tienen medio metro de luz. ¿Cuántos metros de luz tiene el arco romano de Medinaceli?* 👁 **arco** ▮ pl. **10** Claridad mental: *Demuestras tener pocas luces si te has creído esa mentira.* **11** ‖ **a la luz de** algo. Teniéndolo en cuenta: *A la luz de los hechos, es indudable que ya no me quieres.* ‖ **a todas luces.** De cualquier forma o sin ninguna duda: *Es a todas luces imposible que hayas preparado el examen si has estado en la discoteca.* ‖ **dar a luz.** Parir: *A las tres de la tarde dio a luz a un precioso niño. Por fin dio a luz su esperada novela.* ‖ **hacer luz de gas.** *col.* Confundir o desconcertar (por extensión del título de una película en la que el protagonista intentaba volver loca a su mujer): *Dime la verdad y no me hagas luz de gas.* ‖ **luz cenital.** La que entra por el techo: *El edificio anexo tiene luz cenital.* ‖ **luz {corta/de cruce}.** En un vehículo, la que puede iluminar de manera eficaz unos cuarenta metros de camino: *Aunque sea de día, pon la luz de cruce antes de entrar en el túnel.* ‖ **luz de Bengala.** Artefacto con pólvora, que se usa como señal luminosa en operaciones de búsqueda, salvamento o semejantes; *bengala: Cuando los marineros advirtieron el boquete en el casco, lanzaron varias luces de Bengala como aviso.* ‖ **luz {de carretera/larga}.** En un vehículo, la que puede iluminar de manera eficaz unos cien metros de camino: *Quita la luz de carretera cuando venga otro coche de frente, para no deslumbrar al conductor.* ‖ **luz de posición.** En un vehículo, la que sirve para que este sea visto en lugares poco iluminados: *Por la luz de posición sé que aquello no es un coche sino un camión.* ‖ **luz natural.** La del sol: *Para coser, siéntate cerca de la ventana y así tendrás luz natural.* ‖ **luz roja.** Prohibición o señal de alarma: *El alto índice de paro es una luz roja para la economía española.* ‖ **luz verde.** *col.* Permiso o libertad de actuación: *Ya tienes luz verde para realizar tu propuesta.* ‖ **sacar a la luz.** Hacer público: *El periodista sacó a la luz el resultado de sus investigaciones.* ‖ **salir a (la) luz.** Hacerse público: *Fue un escándalo que salieran a la luz sus problemas conyugales.* ‖ **ver la luz.** Nacer: *Vio la luz en Madrid. Su último libro ha visto la luz.* ☐ SINT. La acepción 7 se usa más con los verbos *arrojar*, *echar* o equivalentes.

lycra s.f. →**licra.** ☐ USO Extensión del nombre de la marca comercial *Lycra®*. ☐ PRON. [líkra].

a b c d e f g h i j k l m n ñ o p q r s t u v w x y z

M

m

m s.f. Decimotercera letra del abecedario: *La primera letra de 'madre' es una 'm'.* □ PRON. Representa el sonido consonántico bilabial nasal sonoro.

maca s.f. Señal, marca o desperfecto de poca importancia: *Las frutas que tienen macas se estropean antes que las sanas.*

macabro, bra adj. Relacionado con la muerte en su aspecto más feo y repulsivo: *Le gustan los relatos macabros de crímenes y mucha sangre.*

macaco, ca s. **1** Mono de costumbres diurnas, ágil y de pelaje amarillento, que habita en los bosques europeos, africanos y asiáticos: *Los monos de Gibraltar son macacos.* 👁 **primate** **2** Persona insignificante física o moralmente: *No me digas que tienes miedo de que te pegue ese macaco.* □ USO El uso de la acepción 2, referido a niños, tiene un matiz cariñoso.

macanudo, da adj. *col.* Admirable o extraordinariamente bueno: *Si trabajas poco y cobras mucho, tienes un trabajo macanudo.* □ SINT. *Macanudo* se usa también como adverbio de modo con el significado de 'muy bien': *Lo pasamos macanudo con esa gente tan divertida.*

macarra ▌ adj./s. **1** Vulgar y de mal gusto: *Pero qué camisa más macarra llevas... Con esos pantalones tan feos pareces un macarra.* **2** *col.* Que resulta agresivo y chulo en su aspecto o en su comportamiento: *Ese cinturón con tachuelas es muy macarra. Me cambié de acera porque se acercaban cinco macarras.* ▌ s.m. **3** *vulg.* Hombre que trafica con prostitutas y vive de sus ganancias; *chulo: Por la noche esa calle está llena de macarras y de prostitutas.* □ MORF. En las acepciones 1 y 2, como adjetivo es invariable en género, y como sustantivo es de género común y exige concordancia en masculino o en femenino para señalar la diferencia de sexo: *el macarra, la macarra.*

macarrón s.m. **1** Pasta alimenticia en forma de canuto hecha de harina de trigo: *De primer plato hemos comido macarrones con tomate.* **2** Tubo fino flexible y resistente, generalmente de plástico, que sirve para recubrir algo o conducir fluidos: *Los cables de alta tensión van protegidos por macarrones aislantes.* □ ORTOGR. Es un italianismo (*maccarone*) adaptado al español. □ MORF. La acepción 1 se usa más en plural.

macarrónico, ca adj. Referido esp. a una lengua, que se usa de forma defectuosa o incorrecta: *Habla un francés macarrónico.*

macarse v.prnl. Referido a la fruta, empezar a pudrirse debido a los golpes que ha recibido: *Separa la manzana que se está macando para que no se estropeen también las demás.* □ ORTOGR. La *c* se cambia en *qu* delante de *e* ⟶**SACAR.**

macedonia s.f. Véase **macedonio, nia.**

macedónico, ca adj. ⟶**macedonio, nia.**

macedonio, nia ▌ adj./s. **1** De Macedonia (antigua región balcánica que se extendía por los actuales territorios griego y búlgaro), o relacionado con ella: *La región macedonia formó parte de los imperios búlgaro, bizantino y otomano. Alejandro Magno era el rey de los macedonios.* **2** De Macedonia o relacionado con este país europeo. ▌ s.m. **3** Lengua eslava de la antigua Yugoslavia (país europeo): *El macedonio era una de las tres lenguas oficiales yugoslavas.* ▌ s.f. **4** Postre de frutas troceadas en almíbar; *ensalada de frutas: He hecho una macedonia con manzana, pera, piña, plátano, melocotón y zumo de naranja.* □ MORF. En las acepciones 1 y 2, como sustantivo se refiere solo a las personas de Macedonia. □ SEM. En la acepción 1, como adjetivo, es sinónimo de *macedónico.*

maceración s.f. Ablandamiento de una sustancia sólida golpeándola o sumergiéndola en un líquido; *maceramiento: Para hacer agua de rosas, pon unas cuantas en maceración durante unas horas.*

maceramiento s.m. ⟶**maceración.**

macerar v. **1** Ablandar estrujando o golpeando: *Macera bien el pulpo antes de cocerlo para que no quede duro.* **2** Referido a una sustancia sólida, mantenerla sumergida en un líquido a temperatura ambiente para ablandarla o para extraer sus partes solubles: *Para hacer licor con las cerezas, tienes que macerarlas en aguardiente durante un tiempo.*

maceta s.f. **1** Recipiente, generalmente de barro cocido y más ancho por la boca que por el fondo, que sirve para cultivar plantas: *Las macetas suelen tener un orificio en el fondo que sirve para dejar salir el agua sobrante.* **2** Conjunto formado por este recipiente, la tierra y la planta que contiene: *En verano, tienes que regar las macetas más frecuentemente.* □ SEM. Es sinónimo de *tiesto.*

macetero s.m. Soporte para colocar macetas: *Tengo los tiestos metidos en maceteros de cerámica. El gato empujó el macetero y todas las macetas se rompieron al chocar contra el suelo.*

machacante s.m. *col.* Antiguo duro o moneda de cinco

pesetas: *Para utilizar la cabina telefónica, necesitaba cinco machacantes.*

machacar v. **1** Deshacer o aplastar a golpes: *Si no tienes pimienta molida, machaca la que está en grano.* **2** *col.* Destruir, derrotar o vencer de forma arrolladora: *Nuestro equipo machacó al contrario con un 6 a 0.* **3** *col.* Estudiar con insistencia: *Machaca bien las matemáticas, porque es la asignatura en la que peores notas sacas.* **4** *col.* Referido a un asunto o a un tema, insistir mucho sobre ellos: *No sigas machacando el tema de las vacaciones, que me tienes mareado.* **5** *col.* Cansar o agotar: *Trabajar tantas horas seguidas machaca a cualquiera.* **6** En baloncesto, meter el balón en la canasta con ímpetu y empujándolo hacia abajo: *Cuando el pívot machacó, se rompió el tablero.* □ ORTOGR. La *c* se cambia en *qu* delante de *e* →**SACAR**. □ SEM. Es sinónimo de *machucar*.

machacón, -a adj. Referido esp. a una persona, que insiste con pesadez o que se repite mucho: *Eres tan machacón que, por no oírte, te daré lo que pides.*

machaconería s.f. *col.* Insistencia o pesadez: *El anuncio repite la misma frase con machaconería.*

machada s.f. *col.* Acción valiente: *Ha sido una machada el atreverte a decirle a la cara lo que piensas de él.*

machamartillo ‖ **a machamartillo.** Con firmeza, con seguridad o con solidez: *Lleva el régimen de adelgazamiento a machamartillo y no prueba el dulce.* □ ORTOGR. Admite también la forma *a macha martillo*.

machaque s.m. →**machaqueo.**

machaqueo s.m. **1** Aplastamiento o destrucción de algo a base de golpes repetidos: *El machaqueo de las gotas de lluvia en la ventana me desveló.* **2** Insistencia que se pone en un tema o en la realización de algo: *El machaqueo de tus preguntas me está poniendo nerviosa.* **3** Derrota arrolladora: *Con el machaqueo de ayer al equipo contrario, nuestro equipo se coloca en cabeza de la tabla.* **4** Agotamiento o cansancio intensos: *¡Menudo machaqueo ayer en el gimnasio...!* □ SEM. Es sinónimo de *machaque*.

machetazo s.m. Golpe dado con un machete o corte producido con él: *En la selva, los exploradores se abrían paso a machetazos.*

machete s.m. **1** Cuchillo grande y fuerte que sirve para eliminar la maleza, para cortar la caña de azúcar y para otros usos: *Se abría paso entre la espesura de la selva con un machete.* **2** Arma blanca, más corta que la espada y más larga que el puñal, pesada, de hoja ancha y de un solo filo: *En la película hirieron a un soldado en un brazo con un machete.* 👁 **arma**

machismo s.m. Actitud o tendencia discriminatoria que considera al hombre superior a la mujer: *El machismo considera que la mujer es la que debe encargarse de la casa y de los hijos.*

machista ▌adj. **1** Del machismo o relacionado con esta actitud discriminatoria: *En una sociedad igualitaria las leyes no pueden ser machistas.* ▌adj./s. **2** Referido a una persona, que considera al hombre superior a la mujer: *Cuando hablo de ciertos temas con personas machistas, siempre acabo discutiendo. Es un machista y no deja que su mujer trabaje fuera de casa.* □ MORF. 1. Como adjetivo es invariable en género. 2. Como sustantivo es de género común y exige concordancia en masculino o en femenino para señalar la diferencia de sexo: *el machista, la machista*.

macho ▌adj. **1** Con la fuerza, el vigor, la valentía u otras características consideradas tradicionalmente como propias del sexo masculino: *Se cree más macho que nadie, pero hay un montón de hombres con más fuerza y valor que él.* ▌s.m. **2** Animal de sexo masculino: *El macho de la gallina es el gallo. Vi en el zoo una jirafa macho.* **3** Planta que fecunda a otra de su especie con el polen de sus estambres: *Los machos de las palmeras, a diferencia de las hembras, no dan frutos.* **4** En un objeto que consta de dos piezas encajables, la que se introduce en la otra: *El cable de los aparatos eléctricos tiene en su extremo un macho de enchufe para poder conectarlos a la red.* **5** ‖ **{apretarse/atarse} los machos.** *col.* Prepararse para afrontar o para soportar una situación o un asunto difíciles: *En épocas de crisis, a todos nos toca apretarnos los machos.* ‖ **macho cabrío.** El que es la pareja de la cabra; *cabrón*: *El macho cabrío está provisto de grandes cuernos.* □ SINT. En la acepción 2, se usa en aposición, pospuesto a un sustantivo, para designar el sexo masculino de los sustantivos epicenos: *el gorila macho; las focas macho.* □ USO Se usa como apelativo: *Venga, macho, invítame a una copita.*

machón s.m. En construcción, pilar que sostiene un techo o un arco o que se pega o se incrusta en una pared para reforzarla: *Los machones colocados en los ángulos de un edificio reciben el peso de este.*

machote, ta ▌adj./s. **1** *col.* Referido a una persona, fuerte y valiente: *Es tan machote que nunca se asusta de nada. Está hecha una machota, y seguro que se atreve a atravesar a nado ese profundo río.* ▌s.f. **2** *col.* Mujer con aspecto o modales que se consideran masculinos; *marimacho*: *Es una machota a la que muchas veces han confundido con un hombre.*

machucar v. →**machacar.** □ ORTOGR. La *c* se cambia en *qu* delante de *e* →**SACAR**.

macilento, ta adj. Delgado, pálido o triste: *Una piel macilenta no indica buena salud.*

macizo, za ▌adj. **1** *col.* Referido a una persona, que tiene la carne y los músculos duros: *Va todos los días al gimnasio y se está poniendo macizo.* **2** Que no tiene huecos en su interior: *Me han regalado una medalla de plata maciza.* ▌adj./s. **3** *col.* Referido a una persona, que tiene un cuerpo que se considera sexualmente atractivo: *El protagonista de la película está macizo. Está loco por la maciza del quinto.* ▌s.m. **4** En un terreno, elevación generalmente rocosa o grupo de montañas: *Subimos a la montaña más alta del macizo.* **5** En un jardín, agrupación de plantas que sirve como decoración: *Ha plantado un macizo de margaritas en el jardín.* **6** En una pared, parte entre dos vanos o huecos: *El macizo que hay entre las dos ventanas contiene una hornacina.*

macla s.f. En mineralogía, asociación de dos o más cristales de la misma especie, con un eje o plano común: *Los cristales que forman una macla son simétricos respecto a un eje, a un plano o a un centro.*

macramé s.m. Tejido hecho a mano con hilos muy gruesos trenzados o anudados: *El macramé tiene estructura de red. Compró macramé para hacerse una hamaca.*

macro- Elemento compositivo que significa 'grande': *macrocefalia, macroestructura, macrofotografía, macroconcierto.*

macrobiótico, ca ▌adj. **1** Que posibilita una vida duradera o que está relacionado con ella: *Dicen que los vegetales son alimentos macrobióticos.* ▌adj./s. **2** Que practica o que sigue la alimentación macrobiótica: *En el restaurante macrobiótico comimos paté vegetal. Los macrobióticos no consumen ni huevos ni leche.* ▌s.f. **3** Alimentación basada en el consumo de vegetales y de productos elaborados a partir de ellos para intentar conseguir una vida más duradera: *Las personas que practican la macrobiótica dicen que esta alimentación alarga la vida.*

macrocéfalo, la adj./s. Referido a un animal, que tiene la cabeza de un tamaño mayor de lo normal: *Es un niño macrocéfalo porque padece una enfermedad. Su tesis trata sobre los macrocéfalos y el origen de esta anomalía congénita.* □ MORF. Incorr. **macrocefálico*.

macrocosmo s.m. →**macrocosmos.**

macrocosmos s.m. El universo, entendido como un ser semejante al ser humano: *Para este filósofo, el macrocosmos, al igual que el hombre o microcosmos, está dotado de cuerpo y alma.* □ ORTOGR. Se admite también *macrocosmo*. □ MORF. Invariable en número.

macroeconomía s.f. Estudio de los sistemas económicos de una zona como un conjunto, empleando magnitudes colectivas o globales como la renta nacional, el empleo, la inversión o el consumo: *Los tratados de macroeconomía estudian los factores que determinan el origen y el empleo de los recursos de un país.* □ SEM. Dist. de *microeconomía* (estudio de la economía de los individuos, de pequeños grupos individuales o de empresas tomadas individual o sectorialmente).

macromolécula s.f. Molécula formada por muchos átomos: *Las proteínas son macromoléculas.*

macroscópico, ca adj. Que se ve a simple vista: *Las garrapatas son unos parásitos macroscópicos.*

mácula s.f. Mancha: *Tiene una hoja de servicios sin mácula.* □ USO Su uso es característico del lenguaje culto.

macuto s.m. Mochila, esp. la que llevan los soldados: *Estoy metiendo la ropa en el macuto porque me han concedido varios días de permiso.*

madalena s.f. →**magdalena.**

madama s.f. *col.* Dueña o encargada de un prostíbulo: *La madama recibía a los clientes en el salón.* □ ORTOGR. Es un galicismo (*madame*) adaptado al español.

madeira s.m. Vino ligeramente dulce, originario de Madeira (isla portuguesa): *¿Te apetece un madeira de aperitivo?*

madeja s.f. **1** Hilo recogido en vueltas iguales y generalmente grandes para que se puedan hacer ovillos fácilmente: *Yo sujetaba la madeja de lana con las dos manos mientras mi madre iba enrollando el ovillo.* 👁 **costura 2** ‖ **{enredar/liar} la madeja.** Complicar un asunto: *Bastante tenemos con los inconvenientes que nos ponen en el banco para que ahora vengas tú a enredar más la madeja.*

madera s.f. **1** En un árbol, parte sólida y fibrosa debajo de su corteza; leño: *El pino tiene una madera blanda.* **2** Esta materia, utilizada en carpintería: *He comprado madera para hacer unas estanterías.* **3** *col.* Capacidad o aptitud naturales que tiene una persona para realizar determinada actividad: *Ya desde pequeño se veía que tenía madera de artista.* **4** En música, en una orquesta, conjunto de los instrumentos de viento hechos generalmente de ese material y que se tocan soplando a través de una boquilla o de una o dos lengüetas: *La madera estaba formada por flautas, fagots y oboes.* 👁 **viento 5** ‖ **tocar madera.** Expresión que se usa cuando se teme que algo traiga mala suerte o salga mal: *¡Toca madera, no vaya a ser que el viaje se fastidie!* □ MORF. La acepción 4 en plural tiene el mismo significado que en singular.

maderero, ra adj. De la madera o relacionado con ella: *Como en esta zona hay grandes bosques, hay varias industrias madereras.*

madero s.m. **1** Pieza larga de madera, esp. la utilizada en carpintería: *Algunos de los maderos del carro estaban podridos.* **2** *col.* Miembro del cuerpo español de Policía (por alusión al color marrón de su uniforme): *Un madero nos pidió la documentación.* □ USO La acepción 2 tiene un matiz despectivo.

madrastra s.f. **1** Respecto de los hijos llevados por un hombre al matrimonio, actual mujer de este: *Se casó con un viudo que tenía un hijo y ahora es madrastra de este.* **2** Madre que trata mal a sus hijos: *Nunca pensé que una mujer de apariencia tan dulce fuera una madrastra con sus hijos.* □ MORF. En la acepción 1, su masculino es *padrastro*.

madraza s.f. *col.* Madre muy buena y cariñosa con sus hijos: *Es una madraza y solo vive para sus hijos.* □ MORF. Su masculino es *padrazo*.

madre s.f. **1** Hembra que tiene uno o más hijos: *El ternerito seguía a su madre. No puede ser madre, porque le han extirpado la matriz.* **2** Respecto de un hijo, mujer que lo ha traído al mundo o que se hace cargo legalmente de él como hijo propio sin que sea hijo biológico: *Mi madre adoptiva es la persona a la que más quiero en el mundo.* **3** Causa u origen de donde algo proviene: *Se dice que la envidia es la madre de todos los vicios.* **4** Tratamiento que se da a las religiosas de determinadas congregaciones: *La madre que está en la enfermería del colegio es muy simpática.* **5** *col.* Persona muy buena con los demás: *Esa profesora es una madre con sus alumnos.* **6** Referido a un río o a un arroyo, cauce por donde corren sus aguas: *El río se salió de madre e inundó todo el valle.* **7** ‖ **de puta madre.** *vulg.malson.* Muy bueno o muy bien: *El reloj que se compró es de puta madre. Este tío conduce de puta madre.* ‖ **la madre del cordero.** *col.* La razón real de un hecho o de un suceso: *¿No me digas que esa tontería es la madre del cordero?* ‖ **la madre que {me/te/le...} parió.** *col.* Expresión que se usa para indicar enfado con alguien: *¡La madre que los parió, esos chicos me han vuelto a romper el cristal del coche!* ‖ **madre de leche.** Mujer que ha amamantado a un niño sin ser suyo: *Como mi madre murió durante el parto, me crío una madre de leche.* ‖ **madre (mía)** o **{mi/tu/su} madre.** *col.* Expresión que se usa para indicar extrañeza, sorpresa, admiración o disgusto: *¡Madre mía, qué miedo hemos pasado! ¡Mi madre, qué cochazo tiene tu colega!* ‖ **mentar la madre** a alguien. Nombrarla de manera injuriosa para insultar a su hijo: *¡Ni se te ocurra mentar a mi madre, porque te parto la cara!* ‖ **sacar de madre** a alguien. *col.* Irritarlo o hacerle perder la paciencia: *Me saca de madre que sea tan pesado.* ‖ **salirse** alguien **de madre.** *col.* Excederse o pasarse de lo acostumbrado o de lo normal: *En cuanto bebe un poco de alcohol se sale de madre.* □ MORF. En las acepciones 1 y 2, su masculino es *padre*. □ SINT. En la acepción 3, se usa mucho en aposición, pospuesto a un sustantivo. □ SEM. *Madre de leche* es sinónimo de *ama de cría*, *ama de leche* y *nodriza*.

madreperla s.f. Molusco marino de concha casi circular, que se pesca para recoger las perlas que suele tener en su interior y aprovechar el nácar de la concha: *Estos botones son artesanos y están hechos con nácar de concha de madreperla.*

madrépora s.f. Pólipo o animal celentéreo propio de los mares cálidos, que vive en colonias, y cuyo esqueleto exterior calcáreo, cuando se solidifica, llega a formar escollos o islas de coral en forma de árbol: *Las madréporas se agrupan en colonias numerosísimas.*

madreselva s.f. **1** Planta trepadora, de tallos largos, hojas opuestas y flores olorosas: *Las madreselvas del jardín desprenden un aroma muy agradable.* **2** Flor de esta planta: *Las madreselvas se disponen en la terminación de las ramas formando espigas alargadas.*

madrigal s.m. **1** En literatura, composición poética generalmente breve, de tema amoroso o de sentimientos delicados, formada por una combinación de versos heptasílabos y endecasílabos rimados y distribuidos en estrofas libremente: *Gutierre de Cetina compuso en el siglo XVI un famoso madrigal que comienza: 'Ojos claros, serenos...'.* **2** En música, composición, generalmente para varias voces, con o sin acompañamiento instrumental, sobre un texto lírico de carácter profano y en lengua vernácula: *La coral interpretó varios madrigales del siglo XVI.*

madriguera s.f. **1** Cueva pequeña y estrecha en la que viven algunos animales: *El conejo cayó en la trampa que le pusieron a la salida de su madriguera.* **2** *col.* Lugar en el que se esconden los delincuentes: *Los ladrones escondieron el botín en su madriguera.*

madrileño, ña adj./s. De Madrid o relacionado con esta comunidad autónoma española, con su provincia o con su capital: *Carabanchel es un barrio madrileño. Los madrileños tienen fama de ser muy acogedores con todo el mundo.* ☐ MORF. Como sustantivo se refiere solo a las personas de Madrid.

madrina s.f. **1** Respecto de una persona, mujer que la presenta o la asiste al recibir ciertos sacramentos o algún honor: *La madrina de la boda fue la madre del novio.* **2** Mujer que patrocina o preside ciertos actos y ceremonias: *En la botadura de un barco, la madrina debe romper una botella estrellándola contra el casco.* ☐ MORF. Su masculino es *padrino*.

madrinazgo s.m. Función o cargo de madrina: *El madrinazgo de mujeres de la alta sociedad hace posible la existencia de esta institución benéfica.*

madroño s.m. **1** Arbusto de hojas simples en forma lanceolada, y con flores generalmente blancas que nacen en ramilletes: *El escudo de Madrid tiene una osa apoyada en un madroño.* **2** Fruto de este arbusto: *El madroño es comestible y de forma esférica, rojo por fuera y amarillo por dentro.*

madrugada s.f. **1** Momento inicial del día, en que aparece la primera luz antes de salir el sol; *alba, amanecer: Se fue de copas y llegó de madrugada.* **2** Horas que siguen a la medianoche: *El tren salió de la estación a las tres de la madrugada.* **3** ‖ **de madrugada.** Al amanecer o al comienzo de un nuevo día: *Se levantó de madrugada porque tenía que marcharse de viaje.*

madrugador, -a ▮ adj. **1** *col.* Que tiene lugar muy pronto: *El equipo visitante marcó un gol madrugador cuando solo habían transcurrido dos minutos de juego.* ▮ adj./s. **2** Que tiene costumbre de madrugar; *tempranero: Soy muy madrugador y los domingos también me levanto a las siete de la mañana. Los madrugadores suelen acostarse temprano.*

madrugar v. **1** Levantarse al amanecer o muy temprano: *Madrugo todos los días para ir a trabajar.* **2** *col.* Anticiparse o adelantarse a los demás en la ejecución o en la solicitud de algo: *Si quieres conseguir que te firmen ese contrato, tendrás que madrugar más que nadie.* **3** Ocurrir o tener lugar muy pronto o al principio de algo: *El primer premio de la lotería madrugó mucho en el sorteo de ayer.* ☐ ORTOGR. La *g* se cambia en *gu* delante de *e* →**PAGAR**.

madrugón s.m. *col.* Acción de levantarse muy temprano: *Si vas a coger el autobús de las cinco de la mañana, tendrás que darte un madrugón.*

maduración s.f. Desarrollo total, referido esp. a un fruto, a una persona o a una idea: *La maduración de las uvas marca la época de la vendimia.* ☐ SEM. Se usa referido esp. al desarrollo físico, frente a *madurez*, que se prefiere para el desarrollo moral.

madurar v. **1** Referido a un fruto, adquirir la madurez o el desarrollo completo: *Esas naranjas están verdes y todavía no han madurado.* **2** Referido a una persona, crecer y desarrollarse física, intelectual y emocionalmente: *No madurarás nunca si no eres capaz de asumir tus propias decisiones.* **3** Referido a un fruto, hacer que adquiera la madurez o el desarrollo completo: *El calor madura las frutas.* **4** Referido esp. a una idea, meditarla: *Tienes que madurar el proyecto un poco más, antes de presentarlo para su aprobación.*

madurez s.f. **1** Desarrollo completo de un fruto: *En esta época del año, los frutos alcanzan la madurez.* **2** Desarrollo físico, intelectual y emocional de una persona, caracterizado generalmente por el buen juicio a la hora de actuar: *Dio muestras de gran madurez al admitir su responsabilidad en el asunto.* **3** Período de la vida de una persona, desde el final de la juventud hasta el principio de la vejez: *Hace tiempo que alcanzó la madurez porque tiene cincuenta años.* ☐ SEM. Se usa referido esp. al desarrollo moral, frente a *maduración*, que se prefiere para el desarrollo físico.

maduro, ra adj. **1** Referido a un fruto, que ha alcanzado su desarrollo completo: *Las ciruelas maduras son muy blanditas.* **2** Referido a una persona, entrada en años: *Prefiere a los hombres maduros porque los jóvenes le aburren.* **3** Referido a una persona, sensata o experimentada: *Me gusta hablar con ella porque es una chica madura.* **4** Referido esp. a una idea, muy meditada: *Su proyecto ya está maduro, solo falta que se lo aprueben.*

maese s.m. Tratamiento de respeto que se daba antiguamente a los hombres que tenían determinados oficios: *Visitó la ciudad en la que vivía el famoso barbero maese Nicolás.* ☐ SINT. Se usaba antepuesto a un nombre propio de persona.

maestranza s.f. **1** Conjunto de talleres e instalaciones donde se construyen y se reparan las piezas de artillería y otros armamentos: *Trabajaba en una maestranza reparando cañones.* **2** Conjunto de personas que trabajan en estos talleres e instalaciones: *Formó parte durante muchos años de la maestranza de arsenales navales.*

maestrazgo s.m. **1** En una orden militar, cargo de maestre: *Ejerció el maestrazgo de la orden de Santiago.* **2** Territorio sobre el que antiguamente un maestre ejercía su autoridad: *Esa villa perteneció, durante la Edad Media, al maestrazgo de Alcántara.*

maestre s.m. **1** En una orden militar, superior o jefe: *Fue nombrado maestre de la orden templaria.* **2** ‖ **maestre de campo.** Antiguamente, oficial de grado superior que mandaba un número determinado de tropas y cuya graduación equivale en la actualidad a la de coronel: *El maestre del campo pasó revista a las tropas acampadas en retaguardia.*

maestría s.f. **1** Destreza o habilidad para enseñar o para hacer algo: *Marcó el gol con gran maestría.* **2** Título u oficio de maestro, esp. en una profesión manual: *Solo le queda un curso para conseguir la maestría en electricidad.*

maestro, tra ▌adj. **1** Referido a un elemento arquitectónico, que es el principal en su clase: *Las paredes y las vigas maestras sostienen el resto del edificio.* **2** Referido esp. a una obra de creación, que destaca entre las de su clase por ser de gran perfección: *Esta sinfonía es una de las piezas maestras de este compositor.* ▌s. **3** Profesor de educación infantil o primaria: *El maestro castigó sin recreo a sus alumnos.* **4** Persona que enseña una ciencia, un arte o un oficio, esp. si está titulada para ejercerlo: *Cuando entré de aprendiz, el maestro del taller me enseñó todo lo que sé.* **5** Persona que ha adquirido gran experiencia, habilidad o conocimiento en un arte, en una actividad o en una materia: *Es un maestro en evitar situaciones comprometidas.* **6** Persona que dirige las operaciones de una actividad o el desarrollo de un acto: *El maestro de ceremonias nos indicó la mesa que debíamos ocupar.* **7** Lo que instruye, alecciona o enseña: *La experiencia es la mejor maestra.* ▌s.m. **8** Músico o director de orquesta: *Después de su discurso, el alcalde pidió: '¡Música, maestro!'.* **9** En tauromaquia, matador de toros: *'¡Suerte, maestro!', gritaron desde la barrera cuando el diestro iba a entrar a matar.*

mafia s.f. **1** Organización criminal clandestina surgida en Sicilia (isla mediterránea italiana) que impone su propia ley mediante la violencia: *El asesinato del juez es obra de la mafia.* **2** Grupo que emplea métodos ilegítimos o que no deja participar a otros en una actividad: *Criticó la asociación cultural del barrio diciendo que era una auténtica mafia.*

mafioso, sa adj./s. De la mafia o relacionado con ella: *La policía detuvo una red mafiosa dedicada al tráfico de drogas. El tribunal condenó al mafioso a 30 años de cárcel.*

magacín s.m. **1** Revista ilustrada de información general: *En el magacín leí la entrevista hecha al ministro de exteriores.* **2** Programa de televisión o de radio en el que se combinan entrevistas, reportajes y variedades: *Se inició el magacín con un pase de modelos.* □ ORTOGR. Es un anglicismo (*magazine*) adaptado al español.

magazine s.m. →**magacín.** □ PRON. [magasín]. □ USO Es un anglicismo innecesario.

magdalena s.f. Bollo pequeño hecho con harina, aceite, leche y huevo y que se cuece generalmente en moldes de papel: *Desayuno todos los días un vaso de leche y dos magdalenas.* □ ORTOGR. Se admite también *madalena*.

magenta (italianismo) s.m. Color rosa oscuro fuerte: *El magenta es un color base en imprenta.* □ SINT. Se usa más en aposición, pospuesto a un sustantivo.

magia s.f. **1** Conjunto de conocimientos y prácticas que permiten la manipulación de las fuerzas ocultas de la naturaleza o la invocación de espíritus para conseguir fenómenos sobrenaturales: *Los encantamientos y los males de ojo pertenecen a la magia.* **2** Habilidad para hacer algo maravilloso e irreal mediante trucos: *En uno de sus números de magia sacó un conejo de un sombrero.* **3** Encanto o atractivo irresistibles, esp. si parecen irreales o no se sabe bien en qué consisten: *Todos nos quedamos callados ante la magia del lugar.* **4** ‖ **magia {blanca/natural}.** La que por medio de causas naturales produce efectos que parecen sobrenaturales pero no son nunca negativos: *El hada buena utilizaba la magia blanca para hacer el bien.* ‖ **magia negra.** La que invoca a los espíritus del mal, esp. al diablo, para conseguir fenómenos sobrenaturales; *nigromancia: La bruja utilizó magia negra para convertir al príncipe en sapo.*

magiar ▌adj./s. **1** De un grupo étnico que habita en Hungría (país europeo) y Transilvania (región rumana), o relacionado con él: *La población magiar procede de la estepa euroasiática. Los magiares penetraron en Europa en el siglo IX.* ▌s.m. **2** Lengua de Hungría (país europeo) y de otras regiones; *húngaro: Antes de distribuirla, doblaron al castellano una película en magiar.* □ MORF. 1. Como adjetivo es invariable en género. 2. En la acepción 1, como sustantivo es de género común y exige concordancia en masculino o en femenino para señalar la diferencia de sexo: *el magiar, la magiar*.

mágico, ca adj. **1** De la magia o relacionado con ella: *La princesa bebió la pócima mágica y se convirtió en mariposa.* **2** Maravilloso, estupendo o fascinante: *Todo se alió para que fuese una noche mágica.*

magisterio s.m. **1** Profesión de maestro: *Lleva ejerciendo el magisterio más de 20 años.* **2** Conjunto de estudios que se realizan para la obtención del título de maestro de enseñanza infantil o primaria: *Está estudiando magisterio porque le gusta mucho la enseñanza.* **3** Enseñanza, autoridad e influencia moral e intelectual que alguien ejerce sobre sus discípulos: *Los católicos aceptan el magisterio del papa en lo que se refiere a la interpretación de la Biblia.*

magistrado, da ▌s. **1** Miembro de la carrera judicial con categoría superior a la de juez: *Es magistrado del Tribunal Constitucional.* ▌s.m. **2** Superior en el orden civil, esp. los ministros de justicia: *En la antigua República romana, los cónsules, pretores y censores eran magistrados.*

magistral adj. Hecho con maestría: *El torero realizó una faena magistral.* □ MORF. Invariable en género.

magistratura s.f. **1** Cuerpo o conjunto de magistrados: *La magistratura se opuso a la nueva ley de seguridad ciudadana.* **2** Cargo o profesión de magistrado: *Vive con desahogo económico gracias a su magistratura.* **3** Tiempo durante el que un magistrado ejerce su cargo: *Durante su magistratura, nunca tuvo serios problemas laborales.* **4** ‖ **llevar a magistratura.** Referido esp. a un conflicto de tipo laboral, denunciarlo ante este tribunal de justicia: *Llevó a magistratura a su empresa, porque no le pagaba lo que le debían.*

magma s.m. En geología, masa de rocas fundidas existente en el interior de la Tierra y sometida a presión y temperatura muy elevadas: *El magma se solidifica por enfriamiento.*

magmático, ca adj. Del magma o relacionado con esta masa en fusión: *En las laderas de los volcanes hay numerosas rocas magmáticas.*

magnanimidad s.f. Generosidad y grandeza de espíritu, esp. para perdonar las ofensas recibidas: *Al galán se le exigía nobleza de sangre, valentía y magnanimidad.*

magnánimo, ma adj. Generoso y con grandeza de espíritu, esp. en el perdón de las ofensas recibidas: *Era un rey justo y magnánimo con sus súbditos.*

magnate s. Persona que tiene un alto cargo y mucho poder en el mundo de los negocios, de la industria o de las finanzas: *Los magnates de la industria se oponen a los planes económicos del Gobierno.* □ MORF. Es de género común y exige concordancia en masculino o en femenino para señalar la diferencia de sexo: *el magnate, la magnate.*

magnesia s.f. Sustancia terrosa, alcalina, de color blanco, que, combinada con determinados ácidos, forma sales muy usadas en medicina: *La magnesia es óxido de magnesio.* □ ORTOGR. Dist. de *magnesio*.

magnésico, ca adj. Del magnesio o relacionado con este elemento químico: *Algunos ácidos magnésicos tienen propiedades laxantes.*

magnesio s.m. Elemento químico, metálico y sólido, de número atómico 12, de color blanco plateado, fácilmente deformable y ligero, que arde con facilidad y produce una luz clara y brillante: *El magnesio se emplea en fotografía.* □ ORTOGR. 1. Su símbolo químico es *Mg*. 2. Dist. de *magnesia*.

magnético, ca adj. Del imán o con características de este: *El funcionamiento de la brújula se basa en la atracción magnética.*

magnetismo s.m. **1** Agente físico por cuya acción los imanes y las corrientes eléctricas producen un conjunto de fenómenos magnéticos: *La producción de corriente eléctrica inducida es un fenómeno posible gracias al magnetismo.* **2** Fuerza de atracción del imán: *Comprobaron que el mineral analizado poseía menos magnetismo de lo que se pensaba.* **3** Atractivo o poder que posee una persona para atraer la voluntad o el interés de los demás: *No creo que haya nadie capaz de resistirse al magnetismo de su mirada.*

magnetización s.f. Comunicación de las propiedades del imán a un cuerpo: *En ese laboratorio se realiza la magnetización de ciertos metales.*

magnetizar v. **1** Referido a un cuerpo, comunicarle las propiedades del imán: *Magnetizó el hierro poniéndolo en contacto con un imán.* **2** Referido a una persona, atraerla o fascinarla: *Con su encanto me magnetizó.* □ ORTOGR. La *z* se cambia en *c* delante de *e* →**CAZAR**.

magneto s.f. Generador de corriente eléctrica formado por uno o varios imanes permanentes que la inducen o transmiten a un dispositivo: *El coche no funciona porque tiene motor de explosión y se ha roto la magneto.* □ MORF. Se usa también como masculino.

magnetofón s.m. *col.* →**magnetófono.** □ USO Procede del nombre de la marca comercial *Magnetophon®*.

magnetofónico, ca adj. Del magnetófono o relacionado con este aparato: *Recogió las declaraciones de la ministra en una cinta magnetofónica.*

magnetófono s.m. Aparato capaz de grabar y de reproducir sonidos en una cinta magnética (por extensión del nombre de la marca comercial *Magnetophon®*); *grabadora, magnetofón: Mi primer magnetófono era casi tan grande como toda mi cadena musical de ahora.*

magnicida adj./s. Referido a una persona, que asesina a otra que es importante por su cargo o por su poder: *El delincuente magnicida murió acribillado por las balas de la policía. La magnicida declaró que lo volvería a matar mil veces porque de ello dependía la liberación de su pueblo.* □ MORF. 1. Como adjetivo es invariable en género. 2. Como sustantivo es de género común y exige concordancia en masculino o en femenino para señalar la diferencia de sexo: *el magnicida, la magnicida.*

magnicidio s.m. Asesinato de una persona muy importante por su cargo o por su poder: *Detuvieron a varios sospechosos relacionados con el magnicidio del presidente del país.*

magnificar v. Ensalzar o elogiar en exceso: *El crítico magnificó la representación teatral, y, sin embargo, ha sido un fracaso.* □ ORTOGR. La *c* se cambia en *qu* delante de *e* →**SACAR**.

magníficat s.m. Cántico que dirigió a Dios la Virgen María (según la Biblia, madre de Jesucristo) en la visita a su pariente Isabel, y que se reza o canta al final de las vísperas: *Según el Evangelio de san Lucas, el magníficat empieza con la frase 'Proclama mi alma la grandeza del Señor'.* □ MORF. Su plural es *magníficats*.

magnificencia s.f. **1** Grandiosidad, ostentación o abundancia de lujo: *Quedé impresionado por la magnificencia de la mansión en la que vivía mi amigo.* **2** Generosidad o buena disposición para realizar grandes gastos o prestarse a grandes empresas: *Se ha agradecido a los voluntarios de la Cruz Roja la magnificencia de su gesto.*

magnificente adj. Que muestra magnificencia o generosidad: *Donar tanto dinero ha sido un gesto magnificente por tu parte.* □ MORF. 1. Invariable en género. 2. Incorr. **magnificiente*.

magnífico, ca adj. **1** Muy bueno o con grandes cualidades: *Me pareció un libro magnífico y por eso te lo recomiendo.* **2** Espléndido, grandioso o con gran lujo: *Solo por el magnífico paisaje merece la pena hacer el viaje.* **3** Tratamiento honorífico que corresponde a los rectores universitarios: *El Magnífico y Excelentísimo señor Rector presidió la apertura del curso.*

magnitud s.f. **1** Tamaño o importancia de algo: *No se tienen aún datos de la magnitud de la catástrofe.* **2** Lo que puede ser objeto de medida, esp. referido a una propiedad física: *La fuerza y la temperatura son dos magnitudes físicas.*

magno, na adj. *poét.* Grande: *La celebración de los Juegos Olímpicos es un magno acontecimiento.*

magnolia s.f. **1** Árbol de copa ancha, tronco de corteza lisa, grandes hojas correosas y persistentes y flores blancas muy olorosas; *magnolio: La magnolia es originaria de América.* **2** Flor de este árbol: *Las magnolias son flores de grandes y carnosos pétalos.*

magnoliáceo, a ▮ adj./s. **1** Referido a un árbol o a un arbusto, que tiene hojas alternas y sencillas, flores terminales grandes y olorosas y frutos en cápsula con semillas de albumen carnoso: *La magnolia es un árbol magnoliáceo. Las magnoliáceas son propias de regiones tropicales.* ▮ s.f.pl. **2** En botánica, familia de estas plantas, perteneciente a la clase de las dicotiledóneas: *Se conocen unas cien especies de magnoliáceas.*

magnolio s.m. →**magnolia.**

mago, ga s. **1** Persona que practica la magia: *El mago sacó de su chistera dos palomas.* **2** Persona que tiene especial habilidad para realizar una actividad: *Es un mago de las finanzas.*

magrear v. *vulg.* Sobar o manosear con intención sexual: *Pero guapo, ¿tú quién te has creído que eres para intentar magrearme?*

magrebí adj./s. Del Magreb (región africana que se extiende aproximadamente por Marruecos, Argelia y Túnez), o relacionado con él: *La avalancha magrebí bloquea los accesos al estrecho de Gibraltar. Muchos magrebíes emigraron a España y Francia.* □ MORF. 1. Como adjetivo es invariable en género. 2. Como sustantivo es de género común y exige concordancia en masculino o en femenino para señalar la diferencia de sexo: *el magrebí, la magrebí*. 3. Aunque su plural en la lengua culta es *magrebíes*, se usa mucho *magrebís*.

magro, gra ▮ adj. **1** Con poca grasa o sin ella: *Póngame un kilo de carne magra.* ▮ s.m. **2** Carne de cerdo sin grasa y próxima al lomo: *Nos tomamos una caña con unas tapas de magro adobado.*

magulladura s.f. Daño que sufre una parte del cuerpo al haber sido comprimida o golpeada violentamente; *magullamiento: Tras el atropello, sufre magulladuras en todo el cuerpo.*

magullamiento s.m. →**magulladura.**

magullar v. Referido esp. a una parte del cuerpo, dañarla sin llegar a herirla al comprimirla o golpearla violentamente; *contusionar: Al asirme tan fuerte del brazo, me lo magulló. Se magulló todo el cuerpo cuando se cayó rodando.*

mahatma s.m. Título honorífico que se da en la India a una autoridad espiritual: *El mahatma Gandhi defendió la lucha sin violencia.* ☐ PRON. [majátma], con *j* suave.

mahometano, na ▮ adj. **1** De Mahoma (profeta árabe), o relacionado con su religión: *La ideología mahometana se basa en la creencia en un solo dios, Alá.* ▮ adj./s. **2** Que tiene como religión el islamismo: *Los fieles mahometanos deben ayunar durante el mes del ramadán. Los mahometanos no pueden comer carne de cerdo.* ☐ SEM. Es sinónimo de *musulmán*.

mahometismo s.m. Religión monoteísta cuyos dogmas y preceptos fueron predicados por Mahoma (profeta árabe) y recogidos en el libro sagrado del *Corán*; *islam, islamismo: El mahometismo es la religión predominante en los territorios árabes.*

mahonesa s.f. →**mayonesa.**

maicena s.f. Harina fina de maíz (por extensión del nombre de la marca comercial *Maizena®*): *Le he puesto maicena al chocolate para que espese.* ☐ USO Su uso es innecesario y puede sustituirse por una expresión como *harina de maíz*.

mailing s.m. Envío de información o de propaganda por correo a partir de una lista, lo más amplia posible, de personas que pudieran estar interesadas: *Esta empresa ha hecho un mailing para darse a conocer en todo el país.* ☐ PRON. [méilin]. ☐ USO Su uso es innecesario y puede sustituirse por una expresión como *envío postal*.

maillot s.m. Prenda de vestir deportiva, elástica y fina, que se ajusta a una o varias partes del cuerpo: *El ciclista llevó el maillot amarillo durante varias etapas.* ☐ PRON. [maiyót] o [mayót]. ☐ ORTOGR. Es un término del francés (*maillot*) adaptado al español. ☐ MORF. Su plural es *maillots*.

mainel s.m. En arquitectura, elemento vertical, largo y estrecho, que divide un vano en dos partes; *parteluz: Uno de los maineles de la catedral de Compostela tiene adosada una escultura románica.*

maitines s.m.pl. En la Iglesia católica, primera de las horas canónicas: *Los maitines se rezan antes del amanecer.*

maître (galicismo) s.m. En un restaurante, jefe de comedor: *El maître nos recomendó que tomásemos el postre de la casa.* ☐ PRON. [métre]. ☐ ORTOGR. Se propone la forma adaptada *metre*.

maíz s.m. **1** Cereal de tallo alto y recto, hojas grandes, alargadas y alternas, flores masculinas en racimo y femeninas en mazorcas con granos gruesos y amarillos muy nutritivos: *El maíz es un cereal propio de la América tropical.* 👁 **cereal 2** Grano de este cereal: *Las palomitas son maíz tostado.*

maizal s.m. Terreno plantado de maíz: *No encontraron a los presos evadidos porque se habían escondido en los maizales.*

majada s.f. Lugar en el que se recoge el ganado por la noche y se refugian los pastores: *El zagal juntó a las ovejas para llevarlas a la majada.*

majadería s.f. Hecho o dicho propios de un majadero: *No hagas más el idiota y deja de decir majaderías.*

majadero, ra adj./s. *desp.* Referido esp. a una persona, tonta, necia o molesta por su pedantería o por su falta de oportunidad: *Es tan majadero que le dan con la puerta en las narices y sigue insistiendo. Esa majadera no dice más que tonterías.* ☐ USO Se usa como insulto.

majar v. Referido esp. a un fruto, machacarlo: *Hay que majar las almendras para mezclarlas con la masa de la tarta.* ☐ ORTOGR. Conserva la *j* en toda la conjugación.

majara adj./s. *col.* →**majareta.** ☐ MORF. 1. Como adjetivo es invariable en género. 2. Como sustantivo es de género común y exige concordancia en masculino o en femenino para señalar la diferencia de sexo: *el majara, la majara*.

majareta adj./s. *col.* Loco o con las facultades mentales un poco trastornadas; *majara: Para hacer semejante locura hay que estar majareta perdido. Aquel majareta cogió la manguera y empapó a todo el mundo.* ☐ MORF. 1. Como adjetivo es invariable en género. 2. Como sustantivo es de género común y exige concordancia en masculino o en femenino para señalar la diferencia de sexo: *el majareta, la majareta*.

majestad s.f. **1** Grandeza o distinción que infunden admiración y respeto: *Creían que era un príncipe por la majestad de su porte.* **2** Tratamiento honorífico que corresponde a Dios, a los emperadores y a los reyes: *El congreso será presidido por su majestad el rey.* ☐ SINT. La acepción 2 se usa más en la expresión *{su/vuestra} majestad*.

majestuosidad s.f. Carácter distinguido y grandioso que impone admiración y respeto: *La majestuosidad del vuelo de las águilas siempre me ha cautivado.*

majestuoso, sa adj. Que tiene majestad o que infunde admiración o respeto por la grandeza y distinción de su aspecto o de su forma de actuar: *Llegó con aire majestuoso y se fue humillado y abatido.*

majo, ja ▮ adj. **1** *col.* Que resulta agradable por poseer alguna cualidad destacada: *Mi casa es pequeña, pero muy maja.* ▮ s. **2** Persona que vivía en ciertos barrios populares madrileños a finales del siglo XVIII y principios del XIX y que se caracterizaba por sus trajes vistosos y sus modales graciosos y desenvueltos: *Goya pintó muchas escenas de majos.*

majorette (anglicismo) s.f. Mujer que desfila en los festejos públicos moviendo rítmicamente un bastón y generalmente vestida con un uniforme vistoso: *El desfile iba precedido por un grupo de majorettes.* ☐ PRON. [mayorét].

mal ▮ adj. **1** →**malo, la.** ▮ s.m. **2** Lo contrario del bien o lo que se aparta de lo lícito y honesto: *Los héroes infantiles siempre luchan contra el mal.* **3** Daño moral o físico: *Esas críticas me han hecho mucho mal.* **4** Enfermedad o dolencia: *El médico le ha dicho que su mal no tiene solución.* **5** Desgracia o calamidad: *Para mi mal, me he enamorado de alguien que me desprecia.* ▮ adv. **6** Referido al estado de una persona, sin salud o con aspecto poco saludable: *Me encuentro mal, y no sé qué me ocurre.* **7** De mala manera, contrariamente a lo que es debido, correcto o agradable: *¿Por qué haces mal lo que puedes hacer bien? Aquí huele mal.* **8** Contrariamente a lo previsto o a lo deseado: *Las vacaciones terminaron mal.* **9** Poco o insuficientemente: *Creo que me he explicado mal, te he dicho que no puedes salir.* **10** Con grandes dificultades: *Mal puedo saber con quién fuiste si no me lo dices.* **11** ‖ **de mal en peor.** Con menos acierto cada vez o empeorando de forma progresiva: *Sus estudios van de mal en peor.* ‖ **estar a mal.** Estar enemistado o en malas relaciones: *¿Por qué estás a mal conmigo?* ‖ **mal de la piedra.** Forma gradual de desmoronamiento y destrucción de la piedra por efecto de la humedad y la contaminación atmosférica: *Los monumentos atacados por el mal de la piedra están muy deteriorados.* ‖ **mal de {montaña/las alturas}.** Malestar producido en las grandes alturas por la disminución de la presión atmosférica: *El mal de montaña puede ocasionar vértigo y vómitos.* ‖ **mal de ojo.** Daño o perjuicio que se cree que una persona puede causar a otra mirándola de determinada manera: *Como no soy supersticiosa, no creo en el mal de ojo.* ‖ **mal que bien.** De una manera o de otra, o venciendo las dificultades: *Mal que bien, vamos saliendo de esta.* ‖ **mal que le pese** a alguien. Aunque no quiera, aunque le cueste o aunque le disguste: *Mal que me pese, iré a verla, porque se lo he prometido.* ‖ **menos mal.** Expresión que se usa para indicar alivio: *Menos mal que puedes quedarte tú con los niños, porque yo tengo que salir sin falta.* ☐ MORF. 1. En la acepción 1, es apócope de *malo* ante sustantivo masculino singular. 2. Se combina con otras unidades léxicas como un prefijo, y a veces llega a formar con ellas una sola palabra: *maleducado, maldecir*.

malabarismo ▮ s.m. **1** Arte o técnica de realizar ejercicios de agilidad y destreza que consisten en mantener algunos objetos en equilibrio y recogerlos de diversas formas: *En el circo siempre hay números de malabarismo.* ▮ pl. **2** Lo que se hace con gran habilidad a pesar de su dificultad o de su complicación: *Este cineasta hace malabarismos con la cámara.* ☐ SINT. La acepción 2 se usa más en la expresión *hacer 'malabarismos'*.

malabarista s. Persona que realiza juegos malabares: *Muchos payasos son también malabaristas. Ese jugador es un malabarista con el balón.* ☐ MORF. Es de género común y exige concordancia en masculino o en femenino para señalar la diferencia de sexo: *el malabarista, la malabarista*.

malacostumbrar v. Acostumbrar mal, esp. si es por exceso de mimo: *Malacostumbró a su hijo de pequeño, y ahora está sufriendo las consecuencias.*

málaga s.m. Vino dulce y de color oscuro que se elabora con uva de Málaga (provincia andaluza): *Antes de comer nos tomamos una copita de málaga.*

malagueño, ña ▮ adj./s. **1** De Málaga o relacionado con esta provincia española o con su capital: *Las costas malagueñas reciben cada año miles de turistas. Los malagueños se sienten muy orgullosos de sus vinos.* ▮ s.f. **2** Cante flamenco originario de Málaga (provincia andaluza), de carácter popular y compuesto por coplas de cuatro versos octosilábicos: *La malagueña se canta con acompañamiento de guitarra y castañuelas, y es parecida al fandango.* **3** Canto típico canario: *Cuando estuve en Tenerife me enseñaron a cantar malagueñas.* ☐ MORF. En la acepción 1, como sustantivo se refiere solo a las personas de Málaga.

malaje adj./s. *col.* Referido a una persona, malvada, malintencionada o desagradable: *No seas tan malaje, hombre, que parece que disfrutas fastidiando a los demás. ¡Menudo malaje tienes por amigo!* ☐ MORF. 1. Como adjetivo es invariable en género. 2. Como sustantivo es de género común y exige concordancia en masculino o en femenino para señalar la diferencia de sexo: *el malaje, la malaje*.

malandrín, -a adj./s. Malvado o perverso: *Tardaron algún tiempo en descubrir las tretas del joven malandrín. Dijo el caballero: «¡Defiéndete, malandrín!».* ☐ USO Aunque antiguamente se usaba como insulto, hoy tiene un sentido humorístico.

malaquita s.f. Mineral de cobre, de color verde, pesado y frágil, y que se usa como piedra ornamental: *Me han traído de México una figurilla de malaquita.*

malar ▮ adj. **1** De la mejilla: *Tiene un absceso en la región malar derecha.* ▮ s.m. **2** →**hueso malar.** 👁 **cráneo** ☐ MORF. Como adjetivo es invariable en género.

malaria s.f. Enfermedad caracterizada por fiebres altas e intermitentes, transmitida por la picadura del mosquito anofeles hembra; *paludismo*: *Al comprobar que tenía malaria, el médico le administró quinina.*

malasio, sia adj./s. De Malasia (país asiático) o relacionado con ella: *La capital malasia es Kuala Lumpur.*

malayo, ya ▮ adj./s. **1** Del grupo étnico caracterizado por tener pequeña estatura, piel morena, pelo liso y nariz aplastada, o relacionado con él: *La población malaya se extiende por Indonesia, Malaisia y Filipinas. Los malayos tienen ojos grandes y labios prominentes.* **2** De Malaca (península asiática), de Malasia (país asiático), o relacionado con ellas: *La población malaya se compone principalmente de malayos y chinos. Los malayos tienen un alto nivel de vida en comparación con el de otros países asiáticos.* ▮ s.m. **3** Lengua asiática de este y otros países: *El malayo es una de las cuatro lenguas oficiales de Singapur.* ☐ MORF. En la acepción 2, como sustantivo se refiere solo a las personas de Malaca y Malasia.

malbaratar v. Referido a las posesiones de una persona, malgastarlas, disiparlas o malvenderlas: *Malbarató su fortuna y se arruinó en menos de un año.*

malcomer v. Comer escasamente, mal o sin hambre: *Malcomimos en un horrible restaurante de carretera.*

malcriado, da adj./s. Descortés o sin educación: *Solo una persona malcriada no contesta cuando le hablan. Dos malcriados se burlaban del ciego.* ☐ ORTOGR. Admite también la forma *mal criado*.

malcriar v. Referido esp. a un niño, educarlo mal por permitirle hacer lo que quiere y por satisfacer todos sus caprichos: *No quiero dejar al niño con mi madre porque lo malcría.* ☐ ORTOGR. La *i* lleva tilde en los presentes, excepto en las personas *nosotros* y *vosotros* →**VACIAR**.

maldad s.f. **1** Carácter de lo que es malo o malintencionado: *No dejes que te afecte la maldad de sus comentarios.* **2** En una persona, inclinación natural a hacer el mal: *Su maldad es tan grande que se alegra de las desgracias ajenas.* **3** Acción mala o maliciosa: *Siempre está planeando maldades, pero algún día recibirá su merecido.*

maldecir v. **1** Decir maldiciones o condenar con maldiciones: *¿Quieres calmarte y dejar de maldecir? Maldice el día en que me conoció.* **2** Quejarse o criticar con mordacidad: *Maldice de sus hermanos porque no le apoyan en sus locuras.* ☐ MORF. Irreg.: 1. Tiene un participio regular (*maldecido*), que se usa más en la conjugación, y otro irregular (*maldito*), que se usa más como adjetivo. 2. →**BENDECIR**. ☐ SINT. Constr. de la acepción 2: *maldecir* DE *algo*.

maldiciente adj./s. Inclinado a maldecir o a hablar mal

de los demás: *No puedo soportar a la gente maldiciente, porque para ellos nadie es bueno. Nunca prestes oídos a los maldicientes.* □ MORF. 1. Como adjetivo es invariable en género. 2. Como sustantivo es de género común y exige concordancia en masculino o en femenino para señalar la diferencia de sexo: *el maldiciente, la maldiciente*. 3. Incorr. **malediciente*.

maldición ▌ s.f. **1** Deseo expreso de que a alguien le sobrevenga un mal: *La maldición del hada mala se cumplió y el príncipe se convirtió en rana.* **2** Expresión insultante o injuriosa que resulta del enfado o la ira de un momento: *Al verse acorralado, soltó todo tipo de maldiciones y blasfemias.* **3** Castigo que se considera provocado u ordenado por una fuerza o ser sobrenatural: *No sé qué habré hecho para merecerme esta maldición.* ▌ interj. **4** Expresión que se usa para indicar disgusto, desaprobación o contrariedad: *¡Maldición, me he vuelto a confundir!*

maldito, ta ▌ **1** part. irreg. de **maldecir.** ▌ adj. **2** *col.* Que causa enfado o molestia: *Estoy harto de tus malditos consejos.* ▌ adj./s. **3** Malvado o perverso: *Para llevar a cabo sus planes, se rodeó de gente maldita. Las montañas de la frontera se convirtieron en un refugio de malditos.* **4** Que ha recibido una maldición o que ha sido condenado por la justicia divina: *El joven estaba maldito y nadie quería tener relación con él. Los malditos pagarán sus culpas en el infierno.* **5** Referido esp. a un artista, que es rechazado o condenado por la sociedad o por la autoridad: *Se considera un pintor maldito, solo entendido por las minorías. Los malditos del régimen tuvieron que exiliarse.* **6** ‖ **maldita sea.** *col.* Expresión que se usa para indicar enfado o disgusto: *¡Maldita sea, voy a llegar tarde!* □ SEM. En expresiones como *malditas las ganas que tengo* o *eso no me hace maldita la gracia*, equivale a 'ninguno'.

maleabilidad s.f. **1** Propiedad que tienen algunos metales de poder ser extendidos o descompuestos en planchas o láminas: *Este metal tiene muchas aplicaciones por su maleabilidad.* **2** Docilidad de carácter: *La maleabilidad de algunas personas las convierte en presas fáciles de gente sin escrúpulos.*

maleable adj. **1** Referido esp. a un metal, que puede extenderse o descomponerse en planchas o láminas: *El oro es un metal maleable.* **2** Referido a una persona, que es dócil y se deja influenciar con facilidad: *No seas tan maleable y actúa con más personalidad, hombre.* □ MORF. Invariable en género.

maleante adj./s. Que actúa al margen de la ley, esp. si comete delitos menores: *Mi abuelo siempre dice que a esas horas de la noche solo hay en la calle gente maleante. Unos maleantes robaron en la tienda.* □ MORF. 1. Como adjetivo es invariable en género. 2. Como sustantivo es de género común y exige concordancia en masculino o en femenino para señalar la diferencia de sexo: *el maleante, la maleante*.

malear v. **1** Referido esp. a una persona, pervertirla, corromperla o hacer que adquiera malas costumbres: *Parecía un buen chico, pero los amigotes lo han maleado. Se maleó con las malas compañías.* **2** Dañar, estropear o echar a perder: *El granizo maleó la cosecha. Con este tiempo se malearán los cultivos.*

malecón s.m. **1** Muro o terraplén que se construye para defenderse de las aguas o para elevar el nivel de la vía del ferrocarril: *Al tirarse del tren en marcha, rodó malecón abajo.* **2** En un puerto, muro que se construye adentrado en el mar para proteger de las aguas la parte que queda entre él y la tierra firme; *rompeolas: Olas de varios metros saltaban por encima del malecón.*

maledicencia s.f. Difamación o acción de maldecir y hablar mal de los demás: *Es injusto que la maledicencia acabase con su brillante carrera política.*

maleducado, da adj./s. Sin educación o grosero: *Niño, no seas maleducado y da las gracias a esta señora. Es un maleducado y nunca saluda.*

maleducar v. Referido esp. a un niño, educarlo mal, esp. si se le mima o consiente demasiado: *Los padres a menudo maleducan a sus hijos.* □ ORTOGR. La *c* se cambia en *qu* delante de *e* ⟶**SACAR**.

maleficio s.m. **1** Daño causado por hechicería: *No creo en maleficios.* **2** Hechizo que se emplea para causar este daño: *El príncipe se convirtió en sapo por un maleficio de la bruja.*

maléfico, ca adj. **1** Que perjudica con maleficios: *La maléfica bruja prometió vengarse de la princesa.* **2** Que ocasiona o puede ocasionar daño: *Me temo que su amistad ejerce sobre ti una maléfica influencia.*

malentendido s.m. Mala interpretación o entendimiento erróneo de algo: *Hubo un malentendido entre nosotros y nuestra amistad se enfrió.* □ MORF. Su plural es *malentendidos*; incorr. **malosentendidos*.

malestar s.m. Estado o sensación de disgusto o de incomodidad indefinibles: *Tengo fiebre y malestar general. El malestar que existe entre los trabajadores puede desencadenar una huelga.*

maleta ▌ s.f. **1** Especie de caja con cerradura y con una o varias asas, que se usa para llevar ropa y objetos personales en los viajes; *valija: Has llenado tanto la maleta que no vas a poder cerrarla.* 👁 **equipaje** ▌ s. **2** *col.* Persona que practica con torpeza y desacierto su profesión, esp. referido a un torero o a un deportista: *No es extraño que no le haya fichado ningún club de fútbol, porque es un maleta.* □ MORF. En la acepción 2, es de género común y exige concordancia en masculino o en femenino para señalar la diferencia de sexo: *el maleta, la maleta*.

maletero s.m. **1** En un vehículo, espacio destinado al equipaje: *Necesito un coche que tenga un maletero grande.* **2** En una vivienda, lugar destinado a guardar las maletas y otros objetos de uso no cotidiano: *Guardó las mantas en el maletero del armario.*

maletilla s. Persona joven que aspira a abrirse camino en el toreo y que procura intervenir en capeas, becerradas y otros espectáculos taurinos semejantes: *Aunque es primera figura del toreo, no olvida sus difíciles años de maletilla.* □ ORTOGR. Dist. de *muletilla*. □ MORF. Es de género común y exige concordancia en masculino o en femenino para señalar la diferencia de sexo: *el maletilla, la maletilla*.

maletín s.m. **1** Caja rectangular, con cerradura y asa, que se usa generalmente para llevar documentos u objetos de uso profesional: *El representante sacó del maletín varios catálogos.* **2** Maleta pequeña: *Como volvemos mañana, solo llevo en el maletín una muda, el pijama y la bolsa de aseo.* □ USO En la acepción 1, es innecesario el uso del galicismo *attaché*. 👁 **equipaje**

malevolencia s.f. Mala voluntad, mala intención o mala disposición hacia los demás: *No intentes disculpar ahora la malevolencia de tus críticas.*

malévolo, la adj./s. Con intención de hacer daño: *Como es tan envidioso, siempre suelta algún comentario ma-*

lévolo sobre los éxitos ajenos. Ya se encargará algún malévolo de estropear nuestros planes.

maleza s.f. Conjunto abundante de hierbas inútiles o dañinas que crecen en un terreno sembrado: *Hay que arrancar la maleza del jardín.*

malformación s.f. Deformidad o defecto de nacimiento en alguna parte del organismo: *El niño nació con una malformación en los pies.*

malgastar v. Gastar mucho o de forma inadecuada: *No malgastes tu tiempo en tonterías.*

malhablado, da adj./s. Que habla con poca educación o utilizando palabras malsonantes: *A esa niña tan malhablada le deberían lavar la boca con jabón. Es un malhablado y siempre está diciendo tacos.*

malhechor, -a s. Persona que comete delitos habitualmente: *La policía apresó a una banda de malhechores.*

malherir v. Herir gravemente: *Fue malherido por unos malhechores.* ☐ ORTOGR. Incorr. **mal herir.* ☐ MORF. Irreg. →SENTIR.

malhumor s.m. Estado de ánimo en el que se tiende a mostrar un carácter desagradable e irritable: *Cuando estás de malhumor, no hay quien te aguante.* ☐ ORTOGR. Admite también la forma *mal humor.*

malhumorado, da adj. Enfadado, irritado o con malhumor: *El empleado que nos atendió estaba malhumorado y fue muy poco amable con nosotros.* ☐ ORTOGR. Incorr. **mal humorado.*

malicia s.f. **1** Mala intención o inclinación a lo malo: *Me has dado el empujón con malicia, intentando que me cayera.* **2** Forma solapada de actuar, ocultando la verdadera intención: *Lo hicieron con mucha malicia, y la gente picó el anzuelo.* **3** Astucia, picardía o agudeza de entendimiento: *Sin un poco de malicia, te será difícil desenvolverte en el mundo laboral.*

maliciar v. Sospechar con malicia: *Malició que lo iban a traicionar. Me malicié que me estaba engañando.* ☐ ORTOGR. La segunda *i* nunca lleva tilde.

malicioso, sa ▮ adj. **1** Con malicia: *No hagas comentarios tan maliciosos sobre ellos, que en el fondo son buena gente.* ▮ adj./s. **2** Referido a una persona, inclinada a pensar mal de los demás: *Las personas maliciosas siempre buscan una segunda intención en lo que les dicen. Eres un malicioso y por eso crees que te estoy engañando.*

malignidad s.f. **1** Naturaleza dañina o perniciosa: *La malignidad de ese veneno es tan grande que una dosis mínima resulta mortal.* **2** Inclinación a pensar u obrar mal: *Ese asesinato muestra la gran malignidad de su autor.* **3** Carácter de una enfermedad de evolución desfavorable o de pronóstico muy grave: *Los análisis han demostrado la malignidad del tumor.*

maligno, na ▮ adj. **1** De naturaleza dañina o perjudicial: *No quiero que vayas con ellos porque ejercen sobre ti una influencia maligna.* **2** Referido esp. a una enfermedad, que no evoluciona favorablemente o que es tan grave que puede llegar a producir la muerte: *Le han diagnosticado un tumor maligno en el cerebro.* ▮ adj./s. **3** Inclinado a pensar u obrar mal: *Esa mentira es propia de una mente maligna como la suya. Solo un maligno pudo haber ideado este perverso plan.* **4** ‖ **el Maligno.** El diablo: *Logró vencer las tentaciones del Maligno.*

malintencionado, da adj./s. Con mala intención: *Sus comentarios malintencionados me ofendieron. No me fío de él porque es un malintencionado.* ☐ ORTOGR. Admite también la forma *mal intencionado.*

malinterpretar v. Interpretar errónea o equivocadamente: *Malinterpretó mis palabras y creyó que lo estaba amenazando.*

malla s.f. **1** Tejido de estructura semejante a la de una red: *Las patatas están en la malla de plástico.* **2** Tejido formado por la unión de pequeños anillos metálicos enlazados entre sí: *Las cotas de las armaduras se hacían de malla.* **3** Prenda de vestir, generalmente deportiva, elástica y fina, que se ajusta al cuerpo: *Los bailarines usan mallas.* ☐ ORTOGR. Dist. de *maya.* ☐ MORF. En la acepción 3, en plural tiene el mismo significado que en singular. ☐ USO En la acepción 3, es innecesario el uso del anglicismo *leggings.*

mallorquín, -a ▮ adj./s. **1** De Mallorca (isla balear), o relacionado con ella: *Las perlas mallorquinas son muy apreciadas. La mayor parte de los mallorquines vive en la capital de la isla.* ▮ s.m. **2** Variedad del catalán que se habla en esta isla: *Aprendió el mallorquín durante su estancia en Mallorca.* ☐ MORF. En la acepción 1, como sustantivo se refiere solo a las personas de Mallorca.

malmaridada adj./s.f. Referido a una mujer, que ha realizado un matrimonio infeliz: *La protagonista del romance es una joven malmaridada. En la literatura medieval, abunda la figura de la malmaridada.*

malmeter v. Referido a una persona, ponerla a mal con otra o procurarle el menosprecio de esta; *indisponer, malquistar: Le gusta malmeter a los demás contando chismes.* ☐ SINT. Constr.: *malmeter a una persona* CON *otra.*

malo, la adj. **1** Que no tiene las cualidades propias de su naturaleza o de su función: *Estos guantes son de mala calidad y se te van a romper pronto.* **2** Que no es como conviene o como gusta que sea: *Hace un día tan malo que prefiero no salir.* **3** Perjudicial, nocivo o con consecuencias negativas: *Las heladas son malas para los cultivos.* **4** Referido a una persona, que no tiene cualidades morales que se consideran positivas, esp. en el trato con los demás: *Es una mala persona y nunca te hará un favor.* **5** *col.* Enfermo: *Está malo y no puede ir al colegio.* **6** Referido esp. a un alimento, que está estropeado y no se puede aprovechar: *Esta leche debe de estar mala, porque huele fatal.* **7** Difícil o que ofrece dificultad: *Es una herida mala de curar.* **8** Que anuncia una desgracia o un daño: *Esa tos tan persistente es mala señal.* **9** *col.* Travieso, inquieto o revoltoso: *No seas un niño malo y cómete la sopa.* **10** ‖ **a malas.** En actitud de hostilidad o enemistad: *Está a malas con sus vecinos y no los saluda.* ‖ **de malas.** De mal humor o con una actitud poco complaciente: *Cuando estás de malas no hay quien te soporte.* ‖ **{estar/ponerse} mala.** *col.* Tener la menstruación: *Me he puesto mala y he tenido que entrar en una farmacia a comprar compresas.* ‖ **poner malo.** *col.* Molestar o irritar: *Me pongo mala cada vez que llegas tarde.* ‖ **por las malas. 1** Enfadado u obligado por las circunstancias: *Te advierto que yo, por las malas, puedo ser implacable.* **2** A la fuerza: *Si no quieres hacerlo por las buenas, te obligaré y tendrás que hacerlo por las malas.* ☐ MORF. 1. Ante sustantivo masculino singular se usa la apócope *mal.* 2. Su comparativo de superioridad es *peor.* 2. Sus superlativos irregulares son *ínfimo* y *pésimo.* ☐ SINT. 1. Constr. de la acepción 7: *malo* DE *hacer.* 2. *A malas* se usa más con los verbos *andar, estar, ponerse* o equivalentes. ☐ USO *Malo* se usa para indicar desaprobación o desconfianza ante algo: *Cuando viene con esa cara, ¡malo!*

malograr ▮ v. **1** Referido esp. a una oportunidad, desaprovecharla o dejarla pasar: *Con esta torpeza, has malogrado la ocasión de ascender en la empresa.* ▮ prnl. **2** Referido a lo que se espera o desea, frustrarse o no conseguirse: *El viaje se malogró, porque me puse enferma la víspera de la partida.* **3** No alcanzar el desarrollo o el perfeccionamiento completos: *La cosecha se ha malogrado por las heladas de primavera.*

maloliente adj. Que despide un olor desagradable: *Tuve náuseas al entrar en aquella casa sucia y maloliente.* ☐ MORF. Invariable en género.

malparado, da adj. Muy perjudicado o dañado en cualquier aspecto: *Como su contrincante político era muy hábil, salió malparado del debate.*

malpensado, da adj./s. Referido a una persona, que tiende a imaginar maldad en los demás o a interpretar negativamente sus palabras o sus acciones: *No seas malpensado y fíate de mí. Yo no tengo la culpa de que tú seas un malpensado y no creyeras que aquello era un regalo para ti.* ☐ ORTOGR. Admite también la forma *mal pensado.*

malqueda s. *col.* Persona que no cumple su palabra o que falta a su deber: *No pienso volver a salir contigo, porque eres un malqueda y siempre me das plantón.* ☐ MORF. Es de género común y exige concordancia en masculino o en femenino para señalar la diferencia de sexo: *el malqueda, la malqueda.*

malquistar v. Referido a una persona, ponerla a mal con otra o procurarle el menosprecio de esta; *indisponer, malmeter: Ha intentado malquistarme con mi mejor amigo. Se malquistó con un vecino por culpa de las habladurías de otro.* ☐ SINT. Constr.: *malquistar a una persona* CON *otra.*

malquisto, ta adj. Referido a una persona, que está mal considerada por los demás: *Es una persona malquista de todos en el pueblo.*

malsano, na adj. Dañino o perjudicial para la salud o para la moral: *Una curiosidad malsana le lleva a espiar a sus vecinos.*

malsonante adj. Referido esp. a una palabra o a una expresión, que molesta por su grosería: *Los tacos son expresiones vulgares y malsonantes.* ☐ MORF. Invariable en género.

malta s.f. **1** Cereal germinado artificialmente y tostado, que se utiliza para la fabricación de bebidas alcohólicas: *La cerveza se hace con malta.* **2** Cebada germinada, tostada y molida, con la que se elabora una bebida semejante al café: *Prefiero una taza de malta, porque el café me desvela.*

maltraer ‖ **{llevar/traer} a alguien a maltraer.** *col.* Importunar, molestar o hacer sufrir de manera continua: *Esa niña me lleva a maltraer con sus continuas diabluras.* ☐ MORF. Irreg. →**TRAER**.

maltratar v. Tratar mal con palabras o con acciones: *Esa novelista ha sido maltratada por la crítica.*

maltrecho, cha adj. Que está en mal estado físico o moral a consecuencia del daño o el mal trato recibidos: *El boxeador se retiró maltrecho a los vestuarios.*

maltusianismo s.m. Teoría política y económica de Malthus (economista británico de la segunda mitad del siglo XVIII y principios del XIX), basada en la opinión de que la población crece en progresión geométrica mientras que los alimentos lo hacen en progresión aritmética: *El maltusianismo defiende el control de la natalidad.*

malva ▮ adj./s.m. **1** De color violeta pálido: *Esta tarde me pondré la chaqueta malva. El malva es un color suave.* ▮ s.f. **2** Planta herbácea de tallo casi erguido y flores moradas reunidas en grupos irregulares, muy usada en medicina: *Algunas malvas se cultivan en los jardines.* **3** Flor de esta planta, de color rosáceo o violeta pálido: *La malva tiene cinco pétalos.* **4** ‖ **{criar/estar criando} malvas.** *col.* Estar muerto y enterrado: *Ese hace ya tres años que está criando malvas.* ‖ **una malva.** *col.* Persona dócil, apacible o bondadosa: *Desde que la regañé, está como una malva y no ha vuelto a protestar.* ☐ MORF. Como adjetivo es invariable en género.

malvado, da adj./s. Referido a una persona, que es perversa o muy mala: *Para cometer ese crimen tan espantoso hace falta ser realmente malvado. Los malvados de la película intentaron asesinar al protagonista.*

malvasía s.f. **1** Uva dulce y aromática de origen griego: *La malvasía es producida por una variedad de vid que fue traída a España en la época de Las Cruzadas.* **2** Vino dulce que se hace de esta uva: *¿Quieres un vaso de malvasía?* **3** Pato de unos cuarenta y cinco centímetros de longitud, de cabeza grande, cuerpo pequeño y grueso y larga cola tiesa que suele mantener en posición vertical: *La malvasía vive en regiones pantanosas.* ☐ MORF. En la acepción 3, es un sustantivo epiceno y la diferencia de sexo se señala mediante la oposición *la malvasía {macho/hembra}.*

malvavisco s.m. Planta herbácea de hojas ovales y blanquecinas, cuyas flores, de color rosa pálido, están dispuestas en grupos de tres: *La raíz del malvavisco se usaba en ungüento para ablandar durezas y tumores.*

malvender v. Vender a bajo precio sin obtener apenas beneficio: *Ha malvendido sus tierras para poder pagar las deudas.*

malversación s.f. Utilización indebida de fondos administrados por cuenta ajena, esp. si son públicos, en usos distintos de aquellos a los que están destinados: *El administrador municipal ha sido destituido de su cargo por malversación de fondos.*

malversar v. Referido a los fondos administrados por cuenta ajena, utilizarlos de forma no debida en usos distintos de aquellos a los que están destinados: *La acusaron de malversar fondos del Ministerio.*

malvivir v. Vivir con estrecheces, con apuros económicos o con dificultades: *Dilapidó su fortuna y ahora malvive como puede.*

mama s.f. **1** En anatomía, órgano glandular de los mamíferos que en las hembras segrega la leche que sirve para alimentar a las crías; *teta: Las mamas de las personas están situadas en el pecho.* **2** *col.* Madre: *Mama, ¿me llevas tú hoy al colegio?* ☐ USO 1. El uso de la acepción 1 es característico del lenguaje científico. 2. El uso de la acepción 2 tiene un matiz cariñoso.

mamá s.f. *col.* Madre: *Mamá, ese niño me ha pegado.* ☐ USO Tiene un matiz cariñoso.

mamado, da adj. *vulg.* Borracho: *Cuando salió de la fiesta, iba mamado.*

mamar ▮ v. **1** Referido a la leche materna, chuparla y extraerla de las mamas con la boca: *Despierta al bebé, que ya es su hora de mamar.* **2** Aprender en la infancia: *Esa costumbre la ha mamado de sus mayores.* ▮ prnl. **3** *vulg.* Emborracharse: *Se mamó en la fiesta y nos dio la noche.*

mamario, ria adj. De las mamas de las hembras o de las tetillas de los machos: *La han operado de un tumor en la región mamaria.*

mamarrachada s.f. *col.* Hecho o dicho ridículos y ex-

a b c d e f g h i j k l m n ñ o p q r s t u v w x y z

travagantes: *Me parece una mamarrachada que vayas a la oficina vestida de lentejuelas.*

mamarracho s.m. **1** *col.* Persona que no merece ningún respeto: *Lo que pueda opinar ese mamarracho me trae al fresco.* **2** *col.* Lo que tiene un aspecto ridículo y extravagante: *No salgas así vestida a la calle, que vas hecha un auténtico mamarracho.*

mambo s.m. **1** Composición musical de origen cubano: *Interpretaron varios mambos famosos de los años cincuenta.* **2** Baile que se ejecuta al compás de esta música: *He aprendido a bailar el mambo.*

mameluco s.m. Soldado de la milicia creada como guardia personal de los sultanes musulmanes egipcios: *La mayor parte de los mamelucos eran esclavos turcos.*

mamífero, ra ▮ adj./s.m. **1** Referido a un vertebrado, con un embrión cuyo desarrollo tiene lugar casi siempre dentro del cuerpo materno y cuyas hembras alimentan a sus crías con la leche de sus mamas: *Las ballenas son animales mamíferos. El hombre es un mamífero.* ▮ s.m.pl. **2** En zoología, clase de estos vertebrados, perteneciente al tipo de los cordados: *Los animales que pertenecen a los mamíferos son de sangre caliente.*

mamitis s.f. Apego desmesurado a la madre: *A ver si cuando empiece a ir a la guardería se le quita la mamitis a este niño...* □ MORF. Invariable en número. □ USO Tiene un matiz humorístico.

mamografía s.f. Radiografía de la mama: *Es aconsejable hacerse mamografías regularmente para prevenir un posible cáncer de mama.*

mamón, -a adj./s. *vulg.* Referido a una persona, que es despreciable, imbécil o aprovechada: *Tuvimos un accidente por culpa de un tío mamón. ¡Menudo mamón, no paga nunca!* □ USO Se usa como insulto.

mamotreto s.m. **1** *col.* Libro o legajo voluminoso, esp. si tiene un aspecto deforme: *¿Cuánto tiempo tardaste en leerte este mamotreto?* **2** Objeto grande y pesado, esp. si es poco útil: *Si metes otro mamotreto más en la habitación, no tendrás sitio para moverte.*

mampara s.f. Especie de tabique, generalmente hecho de madera o cristal, que se utiliza para dividir espacios en una habitación o para aislar parte de la misma: *Mi bañera, en vez de cortinas, tiene una mampara de cristal.*

mamporro s.m. *col.* Golpe, esp. el de poca importancia, dado con la mano: *Empezaron discutiendo en broma y terminaron liándose a mamporros.*

mampostería s.f. Obra o construcción de albañilería que se hace con piedras sin labrar o poco labradas, de distintos tamaños, colocadas unas sobre otras sin orden determinado y unidas generalmente con argamasa o con cemento: *Los huertos estaban separados por pequeños muros de mampostería.*

mamut s.m. Mamífero fósil parecido al elefante pero de mayor tamaño, con la piel cubierta por doble pelo, largos colmillos curvados hacia arriba, y que vivió en zonas de clima frío durante el período cuaternario: *Algunos de los esqueletos de mamut se han encontrado en las llanuras heladas de Siberia.* □ MORF. 1. Es un sustantivo epiceno y la diferencia de sexo se señala mediante la oposición *el mamut {macho/hembra}*. 2. Su plural es *mamuts*.

maná s.m. En la Biblia, alimento milagroso que Dios envió al pueblo hebreo cuando atravesaba el desierto: *Moisés alimentó a los israelitas con el maná caído del cielo.*

manada s.f. **1** Conjunto de animales de la misma especie, esp. cuadrúpedos, que viven o se desplazan juntos: *Los elefantes viven en manadas.* **2** *col.* Grupo numeroso de personas: *Una manada de admiradores enloquecidos esperaba la llegada del cantante.*

mánager s. Persona que se ocupa de los intereses profesionales y económicos de un artista o de un deportista, esp. si esta es su profesión: *Ese cantante tiene muchas actuaciones porque su mánager sabe promocionarlo muy bien.* □ PRON. Aunque la pronunciación correcta es [mánajer], está muy extendida la pronunciación anglicista [mánayer]. □ ORTOGR. 1. Es un anglicismo (*manager*) adaptado al español. 2. Se recomienda la forma adaptada *mánayer*. □ MORF. 1. Es de género común y exige concordancia en masculino o en femenino para señalar la diferencia de sexo: *el mánager, la mánager*. 2. Invariable en número.

manantial ▮ adj. **1** Referido al agua, que mana o brota: *Están analizando las aguas manantiales de la región.* ▮ s.m. **2** Corriente de agua que brota de la tierra o de las rocas de forma natural: *Este pozo se nutre de varios manantiales.*

manar v. **1** Referido a un líquido, salir de alguna parte: *Se desmayó cuando vio que de la herida manaba sangre.* **2** Salir o surgir de forma espontánea y abundante: *Terribles insultos manaron de su boca ante aquel agravio.* □ SINT. Constr.: *manar* DE *un lugar*.

manatí s.m. Mamífero herbívoro acuático, con cuerpo grueso y piel grisácea de gran espesor, labio superior muy desarrollado, extremidades anteriores transformadas en dos aletas y las posteriores unidas en una sola, y cuya carne y grasa son muy estimadas; *buey marino, vaca marina*: *El manatí vive en la desembocadura de los grandes ríos africanos y americanos.* □ MORF. 1. Es un sustantivo epiceno y la diferencia de sexo se señala mediante la oposición *el manatí {macho/hembra}*. 2. Aunque su plural en la lengua culta es *manatíes*, también se usa *manatís*.

manazas s. *col.* Persona torpe y sin habilidad en las labores manuales: *Soy una manazas, y en el colegio siempre suspendo los trabajos manuales.* □ MORF. Es de género común y exige concordancia en masculino o en femenino para señalar la diferencia de sexo: *el manazas, la manazas*. 2. Invariable en número.

mancebía s.f. *ant.* →**prostíbulo.**

mancebo, ba ▮ s. **1** Muchacho o persona joven: *El caballero tenía como criado a un guapo mancebo.* ▮ s.m. **2** Dependiente o empleado de poca categoría, esp. el ayudante de farmacia: *El boticario no estaba y nos atendió el mancebo.* ▮ s.f. **3** →**concubina.**

mancha s.f. **1** En una superficie, señal de suciedad dejada por algo: *Este mantel está lleno de manchas de vino.* **2** En un todo, parte que se diferencia o destaca por su color o por su aspecto: *Me han salido unas manchas en la piel.* **3** Lo que deshonra o desprestigia: *Esta sanción es una mancha en su carrera.*

manchar v. **1** Ensuciar con manchas: *Has manchado de tinta los folios. El suelo se ha manchado de pintura.* **2** Referido esp. al honor o a la buena fama, perjudicarlos o dañarlos; *mancillar*: *Con esa mentira has manchado tu reputación.* **3** Referido a un líquido, añadirle una pequeña cantidad de otro que cambie su color: *Mánchame la leche con un poco de café, por favor.*

manchego, ga adj./s. De La Mancha (región española), o relacionado con ella: *Cuenca, Ciudad Real, Toledo y Albacete son las provincias manchegas. Los man-*

chegos tienen fama de tener un carácter muy abierto. □ MORF. Como sustantivo se refiere solo a las personas de La Mancha.

mancillar v. Referido esp. al honor o a la buena fama, perjudicarlos o dañarlos; *manchar: No mancilles el buen nombre de nuestra familia casándote con ese rufián. Su honor se mancilló cuando se descubrió el engaño.*

manco, ca ▌adj. **1** Incompleto o que carece de algún elemento necesario: *Si no cuentas ese dato, el relato queda manco.* ▌adj./s. **2** Falto de uno o ambos brazos, de una o ambas manos, o con ellos inutilizados: *Se quedó manca al estallarle un cohete en la mano. Muchos mancos saben escribir con la boca.* **3** ‖ **{no ser/no quedarse} manco** alguien. *col.* Ser hábil o no quedarse corto: *Ese tipo no es manco en el arte de timar al prójimo.*

mancomunar v. Referido esp. a personas, a fuerzas, a intereses o a bienes, unirlos para conseguir un fin: *El Ayuntamiento quiere mancomunar esfuerzos para mejorar sus servicios. Los vecinos del barrio se mancomunaron para exigir la construcción de un parque.*

mancomunidad s.f. **1** Asociación de personas o de entidades, o unión de fuerzas, de intereses o de bienes, para conseguir un fin: *La mancomunidad de bienes les ha permitido ampliar su radio de acción.* **2** Corporación y entidad legalmente constituidas por la agrupación de municipios o de provincias para la resolución de problemas comunes: *Esta mancomunidad provincial ha solicitado a la Administración central un aumento del fondo de ayudas.*

mandado, da ▌s. **1** Persona que se limita a cumplir las órdenes recibidas y que no tiene autoridad para decidir por cuenta propia: *No le puedo contestar, porque yo solo soy un mandado.* ▌s.m. **2** Comisión o encargo que se confía a una persona: *No está en este momento porque ha ido a hacer unos mandados.*

mandamás adj./s. *col.* Referido a una persona, que desempeña funciones de mando o que ostenta demasiado su autoridad: *No seas tan mandamás, hombre, y deja que los demás hagan lo que quieran. ¿Sabías que tu hija es la mandamás de la pandilla?* □ MORF. 1. Como adjetivo es invariable en género. 2. Como sustantivo es de género común y exige concordancia en masculino o en femenino para señalar la diferencia de sexo: *el mandamás, la mandamás.* □ USO Tiene un matiz irónico.

mandamiento s.m. **1** En el catolicismo, cada uno de los diez preceptos de la ley de Dios y de los cinco de la Iglesia católica: *'Amarás a Dios sobre todas las cosas' es el primer mandamiento de la ley de Dios.* **2** Orden que da un juez por escrito para la realización de algo: *Este mandamiento judicial ordena el ingreso del acusado en prisión.*

mandangas s.f.pl. *col.* Tonterías, cuentos o historias: *¡Déjate de mandangas y ponte a trabajar de una vez, cuentista!*

mandar v. **1** Ordenar o imponer como obligación o como tarea: *Mandó llamar a todos los empleados.* **2** Gobernar o dirigir: *Ahora que manda tu partido,estarás contento.* **3** Enviar, hacer ir o hacer llegar: *Mándame el paquete con un mensajero.*

mandarín s.m. **1** En algunos países asiáticos, esp. en la China imperial, alto funcionario civil o militar: *Los mandarines se reclutaban entre las personas letradas.* **2** Dialecto chino hablado en el norte de China (país asiático): *El mandarín es la lengua sabia de China.*

mandarina s.f. Fruto del mandarino, parecido a la naranja pero de menor tamaño, muy dulce, y con una cáscara que se separa con facilidad: *Tomé dos mandarinas de postre.*

mandarino s.m. Árbol frutal de hoja perenne que tiene flores blancas y perfumadas y cuyo fruto es la mandarina: *El mandarino es originario de China.*

mandatario, ria s. Gobernante o alto cargo político: *El presidente es el primer mandatario del país.*

mandato s.m. **1** Orden dada por un superior o por una autoridad: *Hay que cumplir el mandato del jefe sin rechistar.* **2** Encargo o representación que se concede a un político cuando es elegido en unas elecciones: *Los diputados son depositarios de un mandato popular.* **3** Tiempo que dura el ejercicio del mando por una autoridad de alta jerarquía: *Durante su mandato, el primer ministro llevó a cabo importantes mejoras.*

mandíbula s.f. **1** En los animales vertebrados, cada una de las dos piezas óseas o cartilaginosas que forman la cavidad de la boca y en la que están implantados los dientes: *El cráneo encontrado en la excavación tenía intacta la mandíbula.* 👁 **dentadura** **2** Hueso maxilar inferior: *Le dieron un puñetazo en el mentón y le desencajaron la mandíbula.* **3** En algunas especies animales, pieza dura situada a los lados o alrededor de la boca y que sirve para triturar o asir los alimentos, o para defenderse: *Algunas hormigas obreras poseen potentes mandíbulas.* **4** ‖ **reír a mandíbula batiente.** *col.* Reír a carcajadas: *Con cada chiste que contaba, el público reía a mandíbula batiente.*

mandil s.m. Prenda que, colgada generalmente del cuello, se ata a la cintura y se pone encima de la ropa para protegerla; *delantal: El pastelero llevaba un mandil y un gorro blancos.*

mando s.m. **1** Autoridad y poder para mandar que tiene un superior sobre sus subordinados: *¿Quién ejerce el mando aquí?* **2** Persona, conjunto de personas u organismo con autoridad y poder para mandar, esp. en el ámbito militar y policial: *Los mandos policiales han estudiado las nuevas medidas de la lucha antidroga.* **3** Botón, palanca o dispositivo con los que se dirige y controla el funcionamiento de un mecanismo o de un aparato: *Con el mando a distancia del televisor puedes cambiar de canal sin levantarte del sofá.* □ MORF. La acepción 2 se usa más en plural.

mandoble s.m. **1** Golpe o bofetada: *Me dejó los dedos marcados en la cara del mandoble que me dio.* **2** Cuchillada o golpe fuerte que se da sujetando el arma con las dos manos: *De un mandoble, el caballero hirió en el brazo a su rival.*

mandolina s.f. Instrumento musical de cuerda parecido al laúd pero más pequeño, y normalmente con cuatro pares de cuerdas que se tocan pulsándolas con una púa o con una pieza semejante: *La mandolina fue muy popular como instrumento para acompañar serenatas.* 👁 **cuerda**

mandón, -a adj./s. *col.* Referido a una persona, que hace un uso excesivo de su autoridad y manda más de lo que debe: *Que seas el mayor no te da derecho a ser tan mandón. Eres una mandona y no respetas la opinión de los demás.*

mandorla (italianismo) s.f. En el arte medieval, esp. en el románico, óvalo o marco con forma de almendra que rodeaba algunas imágenes religiosas: *En el arte bizantino* *aparecen muchas imágenes de Cristo enmarcadas en una mandorla.*

mandrágora s.f. Planta herbácea con hojas grandes y ovaladas que brotan todas juntas desde el suelo, flores blancas y rojizas, y gruesa raíz que toma distintas formas y de la que se extraen sustancias narcóticas: *En la Edad Media, se creía que la mandrágora era una planta mágica.*

mandril s.m. **1** Mono africano de gran tamaño, con el hocico largo, cabeza grande, nariz roja y chata con rayas azules a ambos lados, cola corta y nalgas de color rojo, que es omnívoro y vive formando grupos muy numerosos: *El mandril vive en las costas occidentales de África.* 👁 **primate** **2** Herramienta que se utiliza para perforar metales o para agrandar o redondear un agujero abierto en un metal: *Tiene una colección de mandriles de diversos tamaños.* □ MORF. En la acepción 1, es un sustantivo epiceno y la diferencia de sexo se señala mediante la oposición *el mandril {macho/hembra}*.

manduca s.f. *col.* Comida: *¿Y qué llevamos de manduca a la excursión?*

manducar v. *col.* Comer: *¿Qué vamos a manducar hoy?* □ ORTOGR. La *c* se cambia en *qu* delante de *e* ⟶**SACAR**.

manecilla s.f. En un reloj o en otro instrumento de precisión, varilla delgada y alargada que marca una medida; *aguja: La manecilla corta del reloj señala la hora y la larga, los minutos.* 👁 **aguja**

manejable adj. Que se maneja con facilidad: *Este secador es muy manejable porque es pequeño y pesa poco.* □ MORF. Invariable en género.

manejar ▮ v. **1** Usar o utilizar, esp. si se hace con las manos: *Este sastre maneja muy bien las tijeras.* **2** Gobernar o dirigir: *Maneja con mano de hierro todos los negocios familiares.* ▮ prnl. **3** Desenvolverse o moverse con agilidad, esp. después de haber tenido un impedimento: *Aún no estoy recuperada, pero ya me manejo bastante bien.* **4** ‖ **manejárselas.** *col.* Encontrar el modo de solucionar uno mismo un problema o de salir adelante en la vida: *Se las maneja muy bien para estudiar y trabajar a la vez.* □ ORTOGR. Conserva la *j* en toda la conjugación.

manejo s.m. **1** Uso o utilización de algo, esp. si se hace con las manos: *Tengo que aprender el manejo del nuevo vídeo.* **2** Desenvolvimiento en la dirección de un asunto: *Demostró un manejo y un control de la situación sorprendentes.* **3** Treta, intriga o enredo: *¿Pero no te das cuenta de que semejantes manejos pueden llevarte a la cárcel?* □ MORF. La acepción 3 se usa más en plural.

manera s.f. **1** Forma particular de ser, de hacer o de suceder algo: *Esa no es manera de comportarse. Decoró la casa a su manera, dándole un toque muy personal. ¡Vaya manera de nevar!* **2** Comportamiento y conjunto de modales de una persona: *Nos dejó impresionados con aquellas maneras tan refinadas.* **3** ‖ **a manera de.** Como o como si fuera: *Se puso una toalla a manera de turbante.* ‖ **de cualquier manera.** Sin cuidado o sin interés: *Su armario está siempre desordenado porque mete la ropa de cualquier manera.* ‖ **de manera que.** Enlace gramatical subordinante con valor consecutivo: *Es culpa tuya, de manera que ahora no te quejes.* ‖ **de ninguna manera.** Expresión que se usa para negar de forma enérgica y tajante: *De ninguna manera aceptaré el regalo.* ‖ **de todas maneras.** A pesar de todo: *De todas maneras no me apetecía ir.* ‖ **en cierta manera.** Expresión que se usa para matizar o quitar importancia a una situación o a un suceso: *En cierta manera tienes razón, pero no estoy totalmente de acuerdo.* ‖ **en gran manera** o **sobre manera.** Mucho o en alto grado: *Esos hermanos se parecen sobre manera.* □ ORTOGR. *Sobre manera* admite también la forma *sobremanera*. □ MORF. La acepción 2 se usa más en plural. □ USO *De todas maneras* se usa mucho para retomar un tema que ya ha salido en la conversación.

manga s.f. **1** En una prenda de vestir, parte que cubre de manera total o parcial el brazo: *Como ya ha refrescado, he sacado los jerséis de manga larga.* **2** Tubo largo de un material flexible e impermeable, que por un extremo toma un líquido de una bomba o de un depósito y por el otro lo expulsa; *manguera: Riego el jardín con una manga.* **3** En una competición, esp. si es deportiva, parte o serie en que puede dividirse: *Quedó segunda en la primera manga del descenso de esquí.* **4** Utensilio de cocina, de forma cónica y provisto de un tubo pequeño de metal u otro material, con el que se da forma a una masa, una pasta o una crema: *Echó la nata en la manga para decorar la tarta.* **5** Filtro de tela, de forma cónica, que sirve para colar líquidos: *Mi abuela hace café de puchero y utiliza una manga para colar los posos.* **6** Anchura máxima de un barco: *Ese yate tiene treinta metros de eslora y doce de manga.* **7** ‖ **en mangas de camisa.** En camisa: *Se quita la chaqueta en la oficina y trabaja en mangas de camisa.* ‖ **manga ancha.** *col.* Tolerancia para las faltas propias o ajenas: *Mi padre no me regañará porque tiene manga ancha para estas cosas.* ‖ **manga de agua.** Lluvia repentina, abundante y de poca duración, acompañada de fuerte viento: *¡Menuda manga de agua cayó el otro día!* ‖ **manga japonesa.** La ancha que no está cortada en el hombro y que tiene una sola costura que arranca de la axila: *Si quieres el vestido con manga japonesa, tienes que comprar más tela.* ‖ **manga por hombro.** *col.* En desorden: *No he tenido tiempo de arreglar la casa y todo está manga por hombro.* ‖ **manga {raglán/ranglan}.** La que empieza en el cuello y cubre el hombro: *Le queda muy bien la manga ranglan porque tiene los hombros muy rectos.* ‖ **sacar** algo **de la manga.** *col.* Inventarlo, decirlo o hacerlo de manera improvisada o sin tener ningún fundamento para ello: *Tú te has sacado de la manga que voy a dejar este trabajo.* ‖ **tener** algo **en la manga.** *col.* Tenerlo oculto y preparado para utilizarlo cuando llegue el momento oportuno: *El abogado estaba tranquilo porque tenía en la manga una prueba que libraría a su cliente de la cárcel.* □ SINT. *Tener en la manga* se usa también con los verbos *traer*, *llevar* y *guardar*.

manganeso s.m. Elemento químico, metálico y sólido, de número atómico 25, color grisáceo brillante, duro y quebradizo, resistente al fuego y muy oxidable: *El manganeso es muy empleado en la fabricación del acero.* □ ORTOGR. Su símbolo químico es *Mn*.

mangante s. *desp.* Persona descarada y desvergonzada, hábil en el engaño: *Sois todos unos mangantes y unos sinvergüenzas.* □ MORF. Es de género común y exige concordancia en masculino o en femenino para señalar la diferencia de sexo: *el mangante, la mangante*.

mangar v. *col.* Robar: *Me mangaron la cartera sin que me diese cuenta.* □ ORTOGR. La *g* se cambia en *gu* delante de *e* ⟶**PAGAR**.

manglar s.m. Marisma o terreno costero propios de zonas tropicales, que suelen estar inundados por las aguas del mar y en los que se desarrolla una vegetación fundamentalmente arbórea y adaptada al medio salino: *Algunos manglares se inundan solo cuando sube la marea.*

mango s.m. **1** En un instrumento o en un utensilio, parte estrecha y alargada por la que se agarra: *Al coger el cazo, el mango estaba caliente y me quemé.* 👁 **cuchillo** **2** Árbol de grandes dimensiones, tronco recto, corteza negra y rugosa, hojas alternas, pequeñas flores amarillentas y fruto en forma ovalada también amarillo: *En la América tropical hay grandes plantaciones de mangos.* **3** Fruto comestible y aromático de este árbol: *El mango es una fruta carnosa y dulce.*

mangonear v. **1** *col.* Entrometerse o intervenir en asuntos ajenos con intención de imponer la voluntad propia: *No mangonees en mi vida y déjame tomar mis propias decisiones.* **2** *col.* Referido a una persona, manejarla o dominarla: *No pretendas mangonearme, porque tengo mi propio criterio.*

mangoneo s.m. *col.* Entrometimiento o intervención en asuntos ajenos con intención de imponer la voluntad propia: *¡Déjate de mangoneos y ocúpate de tus asuntos!*

mangosta s.f. Mamífero carnívoro de pequeño tamaño, pelaje rojizo o gris, cuerpo alargado, patas cortas, cola muy desarrollada y hocico apuntado: *La mangosta se alimenta de pequeños animales.* ☐ MORF. Es un sustantivo epiceno y la diferencia de sexo se señala mediante la oposición *la mangosta {macho/hembra}*.

manguera s.f. Tubo largo de un material flexible e impermeable, que por un extremo toma un líquido de una bomba o de un depósito y por el otro lo expulsa; *manga: Los bomberos utilizaron las mangueras para apagar el incendio.*

mangui s. *col.* Ladrón: *Un mangui me quitó el monedero en el metro.* ☐ MORF. Es de género común y exige concordancia en masculino o en femenino para señalar la diferencia de sexo: *el mangui, la mangui*.

manguito s.m. **1** Prenda de abrigo femenina, generalmente de piel, en forma de rollo o de tubo y que se usa para proteger las manos del frío: *Cuando llega el invierno, algunas mujeres rusas se ponen manguitos.* **2** Media manga que cubre desde el codo hasta la muñeca, esp. la que se pone encima de la ropa para protegerla de la suciedad: *Algunos oficinistas se ponían manguitos para no manchar de tinta la camisa.*

maní s.m. **1** Planta de tallo rastrero, hojas alternas lobuladas y flores amarillas cuyos pedúnculos se alargan y se introducen en el suelo para que madure el fruto, el cual está compuesto de una cáscara dura y varias semillas, comestibles después de tostadas: *Del maní se puede obtener aceite.* **2** Fruto de esta planta: *El elefante cogía el maní con la trompa.* ☐ MORF. Su plural es *maníes* o *manís*. ☐ SEM. Es sinónimo de *cacahué* y *cacahuete*.

manía s.f. **1** Trastorno mental caracterizado por una obsesión o por una idea fija enfermizas: *Está en tratamiento psiquiátrico para curar sus manías.* **2** Costumbre extravagante o poco corriente, o preocupación injustificada por algo: *Una de sus manías es la de levantarse a beber agua a las cinco de la mañana.* **3** *col.* Antipatía o mala voluntad que se tienen contra alguien; *ojeriza: Le tengo tanta manía que, solo con verlo, me pongo de malhumor.* **4** ‖ **manía persecutoria.** La que sufre una persona que cree ser objeto de persecución o de la mala voluntad de alguien: *Mira constantemente hacia atrás a ver si lo siguen, porque sufre manía persecutoria.*

maníaco, ca o **maniaco, ca** s. Persona que sufre una manía enfermiza o un trastorno mental: *Un maníaco estranguló a varias mujeres.* ☐ SEM. Dist. de *maniático* (que tiene manías).

maniatar v. Referido a una persona, atarle las manos: *El atracador maniató al dueño de la tienda.* ☐ SEM. *Maniatar las manos* y *maniatar de pies y manos* son expresiones redundantes e incorrectas, aunque están muy extendidas.

maniático, ca adj./s. Referido a una persona, que tiene manías, obsesiones o costumbres extravagantes: *Es un poco maniático con la limpieza y no puede ver nada sucio. Es una maniática del cine y no sabe hablar de otra cosa.* ☐ SEM. Dist. de *maniaco* y *maníaco* (que padece una manía enfermiza).

manicomio s.m. Sanatorio o residencia para enfermos mentales: *La moderna psiquiatría no es partidaria de recluir a los enfermos en manicomios.*

manicuro, ra ▌s. **1** Persona que se dedica profesionalmente a cuidar y embellecer las manos y las uñas: *La manicura me cortó los padrastros.* ▌s.f. **2** Hecho de cuidar y embellecer las manos y las uñas: *Se hace la manicura para mantener las uñas largas y cuidadas.*

manido, da adj. Referido a un asunto, que ha sido muy tratado y resulta por ello demasiado común y falto de originalidad: *Es una novela bien escrita, pero con un tema muy manido.*

manierismo s.m. Estilo artístico y literario desarrollado en el continente europeo en el siglo XVI y caracterizado por el amaneramiento, la afectación y la ruptura del equilibrio renacentista: *Para muchos críticos, el manierismo es la transición del Renacimiento al Barroco.*

manierista ▌adj. **1** Del manierismo o con rasgos propios de este estilo: *El gusto por las curvas suaves y las figuras estilizadas en pintura son rasgos manieristas.* ▌adj./s. **2** Que defiende o sigue el Manierismo: *Entre los pintores manieristas destaca El Greco. El poeta Fernando de Herrera fue uno de los primeros manieristas españoles.* ☐ MORF. 1. Como adjetivo es invariable en género. 2. Como sustantivo es de género común y exige concordancia en masculino o en femenino para señalar la diferencia de género: *el manierista, la manierista*.

manifestación s.f. **1** Declaración o expresión públicas de una idea, una opinión o un pensamiento: *No quiso hacer ninguna manifestación después de su dimisión.* **2** Muestra o reflejo de algo: *El llanto es manifestación de tristeza.* **3** Concentración pública de un conjunto numeroso de personas para expresar una demanda o una opinión: *La manifestación recorrió el centro de la ciudad.*

manifestante s. Persona que participa en una manifestación pública: *Los manifestantes pedían a gritos la dimisión del ministro.* ☐ MORF. Es de género común y exige concordancia en masculino o en femenino para señalar la diferencia de sexo: *el manifestante, la manifestante*.

manifestar ▌v. **1** Declarar o expresar de manera pública: *Manifestó su decisión de marcharse del partido. Se manifestó contrario a la política armamentista.* **2** Mostrar, dejar ver o hacer patente: *Manifestó su amor a los niños dando su vida por ellos. Su bondad se manifiesta en sus obras de caridad.* ▌prnl. **3** Hacer una manifestación pública o tomar parte en ella: *Los agricultores se manifestaron ante el ministerio.* ☐ MORF. Irreg.: 1. Tiene un participio regular (*manifestado*), que se usa en la conjugación, y otro irregular (*manifiesto*), que se usa como adjetivo o sustantivo. 2. La *e* de la raíz diptonga en *ie* en los presentes, excepto en las personas *nosotros* y *vosotros* ⟶ **PENSAR**.

manifiesto, ta ▮ adj. **1** Muy claro o patente: *Es un hecho manifiesto que no estás de acuerdo con ellos.* ▮ s.m. **2** Escrito, generalmente de carácter político o estético, que se dirige a la opinión pública para exponer una concepción ideológica o un programa: *Marx y Engels sentaron las bases del comunismo en un manifiesto.*

manija s.f. **1** En un utensilio o en un instrumento, empuñadura o manivela que sirve para facilitar su manejo: *La cajita de música tiene una manija para darle cuerda.* **2** En una puerta o en una ventana, dispositivo para accionar su cerradura y que sirve, al mismo tiempo, de agarrador o tirador: *El cerrajero ha cambiado la manija de la puerta.* ☐ SEM. Es sinónimo de *manilla*.

manilla s.f. → **manija.**

manillar s.m. En una bicicleta o en otro vehículo de dos ruedas, pieza metálica horizontal sobre cuyos extremos, en forma de mango, se apoyan las manos para controlar la dirección: *He colocado un timbre en el manillar de la bici.*

maniobra ▮ s.f. **1** Operación o conjunto de operaciones que se realizan, esp. para dirigir o controlar la marcha de un vehículo: *Tuvo que hacer una brusca maniobra para no chocar con el camión.* **2** Lo que se hace con habilidad y astucia, y generalmente de manera poco limpia, para conseguir un fin: *Lanzar ahora ese rumor ha sido una hábil maniobra de distracción por parte del Gobierno.* ▮ pl. **3** En el Ejército, conjunto de operaciones y ejercicios que se realizan para adiestrar a la tropa, generalmente simulando un combate: *La compañía irá de maniobras al campo de tiro.*

maniobrar v. Realizar maniobras, esp. con un vehículo: *Tendrás que maniobrar mucho para aparcar en ese hueco. El batallón maniobró en el campo de entrenamiento.*

manipulación s.f. **1** Manejo en provecho propio, mediante la astucia o por medios ilícitos: *El político denunció la manipulación de sus declaraciones por parte de la oposición.* **2** Trabajo con las manos o mediante instrumentos: *Se aconseja adoptar medidas higiénicas para la manipulación de alimentos.* **3** Manejo de un aparato científico o delicado: *La manipulación de un aparato eléctrico debes hacerla con las manos secas para no electrocutarte.*

manipular v. **1** Manejar en provecho propio mediante la astucia o por medios ilícitos: *Su habilidad para manipular al electorado casi asegura su victoria.* **2** Trabajar o manejar con las manos o mediante instrumentos: *En el laboratorio se ponen guantes especiales para manipular sustancias tóxicas.* **3** Referido a un aparato, manejarlo o maniobrar en él: *La bomba explosionó mientras el artificiero la manipulaba para desactivarla.*

MANO

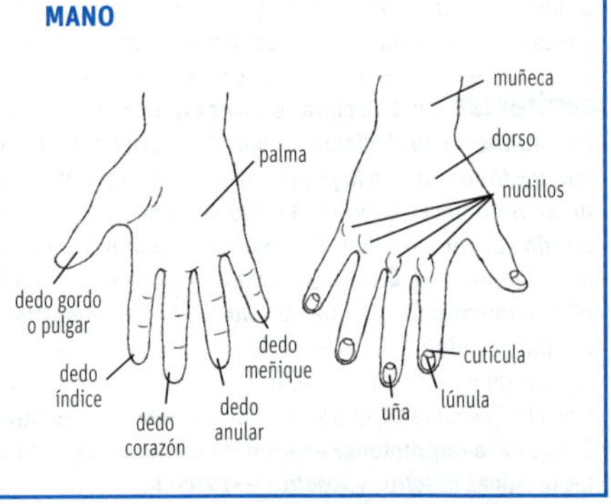

maniqueísmo s.m. **1** Doctrina de Manes (teólogo persa del siglo III) que defiende la existencia de dos principios creadores contrarios entre sí, uno para el bien y otro para el mal: *El maniqueísmo fue considerado una herejía por los cristianos.* **2** Tendencia a interpretar la realidad según una valoración en la que todo es bueno o malo, sin grados intermedios: *Las películas de policías y ladrones encierran tal maniqueísmo que resultan inverosímiles.*

maniqueo, a ▮ adj. **1** Del maniqueísmo o relacionado con esta doctrina o con esta tendencia: *La purificación es un motivo central en la ética maniquea.* ▮ adj./s. **2** Partidario o seguidor del maniqueísmo: *Para los creyentes maniqueos, el triunfo sobre el mal no requiere su aniquilación. Los maniqueos vivían en comunidades dedicados a la oración y al ayuno.*

maniquí ▮ s. **1** Persona que se dedica profesionalmente al pase o exhibición de modelos de vestir: *La maniquí apareció en la pasarela con un precioso vestido de fiesta.* ▮ s.m. **2** Figura articulada o armazón con forma de persona, esp. los que se usan para probar o exhibir prendas de vestir: *Colocó el maniquí en el escaparate después de vestirlo.* 👁 **costura** **3** Persona muy arreglada y elegante: *Es un maniquí, siempre repeinado y encorbatado.* ☐ MORF. 1. En la acepción 1, es de género común y exige concordancia en masculino o en femenino para señalar la diferencia de sexo: *el maniquí, la maniquí*. 2. Aunque su plural en la lengua culta es *maniquíes*, se usa mucho *maniquís*.

manirroto, ta adj./s. Referido a una persona, que gasta en exceso y sin control: *No seas tan manirroto y no despilfarres tu sueldo jugando al bingo. Es una manirrota y siempre tendrá problemas de dinero.*

manitas adj./s. *col.* Referido a una persona, muy habilidosa con las manos: *Mi padre es un manitas y arregla todo lo que se rompe en casa.* ☐ MORF. 1. Como adjetivo es invariable en género. 2. Como sustantivo es de género común y exige concordancia en masculino o en femenino para señalar la diferencia de sexo: *el manitas, la manitas*. 2. Invariable en número.

manivela s.f. Pieza doblada en ángulo recto y unida a un eje sobre el que se la hace girar para accionar un mecanismo: *Los primeros coches se arrancaban con una manivela.*

manjar s.m. Alimento o comida, esp. los que resultan apetitosos o están preparados de manera exquisita: *La mesa estaba llena de manjares y platos suculentos.*

mano ▮ s.f. **1** En el cuerpo de una persona, extremidad del brazo, que va desde la muñeca hasta la punta de los dedos, y sirve principalmente para agarrar: *Lávate las manos antes de comer.* 👁 mano **2** En algunos animales, parte final de la extremidad, cuyo dedo pulgar puede oponerse a los otros: *Ese mono pela el plátano con las manos.* **3** En un animal cuadrúpedo, extremidad delantera: *Cuando el caballo se encabritó, se puso de manos y tiró al jinete.* **4** En una res de carnicería, extremo de la pata, cortado por debajo de la rodilla: *Hoy comeremos manos de cerdo.* 👁 **carne** **5** Respecto de la situación de una persona o de una cosa, lado en que cae o está situada otra: *La calle que buscas está a mano izquierda.* **6** Habilidad, capacidad o destreza: *¡Qué buena mano tienes para la cocina!* **7** Poder, mando, influencia o facultad para hacer algo: *Si se lo dices tú, a ti te hará caso, porque tienes mucha mano sobre él.* **8** Intervención, actuación o participación: *Se nota la* *mano de un experto en la preparación de este trabajo.* **9** Auxilio, socorro o ayuda: *Necesito una mano para acabar hoy el trabajo, porque solo no puedo.* **10** Capa de pintura o de otra sustancia semejante que se da sobre una superficie: *Dio una mano de barniz a la puerta.* **11** Operación que se hace de una vez en un trabajo en el que se realizan varias: *Di varias manos de jabón a la ropa.* **12** Mazo de un mortero o de un almirez: *Machaca estos ajos con la mano del mortero.* 👁 **química** **13** En algunos juegos de mesa, esp. en los de cartas, partida o conjunto de jugadas que se hacen cada vez que se reparte: *¿Quién ha repartido en esta mano?* **14** En fútbol y en hockey sobre patines, falta que se produce cuando un jugador toca voluntariamente el balón con alguna parte del brazo o con él separado del cuerpo: *El árbitro pitó mano cuando el defensa dio al balón con el antebrazo.* **15** En algunos juegos de mesa, esp. en los de cartas, jugador que está a la derecha del que reparte: *Empiezo yo, que soy mano.* ▌pl. **16** Gente para trabajar o hacer un trabajo: *Faltaban manos para descargar los camiones.* **17** ‖ **abrir la mano.** Disminuir el rigor o la dureza: *Aprobé porque el profesor abrió la mano.* ‖ **{alzar/levantar} la mano** a alguien. Hacerlo en señal de amenaza o para golpearlo: *¡Que no se te ocurra nunca levantarme la mano!* **19** ‖ **a mano. 1** Referido al modo de hacer algo, manualmente o sin usar máquinas: *Este mantel está hecho a mano.* **2** Cerca: *Te llevo en coche, porque tu casa me queda a mano.* ‖ **a mano armada.** Referido a un ataque o a un robo, que se efectúa con armas: *Fue un atraco a mano armada y hubo dos heridos de bala.* ‖ **a manos de** alguien. Por su causa o por su acción: *Murió a manos de sus enemigos.* ‖ **a manos llenas.** En abundancia o generosamente: *Los payasos repartían caramelos a manos llenas.* ‖ **atar las manos.** *col.* Impedir la realización de algo o quitar la libertad de actuación: *Con la firma de aquel papel me han atado las manos.* ‖ **bajo mano.** De manera oculta o secreta: *No sabe qué inventar para explicar el dinero recibido bajo mano.* ‖ **caerse** algo **de las manos.** *col.* Resultar insoportable, esp. por ser demasiado difícil o demasiado aburrido: *Este libro es tan aburrido que se cae de las manos.* ‖ **cambiar de manos.** Cambiar de dueño o de propietario: *Desde que esta tienda cambió de manos va mucho mejor.* ‖ **cargar la mano en** algo. Excederse en ello: *En esa tienda cargan la mano en los precios.* ‖ **con la mano en el corazón.** Con sinceridad y con franqueza: *No te rías, que te lo estoy diciendo con la mano en el corazón.* ‖ **con las manos en la masa.** *col.* En plena realización de algo, esp. si es indebido: *Estaba copiando en el examen y el profesor lo cogió con las manos en la masa.* ‖ **con las manos vacías.** Sin lograr lo que se pretendía: *Lo que me propuso no me pareció correcto, así que se fue con las manos vacías.* ‖ **con una mano detrás y otra delante.** *col.* Sin poseer nada: *Se arruinó y ahora está con una mano detrás y otra delante.* ‖ **{dar/estrechar} la mano.** Ofrecerla o cogerla como señal de saludo: *Se estrecharon las manos en señal de saludo.* ‖ **de la mano.** Agarrado de la de otra persona: *Los novios paseaban de la mano.* ‖ **de mano.** Que tiene un peso y un tamaño adecuados para poder ser llevado en la mano o para manejarse con las manos: *Para subir al avión, tienes que facturar la maleta, pero puedes llevar contigo la bolsa de mano.* ‖ **de primera mano. 1** Nuevo o sin estrenar: *Me he comprado un coche de primera mano.* **2** De la fuente original o sin intermediarios: *Sé la noticia de primera mano, porque me la dijo el interesado.* ‖ **de segunda mano.** Usado o ya estrenado: *En esta librería venden libros de segunda mano muy bien conservados.* ‖ **echar mano a** algo. *col.* Cogerlo, agarrarlo o prenderlo: *Se enfadó con todos, así que echó mano al bolso y se marchó.* ‖ **echar mano de** algo. *col.* Valerse de ello para un fin: *Echó mano de la tarjeta de crédito para pagar la cena.* ‖ **echar una mano** o **tender {la/una} mano.** *col.* Ayudar: *¿Me echas una mano con esta maleta, que pesa mucho?* ‖ **en buenas manos.** Bajo la responsabilidad de alguien fiable: *No te preocupes, que el asunto está en buenas manos.* ‖ **en mano.** Referido a la entrega de algo, directa o personalmente: *He mandado a un señor para que le dé el paquete en mano.* ‖ **en manos de** alguien. Bajo su control o su responsabilidad: *Pusieron el reparto de la herencia en manos de sus abogados.* ‖ **estar** algo **en la mano de** alguien. Depender de él: *No está en mi mano que te den ese trabajo.* ‖ **frotarse las manos.** *col.* Regocijarse o expresar satisfacción, esp. si es a causa de un mal ajeno: *Se frotaba las manos ante la perspectiva de hacer un crucero.* ‖ **ganar por la mano** a alguien. Anticipársele en hacer o en lograr algo: *La idea era mía, pero me ganó por la mano y la presentó él en su proyecto.* ‖ **hacer manitas.** Acariciarse las manos: *Esos novios están siempre haciendo manitas.* ‖ **irse de (entre) las manos.** Escapar del control: *El asunto se le fue de las manos y quedó fuera de su control.* ‖ **írsele la mano** a alguien. Excederse: *Quería darle un golpecito, pero se me fue la mano y casi lo tiro.* ‖ **lavarse las manos.** Desentenderse de un asunto o de una responsabilidad: *Tú nos metiste en este lío, así que ahora no te laves las manos.* ‖ **llegar a las manos.** Reñir y discutir hasta llegar al enfrentamiento físico: *La discusión fue muy violenta, pero no llegaron a las manos.* ‖ **llevarse las manos a la cabeza.** *col.* Asombrarse, asustarse o indignarse: *Cuando le dijeron el precio del sofá se llevó las manos a la cabeza.* ‖ **mano a mano.** Referido a la forma de hacer algo, entre dos personas que compiten o colaboran estrechamente: *Los dos diestros torearon mano a mano.* ‖ **mano de obra. 1** Trabajo manual, esp. el realizado por un obrero: *La mano de obra ha sido más cara que los repuestos.* **2** Conjunto de obreros: *En el sector industrial sobra mano de obra.* ‖ **mano derecha.** Respecto de una persona, otra que le es muy útil como ayudante o colaborador: *Es mi mano derecha y no hago nada sin consultárselo.* ‖ **mano de santo.** *col.* Lo que resulta muy eficaz o logra su efecto rápidamente: *Este jarabe es mano de santo para la tos.* ‖ **mano {dura/de hierro}.** *col.* Severidad, dureza o rigor en el trato con la gente o en la dirección de algo: *Dirige el país con mano de hierro.* ‖ **mano izquierda.** Tacto o astucia para tratar cuestiones difíciles: *En este trabajo hay que tener mucha mano izquierda con los clientes.* ‖ **mano sobre mano.** Sin trabajar o sin hacer nada: *¿No te da vergüenza estar mano sobre mano mientras los demás trabajamos?* ‖ **manos a la obra.** Expresión que se usa para animar a emprender o a continuar un trabajo: *Solo nos quedan dos paredes por pintar, así que, ¡manos a la obra!* ‖ **manos limpias.** Ausencia de culpa: *Tengo la conciencia tranquila porque tengo las manos limpias.* ‖ **meter mano. 1** *vulg.* Referido a una persona, tocarla con intenciones eróticas: *Intentó meterme mano y le solté un bofetón.* **2** Referido esp. a una tarea o a un asunto, abordarlos o enfrentarse a ellos: *Este proyecto me parece tan complicado que no sé cómo meterle mano.* ‖ **pedir la mano de** una mujer. Solicitar de su familia consentimiento para casarse con ella: *El día que pidas mi* *mano, haremos una fiesta para que se conozcan nuestras familias.* ‖ **poner la mano encima** a alguien. *col.* Golpearlo: *No se te ocurra ponerme la mano encima.* ‖ **poner la mano en el fuego por** algo. *col.* Asegurarlo o garantizarlo: *Pongo la mano en el fuego por él, porque sé que es inocente.* ‖ **{tener/traer}** algo **entre manos.** *col.* Tramarlo o estar ocupado en ello: *Tiene entre manos un negocio de mucho dinero.* ‖ **tener la mano larga.** *col.* Tener tendencia a golpear sin motivo: *Este niño tiene la mano muy larga y pega a todos los de su clase.* □ MORF. Cuando se antepone a otra palabra para formar compuestos, adopta la forma *mani-*: *manirroto.* □ SINT. *Mano a mano* se usa también como sustantivo: *Esta corrida es un mano a mano entre los dos mejores toreros de la temporada.*

manojo s.m. **1** Conjunto de cosas, esp. si son alargadas, que se pueden coger con la mano: *En el mercado me regalaron un manojo de perejil.* **2** Conjunto, abundancia o gran cantidad: *Me quedé solo frente a aquel manojo de ignorantes.* **3** ‖ **{estar hecho/ser} un manojo de nervios.** *col.* Ser muy nervioso: *El día del examen estaba hecho un manojo de nervios.*

manoletina s.f. Zapato bajo, de punta redondeada, parecido al que usan los toreros: *Las manoletinas las usan mucho las niñas como zapato de verano.* □ MORF. Se usa más en plural.

manolo, la s. Persona que vivía en algunos barrios populares madrileños y que se caracterizaba por su traje y por su gracia y desenfado: *En muchos sainetes aparecen los manolos como personajes.*

manómetro s.m. Instrumento que sirve para medir la presión de un fluido contenido en un recinto cerrado: *La presión del aire de las ruedas de los coches se mide con un manómetro.* 👁 **medida**

manopla s.f. **1** Especie de guante sin separaciones para los dedos o con una para el pulgar: *Con la manopla de cocina saco los asados del horno sin quemarme.* 👁 **guante** **2** En una armadura, pieza que cubre y protege la mano; *guantelete: La espada dio en la manopla del caballero, sin llegarle a la mano.* 👁 **armadura**

manosear v. **1** Tocar repetidamente con las manos: *El frutero no deja que los clientes manoseen la fruta.* **2** *col.* Referido a un asunto, tratarlo repetidamente o insistir demasiado en él: *No me parece un buen tema para una novela, porque creo que está ya muy manoseado.* □ USO En la acepción 2, tiene un matiz despectivo.

manoseo s.m. **1** Hecho de tocar repetidamente con las manos: *Vais a estropear mi vestido nuevo con tanto manoseo.* **2** Tratamiento reiterado y excesivo de un asunto: *Con tanto manoseo, la noticia ha perdido su interés.*

manotada s.f. →**manotazo.**

manotazo s.m. Golpe dado con la mano; *manotada: Fue expulsado por dar un manotazo a un jugador del otro equipo.*

manotear v. Dar golpes con las manos o moverlas exageradamente al hablar: *A mi hijo le encanta manotear en el agua. Los latinos manotean mucho al hablar.*

manoteo s.m. Movimiento exagerado de las manos: *Me vas a sacar un ojo con tus manoteos.*

mansalva ‖ **a mansalva.** En gran cantidad: *Cuando la gente se enteró, acudió a mansalva al lugar del acontecimiento.*

mansedumbre s.f. **1** Docilidad en la condición o en el trato: *El público protestó por la mansedumbre del quinto toro de la tarde.* **2** Tranquilidad, serenidad y falta de brusquedad o violencia: *La aparente mansedumbre de las aguas ocultaba sus peligrosas corrientes.*

mansión s.f. Casa grande y señorial: *Hubo alojamiento para todos los invitados en la mansión de los abuelos. Para mí, una casa con cinco habitaciones y tres cuartos de baño es una mansión.*

manso, sa ▮ adj. **1** Referido esp. a una persona, que es suave o dócil en la condición o en el trato: *Es tan mansa que da gusto hablar con ella.* **2** Referido a un animal, que no es bravo o que no actúa con fiereza: *Dale el caballo más manso, porque no sabe montar.* **3** Referido esp. a algo insensible, apacible, tranquilo o que se mueve lenta y sosegadamente: *Se bañó en las mansas aguas del lago.* ▮ s.m. **4** En un rebaño, esp. si es de ganado bravo, res que sirve de guía a las demás: *Los mansos condujeron toros bravos hasta la plaza.*

mansurrón, -a adj. *col.* Excesivamente manso: *Le tocó lidiar un toro mansurrón y sin embestida.*

manta ▮ s. **1** *col.* Persona torpe, inútil o que no sirve para nada: *Como relaciones públicas eres un manta.* ▮ s.f. **2** Pieza hecha de un tejido grueso, grande y rectangular, que sirve para abrigarse, esp. en la cama: *En verano, nunca duermo con manta.* **3** *col.* Zurra o paliza: *¡Menuda manta de palos me dieron!* **4** Pez cartilaginoso con aletas pectorales triangulares y el cuerpo terminado en forma de látigo, que puede llegar a medir hasta seis metros de envergadura: *Las aletas pectorales de las mantas parecen alas.* 👁 **pez** **5** ‖ **a manta.** En gran abundancia: *Este año han recogido setas a manta.* ‖ **liarse la manta a la cabeza.** *col.* Decidirse a algo sin medir las consecuencias o los inconvenientes: *Se lio la manta a la cabeza y aceptó el encargo.* ‖ **tirar de la manta.** *col.* Descubrir lo que se intentaba ocultar: *El periodista tiró de la manta y sacó a la luz el tráfico de influencias en el partido.* □ MORF. 1. En la acepción 1, es de género común y exige concordancia en masculino o en femenino para señalar la diferencia de sexo: *el manta, la manta.* 2. En la acepción 4, es un sustantivo epiceno y la diferencia de sexo se señala mediante la oposición *la manta {macho/hembra}.*

mantear v. Referido a una persona, lanzarla al aire impulsándola repetidas veces con una manta sostenida entre varios: *Varios mozos de la venta mantearon a Sancho Panza.*

manteca s.f. **1** Grasa de algunos animales, esp. la del cerdo: *Asa la carne con un poco de manteca para que quede más sabrosa.* **2** Sustancia grasa que se obtiene de la leche, esp. de la de vaca: *La manteca se obtiene batiendo la crema de la leche.* **3** Sustancia grasa y consistente que se obtiene de algunos frutos, esp. de su semilla: *La manteca de cacao se utiliza para curar las cortaduras de los labios.*

mantecada s.f. Bollo pequeño elaborado con manteca de vaca, harina, huevos y azúcar, que se suele cocer en un molde cuadrado: *Me regalaron unas mantecadas de Astorga y estaban riquísimas.*

mantecado s.m. **1** Dulce elaborado con manteca de cerdo: *Solo compro mantecados en Navidad.* **2** Sorbete hecho con leche, huevos y azúcar: *Nos tomamos un mantecado en la heladería.*

mantecoso, sa adj. Con manteca o con características de esta: *Nos dio a probar un queso mantecoso.*

mantel s.m. Pieza de tela con que se cubre la mesa durante la comida: *Pon el mantel, que vamos a comer.*

mantelería s.f. Conjunto formado por un mantel y varias servilletas haciendo juego: *Me han regalado una mantelería de doce cubiertos.*

mantener ▌v. **1** Sujetar o evitar la caída o la desviación: *Mantén las piernas en alto para que circule bien la sangre. Con esa borrachera, se mantiene en pie de milagro.* **2** Referido a un estado o a una circunstancia, conservarlos o evitar su desaparición o su degradación: *Este comercio mantiene su prestigio desde hace diez años. Se mantiene en forma haciendo ejercicio.* **3** Referido esp. a una acción, proseguir o continuar en ella: *Mantuve una conversación muy interesante con el escritor.* **4** Defender o hacer permanecer: *El testigo mantiene que no ha visto nunca a ese hombre.* **5** Referido esp. a una promesa o a un compromiso, cumplirlos o ser fiel a ellos: *Debes saber mantener tu palabra en los momentos difíciles.* **6** Alimentar, o procurar y costear el alimento u otras necesidades: *La hermana mayor mantiene con su sueldo a toda la familia. Se mantiene a base solo de leche y de fruta.* ▌prnl. **7** Persistir o perseverar en un estado o en una posición: *Pese a las adversidades, se mantiene firme en sus convicciones.* ☐ MORF. Irreg. ⟶**TENER**.

mantenido, da s. *col.* Persona que vive a expensas de otra: *Puso un piso a su mantenida y la visita una vez a la semana.*

mantenimiento s.m. **1** Conservación, sujeción o defensa, esp. las que se hacen para evitar la desaparición o degradación de algo: *Todas las tardes voy a clases de mantenimiento a un gimnasio. Varias personas se encargan del mantenimiento de las instalaciones.* **2** Realización continuada de una acción o continuación en ella: *El mantenimiento de tus promesas te honra.* **3** Alimentación o provisión del alimento u otras necesidades, o pago de su coste: *El hermano mayor se encarga del mantenimiento de la familia.*

manteo s.m. **1** Capa larga con cuello que utilizan los sacerdotes sobre la sotana y que antiguamente usaban los estudiantes: *Ya son pocos los sacerdotes que utilizan manteo.* **2** Lanzamiento al aire de una persona impulsándola repetidas veces con una manta que sujetan entre varios: *Un cuadro muy conocido de Goya representa el manteo de un pelele.*

mantequería s.f. **1** Establecimiento en el que principalmente se vende mantequilla y otros productos lácteos: *Compramos la miel, los fiambres y la mantequilla en la mantequería de la esquina.* **2** Lugar en el que se fabrica la mantequilla: *Van a contratar a más empleados en la mantequería.*

mantequilla s.f. **1** Producto alimenticio de consistencia blanda que se obtiene de la grasa de la leche de vaca: *Me gusta desayunar tostadas con mantequilla y mermelada.* **2** Manteca de la leche de vaca: *Batimos tanto la nata de la leche que conseguimos una mantequilla suavísima.*

mantilla s.f. **1** Prenda femenina que se pone sobre la cabeza y cae sobre los hombros: *La mantilla española llega hasta el borde del vestido.* **2** Prenda con la que se envuelve a los bebés para abrigarlos: *Después de cambiarle los pañales, envolvió al niño en la mantilla.* **3** ‖ **estar en mantillas.** *col.* Estar en los comienzos o tener pocos conocimientos sobre un asunto: *El nuevo médico acaba de terminar la carrera y aún está en mantillas.*

mantillo s.m. **1** Materia orgánica formada por restos descompuestos de vegetales y de animales, que ocupa la capa superior del suelo y se utiliza como abono; *humus: Cogió mantillo del bosque para abonar su jardín.* **2** Abono que se obtiene de la fermentación del estiércol: *Cuando echan mantillo en los jardines huele fatal.*

mantis ‖ **mantis religiosa.** s.f. Insecto masticador, de cuerpo verdoso, patas anteriores erguidas y juntas cuando permanecen en reposo, cuya hembra suele devorar al macho después de la cópula; *santateresa: La mantis se alimenta de otros insectos.* ☐ MORF. Es un sustantivo epiceno y la diferencia de sexo se señala mediante la oposición *la mantis religiosa {macho/hembra}*. Su plural es *mantis religiosas*. 👁 **insecto**

manto s.m. **1** Prenda amplia parecida a la capa, que cubre desde la cabeza o desde los hombros hasta los pies: *En la coronación, el rey llevaba un manto bordado en oro.* **2** Parte de la Tierra situada entre el núcleo y la corteza, y compuesta por rocas muy básicas: *La temperatura del manto es muy alta.* **3** Lo que cubre, protege u oculta algo: *El negro manto de la noche nos impedía ver el camino.*

mantón s.m. **1** Prenda de vestir femenina que generalmente se dobla en diagonal y que se echa sobre los hombros: *La abuela se puso el mantón porque tenía frío.* **2** ‖ **mantón de Manila.** El de seda, bordado con colores brillantes y de origen chino: *Llevaba un vistoso mantón de Manila.*

manual ▌adj. **1** Que se realiza o se maneja con las manos: *La albañilería es un trabajo manual poco reconocido socialmente.* ▌s.m. **2** Libro en el que se recoge lo más importante de una materia: *Dentro de la caja del televisor está el manual de instrucciones.* ☐ MORF. Como adjetivo es invariable en género.

manualidad s.f. Trabajo realizado con las manos: *En el colegio hacíamos manualidades con papel.* ☐ MORF. Se usa más en plural.

manubrio s.m. En un utensilio o en un instrumento, empuñadura, esp. la que tiene forma de manivela y, al girar, pone en funcionamiento un mecanismo: *Para hacer sonar el organillo, gira el manubrio.*

manufactura s.f. **1** Obra hecha a mano o con ayuda de máquinas: *Todas estas figurillas son manufacturas coreanas.* **2** Fábrica o industria en las que se hacen estos productos: *En esta zona hay varias manufacturas textiles.*

manufacturar v. Fabricar o producir con medios mecánicos a partir de materias primas: *Cada año, en esta región se manufacturan muchos zapatos.*

manufacturero, ra adj. De la manufactura o relacionado con ella: *El sector de la industria manufacturera tuvo que superar una importante crisis.*

manumisión s.f. Concesión de la libertad a un esclavo: *El patricio dio la manumisión a todos sus esclavos.*

manumiso, sa adj. Referido a un esclavo, que ha recibido la libertad: *El dueño de aquella granja era descendiente de un esclavo manumiso.* ☐ USO Se usa como adjetivo, frente al participio regular *manumitido*, que se usa en la conjugación.

manumitir v. Referido a un esclavo, darle la libertad: *Algunos señores romanos manumitían a sus esclavos a cambio de dinero.* ☐ MORF. Tiene un participio regular (*manumitido*), que se usa en la conjugación, y otro irregular (*manumiso*), que se usa como adjetivo.

manuscrito, ta ▌adj. **1** Escrito a mano: *Aunque sé escribir a máquina, siempre envío cartas manuscritas.* ▌s.m. **2** Libro o texto escrito a mano, esp. el que tiene algún valor histórico o literario: *Han encontrado un manuscrito con sonetos inéditos.*

manutención s.f. Alimentación o provisión de lo necesario, esp. del alimento: *La manutención de los hijos corre a cargo de los padres.*

manzana s.f. **1** Fruto del manzano, comestible, de forma redondeada y carne blanca y jugosa: *Las manzanas con la piel roja tienen un sabor más fuerte.* **2** Espacio urbano, generalmente cuadrangular, delimitado por calles por todos sus lados: *El portal número 86 está dos manzanas más abajo.*

manzanilla s.f. **1** Planta herbácea de flores olorosas en cabezuela, de color blanco y con el centro amarillo, que tiene propiedades medicinales: *Hemos recogido mucha manzanilla en el monte.* **2** Flor de esta planta: *Dejó secar las manzanillas al sol para luego hacer infusiones.* **3** Infusión que se hace con las flores secas de esta planta y que tiene propiedades digestivas: *Me he hecho una manzanilla porque me duele la tripa.* **4** Vino blanco, seco y aromático, que se elabora en algunas zonas andaluzas, esp. en la provincia gaditana: *Los labradores paladeaban una copa de manzanilla en la taberna.* □ SEM. En las acepciones 1 y 2, es sinónimo de *camomila*.

manzano s.m. Árbol frutal, de hojas alternas, ovales y dentadas y flores rosáceas en umbela, cuyo fruto es la manzana: *Los manzanos crecen de forma silvestre en las zonas de clima templado.*

maña s.f. Véase **maño, ña**.

mañana ▮ s.m. **1** Tiempo futuro: *El mañana no está tan lejos, así que no pierdas el tiempo.* ▮ s.f. **2** Período de tiempo comprendido entre la medianoche y el mediodía, esp. el que transcurre después del amanecer: *Llegó a casa a las diez de la mañana.* ▮ adv. **3** En el día que sigue inmediatamente al de hoy: *Si hoy es miércoles, mañana será jueves.* **4** En un tiempo futuro: *Hoy piensas así, pero mañana lo verás todo de otra manera.* ▮ interj. **5** Expresión que se usa para negar de forma rotunda lo que se dice: *¡Mañana, pienso ayudar yo a ese tipo que siempre me ha despreciado!* **6** ‖ **de mañana.** Al amanecer o en las primeras horas del día: *Salió al campo muy de mañana.* ‖ **hasta mañana.** Expresión que se utiliza como señal de despedida cuando al día siguiente se va a ver a la otra persona: *Por hoy ya he terminado, así que hasta mañana.* ‖ **pasado mañana.** En el día que sigue inmediatamente al de mañana: *No puedo ni hoy ni mañana, por tanto, iré pasado mañana.*

mañanero, ra adj. De la mañana o relacionado con ella: *El sol mañanero de primavera es muy agradable.*

mañanita ▮ s.f. **1** Prenda de vestir con forma de capa corta que cubre desde los hombros hasta la cintura y que se suele utilizar para estar sentado mientras se está en la cama: *Se pone una mañanita sobre el camisón para leer en la cama.* ▮ pl. **2** Canción popular mexicana que se interpreta, generalmente al alba, con motivo de una celebración familiar: *El día de su cumpleaños, sus nietos le cantaron unas mañanitas.*

maño, ña ▮ adj./s. **1** *col.* Aragonés: *Jóvenes maños bailaban jotas. Los maños homenajean con flores a la Virgen del Pilar.* ▮ s.f. **2** Habilidad o destreza, esp. para las manualidades: *Es un chico con maña para tratar a los ancianos.* **3** Ingenio o astucia para conseguir lo que se desea: *Siempre echa mano de sus mañas para no trabajar.* **4** ‖ **darse maña.** Tener habilidad: *Se da muy buena maña con los críos.* □ MORF. La acepción 3 se usa más en plural. □ SEM. En la acepción 1, dist. de *baturro* (aragonés del campo).

mañoso, sa adj. Que tiene habilidad o destreza, esp. para las manualidades: *Es muy mañosa y las reparaciones caseras las hace ella.*

maoísmo s.m. **1** Doctrina política elaborada por Mao Tse-Tung (fundador del partido comunista chino) en la que se adapta el marxismo leninismo a la realidad política y social china: *El maoísmo muestra gran sensibilidad hacia el campesino.* **2** Movimiento político inspirado en esta doctrina: *Muchos militantes de izquierdas entraron a formar parte del maoísmo.*

maoísta ▮ adj. **1** Del maoísmo o relacionado con esta doctrina política: *En los años sesenta, surgieron en Europa pequeños partidos maoístas.* ▮ adj./s. **2** Partidario o seguidor del maoísmo: *Líderes maoístas encabezaban la manifestación. Los maoístas defienden la dictadura del proletariado.* □ MORF. 1. Como adjetivo es invariable en género. 2. Como sustantivo es de género común y exige concordancia en masculino o en femenino para indicar la diferencia de sexo: *el maoísta, la maoísta*.

maorí ▮ adj./s. **1** De un pueblo que habita en tierras neozelandesas o relacionado con él: *La actual población maorí vive en la zona septentrional de la isla norte de Nueva Zelanda. Los maoríes tallan estatuas en los troncos de los árboles.* ▮ s.m. **2** Lengua de este pueblo: *El himno nacional de Nueva Zelanda está escrito en maorí.* □ MORF. 1. En la acepción 1, como adjetivo es invariable en género, y como sustantivo es de género común y exige concordancia en masculino o en femenino para señalar la diferencia de sexo: *el maorí, la maorí*. 2. Aunque su plural en la lengua culta es *maoríes*, también se usa *maorís*.

mapa s.m. **1** Representación gráfica, sobre un plano y de acuerdo con una escala, de la superficie terrestre o de una parte de ella; *carta: En el mapa físico podemos ver los accidentes geográficos de un país, y en el mapa político, las provincias o regiones que lo componen.* **2** ‖ **borrar del mapa.** *col.* Eliminar o hacer desaparecer: *El progreso borró del mapa los viejos edificios de nuestra infancia.*

mapache s.m. Mamífero carnívoro americano de vida nocturna, de pelaje fino, tupido y grisáceo, larga cola con anillos blancos alternándose con otros de color oscuro, y con una mancha negra alrededor de los ojos a modo de antifaz: *El mapache tiene el hocico blanco.* □ MORF. Es un sustantivo epiceno y la diferencia de sexo se señala mediante la oposición *el mapache {macho/hembra}*.

mapamundi s.m. Mapa en el que se representa la superficie de la Tierra dividida en dos hemisferios: *En este mapamundi, verás que España está en el hemisferio norte.* □ MORF. Su plural es *mapamundis*; incorr. **mapasmundi*.

maqueta s.f. **1** Reproducción a escala reducida y en tres dimensiones: *En mi cuarto tengo una maqueta de la catedral de Santiago de Compostela.* **2** Modelo previo que sirve de guía, esp. en la composición de un texto impreso: *La realización de la maqueta es el paso previo al ajuste y montaje de un libro.*

maqui s. →**maquis.** □ MORF. Es un sustantivo de género común y exige concordancia en masculino o en femenino para señalar la diferencia de sexo: *el maqui, la maqui*.

maquiavélico, ca adj. Astuto, inteligente, hábil y engañoso, o con otras características propias del maquiavelismo: *El malo de la película tenía un maquiavélico plan para adueñarse del mundo.*

maquiavelismo s.m. **1** Teoría política de Maquiavelo (político y teórico italiano del siglo XVI), que defiende los intereses del Estado sobre cualquier consideración ética o moral: *Según el maquiavelismo, el fin justifica los* *medios.* **2** Forma de actuar que se caracteriza por la astucia, la habilidad y el engaño para conseguir lo que se pretende: *Se dice que su riqueza procede de su maquiavelismo en los negocios.*

maquillaje s.m. **1** Aplicación de productos cosméticos sobre la piel, esp. sobre la cara, para embellecer o para caracterizar: *La modelo se sometió a una sesión de maquillaje.* **2** Producto cosmético que se utiliza para maquillar: *Parece que estoy morena, pero es que me he dado maquillaje.*

maquillar v. **1** Aplicar productos cosméticos para embellecer o para caracterizar: *Maquillaron al actor para que pareciera una mujer. Todas las modelos se maquillan.* **2** Referido a la realidad, alterarla para que presente mejor apariencia: *Dicen que todos los políticos maquillan la verdad.*

máquina s.f. **1** Conjunto de piezas con movimientos combinados, que aprovecha una fuerza o una energía para producir otra o para realizar un trabajo: *Durante la huelga pararon todas las máquinas de la fábrica.* 👁 **costura** **2** En un tren, vagón en el que está montado el motor, y que arrastra o mueve los demás vagones enganchados a él; *locomotora: Vi un tren con diez vagones y la máquina.* **3** Conjunto de partes ordenadas entre sí y dirigidas a la formación de un todo: *En una democracia, todos contribuimos al funcionamiento de la máquina del Estado.* **4** Aparato que generalmente se acciona con monedas para obtener algo de forma inmediata o automática: *A la entrada del bar hay una máquina de tabaco.* **5** ‖ **a toda máquina.** A gran velocidad o con el máximo de esfuerzo: *Salió de aquí a toda máquina para llegar a tiempo.* ‖ **máquina de vapor.** La que funciona por la fuerza que ejerce el vapor de agua al expandirse: *La primera máquina de vapor fue inventada por el inglés James Watt en 1763.*

maquinal adj. Referido a una acción, que se realiza sin pensar o de forma involuntaria: *Contestó de forma maquinal, sin darse cuenta de lo que decía.* ☐ MORF. Invariable en género.

maquinar v. Referido a un plan, esp. si es negativo, prepararlo o tramarlo ocultamente: *He maquinado la manera de salir de aquí sin ser vistos.*

maquinaria s.f. Conjunto de máquinas que se utilizan para un fin determinado: *Esta empresa está renovando su maquinaria industrial.*

maquinilla s.f. **1** Utensilio que sirve para afeitar y está formado por un mango con un soporte para una cuchilla en uno de sus extremos: *Necesita espuma de afeitar porque se afeita con maquinilla.* **2** ‖ **maquinilla eléctrica.** Aparato eléctrico que se usa para afeitar sin necesidad de espuma o jabón: *Afeitarse con maquinilla eléctrica es más rápido.*

maquinista s. Persona que se dedica profesionalmente al manejo de una máquina, esp. de una locomotora: *El maquinista paró el tren porque vio algo extraño en la vía.* ☐ MORF. Es de género común y exige concordancia en masculino o en femenino para señalar la diferencia de sexo: *el maquinista, la maquinista.*

maquis ▌ s. **1** Persona que se rebela y mantiene una oposición armada contra el sistema político establecido, y vive escondida en los montes; *maqui: Los maquis utilizaban la táctica de la guerrilla.* ▌ s.m. **2** Organización formada por estas personas: *Este escritor francés formó parte del maquis durante la ocupación alemana de Francia.* ☐ MORF. 1. En la acepción 1, es de género común y exige concordancia en masculino o en femenino para señalar la diferencia de sexo: *el maquis, la maquis.* 2. Invariable en número.

mar s. **1** Masa de agua salada que cubre la mayor parte de la superficie terrestre: *El mar cubre siete décimas partes de la extensión total de la Tierra.* **2** Cada una de las partes en que se considera dividida esta masa de agua y es más pequeña que el océano: *El mar Cantábrico es parte del océano Atlántico.* **3** Lago de gran extensión: *El mar Muerto está entre Israel y Jordania.* **4** En la superficie lunar, extensa llanura oscura: *Las noches claras de verano se pueden ver a simple vista los mares de la Luna.* ‖ **alta mar.** →**altamar.** **6** ‖ **a mares.** *col.* Abundantemente: *Por la mañana llovió a mares.* ‖ **estar hecho un mar de lágrimas.** *col.* Llorar mucho y desconsoladamente: *El niño estaba hecho un mar de lágrimas porque había perdido su juguete.* ‖ **hacerse a la mar.** Salir del puerto para navegar: *El buque se hizo a la mar después de la reparación de la radio.* ‖ **la mar** de algo. Mucho o muy: *Estás la mar de gracioso con ese disfraz.* ‖ **mar arbolada.** La que está agitada por olas que pasan de los seis metros de altura: *No pudimos salir a la cubierta del barco porque estaba la mar arbolada.* ‖ **mar de fondo. 1** En zonas costeras donde hace buen tiempo y no hay viento, agitación de las aguas debida a corrientes marinas profundas o a la actividad geológica de los fondos marinos: *Aunque hacía calor, no pudimos bañarnos porque había mar de fondo.* **2** Inquietud o agitación que subyacen en un asunto: *Hay mar de fondo en la oficina y todos estamos en tensión.* ‖ **mar gruesa.** La que está agitada por olas que llegan hasta una altura de seis metros: *Se mareó porque había mar gruesa y el barco se movía mucho.* ‖ **mar montañosa.** La que está agitada por olas sin dirección determinada, de nueve a catorce metros de altura: *En el vértice de los ciclones suele haber mar montañosa.* ‖ **mar picada.** La que está alterada y tiene algo de oleaje: *Hoy hay mar picada porque hace viento.* ‖ **mar rizada.** La que está ligeramente agitada por pequeñas olas: *Aunque haya mar rizada puedes salir con la barca.* ☐ MORF. Es de género ambiguo y admite concordancia en masculino o en femenino sin cambiar de significado: *{el/la} mar {tranquilo/tranquila}.* En plural solo se usa como masculino: *los mares.*

marabú s.m. Ave zancuda africana, parecida a la cigüeña, de pico largo y cola corta, con alas grandes y plumaje gris y blanco: *Las plumas blancas del marabú son muy apreciadas.* ☐ MORF. 1. Aunque su plural en la lengua culta es *marabúes*, se usa mucho *marabús*. 2. Es un sustantivo epiceno y la diferencia de sexo se señala mediante la oposición *el marabú {macho/hembra}.*

marabunta s.f. **1** Migración masiva de hormigas voraces que devoran a su paso todo lo comestible que encuentran: *La aparición y el itinerario de la marabunta son impredecibles.* **2** *col.* Aglomeración de gente que produce mucho jaleo o ruido: *Había tal marabunta en las rebajas que no pude comprar nada.* ☐ SEM. En la acepción 2, dist. de *barahúnda* y *baraúnda* (desorden, ruido o gran confusión).

maraca s.f. Instrumento musical de percusión, de origen cubano, formado por un mango con una especie de bola hueca acoplada a uno de sus extremos y llena de semillas secas o materiales semejantes que suenan al agitarlo: *Cantó una rumba acompañándose con maracas.* ☐ MORF. Se usa más en plural. 👁 **percusión**

marajá s.m. Soberano de un principado indio: *El marajá de Kapurtala asistió a la boda de Alfonso XIII y Victoria*

Eugenia. □ ORTOGR. Es un anglicismo (*maharajah*) adaptado al español. □ MORF. Se usa mucho el femenino del hindi *maharani*.

maraña s.f. **1** Enredo de hilos, de cabellos o de cosas semejantes: *No supo arreglar el interruptor por la maraña de cables que había.* **2** Conjunto de elementos desordenados o revueltos: *Después de leer el libro, solo tengo una maraña de datos.* **3** Espesura de arbustos: *No te metas en la maraña del bosque, que te vas a perder.*

marasmo s.m. **1** Suspensión o paralización absolutas de la actividad: *Dice que el marasmo de la juventud se debe a la falta de ideales.* **2** En medicina, extrema debilidad, agotamiento o adelgazamiento del cuerpo humano: *Muchos niños africanos sufren marasmo por desnutrición.*

maratón ▮ s. **1** Competición dura, prolongada o de resistencia: *Esa pareja ganó la maratón de baile.* **2** En atletismo, carrera de resistencia que consiste en correr una distancia de 42 kilómetros y 195 metros (por alusión a la carrera realizada por un soldado griego desde Maratón hasta Atenas para anunciar la victoria sobre los persas): *El maratón es una prueba atlética olímpica.* ▮ s.m. **3** Actividad que se desarrolla en una sola sesión o que se realiza en menos tiempo del necesario: *Mi trabajo es un continuo maratón para entregar los expedientes a tiempo.* □ ORTOGR. Incorr. **marathón.* □ MORF. En las acepciones 1 y 2, es de género ambiguo y admite concordancia en masculino o en femenino sin cambiar de significado: *{el/la} maratón {largo/larga}.*

maratoniano, na adj. Del maratón, con sus características o relacionado con él: *Este corredor ha ganado dos veces la prueba maratoniana de esta ciudad.*

maravedí s.m. Antigua moneda española: *El maravedí ha tenido distintos valores a lo largo de la historia.* □ MORF. Aunque su plural en la lengua culta es *maravedíes* o *maravedises*, también se usa *maravedís*.

maravilla s.f. **1** Lo que causa admiración, esp. por ser extraordinario: *Fue una maravilla que llegaras a tiempo.* **2** Lo que se hace con gran habilidad a pesar de su dificultad o de su complicación: *El gimnasta hacía maravillas colgado de las anillas.* **3** Pasta alimenticia para sopa en forma de grano de pequeño tamaño: *Hoy he cenado sopa de maravilla.* **4** ‖ **a las mil maravillas** o **de maravilla.** Muy bien o perfectamente: *La fiesta salió a las mil maravillas y todos se lo pasaron genial.* ‖ **decir maravillas de** algo. *col.* Hablar muy bien de ello: *Mi hermana tiene un coche como el tuyo y dice maravillas de él.* □ SINT. La acepción 2 se usa más en la expresión *hacer 'maravillas'*.

maravillar v. Despertar admiración o asombro: *Me maravilla tu disciplina en el trabajo.*

maravilloso, sa adj. Que causa admiración, generalmente por resultar extraordinario: *Es una persona maravillosa con la que se puede contar para todo.*

marca s.f. **1** Señal que permite distinguir o reconocer algo: *Dame la caja que tiene una marca roja, por favor.* **2** Distintivo o nombre que un fabricante da a un producto para diferenciarlo de otros similares: *Esta marca de bebidas patrocina muchas competiciones deportivas.* **3** Huella o señal dejadas por algo: *Está morena y se le nota la marca del bañador.* **4** Sello o estilo característicos: *Esta canción tiene la marca de los años sesenta.* **5** En deporte, mejor resultado técnico homologado; *plusmarca, récord: Su marca de este año en pista cubierta es de 10,09 segundos.* ‖ **de marca.** Que está hecho por una fábrica cuyos productos están reconocidos como de buena calidad: *Le gusta vestir bien y siempre lleva ropa de marca.* **7** ‖ **de marca (mayor).** *col.* Que se sale de lo normal: *Me están poniendo inyecciones porque tengo un resfriado de marca mayor.*

marcado, da adj. Que se percibe o se nota claramente: *Habla bien español, pero con un marcado acento alemán.*

marcador s.m. En deporte, tablero en el que se anotan los tantos obtenidos por un jugador o un equipo: *Este marcador electrónico permite ver a la vez el resultado del encuentro y cuánto tiempo queda de juego.*

marcaje s.m. En algunos deportes, defensa que hace un jugador a otro situándose cerca de él para dificultarle el juego: *El marcaje que hizo el defensa contrario a nuestro delantero fue muy violento.*

marcapasos s.m. Aparato electrónico que sirve para estimular el corazón de forma que se mantenga el ritmo cardíaco: *Le han puesto un marcapasos para corregir un problema cardíaco.* □ MORF. Invariable en número.

marcar ▮ v. **1** Señalar con signos distintivos para reconocer, destacar o distinguir: *Este ganadero marca sus reses con un hierro en forma de trébol.* **2** Golpear o herir dejando señal: *En una pelea, le marcaron la frente de un navajazo.* **3** Dejar impresa una señal o huella morales: *Esa enfermedad marcó su vida.* **4** Referido a una cantidad o a una magnitud, indicarlas un aparato: *El termómetro de la plaza marca 20 °C.* **5** Referido esp. a un número o a una clave, formarlos o señalarlos en un aparato para transmitirlos o registrarlos: *Marque su número personal de la tarjeta, por favor.* **6** Indicar, determinar o fijar: *Ese libro marca la línea que deben seguir sus partidarios.* **7** Hacer resaltar o mostrar destacadamente: *Se da el colorete marcando mucho los pómulos.* **8** Referido esp. a un movimiento o a una orden, señalarlos o darlos: *El más lento iba marcando el paso de la excursión.* **9** Peinar el cabello para darle forma: *En esta peluquería, por lavar, cortar y marcar te cobran muy poco.* **10** En algunos deportes, esp. en fútbol, conseguir un tanto metiendo la pelota en la meta contraria: *El equipo visitante fue el primero en marcar, aunque luego el partido terminó en empate.* **11** En algunos deportes, referido a un jugador, defenderlo otro situándose cerca de él para dificultarle el juego: *El defensa marcó tan bien al delantero que este no pudo tocar el balón.* ▮ prnl. **12** Hacer o decir: *Estaba tan contento que se marcó un baile que nos sorprendió a todos.* □ ORTOGR. La *c* se cambia en *qu* delante de *e* →**SACAR**.

marcha s.f. **1** Ida o desplazamiento a un lugar: *El tren tiene prevista su marcha a las cinco de la tarde.* **2** Salida o abandono de un lugar o de una situación por decisión propia: *Tras enfrentarse con el entrenador, anunció su marcha del equipo.* **3** Desarrollo o funcionamiento: *Esperemos que nada entorpezca la marcha de las negociaciones.* **4** *col.* Energía o alegría muy intensas: *¡Vaya marcha tienes hoy, se nota que has dormido bien!* **5** *col.* Ambiente, animación o diversión: *A partir de las doce de la noche, empieza la marcha en esta discoteca.* **6** Desplazamiento de un conjunto de personas para un fin determinado: *Los secretarios de los sindicatos abrían la marcha en protesta por las reformas salariales.* **7** Movimiento que efectúan las tropas militares para trasladarse a un lugar utilizando sus propios medios: *Los reclutas fueron de marcha al pueblo más próximo.* **8** Composición musical en compás binario o cuaternario, de ritmo regular y solemne, escrita para acompañar o marcar el paso de la tropa o del cortejo: *Los novios salieron de la iglesia mientras sonaba* *la marcha nupcial.* **9** Movimiento en una dirección determinada o forma en que se hace este movimiento: *Dio marcha atrás sin mirar por el retrovisor, y chocó con una farola.* **10** En atletismo, modalidad deportiva en la que el atleta debe andar muy deprisa pero manteniendo siempre un pie en contacto con el suelo: *Ese atleta ganó una medalla olímpica de marcha en la prueba de 20 kilómetros.* **11** En un vehículo, cada una de las posiciones del cambio de velocidades: *Para que arranque el coche hay que meter la primera marcha.* **12** ‖ **a marchas forzadas.** Referido a la forma de hacer algo, con prisa y con un ritmo muy intenso: *Cuando se enteraron de que el trabajo era para el día siguiente, tuvieron que terminarlo a marchas forzadas.* ‖ **a toda marcha.** *col.* A gran velocidad: *Le pedí un favor y me lo hizo a toda marcha.* ‖ **sobre la marcha.** De forma improvisada o a medida que se va haciendo: *No sé dónde comeremos, ya lo pensaremos sobre la marcha.*

marchamo s.m. Marca que se pone a un producto o a un objeto después de haber sido analizado o revisado: *No compres embutidos que no lleven el marchamo del Ministerio de Sanidad.*

marchante s. Persona que se dedica al comercio, esp. al de cuadros u obras de arte: *De los cuadros de este pintor se encarga una marchante licenciada en Arte.* □ MORF. Es de género común y exige concordancia en masculino o en femenino para señalar la diferencia de sexo: *el marchante, la marchante.*

marchar ▌v. **1** Caminar, viajar o ir a un lugar: *Marcharon hacia el pueblo nada más conocer la noticia. Márchate, haz el favor.* **2** Desarrollarse, funcionar o desenvolverse: *¿Cómo marchan las cosas entre vosotros dos?* **3** Referido a un mecanismo, funcionar; *andar: El coche está en el garaje porque el motor no marcha.* **4** Referido a la tropa, ir o caminar con cierto orden y compás en su paso: *Ese soldado marca el ritmo al que deben marchar sus compañeros.* ▌prnl. **5** Abandonar un lugar por decisión propia; *irse: Me marcho, que me esperan en casa.*

marchitar v. **1** Referido esp. a una planta, hacerle perder la frescura, el verdor o la abundancia de hojas: *El sol ha marchitado las rosas. Las lechugas se marchitaron por falta de riego.* **2** Hacer perder la viveza, el vigor o la vitalidad: *La vejez marchitará tu juventud y tu belleza. Sus ilusiones se han marchitado por el sufrimiento.*

marchito, ta adj. Sin vigor, sin frescura, sin viveza o sin vitalidad: *Tira esas flores, que ya están marchitas. Sus esperanzas están marchitas.*

marchoso, sa adj./s. *col.* Alegre, animado o juerguista: *La música de salsa es muy marchosa. Con ese marchoso te lo pasarás bien vayas donde vayas.*

marcial adj. **1** Del ejército, de la guerra o relacionado con ellos: *La disciplina marcial es muy rígida y exigente.* **2** Con las características que se consideran propias de un militar: *Tiene andares marciales, y siempre va con paso firme.* □ MORF. Invariable en género.

marcialidad s.f. Energía y elegancia que se consideran propias de militares y soldados: *Los reclutas desfilaron con gran marcialidad.*

marciano, na ▌adj. **1** De Marte (cuarto planeta del sistema solar), o relacionado con él: *Una nave espacial fotografiará la superficie marciana.* ▌s. **2** Habitante del planeta Marte: *Dice que los marcianos son verdes y con antenas.*

marco s.m. **1** Unidad monetaria alemana y finlandesa hasta la adopción del euro: *El marco alemán dejó de ser válido en diciembre del año 2001, y el marco finlandés, en febrero del año 2002.* **2** Moldura o encuadre en los que se encajan algunas cosas; *cerco: Eligió un marco de madera para el retrato.* **3** Ambiente o paisaje que rodean algo: *Eligió un marco muy romántico para declararle su amor.* **4** Lo que sirve para limitar o encuadrar una cuestión: *Se llama 'acuerdo marco' a un acuerdo de carácter general al que deben ajustarse otros acuerdos concretos.* **5** En el lenguaje del deporte, portería: *El balón tocó el marco, pero no fue gol.*

marea s.f. **1** Movimiento periódico y alternativo de ascenso y descenso de las aguas del mar, que se origina por las atracciones combinadas del Sol y de la Luna: *Se habla de 'marea alta' o 'marea baja' según sea ascendente o descendente el movimiento del agua del mar.* **2** Agua que efectúa este movimiento: *No nos dimos cuenta de que estaba subiendo la marea, y se nos mojaron las toallas.* **3** Multitud o gran cantidad: *Una marea de manifestantes inundó la calle.* **4** ‖ **marea negra.** Masa líquida de petróleo o de aceites pesados vertida en el mar: *El naufragio del petrolero ocasionó una marea negra.* ‖ **marea roja.** En el mar, acumulación de microrganismos y de toxinas que produce una coloración rojiza en las aguas: *Sanidad recomienda que no se consuman mejillones cuando hay marea roja.* □ SEM. 1. *Marea alta* es dist. de *pleamar* (fin del movimiento ascendente). 2. *Marea baja* es dist. de *bajamar* (fin del movimiento descendente).

marear v. **1** Producir o sentir mareo o malestar, manifiestos generalmente con vómitos y pérdida del equilibrio: *Leer en el coche me marea. Se mareó por una bajada de tensión.* **2** *col.* Cansar o fastidiar con molestias continuas: *Me marea oírte hablar siempre de las mismas cosas.* **3** *col.* Emborrachar ligeramente: *Este vino marea. No bebo cerveza porque me mareo.*

marejada s.f. En el mar, agitación violenta de las aguas sin llegar a ser un temporal: *Se anuncia marejada en la zona del cabo Finisterre.*

marejadilla s.f. En meteorología, marejada poco intensa: *Ahora hay marejadilla, pero se desarrollará en marejada al final de la tarde.*

maremagno s.m. Abundancia o multitud de cosas desordenadas: *Mi escritorio es un maremagno de papeles.* □ ORTOGR. 1. Se admite también *maremágnum*. 2. No se recomienda la forma *mare magnum*. □ MORF. Su plural es *maremagnos*.

maremágnum s.m. →**maremagno.** □ ORTOGR. Es un latinismo (*mare magnum*) semiadaptados al español. □ MORF. Su plural es *maremágnums*.

maremoto s.m. Agitación violenta de las aguas del mar, que se produce por un movimiento sísmico en su fondo: *El maremoto desarrolló una gran ola que inundó la franja costera.*

marengo s.m. →**gris marengo.**

mareo s.m. **1** Malestar físico que generalmente se manifiesta con náuseas, pérdida del equilibrio y sudor: *Tengo vértigo y, si miro hacia abajo desde una altura, me dan mareos.* **2** *col.* Cansancio o fastidio producidos por molestias reiteradas: *¡Vaya mareo estar todo el día con este niño llorón!*

marfil s.m. **1** Material duro de color blanquecino que, cubierto de esmalte, forma los dientes de los vertebrados: *Los colmillos de elefante son de marfil.* **2** Pieza tallada en este material: *En el museo hay una exposición de* *marfiles japoneses.* **3** Color blanco amarillento: *Si pintas las paredes en marfil, el salón parecerá más grande. Me he comprado una blusa de color marfil.* ☐ SINT. En la acepción 3, se usa mucho en aposición, pospuesto a un sustantivo.

marfileño, ña adj. De marfil o con sus características: *En la época romántica, gustaba la piel marfileña.*

marga s.f. Roca sedimentaria compuesta principalmente de arcilla y caliza: *Algunos cementos se elaboran con margas.*

margarina s.f. Sustancia grasa de consistencia blanda, fabricada con grasas vegetales y animales: *La margarina tiene los mismos usos que la mantequilla.*

margarita ▌ s.m. **1** Cóctel preparado con tequila, zumo de lima y licor de naranja: *Aprendió a preparar margaritas cuando estuvo en México.* ▌ s.f. **2** Planta herbácea de tallo fuerte cuya flor es una inflorescencia en cabezuela, con el centro amarillo rodeado de pétalos generalmente blancos: *Sembró margaritas en el jardín.* **3** Inflorescencia de esta planta, compuesta por un conjunto de flores amarillas formando un círculo rodeado por una serie de pétalos generalmente blancos: *Deshojó una 'margarita diciendo sí, no, sí, no...'.* **4** En una máquina de escribir o en un aparato semejante, pieza en forma de disco con caracteres gráficos que sirve para imprimir: *Para imprimir en letra cursiva, necesito poner otra margarita.*

margen ▌ s.m. **1** Límite, orilla o extremo: *El margen del campo de fútbol está marcado con una línea blanca.* **2** En una página, espacio en blanco que queda entre sus bordes y la parte escrita o impresa: *Cuando pases el trabajo a máquina, deja unos márgenes amplios.* 👁 **libro** **3** Diferencia que se supone o se tolera entre un límite y otro, esp. entre el cálculo de algo y lo que realmente es: *En las estadísticas, siempre hay que tener en cuenta un margen de error.* **4** Ocasión, motivo u oportunidad: *Dale margen para que te demuestre lo que es capaz de hacer.* **5** Beneficio que se obtiene en una venta, teniendo en cuenta el precio y el coste: *Los almacenes hacen grandes rebajas porque sus productos tienen mucho margen.* ▌ s.f. **6** Borde u orilla de un río: *La huerta está situada en la margen derecha del canal.* **7** ‖ **al margen.** De forma independiente y apartada: *Al margen de lo que me digas, yo pienso actuar de acuerdo con mi conciencia.* ☐ MORF. En la acepción 6 se usa también como masculino. ☐ SINT. *Al margen* se usa más con los verbos *dejar*, *quedar* o equivalentes.

marginación s.f. **1** Rechazo o aislamiento en condiciones de inferioridad, provocados por la falta de integración en un grupo o en la sociedad: *La lucha contra la marginación es el objetivo de esta asociación humanitaria. El profesor debe evitar la marginación de unos alumnos por parte de otros.* **2** Exclusión, desestimación o colocación en un segundo plano: *La marginación del proyecto acabó con sus ilusiones.*

marginado, da s. **1** Persona aislada en condiciones de inferioridad porque no está integrada en un grupo o en la sociedad: *Es una marginada porque nadie entiende su forma de vivir. En su discurso electoral mencionó a los marginados.* **2** Persona sin recursos económicos ni medios para ganarse la vida: *En invierno, el metro sirve de refugio a los marginados.*

marginal adj. Que está al margen: *Los asuntos marginales de la cuestión se verán al final. Las innovaciones en el arte suelen empezar en grupos marginales minoritarios.* ☐ MORF. Invariable en género.

marginar v. **1** Referido esp. a un asunto, dejarlo al margen, apartado o sin examinarlo: *Marginaron sus viejas diferencias en vista de la gravedad del asunto.* **2** Referido a una persona o a una colectividad, aislarlas del resto o ponerlas en condiciones sociales de inferioridad: *El Estado no debe marginar a ningún grupo social.* **3** Referido a una persona, no hacerle caso o apartarla a un segundo plano: *El nuevo director ha marginado a los asesores de su predecesor en el cargo.*

maría s.f. **1** *col.* En el lenguaje de la droga, marihuana: *Tiene en su casa una planta de maría, pero solo como decoración.* **2** *col.* Asignatura que se considera poco importante porque generalmente se aprueba con facilidad: *Aunque tú digas que la gimnasia es una maría, yo siempre la suspendo.* **3** *col.* Mujer sencilla y de poco nivel cultural, generalmente volcada en la limpieza de su hogar: *Si tu única aspiración en la vida es que tus baldosines brillen más que los de tu vecina, eres una maría.* ☐ USO En la acepción 3, tiene un matiz despectivo o humorístico.

mariachi s.m. **1** Composición musical popular mexicana, de carácter alegre y bullicioso: *Cántanos un mariachi para que bailemos.* **2** Baile que se ejecuta al compás de esta música: *Un grupo folclórico de Jalisco bailó unos mariachis.* **3** Orquesta o conjunto instrumental que la ejecuta: *Un mariachi está formado por violines, trompetas, guitarras e instrumentos populares.* **4** Componente de esta orquesta: *Cada mariachi lleva un sombrero mexicano de ala muy ancha.* ☐ ORTOGR. Se admite también *mariachis*.

mariachis s.m. →**mariachi.** ☐ MORF. Invariable en número.

marianista adj./s. De la Compañía de María y de las Hijas de María Inmaculada (congregaciones religiosas fundadas por el padre Chaminade y la madre Adela de Trenquelléon a principios del siglo XIX), o relacionado con ellas: *Las comunidades marianistas están compuestas por religiosas o religiosos. Los marianistas se han dedicado tradicionalmente a la enseñanza.* ☐ MORF. 1. Como adjetivo es invariable en género. 2. Como sustantivo es de género común y exige concordancia en masculino o en femenino para señalar la diferencia de sexo: *el marianista, la marianista*.

mariano, na adj. En la Iglesia católica, de la Virgen María (según la Biblia, madre de Jesucristo) o de su culto: *El rezo del rosario es una devoción mariana.*

marica ▌ adj./s.m. **1** *vulg. desp.* Referido a un hombre, que es afeminado: *No sé por qué piensas que todos los maricas tienen sensibilidad artística.* **2** *vulg. desp.* Referido a un hombre, que es homosexual: *Solo lo ves con hombres porque es marica. Esos maricas viven juntos.* ▌ s.f. **3** *col.* Urraca: *Las maricas son negras y blancas.* ☐ MORF. Como adjetivo es invariable en género. ☐ USO En las acepciones 1 y 2, se usan mucho el aumentativo *maricón* y el diminutivo *mariquita*.

maricastaña ‖ **de Maricastaña.** *col.* Pospuesto a una expresión de tiempo, se usa para indicar tiempo muy remoto o antiguo: *Tengo este vestido desde los tiempos de Maricastaña.*

maricón, -a adj./s. *vulg.* →**marica.** ☐ USO Se usa como insulto.

mariconada s.f. **1** *vulg. desp.* Hecho o dicho propios de un marica; *mariconería: Una corbata rosa con flores celestes me parece una mariconada.* **2** *vulg. desp.* Hecho que causa un perjuicio, esp. si es malintencionado; *faena: Ahora no me hagas la mariconada de chivarte, ¿eh?* **3** *vulg.*

desp. Lo que se considera sin importancia o de poco valor; *tontería: Deja ya de hacer mariconadas y tómate en serio los estudios.*

mariconera s.f. Bolso de mano masculino: *Lleva la mariconera colgada de la muñeca.*

mariconería s.f. **1** *vulg. desp.* Conjunto de características que se consideran propias de un marica: *Su mariconería no pasa inadvertida.* **2** *vulg. desp.* Hecho o dicho propios de un marica; *mariconada: Mi tío dice que es una mariconería que un chico se ponga pendientes.*

maridaje s.m. Unión, colaboración o correspondencia: *El maridaje entre las dos empresas ha permitido construir la autopista.*

marido s.m. Respecto de una mujer, hombre que está casado con ella: *Aunque a veces discuto con mi marido, somos felices en nuestro matrimonio.*

mariguana s.f. →**marihuana.**

marihuana s.f. **1** Planta anual con tallo áspero y hueco y hojas compuestas con hojuelas lanceoladas que, fumadas como el tabaco, producen un efecto narcótico: *La policía quemó una plantación de marihuana.* **2** Droga blanda elaborada con las hojas de esta planta: *Algunos piensan que la marihuana no crea adicción.* ☐ ORTOGR. Se admite también *mariguana.*

marimacho adj./s.m. **1** *col. desp.* Referido a una mujer, que tiene aspecto o modales que se consideran masculinos. **2** *vulg. desp.* Lesbiana. ☐ SEM. En la acepción 1, como sustantivo es sinónimo de *machota.*

marimandón, -a adj./s. *col.* Referido a una persona, que disfruta mandando o imponiendo su criterio: *No seas marimandón y deja que los demás decidan. Es una marimandona y se enfada si no se hace lo que ella quiere.*

marimba s.f. Instrumento musical de percusión de origen africano, semejante al xilófono, que consta de una serie de láminas de madera de distintas longitudes dispuestas en un armazón, con resonadores debajo de cada lámina: *La marimba es típica de países centroamericanos para acompañar la música folclórica.*

marimorena s.f. *col.* Alboroto, riña o discusión ruidosa: *En el atasco empezaron a discutir dos conductores y se armó la marimorena.* ☐ USO Se usa más en la expresión *armarse la marimorena.*

marina s.f. Véase **marino, na.**

marine (anglicismo) s.m. Soldado de infantería de las fuerzas navales británicas o estadounidenses: *El Gobierno norteamericano envió una flota con unidades de marines para garantizar el orden en el país africano.*

marinería s.f. **1** Conjunto de marineros: *La marinería ha desembarcado.* **2** En la Armada, categoría militar inferior a la de suboficial: *La marinería se corresponde con la tropa en los Ejércitos de Tierra y del Aire.*

marinero, ra ▌adj. **1** De la marina, de los marineros o relacionado con ellos: *Nació en un pueblo marinero de la costa norte.* **2** Referido a una prenda de vestir, que es semejante a la ropa de los marineros o que tiene el cuello cuadrado por detrás: *Me he comprado un vestido marinero, de talle bajo, y con rayas anchas horizontales azules y blancas.* ▌s. **3** En la Armada, persona cuya categoría militar es inferior a la de suboficial: *El marinero obedece con diligencia las órdenes de su superior.* **4** Persona que trabaja en las faenas de un barco: *Los marineros no son personal técnico ni especializado.* **5** ‖ **a la marinera.** Referido a una manera de cocinar, con una salsa preparada básicamente con agua, aceite, ajo, cebolla y perejil: *Me gusta mucho el pulpo a la marinera.* ☐ SEM. En las acepciones 3 y 4 es dist. de *marino* (con graduación; experto).

marino, na ▌adj. **1** Del mar o relacionado con él: *Las corrientes marinas tienen distintas temperaturas.* ▌s.m. **2** Persona que tiene un grado militar o profesional en la Marina de un país: *Estudió en una escuela de náutica y se hizo marino mercante.* ▌s.f. **3** Conjunto de personas que prestan sus servicios en la Armada: *La marina española está de luto por la pérdida del insigne almirante.* **4** Conjunto de buques de una nación: *El acuerdo afecta a toda la Marina española.* **5** Terreno junto al mar: *Vive en una pequeña casita de la marina.* **6** En arte, pintura que representa un tema marítimo: *Sorolla atrapa en sus marinas el reflejo del sol en el agua.* **7** ‖ **marina mercante.** Conjunto de buques de una nación que se emplean en el comercio: *La marina mercante española tiene petroleros.* ☐ SEM. 1. Como sustantivo masculino, dist. de *marinero* (sin graduación). 2. En la acepción 4, dist. de *Armada* (conjunto de las fuerzas navales de un Estado). ☐ USO En la acepción 4, se usa como nombre propio.

mariología s.f. Disciplina que estudia lo relativo a la Virgen María (según la Biblia, madre de Jesucristo): *Es un teólogo especializado en mariología.*

marioneta s.f. **1** Muñeco articulado que puede moverse por medio de hilos sujetos a un soporte: *Los hilos de la marioneta no deben notarse para que parezca que se mueve sola.* **2** Persona de escasa voluntad que se deja manejar fácilmente: *Decide por ti mismo y deja de ser una marioneta.*

mariposa s.f. **1** Adulto de gran número de especies de insectos lepidópteros, que se caracteriza porque presenta dos pares de alas membranosas, generalmente de vistosos colores: *Ya te enseñaré mi colección de mariposas.* 👁 **insecto; metamorfosis** **2** Mecha sujeta a un trozo de corcho que flota sobre aceite; *lamparilla: Siempre hay una mariposa encendida en el sagrario.* **3** En natación, estilo que consiste en hacer un movimiento circular hacia adelante con los dos brazos a la vez, mientras se impulsa el cuerpo con las piernas juntas: *El nadador español ganó la prueba de los cien metros mariposa.* **4** Tuerca con dos aletas laterales para poder enroscarla y desenroscarla con los dedos; *palomilla: No se necesita la llave inglesa para apretar una mariposa.* **5** *col.* Hombre afeminado u homosexual: *Este bar por la noche se llena de mariposas.*

mariposear v. **1** Cambiar con frecuencia de aficiones o de costumbres, esp. en lo relacionado con el amor: *Deja ya de mariposear con unas y con otras y busca una pareja estable.* **2** Andar insistentemente en torno a algo: *Me pone nervioso que mariposees a mi alrededor.*

mariquita s.f. Insecto coleóptero de forma ovalada y generalmente de color rojo o amarillo con puntos negros, con la boca dispuesta para masticar, dos alas y dos élitros que las protegen, y que se alimenta de pulgones: *La mariquita se encuentra frecuentemente entre las uvas.* 👁 **insecto**

marisabidillo, lla s. *col.* Persona que presume de lista o de bien informada: *Aunque no sepa lo que le preguntes te contestará, porque es una marisabidilla.* ☐ USO Tiene un matiz despectivo.

mariscada s.f. Comida cuyo principal componente son los mariscos: *Nos invitó a una mariscada en un bar del puerto.*

mariscal s.m. En algunos países, persona que tiene el

empleo militar de grado máximo: *El mariscal Tito mantuvo unida Yugoslavia bajo su mandato.*

mariscar v. Referido a un marisco, pescarlo: *El mejor momento para mariscar berberechos es cuando la marea está muy baja.* ☐ ORTOGR. La *c* se cambia en *qu* delante de *e* →SACAR.

marisco s.m. Animal marino invertebrado y comestible, esp. los crustáceos y los moluscos: *Los mariscos que más me gustan son la langosta y el bogavante.* 👁 marisco

marisma s.f. Terreno más bajo que el nivel del mar, que se inunda con las aguas del mar o de los ríos: *En las marismas del Guadalquivir se cultiva arroz.*

marismeño, ña adj. De la marisma o relacionado con ella: *El arroz es uno de los cultivos marismeños.*

marisquería s.f. Establecimiento en el que se venden o se consumen mariscos: *Compraré en la marisquería unos langostinos para el aperitivo.*

marista adj./s. Referido a una persona, que pertenece a alguna de las congregaciones devotas de María (según la Biblia, madre de Dios): *El Instituto de los hermanos maristas de la Enseñanza fue fundado por el beato Marcelino Champagnat en el siglo XIX. Estudió el bachillerato en un colegio de maristas.* ☐ MORF. 1. Como adjetivo es invariable en género. 2. Como sustantivo es de género común y exige concordancia en masculino o en femenino para señalar la diferencia de sexo: *el marista, la marista*.

marital adj. Del matrimonio o relacionado con él: *Dice que la vida marital ha cambiado su forma de ser.* ☐ MORF. Invariable en género.

marítimo, ma adj. Del mar o relacionado con él: *Las ciudades costeras suelen tener un paseo marítimo.*

marjal s.m. Terreno bajo y pantanoso: *En el marjal solo se cultivan malos pastos.*

marketing (anglicismo) s.f. →**mercadotecnia.** ☐ PRON. [márketin]. ☐ ORTOGR. Se propone la forma adaptada *márquetin*. ☐ MORF. Invariable en número.

marmita s.f. Olla de metal con tapadera ajustada y una o dos asas: *Dejó la marmita en el fuego para que el guisado mantuviera el calor.*

mármol s.m. **1** Piedra caliza, de textura compacta y cristalina, generalmente de color blanco con vetas de otros colores, que puede ser pulida fácilmente y se usa como material ornamental o de construcción: *El mármol es característico por su dureza y su frialdad.* **2** Obra artística hecha con este material: *En el museo hay una exposición de mármoles italianos.*

marmolillo s.m. *col.* Persona torpe y de poca inteligencia: *¡Vaya un marmolillo que estás hecha!* ☐ USO Se usa como insulto.

marmolista s. Persona que se dedica profesionalmente a la talla o a la venta del mármol o de otras piedras semejantes: *Le encargaron al marmolista una lápida funeraria.* ☐ MORF. Es de género común y exige concordancia en masculino o en femenino para señalar la diferencia de sexo: *el marmolista, la marmolista*.

marmóreo, a adj. De mármol o con sus características: *Una lápida marmórea conmemoraba el suceso.*

marmota s.f. **1** Mamífero roedor herbívoro de patas cortas, orejas pequeñas y pelaje espeso, que pasa el invierno hibernando en su madriguera: *Las marmotas viven en las altas montañas europeas y americanas.* 👁 **roedor** **2** Persona dormilona o que duerme mucho; *lirón*: *Es una marmota y nunca se levanta antes de las doce del mediodía.* ☐ MORF. En la acepción 1, es un sustantivo epiceno y la diferencia de sexo se señala mediante la oposición *la marmota {macho/hembra}*.

maroma s.f. Cuerda gruesa de fibra vegetal o sintética:

MARISCO

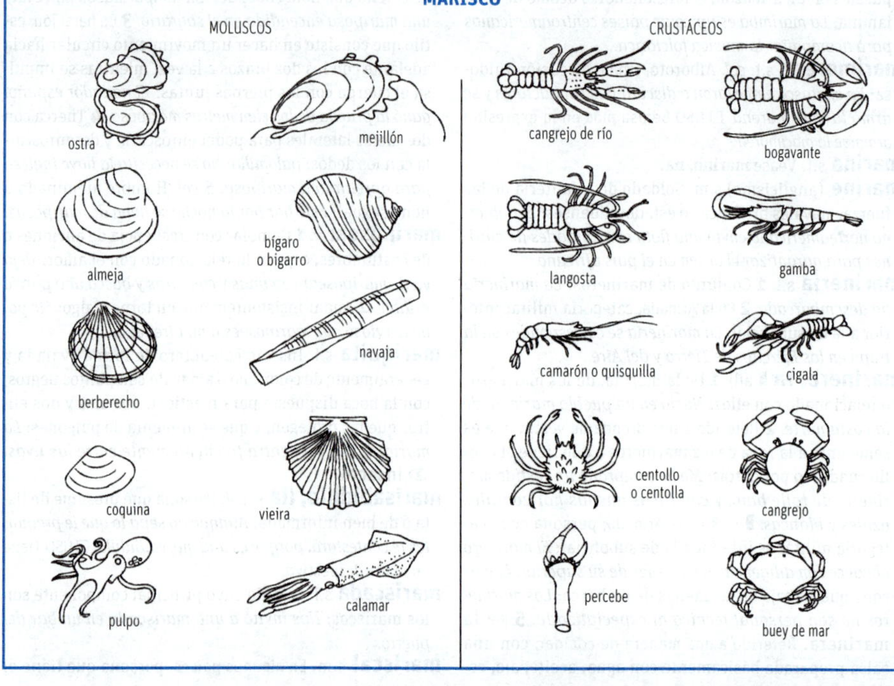

Había varias maromas enrolladas en la cubierta del pesquero.

maromo s.m. *col.* Hombre cuya identidad se ignora o no se quiere decir; *individuo: Un maromo con aspecto sospechoso esperaba delante de la tienda.*

marqués, -a s. Persona que tiene un título nobiliario entre el de duque y el de conde: *El rey lo hizo marqués en agradecimiento por sus servicios.*

marquesado s.m. **1** Título nobiliario de marqués: *Heredó el marquesado a la muerte de su padre.* **2** Territorio sobre el que antiguamente un marqués ejercía su autoridad: *Los que vivían en un marquesado debían pagar tributos al marqués.*

marquesina s.f. Alero o cubierta de protección para resguardarse del sol, de la lluvia o del viento: *El portero del hotel esperaba la llegada de los clientes debajo de la marquesina.*

marquetería s.f. **1** Ebanistería o trabajo con maderas finas: *El ébano es una madera muy usada en marquetería.* **2** Trabajo decorativo que se hace incrustando piezas pequeñas, esp. de madera o de nácar, en una superficie: *La marquetería de ese arcón es de nácar y plata.*

marrajo s.m. Tiburón de color gris azulado, con cinco pares de aberturas branquiales, y cuya carne es blanca y muy apreciada en gastronomía: *Los marrajos son bastante comunes en las costas europeas.* □ MORF. Es un sustantivo epiceno y la diferencia de sexo se señala mediante la oposición *el marrajo {macho/hembra}.*

marranada s.f. **1** *col.* Lo que está sucio o mal hecho: *Esa camisa con tantas manchas es una marranada.* **2** *col.* Lo que se considera indecoroso o contrario a la moral establecida: *Mi abuelo dice que las fotografías de gente desnuda son marranadas.* **3** *col.* Hecho que causa un perjuicio, esp. si es malintencionado; *faena: Me hizo una marranada dejándome solo en aquella situación.* □ SEM. En las acepciones 1 y 2, es sinónimo de *guarrada*.

marrano, na ▮ adj./s. **1** *col.* Sucio o falto de limpieza: *Llevas una camisa muy marrana. Ese marrano nunca se lava los dientes.* **2** *col.* Referido a una persona, que tiene mala intención o carece de escrúpulos: *Es tan marrano que no le importa mentir con tal de salir beneficiado. Esa marrana me ha traicionado.* ▮ s. **3** Mamífero doméstico de cuerpo grueso, cola en forma de espiral, patas cortas y cabeza grande con el hocico casi cilíndrico, que se cría para aprovechar su carne: *Alimentamos al marrano durante un año para sacrificarlo en la matanza.* **4** ‖ **joder la marrana.** *vulg.malson.* Molestar mucho: *Vámonos, que ya viene ese a joder la marrana.* □ SEM. En las acepciones 1, 2 y 3, es sinónimo de *cerdo*. □ USO Las acepciones 1 y 2 se usan como insulto.

marrar v. Fallar o errar: *El cazador marró el disparo.*

marras ‖ **de marras.** *col.* De siempre o ya conocido: *Ayer casi me mordió un perro, y hoy me he enterado de que el perro de marras es tuyo.*

marrasquino s.m. Licor elaborado con zumo de una variedad de cerezas amargas y gran cantidad de azúcar: *El marrasquino es una bebida de origen italiano.*

marrón ▮ adj./s.m. **1** Del color de la cáscara de la castaña o con tonalidades castañas: *El chocolate es de color marrón. El marrón es el color de la tierra.* ▮ s.m. **2** *col.* Lo que resulta desagradable o molesto: *Tener que hacer lo que no me gusta es un marrón.* □ MORF. Como adjetivo es invariable en género. □ SEM. En la acepción 1, no debe emplearse referido al pelo de las personas ni al pelaje de los animales (galicismo): *Mi hermana tiene el pelo {*marrón › castaño}.*

marron glacé (galicismo) s.m. ‖ Castaña confitada y cubierta de azúcar transparente: *Prefiero un marron glacé a un bombón.* □ PRON. [marrón glasé].

marroquí adj./s. De Marruecos (país norteafricano), o relacionado con él: *La capital marroquí es Rabat. Los marroquíes viven principalmente en la costa y en la meseta.* □ MORF. 1. Como adjetivo es invariable en género. 2. Como sustantivo es de género común y exige concordancia en masculino o en femenino para señalar la diferencia de sexo: *el marroquí, la marroquí*. 3. Aunque su plural en la lengua culta es *marroquíes*, se usa mucho *marroquís*. 4. Como sustantivo se refiere solo a las personas de Marruecos.

marroquinería s.f. **1** Industria o fabricación de artículos de piel o de cuero: *La marroquinería cordobesa es una importante industria.* **2** Conjunto de artículos fabricados por esta industria, esp. si tienen alguna característica común: *Hay una exposición de marroquinería en el museo.*

marrullería s.f. Trampa o engaño que se hacen con astucia: *El árbitro se dio cuenta de las marrullerías del jugador y lo expulsó.*

marrullero, ra adj./s. Que utiliza marrullerías o trampas para conseguir algo: *Nadie quiere jugar con una chica tan marrullera como tú. A ese no le compres nada, que es un marrullero.*

marsopa s.f. Cetáceo parecido al delfín, pero más pequeño, con el hocico más chato y el cuerpo más grueso: *El aceite que se extrae de la grasa de la marsopa es muy apreciado.* □ ORTOGR. Se admite también *marsopla*. □ MORF. Es un sustantivo epiceno y la diferencia de sexo se señala mediante la oposición *la marsopa {macho/hembra}.*

marsopla s.f. →**marsopa.** □ MORF. Es un sustantivo epiceno y la diferencia de sexo se señala mediante la oposición *la marsopla {macho/hembra}.*

marsupial ▮ adj./s.m. **1** Referido a un mamífero, que se caracteriza porque las hembras tienen una bolsa en la que se hallan unas mamas primitivas y poco desarrolladas, y en la que permanecen las crías hasta que completan el desarrollo: *Los canguros son mamíferos marsupiales. El koala es un marsupial.* ▮ s.m.pl. **2** En zoología, orden de estos mamíferos: *Los canguros pertenecen a los marsupiales.* □ MORF. Como adjetivo es invariable en género.

marsupio s.m. En la hembra de un mamífero marsupial, bolsa situada en la parte delantera del cuerpo, y que sirve para llevar a las crías hasta que completan su desarrollo; *bolsa marsupial: Las crías de los canguros completan el período de gestación en el marsupio.*

marta s.f. **1** Mamífero carnicero de cuerpo alargado, pelaje espeso y suave, patas cortas y cabeza pequeña con el hocico afilado: *La piel de la marta es de color amarillo rojizo.* **2** Piel de este animal, muy apreciada en peletería: *Llevaba un abrigo de piel sintética, que imitaba la marta.* □ MORF. En la acepción 1, es un sustantivo epiceno y la diferencia de sexo se señala mediante la oposición *la marta {macho/hembra}.*

martes s.m. Segundo día de la semana, entre el lunes y el miércoles: *No soy supersticiosa y no creo que los martes 13 sean días de mala suerte.* □ MORF. Invariable en número.

martillazo s.m. Golpe fuerte dado con un martillo: *No claves ahora el cuadro, que los martillazos van a despertar al niño.*

martillear v. **1** Dar golpes con el martillo: *Martilleaba la escarpia para clavarla en la pared.* **2** Golpear de forma repetida: *La lluvia martilleaba las tejas.* **3** Atormentar, oprimir o molestar: *Este dolor de cabeza me está martilleando las sienes.*

martilleo s.m. Golpeteo repetido, esp. si se hace con un martillo: *Me gusta oír el martilleo de la lluvia en los cristales.*

martillo s.m. **1** Herramienta formada por un mango con una cabeza metálica que se utiliza para golpear: *Estaba clavando una escarpia y me golpeé el dedo con el martillo.* 👁 **alpinismo 2** En anatomía, hueso del oído medio que es golpeado por el tímpano cuando este vibra debido a las ondas sonoras: *El martillo se articula con el yunque.* 👁 **oído 3** En atletismo, bola de hierro sujeta al extremo de una cadena, que se usa en una de las pruebas de lanzamiento: *Es campeón en lanzamiento de martillo.* 👁 **estadio 4** En algunas armas de fuego, pieza del mecanismo de percusión que golpea el percutor para que se inflame la carga del cartucho y se produzca la salida violenta de la bala: *Cuando aprieto el gatillo de la escopeta, el martillo golpea la parte posterior del cartucho.* **5** ‖ **a macha martillo.** →**a machamartillo.**

martinete s.m. Ave zancuda de cuerpo rechoncho, patas cortas, cabeza grande y pico fuerte y tan largo como la cabeza, que se alimenta fundamentalmente de peces: *Los martinetes viven cerca de los ríos y de los lagos.* ☐ MORF. Es un sustantivo epiceno y la diferencia de sexo se señala mediante la oposición *el martinete {macho/hembra}.*

martini s.m. *col.* Vermú (por extensión del nombre de la marca comercial *Martini®*): *De aperitivo, sírveme un martini rojo, por favor.* ☐ USO Es un italianismo innecesario.

martín pescador s.m. ‖ Pájaro de plumaje verde y rojo, de cabeza gruesa y pico largo, recto y negro, que vive en las orillas de ríos y lagunas y que se alimenta de los peces que pesca: *El martín pescador mide aproximadamente 15 centímetros.* ☐ MORF. 1. Es un sustantivo epiceno y la diferencia de sexo se señala mediante la oposición *el martín pescador {macho/hembra}.* 2. Su plural es *martines pescadores.*

mártir s. **1** Persona que muere o padece sufrimientos en defensa de sus creencias, esp. si estas son religiosas: *En la época de los romanos murieron muchos mártires cristianos.* **2** Persona que padece trabajos largos y penosos: *Eres tan travieso que tu madre es una mártir por aguantarte.* ☐ MORF. Es de género común y exige concordancia en masculino o en femenino para señalar la diferencia de sexo: *el mártir, la mártir.*

martirio s.m. **1** Muerte o tormento sufridos por defender las creencias, esp. si estas son religiosas: *Sufrió martirio y murió por no renunciar a su religión.* **2** Sufrimiento o trabajo largos y penosos: *Trabajar hasta las diez de la noche es un martirio.*

martirizar v. **1** Quitar la vida o atormentar, esp. si es por razones religiosas: *Los romanos usaban leones para martirizar a los cristianos.* **2** Maltratar o producir sufrimiento o molestias: *No martirices a los invitados haciéndoles oír tus batallitas. Se martiriza con tristes recuerdos.* ☐ ORTOGR. La *z* se cambia en *c* delante de *e* →**CAZAR.**

martirologio s.m. Libro o catálogo de los mártires de la religión cristiana o de los santos conocidos: *El primer martirologio fue publicado en el siglo XVI.*

maruja s.f. *col.* Mujer dedicada exclusivamente a las tareas domésticas y al cuidado de la familia: *Nadie se reiría de las marujas si pensásemos que trabajan todo el día sin cobrar nada.* ☐ USO Tiene un matiz despectivo o humorístico.

marxismo s.m. **1** Doctrina filosófica creada por Marx y por Engels (filósofos alemanes del siglo XIX), que se basa en una concepción científica del mundo y defiende la transformación de los modos de producción a través de la lucha de clases: *El marxismo es la base teórica del socialismo y del comunismo.* **2** Movimiento político opuesto al capitalismo y basado en la interpretación de esta doctrina filosófica: *Actualmente hay distintos tipos de marxismo.*

marxista ▮ adj. **1** Del marxismo o relacionado con esta doctrina filosófica: *Las ideas marxistas se extendieron con rapidez por toda Europa.* ▮ adj./s. **2** Que sigue o que defiende el marxismo: *Este partido político es de tendencia marxista. Como buen marxista, se opone al capitalismo.* ☐ MORF. 1. Como adjetivo es invariable en género. 2. Como sustantivo es de género común y exige concordancia en masculino o en femenino para señalar la diferencia de sexo: *el marxista, la marxista.*

marzo s.m. Tercer mes del año, entre febrero y abril: *A mediados de marzo empieza la primavera.*

mas conj. Enlace gramatical coordinante con valor adversativo; *pero: Quiero ayudarte, mas no sé qué puedo hacer.* ☐ ORTOGR. Dist. de *más.*

más ▮ s.m. **1** En matemáticas, signo gráfico formado por una pequeña cruz que se coloca entre dos cantidades para indicar suma o adición: *Has hecho este más tan torcido que parece el signo de la multiplicación.* ▮ adv. **2** En mayor cantidad o cualidad: *Ese árbol es más alto que este otro. Estudia más que el año pasado. Es la persona más culta que he conocido.* **3** Seguido de una cantidad, indica aumento indeterminado de esta: *Llevo más de dos horas esperando.* **4** Con el verbo 'querer' o equivalentes, indica preferencia: *Más quiero salir de aquí sin dinero que no salir.* **5** En una exclamación de ponderación, muy o tan: *¡Llevaba un traje más bonito...!* **6** ‖ **a más no poder.** Todo lo posible o en gran cantidad: *Comimos a más no poder y nos empachamos.* ‖ **a más y mejor.** Expresión que indica intensidad o abundancia: *Empezó a contar chistes y todos reíamos a más y mejor.* ‖ **de más.** De sobra: *No está de más que me ayudes.* ‖ **es más.** Expresión que intensifica o que refuerza lo dicho anteriormente: *Este alumno no estudia nada, es más, ni siquiera va a clase.* ‖ **{los/las} más.** La mayoría o la mayor parte: *Las más piensan que te has equivocado. De todos estos cuadros los más los pintó mi abuelo.* ‖ **más bien.** Por el contrario: *No me parece feo, más bien me parece muy atractivo.* ‖ **más o menos.** De una manera aproximada: *Habría más o menos cien personas.* ‖ **por más que.** Enlace gramatical subordinante con valor concesivo; *aunque: Por más que estudie no conseguirá aprobar con esa mala actitud en clase.* ‖ **sin más (ni más).** Sin motivo o de repente: *Sin más ni más dijo que éramos tontos y se fue.* ‖ **sus más y sus menos.** *col.* Dificultades, complicaciones o altercados: *Ahora tiene cada uno su propio negocio porque como socios tuvieron sus más y sus menos.* ‖ **todo lo más.** *col.* Como mucho o como máximo: *Todo lo más te acompaño, pero no me quedo a cenar.* ☐ ORTOGR. 1. Dist. de *mas.* 2. *De más,* dist. de *demás.* ☐ SINT. *Sus más y sus menos* se usa más con los verbos *haber* y *tener.* ☐ USO Se usa para indicar la operación matemática de la suma: *Tres más tres son seis.*

masa s.f. **1** Mezcla espesa, blanda y consistente, formada por la unión de un líquido con una materia generalmente en polvo: *La masa para pegar ladrillos se hace con cemento y agua.* **2** En física, cantidad de materia que posee un cuerpo: *En el Sistema Internacional, la unidad de* *masa es el kilogramo.* **3** Cantidad de materia: *Los mares y los océanos son grandes masas de agua.* **4** Conjunto numeroso de personas o de cosas: *La masa de gente que acudió a la manifestación coreaba las consignas.* **5** ‖ **en masa.** En conjunto o con intervención de todos los miembros de una colectividad: *Fuimos toda la familia en masa a ver el impacto de un meteorito.* ‖ **masa específica.** Cantidad de materia de un cuerpo por unidad de volumen: *La masa específica del agua es 1.*

masacrar v. Cometer una matanza: *Los bombardeos masacraron a la población civil.*

masacre s.f. Matanza de personas indefensas: *La entrada del ejército enemigo acabó en una masacre.*

masaje s.m. Presión rítmica y de intensidad adecuada, que se realiza sobre determinadas zonas del cuerpo con diversos fines: *Necesito un masaje relajante porque estoy muy tenso.*

masajear v. *col.* Dar un masaje: *Si te duelen los pies, masajéalos un poco.*

masajista s. Persona que se dedica profesionalmente a dar masajes: *Ese equipo de fútbol busca masajista.* □ MORF. Es de género común y exige concordancia en masculino o en femenino para señalar la diferencia de sexo: *el masajista, la masajista.*

mascar ▮ v. **1** Partir y desmenuzar con los dientes; *masticar: Mascar chicle me calma los nervios.* **2** Referido esp. a las palabras, decirlas entre dientes y en voz baja o pronunciarlas mal; *mascullar: No masques insultos a mis espaldas.* ▮ prnl. **3** *col.* Presentirse como inminente: *Después de aquel mal negocio, en la empresa se mascaba el desastre.* □ ORTOGR. La *c* se cambia en *qu* delante de *e* ⟶**SACAR.**

máscara s.f. **1** Pieza hecha de diversos materiales, que representa generalmente un rostro humano o animal y que se usa para ocultar la cara o parte de ella: *Se puso una máscara que parecía la cara de un vampiro.* **2** Aparato que cubre el rostro o parte de él y que se utiliza por motivos higiénicos o para evitar la aspiración de gases tóxicos: *En una manifestación ecologista, todos iban con máscara antigás.* **3** Traje, generalmente extravagante o llamativo, con el que alguien se disfraza: *He alquilado una máscara para ir a la fiesta.* **4** Persona que va disfrazada: *Las comparsas y las máscaras alegraron la fiesta de los carnavales.* **5** Lo que oculta o disimula la forma de ser de alguien o sus propósitos; *careta: Quítate la máscara y demuestra que tienes sentimientos.*

mascarada s.f. **1** Fiesta a la que asisten personas disfrazadas con máscaras: *Cuando lleguen los carnavales iremos a alguna mascarada.* **2** Enredo o trampa ingeniosos para ocultar algo o engañar; *farsa: Sus negocios solo son una mascarada para ocultar dinero negro.*

mascarilla s.f. **1** Máscara que cubre la nariz y la boca para proteger de posibles agentes patógenos o tóxicos: *Todos los presentes en el quirófano llevan mascarillas.* **2** Aparato que se coloca sobre la boca y la nariz para posibilitar la aspiración de ciertos gases, esp. de los anestésicos: *Le pusieron la mascarilla para anestesiarlo antes de la operación.* **3** Capa de productos cosméticos que se aplica sobre la cara durante cierto tiempo, generalmente con fines estéticos: *Por la noche se pone una mascarilla para eliminar las arrugas.*

mascarón s.m. **1** Figura o cara deforme o fantástica que se usa como adorno arquitectónico: *La fuente del parque está decorada con algunos mascarones.* **2** ‖ **mascarón (de proa).** En el casco de una embarcación, figura que se coloca en la proa como adorno: *El mascarón de proa de ese velero es una sirena.*

mascletà (del valenciano) s.f. Serie de petardos que explotan uno tras otro y que son típicos de las fiestas populares valencianas: *La mascletà entusiasmó al público asistente a las Fallas.*

mascota s.f. **1** Lo que sirve como talismán para traer buena suerte: *Lleva una mascota al examen porque cree que así aprobará.* **2** Figura que representa a un grupo o simboliza un acontecimiento: *Para los próximos mundiales de fútbol, la mascota será un perro.*

masculinidad s.f. Conjunto de las características propias del sexo masculino: *La exaltación de la masculinidad es propia del machismo.*

masculino, na ▮ adj. **1** Del hombre, relacionado con él, o con rasgos que se consideran propios de él: *una voz masculina.* **2** Referido a un ser vivo, que está dotado de órganos para fecundar: *El profesor explicó que los estambres de las flores son masculinos.* **3** De este ser vivo o relacionado con él: *He leído que la población masculina es ligeramente inferior a la femenina.* ▮ adj./s.m. **4** En lingüística, referido a la categoría gramatical del género, que es la de los nombres que significan seres vivos de sexo masculino y la de otros seres inanimados: *'Niño' es un sustantivo en género masculino y en número singular. El masculino de el 'bote negro' queda marcado por la concordancia del sustantivo con su artículo y su adjetivo.*

mascullar v. *col.* Referido esp. a las palabras, decirlas entre dientes y en voz baja o pronunciarlas mal; *mascar: Cuando algo no le sale bien, masculla juramentos e insultos.*

masía s.f. Casa de campo de carácter agrícola y ganadero, propia de la zona catalana: *Mis abuelos son catalanes y viven en una masía.* 👁 **vivienda**

masificación s.f. **1** Indiferenciación o desaparición de las características personales o individuales: *La falta de personalidad conlleva la masificación juvenil actual.* **2** Ocupación o utilización masivas y multitudinarias de algo: *Creo que el problema de la sanidad pública se debe a su masificación.*

masificar v. **1** Indiferenciar o hacer desaparecer las características personales o individuales: *Opina que la televisión masifica los gustos de la gente. Creo que la juventud se ha masificado en la forma de vestir.* **2** Referido esp. a un lugar, llenarlo u ocuparlo un gran número de individuos: *La emigración desde el campo ha masificado las ciudades. Las playas se masifican en verano.* **3** Referido esp. a un servicio o a una prestación, utilizarlos o requerirlos un gran número de individuos: *Dicen que la enseñanza es mala porque la han masificado. Desde que se masificó el transporte público, voy en coche al trabajo.* □ ORTOGR. La *c* se cambia en *qu* delante de *e* ⟶**SACAR.**

masilla s.f. Pasta blanda y moldeable que se usa generalmente para tapar agujeros o para sujetar cristales: *No toques el cristal hasta que no se seque la masilla.*

masivo, va adj. **1** Que agrupa a un gran número de individuos: *No me gustan las celebraciones masivas.* **2** Que se aplica o que se hace en gran cantidad: *La tala masiva de árboles ha acabado con muchos bosques.*

masoca adj./s. *col.* ⟶**masoquista.** □ MORF. 1. Como adjetivo es invariable en género. 2. Como sustantivo es de género común y exige concordancia en masculino o en femenino para señalar la diferencia de sexo: *el masoca, la masoca.*

masón, -a s. Miembro de la asociación de la masonería: *Los masones se organizaron en grupos por todas las ciudades.*

masonería s.f. Sociedad de personas unidas por principios de fraternidad y de ayuda mutuas, que se organizan o reúnen en entidades o en grupos llamados *logias*: *La masonería tiene su origen en los gremios de constructores medievales.*

masónico, ca adj. De la masonería o relacionado con esta sociedad: *El compás, la escuadra y el mandil de cuero son símbolos masónicos.*

masoquismo s.m. **1** Tendencia sexual que consiste en obtener disfrute erótico al someterse alguien a los malos tratos o a las humillaciones de otra persona: *El masoquismo se suele considerar una desviación de la conducta.* **2** Complacencia o disfrute con el propio sufrimiento o con lo desagradable: *Dice que eso de no comer para adelgazar es puro masoquismo.*

masoquista ▮ adj. **1** Del masoquismo o relacionado con esta tendencia sexual: *He leído que las relaciones sexuales masoquistas pueden deberse a un sentimiento de culpa.* ▮ adj./s. **2** Referido a una persona, que practica el masoquismo: *¿Cómo puedes ser tan masoquista y querer oír relatos de terror antes de dormir? Como eres un masoquista, no te importará dormir en el suelo, ¿verdad?* □ MORF. 1. Como adjetivo es invariable en género. 2. Como sustantivo es de género común y exige concordancia en masculino o en femenino para señalar la diferencia de sexo: *el masoquista, la masoquista.* □ USO En la lengua coloquial, se usa mucho la forma *masoca.*

mass media (anglicismo) s.m.pl. ‖ Medios de comunicación que llegan a un gran número de personas: *La radio, la televisión y la prensa son tipos de mass media.* □ PRON. [mas média].

mastaba s.f. En el antiguo Egipto, tumba con forma de pirámide truncada, de base rectangular y con una cámara funeraria en la que se depositaba el cadáver: *La mastaba se destinaba al enterramiento de los faraones.*

mastectomía s.f. Operación quirúrgica que consiste en extirpar una mama: *Le hicieron una mastectomía porque tenía un tumor canceroso en el pecho.*

máster s.m. Curso especializado en una determinada materia, generalmente dirigido a licenciados: *Cuando acabe la carrera, haré un máster para mejorar mi currículum.* □ MORF. Su plural es *másteres.*

masticación s.f. Hecho de desmenuzar con los dientes: *Una deficiente masticación puede producir problemas digestivos.*

masticar v. Partir y desmenuzar con los dientes; *mascar: No comas tan deprisa y mastica bien la comida.* □ ORTOGR. La *c* se cambia en *qu* delante de *e* →**SACAR**.

mástil s.m. **1** En un barco, palo largo y vertical que sirve para sostener la vela: *Durante la tormenta, uno de los mástiles del velero se partió.* **2** Palo o poste colocado verticalmente, que sirve para sujetar o sostener algo: *Hizo tanto aire que uno de los mástiles de la tienda de campaña se dobló.* **3** En un instrumento musical de cuerda, pieza estrecha y larga sobre la que se tensan las cuerdas y que está recorrida a veces por trastes: *En la guitarra, el mástil lleva una serie de trastes que sirven de guía al instrumentista para obtener los distintos sonidos.*

mastín, -a adj./s. Referido a un perro, de una raza que se caracteriza por ser robusto y de gran tamaño, y por tener el pelaje corto y la cabeza grande con orejas largas y caídas: *Ese pastor tiene una perra mastina para guardar el ganado. El mastín es un excelente perro de guarda.* 👁 **perro**

mastitis s.f. Inflamación de una mama: *Le hicieron análisis para saber a qué se debía la mastitis.* □ MORF. Invariable en número.

mastodonte s.m. *col.* Lo que es de gran tamaño o muy voluminoso: *El camión que destrozó el coche era un verdadero mastodonte.*

mastodóntico, ca adj. *col.* De gran tamaño o muy voluminoso: *Un guardaespaldas mastodóntico impidió que me acercara al ministro.*

mastuerzo s.m. *desp.* Hombre torpe o terco: *No consigo hacerme entender por ese mastuerzo.* □ USO Se usa como insulto.

masturbación s.f. Hecho de acariciarse o tocarse el cuerpo, esp. los órganos genitales, para obtener o producir placer sexual; *onanismo: Los resultados de la encuesta muestran que una gran mayoría ya no considera pecaminosa la masturbación.*

masturbar v. Proporcionar placer sexual acariciando o tocando los órganos sexuales: *En el juicio declaró que había sido obligada a masturbarlo. En el coloquio sobre sexualidad, algunos hablaron de los pros y los contras de masturbarse.*

mata s.f. **1** Planta de tallo bajo, ramificado y leñoso, que vive varios años: *El tomillo es una mata.* **2** Planta de poca altura: *En mi jardín tengo plantadas varias matas de pimientos y tomates.* **3** ‖ **mata de pelo.** Porción abundante de cabello, esp. si es largo: *Tiene una hermosa mata de pelo rubio y ondulado.*

matacaballo ‖ **a matacaballo.** Muy deprisa y sin poner cuidado: *Visitamos la exposición a matacaballo y nos quedamos sin ver la sala principal.* □ ORTOGR. Admite también la forma *a mata caballo.*

matacán s.m. En un muro, en una torre o en una puerta fortificada, obra que sobresale en lo alto, con parapeto y aberturas en el suelo, construida con fines defensivos: *Desde el matacán arrojaron aceite hirviendo al enemigo.*

matachín s.m. **1** Persona que se dedica profesionalmente a matar y descuartizar reses; *matarife: Consiguió el puesto de matachín en un matadero.* **2** *col.* Persona a la que le gusta buscar pelea: *Ten cuidado con él porque es un matachín.*

matadero s.m. Lugar en el que se matan animales para el consumo público: *En el matadero municipal descuartizan las reses que luego venden.*

matador, -a ▮ adj. **1** *col.* Feo, ridículo o de mal gusto: *El vestido que se puso para la cena era matador.* ▮ s. **2** En tauromaquia, torero, jefe de cuadrilla, que mata toros con espada; *espada: La faena del matador le valió una oreja.*

matamoscas s.m. **1** Sustancia o producto que sirve para matar insectos, esp. moscas y mosquitos: *Todas las tardes echo matamoscas en la habitación para que no me piquen los mosquitos por la noche.* **2** Utensilio semejante a una paleta, formado por un mango largo y una rejilla en su extremo, que se utiliza para espantar o matar moscas u otros insectos: *En el patio, el niño perseguía con el matamoscas a los moscones.* □ MORF. Invariable en número.

matanza s.f. **1** Multitud de muertes producidas generalmente de forma violenta: *Los ecologistas tratan de evitar la matanza de focas y de otros animales.* **2** Tarea de matar el cerdo y preparar, adobar o embutir su carne: *En casa de mi abuela hoy es casi fiesta, porque están de matanza.*

3 Temporada en la que se realiza esta faena: *Cuando llega la matanza, el cerdo esta bien cebado.* **4** Conjunto de productos que se obtienen del cerdo en esta faena: *Un veterinario tiene que analizar la matanza.*

matar ▮ v. **1** Quitar la vida: *Mataron al caballo herido para que no sufriera. Se mató cortándose las venas.* **2** *col.* Referido al tiempo, pasarlo: *Mientras espero, mataré el tiempo viendo revistas.* **3** *col.* Referido esp. al hambre o a la sed, hacerlas desaparecer: *El agua es la mejor bebida para matar la sed.* **4** Referido esp. al brillo o al color, reducir su intensidad o su fuerza: *Para que ese cuadro tenga armonía debes matar los amarillos.* **5** Incomodar, cansar, molestar o hacer sufrir en gran medida: *Este dolor de estómago me está matando.* **6** *col.* Decepcionar o sorprender por ser algo que no se espera: *Me has matado con eso de que te vas del país para siempre.* **7** Referido esp. a algo no material, destruirlo o hacerlo desaparecer: *Un desengaño mató sus ilusiones.* **8** Referido a un sello postal, inutilizarlo en una oficina de correos: *En correos matan los sellos para que no puedan volver a ser utilizados.* **9** Referido esp. a una arista, a una punta o a un vértice, limarlos o redondearlos: *El carpintero mató las esquinas de la mesa.* ▮ prnl. **10** Morirse o perder la vida: *Se mató en un accidente aéreo.* **11** Trabajar o esforzarse mucho: *Se mata cada día para que sus hijos tengan lo mejor.* **12** ‖ **a matar.** Referido a la forma de relacionarse, con enemistad: *Se llevan a matar y han decidido no volver a verse.* ‖ **matarlas callando.** *col.* Hacer algo en secreto de manera indebida pero mostrando apariencia de bondad: *Aunque parece que nunca ha roto un plato, las mata callando.* ‖ **matarse a** hacer algo**.** Hacerlo en exceso o de forma intensa: *Cuando llegan los exámenes, se mata a estudiar.*

matarife s.m. Persona que se dedica profesionalmente a matar y descuartizar reses; *matachín: El matarife cortaba el cordero muerto con gran habilidad.*

matarratas s.m. Sustancia que sirve para matar ratas y ratones; *raticida: Puso matarratas en el sótano.* ☐ MORF. Invariable en número.

matasanos s. *col.* Médico: *El matasanos que me atiende es muy simpático.* ☐ MORF. Invariable en número. ☐ USO Tiene un matiz despectivo o humorístico.

matasellos s.m. Dibujo o marca que se hace con una estampilla con la que se inutilizan los sellos postales en las oficinas de correos: *He recibido una carta con matasellos de París.* ☐ MORF. Invariable en número.

matasuegras s.m. Tubo de papel enrollado, cerrado en un extremo y con una boquilla en el otro por la que se sopla para que se desenrolle de golpe: *En la fiesta de fin de año, todos teníamos matasuegras y serpentinas.* ☐ MORF. Invariable en número.

mate ▮ adj. **1** Sin brillo o amortiguado: *Los colores mates no reflejan tanto la luz.* ▮ s.m. **2** En baloncesto, canasta que se consigue introduciendo el balón con fuerza de arriba abajo y desde muy cerca del aro: *Saltó de manera espectacular hacia el aro y consiguió un mate estupendo.* **3** En algunos deportes de raqueta, golpe potente que se da a la pelota de arriba abajo, generalmente cerca de la red: *Los mates son muy difíciles de devolver.* **4** →**jaque mate.** **5** Planta de flores blancas en ramilletes apretados, cuyas hojas, de margen aserrado, se emplean para hacer infusiones: *El mate es típico de Argentina.* **6** Infusión que se prepara con esta planta: *Los argentinos tienen fama de pasar horas y horas tomando mate y charlando.* ☐ MORF. Como adjetivo es invariable en género. ☐ USO En la acepción 3, es innecesario el uso del anglicismo *smash.*

matemático, ca ▮ adj. **1** De la matemática o relacionado con esta ciencia: *La suma y la resta son operaciones matemáticas.* **2** Exacto o preciso: *El avión llegó al aeropuerto con puntualidad matemática.* ▮ s. **3** Persona que se dedica a los estudios matemáticos: *Hoy tendrá lugar el congreso de matemáticos.* ▮ s.f. **4** Ciencia que estudia las cantidades, sus relaciones y sus propiedades basándose exclusivamente en el razonamiento lógico: *La matemática es una ciencia muy abstracta.* ☐ MORF. En la acepción 4, se usa mucho en plural.

materia s.f. **1** Realidad espacial y perceptible por los sentidos que, con la energía, constituye el mundo físico: *Un ejemplo de transformación de materia en energía es la madera, que se transforma en luz y calor cuando se quema.* **2** Sustancia o material de los que están hechas las cosas: *El vidrio es una materia muy frágil.* **3** Tema, asunto o punto sobre el que se trata algo: *En materia de brujería no puedo opinar.* **4** Asignatura que se enseña en un centro educativo o que forma parte de un plan de estudios: *Las matemáticas es la única materia que he suspendido.* **5** Lo opuesto al espíritu: *Dice que el cuerpo es materia y el alma, espíritu.* **6** ‖ **materia gris.** *col.* Cerebro: *Podrías utilizar tu materia gris en algo más útil que hacer crucigramas.* ‖ **materia prima.** La que se utiliza en la fabricación de otros productos más elaborados: *El petróleo es la materia prima de la gasolina.*

material ▮ adj. **1** De la materia o relacionado con ella: *Mis joyas tienen más valor sentimental que material.* **2** Opuesto a lo espiritual o perteneciente al cuerpo y a los sentidos: *El alma no es algo material.* **3** Referido a una persona, que realiza de manera directa y personal una acción: *El autor material de este crimen era un asesino a sueldo.* ▮ s.m. **4** Materia o conjunto de materias con las que se elabora algo: *El cemento, el ladrillo y el yeso son materiales de construcción.* **5** Conjunto de utensilios, máquinas o instrumentos necesarios para desempeñar un servicio o ejercer una profesión: *En el pedido de material de oficina faltaban bolígrafos y carpetas.* ☐ MORF. Como adjetivo es invariable en género.

materialidad s.f. Apariencia física o calidad o naturaleza de lo que es material o se puede percibir por los sentidos: *Si te quedas en la materialidad de las cosas, regalar una flor no tiene ningún valor.*

materialismo s.m. **1** Doctrina filosófica que admite como única realidad la materia y niega la espiritualidad y la inmortalidad del alma, así como la causa primera y las leyes metafísicas: *El materialismo histórico es la base teórica del comunismo.* **2** Aprecio excesivo hacia todo lo que se considera un bien material: *Su materialismo le lleva a preocuparse solo de acumular riquezas.*

materialista ▮ adj. **1** Del materialismo o relacionado con esta doctrina filosófica: *La interpretación marxista de la realidad es materialista.* ▮ adj./s. **2** Que defiende o sigue la doctrina filosófica del materialismo: *El comunismo se basa en una filosofía materialista. Para los materialistas, su filosofía es una verdadera concepción del mundo.* **3** Que tiene o muestra excesivo aprecio por todo lo que se considera un bien material: *Es tan materialista que solo aprecia los regalos caros. Solo te interesa el dinero porque eres un materialista.* ☐ MORF. 1. Como adjetivo es invariable en género. 2. Como sustantivo es de género común y exige concordancia en masculino o en femenino para señalar la diferencia de sexo: *el materialista, la materialista.*

materialización s.f. **1** Realización de un proyecto, de una idea o de algo semejante: *Mientras no consiga la materialización de mis deseos no seré feliz.* **2** Conversión de una persona en materialista: *La publicidad fomenta la materialización de la juventud.*

materializar ▌ v. **1** Referido esp. a un proyecto, realizarlo o hacerlo realidad: *Si me toca la lotería materializaré mis sueños.* ▌ prnl. **2** Referido a una persona, hacerse materialista: *Se ha materializado y ahora solo piensa en ganar dinero.* □ ORTOGR. La *z* se cambia en *c* delante de *e* →CAZAR.

materialmente adv. De hecho o en realidad: *Es materialmente imposible llegar a tiempo a la reunión, porque empezó hace media hora.*

maternal adj. Con las características que se consideran propias de una madre, como la ternura, la comprensión y el cariño: *Su tía lo quiso siempre con un amor maternal.* □ MORF. Invariable en género.

maternidad s.f. **1** Estado o situación de la mujer que es madre: *La maternidad implica mucha responsabilidad.* **2** Centro sanitario en el que se atiende a las mujeres que van a dar a luz: *Ingresó en la maternidad dos horas antes de dar a luz y estuvo tres días allí.*

maternizar v. Referido a la leche de vaca, dotarla de las propiedades que posee la de la mujer: *La leche se materniza en laboratorios especializados.* □ ORTOGR. La *z* se cambia en *c* delante de *e* →CAZAR.

materno, na adj. De la madre o relacionado con ella: *La mejor alimentación para un recién nacido es la leche materna. Este es mi abuelo por parte materna.*

matinal adj. De la mañana o relacionado con ella: *Recuerdo con gusto los paseos matinales después de desayunar.* □ MORF. Invariable en género.

matiné s.f. Acto social o espectáculo público que tienen lugar en las primeras horas de la tarde: *Después de comer, asistimos a una matiné musical.* □ ORTOGR. Es un galicismo (*matinée*) adaptado al español.

matiz s.m. **1** Cada uno de los grados o tonos de un mismo color: *En la naturaleza, el verde tiene muchos matices.* **2** Rasgo o aspecto que proporciona determinado carácter: *Siempre hay un matiz irónico en sus palabras.* **3** Detalle o variante que no altera la esencia de una cosa: *Con algunos matices distintos, los dos estamos diciendo lo mismo.*

matización s.f. **1** Combinación de diversos colores con la debida proporción: *La matización del bordado no está bien hecha y afea el dibujo.* **2** Aportación de un determinado tono o matiz: *Una matización más clara del verde armonizaría el cuadro. Sus matizaciones irónicas molestan a muchos.* **3** Explicación o aclaración de los matices o rasgos distintivos o característicos: *La matización de sus palabras deshizo el malentendido.*

matizar v. **1** Referido a un color, darle un tono determinado: *El sol matiza de forma especial los colores.* **2** Aclarar, señalar o hacer ver los matices o rasgos distintivos o característicos: *Tuvo que matizar sus declaraciones para no ser malentendido.* □ ORTOGR. La *z* se cambia en *c* delante de *e* →CAZAR.

matojo s.m. Mata de poca altura, muy espesa y poblada: *Limpió el jardín de hierbas y matojos.*

matón, -a ▌ adj./s. **1** *col.* Referido a una persona, que presume de valiente, tiene un aspecto agresivo y disfruta buscando pelea: *No seas tan matona y deja de meterte con los más débiles. A matones como vosotros no los quiero ver en mi bar, ¿enterados?* ▌ s.m. **2** *col.* Persona que ofrece sus servicios a otra, generalmente para protegerla con la fuerza física: *Ese narcotraficante siempre va protegido por dos matones.*

matorral s.m. Conjunto espeso de matas: *La liebre se ha escondido entre unos matorrales.*

matraca ▌ s.f. **1** Instrumento formado por un tablero de madera y uno o varios mazos, que, al ser sacudido, produce un ruido desagradable: *Un grupo de niños iba por las calles armando bulla y haciendo sonar sus matracas.* **2** *col.* Insistencia molesta en un tema o pretensión: *Deja de dar la matraca, porque no voy a comprarte nada.* ▌ pl. **3** *col.* Matemáticas: *He vuelto a cargar las matracas.* □ USO La acepción 2 se usa más en la expresión *dar la matraca*.

matraz s.m. Recipiente generalmente esférico y terminado en un cuello largo y estrecho, muy utilizado en laboratorios: *Los matraces se utilizan para manipular líquidos.* 👁 **química**

matriarcado s.m. Predominio o mayor autoridad de la mujer en una sociedad o en un grupo: *El matriarcado marcaba la organización social en muchas sociedades primitivas.*

matriarcal adj. Del matriarcado o relacionado con este predominio de la autoridad de la mujer: *En algunos pueblos del norte de España, los historiadores señalan costumbres matriarcales.* □ MORF. Invariable en género.

matrícula s.f. **1** Inscripción en una lista o registro oficiales de personas, entidades o cosas que se realiza con un fin determinado; *matriculación: Se ha cerrado el plazo de matrícula.* **2** Documento que acredita esta inscripción: *Tienen que sellarte la matrícula en la siguiente ventanilla.* **3** Conjunto de personas, entidades o cosas inscritas en esta lista o registro: *Este año la matrícula de alumnos ha disminuido bastante.* **4** En un automóvil, placa que se coloca delante y detrás de este, en la que figura su número de matriculación: *La matrícula debe estar siempre limpia y visible.* **5** ‖ **matrícula (de honor).** Calificación académica máxima que indica que se ha superado el nivel exigido: *Es muy inteligente y saca matrículas de honor en todas las asignaturas.*

matriculación s.f. Inscripción en una lista o registro oficiales de personas, entidades o cosas que se realiza con un fin determinado; *matrícula: Ya ha empezado el plazo de matriculación de alumnos.*

matricular v. Inscribir en una lista oficial o en un registro: *El concesionario en el que compres el coche se encarga de matricularlo. Me matriculé en la Facultad de Medicina.*

matrimonial adj. Del matrimonio o relacionado con él: *Solo la muerte pudo romper su vínculo matrimonial.* □ MORF. Invariable en género.

matrimonio s.m. **1** Unión de dos personas mediante determinados ritos o formalidades legales por los cuales ambas se comprometen a llevar una vida en común: *El alcalde del pueblo celebró el matrimonio civil de la pareja.* **2** En la Iglesia católica, sacramento por el cual un hombre y una mujer se comprometen para siempre a llevar una vida en común con arreglo a las prescripciones de la Iglesia: *El matrimonio es un sacramento que administran los propios contrayentes.* **3** Pareja formada por dos personas casadas entre sí: *A ese tipo de local solo van matrimonios.* **4** ‖ **consumar el matrimonio.** Mantener relaciones sexuales por primera vez tras la celebración del matrimonio: *El matrimonio católico no es totalmente indisoluble hasta que los contrayentes no lo consuman.*

matrioska (del ruso) s.f. Muñeca hueca y con el cuerpo dividido por la cintura en dos partes que encajan, que contiene dentro otra muñeca con las mismas características pero más pequeña, y así sucesivamente hasta llegar a la última, que es maciza: *La matrioska es un juguete típico ruso.*

matriz s.f. **1** En anatomía, órgano interno que forma parte del aparato reproductor de la hembra de los mamíferos y en el que se desarrolla el feto hasta su nacimiento: *Los fetos se desarrollan en la matriz de la madre.* **2** Molde en el que se funden objetos que han de ser idénticos: *Para hacer las monedas se utiliza una matriz.* **3** En un texto impreso, cada uno de los caracteres y espacios en blanco: *Cada línea tiene un número fijo de matrices.* **4** En un talonario, parte que queda encuadernada tras cortar los talones o los recibos que lo componen: *En la matriz del talonario de cheques anoto la fecha y el dinero del talón.* **5** En matemáticas, conjunto de números o de símbolos algebraicos distribuidos en líneas horizontales y verticales y dispuestos en forma de rectángulo: *Existe un álgebra que usa matrices en vez de números.*

matrón, -a ▮ s. **1** Persona especializada en la asistencia a parturientas y legalmente autorizada para ello; *comadrón: Trabajo como matrón en un hospital.* ▮ s.f. **2** Madre de familia, noble y respetable, esp. referido a las madres de la antigua Roma: *La pintura representaba a una rolliza matrona romana.* **3** Mujer madura y corpulenta: *La portera era una matrona que rondaba los cincuenta años.*

matrona s.f. Véase **matrón, -a.**

matusalén s.m. Hombre muy viejo (por alusión al patriarca hebreo Matusalén, que, según la Biblia, vivió casi mil años): *¿Adónde quieres ir con un matusalén como yo, si me canso enseguida?*

matute ‖ **de matute.** A escondidas, clandestinamente o de contrabando: *No tenía dinero para el billete y viajó de matute.*

matutino, na adj. **1** De la mañana o relacionado con ella: *Lo he leído en el periódico matutino.* **2** Que tiene lugar o que se realiza por la mañana: *Fuimos al circo en sesión matutina.*

maula s.f. Persona u objeto inútil o viejo: *Soy una maula para la cocina. Esta nevera es una maula, porque siempre está estropeada.*

maullar v. Referido a un gato, dar maullidos o emitir su voz característica; *mayar: Los gatos al maullar hacen 'miau'.* ☐ ORTOGR. La *u* lleva tilde en los presentes, excepto en las personas *nosotros* y *vosotros* →**ACTUAR**.

maullido s.m. Voz característica del gato; *mayido: Los maullidos del gatito no cesaron en toda la noche.*

mauritano, na adj./s. De Mauritania o relacionado con este país africano: *La capital mauritana es Nuakchot. Muchos mauritanos son nómadas y se dedican al pastoreo.* ☐ MORF. Como sustantivo se refiere solo a las personas de Mauritania.

máuser s.m. Fusil de repetición no automático (por alusión a sus inventores, los hermanos alemanes Máuser): *El máuser fue muy utilizado en la I Guerra Mundial.*

mausoleo s.m. Sepulcro monumental y suntuoso (por alusión al sepulcro de Mausolos, rey de Caria, antigua región de Asia Menor): *Durante el Renacimiento, muchos nobles se hicieron construir mausoleos.*

maxi- *col.* Elemento compositivo que significa 'muy grande' (*maxiproblema*) o 'muy largo' (*maxifalda*).

maxilar ▮ adj. **1** De la mandíbula o relacionado con ella: *El golpe le produjo contusiones en la región maxilar.* ▮ s.m. **2** →**hueso maxilar.** 👁 **cráneo** ☐ MORF. Como adjetivo es invariable en género.

maxilofacial adj. Del maxilar y de la cara o relacionado con ellos: *Un especialista en cirugía maxilofacial me hizo la operación de la boca.* ☐ MORF. Invariable en género.

máxima s.f. Véase **máximo, ma.**

maximalismo s.m. Tendencia a defender las posiciones más extremas, esp. en política: *El maximalismo puede conducir a la intransigencia.*

maximalista adj./s. Partidario del maximalismo: *Las soluciones maximalistas no terminan de convencer a los moderados del partido. En la Revolución rusa de 1917, triunfaron las posturas de los maximalistas.* ☐ MORF. 1. Como adjetivo es invariable en género. 2. Como sustantivo es de género común y exige concordancia en masculino o en femenino para señalar la diferencia de sexo: *el maximalista, la maximalista.*

máxime adv. Con mayor motivo: *Siempre debes ayudar a los demás, máxime si están en dificultades.*

máximo, ma ▮ **1** superlat. irreg. de **grande.** ▮ s.m. **2** Límite superior al que se puede llegar; *máximum: Ya sabes el máximo de tiempo que puedes tardar.* ▮ s.f. **3** Frase breve que expresa un principio moral o una enseñanza: *Siempre nos repetía la misma máxima: 'Haz bien y no mires a quién'.* **4** Regla o principio fundamental admitidos por las personas que profesan una ciencia, una creencia o una ideología: *En el despacho tiene una placa grabada con una de las máximas de su religión.* **5** Norma o regla de conducta: *Su máxima era intentar hacer felices a los que lo rodeaban.* **6** Temperatura más alta alcanzada: *Hoy hemos tenido una máxima de 42 °C.*

máximum s.m. →**máximo, ma.** ☐ ORTOGR. Es un latinismo (maximum) semiadaptado al español.

maya ▮ adj./s. **1** De un antiguo pueblo indio que se estableció en la península mexicana del Yucatán y en otras regiones próximas, o relacionado con él: *La arquitectura maya cuenta con numerosas pirámides escalonadas. Los mayas crearon una de las principales culturas prehispánicas.* ▮ s.m. **2** Lengua hablada por este pueblo: *Algunas obras literarias que se transmitían oralmente fueron transcritas del maya utilizando el alfabeto latino.* ▮ s.f. **3** Canción popular que se cantaba durante las fiestas de mayo: *Dentro de la lírica tradicional, se conservan mayas anónimas en las que se canta al amor y a los campos floridos de mayo.* ☐ ORTOGR. Dist. de *malla*. ☐ MORF. En la acepción 1, como adjetivo es invariable en género, y como sustantivo es de género común y exige concordancia en masculino o en femenino para señalar la diferencia de sexo: *el maya, la maya.*

mayar v. Referido a un gato, dar maullidos o emitir su voz característica; *maullar: El gato maya porque quiere salir a la calle.*

mayestático, ca adj. Propio de la majestad o relacionado con ella: *Las estatuas del arte egipcio tienen una solemnidad mayestática.*

mayéutica s.f. Método de enseñanza en el que el maestro, mediante preguntas, hace que el alumno descubra nociones o llegue a conclusiones cuyo conocimiento se supone que ya poseía aunque no se fuera consciente de ello: *El filósofo griego Sócrates fue el fundador de la mayéutica.*

a b c d e f g h i j k l m n ñ o p q r s t u v w x y z

mayido s.m. Voz característica del gato; *maullido*: *Por la noche se oían los mayidos de los gatos callejeros.*

mayo s.m. Quinto mes del año, entre abril y junio: *Mayo tiene 31 días.*

mayonesa s.f. Salsa que se hace batiendo aceite y huevo: *La mayonesa le va muy bien a los espárragos.* □ SEM. Dist. de *bayonesa* (pastel de hojaldre).

mayor ■ adj. **1** comp. de superioridad de **grande**. **2** Referido a una persona, que tiene más edad que otra: *Mi hermana mayor me lleva tres años.* **3** Referido a una persona, de edad avanzada: *Mis abuelos ya son muy mayores.* **4** Referido a un empleado, que tiene alguna autoridad sobre otros: *El cocinero mayor es el que organiza el trabajo en la cocina.* **5** En música, referido al modo de una tonalidad, que presenta una distancia de dos tonos enteros entre la tónica o primer grado de la escala y la mediante o tercer grado: *La escala de do mayor no presenta alteraciones.* ■ adj./s. **6** Referido a una persona, que es adulta: *¿Cuándo vas a comportarte como una persona mayor, hijo? Los mayores no siempre entienden a los jóvenes.* ■ s.m. **7** En algunos ejércitos, comandante: *El mayor de Aviación tiene una categoría militar superior a la del capitán e inferior a la del teniente coronel.* ■ s.m.pl. **8** Progenitores o antepasados de una persona: *No debemos olvidar las enseñanzas de nuestros mayores.* **9** ‖ **al (por) mayor.** Referido esp. a la forma de comprar y de vender, en gran cantidad: *Este almacén solo vende al por mayor a otros comercios.* ‖ **{ir/pasar} a mayores.** Adquirir más seriedad o gravedad: *Si dejas que el asunto pase a mayores, te costará más solucionarlo.* ‖ **mayor que.** En matemáticas, signo gráfico formado por un ángulo abierto hacia la izquierda y que se coloca entre dos cantidades para indicar que la primera es mayor que la segunda: *Un 'mayor que' se representa con el signo '>'.* □ MORF. 1. Como adjetivo es invariable en género. 2. En la acepción 6, es de género común y exige concordancia en masculino o en femenino para señalar la diferencia de sexo: *el mayor, la mayor*.

mayoral s.m. Capataz o jefe de una cuadrilla de trabajadores, esp. si son de campo: *Ese es el mayoral que dirige a la cuadrilla que recoge la aceituna.*

mayorazgo s.m. **1** Institución del derecho civil destinada a perpetuar en una familia la propiedad de ciertos bienes mediante el derecho de transmisión al hijo mayor: *El mayorazgo se estableció para evitar que las propiedades de los nobles se repartieran.* **2** Persona que posee bienes heredados por esta institución: *El mayorazgo supervisa la explotación de sus tierras.* **3** Conjunto de estos bienes: *El marqués vive de las rentas que le proporciona su mayorazgo.*

mayordomo, ma s. Criado principal encargado del resto de la servidumbre o de la administración de una casa o de una hacienda: *El mayordomo es quien asigna las tareas a los sirvientes.*

mayoría s.f. **1** Parte mayor de un todo, esp. la formada por personas: *La mayoría de los hogares del país tiene teléfono. Siempre sigue la opinión de la mayoría.* **2** En una votación, mayor número de votos a favor: *La propuesta de nuestro grupo obtuvo la mayoría.* **3** ‖ **mayoría absoluta.** La formada por más de la mitad de los votos válidos: *Si hay 40 votos en total, la mayoría absoluta se consigue con 21 votos a favor.* ‖ **mayoría de edad.** Condición de la persona que ha alcanzado la edad fijada por la ley para poder ejercer los derechos civiles: *La mayoría de edad en España se obtiene a los dieciocho años.* ‖ **mayoría {relativa/simple}.** La formada por el mayor número de votos con relación a otras opciones que se votan a la vez: *Obtuvo más votos que nadie, pero tiene mayoría relativa porque son menos de la mitad del total.* ‖ **mayoría silenciosa.** Población que no manifiesta públicamente su opinión en cuestiones sociopolíticas: *La previsión fue errónea por no tener en cuenta a la mayoría silenciosa.*

mayorista ■ adj. **1** Referido a un establecimiento, que vende al por mayor: *Mi frutero compra toda la mercancía en un comercio mayorista.* ■ s. **2** Persona que compra o que vende al por mayor: *Ese almacén solo vende a mayoristas.* □ MORF. 1. Como adjetivo es invariable en género. 2. Como sustantivo es de género común y exige concordancia en masculino o en femenino para señalar la diferencia de sexo: *el mayorista, la mayorista*.

mayoritario, ria adj. **1** De la mayoría o relacionado con ella: *La actitud mayoritaria es de total pasividad.* **2** Que ha obtenido el mayor número de votos: *El partido mayoritario apoya la reforma.*

mayormente adv. Sobre todo, principalmente.

mayúsculo, la ■ adj. **1** *col.* Muy grande: *Tengo un problema mayúsculo al que no veo solución.* ■ s.f. **2** →**letra mayúscula.**

maza s.f. **1** Antigua arma de hierro que tenía forma de bastón con una cabeza redonda y gruesa: *Los guerreros medievales empleaban las mazas para golpear a los enemigos.* **2** Instrumento que se utiliza generalmente para golpear o para machacar: *A la cabeza de la charanga iba un chico tocando un bombo y marcando el ritmo a golpe de maza.* **3** En gimnasia rítmica o en algunos juegos de habilidad, instrumento formado por un palo que termina en una forma gruesa y alargada: *Penalizaron a la gimnasta por dejar caer una de las mazas.* 👁 **gimnasio**

mazacote s.m. Lo que resulta macizo, denso o pesado: *Eché demasiada harina al hacer la masa, y la tarta me quedó hecha un mazacote.*

mazapán s.m. Dulce hecho con almendras molidas y azúcar en polvo: *Hoy no quiero turrón, prefiero un mazapán.*

mazazo s.m. **1** Golpe dado con una maza o con un mazo: *El caballero derribó al rival de un mazazo.* **2** Impresión fuerte en el ánimo: *Su muerte fue un mazazo para todos.*

mazdeísmo s.m. Religión de los antiguos persas basada en la creencia de que existen dos principios divinos, uno bueno y creador del mundo, y otro malo y destructor: *En el mazdeísmo, la lucha entre el bien y el mal también está en el interior de las personas.*

mazmorra s.f. Prisión subterránea o tenebrosa y oscura: *Encerraron al prisionero en las mazmorras del castillo.*

mazo s.m. **1** Martillo grande de madera: *Clavó las estacas en la tierra golpeándolas con el mazo.* **2** Conjunto de objetos que forman un grupo: *Pásame el mazo de cartas, que me toca a mí barajar.* **3** Maza pequeña que sirve para machacar: *Al mazo del mortero se le llama 'mano'.*

mazorca s.f. En algunas plantas, esp. en el maíz, fruto de forma alargada, que está compuesto por muchos granos juntos y dispuestos alrededor del eje: *Los granos de las mazorcas de maíz son amarillos.*

mazurca s.f. **1** Composición musical de origen polaco, en compás de tres por cuatro: *Chopin compuso más de 50 mazurcas para piano.* **2** Baile que se ejecuta al compás de esta música, con movimientos más moderados que los del vals y en el que es la mujer quien elige a su pareja: *La mazurca se baila marcando el ritmo con golpes de tacón.*

me pron.pers. Forma de la primera persona del singular que corresponde a la función de complemento sin preposición: *Me golpeó sin querer con la raqueta. Mi padre me dio tu recado. Me voy al cine.* ☐ MORF. 1. No tiene diferenciación de género. 2. →APÉNDICE DE PRONOMBRES.

meada s.f. *vulg.* Orina que se expulsa cada vez que se mea; *meado: Delante del portal había una meada de perro.*

meadero s.m. *vulg.* Lugar donde se orina: *El meadero del bar está muy sucio.*

meado s.m. →**meada.**

meandro s.m. Curva pronunciada que describe el recorrido de un río o de un camino: *Los meandros de los ríos se forman en el curso medio y en el bajo.*

meapilas s. *vulg. desp.* Persona excesivamente beata o que muestra una virtud o una devoción religiosa exageradas: *Ese meapilas, en cuanto sale de la iglesia, se comporta como un cretino.* ☐ MORF. 1. Es de género común y exige concordancia en masculino o en femenino para señalar la diferencia de sexo: *el meapilas, la meapilas.* 2. Invariable en número.

mear ▌v. **1** *vulg.* →**orinar.** ▌prnl. **2** *vulg.* Reírse mucho: *Con sus chistes te meas.*

meato s.m. Espacio u orificio en el que desemboca un conducto de un organismo: *La orina se expulsa a través del meato urinario.*

meca s.f. Lugar que se considera el centro de una actividad (por alusión a la ciudad árabe de La Meca, centro religioso musulmán): *Creo que París es la meca de la moda.*

mecachis interj. *col.* Expresión que se utiliza para indicar extrañeza, sorpresa, admiración o disgusto: *¡Mecachis, se me ha olvidado comprar el pan!*

mecanicismo s.m. Teoría filosófica que explica los fenómenos naturales por medio de las leyes mecánicas: *Los primeros en hablar del mecanicismo fueron algunos filósofos de la antigua Grecia.*

mecánico, ca ▌adj. **1** De la mecánica o relacionado con esta parte de la física: *El principio mecánico de acción y reacción fue establecido por Newton.* **2** De las máquinas o relacionado con ellas: *Este coche tiene problemas mecánicos.* **3** Que se realiza con máquinas: *El sistema de envasado es totalmente mecánico.* **4** En geología, referido esp. a un agente físico, que produce erosión sin modificar la composición química de la roca sobre la que actúa: *El viento es un agente mecánico que modifica el relieve por rozamiento.* **5** Que se hace sin pensar, esp. por haber sido realizado ya otras muchas veces: *Escribo a máquina de una manera mecánica.* ▌s. **6** Persona que se dedica profesionalmente al arreglo o al manejo de máquinas: *El mecánico me dijo que la reparación iba a ser muy cara.* ▌s.f. **7** Parte de la física que estudia el movimiento de los cuerpos, las fuerzas que lo producen y las condiciones de equilibrio: *La mecánica se divide en cinemática, dinámica y estática.* **8** Mecanismo que da movimiento a un artefacto o a una máquina: *Sabe bastante de mecánica, y él mismo se arregla el coche cuando se estropea.*

mecanismo s.m. **1** Conjunto de piezas o de elementos combinados entre sí para producir un efecto: *El mecanismo de este reloj es muy complejo.* **2** Modo práctico de realizarse o de producirse un fenómeno, una actividad o una función: *Todavía no entiendo muy bien el mecanismo de este departamento.*

mecanización s.f. Implantación del uso de maquinaria o sometimiento a elaboración mecánica: *La mecanización del empaquetado ha abaratado mucho los costes.*

mecanizar v. Referido esp. a una actividad, implantarle el uso de máquinas o someterla a elaboración mecánica: *Para que la agricultura sea más avanzada hay que mecanizarla.* ☐ ORTOGR. La *z* se cambia en *c* delante de *e* →**CAZAR.**

mecano s.m. Juguete formado por una serie de piezas que pueden encajar unas en otras, con las que se pueden hacer diferentes construcciones (por extensión del nombre de la marca comercial *Meccano®*): *El mecano desarrolla la destreza manual y la imaginación.*

mecanografía s.f. Técnica de escribir a máquina: *Aprendí mecanografía en una academia.*

mecanografiar v. Escribir a máquina: *Tengo que mecanografiar el cuento para mandarlo al concurso.* ☐ ORTOGR. La *i* lleva tilde en los presentes, excepto en las personas *nosotros* y *vosotros* →**VACIAR.**

mecanógrafo, fa s. Persona que se dedica profesionalmente a escribir a máquina: *La directora dio una carta al mecanógrafo para que la pasara a máquina.*

mecedora s.f. Silla cuyas patas se apoyan en dos arcos o terminan en forma circular, de forma que puede balancearse hacia adelante y hacia atrás: *Me gusta mirar el fuego de la chimenea sentada en la mecedora.*

mecenas s. Persona o institución que, con sus aportaciones económicas, protege o promueve las actividades artísticas o intelectuales (por alusión a Cayo Mecenas, noble romano protector de las artes): *Actualmente, los grandes mecenas son las fundaciones culturales.* ☐ MORF. 1. Es de género común y exige concordancia en masculino o en femenino para señalar la diferencia de sexo: *el mecenas, la mecenas.* 2. Invariable en número.

mecenazgo s.m. Protección o ayuda que se da a las artes o a las letras: *No le gustan las alabanzas y ejerce su mecenazgo en el anonimato.*

mecer v. Mover suave y rítmicamente de un lado a otro sin que cambie de lugar: *Mece al bebé para que no llore. Se mece en la hamaca.* ☐ ORTOGR. La *c* se cambia en *z* delante de *a, o* →**VENCER.**

mecha s.f. **1** Cuerda retorcida de filamentos combustibles, que se prende con facilidad: *La mecha de la vela está húmeda y no prende.* **2** Tubo de papel o de algodón, relleno de pólvora, que sirve para encender los explosivos: *Prendió fuego a la mecha y se alejó para protegerse de la explosión.* **3** Mechón de pelo teñido de un color distinto del original: *Es morena, pero lleva mechas rubias.* ‖ **aguantar mecha.** *col.* Sufrir con resignación: *Me soltó un rollo horrible y me tocó aguantar mecha.* **5** ‖ **a toda mecha.** *col.* A gran velocidad: *Hicimos el trabajo a toda mecha para irnos pronto a casa.* ☐ MORF. La acepción 3 se usa más en plural.

mechar v. Referido a la carne que se ha de cocinar, introducirle trozos pequeños de tocino o de otro ingrediente: *He mechado con jamón y huevo un trozo de carne para asar.*

mechero s.m. **1** Encendedor, generalmente el de bolsillo que funciona con gas o gasolina: *Uso cerillas porque he perdido el mechero.* **2** Utensilio provisto de mecha, que se utiliza para dar luz o calor: *En ese laboratorio utilizan mecheros de alcohol.* **3** ‖ **mechero (de) Bunsen.** El usado en los laboratorios, conectado a la instalación del gas, y en el que se puede variar la temperatura de la llama regulando la entrada de aire; *bunsen: El mechero Bunsen consta de una base circular y de un tubo vertical en cuyo extremo está la llama.* 👁 **química**

a b c d e f g h i j k l **m** n ñ o p q r s t u v w x y z

mechón s.m. Grupo de pelos, de hilos o de hebras separado de un conjunto de la misma clase: *Un mechón de cabello le caía sobre la frente.*

meconio s.m. Primer excremento expulsado por el recién nacido: *El meconio es una mezcla de secreciones intestinales y de líquido amniótico.*

medalla ▌s. **1** En una competición deportiva, persona que ha conseguido uno de los tres primeros puestos: *Su mayor ilusión era ser medalla en las olimpiadas.* ▌s.f. **2** Objeto de metal, plano y generalmente redondeado, con alguna figura o algún símbolo acuñados en sus caras: *Le dieron una medalla honorífica por su valor. Quería conseguir una medalla en la carrera.* 👁 **joya** ☐ MORF. En la acepción 1, es de género común y exige concordancia en masculino o en femenino para señalar la diferencia de sexo: *el medalla, la medalla.*

medallero s.m. En una competición deportiva, relación de las medallas ganadas: *Nuestro país ocupó el tercer lugar en el medallero del Campeonato del Mundo.*

medallista s. Deportista que ha conseguido al menos una medalla en una competición de gran importancia: *Los aficionados recibieron con muestras de alegría a los medallistas olímpicos.* ☐ MORF. Es de género común y exige concordancia en masculino o en femenino para señalar la diferencia de sexo: *el medallista, la medallista.*

medallón s.m. **1** En arte, elemento decorativo en bajo relieve, de forma circular u ovalada: *Los medallones eran muy utilizados en los edificios renacentistas.* **2** Joya redondeada, generalmente en forma de cajita, que se lleva colgada del cuello: *En el medallón llevaba un mechón de pelo de su amada.* 👁 **joya** **3** Rodaja redonda y gruesa de un alimento, esp. de carne o pescado: *Cené medallones de merluza.*

media s.f. Véase **medio, dia**.

mediación s.f. Intervención en un asunto ajeno, esp. si se tiene como objeto favorecer a alguien o pacificar una riña: *Lo conseguí por mediación de un amigo.*

mediado, da adj. **1** Empezado pero no acabado porque está más o menos por la mitad: *Trae la botella que está mediada.* **2** ‖ **a mediados de** un período de tiempo. Hacia su mitad: *No se administra bien y, a mediados de mes, ya se ha gastado todo el sueldo.*

mediador, -a s. En una negociación o en un conflicto, persona encargada de hacer respetar los derechos de las dos partes o de defender sus intereses: *Las partes en conflicto acordaron nombrar un mediador para buscar una solución al problema.*

MEDICAMENTO, FÁRMACO o MEDICINA

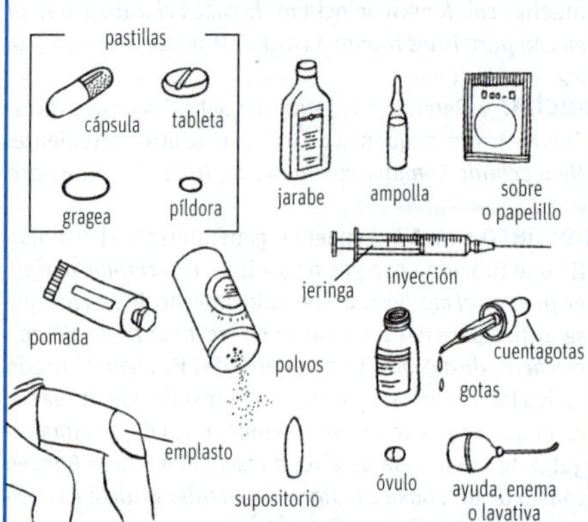

medialuna s.f. **1** Lo que tiene forma de luna en su fase creciente o menguante: *En la bandera de algunos países árabes hay una medialuna.* **2** Pan o bollo con esta forma: *Desayuné un café y una medialuna.* ☐ ORTOGR. Admite también la forma *media luna.* ☐ MORF. Su plural es *medialunas.*

medianía s.f. Persona que carece de cualidades relevantes: *Nadie se fija en él porque es una medianía y no destaca.*

mediano, na ▌adj. **1** De calidad o de tamaño intermedios: *Uso una talla mediana, ni grande ni pequeña.* **2** *col.* Mediocre o casi malo: *Su mediana inteligencia no le permite obtener mejores resultados.* ▌s.f. **3** En un triángulo geométrico, segmento que une un vértice con el punto medio del lado opuesto: *Las tres medianas de un triángulo se cortan en un punto.* **4** En una vía pública, zona longitudinal que separa las calzadas y que no está destinada a la circulación: *Está prohibido cruzar la mediana de una autopista.*

medianoche s.f. **1** Hora del día en la que el Sol está en el punto opuesto al de mediodía: *Cenicienta tenía que volver a su casa a la medianoche.* **2** Bollo pequeño y ligeramente dulce, que tiene forma redondeada y suele partirse en dos mitades para rellenarlo de algún alimento: *¿Quieres una medianoche con jamón y queso?* ☐ ORTOGR. En la acepción 1, admite también la forma *media noche.* ☐ MORF. Su plural es *medianoches.*

mediante prep. Seguido de un sustantivo, indica que este se utiliza como ayuda para realizar algo: *Logró el ascenso mediante una recomendación.*

mediar v. **1** Interceder por alguien: *Le agradecí que hubiera mediado por mí ante el director.* **2** Interponerse entre dos o más partes en conflicto para intentar que se reconcilien o que lleguen a un acuerdo: *Tuvo que mediar mi padre para que mi hermana y yo hiciéramos las paces.* **3** Estar entre dos o más cosas: *Entre las dos paredes media una cámara de aire.* ☐ ORTOGR. La *i* nunca lleva tilde.

mediatización s.f. Influencia que dificulta o impide la libertad de acción en el ejercicio de una actividad o de una función: *La mediatización del entrenador por parte del presidente estropeó la marcha del equipo.*

mediatizar v. Referido esp. a una persona o a una institución, influir en ellas impidiendo o dificultando su libertad de acción: *La situación económica de un país mediatiza a su Gobierno.* ☐ ORTOGR. La *z* se cambia en *c* delante de *e* →**CAZAR**.

mediato, ta adj. Referido a una cosa, que está próxima a otra en el tiempo, el lugar o el grado, pero separada por una tercera: *Lunes y miércoles son días mediatos.*

mediatriz s.f. Recta perpendicular a un segmento en su punto medio: *La mediatriz divide un segmento en dos partes exactamente iguales.*

medicación s.f. **1** Administración metódica de uno o varios medicamentos con fines curativos: *Es recomendable que la medicación la haya prescrito un médico.* **2** Conjunto de medicamentos y medios curativos que sirven para un mismo fin: *En este maletín llevo mi medicación para la úlcera de estómago.*

medicamento s.m. Sustancia que sirve para prevenir, curar o aliviar una enfermedad o para reparar sus secuelas; *fármaco, medicina: He ido a la farmacia a comprar unos medicamentos.* 👁 medicamento

medicamentoso, sa adj. Que sirve de medicamento:

Esa planta se utiliza en farmacología porque tiene sustancias medicamentosas.

medicar v. Referido esp. a un enfermo, recetarle medicinas o administrárselas; *medicinar: No soy partidario de medicar a un paciente por un simple catarro. Se intoxicó por medicarse sin contar con el médico.* ☐ ORTOGR. La *c* se cambia en *qu* delante de *e* →**SACAR**.

medicina s.f. **1** Ciencia que trata de prevenir y curar las enfermedades humanas: *En el mundo de hoy, la medicina preventiva es esencial.* **2** Sustancia que sirve para prevenir, curar o aliviar una enfermedad o para reparar sus secuelas; *fármaco, medicamento: Las medicinas deben guardarse fuera del alcance de los niños.* 👁 **medicamento** **3** *col.* Remedio o solución a un problema: *La mejor medicina para tu aburrimiento es salir al campo.*

medicinal adj. Que tiene cualidades curativas o que sirve para conservar la salud: *Estas aguas medicinales mejoran la circulación sanguínea.* ☐ MORF. Invariable en género.

medicinar v. →**medicar.**

medición s.f. **1** Comparación de un todo con una unidad tomada como referencia para saber el número de veces que la contiene; *medida: El termómetro sirve para realizar la medición de la temperatura.* 👁 **medida** **2** Determinación del número de sílabas métricas de un verso: *Al hacer la medición de un verso, ten en cuenta que una sílaba métrica puede estar compuesta por dos sílabas reales unidas por sinalefa.*

médico, ca ▮ adj. **1** De la medicina o relacionado con ella: *Su enfermedad requiere un largo tratamiento médico.* **2** De Media (antigua región indoeuropea del noroeste iraní), o relacionado con ella; *medo: Las guerras médicas enfrentaron a los pueblos persa y griego.* ▮ s. **3** Persona legalmente autorizada para ejercer la medicina; *doctor: La médica le recetó unas pastillas y le recomendó reposo.* **4** ‖ **médico de {cabecera/familia}.** El que atiende habitualmente al enfermo y no es el especialista: *Cuando creo que tengo gripe voy al médico de cabecera.* ‖ **(médico) forense.** El oficialmente asignado a un juzgado de instrucción: *La autopsia la realizó el médico forense.*

medida s.f. **1** Comparación de un todo con una unidad tomada como referencia para saber el número de veces que la contiene; *medición: Tardaron cinco horas en realizar la medida del terreno.* 👁 medida, en la página siguiente **2** Número que expresa el resultado de efectuar esta operación: *¿Qué medidas tiene tu habitación?* **3** Cada una de las unidades que se emplean para medir longitudes, áreas o volúmenes: *El metro es una medida de longitud y el litro, de volumen.* **4** Número de sílabas métricas de un verso: *Los versos con una medida menor o igual a ocho sílabas son de arte menor.* **5** Disposición o acción encaminadas a evitar que suceda algo: *Adoptaron medidas para que el río no se desbordara.* **6** Grado o intensidad: *No sabía en qué medida le iban a afectar los problemas de la empresa.* **7** Prudencia o buen juicio: *Haz las cosas con medida y sin excesos.* **8** Patrón por el que se mide una realidad: *Para el filósofo griego Protágoras, el hombre es la medida de todas las cosas.* **9** ‖ **a (la) medida.** Que se ajusta bien a las necesidades o resulta muy adecuado: *Iré a la modista para hacerme un vestido a medida.* ‖ **a medida que.** Al mismo tiempo o a la vez: *A medida que hablaba, me daba cuenta de que me intentaba engañar.* ‖ **en cierta medida.** De alguna manera o no del todo: *Parece un disparate, pero en cierta medida quizá tengas razón.* ☐ SINT. En la acepción 5, se usa más con los verbos *adoptar, tomar* y equivalentes.

medieval adj. Del medievo o relacionado con este período histórico: *El feudalismo es un sistema económico, político y social de la época medieval.* ☐ MORF. Invariable en género.

medievalismo s.m. Conjunto de características propias del medievo: *El medievalismo de su pintura se refleja en el simbolismo de las imágenes.*

medievalista s. Persona especializada en el estudio de lo medieval: *El nuevo profesor es un renombrado medievalista.* ☐ MORF. Es de género común y exige concordancia en masculino o en femenino para señalar la diferencia de sexo: *el medievalista, la medievalista.*

medievo s.m. Período histórico anterior a la Edad Moderna y posterior a la Edad Antigua, que abarca aproximadamente del siglo V hasta el XV; *edad media: Las Cruzadas tuvieron lugar en el Medievo.* ☐ USO Se usa como nombre propio.

medina s.f. Parte antigua de una ciudad árabe: *Las calles de las medinas son muy estrechas.*

medio adv. No del todo o no completamente: *Tenía tanta prisa que salió medio vestida. No he tenido tiempo de terminar el trabajo y lo he entregado a medio hacer.*

medio, dia ▮ adj. **1** Referido a un todo, que es igual a su mitad: *Compró medio kilogramo de azúcar.* **2** Entre dos extremos o entre dos cosas: *El libro es de calidad media, ni bueno ni malo.* **3** Que representa las características generales que se consideran propias de un grupo, de una época o de algún tipo de agrupación: *Sus aficiones son las de un ciudadano medio.* **4** Referido a un todo, gran parte de él: *Media ciudad estaba en huelga.* ▮ adj./s.f. **5** En algunos deportes de equipo, referido a una línea de jugadores, que tiene la misión de promover jugadas: *Han fichado a un jugador para reforzar la línea media del equipo. Los jugadores de la media ayudan a la defensa y a la delantera.* ▮ s.m. **6** Punto o lugar que está a igual distancia de sus extremos: *Pon la vela en el medio de la tarta de cumpleaños.* **7** Momento o situación entre dos momentos, entre dos situaciones o entre dos cosas: *En medio de la conversación soltó una risotada. Quítate del medio, que estorbas.* **8** Lo que es útil o conveniente para conseguir un determinado fin: *Gracias a los medios de comunicación, la gente está más informada que antes.* **9** Elemento en el que vive y se desarrolla un ser vivo: *Estas plantas son características del medio acuático.* **10** Sector, círculo o ambiente social: *Después del escándalo, ese actor está mal visto en medios aristocráticos.* ▮ s.m.pl. **11** Dinero o bienes que se poseen: *No tiene muchos medios y vive en una casa vieja.* **12** En una plaza de toros, tercio que corresponde al centro del ruedo: *El torero brindó el toro al público desde los medios.* ▮ s.f. **13** Prenda de ropa interior femenina, de tejido muy fino y generalmente transparente, que cubre el pie y la pierna hasta el muslo o hasta la cintura: *Prefiero las medias hasta la cintura porque las otras hay que sujetarlas con ligas.* **14** Calcetín largo que llega hasta debajo de las rodillas: *Cuando hace frío, duermo con medias de lana.* **15** Cantidad que resulta de efectuar determinadas operaciones matemáticas con un conjunto de números, y que a veces sirve como representante de ese conjunto: *Cada tipo de media necesita diferentes operaciones matemáticas.* ▮ s.f.pl. **16** En el juego del mus, grupo de tres cartas del mismo valor reunidas por un jugador en una mano: *Le hice la seña de*

a b c d e f g h i j k l m n ñ o p q r s t u v w x y z

MEDIDA

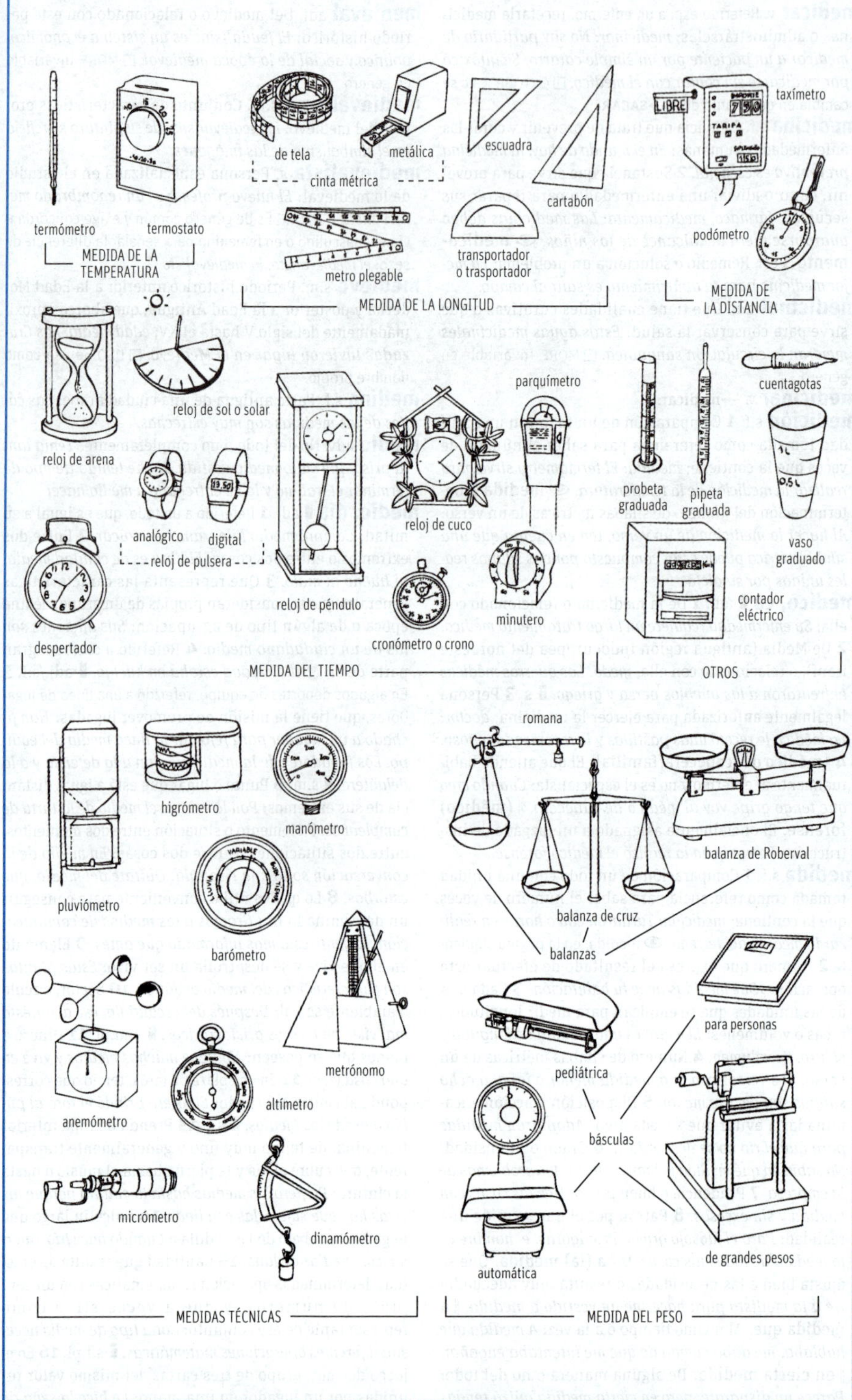

que llevaba medias de reyes. **17** ‖ **a medias. 1** A partes iguales: *Se dividieron el trabajo y lo hicieron a medias.* **2** No del todo: *Era una mentira a medias, pero me riñeron igual.* ‖ **de medio a medio.** Completamente: *Te equivocaste de medio a medio, pero no quieres reconocerlo.* ‖ **media (aritmética).** La que se halla sumando todos los datos y dividiendo por el número de ellos: *Si tú tienes 2 y yo tengo 4, la media aritmética es 3.* ‖ **media geométrica.** La que se halla haciendo la raíz enésima del producto de *n* números: *La media geométrica de 2, 3, 4 y 5 es la raíz cuarta del resultado de multiplicar 2 x 3 x 4 x 5.* ‖ **medio (ambiente).** →**medioambiente.** ‖ **por (en) medio.** *col.* En desorden y estorbando: *¿Cuántas veces tengo que decirte que no dejes tus cosas por en medio?* ‖ **por medio de** algo. Mediante ello o valiéndose de ello: *Lo conocí por medio de un anuncio.* ‖ **quitar de en medio** a alguien. *col.* Matarlo: *Antes de cometer el robo, quitaron de en medio a dos policías.* □ ORTOGR. Incorr. **enmedio.* □ MORF. El plural de *medio ambiente* es *medios ambientes.*

medioambiental adj. Del medio ambiente o relacionado con él: *La contaminación medioambiental perjudica mucho a las personas con problemas respiratorios.* □ MORF. Invariable en género.

medioambiente s.m. Conjunto de circunstancias o de condiciones que rodean a un ser vivo y que influyen en su desarrollo y en sus actividades: *La industria contamina mucho el medioambiente.* □ ORTOGR. Se admite también *medio ambiente.* □ MORF. Su plural es *medioambientes.*

mediocre ▮ adj. **1** Poco importante, poco interesante, poco abundante o de calidad media: *Lleva una vida mediocre y aburrida. No pienso ir a ver esa película, porque me han dicho que es bastante mediocre.* ▮ adj./s. **2** De poca inteligencia o de poco mérito: *Me parece una pintora mediocre, aunque venda muchos cuadros. No sé cómo lo han hecho director, porque es un mediocre.* □ MORF. 1. Como adjetivo es invariable en género. 2. Como sustantivo es de género común y exige concordancia en masculino o en femenino para señalar la diferencia de sexo: *el mediocre, la mediocre.*

mediocridad s.f. Corta inteligencia, poca calidad, poco mérito, poca importancia o poco interés: *Su mediocridad le impide destacar en nada.*

mediodía s.m. **1** Hora del día en la que el Sol está en el punto más alto sobre el horizonte: *Los rayos del sol más perjudiciales para la piel son los del mediodía.* **2** Período que comprende las horas centrales del día: *Llámame a mediodía, a la hora de comer.* **3** Sur: *Andalucía está en el mediodía español.* □ SINT. En la acepción 3, se usa más en aposición, pospuesto a un sustantivo: *El barco navega rumbo mediodía.*

mediopensionista adj./s. Referido a una persona, esp. a un alumno, que está en alguna institución en régimen de media pensión o que come allí al mediodía: *Los estudiantes mediopensionistas de este colegio pueden utilizar la biblioteca después de comer. Las mediopensionistas de la residencia cenan por su cuenta.* □ MORF. 1. Como adjetivo es invariable en género. 2. Como sustantivo es de género común y exige concordancia en masculino o en femenino para señalar la diferencia de sexo: *el mediopensionista, la mediopensionista.*

medir v. **1** Referido a un todo, averiguar sus dimensiones o compararlo con una unidad tomada como referencia para saber el número de veces que la contiene: *Mide el mueble para ver si cabe aquí.* **2** Referido a un verso, contar el número de sílabas métricas que lo forman: *Cuando medimos un verso agudo, contamos una sílaba más de las que tiene realmente.* **3** Referido esp. a una cualidad, apreciarla, compararla o enfrentarla: *Antes de comprometerte deberías medir los riesgos del negocio. Los contrincantes se midieron en el combate.* **4** Referido a una dimensión, esp. de longitud, de altura o de anchura, tenerla: *La mesa mide un metro de ancho por uno de largo.* **5** Referido esp. a las palabras o a los actos, moderarlos o contenerlos: *Mide tus palabras cuando hables conmigo.* □ MORF. Irreg.: La *e* se cambia en *i* cuando la sílaba siguiente no tiene *i* o la tiene formando diptongo →**PEDIR.**

meditabundo, da adj. Que medita o reflexiona en silencio: *Desde que tiene tantos problemas está meditabunda y apesadumbrada.*

meditación s.f. Reflexión atenta, detenida y profunda: *En los ejercicios espirituales, hacíamos meditación para reflexionar sobre verdades de la fe y su incidencia en la propia vida.*

meditar v. Pensar, reflexionar o discurrir con atención y con detenimiento: *Tengo que meditar más sobre esto, para ver si encuentro una solución. En los ejercicios espirituales medité sobre el sentido de la vida.*

meditativo, va adj. De la meditación o relacionado con ella: *En sus escritos filosóficos destaca la importancia de la actividad meditativa.*

mediterráneo, a adj. Del mar Mediterráneo (situado entre las costas europeas, africanas y asiáticas), o relacionado con él: *Pasa sus vacaciones en un pueblo mediterráneo. El clima mediterráneo es cálido pero suave.*

médium s. Persona a la que se considera dotada de facultades extraordinarias para actuar como mediadora en la comunicación con los espíritus o para invocar fuerzas ocultas: *Acudió a una médium para ponerse en contacto con su hijo desaparecido.* □ ORTOGR. Incorr. **medium.* □ MORF. 1. Es de género común y exige concordancia en masculino o en femenino para señalar la diferencia de sexo: *el médium, la médium.* 2. Su plural es *médiums.*

medo, da adj./s. De Media (antigua región indoeuropea del noroeste iraní), o relacionado con ella: *Los pueblos medos ocupaban el actual Irán. Los medos formaron parte del Imperio persa.* □ MORF. Como sustantivo se refiere solo a las personas de Media. □ SEM. Como adjetivo es sinónimo de *médico.*

medrar v. **1** Mejorar de posición social o económica: *No es buena persona y ha medrado utilizando a sus amigos.* **2** Referido a una planta o a un animal, crecer: *Si no cuidas el jardín, los hierbajos medrarán por todas partes. Dale vitaminas al perro para ver si medra algo.* □ USO En la acepción 1, tiene un matiz despectivo.

medro s.m. Aumento, mejora o progreso: *Está muy satisfecha de sus medros personales en el trabajo.*

medroso, sa adj./s. Que siente miedo con facilidad o no tiene ánimo o valor: *Los conejos son animales muy medrosos. Siempre está con gente, porque es un medroso que no soporta la soledad.*

médula s.f. **1** En anatomía, sustancia que ocupa la cavidad interna de algunos huesos: *Los huesos largos tienen médula en su interior.* **2** En botánica, parte interior de la raíz y del tallo de algunas plantas: *Si la médula del tronco está podrida, más vale que talemos el árbol.* **3** Lo más sustancioso o importante de algo no material: *Los principios del fundador siguen siendo la médula de la empresa.* **4** ‖ **hasta la médula.** *col.* Muy intensamente: *Está*

a b c d e f g h i j k l m n ñ o p q r s t u v w x y z

enamorado hasta la médula. ‖ **médula (espinal).** Parte del sistema nervioso central en forma de cordón que está contenida en el canal vertebral y que se extiende desde el agujero occipital hasta la región lumbar: *La hernia discal le presiona la médula.* ☐ SEM. En las acepciones 1 y 2, es sinónimo de *tuétano*.

medular adj. De la médula o relacionado con ella: *Padecía leucemia y le hicieron un trasplante medular.* ☐ MORF. Invariable en género.

medusa s.f. Animal marino celentéreo en una fase de su ciclo biológico en la que la forma del cuerpo es semejante a una sombrilla con varios tentáculos: *Las medusas abundan en aguas cálidas y algunas desprenden sustancias irritantes como defensa.*

mefistofélico, ca adj. Diabólico, perverso o propio del demonio (por alusión al personaje Mefistófeles, de una obra del escritor alemán Goethe): *Lo fulminó con una mirada mefistofélica cuando supo que lo había traicionado.*

mega- Elemento compositivo que significa 'grande' (*megalito*) o 'un millón' (*megavatio, megaciclo, megatón*).

megafonía s.f. **1** Técnica que se ocupa de los aparatos e instalaciones precisos para aumentar el volumen del sonido: *Para el montaje del concierto se necesita un especialista en megafonía.* **2** Conjunto de los aparatos que aumentan el volumen del sonido: *No se oía al conferenciante porque no funcionaba la megafonía.*

megáfono s.m. Aparato que amplifica el volumen del sonido: *Nunca entiendo lo que dicen por los megáfonos del aeropuerto.*

megalítico, ca adj. Del megalito, con megalitos o relacionado con estos grandes bloques de piedra sin labrar: *Los dólmenes y los menhires son monumentos megalíticos.*

megalito s.m. Monumento prehistórico construido con grandes piedras sin labrar: *Hay diferentes tipos de megalitos según la función para la que fueron construidos.*

megalomanía s.f. Actitud o manía enfermizas de las personas que se creen muy importantes o muy ricas, o que desean serlo: *La megalomanía del dictador llevó a su país a una guerra perdida de antemano.* ☐ ORTOGR. Dist. de *melomanía*.

megalómano, na adj. Que padece megalomanía o que tiene aspiraciones de grandeza inalcanzables: *Es un escritor megalómano que menosprecia a todo el mundo.* ☐ ORTOGR. Dist. de *melómano*.

megalópolis s.m. Conjunto de áreas urbanizadas que se extienden a lo largo de cientos de kilómetros formando ciudades gigantescas: *En la costa este de Estados Unidos hay una megalópolis con centro en Nueva York.* ☐ MORF. Invariable en número.

megatón s.m. Unidad de medida de la energía de una bomba nuclear: *Cuantos más megatones tenga una bomba, más potente será.*

meiosis s.f. Proceso de división por el que una célula origina cuatro gametos o células sexuales con el número de cromosomas reducido a la mitad: *Los óvulos y los espermatozoides se originan por meiosis.* ☐ MORF. Invariable en número.

mejicano, na adj. →**mexicano, na.**

mejilla s.f. Cada una de las dos partes carnosas y abultadas de la cara, debajo de los ojos; *carrillo: Siempre que me ve, me da un pellizco cariñoso en la mejilla.*

mejillón s.m. Molusco marino de carne comestible, con la concha compuesta por dos valvas negras y ovaladas, que vive pegado a las rocas: *Los mejillones se adhieren a las rocas por medio de una especie de pelos.* 👁 **marisco**

mejillonero, ra ▌ adj. **1** Del mejillón o relacionado con este molusco: *El cultivo mejillonero español está concentrado en las costas gallegas.* ▌ s.f. **2** Instalación para la cría del mejillón: *Había varias mejilloneras en el centro de la ría.*

mejor ▌ adj. **1** comp. de superioridad de **bueno.** ▌ adv. **2** comp. de superioridad de **bien. 3** Antes o preferiblemente: *En vez de ir al cine, mejor podíamos ir al teatro.* **4** ‖ **a lo mejor.** Expresión que se utiliza para indicar duda o posibilidad: *A lo mejor me llamó cuando yo no estaba.* ‖ **mejor que mejor** o **tanto mejor.** Expresión que se utiliza para indicar satisfacción o aprobación: *Si me acompañas, tanto mejor.* ☐ MORF. Como adjetivo es invariable en género.

mejora s.f. **1** Cambio que se realiza para hacer algo mejor: *Si hacemos unas cuantas mejoras en el local, conseguiremos aumentar el número de clientes.* **2** Progreso, aumento o adelantamiento: *Si comparas sus dos exámenes, verás su mejora en el último mes.*

mejoramiento s.m. Cambio para mejor; *mejoría: Para el lunes habrá un mejoramiento de la situación atmosférica.*

mejorana s.f. Planta herbácea de flores pequeñas, blancas o rosadas, en espiga, muy aromática y utilizada en medicina: *He plantado mejorana en el jardín porque me gusta mucho cómo huele.*

mejorar v. **1** Pasar o hacer pasar de un estado a otro mejor: *Sigue estudiando así, porque has mejorado mucho. La empresa ha mejorado la calidad de sus productos.* **2** Recobrar la salud, hacer que sea recobrada o poner mejor: *Tómate esta pastilla y verás cómo mejoras. ¡Que te mejores!* **3** Superar o conseguir una mejor realización: *El atleta no consiguió mejorar su marca personal.* **4** Referido al tiempo atmosférico, hacerse más agradable: *Si mañana mejora, iremos a la playa.*

mejoría s.f. **1** Alivio o disminución del dolor o de la intensidad de una enfermedad: *Desde que inició el tratamiento, ha experimentado una gran mejoría.* **2** Cambio para mejor; *mejoramiento: Mañana habrá una mejoría del tiempo en las zonas montañosas.*

mejunje s.m. Líquido o sustancia formados por la mezcla de varios ingredientes con aspecto o sabor extraño y desagradable: *Este bronceador es un mejunje asqueroso.*

melancolía s.f. Tristeza indefinida, sosegada, profunda y permanente: *Sintió melancolía al ver las fotos de sus antiguos compañeros de colegio.*

melancólico, ca ▌ adj. **1** De la melancolía o relacionado con ella: *Me escribió una carta de despedida, triste y melancólica.* ▌ adj./s. **2** Referido a una persona, que tiene melancolía o es propenso a ella: *Las personas melancólicas suelen ser depresivas. Eres un melancólico, siempre recordando tiempos pasados.*

melanina s.f. Pigmento de color negro o pardo negruzco que existe en algunos animales y que da su coloración a la piel, al pelo y a otras partes del cuerpo: *Una peca es una acumulación de melanina.*

melanoma s.m. Tumor formado por células que contienen abundante melanina: *Vigila tus lunares, porque algunos pueden ser melanomas.*

melaza s.f. Líquido más o menos espeso y muy dulce que queda como residuo de la fabricación del azúcar de caña o de remolacha: *La melaza se utiliza generalmente para la obtención de alcohol.*

melé s.f. En el rugby, jugada en la que varios jugadores de ambos equipos se colocan formando dos grupos compactos que se empujan mutuamente para apoderarse del balón que se lanza entre ellos: *La melé tiene lugar después de una falta.* □ ORTOGR. Es un galicismo (*mêlée*) adaptado al español.

melena ▮ s.f. **1** Cabellera larga y suelta: *Da pena cortar una melena tan larga como la tuya.* 👁 **peinado** **2** Crin que rodea la cabeza del león: *Los leones tienen una gran melena, pero las leonas no.* ▮ pl. **3** Cabello desarreglado, despeinado o enredado: *Yo creo que si se cortara esas melenas estaría más guapo.* **4** ‖ **soltarse la melena.** *col.* Lanzarse a hablar o a actuar de forma despreocupada y decidida: *Me solté la melena y le dije lo que pensaba de él.*

melenudo, da adj./s. Que tiene el pelo largo o abundante, esp. si lo lleva suelto: *¿Has visto pasar a un chico melenudo? El grupo de rock lo forman tres melenudos.* □ USO Tiene un matiz despectivo.

melifluidad s.f. Dulzura y ternura en el trato o en el modo de hablar: *Trata a sus invitados con tal melifluidad que siempre desean volver.*

melifluo, flua adj. Dulce y tierno en el trato o en el modo de hablar: *Cuando pone esa voz meliflua y suave consigue lo que quiere.*

melindre s.m. Delicadeza aparente o fingida en las palabras o en los modales; *pamema: No te andes con melindres y háblame con entera confianza.*

melindroso, sa adj./s. Que finge o muestra una delicadeza exagerada: *Con gente de fuera es muy melindrosa, pero con los de casa tiene un humor insoportable. Es un melindroso y en los bares pide que laven el vaso delante de él.*

melisa s.f. Planta herbácea de hojas en forma de corazón y con flores blancas o rosadas que se utiliza en farmacia por sus efectos sedantes: *Las flores de la melisa salen a partir de mayo.*

mella s.f. **1** Rotura o hendidura en el borde de un objeto: *La navaja tiene el filo lleno de mellas por usarla de abrelatas.* **2** Vacío o hueco que deja algo en el lugar que ocupaba: *Cuando se le cayó el diente, al reírse se le veía la mella.* **3** ‖ **hacer mella.** **1** Causar efecto o impresionar: *Aquellas palabras hicieron mella en él y marcaron su vida.* **2** Ocasionar daño o pérdida: *Los disgustos no han mellado su alegría.*

mellado, da adj./s. Falto de uno o más dientes: *Mi sobrina está mellada porque se le han caído tres dientes. Había por allí un mellado de aspecto extraño que asustó al pequeño.*

mellar v. **1** Referido a un objeto, esp. si es cortante, romper o hendir su filo o su borde: *Has mellado el cuchillo. Tengo que afilar el hacha porque se ha mellado la hoja.* **2** Referido esp. a algo no material, deteriorar, dañar o mermar: *Aquel fracaso no logró mellar sus ilusiones.*

mellizo, za adj./s. Que ha nacido del mismo parto pero se ha originado de distinto óvulo: *Esta chica no se parece en nada a su hermano mellizo. Los mellizos pueden ser de igual o de distinto sexo.*

melocotón s.m. **1** Fruto del melocotonero, de forma esférica, piel aterciopelada, pulpa jugosa y un hueso leñoso en el centro: *¿Te gusta el melocotón en almíbar?* **2** *col.* Borrachera: *Con el melocotón que llevas no puedes conducir.*

melocotonero s.m. Árbol frutal de flores blancas o rosadas y de hojas lanceoladas, propio de climas templados, cuyo fruto es el melocotón: *El melocotonero es de fácil cultivo.*

melodía s.f. **1** En música, sucesión de sonidos de diferente entonación, ordenados según un diseño o una idea musicales reconocibles, con independencia de su acompañamiento: *Interpretó una bonita melodía al piano.* **2** Parte de la teoría musical que trata de cómo han de elegirse y ordenarse en el tiempo los sonidos para componer estas sucesiones de manera que resulten gratas al oído: *La melodía enseña a modular y combinar notas de forma que no se produzcan disonancias.*

melódico, ca adj. De la melodía o relacionado con ella: *Al componer música, hay que cuidar tanto los aspectos armónicos y rítmicos como los melódicos.*

melodioso, sa adj. Dotado de melodía o dulce y agradable al oído: *Por la ventana llegaba el canto melodioso de unos pajarillos.*

melodrama s.m. **1** Obra literaria o cinematográfica, generalmente de carácter dramático, en la que se busca conmover fácilmente la sensibilidad del público mediante la exageración de los aspectos sentimentales, tristes y dolorosos y acentuando la división de los personajes en buenos y malos: *No sé cómo puedes llorar por esos melodramas tan burdos en los que nadie es hijo de quien cree y todos se enamoran de quienes no deben.* **2** *col.* Suceso o relato caracterizados por una tensión y una emoción exageradas o lacrimógenas: *La despedida en la estación fue un melodrama.*

melodramático, ca adj. Del melodrama o con las características que se consideran propias de este: *No te pongas melodramático que no te estoy abandonando, solo me voy al cine.*

melomanía s.f. Pasión desmedida por la música: *Su melomanía llega a tal extremo que es capaz de hacer lo que sea para asistir a un concierto.* □ ORTOGR. Dist. de *megalomanía*.

melómano, na adj./s. Que siente una pasión desmedida por la música: *Las personas melómanas suelen tener una sensibilidad especial. Me gusta escuchar música clásica con un melómano que sepa explicarla.* □ ORTOGR. Dist. de *megalómano*.

melón, -a ▮ adj./s. **1** *col.* Torpe, necio o bobo: *Chica, no seas tan melona y razona un poco. Si has dejado pasar esa oportunidad es que eres un melón.* ▮ s.m. **2** Planta herbácea anual, con tallos trepadores o rastreros, flores solitarias amarillas y fruto comestible, grande y de color amarillo o verde claro, generalmente de forma ovalada, cuya pulpa es muy jugosa y dulce y contiene numerosas semillas: *El melón se cultiva en países cálidos.* **3** Fruto de esta planta: *¿Quién quiere una rodaja de melón?* **4** *col.* Cabeza humana, esp. si está calva, rapada o con pelo muy corto: *Fíjate cómo brilla el melón de ese calvo.*

melonar s.m. Terreno plantado de melones: *Los melonares son propios de los lugares de clima cálido.*

melonero, ra s. Persona que se dedica al cultivo o a la venta de melones: *El melonero de la plaza tiene los melones más sabrosos que he probado.*

melopea s.f. **1** *col.* Borrachera: *Menuda melopea tienes, que vas haciendo eses al caminar.* **2** Canto monótono y repetitivo: *Sus canciones me parecen aburridísimas melopeas.* **3** *col.* Queja, petición o relato repetitivos: *Siempre está con la melopea de que no le hago caso.*

melosidad s.f. Suavidad o dulzura en la forma de actuar: *Habla con tanta melosidad que resulta empalagosa.*

meloso, sa adj. Referido a una persona, excesivamente suave, blanda o dulce en su forma de actuar: *Cuando quiere pedir algo pone voz melosa.*

membrana s.f. **1** Tejido orgánico, en forma de lámina o de capa delgada, esp. el que envuelve un órgano o separa cavidades: *Los patos tienen una membrana que une sus dedos.* **2** Lámina delgada, esp. la de pergamino, piel de becerro o plástico, que se hace vibrar golpeándola, frotándola o soplándola: *Un tambor suena al golpear su membrana.* **3** ‖ **(membrana) mucosa.** La que reviste las cavidades y los conductos del cuerpo animal que se comunican con el exterior: *La membrana mucosa se mantiene húmeda gracias a secreciones glandulares.* ‖ **(membrana) pituitaria.** La mucosa que reviste las fosas nasales y en la que existen terminaciones nerviosas que actúan como órgano del olfato: *La pituitaria es la encargada de recibir los estímulos olfativos.* ‖ **membrana serosa.** La que reviste las cavidades interiores del cuerpo animal: *La pleura es una membrana serosa que recubre los pulmones.*

membranoso, sa adj. Delgado, elástico, resistente o con las características propias de una membrana: *Las moscas tienen alas membranosas.*

membrete s.m. Nombre, título o dirección de una persona o de una entidad que aparecen impresos en la parte superior del papel de escribir: *Cogí tu dirección del membrete de la carta que me escribiste.*

membrillo s.m. **1** Árbol frutal de pequeño tamaño, con flores blancas o rosadas y fruto muy aromático, de color amarillo y carne áspera, que se utiliza para hacer confitura: *El membrillo es originario de Asia Menor.* **2** Fruto de este árbol: *Mi abuela ponía membrillos en los armarios para aromatizar la ropa.* **3** Dulce de aspecto gelatinoso que se elabora con este fruto; *carne de membrillo: Me gusta merendar membrillo con queso.*

memez s.f. **1** Simpleza o falta de juicio: *Su memez no le permite entender las cosas un poco complicadas.* **2** Hecho o dicho propios de un memo: *Es estúpido y no dice más que memeces.* **3** Lo que se considera sin importancia o de poco valor; *tontería: Tus problemas son memeces comparados con los míos.*

memo, ma adj./s. Tonto, simple o necio: *Es tan mema que le da vergüenza ir sola a pedir información. Me atendió un memo que no tenía ni idea.* ☐ USO Se usa como insulto.

memorable adj. Digno de ser recordado: *La firma del acuerdo de paz es un acontecimiento memorable.* ☐ MORF. Invariable en género.

memorando s.m. **1** Informe diplomático, en el que se exponen hechos o razones que deberán tenerse en cuenta para un determinado asunto: *El cónsul entregó el memorando al embajador.* **2** Resumen por escrito de las cuestiones más importantes de un asunto: *La portavoz del Gobierno hizo un memorando de lo tratado en el Consejo de Ministros.* ☐ ORTOGR. Se admite también *memorándum.*

memorándum s.m. →**memorando.** ☐ MORF. Su plural es *memorándums.*

memorar v. *poét.* Recordar: *Estos versos memoran la juventud dorada del poeta.*

memoria ▮ s.f. **1** Facultad que permite retener y recordar lo pasado: *Él te lo contará mejor porque tiene muy buena memoria.* **2** Presencia en la mente de algo ya pasado; *recuerdo: Será un homenaje en memoria de los desaparecidos.* **3** Estudio o informe, generalmente por escrito, sobre hechos o motivos referentes a un asunto: *Me exigen que haga una memoria de mi experiencia como profesor.* **4** Relación objetiva de una serie de hechos o de actividades: *En la memoria anual de la empresa constan todos los gastos y la fecha en que se realizaron.* **5** En informática, dispositivo electrónico en el que se almacena información: *Los datos contenidos en la memoria del ordenador pueden recuperarse en cualquier momento.* ▮ pl. **6** Relato o escrito sobre los recuerdos y acontecimientos de la vida de una persona: *Este actor ha publicado sus memorias.* **7** ‖ **de memoria.** Utilizando exclusivamente la capacidad memorística, sin apoyo del razonamiento: *¿Te sabes de memoria mi número de teléfono? Hago la cita de memoria, así que quizá no sea exacta.* ‖ **memoria de elefante.** *col.* La que tiene una gran capacidad de retención y recuerdo: *Tiene una memoria de elefante y jamás olvida una cara.*

memorial s.m. Escrito en el que se pide algo alegando razones o méritos: *Para que te concedan esa plaza, debes solicitarla a través de un memorial.* ☐ SEM. No debe emplearse con el significado de 'monumento recordatorio' (anglicismo): *Para conmemorar el segundo aniversario se ha erigido un (*memorial › monumento) de mármol.*

memorístico, ca adj. Que se basa en la utilización de la memoria, dejando de lado el desarrollo del razonamiento: *Del estudio puramente memorístico rara vez se deriva la comprensión de los conceptos.*

memorización s.f. Fijación de algo en la memoria: *La memorización es muy importante en el aprendizaje, aunque no debe sustituir al razonamiento.*

memorizar v. Fijar en la memoria: *En matemáticas se memorizan algunas operaciones y se razona a partir de ellas. Memoricé tu número de teléfono porque no tenía dónde apuntarlo.* ☐ ORTOGR. La *z* se cambia en *c* delante de *e* →CAZAR.

mena s.f. En un filón o en un yacimiento, parte o roca que contienen los minerales o metales de utilidad y que reportan beneficios económicos: *La hematites es una de las mejores menas de hierro.*

ménage à trois (galicismo) s.m. ‖ Práctica sexual en la que intervienen tres personas al mismo tiempo: *Me propuso un ménage à trois, pero no acepté.* ☐ PRON. [menách a truá], con *ch* suave.

menaje s.m. Conjunto de muebles, utensilios y demás accesorios de una casa: *En la sección de menaje hay ofertas de vajillas y cuberterías.*

mención s.f. **1** Recuerdo que se hace de algo nombrándolo o citándolo: *No hagas mención de mi nombre delante de ellos.* **2** ‖ **mención honorífica.** En un concurso, distinción que se concede a un trabajo no premiado pero que se considera de mérito: *En el concurso de poesía no obtuvo ni el premio ni el accésit, pero sí una mención honorífica.* ☐ SINT. Constr.: *hacer mención* DE *algo.*

mencionar v. Nombrar o citar al hablar o al escribir: *Nadie mencionó tu nombre durante la reunión.*

menda ▮ pron.pers. **1** *col.* Expresión que usa la persona que habla para designarse a sí misma: *Mi menda no piensa fregar.* ▮ s. **2** *col.* Persona cuya identidad se ignora o no se quiere decir; *individuo: Se me acercaron unos mendas para pedirme fuego.* ☐ MORF. 1. La acepción 1 se usa con el verbo en tercera persona del singular. 2. Es de género común y exige concordancia en masculino o en femenino para señalar la diferencia de sexo: *el menda, la menda.* ☐ SINT. En la acepción 1, suele usarse precedido del artículo determinado o del posesivo *mi*.

mendacidad s.f. **1** Engaño o falsedad: *Pronto demostraré la mendacidad de tus afirmaciones.* **2** Hábito o costumbre de mentir: *Su defecto es la mendacidad.* □ ORTOGR. Dist. de *mendicidad*.

mendaz ▮ adj. **1** Que encierra engaño o falsedad: *Las malas personas dan consejos mendaces buscando su propio bien.* ▮ adj./s. **2** Referido a una persona, que tiene la costumbre de mentir: *No me gustan las personas mendaces. Nadie va a creer a un mendaz como tú.* □ MORF. 1. Como adjetivo es invariable en género. 2. Como sustantivo es de género común y exige concordancia en masculino o en femenino para señalar la diferencia de sexo: *el mendaz, la mendaz.* □ SEM. Es sinónimo de *mentiroso*.

mendelevio s.m. Elemento químico, metálico y artificial, de número atómico 101, que se obtiene bombardeando el einstenio con partículas alfa y que pertenece al grupo de las tierras raras: *El mendelevio es radiactivo.* □ ORTOGR. Su símbolo químico es *Md*.

mendelismo s.m. Conjunto de leyes sobre la transmisión hereditaria de los caracteres de los seres vivos basadas en los experimentos de Mendel (botánico austriaco del siglo XIX): *Según el mendelismo, si tus padres no tienen los ojos azules pero tus abuelos sí, tú puedes tenerlos de ese color.*

mendicante adj. Referido a una orden religiosa, que tiene instituido que sus miembros carecerán de pertenencias y deberán vivir de la limosna y del trabajo personal: *En la Iglesia hay muchas órdenes mendicantes.* □ MORF. Invariable en género.

mendicidad s.f. **1** Situación o estado del mendigo: *Tuvo muy mala suerte y ahora vive en la mendicidad.* **2** Petición de limosna: *Ese pícaro ha hecho de la mendicidad su forma de vida.* □ ORTOGR. Dist. de *mendacidad*.

mendigar v. **1** Pedir limosna: *Tuvo que mendigar unas monedas para pagarse la posada. Un niño mendigaba a la entrada de la iglesia.* **2** Referido esp. a algún tipo de ayuda, suplicarla o solicitarla con importunidad o con humillación: *Es triste tener que mendigar un poco de afecto.* □ ORTOGR. La *g* se cambia en *gu* delante de *e* ⟶**PAGAR**.

mendigo, ga s. Persona que habitualmente pide limosna; *pobre*: *En las estaciones del metro duermen muchos mendigos.*

mendrugo s.m. **1** *col.* Persona tonta, necia o poco inteligente: *No me puedo creer que ese mendrugo haya publicado un trabajo de investigación.* **2** Trozo de pan duro: *El muchacho solo comía los mendrugos que la gente le daba.*

menear ▮ v. **1** Mover de una parte a otra: *El viento meneaba las hojas de los árboles. Está tan atento que ni se menea.* **2** Referido esp. a un asunto, activarlo o hacer gestiones para resolverlo: *Lo de la discusión del otro día es mejor no menearlo.* ▮ prnl. **3** *col.* Darse prisa al andar o actuar con rapidez: *Menéate o llegaremos tarde.* **4** *col.* Contonearse o moverse de forma sensual: *Para ser modelo hay que saber menearse con gracia.* **5** ‖ **de no te menees.** *col.* Muy grande o importante: *Me dio un susto de no te menees.*

meneo s.m. **1** Movimiento de una parte a otra: *Lo agarró del brazo y le dio un meneo para que reaccionara.* **2** *col.* Riña o paliza: *Te espera un buen meneo por haber hecho novillos de clase.*

menester ▮ s.m. **1** Ocupación, trabajo o empleo: *Para estos menesteres no hace falta estudiar mucho.* ▮ pl. **2** *col.* Herramientas o utensilios necesarios: *No pude arreglar la mesa porque olvidé mis menesteres de carpintería.* **3** ‖ **{haber/ser} menester** algo. Ser necesario o imprescindible: *Es menester que usted responda a esa petición.* □ MORF. La acepción 1 se usa más en plural.

menesteroso, sa adj./s. Carente o necesitado de algo, esp. de lo necesario para subsistir: *Es un niño huérfano y menesteroso de cariño. Trabajo en una institución benéfica que ayuda a los menesterosos.*

menestra s.f. Guiso preparado con verduras variadas y trozos de carne o de jamón: *Hoy he hecho la menestra sin guisantes.*

mengano, na s. Palabra comodín que se usa para designar a una persona cualquiera: *¡Me da igual si lo dice fulano, mengano o tu tía la del pueblo!* □ USO Se usa más en la expresión *fulano, mengano, zutano y perengano*.

mengua s.f. Disminución o reducción: *La crisis ha causado importantes menguas en los beneficios.*

menguar v. **1** Disminuir o reducir: *Tantos gastos menguaron mis ahorros.* **2** Referido a la Luna, disminuir la parte iluminada que se ve desde la Tierra: *La Luna mañana empezará a menguar hasta que haya luna nueva.* **3** En una labor de punto o de ganchillo, reducir o quitar un punto: *Mengua dos puntos en cada vuelta para dar la forma de la sisa. Cuando hagas treinta vueltas, empieza a menguar.* □ ORTOGR. 1. La *u* lleva diéresis cuando la sigue *e*. 2. La *u* permanece siempre átona ⟶**AVERIGUAR**.

menhir s.m. Monumento prehistórico formado por una gran piedra alargada clavada verticalmente en el suelo: *Los menhires son monumentos funerarios o conmemorativos.* □ SEM. Dist. de *dolmen* (formado por dos o más piedras verticales sobre las que descansan otras horizontales).

meninge s.f. Membrana que envuelve y protege el encéfalo y la médula espinal: *La infección de las meninges puede dar lugar a una enfermedad grave.* □ USO Se usa más en plural.

meningítico, ca adj. De la meningitis o relacionado con esta enfermedad: *Lo ingresaron en el hospital porque presentaba síntomas meningíticos.* □ USO En la lengua coloquial, se usa como insulto.

meningitis s.f. Inflamación de las meninges: *La meningitis es una enfermedad que puede ser producida por una infección.* □ MORF. Invariable en número.

menino, na s. En la corte española, persona de la nobleza que, desde pequeña, entraba a servir a la familia real: *Velázquez inmortalizó a unas meninas de la corte de Felipe IV en su cuadro 'Las meninas'.*

menisco s.m. Cartílago con forma de media luna cuyo espesor es mayor en la periferia que en el centro, y que forma parte de algunas articulaciones, esp. de la rodilla: *El menisco facilita el juego de las articulaciones.*

menopausia s.f. **1** Cese natural de la menstruación de la mujer: *La menopausia suele producirse entre los cuarenta y cinco años y los cincuenta.* **2** Período de la vida de una mujer en el que se produce este cese de la menstruación: *Durante la menopausia, suelen producirse alteraciones hormonales.*

menor ▮ adj. **1** comp. de superioridad de **pequeño**. **2** Referido a una persona, que tiene menos edad que otra: *Voy al cine con mis dos hermanos menores.* **3** En música, referido al modo de una tonalidad, que presenta una distancia de un tono y un semitono entre la tónica o primer grado de la escala y la mediante o tercer grado: *Escuchamos una marcha fúnebre escrita en do menor.* ▮ adj./s. **4**

Referido a una persona, que no tiene la edad que fija la ley para poder ejercer todos sus derechos civiles: *Como es menor, no puede casarse sin el consentimiento de sus padres. Trabaja en un centro de protección de menores.* **5** ‖ **(al) por menor.** Referido esp. a la forma de comprar y de vender, en pequeña cantidad: *Las nuevas medidas fiscales afectan sobre todo al comercio al por menor.* ‖ **menor que.** En matemáticas, signo gráfico formado por un ángulo abierto hacia la derecha y que se coloca entre dos cantidades para indicar que la primera es menor que la segunda: *Un 'menor que' se representa con el signo '<'.* □ MORF. 1. Como adjetivo es invariable en género. 2. En las acepciones 1 y 2, incorr. **más menor*. 3. En la acepción 4, es de género común y exige concordancia en masculino o en femenino para señalar la diferencia de sexo: *el menor, la menor*.

menorquín, -a adj./s. De Menorca (isla balear), o relacionado con ella: *El territorio menorquín tiene un relieve suavemente ondulado. Los menorquines reciben grandes ingresos del turismo.* □ MORF. Como sustantivo se refiere solo a las personas de Menorca.

menos ▮ s.m. **1** En matemáticas, signo gráfico formado por una pequeña raya horizontal que se coloca entre dos cantidades para indicar resta: *Has hecho el menos tan abajo que parece un subrayado.* ▮ adv. **2** En menor cantidad o cualidad: *Habla menos y escucha más. Tú eres menos alto que tu hermano. Eso era lo menos malo que te podía pasar.* **3** Seguido de una cantidad, indica limitación indeterminada de esta: *En esta carretera hay que ir a menos de 60 km/h.* **4** Con el verbo 'querer' o equivalentes, indica idea opuesta a la preferencia: *Menos quiero enfrentarme a una mujer airada que a un caballero armado.* **5** A excepción de; excepto: *Puedo soportarlo todo menos tu indiferencia.* **6** ‖ **a menos que.** Enlace gramatical subordinante con valor condicional negativo: *No le diré nada a menos que me lo pregunte directamente.* ‖ **{al/a lo/cuando/por lo} menos. 1** Expresión que se usa para introducir una excepción o una salvedad: *Por lo menos no perdimos el dinero invertido.* **2** Como mínimo: *Quiero que al menos se me escuche. Cuando menos espero que me ayudes.* ‖ **de menos.** En una cantidad menor que la esperada: *Me han devuelto un documento de menos.* ‖ **lo menos.** Expresión que se utiliza para establecer un límite mínimo: *Sabe lo menos tres idiomas.* ‖ **los menos.** La minoría o la menor parte: *Los que no están de acuerdo son los menos.* ‖ **no ser para menos.** Expresión que se utiliza para resaltar o destacar la importancia de algo: *Está enfadado y no es para menos, porque se le han estropeado los planes.* ‖ **ser lo de menos.** No tener importancia: *El precio es lo de menos, porque lo que importa es la calidad.* □ USO Se usa para indicar la operación matemática de la resta: *Cinco menos tres son dos.*

menoscabar v. Disminuir, dañar, deteriorar, desprestigiar o quitar el lucimiento: *Esas acusaciones menoscaban mi reputación. El prestigio de este hotel se menoscaba día a día por su mala administración.*

menoscabo s.m. Disminución o deterioro de la honra, el valor, la importancia o el prestigio: *Se retiró del negocio a tiempo y su capital no sufrió menoscabo.*

menospreciar v. Dar menos valor o menos importancia de lo que algo tiene: *No lo menosprecies como enemigo, porque es realmente temible.* □ ORTOGR. La *i* nunca lleva tilde.

menosprecio s.m. Desprecio o indiferencia: *Me siento humillado cuando me trata con menosprecio.*

mensaje s.m. **1** Noticia, comunicación o información que se transmiten: *El rey dirige todos los años un mensaje navideño a los españoles.* **2** Idea profunda que se intenta transmitir, esp. a través de una obra artística: *El mensaje de la película es una crítica contra el racismo.* **3** Conjunto de señales, símbolos o signos construidos según unas reglas precisas y utilizados para transmitir una información: *Un mensaje no se puede descifrar si no se conoce el código que se utiliza.*

mensajería s.f. Servicio de reparto de mensajes y paquetes: *Cuanto más rápida es una mensajería, más cara resulta.*

mensajero, ra ▮ adj. **1** Que anuncia algo, o que lleva o transmite un mensaje: *Durante la guerra se utilizaron muchas palomas mensajeras.* ▮ adj./s. **2** Referido a una persona, que lleva mensajes o paquetes a sus destinatarios, esp. si esta es su profesión: *El duque hizo entrar en su palacio al paje mensajero. Los mensajeros de nuestras ciudades suelen utilizar motos para desplazarse con mayor rapidez.*

menstruación s.f. En una mujer y en las hembras de los simios, eliminación periódica por vía vaginal de sangre y materia celular procedentes del útero: *La menstruación en la mujer se produce aproximadamente cada 28 días.* □ SEM. Es sinónimo de *menstruo*, *periodo*, *período* y *regla*.

menstrual adj. De la menstruación o relacionado con ella: *El flujo menstrual de la mujer varía con la edad.* □ MORF. Invariable en género.

menstruar v. Referido a una mujer o a las hembras de los simios, eliminar periódicamente sangre y materia celular procedentes del útero: *Durante el embarazo, la mujer no menstrúa.* □ ORTOGR. La *u* lleva tilde en los presentes, excepto en las personas *nosotros* y *vosotros* →ACTUAR.

menstruo s.m. →**menstruación.**

mensual adj. **1** Que sucede cada mes: *Se ha abonado a una revista mensual sobre publicaciones escolares.* **2** Que dura un mes: *Con el abono mensual, los transportes salen más baratos.* □ MORF. Invariable en género.

mensualidad s.f. Cantidad de dinero que se cobra o que se paga cada mes; mes: *Solo me quedan diez mensualidades para terminar de pagar el piso.*

mensurable adj. Que se puede medir: *El calor es mensurable gracias a los termómetros.* □ MORF. Invariable en género.

menta s.f. **1** Planta herbácea que suele medir unos cincuenta centímetros de altura, con hojas generalmente de color verde y flores lilas, que tiene propiedades medicinales: *La menta es originaria de África.* **2** Infusión que se hace con las hojas de esta planta: *Puedo ofrecerte una taza de menta.* **3** Esencia o sustancia extraída de esta planta: *Los caramelos de menta son buenos para calmar la tos.*

mentado, da adj. Referido a una persona, que es famosa o muy conocida: *Mi médico es un mentado cardiólogo.*

mental adj. De la mente o relacionado con ella: *Padece una enfermedad mental. Haz un cálculo mental de lo que nos hemos gastado.* □ MORF. Invariable en género.

mentalidad s.f. Modo de pensar que caracteriza a una persona o a un grupo social: *La mentalidad renacentista consideraba al hombre como el centro del universo.*

mentalización s.f. Toma de consciencia de un determinado hecho o de una determinada situación: *Necesito una buena mentalización para intentar dejar de fumar.*

mentalizar v. Hacer tomar consciencia de un determinado hecho o de una determinada situación: *Hay que mentalizar a los niños de que la ciudad debemos cuidarla entre todos. Ya me he mentalizado para dejar de fumar.* ☐ ORTOGR. La *z* se cambia en *c* delante de *e* →**CAZAR**. ☐ SINT. Constr.: *mentalizar* A *alguien* DE *algo*.

mentar v. Nombrar o mencionar: *No me mientes a esa estúpida, porque prefiero no acordarme de ella.* ☐ MORF. Irreg.: la *e* diptonga en *ie* en los presentes, excepto en las personas *nosotros* y *vosotros* →**PENSAR**. ☐ SEM. Expresiones como *mentarle la madre a alguien* indican que dicha mención se hace con intención de insultar: *Empezó mentándole la madre y acabaron a tortas.*

mente s.f. **1** Capacidad intelectual humana: *Siempre lo razona todo porque tiene una mente analítica.* **2** Pensamiento, imaginación o voluntad: *No puedo quitarme esa idea de la mente.* **3** ‖ **tener** algo **en mente.** Tener intención de realizarlo: *Tiene en mente estudiar otra carrera y seguro que lo hará.*

mentecato, ta adj./s. Referido a una persona, que es tonta, falta de juicio o de corto entendimiento: *No seas tan mentecata y piénsalo bien antes de contestar. Marcharse sin despedirse es propio de mentecatos.*

mentidero s.m. Lugar en el que se reúne la gente para conversar: *Las plazas suelen ser los mentideros de muchos pueblos.*

mentir v. **1** Decir o manifestar algo distinto de lo que se sabe, se cree o se piensa: *Me dice que sale con sus amigos, pero yo sé que miente.* **2** Inducir a error: *Sus palabras mienten y son engañosas.* ☐ MORF. Irreg. →**SENTIR**.

mentira s.f. **1** Expresión o manifestación de algo distinto de lo que se sabe, se cree o se piensa: *Lo que dices es mentira porque yo estaba allí y lo vi.* **2** ‖ **mentira piadosa.** La que se dice para no causar disgusto o pesar: *Las mentiras piadosas, cuando se descubren, pueden hacer más daño que la verdad.* ‖ **parecer mentira.** Expresión que se utiliza para indicar la gran extrañeza o admiración producidas por algo: *¡Cómo has crecido, parece mentira!*

mentirijillas ‖ **de mentirijillas.** *col.* De mentira o de broma: *No te enfades, que te lo he dicho de mentirijillas.*

mentiroso, sa ▌adj. **1** Que encierra engaño o falsedad: *Tus palabras mentirosas me hicieron mucho daño, porque yo confiaba en ti.* ▌adj./s. **2** Referido a una persona, que tiene la costumbre de mentir: *No seas tan mentirosa y cuéntame la verdad. No hagas caso a ese mentiroso.* ☐ SEM. Es sinónimo de *mendaz*.

mentís s.m. Declaración o demostración con las que se desmiente o se contradice lo que ha dicho otra persona: *El ministro dio un mentís a los rumores sobre el aumento de los impuestos.* ☐ MORF. Su plural es *mentises*. ☐ SINT. Se usa más con el verbo *dar*.

mentol s.m. Tipo de alcohol que se obtiene especialmente del aceite de menta y se usa en farmacia y como aromatizante: *El mentol tiene efectos desinfectantes o antisépticos.*

mentolado, da adj. **1** Que contiene mentol: *El médico me recetó un jarabe mentolado para la tos.* **2** Con sabor a menta: *Fuma tabaco mentolado.*

mentón s.m. Extremo saliente de la mandíbula inferior; *barbilla: Me dio un puñetazo en el mentón.*

mentor, -a s. Persona que aconseja, orienta o guía a otra (por alusión a Méntor, instructor del hijo de Ulises, protagonista del poema griego clásico la *Odisea*): *Se está iniciando como médico y su padre, también médico, es su mejor mentor.*

menú s.m. **1** Conjunto de platos que constituyen una comida: *El menú está compuesto de un entrante, dos platos y un postre.* **2** En un restaurante, relación de comidas y bebidas que pueden ser consumidas: *El camarero nos llevó el menú para que eligiéramos lo que íbamos a comer.* **3** En informática, lista de programas, procedimientos u opciones que aparece en la pantalla, entre los que el usuario puede elegir: *Para imprimir, pulsa la opción cinco del menú principal.* ☐ MORF. Su plural es *menús*.

menudear v. **1** Referido a una acción, hacerla a menudo: *Sospecho que quiere algo, porque últimamente menudea sus visitas.* **2** Suceder con frecuencia: *Este verano han menudeado las tormentas.*

menudencia s.f. Lo que se considera sin importancia o de poco valor; *tontería: El regalo es una menudencia, pero espero que te guste.*

menudillos s.m.pl. Vísceras de un ave: *El higadillo, la molleja y la sangre son menudillos.*

menudo, da ▌adj. **1** De pequeño tamaño o delgado y de baja estatura: *No se nota la costura porque las puntadas son menudas.* **2** Insignificante o de poca importancia: *Los temas menudos los tratamos durante el café.* ▌s.m. **3** Vientre, manos y sangre de una res sacrificada para su consumo: *El carnicero me regaló menudos para el perro.* ▌s.m.pl. **4** Vísceras, pescuezo, pies y alones de un ave sacrificada para su consumo: *Freiré los menudos con un poco de ajo.* **5** ‖ **a menudo.** Frecuentemente: *Viene por aquí a menudo.* ☐ SEM. En frases exclamativas, tiene un sentido intensificador: *¡En menudo lío nos hemos metido!*

meñique s.m. →**dedo meñique.** 👁 **mano**

meódromo s.m. *vulg.* →**urinario, ria.**

meollo s.m. Lo más importante o lo esencial: *Ese no es el meollo de la cuestión, sino algo marginal.*

meón, -a adj./s. *col.* Que mea mucho o con mucha frecuencia: *Es muy meona y se pasa media vida en el servicio. Viajar con ese meón es un suplicio, porque hay que parar cada poco.*

mequetrefe s. *col.* Persona entrometida, bulliciosa y de poco juicio: *¿Pensabas que ese mequetrefe iba a tener formalidad?* ☐ MORF. Es de género común y exige concordancia en masculino o en femenino para señalar la diferencia de sexo: *el mequetrefe, la mequetrefe*.

mercachifle s. **1** *desp.* Comerciante de poca importancia: *Dice que es empresario, pero solo es un mercachifle.* **2** *desp.* Persona que concede demasiada importancia al aspecto económico de su profesión: *Ese futbolista es un mercachifle, no un deportista.* ☐ MORF. Es de género común y exige concordancia en masculino o en femenino para señalar la diferencia de sexo: *el mercachifle, la mercachifle*.

mercader s. Comerciante o vendedor: *Esta alfombra se la compré a un mercader persa.* ☐ MORF. Es de género común y exige concordancia en masculino o en femenino para señalar la diferencia de sexo: *el mercader, la mercader*.

mercadillo s.m. Mercado formado generalmente por puestos ambulantes en los que se venden géneros baratos, y que se celebra en días determinados: *El Ayuntamiento ha dado permiso para que el mercadillo se instale los viernes.*

mercado s.m. **1** Edificio o recinto destinados al comercio, generalmente con tiendas o puestos independientes: *Acércate al mercado y compra fruta.* **2** Conjunto de operaciones de compra y venta: *Los norteamericanos y los árabes acaparan el mercado del petróleo.* **3** Lugar ideal o territorio concreto en los que se puede desarrollar una actividad comercial: *Las empresas buscan continuamente nuevos mercados.* **4** ‖ **mercado negro.** El que es clandestino y está fuera de la ley: *Es más ventajoso cambiar moneda en el mercado negro, pero es más arriesgado.*

mercadotecnia s.m. Conjunto de técnicas dirigidas a favorecer la comercialización de un producto o de un servicio; *mercadotecnia: El marketing se basa en los estudios de mercado.* □ USO Es innecesario el uso del anglicismo *marketing*.

mercancía s.f. Lo que se compra o se vende: *Esperamos nuevas mercancías para fin de mes.*

mercancías s.m. Tren preparado para el transporte de mercancías: *Descarriló un mercancías cargado de carbón.* □ MORF. Invariable en número.

mercante ▮ adj. **1** Del comercio marítimo: *Como soy marino mercante, estoy siempre en alta mar.* ▮ s.m. **2** →**buque mercante.** 👁 **embarcación** □ MORF. Como adjetivo es invariable en género.

mercantil adj. Del comercio, de la mercancía, de los comerciantes o relacionado con ellos: *El derecho mercantil regula el comercio.* □ MORF. Invariable en género.

mercantilismo s.m. Sistema económico que se desarrolló en el continente europeo entre los siglos XVI y XVII, que tenía como objetivo que las exportaciones de un país superaran a las importaciones y que este excedente se mantuviera en forma de metales preciosos como signo de la riqueza del país: *El mercantilismo defendía el incremento de las reservas de oro.*

mercantilista ▮ adj. **1** Del mercantilismo o relacionado con este sistema económico: *El sistema mercantilista imponía tarifas proteccionistas a las importaciones.* ▮ adj./s. **2** Que defiende o sigue el mercantilismo: *Los teóricos mercantilistas aconsejaban el incremento de las reservas de oro. Los mercantilistas buscaban el crecimiento económico del Estado.* **3** Que se dedica profesionalmente al derecho mercantil o que está especializado en él: *Ese tema solo te lo puede resolver un abogado mercantilista. Es un mercantilista muy bien considerado.* □ MORF. 1. Como adjetivo es invariable en género. 2. Como sustantivo es de género común y exige concordancia en masculino o en femenino para señalar la diferencia de sexo: *el mercantilista, la mercantilista*.

mercar v. *col.* Comprar: *Mercó un coche de segunda mano muy barato. ¡Vaya traje que te has mercado!* □ ORTOGR. La *c* se cambia en *qu* delante de *e* →**SACAR.**

merced s.f. **1** Favor o recompensa: *Nos hará la merced de decir unas palabras.* **2** Gracia o concesión que hacía un rey o un señor: *En la Edad Media, los reyes concedían como merced el gobierno de algunos de los territorios.* **3** *ant.* Tratamiento de cortesía que se usaba para dirigirse a una persona considerada superior en algún sentido, y que equivale al actual *usted*: *¿Vuestra merced necesita algo más, o puedo retirarme?* **4** ‖ **a merced de** algo. Sometido a su dominio o a sus deseos: *Las hojas quedaron a merced del viento.* □ USO La acepción 3 se usaba más en la expresión *{su/vuestra} merced*.

mercedario, ria adj./s. De la Merced (orden religiosa y militar fundada a principios del siglo XIII cuya principal misión fue liberar a prisioneros cristianos capturados por los musulmanes), o relacionado con ella: *Los religiosos mercedarios liberaban a prisioneros cristianos. Los mercedarios rescataron a Cervantes de su cautiverio en Argel.* □ ORTOGR. Dist. de *mercenario*.

mercenario, ria adj./s. **1** Referido esp. a un soldado, que sirve voluntariamente en la guerra a cambio de dinero, y sin motivaciones ideológicas: *Ha organizado la guerrilla con soldados mercenarios llegados desde otros países. El ataque de los mercenarios pilló por sorpresa al ejército.* **2** Que trabaja por dinero y sin ninguna otra motivación: *Detuvieron a la asesina mercenaria que mató al presidente. Se considera un mercenario y trabajará con el que mejor le pague.* □ ORTOGR. Dist. de *mercedario*.

mercería s.f. **1** Establecimiento en el que se venden artículos para realizar labores de costura: *Trae de la mercería una cremallera de 20 centímetros y dos botones.* **2** Conjunto de estos artículos y comercio que se hace con ellos: *Es representante de mercería.*

merchandising (anglicismo) s.m. En economía, conjunto de tareas encaminadas a mejorar la promoción o la comercialización de un producto: *Las ventas aumentaron porque el técnico en merchandising sugirió que el producto se colocara en un lugar muy accesible.* □ PRON. [merchandáisin].

mercromina s.f. Líquido de color rojo, elaborado con mercurio y alcohol, que se usa como desinfectante para heridas superficiales (por extensión del nombre de la marca comercial *Mercromina®*): *Me hice una herida en el codo y me pusieron mercromina.*

mercurio s.m. Elemento químico, metálico y líquido, de número atómico 80, blanco, brillante y muy pesado: *El mercurio se usa en la fabricación de termómetros por su capacidad de dilatación con el calor.* □ ORTOGR. Su símbolo químico es *Hg*.

merecer v. Referido esp. a un premio o a un castigo, ser o hacerse digno de ellos: *Merece un premio por la labor realizada en estos años. Se merece un cachete.* □ MORF. Irreg.: Aparece una *z* delante de la *c* cuando la siguen *a, o* →**PARECER.**

merecido s.m. Castigo que se considera justo: *Si te portas mal, te daré tu merecido.* □ SINT. Se usa precedido de un posesivo.

merecimiento s.m. **1** Esfuerzo o acción por los que se merece algo: *Portándote tan mal haces merecimientos para que no te deje salir de casa.* **2** Lo que hace digna de aprecio a una persona: *Tiene merecimiento dedicar la vida a ayudar a los demás.* □ SEM. Es sinónimo de *mérito*.

merendar ▮ v. **1** Tomar la merienda o tomar como merienda: *Yo meriendo a las seis. Merendó leche con galletas.* ▮ prnl. **2** *col.* Vencer en una competición: *Se merendó a su rival en el segundo asalto.* **3** *col.* Terminar rápidamente: *Se merendó el periódico en diez minutos.* □ MORF. Irreg.: La *e* final de la raíz diptonga en *ie* en los presentes, excepto en las personas *nosotros* y *vosotros* →**PENSAR.**

merendero s.m. Lugar o instalación al aire libre destinados a comer: *Nos prepararon una estupenda paella en el merendero de la playa.*

merendola s.f. *col.* Merienda espléndida o abundante, con la que generalmente se celebra algo: *Nos dio una merendola por su santo.* □ ORTOGR. Se admite también *merendona*.

merendona s.f. *col.* →**merendola.**

merengar v. **1** Referido a la leche, batirla mezclada con clara de huevo, azúcar y canela hasta convertirla en merengue: *Después de merengar la leche, la metió en el congelador.* **2** *vulg.* Fastidiar o estropear: *Se emborrachó, empezó a meterse con todo el mundo y nos merengó la tarde.* □ ORTOGR. La *g* se cambia en *gu* delante de *e* →**PAGAR.**

merengue s.m. **1** Dulce que se elabora con clara de

huevo y azúcar: *Para hacer merengue hay que batir muy bien las claras.* **2** *col.* Persona débil y delicada: *Mi hermano es un merengue y se pasa el día quejándose de todo.* **3** Música de origen caribeño y de carácter melodioso y pegadizo: *El merengue es una música que recuerda a la salsa y que es típica de Santo Domingo.* **4** Baile que se ejecuta al compás de esta música y que se caracteriza por sus movimientos insinuantes: *Aprendió a bailar merengue en unas vacaciones en el Caribe.*

meretriz s.f. *desp.* Prostituta: *Algunas meretrices renacentistas eran mujeres de gran cultura.* □ USO Se usa como insulto.

meridiano, na ▮ adj. **1** Muy claro o muy luminoso: *Me convenció con razones meridianas.* ▮ s.m. **2** En geografía, círculo máximo de la esfera terrestre, que pasa por los dos polos y corta los paralelos perpendicularmente: *Los meridianos marcan la coordenada de longitud.* 👁 **globo** **3** En astronomía, círculo máximo de la esfera celeste, que pasa por los polos: *El profesor nos señalaba meridianos en una esfera celeste.*

meridional adj./s. Del sur o mediodía geográficos: *Andalucía está en la España meridional. Los meridionales tienen fama de ser de carácter más abierto que los norteños.* □ MORF. 1. Como adjetivo es invariable en género. 2. Como sustantivo es de género común y exige concordancia en masculino o en femenino para señalar la diferencia de sexo: *el meridional, la meridional.*

merienda s.f. **1** Comida ligera que se hace por la tarde antes de la cena: *A la hora de la merienda suelen ver la tele.* **2** Alimento que se toma durante esta comida: *Antes de irte a jugar, tómate la merienda.* **3** ‖ **merienda de negros.** *col.* Jaleo o desorden en los que nadie se entiende: *La asamblea era una merienda de negros y no llegamos a ninguna conclusión.*

merino, na adj./s. Referido a una oveja, de la raza que se caracteriza por tener lana fina, corta, rizada y muy suave: *De las ovejas merinas se obtiene lana de muy buena calidad. En los comienzos de la Edad Moderna había en Castilla grandes rebaños de merinas.*

mérito s.m. **1** Esfuerzo o acción por los que se merece algo: *No me lo agradezcas, que el mérito ha sido tuyo.* **2** Lo que hace digna de aprecio a una persona: *Obtuvo el premio como reconocimiento a sus méritos.* **3** Valor, esp. si merece reconocimiento: *Cuidar a tu madre como lo haces tiene mucho mérito.* □ SEM. En las acepciones 1 y 2, es sinónimo de *merecimiento.*

meritorio, ria ▮ adj. **1** Digno de premio o de elogio: *Acogerme en tu casa cuando estaba solo y deprimido fue una acción meritoria.* ▮ s. **2** Persona que trabaja sin sueldo para aprender o para conseguir un puesto remunerado: *Es una buena abogada que trabajó como meritoria mientras terminaba la carrera.*

merluza s.f. Véase **merluzo, za.**

merluzo, za ▮ adj./s. **1** *col.* Referido a una persona, torpe o de escasa inteligencia: *Este joven merluzo no sabe ni rellenar el impreso. Déjame terminar a mí, que tú eres una merluza y lo estás haciendo mal.* ▮ s.f. **2** Pez marino comestible, de cuerpo simétrico y alargado, con dos aletas dorsales y una anal, la barbilla muy corta y los dientes finos: *Comeremos merluza rebozada.* **3** *col.* Borrachera: *Estuvo toda la noche bebiendo ron y se cogió una merluza tremenda.* □ MORF. En la acepción 2, es un sustantivo epiceno y la diferencia de sexo se señala mediante la oposición *la merluza {macho/hembra}.*

merma s.f. Disminución o pérdida: *En verano, se produce una merma en el caudal del río.*

mermar v. Disminuir en tamaño, cantidad o intensidad: *Su vitalidad no ha mermado con los años.*

mermelada s.f. Conserva dulce que se elabora con fruta cocida y azúcar: *Desayuné tostadas con mantequilla y mermelada.*

mero, ra ▮ adj. **1** Puro, simple o exclusivo: *Es una mera visita de cortesía. Ha cambiado los muebles del salón por el mero placer de variar.* ▮ s.m. **2** Pez marino comestible, de cuerpo comprimido, ojos grandes y boca sobresaliente, que vive en los mares Mediterráneo y Cantábrico: *La carne de mero es muy apreciada como alimento.* □ MORF. En la acepción 2, es un sustantivo epiceno y la diferencia de sexo se señala mediante la oposición *el mero {macho/hembra}.*

merodear v. Vagar o andar por los alrededores de un lugar observando o curioseando, esp. si se hace con malas intenciones: *El día del crimen merodeó por la zona un tipo sospechoso.*

merodeo s.m. Ronda o paseo por los alrededores de un lugar, observando o curioseando, esp. si se hace con malas intenciones: *El merodeo del zorro puso nerviosos a los animales del corral.*

merovingio, gia adj./s. De la dinastía de los primeros reyes francos que reinaron en la actual Francia (país europeo) entre los siglos V y VIII o relacionado con ella: *La organización social merovingia da lugar al feudalismo. Los merovingios fueron destronados por los carolingios.*

mes s.m. **1** Cada uno de los doce períodos de tiempo en que se divide un año y que dura cuatro semanas aproximadamente: *Febrero es el mes más corto.* **2** Período de tiempo comprendido entre un día y el mismo del mes siguiente: *Hace más de un mes que no se pasa por aquí.* **3** Cantidad de dinero que se cobra o que se paga cada uno de estos períodos; *mensualidad: La empresa nos debe dos meses.* **4** ‖ **el mes.** *col.* La menstruación: *Siente molestias cuando está con el mes.*

mesa s.f. **1** Mueble compuesto por un tablero en posición horizontal sostenido por una o varias patas: *La mesa en la que estudio siempre está llena de papeles.* **2** Este mueble, cuando está preparado para comer: *Reservó una mesa para cuatro en un restaurante italiano.* **3** Comida o alimentos: *Es amante de la buena mesa.* **4** Conjunto de personas que presiden o dirigen una reunión: *La mesa suspendió la votación y pidió calma a los asistentes.* **5** Conjunto de personas sentadas alrededor de este mueble: *Toda la mesa se puso en pie y brindó por él.* **6** ‖ **a mesa puesta.** Sin preocupación, sin trabajo o sin gasto: *No quiere irse de casa de sus padres porque allí vive a mesa puesta.* ‖ **de mesa.** Propio para ser consumido durante las comidas: *Tomamos vino de mesa.* ‖ **(mesa) camilla.** La redonda, generalmente con cuatro patas y una tarima para colocar un brasero, que suele cubrirse con un tapete hasta el suelo: *Nos sentamos a merendar alrededor de la mesa camilla.* ‖ **mesa de noche.** La pequeña, con uno o varios cajones, que se coloca junto a la cabecera de la cama; *mesilla: En la mesa de noche tengo un despertador.* ‖ **mesa redonda.** Reunión de personas que dialogan sobre un tema: *Después de la película hay una mesa redonda sobre la inmigración.* ‖ **poner la mesa.** Prepararla con todo lo necesario para comer: *Él es el encargado de poner la mesa todos los días.* ‖ **quitar la mesa.** Quitar de ella, después de comer, todo lo que se ha puesto sobre ella: *Cuando termines de comer, quita la mesa, por favor.* ‖ **sobre mesa.** →**sobremesa.**

mesana ▮ s. **1** En una embarcación de tres mástiles, palo que está más a popa: *Busqué el mesana en un gráfico de la arboladura característica de la fragata clásica.* ▮ s.f. **2** Vela atravesada que se coloca en dicho palo: *Iza la mesana.* □ MORF. En la acepción 1, es de género ambiguo y admite concordancia en masculino o en femenino sin cambiar de significado: *{el/la} mesana.*

mesar v. Referido al pelo o a la barba, tirar de ellos o arrancárselos con fuerza en señal de dolor o de rabia: *Se mesaba la barba por haber sido el causante del accidente.*

mescolanza s.f. *col.* →**mezcolanza.**

mesenterio s.m. En anatomía, repliegue membranoso del peritoneo, que une el intestino con la pared del abdomen; *entresijo, redaño: Los vasos sanguíneos llegan al intestino a través del mesenterio.*

meseta s.f. Planicie o llanura situada a una cierta altitud sobre el nivel del mar: *La meseta castellana tiene una altura media de seiscientos metros sobre el nivel del mar.* 👁 **montaña**

mesiánico, ca adj. Del mesianismo o relacionado con esta esperanza de un mesías o de un líder: *Tiene una actitud mesiánica porque se cree el único capaz de cambiar las cosas.*

mesianismo s.m. Esperanza o confianza totales en la llegada de un mesías o de un líder: *El mesianismo de esta secta es evidente. Es tu mesianismo lo que te lleva a decir que solo él puede arreglar el mundo.*

mesías s.m. Persona en quien se ha puesto una confianza absoluta y de quien se espera la solución de todos los problemas: *Jesucristo es el Mesías enviado por Dios.* □ MORF. Invariable en número.

mesilla s.f. Mesa pequeña, con uno o varios cajones, que se coloca junto a la cabecera de la cama; *mesa de noche: Antes de meterse en la cama, se quitó las gafas y las dejó en la mesilla.*

mesnada s.f. **1** En la Edad Media, conjunto de gente armada que generalmente estaba al servicio de un rey o de un noble: *El caballero no fue solo al destierro, porque sus mesnadas se le unieron.* **2** Conjunto de personas partidarias de algo: *El dirigente político pidió apoyo a sus mesnadas ante las críticas de la prensa.*

meso- Elemento compositivo que significa 'medio': *mesocéfalo, mesotórax, mesozoico.*

mesocarpio s.m. En botánica, en un fruto carnoso, parte intermedia de las tres que forman el pericarpio o envoltura que cubre la semilla: *El mesocarpio del melocotón es lo que se come.*

mesocracia s.f. **1** Forma de gobierno en la que el poder reside en la clase media: *En el siglo XIX, las clases oprimidas luchaban contra las mesocracias en algunos países.* **2** Grupo social con poder, formado por personas de posición acomodada: *Las novelas de Galdós reflejan la vida de la mesocracia madrileña del siglo XIX.*

mesocrático, ca adj. De la mesocracia o relacionado con ella: *La ideología mesocrática suele ser conservadora.*

mesolítico, ca ▮ adj. **1** Del Mesolítico o relacionado con este período prehistórico: *Los pueblos mesolíticos usaban hachas de piedra con mangos de madera.* ▮ adj./s.m. **2** Referido a un período prehistórico, que es anterior al Neolítico y posterior al Paleolítico, y que se caracteriza por la aparición de la hoz como nueva herramienta de trabajo: *El comienzo del período mesolítico coincide con el final de la glaciación. En el Mesolítico, los hombres utilizaban el arco para la caza.* □ USO Como sustantivo, se usa como nombre propio.

mesón s.m. **1** Establecimiento generalmente decorado de manera tradicional y rústica, en el que se sirven comidas y bebidas: *Degustaremos buen vino en uno de los mesones típicos de esta región.* **2** Antiguamente, establecimiento en el que se daba alojamiento a los viajeros: *Guardó su caballo en el establo y entró en el mesón para pedir una habitación donde pasar la noche.*

mesonero, ra s. Persona que posee un mesón o que lo dirige: *La mesonera nos recomendó la comida y la bebida típicas de la zona.*

mesopotámico, ca adj./s. De Mesopotamia (antigua región asiática central), o relacionado con ella: *Los sumerios y los acadios fueron pueblos mesopotámicos. Los mesopotámicos tuvieron una de las más importantes civilizaciones de la Antigüedad.*

mesosfera s.f. **1** En la atmósfera terrestre, zona que se extiende entre los cuarenta y los ochenta kilómetros de altura aproximadamente, y que está situada entre la estratosfera y la ionosfera: *La mayoría de los meteoritos no llegan a atravesar la mesosfera.* **2** Capa de la Tierra situada entre la astenosfera y la endosfera: *La mesosfera es una capa rígida, aunque se cree que tiene zonas de poca rigidez que ascienden hacia la astenosfera.*

mesoterapia s.f. Tratamiento de las enfermedades mediante múltiples inyecciones simultáneas, con pequeñas dosis de distintos medicamentos, por medio de una especie de jeringa circular con varias agujas que se aplica en la zona más cercana al dolor: *Este médico utiliza la mesoterapia para curar enfermedades alérgicas y circulatorias.*

mesozoico, ca ▮ adj. **1** En geología, de la era secundaria, tercera de la historia de la Tierra, o relacionado con ella; *secundario: Estos fósiles son característicos de los terrenos mesozoicos.* ▮ s.m. **2** →**era mesozoica.**

mester ‖ **mester de clerecía.** En literatura, tipo de poesía culta cultivada en la Edad Media por los clérigos o personas con formación intelectual: *Gonzalo de Berceo es uno de los representantes del mester de clerecía.* ‖ **mester de juglaría.** En literatura, tipo de poesía cultivada en la Edad Media por los juglares o cantores populares: *Muchas obras del mester de juglaría son anónimas y recogidas de la tradición oral.*

mestizaje s.m. Mezcla de razas diferentes: *El mestizaje entre españoles e indígenas fue común en América en el siglo XVI.*

mestizo, za ▮ adj. **1** Que resulta del cruce de dos razas o de dos tipos diferentes: *Ese cachorro es mestizo, porque es hijo de un galgo y una perra loba.* ▮ adj./s. **2** Referido a una persona, que ha nacido de padres de grupos étnicos diferentes, esp. si uno es de raza blanca y otro es indio: *Ese francés se casó con una india apache y tuvo un hijo mestizo. Los mestizos son un grupo social importante.*

mesura s.f. Moderación, prudencia o serenidad: *Fue una crítica hecha con mesura, y no me molestó.*

meta ▮ s.m. **1** →**guardameta.** ▮ s.f. **2** Lugar en el que termina una carrera deportiva; *llegada: El atleta español atravesó la meta en segundo lugar.* 👁 **estadio** **3** En algunos deportes, portería: *El delantero perdió una buena oportunidad de gol cerca de la meta.* **4** Fin u objetivo que se pretende alcanzar: *Me siento perdido porque no tengo metas en la vida.*

meta- Elemento compositivo que significa 'junto a, después' (*metacarpo, metacentro*), 'más allá' (*metafísica, metalingüística*) o 'cambio' (*metamorfosis, metafonía*).

metabólico, ca adj. Del metabolismo o relacionado con este conjunto de transformaciones celulares fisicoquímicas: *El anabolismo y el catabolismo son las dos fases metabólicas.*

metabolismo s.m. Conjunto de transformaciones fisicoquímicas que se producen en las células del organismo vivo y que se manifiestan en las fases anabólica y catabólica: *Por su metabolismo es propenso a engordar.*

metacarpo s.m. Conjunto de los huesos largos que forman parte del esqueleto de la mano o de los miembros anteriores de algunos animales, y que están articulados con los huesos del carpo por uno de sus extremos y con las falanges por el otro: *El metacarpo humano está formado por cinco huesos.* 👁 **esqueleto**

metacrilato s.m. Material plástico transparente: *Tengo una mesa de metacrilato que parece de cristal.*

metadona s.f. Sustancia con propiedades parecidas a las de la morfina o a las de la heroína: *La metadona se utiliza como tratamiento en la desintoxicación de drogadictos.*

metafísico, ca ▌ adj. **1** De la metafísica o relacionado con esta rama de la filosofía: *Uno de los temas metafísicos es el del origen y el destino del hombre.* **2** *col.* Abstracto o difícil de comprender: *Es un buen profesor porque sabe evitar las explicaciones metafísicas.* ▌ s. **3** Persona especializada en los estudios metafísicos: *Ese metafísico habló sobre el sentido de la humanidad.* ▌ s.f. **4** Rama de la filosofía que estudia la esencia del ser, sus propiedades, sus principios y sus causas primeras: *La metafísica empezó a decaer con el progreso del empirismo y de la experimentación.*

metafita ▌ adj./s.f. **1** Referido a una planta, que es pluricelular y posee tejidos que forman órganos, sistemas o aparatos: *El almendro es una planta metafita. Las metafitas se diferencian de las algas en que estas no poseen tejidos.* ▌ s.f.pl. **2** En botánica, reino de estas plantas: *Los musgos pertenecen a las metafitas.*

metáfora s.f. Figura retórica o procedimiento del lenguaje consistente en establecer una identidad entre dos términos y emplear uno con el significado del otro, basándose en una comparación no expresada entre las dos realidades que dichos términos designan: *En la poesía barroca, 'perlas' aparece como metáfora de 'dientes'.* □ SEM. Dist. de *comparación* y *símil* (figura en la que aparecen expresos el término comparado y aquel con el que se compara).

metafórico, ca adj. De la metáfora, con metáforas o relacionado con esta figura retórica: *El autor utiliza la expresión metafórica 'hebras de oro' para aludir al cabello rubio de su amada.*

metal s.m. **1** Elemento químico, con brillo, buen conductor del calor y de la electricidad, y que es sólido a temperatura normal, excepto el mercurio: *El hierro, el aluminio y la plata son metales.* **2** En música, en una orquesta o en una banda, conjunto de los instrumentos de viento hechos de este material, generalmente de cobre, a excepción de aquellos que se tocan soplando por ellos a través de una o dos lengüetas: *El metal de la banda lo componen dos trompetas, un saxofón y un trombón.* 👁 **viento 3** →**heavy metal. 4** ‖ **el vil metal.** *col.* El dinero: *Por el vil metal, la gente es capaz de cometer las más bajas acciones.* ‖ **metal noble.** El que tiene una elevada resistencia a los agentes químicos: *El oro, la plata y el aluminio son metales nobles.* ‖ **metal precioso.** El que por sus características es muy apreciado: *El oro, la plata y el platino son metales preciosos.* □ PRON. La acepción 3 se pronuncia [métal]. □ MORF. La acepción 2 en plural tiene el mismo significado que en singular. □ USO La acepción 3, es un anglicismo.

metalenguaje s.m. En lingüística, lenguaje que se usa para describir, explicar o hablar del lenguaje mismo: *Si digo que 'casa' tiene cuatro letras, el uso de 'casa' es un ejemplo de metalenguaje.*

metálico, ca adj. **1** De metal, del metal o relacionado con este elemento químico: *Todas las puertas y ventanas de mi casa son metálicas.* **2** ‖ **en metálico.** Con dinero en efectivo: *Siempre pago las compras en metálico.*

metalingüístico, ca adj. Del metalenguaje o relacionado con este uso del lenguaje: *Las definiciones de un diccionario son un ejemplo de la función metalingüística del lenguaje.*

metalizado, da adj. Referido esp. a un color, que brilla como el metal: *Mi coche es gris metalizado.*

metaloide s.m. Elemento químico que tiene las características de un metal, pero que puede comportarse químicamente como un metal o como un no metal: *El arsénico y el antimonio son metaloides.*

metalurgia s.f. Técnica de extraer los metales de los minerales que los contienen, de tratarlos y de elaborarlos: *La metalurgia del hierro y el acero se denomina siderurgia.*

metalúrgico, ca ▌ adj. **1** De la metalurgia o relacionado con esta técnica: *La industria metalúrgica extrae los metales y los elabora.* ▌ s. **2** Persona que se dedica profesionalmente a la metalurgia: *Es un metalúrgico que investiga sobre la obtención y el uso de los metales.*

metamórfico, ca adj. Referido a un mineral o a una roca, que han sufrido metamorfismo: *Las pizarras son rocas metamórficas que frecuentemente poseen fósiles.*

metamorfismo s.m. En geología, conjunto de las transformaciones de las rocas como consecuencia de la presión y la elevada temperatura a que están sometidas, y que suponen una modificación de su estructura y composición mineral: *Los mármoles resultan del metamorfismo de las calizas.*

metamorfosis s.f. **1** En algunos animales, esp. en los insectos y en los anfibios, conjunto de transformaciones

METAMORFOSIS

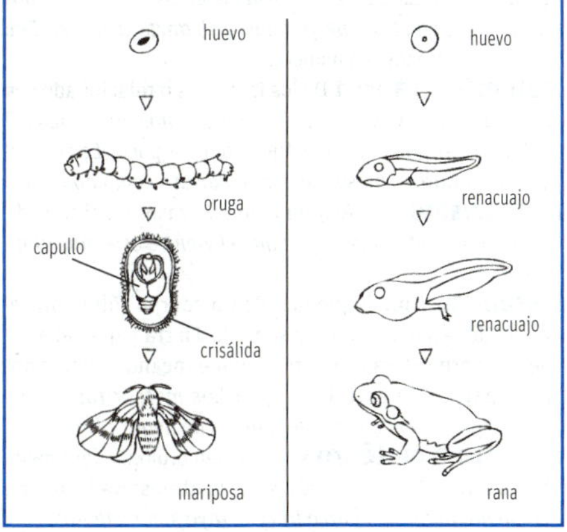

que se producen a lo largo de su desarrollo biológico: *El gusano se convierte en crisálida y esta en mariposa tras sufrir una metamorfosis.* 👁 metamorfosis, en la página anterior **2** Cambio o transformación de una cosa en otra: *Tras el fracaso, sufrió una gran metamorfosis en su carácter y ahora es más humilde.* □ MORF. Invariable en número.

metano s.m. Hidrocarburo gaseoso, incoloro e inodoro, poco soluble en agua y muy inflamable, producido por la descomposición de sustancias vegetales, que se utiliza como combustible y en la elaboración de productos químicos: *La fórmula del metano es CH_4. El metano es el principal componente del gas natural.*

metanol s.m. Hidrocarburo líquido, incoloro, soluble en agua, muy tóxico y que se usa para disolver aceites y como aditivo para combustibles líquidos: *El metanol es muy dañino para el hombre y puede causar la ceguera o la muerte.*

metástasis s.f. Reproducción y extensión de una enfermedad, esp. de un tumor, en otras partes del organismo: *La metástasis del cáncer se produce por vía sanguínea o linfática.* □ ORTOGR. Dist. de *metátesis*. □ MORF. Invariable en número.

metatarso s.m. Conjunto de los huesos largos que forman parte del esqueleto del pie o de las extremidades posteriores de algunos animales, y que están articulados con los huesos del tarso por uno de sus extremos y con las falanges por el otro: *Cada hueso del metatarso humano se corresponde con un dedo del pie.* 👁 **esqueleto**

metátesis s.f. Fenómeno lingüístico que consiste en un cambio de lugar de uno o más sonidos en el interior de una palabra: *'Cocreta' es un vulgarismo de 'croqueta', que se produce por metátesis de la 'r'.* □ ORTOGR. Dist. de *metástasis*. □ MORF. Invariable en número.

metazoo ▌adj./s.m. **1** Referido a un animal, que tiene gran número de células diferenciadas, agrupadas en forma de tejidos, de órganos o de aparatos: *Los moluscos y los anélidos son animales metazoos. El hombre es un metazoo.* ▌s.m.pl. **2** En zoología, reino de estos animales: *Los animales artrópodos, equinodermos y cordados pertenecen a los metazoos.*

metedura s.f. Introducción o inclusión de una cosa dentro de otra, entre otras o en algún sitio: *Yo me encargo de la metedura de las cartas en los sobres.*

metempsicosis o **metempsícosis** s.f. Doctrina religiosa y filosófica basada en la creencia de que, tras la muerte, las almas pasan a otros cuerpos según los merecimientos de cada una: *Según la metempsicosis, las almas transmigran a otros cuerpos hasta alcanzar la perfección.* □ MORF. Invariable en número.

meteórico, ca adj. **1** De los meteoros o relacionado con ellos: *La nieve y el granizo son fenómenos meteóricos.* **2** *col.* Muy rápido, esp. si es fugaz o dura poco: *Los escándalos acabaron con su meteórica carrera como político.*

meteorismo s.m. Acumulación de gases en el tubo digestivo: *El meteorismo hace que el vientre esté más abultado.*

meteorito s.m. Fragmento de un cuerpo sólido procedente del espacio, que cae sobre la Tierra y que, al atravesar la atmósfera terrestre, se pone incandescente dando lugar a una estrella fugaz: *Los meteoritos suelen desintegrarse en la atmósfera antes de llegar al suelo.*

meteoro o **metéoro** s.m. En meteorología, fenómeno físico natural que se produce en la atmósfera terrestre: *La lluvia, la nieve, el arco iris y el rayo son meteoros.*

meteorología s.f. Parte de la física que estudia los fenómenos naturales de la atmósfera terrestre y los factores que producen el tiempo atmosférico: *Es un especialista en meteorología que investiga el origen de los tornados.* □ PRON. Incorr. *[metereología].

meteorológico, ca adj. De la meteorología, de los meteoros o relacionado con ellos: *En el parte meteorológico han dicho que mañana nevará.* □ PRON. Incorr. *[metereológiko].

meteorólogo, ga s. Persona que se dedica profesionalmente al estudio de la atmósfera o que está especializada en meteorología: *Una meteoróloga habló de la destrucción de la capa de ozono y del efecto invernadero.* □ PRON. Incorr. *[metereólogo].

metepatas s. *col.* Persona inoportuna o indiscreta que suele hacer o decir inconveniencias: *Eres un metepatas, no debiste contarle eso.* □ MORF. 1. Es de género común y exige concordancia en masculino o en femenino para señalar la diferencia de sexo: *el metepatas, la metepatas*. 2. Invariable en número.

meter ▌v. **1** Introducir o incluir dentro de algo, entre varias cosas o en algún sitio: *Metió las llaves en el bolso. ¿Dónde se habrá metido tu padre?* **2** Referido a una cantidad de dinero, ingresarla en una entidad bancaria: *Yo meto lo que gano en una cuenta corriente.* **3** Invertir, utilizar o dedicar: *Ha metido mucho dinero en el negocio.* **4** Referido a una persona, internarla en un centro o en una institución haciendo valer la autoridad que se tiene sobre ella: *Lo metieron en la cárcel por robar un coche.* **5** Referido a una persona, implicar, intervenir o hacer intervenir: *Me has metido en un buen lío.* **6** *col.* Referido a algo negativo, hacer soportarlo, aguantarlo o aceptarlo: *Nos metió un rollo que aburriría a cualquiera.* **7** Referido esp. a una emoción, ocasionarla, causarla o provocarla: *Métele prisa o llegará tarde.* **8** Referido esp. a una prenda de vestir, quitarle o doblarle un trozo de tela, generalmente en las costuras, para acortarla o estrecharla: *Le metió los pantalones porque le estaban largos.* **9** Referido esp. a algo falso, hacerlo creer o engañar con ello: *No sé cuándo pudieron meterme este billete falso.* **10** Referido a una cosa destinada a rodear a otra, ponerla de modo que esta última quede dentro: *Mete la tuerca en el tornillo y apriétalo bien.* **11** *col.* Referido esp. a una herramienta, aplicarla o utilizarla con decisión: *Mete la tijera sin miedo y córtame bien el pelo.* **12** Referido a las marchas de un automóvil, manejarlas: *Para arrancar, se mete primera.* **13** Referido esp. a un golpe, darlo: *Las cosas no se solucionan metiendo tortas.* **14** *col.* Hacer comprender a fuerza de insistencia: *No hay quien le meta que tiene que fijarse más en lo que hace.* ▌prnl. **15** Provocar o molestar, esp. por medio de los insultos o las críticas: *No te metas con mi hermano.* **16** Introducirse en un lugar o participar en un asunto sin haber sido solicitado: *No te metas donde no te llaman.* **17** Dejarse llevar con pasión o compenetrarse: *Cuando va al cine, se mete tanto en la película que no se da cuenta de lo que pasa a su alrededor.* **18** Referido esp. a una profesión, a un estado o a una actividad, seguirlos: *Quiere meterse monja.* **19** Referido esp. a un grupo de personas, frecuentarlo o formar parte de él: *Consiguió meterse en la junta directiva.* **20** Referido a una actividad, empezar a hacerla sin tener la preparación necesaria: *No te metas a hacer lo que no sabes.* **21** *col.* Referido a una droga, consumirla: *Tiene un montón de enfermedades porque lleva años metiéndose cocaína.* **22** ‖ **a todo meter.** Con gran rapidez o con gran intensidad: *Salió de casa hacia el trabajo a todo meter.* ‖ **meterse** algo alguien **donde le quepa.** *vulg.* Expresión que indica el enfado con que se rechaza algo: *No me prestó el libro cuando se lo pedí, así que ahora, que se lo meta donde le quepa.* ☐ SINT. 1. Constr. de la acepción 15: *meterse* CON *alguien*. 2. Constr. de la acepción 20: *meterse* A *hacer algo*.

meticulosidad s.f. Cuidado, exactitud y detalle en la forma de hacer algo: *Prepararon la reunión con gran meticulosidad.*

meticuloso, sa adj. **1** Referido a una persona, que actúa o que trabaja con cuidado, con exactitud y con detalle: *Es muy meticuloso con la limpieza.* **2** Hecho con cuidado, con exactitud y con detalle: *Una meticulosa investigación permitió descubrir al culpable.*

metido, da ▮ adj. **1** Abundante en algo: *No es tan joven como parece, está metido en años.* ▮ s. **2** Impulso o avance que se da a algo: *Con un buen metido a los estudios aprobaré la asignatura.* ▮ s.m. **3** En una prenda de vestir, tela que se mete en las costuras: *No puedo sacarle nada a la falda porque no tiene casi metido.* ☐ SINT. Constr. de la acepción 1: *metido* EN *algo*.

metódico, ca adj. **1** Que se hace con método, con orden o con detalle: *Una investigación seria debe ser metódica.* **2** Que actúa o trabaja con método o con orden: *Deberías ser más metódico en tus estudios.*

metodismo s.m. Doctrina religiosa protestante surgida en el siglo XVIII, que se caracteriza por la rigidez de sus principios y la defensa de la oración personal frente a las formas de culto públicas y oficiales: *El metodismo valora el arrepentimiento íntimo.*

metodista ▮ adj. **1** Del metodismo o relacionado con esta doctrina religiosa: *El fundador metodista se separó de la Iglesia anglicana en 1739.* ▮ adj./s. **2** Que tiene como religión el metodismo: *Conocí a un inglés metodista. Los metodistas son muy estrictos en cuanto a la religión.* ☐ MORF. 1. Como adjetivo es invariable en género. 2. Como sustantivo es de género común y exige concordancia en masculino o en femenino para señalar la diferencia de sexo: *el metodista, la metodista*.

método s.m. **1** Forma de actuar o de comportarse: *No me gustan los métodos violentos en la enseñanza. Puedo enseñarte un método para que te hagan caso.* **2** Conjunto de reglas, lecciones o ejercicios que contiene un libro para enseñar algo: *Utiliza un método de mecanografía para aprender a escribir a máquina.* **3** Procedimiento sistemático y ordenado para realizar algo: *La conclusión no es buena, porque el método no es riguroso. Sin método no conseguirás nada en la vida.* **4** Procedimiento científico que se sigue para descubrir la verdad y enseñarla: *Con un método inductivo se llega a lo general partiendo de lo particular y con el método deductivo se llega a lo particular partiendo de lo general.*

metodología s.f. **1** Ciencia que estudia los métodos de adquisición de conocimientos: *La metodología estudia la demostración, la inducción y la deducción.* **2** Conjunto de los métodos seguidos en una investigación o en una demostración: *Cree que el problema de la enseñanza radica en la aplicación de la metodología.*

metomentodo adj./s. *col.* Referido a una persona, que es muy entrometida y se interesa por cosas que no tienen por qué importarle: *No seas metomentodo y no intervengas en la pelea. No quiero coincidir con ella, porque es una metomentodo.* ☐ MORF. 1. Como adjetivo es invariable en género. 2. Como sustantivo es de género común y exige concordancia en masculino o en femenino para señalar la diferencia de sexo: *el metomentodo, la metomentodo*. 3. Invariable en número.

metonimia s.f. Figura retórica o procedimiento del lenguaje consistente en designar una cosa con el nombre de otra con la que guarda una relación de causa a efecto, de autor a obra, o de algún otro tipo de contigüidad temporal, causal o espacial: *Si dices 'un Picasso' por un 'cuadro de Picasso', estás usando una metonimia.*

metonímico, ca adj. De la metonimia, con metonimias o relacionado con esta figura retórica: *En la expresión 'la mejor pluma española' para designar al mejor escritor español, hay un uso metonímico de la palabra 'pluma'.*

metopa s.f. En un friso dórico, espacio que existe entre dos triglifos o elementos arquitectónicos: *Las metopas pueden ser lisas o tener algún relieve o dibujo.*

metraje s.m. Longitud expresada en metros, esp. referido a películas cinematográficas: *Acortaron el metraje de la película porque su proyección sobrepasaba las tres horas.*

metralla s.f. Conjunto de balines y fragmentos pequeños de metal con los que se rellenan algunos proyectiles o artefactos explosivos: *En un bombardeo, resultó herido por trozos de metralla.*

metralleta s.f. Arma de fuego automática y portátil, de peso ligero, de pequeño tamaño y calibre y que es capaz de disparar repetidamente en muy poco tiempo: *Puso balas en el cargador de la metralleta.* 👁 **arma**

métrico, ca ▮ adj. **1** Del metro, de la medida o relacionado con ellos: *El hectómetro es una unidad del sistema métrico que equivale a cien metros.* **2** Del metro o medida del verso, o relacionado con ellos: *Un endecasílabo es un verso formado por once sílabas métricas.* ▮ s.f. **3** Arte que trata de la medida y estructura de los versos, de sus clases y de las combinaciones que pueden formarse con ellos: *En la métrica latina no se tenía en cuenta la acentuación de las sílabas, sino su cantidad.*

metro s.m. **1** En el Sistema Internacional, unidad básica de longitud que equivale a la distancia que recorre la luz en el vacío durante 1/299792458 de segundo: *Un kilómetro tiene 1000 metros.* **2** Utensilio marcado con las divisiones métricas, que se utiliza para medir longitudes: *Dame el metro, que quiero medir la anchura de la ventana.* 👁 **medida** **3** Ferrocarril eléctrico, generalmente subterráneo, que se usa como medio de transporte en algunas grandes ciudades: *El metro es más rápido que el autobús porque no depende del tráfico.* **4** En métrica, medida peculiar de cada clase de verso: *En la lírica tradicional y oral predominan los metros cortos, no mayores que el octosílabo.* **5** ‖ **metro cuadrado.** En el Sistema Internacional, unidad de superficie que equivale al área de un cuadrado que tiene un metro de lado: *¿Cuántos metros cuadrados mide tu casa?* ‖ **metro cúbico.** En el Sistema Internacional, unidad de volumen que equivale a un cubo que tiene un metro de arista: *Esa piscina tiene bastantes metros cúbicos.* ☐ MORF. En la acepción 3 es la forma abreviada y usual de *metropolitano*.

metrobús s.m. Billete único de diez viajes para el metro y los autobuses municipales.

metrónomo s.m. Aparato que sirve para medir el tiempo y marcar el compás en la interpretación de una composición musical: *Cuando ensaya una partitura, pone el metrónomo para obligarse a seguir el compás.* 👁 **medida**

metrópoli s.f. **1** Ciudad principal o muy importante por su extensión o por su numerosa población: *El funcionamiento del transporte es esencial en una gran metrópoli.* **2** Respecto de una colonia, país al que pertenece: *Las colonias querían independizarse de la metrópoli.* **3** Iglesia arzobispal de la que dependen algunas diócesis: *Santiago de Compostela es la metrópoli de los obispados gallegos.* ☐ ORTOGR. Se admite también *metrópolis*.

metrópolis s.f. →**metrópoli.** ☐ MORF. Invariable en número.

metropolitano, na ▮ adj. **1** De la metrópoli o relacionado con ella: *Vive en una ciudad dormitorio dentro del área metropolitana. Varias colonias metropolitanas proclamaron su independencia. Hubo una gran congregación de fieles en la catedral metropolitana.* ▮ s.m. **2** →**metro.**

mexicano, na adj./s. De México (país centroamericano), o relacionado con él: *La capital mexicana es México D.F. Los mexicanos cuentan con un alto índice de crecimiento poblacional.* ☐ MORF. 1. Como adjetivo es sinónimo de *mejicano*. 2. Como sustantivo se refiere solo a las personas de México.

mezcla s.f. **1** Reunión, unión o incorporación: *Con una mezcla de blanco y negro se hace gris.* **2** Enlace o unión entre razas y familias diferentes, esp. si hay descendencia: *En el mundo actual cada vez es más frecuente la mezcla de razas.* **3** Agrupación de varias sustancias sin interacción química: *La mezcla es distinta de la disolución.* **4** En cine, vídeo, televisión, operación por la que se combinan y se ajustan simultáneamente los diálogos, los efectos sonoros y la música que componen la banda sonora de una película: *Trabajo en televisión como técnico de mezclas.* **5** Tejido hecho de hilos de diferentes clases y colores: *Llevo un abrigo de mezcla muy cálido.*

mezclar ▮ v. **1** Referido a una cosa, juntarla, unirla o incorporarla a otra hasta confundirlas: *Si necesitas pintura verde, mezcla la azul con la amarilla.* **2** Referido a algo ordenado, desordenarlo o revolverlo: *Te dejo mi colección de monedas, pero no las mezcles porque están colocadas por países.* **3** Referido a una persona, meterla en un asunto que no le incumbe o no le interesa directamente: *A mí no me mezcles en tus líos. No te mezcles en negocios sucios.* ▮ prnl. **4** Referido a una persona o a un animal, relacionarse con otros: *No te mezcles con esa gente, que no es de fiar.* **5** Referido esp. a una raza o a una familia, enlazarse con otra diferente, esp. si se tiene descendencia: *Soy criadora de perros y esta camada es fruto de haberse mezclado un perro con una perra de distinta raza.*

mezclilla s.f. Tejido hecho de hilos de diferentes clases y colores, de menos cuerpo que la mezcla: *Lleva un traje de mezclilla con mucha caída.*

mezcolanza s.f. *col.* Mezcla extraña y confusa; *mescolanza*: *Su trabajo de investigación no aporta nada nuevo porque es una mezcolanza de datos sin sentido.*

mezquindad s.f. **1** Avaricia, tacañería o ruindad: *Su mezquindad es tan grande que no presta ayuda si no recibe algo a cambio.* **2** Hecho o dicho mezquinos: *Cometió la mezquindad de quedarse con lo que no le correspondía.*

mezquino, na adj./s. **1** Muy avaro o muy tacaño: *Tiene la mezquina costumbre de no ofrecer nunca de su comida. Esa mezquina nunca me ha invitado ni a un mísero café.* **2** Miserable, despreciable o ruin: *Abandonar a los animales es una acción mezquina. Ese mezquino tiene empleados sin contrato y con un sueldo de hambre.*

mezquita s.f. Edificio destinado al culto musulmán; *aljama: A la entrada de las mezquitas hay una fuente para hacer las abluciones antes de orar.*

mezzosoprano (italianismo) s.f. En música, persona que tiene una voz de registro intermedio entre la de soprano y la de contralto: *Una mezzosoprano tiene una voz más aguda que una contralto.* ☐ PRON. [metsosopráno].

mi ▮ poses. **1** →**mío, a.** ▮ s.m. **2** En música, tercera nota de la escala de do mayor: *En clave de sol, el mi se escribe en la primera línea del pentagrama.* ▮ s.f. **3** En el alfabeto griego clásico, nombre de la duodécima letra: *La grafía de la mi es* μ. ☐ ORTOGR. Dist. de *mí*. ☐ MORF. Como posesivo no tiene diferenciación de género y es apócope de *mío* y de *mía* cuando preceden a un sustantivo determinándolo: *mi casa, mis mejores amigos*; →APÉNDICE DE PRONOMBRES.

mí pron.pers. Forma de la primera persona del singular que corresponde a la función de complemento precedido de preposición: *Ese regalo es para mí. A mí también me ha llamado.* ☐ ORTOGR. Dist. de *mi*. ☐ MORF. 1. No tiene diferenciación de género. 2. →APÉNDICE DE PRONOMBRES.

miaja s.f. *col.* →**migaja.**

miasma s.m. Olor o sustancia perjudiciales o malolientes que se desprenden de cuerpos enfermos, de materias corruptas o de aguas estancadas: *Las aguas sucias y llenas de basura del estanque despedían horribles miasmas.* ☐ MORF. 1. Se usa también como femenino. 2. Se usa más en plural.

miau interj. *col.* Expresión que se usa para indicar extrañeza, sorpresa, admiración o disgusto: *¡Miau, qué buena pinta tiene ese pastel!*

mica s.f. Véase **mico, ca.**

micción s.f. Expulsión de la orina: *Siente dolores durante la micción.*

micelio s.m. En un hongo, aparato vegetativo que le sirve para nutrirse y que está constituido por un conjunto de células que forman filamentos: *El micelio de esta seta está bajo tierra.*

micénico, ca adj./s. De Micenas (antigua ciudad griega), o relacionado con ella: *La cultura micénica se desarrolló hacia el siglo XIV a.C. Los micénicos tenían ciudades fortificadas con enormes murallas y puertas monumentales.* ☐ MORF. Como sustantivo se refiere solo a las personas de Micenas.

michelín s.m. *col.* Acumulación de grasa, en forma de rollo o de pliegue, que se tiene en determinadas partes del cuerpo, esp. en la cintura (por alusión a un muñeco representativo de la marca comercial *Michelin®*): *Tienes que hacer gimnasia para eliminar esos michelines.* ☐ MORF. Se usa más en plural.

michino, na s. *col.* Gato: *El michino jugaba con un ovillo de lana.*

mico, ca ▮ s. **1** Mono de cola larga: *En el zoo vi cómo los micos se colgaban de los árboles con la cola.* ▮ s.m. **2** *col.* Persona pequeña en edad o en estatura: *Es un mico que apenas sabe andar todavía.* **3** *col.* Persona que se considera muy fea: *Con ese peinado ridículo vas hecho un auténtico mico.* ▮ s.f. **4** Mineral del grupo de los silicatos en cuya composición entra el aluminio, y que cristaliza en láminas planas, brillantes y elásticas: *La mica tiene diversas aplicaciones industriales como aislante o como colorante.* **5** ‖ **volverse mico.** *col.* Necesitar mucho tiempo, esfuerzo o ingenio para hacer o conseguir algo: *Tenías los papeles tan desordenados que me he vuelto mico para encontrar el que necesitaba.* ☐ USO En la acepción 2, su uso aplicado a un niño tiene un matiz cariñoso.

micología s.f. Parte de la botánica que estudia los hongos: *Distingue muy bien las setas comestibles de las venenosas porque tiene conocimientos de micología.*

micólogo, ga s. Persona que se dedica al estudio de hongos y de levaduras: *Según los micólogos, esta seta no es venenosa.*

micosis s.f. Infección producida por ciertos hongos: *La micosis es muy contagiosa.* □ MORF. Invariable en número.

micra s.f. Unidad de longitud que equivale a una milésima parte del milímetro; *micrón: Para medir micras hacen falta aparatos de precisión.*

micro s.m. *col.* →**micrófono.**

micro- Elemento compositivo que significa 'pequeño' (*microbús, microelectrónica, microficha, microsurco*) o 'millonésima parte' (*microsegundo, micrómetro*).

microbio s.m. **1** Organismo unicelular microscópico; *microrganismo: Los virus y las bacterias son microbios.* **2** *col.* Lo que es pequeño o enano: *Dicen que no puedo ir con ellos porque soy un microbio.*

microbiología s.f. Parte de la biología que estudia los microrganismos o microbios: *La microbiología estudia los virus, las bacterias y las levaduras.*

microbús s.m. Autobús para un número reducido de pasajeros, generalmente empleado en el transporte urbano: *Este microbús puede llevar hasta veinte pasajeros sentados.*

microcéfalo, la adj./s. Que tiene la cabeza de un tamaño inferior a lo normal: *Tienen en observación a una niña microcéfala. Está haciendo un estudio de los microcéfalos nacidos en esta zona contaminada por radiaciones.*

microclima s.m. Conjunto de condiciones climáticas particulares de un espacio reducido y aislado del medio general: *El microclima de este valle es más suave que el de la región montañosa en que se halla.*

microcosmo s.m. →**microcosmos.**

microcosmos s.m. El ser humano, entendido como un pequeño universo completo: *Para mí, comprender el microcosmos es, hasta cierto punto, comprender el universo.* □ ORTOGR. Se admite también *microcosmo.* □ MORF. Invariable en número.

microeconomía s.f. Estudio de la economía relacionada con los individuos, pequeños grupos individuales o empresas tomadas individual o sectorialmente: *La microeconomía analiza las relaciones de las empresas y los consumidores.* □ SEM. Dist. de *macroeconomía* (estudio de la economía de una zona como un conjunto, utilizando magnitudes colectivas o globales).

microelectrónica s.f. Técnica de diseñar y de producir circuitos electrónicos en miniatura, esp. con elementos semiconductores: *Esa radio tan pequeña es un logro de la microelectrónica.*

microfilm s.m. →**microfilme.** □ USO Es un anglicismo innecesario.

microfilmar v. Reproducir en microfilme: *Los manuscritos antiguos se microfilman para que los originales no se estropeen de tanto consultarlos.*

microfilme s.m. Película de tamaño reducido en la que se fijan documentos que después pueden ser ampliados en proyección o en fotografía: *Pedí al bibliotecario el microfilme de un documento antiguo que quería consultar.* □ ORTOGR. Es un anglicismo (*microfilm*) adaptado al español.

micrófono s.m. Aparato que transforma las ondas acústicas en ondas eléctricas para poder amplificarlas, transmitirlas o registrarlas: *El cantante cogió el micrófono para empezar a cantar.* □ MORF. En la lengua coloquial se usa mucho la forma abreviada *micro.*

microlentilla s.f. →**lentilla.**

micrómetro s.m. Instrumento que sirve para medir cantidades lineales o angulares muy pequeñas: *Para medir el grosor de láminas muy finas hace falta un micrómetro.* 👁 **medida**

micrón s.m. →**micra.**

microndas s.m. Horno que funciona con ondas electromagnéticas que calientan rápidamente los alimentos: *Puse los macarrones un minuto en el microndas para que se calentaran, y estaban como recién hechos.* □ ORTOGR. Se admite también *microondas.* □ MORF. Invariable en número. 👁 **electrodoméstico**

microondas s.m. →**microndas.**

microrganismo s.m. Organismo unicelular microscópico; *microbio: Los microrganismos se desarrollan cuando hay un medio favorable.* □ ORTOGR. Se admite también *microorganismo.*

microscópico, ca adj. **1** Que solo puede verse con un microscopio: *Los virus son organismos microscópicos.* **2** *col.* Muy pequeño: *Me sirvió el café en una tacita microscópica.*

microscopio s.m. Instrumento óptico formado por un sistema de lentes que amplía los objetos extremadamente pequeños para posibilitar su observación: *Las bacterias no pueden verse si no es con un microscopio.* 👁 **química**

microsurco s.m. Disco en el que los surcos son muy finos y están muy próximos y que gira a treinta y tres revoluciones por minuto: *Un microsurco admite mayor cantidad de sonidos que un disco antiguo en el mismo espacio.*

miedica adj./s. *col.* Miedoso o cobarde: *Es muy miedica y, si no hay luz en la habitación, no entra. Prefiero ir sola a ir con un miedica.* □ MORF. 1. Como adjetivo es invariable en género. 2. Como sustantivo es de género común y exige concordancia en masculino o en femenino para señalar la diferencia de sexo: *el miedica, la miedica.* □ USO Tiene un matiz despectivo.

miedo s.m. **1** Sensación angustiosa causada por la presencia, la amenaza o la suposición de un riesgo o de un mal: *Las armas de fuego me dan miedo.* **2** Temor o recelo de que suceda algo contrario a lo que se desea: *Tengo miedo de que el coche se estropee en un viaje tan largo.* **3** ‖ **de miedo. 1** *col.* Extraordinario o muy bueno: *Este pastel está de miedo.* **2** *col.* Muy bien: *Lo pasé de miedo en la fiesta.* ‖ **miedo cerval.** El grande o excesivo: *Al verse ante el león, un miedo cerval lo paralizó.*

miedoso, sa adj./s. Que siente miedo con facilidad: *Este perro miedoso se asusta con el menor ruido. No sale nunca sola porque es una miedosa.*

miel ▮ s.f. **1** Sustancia viscosa, amarillenta y muy dulce que producen las abejas: *La miel es un alimento muy apreciado por su valor nutritivo.* ▮ pl. **2** Satisfacción o sensación agradable proporcionadas por el éxito: *Tienes que entrenarte a fondo si quieres saborear las mieles del triunfo.* **3** ‖ **dejar con la miel en los labios.** *col.* Privar de lo que gusta o empieza a disfrutarse: *Suspendieron el recital poco después de haber empezado, y nos dejaron con la miel en los labios.* ‖ **miel sobre hojuelas.** Expresión que se usa para indicar que algo viene muy bien a otra cosa: *Si no llueve y además hace sol, miel sobre hojuelas para salir de excursión al campo.*

a b c d e f g h i j k l m n ñ o p q r s t u v w x y z

mielina s.f. Sustancia grasa y blanda de color blanco que rodea las prolongaciones de algunas neuronas: *La mielina aumenta la velocidad de transmisión del impulso nervioso.*

miembro s.m. **1** Extremidad articulada con el cuerpo humano o animal: *Los miembros superiores de una persona son sus brazos.* **2** En una colectividad, persona, grupo o entidad que forman parte de ella: *Ese escritor es miembro del jurado de ese concurso de poesía.* **3** En un todo, parte unida con él: *El predicado es un miembro de la oración.* **4** En matemáticas, cada una de las expresiones de una ecuación o de una igualdad: *El primer miembro de '3x + 2 = 8' es '3x + 2'.* **5** ‖ **miembro (viril).** *euf.* ⟶**pene.**

miente s.f. Pensamiento o entendimiento: *Jamás se me pasaría por las mientes hacerte daño.* ☐ USO Se usa más en plural.

mientras ▮ adv. **1** Durante el tiempo en el que algo sucede o se realiza: *Todos trabajaban, y mientras, él dormía la siesta.* ▮ conj. **2** Enlace gramatical subordinante con valor temporal: *Pon la mesa mientras yo preparo la comida.* **3** ‖ **mientras que.** Enlace gramatical coordinante con valor adversativo: *Yo sola he arreglado toda la casa, mientras que tú no has hecho nada para ayudarme.* ☐ SINT. En la acepción 1, *mientras tanto* se usa con el mismo significado que *mientras.*

miércoles s.m. Tercer día de la semana, entre el martes y el jueves: *Los miércoles suelo ir al cine.* ☐ MORF. Invariable en número.

mierda ▮ s.f. **1** *vulg.* Excremento humano o animal que se expele por el ano: *Pisó una mierda de perro.* **2** *col.* Suciedad o basura: *Llevaba una camisa con tanta mierda que no se sabía de qué color era.* **3** *vulg.* Lo que se considera mal hecho, de poca calidad o de poco valor: *Este tocadiscos es una mierda, siempre está roto. El entrenador debería cambiar a ese jugador, porque es una mierda.* **4** *vulg.* Borrachera: *En la fiesta del sábado se cogió una mierda tremenda.* ▮ interj. **5** *col.* Expresión que se usa para indicar disgusto, rechazo o contrariedad: *¡Mierda, he vuelto a fallar!* **6** ‖ **irse** algo **a la mierda.** *col.* Estropearse o echarse a perder: *Con tantas deudas, mi negocio acabó por irse a la mierda.* ‖ **mandar a la mierda.** *col.* Rechazar: *Si te echa la bronca, mándalo a la mierda, porque la culpa es suya.*

mies ▮ s.f. **1** Cereal maduro: *Hoy la siega de las mieses se realiza con grandes cosechadores.* ▮ pl. **2** Campos sembrados: *La lluvia de primavera mojaba las mieses.*

miga ▮ s.f. **1** En el pan, parte blanda que está rodeada por la corteza: *Me gusta mucho mojar el pan con miga en las salsas.* 👁 **pan** **2** Trozo o cantidad pequeños, esp. si son de pan; *migaja: Te quedará muy rica la sopa de pescado si le pones unas migas de merluza.* **3** *col.* Sustancia o contenido importante: *Es un hombre de mucha miga.* ▮ pl. **4** Guiso hecho con trozos de pan humedecidos con agua, que se fríen en aceite o grasa: *Las migas son un plato típico extremeño.* **5** ‖ **hacer {buenas/malas} migas.** Referido a dos o más personas, entenderse bien o mal: *Los dos niños hacen buenas migas y son inseparables.*

migaja s.f. **1** Trozo o cantidad pequeños, esp. si son de pan; *miga: El suelo de la cocina estaba lleno de migajas de pan.* **2** Poca cosa o casi nada: *Es extranjero y no entiende una migaja de español.* ☐ SEM. Es sinónimo de *miaja.*

migar v. **1** Referido al pan, desmenuzarlo en trozos pequeños: *Migó un trozo de pan para echárselo a los peces del estanque.* **2** Referido a un líquido, echarle trozos de pan: *Siempre migo la leche para desayunar.* ☐ ORTOGR. La *g* se cambia en *gu* delante de *e* ⟶**PAGAR.**

migración s.f. **1** Movimiento de población que consiste en el desplazamiento de personas de un lugar a otro para cambiar su lugar de residencia: *La búsqueda de una situación mejor es lo que provoca la migración humana.* **2** Viaje periódico de algunas especies animales: *En invierno es cuando se da la migración de los patos al sur.* ☐ SEM. Dist. de *emigración* y de *inmigración* ⟶**migrar.**

migraña s.f. Dolor intenso de cabeza que solo afecta a un lado o a una parte de ella; *jaqueca: La migraña no me dejaba estudiar, ni siquiera leer.*

migrar v. **1** Referido a una persona, desplazarse para cambiar su lugar de residencia: *Con el desarrollo industrial, muchos campesinos migran del campo a las ciudades.* **2** Referido a un animal, hacer migraciones o viajes periódicos: *Las aves suelen migrar en otoño buscando un lugar más cálido.* ☐ SEM. Dist. de *emigrar* (salir de un lugar) y de *inmigrar* (llegar a un lugar para establecerse en él).

migratorio, ria adj. De la migración o relacionado con este desplazamiento: *Las aves migratorias vuelan grandes distancias buscando un clima suave.* ☐ SEM. Dist. de *emigratorio* y de *inmigratorio* ⟶**migrar.**

mihrab s.m. En una mezquita, nicho que señala el lugar adonde deben mirar los que oran: *El mihrab está orientado a La Meca.* ☐ PRON. [mirráb]. ☐ ORTOGR. Es un término del árabe (*mihrab*) semiadaptado al español. ☐ MORF. Su plural es *mihrab.*

mijo s.m. **1** Cereal de hojas anchas y vellosas, con espigas compactas y flores pequeñas en los extremos: *El mijo se emplea en la alimentación humana y animal.* **2** Semilla de este cereal, pequeña, redonda y de color blanco amarillento: *Los pájaros comían mijo en su jaula.*

mil ▮ numer. **1** Número 1000: *Esta televisión cuesta mil euros. Hace colección de chapas y tiene más de mil.* ▮ s.m. **2** Signo que representa este número: *Los romanos escribían el mil como 'M'.* **3** Conjunto de 1000 unidades: *Tengo varios miles de libros.* ☐ MORF. 1. Como numeral es invariable en género y en número. 2. ⟶APÉNDICE DE PRONOMBRES. 3. La acepción 3 se usa más en plural.

milagrería s.f. **1** Tendencia a considerar milagros los hechos naturales: *La gente de este pueblo tiene muy poca cultura y es muy dada a la milagrería.* **2** Relato de sucesos fantásticos que se toman por milagros: *Eso que me cuentas no son más que milagrerías, porque ningún árbol puede andar.*

milagrero, ra adj. **1** Referido a una persona, que considera milagros los hechos naturales y los publica como tales: *Es muy milagrero y dice que aquella luz que vimos era una aparición divina.* **2** *col.* Que hace milagros; *milagroso: Dicen que esta imagen de san Antonio es muy milagrera.*

milagro s.m. **1** Hecho que no puede ser explicado por las leyes de la ciencia o de la naturaleza y que se considera realizado por intervención divina o sobrenatural: *En el Nuevo Testamento se cuentan algunos de los milagros de Jesucristo, como devolver la vista a los ciegos o resucitar a los muertos.* **2** Lo que resulta raro, extraordinario o maravilloso: *Entre tanta gente, ha sido un milagro que nos hayamos visto. ¡Milagro, hoy no has llegado tarde!* **3** ‖ **de milagro.** Por poco o por casualidad: *Cogí el último tren de milagro, porque ya iba a salir.*

milagroso, sa adj. **1** Que no puede ser explicado por las leyes de la ciencia o de la naturaleza: *Que Jesucristo convirtiera el agua en vino fue un hecho milagroso.* **2** Extraordinario, maravilloso o sorprendente: *Es milagroso que no os hayáis perdido en esta niebla.* **3** Que hace milagros; *milagrero: Afirma que esta fuente es de agua milagrosa porque al beberla se curó.*

milanesa ‖ **(a la) milanesa.** Referido a la carne, que está frita y rebozada en huevo y pan rallado: *Comí un escalope a la milanesa con patatas fritas.*

milano s.m. Ave rapaz diurna, de plumaje marrón con tonos rojizos y con una larga cola en forma de horquilla: *El milano se alimenta de pequeños roedores y de carroña.* ☐ MORF. Es un sustantivo epiceno y la diferencia de sexo se señala mediante la oposición *el milano {macho/hembra}.* 👁 **rapaz**

mildéu s.m. →**mildiu.**

mildiu s.m. Enfermedad de la vid producida por un hongo microscópico que se desarrolla en el interior de las hojas, en el tallo y en el fruto: *El mildiu se caracteriza por la presencia de manchas blancas que van secando los distintos órganos de la planta.* ☐ ORTOGR. Se admite también *mildéu.*

milenario, ria ▌adj. **1** Del número 1000 o del millar: *El ministro dio cifras milenarias cuando habló de los puestos de trabajo perdidos.* **2** Que tiene alrededor de mil años: *Las pirámides de Egipto son monumentos milenarios.* ▌s.m. **3** Fecha en la que se cumplen uno o varios millares de años de un acontecimiento: *En el año 2492 se celebrará el primer milenario de la llegada de Colón a América.*

milenio s.m. Período de tiempo de mil años: *Los dinosaurios existieron hace varios milenios.*

milésimo, ma numer. **1** En una serie, que ocupa el lugar número mil: *No puede elegir destino porque ocupa la milésima plaza de los aprobados. Es el milésimo de una lista de 2300 aspirantes.* **2** Referido a una parte, que constituye un todo junto con otras novecientas noventa y nueve iguales a ella: *El cariño que de mí recibiste no fue más que una milésima parte de lo que te podría haber dado. El cerebro tarda milésimas de segundo en enviar una orden a los músculos.* ☐ MORF. 1. Cuando se antepone a otra palabra para formar compuestos, adopta la forma *mili-*. 2. →APÉNDICE DE PRONOMBRES.

milhojas s.m. Pastel con forma rectangular hecho con láminas de hojaldre entre las que se pone merengue, nata o crema: *Se manchó la nariz al comer un milhojas.* ☐ MORF. Invariable en número. ☐ USO Se usa también como sustantivo femenino.

mili s.f. *col.* Servicio que presta un ciudadano a su país actuando como soldado durante un período de tiempo determinado; *servicio militar: Hizo la mili en Melilla.* ☐ MORF. Es la forma abreviada y usual de *milicia.*

mili- Elemento compositivo que significa 'milésima parte': *miliamperio, milibar, miligramo, mililitro, milímetro.*

milicia s.f. **1** Conjunto de técnicas y de conocimientos que permiten preparar y entrenar a un ejército para la guerra: *La disciplina es uno de los valores esenciales en la milicia.* **2** →**mili. 3** Conjunto de militares profesionales y no profesionales de un país: *Algunos sectores se plantean la función actual de la milicia en la sociedad.*

miliciano, na s. Persona que forma parte de una milicia: *Los milicianos tuvieron un papel muy importante en el movimiento de resistencia contra el invasor.*

milimetrado, da adj. Referido esp. al papel, graduado o dividido en milímetros: *Para dibujar gráficos, es conveniente utilizar papel milimetrado.*

militancia s.f. Pertenencia a un grupo o a una asociación, o servicio que se presta en ellos: *Sufrió varios años de exilio por su militancia en el partido de la oposición.*

militar ▌adj. **1** De la milicia, de la guerra o relacionado con ellas: *La disciplina militar es muy estricta.* ▌s. **2** Persona que sirve transitoria o permanentemente en el ejército: *Los militares visten de uniforme.* ▌v. **3** Servir en el ejército o en una milicia: *De joven militó en el bando republicano.* **4** Formar parte de un partido político o de una asociación: *Milita en un partido radical desde hace años.* ☐ MORF. 1. Como adjetivo es invariable en género. 2. En la acepción 2, es de género común y exige concordancia en masculino o en femenino para señalar la diferencia de sexo: *el militar, la militar.*

militarismo s.m. **1** Predominio del elemento militar en una nación: *Una consecuencia del militarismo es la excesiva influencia de lo militar en lo político.* **2** Actitud que defiende este predominio militar: *Si se dejara llevar por su militarismo, pondría un tanque en cada esquina.*

militarista ▌adj. **1** Del militarismo o relacionado con él: *Según sus declaraciones, la política militarista del Gobierno se debió a exigencias de la defensa nacional.* ▌adj./s. **2** Partidario o seguidor del militarismo: *Un grupo militarista se manifestó ante el Congreso. Varios militaristas proyectaban un golpe de Estado.* ☐ MORF. 1. Como adjetivo es invariable en género. 2. Como sustantivo es de género común y exige concordancia en masculino o en femenino para señalar la diferencia de sexo: *el militarista, la militarista.*

militarización s.f. Sometimiento a la disciplina o a la jurisdicción militares: *Para asegurar el abastecimiento de la región, el Gobierno ordenó la militarización de los transportes.*

militarizar v. Someter a la disciplina o a la jurisdicción militares: *Han anunciado que militarizarán los transportes públicos si no cesan las huelgas.* ☐ ORTOGR. La *z* se cambia en *c* delante de *e* →**CAZAR.**

militronche s.m. *col.* Militar; *militroncho: Al pasar delante del cuartel, vi a unos militronches haciendo el cambio de guardia.*

militroncho s.m. *col.* →**militronche.**

milla s.f. **1** En el sistema anglosajón, unidad de longitud que equivale aproximadamente a 1609 metros: *Vive en un pueblo a tres millas de Londres.* **2** ‖ **milla atlética.** En atletismo, carrera de medio fondo en la que se recorre una distancia de esta longitud: *La milla atlética de Nueva York es la más conocida.* ‖ **milla (náutica).** Unidad de navegación marítima y aérea que equivale a 1852 metros: *Los barcos miden la distancia navegada en millas.*

millar s.m. Conjunto de mil unidades: *Se calcula que un millar de personas acudió a la manifestación.*

millón ▌pron.numer. **1** Número 1000000: *Un millón son mil veces mil.* ▌s.m. **2** Signo que representa este número: *El millón es un 1 seguido de seis ceros.* ☐ MORF. Para la acepción 1 →APÉNDICE DE PRONOMBRES. ☐ SINT. Va seguido de *de* cuando lo sigue el nombre de aquello que se numera (*un millón de euros*), pero no cuando lo siguen uno o más numerales (*un millón cien mil euros*). ☐ USO Como pronombre, se usa mucho para indicar una cantidad grande e indeterminada: *Te he llamado millones de veces y nunca estabas.*

millonada s.f. Cantidad muy grande, esp. si es de dinero: *Esa finca ha costado una millonada.*

millonario, ria ▌adj. **1** Referido esp. a una cantidad de dinero, que asciende a uno o más millones: *Participe con* *nosotros en el juego millonario de cada semana.* ▌adj./s. **2** Referido a una persona, que posee una fortuna de muchos millones: *Una actriz millonaria es la nueva prometida de ese director de cine. En esta mansión vive un millonario.*

millonésimo, ma numer. **1** En una serie, que ocupa el lugar número un millón: *No puedo saber de memoria quién ocupa el millonésimo lugar de la lista. Este niño es el millonésimo que nace en nuestro hospital.* **2** Referido a una parte, que constituye un todo junto con otras 999 999 iguales a ella: *Una micra es la millonésima parte de un metro. El compuesto tardó en reaccionar una millonésima de segundo.* ☐ MORF. →APÉNDICE DE PRONOMBRES.

milonga s.f. **1** Composición musical originaria del Río de la Plata (región argentina), de ritmo lento, que se canta acompañada de guitarra: *La milonga es la precursora del tango argentino.* **2** Baile que se ejecuta al compás de esta música: *En una fiesta argentina vimos bailar milongas a varias parejas.* **3** *col.* Engaño, mentira: *No me cuentes más milongas, que no me interesan tus excusas.*

milord s.m. En España, tratamiento honorífico que se da a los nobles ingleses: *Se hace llamar milord porque dice que sus antepasados pertenecieron a la aristocracia inglesa.* ☐ MORF. Su plural es *milores*.

milrayas s.m. Tejido con el fondo de color claro y multitud de rayas muy finas: *La tela de milrayas es muy veraniega.* ☐ MORF. Invariable en número.

mimar v. **1** Mostrar afecto o voluntad de complacer: *A todos nos gusta que nos mimen.* **2** Referido a una persona, esp. a un niño, tratarla con excesiva consideración o consentimiento: *Es muy caprichoso porque sus padres lo miman demasiado y nunca lo regañan.* **3** Tratar con gran cuidado o delicadeza: *La ropa me dura mucho porque procuro mimarla.*

mimbre s. **1** Arbusto que crece en las orillas de los ríos o en otros lugares húmedos y cuyo tronco se cubre desde el suelo de ramillas largas, muy delgadas y flexibles, de corteza grisácea fácilmente desprendible y madera blanca, muy usadas en cestería: *Azotado por el viento, el mimbre se doblaba hasta casi tocar el suelo.* **2** Rama o varita que produce este arbusto: *Cuando vamos al campo, llevamos la comida en una cesta de mimbre.* ☐ MORF. Es de género ambiguo y admite concordancia en masculino y en femenino sin cambiar de significado: *{el/la} mimbre {crecido/crecida}*, aunque se usa más como masculino. ☐ SEM. Es sinónimo de *mimbrera*.

mimbrear v. Mover o moverse con la flexibilidad propia del mimbre: *La bailarina se mimbreaba como si su cuerpo fuera de goma.*

mimbrera s.f. →**mimbre**.

mímesis o **mimesis** s.f. **1** En la poética y estética clásicas, imitación de la naturaleza o de los grandes modelos, que constituye el objeto del arte: *La poética de Aristóteles establece la mímesis como principio de toda obra artística.* **2** Imitación que se hace de las palabras, de los gestos o del modo de actuar de otra persona, frecuentemente como burla: *Los niños actúan muchas veces por mímesis y hacen solo lo que ven.* ☐ MORF. Invariable en número.

mimético, ca adj. **1** Del mimetismo o relacionado con esta propiedad o disposición: *La propiedad mimética de muchos animales actúa como mecanismo defensivo.* **2** De la mímesis o relacionado con este tipo de imitación: *El niño repite de forma mimética todo lo que oye.*

mimetismo s.m. Propiedad de algunos animales y plantas que les permite adoptar el color o la forma de los seres u objetos entre los que viven y pasar así inadvertidos: *Gracias a su mimetismo, el camaleón cambia de color para camuflarse y protegerse.*

mímico, ca ▌adj. **1** Del mimo y de su arte: *Las obras mímicas son uno de los pilares del teatro tradicional japonés.* **2** De la mímica: *Como no domina el idioma, se hace entender con gestos mímicos.* ▌s.f. **3** Arte o técnica de imitar, representar o expresarse por medio de gestos y de movimientos corporales: *Si no sabes mi idioma, explícamelo con mímica.*

mimo s.m. **1** Demostración expresiva de ternura y afecto: *No me canso de hacer mimos y carantoñas al bebé.* **2** Consentimiento excesivo en el trato, esp. el que se da a los niños: *¡Ese niño malcriado tiene mucho mimo y mucha tontería!* **3** Cuidado o delicadeza con que se trata o se hace algo: *Trata los libros con verdadero mimo.* **4** Representación, generalmente teatral, por medio de mímica y sin intervención de la palabra; *pantomima: Los actores de mimo trabajan mucho la expresión corporal.* **5** Actor teatral que actúa utilizando única o fundamentalmente la mímica: *En el parque, la gente hacía corro alrededor de un mimo que representaba una historia de niños y pajarillos.* ☐ MORF. La acepción 1 se usa más en plural.

mimoso, sa ▌adj. **1** Con mucho mimo, o que disfruta dándolo o recibiéndolo: *¡No aguanto a esos niños mimosos y consentidos! Le pedía con voz mimosa que la llevase de vacaciones.* ▌s.f. **2** Arbusto del tipo de las acacias, con flores amarillas agrupadas en inflorescencias y con numerosos y largos estambres muy olorosos, y cuyas hojas suelen experimentar un cierto retraimiento o movimiento de contracción cuando se las toca o agita: *El fruto de la mimosa es una legumbre.*

mina s.f. **1** Yacimiento de minerales de explotación útil: *Los geólogos han descubierto nuevas minas de hierro en la región.* **2** Excavación o conjunto de instalaciones realizadas en uno de estos yacimientos para extraer el mineral: *Cerraron la mina porque varias galerías amenazaban derrumbamiento.* **3** Lo que supone o puede proporcionar una gran abundancia o riqueza de algo que se considera valioso o beneficioso: *El abuelo es una mina de saber y da gusto oírle hablar.* **4** Barrita de grafito o de un material semejante que llevan en su interior los lápices y otros utensilios de escritura y con cuya punta se escribe o se pinta: *Para el dibujo artístico utilizo un lápiz de mina dura.* **5** Artefacto preparado para hacer explosión al ser rozado, y que suele colocarse enterrado o sumergido en una zona para defenderla del enemigo: *Los atacantes sufrieron numerosas bajas cuando atravesaron el campo de minas.*

minar v. **1** Referido esp. a una zona defensiva, colocar en ella minas explosivas: *Minaron el edificio en ruinas para volarlo.* **2** Consumir, debilitar o destruir poco a poco: *Aquellos años de pobreza minaron su resistencia y su ánimo.*

minarete s.m. En una mezquita, torre desde la que el almuédano convoca a los musulmanes a la oración; *alminar: El almuédano suele llamar a la oración dando grandes voces desde lo alto del minarete.*

mineral ▌adj. **1** Del grupo de los minerales o formado por estas sustancias: *Las rocas de la corteza terrestre constituyen el mundo mineral.* ▌s.m. **2** Sustancia originada por procesos naturales generalmente inorgánicos, que se encuentra en la corteza terrestre y que presenta una estructura homogénea y una composición química definida: *El cuarzo y la mica son minerales.* □ MORF. Como adjetivo es invariable en género.

mineralogía s.f. Parte de la geología que estudia los minerales: *La mineralogía clasifica los minerales en tres categorías: metálicos, no metálicos y energéticos.*

minería s.f. **1** Técnica o industria de trabajar o explotar las minas: *Un ingeniero especializado en minería supervisa la apertura de nuevas galerías.* **2** Conjunto de los mineros: *La minería hará una huelga para exigir seguridad en el trabajo.* **3** Conjunto de las minas y explotaciones mineras con una característica común: *En la minería asturiana hay yacimientos de hulla.*

minero, ra ▌ adj. **1** De la minería o de las minas: *La riqueza minera de la región es una de sus principales fuentes de ingresos.* ▌ s. **2** Persona que se dedica profesionalmente al trabajo en las minas: *Los mineros salían de la mina con el casco puesto y las caras negras de hollín.*

mineromedicinal adj. Referido al agua, que tiene disueltas sustancias minerales que la dotan de propiedades curativas: *Las aguas mineromedicinales de este balneario están indicadas para el tratamiento de distintas enfermedades.* □ MORF. Invariable en género.

minestrone (italianismo) s.f. Sopa cuyos ingredientes principales son pasta y verduras: *Nos pusieron un menú italiano, con espaguetis o minestrone para elegir de primer plato.*

minga s.f. *vulg.* →**pene.**

mingitorio, ria ▌ adj. **1** De la micción o expulsión de orina, o relacionado con ella: *Cuando se suda mucho, disminuye la actividad mingitoria.* ▌ s.m. **2** Lugar destinado para orinar, esp. el de uso público; *urinario: En el parque solo había un mingitorio sin lavabos y preferimos ir a los servicios de un bar.*

mini ▌ s.m. **1** Vaso de cerveza o de otra bebida de aproximadamente un litro: *Pedimos un mini de sidra y no fuimos capaces de terminárnoslo.* ▌ s.f. **2** *col.* →**minifalda.**

mini- Elemento compositivo que significa 'muy pequeño' (*minicadena, minibocadillo, minisueldo, minigolf*) o 'muy corto' (*minifalda, minipantalón, miniexcursión*). □ USO Se usa mucho en el lenguaje coloquial.

miniar v. Pintar o ilustrar con miniaturas: *Un artista anónimo minió el códice con escenas alusivas al texto.* □ ORTOGR. La *i* nunca lleva tilde.

miniatura s.f. **1** Pintura de pequeño tamaño y generalmente con mucho detalle, esp. la realizada para ilustrar manuscritos: *En la catedral conservan una antigua Biblia ilustrada con miniaturas medievales.* **2** Arte o técnica de hacer estas pinturas: *La miniatura tuvo su momento de esplendor en la Edad Media.* **3** Reproducción en tamaño muy pequeño: *En su despacho tiene una miniatura de las carabelas de Colón.*

miniaturista adj./s. Que pinta o hace miniaturas: *En las antiguas bibliotecas de los monasterios solía haber monjes miniaturistas. Se conservan manuscritos de Alfonso X ilustrados por grandes miniaturistas.* □ MORF. 1. Como adjetivo es invariable en género. 2. Como sustantivo es de género común y exige concordancia en masculino o en femenino para señalar la diferencia de sexo: *el miniaturista, la miniaturista.*

minibasket (anglicismo) s.m. Baloncesto infantil, que se practica en un campo más pequeño del habitual y con las canastas menos elevadas: *Empezó jugando a minibasket en el colegio y hoy es pívot de la selección nacional.*

minifalda s.f. Falda muy corta, que queda bastante por encima de las rodillas: *La minifalda se popularizó en la década de los sesenta.* □ MORF. En la lengua coloquial se usa mucho la forma abreviada *mini.*

minifundio s.m. Finca agraria que, por su reducida extensión, no resulta por sí misma económicamente rentable: *Los minifundios abundan en la agricultura gallega.* □ SEM. Dist. de *latifundio* (finca de gran extensión).

minifundismo s.m. Sistema de explotación agraria basado en una distribución de la propiedad de la tierra en la que predominan los minifundios: *El tradicional minifundismo de la región explica el subdesarrollo en que se encuentra su agricultura.*

minifundista ▌ adj. **1** Del minifundismo o relacionado con este sistema de explotación agraria: *En la agricultura minifundista, la utilización de maquinaria está limitada por las pequeñas dimensiones de las fincas.* ▌ s. **2** Persona que posee un minifundio: *Es difícil que un minifundista pueda vivir solo de las ganancias del minifundio.* □ MORF. 1. Como adjetivo es invariable en género. 2. Como sustantivo es de género común y exige concordancia en masculino o en femenino para señalar la diferencia de sexo: *el minifundista, la minifundista.*

minigolf s.m. Juego parecido al golf, que se practica en un campo o en una pista pequeños y con obstáculos artificiales: *En el hotel hay una zona de recreo con una mesa de pimpón y un minigolf.* □ ORTOGR. Es un término del inglés (*minigolf*) adaptado al español. □ MORF. Su plural es *minigolfs.*

minimizar v. Reducir o quitar importancia: *No minimices tú un éxito reconocido por todos.* □ ORTOGR. La *z* se cambia en *c* delante de *e* →**CAZAR.**

mínimo, ma **1** superlat. irreg. de **pequeño**. s.m. **2** Límite inferior al que se puede reducir algo; *mínimum: Antes de que el nivel de aceite llegue al mínimo, conviene rellenar el depósito.* □ SEM. La expresión *lo más mínimo* se usa para enfatizar una negación: *No me importa lo más mínimo lo que hagas.*

mínimum s.m. →**mínimo, ma.** □ ORTOGR. Es un latinismo (*minimum*) semiadaptado al español. □ MORF. Su plural es *mínimums.*

minino, na s. *col.* Gato: *El pobre minino ha estado maullando toda la noche.*

minio s.m. Polvo de color rojo anaranjado, obtenido por oxidación del plomo y que, disuelto en aceite o en un ácido, es muy empleado en pintura y como antioxidante: *Antes de pintar la reja, dale una capa de minio para evitar que se oxide.*

ministerial ▌ adj. **1** De un Ministerio o de alguno de sus ministros: *La orden ministerial fue tajante y clara.* ▌ adj./s. **2** Referido a una persona, que apoya habitualmente a un ministro: *Los diputados ministeriales votaron a favor del proyecto de ley presentado por el Gobierno. Este periódico solo recoge la opinión de los ministeriales.* □ MORF. 1. Como adjetivo es invariable en género. 2. Como sustantivo es de género común y exige concordancia en masculino o en femenino para señalar la diferencia de sexo: *el ministerial, la ministerial.*

ministerio s.m. **1** Departamento que atiende determinados asuntos del gobierno de un Estado; *gabinete: La elaboración de los planes de enseñanza es competencia del Ministerio de Educación y Ciencia.* **2** Edificio en el que se hallan las oficinas de este departamento: *Las listas de aprobados están expuestas en el ministerio.* **3** Cargo o profesión de ministro: *El ministerio le ocupa mucho tiempo y tiene a la familia un poco abandonada.* **4** Tiempo durante el que un ministro ejerce su cargo: *Durante su ministerio aumentó el número de huelgas.* **5** Función, empleo u ocupación, esp. cuando se consideran nobles o elevados: *El ministerio sacerdotal exige una vida de servicio a los demás.* □ USO En la acepción 1, se usa como nombre propio.

ministrable adj. Referido a una persona, que tiene posibilidades de ser nombrada ministro: *La prensa destaca los nombres de varios diputados ministrables.* □ MORF. Invariable en género.

ministro, tra s. **1** Persona que está al frente de un Ministerio o departamento de la Administración del Estado: *El ministro del Interior ha dado una rueda de prensa para informar del atentado terrorista.* **2** Persona que desempeña una función determinada, esp. cuando se considera noble o elevada: *Los sacerdotes son ministros de Dios.* **3** Persona que ejecuta los mandatos de otra, esp. si es un enviado o un representante diplomático: *El ministro plenipotenciario es el representante diplomático que sigue en categoría al embajador.* **4** ‖ **primer ministro.** Jefe del Gobierno o presidente del Consejo de Ministros: *En España no se reconoce la figura del primer ministro.*

minoico, ca adj. De Minos (antiguo nombre de Creta, isla griega mediterránea), o relacionado con ella: *Los palacios de Cnosos y Festos son restos del arte minoico.*

minoría s.f. **1** En un todo, parte menor de sus componentes o de sus miembros: *Solo una minoría de los cuadros expuestos era de calidad. La mezquita se financió con contribuciones de la minoría musulmana.* **2** En una votación, conjunto de votos distintos de la mayoría: *Su partido obtuvo una minoría que es insuficiente para formar grupo parlamentario.* **3** ‖ **minoría (de edad).** Condición de la persona que no ha alcanzado la edad fijada por la ley para poder ejercer los derechos civiles: *Debido a su minoría de edad, fue enviado a un centro de menores y no a la cárcel.*

minorista ▮ adj. **1** Referido a un establecimiento, que vende al por menor: *Los establecimientos minoristas actúan como intermediarios entre los mayoristas y el público.* ▮ s. **2** Persona que compra al mayorista y vende al por menor al público: *Es minorista de frutas y verduras en una galería de alimentación.* □ MORF. 1. Como adjetivo es invariable en género. 2. Como sustantivo es de género común y exige concordancia en masculino o en femenino para señalar la diferencia de sexo: *el minorista, la minorista*.

minoritario, ria adj. **1** De la minoría o relacionado con ella: *Los partidos minoritarios de la Cámara se opusieron a la mayoría gobernante.* **2** Que está en minoría numérica: *El voto afirmativo es minoritario y no triunfará.*

minucia s.f. Lo que tiene poco valor o escasa importancia: *Pensé que sería más caro, pero me ha costado una minucia.*

minuciosidad s.f. Detención o cuidado que se ponen en los menores detalles: *El carpintero hizo su trabajo con minuciosidad y el armario quedó perfecto.*

minucioso, sa adj. Que se detiene o requiere detenerse en los menores detalles; *detenido: Después de una minuciosa investigación, descubrieron la prueba que delataba al asesino.*

minué s.m. **1** Composición musical de origen francés, en compás ternario y ritmo pausado: *El minué tuvo gran éxito en el siglo XVII, en la corte de Luis XIV.* **2** Baile de pareja que se ejecuta al compás de esta música: *El minué empezó siendo una danza cortesana.* **3** →**minueto.**

minuendo s.m. En una resta matemática, cantidad de la que debe restarse otra llamada *sustraendo* para obtener la diferencia: *En la resta '8 - 2 = 6', 8 es el minuendo.*

minueto s.m. Composición musical de carácter instrumental, en compás ternario y movimiento moderado, que se intercala como uno de los tiempos de una sonata, de una sinfonía o de otra composición extensa; *minué: En el clasicismo, el minueto pasó a formar parte de la sonata.*

minúsculo, la ▮ adj. **1** De dimensiones o importancia muy pequeñas: *No tiene sentido enfadarse por esos detalles minúsculos.* ▮ s.f. **2** →**letra minúscula.**

minusvalía s.f. Disminución del valor de algo, esp. de un bien: *La minusvalía de sus acciones en Bolsa casi le lleva a la ruina.* □ SEM. 1. Dist. de *plusvalía* (aumento del valor). 2. Su uso con el significado de 'minusvalidez' es incorrecto, aunque está muy extendido: *Tiene una ligera {*minusvalía > minusvalidez} que no le impide trabajar.*

minusvalidez s.f. Limitación de la capacidad de una persona para realizar ciertas actividades a causa de una deficiencia física o psíquica; *discapacidad: Su minusvalidez le hace poco apto para el trabajo manual, pero en el intelectual nadie lo supera.* □ USO 1. Tiene un matiz despectivo. 2. Es preferible el uso del término *discapacidad*.

minusválido, da adj./s. Referido a una persona, que tiene una deficiencia física o psíquica que la limita para la realización de ciertas actividades: *Las personas minusválidas suelen tener disminuida alguna capacidad y muy desarrolladas otras. Junto a las escaleras han instalado una rampa para facilitar la entrada a los minusválidos.* □ USO 1. Tiene un matiz despectivo. 2. Es preferible el uso de *discapacitado*.

minusvalorar v. Subestimar o valorar menos de lo debido: *Si minusvaloras tanto la capacidad de tu hijo, acabarás por acomplejarlo.*

minuta s.f. **1** Factura o cuenta que presenta un profesional, esp. un abogado, con sus honorarios por un trabajo realizado: *La minuta del abogado fue más alta de lo previsto.* **2** Borrador que se hace de un documento, esp. de un contrato, antes de su escritura definitiva: *El abogado entregó al notario la minuta del contrato de compraventa y este lo transcribió y lo firmó.*

minutero s.m. En un reloj, aguja o dispositivo que señala los minutos: *El minutero es más largo y delgado que la manecilla de las horas.* 👁 **medida**

minuto s.m. **1** En el Sistema Internacional, unidad de tiempo que equivale a 60 segundos: *Una hora tiene 60 minutos.* **2** Unidad de ángulo plano que equivale a 1/60 grados: *Mide con un transportador los grados y minutos del ángulo.*

mío, a poses. **1** Indica pertenencia a la primera persona del singular: *El retraso fue culpa mía. Ese coche es el mío. Cuando hablo de los míos me refiero a mi familia.* **2** ‖ **la mía.** *col.* Expresión con que se indica que ha llegado la ocasión favorable para la persona que habla: *Esta es la mía: si no dices dónde vamos, elijo yo el lugar.* □ MORF. 1. Como posesivo se usa la forma apocopada *mi* cuando precede a un sustantivo determinándolo. 2. →APÉNDICE DE PRONOMBRES.

miocardio s.m. Tejido muscular del corazón: *El miocardio permite el bombeo de la sangre al resto del cuerpo.*

mioceno, na ▮ adj. **1** En geología, del cuarto período de la era terciaria o cenozoica, o relacionado con él: *En estratos miocenos aparecen fósiles de animales y de vegetales iguales a los de hoy.* ▮ adj./s.m. **2** Referido a un período, que es el cuarto de la era terciaria o cenozoica: *En la fauna del período mioceno predominaron los mamíferos. El mioceno terminó hace aproximadamente ocho millones de años.*

miope adj./s. **1** Que padece miopía: *Tengo un ojo más miope que otro. Los miopes ven mal de lejos.* **2** *col.* Referido a una persona, que es de corto alcance o que no ve más allá de lo evidente: *Acusan al presidente de estar miope ante los problemas del país. Tendrá vista de lince, pero en cuestiones sentimentales es un perfecto miope.* □ MORF. 1. Como adjetivo es invariable en género. 2. Como sustantivo es de género común y exige concordancia en masculino o en femenino para señalar la diferencia de sexo: *el miope, la miope*.

miopía s.f. **1** Defecto de la visión producido por una incapacidad del cristalino para enfocar correctamente objetos lejanos: *Con la miopía que tiene, si te ha visto a esa distancia no te habrá reconocido.* **2** Cortedad de alcance o incapacidad para ver más allá de lo evidente: *Su miopía de enamorado le impide darse cuenta de que esa chica y él son incompatibles.*

mir ▮ s. **1** Médico que trabaja en un hospital para realizar prácticas y obtener la especialización en alguna rama de la medicina: *El jefe de oftalmología pasa consulta acompañado de dos mir.* ▮ s.m. **2** Examen que da acceso a un puesto de este tipo: *Desde que terminó la carrera, prepara el mir para especializarse en neurología.* □ ORTOGR. Se escribe también en mayúsculas (*una* MIR); en este caso, se recomienda evitar el plural acabado en *-s* y se prefiere dejarla invariable: *los* MIR. □ MORF. 1. Es un acrónimo que procede de la sigla de *médico interno residente*. 2. En la acepción 1, es de género común y exige concordancia en masculino o en femenino para señalar la diferencia de sexo: *el mir, la mir*. 3. Su plural es *mires*.

mira s.f. **1** En algunos instrumentos, pieza o dispositivo que permite enfocar, dirigir la vista a un punto o asegurar la puntería: *Este rifle está provisto de mira telescópica.* **2** Intención, objetivo o propósito que determinan la forma de actuar: *Estudia intensivamente, con la mira de aprobar todas las asignaturas pendientes.* **3** ‖ **con miras a** algo. Con ese propósito: *Se ha sacado el carné de conducir con miras a comprarse un coche.*

mirado, da ▮ adj. **1** Prudente, cauto o cuidadoso: *Es muy mirado con el dinero.* **2** Pospuesto a 'bien', 'mal', 'mejor' o 'peor', considerado de esa manera: *En esa familia, está muy mal mirado no hablar varios idiomas.* ▮ s.f. **3** Fijación de la vista: *No fue capaz de mantenerme la mirada.* **4** Vistazo u ojeada: *Echó una mirada al periódico mientras comía.* **5** Modo o forma de mirar: *Contemplaba a su hijo con mirada serena.*

mirador s.m. **1** Corredor, galería o pabellón situados generalmente en la parte superior de un edificio, desde los que puede contemplarse el exterior: *Los caserones aragoneses suelen estar rematados por un mirador bajo un gran alero.* **2** Balcón cubierto y cerrado con cristales: *La habitación tiene un mirador muy agradable, donde yo me siento a coser.* **3** Construcción o lugar natural, generalmente elevados, desde los que se puede contemplar una vista o un paisaje: *Paramos en un mirador junto a la carretera para apreciar una vista del valle.*

miraguano s.m. **1** Palmera de poca altura, con hojas grandes en forma de abanico, flores en racimo y fruto formado por una baya seca y llena de una materia algodonosa: *El miraguano es propio de las zonas cálidas de América y Oceanía.* **2** Materia algodonosa que se extrae del fruto de esta palmera y que suele usarse como relleno para almohadas y objetos similares: *Duermo con un edredón relleno de miraguano porque resulta más ligero que las mantas.*

miramiento s.m. Consideración, delicadeza o respeto: *Dice lo que piensa sin ningún miramiento.*

mirar v. **1** Referido a algo que puede percibirse por los ojos, observarlo o fijar la vista en ello con atención: *Mira lo que pone aquí. Se miró en el espejo.* **2** Buscar o indagar: *Mira en el cajón, a ver si está allí.* **3** Registrar, revisar o examinar: *En la aduana me miraron todas las maletas.* **4** Considerar, valorar o tener en cuenta: *Mira bien lo que vas a hacer.* **5** Respecto de una cosa, estar orientado hacia ella o situado frente a ella: *Veo amanecer porque mi ventana mira al este.* **6** ‖ **de mírame y no me toques.** *col.* Frágil o poco resistente: *Este jarrón es de mírame y no me toques.* ‖ **mirar por** algo. Protegerlo o intentar beneficiarlo: *Todo padre debe mirar por sus hijos.*

miria- Elemento compositivo que significa 'diez mil' (*miriámetro, miriagramo*) o 'muchos' (*miriápodo*).

miríada s.f. Cantidad muy grande e indefinida: *Una miríada de estrellas cubría el cielo.*

mirilla s.f. **1** En una pared o en una puerta, pequeña abertura hecha para poder ver a través de ellas el otro lado: *Antes de abrir la puerta, mira por la mirilla si es alguien conocido.* **2** En un instrumento topográfico, pequeña ventanilla para dirigir visuales: *La carretera transcurre paralela a la visual entre la mirilla y la elevación más alta del terreno.*

miriñaque s.m. Prenda de tela rígida, a veces montada sobre aros, que usaban las mujeres debajo de la falda para darle vuelo: *En el siglo XVIII, las damas solían llevar aparatosos vestidos con miriñaque.*

mirlo s.m. **1** Pájaro de plumaje oscuro y pico amarillento, fácilmente domesticable, que se alimenta de frutos, semillas e insectos y que emite un canto melodioso y es capaz de imitar sonidos y voces: *Tiene un mirlo en su casa que saluda a todos los que entran por la puerta.* **2** ‖ **un mirlo blanco.** Lo que se considera excepcional o de extraordinaria rareza: *Ese chico es un mirlo blanco, de lo que ya no hay.* □ MORF. Es un sustantivo epiceno y la diferencia de sexo se señala mediante la oposición *el mirlo {macho/hembra}*.

mirón, -a adj./s. **1** Que mira con especial curiosidad, interés o insistencia: *Un montón de ojos mirones se agolpaban curiosos en el lugar del accidente. En el parque había un mirón que espiaba en secreto a las parejas.* **2** Que presencia lo que hacen otros sin tomar parte en ello: *A los tahúres les suele molestar la gente mirona. O ayudas, o te vas, que aquí no queremos mirones.*

mirra s.f. Resina gomosa, roja, brillante y amarga, procedente de un árbol que crece en zonas asiáticas y africanas, muy usada en perfumería por sus propiedades aromáticas: *Los Reyes Magos ofrecieron al Niño oro, incienso y mirra.*

mirto s.m. Arbusto muy oloroso, con hojas de un verde intenso, flores blancas y frutos en baya de color negro azulado, muy empleado en jardinería para formar setos; *arrayán: Antiguamente, se coronaba con coronas de mirto a poetas y guerreros victoriosos en señal de gloria.*

mis s.f. Ganadora de un concurso de belleza: *Cuando tenía dieciocho años fue elegida mis.* ☐ MORF. Su plural es *mises.* ☐ USO Es innecesario el uso del anglicismo *miss.*

misa s.f. **1** Celebración en la que Cristo se hace presente entre los fieles en el pan y el vino; *eucaristía: Va a misa y comulga todos los domingos y fiestas de guardar.* **2** Composición musical escrita sobre las partes de esta ceremonia: *El coro interpretó una misa en si menor que tenía un gloria vibrante.* **3** ‖ **cantar misa.** Referido a un sacerdote, celebrarla por primera vez después de haberse ordenado: *Cantó misa en el mismo seminario donde había estudiado.* ‖ **como si dicen misa.** *col.* Expresión que se usa para indicar indiferencia o despreocupación por los juicios o por las reacciones que puedan tener los demás: *Haré lo que me parezca mejor, y la gente, como si dice misa.* ‖ **decir misa.** Referido a un sacerdote, celebrarla: *Hoy dirá misa el párroco.* ‖ **ir** algo **a misa.** *col.* Ser completamente cierto, seguro o de obligado cumplimiento: *Preguntad al jefe y lo que él decida va a misa.* ‖ **misa de campaña.** La que se celebra al aire libre para tropas militares o para gran cantidad de gente: *Antes de la jura de bandera se celebró una misa de campaña en el patio del cuartel.* ‖ **misa del gallo.** La que se celebra a medianoche en Nochebuena: *Después de la cena de Nochebuena, iremos a la misa del gallo a la catedral.* ‖ **misas gregorianas.** Las que se dicen por un difunto durante treinta días seguidos y generalmente inmediatos al entierro: *Todas las mañanas del mes iba a oír las misas gregorianas que había encargado por su padre.* ‖ **no saber de la misa la {media/mitad}.** *col.* Ignorar o no entender gran parte del asunto de que se trata: *Todo esto se ha hecho a sus espaldas y él no sabe de la misa la mitad.* ‖ **oír misa.** Asistir a ella: *Prefiero oír misa por la mañana para que me quede la tarde libre.*

misacantano s.m. Sacerdote que celebra su primera misa: *Después de la celebración, familiares y amigos se acercaron a felicitar al misacantano.*

misal s.m. Libro en el que se contiene el orden y el modo de celebrar la misa: *El sacerdote se puso las gafas para leer el misal que tenía sobre el altar.*

misantropía s.f. Aversión o rechazo hacia el trato con los demás: *Su misantropía la ha llevado a vivir en la mayor de las soledades.* ☐ SEM. Dist. de *filantropía* (amor al género humano).

misántropo, pa s. Persona que siente gran aversión o rechazo hacia el trato con las demás: *En aquel solitario caserón vive un misántropo que no se relaciona con nadie.* ☐ SEM. Dist. de *filántropo* (persona que siente amor por el género humano e inclinación a hacer obras en su favor).

miscelánea s.f. Mezcla de cosas distintas: *La última sección del periódico es una miscelánea de pasatiempos, citas famosas y curiosidades.*

miserable ▮ adj. **1** Desdichado, infeliz o lastimoso: *Aseguraba que en su miserable vida nunca le sonrió la suerte.* **2** Insignificante por su escaso valor o cantidad: *Le ha quedado una pensión miserable con la que subsiste malamente.* ▮ adj./s. **3** Malvado o perverso: *La estafa fue preparada por un grupo de individuos miserables. El que te atracó era un miserable sin escrúpulos.* **4** Avaro, tacaño o mezquino: *Es tan miserable que, si cobrasen por respirar, se ahogaría. Vive en esa casucha porque es un miserable, no porque no tenga dinero.* ☐ MORF. 1. Como adjetivo es invariable en género. 2. Como sustantivo es de género común y exige concordancia en masculino o en femenino para señalar la diferencia de sexo: *el miserable, la miserable.* ☐ SEM. En las acepciones 1, 2 y 4, es sinónimo de *mísero.* ☐ USO Las acepciones 3 y 4 se usan como insulto.

miserere s.m. **1** Salmo bíblico cuya versión latina comienza con la palabra *miserere* (expresión que significa 'apiádate'): *El miserere fue compuesto por el rey David para pedir perdón por sus pecados.* **2** Canto solemne de este salmo o ceremonia en la que se canta: *En cuaresma, el coro de la catedral interpretó un miserere.*

miseria s.f. **1** Pobreza o estrechez extremadas: *Muchos mendigos viven en la miseria.* **2** Desgracia, penalidad o sufrimiento: *Algunos cuadros de Goya reflejan las miserias de la guerra.* **3** *col.* Lo que resulta una insignificancia por su escaso valor o cantidad: *No sé cómo no te avergüenza regalar esas miserias.* **4** Avaricia, tacañería o mezquindad: *Su miseria llega al extremo de malcomer con tal de ahorrar.* ☐ MORF. La acepción 2 se usa más en plural.

misericordia s.f. **1** Inclinación a compadecerse y mostrarse comprensivo ante las miserias y sufrimientos ajenos: *Ayuda a los necesitados por misericordia.* **2** En el cristianismo, atributo de Dios por el cual se apiada de las personas y perdona sus pecados: *Dios perdonará tus faltas, porque su misericordia es infinita.* **3** En los asientos abatibles del coro de las iglesias, pieza que sobresale por su parte inferior y que, cuando el asiento está levantado, permite descansar en ella disimuladamente mientras se está de pie: *Todos los asientos del coro de la catedral tienen misericordias cuidadosamente talladas.*

misericordioso, sa adj./s. Que siente o muestra misericordia: *Una persona buena y misericordiosa me ayudó a salir de aquella situación desesperada. Según la Biblia, los misericordiosos verán a Dios.*

mísero, ra ▮ adj. **1** Insignificante por su escaso valor o cantidad: *Me pagan un mísero sueldo que apenas me llega para vivir.* **2** Desdichado, infeliz o lastimoso: *En mi mísera vida, jamás me ha sonreído la fortuna.* ▮ adj./s. **3** Avaro, tacaño o mezquino: *No seas tan mísera y dame un poco más. Ese mísero jamás tendrá un gesto generoso con nadie.* ☐ MORF. Su superlativo es *misérrimo.* ☐ SEM. Es sinónimo de *miserable.*

misérrimo, ma superlat. irreg. de **mísero.** ☐ MORF. Incorr. **miserísimo.*

misil o **mísil** s.m. Proyectil autopropulsado, provisto de una carga nuclear o altamente explosiva, generalmente controlado por procedimientos electrónicos: *Los modernos misiles con cargas nucleares son más destructivos que los que llevan explosivos convencionales.* ☐ USO *Mísil* es el término menos usual.

misión s.f. **1** Obligación moral o deber que alguien tiene que cumplir: *Mi misión en la vida es haceros felices.* **2** Orden o encargo de hacer algo: *Enviaron a un grupo de científicos con la misión de estudiar la fauna de la zona.* **3** Encargo temporal dado por un Gobierno para llevar a cabo determinada función: *Fue enviado a zona enemiga en misión de espionaje.* **4** Expedición encargada de llevar a cabo esta orden o este encargo: *El ministro recibió a la misión diplomática belga.* **5** Tierra o lugar en los que se lleva a cabo la evangelización de personas no creyentes o que no conocen la religión cristiana: *Desde que se ordenó sacerdote, su ilusión era ir a las misiones.* **6** Casa, iglesia o centro de los misioneros en este lugar: *Los nue-*

vos misioneros fueron recibidos por varios frailes en la misión. □ MORF. La acepción 5 se usa más en plural. □ SEM. En las acepciones 1 y 2, es sinónimo de *cometido*.

misionero, ra ▌adj. **1** De la misión evangélica o relacionado con ella: *Muchas congregaciones católicas están dedicadas a tareas misioneras.* ▌s. **2** Persona que enseña y predica la religión cristiana en las misiones o en tierras de no creyentes: *Es sacerdote y se ha ido de misionero al continente africano.*

misiva s.f. Carta que se envía: *Cuando se va de viaje nos manda largas misivas.*

mismo adv. **1** Precisamente o exactamente: *Mañana mismo te envío el paquete.* **2** ‖ **así mismo.** →**asimismo.** □ SINT. Se usa siempre precedido de un adverbio o de un complemento circunstancial de lugar.

mismo, ma adj. **1** Que es idéntico y no otro diferente: *En las ceremonias y actos solemnes siempre lleva el mismo traje.* **2** Exactamente igual: *Tu vestido y el mío son del mismo color.* **3** Muy semejante o de igual clase: *Tienes la misma forma de hablar que tu padre.* **4** ‖ **por lo mismo.** Por esa razón: *Está enfermo y, por lo mismo, no podrá asistir a la reunión.* □ SINT. Precedido del artículo determinado, se usa mucho para señalar lo anteriormente mencionado: *Prohibida la entrada a la obra a toda persona ajena a la misma.* □ SEM. Se usa mucho como mero refuerzo significativo: *Yo misma se lo diré. Ellos mismos se lo han buscado. Lo oí por esta misma radio.*

misoginia s.f. Aversión o rechazo hacia las mujeres: *Sus continuos ataques a las mujeres responden a una misoginia no disimulada.*

misógino, na adj./s. Que siente aversión o rechazo hacia las mujeres: *En algunos de sus escritos, Quevedo se muestra como un escritor misógino. Cuando su mujer lo abandonó, se convirtió en un misógino.*

miss (anglicismo) s.f. →**mis.** □ PRON. [mis].

mistela s.f. Vino que se elabora añadiendo alcohol al mosto de la uva muy madura en cantidad suficiente para que no se produzca la fermentación: *La mistela es un vino dulce, propio del levante español.* □ ORTOGR. Se admite también *mixtela*.

míster s.m. **1** *col.* En el lenguaje del fútbol, entrenador: *Antes del partido, el míster dio la alineación a los periodistas.* **2** Ganador de un concurso de belleza masculina: *Después de ser proclamado míster, declaró que quería ser actor.* □ ORTOGR. Es un anglicismo (*mister*) adaptado al español.

misterio s.m. **1** Asunto secreto o muy reservado: *No querían desvelar el misterio y se reunían a escondidas.* **2** Lo que está oculto, es muy difícil de comprender o de explicar, o no tiene una explicación lógica: *Las causas del accidente serán siempre un misterio.* **3** En el cristianismo, aquello a lo que solo se puede acceder desde la fe: *En catequesis nos hablaron del misterio de la Santísima Trinidad.* **4** En el cristianismo, cada uno de los sucesos relevantes de la vida, de la pasión, de la muerte y de la resurrección de Jesucristo: *Hoy en el rosario hemos rezado los misterios dolorosos.* **5** En el cristianismo, representación escultórica de estos sucesos: *Por navidades ponemos el misterio y el árbol de Navidad.*

misterioso, sa adj. Que encierra o incluye misterio: *Sospecharon de ellos porque actuaban de forma misteriosa.*

misticismo s.m. **1** Estado de perfección religiosa que consiste en la unión con la divinidad por medio del amor, y que a veces se acompaña de éxtasis y de revelaciones: *Muchos santos trataron de llegar al misticismo.* **2** Estado de la persona que se dedica fundamentalmente a Dios y a lo espiritual: *No digo yo que el misticismo sea malo, pero deberías estar más atento a lo que pasa a tu alrededor.*

místico, ca ▌adj. **1** De la mística, del misticismo o relacionado con ellos: *Hay una serie de vías místicas para llegar a la divinidad.* ▌adj./s. **2** Que centra su vida en el desarrollo del espíritu: *San Juan de la Cruz es un autor místico. Ese ermitaño es un místico y vive olvidado de las cosas mundanas.* ▌s.f. **3** Parte de la teología que trata de la vida espiritual y contemplativa y del conocimiento y dirección del espíritu: *Los temas de teología que trataban de mística fueron los más difíciles.* **4** Experiencia íntima con la divinidad: *En la mística, una persona llega a unirse con la divinidad.* **5** Expresión literaria de esta experiencia: *En literatura estudiamos la mística de santa Teresa de Jesús.*

mistral s.m. Viento frío del noroeste que sopla en la costa mediterránea francesa: *Un mistral seco y cortante azotaba la playa.*

mitad s.f. **1** Cada una de las dos partes iguales en que se divide un todo: *De un bocado se comió la mitad del bollo.* **2** En un todo, punto o lugar que está a igual distancia de sus extremos: *Parte la barra por la mitad y haz dos bocadillos.*

mítico, ca adj. Del mito o relacionado con él: *Ese director es un personaje mítico en la historia del cine.*

mitificación s.f. **1** Conversión en mito: *Los conocimientos científicos han acabado con la mitificación de los fenómenos naturales.* **2** Admiración y valoración excesivas: *Los niños son muy dados a la mitificación de sus padres.*

mitificar v. **1** Convertir en mito: *Ese personaje histórico ha sido mitificado y muchas de sus hazañas no fueron reales.* **2** Admirar y valorar excesivamente: *Cuando iba al colegio, mitificaba a los profesores.* □ ORTOGR. La *c* se cambia en *qu* delante de *e* →**SACAR.**

mitigación s.f. Moderación, disminución o conversión en más suave o en más soportable: *Con este medicamento, notarás la mitigación del dolor.*

mitigar v. Moderar, disminuir o hacer más suave o más soportable: *No encuentro la forma de mitigar mi ansiedad.* □ ORTOGR. La *g* se cambia en *gu* delante de *e* →**PAGAR.**

mitin s.m. Acto público en el que uno o varios oradores pronuncian discursos de carácter político o social: *Antes de las elecciones, los partidos políticos celebran mítines para dar a conocer sus programas electorales.* □ ORTOGR. Es un anglicismo (*meeting*) adaptado al español.

mito s.m. **1** Fábula o relato alegórico, esp. el que refiere acciones de dioses y de héroes: *Se creía que la guerra de Troya era un mito hasta el descubrimiento de las murallas de la ciudad.* **2** Lo que por su trascendencia o por sus cualidades se convierte en un modelo o en un prototipo o entra a formar parte de la historia: *La extraña muerte de esa actriz favoreció su conversión en mito.* **3** Relato o historia que quieren hacerse pasar por verdaderos o que solo existen en la imaginación: *La bondad de ese político es un mito creado por sus seguidores.*

mitocondria s.f. En el citoplasma de las células con núcleo diferenciado, orgánulo encargado de la obtención de energía mediante la respiración celular: *La membrana interna de las mitocondrias forma pliegues que se llaman crestas.*

a b c d e f g h i j k l m n ñ o p q r s t u v w x y z

MITOLOGÍA

mitología s.f. **1** Conjunto de relatos fabulosos de los dioses y los héroes de la Antigüedad: *En muchos mosaicos se representan escenas de la mitología.* **2** Conjunto de mitos, esp. los de una cultura o pueblo: *Afrodita, diosa de la belleza y el amor en la mitología griega, recibe el nombre de Venus en la mitología romana.* 👁 mitología

mitológico, ca adj. De la mitología: *Zeus y Hera son personajes mitológicos griegos.*

mitomanía s.f. Inclinación desmedida a decir mentiras o a desfigurar la realidad: *La mitomanía puede ser un trastorno mental.*

mitón s.m. Guante de punto que deja al descubierto los dedos: *Hacía tanto frío en clase que tuve que ponerme los mitones para escribir.* 👁 **guante**

mitosis s.f. En biología, parte de la división celular a partir de la cual se originan dos núcleos iguales entre sí, con el mismo número de cromosomas y con la misma información genética: *La mitosis se desarrolla en cuatro fases.* ☐ MORF. Invariable en número.

mitra s.f. **1** Gorro alto formado por dos piezas, una delantera y otra trasera, terminadas en punta, que utilizan los obispos y los arzobispos en las grandes celebraciones: *La mitra y el báculo son símbolos episcopales.* 👁 **sombrero 2** Cargo de obispo o de arzobispo: *Recibió la mitra de nuestra diócesis siendo muy joven.*

mitral s.f. →**válvula mitral.** 👁 **corazón**

mixomatosis s.f. Enfermedad de los conejos, causada por un virus y caracterizada por hinchazones en la piel y en las membranas: *La mixomatosis puede ocasionar la muerte de los conejos infectados.* ☐ MORF. Invariable en número.

mixtela s.f. →**mistela.**

mixtilíneo, a adj. Referido esp. a una figura geométrica, que está formada por líneas rectas y curvas: *Este sector circular es mixtilíneo, ya que está formado por dos líneas rectas y una curva.*

mixto, ta ▮ adj. **1** Formado por elementos de distinta naturaleza: *Mi colegio es mixto y en clase somos chicos y chicas.* ▮ s.m. **2** Cerilla: *Déjame el mechero, porque se me han acabado los mixtos.*

mixtura s.f. Mezcla de varios elementos: *El farmacéutico me recomendó que tomara una mixtura de miel, agua y zumo de limón.*

mnemotecnia s.f. Método que, mediante la utilización de recursos y técnicas, permite aumentar la capacidad de la memoria; *nemotecnia: Gracias al curso de mnemotecnia que hice, ahora me resulta más fácil memorizar las lecciones.* ☐ PRON. [nemotéknia].

mnemotécnico, ca adj. **1** De la mnemotecnia o relacionado con este método de memorización: *Me he comprado un libro de ejercicios mnemotécnicos para mejorar mi capacidad de memoria.* **2** Que sirve para ayudar a la memoria: *Recordé las fechas históricas gracias a una fórmula mnemotécnica que me inventé.* ☐ PRON. [nemotékniko]. ☐ SEM. Es sinónimo de *nemotécnico*.

moabita ▮ adj./s. **1** De Moab (antiguo reino del oeste asiático), o relacionado con él: *El pueblo moabita estuvo bajo el dominio de persas, egipcios y romanos. Los moabitas se enfrentaron con los israelitas por motivos religiosos.* ▮ s.m. **2** Antigua lengua de este reino: *El moabita pertenece a un grupo de lenguas semíticas.* ☐ MORF. 1. Como adjetivo es invariable en género. 2. En la acepción 1, como sustantivo es de género común y exige concordancia en masculino o en femenino para señalar la diferencia de sexo: *el moabita, la moabita*. 3. En la acepción 1, como sustantivo se refiere solo a las personas de Moab.

moaré s.m. Tela fuerte que está tejida formando aguas o reflejos brillantes; *moaré: Para la fiesta estrenó un vestido de moaré color azul.*

moaxaja s.f. Composición poética culta, escrita en árabe o en hebreo, que termina con una estrofa breve de carácter popular, escrita en mozárabe y llamada *jarcha: Hasta el siglo XX no se descubrió que las últimas estrofas de las moaxajas eran transcripciones de cantarcillos romances.* ☐ ORTOGR. Es un arabismo (*muwassaha*) adaptado al español.

mobiliario s.m. Conjunto de muebles con unas características comunes o que se destinan a un uso determinado: *En la esquina han abierto una tienda de mobiliario de cocina.*

moca s.m. →**moka.** ☐ MORF. Se usa también como femenino.

mocárabe s.m. En arquitectura árabe, decoración que consiste en un conjunto de prismas de base cóncava acoplados y superpuestos, y que adorna generalmente bóvedas, capiteles y arcos: *Los mocárabes parecen estalactitas.*

mocasín s.m. **1** Calzado característico de los indios norteamericanos, hecho de piel sin curtir: *Los mocasines tienen la suela lisa.* **2** Calzado moderno sin cordones ni hebillas, de suela generalmente lisa y de poco tacón: *La pala de estos mocasines llega hasta el empeine.* 👁 **calzado**

mocedad s.f. En la vida de una persona, período que se desarrolla desde la pubertad hasta la edad adulta: *En su mocedad fue un gran deportista.*

mocerío s.m. Conjunto de mozos o jóvenes: *El mocerío del pueblo acudió a divertirse a la verbena.*

mochales adj. *col.* Referido a una persona, que está loca o lo parece: *Si hablas solo en voz alta, pensarán que estás mochales.* ☐ MORF. Invariable en género y en número. ☐ SINT. Se usa más con el verbo *estar*.

mochila s.f. Saco o bolsa hechos de tela fuerte para llevar a la espalda sujetos con correas: *A las excursiones siempre llevo mochila.* 👁 **alpinismo; equipaje**

mocho, cha ▮ adj. **1** Que carece de punta o está sin terminar: *La torre de la iglesia de mi pueblo está mocha.* ▮ s.m. **2** En un utensilio largo, remate grueso y sin punta: *Apoyó el mocho de la escopeta en el hombro.*

mochuelo s.m. **1** Ave rapaz nocturna de pequeño tamaño, que tiene la cabeza achatada, el plumaje de la parte superior con pequeñas motas y el de la parte inferior listado, y que se alimenta fundamentalmente de insectos y de pequeños roedores: *Los mochuelos frecuentemente anidan en los huecos de los árboles.* 👁 **rapaz 2** *col.* Lo que resulta una carga o una tarea enojosa: *Como nadie se atrevía a decirle la verdad, me tocó a mí cargar con el mochuelo.* **3** *col.* Responsabilidad o culpa que nadie quiere asumir: *Buscaban a algún incauto para cargarle el mochuelo y quedarse ellos libres de sospechas.* ☐ MORF. En la acepción 1, es un sustantivo epiceno y la diferencia de sexo se señala mediante la oposición *el mochuelo {macho/hembra}*. ☐ SINT. Las acepciones 2 y 3 se usan más con los verbos *cargar*, *echar*, *sacudir* o equivalentes.

moción s.f. **1** Propuesta o petición que se hacen en una asamblea o en una junta: *En la reunión de inversores presenté una moción que no fue aceptada.* **2** ‖ **moción de censura.** En un organismo representativo, esp. si es de ca-

a b c d e f g h i j k l m n ñ o p q r s t u v w x y z

rácter político, la que puede ser presentada por un número mínimo de sus miembros contra el equipo o el jefe de Gobierno, que incluye la proposición de un candidato que sustituya a este y que debe ser aprobada por un número también prefijado para que se produzca esta sustitución: *Una moción de censura contra el Gobierno español tiene que ser propuesta al menos por la décima parte de los diputados.*

moco s.m. **1** Sustancia espesa y viscosa segregada por las glándulas de las membranas mucosas, esp. la que se elimina por la nariz: *Tiene muchos mocos porque está resfriado.* **2** *vulg.* Borrachera: *Iba con un moco tan grande que tuvimos que acompañarlo hasta su casa.* **3** ‖ **llorar a moco tendido.** *col.* Llorar mucho y desconsoladamente: *Cuando le quitamos el chupete, el niño empezó a llorar a moco tendido.* ‖ **moco de pavo.** En este animal, apéndice carnoso que le cuelga sobre el pico: *El moco de pavo es de color rosado.* ‖ **ser** algo **moco de pavo.** *col.* Revestir un grado insignificante o despreciable de importancia, de valor o de dificultad: *Entiendo que esté preocupado, porque su enfermedad no es moco de pavo.* ‖ **tirarse el moco.** *col.* Presumir o darse importancia: *Se tira el moco de que sabe más que nadie, pero es un ignorante.* □ MORF. La acepción 1 se usa más en plural.

mocoso, sa ▮ adj. **1** Que tiene las narices llenas de mocos: *Está mocoso porque ha cogido catarro.* ▮ adj./s. **2** *col.* Referido esp. a un niño, que muestra el atrevimiento o la inmadurez propios de su poca edad aunque intente comportarse como un adulto: *¡Ese tío mocoso se cree que puede darme lecciones a mí! Su hija es una mocosa de siete años, pero me contestó al teléfono como una ejecutiva.* □ USO En la acepción 2, su uso aplicado a niños tiene un matiz cariñoso.

moda s.f. **1** Uso o costumbre, generalmente pasajeros, característicos de un período de tiempo por ser ampliamente aceptados: *A mi abuela no le gustan las modas de hoy.* **2** Conjunto de prendas de vestir y de complementos que responde a uno de estos usos: *Siempre viste moda italiana.* **3** ‖ **de moda.** De actualidad o de acuerdo con los usos o costumbres que se estilan: *Vi una película del actor de moda.* ‖ **pasar de moda.** Quedar anticuado o haber dejado de estilarse: *Ciertos colores en la ropa nunca pasan de moda.*

modal ▮ adj. **1** Del modo, esp. del gramatical, o relacionado con él: *La categoría modal en español es una categoría del verbo.* ▮ s.m.pl. **2** Gestos y comportamiento externo de una persona que indican su buena o mala educación; *ademán: Tiene malos modales porque no le han enseñado a comportarse debidamente.* □ MORF. Como adjetivo es invariable en género.

modalidad s.f. Variante o modo particular en que una misma cosa puede presentarse o manifestarse: *Va a concursar en todas las modalidades de este deporte.*

modelado s.m. **1** Arte o técnica de modelar o hacer figuras con una materia blanda: *Después de clase acude a unos cursos para aprender modelado en arcilla.* **2** Realización de estas figuras: *Ha tardado tres días en el modelado de ese busto.*

modelar v. **1** Referido esp. a una materia blanda, darle forma o hacer una figura con ella: *Conozco a un escultor que modela barro y esculpe granito.* **2** Referido esp. a una manera de ser, configurarla o hacer que adquiera unos rasgos determinados: *Una educación demasiado severa modeló su carácter hasta hacerlo exageradamente duro.*

modélico, ca adj. Que sirve o puede servir de modelo: *Es un estudiante modélico y deberías imitarlo.*

modelo ▮ s. **1** Persona, generalmente de buena figura, que se dedica profesionalmente a la exhibición de prendas de vestir y de complementos: *Quiere ser modelo y está aprendiendo a desfilar en una pasarela.* **2** Persona que posa para ser copiada por un pintor o por un escultor, o para ser fotografiada: *Si quieres ser mi modelo debes estarte quieta para que pueda dibujarte.* ▮ s.m. **3** Ejemplar o patrón que sirve de pauta en la realización de algo: *Usaré tu instancia como modelo para rellenar la mía.* **4** Lo que se considera un ejemplo a seguir por su perfección o por sus cualidades: *Todos dicen que era una niña modelo: inteligente, trabajadora, simpática y guapa.* **5** Representación de un objeto a escala reducida: *Tiene un modelo de un coche de los años treinta.* **6** Objeto creado por un artista famoso: *Se ha comprado un modelo de un modisto francés.* **7** Cada producto industrial fabricado con arreglo a un diseño común, esp. si está patentado: *Aunque sea de la misma marca que el tuyo, mi coche es un modelo anterior.* **8** Esquema teórico de algo complejo, que se realiza para facilitar su comprensión: *Si sigues el modelo de las declinaciones latinas, traducirás fácilmente este texto.* □ MORF. En las acepciones 1 y 2, es de género común y exige concordancia en masculino o en femenino para señalar la diferencia de sexo: *el modelo, la modelo.* □ SINT. En la acepción 4, se usa mucho en aposición, pospuesto a un sustantivo: *un estudiante modelo, varias empresas modelo.*

módem s.m. En informática, dispositivo que permite que dos ordenadores se comuniquen por vía telefónica o telegráfica: *Si incorporamos un módem a nuestros ordenadores, podremos intercambiar información.* □ ORTOGR. Es un anglicismo (*modem*) adaptado al español. □ MORF. Su plural es *módems*.

moderación s.f. **1** Reducción o disminución de la intensidad de algo que se considera excesivo: *En las curvas es aconsejable la moderación de la velocidad.* **2** Prudencia o sobriedad en la forma de actuar: *Si no quieres engordar debes comer con moderación.*

moderado, da adj. **1** Que está en medio de los extremos: *Tras las inundaciones del fin de semana, se esperan lluvias moderadas.* **2** Referido a personas o a partidos políticos, que tienen ideas no extremistas: *Los miembros moderados del partido pidieron perdón por las palabras de su portavoz.*

moderador, -a s. Persona que preside o que dirige un debate o una asamblea dando la palabra ordenadamente a quien corresponda: *El moderador me dijo que fuese más breve ya que otro participante quería intervenir.*

moderar v. **1** Referido a algo que se considera excesivo, suavizar o disminuir su intensidad o su exageración: *En la carretera había guardias indicando que debíamos moderar nuestra velocidad. Ahora se modera más en las palabras y apenas dice tacos.* **2** Referido esp. a un debate, presidirlo o dirigirlo dando la palabra al que la solicita: *El periodista que moderaba el debate ordenaba el turno de las intervenciones de los invitados.* □ SINT. Constr. de la acepción 1 como pronominal: *moderarse* EN *algo*.

moderato (italianismo) s.m. **1** En música, aire o velocidad moderados con que se ejecutan una composición o un pasaje: *El moderato es más rápido que el andante y más lento que el alegro.* **2** En música, composición o pasaje que se ejecutan con este aire: *El solista interpretó el moderato con brío.*

modernidad s.f. **1** Conjunto de características de lo que se considera moderno: *La modernidad de sus opiniones escandaliza a sus mayores.* **2** *col.* Conjunto de la gente que se considera moderna: *A la fiesta acudió toda la modernidad de la ciudad.*

modernismo s.m. **1** Afición excesiva por lo moderno, esp. en arte o en religión: *Su modernismo le lleva a tener la casa llena de cuadros y de esculturas de artistas actuales.* **2** En arte, movimiento de tendencia decorativa que se desarrolló a finales del siglo XIX y principios del XX, y que se caracteriza por la inspiración en la naturaleza y por la utilización de las líneas curvas y del color: *El modernismo alcanzó un gran desarrollo en la arquitectura.* **3** En literatura, movimiento hispanoamericano y español que se desarrolló a finales del siglo XIX y principios del XX, y que se caracterizó por su afán esteticista, su renovación del lenguaje, su refinamiento y su sensibilidad hacia culturas y temas exóticos: *Muchos textos del modernismo destacan por su musicalidad y perfección formal.*

modernista ▮ adj. **1** Del modernismo o relacionado con este movimiento artístico: *En Barcelona vimos muchos edificios modernistas.* ▮ adj./s. **2** Partidario o seguidor del modernismo: *El catalán Antonio Gaudí es uno de los grandes arquitectos modernistas. Rubén Darío es uno de los modernistas más destacados en literatura.* □ MORF. 1. Como adjetivo es invariable en género. 2. Como sustantivo es de género común y exige concordancia en masculino o en femenino para señalar la diferencia de sexo: *el modernista, la modernista*.

modernización s.f. Transformación consistente en adoptar o conceder las características de lo que se considera moderno: *Gracias a la modernización que hemos llevado a cabo, esta industria es competitiva.*

modernizar v. Dar características de lo que se considera moderno: *Han modernizado el mobiliario de la empresa para ponerlo acorde con los tiempos. Decidió modernizarse un poco para entender mejor a sus hijos.* □ ORTOGR. La *z* se cambia en *c* delante de *e* ⟶**CAZAR**.

moderno, na adj. **1** De la época presente o de un tiempo reciente: *La mujer moderna suele trabajar fuera de casa.* **2** Innovador, avanzado o conforme con las últimas tendencias o adelantos: *Es un vestido demasiado moderno para mi gusto.* **3** De la Edad Moderna (período histórico que empieza aproximadamente a finales del siglo XV y termina en la época contemporánea), o relacionado con ella: *Los Estados modernos se caracterizan por el fortalecimiento del poder real frente a los nobles.*

modestia s.f. **1** Humildad o falta de vanidad: *Aunque es un gran científico, habla de sí mismo con modestia y nunca se alaba.* **2** Sencillez, falta de lujo o escasez de medios: *Como tiene tanto dinero, me sorprendió la modestia de su casa.*

modesto, ta adj. **1** Humilde y sin vanidad: *Es tan modesta que nunca habla de sus premios.* **2** Sencillo, sin lujo o con pocos medios: *Tiene un sueldo modesto y no puede hacer grandes gastos. Vive en un barrio modesto a las afueras de la ciudad.*

módico, ca adj. Referido esp. a una cantidad de dinero, que es moderada o escasa: *Me vendieron el traje por un precio módico.*

modificación s.f. **1** Cambio o transformación de algo sin alterar su naturaleza: *Algunos políticos apoyan la modificación de algunos artículos de la Constitución.* **2** En gramática, determinación o limitación del sentido de una palabra: *La función de los adjetivos calificativos es la modificación del sustantivo al que acompañan.*

modificador s.m. En gramática, palabra que determina o limita el sentido de otra: *El artículo es un modificador del nombre.*

modificar v. **1** Cambiar o transformar sin alterar en profundidad: *El ingeniero se vio obligado a modificar los planos de las nuevas carreteras.* **2** En gramática, referido a una palabra, determinar o limitar su sentido: *En la expresión 'el niño alto', el adjetivo 'alto' modifica al sustantivo 'niño'.* □ ORTOGR. La *c* se cambia en *qu* delante de *e* ⟶**SACAR**.

modismo s.m. **1** Expresión propia de una lengua, con un significado unitario que no puede deducirse del significado de las palabras que la forman, y que no tiene traducción literal en otra lengua: *La expresión 'no dar pie con bola' es un modismo que significa 'equivocarse'.* **2** Expresión propia de una lengua, pese a ser contraria a sus reglas gramaticales: *'A ojos vistas' es un modismo en español.*

modista ▮ s. **1** Persona que se dedica profesionalmente a la creación o al diseño de prendas de vestir: *El vestuario de esa actriz es creación de grandes modistos italianos.* ▮ s.f. **2** Mujer que se dedica profesionalmente a la confección de prendas de vestir, esp. de mujer: *La modista me tomó las medidas para hacerme un vestido.* □ MORF. Aunque *modista* es de género común, y exige concordancia en masculino o en femenino para señalar la diferencia de sexo: *el modista, la modista*, para el masculino también se usa la forma *modisto*.

modisto s.m. de **modista**.

modo s.m. **1** Forma o manera en que algo se hace, se presenta o sucede: *Hay tres modos de hacerlo.* **2** En lingüística, categoría gramatical que expresa la actitud del hablante con respecto a la acción del verbo: *En español, el modo es una categoría morfológica de la flexión del verbo.* **3** Educación o comportamiento: *Cuando se enfada salen a relucir sus malos modos.* **4** ‖ **a modo de.** Como o como si fuera: *Utilizo esta camiseta a modo de pijama.* ‖ **de cualquier modo.** Sin cuidado o sin interés: *Deja la ropa en la silla de cualquier modo.* ‖ **de modo que.** Enlace gramatical subordinante con valor consecutivo: *Has engordado mucho, de modo que tendrás que hacer un régimen estricto.* ‖ **de ningún modo.** Expresión que se usa para negar de forma enérgica y tajante: *De ningún modo me presentaré en su casa si no me invitan.* ‖ **de todos modos.** A pesar de todo: *De todos modos, iré a visitarle al hospital.* ‖ **en cierto modo.** Expresión que se usa para matizar o quitar importancia a una situación o a un suceso: *En cierto modo, este pequeño fracaso te puede servir de lección.* ‖ **modo de articulación.** En fonética y en fonología, disposición que adoptan los órganos fonadores y que constituye un obstáculo que se opone a la salida del aire para producir el sonido: *Según el modo de articulación, las consonantes pueden ser oclusivas, fricativas, africadas, etc.* ‖ **(modo) imperativo.** El que expresa una orden, un ruego o un mandato: *La oración '¡Ven a casa!' está construida en modo imperativo.* ‖ **(modo) indicativo.** El que indica que la acción expresada por el verbo se concibe como real y objetiva: *En 'Sé que vino', 'saber' y 'venir' están en modo indicativo.* ‖ **(modo) subjuntivo.** El que indica que la acción expresada por el verbo se concibe como irreal, subjetiva o subordinada a otra acción: *En 'Quiero que vengas', el verbo 'venir' está en subjuntivo.* □ MORF. La acepción 3 se usa más en plural. □ USO *De todos* *modos* se usa mucho para retomar un tema que ya ha salido en la conversación.

modorra s.f. Sueño muy pesado, ganas de dormir o pesadez y torpeza causadas por el sueño: *Después de comer me entra tal modorra que me tengo que echar la siesta.*

modoso, sa adj. Referido esp. a una persona, que es respetuosa y recatada: *Era un niño muy modoso y no hizo ninguna diablura.*

modulación s.f. Variación armoniosa de la tonalidad, esp. al hablar o al cantar: *Demostró una gran capacidad de modulación de voz durante el recitado de poemas.*

modular ▮ adj. **1** Del módulo o relacionado con él: *La cama forma parte de un mueble modular que, además, incluye varias estanterías y un armario.* ▮ v. **2** Referido a un sonido, variar su tonalidad de manera armoniosa, esp. al hablar o al cantar: *Es un cantante magnífico y modula su voz con gran maestría.*

módulo s.m. **1** Dimensión que se toma como unidad de medida y sirve de norma, modelo o patrón: *En la antigua arquitectura clásica romana, el módulo era la medida del radio del fuste de la columna en su parte inferior.* **2** Pieza o conjunto unitario de piezas con un mismo estilo: *El mueble del salón tiene tres módulos: dos estanterías y una vitrina.* **3** En un todo, cada parte independiente: *Este curso está dividido en varios módulos trimestrales.*

mofa s.f. Burla hecha con desprecio: *No puedo respetar a alguien que hace mofa de todo lo que no comprende.* ☐ SINT. Se usa más en la expresión *hacer mofa de algo*.

mofarse v.prnl. Burlarse con desprecio: *No debes mofarte de los que son más débiles que tú.* ☐ SINT. Constr.: *mofarse* DE *algo*.

mofeta s.f. Mamífero carnívoro depredador, de tronco corto, orejas y ojos pequeños, cola larga, pelaje negro con bandas dorsales blancas, y que posee unas glándulas próximas al ano que segregan un líquido maloliente que expulsa para protegerse cuando es perseguido: *La mofeta es un animal americano.* ☐ MORF. Es un sustantivo epiceno y la diferencia de sexo se señala mediante la oposición *la mofeta {macho/hembra}*.

moflete s.m. *col.* Mejilla muy abultada y carnosa: *Estaba algo gordo y lucía unos sonrosados mofletes.*

mofletudo, da adj. Que tiene mofletes: *Era un niño gordito y mofletudo.*

mogollón s.m. **1** *col.* Gran cantidad de algo, esp. si está en desorden: *Sobre la mesa de trabajo siempre tiene un mogollón de libros y de papeles.* **2** *col.* Lío o alboroto que se producen generalmente con la aglomeración de muchas personas: *No sé cómo se te ocurre meterte en el mogollón de las rebajas.* ☐ SINT. En la lengua coloquial se usa también como adverbio de cantidad con el significado de 'mucho': *Me gustó 'mogollón'*.

mohair (anglicismo) s.m. Lana o tejido hechos con el pelaje de la cabra de Angora (ciudad turca): *No sé qué cantidad de lana necesito para hacer un jersey de mohair.* ☐ PRON. [moér].

mohicano, na ▮ adj./s. **1** De un pueblo indígena americano que habitaba en el valle central del Hudson (río estadounidense) y en el actual estado norteamericano de Vermont, o relacionado con él: *Los indios mohicanos eran nómadas y con una cultura bastante desarrollada. Los mohicanos se dedicaban a la caza y a la agricultura.* ▮ s.m. **2** Lengua de este pueblo: *El mohicano era una lengua de América del Norte.*

mohín s.m. Gesto, esp. el hecho con la boca para expresar enfado o disgusto: *Ante la reprimenda, el niño hizo un mohín de enfado.*

mohíno, na adj. Triste o disgustado: *No ha podido acompañarme y se ha quedado desolado y mohíno.*

moho s.m. Hongo pluricelular que se desarrolla sobre la materia orgánica y que produce su descomposición: *Las conservas abiertas habían criado moho.*

mohoso, sa adj. Cubierto de moho: *No te comas esas peras, porque están pasadas y mohosas.*

moisés s.m. Cuna portátil para recién nacidos, hecha de un material ligero, sin patas y con dos asas: *Cuando tuvo la niña, le regalé un moisés de mimbre.* ☐ MORF. Su plural es *moiseses*. 👁 **cama**

mojama s.f. Carne de atún salada y seca: *Corta un poquito de mojama, y nos la tomamos de aperitivo.*

mojar ▮ v. **1** Referido a un cuerpo, humedecerlo con agua u otro líquido o hacer que estos penetren en él: *Moja la ropa para plancharla mejor. Me he mojado con la lluvia.* **2** Referido a un alimento, untarlo o bañarlo en otro alimento líquido: *Moja las galletas en el café.* **3** *col.* Celebrar invitando a beber: *Este aprobado hay que mojarlo.* **4** *col.* Referido a la ropa, esp. a la de cama, orinarse en ella: *Aunque tiene diez años, aún moja las sábanas.* ▮ prnl. **5** *col.* Tomar parte en un asunto o comprometerse con una opción clara en un asunto esp. conflictivo: *No me gustaría tener que mojarme en una cuestión tan peliaguda.* ☐ ORTOGR. Conserva la *j* en toda la conjugación.

mojarra s.f. Pez marino, de fuertes dientes, cuerpo comprimido, escamas grandes de color gris plateado, y una franja transversal negra en el nacimiento de la cola, cuya carne es muy apreciada: *La mojarra vive en el Atlántico y en el Mediterráneo.* ☐ MORF. Es un sustantivo epiceno y la diferencia de sexo se señala mediante la oposición *la mojarra {macho/hembra}*.

moje s.m. Caldo o salsa de un guiso: *Échame más moje, porque me encanta tomarlo con pan.*

mojicón s.m. **1** Bollo o bizcocho pequeño, esponjoso y poco sabroso: *Pidió un chocolate con dos mojicones.* **2** *col.* Golpe dado en la cara con la mano: *Me puso tan nervioso que se me fue la mano y le di un mojicón.*

mojiganga s.f. **1** Obra teatral breve, destinada a hacer reír y en la que intervienen personajes ridículos o extravagantes: *En el Siglo de Oro se representaban mojigangas en los entreactos de las comedias.* **2** Lo que resulta ridículo, esp. si sirve para burlarse de una persona: *Déjate de mojigangas y no te rías más de mí.*

mojigatería s.f. **1** Muestra exagerada de moralidad o facilidad para sentirse escandalizado: *No te dejes influenciar por la mojigatería de los beatos.* **2** Humildad o timidez que se aparentan para conseguir algún fin: *Tu mojigatería ya no me engaña.* **3** Hecho o dicho propios del mojigato: *Me extrañó esa mojigatería en un chico que parecía tan normal.*

mojigato, ta adj./s. **1** Que muestra una moralidad exagerada o que se escandaliza con facilidad: *No seas mojigata y ponte un vestido más corto. No puedes hablar de nada con un mojigato que de todo se escandaliza.* **2** Que aparenta humildad o timidez para lograr lo que pretende: *Esa joven mojigata no parará hasta lograr un ascenso. No te dejes engañar por la hipocresía de ese mojigato.*

mojo s.m. Salsa de un guiso, esp. la elaborada a base de aceite, pimentón, ajo, azafrán y orégano: *El mojo es una salsa típicamente canaria, que se añade a las comidas.*

mojón s.m. Poste que sirve para señalar la distancia y la dirección de un camino o los límites de un territorio: *El mojón que acabamos de pasar indicaba el kilómetro 220 de la Nacional IV.*

moka s.m. **1** Café de muy buena calidad, originario de Moka (ciudad del suroeste asiático): *El moka bebido se toma generalmente sin filtrar.* **2** Crema hecha de café, mantequilla, azúcar y vainilla, que se utiliza para rellenar o para adornar dulces: *He comprado unos bombones de moka.* □ MORF. Se usa también como femenino. □ SEM. Es sinónimo de *moca*.

mol s.m. En el Sistema Internacional, unidad básica de cantidad de sustancia, que, expresada en gramos, equivale a su peso molecular; *molécula gramo*: *Un mol de agua pesa 16 gramos.*

molar ▌adj. **1** De la muela o relacionado con este diente: *Acudió al dentista para que le realizaran una extracción molar.* ▌s.m. **2** →**diente molar.** 👁 **dentadura** ▌v. **3** *col.* Gustar o agradar mucho: *Me mola ese chico. Me mola la música pop.* **4** *col.* Presumir: *¡Cómo molas con tu nueva moto, eh!* □ MORF. Como adjetivo es invariable en género.

moldavo, va adj./s. De Moldavia (país del este europeo), o relacionado con ella: *El Estado moldavo estuvo integrado en la Unión Soviética. Los moldavos se dedican principalmente a actividades agrícolas.* □ MORF. Como sustantivo se refiere solo a las personas de Moldavia.

molde s.m. Pieza hueca que se rellena de una materia que, al solidificarse, toma la forma de aquella: *El bizcocho se ha quedado pegado al molde.*

moldeado s.m. **1** Realización de un objeto por medio de un molde o de una figura con una materia blanda: *El moldeado de los soldaditos de plomo es un trabajo artesanal.* **2** Ondulado del cabello hecho artificialmente y que dura mucho tiempo: *Todos los veranos me hago un moldeado para no preocuparme del peinado.*

moldear v. **1** Referido a un objeto, sacarle un molde: *Para hacer las reproducciones, antes es necesario moldear la figura original.* **2** Referido a un objeto, elaborarlo al dar forma a una sustancia blanda o fundida, generalmente echándola en un molde: *El escultor moldeó en barro el cuerpo de la modelo.* **3** Referido esp. a una persona o a su carácter, formarlos o modelarlos: *Una buena educación moldeó mi carácter arisco y agresivo.* **4** Referido al cabello, ondularlo o rizarlo: *Cuando me lavo el pelo, me moldeo las puntas con el secador.*

moldura s.f. **1** Parte saliente y continua, de perfil uniforme y generalmente de poca anchura, que sirve de adorno, unión o refuerzo en una obra arquitectónica, de carpintería y de otras artes: *El techo del salón tiene en los lados unas molduras de escayola.* **2** Marco de un cuadro: *El cuadro tenía una moldura labrada.*

mole s.f. **1** Lo que es de gran tamaño y peso: *Los rascacielos urbanos son gigantescas moles de hormigón y de cristal.* **2** Corpulencia o gran volumen de un cuerpo: *La mole del boxeador asustó a su adversario.*

molécula s.f. **1** Conjunto de átomos, iguales o diferentes, unidos mediante enlaces químicos, que constituye la mínima cantidad de sustancia que mantiene todas sus propiedades químicas: *Una molécula de agua está formada por dos átomos de hidrógeno y uno de oxígeno.* **2** ‖ **molécula gramo.** Cantidad de sustancia que, expresada en gramos, coincide con su peso molecular; *mol*: *La molécula gramo del oxígeno pesa 32 gramos.*

molecular adj. De las moléculas o relacionado con ellas: *La fórmula molecular del agua es H_2O.* □ MORF. Invariable en género.

moler v. **1** Referido a granos o a frutos, golpearlos o frotarlos hasta reducirlos a partes muy pequeñas o a polvo: *El molinillo es un aparato que sirve para moler el café.* **2** Maltratar o hacer daño: *Después de quitarle el dinero, lo molieron a palos.* **3** Cansar o fatigar mucho físicamente: *La lluvia y el frío molieron a los ciclistas participantes en la prueba.* **4** Aburrir o molestar mucho: *Este niño muele a cualquiera con tantas preguntas.* □ MORF. Irreg.: La *o* de la raíz diptonga en *ue* en los presentes, excepto en las personas *nosotros* y *vosotros* →**MOVER**.

molestar v. **1** Causar molestia: *No molestes al perro y déjalo dormir. La música tan alta me molesta. Aunque era tarde, se molestó en acompañarme a casa.* **2** Ofender ligeramente: *No era mi intención molestarte con mis preguntas. Se molestó cuando le dije que no me gustaba su peinado.* □ SINT. Constr. de la acepción 1 como pronominal: *molestarse* EN *algo*.

molestia s.f. **1** Perturbación del bienestar o de la tranquilidad de alguien, esp. la producida por la exigencia de un esfuerzo: *Este asunto me está ocasionando tantas molestias que estoy deseando resolverlo.* **2** Lo que causa esta perturbación: *Me parece muy egoísta que pienses que los ancianos son una molestia.* **3** Dolor o malestar físico de poca intensidad: *No se entrenó porque tenía molestias en la rodilla.*

molesto, ta adj. **1** Que causa molestia: *El humo de tus puros es muy molesto.* **2** Que siente molestia: *No estés molesto porque no te hayan invitado a la boda.*

molibdeno s.m. Elemento químico, metálico y sólido, de número atómico 42, de gran dureza y difícil de fundir: *Por su elevado punto de fusión, el molibdeno se emplea en la construcción de reactores nucleares.* □ ORTOGR. Su símbolo químico es *Mo*.

molicie s.f. Excesiva comodidad en la forma de vivir: *Deja esa vida de molicie y asume tus responsabilidades.*

molienda s.f. Operación que consiste en golpear o frotar un cuerpo, esp. granos o frutos, hasta reducirlo a partes muy pequeñas o a polvo: *Un molinero le enseñó todo sobre la molienda del trigo.*

molinero, ra s. Persona que tiene a su cargo un molino o que trabaja en él: *El molinero cobró su trabajo en especie y se quedó con parte de la harina.*

molinete s.m. **1** Rueda pequeña con aspas, que se coloca generalmente en un cristal y que sirve para renovar el aire del interior de una habitación: *Instalaron en el ventanal del bar un molinete.* **2** Aparato giratorio formado por un eje provisto de una serie de aspas o de brazos y que, colocado generalmente en una puerta, permite el paso de las personas de una en una: *Nos colocamos en fila para poder pasar por el molinete del parque de atracciones.* **3** Juguete compuesto de una varilla con una pequeña rueda de aspas de material ligero en su extremo, que gira con el viento; *molinillo*: *El niño llevaba en la mano el molinete que le compraron en la verbena.* **4** En tauromaquia, pase en el que el torero gira en sentido contrario al de la embestida del toro, rozándole el costillar con la muleta: *El diestro terminó la serie de pases con un vistoso molinete.*

molinillo s.m. **1** Aparato de cocina que sirve para moler: *Al enchufar el molinillo de café, se produjo un cortocircuito.* 👁 **electrodoméstico** **2** Juguete compuesto de una varilla con una pequeña rueda de aspas de material

a b c d e f g h i j k l **m** n ñ o p q r s t u v w x y z

ligero en su extremo, que gira con el viento; *molinete: En este puesto de chucherías venden molinillos de colores brillantes.*

molino s.m. **1** Máquina que se usa para moler, triturar o laminar: *Los molinos tradicionales estaban formados por dos grandes ruedas de piedra.* **2** Edificio en el que está instalada esta máquina: *Don Quijote creyó que los molinos de viento eran gigantes.*

molla s.f. **1** En una pieza de carne, parte que tiene menos desperdicio o grasa: *La molla resulta muy poco sabrosa para los asados.* **2** *col.* En una persona, acumulación de grasa en alguna parte del cuerpo: *Los pantalones con pinzas me disimulan las mollas de la tripa.* □ MORF. La acepción 2 se usa más en plural.

molleja s.f. **1** En las aves, estómago muscular en el que se trituran y ablandan los alimentos: *Los alimentos llegan a la molleja mezclados con los jugos digestivos.* **2** En las reses jóvenes, el timo y otros órganos productores de linfocitos: *Para algunas personas, las mollejas de ternera son un plato exquisito.* □ MORF. La acepción 2 se usa más en plural.

mollera s.f. *col.* Cabeza humana: *Has demostrado poca mollera metiéndote en ese asunto.*

molón, -a adj. *col.* Que agrada o que gusta mucho: *¿Va a venir a la fiesta esa amiga tuya tan molona?*

molusco ▮ adj./s.m. **1** Referido a un animal, que tiene el cuerpo blando, no segmentado, con forma simétrica la mayoría de las veces, y generalmente protegido por una concha: *Las ostras y los calamares son moluscos. La respiración de los moluscos es branquial o pulmonar.* ▮ s.m.pl. **2** En zoología, tipo de estos animales, perteneciente al reino de los metazoos: *A los moluscos pertenecen tanto especies terrestres como acuáticas.* 👁 **marisco**

momentáneo, a adj. Provisional, pasajero o que dura poco tiempo: *Fue un apagón momentáneo y pronto volvió la luz.*

momento s.m. **1** Porción de tiempo que se considera muy breve, esp. en relación con otra; *instante: Comí en un momento para volver rápidamente al trabajo.* **2** Período de tiempo de duración indeterminada y caracterizado por algo: *Durante esos meses pasamos momentos inolvidables.* **3** Período de tiempo concreto en el que tiene lugar la existencia de una persona o de un suceso: *Asistieron las principales figuras poéticas del momento.* **4** Oportunidad u ocasión propicia: *Ten paciencia, que ya llegará tu momento.* **5** ‖ **(a) cada momento.** Con frecuencia o continuamente: *No podía estudiar porque a cada momento sonaba el teléfono.* ‖ **al momento.** Enseguida o inmediatamente: *No tuvimos que esperar porque nos recibió al momento.* ‖ **de momento** o **por el momento.** Por ahora o provisionalmente: *De momento, no puedes hacer otra cosa que esperar.* ‖ **de un momento a otro.** Muy pronto o sin tardanza: *Esperamos su llegada de un momento a otro.* ‖ **por momentos.** De forma continua y progresiva: *El fuego aumentaba por momentos.*

momia s.f. **1** Cadáver que se ha conservado sin descomponerse, ya sea de forma natural o por medios artificiales: *Las momias egipcias han llegado hasta nuestro siglo.* **2** Persona muy delgada o demacrada: *Desde que salió del hospital es una momia.*

momificación s.f. Transformación de un cadáver en momia: *Uno de los procedimientos de momificación consiste en extraer las vísceras y los líquidos del cuerpo.*

momificar v. Referido a un cadáver, transformarlo en momia: *Muchas civilizaciones antiguas momificaban los cadáveres para que perduraran. Los cadáveres pueden momificarse por el frío.* □ ORTOGR. La *c* se cambia en *qu* delante de *e* →**SACAR**.

mona s.f. Véase **mono, na.**

monacal adj. De los monjes, de las monjas o relacionado con ellos: *La tranquilidad de la vida monacal me atrae mucho.* □ MORF. Invariable en género.

monacato s.m. **1** Estado o profesión del monje: *Abrazó el monacato siendo muy joven.* **2** Conjunto de las instituciones de los monjes: *El monacato ha tenido mucho poder a lo largo de la historia.*

monada s.f. **1** Gesto o movimiento propio de los monos: *Era gracioso ver las monadas que hacía el chimpancé en su jaula.* **2** Gesto o gracia que hace un niño pequeño: *Al abuelo se le cae la baba viendo las monadas de su nieta.* **3** Gesto o acción de carácter ridículo o poco natural: *Se pasa el día haciendo monadas para llamar la atención.* **4** Halago, zalamería o muestra excesiva de cariño hacia alguien: *La chica no aceptaba las monadas de su novio porque estaba enfadada.* **5** Lo que resulta bonito, gracioso o delicado: *Las tacitas de café son una monada.* □ SEM. En las acepciones 1, 2, 4 y 5, es sinónimo de *monería*.

monago s.m. *col.* Monaguillo.

monaguillo, lla s.m. Niño o joven que ayuda al sacerdote durante la celebración de la misa: *El monaguillo llevó las vinajeras al altar.*

monarca s.m. En una monarquía, soberano o persona que ejerce la autoridad suprema: *Al acto asistieron los reyes, y el monarca descubrió una placa conmemorativa.* □ SEM. No debe usarse en plural con el significado de 'el rey y la reina'.

monarquía s.f. **1** Sistema de gobierno en el que la jefatura del Estado reside en una sola persona, cuyo derecho es generalmente vitalicio y hereditario: *Tras la dictadura de Franco se instauró en España la monarquía parlamentaria.* **2** Estado que tiene este sistema de gobierno: *Al enlace real asistieron representantes de todas las monarquías europeas.* **3** Tiempo durante el que ha estado vigente esta forma de gobierno en un país: *Durante la monarquía, se consolidaron algunos privilegios nobiliarios.* **4** ‖ **monarquía absoluta.** Aquella en la que el poder del monarca está por encima de cualquier otro poder o ley: *En una monarquía absoluta, el poder ilimitado del rey se justificaba por su supuesto origen divino.*

monárquico, ca ▮ adj. **1** De la monarquía, del monarca o relacionado con ellos: *En los siglos XVII y XVIII el poder monárquico era ilimitado.* ▮ adj./s. **2** Partidario de la monarquía: *El partido monárquico fue derrotado en las elecciones. Los monárquicos se oponían a la instauración de la república.*

monasterio s.m. Edificio en el que viven en comunidad los monjes o las monjas de una orden religiosa, esp. si es de grandes dimensiones y está situado fuera de una población; *cenobio: Durante siglos, los monjes de los monasterios medievales fueron los únicos que tuvieron acceso a la cultura.*

monástico, ca adj. De los monjes, de su estado, del monasterio o relacionado con ellos: *La vida monástica le aportó el equilibrio y la paz que buscaba.*

monda s.f. Véase **mondo, da.**

mondadientes s.m. Utensilio de pequeño tamaño, delgado y rematado en punta, que se utiliza para limpiar los restos de comida que quedan entre los dientes: *Siem-*

pre coloca en la mesa un palillero con mondadientes. □ MORF. Invariable en plural.

mondadura s.f. Cáscara o desperdicio de lo que se monda; *monda: Recoge todas las mondaduras de la naranja y tíralas a la basura.* □ MORF. Se usa más en plural.

mondar ▮ v. **1** Referido esp. a un fruto o a un tubérculo, quitarles la piel, la cáscara o la corteza; *pelar: ¿Quién me ayuda a mondar patatas?* ▮ prnl. **2** Reírse mucho: *Nos mondamos con el chiste que contó.*

mondo, da ▮ adj. **1** Limpio o libre de cosas superfluas, mezcladas o añadidas: *Se le ha caído el pelo y tiene la cabeza totalmente monda.* ▮ s.f. **2** Eliminación de la piel o de la cáscara de frutos, tubérculos o verduras: *La monda de las patatas se hace mejor con un cuchillo pequeño.* **3** Cáscara o desperdicio de lo que se monda; *mondadura: Guarda las mondas para echárselas a los cochinos.* **4** ‖ **mondo y lirondo.** *col.* Limpio y sin ningún tipo de añadido: *Vivo de mi sueldo mondo y lirondo, porque no recibo ninguna gratificación extra.* ‖ **ser la monda (lironda). 1** *col.* Ser muy divertido: *Tu primo es la monda: no para de contar chistes.* **2** *col.* Ser extraordinario, raro o indignante: *Su carta es la monda: primero me dice que me espera y luego, que no se me ocurra ir.* □ MORF. La acepción 3 se usa más en plural.

mondongo s.m. En algunos animales, esp. en el cerdo, intestinos: *El mondongo del cerdo se emplea para hacer chorizos.*

moneda s.f. **1** Pieza metálica, generalmente de forma redonda y grabada con algún símbolo del Gobierno que la emite, que sirve de medida común para el cambio comercial: *¿Me prestas una moneda para llamar por teléfono?* **2** Unidad monetaria: *La moneda española es el euro.* **3** ‖ **moneda corriente.** La legal y usual: *El maravedí ya no es moneda corriente en España.* ‖ **moneda {divisionaria/fraccionaria}.** La que equivale a una fracción exacta de la unidad monetaria legal: *Los céntimos son monedas fraccionarias en mucho países.* ‖ **pagar {con/en} la misma moneda.** Comportarse una persona con otra de la misma manera que esta se ha portado con ella: *Nunca ayuda a nadie y algún día le pagarán con la misma moneda.* ‖ **ser moneda corriente.** *col.* Ser habitual y no causar extrañeza: *Los temporales de viento aquí son moneda corriente.*

monedero s.m. Bolsa o cartera de pequeño tamaño que se utiliza para llevar el dinero, esp. las monedas: *Llevo las monedas en el monedero y los billetes, en la billetera.*

monegasco, ca adj./s. De Mónaco (país europeo), o relacionado con él: *El Estado monegasco ocupa una estrecha franja en el sur de Francia. Los monegascos obtienen grandes ingresos del turismo.* □ MORF. Incorr. *monaguesco.*

monema s.m. En lingüística, unidad mínima que tiene significado: *Los monemas se clasifican en lexemas y morfemas.*

monería s.f. **1** Gesto o movimiento propio de los monos: *Al niño le asustaban las monerías que hacía el gorila.* **2** Gesto o gracia que hace un niño pequeño: *Las monerías del bebé tienen encandilada a toda la familia.* **3** Halago, zalamería o muestra excesiva de cariño hacia alguien: *No intentes hacerme monerías, que no me vas a camelar.* **4** Cosa de poca importancia, poco apreciada o que resulta molesta: *En lugar de trabajar, se pasa la mañana haciendo monerías con el ordenador.* **5** Lo que es bonito, gracioso o delicado: *El pisito que se ha comprado es una monería.* □ SEM. En las acepciones 1, 2, 3 y 5, es sinónimo de *monada.*

monetario, ria adj. De la moneda o relacionado con ella: *La crisis monetaria obligará al Gobierno a tomar serias medidas.*

monetarismo s.m. Doctrina económica que concede gran importancia al control del dinero en circulación y sostiene que los fenómenos monetarios determinan la economía de una nación: *El monetarismo es propio de las sociedades capitalistas.*

mongol, -a ▮ adj./s. **1** De Mongolia (país asiático), o relacionado con ella: *La economía mongola tiene una fuerte base agropecuaria y minera. Los mongoles fueron en un principio un pueblo de pastores nómadas.* ▮ s.m. **2** Lengua oficial de este país: *El mongol utiliza el mismo alfabeto que el ruso.* □ MORF. En la acepción 1, como sustantivo se refiere solo a las personas de Mongolia. □ SEM. En la acepción 1, como adjetivo es sinónimo de *mongólico.*

mongólico, ca ▮ adj. **1** →**mongol, -a.** ▮ adj./s. **2** *desp.* Que padece mongolismo: *Los niños mongólicos necesitan una educación especial. Los mongólicos suelen tener los ojos oblicuos, el pelo muy liso y estrabismo.* □ USO La acepción 2 se usa como insulto.

mongolismo s.m. Malformación congénita producida por haberse triplicado total o parcialmente un cromosoma, que origina retraso mental y del crecimiento, y ciertas anomalías físicas; *síndrome de Down: El mongolismo puede deberse a la edad avanzada de la madre.*

mongoloide ▮ adj. **1** Del grupo étnico propio del continente asiático y caracterizado por tener los ojos rasgados y la piel amarillenta: *Los esquimales son mongoloides.* ▮ adj./s. **2** *desp.* Referido a una persona, que tiene rasgos físicos que recuerdan los de los mongoles, esp. la forma oblicua de los ojos: *El boxeador era un muchacho mongoloide de recia musculatura. La niña no dejaba de mirar al mongoloide que se le había sentado enfrente.* □ MORF. 1. Como adjetivo es invariable en género. 2. Como sustantivo es de género común y exige concordancia en masculino o en femenino para señalar la diferencia de sexo: *el mongoloide, la mongoloide.*

monicaco, ca s. **1** Persona de malas apariencias o considerada de poca importancia: *Ese monicaco no pinta nada aquí.* **2** Persona pequeña en edad o en estatura: *La monicaca de tu hija ha vuelto a tirar los juguetes por la terraza.*

monición s.f. En algunas celebraciones litúrgicas, texto breve que en determinados momentos se lee como introducción o como explicación de lo que se va a hacer: *Yo fui el encargado de leer la monición de la primera lectura.*

monigote s.m. **1** *col.* Muñeco o figura grotesca: *Hicieron varios monigotes de trapo para la fiesta de Carnaval.* **2** *col.* Persona ignorante y que se considera de poca valía: *Dice que su jefe es un monigote que no sabe hacer nada.*

monipodio s.m. Reunión o asociación de personas para tratar negocios o actividades poco legales (por alusión a un personaje novelesco de Cervantes, en cuyo patio se reunían los rufianes para planear los robos): *Esa sociedad anónima que dicen que han formado no es más que un monipodio de estafadores.*

monismo s.m. Doctrina filosófica que reduce todos los seres y fenómenos del universo a una idea o sustancia única, de la que se deriva todo lo aparentemente diverso: *Spinoza, Berkeley y Hegel representan distintos tipos de monismo.*

monista ▮ adj. **1** Del monismo o relacionado con esta doctrina filosófica: *La teoría monista de Spinoza identifica*

a b c d e f g h i j k l m n ñ o p q r s t u v w x y z

a Dios con la naturaleza. ▮ adj./s. **2** Partidario o seguidor del monismo: *El griego Tales de Mileto era un filósofo monista que reducía el principio de la realidad al agua. Los monistas pueden ser materialistas.* ☐ MORF. 1. Como adjetivo es invariable en género. 2. Como sustantivo es de género común y exige concordancia en masculino o en femenino para señalar la diferencia de sexo: *el monista, la monista.*

monitor, -a ▮ s. **1** Persona que guía o que dirige a otras en el aprendizaje o en la realización de una actividad, esp. si esta es cultural o deportiva: *En la piscina municipal hay varios monitores de natación.* ▮ s.m. **2** Aparato que aporta datos visuales o sonoros para facilitar el control de un proceso o de un sistema: *Mientras filmaban la entrevista, el invitado se veía en el monitor.*

monja s.f. Mujer que pertenece a una orden o a una congregación religiosa: *Se metió monja en un convento de clausura.*

monje s.m. Individuo que pertenece a una orden monacal o a una congregación religiosa y que vive en comunidad sujeto a una regla y dedicado a la vida contemplativa: *Los monjes cartujos hacen voto de silencio.*

monjil adj. Propio de las monjas o relacionado con ellas: *Con el aspecto monjil que tienes, todos piensan que eres muy aburrida.* ☐ MORF. Invariable en género.

mono, na ▮ adj. **1** *col.* Bonito, gracioso o atractivo: *Estás muy mona con ese vestido. Lleva una camisa muy mona.* ▮ s. **2** Mamífero muy ágil, que tiene la cara desprovista de pelo, cuatro extremidades con manos y pies prensiles y los dedos pulgares opuestos al resto, y que es capaz de andar a cuatro patas o erguido; *simio: Los monos se agarran a las ramas con las manos tan bien como con los pies.* **3** *desp.* Joven inmaduro, esp. si intenta adoptar modales de adulto: *¡Pero si eres una mona!, ¿dónde vas con esos tacones?* **4** *col. desp.* Persona muy fea, esp. si es muy velluda: *¿Cómo te puede gustar ese chico, si es un mono?* ▮ s.m. **5** Prenda de vestir de una sola pieza que cubre el cuerpo, los brazos y las piernas, esp. si se utiliza como traje de faena: *Los albañiles se ponen un mono para trabajar.* **6** En el lenguaje de la droga, síndrome de abstinencia: *Cuando los drogadictos están con el mono, pierden el control de sí mismos.* **7** Deseo o necesidad de algo que gusta mucho o que se necesita porque ya constituye una costumbre: *Tengo mono de sol, porque lleva lloviendo todo el mes.* ▮ s.f. **8** *col.* Borrachera: *Todavía le dura la resaca de la mona que cogió ayer.* **9** En tauromaquia, refuerzo que se ponen los picadores en la pierna derecha: *La mona protege al picador de los golpes del toro.* **10** Rosca o torta adornada con huevos, que se cuece en el horno y suele estar rellena de chorizo y jamón; *hornazo: El jamón de la mona estaba muy salado.* **11** ‖ **a freír monas.** *col.* Expresión que se usa para indicar rechazo o desinterés: *Vete a freír monas y déjame en paz.* ‖ **el último mono.** *col.* La persona más insignificante o menos importante de un lugar: *Me mandó callar porque dice que soy el último mono.* ‖ **mona (de Pascua).** Pastel con figuras de chocolate que se hace en las fechas próximas a la fiesta cristiana de Pascua de Resurrección: *Las monas de Cataluña son muy famosas.* ‖ **mono sabio.** →**monosabio.** ‖ **tener monos en la cara.** *col.* Expresión que se usa para protestar ante las miradas impertinentes: *No me mires tanto, que no tengo monos en la cara.* ☐ SINT. 1. La acepción 6 se usa más con el verbo *tener* y equivalentes o en la expresión *estar con el mono.* 2. La acepción 9 se usa más con los verbos *pillar, coger* o equivalentes. 3. *Tener monos en la cara* se usa más en expresiones interrogativas o negativas. 4. *A freír monas* se usa más con el verbo *mandar* o con los imperativos de *andar, ir* o equivalentes.

mono- Elemento compositivo que significa 'único' o 'uno solo': *monocolor, monocromía, monocotiledóneo, monolingüe, monofásico, monopétalo, monoplaza.*

monocameral adj. En un sistema democrático, referido al poder legislativo, que está formado por una sola Cámara de representantes; *unicameral: El sistema parlamentario monocameral es más rápido para la aplicación de las leyes.* ☐ MORF. Invariable en género.

monocarril adj./s.m. Referido a un tren, que circula sobre un solo raíl; *monorraíl: La construcción del tren monocarril será una buena inversión. Cuando fui a Japón viajé en un monocarril a una velocidad asombrosa.* ☐ MORF. Como adjetivo es invariable en género.

monociclo s.m. Vehículo formado por una barra vertical con un sillín en un extremo y una rueda en el otro, que se mueve mediante pedales: *El equilibrista iba de un lado a otro de la cuerda montado en un monociclo.*

monocolor adj. **1** De un solo color: *Pocos países tienen una bandera monocolor.* **2** En política, formado por miembros de un solo partido político: *Con un Gobierno monocolor, siempre se aprueban todas las propuestas del partido en el poder.* ☐ MORF. Invariable en género.

monocorde adj. **1** Referido esp. a un canto o a una sucesión de sonidos, que repiten una misma nota musical: *Su canto monocorde aburría a todos.* **2** Monótono, insistente o sin variaciones: *Tuvimos que volver a escuchar sus quejas monocordes.* ☐ MORF. Invariable en género.

monocotiledóneo, a ▮ adj./s.f. **1** Referido a una planta, que tiene un embrión con un solo cotiledón: *El tulipán y el junco son plantas monocotiledóneas. El trigo es una monocotiledónea.* ▮ s.f.pl. **2** En botánica, clase de estas plantas, perteneciente a la división de las angiospermas: *Las gramíneas pertenecen a las monocotiledóneas.*

monocular adj./s.m. Referido a un aparato, que permite la visión con un solo ojo: *El químico analiza el compuesto a través de un microscopio monocular. El nuevo monocular completa el equipo del laboratorio.* ☐ MORF. Como adjetivo es invariable en género.

monóculo s.m. Lente para un solo ojo: *El conde llevaba un monóculo colgado de una cadena.* 👁 **gafas**

monocultivo s.m. Sistema de explotación agrícola basado en el cultivo de una sola especie vegetal: *En los países monzónicos es frecuente el monocultivo de arroz.*

monódico, ca adj. De un canto que se interpreta a una sola voz y sin acompañamiento instrumental o relacionado con él: *Las composiciones monódicas, a diferencia de las polifónicas, son interpretadas por uno o por varios intérpretes, pero todos a una sola voz.*

monofásico, ca adj. Referido a la corriente eléctrica alterna, que solo tiene una fase o flujo de electrones: *La distribución de la corriente monofásica se efectúa con un conductor.*

monogamia s.f. **1** Estado o situación del hombre que está casado con una sola mujer o que solo se ha casado una vez: *Dejé de salir con él cuando supe que en su cultura no se respeta la monogamia.* **2** Régimen familiar que prohíbe tener varias esposas a la vez: *La monogamia es característica de la cultura occidental.*

monógamo, ma ▮ adj. **1** De la monogamia o relacionado con ella: *La Iglesia católica solo permite los matrimonios monógamos.* **2** Referido a un animal, que solo se aparea con un individuo del otro sexo: *Los cuervos son animales monógamos.* ▮ adj./s.m. **3** Referido a un hombre, que solo tiene una esposa: *La mayoría de los occidentales son monógamos. En esta estadística se afirma que son muchos los monógamos que mantienen relaciones extramatrimoniales.*

monografía s.f. Estudio o tratado que se ocupa de un único tema: *Ha escrito una monografía sobre la guerra civil española.*

monográfico, ca adj. De la monografía o relacionado con ella: *El tema monográfico del congreso será la aplicación del rayo láser en medicina. Asiste a un curso monográfico sobre la arquitectura actual.*

monolingüe adj. **1** Referido a un hablante o a una comunidad de hablantes, que utiliza una sola lengua: *España no es un país monolingüe, pero algunas de sus regiones sí lo son.* **2** Referido a un texto, que está escrito en un solo idioma: *No sé el suficiente inglés como para utilizar un diccionario monolingüe de esa lengua.* ☐ MORF. Invariable en género.

monolítico, ca adj. **1** Del monolito o relacionado con él: *Las formas monolíticas suelen ser sencillas y tener pocos salientes.* **2** Que está hecho de una sola piedra: *De un solo bloque de mármol ha hecho una estatua monolítica.*

monolito s.m. Monumento de piedra de una sola pieza: *En la isla de Pascua hay enormes monolitos que representan figuras humanas.*

monologar v. Recitar o decir monólogos: *Contigo no se puede conversar porque te encanta monologar.* ☐ ORTOGR. La *g* se cambia en *gu* delante de *e* →**PAGAR**.

monólogo s.m. **1** Discurso o reflexión en voz alta que hace una persona que habla a solas o consigo misma, esp. los de un personaje dramático; *soliloquio: A todo actor le encanta recitar monólogos célebres.* **2** ‖ **monólogo interior.** En literatura, en un texto narrativo, reproducción de los pensamientos de un personaje en primera persona y tal y como surgen en su consciencia, respetando incluso su falta de coherencia sintáctica: *Son famosos los monólogos interiores del 'Ulises', del escritor irlandés Joyce.*

monomanía s.f. Preocupación o afición exageradas u obsesivas por algo: *Tiene la monomanía del fútbol y no se pierde ni un partido.*

monomio s.m. En matemáticas, término de una expresión algebraica en el que sus elementos están unidos por la multiplicación: *La expresión '2x' es un monomio.*

monopatín s.m. Plancha de madera u otro material, con ruedas en su parte inferior, que sirve para desplazarse y suele usarse como divertimento: *Bajamos la cuesta en monopatín y luego la subimos con él bajo el brazo.* ☐ USO Es innecesario el uso del anglicismo *skateboard*.

monopétalo, la adj. Referido a una flor o a su corola, que tiene un solo pétalo: *La campanilla es una flor monopétala.* ☐ SEM. Dist. de *gamopétalo* (con los pétalos parcial o totalmente soldados).

monoplano s.m. Avión que tiene solo un par de alas que forman un mismo plano: *El monoplano aterrizó sin dificultad.*

monopolio s.m. **1** Concesión otorgada por una autoridad competente a una empresa para que esta tenga la exclusiva en la fabricación o en la comercialización de un producto o en la prestación de un servicio: *El Estado mexicano se reserva el monopolio de la producción de petróleo.* **2** Ejercicio, influencia o dominio exclusivos de una actividad: *Ese partido mayoritario tiene el monopolio del poder político.* **3** Uso o disfrute exclusivos o prioritarios: *El coche es de todos los hermanos, aunque el mayor tiene el monopolio.*

monopolización s.f. **1** Posesión o adquisición de la explotación exclusiva de un producto o de un servicio: *Esa empresa disfruta de la monopolización de los transportes terrestres de la ciudad.* **2** Acaparamiento o atracción en exclusiva: *La actriz consiguió la monopolización de la atención de los asistentes.*

monopolizar v. **1** Referido a un producto o a la prestación de un servicio, adquirirlos o tenerlos de forma exclusiva: *Esa empresa monopoliza el servicio de transportes nacionales.* **2** Referido esp. a un servicio, disfrutar de él de forma exclusiva: *En verano, los niños monopolizan la piscina.* **3** Acaparar o atraer: *Ese famoso actor monopoliza la atención del público.* ☐ ORTOGR. La *z* se cambia en *c* delante de *e* →**CAZAR**.

monorraíl adj./s.m. Referido a un tren, que circula sobre un solo raíl; *monocarril: En Japón hay trenes monorraíles. En algunos parques de atracciones hay monorraíles para los visitantes.* ☐ MORF. Como adjetivo es invariable en género.

monorrimo, ma adj. Referido a un verso o a una composición poética, de una sola rima: *La cuaderna vía es una estrofa de cuatro versos monorrimos de catorce sílabas y esquema 'AAAA'.*

monosabio s.m. En tauromaquia, mozo que ayuda al picador en la plaza: *En algunas plazas de toros, los monosabios visten camisola roja.* ☐ ORTOGR. Admite también la forma *mono sabio*.

monosacárido s.m. Hidrato de carbono que no puede descomponerse en hidratos de carbono más sencillos: *La glucosa es un monosacárido.*

monosémico, ca adj. Referido a una palabra, que tiene un solo significado: *'Ardilla' es una palabra monosémica porque solo significa 'mamífero roedor'.*

monosépalo, la adj. Referido a una flor o a su cáliz, que tiene un solo sépalo u hoja modificada: *La flor de la ortiga es monosépala.* ☐ SEM. Dist. de *gamosépalo* (con los sépalos parcial o totalmente soldados).

monosílabo, ba adj./s.m. Referido a una palabra, que tiene una sola sílaba: *'Sí' y 'no' son dos adverbios monosílabos. 'Tren' es un monosílabo.* ☐ ORTOGR. →APÉNDICE DE ACENTUACIÓN.

monoteísmo s.m. Creencia religiosa que admite la existencia de un solo dios: *El monoteísmo es una de las principales características del judaísmo, del cristianismo y del islamismo.*

monoteísta ▮ adj. **1** Del monoteísmo o relacionado con esta creencia: *Las grandes religiones monoteístas son el cristianismo, el judaísmo y el islamismo.* ▮ adj./s. **2** Que tiene como creencia el monoteísmo: *Los antiguos romanos no eran creyentes monoteístas. Los monoteístas adoran a un solo dios.* ☐ MORF. 1. Como adjetivo es invariable en género. 2. Como sustantivo es de género común y exige concordancia en masculino o en femenino para señalar la diferencia de sexo: *el monoteísta, la monoteísta*.

monotonía s.f. **1** Uniformidad o igualdad de tono, esp. en la voz o en la música: *Su monotonía al hablar hacía que nos distrajéramos mucho en sus clases.* **2** Falta de variedad o de cambios: *No soporta la monotonía y cambia de trabajo cada dos por tres.*

monótono, na adj. Que tiene monotonía: *Lleva una vida monótona y sin alicientes.*

monovalente adj. Referido a un elemento químico, que funciona con una sola valencia: *El calcio es monovalente.* □ MORF. Invariable en género.

monseñor s.m. Tratamiento honorífico que corresponde a determinados eclesiásticos: *El papa es el que concede el título de monseñor.*

monserga s.f. **1** Explicación, pretensión o petición fastidiosas o pesadas: *Déjate de monsergas, que ya soy mayorcita.* **2** *col.* Lata, tabarra o tostón: *Menuda monserga nos dio con la guitarra...* □ MORF. La acepción 1 se usa más en plural.

monstruo s.m. **1** Ser fantástico y extraño que generalmente asusta o espanta: *Un monstruo con dos cabezas impedía la entrada a la cueva.* **2** Lo que resulta muy grande o extraordinario: *Ese cantante dará un recital monstruo en el verano.* **3** Persona o cosa de enorme fealdad: *Aunque se ha hecho la cirugía estética, sigue siendo un monstruo.* **4** Persona muy cruel, malvada y perversa: *Ese asesino es un monstruo.* **5** *col.* Persona que tiene extraordinarias cualidades para determinada actividad: *Es un monstruo para los negocios.* □ SINT. En la acepción 2, se usa en aposición, pospuesto a un sustantivo.

monstruosidad s.f. **1** Desproporción, anormalidad o fealdad exageradas en lo físico o en lo moral: *La monstruosidad de una guerra no se olvida fácilmente.* **2** Hecho o dicho monstruosos: *Me parece una monstruosidad que pegues a un bebé.*

monstruoso, sa adj. **1** Excesivamente grande, extraordinario o feo: *Hoy hace un calor monstruoso.* **2** Abominable, horrible o vituperable: *Abandonar a un bebé es un crimen monstruoso.*

monta s.f. **1** Importancia o valor: *Tiene un negocio de poca monta.* **2** Guía o conducción del caballo que ejecuta el que lo monta: *Es muy pequeña, pero ya domina la técnica de la monta.* **3** Unión sexual de un animal macho con la hembra para fecundarla: *Durante la monta, la hembra de casi todas las especies permanece quieta.*

montacargas s.m. Ascensor para subir y bajar cosas pesadas: *No pudieron bajar la mercancía porque no funcionaba el montacargas del almacén.* □ MORF. Invariable en número.

montado, da ▌adj. **1** Referido esp. a un soldado o a un policía, que va a caballo: *Dos policías montados vigilaban la puerta principal del estadio.* ▌s.m. **2** Bocadillo pequeño: *En este bar hacen unos montados de lomo muy sabrosos.*

montaje s.m. **1** Colocación o ajuste de las piezas de un objeto en el lugar que les corresponde: *El montaje de esta mesa es fácil, solo hay que meter las patas en los huecos del tablero.* **2** En cine, vídeo y televisión, selección y colocación del material ya filmado para construir la versión definitiva de una película o de un programa: *En el montaje de la película han eliminado las escenas de la pelea.* **3** Organización o coordinación de los elementos de un espectáculo teatral siguiendo el plan artístico de un director: *Hoy estrenan un nuevo montaje de una obra clásica.* **4** Lo que se prepara para que parezca otra cosa de la que es en realidad: *Todo ha sido un montaje periodístico para desprestigiarte.* **5** Ajuste y acoplamiento de las diversas partes de un todo: *En ese montaje fotográfico había un edificio enorme en medio de un desierto.*

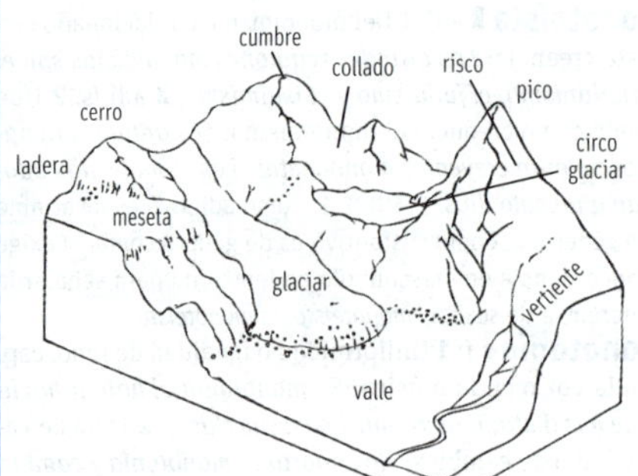

MONTAÑA o MONTE

montano, na adj. Del monte o relacionado con él: *En invierno, soplan en esta región fríos vientos montanos.*

montante s.m. **1** Suma, importe o cuantía: *¿Cuándo piensas abonar el montante de tus deudas?* **2** Ventana sobre la puerta de una habitación: *Mi habitación es interior y solo entra luz por el montante.*

montaña s.f. **1** Gran elevación natural del terreno; *monte: Fuimos de excursión a la montaña más alta del pueblo.* 👁 montaña **2** Territorio en el que abundan estas elevaciones: *El clima de montaña es fresco.* **3** *col.* Gran número o cantidad de algo, esp. si forma un montón: *Tengo una montaña de exámenes que corregir para mañana.* **4** Dificultad, obstáculo o problema: *No hagas una montaña de esta tontería sin importancia.* **5** ‖ **montaña rusa.** En ferias y parques de atracciones, atracción que consiste en unas vagonetas que circulan a gran velocidad por una vía con pendientes, curvas y vueltas muy pronunciadas: *Me mareé en la montaña rusa por las continuas subidas y bajadas.*

montañero, ra ▌adj. **1** De la montaña o relacionado con ella; *montañés: Llévate ropa montañera, porque haremos excursiones por los montes de alrededor.* ▌s. **2** Persona que practica el montañismo: *Pertenece a un club de montañeros y todos los fines de semana va a la montaña.*

montañés, -a ▌adj. **1** De la montaña o relacionado con ella; *montañero: Aunque siempre había vivido en la costa, pronto me acostumbré a la temperatura montañesa.* ▌adj./s. **2** Natural de una montaña: *Cuando iba a esquiar se hospedaba en la casa de sus amigos montañeses. Los montañeses bajaban al valle los días de feria.*

montañismo s.m. Deporte que consiste en realizar marchas a través de las montañas: *Para hacer montañismo se necesitan unas buenas botas.* □ SEM. Dist. de *alpinismo* (deporte que consiste en escalar montañas).

montañoso, sa adj. Referido a un territorio, que tiene muchas montañas: *Suiza y Austria son naciones montañosas.*

montar v. **1** *col.* Organizar, armar o realizar: *Seis soldados montaron guardia junto al campamento. No montéis tanto jaleo.* **2** Referido a un objeto, armarlo o colocar y encajar las piezas en su sitio: *Tardamos dos horas en terminar de montar la estantería.* **3** Referido esp. a una vivienda, poner lo necesario para ocuparla o para vivir en ella: *Montaré el despacho con muebles de madera.* **4** Referido esp. a un negocio, establecerlo o instalarlo para que empiece a funcionar: *¿Dónde montarás la clínica?* **5** Referido esp. a una piedra preciosa, engastarla o engarzarla: *Yo te monto las perlas en oro con el diseño que tú elijas.* **6** Referido a la nata o a la clara del huevo, batirlas hasta ponerlas esponjosas y consistentes: *He traído nata para montar, y la tomaremos de postre con las fresas.* **7** Referido a un arma de fuego, ponerla en disposición de disparar: *El sargento enseñaba a los reclutas cómo montar el fusil y cómo dispararlo.* **8** Referido a un espectáculo o a una exposición, disponer lo necesario para que puedan tener lugar: *Este director ha montado varias obras teatrales con mucho éxito.* **9** Referido esp. a una película, hacer su montaje seleccionando y colocando el material filmado: *Cuando hayamos filmado todo, empezaremos a montar la película.* **10** Referido a un animal macho, unirse sexualmente a la hembra para fecundarla; *cubrir: El toro montaba a la vaca.* **11** Subir o ponerse encima de una cosa: *Monté al niño en el columpio. Móntate en el manillar y te doy un paseo.* **12** Ir a caballo o sobre otra cabalgadura: *Aprendió a montar con cinco años.* **13** Subir al caballo o a otra cabalgadura: *El piel roja montó de un salto y salió huyendo de los vaqueros.* **14** Referido esp. a un caballo, llevarlo como cabalgadura: *El jinete iba montando un potro precioso.* **15** Referido a un medio de transporte, subir en él o utilizarlo: *Nunca he montado en avión. Se montó en un autobús equivocado y llegó tarde.* **16** Referido a un vehículo, esp. si es de dos ruedas, conducirlo o manejarlo: *¿Me enseñas a montar en bici?* **17** Seguido de la preposición 'en' y de términos que indican un estado de ánimo agresivo, manifestar con violencia lo que estos significan: *Montó en cólera y rompió la mesa de un puñetazo.* **18** ‖ **montárselo.** *vulg.* Organizarse alguien sus propios asuntos de manera productiva o fácil: *Gana mucho dinero porque se lo ha montado muy bien en su negocio.* ‖ **tanto monta.** Es igual o vale lo mismo: *En mi casa, tanto monta mi marido como yo. Llévate el que quieras, tanto monta.* ☐ SEM. En las acepciones 12 y 14, es sinónimo de *cabalgar*.

montaraz adj. **1** Que vive en los montes o que se ha criado en ellos: *El jabalí es un animal montaraz.* **2** Rudo, tosco o grosero: *La barba de varios días y la ropa desarreglada le daban un aspecto montaraz.* ☐ MORF. Invariable en género.

monte s.m. **1** Gran elevación natural del terreno; *montaña: Ese monte es el más bajo de toda la cordillera.* 👁 **montaña** **2** Terreno sin cultivar poblado de árboles, arbustos y matas: *Los jabalíes viven en el monte.* **3** ‖ **monte alto. 1** El poblado de árboles grandes: *El monte alto es propio del norte de España.* **2** Estos mismos árboles: *En esa montaña abunda el monte alto.* ‖ **monte bajo. 1** El poblado de arbustos, matas o hierbas y pequeños árboles: *El monte bajo es propio del clima mediterráneo.* **2** Estas matas o hierbas: *El monte bajo se quema muy fácilmente.* ‖ **monte (de piedad).** Establecimiento público en el que se conceden préstamos a bajo interés a cambio de empeños: *Necesitaba dinero rápidamente y empeñó su colección de relojes en el monte de piedad.* ‖ **monte de Venus. 1** *euf.* Pubis femenino: *El monte de Venus está en la parte baja del vientre.* **2** En la palma de la mano, cada una de las pequeñas elevaciones situadas en la raíz de los dedos, esp. la del dedo pulgar: *Una pitonisa le dijo que se enamoraba fácilmente porque tenía el monte de Venus muy carnoso.*

montepío s.m. **1** Depósito de dinero, creado generalmente a partir de descuentos en el salario de los individuos de un cuerpo o sociedad, para poder conceder pensiones o ayudas a sus familias: *Un cinco por ciento de mi sueldo mensual se destina al montepío de la empresa.* **2** Pensión que se paga o que se recibe de este depósito: *La viuda cobra el montepío de la empresa en la que trabajó su marido.* **3** Establecimiento público o privado fundado con este objeto: *Trabaja como administrador en el montepío de los toreros.*

montera s.f. Véase **montero, ra.**

montería s.f. Caza de animales de caza mayor: *El pasado fin de semana estuvo en una montería de jabalíes.*

montero, ra ▌ s. **1** Persona que busca y persigue la caza mayor en el monte: *Los monteros acosaban con los perros a los venados y los llevaban hacia los cazadores.* ▌ s.f. **2** Gorro que usan los toreros, generalmente de terciopelo negro: *El torero brindó el toro al público arrojando la montera al ruedo.* 👁 **sombrero**

montés adj. Que vive, está o se cría en el monte: *La cabra montés vive en las regiones montañosas de España.* ☐ MORF. Invariable en género.

montículo s.m. Montón pequeño, generalmente aislado, natural o hecho por las personas o por los animales: *El jardinero hizo un montículo con el abono.*

montilla s.m. Vino blanco de gran calidad, originario de Montilla (ciudad cordobesa): *Tomaré un montilla de aperitivo.*

monto s.m. Suma final de varias cantidades: *El monto de todas estas deudas es bastante alto.*

montón s.m. **1** Conjunto de cosas puestas unas sobre otras, generalmente sin orden; *taco: Tenía en la mesa un montón de papeles.* **2** *col.* Gran cantidad o abundancia: *Se gastó un montón de dinero en regalos.* **3** ‖ **del montón.** *col.* Corriente y vulgar: *No entiendo el éxito de este libro, porque a mí me parece del montón.*

montuoso, sa adj. Referido a un terreno, que tiene muchos montes: *La carretera sube con muchas curvas por esa zona montuosa.*

montura s.f. **1** Animal sobre el que se puede montar o llevar carga; *cabalgadura: Los caballos, burros y mulos son monturas.* **2** Conjunto de los arreos o guarniciones de una caballería, esp. la silla de montar: *El jinete quitó la montura a la yegua antes de llevarla a la cuadra.* **3** Armazón sobre el que se coloca o se monta algo: *Las gafas se componen de cristales y montura.* 👁 **gafas**

monumental adj. **1** Del monumento o relacionado con él: *Visitamos la parte monumental de la ciudad, donde está la catedral.* **2** *col.* Muy grande, excelente o espectacular: *Me contó una mentira monumental.* ☐ MORF. Invariable en género.

monumentalidad s.f. Grandiosidad, espectacularidad y majestuosidad que se consideran propias de un monumento: *Las esculturas de Miguel Ángel se caracterizan por su monumentalidad.*

monumento s.m. **1** Obra pública, esp. arquitectónica o escultórica, de carácter conmemorativo: *En esa plaza hay un monumento a los caídos en la guerra de la Independencia.* **2** Construcción que posee valor artístico, histórico o arqueológico: *Esta catedral es el monumento gótico más representativo de la ciudad.* **3** Obra científica, artística o literaria que se hace memorable por su mérito excepcional: *Los cuadros de Velázquez son monumentos admirados en todo el mundo.* **4** En la Iglesia católica, altar adornado en el que se deposita la hostia consagrada el Jueves Santo (conmemoración de la última cena de Jesucristo): *La tarde del Jueves Santo rezamos ante el monumento de la iglesia parroquial.* **5** *col.* Persona muy guapa o con un cuerpo muy bonito: *Tiene una novia que es un monumento.*

monzón s.m. Viento periódico que sopla principalmente en el sureste asiático y que es frío y seco en invierno y húmedo y cálido en verano: *El monzón de verano sopla del mar a la tierra y produce lluvias torrenciales.*

monzónico, ca adj. **1** Del monzón o relacionado con este viento: *Las lluvias monzónicas suelen producir inundaciones. La India es un país monzónico.* **2** Referido esp. a un clima, que se caracteriza por las fuertes lluvias que se producen en verano: *El clima monzónico es propio del sureste asiático.*

moña s.f. **1** Lazo o adorno que suelen ponerse las mujeres en la cabeza: *Lleva una moña de raso azul en la coleta.* **2** *col.* Borrachera: *Cogió una buena moña en el banquete.*

moño s.m. **1** Atado o recogido del cabello, que generalmente se hace enrollándolo sobre sí mismo y sujetándolo con horquillas: *Las bailarinas de ballet clásico suelen ir peinadas con moño.* 👁 **peinado** **2** En algunas aves, grupo de plumas de la cabeza que sobresalen: *La alondra tiene moño.* **3** ‖ **hasta el moño.** *col.* Muy harto: *Estoy hasta el moño de tanto fregar.*

moquear v. Echar mocos: *Tengo la nariz irritada de tanto moquear.*

moqueo s.m. Secreción abundante de mocos: *El resfriado me produce un moqueo continuo.*

moquero s.m. *col.* Pañuelo para limpiarse los mocos: *Sacó del bolsillo un moquero y se sonó la nariz.*

moqueta s.f. Tela fuerte que se utiliza para tapizar paredes o para alfombrar suelos: *El suelo de mi casa es de moqueta marrón.*

moquillo s.m. En algunos animales, esp. en el perro, enfermedad vírica contagiosa que generalmente produce fiebre, inflamación en las vías respiratorias y alteración del tejido nervioso: *Han vacunado a mi perro contra el moquillo.*

mor ‖ **por mor de.** *ant.* A causa de o en consideración a: *No puedo callarme lo que sé, por mor de la verdad.*

mora s.f. Véase **moro, ra.**

morado, da ▮ adj./s.m. **1** De color violeta oscuro: *Me dieron un puñetazo y tengo el ojo morado. El morado resulta de mezclar el rojo y el azul.* ▮ s.m. **2** *col.* →**moratón.** ▮ s.f. **3** Lugar en el que alguien mora o reside: *Esta cueva fue morada de osos.* **4** ‖ **pasarlas moradas.** *col.* Encontrarse en una situación muy difícil o apurada: *Durante la guerra, las pasé moradas para mantener a mis hijos.* ‖ **ponerse morado.** Hartarse, saciarse o disfrutar mucho: *Me puse morado de paella.*

moradura s.f. Mancha amoratada o amarillenta que se produce en la piel, generalmente por efecto de un golpe: *Se cayó y tiene moraduras por todo el cuerpo.* ☐ SEM. Es sinónimo de *cardenal*, *morado* y *moratón*.

moral ▮ adj. **1** De las acciones o los caracteres humanos respecto a su bondad o a su maldad, o relacionado con ellos: *Los principios morales rigen el comportamiento de los hombres.* **2** Que se considera bueno: *Tu comportamiento no me parece nada moral.* **3** Que atañe al espíritu o al respeto humanos, y no a lo material o jurídico: *No lo hagas si no quieres, pero tienes la obligación moral de ayudarlo.* ▮ s.m. **4** Árbol de tronco grueso y recto, hojas ásperas, caducas y muy verdes, cuyo fruto es la mora, que, cuando está madura, es de color morado: *El moral puede alcanzar seis metros de altura.* ▮ s.f. **5** Ciencia que estudia el bien y las acciones humanas respecto a su bondad o su maldad: *En la próxima evaluación estudiaremos ética y moral.* **6** Cualidad de las acciones humanas que las hace buenas o aceptables; *moralidad: ¿Crees que alguien se puede cuestionar la falta de moral del tráfico de personas?* **7** Conjunto de valores espirituales y normas de conducta de una persona o de una colectividad que se consideran buenos o aceptables: *La moral cristiana no permite el asesinato ni el robo.* **8** Ánimo o confianza en uno mismo: *No piensa en el fracaso porque tiene mucha moral.* ☐ MORF. Como adjetivo es invariable en género.

moraleja s.f. Lección o enseñanza provechosas, esp. las que se deducen de una lectura didáctica: *No he entendido la moraleja de la fábula.*

moralidad s.f. **1** Conformidad o acuerdo con los valores morales establecidos: *La moralidad de su comportamiento es innegable.* **2** Cualidad de las acciones humanas que las hace buenas o aceptables; *moral: En otras épocas, la sociedad no se cuestionaba la moralidad de la esclavitud.*

moralina s.f. Moralidad falsa o inoportuna: *No soporto esos melodramas cargados de moralina.*

moralista s. Persona que se dedica a la enseñanza o al estudio de la moral: *Ese filósofo es un gran moralista.* ☐ MORF. Es de género común y exige concordancia en masculino o en femenino para señalar la diferencia de sexo: *el moralista, la moralista*.

moralizar v. **1** Enseñar o defender lo que se consideran buenas costumbres: *Sus novelas son pesadas y aburridas porque moraliza en exceso.* **2** Reformar los valores morales que se consideran malos enseñando los buenos: *Hay que moralizar la vida pública y acabar con el tráfico de influencias.* ☐ ORTOGR. La *z* se cambia en *c* delante de *e* →**CAZAR.**

morar v. Residir o habitar: *En esta calle moraron dos famosos escritores.* ☐ USO Su uso es característico del lenguaje poético.

moratón s.m. *col.* Mancha amoratada o amarillenta que se produce en la piel, generalmente por efecto de un golpe: *Me di con la mesa y tengo un moratón en la pierna.* ☐ SEM. Es sinónimo de *cardenal*, *morado* y *moradura*.

moratoria s.f. Ampliación del plazo que se tiene para cumplir una obligación, esp. para pagar una deuda vencida: *Me han concedido una moratoria fiscal y podré pagar los impuestos después de concluido el plazo.*

morbidez s.f. Suavidad, blandura y delicadeza: *Los desnudos de la pintura barroca dan sensación de morbidez.*

mórbido, da adj. Suave, blando y delicado: *En el siglo XVII gustaban las mujeres de carnes mórbidas.*

morbilidad s.f. Número de personas que enferman en una población o en un tiempo determinados, en relación con el total de la población: *La morbilidad anual por enfermedades respiratorias ha aumentado a causa de la contaminación.* ☐ SEM. Dist. de *mortalidad* (número de muertes) y de *mortandad* (gran cantidad de muertes).

morbo s.m. *col.* →**morbosidad.**

morbosidad s.f. Atracción y excitación que produce lo desagradable, lo cruel, lo prohibido o lo considerado inmoral; *morbo: La prohibición de algunas escenas añade más morbosidad a la película.*

morboso, sa ▮ adj. **1** De la enfermedad o relacionado con ella: *Tiene síntomas morbosos, pero no sabemos qué los produce. Esos morbosos pensamientos son producto de una mente enferma.* ▮ adj./s. **2** Que produce o que siente morbo o atracción y excitación producidas por lo desagradable, lo cruel, lo prohibido o lo considerado inmoral: *Le gustan las películas morbosas que se recrean en escenas macabras. Ese morboso disfruta espiando a los vecinos.*

morcilla s.f. **1** Embutido de sangre cocida y mezclada con cebolla y especias: *Prefiero la morcilla al chorizo.* **2** Frase o palabras que un actor improvisa e introduce en su papel en el momento de la representación: *Las morcillas del cómico entusiasmaron al público.* **3** *col.* Lo que resulta deforme o mal hecho: *Eso no es un paquete sino una morcilla.* **4** ‖ **que {me/te/le} den morcilla(s).** *col.* Expresión que indica desprecio o desinterés: *Vete y que te den morcilla.*

morcillo s.m. En un animal bovino, parte alta y carnosa de las patas: *Con medio kilo de morcillo de ternera haremos un guiso estupendo.* 👁 **carne**

mordacidad s.f. Ironía o crítica agudas y malintencionadas: *La mordacidad de sus palabras me hizo llorar.*

mordaz adj. Que muestra, expresa o implica ironía y crítica agudas y malintencionadas: *Es una persona cruel y muy mordaz.* □ MORF. Invariable en género.

mordaza s.f. Lo que sirve para tapar la boca e impedir hablar o gritar: *Los atracadores pusieron mordazas a los rehenes para que no pidieran socorro. El soborno es una mordaza que le impide decir la verdad.*

mordedura s.f. Aprisionamiento que se hace de algo clavándole los dientes: *La mordedura del perro le destrozó el pantalón.*

morder v. **1** Apretar entre los dientes clavándolos: *Un perro mordió a este niño. Los caramelos no se muerden, se chupan.* **2** *col.* Besar o dar mordiscos suaves o cariñosos: *Su madre no dejaba de hacerle carantoñas y de morderle en las mejillas.* **3** *col.* Referido a una persona, manifestar o sentir gran enfado o rabia: *Le han negado el ascenso y está que muerde.* □ MORF. Irreg.: La *o* diptonga en *ue* en los presentes, excepto en las personas *nosotros* y *vosotros* →**MOVER**.

mordido, da ▌ adj. **1** Disminuido o deteriorado por efecto de una merma o desgaste: *Me vendieron una tela a muy buen precio porque tenía el borde mordido.* ▌ s.f. **2** *col.* Mordedura o mordisco: *Alguien ha dado una mordida al bocadillo, porque le falta un trozo.*

mordiente s.m. Sustancia química que sirve para fijar los colores o el pan de oro: *Da una capa de mordiente antes de pintar la estatuilla y evitarás que el color se pierda con el tiempo.*

mordisco s.m. **1** Mordedura, esp. la que se hace con los dientes y arrancando una pequeña porción: *De un mordisco se llevó medio bocadillo.* **2** Porción o pedazo que se saca de esta manera: *¿Me das un mordisco de tu pastel?* **3** Parte o beneficio obtenidos en un reparto o en un negocio: *Sacó un buen mordisco de la venta del piso.*

mordisquear v. **1** Morder repetidamente y con poca fuerza o quitando pequeñas porciones: *Mordisqueaba con desgana el bocadillo.* **2** Picar o punzar como mordiendo: *Mordisqueó la hoja de papel con una grapadora, porque no se dio cuenta de que no tenía grapas.*

morenez s.f. Color oscuro que tira más o menos a negro: *La morenez de su piel me resulta muy atractiva.*

moreno, na ▌ adj. **1** De color oscuro o que tira más o menos a negro: *Con el café siempre tomo azúcar moreno. Para tener un moreno bonito hay que cuidar mucho la piel.* ▌ adj./s. **2** Referido a una persona, que tiene el pelo castaño o negro: *Es una chica morena pero con la piel muy blanca. ¿Qué prefieres, los rubios o los morenos?* **3** Referido esp. a una persona, que tiene la piel oscura o bronceada: *No he tomado el sol, es que soy muy morena. A los morenos les sientan muy bien los colores claros.* **4** *col.* Referido a una persona, que es mulata o de piel negra: *La orquesta tiene un vocalista moreno. Luchó contra la discriminación de los morenos.* ▌ s.f. **5** Pez marino con fuertes dientes y el cuerpo alargado, cuya carne es muy apreciada para la alimentación humana: *La morena es parecida a la anguila.* □ MORF. En la acepción 5, es un sustantivo epiceno y la diferencia de sexo se señala mediante la oposición *la morena {macho/hembra}*. □ USO En la acepción 4, tiene un matiz humorístico.

morera s.f. Árbol de tronco grueso y recto, de hojas ásperas, caducas y muy verdes, cuyo fruto es la mora de color blanco o rosado: *Los gusanos de seda se alimentan de hojas de morera.*

morería s.f. Barrio que habitaron los musulmanes: *Las morerías suelen tener calles estrechas y sombrías.*

moretón s.m. Mancha amoratada de la piel: *Me dio tal pellizco en el brazo que me ha hecho un moretón.*

morfema s.m. En una palabra, unidad mínima con significado, que sirve para derivar palabras nuevas o para dar forma gramatical a un lexema: *Las palabras 'niño' y 'niña' se diferencian por el morfema de género.* □ SEM. Dist. de *lexema* (unidad mínima con significado léxico).

morfina s.f. Sustancia que se extrae del opio y cuyas sales, en dosis pequeñas, se emplean en medicina con fines anestésicos o sedantes: *La morfina es una droga que crea adicción.*

morfinómano, na adj./s. Que es adicto a la morfina: *Es morfinómana y está siguiendo un tratamiento de desintoxicación. Al principio, la heroína se administraba a los morfinómanos para tratar su adicción.*

morfología s.f. **1** En lingüística, parte de la gramática que estudia la flexión, la composición y la derivación de las palabras: *La morfología estudia las clases de palabras y la estructura interna de cada una de ellas.* **2** En biología, parte que estudia la forma de los seres orgánicos y su evolución: *En clase de morfología estudiaremos el aparato respiratorio.* **3** En geología, parte que estudia las formas del relieve terrestre, su origen y su evolución: *La morfología geológica es esencial en geografía.*

morfológico, ca adj. De la morfología o relacionado con ella: *En el examen de lengua nos pedían el análisis morfológico de tres oraciones.*

morfosintaxis s.f. Parte de la lingüística que abarca la morfología y la sintaxis: *La morfosintaxis es una disciplina reciente que estudia la relación entre la forma de las palabras y su función en la oración.* □ MORF. Invariable en número.

morganático, ca adj. **1** Referido a un matrimonio, que se realiza entre una persona de familia real y otra de linaje inferior, y en el que cada cónyuge conserva su condición anterior: *No heredó la Corona porque era hijo de un matrimonio morganático.* **2** Referido a una persona, que contrae este matrimonio: *Desheredaron al hijo del príncipe morganático.*

morgue (galicismo) s.f. *col.* Depósito de cadáveres: *Llevaron el cadáver del accidentado a la morgue para hacerle la autopsia.* □ USO Su uso es innecesario.

moribundo, da adj./s. Que está muriendo o a punto de morir: *Un perro moribundo se arrastraba al borde de la carretera. El moribundo pidió hablar con su hijo.*

morigerar v. Referido esp. a un afecto o a una pasión, moderarlos o evitar sus excesos: *La madurez morigera los impulsos. Debes morigerarte y olvidar tus ansias de venganza.*

a b c d e f g h i j k l m n ñ o p q r s t u v w x y z

moriles s.m. Vino de buena calidad y de poca graduación alcohólica, originario de Moriles (pueblo cordobés): *De aperitivo, tomaremos unos moriles y unos pinchitos.* □ MORF. Invariable en número.

morir v. **1** Dejar de vivir; *fallecer: En el fatal accidente murieron varias personas. Las plantas verdes se mueren si no tienen luz.* **2** Acabar, dejar de existir o extinguirse: *Cuando un día muere, otro comienza.* **3** Referido esp. a algo que sigue un curso, ir a parar o llegar a su fin: *De la casa sale un sendero que muere en las faldas de la montaña.* **4** ‖ **morir de** algo. Referido esp. a una sensación o a un sentimiento, experimentarlos intensamente: *Muero de ganas de volver a verte. Cada vez que tiene que hablar en público, se muere de vergüenza.* ‖ **morir por** algo. Sentir un gran amor, deseo o inclinación hacia ello: *Sus hijos lo admiran y mueren por él. Se muere por conseguir ese puesto.* □ MORF. Irreg.: 1. Su participio es *muerto*. 2. →**MORIR**.

morisco, ca ▮ adj. **1** De los moriscos o relacionado con estos musulmanes que vivían en reinos cristianos: *La artesanía morisca fue muy importante en el siglo XVI. La cultura morisca influyó en la evolución cultural española.* ▮ adj./s. **2** Referido a un musulmán, que permaneció en España después de terminar la dominación musulmana y fue convertido a la fuerza al cristianismo: *La población morisca seguía practicando su religión hasta que los Reyes Católicos obligaron a la conversión. Los moriscos fueron expulsados definitivamente de España en 1609.*

morisqueta s.f. Gesto o mueca hechas con la cara: *Se enfadó porque le hizo una morisqueta de burla.*

morlaco s.m. Toro de lidia de gran tamaño: *El morlaco superaba los novecientos kilos.*

mormón, -a ▮ adj. **1** *col.* →**mormónico, ca.** ▮ adj./s. **2** Que practica el mormonismo: *Muchos mormones viven en Estados Unidos.*

mormónico, ca adj. Del mormonismo o relacionado con este movimiento religioso: *La comunidad mormónica tiene un gran centro en el estado norteamericano de Utah.* □ MORF. En la lengua coloquial se usa mucho la forma abreviada *mormón*.

mormonismo s.m. Movimiento religioso estadounidense, fundado en el siglo XIX, basado en parte en las enseñanzas bíblicas: *El mormonismo tiene un gran centro en el estado norteamericano de Utah.*

moro, ra ▮ adj./s. **1** Del norte de África (uno de los cinco continentes), o relacionado con esta zona: *Los marroquíes y los argelinos son moros. Un grupo de moros desembarcó en las costas españolas.* **2** Referido a un musulmán, que vivió en España en la época comprendida entre los siglos VIII y XV: *Boabdil fue el último rey moro. Los moros estuvieron en al Ándalus entre los siglos VIII y XV.* **3** *col.* Que tiene como religión el islamismo; *musulmán: La princesa mora se convirtió al cristianismo. Los moros peregrinan a La Meca una vez en la vida.* ▮ adj./s.m. **4** *col.* Referido a un hombre, que intenta dominar a su pareja por machismo y celos: *Es muy moro y no deja salir a su novia con amigos. Su marido es un moro y no la deja ni a sol ni a sombra.* ▮ s.f. **5** Fruto de la zarzamora, del moral y de la morera, formado por una agrupación de pequeñas bolitas carnosas y agridulces que es morado cuando está maduro: *La mora ácida y negra es la del moral, y la blanca y dulce es la de la morera.* **6** En derecho o en economía, dilación o tardanza en cumplir una obligación, esp. la de pagar una deuda vencida: *El banco está en dificultades por el elevado número de créditos en mora.* **7** ‖ **al moro.** *vulg.* En el lenguaje de la droga, a Marruecos para conseguir droga, generalmente hachís: *Bajará al moro, porque tiene asegurada la venta de la mercancía.* ‖ **moros en la costa.** *col.* Alguien cuya presencia no conviene o resulta peligrosa: *Ya me lo contarás en otro momento, porque hoy hay moros en la costa.* □ SINT. *Moros en la costa* se usa más con el verbo *haber* o equivalentes. □ USO Las acepciones 1-4, tienen un matiz despectivo.

morosidad s.f. **1** Falta de puntualidad en el cumplimiento de un plazo: *La morosidad en los pagos será sancionada.* **2** Lentitud o tardanza: *Su morosidad en el trabajo me saca de quicio.*

moroso, sa adj./s. **1** Impuntual en un pago o en la devolución de algo: *Los contribuyentes morosos serán sancionados con una multa. Me han retirado el carné de la biblioteca por ser un moroso.* **2** Lento o con poca actividad: *Hay algunos juicios demasiado morosos. Es una morosa y tarda siglos en arreglarse.*

morral s.m. Saco o talego generalmente usado por cazadores, pastores o caminantes para llevar provisiones o ropas: *El pastor sacó del morral un mendrugo de pan y un trozo de queso.*

morralla s.f. Conjunto o mezcla de cosas inútiles o de poco valor: *Tiraré a la basura toda la morralla del trastero. Todas estas monedas son morralla.*

morrear v. *vulg.* Besarse en la boca durante largo tiempo: *Cuando eran novios morreaban en cualquier esquina.*

morrena s.f. Conjunto de piedras y barro acumulados y transportados por un glaciar: *Las lenguas de un glaciar arrastran las morrenas.*

morreo s.m. *vulg.* Besuqueo continuado en la boca: *En esta película no hay ni una escena de morreo.*

morrillo s.m. Parte carnosa y abultada que tienen las reses en la parte superior del cuello: *El veterinario examinaba el morrillo de la vaca.*

morriña s.f. *col.* Tristeza o melancolía, esp. las que se sienten por estar lejos de la tierra natal: *La mayoría de los emigrantes tiene morriña de su tierra.*

morrión s.m. En una armadura, casco con los bordes levantados: *Los conquistadores españoles llevaban morriones.* 👁 **casco**

morro s.m. **1** En la cabeza de algunos animales, parte más o menos abultada en la que se encuentran la boca y los orificios nasales; *hocico: Cuando hago judías, siempre les echo morro de cerdo.* 👁 **carne** **2** *vulg.* Labios: *Se pintó los morros de rojo.* **3** Parte delantera que sobresale: *Se dio un golpe y abolló el morro del coche.* **4** *vulg.* Cara dura: *Mi hermana tiene mucho morro, porque siempre se pone mi ropa.* **5** ‖ **a morro.** *vulg.* Referido a una forma de beber, directamente del recipiente y sin vaso: *No me pongas vaso para la cerveza, que me la bebo a morro.* ‖ **estar de morros.** *vulg.* Estar enfadado o fastidiado: *Está de morros porque no podemos ir al cine.* ‖ **poner morros** o **torcer el morro.** *col.* Poner cara de mal humor o de enfado: *No tuerzas el morro y recoge los juguetes.*

morrocotudo, da adj. *col.* Muy grande, muy importante o muy difícil: *Se dio un golpe morrocotudo.*

morrón s.m. *col.* Golpe fuerte e inesperado: *Resbaló y se dio un buen morrón.*

morsa s.f. Mamífero marino carnicero, parecido a la foca pero de mayor tamaño, que se caracteriza por el enorme desarrollo de sus caninos superiores: *Las morsas se alimentan de pequeños invertebrados marinos.* □ MORF. Es un sustantivo epiceno y la diferencia de sexo se señala mediante la oposición *la morsa {macho/hembra}*.

morse s.m. →**código morse.**

mortadela s.f. Embutido grueso hecho de carne muy picada, generalmente de cerdo o de vaca, tocino y especias: *La mortadela tiene un color rosado.*

mortaja s.f. Vestidura con la que se viste o se envuelve un cadáver para enterrarlo: *Era tan pobre que cuando murió le sirvió de mortaja la única sábana que tenía.*

mortal ▮ adj. **1** Que ha de morir: *Todos los seres vivos son mortales.* **2** Que ocasiona o puede ocasionar la muerte física o espiritual: *El veneno de una víbora es mortal.* **3** Propio de un muerto o semejante a él: *Se desmayó y su cuerpo tenía una frialdad mortal.* **4** Fatigoso o muy pesado: *Nos invadió un aburrimiento mortal.* **5** Referido a un sentimiento, que hace desear la muerte de otro: *Se tienen un odio mortal.* **6** Muy fuerte o muy intenso: *El susto fue mortal.* **7** Decisivo o determinante: *La desaparición de su hijo fue un golpe mortal para su estabilidad mental.* ▮ s. **8** Persona o ser de la especie humana: *Los mortales nos equivocamos.* ☐ MORF. 1. Como adjetivo es invariable en género, y como sustantivo es de género común y exige concordancia en masculino o en femenino para señalar la diferencia de sexo: *el mortal, la mortal*. 2. La acepción 8 se usa más en plural.

mortalidad s.f. **1** Calidad de lo que ha de morir: *Los seres vivos se caracterizan por su mortalidad.* **2** Número de muertes en una población o en un tiempo determinados, en relación con el total de la población: *La mortalidad infantil en el continente africano es muy alta.* ☐ SEM. En la acepción 2, dist. de *morbilidad* (número de personas que enferman) y de *mortandad* (gran cantidad de muertes).

mortandad s.f. Gran número de muertes ocasionadas por una catástrofe: *En la época medieval, la peste negra causó una impresionante mortandad.* ☐ SEM. Dist. de *morbilidad* (número de personas que enferman) y de *mortalidad* (número proporcional de muertos).

mortecino, na adj. Con poca intensidad, fuerza o viveza: *Este fuego mortecino ya no da calor.*

mortero s.m. **1** Recipiente en el que se machacan con un mazo semillas, especias u otras sustancias: *Machaca en el mortero ajo y perejil para el aliño.* 👁 **química** **2** Pieza de artillería de gran calibre y corto alcance, que se usaba para lanzar bombas y proyectiles que describen trayectorias de curvas muy pronunciadas: *El fuego de los morteros produjo numerosas bajas al enemigo.* **3** Masa formada por una mezcla de cemento o cal, arena y agua, que se usa en obras de albañilería: *El albañil unía con mortero de cemento los ladrillos del muro.* ☐ SEM. En la acepción 1, dist. de *almirez* (mortero pequeño y de metal).

mortífero, ra adj. Que ocasiona o puede ocasionar la muerte física; *letal: Las pistolas son armas mortíferas.*

mortificación s.f. **1** Producción de dolor, sufrimiento, disgusto o molestias: *Sus reproches solo buscan mi mortificación.* **2** Producción de sufrimiento físico para dominar las pasiones o los deseos considerados pecaminosos: *La cuaresma es para mí un tiempo de mortificación.* **3** Lo que mortifica: *Es una mortificación verte a todas horas con esa cara de malas pulgas.*

mortificar v. **1** Causar dolor, sufrimiento, disgusto o molestias: *Mortifica al caballo con la fusta. No te mortifiques con la idea de que no hiciste todo lo que podías.* **2** Causar sufrimiento físico o reprimir la voluntad para dominar las pasiones o los deseos considerados pecaminosos: *Los santos mortificaban su carne con cilicios. Por las mañanas se mortifica con ayuno riguroso.* ☐ ORTOGR. La *c* se cambia en *qu* delante de *e* →**SACAR.**

mortuorio, ria adj. De una persona muerta, de las ceremonias que por ella se hacen o relacionado con ellos: *En la cámara mortuoria del faraón se han encontrado grandes tesoros.*

moruno, na adj. De los moros o relacionado con ellos: *En su viaje por varias ciudades marroquíes aprendió algunas costumbres morunas.*

mosaico s.m. **1** Obra artística hecha con piezas de diversos materiales o de diversos colores, encajadas o pegadas a una superficie para formar un dibujo: *Descubrieron unos mosaicos romanos en una excavación arqueológica.* **2** Lo que está formado por elementos diversos: *Este país es un mosaico de partidos políticos.*

mosca s.f. **1** Insecto con dos alas transparentes, seis patas largas con uñas y ventosas, cabeza elíptica y aparato bucal chupador en forma de trompa: *Dejó el pastel sobre la mesa y se ha llenado de moscas.* 👁 **insecto** **2** Conjunto de pelos que nace entre el labio inferior y el comienzo de la barba: *Se afeita toda la barba menos la mosca.* 👁 **barba** **3** *col.* Dinero: *Afloja la mosca, que ahora pagas tú.* **4** ‖ **{andar/estar} mosca. 1** *col.* Estar prevenido o tener desconfianza: *Estoy muy mosca porque me da la impresión de que esto no va bien.* **2** *col.* Estar enfadado o molesto: *No sé por qué anda mosca conmigo, si yo no le he hecho nada.* ‖ **con la mosca {en/detrás de} la oreja.** *col.* Con recelo o con sospecha: *No sé bien lo que pasa, pero estoy con la mosca en la oreja.* ‖ **mosca (artificial).** Aparato, parecido a la mosca, que se utiliza como cebo en la pesca con caña: *Antes ponía gusanos en el anzuelo, pero ahora prefiero pescar con mosca.* 👁 **pesca** ‖ **{mosca/mosquita} muerta.** *col.* Persona apocada e inocente solo en apariencia: *Esa mosca muerta parecía tonta y ha llegado a directora general.* ‖ **mosca tsé-tsé.** Insecto tropical, parecido a la mosca, que con su picadura transmite el microrganismo que produce la enfermedad del sueño: *El médico trató con quinina al nativo que sufrió la picadura de la mosca tsé-tsé.* ‖ **por si las moscas.** *col.* Por si acaso o por lo que pueda pasar: *Aunque hace sol, llévate el paraguas por si las moscas.* ‖ **qué mosca {le/te/os} ha picado.** *col.* ¿Qué {le/te/os} pasa?: *¿Qué mosca le habrá picado para irse de esa manera?* ☐ MORF. En la acepción 1, es un sustantivo epiceno y la diferencia de sexo se señala mediante la oposición *la mosca {macho/hembra}*.

moscardón s.m. **1** Insecto más grande que la mosca, de color pardo oscuro y cuerpo muy velloso, que deposita sus huevos entre el pelo de los rumiantes: *El caballo espantaba con su cola los moscardones.* **2** Insecto de mayor tamaño que la mosca, que produce un gran zumbido y que deposita sus huevos en la carne fresca; *moscón: Un moscardón entró en mi habitación y no pude dormir en toda la noche.* **3** *col.* Persona que resulta molesta, pesada o impertinente: *Alrededor de la gente importante siempre hay algún moscardón.* ☐ MORF. En las acepciones 1 y 2, es un sustantivo epiceno y la diferencia de sexo se señala mediante la oposición *el moscardón {macho/hembra}*.

moscatel ▮ adj. **1** Referido a un vid o a su viñedo, de la variedad que se caracteriza por tener el grano redondo, generalmente blanco y de sabor muy dulce: *De postre tomamos uva moscatel.* ▮ s.m. **2** →**vino moscatel.** ☐ MORF. Como adjetivo es invariable en género.

moscón s.m. **1** Insecto de mayor tamaño que una mosca, que produce un gran zumbido y que deposita los huevos en la carne fresca; *moscardón: No compro en esa carnicería porque los moscones se pasean por la carne.* **2** *col.* Persona que resulta molesta, pesada e impertinente, esp. el hombre que intenta entablar una relación con una mujer: *Tu amiga siempre está rodeada de moscones en la discoteca.* □ MORF. En la acepción 1, es un sustantivo epiceno y la diferencia de sexo se señala mediante la oposición *el moscón {macho/hembra}*.

moscovita adj./s. **1** De Moscú (capital rusa), o relacionado con ella: *La población moscovita es aficionada al patinaje sobre hielo. Los moscovitas eligieron a sus representantes en una elección democrática.* **2** De Moscovia (antiguo principado que se extendía por la zona europea del actual territorio ruso), o relacionado con ella: *La expansión del principado moscovita dio lugar al Imperio zarista. Los moscovitas fundaron el gran Imperio ruso.* □ MORF. 1. Como adjetivo es invariable en género. 2. Como sustantivo es de género común y exige concordancia en masculino o en femenino para señalar la diferencia de sexo: *el moscovita, la moscovita*. 3. Como sustantivo se refiere solo a las personas de Moscú o de Moscovia.

mosquear v. **1** *col.* Hacer desconfiar o hacer sospechar: *Me mosqueó que de repente se mostrara tan amable. En cuanto ve a su esposa hablando con otro hombre se mosquea.* **2** *col.* Enfadar ligeramente o molestar: *Si sigues dándole la lata, conseguirás mosquearlo. Le dije que no y se mosqueó conmigo.*

mosqueo s.m. **1** *col.* Desconfianza o sospecha que se empiezan a sentir: *Desde que lo sorprendí revolviendo mis papeles, tengo un mosqueo con él...* **2** *col.* Enfado ligero: *Los celos son la culpa de los continuos mosqueos que tiene esa pareja de novios.*

mosquete s.m. Antigua arma de fuego, más larga y de mayor calibre que un fusil, que se cargaba por la boca y se disparaba apoyando el cañón en una horquilla clavada en la tierra: *La infantería de los siglos XVI y XVII usaba mosquetes.*

mosquetero s.m. Soldado armado con un mosquete: *Los tercios de Flandes contaban con mosqueteros.*

mosquetón s.m. **1** Arma de fuego más corta y ligera que el fusil: *El mosquetón fue reglamentario en el ejército español hasta su sustitución por el cetme.* **2** Anilla que se abre y se cierra mediante un muelle o resorte y que se usa en alpinismo para sujetar las cuerdas en las rocas: *Como medida de seguridad, el alpinista se ató a la cintura la cuerda que pendía del mosquetón.* 👁 **alpinismo**

mosquitera s.f. →**mosquitero.**

mosquitero s.m. **1** Gasa que se coloca a modo de cortina alrededor de la cama para impedir el paso de mosquitos: *Sobre la cuna del niño colgaba un mosquitero que le protegía de las picaduras.* **2** Malla metálica o de otro material que se coloca en puertas y ventanas para impedir el paso de insectos: *Cuando llegue el verano, pondremos mosquiteros en todos los balcones.* □ SEM. Es sinónimo de *mosquitera*.

mosquito s.m. Insecto de menor tamaño que la mosca, con dos alas transparentes, patas largas y finas y un aparato bucal chupador en forma de trompa con un aguijón final: *El mosquito macho se alimenta del néctar de las flores y el mosquito hembra, de la sangre de los mamíferos.* □ MORF. Es un sustantivo epiceno y la diferencia de sexo se señala mediante la oposición *el mosquito {macho/hembra}*. 👁 **insecto**

mostacho s.m. Bigote de una persona, esp. si es muy poblado: *El actor lucía un llamativo mostacho.* □ MORF. En plural tiene el mismo significado que en singular.

mostaza s.f. **1** Planta herbácea, de hojas grandes, alternas y dentadas, flores amarillas en racimo, frutos en forma de cápsula con dos valvas, y semillas negras muy pequeñas: *Las semillas de la mostaza se emplean en medicina y como condimento.* **2** Salsa de color amarillento y sabor fuerte y picante, hecha con las semillas de esta planta: *Me gustan las salchichas con mucha mostaza.*

mosto s.m. Zumo que se obtiene de la uva antes de fermentar y hacerse vino: *Nunca se emborracha, porque solo bebe mosto.*

mostrador s.m. En un establecimiento comercial, mesa o mueble similar, generalmente alargado y cerrado por su parte exterior, sobre el que se muestran y despachan las mercancías o se sirven las consumiciones: *El dependiente extendió varias camisas sobre el mostrador para que el cliente eligiese.*

mostrar ▮ v. **1** Exponer a la vista o dejar ver: *El director mostró a los asistentes el nuevo producto. En ese paraje, la naturaleza se muestra en todo su esplendor.* **2** Presentar o hacer ver: *Mi maestro me mostró cuál era el sentido de la vida.* **3** Indicar o enseñar mediante una explicación o una demostración: *El técnico le mostró cómo funcionaba el equipo de música.* **4** Referido a un sentimiento o a una cualidad del ánimo, darlos a conocer o hacerlos patentes: *Mostró su valor cuando sacó al niño de entre las llamas.* ▮ prnl. **5** Comportarse o manifestarse en la forma de actuar: *Desde la muerte de su hijo se muestra deprimido.* □ MORF. Irreg.: La *o* diptonga en *ue* en los presentes, excepto en las personas *nosotros* y *vosotros* →**CONTAR.**

mostrenco, ca adj./s. **1** *col.* Ignorante o poco inteligente: *Ese chico es algo mostrenco y nunca entiende una explicación a la primera. Esos mostrencos no saben ni dónde tienen la mano derecha.* **2** *col.* Muy gordo y pesado: *Las mujeres de su familia son todas altísimas y mostrencas. Está hecho un mostrenco porque no para de comer.*

mota s.f. **1** Partícula pequeña de cualquier cosa: *Cuando limpia la casa no deja ni una mota de polvo.* **2** Mancha, pinta o dibujo redondeados o muy pequeños: *Llevaré un vestido rojo con motas blancas.*

mote s.m. Nombre que se da a una persona en sustitución del propio y que suele aludir a alguna condición o característica suyas; *apodo: Todos los profesores de mi colegio tienen algún mote.*

motejar v. Referido a una persona, ponerle un mote o apodo como censura de sus acciones: *Lo motejaron de irascible debido a su mal carácter.* □ ORTOGR. 1. Dist. de *cotejar*. 2. Conserva la *j* en toda la conjugación. □ SINT. Constr.: *motejar a alguien* DE *algo*.

motel s.m. Establecimiento público situado cerca de la carretera, en el que se da alojamiento, generalmente en apartamentos independientes: *Se nos hizo tarde y tuvimos que pasar la noche en un motel de la autopista.*

motín s.m. Rebelión o levantamiento violento de una muchedumbre contra la autoridad establecida: *La policía sofocó el motín de la cárcel.*

motivación s.f. **1** Estimulación que suscita o despierta el interés: *En la enseñanza, la motivación del alumno es muy importante.* **2** Causa, razón o estímulo que impulsan a hacer algo o que lo determinan; *motivo: Siguen investigando las motivaciones del asesinato.*

motivar v. **1** Referido esp. a una acción, dar motivo o razón para ella o ser motivo de ella: *La mala visibilidad motivó el accidente aéreo.* **2** Animar o estimular suscitando interés: *El entrenador motivó a sus jugadores para vencer en el partido.*

motivo s.m. **1** Causa, razón o estímulo que impulsan a hacer algo o que lo determinan; *motivación: Ignoro el motivo que te llevó a marcharte.* **2** En bellas artes o en decoración, tema o dibujo básicos: *La tela de las cortinas tiene motivos florales.*

moto s.m. **1** *col.* →**motocicleta.** **2** ‖ **como una moto. 1** *col.* Muy inquieto o muy nervioso: *En los días de examen está como una moto.* **2** *col.* Muy loco: *Tu amigo está como una moto, no para de hacer tonterías.* ☐ ORTOGR. Incorr. **amoto.*

moto- Elemento compositivo que significa 'movido por motor': *motocicleta, motocarro, motonave, motopesquero, motosierra.*

motocarro s.m. Vehículo de tres ruedas y motor, que se utiliza para el transporte de cargas poco pesadas: *El chatarrero iba en un motocarro.*

motocicleta s.f. Vehículo de dos ruedas que es impulsado por un motor de explosión: *Su motocicleta corre a más de doscientos kilómetros por hora.* ☐ MORF. En la lengua coloquial se usa mucho la forma abreviada *moto.* ☐ SEM. Dist. de *ciclomotor* y *velomotor* (con pedales y con motor de menor potencia).

motociclismo s.m. Deporte que se practica con una motocicleta y tiene diferentes competiciones y modalidades: *El circuito de motociclismo está a las afueras de la ciudad.*

motociclista s. **1** Persona que conduce una motocicleta; *motorista: Es obligatorio que los motociclistas lleven casco.* **2** Deportista que practica el motociclismo: *Los motociclistas dieron una vuelta de reconocimiento al circuito antes de comenzar la carrera.* ☐ MORF. Es de género común y exige concordancia en masculino o en femenino para señalar la diferencia de sexo: *el motociclista, la motociclista.*

motocross (anglicismo) s.m. Modalidad de motociclismo en la que los participantes corren en un circuito sin asfaltar y con desniveles y desigualdades: *El campeón de motocross llegó a la meta totalmente cubierto de barro.* ☐ PRON. [motokrós].

motor, -a ▮ adj. **1** En el sistema nervioso, referido a un nervio, que sale de la médula espinal y transmite los impulsos que producen las contracciones musculares: *Una lesión en un nervio motor puede producir una parálisis.* **2** Que produce movimiento: *El mecanismo motor de mi reloj es la cuerda. Algunas neuronas transmiten los impulsos motores.* ▮ adj./s.m. **3** Que hace que algo funcione o se desarrolle: *En un negocio, el elemento motor son las ganancias. El corazón es el motor del cuerpo.* ▮ s.m. **4** Máquina que transforma en movimiento cualquier otra forma de energía: *Dejó el coche en la cuneta porque salía humo del motor.* ▮ s.f. **5** Embarcación de pequeño tamaño movida por esta máquina: *Una motora de la Policía persiguió la lancha de los contrabandistas.* 👁 **embarcación 6** ‖ **motor de explosión.** El que funciona con un combustible líquido que se vaporiza en el carburador y explosiona en el cilindro por la acción de una chispa: *Los motores de explosión pueden ser de dos o de cuatro tiempos.* ‖ **motor diésel.** El de explosión en el que el carburante se inflama por la compresión a que se somete la mezcla de aire y carburante en la cámara de combustión sin necesidad de la chispa de las bujías: *Los camiones suelen tener motor diésel.* ☐ MORF. Como adjetivo admite también la forma de femenino *motriz.* ☐ SINT. Incorr. (galicismo): *motor {*a > de} vapor, motor {*a > de} gasolina.*

motorista s. **1** Persona que conduce una motocicleta; *motociclista: Los motoristas atravesaron el pueblo con sus ruidosas motos.* **2** Agente de Policía, esp. el de tráfico, que va en motocicleta: *Dos motoristas hicieron parar a un coche que no respetó el límite de velocidad.* ☐ MORF. Es de género común y exige concordancia en masculino o en femenino para señalar la diferencia de sexo: *el motorista, la motorista.*

motorizar ▮ v. **1** Dotar de maquinaria o de material con motor: *Los ejércitos modernos han motorizado sus unidades de infantería.* ▮ prnl. **2** *col.* Adquirir un vehículo para uso propio: *Tengo que motorizarme cuanto antes, porque trabajo en la otra punta de la ciudad.* ☐ ORTOGR. La *z* se cambia en *c* delante de *e* →**CAZAR.**

motricidad s.f. **1** Capacidad para moverse o producir movimiento: *Las plantas no tienen motricidad.* **2** Capacidad del sistema nervioso central o de algunos centros nerviosos para producir contracciones de los músculos ante determinados estímulos: *La lesión cerebral le produce trastornos de la motricidad.*

motriz adj. f. de **motor.**

motu proprio (latinismo) ‖ De manera voluntaria o por propia voluntad: *Te he invitado motu proprio, nadie me ha obligado.* ☐ ORTOGR. Incorr. **motu propio.* ☐ SINT. Incorr. **de motu proprio.*

mountain bike s.f. ‖ Bicicleta de ruedas gruesas y que se agarran bien al suelo, esp. diseñada para terrenos irregulares no asfaltados: *Con mi mountain bike me recorrí todo el monte.* ☐ PRON. [móntan báik]. ☐ USO Su uso es innecesario y puede sustituirse por *bicicleta de montaña.*

mousse (galicismo) s.f. Crema muy esponjosa, esp. si es de chocolate, que suele tomarse como postre: *Esta mousse de chocolate está riquísima.* ☐ PRON. [mus].

mouton (galicismo) s.m. Piel de cordero, curtida y tratada, que se utiliza en la confección de prendas de abrigo: *Aunque parece un abrigo de mouton, es de piel sintética.* ☐ PRON. [mutón].

movedizo, za adj. Poco seguro o poco firme: *Las arenas movedizas tragan lo que pasa sobre ellas.*

mover ▮ v. **1** Cambiar de posición o de lugar: *Tuvo que mover el armario para limpiar detrás. No te muevas, que te hago una foto.* **2** Menear o agitar: *Movió la cabeza para negar. La lavadora se mueve cuando hace el centrifugado.* **3** Referido esp. a un sentimiento o a una acción, dar motivo para ellos o impulsar a ellos: *El hambre y la miseria mueven a compasión.* **4** Referido a un asunto, hacer gestiones para que se solucione con rapidez y con eficacia: *El abogado que movía el caso no le dio muchas esperanzas.* ▮ prnl. **5** Andar, caminar o desplazarse: *No me gusta moverme con el coche por ciudad.* **6** *col.* Darse prisa: *Muévete, o no acabarás nunca.* **7** Desenvolverse en un determinado ambiente o frecuentarlo: *Se mueve en círculos intelectuales.* **8** Preocuparse y hacer lo necesario para conseguir o resolver algo: *Si quiere un buen trabajo tendrá que moverse mucho.* ☐ MORF. Irreg.: La *o* de la raíz diptonga en *ue* en los presentes, excepto en las personas *nosotros* y *vosotros* →**MOVER.** ☐ SINT. Constr. de la acepción 3: *mover A algo.*

movido, da ▮ adj. **1** Ajetreado, activo o con mucha diversidad: *Estoy cansada porque he tenido un día muy movido.* **2** Referido esp. a una imagen, borrosa o poco nítida a causa de un movimiento: *Algunas fotos han salido movidas.* ▌ s.f. **3** *col.* Juerga, animación o ambiente de diversión: *En esta playa hay mucha movida en verano.* **4** *col.* Agitación con incidencias, generalmente producida por algún acontecimiento: *Mañana empieza la movida electoral.*

móvil ▌ adj. **1** Que puede moverse o ser movido: *En la biblioteca hay tabiques móviles para poder ampliar salas cuando es necesario.* ▌ s.m. **2** Motivo, causa o razón: *El móvil del crimen no fue el robo.* **3** Objeto decorativo formado por figuras colgadas o en equilibrio, que se mueven con el aire o con un pequeño impulso: *En la entrada hay un móvil que hace ruido al abrir la puerta.* **4** En física, cuerpo en movimiento: *Calcula cuándo se cruzarán estos dos móviles que se desplazan con movimiento uniforme.* ☐ MORF. Como adjetivo es invariable en género.

movilidad s.f. Capacidad de poderse mover: *Prefiero ir en coche para tener más movilidad.*

movilización s.f. **1** Puesta en actividad o en movimiento: *Ante el aviso de bomba, la movilización de la policía fue inmediata.* **2** Llamada de nuevo a filas de los soldados licenciados o de los mandos en reserva por causa o temor de guerra: *Ante el ataque enemigo fue necesaria una rápida movilización de varios remplazos.*

movilizar v. **1** Poner en actividad o en movimiento: *Los sindicatos movilizarán a sus afiliados. Todos los bomberos de la zona se movilizaron para apagar aquel enorme incendio.* **2** Referido a soldados licenciados y a mandos en reserva, llamarlos nuevamente a filas, esp. por causa o temor de guerra: *Si la guerra continúa, movilizarán a los que están en la reserva.* ☐ ORTOGR. La *z* se cambia en *c* delante de *e* →**CAZAR**.

movimiento s.m. **1** Cambio de lugar o de posición: *La emigración y la inmigración son movimientos de población.* **2** Sacudida o agitación de un cuerpo: *Se asustó tanto que noté en su pecho el movimiento del corazón.* **3** Estado de un cuerpo cuando cambia de posición o de lugar: *Mientras el autobús esté en movimiento, no te bajes aunque se abra la puerta.* **4** Circulación, agitación o tráfico continuo de personas, animales o cosas: *En esta calle, cuando más movimiento hay es el domingo.* **5** Sublevación, alzamiento o rebelión: *El movimiento militar impuso el toque de queda.* **6** Conjunto de manifestaciones religiosas, políticas, sociales, artísticas o de otro tipo que tienen características comunes y generalmente innovadoras: *El impresionismo es un movimiento artístico principalmente pictórico.* **7** Marcha real o aparente de los cuerpos celestes: *La Tierra tiene un movimiento de rotación sobre sí misma y otro de traslación alrededor del Sol.* **8** Alteración, inquietud o conmoción: *No ha habido mucho movimiento en mi vida durante los últimos años.* **9** Conjunto de alteraciones o novedades que se realizan en algunas actividades humanas: *Ha sido un año de escaso movimiento teatral.* **10** En los cálculos mercantiles, alteración numérica en la cuenta durante un tiempo determinado: *Solicité un extracto de los últimos movimientos de mi cuenta.* **11** En música, velocidad de ejecución en una composición o en un pasaje: *Los términos 'largo' y 'presto' en una partitura indican, respectivamente, que esta debe ejecutarse con un movimiento muy lento o muy rápido.* **12** En música, en una composición extensa, parte dotada de cierta autonomía y diferenciada de las demás por poseer un tempo y una velocidad de ejecución propios: *El segundo movimiento de la sinfonía era un adagio muy emotivo.*

moviola s.f. **1** Máquina para regular el movimiento de las imágenes, usada en cine y televisión (por extensión del nombre de la marca comercial *Moviola®*): *Repitieron en la moviola las imágenes del penalti.* **2** Imagen proyectada y manipulada con esta máquina: *Veremos la moviola del lanzamiento a gol.*

mozalbete s.m. Mozo de pocos años: *Es un mozalbete muy presumido.*

mozárabe ▌ adj. **1** Referido a un estilo arquitectónico, que se desarrolló en España entre los siglos X y XI, y se caracteriza por la mezcla de elementos visigodos y árabes: *Uno de los elementos de la arquitectura mozárabe es el arco de herradura.* **2** De los mozárabes o relacionado con estos cristianos que vivían en territorio musulmán: *La liturgia mozárabe se conserva en una capilla de la catedral de Toledo.* ▌ adj./s. **3** Referido a un cristiano, que vivía en territorio musulmán durante su dominación en España, manteniendo su propia religión: *Los cristianos mozárabes mantenían la religión cristiana. Los mozárabes eran expertos miniaturistas.* ▌ s.m. **4** Antigua lengua romance hablada por estos cristianos: *El mozárabe conservaba la 'f' inicial latina.* ☐ MORF. 1. Como adjetivo es invariable en género. 2. En la acepción 3, como sustantivo es de género común y exige concordancia en masculino o en femenino para señalar la diferencia de sexo: *el mozárabe, la mozárabe.* ☐ SEM. En la acepción 3, dist. de *mudéjar* (musulmán que vivía en territorio cristiano) y de *muladí* (cristiano convertido al islamismo).

mozarela s.f. Queso de color pálido y sabor suave, elaborado con leche de búfala o de vaca: *La mozarela es un ingrediente frecuente en las pizzas.* ☐ USO Es innecesario el uso del italianismo *mozzarella*.

mozo, za ▌ adj. **1** De la juventud o relacionado con ella: *Siempre recuerda sus años mozos.* ▌ adj./s. **2** Referido a una persona, que está en la juventud o en la etapa intermedia entre la niñez y la edad adulta; *joven*: *Son mozos y les gusta divertirse. Los domingos, mozos y mozas se reúnen en la plaza.* ▌ s.m. **3** Persona que presta servicios domésticos o públicos no especializados: *El mozo de estación es el que lleva los equipajes.* **4** Joven llamado al servicio militar, desde que ha sido alistado hasta que ingresa en la caja de reclutamiento: *Los mozos se reunieron para hacer una fiesta antes de irse a la mili.*

mozzarella (italianismo) s.f. →**mozarela.** ☐ PRON. [motsaréla].

muaré s.m. →**moaré.**

mucamo, ma s. Sirviente o criado: *La mucama sirvió el café.*

muchachada s.f. **1** Hecho o dicho propios de un muchacho y no de una persona adulta: *Si te caes, te estará bien empleado por hacer muchachadas a tus años.* **2** Conjunto de muchachos: *Toda la muchachada del pueblo se reunió en las fiestas.* ☐ SEM. Es sinónimo de *muchachería*.

muchachería s.f. →**muchachada.**

muchacho, cha ▌ s. **1** Niño o joven, esp. el adolescente: *Los muchachos salen al recreo a media mañana. Se casó cuando aún era un muchacho.* ▌ s.f. **2** Empleada del servicio doméstico; *chacha, sirvienta*: *Nos abrió la muchacha y dijo que los señores no estaban en casa.* ☐ MORF. En la acepción 1, se usa mucho como apelativo coloquial la forma abreviada *chacho*.

muchedumbre s.f. Abundancia o multitud de personas o cosas: *Se congregó una muchedumbre que no para-*

ba de gritar. Una muchedumbre de gaviotas revoloteaba por la playa.

mucho adv. **1** En cantidad o en grado muy elevados, o bastante más de lo normal o de lo necesario: *Sentí mucho no poder ir. El niño ha crecido mucho y ya no le vale la ropa.* **2** Largo tiempo: *Hace mucho que no hablo con él y no sé cómo le irá.* **3** ‖ **ni con mucho.** En una comparación, expresión que se usa para enfatizar el poco parecido o la distancia existentes entre lo que se compara: *Mi vestuario no es, ni con mucho, tan lujoso como el tuyo.* ‖ **ni mucho menos.** Expresión que se usa para replicar rotundamente o para enfatizar una negación: *Cuando le dije que así quedábamos en paz, me contestó: «¡Ni mucho menos!».* ‖ **por mucho que.** Enlace gramatical subordinante con valor concesivo; *aunque: Por mucho que insistas, no me convencerás.* □ MORF. 1. Antepuesto a una expresión adjetiva o adverbial, se usa la apócope *muy*, excepto ante *más, menos, antes, después* o los comparativos *mayor, menor, mejor* o *peor*: *Vámonos, que es muy tarde. Sale con un chico muy guapo.* 2. Incorr. **muy mucho*.

mucho, cha indef. Abundante, numeroso, o que sobrepasa considerablemente lo normal o lo necesario: *Hoy hace mucho calor. A su boda asistieron muchos de sus amigos.* □ MORF. 1. →APÉNDICE DE PRONOMBRES. 2. Cuando *muchos* se antepone a otra palabra para formar compuestos, adopta la forma *multi-*.

mucosa s.f. Véase **mucoso, sa.**

mucosidad s.f. Sustancia viscosa y pegajosa de la misma naturaleza que el moco: *Los caracoles, al desplazarse, dejan una mucosidad en el suelo.*

mucoso, sa ▮ adj. **1** Con la viscosidad o el aspecto del moco: *Las babosas tienen el cuerpo recubierto de una sustancia mucosa.* **2** Con mucosidad, que la produce o que la segrega: *Las glándulas mucosas de la nariz segregan una mucosidad que protege del polvo las vías respiratorias.* ▮ s.f. **3** →**membrana mucosa.**

muda s.f. Véase **mudo, da.**

mudanza s.f. **1** Cambio, variación o transformación: *No sé a qué puede deberse semejante mudanza en su comportamiento.* **2** Traslado a otro lugar, esp. el que se hace con muebles y pertenencias cuando se cambia de residencia: *Llevamos varios días de mudanza y aún nos faltan los muebles más grandes.* **3** Inconstancia o cambio constante en la actitud, en los sentimientos o en las opiniones: *Ese chaquetero se ha hecho famoso por la mudanza de sus ideas políticas.* **4** En métrica, en un zéjel o en un villancico, estrofa que sigue al estribillo, presenta una rima distinta de la de este y enlaza con un verso de vuelta que rima con él: *La mudanza del zéjel consta de tres versos monorrimos.*

mudar ▮ v. **1** Cambiar, variar o hacer distinto: *Ha mudado tanto su carácter que no parece el mismo.* **2** Transformar o convertir en algo distinto: *Las palabras del médico mudaron su temor en esperanza.* **3** Dejar y remplazar por algo distinto: *Tómale la palabra antes de que mude de parecer.* **4** Trasladar o poner en otro lugar: *Mudaron la oficina a otro local más amplio.* **5** Cambiar de ropa, generalmente para poner otra limpia: *Aquí tienes sábanas limpias para que mudes la cama. Todos los días me mudo de camisa.* **6** Referido a la voz, cambiar su timbre infantil por el propio de la edad adulta: *Cuando mudó la voz, tuvo que abandonar el coro.* **7** Referido a la piel, al pelaje o al follaje, soltarlos o renovarlos su organismo: *¿Sabes en qué época mudan la piel las culebras?* ▮ prnl. **8** Cambiar de residencia: *Si encuentro un piso que me guste más, me mudo.* □ SINT. Constr. de la acepción 3: *mudar* DE *algo.*

mudéjar ▮ adj. **1** Referido a un estilo arquitectónico, que floreció en la península ibérica entre los siglos XII y XV, y se caracteriza por el empleo de elementos del arte cristiano y del arte árabe: *En el estilo mudéjar se mezclan elementos románicos y góticos con materiales típicamente árabes, como el ladrillo o el yeso.* **2** De los mudéjares o relacionado con estos musulmanes en territorio cristiano: *Los barrios mudéjares estaban separados de los barrios cristianos.* ▮ adj./s. **3** Referido a un musulmán, que vivía en territorio cristiano durante la dominación musulmana en España, manteniendo su religión, costumbres e instituciones propias: *Los musulmanes mudéjares mantenían sus ritos. Los mudéjares tenían fama de ser hábiles artesanos.* □ MORF. 1. Como adjetivo es invariable en género. 2. Como sustantivo, es de género común y exige concordancia en masculino o en femenino para señalar la diferencia de sexo: *el mudéjar, la mudéjar.* □ SEM. En la acepción 3, dist. de *mozárabe* (cristiano que vivía en territorio musulmán) y de *muladí* (cristiano convertido al islamismo).

mudez s.f. Incapacidad física para hablar: *Una lesión cerebral puede causar una mudez permanente.*

mudo, da ▮ adj. **1** Sin palabras, sin voz o sin sonido: *En el examen nos dieron un mapa mudo para que pusiésemos los nombres de los países. Vimos una película de cine mudo antiquísima.* **2** Referido esp. a una letra, que no se pronuncia: *En español, la 'h' es una consonante muda.* ▮ adj./s. **3** Referido a una persona, que sufre una incapacidad que le impide hablar: *Va a un colegio de educación especial para niños mudos. Los mudos se comunican con las manos.* ▮ s.f. **4** Conjunto de ropa, esp. la interior, que se muda de una vez: *Siempre se le olvida llevarse la muda al cuarto de baño cuando se va a duchar.* **5** En un ser vivo, renovación natural de la piel, del pelaje o del follaje: *En algunos animales, la muda es una condición para su crecimiento.* **6** Tiempo durante el que se produce esta renovación: *Las aves no cantan durante la muda.*

mueble s.m. Objeto que se puede mover, generalmente de formas rígidas y destinado a un uso concreto, y con el que se equipa o se decora un local, esp. una casa: *La cama, las sillas y las mesas son muebles. Ha amueblado el despacho con muebles de caoba.*

mueca s.f. Gesto o contracción del rostro, esp. el de carácter burlesco o expresivo: *Los niños rompieron en carcajadas cuando el payaso empezó a hacer muecas y a sacar la lengua. Hacía continuas muecas de dolor.*

muecín s.m. →**almuecín.**

muela s.f. **1** En la dentadura de una persona o de un mamífero, cada uno de los dientes situados en la parte posterior de la boca después de los caninos, más anchos que los demás, y cuya función es trituradora: *Una persona adulta tiene dieciséis muelas, o veinte, si tiene las del juicio.* **2** En un molino tradicional, rueda de piedra que gira sobre otra fija para moler lo que se pone entre ambas; *piedra de molino: La muela estruja el grano contra la solera hasta convertirlo en harina.* **3** ‖ **muela {cordal/del juicio}.** La que nace en la edad adulta en cada extremo de la mandíbula: *Tengo tres muelas del juicio y me está saliendo la última.*

muelle ▮ adj. **1** Referido a un modo de vivir, cómodo y sin preocupaciones: *En vacaciones lleva una vida muelle y no se altera por nada.* ▮ s.m. **2** Pieza elástica, generalmente metálica, que se comprime y deforma cuando se aplica una presión sobre ella y que, cuando desaparece dicha presión, tiende a recuperar su forma, desarrollando al hacerlo una fuerza aprovechable para usos mecánicos; resorte: *Se han estropeado varios muelles del colchón y la cama se queda hundida.* **3** En un puerto o en una orilla de aguas navegables, construcción hecha junto al agua para facilitar el embarque y desembarco o el resguardo de las embarcaciones: *Los pasajeros esperaban en el muelle el momento del embarque.* **4** En una estación de tren o en un almacén, plataforma o andén elevados, situados a la altura del suelo de los vagones o de los camiones para facilitar las tareas de carga y descarga de mercancías: *El camión hizo maniobras de acercamiento al muelle donde esperaban los descargadores.* □ MORF. Como adjetivo es invariable en género.

muérdago s.m. Planta de tallo leñoso y corto, hojas gruesas de color verde y fruto en baya color blanco rosado, que vive parásita sobre los troncos y ramas de algunos árboles: *En algunos países es tradicional hacer adornos de Navidad con muérdago.*

muerdo s.m. *col.* Mordisco: *No he comido más que un muerdo para probarlo, porque no tenía hambre.*

muermo s.m. **1** *col.* Estado de aburrimiento o somnolencia: *¡Venga, sacúdete ese muermo y vamos de fiesta!* **2** *col.* Lo que produce este estado: *No entiendo cómo puede divertirte ese muermo de programa.*

muerte s.f. **1** Final o terminación de la vida: *Un ataque al corazón le produjo la muerte.* **2** Figura que personifica este final de la vida y que suele representarse como un esqueleto humano con una guadaña: *Soñó que se le aparecía la muerte encapuchada y lo atrapaba con su guadaña.* **3** Homicidio o asesinato: *Se busca a un asesino al que se le atribuyen varias muertes.* **4** Destrucción, finalización o ruina: *La muerte del Imperio romano se produjo con la invasión de los bárbaros.* **5** ‖ **a muerte. 1** Referido a un enfrentamiento, que solo termina con la muerte de uno de los enfrentados: *Se retaron a un duelo a muerte.* **2** Con la máxima intensidad o sin concederse tregua o descanso: *Se odian a muerte.* ‖ **de mala muerte.** *col.* Malo, despreciable o de poco valor: *Vive en una casa de mala muerte que parece una pocilga.* ‖ **muerte súbita.** En algunos deportes, sistema de tanteo especial que se aplica cuando se ha llegado a un empate: *El partido de tenis estuvo igualadísimo y al final se decidió por muerte súbita.*

muerto, ta ▮ **1** part. irreg. de **morir.** ▮ adj. **2** Apagado o falto de viveza, de vitalidad o de actividad: *Por la noche, la ciudad se queda muerta.* **3** *col.* Muy cansado o agotado: *Trasnochar me deja muerto.* ▮ adj./s. **4** Sin vida: *Los minerales están formados por materia muerta. Esta semana ha habido veinte muertos en accidentes de tráfico.* ▮ s.m. **5** *col.* Lo que resulta un estorbo, una carga o una tarea enojosa: *Me cargaron con el muerto de terminar el dichoso informe.* ▮ s.m.pl. **6** Respecto de una persona, sus familiares o compañeros fallecidos: *El ejército honra a sus muertos.* **7** ‖ **hacer el muerto.** Dejarse flotar boca arriba en el agua: *Los niños hacían el muerto en la piscina poniendo los brazos en cruz.* □ MORF. En la acepción 1, incorr. **morido.* □ SINT. En el lenguaje escrito, está muy extendido el uso de la voz pasiva *ser muerto* en lugar de *morir*: *{*Fue muerto > Murió} de un tiro en la sien.*

muesca s.f. Hueco o corte que se hacen como señal o para encajar algo en ellos: *Quiero que me hagas el agujero del cinturón donde está la muesca.*

muesli s.m. Alimento compuesto por cereales, frutas deshidratadas y frutos secos que se mezcla con la leche y que suele tomarse en el desayuno: *El muesli en un alimento rico en fibra.*

muestra s.f. **1** Porción o pequeña cantidad de un producto, que sirve para dar a conocer las características de este: *Si tienes que comprar más tela, lleva una muestra para que te la den igual.* **2** Parte que se extrae de un conjunto para analizarla o examinarla: *Hay que enviar una muestra del producto al laboratorio para que certifiquen su calidad.* **3** En estadística, parte que se selecciona de un conjunto como representativa del mismo y sobre la que se extraen conclusiones válidas para todo el conjunto: *El sondeo se realizó sobre una muestra de mil personas.* **4** Modelo que se toma para ser copiado o imitado: *El bordado de las sábanas lo saqué de una muestra que me dejaron.* **5** Señal, prueba o demostración, esp. las que evidencian algo que no es visible: *En el rostro del corredor se apreciaban muestras de cansancio.* **6** Feria o exposición, esp. la destinada a exhibir productos industriales: *En la muestra de maquinaria agrícola se presentaron los últimos avances en el sector.* **7** En caza, parada que hace el perro cuando encuentra la pieza, antes de levantarla: *Al ver la muestra del perro, el cazador apuntó hacia esa zona.* □ SEM. No debe emplearse con el significado de 'festival cinematográfico o artístico' (italianismo): *La película se estrenó en {*una muestra > un festival} de cine de terror.*

muestrario s.m. **1** Conjunto de muestras de productos: *¿Puede enseñarme un muestrario de barras de labios a ver cuál elijo?* **2** Conjunto de elementos diversos que constituyen un grupo completo: *Desde el más empollón hasta el más vago, en esa clase hay un completo muestrario de estudiantes.*

muestreo s.m. Selección de una muestra representativa de un conjunto, que se hace para examinarla y sacar conclusiones aplicables a dicho conjunto: *Una empresa estadística realizó un muestreo entre los electores para ver cuál era la tendencia de voto predominante.*

muflón s.m. Mamífero rumiante, semejante al carnero pero de mayor tamaño, de pelaje generalmente corto y castaño con la parte inferior blanca, y cuyo macho presenta grandes cuernos arqueados hacia atrás en forma de círculo y con estrías transversales: *El muflón habita en zonas montañosas de Europa.* □ MORF. Es un sustantivo epiceno y la diferencia de sexo se señala mediante la oposición *el muflón {macho/hembra}.* 👁 **rumiante**

mugido s.m. Voz característica del toro o de la vaca: *La vaca daba grandes mugidos durante el parto.*

mugir v. Referido a un toro o a una vaca, dar mugidos o emitir su voz característica: *Se oía mugir a los toros que estaban sueltos en el campo.* □ ORTOGR. La *g* se cambia en *j* delante de *a, o* →**DIRIGIR.**

mugre s.f. Suciedad, esp. la grasienta: *El mendigo llevaba unas ropas andrajosas y llenas de mugre.* □ MORF. Incorr. su uso como masculino: *Limpiamos {*el > la} mugre.*

mugriento, ta adj. Muy sucio y lleno de mugre; *mugroso: Quítate esas ropas mugrientas y ponte limpio.*

mugroso, sa adj. →**mugriento, ta.**

mujer s.f. **1** Persona de sexo femenino: *Me da lo mismo que mi hijo sea hombre o mujer.* **2** Persona adulta de sexo femenino: *La niña ha crecido y ya es toda una mujer.* **3** Respecto de un hombre, la casada con él: *Fue a la fiesta acompañado de su mujer.* **4** ‖ **de mujer a mujer.** De igual a igual, francamente o con sinceridad: *La princesa habla con sus amigas de mujer a mujer.* ‖ **mujer {de la calle/de**

la vida/pública}. *euf.* Prostituta: *Esa vagabunda fue en su juventud una mujer de la calle.* ‖ **mujer fatal.** La que ejerce una atracción sexual irresistible y que acarrea un final desgraciado para ella misma o para quienes atrae: *Esa actriz tiene fama de mujer fatal, a cuyos pies han caído grandes hombres.* ‖ **mujer objeto.** *col.* La considerada solo como un objeto que produce placer: *La actriz declaró que estaba harta de que la consideraran una mujer objeto.* ‖ **muy mujer.** *col.* Que tiene muy marcados los rasgos que tradicionalmente se han considerado propios de las personas de sexo femenino: *Se dice que el éxito de la vida en pareja está en que él sea muy hombre y ella, muy mujer.* ‖ **ser mujer.** Tener o haber tenido la primera menstruación: *Es mujer desde los doce años.* □ USO Se usa como apelativo: *No te asustes, mujer, que no pasa nada.*

mujeriego, ga adj./s.m. Referido esp. a un hombre, que es muy aficionado a las mujeres, esp. si va con unas y con otras buscando seducirlas y no se limita a la relación con una sola: *En su juventud fue muy mujeriego y tuvo varias amantes. Dudo que ese mujeriego te llame solo por amistad.*

mujeril adj. De la mujer o relacionado con ella: *Organizaron una reunión exclusivamente mujeril y dejaron a los maridos fuera.* □ MORF. Invariable en género.

mujerío s.m. Conjunto o multitud de mujeres: *El mujerío aplaudió aquellas palabras en defensa de la igualdad de derechos del hombre y la mujer.*

mújol s.m. Pez marino, de cuerpo alargado, cabeza aplastada y labios muy gruesos, que abunda en aguas mediterráneas y es muy apreciado como alimento; *lisa: Las huevas de mújol son un plato exquisito.* □ MORF. Es un sustantivo epiceno y la diferencia de sexo se señala mediante la oposición *el mújol {macho/hembra}.*

muladar s.m. Lugar que se considera foco de suciedad o de corrupción: *Esa casa es un muladar asqueroso y maloliente.*

muladí adj./s. Referido a un cristiano, que se convirtió al islamismo durante la dominación musulmana en España: *La población muladí no pagaba impuesto religioso. Los muladíes disfrutaban del estatuto de los musulmanes de nacimiento.* □ MORF. 1. Como adjetivo es invariable en género. 2. Como sustantivo es de género común y exige concordancia en masculino o en femenino para señalar la diferencia de sexo: *el muladí, la muladí.* 3. Aunque su plural en la lengua culta es *muladíes*, también se usa *muladís.* □ SEM. Dist. de *mozárabe* (cristiano que vivía en territorio musulmán) y de *mudéjar* (musulmán que vivía en territorio cristiano).

mular adj. Del mulo, de la mula o relacionado con estos animales: *El ganado mular suele usarse en el campo para labores de carga y arrastre.* □ MORF. Invariable en género.

mulato, ta adj./s. Referido a una persona, que ha nacido de padres de grupos étnicos diferentes, esp. si uno es negro y otro es blanco: *Vivir entre personas negras y mulatas le ha hecho más sensible hacia los problemas raciales. En los mulatos suele darse una confluencia de culturas enriquecedora.*

muleta s.f. **1** Bastón con el extremo superior adaptado de modo que puedan apoyarse en él el antebrazo o la axila, y que utilizan para ayudarse a andar las personas que tienen dificultad para hacerlo: *Va con muletas porque se ha roto una pierna y no puede apoyarla.* **2** En tauromaquia, paño de color rojo, sujeto a un palo por uno de sus bordes, utilizado por el torero para engañar al toro, esp. cuando va a entrar a matar: *El diestro empezó la lidia con unos lances de capote y la culminó con una brillante faena de muleta.*

muletilla s.f. En una conversación, palabra o expresión que, de tanto repetirse, pierden su fuerza expresiva; *latiguillo: Me ha pegado su muletilla y ahora yo también repito '¿sabes?' a cada momento.* □ ORTOGR. Dist. de *maletilla.* □ SEM. Dist. de *coletilla* (añadido a lo que se dice o se escribe).

muletón s.m. Tela de lana o de algodón, gruesa, suave y parecida a la felpa, de mucho abrigo y baja calidad, y que suele usarse como protección debajo de las sábanas o de los manteles: *No te preocupes por haber tirado la copa, porque debajo del mantel hay muletón.*

mulillas s.f.pl. En tauromaquia, tiro o conjunto de mulas que arrastran y sacan de la plaza a los toros muertos en una corrida: *Las mulillas suelen ir engalanadas con adornos y cascabeles.*

mullido, da ▮ adj. **1** Blando o esponjoso: *Se sentó en un mullido sillón.* ▮ s.m. **2** Materia esponjosa y blanda que se utiliza como relleno: *El mullido del almohadón es de plumas.*

mullir v. **1** Referido esp. a algo apretado, esponjarlo para que quede blando y suave: *Sacude un poco la almohada para mullirla.* **2** Referido a la tierra, cavarla y removerla para ahuecarla: *Mulle la tierra de las viñas para que el agua penetre con más facilidad.* □ MORF. Irreg.: En las formas cuya desinencia contiene un diptongo *ie, io,* se pierde esta *i* →**ZAMBULLIR**.

mulo, la ▮ adj./s. **1** *col.* Referido a una persona, que es fuerte, vigorosa o muy resistente para el trabajo: *Entre aquel forzudo y otro todavía más mulo que él descargaron todo el camión. Eres una mula, nunca te cansas de trabajar.* **2** *col.* Referido a una persona, que es tozuda, bruta o de corto entendimiento: *¡Cómo puede ser tan mula y no darse cuenta de lo que pasa! Aunque sepa que está equivocado, no cambia de opinión porque es un mulo.* ▮ s. **3** Animal, generalmente estéril, nacido del cruce de burro y yegua y que, por su fuerza y resistencia, se utiliza como animal de carga: *Los mulos suelen ser mayores y más ágiles para el trabajo que los asnos.*

multa s.f. **1** Sanción económica que impone una autoridad competente por haber cometido un delito o una falta: *El juez castigó al abogado con una multa por desacato al tribunal.* **2** Papel o documento donde consta o se notifica esta sanción: *Cuando volví al coche, me encontré una multa en el parabrisas.*

multar v. Imponer una multa: *La ley otorga a los policías autoridad para multar. Nos multaron por circular a más velocidad de la permitida.*

multi- Elemento compositivo que significa 'muchos': *multicolor, multimillonario, multiuso.*

multicine s.m. Cine que tiene varias salas de proyección: *Siempre quiero ir a los multicines de mi barrio, porque así puedo elegir entre varias películas.*

multicolor adj. De muchos colores: *Fue al carnaval con un traje multicolor y muy vistoso.* □ MORF. Invariable en género.

multicopista adj./s.f. Referido a una máquina, que reproduce originales, generalmente escritos, en numerosas copias de papel: *Para hacer funcionar la multicopista, coloca el cliché en el rodillo y dale a la manivela.* □ MORF. Como adjetivo es invariable en género.

multigrado adj. Referido esp. a un aceite lubricante para motores, que no sufre alteración de sus propiedades con los cambios de temperatura: *El aceite multigrado es apto para cualquier época del año.* □ MORF. Invariable en género y en número.

multimedia (anglicismo) adj./s.m. Referido a un sistema de difusión de la información, que integra procedimientos tecnológicos que utilizan imágenes, sonido y texto para reproducir o difundir información, esp. si se orienta a un uso interactivo: *El mundo del multimedia abre grandes posibilidades para la comunicación de masas. Cambiará su ordenador personal por un multimedia.* □ MORF. Invariable en número.

multinacional adj./s.f. Referido esp. a una empresa o a una sociedad mercantil, que tiene sus intereses y actividades repartidos en varios países: *Las empresas multinacionales están ahogando a los pequeños comerciantes. Trabaja para una multinacional que tiene filiales en los cinco continentes.* □ MORF. Como adjetivo es invariable en género.

múltiple ▮ adj. **1** Complejo, de muchas maneras o con muchas partes: *Si la fisura es múltiple, la operación resultará más laboriosa.* ▮ adj.pl. **2** Muchos o varios: *Ha recibido múltiples ofertas y no sabe por cuál decidirse.* □ MORF. Invariable en género.

multiplicación s.f. **1** Aumento en el que las dimensiones o el número de unidades crece varias veces o en un grado considerable: *Si la multiplicación de la población se produce a ese ritmo, no se podrá eliminar el hambre.* **2** En matemáticas, operación mediante la cual se calcula el producto de dos factores, equivalente a la suma de uno de ellos, llamado *multiplicando*, tantas veces como indica el otro, llamado *multiplicador*: *Dime el precio de una entrada y con una simple multiplicación calcularemos lo que cuestan seis.*

multiplicador s.m. En una multiplicación matemática, factor o cantidad que indica el número de veces que debe sumarse otro para obtener el producto de ambos: *En la operación 5 x 3 = 15, el multiplicador es 3.*

multiplicando s.m. En una multiplicación matemática, factor o cantidad que debe sumarse tantas veces como indica otro para obtener el producto de ambos: *En la operación 5 x 3 = 15, el multiplicando es el 5.*

multiplicar ▮ v. **1** Hacer varias veces mayor o aumentar considerablemente el número de unidades: *Si quieres lograr ese propósito, tendrás que multiplicar tu esfuerzo. La campaña publicitaria hará que las ventas se multipliquen.* **2** En matemáticas, realizar la operación aritmética de la multiplicación: *El resultado de multiplicar 5 por 3 es 15.* ▮ prnl. **3** Referido a una especie de seres vivos, aumentar considerablemente el número de sus individuos, esp. por procreación: *Las ratas se multiplican con gran rapidez.* **4** *col.* Referido a una persona, esforzarse o arreglárselas para conseguir atender gran cantidad de ocupaciones: *Tiene que multiplicarse para poder asistir a clase, al trabajo y, además, encargarse de la casa.* □ ORTOGR. La *c* se cambia en *qu* delante de *e* ⟶SACAR.

multiplicativo, va adj. Que multiplica o que aumenta: *'Doble' es un numeral multiplicativo porque indica multiplicación por dos.*

multiplicidad s.f. Variedad, diversidad o abundancia: *La multiplicidad de interpretaciones que ofrece una obra literaria es lo que me parece más interesante de la literatura.*

múltiplo adj./s.m. **1** Referido a un número o a una cantidad, que contienen a otro u otra un número exacto de veces: *El número 10 es múltiplo de 2 y de 5. Los múltiplos son un tipo de pronombres numerales.* **2** ‖ **mínimo común múltiplo.** El menor de los múltiplos comunes a dos o más números dados: *El mínimo común múltiplo de 2 y 3 es 6.* □ MORF. Como adjetivo es invariable en género.

multipropiedad s.f. **1** Sistema o régimen de utilización de un inmueble por diferentes personas, bajo determinadas condiciones, esp. la limitación del tiempo de uso: *Se está extendiendo la compra de apartamentos en multipropiedad.* **2** Inmueble que se disfruta mediante este sistema: *Le vendemos su multipropiedad al mejor precio.*

multitud s.f. Gran cantidad de personas, animales o cosas: *Una multitud aclamaba al vencedor. Una gran multitud de pájaros arrasó el sembrado.*

multitudinario, ria adj. **1** Que forma multitud: *Un grupo multitudinario pedía justicia ante el juzgado.* **2** De la multitud, con sus características o relacionado con ella: *Ese escritor busca el gusto multitudinario, y no el selectivo de la minoría más intelectual.*

mundanal adj. ⟶**mundano, na.** □ MORF. Invariable en género. □ USO Es característico del lenguaje literario.

mundano, na adj. **1** Del mundo o relacionado con él: *Renunció a los placeres mundanos y se retiró a la soledad de un convento.* **2** De lo que se considera la alta sociedad o relacionado con ella: *Es una persona mundana pero nada superficial.* □ SEM. Es sinónimo de *mundanal*.

mundial ▮ adj. **1** Del mundo entero o relacionado con él: *En la historia ha habido dos guerras mundiales.* ▮ s.m. **2** Competición deportiva en la que pueden participar representantes de todas las naciones de mundo: *Los equipos ya empiezan a prepararse para el mundial de fútbol.* □ MORF. Como adjetivo es invariable en género.

mundillo s.m. Conjunto limitado de personas con una misma posición social, profesión o afición: *Como cirujano tiene mucho prestigio en el mundillo médico.*

mundo s.m. **1** Conjunto de todo lo creado o existente: *Muchas culturas atribuyen la creación del mundo a un ser superior.* **2** Parcela o ambiente diferenciados dentro de este conjunto: *El espíritu de aventura le llevó a adentrarse en el mundo de la aviación.* **3** Planeta o astro, esp. referido a la Tierra: *Los científicos creen posible la vida en otros mundos.* **4** Conjunto o sociedad de los seres humanos: *Según la Biblia, Dios envió a su Hijo como salvador del mundo.* **5** Parte de la sociedad con una característica común: *En la entrega de premios estaba reunido todo el mundo del espectáculo.* **6** Experiencia de la vida, esp. la que da desenvoltura y sabiduría para conducirse en la vida: *Es una mujer de mundo y sabe moverse en cualquier ambiente.* **7** Vida seglar y no monástica: *Cuando sintió la llamada de Dios, renunció al mundo y se hizo monja de clausura.* **8** ‖ **{caérsele/venírsele}** a alguien **el mundo encima.** *col.* Deprimirse o abatirse, esp. por verse sometido a una gran carga: *Cuando perdió a su esposa, se le cayó el mundo encima.* ‖ **desde que el mundo es mundo.** *col.* Desde siempre o desde hace mucho tiempo: *Los hijos se han independizado de sus padres desde que el mundo es mundo.* ‖ **el otro mundo.** *col.* Lo que hay después de la muerte: *Ya os acordaréis de mí cuando me haya ido al otro mundo.* ‖ **hacer un mundo de** algo. *col.* Darle demasiada importancia o atribuirle una gravedad que no tiene: *No hagas un mundo de esa tontería, porque no ha sido para tanto.* ‖ **no ser** algo **nada del otro mundo.** *col.* No

a b c d e f g h i j k l m n ñ o p q r s t u v w x y z

ser extraordinario, sino común y corriente: *Aunque a ti te parezca una mujer sin igual, esa chica no es nada del otro mundo.* ‖ **ponerse** alguien **el mundo por montera.** *col.* Dejar de lado el qué dirán y las opiniones de los demás para actuar según la propia voluntad: *Harto del trabajo y de la vida de ciudad, se puso el mundo por montera y se fue a vivir al campo.* ‖ **tercer mundo.** Conjunto de los países menos desarrollados económicamente: *El mundo rico vive ajeno a los problemas del tercer mundo.* ‖ **ver mundo.** Viajar por distintos lugares y países: *Aprovecha las vacaciones para ver mundo y conocer gente nueva.* ☐ SEM. En la acepción 1, es sinónimo de *cosmos*, *creación*, *orbe* y *universo*.

munición s.f. **1** Conjunto de provisiones y de material de guerra necesario para sustentar un ejército: *Han enviado varios camiones con municiones, sobre todo con víveres y armas.* **2** Carga que se pone en las armas de fuego: *Los soldados se rindieron porque se habían quedado sin municiones.* ☐ MORF. Se usa más en plural.

municipal ▮ adj. **1** Del municipio o relacionado con él: *El alcalde y los concejales son los encargados del gobierno municipal.* ▮ s. **2** Persona que pertenece a la guardia del municipio: *Los municipales dirigen el tráfico de las calles.* ☐ MORF. 1. Como adjetivo es invariable en género. 2. Como sustantivo es de género común y exige concordancia en masculino o en femenino para señalar la diferencia de sexo.

municipio s.m. **1** En algunos países, división administrativa menor que está a cargo de un solo organismo: *El municipio es menor que la provincia.* **2** Territorio que comprende esta división administrativa; *término municipal: Nuestro municipio es poco extenso, pero tiene muchos habitantes.* **3** Corporación compuesta por un alcalde y varios concejales, que dirige y administra este territorio: *El Gobierno central aumentará las competencias del Municipio.* **4** Conjunto de habitantes de este territorio: *El municipio entero ha salido a la calle para protestar por el recorte de presupuestos.* ☐ SEM. En la acepción 3, es sinónimo de *ayuntamiento*, *concejo* y *cabildo*. ☐ USO En la acepción 3, se usa como nombre propio.

muñeco, ca ▮ s. **1** Figura humana que se utiliza generalmente como adorno o como juguete: *Aún conserva viejas muñecas de trapo de su madre.* **2** *col.* Niño o joven guapo y de aspecto dulce y delicado: *Nunca te regañan porque eres una muñeca con carita de ángel. Este bebé es un muñeco y me lo comería a besos.* ▮ s.m. **3** *col.* Hombre de poco carácter que se deja manejar por los demás: *Hará todo lo que nosotros queramos, porque es un muñeco.* ▮ s.f. **4** Parte del brazo humano por donde se articula la mano con el antebrazo: *El reloj suele llevarse en la muñeca izquierda.* 👁 **mano**

muñeira s.f. **1** Composición musical gallega de carácter popular, que se interpreta cantada con acompañamiento de gaitas, panderos y tamboriles: *Las letras de las muñeiras suelen ser humorísticas.* **2** Baile popular que se ejecuta al compás de esta música: *Unos amigos gallegos me enseñaron a bailar la muñeira.*

muñequera s.f. Tira o venda, generalmente elástica, con la que se aprieta la muñeca para sujetarla o para protegerla: *Tiene un esguince en la muñeca y debe ponerse una muñequera.*

muñón s.m. **1** Parte que queda unida al cuerpo tras la amputación de un miembro o de un órgano: *Siempre lleva una chaqueta para cubrir el muñón del brazo.* **2** Miembro del cuerpo que está atrofiado y no ha llegado a tomar la forma correspondiente o la ha perdido: *Nació con dos muñones en vez de brazos.*

mural ▮ adj. **1** Que se pone sobre un muro o pared y ocupa gran parte de él: *Para decorar esta pared quiero un tapiz mural.* ▮ s.m. **2** Obra pictórica informativa o decorativa, de grandes dimensiones, que se coloca en un muro o pared: *En el colegio hicimos un mural sobre la evolución humana.* ☐ MORF. Como adjetivo es invariable en género.

muralla s.f. **1** Obra defensiva que rodea un lugar o un territorio; *muro: Las ciudades medievales estaban rodeadas de murallas.* **2** Lo que incomunica y es difícil de atravesar: *Los jugadores formaron una muralla infranqueable para el equipo contrario.*

murciano, na adj./s. De Murcia o relacionado con esta comunidad autónoma española, con la provincia de esta comunidad o con su capital: *El escultor Francisco Salzillo era murciano. Veraneo en casa de unos murcianos en la Manga del Mar Menor.* ☐ MORF. Como sustantivo se refiere solo a las personas de Murcia.

murciélago s.m. Mamífero volador de pequeño tamaño y de hábitos nocturnos, capaz de orientarse en la oscuridad al emitir ultrasonidos que le permiten captar determinados ecos: *Para descansar, los murciélagos se cuelgan boca abajo en las cuevas.* ☐ MORF. Es un sustantivo epiceno y la diferencia de sexo se señala mediante la oposición *el murciélago {macho/hembra}*.

murga s.f. **1** Grupo de músicos callejeros: *Hace años, las murgas tocaban delante de las casas para que les dieran comida o dinero.* **2** ‖ **dar (la) murga.** *col.* Molestar o importunar: *Cállate ya, que llevas todo el día dando la murga.*

murmullo s.m. Sonido suave y confuso, esp. el producido por gente que habla: *En la biblioteca se oía un murmullo molesto. Ante la propuesta, se oyó un murmullo de aprobación.*

murmuración s.f. Comentario malintencionado sobre alguien, esp. si no está presente: *Si quieres ser feliz, no hagas caso de las murmuraciones.*

murmurar ▮ v. **1** *col.* Hablar mal de alguien, esp. si no está presente: *Tu vecino no hace más que murmurar de todo el mundo.* **2** Hablar bajo o entre dientes, esp. si se manifiesta una queja: *No murmures y dime con claridad de qué te quejas.* **3** Producir un sonido suave y apacible: *El arroyuelo murmuraba al pasar entre las piedras.* ▮ prnl. **4** Referido a un rumor, difundirse entre la gente; *rumorearse: Se murmuraba que iba a haber un día más de vacaciones.* ☐ MORF. En la acepción 4, es un verbo unipersonal: se usa solo en tercera persona del singular y en las formas no personales (infinitivo, gerundio y participio). ☐ SINT. Constr. de la acepción 1: *murmurar* DE *alguien*.

muro s.m. **1** Obra de albañilería vertical, generalmente gruesa, que se utiliza para cerrar un espacio o para sostener un techo: *Una enredadera cubre los muros de mi casa.* **2** Obra defensiva que rodea un lugar o un territorio; *muralla: Los atacantes consiguieron derribar los muros del castillo.* **3** Lo que separa o impide la comunicación: *Después de la disputa, entre los dos se levantó un muro de silencio.*

murrio, rria ▮ adj. **1** *col.* Triste y melancólico: *Está murrio porque hace tiempo que no ve a sus amigos.* ▮ s.f. **2** *col.* Tristeza que produce melancolía: *Hace siete meses que está fuera de casa, y siente murria.*

mus s.m. **1** Juego de cartas que consta de cuatro fases de

a b c d e f g h i j k l m n ñ o p q r s t u v w x y z

apuesta o de envite y que se practica por parejas: *Las fases del mus son grande, chica, pares y juego.* **2** En este juego, petición de descarte de los naipes que no interesan: *No hay mus, así que empezamos a apostar.*

musa s.f. **1** En la mitología clásica, cada una de las diosas que protegían las ciencias y las artes: *Las musas eran hijas de Apolo.* **2** Inspiración de un artista: *Antes de empezar un cuadro, el pintor invocaba a su musa.*

musaraña s.f. **1** Mamífero de unos seis centímetros de longitud, parecido a un ratón pero con el hocico más puntiagudo, que se alimenta generalmente de insectos: *Las musarañas tienen el pelaje sedoso y suave.* **2** ‖ **{mirar a/pensar en} las musarañas.** *col.* Estar distraído o ajeno a lo que sucede alrededor: *Si no estuvieras siempre pensando en las musarañas no te confundirías tanto.* ☐ MORF. En la acepción 1, es un sustantivo epiceno y la diferencia de sexo se señala mediante la oposición *la musaraña {macho/hembra}.*

musculación s.f. Desarrollo de los músculos: *Hace ejercicios de musculación en el gimnasio.*

muscular adj. De los músculos, formado por ellos o relacionado con ellos: *Siente dolores musculares en la espalda.* ☐ MORF. Invariable en género.

musculatura s.f. **1** Conjunto y disposición de los músculos del cuerpo: *La musculatura nos permite movernos.* **2** *col.* Grado de desarrollo y fortaleza musculares: *Haciendo pesas ha conseguido tener una gran musculatura.*

músculo s.m. **1** En algunos animales y en las personas, tejido fibroso y elástico formado por células alargadas, en forma de huso, capaz de contraerse por la acción de estímulos nerviosos y que posibilita el movimiento: *El bíceps es un músculo. Los músculos forman parte del aparato locomotor.* **2** ‖ **(músculo) abductor.** El que tiene como función mover una parte del cuerpo alejándola del eje del mismo: *Para poner los brazos en cruz se utilizan músculos abductores.* ‖ **(músculo) aductor.** El que tiene como función mover una parte del cuerpo acercándola al eje del mismo: *Para juntar las piernas se utilizan músculos aductores.* ‖ **(músculo) bíceps.** El que tiene una de sus inserciones dividida en dos tendones: *Hace pesas y tiene los antebrazos muy anchos por el desarrollo de los músculos bíceps braquiales.* 👁 **bíceps** ‖ **(músculo) tríceps.** El que tiene una de sus inserciones dividida en tres tendones: *Al tensar el músculo tríceps, se estira el antebrazo.* 👁 **bíceps.**

musculoso, sa adj. **1** Referido a una parte del cuerpo, que tiene músculos: *Las inyecciones se ponen en zonas musculosas.* **2** Que tiene los músculos muy desarrollados: *Los culturistas son muy musculosos.*

muselina s.f. Tela muy fina y transparente, generalmente de algodón o de seda: *Para ir a la fiesta se ha comprado una blusa de muselina.*

museo s.m. Lugar en el que se guardan y se exponen objetos de valor artístico, científico o cultural para que puedan ser examinados: *En este museo hay cuadros de afamados pintores.*

muserola s.f. Correa de la brida que rodea el morro de una caballería y sirve para asegurar la posición del bocado: *Para que no produzca rozaduras, debajo de la muserola hay un tejido parecido a la felpa.* 👁 **arreos**

musgo ▮ s.m. **1** Planta que carece de tejidos conductores, posee falsas raíces, tiene las hojas bien desarrolladas y cubiertas de pelos, y se desarrolla en lugares húmedos: *Los musgos suelen crecer en la cara norte de los troncos de los árboles.* **2** Capa de estas plantas que cubre una zona: *Esta piedra está cubierta de musgo.* ▮ pl. **3** En botánica, clase de estas plantas, perteneciente al reino de las metafitas: *Las plantas que pertenecen a los musgos contribuyen a formar el humus.*

música s.f. Véase **músico, ca.**

musical ▮ adj. **1** De la música, relacionado con ella o que la produce: *Su afición musical le viene de familia.* ▮ adj./s.m. **2** Referido a una película o a un espectáculo, que tiene escenas cantadas o bailadas como elementos esenciales de su estructura: *Asistimos a una comedia musical en la que los actores cantaban en directo. Los musicales de Hollywood son mis películas preferidas.* ☐ MORF. Como adjetivo es invariable en género.

musicalidad s.f. Conjunto de características rítmicas o sonoras propias de la música y gratas al oído: *Los modernistas escribieron poemas de gran musicalidad y refinamiento.*

musicar v. Referido a un texto, ponerle música: *En su último disco, ha musicado varios poemas famosos.* ☐ ORTOGR. La *c* se cambia en *qu* ante *e* ⟶**SACAR.**

music hall (anglicismo) s.m. ‖ Espectáculo de variedades compuesto por números musicales, números cómicos y otras atracciones: *Las bailarinas del music hall salieron a escena con trajes provocativos y grandes sombreros de plumas.* ☐ PRON. [miúsik jol], con *j* suave. ☐ ORTOGR. Se usa también *music-hall.*

músico, ca ▮ adj. **1** De la música o relacionado con ella: *Tradicionalmente, se han clasificado los instrumentos músicos en instrumentos de cuerda, de viento y de percusión.* ▮ s. **2** Persona que se dedica a la música o que sabe su arte, esp. si esta es su profesión: *Los músicos de la orquesta salieron a saludar al público que aplaudía.* ▮ s.f. **3** Arte de combinar sonidos vocales, instrumentales o ambos a un tiempo, de manera que produzcan un efecto estético o expresivo: *Estudia música en el conservatorio porque aspira a ser pianista.* **4** Composición creada según esta arte: *Es autor de la música y de la letra de la canción.* **5** Conjunto de estas composiciones con una característica común: *Tiene muchos discos de música celta.* **6** Melodía o combinación agradable de sonidos: *¡Qué placer descansar a la sombra de aquel árbol escuchando la música del riachuelo!* **7** Grupo o conjunto de músicos que tocan juntos: *Organizamos juntos una fiesta y a mí me tocó contratar la música.* **8** ‖ **con la música a otra parte.** *col.* Expresión que se usa para alejar a alguien y que deje de molestar: *Le dije que me dejara en paz y que se fuera con la música a otra parte.* ‖ **música celestial.** *col.* Lo que se oye y resulta muy agradable: *Cuando me dijo que me iba a subir el sueldo, me sonó a música celestial.* ‖ **música enlatada.** *col.* La grabada, esp. referido a la que se escucha en un espectáculo en directo: *En las discotecas solo se oye música enlatada.* ‖ **música instrumental.** La compuesta para ser interpretada solo por instrumentos: *Prefiero la música instrumental a las óperas o composiciones corales.* ‖ **música ligera.** La que es muy melodiosa, pegadiza y fácil de recordar: *En la radio se oye a todas horas la música ligera de moda.* ‖ **música vocal.** La compuesta para ser interpretada por voces, solas o con acompañamiento instrumental: *Fuimos a un concierto de música vocal ofrecido por un coro de niños cantores.* ☐ SINT. 1. *Música celestial* se usa más en la expresión *sonar a música celestial.* 2. *Con la música a otra parte* se usa más con los verbos *mandar, marchar, enviar* o equivalentes.

musiquilla s.f. *col.* Tonillo o deje al hablar: *Aunque me lo juró, me lo dijo con una musiquilla que me hace sospechar de la verdad de sus palabras.*

musitar v. *col.* Hablar en voz muy baja produciendo un murmullo: *Musitó unas palabras de disculpa casi inaudibles. Musitó una oración.*

muslera s.f. Tira o venda de material elástico, que se coloca ciñendo el muslo para sujetarlo o para protegerlo: *Algunos deportistas llevan musleras para evitar lesiones musculares.*

muslo s.m. **1** En una persona o en un animal cuadrúpedo, parte de la pierna o de la pata que va desde la cadera hasta la rodilla y en la que se localiza el fémur: *El caballo cojea porque tiene una lesión en los músculos del muslo.* 👁 **carne** **2** En un ave, parte más carnosa de la pata, en la que se localizan la tibia y el peroné: *A mi hermana le gusta la pechuga del pollo, y a mí, el muslo.*

mustio, tia adj. **1** Referido esp. a un planta, que ha perdido su frescura, su verdor o su abundancia de hojas: *Con tanto sol, las flores se ponen mustias.* **2** Melancólico o triste: *Hoy me he levantado mustio y tristón, y no sé por qué.*

musulmán, -a ▮ adj. **1** De Mahoma (profeta árabe), o relacionado con su religión: *Un precepto de la religión musulmana es la peregrinación a La Meca al menos una vez en la vida.* ▮ adj./s. **2** Que tiene como religión el islamismo: *Antes de entrar en la mezquita, los creyentes musulmanes deben lavarse. Los musulmanes no pueden beber bebidas alcohólicas.* □ SEM. Es sinónimo de *mahometano*.

mutabilidad s.f. Capacidad de mutar: *Esta bacteria se utiliza en los experimentos de genética por su gran mutabilidad.*

mutación s.f. **1** Alteración en el material genético de una célula, que se transmite a las siguientes generaciones: *Las radiaciones ocasionadas por una explosión atómica pueden producir mutaciones en los genes.* **2** Resultado visible de esta alteración: *El albinismo es una mutación del gen responsable de la producción de melanina.*

mutante ▮ adj. **1** Que ha sufrido una mutación: *Los biólogos del laboratorio detectaron un gen mutante en la muestra de bacterias. Estaban estudiando una especie mutante.* ▮ s. **2** Individuo surgido de una mutación: *Los mutantes tienen alguna característica que los diferencia de los individuos que no han mutado.* **3** Descendencia de este individuo: *Estos mutantes, al igual que sus progenitores, carecen de pelo.* □ MORF. 1. Como adjetivo es invariable en género. 2. Como sustantivo es de género común y exige concordancia en masculino o en femenino para señalar la diferencia de sexo: *el mutante, la mutante*.

mutar v. **1** En biología, referido esp. al material genético de una célula, sufrir una alteración en su constitución, que se transmite a las siguientes generaciones: *El material genético puede mutar espontáneamente o de forma inducida.* **2** Cambiar, transformar o convertir en algo distinto: *Las costumbres tradicionales son difíciles de mutar.*

mutilación s.f. Corte de una parte separándola o eliminándola del todo al que pertenece: *El escritor protestó por la mutilación que había sufrido su libro a manos del editor.*

mutilado, da s. Persona que ha sufrido una mutilación en el cuerpo: *Los mutilados de guerra reciben una pensión del Estado.*

mutilar v. **1** Referido a una parte del cuerpo, cortarla o amputarla: *Lo arrolló un tren y le mutiló las piernas. Se mutiló un dedo con la cortadora de césped.* **2** Referido a un todo, cortarle alguna parte o quitársela: *El editor mutiló la novela porque resultaba demasiado larga.*

mutis s.m. En teatro, salida de la escena de un actor: *Hacia la mitad del primer acto hay un mutis del protagonista. Cuando acabó su monólogo, el actor saludó e hizo mutis.* □ MORF. Invariable en número. □ SINT. Se usa más en la expresión *hacer mutis*.

mutismo s.m. Silencio voluntario o impuesto: *Mantuvo su mutismo y no contestó a los periodistas.*

mutualidad s.f. **1** Asociación destinada a prestar asistencia o determinados servicios a sus miembros y que se financia con las aportaciones periódicas de estos: *Su pertenencia a una mutualidad de funcionarios le da derecho a cobrar una pensión cuando se jubile.* **2** Sistema o régimen de prestaciones mutuas en el que se basan estas asociaciones: *La mutualidad se ha revelado como un sistema eficaz para la organización de compañías de seguros.* □ MORF. En la acepción 1, se usa mucho la forma abreviada *mutua*.

mutualista ▮ adj. **1** De la mutualidad o relacionado con ella: *Fue a la sede mutualista para que le informaran de sus derechos como socio.* ▮ s. **2** Miembro de una mutualidad: *Los mutualistas de esta asociación reciben asistencia médica gratuita.* □ MORF. 1. Como adjetivo es invariable en género. 2. Como sustantivo es de género común y exige concordancia en masculino o en femenino para señalar la diferencia de sexo: *el mutualista, la mutualista*.

mutuo, tua ▮ adj. **1** Que se hace o se produce entre dos de manera recíproca: *El cariño que sentimos es mutuo.* ▮ s.f. **2** →**mutualidad.**

muy adv. →**mucho.** □ MORF. Es apócope de *mucho* ante expresiones adjetivas o adverbiales, excepto ante *más, menos, antes, después* o los comparativos *mayor, menor, mejor* o *peor*.

myanma adj./s. De Myanmar o relacionado con este país asiático, antes llamado *Birmania*; *birmano* □ MORF. 1. Como adjetivo es invariable en género. 2. Como sustantivo es de género común y exige concordancia en masculino o en femenino para señalar la diferencia de sexo: *el myanma, la myanma*.

N

n

n s.f. Decimocuarta letra del abecedario: *'Nieve' empieza por 'n'. En matemáticas, la 'n' se usa para indicar una cantidad indeterminada.* ☐ PRON. Representa el sonido consonántico nasal sonoro.

nabo s.m. **1** Planta de hojas dentadas, rizadas y de color verde azulado, con flores de pequeño tamaño que dan semillas negras y raíz con forma de huso y color blanco o amarillento: *Le pidió semillas de nabo para sembrar en la huerta.* **2** Raíz de esta planta: *Hoy he comido sopa de nabos.* **3** *vulg.* →**pene.**

nácar s.m. Sustancia dura, blanca e irisada que forma la capa interna de las conchas de algunos moluscos y que se usa para fabricar objetos: *Esta blusa tiene botones de nácar.*

nacarado, da adj. De color blanco irisado, como el del nácar, o con su brillo: *Usa un esmalte de uñas nacarado.*

nacarino, na ▌adj. **1** Del nácar o con sus características: *Sus uñas tienen una dureza nacarina.* ▌s.f. **2** Nácar artificial: *Los botones de esta blusa son de nacarina.*

nacer ▌v. **1** Referido a una persona o a un animal vivíparo, salir del vientre materno: *Es sietemesino porque nació a los siete meses.* **2** Referido a un animal ovíparo, salir del huevo: *Nada más nacer, el pollito empezó a piar.* **3** Referido a un vegetal, salir de su semilla: *De las diez semillas que planté, solo han nacido cinco plantas.* **4** Salir o empezar a aparecer: *Se le cayó el pelo, pero ya le está volviendo a nacer. Al pollito todavía no le han nacido las plumas.* **5** Referido a un astro, empezar a verse en el horizonte: *El sol nace por el este.* **6** Brotar o surgir: *Este río nace en la montaña.* **7** Empezar, tener origen o tener principio: *La revolución nació del descontento popular. El miedo nace de la ignorancia. Mi amargura nace de aquel desengaño.* **8** Seguido de 'para', estar destinado para el fin que se indica o tener una inclinación natural hacia él: *Mi profesor de piano dice que he nacido para la música.* **9** Seguido de 'a', iniciarse en la actividad que se indica: *Nació a la literatura el día que le publicaron un cuento.* **10** *col.* Referido a una persona, seguir vivo después de haber salido de un peligro de muerte: *Tú naciste el día que te salvaron de morir ahogado.* ▌prnl. **11** Referido esp. a una raíz o a una semilla, echar tallos al aire libre sin haber sido plantadas: *Las patatas que compraste se han nacido y algunas tienen hasta hojas.* ☐ MORF. 1. Irreg.: Aparece una *z* delante de la *c* cuando la siguen *a, o* →**PARECER.** 2. Tiene un participio regular (*nacido*) que se usa en la conjugación y otro irregular (*nato*) que se utiliza como adjetivo. ☐ USO Expresiones como *no haber nacido ayer* se usan para negar una supuesta ingenuidad: *A mí no intentes engañarme, que no he nacido ayer.*

naciente s.m. Este: *El sol asomaba por el naciente.*

nacimiento s.m. **1** Comienzo de la vida de un nuevo ser: *Hicieron una fiesta para celebrar el nacimiento de su hijo.* **2** Comienzo, aparición o principio: *Le gusta madrugar para ver el nacimiento del sol.* **3** Lugar en el que brota una corriente de agua: *Remontando el curso del río, llegarás a su nacimiento.* **4** Representación con figuras del nacimiento de Jesucristo (por alusión a la ciudad palestina de Belén, en la que se produjo este acontecimiento); belén, pesebre: *Al lado del árbol navideño pongo siempre un nacimiento.* ☐ SEM. Dist. de *natalicio* (día del nacimiento).

nación s.f. **1** Conjunto de habitantes de un país regido por un Gobierno central: *Durante la invasión, el presidente pidió a la nación que tuviera calma.* **2** Territorio de este país: *En su viaje visitó las naciones del norte de Europa.* **3** Conjunto de personas con un mismo origen étnico y que generalmente hablan un mismo idioma y tienen una tradición común: *La nación judía vive dispersa por todo el mundo.*

nacional ▌adj. **1** De una nación o relacionado con ella: *El proyecto de unificación europea quiere acabar con las fronteras nacionales.* **2** De la propia nación o relacionado con ella: *A esa terminal del aeropuerto llegan los vuelos nacionales.* ▌adj./s. **3** En la guerra civil española, partidario del bando acaudillado por el general Franco: *Durante la guerra, mi vecino combatió en el bando nacional. Los nacionales entraron en Madrid en 1939.* ☐ MORF. 1. Como adjetivo es invariable en género. 2. Como sustantivo es de género común y exige concordancia en masculino o en femenino para señalar la diferencia de sexo: *el nacional, la nacional.*

nacionalidad s.f. Estado o situación de quien posee el derecho de ciudadanía de una nación: *Aunque tengo la nacionalidad española, nací en el extranjero.*

nacionalismo s.m. **1** Doctrina política que exalta y que defiende lo que se considera propio de una nación: *Las óperas de Wagner están influidas por el nacionalismo alemán.* **2** Tendencia o movimiento de un pueblo para constituirse en Estado autónomo o independiente: *La época actual es época de nacionalismos.*

nacionalista adj./s. Que sigue o que defiende el nacionalismo: *Los diputados nacionalistas protestaron por los planes centralistas del Gobierno. Los nacionalistas más fervientes se niegan a hablar en un idioma que no sea el suyo.* □ MORF. 1. Como adjetivo es invariable en género. 2. Como sustantivo es de género común y exige concordancia en masculino o en femenino para señalar la diferencia de sexo: *el nacionalista, la nacionalista.*

nacionalización s.f. **1** Concesión u obtención de una nacionalidad que no es la de origen: *Después de vivir varios años aquí, ha solicitado la nacionalización española.* **2** Paso a manos del Estado de bienes o empresas de personas individuales o colectivas: *El Estado decretó la nacionalización de los medios de transporte.*

nacionalizar v. **1** Referido a una persona, dar u obtener una nacionalidad que no es la de origen: *Las autoridades consintieron en nacionalizarlo tras tres años de trámites burocráticos. Al nacionalizarse adquirió los derechos y los deberes de su nuevo país.* **2** Referido a bienes o a empresas privados, hacer que pasen a manos del Estado: *El Gobierno nacionalizó los transportes públicos.* □ ORTOGR. La *z* se cambia en *c* delante de *e* →**CAZAR**.

nacionalsocialismo s.m. →**nazismo.**

nacionalsocialista adj./s. →**nazi.** □ MORF. 1. Como adjetivo es invariable en género. 2. Como sustantivo es de género común y exige concordancia en masculino o en femenino para señalar la diferencia de sexo: *el nacionalsocialista, la nacionalsocialista.*

nada ▮ pron.indef. **1** Ninguna cosa: *Nunca conseguí nada de él. Este no sabe nada de español. Antes de nada, ¿me has traído el libro? No quiero nada más, gracias. Por nada me separaría yo de mis hijos. Con este calor, nada como darse un buen baño.* **2** Poco o muy poco: *Han estrenado esa película hace nada. No sé nada de tu hermano, solo lo conozco de vista. No me lo agradezcas, porque yo apenas hice nada. Este niño no come nada. Me he caído de la bici, pero no ha sido nada.* ▮ s.f. **3** Ausencia o inexistencia de cualquier ser o de cualquier cosa: *Una gran guerra podría reducirnos a la nada.* **4** Lo que es mínimo, de escaso valor o de escasa importancia: *Es un gruñón y protesta por nada.* ▮ adv. **5** En absoluto, de ninguna manera: *No lo estás haciendo nada bien. No lo vi nada animado.* **6** ‖ **de nada.** Expresión que se utiliza para corresponder a un agradecimiento: *Niño, cuando te dan las gracias por algo hay que contestar 'De nada'.* ‖ **nada menos.** Expresión que se utiliza para alabar la autoridad, la importancia o la excelencia de algo: *Me ha felicitado nada menos que el director general.* □ MORF. 1. En las acepciones 1 y 2, no tiene diferenciación de género. 2. →APÉNDICE DE PRONOMBRES.

nadador, -a s. Deportista que practica la natación: *Este nadador ha obtenido tres medallas en los campeonatos nacionales.*

nadar v. **1** Trasladarse en el agua impulsándose con movimientos del cuerpo: *Como aún no sabe nadar, se baña con flotador. Al nadar, los perros hacen los mismos movimientos que al andar.* **2** Flotar en un líquido; *sobrenadar: La lechuga nada en aceite porque has echado demasiado.* **3** Tener en abundancia: *Nadan en dinero, pero nunca los verás hacer ostentación de su riqueza.* □ SINT. Constr. de la acepción 3: *nadar* EN *algo.*

nadería s.f. Lo que se considera sin importancia o de poco valor: *No deberías preocuparte por esa nadería.*

nadie pron.indef. **1** Ninguna persona: *No debe de haber nadie en tu casa, porque no me cogen el teléfono. Nadie sabe qué ha pasado. ¿Cómo te atreves a darme órdenes, si tú no eres nadie aquí?* **2** ‖ **ser un don nadie.** Ser una persona de poca influencia, a la que no se reconoce ningún valor: *Presume de importante, pero es un don nadie.* □ MORF. 1. No tiene diferenciación de género. 2. →APÉNDICE DE PRONOMBRES.

nado ‖ **a nado.** Nadando: *Es muy valiente y se atrevió a cruzar el río a nado.*

nafta s.f. Fracción de hidrocarburos, obtenida por destilación directa del petróleo crudo, que se utiliza esp. como disolvente y para obtener gasolinas de alto índice de octano: *La nafta es líquida e incolora, y arde con facilidad.*

naftalina s.f. Hidrocarburo aromático y sólido que se obtiene del alquitrán de hulla y que se usa generalmente como insecticida: *Puso en el armario unas bolas de naftalina para matar las polillas.*

náhuatl s.m. Lengua indígena americana: *El náhuatl fue la lengua del Imperio azteca, y hoy se sigue hablando en México.*

naíf o **naif** ▮ adj. **1** Del naíf o relacionado con este movimiento artístico: *La pintura naíf tiene cierto aire infantil.* ▮ s.m. **2** Movimiento artístico, que se caracteriza por la ingenuidad, el uso de colores vivos, la espontaneidad y la composición sencilla de sus obras: *El naíf desprecia la formación técnica académica.* □ ORTOGR. Es un galicismo (*naïf*) semiadaptado al español. □ MORF. Como adjetivo es invariable en género.

nailon s.m. Material sintético resistente y elástico, usado generalmente en la fabricación de cuerdas, plásticos y prendas de vestir (por alusión al nombre de la marca comercial *Nylon®*); *nilón: Hoy llevo medias de nailon.*

naipe ▮ s.m. **1** Cada una de las cartulinas rectangulares que llevan en una de sus caras una figura o un número determinado de objetos y que forman parte de una baraja; *carta: Busca otra baraja, que en esta falta un naipe de oros.* ▮ pl. **2** Conjunto de estas cartulinas, dividido en cuatro palos, que se usa en algunos juegos de azar; *baraja: Si quieres que juguemos al mus, trae los naipes.* 👁 **baraja**

nalga s.f. Parte abultada y carnosa en la que empieza la pierna humana: *Los glúteos son unos músculos que forman las nalgas.* □ SEM. En plural equivale a *culo*: *Se cayó de nalgas.*

nana s.f. Canción que se canta a los niños para dormirlos; *canción de cuna: El bebé se duerme rápidamente cuando le cantan una nana.*

nanay interj. *col.* Expresión que se usa para indicar negación rotunda: *Cuando le pedí dinero, me contestó que nanay.*

nano- Elemento compositivo que significa 'milmillonésima parte': *nanómetro, nanosegundo.*

nansa s.f. Arte o aparejo de pesca formado por un cilindro de red o de juncos entretejidos con aros de madera y con una de sus bases en forma de embudo; *nasa: La pesca con nansa se basa en el hecho de que los peces que entran en ella no pueden volver a salir.* 👁 **pesca**

nao s.f. *poét.* Nave o embarcación: *El viento y la tempestad rasgaban las velas de la nao capitana.*

napa s.f. Piel de algunos animales, generalmente de cordero o de cabra, esp. después de curtida y preparada para diversos usos: *Me he comprado una chaqueta de napa negra. La tapicería del sofá es de napa.*

napalm s.m. Sustancia muy inflamable, de consistencia gelatinosa a temperatura ambiente, que se utiliza en la fabricación de bombas incendiarias: *Las bombas de napalm fueron utilizadas por el ejército de Estados Unidos en la guerra de Vietnam.* ☐ PRON. [napálm]. ☐ MORF. Su plural es *napalms*.

napia s.f. *col.* Nariz: *Te acordarás de mi amigo en cuanto veas su gran napia.*

napiforme adj. Con forma de nabo: *En las raíces napiformes, la raíz principal está más desarrollada porque en ella se acumulan sustancias alimenticias. Las zanahorias son raíces napiformes.* ☐ MORF. Invariable en género. 👁 **raíz**

napoleónico, ca adj. De Napoleón (emperador francés de los siglos XVIII y XIX), de su imperio o relacionado con ellos: *Los españoles se sublevaron contra el ejército napoleónico en 1808. El Imperio napoleónico se extendió hasta Rusia.*

napolitana s.f. Pastel de forma rectangular y aplanada, generalmente relleno de crema: *He desayunado un café con una napolitana.*

naranja ▮ adj./s.m. **1** Del color que resulta de mezclar rojo y amarillo; *anaranjado*: *La mandarina madura es de color naranja. El naranja es el segundo color del arco iris.* ▮ s.f. **2** Fruto de este color producido por el naranjo, que tiene forma redonda, piel ligeramente rugosa, pulpa dividida en gajos y sabor agridulce: *Al exprimir una naranja obtenemos zumo.* **3** Bebida hecha con este fruto: *Echó hielos a la naranja para enfriarla.* **4** ‖ **media naranja.** Respecto de una persona, otra que la complementa perfectamente: *Su amigo del alma está vacaciones y se ha quedado sin su media naranja. Sigue soltero porque aún no ha encontrado a su media naranja.* ☐ USO *Naranjas* y *naranjas de la China* se usan como interjección o para expresar negación rotunda: *Me preguntó que si iba a ir a la fiesta y le dije que naranjas.*

naranjado, da ▮ adj. **1** →**anaranjado, da.** ▮ s.f. **2** Bebida con sabor a naranja o hecha con zumo de naranja: *Tomaré una naranjada natural.*

naranjal s.m. Terreno plantado de naranjos: *En primavera, los naranjales huelen muy bien.*

naranjero, ra ▮ adj. **1** De la naranja o relacionado con esta fruta: *Las heladas mermaron la producción naranjera.* ▮ s. **2** Persona que se dedica profesionalmente al cultivo o a la venta de naranjas: *Los naranjeros exigieron al Gobierno central una subida del precio de las naranjas.* ▮ s.m. **3** En algunas regiones, naranjo: *Cuando estuve en Canarias, vi plantados muchos naranjeros.*

naranjo s.m. Árbol frutal de flores blancas y olorosas cuyo fruto es la naranja: *La flor del naranjo es el azahar.*

narcisismo s.m. Admiración excesiva hacia uno mismo: *Creo que hay demasiado narcisismo en el mundo del espectáculo.*

narcisista adj./s. Referido a una persona, que siente una exagerada admiración por sí misma o que cuida en exceso su aspecto (por alusión al personaje mitológico Narciso, que se enamoró de sí mismo al verse reflejado en el agua): *No seas tan narcisista y deja de creer que todo el mundo está enamorado de ti. Eres una narcisista y por eso te ofendes con la más mínima crítica.* ☐ MORF. 1. Como adjetivo, es invariable en género. 2. Como sustantivo, es de género común y exige concordancia en masculino o en femenino para señalar la diferencia de sexo: *el narcisista, la narcisista*. ☐ SEM. Como sustantivo masculino, es sinónimo de *narciso*.

narciso s.m. **1** Planta herbácea, con raíz en forma de bulbo y hojas lineales que nacen en la base del tallo, que da una única flor blanca o amarilla compuesta de dos partes, una posterior formada por pétalos y otra anterior en forma de copa o de campana: *Ha plantado un macizo de narcisos en el jardín.* **2** Flor de esta planta: *Los narcisos amarillos son mis flores preferidas.* **3** Hombre que siente una exagerada admiración por sí mismo o que cuida en exceso su aspecto (por alusión al personaje mitológico Narciso, que se enamoró de sí mismo al verse reflejado en el agua); *narcisista*: *Es un narciso y está siempre mirándose en el espejo.*

narco s. *col.* →**narcotraficante.** ☐ MORF. Es de género común y exige concordancia en masculino o en femenino para señalar la diferencia de sexo: *el narco, la narco*.

narcótico, ca adj./s. Referido esp. a una sustancia, que produce sopor, relajación muscular y disminución de la sensibilidad o de la consciencia: *Se suicidó tomando una sobredosis de un medicamento narcótico. El opio es un narcótico que puede producir adicción.*

narcotismo s.m. **1** Estado de adormecimiento debido al uso de narcóticos: *Le hicieron fumar opio y aprovecharon su narcotismo para robarle todo lo que llevaba encima.* **2** Conjunto de efectos producidos por un narcótico: *El médico dijo que la pérdida de memoria era una secuela del narcotismo.*

narcotraficante adj./s. Que trafica en drogas tóxicas, esp. si lo hace en grandes cantidades: *Han detenido a dos toreros narcotraficantes al tratar de pasar la aduana. Los narcotraficantes son perseguidos en todo el mundo.* ☐ MORF. 1. Como adjetivo, es invariable en género. 2. Como sustantivo, es de género común y exige concordancia en masculino o en femenino para señalar la diferencia de sexo: *el narcotraficante, la narcotraficante*. 3. Como sustantivo, en la lengua coloquial se usa mucho la forma abreviada *narco*.

narcotráfico s.m. Tráfico y comercio de drogas tóxicas en grandes cantidades: *En la operación policial fueron detenidos los jefes del narcotráfico de la región.*

nardo s.m. **1** Planta de flores blancas muy olorosas, reunidas en espigas, que se cultiva en los jardines y se emplea en perfumería: *Los nardos son de origen mexicano.* **2** Flor de esta planta: *Los nardos son más olorosos por la noche.*

narguile s.m. Pipa para fumar formada por un depósito lleno de agua del que sale un largo tubo flexible por el cual pasa el humo hasta la boca del fumador: *El narguile es una pipa de origen oriental.* ☐ PRON. Incorr. *[narguilé].

narices interj. *col.* Expresión que se usa para indicar extrañeza, sorpresa, admiración o disgusto: *¡Narices, me he quemado! ¡Narices, yo eso no lo hago!*

narigón s.m. Nariz muy grande: *Con ese narigón, seguro que nunca se le caen las gafas.*

narigudo, da adj./s. Que tiene la nariz grande: *Es tan narigudo que todos se burlan de él y le llaman 'elefante'. Aunque es un narigudo, no se le sujetan bien las gafas.* ☐ SEM. Como sustantivo, es sinónimo de *narizotas*.

nariz s.f. **1** En la cara de una persona, parte que sobresale entre los ojos y la boca y forma la entrada del aparato respiratorio: *Cuando estoy resfriado no puedo respirar por la nariz. Las gafas se apoyan sobre la nariz.* **2** En muchos vertebrados, parte de la cabeza que tiene esta misma función y situación: *El perro levantaba la nariz olisqueando el aire. Los elefantes tienen una larguísima nariz.* **3** Sentido del olfato: *Estos perros de caza tienen mucha nariz.* **4**

‖ **asomar las narices.** *col.* Aparecer en un lugar, esp. si es para fisgar: *Asomó las narices para ver quién estaba en la sala.* ‖ **dar en la nariz** algo a alguien. *col.* Sospechar o suponer: *Me da en la nariz que mañana no va a venir nadie.* ‖ **darse de narices con** alguien. *col.* Tropezar o encontrarse bruscamente con él: *Cuando nos escapábamos de clase, nos dimos de narices con el profesor.* ‖ **en las narices de** alguien. *col.* Referido al modo de hacer algo, en su vista o en su presencia: *Los ladrones les robaron las joyas en sus narices.* ‖ **meter las narices.** *col.* Referido a una persona, entrometerse o intervenir en un asunto que no es de su incumbencia: *A los cotillas les gusta meter las narices en los problemas ajenos.* ‖ **nariz aguileña.** La que es delgada y está un poco curvada: *La nariz aguileña se parece al pico de un águila.* ‖ **nariz griega.** La de perfil recto que no hace ángulo con la frente: *Para el papel de ateniense, el director busca a un actor con nariz griega.* ‖ **nariz perfilada.** La perfecta y bien formada: *El cirujano le dijo que no se operara porque tenía una bonita nariz perfilada.* ‖ **no ver** alguien **más allá de sus narices.** *col.* Ser poco perspicaz o poco espabilado: *Como no ve más allá de sus narices, no se dio cuenta de que tus palabras iban con malas intenciones.* ‖ **{pasar/restregar} algo por las narices.** *col.* Decirlo o mostrarlo con insistencia o con intención de molestar: *No entiendo que te guste tanto restregarme por las narices que sacas mejores notas que yo.* □ MORF. En la acepción 1, en plural tiene el mismo significado que en singular. □ USO *Narices* se usa mucho en la lengua coloquial como palabra comodín para formar locuciones eufemísticas: *estar hasta las narices* significa 'estar muy harto'.

narizotas s. Persona que tiene la nariz grande; *narigudo*: *El que me ha empujado ha sido ese narizotas tan feo.* □ MORF. 1. Es de género común y exige concordancia en masculino o en femenino para señalar la diferencia de sexo: *el narizotas, la narizotas*. 2. Invariable en número.

narración s.f. **1** Exposición de una historia o de un suceso: *Nos hizo la narración completa de lo que le había ocurrido.* **2** Novela, cuento u obra literaria en la que se hace una exposición de este tipo: *Tu cuento ha sido la mejor narración de todas las de la clase.*

narrador, -a s. Persona o personaje que narra algo: *El protagonista de esta novela es al mismo tiempo el narrador.*

narrar v. Referido esp. a una historia o a un suceso, contarlos, referirlos o relatarlos: *El novelista narra los problemas de una familia de pueblo.*

narrativo, va ▮ adj. **1** De la narración o relacionado con esta forma de exposición: *He leído un poema narrativo sobre las hazañas de un héroe castellano.* ▮ s.f. **2** Género literario en prosa constituido fundamentalmente por la novela y el cuento: *La narrativa es el gran género de la literatura contemporánea.*

nártex s.m. En algunas iglesias o basílicas, pórtico que se reservaba a los catecúmenos y a algunos penitentes: *En esta iglesia, el antiguo nártex se conservó y es ahora el vestíbulo.* □ MORF. Invariable en número.

nasa s.f. **1** Arte o aparejo de pesca formado por un cilindro de red o de juncos entretejidos con aros de madera y con una de sus bases en forma de embudo; *nansa*: *Izaron la nasa y, como estaba vacía, la metieron de nuevo en el agua.* 👁 **pesca** **2** Cesta de boca estrecha que llevan los pescadores para echar la pesca: *Cuando volvimos de pescar, él tenía la nasa llena y yo vacía.*

nasal ▮ adj. **1** De la nariz o relacionado con ella: *El hueso nasal forma parte del cráneo.* 👁 **cráneo** **2** En lingüística, referido a un sonido, que se articula dejando salir el aire total o parcialmente por la nariz: *La 'm', la 'n' y la 'ñ' son las consonantes nasales del español.* ▮ s.f. **3** Letra que representa este sonido: *La 'm' es una nasal.* □ MORF. Como adjetivo es invariable en género. □ SEM. En la acepción 2, dist. de *oral* (el aire sale totalmente por la boca).

nasalizar v. En lingüística, referido a un sonido, hacerlo nasal o pronunciarlo como tal: *En francés, una consonante nasal nasaliza la vocal anterior. En 'cañón', la 'o' se nasaliza ligeramente.* □ ORTOGR. La *z* se cambia en *c* delante de *e* →**CAZAR**.

násico s.m. Mono de pelaje brillante y de color pardo amarillento, cuyos machos adultos se caracterizan por poseer una nariz muy desarrollada: *Los násicos viven en las selvas de Borneo.* □ MORF. Es un sustantivo epiceno y la diferencia de sexo se señala mediante la oposición *el násico {macho/hembra}*. 👁 **primate**

nata s.f. Véase **nato, ta.**

natación s.f. **1** Deporte o ejercicio que consiste en nadar: *El médico me recomendó que hiciera natación para mis problemas de espalda.* **2** ‖ **natación sincronizada.** Modalidad deportiva que consiste en la realización de una serie de ejercicios artísticos en el agua: *La natación sincronizada es una mezcla de ballet y de natación.*

natal adj. Del nacimiento, del lugar donde se nace o relacionado con ellos: *No vivo en mi ciudad natal, pero veraneo en ella.* □ MORF. Invariable en género.

natalicio s.m. Día del nacimiento: *El natalicio del príncipe fue celebrado en toda la nación.* □ SEM. Dist. de *nacimiento* (comienzo de la vida de un nuevo ser).

natalidad s.f. Número de nacimientos en una población o en un tiempo determinados, en relación con el total de la población: *La natalidad en los países subdesarrollados es mayor que en los desarrollados.*

natatorio, ria adj. Que sirve para nadar: *Las aletas son los apéndices natatorios de los peces.*

natillas s.f.pl. Dulce elaborado con una mezcla de huevos, leche y azúcar que se cuece a fuego lento: *Las natillas quedan como crema, ni espesas ni líquidas.*

natividad s.f. Nacimiento, esp. el de Jesucristo y el de la Virgen María (según la Biblia, madre de Jesucristo): *La Iglesia católica celebra la fiesta de la Natividad de María el 8 de septiembre.* □ USO Se usa como nombre propio cuando hace referencia a la festividad.

nativo, va ▮ adj. **1** Del lugar en que se ha nacido o relacionado con él: *Cuando estuvimos en su país, nos explicó las costumbres nativas.* ▮ adj./s. **2** Natural del lugar de que se trata, o nacido en él: *Un profesor nativo de Inglaterra me enseñará inglés. ¿Viste el reportaje sobre los nativos de la selva amazónica?*

nato, ta ▮ adj. **1** Referido esp. a una cualidad o a un defecto, que se tienen de nacimiento: *Encárgale la fiesta a esa chica, que es una organizadora nata.* ▮ s.f. **2** Sustancia espesa y cremosa, blanca o amarillenta, que forma una capa sobre la leche que se deja en reposo: *Se ha formado nata porque has dejado enfriar la leche.* **3** Crema de pastelería que se elabora batiendo y mezclando esta sustancia con azúcar: *De postre he tomado fresas con nata.*

natura s.f. **1** *poét.* Naturaleza: *La madre natura nos dio la vida y nos acogerá de nuevo en su seno.* **2** ‖ **contra natura.** Contra las leyes de la naturaleza o del hombre, esp. contra las leyes morales: *Que hayan abandonado a un bebé en la calle me parece un hecho contra natura.*

a b c d e f g h i j k l m **n** ñ o p q r s t u v w x y z

natural ▌ adj. **1** Producido por la naturaleza y no por el ser humano: *La lluvia y la nieve son fenómenos naturales.* **2** De la naturaleza, o conforme a la cualidad o propiedad de las cosas: *En clase de ciencias naturales hemos estudiado las partes de la flor.* **3** Hecho sin mezcla, sin composición o sin alteración: *Dicen que es zumo natural, pero creo que lleva colorantes.* **4** Ingenuo, espontáneo, sencillo y sin afectación: *Estás muy natural en esta foto, no parece que estés posando.* **5** Regular, lógico, normal y que sucede así comúnmente: *Llevo dos días sin dormir, así que es natural que tenga ojeras.* **6** Que se produce únicamente por las fuerzas de la naturaleza, sin intervención sobrenatural: *Los estudios dijeron que había sido una curación natural y no un milagro.* **7** En música, referido a una nota, que no está alterada por sostenido ni por bemol: *Has desafinado, porque has cantado ese do natural como si fuese bemol.* ▌ adj./s.m. **8** Nacido en un pueblo o en una nación: *Los gallegos son naturales de Galicia. A los naturales de Cádiz se les llama 'gaditanos'.* ▌ s.m. **9** Genio, índole, temperamento o inclinación propia de cada uno: *Su natural tímido hace que no tenga muchos amigos.* **10** En tauromaquia, pase de muleta con el que el torero da la salida del toro por el mismo lado de la mano con la que sostiene la muleta: *El torero dio una tanda de naturales magistrales y llenó los tendidos de aplausos.* ☐ MORF. Como adjetivo es invariable en género.

naturaleza s.f. **1** Conjunto de los seres y de las cosas que forman el universo y en los cuales no ha intervenido el ser humano: *Hay que proteger la naturaleza porque la vida depende de ella.* **2** Carácter, condición, temperamento o complexión: *Tanto el egoísmo como la ternura forman parte de la naturaleza humana.* **3** Género, clase o tipo: *No me gusta gastar bromas de esa naturaleza porque pueden hacer daño.* **4** Principio universal que se considera como la fuerza que ordena y dispone todas las cosas: *La naturaleza le ha dado fortaleza y valentía.* **5** ‖ **naturaleza muerta.** Cuadro o pintura en los que se representan seres inanimados y objetos cotidianos; *bodegón: Pinté una naturaleza muerta de un florero y unos libros sobre una mesa.*

naturalidad s.f. Sencillez y espontaneidad en el modo de proceder o actuar: *Es un mal actor y no tiene naturalidad delante de la cámara.*

naturalismo s.m. **1** Corriente filosófica que considera la naturaleza como único principio de todo: *El naturalismo explica la existencia a partir de las fuerzas naturales y de la experiencia de las cosas.* **2** Movimiento literario de origen francés, surgido a finales del siglo XIX, que se caracteriza por presentar la realidad en sus aspectos más crudos: *Émile Zola estableció las características esenciales del naturalismo.* ☐ SEM. Dist. de *naturismo* (doctrina para la conservación de la salud).

naturalista ▌ adj. **1** Del naturalismo o con rasgos propios de este movimiento literario o de esta corriente filosófica: *Los filósofos naturalistas consideraban que la naturaleza era el principio de todo.* ▌ adj./s. **2** Que sigue o que defiende el naturalismo: *Los escritores naturalistas describen con crudeza la realidad. Los naturalistas ofrecen variantes según lo que entiendan por 'naturaleza'.* ▌ s. **3** Persona que se dedica al estudio de las ciencias naturales: *Ese naturalista escribió un libro sobre la flora de la región mediterránea.* ☐ MORF. 1. Como adjetivo es invariable en género. 2. Como sustantivo es de género común y exige concordancia en masculino o en femenino para señalar la diferencia de sexo: *el naturalista, la naturalista.* ☐ SEM. Dist. de *naturista* (de una doctrina para la conservación de la salud).

naturalmente adv. Por supuesto o sin duda alguna: *Naturalmente, pagaré yo los gastos, porque la culpa ha sido mía.*

naturismo s.m. Doctrina que recomienda el empleo de los agentes naturales para conservar la salud y para curar las enfermedades: *El naturismo se acerca a la naturaleza como forma de vida.* ☐ SEM. Dist. de *naturalismo* (movimiento literario o corriente filosófica).

naturista adj./s. Partidario o seguidor del naturismo: *Pasó sus vacaciones en un campamento naturista viviendo al aire libre. Los naturistas se alimentan solo de productos naturales.* ☐ MORF. 1. Como adjetivo es invariable en género. 2. Como sustantivo es de género común y exige concordancia en masculino o en femenino para señalar la diferencia de sexo: *el naturista, la naturista.* ☐ SEM. Dist. de *naturalista* (del naturalismo).

naufragar v. **1** Referido esp. a una embarcación, irse a pique o hundirse: *El barco naufragó porque se hizo un agujero en el casco. Más de cien personas naufragaron por culpa de los arrecifes.* **2** Referido a un intento o a un negocio, salir mal o fracasar: *El negoció naufragó y me quedé en la ruina.* ☐ ORTOGR. La *g* se cambia en *gu* delante de *e* →**PAGAR.**

naufragio s.m. **1** Pérdida o ruina de una embarcación en un lugar navegable: *No hubo víctimas en el naufragio.* **2** Pérdida, desgracia o desastre muy graves: *El naufragio de la empresa llevó a sus empleados al paro.*

náufrago, ga s. Persona que ha padecido un naufragio: *Los náufragos fueron socorridos poco después del hundimiento del barco.*

náusea s.f. **1** Malestar que se siente en el estómago cuando se quiere vomitar; *basca: El olor de esa basura descompuesta me hizo sentir náuseas.* **2** Repugnancia causada por algo: *Es tan mala persona que me produce náuseas.* ☐ MORF. Se usa más en plural.

nauseabundo, da adj. Que produce náuseas: *No sé cómo te lo comes, porque para mí tiene un sabor nauseabundo.*

nauta s.m. *poét.* Marinero: *Las naves tripuladas por expertos nautas desafiaban la nocturna tempestad.*

náutico, ca ▌ adj. **1** De la navegación o relacionado con ella: *Los deportes náuticos se practican en aguas de mares, ríos y lagos.* ▌ s.m. **2** Zapato ligero, generalmente de piel, flexible y con suela de goma, que suele tener un cordón alrededor que se ata en la parte delantera: *Los náuticos son muy cómodos.* ▌ s.f. **3** Ciencia o arte de navegar; *navegación: Ese capitán de barco es un gran experto en náutica.* ☐ MORF. La acepción 2 se usa más en plural.

navaja s.f. Véase **navajo, ja.**

navajazo s.m. Corte hecho con una navaja: *El atracador le dio un navajazo porque no quiso entregarle el dinero.*

navajero, ra s. Delincuente que va armado con una navaja: *Fui atracado por una pandilla de navajeros.*

navajo, ja ▌ adj./s. **1** De un pueblo indio norteamericano o relacionado con él: *La economía de la tribu navaja era cazadora, horticultora y pastoril. Los descendientes de los navajos viven actualmente en reservas en el suroeste de Estados Unidos.* ▌ s.f. **2** Cuchillo cuya hoja puede plegarse para que el filo quede dentro del mango: *Encontré una navaja y no pude abrirla porque estaba oxidada.* 👁 **arma 3** Molusco marino con dos conchas simétricas rectangulares muy alargadas, cuya carne es comestible: *La navaja vive enterrada en fondos arenosos blandos.* **marisco**

naval adj. De los barcos, de la navegación o relacionado con ellos: *La industria naval de esta zona cuenta con importantes astilleros.* □ MORF. Invariable en género.

navarro, rra adj./s. De la Comunidad Foral de Navarra (comunidad autónoma española), de la provincia de esta comunidad o relacionado con ellas: *El territorio navarro hace frontera con Francia. Los habitantes de Tudela y de Tafalla son navarros.* □ MORF. Como sustantivo se refiere solo a las personas de la Comunidad Foral de Navarra.

nave s.f. **1** Construcción que flota y se desliza por el agua y que se usa como medio de transporte; *embarcación: En el puerto estaban atracadas varias naves de mercancías. Las naves cruzaban el mar con todas sus velas desplegadas al viento.* **embarcación** **2** Vehículo que vuela por el aire o por el espacio: *El aviador pudo hacerse con el control de la nave en el aterrizaje forzoso.* **3** En un edificio, esp. en un templo, espacio interior que se extiende a lo largo y que está delimitado por muros o por filas de columnas o de arcadas: *La nave central de las catedrales suele ser más ancha que las laterales.* **4** Construcción grande, generalmente de un solo piso, que se utiliza como almacén o como fábrica: *Tiene su taller de coches en una nave a las afueras del pueblo.* **5** ‖ **quemar las naves.** Tomar una determinación extrema de modo que sea imposible volverse atrás (por alusión a las naves quemadas por Hernán Cortés al iniciar la conquista de México): *Si presentas tu dimisión, quemarás tus naves.*

navegabilidad s.f. Posibilidad que ciertas aguas ofrecen para ser navegadas: *La navegabilidad de las aguas costeras depende del estado de la marea.*

navegable adj. Referido esp. a un río, a un canal o a un lago, que permiten la navegación: *Este río es navegable solo en el tramo de su desembocadura.* □ MORF. Invariable en género.

navegación s.f. **1** Desplazamiento que realiza una nave: *Este barco es especial para la navegación fluvial.* **2** Viaje que se hace en una nave: *Durante la navegación me mareé varias veces.* **3** Ciencia o arte de navegar; *náutica: Los marinos españoles que descubrieron América eran expertos en navegación.*

navegador s.m. Herramienta informática para internet que permite ver las páginas web: *Un navegador posibilita el desplazamiento a través del web y el acceso a la información que contienen las páginas web.*

navegar v. **1** Viajar o ir en una nave: *Nos invitó a navegar en su yate. Los astronautas navegan por el espacio, camino de la Luna. El experto piloto navegaba seguro en medio de la tormenta.* **2** Referido a una nave, moverse o desplazarse: *El velero navega hacia la costa.* **3** Referido esp. a una red informática, utilizarla o desplazarse a través de ella: *Mi tía es usuaria de una red informática internacional y se pasa horas navegando por ella.* □ ORTOGR. La *g* se cambia en *gu* delante de *e* →**PAGAR**. □ SEM. Dist. de *bogar* y *remar* (mover los remos en el agua).

navidad s.f. Período de tiempo en el que se celebra el nacimiento de Jesucristo: *En Navidad nos reunimos toda la familia.* □ MORF. En plural tiene el mismo significado que en singular. □ USO Se usa como nombre propio.

navideño, ña adj. De la Navidad o relacionado con ella: *El ambiente navideño me trae recuerdos de la infancia.*

naviero, ra ▌adj. **1** De los barcos, de la navegación o relacionado con ellos: *Es asegurador de los barcos de una empresa naviera inglesa.* ▌s. **2** Persona o entidad propietarias de un navío: *Alquilaron el yate a un famoso naviero griego. Esa naviera ha renovado su flota de petroleros.*

navío s.m. Barco de grandes dimensiones, con una o varias cubiertas, esp. el utilizado para navegaciones de importancia: *Había dos navíos de guerra anclados en el puerto.*

náyade s.f. En la mitología grecolatina, ninfa o divinidad de los ríos y de las fuentes: *Las náyades personificaban las aguas en que habitaban.*

nazareno s.m. Penitente que en las procesiones de Semana Santa va vestido con túnica, generalmente de color morado: *En esta procesión, mi hermano es el nazareno que lleva la cruz.*

nazarí ▌adj. **1** De la dinastía nazarí o relacionado con ella: *Los motivos ornamentales nazaríes recubren casi por completo las formas constructivas.* ▌adj./s. **2** Descendiente de Yúsuf ben Názar (fundador de la dinastía árabe que reinó en Granada desde el siglo XIII al XV): *Los Reyes Católicos destronaron al último rey nazarí en la toma de Granada. Los nazaríes fueron reyes de Granada hasta que esta fue reconquistada en 1492.* □ MORF. 1. Como adjetivo es invariable en género. 2. Como sustantivo es de género común y exige concordancia en masculino o en femenino para señalar la diferencia de sexo: *el nazarí, la nazarí*. 3. Aunque el plural de *nazarí* en la lengua culta es *nazaríes*, se usa mucho *nazarís*. □ SEM. Es sinónimo de *nazarita*.

nazarita adj./s. →**nazarí.** □ MORF. 1. Como adjetivo es invariable en género. 2. Como sustantivo es de género común y exige concordancia en masculino o en femenino para señalar la diferencia de sexo: *el nazarita, la nazarita*.

nazi ▌adj. **1** Del nazismo o relacionado con esta doctrina política: *En los campos de concentración nazis murieron muchas personas.* ▌adj./s. **2** Que defiende o sigue el nazismo: *El partido nazi perseguía a las minorías étnicas. El emblema de los nazis era una cruz gamada.* □ MORF. 1. Como adjetivo es invariable en género. 2. Como sustantivo es de género común y exige concordancia en masculino o en femenino para señalar la diferencia de sexo: *el nazi, la nazi*. 3. Es la forma abreviada y usual de *nacionalsocialista*.

nazismo s.m. Doctrina política totalitaria, caracterizada por su expansionismo y su nacionalismo, formulada por Adolfo Hitler (gobernante alemán del siglo XX), que defiende la creencia en la superioridad del pueblo alemán y que culpaba a los judíos de la decadencia alemana: *El nazismo subsiste de manera clandestina en algunos grupos minoritarios.* □ MORF. Es la forma abreviada y usual de *nacionalsocialismo*.

neblina s.f. Niebla poco espesa y baja: *Esta mañana había neblina, pero luego el día ha despejado.*

nebulizador s.m. Aparato que se utiliza para pulverizar un líquido en partículas finísimas: *El medicamento que me recetaron para la garganta se aplica con un nebulizador.*

nebulosa s.f. En astronomía, concentración de materia cósmica celeste, difusa y luminosa, que aparece en forma de grandes nubes, generalmente con un contorno impreciso: *En el espacio hay galaxias y nebulosas.*

necedad s.f. **1** Hecho o dicho propios de un necio: *No sabes de qué se trata, así que deja de decir necedades.* **2** Ignorancia, imprudencia o presunción: *La necedad de tu actitud no es propia de una persona inteligente.*

necesario, ria adj. **1** Indispensable, que hace falta de forma inevitable para un fin: *El aire es necesario para la vida de las personas. Como solo te hace caso a ti, es necesario que intervengas.* **2** Que inevitablemente ha de ser o suceder: *La muerte es necesaria para que la naturaleza esté en equilibrio.* **3** Referido esp. a una acción, que es obligada por algo: *Esta deducción es consecuencia necesaria de lo anteriormente expuesto.* ☐ SEM. En la acepción 2, dist. de *contingente* (que puede suceder o no).

neceser s.m. Estuche o bolsa que se usa para guardar objetos de aseo personal: *No olvides meter el cepillo de dientes en el neceser.* 👁 **equipaje**

necesidad s.f. **1** Lo que es imprescindible o necesario: *Vivir en una casa no es un lujo, sino una necesidad. Nadie duda de la necesidad de estas reformas.* **2** Impulso irresistible: *Sentí la necesidad de abrazar al bebé.* **3** Falta de lo necesario para vivir, esp. de alimentos: *Con estos donativos se compran alimentos para las personas que pasan necesidades.* **4** Peligro o situación difícil que requieren una pronta ayuda: *En sus necesidades acudía a Dios por medio de la oración.* **5** *euf.* Evacuación de la orina o de los excrementos: *Fue al servicio a hacer sus necesidades.* **6** ‖ **de primera necesidad.** Básico o imprescindible, esp. para una vida digna: *La leche, el azúcar y el pan son artículos de primera necesidad.* ☐ MORF. La acepción 5, se usa más en plural.

necesitado, da adj./s. Pobre o falto de lo necesario para vivir: *Es misionera en una región muy necesitada de ese país americano. Con sus limosnas, ayuda a mendigos y necesitados.*

necesitar v. Referido a algo, tener necesidad de ello o exigirlo como requisito para un fin: *Las personas necesitamos comer y dormir para vivir. Para hacer ese pastel se necesitan dos huevos.* ☐ SINT. Constr.: *necesitar algo* o *necesitar* DE *algo*. ☐ SEM. En construcciones impersonales, se usa para intensificar lo que se expresa a continuación: *Se necesita ser tonto si no entiendes una cosa tan sencilla.*

necio, cia adj./s. Ignorante, imprudente o carente de razón o de lógica: *No seas necio y aprovecha esa oportunidad. A los necios como tú nadie les hace caso.*

nécora s.f. Cangrejo de mar con diez patas, cuerpo liso y elíptico, y de unos diez centímetros de ancho: *La nécora es muy apreciada por su carne.*

necro- Elemento compositivo que significa 'muerto': *necrófilo, necrofagia, necrolatría, necrosis.*

necrofilia s.f. **1** Afición o gusto por la muerte o por alguno de sus aspectos: *Su necrofilia es evidente, si dice que por donde más le gusta pasear es por los cementerios.* **2** Atracción sexual hacia los cadáveres y su contacto: *La necrofilia generalmente es propia de individuos afectados por desórdenes mentales.*

necrófilo, la adj./s. De la necrofilia o relacionado con ella: *Este autor trata temas necrófilos en muchas de sus obras. Algunos necrófilos necesitan asistencia psiquiátrica.*

necrología s.f. Biografía o apunte biográfico de una persona muerta recientemente: *El periódico trae la necrología del cantante fallecido ayer.*

necrológico, ca adj. De la necrología o relacionado con ella: *El periódico dedicó al pintor fallecido una elogiosa nota necrológica.*

necrópolis s.f. Cementerio de gran extensión en el que abundan los monumentos fúnebres, esp. si es anterior a la era cristiana: *Los arqueólogos investigan una necrópolis egipcia.* ☐ MORF. Invariable en número.

necrosis s.f. Muerte de células o de tejidos orgánicos: *La falta de riego sanguíneo le produjo la necrosis de una zona del cuerpo.* ☐ MORF. Invariable en número.

néctar s.m. **1** Jugo azucarado que producen las flores: *Las abejas fabrican miel con el néctar.* **2** Bebida suave, delicada y sabrosa: *¿Has probado este néctar de naranja?*

nectarina s.f. Variedad de melocotón, de piel sin pelusa y carne no adherida al hueso, que es producto del injerto del ciruelo y del melocotonero: *La piel de la nectarina es fina, suave y de color rojizo cuando está madura.*

neerlandés, -a ▌adj./s. **1** De los Países Bajos o relacionado con este país europeo, más conocido como *Holanda*: *Algunas tierras neerlandesas están por debajo del nivel del mar. Los neerlandeses permanecieron neutrales durante la I Guerra Mundial.* ▌s.m. **2** Lengua germánica de este y otros países; *holandés*: *Le dieron una beca para estudiar en Bélgica porque sabe neerlandés.* ☐ MORF. En la acepción 1, como sustantivo se refiere solo a las personas de Países Bajos.

nefando, da adj. Que repugna u horroriza, esp. en sentido moral: *El asesinato de esos niños fue un crimen nefando.* ☐ ORTOGR. Dist. de *nefasto*.

nefasto, ta adj. Funesto, detestable, desgraciado o muy malo: *¿No te das cuenta de que ejerce sobre ti una influencia nefasta?* ☐ ORTOGR. Dist. de *nefando*.

nefrítico, ca adj. De los riñones o relacionado con ellos; *renal*: *Los cólicos nefríticos son muy dolorosos.*

nefro- Elemento compositivo que significa 'riñón': *nefrología, nefrólogo, nefrosis.* ☐ MORF. Ante vocal adopta la forma *nefr-*: *nefritis, nefrítico.*

negación s.f. **1** Rechazo de la existencia o de la veracidad de algo: *La negación de los delitos por parte del acusado ha complicado el caso.* **2** Respuesta negativa a una petición o a una pretensión: *Le pregunté y me hizo un gesto de negación con la cabeza.* **3** Prohibición o impedimento para la realización de algo: *La negación de la entrada a la fiesta se debe a que no eres socio.* **4** En gramática, palabra o expresión que se utilizan para negar: *'No' y 'jamás' son negaciones.* **5** Carencia o ausencia total de algo: *Las dictaduras traen consigo la negación de la libertad.*

negado, da adj./s. Incapaz, torpe o absolutamente inepto para hacer algo: *¡Qué negada eres para las matemáticas! No progresará nunca, porque es un negado.*

negar ▌v. **1** Referido a algo que se presupone cierto, decir que no existe, que no es verdad o que no es correcto: *El científico negó la existencia de los extraterrestres. El acusado negó las acusaciones del fiscal.* **2** Referido a algo que se pide o se pretende, no concederlo: *Le han vuelto a negar el crédito en el banco. Desde que discutimos, me niega hasta el saludo.* **3** Prohibir, impedir o estorbar: *Le negaron el derecho a dar su opinión.* ▌prnl. **4** Referido a una acción, rechazarla o no querer hacerla: *Me niego a creer que seas capaz de eso.* **5** ‖ **negarse** alguien **a sí mismo.** Sacrificar la propia voluntad en servicio de Dios o del prójimo: *Jesús dijo: «El que quiera venirse conmigo, que se niegue a sí mismo».* ☐ ORTOGR. Aparece una *u* después de *g* cuando le sigue *e*. ☐ MORF. Irreg.: La *e* de la raíz diptonga en *ie* en los presentes, excepto en las personas *nosotros* y *vosotros* →**REGAR**. ☐ SINT. Constr. de la acepción 4: *negarse* A *algo*.

negativo, va ▌adj. **1** Que contiene o expresa negación: *Ya se lo pregunté y su respuesta fue negativa. Las oraciones negativas suelen poseer un adverbio de negación.* **2**

Referido esp. a una persona, que tiende a ver el lado más desfavorable de las cosas: *Siempre encuentras pegas a todo porque eres una persona negativa.* **3** Referido esp. a un análisis clínico, que no muestra rastro de lo que se busca o se espera encontrar: *La prueba del embarazo ha resultado negativa, así que no está usted embarazada.* **4** En matemáticas, referido esp. a una cantidad, que tiene un valor menor que cero: *Los números negativos llevan delante el signo menos.* **5** En electrónica, referido al polo de un generador, que posee menor potencial eléctrico: *La corriente eléctrica va del polo negativo al positivo.* ▌ s.m. **6** Imagen fotográfica que reproduce invertidos los tonos claros y los oscuros: *No pongas los dedos sobre los negativos, porque los estropeas.* ▌ s.f. **7** Negación o rechazo de una petición o de una solicitud: *A esta ronda invito yo, y no acepto negativas.*

negligé (galicismo) s.m. Bata femenina de tela fina, esp. si es algo atrevida: *Cuando se levanta de la cama se pone un negligé de raso.* □ PRON. [negliyé].

negligencia s.f. Falta de cuidado, de atención o de interés: *Casi todos estos errores son producto de tu negligencia.*

negligente adj./s. Que no pone cuidado, atención o interés: *Si continúas con esa actitud tan negligente perderás tu empleo. Este portero nunca sabe quién entra o sale del edificio porque es un negligente.* □ MORF. 1. Como adjetivo es invariable en género. 2. Como sustantivo es de género común y exige concordancia en masculino o en femenino para señalar la diferencia de sexo: *el negligente, la negligente.*

negociación s.f. **1** Gestión y realización de operaciones comerciales, esp. de compra, venta o intercambio, para obtener beneficios; *negocio: Es una experta en negociaciones inmobiliarias.* **2** Trato o resolución de un asunto, esp. si es por medio de la vía diplomática: *Continúan las negociaciones internacionales para reducir el armamento nuclear.*

negociado s.m. En una organización administrativa, dependencia o sección encargada de un determinado tipo de asuntos: *Estos impresos deben sellarse en el negociado de convalidaciones del rectorado.*

negociante adj./s. **1** Referido a una persona, que se dedica profesionalmente a los negocios o a las actividades comerciales, o que tiene facilidad para ellos: *Para saber obtener beneficios en las ventas hay que ser negociante. Di con un negociante usurero que me estafó.* **2** *col.* Referido a una persona, que tiene un afán excesivo por ganar dinero: *Deberías ser menos negociante y no pretender sacar beneficios de todo. Ese médico es un negociante, quiere enriquecerse a costa de sus pacientes.* □ MORF. 1. Como adjetivo es invariable en género. 2. Como sustantivo es de género común y exige concordancia en masculino o en femenino para señalar la diferencia de sexo: *el negociante, la negociante.* □ USO En la acepción 2, tiene un matiz despectivo.

negociar v. **1** Tratar y comerciar comprando, vendiendo o cambiando cosas para obtener beneficios: *Negocia con libros, comprándolos viejos y vendiéndolos a buen precio. Me parece inmoral negociar con la amistad.* **2** Referido a un asunto, tratarlo o resolverlo, esp. si es por medio de la vía diplomática: *La empresa y los trabajadores han negociado la subida de sueldos.* □ ORTOGR. La *i* nunca lleva tilde. □ SINT. Constr. de la acepción 1: *negociar* CON *algo.*

negocio s.m. **1** Ocupación, operación o actividad de las que se espera obtener un beneficio económico: *La mecánica es un negocio como otro cualquiera.* **2** Gestión y realización de operaciones comerciales, esp. de compra, venta o intercambio, para obtener beneficios; *negociación: Sus negocios en la Bolsa no han dado el fruto que esperaba.* **3** Beneficio, provecho o interés obtenidos a partir de actividades comerciales: *¡No pensarás que comprar dos y pagar tres es un buen negocio!* **4** Establecimiento o local en el que se comercia: *He puesto un negocio de venta de ropa.* **5** Ocupación o asunto: *¿En qué negocios andas, que no te veo el pelo en casa?* **6** ‖ **hacer negocio.** Obtener el máximo provecho con un interés propio: *Si no atiendes bien a tus clientes, vas a hacer poco negocio.*

negrear v. Mostrar color negro u oscurecerse: *Estas paredes empiezan a negrear, así que tendremos que encalarlas de nuevo.*

negrero, ra s. **1** Persona que se dedicaba a la trata de esclavos negros: *Los negreros vendían a los esclavos en los mercados populares.* **2** *col. desp.* Persona que explota a sus subordinados o que se comporta duramente con ellos: *El jefe es un negrero que nos hace trabajar horas extras que luego no nos paga.*

negrilla s.f. →**letra negrilla.**

negrita s.f. →**letra negrita.**

negro, gra ▌ adj. **1** De color más oscuro en relación con algo de la misma especie o clase: *El pan negro está hecho con harina y salvado de trigo.* **2** Oscuro, oscurecido o deslucido: *Va a caer un chaparrón, porque las nubes están negras.* **3** *col.* Muy tostado o muy bronceado por el sol: *Cada vez que va a la playa vuelve negro.* **4** *col.* Muy sucio: *¡Lávate las manos, que las tienes negras!* **5** Triste, desgraciado o poco favorable: *Hoy ha sido un día negro y todo me ha salido mal.* **6** *col.* Molesto, enfadado o furioso: *Estoy negro, así que no me vengas con más tonterías.* **7** Del grupo étnico que se caracteriza por el color oscuro de su piel: *La música negra es clave para entender el pop actual.* **8** Referido esp. a una novela o al cine, que trata temas policíacos con realismo y crudeza: *La novela negra suele desarrollarse en los barrios más sórdidos de las ciudades.* **9** Referido a determinados ritos o celebraciones, que están relacionados con el diablo o con las fuerzas del mal: *La misa negra es una parodia de la misa católica y se celebra en homenaje al diablo.* ▌ adj./s.m. **10** Del color del carbón o de la oscuridad absoluta: *La ropa de color negro suele utilizarse en señal de luto. El negro es el resultado de la absorción de todos los rayos luminosos.* **11** Referido a un tipo de tabaco, que tiene un olor y un sabor fuertes: *El tabaco negro es más áspero que el rubio. Ahora solo fuma negro.* ▌ adj./s. **12** Referido a una persona, que pertenece a la raza caracterizada por el color oscuro de su piel y el pelo muy rizado: *Fue un político negro el que pidió que se respetara la igualdad de todos los hombres. Los negros tienen un ritmo especial para bailar y cantar.* ▌ s. **13** *col.* Persona que realiza de forma anónima el trabajo de otra a la que después se reconocerán los méritos: *Se rumorea que algunas novelas no son suyas, sino de algún negro que trabaja para él.* ▌ s.f. **14** En música, nota que dura la mitad de una blanca y que se representa con un círculo relleno y una barrita vertical pegada a uno de sus lados: *Una negra equivale a dos corcheas.* **15** ‖ **{estar/ponerse} negro un asunto.** Ser o hacerse difícil de realizar: *Lo de las vacaciones está negro, porque tenemos poco dinero ahorrado.* ‖ **pasarlas negras.** *col.* Pasarlo muy mal o estar en una situación difícil: *Con un sueldo tan bajo, las* *paso negras para terminar el mes.* ‖ **tener la negra.** *col.* Tener mala suerte: *El pobre tiene la negra y siempre le toca el peor horario.* ‖ **verse** alguien **negro** o **vérselas negras.** Tener dificultades para realizar algo: *Me vi negro para conseguir abrir esa maldita puerta oxidada.* ☐ MORF. Su superlativo irregular es *nigérrimo*.

negroide adj. Que presenta alguno de los rasgos propios del grupo étnico caracterizado, entre otras cosas, por el color oscuro de su piel y por la forma rizada y rígida de su cabello: *Aunque tiene la piel clara, tiene un aspecto negroide porque un antepasado suyo era negro.* ☐ MORF. Invariable en género.

negror s.m. →**negrura.**

negrura s.f. Propiedad de ser o de parecer de color negro; *negror*: *La negrura de las noches sin luna me asusta.*

negruzco, ca adj. De color oscuro semejante al negro, o con tonalidades negras: *Los edificios se ponen negruzcos con la contaminación.*

neis s.m. →**gneis.** ☐ MORF. Su plural es *neises*.

néisico, ca adj. →**gnéisico, ca.**

nemoroso, sa adj. *poét.* Del bosque, con bosques o relacionado con ellos: *Añoraba el reposo y la quietud de los parajes nemorosos en los que se crio.*

nemotecnia s.f. →**mnemotecnia.**

nemotécnico, ca adj. →**mnemotécnico, ca.**

nene, na s. Niño pequeño: *Su nene ya está aprendiendo a andar. ¡Ole, mi nena, qué guapísima es!* ☐ SEM. Precedido del artículo determinado y con el verbo en tercera persona del singular, se usa mucho en la lengua coloquial como expresión que emplea la persona que habla para designarse a sí misma: *El nene mañana no se piensa levantar hasta las doce.* ☐ USO Tiene un matiz cariñoso.

nenúfar s.m. Planta acuática de hojas grandes, enteras y casi redondas, y de flores blancas o amarillas, que flota sobre las aguas de poca corriente: *El estanque del parque está lleno de nenúfares.*

neo- Elemento compositivo que significa 'nuevo' o 'reciente': *neocolonialismo, neoclasicismo, neonazi, neoplatónico, neorrealismo.*

neoclasicismo s.m. Estilo artístico que triunfó en el continente europeo durante la segunda mitad del siglo XVIII y que se caracteriza por la recuperación del gusto y de las normas de la Antigüedad clásica grecolatina: *El Neoclasicismo surge como reacción al Barroco. El Neoclasicismo en teatro respeta las tres unidades de acción, tiempo y lugar.* ☐ USO Se usa como nombre propio.

neoclásico, ca ▮ adj. **1** Del Neoclasicismo o relacionado con este estilo artístico: *La literatura neoclásica pretende seguir unas reglas fijas.* ▮ adj./s. **2** Partidario o seguidor del Neoclasicismo: *Moratín es un dramaturgo neoclásico, autor de 'La comedia nueva o el café'. Los neoclásicos imponen la sencillez frente al exceso de ornamentación barroco.*

neodimio s.m. Elemento químico, metálico y sólido, de número atómico 60, de color blanco plateado, cuyas sales son de color rosa y que pertenece al grupo de los lantánidos: *El neodimio se utiliza para la fabricación de vidrios y de cristales coloreados.* ☐ ORTOGR. Su símbolo químico es *Nd*.

neófito, ta s. Persona recién incorporada a una colectividad, esp. a una religión: *Te presentaré a los neófitos de la congregación.*

neógeno, na adj./s.m. Referido a una etapa geológica, que es la última de la era terciaria o cenozoica, en la que se engloban los períodos mioceno y plioceno: *Al final de la etapa neógena, el Mediterráneo sufrió una gran transformación. La fauna y la flora del neógeno eran prácticamente iguales a las actuales.*

neolítico, ca ▮ adj. **1** Del Neolítico o relacionado con este período prehistórico: *Las armas y los útiles neolíticos están hechos con piedra pulimentada.* ▮ adj./s.m. **2** Referido a un período prehistórico, que es anterior a la Edad de Cobre y posterior al Mesolítico, y que se caracteriza por la aparición de la agricultura y de la ganadería: *El hombre que vivió en el período neolítico sabía fabricar objetos de cerámica. Durante el Neolítico se utilizó la rueda.* ☐ USO Como sustantivo, se usa como nombre propio.

neologismo s.m. Palabra, significado o expresión nuevos en una lengua: *Los mecanismos de composición y de derivación de palabras son fuente de neologismos. El significado de 'camello' como 'traficante de drogas' es un neologismo.*

neón s.m. **1** Elemento químico, no metálico y gaseoso, de número atómico 10, inerte, inodoro e incoloro, y muy buen conductor de la electricidad: *El neón es un gas noble que se encuentra en la atmósfera.* **2** Aparato eléctrico luminoso formado por un tubo alargado más o menos fino, lleno de este gas y cerrado herméticamente: *El anuncio de la farmacia suele ser un neón de color verde formando una cruz.* ☐ ORTOGR. En la acepción 1, su símbolo químico es *Ne*.

neonato, ta s. Niño recién nacido: *Soy enfermera y trabajo en el servicio de neonatos de un gran hospital.*

neopreno s.m. Caucho sintético incombustible y muy resistente al frío (por extensión del nombre de la marca comercial *Neopreno®*): *El neopreno es resistente a la oxidación y a los disolventes.*

neoyorquino, na adj./s. De Nueva York (ciudad estadounidense), o relacionado con ella: *Los rascacielos neoyorquinos albergan el mayor centro comercial y financiero del mundo. Los habitantes del distrito de Manhattan son neoyorquinos.* ☐ MORF. Como sustantivo se refiere solo a las personas de Nueva York.

neozelandés, -a adj./s. De Nueva Zelanda (país de Oceanía) o relacionado con ella: *La capital neozelandesa es Wellington. La mayor parte de los neozelandeses son de origen europeo.* ☐ MORF. 1. Como sustantivo se refiere solo a las personas de Nueva Zelanda. 2. Incorr. **neocelandés*.

nepalí adj./s. De Nepal (país asiático), o relacionado con él: *La capital nepalí es Katmandú.* ☐ MORF. 1. Como adjetivo es invariable en género. 2. Como sustantivo es de género común y exige concordancia en masculino o en femenino para señalar la diferencia de sexo: *el nepalí, la nepalí*. 3. Aunque su plural en la lengua culta es *nepalíes*, se usa mucho *nepalís*.

nepente s.m. Planta carnívora que tiene las hojas transformadas en una especie de vasija que segrega un líquido con el que digiere los insectos que caen en ella: *El nepente es una planta tropical.*

neperiano, na adj. Del método de logaritmos desarrollado por John Neper (matemático inglés del siglo XVII), de sus logaritmos o relacionado con ellos: *Los logaritmos neperianos tienen como base el número 'e'.*

nepotismo s.m. Preferencia hacia los propios familiares o amigos cuando se otorga algún tipo de privilegio, esp. cargos o premios: *Lo acusaron de nepotismo porque colocó a sus parientes en el Ministerio.*

neptunio s.m. Elemento químico, metálico y artificial, de número atómico 93, radiactivo y de color plateado brillante, que pertenece al grupo de las tierras raras: *El neptunio se forma en los reactores nucleares por bombardeo del uranio con neutrones.* □ ORTOGR. Su símbolo químico es *Np*.

nereida s.f. En la mitología grecolatina, ninfa o divinidad menor que vivía en el mar y que tenía forma de pez desde la cintura para abajo: *Las nereidas tenían cuerpo de mujer y cola de pez.* 👁 **mitología**

nervado, da adj. Provisto de nervios: *El rosal tiene hojas nervadas. Las alas de las moscas son nervadas.*

nervadura s.f. **1** En arquitectura, arco que, al cruzarse con otro o con otros, forma la bóveda de crucería; *nervio: Las nervaduras son características de las bóvedas góticas.* **2** En una bóveda o en una hoja vegetal, conjunto de nervios: *La nervadura de las bóvedas góticas son muy decorativas. La nervadura de una hoja se aprecia mejor por el envés.* □ ORTOGR. Se usa también *nervatura*.

nervatura s.f. →**nervadura.**

nerviación s.f. En una hoja vegetal o en las alas de un insecto, nervadura o conjunto de nervios: *Con un microscopio puedes examinar mejor la nerviación de las alas de este mosquito.*

nervio ▮ s.m. **1** En una persona o en un animal, órgano conductor de los impulsos nerviosos, compuesto por una haz de fibras nerviosas: *Los nervios parten principalmente del cerebro o de la médula espinal y se distribuyen por el cuerpo. El nervio auditivo está en el oído interno.* 👁 **oído** **2** Tendón o tejido orgánico duro, blanquecino y resistente: *He traído unos filetes de carne buenísimos, sin un solo nervio.* **3** En la hoja de una planta, fibra que la recorre por el envés: *Si pasas el dedo por el envés de una hoja, notarás los nervios.* **4** En las alas de los insectos, fibra que forma su esqueleto: *Los nervios de las alas de los insectos son de quitina.* **5** En arquitectura, arco que, al cruzarse con otro o con otros, forma la bóveda de crucería; *nervadura: El peso de las bóvedas góticas recae sobre los nervios.* **6** En un libro, cordón que se coloca en el lomo, al través, para unir los cuadernillos: *Si se rompe el nervio, se sueltan las hojas del libro.* 👁 **libro** **7** Fuerza, vigor o carácter: *Tienes que correr con nervio si quieres llegar el primero.* ▮ pl. **8** Estado psicológico tenso: *Los nervios juegan malas pasadas en los exámenes. ¡Qué nervios me entran cuando hago un viaje largo!* **9** Equilibrio psicológico: *No pierdas los nervios, que todo tiene solución.* **10** ‖ **(nervio) ciático.** El que pasa por los músculos posteriores del muslo, de las piernas y por la piel de las piernas y de los pies: *El nervio ciático es el más grueso del cuerpo.* ‖ **nervio óptico.** El que transmite las impresiones ópticas desde el ojo al cerebro: *Una lesión en el nervio óptico puede producir pérdida de visión.* ‖ **poner los nervios de punta.** *col.* Alterar, irritar o exasperar en grado extremo: *Me pone los nervios de punta ver que siempre llegas tarde.* ‖ **ser puro nervio.** *col.* Ser muy activo e inquieto: *Este niño es puro nervio y no para de enredar ni un minuto.*

nerviosismo s.m. Estado pasajero de excitación o inquietud: *Después de unos momentos de nerviosismo, volvió la calma.*

nervioso, sa adj. **1** De los nervios o relacionado con ellos: *Los impulsos nerviosos transmiten las sensaciones al cerebro.* **2** Referido a una persona, que resulta fácilmente excitable: *No me atrevo a contárselo porque es muy nervioso y temo su reacción.* **3** Inquieto, intranquilo o incapaz de permanecer en reposo: *Está nerviosa porque mañana tiene una entrevista de trabajo.*

neto, ta adj. **1** Limpio, puro, claro, bien definido o bien delimitado: *Aunque han pasado muchos años, tengo un neto recuerdo de aquello. Según nos acercábamos, veíamos cada vez más neto el perfil de la catedral.* **2** Referido a una cantidad de dinero, libre de los descuentos que le corresponden; *líquido: El sueldo neto es el que a ti te ingresan cada mes en el banco.* **3** Referido a un precio o a un peso, que se considera sin añadidos ni deducciones: *El peso neto que aparece en la lata de atún en aceite es el del atún, sin añadir el del aceite.*

neumático, ca ▮ adj. **1** Referido a un aparato, que funciona o se hincha con aire u otro gas: *El martillo neumático tiene un taladro movido por aire comprimido.* ▮ s.m. **2** Tubo de goma o de caucho lleno de aire que se monta sobre una llanta metálica y que, junto con una cubierta de caucho, forma parte de una rueda: *El neumático de la bicicleta se ha pinchado y tengo que cambiarlo.*

neumo- Elemento compositivo que significa 'pulmón' o 'sistema respiratorio': *neumología, neumólogo, neumopatía.*

neumonía s.f. En medicina, inflamación del pulmón o de una parte de él, causada generalmente por un microrganismo; *pulmonía: Algunos de los síntomas de la neumonía son la fiebre, la tos y la falta de aliento.*

neumotórax s.m. **1** Lesión producida por la entrada de aire entre las dos pleuras: *Está recibiendo tratamiento porque tiene un neumotórax.* **2** ‖ **neumotórax (artificial).** Introducción de aire o de otro gas entre las dos pleuras con fines terapéuticos: *Le han hecho un neumotórax para inmovilizarle el pulmón derecho.* □ MORF. Invariable en número.

neura ▮ adj./s. **1** *col.* Nervioso, excitado o alterado: *¡Mira que eres neura!, ¿no ves que tenemos tiempo de sobra? Se pone frenético con tonterías porque es un neura.* ▮ s.f. **2** *col.* Manía, obsesión o excitación nerviosa: *¡Menuda neura le ha entrado por el ciclismo desde que se compró la bicicleta!* □ MORF. 1. Como adjetivo es invariable en género. 2. En la acepción 1, como sustantivo es de género común y exige concordancia en masculino o en femenino para señalar la diferencia de sexo: *el neura, la neura*.

neuralgia s.f. En medicina, dolor continuo y agudo a lo largo de un nervio y de sus ramificaciones: *La ciática es una neuralgia.*

neurálgico, ca adj. **1** De la neuralgia o relacionado con este dolor: *Algunas deficiencias vitamínicas producen dolores neurálgicos.* **2** Muy importante, fundamental o decisivo: *Solo cuando descubrieron el centro neurálgico de la organización pudieron desarticularla.*

neurastenia s.f. Estado psicológico caracterizado generalmente por la tristeza, el cansancio, el temor y la emotividad: *Es una persona muy depresiva y padece neurastenia.*

neurasténico, ca ▮ adj. **1** De la neurastenia o relacionado con este estado psicológico: *El cansancio y la melancolía pueden ser síntomas neurasténicos.* ▮ adj./s. **2** Referido a una persona, que padece neurastenia: *Desde que está neurasténico le ha dado por no salir de casa. Los neurasténicos suelen ser muy callados.*

neurita s.f. Prolongación de una neurona, que generalmente termina en una ramificación y que está en contacto con otras células: *Las neuritas transmiten los impulsos nerviosos de unas células a otras.* □ SEM. Es sinónimo de *axón, cilindro eje* y *cilindroeje*.

neuritis s.f. Lesión inflamatoria o degenerativa de uno

o varios nervios y de sus ramificaciones: *El alcoholismo puede ser causa de neuritis.* ☐ MORF. Invariable en número.

neuro- Elemento compositivo que significa 'nervio' o 'sistema nervioso': *neuroanatomía, neurobiología, neurocirujano, neurología.*

neurología s.f. Parte de la medicina que estudia el sistema nervioso: *El especialista en neurología me dijo que el tic del ojo se debía al cansancio.*

neurológico, ca adj. De la neurología o relacionado con esta parte de la medicina: *Este sanatorio tiene un departamento neurológico.*

neurólogo, ga s. Médico especializado en neurología: *Después de algunas pruebas, la neuróloga confirmó la existencia de una lesión cerebral.*

neurona s.f. Célula que transmite o produce los impulsos nerviosos, formada por un cuerpo central y una serie de prolongaciones o ramificaciones a su alrededor: *Las neuronas trasladan los estímulos a los centros nerviosos, al encéfalo o a la médula espinal.*

neurosis s.f. Trastorno del sistema nervioso sin que aparentemente existan lesiones en él: *La histeria es una neurosis. Es difícil curar una neurosis porque no se saben con certeza las causas.* ☐ MORF. Invariable en número.

neurótico, ca ▌adj. **1** De la neurosis o relacionado con este trastorno nervioso: *El psicoanálisis trata de curar los problemas neuróticos.* ▌adj./s. **2** Referido a una persona, que padece neurosis: *Las personas neuróticas sienten ansiedad, desánimo y angustia frecuentes. El miedo obsesivo a ser secuestrado te está convirtiendo en un neurótico.* **3** *col.* Con manías u obsesiones exageradas, o excesivamente nervioso: *Tu padre me parece una persona neurótica en cuanto a la limpieza. Es una neurótica, y la víspera de un viaje no pega ojo en toda la noche.*

neurovegetativo, va adj. **1** Referido a una parte del sistema nervioso, que regula las funciones vegetativas o de nutrición, desarrollo y reproducción: *Los latidos del corazón son regulados por el sistema neurovegetativo.* **2** Que está controlado por esta parte del sistema nervioso: *La digestión es una función involuntaria y neurovegetativa.*

neutral adj./s. **1** En un enfrentamiento, que no se inclina por ninguna de las partes que intervienen o que no beneficia a ninguna: *Los árbitros son neutrales. La solución a la pelea ha de ser neutral.* **2** Referido esp. a un Estado o a una nación, que no intervienen en un conflicto armado ni ayudan a las partes enfrentadas en él: *España fue neutral durante la II Guerra Mundial. Los neutrales suelen acoger a los refugiados políticos.* ☐ MORF. 1. Como adjetivo es invariable en género. 2. Como sustantivo es de género común y exige concordancia en masculino o en femenino para señalar la diferencia de sexo: *el neutral, la neutral.*

neutralidad s.f. **1** Actitud o comportamiento del que no se inclina por ninguna de las dos partes que intervienen en un enfrentamiento ni las beneficia: *El Gobierno demostró su neutralidad al no intervenir en el conflicto entre empresarios y sindicatos.* **2** Situación del Estado o de la nación que no intervienen en un conflicto armado ni ayudan a las partes enfrentadas en este: *La neutralidad de un país conlleva que no pueda ser atacado por otras naciones.*

neutralismo s.m. Tendencia a mantenerse neutral, esp. ante conflictos internacionales: *Cree que el neutralismo es el primer paso para conseguir la paz mundial.*

neutralista adj./s. Partidario o seguidor del neutralismo: *Los países neutralistas pidieron el cese del conflicto bélico. Los neutralistas criticaron el ingreso de su país en una organización militar.* ☐ MORF. 1. Como adjetivo es invariable en género. 2. Como sustantivo es de género común y exige concordancia en masculino o en femenino para señalar la diferencia de sexo: *el neutralista, la neutralista.*

neutralización s.f. **1** Debilitamiento o anulación de un efecto o de una acción mediante la oposición de otros, generalmente contrarios: *Con bicarbonato se consigue la neutralización de la acidez estomacal.* **2** Reacción química en la que una disolución o a una mezcla de carácter ácido o básico se convierte en neutra: *Para obtener la neutralización de un ácido necesitas una base.* **3** En algunos deportes, consideración de un tiempo o de un tramo determinados sin valor en el resultado final: *La neutralización de la etapa de montaña se debió a las malas condiciones climatológicas.*

neutralizar v. **1** Referido esp. a un efecto o a una acción, debilitarlos o anularlos mediante la oposición de otros, generalmente contrarios: *Una buena defensa neutraliza un ataque. Gracias al antídoto, se neutralizó el efecto del veneno.* **2** En química, referido a una sustancia o a una disolución, hacerlas neutras: *Una base neutraliza a un ácido. El ácido clorhídrico se neutraliza con el bicarbonato.* **3** En algunos deportes, considerar sin valor un tiempo o un tramo determinados en el resultado final: *Neutralizaron la prueba ciclista durante varios kilómetros debido al mal estado de la carretera.* ☐ ORTOGR. La *z* se cambia en *c* delante de *e* →**CAZAR**.

neutro, tra ▌adj. **1** Que no presenta ni una ni otra de dos características opuestas o muy diferentes: *Las cortinas serán de un color neutro para que hagan juego con todo.* **2** Que no muestra emoción ni sentimiento: *El locutor transmitió la noticia del accidente con voz neutra.* **3** En química, referido a una disolución o a una mezcla, que no es ni ácida ni básica: *Un champú neutro carece de propiedades ácidas y básicas.* **4** Referido a un cuerpo, que tiene igual cantidad de carga eléctrica positiva que negativa: *Un átomo en equilibrio tiene carga neutra.* ▌adj./s.m. **5** En lingüística, referido a la categoría gramatical del género, que no es ni la del masculino ni la del femenino: *En alemán, los sustantivos pueden tener género neutro. En español hay restos del neutro en algunas formas pronominales y en el artículo determinado 'lo'.*

neutrón s.m. En un átomo, partícula elemental cuya carga eléctrica es nula: *Los neutrones se encuentran en los núcleos de los átomos.*

nevado, da ▌adj. **1** Cubierto de nieve: *Desde la ventana se veían los tejados nevados.* ▌s.f. **2** Caída de nieve: *La fuerte nevada dificultaba la visibilidad en carretera.* **3** Cantidad de nieve que cae en la tierra de una vez y sin interrupción: *La nevada de ayer se heló por la noche y tardará más en derretirse.*

nevar v. **1** Caer nieve: *Ayer nevó en toda la ciudad.* **2** Poner de color blanco: *El paso de los años nevó sus cabellos.* ☐ MORF. 1. Irreg.: La *e* diptonga en *ie* en los presentes, excepto en las personas *nosotros* y *vosotros* →**PENSAR**. 2. En la acepción 1, es verbo unipersonal: se usa solo en tercera persona del singular y en las formas no personales (infinitivo, gerundio y participio).

nevera s.f. **1** Electrodoméstico que sirve para conservar fríos los alimentos y las bebidas; *frigorífico: Mete la carne en la nevera para que no se estropee.* 👁 **electrodoméstico** **2** Recipiente parecido a una caja, acondicionado para mantener la temperatura interior: *Mete hielos en la nevera para que las bebidas duren más tiempo frías.* **3** col. Lugar muy frío: *Tuvieron que cerrar el colegio porque las clases eran neveras.* □ SINT. En la acepción 1, se usa en aposición, pospuesto a un sustantivo: *Mete los refrescos en la bolsa nevera.*

nevero s.m. En una montaña, lugar en el que se conserva la nieve todo el año: *Los neveros están siempre en las cimas de las montañas muy elevadas.*

newton s.m. En el Sistema Internacional, unidad de fuerza que equivale a la fuerza necesaria para comunicar a una masa de un kilogramo la aceleración de un metro por segundo cuadrado: *Para calcular mi peso en newtons tendría que multiplicar mi masa por 9,8.* □ PRON. [niúton].

nexo s.m. **1** Unión o relación de una cosa con otra: *Entre los dos hay un nexo de amistad.* **2** En lingüística, enlace gramatical que sirve para unir palabras u oraciones: *Las preposiciones y las conjunciones son nexos.*

ni ▮ s.f. **1** En el alfabeto griego clásico, nombre de la decimotercera letra: *La grafía de la ni es* ν. ▮ conj. **2** Enlace gramatical coordinante con valor copulativo y negativo, que se usa generalmente detrás de otra negación: *Nunca he ido al fútbol ni al boxeo. Ni lo sé ni me importa.* **3** ‖ **ni que.** Expresión que se usa para introducir una exclamación con la que se expone una hipótesis que está lejos de ser cierta: *¡Ni que fueras nuevo, con la experiencia que tienes ya en esto!* ‖ **ni (siquiera).** Expresión que se usa para negar enfáticamente o para indicar el colmo de algo; *siquiera: Eso a él ni siquiera se le pasa por la cabeza. ¡No lo quiero ni regalado!*

nicaragüense adj./s. De Nicaragua o relacionado con este país centroamericano: *La capital nicaragüense es Managua. Los nicaragüenses se dedican principalmente a la agricultura y a la pesca.* □ MORF. 1. Como adjetivo es invariable en género. 2. Como sustantivo es de género común y exige concordancia en masculino o en femenino para señalar la diferencia de sexo: *el nicaragüense, la nicaragüense.* 3. Como sustantivo se refiere solo a las personas de Nicaragua.

nicho s.m. **1** En un muro, cavidad en forma de arco construida para albergar una escultura o un objeto decorativo, generalmente coronada por un cuarto de esfera: *Colocó la imagen de la Virgen en un nicho practicado en la fachada de la iglesia.* **2** Cavidad alargada hecha en un panteón o monumento funerario para albergar el ataúd del cadáver de una persona o sus cenizas: *Lo enterraron en el nicho familiar en el que estaban su padre y su madre.* **3** ‖ **nicho ecológico.** Papel que desempeña una especie animal en su hábitat: *En un bosque, el nicho ecológico de la golondrina y el del pico son distintos, ya que la primera se alimenta de insectos que caza al vuelo, mientras que el segundo se alimenta de larvas de insectos que obtiene de los troncos de los árboles.*

nicki s.m. →**niqui.** □ PRON. [níki]. □ USO Es un anglicismo innecesario.

nicotina s.f. Sustancia incolora que se extrae de las hojas y raíces del tabaco y se oscurece en contacto con el aire: *La nicotina es un alcaloide que se utiliza en la fabricación de insecticidas.*

nidada s.f. Conjunto de los huevos puestos en el nido o conjunto de polluelos nacidos de una misma puesta: *La nidada de mi canario ha sido de cuatro huevos.*

nidal s.m. Lugar en el que pone los huevos un ave doméstica; *nido, ponedero: En el gallinero hay varios nidales.*

nidificar v. Referido a un ave, hacer el nido o anidar: *En esta zona del parque natural es donde nidifica la mayor parte de las especies.* □ ORTOGR. La *c* se cambia en *qu* delante de *e* →**SACAR**.

nido s.m. **1** Refugio que construyen las aves con hierbas, pajas, plumas u otros materiales blandos, para poner allí sus huevos y criar a sus crías: *Descubrieron un nido de águila en una zona escarpada de la montaña.* **2** Lugar en el que habitan y se reproducen algunos animales: *En el jardín de la casa hay un nido de lagartijas.* **3** Lugar en el que pone los huevos un ave doméstica; *nidal, ponedero: La gallina empollaba los huevos en el nido del gallinero.* **4** Lugar en el que habita una persona: *Te dejo las llaves de mi nido, pero no me rompas nada.* **5** Lugar en el que suele reunirse un grupo determinado de personas, generalmente de mala reputación: *Ese local es un nido de delincuentes.* **6** Lugar en el que se agrupan determinados objetos materiales: *El capitán mandó instalar varios nidos de ametralladoras.* **7** Lugar o circunstancia originarios de cosas inmateriales, esp. si resultan problemáticas o conflictivas: *Se queja de que su casa es un nido de discusiones.* **8** En un hospital, lugar en el que se encuentran los recién nacidos: *El bebé está en el nido y se lo llevan a la madre para que le dé de mamar.* **9** ‖ **nido de abeja.** En una tela, bordado de adorno parecido a las celdillas de los panales de las abejas: *El vestido de la niña lleva nido de abeja en la pechera.*

niebla s.f. **1** Acumulación de nubes en contacto con la superficie terrestre: *La niebla era tan espesa que no se veían las cosas a dos metros de distancia.* **2** Lo que dificulta el conocimiento de un asunto o su comprensión: *Nunca supe quién era realmente, porque su vida siempre estuvo rodeada de niebla.* **3** ‖ **niebla meona.** La que desprende gotas pequeñas que no llegan a ser llovizna: *Con esta niebla meona todo está mojado, aunque no llueve realmente.*

nietastro, tra s. Respecto de una persona, hijo o hija de su hijastro o de su hijastra: *Fue el padrino en el bautizo de una de sus nietastras.*

nieto, ta s. Respecto de una persona, hijo o hija de su hijo o de su hija: *Todos los nietos se reunieron para celebrar el cumpleaños del abuelo.*

nieve s.f. **1** Agua helada que se desprende de las nubes en cristales sumamente pequeños y que, agrupándose al caer, llegan a la superficie terrestre en forma de copos blancos: *La nieve cubrió los tejados de las casas.* **2** Esta agua helada cuando ya ha caído: *Aunque nevó toda la noche, aún no hay nieve suficiente para poder esquiar.* **3** En el lenguaje de la droga, cocaína: *Todo su dinero se le va en nieve.*

nif s.m. Clave identificadora de carácter obligatorio que permite realizar actividades mercantiles: *Antes de hacerme la factura, la empresa me pidió el nif.* □ MORF. Es un acrónimo que procede de la sigla de *número de identificación fiscal.*

nife s.m. En la Tierra, núcleo central; *barisfera: El nife se encuentra debajo del manto.*

nigérrimo, ma superlat. irreg. de **negro**.

nightclub (anglicismo) s.m. Sala de fiestas nocturna: *Anoche estuvimos bailando en el nightclub más famoso de la ciudad.* □ PRON. [náitklab]. □ USO Su uso es innecesario y puede sustituirse por una expresión como *sala de fiestas.*

nigromancia o **nigromancía** s.f. Conjunto de conocimientos y prácticas que permiten la invocación de los espíritus del mal, esp. del diablo, para conseguir fenómenos sobrenaturales; *magia negra: El brujo consiguió sus propósitos por medio de la nigromancia.*

nigromante s. Persona que practica la nigromancia; *nigromántico: En la Edad Media, la Inquisición perseguía a los nigromantes.* □ MORF. Es de género común y exige concordancia en masculino o en femenino para señalar la diferencia de sexo: *el nigromante, la nigromante.*

nigromántico, ca ▮ adj. **1** De la nigromancia o relacionado con estas prácticas de magia negra: *Antiguamente, se condenaba a la hoguera a los acusados de realizar prácticas nigrománticas.* ▮ s. **2** →**nigromante.**

nihilismo s.m. **1** Doctrina filosófica que niega de forma radical la posibilidad del conocimiento y se basa en la negación de la existencia de algo permanente: *El anarquismo es el nihilismo aplicado a la política.* **2** Negación de cualquier creencia o de cualquier valor moral, político, religioso o social: *Su profundo nihilismo lo llevó a la depresión más absoluta.*

nihilista ▮ adj. **1** Del nihilismo o relacionado con esta forma de pensamiento: *Su escepticismo ante las cosas es muy propio de su actitud nihilista.* ▮ adj./s. **2** Que sigue o que defiende el nihilismo: *Los pensadores nihilistas se caracterizan por el pesimismo. No confía en nada ni en nadie porque es un nihilista.* □ MORF. 1. Como adjetivo es invariable en género. 2. Como sustantivo es de género común y exige concordancia en masculino o en femenino para señalar la diferencia de sexo: *el nihilista, la nihilista.*

nilón s.m. →**nailon.**

nimbo s.m. **1** Aureola o círculo luminoso que rodea la cabeza de una imagen: *El recordatorio de su primera comunión era una foto suya rodeada con un nimbo brillante.* **2** →**nimboestrato.** 👁 **nube**

nimboestrato s.m. Capa de nubes bajas de color grisáceo, generalmente muy oscuro, que tiene un aspecto difuso; *nimbo: El nimboestrato es la nube típica de la lluvia.* 👁 **nube**

nimiedad s.f. **1** Pequeñez, insignificancia o escasa importancia: *La nimiedad del error es tal que no me preocupa nada.* **2** Lo que es de poca importancia: *No me vengas con esas nimiedades, habiendo tantas otras cosas importantes que hacer.*

nimio, mia adj. Insignificante o sin importancia: *Conozco la historia en sus detalles más nimios.*

ninfa s.f. **1** En la mitología grecolatina, cada una de las divinidades menores, representadas por jóvenes muchachas, que habitaban bosques, selvas y aguas: *Dríades, nereidas y náyades son ninfas que personificaban la naturaleza.* **2** En zoología, insecto que está en una fase de su desarrollo intermedia entre la de larva y la de adulto: *La ninfa se diferencia del adulto en que las alas no están completamente desarrolladas.*

ninfómana adj./s.f. Referido a una mujer, que experimenta un deseo sexual violento e insaciable: *Cuando descubrió que era una ninfómana, fue al médico para saber la causa.*

ninfomanía s.f. En una mujer, deseo sexual violento e insaciable: *La ninfomanía puede tener sus causas en desequilibrios hormonales.*

ningún indef. →**ninguno, na.** □ MORF. 1. Apócope de *ninguno* ante sustantivo masculino singular. 2. Se usa ante sustantivo femenino que empieza por *a* o por *ha* tónicas o acentuadas. 3. →APÉNDICE DE PRONOMBRES.

ninguno, na indef. Ni una sola persona o cosa: *No conozco a ninguna amiga suya. Allí no había ningún coche blanco. No tengo ningunas ganas de trabajar hoy. Aunque invité a varios amigos, no vino ninguno. He dado todas las fotos y no me queda ninguna.* □ MORF. 1. En masculino se usa la forma *ningún* cuando precede a un sustantivo determinándolo. 2. →APÉNDICE DE PRONOMBRES.

ninja (del japonés) s.m. Mercenario experto en artes marciales: *Uno de los miembros de la guardia de seguridad del presidente es un ninja.* □ PRON. [nínya].

ninot s.m. Muñeco o figura que forma parte de una falla valenciana: *El público aplaudió cuando el último ninot terminó de arder.* □ ORTOGR. Es un término del catalán (*ninot*) adaptado al español. □ MORF. Su plural es *ninots.*

niñato, ta ▮ adj./s. **1** *desp.* Referido a una persona, que es joven y no tiene experiencia: *Es muy niñato todavía para que lo dejes ir a discotecas. No dejes conducir a esa niñata, que no sabe.* ▮ s. **2** *desp.* Persona joven muy presumida y presuntuosa: *Ese niñato se pasea todos los días con su moto nueva por delante de mi casa.*

niñería s.f. **1** Dicho o hecho que parecen propios de un niño por su falta de madurez: *Bájate de la mesa y deja de hacer niñerías.* **2** Lo que es de poca importancia: *No me digas que te vas a enfadar por esta niñería...*

niñero, ra ▮ adj. **1** Que disfruta estando con niños: *Es muy niñero y disfruta jugando con sus hijos pequeños.* ▮ s. **2** Persona empleada en una casa para cuidar a los niños: *Estudia por la mañana y por la tarde trabaja como niñera.* □ SEM. En la acepción 2, el femenino es sinónimo de *chacha.* □ USO En la acepción 2, es innecesario el uso del anglicismo *nurse.*

niñez s.f. Primer período de la vida de una persona, desde que nace hasta la adolescencia; *infancia: Pasó su niñez en casa de sus abuelos.*

niño, ña ▮ adj./s. **1** Referido a una persona, que está en la niñez o tiene pocos años: *De niño, solía ir al circo con mi padre. Los niños se divertían jugando en el patio del colegio.* **2** Referido a una persona, que tiene poca experiencia: *Es un joven aún niño en cuestiones sentimentales. No sabe nada de la vida porque aún es una niña.* **3** Referido a una persona, que muestra un comportamiento infantil o actúa con poca reflexión: *¡No seas niño y compórtate como una persona adulta y madura! Tienes treinta años, pero eres un niño caprichoso.* ▮ s. **4** *col.* Hijo, esp. si es de corta edad: *En su ficha consta que está casado y que tiene tres niñas.* ▮ s.f. **5** En el ojo, círculo negro y pequeño que se encuentra en el centro del iris y que varía el diámetro según sea la intensidad de la luz que pase por él; *pupila: El oculista me dilató las niñas de los ojos para graduarme la vista. Quiere a sus hijos como a las niñas de sus ojos.* ‖ **niño bonito.** *col.* Persona preferida por otra: *Tú siempre sacas buenas notas porque eres la niña bonita del profesor.* ‖ **niño burbuja.** El que necesita estar en un espacio desinfectado y aislado del exterior para evitar cualquier posible contaminación: *Los médicos continúan buscando la razón por la que el niño burbuja no tiene defensas.* ‖ **niño probeta.** El concebido mediante fecundación in vitro, es decir, mediante la fecundación del óvulo fuera de la madre: *El primer niño probeta español nació en 1984.* **9** ‖ **(ni) qué niño muerto.** *col.* Expresión que se usa para indicar desprecio o para reforzar una negación: *Con lo mal que te portas, qué bicicleta ni qué niño muerto quieres que te regale.* □ USO La acepción 3 se usa como apelativo: *¡Mira, niño, la próxima vez te doy una torta!*

niobio s.m. Elemento químico, metálico y sólido, de número atómico 41, de color gris, y resistente a los ácidos:

El niobio se utiliza en aleaciones. ☐ ORTOGR. Su símbolo químico es *Nb.*

níquel s.m. Elemento químico, metálico y sólido, de número atómico 28, de color y brillo plateados, muy duro y difícil de fundir y de oxidar: *El níquel se emplea en la fabricación de monedas.* ☐ ORTOGR. Su símbolo químico es *Ni.*

niquelado s.m. Baño con una capa de níquel con la que se cubre un metal para que no se oxide: *El niquelado protegerá del óxido la cerradura de la puerta.*

niquelar v. Cubrir con un baño de níquel: *Niqueló los toalleros metálicos para que no se oxidaran.*

niqui s.m. Prenda de vestir deportiva, de tejido ligero, que cubre el cuerpo desde el cuello hasta más abajo de la cintura, generalmente de manga corta, con cuello camisero y abotonada desde arriba y por delante hasta la mitad del pecho; *polo: Cuando llega el verano, en casa siempre estoy en pantalón corto y con un niqui.*

nirvana s.m. **1** En el budismo, estado de bienaventuranza o de felicidad total que se alcanza con la aniquilación total de la individualidad por medio de la contemplación: *La aspiración de los monjes budistas es alcanzar el nirvana.* **2** *col.* Estado de tranquilidad y serenidad grandes: *En mitad de este paisaje, realmente se respira el nirvana.* **3** ‖ **estar en el nirvana.** *col.* Estar en una situación muy agradable y placentera: *Contigo estoy en el nirvana.*

níscalo s.m. Seta comestible con el sombrerillo de color marrón anaranjado: *Los níscalos crecen en los pinares.*

níspero s.m. **1** Árbol frutal de hojas ovales, grandes, duras y vellosas, ramas espinosas y flores blancas o rosadas, cuyo fruto es una baya de color anaranjado: *En su huerto plantó tres nísperos.* **2** Fruto de este árbol, que tiene forma ovalada: *Si los nísperos están maduros, se pelan fácilmente.*

nitidez s.f. **1** Limpieza, claridad o transparencia: *Estos libros de contabilidad demuestran la nitidez de mi gestión.* **2** Precisión, exactitud o falta de confusión: *Aclaremos este asunto, porque aún no lo veo yo con suficiente nitidez.*

nítido, da adj. **1** Limpio, claro o transparente: *El agua del río estaba tan nítida que se veían las piedras del fondo.* **2** Preciso, sin confusión o claro de percibir: *Nos dio una explicación nítida y todos la entendimos.*

nitrato s.m. **1** En química, sal derivada del ácido nítrico: *El nitrato de amonio es soluble en agua y en alcohol.* **2** ‖ **nitrato de Chile.** En química, sustancia de color blanco, formada por nitrato de sodio procedente de los excrementos de las aves marinas, y que se encuentra en grandes depósitos en el desierto de Atacama (desierto del norte chileno): *El nitrato de Chile es un abono nitrogenado.*

nítrico, ca adj. **1** Del nitrógeno o relacionado con este elemento químico: *El amoniaco es un hidruro nítrico.* **2** De los compuestos oxigenados del nitrógeno en los que este actúa con valencia 5, o relacionado con ellos: *El ácido nítrico se utiliza en la fabricación de fertilizantes.*

nitrito s.m. En química, sal formada por la combinación del ácido nitroso con una base: *El nitrito de potasio y el de amonio se emplean para la obtención de nitrógeno puro.*

nitrogenado, da adj. Que contiene nitrógeno: *He abonado el césped con un fertilizante nitrogenado.*

nitrógeno s.m. Elemento químico, gaseoso y no metálico, de número atómico 7, incoloro, transparente, insípido e inodoro: *El nitrógeno es fundamental en la composición de los seres vivos.* ☐ ORTOGR. Su símbolo químico es *N.*

nitroglicerina s.f. Líquido aceitoso, inodoro, inflamable y explosivo, poco soluble en agua y muy soluble en alcohol y en éter, que se obtiene a partir de la glicerina: *La nitroglicerina explota con el menor choque y se usa para hacer dinamita.*

nitroso, sa adj. De los compuestos oxigenados del nitrógeno en los que este actúa con valencia 3, o relacionado con ellos: *Los nitritos son las sales del ácido nitroso.*

nivel s.m. **1** Altura a la que llega la superficie de un líquido o altura en la que algo está situado: *Ha subido el nivel del río. Mi ciudad está a 720 metros sobre el nivel del mar.* **2** Grado, categoría o situación que alcanzan ciertos aspectos de la vida social: *Su nivel económico es bajo. Tiene un buen nivel de inglés.* **3** Instrumento que se utiliza para averiguar la diferencia o la igualdad de altura entre dos puntos: *El albañil comprueba la horizontalidad del suelo con el nivel.* **4** ‖ **nivel de vida.** Grado de bienestar, esp. económico o material, de una persona o de una colectividad: *Desde que cambió de trabajo ha mejorado su nivel de vida.* ☐ SEM. La expresión *a nivel de* solo debe emplearse cuando existan diferentes grados o jerarquías en aquello a lo que se hace referencia.

nivelación s.f. **1** Allanamiento o igualación de una superficie hasta conseguir su horizontalidad: *Las excavadoras realizan la nivelación del terreno destinado al campo de baloncesto.* **2** Eliminación de diferencias o colocación en un mismo nivel: *Confío en una pronta nivelación de las clases sociales.*

nivelar v. **1** Referido esp. a una superficie, allanarla o igualarla: *Las máquinas apisonadoras están nivelando el terreno en que se construirá la urbanización.* **2** Igualar o poner al mismo nivel: *Se han nivelado las diferencias económicas entre ambos.* **3** En construcción,comprobar con el nivel la horizontalidad de una superficie: *Nivela y te darás cuenta de que el suelo está inclinado.*

níveo, a adj. *poét.* De nieve o con sus características: *El poeta cantó la blancura de la nívea espuma del mar.*

no ▌ s.m. **1** Negación: *Deja de insistir, porque mi no es rotundo.* ▌ adv. **2** Expresa negación, esp. en respuesta a una pregunta: *No me gustó la película. No vino nadie a la fiesta. ¡No fumar! Aprobé, no sin esfuerzo.* **3** En contextos interrogativos, se usa cuando se espera una respuesta afirmativa o cuando se pide el consentimiento o la conformidad de alguien: *¿No te tomas una caña con nosotros? Puedo ir contigo, ¿no?* **4** ‖ **a que no....** *col.* Expresión que se usa para indicar incredulidad, desafío o reto: *¿A que no te vienes? ¡A que no me coges!* ‖ **cómo no.** Expresión de cortesía que se usa como respuesta afirmativa: *-¿Puedo acompañarte? -¡Cómo no!* ‖ **no bien.** Enlace gramatical subordinante con valor temporal: *No bien hubo llegado, se sintió ofendido y se marchó.* ‖ **no más. 1** Solamente: *Me engañó una vez no más, y no volverá a pillarme en otra.* **2** Basta de: *No más mentiras y excusas, por favor.* ☐ MORF. 1. Antepuesto a algunos sustantivos y adjetivos, expresa la carencia de lo que estos indican y funciona como un prefijo: *Firmaron un pacto de no agresión. Es una decisión no fácil.* 2. Como sustantivo, su plural es *noes.* ☐ USO En la acepción 3, se usa mucho como muletilla.

nobel s.m. Persona que ha obtenido uno de los premios que anualmente concede la fundación Alfred Nobel (químico sueco del siglo XIX) a las personas que han destacado en distintos ámbitos: *El premio Nobel de la paz ha*

a b c d e f g h i j k l m n ñ o p q r s t u v w x y z

dado una conferencia sobre los problemas del tercer mundo. **premio Nobel** ☐ PRON. Aunque la pronunciación correcta es [nobél], está muy extendida [nóbel]. ☐ ORTOGR. Dist. de *novel.* ☐ MORF. Su plural es *nobeles.* ☐ USO Se usa como nombre propio cuando hace referencia a la denominación oficial del premio.

nobelio s.m. Elemento químico, metálico y artificial, radiactivo, y de número atómico 102: *El nobelio se genera en reacciones radiactivas del curio.* ☐ ORTOGR. Su símbolo químico es *No.*

nobiliario, ria adj. De la nobleza o relacionado con ella: *Como es el primogénito, heredará de su padre el título nobiliario de marqués.*

nobilísimo, ma superlat. irreg. de **noble**.

noble ▮ adj. **1** De linaje distinguido o de origen ilustre: *Es de familia noble y nos mira por encima del hombro.* **2** Honroso, estimable y digno de admiración y respeto: *Ayudar a quien lo necesita es una acción noble.* **3** Principal, de gran calidad, valor o estimación: *Vive en la zona noble de la ciudad. Las maderas nobles son muy apreciadas.* **4** Referido a un animal, que es fiel a una persona y no traicionero: *Monta esta yegua, que es muy noble y no te tirará al suelo.* **5** En química, referido a una sustancia, que es químicamente inactiva: *El helio y el neón son gases nobles.* ▮ adj./s. **6** Referido a una persona, que tiene un título otorgado por el rey en virtud de sus méritos o heredado de sus antepasados: *Los marqueses y los duques son nobles. Todos los nobles del reino asistieron a la boda de la princesa.* ☐ MORF. 1. Como adjetivo es invariable en género y como sustantivo es de género común, y exige concordancia en masculino o en femenino para señalar la diferencia de sexo: *el noble, la noble.* 2. Su superlativo es *nobilísimo.*

nobleza s.f. **1** Grupo social privilegiado formado por las personas que tienen título de noble: *El heredero de la Corona se casará con alguien de la nobleza.* **2** En la sociedad europea medieval, estamento privilegiado formado por estas personas: *Entre los privilegios de la nobleza estaba la exención de impuestos.* **3** Honradez o merecimiento de respeto: *Alabo la nobleza de tu comportamiento.* **4** Fidelidad o lealtad: *Este perro se caracteriza por su nobleza.* **5** Distinción o importancia del linaje u origen: *La nobleza de su familia es conocida desde siempre.*

nocaut s.m. →**knock-out.** ☐ MORF. Su plural es *nocauts.*

noche s.f. **1** Período de tiempo en el que no hay luz solar: *En invierno, las noches son más largas que en verano. Llegué de noche.* **2** Horas destinadas a dormir durante este período de tiempo: *He pasado una noche fatal, no he pegado ojo.* **3** *poét.* Oscuridad, tristeza o confusión: *La noche se irá y reaparecerá la esperanza.* **4** ‖ **buenas noches.** Expresión que se usa como saludo cuando el sol se ha puesto: *Buenas noches a todos, que me voy a acostar.* ‖ **de la noche a la mañana.** De pronto o en poco tiempo: *De la noche a la mañana, se ha llenado esto de edificios nuevos.* ‖ **hacer noche.** Detenerse para dormir: *Haremos noche aquí y al amanecer seguiremos camino.* ‖ **la noche de los tiempos.** Tiempo remoto o anterior al tiempo conocido: *Los comienzos de la Edad Media se pierden en la noche de los tiempos.* ‖ **media noche.** →**medianoche.** ‖ **noche buena.** →**nochebuena.** ‖ **noche cerrada.** La que tiene una oscuridad total: *Madrugué tanto que me levanté cuando todavía era noche cerrada.* ‖ **noche toledana.** *col.* La que se pasa sin dormir: *La muela me hizo pasar varias noches toledanas.* ‖ **noche vieja.** →**nochevieja.** ‖ **noche y día.** Constantemente y a todas horas: *Están juntos noche y día.* ‖ **pasar la noche en {blanco/claro}.** Pasarla sin dormir: *Pasó la noche en blanco pensando en los problemas que se le venían encima.* ‖ **ser la noche y el día.** Ser completamente distintos: *Su hermana y ella son la noche y el día.* ☐ MORF. 1. El plural de *media noche* es *medias noches.* 2. El plural de *noche buena* es *noches buenas.* 3. El plural de *noche vieja* es *noches viejas.*

nochebuena s.f. En el cristianismo, noche en la que se celebra el nacimiento de Jesucristo: *La Nochebuena es el 24 de diciembre.* ☐ ORTOGR. Admite también la forma *noche buena.* ☐ MORF. Su plural es *nochebuenas.* ☐ USO Se usa como nombre propio.

nocherniego, ga adj./s. Que disfruta haciendo vida nocturna: *Aunque fui un joven nocherniego, ahora me gusta irme pronto a la cama. Los nocherniegos salen de casa después de cenar.*

nochevieja s.f. Última noche del año: *La Nochevieja es el 31 de diciembre.* ☐ ORTOGR. Admite también la forma *noche vieja.* ☐ MORF. Su plural es *nocheviejas.* ☐ USO Se usa como nombre propio cuando hace referencia a la festividad.

noción s.f. **1** Idea, conocimiento o consciencia: *Cuando pinta, pierde la noción del tiempo.* **2** Conocimiento elemental o básico: *Tengo nociones de inglés, pero lo que domino es el francés.* ☐ MORF. La acepción 2 se usa más en plural.

nocividad s.f. Capacidad de producir un daño o perjuicio: *Recientes investigaciones han determinado la nocividad de este gas.*

nocivo, va adj. Dañino, perjudicial o peligroso, esp. para la salud física o mental: *El tabaco es nocivo para la salud.*

noctambulismo s.m. **1** Forma de vida caracterizada por el desarrollo de las principales actividades durante la noche: *Los búhos cazan de noche por su noctambulismo.* **2** Inclinación a hacer vida nocturna: *Su noctambulismo es crónico, jamás se acuesta antes de las tres de la madrugada.*

noctámbulo, la ▮ adj. **1** Que desarrolla sus principales actividades durante la noche: *Los búhos y las lechuzas son aves noctámbulas.* ▮ adj./s. **2** Referido a una persona, inclinada a hacer vida nocturna: *Trabajo por la noche y me he convertido en una persona noctámbula. Nunca llega a casa antes de las cinco de la madrugada porque es un auténtico noctámbulo.* ☐ SEM. Dist. de *sonámbulo* (que padece un trastorno del sueño).

nocturnidad s.f. **1** Calidad o condición de nocturno: *Los soldados avanzaron aprovechando la nocturnidad.* **2** En derecho, circunstancia agravante que se da al ocurrir un hecho durante la noche: *El robo fue cometido con nocturnidad y alevosía.*

nocturno, na ▮ adj. **1** De la noche o relacionado con ella: *La oscuridad nocturna es cómplice de muchos delitos.* **2** Que ocurre o se desarrolla durante la noche: *Asiste a clases nocturnas porque trabaja durante el día.* **3** Referido a un animal, que se oculta de día y busca alimento durante la noche: *La lechuza es un ave nocturna.* **4** Referido a una planta, con flores que solo están abiertas durante la noche: *El dondiego de noche es una planta nocturna.* ▮ s.m. **5** Composición musical de carácter instrumental o vocal, melodiosa, tranquila, generalmente corta y de estructura muy libre: *Son famosos los nocturnos para piano del compositor romántico Chopin.*

nodriza s.f. **1** Mujer que amamanta a un niño sin ser

suyo: *Siempre cuenta que tuvo una nodriza cubana.* **2** Vehículo que suministra combustible a otro: *Los aviones nodriza realizarán su misión en vuelo.* □ SINT. En la acepción 2, se usa en aposición, pospuesto a un sustantivo. □ SEM. En la acepción 1, es sinónimo de *ama de cría*, *ama de leche* y *madre de leche*.

nódulo s.m. En medicina, acumulación de células que forma un bulto de pequeño tamaño: *He dejado de fumar porque tengo un nódulo en una de las cuerdas vocales.*

nogal s.m. **1** Árbol de gran tamaño, de tronco y ramas robustas, copa grande y redondeada, de madera muy apreciada y cuyo fruto es la nuez: *El nogal tiene hojas caducas de color verde brillante y olor aromático.* **2** Madera de este árbol: *El nogal es pardo rojizo.*

nogalina s.f. Colorante obtenido de la cáscara de la nuez, que se usa generalmente para teñir madera del color del nogal: *Compré nogalina en la droguería.*

nogueral s.m. Terreno plantado de nogales: *A las afueras del pueblo hay un espléndido nogueral.*

nómada ▌adj. **1** De las personas o de los animales que van de un lugar a otro sin vivir en un sitio de forma permanente: *Lleva una vida nómada mientras espera que le den un destino definitivo.* ▌adj./s. **2** Referido a una persona o a un animal, que van de un lugar a otro sin vivir en un sitio de forma permanente: *Los bisontes son animales nómadas. Vi un reportaje sobre los nómadas del desierto.* □ MORF. 1. Como adjetivo es invariable en género. 2. Como sustantivo es de género común y exige concordancia en masculino o en femenino para señalar la diferencia de sexo: *el nómada, la nómada*.

nomadismo s.m. Forma de vida caracterizada por ir de un lugar a otro sin tener un sitio permanente para vivir: *El nomadismo es característico de épocas primitivas o de pueblos poco civilizados.*

nombrado, da adj. Famoso, célebre o muy conocido: *El cirujano que me operó es muy nombrado.*

nombramiento s.m. **1** Designación para el desempeño de un empleo o de un cargo: *Ya se ha efectuado el nombramiento del nuevo director general.* **2** Documento o escrito que certifican una designación o una elección: *Leyó con orgullo su nombramiento como 'mejor deportista del año'.*

nombrar v. **1** Referido a una persona o a una cosa, decir su nombre: *Nombra dos cosas que empiecen por 'm'.* **2** Mencionar de forma honorífica: *En la lectura de la tesis nombró a todos sus maestros.* **3** Elegir, designar o proclamar para el desempeño de un empleo o de un cargo: *Cuando fue nombrado presidente tenía sesenta años.*

nombre s.m. **1** Palabra o conjunto de palabras con las que se designa, se distingue o se representa algo: *Mi nombre es Paula. Hablé con franqueza y llamé a las cosas por su nombre, sin tapujos.* **2** Título o denominación: *El nombre de la revista es 'Transmitir'.* **3** Fama o prestigio: *Ese médico tiene mucho nombre en nuestra ciudad.* **4** En gramática, parte de la oración que comprende el sustantivo y el adjetivo: *El nombre es el núcleo de un sintagma nominal.* **5** ‖ **dar** una persona **su nombre** a otra. Adoptarla o reconocerla como hijo: *Aunque permanece soltero, ha dado su nombre a sus dos hijos.* ‖ **en (el) nombre de** alguien. En representación suya: *Firmará el abogado en nombre de su cliente.* ‖ **nombre abstracto.** El sustantivo que no designa una cosa real sino una cualidad de los seres: *'Bondad' es un nombre abstracto y 'silla' es un nombre concreto.* ‖ **nombre animado.** El sustantivo que designa seres considerados vivientes: *'Vaca' es un nombre animado, frente a 'piedra', que es inanimado.* ‖ **nombre {apelativo/común/genérico}.** El sustantivo que se aplica a personas o cosas pertenecientes a un conjunto de seres que también pueden ser designados así por poseer todos las mismas propiedades: *'Coche' es un nombre común que sirve para designar todos los coches que existen.* ‖ **nombre colectivo.** El sustantivo que en singular designa una colectividad: *'Rebaño' es un nombre colectivo.* ‖ **nombre comercial.** Denominación distintiva de un establecimiento o de un producto: *No se puede llamar así, porque ese nombre comercial ya está registrado como propiedad industrial.* ‖ **nombre concreto.** El sustantivo que designa seres reales o seres que se pueden representar como tales: *'Sartén', 'silla' y 'mesa' son nombres concretos.* ‖ **nombre {contable/discontinuo}.** El sustantivo que designa seres que se pueden contar: *'Tren' es un nombre discontinuo y puedo decir 'siete trenes'.* ‖ **nombre de guerra.** El que adopta una persona en una actividad, esp. si esta es clandestina: *Cuando los partidos políticos eran ilegales, su nombre de guerra era 'Juan'.* ‖ **nombre de pila.** El que se da a una persona cuando es bautizada o cuando es inscrita en el registro civil: *Mi nombre de pila es Manuel Enrique, aunque todos me llaman Manolo.* ‖ **nombre de religión.** El que toma una persona al ingresar en una orden religiosa: *El nombre de religión de Teresa de Cepeda y Ahumada fue 'Teresa de Jesús'.* ‖ **nombre inanimado.** El sustantivo que designa seres carentes de vida: *'Morcilla' es un nombre inanimado.* ‖ **nombre {no contable/incontable/continuo}.** El que designa seres que no se pueden contar, pero que se pueden pesar o medir: *'Sangre' es un nombre no contable.* ‖ **nombre propio.** El sustantivo que designa solo uno de los seres que pertenecen a una misma clase, diferenciándolo del resto: *Los nombres propios se escriben con mayúscula inicial.* ‖ **no tener nombre** algo. Ser incalificable: *La faena que me has hecho no tiene nombre.*

nomenclador s.m. →**nomenclátor.**

nomenclátor s.m. Catálogo o lista de nombres que tienen algo en común: *El Ministerio de Educación publicó un nomenclátor de centros docentes de la provincia de Madrid.* □ ORTOGR. Se admite también *nomenclador*. □ MORF. Su plural es *nomenclátores*.

nomenclatura s.f. Conjunto de términos técnicos y propios de una ciencia: *En la nomenclatura química, la sal común se denomina 'cloruro sódico'.*

nomeolvides ▌s. **1** Flor de una planta herbácea de tallos angulares con pequeñas espinas vueltas hacia abajo: *La nomeolvides tiene color amarillo, pero después de la polinización se vuelve azul.* ▌s.m. **2** Pulsera de eslabones que tiene en su parte central una pequeña placa en la que se suele grabar un nombre de persona; *esclava*: *Lleva un nomeolvides de oro con su nombre y la fecha de nacimiento.* 👁 **joya** □ MORF. 1. En la acepción 1, es de género ambiguo y admite concordancia en masculino y en femenino sin cambiar de significado: *{el/la} nomeolvides {amarillo/amarilla}*, aunque se usa más como masculino. 2. Invariable en número.

nómina s.f. **1** Lista de nombres: *Han colocado en el tablón de anuncios la nómina de los admitidos para el próximo curso.* **2** Relación de personas que deben percibir un sueldo fijo en una empresa: *La nómina de mi empresa supera los 2000 empleados.* **3** Sueldo o retribución: *Con su nómina puede permitirse tener algún que otro capricho.*

4 Documento elaborado por una empresa en el que consta dicho sueldo: *La nómina nos la mandan por correo y el sueldo lo ingresan en el banco.*

nominación s.f. Propuesta o selección para la obtención de un premio: *La película que fui a ver tiene tres nominaciones para los premios de la Academia.*

nominal adj. **1** Del nombre o relacionado con él: *Me ha presentado una relación nominal de contribuyentes. Una de las funciones nominales es la de sujeto.* **2** En economía, que no tiene realidad y solo existe de nombre: *El valor nominal de las acciones no se corresponde con el real.* **3** En gramática, que funciona como un nombre: *Una oración se compone de sintagma nominal sujeto y sintagma verbal predicado.* □ MORF. Invariable en género.

nominalismo s.m. Doctrina filosófica, surgida en la época medieval, que niega toda realidad a los términos genéricos, a favor de los términos particulares e individuales, que son reales: *Para el nominalismo, los términos genéricos o universales son meras palabras.*

nominalista ▮ adj. **1** Del nominalismo o relacionado con esta doctrina filosófica: *Guillermo de Occam fue un defensor de las teorías nominalistas.* ▮ adj./s. **2** Que defiende o sigue el nominalismo: *Algunos filósofos nominalistas importantes son medievales. El nominalista más famoso fue Guillermo de Occam.* □ MORF. 1. Como adjetivo es invariable en género. 2. Como sustantivo es de género común y exige concordancia en masculino o en femenino para señalar la diferencia de sexo: *el nominalista, la nominalista.*

nominalización s.f. En lingüística, transformación en nombre o en sintagma nominal de una palabra o de un grupo de palabras mediante la aplicación de algún procedimiento morfológico o sintáctico: *El sustantivo 'correveidile' es un ejemplo de nominalización de una oración compuesta.*

nominalizar v. En lingüística, referido a una palabra o a un grupo de palabras, transformarlos en nombre o en sintagma nominal mediante algún procedimiento morfológico o sintáctico: *El sustantivo 'canto' es resultado de nominalizar el verbo 'cantar'.* □ ORTOGR. La *z* se cambia en *c* delante de *e* →**CAZAR**.

nominar v. Proponer o seleccionar para un premio: *Esta película ha sido nominada para el premio a la mejor banda musical.*

nominativo, va ▮ adj. **1** Referido a un documento, esp. si es comercial o bancario, que lleva el nombre de la persona a favor de quien se extiende: *Al contrario que los cheques al portador, los que son nominativos solo puede cobrarlos la persona a favor de la cual han sido extendidos.* ▮ s.m. **2** →**caso nominativo.**

nomo s.m. →**gnomo.**

non s.m. **1** →**número non. 2** ‖ **de non.** Sin pareja: *Fuimos cinco: dos parejas y yo, que estaba de non.*

nona s.f. Véase **nono, na.**

nonagenario, ria adj./s. Que tiene más de noventa años y aún no ha cumplido los cien: *Cortar un árbol nonagenario es una barbaridad. Los nonagenarios necesitan un mayor desarrollo de la geriatría.*

nonagésimo, ma numer. **1** En una serie, que ocupa el lugar número 90: *Celebró su nonagésimo cumpleaños acompañada de toda su familia. Quedó el nonagésimo entre 100 aspirantes.* **2** Referido a una parte, que constituye un todo junto con otras 89 iguales a ella; *noventavo: Son tantos los descendientes, que le corresponde la nonagésima parte de la herencia del abuelo. Una nonagésima es mayor que una centésima.* □ MORF. 1. *Nonagésima primera* (incorr. **nonagésimo primera*), etc. 2. →APÉNDICE DE PRONOMBRES.

nones interj. Expresión que se usa para negar rotundamente: *Cuando le pedí a mi madre que me dejase llegar a las siete de la madrugada, me dijo que nones.*

nono, na ▮ numer. **1** *ant.* →**noveno, na.** ▮ s.f. **2** En la antigua Roma, última de las cuatro partes en que se dividía la parte del día en que hay luz solar, que comprendía desde media tarde hasta la puesta del sol: *Las cuatro partes del día romano eran 'prima', 'tercia', 'vísperas' y 'nona'.* **3** En la Iglesia católica, sexta de las horas canónicas: *La nona se reza por la tarde, antes de vísperas, que se reza al anochecer.* □ MORF. Para la acepción 1 →APÉNDICE DE PRONOMBRES. □ SINT. En la acepción 1, hoy solo se usa pospuesto al nombre propio de algunos papas: *Pío IX es 'Pío nono'.*

noquear v. En boxeo, dejar fuera de combate: *El púgil noqueó a su contrincante al comienzo del quinto asalto.* □ MORF. Es un verbo formado a partir de un anglicismo (*knock out*).

nordeste s.m. →**noreste.**

nórdico, ca ▮ adj. **1** Del norte o relacionado con él: *Hoy se esperan lluvias en la zona nórdica del país.* ▮ adj./s. **2** De los pueblos y países del norte del continente europeo, o relacionado con ellos: *El sueco, el noruego y el danés son lenguas nórdicas. Nuestras playas son frecuentadas en verano por multitud de nórdicos.* □ MORF. En la acepción 2, como sustantivo, se refiere solo a las personas de los pueblos y países del norte del continente europeo.

nordista adj./s. En la guerra de Secesión norteamericana, partidario de los estados del norte; *federal: La guerra de Secesión estadounidense terminó a favor de los ejércitos nordistas. Los nordistas lucharon contra los sudistas.* □ MORF. 1. Como adjetivo es invariable en género. 2. Como sustantivo es de género común y exige concordancia en masculino o en femenino para señalar la diferencia de sexo: *el nordista, la nordista.*

noreste s.m. **1** Punto medio o lugar entre el norte y el este: *Cataluña está en el noreste de la península ibérica.* **2** Viento que sopla o viene de este punto: *Se ha levantado noreste.* □ SINT. Se usa mucho en aposición, pospuesto a un sustantivo: *Un viento noreste hizo que el velero volcara.* □ SEM. Es sinónimo de *nordeste*.

noria s.f. **1** Máquina que se utiliza para sacar agua, generalmente de un pozo, formada por dos grandes ruedas, una horizontal movida por una palanca de la que tira un animal y otra vertical, engranada en la anterior y provista de vasijas o cangilones en los que se introduce el agua: *La noria ha sido uno de los sistemas más utilizados para sacar agua.* **2** Atracción de feria que consiste en una gran rueda que gira verticalmente y que está provista de unas cabinas donde suben las personas: *Nunca monto en la noria porque tengo vértigo.*

norma s.f. **1** Regla que se debe seguir porque determina cómo debe ser algo o cómo debe realizarse: *Para que el tráfico no resulte un caos hay que cumplir las normas de circulación. Cada uno tiene sus propias normas de conducta.* **2** En derecho, precepto jurídico: *Han cerrado una fábrica porque no cumplía las normas higiénicas legales.* **3** En lingüística, tradición de corrección gramatical que se considera como modelo: *La norma del español dice que la forma 'andé', aunque regular, es incorrecta, y que hay que decir 'anduve'.*

normal ▌ adj. **1** Que se halla en su estado natural o que presenta características habituales: *Ese no es el comportamiento normal en un chico de tu edad.* **2** Que se ajusta a ciertas normas fijadas de antemano: *Si estás enfermo, es normal que venga a verte.* ▌ adj./s.f. **3** En geometría, referido a una línea recta o a un plano, que es perpendicular a otra recta o a otro plano: *Las líneas normales forman ángulos rectos con las líneas a las que cortan. Trazó la normal de una línea horizontal.* □ MORF. Como adjetivo es invariable en género.

normalidad s.f. Conformidad con el propio estado natural o con las características habituales: *Tras ser retirado el camión averiado, el tráfico volvió a discurrir con normalidad.*

normalización s.f. **1** Adaptación de varias cosas semejantes a un tipo, a un modelo o a una norma comunes; tipificación: *El Gobierno exige la normalización de los horarios comerciales.* **2** Regularización, puesta en orden o establecimiento de la normalidad: *Finalizada la huelga, se produjo la normalización en el servicio de limpieza.*

normalizar v. **1** Referido a varias cosas semejantes, adaptarlas a un tipo, a un modelo o a una norma comunes; estandarizar, tipificar: *Las televisiones autonómicas han contribuido a normalizar las lenguas propias de cada autonomía.* **2** Regularizar, poner en orden o hacer normal: *Los dos países han normalizado sus relaciones. Han reparado la avería y el servicio ferroviario se ha normalizado.* □ ORTOGR. La *z* se cambia en *c* delante de *e* →**CAZAR**.

normando, da adj./s. **1** De un conjunto de pueblos germánicos del norte europeo que durante la época medieval se extendieron por el Imperio romano, o relacionado con ellos: *Las conquistas normandas llegaron hasta el norte de Francia. Los normandos se caracterizaron por su carácter guerrero.* **2** De Normandía (antigua región francesa) o relacionado con ella: *La región normanda está atravesada por el río Sena. Los normandos fueron dominados por los vikingos.* □ MORF. En la acepción 2, como sustantivo se refiere solo a las personas de Normandía.

normativo, va ▌ adj. **1** Que sirve de norma, o que fija o determina normas: *La gramática normativa es la que fija los usos correctos e incorrectos de la lengua.* ▌ s.f. **2** Conjunto de normas que se pueden aplicar a una determinada materia o actividad: *Hay una normativa para la admisión de alumnos en los centros públicos de enseñanza.*

noroeste s.m. **1** Punto medio o lugar entre el norte y el oeste: *El noroeste está exactamente a la misma distancia del norte que del oeste.* **2** Viento que sopla o viene de este punto: *Soplaba un fuerte noroeste que traía lluvias.* □ SINT. Se usa mucho en aposición,pospuesto a un sustantivo: *Viajamos en dirección noroeste.*

norte s.m. **1** Punto cardinal que cae hacia el polo ártico y delante de un observador a cuya derecha esté el este: *De noche puedes orientarte si sabes que la estrella polar señala el norte.* **2** Respecto de un lugar, otro que cae hacia este punto: *En el norte de España llueve más que en el sur.* **3** Viento que sopla o viene de dicho punto: *En España, cuando sopla el norte, el cielo tiene un color azul más limpio.* **4** Dirección o guía: *Los fracasos han hecho que pierda el norte y no sepa qué hacer con su vida.* **5** ‖ **norte magnético.** Dirección que señala este punto del globo terrestre: *La aguja de la brújula siempre marca el norte magnético.* □ MORF. Cuando se antepone a otra palabra para formar compuestos, adopta las formas *nor-* y *nord-*. □ SINT. En las acepciones 1, 2 y 3, se usa mucho en aposición, pospuesto a un sustantivo: *Un viento norte empujaba la nave.*

norteafricano, na adj./s. De la zona norte del continente africano o relacionado con ella: *Marruecos y Argelia son países norteafricanos. Muchos norteafricanos se introducen en Europa de forma ilegal.* □ MORF. Como sustantivo se refiere solo a las personas del norte de África.

norteamericano, na adj./s. **1** De la zona norte del continente americano: *Canadá y Estados Unidos son países norteamericanos. Los norteamericanos han desarrollado una tecnología muy avanzada.* **2** De los Estados Unidos de América, o relacionado con este país norteamericano; estadounidense: *La capital norteamericana es Washington D.C. Los norteamericanos celebran su fiesta nacional el 4 de julio.* □ MORF. Como sustantivo se refiere solo a las personas de América del Norte o de Estados Unidos.

norteño, ña adj./s. Del norte, relacionado con este punto terrestre o situado en la parte norte de un país: *El clima norteño es más frío que el sureño. Los norteños han protagonizado una campaña contra la corrupción de su medio ambiente.*

noruego, ga ▌ adj./s. **1** De Noruega (país del norte europeo), o relacionado con ella: *La capital noruega es Oslo. Los noruegos son en su mayoría luteranos.* ▌ s.m. **2** Lengua germánica de este país: *El noruego es la lengua oficial de Noruega.* □ MORF. En la acepción 1, como sustantivo se refiere solo a las personas de Noruega.

nos pron.pers. Forma de la primera persona del plural que corresponde a la función de complemento sin preposición: *Nos ha visto en el cine. Nos dieron la noticia nada más llegar a casa. Nos tiramos al agua todos juntos.* □ MORF. 1. No tiene diferenciación de género. 2. →APÉNDICE DE PRONOMBRES.

nosotros, tras pron.pers. Forma de la primera persona del plural que corresponde a la función de sujeto, de predicado nominal o de complemento precedido de preposición: *Nosotras nunca estuvimos allí. Las de la derecha en la fotografía somos nosotras. A nosotros nadie nos ha avisado. ¿Vendrás con nosotros?* □ MORF. →APÉNDICE DE PRONOMBRES.

nostalgia s.f. Sentimiento de pena o de tristeza motivado por el alejamiento o la ausencia de algo querido o por el recuerdo de un bien perdido: *Es feliz allí, aunque a veces sienta nostalgia de su patria.*

nostálgico, ca adj./s. De la nostalgia, con nostalgia o relacionado con ella: *Contaba aquellas historias de su juventud con voz nostálgica. Es una chica nostálgica y triste. Saber valorar el momento presente sería una buena cura para los nostálgicos.*

nosticismo s.m. →**gnosticismo.**

nóstico, ca adj./s. →**gnóstico, ca.**

nota s.f. **1** Escrito breve que sirve generalmente para comunicar, para explicar o para recordar algo: *Déjame una nota diciéndome dónde estáis.* **2** En un impreso o en un manuscrito, comentario o precisión de cualquier tipo que va fuera del texto: *El texto lleva unas notas explicativas a pie de página.* **3** Apunte o resumen breves y condensados de una cuestión o de una materia, para ampliarlas o recordarlas después: *Tomé algunas notas de lo que dijo el conferenciante.* **4** Calificación con la que se evalúa algo, esp. un examen o un ejercicio: *Si sacas malas notas, te quedarás sin vacaciones.* **5** Calificación alta en una prueba académica: *En el examen hay una pregunta para los que quieran nota.* **6** En música, signo gráfico que representa un sonido: *Las notas se escriben sobre las líneas o sobre los espacios del pentagrama.* **7** En música, sonido que se representa en el pentagrama por uno de estos signos y que tiene una altura precisa: *El 'do' es una nota más grave que el 're' de la misma octava.* **8** Detalle o aspecto que caracteriza algo: *Estas reuniones suelen tener una nota de distinción.* **9** Cuenta o factura de algún gasto: *Cuando el camarero traiga la nota, pagas y nos vamos.* **10** ‖ **dar la nota.** *col.* Llamar la atención, esp. por un comportamiento inconveniente: *En la fiesta campestre dio la nota con un traje tan refinado.* ‖ **mala nota.** Mala fama: *Lo critican porque frecuenta sitios de mala nota.* ‖ **tomar (buena) nota de** algo. Fijarse bien en algo para tenerlo en cuenta: *Toma nota de ese fallo, y no vuelvas a repetirlo.* □ MORF. La acepción 3 se usa más en plural.

notabilidad s.f. Importancia de lo que destaca por sus cualidades: *La notabilidad de su trabajo recibió la justa recompensa.*

notabilísimo, ma superlat. irreg. de **notable**.

notable ▌adj. **1** Que destaca por sus cualidades o por su importancia: *Es un notable escritor que ha recibido varios premios.* **2** Digno de atención o de cuidado: *Hay una notable diferencia de precios.* ▌s.m. **3** Calificación académica que indica que se ha superado holgadamente el nivel exigido: *Mi 8,5 es un notable, pero está muy cerca del sobresaliente.* ▌s.m.pl. **4** Personas más importantes de una determinada colectividad: *A la boda asistieron los notables de la ciudad.* □ MORF. 1. Como adjetivo es invariable en género. 2. Su superlativo es *notabilísimo*.

notación s.f. Sistema de signos convencionales que se utiliza en una disciplina determinada: *Estoy aprendiendo la notación musical en clase de solfeo.*

notar v. **1** Observar, advertir o darse cuenta: *Creyó que no me daba cuenta, pero noté que lloraba. Se nota que ya no eres una niña.* **2** Referido esp. a una sensación, percibirla o sentirla: *Ahora noto un poco de frío. Hoy te noto molesto conmigo.* **3** ‖ **hacer notar.** Señalar o destacar: *Hay que hacer notar que siempre fue un excelente compañero.* ‖ **hacerse notar.** *col.* Distinguirse o llamar la atención: *Con esa forma de vestir tan estrafalaria, se hace notar en todas partes.* □ USO El uso de *hacerse notar* tiene un matiz despectivo.

notaría s.f. **1** Oficio de notario: *Estudia derecho para dedicarse a la notaría.* **2** Oficina donde ejerce su profesión el notario: *Fui a la notaría a firmar el contrato de venta de la casa.*

notariado s.m. **1** Carrera o profesión de notario: *Su padre y su abuelo también ejercieron el notariado.* **2** Cuerpo o conjunto de los notarios: *Entre el notariado hay grandes juristas.*

notarial adj. **1** Del notario o relacionado con él: *Los poderes notariales son muy amplios.* **2** Hecho o autorizado por un notario: *Levantó un acta notarial de los desperfectos.* □ MORF. Invariable en género.

notario, ria s. **1** Funcionario público legalmente autorizado para dar fe o garantía de ciertos documentos o actos extrajudiciales, conforme a las leyes: *El testamento fue leído en presencia del notario.* **2** Lo que testimonia o da cuenta de ciertos acontecimientos: *Como novelista, siempre fue fiel notario de su tiempo.*

noticia ▌s.f. **1** Noción, información o conocimiento de algo: *¿Tienes noticias suyas? Nadie me da noticia de su paradero.* **2** Acontecimiento o suceso, esp. si son recientes, que se divulgan o que se dan a conocer: *Me he enterado de la noticia por la radio.* ▌pl. **3** *col.* Boletín informativo o noticiario de radio o de televisión: *Suele ver las noticias mientras come.*

noticiario s.m. En radio y televisión, programa de emisión periódica y horario fijo que se dedica a transmitir informaciones de actualidad: *La emisora ha recibido un premio por la calidad de sus noticiarios.*

notición s.m. *col.* Noticia extraordinaria o sensacionalista: *Tengo que darte un notición: ¡me caso!*

notificación s.f. **1** Comunicación de la resolución de una autoridad de manera oficial y siguiendo las formalidades oportunas: *Ha recibido una notificación del Ayuntamiento.* **2** Documento en el que consta esta comunicación o esta información: *No sabe dónde puso la notificación del premio.*

notificar v. **1** Referido a la resolución de una autoridad, comunicarla de manera oficial y siguiendo las formalidades oportunas: *Le notificaron que el día 3 de marzo tendría que declarar como testigo en el juicio.* **2** Referido a un suceso, dar noticia de él o hacerlo saber: *Me han notificado que he ganado un premio.* □ ORTOGR. La *c* se cambia en *qu* delante de *e* →**SACAR**.

notoriedad s.f. **1** Prestigio o fama: *Desde que fue alcalde, goza de gran notoriedad en la ciudad.* **2** Evidencia o claridad de algo: *Él mismo se sorprendió de la notoriedad de los resultados obtenidos.*

notorio, ria adj. **1** Evidente, claro o conocido por todos: *Últimamente muestra una notoria apatía por todo.* **2** Que goza de gran prestigio o fama: *Es uno de los intelectuales más notorios del país.*

nova s.f. En astronomía, estrella variable que adquiere temporalmente un brillo muy superior al suyo normal: *Una nova desprende gran cantidad de energía.*

novatada s.f. **1** Broma, esp. si es pesada o humillante, que los antiguos miembros de una colectividad hacen a los recién incorporados: *Se enfadó con sus compañeros de colegio por la novatada que le hicieron.* **2** Error o equivocación motivados por la falta de experiencia: *En el primer trabajo siempre se cometen novatadas.*

novato, ta adj./s. Referido a una persona, que no tiene experiencia o que es nueva en una actividad; *bisoño*: *Los conductores novatos llevan una 'L' en la parte posterior del coche. El sargento se ocupará de instruir a los novatos.*

novecentismo s.m. Movimiento literario que surgió en España (país europeo) en el primer tercio del siglo XX como reacción contra la estética modernista, y que se caracterizó por su proyección política, social y cultural: *Entre los grandes nombres del novecentismo destaca José Ortega y Gasset.*

novecentista ▌adj. **1** Del novecentismo o relacionado con este movimiento literario: *Los planteamientos novecentistas catalanes se caracterizaron por su marcada intencionalidad política.* ▌adj./s. **2** Partidario o seguidor del novecentismo: *Pérez de Ayala es un escritor novecentista. En Cataluña había un importante núcleo de novecentistas, encabezado por Eugenio d´Ors.* □ MORF. 1. Como adjetivo es invariable en género. 2. Como sustantivo es de género común y exige concordancia en masculino o en femenino para señalar la diferencia de sexo: *el novecentista, la novecentista*.

novecientos, tas ▌numer. **1** Número 900: *Me ha costado novecientos euros. Cien multiplicado por nueve son novecientos.* ▌s.m. **2** Signo que representa este número: *Los romanos escribían el novecientos como 'XC'.*

□ MORF. 1. Como numeral es invariable en número. 2. Incorr. *página {*novecientos › novecientas}*. 3. ⟶APÉNDICE DE PRONOMBRES.

novedad ▌ s.f. **1** Condición de lo que tiene una existencia reciente: *La novedad del planteamiento me garantiza su fiabilidad.* **2** Diferencia con lo que existía o se conocía anteriormente: *El éxito de la película se debe a la novedad del tema más que a su calidad.* **3** Lo que es nuevo o reciente: *En la tienda me enseñaron las últimas novedades en bicicletas de carreras.* **4** Cambio o transformación: *Su depresión sigue igual, sin novedad.* **5** Noticia, suceso o acontecimiento recientes: *Lo que cuentas no es una novedad para mí, porque ya lo sabía.* **6** Extrañeza o admiración que causan las cosas nuevas: *Todos están encantados con el nieto; ya se sabe, la novedad.* ▌ pl. **7** Artículos adecuados a la moda: *Ya están colocando en los escaparates las novedades de primavera.*

novedoso, sa adj. Que tiene o que implica novedad: *Esa puntualidad es algo novedoso en él, porque siempre llega tarde.*

novel adj./s. Referido a una persona, que comienza en una actividad o que tiene poca experiencia en ella: *Para ser obra de un escultor novel, tiene gran calidad. El paciente no quiere ser atendido por un novel porque dice que no saben hacer nada.* □ PRON. Incorr. *[nóbel]. □ ORTOGR. Dist. de *nobel*. □ MORF. 1. Como adjetivo es invariable en género. 2. Como sustantivo es de género común y exige concordancia en masculino o en femenino para señalar la diferencia de sexo: *el novel, la novel*.

novela s.f. **1** Obra literaria en prosa, generalmente de larga extensión, en la que se narra una historia que suele ser ficticia en todo o en parte: *Presentó su novela a un concurso y ganó el primer premio.* **2** Género literario formado por este tipo de obras: *Aunque lo suyo es la poesía, ha hecho algunas incursiones en el campo de la novela.* **3** Conjunto de esas obras con una característica común: *La novela de Galdós refleja la realidad española de su época.* **4** Conjunto de hechos interesantes de la vida real que parecen ficción: *Ha hecho tantas cosas que su vida es una novela.* **5** Ficción o mentira: *No me vengas con novelas para justificar tu suspenso.* **6** En radio y en televisión, programa en el que se cuenta una historia ficticia en varios capítulos: *Hasta que no termina la novela no me voy a fregar los cacharros.* **7** ‖ **novela bizantina.** La de carácter aventurero, desarrollada durante los siglos XVI y XVII a imitación de las antiguas novelas griegas, en la que se narran los múltiples y azarosos sucesos y peligros por los que pasa una pareja de enamorados por diversos lugares hasta que logran reunirse felizmente: *'Los trabajos de Persiles y Sigismunda', de Cervantes, es una novela bizantina.* ‖ **novela de caballerías.** La que cuenta las aventuras de los antiguos caballeros andantes; *libro de caballerías: 'Amadís de Gaula' es una novela de caballerías de comienzos del siglo XVI.* ‖ **novela de tesis.** La orientada principalmente a defender una postura ideológica del autor, en la que el argumento y los aspectos puramente novelescos están subordinados a este fin: *Galdós escribió novelas de tesis en las que defendía sus ideas liberales progresistas.* ‖ **novela epistolar.** La que está escrita en forma de una sucesión de cartas que se intercambian sus protagonistas: *La primera novela epistolar castellana es el 'Proceso de cartas de amores', de Juan de Segura, de mediados del siglo XVI.* ‖ **novela griega.** La que se desarrolló en la antigua literatura griega, caracterizada por centrarse en el relato de aventuras y de viajes: *'Las Etiópicas', de Heliodoro, son un ejemplo de novela griega.* ‖ **novela morisca.** La que se desarrolló en la literatura española durante el siglo XVI, que suele aparecer formando parte de obras más extensas y se caracteriza por su sencillez, su corta extensión y una visión idealista de la vida, y en la que se describe cómo moros y cristianos rivalizan en valor, sentimientos y cortesía: *'La historia del Abencerraje y de la hermosa Jarifa' es una novela morisca que Montemayor intercaló en su 'Diana'.* ‖ **novela pastoril.** La que se desarrolló durante los siglos XVI y XVII y narra las aventuras y desventuras amorosas de pastores idealizados: *'Los siete libros de la Diana', de Jorge de Montemayor, supone la consolidación de la novela pastoril en España.* ‖ **(novela) picaresca.** La que se desarrolló durante los siglos XVI y XVII y relata, generalmente en primera persona, las desventuras y peripecias de un pícaro: *'Lazarillo de Tormes' es la primera gran novela picaresca en España.* ‖ **novela rosa.** La que narra los problemas de sus protagonistas y tiene un final feliz: *Acabo de leer una novela rosa en la que la criada se casa con el príncipe.* ‖ **novela sentimental.** La que se desarrolló durante los siglos XV y XVI y se caracteriza por narrar una historia amorosa, a veces con personajes y lugares simbólicos, en la que se ofrece un minucioso análisis de los sentimientos de los enamorados y que suele tener un final trágico: *Diego de San Pedro escribió en el siglo XV la novela sentimental 'Cárcel de amor'.*

novelar v. **1** Escribir novelas: *Aunque se le conoce como poeta, también novela muy bien.* **2** Referido a un suceso, darle forma y estructura de novela: *Ha novelado la vida de Napoleón.* **3** Publicar o contar cuentos y mentiras: *Es un periodista detestable que no hace más que novelar en sus artículos.*

novelería s.f. Conjunto de cuentos, fantasías o ficciones: *Los niños que ven mucho la televisión tienen la cabeza llena de novelerías.*

novelero, ra adj./s. Aficionado a novelas, cuentos y obras de ficción o inclinado a contar y a imaginar historias ficticias: *No creas mucho de lo que te diga, porque es bastante novelera. Eres un novelero, y de cualquier tontería haces un drama.*

novelesco, ca adj. **1** Propio de la novela o relacionado con ella: *Los personajes novelescos de los malos escritores no tienen rasgos propios.* **2** Con las características que se consideran propias de la novela, como la ficción, la singularidad, el sentimentalismo o la fantasía: *Tuvo una juventud novelesca, llena de amores contrariados, viajes a países exóticos y aventuras extraordinarias.*

novelista s. Persona que escribe novelas, esp. si esta es su profesión: *La película está basada en un libro, y el propio novelista revisó el guion.* □ MORF. Es de género común y exige concordancia en masculino o en femenino para señalar la diferencia de sexo: *el novelista, la novelista*.

novelístico, ca ▌ adj. **1** De la novela o relacionado con este género literario: *Hoy, la producción novelística goza de mayor aceptación que la poética.* ▌ s.f. **2** Estudio histórico o preceptivo de la novela: *En la novelística se distinguen distintos tipos de narradores en función del punto de vista de la narración.* **3** Literatura novelesca, esp. si engloba novelas con una característica común: *Las novelas hispanoamericanas del realismo mágico ocupan un lugar destacado dentro de la novelística actual.*

novelón s.m. *col.* Novela de gran calidad, esp. si es extensa: *Te recomiendo este libro, porque es un verdadero novelón.*

novena s.f. Véase **noveno, na.**

noveno, na ▌numer. **1** En una serie, que ocupa el lugar número nueve: *Colócate en la novena casilla. Ha sido el noveno en alcanzar la meta.* **2** Referido a una parte, que constituye un todo junto con otras ocho iguales a ella: *Como son nueve herederos, a cada uno le corresponde la novena parte de la herencia. Dividimos la tarta en nueve partes y a cada uno nos correspondió un noveno.* ▌s.f. **3** En el catolicismo, conjunto de rezos y actos de devoción que se realizan durante nueve días y se dedican a Dios, a la Virgen María (según la Biblia, madre de Jesucristo) o a los santos: *A comienzos de diciembre se reza en la parroquia una novena a la Inmaculada Concepción.* **4** Conjunto de rezos, ofrendas u otros actos de devoción que se hacen en honor de un difunto durante uno o más días: *Se celebrará una novena de misas por el alma del difunto.* ☐ MORF. ⟶APÉNDICE DE PRONOMBRES.

noventa ▌numer. **1** Número 90: *Mi abuela tiene noventa años. Diez multiplicado por nueve son noventa.* ▌s.m. **2** Signo que representa este número: *Los romanos escribían el noventa como XC.* ☐ MORF. 1. Como numeral es invariable en género y en número. 2. ⟶APÉNDICE DE PRONOMBRES.

noventavo, va numer. Referido a una parte, que constituye un todo junto con otras 89 iguales a ella; *nonagésimo: Esa cantidad de dinero es solo la noventava parte de su hacienda. Solo se recuperó un noventavo del botín robado al banco.* ☐ MORF. ⟶APÉNDICE DE PRONOMBRES.

noventayochista adj./s. De la Generación del 98 (grupo literario español de finales del siglo XIX y comienzos del XX), o relacionado con ella: *Las tradiciones y el campo castellanos son grandes temas noventayochistas. Los noventayochistas hablaron de la crisis española, simbolizada en la pérdida de las últimas colonias americanas en 1898.* ☐ MORF. 1. Como adjetivo es invariable en género. 2. Como sustantivo es de género común y exige concordancia en masculino o en femenino para señalar la diferencia de sexo: *el noventayochista, la noventayochista.*

noventón, -a adj./s. *col.* Referido a una persona, que tiene más de noventa años y aún no ha cumplido los cien: *Tengo un abuelo noventón que me cuenta historias increíbles. Mi abuela dice que no quiere ir con noventonas porque ella solo tiene ochenta años.*

noviazgo s.m. Relación entre dos personas que tienen la intención de casarse o de vivir en pareja: *Cuando mis padres cuentan cosas de su noviazgo, me hace gracia imaginármelos.*

noviciado s.m. **1** Tiempo de prueba durante el cual se prepara un novicio antes de profesar en una orden o en una congregación religiosa: *El noviciado es un período de reflexión.* **2** Casa o lugar donde viven los novicios: *Han trasladado el noviciado a otro barrio de la ciudad.* **3** Conjunto de novicios: *Todo el noviciado participará en la celebración de la Pascua.*

novicio, cia ▌adj./s. **1** Principiante en alguna actividad; *nuevo: Nos enviaron a una persona novicia en estas cuestiones, pero nos solucionó el problema de maravilla. No te preocupes, porque esos errores son típicos de novicios.* ▌s. **2** Persona que se prepara para profesar en una orden o en una congregación religiosa: *En esta congregación, las novicias llevan el hábito blanco.*

noviembre s.m. Undécimo mes del año, entre octubre y diciembre: *Noviembre tiene 30 días.*

novillada s.f. **1** En tauromaquia, corrida en la que se lidian o torean novillos: *En las fiestas de los pueblos suelen hacerse novilladas.* **2** Conjunto de novillos: *El mayoral ha ordenado soltar la novillada en la dehesa.*

novillero, ra s. **1** Persona que lidia o torea novillos: *Los novilleros serán toreros cuando maten su primer toro adulto al tomar la alternativa.* **2** *col.* Persona que hace novillos o deja de asistir a alguna clase: *Si no va a clase no es porque esté enferma, sino porque es una novillera.*

novillo, lla s. **1** Hijo del toro, de dos a tres años: *En la plaza se lidiaron seis novillos de una conocida ganadería.* **2** ‖ **hacer novillos.** *col.* Referido esp. a un escolar, dejar de asistir a algún sitio al que se tiene obligación de ir: *Varios alumnos hicieron novillos por la tarde para ver el partido de fútbol.* ☐ SEM. En la acepción 1, en el lenguaje de los toros es sinónimo de *becerro*.

novilunio s.m. Fase lunar durante la cual la Luna no se percibe desde la Tierra; *luna nueva: Durante el novilunio, la Luna y el Sol están en conjunción.* 👁 **fase**

novio, via s. **1** Persona que mantiene una relación amorosa con otra con quien tiene intención de casarse o de vivir en pareja: *Mi hermano y su novia están buscando piso. Da gusto ver lo bien que se llevan esos novios.* **2** Persona que está a punto de casarse o que está recién casada: *Los novios salieron de la iglesia acompañados por los padrinos.* **3** ‖ **quedarse** alguien **compuesto y sin novio.** *col.* No conseguir lo que esperaba o lo que deseaba: *Al final le dieron el trabajo a otra, y ella se quedó compuesta y sin novio.*

novísimo, ma superlat. irreg. de **nuevo.** ☐ SEM. Se usa más con el significado de 'de gran novedad', frente al superlativo regular *nuevísimo*, que se usa con el significado de 'que está muy nuevo'.

nubarrón s.m. **1** Nube grande, densa y oscura: *El cielo se ha cubierto de nubarrones y pronto lloverá.* **2** *col.* Problema, dificultad o contratiempo: *En nuestra amistad nunca hubo el menor nubarrón.*

nube s.f. **1** Acumulación de pequeñas gotas de agua o de partículas de hielo que se mantienen en suspensión en el aire y que forman una masa de color variable según su densidad o según la luz: *Las nubes taparon el sol. Desde el avión, las nubes parecían de algodón.* **2** Agrupación de partículas o de cosas que van por el aire y forman una masa parecida a esta acumulación de gotas de agua: *Las fábricas lanzan nubes de humo contaminante. Una nube de mosquitos nos envolvió.* 👁 nube **3** Abundancia o gran cantidad de algo: *Una nube de seguidores aclamaba al presidente.* **4** En el ojo, mancha pequeña de color blanquecino que se forma en la capa exterior de la córnea y que impide o dificulta la visión: *Van a operarme para quitarme la nube que tengo en el ojo derecho.* **5** Lo que

a b c d e f g h i j k l m **n** ñ o p q r s t u v w x y z

oscurece o encubre algo, esp. si es de forma pasajera: *Durante unos segundos, una nube de tristeza cubrió su rostro.* **6** ‖ **caído de las nubes.** Inesperado y repentino: *Apareció allí como caído de las nubes, cuando todos lo creíamos en el extranjero.* ‖ **en las nubes.** Referido a una persona, despistada, pensando en cosas maravillosas o con la mente lejos de la realidad: *No se entera de nada porque vive en las nubes.* ‖ **nube de verano. 1** La que suele aparecer en verano con lluvia fuerte y repentina, pero de poca duración: *Es solo una nube de verano, verás como dentro de un rato ya no llueve.* **2** *col.* Enfado o disgusto pasajeros: *Seguro que pronto hacen las paces, porque solo ha sido una nube de verano.* ‖ **poner** algo **{en/por/sobre} las nubes.** Alabarlo o hablar muy bien de ello: *Cada vez que habla de ti, te pone por las nubes.* ‖ **por las nubes.** *col.* Muy caro: *El kilo de ternera está por las nubes.*

núbil adj. Referido a una persona, esp. a una mujer, que ha llegado a la edad en la que ya puede procrear: *En las sociedades occidentales, la mujeres no suelen contraer matrimonio antes de ser núbiles.* □ MORF. Invariable en género.

nublado s.m. Nube que amenaza tormenta: *No voy a salir porque hay unos nublados muy feos en el cielo.*

nublar v. **1** Referido esp. al cielo, cubrirlo las nubes: *Esos nubarrones han nublado el cielo. Coge el paraguas, porque el día se ha nublado.* **2** Oscurecer, enturbiar, empañar o turbar: *Las lágrimas le nublaron los ojos. Su fama se nubló cuando descubrieron la estafa que había cometido.*

nubosidad s.f. Presencia de nubes en el cielo: *El parte meteorológico decía que habría abundante nubosidad en la zona.*

nuboso, sa adj. Cubierto de nubes: *El cielo está tan nuboso que no se ve el sol.*

nuca s.f. Parte posterior del cuello que corresponde a la zona de unión de la columna vertebral con la cabeza: *Los golpes secos en la nuca son muy peligrosos.*

nuclear adj. **1** Del núcleo, esp. del de los átomos, o relacionado con él: *En una célula, la membrana nuclear separa el núcleo del citoplasma. La física nuclear estudia la estructura del núcleo atómico.* **2** Que emplea la energía que se encuentra almacenada en los núcleos de los átomos; *atómico: Las centrales nucleares producen mucha energía eléctrica.* □ MORF. Invariable en género.

nuclearizar v. Referido a un lugar, instalar en él centrales nucleares para la obtención de energía eléctrica: *Uno de los proyectos futuros de desarrollo es nuclearizar el país.* □ ORTOGR. La *z* se cambia en *c* delante de *e* →**CAZAR**.

núcleo s.m. **1** Parte o punto centrales: *En geología, el núcleo es la parte más interna de la Tierra, y se supone que está formado por hierro y níquel.* **2** En un todo, parte primordial o principal: *La pregunta que le hice iba directamente al núcleo del problema.* **3** En una célula, parte que está separada del citoplasma por una membrana y que controla el metabolismo celular: *En un núcleo celular que está comenzando a dividirse se pueden ver los cromosomas.* **4** En un átomo, parte central, formada por neutrones y protones, que contiene la mayor proporción de masa y que posee una carga positiva: *Los electrones de un átomo se localizan alrededor del núcleo.* **5** En un astro, parte más densa y luminosa: *El núcleo de un cometa está formado por rocas, polvo y hielo.* **6** En un sintagma gramatical, elemento fundamental que rige sus elementos: *El núcleo de un sintagma verbal es un verbo.* **7** Zona habitada y formada por una agrupación de viviendas: *En los países desarrollados, se produce un fuerte éxodo rural hacia los núcleos urbanos.* **8** Agrupación de personas o de cosas materiales o inmateriales que tienen cierta unidad: *El mayor núcleo de delincuencia se encuentra en el centro de la ciudad.*

nucléolo s.m. En el núcleo de una célula, orgánulo esférico compuesto fundamentalmente por proteínas: *Una célula puede tener uno o varios nucléolo.*

nudillo s.m. Parte exterior de la articulación por donde se doblan los dedos: *Llamé a la puerta golpeando con los nudillos.* □ MORF. Se usa más en plural. 👁 **mano**

nudismo s.m. Actitud o práctica que defiende la conveniencia de la desnudez total para alcanzar un perfecto equilibrio físico y moral; *desnudismo: Mis abuelos se escandalizaron cuando les conté que en algunas playas se practicaba el nudismo.*

nudista ▌adj. **1** Del nudismo o relacionado con esta actitud o con esta práctica: *El movimiento nudista propugna una vuelta al contacto directo con la naturaleza.* ▌adj./s. **2** Referido a una persona, que practica el nudismo: *Como eran nudistas, no sabes los apuros que pasé con ellos. En las playas de nudistas, hombres, mujeres y niños están completamente desnudos con toda naturalidad.* □ MORF. 1. Como adjetivo es invariable en género. 2. Como sustantivo es de género común y exige concordancia en masculino o en femenino para señalar la diferencia de sexo: *el nudista, la nudista.* □ SEM. Es sinónimo de *desnudista*.

nudo s.m. **1** Lazo que se aprieta y se cierra cuando se tira de sus dos cabos: *Se me ha hecho un nudo en el hilo y no puedo seguir cosiendo. Se te ha desatado el nudo de los cordones de los zapatos.* **2** Lugar en el que se unen o se cruzan varias cosas, esp. vías de comunicación o cadenas montañosas: *En un nudo ferroviario se cruzan varias vías férreas que parten hacia distintos lugares.* **3** Unión o relación estrecha entre personas: *Están unidos por los nudos inquebrantables de una vieja amistad.* **4** Principal dificultad o duda: *No te alegres todavía, porque aún queda por resolver el nudo del asunto.* **5** En el desarrollo de una obra literaria o cinematográfica, complicación de la acción o trabazón de los sucesos que preceden al desenlace: *El nudo de la novela no se resuelve hasta el último capítulo, para mantener mejor el suspense.* **6** En una planta, parte del tronco o del tallo en la que salen las ramas o las hojas: *En esta tabla de madera se ven los nudos.* **7** En una superficie sólida, parte más dura o que sobresale; *nudosidad: Las telas de seda salvaje tienen nudos.* **8** Unidad marítima de velocidad que equivale a una milla marina por hora: *El barco navegaba a siete nudos.* **9** Sensación de angustia, de aflicción o de congoja: *Estaba tan nerviosa que se me puso un nudo en el estómago.* **10** ‖ **nudo marinero.** El que es muy seguro y fácil de deshacer a voluntad: *Sujetaron el bote con un nudo marinero.* □ SEM. En la acepción 8, no debe emplearse con el significado de 'milla': *El barco iba a siete {*nudos › millas} por hora.*

nudosidad s.f. **1** En una superficie sólida, parte más dura y sobresaliente; *nudo: Me han vendido barata esta madera porque está llena de nudosidades.* **2** En medicina, abultamiento en forma de nudo: *Las nudosidades de sus manos se deben a la artrosis que padece.*

nudoso, sa adj. Que tiene nudos o nudosidades: *De pequeña, me impresionaba ver las nudosas manos de mi abuelo.*

nuera s.f. Respecto de una persona, esposa de su hijo: *Yo* *soy la nuera de los padres de mi marido.* □ MORF. Su masculino es *yerno.*

nuestro, tra poses. **1** Indica pertenencia a la primera persona del plural: *Esa es nuestra casa. No tomes ese desvío, el nuestro es el siguiente. Vuestras notas salieron ayer, y las nuestras saldrán mañana. Los nuestros han ganado las elecciones.* **2** ‖ **la nuestra.** *col.* Expresión con que se indica que ha llegado la ocasión favorable para la persona que habla: *Ahora que la propuesta de los otros ha sido rechazada, es la nuestra para presentar nuestra idea.* □ MORF. →APÉNDICE DE PRONOMBRES.

nuevamente adv. Otra vez; *de nuevo: Nuevamente he vuelto a llegar tarde, lo siento.*

nueve ▮ numer. **1** Número 9: *Hoy cumplo nueve años. Cuatro más cinco son nueve.* ▮ s.m. **2** Signo que representa este número: *Los romanos escribían el nueve como 'IX'.* □ MORF. 1. Como numeral es invariable en género y en número. 2. →APÉNDICE DE PRONOMBRES.

nuevo, va ▮ adj. **1** Recién hecho o fabricado: *He comprado un modelo nuevo de televisión que acaba de salir al mercado.* **2** Que se oye o se ve por primera vez: *Estos datos son nuevos para mí.* **3** Repetido y renovado: *Al conocer la noticia, todos los periódicos sacaron una nueva edición. Voy a hacerme fotos nuevas.* **4** Que se añade a lo que ya había: *Añadieron dos nuevos artículos a la revista antes de que se imprimiera.* **5** Distinto o diferente de lo que existía o de lo que se conocía anteriormente: *Es una nueva versión del mismo tema.* **6** Sin usar o poco usado: *No tires estos zapatos, que todavía están nuevos.* **7** Referido a un producto agrícola, que es de una cosecha reciente: *Ya hay en el mercado patatas nuevas.* **8** *col.* Descansado y renovado: *Estaba muy cansada y la ducha me ha dejado nueva.* ▮ adj./s. **9** Recién llegado a un lugar o a un grupo: *Es nuevo en esta ciudad y todavía no sabe orientarse. El profesor dijo a los nuevos que se sentaran en la primera fila.* **10** Principiante en alguna actividad; *novicio: Es nuevo en el puesto y todavía comete errores. Los nuevos tienen aún mucho que aprender.* ▮ s.f. **11** Noticia de un hecho no conocido: *Cuando me dieron la buena nueva, salté de alegría.* **12** ‖ **de nuevas.** *col.* Desprevenido o sin saberlo: *Su despido nos pilló de nuevas y no supimos qué decirle.* ‖ **de nuevo.** Otra vez; *nuevamente: Me he caído de nuevo y ahora tengo dos chichones: el de ayer y el de hoy.* □ MORF. Tiene un superlativo regular (*nuevísimo*) que se usa más con el significado de 'que está muy nuevo', y otro irregular (*novísimo*) que se usa más con el significado de 'de gran novedad'. □ SINT. *De nuevas* se usa más con los verbos *coger*, *pillar* o equivalentes.

nuez s.f. **1** Fruto del nogal, de forma redondeada y dividida en dos mitades duras y simétricas que encierran una semilla comestible y de sabor algo dulce: *La nuez es un fruto seco y da mucha energía.* **2** Fruto de otros árboles parecido al del nogal por la dureza de su cáscara: *En la verbena vendían nuez de coco.* **3** En una persona, abultamiento de la laringe en la parte anterior del cuello; *bocado de Adán: La nuez se nota mucho en los hombres delgados.* **4** ‖ **nuez {de especia/moscada}.** Semilla de cáscara dura, muy aromática, que se emplea como condimento y en farmacia: *La nuez moscada en la besamel da muy buen sabor.* ‖ **rebanar la nuez** a alguien. *col.* Cortarle el cuello: *Le dijo que le rebanaría la nuez si se iba de la lengua.*

nulidad s.f. **1** Falta de valor, de fuerza o de efecto, por resultar contrario a la ley o ser defectuoso en la forma: *La nulidad de ese contrato se debe a que incumple la ley. Después de separarse, solicitaron que se les concediera la nulidad de su matrimonio.* **2** Incapacidad o ineptitud: *La nulidad de su hija para el ballet se debe a que no tiene sentido rítmico.* **3** Persona incapaz o inepta: *Siempre he sido una nulidad para los trabajos manuales.*

nulo, la adj. **1** Sin valor, sin fuerza o sin efecto, por ser contrario a la ley o ser defectuoso en la forma: *Los votos nulos no pueden contabilizarse. Ha sido una salida nula porque el atleta que ocupa la primera calle salió antes de tiempo.* **2** Incapaz, inútil o no válido para algo: *Mi hermano es nulo para las matemáticas pero buenísimo en dibujo.* **3** En boxeo, referido a un combate, que termina en empate: *El árbitro dio combate nulo, y el público pateó.*

numantino, na adj. Valiente y muy firme (por alusión al comportamiento heroico de los habitantes de la ciudad de Numancia ante el asedio romano): *Opone una resistencia numantina a cualquier cambio.*

numen s.m. Inspiración poética o artística: *El poeta afirma que solo escribe lo que le dicta su numen.*

numeración s.f. **1** Recuento de los elementos de un conjunto siguiendo el orden de los números: *Los soldados formados realizaban su numeración.* **2** Marca hecha con números: *La numeración de los portales de las casas permite que los carteros las identifiquen.* **3** Sistema para expresar los números y las cantidades con una cantidad limitada de palabras o de signos: *Aunque ya sabe leer, es muy pequeño todavía para saber la numeración.* **4** ‖ **numeración {arábiga/decimal}.** La introducida por los árabes, y que puede expresar cualquier cantidad mediante la combinación de diez signos: *La numeración arábiga hoy es casi universal, y combina estos diez signos: 0, 1, 2, 3, 4, 5, 6, 7, 8, 9.* ‖ **numeración romana.** La que usaban los romanos y se expresa con siete letras del alfabeto latino: *XVII es 'diecisiete' en la numeración romana.*

numerador s.m. En un quebrado o en una fracción matemática, término que indica el número de partes que se toman del todo o de la unidad: *En 1/3, el numerador es 1.*

numeral ▮ adj. **1** Del número o relacionado con él: *Nuestro sistema numeral es de origen árabe.* ▮ s.m. **2** →**pronombre numeral.** □ MORF. Como adjetivo es invariable en género.

numerar v. **1** Contar siguiendo el orden de los números: *El profesor numeró a los alumnos para ver si faltaba alguno.* **2** Marcar con números: *Numera las hojas del trabajo para que luego no nos hagamos un lío.* □ ORTOGR. Dist. de *enumerar*.

numerario, ria adj./s. Referido a una persona, que pertenece con carácter fijo a una colectividad: *Aprobó las oposiciones y ya es profesor numerario. Los numerarios tienen mayores ventajas que los empleados interinos.*

numérico, ca adj. **1** De los números o relacionado con ellos: *El orden numérico normal es de menor a mayor.* **2** Compuesto o realizado con números: *Ese alumno es muy bueno en cálculo numérico.*

número s.m. **1** Concepto matemático que expresa una cantidad con relación a una unidad: *En esta cuenta has sumado mal dos números.* **2** Signo o conjunto de signos que representan este concepto: *El 1 y el 2 son números arábigos, mientras que I y II son números romanos.* **3** Cantidad indeterminada: *Ha habido un escaso número de suspensos.* **4** En un espectáculo, cada uno de los actos o partes de que consta el programa: *Mi número de circo* *favorito es el de los trapecistas.* **5** Medida de algunas cosas que se ordenan según su tamaño o por otra característica: *¿Que número calzas? Este pantalón me está pequeño, necesito un número más.* **6** En una publicación periódica, ejemplar o tirada de ejemplares que se puede identificar por la fecha de edición: *Compra el número anterior de esta revista. El primer número del periódico se agotó a las dos horas de estar a la venta.* **7** En la guardia civil o en otros cuerpos de seguridad, individuo sin graduación: *Un número de la policía me preguntó si me había perdido.* **8** Billete para un sorteo: *Me vendió un número para el sorteo del viaje de fin de curso.* **9** En lingüística, categoría gramatical nominal y verbal que hace referencia a una sola persona o cosa o a más de una: *'Camión' es un sustantivo común en número singular. El número permite diferenciar la forma verbal 'como' de 'comemos'.* **10** En la industria textil, relación entre la longitud y el peso de un hilo: *Ve a comprar un ovillo del número ocho.* **11** En una serie ordenada, puesto que se ocupa: *Ve al médico y pide número para mañana.* **12** Situación o hecho que llaman la atención: *Ha montado el número al emborracharse en la fiesta.* **13** ‖ **de número.** Referido a una persona, que es miembro de una corporación compuesta de una cifra limitada de individuos: *Mi tío es miembro de número de la academia de arte de su ciudad.* ‖ **en números rojos.** Con saldo negativo en una cuenta bancaria: *No puedo gastar más dinero porque estoy en números rojos.* ‖ **hacer números.** *col.* Calcular las posibilidades de un negocio o de un asunto: *Antes de pedir el préstamo hice números para saber si me iba a resultar fácil pagarlo.* ‖ **número atómico.** El que expresa la cantidad de protones del núcleo atómico: *El número atómico del hidrógeno es 1.* ‖ **(número) cardinal.** El que expresa la cantidad entera de elementos de un conjunto: *10 es un número cardinal.* ‖ **número complejo.** El formado por la suma de un número real y uno imaginario: *1 + 4 i es un número complejo.* ‖ **(número) decimal.** El racional que es igual a una fracción cuyo denominador es una potencia de diez: *3,4 es un número decimal.* ‖ **(número) dígito.** El que puede representarse con un solo guarismo o cifra: *En la numeración decimal arábiga, son números dígitos los comprendidos entre el 0 y el -9, ambos inclusive.* ‖ **(número) entero.** El que pertenece al conjunto de los números positivos y de los negativos: *6 y 9 son números enteros. Los números decimales no son enteros.* ‖ **(número) {fraccionario/quebrado}.** El que expresa las partes en que se ha dividido la unidad y las que se han tomado de ella; *fracción: Los números fraccionarios constan de numerador y de denominador.* ‖ **número imaginario.** El que resulta de hacer la raíz cuadrada de un número negativo: *La unidad de los números imaginarios se representa por el signo 'i'.* ‖ **(número) {impar/non}.** El que no es exactamente divisible por dos: *De la suma de dos números nones siempre resulta un número par.* ‖ **número irracional.** El real que no puede expresarse como cociente de dos enteros: *La raíz cuadrada de 3 es un número irracional.* ‖ **número natural.** El entero positivo: *1, 22, 89, 509 y 1.352 son números naturales.* ‖ **número negativo.** El que es menor que cero y va precedido por el signo -: *-4, -103, -3.921 son números negativos.* ‖ **(número) ordinal.** El que expresa idea de orden o sucesión: *2.° y 9.° son números ordinales.* ‖ **(número) par.** El que es exactamente divisible por dos: *El 12 es un número par.* ‖ **número positivo.** El que es mayor que cero: *3, 8, 235, 92 y 1.345,3 son números positivos.* ‖ **número primo.** El que solo es divisible por él mismo y por la unidad: *5 y 7 son números primos.* ‖ **número racional.** El real que puede expresarse como cociente de dos enteros: *6 y 2/3 son números racionales.* ‖ **número real.** El que forma parte del conjunto formado por los números racionales y los irracionales: *El símbolo de los números reales es R.* ‖ **número uno.** *col.* Persona o cosa que sobresale en algo y destaca sobre lo demás: *Para mí, este cantante es el número uno.* ‖ **sin número.** En abundancia o en gran cantidad: *En la manifestación había gente sin número.*

numeroso, sa ▌adj. **1** Formado por gran número o gran cantidad de elementos: *Con una familia tan numerosa, necesitará una casa con muchas habitaciones.* ▌adj. pl. **2** Muchos o bastantes: *La epidemia causó numerosas bajas.*

numerus clausus (latinismo) s.m. ‖ Número limitado de plazas: *Esa facultad tiene numerus clausus porque había demasiadas solicitudes de matrícula.* □ MORF. Invariable en número.

numismático, ca ▌adj. **1** De la numismática o relacionado con esta ciencia: *Gracias a sus conocimientos numismáticos pudo identificar la procedencia de la moneda.* ▌s. **2** Persona que se dedica al estudio de las monedas y de las medallas: *En la excavación arqueológica necesitaban a un buen numismático.* ▌s.f. **3** Ciencia que estudia las medallas y las monedas, esp. si son antiguas: *Le gusta mucho la numismática y tiene una gran colección de monedas.*

nunca adv. En ningún momento; *jamás: No la conozco y nunca he hablado con ella. No vienes nunca conmigo.* □ SEM. En las expresiones *nunca jamás* o *nunca más* tiene un matiz intensivo.

nunciatura s.f. **1** Cargo o dignidad de nuncio: *La nunciatura la otorga el papa.* **2** Vivienda y lugar de trabajo del nuncio: *El día del santo del papa hubo una recepción en la nunciatura.*

nuncio s.m. Representante diplomático del papa, que además ejerce determinadas funciones pontificias: *El nuncio de su santidad fue recibido por el presidente del Gobierno.*

nupcial adj. De las nupcias o casamiento, o relacionado con esta ceremonia: *La novia entró en la iglesia del brazo del padrino mientras sonaba la marcha nupcial.* □ MORF. Invariable en género.

nupcialidad s.f. Número de nupcias o de casamientos en una población en un tiempo determinado, en relación con el total de la población: *En las grandes ciudades, la nupcialidad ha descendido en los últimos años.*

nupcias s.f.pl. Ceremonia o acto en el que dos personas contraen matrimonio; *boda, casamiento: Tras enviudar, se casó en segundas nupcias.*

nurse (anglicismo) s.f. Mujer empleada en una casa para cuidar a los niños. □ USO Puede sustituirse por *niñera*.

nutación s.f. En astronomía, oscilación periódica del eje de rotación de la Tierra, causada principalmente por la atracción lunar: *La nutación terrestre es un movimiento de poca amplitud.*

nutria s.f. **1** Mamífero carnicero, de pelaje espeso y suave, que tiene el cuerpo delgado y alargado, la cabeza ancha y aplastada, las orejas pequeñas y redondas, las patas cortas con los dedos de los pies unidos por una membrana y la cola larga: *Las nutrias viven en las orillas* *de ríos y arroyos y se alimentan principalmente de peces.* **2** Piel de este animal: *Llevaba un abrigo de piel sintética, que imitaba la nutria.* ☐ MORF. Es un sustantivo epiceno y la diferencia de sexo se señala mediante la oposición *la nutria {macho/hembra}.*

nutrición s.f. **1** Función por la cual se nutren los seres vivos: *El niño no crece lo debido porque tiene un trastorno de la nutrición.* **2** Suministro de las sustancias necesarias para aportar energía, para reponer las sustancias que se han perdido o para crecer: *Debes mantener una nutrición más equilibrada.*

nutrido, da adj. Que tiene gran cantidad de algo: *Te suspendo porque has hecho un examen nutrido de errores.* ☐ SEM. En plural equivale a *muchos*: *Fue recibido con nutridos aplausos.*

nutrir v. **1** Proporcionar las sustancias necesarias para reponer las que se han perdido o para crecer: *Es importante nutrir el organismo con alimentos completos. Los animales herbívoros se nutren de vegetales.* **2** Aumentar o dar nuevas fuerzas: *Tu optimismo nutre mi moral.* **3** Proporcionar, abastecer o llenar: *Estos pozos nutren de agua a todo el pueblo. Este lago se nutre del agua de varios ríos.*

nutritivo, va adj. Que nutre: *A los niños hay que darles alimentos nutritivos.*

nylon s.m. →**nailon.** ☐ PRON. [náilon]. ☐ USO Extensión del nombre de la marca comercial *Nylon®*.

a b c d e f g h i j k l m **n** ñ o p q r s t u v w x y z

Ñ

ñ

ñ s.f. Decimoquinta letra del abecedario: *La tercera letra de 'niño' es una 'ñ'.* □ PRON. Representa el sonido consonántico palatal nasal sonoro.

ñacurutú s.m. Ave nocturna, parecida a la lechuza, con plumas amarillentas y grises. □ MORF. Aunque su plural en la lengua culta es *ñacurutúes*, se usa mucho *ñacurutús*.

ñame s.m. **1** Planta herbácea trepadora, de hojas grandes y flores pequeñas y verdosas en espiga, que tiene una raíz comestible de corteza casi negra: *El ñame es una planta que crece en zonas tropicales.* **2** Raíz de esta planta: *El ñame es un tubérculo. El ñame se suele comer cocido o asado.*

ñandú s.m. Ave corredora americana, de aproximadamente un metro y medio de altura, que tiene el cuello y las patas largos, tres dedos en cada pie y el plumaje grisáceo: *El ñandú se parece al avestruz.* □ MORF. 1. Es un sustantivo epiceno y la diferencia de sexo se señala mediante la oposición *el ñandú {macho/hembra}*. 2. Aunque su plural culto es *ñandúes*, se usa mucho *ñandús*.

ñoñería s.f. Hecho o dicho propios de una persona ñoña; *ñoñez: Decir que el bikini es inmoral me parece una ñoñería.*

ñoñez s.f. **1** Sosería o falta de sustancia: *No entiendo cómo te puede gustar esa ñoñez de canción.* **2** Inseguridad, timidez o falta de ingenio: *No soporto la ñoñez de de esos remilgados.* **3** Hecho o dicho propios de una persona ñoña; *ñoñería: La ñoñez de sus comentarios deja de manifiesto que no es una persona desenvuelta.*

ñoño, ña ▌adj. **1** Referido a una cosa, sosa o de poca sustancia: *Fui a ver una película ñoña en la que no pasaba nada.* ▌adj./s. **2** *col.* Referido a una persona, que es insegura, tímida, apocada o de escaso ingenio: *No seas ñoño y no te quejes tanto por un simple rasguño.* **3** *col.* Referido a una persona, excesivamente escrupulosa y remilgada: *No seas tan ñoña y acepta el regalo, mujer, que no va con segundas intenciones. Eres un ñoño si piensas que por esa tontería iba a dejar de ser tu amigo.*

ñoqui s.m. Pasta alimenticia cortada en trocitos y hecha con patatas mezcladas con harina de trigo, mantequilla, leche, huevo y queso rallado: *Siempre que ceno en un restaurante italiano, pido ñoquis de primero.* □ ORTOGR. Es un italianismo (*gnocchi*) adaptado al español. □ MORF. Su plural es *ñoquis*.

ñorda s.f. *vulg.* →**mierda.**

ñórdiga s.f. *vulg.* →**mierda.**

ñu s.m. Mamífero herbívoro de cola larga y pelaje de color pardo o grisáceo, más largo en la zona delantera, con cuernos curvados hacia arriba y hacia adentro, y que vive en las sabanas africanas: *Con frecuencia, los ñúes forman rebaños con las cebras.* □ MORF. 1. Es un sustantivo epiceno y la diferencia de sexo se señala mediante la oposición *el ñu {macho/hembra}*. 2. Aunque su plural en la lengua culta es *ñúes*, se usa mucho *ñus*.

O

o ▮ s.f. **1** Decimosexta letra del abecedario: *'Oca' empieza por 'o'.* ▮ conj. **2** Enlace gramatical coordinante con valor disyuntivo que expresa alternativa, diferencia o separación: *¿Te espero o me voy?* **3** Enlace gramatical coordinante con valor explicativo: *El emperador, o pez espada, es un pescado riquísimo.* **4** ‖ **no saber hacer la «o» con un canuto.** *col.* Ser muy ignorante: *Sacó un cero porque no sabe hacer la 'o' con un canuto.* ‖ **o sea.** Expresión que se usa para introducir una explicación a lo anteriormente dicho: *Es orden del jefe, o sea, que hay que hacerlo.* ☐ PRON. En la acepción 1, representa el sonido vocálico posterior o velar y de abertura media. ☐ ORTOGR. No debe llevar nunca tilde aunque vaya entre cifras: *10 o 100*. ☐ MORF. En la acepción 1, aunque su plural en la lengua culta es *oes*, también se usa *os*. ☐ SINT. En la acepción 2, para enfatizar la contraposición existente entre los términos coordinados, se puede usar repetida y antepuesta a cada uno de ellos: *O es guapo o es feo, aclárate*. ☐ SEM. En la acepción 2, se usa entre dos numerales para indicar cálculo aproximado: *Por lo menos habría veinte o treinta personas allí*. ☐ USO Como conjunción, ante palabra que comienza por *o-* o por *ho-*, se usa la forma *u*.

oasis s.m. Lugar con vegetación y con agua que se encuentra aislado en medio del desierto: *A la sombra de ese oasis descansan las caravanas.* ☐ MORF. Invariable en número.

obcecación s.f. Ofuscación tenaz y persistente que impide ver la realidad o razonar sobre ella: *Sal de tu obcecación y reconoce que has estado equivocado todo este tiempo.*

obcecar ▮ v. **1** Impedir razonar con claridad: *El amor que sientes por él te obceca y no ves sus defectos.* ▮ prnl. **2** Insistir tenazmente de un modo que se considera negativo: *Se obcecó en que se llegaba antes por allí, y nos tuvo perdidos más de tres horas.* ☐ ORTOGR. La *c* se cambia en *qu* delante de *e* ⟶**SACAR**. ☐ SINT. Constr. de la acepción 2: *obcecarse EN algo*.

obedecer v. **1** Referido a una persona, hacer lo que esta manda u ordena: *Obedece a tus padres, que solo quieren tu bien. Es mejor que obedezcas enseguida.* **2** Referido a una orden o a una norma, cumplirlas: *Todos debemos obedecer las normas de tráfico.* **3** Referido a un animal, ceder con docilidad a las indicaciones que se le hacen: *Este perro solo obedece a lo que le dice su dueño.* **4** Referido a una cosa inanimada, ceder al esfuerzo que se hace para cambiar su forma o su estado: *El volante no me obedecía, y estuvimos a punto de estrellarnos.* **5** Originarse o proceder de una causa: *¿A qué obedece esa actitud tan impertinente?* ☐ MORF. Irreg.: Aparece una *z* delante de la *c* cuando la siguen *a, o* ⟶**PARECER**. ☐ SINT. Constr. de la acepción 5: *obedecer A un motivo*.

obediencia s.f. **1** Cumplimiento o realización de lo que se manda, de lo que se ordena o de lo que es normativo: *La obediencia a la ley es un deber que alcanza a todos los ciudadanos.* **2** Modo de ser de quien cumple lo que se le manda; *docilidad: La obediencia de estos niños es digna de elogio.*

obediente adj. Que obedece o cumple lo que se le manda; *dócil: Sé obediente y haz lo que te digo.* ☐ MORF. Invariable en género.

obelisco s.m. Monumento conmemorativo en forma de pilar muy alto, de cuatro caras iguales, más estrecho en la parte superior que en la base, y terminado en una punta con forma de pirámide: *Muchos obeliscos egipcios fueron levantados en honor al Sol.*

obertura s.f. Pieza musical de carácter instrumental con la que se da principio a una obra extensa, esp. a una ópera o a un oratorio: *En las oberturas de las óperas se suelen presentar los temas principales de la obra.* ☐ ORTOGR. Dist. de *abertura*.

obesidad s.f. Gordura excesiva: *Los alimentos grasos y la falta de ejercicio propician la obesidad.*

obeso, sa adj./s. Excesivamente gordo: *Las personas obesas se suelen fatigar enseguida. Los obesos deben prevenir los problemas circulatorios.*

óbice s.m. Obstáculo, inconveniente o impedimento: *La lluvia no es óbice para que salgamos a dar una vuelta.* ☐ USO Se usa más en expresiones negativas.

obispado s.m. **1** Cargo de obispo: *Consiguió muy joven el obispado.* **2** Territorio o distrito asignado a un obispo para ejercer sus funciones y jurisdicción: *El nuevo obispo está visitando todas las parroquias de su obispado.* **3** Local o edificio donde trabaja la curia episcopal: *Este sacerdote trabaja en el obispado en tareas administrativas.*

obispo s.m. Sacerdote que ha recibido la plenitud del sacramento del orden y que generalmente gobierna una diócesis o distrito eclesiástico: *En la Iglesia católica, los obispos son nombrados por el papa.*

óbito s.m. Fallecimiento de una persona: *El óbito del famoso escritor ocurrió de madrugada.* ☐ SEM. No debe emplearse con el significado de 'entierro': *El {*óbito › entierro} partirá a las seis de la iglesia parroquial.* □ USO Su uso es característico de los lenguajes jurídico y eclesiástico.

objeción s.f. **1** Razón que se presenta como reparo a lo que se ha dicho: *La única objeción que me puso fue que no podía hacerlo yo solo.* **2** ‖ **objeción (de conciencia).** Negativa a realizar determinados actos o a prestar determinados servicios, esp. el servicio militar, por razones éticas o religiosas: *Alegó objeción de conciencia y, en vez de hacer la mili, estuvo de auxiliar ayudando a los bomberos.*

objetar v. **1** Referido a una opinión o a un argumento, exponerlos como reparo a lo que se ha dicho: *No tengo nada que objetar a tu plan porque me parece perfecto.* **2** Negarse a realizar determinados actos o a prestar determinados servicios, esp. el servicio militar, por razones éticas o religiosas: *He objetado por mis convicciones pacifistas.*

objetivación s.f. Consideración de forma objetiva, sin seguir criterios o intereses personales: *Siempre resulta difícil la objetivación de las propias experiencias.*

objetivar v. Referido a un asunto, considerarlo de forma objetiva, sin seguir criterios o intereses personales y concibiéndolo como realidad externa al sujeto: *Si objetivas tus problemas, podrás decidir con más imparcialidad.*

objetividad s.f. Imparcialidad en la forma de considerar un asunto, sin seguir criterios o intereses personales y analizando la realidad como algo externo al sujeto: *En un trabajo científico, los datos deben ser tratados con objetividad.*

objetivo, va ▌adj. **1** Que no sigue criterios o intereses personales, y está marcado por la razón y la imparcialidad: *¿Puedes darme una versión objetiva de los hechos?* **2** En filosofía, que existe realmente, fuera del sujeto que lo conoce: *La ciencia presenta conocimientos objetivos, basados en la experiencia de la realidad.* **3** Del objeto o relacionado con él: *Las oraciones objetivas son las oraciones subordinadas sustantivas que funcionan como objeto directo.* ▌s.m. **4** Fin o intento a los que se dirige o encamina una acción u operación; *objeto: Nuestro objetivo es acabar hoy el trabajo.* **5** En un instrumento óptico, lente o sistema de lentes colocado en la parte que se dirige hacia el objeto: *Al hacer la foto, puso un dedo delante del objetivo, y no salió nada.* **6** Blanco sobre el que se dispara un arma de fuego, esp. si es para ejercitarse en el tiro: *Como tengo tan mala puntería, mis disparos no alcanzaron el objetivo.*

objeto s.m. **1** Lo que tiene entidad material e inanimada, esp. si no es de gran tamaño: *Tiene una tienda de antigüedades y de objetos de arte.* **2** Lo que sirve de materia o asunto al ejercicio de las facultades mentales o a una ciencia: *El objeto de la historia es la descripción y explicación de los hechos del pasado.* **3** En filosofía, lo que puede ser materia de conocimiento o de percepción sensible: *El sujeto es quien piensa o percibe, y el objeto, lo pensado o lo percibido.* **4** Fin o intento a los que se dirige o encamina una acción u operación; *objetivo: El objeto de esta reunión es llegar a un acuerdo.* **5** En lingüística, denominación que en algunas escuelas recibe el complemento del verbo o constituyente sobre el que recae la acción de este: *En 'Di la verdad a tu padre', 'la verdad' es el objeto directo y 'a tu padre' es el objeto indirecto.* **6** ‖ **{al/con} objeto de que.** Para que: *Vine con objeto de que me aconsejases.*

objetor, -a s. Persona que se niega a realizar determinados actos o a prestar determinados servicios, esp. el servicio militar, por razones éticas o religiosas; *objetor de conciencia: Los objetores de conciencia deben realizar un servicio social que sustituya al servicio militar.* □ SEM. Dist. de *insumiso* (que se niega a realizar el servicio militar o cualquier servicio social que lo sustituya).

oblación s.f. Ofrenda y sacrificio que se hace a la divinidad: *En la misa católica, el pan y el vino son la oblación que presenta el sacerdote.*

oblato, ta s. Religioso de alguna de las congregaciones de este nombre: *Algunos oblatos se dedican a la enseñanza.*

oblea s.f. **1** Hoja delgada de pan ázimo o sin levadura de la que se sacan las hostias: *Las monjas de este convento nos daban los restos de obleas que quedaban después de hacer las hostias.* **2** Hoja delgada de harina, agua y azúcar cocida, esp. la que se coloca debajo de algunos dulces: *La oblea del turrón duro parece un papel muy fino.* 👁 **pan**

oblicuidad s.f. Dirección inclinada o desviada respecto de la horizontal y de la vertical: *Al caer la tarde, los rayos del sol se caracterizan por su oblicuidad.*

oblicuo, cua ▌adj. **1** Sesgado, inclinado o desviado de la horizontal y de la vertical: *Puso una tabla oblicua respecto de la puerta para que no pudieran abrirla.* **2** En geometría, referido a un plano o a una línea, que forma un ángulo que no es recto al cortarse con otro plano o con otra línea: *La diagonal de un cuadrado es una línea oblicua.* ▌adj./s. **3** En anatomía, referido a un músculo, que tiene una colocación inclinada: *Los músculos oblicuos están situados por parejas en el abdomen, en la nuca y en el ojo. En el cuerpo humano hay varias parejas de oblicuos.*

obligación s.f. **1** Lo que se tiene que hacer o se está obligado a hacer: *Tus obligaciones como estudiante son ir a clase y estudiar. Todos tenemos derechos y obligaciones.* **2** Imposición o exigencia moral que debe regir la voluntad libre: *Es para mí una obligación ayudar a quien lo necesite.* **3** En economía, título o documento de deuda a largo plazo, generalmente amortizable, al portador y con interés fijo y periódico, que representa una suma exigible a su vencimiento a la persona o entidad que lo emitió: *Las obligaciones de esta empresa son negociables en Bolsa.*

obligado, da adj. Forzoso, inexcusable o inevitable: *Si dan una fiesta en tu honor, es obligado que asistas.*

obligar ▌v. **1** Hacer realizar o cumplir lo que se pide: *No vayas si no quieres, porque nadie te obliga.* **2** Tener fuerza o autoridad suficientes para imponer lo que se ordena; *ligar: Esta normativa obliga a todas las empresas del sector.* ▌prnl. **3** Comprometerse a cumplir algo o a llevarlo a cabo: *Delante de todos vosotros me obligo a dejar de fumar.* □ ORTOGR. La *g* se cambia en *gu* delante de *e* →**PAGAR**. □ SINT. 1. Constr.: *obligar A hacer algo.* 2. Constr. como pronominal: *obligarse A algo.*

obligatoriedad s.f. Necesidad de ser hecho, cumplido u obedecido: *Me parece una buena medida la obligatoriedad de llevar el cinturón de seguridad puesto.*

obligatorio, ria adj. Que tiene que ser hecho, cumplido u obedecido: *El examen consta de tres preguntas obligatorias y dos optativas.*

oblongo, ga adj. Que es más largo que ancho: *En el bosque había árboles de hojas oblongas.*

obnubilación s.f. **1** Oscurecimiento, confusión u ofuscación del entendimiento: *El estado de coma suele estar precedido por un período de obnubilación.* **2** Fascinación o deslumbramiento: *No entiendo que una simple excursión en barco te produzca tal obnubilación.*

obnubilar v. **1** Oscurecer, ofuscar o confundir: *Tantos problemas están obnubilando mi capacidad de decisión. Me obnubilé ante tamaña injusticia y no supe reaccionar a tiempo.* **2** Deslumbrar o dejar fascinado: *Lo que allí pude ver me obnubiló y me tuvo obsesionada varios días. ¡Anda, rico, que te obnubilas con cada tontería...!*

oboe ▌ s. **1** Persona que toca el instrumento del mismo nombre: *Asistimos a un concierto interpretado por un oboe solista y un cuarteto de cuerdas.* ▌ s.m. **2** Instrumento musical de viento, de la familia de las maderas, formado por un tubo que puede tener de dieciséis a veintidós orificios, un complejo mecanismo de llaves y una boquilla con lengüeta doble por donde se sopla: *La orquesta moderna utiliza tres tipos de oboes que se diferencian por su tamaño.* 👁 **viento** ☐ PRON. Incorr. *[óboe]. ☐ MORF. En la acepción 1, es de género común y exige concordancia en masculino o en femenino para señalar la diferencia de sexo: *el oboe, la oboe.*

óbolo s.m. Pequeña cantidad de dinero con que se contribuye a un fin determinado: *Contribuyó con un óbolo a la campaña contra el hambre.*

obra s.f. **1** Producción del entendimiento en ciencias, letras o artes, esp. si es de alguna importancia; *trabajo: En esa sala hay expuestas obras de los mejores pintores españoles del siglo XVII.* **2** Trabajo de construcción, de remodelación o de reparación: *La calle está cortada por obras.* **3** Lo que hace o produce un agente: *La erosión de este valle es obra del aire y del agua.* **4** Volumen o conjunto de volúmenes en los que se contiene un trabajo literario completo: *Me estoy comprando las obras completas de Galdós.* **5** Medio, virtud o poder: *Según un dogma de fe, la Virgen María concibió por obra y gracia del Espíritu Santo.* **6** Acción o hecho, esp. los considerados moralmente positivos: *Todos lo conocen por sus buenas obras. Pecó de intención, pero no de obra, porque no hizo la barbaridad que había pensado.* **7** Trabajo y tiempo que se necesitan para la realización de algo: *Este bordado tiene mucha obra.*

obrar v. **1** Ejecutar una acción o comportarse de un modo determinado: *Debemos obrar de acuerdo con nuestra conciencia.* **2** Referido a un efecto, causarlo, producirlo o hacerlo: *La medicina no obraba ninguna mejoría en el enfermo.* **3** *euf.* Defecar: *Llevaba varios días sin obrar, y le tuvieron que dar un laxante.* **4** Existir, estar o hallarse: *Tranquilos, que el documento obra en mi poder.*

obrero, ra ▌ adj. **1** De los trabajadores o relacionado con ellos: *En su programa político, ese partido promete grandes ayudas a la clase obrera.* ▌ s. **2** Trabajador manual asalariado, esp. el del sector industrial o de servicios; *operario: En esa fábrica de coches trabajan cerca de 1000 obreros.*

obscenidad s.f. **1** Grosería u ofensa al pudor, esp. en lo relacionado con el sexo: *Dirás que esto es erotismo, pero a mí me parece una obscenidad.* **2** Hecho o dicho obscenos: *¿No sabes hablar sin decir obscenidades?*

obsceno, na adj./s. Que se considera grosero u ofensivo al pudor, esp. en lo relacionado con el sexo: *El árbitro lo expulsó por hacerle un gesto obsceno. No soporto a esos obscenos que se pasan el día diciendo groserías a las mujeres.*

obscurantismo s.m. →**oscurantismo.**

obscurantista adj./s. →**oscurantista.** ☐ MORF. 1. Como adjetivo es invariable en género. 2. Como sustantivo es de género común y exige concordancia en masculino o en femenino para señalar la diferencia de sexo: *el obscurantista, la obscurantista.*

obscurecer v. →**oscurecer.** ☐ MORF. Irreg.: Aparece una *z* delante de la *c* cuando la siguen *a, o* →**PARECER.**

obscurecimiento s.m. →**oscurecimiento.**

obscuridad s.f. →**oscuridad.**

obscuro, ra adj./s.m. →**oscuro, ra.**

obsequiar v. Referido a una persona, agasajarla o favorecerla con atenciones o regalos: *Me obsequiaron con unas entradas para la ópera por el favor que les hice.* ☐ ORTOGR. La *i* nunca lleva tilde. ☐ SINT. Constr.: *obsequiar* CON *algo.*

obsequio s.m. Agasajo o regalo hechos para complacer: *Los organizadores me hicieron un obsequio por mi colaboración.*

obsequiosidad s.f. Amabilidad o generosidad propias del que intenta complacer, agradar o contentara alguien: *Me abruma la obsequiosidad con que me tratas.*

obsequioso, sa adj. Que intenta complacer, agradar o contentar a alguien con atenciones y regalos: *Es muy amable y obsequioso con sus clientes.*

observación s.f. **1** Examen, estudio o contemplación detenidos y atentos: *Se ha dado un golpe en la cabeza y tiene que permanecer 24 horas hospitalizado en observación.* **2** Cumplimiento de una ley o de un mandato: *La observación de las leyes incumbe a todos los ciudadanos.* **3** Objeción, reparo o inconveniente puestos a algo: *No hizo ninguna observación a mi propuesta, de lo cual deduje que la aceptaba.* **4** En un escrito, nota puesta para aclarar o precisar un dato dudoso: *El texto trae observaciones a pie de página para aclarar las palabras anticuadas.*

observador, -a ▌ adj. **1** Que observa, esp. si lo hace con mucho detalle o se fija mucho: *Es muy observador, y cualquier cambio que haga en mi forma de vestir él lo aprecia.* ▌ s. **2** Persona encargada de seguir el desarrollo de algún acontecimiento importante, esp. político o militar, o de asistir a él: *La ONU enviará observadores a ese país para que informen del desarrollo del referendo.*

observancia s.f. Cumplimiento exacto y puntual de lo que se manda ejecutar: *La observancia de las leyes es un deber de todos los ciudadanos.*

observar v. **1** Examinar, estudiar o contemplar atentamente: *Observamos el ala de una mosca con el microscopio.* **2** Advertir o reparar: *Observo que habéis hecho mejoras en esta habitación.* **3** Mirar atentamente y con cautela; *atisbar: El detective observaba todos los movimientos del sospechoso.* **4** Referido esp. a una ley o a una orden, guardarlos y cumplirlos exactamente: *Todos debemos observar la ley.* ☐ SEM. En la acepción 2, no debe emplearse con el significado de *señalar* (galicismo): *¿Cuántas veces has {*observado › señalado} ya que no estás de acuerdo?*

observatorio s.m. Lugar dotado de todo lo necesario para la observación científica, generalmente astronómica y meteorológica: *Los telescopios son imprescindibles en los observatorios astronómicos.*

obsesión s.f. Idea, preocupación o deseo que no se pueden alejar de la mente: *Su obsesión es ser el mejor en todo.*

obsesionar v. Despertar o causar una obsesión: *¿No te obsesiona la idea de triunfar? No te obsesiones con esas tonterías.*

obsesivo, va adj. **1** Que produce obsesión: *Tengo un sueño obsesivo en el que me veo repitiendo continuamente el mismo error.* **2** Referido a una persona, que se obsesiona con facilidad: *Algunas personas obsesivas viven en una angustia permanente.*

obseso, sa adj./s. Referido a una persona, que está dominada por una obsesión, esp. si esta es de carácter sexual: *Es un hombre obseso de la limpieza y demasiado escrupuloso. Si en ese cuadro abstracto ves una mujer desnuda, es que eres un obseso sexual.*

obsidiana s.f. Roca volcánica, frágil y de color negro brillante, que se origina por el rápido enfriamiento de la lava: *Los indios americanos utilizaban la obsidiana para fabricar armas cortantes, flechas y espejos.*

obsoleto, ta adj. Anticuado, desusado, caduco o inadecuado a las circunstancias actuales: *Esta empresa no es competitiva porque su maquinaria ha quedado obsoleta.*

obstaculizar v. Referido a un propósito, ponerle obstáculos o dificultar su consecución: *No pienso consentir que obstaculices mi relación con él. Esos paquetes están obstaculizando el paso.* ☐ ORTOGR. La *z* se cambia en *c* delante de *e* →**CAZAR**.

obstáculo s.m. **1** Lo que resulta un impedimento, un inconveniente o una dificultad: *Siempre dice que la vida está llena de obstáculos para ser feliz.* **2** En algunos deportes, cada una de las barreras físicas que se interponen en un recorrido: *El atleta no rozó ningún obstáculo en la carrera de vallas.* ☐ USO Es innecesario el uso del anglicismo *handicap*.

obstante ‖ **no obstante.** Enlace gramatical coordinante con valor adversativo; *sin embargo: Está muy ocupada; no obstante, los recibirá.* ☐ SEM. En la lengua escrita, se usa mucho con el significado de *a pesar de*: *No obstante tu opinión en contra, mañana emprenderemos el viaje.*

obstar v. Ser un obstáculo o un impedimento: *Su pequeña indisposición no obsta para que asista a la conferencia.* ☐ MORF. Se usa más en infinitivo, en tercera persona y en expresiones negativas.

obstetricia s.f. Parte de la medicina que se ocupa de las mujeres durante el embarazo, el parto y el período de tiempo que sigue a este; *tocología: Los médicos especialistas en obstetricia se denominan 'tocólogos'.*

obstinación s.f. Tenacidad o porfía en el mantenimiento de una idea o de una resolución, a pesar de las presiones y las dificultades: *¿Por qué no atiendes a razones y sigues en tu error con obstinación?*

obstinado, da adj. Perseverante o muy tenaz: *Mantiene una lucha obstinada contra la enfermedad.*

obstinarse v.prnl. Mantenerse firme o tenaz en una idea o en una resolución a pesar de las presiones o de las dificultades: *¿Por qué te obstinas en seguir adelante, si sabes que no llevas razón?* ☐ SINT. Constr.: *obstinarse* EN *algo*.

obstrucción s.f. **1** Cierre o corte del paso por un lugar: *Los restos de comida han producido la obstrucción de la tubería del fregadero. En algunos deportes, la obstrucción a un jugador se castiga con falta.* **2** Impedimento o estorbo del desarrollo de una acción: *En algunas asambleas, se usa la obstrucción como táctica para impedir o retrasar un acuerdo.*

obstruir v. **1** Referido a un lugar, estorbar o cerrar el paso por él: *El desprendimiento de rocas ha obstruido el camino. El desagüe se ha obstruido.* **2** Referido al desarrollo de una acción, impedirlo o estorbarlo: *Ese cretino disfruta obstruyendo la actuación de los demás.* ☐ MORF. Irreg.: La *i* se cambia en *y* delante de *a, e, o* →**CONTRIBUIR**.

obtención s.f. **1** Alcance o logro de lo que se pretende, se merece o se solicita, por el propio esfuerzo o por concesión de otro: *La obtención del premio me llenó de satisfacción.* **2** Fabricación o extracción de una materia o de un producto: *La obtención de un nuevo tejido elástico ha sacado a esa empresa textil de la crisis.*

obtener v. **1** Conseguir, lograr o llegar a tener, por esfuerzo personal o por concesión de otro: *Ha obtenido el puesto que deseaba. El cociente se obtiene dividiendo el dividendo por el divisor.* **2** Referido esp. a un producto, fabricarlo o extraerlo: *De esa mina se obtiene carbón.* ☐ MORF. Irreg. →**TENER**.

obturador s.m. Lo que sirve para obturar o cerrar una abertura: *En una cámara fotográfica, el obturador regula el tiempo de exposición abriendo y cerrando el paso de la luz.*

obturar v. Referido esp. a una abertura, taparla o cerrarla introduciendo o aplicando un cuerpo: *Para cortar la hemorragia de la nariz hay que obturar el orificio nasal con un algodón. La cañería se ha obturado y no sé cómo desatascarla.*

obtuso, sa adj. **1** Chato y sin punta: *¿Cómo pretendes clavar esa estaca con lo obtusa que es?* **2** Torpe o lento en comprender: *Ya sé que soy un poco obtusa, pero ¿te importaría explicármelo otra vez?*

obús s.m. **1** Pieza de artillería de mayor alcance que un mortero y menor que un cañón: *El obús es un arma de tiro curvo.* **2** Proyectil disparado por cualquier pieza de artillería: *Un obús alcanzó la trinchera enemiga.*

obviar v. **1** Referido a un obstáculo, evitarlo, apartarlo o ignorarlo: *Obviaremos las dificultades y comenzaremos a trabajar.* **2** Referido a algo que se considera sabido, evitar nombrarlo: *Obviaré los detalles y pasaré a relataros lo principal.* ☐ ORTOGR. La *i* nunca lleva tilde.

obvio, via adj. Evidente, claro, manifiesto o fácil de entender: *Como es obvio, sin vuestra ayuda no podré hacerlo.*

oc →**lengua de oc.**

oca s.f. **1** Ave palmípeda, con la parte superior del cuerpo de color ceniciento, los bordes de las alas y de las plumas más claros y la parte inferior blanca, que se alimenta de vegetales y vive en zonas pantanosas; *ánsar, ganso: Las plumas de oca sirven para confeccionar edredones y almohadas.* **2** Juego que consiste en un tablero con sesenta y tres casillas diferentes a través de las cuales hay que avanzar con una ficha según el número que sale en un dado y realizar lo que cada casilla significa: *Jugamos a la oca y caí en el pozo, así que tuve que esperar a que cayera otro para poder volver a tirar el dado.* ☐ MORF. En la acepción 1, es un sustantivo epiceno y la diferencia de sexo se señala mediante la oposición *la oca {macho/hembra}*.

ocapi s.m. →**okapi.** ☐ MORF. Es un sustantivo epiceno y la diferencia de sexo se señala mediante la oposición *el ocapi {macho/hembra}*.

ocarina s.f. Instrumento musical de viento, de timbre muy dulce, hecho generalmente de barro y con forma de pequeña vasija ovalada provista de ocho agujeros que se tapan con los dedos para producir los distintos sonidos: *La ocarina se ha usado tradicionalmente como instrumento folclórico.* 👁 **viento**

ocasión s.f. **1** Momento o lugar en los que se sitúa un hecho o a los que se asocian determinadas circunstancias: *Recuerdo que en aquella ocasión yo aún no te conocía.* **2** Oportunidad favorable o apropiada para hacer o conseguir algo: *El viaje será una buena ocasión para conocernos mejor.* **3** ‖ **con ocasión de** algo. Con motivo de ello: *El director pronunció un discurso con ocasión de la fiesta de inauguración.* ‖ **de ocasión.** Referido a una mercancía, que se compra a bajo precio: *No ha tenido problemas con su coche, aunque es de ocasión.*

ocasional adj. **1** Que ocurre por casualidad: *Ahora no me digas que lo tenías todo planeado, porque nuestro encuentro fue puramente ocasional.* **2** Que no es regular ni habitual, sino apto para una ocasión determinada: *Solo consigo trabajos ocasionales, pero no consigo encontrar nada fijo.* ☐ MORF. Invariable en género.

ocasionar v. Referido esp. a un suceso, causarlo o ser su origen: *No te preocupes, porque no me ocasionas ninguna molestia.*

ocaso s.m. **1** Puesta del sol o de otro astro: *Tras el ocaso, viene la noche.* **2** Decadencia, finalización o declive: *La pérdida de las últimas colonias americanas marcó el ocaso del Imperio español.* ☐ ORTOGR. Dist. de *acaso*.

occidental ▮ adj. **1** Del occidente u oeste, o relacionado con este punto cardinal: *Islandia es el país más occidental de Europa.* ▮ adj./s. **2** De Occidente o relacionado con este conjunto de países: *La economía occidental es principalmente capitalista. Los occidentales tienen una cultura muy diferente a la de los orientales.* ☐ MORF. 1. Como adjetivo es invariable en género. 2. Como sustantivo es de género común y exige concordancia en masculino o en femenino para señalar la diferencia de sexo: *el occidental, la occidental.*

occidente s.m. **1** Oeste: *El sol se pone por el occidente.* **2** Conjunto de países del oeste europeo y del norte del continente americano, caracterizados por regirse generalmente por sistemas democráticos y por practicar una economía de mercado: *Vive en Moscú y no piensa volver a Occidente.* ☐ SINT. En la acepción 1, se usa mucho en aposición, pospuesto a un sustantivo: *Iniciamos la travesía con rumbo occidente.* ☐ USO En la acepción 2, se usa como nombre propio.

occipital ▮ adj. **1** Del occipucio o relacionado con esta parte de la cabeza: *Tiene un fuerte dolor en la región occipital.* ▮ s.m. **2** →**hueso occipital.** 👁 **cráneo** ☐ MORF. Como adjetivo es invariable en género.

occipucio s.m. Parte posterior e inferior de la cabeza, por donde esta se une con las vértebras del cuello: *Se desnucó de un golpe en el occipucio.*

occiso, sa adj./s. En derecho, que ha muerto de manera violenta: *La policía está investigando la identidad de la víctima occisa. El occiso presentaba múltiples heridas de arma blanca.*

occitano, na ▮ adj./s. **1** De Occitania (antigua región del sur francés) o relacionado con ella: *La cultura occitana alcanzó gran esplendor en la Edad Media. Los occitanos difundieron su lengua poética por las cortes europeas.* ▮ s.m. **2** Conjunto de dialectos romances que en la época medieval se hablaban en la zona sur francesa; *lengua de oc, provenzal: El occitano procede del latín.* ☐ MORF. En la acepción 1, como sustantivo se refiere solo a las personas de Occitania.

oceánico, ca adj. Del océano o relacionado con él: *Hay corrientes oceánicas cálidas y frías.*

océano s.m. **1** Mar grande y extenso que cubre la mayor parte de la superficie terrestre: *El océano cubre aproximadamente las tres cuartas partes de nuestro planeta.* **2** Cada una de las cinco partes en que se considera dividida esta gran masa de agua: *Los océanos son el Atlántico, el Pacífico, el Índico, el Glaciar Ártico y el Antártico.* **3** Inmensidad o gran extensión: *Estoy inmersa en un océano de problemas.*

oceanografía s.f. Ciencia que estudia los océanos y los mares: *Se especializó en oceanografía y está estudiando la flora marina de las costas canarias.*

oceanográfico, ca adj. De la oceanografía o relacionado con esta ciencia: *Los buques oceanográficos están dotados de medios tecnológicos muy avanzados.*

ocelo s.m. **1** En un artrópodo, esp. en un insecto, cada uno de los ojos simples que forman el ojo compuesto: *Los ojos de las moscas están formados por ocelos.* **2** En las alas de algunos insectos o en las plumas de algunas aves, dibujo redondeado y de dos colores: *Muchas mariposas tienen vistosos ocelos en las alas.*

ocelote s.m. Mamífero carnívoro de pequeño tamaño, pelaje brillante y suave con manchas más oscuras, que vive en los bosques, caza de noche y se alimenta de aves, ratas y pequeños mamíferos: *Los ocelotes son característicos de la fauna americana.* ☐ MORF. Es un sustantivo epiceno y la diferencia de sexo se señala mediante la oposición *el ocelote {macho/hembra}.* 👁 **felino**

ochavo s.m. **1** Antigua moneda española de cobre, con peso de un octavo de onza y valor de dos maravedíes; *chavo: El ochavo se acuñó hasta mediados del siglo XIX.* **2** ‖ **no tener (ni) un ochavo.** *col.* No tener dinero: *¿Me prestas dinero, que no tengo un ochavo?*

ochenta ▮ numer. **1** Número 80: *Este autobús tiene plazas para ochenta pasajeros. Cuarenta más cuarenta son ochenta.* ▮ s.m. **2** Signo que representa este número: *Los romanos escribían el ochenta como 'LXXX'.* ☐ MORF. 1. Como numeral es invariable en género y en número. 2. →APÉNDICE DE PRONOMBRES.

ochentavo, va numer. Referido a una parte, que constituye un todo junto con otras setenta y nueve iguales a ella; *octogésimo: 2 es la ochentava parte de 160. Como somos 80, tocamos a un ochentavo.* ☐ MORF. →APÉNDICE DE PRONOMBRES.

ochentón, a adj./s. *col.* Referido a una persona, que tiene más de ochenta años y aún no ha cumplido los noventa: *No nos quiere decir cuántos años tiene, pero creemos que es ochentón. Mi abuela se casó en segundas nupcias con un ochentón muy simpático.*

ocho ▮ numer. **1** Número 8: *Sin contar los pulgares, en las dos manos hay ocho dedos. Tres más cinco son ocho.* ▮ s.m. **2** Signo que representa este número: *Los romanos escribían el ocho como 'VIII'.* 👁 **acrobacia** **3** ‖ **dar igual ocho que ochenta.** *col.* Resultar indiferente o no importar nada: *No me extraña que se quede tan fresco, porque a ese le da igual ocho que ochenta.* ☐ MORF. 1. Como numeral es invariable en género y en número. 2. →APÉNDICE DE PRONOMBRES.

ochocientos, tas ▮ numer. **1** Número 800: *A la fiesta asistieron ochocientos invitados. Ochocientos y cien suman novecientos.* ▮ s.m. **2** Conjunto de signos que representan este número: *Los romanos escribían el ochocientos como 'DCCC'.* ☐ MORF. 1. Como numeral es invariable en número. 2. Incorr. *página {*ochocientos › ochocientas}.* 3. →APÉNDICE DE PRONOMBRES.

ocio s.m. Tiempo libre, fuera de las obligaciones y ocupaciones habituales: *En mis ratos de ocio me encanta pasear.*

ociosidad s.f. Estado de quien tiene tiempo de ocio o permanece en situación de inactividad: *Se dice que la ociosidad es la madre de todos los vicios.*

ocioso, sa adj. **1** Inútil, innecesario o sin provecho: *Esas preguntas sobre mi vida privada son ociosas, porque esto es una entrevista sobre mi trabajo.* **2** Que no tiene el uso o el ejercicio al que está destinado: *Yo ya no lo necesito y prefiero que lo uses tú a tenerlo aquí ocioso.* **3** Referido a una persona, que está inactiva o no trabaja porque no tiene qué hacer, porque no quiere hacerlo o porque ha terminado sus obligaciones: *No ha entrado ningún cliente y llevo ociosa toda la mañana.*

oclusión s.f. **1** En medicina, cierre u obstrucción de un conducto de forma que no se pueda abrir por medios naturales: *Tuvieron que operarlo a causa de una oclusión intestinal.* **2** En fonética y fonología, cierre completo del canal vocal en la articulación de un sonido: *Una consonante vibrante tiene en su articulación dos o tres oclusiones.*

oclusivo, va ▮ adj. **1** De la oclusión, que la produce o relacionado con ella: *Le han extirpado un tumor oclusivo en el intestino.* **2** En lingüística, referido a un sonido consonántico, que se articula cerrando momentáneamente los órganos articulatorios y abriéndolos bruscamente para expulsar el aire acumulado: *En español, los sonidos [p] y [t] son oclusivos.* ▮ s.f. **3** Letra que representa este sonido: *La 'b' es una oclusiva.*

ocre ▮ adj./s.m. **1** De color pardo amarillento y oscuro: *En otoño se ven muchos tonos ocres en las hojas de los árboles. Para pintar este paisaje montañoso he utilizado varios ocres.* ▮ s.m. **2** Roca arcillosa de este color, que se deshace fácilmente, es un óxido de hierro y aparece frecuentemente mezclado con arcilla: *El ocre se emplea en pintura.* □ MORF. Como adjetivo es invariable en género.

octaedro s.m. Cuerpo geométrico limitado por ocho polígonos o caras: *Las caras del octaedro regular son ocho triángulos equiláteros.*

octagonal adj. Del octógono o con su forma; *octogonal: En la sala de juntas hay una mesa octagonal para ocho personas.* □ MORF. Invariable en género.

octágono, na adj./s.m. →**octógono, na.**

octanaje s.m. Número o porcentaje de octano de la gasolina: *No todas las gasolinas tienen el mismo octanaje.*

octano s.m. Unidad en la que se expresa el poder antidetonante de la gasolina, para lo que se toma como base una mezcla de hidrocarburos: *Cada gasolina tiene un número de octanos diferente.*

octava s.f. Véase **octavo, va.**

octavilla s.f. **1** Hoja o impreso propagandísticos, de tema político o ideológico, y generalmente de pequeño formato: *Durante la dictadura, se repartían octavillas subversivas clandestinamente.* **2** En métrica, estrofa formada por ocho versos de arte menor, de rima consonante, y cuyos esquemas más frecuentes son *abbecdde* y *ababbccb*: *La octavilla fue una estrofa muy utilizada en los cancioneros del siglo XV.*

octavo, va ▮ numer. **1** En una serie, que ocupa el lugar número ocho: *Es un documento del siglo octavo. Llegué la octava a la meta.* **2** Referido a una parte, que constituye un todo junto con otras siete iguales a ella: *Se comió la octava parte del bizcocho. 2 es un octavo de 16.* ▮ s.f. **3** En métrica, estrofa o combinación de ocho versos: *Las octavas más frecuentes son combinaciones de ocho endecasílabos.* **4** En música, serie de ocho notas constituida por los siete sonidos de una escala y la repetición del primero de ellos: *Cantaron una melodía a dos voces, empezando el uno en una octava más aguda que el otro.* **5** En la Iglesia católica, período de ocho días que dura la celebración de una fiesta solemne, o último de estos días: *Si hoy es domingo de Pascua, el domingo que viene se celebra su octava.* **6** ‖ **octava {real/rima}.** Estrofa de origen italiano, formada por ocho versos endecasílabos de rima consonante, cuyo esquema es *ABABABCC*: *La octava real fue introducida en España en el siglo XVI por el poeta Boscán.* ‖ **octavos de final.** En una competición deportiva, fase eliminatoria en la que se enfrentan dieciséis participantes, de los cuales solo pasan a la fase siguiente los ocho que resulten vencedores: *Se enfrentaron en octavos de final y ganó la tenista española.* □ MORF. →APÉNDICE DE PRONOMBRES.

octeto s.m. **1** Composición musical escrita para ocho instrumentos o para ocho voces: *Compuso un octeto para arpa y siete violines.* **2** Conjunto formado por este número de instrumentos o de voces: *Los ocho amigos se conocieron en el conservatorio y formaron un octeto.*

octogenario, ria adj./s. Que tiene más de ochenta años y aún no ha cumplido los noventa: *Mi abuela es una mujer octogenaria y llena de vitalidad. Algunos octogenarios se reúnen aquí a jugar a las cartas.*

octogésimo, ma numer. **1** En una serie, que ocupa el lugar número 80: *Llegó en la octogésima posición. Es la octogésima entre 100 aspirantes.* **2** Referido a una parte, que constituye un todo junto con otras setenta y nueve iguales a ella; *ochentavo: La octogésima parte de 80 es 1. Esta balanza tiene tal precisión que puede pesar una octogésima de gramo.* □ MORF. 1. *Octogésima primera* (incorr. **octogésimo primera*), etc. 2. →APÉNDICE DE PRONOMBRES.

octogonal adj. →**octagonal.** □ MORF. Invariable en género.

octógono, na adj./s.m. En geometría, referido a un polígono, que tiene ocho lados y ocho ángulos; *octágono: La señal de 'STOP' es un octógono.*

octópodo, da ▮ adj./s. **1** Referido a un molusco, que tiene ocho tentáculos con ventosas: *Los moluscos octópodos utilizan las ventosas para sujetarse a las rocas o para atrapar a otros peces. El pulpo es un octópodo.* ▮ s.m.pl. **2** En zoología, orden de estos moluscos: *Los moluscos que pertenecen a los octópodos tienen todos los tentáculos aproximadamente del mismo tamaño.*

octosilábico, ca adj. **1** Del octosílabo, en octosílabos o relacionado con este tipo de verso: *La redondilla es una estrofa normalmente octosilábica.* **2** →**octosílabo, ba.**

octosílabo, ba adj./s.m. De ocho sílabas, esp. referido a un verso: *Los versos octosílabos son de arte menor. El octosílabo es muy frecuente en la lírica tradicional castellana.* □ SEM. Como adjetivo, es sinónimo de *octosilábico*.

octubre s.m. Décimo mes del año, entre septiembre y noviembre: *Octubre tiene 31 días.*

óctuple numer. Referido a una cantidad, que es ocho veces mayor; *óctuplo: 40 es un número óctuple de 5. ¿Cuál es el óctuple de dos?* □ MORF. 1. Invariable en género. 2. →APÉNDICE DE PRONOMBRES.

óctuplo, pla numer. →**óctuple.**

ocular ▮ adj. **1** Del ojo o relacionado con este órgano de la vista; *oftálmico: Tengo una infección ocular y necesito un colirio.* **2** Realizado con los ojos o con la vista: *Fue testigo ocular del asesinato.* ▮ s.m. **3** En algunos aparatos ópticos, parte por la que mira el observador: *Para ver por el microscopio, tienes que colocar el ojo en el ocular.* □ MORF. Como adjetivo es invariable en género.

oculista s. Médico especialista en las enfermedades de los ojos: *El oculista me aconsejó que no utilizara lentillas.* □ MORF. Es de género común y exige concordancia en masculino o en femenino para señalar la diferencia de sexo: *el oculista, la oculista.*

ocultación s.f. Encubrimiento de algo para impedir que sea visto, sabido o notado: *Se le acusa de ocultación de pruebas.*

ocultar v. **1** Esconder, tapar, encubrir a la vista o impedir que se note: *Se ocultó detrás de una columna.* **2** Referido a algo que se debe decir, callarlo voluntariamente o falsearlo: *Dice que me lo cuenta todo, pero intuyo que me oculta algo.*

ocultismo s.m. Conjunto de conocimientos o de prácticas que tratan de dominar los fenómenos que carecen de explicación racional y no pueden ser demostrados científicamente: *El ocultismo intenta penetrar en los más profundos secretos de las fuerzas de la naturaleza.*

ocultista adj. Del ocultismo o relacionado con este conjunto de conocimientos o de prácticas: *Las prácticas ocultistas me dan miedo porque desconozco el alcance que puedan tener.* □ MORF. Invariable en género.

oculto, ta adj. Escondido, encubierto a la vista, disimulado o ignorado: *Se escapó oculta en el maletero de un coche.*

ocupa s. *col.* Persona que vive ilegalmente en una vivienda deshabitada; *okupa: Los ocupas han proliferado en las grandes ciudades.* □ MORF. Es de género común y exige concordancia en masculino o en femenino para señalar la diferencia de sexo: *el ocupa, la ocupa.*

ocupación s.f. **1** Actividad o trabajo en los que una persona emplea su tiempo: *Mi principal ocupación es el estudio.* **2** Preocupación o responsabilidad: *No nos vemos nunca porque tiene numerosas ocupaciones.* **3** Utilización o uso de algo: *Cuando vieron que la ocupación de los asientos era total, cerraron las puertas del local.* **4** Invasión, toma de posesión o apropiación de un lugar, esp. si es de forma violenta o ilegal: *La ocupación del ministerio por parte de los huelguistas dio lugar a la intervención policial.* □ MORF. La acepción 2 se usa más en plural.

ocupacional adj. De la ocupación laboral o relacionado con ella: *Se ha inaugurado un nuevo taller ocupacional para deficientes.* □ MORF. Invariable en género.

ocupar ▌v. **1** Referido a un espacio o a un tiempo, llenarlos: *Los libros ocupan toda su mesa de trabajo. Terminar este trabajo me ocupará tres horas.* **2** Referido a un objeto, utilizarlo de forma que nadie más pueda hacerlo: *No puedo pasar al servicio porque está ocupado.* **3** Referido a un lugar, habitarlo o instalarse en él: *Un abogado ocupará la oficina de enfrente.* **4** Referido a un lugar, invadirlo o apoderarse de él, esp. si es de forma violenta o ilegal: *Los manifestantes ocuparon la fábrica.* **5** Referido a un cargo o a un empleo, obtenerlo, desempeñarlo o tomar posesión de él: *Hace dos años que ocupa la vicepresidencia.* **6** Referido a una persona, darle qué hacer o en qué trabajar: *Me pidió que ocupara a su hijo en mi empresa.* ▌prnl. **7** Referido a una tarea o a un asunto, emplearse en ellos o asumir su responsabilidad: *¿Quién se ocupará de organizar la fiesta?* **8** Referido esp. a una persona, preocuparse de ella o prestarle atención: *Se ocupa de su anciana madre.* □ SINT. 1. Constr. de la acepción 6: *ocupar a alguien* EN *algo.* 2. Constr. de las acepciones 7 y 8: *ocuparse* DE {algo/alguien}.

ocurrencia s.f. **1** Idea repentina e inesperada: *Temo tus ocurrencias, porque siempre nos metes en algún embrollo.* **2** Hecho o dicho ingeniosos u originales: *Nos reímos mucho con él, porque tiene cada ocurrencia...*

ocurrir ▌v. **1** Suceder o acontecer: *¿Qué te ocurre, que estás tan pálido? Cuéntame cómo ocurrió.* ▌prnl. **2** Referido esp. a una idea, venirse a la mente de repente o tener intención de hacerla: *Como se te ocurra hacer eso, te vas a enterar.* □ MORF. Es verbo defectivo: solo se usa en tercera persona y en las formas no personales (infinitivo, gerundio y participio).

oda s.f. Composición poética lírica de tono elevado, generalmente extensa y dividida en estrofas o partes iguales: *Uno de los mejores poemas de fray Luis de León es su 'Oda a la vida retirada'.*

odalisca s.f. Esclava o concubina turca: *La protagonista de la película era una odalisca que servía a las esposas del sultán.*

odeón s.m. Teatro o lugar destinados a la representación de espectáculos musicales, esp. de óperas: *Resultan sorprendentes las buenas condiciones acústicas de los antiguos odeones griegos que aún se conservan.*

odiar v. Sentir odio o un fuerte sentimiento de antipatía, aversión y rechazo: *No digas que me odias, porque yo sé que me aprecias. Odio tener que madrugar.* □ ORTOGR. La *i* nunca lleva tilde.

odio s.m. Sentimiento muy acentuado de hostilidad, antipatía y rechazo: *Debes combatir el odio con amor.*

odioso, sa adj. **1** Que merece o provoca un sentimiento de odio: *No soporto esa odiosa sonrisa que pone delante del jefe.* **2** *col.* Muy desagradable o muy antipático: *Hoy hace un tiempo odioso, y no apetece salir a la calle.*

odisea s.f. Sucesión de dificultades, aventuras y problemas que le ocurren a alguien (por alusión al viaje del griego Odiseo, relatado por Homero en su poema épico 'La Odisea'): *Su odisea a través del desierto terminó felizmente.*

odontología s.f. Estudio de los dientes y de sus enfermedades: *Estudia odontología para ser dentista el día de mañana.*

odontológico, ca adj. De la odontología o relacionado con este estudio: *Trabajo como enfermera en una clínica odontológica.*

odontólogo, ga s. Especialista en odontología: *La odontóloga me ha empastado dos muelas.*

odorífero, ra adj. Que huele bien, que tiene buen olor o fragancia: *Las rosas son odoríferas.*

odre s.m. Recipiente hecho de piel de cabra o de otro animal y que sirve para contener líquidos, generalmente vino o aceite; *cuero, pellejo: Hay que frotar los odres con pez para que no se pudran.*

oeste s.m. **1** Punto cardinal que cae hacia donde se pone el sol: *Esta habitación está orientada al oeste, y le da el sol por las tardes.* **2** Respecto de un lugar, otro que cae hacia este punto: *Antes de la llegada de los blancos, el oeste norteamericano estaba poblado por tribus indias.* **3** Viento que sopla o viene de dicho punto: *El oeste levantó un fuerte oleaje.* □ SINT. Se usa mucho en aposición, pospuesto a un sustantivo: *El enemigo atacó por el flanco oeste.*

ofender ▌v. **1** Hacer o decir algo que molesta o que demuestra desprecio y falta de respeto: *Ofendió a su familia con aquellos insultos.* **2** Producir o causar una impresión desagradable en los sentidos, o atentar contra lo que se considera de buen gusto o de buena educación: *Esta película tan violenta ofende mi sensibilidad.* ▌prnl.

3 Enfadarse por sentirse insultado o despreciado: *Se ofendió porque le dije que estaba muy gordo.*

ofensa s.f. **1** Hecho o dicho que molestan o demuestran desprecio y falta de respeto: *Esa acusación es una ofensa que no olvidaré.* **2** Impresión desagradable que molesta a los sentidos, o atentado contra lo que se considera de buen gusto o de buena educación: *Esa corbata tan horrorosa es una ofensa a la elegancia.*

ofensivo, va ▮ adj. **1** Que ofende o puede ofender: *Me parece ofensivo que presumas de tus riquezas delante de gente necesitada.* **2** Que sirve para atacar: *Los cañones y los tanques son armas ofensivas.* ▮ s.f. **3** Ataque que una fuerza militar realiza contra otra para destruirla o vencerla, o para ocupar uno o varios objetivos: *La conquista de la capital se consiguió tras la ofensiva de las tropas aliadas.* **4** Actuación que se emprende para conseguir algo: *Algunas naciones democráticas han lanzado una ofensiva diplomática para que se respeten los derechos humanos.*

ofensor, -a adj./s. Que ofende, molesta o demuestra desprecio y falta de respeto: *Condenaron a dos meses al periodista ofensor por las calumnias que escribió. Si tú eres el ofensor, debes disculparte.*

oferente adj./s. Que ofrece, referido esp. a quien ofrece oraciones o promesas a una divinidad para obtener su ayuda: *Los fieles oferentes subieron a pie hasta el santuario. La oferente se arrodilló ante la imagen del santo patrón.* ☐ MORF. 1. Como adjetivo es invariable en género. 2. Como sustantivo es de género común y exige concordancia en masculino o en femenino para señalar la diferencia de sexo: *el oferente, la oferente.*

oferta s.f. **1** Ofrecimiento o propuesta de dar, cumplir o realizar algo: *La oferta de espectáculos de este fin de semana es muy amplia.* **2** Presentación o anuncio de un producto para su venta, esp. si está rebajado de precio: *En esta tienda hay una oferta de televisores y de equipos de música.* **3** Producto que se vende a precio rebajado: *Esta camisa es una oferta, y por eso sale tan barata.* **4** En economía, cantidad de mercancías o conjunto de servicios que se ofrecen en el mercado: *Bajaron los precios de los automóviles por el exceso de oferta.* **5** ‖ **estar {de/en} oferta.** Tener el precio muy rebajado: *Aproveche y llévese este queso, que está de oferta.*

ofertar v. **1** Referido a un producto, ofrecerlo en venta a un precio rebajado: *Los grandes almacenes ofertan sus artículos por fin de temporada.* **2** →**ofrecer.**

ofertorio s.m. Parte de la misa en la que el sacerdote ofrece el pan y el vino a Dios antes de consagrarlos: *Durante el ofertorio, el coro cantó un salmo.*

off (anglicismo) s.m. **1** En un aparato eléctrico, posición que indica que dicho aparato no está conectado o en funcionamiento: *Dale al off de la radio, que no quiero oír más música.* **2** ‖ **en off.** En cine, en teatro o en televisión, referido a una voz, que se oye de fondo pero no pertenece a ninguno de los personajes que aparecen en la pantalla: *Una voz en off iba narrando la historia, como si fuera el padre del protagonista el que hablase.* ‖ **off the record.** Referido a una información, que ha sido transmitida de manera confidencial y extraoficial, y no debe hacerse pública: *El periodista no publicó las opiniones del político porque fueron dichas off the record.* ☐ PRON. [of de rékord], con la *d* final suave y [en of]. ☐ USO El uso de *'off the record'* es innecesario y puede sustituirse por una expresión como *de manera confidencial.*

office (anglicismo) s.m. Habitación contigua a la cocina y comunicada con ella: *Cierra la puerta del office para que no entre el olor a fritura.* ☐ PRON. [ófis].

offset (anglicismo) s.m. →**ófset.** ☐ PRON. [ófset].

oficial ▮ adj. **1** Que tiene autenticidad y emana de una autoridad derivada del Estado, y no es particular o privado: *Necesito un impreso oficial para hacer la solicitud de la beca.* **2** Referido esp. a una institución, que es costeada con fondos públicos y depende del Estado o de las entidades territoriales: *Es un centro oficial de enseñanza.* **3** Referido a un alumno, que se encuentra inscrito en un centro dependiente del Estado y que está obligado a asistir a las clases para poder ser examinado: *Los alumnos oficiales harán el examen antes que los libres.* **4** ▮ s. En los Ejércitos de Tierra y del Aire y en la Armada, persona cuyo empleo militar es superior al de suboficial superior: *La categoría de oficial va desde teniente a capitán general en los Ejércitos de Tierra y del Aire, y desde alférez de navío a capitán general en la Armada.* **5** En los Ejércitos de Tierra y del Aire y en la Armada, persona cuya categoría militar es superior a la de suboficial e inferior a la de jefe: *La categoría de oficial en los Ejércitos de Tierra y del Aire comprende los empleos de alférez, teniente y capitán.* **6** En una oficina, persona que trabaja en tareas administrativas y cuya categoría profesional es superior a la de auxiliar e inferior a la de jefe. ☐ MORF. 1. Como adjetivo es invariable en género. 2. Como sustantivo es de género común y exige concordancia en masculino o en femenino para señalar la diferencia de sexo: *el oficial, la oficial.* ☐ SEM. En la acepción 1, dist. de *oficioso* (sin validez oficial).

oficial, -a s. En un oficio manual, persona que ha terminado el aprendizaje pero no es maestra: *Lleva muchos años ejerciendo como oficiala de peluquería.*

oficialía s.f. En el Ejército o en la Administración pública, categoría, cargo o grado de oficial de contaduría, secretaría o semejante: *Obtuvo la oficialía al ser nombrado auxiliar en la oficina de materiales y armamento. Prepara unas oposiciones para tener una oficialía.*

oficialidad s.f. Validez o autenticidad de lo que es oficial: *La oficialidad de la noticia se puso en duda al no ser confirmada por nadie.*

oficiante s.m. Sacerdote que celebra o dirige un acto o una ceremonia religiosos: *El párroco es el oficiante de la misa de doce.*

oficiar v. **1** Referido a un acto religioso o a una ceremonia, celebrarlos o dirigirlos: *El obispo ofició la misa ayudado por tres sacerdotes.* **2** Seguido de la preposición 'de', actuar haciendo la función que se indica: *El Ministerio de Industria ofició de mediador en el conflicto laboral.* ☐ ORTOGR. La *i* nunca lleva tilde.

oficina s.f. **1** Lugar en el que se realizan tareas burocráticas o administrativas: *Las oficinas de la empresa están en el centro de la ciudad.* **2** Lugar donde se hace, se ordena o se trabaja algo: *Fue a la oficina de correos para mandar una carta certificada.*

oficinista s. Persona que se dedica profesionalmente a las tareas burocráticas o administrativas en una oficina: *Los oficinistas suelen dominar la mecanografía, la taquigrafía y la contabilidad.* ☐ MORF. Es de género común y exige concordancia en masculino o en femenino para señalar la diferencia de sexo: *el oficinista, la oficinista.*

oficio s.m. **1** Trabajo o profesión, esp. si es manual: *Tiene oficio de carpintero en una serrería.* **2** Función propia de algo: *Uno de los oficios del sustantivo en la oración es*

a b c d e f g h i j k l m n ñ o p q r s t u v w x y z

hacer de sujeto. **3** Comunicación escrita y oficial que realiza un organismo de la Administración del Estado sobre asuntos relacionado con el servicio público: *El oficio que le llegó estaba firmado por el secretario del Ministerio de Hacienda.* **4** Ceremonia religiosa, esp. la de Semana Santa: *Siempre asisto a los oficios de Semana Santa y a las procesiones.* **5** ‖ **de oficio. 1** Referido a un abogado, que defiende de forma gratuita en un juicio a los procesados que no han nombrado un defensor propio: *A los abogados de oficio los paga el Ministerio de Justicia a través del Colegio de Abogados.* **2** Referido a una diligencia judicial, que se inicia por ley sin que lo solicite nadie: *La investigación sobre el asesinato se hizo de oficio.* ‖ **sin oficio ni beneficio.** *col.* Sin tener profesión u ocupación: *Es un holgazán que está sin oficio ni beneficio.* ☐ MORF. La acepción 4 se usa más en plural.

oficiosidad s.f. Falta de validez oficial: *Mientras ningún organismo verifique la noticia, se mantendrá su oficiosidad.*

oficioso, sa adj. Referido esp. a una información, que no tiene validez oficial, aunque procede de una fuente autorizada: *La marca del atleta todavía es oficiosa, y estamos en espera de su confirmación oficial.* ☐ SEM. Dist. de *oficial* (con carácter o confirmación oficial).

ofidio ▮ adj./s.m. **1** Referido a un reptil, que tiene el cuerpo cilíndrico, escamoso y alargado, carente de extremidades, y provisto de boca, estómago y tronco dilatables: *Las culebras y las víboras son reptiles ofidios. La boa es un ofidio no venenoso.* ▮ s.m.pl. **2** En zoología, grupo de estos reptiles: *Algunos reptiles que pertenecen a los ofidios tienen una glándula que segrega veneno.*

ofimática s.f. **1** Aplicación de los recursos y programas informáticos en el trabajo de oficina: *Algunos opinan que la ofimática es ya una rama de la informática.* **2** Conjunto de estos recursos y programas: *La ofimática manejada en esta empresa ha mejorado en extremo el ritmo de trabajo.*

ofiura s.f. Animal marino con cinco brazos largos, delgados y cilíndricos, y con un disco central bien diferenciado: *Las ofiuras son muy parecidas a las estrellas de mar.*

ofrecer ▮ v. **1** Presentar o dar voluntariamente: *Te ofrezco mi ayuda para lo que necesites.* **2** Presentar, manifestar o mostrar: *Este trabajo ofrece muchas dificultades.* **3** Dar o celebrar: *Le ofrecimos una fiesta de despedida.* **4** Prometer hacer o dar: *Ofrezco una gratificación a quien encuentre a mi perrito.* **5** Referido a un esfuerzo o a un sacrificio, consagrarlos a una divinidad o dedicarlos a una causa noble: *Ofreció varias misas por su difunto esposo.* **6** Referido a una cantidad de dinero, decir lo que se está dispuesto a pagar: *¿Cuánto me ofreces por el coche?* ▮ prnl. **7** Referido a una acción, mostrar disposición para hacerla o presentarse voluntario para ello: *Estuvo muy amable cuando se ofreció a llevarme a casa.* **8** Referido a un suceso, ocurrir o suceder: *En tiempos de crisis hay que estar preparado para cualquier cosa que pueda ofrecerse.* **9** ‖ **ofrecérsele** algo a alguien. Desearlo o necesitarlo: *¿Qué se te ofrece tan temprano?* ☐ MORF. Irreg.: Aparece una *z* delante de la *c* cuando la siguen *a, o* →**PARECER**. ☐ SEM. En las acepciones 4 y 6, es sinónimo de *ofertar*.

ofrecimiento s.m. **1** Proposición, propuesta u oferta: *Gracias, pero no puedo aceptar tu ofrecimiento.* **2** Promesa de dar o de hacer algo: *No olvides mi ofrecimiento de ayuda incondicional.* **3** Consagración a una divinidad o dedicación a una causa noble: *Cuando enfermó su hijo, lo primero en que pensó fue en el ofrecimiento de su dolor a la Virgen.*

ofrenda s.f. Ofrecimiento o donación en un gesto de gratitud, de amor o de respeto: *El sacerdote hizo la ofrenda del pan y del vino a Dios.*

ofrendar v. Ofrecer o entregar en un gesto de gratitud, de amor o de respeto: *Ofrendaron a la Virgen un hermoso ramo de flores.*

ófset s.m. **1** En imprenta, procedimiento de impresión en el que el molde o plancha no imprime directamente sobre el papel, sino sobre un cilindro de caucho que, a su vez, imprime sobre el papel: *Usan el ófset para imprimir el periódico del colegio.* **2** En imprenta, máquina que emplea este sistema de impresión: *Si no arreglan pronto el ófset, no podremos sacar la revista a tiempo.* ☐ USO Es innecesario el uso del anglicismo *offset*.

oftalmia u **oftalmía** s.f. Inflamación de los ojos: *El oculista me recetó unas gotas para curarme la oftalmia.* ☐ USO *Oftalmía* es el término menos usual.

oftálmico, ca adj. Del ojo o relacionado con este órgano de la vista; *ocular: Le recetaron un colirio oftálmico.*

oftalmología s.f. Parte de la medicina que estudia las enfermedades de los ojos: *El especialista en oftalmología trata de corregir los defectos de la visión.*

oftalmológico, ca adj. De la oftalmología o relacionado con esta parte de la medicina: *Ha ido a probarse unas lentillas a una clínica oftalmológica.*

oftalmólogo, ga s. Médico especialista en oftalmología: *Lo operará de cataratas una oftalmóloga famosa.*

ofuscación s.f. Trastorno o confusión del entendimiento; *ofuscamiento: El odio lleva siempre a la ofuscación de quien lo experimenta.*

ofuscamiento s.m. →**ofuscación.**

ofuscar v. Referido al entendimiento, trastornarlo o confundirlo: *La ira te ofusca la razón y no te deja pensar con claridad. Se ofuscó por la avaricia y perdió todo su dinero.* ☐ ORTOGR. La *c* cambia en *qu* delante de *e* →**SACAR.**

ogro s.m. **1** Ser fantástico con forma humana y de tamaño gigantesco: *El ogro del cuento se comía a los niños.* **2** *col.* Persona desagradable, cruel o de mal carácter: *Mi hermana es un ogro cuando se enfada.*

oh interj. Expresión que se usa para indicar extrañeza, sorpresa, admiración o disgusto: *¡Oh, qué vestido más bonito llevas! ¡Oh, no me esperaba este suspenso!*

ohm s.m. →**ohmio.** ☐ ORTOGR. Es la denominación internacional del *ohmio.* ☐ MORF. Su plural es *ohms.*

ohmio s.m. En el Sistema Internacional, unidad de resistencia eléctrica que equivale a la resistencia que existe entre dos puntos de un conductor cuando una diferencia de potencial constante de un voltio produce una corriente de intensidad de un amperio: *El símbolo del ohmio es la letra griega omega Ω.* ☐ ORTOGR. Es la denominación internacional del *ohmio.*

oídas ‖ **de oídas.** Por haberlo oído de otros y no por propia experiencia: *No sé si es un buen restaurante o no, porque solo lo conozco de oídas.*

oído s.m. **1** Sentido corporal que permite percibir los sonidos: *Los cinco sentidos son el oído, la vista, el gusto, el tacto y el olfato.* **2** En anatomía, órgano que sirve para percibir los sonidos: *El oído de las personas consta de tres partes: el oído externo, el oído medio y el oído interno.* 👁 oído **3** *col.* En el aparato auditivo, parte interior: *El bebé llora porque tiene una inflamación de oídos.* **4** Aptitud o capacidad para percibir y reproducir los sonidos musicales: *Solfea muy bien porque tiene muy buen oído.* **5** ‖ **abrir {el oído/los oídos}.** Escuchar u oír con atención: *Abre bien los oídos, porque no te lo repetiré más veces.* ‖ **al oído.** Referido al modo de hablar, en voz muy baja y acercándose mucho al oyente para que nadie más pueda oír: *Es de mala educación decir secretos al oído delante de otras personas.* ‖ **{dar/prestar} oídos.** Creer lo que se dice o escucharlo con gusto: *No prestes oídos a los cotilleos.* ‖ **de oído.** Referido a la forma de aprender o interpretar música, por uno mismo, sin estudiar: *Toca el piano de oído, porque nunca estudió solfeo.* ‖ **duro de oído.** Referido a una persona, que es un poco sorda: *Háblale más alto porque es algo duro de oído.* ‖ **entrar por un oído y salir por el otro.** No hacer efecto: *Mis regañinas le entran por un oído y le salen por el otro.* ‖ **llegar a oídos de** alguien. Llegar a su conocimiento: *Ha llegado a mis oídos la noticia de que te casas.* ‖ **regalar el oído.** *col.* Alabar y elogiar diciendo cosas agradables: *No pienses que regalando el oído a tu jefe te van a ascender.* ‖ **ser todo oídos.** Escuchar con atención o curiosidad: *Cuéntame qué planes tienes, que soy toda oídos.*

oiga interj. Expresión que se usa para llamar la atención del oyente e indicar extrañeza, sorpresa, admiración o disgusto: *¡Oiga, deje de molestarme si no quiere que llame a la policía!* □ USO Se usa cuando el hablante trata de usted al oyente, frente a *oye*, que se usa cuando lo trata de tú.

oíl →**lengua de oíl.**

oír v. **1** Referido a un sonido, percibirlo por medio del oído: *Se levantó de la cama al oír un ruido sospechoso.* **2** Referido a un ruego o a un aviso, atenderlos: *La empresa oirá las propuestas de los sindicatos si se desconvoca el paro de la próxima semana.* **3** Referido a aquello de que se habla, hacerse cargo de ello o darse por enterado: *¿Estás oyendo lo que te digo, o te lo repito?* **4** En derecho, referido a lo expuesto por las partes antes de resolver un caso, admitirlo una autoridad, esp. un juez: *El juez dictó sentencia después de oír las alegaciones del fiscal y del abogado.* **5** ‖ **como quien oye llover.** *col.* Sin prestar atención o sin hacer caso: *Si se meten contigo, tú, como quien oye llover.* □ MORF. Irreg. →**OÍR.** □ SEM. Dist. de *escuchar* (oír con atención).

ojal s.m. En una prenda de vestir, pequeña abertura alargada y reforzada con hilo en sus bordes, hecha para pasar por ella un botón y abrocharlo: *Este botón es demasiado grande para este ojal.* 👁 **costura**

ojalá interj. Expresión que se usa para indicar un deseo fuerte de que suceda algo: *¡Ojalá mañana no llueva y podamos ir al campo! ¡Ojalá seas muy feliz!*

ojeada s.f. Mirada rápida o superficial, sin fijarse mucho ni prestar gran atención: *Mientras desayunaba, eché una ojeada a los titulares del periódico.*

ojeador, -a s. En caza, persona que se dedica al ojeo o al registro ruidoso del terreno para hacer que los animales salgan de sus escondites y se dirijan al lugar en el que están los cazadores: *Los ojeadores espantaban la caza hacia los puestos en los que estaban apostados los cazadores.*

ojear v. **1** Mirar de manera rápida y superficial, sin fijarse ni prestar gran atención: *Ojeó los titulares de los periódicos expuestos en el quiosco.* **2** En caza, referido a los animales, espantarlos haciendo ruido para que salgan de sus escondites y se dirijan hacia el lugar en el que están los cazadores: *Algunos hombres ojearon a las perdices hasta la línea de tiro.* □ SEM. Dist. de *hojear* (pasar las hojas de un texto escrito).

ojén s.m. Aguardiente preparado con anís y con azúcar, originario de Ojén (localidad malagueña): *Una copa de ojén después de la comida dicen que es muy digestiva.*

ojeo s.m. En caza, registro ruidoso del terreno para hacer que los animales salgan de sus escondites y se dirijan al lugar donde están los cazadores: *Perros y hombres realizaban el ojeo de las perdices.*

ojera s.f. Mancha o coloración más oscura que se forma en la zona que rodea el párpado inferior del ojo: *¡Qué mala cara tienes, tan pálido y con esas ojeras!* □ MORF. Se usa más en plural.

ojeriza s.f. Antipatía o mala voluntad que se tienen contra alguien; *manía: Dice que el profesor le tiene ojeriza.*

ojeroso, sa adj. Que tiene ojeras: *Llegó pálida y ojerosa porque no había dormido en toda la noche.*

ojete s.m. **1** En un tejido, agujero pequeño y redondo, reforzado en el borde, que sirve como adorno o para pasar por él una cinta: *Al lavar las zapatillas de cordones, se oxidaron los aritos metálicos que refuerzan los ojetes.* **2** Ano: *Le salieron almorranas en el ojete.*

ojímetro ‖ **a ojímetro.** *col.* Haciendo un cálculo aproximado y sin exactitud: *Echó la sal a ojímetro, se pasó y la comida le quedó saladísima.*

ojiva s.f. **1** Figura formada por dos arcos de circunferencia de igual radio que se cortan en uno de sus extremos, de forma que sus concavidades se presentan enfrentadas: *La sección de la bóveda de medio cañón apuntada tiene forma de ojiva.* **2** En arquitectura, arco que tiene esta figura: *La ojiva es un elemento característico de la arquitectura gótica.*

ojival adj. **1** Con forma de ojiva: *El arte gótico usó mucho*

OÍDO

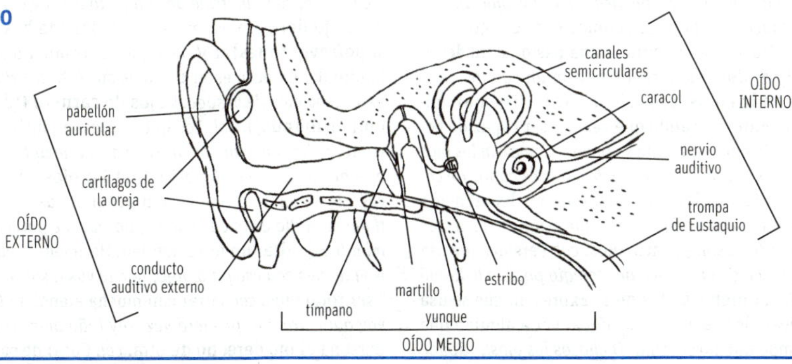

el arco ojival. **2** En arte, del estilo arquitectónico que se desarrolló en Europa durante los tres últimos siglos de la época medieval y que se caracterizó por el empleo de la ojiva para todo tipo de arcos: *Las catedrales de esta región son claramente ojivales.* □ MORF. Invariable en género.

ojo ▌s.m. **1** En una persona o en un animal, órgano que sirve para ver: *El funcionamiento de una cámara fotográfica es semejante al del ojo.* **2** En la cara, parte visible de este órgano: *Tengo tanto sueño que se me cierran los ojos.* **3** Mirada o vista: *Me estoy poniendo nervioso porque no me quita los ojos de encima.* **4** Atención, cuidado o advertencia que se pone en algo: *Ten mucho ojo y no cometas ninguna imprudencia con el coche.* **5** Abertura que atraviesa algo de parte a parte: *Metí el hilo por el ojo de la aguja.* **6** En una herramienta, agujero o abertura para meter los dedos de la mano o el mango con el que se maneja: *El sastre pasó una cuerda por uno de los ojos de las tijeras para colgárselas al cuello.* **7** En una cerradura, agujero por el que se mete la llave: *El ladrón introdujo una horquilla en el ojo de la cerradura y forzó la puerta.* **8** En una masa esponjosa, cada uno de los huecos o cavidades redondeados que tiene: *Compró un queso con ojos.* 👁 **queso** **9** En un puente, cada uno de los espacios abiertos que existen entre dos pilares; *arcada*: *La meta de la regata estaba situada debajo de los ojos del puente.* **10** Manantial o corriente de agua que brota en un llano: *Hicimos estas fotos cuando fuimos a ver los ojos del Guadiana.* **11** Parte central de algo, esp. de una tormenta o de un huracán: *En el ojo del huracán no hay nubes, ni viento ni lluvia.* ▌interj. **12** Expresión que se usa para llamar la atención sobre algo: *En la puerta recién pintada pusieron un cartel con '¡Ojo, mancha!' en letras rojas.* **13** ‖ **a ojo (de buen cubero).** *col.* Calculando aproximadamente, sin medir ni pesar: *Así, a ojo de buen cubero, yo creo que el pez que pescaste pesaría unos tres kilos.* ‖ **a ojos cerrados** o **con los ojos cerrados. 1** Sin reflexionar o sin reparar en los riesgos o inconvenientes que puedan sobrevenir: *No importa dónde sea el viaje y lo que pueda costar, porque me apunto a ojos cerrados.* **2** Sin vacilar o con toda seguridad: *Eso es tan fácil que yo lo hago con los ojos cerrados.* ‖ **a ojos vistas.** De manera visible y clara: *La situación se agrava a ojos vistas.* ‖ **abrir los ojos. 1** *col.* Prestar atención o ponerse en actitud vigilante: *Abre bien los ojos y avísame en cuanto el sospechoso salga de su casa.* **2** Ver o hacer ver las cosas tal como son: *Es muy joven y muy inocente, pero los años le irán abriendo los ojos.* ‖ **cerrar los ojos.** No querer reconocer la existencia o la razón de algo, o no querer saber nada de ello: *No puedes cerrar los ojos ante la terrible situación de tu país.* ‖ **comer con los ojos** a alguien. *col.* Mostrar en la mirada una pasión o un deseo intensos: *Los dos enamorados se comían con los ojos.* ‖ **comer con los ojos.** *col.* Referido a los alimentos, mirarlos fijamente pensando que se va a ser capaz de comer más de lo que realmente se puede: *Come con los ojos y siempre se sirve más de lo que después es capaz de comerse.* ‖ **con {diez/cien/...} ojos.** Con mucha atención o precaución: *En este negocio hay que estar con cien ojos si no quieres fracasar.* ‖ **cuatro ojos.** *col.* Persona que usa gafas: *Se peleó con un chico del colegio porque le llamó 'cuatro ojos'.* ‖ **dichosos los ojos.** Expresión que se usa para indicar alegría o satisfacción al ver a alguien que hacía tiempo que no se veía: *¡Dichosos los ojos!, ¿dónde te has metido en estos últimos meses?* ‖ **echar el ojo a** algo. *col.* Fijarse en ello con el propósito de llegar a tenerlo: *Le he echado el ojo a un libro, y voy a ver si mañana me lo compro.* ‖ **en un abrir (y cerrar) de ojos.** *col.* En un instante, o con mucha brevedad: *En un abrir y cerrar de ojos, me visto y nos vamos de compras.* ‖ **entrar {por el ojo derecho/por el ojo izquierdo}.** *col.* Referido a una persona, ser aceptada con simpatía o con antipatía, respectivamente: *Me entró por el ojo izquierdo, y no puedo ni verlo.* ‖ **entrar por los ojos.** Gustar por su aspecto externo: *La comida entra por los ojos.* ‖ **írsele** a alguien **los ojos tras** algo. Mirarlo con un gran deseo o pasión: *Se le iban los ojos tras el precioso collar de diamantes de una de las damas de la fiesta.* ‖ **mirar con {buenos ojos/malos ojos}** a alguien. Acogerlo con simpatía o antipatía, respectivamente: *Me dijo que estaba muy guapa, pero es que siempre me mira con buenos ojos.* ‖ **mirar con otros ojos.** Cambiar el concepto, la estimación o el aprecio que se tienen de algo: *Ahora me mira con otros ojos, pero antes me odiaba a matar.* ‖ **no pegar ojo.** *col.* No poder dormir: *No pegué ojo en toda la noche.* ‖ **no tener ojos en la cara.** *col.* Referido a una persona, no darse cuenta de lo que es muy claro o evidente: *¿Es que no tienes ojos en la cara, que casi me atropellas?* ‖ **ojo a la funerala.** *col.* El que tiene el párpado amoratado como consecuencia de un golpe: *Ocultó su ojo a la funerala bajo unas gafas oscuras.* ‖ **ojo al parche.** *col.* Expresión que se usa para avisar: *¡Ojo al parche, que ya vienen!* ‖ **ojo avizor.** Alerta o con cuidado: *Estad ojo avizor para que no os timen.* ‖ **ojo (clínico).** Capacidad especial que tiene una persona para apreciar o captar con facilidad las circunstancias de algo o sus cualidades: *Si yo tuviera ese ojo clínico para juzgar a la gente, me dedicaría a la relaciones públicas.* ‖ **ojo compuesto.** En un artrópodo, el que está formado por numerosos ojos simples u ocelos: *El saltamontes común tiene un par de ojos compuestos y tres ojos simples.* ‖ **ojo con.** Expresión que se usa para indicar advertencia, aviso o amenaza: *¡Ojo con meterte conmigo, o lo lamentarás!* ‖ **ojo de buey.** Ventana pequeña y circular, esp. la que tienen los barcos en la parte superior del casco: *Desde el ojo de buey vi el puerto cada vez más cerca.* ‖ **ojo de {gallo/pollo}.** Callo redondo y algo cóncavo hacia el centro, que se forma generalmente en los dedos de los pies: *Acudió al cirujano para que le quitara varios ojos de gallo.* ‖ **ojo de gato.** Variedad de ágata de forma circular, color blanco amarillento y con fibras minerales: *El ojo de gato se emplea como piedra de adorno.* ‖ **ojo de perdiz.** Tejido que tiene en el cruce de los hilos un adorno en forma de lenteja: *Me he comprado un traje de chaqueta gris de ojo de perdiz.* ‖ **ojo del culo.** *vulg.* →**ano.** ‖ **ojos {de besugo/de sapo/reventones}.** *col.* Los que sobresalen más de lo habitual y parecen estar fuera de sus órbitas: *No es feo, pero tiene ojos de besugo.* ‖ **ojos de carnero ({degollado/moribundo}).** *col.* Los que expresan mucha pena o tristeza: *No pude menos que conmoverme ante aquellos ojos de carnero degollado.* ‖ **poner los ojos en** algo. Escogerlo o mostrar predilección por ello: *Puse los ojos en ti desde el día en que te conocí, porque me pareciste formidable.* ‖ **saltar un ojo** a alguien. Herírselo o cegárselo: *No juegues con ese palo, hijo, que te vas a saltar un ojo.* ‖ **ser todo ojos.** *col.* Mirar con mucha atención: *Cuando voy a un sitio por primera vez, soy todo ojos.* ‖ **ser** una persona **el ojo derecho de** otra. *col.* Gozar de su mayor confianza, cariño o estima: *Ascendió rápidamente en la empresa porque era el ojo derecho del jefe.* ‖ **tener ojos para** algo. Dedicarle toda la atención: *Está celoso porque su madre solo tiene ojos para el más pequeño de la familia.* ‖ **un ojo de la cara.** *col.* Mucho dinero: *El viaje me costó un ojo de la cara.* ‖ **volver los ojos a** alguien. Atenderle o interesarse por él: *Abandonó todo lo que poseía y volvió sus ojos a los más necesitados.* □ MORF. 1. Cuando se antepone a una palabra para formar compuestos, adopta la forma *oji-*: *ojituerto*. 2. Incorr. **a ojos vistos › a ojos vistas*. □ SINT. 1. *Con {diez/cien/...} ojos* se usa más con los verbos *estar*, *andar*, *ir* o equivalentes. 2. *Ojo avizor* se usa más con los verbos *ir* y *estar*. 3. *Tener ojos para* se usa más en las expresiones *solo tener ojos para* y *no tener ojos más que para*. □ USO El uso de la locución *cuatro ojos* tiene un matiz despectivo.

okapi s.m. Mamífero rumiante de pelaje corto y color castaño oscuro, con la cara blanquecina y las extremidades con franjas blancas, de hábitos nocturnos y solitarios; *ocapi*: *El okapi macho tiene cuernos cubiertos de piel y proyectados hacia atrás. El okapi vive en bosques frondosos del África ecuatorial.* □ ORTOGR. Se usa también *ocapi*. □ MORF. Es un sustantivo epiceno y la diferencia de sexo se señala mediante la oposición *el okapi {macho/hembra}*.

okupa s. *col.* →**ocupa.** □ MORF. Es de género común y exige concordancia en masculino o en femenino para señalar la diferencia de sexo: *el okupa, la okupa*.

ola s.f. **1** Onda de gran amplitud formada sobre la superficie del agua, generalmente por efecto del viento o de las corrientes: *Las olas rompen estrepitosamente en los acantilados.* **2** Fenómeno atmosférico que produce un cambio repentino en la temperatura de un lugar: *Una ola de calor afectó a toda la península.* **3** Aparición repentina de gran cantidad de algo: *Los problemas raciales han desatado una ola de violencia.* **4** Movimiento impetuoso de mucha gente apiñada: *La policía no podía contener la ola de manifestantes.* □ ORTOGR. Dist. de *hola*. □ SEM. En las acepciones 3 y 4, es sinónimo de *oleada*.

ole u **olé** interj. Expresión que se usa para animar y mostrar aprobación o entusiasmo: *¡Ole, qué bien habla mi niña!*

oleáceo, a ▌adj./s.f. **1** Referido a una planta, que se caracteriza por tener hojas opuestas y alternas y flores generalmente hermafroditas, y que crece en climas cálidos y templados: *El olivo y el fresno son plantas oleáceas. El jazmín es una oleácea.* ▌s.f.pl. **2** En botánica, familia de estas plantas, perteneciente a la clase de las dicotiledóneas: *Las oleáceas se utilizan como ornamento, por su madera o para la alimentación.*

oleada s.f. **1** Embate y golpe de una ola: *Por la noche se oyen desde casa las oleadas del mar.* **2** Aparición repentina de gran cantidad de algo: *La decisión ha levantado una oleada de protestas.* **3** Movimiento impetuoso de mucha gente apiñada: *La escena más lograda de la película es la de los soldados del fuerte repeliendo la oleada de indios.* □ SEM. En las acepciones 2 y 3, es sinónimo de *ola*.

oleaginoso, sa adj. **1** Que tiene aceite: *El aceite se extrae de frutos oleaginosos, como las pipas y las aceitunas.* **2** Que es graso y espeso como el aceite: *El petróleo es un líquido oleaginoso.* □ SEM. Es sinónimo de *aceitoso* y de *oleoso*.

oleaje s.m. Sucesión continuada de olas: *Estuve en la playa, pero no me bañé porque había mucho oleaje.*

oleicultura s.f. Cultivo de olivos para la obtención de aceite: *La oleicultura es una de las principales fuentes de ingresos de la comarca.*

oleífero, ra adj. Referido a una planta, que contiene aceite: *El girasol y el olivo son plantas oleíferas.*

óleo s.m. **1** Pintura que se obtiene disolviendo sustancias colorantes en aceites vegetales o animales: *Se me ha acabado el tubo de óleo blanco.* **2** Obra pictórica realizada con estas pinturas: *Tiene óleos sobre madera y sobre lienzo.* **3** Aceite que se utiliza en la administración de los sacramentos y en otras ceremonias religiosas: *Al administrar el sacramento de la confirmación, el sacerdote hace una cruz sobre la frente con los santos óleos.* **4** ‖ **al óleo.** Con estas pinturas: *La pintura al óleo permite plasmar los más suaves matices.* □ MORF. La acepción 3 se usa más en plural.

oleoducto s.m. Tubería especialmente preparada para el transporte de petróleo y de sus derivados a lugares alejados: *Un oleoducto conduce el petróleo desde el lugar de producción al puerto de embarque.*

oleoso, sa adj. **1** Que tiene aceite: *Las patatas fritas han dejado una mancha oleosa en el mantel.* **2** Que es graso y espeso como el aceite: *No me gustan las cremas bronceadoras muy oleosas.* □ SEM. Es sinónimo de *aceitoso* y de *oleaginoso*.

oler v. **1** Referido a un olor, percibirlo: *Cuando estoy constipada, no huelo nada.* **2** Referido a un olor, procurar percibirlo o identificarlo: *Huele esta salsa, a ver si te parece que está buena.* **3** Producir o despedir olor: *Los huevos podridos huelen muy mal.* **4** Referido a algo oculto, conocerlo o sospecharlo: *Olí que estaban maquinando algo.* **5** ‖ **oler a** algo. *col.* Parecerlo o dar esa impresión: *Tanto jaleo me huele a boda repentina en la familia.* □ MORF. Irreg.: La *o* se cambia en *hue* en los presentes, excepto en las personas *nosotros* y *vosotros* →**OLER.** □ SINT. Constr. de las acepciones 1, 2 y 3: *oler A algo*.

olfatear v. **1** Oler con empeño e insistencia: *El perro olfateaba la calle para seguir el rastro de su amo.* **2** *col.* Indagar o tratar de averiguar con mucha curiosidad: *¿Quieres dejar de olfatear en mi vida, so cotilla?*

olfativo, va adj. Del sentido del olfato o relacionado con él: *El nervio olfativo transmite al cerebro las sensaciones que se perciben a través de la nariz.*

olfato s.m. **1** Sentido corporal que permite la percepción de los olores: *Los perros tienen el olfato muy desarrollado.* **2** Astucia o facilidad para descubrir algo o para darse cuenta de lo que está encubierto: *Si ella dice que debes invertir, invierte, porque tiene muy buen olfato para los negocios.*

oligarca s. Persona que forma parte de una oligarquía: *Los oligarcas lucharon para impedir que su poder les fuera arrebatado.* □ MORF. Es de género común y exige concordancia en masculino o en femenino para señalar la diferencia de sexo: *el oligarca, la oligarca*.

oligarquía s.f. **1** Sistema de gobierno en el que un pequeño grupo de personas, generalmente pertenecientes a una misma clase social, ejercen el poder supremo: *Los ancianos de las familias más importantes ostentaban el poder en la oligarquía de la antigua Esparta.* **2** Estado que tiene este sistema de gobierno: *La antigua Cartago era una oligarquía.* **3** Grupo minoritario de personas, generalmente con gran poder e influencia, que dirige y controla una organización, institución o colectividad: *Una oligarquía formada por prestigiosos empresarios dirige ese sector económico.*

oligárquico, ca adj. De la oligarquía o relacionado con ella: *Los grandes comerciantes formaban el Gobierno oligárquico de Cartago.*

oligisto s.m. Mineral opaco, de color gris oscuro o pardo rojizo, muy duro y pesado, formado por óxido de hierro: *El oligisto es el mineral de hierro más común.*

oligo- Elemento compositivo que significa 'poco': *oligoelemento, oligofrenia.*

oligoceno, na ▮ adj. **1** En geología, del tercer período de la era terciaria o cenozoica, o relacionado con él: *Los movimientos oligocenos dieron fin al plegamiento alpino.* ▮ adj./s.m. **2** En geología, referido a un período, que es el tercero de la era terciaria o cenozoica: *En el período oligoceno se produjo un enfriamiento general de la Tierra. En el oligoceno aparecieron bastantes mamíferos.*

oligoelemento s.m. En biología, elemento químico indispensable para el crecimiento y la reproducción de plantas y animales, y que aparece en los seres vivos en muy pequeñas cantidades: *El hierro y el flúor son algunos de los oligoelementos del organismo animal.*

oligofrenia s.f. Deficiencia mental grave que se caracteriza por la alteración del sistema nervioso, por algunas deficiencias intelectuales y por perturbaciones instintivas o afectivas: *La oligofrenia puede ocasionar problemas de adaptación social.*

oligofrénico, ca ▮ adj. **1** De la oligofrenia o relacionado con esta deficiencia mental: *Los trastornos oligofrénicos pueden ser congénitos.* ▮ adj./s. **2** Referido a una persona, que padece oligofrenia: *Estos padres han volcado sus atenciones en su hijo mayor, que es oligofrénico. Los oligofrénicos no tienen una capacidad intelectual normal.*

olimpiada u **olimpíada** s.f. **1** Competición internacional de juegos deportivos que se celebra cada cuatro años en un lugar señalado de antemano: *Las olimpiadas de 1992 se celebraron en Barcelona.* **2** En la antigua ciudad griega de Olimpia, fiesta o juego que se celebraba cada cuatro años y que incluía competiciones atléticas y artísticas: *Las olimpiadas se celebraban en honor a Zeus.* ☐ MORF. La acepción 1 se usa más en plural. ☐ USO *Olimpíada* es el término menos usual.

olímpico, ca ▮ adj. **1** De las olimpiadas o relacionado con ellas: *Los juegos olímpicos se celebran cada cuatro años.* **2** Del Olimpo (monte sagrado del norte griego donde vivían los dioses), o relacionado con él: *Zeus, Poseidón y Hades son algunos dioses olímpicos.* ▮ adj./s. **3** Referido a un deportista, que ha participado en alguna olimpiada: *Ha sido olímpica en varias ocasiones. Todos los olímpicos recuerdan las olimpiadas como una experiencia positiva.*

olimpismo s.m. Conjunto de normas y valores de las competiciones olímpicas: *El juego limpio y la deportividad son valores del olimpismo.*

olisquear v. **1** Oler, esp. si se hace con inspiraciones cortas y rápidas: *No sé qué busca el perro, porque ha olisqueado todos los rincones de la casa.* **2** Husmear o curiosear: *¡Ya estás olisqueando entre mis cosas!*

oliva s.f. Fruto del olivo, del que se extrae aceite, es de forma ovalada, color verde y tiene un hueso grande y duro que encierra la semilla; *aceituna: La cocina española utiliza aceite de oliva.*

oliváceo, a adj. Parecido al color verde de la aceituna: *La moradura del brazo está adquiriendo un tono oliváceo.*

olivar s.m. Terreno plantado de olivos: *En tierras andaluzas son frecuentes los olivares.*

olivarero, ra adj./s. Referido a una persona, que se dedica al cultivo del olivo: *El nuevo plan tendrá en cuenta las peticiones de los agricultores olivareros. Los olivareros protestan por el bajo precio de la aceituna.*

olivicultura s.f. Cultivo y aprovechamiento del olivo: *La olivicultura andaluza tiene gran importancia.*

olivo s.m. **1** Árbol de tronco corto, grueso y retorcido, copa ancha y abundantes ramas, hojas persistentes elípticas, estrechas y puntiagudas, verdes por el haz y blanquecinas por el envés, flores blancas pequeñas, y cuyo fruto es la aceituna: *Las hojas del olivo son el símbolo de la paz.* **2** Madera de este árbol: *Tengo un arca de olivo.*

olla s.f. **1** Recipiente de forma redondeada, con una o dos asas, que se utiliza para cocinar: *Cuece las patatas en la olla pequeña.* **2** Guiso preparado con carne, tocino, legumbres y hortalizas: *En verano no comemos olla porque es un plato muy fuerte.* **3** ‖ **olla {a presión/exprés}.** La que se cierra herméticamente y permite la cocción de los alimentos rápidamente: *En la olla exprés, la comida se hace mucho antes que en la olla normal.* ☐ ORTOGR. Dist. de *hoya.*

olma s.f. Olmo grande y frondoso: *En la olma de la plaza hay un banco rodeando el tronco, y en él se sientan por las tardes los ancianos del pueblo.*

olmeda s.f. Terreno plantado de olmos; *olmedo: Nos paramos a merendar en una olmeda.*

olmedo s.m. →**olmeda.**

olmo s.m. Árbol de tronco grueso con la corteza dura y resquebrajada, hojas simples, caducas y con forma acorazonada en la base, flores pequeñas y agrupadas, que alcanza gran altura y suele vivir muchos años: *Los olmos dan muy buena sombra.*

ológrafo, fa adj./s.m. →**hológrafo, fa.**

olor s.m. **1** Emanación que producen los cuerpos y que se percibe por el sentido del olfato: *Las rosas producen muy buen olor.* **2** ‖ **al olor de** algo. *col.* Atraído por ello: *Cuando murió, aparecieron muchos herederos al olor del dinero.* ‖ **en olor de multitud.** →**en loor de multitudes.** ‖ **en olor de santidad.** Con fama de santo: *Murió en olor de santidad.*

oloroso, sa ▮ adj. **1** Que despide un olor agradable: *Me regaló unas flores olorosas.* ▮ s.m. **2** Vino de Jerez (ciudad española) de color dorado oscuro, muy aromático: *Para el aperitivo tomaremos un oloroso.*

olvidadizo, za adj. Referido a una persona, que se olvida de las cosas con facilidad: *No te encargo nada, porque eres tan olvidadiza que no lo traerás.*

olvidar v. **1** Referido a algo sabido, dejar de tenerlo en la memoria: *He olvidado su número de teléfono. No te olvides de ir a recoger el paquete.* **2** Referido a algo querido, dejar de sentir afecto o cariño por ello: *Ya ha olvidado a su antiguo novio. Cuando se hizo rico, se olvidó de los amigos de su infancia.* **3** No tener en cuenta: *Cuando hables con él, olvida la faena que te hizo. Olvídate de que soy tu hijo y háblame como a un amigo.* ☐ SINT. Constr. como pronominal: *olvidarse DE algo.*

olvido s.m. **1** Pérdida de la memoria o del recuerdo: *Veo que todos mis consejos cayeron en el olvido.* **2** Pérdida del afecto o del cariño: *El olvido es peor que la ausencia de cariño.* **3** Descuido de algo que se debía atender o tener presente: *No haberte traído lo que me pediste ha sido un olvido imperdonable.*

ombligo s.m. **1** En los mamíferos, cicatriz con forma redonda y arrugada que queda en el centro del vientre tras cortar el cordón umbilical que unía la placenta y el feto: *Hay que tener mucho cuidado para que a los bebés no se les infecte el ombligo.* **2** Centro, punto medio o punto más importante de algo: *¿Cuándo vas a dejar de creerte el ombligo del mundo?*

ombliguero s.m. Venda que se pone alrededor de la cintura del bebé hasta que ha cicatrizado el resto del cordón umbilical y se ha formado el ombligo: *La abuela colocaba el ombliguero al niño después de bañarlo.*

omega s.f. En el alfabeto griego clásico, nombre de la vigésima cuarta y última letra: *La grafía de la omega mayúscula es Ω.*

omeya ▮ adj. **1** De la primera dinastía islámica que formaron los descendientes del jefe árabe Muhawiyya: *La arquitectura omeya sintetiza las influencias del mundo clásico, cristiano y oriental.* ▮ adj./s. **2** Miembro de la primera dinastía islámica, descendiente del jefe árabe Muhawiyya: *Los musulmanes omeyas fundaron el califato de Damasco en el siglo VII. Los omeyas fueron sustituidos por la dinastía abasí.* □ MORF. 1. Como adjetivo es invariable en género. 2. Como sustantivo es de género común y exige concordancia en masculino o en femenino para señalar la diferencia de sexo: *el omeya, la omeya*.

ómicron s.f. En el alfabeto griego clásico, nombre de la decimoquinta letra: *La grafía de la ómicron es* o.

ominoso, sa adj. Abominable, despreciable y digno de condena: *Pegar despiadadamente a un niño es un acto ominoso.*

omisible adj. Que se puede omitir: *Esa frase no añade nada nuevo y es perfectamente omisible.* □ MORF. Invariable en género.

omisión s.f. **1** Abstención de hacer o de decir algo: *La omisión de su nombre en la lista de agradecimientos fue premeditada.* **2** Falta que se comete por haber dejado de hacer o de decir algo: *No ayudar a un herido es un delito por omisión.*

omitir v. Dejar de decir, de registrar o de hacer: *Os contaré lo sucedido, pero omitiré los detalles desagradables.*

ómnibus s.m. Vehículo automóvil para el transporte público, generalmente entre poblaciones, y con capacidad para gran número de personas: *El ómnibus que recoge a los invitados saldrá a las doce.* □ PRON. Incorr. *[omnibús]. □ MORF. Invariable en número.

omnímodo, da adj. Que lo abarca y comprende todo: *Creo firmemente en el poder omnímodo de Dios.*

omnipotencia s.f. Poder total, absoluto y tan grande que abarca y comprende todo: *Para los creyentes, la omnipotencia divina se manifiesta en cualquier parte del universo.*

omnipotente adj. Que tiene un poder total, absoluto y tan grande que lo abarca y comprende todo: *Te crees omnipotente, pero eres un don nadie.* □ MORF. Invariable en género.

omnipresencia s.f. **1** Capacidad de estar en todas partes a la vez; *ubicuidad*: *La omnipresencia es un atributo de Dios.* **2** Presencia de quien quiere estar en todas partes y acude deprisa a ellas: *La omnipresencia de este alcalde lo ha llevado a aparecer en un mismo día en más de quince actos públicos distintos.* □ USO La acepción 2 se usa con un sentido humorístico.

omnipresente adj. **1** Presente en todas partes al mismo tiempo; *ubicuo*: *En catequesis aprendemos que Dios puede estar con todos nosotros porque solo Él es omnipresente.* **2** Que está siempre presente: *El amor es un sentimiento omnipresente en su obra.* □ MORF. Invariable en género.

omnisapiente adj. **1** Que posee el conocimiento de todas las cosas reales o posibles; *omnisciente*: *Solo Dios es omnisapiente porque solo Él lo puede saber todo.* **2** Referido a una persona, que tiene sabiduría o conocimiento de muchas cosas: *Los humanistas del Renacimiento eran personas omnisapientes.* □ MORF. Invariable en género.

omnisciencia s.f. Conocimiento de todas las cosas reales o posibles: *La omnisciencia es un atributo divino, porque solo Dios puede saberlo todo.*

omnisciente adj. Que posee conocimiento de todas las cosas reales o posibles; *omnisapiente*: *Para los cristianos, Dios es omnisciente.* □ MORF. Invariable en género.

omnívoro, ra adj./s.m. Referido a un animal, que tiene un aparato digestivo adaptado para digerir alimentos de origen animal y vegetal: *Las personas somos seres omnívoros. Los omnívoros tienen la dentadura adaptada para masticar todo tipo de alimentos.* 👁 **pico**

omóplato u **omoplato** s.m. Cada uno de los dos huesos anchos, casi planos y de forma triangular, situados a uno y otro lado de la espalda, donde se articulan los húmeros y las clavículas; *escápula*: *Se ha roto el omóplato derecho y tiene que llevar el brazo inmovilizado.* 👁 **esqueleto**

on (anglicismo) s.m. En un aparato eléctrico, posición que indica que dicho aparato está conectado o en funcionamiento: *¿Cómo quieres que suene la radio, si no has puesto la tecla en on?*

onanismo s.m. **1** Hecho de acariciarse o tocarse el cuerpo, esp. los órganos genitales, para obtener o producir placer sexual (por alusión a un personaje bíblico llamado Onán); *masturbación*: *El psicólogo habló del onanismo en la adolescencia.* **2** Interrupción del acto sexual antes de la eyaculación: *Algunas parejas utilizan el onanismo como método anticonceptivo.*

onanista adj. Del onanismo o relacionado con él: *En el desarrollo de una persona, suele haber etapas onanistas.* □ MORF. Invariable en género.

once ▮ numer. **1** Número 11: *Somos once hermanos. Para obtener once, suma seis más cinco.* ▮ s.m. **2** Signo que representa este número: *Los romanos escribían el once como 'XI'.* □ MORF. 1. Como numeral es invariable en género y en número. 2. ⟶APÉNDICE DE PRONOMBRES.

onceavo, va numer. Referido a una parte, que constituye un todo junto con otras diez iguales a ella; *undécimo*: *Solo recibió la onceava parte de la liquidación que le correspondía. Éramos once, así que tocamos a un onceavo de pastel.* □ MORF. ⟶APÉNDICE DE PRONOMBRES.

oncogén s.m. Gen con un fuerte potencial transformador que puede ocasionar la aparición de tumores cancerígenos: *El estudio del oncogén ha permitido establecer una relación entre la genética y el cáncer.*

oncología s.f. Parte de la medicina que estudia los tumores: *La oncología sostiene que el consumo de tabaco produce cáncer de pulmón.*

oncológico, ca adj. De la oncología o relacionado con esta parte de la medicina: *Un estudio oncológico ha determinado que el tumor era benigno.*

onda s.f. **1** En la superficie de un líquido, elevación que se forma al perturbar el líquido: *El viento produce ondas en la superficie del lago.* **2** En un cuerpo flexible, curva con forma de 'S' que se produce natural o artificialmente: *Las ondas de su cabello son naturales.* **3** En física, perturbación o vibración periódica a través de un determinado medio o del vacío: *El sonido se propaga por medio de ondas a través del aire.* **4** Adorno de forma curva utilizado generalmente como remate de un borde, esp. en una tela: *El embozo de la sábana tiene pequeñas ondas bordadas.* **5** ‖ **captar la onda.** Entender una indirecta o una insinuación: *Cuando captó la onda, me siguió la broma hasta el final.* ‖ **estar en la misma (longitud de) onda.** *col.* Tener inclinaciones o puntos de vista afines: *Nos entendemos muy bien porque estamos en la misma longitud de onda.* ‖ **estar en la onda.** *col.* Conocer las últimas tendencias de un asunto o materia: *No sé de qué habláis porque no estoy en la onda.* ‖ **onda corta.** La que tiene una longitud comprendida entre 10 y 50 metros: *Con este receptor de radio solo puedo escuchar emisoras que emitan en onda corta.* ‖ **onda larga.** La que tiene una longitud de 1000 metros o menos: *Este receptor de radio no capta las emisoras de onda larga.* ‖ **onda {media/normal}.** La que tiene una longitud comprendida entre los 200 y los 500 metros: *Nuestra emisora transmite en onda media.* ☐ ORTOGR. Dist. de *honda*. ☐ MORF. La acepción 2 se usa más en plural.

ondear v. Moverse haciendo ondas: *La bandera ondea en lo alto del mástil.*

ondina s.f. En mitología, ser fantástico o divinidad con forma de mujer que habita en el fondo de las aguas: *Leí una leyenda en la que un hombre se enamoraba de una ondina.*

ondulación s.f. Formación o presencia de ondas en un cuerpo o en una superficie: *La carretera está llena de cambios de rasante a causa de la ondulación del terreno.*

ondulado, da adj. Con ondas: *El velero navegaba en las onduladas aguas del lago. Tengo el pelo ondulado.*

ondular v. Referido a algo flexible, esp. el pelo, hacer ondas en ello: *El peluquero me ha ondulado el cabello. El papel se ha ondulado por la humedad.*

ondulatorio, ria adj. Que se extiende o que se propaga en forma de ondas: *La transmisión del sonido se realiza por un movimiento ondulatorio.*

oneroso, sa adj. **1** Pesado, molesto o difícil de soportar: *Ha dejado la dirección de la empresa porque era una tarea muy onerosa.* **2** Que ocasiona un gasto o que resulta costoso: *El cuidado del jardín resulta oneroso porque en verano necesita mucha agua.*

ónice s.m. Variedad de ágata formada por cuarzo listado con colores alternantes claros y oscuros; *ónix*: *El ónice se utiliza mucho para hacer camafeos.*

onírico, ca adj. De los sueños, con sus características o relacionado con ellos: *Muchos poemas surrealistas intentan transmitir las vivencias oníricas del poeta.*

ónix s.m. Variedad de ágata formada por cuarzo listado con colores alternantes claros y oscuros; *ónice*: *Tengo un camafeo de ónix que heredé de mi abuela.* ☐ MORF. Invariable en número.

on line (anglicismo) ‖ En informática, que es accesible en cualquier momento, esp. si lo es a través de la red telefónica: *Esta empresa presta un servicio de información on line sobre todos sus servicios.* ☐ PRON. [on láin].

onomástica s.f. **1** Día en el que se celebra el santo de una persona: *El día de su onomástica suele dar una gran fiesta.* **2** Ciencia que estudia y cataloga los nombres propios: *En ese tratado de onomástica encontrarás el origen de tu nombre.*

onomatopeya s.f. Palabra que imita el sonido de algo: *'Tilín' es la onomatopeya del sonido de una campanita.*

onomatopéyico, ca adj. De la onomatopeya, con onomatopeyas o relacionado con este tipo de palabra: *'Guau' es una voz onomatopéyica.*

ontología s.f. En filosofía, parte de la metafísica que estudia el ser y sus propiedades trascendentales: *Aunque ya el filósofo griego Aristóteles hablaba de una 'filosofía primera', el término 'ontología' no surgió hasta el siglo XVII.* ☐ ORTOGR. Dist. de *antología*.

ontológico, ca adj. De la ontología o relacionado con esta parte de la metafísica: *Este ensayo ontológico plantea la diferencia entre el ser en potencia y el ser en acto.* ☐ ORTOGR. Dist. de *antológico*.

onubense adj./s. De Huelva o relacionado con esta provincia española o con su capital: *El turismo onubense se concentra en la Costa de la Luz. Los onubenses son andaluces.* ☐ MORF. 1. Como adjetivo es invariable en género. 2. Como sustantivo es de género común y exige concordancia en masculino o en femenino para señalar la diferencia de sexo: *el onubense, la onubense*. 3. Como sustantivo se refiere solo a las personas de Huelva.

onza s.f. **1** Unidad de peso que equivale aproximadamente a 28,7 gramos: *Una libra se compone de 16 onzas.* **2** En el sistema anglosajón, unidad de masa que equivale aproximadamente a 28,3 gramos: *Una onza tiene 16 dracmas.* **3** Mamífero felino y carnicero domesticable, de pelaje claro con manchas oscuras, que vive en algunos desiertos asiáticos y africanos; *gatopardo, guepardo*: *El pelaje de la onza se parece al del leopardo.* 👁 **felino** **4** ‖ **onza de chocolate.** Cada una de las ocho porciones en que se divide una tableta: *Ayer merendé un trozo de pan con seis onzas de chocolate.* ‖ **onza (de oro).** Antigua moneda española fabricada con ese metal y que pesaba aproximadamente 28,7 gramos: *La onza valía 320 reales.* ☐ MORF. En la acepción 3, es un sustantivo epiceno y la diferencia de sexo se señala mediante la oposición *la onza {macho/hembra}*. ☐ USO En la acepción 1, es una medida tradicional española.

oosfera s.f. En algunas plantas, gameto femenino: *La oosfera está dentro del saco embrionario del ovario de algunas plantas.*

opacidad s.f. **1** Falta de la transparencia necesaria para permitir el paso de la luz: *Aunque sea de día, la opacidad de esta cortina hace que no haya luz en la habitación.* **2** Falta de brillo o luminosidad: *Este abrillantador terminará con la opacidad de estos muebles de metal.*

opaco, ca adj. **1** Que impide el paso de la luz: *La madera es un cuerpo opaco.* **2** Sin brillo, oscuro o sombrío: *No toques tanto la plata, que la estás dejando opaca.*

opalino, na adj. **1** Del ópalo o relacionado con esta variedad de cuarzo: *Según su color, las variedades opalinas reciben distintos nombres.* **2** De color blanco azulado con reflejos irisados: *Este vidrio opalino imita al ópalo.* **3** Referido a un objeto, que está fabricado con un vidrio de estas características: *La luz ilumina el jarrón opalino y hace que resalten sus reflejos irisados.*

ópalo s.m. Variedad de cuarzo, dura, translúcida u opaca, de brillo similar al de la resina y de diversos colores: *Algunos ópalos se emplean en joyería.*

opción s.f. **1** Libertad o facultad de elegir: *Tienes la opción de venir o de no venir, según te apetezca.* **2** Lo que se ha elegido: *Esta opción es la mejor de todas.* **3** Derecho que se tiene a obtener algo: *Solo tú y yo tenemos opción al cargo, ya que somos los más antiguos en la empresa.* **4** Posibilidad de obtener algo: *Si ganamos este partido, todavía tenemos opción al título de campeones.*

opcional adj. Que se puede elegir y no resulta obligatorio: *La instalación de faros antiniebla en los coches es opcional.* □ MORF. Invariable en género.

open s.m. En deporte, competición abierta a todas las categorías de participantes: *En nuestra ciudad se celebró un open de tenis.* □ ORTOGR. Es un anglicismo (*open*) adaptado al español.

ópera s.f. **1** Obra dramática que combina música, poesía y escenografía: *Verdi es uno de los grandes compositores de óperas de todos los tiempos.* **2** Género formado por estas obras: *Es una gran aficionada a la ópera, y cada año compra un abono para toda la temporada.* **3** Teatro en el que se representan estas obras dramáticas: *Quedamos delante de la ópera para entrar juntos a ver la representación.* **4** ‖ **ópera prima.** Primera obra de un artista.

operación s.f. **1** Realización o ejecución de algo: *Esta máquina sustituye a los obreros en las operaciones que se llevan a cabo con sustancias tóxicas.* **2** Intervención quirúrgica en un cuerpo vivo que se realiza generalmente para quitar, implantar o corregir órganos, miembros o tejidos: *Fue sometido a una operación para extirparle el apéndice.* **3** En matemáticas, correspondencia en la que a uno o más elementos de uno o varios conjuntos les corresponde un elemento de otro conjunto: *La suma, la resta, la multiplicación y la división son las cuatro operaciones matemáticas fundamentales.* **4** Acto delictivo: *La policía consiguió desbaratar la operación gracias a un chivatazo.* **5** Negociación o contrato de valores o mercancías: *En unas operaciones gano dinero, pero en otras lo pierdo.*

operador, -a ▌s. **1** Persona especializada en el manejo de aparatos técnicos: *Le interesa mucho el cine y va a hacer un curso para ser operadora de cámara.* **2** En una central telefónica, persona encargada de establecer las comunicaciones no automáticas: *Le dije a la operadora que me pusiera con tu extensión.* ▌s.m. **3** Símbolo matemático que indica el conjunto de operaciones que han de realizarse para pasar de un elemento a su imagen: *'x^3' es un operador matemático.*

operar ▌v. **1** Realizar una intervención quirúrgica; *intervenir*: *Este es el cirujano que operó a mi prima. El día de su jubilación, el cirujano recordó la primera vez que operó.* **2** Realizar, efectuar o llevar a cabo: *El medicamento ha operado cambios en el enfermo. En primavera se operan en la naturaleza grandes transformaciones.* **3** Realizar operaciones matemáticas: *El problema está bien planteado, pero te has equivocado al operar.* **4** Llevar a cabo actos delictivos: *La policía ha detenido a una banda de ladrones que operaba en el barrio.* **5** Negociar o realizar actividades comerciales: *Esta empresa opera con otras empresas del ramo.* **6** Trabajar o ejecutar una ocupación: *La empresa ha reunido a todos los representantes que operan en esta ciudad.* ▌prnl. **7** Someterse a una intervención quirúrgica: *El médico me dijo que me operara de apendicitis.*

operario, ria s. Trabajador manual asalariado, esp. el del sector industrial o de servicios; *obrero*: *En esta fábrica trabajan unos veinte operarios.*

operatividad s.f. Efectividad o capacidad para realizar una función: *Esa unidad del ejército se caracteriza por su gran operatividad.*

operativo, va adj. Que obra y hace el efecto para el que está destinado: *Las medidas del Ayuntamiento no fueron operativas y no se solucionó el problema.*

operatorio, ria adj. De las operaciones quirúrgicas o relacionado con ellas: *En este congreso de cirujanos se ha hablado de nuevas técnicas operatorias.*

opérculo s.m. En algunos organismos y en algunos frutos, pieza que sirve para cerrar ciertas aberturas: *En los caracoles marinos, el opérculo parece de plástico y les sirve de protección.*

opereta s.f. Ópera ligera, de corta extensión y tema frívolo, en la que hay diálogos hablados, canciones y danzas: *La opereta tuvo mucho auge a finales del siglo XIX y principios del XX.*

operístico, ca adj. De la ópera o relacionado con ella: *En mi familia hay una gran afición por la música y, en especial, por el género operístico.*

opiáceo, a adj. Del opio, con opio o con las propiedades calmantes de este: *Los fármacos opiáceos producen adicción.*

opinar v. **1** Referido a una opinión, tenerla formada: *Creo que opina muy bien de nosotros.* **2** Referido a una opinión, expresarla de palabra o por escrito: *Opino que deberías irte a dormir, porque mañana tienes que madrugar. Prefiero no opinar, porque luego me llamas entrometida.* □ SINT. Constr. de la acepción 1: *opinar* {DE/SOBRE} *algo.*

opinión s.f. Concepto o parecer que se tienen sobre una cuestión: *Acabaron discutiendo porque sus opiniones sobre temas políticos eran diferentes.*

opio s.m. Sustancia amarga y de olor fuerte que se obtiene de las plantas llamadas *adormideras verdes* y se usa como narcótico: *El opio es una droga que crea adicción. El opio se obtiene en forma de jugo espeso.*

opíparo, ra adj. Referido esp. a una comida, que es abundante y espléndida: *Celebramos el premio con una opípara cena.*

oponente adj./s. Que se opone a algo: *Algunos grupos oponentes criticaron mi actuación. Se enfrentó a sus oponentes con gran valor y logró derrotarlos.* □ MORF. 1. Como adjetivo es invariable en género. 2. Como sustantivo es de género común y exige concordancia en masculino o en femenino para señalar la diferencia de sexo: *el oponente, la oponente.*

oponer ▌v. **1** Referido esp. a un argumento, proponerlo contra lo que otro dice o siente: *Cuando le expliqué mi teoría, me dijo que no estaba de acuerdo y opuso sus razones.* **2** Referido a una cosa, ponerla contra otra para estorbar o impedir su efecto: *Opón una silla contra la puerta y así no podrá entrar nadie.* ▌prnl. **3** Referido a una cosa, ser contraria a otra: *Lo bueno se opone a lo malo.* **4** Referido a una cosa, estar situada o colocada enfrente de otra: *En la sala, un cuadro se oponía a un bonito tapiz.* **5** Manifestar o expresar oposición, esp. si se ponen obstáculos o impedimentos a un propósito: *Me opuse a que saliera porque hacía mucho frío.* □ MORF. 1. Su participio es *opuesto*. 2. Irreg. →**PONER**. □ SINT. Constr. de las acepciones 3, 4 y 5: *oponerse* A *algo.*

oporto s.m. Vino tinto y aromático, ligeramente dulce, originario de Oporto (ciudad portuguesa): *El oporto se suele tomar de aperitivo.*

oportunidad ▌s.f. **1** Circunstancia o situación en que existe la posibilidad de hacer algo: *Nunca he tenido la oportunidad de viajar al extranjero.* **2** Conveniencia de tiempo y de lugar para hacer algo: *Me había dormido, y la oportunidad de tu llamada evitó que llegara tarde al trabajo.* ▌pl. **3** En un establecimiento comercial, sección en la que se venden productos rebajados de precio: *Aunque es un mueble bueno, me salió muy barato porque lo compré en oportunidades.*

a b c d e f g h i j k l m n ñ **o** p q r s t u v w x y z

oportunismo s.m. Actitud que tiende a aprovechar las circunstancias del momento en beneficio propio, esp. si no se respetan principios ni convicciones: *Me acusan de oportunismo, pero yo tengo la conciencia tranquila.*

oportunista adj./s. Del oportunismo o que tiene esta actitud: *Su actitud oportunista le ha ocasionado la enemistad de sus compañeros. Los oportunistas son capaces de cualquier cosa con tal de triunfar.* □ MORF. 1. Como adjetivo es invariable en género. 2. Como sustantivo es de género común y exige concordancia en masculino o en femenino para señalar la diferencia de sexo: *el oportunista, la oportunista.*

oportuno, na adj. **1** Que se hace o sucede en el momento conveniente, justo o adecuado: *Has llegado en el momento oportuno para comer con nosotros.* **2** Referido a una persona, que resulta ingeniosa u ocurrente en una conversación: *Estuviste muy oportuno contestando tan educadamente a sus indirectas.*

oposición s.f. **1** Relación entre elementos que se oponen por ocupar posiciones contrarias o enfrentadas: *No hay oposición entre las dos propuestas.* **2** Conjunto de ejercicios selectivos en los que los aspirantes a un puesto demuestran sus conocimientos a un tribunal: *Es la segunda vez que me suspenden estas oposiciones.* **3** Grupo político o social que se opone a la política del poder establecido: *Los grupos de la oposición votaron en contra de las propuestas del Gobierno.* □ MORF. En la acepción 2, en plural tiene el mismo significado que en singular.

opositar v. Hacer oposiciones para acceder a un puesto o a un cargo: *Ha decidido opositar para ser profesor de instituto.* □ SINT. Constr.: *opositar A un puesto.*

opositor, -a s. Persona que se presenta a una oposición para acceder a un puesto o a un cargo: *Los opositores llevaban más de un año preparando el examen.* □ MORF. Incorr. su uso como adjetivo: *las fuerzas {*opositoras › oponentes} a esa política.*

opresión s.f. **1** Molestia producida por algo que oprime o sensación parecida a esta: *La opresión que sentía por culpa de la faja me hacía estar incómoda.* **2** Limitación o privación de los derechos y de las libertades: *Convocaron una manifestación para protestar por la opresión que sufrían.*

opresivo, va adj. Que oprime: *Esta habitación tan pequeña y con tanta gente me resulta opresiva.*

opresor, -a adj./s. Que oprime, somete o tiraniza, llegando incluso a privar de derechos y libertades: *Un Gobierno opresor nunca gozará del favor de su pueblo. La población se levantó contra sus opresores.*

oprimir v. **1** Apretar, hacer fuerza o ejercer presión: *Estos zapatos tan estrechos me oprimen los pies.* **2** Referido esp. a una persona, someterla o tiranizarla privándola de sus derechos y de sus libertades: *Las dictaduras oprimen a los ciudadanos.*

oprobio s.m. Vergüenza o deshonra que se sufren públicamente: *Que tuvieran que llamarte la atención fue un oprobio para todos los que estábamos contigo.*

optar v. **1** Decidirse por una posibilidad entre varias: *No sabía qué hacer y al final opté por ir al cine.* **2** Referido esp. a un empleo o a un puesto, aspirar a conseguirlos: *Este atleta opta a uno de los mejores puestos de la clasificación.* □ SINT. 1. Constr. de la acepción 1: *optar POR algo.* 2. Constr. de la acepción 2: *optar A algo.*

optativo, va adj. **1** Que puede ser elegido: *En este curso tengo cuatro asignaturas obligatorias y dos optativas.* **2** Que expresa deseo: *En el griego clásico existía el modo optativo.*

óptico, ca ▌adj. **1** De la óptica o relacionado con esta parte de la física o con esta técnica: *Le han graduado la vista con un aparato óptico. Han cambiado el microscopio óptico por un microscopio electrónico.* ▌s. **2** Persona que se dedica a la venta de objetos relacionados con la visión: *El óptico me vendió unos prismáticos muy buenos.* **3** Persona especializada en trabajos relacionados con el estudio de las leyes y fenómenos de la luz o con la fabricación de instrumentos para mejorar la visión: *Nada más terminar la carrera, este óptico se puso a trabajar e investigar con lentes bifocales.* ▌s.f. **4** Parte de la física que estudia las leyes y los fenómenos de la luz: *El profesor de óptica nos habló de las diferencias entre las lentes cóncavas y las convexas.* **5** Técnica de fabricar instrumentos para mejorar la visión: *La óptica ha avanzado mucho en lo relacionado con las lentes de contacto.* **6** Establecimiento en el que se venden estos instrumentos: *He ido a la óptica de la esquina a comprarme unas gafas de sol.* **7** Forma de considerar algo, esp. un asunto; *punto de vista: Desde esa óptica, el problema tendría fácil solución.*

optimación s.f. →**optimización.**

optimar v. →**optimizar.**

optimismo s.m. Tendencia a ver y a juzgar las cosas teniendo en cuenta su aspecto más favorable: *Gracias a su optimismo, ha podido superar las dificultades con las que se ha encontrado en la vida.*

optimista adj./s. Que tiende a ver o a juzgar las cosas con optimismo o del modo más favorable: *Nunca se deprime porque es muy optimista. Los optimistas suelen ser personas alegres y esperanzadas.* □ MORF. 1. Como adjetivo es invariable en género. 2. Como sustantivo es de género común y exige concordancia en masculino o en femenino para señalar la diferencia de sexo: *el optimista, la optimista.*

optimización s.f. Logro de un resultado óptimo; *optimación: Con esta nueva organización, la empresa busca la optimización de la producción.*

optimizar v. Lograr un resultado óptimo; *optimar: La nueva dirección quiere optimizar la producción para obtener mayores beneficios.* □ ORTOGR. La *z* se cambia en *c* delante de *e* →**CAZAR.**

óptimo, ma superlat. irreg. de **bueno.**

opuesto, ta ▌**1** part. irreg. de **oponer.** ▌adj. **2** Enfrentado o contrario: *Mi hermana y yo tenemos ideas opuestas con respecto a la concepción de la vida.* **3** Referido a determinadas partes de una planta, que nacen unas enfrente de las otras o que están encontradas: *El olivo tiene hojas opuestas.*

opulencia s.f. Gran abundancia, riqueza o cantidad: *No puedes negar la opulencia de tus carnes, así que no te ofendas si alguien te describe como 'un chico gordo'.*

opulento, ta adj. Abundante o rico en algo, o sobrado de bienes: *Nació en el seno de una familia opulenta, pero ahora está arruinado.*

opus (latinismo) s.m. En música, obra o conjunto de obras con un número asignado que corresponde a su orden de catalogación dentro del conjunto de las composiciones de su compositor: *La novena sinfonía de Beethoven es su opus 125.* □ MORF. Invariable en número.

opúsculo s.m. Obra científica o literaria de poca extensión: *El opúsculo que hice como trabajo de clase ha sido publicado en una revista.*

oquedad s.f. En un cuerpo sólido, espacio que queda vacío: *Las cuevas son oquedades del terreno.*

ora conj. Enlace gramatical con valor distributivo y que, repetido, se usa para coordinar: *Ora presta atención, ora se entretiene, y así nunca aprenderá.* ☐ ORTOGR. Dist. de *hora*. ☐ USO Su uso es característico del lenguaje culto o escrito.

oración s.f. **1** En algunas religiones, ruego, súplica, acción de gracias o alabanza hechos a una divinidad o a un santo: *El padrenuestro y la salve son oraciones cristianas.* **2** En algunas religiones, elevación de la mente a una divinidad para alabarla o para suplicarle: *Los templos religiosos son lugares de oración.* **3** En lingüística, palabra o conjunto de palabras que tienen un sentido gramatical completo; *proposición: En la oración 'Juan come manzanas', 'Juan' es el sujeto.* **4** ‖ **oración completiva.** La subordinada sustantiva, esp. si funciona como objeto directo: *En la oración 'Quiero que vengas', 'que vengas' es una oración completiva.*

oracional adj. De la oración gramatical o relacionado con ella: *La estructura oracional básica está formada por un sintagma nominal sujeto y un sintagma verbal predicado.* ☐ MORF. Invariable en género.

oráculo s.m. **1** Mensaje o respuesta que una divinidad da a quienes la consultan: *En la Antigüedad, las pitonisas decían el oráculo que había que descifrar.* **2** Lugar, estatua o imagen que representan la divinidad a la que se pide esta respuesta: *En Grecia e Italia aún quedan las ruinas de muchos oráculos.*

orador, -a s. Persona que habla en público, esp. la que con sus palabras es capaz de persuadir y de conmover a los que la escuchan: *Los buenos políticos suelen ser buenos oradores.*

oral adj. **1** Expresado con la palabra: *En los exámenes orales, el profesor pregunta en voz alta al alumno, y este le contesta hablando.* **2** De la boca o relacionado con ella: *Este medicamento se toma por vía oral.* **3** En lingüística, referido a un sonido, que se articula dejando salir el aire totalmente por la boca: *La 'l' y la 'p' son consonantes orales.* ☐ MORF. Invariable en género. ☐ SEM. En la acepción 3, dist. de *nasal* (parte del aire sale por la nariz).

orangután s.m. Mono robusto y de gran tamaño, sin rabo, de piel negra y pelaje rojizo, que tiene la cara alargada, las piernas cortas y los brazos muy largos, y se alimenta fundamentalmente de hojas y de frutos: *Los orangutanes adultos suelen ser feroces.* ☐ MORF. Es un sustantivo epiceno y la diferencia de sexo se señala mediante la oposición *el orangután {macho/hembra}*. 👁 **primate**

orar v. Dirigir oraciones a una divinidad, en voz alta o mentalmente: *El fraile oraba en la capilla. Oremos todos a Dios por la paz en el mundo.*

orate s. Persona insensata o poco juiciosa: *Algunos orates se atreven a decir las verdades que los cuerdos callamos por miedo.* ☐ MORF. Es de género común y exige concordancia en masculino o en femenino para señalar la diferencia de sexo: *el orate, la orate.*

oratoria s.f. Véase oratorio, ria.

oratorio, ria ▮ adj. **1** De la oratoria, de la elocuencia, del orador o relacionado con ellos: *Convenció al tribunal gracias a su gran capacidad oratoria.* ▮ s.m. **2** Lugar destinado para retirarse a orar: *El silencio que había en el oratorio invitaba al recogimiento.* **3** Composición musical de gran extensión, para coro, cantantes solistas y orquesta, de tema sagrado o profano, que se ejecuta sin escenificar: *El famoso 'El Mesías', del compositor Haendel, es un oratorio.* ▮ s.f. **4** Arte de hablar con elocuencia, o de persuadir y conmover por medio de las palabras: *A un abogado le conviene poseer una buena oratoria.* **5** Género literario formado por las obras escritas según este arte: *Discursos, sermones y panegíricos forman parte de la oratoria.*

orbe s.m. Conjunto de todo lo creado o existente: *La diversidad del orbe es tan grande que nunca se conocerá en su totalidad.* ☐ SEM. Es sinónimo de *cosmos, creación, mundo* y *universo.*

órbita s.f. **1** Trayectoria descrita por un cuerpo en su movimiento: *Los satélites describen una órbita al girar alrededor de los planetas.* **2** En anatomía, cuenca del ojo: *Estaba tan asustado que los ojos casi se le salían de las órbitas.* **3** Espacio, ámbito o área de influencia: *Esos hechos entran ya en la órbita del derecho penal, porque son verdaderos delitos.*

orbital adj. Relacionado con la órbita: *En una calavera, los agujeros orbitales son bastante grandes.* ☐ MORF. Invariable en género.

orca s.f. Mamífero marino con el lomo azul oscuro y el vientre blanco, aletas pectorales muy largas y la cabeza redondeada con veinte o veinticinco dientes en cada mandíbula: *La orca es un cetáceo depredador que vive en grupos que no sobrepasan los veinte individuos.* ☐ ORTOGR. Dist. de *horca*. ☐ MORF. Es un sustantivo epiceno y la diferencia de sexo se señala mediante la oposición *la orca {macho/hembra}.*

orco s.m. En la antigua Roma, lugar adonde iban a parar los muertos; *horco: En el orco reinaba Plutón, dios de la muerte.*

órdago s.m. **1** En el juego del mus, apuesta de todo lo que falta para ganar ese juego: *Acepté su órdago porque noté que era un farol.* **2** ‖ **de órdago.** *col.* Excelente o de calidad superior: *Nos invitaron a un banquete de órdago en el mejor hotel de la ciudad.*

orden ▮ s.m. **1** Colocación con determinado criterio de organización en el lugar apropiado o en el que corresponde: *Las palabras de este diccionario están colocadas por orden alfabético.* **2** Concierto o buena disposición de las cosas entre sí o de las partes que forman un todo: *Tienes que poner orden en tus ideas porque ni tú sabes qué quieres.* **3** Serie, sucesión o clase de las cosas: *Aunque es de otro orden de cosas, os contaré una anécdota. Hizo un trabajo de primer orden.* **4** En arquitectura, forma, disposición y proporción de los cuerpos principales que componen un edificio según un modelo establecido: *En el examen nos preguntarán el orden de varios edificios clásicos.* **5** En determinadas épocas, grupo o categoría social: *Los órdenes más prestigiosos de la antigua Roma eran el senatorial y el ecuestre.* **6** En biología, en la clasificación de los seres vivos, categoría superior a la de familia e inferior a la de clase: *Los conejos y las liebres pertenecen al mismo orden.* **7** En matemáticas, calificación que se da a una función o a una gráfica según el grado de la ecuación que la representa: *'$3x + 2 = 0$' es una ecuación de primer orden.* ▮ s.f. **8** Mandato que se debe obedecer, observar y ejecutar: *No te estoy preguntando si quieres hacerlo; es una orden y debes cumplirla.* **9** Instituto religioso aprobado por el papa y cuyos individuos viven bajo las reglas establecidas por su fundador o por sus reformadores: *Ha hecho sus votos y es monja de la Orden del Carmelo.* **10** Organización civil o militar crea-

a b c d e f g h i j k l m n ñ o p q r s t u v w x y z

da para premiar con condecoraciones los méritos de una persona: *Uno de sus antepasados perteneció a la Orden de Santiago.* **11** En la Iglesia católica, cada uno de los grados del sacramento que reciben los que van a ser ministros sagrados: *Las órdenes sagradas actuales son tres: diácono, presbítero y obispo.* **12** ‖ **a la orden.** Expresión que se usa para manifestar respeto u obediencia a otra persona, esp. en el lenguaje militar: *El soldado contestó: «¡A la orden,mi capitán!».* ‖ **del orden de.** Seguido de una expresión de cantidad, indica que esta es más o menos lo que expresa: *Este autobús tarda en llegar del orden de unos diez minutos.* ‖ **estar a la orden del día.** Estar de moda o ser habitual: *No te preocupes, porque lo que hace tu hijo está a la orden del día.* ‖ **llamar al orden** a alguien. Reprenderlo o advertirlo para que cambie de actitud o comportamiento: *Lo llamaron al orden porque trató mal a un cliente.* ‖ **(orden) compuesto.** El que tiene el capitel adornado con volutas jónicas y con hojas corintias: *El orden compuesto es combinación de los órdenes jónico y corintio.* ‖ **(orden) corintio.** El que tiene el capitel adornado con dos filas de hojas de acanto y con una voluta en cada ángulo: *El orden corintio es el más estilizado de los órdenes del arte griego clásico.* ‖ **orden del día.** Determinación de lo que se ha de hacer o tratar durante el día: *Un asunto del orden del día en la junta de vecinos es la reforma del portal.* ‖ **(orden) dórico.** El que tiene la columna sencilla, sin basa y con el fuste estriado, el capitel sin decoración y el friso adornado con triglifos y metopas: *El orden dórico se caracteriza por su solidez y por su simplicidad.* ‖ **(orden) jónico.** El que tiene la columna sobre una basa y el fuste acanalado, el capitel con volutas y el friso corrido: *El orden jónico es originario de Asia Menor.* ‖ **orden público.** Situación y estado de legalidad normal en los que los ciudadanos respetan y obedecen sin protesta lo establecido por las autoridades: *Los detuvieron por alteración del orden público.* ‖ **orden (sacerdotal).** En la Iglesia católica, sacramento por el cual son instituidos los presbíteros o sacerdotes: *Ahora es seminarista, pero dentro de dos meses recibirá el orden sacerdotal y se convertirá en sacerdote.* ‖ **(orden) toscano.** El que tiene la columna con basa y el fuste liso: *El orden toscano deriva del dórico, pero es más sencillo y sólido.* □ MORF. La acepción 12 se usa más en plural. □ SEM. En las acepciones 1 y 2, es sinónimo de *ordenación*. □ USO En las acepciones 10 y 11, cuando forma parte del nombre de la orden, se usa como nombre propio.

ordenación s.f. **1** →**orden. 2** En el cristianismo, administración del sacramento del orden a una persona para consagrarla o convertirla en ministro sagrado: *Asistimos a la ordenación de varios presbíteros.*

ordenado, da ▮ adj. **1** Referido a una persona, que guarda orden y método en sus acciones y en sus cosas: *Es tan ordenada en sus costumbres que se acuesta siempre a la misma hora.* ▮ s.f. **2** En matemáticas, en un sistema de coordenadas, línea o eje verticales: *La ordenada se representa con la letra 'y'.*

ordenador s.m. Máquina capaz de efectuar un tratamiento automático de la información, realizando operaciones aritméticas y lógicas con gran rapidez bajo el control de un programa previamente cargado: *Los ordenadores han agilizado muchas tareas burocráticas y de contabilidad.*

ordenamiento s.m. Breve código de leyes o de normas que regulan alguna actividad o materia: *El ordenamiento jurídico español ya recoge el delito ecológico.*

ordenanza ▮ s. **1** En una oficina, persona cuyo trabajo consiste en hacer recados, recoger el correo, hacer fotocopias y realizar otros cometidos no especializados: *Trabajo de ordenanza en el Ayuntamiento.* ▮ s.m. **2** En el Ejército, soldado que está a las órdenes de un oficial o de un jefe para los asuntos del servicio: *El ordenanza avisó al coronel de que faltaban cinco minutos para la reunión con el general.* ▮ s.f. **3** Conjunto de preceptos o de normas que regulan una materia, una comunidad o una ciudad: *Las ordenanzas municipales obligan a dejar la basura en bolsas de plástico y dentro de los contenedores.* □ MORF. 1. En la acepción 1, es de género común y exige concordancia en masculino o en femenino para señalar la diferencia de sexo: *el ordenanza, la ordenanza*. 2. La acepción 3 se usa más en plural.

ordenar v. **1** Poner en el lugar apropiado, en el lugar que corresponde o de una forma organizada: *Haz el favor de ordenar tus cosas.* **2** Referido a una acción, exigir su realización o decir con autoridad que se haga: *La policía le ordenó detener el coche y aparcar en el arcén.* **3** Referido a una persona, conferirle las órdenes sagradas: *El obispo ordenará hoy a tres seminaristas. Mi hermano se ordenará sacerdote el próximo sábado.*

ordeñadora s.f. Máquina que se utiliza para ordeñar vacas: *Las ordeñadoras imitan el movimiento de la mano para extraer la leche.*

ordeñar v. Referido a un animal hembra, extraerle la leche exprimiendo la ubre: *En esta granja se ordeñan las vacas con procedimientos mecánicos.*

ordeño s.m. Extracción de la leche de la ubre: *En mi pueblo aprendí cómo se hace el ordeño de las vacas.*

ordinal ▮ adj. **1** Que expresa la idea de orden o sucesión: *'Primero', 'segundo' y 'tercero' son pronombres numerales ordinales.* ▮ s.m. **2** →**número ordinal.** □ MORF. Como adjetivo es invariable en género.

ordinariez s.f. **1** Falta de educación o de cortesía: *Se comporta con una ordinariez impropia de gente bien educada.* **2** Hecho o dicho ordinarios, vulgares o groseros: *Fue una ordinariez que te diera con la puerta en las narices.*

ordinario, ria ▮ adj. **1** Común, corriente o que ocurre habitualmente: *La puntualidad en él es una cualidad ordinaria. Que el autobús llegue tarde es algo muy ordinario.* **2** Que no destaca ni por ser bueno ni por ser malo: *No necesito el mejor coche, me basta con uno ordinario.* **3** Referido a un juez o a un tribunal, que es de la justicia civil: *Al ser un delito común, el general será juzgado por un tribunal ordinario y no por uno militar.* **4** Referido al correo, que se diferencia del exprés, del certificado, del aéreo y del urgente: *Le envío la carta por correo ordinario.* ▮ adj./s. **5** Referido a una persona, que es basta, vulgar o grosera: *Tiene unos modales muy ordinarios. Ese ordinario no tiene la más mínima educación.* **6** ‖ **de ordinario.** Comúnmente, con frecuencia o muchas veces: *De ordinario paso por aquí al salir del trabajo.*

ordovícico, ca ▮ adj. **1** En geología, del segundo período de la era primaria o paleozoica, o de los terrenos que se formaron en él: *En los terrenos ordovícicos abundan las areniscas, las calizas, las pizarras arcillosas y los conglomerados.* ▮ adj./s.m. **2** En geología, referido a un período, que es el segundo de la era primaria o paleozoica: *El clima del período ordovícico era cálido y húmedo. En el ordovícico casi no había plantas terrestres.*

orear ▮ v. **1** Referido esp. a un lugar o a un tejido, refrescarlos, quitarles la humedad o el olor por medio de la acción del aire: *Por las mañanas abro las ventanas para orear la habitación. Tiende fuera la manta para que se oree.* ▮ prnl. **2** Referido a una persona, salir a tomar el aire: *Llevo tres horas estudiando, así que voy a salir un rato para orearme.*

orégano s.m. Planta herbácea aromática, con tallos verdosos y flores purpúreas o rosadas en espiga, muy empleada como condimento: *El orégano se usa mucho en la cocina italiana.*

oreja s.f. **1** En una persona y en algunos animales, cartílago que forma la parte externa del órgano de la audición: *Se ha hecho un agujero en la oreja para llevar un pendiente.* 👁 **carne; oído 2** Pieza parecida a este cartílago que forma parte de un objeto: *Duerme la siesta en un sillón de orejas.* **3** ‖ **{aplastar/planchar} la oreja.** *col.* Dormir: *Me voy a planchar la oreja, porque tengo sueño.* ‖ **con las orejas {caídas/gachas}.** *col.* Con tristeza y sin haber conseguido lo que se deseaba: *Volvió al pueblo arruinado y con las orejas gachas.* ‖ **orejas de soplillo.** *col.* Las que están muy separadas de la cabeza: *Lleva el pelo largo para que no se le vean las orejas de soplillo que tiene.* ‖ **ver las orejas al lobo.** Hallarse en gran riesgo o darse cuenta de un peligro próximo: *El infarto que sufrió le hizo ver las orejas al lobo, y ahora hace vida más sana.*

orejera s.f. Cada una de las dos piezas con que se cubren las orejas para protegerlas, esp. del frío: *Cuando nieva, me pongo una gorra con orejeras forradas de lana.* □ MORF. Se usa más en plural. 👁 **sombrero**

orejón, -a ▮ adj./s. **1** →**orejudo, da.** ▮ s.m. **2** Trozo de fruta, esp. de melocotón, secado al aire o al sol: *Ha hecho un bizcocho con orejones, pasas y otras frutas.*

orejudo, da adj./s. Que tiene las orejas grandes y largas; *orejón: Soy tan orejuda que siempre llevo el pelo suelto para disimular las orejas. Mi primo es ese orejudo que está al fondo de la sala.*

orensano, na adj./s. De Orense o relacionado con esta provincia española o con su capital: *El territorio orensano no tiene salida al mar. Un orensano me dio a probar los vinos del ribeiro.* □ MORF. Como sustantivo se refiere solo a las personas de Orense.

oreo s.m. **1** Exposición de algo al aire: *Estas sábanas necesitan un oreo para que se les quite el olor que han cogido de estar guardadas tanto tiempo.* **2** Salida al aire libre para refrescarse o respirar mejor: *Cuando acabe esto me daré un oreo, porque llevo todo el día en el taller.*

oretano, na adj./s. De la antigua Oretania (región hispanorromana que comprendía las actuales provincias de Ciudad Real, Toledo y Jaén) o relacionado con ella: *Los Montes de Toledo se llamaban 'cordillera Oretana'. Los oretanos habitaban las cuencas altas del Guadalquivir y del Segura.*

orfanato s.m. Institución que recoge a huérfanos y que se ocupa de ellos; *orfelinato: Estuvo en el orfanato desde que murieron sus padres hasta que lo adoptaron.*

orfandad s.f. Estado o situación del niño que no tiene padre o madre, o ninguno de los dos, porque han muerto: *La orfandad ha influido mucho en su forma de ser.*

orfebre s. Persona que se dedica a labrar objetos artísticos de metales preciosos o de sus aleaciones, esp. si esta es su profesión: *Entró de aprendiz en el taller de un orfebre.* □ MORF. Es de género común y exige concordancia en masculino o en femenino para señalar la diferencia de sexo: *el orfebre, la orfebre.*

orfebrería s.f. Arte y técnica de labrar objetos artísticos en metales preciosos: *La orfebrería es una labor artesana que requiere mucha paciencia y habilidad.*

orfelinato s.m. →**orfanato.** □ USO Es un galicismo (*orphelinat*) adaptado al español.

orfeón s.m. Agrupación musical de personas que cantan en coro sin acompañamiento instrumental; *coral: En la misa solemne de Año Nuevo cantó el orfeón de la ciudad.*

organdí s.m. Tela de algodón muy fina y transparente; *organza: Mi prima hizo la Primera Comunión con un vestido de organdí.* □ MORF. Aunque su plural en la lengua culta es *organdíes*, se usa mucho *organdís*.

orgánico, ca adj. **1** Referido a un cuerpo, que tiene vida o aptitud para ella: *Las plantas y los animales son seres orgánicos.* **2** De los órganos, formado por ellos o relacionado con ellos: *La piel es un tejido orgánico.* **3** En química, referido a un compuesto de origen no mineral, que tiene el carbono como elemento constante: *La glucosa es un compuesto orgánico.* **4** Que tiene armonía y consonancia: *Un colegio ha de ser un todo orgánico en el que las materias se impartan de forma coordinada.*

organigrama s.m. Esquema gráfico de la organización de una entidad, de una empresa o de una actividad: *En el organigrama de la Universidad, la máxima autoridad es el rector.*

organillero, ra s. Persona que se dedica a tocar el organillo, esp. si esta es su profesión: *En la verbena, el organillero tocó un chotis.*

organillo s.m. Instrumento musical con forma de órgano o de piano pequeño, generalmente portátil, y con un mecanismo interior formado por un cilindro con púas que, al hacerse girar mediante una manivela, levanta unas láminas metálicas y las hace sonar: *El organillo estuvo muy de moda en el Madrid de finales del siglo XIX y comienzos del XX.* 👁 **cuerda**

organismo s.m. **1** Conjunto de órganos de un cuerpo animal o vegetal y de las leyes por las que se rigen: *El organismo necesita una alimentación equilibrada para un sano funcionamiento.* **2** Ser vivo: *Los organismos unicelulares tienen una sola célula.* **3** Institución, cuerpo o asociación organizados que realizan una función o un trabajo determinados: *La solución del conflicto bélico está en manos de los organismos internacionales.*

organista s. Persona que toca el órgano: *Asistimos a un concierto de órgano en la catedral, a cargo de un famoso organista.* □ MORF. Es de género común y exige concordancia en masculino o en femenino para señalar la diferencia de sexo: *el organista, la organista.*

organización s.f. **1** Disposición, estructuración, arreglo u orden: *La sociedad feudal tenía una organización en tres estamentos: clero, nobleza y pueblo llano.* **2** Conjunto de personas pertenecientes a un grupo o asociación organizados: *Pertenezco a una organización benéfica que ayuda a los niños necesitados.* **3** Disposición de los órganos de la vida, o manera de estar organizado el cuerpo animal o vegetal: *Las esponjas tienen una organización muy primitiva.*

organizar ▮ v. **1** Establecer, estructurar o reformar para lograr un fin, esp. si es coordinando los medios y las personas adecuadas: *El nuevo jefe organizó el trabajo para obtener un mejor rendimiento.* **2** Poner en orden: *Estoy organizando el archivo.* **3** Preparar todo lo necesario para algo: *¿Quién se encargó de organizar esta fiesta tan maravillosa?* **4** Referido a un conjunto de personas, disponerlo y prepararlo para lograr un fin determinado: *El profesor de educación física organizó a los muchachos en dos equipos para jugar al fútbol. Nada más saberse la noticia, se organizó una patrulla de salvamento.* **5** Hacer, causar o producir: *Cuando leyó las notas, los muchachos organizaron un enorme alboroto.* ▮ prnl. **6** Referido a una persona, ordenarse su tiempo y sus asuntos: *¿Cómo te organizas para poder estudiar, trabajar y cuidar a los hijos cada día?* □ ORTOGR. La *z* se cambia en *c* delante de *e* →**CAZAR**.

órgano s.m. **1** En anatomía, cada una de las partes del cuerpo animal o vegetal que ejercen una función específica: *El corazón, el hígado y el oído son órganos de las personas y de algunos animales.* **2** En música, instrumento de viento compuesto por uno o más teclados, varios pedales y tubos de diferentes tamaños en los que se produce el sonido: *El coro de la catedral cantó acompañado por el órgano.* 👁 **viento** **3** Lo que sirve de instrumento o de medio para la realización de algo: *El claustro de profesores es un órgano consultivo y de gobierno de los colegios, institutos y universidades.*

orgánulo s.m. En una célula, parte o estructura que desempeña una función concreta: *Los ribosomas de una célula son orgánulos.*

organza s.f. →**organdí**.

orgasmo s.m. Culminación del placer sexual: *El orgasmo masculino coincide con la eyaculación.*

orgía s.f. **1** Fiesta en la que se come y se bebe con exageración, y se cometen otros excesos, generalmente sexuales: *En la antigua Roma eran frecuentes las orgías.* **2** Desenfreno en la satisfacción de los deseos y de las pasiones: *Estaba muy avejentado porque había llevado una vida de orgía continuada.*

orgiástico, ca adj. De la orgía o relacionado con ella: *El protagonista de la novela es un libertino al que le gusta organizar fiestas orgiásticas.*

orgullo s.m. **1** Exceso de estimación propia o sentimiento que hace que una persona se considere superior a los demás: *Su orgullo le impide pedir perdón, aunque se sepa culpable.* **2** Satisfacción grande que siente una persona por algo propio que considera muy bueno o digno de mérito: *Enseñaba con orgullo la foto de sus nietos.* **3** Amor propio, valoración y estima que se tiene uno mismo, esp. como merecedora de un mínimo respeto o consideración: *No le ofrecí dinero para no herir su orgullo.*

orgulloso, sa adj./s. Que tiene o que siente orgullo: *Estoy orgulloso de mis hijos, porque son buenos, honrados y trabajadores. Es una orgullosa y no soporta que alguien la supere en algo.* □ SINT. Constr.: *orgulloso* DE *algo.*

orientación s.f. **1** Posición o dirección de una cosa respecto a un punto cardinal: *El salón de mi casa tiene orientación este, y le da el sol por las mañanas.* **2** Colocación en una posición determinada: *Han cambiado la orientación de la antena parabólica y ahora vemos otras cadenas.* **3** Información o consejo sobre algo cuyo conocimiento se considera necesario para saber desenvolverse en un asunto: *En mi colegio hay un gabinete de orientación escolar.* **4** Tendencia o dirección hacia un punto determinado: *Este partido es de orientación conservadora.* **5** Determinación de la posición o de la dirección: *Los animales tienen un gran sentido de la orientación.*

oriental ▮ adj. **1** Del Oriente o relacionado con este punto cardinal: *Boston está en la costa oriental de Estados Unidos.* ▮ adj./s. **2** Del continente asiático y de las regiones europeas y africanas inmediatas a él, o relacionado con estos territorios: *Mi profesor es un experto en religiones orientales. Muchos orientales practican las artes marciales.* □ MORF. 1. Como adjetivo es invariable en género. 2. Como sustantivo es de género común y exige concordancia en masculino o en femenino para señalar la diferencia de sexo: *el oriental, la oriental.*

orientar v. **1** Colocar en una posición dirigida hacia un punto cardinal: *Esta casa está orientada hacia el norte.* **2** Determinar la posición o la dirección respecto a un punto cardinal o a un lugar: *La brújula me orienta. Los marinos se orientan siguiendo las estrellas.* **3** Referido a una persona, informarla de lo que ignora o desea saber, para ayudarla a desenvolverse: *¿Podría orientarme usted sobre los cursos que se imparten aquí?* **4** Dirigir o encaminar hacia un fin o un lugar determinados: *Orientó su vida hacia la ciencia y se convirtió en un gran investigador. El partido se orientó hacia posiciones más conservadoras.*

oriente s.m. **1** Este: *El sol sale por el oriente.* **2** Conjunto de los países asiáticos y de las regiones europeas y africanas inmediatas al continente asiático: *Hicimos un viaje por Oriente recorriendo varios países.* **3** En una perla, brillo especial: *El oriente de las perlas sirve para juzgar su calidad.* □ SINT. En la acepción 1, se usa mucho en aposición, pospuesto a un sustantivo: *Iniciamos el viaje con rumbo oriente.* □ USO En la acepción 2, se usa como nombre propio.

orificio s.m. **1** Agujero, abertura o boca: *El cadáver tenía en el pecho dos orificios de bala.* **2** Abertura de algunos conductos del cuerpo que los comunica con el exterior: *Tiene un catarro muy fuerte y se le han irritado los orificios nasales.*

origen s.m. **1** Principio, nacimiento o primer momento de existencia: *En su origen, esta empresa solo contaba con el capital de los dos socios. Vivo en Madrid, pero Vigo es mi ciudad de origen.* **2** Procedencia o lugar en el que se produjo ese principio o nacimiento: *La policía localizó el origen de la llamada.* **3** Causa o motivo desencadenantes: *Se cree que el origen de la epidemia está en un virus.* **4** Ascendencia o grupo social del que se procede: *Cuando se enriqueció, renegó de sus orígenes humildes.* **5** En matemáticas, en un sistema de coordenadas, punto de intersección de los ejes: *El origen se toma como punto cero de las líneas.*

original ▮ adj. **1** Del origen o relacionado con él: *El plan original se siguió sin introducir un solo cambio. Ya nadie conoce el sentido original de esa expresión.* **2** Raro o distinto de lo usual o de lo que se considera normal: *La novela le da al viejo tema de la infancia un tratamiento original.* ▮ adj./s.m. **3** Referido a una obra artística, que es la producida directamente por su autor, y no una reproducción: *El cuadro original está valorado en muchos millones. Una buena traducción debe ser fiel al original.* **4** Referido a un texto escrito, que no es copia o reproducción de otro, o que se utiliza para obtener copias o reproducciones suyas: *Solo sirven las fotocopias compulsadas con el documento original. Si el original se ve tan mal, las copias se verán peor.* ▮ s.m. **5** Texto de una obra que se entrega a la imprenta para su impresión: *El libro salió después de lo previsto porque el autor entregó el original con retraso.* **6** Lo que sirve de modelo para una reproducción, esp. para un retrato artístico: *El parecido del cuadro con el original es tal que parece una fotografía.* □ MORF. Como adjetivo es invariable en género.

originalidad s.f. **1** Carácter novedoso o distinto que presenta todo aquello que se aparta de lo común o de lo que se considera normal: *La originalidad de sus propuestas demuestra su gran imaginación.* **2** Hecho o dicho originales: *Su última originalidad consiste en pasearse por la calle vestido de bandolero.*

originar v. Referido a un hecho, causarlo o dar lugar a que se inicie: *La lluvia originó un gran embotellamiento en la carretera. El incendio se originó en el sótano.*

originario, ria adj. Que procede de donde se indica o que tuvo su origen allí; *oriundo: Este queso es originario de La Mancha.* □ SINT. Constr.: *originario* DE *un lugar.*

orilla s.f. **1** Borde o límite de una superficie, esp. el que hay entre una extensión de tierra y otra de agua: *Fuimos andando hasta la orilla misma del mar. En la orilla del camino han nacido muchas flores.* **2** Franja o zona contiguas a este borde: *Acampamos en la orilla derecha del río.*

orillo s.m. Franja al borde de una pieza de tela, generalmente más basta y de peor calidad que el resto de la tela: *El orillo impide que las telas se deshilachen.*

orín s.m. **1** Capa rojiza de óxido que se forma en la superficie del hierro por efecto de la humedad: *Antes de pintar la barandilla, dale una capa de anticorrosivo para que no se forme orín.* **2** →**orina.** □ MORF. La acepción 2 se usa más en plural.

orina s.f. Líquido amarillento que se produce en los riñones de los mamíferos con los residuos del filtrado y la depuración de la sangre, y que se expulsa al exterior por la uretra; *orín: Tienes que hacerte análisis de sangre y de orina.*

orinal s.m. Recipiente portátil para defecar u orinar: *Mi hijo ya ha aprendido a hacer caca en el orinal.*

orinar ▮ v. **1** Expulsar orina del cuerpo de forma natural: *Ha ido al retrete a orinar.* **2** Referido a un líquido del organismo distinto de la orina, expulsarlo por la uretra mezclado con la orina: *Fue al médico porque orinaba sangre.* ▮ prnl. **3** Expulsar orina de forma involuntaria y sin poderlo controlar: *Se orina a cada momento porque tiene una enfermedad de la vejiga.*

oriundo, da adj. Que procede de donde se indica o que tuvo su origen allí; *originario: Es oriundo de Asturias porque nació en Gijón.* □ SINT. Constr.: *oriundo* DE *un lugar.*

orla s.f. **1** En una superficie, esp. en una tela o en una hoja de papel, tira o franja que adorna sus bordes: *Las hojas de esta Biblia llevan una orla dorada en las orillas.* **2** Lámina en la que se agrupan las fotografías de los alumnos de una misma promoción académica o profesional cuando terminan sus estudios y obtienen el título correspondiente: *En la orla aparecían con la toga todos los compañeros de su promoción.*

ornamentación s.f. **1** Colocación de adornos para embellecer: *Un famoso decorador se encargó de la ornamentación de la sala de exposiciones.* **2** Conjunto de elementos artísticos o decorativos que adornan o embellecen: *La ornamentación de los monasterios románicos es escasa y muy sencilla.*

ornamental adj. **1** De la ornamentación, del adorno o relacionado con ellos: *El pórtico de la catedral está rodeado de figuras alegóricas ornamentales.* **2** Que carece de utilidad, de función o de valor prácticos: *Su cargo es solo ornamental, porque no ejerce ninguna función.* □ MORF. Invariable en género.

ornamentar v. Poner adornos para embellecer; *adornar, ornar: Ornamentó el palacio con lujosos cortinajes de seda y alfombras persas.*

ornamento ▮ s.m. **1** Adorno o conjunto de adornos que sirven para embellecer algo o hacerlo más vistoso: *Las volutas son el ornamento de los capiteles de orden jónico.* ▮ pl. **2** Vestiduras sagradas que se pone el sacerdote para celebrar una ceremonia religiosa: *La casulla y la estola son algunos de los ornamentos del sacerdote.*

ornar v. **1** Poner adornos para embellecer; *ornamentar: Suele ornar sus relatos con digresiones sobre costumbres orientales.* **2** Servir de adorno: *Unas estatuas de mármol ornan la escalinata del palacio.* **3** Referido esp. a una persona, dotarla de cualidades positivas: *Érase una vez una princesa que había sido ornada con muchas virtudes.* □ SEM. Es sinónimo de *adornar.*

ornato s.m. Adorno, ornamento o conjunto de ellos, esp. si son lujosos: *Hermosos tapices, porcelanas y muebles de estilo son los ornatos del palacete.*

ornitología s.f. Parte de la zoología que estudia las aves: *Se especializó en ornitología, y ahora trabaja en la protección de aves en peligro de extinción.*

ornitológico, ca adj. De la ornitología o relacionado con esta parte de la zoología: *Hizo un estudio ornitológico de los pájaros de la comarca.*

ornitólogo, ga s. Persona que se dedica profesionalmente al estudio de las aves o que está especializada en ornitología: *Los ornitólogos aconsejan cerrar al público esta zona del parque natural durante la época de cría de los pájaros.*

ornitorrinco s.m. Mamífero primitivo australiano, con la cabeza casi redonda y provista de unas mandíbulas córneas y ensanchadas semejantes a las del pato, con el cuerpo aplanado y cubierto de un pelaje gris muy fino, y con patas terminadas en pies palmeados y adaptadas al medio acuático: *La hembra del ornitorrinco pone huevos, y al nacer las crías, las amamanta.* □ MORF. Es un sustantivo epiceno y la diferencia de sexo se señala mediante la oposición *el ornitorrinco {macho/hembra}.*

oro ▮ s.m. **1** Elemento químico, metálico y sólido, de número atómico 79, pesado, fácilmente deformable y de color amarillo brillante: *El oro es un metal resistente al óxido. Me han regalado una sortija de oro.* **2** Conjunto de joyas o de objetos fabricados con ese metal: *Tiene todo el oro depositado en la caja fuerte del banco.* **3** Medalla hecha con ese metal, que se otorga al primer clasificado: *Estaba muy orgullosa por haber conseguido el oro en el campeonato.* **4** Riqueza o dinero: *Aquel negocio le proporcionó mucho oro.* **5** En la baraja española, carta del palo que se representa con una o varias monedas de oro: *Si echas un oro ganas la baza.* **6** Color amarillo brillante: *Iba muy elegante con una blusa oro y una falda negra.* ▮ pl. **7** En la baraja española, palo que se representa con una o varias monedas de oro: *Pintan oros, y yo solo tengo espadas.* 👁 **baraja 8** ‖ **como oro en paño.** Referido a la forma de tratar algo, con el extraordinario cuidado que corresponde al aprecio que se le tiene: *Guarda sus trofeos deportivos como oro en paño.* ‖ **de oro. 1** Extraordinariamente bueno o valioso: *Has desaprovechado una ocasión de oro.* **2** Referido a una época, que es la de mayor esplendor: *La juventud es la edad de oro de una persona.* ‖ **el oro y el moro.** *col.* Expresión que se usa para exagerar las dimensiones o la cantidad de lo que se ofrece o de lo que se pide: *Me prometió el oro y el moro, pero luego todo quedó en nada.* ‖ **hacerse de oro.** Enriquecerse mucho: *Con* *ese negocio inmobiliario se está haciendo de oro.* ‖ **oro negro.** *col.* Petróleo: *El oro negro es una fuente de energía imprescindible en la sociedad industrial.* □ ORTOGR. En la acepción 1, su símbolo químico es *Au.* □ SINT. 1. La acepción 6 se usa más en aposición, pospuesto a un sustantivo. 2. La expresión *el oro y el moro* se usa más con los verbos *prometer, ofrecer* o equivalentes. □ USO En la acepción 5, *un oro* designa cualquier carta de oros, y *el oro* designa al as.

orogénesis s.f. Generación de relieve, en forma de montañas, que se produce como consecuencia de los plegamientos y movimientos tectónicos de la corteza terrestre: *La orogénesis comienza cuando cesan los plegamientos.* □ MORF. Invariable en número.

orogenia s.f. **1** Parte de la geología que estudia la formación de las montañas: *La orogenia permite determinar la edad de las montañas.* **2** Conjunto de movimientos tectónicos que han producido alteraciones de la corteza terrestre y han originado formaciones montañosas: *La orogenia alpina tuvo lugar en la era terciaria.*

orogénico, ca adj. De la orogenia o relacionado con esta parte de la geología: *Los movimientos orogénicos dan lugar a la formación de montañas.*

orografía s.f. **1** Parte de la geografía física que estudia el relieve terrestre: *La orografía estudia las diferencias de altura de un terreno.* **2** Conjunto de montes que forman el relieve de un lugar: *El estudio de la orografía de la zona será una ayuda para el trazado de las carreteras.*

orográfico, ca adj. De la orografía o relacionado con esta parte de la geografía: *Los estudios orográficos son necesarios para la elaboración de mapas.*

orondo, da adj. **1** *col.* Grueso o gordo: *Desde que se fue a vivir al campo, está orondo y coloradote.* **2** *col.* Orgulloso de sí mismo o lleno de presunción: *Entró toda oronda en casa con el premio en la mano.*

oropel s.m. Lámina muy fina de latón que imita al oro: *Esos adornos parecen de oro, pero son de oropel.*

oropéndola s.f. Pájaro de plumaje amarillo y alas, cola, pico y patas negros en los machos adultos, que hace el nido colgándolo de las ramas horizontales de los árboles de forma que se mueva con el viento: *La oropéndola macho tiene un canto muy característico.* □ MORF. Es un sustantivo epiceno y la diferencia de sexo se señala mediante la oposición *la oropéndola {macho/hembra}.*

orquesta s.f. **1** Conjunto de músicos que toca bajo las órdenes de un director, esp. referido al conjunto con una sección de instrumentos de cuerda, otra de viento y otra de percusión: *La orquesta nacional interpretó el Concierto de Año Nuevo. Toca el bajo en una orquesta de jazz.* **2** En un teatro, lugar destinado para los músicos, generalmente entre el patio de butacas y el escenario: *La orquesta está en un nivel más bajo para que los músicos no dificulten la visión del escenario.* **3** ‖ **orquesta de cámara.** La formada por un número reducido de músicos, que generalmente no sobrepasa los cuarenta: *Una orquesta de cámara ambientaba la velada en los salones de palacio.*

orquestación s.f. **1** Arte de componer o de arreglar música para que pueda ser interpretada por una orquesta, combinando y distribuyendo las voces y partes de la partitura entre los distintos instrumentos: *Estudió en el conservatorio composición, orquestación y dirección de orquesta.* **2** Preparación o arreglo de una composición musical según este arte: *Lleva tres meses trabajando en la orquestación de una melodía.*

orquestal adj. De la orquesta o relacionado con ella: *En la próxima temporada, se estrenarán en mi ciudad varias composiciones orquestales.* □ MORF. Invariable en género.

orquestar v. **1** Referido a una composición musical, prepararla o arreglarla para que pueda ser interpretada por una orquesta: *Esta compositora ha orquestado muchas canciones populares.* **2** Referido esp. a una actividad, organizarla o dirigirla: *Orquestaron una gran campaña publicitaria para lanzar un nuevo producto al mercado.*

orquestina s.f. Orquesta formada por pocos y variados instrumentos, que generalmente ejecuta música bailable: *Una orquestina amenizó la celebración de la boda.*

orquidáceo, a ▌adj./s.f. **1** Referido a una planta, que se caracteriza por tener hojas envainadoras que nacen de la raíz, flores de formas y colores extraños, y raíz con dos tubérculos simétricos; *orquídeo: La vainilla es una planta orquidácea. Las orquidáceas son plantas herbáceas.* ▌s.f.pl. **2** En botánica, familia de estas plantas, perteneciente a la clase de las monocotiledóneas: *Muchas especies de orquidáceas se utilizan para ornamentación.*

orquídeo, a ▌adj./s.f. **1** Referido a una planta, que se caracteriza por tener hojas envainadoras que nacen de la raíz, flores de formas y colores extraños, y raíz con dos tubérculos simétricos; *orquidáceo: Las plantas orquídeas requieren muchos cuidados. En las selvas tropicales, las orquídeas crecen sobre los troncos y las raíces de otras plantas.* ▌s.f. **2** Flor de esta planta: *Le han regalado una orquídea por su cumpleaños.*

ortiga s.f. Planta herbácea con pequeñas flores verdosas y hojas ovaladas con el borde dentado y cubiertas de pelos que segregan una sustancia que produce irritación en la piel: *No toques esa ortiga, porque después te picarán los dedos.*

orto s.m. Salida o aparición del sol o de otro astro por el horizonte: *Los amantes temían la hora del orto porque indicaba el momento de su separación.*

ortocentro s.m. En un triángulo, punto en el que se cortan las alturas: *Para hallar el ortocentro de un triángulo hay que trazar sus alturas hasta que se corten.*

ortodoncia s.f. **1** Parte de la odontología que se ocupa de la corrección de las malformaciones y de los defectos de la dentadura: *La ortodoncia emplea aparatos especiales para corregir la mala colocación de los dientes.* **2** Tratamiento y corrección de las malformaciones y de los defectos de la dentadura: *Se está haciendo una ortodoncia porque tiene los dientes torcidos.*

ortodoncista s. Persona especializada en ortodoncia: *La ortodoncista me ha dicho que me tengo que colocar un aparato en los dientes cuando duerma.* □ MORF. Es de género común y exige concordancia en masculino o en femenino para señalar la diferencia de sexo: *el ortodoncista, la ortodoncista.*

ortodoxia s.f. **1** Conformidad con los principios de una doctrina, de una ideología o de una determinada forma de pensar: *Su pintura es convencional y nunca se salió de la ortodoxia académica.* **2** Conformidad con un dogma religioso: *Se consideran herejías las doctrinas que se separan de la ortodoxia.* **3** Conjunto de las Iglesias cristianas orientales separadas de la Iglesia católica romana: *La ortodoxia no admite la autoridad del papa.*

ortodoxo, xa ▌adj. **1** Referido a alguna de las Iglesias cristianas, que se separó en el siglo XI de la Iglesia católica romana siguiendo al patriarca de Constantinopla: *Las Iglesias ortodoxas son propias de Grecia, Rumanía y*

Rusia. ▌adj./s. **2** Conforme con los principios de una doctrina, de una ideología o de una determinada forma de pensar: *El suyo es un manifiesto ortodoxo porque se ajusta a la ideología del partido. Los ortodoxos protestaron ante las nuevas directrices que iba tomando el arte.* **3** Conforme con un dogma religioso: *La Iglesia no lo considera un filósofo ortodoxo porque critica abiertamente sus dogmas. Los ortodoxos siguen estrictamente los preceptos religiosos.* **4** Partidario o seguidor de las Iglesias orientales separadas de la Iglesia católica romana: *Los cristianos ortodoxos también manifestaron su intención de luchar por la unión de todas las Iglesias cristianas. Los ortodoxos gustan mucho de la simbología.*

ortoedro s.m. Prisma recto de base rectangular: *Los ortoedros tienen seis caras.*

ortofonía s.f. Corrección de los defectos de la voz y de la pronunciación: *La ortofonía se apoya en conocimientos médicos, psicológicos, pedagógicos y lingüísticos.*

ortogénesis s.f. En biología, proceso de evolución de un organismo vivo mediante el cual se intensifica gradualmente un determinado carácter: *Según algunas teorías, el ser humano llegó a ser un animal racional por un proceso de ortogénesis a partir del mono.* □ MORF. Invariable en número.

ortografía s.f. **1** Parte de la gramática que da normas para el empleo correcto de las letras y de los signos auxiliares de la escritura: *La ortografía del español la fija la Real Academia Española.* **2** Escritura correcta de las palabras de una lengua, de acuerdo con estas normas: *Las personas que leen mucho no suelen cometer faltas de ortografía.*

ortográfico, ca adj. De la ortografía o relacionado con ella: *La colocación de tildes en español está sometida a reglas ortográficas.*

ortología s.f. Parte de la gramática que establece las normas necesarias para la correcta pronunciación de los sonidos de una lengua: *La ortología del español establece que la 'x' ante consonante se pronuncie como 's': exponer [esponér].*

ortológico, ca adj. De la ortología o relacionado con ella: *Las normas ortológicas califican de afectada la pronunciación de 'd' final de sílaba o de palabra como [z].*

ortopedia s.f. Técnica que permite corregir y evitar las deformaciones físicas por medio de aparatos o de ejercicios corporales: *Gracias a los avances de la ortopedia, personas que han perdido las dos piernas pueden volver a caminar.*

ortopédico, ca adj. De la ortopedia o relacionado con esta técnica: *Perdió la pierna en un accidente y ahora anda gracias a una pierna ortopédica.*

oruga s.f. **1** Larva de los insectos lepidópteros, con el cuerpo en forma de gusano y dividido en anillos, con una serie de apéndices para la locomoción, y que se alimenta de hojas: *El gusano de seda es una oruga.* 👁 **metamorfosis** **2** En un vehículo, llanta continua y articulada, generalmente metálica, que sustituye o rodea a las ruedas para posibilitar el avance por terrenos accidentados: *Los tanques tienen orugas para avanzar más fácilmente a campo traviesa.*

orujo s.m. **1** Pellejo o residuo que queda tras exprimir, moler o prensar la aceituna u otros frutos: *Del orujo de la aceituna se extrae un aceite de baja calidad.* **2** Aguardiente que se elabora a partir del pellejo de las uvas: *Suelo tomar una copita de orujo con el café.*

orvallo s.m. Llovizna continua y finísima: *El orvallo es propio de zonas gallegas y asturianas.*

orza s.f. Vasija de barro vidriado, alta, sin asas y con forma de tinaja pequeña: *En mi casa guardo la miel en orzas.*

orzuelo s.m. Grano o inflamación que nace en el borde del párpado: *Casi no puede abrir el ojo porque tiene un orzuelo.*

os pron.pers. Forma de la segunda persona del plural que corresponde a la función de complemento sin preposición: *Solo os estaba mirando. Os prometo que fue así. ¿Os ibais sin despediros de mí?* □ MORF. 1. No tiene diferenciación de género. 2. ⟶APÉNDICE DE PRONOMBRES.

osadía s.f. Atrevimiento, audacia o resolución en la forma de actuar: *Se enfrentó al enemigo con osadía y valor. Me parece una osadía que te atrevas a ir solo.*

osado, da adj./s. Que tiene o manifiesta osadía: *El muchacho más osado de todos encabezaba el grupo que entró a inspeccionar la cueva. Eres una osada si piensas enfrentarte a ellos tú sola.*

osamenta s.f. **1** Esqueleto interior de los vertebrados, esp. el de los animales de gran tamaño: *En el museo tienen expuesta la osamenta de un diplodocus.* **2** Conjunto de huesos que componen el esqueleto: *Los buitres se comieron toda la carroña y solo dejaron la osamenta del caballo muerto.*

osar v. Referido a una acción, atreverse a hacerla o emprenderla con audacia: *Nadie osó acercarse al león, aunque estaba dormido.*

osario s.m. **1** En un cementerio o en una iglesia, lugar destinado a reunir los huesos que se sacan de las sepulturas: *Los restos del abuelo han pasado ya al osario porque hace más de 20 años que lo enterraron.* **2** Lugar en el que se encuentran huesos enterrados: *En esa cueva se encontró un osario prehistórico.*

óscar s.m. Estatuilla de bronce recubierta de oro que se entrega a los ganadores del premio cinematográfico que anualmente concede la Academia de Artes y Ciencias Cinematográficas de Hollywood (ciudad estadounidense): *En la entrevista el actor confesó que había guardado el óscar en casa de su madre.* □ MORF. Su plural es *óscares.* □ USO Se usa como nombre propio cuando hace referencia a la denominación oficial del premio.

oscense adj./s. De Huesca o relacionado con esta provincia española o con su capital: *Jaca y Barbastro son ciudades oscenses. Los oscenses son aragoneses.* □ MORF. 1. Como adjetivo es invariable en género. 2. Como sustantivo es de género común y exige concordancia en masculino o en femenino para señalar la diferencia de sexo: *el oscense, la oscense.* 3. Como sustantivo se refiere solo a las personas de Huesca.

oscilación s.f. **1** Movimiento alternativo de vaivén, de un lado hacia otro: *Sus ojos seguían la oscilación del péndulo.* **2** Crecimiento y disminución alternativos de la intensidad, del valor o de la cantidad de algo; *fluctuación: El médico está preocupado por las oscilaciones de temperatura que presenta el enfermo.*

oscilar v. **1** Efectuar movimientos de vaivén: *Cuando el reloj se para, el péndulo deja de oscilar. Sus sentimientos oscilan entre el amor y el odio.* **2** Vibrar o moverse continuamente sin desplazarse: *Le gusta mirar cómo oscilan las llamas de la hoguera.* **3** Referido al valor de algo, crecer y disminuir alternativamente con más o menos regularidad; *fluctuar: Ayer la temperatura mínima osciló entre los tres y los cinco grados centígrados.*

oscilatorio, ria adj. Referido esp. a un movimiento, que oscila o va alternativamente de un lado para otro: *Los columpios tienen movimiento oscilatorio.*

osco, ca ▮ adj./s. **1** De un antiguo pueblo italiano de la zona central o relacionado con él: *La importancia política osca decayó desde finales del siglo II a.C. Los latinos asimilaron a los oscos.* ▮ s.m. **2** Lengua indoeuropea de este pueblo: *El osco es una lengua que ya no se habla.* ☐ ORTOGR. Dist. de *hosco.* ☐ MORF. En la acepción 1, como sustantivo se refiere solo a las personas de este pueblo.

ósculo s.m. *poét.* Beso: *El enamorado se despidió de su amada con un casto ósculo en la frente.*

oscurantismo s.m. **1** Oposición a la difusión de la cultura y de la enseñanza entre las clases populares: *El oscurantismo conduce a un atraso cultural y científico.* **2** Tendencia a ocultar parte de la información: *La política informativa del Ministerio se caracteriza por su oscurantismo.* ☐ SEM. Es sinónimo de *obscurantismo.*

oscurantista ▮ adj. **1** Del oscurantismo o relacionado con él: *La política oscurantista del Gobierno pone en entredicho la competencia de la prensa nacional.* ▮ adj./s. **2** Partidario del oscurantismo: *Las dictaduras suelen contar con el apoyo de políticos oscurantistas. Los oscurantistas se oponen a la propagación de las nuevas ideas.* ☐ MORF. 1. Como adjetivo es invariable en género. 2. Como sustantivo es de género común y exige concordancia en masculino o en femenino para señalar la diferencia de sexo: *el oscurantista, la oscurantista.* ☐ SEM. Es sinónimo de *obscurantista.*

oscurecer v. **1** Quitar luz o claridad, o hacer más oscuro: *Para oscurecer un color, mézclalo con negro. La pintura de la pared se ha oscurecido con el tiempo.* **2** Referido al valor, disminuirlo: *Su triunfo fue oscurecido por la ausencia de buenos competidores.* **3** Hacer difícil de comprender: *Tantas citas oscurecen el mensaje del discurso.* **4** Referido esp. a la razón, turbarla o confundirla: *El odio te oscurece la razón y te impide ver las cosas objetivamente.* **5** Anochecer o disminuir la luz del sol cuando este empieza a ocultarse: *Vuelve a casa antes de que oscurezca.* ☐ MORF. 1. Irreg.: Aparece una *z* delante de la *c* cuando la siguen *a* y *o* →**PARECER**. 2. En la acepción 5, es verbo unipersonal: solo se usa en tercera persona del singular y en las formas no personales (infinitivo, gerundio y participio). ☐ SEM. Es sinónimo de *obscurecer.*

oscurecimiento s.m. **1** Disminución de la claridad o de la cantidad de luz: *El oscurecimiento del cielo presagia tormenta.* **2** Disminución del prestigio, de la estimación o del valor de algo: *Un leve error supone el oscurecimiento de sus muchas virtudes.* **3** Entorpecimiento de la comprensión de algo: *Tantos latinismos producen cierto oscurecimiento en su lenguaje.* ☐ SEM. Es sinónimo de *obscurecimiento.*

oscuridad s.f. **1** Falta de luz o de claridad para percibir las cosas: *Aprovechó la oscuridad de la noche para huir.* **2** Lugar en el que hay poca o ninguna luz: *Se escondió en la oscuridad y nadie lo vio.* **3** Confusión o falta de claridad para comprender: *El profesor nos desaconsejó leer ese manual por la oscuridad de sus explicaciones.* **4** Carencia de noticias o de información: *El Ministerio mantiene la oscuridad sobre este asunto.* **5** Falta de fama, de éxito o de difusión: *Sus novelas son buenas, pero la oscuridad en la que se hallan se debe a los muchos enemigos que tiene el autor.* **6** Humildad o falta de consideración personal o social: *No lo admitían en las fiestas de sociedad por la oscuridad de su linaje.* ☐ SEM. Es sinónimo de *obscuridad.*

oscuro, ra adj. **1** Que tiene poca luz o claridad, o que carece de ellas: *El sótano es muy oscuro porque solo tiene un ventanuco. ¡Qué día tan oscuro!* **2** Referido a un color, que se acerca al negro o que está más cerca del negro que de otro de su misma gama: *El mar se ve azul oscuro en zonas de mucha profundidad.* **3** Referido al cielo, nublado o cubierto de nubes: *Hoy está el cielo muy oscuro y quizá llueva.* **4** Referido esp. a un linaje, que es humilde, bajo o poco conocido: *Ese apellido procede de una oscura familia de la región montañesa.* **5** Confuso, poco claro o difícil de comprender: *No entendí sus oscuras palabras.* **6** Incierto, inseguro o peligroso: *Tras este fracaso, mi futuro profesional está bastante oscuro.* **7** ‖ **a oscuras.** Sin luz: *Se fue la luz eléctrica y estuvimos a oscuras toda la tarde.* ☐ SEM. Es sinónimo de *obscuro.*

óseo, a adj. Del hueso, hecho de hueso o relacionado con él: *Los vertebrados tienen un esqueleto óseo.*

osera s.f. Guarida del oso: *En esta zona de la montaña hay algunas oseras donde los osos hibernan.*

osezno s.m. Cría del oso: *La osa del zoológico ha tenido dos oseznos.* ☐ MORF. Es un sustantivo epiceno y la diferencia de sexo se señala mediante la oposición *el osezno {macho/hembra}.*

osificación s.f. Conversión de un tejido blando en hueso, o adquisición de su consistencia: *La osificación del esqueleto humano termina hacia los veinte años.*

osificarse v.prnl. Referido esp. a un tejido orgánico, convertirse en hueso o adquirir su consistencia: *El calcio ayuda a que los huesos se osifiquen.* ☐ ORTOGR. La *c* se cambia en *qu* delante de *e* →**SACAR**.

osmio s.m. Elemento químico, metálico y sólido, de número atómico 76, maleable, duro y de color blanco azulado, parecido al platino: *El osmio es el metal más denso que se conoce.* ☐ ORTOGR. Su símbolo químico es *Os.*

ósmosis s.f. **1** Difusión de un disolvente a través de una membrana semipermeable que separa dos disoluciones de diferente concentración: *Las plantas absorben los minerales del suelo por ósmosis.* **2** Influencia mutua, esp. en el campo de las ideas: *Has adquirido esas ideas por ósmosis, de tanto oírselas a tus compañeros.* ☐ MORF. Invariable en número.

oso, sa s. **1** Mamífero plantígrado de gran tamaño, pelaje largo y abundante, generalmente pardo, cabeza grande con orejas redondeadas, cola corta y patas gruesas terminadas en cinco dedos cada una, que es capaz de trepar a los árboles y de ponerse sobre dos patas para atacar y para defenderse: *Los osos se alimentan principalmente de vegetales.* **2** ‖ **anda la osa.** *col.* Expresión

a b c d e f g h i j k l m n ñ o p q r s t u v w x y z

que se usa para indicar sorpresa, admiración o asombro: *¡Anda la osa, dijo que no podría asistir a la reunión y ha sido el primero en llegar!* ‖ **oso hormiguero.** Mamífero de pelaje largo y grisáceo, cola larga y prensil, hocico muy desarrollado, puntiagudo y sin dientes, que se alimenta de hormigas usando su larga lengua casi cilíndrica: *La lengua del oso hormiguero puede llegar a medir un metro de longitud.* ‖ **oso marino.** Mamífero marino, parecido a la foca, que tiene los ojos prominentes, las orejas puntiagudas y el pelaje pardo rojizo: *Los osos marinos viven fundamentalmente en el océano Polar Antártico.* ‖ **(oso) panda.** Mamífero trepador, de origen asiático, que tiene el pelaje espeso, blanco en la cabeza y en la región media del tronco y negro en las orejas, alrededor de los ojos y en el resto del cuerpo, que se alimenta principalmente de bambú: *Los osos panda suelen vivir en parejas.* □ MORF. *Oso hormiguero, oso marino* y *oso panda* son epicenos: *el oso hormiguero {macho/hembra}, el oso marino {macho/hembra}, el oso panda {macho/hembra}.* 👁 oso

osobuco s.m. Comida que se hace con tibia de ternera o de vaca, con el hueso incluido, cortada en rodajas, generalmente acompañada de arroz y tomate: *Fuimos a cenar a un restaurante italiano y yo pedí osobuco.* □ USO Es innecesario el uso del italianismo *ossobuco*.

osteíctio ▌adj./s.m. **1** Referido a un pez, que se caracteriza por tener el esqueleto total o parcialmente osificado y por tener el cuerpo recubierto de escamas óseas dérmicas: *La merluza es un pez osteíctio. La trucha es un osteíctio.* ▌s.m.pl. **2** En zoología, clase de estos peces: *Algunos peces que pertenecen a los osteíctios respiran por branquias, mientras que otros respiran por pulmones.*

ostensible adj. Muy claro, patente o manifiesto: *Le pregunté qué le había pasado, porque caminaba con una ostensible cojera.* □ MORF. Invariable en género.

ostensivo, va adj. Que ostenta o muestra claramente: *Hizo un ostensivo gesto de enfado que todo el mundo notó.*

ostentación s.f. **1** Exhibición que se hace con orgullo, afectación o vanidad: *Se pasa el día haciendo ostentación de sus premios.* **2** Grandeza o riqueza exterior y visible: *Es multimillonaria, pero vive sin ostentación.*

ostentar v. **1** Exhibir con orgullo, vanidad o presunción: *El capitán del equipo ostentaba el trofeo delante de los periodistas.* **2** Mostrar o llevar de forma visible: *Los jugadores ostentaban un brazalete negro en señal de duelo por su antiguo entrenador.* **3** Referido a un cargo o a un título, ocuparlos o estar en posesión de ellos: *Ostenta el cargo de directora de la compañía.*

ostentoso, sa adj. **1** Magnífico, aparatoso, lujoso o digno de verse: *Vive en una ostentosa mansión llena de antigüedades.* **2** Que se hace para que los demás lo vean: *Se quejaba de forma ostentosa para que todos le preguntáramos qué le pasaba.*

osteopatía s.f. **1** En medicina, enfermedad ósea: *Le van a operar de una osteopatía de pubis.* **2** Método curativo basado en los masajes: *La osteopatía intenta devolver la movilidad de las articulaciones.*

osteoporosis s.f. Formación anormal de huecos en los huesos, o disminución anormal de su densidad por descalcificación: *La osteoporosis afecta frecuentemente a las mujeres que están en la menopausia.* □ MORF. Invariable en número.

ostra s.f. **1** Molusco marino de carne comestible, sin cabeza diferenciada, que tiene dos conchas casi circulares, rugosas y de color pardo verdoso por fuera y lisas y de color nacarado por dentro, y que vive pegado a las rocas: *Celebraremos el triunfo con ostras y champán.* 👁 **marisco 2** ‖ **aburrirse como una ostra.** *col.* Aburrirse mucho: *Cuando está solo, se aburre como una ostra.*

ostracismo s.m. Aislamiento al que se somete una persona: *Ese escritor mantiene su ostracismo y nunca concede entrevistas.*

ostras interj. Expresión que se usa para indicar extrañeza, sorpresa, admiración o disgusto: *¡Ostras, mira quién viene por ahí! ¡Ostras, qué faena!* □ PRON. Aunque la pronunciación correcta es [óstras], está muy extendida [ostrás].

ostrogodo, da adj./s. De un antiguo pueblo germánico establecido en la zona oriental europea, que se dispersó y desapareció en el siglo VI debido a la expansión bizantina, o relacionado con él: *El arte ostrogodo se caracteriza por la escultura en piedra, normalmente calada. Los ostrogodos son una rama de los godos.* □ MORF. Como sustantivo se refiere solo a las personas de este pueblo.

otalgia s.f. Dolor de oídos: *El médico me dijo que la otalgia era de origen infeccioso.* □ SEM. Dist. de *otitis* (inflamación del oído).

otear v. Mirar u observar desde un lugar alto: *Subió a la torre para otear el horizonte.*

otero s.m. Cerro aislado en un terreno llano: *Desde lo alto del otero se veían varios pueblos de la zona.*

otitis s.f. Inflamación del oído: *El médico me ha recetado unas gotas para la otitis.* □ MORF. Invariable en número. □ SEM. Dist. de *otalgia* (dolor de oídos).

otomán s.m. Tela de seda, de algodón o de lana que forma cordoncitos en sentido horizontal: *El otomán es muy usado en tapicería.*

otomano, na adj./s. De Turquía (país europeo y asiático), o relacionado con ella; *turco*: *La costa norte otomana da al mar Negro. La mayoría de los otomanos son musulmanes.* □ MORF. Como sustantivo se refiere solo a las personas de Turquía.

otoñal adj. Del otoño o relacionado con él: *Las lluvias otoñales suelen ser abundantes. En la etapa otoñal de su vida escribió bonitos versos.* □ MORF. Invariable en género.

otoño s.m. **1** Estación del año entre el verano y el invierno, y que en el hemisferio norte transcurre aproximadamente entre el 21 de septiembre y el 21 de diciembre: *En otoño caen las hojas de los árboles.* 👁 **estación 2** Período de la vida de una persona cercano a la vejez: *Sus cabellos plateados indicaban que estaba en el otoño de su vida.* □ SEM. En la acepción 1, en el hemisferio sur transcurre aproximadamente entre el 21 de marzo y el 21 de junio.

otorgar v. **1** Referido a lo que se pide, concederlo o consentir en ello: *Me otorgó la gracia que le había pedido.* **2** Referido esp. a una ley, darla o promulgarla: *En las democracias, los Parlamentos otorgan las leyes.* **3** Dar o conceder como premio o galardón: *El rey le ha otorgado un título nobiliario por los servicios prestados.* □ ORTOGR. La *g* se cambia en *gu* delante de *e* → **PAGAR**.

otorrino s. *col.* → **otorrinolaringólogo, ga.** □ MORF. Es de género común y exige concordancia en masculino o en femenino para señalar la diferencia de sexo: *el otorrino, la otorrino.*

otorrinolaringología s.f. Parte de la medicina que estudia las enfermedades que afectan a la garganta, la nariz y los oídos: *Ha acabado la carrera de medicina y quiere especializarse en otorrinolaringología.*

otorrinolaringólogo, ga s. Médico especializado en

las enfermedades de la garganta, la nariz y los oídos: *Ha ido al otorrinolaringólogo porque está afónica.* □ MORF. En la lengua coloquial se usa mucho la forma abreviada *otorrino*.

otro, tra ▮ indef. **1** Indica la gran semejanza que hay entre dos personas o cosas distintas: *Le gusta mucho pintar y quiere ser otro Velázquez.* **2** Precedido de artículo determinado y seguido de sustantivos como 'día', 'mañana', 'tarde' y 'noche', los sitúa en un pasado cercano: *El otro día me encontré con tu primo.* ▮ adj./s. **3** Designa algo distinto de aquello de lo que se habla: *Estas tuercas están bien, pero necesito otras más grandes. Ese coche no está mal, pero el otro es mucho mejor. Una cosa es que no lo hagas, y otra, que me contestes así de mal.* **4** ‖ **otro que tal (baila).** Expresión que se utiliza para indicar la igualdad de cualidades, esp. de las negativas: *Si no la crees a ella, tampoco lo creas a él, que es otro que tal.* □ MORF. ⟶APÉNDICE DE PRONOMBRES. □ SEM. En expresiones como *al otro día* o *al otro mes*, equivale a *siguiente*.

otrora adv. *ant.* En otro tiempo: *Otrora, se celebraban en el pueblo fiestas de gran boato.*

otrosí ▮ s.m. **1** En un texto jurídico, petición añadida a la principal y que comienza con esta palabra: *El otrosí equivaldría a la posdata de las cartas.* ▮ adv. **2** *ant.* ⟶**además.**

ouija s.f. Tablero alfabético usado en espiritismo, sobre el que se desliza un vaso o algún otro objeto para ir formando mensajes (por extensión del nombre de la marca comercial *Ouija®*). □ PRON. [uíja]. □ USO Su uso es innecesario y puede sustituirse por *güija*.

out adj. Que no está de moda o de actualidad: *Estás out y vistes de forma anticuada.* □ PRON. [aut]. □ MORF. Invariable en género y en número. □ USO Es un anglicismo innecesario.

output (anglicismo) s.m. En informática, término que se utiliza para determinar todos los procesos de salida de datos hacia un periférico: *Obtengo datos en mi monitor con el output.* □ PRON. [áuput].

ovación s.f. Aplauso ruidoso tributado por un grupo de personas: *La ovación del público hizo que el pianista tocara una breve pieza como agradecimiento.*

ovacionar v. Aclamar con una ovación o un gran aplauso colectivo: *Al recibir el premio, fue ovacionado por todos lo asistentes al acto.*

ovado, da adj. ⟶**ovalado, da.**

oval adj. ⟶**ovalado, da.** □ MORF. Invariable en género.

ovalado, da adj. Con forma de óvalo o semejante a esa curva; *ovado, oval: Sirvieron los entremeses en una fuente ovalada. Algunos cerezos tienen hojas ovaladas.*

ovalar v. Dar forma de óvalo: *He llevado la mesa redonda al carpintero para que la ovale añadiéndole una tabla central. Se me cayó el anillo, lo pisaron y se ha ovalado.*

óvalo s.m. Curva cerrada parecida a la elipse y simétrica respecto de uno o de dos ejes: *La silueta de una cara tiene forma de óvalo.*

ovárico, ca adj. Del ovario o relacionado con él: *El ginecólogo le ha dicho que tiene un quiste ovárico y que debería someterse a una operación quirúrgica para extirparlo.*

ovario s.m. **1** En una hembra, cada uno de los órganos glandulares del aparato reproductor, que producen hormonas y óvulos: *Normalmente, una hembra tiene dos ovarios situados al final de los cuernos uterinos.* **2** En una flor, parte inferior y más ancha del pistilo, en la que están los óvulos: *El ovario forma parte del aparato reproductor de las flores.* 👁 **flor**

ovas s.f.pl. Huevecillos de algunos peces: *El caviar se elabora con las ovas del esturión.*

oveja s.f. **1** Hembra del **carnero. 2** ‖ **oveja {descarriada/negra}.** En un grupo, persona que destaca negativamente: *Por su carácter rebelde, lo consideran la oveja negra de la familia.*

ovejero, ra adj./s. Que cuida o guarda las ovejas: *Un par de perros ovejeros guardaba el rebaño. El ovejero ordeña cada día a las ovejas.*

overbooking (anglicismo) s.m. Contratación ilegal de un número de plazas mayor de las disponibles, esp. en hoteles y medios de transporte: *Algunos turistas con reserva en el hotel se quedaron sin habitación debido al overbooking.* □ PRON. [oberbúkin].

ovetense adj./s. De Oviedo o relacionado con esta ciudad asturiana: *Un gran pintor ovetense será homenajeado. Un ovetense me enseñó la iglesia de Santa María del Naranco.* □ MORF. 1. Como adjetivo es invariable en género. 2. Como sustantivo es de género común y exige concordancia en masculino o en femenino para señalar la diferencia de sexo: *el ovetense, la ovetense*. 3. Como sustantivo se refiere solo a las personas de Oviedo.

óvido ▮ adj./s.m. **1** Referido a un mamífero, que es rumiante, generalmente con abundante pelo o lana, y cuyo macho suele tener dos cuernos: *Las cabras y las ovejas son óvidos. Con la leche de algunos óvidos se hace queso.* ▮ s.m.pl. **2** En zoología, subfamilia de estos mamíferos: *Los animales que pertenecen a los óvidos pueden ser salvajes o domésticos.* □ ORTOGR. Dist. de *bóvido*. □ SEM. Dist. de *ovino* (tipo de óvido).

oviducto s.m. En el aparato reproductor de una hembra, conducto por el que los óvulos salen del ovario para ser fecundados: *En la mujer, el oviducto se llama 'trompa de Falopio'.*

ovillar ▮ v. **1** Hacer ovillos: *He ovillado dos madejas de lana.* ▮ prnl. **2** Encogerse y recogerse haciéndose un ovillo: *Tenía tanto frío que me ovillé en el sofá y me tapé con una manta.*

ovillo s.m. **1** Bola o lío que se forma enrollando hilo, cuerda o un material semejante: *Al gato le gusta jugar con el ovillo de lana.* 👁 **costura 2** Lo que está enrollado y tiene forma redondeada: *Hizo un ovillo con la ropa sucia y lo metió en la lavadora.*

ovino, na adj./s.m. Referido al ganado o a un animal, que tiene lana o pertenece al ganado lanar: *Del ganado ovino se aprovecha la lana, la leche y la carne. Los ovinos suelen tenerse en rebaños.* □ SEM. Dist. de *óvido* (grupo al que pertenecen los ovinos).

ovíparo, ra adj./s. Referido a un animal o a una especie, que nace de un huevo que se abre fuera de la madre: *Las aves son animales ovíparos. Los ovíparos nacen después de un período de incubación.* □ SEM. Dist. de *ovovivíparo* (que nace de un huevo que se rompe dentro de la madre) y de *vivíparo* (que se ha desarrollado dentro de la madre y nace por un parto).

ovni s.m. Objeto volador de origen desconocido: *Han dicho en la radio que el ovni que se vio en la ciudad era un satélite espacial.* □ MORF. Es un acrónimo que procede de la sigla de *objeto volador no identificado*.

ovovivíparo, ra adj./s. Referido a un animal o a una especie, que nace de un huevo que se abre dentro de las vías uterinas de la madre: *Algunos peces son ovovivípa-*

ros, pero la mayoría son ovíparos. La víbora es un ovovivíparo. □ SEM. Dist. de *ovíparo* (que nace de un huevo que se rompe fuera de la madre) y de *vivíparo* (que se ha desarrollado dentro de la madre y nace en un parto).

ovulación s.f. Desprendimiento de uno o varios óvulos maduros del ovario: *Después de la ovulación, el óvulo recorre un trayecto hasta llegar al útero, donde será fecundado.*

ovular ▮ adj. **1** Del óvulo, de la ovulación o relacionado con ellos: *En la mujer, el desprendimiento ovular se repite generalmente una vez al mes.* ▮ v. **2** Realizar la ovulación: *Las mujeres ovulan cada 28 días aproximadamente.* □ MORF. Como adjetivo es invariable en género.

óvulo s.m. **1** En los animales, célula sexual femenina que se forma en el ovario: *En la fecundación, el óvulo se une con el espermatozoide.* **2** En una flor, órgano en forma de saco que contiene las células reproductoras femeninas: *Los óvulos maduros forman las semillas.* 👁 **flor** **3** Medicamento de forma ovalada que se funde a la temperatura del cuerpo y que se administra por vía vaginal: *El médico le ha mandado unos óvulos de antibióticos para curarle la infección vaginal.* 👁 **medicamento**

ox interj. Expresión que se utiliza para espantar a la aves domésticas: *¡Ox, ox, gallinas, fuera de aquí!*

oxidación s.f. **1** En química, pérdida de uno o más electrones por la acción de un agente oxidante: *En los procesos de oxidación y de reducción hay intercambio de electrones entre los compuestos que intervienen.* **2** Formación de una costra de óxido en una superficie, debida al oxígeno atmosférico: *La oxidación del hierro se previene pintándolo de minio.*

oxidante s.m. Sustancia que oxida o sirve para oxidar: *El cloro es un oxidante.*

oxidar ▮ v. **1** Referido a un material o a un cuerpo, alterarlos la acción del oxígeno atmosférico o de otro oxidante: *Si no pintas la barandilla, el agua la oxidará. Si pelas una manzana y no la comes, se oxida y se pone rojiza.* **2** *col.* Dejar de funcionar o no funcionar bien: *La falta de ejercicio ha oxidado mis articulaciones. Hay que hacer gimnasia para que los músculos no se oxiden.* **3** En química, hacer perder o perder uno o varios electrones: *Los agentes oxidantes oxidan los elementos con los que reaccionan. El hidrógeno se oxida al reaccionar con el oxígeno.* ▮ prnl. **4** Referido a un elemento químico, reaccionar con el oxígeno para dar óxidos: *El aluminio al oxidarse da óxido de aluminio.*

óxido s.m. **1** En química, compuesto formado por la combinación del oxígeno con un elemento químico, esp. un metal: *El óxido de cinc se emplea como pigmento en la fabricación de pinturas.* **2** Capa o costra que se forman sobre los metales por la acción del oxígeno atmosférico u otro oxidante: *Antes de pintar la verja debes eliminar el óxido.*

oxigenación s.f. Aumento del oxígeno molecular: *Las plantas verdes permiten la oxigenación del aire gracias a la fotosíntesis.*

oxigenar ▮ v. **1** Aumentar la proporción de oxígeno molecular: *Las grandes masas forestales oxigenan el aire. La sangre se oxigena al pasar por los pulmones.* ▮ prnl. **2** Referido a una persona, airearse o respirar aire libre: *Vivo en la ciudad, y los fines de semana me gusta ir a la sierra para oxigenarme.*

oxígeno s.m. **1** Elemento químico, no metálico y gaseoso, de número atómico 8, incoloro, inodoro e insípido, que forma parte del aire y que es esencial para la respiración y para la combustión: *El oxígeno se combina con todos los elementos químicos, excepto con los gases nobles.* **2** *col.* Aire puro: *Nos fuimos a la montaña para respirar oxígeno.* □ ORTOGR. En la acepción 1, su símbolo químico es *O*.

oxítono, na adj. **1** Referido a una palabra, que lleva el acento en la última sílaba: *'Café' y 'salir' son vocablos oxítonos aunque solo lleve tilde el primero.* **2** Referido a un verso, que termina en palabra acentuada en la última sílaba: *El octosílabo de Bécquer 'por un beso, yo no sé' es oxítono.* □ ORTOGR. Para la acepción 1 ⟶APÉNDICE DE ACENTUACIÓN. □ SEM. Es sinónimo de *agudo*.

oye interj. Expresión que se usa para llamar la atención del oyente e indicar extrañeza, sorpresa, admiración o disgusto: *Oye, rico, ¿pero tú qué te has creído?* □ MORF. Incorr. {**Oyes › Oye*}, *tú, cállate.* □ USO Se usa cuando el hablante trata de tú al oyente, frente a *oiga*, que se usa cuando lo trata de usted.

oyente s. **1** Persona que asiste a clase sin estar matriculado como alumno: *En clase hay varios oyentes que no tendrán que examinarse.* **2** Persona que escucha algo, esp. un programa de radio: *Los oyentes que acierten esta pregunta están invitados a una fiesta en la emisora.* □ MORF. Es de género común y exige concordancia en masculino o en femenino para señalar la diferencia de sexo: *el oyente, la oyente*.

ozono s.m. Modificación del oxígeno producida por la acción de descargas eléctricas: *La capa atmosférica de ozono nos protege de las radiaciones solares.*

ozonosfera s.f. En la atmósfera terrestre, capa que se encuentra entre los 15 y los 40 kilómetros de altura aproximadamente, compuesta principalmente por ozono: *La ozonosfera filtra los rayos ultravioletas del Sol.*

P p

p s.f. Decimoséptima letra del abecedario: *En español, delante de 'p' nunca se escribe 'n'.* ☐ PRON. Representa el sonido consonántico bilabial oclusivo sordo.

pabellón s.m. **1** Construcción o edificio que forma parte de un conjunto: *En el recinto ferial han construido un nuevo pabellón.* **2** Edificio que forma parte de otro mayor y que está inmediato o próximo a este: *En el hospital están haciendo un pabellón nuevo que se destinará a pediatría.* **3** Ensanchamiento cónico en el extremo de un tubo, de una sonda o de un conducto: *El pabellón auricular es una parte del oído externo.* 👁 **oído** **4** Bandera nacional: *Los soldados desfilaban mientras su pabellón ondeaba en lo alto del mástil.* **5** Nación a la que pertenecen los barcos mercantes: *Este barco es de pabellón francés.* ☐ SEM. En la acepción 1, dist. de *stand* (instalación provisional).

pabilo o **pábilo** s.m. En una vela o en una antorcha, cordón, generalmente de hilo o de algodón, que está colocado en el centro y que sirve para que alumbre al arder: *Para apagar la vela mójate un poco los dedos y aprieta con ellos el pabilo.*

pábulo ‖ **dar pábulo a** algo. Ser motivo de ello: *Con esa conducta vas a dar pábulo a chismorreos y a habladurías.*

pacato, ta adj./s. Que se escandaliza fácilmente: *No le cuentes chistes picantes porque es un pacato y se pone colorado.*

pacense adj./s. De Badajoz o relacionado con esta provincia española o con su capital: *Mérida es una ciudad pacense. Muchos pacenses se dedican al cuidado del ganado de cerda.* ☐ MORF. 1. Como adjetivo es invariable en género. 2. Como sustantivo es de género común y exige concordancia en masculino o en femenino para señalar la diferencia de sexo: *el pacense, la pacense*. 3. Como sustantivo se refiere solo a las personas de Badajoz.

pacer v. Referido al ganado, comer hierba en los campos; *pastar*: *Las vacas pacían tranquilamente en el prado.* ☐ MORF. Irreg.: Aparece una *z* delante de la *c* cuando la siguen *a, o* →**PARECER**.

pachá s.m. En el antiguo Imperio turco, persona que obtenía algún mandato superior; *bajá*: *El emperador lo nombró pachá de una provincia.* ☐ MORF. Su plural es *pachás*.

pachanga s.f. Jolgorio ruidoso y desordenado: *Aunque empezamos muy serios, terminamos de pachanga.*

pachanguero, ra adj. Referido esp. a la música, fácil, bulliciosa y pegadiza: *Las canciones pachangueras tienen mucho éxito en las fiestas populares.*

pacharán s.m. Licor de origen navarro, que se elabora con endrinas: *El pacharán es de color rosado y tiene un sabor anisado.*

pachón, -a adj./s. **1** Referido a un perro, de la raza que se caracteriza por ser de talla mediana, orejas largas y caídas, boca grande con los labios colgantes, patas algo torcidas y pelaje corto, fino y de color amarillento: *Los perros pachones son buenos cazadores de aves. El pachón es parecido al perdiguero.* **2** *col.* Referido a una persona, de carácter excesivamente tranquilo, calmado y difícil de alterar: *No seas tan pachona, y preocúpate un poco por lo que te cuento. Los pachones que no se inmutan por nada me ponen muy nervioso.*

pachorra s.f. *col.* Calma o despreocupación excesivas en la forma de actuar; *parsimonia*: *El dependiente tenía tanta pachorra que tardó más de media hora en atendernos.*

pachucho, cha adj. **1** *col.* Pasado o demasiado maduro: *Cómete los plátanos, que se van a poner pachuchos.* **2** *col.* Decaído o ligeramente enfermo: *Si estás pachucho, quédate en la cama para no coger frío.*

pachulí o **pachuli** s.m. Perfume de olor penetrante que se extrae de una planta del mismo nombre: *La habitación apesta, porque se me ha caído el pachulí en la alfombra.* ☐ MORF. Aunque su plural en la lengua culta es *pachulíes*, se usa mucho *pachulís*.

paciencia s.f. **1** Capacidad para sufrir o soportar las penas y los infortunios sin perturbarse: *Lleva su enfermedad con mucha paciencia y nunca se queja de su mala suerte.* **2** Capacidad para hacer trabajos minuciosos o pesados: *Hacer esta maqueta con palillos requiere mucha paciencia.* **3** Calma y tranquilidad cuando se espera algo que se desea: *Ten paciencia y no te pongas nerviosa, porque solo se está retrasando diez minutos.* **4** Galleta pequeña y redonda fabricada con harina, huevo y azúcar: *Las paciencias son planas por debajo y abombadas por arriba.*

paciente ▮ adj. **1** Que tiene paciencia o sufre las penas sin perturbarse: *Tienes que ser paciente y callarte hasta que todo se solucione.* ▮ adj./s.m. **2** Que recibe o padece la acción de algo: *En las oraciones en voz pasiva, el sujeto paciente recibe la acción del verbo. En 'María fue elogiada por la prensa', 'María' es el paciente y 'la prensa' es el agente.* ▮ s. **3** Persona que se encuentra bajo atención médica: *Un médico debe ser amable con sus pacientes.*

☐ MORF. 1. Como adjetivo es invariable en género. 2. En la acepción 3, aunque es de género común y exige concordancia en masculino o en femenino para señalar la diferencia de sexo: *el paciente, la paciente*, se usa también el femenino coloquial *pacienta*.

pacificación s.f. Establecimiento de la paz donde antes había guerra, discordia o alteración: *Después de varios años en guerra, los dos presidentes firmaron la pacificación.*

pacificar v. Establecer la paz donde había guerra, discordia o alteración: *El ejército envió varias patrullas para pacificar la zona.* ☐ ORTOGR. La *c* se cambia en *qu* delante de *e* →**SACAR**.

pacífico, ca adj. **1** Tranquilo, sosegado o no alterado por enfrentamientos o disturbios: *Es una persona muy pacífica que evita cualquier tipo de discusión violenta.* **2** Del océano Pacífico (situado entre las costas americanas y las asiáticas), o relacionado con él.

pacifismo s.m. Conjunto de doctrinas encaminadas a mantener la paz y a evitar cualquier tipo de violencia: *El político hindú Gandhi fue uno de los grandes defensores del pacifismo.*

pacifista ▮ adj. **1** Del pacifismo o relacionado con esta tendencia a defender la paz y evitar la violencia: *El movimiento pacifista en la India fue impulsado por Gandhi.* ▮ adj./s. **2** Que sigue o que defiende el pacifismo: *Fue a una manifestación pacifista contra el aumento de presupuestos para gastos militares. Los pacifistas son partidarios del diálogo y de la negociación.* ☐ MORF. 1. Como adjetivo es invariable en género. 2. Como sustantivo es de género común y exige concordancia en masculino o en femenino para señalar la diferencia de sexo: *el pacifista, la pacifista*.

pack (anglicismo) s.m. Envase que contiene varios productos de la misma clase: *Esta cerveza se vende también en un pack de seis botellas.* ☐ PRON. [pák]. ☐ USO Su uso es innecesario y puede sustituirse por una expresión como *lote*.

pacotilla ‖ **de pacotilla.** *col.* De mala calidad o de poca importancia: *Es un pintor de pacotilla que solo sabe hacer garabatos.*

pactar v. Referido a un acuerdo, llegar a él dos o más partes, comprometiéndose a cumplirlo: *Hemos pactado que un día vengas tú y otro día vaya yo. Mis dos enemigos pactaron para no dejarme conseguir mi objetivo.*

pacto s.m. Acuerdo al que llegan dos o más partes y que compromete a ambas: *Los presidentes de los países de la zona han firmado un pacto de cooperación económica.*

padecer v. Referido a algo negativo, sentirlo, soportarlo, sufrirlo o tolerarlo: *Padece del estómago y no puede tomar comidas picantes. Todos aquellos falsos rumores me hicieron padecer mucho.* ☐ MORF. Irreg.: Aparece una *z* delante de la *c* cuando la siguen *a, o* →**PARECER**.

padecimiento s.m. Sufrimiento de algo que resulta desagradable, esp. una enfermedad, una injuria o un daño: *Su vida fue muy desgraciada y estuvo llena de padecimientos.*

padrastro s.m. **1** Respecto de los hijos llevados por una mujer al matrimonio, actual marido de esta: *Aunque realmente es su padrastro, lo quieren como si fuese su verdadero padre.* **2** Piel que se levanta en la zona del nacimiento de las uñas de los dedos y que causa dolor: *Me arranqué un padrastro del meñique, y ahora lo tengo infectado.* ☐ MORF. En la acepción 1, su femenino es *madrastra*.

padrazo s.m. *col.* Padre muy bueno y cariñoso con sus hijos: *Aunque en la oficina sea muy severo, con sus hijos es un padrazo.* ☐ MORF. Su femenino es *madraza*.

padre ▮ adj. **1** Muy grande: *Se puso a protestar y armó el lío padre.* ▮ s.m. **2** Macho que tiene uno o más hijos: *Ese toro es el padre de este ternerito. Está muy contento porque va a ser padre.* **3** Respecto de un hijo, hombre que lo ha engendrado o que se hace cargo legalmente de él como hijo propio sin que sea hijo biológico: *Quiero a mi padre adoptivo con locura.* **4** Cabeza de una descendencia, familia o pueblo: *Por ser la persona de mayor edad, es considerado el padre de su tribu y todos le obedecen.* **5** Animal macho destinado a la reproducción: *Venderemos todos los toros menos este, que lo dejaremos para padre.* **6** Tratamiento que se da a algunos religiosos o sacerdotes: *Hoy vendrá a decir misa el padre José.* **7** Persona autora de una obra, inventora de una idea o creadora de una ciencia o un arte: *Saussure es considerado el padre de la lingüística moderna.* ▮ pl. **8** Respecto de un hijo, pareja formada por el macho y la hembra que lo han engendrado: *Los padres de este perro eran unos grandes campeones. Fui al cine con mis padres.* **9** En una familia, abuelos y demás parientes en línea directa: *Esta tradición la hemos heredado de nuestros padres.* **10** ‖ **de padre y muy señor mío.** *col.* Muy grande: *Armaron un escándalo de padre y muy señor mío.* ‖ **padre de familia.** Hombre que es cabeza de familia a efectos legales: *Mi hermano mayor se casó y es padre de familia aunque aún no tiene hijos.* ‖ **Padre de la Iglesia** o **Santo Padre.** Tratamiento que reciben los primeros pensadores de las Iglesias griega y latina: *Los Santos Padres escribieron sobre los misterios y la doctrina de la religión.* ‖ **padre nuestro.** →**padrenuestro.** ☐ MORF. 1. Como adjetivo, es invariable en número. 2. En las acepciones 2 y 3, su femenino es *madre*. 3. El plural de *padre nuestro* es *padres nuestros*.

padrenuestro s.m. Oración enseñada por Jesucristo y que empieza con las palabras *Padre nuestro*: *Comenzaron el rezo con un padrenuestro.* ☐ ORTOGR. Admite también la forma *padre nuestro*. ☐ MORF. Su plural es *padrenuestros*.

padrinazgo s.m. **1** Actuación como padrino en un bautizo o en un acto público: *Le rogaron que ejerciera el padrinazgo con su sobrino.* **2** Protección o favor que se da a una persona: *Gracias al padrinazgo del jefe, ha ascendido rápidamente en la empresa.*

padrino ▮ s.m. **1** Respecto de una persona, hombre que la representa o la asiste al recibir ciertos sacramentos o algún honor: *En las bodas, el padrino acompaña a la novia al altar.* **2** Hombre que defiende los derechos de la persona a la que acompaña o asiste en ciertos actos o ceremonias: *Eligió a su mejor amigo para que fuese su padrino en el duelo.* ▮ pl. **3** *col.* Influencias para conseguir algo o para desenvolverse en la vida: *Si no tienes padrinos, no conseguirás ese empleo.* **4** Respecto de una persona, pareja formada por el hombre y la mujer que la representan o la asisten al recibir ciertos sacramentos o algún honor: *En mi bautizo, mis padrinos fueron mi abuela y mi tío.* ☐ MORF. Su femenino es *madrina*.

padrón s.m. Lista de los habitantes de una población: *El padrón se confecciona todos los años que terminan en cero.*

paella s.f. **1** Comida elaborada con arroz y con otros ingredientes, esp. carne, mariscos y legumbres: *La paella es un plato de origen valenciano.* **2** →**paellera.**

paellera s.f. Recipiente metálico, ancho, de poco fondo y con dos asas, en el que se suele cocinar la paella; *pae-*

a b c d e f g h i j k l m n ñ o p q r s t u v w x y z

lla: La paella sale más rica si se hace en una paellera que si se hace en una cazuela.

paga s.f. **1** Sueldo que se recibe periódicamente, esp. el que se recibe cada mes: *De niña, me gastaba la paga que me daban mis padres en golosinas.* **2** ‖ **(paga) {extra/ extraordinaria}.** La que se recibe como sobresueldo, generalmente dos o tres veces al año: *Si no fuera por la paga extra, no podría irme de vacaciones.*

pagadero, ra adj. Que tiene que pagarse en un tiempo determinado: *Este crédito es pagadero en seis años.*

paganini s. *vulg.* Persona que acostumbra a pagar los gastos ocasionados entre varios: *Como vosotros no tenéis dinero, siempre me toca ser la paganini.* ☐ MORF. Es de género común y exige concordancia en masculino o en femenino para señalar la diferencia de sexo: *el paganini, la paganini.*

paganismo s.m. Religión de los paganos: *El cristianismo irrumpió con fuerza en un mundo en el que imperaba el paganismo.*

pagano, na adj./s. **1** Que adora o rinde culto a ídolos o a varias representaciones de la divinidad, esp. referido a los antiguos griegos y romanos: *Los carnavales son unas fiestas de origen pagano.* **2** Que no está bautizado: *Algunos indígenas paganos no recibían bien a los evangelizadores. Los misioneros evangelizaron a muchos paganos.*

pagar v. **1** Referido a algo que se debe, darlo o satisfacerlo; *abonar: El camarero lo acusó de quererse ir sin pagar. Si no pagas la factura del teléfono, te cortarán la línea. ¿Con desprecio es como pagas mis sacrificios por ti?* **2** Referido a un gasto, sufragarlo o costearlo: *Un mecenas desconocido le pagó los estudios.* **3** Referido esp. a un delito, cumplir la pena o el castigo impuestos por ello: *Pagó su crimen con veinte años de cárcel.* **4** ‖ **pagarla** o **pagarlas (todas juntas).** *col.* Sufrir el culpable el castigo que se merece: *Por esta vez te has librado, pero ya me las pagarás.* ☐ ORTOGR. La *g* se cambia en *gu* delante de *e* →PAGAR. ☐ USO La acepción 4 se usa mucho para amenazar a alguien.

pagaré s.m. Documento en el que alguien se compromete a pagar cierta cantidad de dinero en un tiempo determinado: *Esta empresa siempre ha utilizado los pagarés como medio de obtener fondos a corto plazo.*

página s.f. **1** En un libro o en un escrito, cada una de la dos caras de una hoja: *Tengo que devolver este libro porque una de las páginas del centro está en blanco.* 👁 **libro** **2** Lo que está escrito o impreso en ellas: *He leído las páginas de cultura del periódico.* **3** Suceso o etapa en la historia de una vida: *Cuando se casó empezó una nueva página de su vida.* **4** ‖ **página (de) web.** Archivo cuyo contenido está escrito en un lenguaje específico para internet, llamado HTML, que permite enlazar unas páginas con otras; *web: Las páginas web están unidas unas con otras mediante unos enlaces de hipertexto llamados 'hipervínculos'.*

paginación s.f. Numeración de las páginas de un documento: *Hay un error en la paginación del libro y la página 53 aparece después de la 54.*

paginar v. Numerar ordenadamente las páginas: *Antes de entregar el trabajo tengo que paginarlo.*

pago s.m. **1** Entrega de lo que se debe o adeuda: *Ya realicé el primer pago de 1000 euros.* **2** Lo que se ha de pagar: *¿Cuál será el pago mensual si me conceden este crédito?* **3** Satisfacción, premio o recompensa: *Como pago a sus esfuerzos, consiguió una medalla en la competición.* **4** Lugar, pueblo o región: *Hacía tiempo que no venía por estos pagos.* ☐ MORF. La acepción 4 se usa más en plural.

pagoda s.f. Templo budista en forma de torre, con pisos superpuestos separados por cornisas: *Las pagodas son propias de los países de Oriente.*

paipái s.m. →**paipay.**

paipay s.m. Abanico plano, con forma de pala redondeada y con un mango, hecho generalmente de tela o de hoja de palmera: *Los paipáis son originarios de Filipinas.* ☐ ORTOGR. Se admite también la forma *paipái.* ☐ MORF. Su plural es *paipáis.*

país s.m. **1** Territorio que constituye una unidad cultural o política: *En las últimas vacaciones nos recorrimos el país valenciano.* **2** Estado independiente: *A la reunión fueron representantes de todos los países que forman la ONU.*

paisaje s.m. **1** Terreno visto desde un lugar, esp. si se considera desde un punto de vista estético: *Desde este mirador se puede ver un paisaje precioso.* **2** Pintura o dibujo que lo representa: *Lo más característico de los paisajes de este pintor son sus tonos ocres y dorados.*

paisajista adj./s. Referido a un pintor, que pinta paisajes: *Este pintor paisajista se inspira en los parajes que rodean su pueblo. Este pintor es un paisajista y no le gusta hacer retratos.* ☐ MORF. 1. Como adjetivo es invariable en género. 2. Como sustantivo es de género común y exige concordancia en masculino o en femenino para señalar la diferencia de sexo: *el paisajista, la paisajista.*

paisajístico, ca adj. Del paisaje en su aspecto artístico, o relacionado con él: *Las hoces de este río son una zona de gran interés paisajístico.*

paisano, na ▮ adj./s. **1** Respecto de una persona, otra que es de su mismo país, provincia o lugar: *Somos paisanos porque hemos nacido en el mismo pueblo. Cuando estoy en el extranjero me encanta encontrarme con paisanos.* ▮ s. **2** Persona que vive y trabaja en el campo; *campesino: La paisana vendía los productos de su huerta sentada a la puerta de su casa.* **3** ‖ **de paisano.** Referido esp. a un militar, que no viste de uniforme: *El comandante asistió al acto de paisano.*

paja s.f. **1** Caña de algunas gramíneas, seca y separada del grano: *En la trilla, se separa el grano de la paja.* **2** Conjunto de estas cañas: *Dormimos en un pajar, tumbados sobre la paja.* **3** Tubo delgado, generalmente de plástico, que se usa para sorber líquidos: *Los granizados suelen servirse con una paja.* **4** Lo inútil y desechable en cualquier materia: *Antes del examen, el profesor nos aconsejó que no metiéramos paja.* **5** ‖ **hacerse** alguien **una paja.** *vulg.* →**masturbarse.** ‖ **por un quítame allá esas pajas.** *col.* Por algo que tiene poca importancia: *Es tan agresivo que, por un quítame allá esas pajas, me arreó un puñetazo.*

pajar s.m. Lugar en el que se encierra y conserva la paja: *Ve al pajar y trae paja para cambiarles la cama a las vacas.*

pajarería s.f. Establecimiento en el que se venden pájaros y otros animales domésticos: *Me regaló un canario que compró en una pajarería.*

pajarita s.f. **1** Lazo de tela que se coloca como adorno alrededor del cuello de la camisa: *El camarero llevaba camisa blanca y pajarita negra.* **2** Figura de papel que resulta de doblar este varias veces y que tiene forma de pájaro: *En la exposición de papiroflexia había diferentes tipos de pajaritas.*

pájaro, ra ▮ s. **1** Persona astuta o mal intencionada que

intenta aprovecharse de los demás: *Ese amigo tuyo es un pájaro de mucho cuidado.* ▮ s.m. **2** Ave voladora: *La gallina es un ave, pero no un pájaro.* **3** Ave voladora de pequeño tamaño que se caracteriza por tener las patas con tres dedos hacia delante y uno hacia atrás, lo que le permite aferrarse a los árboles: *El canario, el gorrión y el herrerillo son pájaros.* ▮ s.f. **4** En algunos deportes, esp. en el ciclismo, desfallecimiento repentino que se sufre durante una prueba tras realizar un gran esfuerzo físico: *Le dio una pájara subiendo el puerto de montaña y quedó el último.* **5** ‖ **matar dos pájaros de un tiro.** *col.* Conseguir varias cosas de una sola vez: *Maté dos pájaros de un tiro porque, al ir a verte, pasé por el mercado y compré fruta.* ‖ **pájaro bobo.** Ave acuática, incapaz de volar pero buena nadadora, que habita principalmente en las zonas polares del hemisferio sur, se alimenta de peces y crustáceos y se caracteriza por la postura erguida y el plumaje muy espeso, negro en el lomo y blanco en el pecho y en el vientre; *pingüino: El pájaro bobo pone los huevos en el mismo lugar cada año.* 👁 **ave** ‖ **pájaro carpintero.** Ave con el pico largo, delgado y potente, con el que perfora el tronco de los árboles para construir su nido y para buscar su alimento: *El pájaro carpintero se alimenta de insectos.* ‖ **tener pájaros en la cabeza.** *col.* Ser poco juicioso o tener excesivas ilusiones: *Tú tienes pájaros en la cabeza, si piensas que puedes arreglarlo todo tú solito.*
□ MORF. 1. En las acepciones 2 y 3, se usa también el femenino *pájara*. 2. *Pájaro bobo* y *pájaro carpintero* son sustantivos epicenos: *el pájaro bobo {macho/hembra}, el pájaro carpintero {macho/hembra}.*

paje s.m. Antiguamente, criado que acompañaba a su amo y se dedicaba a las tareas domésticas: *El paje ayudaba a vestir a su señor.* 👁 **peinado**

pajizo, za adj. Del color de la paja, con paja, o parecido a ella: *Tiene el pelo de un rubio pajizo.*

pajolero, ra ▮ adj. **1** Antepuesto a un sustantivo, añade a este un sentido despectivo: *Toda tu pajolera vida has estado sin hacer nada.* ▮ adj/s. **2** *col.* Que resulta impertinente, molesto o despreciable: *No me cuentes más historias pajoleras. Me negué a contestar las estúpidas preguntas de ese pajolero.*

pakistaní adj./s. De Pakistán (país asiático), o relacionado con él: *La capital pakistaní es Islamabad. Los pakistaníes cuentan con industrias textiles y mecánicas.*
□ MORF. 1. Como adjetivo es invariable en género. 2. Como sustantivo es de género común y exige concordancia en masculino o en femenino para señalar la diferencia de sexo: *el pakistaní, la pakistaní.* 3. Aunque su plural en la lengua culta es *pakistaníes*, se usa mucho *pakistanís*. 4. Como sustantivo se refiere solo a las personas de Pakistán.

pala s.f. **1** Herramienta formada por una plancha con forma rectangular o redondeada, sujeta a un mango grueso, cilíndrico y largo, y que se utiliza para cavar, para trasladar algo o para cogerlo: *Coge una pala y ayúdame a cavar un hoyo. ¿Dónde está la pala de cortar la tarta?* 👁 **apero** **2** Especie de raqueta sin cuerdas, generalmente de madera, de forma redonda o elíptica, que sirve para golpear una pelota: *En la playa jugaban al tenis con unas palas.* **3** Parte ancha y plana de algunos objetos: *Durante la regata rompió la pala del remo.* **4** Diente incisivo superior: *Ese niño me ha mordido y me ha dejado la marca de las palas.*

palabra ▮ s.f. **1** Sonido o conjunto de sonidos articulados que expresan una idea; *término: Solo oí palabras sueltas de la conversación.* **2** Representación gráfica de este sonido o conjunto de sonidos articulados: *Las palabras se escriben entre espacios en blanco.* **3** Facultad de hablar para expresar ideas: *Los animales no tienen el don de la palabra.* **4** Aptitud o elocuencia para expresarse: *Es una oradora de palabra fácil.* **5** Promesa de cumplir o de mantener lo que se dice: *Dio su palabra de que vendría a la excursión.* **6** Derecho o turno para hablar: *Pidió la palabra para hacer una propuesta.* ▮ pl. **7** Dichos vanos o superficiales que no responden a ninguna realidad: *Eso que dices no son más que palabras.* **8** ‖ **buenas palabras.** Dichos o promesas agradables para convencer o contentar: *Déjate de buenas palabras y no trates de adularme.* ‖ **dejar** a alguien **con la palabra en la boca.** Interrumpirlo cuando habla o dejar de escucharlo de golpe: *Siento dejarte con la palabra en la boca, pero me tengo que marchar.* ‖ **dirigir la palabra** a alguien. Hablarle: *Discutimos y no nos dirigimos la palabra en toda la noche.* ‖ **medias palabras.** Insinuación encubierta: *Di claramente lo que piensas y déjate de medias palabras.* ‖ **medir las palabras.** Hablar con cuidado y moderación para no decir algo que pueda resultar inoportuno: *Mide tus palabras, o te arrepentirás de haberme insultado.* ‖ **ni (media) palabra.** Nada en absoluto: *De ese tema no sé ni media palabra.* ‖ **palabra (de honor).** Expresión que se usa para afirmar o asegurar que lo que se dice es verdad: *Eso fue lo ocurrido, ¡palabra de honor!* ‖ **palabras mayores.** Lo que resulta de gran importancia o interés: *Ten cuidado con lo que dices, porque esas acusaciones son palabras mayores.* ‖ **quitar** a alguien **la palabra de la boca.** Adelantarse en decir lo que estaba a punto de expresar: *Me has quitado la palabra de la boca, porque eso mismo iba a decir yo.* ‖ **tener unas palabras con** alguien. Discutir de forma más o menos agresiva: *Tuve unas palabras con él, y casi llegamos a las manos.* ‖ **tomarle la palabra** a alguien. Valerse de lo que promete u ofrece para obligarlo a que lo cumpla: *Ya que te ofreces, te tomo la palabra y acepto tu ayuda.* ‖ **última palabra.** Decisión definitiva e inalterable: *Es mi última palabra: o aceptas o te vas.*
□ SEM. En las acepciones 1 y 2, es sinónimo de *vocablo*.

palabrería s.f. Exceso de palabras inútiles o vacías de contenido: *Su discurso fue pura palabrería y no dijo nada interesante.*

palabrota s.f. Expresión ofensiva, indecente o grosera: *No es de buena educación decir palabrotas.*

palacete s.m. Casa parecida a un palacio, pero más pequeña: *Mis abuelos tenían un palacete junto a la costa.* 👁 **vivienda**

palaciego, ga adj. Del palacio, de la corte o relacionado con ellos: *Estos muros han sido testigos de terribles intrigas palaciegas.*

palacio s.m. **1** Casa grande y muy lujosa destinada a la residencia de grandes personalidades, esp. de reyes, de príncipes o de nobles: *Se celebró una cena en el palacio real en honor de un jefe de Estado extranjero.* 👁 **vivienda** **2** Edificio público de gran tamaño: *El juicio se celebrará en el Palacio de Justicia.*

paladar s.m. **1** En la boca, parte interior y superior que separa las fosas nasales y la cavidad bucal; *cielo de la boca: El paladar está formado por las prolongaciones de los maxilares superiores y por los huesos palatinos.* **2** Capacidad o sensibilidad para apreciar y valorar algo inmaterial: *No tienes paladar para la música clásica.*

paladear v. **1** Referido a comida o bebida, disfrutar su sabor poco a poco: *Paladeó un bombón dejando que se le derritiese en la boca.* **2** Referido esp. a una obra artística, tomarle gusto o disfrutar con ella: *Paladeó cada una de las hojas de la novela.*

paladín s.m. **1** Antiguamente, caballero que luchaba en la guerra voluntariamente y que se distinguía por sus hazañas: *Los paladines lucharon con valentía en defensa de su rey.* **2** Defensor a ultranza de una persona, una idea o una causa: *Siempre fue un paladín de la justicia y de la libertad.*

paladio s.m. Elemento químico, metálico y sólido, de número atómico 46, de color blanco, dúctil, maleable e inalterable al aire: *El paladio se utiliza en la fabricación de aparatos médicos.* □ ORTOGR. Su símbolo químico es *Pd.*

palafito s.m. Vivienda primitiva construida sobre estacas o postes de madera, generalmente dentro de un lago, un río o un pantano: *Algunas tribus actuales viven en palafitos.* 👁 **vivienda**

palanca s.f. **1** Barra rígida que se apoya en un punto y sirve para transmitir la fuerza aplicada en uno de sus extremos con el fin de mover o levantar un cuerpo situado en el extremo opuesto: *Las pinzas y los cascanueces son palancas.* **2** Plataforma desde la que salta al agua un nadador: *El nadador saltó desde la palanca y realizó un doble mortal.*

palancana s.f. →**palangana.**

palangana s.f. Vasija de gran diámetro y de poca profundidad, que se utiliza esp. para lavarse la cara y las manos; *jofaina: Cuando yo era pequeña, en el pueblo no había agua corriente y nos lavábamos en palanganas.* □ ORTOGR. Se admite también *palancana.*

palangre s.m. Arte de pesca formado por un cordel largo y grueso del que cuelgan ramales con anzuelos en sus extremos: *El palangre se utiliza para pescar en aguas profundas en las que no se pueden utilizar redes.* 👁 **pesca**

palangrero s.m. Barco de pesca con palangre: *Estos palangreros salen del puerto para la pesca del atún.* 👁 **embarcación**

palanqueta s.f. Barra que sirve para forzar las puertas o las cerraduras: *Los ladrones forzaron la puerta con una palanqueta.*

palanquín s.m. Asiento sostenido por dos varas paralelas usado en los países orientales para transportar a personas importantes: *El mandarín era conducido hasta sus habitaciones en palanquín.*

palatal ▮ adj. **1** En lingüística, referido a un sonido, que se articula poniendo en contacto el dorso de la lengua con el paladar: *[ch] e [i] son sonidos palatales.* ▮ s.f. **2** Letra que representa este sonido: *La 'ñ' es una palatal.* □ MORF. Como adjetivo es invariable en género.

palatino, na adj. **1** Del paladar: *Los huesos palatinos forman el cielo de la boca.* **2** De un palacio o relacionado con él: *Se sentía extraño, porque no estaba acostumbrado a la vida palatina.*

palco s.m. **1** En un teatro, espacio independiente en forma de balcón, con varios asientos: *Tiene reservado un palco en la ópera para toda la temporada.* **2** Tarima en que se sitúan los espectadores para ver un espectáculo público: *Ya están montando el palco de las autoridades para el desfile.*

palentino, na adj./s. De Palencia o relacionado con esta provincia española o con su capital: *La ciudad palentina fue un importante centro ganadero y textil en la Castilla medieval. Muchos palentinos trabajan en el tejido de la lana.* □ MORF. Como sustantivo se refiere solo a las personas de Palencia.

paleo- Elemento compositivo que significa 'antiguo' o 'primitivo': *paleocristiano, paleografía, paleontología.*

paleoceno, na adj./s.m. En geología, referido a un período, que es el primero de la era terciaria o cenozoica: *El período paleoceno duró unos trece millones de años. El paleoceno es anterior al eoceno.*

paleógeno, na adj./s.m. Referido a una etapa geológica, que es la primera de la era terciaria o cenozoica, en la que se engloban los períodos paleoceno, eoceno y oligoceno: *Al final de las etapas paleógenas comenzó la orogenia alpina. El paleógeno comenzó hace unos setenta millones de años.*

paleografía s.f. Arte y técnica de leer la escritura y los signos contenidos en libros y documentos antiguos: *Un historiador especializado en Edad Media debe tener buenos conocimientos de paleografía.*

paleográfico, ca adj. De la paleografía o relacionado con esta técnica: *Hasta que no se haga el estudio paleográfico del documento, este no podrá ser fechado.*

paleógrafo, fa s. Persona que se dedica profesionalmente al estudio de la escritura de los documentos antiguos, o que está especializada en paleografía: *La paleógrafa descubrió que aquel documento era una falsificación.*

paleolítico, ca ▮ adj. **1** Del Paleolítico o relacionado con este período prehistórico: *El hombre paleolítico era nómada y vivía al aire libre.* ▮ adj./s.m. **2** Referido a un período prehistórico, que es anterior al Mesolítico y se caracteriza por la fabricación de utensilios de piedra tallada: *Durante el período paleolítico hubo grandes cambios climáticos. En el Paleolítico se realizaron pinturas rupestres.* **3** ‖ **Paleolítico Inferior.** Primera etapa de este período, que se caracteriza por la aparición de los primeros homínidos: *El fuego se conoció en el Paleolítico Inferior.* ‖ **Paleolítico Medio.** Segunda etapa de este período, que se caracteriza por un mayor perfeccionamiento de los instrumentos de sílex: *El hombre de Neanderthal vivió en el Paleolítico Medio.* ‖ **Paleolítico Superior.** Tercera etapa de este período, que se caracteriza por la fabricación de instrumentos de hueso y de marfil: *El hombre del Paleolítico Superior construyó viviendas.* □ USO Como sustantivo, se usa como nombre propio.

paleontografía s.f. Descripción de los organismos hallados en forma fósil: *La paleontografía intenta explicar cómo eran los seres que ya han desaparecido, a partir de los restos fósiles encontrados.*

paleontográfico, ca adj. De la paleontografía o relacionado con esta descripción de los organismos: *Este estudio paleontográfico es fiable porque se basa en gran cantidad de fósiles.*

paleontología s.f. Ciencia que estudia los organismos cuyos restos han sido hallados en forma fósil: *La paleontología ha permitido conocer la evolución de los seres vivos.*

paleontológico, ca adj. De la paleontología o relacionado con esta ciencia: *Los datos paleontológicos obtenidos en las investigaciones permiten conocer características de los animales prehistóricos.*

paleontólogo, ga s. Persona que se dedica profesionalmente al estudio de los organismos hallados en forma fósil, o que está especializada en paleontología: *Esta paleontóloga se dedica al estudio de los dinosaurios.*

paleozoico, ca ▮ adj. **1** En geología, de la era primaria, segunda de la historia de la Tierra, o relacionado con ella; *primario: En estos terrenos paleozoicos se han encontrado muchos fósiles de trilobites.* ▮ s.m. **2** →**era paleozoica.**

palestino, na adj./s. De Palestina (región asiática situada entre el mar Mediterráneo y el río Jordán), o relacionado con ella: *Actualmente el territorio palestino forma parte del Estado de Israel. Los palestinos buscan el reconocimiento internacional de los derechos sobre el que ellos consideran su territorio.* ☐ MORF. Como sustantivo se refiere solo a las personas de Palestina.

palestra s.f. **1** Antiguamente, lugar en el que se luchaba: *En la Antigüedad clásica, la palestra estaba destinada a hacer ejercicios gimnásticos.* **2** Lugar en el que se celebran ejercicios literarios públicos o en el que se habla de cualquier tema: *El profesor me dijo que saliera a la palestra y que explicara la Constitución.* **3** ‖ **saltar a la palestra.** *col.* Darse a conocer ante el público: *Saltó a la palestra con el escándalo del robo y ahora todo el mundo lo conoce.*

paleta s.f. Véase **paleto, ta.**

paletada s.f. Hecho o dicho propios de un paleto: *Esta decoración me parece una paletada de mal gusto.*

paletilla s.f. En algunos cuadrúpedos, cuarto delantero; *espaldilla: Comimos una paletilla de cordero asado.* 👁 **carne**

paleto, ta ▮ adj./s. **1** Rústico, sin educación o sin refinamiento: *Es imposible que vayas elegante con un vestido tan paleto. En la estación había un paleto con una gallina y una maleta atada con cuerdas.* ▮ s.f. **2** En pintura, tabla pequeña que tiene un orificio en un extremo para introducir el dedo pulgar, y que se utiliza para ordenar y mezclar los colores: *Puso los colores en la paleta antes de ponerse a pintar.* **3** En construcción, herramienta formada por una placa metálica de forma triangular y un mango generalmente de madera, que se utiliza para manejar y aplicar la mezcla o el mortero: *El albañil aplica cemento con la paleta y coloca los ladrillos.* **4** En cocina, cubierto formado por un platillo redondo unido a un mango largo que se utiliza generalmente para servir las comidas: *¿Dónde está la paleta para servir el flan?* **5** En una rueda hidráulica, cada una de las tablas o planchas que reciben la acción del agua: *El agua empuja las paletas de la rueda y hace girar la noria.* **6** En una hélice, cada una de las piezas unidas a una parte central para girar movidas por el aire, el agua o cualquier otra fuerza: *No toques el ventilador, que te puedes cortar con una de las paletas.* ☐ USO En la acepción 1, tiene un matiz despectivo.

paletó s.m. Abrigo de paño grueso, largo, entallado y sin faldas: *Según una popular canción infantil, Fernando VII usaba paletó.*

paliar v. Referido a algo negativo, suavizarlo, atenuarlo, disimularlo o encubrirlo: *Esta buena noticia paliará su tristeza.* ☐ ORTOGR. La *i* puede llevar tilde en los presentes, excepto en las personas *nosotros* y *vosotros* →**VACIAR**, o no llevarla nunca.

paliativo, va adj./s.m. Que mitiga, suaviza o atenúa: *Los calmantes no curan, son solo remedios paliativos del dolor. Ese robo merece un castigo sin paliativos.*

palidecer v. **1** Ponerse pálido: *Cuando le dieron la triste noticia, palideció y se echó a llorar.* **2** Referido a la importancia o el esplendor, disminuir o atenuarse: *Su gloria ha palidecido y ahora solo tiene unos cuantos seguidores.* ☐ MORF. Irreg.: Aparece una *z* delante de la *c* cuando la siguen *a, o* →**PARECER.**

palidez s.f. **1** Pérdida o disminución del color rosado de la piel humana: *Se nota que está enfermo por la palidez de su rostro.* **2** Pérdida del color natural de algo: *No me gusta la palidez de estos colores, los prefiero más vivos.*

pálido, da adj. Con palidez o con un color de tono poco intenso: *La fiebre lo ha dejado muy pálido. Me he comprado una blusa de color verde pálido.*

palillero s.m. Recipiente en el que se guardan los palillos o mondadientes: *Se me cayó el palillero y todos los palillos rodaron por el suelo.*

palillo ▮ s.m. **1** Mondadientes de madera: *Pinchó la aceituna con un palillo y se la llevó a la boca.* **2** Varita redonda, generalmente de madera, que se utiliza para tocar el tambor y otros instrumentos de percusión: *El batería mostraba su habilidad con los palillos haciéndolos girar en la mano.* ▮ pl. **3** Par de varitas largas y estrechas que se utilizan como cubiertos en algunos países orientales: *En el restaurante chino nos regalaron unos palillos de madera como recuerdo.*

palio s.m. Dosel rectangular, de tela rica y lujosa que, colocado sobre cuatro o más varas largas, se usa generalmente en las procesiones para cubrir al sacerdote que lleva el Santísimo Sacramento (pan de la eucaristía) y a las imágenes: *En algunas ceremonias, los reyes también van bajo palio.*

palique s.m. *col.* Charla o conversación intrascendentes, esp. si se mantienen animadamente y sin prisas; *cháchara: Tomamos el café juntos y estuvimos un rato de palique.* ☐ SINT. Se usa más en la expresión *dar palique.*

palitroque s.m. Palo pequeño, tosco o mal labrado: *Cogimos algunos palitroques para encender una hoguera.*

paliza s.f. **1** Serie de golpes dados a una persona o a un animal: *Quedé maltrecho después de la paliza que me dieron los atracadores.* **2** *col.* Derrota importante sufrida en una competición: *¡Vaya paliza la del domingo, porque perdimos 10-1!* **3** *col.* Trabajo o esfuerzo agotadores: *Ordenar todo este jaleo ha sido una paliza.* **4** ‖ **dar la paliza.** *col.* Molestar, aburrir o cansar: *Siempre está dispuesto a dar la paliza hablando de lo mal que le trata la vida.* ‖ **darse la paliza.** *vulg.* Referido a una pareja, besuquearse y toquetearse: *¿No os da vergüenza daros la paliza delante de todos?* ‖ **ser** alguien **un paliza(s).** *col.* Ser muy pesado y latoso: *Todo el mundo te rehúye porque eres un paliza.* ☐ SINT. La acepción 3 se usa mucho en la expresión *darse una paliza a hacer algo.*

palma ▮ s.f. **1** En una mano, cara inferior y cóncava: *La adivina quería leerme el porvenir en las líneas de la palma de la mano.* 👁 **mano** **2** Árbol de tronco áspero y cilíndrico, y de copa sin ramas formada por hojas largas, duras y puntiagudas que tienen un nervio central recto y leñoso; *palmera: Este paseo marítimo está bordeado por palmas.* **3** Hoja de este árbol, esp. la amarillenta y trenzada que se lleva a bendecir el Domingo de Ramos (último domingo de cuaresma): *Una vez bendecida, colocamos la palma en el balcón.* ▮ pl. **4** Palmadas de aplausos: *El público animaba a los jugadores dando palmas.* **5** ‖ **batir (las) palmas.** Acompañar con palmadas el baile o la música andaluces: *El cantaor se acompañaba batiendo palmas.* ‖ **{ganar/llevarse} la palma.** Sobresalir, destacar o aventajar: *Mis hijos son traviesos, pero los tuyos se llevan la palma.*

palmada s.f. **1** Golpe dado con la palma de la mano: *Me dio unas palmaditas en el hombro y me dijo que no me preocupara.* **2** Ruido que hacen al chocar entre sí las palmas de las manos: *El profesor dio unas palmadas para pedir silencio.*

palmar ▮ s.m. **1** Terreno plantado de palmeras: *Su palmar da unos dátiles muy dulces.* ▮ v. **2** *col.* Morir: *La palmó en un accidente de coche.* □ SINT. La acepción 2 se usa mucho en la expresión *palmarla*.

palmarés s.m. **1** En una competición, lista de vencedores: *El primer clasificado inscribirá su nombre en el palmarés de los mejores ciclistas.* **2** Historial o relación de méritos, esp. en el deporte: *A esta competición solo invitan a atletas con un palmarés importante.*

palmario, ria adj. Claro, patente y manifiesto: *Ganarás el combate porque tu superioridad es palmaria.*

palmatoria s.f. Candelero o utensilio formado por un cilindro bajo, con mango y con un pie en forma de platillo, que sirve para sostener una vela: *Puso la vela en una palmatoria para que no cayese la cera al suelo.* □ SEM. Dist. de *candelabro* (candelero de varios brazos). 👁 **alumbrado**

palmeado, da adj. Referido esp. a los dedos de algunos animales, que están unidos entre sí por una membrana: *Los patos tienen dedos palmeados que les permiten impulsarse mejor en el agua.*

palmear v. **1** Dar palmadas, esp. en señal de alegría o de aplauso; *palmotear: El público palmeaba al compás de la música.* **2** En baloncesto, referido al balón, golpearlo con la palma de la mano un jugador que está cerca de la canasta para introducirlo en el aro: *Cuando el balón rebotó en el aro, el alero lo palmeó y consiguió los dos puntos.*

palmense adj./s. De Las Palmas de Gran Canaria (provincia insular española), o relacionado con ella: *El territorio palmense comprende las islas de Gran Canaria, Fuerteventura y Lanzarote. Los palmenses gozan de un clima benigno.* □ MORF. 1. Como adjetivo es invariable en género. 2. Como sustantivo es de género común y exige concordancia en masculino o en femenino para señalar la diferencia de sexo: *el palmense, la palmense*. 3. Como sustantivo se refiere solo a las personas de la provincia de Las Palmas. □ USO Su uso es característico del lenguaje escrito.

palmeo s.m. **1** Golpeteo de las palmas de las manos entre sí: *El guitarrista flamenco iba con dos acompañantes, que le hacían los palmeos.* **2** En baloncesto, golpe dado al balón con la palma de la mano para introducirlo en la canasta: *Gracias a un palmeo en el último segundo, consiguieron ganar el partido.*

palmera s.f. Véase **palmero, ra.**

palmero, ra ▮ adj./s. **1** De la isla canaria de La Palma o relacionado con ella: *Los bordados de artesanía palmeros son muy apreciados. Muchos palmeros se dedican al cultivo del plátano y del tabaco.* ▮ s. **2** Persona que acompaña con palmas los bailes y los cantes flamencos: *Acompañaban al cantante dos guitarristas y tres palmeros.* **3** Persona que cuida un terreno poblado de palmeras: *Una conocida canción canaria empieza así: «Palmero, sube a la palma...».* ▮ s.f. **4** Árbol de tronco áspero y cilíndrico, y de copa sin ramas formada por hojas largas, duras y puntiagudas que tienen un nervio central recto y leñoso; *palma: Las palmeras son típicas de climas tropicales.* **5** Pastelito de hojaldre con forma de corazón: *Me he comprado una palmera en la pastelería.* □ MORF. En la acepción 1, como sustantivo se refiere solo a las personas de La Palma.

palmípedo, da ▮ adj./s.f. **1** Referido a un ave, que tiene las patas en forma palmeada, con los dedos unidos por unas membranas: *El ganso, el pingüino y el pelícano son aves palmípedas. La gaviota es una palmípeda.* ▮ s.f.pl. **2** En zoología, grupo de estas aves: *En clasificaciones antiguas, las palmípedas era un orden dentro de la clase de las aves.*

palmita ‖ **{llevar/tener} a alguien en palmitas.** Complacerlo y tratarlo muy bien: *Nos lleva en palmitas porque nos tiene mucho cariño.*

palmito s.m. **1** Planta parecida a una palmera, de flores amarillas y de fruto rojizo, cuyas hojas, en forma de abanico, se utilizan en la fabricación de escobas o de esteras: *Los palmitos crecen en las zonas cálidas de Andalucía y de Levante.* **2** Tallo blanco y comestible que es el cogollo de esta planta: *He comido ensalada de palmitos.* **3** *col.* Tipo o talle esbeltos, esp. los de la mujer: *¡Menudo palmito tiene esa mujer!*

palmo s.m. **1** Unidad de longitud que equivale aproximadamente a 20 centímetros; *cuarta: Un palmo es aproximadamente lo que mide una mano abierta y extendida desde el extremo del meñique hasta el del pulgar.* **2** Espacio muy pequeño, esp. de tierra: *En la playa no había ni un palmo libre para poner la toalla.* **3** Juego infantil que consiste en tirar monedas contra una pared, y el que consigue que la suya caiga cerca de la de un compañero, gana su moneda: *He estado jugando al palmo y he ganado cinco monedas.* **4** ‖ **con un palmo de narices.** *col.* Sin lo que se esperaba conseguir: *Aunque cree que nada mejor que yo, gané la carrera y la dejé con un palmo de narices.* ‖ **palmo a palmo.** Con minuciosidad o completamente: *La policía registró el barrio palmo a palmo.*

palmotear v. Dar palmadas, esp. en señal de alegría o de aplauso; *palmear: Cuando vio los regalos el niño empezó a palmotear.*

palo s.m. **1** Trozo de madera más largo que grueso, generalmente cilíndrico y fácil de manejar: *Recogieron palos secos para encender fuego.* **2** Golpe dado con un trozo de madera de este tipo: *Le dieron una paliza y casi lo matan a palos.* **3** *col.* Experiencia difícil y desagradable porque supone un fuerte daño o un gran perjuicio: *Para mí es un palo decirte que ya no te quiero como antes.* **4** *col.* Madera: *El pirata tenía una pata de palo.* **5** En una embarcación, cada uno de los maderos largos y redondos que sirven para sostener las velas; *árbol: El fuerte viento derribó varios palos de la nave.* **6** En la baraja, cada una de las cuatro series o clases en que se dividen los naipes: *Los palos de la baraja española son bastos, copas, oros y espadas.* 👁 **baraja** **7** En una letra, trazo que sobresale hacia arriba o hacia abajo: *La 'p' tiene un palo hacia abajo.* **8** En una portería deportiva, cada uno de los postes o maderos laterales que sujetan el travesaño o madero superior: *El balón rebotó en uno de los palos y salió fuera.* **9** En algunos deportes, instrumento con el que se golpea la pelota: *El jugador de golf golpeó la bola con el palo para enviarla cerca del hoyo.* **10** Lo que resulta muy delgado y alargado: *Está tan delgada que no tiene piernas sino palos.* **11** ‖ **a palo seco.** *col.* Sin más o sin nada accesorio: *Se tomó el filete a palo seco, sin patatas ni ensalada.* ‖ **dar palos de ciego.** *col.* Acción que se realiza sin saber exactamente cuáles serán sus consecuencias: *En la investigación policial se dieron algunos palos de ciego, pero al final se descubrió al asesino.* ‖ **no dar un palo al agua.** *col.* Vaguear y holgazanear: *No digas que estás cansado, porque no has dado un palo al agua.* ‖ **palo dulce.** Raíz del paloduz: *Del palo dulce se obtiene un jugo muy utilizado en medicina.* ‖ **palo mayor.** El más alto y que sostiene la vela principal: *El marinero subió al palo mayor para otear* *el horizonte.* □ SINT. La acepción 3 se usa más con los verbos *dar, llevar* o *recibir*.

paloduz s.m. Planta herbácea con tallos casi leñosos, hojas puntiagudas, flores pequeñas y azuladas, que suele crecer en la orilla de los ríos y cuya raíz produce un jugo dulce que se utiliza en medicina; *regaliz: El paloduz se usaba en casos de ardor de estómago.*

paloma s.f. Véase **palomo, ma**.

palomar s.m. **1** Lugar en el que se crían palomas: *Construyó un pequeño palomar en la azotea de su edificio.* **2** ‖ **alborotar el palomar.** *col.* Referido a un grupo de gente, alterarlo o perturbar su orden: *'Ese alumno tan travieso me alborota todo el palomar', se quejaba el profesor.*

palometa s.f. Pez marino, de cabeza pequeña, boca redonda con dientes finos y largos, cuerpo aplastado y de forma ovalada, y que vive en aguas mediterráneas; *japuta: La carne de la palometa es muy sabrosa.* □ MORF. Es un sustantivo epiceno y la diferencia de sexo se señala mediante la oposición *la palometa {macho/hembra}*.

palomilla s.f. **1** Tuerca con dos aletas laterales para poder enroscarla y desenroscarla con los dedos; *mariposa: Tengo que apretar más las palomillas de la rueda delantera de mi bicicleta.* **2** Armazón de tres piezas en forma de triángulo rectángulo que sirve para sostener algo: *Dos palomillas sostienen el estante de los libros.*

palomino s.m. **1** Cría de algunos tipos de palomas: *Los palominos no abandonan el nido hasta que no saben volar.* **2** *col.* Mancha de excremento en la ropa interior: *Metió los calzoncillos en lejía para eliminar los palominos.*

palomita s.f. **1** Grano de maíz que, al ser tostado, aumenta de tamaño y se ablanda: *Las palomitas se hacen con maíz, sal y aceite.* **2** En algunos deportes, esp. en el fútbol, estirada espectacular del portero para detener el balón: *El público aplaudió la palomita del portero.* **3** Refresco de agua con un poco de anís: *¿Te apetece una copa de anís o prefieres una palomita?* □ MORF. La acepción 1 se usa más en plural.

palomo, ma s. **1** Ave rechoncha de alas cortas y plumaje generalmente gris o azulado, de cola amplia y de vuelo rápido, que puede ser domesticada: *La paloma es el símbolo de la paz.* 👁 **ave** **2** Persona de poca malicia y fácil de engañar: *El timador encontró un palomo y lo estafó.* **3** ‖ **paloma mensajera.** La que se utiliza para enviar breves mensajes escritos, ya que por su instinto vuelve al palomar después de recorrer largas distancias: *Antiguamente, algunas unidades del ejército utilizaban palomas mensajeras.* ‖ **paloma torcaz.** La de mayor tamaño, con una mancha blanca a cada lado del cuello y una banda del mismo color en la cola, que habita generalmente en el campo y anida en los árboles más altos: *La paloma torcaz es un ave de caza menor.* ‖ **palomo ladrón.** El que con arrullos y caricias lleva las palomas ajenas al palomar propio, esp. el adiestrado para ello: *El palomo ladrón trajo ayer una nueva paloma.*

palote s.m. Cada uno de los trazos o rayas que hacen los niños como ejercicio para aprender a escribir: *El párvulo hacía palotes en un cuaderno cuadriculado.*

palpación s.f. Hecho de tocar algo con las manos para percibirlo o reconocerlo mediante el sentido del tacto: *El médico detectó un tumor durante la palpación de la glándula mamaria.*

palpar v. **1** Tocar con las manos para percibir o reconocer mediante el sentido del tacto: *El médico palpó el vientre de la embarazada. La luz se fue y tuve que bajar las escaleras palpando.* **2** Percibir tan claramente como si se tocara: *En el ambiente se palpa un gran nerviosismo.*

palpitación s.f. **1** Contracción y dilatación alternativas del corazón: *Se puso la mano en el pecho y sintió las palpitaciones.* **2** Latido del corazón, más fuerte y rápido de lo normal, y que es claramente percibido: *Se puso nerviosísimo y empezó a sentir fuertes palpitaciones.* **3** Movimiento interior, tembloroso e involuntario, de una parte del cuerpo: *Noto palpitaciones en los párpados, aunque tú no lo puedas notar si me miras.* □ MORF. Se usa más en plural.

palpitante adj. **1** *col.* Que resulta de actualidad y tiene gran interés: *La corrupción política es un tema palpitante hoy en día.* **2** Referido a una luz, que se apaga o se enciende de manera rítmica y alternativa: *Nos quedamos mirando las luces palpitantes de los anuncios de neón.* □ MORF. Invariable en género.

palpitar v. **1** Referido al corazón, contraerse y dilatarse alternativamente: *No está muerto porque su corazón todavía palpita.* **2** Referido al corazón, aumentar su número natural de palpitaciones a causa de una emoción: *Mi corazón empezó a palpitar cuando me dijeron que había ganado el concurso.* **3** Referido a una parte del cuerpo, moverse o agitarse interiormente con un movimiento tembloroso e involuntario: *Cuando estoy nerviosa me palpita mucho el ojo izquierdo.* **4** Referido a un sentimiento, manifestarse con vehemencia: *En sus ojos palpitaba la alegría de vivir.*

pálpito s.m. Presentimiento o corazonada de que algo va a ocurrir: *Tuvo el pálpito de que ganaría el premio, y así fue.*

palúdico, ca ▌ adj. **1** Del paludismo o relacionado con esta enfermedad: *Las fiebres palúdicas son altas e intermitentes.* ▌ adj./s. **2** Referido a una persona, que padece paludismo: *Los enfermos palúdicos son tratados con quinina. En el hospital hay un ala reservada para los palúdicos.*

paludismo s.m. Enfermedad caracterizada por fiebres altas e intermitentes, transmitida por la picadura del mosquito anofeles hembra; *malaria: El paludismo es propio de las regiones pantanosas tropicales.*

palurdo, da adj./s. *col.* Referido a una persona, que no tiene educación ni refinamiento: *No seas palurda y utiliza bien los cubiertos. Si desprecias los libros, serás un palurdo toda tu vida.* □ USO Tiene un matiz despectivo.

palustre adj. De la laguna o del pantano: *En las zonas palustres abundan los mosquitos.* □ MORF. Invariable en género.

pamela s.f. Sombrero de paja, de copa baja y ala ancha, usado por las mujeres generalmente en verano: *A la fiesta al aire libre llevé una pamela a juego con el vestido.* 👁 **sombrero**

pamema s.f. **1** *col.* Hecho o dicho sin sentido o sin importancia: *En cuanto bebe un poco empieza a decir pamemas.* **2** *col.* Delicadeza aparente o fingida en las palabras o en los modales; *melindre: Déjate de pamemas y sírvete un buen trozo de tarta, que lo estás deseando.*

pampa s.f. Llanura extensa sin vegetación arbórea, propia de algunos países sudamericanos: *Los gauchos habitan la pampa argentina.*

pámpano s.m. Brote nuevo, verde, tierno y delgado de la vid: *En primavera aparecen los pámpanos en las vides.*

pamplina s.f. *col.* Lo que se considera de poca importancia, sin contenido o de escasa utilidad: *Déjate de pam-*

a b c d e f g h i j k l m n ñ o **p** q r s t u v w x y z

plinas, y sírvete el pastel que más te guste. ☐ MORF. Se usa más en plural.

pamplonés, -a adj./s. De Pamplona o relacionado con esta ciudad navarra: *La ciudad pamplonesa es la capital de la Comunidad Foral de Navarra. La fiesta grande de los pamploneses es San Fermín.* ☐ MORF. Como sustantivo se refiere solo a las personas de Pamplona. ☐ USO Cuando se refiere a las personas de Pamplona se usa más la forma coloquial *pamplonica*.

pamplonica adj./s. *col.* →**pamplonés, -a.** ☐ MORF. 1. Como adjetivo es invariable en género. 2. Como sustantivo es de género común y exige concordancia en masculino o en femenino para señalar la diferencia de sexo: *el pamplonica, la pamplonica*.

pan s.m. **1** Masa de harina y de agua que, una vez fermentada y cocida al horno, sirve de alimento: *¿Tienes pan para hacerme un bocadillo?* 👁 pan **2** Pieza grande, redonda y achatada, hecha con esta masa de harina y agua: *En el pueblo compré un pan de dos kilos.* **3** Masa muy sobada y delicada, con aceite o manteca, empleada en la fabricación de pasteles y empanadas: *¡Qué bueno está el pan de esta empanada!* **4** Masa de otras sustancias, esp. alimenticias: *El pan de higo está hecho con higos secos mezclados con almendras.* **5** Lo que sirve para el sustento diario: *Afortunadamente, en esta casa nunca ha faltado el pan.* **6** Hoja muy fina de oro, plata u otros metales, que sirve para dar el aspecto del oro o de la plata a una superficie: *El sagrario del altar está cubierto de panes de oro.* **7** ‖ **con su pan se lo coma.** *col.* Expresión que se usa para indicar la indiferencia que se siente ante el comportamiento de otra persona: *Si organiza una fiesta y no me invita, con su pan se lo coma.* ‖ **llamar al pan, pan y al vino, vino.** *col.* Hablar claramente y sin rodeos: *No te dé miedo llamar al pan, pan y al vino, vino, y dime lo que tengas que decirme.* ‖ **más bueno que el pan.** *col.* Muy bueno por su calidad, su sabor o su aspecto: *Mi hijo no puede ser culpable, porque es más bueno que el pan.* ‖ **pan {ácimo/ázimo}.** El que no tiene levadura: *Las hostias son de pan ázimo.* ‖ **(pan) candeal.** El que está hecho con harina de trigo candeal: *El pan candeal es de un color más claro que el pan normal.* ‖ **pan de molde.** El que tiene forma rectangular, con una corteza fina y uniforme, y está cortado en rebanadas: *Para el desayuno se hizo unas tostadas con pan de molde.* ‖ **pan de Viena.** El que se hace con harina de trigo, cortado en pequeños bollos redondos de corteza muy brillante por haber sido untada con clara de huevo antes de la cocción: *Desayuné un pan de Viena abierto y untado con mantequilla y mermelada.* ‖ **pan rallado.** El que se tritura hasta convertirlo en migas, y se utiliza para rebozar alimentos: *Las croquetas van rebozadas en pan rallado.* ‖ **pan y quesillo.** Planta herbácea, de hojas estrechas, flores blancas y frutos con forma triangular: *El pan y quesillo se llama así porque su fruto tiene muchas semillas pequeñas de color amarillento que recuerdan el aspecto del pan.* ‖ **ser el pan (nuestro) de cada día.** *col.* Ser muy normal u ocurrir con gran frecuencia: *Desgraciadamente, los accidentes de tráfico son el pan nuestro de cada día.* ‖ **ser pan comido.** *col.* Resultar muy fácil de hacer o de conseguir: *Para mí, trepar a ese árbol es pan comido.*

PAN

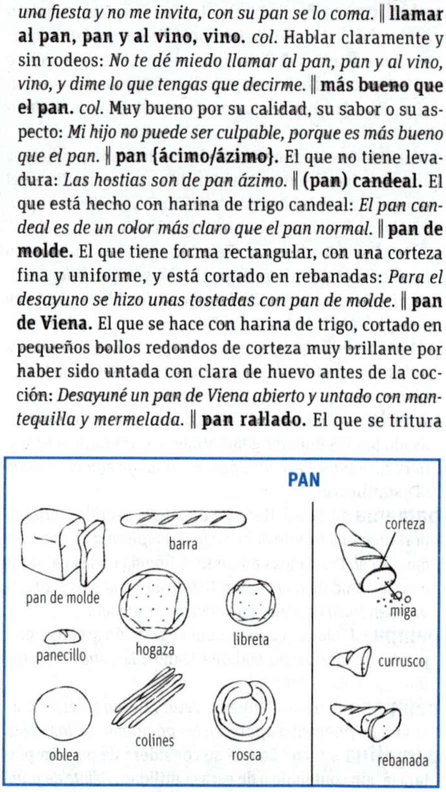

pan- Elemento compositivo que significa 'totalidad': *panamericano, paneuropeísmo, panislamista, panteísmo.*

pana s.f. Tela gruesa parecida al terciopelo, que generalmente forma un dibujo de pequeños surcos paralelos en relieve: *Los pantalones de pana abrigan mucho.*

panacea s.f. Solución o remedio generales para cualquier problema o para cualquier mal: *Planteó su propuesta como si fuera la panacea para todos los problemas de la empresa.*

panaché (galicismo) s.m. Comida preparada con diversas verduras cocidas: *Estaba un poco mal del estómago y solo cené un panaché.*

panadería s.f. Establecimiento en el que se hace o se vende pan: *En las panaderías se suelen vender también productos de pastelería.*

panadero, ra s. Persona que se dedica profesionalmente a la fabricación o a la venta de pan: *Mis padres son panaderos y hacen el pan más rico del pueblo.*

panal s.m. Conjunto de pequeñas celdas hexagonales de cera que las abejas construyen dentro de la colmena para depositar la miel y los huevos para la reproducción: *El panal es una masa esponjosa de cera, formada por muchas celdas hexagonales.*

panamá s.m. **1** Tela de algodón de hilos gruesos, que se utiliza esp. para bordar: *Estoy haciendo unas servilletas de panamá con bordados de flores.* **2** Sombrero flexible, con el ala recogida o doblada que suele bajarse sobre los ojos: *El panamá es un sombrero de verano.* 👁 **sombrero**

panameño, ña adj./s. De Panamá o relacionado con este país centroamericano: *La capital panameña es Panamá. Los panameños exportan productos agrícolas a los Estados Unidos.* ☐ MORF. Como sustantivo se refiere solo a las personas de Panamá.

panavisión s.f. Técnica cinematográfica de filmación y de proyección en la que se emplean unas lentes especiales y una película de sesenta y cinco milímetros: *La panavisión ofrece las imágenes cinematográficas en grandes dimensiones.*

pancarta s.f. Cartel grande en el que aparece algo escrito o dibujado y que se exhibe en reuniones públicas, esp. en las políticas o deportivas: *Los aficionados llevaban pancartas con frases de apoyo a su equipo.*

panceta s.f. Tocino fresco con vetas de carne: *He comprado en la carnicería panceta para guisar.* 👁 **carne**

panchito s.m. *col.* Cacahuete pelado y frito: *Tomamos de aperitivo unas cervezas, con panchitos y patatas fritas.*

pancho, cha adj. *col.* Tranquilo, reposado o satisfecho: *No le afectaron mis críticas, porque se quedó tan pancha.*

páncreas s.m. Glándula situada en el abdomen junto al duodeno y detrás del estómago, que produce y segrega enzimas digestivas y que produce hormonas: *El páncreas elabora la insulina.* ☐ MORF. Invariable en número.

pancreático, ca adj. Del páncreas o relacionado con

esta glándula: *El jugo pancreático contiene enzimas muy importantes para la digestión.*

panda ▌s. **1** →**oso panda.** 👁 **oso** ▌s.f. **2** *col.* Grupo de personas que se reúnen para divertirse: *Fuimos al cine toda la panda de amigos.* **3** Grupo de personas, esp. si se reúnen para hacer daño: *Una panda de gamberros volcó los contenedores de basura.* □ MORF. En la acepción 1, es un sustantivo epiceno y la diferencia de sexo se señala mediante la oposición *el panda {macho/hembra}*.

pandemonio s.m. Lugar en el que hay mucho ruido y confusión: *La oficina de reclamaciones era un pandemonio donde todos discutían y gritaban. pandemónium*

pandemónium s.m. →**pandemonio.** □ MORF. Su plural es *pandemóniums*.

pandereta s.f. Pandero pequeño, con sonajas o cascabeles en sus bordes: *Cantábamos villancicos, acompañándonos con panderetas y zambombas.* 👁 **percusión**

pandero s.m. **1** Instrumento musical de percusión, formado por uno o dos aros superpuestos, con una piel muy lisa tensada sobre ellos y generalmente con sonajas o cascabeles en los laterales: *La profesora tocaba el pandero con una maza para marcar el ritmo.* 👁 **percusión 2** *col.* Culo: *Está tan gordo que no le cabe el pandero en la silla.*

pandilla s.f. Grupo habitual de amigos: *En mi pandilla todos somos deportistas.*

panecillo s.m. Pieza pequeña de pan, equivalente a la ración de pan que una persona normal consume en una comida o bocadillo: *Todos los días desayuno un panecillo con mantequilla y mermelada.* 👁 **pan**

panegírico, ca ▌adj. **1** Del discurso en alabanza de una persona o con sus características: *Escribió un hermoso poema panegírico dedicado a su maestro.* ▌s.m. **2** Escrito en alabanza de una persona: *La carta de presentación que traía el candidato era un encendido panegírico firmado por su anterior jefe.*

panel s.m. **1** Cada una de las partes lisas o compartimentos en que se divide una superficie: *La pared estaba cubierta por cuatro paneles de corcho.* **2** Elemento prefabricado que se utiliza en construcción, generalmente para dividir o para separar espacios: *Los despachos de los jefes están separados de la sala de trabajo por unos paneles de cristal.* **3** Cartelera grande montada sobre una estructura metálica que sirve para colocar propaganda e información en ella: *Sigue las indicaciones de los paneles de la carretera y no te perderás.* **4** Placa de material aislante que se emplea como soporte de los aparatos indicadores de funcionamiento y de maniobra que forman parte de un circuito eléctrico: *El piloto comprobó en el panel de mandos que todo era correcto.* **5** Grupo de personas que intervienen en una discusión pública sobre algún asunto: *Un panel de expertos trató de establecer las posibles causas del accidente.*

panero, ra ▌adj. **1** Que come mucho pan o que le gusta mucho: *Lo que más me cuesta del régimen es no comer pan, porque soy muy panero.* ▌s.f. **2** Recipiente en el que se coloca el pan, esp. el que se pone en la mesa: *En la mesa solo faltan la panera y la jarra de agua.*

pánfilo, la adj./s. **1** Tonto, simple y muy cándido: *Me parece tan pánfila que no sé de qué puedo hablar con ella. No me extraña que hayan engañado a ese pánfilo.* **2** Que actúa de forma lenta y pausada: *Es tan pánfila para todo que me pone nerviosa. Solo un pánfilo como tú tardaría una hora en afeitarse.*

panfletario, ria adj. Con el estilo propio de los panfletos o relacionado con ellos: *El discurso tuvo un tono panfletario que no me gustó.*

panfleto s.m. **1** Papel o folleto de propaganda política: *Los huelguistas repartían panfletos a los transeúntes.* **2** Lo que resulta excesivamente propagandístico, esp. si es agresivo o difama: *La película me pareció un panfleto a favor de la guerra.*

paniaguado, da s. Persona protegida y favorecida por otra: *Ese inútil ha ascendido porque es un paniaguado, no porque valga para el puesto.*

pánico s.m. Miedo grande o temor muy intenso, esp. si es colectivo: *A mí las serpientes venenosas me dan pánico. El pánico de la multitud que huía pudo haber causado una catástrofe mayor.*

panificadora s.f. Establecimiento donde se cuece y se vende el pan; *horno, tahona: Las modernas panificadoras usan amasadoras y hornos eléctricos.*

panocha s.f. →**panoja.**

panoja s.f. **1** Mazorca del maíz o del mijo: *Las panojas estaban almacenadas en el hórreo.* **2** En botánica, conjunto de espigas simples o compuestas que nacen de un eje común: *La avena tiene el fruto en panoja.* □ SEM. Es sinónimo de *panocha*.

panoli adj./s. *col.* Simple, de poco carácter o sin voluntad: *Es tan panoli que todo le da vergüenza. Los timadores siempre buscan a algún panoli a quien engañar.* □ MORF. 1. Invariable en género. 2. Es de género común y exige concordancia en masculino o en femenino para señalar la diferencia de sexo: *el panoli, la panoli*.

panorama s.m. **1** Paisaje extenso que se contempla desde un punto de observación: *Desde esta montaña se contempla un hermoso panorama.* **2** Aspecto que, en conjunto, presenta una situación o un proceso: *En la conferencia se analizó el panorama actual de la literatura española.*

panorámico, ca ▌adj. **1** Del panorama o relacionado con él: *Gracias a una visita panorámica en autobús nos hicimos una idea general de la ciudad.* **2** Que está a una distancia que permite contemplar el conjunto de lo que se quiere abarcar: *Esta señal de carreteras indica un lugar con buenas vistas panorámicas.* ▌s.f. **3** Fotografía, vista o sucesión de ellas que muestran un amplio sector del paisaje visible desde un punto: *La cámara ofreció a los televidentes una panorámica de la sala del concierto.*

pantagruélico, ca adj. Referido a una comida, muy abundante o en cantidad excesiva (por alusión a un personaje literario famoso por su voracidad y creado por el escritor francés Rabelais): *Nos sirvieron una cena pantagruélica y no pudimos comernos todo.* □ PRON. Incorr. *[pantakruéliko].

pantalla s.f. **1** Lámina que se sujeta delante o alrededor de la luz artificial para que no moleste en los ojos o para dirigirla hacia donde se quiere: *He cambiado la pantalla de la lámpara del salón.* 👁 **alumbrado 2** Telón o superficie sobre los que se proyectan las imágenes de cine o de otro aparato de proyecciones: *El profesor colocó la pantalla para que viéramos las diapositivas de arte.* **3** *col.* Mundo que rodea a la televisión o al cine: *Esa revista cuenta los secretos de la vida privada de los personajes de la pantalla.* **4** Lo que atrae sobre sí la atención, mientras que otras personas u otra cosa hacen o logran secretamente algo: *Sus negocios inmobiliarios le sirven de pantalla para ocultar sus negocios de droga.* **5** ‖ **pantalla de humo.** Noticia o información que se dan para distraer la atención que debería recaer sobre un asunto: *La compra de maquinaria es una pantalla de humo mientras negocian la absorción de otra empresa.* ‖ **pantalla (electrónica).** En un aparato electrónico, superficie sobre la que se proyectan imágenes: *He puesto un filtro en la pantalla del ordenador para que no me dañe la vista.* ‖ **pequeña pantalla.** *col.* Televisión: *Siempre se entera de las noticias por la pequeña pantalla.*

pantalón ▮ s.m. **1** Prenda de vestir que se ajusta a la cintura y que llega generalmente hasta los tobillos, cubriendo las dos piernas por separado: *Para ponerte los pantalones tienes que meter una pierna primero y la otra después.* ▮ pl. **2** *col.* Hombre: *Siempre que hay unos pantalones delante, se hace la interesante.* **3** ‖ **bajarse los pantalones.** *col.* Ceder en condiciones deshonrosas o ante algo indigno: *No quería quedarme sin trabajo y tuve que bajarme los pantalones ante el recorte de mi sueldo.* ‖ **llevar los pantalones.** *col.* Imponer la propia autoridad en un sitio, esp. en el hogar: *Es su esposa la que lleva los pantalones, aunque él no lo quiera reconocer.* ‖ **(pantalón) {bávaro/bombacho}.** El que es ancho y por abajo va ajustado a las pantorrillas: *Los pantalones bávaros son muy útiles para hacer montañismo.* 👁 **alpinismo** ‖ **(pantalón) {vaquero/tejano}.** El que es ajustado y tiene los bolsillos de detrás superpuestos, esp. el confeccionado con una tela resistente de color azul: *Los jóvenes actuales usan mucho los pantalones vaqueros.* ☐ MORF. La acepción 1 en plural tiene el mismo significado que en singular. ☐ USO Es innecesario el uso del anglicismo *jeans* en lugar de *pantalón vaquero*.

pantano s.m. **1** Gran depósito artificial de agua, que se forma generalmente cerrando la boca de un valle: *Este pantano permitirá convertir tierras de secano en tierras de regadío.* **2** Hondonada, con fondo más o menos cenagoso, en la que se recogen y se detienen las aguas de forma natural: *En las zonas con pantanos suelen abundar los mosquitos.*

pantanoso, sa adj. Referido a un terreno, que tiene pantanos, charcos o cenagales: *Es un terreno muy pantanoso y con arenas movedizas.*

panteísmo s.m. Sistema filosófico y teológico que identifica a Dios con todo lo que existe: *El pensamiento de Hegel y el de Spinoza representan dos formas de panteísmo.*

panteísta ▮ adj. **1** →**panteístico, ca.** ▮ adj./s. **2** Que sigue o que defiende el panteísmo: *Las filosofías panteístas identifican toda realidad con Dios. Spinoza era un panteísta.* ☐ MORF. 1. Como adjetivo es invariable en género. 2. Como sustantivo es de género común y exige concordancia en masculino o en femenino para señalar la diferencia de sexo: *el panteísta, la panteísta*.

panteístico, ca adj. Del panteísmo o relacionado con este sistema filosófico; *panteísta: Sus poemas presentan una visión panteística del mundo.*

panteón s.m. Monumento funerario destinado al enterramiento de varias personas: *Lo enterraron en el panteón familiar del cementerio de su ciudad natal.* ☐ SEM. Dist. de *cenotafio* (monumento funerario que no contiene el cadáver).

pantera s.f. Leopardo de pelaje negro propio de los continentes asiático y africano: *La pantera es un felino muy ágil, que trepa a los árboles, donde devora sus presas.* ☐ MORF. Es un sustantivo epiceno y la diferencia de sexo se señala mediante la oposición *la pantera {macho/hembra}*. 👁 **felino**

panti s.m. Leotardos de nailon: *Siempre uso pantis, porque las medias de liga me resultan muy incómodas.* ☐ ORTOGR. Es un anglicismo (*panty*) adaptado al español. ☐ MORF. 1. Se usa más en plural. 2. Su plural es *pantis*.

pantocrátor s.m. En el arte bizantino y románico, representación de Jesucristo sentado y bendiciendo, enmarcado por una curva en forma de almendra: *En esta iglesia hay un pantocrátor que tiene en las cuatro esquinas los símbolos de los cuatro evangelistas.* ☐ PRON. Incorr. *[pantókrator].

pantomima s.f. **1** Representación, generalmente teatral, por medio de mímica y sin intervención de la palabra; *mimo: El actor de una pantomima tiene que dar gran expresividad a sus gestos y movimientos.* **2** Fingimiento para aparentar algo o para encubrir un engaño; *comedia: Sus muestras de dolor son pura pantomima, porque no le importa nuestra desgracia.*

pantorrilla s.f. Parte carnosa y abultada de la pierna, por debajo de la parte de atrás de la rodilla: *Los gemelos son los músculos que forman la pantorrilla.*

pantufla s.f. Zapatilla sin talón, usada para andar por casa: *Al salir de la ducha se puso el albornoz y las pantuflas.* 👁 **calzado**

panza s.f. **1** Barriga o vientre, esp. los muy abultados: *Tiene una buena panza, porque come mucho y hace poco ejercicio.* **2** En el estómago de los rumiantes, primera de las cuatro cavidades de que consta; *rumen: La panza es la parte más voluminosa del estómago de los rumiantes.* **3** Parte abultada de algunas cosas, esp. de una vasija; *barriga, vientre: Esta jarra tiene la panza más achatada que esta otra.* **4** ‖ **panza de burra.** *col.* Cielo uniformemente cubierto y de color gris oscuro: *La panza de burra suele ser anuncio de nieve.*

panzada s.f. **1** *col.* Exceso en una actividad: *Te diste una buena panzada si pintaste tú solo la casa.* **2** Golpe dado con la panza; *panzazo: Se tiró desde el trampolín y se dio una panzada en el agua.*

panzazo s.m. →**panzada.**

panzudo, da adj. Que tiene mucha panza: *Ese muchacho gordo y panzudo pesa más que tú y yo juntos.*

pañal s.m. **1** Pieza hecha de material absorbente que se pone a los niños pequeños hasta que aprenden a controlar los esfínteres o a las personas mayores que han perdido esta capacidad: *Cambia los pañales al niño, porque me parece que se ha hecho pis.* **2** ‖ **estar en pañales.** *col.* Estar en el comienzo, tener poca experiencia o encontrarse en un estado poco avanzado: *Solo llevo un año en esta profesión y aún estoy en pañales.* ☐ MORF. En plural tiene el mismo significado que en singular. ☐ USO Es innecesario el uso de *dodotis* (extensión del nombre de una marca comercial).

pañito s.m. Pieza de tela o labor hecha de encaje o ganchillo, que se usan para cubrir o para adornar: *Los pañitos que adornan los brazos del sillón están hechos a ganchillo.*

paño s.m. **1** Tejido fuerte y muy tupido, generalmente de lana: *El abrigo que llevas es de buen paño.* **2** Pieza de lienzo o de otra tela, esp. si tiene forma cuadrada o rectangular: *Después de lavar los platos los secaré con el paño.* **3** ‖ **en paños menores.** *col.* En ropa interior o casi desnudo: *¿Cómo se te ocurrió recibir a la visita en paños menores?* ‖ **paño de lágrimas.** Persona en la que se encuentra generalmente atención, consuelo o ayuda: *Soy su paño de lágrimas, y me cuenta todas sus penas.* ‖ **paños**

calientes. *col.* Hecho o dicho con los que se intentan suavizar el rigor o la aspereza con la que se ha de actuar en un asunto: *Aunque se enfade por lo que le voy a decir, no pienso andarme con paños calientes.*

pañoleta s.f. Prenda de vestir femenina, de forma triangular, que se suele colocar sobre los hombros como adorno o como abrigo: *Siempre suele llevar una pañoleta encima de la gabardina.*

pañuelo s.m. **1** Pieza de tela de pequeño tamaño y de forma cuadrangular que se utiliza generalmente para limpiarse la nariz: *Los pañuelos de caballero suelen ser más grandes que los de señora.* **2** Pieza de tela, generalmente de forma cuadrada, que se usa como adorno o como abrigo: *Las mujeres del pueblo acuden a la plaza con sus pañuelos a la cabeza, para protegerse del sol.*

papa ▌s.m. **1** Sumo pontífice o autoridad máxima de la Iglesia católica: *El papa Juan XXIII convocó el Concilio Vaticano II.* **2** *col.* Padre: *Mi papa me va a llevar al parque de atracciones.* ▌s.f. **3** Patata: *En un restaurante canario pedí un filete de ternera con papas.* ▌s.f.pl. **4** Comida blanda hecha de leche y de harina: *El niño come papas porque todavía no le han salido los dientes.* **5** ‖ **no {saber/entender} ni papa.** *col.* No comprender nada: *De fútbol no sé ni papa.*

papá ▌s.m. **1** *col.* Padre: *Mi papá me quiere mucho.* ▌pl. **2** *col.* El padre y la madre: *Mis papás me llevarán esta tarde al circo.*

papada s.f. **1** Abultamiento carnoso que se forma debajo de la barbilla: *Las personas gordas suelen tener mucha papada.* **2** En algunos animales, pliegue de la piel que sobresale del borde inferior del cuello y que se extiende hasta el pecho: *Los toros y las vacas tienen papada.*

papado s.m. **1** Dignidad de papa: *Ese cardenal alcanzó el papado a los sesenta años de edad.* **2** Tiempo durante el que un papa desempeña su ministerio: *Su papado abarcó doce años decisivos en la historia de la Iglesia.*

papagayo, ya s. Ave tropical trepadora, con un pico fuerte, grueso y encorvado, patas prensoras y plumaje de colores vistosos, que se alimenta de semillas y frutas y que aprende a repetir palabras y frases; *loro: El papagayo que me regalaron aprendió rápidamente a hablar.*

papal adj. Del papa o relacionado con esta dignidad de la Iglesia católica: *Se arrodilló para besar el anillo papal en señal de respeto.* ☐ MORF. Invariable en género.

papamóvil s.m. *col.* Vehículo blindado de color blanco y acristalado que utiliza el papa para sus recorridos por las ciudades que visita: *El papa saludaba desde el papamóvil a la gente que lo aclamaba.*

papanatas s. *col.* Persona simple e inocente, muy fácil de engañar: *Esa papanatas se dejó timar por esos dos bribones.* ☐ MORF. 1. Es de género común y exige concordancia en masculino o en femenino para señalar la diferencia de sexo: *el papanatas, la papanatas*. 2. Invariable en número.

papar v. *col.* Comer: *Se papó el plato de sopa en un santiamén.*

paparazi s. Fotógrafo de prensa que se dedica a conseguir fotografías de personajes de la vida pública sin su autorización: *Los paparazis vigilaban noche y día la casa de la actriz.* ☐ PRON. [paparázi], aunque está muy extendida la pronunciación [paparáchi]. ☐ ORTOGR. Es un italianismo (*paparazzi*) adaptado al español. ☐ MORF. 1. Es de género común y exige concordancia en masculino o en femenino para señalar la diferencia de sexo: *el paparazi, la paparazi*. 2. Su plural es *paparazis*.

paparazzi (italianismo) s.m.pl. →**paparazi.** ☐ PRON. [paparátsi].

paparrucha s.f. *col.* Hecho o dicho sin sentido ni fundamento; *paparruchada: Sé un poco más serio y deja de decir paparruchas.*

paparruchada s.f. *col.* →**paparrucha.**

papaya s.f. Fruto del papayo, hueco, de forma más larga que ancha, y cuya parte blanda, parecida a la del melón, es de color amarillo o anaranjado y de sabor dulce: *La papaya nace directamente del tronco del papayo.*

papayo s.m. Árbol tropical, de tronco fibroso y de poca consistencia, cuyas hojas nacen en su parte más alta: *El papayo es originario de las zonas tropicales americanas.*

papear v. *col.* Comer: *Debe ser ya la hora de papear, porque me está entrando el hambre.*

papel ▌s.m. **1** Lámina delgada hecha con pasta de fibras vegetales, blanqueadas y disueltas en agua, que después se hace secar y endurecer por procedimientos especiales, y que se utiliza generalmente para escribir o para dibujar en ella: *La fabricación de papel está muy ligada a la industria maderera.* **2** Pliego, hoja o pedazo de este material: *Este cuaderno es de papel cuadriculado.* **3** Documento, carta o credencial de cualquier tipo: *¿Tienes ya todos los papeles para pedir la beca?* **4** En teatro, parte de la obra que ha de representar cada actor: *Para el ensayo de mañana tenemos que llevar aprendidos nuestros papeles.* **5** En una obra dramática, personaje representado por el actor: *Lleva muchos años representando el papel de galán en los escenarios teatrales.* **6** Función desempeñada en una situación o en la vida: *La tenista española hizo un buen papel durante el torneo.* ▌pl. **7** *col.* Periódico: *La noticia del terremoto salió en todos los papeles.* **8** ‖ **papel biblia.** El que es muy delgado, resistente y de buena calidad, muy apropiado para imprimir obras muy extensas en poco espacio: *Estas obras completas de poesía van impresas en papel biblia.* ‖ **papel carbón.** El que tiene una sustancia de color oscuro en una de sus caras y se usa para la obtención de copias: *Si entre dos papeles colocas un papel carbón, al escribir en el de arriba quedará una copia en el de abajo.* ‖ **papel cebolla.** El que es muy fino y transparente y se usa para copiar en él: *Puso el papel cebolla sobre la lámina de dibujo para calcarlo.* ‖ **(papel) celo.** →**celo.** ‖ **(papel) celofán.** →**celofán.** ‖ **papel charol.** El que es muy brillante, fino y de diversos colores: *He forrado los libros con papel charol.* ‖ **papel cuché.** El muy satinado y barnizado, que se usa generalmente en revistas ilustradas: *Las revistas con muchas fotografías se imprimen en papel cuché porque los colores quedan mejor.* ‖ **papel de {aluminio/estaño/plata}.** Lámina muy fina de aluminio o de estaño aleado, usada generalmente para envolver y conservar alimentos: *Si tapas la comida con papel de plata, se conservará más tiempo en la nevera.* ‖ **papel de calco.** El que se utiliza para calcar o sacar copias: *El papel carbón es papel de calco.* ‖ **papel de estraza.** El que es muy basto, áspero, sin cola y sin blanquear: *El papel grisáceo que se utilizaba antes para envolver los alimentos frescos es papel de estraza.* ‖ **papel de fumar.** El que se usa para liar cigarrillos: *En el estanco se les había terminado el papel de fumar.* ‖ **papel de pagos (al Estado).** Hoja timbrada que vende el Ministerio de Hacienda a través de los estancos y que sirve para pagar al Estado: *La multa la tuvo que abonar en papel de pagos al Estado.* ‖ **papel de seda.** El que es fino, transparente y flexible, y se usa para envolver productos u objetos delicados: *Cada una de las piezas de la vajilla estaba envuelta en papel de seda.* ‖ **papel del Estado.** Documento emitido por este en el que reconoce haber recibido una cantidad de dinero de quien lo posea: *En su caja fuerte guarda varios millones de euros en papel del Estado.* ‖ **papel guarro.** El que es fuerte y granulado, y se usa para dibujar con acuarela: *Pintó un precioso paisaje sobre papel guarro.* ‖ **papel higiénico.** El que es fino y se usa en los retretes: *Compró un rollo de papel higiénico en la droguería.* ‖ **papel maché.** El que se machaca y se humedece para realizar generalmente figuras o relieves: *Montó una exposición de figuras hechas con papel maché.* ‖ **papel mojado.** *col.* Lo que es de poca importancia, inútil o sin valor: *Si el contrato está sin firmar es papel mojado.* ‖ **papel pintado.** El que está decorado y se usa para cubrir paredes y otras superficies: *Voy a quitar el papel pintado de todas las habitaciones y las voy a pintar de blanco.* ‖ **papel satinado.** El que tiene brillo: *Pidió en la papelería papel satinado de color blanco.* ‖ **papel secante.** El que, por ser muy poroso, se usa para secar lo escrito: *Firmó con pluma y pasó el papel secante para que no se corriera la tinta.* ‖ **papel vegetal.** El satinado y transparente que usan generalmente los delineantes y arquitectos: *El arquitecto calcó el croquis del edificio sobre papel vegetal.* ‖ **perder los papeles.** *col.* Actuar sin control sobre uno mismo o sobre la situación, generalmente a causa del nerviosismo: *Lamento haber perdido los papeles y haberte chillado sin razón.* ‖ **sobre el papel.** En teoría: *Este equipo era el favorito sobre el papel, pero al final perdió el partido.* □ MORF. La acepción 3 se usa más en plural.

papela s.f. *vulg.* Documentación oficial, esp. referido al carné de identidad: *Un policía me pidió que le enseñara la papela.*

papeleo s.m. Conjunto de documentos y de trámites necesarios para la resolución de un asunto: *No empezaré a cobrar la pensión de jubilación hasta que no esté solucionado todo el papeleo.*

papelera s.f. Véase **papelero, ra.**

papelería s.f. Establecimiento en el que se vende papel y otros objetos de escritorio: *Compré el cuaderno y los bolígrafos en una papelería de mi barrio.*

papelero, ra ▮ adj. **1** Del papel o relacionado con él: *Trabaja en la industria papelera como técnico especialista.* ▮ s.f. **2** Recipiente que se usa para tirar papeles inservibles y otros desperdicios; *cesto de los papeles: El Ayuntamiento ha puesto papeleras nuevas en toda la ciudad.*

papeleta s.f. **1** Papel pequeño en el que aparece escrita cierta información de carácter oficial: *Cuando recogí la papeleta del examen vi que había suspendido. ¿Me compras una papeleta para el sorteo? Cuando cerraron el colegio electoral se comenzó con el escrutinio de las papeletas.* **2** *col.* Situación o asunto difíciles de resolver: *Me tocó la papeleta de comunicarle la muerte de su esposa en un accidente de tráfico.*

papelillo s.m. Sobre pequeño que contiene una pequeña dosis medicinal en polvo: *El médico le recetó unos papelillos de contenido vitamínico.* 👁 **medicamento**

papelina s.f. En el lenguaje de la droga, envoltorio pequeño que contiene una dosis, generalmente de heroína o de cocaína: *En el cacheo, la policía le encontró varias papelinas en el bolsillo.*

papelón s.m. Actuación o papel difíciles, ridículos o poco lucidos: *¡Menudo papelón hizo durante la entrevista, metiendo la pata cada dos por tres!*

papelorio s.m. *col.* Conjunto desordenado de papeles: *¿Quieres ordenar todo este papelorio que hay encima de tu mesa?* □ USO Tiene un matiz despectivo.

papeo s.m. *col.* Comida: *Si ya estamos todos, podemos empezar con el papeo.*

paperas s.f.pl. Inflamación de las glándulas salivales, que produce un abultamiento de las zonas situadas debajo de las orejas: *Las paperas son una enfermedad infecciosa y vírica que afecta fundamentalmente a los niños.*

papila s.f. **1** En la piel o en las membranas mucosas, esp. de la lengua, pequeña masa de tejido prominente: *Las papilas gustativas de la lengua permiten distinguir los sabores.* **2** En algunas plantas, cada uno de los abultamientos cónicos que tienen algunos órganos: *Las yemas o los brotes son originariamente pequeñas papilas, que van creciendo hasta originar las ramas.*

papilla s.f. **1** Comida triturada que forma una masa espesa, destinada generalmente a niños pequeños o enfermos: *Mi hijo se toma muy bien la papilla de cereales.* **2** Sustancia opaca a los rayos X que es utilizada en el estudio radiológico del aparato digestivo: *Antes de hacerme la radiografía tuve que tomarme una papilla de bario que estaba malísima.* **3** ‖ **echar la (primera) papilla.** *col.* Vomitar: *Tenía una buena borrachera y no se despejó hasta que no echó la papilla.* ‖ **hacer papilla.** *col.* Dejar en muy malas condiciones físicas o anímicas: *El púgil hizo papilla a su contrincante.*

papiloma s.m. Bulto formado por el aumento de volumen de ciertas zonas de la piel: *Las verrugas son papilomas.*

papión s.m. Mono de mediano tamaño, con mandíbula saliente y grandes dientes caninos, de pelaje gris o pardo claro, con callosidades rojas en las nalgas, y que vive en las sabanas y en zonas semidesérticas africanas formando manadas, con una jerarquía social muy estricta: *Los papiones machos se diferencian de las hembras por su larga melena.* □ MORF. Es un sustantivo epiceno y la diferencia de sexo se señala mediante la oposición *el papión {macho/hembra}*. 👁 **primate**

papiro s.m. **1** Planta herbácea de origen oriental, de hojas largas y estrechas y cañas cilíndricas, lisas y desnudas que terminan en un penacho de espigas con pequeñas flores verdosas: *Los papiros suelen crecer en las orillas de los ríos.* **2** Lámina obtenida del tallo de esta planta, que se usaba en la Antigüedad para escribir en ella: *Los papiros se obtenían prensando y secando las fibras leñosas de los tallos de las plantas.* **3** Manuscrito realizado sobre esta lámina: *Los papiros más conocidos son los egipcios.*

papiroflexia s.f. Arte y técnica de hacer figuras a partir de un trozo de papel doblado sucesivas veces: *Es muy aficionada a la papiroflexia y hace auténticas maravillas con el papel.*

papista ‖ **ser más papista que el papa.** *col.* Ser extremadamente riguroso en el cumplimiento de un deber o de una recomendación: *Ten cuidado con lo que le dices, porque es más papista que el papa y lo cumplirá todo al pie de la letra.*

papo s.m. **1** En los animales, parte abultada entre la barba y el cuello: *El papo es un pliegue cutáneo.* **2** En las aves, ensanchamiento del esófago donde se reblandecen los alimentos; *buche: El papo está después de la molleja.* **3**

col. Desfachatez, descaro o desvergüenza: *¡Menudo papo tienes: mientras yo trabajo, tú viendo la tele!*

paquebot s.m. →**paquebote.**

paquebote s.m. Barco preparado para el transporte del correo y de pasajeros de un puerto a otro: *Los paquebotes suelen cubrir una línea regular.* □ ORTOGR. Se admite también *paquebot*.

paquete s.m. **1** Envoltorio bien ordenado y no muy grande: *El mensajero vino a entregar unos paquetes.* **2** *col.* En un vehículo de dos ruedas, persona que acompaña al conductor: *No tengo moto y siempre voy de paquete en la de mi amigo.* **3** *col.* Castigo, multa o arresto: *Como se enteren que te escapaste sin permiso te van a meter un buen paquete.* **4** Serie, colección o conjunto de cosas que tienen una característica común: *Ha comprado un paquete de acciones de esta empresa porque se rumorea que va a subir su cotización.* **5** *vulg.* En un hombre, órganos genitales: *Con esos pantalones tan ajustados vas marcando paquete.* **6** ‖ **paquete postal.** El que se envía por correo y debe ajustarse a determinados requisitos: *No puedes enviar un paquete postal en una caja de madera o de metal.*

paquidermo adj./s.m. Referido a un mamífero no rumiante, que se caracteriza por tener la piel muy gruesa y dura, y tres o cuatro dedos en cada extremidad: *Los animales paquidermos tienen la piel casi desnuda. El elefante y el hipopótamo son dos ejemplos de paquidermos.*

paquistaní adj./s. →**pakistaní.** □ MORF. 1. Como adjetivo es invariable en género. 2. Como sustantivo es de género común y exige concordancia en masculino o en femenino para señalar la diferencia de sexo: *el paquistaní, la paquistaní*. 3. Aunque su plural en la lengua culta es *paquistaníes*, se usa mucho *paquistanís*. 4. Como sustantivo se refiere solo a las personas de Pakistán.

par ▮ adj. **1** Igual o totalmente semejante: *Se nota que son gemelos, porque son pares en temperamento.* **2** Referido a un órgano de un ser vivo, que se corresponde simétricamente con otro igual: *Las orejas son órganos pares.* ▮ s.m. **3** →**número par. 4** Conjunto de dos elementos de una misma clase: *En la frutería están de oferta, y si compras un par de kilos pagas solo uno.* **5** Conjunto pequeño de elementos, de número indeterminado: *Estuve con un par de amiguetes, tomando unas cañas.* **6** En golf, número de golpes establecidos como referencia para completar el recorrido de un campo o de un hoyo: *He conseguido terminar el recorrido en el par del campo.* **7** En algunos países, título honorífico: *En la Edad Media, el rey de Francia concedió el título de par a algunos vasallos.* **8** ‖ **a la par.** A un tiempo, a la vez: *Aunque tú saliste antes, llegamos los dos a la par.* ‖ **a pares.** De dos en dos: *Los calcetines se venden a pares.* ‖ **de par en par.** Totalmente abierto: *En verano duermo con las ventanas y la puerta de par en par.* ‖ **pares y nones.** Juego que consiste en adivinar si el número de elementos escondidos en la mano es par o impar: *¿Nos jugamos quién paga esta ronda a pares y nones?* ‖ **sin par.** Singular, o que no tiene igual: *El hada tenía una belleza sin par.* □ ORTOGR. La expresión *sin par* se admite también con la forma *simpar*. □ MORF. Como adjetivo, es invariable en género.

para prep. **1** Indica finalidad o utilidad: *Su hija le pidió dinero para ir al cine. Dime para qué lo necesitas.* **2** Indica la dirección de un movimiento con respecto al punto de su término; *hacia: Al salir del cine nos fuimos para casa.* **3** Indica el tiempo en el que va a finalizar algo o en el que se va a ejecutar: *La chaqueta estará terminada para cuando comience el frío.* **4** Indica capacidad, utilidad o conveniencia: *Me despreció y me dijo que no valía para nada.* **5** Indica contraposición, relación o comparación: *Los aprecia poco, para lo eficientes que son.* **6** Indica motivo o causa: *¿Para qué has venido a verme?* **7** Indica la proximidad o la inminencia de que ocurra algo: *Coge el paraguas, porque está para llover.* **8** ‖ **para eso.** Expresión que se usa para indicar que algo es inútil o demasiado fácil: *Podías quedarte en tu casa, porque para eso no había hecho falta que vinieras.* ‖ **para {mí/ti/él...}.** Según el punto de vista propio: *Para mí, que este negocio no va a salir bien.* ‖ **que para qué.** *col.* Expresión que se usa para enfatizar el tamaño, la importancia o la intensidad de algo: *Se puso a gritar y armó un escándalo que para qué.*

para- Prefijo que significa 'junto a' y 'al margen de': *paraestatal, paraoficial, paramilitar, paranormal, parapsicología.*

parabellum s.f. Arma de fuego automática corta (por extensión del nombre de la marca comercial *Parabellum®*): *Los casquillos encontrados en el lugar del crimen indicaban que lo habían asesinado con una parabellum.* □ PRON. [parabélum].

parabién s.m. Manifestación de la satisfacción que alguien siente por algún suceso feliz que le ha ocurrido a otra persona; *felicitación: Se acercó a dar los parabienes a los recién casados.*

parábola s.f. **1** Narración de un suceso fingido de la que se deduce una enseñanza moral o una verdad importante: *Con la parábola del hijo pródigo, Jesucristo explicó lo mucho que quiere Dios a los hombres.* **2** En matemáticas, curva abierta, simétrica respecto de un eje, y con un solo foco, que resulta de cortar un cono recto por un plano paralelo a una de sus generatrices: *La representación en los ejes de coordenadas de esta función matemática es una parábola.*

parabólico, ca ▮ adj. **1** De la parábola o relacionado con este tipo de narración: *El relato del hijo pródigo explica de forma parabólica el perdón de Dios.* **2** De la parábola o relacionado con esta curva matemática: *Los proyectiles lanzados desde un mortero describían una trayectoria parabólica.* ▮ s.f. **3** Antena de televisión que, debido a su forma de parábola, concentra el haz que se recibe desde un satélite y permite captar emisoras situadas a gran distancia: *Con la parabólica de mi casa captamos una cadena británica, otra alemana, otra francesa, otra americana y otra japonesa.*

parabrisas s.m. En un automóvil, cristal delantero: *No sé cómo puedes conducir con el parabrisas tan sucio.* □ MORF. Invariable en número.

paracaídas s.m. Dispositivo formado por una tela fuerte y por un sistema de cuerdas que, al extenderse en el aire, sirve para frenar la velocidad de caída de un cuerpo: *Los paracaidistas saltan del avión con el paracaídas cerrado, y lo abren cuando ya están en el aire.* □ MORF. Invariable en número.

paracaidismo s.m. Actividad militar o deportiva que consiste en el lanzamiento con paracaídas desde un avión: *En el paracaidismo de precisión el objetivo es tomar tierra en una zona marcada.*

paracaidista ▮ adj. **1** Del paracaidismo o relacionado con esta actividad: *Este soldado es de la brigada paracaidista.* ▮ s. **2** Persona que practica el paracaidismo: *Antes de abrir los paracaídas, los paracaidistas hicieron figuras*

a b c d e f g h i j k l m n ñ o p q r s t u v w x y z

en el aire cogidos de las manos. ☐ MORF. 1. Como adjetivo es invariable en género. 2. Como sustantivo es de género común y exige concordancia en masculino o en femenino para señalar la diferencia de sexo: *el paracaidista, la paracaidista.*

parachoques s.m. En un automóvil, pieza de la parte delantera y trasera que sirve para amortiguar los efectos de un choque: *El accidente no fue muy aparatoso pero el parachoques quedó abollado.* ☐ MORF. Invariable en número.

parada s.f. Véase **parado, da**.

paradero s.m. Lugar en el que se para o en el que se está alojado: *No te puedo dar su dirección porque vive en paradero desconocido.*

paradigma s.m. **1** Modelo o ejemplo: *El verbo 'amar' suele ponerse como paradigma de los verbos de la primera conjugación.* **2** Denominación que en algunas escuelas lingüísticas recibe el conjunto de elementos que pueden aparecer en un mismo contexto porque realizan la misma función: *'Tarde', 'temprano' y 'pronto' pertenecen al paradigma de los adverbios temporales.* **3** En lingüística, cada uno de los esquemas formales de flexión: *Los verbos en español se conjugan siguiendo tres paradigmas distintos según sean de la primera, de la segunda o de la tercera conjugación.*

paradigmático, ca adj. De un paradigma o relacionado con él: *'Partir' es el verbo paradigmático de la tercera conjugación.*

paradisíaco, ca o **paradisiaco, ca** adj. Del paraíso, o con las características de este: *En esta isla hay unas playas salvajes auténticamente paradisíacas.*

parado, da ▮ adj. **1** Tímido o indeciso: *Es un poco parado y no se atreve a hablar con gente que no conoce.* ▮ adj./s. **2** Referido a una persona, que está sin trabajo de forma forzosa; *desempleado: Lleva parado varios años y no logra encontrar un empleo. Los parados se manifestaron ante el ministerio.* ▮ s.f. **3** Finalización de un movimiento, de una acción o de una actividad: *A media mañana hacemos una parada en la jornada laboral para tomar el bocadillo.* **4** Detención de algo que estaba en movimiento: *El portero realizó una parada extraordinaria.* **5** Alojamiento o detención en un lugar: *Mis paradas en este hostal son frecuentes cuando viajo.* **6** Lugar en el que se para: *Esta iglesia es parada obligatoria para todos los turistas que visitan la ciudad.* **7** Lugar en el que se detienen los vehículos destinados al transporte público para que suban o bajen los viajeros: *En la parada del autobús esperaban varios pasajeros.* **8** Formación de tropas para pasarles revista o para un desfile: *Se homenajeó a los monarcas con una gran parada militar.* **9** ‖ **parada (nupcial).** Entre algunos animales, comportamiento de los machos y de las hembras en la época de la reproducción encaminado a fijar la pareja para ese fin: *La parada nupcial está desencadenada por factores ambientales y hormonales.* ‖ **salir {bien/mal} parado.** Tener buena o mala suerte: *Salió mal parado de aquel negocio, y decidió abandonarlo.*

paradoja s.f. **1** Hecho extraño, absurdo u opuesto a la opinión o al sentir generales: *Es una paradoja que el más avaro de tus amigos te haya hecho el regalo más caro.* **2** Figura retórica o procedimiento del lenguaje consistente en unir ideas aparentemente contradictorias e irreconciliables: *La frase de santa Teresa 'que muero porque no muero' contiene una paradoja.*

paradójico, ca adj. De la paradoja, con paradojas o relacionado con ella: *Resulta paradójico que el hermano pequeño tenga que cuidar del mayor.*

parador ‖ **parador (nacional de turismo).** Establecimiento hotelero que depende de organismos oficiales: *Los paradores suelen estar instalados en antiguos edificios rehabilitados.*

parafernalia s.f. Lo que rodea a algo, haciéndolo ostentoso, llamativo o solemne: *Me gustan los actos solemnes con mucha parafernalia.*

parafina s.f. Sustancia sólida compuesta por una mezcla de hidrocarburos obtenidos en la fabricación de derivados del petróleo: *La parafina se utiliza en la fabricación de cremas y de lápices de labios.*

parafrasear v. Referido a un texto, hacer una paráfrasis suya: *En su respuesta, parafraseó una cita famosa que no recordaba literalmente.*

paráfrasis s.f. Interpretación ampliada de un texto para hacerlo más claro: *Dámaso Alonso realizó una paráfrasis de la 'Fábula de Polifemo y Galatea' de Góngora.* ☐ ORTOGR. Dist. de *perífrasis*. ☐ MORF. Invariable en número.

paragoge s.f. En lingüística, adición de un sonido, generalmente una vocal, al final de una palabra: *Decir 'clipe' en vez de 'clip' es un ejemplo de paragoge.*

paragógico, ca adj. En lingüística, referido a un sonido, que se añade por paragoge: *En la épica castellana se empleó la 'e' paragógica para dar un aire arcaico a la lengua.*

parágrafo s.m. →**párrafo.**

paraguas s.m. Utensilio portátil compuesto por un bastón y por unas varillas plegables cubiertas por una tela impermeable, que se utiliza para protegerse de la lluvia: *Me he comprado un paraguas plegable para que me quepa en el bolso.* ☐ MORF. Invariable en número.

paraguayo, ya ▮ adj./s. **1** De Paraguay (país sudamericano), o relacionado con él: *La capital paraguaya es Asunción. Los paraguayos son mayoritariamente mestizos.* ▮ s.f. **2** Fruta jugosa y aplastada, que tiene una piel suave y aterciopelada: *Las paraguayas son parecidas al melocotón y suelen ser de color verde claro.* ☐ MORF. En la acepción 1, como sustantivo se refiere solo a las personas de Paraguay.

paragüero s.m. Mueble o recipiente que sirve para guardar paraguas y bastones: *Al entrar, dejó el paraguas en el paragüero del vestíbulo.*

paraíso s.m. **1** En el Antiguo Testamento (para los cristianos, primera parte de la Biblia), lugar de felicidad en el que vivían Adán y Eva (primer hombre y primera mujer, según la Biblia) antes de ser expulsados de él: *Adán y Eva fueron expulsados del Paraíso por comer del fruto prohibido que les ofreció la serpiente.* **2** Según algunas tradiciones religiosas, morada de Dios; *alturas, cielo: El paraíso es en realidad un estado de felicidad eterna.* **3** Lugar tranquilo y agradable: *Esta playa solitaria es un paraíso.* ☐ USO En las acepciones 1 y 2, se usa también como nombre propio.

paraje s.m. Lugar o sitio, esp. si es alejado o si está aislado: *En esta región abundan los parajes desérticos.*

paralela s.f. Véase **paralelo, la**.

paralelas s.f.pl. Véase **paralelo, la**.

paralelepípedo s.m. Cuerpo geométrico limitado por seis paralelogramos, paralelos e iguales dos a dos: *El cubo y el prisma rectangular son paralelepípedos.*

paralelismo s.m. **1** Igualdad de distancia permanente entre líneas o planos: *Para demostrar el paralelismo entre estos dos planos tendrás que averiguar si se cortan o no en* *algún punto.* **2** En literatura, disposición del discurso de modo que se repita un mismo pensamiento o una misma estructura en dos o más frases, versos, estrofas o miembros oracionales sucesivos: *El paralelismo es uno de los recursos estilísticos fundamentales de la lírica tradicional y primitiva.* **3** Semejanza o equivalencia: *El paralelismo existente entre los dos trabajos levantó sospechas de plagio.*

paralelo, la ▮ adj. **1** Semejante, correspondiente o comparable: *Estos dos amigos tienen aficiones paralelas.* ▮ adj./s.f. **2** Referido a una recta o a un plano, que se mantiene equidistante respecto de otro, sin llegar a cortarse: *Los raíles del tren son paralelos. Traza una paralela a esta recta.* 👁 **línea** ▮ s.m. **3** *col.* Correspondencia o comparación: *No podemos establecer paralelo entre estas dos situaciones, porque son totalmente diferentes.* **4** En geografía, cada uno de los círculos equidistantes entre sí que rodean la Tierra paralelamente al ecuador: *Los paralelos marcan la coordenada de longitud.* 👁 **globo** ▮ s.f.pl. **5** ⟶**barras paralelas.** **6** ‖ **en paralelo.** A un tiempo o simultáneamente; *a la vez: Yo voy a preparar el informe y, en paralelo, tú vete haciendo las fotocopias.* ‖ **(paralelas) asimétricas.** ⟶**barras paralelas asimétricas.** 👁 **gimnasio**

paralelogramo s.m. Figura geométrica limitada por cuatro líneas o lados, paralelos dos a dos: *El cuadrado, el rectángulo y el rombo son paralelogramos.*

paralimpiada o **paralimpíada** s.f. Olimpiada en la que participan exclusivamente personas con alguna discapacidad; *paraolimpiada: En las últimas paralimpiadas, la medalla de oro de tiro con arco fue para un español afectado de poliomielitis.*

paralímpico, ca adj. De la Paralimpiada o relacionado con esta competición atlética para personas con alguna discapacidad; *paraolímpico: Los Juegos Paralímpicos se celebraron en Barcelona y en Madrid.*

parálisis s.f. Pérdida total o parcial de la capacidad de movimiento y de la sensibilidad de una o de varias partes del cuerpo: *La lesión en la columna vertebral le produjo la parálisis de ambas piernas.* ☐ PRON. Incorr. *[paralís]. ☐ MORF. Invariable en número.

paralítico, ca adj./s. Que sufre parálisis: *Un accidente de coche me dejó paralítica. Algunos paralíticos pueden practicar deporte.*

paralización s.f. Detención de algo que está en acción o que tiene movimiento: *Ordenaron la paralización del proyecto por falta de fondos.*

paralizar v. **1** Causar parálisis: *Una enfermedad vírica paralizó sus piernas.* **2** Referido esp. a una acción o a un movimiento, detenerlos, entorpecerlos o impedirlos: *Paralizaron las obras porque no tenían permiso municipal.* ☐ ORTOGR. La *z* se cambia en *c* delante de *e* ⟶**CAZAR.**

paramecio s.m. Organismo microscópico unicelular que se mueve por medio de cilios y que suele ser de vida libre: *Algunos paramecios tienen forma de suela de zapatilla.*

paramento s.m. **1** Adorno con que se cubre algo: *Los tapices que cubren las paredes del palacio son unos bonitos paramentos.* **2** Cada una de las caras de una pared o de un sillar labrado: *Hay que cubrir de yeso los dos paramentos de la pared.*

parámetro s.m. **1** En matemáticas, en una familia de elementos, variable que sirve para identificarlos mediante un valor numérico: *En las ecuaciones de segundo grado, 'a', 'b' y 'c' son los parámetros.* **2** Dato que se tiene en cuenta en el análisis de una cuestión: *Según esos parámetros, su actuación fue correcta.*

paramilitar adj. Referido a una organización civil, que tiene una estructura de tipo militar: *Los miembros del grupo terrorista siguen una disciplina paramilitar.* ☐ MORF. Invariable en género.

páramo s.m. Terreno llano con escasa vegetación: *Los páramos no se cultivan porque son tierras pobres y con temperaturas extremas.*

parangón s.m. Comparación o semejanza: *Su éxito no tiene parangón con el nuestro.*

parangonar v. Hacer una comparación: *No se puede parangonar lo que siente por sus hijos con lo que siente por sus alumnos.* ☐ SINT. Constr.: *parangonar una cosa* CON *otra.*

paraninfo s.m. Salón de actos en una universidad: *El premio Nobel de literatura de este año dará una conferencia en el paraninfo de la universidad.*

paranoia s.f. Trastorno mental que se caracteriza por una profunda alteración de algún área de la personalidad, y por la fijación en una idea: *Sufre una paranoia y se cree Napoleón.*

paranoico, ca ▮ adj. **1** De la paranoia o relacionado con esta enfermedad mental: *El psiquiatra dijo que el paciente sufría un proceso paranoico.* ▮ adj./s. **2** Que padece paranoia: *Sus delirios obsesivos se deben a que es un enfermo paranoico. Los paranoicos tienen imaginaciones fijas y obsesivas, sistematizadas lógicamente.*

paranormal adj. Referido a un fenómeno, que no puede ser explicado con métodos científicos: *La telepatía y la levitación son fenómenos paranormales.* ☐ MORF. Invariable en género.

paraolimpiada s.f. ⟶**paralimpiada.**

paraolímpico, ca adj. ⟶**paralímpico, ca.**

parapente (galicismo) s.m. **1** Modalidad de paracaidismo que se practica con un paracaídas rectangular, y que consiste en lanzarse desde una pendiente muy pronunciada y hacer un descenso controlado: *Cuando haces parapente, te lanzas con el paracaídas desplegado.* **2** Paracaídas con el que se practica esta modalidad de paracaidismo: *El instructor me ayudó a colocarme el parapente.*

parapetar v. Proteger o resguardar, esp. mediante parapetos: *Las trincheras y los terraplenes parapetaron a los soldados. El policía se parapetó detrás de un coche para protegerse de los disparos.*

parapeto s.m. **1** Terraplén o defensa construida generalmente con sacos y piedras, que protege a los soldados de los ataques enemigos: *Los soldados se escondieron tras un parapeto de sacos de tierra.* **2** En algunas construcciones, pared o baranda que se coloca para evitar las caídas: *No te asomes al parapeto del puente, que te puedes caer.*

paraplejia o **paraplejía** s.f. Parálisis que afecta a la mitad inferior del cuerpo: *La paraplejia suele estar causada por lesiones en la médula espinal.*

parapléjico, ca ▮ adj. **1** De la paraplejia o relacionado con este tipo de parálisis: *Va en silla de ruedas desde que sufrió un ataque parapléjico.* ▮ adj./s. **2** Que padece una paraplejia: *Tuvo un accidente de coche y se quedó parapléjico. Los parapléjicos no tienen mucha facilidad de movimiento.*

parapsicología s.f. Estudio de los fenómenos que no pueden ser explicados por métodos científicos; *parasico-*

logía: La levitación entra dentro del ámbito de investigación de la parapsicología.

parapsicológico, ca adj. De la parapsicología o relacionado con este estudio; *parasicológico: La telepatía es un fenómeno parapsicológico.*

parapsicólogo, ga s. Persona que se dedica a la parapsicología; *parasicólogo: Este parapsicólogo está estudiando varios casos de clarividencia.*

parar v. **1** Cesar o interrumpirse en el movimiento o en la acción: *Para de dar saltos, que me pones nervioso. Si la lavadora se para otra vez, tendré que llamar al técnico.* **2** Terminar o llegar al final: *No sabemos en que parará este feo asunto.* **3** Recaer o llegar a manos de otra persona: *La abuela se preguntaba a quién irían a parar sus cosas después de su muerte.* **4** Alojarse o hallarse: *Dime dónde para tu padre, porque tengo algo que decirle.* **5** Referido a algo que se mueve, detenerlo e impedir su movimiento: *El portero paró el balón.* **6** Referido a una acción, detenerla e impedirla: *El general logró parar el ataque del ejército enemigo.* **7** Referido a un toro, frenarlo en su embestida el torero haciendo que fije su atención antes de embestir: *Con los pies juntos y el capote suelto, paró al toro en la embestida.* **8** ‖ **dónde va a parar.** Expresión que se usa para exagerar las excelencias de una cosa en comparación con otra: *¡Mi coche es mucho mejor que este, dónde va a parar!* ‖ **dónde {vamos/iremos/...} a parar.** *col.* Expresión que se usa para indicar asombro o consternación: *No sé dónde iremos a parar con tantas guerras.*

pararrayos s.m. Aparato compuesto por una o por varias varillas metálicas unidas con la tierra o con el agua, que se coloca en los edificios y en otras construcciones para protegerlos de los rayos: *Desde que instalé el pararrayos, estoy más tranquila cuando hay tormentas.* ☐ MORF. Invariable en número.

parasicología s.f. →**parapsicología.**

parasicológico, ca adj. →**parapsicológico, ca.**

parasicólogo, ga s. →**parapsicólogo, ga.**

parasíntesis s.f. Procedimiento de formación de palabras por medio de la composición y de la derivación simultáneas: *'Enamorar' es un verbo formado por parasíntesis a partir del sustantivo 'amor'.* ☐ MORF. Invariable en número.

parasintético, ca adj. Referido a una palabra, que se ha formado por parasíntesis: *'Enajenar' es una palabra parasintética formada a partir del adjetivo 'ajeno'.*

parasitario, ria adj. De los parásitos, producido por parásitos o relacionado con ellos: *Las tenias son organismos parasitarios.*

parasitismo s.m. Asociación entre dos individuos u organismos de distinta especie, en la que uno de ellos vive a expensas del otro, causándole un perjuicio: *En una relación de parasitismo, al individuo que sale perjudicado se le llama 'huésped'.*

parásito, ta ▮ adj./s. **1** Referido a un organismo animal o vegetal, que vive a costa de otro de distinta especie, alimentándose de él y causándole algún perjuicio: *Los piojos son organismos parásitos. Algunos parásitos transmiten enfermedades.* ▮ s. **2** *col.* Persona que vive a costa ajena: *¿No te da vergüenza ser un parásito de la sociedad?* ☐ SEM. Dist. de *epífito* (vegetal que vive sobre otro sin alimentarse a su costa).

parasol s.m. **1** Especie de paraguas que se utiliza para protegerse del sol; *quitasol, sombrilla: Cuando voy a la playa, siempre me pongo debajo del parasol.* **2** En un automóvil, accesorio articulado colocado en el interior sobre el parabrisas, y que sirve para evitar que el sol deslumbre al conductor o al acompañante: *El parasol de mi coche se puede subir, bajar y girar hacia la ventanilla.*

parataxis s.f. Relación gramatical que se establece entre dos elementos sintácticos del mismo nivel o con la misma función, pero independientes entre sí; *coordinación: En la oración 'Come y bebe' la conjunción copulativa 'y' establece una parataxis.* ☐ MORF. Invariable en número.

parca s.f. Véase **parco, ca.**

parcela s.f. **1** Porción pequeña en que se divide un terreno: *He comprado una parcela para hacerme una casa.* **2** En el catastro, cada una de las tierras de distinto dueño que constituyen un término o un distrito: *Ninguna de las parcelas de este término supera las mil hectáreas.* **3** Parte pequeña de un todo: *Esa pregunta pertenece a la parcela privada de mi vida, y no pienso contestarla.*

parcelación s.f. División en parcelas: *Antes de repartir la herencia se procedió a la parcelación del terreno.*

parcelar v. Dividir en parcelas: *Para vender mejor la finca la parcelaron.*

parcelario, ria adj. De la parcela o relacionado con esta porción de terreno: *La división parcelaria de la finca enemistó a los herederos.*

parche s.m. **1** Lo que se pega o se cose sobre una superficie para tapar un agujero o un desperfecto: *He comprado una caja de parches para arreglar el pinchazo de la bici.* **2** *col.* Arreglo o cura provisionales: *Lo que necesita la empresa es una gran reestructuración, y no un parche de medidas transitorias.* **3** Retoque o añadido que estropea la forma original o que desentona del conjunto: *Esa fuente tan moderna es un parche en medio de este conjunto de edificios antiguos.* **4** En un instrumento de percusión, piel sobre la que se golpea para hacerlo sonar: *Tocaba con tal fuerza el tambor, que acabó rompiendo uno de los parches.*

parchear v. Poner parches: *Voy a parchear el flotador, porque está pinchado y se le escapa el aire.*

parchís s.m. Juego que se practica entre varios jugadores sobre un tablero con cuatro o más casillas de salida, y que consiste en mover las fichas tantas casillas como indique el dado al tirarlo, y en el que gana el jugador que antes haga llegar sus cuatro fichas a la casilla central: *En el parchís, cuando comes una ficha de otro jugador, avanzas veinte casillas.*

parcial ▮ adj. **1** Relacionado con una parte de un todo: *En esta asignatura tenemos dos exámenes parciales y uno final.* **2** Incompleto o no entero: *Mañana habrá eclipse parcial de Luna.* **3** Que juzga o que procede con parcialidad: *Los jugadores se quejaron de que el árbitro era parcial y favorecía al contrario.* ▮ s.m. **4** Examen de una parte de una asignatura: *Durante el curso va a haber tres parciales de matemáticas.* **5** En algunos deportes, resultado o tanteo al que se llega en un momento determinado del partido: *Se llegó al minuto diez de la primera parte con un parcial de 38-29.* ☐ MORF. Como adjetivo es invariable en género.

parcialidad s.f. Falta de neutralidad al juzgar o al proceder: *No me fío de tu opinión porque sé que juzgas lo ocurrido con parcialidad.*

parco, ca ▮ adj. **1** Corto, escaso o moderado: *No encuentra salida a ningún problema porque es parco en ideas.* ▮ s.f. **2** En mitología, cada una de las tres deidades con figura de vieja, de las cuales una hilaba el hilo de la vida de las personas, la otra lo devanaba y la otra lo cortaba: *Las tres parcas se llaman Cloto, Láquesis y Átropos.* **3** ‖ **la parca.** *poét.* La muerte: *El anciano caballero esperaba con dignidad la llegada de la parca.*

pardiez interj. *ant.* Juramento que expresaba cólera (por sustitución eufemística de *por Dios*): *¡Pardiez, esos bellacos pagarán cara su afrenta!*

pardillo, lla ▮ adj./s. **1** Referido a una persona, que es incauta y fácil de engañar: *Es tan pardillo que todos se aprovechan de él. Te han timado porque eres una pardilla.* ▮ s.m. **2** Pájaro de pequeño tamaño, de plumaje pardo rojizo y blanco en el abdomen, que se alimenta de semillas y que es fácilmente domesticable: *Los pardillos cantan bastante bien.* ☐ MORF. En la acepción 2, es un sustantivo epiceno y la diferencia de sexo se señala mediante la oposición *el pardillo {macho/hembra}*.

pardo, da adj. **1** Del color marrón de la tierra: *El oso común tiene la piel de color pardo.* **2** Referido esp. a las nubes o al día, oscuros o con poca luz: *El cielo está pardo y parece que va a llover.*

pardusco, ca adj. →**parduzco, ca.**

parduzco, ca adj. De color pardo o con tonalidades pardas: *Estos libros viejos tienen las hojas parduzcas.* ☐ ORTOGR. Se admite *pardusco*.

pareado, da ▮ adj. **1** En métrica, referido a un verso, que va unido a otro con el que rima: *Una octava termina en dos versos pareados.* ▮ s.m. **2** En métrica, estrofa formada por dos versos que riman entre sí: *El refrán 'Haz bien y no mires a quién' es un pareado.*

parecer ▮ s.m. **1** Opinión, juicio o dictamen: *Me preguntaron mi parecer sobre el asunto y yo dije lo que pensaba.* **2** Apariencia exterior de una persona, esp. si es agradable: *Es un joven apuesto y de buen parecer.* ▮ v. **3** Tener un aspecto o una apariencia determinados: *El trabajo parecía fácil, pero era complicado.* **4** Referido a algo que se expresa, haber señales o indicios de ello: *Parece que este invierno va a ser más frío que el anterior.* ▮ prnl. **5** Tener o mostrar semejanza: *Tú y tu hermano os parecéis como dos gotas de agua.* **6** ‖ **a lo que parece** o **al parecer.** Juzgando por lo que se ve: *Al parecer han discutido, porque ya no salen juntos.* ‖ **parecer {bien/mal}** algo. Según la propia opinión, ser o no ser acertado: *No me parece bien lo que has hecho.* ☐ MORF. 1. Irreg.: Aparece una *z* delante de la *c* cuando la siguen *a, o* →**PARECER**. 2. En la acepción 4, es un verbo unipersonal: se usa solo en tercera persona del singular y en las formas no personales (infinitivo, gerundio y participio).

parecido, da ▮ adj. **1** Que se parece a otro: *Nuestros pantalones son muy parecidos, aunque no iguales.* ▮ s.m. **2** Conjunto de características que hacen que una cosa se parezca a otra; *semejanza: Aunque dicen que eres igual que tu padre, yo no os veo el parecido.* **3** ‖ **{bien/mal} parecido.** Referido a una persona , con un aspecto físico atractivo o poco agraciado, respectivamente: *De pequeño era feúcho, pero ahora es un joven bien parecido.* ☐ USO En expresiones negativas, se usa mucho con valor intensificador: *Jamás oí cosa parecida.*

pared s.f. **1** Construcción vertical de albañilería que sirve para cerrar o separar un espacio o para sostener el techo: *En una casa, las paredes que separan las habitaciones suelen ser más delgadas que las exteriores.* **2** Cara o superficie lateral de un cuerpo: *Las paredes del tarro estaban todas pringosas de miel.* **3** Corte vertical en la cara de una montaña: *Tuvimos que entrenar duro para conseguir escalar esa pared.* **4** ‖ **las paredes oyen.** Expresión que se usa para indicar que hay que hablar con cuidado porque cualquier persona puede oír la conversación: *Baja la voz porque aquí las paredes oyen, y no quiero que nadie se entere de esta conversación.* ‖ **poner** a alguien **contra la pared.** *col.* Ponerlo en una situación en la que forzosamente tiene que tomar una decisión: *Me pusieron contra la pared y tuve que decidirme.* ‖ **subirse por las paredes.** *col.* Mostrarse muy irritado: *Estoy que me subo por las paredes, porque me han dado un plantón.*

paredón s.m. Muro contra el que se sitúa a las personas que van a ser fusiladas: *Los condenados a muerte aguardaban apoyados en el paredón, con los ojos vendados.*

parejo, ja ▮ adj. **1** Igual o semejante: *Realiza un trabajo parejo al mío, pero gana bastante más que yo.* ▮ s.f. **2** Conjunto de dos elementos, esp. si guardan entre sí alguna correlación o semejanza: *El vals se baila por parejas.* **3** Conjunto de dos personas o de dos animales de distinto sexo: *Este matrimonio es una pareja muy bien avenida.* **4** Respecto de una persona o de un elemento, otra u otro con el que forma un conjunto de dos: *A este guante le falta su pareja.* **5** Respecto de una persona, compañero sentimental: *Iré a la cena sin mi pareja, porque se ha ido de viaje.* **6** ‖ **correr parejas** dos o más cosas. Ser iguales o semejantes: *Es admirada por todos porque su gran inteligencia y su amabilidad corren parejas.* ‖ **vivir en pareja.** Referido a una persona, vivir con otra con la que mantiene relaciones sexuales sin estar casada con ella: *Ya hace dos años que viven en pareja, y no piensan en casarse.*

parentela s.f. *col.* Conjunto de parientes: *Invitó a toda su parentela a la boda.*

parentesco s.m. **1** Relación o vínculo entre dos individuos por consanguinidad o por afinidad: *El parentesco que hay entre nosotros dos es el de padre e hijo.* **2** Unión o relación entre dos cosas: *El parentesco existente entre el español y el italiano se debe a que ambas lenguas proceden del latín.*

paréntesis s.m. **1** En un texto escrito, signo gráfico formado por dos líneas curvas, una con forma de 'C' abierta y la otra a la inversa, que se usa para intercalar elementos que aclaran algo en una oración principal o para aislar una expresión algebraica: *Los signos '( )' son paréntesis.* **2** Oración o frase que aclaran algo encerradas entre estos signos: *En la frase 'La sede de la ONU (Organización de Naciones Unidas) está en Estados Unidos', 'Organización de Naciones Unidas' es un paréntesis.* **3** Suspensión o interrupción: *Hicieron un paréntesis en la reunión para ir a desayunar.* ☐ ORTOGR. Para la acepción 1 →APÉNDICE DE SIGNOS DE PUNTUACIÓN. ☐ MORF. Invariable en número.

pareo s.m. Prenda de vestir femenina que consiste en una tela ligera que se enrolla alrededor del cuerpo formando un vestido o una falda: *Para bajar a la playa me pongo un pareo encima del traje de baño.*

paria s. **1** Persona que pertenece a la casta más baja de los hindúes: *Los parias están privados de todos los derechos sociales y religiosos.* **2** Persona que se considera inferior y a la que se excluye de las ventajas y del trato que gozan otros: *Algunas personas consideran que los mendigos son los parias de nuestra sociedad.* ☐ MORF. Es de género común y exige concordancia en masculino o en femenino para señalar la diferencia de sexo: *el paria, la paria.*

parida s.f. *vulg.* Dicho estúpido, inoportuno o sin senti-

a b c d e f g h i j k l m n ñ o **p** q r s t u v w x y z

do: *Esperábamos oír una historia interesante y solo dijo cuatro paridas.*

paridad s.f. **1** Igualdad o semejanza: *Se llevan muy bien porque tienen paridad de caracteres.* **2** En economía, valor de una moneda en relación con el patrón monetario internacional vigente o con respecto a otra: *Algunas monedas tienen paridad con el dólar.*

pariente s. Persona que tiene relaciones familiares con otra: *Mis tíos y mis primos son parientes míos.* □ MORF. Es de género común y exige concordancia en masculino o en femenino para señalar la diferencia de sexo: *el pariente, la pariente.*

pariente, ta s. *col.* Respecto de una persona, cónyuge o compañero sentimental: *Hemos dejado los niños con los abuelos para poder ir al cine la parienta y yo.*

parietal s.m. →**hueso parietal.** 👁 **cráneo**

parihuela s.f. **1** Cama estrecha y portátil, que se usa para transportar enfermos, heridos o cadáveres; *camilla: Improvisamos unas parihuelas para llevar al chico que se había caído en la excursión.* **2** Utensilio formado por dos varas gruesas en las que se apoyan tablas atravesadas, que se utiliza para transportar pesos o cargas entre dos personas: *Entre mi hermano y yo llevamos los sacos de cemento en las parihuelas hasta el almacén.* □ MORF. Se usa más en plural.

paripé s.m. Ficción, simulación o acto engañoso: *¡Menudo paripé montó para hacernos creer que era famoso!*

parir v. **1** Referido a una hembra de una especie vivípara, expulsar el feto al final de la gestación: *A estas ovejas les faltan pocos días para parir. La vaca ha parido dos terneritos.* **2** Producir o causar: *Parió esta novela durante la convalecencia de una enfermedad.* **3** ‖ **parirla.** *vulg.* Cometer una equivocación muy difícil de solucionar: *¡Porras, ya la he parido otra vez!* ‖ **poner a parir** a alguien. *col.* Hablar mal de él: *Cuando te fuiste te puso a parir y dijo que eras un traidor.*

parisiense adj./s. →**parisino, na.** □ MORF. 1. Como adjetivo es invariable en género. 2. Como sustantivo es de género común y exige concordancia en masculino o en femenino para señalar la diferencia de sexo: *el parisiense, la parisiense.* 3. Como sustantivo se refiere solo a las personas de París.

parisílabo, ba adj. Referido esp. a una palabra o a un verso, que tienen un número par de sílabas: *'Cuatrimotor' es un vocablo parisílabo.*

parisino, na adj./s. De París (capital francesa), o relacionado con ella; *parisiense: Los modistos parisinos suelen gozar de gran prestigio. Los parisinos tienen fama de ser algo fríos con los extranjeros.* □ MORF. Como sustantivo se refiere solo a las personas de París.

paritario, ria adj. Referido esp. a un organismo social, que está constituido por partes que tienen el mismo número de representantes y los mismos derechos: *Un comité paritario de obreros y empresarios intentará conseguir un acuerdo que haga cesar la huelga.*

paritorio s.m. En un centro hospitalario, sala preparada y destinada para los partos: *Cuando ya estaba en el paritorio a punto de dar a luz, dejaron entrar al marido.*

parka s.f. Prenda de abrigo parecida a la trenca, pero con la capucha forrada de piel: *Me he comprado una parka impermeable para ir a la nieve.*

parking s.m. →**aparcamiento.** □ PRON. [párkin]. □ USO Es un anglicismo innecesario.

párkinson s.m. Enfermedad causada por una lesión cerebral, y que se caracteriza principalmente por temblores y rigidez muscular: *El párkinson está producido por una degeneración de ciertas células nerviosas cerebrales.*

parlamentar v. Dialogar o entrar en conversaciones para alcanzar un acuerdo o una solución: *La policía parlamentó con los manifestantes para que se retiraran pacíficamente.*

parlamentario, ria ▌adj. **1** Del Parlamento o relacionado con este órgano político: *En una democracia las leyes se discuten y se aprueban en sesiones parlamentarias.* ▌s. **2** Miembro de un Parlamento: *Los parlamentarios aprobaron el proyecto de ley.*

parlamentarismo s.m. Sistema político en el que el Parlamento ejerce el poder legislativo y controla la actuación del Gobierno: *El parlamentarismo es el sistema propio de las naciones democráticas.*

parlamento s.m. **1** Órgano político formado por los representantes de la nación y compuesto por una o dos Cámaras, que tiene como misión principal la elaboración y aprobación de leyes y de presupuestos: *En los países democráticos, los miembros del Parlamento son elegidos por los ciudadanos con derecho a voto.* **2** Edificio o sede de este órgano: *El diputado no hizo declaraciones al entrar en el parlamento.* **3** En el teatro, recitación o monólogo largos de un actor: *Estos parlamentos están pensados para el lucimiento del actor.* **4** Diálogo o conversación para alcanzar un acuerdo o una solución: *Después de un largo parlamento conseguimos la aceptación de nuestras propuestas.* □ USO En la acepción 1, se usa como nombre propio.

parlanchín, -a adj./s. *col.* Que habla mucho, esp. si dice lo que debería callar: *Es muy simpática, pero tan parlanchina que no te deja hablar. No se le puede contar ningún secreto porque es un parlanchín.*

parlar v. *col.* Hablar: *Estuvimos parlando toda la tarde.*

parlotear v. *col.* Charlar o hablar de cosas intrascendentes, por diversión o pasatiempo: *Tomamos café juntos y parloteamos un rato.*

parloteo s.m. Charla o conversación sobre cosas intrascendentes, por diversión o pasatiempo: *Me encontré con tu primo y estuvimos un rato de parloteo.*

parmesano s.m. Queso de pasta dura y de sabor fuerte, elaborado con leche cocida de vaca que se deja madurar lentamente: *Me gusta tomar la pasta italiana con queso parmesano rallado.*

parnaso s.m. Conjunto de todos los poetas de un pueblo o de un tiempo determinados: *Góngora ocupa uno de los lugares más destacados dentro del parnaso español.*

parné s.m. *col.* Dinero: *A finales de mes siempre anda mal de parné.*

paro s.m. **1** Terminación de un movimiento, de una acción o de una actividad: *Falleció porque el infarto le produjo un paro cardíaco. Los trabajadores de la empresa anuncian paros indefinidos si no se atienden sus peticiones.* **2** Situación de las personas que no están empleadas; *desempleo: Su empresa quebró y se quedó en paro.* **3** Conjunto de las personas que no están empleadas: *Este año, las cifras del paro han aumentado respecto a las del año anterior.* **4** Cantidad de dinero que percibe la persona que no está empleada y que tiene derecho a cobrar un subsidio de desempleo: *Como trabajé durante un año, tengo derecho a cobrar cuatro meses de paro.*

parodia s.f. Imitación burlesca de una cosa seria: *Esa* *película de risa es una parodia de las películas de espionaje.*

parodiar v. Hacer una parodia o imitar de forma burlesca: *Este humorista parodia muy bien a los políticos.* ☐ ORTOGR. La *i* nunca lleva tilde.

paródico, ca adj. De la parodia o relacionado con esta imitación burlesca: *Esta película es una recreación paródica de las clásicas películas de vaqueros.*

parónimo, ma adj./s.m. Referido a una palabra, que tiene relación o semejanza con otra o con otras por su etimología, por su forma o por su sonido: *'Pala', 'pana' y 'pata' son sustantivos parónimos. Los parónimos 'caballo' y 'cabello' tienen un sentido diferente con una forma muy parecida.*

paroxismo s.m. **1** Exaltación o intensificación extremas de las pasiones o de los sentimientos: *Su desesperación llegó al paroxismo y empezó a darse cabezazos contra la pared.* **2** Agravamiento o ataque violento de una enfermedad o de un síntoma de esta: *En momentos de paroxismo febril llega a delirar o a perder la consciencia.*

paroxístico, ca adj. Del paroxismo o relacionado con él: *Sufre accesos de tos paroxísticos, y puede estar tosiendo sin parar más de media hora.*

paroxítono, na adj. **1** Referido a una palabra, que lleva el acento en la penúltima sílaba: *'Cárcel' y 'mañana' son palabras paroxítonas, aunque solo la primera lleva tilde.* **2** Referido a un verso, que termina en palabra acentuada en la penúltima sílaba: *El número de sílabas métricas de un verso paroxítono coincide con el número de sus sílabas reales.* ☐ ORTOGR. Para la acepción 1 ⟶APÉNDICE DE ACENTUACIÓN. ☐ SEM. Es sinónimo de *grave* y *llano*.

parpadear v. **1** Abrir y cerrar repetidamente los párpados: *Miraba con tanta atención que ni siquiera parpadeaba.* **2** Referido esp. a la luz de un cuerpo o a una imagen, vacilar u oscilar su luminosidad: *La luz de los intermitentes del coche parpadea.*

parpadeo s.m. **1** Apertura y cierre repetidos de los párpados: *Me entró algo en el ojo y no pude evitar el parpadeo.* **2** Vacilación u oscilación de la luminosidad de la luz de un cuerpo o de una imagen: *En las noches claras de verano se ve muy bien el parpadeo de la luz de algunas estrellas.*

párpado s.m. Pliegue movible de piel que sirve para proteger los ojos: *Me ha salido un grano en el párpado superior, y apenas puedo cerrar el ojo.*

parque s.m. **1** Terreno con plantas y arbolado que se utiliza generalmente como lugar de recreo: *Los niños juegan en el parque con los columpios y los toboganes.* **2** Conjunto de instrumentos, de aparatos o de materiales destinados a un servicio público: *A través de esas verjas se ven algunos coches del parque de incendios.* **3** Lugar en el que se guarda este conjunto: *Visitamos el parque de bomberos y nos montamos en sus coches y en las escalerillas.* **4** Armazón rodeado con una malla y con el suelo acolchado, en el que se deja a los niños muy pequeños para que jueguen; *corral: El niño juega en el parque con su muñeco favorito.* **5** ‖ **parque móvil.** Conjunto de vehículos del Estado o de un organismo estatal: *Trabaja en un ministerio y va hasta allí en un autocar del parque móvil.* ‖ **parque nacional.** El que es muy extenso, no está cultivado, y ha sido acotado por el Estado para la conservación de su fauna, de su flora y de su belleza naturales: *Esta zona montañosa ha sido declarada parque nacional y no se puede construir en ella.* ‖ **parque natural.** El que está protegido por el Estado por su valor ecológico y paisajístico: *La caza y la pesca suelen estar prohibidas en los parques naturales.*

parqué s.m. Entarimado o suelo de maderas finas que, ensambladas o unidas de determinada manera, forman figuras geométricas: *El suelo de esta habitación era de baldosas, pero lo cambiamos por parqué.*

parquímetro s.m. En un lugar de aparcamiento, aparato que mide el tiempo de estacionamiento de un vehículo: *En las zonas de aparcamiento restringido, el parquímetro marca el importe que debe pagar el conductor del vehículo estacionado en ellas.* 👁 **medida**

parra s.f. **1** Variedad de vid de tronco y ramas leñosos, a la que se hace crecer trepando por un emparrado o armazón: *Comimos bajo una parra que daba mucha sombra.* **2** ‖ **subirse** alguien **a la parra.** *col.* Tomarse atribuciones que no le corresponden: *No le des mucha confianza, o se te acabará subiendo a la parra.*

parrafada s.f. *col.* Conversación larga e ininterrumpida: *Me gustaría echar una parrafada contigo para ver qué opinas sobre esta cuestión.*

párrafo s.m. En un escrito, cada una de las partes o divisiones separada del resto por un punto y aparte; *parágrafo: Vamos a leer en alto un párrafo cada uno.*

parranda s.f. Juerga o diversión bulliciosa, esp. si se hace yendo de un sitio a otro: *Todos los sábados por la noche se va de parranda con sus amigos.*

parricida adj./s. Que mata a un pariente o familiar, esp. a su padre, a su madre o a su cónyuge: *El hijo parricida fue detenido poco después del asesinato. Hoy comienza el juicio de la parricida.* ☐ MORF. 1. Como adjetivo es invariable en género. 2. Como sustantivo es de género común y exige concordancia en masculino o en femenino para señalar la diferencia de sexo: *el parricida, la parricida*.

parricidio s.m. Muerte dada a un pariente o familiar, esp. a los padres o al cónyuge: *El parricidio es un delito.*

parrilla s.f. **1** Utensilio de cocina formado por unas barras metálicas en forma de rejilla, con un mango y unas patas para colocarlo sobre las brasas, y que se utiliza para asar o tostar alimentos, esp. carnes y pescados: *No sujetes la parrilla mientras se hacen las chuletas, porque quema.* **2** Restaurante en el que se sirven carnes asadas con este utensilio, generalmente a la vista del público: *En esa parrilla preparan unas chuletas de cordero muy ricas.* **3** ‖ **parrilla de salida.** En un circuito, lugar en el que se sitúan los vehículos para comenzar la carrera: *Los participantes de este gran premio automovilístico están colocados en la parrilla de salida.* ☐ USO En las acepciones 1 y 2, es innecesario el uso del anglicismo *grill*.

parrillada s.f. Comida compuesta de pescados, mariscos o carne asados a la parrilla: *Cenamos una parrillada de mariscos.*

párroco adj./s.m. Referido a un sacerdote, que es el encargado de una parroquia: *Para encargar una misa tienen que hablar con el cura párroco. Las clases de religión las impartía el párroco del pueblo.*

parroquia s.f. **1** Iglesia en la que se celebran los sacramentos y se atiende espiritualmente a los fieles: *Se casaron en la parroquia de su pueblo.* **2** Territorio que está bajo la jurisdicción espiritual de un párroco: *Yo pertenezco a esta parroquia, pero los de la casa de enfrente pertenecen a otra.* **3** Conjunto de los feligreses de este territorio e iglesia: *Esta parroquia participa activamente en los actos de culto.*

parroquial adj. De una parroquia o relacionado con ella: *La iglesia parroquial necesita una reparación y un tejado nuevo.* ☐ MORF. Invariable en género.

parroquiano, na ▮ adj./s. **1** Que pertenece a una determinada parroquia: *Algunos fieles parroquianos preparan la misa del domingo con los sacerdotes. El párroco pidió a sus parroquianos mayor caridad con los inmigrantes.* ▮ s. **2** Cliente habitual de un establecimiento público: *Este restaurante tiene muchos parroquianos.*

parsimonia s.f. Calma o despreocupación excesivas en la forma de actuar: *Me envolvió el paquete con tal parsimonia que parecía que no iba a acabar nunca.* ☐ SEM. Es sinónimo de *cachaza, cuajo* y *pachorra*.

parsimonioso, sa adj. Que actúa con parsimonia o calma excesiva: *Cualquier cosa que haga le lleva mucho tiempo, porque es muy parsimoniosa.*

parte ▮ s.m. **1** Comunicación o información que se transmiten: *El parte médico dado por el hospital señala que el presidente se recupera de la operación. En el parte meteorológico han dicho que va a llover.* ▮ s.f. **2** Porción o cantidad de un todo o de un conjunto numeroso: *El examen tiene dos partes: teoría y práctica.* **3** En un reparto o en una distribución, porción que corresponde a cada uno: *Divide la tarta en ocho partes, para que todos podamos comer.* **4** Sitio, lugar o lado: *Me lo encuentro en todas partes, parece que me sigue.* **5** Aspecto en el que algo puede ser considerado: *Por una parte, es un trabajo muy apetecible, pero por otra, me parece muy arriesgado.* **6** En un enfrentamiento, cada uno de los dos bandos: *Hoy se espera que las dos partes del conflicto bélico lleguen a un acuerdo.* **7** En derecho, cada una de las personas que contratan entre sí o que tienen participación o interés en un mismo negocio: *La parte compradora está de acuerdo con todas las cláusulas del contrato de compraventa.* **8** ‖ **dar parte.** Dar cuenta de lo sucedido, esp. a la autoridad: *Fue a la comisaría a dar parte del robo del coche.* ‖ **de parte de** alguien. En su nombre o por orden suya: *Coge el teléfono, que te llaman de parte del director.* ‖ **en parte.** No enteramente: *En parte comprendo lo que has hecho, pero eso no lo justifica.* ‖ **no ir** algo **a ninguna parte.** *col.* No tener apenas importancia: *Un euro no va a ninguna parte, pero varios cientos, sí.* ‖ **parte de la oración.** Cada una de las clases de palabras que en la oración tienen distinto oficio: *Las partes de la oración son artículo, sustantivo, adjetivo, pronombre, verbo, adverbio, preposición, conjunción e interjección.* ‖ **partes (pudendas).** *euf.* En una persona , órganos sexuales externos: *Le dieron un balonazo en sus partes, y se retorcía de dolor.* ‖ **salva sea la parte.** *euf.* Culo: *Merecerías que te diera una patada en salva sea la parte.*

parteluz s.m. En arquitectura, elemento vertical, largo y estrecho, que divide un vano en dos partes; *mainel: El parteluz de esa ventana es una columna de mármol.*

partenaire (galicismo) s. Respecto de una persona, otra que forma pareja con ella en determinadas ocasiones, esp. en algunas actividades artísticas: *En esta película, el partenaire de la cantante será un conocido actor.* ☐ PRON. [partenér]. ☐ MORF. Es de género común y exige concordancia en masculino o en femenino para señalar la diferencia de sexo: *el partenaire, la partenaire*.

partero, ra s. Persona que ayuda y asiste a las parturientas: *Cuando yo nací, a mi madre la asistió una partera, porque en la aldea no había ningún médico.*

parterre s.m. Jardín o parte de él, generalmente de forma geométrica, con césped, flores y anchos paseos: *A la entrada de los jardines del palacio hay un parterre largo y ancho.*

partición s.f. **1** División o reparto de un todo entre varias partes: *Todos los herederos se reunirán para la partición de la herencia.* **2** Cada una de estas partes: *De las tres particiones de la herencia, a mí me corresponderían dos.*

participación s.f. **1** Intervención en una actividad: *La participación de los deportistas españoles en los Juegos Olímpicos de 1992 ha sido la mejor de todos los tiempos.* **2** Obtención de una parte de algo: *Las acciones de Bolsa reciben también el nombre de participaciones.* **3** Parte o cantidad que se juega en un décimo de lotería: *Ha comprado un décimo y me ha dado una participación.* **4** Billete en el que consta esta parte que se juega en un décimo de lotería: *He perdido mi participación en el sorteo de ayer y no puedo comprobar si me ha tocado algún premio.* **5** Notificación o comunicación que se da de algo: *Ayer nos llegó por correo la participación de su boda.*

participar v. **1** Referido a una actividad, tener o tomar parte en ella: *Nuestra empresa participa en la construcción de esa autopista construyendo las pasarelas para peatones. Esta es la segunda vez que participa en un torneo de alta competición.* **2** Referido a un todo, recibir una parte de él: *Los obreros participan también de los beneficios de la empresa. Participo de tu alegría por el éxito.* **3** Notificar, comunicar o dar parte: *Ya ha llegado la invitación en la que nos participan su boda.* ☐ SINT. 1. Constr. de la acepción 1: *participar* EN *algo*. 2. Constr. de la acepción 2: *participar* DE *algo*.

participativo, va adj. *col.* Que suele participar en actividades colectivas: *Es muy participativo en clase, y siempre está interviniendo.*

partícipe adj./s. Que tiene parte en algo o que participa de ello con otros: *No se considera partícipe del éxito, porque no colaboró en nada. Llamó a sus padres para hacerles partícipes de su alegría.* ☐ MORF. 1. Como adjetivo es invariable en género. 2. Como sustantivo es de género común y exige concordancia en masculino o en femenino para señalar la diferencia de sexo: *el partícipe, la partícipe*.

participio s.m. **1** Forma no personal del verbo, con morfemas de género y número, y que posee valor de verbo y de adjetivo: *'Mareante' es el participio activo o de presente de 'marear', y 'mareado', su participio pasivo o pasado. En español los participios regulares terminan en '-ado', los de la primera conjugación, y en '-ido', los de la segunda y la tercera.* **2** ‖ **participio absoluto.** Construcción gramatical formada por esta forma verbal y por un sustantivo concordados en género y en número, separada del resto de la oración por pausas o comas: *En la oración 'Terminado el trabajo, salieron a comer', el 'participio absoluto' es 'terminado el trabajo'.*

partícula s.f. **1** Parte muy pequeña de materia: *En los rayos de luz que dejaba pasar la persiana se veían las partículas de polvo.* **2** En gramática, parte invariable de la oración, generalmente de poco cuerpo fonético, que puede aparecer aislada o como prefijo de una palabra compuesta: *Las preposiciones y las conjunciones son partículas.* **3** ‖ **partícula elemental.** En física, elemento cuya estructura interna se ignora: *Las partículas elementales se pueden definir mediante algunas de sus características, como su masa o su carga.*

particular ▮ adj. **1** Que es propio, privativo o característico de algo: *No me gusta que se entrometan en mis asuntos particulares.* **2** Raro, especial o extraordinario en su línea: *Su comportamiento no tiene nada de particular, y es el propio de un chico de su edad.* **3** Singular, individual o concreto: *Recibe clases particulares de matemáticas.* **4** Privado, o que no es de propiedad o de uso públicos: *El presidente no vive en la residencia oficial, sino que continúa viviendo en su domicilio particular.* ▌ adj./s. **5** Referido a una persona, que no tiene título ni empleo que la distingan de las demás: *Los empresarios particulares piden un trato equivalente al dado a las empresas estatales. Para pasar a esa zona del ministerio, los particulares necesitan una autorización.* ▌ s.m. **6** Punto o materia de los que se trata: *Preguntados sobre el particular, contestaron que mantenían buenas relaciones.* **7** ‖ **en particular.** De forma distinta, separada o especial: *Me gustan todas, pero esta en particular me vuelve loca.* ‖ **sin otro particular. 1** Sin nada más que añadir: *Sin otro particular, me despido atentamente de usted.* **2** Con el objeto exclusivo: *Vine aquí sin otro particular que verte y hablar un rato contigo.* □ MORF. 1. Como adjetivo es invariable en género. 2. En la acepción 5, como sustantivo es de género común y exige concordancia en masculino o en femenino para señalar la diferencia de sexo: *el particular, la particular*.

particularidad s.f. **1** Característica, rasgo o detalle que sirven para distinguir o para singularizar algo en relación con otro elemento de la misma especie o clase: *Me pareció un chico muy normal y no observé ninguna particularidad en su comportamiento.* **2** Circunstancia o detalle sin importancia general: *Solo tratamos los puntos esenciales del asunto y no entramos en particularidades.*

particularización s.f. **1** Diferenciación o distinción de algo en relación con otros elementos de la misma especie o clase: *Me dijo que muchos se habían portado mal, pero no quiso hacer particularizaciones.* **2** Expresión de algo señalando sus circunstancias y particularidades: *Lo más destacado de esta obra es la particularización del contexto social que determinó la rebelión.*

particularizar v. **1** Referido a algo, distinguirlo o diferenciarlo en relación con otros elementos de la misma especie o clase: *Es una novela del montón y no posee ninguna característica especial que la particularice.* **2** Expresar o hablar de algo señalando todas sus circunstancias y particularidades: *Explicó con detalle la época de la Reconquista y particularizó las batallas más importantes.* □ ORTOGR. La *z* se cambia en *c* delante de *e* →**CAZAR**.

partida s.f. **1** Marcha de un lugar: *Antes de su partida pasó a despedirse de nosotros.* **2** Cantidad de una mercancía o de un producto que se entrega, se envía o se recibe de una vez: *Recibieron una partida de aceite de oliva de dos mil litros.* **3** En una cuenta o en una factura, cada uno de los artículos y cantidades que se anotan en ellas: *No podemos cerrar la contabilidad porque falta anotar algunas partidas.* **4** Registro o anotación de hechos relacionados con la vida de una persona, que se escribe en los libros de las parroquias o en el registro civil: *En su partida de bautismo aparecen la fecha y el año en que lo bautizaron.* **5** Copia certificada de alguno de estos registros: *Para empadronarse en el Ayuntamiento tuvo que presentar una partida de nacimiento.* **6** Conjunto de personas reunidas para un fin, esp. si están armadas y sujetas a algún tipo de organización: *Una partida de soldados cayó en la emboscada.* **7** En algunos juegos, conjunto de jugadas que se realizan hasta que alguien resulta ganador: *¿Jugamos una partida de ajedrez?*

partidario, ria adj./s. Defensor o seguidor de una idea, una persona o un movimiento: *Se mostró partidario de retrasar los plazos. Los partidarios del candidato conservador aplaudieron su intervención.* □ SINT. Constr.: *partidario* DE *algo*. □ SEM. No debe emplearse con el significado de 'partidista': *Acusaron al Gobierno de hacer una política {*partidaria > partidista}.*

partidismo s.m. **1** Adhesión a las opiniones de un partido con preferencia a los intereses generales: *El Gobierno ha sido acusado de partidismo porque las medidas adoptadas solo favorecen al partido político que lo sostiene.* **2** Inclinación a favor de algo sobre lo que se debería ser imparcial: *Soy imparcial en mis juicios, así que no me acuses de partidismo.*

partidista adj./s. **1** Que se adhiere incondicionalmente a las opiniones de un partido: *Acusaron al Gobierno de hacer una política partidista por encima de los intereses generales. En el sindicato se produjo un enfrentamiento entre partidistas e independientes.* **2** Que se muestra a favor de algo sobre lo que debería mostrarse imparcial: *No seas tan partidista y reconoce que tu hijo no lleva razón. Los partidistas suelen tener opiniones radicales.* □ MORF. 1. Como adjetivo es invariable en género. 2. Como sustantivo es de género común y exige concordancia en masculino o en femenino para señalar la diferencia de sexo: *el partidista, la partidista*.

partido s.m. **1** Conjunto de personas que siguen o defienden unas ideas o intereses determinados, esp. si están agrupadas en una organización política: *Los partidos ya han presentado su programa para las próximas elecciones.* **2** En algunos deportes, competición en la que se enfrentan dos equipos o dos jugadores: *El partido de fútbol terminó con empate a cero.* **3** Provecho o beneficio que se obtiene de algo: *Creo que de este negocio podremos sacar buen partido.* **4** ‖ **partido judicial.** Demarcación o territorio que comprende varias poblaciones de una provincia, y sobre el que ejercen su jurisdicción los mismos órganos judiciales: *Este partido judicial comprende cuatro municipios rurales.* ‖ **ser** alguien **un buen partido.** *col.* Estar en edad casadera y disfrutar de una buena posición social: *Es tan bobo que no me pienso casar con él, por muy buen partido que sea.* ‖ **tomar partido.** Definirse y adoptar una actitud favorable a un bando determinado: *Quiso ser neutral y no tomó partido por ninguno de los candidatos.*

partir ▌ v. **1** Referido a un todo, dividirlo o separarlo en varias partes: *Partió la cuerda en dos trozos. Parte el jamón en tacos pequeños.* **2** Referido a una parte, cortarla y separarla de un todo: *Me partió un trozo de queso demasiado grande.* **3** Referido a un todo, repartirlo o distribuirlo entre varios: *Partió todas sus posesiones entre sus familiares más allegados.* **4** Romper o rajar: *Parte las nueces con el cascanueces. Se partió un brazo al caerse por las escaleras.* **5** *col.* Contrariar, perjudicar o causar fastidio: *No sabes cómo me parte tener que salir ahora de casa.* **6** Ponerse en marcha: *El tren partió de la estación a la hora prevista.* **7** Arrancar, proceder o tener el origen: *¿De quién partió la idea de organizar la fiesta?* ▌ prnl. **8** *col.* Reírse mucho: *Cuenta unos chistes que son para partirse.* **9** ‖ **a partir de.** Desde: *A partir de ese día, no volví a verlo.*

partisano, na s. Guerrillero que forma parte de un grupo civil armado y clandestino que lucha contra un ejército de ocupación, o contra las autoridades de su propio país: *Los partisanos franceses lucharon contra el ejército alemán durante la II Guerra Mundial.*

partitivo, va adj. Que expresa la idea de división de un todo en partes: *'Octavo', 'milésimo' y 'tercio' son pronombres numerales partitivos.*

partitura s.f. Texto escrito de una composición musical, que contiene las partes correspondientes a sus distintas voces o instrumentos: *Tocaba sin partitura porque se sabía las notas de memoria.*

parto, ta ▮ adj./s. **1** De Partia (antigua región asiática), o relacionado con ella: *El pueblo parto constituyó un poderoso reino que fue sometido por Artajerjes. Los partos eran famosos jinetes y arqueros.* ▮ s.m. **2** Expulsión del feto por una hembra de una especie vivípara al final de la gestación: *Tuvo trillizos en un parto múltiple.* **3** Producción o creación de obras propias del entendimiento o del ingenio humanos: *El parto de esta novela me ha llevado cinco años.* **4** ‖ **el parto de los montes.** *col.* Lo que, tras haber sido anunciado como algo importante o de gran valor, resulta ser ridículo o de poca importancia: *Esa película que parecía tan buena resultó ser el parto de los montes, porque no tuvo ningún éxito.* ☐ MORF. En la acepción 1, como sustantivo se refiere solo a las personas de Partia.

parturienta adj./s.f. Referido a una mujer, que está de parto o que acaba de parir: *A las dos de la mañana ingresó en el hospital una mujer parturienta. La parturienta necesitó dos horas para dar a luz.*

parvulario s.m. Lugar en el que se cuida y se educa a los párvulos: *Todos esos juegos se los enseñan en el parvulario.*

párvulo, la s. Niño de corta edad: *En este colegio entran párvulos de cuatro años.*

pasa s.f. Véase **paso, sa.**

pasable adj. Aceptable o que se considera suficiente: *Hice un examen pasable, pero el profesor es tan exigente que no sé si aprobaré.* ☐ MORF. Invariable en género.

pasacalle s.m. Composición musical popular de origen español y de ritmo muy vivo que tocan las bandas de música en fiestas o en desfiles: *Recorrían las calles del pueblo interpretando un alegre pasacalle.* ☐ MORF. Incorr. **el pasacalles.*

pasada s.f. **1** Paso de una cosa sobre una superficie de modo que la vaya tocando: *Dale una pasada a los azulejos con un paño húmedo, para quitarles la grasa.* **2** Realización de un último repaso o retoque en un trabajo: *Estas hojas ya las he revisado yo pero, si quieres, dales tú otra pasada.* **3** Planchado realizado de forma ligera: *A estas sábanas basta con que les des una pasada.* **4** Paso de un lugar a otro: *Hizo varias pasadas con la moto nueva delante de la pandilla.* **5** Vuelo que realiza una aeronave sobre un lugar a una altura determinada: *La avioneta hizo varias pasadas acrobáticas sobre las tribunas del público.* **6** Puntada larga que se da en la ropa al bordarla o al zurcirla: *Dio unas pasadas al bajo de la falda porque no tenía tiempo de coserlo bien.* **7** *col.* Lo que destaca por su exageración, por su calidad o por salirse de lo normal: *Este palacio es una pasada.* **8** ‖ **de pasada.** De forma ligera o superficial, o sin dedicarle mucha atención; *de paso: No me enteré bien de la noticia porque la oí de pasada.* ‖ **mala pasada.** *col.* Hecho malintencionado que perjudica a otro: *No te considero mi amigo porque me has jugado varias malas pasadas.*

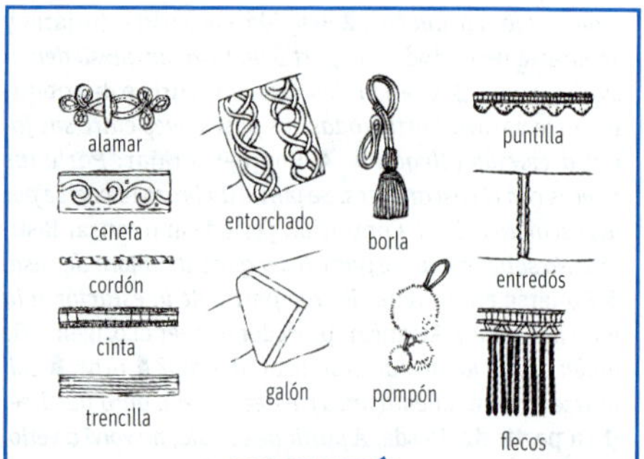

PASAMANERÍA

pasadizo s.m. Paso estrecho que sirve para ir de una parte a otra atajando camino: *Salieron al exterior del castillo por un pasadizo secreto.*

pasado ▮ adj./s.m. **1** En gramática, referido a un tiempo verbal, que indica que la acción ya ha sucedido: *Nos mandaron conjugar los tiempos pasados del verbo 'saltar'. El pasado del verbo 'soñar' es 'soñé'.* ▮ s.m. **2** Tiempo que ha pasado o que ha sucedido: *Quiso borrar el pasado y comenzar una nueva vida.*

pasador s.m. **1** Alfiler o aguja grande que se usa para sujetar el pelo: *Lleva el pelo recogido con un pasador.* **2** Imperdible que sirve para sujetar la corbata a la camisa: *Regaló a su padre un pasador de oro.* **3** En una puerta o en una ventana, barra pequeña de metal sujeta con grapas, que sirve para asegurarlas: *Quitamos los pasadores de la puerta para desengancharla.*

pasaje s.m. **1** Paso de un lugar a otro: *El barquero le cobró por el pasaje a la otra orilla del río.* **2** Precio que se paga por el viaje en avión o en barco: *Viaja en tren porque los pasajes de avión le resultan muy caros.* **3** Billete para un viaje: *Sacó el pasaje de su cartera y se lo enseñó a la azafata.* **4** Conjunto de personas que viajan en un avión o en un barco: *El capitán del barco deseó un feliz viaje a todo el pasaje.* **5** Paso público estrecho entre dos calles, generalmente cubierto: *Llegó a la calle que buscaba a través de un pasaje comercial.* **6** En una obra literaria o en una composición musical, fragmento: *Leyó en público unos pasajes de su última novela.* **7** Estrecho situado entre dos islas o entre una isla y la tierra firme: *La tormenta hundió el barco cuando este cruzaba el pasaje.*

pasajero, ra ▮ adj. **1** Que pasa rápido o que dura poco tiempo: *Las modas de las prendas de vestir son pasajeras.* ▮ s. **2** Persona que viaja en un vehículo sin formar parte de su tripulación: *Se ruega a todos los pasajeros que se abrochen el cinturón de seguridad, porque vamos a despegar.*

pasamanería s.f. Labor textil hecha como adorno para vestidos y todo tipo de telas: *Los entorchados y los galones son obras de pasamanería.* 👁 pasamanería

pasamanos s.m. En una barandilla, barra alargada a la que se fijan los balaustres por su parte superior o inferior: *El abuelo se agarró al pasamanos para bajar la escalera.* ☐ MORF. Invariable en número.

pasamontañas s.m. Gorro que cubre toda la cabeza hasta el cuello, excepto los ojos y la nariz, y que se usa para defenderse del frío: *El atracador del banco iba cubierto con un pasamontañas para que no lo reconocieran.* ☐ MORF. Invariable en número. 👁 **sombrero**

pasante s. Persona que trabaja como auxiliar de un abogado para ayudarle y para adquirir experiencia profesional: *Después de acabar la carrera empezó a trabajar como pasante en el bufete de su padre.* □ MORF. Es de género común y exige concordancia en masculino o en femenino para señalar la diferencia de sexo: *el pasante, la pasante.*

pasaporte s.m. Documento que sirve para acreditar la identidad y la nacionalidad de alguien que viaja de un país a otro: *Me visaron el pasaporte para poder entrar en aquel país.*

pasapurés s.m. Utensilio de cocina que se utiliza para triturar mediante presión sustancias o alimentos sólidos: *Siempre pasa la comida del niño por el pasapurés.* □ MORF. Invariable en número.

pasar ▮ v. **1** Llevar, conducir o mover de un lugar a otro: *Pásame el pan, por favor.* **2** Mudar o cambiar de lugar, de situación, de categoría o de nivel: *Cuando terminó la película, el cine pasó de estar lleno a estar totalmente vacío.* **3** Penetrar o traspasar: *El túnel pasa la montaña.* **4** Enviar, dar o transferir: *¿Quién te ha pasado esa información?* **5** Ir más allá de un punto o un límite determinados: *La aguja del reloj ha pasado ya la una.* **6** Sufrir, tolerar o aguantar: *Ya no te paso ningún error más.* **7** Exceder o aventajar: *Nadie te pasa en hermosura.* **8** Cesar, acabar o terminar: *Ya pasó la tormenta. ¿Se te ha pasado ya el dolor?* **9** Contagiar, extenderse o comunicarse: *Me has pasado las ganas de bostezar. Algunas enfermedades pasan de padres a hijos.* **10** Estropear, hacer perder las cualidades que tenía: *El sol y el cloro han pasado las gomas del bañador.* **11** Introducir o introducirse a través de un agujero o un hueco: *Pasó el hilo por el ojo de la aguja.* **12** Referido a un lugar, recorrerlo desde una parte a otra; atravesar, cruzar: *Pasaron el umbral cogidos de la mano.* **13** Referido a una prueba, superarla: *Pasó el examen de anatomía con muy buena nota.* **14** Referido a un producto, introducirlo en un lugar de forma ilegal: *Pasó cocaína oculta en paquetes de azúcar.* **15** Referido esp. a un texto, volverlo a escribir: *Ya pasé a máquina lo que me diste.* **16** Referido a una cosa, llevarla, moverla o deslizarla por encima de otra: *Pásale un paño a esta mesa, que está sucia.* **17** Referido a los elementos de una serie, hacerlos cambiar de posición o correrlos sucesiva y ordenadamente: *Pasó las hojas del periódico con gran rapidez.* **18** Referido a la comida o a la bebida, tragarlas: *Esta carne está tan seca que no puedo pasarla.* **19** Referido esp. a una preocupación, callarla, omitirla u olvidarla: *He pasado ese tema para evitar enfados. Se me pasó ir a recoger el encargo.* **20** Referido esp. a una película, proyectarla: *Esta noche pasarán una película de humor por la televisión.* **21** Referido a un período de tiempo, ocuparlo: *Pasó la tarde oyendo música.* **22** Referido a algo sobre lo que se puede opinar, no poner reparo, censura o falta en ello: *Es amigo del director y le pasaron los errores solo por eso.* **23** En algunos juegos, no jugar en una baza: *Esta vez paso, porque mis cartas son muy malas.* **24** Vivir a gusto: *No puedo pasar sin ver a mis hijos. Nadie puede pasarse sin tener tiempo libre.* **25** Entrar o ir al interior: *'Pase sin llamar', decía un cartel.* **26** Vivir o poder mantenerse: *No sé cómo pasaré este mes. Sin dinero se pasa muy mal.* **27** Referido a un lugar, andar, moverse o transitar por él: *El autobús pasa por aquí a las ocho. Por mi pueblo pasa un río.* **28** Referido a una cosa, convertirse o cambiarse en otra: *Con el frío el agua pasa a hielo.* **29** Seguido de 'a' y de un infinitivo, comenzar a realizar la acción que este expresa: *Paso a dictarte la carta para nuestro cliente.* **30** Referido a un período de tiempo, transcurrir: *Se queja de que los años pasan demasiado deprisa.* **31** Referido esp. a una idea, surgir o aparecer en la imaginación: *Pasó por mi cabeza invitarte a cenar, pero no me decidí.* **32** Seguido de 'por' y de una expresión que indica cualidad, ser considerado como lo que esta significa: *Es más inteligente que cualquiera, aunque pase por tonto.* **33** Ocurrir o suceder: *¿Qué ha pasado? Calma, que no pasa nada.* ▮ prnl. **34** Cambiarse o marcharse por cuestiones generalmente ideológicas o económicas: *Se pasó al enemigo solo por dinero.* **35** Excederse o sobrepasar un límite: *No suele beber, pero hoy se ha pasado.* **36** Referido a un alimento, esp. a la fruta, pudrirse o estropearse: *Tuvo que tirar las manzanas que se habían pasado.* **37** ‖ **pasar de** algo. *col.* No preocuparse seriamente de ello o mantener una actitud indiferente hacia ello: *Paso de todo, así que a mí no me líes.* ‖ **pasar de largo.** No parar o no detenerse: *Como está enfadado conmigo, pasó de largo sin saludar.* ‖ **pasar por** algo. Tolerarlo o aceptarlo: *Paso por que me ignores, pero que me difames no lo tolero.* ‖ **pasar por alto.** Hacer caso omiso: *Pasé por alto lo que dijo para no partirle la cara.* ‖ **pasar por encima de** algo. Obrar sin miramiento o sin ningún tipo de consideración: *No le importa pasar por encima de cualquiera con tal de conseguir lo que quiere.* ‖ **pasárselo.** *col.* Vivir o experimentar una serie de circunstancias: *¿Cómo te lo has pasado en la playa?* □ MORF. En la acepción 33 es verbo unipersonal: se usa solo en tercera persona y en las forma no personales (infinitivo, gerundio y participio). □ SINT. 1. Constr. de la acepción 7: *pasar* EN *algo*. 2. Constr. de las acepciones 11 y 27: *pasar* POR *un lugar*. 3. Constr. de las acepciones 28 y 34: *{pasar/pasarse}* A *algo*. 4. Constr. de la acepción 35: *pasarse* DE *algo*.

pasarela s.f. **1** Puente pequeño de uso peatonal, situado generalmente sobre una carretera o una autopista: *Para cruzar la carretera tienes que ir por la pasarela.* **2** Pasillo estrecho y algo elevado sobre el que desfilan los modelos de ropas: *Las modelos se movían con elegancia sobre la pasarela.*

pasatiempo s.m. Diversión, juego o entretenimiento que sirve para pasar el tiempo: *Los crucigramas y los jeroglíficos son pasatiempos.*

pascal s.m. En el Sistema Internacional, unidad de presión que equivale a la presión uniforme que ejerce una fuerza total de un newton al actuar sobre una superficie plana de un metro cuadrado: *El símbolo del pascal es 'Pa'.*

pascua s.f. **1** En la Iglesia católica, fiesta en la que se conmemora la Resurrección de Jesucristo: *La Pascua es la fiesta más grande de la Iglesia católica.* **2** Fiesta del pueblo hebreo con la que celebraban la liberación de su cautiverio en tierras egipcias: *Los hebreos celebraban la Pascua a mitad de la luna de marzo.* **3** ‖ **de Pascuas a Ramos.** *col.* Con poca frecuencia: *Esta región es muy seca y solo llueve de Pascuas a Ramos.* ‖ **estar** alguien **como unas pascuas.** *col.* Encontrarse muy alegre o muy animado: *Está como unas pascuas con el regalo que le hice.* ‖ **hacer la pascua** a alguien. *col.* Fastidiarlo o perjudicarlo: *Me hizo la pascua cuando me dijo que no podía venir ese día.* ‖ **santas pascuas.** *col.* Expresión que se usa para indicar que hay que conformarse con lo que sucede, se hace o se dice: *Harás lo que se te diga y, ¡santas pascuas!* □ USO En las acepciones 1, 2 y 3, se usa como nombre propio.

pascual adj. De la Pascua o relacionado con estas fiestas religiosas: *La vigilia pascual se celebra el Sábado Santo.* ☐ MORF. Invariable en género.

pase s.m. **1** Permiso o autorización que se da por escrito, esp. para entrar en determinados lugares: *Con este pase te dejarán entrar gratis en la exposición.* **2** Cambio de lugar, de situación, de categoría o de nivel: *Se le notificó al militar su pase a la reserva.* **3** Desfile de modelos: *Asistimos a un pase de alta costura.* **4** Proyección de una película o representación de un espectáculo: *En este cine, los pases de película son a las 4.30, a las 7 y a las 10.15.* **5** En algunos deportes, lanzamiento o entrega que se hace del balón o de la pelota a un compañero: *El centrocampista dio un buen pase al delantero.* **6** En tauromaquia, cada una de las veces que el torero deja pasar al toro después de haberle llamado con la muleta, sin intentar clavarle la espada: *El torero terminó la faena con un precioso pase de pecho.* **7** Cada uno de los movimientos que realiza un hipnotizador o un mago con sus manos: *Dio unos pases mágicos sobre el pañuelo y la paloma desapareció.* **8** ‖ **pase de pernocta.** El que se da a un soldado para poder dormir fuera del cuartel: *Cuando hice la mili, me concedieron el pase de pernocta y dormía todos los días en casa.*

pasear v. **1** Andar o desplazarse por distracción o por ejercicio, esp. si se hace a pie: *Procuro pasear todos los días. Se paseó en bici por el jardín.* **2** Referido a un caballo, andar con movimiento o paso naturales: *La yegua paseaba lentamente en dirección al establo.* **3** Llevar de paseo: *Todas las mañanas paseo un rato al perro.* **4** Referido a un objeto, llevarlo de un lugar a otro o mostrarlo en distintos lugares: *Paseó por toda la oficina las fotos de su viaje.*

paseíllo s.m. En tauromaquia, desfile de los toreros y de sus cuadrillas por el ruedo antes de comenzar la corrida de toros: *Los monosabios y los picadores también forman parte del paseíllo.* ☐ USO Se usa más en la expresión *hacer el paseíllo*.

paseo s.m. **1** Desplazamiento por distracción o por ejercicio, esp. si se hace a pie: *Dimos un paseo por la playa. Nos fuimos a dar un paseo a caballo.* **2** Lugar público en el que se puede pasear: *Las ciudades costeras suelen tener un paseo marítimo.* **3** Distancia corta que se puede recorrer en poco tiempo: *De mi casa a la parada del autobús solo hay un paseo.* **4** ‖ **dar el paseo** a alguien. *col.* Llevarlo a las afueras de una población y matarlo: *Durante la guerra civil, dieron el paseo a muchos civiles.* ‖ **mandar a paseo.** *col.* Rechazar o ignorar: *Me mandó a paseo y me dijo que la dejase en paz.*

paseriforme ▮ adj./s.m. **1** Referido a un ave, que tiene tres dedos dirigidos hacia delante y uno hacia atrás, lo que le sirve para poder agarrarse con facilidad a las ramas: *Los gorriones son aves paseriformes. Los paseriformes suelen ser aves de pequeño o de mediano tamaño.* ▮ s.m.pl. **2** En zoología, orden de estas aves, perteneciente a la superclase de los tetrápodos: *El mirlo, la alondra y el carbonero pertenecen a los paseriformes.* ☐ MORF. Como adjetivo es invariable en género.

pasillo s.m. **1** En un edificio, pieza de paso, alargada y estrecha a la que dan las puertas de habitaciones y salas; corredor: *Su habitación está al final del pasillo.* **2** Paso estrecho que se abre en medio de una multitud: *La policía formó un pasillo entre la multitud, para que el cantante pudiera entrar en el hotel.*

pasión s.f. **1** Perturbación del ánimo, o sentimiento muy intenso: *Me quiere con tanta pasión que no es capaz de ver mis defectos.* **2** Inclinación o preferencia exagerada hacia algo: *Tengo pasión por la lectura.* **3** Lo que se desea con fuerza: *El deporte es mi pasión.* **4** Padecimiento o sufrimiento, esp. referido al de Jesucristo antes de su muerte: *En Semana Santa conmemoramos la Pasión de Jesucristo.* **5** Composición musical basada en el relato evangélico de este padecimiento de Jesucristo: *Una de las pasiones que más me gustan es 'La pasión según san Mateo', de Bach.* ☐ USO En la acepción 4, se usa como nombre propio cuando hace referencia a la de Jesucristo.

pasional adj. De la pasión, esp. la amorosa, o relacionado con ella: *Los celos lo llevaron a cometer un crimen pasional.* ☐ MORF. Invariable en género.

pasionaria s.f. Planta herbácea, trepadora, de hojas verdes partidas en tres, cinco o siete lóbulos, flores olorosas y solitarias y de color morado: *Las pasionarias cubrían la verja de su jardín.*

pasividad s.f. Actitud de la persona que deja que los demás actúen sin hacer ella nada: *Me indigna la pasividad de la gente ante las injusticias.*

pasivo, va ▮ adj. **1** Referido a una persona o a su comportamiento, que deja que los demás actúen sin hacer ella nada: *Es muy pasivo en clase y rara vez participa en los debates.* **2** Que recibe una acción que otro realiza: *No pudo evitar ser el sujeto pasivo de su mal humor.* **3** En gramática, que expresa que el sujeto no realiza la acción verbal sino que la recibe: *La voz pasiva se forma con el verbo 'ser' y el participio pasado del verbo que se conjuga.* ▮ s.m. **4** Conjunto de las deudas y de las obligaciones de una persona, empresa o institución: *El elevado pasivo de esta empresa puede frenar su desarrollo futuro.* **5** ‖ **pasiva refleja.** En gramática, construcción oracional con sentido pasivo, que se forma con el pronombre *se*, el verbo en tercera persona y en voz activa, y sin complemento agente: *'Se venden coches' es una pasiva refleja.*

pasma s.f. *col. desp.* Policía: *La pasma hizo una redada.*

pasmado, da adj./s. Referido a una persona, que está atontada, absorta o distraída: *No te quedes pasmado y échame una mano. Este chico es un pasmado y no se entera de nada.*

pasmar ▮ v. **1** *col.* Hacer perder o suspender los sentidos o el movimiento, esp. por el asombro o por la sorpresa: *Pasmó al público con una actuación impresionante. Me pasma su frialdad ante las situaciones difíciles.* ▮ prnl. **2** Enfriarse de forma intensa o rápida: *Si nos quedamos aquí nos pasmaremos de frío.*

pasmarote s.m. *col.* Persona embobada o ensimismada por algo: *Eres un pasmarote y nunca te enteras de nada.*

pasmo s.m. **1** Admiración o asombro excesivos que impiden momentáneamente el pensamiento o el habla: *¡Menudo pasmo le produjo conocer esa terrible noticia!* **2** Enfermedad producida por un enfriamiento que se manifiesta con dolores de huesos y otras molestias: *Como nos quedemos aquí con el frío que hace, nos va a dar un pasmo.*

pasmoso, sa adj. Que causa pasmo o gran admiración: *Resolvió el problema con una facilidad pasmosa.*

paso, sa ▮ adj. **1** Referido a una fruta, que ha sido desecada al sol o por otro procedimiento: *Las ciruelas pasas son muy dulces.* ▮ adj./s.f. **2** Referido a la uva, que se ha secado en la vid o ha sido desecada artificialmente: *Adornó el bizcocho con uvas pasas. Las espinacas con pasas y piñones están muy ricas.* ▮ s.m. **3** Movimiento de cada uno de los pies que se realiza al andar: *Mi hijo empezó a dar sus primeros pasos con un año.* **4** Espacio que se avanza en cada uno de esos movimientos: *La cola avanzaba unos diez pasos cada quince minutos.* **5** Manera de andar: *Su paso es corto y muy lento.* **6** Movimiento continuo con el que anda alguien: *Hicimos la larga caminata a buen paso.* **7** Movimiento regular con el que camina un animal cuadrúpedo: *Los caballos desfilaban marcando el paso.* **8** Cruce de un lugar a otro: *El paso del río lo hicimos en barca.* **9** Circulación o tránsito por un lugar: *Esa señal prohíbe el paso a vehículos pesados.* **10** Lugar por el que se pasa de una parte a otra: *Cruzó la calle por el paso de peatones.* **11** Transcurso del tiempo: *Con el paso de los años se hizo más tolerante.* **12** Tránsito por un determinado lugar, o estancia en él: *Su paso por esta empresa fue muy positivo.* **13** Gestión o trámite que se hacen para pedir algo: *Siguieron todos los pasos necesarios para la adopción del niño.* **14** Huella que queda impresa al andar: *Descubrieron su escondite siguiendo los pasos que había dejado sobre la arena de la playa.* **15** Suceso o acontecimiento importantes o difíciles en la vida de alguien: *El matrimonio es un paso que debe tomarse muy en serio.* **16** Avance o progreso conseguidos en una situación o en una actividad: *Su nombramiento como director general supuso un gran paso en su carrera profesional.* **17** Escultura o grupo escultórico que representan los hechos más importantes de la pasión, muerte y resurrección de Jesucristo, y que se sacan en las procesiones de Semana Santa: *Los pasos salieron de la iglesia transportados por los costaleros.* **18** Cada una de las variaciones que se hacen en un baile: *El profesor de baile me enseñó los pasos del vals.* **19** Pieza dramática muy breve, generalmente de carácter cómico o satírico, y que solía intercalarse en las representaciones teatrales de obras más largas: *En el teatro español de los Siglos de Oro, son famosos los pasos de Lope de Rueda.* **20** Estrecho de mar: *Una tormenta sorprendió al navío atravesando el paso.* **21** Cada uno de los avances que realiza un aparato contador: *Le pagué los pasos que correspondían a mi llamada telefónica.* ▌ s.m.pl. **22** En algunos deportes, esp. en baloncesto o en balonmano, falta que comete un jugador al dar más de tres pasos o zancadas llevando la pelota en la mano sin botarla: *El árbitro pitó pasos al jugador que lanzó, y anuló la canasta.* **23** ‖ **a cada paso.** De forma continuada o frecuente: *A cada paso hay que llamarte la atención, porque nunca haces caso.* ‖ **a {un/dos/cuatro} pasos.** A corta distancia: *La panadería está a dos pasos de mi casa.* ‖ **apretar el paso.** *col.* Andar o ir más deprisa: *Aprieta el paso, o perderemos el autobús.* ‖ **de paso. 1** Aprovechando la ocasión: *Iré a la compra y, de paso, intentaré sacar las entradas de cine.* **2** De forma ligera o superficial, o sin dedicarle mucha atención; *de pasada: Los temas menos importantes solo los trataré de paso.* **3** De forma provisional o sin permanencia fija: *Estoy aquí de paso, y ya mañana vuelvo a mi tierra.* ‖ **paso a nivel.** Lugar en el que se cruzan una vía del tren y un camino o una carretera: *El accidente se produjo al no parar el coche ante un paso a nivel.* ‖ **paso de cebra.** Lugar señalado con unas franjas blancas y paralelas, por el que se cruza una calle y en el que el peatón tiene preferencia sobre un vehículo: *El camión estuvo a punto de atropellarlo cuando cruzaba el paso de cebra.* ‖ **paso del ecuador.** Fiesta o viaje que organizan los estudiantes que se encuentran en la mitad de la carrera: *En el paso del ecuador nos iremos a Italia.* ‖ **seguir los pasos a** alguien. Espiarlo o vigilarlo: *El detective siguió los pasos al sospechoso durante toda la noche.* ‖ **seguir los pasos de** alguien. Imitarlo en lo que hace: *Siguió los pasos de su padre y se ha convertido en un gran abogado.* ☐ MORF. La acepción 13 se usa más en plural.

pasodoble s.m. **1** Composición musical de ritmo muy vivo y en compás de cuatro por cuatro: *Hay muchos pasodobles dedicados a grandes figuras del toreo.* **2** Baile que se ejecuta al compás de esta música: *En la verbena bailé un pasodoble con mi novia.*

pasota adj./s. Referido a una persona, que muestra desinterés, indiferencia o despreocupación por todo aquello que la rodea: *No creo que la juventud actual sea tan pasota como dicen. Es un pasota que no quiere ni estudiar ni trabajar.* ☐ MORF. 1. Como adjetivo es invariable en género. 2. Como sustantivo es de género común y exige concordancia en masculino o en femenino para señalar la diferencia de sexo: *el pasota, la pasota.*

pasotismo s.m. Actitud de desinterés, indiferencia y despreocupación hacia todo: *El pasotismo de la juventud actual me parece alarmante.*

paspartú s.m. Recuadro de cartón o de tela que delimita los bordes de un dibujo o de un cuadro y que se coloca entre estos y el marco: *El cuadro que adquirió en la subasta lleva un precioso paspartú de tela.* ☐ ORTOGR. Es un galicismo (*passe-partout*) adaptado al español. ☐ MORF. Su plural es *paspartús.*

pasquín s.m. Escrito anónimo que se fija en un sitio público y que contiene expresiones satíricas o acusaciones (por alusión a Pasquino, nombre de una estatua en la ciudad de Roma, en la que solían fijarse escritos satíricos): *Las calles se llenaron de pasquines que acusaban al Gobierno.*

pasta s.f. **1** Masa hecha de sustancias sólidas machacadas y mezcladas con un líquido: *Si mezclas yeso con agua, obtendrás una pasta blanca.* **2** Masa hecha con manteca o aceite y otros ingredientes que se utiliza generalmente para hacer pasteles, hojaldres o empanadas: *Mi vecina me dio la receta para hacer la pasta de los buñuelos.* **3** Masa de harina de trigo y agua con la que se hacen los fideos, macarrones y otros alimentos semejantes: *Mi madre es italiana y siempre hace la pasta en casa.* **4** Conjunto de los alimentos hechos con esta masa: *La pasta es muy típica de la cocina italiana.* **5** Dulce pequeño hecho con masa de harina y otros ingredientes, cocido al horno, y normalmente recubierto con chocolate o mermelada: *Merendamos un té con pastas.* **6** Encuadernación de los libros hecha con cartones que generalmente se cubren con piel, tela u otros materiales: *Ha forrado las pastas del libro para que no se estropeen.* **7** *col.* Dinero: *Me robaron toda la pasta que llevaba en el bolso.* **8** Carácter o forma de ser de una persona: *No se enfada nunca porque es de buena pasta.* **9** ‖ **pasta {de dientes/dentífrica}.** Preparado que se utiliza para la limpieza de los dientes: *Se lava los dientes con una pasta dentífrica que sabe a menta.* ‖ **pasta gansa.** Gran cantidad de dinero: *Ese piso cuesta una pasta gansa.*

pastar v. Referido al ganado, comer hierba en los campos; *pacer: Llevó a las vacas a pastar al prado.*

pastel s.m. **1** Masa hecha con harina y manteca, cocida al horno, que generalmente se rellena de crema, dulce, carne, fruta o pescado: *Nos puso una bandeja de pasteles variados. De primer plato comí pastel de carne.* **2** Lápiz o pintura en forma de barra, hecho con una materia colorante y agua: *Pintó el cuadro utilizando pasteles de dife-*

rentes colores. **3** Técnica pictórica caracterizada por el empleo de este tipo de lápices sobre una superficie rugosa y áspera: *El pastel es muy utilizado para hacer retratos.* **4** Obra pictórica realizada mediante esta técnica: *Se subastó un pastel del fallecido pintor.* **5** *col.* Convenio o plan secretos realizados con malos fines: *La policía descubrió el pastel y los metió a todos en la cárcel.* **6** ‖ **al pastel.** Con estas pinturas: *Han organizado una exposición de dibujos al pastel.* □ SINT. En la acepción 2 se usa mucho en aposición, pospuesto a un sustantivo que designa color.

pastelería s.f. **1** Establecimiento en el que se hacen o se venden pasteles, pastas u otros dulces: *Compré una tarta de nata en la pastelería.* **2** Arte o técnica de hacer pasteles, pastas u otros dulces: *En esta escuela de formación profesional enseñan pastelería.*

pastelero, ra ▮ adj. **1** De la pastelería o relacionado con ella: *La industria pastelera consume una gran cantidad de azúcar.* ▮ s. **2** Persona que se dedica profesionalmente a la venta o a la fabricación de pasteles, pastas u otros dulces: *El pastelero hizo una tarta de bodas de nata y chocolate.*

pasterización s.f. →**pasteurización.**

pasterizar v. →**pasteurizar.** □ ORTOGR. La *z* se cambia en *c* delante de *e* →**CAZAR**.

pasteurización s.f. Operación que consiste en elevar la temperatura de un alimento líquido, esp. de la leche, hasta un nivel inferior al de su punto de ebullición durante un corto espacio de tiempo, y en enfriarlo después rápidamente para así destruir las bacterias y gérmenes dañinos sin alterar su composición y cualidades; *pasterización: La pasteurización se basa en el efecto del calor sobre los microrganismos.*

pasteurizar v. Referido a un alimento líquido, esp. a la leche, elevar su temperatura hasta un nivel inferior al de su punto de ebullición durante un corto espacio de tiempo y enfriarlo después rápidamente, para así destruir las bacterias y gérmenes dañinos sin alterar su composición y cualidades; *pasterizar: La central lechera pasteuriza la leche antes de ponerla a la venta.* □ ORTOGR. La *z* se cambia en *c* delante de *e* →**CAZAR**.

pastiche s.m. **1** Imitación de un artista o de un estilo artístico tomando diversos elementos y combinándolos de forma que parezcan una creación original: *Esa comedia es un pastiche de una obra clásica.* **2** Mezcla de diferentes elementos sin ningún orden: *Este trabajo científico es un pastiche de datos y de teorías.* □ SEM. El uso de la acepción 2 tiene un matiz despectivo.

pastilla s.f. **1** Porción pequeña, sólida y generalmente redondeada de una sustancia medicinal: *El médico me recetó unas pastillas para la tos.* 👁 **medicamento** **2** Porción de pasta de diferentes sustancias, más o menos dura y generalmente de forma geométrica: *He comprado una pastilla de jabón en la droguería. Después de fumar se toma unas pastillas de menta.* **3** ‖ **a toda pastilla.** *col.* Muy deprisa o a gran velocidad: *El coche que me adelantó iba a toda pastilla.*

pastizal s.m. Terreno de pasto abundante: *El pastizal en el que pastan las vacas está situado a las afueras del pueblo.*

pasto s.m. **1** Hierba que el ganado come en el campo: *Este año hay abundante pasto porque ha llovido mucho.* **2** Este campo: *Cada mañana, el pastor conduce el ganado a los pastos.* **3** Lo que fomenta una actividad o es consumido por esta: *La arboleda fue pasto de las llamas.* **4** ‖ **a todo pasto.** *col.* De forma abundante o sin restricciones: *Es un derrochador y gasta a todo pasto.* □ MORF. La acepción 2 se usa más en plural.

pastor, -a s. **1** Persona que guía y cuida el ganado, generalmente el de ovejas: *El pastor lleva en su morral comida para todo el día.* **2** Eclesiástico que tiene la obligación de cuidar de los fieles encomendados a él: *Los obispos y presbíteros son pastores de la Iglesia católica.* **3** ‖ **pastor alemán.** Referido a un perro, de la raza que se caracteriza por tener un pelaje espeso de color pardo amarillento, tamaño medio y gran fortaleza, huesos bien proporcionados, cola muy poblada, y que es muy apreciado por su inteligencia y su capacidad de aprendizaje: *Adiestra pastores alemanes para que sirvan de lazarillos a personas ciegas.* ‖ **pastor de Brie.** Referido a un perro, de la raza que se caracteriza por tener gran tamaño, pelo largo y ondulado, y las orejas en punta: *Tiene un perro pastor de Brie negro. El rebaño era cuidado por un pastor de Brie.* 👁 **perro** □ MORF. *Pastor alemán* y *pastor de Brie*, como adjetivo, son invariables en género.

pastoral ▮ adj. **1** De los pastores de una iglesia o relacionado con ellos: *Este párroco realiza una gran labor pastoral con jóvenes drogadictos.* ▮ s.f. **2** Composición literaria o musical de carácter pastoril, que suele girar en torno a una idealización de la vida de los pastores en el campo: *Entre las composiciones musicales que reciben el nombre de 'pastorales', hay madrigales, óperas antiguas y otras piezas de tema campestre.* **3** →**carta pastoral.** □ MORF. Como adjetivo es invariable en género.

pastorear v. Referido al ganado, guiarlo y cuidarlo mientras está por el campo: *Un muchacho pastoreaba el rebaño de ovejas.*

pastoreo s.m. Guía y vigilancia del ganado mientras está por el campo: *Muchos pueblos antiguos vivían de la caza y el pastoreo.*

pastoril adj. Referido a una obra o un género literario, que tiene como tema la vida idílica y amorosa de los pastores: *'La Galatea' es una novela pastoril escrita por Miguel de Cervantes.* □ MORF. Invariable en género.

pastoso, sa adj. **1** Que está más espeso de lo normal, o que forma una pasta blanda o moldeable: *La sopa ha quedado muy pastosa porque tiene demasiados fideos.* **2** Que está pegajoso o demasiado seco: *Me levanté con la boca pastosa.*

pata s.f. Véase **pato, ta.**

patada s.f. **1** Golpe dado con el pie o con la pata: *Dio una patada al balón y lo envió fuera de la línea de juego.* **2** ‖ **a patadas.** *col.* Con excesiva abundancia: *Hay licenciados en paro a patadas.* ‖ **dar cien patadas** algo. *col.* Disgustar mucho o resultar muy molesto: *Me da cien patadas tener que salir de casa con esta lluvia.* ‖ **en dos patadas.** Rápidamente o con facilidad: *Ese trabajo lo termino yo en dos patadas.*

patalear v. **1** Mover las piernas o las patas de forma rápida y repetida: *La cucaracha estaba boca arriba y pataleaba intentando darse la vuelta.* **2** Dar patadas en el suelo de forma violenta: *El niño cogió una perra terrible y lloró y pataleó como un loco.*

pataleo s.m. **1** Sucesión de golpes dados en el suelo con los pies de forma violenta: *El cantante fue recibido con silbidos y pataleos por su tardanza.* **2** *col.* Queja violenta por algo que ya es inevitable: *Sé que no sirve de nada protestar ahora, pero nadie puede quitarme el derecho al pataleo.*

pataleta s.f. *col.* Ataque de nervios, o demostración exagerada de enfado o contrariedad: *Pretende solucionar sus problemas con pataletas de niño mimado.*

patán ▌adj./s.m. **1** *col.* Referido a un hombre, que es grosero, ignorante o maleducado: *No quiero saber nada de él porque es desvergonzado y patán. Ese patán ni siquiera da los buenos días cuando entra.* ▌s.m. **2** *col.* Hombre rústico o tosco: *Si no te preocupas por adquirir cultura serás un patán toda tu vida.* □ USO Tiene un matiz despectivo.

patata s.f. **1** Planta herbácea anual de origen americano, de flores blancas o moradas y cuyo tubérculo es comestible: *Toda la finca está plantada de patatas.* **2** Tubérculo de la raíz de esta planta, redondeado, con piel de color terroso e interior amarillento y carnoso, muy apreciado en la alimentación por su valor nutritivo: *Pela y corta las patatas, que yo me encargo de freírlas.* **3** ‖ **ni patata.** *col.* Absolutamente nada: *No sé cómo ha aprobado, porque no sabe ni patata de este tema.*

patatín ‖ **que (si) patatín, que (si) patatán.** *col.* Expresión que se usa como resumen para no explicar algo que se considera poco importante o que se desea callar: *Empezó que si patatín, que si patatán; total, que dijo que no lo hacía.*

patatús s.m. *col.* Desmayo, ataque de nervios o fuerte impresión: *Lo ingresaron en el hospital porque le dio un patatús.* □ MORF. Su plural es *patatuses*.

paté s.m. Pasta comestible, generalmente elaborada con carne o hígado picados y sazonada con especias, que se suele consumir fría: *Tomamos unos canapés de paté de hígado de pato.*

patear v. **1** *col.* Dar golpes con los pies: *El caballo pateó a su cuidador. El público pateó para demostrar su indignación.* **2** *col.* Referido a un lugar, recorrerlo a pie: *Para que me dieran la autorización tuve que patear varias oficinas. Estuvimos en la ciudad veinte días pateándola.*

patena s.f. **1** Platillo sobre el que se coloca la hostia en la misa: *En el tesoro de la catedral hay patenas de oro, de plata y de otros metales.* **2** ‖ **como una patena.** Muy limpio o reluciente: *Ha sacado brillo a la bandeja y la ha dejado como una patena.*

patentar v. Conceder u obtener una patente: *Un organismo público dependiente del Ministerio de Industria es el encargado de patentar los nuevos inventos. Patentó su nuevo modelo de grifo y todas las empresas que lo fabrican deben pagarle.*

patente ▌adj. **1** Claro y manifiesto: *Las carcajadas eran muestra patente de su alegría.* ▌s.f. **2** Documento en el que se acredita una condición, un mérito o una autorización: *El barco permanece atracado porque no tiene patente de navegación.* **3** Documento en el que oficialmente se otorga el derecho exclusivo a poner en práctica una determinada invención por un período de tiempo: *Solo la empresa que tiene la patente de un producto puede fabricarlo y comercializarlo.* **4** ‖ **patente de corso.** Autorización que alguien tiene para realizar actos prohibidos para los demás: *No pienses que tienes patente de corso para tomarte vacaciones cuando quieras.* □ MORF. Como adjetivo es invariable en género.

pateo s.m. Sucesión de golpes o patadas dados de forma continuada y en señal de enfado, dolor o desagrado: *Con su pateo solo demostró que es un niño malcriado.*

patera s.f. Barca de poco calado: *La policía ha detenido a varios inmigrantes marroquíes que pretendían cruzar el Estrecho en una patera.*

paternal adj. Con las características que se consideran propias de un padre, como el afecto, la comprensión y la protección: *De sus maestros recibió un cariño paternal.* □ MORF. Invariable en género.

paternalismo s.m. Tendencia a adoptar una actitud protectora propia de un padre y aplicarla a relaciones sociales de distinto tipo: *Su paternalismo hace que no se dé cuenta de que somos profesionales y podemos tomar nuestras propias decisiones.* □ USO Tiene un matiz despectivo.

paternalista adj./s. Que manifiesta paternalismo o que actúa dejándose llevar por esta tendencia: *Siempre mostró una actitud paternalista con los empleados y no les dejó que tomaran iniciativas. La actitud de los paternalistas suele resultar perjudicial para sus protegidos.* □ MORF. Como adjetivo es invariable en género y como sustantivo es de género común y exige concordancia en masculino o en femenino para señalar la diferencia de sexo: *el paternalista, la paternalista.* □ USO Tiene un matiz despectivo.

paternidad s.f. Estado o situación del hombre que es padre: *La paternidad le ha hecho cambiar sus hábitos y ahora dedica las tardes a estar con su hijo.*

paterno, na adj. Del padre o de los padres: *Es mi abuela por línea paterna.*

patético, ca adj. Que produce una tristeza, un sufrimiento o una melancolía muy intensos: *Resulta patético ver cómo sufren los demás sin poder hacer nada para remediarlo.*

patetismo s.m. Capacidad para provocar una tristeza, un sufrimiento o una melancolía muy intensos: *Las imágenes de la guerra son de gran patetismo.*

patíbulo s.m. Lugar, generalmente elevado sobre un armazón de tablas, en el que se ejecutaba a los condenados a muerte: *El reo, al subir las escaleras del patíbulo, miró con miedo la horca.*

patidifuso, sa adj. *col.* Asombrado, sorprendido o lleno de extrañeza: *Con esa contestación tan absurda me dejó patidifuso.*

patilla s.f. **1** Franja de barba o de pelo que se deja crecer por delante de las orejas en cada uno de los carrillos: *Le dijo al barbero que le afeitara la barba y las patillas.* 👁 **peinado** **2** En un objeto, pieza alargada y estrecha que sobresale de él y que le sirve para sujetarse o encajarse en otro: *Los binóculos son gafas sin patillas, que se sujetan solo sobre la nariz.* 👁 **gafas** □ MORF. Se usa más en plural.

patín s.m. **1** Especie de bota adaptable al pie y dotada de cuatro ruedas o de una especie de cuchilla, según sea para patinar deslizándose sobre suelos lisos o sobre hielo: *Me han regalado unos patines con la bota blanca y las ruedas negras.* **2** Juguete consistente en una plataforma alargada sobre ruedas, generalmente provista de una barra y de un manillar para conducirla, y que se conduce poniendo un pie sobre ella e impulsándose en el suelo con el otro; *patinete*: *Jugábamos a indios y vaqueros, y los patines eran nuestros caballos.* **3** Embarcación compuesta por dos flotadores paralelos unidos por dos o más travesaños y movida por un sistema de paletas accionado por pedales: *Los patines se pueden alquilar en la playa.*

pátina s.f. Tono o debilitamiento del color que toma naturalmente un objeto antiguo con el paso del tiempo y que altera levemente su aspecto externo: *El cobre y el bronce adquieren con el tiempo una pátina verdosa.*

patinador, -a s. Persona que practica el patinaje: *El patinador español está entre los mejores del mundo.*

patinaje s.m. Deporte en el que una persona realiza diversos ejercicios deslizándose sobre patines: *Esta semana se celebran los campeonatos del mundo de patinaje sobre hielo.*

patinar v. **1** Deslizarse sobre patines: *En el nuevo pabellón polideportivo podemos patinar sobre hielo.* **2** Resbalar o derrapar: *El coche patinó porque había una capa de hielo en la carretera.* **3** *col.* Equivocarse o errar: *Has patinado sacando conclusiones antes de tiempo.*

patinazo s.m. **1** Resbalón o derrape bruscos: *Di un patinazo con una cáscara de plátano, y me caí.* **2** *col.* Equivocación o error que comete una persona: *Pese a haber tenido varios patinazos, no ha perdido seguridad en sí mismo.*

patinete s.m. Juguete consistente en una plataforma alargada sobre ruedas, generalmente provista de una barra y de un manillar para conducirla, y que se conduce poniendo un pie sobre ella e impulsándose en el suelo con el otro; *patín: Los niños se divirtieron muchísimo haciendo carreras con sus patinetes.*

patio s.m. **1** En el interior o al lado de un edificio, espacio sin techar: *El patio del convento da luz a las dependencias interiores.* **2** ‖ **cómo está el patio.** *col.* Expresión que se usa para indicar la agitación o el nerviosismo reinantes: *Me largo, porque no me gusta cómo está el patio.* ‖ **patio (de butacas).** En un teatro, planta baja ocupada por butacas; *platea: Este patio de butacas tiene capacidad para mil espectadores.*

patitieso, sa adj. **1** *col.* Sin capacidad de mover los pies o las piernas: *Con la nevada que caía, casi me quedo patitiesa esperando el autobús.* **2** *col.* Asombrado o sorprendido por la novedad o la extrañeza de algo: *Como había asegurado que no vendría, su aparición nos dejó patitiesos.*

patizambo, ba adj./s. Que tiene las piernas torcidas hacia fuera y las rodillas muy juntas: *De niña le pusieron un aparato ortopédico porque era patizamba. Se siente acomplejado porque es un patizambo.*

pato, ta ▮ s. **1** Ave palmípeda, de pico aplanado más ancho en la punta que en la base, cuello corto y patas pequeñas; *ánade: Los patos suelen vivir en estado salvaje, pero se domestican con facilidad.* **2** *col.* Persona sosa y patosa: *Bailando es un pato y no hace más que dar pisotones a su pareja.* ▮ s.f. **3** Cada una de las extremidades con las que anda un animal: *Los perros tienen cuatro patas.* **4** *col.* Pierna de una persona: *Ese muchacho tiene las patas muy largas.* **5** Pieza que sirve como base o apoyo de algo, esp. de un mueble: *La mesa está coja porque una pata es más corta que las demás.* **6** ‖ **a cuatro patas.** Apoyándose en el suelo con las manos y los pies o las rodillas: *Mi hijo tiene ocho meses y ya anda a cuatro patas.* ‖ **a la pata coja.** Apoyado sobre un pie y con el otro en el aire: *Las niñas saltaban la cuerda a la pata coja.* ‖ **a la pata la llana.** Llanamente, con naturalidad o con confianza: *Como somos viejos amigos, podemos hablarnos a la pata la llana.* ‖ **a pata.** *col.* A pie o andando: *Aunque hay un buen paseo, nunca coge el autobús porque prefiere ir a pata.* ‖ **estirar la pata.** *col.* Morir: *El abuelo dice que estirará la pata el día menos pensado.* ‖ **mala pata.** Mala suerte: *Perdieron el partido porque tuvieron mala pata.* ‖ **meter la pata.** *col.* Hacer o decir algo poco acertado: *Metió la pata y descubrió nuestro secreto.* ‖ **pagar el pato.** Sufrir el castigo de algo sin merecerlo: *¿Por qué siempre tengo yo que pagar el pato aunque no tenga la culpa?* ‖ **pata de gallo.** **1** Arruga con tres surcos divergentes que se forma en el ángulo externo del ojo a medida que avanza la edad de una persona: *Aunque se conserva bien, esas patas de gallo indican que pasa de los cuarenta.* **2** Tejido y dibujo en dos colores formado por figuras cuadrangulares y cruzadas que recuerdan las huellas de gallos y gallinas: *Llevaba un traje de pata de gallo blanco y negro.* ‖ **patas arriba.** Desordenado o al revés: *Cuando llegó tenía la casa patas arriba, toda llena de trastos.* ‖ **poner** a alguien **de patas en la calle.** *col.* Echarlo de algún lugar, generalmente de malas maneras: *Armaron un escándalo en el bar y los pusieron de patas en la calle.* □ MORF. 1. En las acepciones 3, 4 y 5, cuando se antepone a una palabra para formar compuestos, adopta la forma *pati-*: *paticorto.* 2. *Poner de patas en la calle* se usa mucho con el diminutivo *poner de patitas en la calle.*

patochada s.f. Hecho o dicho tonto, disparatado o inoportuno: *No dice más que patochadas sin gracia.*

patógeno, na adj. Que produce o puede producir una enfermedad: *Algunos virus son elementos patógenos.*

patología s.f. Parte de la medicina que estudia las enfermedades: *He sacado buena nota en el examen de patología.*

patológico, ca adj. Que indica o que constituye una enfermedad: *Su obsesión por la limpieza es tan excesiva que resulta patológica.*

patoso, sa adj./s. **1** Que es torpe, poco ágil o carece de habilidad: *Es un muchacho patoso y desgarbado. No me des a mí la bandeja porque soy una patosa y seguro que la tiro.* **2** Que pretende ser gracioso sin conseguirlo: *¡Hay que ser patoso para contar tantos chistes malos...! Pretende caer bien a todo el mundo, pero no es más que un patoso.*

patraña s.f. Mentira o noticia totalmente inventada, que se hace pasar por verdadera: *No me contó más que patrañas, sin ninguna base real.*

patria s.f. Véase **patrio, tria.**

patriarca s.m. **1** En la Biblia, ciertos personajes del Antiguo Testamento (para los cristianos, primera parte de la Biblia) que fueron jefes de un clan o una tribu: *Abrahán es uno de los patriarcas judíos.* **2** En algunas Iglesias, esp. orientales, título de dignidad que se concede a los obispos: *El papa fue recibido por el patriarca de Jerusalén.* **3** Persona que por su edad y sabiduría resulta más respetada o con mayor autoridad moral dentro de una familia o de una colectividad: *Las comunidades gitanas sienten un gran respeto por sus patriarcas.*

patriarcado s.m. **1** Dignidad de patriarca: *Fue designado muy joven para el patriarcado de Jerusalén.* **2** Territorio sobre el que ejerce su autoridad un patriarca: *La comitiva recorrió todo el patriarcado de Alejandría.* **3** Tiempo durante el que un patriarca ostenta esa dignidad: *Su patriarcado fue calificado como una época de paz.* **4** Predominio o mayor autoridad del hombre en una sociedad o en un grupo: *El patriarcado es la organización social tradicional de Occidente.*

patriarcal adj. **1** Del patriarca o relacionado con él, con su autoridad o con su gobierno: *La sociedad descrita en el Antiguo Testamento es de tipo patriarcal.* **2** Referido a la autoridad o al gobierno, que son ejercidos con sencillez y benevolencia: *El suyo fue un gobierno patriarcal en el que no hubo grandes presiones.* □ MORF. Invariable en género.

patricio, cia ▮ adj. **1** De los patricios o relacionado con los miembros de este grupo social romano: *Entre las obligaciones patricias estaba la de formar el ejército regular.* ▌adj./s. **2** En la antigua Roma, referido a una persona, que descendía de las familias más antiguas que participaron en la fundación de la ciudad, y formaba parte de una clase social privilegiada: *Los senadores romanos procedían de familias patricias. Los patricios tenían la obligación de contribuir a los gastos públicos.*

patrimonio s.m. **1** Conjunto de bienes que pertenecen a una persona o una entidad: *Estas ruinas romanas son lo más destacado del patrimonio artístico de la región.* **2** Conjunto de bienes que una persona hereda de sus ascendientes o antepasados directos: *Al morir sus padres heredó un importante patrimonio en tierras de labor.* **3** En economía, diferencia entre los valores económicos que pertenecen a una persona o a una entidad y las deudas u obligaciones de que responde: *Las últimas deudas contraídas por la empresa hicieron disminuir notablemente su patrimonio.*

patrio, tria ▌adj. **1** De la patria o relacionado con ella: *Su amor patrio es tan grande que no dudaría en dar la vida por su nación.* ▌s.f. **2** País en el que ha nacido una persona o al que se siente ligada por vínculos jurídicos, históricos o afectivos: *España es la patria de los españoles.* **3** ‖ **patria celestial.** Cielo: *Los santos gozan de la presencia de Dios en la patria celestial.* ‖ **patria chica.** Lugar en el que se ha nacido: *Soy gallega y mi patria chica es Vigo.*

patriota adj./s. Que ama a su patria y procura el bien de esta: *La prensa lo consideró como el político más patriota de su época. Los soldados no se rindieron y murieron como patriotas.* □ MORF. 1. Como adjetivo es invariable en género. 2. Como sustantivo es de género común y exige concordancia en masculino o en femenino para señalar la diferencia de sexo: *el patriota, la patriota.*

patriótico, ca adj. Del patriota, de la patria o relacionado con ellos: *Sus sentimientos patrióticos le llevaron a dar su vida por su nación.*

patriotismo s.m. Amor a la patria: *El patriotismo hizo levantarse a muchos españoles contra los ejércitos de Napoleón.*

patrocinador, -a adj./s. Que patrocina a alguien o a algo, esp. si es con fines publicitarios: *El patrocinador de nuestro equipo de baloncesto es una tienda de ropa deportiva.* □ USO Es innecesario el uso del anglicismo *sponsor* y de la forma castellanizada *espónsor.*

patrocinar v. **1** Referido a una persona o a un determinado proyecto, defenderlos, protegerlos o favorecerlos alguien que tenga medios para ello: *Esta investigación la patrocina el propio director del laboratorio.* **2** Referido a una actividad, sufragar sus gastos con fines publicitarios: *Una fábrica de material deportivo patrocina nuestro equipo de baloncesto.* □ USO Es innecesario el uso de la forma *sponsorizar.*

patrocinio s.m. Ayuda o protección que alguien con medios suficientes proporciona a quien lo necesita, esp. la económica que se ofrece con fines publicitarios: *El patrocinio de un banco permitirá que continúe nuestro programa de televisión.*

patrón, -a ▌s. **1** Persona que contrata empleados para realizar un trabajo: *El patrón de la obra ha contratado nuevos peones de albañil.* **2** Amo o señor: *El patrón del molino se arruinó y tuvo que venderlo.* **3** Dueño de la casa en la que alguien está alojado: *Los patrones de la pensión donde vivo me tratan como si fuera de su familia.* **4** Santo o Virgen a quienes se dedica una iglesia o que son elegidos como protectores de un lugar o de una congregación: *Santa Cecilia es la patrona de mi pueblo.* **5** Defensor o protector: *Su afición a la pintura lo llevó a convertirse en patrón de jóvenes artistas.* ▌s.m. **6** Persona que manda y dirige una pequeña embarcación dedicada al transporte de mercancías y pasajeros: *El patrón controló personalmente que las mercancías estuviesen bien colocadas.* **7** Lo que sirve de modelo para hacer otra cosa igual o para medir y valorar algo: *Hice este vestido siguiendo los patrones de una revista.* 👁 **costura** **8** ‖ **cortado por el mismo patrón.** Referido a algo que se compara con otro elemento, que tiene gran semejanza con este: *Te pareces tanto a tu hermano que se diría que estáis cortados por el mismo patrón.* □ SEM. En las acepciones 1, 2, 3 y 4, es sinónimo de *patrono.*

patronal ▌adj. **1** Del patrono, del patronato o relacionado con ellos: *El día de la fiesta patronal los mozos del pueblo visten los trajes regionales.* ▌s.f. **2** Conjunto de patronos o de empresarios: *Los acuerdos entre la patronal y los sindicatos suelen ser conflictivos.* □ MORF. Como adjetivo es invariable en género.

patronato s.m. **1** Institución o asociación que se dedica a una obra benéfica: *Este asilo depende de un patronato.* **2** Grupo de personas que ejercen funciones de dirección, de asesoramiento o de vigilancia en una institución para que esta cumpla debidamente sus fines: *El patronato de la Fundación se reunirá el próximo lunes en junta extraordinaria.* **3** Corporación que forman los patronos: *El patronato no ha aceptado las peticiones de los obreros.*

patronazgo s.m. Derecho, poder o facultad que son propios de un patrono: *La compañía evitó la quiebra gracias al patronazgo de un rico empresario.*

patronímico, ca ▌adj. **1** En la Antigüedad clásica, referido a un nombre de persona, que se derivaba del de algún antecesor y expresaba la pertenencia de dicha persona a una determinada familia: *En la antigua Roma, 'Julio' era un nombre patronímico.* ▌adj./s.m. **2** Referido a un apellido, que se ha formado por derivación del nombre del padre o de un antecesor: *Los apellidos patronímicos se creaban antiguamente en España a partir del nombre del padre. 'Ramírez' es un patronímico derivado de 'Ramiro'.*

patrono, na s. →**patrón, -a.**

patrulla s.f. **1** Grupo pequeño de soldados o de personas armadas que rondan o vigilan un lugar o que están encargadas de realizar una misión militar: *Una patrulla policial recorre el barrio para evitar los robos nocturnos.* **2** Grupo pequeño de personas con un objetivo común: *Se ha organizado una patrulla de rescate para buscar a los niños perdidos.* **3** Grupo de barcos o de aviones que realizan una función de defensa, de vigilancia o de observación en un lugar: *Una patrulla formada por tres lanchas rápidas vigila la costa.* **4** Servicio de defensa, de vigilancia o de observación que realiza uno de estos grupos: *Cuatro policías salieron de patrulla por el barrio.*

patrullar v. Referido a un lugar, recorrerlo una patrulla para defenderlo, vigilarlo o realizar una misión: *La policía patrulla la zona para evitar nuevos desórdenes. Dos misiles alcanzaron a los barcos que patrullaban por la costa.*

patrullera s.f. Embarcación que patrulla o está destinado a labores de defensa, vigilancia u observación: *Las patrulleras son lanchas equipadas con armamento ligero.*

patuco s.m. Calzado, generalmente de punto y en forma de bota, que usan los niños que aún no saben andar, o los adultos para abrigarse los pies en la cama: *En invierno duermo con patucos porque soy muy friolera.*

patulea s.f. *col.* Grupo numeroso y desordenado de personas, esp. si arman mucho jaleo: *¡Menuda patulea de gente se ha juntado ahí abajo!*

paúl adj./s.m. Referido a un religioso, que pertenece a la congregación de misioneros fundada en el siglo XVII por san Vicente de Paúl (sacerdote francés): *Me bautizaron en una iglesia de los hermanos paúles. Los paúles se dedican a la educación de jóvenes.*

paulatino, na adj. Que se produce o se realiza despacio o lentamente: *Las temperaturas subirán de forma paulatina a lo largo de la semana.*

paupérrimo, ma adj. superlat. irreg. de **pobre**.

pausa s.f. **1** Interrupción breve de una acción o de un movimiento: *Haremos una pausa para comer y después continuaremos trabajando.* **2** Tardanza o lentitud: *Se viste con pausa porque sus manos están torpes.* **3** En fonética, silencio de duración variable que se produce al hablar para delimitar un grupo de sonidos o una oración: *La coma y el punto son signos ortográficos que señalan pausa.* **4** En música, breve intervalo en que se deja de cantar o de tocar: *Al final del compás hay que hacer una pausa para respirar.*

pausado adv. Con lentitud o tardanza: *Si no hablas pausado, tus alumnos no te entenderán.*

pausado, da adj. Que actúa o que se produce con pausa o lentitud: *Es muy pausado a la hora de trabajar. Este ejercicio gimnástico se compone de movimientos muy pausados.*

pauta s.f. **1** Lo que sirve como norma o modelo para realizar algo: *Sus enseñanzas han sido mi pauta de comportamiento.* **2** Conjunto de rayas horizontales y con la misma separación entre sí que se hacen en el papel para no torcerse al escribir en él: *Las hojas de los cuadernos infantiles llevan pautas.*

pavana s.f. **1** Composición musical de carácter cortesano, normalmente en compás binario, de ritmo lento y solemne, y que se divulgó por varios países europeos en los siglos XVI y XVII: *La pavana renació en algunas obras de Ravel y de otros compositores de los siglos XIX y XX.* **2** Baile de pasos simples y repetitivos que se ejecuta al compás de esta música: *La pavana se bailaba en la corte española del siglo XVI.*

pavés s.m. Pavimento rústico hecho con adoquines: *Los ciclistas españoles suelen tener dificultades para correr sobre el pavés.*

pavesa s.f. Parte pequeña y ligera que salta de un cuerpo en combustión y acaba por convertirse en ceniza: *Las pavesas que saltaban de la chimenea ensuciaron la alfombra, pero no llegaron a quemarla.*

pavía s.f. **1** Variedad del melocotonero, cuyo fruto tiene la piel lisa y la carne jugosa y pegada al hueso: *En el huerto tenía plantados perales y pavías.* **2** Fruto de este árbol: *Las pavías son muy sabrosas.*

pavimentación s.f. Revestimiento de un suelo con losas, con ladrillos o con otro material semejante: *Ya han terminado la pavimentación de las calles de la nueva urbanización.*

pavimentar v. Referido a un suelo, revestirlo o cubrirlo con losas, con ladrillos o con otro material semejante: *Van a pavimentar con asfalto este camino de tierra.*

pavimento s.m. **1** Superficie artificial con que se cubre el piso para que esté sólido y llano: *El pavimento de las carreteras es de asfalto.* **2** Material utilizado para elaborar esta superficie artificial: *Los pavimentos están cada día más caros.*

pavisoso, sa adj. *col.* Referido a una persona, que tiene poca gracia y poca desenvoltura: *No seas pavisosa y llámalos para agradecerles el regalo.*

pavo, va ▌adj./s. **1** *col.* Referido a una persona, que tiene poca gracia o poca desenvoltura: *No me gusta contar chistes porque soy muy pava. Nunca practica el inglés porque es un pavo y no se atreve a hablar.* ▌s. **2** Ave que tiene el cuello largo y la cabeza pequeña, desprovistos ambos de plumas y cubiertos por unas carnosidades de color rojo, y cuya carne es muy apreciada: *Es muy típico cenar pavo el día de Nochebuena.* ▌s.m. **3** *col.* Moneda de un euro: *Préstame cinco pavos para comprar unos bocatas.* **4** Timidez, falta de gracia o de desenvoltura: *¡A ver si con la edad espabila y se le quita el pavo que tiene encima!* **5** ‖ **pavo real.** Ave de origen asiático cuyo macho tiene plumaje de vistosos colores, un penacho de plumas sobre la cabeza y una larga cola que abre en forma de abanico: *El pavo real abre la cola en la época de celo como reclamo sexual.* 👁 **ave** ‖ **pelar la pava.** *col.* Referido a una pareja de novios, tener conversaciones amorosas: *La parejita todavía sigue en el jardín pelando la pava.*

pavonearse v.prnl. Presumir exageradamente o hacer una ostentación excesiva de algo que se posee: *No suele caer bien porque se pavonea demasiado.*

pavor s.m. Miedo grande o terror excesivo, esp. si produce espanto y sobresalto: *Siento pavor cuando pienso que mi hijo podría haber sido víctima de un secuestro.*

pavoroso, sa adj. Que produce pavor: *Tuvimos la desgracia de presenciar un pavoroso accidente de tráfico.*

payasada s.f. **1** Hecho o dicho propios de un payaso: *Los niños se reían con los chistes y las payasadas del abuelo.* **2** *desp.* Hecho o dicho ridículos o inoportunos: *Esa respuesta fue una payasada que lo dejó mal ante todos.*

payaso, sa ▌adj./s. **1** *col.* Referido a una persona, que tiene facilidad para hacer reír con sus hechos o con sus dichos: *Cuenta muy bien los chistes porque es muy payasa. Siempre me río con él porque es un payaso.* **2** *col.* Referido a una persona, que tiene poca seriedad en su comportamiento o que resulta ridícula: *No seas payasa y empieza a comportarte como una chica de tu edad. Ese payaso cree saberlo todo, pero no dice más que tonterías.* ▌s. **3** Artista de circo que hace de gracioso y que utiliza una vestimenta y un maquillaje muy llamativos: *En el circo, el número de los payasos es el que más me gusta.*

payés, -a s. Campesino catalán o balear: *Mi familia es catalana y veranea en tierra de payeses.*

payo, ya adj./s. En el lenguaje de los gitanos, que no pertenece a este grupo étnico: *Las costumbres payas son muy diferentes de las gitanas. Los gitanos y los payos tienen culturas distintas.*

paz s.f. **1** Ausencia de guerra: *Diez años de paz permitieron la recuperación económica de ambos países.* **2** Tratado o convenio por el que las partes enfrentadas en una guerra ponen fin a la misma: *El general accedió a firmar la paz tras haber logrado la ampliación de sus fronteras.* **3** Estado de tranquilidad y de entendimiento entre las personas: *La llegada de esos parientes vino a romper la paz de la familia.* **4** Sosiego, calma o ausencia de agitaciones: *En el pueblo disfrutarás de la paz del campo.* **5** En la misa, gesto que precede a la comunión y en la que el sacerdote y los fieles se desean mutuamente ese estado de tranquilidad y sosiego en señal de reconciliación: *El sacerdote pidió que, durante la paz, los fieles no se movieran del sitio para evitar el revuelo del día anterior.* **6** ‖ **aquí paz y después gloria.** *col.* Expresión que se usa para indicar que se da por terminado un asunto: *Si ya todo ha quedado aclarado entre vosotros, aquí paz y después gloria.* ‖ **dejar en paz.** No molestar ni importunar: *¿Quieres irte y dejarme en paz de una vez?* ‖ **{descansar/reposar} en paz.** En la Iglesia católica, haber fallecido: *Ahora descansa en paz y solo podemos rezar por su alma.* ‖ **{estar/quedar} en paz. 1** Estar saldada una deuda: *Estamos en paz, porque ya te devolví lo que me prestaste.* **2** Haber devuelto una ofensa o un favor recibidos: *Ella me ayudó en aquella ocasión y ahora la ayudo yo, así que estamos en paz.* ‖ **hacer las paces.** Reconciliarse o rehacer las amistades: *Me peleé con ellos, pero ya hemos hecho las paces.* ‖ **ir en paz.** Expresión que se usa como fórmula de despedida: *El sacerdote finaliza la misa diciendo: «Podéis ir en paz».* ‖ **y en paz.** *col.* Expresión que se usa para indicar que se da por terminado un asunto: *Tú recoges todo lo que te pertenece, y en paz.*

pazguatería s.f. Hecho o dicho propios de un pazguato: *Afirmar que todas las discotecas son antros de perdición me parece una pazguatería.*

pazguato, ta adj./s. Referido a una persona, que se admira o se escandaliza de todo lo que oye o ve: *Es tan pazguata que por cualquier cosa se pone colorada. No le cuentes tus líos sentimentales, porque es un pazguato y se escandalizará.*

pazo s.m. En Galicia (comunidad autónoma española), casa antigua y noble de una familia: *Muchos pazos se asemejan a pequeños palacios.*

pche interj. Expresión que se usa para indicar indiferencia, desagrado o reserva: *La película, ¡pche!, no estaba mal, pero las he visto mejores.* □ USO Se usa también *pchs*.

pe s.f. **1** Nombre de la letra *p*: *La palabra 'pelo' empieza por pe.* **2** ‖ **de pe a pa.** *col.* Desde el principio hasta el fin: *Me he leído el artículo de pe a pa, y no he encontrado ninguna errata.*

peaje s.m. **1** Cantidad de dinero que hay que pagar para poder pasar por un determinado lugar: *Viajar por autopistas de peaje es más rápido, aunque salga un poco caro.* **2** Lugar en el que se paga esta cantidad de dinero: *La señal indica que el peaje está a 1 km.*

peana s.f. Base, soporte o apoyo sobre los que se coloca una figura: *La imagen de la Virgen está colocada sobre una peana de escayola.*

peatón, -a s. Persona que va o se traslada a pie; *viandante*: *En carretera, los peatones deben circular por la izquierda.*

peatonal adj. Del peatón o relacionado con él: *Por las calles peatonales no pueden pasar coches.* □ MORF. Invariable en género.

peca s.f. Mancha pequeña de color pardo que aparece en la piel, esp. en la cara: *Cuando tomo el sol, me salen muchas pecas.*

pecado s.m. **1** En religión, hecho, dicho, pensamiento u omisión que van en contra de la ley de Dios y de sus preceptos o mandamientos: *La envidia es considerada por la Iglesia católica como un pecado. Ira, gula, lujuria, avaricia, pereza, envidia y soberbia son los llamados 'pecados capitales'.* **2** En religión, estado del que ha cometido estas faltas: *La confesión te permitirá salir del pecado.* **3** Acto o comportamiento lamentables o que se apartan de lo que es recto o justo: *Sería un pecado no aprovechar el día tan bueno que hace para salir al campo.* **4** ‖ **pecado mortal.** En el cristianismo, el que destruye la relación con Dios por un quebrantamiento grave de la ley divina: *Con el pecado mortal el hombre rompe la amistad con Dios.* ‖ **pecado original.** En el cristianismo, el que se ha transmitido a las personas desde Adán y Eva (primer hombre y primera mujer, según la Biblia): *El pecado original se lava con el sacramento del bautismo.* ‖ **pecado venial.** En el cristianismo, el que se opone levemente a la ley de Dios: *Se confesó, aunque solo tenía pecados veniales.*

pecador, -a adj./s. Que está sujeto al pecado o que puede cometerlo: *Todos los hombres somos pecadores ante Dios. El confesor absolvió al pecador.*

pecaminoso, sa adj. Del pecado, del pecador, o relacionado con ellos: *En el momento de su muerte, se arrepintió de la vida pecaminosa que había llevado.*

pecar v. **1** En religión, desobedecer la ley de Dios: *Peca todo aquel que no cumple los mandamientos.* **2** Tener en un alto grado la cualidad que se expresa: *Pequé de ingenua y me engañaron.* □ ORTOGR. La *c* se cambia en *qu* delante de *e* ⟶**SACAR**. □ SINT. Constr. de la acepción 2: *pecar* DE *una cualidad*.

pecarí s.m. Mamífero parecido al jabalí, de cabeza aguda y hocico prolongado, pelaje pardo con una franja blanca, sin cola, y que tiene una glándula en lo alto del lomo por la que segrega un olor fétido: *Los pecaríes viven en manada en zonas de América del Sur.* □ MORF. 1. Es un sustantivo epiceno y la diferencia de sexo se señala mediante la oposición *el pecarí {macho/hembra}*. 2. Aunque su plural en la lengua culta es *pecaríes*, se usa mucho *pecarís*.

peccata minuta (latinismo) ‖ *col.* Expresión que se usa para indicar la poca importancia de algo: *No tengas en cuenta esos fallos, porque son peccata minuta.* □ MORF. Invariable en número.

pecera s.f. Recipiente de cristal transparente lleno de agua que sirve para mantener vivos a los peces: *Tiene varios peces de colores en una pequeña pecera.*

pechar v. **1** En la Edad Media, pagar o satisfacer los pechos o tributos: *En la sociedad feudal, el pueblo llano tenía obligación de pechar.* **2** Referido a algo negativo, asumirlo como una carga o sufrir sus consecuencias: *Siempre me toca a mí pechar con el trabajo más pesado.* □ SINT. Constr. de la acepción 2: *pechar* CON *algo*.

pechera s.f. **1** En una prenda de vestir, parte que cubre el pecho: *Te has manchado de grasa toda la pechera de la camisa.* **2** *col.* Pecho, esp. el femenino: *Abróchate, que vas enseñando toda la pechera.*

pechina s.f. **1** En arquitectura, cada uno de los cuatro triángulos curvilíneos que forman el anillo de una cúpula con los arcos sobre los que se apoya: *Las pechinas de la cúpula del monasterio están decoradas con figuras religiosas.* **2** Concha vacía de un molusco con dos valvas, esp. la de la vieira: *Metimos en una bolsa algunas pechinas que encontramos en la playa.*

pecho s.m. **1** En el cuerpo de una persona, parte que va desde el cuello hasta el vientre y en cuya cavidad están situados el corazón y los pulmones: *Le abrieron el pecho para operarlo del pulmón.* **2** Zona externa de esta parte del cuerpo: *Le han salido pequeñas erupciones cutáneas en todo el pecho.* **3** Aparato respiratorio, esp. el de las personas: *El médico me recetó un jarabe para el pecho.* **4**

En una mujer, cada una de las mamas o el conjunto de ellas: *Para evitar que el cáncer se extendiera más, le extirparon un pecho.* **5** En los animales cuadrúpedos, parte del cuerpo que va desde el cuello a las patas delanteras: *El caballo derribó con el pecho uno de los obstáculos de la prueba hípica.* **6** Parte interior o espiritual de una persona: *En su pecho alberga hermosos sentimientos.* **7** Valor, fortaleza o constancia para hacer algo: *Hay un refrán que dice: «A lo hecho, pecho».* **8** En la Edad Media, tributo que se pagaba al rey o al señor feudal: *La negativa de los campesinos al pago de los pechos fue una de las causas de la Revolución francesa.* **9** ‖ **dar el pecho.** Referido a un niño de corta edad, amamantarlo: *La madre daba el pecho a su bebé.* ‖ **partirse el pecho por** algo. *col.* Esforzarse por ello: *Se partió el pecho para que sus hijos tuvieran una buena educación.* ‖ **tomar(se)** algo **{a pecho/a pechos}. 1** *col.* Mostrar mucho interés o empeño en ello: *Seguro que saca adelante todo el trabajo, porque se lo ha tomado muy a pecho.* **2** *col.* Ofenderse por ello o tomarlo demasiado en serio: *No te tomes a pecho lo que te dije, porque era una broma.*

pechuga s.f. **1** Pecho de las aves, que está dividido en dos partes: *Los músculos de la pechuga son los que mueven las alas.* **2** Cada una de estas partes: *Cuando tomo pollo, me gusta más la pechuga que el muslo.* **3** *col.* Pecho de una persona: *Abróchate la camisa, que vas enseñando toda la pechuga.*

pechugón, -a adj./s. *col.* Referido esp. a una mujer, que tiene los pechos muy grandes o abultados: *Esa cantante vende más por pechugona que por cantante. No pretenderás hacerme creer que esa pechugona es bailarina de ballet clásico...*

pecíolo, o **peciolo** s.m. En la hoja de una planta, tallo pequeño de la hoja por el que se une al tallo de la planta: *Las hojas que no tienen pecíolo son hojas sentadas.*

pécora ‖ **ser una mala pécora.** s.f. *col.* Tener malas intenciones, o ser astuto y hábil en el engaño: *No te fíes de esa bruja, que es una mala pécora.*

pecoso, sa adj./s. Que tiene pecas: *Los pelirrojos suelen ser muy pecosos. Mi primo es aquel pecoso que está apoyado en el coche.*

pectoral ▮ adj. **1** Del pecho o relacionado con él: *Los músculos pectorales permiten la respiración.* ▮ adj./s.m. **2** Útil o beneficioso para el pecho: *Los caramelos pectorales te permitirán respirar mejor. El médico me recetó un pectoral para la tos.* ▮ s.m. **3** Cruz que llevan sobre el pecho los obispos y otros prelados: *El abad llevaba un pectoral de plata.* □ MORF. Como adjetivo es invariable en género.

pecuario, ria adj. Del ganado o relacionado con él: *Las vías pecuarias están destinadas al paso del ganado.* □ ORTOGR. Dist. de *pecuniario.*

peculiar adj. **1** Propio o característico de algo: *Tu aroma peculiar lo reconocería en cualquier parte.* **2** Raro, poco común o fuera de lo normal: *Gestiona su negocio de forma peculiar, ya que no lleva libros de contabilidad.* □ MORF. Invariable en género.

peculiaridad s.f. Rasgo o característica propios de algo, que lo diferencian del resto: *La peculiaridad de este libro radica en el punto de vista adoptado por el narrador.*

peculio s.m. Conjunto de bienes o cantidad de dinero que alguien posee: *¿Cómo andas de peculio después de haber pagado las deudas?* □ PRON. Incorr. *[pekunio].

pecuniario, ria adj. Del dinero en efectivo, o relacionado con él: *No saldré durante las vacaciones porque mi situación pecuniaria no es buena.* □ ORTOGR. Dist. de *pecuario.*

pedagogía s.f. **1** Ciencia que se ocupa de la educación y de la enseñanza: *Estudió pedagogía en una Universidad inglesa.* **2** Teoría o práctica educativas: *Aunque es un buen profesor, su pedagogía está un poco atrasada.* **3** Habilidad para educar y enseñar: *Este maestro enseña con mucha pedagogía y sus alumnos lo quieren mucho.*

pedagógico, ca adj. **1** De la pedagogía o relacionado con esta ciencia: *Realizó un estudio pedagógico sobre niños con problemas de aprendizaje y de personalidad.* **2** Que enseña de forma clara y que aprende con facilidad: *Los ejemplos son muy pedagógicos.*

pedagogo, ga s. Persona especializada en pedagogía: *Trabaja como pedagoga en un centro de educación especial.*

pedal s.m. **1** Palanca que se acciona con los pies y que, al oprimirla, pone en movimiento un mecanismo: *Los coches tienen tres pedales: el del embrague, el del freno y el del acelerador.* **2** En algunos instrumentos musicales, dispositivo o palanca que se acciona con los pies y que sirve para producir determinados sonidos o para modificar la altura o el sonido de las notas: *El órgano, el piano, el arpa y los timbales están provistos de pedales.* **3** *col.* Borrachera: *¡Menudo pedal nos cogimos anoche bebiendo cerveza...!*

pedalada s.f. Empuje dado al pedal e impulso que produce: *El ciclista daba fuertes pedaladas para aumentar su velocidad.*

pedalear v. Mover los pedales, esp. los de la bicicleta: *Pedaleaba con fuerza para subir la cuesta.*

pedaleo s.m. Movimiento de los pedales, esp. los de la bicicleta: *El pedaleo de los ciclistas en los primeros kilómetros de la etapa fue muy lento.*

pedanía s.f. Aldea o pequeño núcleo de población dependientes de un municipio y bajo la jurisdicción de un alcalde o de un juez que intervienen en asuntos de poca importancia: *Esta pedanía carece de habitantes menores de diez años.*

pedante adj./s. Referido esp. a una persona, que presume ostentosamente de ser muy erudita o de poseer muchos conocimientos: *Tiene una forma de hablar muy pedante. Es un pedante y emplea palabras cultas que nadie entiende.* □ MORF. 1. Como adjetivo es invariable en género. 2. Como sustantivo es de género común y exige concordancia en masculino o en femenino para señalar la diferencia de sexo: *el pedante, la pedante.*

pedantería s.f. **1** Vanidad del que presume inoportunamente de erudición o de conocimientos: *No soporto la pedantería de los que hablan de todo aunque sean unos ignorantes.* **2** Hecho o dicho inoportunos que tienen como fin presumir de erudición: *Creo que el uso de tecnicismos en el lenguaje coloquial es una pedantería.* □ USO Tiene un matiz despectivo.

pedazo s.m. **1** Parte de algo separada del todo: *La bomba hizo estallar el coche en mil pedazos.* **2** ‖ **caerse a pedazos** o **estar hecho pedazos.** *col.* Estar en muy malas condiciones físicas o psíquicas: *Después de tantas horas sin dormir, estoy que me caigo a pedazos.* ‖ **ser** alguien **un pedazo de pan.** *col.* Ser muy bueno: *Es un pedazo de pan y todos la quieren mucho.* □ SEM. Seguido de un insulto, se usa para enfatizar este: *¡Pedazo de alcornoque, cállate!*

pederasta s.m. Persona que abusa sexualmente de los niños: *Condenaron al pederasta a diez años de cárcel.*

pederastia s.f. Abuso sexual que se comete contra los niños: *La pederastia es un delito penado por el código penal.*

pedernal s.m. **1** Variedad de cuarzo formada principalmente por sílice, muy dura y de color gris amarillento, rojo o negro, que se caracteriza porque su fractura origina bordes cortantes; *sílex: Al golpear el pedernal saltan chispas, y por eso se utilizaba para prender fuego.* **2** *col.* Lo que es muy duro: *No tiene sentimientos porque su corazón es puro pedernal.*

pedestal s.m. **1** Cuerpo sólido, que sirve para sostener algo, esp. una estatua o una columna: *La estatua está sobre un pedestal de granito.* **2** ‖ **en un pedestal.** *col.* En muy buena consideración: *No me pongas en un pedestal, porque luego te vas a decepcionar.* □ SINT. *En un pedestal* se usa más con los verbos *tener, poner, estar* o equivalentes.

pedestre adj. **1** Referido a una carrera deportiva, que se realiza a pie, andando o corriendo: *Las carreras de atletismo son pedestres.* **2** Vulgar, inculto u ordinario: *No sé cómo puedes describir algo tan sublime de una forma tan pedestre.* □ MORF. Invariable en género.

pediatra s. Médico especialista en pediatría o medicina infantil: *La pediatra le recetó unas vitaminas para su hijo de cinco años.* □ MORF. Es de género común y exige concordancia en masculino o en femenino para señalar la diferencia de sexo: *el pediatra, la pediatra.* □ SEM. Dist. de *puericultor* (persona especializada en lo relacionado con el desarrollo del niño).

pediatría s.f. Rama de la medicina que estudia la salud y las enfermedades de los niños: *El sarampión y la varicela son estudiados por la pediatría.* □ SEM. Dist. de *puericultura* (estudio del sano desarrollo del niño).

pediátrico, ca adj. De la pediatría o relacionado con esta rama de la medicina: *El médico pesó al bebé en una báscula pediátrica.*

pedículo s.m. En botánica, rabo o tallo pequeños que unen una flor, una hoja o un fruto al tallo de la planta; *pedúnculo: Las cerezas penden de las ramas por el pedículo.* 👁 **flor**

pedicuro, ra s. Persona que se dedica profesionalmente al tratamiento de problemas de los pies, como callos y uñeros; *callista: La pedicura le quitó los callos del pie.* □ SEM. Dist. de *podólogo* (médico especialista en podología).

pedida s.f. Petición de la mano de una mujer, o solicitud de matrimonio a sus padres: *El próximo jueves celebraremos la pedida en casa de mis futuros suegros.*

pedido s.m. Encargo de géneros o mercancías hecho a un fabricante o a un vendedor: *Anotó las mercancías que necesitaba en la tarjeta de pedidos.*

pedigrí s.m. Conjunto de antepasados de un animal con calidad de origen o de linaje: *El precio de este perro es muy alto por su pedigrí.* □ ORTOGR. Es un anglicismo (*pedigree*) adaptado al español. □ MORF. Aunque su plural en la lengua culta es *pedigríes*, se usa mucho *pedigrís*.

pedigüeño, ña adj./s. Que pide con frecuencia, con insistencia o de manera inoportuna: *No seas tan pedigüeña, que si quiero darte algo ya te lo daré. Este pedigüeño no compra tabaco porque siempre fuma de los demás.*

pedir v. **1** Referido a algo generalmente necesario, rogar o decir a alguien que lo dé o que lo haga: *Un mendigo pedía limosna a la salida del cine. Solo te pido que me escuches un momento.* **2** Referido a un precio, establecerlo o ponérselo a lo que se vende: *¿Cuánto piden por esta casa?* **3** Requerir, necesitar o exigir: *Este coche tan sucio está pidiendo un buen lavado.* **4** Querer, desear o apetecer: *De postre pido siempre un helado.* **5** Mendigar o solicitar limosna: *Cada vez hay más gente pidiendo por las calles.* **6** Solicitar benevolencia o ayuda a una divinidad mediante la oración: *Pido a Dios todos los días por la paz en el mundo.* □ MORF. Irreg.: La *e* final de la raíz se cambia en *i* cuando la sílaba siguiente no tiene *i* o la tiene formando diptongo →PEDIR. □ SINT. Constr. de las acepciones 2 y 6: *pedir* POR *algo.*

pedo s.m. **1** *col.* Expulsión de gases intestinales por el ano: *Alguien se ha tirado un pedo y huele fatal.* **2** *col.* Borrachera: *El sábado se fue de copas y se cogió un pedo impresionante.* **3** *col.* En el lenguaje de la droga, estado producido por el consumo de alguna de ellas: *Se ha fumado un porro y tiene un pedo que no sabe ni dónde está.*

pedorrear v. *col.* Tirarse pedos de manera repetida: *El bebé pedorreaba porque tenía gases.*

pedorreo s.m. *col.* Expulsión de pedos de manera repetida: *El pedorreo del bebé hizo reír a las visitas.*

pedorrera s.f. *col.* Expulsión ruidosa y repetida de gases intestinales por el ano: *La fabada me produce pedorrera.*

pedorreta s.f. *col.* Sonido hecho con la boca y que imita el de un pedo: *Se burló de él haciéndole pedorretas.*

pedorro, rra adj./s. **1** *col.* Que se tira pedos frecuentemente: *¡Qué bebé tan pedorro! En el autobús, se sentó a mi lado un pedorro y tuve que cambiar de asiento.* **2** *col.* Referido a una persona, que resulta tonta, molesta o desagradable: *No seas pedorra y deja de incordiar. Ese pedorro no me deja vivir en paz.* □ USO Se usa como insulto.

pedrada s.f. **1** Golpe dado con una piedra lanzada: *Rompió el cristal de una pedrada.* **2** Señal que deja este golpe: *¡Menuda pedrada tienes en la frente!*

pedrea s.f. **1** *col.* Conjunto de los premios menores de la lotería nacional: *No le tocó el gordo, pero le ha caído algo en la pedrea.* **2** Lucha a pedradas: *La pedrea entre las dos bandas del barrio acabó con algunos heridos.* **3** Granizada o caída abundante de granizo: *Una pedrea en primavera puede estropear la cosecha.*

pedregal s.m. Terreno cubierto de piedras sueltas: *Nos metimos con el coche por un pedregal, y se nos pinchó una rueda.*

pedregoso, sa adj. Referido a un terreno, que está cubierto de piedras: *Un terreno tan pedregoso no es bueno para los cultivos.*

pedrería s.f. Conjunto de piedras preciosas: *Le regaló una pulsera de oro y pedrería.*

pedrisco s.m. Granizo grueso que cae en abundancia y con fuerza: *La tormenta de pedrisco destruyó la cosecha.*

pedrusco s.m. *col.* Trozo de piedra grande sin labrar: *Hubo un desprendimiento de tierras y varios pedruscos dejaron bloqueada la carretera.*

pedúnculo s.m. **1** En botánica, rabo o tallo pequeños que unen una flor, una hoja o un fruto al tallo de una planta; *pedículo: Tengo la costumbre de quitar siempre el pedúnculo a las manzanas antes de pelarlas.* 👁 **flor** **2** En algunos animales, prolongación del cuerpo mediante la cual están fijos al suelo o a las rocas: *Los percebes se adhieren a las rocas mediante pedúnculos.*

peeling (anglicismo) s.m. Tratamiento de belleza que consiste en la regeneración de la piel mediante el desprendimiento de las células muertas: *Después del peeling que te hiciste en la cara, la piel te ha quedado muy suave.* □ PRON. [pílin].

peerse v.prnl. *col.* Expulsar los gases intestinales por el ano; *ventosear: Es tan grosero que cuando algo le gusta* *dice que se pee del gusto.* ☐ ORTOGR. En las formas cuya desinencia contiene un diptongo *ie, io,* esta *i* se cambia en *y* →LEER.

pega s.f. **1** *col.* Dificultad o inconveniente que generalmente se presentan de modo imprevisto: *Solo sabes poner pegas a mis proyectos.* **2** Sustancia que sirve para pegar: *No pudo pegar los cromos en el álbum porque se le acabó la pega.* **3** ‖ **de pega.** *col.* De mentira, falso o no auténtico: *Me apuntó con una pistola, pero no me asusté porque sabía que era de pega.*

pegadizo, za adj. Que se graba en la memoria con facilidad: *El estribillo de esta canción es muy pegadizo.*

pegado, da ▮ adj. **1** *col.* Muy sorprendido o muy asombrado: *Esa respuesta tan ingeniosa me dejó pegada.* ▮ s.f. **2** En algunos deportes, esp. en fútbol o en boxeo, capacidad para golpear o lanzar con fuerza: *Ese boxeador, con su magnífica pegada, acabará con su contrincante en el primer asalto.*

pegajoso, sa ▮ adj. **1** Que se pega con facilidad: *Tienes las manos pegajosas por haber comido la tarta con los dedos.* ▮ adj./s. **2** *col.* Referido a una persona, que molesta por su afectación y excesivas muestras de cariño; *empalagoso*: *Es tan pegajosa que no se separa un minuto de él. No sabe cómo quitarse a ese pegajoso de encima.*

pegamento s.m. Sustancia que sirve para pegar: *Pegó con pegamento los trozos rotos del jarrón.*

pegar ▮ v. **1** Referido a una cosa, unirla con otra por medio de una sustancia que impida su separación: *Tienes que pegar con pegamento el jarrón roto. Pega los sellos en las cartas.* **2** Unir o juntar por medio de un cosido o un atado: *Pega la manga a la chaqueta con un pespunte doble.* **3** Acercar o arrimar hasta poner en contacto: *Pega la mesa a la pared, por favor.* **4** *col.* Contagiar por medio del contacto, de la proximidad o del trato: *No te doy un beso porque puedo pegarte la gripe. Se te ha pegado el acento de la ciudad.* **5** Maltratar o dar patadas, bofetadas o algún otro tipo de golpes: *Le pegó con una vara. Haced las paces y no os peguéis más.* **6** *col.* Dar, producir o realizar: *Empezó a pegar saltos de alegría. Se pegó un susto de muerte.* **7** *col.* Tener intensos efectos: *¡Cómo pega hoy el sol!* **8** *col.* Gustar o interesar mucho, o tener mucho éxito: *Esa moda viene pegando fuerte.* **9** *col.* Armonizar, corresponder, quedar bien o ser oportuno: *La combinación de esos colores no pega nada. En una excursión campestre no pega el zapatito fino.* **10** Estar próximo o contiguo: *Mi casa pega con la tuya.* **11** Dar, chocar o tropezar, esp. si es con un fuerte impulso: *El granizo pega con fuerza en los cristales. Al salir me pegué contra la mesa.* **12** *col.* Referido esp. a una acción, hacerla o realizarla con decisión o esfuerzo: *Harto de su novia, pegó fuego a las cartas que le había escrito.* **13** Unir a causa de las propias características, de forma que la separación resulta difícil: *Los bollos se han pegado unos a otros en el horno.* **14** *col.* Rimar: *'Frío' pega con 'río', y 'rana' con 'ventana'.* ▮ prnl. **15** Referido a un guiso, adherirse al recipiente en que se hace por haberse quemado; *agarrarse*: *No pongas el fuego muy fuerte para que no se peguen las lentejas.* **16** *col.* Referido a una persona, agregarse o unirse a otra sin haber sido invitada: *Se nos pegó un pesado y nos fastidió la tarde.* **17** Grabarse con facilidad en la memoria: *Se me ha pegado una melodía y no me la quito de la cabeza.* ‖ **pegársela.** *col.* Caerse, chocarse o tener un accidente violento: *Bájate de la mesa, que te la vas a pegar.* **19** ‖ **pegársela a** alguien. **1** *col.* Engañarlo o burlarse de su buena fe: *Siempre me engañas, pero esta vez no me la vas a pegar.* **2** *col.* Serle infiel: *Como me entere de que me la pegas, me largo y no vuelves a verme.* ☐ ORTOGR. La *g* se cambia en *gu* delante de *e* →PAGAR.

PEINADO

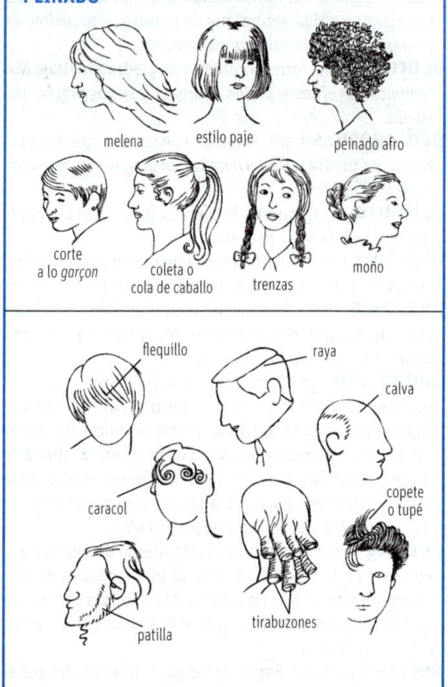

pegatina s.f. Adhesivo pequeño que lleva impreso algo, esp. propaganda: *Lleva la carpeta llena de pegatinas.*

pego ‖ **dar el pego.** *col.* Engañar con falsas apariencias o aparentar lo que no se es: *Este reloj es una imitación, pero ¿a que da el pego?*

pegón, -a adj./s. *col.* Referido esp. a un niño, que pega mucho a los demás: *Estos niños son tan pegones que siempre están llenos de arañazos. Es una pegona y ningún niño quiere sentarse con ella.*

pegote s.m. **1** *col.* Lo que está muy espeso y se pega: *El arroz de hoy se te ha pasado y es un pegote que no puedo comer.* **2** *col.* Cosa chapucera o mal hecha: *¡No me dirás que este pegote de barro es mi retrato...!* **3** En una obra literaria o artística, añadido inútil o que no guarda armonía con el conjunto: *Esos poemas a lo largo de la novela son pegotes que rompen el ritmo y estropean el buen tono de la prosa.* **4** *col.* Parche o añadido que afea o que estropea el conjunto: *Este cajón en medio de la habitación es un pegote provisional hasta que traigan la mesa.* **5** *col.* Mentira: *Lo que te contó de que tiene un barco es un pegote, y no se lo cree ni él.* **6** *col.* Persona pesada que no se aparta de otra, generalmente con el fin de sacar un beneficio de ellas: *Siempre que hay alguien con coche te metes de pegote para que te lleven.*

peinado s.m. **1** Forma en que está arreglado el pelo: *Con este nuevo peinado pareces más joven.* 👁 peinado **2** Arreglo del pelo: *Me lleva más tiempo el peinado que el lavado.* **3** Examen o rastreo minuciosos de una zona para buscar algo: *La policía realizó el peinado del barrio persiguiendo a los atracadores huidos.*

peinador s.m. Tela que se ajusta al cuello para cubrir la ropa de la persona que se peina, se afeita o se corta el pelo: *El peluquero me colocó el peinador antes de empezar a cortarme el pelo.*

peinar v. **1** Referido al pelo, desenredarlo, arreglarlo o componerlo: *Este peine es especial para peinar el pelo rizado. Va todas las semanas a la peluquería a peinarse.* **2** Referido al pelo o a la lana de algunos animales, desenredarlos o limpiarlos: *Después de lavar al perro, lo seca con una toalla y lo peina.* **3** Referido a un lugar, rastrearlo cuidadosamente buscando algo: *La policía peinó el bosque para encontrar a los muchachos desaparecidos.* □ ORTOGR. La *i* nunca lleva tilde.

peine s.m. **1** Utensilio formado por varios dientes paralelos, más o menos juntos, que se utiliza para arreglar el pelo: *Después de peinarse guardó el peine en su bolsa de aseo.* **2** Lo que es semejante a este utensilio por su forma o por su función: *Los telares tienen un peine con una serie de púas por entre las que se pasan los hilos de la urdimbre.*

peineta s.f. Especie de peine curvado que se utiliza como adorno o para sujetar el peinado: *La madrina llevaba una mantilla de encaje sujeta por una peineta de concha.* 👁 **joya**

pejiguero, ra ▌ adj./s. **1** *col.* Que resulta molesto o que presenta muchas dificultades: *Esta blusa con tantos volantes es muy pejiguera de planchar. Ese pejiguero se pasa la vida protestando por todo.* ▌ s.f. **2** *col.* Lo que solo ofrece dificultades o molestias y es de poco provecho: *Estar sin agua corriente durante una semana es una pejiguera.*

pekinés, -a adj./s. **1** De Pekín (capital china), o relacionado con ella: *Ese libro trae fotos de los monumentos pekineses más famosos. Los pekineses son de raza amarilla.* **2** Referido a un perro, de la raza que se caracteriza por tener tamaño pequeño y pelo muy largo, patas cortas, cabeza ancha y nariz aplastada: *Quería un perro de compañía y le regalaron un cachorro pekinés. Los pekineses son de origen chino-tibetano.* 👁 **perro** □ MORF. En la acepción 1, como sustantivo se refiere solo a las personas de Pekín.

pela s.f. *col.* Peseta: *Ese trasto me costó muchas pelas.*

peladilla s.f. Almendra recubierta de un baño de azúcar endurecido, liso, redondeado y generalmente blanco: *En Navidad siempre hay en casa una bandeja con turrón, peladillas y mazapanes.*

pelado, da ▌ adj. **1** Que carece de lo que naturalmente lo cubre, adorna o rodea: *Es un terreno árido y pelado sin ningún tipo de vegetación. Tengo la cabeza pelada por los disgustos que me dais.* **2** Referido a un número, que consta de decenas, de centenas o de millares justos: *Por esa reparación solo me cobró 100 euros pelados.* **3** Referido a una calificación académica, justa y no holgada: *He aprobado con un cinco pelado.* ▌ adj./s. **4** *col.* Pobre o sin dinero: *Después de pagar la deuda se quedó pelada y sin un duro. Ese tipo es un pobre pelado, sin nada que llevarse a la boca.* ▌ s.m. **5** *col.* Corte de pelo: *Necesitas un buen pelado, porque se te está metiendo el flequillo en los ojos.*

pelagatos s. *col.* Persona mediocre e insignificante, a la que no se reconoce ningún valor: *Se las da de culto e intelectual, pero es un pobre pelagatos.* □ MORF. 1. En la lengua actual es de género común y exige concordancia en masculino o en femenino para señalar la diferencia de sexo: *el pelagatos, la pelagatos*. 2. Invariable en número. □ USO Tiene un matiz despectivo.

pelágico, ca adj. **1** Del piélago o relacionado con esta extensión marina: *El barco se vio sorprendido por fuertes corrientes pelágicas.* **2** Referido a una zona marina, que corresponde a profundidades mayores a la plataforma continental: *Las aguas pelágicas son las que están a una profundidad intermedia.* **3** De esta zona marina: *En esta zona se ha prohibido la navegación para proteger la fauna pelágica.*

pelaje s.m. **1** Pelo o lana de un animal: *El oso polar tiene el pelaje blanco.* **2** *col. desp.* Aspecto, clase o condición: *A esas reuniones va gente de un pelaje que no me gusta nada.* □ SEM. En la acepción 1, se usa para hablar de sus características y calidad.

pelambre s. Cantidad abundante de pelo, esp. el que está muy crecido y enredado: *Tengo que ir a la peluquería a que me corten esta pelambre.* □ MORF. Es de género ambiguo y admite concordancia en masculino o en femenino sin cambiar de significado: *{el/la} pelambre {enredado/enredada}.*

pelambrera s.f. *col.* Cantidad abundante de pelo o de vello muy crecido o revuelto: *Tengo que depilarme las piernas, porque tengo una pelambrera...*

pelanas s.m. *col.* Persona poco importante, a la que no se reconoce ningún valor: *Ese pelanas no ha hecho nada de provecho en su vida.* □ MORF. Invariable en número. □ USO Tiene un matiz despectivo.

pelandusca s.f. *col.* Prostituta: *Por la zona del puerto suele haber bastantes pelanduscas haciendo la calle.* □ PRON. Incorr. *[pelandruska].

pelar ▌ v. **1** Cortar, arrancar o raer el pelo: *En la mili suelen pelar a los soldados nada más entrar en el cuartel. Siempre me pelo en la misma peluquería.* **2** Referido a un ave, desplumarla o quitarle las plumas: *Antes de guisar un pollo, hay que pelarlo.* **3** Referido a un animal, despellejarlo o quitarle la piel: *He llevado a pelar el jabalí que cacé.* **4** Referido esp. a un fruto o a un tubérculo, quitarles la piel, la cáscara o la corteza; *mondar: Para comerse una naranja hay que pelarla primero.* **5** Referido a algo con un envoltorio que lo cubre, quitar o desprender dicho envoltorio: *Para unir esos dos cables hay que pelar sus extremos.* **6** *col.* Quitar los bienes ajenos mediante engaño, arte o violencia; *cepillar, desplumar: Cuando llegó al hotel, se dio cuenta de que lo habían pelado en aquellas calles tan concurridas.* ▌ prnl. **7** Caerse o desprenderse la piel, esp. por haber tomado mucho sol: *Me quemé la espalda en la piscina y ahora se me está pelando.* **8** ‖ **pelárselas** alguien. *col.* Referido a la forma de hacer algo, con rapidez, con intensidad o con fuerza: *Ese jugador corre que se las pela, y es muy bueno en el contrataque.* ‖ **que pela.** Referido a una temperatura, que resulta extrema y produce una fuerte impresión: *Abrígate bien, porque hace un frío que pela.* ‖ **ser duro de pelar.** *col.* Ser difícil de tratar o de convencer: *Mi padre es duro de pelar y no creo que me deje ir a tu fiesta.*

peldaño s.m. En una escalera, cada una de las partes que sirve para apoyar el pie al subir o bajar por ella; *escalón: Traía tanta prisa que subía los peldaños de dos en dos.*

pelea s.f. **1** Enfrentamiento, lucha o disputa: *A través de la pared se oyen las peleas de los vecinos.* **2** Esfuerzo o trabajo para conseguir algo: *Tras una larga pelea, lo convencí para que continuara sus estudios.*

pelear ▌ v. **1** Luchar, enfrentarse o reñir: *Deja de pelear-*

a b c d e f g h i j k l m n ñ o p q r s t u v w x y z

a b c d e f g h i j k l m n ñ o p q r s t u v w x y z

te con tu hermano y ayúdame a poner la mesa. Los dos perros peleaban por el hueso. **2** Trabajar o esforzarse mucho para conseguir algo, venciendo dificultades u oposiciones: *Peleó con todas sus fuerzas para salir de la droga, y lo consiguió.* ▮ prnl. **3** Referido a dos o más personas, enemistarse o romper una relación o una amistad: *Se pelearon por un malentendido y estuvieron sin hablarse cinco meses.*

pelele s.m. **1** Persona simple que se deja manejar fácilmente por los demás: *¿No te das cuenta de que la droga te está convirtiendo en un pelele?* **2** Muñeco de figura humana, hecho con trapos o con pajas, que se utiliza en algunas fiestas populares para apalearlo o mantearlo: *El festejo terminó con la quema del pelele de paja.*

peleón, -a adj. **1** Referido a una persona, que tiende a pelearse o a discutir con frecuencia: *Estos novios son muy peleones y se pasan el día regañados. Ese peleón no se rendirá tan fácilmente como imaginas.* **2** *col.* Referido esp. al vino, que es muy ordinario o de mala calidad: *Me tomé en la bodega un vino peleón que me sentó fatal.*

peletería s.f. **1** Establecimiento en el que se venden o confeccionan prendas de piel: *Han cerrado la peletería de la esquina.* **2** Industria dedicada a las pieles finas de animales: *Se dedica a la industria textil y a la peletería.*

peletero, ra ▮ adj. **1** De la peletería o relacionado con ella: *La industria peletera de esta zona es de mucha calidad.* ▮ s. **2** Persona que se dedica profesionalmente al trabajo con pieles curtidas o a su venta: *La peletera me enseñó varios abrigos de piel, pero prefiero uno de paño.*

peliagudo, da adj. *col.* Complicado y difícil de entender o de resolver: *Tengo un problema peliagudo y no sé qué hacer.*

pelícano s.m. Ave acuática de plumaje blanco o pardo, de pico largo, ancho y recto, con una membrana grande en la mandíbula inferior que forma una bolsa con la que caza los peces: *El pelícano es un ave propia de climas cálidos.* ☐ MORF. Es un sustantivo epiceno y la diferencia de sexo se señala mediante la oposición *el pelícano {macho/hembra}*. 👁 **ave**

película s.f. **1** Conjunto de imágenes cinematográficas que componen una historia: *Esta película en color es una versión moderna de otra más antigua en blanco y negro.* **2** Cinta de un material plástico y flexible que sirve como soporte para la grabación o para la fijación de imágenes: *Se confundieron al poner los rollos de la película y vimos el final nada más empezar.* **3** Piel o capa finas y delgadas que cubren algo: *Si dejas reposar el caldo, se forma una película de grasa.* **4** ‖ **allá películas.** *col.* Expresión con la que uno se desentiende de las responsabilidades que pueden derivarse por no haber sido obedecido en sus consejos: *Si no lo quieres hacer como te he dicho, allá películas, pero luego no me exijas nada.* ‖ **de película.** *col.* Muy bueno o muy bien: *Vive en una casa de película, con un bosque y una playa privados. No me apetecía ir a su fiesta, pero luego me lo pasé de película.*

peliculero, ra adj. *col.* Que se deja llevar por la imaginación o que suele contar historias fantásticas o difíciles de creer: *No seas tan peliculero y deja de exagerar siempre que cuentas algo.*

peliculón s.m. *col.* Película cinematográfica muy buena: *El otro día vi el mejor peliculón de mi vida.*

peligrar v. Estar en peligro: *¿Cómo pretendes que esté tranquilo sabiendo que su vida peligra?*

peligro s.m. **1** Situación en la que es posible que ocurra algo malo: *Puso en peligro su vida para salvar la de sus hijos.* **2** Lo que puede causar u ocasionar un daño: *Los borrachos son un auténtico peligro cuando conducen.* ☐ SEM. Dist. de *peligrosidad* (riesgo o posibilidad de un peligro).

peligrosidad s.f. Riesgo de un daño, o posibilidad de ocasionarlo: *Por la noche aumenta la peligrosidad en algunas zonas de la ciudad.* ☐ SEM. Dist. de *peligro* (situación en la que puede ocurrir algo malo).

peligroso, sa adj. **1** Que tiene peligro o que puede causar un daño: *Es peligroso dejar que los niños jueguen con cuchillos.* **2** Referido esp. a una persona, que puede causar un daño o cometer actos delictivos: *Ese loco está armado y puede ser peligroso si se le contradice. La policía busca a dos sujetos muy peligrosos, acusados de asesinato.*

pelillo ‖ **pelillos a la mar.** Expresión que se usa para indicar el olvido de las ofensas y el restablecimiento del trato amistoso: *Venga, estrechaos las manos, y pelillos a la mar.*

pelirrojo, ja adj./s. Con el pelo rojizo: *Mi hermana es pelirroja y con pecas. ¿Quiénes te gustan más: los rubios, los morenos o los pelirrojos?*

pella s.f. **1** Conjunto de los tallitos de la coliflor y de otras plantas semejantes antes de florecer, y que son la parte más apreciada: *Las pellas de la coliflor están exquisitas con besamel.* **2** Masa de forma redondeada: *En casa, hacemos el potaje con pellas de pan rallado y huevo.* **3** ‖ **hacer pellas.** *col.* Dejar de asistir a algún sitio al que se tiene obligación de ir, esp. a clase: *Hizo pellas para ir a jugar con un amigo.*

pellejo s.m. **1** Piel humana o de un animal: *Está tan delgado que es todo pellejos. Los elefantes tienen el pellejo muy duro.* **2** Recipiente hecho de piel de cabra o de otro animal, y que sirve para contener líquidos, generalmente vino o aceite; *cuero, odre: Salió de viaje en el carro llevando un zurrón con comida y un pellejo de vino.* **3** Piel fina de algunas frutas: *Las uvas me gustan sin pellejo y sin pepitas.* **4** ‖ **el pellejo.** *col.* La vida: *No le importa jugarse el pellejo practicando deportes muy arriesgados.* ‖ **{estar/hallarse}** una persona **en el pellejo** de otra. *col.* Estar en su misma situación o en iguales circunstancias: *Tú lo ves muy fácil pero, si estuvieras en mi pellejo, cambiarías de opinión.*

pelliza s.f. Prenda de abrigo hecha o forrada de piel; *zamarra: Tengo una pelliza de ante con el cuello de borrego.*

pellizcar v. **1** Coger una pequeña porción de piel y de carne entre dos dedos apretándola con fuerza: *Me pellizqué para ver si estaba soñando, porque no creía lo que veía.* **2** Quitar o coger una pequeña cantidad: *¿Me dejas que pellizque un poco de tu bollo?* ☐ ORTOGR. La *c* se cambia en *qu* delante de *e* →**SACAR**.

pellizco s.m. **1** Presión hecha sobre algo al cogerlo fuertemente con dos dedos o con otras dos cosas: *Me dio un pellizco porque no le quise dejar la pelota.* **2** Trozo pequeño de algo, esp. el que se toma o se quita: *He comido tanto que solo tomaré un pellizco de tarta.* **3** ‖ **un buen pellizco.** *col.* Gran cantidad de dinero: *Le ha tocado un buen pellizco en las quinielas.*

pelma adj./s. *col.* →**pelmazo, za.** ☐ MORF. *Pelma* como adjetivo es invariable en género y como sustantivo es de género común y exige concordancia en masculino o en femenino para señalar la diferencia de sexo: *el pelma, la pelma.*

pelmazo, za adj./s. **1** *col.* Molesto, fastidioso o importuno: *Tengo un amigo muy pelmazo y estoy harto de él. Eres una pelmaza, ya te he contado mil veces lo que me dijo y no voy a repetírtelo.* **2** *col.* Pesado o lento en sus acciones: *Eres muy pelmaza comiendo y siempre acabas la última. Tenía que haberlo entregado hace un mes, pero es un pelmazo y siempre se retrasa.* □ SINT. Es sinónimo de *pelma*.

pelo s.m. **1** Filamento cilíndrico que nace de la piel de casi todos los mamíferos y de algunos otros animales: *Nunca me he depilado los pelos de las piernas.* **2** Conjunto de estos filamentos: *El mono está cubierto de pelo.* **3** Conjunto de estos filamentos de la cabeza humana; *cabello: Voy a lavarme el pelo. Se ha teñido el pelo de rubio.* **4** Hebra delgada de lana, de seda o de otra cosa semejante: *Se te ha llenado la falda de pelos del jersey.* **5** En algunos tejidos, hilos muy finos que sobresalen y cubren su superficie: *Tiene los pantalones tan gastados que hay partes en las que el terciopelo ya no tiene pelo.* **6** *col.* Cantidad mínima o insignificante de algo: *¡Qué calor, y no corre ni un pelo de aire!* **7** *col.* En algunas frutas y plantas, vello de la cáscara o de las hojas, tallos y raíces: *Tocar el pelo del melocotón me produce picor en la piel.* **8** Sierra u hoja de acero muy finas, que se utilizan en trabajos de marquetería: *Si no tensas bien el pelo en la segueta se te romperá.* **9** ‖ **al pelo.** *col.* A punto, oportunamente o como se desea: *Tu argumento me viene al pelo para lo que trato de explicarte.* ‖ **a pelo. 1** Referido a la manera de montar en una cabalgadura, sin silla o sin otras guarniciones: *Los indios de las películas montan muy bien a pelo.* **2** *col.* Sin protección o sin ayuda: *Escalamos esa pared de la montaña a pelo y sin atarnos.* ‖ **caérsele el pelo** a alguien. *col.* Recibir un escarmiento o sufrir las consecuencias por algo que ha hecho: *Como se entere mi padre de que he salido sin permiso, se me va a caer el pelo.* ‖ **con pelos y señales.** *col.* Con detalles y con minuciosidad: *Me contó con pelos y señales cómo había sido la fiesta.* ‖ **dar para el pelo** a alguien. *col.* Regañarlo o darle una tunda o azotaina: *Como vuelvas a llegar tarde, te voy a dar para el pelo.* ‖ **de medio pelo.** *col.* De poca categoría, de poco mérito o sin importancia: *Dice que no ha estudiado tanto para ocuparse de asuntos de medio pelo como esos.* ‖ **de pelo en pecho.** *col.* Referido a una persona, que es fuerte, atrevida o valiente: *El héroe de la película era un hombre de pelo en pecho y salvaba a su dama de todos los peligros.* ‖ **no tener pelos en la lengua.** *col.* Decir sin reparos lo que se piensa: *Le dije que me parecía una idea absurda, porque no tengo pelos en la lengua.* ‖ **no ver el pelo** a alguien. *col.* Notarse su ausencia de los lugares que solía frecuentar: *Desde que te mudaste de casa, no se te ve el pelo por aquí.* ‖ **pelo de camello.** Tejido hecho con el pelo de este animal o imitado con el del macho cabrío: *Tengo un abrigo de pelo de camello que abriga mucho.* ‖ **poner los pelos de punta.** *col.* Causar gran pavor: *Aquellas imágenes de la guerra me pusieron los pelos de punta.* ‖ **por los pelos.** *col.* En el último instante: *Has llegado por los pelos, porque ya íbamos a cerrar.* ‖ **soltarse el pelo.** *col.* Lanzarse a actuar de forma despreocupada y decidida: *Se soltó el pelo e invirtió todos sus ahorros en un nuevo negocio.* ‖ **tirarse de los pelos.** *col.* Arrepentirse de algo o estar muy furioso por ello: *Me tiraba de los pelos cuando vi que a mí me había costado el doble que a ti.* ‖ **tomar el pelo** a alguien. *col.* Burlarse o reírse de él aprovechando su ingenuidad: *Me tomaron el pelo diciéndome que nos habían subido el sueldo.* □ MORF. Cuando se antepone a una palabra para formar compuestos, adopta la forma *peli-*: *pelicano.* □ USO El uso de *de medio pelo* tiene un matiz despectivo.

pelón, -a adj./s. Que no tiene pelo, que tiene muy poco o que lo tiene muy corto: *Casi todos los bebés son pelones. Vino de la mili hecho un pelón.*

pelota ▮ adj./s. **1** *col.* Referido a una persona, que alaba a alguien para obtener un trato de favor: *No seas tan pelota, que se nota mucho que quieres pedir algo. Es un pelota y siempre da la razón al jefe para caerle bien.* ▮ s.f. **2** Bola, generalmente hecha de un material elástico, llena de aire o maciza, que se usa para jugar: *Las pelotas de tenis son mayores que las de golf.* **3** Juego que se ejecuta con esta bola: *Los niños jugaban a la pelota en el parque.* **4** Bola de materia blanda y fácilmente amasable: *Haz pelotitas con la plastilina y luego haremos un collar.* ▮ s.f.pl. **5** *vulg.malson.* →**testículos. 6** ‖ **devolver la pelota** a alguien. *col.* Responder a una acción o a un dicho con otros semejantes: *Me dejó mal delante del jefe y ahora le devuelvo la pelota dejándolo mal a él.* ‖ **en pelotas** o **en pelota {picada/viva}.** *col.* Desnudo: *En las playas nudistas la gente está en pelotas.* ‖ **hacer la pelota** a alguien. *col.* Adularlo para conseguir un trato de favor: *Aunque me hagas la pelota, no te voy a dejar el coche.* ‖ **pasar la pelota.** *col.* Pasar la culpa o la responsabilidad de uno a otro: *Cuando vinieron a preguntar de quién era la culpa todos se pasaron la pelota y nadie dio la cara.* ‖ **pelota vasca.** Conjunto de deportes que se practican con una pelota en un frontón adecuado: *La pala corta es un juego de pelota vasca.* □ MORF. 1. En la acepción 1, como adjetivo es invariable en género y como sustantivo es de género común y exige concordancia en masculino o en femenino para señalar la diferencia de sexo: *el pelota, la pelota.* □ USO 1. En la acepción 1, tiene un matiz despectivo. 2. En la acepción 5, se usa como palabra comodín en expresiones vulgares malsonantes.

pelotari s. Deportista que juega a la pelota vasca: *He ido al frontón para ver jugar a dos pelotaris.* □ MORF. Es de género común y exige concordancia en masculino o en femenino para señalar la diferencia de sexo: *el pelotari, la pelotari.*

pelotazo s.m. **1** Golpe dado con una pelota: *El tenista recibió un pelotazo en la cabeza.* **2** *col.* Trago de bebida alcohólica; *latigazo, lingotazo: Fuimos a un pub y me invitó a un pelotazo de ginebra.*

pelotear v. Jugar con una pelota como entrenamiento, sin intención de hacer un partido: *Antes de comenzar el partido, los dos tenistas pelotearon unos minutos. Baja conmigo al parque a pelotear un ratito.*

peloteo s.m. **1** Intercambio de pases de pelota entre varios jugadores como entrenamiento, sin intención de hacer un partido: *Antes del partido, estuvimos unos minutos de peloteo.* **2** *col.* Alabanza o adulación con el fin de obtener un trato de favor; *pelotilleo: Es un jefe riguroso y no le gustan los peloteos de sus empleados.* □ USO En la acepción 2, tiene un matiz despectivo.

pelotera s.f. *col.* Riña o discusión fuertes: *Tuve una pelotera con mis padres porque no me dejaban salir por la noche.*

pelotilleo s.m. *col.* →**peloteo.** □ USO Tiene un matiz despectivo.

pelotillero, ra adj./s. *col.* Que adula para conseguir un trato favorable: *No seas tan pelotillero, porque todos tus compañeros te miran mal. Es una pelotillera, y se pasa el día adulando a su jefa.* □ USO Tiene un matiz despectivo.

pelotón s.m. **1** En el Ejército, pequeña unidad de infantería que forma parte de una sección: *Un pelotón suele estar a las órdenes de un sargento o de un cabo primero.* **2** Conjunto numeroso de personas: *El ciclista que se escapó del pelotón llegó primero a la meta.* **3** Grupo desordenado: *A la hora del recreo, salen todos al patio en pelotón.*

peluca s.f. Cabellera postiza: *Uso peluca porque estoy calva.*

peluche s.m. **1** Tejido de felpa con pelo largo por una de sus caras: *Me han regalado un osito de peluche.* **2** Muñeco fabricado con este tejido: *De niña siempre dormía abrazada a sus peluches.*

peludo, da adj. Que tiene mucho pelo: *Tan peludo y con esas barbas, pareces un oso.*

peluquería s.f. **1** Establecimiento donde se peina, se corta y se arregla el pelo: *Iré a la peluquería para que me tiñan el pelo.* **2** Técnica de peinar, cortar y arreglar el pelo: *Se diplomó en peluquería y en manicura, y puso su propio centro de belleza.*

peluquero, ra s. Persona que se dedica profesionalmente a peinar, cortar y arreglar el pelo: *¿A qué peluquero vas?, porque me encanta tu peinado.*

peluquín s.m. **1** Peluca pequeña que solo cubre una parte de la cabeza: *Lleva un peluquín para que no se note que se está quedando calvo.* **2** Peluca con bucles y coleta que se usaba antiguamente: *En el siglo XVIII los hombres solían llevar peluquín.* **3** ‖ **ni hablar del peluquín.** *col.* Expresión que se usa para rechazar rotundamente una propuesta: *Te ayudaré en lo que pueda, pero hacértelo yo, ¡ni hablar del peluquín!*

pelusa s.f. **1** En una persona, vello muy fino y débil que crece en la cara y en otras zonas del cuerpo: *Aún es pequeño para tener barba, pero ya le ha salido pelusa.* **2** En una fruta o en una planta, pelo suave y corto que las recubre y les da un aspecto aterciopelado; *vello: Los melocotones tienen pelusa.* **3** Pelo menudo que se desprende de algunos tejidos: *Me puse una bufanda de angorina, y se me llenó el abrigo de pelusa.* **4** *col.* Envidia o celos propios de los niños: *Acaba de tener un hermanito, y cuando ve que sus padres lo cogen más que a él, le entra pelusa.* **5** Aglomeración de polvo y suciedad que se forma en suelos y superficies cuando no se limpian con frecuencia: *Barre debajo de la cama, que está lleno de pelusa.*

peluso s.m. *col.* Recluta: *Los nuevos pelusos se presentaron ante el sargento con el pelo bien corto y el uniforme en regla.*

pelvis s.f. **1** En el esqueleto de un mamífero, parte que conecta el tronco con las extremidades inferiores y que está formada por el hueso sacro, el ilion, el isquion y el pubis: *La pelvis de las mujeres suele ser más ancha que la de los hombres.* **2** Cavidad comprendida entre estos huesos: *Los órganos genitales femeninos están contenidos en la pelvis.* □ MORF. Invariable en número.

pena s.f. **1** Castigo impuesto por la autoridad a la persona que ha cometido un delito o una falta: *Por su delito el juez le ha impuesto una pena de seis años.* **2** Sentimiento de lástima, de tristeza o de aflicción causados por un suceso adverso o desgraciado: *Ver llorar a alguien me da mucha pena. ¡Qué pena que no puedas venir con nosotros!* **3** Lo que produce estos sentimientos: *Fue una pena que no llegaras a tiempo.* **4** Dificultad o trabajo que cuesta hacer algo: *Su vida fue muy desgraciada y estuvo llena de penas.* **5** ‖ **a duras penas.** Con gran dificultad: *Estaba tan cansada de nadar que a duras penas conseguí llegar a la otra orilla.* ‖ **de pena.** *col.* Muy mal: *Repite el dibujo, porque este te ha salido de pena.* ‖ **hecho una pena.** *col.* En muy malas condiciones físicas o psíquicas: *Cuando duermo poco, me levanto hecho una pena.* ‖ **{merecer/valer} la pena** algo. Compensar el interés o el esfuerzo que cuesta: *No te enfades por esa tontería, que no vale la pena.* ‖ **pena capital.** La de muerte: *Estoy en contra de la pena capital.* ‖ **sin pena ni gloria.** Sin destacar para bien ni para mal: *Pasó por la vida sin pena ni gloria, y hoy nadie se acuerda de él.*

penacho s.m. **1** Conjunto de plumas que algunas aves tienen en la parte superior de la cabeza: *La abubilla tiene penacho.* **2** Adorno de plumas que sobresale: *Los caballos del desfile iban engalanados y llevaban penachos en la cabeza.* 👁 **sombrero**

penal ▮ adj. **1** De la pena, relacionado con ella o que la incluye: *Hizo una declaración jurando que no tenía antecedentes penales.* **2** De las leyes, las instituciones o las acciones que están destinadas a perseguir y castigar los crímenes o los delitos: *El código penal regula los delitos y las faltas.* ▮ s.m. **3** Lugar en el que los condenados a una pena cumplen condenas superiores a la de arresto menor: *Cumple condena en un penal por un delito de robo.* □ MORF. Como adjetivo es invariable en género.

penalidad s.f. Molestia, incomodidad o sufrimiento: *El hambre y el frío fueron algunas de las penalidades que sufrió la expedición científica.* □ MORF. Se usa más en plural.

penalización s.f. Imposición de una sanción o de un castigo: *El ciclista ha sufrido una penalización de dos minutos por haber empujado a un compañero.*

penalizar v. Imponer una sanción o un castigo: *Han penalizado a ese deportista porque había ingerido sustancias anabolizantes. En el parchís se penaliza al que saque un seis tres veces seguidas.* □ ORTOGR. La *z* se cambia en *c* delante de *e* →**CAZAR**.

penalti s.m. **1** En fútbol y otros deportes, falta cometida por un equipo en su propia área de meta y castigada con la máxima sanción: *El árbitro pitó penalti cuando vio que el juez de línea levantaba el banderín.* **2** ‖ **casarse de penalti.** *vulg.* Casarse por estar embarazada la mujer: *Se casaron de penalti y ahora viven en casa de sus padres.* □ ORTOGR. Es un anglicismo (*penalty*) adaptado al español. □ MORF. Su plural es *penaltis*.

penalty s.m. →**penalti.** □ MORF. Su plural es *penalties*. □ USO Es un anglicismo innecesario.

penar v. **1** Referido a una persona, imponerle una pena: *El juez penó al acusado con tres años de prisión.* **2** Referido a un acto, señalar la ley su castigo correspondiente: *La ley pena el asesinato.* **3** Padecer, sufrir o tolerar un dolor o una pena: *Pena porque su amor no es correspondido.*

penca s.f. Nervio principal grueso de las hojas de algunas plantas: *Las pencas de las acelgas son blancas.*

penco s.m. Caballo muy flaco: *¡No sé cómo ese penco podía sostenerte, con lo gordo que estás!*

pendejo, ja s. *col.* Persona de vida irregular y desordenada; *pendón: Esos pendejos llegaron totalmente borrachos, cuando ya amanecía.* □ USO Se usa como insulto.

pendencia s.f. Discusión o riña: *Está en la comisaría porque se vio envuelto en una pendencia callejera.*

pendenciero, ra adj./s. Inclinado a discusiones, riñas o pendencias: *Es muy pendenciero y está siempre arman-*

do bronca. En su juventud era un pendenciero y se peleaba por cualquier tontería.

pender v. Estar colgado, suspendido o inclinado: *La lámpara pende de un cable.*

pendiente ▮ adj. **1** Que todavía no está resuelto o terminado: *Pasaré por la oficina para solucionar algunos asuntos pendientes.* **2** Que está muy atento o preocupado por algo: *Estoy pendiente del teléfono porque espero una llamada.* ▮ s.m. **3** Adorno que se pone en el lóbulo de la oreja: *Llevaba unos pendientes de perlas a juego con la gargantilla.* 👁 **joya** ▮ s.f. **4** Terreno que está en cuesta: *Tropezó y cayó rodando por la pendiente.* **5** Declive o grado de inclinación: *Este puerto de montaña tiene una pendiente muy pronunciada.*

pendón s.m. **1** Asta de la que cuelga una tela alargada y terminada en dos puntas, que tienen como insignia las iglesias y las cofradías: *Los pendones guían las procesiones.* **2** Bandera, generalmente más larga que ancha, que servía de insignia militar: *Los pendones se usaban para distinguir los regimientos o los batallones.* **3** *col.* Persona de vida irregular y desordenada; *pendejo: Si llegas siempre tan tarde los vecinos van a decir que eres un pendón.* **4** *col.* Mujer de vida licenciosa: *Eres injusto al decir que esa chica es un pendón solo porque tiene más amigos que amigas.* □ MORF. En las acepciones 3 y 4, se usa también el femenino coloquial *pendona*.

pendular adj. Del péndulo o relacionado con él: *El mago me hipnotizó haciéndome seguir con la vista el movimiento pendular de una cadena.* □ MORF. Invariable en género.

péndulo s.m. Cuerpo que, suspendido de un punto que está por encima de su centro de gravedad, puede oscilar libremente alrededor de dicho punto debido a su inercia y a la fuerza de la gravedad: *El péndulo de los relojes de pared regula el movimiento de las manecillas.* 👁 **medida**

pene s.m. Órgano genital masculino que permite la cópula y que forma parte del último tramo del aparato urinario; *falo: El pene es un órgano eréctil y muy irrigado.*

penetración s.f. **1** Introducción en el interior de algo: *Los medios de comunicación favorecen la penetración de nuevas tendencias en el país.* **2** Infiltración en algo o introducción por sus poros: *Extiende la crema por el brazo hasta conseguir su total penetración.* **3** Comprensión de algo difícil u oculto: *Un investigador debe tener una gran capacidad de penetración.*

penetrante adj. **1** Profundo, que penetra mucho: *El cadáver presentaba una herida penetrante producida por arma blanca. Este perfume tiene un olor muy penetrante.* **2** Referido esp. a un sonido, que es agudo, alto o elevado: *Oí un grito penetrante que me heló la sangre.* □ MORF. Invariable en género.

penetrar v. **1** Introducirse en el interior: *El Romanticismo penetró en España en el siglo XIX. Una bala le penetró el pecho y acabó con su vida.* **2** Referido a un cuerpo, infiltrarse en otro por sus poros: *La lluvia penetró en la pared e hizo una mancha. El agua de lluvia penetra la tierra.* **3** Referido esp. a una sensación, notarse o percibirse con gran agudeza o intensidad: *Este frío penetra hasta los huesos. Había un aroma que penetraba los sentidos.* **4** Comprender o entender algo difícil: *Los alumnos consiguieron penetrar en los razonamientos del filósofo.*

penibético, ca adj. De la cordillera Penibética (sistema montañoso del sur español), o relacionado con ella: *El pico Mulhacén es la altura penibética más importante.*

penicilina s.f. Sustancia antibiótica que se extrae de los cultivos de un hongo y que se emplea para combatir algunas enfermedades bacterianas: *La penicilina fue el primer antibiótico que se descubrió.*

península s.f. Extensión de tierra rodeada de agua por todas partes excepto por una parte estrecha con la que se une a otro territorio mayor: *España y Portugal forman la península ibérica.*

peninsular adj./s. De una península o relacionado con este territorio: *Las costas peninsulares son muy extensas. Los canarios llaman 'godos' a los peninsulares.* □ MORF. 1. Como adjetivo es invariable en género. 2. Como sustantivo es de género común y exige concordancia en masculino o en femenino para señalar la diferencia de sexo: *el peninsular, la peninsular*.

penique s.m. Moneda británica equivalente a la centésima parte de la libra esterlina: *Los peniques son del color del cobre.*

penitencia s.f. **1** En la Iglesia católica, sacramento por el cual se perdonan los pecados en nombre de Jesucristo: *La penitencia es el sacramento de la reconciliación.* **2** Lo que el confesor impone al penitente para expiar o borrar una culpa: *Me puso de penitencia pedir perdón públicamente a las personas calumniadas con mis palabras.* **3** *col.* Lo que resulta desagradable o molesto, esp. si se realiza como acto de mortificación: *Para mí, madrugar es una penitencia.*

penitenciaría s.f. Cárcel, prisión o lugar en el que se sufre condena para expiar un delito: *Pasó dos años en la penitenciaría tras haber sido juzgado por un delito de robo.*

penitenciario, ria adj. De la penitenciaría o relacionado con este lugar en el que se expían los delitos: *Las instituciones penitenciarias intentan enmendar a los delincuentes.*

penitente s. Persona que hace penitencia privada o públicamente: *En la procesión, varios penitentes seguían el paso vestidos con túnicas y capirotes.* □ MORF. Es de género común y exige concordancia en masculino o en femenino para señalar la diferencia de sexo: *el penitente, la penitente*.

penoso, sa adj. **1** Que causa pena: *Resulta penoso ver fracasar a un amigo.* **2** Que resulta trabajoso o presenta gran dificultad: *Transportar esas piedras a hombros es una labor penosa.*

pensamiento s.m. **1** Facultad o capacidad de pensar: *El pensamiento es propio y característico de los seres humanos.* **2** Lo que se piensa: *No sé cuáles son tus pensamientos ahora mismo.* **3** Idea o sentencia destacada: *Cita siempre pensamientos de los clásicos.* **4** Conjunto de ideas propias de una persona o de una colectividad: *Es un libro sobre el pensamiento de Unamuno.* **5** Planta herbácea de jardín, con flores de cinco pétalos redondeados de tres colores: *El pensamiento es una planta ornamental.* **6** Flor de esta planta: *Tengo en el jardín pensamientos morados y amarillos.* **7** ‖ **leer el pensamiento.** Adivinar lo que alguien piensa aunque no lo manifieste: *Te conozco tan bien que soy capaz de leerte el pensamiento.* □ SEM. En las acepciones 5 y 6, es sinónimo de *trinitaria*.

pensar v. **1** Referido a una idea o un concepto, formarlos o darles forma en la mente, relacionándolos unos con otros: *Tengo que pensar algo para salir de aquí. ¿Has pensado ya dónde vamos?* **2** Referido a una idea, examinarla cuidadosamente para formar un juicio o reflexionar sobre ella: *Piensa bien en ello, y luego dime qué opinas.* **3** Refe-

a b c d e f g h i j k l m n ñ o **p** q r s t u v w x y z

rido a una acción, decidir hacerla o tener la intención de llevarla a cabo: *He pensado tomarme unas vacaciones. ¿Tú qué piensas hacer en el futuro?* ☐ MORF. Irreg.: La *e* diptonga en *ie* en todos los presentes, excepto en las personas *nosotros* y *vosotros* ⟶**PENSAR**. ☐ SINT. Constr.: *pensar* EN *algo*.

pensativo, va adj. Que está absorto en sus pensamientos: *Paseaba pensativo por el jardín, y no me oyó llegar.*

pensión s.f. **1** Cantidad de dinero que recibe una persona periódicamente y como ayuda, y que se asigna desde instituciones oficiales: *Cuanto más cotices como trabajador, la pensión como jubilado será mayor.* **2** Establecimiento público en el que se da alojamiento a cambio de dinero, y que es de categoría inferior a la del hotel: *Cuando era estudiante se alojaba en una pensión porque su familia vivía en otra ciudad.* **3** Precio que se paga por este alojamiento: *La patrona quiere subirme la pensión.* **4** Ayuda de dinero que se concede bajo ciertas condiciones, para ampliar o estimular estudios y actividades científicas, literarias o artísticas, o por otros motivos: *Desde que se divorció, pasa una pensión a su mujer, según lo estipulado por el juez.* **5** ‖ **media pensión. 1** En un establecimiento hotelero, régimen de alojamiento que incluye habitación, desayuno y una de las dos comidas fuertes: *Optaron por la media pensión porque al mediodía solo toman un bocadillo en la playa.* **2** En un establecimiento educativo, régimen que incluye la enseñanza y la comida del mediodía: *En este colegio no hay media pensión, y todos los alumnos se van a comer a sus casas.* ‖ **pensión completa.** En un establecimiento hotelero, régimen de alojamiento que incluye la habitación y todas las comidas del día: *Cuando está de vacaciones no quiere cocinar y va a un hotel con pensión completa.*

pensionado s.m. Centro en el que residen personas internas, esp. alumnos; *internado*: *Estudió en un pensionado suizo.*

pensionista s. **1** Persona que cobra una pensión o tiene derecho a recibirla: *Muchos pensionistas apenas tienen lo suficiente para vivir.* **2** Persona que recibe alojamiento y comida en una casa particular, y paga por ello: *En la fonda solo hay ahora cuatro pensionistas.* **3** Alumno que recibe enseñanza, comida y alojamiento, y paga por ello una determinada cantidad: *La mitad del alumnado está compuesta por pensionistas y la otra mitad, por externos.* **4** ‖ **medio pensionista.** El alumno que recibe enseñanza y comida, pero no alojamiento: *Los medio pensionistas se quedan a comer todos los días en el colegio, pero duermen en sus casas.* ☐ MORF. Es de género común y exige concordancia en masculino o en femenino para señalar la diferencia de sexo: *el pensionista, la pensionista.*

penta- Elemento compositivo que significa 'cinco': *pentágono, pentasílabo, pentadáctilo, pentagrama.*

pentágono, na adj./s.m. En geometría, referido a un polígono, que tiene cinco lados y cinco ángulos: *En el pentágono regular todos los lados y todos los ángulos son iguales.*

pentagrama s.m. Conjunto de cinco líneas paralelas y situadas a la misma distancia unas de otras, sobre las que se escribe la música: *Una de las primeras cosas que se aprenden en solfeo es la colocación de las notas en el pentagrama.*

pentasílabo, ba adj./s.m. De cinco sílabas, esp. referido a un verso: *'Panorámica' es una palabra pentasílaba. El pentasílabo fue un verso muy utilizado por los poetas neoclásicos.*

pentatlón s.m. Conjunto de cinco pruebas atléticas, que actualmente son las de 200 y 1500 metros lisos, salto de longitud y lanzamiento de disco y de jabalina: *El pentatlón es de origen griego y fue revitalizado a principios del siglo XX en los Juegos Olímpicos.* ☐ ORTOGR. Es un anglicismo (*pentathlon*) adaptado al español.

penúltimo, ma adj./s. Inmediatamente anterior al último: *El 30 de diciembre es el penúltimo día del año. Llegó la penúltima, solo una atleta llegó después que ella.*

penumbra s.f. Sombra débil, o estado intermedio entre la luz y la oscuridad: *Corrió las cortinas y la habitación quedó en penumbra.*

penuria s.f. Escasez o falta de lo necesario: *Vive en la penuria, porque su pensión es ridícula y apenas le llega para comer.*

peña s.f. **1** Piedra grande, según se encuentra en la naturaleza: *Las cabras suben por las peñas con facilidad.* **2** Monte o cerro con piedras grandes y elevadas: *En lo alto de esa peña hay un manantial de agua muy fría.* **3** *col.* Grupo de amigos: *A la romería fuimos toda la peña.* **4** *col.* Asociación recreativa o deportiva: *La peña sigue todos los desplazamientos de su equipo.*

peñasco s.m. Peña grande y elevada: *El primero que llegue a lo alto de ese peñasco, que espere a los demás.*

peñazo adj./s.m. *col.* Pesado, molesto o aburrido: *Me han endosado un trabajo peñazo que nadie quería hacer. Mi profesor es un peñazo y me duermo en sus clases.*

peñón s.m. Monte rocoso: *Desde el barco vimos el peñón de Gibraltar.*

peón, -a ▌s. **1** Persona dedicada profesionalmente a la construcción que ocupa el grado más bajo en su escala profesional: *Empezó siendo peón de albañil, pero ahora es oficial.* ▌s.m. **2** En el juego del ajedrez, cada una de las ocho piezas negras o blancas que son iguales: *Los peones son las piezas de menos valor.* 👁 **ajedrez 3** En algunos juegos de tablero, pieza o ficha: *En las damas, el peón que llega al borde opuesto del tablero se convierte en dama.* **4** Antiguamente, soldado de a pie: *En aquella batalla contra los moros participaron dos mil caballeros y cuatro mil peones.* **5** *col.* Persona o recurso de los que se puede disponer para conseguir un fin: *Cuando sospechó que corría peligro, movilizó a sus peones y consiguió salir indemne.* **6** ‖ **peón caminero.** El que se dedica a la conservación y reparación de los caminos y las carreteras públicas: *Han cortado el paso porque varios peones camineros están arreglando un bache.* ‖ **peón (de brega).** Torero subalterno que ayuda al matador durante la lidia: *La cuadrilla está formada por peones de brega, banderilleros y picadores.*

peonada s.f. Trabajo que realiza un peón en un día, esp. en tareas agrícolas: *Aún no sabemos a cuánto se pagará la peonada.*

peonza s.f. Juguete formado por una pieza de forma cónica, generalmente de madera, sobre la que se enrolla una cuerda, para lanzarla y hacerla girar; *trompo*: *Mi padre me enseñó a bailar la peonza.*

peor ▌adj. **1** comp. de superioridad de **malo.** ▌adv. **2** comp. de superioridad de **mal. 3** ‖ **peor que peor.** Expresión que se usa para indicar que lo que se propone como remedio empeora aún más las cosas: *Si está enfadado, no le hables ahora, porque eso es peor que peor.* ‖ **ponerse en lo peor.** Suponer que sucederá algo muy desfavorable o perjudicial: *El médico me ha dicho que nos pongamos en lo peor, porque el enfermo está realmente grave.* ☐ MORF. Como adjetivo es invariable en género.

a b c d e f g h i j k l m n ñ o p q r s t u v w x y z

pepinillo s.m. Variedad del pepino, de pequeño tamaño, que se suele conservar en vinagre: *De aperitivo nos pusieron aceitunas y pepinillos.*

pepino s.m. **1** Planta herbácea, con tallos largos, blandos, rastreros y vellosos, flores amarillas, masculinas y femeninas, y fruto comestible de forma cilíndrica y alargada, de color verde oscuro por fuera y blanco y con pepitas por dentro: *En la huerta hemos plantado pepinos y tomateras.* **2** Fruto de esta planta: *El pepino se come mucho en ensalada.* **3** ‖ **un pepino.** Muy poco o nada: *No le tengo ningún aprecio y sus opiniones me importan un pepino.* □ SINT. *Un pepino* se usa más con el verbo *importar* o equivalentes y en expresiones negativas.

pepita s.f. **1** Semilla de algunas plantas; *pipa: Antes de comer la rodaja de melón, quítale las pepitas.* **2** Trozo de oro u otro metal que se halla en los terrenos formados por los materiales arrastrados por las corrientes de los ríos: *Los buscadores de oro encontraban pepitas al lavar la tierra de los ríos.*

pepito s.m. **1** Bocadillo que tiene dentro un filete de carne: *Nos fuimos de excursión y nos llevamos pepitos de ternera.* **2** Bollo alargado y relleno de crema o de chocolate: *Merendé un vaso de leche con un pepito.*

pepitoria ‖ **en pepitoria.** Referido esp. al pollo o a la gallina, guisados con una salsa espesa cuya base es la yema de huevo: *De primer plato, tomaremos gallina en pepitoria.*

pepla s.f. *col.* Lo que es de muy mala calidad o está en muy malas condiciones: *Hoy estoy hecho una pepla, porque ayer apenas dormí.*

pepona s.f. Muñeca grande, generalmente de cartón: *Mi abuela siempre nos contaba que su primera muñeca fue una pepona.*

pepsina s.f. En los animales vertebrados, sustancia segregada por ciertas glándulas del estómago, que forma parte del jugo gástrico y ayuda a la digestión: *La pepsina es una proteína muy importante para la digestión de otras proteínas.*

pequeñez s.f. **1** Tamaño o importancia pequeños: *Es tal la pequeñez de la habitación que solo cabe la cama. ¡Ojalá todos mis problemas fueran de esa pequeñez!* **2** Lo que tiene poco valor o escasa importancia: *No me cuentes pequeñeces y ve al grano.*

pequeño, ña ▌adj. **1** Corto, limitado, de dimensiones reducidas o menores de lo normal: *Estos zapatos me están pequeños y me hacen daño. Prefiero los coches pequeños porque es más fácil aparcarlos.* **2** Breve o de poca importancia: *Dimos un pequeño paseo. Sufrió un pequeño accidente.* ▌adj./s. **3** De corta edad: *No pueden salir por la noche porque tienen dos niños pequeños. Los pequeños jugaban en la playa con sus cubos y sus palas.* □ MORF. 1. Su comparativo de superioridad es *menor.* 2. Su superlativo irregular es *mínimo.*

pera ▌adj./s. **1** *col.* Referido a una persona, que es presumida, demasiado elegante y con aires de refinamiento: *Era un local de moda y estaba lleno de niños peras. Los peras llevan ropa de las marcas más caras.* ▌s.f. **2** Fruto del peral, de forma cónica, con pepitas oscuras y ovaladas en su interior y con sabor más o menos dulce según su variedad: *De postre tomé una pera.* **3** Instrumento manual de goma con la forma de este fruto, que se usa para impulsar aire o un líquido: *Necesitarás una pera para ponerte la lavativa.* **4** Interruptor de luz o de timbre de forma parecida a la del fruto: *Con la pera que cuelga encima de la cama, puedes encender y apagar la luz sin tener que levantarte.* **5** ‖ **pedir peras al olmo.** *col.* Pedir o pretender algo imposible: *Quédate con lo que te ofrece y no pidas peras al olmo.* ‖ **pera en dulce.** *col.* Referido esp. a una persona, con excelentes cualidades: *Esa chica es una pera en dulce.* ‖ **poner** a alguien **las peras a cuarto.** *col.* Reprender con severidad: *Desde que le pusieron las peras a cuarto, trabaja más y mejor.* ‖ **ser la pera.** *col.* Ser indignante, intolerable o sorprendente: *Esta chica es la pera, siempre llega tarde a clase.* □ MORF. En la acepción 1, como adjetivo es invariable en género y como sustantivo es de género común y exige concordancia en masculino o en femenino para señalar la diferencia de sexo: *el pera, la pera.* □ SINT. *Pera en dulce* se usa más con el verbo *ser* o equivalentes.

peral s.m. Árbol frutal de tronco liso y recto, hojas ovaladas y puntiagudas y flores blancas, cuyo fruto es la pera: *El peral es propio de los climas templados.*

peraltar v. **1** Referido esp. a la curva de un arco o de una bóveda, darle más altura de la correspondiente al semicírculo: *Peraltando el arco, se ganó medio metro en altura en la puerta.* **2** Referido esp. a la curva de una carretera o de una vía férrea, elevar o levantar su parte exterior: *Han peraltado las curvas de la carretera para que sean menos peligrosas.*

peralte s.m. **1** En la curva de un arco o de una bóveda, lo que excede en altura a la del semicírculo correspondiente: *El arco tiene un peralte de medio metro.* **2** En una curva de carretera o de vía férrea, mayor elevación de su parte exterior en relación con la interior: *El peralte de las curvas permite tomarlas con mayor seguridad.*

perca s.f. Pez de agua dulce, cubierto de escamas duras y ásperas, que es verdoso en el lomo, plateado en el vientre y dorado con rayas negras en los costados, y cuya carne es comestible y delicada: *La perca tiene el cuerpo oblongo, es decir, más largo que ancho.* 👁 **pez** □ MORF. Es un sustantivo epiceno y la diferencia de sexo se señala mediante la oposición *la perca {macho/hembra}.*

percal s.m. **1** Tela de algodón de baja calidad: *Tengo una bata de percal que me costó muy barata.* **2** ‖ **conocer el percal.** *col.* Conocer bien un asunto o a una persona: *A mí ya no me engañas, porque conozco el percal.*

percance s.m. Contratiempo o perjuicio imprevistos: *Se me pinchó una rueda, y este percance me hizo llegar tarde.*

per capita (latinismo) ‖ Por persona, por cabeza o individualmente: *La renta per capita de esta provincia es la más alta del Estado.*

percatarse v.prnl. Advertir o darse cuenta: *Cuando se percató de cómo era en realidad, ya era demasiado tarde.* □ SINT. Constr.: *percatarse* DE *algo.*

percebe s.m. **1** Crustáceo comestible de forma cilíndrica y alargada, con un pedúnculo carnoso que le permite agarrarse a los peñascos y que se cría formando grupos: *Tomamos una mariscada, y yo me puse ciego de percebes y de langostinos.* 👁 **marisco** **2** *col.* Persona torpe e ignorante: *Solo a un percebe como tú se le podía haber ocurrido esa tontería.*

percepción s.f. **1** Recepción o cobro de algo material: *Estoy arreglando los papeles para la percepción del subsidio de desempleo.* **2** Apreciación de la realidad a través de los sentidos: *La percepción del sabor se realiza por medio de las papilas gustativas.* **3** Comprensión o conocimiento por medio de la inteligencia: *La percepción individual del mundo está condicionada por la educación recibida.*

perceptible adj. Que se puede percibir: *En la oscuridad, los objetos no son perceptibles para la vista.* ☐ MORF. Invariable en género.

percha s.f. **1** Utensilio que consta de un soporte con un gancho en su parte superior para poder ser suspendido de algún sitio, y que sirve para colgar algo en él: *Coloca el vestido en la percha y cuélgalo en el armario.* **2** Mueble con ganchos en los que se cuelga o se sujeta algo, esp. la ropa; *perchero: La toalla está en una percha detrás de la puerta.* **3** Cada uno de estos ganchos: *Cuelga el abrigo ocupando dos perchas, para que no se deforme.* **4** *col.* Figura o tipo de una persona: *Toda la ropa le queda bien porque tiene muy buena percha.* **5** Palo horizontal destinado a que se posen sobre él las aves: *El loro hablaba posado en la percha.*

perchero s.m. Mueble con ganchos en los que se cuelga o se sujeta algo, esp. la ropa; *percha: Colgad los abrigos en el perchero de la entrada.*

percherón, -a adj./s. Referido a un caballo o a una yegua, que pertenecen a una raza francesa de gran fuerza y corpulencia: *Los caballos percherones se utilizan como animales de tiro. Los percherones pueden transportar grandes pesos.*

percibir v. **1** Referido a algo material, recibirlo y hacerse cargo de ello: *Para el trabajo que hace, percibe un buen sueldo.* **2** Referido a la realidad, recibirla o apreciarla a través de uno de los sentidos: *Algunos animales perciben sonidos que el hombre no oye.* **3** Comprender o conocer por medio de la inteligencia: *No percibí la importancia de aquellas palabras.*

percusión s.f. **1** Golpeo o choque repetidos: *Mediante una ligera percusión de las cavidades del cuerpo pueden detectarse anomalías.* **2** En música, en una orquesta o en una banda, conjunto de los instrumentos que se tocan golpeándolos, generalmente con mazas, varillas o baquetas: *La percusión de la orquesta suele colocarse al fondo del escenario.* 👁 percusión

percutor s.m. Pieza que golpea en cualquier máquina, esp. la que hace detonar la carga explosiva del cartucho en las armas de fuego: *Una pistola dispara cuando, al apretar el gatillo, el percutor golpea el detonador del cartucho.*

perder ▮ v. **1** Referido a algo que se tiene, dejar de tenerlo o no hallarlo: *En ese negocio perdí mucho dinero. Se me ha perdido el bolígrafo y no lo encuentro.* **2** Desperdiciar, malgastar o emplear de mala manera: *Perdí tres años de mi vida esperándote.* **3** Referido esp. a algo que se necesita, fracasar en el intento de conseguirlo: *Perdí el tren por llegar cinco minutos tarde. Si sigues comportándote así perderás los amigos.* **4** Ocasionar un perjuicio o un daño: *Tu orgullo y tu soberbia te pierden.* **5** Referido a algo que se disputa, no conseguir obtenerlo: *Perdimos el trofeo porque somos peores que nuestros contrincantes.* **6** Referido esp. a un enfrentamiento, resultar vencido en él: *Hemos perdido esta batalla, pero no la guerra. Mi equipo ha vuelto a perder.* **7** Referido a un contenido, escaparse del recipiente que lo contiene: *Este cubo pierde agua.* **8** Decaer o empeorar de aspecto, salud, estado o calidad: *Desde que suprimieron las entrevistas, este programa ha perdido mucho.* ▮ prnl. **9** Equivocarse en el camino que se llevaba: *Se perdió y, en lugar de ir a Valencia, apareció en Albacete.* **10** No encontrar camino ni salida: *En un laberinto es fácil perderse.* **11** Aturdirse o no encontrar una solución: *Me pierdo con tantas cifras.* **12** Distraerse de un discurso o de una idea: *Me perdí cuando el conferenciante empezó a hablar de fórmulas físicas.* **13** *col.* Dejar de disfrutar: *No te pierdas el concierto, porque merece la pena.* **14** Amar o anhelar con

PERCUSIÓN (INSTRUMENTOS)

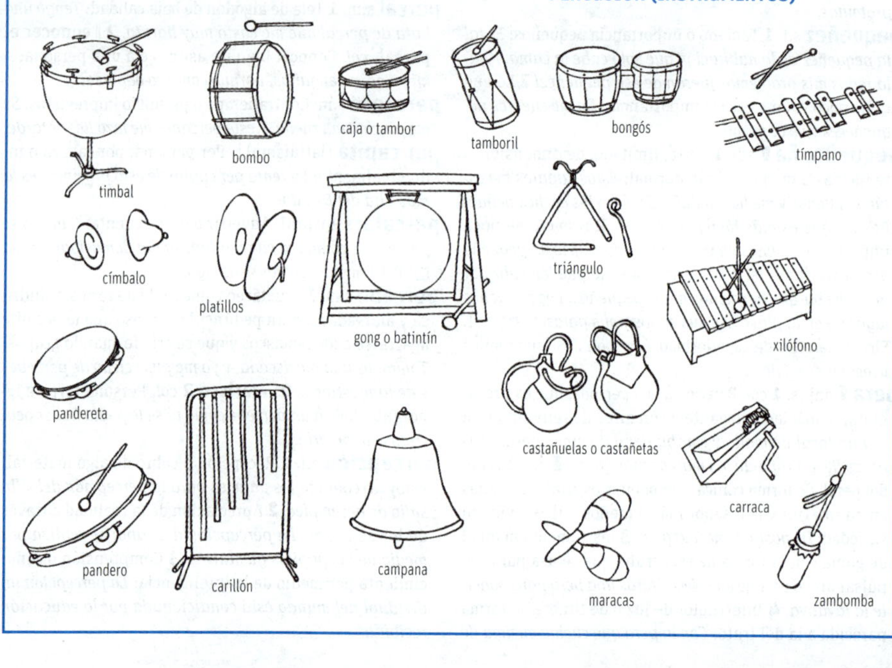

gran intensidad: *Me pierdo por mis sobrinos. Se pierde por los coches de carreras.* **15** Caer en una situación de deshonor o de vergüenza: *Dice que su nieta se ha perdido, porque está viviendo con un hombre sin estar casada con él.* **16** ‖ **piérdete.** *col.* Expresión que se usa para indicar a alguien que se vaya: *¡Piérdete y no vuelvas por aquí hasta que yo no te llame!* ‖ **tener {buen/mal} perder.** Aceptar bien o mal una derrota: *Tiene muy mal perder y cuando no gana, se enfada con todos.* □ MORF. Irreg.: La *e* de la raíz diptonga en *ie* en los presentes, excepto en las personas *nosotros* y *vosotros* ⟶**PERDER**.

perdición s.f. **1** Caída en una situación de deshonor o de vergüenza: *Su relación con el mundo de la prostitución lo arrastró a la perdición.* **2** Daño o perjuicio muy graves: *Con la bebida y las drogas lo único que haces es buscar tu perdición.* **3** Lo que provoca este daño: *El juego es su perdición.* **4** Condenación eterna: *Tus pecados te llevarán a la perdición.*

pérdida s.f. **1** Carencia o privación de lo que se poseía: *Todo el pueblo lloró la pérdida de tan ilustre persona.* **2** Daño que se produce en algo: *Las fuertes heladas han ocasionado grandes pérdidas en la agricultura.* **3** Cantidad que se pierde, esp. si es de dinero: *Este año la empresa ha tenido muchas pérdidas.* **4** Desperdicio o mal empleo de algo: *Esta discusión tan estúpida me parece una pérdida de tiempo.* **5** ‖ **no tener pérdida.** *col.* Ser fácil de encontrar: *Si te bajas en la estación que te dije, mi casa no tiene pérdida.*

perdido, da ▮ adj. **1** Sin un destino determinado: *Andaba perdido por las calles parándose en todos los escaparates.* **2** Pospuesto a un adjetivo, aumenta e intensifica lo que este significa: *No intentes razonar con él porque está tonto perdido.* **3** Sin solución o sin remedio: *El profesor desistió de intentar educar al niño, porque pensaba que era un caso perdido.* ▮ adj./s. **4** Referido a una persona, que es viciosa o tiene malas costumbres: *Se junta con todos los tipos más perdidos del barrio y se dedica a golfear. La droga la convirtió en una perdida.* ▮ s.f. **5** Prostituta: *Por la noche esta calle se llena de perdidas y maleantes.* **6** ‖ **ponerse perdido.** *col.* Ensuciarse mucho: *Me ha saltado el aceite y me he puesto perdido.*

perdigón s.m. **1** Grano de plomo que forma la munición o carga de un arma de caza: *En el cuerpo de la liebre había tres perdigones.* **2** Pollo o cría de la perdiz: *En el nido había cinco perdigones.* **3** *col.* Partícula de saliva que se despide al hablar: *Cuando hablas con él, tienes que ponerte a distancia para que no te llene de los perdigones.*

perdigonada s.f. Disparo de perdigón hecho con arma de caza: *El conejo tenía una perdigonada en una pata.*

perdiguero, ra adj./s. Referido a un perro, de la raza que se caracteriza por ser de talla mediana, por tener cuello ancho y fuerte, cabeza fina, hocico saliente, orejas muy grandes y caídas, patas altas, cola larga y pelaje corto y fino, y por ser muy apreciado para la caza por su buen olfato: *Los perros perdigueros suelen tener manchas en la piel. Cuando va de caza, lleva un hermoso perdiguero.*

perdiz s.f. Ave de cuerpo grueso, cuello corto y blanco con un collar negro, cabeza pequeña, pico y pies rojizos y plumaje grisáceo en la parte superior y azulado con manchas negras en el pecho: *Guisé las perdices que cazaste y nos las comimos estofadas.* □ MORF. Es un sustantivo epiceno y la diferencia de sexo se señala mediante la oposición *la perdiz {macho/hembra}*.

perdón s.m. **1** Olvido, por parte de la persona perjudicada, de una ofensa recibida: *Te pido perdón por haberte mentido. No es fácil conceder el perdón cuando la ofensa ha sido grave.* **2** ‖ **(con) perdón.** Expresión que se usa para disculparse por un hecho o un dicho que pueden molestar a otras personas: *Allí estaban, con perdón, todos los guarros de la granja. Perdón, ¿me deja pasar?*

perdonar v. **1** Referido esp. a una falta o a una deuda, no tenerlas en cuenta u olvidarlas deliberadamente la persona perjudicada: *Te perdono la deuda porque sé que no puedes pagarla. Perdona que te haya pisado, pero ha sido sin querer.* **2** Referido a una persona, librarla de un castigo o de una obligación: *El juez perdonó al homicida porque mató en defensa propia. Hoy te toca fregar a ti, pero te perdono.* **3** *col.* Referido a algo que se desea, privarse de ello o dejar pasar la ocasión de obtenerlo: *No perdona la siesta después de comer.* □ USO La acepción 3 se usa más en expresiones negativas.

perdonavidas s. *col.* Persona que presume de valiente sin serlo: *No te creas las fanfarronerías que cuenta, porque es un perdonavidas.* □ MORF. 1. Es de género común y exige concordancia en masculino o en femenino para señalar la diferencia de sexo: *el perdonavidas, la perdonavidas*. 2. Invariable en número.

perdurable adj. **1** Perpetuo o que dura siempre: *El cristiano espera alcanzar la gloria perdurable en el cielo.* **2** Que dura mucho tiempo: *El Gobierno se ha propuesto hacer frente a la perdurable lacra social del terrorismo.* □ MORF. Invariable en género.

perdurar v. Durar mucho, o mantenerse en un mismo estado al cabo del tiempo: *El odio perduró durante años entre las dos familias.*

perecedero, ra adj. De poca duración, o destinado a perecer o a terminarse: *Se aconseja no mantener los alimentos perecederos fuera del frigorífico.*

perecer v. **1** Morir, esp. si es de forma violenta: *Son más de cien las personas que han perecido en el terremoto.* **2** Dejar de existir o acabarse: *Todas sus ilusiones perecieron en cuanto se enfrentó con la cruda realidad.* □ MORF. Irreg.: Aparece una *z* delante de la *c* cuando la siguen *a, o* ⟶**PARECER**.

peregrinación s.f. **1** Viaje a un lugar sagrado, esp. a un santuario, por devoción o para cumplir un voto: *He estado de peregrinación en tierra santa.* **2** *col.* Recorrido de distintos lugares para resolver algo: *Tras un largo peregrinación por las delegaciones ministeriales, conseguí obtener toda la información.* □ SEM. Es sinónimo de *peregrinaje*.

peregrinaje s.m. ⟶**peregrinación.**

peregrinar v. **1** Viajar a un lugar sagrado, esp. a un santuario, por devoción o para cumplir un voto: *Por este camino pasan todos los que peregrinan a Santiago de Compostela.* **2** *col.* Recorrer distintos lugares para resolver algo: *Para obtener este certificado he tenido que peregrinar por varias oficinas públicas.*

peregrino, na ▮ adj. **1** Extraño, poco visto o carente de lógica: *Esa idea de construir la casa en el barranco me parece de lo más peregrino.* ▮ adj./s. **2** Que viaja a un lugar sagrado, esp. a un santuario, por devoción o para cumplir un voto: *Por el camino se encontraron con muchos viajeros peregrinos. Cada 25 de julio, los peregrinos inundan las calles de Santiago de Compostela.*

perejil s.m. Planta herbácea con hojas aromáticas divididas en lóbulos aserrados y de color verde oscuro, que se emplea como condimento: *La salsa del pescado la he hecho con ajo y perejil.*

perendengue s.m. *col.* Adorno de poco valor: *El vestido llevaba lentejuelas y otros perendengues.*

perengano, na s. *col.* Palabra comodín que se usa para designar a una persona cualquiera: *Allí hablaron fulano, zutano y perengano para decir todos lo mismo.* ☐ USO Se usa más en la expresión *fulano, mengano, zutano y perengano.*

perenne adj. **1** Que es incesante y dura siempre, o que dura mucho tiempo: *Su amor era perenne y nunca se separaron.* **2** En botánica, que dura más de dos años: *El ciprés es un árbol de hoja perenne.* ☐ MORF. Invariable en género.

perennifolio, lia adj. Referido a un árbol, que cambia sus hojas gradualmente: *En invierno, los árboles perennifolios tienen hojas.*

perentoriedad s.f. Urgencia o imposibilidad de aplazamiento: *La perentoriedad del problema del paro exige una pronta solución.*

perentorio, ria adj. **1** Que es urgente o que no puede ser aplazado: *Pidió un préstamo para atender los gastos más perentorios.* **2** Referido a un plazo, que es el último que se concede: *Debe presentarse en el juzgado en el plazo perentorio de cuarenta y ocho horas.* **3** Referido a una resolución, que es la última que se toma: *La resolución perentoria del tribunal lo declaró culpable.*

perestroika (del ruso) s.f. Reforma aperturista de sistema político dirigida desde los máximos dirigentes del poder, esp. referido a la que impulsó en su país Mijail Gorbachov (presidente soviético): *La perestroika implica la liberalización del sistema económico.*

pereza s.f. **1** Falta de disposición, de atención o de interés para hacer lo que se debe: *Me da mucha pereza salir de casa cuando hace frío.* **2** ‖ **sacudir la pereza.** Vencerla o eliminarla: *Sacúdete la pereza y ponte a trabajar de una vez.*

perezoso, sa ▮ adj./s. **1** Que tiene pereza o actúa con ella: *Me cuesta ponerme a estudiar porque soy muy perezosa. La jefa se enfadó con nosotros y dijo que éramos todos unos perezosos y unos vagos.* ▮ s.m. **2** Mamífero desdentado con la cabeza pequeña, las extremidades provistas de uñas largas y fuertes y el pelaje áspero y largo, que está adaptado a la vida en los árboles y se caracteriza por sus movimientos lentos: *El perezoso vive en las selvas de América Central y América del Sur.* ☐ MORF. En la acepción 2, es un sustantivo epiceno y la diferencia de sexo se señala mediante la oposición *el perezoso {macho/hembra}.*

perfección s.f. **1** Terminación o mejoramiento de algo para hacerlo más perfecto: *Su vida fue un camino de perfección hasta llegar a la santidad.* **2** Ausencia absoluta de errores o de fallos: *Todos debemos aspirar a la perfección, aun sabiendo que no es posible llegar a ella.* **3** Lo que es perfecto: *Alaba las perfecciones de su novia como si fuera la mejor mujer del mundo.* **4** ‖ **a la perfección.** De manera perfecta: *Habla tres idiomas a la perfección.*

perfeccionamiento s.m. Transformación consistente en mejorar o terminar algo, con el mayor grado de perfección: *Estamos trabajando en el perfeccionamiento de esta nueva técnica.*

perfeccionar v. Mejorar, hacer más perfecto o acabar con el mayor grado de perfección: *Está haciendo un curso en París para perfeccionar su francés.*

perfeccionismo s.m. Tendencia a mejorar algo indefinidamente, sin decidirse nunca a considerarlo acabado: *Su perfeccionismo le hace corregir infinidad de veces cada uno de sus poemas.*

perfeccionista adj./s. Que tiende al perfeccionismo: *Ser demasiado perfeccionista en el trabajo es una traba, porque se corre el riesgo de no cumplir nunca plazos. Hemos topado con una perfeccionista, y a todos nuestros proyectos les saca faltas.* ☐ MORF. 1. Como adjetivo es invariable en género. 2. Como sustantivo es de género común y exige concordancia en masculino o en femenino para señalar la diferencia de sexo: *el perfeccionista, la perfeccionista.*

perfectamente adv. **1** Totalmente o por completo: *Esta teoría es perfectamente válida.* **2** Expresión que se usa para indicar asentimiento o conformidad: *Perfectamente, contestó cuando le propuse que se viniera con nosotros.*

perfectivo, va adj. En lingüística, que expresa una acción acabada: *El pretérito perfecto es un tiempo perfectivo.*

perfecto, ta ▮ adj. **1** Que tiene todas las cualidades requeridas, o que posee el mayor grado posible de cualidad: *Esa actriz es perfecta para el papel protagonista. No busques una persona perfecta, porque no existe.* ▮ adj. **2** En gramática, referido a un tiempo verbal, que expresa una acción acabada: *Todos los tiempos compuestos son perfectos.* ▮ s.m. **3** →**pretérito perfecto.** **4** ‖ **perfecto simple.** →**pretérito indefinido.** ☐ SINT. *Perfecto* se utiliza también como adverbio de afirmación con el significado de 'perfectamente': *Le pregunté si quería venir a comer y me dijo: -Perfecto.* ☐ SEM. Antepuesto a un sustantivo que signifique una cualidad negativa, intensifica dicha cualidad: *Al dejar pasar esa oportunidad, demostró ser un perfecto imbécil.*

perfidia s.f. Deslealtad, traición o falta de fidelidad: *Jamás perdonaré su perfidia y su falta de lealtad.*

pérfido, da adj./s. Desleal, traidor o que no guarda fidelidad: *Sus pérfidas intrigas rompieron la amistad del grupo. Nunca confiaría en un pérfido como tú.*

perfil s.m. **1** Lado o postura lateral: *Solo cuando la vi de perfil me di cuenta de que estaba embarazada.* **2** Contorno de una figura, representado por las líneas que determinan su forma; *silueta*: *A lo lejos se distingue el perfil del campanario de la iglesia.* **3** Conjunto de rasgos o de características que definen algo: *Ninguno de los entrevistados se ajusta al perfil de este puesto de trabajo.* **4** Figura que representa un cuerpo cortado, real o imaginariamente, por un plano vertical: *En el perfil de la etapa de mañana, se ven claramente los tres puertos de primera categoría que deberán subir los ciclistas.* **5** Adorno discreto y delicado, esp. el que se pone en el canto o en el extremo de algo: *Me escribió en un elegante papel, con un perfil dorado.*

perfilado, da adj. **1** Referido al rostro, que es delgado y alargado: *Cuando se recoge el pelo se destaca aún más su rostro perfilado.* **2** Que tiene los perfiles marcados y atractivos: *Tiene unos labios perfilados y sensuales.*

perfilar v. **1** Dar, mostrar o marcar el perfil o los perfiles: *Para perfilarme los ojos utilizo un lápiz especial. Las casas del pueblo se perfilaban en la niebla.* **2** Perfeccionar o rematar con esmero: *Tu idea es buena, pero hay que perfilarla más.*

perforación s.f. **1** Realización de agujeros atravesando algo de parte a parte, o atravesando solo alguna de sus capas: *Con este taladro no tardarás nada en la perforación de la pared.* **2** En medicina, rotura de las paredes de un órgano o de una víscera hueca: *Le detectaron una perforación de intestino.*

perforadora s.f. Máquina, herramienta o utensilio que sirven para perforar: *Los mineros utilizaron la perforadora para abrir agujeros en las rocas.*

perforar v. Hacer agujeros atravesando de parte a parte, o atravesando solo alguna capa: *Para construir un pozo primero hay que perforar el terreno.*

perfumar v. **1** Impregnar de buen olor: *Perfumó la habitación con aroma a lavanda. Antes de salir me perfumé un poco.* **2** Despedir perfume o un olor agradable: *El incienso perfuma intensamente.*

perfume s.m. **1** Sustancia que desprende un olor agradable: *Los perfumes franceses gozan de fama mundial.* **2** Olor agradable, esp. el desprendido por estas sustancias: *Aspiró el perfume de las rosas.*

perfumería s.f. **1** Establecimiento donde se venden perfumes y otros productos de aseo: *En esta perfumería venden colonia a granel.* **2** Técnica e industria de fabricar o comercializar perfumes, cosméticos y otros productos de tocador: *La perfumería es una industria que mueve mucho dinero.*

pergamino s.m. **1** Piel de una res preparada convenientemente para escribir sobre ella o para otros usos: *Muchos manuscritos medievales están escritos sobre pergamino.* **2** Documento escrito sobre esta piel: *En el archivo aparecieron unos pergaminos en latín.*

pergeñar v. *col.* Referido esp. a un plan, tramarlo o prepararlo rápidamente y sin mucha precisión: *Déjate de disimulos y dime qué has estado pergeñando a mis espaldas.* □ PRON. Incorr. *[pergueñar].

pérgola s.f. Armazón para sostener una planta trepadora: *Las pérgolas formaban una galería de flores sobre el paseo del parque.*

peri- Prefijo que significa 'alrededor de': *pericarpio, perímetro.*

periantio s.m. Conjunto formado por el cáliz y la corola de una flor, y que envuelve sus órganos sexuales; *perianto: El periantio es el conjunto de sépalos y de pétalos de una flor.*

perianto s.m. →**periantio.**

pericardio s.m. Tejido membranoso que envuelve el corazón: *El pericardio está formado por dos membranas serosas.* □ ORTOGR. Dist. de *pericarpio.*

pericarpio s.m. En un fruto, parte exterior que rodea a la semilla: *El pericarpio de un fruto procede de la transformación de las paredes del ovario.* □ ORTOGR. Dist. de *pericardio.*

pericia s.f. Habilidad y destreza en el conocimiento de una ciencia o en el desarrollo de una actividad: *Conduce con gran pericia porque ha sido piloto de pruebas.*

pericial adj. Del perito o relacionado con él: *Si quiero que el seguro me pague el arreglo del coche, necesito una tasación pericial.* □ MORF. Invariable en género.

perico s.m. **1** →**periquito, ta.** **2** *col.* Orinal o bacín: *Sienta al niño en el perico para que haga caca.*

periferia s.f. Espacio que rodea un núcleo central: *Vivo en un barrio de la periferia.*

periférico, ca ▌adj. **1** De la periferia o relacionado con ella: *Trabajo en un barrio periférico de la ciudad.* ▌s.m. **2** En un sistema informático, cada uno de los dispositivos que permiten la entrada o la salida de datos: *La impresora y la pantalla son los periféricos de salida.*

perifollo s.m. *col.* Adorno excesivo y de mal gusto, esp. el de las prendas de vestir: *Me gustan los vestidos sencillos y sin perifollos.* □ MORF. Se usa más en plural.

perífrasis s.f. **1** Figura retórica o procedimiento del lenguaje consistente en expresar por medio de un rodeo lo que podría decirse con menos palabras, generalmente para conseguir un efecto estético o una fuerza expresiva mayores: *La expresión 'el astro rey' es una perífrasis para designar al Sol.* **2** ‖ **perífrasis verbal.** En gramática, construcción formada por un verbo auxiliar en forma personal seguido del infinitivo, gerundio o participio del verbo conjugado: *La voz pasiva en español se forma con una perífrasis verbal, utilizando el verbo auxiliar 'ser' y el participio del verbo que se conjuga.* □ ORTOGR. Dist. de *paráfrasis.* □ MORF. Invariable en número.

perifrástico, ca adj. De la perífrasis, con perífrasis o relacionado con esta figura retórica: *'Tener que + infinitivo' es una construcción perifrástica con un matiz de obligación.*

perilla s.f. **1** Barba que se deja crecer en la barbilla: *Un joven con bigote y perilla pregunta por ti.* 👁 **barba** **2** En una silla de montar, parte superior del arco que forma por delante su armazón: *La primera vez que monté a caballo, me di tantos golpes con la perilla que se me pusieron las ingles moradas.* 👁 **arreos** **3** ‖ **de perilla(s).** *col.* Muy bien, muy a tiempo o a propósito: *Que vengas esta tarde me viene de perillas, porque así me ayudas.*

perímetro s.m. **1** Contorno de una superficie: *En este plano se ve muy bien el perímetro de la ciudad.* **2** En geometría, contorno de una figura expresado en unidades de longitud: *Para saber el perímetro de un cuadrado hay que multiplicar por cuatro lo que mide un lado.*

perindola s.f. Peonza pequeña que se hace girar con los dedos: *La perindola se baila con los dedos pulgar e índice.*

periné s.m. →**perineo.**

perineo s.m. En anatomía, zona situada entre el ano y los órganos sexuales; *periné: Le extirparon un bulto que tenía en el perineo.*

periodicidad s.f. Repetición regular o cada cierto tiempo: *Esta revista sale al mercado con una periodicidad semanal.*

periódico, ca ▌adj. **1** Que sucede, se repite o se hace regularmente o cada cierto tiempo: *Los diarios son publicaciones periódicas.* **2** Referido a una fracción decimal, que tiene período: *La fracción 2/3 es periódica ya que es igual a 0,666...* ▌s.m. **3** Publicación informativa que sale diariamente: *Compra todas las mañanas el periódico en el quiosco de su barrio.*

periodismo s.m. **1** Actividad profesional relacionada con la selección, la clasificación y la elaboración de información, que se transmite a través de los medios de comunicación: *Para hacer buen periodismo hay que saber de muchas cosas.* **2** Conjunto de estudios necesarios para tener la carrera de periodista: *Estudié periodismo en la Universidad Complutense de Madrid.*

periodista s. Persona que se dedica profesionalmente a la difusión o comunicación de la información: *Los periodistas deben ser objetivos en la forma de dar las noticias.* □ MORF. Es de género común y exige concordancia en masculino o en femenino para señalar la diferencia de sexo: *el periodista, la periodista.*

periodístico, ca adj. De los periódicos, de los periodistas o relacionado con ellos: *Premiaron uno de mis reportajes periodísticos.*

período o periodo s.m. **1** Espacio de tiempo, esp. el que comprende la duración total de algo: *¿Dónde pasarás el período de vacaciones? Las eras geológicas se dividen* *en períodos.* **2** En la mujer y en las hembras de los simios, eliminación por vía vaginal de sangre y materia celular procedentes del útero: *Cree que está embarazada porque este mes no ha tenido el período.* **3** En una división matemática no exacta, cifra o conjunto de cifras que se repiten de manera indefinida después del cociente entero: *El período de 3´444... es 444.* **4** En gramática, conjunto de oraciones que, enlazadas entre sí, tienen sentido completo: *'Subo a casa y bajo enseguida' son dos oraciones coordinadas que forman un solo período.* **5** Tiempo que tarda un fenómeno en recorrer todas sus fases: *El período de la Tierra alrededor del Sol es aproximadamente de 365 días.* □ SEM. En la acepción 2, es sinónimo de *menstruación*, *menstruo* y *regla*.

periostio s.m. Membrana conjuntiva que rodea los huesos y que sirve para su nutrición y renovación: *Las zonas del hueso por las que se unen cartílagos y tendones no tienen periostio.*

peripatético, ca adj. *col.* Ridículo o extravagante en lo que se dice: *No seas peripatético y deja de decir que el que no haya visto tus cuadros no sabe lo que es el arte.*

peripecia s.f. Suceso repentino o imprevisto que altera el curso o el estado de las cosas: *El viaje fue una continua sucesión de peripecias y sobresaltos.*

periplo s.m. **1** Viaje de largo recorrido con regreso al punto de partida, esp. si se realiza por diversos países: *En nuestro periplo por América visitamos solo países de la costa atlántica.* **2** Antiguamente, navegación que se hacía alrededor de un lugar o dando la vuelta al mundo: *Elcano realizó el primer periplo alrededor de la Tierra entre 1519 y 1522.*

peripuesto, ta adj. *col.* Referido a una persona, que pone excesivo cuidado en vestirse y arreglarse: *Le gusta ir muy peripuesto a todas las fiestas.*

periquete s.m. *col.* Espacio de tiempo muy breve: *Terminó de comer en un periquete.* □ SINT. Se usa más en la expresión *en un periquete*.

periquito, ta s. **1** Ave prensora, de pequeño tamaño, que tiene el pico fuerte y encorvado, el plumaje de colores vistosos, esp. verdes, amarillos y azules, y la cola fina y muy larga; *perico*: *Los periquitos en estado salvaje viven en colonias en las llanuras australianas. Los periquitos reproducen los sonidos con facilidad.* **2** *col.* Muchacho o chico joven: *¿Dónde has conocido a esta periquita tan simpática?*

periscopio s.m. Aparato óptico formado por un tubo vertical en cuyo interior hay un juego de espejos, y que se utiliza para ver lo que se halla por encima de un obstáculo que impide la visión directa: *El capitán del submarino observó por el periscopio dónde estaba el barco enemigo.*

perisodáctilo ▌adj./s.m. **1** Referido a un mamífero, que tiene un número impar de dedos cubiertos por pezuñas y el dedo central más desarrollado: *El rinoceronte es un animal perisodáctilo. El caballo es un perisodáctilo.* ▌s.m.pl. **2** En zoología, orden de estos mamíferos, perteneciente a la superclase de los tetrápodos: *Los perisodáctilos tienen dentadura de tipo herbívoro.* 👁 **ungulado**

perista s. Persona que se dedica al comercio de objetos robados sabiendo que lo son: *Su pasión son los objetos de arte, y yo creo que incluso ha comprado alguno a los peristas.* □ MORF. Es de género común y exige concordancia en masculino o en femenino para señalar la diferencia de sexo: *el perista, la perista*.

peristáltico, ca adj. Referido esp. al movimiento de los intestinos, que se produce en el sentido de avance normal debido a contracciones sucesivas: *Los excrementos son expulsados gracias a los movimientos peristálticos del intestino.*

peritación s.f. →**peritaje.**

peritaje s.m. Trabajo o estudio que hace un perito; *peritación*: *Hoy va a venir un perito para hacer el peritaje de los desperfectos.*

peritar v. Referido a un perito, evaluar o realizar un informe técnico: *Solo los peritos pueden peritar los daños producidos en el accidente.*

perito, ta ▌adj./s. **1** Referido a una persona, que es experta o entendida en una ciencia o un arte: *Es una mujer perita en pinturas renacentistas. Un grupo de peritos en la materia habló durante horas.* ▌s. **2** Persona que ha realizado los estudios necesarios para obtener un grado medio en una ingeniería: *Trabaja como perito industrial en una empresa de coches alemana.* **3** En derecho, persona que posee especiales conocimientos teóricos o prácticos y que informa bajo juramento o promesa al juez sobre los puntos en litigio: *El informe del perito fue decisivo para la resolución del juicio.* **4** ‖ **perito mercantil.** El que se dedica profesionalmente al comercio: *Me contrataron como perita mercantil para llevar la contabilidad de la empresa.* □ SINT. Constr. de la acepción 1: *perito* EN *algo*.

peritoneo s.m. En algunos animales, esp. en los vertebrados, membrana que cubre la superficie interior de la cavidad abdominal y forma varios pliegues que envuelven las vísceras situadas en ella: *Entre las dos capas del peritoneo hay un líquido que disminuye el rozamiento entre ellas.*

peritonitis s.f. Inflamación del peritoneo: *La peritonitis puede ser causada por una infección bacteriana.* □ MORF. Invariable en número.

perjudicar v. Ocasionar daño material o moral: *Ese escándalo perjudicó su carrera política.* □ ORTOGR. La *c* se cambia en *qu* delante de *e* →**SACAR.**

perjudicial adj. Que perjudica o que puede perjudicar: *El tabaco es perjudicial para la salud.* □ MORF. Invariable en género.

perjuicio s.m. Daño material o moral: *¿No te das cuenta de que tu retraso supone un perjuicio para todos?* □ ORTOGR. Dist. de *prejuicio*.

perjurar v. **1** Jurar en falso: *Perjuró durante el juicio para que no condenaran a su hijo.* **2** Jurar con frecuencia, por costumbre o por añadir fuerza al juramento: *Jura y perjura que él no cogió el dinero que falta.*

perjurio s.m. **1** Juramento que se hace en falso: *Cometerás perjurio si declaras en el juicio como testigo, puesto que no lo eres.* **2** Incumplimiento de un juramento: *Me acusas de perjurio, pero solo yo sé por qué no actué como había prometido.*

perjuro, ra adj./s. **1** Que jura en falso: *El fiscal desenmascaró al testigo perjuro. Las pruebas demostraron que la acusada era una perjura.* **2** Que rompe el juramento que ha hecho: *No seas perjuro y cumple tus promesas. Eres un perjuro y nunca más te creeré cuando me prometas algo.*

perla s.f. **1** Masa de nácar más o menos esférica y de color blanco grisáceo, que se forma en el interior de algunos moluscos: *No todas las ostras producen perlas.* **2** Lo que resulta muy apreciado por sus cualidades: *Esta chica es una perla porque sabe de todo.* **3** ‖ **de perlas.**

Muy bien o de manera oportuna: *El trabajo me salió de perlas y estoy contento.* ‖ **perla cultivada.** La que produce la madreperla como defensa contra un cuerpo extraño introducido en ella de forma artificial: *Las perlas cultivadas tienen casi la misma calidad para joyería que las naturales.*

perlar v. *poét.* Cubrir de gotas: *El sudor perlaba su frente. Las hojas de las flores se perlaron con el rocío.*

perlé (galicismo) s.m. Fibra de algodón que se utiliza en las labores de costura, esp. para bordar o para hacer ganchillo o punto: *El perlé se utiliza mucho para hacer prendas de verano.*

permanecer v. **1** Mantenerse sin cambio en un lugar, en una situación o en una condición: *Permanecerá en silencio hasta que tú le digas que hable.* **2** Estar en un lugar durante cierto tiempo: *Siempre permaneceré a tu lado.* □ MORF. Irreg.: Aparece una *z* delante de la *c* cuando la siguen *a, o* →**PARECER**.

permanencia s.f. **1** Conservación en un mismo estado, lugar, situación o condición: *La permanencia de la angustia en su ánimo la llevó a la locura.* **2** Estancia en un lugar durante cierto tiempo: *Su permanencia en esta ciudad será de pocos días.*

permanente ▮ adj. **1** Que permanece: *En este clima, la humedad es permanente.* ▮ s.f. **2** *col.* Rizado del cabello hecho artificialmente y que dura mucho tiempo: *¿Tus rizos son naturales o es una permanente?* □ MORF. Como adjetivo es invariable en género.

permanganato s.m. Sal formada por la combinación del ácido derivado del manganeso con una base: *Los permanganatos se usan como oxidantes.*

permeabilidad s.f. Capacidad de ser penetrado por un líquido, esp. por el agua: *La permeabilidad de la tela del toldo hizo que nos empapásemos con la lluvia.*

permeable adj. **1** Que puede ser penetrado por el agua o por otros líquidos: *Este terreno es muy permeable y filtra bien el agua.* **2** Referido a una persona, que se deja influir por emociones u opiniones ajenas: *Es fácil negociar con él, porque es permeable a todo tipo de propuestas.* □ MORF. Invariable en género.

pérmico, ca ▮ adj. **1** En geología, del sexto período de la era primaria o relacionado con él: *En los terrenos pérmicos pueden encontrarse fósiles de peces.* ▮ adj./s.m. **2** En geología, referido a un período, que es el sexto de la era primaria o paleozoica: *Durante el período pérmico se formó el mar de Tetis. El pérmico es el último período de la era primaria.*

permisible adj. Que se puede permitir: *No es permisible que llegues todos los días tarde al trabajo.* □ MORF. Invariable en género.

permisividad s.f. Tolerancia, esp. si es excesiva: *Mis abuelos siempre dicen que la permisividad en las costumbres conduce a la inmoralidad.*

permisivo, va adj. Que permite o que consiente: *Opino que las leyes no deben ser permisivas.*

permiso s.m. **1** Autorización o consentimiento dados por quien tiene autoridad para ello: *¿Me das permiso para llegar un poco más tarde hoy, papá?* **2** Tiempo en que se autoriza a alguien a dejar temporalmente su trabajo, sus estudios, el servicio militar u otras obligaciones: *Tengo un permiso de diez días para poder acudir a examinarme.* □ USO *Con permiso* se usa mucho como expresión de cortesía: *Con permiso, ¿me deja usted pasar?*

permitir ▮ v. **1** Referido a una acción, consentir o admitir que se haga quien tiene autoridad competente para ello: *Mis padres no me permiten salir tarde por la noche.* **2** Referido a algo que se puede y se debe evitar, no impedirlo o dejar que se haga: *Acusó a su Gobierno de permitir malos tratos en las cárceles.* **3** Hacer posible: *El ordenador permite trabajar con mayor rapidez.* ▮ prnl. **4** Referido a una acción, atreverse a realizarla o tomarse esa libertad: *Me permito recordarte que mañana tienes una cita con el dentista.*

permuta s.f. **1** →**permutación.** **2** Cambio entre dos funcionarios públicos de los empleos que tienen: *El Ministerio le concedió la permuta de su puesto de trabajo.*

permutación s.f. **1** Cambio de una cosa por otra; *permuta: Cuando llegamos al hotel hicimos una permutación de habitaciones.* **2** Variación de la disposición o el orden en el que estaban dos o más cosas: *En la clase de matemáticas nos han explicado las combinaciones y las permutaciones.*

permutar v. **1** Referido a una cosa, cambiarla por otra, sin que en el cambio entre el dinero, excepto si ese dinero es para igualar el valor de lo que se intercambia: *Permuté mi casa en la ciudad por una en el campo.* **2** Referido a dos empleos o cargos públicos, cambiarlos entre sí: *Esta semana permutarán varios puestos importantes en el Ministerio de Hacienda.* **3** Referido a dos o más cosas, variar la disposición o el orden en el que estaban: *Aunque permutes los sumandos, el resultado de la suma no variará.*

pernera s.f. En un pantalón, parte que cubre cada pierna: *Las perneras de este pantalón son muy ajustadas en la pantorrilla.*

pernicioso, sa adj. Muy malo o muy perjudicial: *El tabaco es pernicioso para la salud.*

pernil s.m. En un animal, anca y muslo, esp. los del cerdo: *El pernil de cerdo se come curado.*

pernoctar v. Pasar la noche en un lugar, esp. si es fuera del domicilio propio; *dormir: Pernoctaremos en algún hotel que nos pille de camino.*

pero ▮ s.m. **1** *col.* Reparo, objeción o inconveniente: *Le gusta poner peros a todo lo que hago.* ▮ conj. **2** Enlace gramatical coordinante con valor adversativo; *mas: El proyecto es bueno pero muy utópico.* **3** En principio de oración, se utiliza para dar énfasis o mayor fuerza de expresión a lo que se dice: *¡Pero qué guapo es mi niño! Pero ¿dónde vas tan deprisa?* **4** ‖ **pero que muy.** Antepuesto a un adjetivo o un adverbio, refuerza lo que estos indican: *Con la llegada de su hijo está pero que muy feliz.* □ MORF. La acepción 1 se usa más en plural.

perogrullada s.f. *col.* Verdad o certeza que, por ser tan evidentes, resultan simples o tontas si se dicen: *Decir que por la noche no sale el sol es una perogrullada.*

perogrullo ‖ **de Perogrullo.** *col.* Tan evidente o conocido que resulta tonto o simple decirlo: *Que yo no soy tú y que tú no eres yo es una verdad de Perogrullo.*

perol s.m. Recipiente con forma de media esfera, que se utiliza para cocinar: *En el cuartel se cocina en grandes peroles.*

perola s.f. Perol pequeño: *Hizo la sopa en una perola.*

peroné s.m. Hueso largo y delgado de la pierna, situado en su parte externa, junto a la tibia: *El delantero presentaba fractura de peroné.* 👁 **esqueleto**

perorar v. *col.* Pronunciar un discurso: *Cuando te pones a perorar sobre el sentido de la vida no hay quien te soporte.* □ USO Tiene un matiz despectivo.

perorata s.f. Discurso o razonamiento molestos, inopor-

a b c d e f g h i j k l m n ñ o **p** q r s t u v w x y z

a b c d e f g h i j k l m n ñ o p q r s t u v w x y z

PERRO

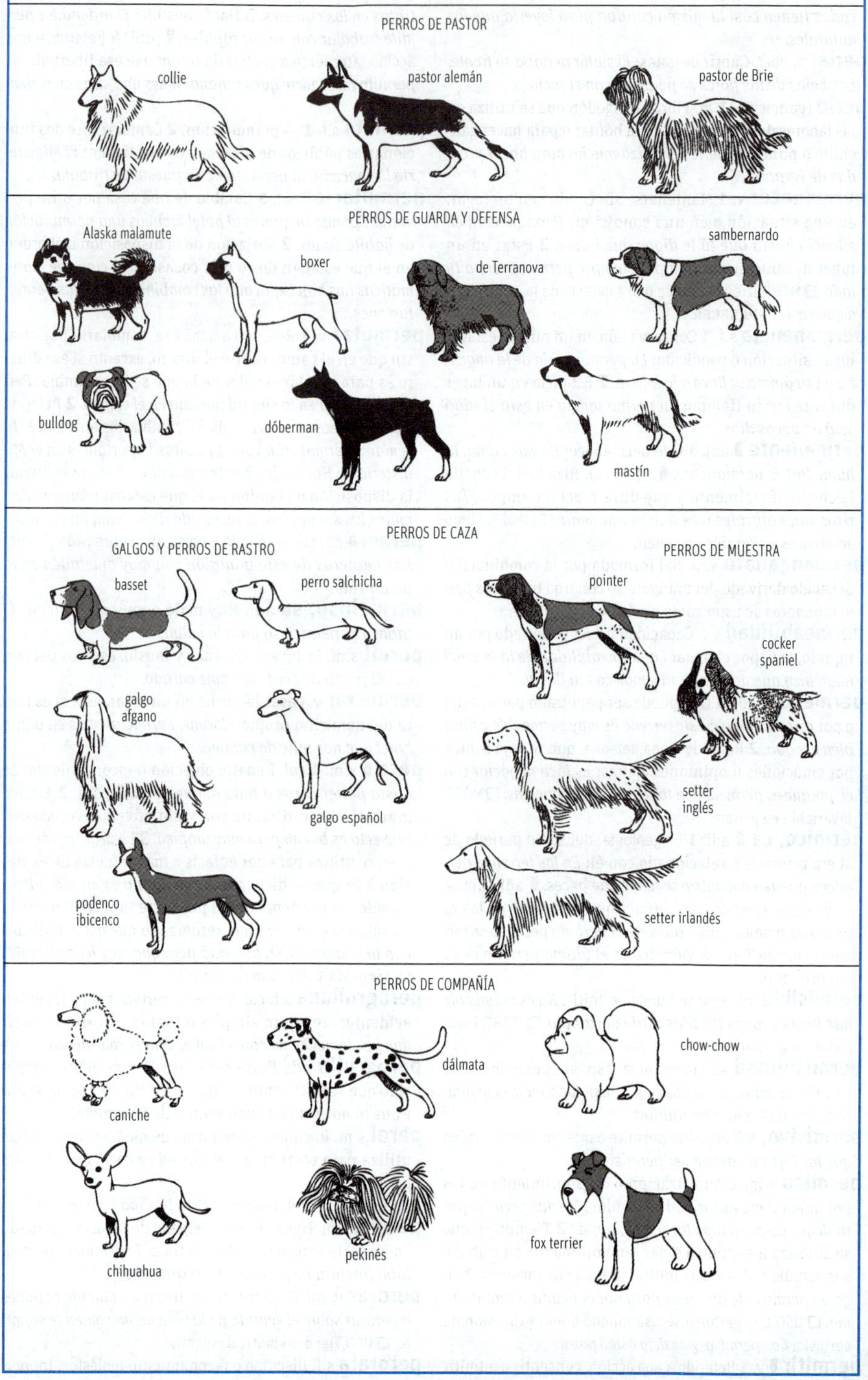

tunos o fastidiosos: *Las peroratas que me sueltas cada vez que llego tarde me aburren.* ◻ USO Tiene un matiz despectivo.

perpendicular adj./s.f. Referido esp. a una línea o a un plano, que forman ángulo recto con otros: *Vivo en una calle perpendicular a esta. La distancia más corta entre un punto y una recta es la perpendicular que va desde el punto a dicha recta.* ◻ MORF. Como adjetivo es invariable en género. 👁 **línea**

perpendicularidad s.f. Relación entre una recta o un plano que forman ángulo recto con otros: *La forma de andar humana se caracteriza por su perpendicularidad.*

perpetrar v. Referido a un delito o a una falta grave, cometerlos o consumarlos: *Perpetró el crimen sin ayuda de cómplices.* ◻ PRON. Incorr. *[perpretrar].

perpetuación s.f. Conservación durante mucho tiempo o para siempre: *El nacimiento de este ejemplar garantiza la perpetuación de esta especie animal.*

perpetuar v. Hacer durar para siempre o por mucho tiempo: *Las estatuas perpetúan la imagen de las grandes personalidades. Su obra literaria se perpetuará a lo largo de los años.* ◻ ORTOGR. La *u* lleva tilde en los presentes, excepto en las personas *nosotros* y *vosotros* →**ACTUAR**.

perpetuidad s.f. Duración sin fin o muy larga: *El instinto de supervivencia es la causa de la perpetuidad de algunas especies animales.*

perpetuo, tua adj. **1** Que dura o que permanece mucho tiempo o para siempre: *En la cima de esa montaña hay nieves perpetuas que no desaparecen ni en verano.* **2** Referido a un cargo o a un puesto, que pueden ser desempeñados por sus titulares de manera ininterrumpida hasta su jubilación: *Consiguió el cargo perpetuo tras aprobar unas oposiciones.*

perplejidad s.f. Duda o confusión del que no sabe qué hacer o qué pensar en una determinada situación: *Vi con perplejidad cómo me robaban el coche delante de mis narices.*

perplejo, ja adj. Dudoso o confuso ante lo que se debe hacer o pensar en una determinada situación: *Me quedé un momento perplejo, pero acepté su propuesta.*

perra s.f. Véase **perro, rra.**

perrera s.f. **1** Lugar o sitio en el que se encierra a los perros: *Fue a la perrera municipal a ver si estaba allí su perro extraviado.* **2** Coche o furgoneta municipales destinados a la recogida de perros vagabundos: *Vi cómo metían a un perro sin collar en la perrera y se lo llevaban.*

perrería s.f. *col.* Hecho o dicho malintencionados que causan un perjuicio; *faena: Ya no soy su amigo porque me harté de sus perrerías.*

perrito ‖ **perrito (caliente).** Pan blando y alargado con una salchicha dentro a la que generalmente se le añade mostaza o salsa de tomate: *Tomamos unos perritos calientes y unas cervezas en el bar de la esquina.* ◻ USO Es innecesario el uso del anglicismo *hot dog*.

perro, rra ▮ adj. **1** *col. desp.* Muy malo o indigno: *No seas perro y ayúdame.* ▮ s. **2** Mamífero cuadrúpedo, doméstico, con un olfato muy fino, y que se suele emplear como animal de compañía, de vigilancia o para la caza; *can: Los perros ladran.* **3** Persona despreciable, malvada o miserable: *Eres un perro miserable, y jamás te perdonaré lo que me has hecho.* ▮ s.f. **4** *col.* Rabieta o llanto fuerte y seguido, esp. los de un niño: *Como no le compré el cochecito, cogió una perra que le duró toda la tarde.* **5** Deseo muy grande o exagerado, o idea fija: *¡Vaya perra que tienes con cambiar de coche!* **6** *col.* Dinero o riqueza: *Se nota que la gente que vive en esta zona tiene muchas perras.* **7** ‖ **atar los perros con longaniza.** *col.* Ser rico y espléndido: *En mi casa no atamos los perros con longaniza.* ‖ **como el perro y el gato.** Referido a la forma de relacionarse dos personas, muy mal: *Estos hermanos se llevan como el perro y el gato y están siempre discutiendo.* ‖ **de perros.** *col.* Muy malo o muy desagradable: *Pasamos mucho frío porque hacía una noche de perros.* ‖ **{echar/soltar} los perros** a alguien. *col.* Regañarlo o echarle una bronca: *Llegó tarde a su casa y sus padres le echaron los perros.* ‖ **perra chica.** *col.* Moneda antigua de poco valor: *Antes se podían comprar 100 gramos de aceitunas por una perra chica.* ‖ **perra gorda.** *col.* Antigua moneda de diez céntimos: *Cuando mi abuela era niña, una barra de pan costaba una perra gorda.* ‖ **(perro) Alaska malamute.** El de la raza que se caracteriza por tener pelo abundante, negro y blanco, las orejas en punta y generalmente ojos azules: *Los perros Alaska malamute son los que tiran de los trineos.* ‖ **perro caliente.** En zonas del español meridional, perrito caliente: *Se me antojó un perro caliente con mostaza y kétchup.* ‖ **perro {de aguas/de lanas}.** El de la raza que se caracteriza por tener cuerpo grueso, cuello corto, cabeza redonda, orejas caídas y pelo largo, rizado y abundante: *El perro de aguas se distingue por su aptitud para nadar.* ‖ **perro de Terranova.** El de la raza que se caracteriza por tener gran tamaño, pelo largo, sedoso y ondulado, de color blanco, con grandes manchas negras y cola algo encorvada hacia arriba; *terranova: El perro de Terranova es un perro de guarda y defensa.* ‖ **perro faldero. 1** El de tamaño pequeño, apreciado como animal de compañía: *Es un tópico dibujar a las viejas solteronas con un perrito faldero.* **2** *col.* Persona que muestra total sumisión y obediencia ante otra: *¿Pero es que te has creído que soy tu perrito faldero y que puedes hacer conmigo lo que quieras?* ‖ **perro policía.** El que se caracteriza por estar adiestrado para ayudar a la policía en sus funciones: *La cocaína escondida por los traficantes fue localizada gracias al olfato de un perro policía.* ‖ **perro salchicha.** *col.* El que se caracteriza por tener cuerpo y hocico alargados, patas cortas y orejas caídas: *El perro salchicha es un buen perro para la caza de conejos.* ‖ **(perro) San Bernardo.** →**sambernardo.** ‖ **perro viejo.** *col.* Persona muy astuta y con mucha experiencia, por lo que resulta difícil engañarla: *Soy perro viejo y pocas cosas me sorprenden ya en esta vida.* ◻ MORF. La acepción 6 se usa más en plural. ◻ SINT. Las acepciones 5 y 6 se usan más con el verbo *coger*. 👁 perro

perruno, na adj. Del perro, propio de él o relacionado con él: *Conozco a las personas por su olor, porque tengo un olfato perruno.*

persa ▮ adj./s. **1** De Persia o relacionado con esta antigua nación asiática: *Ha comprado una alfombra persa para el salón. La cultura de los persas fue muy importante en la Antigüedad.* ▮ s.m. **2** Lengua indoeuropea de esta nación y otros países: *El persa es lengua nacional de Irán y lengua mayoritaria en Afganistán.* ◻ MORF. 1. En la acepción 1, como sustantivo se refiere solo a las personas de Persia. 2. Como adjetivo es invariable en género. 3. Como sustantivo es de género común y exige concordancia en masculino o en femenino para señalar la diferencia de sexo: *el persa, la persa*.

per se (latinismo) ‖ Por sí o por sí mismo: *Este premio no es importante per se, sino por lo que implica.*

persecución s.f. **1** Intento de alcanzar lo que huye: *La persecución terminó cuando la policía detuvo a los atracadores.* **2** Acoso con malos tratos, castigos y penas corporales que se da a una persona o a un grupo por motivos ideológicos: *Ese libro cuenta las persecuciones sufridas por los cristianos durante el Imperio romano.* **3** Intento de acabar con algo que se considera negativo: *Cada día se emplean más medios en la persecución del tráfico de drogas.*

persecutorio, ria adj. Relacionado con la persecución o que la implica: *Está en tratamiento psiquiátrico porque sufre manía persecutoria.*

perseguir v. **1** Referido a una persona, esp. si huye, seguirla para alcanzarla: *El ladrón logró despistar a los policías que lo perseguían.* **2** Seguir a todas partes, con frecuencia o de forma importuna: *Un vendedor me perseguía para que le comprara una enciclopedia a plazos.* **3** Molestar, hacer sufrir o procurar hacer el mayor daño posible: *Los primeros cristianos fueron muy perseguidos en Roma.* **4** Referido a algo que se desea, tratar de obtenerlo poniendo todos los medios posibles: *Los jugadores perseguían el gol del empate.* **5** Referido a una persona, a una falta o a un delito, proceder judicialmente contra ellos: *Persiguen el tráfico de drogas para acabar con ese mal de la sociedad actual.* □ MORF. Irreg.: La *e* final de la raíz se cambia en *i* cuando la sílaba siguiente no tiene *i* o la tiene formando diptongo →**SEGUIR**.

perseverancia s.f. Firmeza y constancia en la ejecución de propósitos y resoluciones o en la realización de algo: *Para ser un buen científico se necesita perseverancia en el trabajo.*

perseverar v. Mantenerse constante en la realización o en la continuación de algo: *Para ser un campeón olímpico hay que perseverar en los entrenamientos. Debes perseverar hasta conseguir lo que quieres.* □ SINT. Constr.: *perseverar EN algo.*

persiana s.f. Cierre formado por tablitas o láminas largas y estrechas, que se coloca en el hueco de puertas y ventanas, y que se puede subir o bajar para regular el paso de la luz: *He bajado la persiana porque voy a echarme la siesta.*

persianista s. Persona que se dedica profesionalmente a la construcción, la colocación o el arreglo de persianas: *El persianista ha cambiado una lámina rota de la persiana.* □ MORF. Es de género común y exige concordancia en masculino o en femenino para señalar la diferencia de sexo: *el persianista, la persianista.*

persignar v. Hacer la señal de la cruz en la frente, en la boca y en el pecho, y santiguarse después: *El sacerdote persigna al bebé durante el bautismo. Se persignó y oró implorando la ayuda divina.* □ SEM. Dist. de *santiguar* (hacer la señal de la cruz desde la frente al pecho y desde un hombro al otro).

persistencia s.f. **1** Insistencia, firmeza o constancia en algo: *Es admirable tu persistencia y tu tenacidad hasta conseguir lo que pretendes.* **2** Duración de algo por largo tiempo: *La persistencia del mal tiempo nos impide salir de excursión al campo.*

persistir v. **1** Mantenerse firme o constante: *Si persistes, lograrás lo que te propones. Persisten en ir de excursión este fin de semana, por más que llueva o nieve.* **2** Durar por largo tiempo: *Si persiste la sequía, se perderá la cosecha.* □ SINT. Constr. de la acepción 1: *persistir EN algo.*

persona s.f. **1** Individuo de la especie humana: *Mujeres, hombres, niños y ancianos: todos somos personas.* **2** Hombre o mujer cuyo nombre se ignora o se omite: *Había muchas personas en la fiesta, pero yo solo conocía a cinco.* **3** Hombre o mujer valorados por su capacidad, su disposición o su prudencia: *¡A ver si maduras un poquito y te haces persona de una vez...!* **4** En lingüística, categoría gramatical propia del verbo y de algunos pronombres, que designa el individuo que habla, al que se habla o a aquel o aquello de los que se habla: *El sujeto en español concuerda con el verbo en número y en persona.* **5** En teología, Padre, Hijo o Espíritu Santo: *El Padre, el Hijo y el Espíritu Santo son tres personas distintas y un solo Dios.* **6** ‖ **en persona.** Por uno mismo o estando presente: *Si no te hace caso, tendré que ir yo en persona.* ‖ **persona física.** En derecho, cualquier individuo de la especie humana: *Todos somos personas físicas, en cuanto que la ley nos concede derechos y nos exige obligaciones.* ‖ **persona {jurídica/social}.** En derecho, entidad pública o privada susceptible de obligaciones: *Las personas jurídicas tienen derechos y obligaciones diferentes de los de las personas físicas que las componen.* ‖ **persona non grata.** La que es rechazada por una institución: *La pésima actuación del portavoz ha hecho que le declaren persona non grata en el Senado.* ‖ **primera persona.** La que designa al hablante: *'Canto' y 'cantamos' son formas verbales de primera persona.* ‖ **segunda persona.** La que designa al oyente: *'Vosotras' es la forma femenina de la segunda persona del plural del pronombre personal.* ‖ **tercera persona.** Designa lo que no es ni el hablante ni el oyente: *'Él', 'ella', 'ello' son tres formas pronominales en singular de la tercera persona.*

personaje s.m. **1** Persona que sobresale o destaca por algo: *En la fiesta había conocidos personajes del mundo de la cultura.* **2** En una obra de ficción, ser ideado por el autor y que interviene en la acción de esta: *El odio entre los dos personajes protagonistas es el eje de la obra.*

personal ▮ adj. **1** De la persona, o propio o particular de ella: *Hay que enseñar la importancia de la higiene personal a los niños desde que son pequeños.* **2** En lingüística, que se refiere o que se asocia a las personas gramaticales: *Las formas personales del verbo son las de todos los tiempos excepto el infinitivo, el gerundio y el participio.* ▮ s.m. **3** Conjunto de las personas que trabajan en una misma empresa u organismo: *Este bar cierra los lunes por descanso del personal.* **4** Mano de obra que emplea una empresa: *Necesitan más personal para acabar la carretera a tiempo.* **5** *col.* Gente o conjunto de personas: *¡Cuánto personal se ha juntado en esta fiesta!* ▮ s.f. **6** En baloncesto, falta que comete un jugador al tocar o empujar a otro del equipo contrario: *Al entrar a canasta cometió su quinta personal y tuvo que abandonar el terreno de juego.* □ MORF. Como adjetivo es invariable en género.

personalidad s.f. **1** Conjunto de cualidades o de características que configuran la forma de ser de una persona, esp. si son originales o destacables: *Lo que más destaca de su personalidad es su optimismo.* **2** Manera de ser o de hacer las cosas que diferencian a una persona de las demás: *Eres un pelele sin personalidad.* **3** Persona que destaca en una actividad o en un ambiente social: *Asistieron destacadas personalidades del mundo de la política.*

personalizar v. **1** Referirse a una persona en particular al decir algo: *Nos regañó sin personalizar, pero todos sabíamos a quién se estaba refiriendo.* **2** Dar carácter personal, o adaptar al gusto o a las necesidades personales: *En esta academia tenemos un programa personalizado* *para cada alumno.* □ ORTOGR. La *z* se cambia en *c* delante de *e* ⟶**CAZAR**.

personarse v.prnl. Acudir o presentarse personalmente en un sitio: *La policía se personó en el lugar del atraco a los cinco minutos de haber sido llamada.*

personificación s.f. **1** Representación en forma de persona de algo que no lo es: *El pintor ha logrado la personificación del dolor en la figura que está junto a la cruz.* **2** Encarnación o imagen viva: *Eres la personificación de la constancia y por eso llegarás lejos en la vida.* **3** Figura retórica o procedimiento del lenguaje consistente en atribuir a un ser irracional o a una cosa inanimada o abstracta cualidades o acciones propias de los seres humanos; prosopopeya: *Decir que 'Los ríos hablan' es una personificación.*

personificar v. **1** Referido esp. a un animal o a una cosa, atribuirles acciones o cualidades propias del ser humano: *Los fabulistas personifican a los animales para que su comportamiento sirva como ejemplo moralizante.* **2** Referido esp. a una idea o a un sistema, representarlos o encarnarlos: *La historia personifica el Imperio español en Carlos V.* □ ORTOGR. La *c* se cambia en *qu* delante de *e* ⟶**SACAR**.

perspectiva s.f. **1** Técnica para representar en una superficie plana los objetos en la forma y en la disposición en las que aparecen a la vista: *La perspectiva logra una sensación de profundidad al reproducir en plano la tercera dimensión.* **2** Aspecto general que se presenta a la vista: *Esta perspectiva muestra la cantidad de público asistente a la plaza.* **3** Posibilidad que se puede prever, esp. si es beneficiosa: *Este negocio tiene grandes perspectivas de éxito.* **4** Punto de vista o manera de considerar algo: *Desde mi perspectiva, lo mejor que puedes hacer es seguir estudiando.* **5** Alejamiento o distancia desde los que se observa o se considera algo: *Para juzgar un hecho actual hace falta un poco de perspectiva.* □ MORF. La acepción 3 se usa más en plural.

perspicacia s.f. Facilidad para darse cuenta de las cosas o para entenderlas con agudeza: *Tengo poca perspicacia, y necesito más datos para poder valorar lo que me cuentas.*

perspicaz adj. Que se da cuenta de las cosas con agudeza y las entiende con facilidad: *Un buen detective debe ser perspicaz.* □ MORF. Invariable en género.

persuadir v. Referido a una persona, convencerla para que haga algo: *Lo persuadí para que continuara sus estudios. Persuádete de que la culpa no ha sido tuya, porque tú solo querías ayudar.*

persuasión s.f. Capacidad de convencer a alguien para que haga algo: *Sus palabras estaban llenas de persuasión, y acabé haciendo lo que me decía.*

persuasivo, va adj. Que tiene fuerza y eficacia para persuadir: *Con unos argumentos tan persuasivos no podría negarme.*

pertenecer v. **1** Ser propiedad de alguien: *Me lo regalaste y ahora me pertenece.* **2** Formar parte de algo: *Pertenece a un partido político progresista.* □ MORF. Irreg.: Aparece una *z* delante de la *c* cuando la siguen *a, o* ⟶**PARECER**. □ SINT. Constr.: *pertenecer A algo.*

pertenencia s.f. **1** Lo que pertenece a una persona o a una cosa, o lo que forma parte de ellas: *Si no paga esa deuda, serán subastadas todas sus pertenencias.* **2** Integración en un conjunto: *Nunca ha negado su pertenencia a una congregación religiosa.* □ MORF. La acepción 1 se usa más en plural.

pértiga s.f. Vara larga, esp. la que se utiliza para practicar una de las modalidades atléticas de salto de altura: *Las modernas pértigas de atletismo son de fibra de vidrio.* 👁 **estadio**

pertinaz adj. **1** Referido a una persona, que es obstinada, terca o muy tenaz en sus actos y opiniones: *Aunque el médico le prohibió el tabaco, sigue siendo una fumadora pertinaz.* **2** Que dura mucho y que se mantiene sin cambios: *El frío pertinaz echó a perder las cosechas.* □ MORF. Invariable en género.

pertinencia s.f. Conveniencia, oportunidad o adecuación de algo: *Tu comentario fue de una gran pertinencia, porque sirvió para deshacer un malentendido.*

pertinente adj. **1** Que pertenece o que se refiere a algo: *En lo pertinente al método estamos de acuerdo, pero no en el tiempo que necesitamos para hacerlo.* **2** Apropiado, oportuno o que viene a propósito: *Sus críticas resultaron muy pertinentes en aquel momento.* □ MORF. Invariable en género.

pertrechar v. Abastecer de lo necesario o proporcionarlo y prepararlo para la ejecución de algo: *Antes de salir de maniobras pertrecharon a los soldados con armas, munición y víveres. Nos pertrechamos de víveres, sacos de dormir y tiendas para la acampada.* □ SINT. Constr.: *pertrechar {CON/DE} algo.*

pertrechos s.m.pl. Instrumentos necesarios para la realización de determinada actividad, esp. referido a todo lo necesario para una operación militar: *La compañía recibió pertrechos en abundancia: agua, comida, armas y municiones.*

perturbación s.f. **1** Alteración del orden o del desarrollo normales de algo: *La policía no toleró perturbaciones del orden público a los manifestantes.* **2** Trastorno de las facultades mentales: *Está en tratamiento psiquiátrico porque sufre perturbaciones.*

perturbado, da s. Persona que tiene trastornadas sus facultades mentales: *Un perturbado quiso romper la estatua con un martillo, pero un vigilante del museo lo impidió.*

perturbar v. **1** Referido esp. a una persona o a una situación, alterar o trastornar el orden o el desarrollo normales que tenían: *Los ruidos perturban el sueño del niño.* **2** Quitar la paz o la tranquilidad: *Me perturba pensar el incierto futuro que me espera.* **3** Hacer perder el juicio o volver loco: *Las desgracias lo han perturbado y ha tenido que ingresar en un sanatorio psiquiátrico. Se perturbó al saber que él fue el culpable del accidente.*

peruano, na adj./s. De Perú (país sudamericano), o relacionado con él: *La capital peruana es Lima. Los peruanos conservan importantes núcleos culturales precolombinos.* □ MORF. Como sustantivo se refiere solo a las personas de Perú.

perversidad s.f. Maldad muy grande e intencionada: *Me asustó la perversidad de su mirada.*

perversión s.f. Perturbación o corrupción, esp. si son morales, causadas por malas doctrinas o por malos ejemplos: *Dice que la perversión de las costumbres acaba con las sociedades.*

perverso, sa adj./s. Que tiene mucha maldad, o que hace daño intencionadamente: *Con una sonrisa perversa el asesino admitió que torturaba a sus víctimas. Esos perversos utilizarán cualquier medio para hundirnos.*

pervertir v. Corromper o dañar con malas doctrinas o con malos ejemplos: *No leas esta basura, porque se te va* *a pervertir el gusto por la buena literatura. Sus padres dicen que su hijo se pervirtió por culpa de las malas compañías.* □ MORF. Irreg. →SENTIR.

pervivencia s.f. Permanencia con vida a lo largo del tiempo o a pesar de los inconvenientes: *Está escribiendo un libro para mantener la pervivencia de algunas tradiciones populares.*

pervivir v. Permanecer o seguir vivo a pesar del tiempo o de los inconvenientes: *Su recuerdo ha pervivido en mí a pesar del tiempo transcurrido.*

pesa s.f. **1** Pieza, generalmente metálica, que se utiliza como término de comparación para determinar el peso de un cuerpo mediante una balanza: *En una balanza, las pesas se colocan en el platillo opuesto al del cuerpo de peso desconocido.* **2** Pieza que se cuelga de una cuerda y que sirve de contrapeso o para dar movimiento a algunos relojes: *Las pesas de mi reloj de cuco tienen forma de piña.* **3** Pieza muy pesada que se usa en halterofilia o para hacer gimnasia: *El campeón de halterofilia levanta unas pesas que yo no puedo ni mover.* □ MORF. La acepción 3 se usa más en plural.

pesadez s.f. **1** Lentitud, tranquilidad o duración excesivas: *Haces las cosas con tal pesadez que no hay quien soporte ese ritmo.* **2** Lo que resulta trabajoso o exige mucha atención: *¡Menuda pesadez de encargo!* **3** Lo que resulta aburrido, molesto o insoportable: *Un viaje tan largo sin parar es una pesadez.* **4** Sensación de peso o de embotamiento: *He comido mucho y ahora tengo pesadez de estómago.*

pesadilla s.f. **1** Sueño que produce angustia o temor: *Se despertó gritando, en medio de una terrible pesadilla.* **2** Preocupación grave y continua: *Desde que su hijo se compró la moto, los accidentes son una pesadilla para ellos.*

pesado, da ▮ adj. **1** Que tiene mucho peso: *Yo no puedo mover un mueble tan pesado.* **2** Que es trabajoso o que precisa mucha atención: *Este trabajo no es difícil, pero sí un poco pesado.* **3** Que tiene o que produce una sensación de pesadez: *He estado todo el día de pie y me noto las piernas pesadas.* **4** Ofensivo, molesto o que enfada: *Las bromas pesadas no tienen ninguna gracia.* **5** Referido al sueño, que es intenso o profundo: *Tiene el sueño tan pesado que nunca oye el despertador.* **6** Muy lento o muy tranquilo: *El elefante es un animal de movimientos pesados.* **7** Aburrido o que no despierta ningún interés: *¡Qué película más pesada!* ▮ adj./s. **8** Referido a una persona, que es excesivamente tranquila, o que resulta difícil de aguantar: *Eres muy pesada comiendo y siempre terminas la última. Tu amigo es un pesado y no hay quien lo aguante.*

pesadumbre s.f. Sentimiento de disgusto o de pena: *El fracaso le produjo una gran pesadumbre.*

pésame s.m. Expresión con la que se indica a una persona allegada a un difunto, que se participa en su dolor y en su pena; *condolencia: Me acerqué a dar el pésame a los hijos del difunto.*

pesar ▮ s.m. **1** Sentimiento de pena o de dolor interior: *Sintió un gran pesar cuando murió su amigo.* **2** Lo que causa este sentimiento: *Llevó una vida desgraciada y llena de pesares.* **3** Arrepentimiento o dolor que se sienten por algo mal hecho: *Haber obrado mal me ha producido un hondo pesar.* ▮ v. **4** Tener un peso determinado: *¿Cuánto pesas? Yo peso poco.* **5** Tener mucho peso: *Te ayudo a llevar esta caja, que pesa.* **6** Influir o tener valor o estimación: *Los comentarios de este periódico pesan mucho en la opinión pública.* **7** Referido a un cuerpo, determinar su peso o su masa mediante una balanza u otro instrumento adecuado: *Esta balanza pesa mal porque está estropeada. Me he pesado esta mañana y he adelgazado dos kilos.* **8** Referido a un hecho o a un dicho, causar dolor o arrepentimiento: *No sabes cómo me pesa haberte ofendido.* **9** ‖ **a {mi/tu/...} pesar.** Contra {mi/tu/...} voluntad: *Lo hice obligado, y muy a mi pesar.* ‖ **a pesar de** algo. Contra la dificultad o la resistencia que esto ofrece: *A pesar de que salí tarde de casa, llegué a tiempo a la reunión.* ‖ **a pesar de los pesares.** *col.* Contra todos los obstáculos: *A pesar de los pesares, conseguí salirme con la mía.* ‖ **pese a** algo. Contra la dificultad o la resistencia que ofrece: *Pese a todas las dificultades, logró terminar con éxito su trabajo.*

pesaroso, sa adj. Arrepentido o con pesadumbre: *Estoy pesarosa de haberme pegado con mi hermano.*

pesca s.f. **1** Actividad que consiste en coger o sacar animales acuáticos de dentro del agua: *La pesca con caña requiere mucha paciencia. Los anzuelos son aparejos de pesca.* 👁 pesca **2** Conjunto de animales pescados o que se pueden pescar: *Un experto nos dijo que en esa zona había mucha pesca.* **3** ‖ **pesca de arrastre.** La realizada por embarcaciones que llevan las redes a remolque: *La traíña es una red muy utilizada en la pesca de arrastre.* ‖ **pesca de bajura.** La realizada por pequeñas embarcaciones cerca de la costa: *La pesca de sardinas es pesca de bajura.* ‖ **y toda la pesca.** *col.* En una enumeración, expresión que se usa para sustituir su parte final y evitar detallarla: *Estamos decorando la casa y tenemos que comprar los muebles y toda la pesca.*

pescadería s.f. Establecimiento o lugar en el que se vende pescado: *En esa pescadería venden pescado fresco y pescado congelado.*

pescadero, ra s. Persona que se dedica profesionalmente a la venta de pescado: *Le pedí al pescadero que me cortara la merluza en rodajas.*

pescadilla s.f. Cría de la merluza: *Las pescadillas se suelen cocinar enteras.* pijota

pescado s.m. **1** Pez sacado del agua, muerto y destinado a la alimentación: *El pescado que más me gusta es el bacalao.* **2** ‖ **pescado azul.** El que tiene abundante grasa: *La sardina es un pescado azul.* ‖ **pescado blanco.** El que tiene poca grasa: *La merluza es un pescado blanco.*

pescador, -a s. Persona que se dedica a la pesca, esp. si esta es su profesión: *La mayoría de los habitantes de este pueblecito costero son pescadores.*

pescante s.m. En algunos carruajes, asiento exterior desde el que se gobiernan los caballos o las mulas: *El cochero de la diligencia iba sentado en el pescante.*

pescar v. **1** Coger o sacar animales acuáticos de dentro del agua: *Prepara la caña, que mañana vamos a ir a pescar. Se hizo una foto al lado del atún que pescó.* **2** *col.* Sacar de dentro del agua: *He tenido muy mala suerte y solo he pescado una bota.* **3** *col.* Coger, agarrar o tomar: *Estuve todo el día buscándolo y al final lo pesqué cuando salía de la oficina.* **4** *col.* Entender, comprender o captar el significado: *Repíteme otra vez el chiste, porque todavía no lo he pescado.* **5** *col.* Referido esp. a una enfermedad o a un estado de ánimo, contraerlos, adquirirlos o alcanzarlos; *coger: Si no te abrigas vas a pescar un resfriado. El sábado pescó una buena borrachera.* **6** *col.* Referido esp. a una persona, sorprenderla haciendo algo a escondidas:

a b c d e f g h i j k l m n ñ o p q r s t u v w x y z

Lo pescaron copiando en un examen. **7** *col.* Conseguir astutamente: *Presumía de que nunca se casaría, pero llegó ella y lo pescó.* ☐ ORTOGR. La *c* se cambia en *qu* delante de *e* ⟶**SACAR**.

pescozón s.m. Golpe dado con la mano en el pescuezo o en la cabeza: *Si te portas mal te daré un pescozón.*

pescuezo s.m. **1** En el cuerpo de una persona o en un animal, parte que va desde la nuca hasta el tronco: *El pescuezo es la parte posterior del cuello.* **2** ‖ **{retorcer/torcer} el pescuezo** a alguien. *col.* Matarlo: *Lo amenazó con retorcerle el pescuezo si contaba su secreto.*

pesebre s.m. **1** Lugar en el que comen algunos animales domésticos: *Echó la hierba en el pesebre de las vacas.* **2** Representación con figuras del nacimiento de Jesucristo (por alusión a la ciudad palestina de Belén, en la que se produjo este acontecimiento): *Todas las navidades pongo un pesebre en el salón.* belén, nacimiento

peseta s.f. **1** Unidad monetaria española hasta la adopción del euro: *La peseta dejó de ser válida en febrero del año 2002.* **2** Moneda con el valor de esta unidad: *Me encontré una peseta en el cajón de mis padres.* **3** ‖ **mirar la peseta.** Ser ahorrativo y tratar de gastar la mínima cantidad de dinero: *Dicen que soy tacaño, pero con mi escaso sueldo no tengo más remedio que mirar la peseta.*

pesetero, ra adj./s. *col.* Referido a una persona, que concede mucha importancia al dinero: *No seas tan pesetero, y páganos una ronda, hombre. Sois todos unos peseteros, incapaces de hacer nada sin esperar recompensa a cambio.* ☐ USO Tiene un matiz despectivo.

pesimismo s.m. Tendencia a ver y a juzgar las cosas teniendo en cuenta sus aspectos menos favorables: *Ves el futuro con pesimismo porque no confías en encontrar trabajo.*

pesimista adj./s. Que tiende a ver y a juzgar las cosas con pesimismo o del modo menos favorable: *No seas tan pesimista y mira las cosas con alegría. Los pesimistas piensan que todo les va a salir mal siempre.* ☐ MORF. 1. Como adjetivo es invariable en género. 2. Como sustantivo es de género común y exige concordancia en masculino o en femenino para señalar la diferencia de sexo: *el pesimista, la pesimista*.

pésimo, ma superlat. irreg. de **malo.** ☐ MORF. Incorr. **más pésimo* o **pesimísimo*.

peso s.m. **1** En física, fuerza con la que la Tierra atrae a un cuerpo: *El peso de un cuerpo varía según la altitud a la que lo pesemos.* **2** Cantidad que, por ley o convenio, debe pesar algo: *Esta barra de pan no da el peso.* **3** En algunos deportes, número de kilos que deben pesar los deportistas y que sirve para establecer las distintas categorías en las que compiten: *Antes del combate, los boxeadores deben dar el peso de su categoría.* **4** Lo que resulta muy pesado: *El médico me ha dicho que tengo la espalda mal y que no me conviene coger pesos.* **5** Instrumento que sirve para pesar: *Pon las manzanas en el peso para que yo vea cuánto pesan.* **6** Nombre genérico que recibe la unidad monetaria de distintos países: *El peso cubano y el peso chileno tienen distinto valor.* **7** En atletismo, bola de hierro o de acero que se usa en una de las pruebas de lanzamiento: *En el lanzamiento de peso, el peso se coloca apoyado en un lado del cuello.* 👁 **estadio** **8** Influencia o valor: *Tus opiniones tienen mucho peso entre nosotros.* **9** Carga u obligación: *Aunque es muy joven,lleva ella sola el peso de su familia.* **10** Dolor o preocupación: *Cuando me llamó para decirme que estaba bien me quitó un peso de encima.* **11** ‖ **caer** algo **por su (propio) peso.** Expresión que indica la evidencia de una verdad: *Que si no estudias suspenderás es algo que cae por su propio peso.* ‖ **peso atómico.** El de un átomo, que

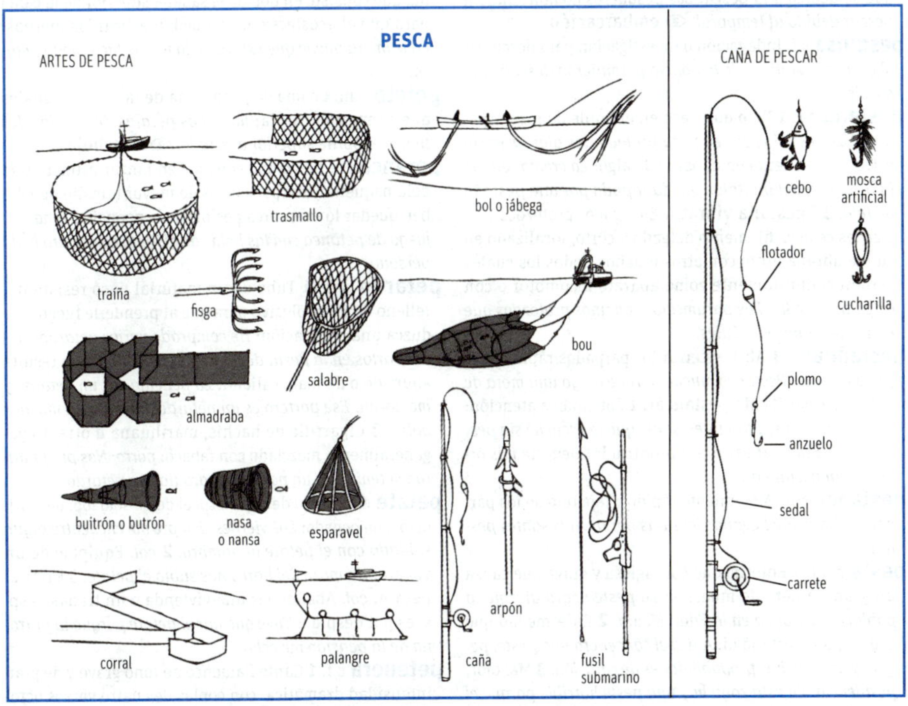

se halla tomando como referencia la doceava parte del isótopo 12 del carbono: *El peso atómico del hidrógeno es 1,008.* ‖ **peso específico.** En física, el de un cuerpo por unidad de volumen: *El peso específico de un cuerpo depende del lugar de la Tierra que se considere.* ‖ **peso gallo.** En algunos deportes, esp. de lucha, categoría inferior a la de peso pluma y superior a la de peso mosca: *Los boxeadores no profesionales de la categoría de peso gallo no pueden rebasar los 54 kilos.* ‖ **peso ligero.** En algunos deportes, esp. de lucha, categoría inferior a la de peso pesado y superior a la de peso pluma: *Los boxeadores no profesionales de la categoría de peso ligero no pueden rebasar los 62 kilos.* ‖ **peso molecular.** El de una molécula, que se halla sumando los pesos atómicos que entran a formar parte en un compuesto: *El peso molecular del agua es 18 gr/mol.* ‖ **peso mosca.** En algunos deportes, esp. de lucha, categoría inferior a la de peso gallo: *Los boxeadores no profesionales de la categoría de peso mosca no pueden rebasar los 51 kilos.* ‖ **peso pesado.** En algunos deportes, esp. de lucha, categoría superior a la de peso ligero: *Los boxeadores no profesionales de la categoría de peso pesado tienen que rebasar los 80 kilos.* ‖ **peso pluma.** En algunos deportes, esp. de lucha, categoría inferior a la de peso ligero y superior a la de peso gallo: *Los boxeadores no profesionales de la categoría de peso pluma no pueden rebasar los 58 kilos.*

pespunte s.m. Labor de costura que se hace dando pequeñas puntadas seguidas que quedan unidas: *Cosió el dobladillo con un pespunte.*

pesquero, ra ▌ adj. **1** De la pesca o relacionado con esta actividad: *En este pueblo hay una importante industria pesquera.* **2** *col.* Referido a un pantalón largo, que no llega a cubrir el tobillo: *Si metes tanto el bajo, te van a quedar unos pantalones pesqueros.* ▌ s.m. **3** Embarcación que se dedica a la pesca: *Los pesqueros no han salido a pescar debido al temporal.* 👁 **embarcación**

pesquisa s.f. Indagación o investigación para descubrir algo: *Las pesquisas de la policía permitieron descubrir al asesino.*

pestaña s.f. **1** Pelo que nace en el borde de los párpados: *Las pestañas sirven para proteger los ojos.* **2** Parte estrecha y saliente en el borde de algo: *La cremallera de la bragueta del pantalón queda tapada por una pestaña de tela.* **3** ‖ **pestaña vibrátil.** En algunos protozoos y en algunas células, filamento delgado y corto, localizado en su membrana junto con otros muchos, todos los cuales actúan conjuntamente como aparato locomotor o con otros fines; *cilio: Los paramecios son unos protozoos que tienen pestañas vibrátiles.*

pestañear v. **1** Abrir y cerrar los párpados rápida y repetidamente: *Pestañeo mucho porque tengo una mota de polvo en el ojo.* **2** ‖ **sin pestañear.** **1** Con mucha atención: *La conferencia era tan interesante que la escuché sin pestañear.* **2** Sin titubear o con prontitud: *Obedeció mis órdenes sin pestañear.*

pestañeo s.m. Movimiento rápido y repetido de los párpados: *Noté que llevabas lentillas por tus incesantes pestañeos.*

peste ▌ s.f. **1** Enfermedad contagiosa y grave que causa un gran número de muertos: *La peste negra diezmó la población europea en la Edad Media.* **2** Enfermedad que causa gran mortandad: *Antes el cáncer era una peste, pero hoy hay muchas probabilidades de curación.* **3** Mal olor; *pestilencia: En esta zona hay una peste horrible porque el basurero está cerca.* **4** Lo que resulta malo o negativo, o puede ocasionar graves daños: *La droga es una peste de nuestra sociedad.* **5** *col.* Lo que resulta muy molesto: *Estos mosquitos tan pesados son una peste.* ▌ pl. **6** Palabras de enojo o de amenaza: *Echó pestes cuando vio que se había vuelto a confundir.* **7** ‖ **decir pestes** de alguien. *col.* Hablar mal de él: *Dice pestes de su jefe, porque no lo ha ascendido.* □ SINT. *Decir pestes* se usa también con los verbos *contar*, *hablar* y *echar*.

pesticida adj./s.m. Referido a un producto, que se usa para combatir una plaga u otra cosa dañina y abundante: *Rociaron la habitación con un producto pesticida para matar las cucarachas. Van a fumigar con un pesticida para prevenir la plaga de langostas.* □ MORF. Como adjetivo es invariable en género.

pestilencia s.f. Mal olor; *peste: Los huevos podridos desprenden una pestilencia insoportable.*

pestilente adj. Que desprende mal olor: *El pescado podrido es muy pestilente.* □ MORF. Invariable en género.

pestillo s.m. **1** Pieza que sirve para asegurar puertas y ventanas: *Cuando te quedes solo en casa, cierra la puerta de la calle con pestillo.* **2** En una cerradura, pieza que entra en el agujero correspondiente al girar la llave: *El pestillo de la cerradura se ha enganchado y no puedo abrir la puerta.*

pestiño s.m. **1** Dulce que se hace friendo una masa de harina y huevos, y que se baña con miel: *Los pestiños son muy dulces.* **2** *col.* Lo que resulta pesado o molesto: *Me dormí viendo la película porque era un pestiño.*

petaca s.f. **1** Estuche que se usa para llevar cigarros o tabaco picado: *Sacó del bolsillo la petaca y me ofreció tabaco.* **2** Botella plana de pequeño tamaño que se usa para llevar algún licor: *Cuando va de caza siempre lleva una petaca con coñac.* **3** ‖ **hacer la petaca.** *col.* Hacer un broma que consiste en doblar la sábana superior de la cama para que al acostarse no se puedan estirar las piernas: *La primera noche que estuvo en la mili le hicieron la petaca.*

pétalo s.m. En una flor, cada una de las partes iguales que forman la corola; *hoja: Los pétalos de los claveles tienen el borde superior aserrado.* 👁 **flor; hoja**

petanca s.f. Juego que consiste en lanzar primero una bola pequeña y después otras de mayor tamaño que deben quedar lo más cerca posible de la pequeña: *Tengo un juego de petanca con las bolas de distinto color para cada persona.*

petardo s.m. **1** Tubo de un material poco resistente, relleno de un explosivo para que al prenderle fuego produzca una detonación: *He comprado varios petardos para tirarlos en la fiesta de mi pueblo.* **2** *col.* Lo que resulta aburrido o de mala calidad: *La película era un petardo y me dormí. Ese portero es un petardo y le marcan muchos goles.* **3** Cigarrillo de hachís, marihuana u otra droga, generalmente mezclado con tabaco; *porro: Nos preguntaron si teníamos un papelillo para liar un petardo.*

petate s.m. **1** Lío de ropa, esp. el de un soldado, un marinero o un penado: *Los viernes siempre me encuentro algún soldado con el petate al hombro.* **2** *col.* Equipaje de un viajero: *Un mozo del barco nos subió el petate.* **3** ‖ **liar el petate.** *col.* Abandonar una vivienda o un trabajo, esp. si es por despido: *Tuve que liar el petate porque la patrona de la pensión me echó.*

petenera s.f. **1** Cante flamenco de tono grave y de gran intensidad dramática, con coplas de cuatro versos octo-

a b c d e f g h i j k l m n ñ o p q r s t u v w x y z

sílabos: *Las peteneras generalmente se cantan sin acompañamiento.* **2** ‖ **salir por peteneras.** *col.* Hacer o decir algo que no tiene relación con lo que se está tratando: *Como no quería darme su opinión, salió por peteneras y se puso a hablar del tiempo.*

petición s.f. Ruego o solicitud: *En la tienda me dijeron que no podían atender mi petición.*

petimetre, tra s. Persona que cuida excesivamente su aspecto y que sigue demasiado las modas: *Ese petimetre tarda horas y horas en arreglarse.*

petirrojo s.m. Pájaro de plumaje rojo en el cuello, la frente, la garganta y el pecho, y verdoso en el dorso, que es muy común en la península ibérica: *El petirrojo es de la misma familia que el ruiseñor.* ☐ MORF. Es un sustantivo epiceno y la diferencia de sexo se señala mediante la oposición *el petirrojo {macho/hembra}*.

petisú s.m. Pastel pequeño hecho con una masa de harina azucarada y frita rellena de crema o de nata: *De postre hemos tomado petisús de crema.* ☐ MORF. Aunque su plural en la lengua culta es *petisúes*, se usa mucho *petisús*.

petit comité (galicismo) ‖ **en petit comité.** Referido al modo de hacer algo, entre pocas personas y sin contar con los demás: *Se reunieron en petit comité y decidieron por su cuenta lo que iban a hacer.* ☐ PRON. [en petí komité].

peto s.m. **1** En una armadura, parte de la coraza que protegía el pecho: *El peto protegía los órganos vitales de los guerreros.* 👁 **armadura** **2** Pieza que se coloca sobre el pecho, esp. si va unida a una prenda de vestir: *La cadena del chupete estaba sujeta al peto del pantalón con un imperdible.* **3** Prenda de vestir con una pieza que cubre el pecho: *Quiero comprarme un peto de color rojo.* **4** En tauromaquia, defensa de cuero y lana que protege el pecho y el costado derecho del caballo del picador: *El peto protege al caballo de las cornadas.*

pétreo, a adj. De piedra, roca o peñasco, o con sus características: *Este material es de una dureza pétrea.*

petrificar v. **1** Transformar o convertir en piedra, o dar la dureza de la piedra: *Los fósiles son animales o plantas que el paso del tiempo ha petrificado. El cemento se petrifica cuando se seca.* **2** Referido a una persona, dejarla inmóvil de asombro o de terror: *La visión del accidente petrificó su semblante. Su respuesta me petrificó y no supe qué contestar.* ☐ ORTOGR. La *c* se cambia en *qu* delante de *e* →**SACAR**.

petro- Elemento compositivo que significa 'piedra' (*petroglifo*) o 'petróleo' (*petrodólar, petroquímica*).

petrodólar s.m. Dólar obtenido por los países productores de petróleo, especialmente los árabes, gracias a la venta de crudos: *El mercado de capitales europeo se desarrolló como consecuencia de la afluencia masiva de petrodólares.*

petroglifo s.m. Grabado o dibujo hecho sobre piedra, que es propio de la época prehistórica o de una cultura primitiva: *En Galicia se han encontrado muchos petroglifos del Neolítico.*

petróleo s.m. Líquido natural, inflamable y de color negro, formado por una mezcla de hidrocarburos, que se encuentra en yacimientos subterráneos y que es muy apreciado como fuente de energía y con fines industriales: *La gasolina se obtiene de la destilación del petróleo.* ☐ MORF. Cuando se añade a una palabra para formar compuestos, puede adoptar la forma *petro-*.

petrolero, ra ▮ adj. **1** Del petróleo o relacionado con él: *Las industrias petroleras obtienen grandes beneficios.* ▮ s.m. **2** Barco preparado para el transporte de petróleo: *Se rompieron los tanques del petrolero y se produjo una marea negra.* 👁 **embarcación** ☐ SEM. Dist. de *petrolífero* (que contiene petróleo).

petrolífero, ra adj. Que contiene petróleo: *El ministro de Industria ha visitado los yacimientos petrolíferos del mar del Norte.* ☐ SEM. Dist. de *petrolero* (del petróleo; barco que transporta petróleo).

petroquímico, ca ▮ adj. **1** De la petroquímica o relacionado con esta industria: *Trabaja en una empresa petroquímica de fabricación de plásticos.* ▮ s.f. **2** Industria, ciencia o técnica basadas en el empleo del petróleo o el gas natural como materias primas para la obtención de productos químicos: *La petroquímica ha hecho posible la fabricación de numerosas fibras textiles.*

petulancia s.f. Insolencia o presunción excesivas de quien está convencido de la propia superioridad: *Nos habla con petulancia porque se considera la más inteligente.*

petulante adj./s. Insolente, presuntuoso o ridículamente convencido de su superioridad sobre los demás: *Si fueras realmente inteligente no serías tan petulante. No soporto a esa petulante vanidosa.* ☐ MORF. 1. Como adjetivo es invariable en género. 2. Como sustantivo es de género común y exige concordancia en masculino o en femenino para señalar la diferencia de sexo: *el petulante, la petulante*.

petunia s.f. **1** Planta herbácea de hojas alternas y ovaladas, flores grandes, olorosas y de diversos colores, que se cultiva mucho en jardines: *La petunia es originaria de América del Sur.* **2** Flor de esta planta: *La petunia puede ser roja, blanca, violeta o mezcla de estos colores.*

peyorativo, va adj. Que expresa una idea desfavorable, despectiva o negativa: *Es peyorativo que digas que tu dentista es un sacamuelas.*

pez ▮ s.m. **1** Animal vertebrado acuático que respira por branquias, que generalmente tiene el cuerpo cubierto de escamas y las extremidades en forma de aleta, y que se reproduce por huevos: *La trucha, el tiburón y la lamprea son peces.* ▮ s.m.pl. **2** En zoología, tipo de estos animales: *Casi todos los animales que pertenecen a los peces tienen el cuerpo cubierto de escamas.* ▮ s.f. **3** Sustancia pegajosa de color oscuro, insoluble al agua, que se emplea generalmente para impermeabilizar superficies y es un residuo de la destilación del alquitrán: *El casco del barco estaba cubierto de pez para evitar las filtraciones de agua.* **4** ‖ **como pez en el agua.** *col.* Cómodamente o con desenvoltura: *Habló y bailó con todo el mundo porque en las fiestas se siente como pez en el agua.* ‖ **estar pez.** *col.* No saber nada o ignorarlo todo: *Sacó un cero porque estaba pez.* ‖ **pez espada.** El marino, con piel sin escamas, áspera y negruzca por el lomo y blanca por el vientre, con cabeza apuntada y mandíbula superior en forma de espada de dos cortes, y cuya carne es muy apreciada para la alimentación; *emperador*: *El hígado del pez espada es rico en vitamina A.* ‖ **pez globo.** El marino, con el cuerpo cubierto de espinas, que para defenderse se hincha de aire, con lo que se le erizan las escamas espinosas: *Al hincharse, el pez globo parece una bola cubierta de púas.* ‖ **pez gordo.** *col.* Persona con poder e influencia: *A la reunión asistieron todos los peces gordos del Ministerio.* ‖ **pez luna.** El marino, de cuerpo muy comprimido, casi circular, que carece de aleta caudal y que tiene la piel sin escamas y de color plateado: *El pez luna tiene movimientos lentos y acostumbra a flotar recostado sobre uno de sus*

a b c d e f g h i j k l m n ñ o **p** q r s t u v w x y z

lados. ‖ **pez martillo.** El marino, que se caracteriza por tener dos prolongaciones laterales en la cabeza, en cuyos extremos están los ojos: *El pez martillo vive en los mares tropicales y templados.* ‖ **pez sierra.** El marino, que tiene el tercio anterior transformado en una especie de sierra, con la que escarba el fondo buscando alimentos o con la que ataca a bancos de peces: *La piel del pez sierra se curte para obtener cuero.* ‖ **pez volante** o **(pez) volador.** El marino, que tiene la cabeza gruesa con el hocico saliente, el cuerpo con manchas rojas, blancas y pardas, las aletas negruzcas con lunares azules, y las pectorales tan largas que plegadas llegan a la cola y desplegadas le permiten dar grandes saltos fuera del agua: *El pez volante es muy común en los mares españoles.* ☐ MORF. *Pez espada, pez globo, pez luna, pez martillo, pez sierra* y *pez volante* son sustantivos epicenos y la diferencia de sexo se señala mediante la oposición *el pez espada {macho/hembra}*. 👁 pez

pezón s.m. En un pecho, parte abultada que sobresale y que las crías chupan para succionar la leche: *El bebé abría la boca buscando el pezón de su madre para mamar.*

pezuña s.f. **1** En algunos animales, conjunto de los dedos de una pata que están totalmente cubiertos en su extremo por uñas: *Los cerdos y las vacas tienen pezuñas.* **2** *col.* Pie o mano de las personas: *Quita tu pezuña de la mesa y siéntate como las personas normales.* ☐ USO En la acepción 2, tiene un matiz despectivo.

phi s.f. →**fi.** ☐ PRON. [fi].

photofinish (anglicismo) s.f. Toma fotográfica de llegada de una carrera deportiva, mediante una cámara situada en la línea de meta: *En la photofinish se puede apreciar que el corredor de la calle central es el ganador.* ☐ PRON. [fotofínis]. ☐ ORTOGR. Se usa también *foto finish*.

pi s.f. **1** En el alfabeto griego clásico, nombre de la decimosexta letra: *La grafía de la pi es* π. **2** En matemáticas, número que resulta de la relación entre la longitud de una circunferencia y su diámetro y que equivale a '3,141592...': *'Pi' es un número irracional.*

piadoso, sa adj. **1** Misericordioso o compasivo ante las desgracias ajenas: *Es una mujer piadosa y colabora en una asociación de enfermos mentales.* **2** Religioso o devoto: *Va todos los días a misa porque es muy piadoso.*

pianista s. Persona que toca el piano: *Por las noches trabaja como pianista en un restaurante.* ☐ MORF. Es de género común y exige concordancia en masculino o en femenino para señalar la diferencia de sexo: *el pianista, la pianista.*

piano ▮ s.m. **1** Instrumento musical de cuerdas y teclado, cuyas cuerdas, metálicas y de diferentes longitudes y diámetros, están ordenadas de mayor a menor en una caja de resonancia y suenan al ser golpeadas por unos pequeños mazos que se accionan cuando se pulsan las teclas correspondientes: *En el concierto para piano y orquesta, utilizaron un magnífico piano de cola.* 👁 **cuerda** ▮ adv. **2** En música, referido a la forma de ejecutar un sonido o un pasaje, con poca intensidad: *Esta pieza hay que interpretarla piano.*

pianola s.f. Piano que se puede poner en marcha mecánicamente por pedales o mediante corriente eléctrica, y que no necesita una persona que lo toque (por extensión del nombre de la marca comercial *Pianola®*): *La pianola estuvo de moda en los años veinte.* 👁 **cuerda**

piar v. Referido a algunas aves, esp. al pollo, emitir su voz característica: *Los polluelos pían alrededor de la gallina con su incesante 'pío, pío'.* ☐ ORTOGR. La *i* lleva tilde en los

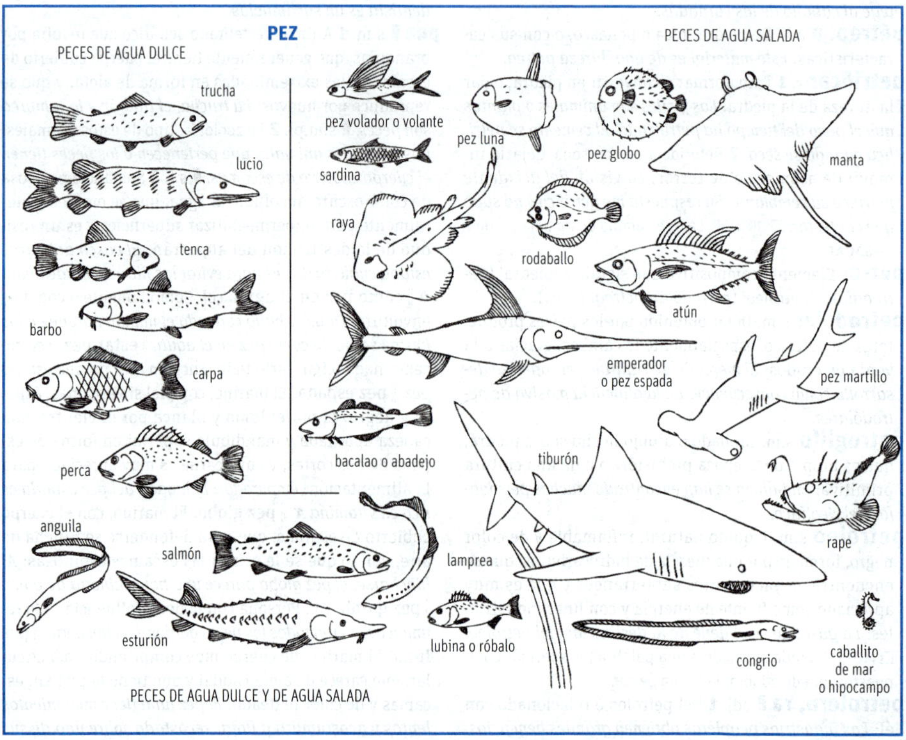

presentes, excepto en las personas *nosotros* y *vosotros* →GUIAR.

piara s.f. Manada de cerdos: *La piara comía las bellotas caídas de las encinas.* □ ORTOGR. Dist. de *tiara*.

piastra s.f. Nombre genérico que recibe la moneda fraccionaria de distintos países: *Tengo piastras egipcias, libanesas y sirias.*

pibe, ba s. *col.* Muchacho o chaval: *Mi amigo argentino siempre me llama 'pibe'.*

pica ▌s.f. **1** Especie de lanza larga que usaban los soldados y que tenía un hierro pequeño y agudo en su extremo superior: *Los regimientos de infantería españoles de los siglos XVI y XVII usaban picas.* **2** Vara larga para picar toros desde el caballo: *El picador realizó una buena faena con la pica.* ▌pl. **3** En la baraja francesa, palo que se representa con uno o varios corazones negros invertidos y con pie triangular: *Tenía un rey de picas.* 👁 **baraja**

picadero s.m. **1** Lugar en el que se adiestran los caballos y se aprende a montar en ellos: *Es un buen jinete y trabaja dando clases de equitación en el picadero.* **2** *col.* Vivienda o lugar que se usa para tener relaciones sexuales generalmente clandestinas: *Han alquilado un piso entre varios y lo usan como picadero.*

picadillo s.m. **1** Lomo de cerdo picado y adobado para hacer embutidos: *Hasta que no esté el picadillo, no podemos empezar a hacer los chorizos.* **2** Guiso que se hace picando carne cruda con tocino, verduras y ajos y cociéndolo y sazonándolo todo con especias y huevos batidos: *Se llevó una tartera con picadillo para el almuerzo.* **3** ‖ **hacer picadillo.** *col.* Dejar en muy malas condiciones físicas o anímicas: *Necesito unas vacaciones, porque este trabajo me ha dejado hecho picadillo.*

picado, da ▌adj. **1** Referido a la piel, llena de marcas o de cicatrices, generalmente producidas por la viruela o por el acné: *Se pone mucho maquillaje porque tiene la cara picada.* ▌s.m. **2** En cine, vídeo y televisión, toma hecha con la cámara inclinada sobre el objeto filmado: *La película tiene varios picados verdaderamente magistrales.* **3** ‖ **en picado. 1** Referido al vuelo de un avión, hacia abajo o cayendo verticalmente y a gran velocidad: *Hubo una avería en el motor y el avión cayó en picado.* **2** Con un descenso rápido o irremediable: *Su carrera política cayó en picado tras el escándalo.* □ MORF. *En picado* se usa más con el verbo *caer* y equivalentes.

picador, -a ▌s. **1** Torero que, montado en un caballo, pica con garrocha a los toros en las corridas: *El caballo del picador está protegido con un peto para evitar las cornadas.* **2** Minero que se dedica a picar: *Tiene silicosis porque ha trabajado veinte años como picador en una mina de carbón.* **3** Persona que se dedica a la doma y al adiestramiento de caballos, esp. si esta es su profesión: *En el picadero hay contratados varios picadores.* ▌s.f. **4** Aparato que sirve para picar, esp. productos alimenticios: *Para hacer albóndigas es necesario pasar la carne por la picadora.*

picadura s.f. **1** Agujero o grieta, esp. los producidos en dientes o muelas y que son un principio de caries: *El dentista me dijo que tenía dos picaduras.* **2** Mordedura de un ave, un insecto o un reptil: *Una picadura de víbora puede ser mortal.* **3** Tabaco desmenuzado en hebras o en pequeñas partículas: *Compro picadura porque fumo en pipa.*

picajón, -a adj./s. *col.* →**picajoso, sa.**

picajoso, sa adj./s. *col.* Que se ofende o se pica con mucha facilidad; *picajón: Con él hay que andar con pies de plomo porque es muy picajoso. No soporto a los picajosos que toman todo al pie de la letra.*

picante ▌adj. **1** Con gracia llena de malicia y ligeramente ofensiva al pudor en cuestiones sexuales: *No quiero que cuentes chistes picantes delante de los niños.* ▌adj./s.m. **2** Que produce una sensación de picor o quemazón en el paladar: *La pimienta y la mostaza son picantes. Tengo úlcera de estómago y el médico me ha prohibido tomar picante.* □ MORF. Como adjetivo es invariable en género.

picapica s.m. Sustancia que causa picor o que hace estornudar: *Echó picapica a sus amigos y no paraban de estornudar.* □ SINT. Se usa mucho en aposición, pospuesto a un sustantivo.

picapleitos s. *col.* Abogado: *Búscate el mejor abogado y no un picapleitos cualquiera.* □ MORF. Es de género común y exige concordancia en masculino o en femenino para señalar la diferencia de sexo: *el picapleitos, la picapleitos*. 2. Invariable en número. □ USO Tiene un matiz despectivo.

picaporte s.m. **1** En una puerta o una ventana, dispositivo para abrirlas o cerrarlas: *Hay que engrasar esos picaportes para evitar los chirridos.* **2** Palanca que facilita el manejo de este dispositivo: *Para abrir esta puerta, gira el picaporte hacia la izquierda.*

picar ▌v. **1** Cortar en trozos pequeños: *Para hacer macedonia hay que picar muy bien la fruta.* **2** Corroer o desgastar: *El óxido pica el metal. El plástico de la correa se ha picado.* **3** Referido a una superficie, agujerearla: *Se te van a picar las muelas de comer tanto dulce.* **4** Referido a una superficie, pincharla o atravesarla levemente con un instrumento punzante: *Picaba las aceitunas con un palillo.* **5** Referido a una materia dura, golpearla con un pico o con un instrumento similar: *Para arreglar las tuberías hay que picar la pared.* **6** Referido a un billete o a una entrada, taladrarlos el revisor: *El revisor del tren me picó el billete.* **7** Referido a un toro, herirlo el picador clavándole la pica en el morrillo y procurando detenerlo en su acometida: *Según el reglamento taurino, hay que picar tres veces a los toros.* **8** Referido a una caballería, avivarla el jinete utilizando las espuelas: *Picó al caballo y este inició un galope ligero.* **9** Referido a una persona, estimularla o animarla a hacer algo: *Me picaron diciendo que era una película estupenda y acabé yendo al cine con ellos.* **10** *col.* Referido a una persona, ofenderla o enfadarla: *Me picó mucho que me dieran plantón. Se picó porque no la invitamos a la cena.* **11** Referido a los alimentos, comerlos en pequeñas cantidades: *Cada vez que veo las uvas en el frutero, pico alguna. Cuando estoy guisando no puedo evitar la tentación de picar.* **12** Referido a un balón, pasarlo haciendo que dé un bote: *El pívot picó el balón y la defensa cortó el pase.* **13** Caer en un engaño: *He vuelto a picar y me he creído su historia.* **14** Referido a ciertos animales, morder o herir con el pico o con la boca: *Está en el hospital porque le ha picado una víbora.* **15** Referido a un ave, tomar la comida con el pico: *Las gallinas picaban los granos de maíz.* **16** Referido a un pez, morder el cebo puesto en el anzuelo para pescarlo: *¿Cuántos peces han picado hoy?* **17** Referido a un alimento, producir una sensación de irritación o de escozor en el paladar: *Esta guindilla pica mucho. Echó tabasco a las judías para que picaran.* **18** Referido a una parte del cuerpo, experimentar picor o escozor: *Me pica la pierna.* **19** Referido a algo que vuela, bajar su parte delantera por debajo de la horizontal: *En la exhibición, tres aviones picaron a la vez formando bonitos dibujos en el aire.* **20** Referido al sol, calentar mucho: *Va a haber tormenta, porque pica mucho el sol.* ▌prnl. **21** Referido al vino, estropearse o avinagrarse: *Has dejado la botella abierta diez días y el vino se ha picado.* **22** Referido al mar, agitarse levantando olas pequeñas: *Volvimos al puerto cuando el mar empezó a picarse.* **23** *col.* En el lenguaje de la droga, inyectarse una dosis de droga: *Es heroinómano y se pica todos los días.* **24** ‖ **picar (muy) alto.** Aspirar a algo que está por encima de las propias posibilidades: *Pica muy alto cuando dice que quiere llegar a presidente.* ☐ ORTOGR. La *c* se cambia en *qu* delante de *e* →**SACAR**. ☐ SINT. La acepción 8 se usa más en la expresión *picar espuelas*. ☐ SEM. 1. En las acepciones 8 y 9, es sinónimo de *espolear*. 2. En las acepciones 9 y 23, es sinónimo de *pinchar*.

picardía s.f. **1** Astucia o habilidad en la forma de actuar, a fin de conseguir algo en provecho propio: *Me lo preguntó con picardía, a ver si conseguía sacarme información.* **2** Atrevimiento o ligera falta de pudor en lo relacionado con cuestiones sexuales: *La picardía de su mirada me hizo sonrojar.* **3** Travesura de niños o burla inocente: *Hoy voy a hacer una picardía y me voy a saltar el régimen.*

picardías s.m. Camisón corto, generalmente transparente: *Su marido le regaló un picardías de seda.* ☐ MORF. Invariable en número.

picaresco, ca ▌adj. **1** Del pícaro o relacionado con él: *La falta de medios económicos lo arrastró a la vida picaresca.* **2** Referido esp. a una obra literaria, que tiene como tema el relato de la vida de un pícaro: *El género picaresco se consolida en España con la novela de Mateo Alemán 'El Guzmán de Alfarache'.* ▌s.f. **3** →**novela picaresca. 4** Forma de vida ruin, astuta y carente de honradez: *Pagar con cheques sin fondo forma parte de la picaresca de nuestro siglo.*

pícaro, ra ▌adj./s. **1** Que tiene picardía, o que es astuto, malicioso o aprovechado: *Me llamó con un pícaro guiño de ojos. Ya te dije que era un pícaro y que te intentaría engañar.* ▌s. **2** Tipo de persona descarada, astuta, traviesa, de la más humilde condición social y que se las arregla para salir adelante en la vida valiéndose de su astucia y de toda clase de engaños y de estafas: *El pícaro más famoso es Lazarillo de Tormes.*

picatoste s.m. Trozo pequeño de pan tostado o frito: *Me gusta mucho el chocolate caliente con picatostes.*

picazón s.f. Molestia que causa un picor: *Esta pomada alivia la picazón de las picaduras de mosquito.*

picha s.f. *vulg.malson.* →**pene.**

pichi s.m. Prenda de vestir femenina, semejante a un vestido sin mangas y escotado, que se pone encima de otra prenda: *El uniforme de mi colegio es un pichi azul sobre una blusa blanca.*

pichichi s.m. En el fútbol español, trofeo que premia al mayor goleador de la liga (por alusión al apodo de un futbolista español que fue gran goleador): *Este año el pichichi se lo ha llevado un jugador madrileño.*

pichón s.m. Pollo o cría de la paloma doméstica: *La paloma ponía el alimento en el pico de sus pichones.* ☐ MORF. Es un sustantivo epiceno y la diferencia de sexo se señala mediante la oposición *el pichón {macho/hembra}*. ☐ USO El uso de *pichón, pichona* aplicado a personas tiene un matiz cariñoso.

picnic (anglicismo) s.m. Comida en el campo o al aire libre: *He organizado un picnic en la ribera del río para el próximo domingo.* ☐ PRON. [píknik].

pícnico, ca adj./s. Referido a una persona, que tiene el cuerpo rechoncho, pequeña estatura y tendencia a la obesidad: *No solo no es esbelta, sino que tiene una constitución pícnica. Los pícnicos deben vigilar su dieta.*

pico s.m. **1** En un ave, parte saliente de la cabeza, compuesta por dos piezas córneas que recubren los huesos de las mandíbulas y que le permite tomar los alimentos: *La forma del pico está en relación con el tipo de alimentación de cada especie.* 👁 pico **2** Parte puntiaguda que sobresale de la superficie o del borde de algo: *El bajo de ese vestido está mal cosido, porque te cuelgan picos.* **3** Herramienta formada por un mango al que se sujeta una barra resistente y un poco curva, con uno de sus extremos terminado en punta, que se utiliza para cavar: *Los albañiles cavaron la zanja con un pico y una pala.* **4** En una montaña, cúspide puntiaguda: *Los escaladores llegaron hasta el pico nevado.* **5** Montaña que tiene esta cúspide: *El Mulhacén es el pico más alto de la península ibérica.* 👁 **montaña 6** Cantidad indeterminada de dinero, esp. si es elevada: *Este coche te habrá costado un buen pico.* **7** Parte pequeña que excede a una cantidad o a una unidad de tiempo expresada: *Serían las tres y pico cuando llegué.* **8** Pañal triangular que se pone a los niños pequeños y que generalmente está hecho con tela parecida a la felpa: *Dentro del pico hay que poner la gasa para que empape el pis.* **9** *col.* Boca: *Solo sabe abrir el pico para decir tonterías.* **10** *col.* Facilidad y soltura de palabra: *Con el pico que tiene, te convencerá de lo que quiera.* **11** *col.* En el lenguaje de la droga, dosis que se inyecta: *La policía los pilló metiéndose un pico de heroína.* **12** ‖ **de picos pardos.** *col.* De juerga o de diversión: *Salieron de picos pardos y han regresado de madrugada.* ‖ **pico de oro.** *col.* Persona que habla muy bien: *Es un pico de oro y nadie se aburre en sus conferencias.* ☐ SINT. La expresión *de picos pardos* se usa más con los verbos *andar, irse* o equivalentes.

picón s.m. Carbón muy menudo de origen vegetal y que solo sirve para los braseros: *Todas las semanas baja a la carbonería a comprar picón.*

picor s.m. **1** Sensación desagradable o irritación que produce en el cuerpo algo que pica: *La lana de este jersey me produce mucho picor.* **2** Ardor que se siente en el paladar o en la lengua por haber comido algo picante: *Después de comerse la guindilla, tomó pan para calmar el picor.*

picota s.f. **1** Variedad de cereza que se caracteriza por la forma algo apuntada, una consistencia carnosa y un ta-

PICO

a b c d e f g h i j k l m n ñ o **p** q r s t u v w x y z

maño mayor que el de la cereza normal: *En la recolección, casi siempre las picotas se desprenden de sus rabos.* **2** Columna que había en la entrada de algunos lugares y en la que se exponía la cabeza de las personas ajusticiadas: *Las cabezas de los reos colgadas en la picota se exponían a la vergüenza pública.* **3** *col.* Nariz: *De un balonazo en la cara le rompieron la picota.* **4** ‖ **poner** a alguien **en la picota.** Ponerlo en vergüenza criticándolo o exponiendo sus faltas: *Su jefe lo puso en la picota porque habló mal de él ante todos.*

picotazo s.m. Mordedura de un ave, de un reptil o de un insecto: *Los picotazos de las avispas son muy dolorosos.*

picotear v. **1** Referido a un ave, golpear o herir repetidas veces con el pico: *La gallina picoteaba los granos de maíz.* **2** Comer repetidas veces y en pequeñas cantidades: *Como no teníamos mucha hambre, pedimos unas raciones para picotear.*

pictograma s.m. Signo que tiene un significado en un sistema de escritura de figuras o de símbolos: *En la puerta del servicio de señoras hay un pictograma con una figura de mujer.*

pictórico, ca adj. De la pintura o relacionado con ella: *Velázquez dominaba las técnicas pictóricas de su tiempo.*

picudo, da adj. Con pico o con forma de pico: *Tiene la nariz muy picuda.*

pídola s.f. Juego de muchachos en el que uno de ellos se coloca encorvado y los demás saltan por encima de él con las piernas abiertas: *Aunque es bajo, juega muy bien a pídola porque salta mucho.*

pie s.m. **1** En el cuerpo de una persona, extremidad de la pierna, que va desde el tobillo hasta la punta de los dedos, se apoya en el suelo y sirve principalmente para andar y sostener el cuerpo cuando está erguido: *El agua de la piscina está tan fría que solo he metido los pies.* 👁 pie **2** En una prenda de vestir, parte que cubre esta extremidad de la pierna: *Siempre rompe los calcetines por el pie.* **3** En algunos animales, parte del cuerpo que les sirve para moverse o desplazarse: *El caracol tiene un solo pie y sobre él lleva la concha.* **4** Base o parte en la que se apoya algo: *Tengo una lámpara con el pie de bronce.* 👁 **alumbrado** **5** En una planta, tronco o tallo: *Hay plantas que tienen las flores masculinas y las flores femeninas en el mismo pie, y otras, en pies, distintos.* **6** En un verso, cada una de las partes de dos o más sílabas que lo componen, teniendo en cuenta la cantidad o el acento: *En la poesía griega, los pies estaban formados por vocales largas y breves.* **7** En una representación dramática, palabra con que termina lo que dice un personaje cada vez que le toca hablar a otro: *Los actores se aprenden sus papeles y el pie que les indica cuándo deben hablar.* **8** En un escrito, parte final y espacio en blanco que la sigue: *Tienes que firmar al pie del documento.* **9** En el sistema anglosajón, unidad básica de longitud que equivale aproximadamente a 30,5 centímetros: *Un pie equivale a 12 pulgadas.* **10** Parte opuesta a la cabecera o a la parte principal de algo: *Siéntate a los pies de la cama.* 👁 **libro** **11** En una fotografía o en un dibujo, explicación o comentario breve que se pone debajo: *En el pie de foto figuraba el nombre del entrevistado.* **12** ‖ **a los pies de** alguien. A su entero servicio: *Soy un eterno admirador suyo y me pongo a sus pies para lo que necesite.* ‖ **al pie de** algo. Cercano, próximo o inmediato a ello: *Estuvo al pie de su hijo durante la enfermedad.* ‖ **al pie de la letra.** Literalmente: *Cuando alguien dice que se muere de risa, no hay que entenderlo al pie de la letra.* ‖ **al pie del cañón.** Atento y sin abandonar el deber: *Su trabajo es muy duro, pero ahí lo tienes, al pie del cañón, día tras día.* ‖ **a pie.** Andando o caminando: *Hicimos el camino a pie.* ‖ **a pies juntillas.** Firmemente o sin la menor duda: *Se creyó a pies juntillas las barbaridades que le conté.* ‖ **buscarle {cinco/tres} pies al gato.** *col.* Empeñarse en encontrar dificultades, inconvenientes o complicaciones: *Si te prometió que sí, no le busques tres pies al gato y deja de pensar que ahora va a decir que no.* ‖ **cojear del mismo pie.** *col.* Tener el mismo defecto: *Tú y tu hermano cojeáis del mismo pie, porque los dos sois unos derrochadores.* ‖ **con {buen/mal} pie.** *col.* Con buena o mala suerte: *Empezó con buen pie, ya que acertó a la primera una pregunta difícil.* ‖ **con el pie derecho.** *col.* Con acierto o con buena suerte: *He debido entrar en tu casa con el pie derecho, porque tus padres me adoran.* ‖ **con el pie izquierdo.** *col.* Sin acierto o con mala suerte: *Hoy me he levantado con el pie izquierdo, y todo me sale mal.* ‖ **con los pies por delante.** *col.* Muerto o sin vida: *De aquí no me saca nadie, si no es con los pies por delante.* ‖ **con pies de plomo.** *col.* Despacio, con cuidado o con cautela: *Intenta enterarte de quién es el culpable, pero ve con pies de plomo.* ‖ **con un pie en** un lugar. *col.* Próximo a él: *Ese enfermo tan demacrado está ya con un pie en la tumba.* ‖ **dar pie.** Dar ocasión o motivo: *Tu comportamiento dará pie a severas críticas.* ‖ **de (los) pies a (la) cabeza.** *col.* Completamente, o con todo lo necesario: *El chaparrón me ha empapado de pies a cabeza.* ‖ **{de/en} pie.** Erguido: *Al entrar el director, los asistentes se pusieron en pie.* ‖ **en pie de guerra.** En disposición de combatir o dispuesto a tener un enfrentamiento agresivo: *Si los indios están en pie de guerra, las diligencias no atravesarán la pradera.* ‖ **en pie de igualdad.** De igual a igual: *La ley ha de contemplar a hombres y mujeres en pie de igualdad.* ‖ **hacer pie.** Tocar el fondo para poder mantener la cabeza fuera del agua sin necesidad de nadar: *En la parte del trampolín no se hace pie.* ‖ **nacer de pie.** Tener muy buena suerte: *No tienes derecho a quejarte de nada, porque has nacido de pie.* ‖ **no dar pie con bola.** No acertar absolutamente nada: *Tienes un cero en el examen, porque no has dado pie con bola.* ‖ **no tener pies ni cabeza.** *col.* No ser lógico o no tener sentido: *Lo que dices no tiene pies ni cabeza, porque yo jamás estuve allí.* ‖ **parar los pies** a alguien. *col.* Detener o interrumpir su acción o sus intenciones por ser inconvenientes o abusivas: *Como no le pares los pies, se aprovechará de ti.* ‖ **pie cavo.** El que tiene un puente excesivo: *Se cae mucho cuando*

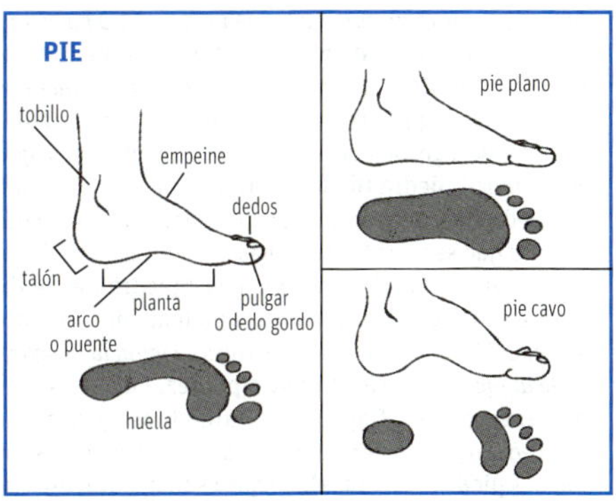

salta porque tiene los pies cavos. ‖ **pie de atleta.** Enfermedad de la piel causada por hongos, que suele producir enrojecimiento, grietas y pequeñas ampollas: *El pie de atleta es muy contagioso.* ‖ **pie de imprenta.** Conjunto de datos sobre la edición o impresión de un libro, que generalmente figuran al principio o al final de este: *En el pie de imprenta suele ponerse la editorial, el lugar y el año en que se imprime un libro.* ‖ **pie plano.** El que apenas tiene puente: *Como tiene los pies planos es un poco torpe cuando corre.* ‖ **pie quebrado.** En algunas composiciones métricas, verso corto, de cinco sílabas como máximo, que alterna con otros más largos: *En la estrofa de Jorge Manrique 'Nuestras vidas son los ríos / que van a dar a la mar,/ que es el morir, el último verso es un pie quebrado'.* ‖ **poner los pies en** un lugar. *col.* Ir a él: *Hace más de dos años que no pone los pies en mi casa.* ‖ **poner pies en polvorosa.** *col.* Salir corriendo o huir: *Pongamos pies en polvorosa, que ese toro viene por nosotros.* ‖ **por pies.** *col.* Corriendo o muy deprisa: *Los ladrones salieron por pies cuando vieron llegar a la policía.* ‖ **saber de qué pie cojea** alguien. *col.* Saber cuál es su punto débil: *Tú a mí no me engañas, que sé bien de qué pie cojeas.* ‖ **sacar los pies del plato.** *col.* Actuar con descaro o fuera de las pautas socialmente establecidas: *Ese chico tan tímido sacó un día los pies del plato y se fugó con una actriz.* ‖ **sin pies ni cabeza.** *col.* Sin lógica ni sentido: *Es una película sin pies ni cabeza, con personajes que aparecen y desaparecen sin motivo.* □ SINT. *Por pies* se usa más con los verbos *irse, marcharse, salir* o equivalentes.

piedad s.f. **1** Comportamiento misericordioso, o sentimiento de amor al prójimo y de compasión ante las desgracias ajenas: *Los prisioneros imploraban piedad para que no los torturaran más. Ten piedad de mí y no me abandones.* **2** Devoción o fervor religiosos: *Oraba con piedad.* **3** Representación en pintura o en escultura de la Virgen María (según la Biblia, madre de Jesucristo) sosteniendo el cadáver de su Hijo descendido de la cruz: *Miguel Ángel esculpió varias piedades en mármol.*

piedra s.f. **1** Cuerpo mineral duro y compacto: *Tiraba piedras al río para ver las ondas en el agua. Hay una cruz de piedra a la puerta de la ermita.* **2** Trozo labrado de este cuerpo, esp. si se utiliza en la construcción: *Las piedras de este acueducto romano no están unidas por nada.* **3** *col.* Acumulación anormal y más o menos compacta de sales y minerales que se forma en conductos y órganos huecos; *cálculo: Es muy doloroso expulsar las piedras de la vesícula.* **4** En un encendedor, aleación de hierro y de cerio que se emplea para producir la chispa: *Tengo que cambiar la piedra al encendedor, porque esta ya no hace chispa.* **5** Granizo grueso: *La tormenta de piedra ha estropeado la cosecha.* **6** ‖ **de piedra.** *col.* Muy sorprendido o impresionado: *Me dio una respuesta tan tajante que me dejó de piedra.* ‖ **piedra angular.** Base o fundamento principal de algo: *Su padre es la piedra angular del negocio familiar.* ‖ **piedra (de molino).** En un molino tradicional, rueda de este material que gira sobre otra fija para moler lo que se pone entre ambas; *muela: La mesa de su jardín es una piedra de molino antigua.* ‖ **piedra filosofal.** Materia con la que los alquimistas pretendían hacer oro artificial: *Muchas historias medievales cuentan la búsqueda de la piedra filosofal.* ‖ **piedra pómez.** La que es volcánica, esponjosa, frágil, de textura fibrosa y de color grisáceo: *La piedra pómez es muy usada para desgastar y pulir.* ‖ **piedra (preciosa).** La que es fina, dura, escasa y generalmente transparente: *Las piedras preciosas se emplean mucho en joyería.* ‖ **tirar piedras contra el propio tejado.** *col.* Comportarse de forma perjudicial para los propios intereses: *Si vas contando por ahí tus defectos, estás tirando piedras contra tu tejado.*

piel s.f. **1** Tejido externo que cubre y protege el cuerpo de las personas y de los animales: *La piel del ser humano está formada por la epidermis y la dermis.* **2** Pellejo que cubre el cuerpo de los animales, curtido y preparado para su uso en la industria; *cuero: Me han regalado una cartera de piel.* **3** Cuero curtido de forma que conserva el pelo natural: *Lleva un abrigo de pieles muy largo.* **4** Parte exterior que cubre la parte carnosa de algunos frutos: *Para freír las patatas hay que quitarles la piel.* **5** ‖ **piel de gallina.** La que toma un aspecto granuloso o semejante a la de esta ave, generalmente por efecto de un estremecimiento; *carne de gallina: Se nota que tienes frío, porque tienes piel de gallina.* ‖ **piel roja.** Indio indígena de las tierras norteamericanas: *En la película, los pieles rojas montaban a caballo sin silla de montar.* ‖ **ser (de) la piel del diablo.** *col.* Ser muy travieso o revoltoso: *Este niño es de la piel del diablo y me tiene agotado.*

piélago s.m. *poét.* Mar: *La nao se preparaba para surcar el piélago.*

pienso s.m. Alimento, esp. el seco, para el ganado: *El granjero alimenta a sus vacas con pienso.*

pierna s.f. **1** En el cuerpo de una persona, miembro o extremidad inferior que va desde el tronco hasta el pie: *Las piernas son el órgano de locomoción del ser humano.* **2** Parte de esta extremidad que comprende desde la rodilla al pie: *Los pantalones bermudas dejan las piernas al aire.* **3** En algunos animales, muslo: *Entre todos nos comimos dos piernas de cordero.* 👁 **carne** **4** ‖ **dormir a pierna {suelta/tendida}.** *col.* Dormir profundamente o muy bien: *Aunque haya ruido, yo siempre duermo a pierna suelta.* ‖ **estirar las piernas.** Moverse para desentumecerlas después de haber estado mucho tiempo sentado: *En el viaje paramos un rato para comer y estirar las piernas.* ‖ **por piernas.** *col.* Corriendo o muy deprisa: *Se estaba quemando la casa y salimos por piernas.* □ MORF. Cuando se antepone a una palabra para formar compuestos, adopta la forma *pierni-*: *piernicorto.*

pierrot (galicismo) s.m. Personaje cómico de teatro francés, que lleva un calzón amplio y blusa o camisola blanca amplia y con grandes botones: *Un payaso vestido de pierrot hacía reír a los niños con sus gracias y sus chistes.*

pieza s.f. **1** En un conjunto, cada una de las partes o de las unidades que lo componen: *La dentadura de una persona adulta tiene 32 piezas.* **2** En un aparato, cada una de las partes que lo componen: *El técnico ha cambiado dos piezas de la lavadora.* **3** Trozo de tela con la que se remienda una prenda de vestir u otro tejido: *He puesto una pieza en la costura de la manga, porque estaba desgarrada.* **4** Trozo de tejido que se fabrica de una vez: *En esta tienda de tejidos, las piezas de tela están expuestas al público.* **5** Animal de caza o de pesca: *El cazador llevaba en su morral tres piezas: dos conejos y una liebre.* **6** Figura de algunos juegos de tablero, esp. la del ajedrez y las damas: *El ajedrez se juega con dieciséis piezas blancas y dieciséis negras.* **7** Obra dramática, esp. si solo tiene un acto: *El sainete es una pieza de carácter popular y cómico.* **8** En música, composición suelta, de carácter vocal o instrumental: *Lo que más me gustó del concierto fue una pie-*

za de flauta. **9** En una casa, sala o cuarto: *Colocaron a los invitados en la pieza principal.* **10** Alhaja, herramienta, utensilio o mueble trabajados con arte: *En la joyería le dijeron que ese anillo era una pieza muy valiosa.* **11** ‖ **de una pieza.** *col.* Muy sorprendido o impresionado: *Al ver lo que era mi regalo me quedé de una pieza.* ‖ **pieza de artillería.** Cualquier arma que se carga con pólvora: *El teniente supervisaba que las piezas de artillería fueran transportadas con seguridad.* □ USO *De una pieza* se usa más con los verbos *dejar* y *quedarse*.

pífano s.m. Instrumento musical de viento, semejante a una flauta pequeña y de tono muy agudo: *El pífano ha sido muy empleado en las bandas militares.*

pifia s.f. *col.* Error, descuido o dicho poco acertados: *He hecho una pifia, y ahora no sé cómo arreglarlo.* □ PRON. Incorr. *[pizia].

pigmentación s.f. Coloración de la piel o de otros tejidos por diversas causas: *La pigmentación de la cara puede deberse a los medicamentos que has tomado.*

pigmento s.m. **1** Sustancia colorante que se halla en muchas células animales y vegetales: *Los pigmentos intervienen en muchos procesos biológicos y son responsables de la coloración de diversos órganos y tejidos.* **2** Materia colorante que se usa en pintura: *En la pintura al óleo los pigmentos se disuelven en aceite secante.*

pigmeo, a adj./s. De un conjunto de pueblos diseminados por regiones africanas y asiáticas, que se caracterizan por ser de muy baja estatura y por tener la piel oscura y el cabello crespo: *Las tribus pigmeas viven en la región ecuatorial de África y en grupos aislados de Filipinas, Borneo y Nueva Guinea. La economía de los pigmeos se basa en la caza y en la recolección.*

pijada s.f. **1** *col.* Lo que se considera sin importancia o de poco valor; *tontería: No te preocupes por pijadas como esa.* **2** *col.* Hecho o dicho inoportunos, impertinentes o molestos: *No le hagas caso, porque ha dicho esa pijada solo para hacerte daño.*

pijama s.m. Prenda de dormir de dos piezas, generalmente formada por una chaqueta y por un pantalón: *Ponte el pijama y vete a la cama.*

pijería s.f. *col. desp.* Ostentación afectada y presuntuosa de una buena posición social y económica: *No soporto su pijería y su valorar a la gente por el dinero que tenga.*

pijerío s.m. *col. desp.* Conjunto de gente pija: *En este bar de moda hay mucho pijerío.*

pijo, ja ▮ adj. **1** *col. desp.* Característico de quien ostenta de forma afectada una buena posición social y económica: *Aunque ese modelo de coche me gusta, no me lo compro porque es muy pijo.* ▮ adj./s. **2** *col. desp.* Referido a una persona, que ostenta de forma afectada una buena posición social y económica: *Fui a una fiesta de niños pijos y me aburrieron con sus fantasmadas. Los pijos visten ropa de marcas conocidas.* **3** ‖ **un pijo.** *vulg.* Muy poco o nada: *Nos dieron unas entradas tan malas que no se veía un pijo desde donde estábamos.*

pijota s.f. Cría de la merluza; *pescadilla*

pijotería s.f. *col. desp.* Lo que se considera de poco valor o de poca importancia, pese a sus pretensiones: *Sus grandiosos proyectos no son más que pijoterías.*

pijotero, ra adj. *col. desp.* Que causa molestia o enfado, esp. si concede importancia a lo que se considera que no la tiene: *Estoy harto de esta niña caprichosa y pijotera.*

pila s.f. **1** Pieza cóncava y profunda donde cae o se echa el agua para diversos usos: *Pon los platos en la pila para fregarlos.* **2** *col.* Montón de cosas puestas unas sobre otras: *Como hace días que no plancho, se me ha juntado una pila de ropa.* **3** Generador de corriente eléctrica, que utiliza la energía liberada en una reacción química: *Esta radio funciona con pilas.* **4** ‖ **pila (bautismal).** Aquella sobre la que se administra el sacramento del bautismo: *Los padrinos, con el bebé y el sacerdote, se colocaron alrededor de la pila bautismal.* ‖ **una pila.** *col.* Gran cantidad: *Este coche tiene una pila de años y aún va muy bien.*

pilar s.m. **1** En arquitectura, elemento vertical que sirve para sostener estructuras u otros elementos y que puede tener sección cuadrada, con forma de polígono o circular: *La estatua irá colocada sobre un pilar de granito.* **2** Lo que sostiene o sirve de apoyo, base o fundamento: *Esos dos jugadores son los pilares del equipo.*

pilastra s.f. En arquitectura, pilar de sección cuadrangular, esp. si está adosado a una pared: *Estas pilastras son solo decorativas, no tienen función de soporte.*

píldora s.f. **1** Parte pequeña de medicamento, generalmente en forma de bolita, que se toma por vía oral: *Toma unas píldoras para la hipertensión arterial.* 👁 **medicamento** **2** Anticonceptivo que se toma por vía oral: *Está tomando la píldora para no quedarse embarazada.* **3** ‖ **dorar la píldora** a alguien. *col.* Suavizarle la mala noticia que se le da o la contrariedad que se le causa: *Si no puede ir de vacaciones, tendrás que dorarle la píldora para que no se lleve un berrinche.* ‖ **tragarse la píldora** alguien. *col.* Creer una mentira: *Se tragó la píldora y lo engañaron.*

pilífero, ra adj. En botánica, con pelos: *La zona de la raíz en la que están los pelos absorbentes recibe el nombre de zona pilífera.* 👁 **raíz**

pilila s.f. *col.* →**pene.**

pillaje s.m. Robo o saqueo, esp. el hecho por los soldados en un país enemigo: *En la Edad Media era habitual el pillaje de los soldados invasores en las tierras invadidas.*

pillar v. **1** *col.* Coger, agarrar o tomar: *Los ladrones han pillado todo lo que han podido.* **2** *col.* Alcanzar o atropellar embistiendo: *Casi lo pilla un coche por cruzar en rojo.* **3** *col.* Sorprender o coger desprevenido: *Me pilló la tormenta en pleno monte.* **4** Aprisionar o sujetar: *Mi hermano me pilló la mano al cerrar la puerta. Me pillé el vestido con la puerta del coche.* **5** Referido a una persona, hallarla o cogerla en determinada situación: *Llegó tan tarde que me pilló en pijama.* **6** *col.* Referido a un engaño, descubrirlo: *No es cierto que ayer no estuvieses en casa, así que te he pillado la mentira.* **7** *col.* Referido a una enfermedad o a un estado de ánimo, contraerlos, adquirirlos o alcanzarlos; *coger: Pilló el catarro por no abrigarse.* **8** *col.* Entender, comprender o captar el significado: *Explícame el chiste, porque no lo he pillado.* **9** *col.* Respecto de algo o de alguien, hallarse o encontrarse en determinada situación local: *Iré en autobús, porque tu casa me pilla muy lejos.*

pillería s.f. *col.* Hecho o dicho propios de un pillo: *Como no dejes de hacer pillerías, te voy a castigar.*

pillo, lla adj./s. *col.* Referido a una persona, esp. a un niño, que es astuto o travieso: *Es una niña muy pilla y siempre está haciendo travesuras. No me gusta tratar con él, porque es un pillo y siempre me engaña.*

pilón s.m. En una fuente, recipiente de piedra que contiene el agua y que generalmente sirve de abrevadero o de lavadero: *Los caballos bebían en el pilón.*

píloro s.m. En el sistema digestivo, orificio del estómago

a b c d e f g h i j k l m n ñ o p q r s t u v w x y z

que comunica con el intestino delgado: *El píloro es un esfínter.*

piloso, sa adj. Del pelo, con pelo o relacionado con él: *El pelo se cae cuando el bulbo piloso no está sano.*

pilotaje s.f. Dirección o conducción de un vehículo: *El pilotaje de ese avión requiere grandes conocimientos.*

pilotar v. Referido esp. a un vehículo, dirigirlo o conducirlo: *Los aviadores pilotan aviones.*

pilote s.m. Madero en forma cilíndrica, generalmente armado de una punta de hierro, que se hinca en tierra para consolidar cimientos: *El embarcadero se levanta sobre unos pilotes.*

piloto ▮ s. **1** Persona que dirige o que conduce un vehículo: *Los pilotos de pruebas se encargan de probar nuevos modelos de vehículos.* ▮ s.m. **2** En un vehículo, luz roja situada en la parte posterior: *Los pilotos del coche sirven para que por la noche el coche sea visto fácilmente por otros conductores.* **3** En algunos aparatos, luz que indica que está en funcionamiento: *Cuando enchufas el radiador, se enciende un piloto para avisarte.* **4** Modelo o prototipo: *Fuimos a ver un edificio que están construyendo y nos enseñaron un piso piloto.* □ MORF. En la acepción 1, es de género común y exige concordancia en masculino o en femenino para señalar la diferencia de sexo: *el piloto, la piloto.* □ SINT. En la acepción 4, se usa en aposición, pospuesto a un sustantivo: *un piso piloto.*

piltra s.f. *col.* Cama: *Se ha ido pronto a la piltra, porque tenía mucho sueño.*

piltrafa s.f. Lo que está muy estropeado o tiene muy mal aspecto: *La droga convierte a las personas en piltrafas.*

pimentero s.m. Recipiente en el que se sirve en la mesa la pimienta molida: *Pásame el pimentero para aliñar la ensalada, por favor.*

pimentón s.m. Polvo que se obtiene moliendo pimientos encarnados secos y que se usa como condimento: *El pulpo a la gallega se cocina con pimentón.*

pimienta s.f. Fruto en forma de baya, redondeado y carnoso, que tiene una semilla esférica, dura y aromática que se usa como condimento por su sabor picante: *La pimienta se puede usar en grano o molida.*

pimiento s.m. **1** Planta herbácea de flores blancas y hojas lanceoladas, cuyo fruto puede tener diferentes formas y tamaños pero es siempre hueco y con pequeñas semillas planas, circulares y amarillentas en su interior: *El pimiento es de origen americano.* **2** Fruto comestible de esta planta, de color rojo o verde y de forma más o menos piramidal: *Algunos pimientos pican y otros no.* **3** ‖ **pimiento morrón.** Variedad que tiene el fruto grueso y muy dulce: *Los pimientos morrones maduros son de color rojo.* ‖ **un pimiento. 1** *col.* Muy poco o nada: *Me importa un pimiento que vengas o no.* **2** *col.* Expresión que se usa para indicar negación o rechazo: *¡Y un pimiento te voy a ayudar yo a arreglar tu habitación, rico!* □ SINT. *Un pimiento* en la acepción 1 se usa más con los verbos *importar*, *valer* o equivalentes y en expresiones negativas.

pimpante adj. *col.* Airoso, satisfecho o ufano: *Iba muy pimpante con su traje nuevo.* □ MORF. Invariable en género.

pimpinela s.f. Planta herbácea con tallos rojizos, hojas compuestas de bordes dentados, flores en umbela, sin corola y con el cáliz purpurino, que se usó en medicina como tónico: *La pimpinela es una planta que abunda en España.*

pimplar v. *col.* Referido a una bebida alcohólica, beberla, esp. si es con exceso: *Pimpló la copa de coñac de un trago. Entre los tres se pimplaron cuatro botellas de vino.*

pimpollo s.m. **1** Árbol o rama nuevos y recién salidos: *Al rosal le están saliendo varios pimpollos.* **2** Persona, esp. si es joven, que se distingue por su belleza y por su gracia: *Pimpollo, ¿dónde vas tan elegante?*

pimpón s.m. Deporte parecido al tenis, que se juega sobre una mesa rectangular, con una pelota pequeña y lisa, y con palas de madera (por extensión del nombre de la marca comercial *Ping-Pong®*): *El pimpón es un juego muy rápido y para el que se necesitan muchos reflejos.* tenis de mesa

pin (anglicismo) s.m. Insignia con forma de chincheta, que generalmente se coloca como adorno en una prenda de vestir: *Cuando estuve en París me compré un pin con la torre Eiffel.* □ MORF. Su plural es *pines*.

pinacle s.m. Juego de cartas de origen inglés que se juega con 52 cartas y dos comodines y que consiste en agrupar cartas correlativas de un mismo palo: *El pinacle se juega con una baraja francesa.*

pinacoteca s.f. Galería o museo en los que se se exponen pinturas: *El Museo del Louvre es la más importante pinacoteca de París.*

pináculo s.m. **1** Parte superior y más alta de un edificio: *El pináculo de las iglesias suele ser una cruz.* **2** En arte, esp. en la arquitectura gótica, adorno terminal de forma piramidal o cónica: *En las catedrales góticas, los pináculos embellecen y sirven de contrapeso al empuje del arbotante.*

pinar s.m. Lugar poblado de pinos: *El domingo fuimos a pasar el día a un pinar.*

pincel s.m. Instrumento de pintura que consta de un mango largo con un conjunto de pelos o de cerdas en uno de los extremos: *Hay pinceles más gruesos o más finos, según lo que se quiera pintar.*

pincelada s.f. **1** Trazo hecho con el pincel: *Este cuadro está hecho con pinceladas muy pequeñas.* **2** Expresión condensada de una idea o de un rasgo muy característico: *El novelista logra fijar el carácter del protagonista con apenas dos pinceladas.* **3** ‖ **dar las últimas pinceladas** a algo. Perfeccionarlo o acabarlo: *Ya casi he terminado el libro, solo me queda dar las últimas pinceladas.*

pinchadiscos (anglicismo) s. *col.* disyóquey. □ MORF. 1. Es de género común y exige concordancia en masculino o en femenino para señalar la diferencia de sexo: *el pinchadiscos, la pinchadiscos.* 2. Invariable en número.

pinchar ▮ v. **1** Picar o herir con algo punzante; *punzar: Pinchó el globo con un alfiler. Se pinchó mientras cosía.* **2** Sujetar o coger, clavando algo puntiagudo: *Pinché la aceituna con el palillo para comérmela.* **3** Enojar, mortificar o hacer sentir molesto: *Le gusta pinchar a su hermana diciéndole que está gorda.* **4** Referido a una persona, estimularla o moverla a hacer algo; *espolear: Hace un mes que me pincha para que me apunte a clases de informática.* **5** Referido esp. a un teléfono, intervenirlo o controlarlo para descubrir algo: *Se dio cuenta de que le habían pinchado el teléfono porque al descolgarlo oyó un chasquido.* **6** *col.* Referido a un disco, ponerlo en el tocadiscos para que suene: *El locutor de la radio pinchó un disco de mi grupo favorito.* **7** *col.* Poner inyecciones: *He ido a pincharme al ambulatorio.* **8** Sufrir un pinchazo en una rueda: *Pinchamos cuando ya estábamos llegando a casa. El coche se pinchó por culpa de un clavo de la carretera.* ▮ prnl. **9** *col.* En el lenguaje de la droga, inyectarse una dosis de droga:

Ha ingresado en una clínica de desintoxicación porque quiere dejar de pincharse. **10** ‖ **ni pinchar ni cortar** alguien. *col.* Tener poco valor o influencia: *No me pidas permiso a mí, porque yo aquí ni pincho ni corto.* □ SEM. En las acepciones 4 y 9, es sinónimo de *picar*.

pinchaúvas s. *col.* Persona despreciable o de poco valor: *Eres un pinchaúvas y después de lo que has hecho no mereces ningún respeto.* □ MORF. En la lengua actual es de género común y exige concordancia en masculino o en femenino para señalar la diferencia de sexo: *el pinchaúvas, la pinchaúvas*. 2. Invariable en número. □ USO Tiene un matiz despectivo.

pinchazo s.m. **1** Introducción de un objeto punzante o puntiagudo que se clava: *Se dio un pinchazo mientras cosía.* **2** Señal o herida que deja un objeto punzante al ser introducido: *Muchos drogadictos tienen los brazos llenos de pinchazos.* **3** Perforación de una rueda que hace que pierda el aire: *Sufrimos un pinchazo en la autopista y tuvimos que cambiar la rueda.* **4** *col.* Inyección: *Hace tres días que el practicante me puso el pinchazo, y todavía me duele.* **5** *col.* Dolor agudo y punzante: *No puedo seguir corriendo porque me ha dado un pinchazo en el costado.* **6** Intervención de un teléfono para controlar las conversaciones que se mantienen: *El pinchazo de este teléfono ha sido realizado de forma ilegal.*

pinche s. Persona que presta servicios auxiliares en la cocina: *El pinche cortaba las cebollas siguiendo las indicaciones del cocinero.* □ MORF. Es de género común y exige concordancia en masculino o en femenino para señalar la diferencia de sexo: *el pinche, la pinche*.

pincho s.m. **1** Aguijón o varilla con una punta aguda y afilada: *El erizo tiene el cuerpo cubierto de pinchos.* **2** Trozo de comida que se toma de aperitivo, y que generalmente va pinchada en un palillo: *Antes de comer fuimos al bar y tomamos unos pinchos.* **3** ‖ **pincho moruno.** Carne troceada y ensartada en una varilla, que se sirve asada: *Estos pinchos morunos tienen trozos de pimientos entre la carne.*

pindonga s.f. *col.* Mujer que lleva una vida irregular y desordenada: *Dicen que es una pindonga y que cada día cambia de amante.* □ USO Tiene un matiz despectivo.

pingajo s.m. **1** *col.* Trozo de ropa roto que cuelga; *pingo: El vagabundo llevaba la chaqueta llena de pingajos.* **2** *col.* Lo que está muy estropeado o deteriorado: *Apenas he dormido y estoy hecho un pingajo.*

pingar v. **1** Pender o colgar: *Tendrás que arreglarte el bajo de la falda para que no te pingue por delante.* **2** ‖ **poner pingando** a alguien. *col.* Hablar muy mal de él: *Te puso pingando por el plantón que le diste.* □ ORTOGR. La *g* se cambia en *gu* delante de *e* →**PAGAR**.

pingo s.m. **1** *col.* Trozo de ropa roto que cuelga; *pingajo: La camisa estaba tan vieja que le colgaban pingos.* **2** *col.* Persona que lleva una vida irregular y desordenada: *No me gusta que salgas con ellos, porque son unos pingos.* **3** ‖ **de pingo.** *col.* De juerga: *No sé cómo aguantas salir de pingo todas las noches.* □ SINT. *De pingo* se usa más con los verbos *andar, estar* e *ir*.

ping-pong s.m. →**pimpón.** □ USO Extensión del nombre de la marca comercial *Ping-Pong®*. □ PRON. [pimpón].

pingüe adj. Abundante, copioso o fértil: *Este negocio nos va a proporcionar pingües beneficios.* □ MORF. Invariable en género. □ USO Se usa más antepuesto al nombre.

pingüino s.m. Ave acuática incapaz de volar pero buena nadadora, que habita principalmente en las zonas polares del hemisferio sur, se alimenta de peces y crustáceos y se caracteriza por la postura erguida y el plumaje muy espeso, negro en el lomo y blanco en el pecho y en el vientre; *pájaro bobo: Los pingüinos poseen unas extremidades en forma de aletas, adaptadas para nadar.* □ MORF. Es un sustantivo epiceno y la diferencia de sexo se señala mediante la oposición *el pingüino {macho/hembra}*. 👁 **ave**

pinitos s.m.pl. **1** Primeros pasos de un niño: *El niño está aprendiendo a andar y hace sus pinitos por el salón.* **2** Primeros pasos en una ciencia o en un arte: *Acaba de terminar la carrera de Derecho el año pasado y ya hace sus pinitos como abogado.* □ SINT. Se usa más con los verbos *dar, hacer* y equivalentes.

pinnípedo ▌adj./s.m. **1** Referido a un mamífero marino, que se caracteriza por tener las patas anteriores con membranas interdigitales y las posteriores en forma de aleta, y por tener una gruesa capa de grasa bajo la piel: *La foca es un mamífero pinnípedo. Los pinnípedos se alimentan de peces.* ▌s.m.pl. **2** En zoología, orden de estos mamíferos, perteneciente a la superclase de los tetrápodos: *El cuerpo de los animales que pertenecen a los pinnípedos recuerda la forma de un pez.*

pino s.m. **1** Árbol de tronco recto, hojas estrechas y puntiagudas como agujas que persisten durante el invierno, y cuya flor es una piña: *La resina del pino es utilizada en la industria.* **2** Madera de este árbol: *Se ha comprado un armario de pino.* **3** Ejercicio gimnástico que consiste en poner el cuerpo vertical con los pies hacia arriba apoyando las manos en el suelo: *Aprendí a hacer el pino sujetándome en una pared.* **4** ‖ **en el quinto pino.** *col.* Muy lejos: *Fuimos en coche a su casa porque vive en el quinto pino.* □ SINT. La acepción 3 se usa más en la expresión *hacer el pino*.

pinrel s.m. *col.* Pie: *Se quitó los zapatos y nos atufó, porque le olían los pinreles.*

pinsapo s.m. Árbol parecido al abeto que tiene la corteza blanquecina, las hojas cortas, punzantes y persistentes, y piñas derechas: *Las piñas del pinsapo son más gruesas que las del abeto.*

pinta s.f. **1** Mancha o señal pequeña, generalmente en forma de lunar o de mota: *Las mariquitas tienen pintas negras.* **2** En algunos juegos de cartas, naipe que se descubre al comienzo y que designa el palo del triunfo: *La pinta es el tres de oros, así que el triunfo es oros.* **3** Aspecto exterior: *¡Vaya pinta llevas con ese sombrero!* **4** En el sistema anglosajón, unidad de volumen que equivale aproximadamente a 0,57 litros: *En Inglaterra es muy normal beber la cerveza por pintas.*

pintada s.f. Véase **pintado, da**.

pintado, da ▌adj. **1** *col.* Muy parecido o semejante: *Cuando haces ese gesto eres pintado a tu padre.* ▌s.f. **2** Letrero, generalmente de contenido político o social, escrito o pintado en un lugar: *Lo multaron por hacer pintadas en el metro.* **3** ‖ **el más pintado.** *col.* El más adecuado o el más hábil: *La eligieron a ella como protagonista porque era la más pintada para el papel.* ‖ **que ni pintado.** *col.* Muy a propósito: *Esta subida de sueldo me ha venido que ni pintada para comprarme un coche.*

pintalabios s.m. Cosmético que sirve para pintarse los labios y que se presenta generalmente en forma de barra y dentro de un estuche; *carmín, barra de labios: El color de pintalabios que más me gusta es el rojo.* □ MORF. Invariable en número.

pintamonas s. **1** *col.* Pintor que tiene poca habilidad:

En esta galería no se exponen los cuadros de los pintamonas. **2** *col.* Persona de poco valor o de poca importancia: *Ese pintamonas no puede amenazarte con el despido porque no es el jefe.* □ MORF. 1. Es de género común y exige concordancia en masculino o en femenino para señalar la diferencia de sexo: *el pintamonas, la pintamonas*. 2. Invariable en número.

pintar ▌ v. **1** Representar una imagen mediante las líneas y los colores adecuados: *En clase de dibujo he pintado un barco de vela.* **2** Referido a una superficie, cubrirla de un color: *¿De qué color vas a pintar las paredes?* **3** Describir o representar por medio de la palabra: *Me habían pintado la situación tan difícil, que me sorprendió ver que no planteaba problema.* **4** Referido a un utensilio para escribir, dibujar o hacer trazos: *La pluma ya no pinta porque se le ha acabado la tinta.* **5** Referido a un palo de la baraja, ser triunfo: *En esta partida pintan oros.* **6** Importar o valer: *Vete, porque aquí no pintas nada.* ▌ prnl. **7** Ponerse en la cara colores o maquillaje: *Hoy no me ha dado tiempo a pintarme y me encuentro con mala cara.* □ MORF. La acepción 6 se usa más en expresiones interrogativas y negativas.

pintarrajear v. Pintar mal o haciendo trazos sin sentido: *¿Por qué has pintarrajeado el cuento con el bolígrafo?*

pintarrajo s.m. *col.* Pintura mal hecha o mal trazada: *El niño cogió el lápiz y llenó la pared de pintarrajos.*

pintaúñas s.m. Cosmético que sirve para colorear las uñas y darles brillo; *esmalte de uñas*: *El pintaúñas se extiende sobre las uñas con un pincel que viene en el frasco.* □ MORF. Invariable en número.

pintiparado, da adj. *col.* Muy adecuado o a propósito: *Estas vacaciones me han venido pintiparadas para descansar.*

pintor, -a s. **1** Persona que se dedica al arte de la pintura: *Han inaugurado una exposición de pintores del siglo XX.* **2** Persona que se dedica profesionalmente a cubrir superficies con pintura: *El pintor me recomendó pintar esta pared con una pintura lavable.*

pintoresco, ca adj. Que resulta raro, que llama la atención o que despierta extrañeza: *No llega a tener manías, pero resulta bastante pintoresco en su forma de actuar.*

pintura s.f. **1** Arte o técnica de representar un objeto sobre una superficie mediante las líneas y los colores adecuados: *He seguido un curso de pintura en la escuela de Bellas Artes.* **2** Obra hecha siguiendo este arte: *Es un gran admirador de las pinturas de Murillo.* **3** Producto preparado para pintar: *Me han aconsejado pintar el salón con una pintura acrílica.* **4** ‖ **no poder ver ni en pintura.** *col.* No soportar: *A las personas interesadas no las puedo ver ni en pintura.*

pinza s.f. **1** Instrumento formado por dos piezas unidas a modo de tenacillas, y que sirve para coger o para sujetar: *¿Dónde están las pinzas de servir el hielo?* 👁 **química** **2** Instrumento cuyos extremos se aproximan haciendo presión, y que se usa para sujetar cosas: *Necesito más pinzas para tender la ropa.* **3** En algunos animales artrópodos, última pieza articulada de algunas de sus patas, formada por dos piezas que pueden aproximarse entre sí y que sirve como órgano prensor: *Un cangrejo me pilló el dedo con la pinza.* **4** Pliegue que se cose en una tela para darle una forma determinada: *Tienes que hacer dos pinzas a la falda para que se te ajuste bien a la cintura.* □ MORF. En la acepción 1, en plural tiene el mismo significado que en singular.

pinzamiento s.m. Opresión de un órgano, de un músculo o de un nervio entre dos superficies: *Se me ha producido un pinzamiento del nervio ciático entre dos vértebras, y me duele mucho.*

pinzón s.m. Pájaro de pequeño tamaño y de canto muy agradable, de pico cónico bastante largo, y cuyo macho tiene un vistoso plumaje: *El pinzón se alimenta principalmente de insectos.* □ MORF. Es un sustantivo epiceno y la diferencia de sexo se señala mediante la oposición *el pinzón {macho/hembra}*.

piña s.f. **1** Flor femenina de algunos árboles, esp. del pino, que tiene forma de cono y se compone de piezas leñosas y triangulares colocadas en torno a un eje en forma de escamas, y que guarda piñones en su interior: *Las piñas secas son muy buenas para encender el fuego.* **2** Planta americana con hojas rígidas de bordes espinosos y terminadas en punta aguda, flores de color morado y fruto comestible: *La piña se cultiva en muchos países de clima tropical.* **3** Fruto de esta planta, de gran tamaño y forma cónica, con la pulpa dulce y carnosa de color amarillento, y terminado en una corona de hojas verdes: *Hoy hemos comido de postre piña en almíbar.* **4** Conjunto de personas o de objetos unidos estrechamente: *Todos sus seguidores forman una piña.* □ SEM. En las acepciones 2 y 3, es sinónimo de *ananá* y *ananás*.

piñata s.f. Recipiente lleno de golosinas y de pequeños regalos que, al ser roto, deja caer su contenido: *En su fiesta de cumpleaños tuvo que romper la piñata con los ojos vendados.*

piño s.m. *col.* Diente: *Se cayó de bruces y se rompió los piños.* □ MORF. Se usa más en plural.

piñón s.m. **1** Semilla del pino: *Los piñones están dentro de las piñas.* **2** Almendra comestible de la semilla del pino: *Para el aperitivo he puesto piñones y avellanas.* **3** En un sistema de transmisión de movimiento, rueda pequeña dentada que encaja con otra igual o de distinto tamaño: *Las bicicletas llevan piñones en su rueda trasera.* **4** ‖ **estar a partir un piñón.** Referido a dos o más personas, entenderse muy bien: *Los dos primos están a partir un piñón y van juntos a todas partes.*

pío, a adj. **1** Devoto, manifiestamente inclinado a la piedad o al culto religioso: *Es un hombre muy pío que oye misa todos los días.* **2** ‖ **no decir ni pío.** *col.* No decir nada: *Hizo lo que le mandé sin decir ni pío.* □ USO Se usa a veces con sentido despectivo, en oposición a *piadoso*, para indicar una religiosidad solo externa.

piojo s.m. Insecto de pequeño tamaño, cuerpo ovalado y aplanado, antenas cortas, sin alas, que vive como parásito en los mamíferos, y que puede transmitir enfermedades: *Cuando se declaró una epidemia de piojos en el colegio, nos cortaron el pelo a todos.* 👁 **insecto** □ MORF. Es un sustantivo epiceno y la diferencia de sexo se señala mediante la oposición *el piojo {macho/hembra}*.

piojoso, sa adj. **1** Con piojos, esp. si es a causa de la suciedad o de la pobreza: *Un niño sucio y piojoso iba pidiendo por las calles.* **2** Mezquino, miserable o despreciable: *No sé cómo soportas a un tipo tan piojoso y desagradable.* □ USO Se usa como insulto.

piolet (galicismo) s.m. Instrumento con forma de pico que se utiliza en montañismo para asegurar los movimientos sobre la nieve o el hielo: *El piolet sirve como bastón, agarradero y pico.* □ PRON. [piolét]. □ MORF. Su plural es *piolets*. 👁 **alpinismo**

pionero, ra ▌ adj./s. **1** Que da los primeros pasos en una actividad o en una disciplina: *Esta empresa fue pionera en la implantación de equipos informáticos. Las teorías de los pioneros en el estudio de la genética ya han sido superadas.* ▮ s. **2** Persona que inicia la exploración de nuevas tierras: *Los pioneros del oeste norteamericano tuvieron que luchar contra los indios.*

piorrea s.f. Flujo de pus, esp. en las encías: *La piorrea suele producir la caída de los dientes.*

pipa ▮ s.f. **1** Utensilio para fumar, formado por un tubo terminado en una cazoleta o recipiente donde se echa el tabaco picado; *cachimba: Fumar en pipa te da un cierto aire marinero.* **2** Semilla de algunas plantas; *pepita: Las pipas de girasol se suelen comer tostadas.* **3** *col.* Pistola: *El policía sacó su pipa para intimidar a los ladrones.* ▮ adv. **4** *col.* Muy bien o estupendamente: *En el circo lo pasamos pipa.*

pipermín s.m. Licor de menta que se obtiene mezclando alcohol, menta y agua azucarada: *El pipermín es una bebida de color verde.*

pipero, ra s. Persona que vende pipas y otras golosinas en la calle: *He comprado chicles, caramelos y pipas al pipero de la esquina.*

pipeta s.f. Tubo de vidrio ensanchado en su parte central, que sirve para trasladar pequeñas cantidades de líquido de un recipiente a otro: *Las pipetas de los laboratorios están graduadas.* 👁 **medida; química**

pipí s.m. *euf. col.* Orina: *Tengo que cambiar al niño porque se ha vuelto a hacer pipí.* ☐ MORF. Su plural es *pipís*.

pipiolo, la s. **1** *col.* Persona novata o inexperta: *Los timadores siempre acaban por encontrar algún pipiolo a quien engañar.* **2** Persona muy joven: *¡Cómo os vais a casar, si no sois más que dos pipiolos!*

pipo s.m. Pipa o semilla de algunos frutos: *Antes de comer los gajos de mandarina, les quito los pipos.*

pique s.m. **1** *col.* Resentimiento o enfado: *Ya es hora de olvidar los piques y de hacer las paces.* **2** Empeño en conseguir algo por amor propio o por rivalidad: *Entre los dos equipos hay mucho pique por conseguir el triunfo.* **3** ‖ **irse a pique. 1** Referido esp. a una embarcación, hundirse en el agua: *Empezó a entrar agua por un agujero y la canoa se fue a pique.* **2** *col.* Frustrarse o acabarse: *La relación se fue a pique porque ninguno de los dos quiso ceder.*

piqué s.m. Tela de algodón con dibujos en relieve: *No me gusta el piqué para blusas, porque tiene muy poca caída.*

piqueta s.f. **1** Herramienta de albañilería formada por un mango al que se sujeta una pieza metálica terminada por un lado en una forma plana como la del martillo, y por el otro en una forma puntiaguda como la del pico: *El albañil derribó la pared utilizando una piqueta.* **2** Estaca pequeña que se clava en el suelo: *Montó la tienda de campaña sujetándola al suelo con piquetas.*

piquete s.m. **1** Grupo de personas que intenta, de forma pacífica o violenta, imponer o mantener una huelga: *Un piquete de cien personas obstaculizó la entrada de la gente en los grandes almacenes.* **2** Grupo pequeño de soldados encargado de realizar un servicio extraordinario: *Un piquete dio escolta al Santísimo Sacramento durante la procesión del Corpus.*

pira s.f. Hoguera, esp. la que se hace para quemar los cuerpos de los difuntos y de las víctimas de los sacrificios: *El anciano jefe de la tribu fue incinerado en una gran pira funeraria.*

pirado, da adj./s. *col.* Alocado o con poco juicio: *¡Hay que estar pirado para ir en coche a esa velocidad! No le hagas caso, porque es un pirado y solo dice tonterías.*

piragua s.f. **1** Embarcación larga y estrecha, mayor que la canoa, hecha generalmente de una sola pieza, y que navega con remos o con vela: *La piragua la usan los indios de América y Oceanía.* **2** Embarcación pequeña, estrecha y ligera, que se usa en los ríos y en algunas playas: *Hemos bajado el río en piragua.* 👁 **embarcación**

piragüismo s.m. Deporte que consiste en una competición de dos o más piraguas de remo: *El piragüismo es un deporte olímpico.*

piragüista s. Deportista que forma parte de la tripulación de una piragua: *Los piragüistas del equipo español consiguieron una medalla.* ☐ MORF. Es de género común y exige concordancia en masculino o en femenino para señalar la diferencia de sexo: *el piragüista, la piragüista*.

piramidal adj. Con forma de pirámide: *En el cuerpo humano hay varios músculos piramidales.* ☐ MORF. Invariable en género.

pirámide s.f. **1** Cuerpo geométrico que tiene como base un polígono y que está limitado por caras triangulares que se juntan en un solo punto o vértice: *Una pirámide regular tiene como base un polígono regular y su altura cae en el centro de dicho polígono.* **2** En arquitectura, monumento que tiene la forma de este cuerpo geométrico: *Las pirámides egipcias servían de sepultura a los faraones.*

piraña s.f. Pez de río que tiene la boca provista de numerosos y afilados dientes, que vive en grupos y que es carnívoro: *Las pirañas viven en los grandes ríos de América del Sur.* ☐ MORF. Es un sustantivo epiceno y la diferencia de sexo se señala mediante la oposición *la piraña {macho/hembra}*.

pirarse v.prnl. **1** *col.* Fugarse o irse: *A media mañana se pira del despacho y ya no vuelve hasta la tarde.* **2** Volverse loco o perder el juicio: *Cuando se pira por una chica, no hace ningún caso a los amigos.* ☐ SINT. La acepción 1 se usa mucho en la expresión *pirárselas*.

pirata ▮ adj. **1** Del pirata, de la piratería o característico de ellos: *El capitán pirata llevaba una pata de palo.* **2** Clandestino o ilegal: *Las emisoras piratas carecen de autorización para emitir programas.* ▮ s. **3** Persona que navega sin licencia y asalta y roba barcos en el mar o en las costas; *corsario: En los siglos XVI y XVII fueron frecuentes los ataques de los piratas a las embarcaciones comerciales.* **4** Persona que se apropia del trabajo ajeno: *Una pirata informática accedió a los ordenadores del banco, pero ya ha sido detenida.* **5** ‖ **pirata aéreo.** Persona que, mediante amenazas, obliga a la tripulación de un avión a modificar su rumbo: *En los aeropuertos se han instalado medidas de seguridad para detener a los piratas aéreos.* ☐ MORF. 1. Como adjetivo es invariable en género. 2. Como sustantivo, es de género común y exige concordancia en masculino o en femenino para señalar la diferencia de sexo: *el pirata, la pirata*.

piratear v. **1** Asaltar y robar barcos en el mar o en las costas: *El pirata Drake pirateaba con autorización de la Corona inglesa.* **2** Referido a trabajos y bienes ajenos, apropiarse de ellos y usarlos como propios: *Piratear discos y libros, publicándolos sin que su autor lo sepa y sin pagarle ningún dinero, es un delito.*

piratería s.f. **1** Asalto y robo de barcos en el mar o en las costas: *En el siglo XVI muchos navegantes se dedicaban a la piratería.* **2** Apropiación del trabajo o de los bie-

a b c d e f g h i j k l m n ñ o p q r s t u v w x y z

nes ajenos para usarlos como si fueran propios: *La piratería de obras sujetas a una propiedad intelectual es un delito.*

pirenaico, ca adj./s. Del sistema montañoso de los Pirineos o relacionado con él: *El Aneto es el pico pirenaico más elevado. Los pirenaicos de la zona central han desarrollado una cultura propia.* □ MORF. Como sustantivo se refiere solo a las personas del sistema montañoso de los Pirineos.

pírex s.m. Material transparente semejante al cristal y muy resistente al calor (por extensión del nombre de la marca comercial *Pyrex®*): *Las fuentes para el horno suelen estar hechas de pírex.* □ MORF. Invariable en número.

piripi adj. *col.* Ligeramente borracho: *Aunque solo se ha tomado una cerveza, ya está piripi.* □ MORF. Invariable en género.

pirita s.f. Mineral de hierro, de color amarillo y brillante: *Químicamente, la pirita es sulfuro de hierro.*

piro- Elemento compositivo que significa 'fuego' o 'temperatura muy elevada': *pirograbado, pirotecnia, pirómano.*

pirograbado s.m. **1** Técnica que consiste en dibujar, grabar o tallar superficialmente la madera con un instrumento incandescente: *Aprendió el pirograbado en la Escuela de Artes y Oficios.* **2** Obra o talla que se obtiene por medio de esta técnica: *El pirograbado es una cabeza de perro.*

piromanía s.f. Tendencia patológica a provocar fuego o a causar incendios: *La piromanía es una forma de desequilibrio psíquico.*

pirómano, na s. Que tiene una tendencia patológica a provocar fuego: *Los pirómanos son peligrosos, porque pueden provocar incendios en bosques enteros.*

piropear v. Decir piropos: *¿Cómo no voy a piropearte, con lo elegante que vienes?*

piropo s.m. Expresión de elogio o de alabanza dirigida a una persona, esp. por su belleza: *El día de la boda, la novia recibió todo tipo de piropos.* □ SINT. Se usa más con los verbos *echar*, *decir* o equivalentes.

pirotecnia s.f. Arte o técnica de preparar explosivos y fuegos artificiales: *Numerosas empresas de pirotecnia se dan cita en las Fallas valencianas.*

pirotécnico, ca adj. De la pirotecnia o relacionado con este arte: *La industria pirotécnica abunda en el Levante español.*

piroxena s.f. Mineral formado por silicatos de hierro, calcio y magnesio, de brillo vítreo y color blanco, verde o negruzco, que tiene una dureza comparable a la del acero; *piroxeno: La piroxena forma parte integrante de diversas rocas.*

piroxeno s.m. →**piroxena.**

pirrar v. *col.* Gustar mucho: *El cine me pirra. Me pirro por los helados de chocolate.* □ PRON. Incorr. *[pirriar]. □ SINT. Constr. como pronominal: *pirrarse* POR *algo.*

pirsin s.m. **1** Práctica que consiste en hacerse perforaciones para llevar pendientes en cualquier parte del cuerpo: *La moda del pirsin es frecuente entre los jóvenes.* **2** Agujero para llevar pendientes en cualquier parte del cuerpo: *Me he hecho un pirsin en el ombligo.* □ ORTOGR. Es un anglicismo (*piercing*) adaptado al español. □ MORF. Su plural es *pírsines.*

pirueta s.f. **1** Movimiento ágil y rápido en el aire: *Es una niña muy inquieta y no para de brincar y hacer piruetas.* **2** En danza, salto que da el bailarín cruzando varias veces los pies en el aire; *cabriola: Las mejores piruetas fueron las del primer bailarín.* **3** En un ejercicio acrobático, salto consistente en uno o varios giros alrededor del eje vertical del saltador: *La pirueta final de los trapecistas levantó los aplausos del público.*

pirula s.f. *col.* Faena: *¡Menuda pirula me han hecho al robarme el coche!*

piruleta s.f. Caramelo grande, redondo y plano, que se chupa cogiéndolo de un palillo clavado en su base: *El niño chupaba la piruleta que su madre le compró en la feria.*

pirulí s.m. Caramelo alargado, generalmente de forma cónica, que se chupa cogiéndolo de un palillo clavado en su base: *El niño tenía toda la mano pringosa cuando terminó de comerse el pirulí.* □ MORF. Su plural es *pirulís.*

pis s.m. *euf. col.* Orina: *Por la noche, me levanto varias veces a hacer pis. Los enfermos de hepatitis hacen un pis muy amarillo.*

pisada s.f. **1** Colocación del pie sobre algo, esp. en el suelo para andar: *¿No oyes sus pisadas cada vez más cerca?* **2** Presión que se hace con el pie: *Es un coche tan bueno que con una ligera pisada se pone a ciento cincuenta por hora.* **3** Huella o señal del pie: *Dejó sus pisadas en la arena.*

pisapapeles s.m. Objeto pesado que se pone sobre los papeles para que no se muevan: *Este pisapapeles lo he hecho yo pintando un canto de río.* □ MORF. Invariable en número.

pisar v. **1** Poner alternativamente los pies en el suelo al andar: *Cuando entre en casa, pisaré despacio para no despertarte.* **2** Apretar con el pie: *En mi pueblo el vino todavía se hace pisando la uva.* **3** Poner el pie encima: *Bailo tan mal que siempre piso a mi pareja.* **4** Referido a un lugar, entrar en él o aparecer por allí: *Desde que discutí con ellos, no he vuelto a pisar su casa.* **5** *col.* Referido a un objetivo o un proyecto, iniciarlo o llevarlo a cabo antes que otra persona: *Fue más listo y me pisó el negocio de los aperitivos a domicilio.* **6** Referido a una persona, humillarla o tratarla mal: *No debes dejarte pisar por nadie.* **7** Referido a una tecla o a una cuerda de un instrumento musical, apretarlas con los dedos: *El profesor me dijo que me faltaba agilidad al pisar las cuerdas de la guitarra en el punteo.* **8** Referido a un objeto, cubrir parcialmente a otro: *La moqueta no está bien colocada porque los trozos se pisan unos a otros.* **9** ‖ **pisar fuerte.** *col.* Actuar con seguridad o con empuje: *La ola de jóvenes modistos pisa fuerte y está obligando a renovarse a los más consagrados.* □ USO La acepción 4 se usa más en expresiones negativas.

pisaverde s.m. *col. desp.* Hombre presumido cuya única ocupación es su arreglo personal: *Ese pisaverde apesta a colonia.*

pisci- Elemento compositivo que significa 'pez': *piscicultura, piscicultor, piscívoro.*

piscícola adj. De la piscicultura o relacionado con esta técnica de cría: *En los últimos años han proliferado las explotaciones piscícolas.* □ MORF. Invariable en género.

piscicultura s.f. Técnica para dirigir y fomentar la reproducción de peces y mariscos, generalmente con fines comerciales: *Gracias a la piscicultura, ha bajado el precio de los mariscos.*

piscifactoría s.f. Lugar acondicionado para criar peces y mariscos con fines comerciales: *En la piscifactoría se separan los peces por edades, en distintas piscinas.*

piscina s.f. Estanque destinado al baño, a la natación o a la práctica de deportes acuáticos: *Hay demasiada gente en la piscina y no se puede nadar con tranquilidad.*

piscis adj./s. Referido a una persona, que ha nacido entre el 19 de febrero y el 20 de marzo aproximadamente (por alusión a Piscis, duodécimo signo zodiacal): *Dice que es muy inocente porque es piscis. Los piscis se llevan muy bien con las personas de su signo.* □ MORF. 1. Como adjetivo es invariable en género. 2. Como sustantivo es de género común y exige concordancia en masculino o en femenino para señalar la diferencia de sexo: *el piscis, la piscis.* 3. Invariable en número.

piscolabis s.m. *col.* Comida ligera, compuesta generalmente por aperitivos y pinchos: *No tuve tiempo de comer y solo tomé un piscolabis.* □ MORF. Invariable en número.

piso s.m. **1** Superficie natural o artificial sobre la que se pisa: *El piso de mi habitación es de parqué.* **2** En un edificio o un medio de transporte, cada una de las diferentes plantas que se superponen y forman su altura: *Los rascacielos son edificios con muchísimos pisos.* **3** En un edificio de varias alturas, conjunto de habitaciones que constituyen una vivienda independiente: *Mi piso es el segundo izquierda.* **4** En el calzado, suela o parte que toca el suelo: *Los zapatos con piso de goma son los mejores para no resbalarse.* **5** Cada una de las capas superpuestas que, en su conjunto, forman una unidad: *En la boda había una tarta de cinco pisos.*

pisotear v. **1** Pisar repetidamente estropeando o destrozando: *Mi madre no me deja jugar en el jardín para que no pisotee las flores.* **2** Humillar o maltratar: *Solo un pusilánime puede dejarse pisotear así, aguantando todo tipo de humillaciones.*

pisotón s.m. Pisada fuerte que se da sobre algo, esp. sobre un pie: *Mató la cucaracha de un pisotón.*

pispajo s.m. *col.* Persona pequeña y vivaracha, esp. referido a un niño: *Tu hija es un pispajo muy inteligente.*

pista s.f. **1** Huella o rastro que un animal o una persona dejan por donde pasan: *Los perros siguen la pista de las liebres.* **2** Conjunto de señales o datos que podrían descubrir algo que está oculto: *La policía sigue una pista para descubrir a los autores del robo.* **3** Terreno liso preparado para practicar deportes, esp. carreras: *En esta región hay buenas pistas de esquí.* **4** Espacio destinado al baile en algunos locales de recreo: *En la pista de la discoteca bailaban tres parejas.* **5** Terreno acondicionado para el despegue y aterrizaje de aviones: *El avión avanza por la pista a gran velocidad.* **6** Camino que se se construye provisionalmente y se usa como carretera: *Entre esos dos pueblos solo hay una pequeña pista utilizada por los tractores.* **7** En un circo o en una sala de fiestas, espacio en el que actúan los artistas: *La pareja de payasos saltó a la pista en medio de grandes aplausos.*

pistacho s.m. Fruto seco, de forma ovalada, que consta de una cáscara muy dura que contiene una especie de almendra pequeña, muy sabrosa y de color verdoso: *Los pistachos se suelen comprar con cáscara, aunque se pueden pelar con la mano.*

pistilo s.m. En una flor, órgano femenino situado generalmente en el centro y que está compuesto de ovario, estilo y estigma: *El pistilo tiene forma de botella y está rodeado de los estambres.* 👁 **flor**

pisto s.m. **1** Plato cuyos principales ingredientes son el pimiento, el tomate y la cebolla, fritos y muy picados: *El pisto manchego se prepara con pimiento y tomate, y el madrileño, añadiendo calabacín.* **2** ‖ **darse pisto.** *col.* Darse importancia: *Se da mucho pisto, pero es un pelagatos.*

pistola s.f. **1** Arma de fuego de pequeño tamaño y de corto alcance, que puede usarse con una sola mano y que va provista de un cargador en la culata: *Está autorizado para llevar pistola, porque es policía.* 👁 **arma** **2** Utensilio de forma parecida, que sirve generalmente para proyectar pintura u otros líquidos pulverizados: *Los coches se pintan con pistola.* **3** Barra de pan: *Con una pistola tenemos para comer los cuatro.*

pistolero, ra ▌s. **1** Persona experta en el manejo de la pistola y que suele utilizarla para cometer actos delictivos: *La diligencia fue asaltada por cuatro pistoleros enmascarados.* ▌s.f. **2** Estuche o funda para guardar la pistola: *El guardaespaldas llevaba la pistolera debajo de la chaqueta.*

pistoletazo s.m. Disparo de pistola: *Los atletas empiezan a correr cuando oyen el pistoletazo de salida.*

pistón s.m. **1** En un motor de explosión, émbolo de un cilindro: *Los motores de los coches de gasolina llevan pistones.* **2** En algunos instrumentos musicales de viento, llave en forma de émbolo: *La trompeta se toca soplando por la boquilla y accionando con los dedos sus pistones.* **3** Pieza o parte central de una cápsula que lleva la materia que hace estallar una carga explosiva: *El percutor de las armas de fuego, para dispararlas, golpea con fuerza sobre el pistón del cartucho.*

pistonudo, da adj. *col.* Muy bueno, superior o estupendo: *Me puse morado porque la comida era pistonuda.*

pita ▌s.f. **1** Planta con largas hojas carnosas en forma de pirámide triangular provistas de espinas en los bordes y en la punta, flores amarillentas que salen de un tallo central que se eleva sobre el resto de la planta y de la que se extrae una fibra que se usa en la fabricación de cuerdas y tejidos: *La pita es originaria de México.* **2** Hilo que se hace con las hojas de esta planta: *Cuando iba al colegio me enseñaron a hacer bolsos de pita.* ▌interj. **3** Expresión que se utiliza para llamar a las gallinas: *Di 'pitas, pitas' y enséñales el pan, y verás cómo se acercan.*

pitada s.f. **1** Conjunto de silbidos o pitidos que el público da como señal de desagrado, descontento o nerviosismo: *Cantó mal y, en lugar de aplausos, recibió una pitada.* **2** Sonido del pito: *Me pone nerviosa oír en los atascos las pitadas de los coches.*

pitanza s.f. *col.* Comida cotidiana: *Los pastores subieron al monte llevando en sus morrales una frugal pitanza.*

pitar v. **1** Referido esp. a un pito, sonar o hacerlo sonar: *Este silbato no pita. El guardia de tráfico pitó para que nos parásemos.* **2** Zumbar o hacer un ruido continuado: *Dicen que si te pitan los oídos es porque alguien se está acordando de ti.* **3** *col.* Marchar, funcionar bien o dar el rendimiento esperado: *Afortunadamente, el negocio pita cada día mejor.* **4** Dar silbidos o hacer ruidos como señal de desagrado, descontento o nerviosismo: *Los aficionados pitaron al árbitro cuando señaló penalti.* **5** Referido a un partido, arbitrarlo: *Al árbitro que pitó el partido lo acusaron de casero.* **6** ‖ **pitando.** *col.* Muy deprisa: *Vete pitando al colegio, que vas a llegar tarde.* □ SINT. *Pitando* se usa más con los verbos *irse, marcharse, salir* o equivalentes.

pitcher (anglicismo) s. En béisbol, jugador que lanza la pelota al bateador: *Juega de pitcher en un equipo universitario.* □ PRON. [pítcher], con *t* suave. □ MORF. Es de género común y exige concordancia en masculino o en femenino para señalar la diferencia de sexo: *el pitcher, la pitcher.*

pitecántropo s.m. Antropoide fósil que los defensores de la teoría evolucionista de las especies consideraban el eslabón de unión entre los monos antropomórficos y el ser humano; *antropopiteco: El pitecántropo vivió en el pleistoceno.*

pitido s.m. **1** Silbido del pito: *Este silbato tiene un pitido muy agudo.* **2** Zumbido o ruido continuado: *Dice que siente fuertes dolores de cabeza y un molesto pitido en los oídos.*

pitillera s.f. Petaca o estuche que se usa para llevar pitillos: *Sacó la pitillera y me ofreció un cigarro, pero yo no fumo.*

pitillo s.m. Cigarro pequeño y delgado, hecho con picadura y liado con papel de fumar; *cigarrillo: Siempre se fuma un pitillo después de comer.*

pitiminí s.m. **1** →**rosal de pitiminí.** **2** ‖ **de pitiminí.** *col.* Pequeño, delicado o de poca importancia: *Desde que ha adelgazado tiene carita de pitiminí.*

pito s.m. **1** Instrumento pequeño y hueco que produce un sonido agudo cuando se sopla por él; *silbato: El árbitro tocó el pito para indicar penalti.* **2** Voz o sonido muy fuertes y muy agudos: *Me duele la cabeza de oírla, porque ¡vaya pito que tiene la niña...!* **3** Chasquido o sonido que resulta de juntar el dedo medio con el pulgar y hacerlo resbalar con fuerza: *Jaleaban a las bailaoras con pitos y palmas.* **4** *col.* Bocina o claxon: *El conductor tocaba el pito para que los peatones se apartasen.* **5** *col.* Cigarrillo: *¿Me das un pito?* **6** *col.* →**pene.** **7** ‖ **por pitos o por flautas.** *col.* Por un motivo o por otro: *Por pitos o por flautas, siempre llega tarde.* ‖ **tomar** a alguien **por el pito del sereno.** *col.* Darle poca o ninguna importancia: *¡Oye, rico, que a mí no me toma nadie por el pito del sereno, eh!* ‖ **un pito.** *col.* Muy poco o nada: *Este regalo no vale un pito.* □ SINT. *Un pito* se usa más con los verbos *importar*, *valer* o equivalentes y en expresiones negativas.

pitón ▮ s.m. **1** En algunos animales, punta del cuerno, o cuerno que empieza a salir: *Acusaron al ganadero de haber afeitado los pitones al quinto toro de la corrida.* **2** En tauromaquia, cuerno del toro: *El segundo toro de la tarde tenía los pitones más grandes y el aspecto más fiero que el resto.* ▮ s.f. **3** →**serpiente pitón.**

pitonisa s.f. Mujer que adivina el futuro (por alusión a la sacerdotisa del dios griego Apolo): *Una pitonisa le auguró que se casaría y tendría dos hijos.*

pitorrearse v.prnl. *col.* Burlarse, guasearse o tomarse a risa; *chotearse: No te pitorrees de mí, que estoy hablando muy en serio.* □ SINT. Constr.: *pitorrearse* DE *algo.*

pitorreo s.m. *col.* Burla o guasa: *Eres muy poco serio y te lo tomas todo a pitorreo.*

pitorro s.m. **1** En un botijo o un porrón, tubo cónico que sirve para moderar la salida del líquido que en ellos se contiene: *Cuando bebas del botijo, no chupes el pitorro.* **2** *col.* Pieza semejante a este tubo: *Los neumáticos tienen un pitorro con una válvula para inflarlos y desinflarlos.*

pitote s.m. Situación confusa o agitada, esp. si va acompañada de alboroto y tumulto: *¡Menudo pitote se formó en la cola cuando un señor intentó colarse!*

pitufo, fa s. *col.* Niño o persona de baja estatura (por alusión a unos personajes de cuentos infantiles que tienen estas características): *¿Qué tal está tu pitufo?, que no lo veo desde que nació.* □ USO Tiene un matiz cariñoso.

pituitaria s.f. →**membrana pituitaria.**

pituso, sa s. *col.* Niño: *Disfrutaba viendo jugar con la arena a los dos pitusos.*

pívot s. **1** En baloncesto, jugador cuya función primordial es la de situarse cerca del tablero para recoger los rebotes o anotar puntos: *El pívot más alto de este equipo sobrepasa los dos metros diez centímetros.* **2** En balonmano, jugador de ataque que trata de abrir huecos en la defensa del equipo contrario: *El árbitro expulsó durante dos minutos al defensa por cometer falta sobre el pívot.* □ ORTOGR. Es un galicismo (*pivot*) semiadaptado al español. □ MORF. 1. Es de género común y exige concordancia en masculino o en femenino para señalar la diferencia de sexo: *el pívot, la pívot.* 2. Su plural es *pívots.*

pivotante adj. Referido a una raíz, que tiene una parte principal más desarrollada que las partes secundarias, y que penetra en el suelo como una prolongación del tronco: *La alfalfa tiene raíz pivotante.* □ MORF. Invariable en género. 👁 **raíz**

pivotar v. **1** Girar o dar vueltas sobre un pivote: *La pantalla de mi ordenador pivota sobre un soporte circular.* **2** En algunos deportes, esp. en baloncesto, girar un jugador sobre un pie para cambiar de posición: *El base pivotó y después tiró a canasta.*

pivote s.m. **1** Pieza fija o giratoria, generalmente cilíndrica, en la que se apoya o se inserta otra: *La aguja magnética se sostiene sobre un pivote.* **2** Poste o barra que se colocan en un lugar, generalmente para impedir el aparcamiento de vehículos: *No pude aparcar en la acera porque han puesto pivotes de hierro.*

pizarra s.f. **1** Roca metamórfica, de grano muy fino, generalmente de color negro, que se divide con facilidad en hojas o láminas planas y delgadas: *La pizarra se usa mucho en la construcción, para cubiertas o suelos.* **2** Superficie de material duro, de color generalmente negro o verde, que se utiliza para escribir en ella con tiza y poder borrar con facilidad, y que suele colgarse de una pared; *encerado: Escribió los problemas en la pizarra para que sus alumnos los copiasen.*

pizca s.f. **1** *col.* Parte o cantidad muy pequeñas; *gota: Comeré una pizca de tarta para probarla, porque no tengo hambre.* **2** ‖ **ni pizca.** *col.* Nada: *El chiste no me hizo ni pizca de gracia.*

pizpireta adj. *col.* Referido esp. a una mujer, que es viva, graciosa y simpática: *Es una chica muy pizpireta, y siempre es ella la que anima las reuniones.*

pizza (italianismo) s.f. Comida compuesta de una masa redonda hecha de harina de trigo sobre la que se coloca queso, tomate y otros ingredientes, y que se cuece en el horno: *Pidieron una pizza de jamón y champiñón.* □ PRON. [pítsa].

pizzería s.f. Lugar en el que se elaboran, se venden y se consumen pizzas: *Cenamos en una pizzería del centro de la ciudad.* □ PRON. [pitsería].

pizzero, ra s. Persona que hace pizzas o que las reparte a domicilio: *Un pizzero nos trajo las pizzas que habíamos pedido.* □ PRON. [pitséro].

pizzicato (italianismo) s.m. En una composición musical, pasaje que se ejecuta pellizcando con los dedos las cuerdas de un instrumento de arco: *El cuarteto de cuerda ejecutó un juguete musical lleno de pizzicatos.* □ PRON. [pitsikáto].

placa s.f. **1** Plancha o lámina rígida y poco gruesa: *En invierno, son muy peligrosas las placas de hielo que se forman en las carreteras.* **2** Letrero que se coloca en un lugar público y visible para orientar o informar: *En la puerta del despacho había una placa con el nombre del* *abogado.* **3** Insignia o distintivo, generalmente de metal, que llevan los agentes de Policía para identificarse como tales; *chapa: El agente entró en la casa de la mujer tras mostrarle su placa.* **4** Lámina rígida y cubierta por una capa de sustancia alterable por la luz, con la que se hacen algunos tipos de fotografías: *En la placa que le hicieron del brazo no se aprecia ninguna fractura.* **5** Lámina, capa o película que está superpuesta a algo: *Con este dentífrico se previene la formación de placas de sarro en los dientes.* **6** En geología, cada una de las partes de la litosfera, que flotan sobre el manto, y cuyas zonas de choque forman los cinturones de actividad volcánica, sísmica y tectónica: *Los continentes son las partes visibles de las placas continentales.*

placaje s.f. En algunos deportes, esp. en rugby, detención del ataque de un jugador contrario que lleva el balón, sujetándole con las manos: *Le realizó un magnífico placaje a cinco metros de la línea de ensayo.*

placar v. En rugby, referido al jugador que lleva el balón, detener su ataque sujetándolo con las manos: *El zaguero placó al delantero cuando este iba a conseguir un ensayo.* ☐ ORTOGR. La *c* se cambia en *qu* delante de *e* →**SACAR**.

pláceme s.m. Manifestación de la satisfacción que alguien recibe por algún suceso feliz que le ha ocurrido a otra persona; *felicitación: Recibió numerosos plácemes por el premio obtenido.* ☐ MORF. Se usa más en plural.

placenta s.f. Órgano redondeado y plano, que durante la gestación se desarrolla en el interior del útero y que funciona como intermediario entre la madre y el feto: *El feto recibe el oxígeno y las sustancias nutritivas a través de la placenta.*

placentario, ria ▮ adj. **1** De la placenta o relacionado con esta estructura orgánica: *Los fetos se desarrollan en la cavidad placentaria.* ▮ adj./s.m. **2** Referido a un animal, que se desarrolla en el útero de la madre, con formación de placenta: *La vaca es un animal placentario. El hombre es un placentario.* ▮ s.m.pl. **3** En zoología, grupo de estos animales: *Los primates forman parte de los placentarios.*

placentero, ra adj. Que resulta agradable, alegre o apacible: *Ha sido un viaje muy placentero, así que espero repetir pronto la experiencia.*

placer ▮ s.m. **1** Goce o alegría espiritual: *Oír música es para mí el mayor placer.* **2** Sensación agradable o de plena satisfacción: *Bañarse en el mar cuando hace calor es un auténtico placer.* **3** Diversión o entretenimiento: *¿Este viaje es de trabajo o de placer?* ▮ v. **4** Agradar o dar gusto: *Si te place, puedes acompañarme. Haz lo que te plazca y déjame a mí en paz.* ☐ MORF. Irreg. →**PLACER**.

placidez s.f. **1** Quietud, sosiego o falta de agitación: *Da gusto ver con qué placidez duermen los niños.* **2** Tranquilidad o agrado que se experimentan: *Charlamos con placidez a la sombra de un naranjo.*

plácido, da adj. **1** Quieto, sosegado y sin perturbación: *El bebé dormía con un plácido sueño.* **2** Que proporciona un placer agradable y tranquilo: *Tuvimos una plácida conversación mientras tomábamos café.*

plafón s.m. Lámpara plana que se coloca pegada al techo para ocultar las bombillas: *Instalaron un plafón en el techo del cuarto de baño.* 👁 **alumbrado**

plaga s.f. **1** Desastre o desgracia sufridos por un pueblo o una comunidad: *Creo que la droga es una plaga de la sociedad actual.* **2** Abundancia de animales o de vegetales que causan daño o destrucción: *La plaga de langostas arrasó la cosecha. Este año se prevé una plaga de mosquitos.* **3** Gran abundancia de algo que se considera nocivo o molesto: *En verano acude a esta costa una auténtica plaga de turistas.* ☐ USO En la acepción 3, tiene un matiz despectivo.

plagarse v.prnl. Llenarse o cubrirse de algo nocivo, molesto o desagradable: *Al atardecer, el parque se plaga de mosquitos.* ☐ ORTOGR. La *g* se cambia en *gu* delante de *e* →**PAGAR**. ☐ SINT. Constr.: *plagarse* DE *algo*.

plagiar v. Referido esp. a una obra o una idea ajenas, copiarlas en lo sustancial y presentarlas como propias: *El cantante denunció al grupo musical que había plagiado una de sus canciones.* ☐ ORTOGR. La *i* nunca lleva tilde.

plagio s.m. Copia o presentación de una obra o de una idea ajenas como si fueran propias: *Esta película es un mal plagio de otra más antigua.*

plan s.m. **1** Intención o proyecto de hacer algo: *Su plan para huir de la cárcel fracasó. Una visita inesperada me rompió los planes.* **2** Programa en el que se presenta cómo debe hacerse un trabajo y de qué partes debe constar: *El nuevo plan de desarrollo prevé la instalación de nuevas industrias en la región.* **3** Dieta o régimen alimenticio: *No puedo comer dulces porque sigo un plan de adelgazamiento.* **4** *col.* Actitud, modo o manera: *Llegó en plan de reírse un rato, y acabó llorando.* **5** *col.* Relación amorosa superficial y pasajera: *Dice que ha tenido un plan conmigo, pero te aseguro que no es cierto.* **6** *col.* Persona con la que se mantiene esta relación: *No creo que solo sea su plan, porque llevan ya tres años saliendo juntos.* **7** ‖ **a todo plan.** *col.* Con mucho lujo: *El chico con el que sale vive a todo plan.* ‖ **no ser plan** algo. *col.* No ser útil, conveniente o agradable: *No es plan que tenga que hacer él siempre los recados.* ☐ SEM. En las acepciones 5 y 6, es sinónimo de *ligue*.

plana s.f. Véase **plano, na**.

plancha s.f. **1** Utensilio, generalmente eléctrico, formado por una superficie triangular y lisa en la parte inferior y un asa para agarrarla en la superior, que se utiliza para planchar: *Con la plancha se eliminan las arrugas de la ropa.* 👁 **electrodoméstico** **2** Lámina lisa y delgada: *Esta puerta blindada está recubierta por planchas de acero.* **3** Conjunto de prendas de vestir planchadas o para planchar: *Tengo mucha plancha para esta tarde.* **4** →**planchado, da.** **5** *col.* Equivocación o error que deja a alguien en ridículo: *¡Menuda plancha, cuando llamé a tu marido por el nombre de tu antiguo novio!* **6** Placa que se usa para asar o tostar algunos alimentos: *En esta cafetería no sirven tostadas porque no tienen plancha.* **7** Postura horizontal que adopta el cuerpo cuando salta o mientras está en el aire: *El delantero metió un gol tirándose en plancha.* **8** En imprenta, reproducción preparada para la impresión: *Ya están dispuestas las planchas para imprimir el libro.* **9** ‖ **a la plancha.** Referido a un alimento, asado o tostado sobre una placa caliente: *La carne a la plancha no queda grasienta.* ‖ **plancha de pelo.** Aparato eléctrico que se utiliza para alisar u ondular el cabello: *Me he alisado el pelo con la plancha de pelo de mi hermana.*

planchado, da ▮ adj. **1** Sorprendido y sin capacidad de reacción: *Me dejó planchada cuando me dijo que nunca se había fiado de mí.* ▮ s.m. **2** Eliminación de las arrugas de un tejido por medio de una plancha; *plancha: Hoy no tengo tiempo, así que el planchado de ropa lo dejo para mañana.*

planchar v. **1** Referido esp. a un tejido, quitarle las arrugas por medio de una plancha caliente o por otros procedimientos: *Ya he planchado todas las camisas. Planchar en verano da mucho calor.* **2** *col.* Alisar o estirar: *Para planchar estas hojas de rosal, mételas debajo de algo pesado.*

planchazo s.m. **1** Golpe dado con el vientre en el agua cuando alguien se lanza en una postura totalmente horizontal: *No sabe tirarse de cabeza y se da unos planchazos tremendos.* **2** Error o desacierto grandes: *¡Qué planchazo cuando saludé al novio como si fuera el padre de la novia!*

plancton s.m. Conjunto de pequeños organismos animales o vegetales acuáticos que flotan y se desplazan pasivamente en el agua: *Las ballenas se alimentan de plancton.*

planeador s.m. Aeronave ligera y sin motor, que despega al ser arrastrada por otra y que se mantiene en el aire aprovechando las corrientes térmicas: *Algunos planeadores tienen un tren de aterrizaje de patines.*

planeadora s.f. Barca de diseño aerodinámico, con motor fueraborda y muy rápida: *Los contrabandistas usan planeadoras para poder huir de los guardacostas.*

planear v. **1** Referido a una obra o a una idea, trazar o formar su plan: *Planeó su huida de la cárcel con otros presos.* **2** Referido esp. a un proyecto, pensar realizarlo o tener intención de hacerlo: *Planea salir este fin de semana de excursión.* **3** Referido esp. a una aeronave, volar o descender sin usar el motor: *Llegamos al aeropuerto planeando, porque se nos había parado el motor.* **4** Referido a un ave, volar con las alas extendidas e inmóviles: *Los buitres planeaban en círculo sobre la res muerta.*

planeta s.m. Cuerpo sólido celeste, sin luz propia, que gira alrededor del Sol o de otra estrella de la que recibe la luz que refleja: *La Tierra, Marte y Saturno son planetas.*

planetario, ria ▮ adj. **1** De los planetas o relacionado con estos cuerpos sólidos celestes: *Hizo un estudio sobre los movimientos planetarios.* ▮ s.m. **2** Lugar en el que se representan los planetas del sistema solar y sus movimientos: *En el planetario pudimos ver todos los astros sobre una pantalla en forma de cúpula.*

planicie s.f. Terreno llano de gran extensión: *La meseta castellana es una planicie.*

planificación s.f. Elaboración de un plan detallado y organizado para conseguir un objetivo: *En esta planificación económica se prevé nacionalizar empresas de propiedad privada.* □ SEM. Es innecesario el uso del anglicismo *planning*.

planificar v. Referido esp. a un proyecto, trazar un plan detallado y organizado para su realización: *El profesor planificó el curso repartiendo el temario en tres trimestres.* □ ORTOGR. La *c* se cambia en *qu* delante de *e* →**SACAR**.

planilla s.f. Impreso o formulario que hay que rellenar para hacer una petición o una declaración, esp. ante la Administración pública: *Puso sus datos personales en la planilla para renovar el carné de identidad.*

planisferio s.m. Mapa en el que se representa la esfera terrestre o la celeste en un plano: *A ver si eres capaz de encontrar la Osa Mayor en este planisferio.*

planning s.m. →**planificación.** □ PRON. [plánin]. □ USO Es un anglicismo innecesario.

plano, na ▮ adj. **1** Llano, liso o sin estorbos: *Para jugar al tenis necesitamos un terreno plano.* ▮ s.m. **2** Representación gráfica y a escala en una superficie, de un terreno, de la planta de un edificio, de una ciudad o de algo semejante: *En este plano de la ciudad están señalados los monumentos artísticos más interesantes.* **3** En cine, vídeo y televisión, cada uno de los fragmentos de una película que han sido rodados de una vez: *En algunos planos del largometraje, la violencia de las imágenes era insoportable.* **4** En geometría, superficie que puede contener una línea recta en cualquier posición: *Un plano es ilimitado.* **5** Superficie imaginaria formada por puntos o por objetos que se sitúan a una misma distancia y se consideran desde el punto de vista del espectador: *Yo quiero salir en la foto en segundo plano, para que no se me vean las manchas del traje.* **6** Posición o punto de vista desde el que se puede considerar algo: *Un mismo asunto puede ser enfocado desde planos muy distintos.* ▮ s.f. **7** En una hoja de papel, cada una de las caras: *Presentó el trabajo escrito a máquina por una sola plana.* **8** Página impresa, esp. en un periódico o revista: *Las noticias más importantes se colocan en primera plana.* **9** ‖ **a toda plana.** Ocupando una página entera: *La noticia del atentado salió a toda plana en todos los periódicos.* ‖ **{corregir/enmendar} la plana** a alguien. Descubrir o advertir defectos en lo que ha hecho: *Sé que le molesta que siempre sea yo quien le enmienda la plana en su trabajo.* ‖ **plana mayor.** *col.* Conjunto de jefes, de superiores o de directivos: *Mañana asistirá a una cena en la que estará la plana mayor de su Ministerio.*

planta s.f. **1** Ser orgánico que crece y vive sin capacidad para cambiar de lugar por impulso voluntario; *vegetal: Los árboles son plantas.* **2** En el pie, parte inferior sobre la que se sostiene el cuerpo: *Me ha salido una ampolla en la planta del pie y apenas puedo andar.* 👁 **pie** **3** En un edificio, cada uno de los pisos o niveles que tiene: *Vivo en la planta baja de este edificio.* **4** Representación gráfica de la sección horizontal de un edificio: *Me dibujó en un papel la planta de su vivienda.* **5** Aspecto o presencia de una persona: *¡Qué buena planta tienen tus hijos!* **6** Fábrica o instalación industriales: *En esta planta eléctrica hay una plantilla de más de doscientas personas.* **7** En arquitectura, figura que forman sobre el terreno los cimientos de un edificio: *El templo antiguo que visitaron era de planta de cruz griega.* **8** ‖ **de nueva planta.** Referido esp. a un edificio o a un proyecto, que se construye o se realiza desde los cimientos o partiendo de cero: *En el siglo XV se demolió el viejo mercado y se construyó otro de nueva planta.*

plantación s.f. Terreno en el que se cultivan plantas de una misma clase: *Es una familia muy rica que tiene varias plantaciones de café.*

plantado, da ‖ **bien plantado.** Referido a una persona, que tiene buena presencia.

plantar ▮ v. **1** Referido esp. a una planta, meterla en tierra para que arraigue: *He plantado un rosal en el jardín.* **2** Referido a un terreno, poblarlo de plantas: *Quiere plantar sus tierras de árboles frutales.* **3** *col.* Referido esp. a un beso, darlo: *Estaba tan contenta que le planté dos besos.* **4** *col.* Referido a una persona, abandonarla o faltar a una cita con ella: *No llegaron a casarse, porque plantó al novio en la puerta de la iglesia.* **5** *col.* Referido esp. a una opinión, decirla claramente: *Le planté en la cara todo lo que pensaba de él.* **6** Colocar o poner en un lugar: *Es un desordenado y cuando llega a casa planta la cartera en cualquier sitio.* ▮ prnl. **7** *col.* Ponerse en pie ocupando un lugar: *Se plantó delante de mí y no me dejó pasar.* **8** *col.* Llegar en poco tiempo a un lugar: *Había tan poco tráfico que nos* *plantamos en las afueras en diez minutos.* **9** Resistirse a hacer algo: *El niño se plantó y no hubo forma de que se acabara la cena.* **10** *col.* En algunos juegos de cartas, no querer más de las que se tienen: *Me planté, porque jugaba a la siete y media y tenía un siete.* □ SEM. En las acepciones 3, 6 y 8, es sinónimo de *plantificar*.

plante s.m. Protesta colectiva de personas que están agrupadas bajo una misma autoridad o que trabajan en común, y consistente en abandonar su cometido: *Los trabajadores protestarán por las medidas adoptadas por la empresa con un plante de dos horas.*

planteamiento s.m. **1** Trazado de un boceto o elaboración de un proyecto: *El problema de matemáticas no te sale porque has hecho mal el planteamiento.* **2** Exposición, juicio o valoración de un problema o de una dificultad: *Tu planteamiento del asunto me parece terriblemente egoísta.*

plantear ▌v. **1** Referido al algo que no está hecho, enfocar su ejecución o trazar un boceto: *Ya he planteado el problema de física, ahora solo me queda hacer las operaciones.* **2** Referido esp. a un problema, exponerlo o suscitarlo: *Le plantearé la cuestión a tu madre y que ella decida qué hacer.* ▌prnl. **3** Considerar, examinar o juzgar: *Me estoy planteando la posibilidad de irme a vivir al extranjero.*

plantel s.m. Conjunto de personas con alguna característica común: *¡Qué buen plantel de actores trabaja en esta película!*

plantificar ▌v. **1** *col.* Referido esp. a un beso, darlo: *En cuanto me vio, me plantificó dos besos.* **2** *col.* Colocar o poner en un lugar: *Plantificó las manos llenas de chocolate en las cortinas de la habitación.* ▌prnl. **3** *col.* Llegar en poco tiempo a un lugar: *Con la nueva carretera, me plantifico en tu casa en un momento.* □ ORTOGR. La *c* se cambia en *qu* delante de *e* →**SACAR**. □ SEM. Es sinónimo de *plantar*.

plantígrado, da adj./s. Referido a un cuadrúpedo, que al andar apoya completamente la planta de los pies y las manos: *El oso es un animal plantígrado. El tejón es un plantígrado.* 👁 **OSO**

plantilla s.f. **1** Pieza con que se cubre el interior de la planta de un calzado: *Tengo los pies planos y llevo plantillas ortopédicas.* **2** Tabla o plancha que se pone sobre otra y que sirve como modelo o como guía para cortarla o para dibujarla: *He recortado unas figuras de animales y el niño las usa de plantillas para dibujarlos.* **3** Relación de los empleados de una empresa: *Todos los años por estas fechas la empresa ofrece una comida a toda la plantilla.* **4** En deporte, conjunto de jugadores de un equipo: *El entrenador reunió a toda la plantilla para comunicarles la lista de los seleccionados para el partido.*

plantillazo s.m. En el fútbol, entrada violenta que se hace a un contrario con la planta del pie: *De un plantillazo, rompió la tibia y el peroné al delantero.*

plantón s.m. *col.* Retraso o no asistencia a una cita: *Me dio plantón porque le surgió un problema en el último momento y no pudo localizarme.*

plañidero, ra ▌adj. **1** Lloroso y lastimero: *Su rostro plañidero mostraba lo que estaba sufriendo.* ▌s.f. **2** Mujer a la que se paga para que asista y llore en los entierros: *Las plañideras todavía existen en algunos lugares.*

plañido s.m. Lamento, queja y llanto: *Los plañidos de la viuda nos estremecieron.*

plañir v. Gemir y llorar con sollozos: *Los hijos del difunto plañían durante el velatorio.* □ MORF. Irreg.: En las formas cuya desinencia contiene un diptongo *ie, io*, se pierde esta *i* →**ZAMBULLIR**.

plaqueta s.f. **1** Célula de la sangre de los vertebrados, de pequeño tamaño y sin núcleo, que interviene en la coagulación sanguínea: *Las plaquetas derivan de unas células de mayor tamaño originadas en la médula ósea.* **2** Baldosa o azulejo de cerámica, generalmente de un espesor menor de un centímetro, que se utilizan principalmente para cubrir suelos: *Las plaquetas de gres son muy resistentes.* □ ORTOGR. Dist. de *claqueta*.

plasma s.m. Parte líquida de la sangre en la que se encuentran los elementos celulares que la componen: *El plasma contiene sustancias en disolución.*

plasmación s.f. Realización o representación de un proyecto o de una idea: *Sus cuadros son una plasmación de su mundo interior.*

plasmar v. Dar forma o representar: *Plasmó sus sentimientos en un precioso poema.*

plasta ▌adj./s. **1** *col.* Referido a una persona, que resulta pesada o molesta: *Tu vecina es tan plasta que no hay quien la aguante. Ese tipo es un plasta y siempre está molestando.* ▌s.f. **2** Sustancia o materia que tiene una consistencia blanda y espesa: *Esto no es puré, sino una plasta asquerosa.* **3** *col.* Objeto que tiene una forma aplastada: *Me senté encima del sombrero y quedó hecho una plasta.* **4** *col.* Excremento: *Sin darse cuenta pisó una plasta de perro.* □ MORF. En la acepción 1, como adjetivo es invariable en género y como sustantivo es de género común y exige concordancia en masculino o en femenino para señalar la diferencia de sexo: *el plasta, la plasta*.

plastelina s.f. →**plastilina.** □ USO Procede del nombre de la marca comercial *Plastilina®*.

plasticidad s.f. **1** Propiedad que presenta un material de cambiar de forma al ejercer una fuerza sobre él, y de mantener dicha forma de manera permanente: *La plasticidad de la arcilla la hace adecuada para trabajos de modelado y de alfarería.* **2** Concisión, exactitud y fuerza expresiva del lenguaje, mediante las cuales se consigue realzar las ideas que se manifiestan: *La plasticidad de sus descripciones hace que el lector pueda imaginarse la escena como si la estuviera viendo.*

plástico, ca ▌adj. **1** Referido a un material, que puede cambiar de forma al ejercer una fuerza sobre él, y mantener dicha forma de manera permanente: *Los cuerpos elásticos, a diferencia de los plásticos, tienden a recuperar su forma cuando cesa la fuerza que los deformaba.* **2** Referido esp. al lenguaje, que consigue dar gran realce a las ideas o a las imágenes mentales, gracias a la concisión, exactitud o fuerza expresiva con que las manifiesta: *Utilizar imágenes plásticas para explicar conceptos muy abstractos ayuda a comprenderlos.* **3** De la plástica o relacionado con este arte: *Aprendí cerámica en una escuela de artes plásticas.* ▌adj./s.m. **4** Referido a un material, que es sintético, compuesto principalmente de derivados de celulosa, de resinas y de proteínas, y que puede moldearse fácilmente: *Forré los libros con papel plástico. ¿Quieres una bolsa de plástico para la basura?* ▌s.f. **5** Arte o técnica de trabajar y dar forma al barro, al yeso o a otros materiales semejantes: *En clase de plástica hemos aprendido a hacer figuras de barro.*

plastificación s.f. →**plastificado.**

plastificado s.m. Cubrimiento de algo con una lámina de un material plástico; *plastificación: En esta papelería cobran muy poco por el plastificado de documentos.*

a b c d e f g h i j k l m n ñ o p q r s t u v w x y z

plastificar v. Recubrir con una lámina de material plástico: *He plastificado el carné de la biblioteca para que no se me estropee con el uso.* ☐ ORTOGR. La *c* se cambia en *qu* delante de *e* →**SACAR**.

plastilina s.f. Material blando y fácilmente modelable de diferentes colores, que utilizan generalmente los niños para hacer objetos (por extensión del nombre de la marca comercial *Plastilina®*): *He hecho un elefante con plastilina roja.* ☐ USO No debe usarse la forma *plastelina*, aunque su uso está muy extendido.

plata s.f. **1** Elemento químico, metálico y sólido, de número atómico 47, fácilmente moldeable, que puede extenderse en láminas finas, es de color blanco grisáceo y con brillo metálico, y se emplea en joyería: *La plata es menos valorada que el oro.* **2** Conjunto de joyas o de objetos fabricados con este metal: *Tengo que limpiar la plata porque esta noche vienen invitados a cenar.* **3** *col.* Dinero o riqueza: *Necesito plata para conseguir lo que quiero.* **4** Medalla hecha con plata, que se otorga al segundo clasificado: *Consiguió la plata en la última olimpiada.* **5** ‖ **en plata.** *col.* Referido a la forma de hablar, claramente y sin rodeos: *Hablando en plata, que no lo puedo ver ni en pintura.* ☐ ORTOGR. En la acepción 1, su símbolo químico es *Ag*.

plataforma s.f. **1** Superficie horizontal, descubierta y elevada respecto del nivel del suelo: *Levantaron una plataforma en la plaza del pueblo para que la orquesta tocara en las fiestas.* **2** Conjunto de personas, normalmente representativas, que dirigen un movimiento para reivindicar algo: *La plataforma sindical exige negociar con la patronal.* **3** Lo que sirve como medio para conseguir un fin: *Su puesto en el periódico ha sido la plataforma para saltar al mundo de la televisión.* **4** ‖ **plataforma continental.** Superficie del fondo marino que va desde la costa hasta profundidades no superiores a doscientos metros: *La extensión de la plataforma continental es mayor cuanto más suavemente descienda el fondo del mar.* ‖ **plataforma petrolífera.** Instalación destinada a la extracción de petróleo en el mar: *En el mar del Norte hay muchas plataformas petrolíferas.*

platanero, ra ▮ adj. **1** De las bananas o plátanos, o de su planta: *En Canarias tiene gran importancia la industria platanera.* ▮ s. **2** Árbol tropical, con forma de palmera, de grandes hojas verdes y cuyo fruto es la banana o el plátano; *banano: Los plataneros alcanzan una altura de dos a tres metros.* ☐ SEM. Es sinónimo de *bananero*.

plátano s.m. **1** Fruto comestible del banano o platanero, de forma alargada y curva, y con una cáscara verde que amarillea cuando madura; *banana: A los monos les gustan mucho los plátanos.* **2** Árbol de tronco cilíndrico y de corteza lisa y clara, de hojas caducas y palmeadas, que se suele plantar en calles y paseos y que da abundante sombra: *Los plátanos tienen una madera muy apreciada en ebanistería.* ☐ MORF. En la acepción 2, es un sustantivo epiceno y la diferencia de sexo se señala mediante la oposición *el plátano {macho/hembra}*. ☐ SEM. En la acepción 2, dist. de *bananero* y *banano* (árbol frutal tropical).

platea s.f. En un teatro, planta baja ocupada por las butacas; *patio de butacas: Desde el palco se veía la platea llena de espectadores.*

plateado, da adj. Del color de la plata o semejante a él: *Se ha comprado un bolso y unos zapatos plateados para ir a la fiesta.*

plateresco, ca ▮ adj. **1** Del plateresco o con rasgos propios de este estilo: *Las fachadas platerescas tienen muchos medallones y guirnaldas labrados en la piedra.* ▮ s.m. **2** Estilo arquitectónico español de los siglos XV y XVI que se caracteriza por tener una estructura gótica con influencias italianas y ornamentación abundante: *El plateresco recibe este nombre por la semejanza de sus adornos con los de la plata labrada.*

plática s.f. **1** Charla o conversación entre varias personas: *Mantuvimos una agradable plática con ellos, y se nos pasó el tiempo volando.* **2** Sermón breve: *El sacerdote dirigió a los allí reunidos una plática sobre el sacramento del matrimonio.*

platicar v. Conversar o hablar, esp. si es de forma tranquila y distendida: *Tomamos el café juntos y estuvimos platicando un rato.* ☐ ORTOGR. La *c* se cambia en *qu* delante de *e* →**SACAR**.

platillo ▮ s.m. **1** Pieza pequeña semejante a un plato: *Las balanzas tienen dos platillos.* **2** Chapa metálica con forma de plato, que forma parte de algunos instrumentos musicales de percusión: *La batería de ese conjunto lleva solo un platillo.* ▮ pl. **3** Instrumento musical de percusión formado por dos de estas chapas y que generalmente se toca haciéndolas chocar una contra otra: *Toca los platillos en una banda militar.* 👁 **percusión 4** ‖ **platillo {volador/volante}.** Objeto volante de origen desconocido al que se le atribuye una procedencia extraterrestre: *Dijo que vio aterrizar un platillo volante del que salieron unos hombrecillos verdes.*

platina s.f. **1** En un microscopio, parte en la que se coloca el objeto que se quiere observar: *La platina está inmediatamente debajo del objetivo del microscopio.* **2** →**pletina.**

platino s.m. **1** Elemento químico, metálico y sólido, de número atómico 78, muy duro y menos deformable que el oro, que apenas resulta atacado por los ácidos: *El platino es el metal precioso más pesado.* **2** En el sistema de encendido de un motor de explosión, pieza que permite que salte la chispa en las bujías: *Los platinos de los coches hay que cambiarlos cada cierto tiempo.* ☐ ORTOGR. En la acepción 1, su símbolo químico es *Pt*.

plato s.m. **1** Recipiente bajo, generalmente redondo, con una concavidad central más o menos honda, que se usa para servir las comidas: *He fregado los platos y los he colocado en el escurridor.* **2** Comida que se sirve en este recipiente: *Se tomó dos platos de sopa.* **3** Alimento preparado para ser comido: *Tu madre prepara unos platos riquísimos.* **4** Lo que tiene forma de disco de poco grosor y más o menos plano: *Las balanzas de las tiendas tienen un plato.* **5** En deporte, disco de arcilla que se usa como blanco en algunas pruebas de tiro: *En esta región hay mucha afición por el tiro al plato.* **6** En un tocadiscos, pieza circular giratoria sobre la que se coloca el disco: *Los platos de los equipos de música giran a una velocidad constante.* **7** ‖ **no haber roto un plato** alguien. *col.* No haber cometido ninguna falta: *Es una buena persona y tiene cara de no haber roto nunca un plato.* ‖ **pagar los platos rotos.** *col.* Ser castigado o reñido injustamente por una falta que no se ha cometido o de la que no se es el único culpable: *No es justo que, si todos participasteis, ahora sea yo la que pague los platos rotos.* ‖ **plato combinado.** El compuesto por varios alimentos diferentes y que sirve como comida completa: *Cené un plato combinado que llevaba un filete, ensalada y tortilla.* ‖ **plato fuerte.** *col.* Lo más importante entre varios: *El plato fuerte del espectáculo es el número de los equilibristas.*

plató (galicismo) s.m. En un estudio de cine o de televisión, recinto cubierto en el que se ruedan películas o programas televisivos: *Los actores, ya vestidos y maquillados, esperaban al director en el plató.* ☐ ORTOGR. Es un galicismo (*plateau*) adaptado al español.

platónico, ca adj. *col.* Desinteresado, honesto y con un fuerte componente idealista: *Mi amor por ti es platónico, porque sé que tú quieres a otro.*

plausible adj. **1** Digno de aplauso o de alabanza: *Esa acción tan generosa fue un gesto plausible.* **2** Admisible, recomendable o justificado: *En estos negocios resulta plausible no fiarse de nadie.* ☐ MORF. Invariable en género.

playa s.f. **1** Extensión más o menos plana de arena, en la orilla del mar o de un río o un lago grandes: *Cuando vamos a la playa, llevamos sombrilla para no quemarnos con el sol.* **2** Porción de mar contigua a esta ribera: *No quiero bañarme en esta playa tan sucia.*

playback (anglicismo) s.m. En un espectáculo, música grabada previamente y que sirve como base a la interpretación: *Los cantantes que actúan con playback se ahorran la presencia de músicos.* ☐ PRON. [pléibak].

playboy (anglicismo) s.m. Hombre conquistador y mujeriego: *Este actor tiene fama de playboy, pero solo vive para su mujer.* ☐ PRON. [pléiboi]. ☐ USO Su uso es innecesario y puede sustituirse por una expresión como *conquistador* o *donjuán*.

playero, ra ▌adj. **1** Referido esp. a una prenda de vestir, que es adecuada para estar en la playa: *Me he comprado un vestido playero que deja la espalda al aire.* ▌s.f. **2** Zapatilla de lona y con suela de goma, que se suele utilizar en verano: *Si vamos a cenar, me cambiaré de ropa y me quitaré las playeras y los pantalones cortos.* ☐ MORF. La acepción 2 se usa más en plural.

playoff (anglicismo) s.m. En algunas competiciones deportivas, fase final o segunda fase de desempate: *Esta temporada de baloncesto, los ocho primeros equipos de cada grupo disputarán el playoff.* ☐ PRON. [pléiof]. ☐ USO Su uso es innecesario y puede sustituirse por una expresión como *fase final*.

plaza s.f. **1** En una población, lugar ancho y espacioso en el que confluyen varias calles: *En muchos pueblos, el ayuntamiento está en la plaza.* **2** Mercado o lugar en el que se venden artículos comestibles: *Este puesto de pescado es el mejor de la plaza.* **3** Sitio en el que cabe una persona o cosa: *Este autobús tiene sesenta plazas.* **4** Puesto de trabajo o empleo: *Ocupo la plaza de médico titular porque saqué la oposición.* **5** Lugar fortificado en el que la gente o las tropas se defienden del enemigo: *La plaza resistió el ataque del ejército enemigo hasta que llegaron refuerzos.* **6** ‖ **plaza de armas.** En una posición militar, lugar en el que forman y hacen el ejercicio las tropas: *El comandante pasó revista a la formación en la plaza de armas.* ‖ **plaza de toros.** Instalación de forma circular en la que se celebran corridas de toros: *En una plaza de toros, el ruedo se ve muy bien desde cualquier asiento.* ☐ SINT. En la acepción 1, el nombre de la plaza debe ir precedido por la preposición *de*, salvo si es un adjetivo: *plaza de España*.

plazo s.m. **1** Espacio o período de tiempo señalado para algo: *El plazo para hacer la matrícula termina mañana.* **2** Cada una de las partes en que se divide una cantidad total que se paga en dos o más veces: *Me he comprado un piso y lo estoy pagando a plazos.*

plazoleta s.f. Espacio abierto, más pequeño que una plaza, y que suele estar en jardines y alamedas: *Nos sentamos en un banco de la plazoleta del jardín a leer un rato.* plazuela

plazuela s.f. →**plazoleta.**

pleamar s.f. **1** Fin del movimiento de ascenso de la marea: *Hasta las diez de la noche no habrá pleamar.* **2** Tiempo que dura el final del ascenso de la marea: *Zarparemos durante la pleamar.* ☐ SEM. Dist. de *marea alta* (movimiento de ascenso del mar).

plebe s.f. **1** Clase social más baja en la escala social: *La plebe se sublevó contra la nobleza e inició una revolución.* **2** En la antigua Roma, clase social que carecía de los privilegios de los patricios: *Las personas pertenecientes a la plebe no podían desempeñar cargos políticos ni religiosos importantes.*

plebeyo, ya ▌adj. **1** De la plebe o relacionado con ella: *Las revueltas plebeyas fueron sometidas por la aristocracia.* ▌adj/s. **2** Que no es noble ni hidalgo: *El marqués no quería a un hombre plebeyo como marido de su hija. El príncipe se casó con una plebeya y renunció al trono.* **3** En la antigua Roma, que pertenecía a la plebe: *Los ciudadanos plebeyos estaban excluidos de algunos derechos de la ciudadanía. En el Imperio romano, se sucedieron luchas entre plebeyos y patricios.*

plebiscito s.m. Consulta que hace el Gobierno a todos los electores para que aprueben o rechacen determinada cuestión: *La oposición pedía la celebración de un plebiscito para que el pueblo decidiera sobre la firma o no del tratado.*

plegamiento s.m. Proceso geológico por el que los estratos sedimentarios se doblan o se pliegan al estar sometidos a presiones laterales; *pliegue*: *Los plegamientos provocados por las grandes presiones de la deriva continental originan montañas.*

plegar ▌v. **1** Doblar haciendo pliegues o dobleces: *Plegó el folio y lo metió en un sobre.* ▌prnl. **2** Doblarse, ceder o someterse a algo: *En la democracia hay que plegarse a la opinión de la mayoría.* ☐ ORTOGR. Aparece una *u* después de la *g* cuando le sigue *e*. ☐ MORF. Irreg.: La *e* diptonga en *ie* en los presentes, excepto en las personas *nosotros* y *vosotros* →**REGAR**.

plegaria s.f. Petición o súplica, esp. las que se dirigen a un dios o a una divinidad: *El sacerdote elevó su plegaria ante el altar.*

pleistoceno, na ▌adj. **1** En geología, del primer período de la era cuaternaria o antropozoica, o relacionado con él: *Estos fósiles de restos humanos son pleistocenos.* ▌adj./s.m. **2** En geología, referido a un período, que es el primero de la era cuaternaria o antropozoica: *En el período pleistoceno ya aparecieron culturas prehistóricas. En el pleistoceno se produjeron cuatro glaciaciones.*

pleitear v. Disputar o contender en un juicio: *Pleitea con su primo, porque ambos pretenden la herencia del tío que murió sin hijos.*

pleitesía s.f. Manifestación o muestra reverente de cortesía o de obediencia: *En la sociedad feudal los vasallos rendían pleitesía a su señor inclinando su cabeza ante él o arrodillándose en su presencia.*

pleito s.m. Contienda, discusión o disputa que se desarrolla en un juicio: *El juez ha fallado el pleito a mi favor y la empresa tendrá que pagarme lo que pedía.*

plenario, ria adj. Referido esp. a una sesión o a una reunión, que cuenta con la asistencia de todos los miembros del grupo de que se trata: *Han convocado una reunión plenaria para los socios del club.*

plenilunio s.m. Fase lunar durante la cual la Luna se percibe desde la Tierra como un disco completo iluminado; *luna llena: En las noches de plenilunio, le gusta observar la Luna con su telescopio.* 👁 **fase**

plenipotenciario, ria adj./s. Referido a un representante de un rey o de un Gobierno, que tiene plenos poderes y facultades para tratar y ajustar acuerdos u otros intereses: *Será enviado a ese congreso como embajador plenipotenciario para firmar el tratado internacional.*

plenitud s.f. Apogeo o momento de mayor intensidad, fuerza o perfección: *Los resultados en los últimos campeonatos demuestran que está en la plenitud de su carrera deportiva.*

pleno, na ▌ adj. **1** Lleno o completo: *Ha llevado una vida plena de felicidad.* **2** Que se encuentra en el momento central, culminante o de mayor intensidad: *Salí a la calle en plena tormenta y me calé.* ▌ s.m. **3** Reunión o junta general de una corporación: *En el pleno del Ayuntamiento estaban todos los concejales, presididos por el alcalde.* **4** En un juego de azar, esp. en una quiniela, acierto de todos sus resultados: *Tuvo un pleno en las quinielas y se hizo millonario de la noche a la mañana.* **5** ‖ **en pleno.** Entero o en su totalidad: *El público en pleno aplaudió puesto en pie.*

pleonasmo s.m. Figura retórica o procedimiento del lenguaje consistente en emplear en la oración palabras innecesarias para su exacta y completa comprensión, pero que aportan gracia y fuerza expresivas: *La frase 'yo mismo lo vi con mis propios ojos' es un ejemplo de pleonasmo.*

pleonástico, ca adj. Del pleonasmo, con pleonasmos o relacionado con esta figura retórica: *'Nadar por el agua' es una expresión pleonástica y redundante.*

plesiosaurio s.m. →**plesiosauro.** 👁 **dinosaurio**

plesiosauro s.m. Reptil acuático que existió en la era secundaria, de cuello largo y cabeza pequeña, que tenía las extremidades transformadas en aletas; *plesiosaurio: Los plesiosauros podían llegar a medir hasta diez metros de longitud.* 👁 **dinosaurio**

pletina s.f. Aparato en el que se coloca una cinta magnética para grabar o reproducir sonidos; *platina: Mi aparato de música tiene doble pletina y puedo grabar de cinta a cinta.*

plétora s.f. **1** Abundancia excesiva de algo: *El cantante recibe a diario una plétora de cartas de sus admiradores.* **2** Exceso de sangre o de otros líquidos en el cuerpo: *Le hicieron análisis para saber la causa de su plétora sanguínea.*

pletórico, ca adj. Con abundancia de un rasgo de carácter que se considera positivo: *Iba pletórico de alegría con su premio.*

pleura s.f. En anatomía, membrana que cubre las paredes de la cavidad torácica y la superficie de los pulmones: *La pleura es una membrana doble con un líquido entre las dos capas.*

pleuresía s.f. Enfermedad que consiste en la inflamación de la pleura: *Su pleuresía se debe a una infección pulmonar.*

plexo s.m. En anatomía, red formada por nervios o vasos sanguíneos o linfáticos que se cruzan entre sí: *El bulto que tienes en la axila es una inflamación de un ganglio del plexo braquial.*

pléyade s.f. Grupo de personas famosas, esp. en el campo de las letras, que viven en una misma época: *De la pléyade de escritores conocidos como 'Generación del 98', mis preferidos son Unamuno y Machado.*

plica s.f. Sobre cerrado y sellado en el que se guarda algún documento o noticia que no pueden hacerse públicos hasta la fecha o la ocasión señaladas para ello: *El nombre de los concursantes figura en una plica que se abrirá cuando ya se haya concedido el premio.*

pliego s.m. **1** Trozo o pieza de papel de forma cuadrangular doblada por el medio: *Este manuscrito es un cuadernillo de doce pliegos.* **2** Hoja de papel que no se vende doblada: *He comprado tres pliegos de papel charol en la papelería.* **3** Papel o documento en los que se pone algo de manifiesto: *Ha dirigido un pliego de protesta al Ayuntamiento por la mala iluminación de su calle.*

pliegue s.m. **1** Doblez, arruga o desigualdad que se forman o se hacen en un tejido o en algo flexible: *Lleva una falda escocesa de pliegues.* **2** Proceso geológico por el que los estratos sedimentarios se doblan o se pliegan al estar sometidos a presiones laterales; *plegamiento: Los pliegues tienen forma de ola.*

plinto s.m. **1** En una columna arquitectónica, elemento de poca altura, generalmente cuadrangular, sobre el que se asienta la base: *Las columnas con plinto dan una sensación de mayor solidez que las que se apoyan directamente sobre el suelo.* **2** En gimnasia, aparato formado por varios cajones de madera, con la superficie almohadillada, que se utiliza para realizar pruebas de salto y otros ejercicios: *Para que puedas saltar bien el plinto, quitaré un cajón y resultará más bajo.* 👁 **gimnasio**

plioceno, na ▌ adj. **1** En geología, del quinto período de la era terciaria o cenozoica, o relacionado con él: *Estos fósiles pliocenos son de équidos y de invertebrados.* ▌ adj./s.m. **2** En geología, referido a un período, que es el quinto de la era terciaria o cenozoica: *Durante el período plioceno los mares y los continentes alcanzaron una configuración parecida a la actual. El plioceno es el período más reciente de la era terciaria.*

plisar v. Referido esp. a una tela, hacer que quede formando pliegues: *Plisar esta tela de cuadros es fácil si doblas siempre por las líneas del dibujo.*

plomada s.f. **1** Pesa de plomo o de otro metal pesado que, colgada de una cuerda, sirve para señalar una línea vertical: *El albañil, según iba levantando la pared, usaba la plomada para saber si estaba vertical.* **2** Cuerda con un peso en un extremo, que sirve para medir la profundidad de las aguas: *Lanzaron la plomada desde la barca para saber si la profundidad del río era la que necesitaban.*

plomizo, za adj. De color gris azulado, como el del plomo: *Un cielo plomizo anunciaba lluvia.*

plomo ▌ s.m. **1** Elemento químico, metálico y sólido, de número atómico 82, blando, fácilmente moldeable, que puede extenderse en láminas finas y es de color gris azulado: *La gasolina sin plomo contamina menos.* **2** Pieza o trozo de este metal que se pone en algunas cosas para darles peso: *Los pescadores cosieron los plomos a las redes.* 👁 **pesca** **3** Carga explosiva, o bala de un arma de fuego: *El pistolero lo amenazó con llenarle el vientre de plomo.* **4** *col.* Lo que resulta pesado y molesto: *Es un plomo tener que salir ahora para ir a buscar a tu hermana.* ▌ pl. **5** En una instalación eléctrica, cortacircuitos o fusible: *No hay luz porque se han fundido los plomos.* **6** ‖ **a plomo.** De forma vertical: *Las rocas del acantilado estaban cor-*

tadas a plomo, y me dio vértigo acercarme al borde. □ ORTOGR. En la acepción 1, su símbolo químico es *Pb*.

pluma s.f. **1** En un ave, cada una de las piezas que recubren su piel: *Los indios americanos se adornaban con penachos de plumas.* **2** Conjunto de estas piezas de ave, usadas generalmente como relleno para almohadas y objetos similares: *Tengo un edredón de pluma, que no pesa nada y abriga mucho.* **3** Instrumento de escritura que necesita tinta líquida, formado generalmente por una punta y por un mango: *Antiguamente, los pupitres tenían un tintero incorporado, en el que se mojaba la pluma para escribir.* **4** En un hombre, rasgo de amaneramiento o de afeminamiento: *Cuando habla, se le nota mucho la pluma que tiene.* **5** ‖ **(pluma) estilográfica.** La que lleva incorporado un depósito recargable para la tinta: *Tengo que cambiar el cartucho de tinta a la pluma estilográfica, porque este se está terminando.*

plumaje s.m. Conjunto de plumas: *Los cuervos tienen el plumaje de color negro.*

plumas s.m. →**plumífero.** □ MORF. Invariable en número.

plumazo ‖ **de un plumazo.** Referido esp. a la forma de acabar o de suprimir algo, de forma brusca, rápida y eficaz: *El nuevo director acabó con todos los privilegios de un plumazo.*

plumcake (anglicismo) s.m. Bizcocho con frutas confitadas y pasas: *No me gusta el plumcake porque no me gustan las pasas.* □ PRON. [plumkéik]. □ USO Su uso es innecesario y puede sustituirse por una expresión como *bizcocho con pasas*.

plumero s.m. **1** Utensilio para quitar el polvo, formado generalmente por un conjunto de plumas atadas al extremo de un palo: *Limpiaré el polvo de los libros de los estantes con un plumero.* **2** Penacho o adorno de plumas: *Las bailarinas de revista llevan plumeros en la cabeza.* **3** ‖ **vérsele el plumero** a alguien. *col.* Descubrirse sus intenciones o pensamientos: *A esa sinvergüenza se le ve el plumero enseguida.*

plumier s.m. Caja o estuche que sirve para guardar lápices y otros instrumentos de escritura: *Tiene un plumier de madera en el que lleva tres bolígrafos, un lápiz y una goma.*

plumífero s.m. Prenda de abrigo hecha de tela impermeable y rellena de plumas de ave: *Hoy hace mucho frío, así que ponte el plumífero y los guantes.* □ USO En la lengua coloquial se usa mucho la forma coloquial *plumas*.

plumilla s.f. Instrumento metálico que, colocado en el extremo de una pluma de escribir y mojado en tinta, sirve para escribir y dibujar: *Cuando no existían las plumas estilográficas, se escribía mojando continuamente la plumilla en el tintero.*

plumín s.m. En una pluma de escribir, esp. en una estilográfica, pequeña lámina de metal que está fija en su extremo para poder dibujar o escribir: *La pluma estilográfica se me cayó de punta, y he tenido que cambiarle el plumín.*

plumón s.m. Pluma muy delgada que tienen las aves debajo del plumaje exterior: *El plumón es muy usado como relleno de almohadas por su gran suavidad.*

plural ▌adj. **1** Que es múltiple o que se presenta en más de un aspecto: *Vivimos en una sociedad plural, formada por grupos de diferentes opiniones, ideologías y religiones.* ▌adj./s.m. **2** En lingüística, referido a la categoría gramatical del número, que hace referencia a dos o más personas o cosas: *'Leones' es la forma plural de la palabra 'león'. El plural de 'perro' es 'perros'.* **3** ‖ **plural de modestia.** En gramática, uso del pronombre personal de primera persona en plural cuando alguien quiere quitarse importancia: *Este escritor utiliza el plural de modestia cuando expresa una opinión suya.* ‖ **plural mayestático.** En gramática, uso del pronombre personal de primera persona del plural, en lugar del singular, para expresar la autoridad o dignidad del que habla: *El plural mayestático es empleado por personas de alta jerarquía como los reyes, emperadores y papas.* □ MORF. 1. Como adjetivo es invariable en género. 2. En la acepción 2 →APÉNDICE DE PRONOMBRES.

pluralidad s.f. **1** Multitud o abundancia de algunas cosas: *No presumas tanto, porque sé una pluralidad de cosas que tú ni siquiera conoces.* **2** Variedad o presencia de elementos distintos: *La Constitución reconoce la pluralidad de lenguas en el Estado español.*

pluralismo s.m. Sistema por el que se acepta o se reconoce la pluralidad o la multitud de doctrinas o de métodos en algo, esp. en política: *El pluralismo es una de las bases de la democracia.*

pluralista adj. Que sigue o que defiende el pluralismo: *La sociedad española es pluralista, porque en ella conviven en paz grupos muy diferentes.* □ MORF. Invariable en género.

pluri- Elemento compositivo que significa 'varios': *pluricelular, pluridimensional, plurilingüe, pluripartidismo, plurivalencia.*

pluricelular adj. Referido a un organismo, que tiene el cuerpo formado por muchas células: *Las personas somos organismos pluricelulares.* □ MORF. Invariable en género.

pluriempleado, da adj./s. Que tiene más de un empleo remunerado: *Está pluriempleado y cuando sale de la oficina trabaja como portero en una discoteca por la noche. Los pluriempleados apenas tienen tiempo libre.*

pluriempleo s.m. Desempeño, por parte de una sola persona, de más de un trabajo remunerado: *El pluriempleo me ayudó en una época de apuros económicos, pero terminé agotado.*

plus s.m. Cantidad de dinero suplementaria que se paga o que se recibe además del sueldo: *El sueldo base es bajo, pero tiene varios pluses que lo aumentan.* □ MORF. Su plural es *pluses*.

pluscuamperfecto s.m. →**pretérito pluscuamperfecto.**

plusmarca s.f. En deporte, mejor resultado técnico homologado: *Esta atleta ha conseguido bajar la plusmarca nacional de los cien metros lisos.*

plusmarquista s. Deportista que tiene la mejor marca en su especialidad: *Con el tiempo realizado se ha convertido en la plusmarquista nacional de los cien metros braza.* □ MORF. Es de género común y exige concordancia en masculino o en femenino para señalar la diferencia de sexo: *el plusmarquista, la plusmarquista*.

plusvalía s.f. **1** Aumento del valor de algo, esp. de un bien: *Los pisos han experimentado el pasado año una considerable plusvalía.* **2** *col.* Impuesto que grava el beneficio obtenido por la diferencia entre el precio al que se adquirió un terreno o un bien inmueble y aquel al que se vende: *Al vender la casa, tuvieron que pagar la plusvalía.* □ SEM. Dist. de *minusvalía* (disminución del valor).

plutónico, ca adj. Referido a una roca, que se ha consolidado en el interior de la corteza terrestre, generalmente a partir del magma: *El granito es una roca plutónica.*

plutonio s.m. Elemento químico, metálico y artificial, de número atómico 94, que pertenece al grupo de las tierras raras, es de color blanco plateado, muy tóxico y se usa como combustible nuclear: *El plutonio se emplea para fabricar armas nucleares.* ☐ ORTOGR. Su símbolo químico es *Pu*.

pluvial adj. De la lluvia: *Los antiguos romanos recogían en sus casas las aguas pluviales.* ☐ MORF. Invariable en género.

pluviometría s.f. Parte de la meteorología que estudia la distribución de las precipitaciones según la geografía y las estaciones: *Un especialista en pluviometría dijo que las zonas lluviosas del mundo ya no son las mismas de otros tiempos.*

pluviómetro s.m. Instrumento que sirve para medir la lluvia que cae en un lugar y en un tiempo determinados: *Los observatorios meteorológicos tienen pluviómetros.* 👁 **medida**

pluviosidad s.f. Cantidad de lluvia que recibe un lugar en un período determinado de tiempo: *La pluviosidad de Galicia es mayor que la de Castilla.*

pluvioso, sa adj. *poét.* →**lluvioso, sa.**

poblacho s.m. *desp.* Pueblo pequeño, pobre, mal conservado o mal considerado: *Trabaja de maestra en un horrible poblacho que no tiene ni agua.*

población s.f. **1** En un territorio, conjunto de sus habitantes: *La población europea está envejeciendo.* **2** Conjunto de seres vivos que pertenecen a una misma especie o que comparten unas mismas características: *Una enfermedad ha hecho disminuir la población de olmos.* **3** Conjunto de edificios y espacios de un lugar habitado: *Muchas poblaciones rurales han sido abandonadas.* **4** ‖ **población activa.** La que trabaja y recibe remuneración por ello, o está en edad de hacerlo: *Cuando hay desempleo, parte de la población activa no encuentra trabajo.* ☐ SEM. Dist. de *demografía* (estudio estadístico de la población humana).

poblado s.m. Lugar en el que vive un conjunto de personas: *En mi viaje a Estados Unidos visité un antiguo poblado indio.*

poblamiento s.m. En geografía, proceso de asentamiento de un grupo humano en un determinado lugar: *El poblamiento de Australia se hizo en gran parte con personas que tenían problemas con la ley.*

poblar v. **1** Referido a un lugar, ocuparlo para vivir en él: *Los conquistadores poblaban los territorios conseguidos.* **2** Referido a un lugar, habitarlo o estar viviendo en él: *Algunas de las especies que pueblan los mares están a punto de extinguirse.* **3** Llenar con abundancia o profusión: *Las estrellas pueblan el cielo.* ☐ MORF. Irreg.: La *o* diptonga en *ue* en los presentes, excepto en las personas *nosotros* y *vosotros* →**CONTAR**.

pobre ▮ adj. **1** Escaso o insuficiente: *Un libro de texto no puede ser pobre en ejemplos.* **2** De poco valor, calidad o significación: *Estas tierras son pobres y apenas producen.* ▮ adj./s. **3** Referido a una persona, que carece de lo necesario para vivir o que lo tiene con mucha escasez: *Procede de una familia pobre que vivía del trabajo temporal del campo. Los pobres no tienen cabida en la actual sociedad consumista.* **4** Infeliz, desdichado, triste o que inspira compasión: *Se cree muy listo pero es un pobre hombre. Fíjate en esa pobre, que ha suspendido todo el curso.* ▮ s. **5** Persona que habitualmente pide limosna; *mendigo*: *La puerta de la iglesia siempre está llena de pobres.* **6** ‖ **pobre de mí.** Expresión que se utiliza para expresar lo desamparado o lo infeliz que uno mismo se siente: *¡Ay, pobre de mí, a solas con mi pena!* ‖ **pobre de {ti/él}.** Expresión que se utiliza como amenaza: *¡Pobre de ti como te pille!* ☐ MORF. 1. Su superlativo irregular es *paupérrimo*. 2. Como adjetivo es invariable en género. 3. Como sustantivo es de género común y exige concordancia en masculino o en femenino para señalar la diferencia de sexo: *el pobre, la pobre*. ☐ USO En la acepción 4, se usa más antepuesto al nombre.

pobreza s.f. **1** Escasez o carencia de lo necesario para vivir: *Vive en la más absoluta pobreza y tiene que pedir limosna.* **2** Falta o escasez: *Si leyeras más, no tendrías esa pobreza de vocabulario.*

pocero, ra s. **1** Persona que se dedica profesionalmente a la construcción de pozos o a trabajar en ellos: *He contratado a un pocero para que me haga un pozo en la huerta.* **2** Persona que se dedica profesionalmente a la limpieza de pozos, cloacas o depósitos de desechos: *Los poceros han limpiado las alcantarillas de la calle.*

pocha s.f. Véase **pocho, cha**.

pocho, cha ▮ adj. **1** Referido esp. a un alimento, que está podrido o empezando a pudrirse: *Tira estos melocotones, porque están todos pochos.* **2** *col.* Referido a una persona, que no tiene buena salud: *Mi madre lleva unos días un poco pocha.* ▮ s.f. **3** Judía blanca temprana: *Hoy comeremos pochas con chorizo.* **4** Juego de cartas en el que cada jugador debe adivinar en cada ronda, y antes de jugar, las bazas que va a hacer: *Nunca gano a la pocha, porque siempre hago más bazas de las previstas.*

pocholada s.f. *col.* Lo que resulta bonito o gracioso: *¡Qué pocholada de niña!*

pocholo, la adj. *col.* Bonito o gracioso: *Llevaba un vestido muy pocholo.*

pocilga s.f. **1** Establo para los cerdos; *cochiquera, zahúrda*: *El olor de las pocilgas es muy desagradable.* **2** *col.* Lugar sucio, desordenado o con mal olor: *Esta habitación es una pocilga, siempre desordenada y con la ropa sucia por el suelo.*

pocillo s.m. Taza pequeña, generalmente de loza: *Nos puso el chocolate en unos pocillos de barro.*

pócima s.f. **1** Preparado medicinal realizado mediante la cocción de materias vegetales: *La hechicera preparó una pócima y se la hizo beber al herido.* **2** *col.* Bebida de sabor raro o desagradable: *Nos dio a probar una pócima horrible que había traído de su viaje.*

poción s.f. Bebida preparada y con propiedades mágicas o medicinales: *La bruja hizo una poción mágica para encantar al príncipe.*

poco adv. **1** En una cantidad o en un grado reducidos o escasos, o menos de lo normal o de lo necesario: *Las cosas han cambiado poco desde la última vez. Andas poco y estás muy gordo.* **2** Corto período de tiempo: *Me llamó hace poco.* **3** Seguido de otro adverbio, denota idea de comparación: *Me fui poco después de que llegara él.* **4** ‖ **a poco (de).** Pasado un breve espacio de tiempo: *A poco de salir a la calle comenzó a llover.* ‖ **poco a poco.** Despacio, con lentitud o gradualmente: *Irás aprendiéndolo poco a poco.* ‖ **poco más o menos.** Aproximadamente o con escasa diferencia: *El arreglo me costó poco más o menos lo que a ti.* ‖ **por poco.** Expresión que se usa para indicar que casi sucede algo: *¡Huy, por poco lo tiras!*

poco, ca ▮ indef. **1** Escaso y reducido, o que posee menos cantidad o calidad de lo normal o necesario: *Has* *comido poco pan. He buscado tus cartas, pero solo he encontrado unas pocas.* ▌s.m. **2** Cantidad corta o escasa: *Solo te pido un poco de tiempo.* **3** ‖ **un poco.** Seguido de un adjetivo, indica que la cualidad expresada por este existe, pero en pequeña cantidad: *Está un poco chiflada, pero es buena persona.* □ MORF. 1. →APÉNDICE DE PRONOMBRES. 2. En la acepción 2, incorr. su uso como femenino: *{*una poca > un poco} de agua.*

podа s.f. **1** Eliminación de las ramas inútiles de un árbol o de otra planta para que se desarrolle con más fuerza: *Si la poda no se hace a su debido tiempo, se puede echar a perder la planta.* **2** Tiempo en que se realiza: *Durante la poda, las calles de mi barrio están llenas de ramas.*

podadera s.f. Herramienta parecida a unas grandes tijeras, que se usa para podar: *En la ferretería me vendieron una podadera para podar los rosales.*

podar v. Referido a una planta, quitarle las ramas inútiles para que se desarrolle con más fuerza: *Debes podar los rosales en invierno.*

podenco, ca adj./s. Referido a un perro, de la raza que se caracteriza por tener cabeza redonda, orejas tiesas, lomo recto, pelo medianamente corto, cola enroscada y patas largas y fuertes: *El perro podenco ibicenco es muy ágil para la caza por su vista, olfato y resistencia. Los podencos son poco ladradores y muy veloces.* 👁 **perro**

poder ▌s.m. **1** Capacidad o facultad para hacer algo: *Su poder de convicción era tal, que todos terminamos dándole la razón.* **2** Dominio, mando, influencia o autoridad para mandar: *Tener tanto poder te ha vuelto orgulloso. Estos territorios están bajo el poder real.* **3** Gobierno de un país: *Este presidente llegó al poder siendo muy joven.* **4** Cada uno de los tipos de funciones en que se divide el gobierno de un Estado: *Los tres poderes del Estado son el ejecutivo, el legislativo y el judicial.* **5** Fuerza, vigor o eficacia: *El poder de este detergente contra las manchas ha sido probado.* **6** Autorización legal que una persona o entidad da a otra para que la represente o actúe en su nombre: *Este abogado tiene poderes para decidir por su cliente.* **7** Posesión de algo: *Al morir el padre, la herencia pasó a poder de los hijos.* ▌v. **8** Referido a una acción, tener la capacidad, la facultad o la posibilidad de llevarla a cabo: *Soy libre y puedo hacer lo que quiera. Aunque me gustaría mucho hacer ese viaje, no puedo, porque no tengo dinero.* **9** Tener autorización o derecho: *-¿Puedo quedarme a ver la tele? -No, no puedes.* **10** Ser más fuerte que otro o ser capaz de vencerlo: *Cuando nos peleamos, mi hermano siempre me puede.* **11** Referido a un suceso, ser posible: *Puede que venga con nosotros. -¿Me acompañas el domingo? -Puede.* **12** ‖ **a más no poder** o **hasta más no poder.** Todo lo posible: *Anduvimos hasta más no poder.* ‖ **de poder a poder.** De igual a igual: *El asunto se discutió de poder a poder.* ‖ **en poder de** alguien. En su propiedad o bajo su dominio: *Estas obras de arte estuvieron en poder de la Corona durante generaciones. El botín cayó en poder de los secuestradores.* ‖ **no poder con** algo. **1** No ser capaz de dominarlo, hacerlo, sostenerlo o levantarlo: *Pesa tanto que no puedo con ello.* **2** Sentir aversión por algo o no aguantarlo: *Es un estúpido y no puedo con él.* ‖ **no poder más. 1** Estar muy cansado de hacer algo y considerar imposible continuar su ejecución: *Terminalo tú, porque yo ya no puedo más.* **2** Verse superado por algo: *No puedo más de frío.* ‖ **no poder menos que.** Ser incapaz de evitar algo o de dejar de hacerlo: *Al oír aquella tontería, no pude menos que contestarle como se merecía.* ‖ **poderes públicos.** Conjunto de autoridades que gobiernan un Estado: *Para el perfecto funcionamiento de un Estado es necesaria la total independencia de los poderes públicos.* ‖ **¿se puede?.** Expresión que se usa para pedir permiso de entrada en un lugar donde hay alguien: *Antes de entrar, debes llamar a la puerta y preguntar '¿Se puede?'.* □ MORF. 1. La acepción 6 se usa más en plural. 2. En la acepción 11, es verbo unipersonal y defectivo: se usa solo en tercera persona del singular y en las formas no personales (infinitivo, gerundio y participio). 3. Verbo irreg. →**PODER.** □ SINT. 1. *En poder de* se usa más con los verbos *estar* y *obrar.* 2. En las acepciones 8 y 9, cuando va seguido de infinitivo, funciona como verbo auxiliar de una perífrasis.

poderío s.m. **1** Poder, dominio o influencia grandes: *Las grandes potencias se caracterizan por su poderío militar y económico.* **2** Vigor o fuerza grandes: *El boxeador hizo gala de su poderío.*

poderoso, sa ▌adj. **1** Eficaz, capaz de lograr algo o excelente en su línea: *Me han recetado un poderoso remedio contra la tos.* ▌adj./s. **2** Que tiene poder, influencia o fuerza: *Tengo poderosos motivos para no volver a verte. Los poderosos son los que deciden por los débiles.* **3** Que es muy rico y posee muchos bienes: *Los países poderosos controlan la economía mundial. En una sociedad democrática, los humildes y los poderosos son iguales ante la ley.*

podio s.m. **1** Plataforma o tarima sobre la que se coloca a una persona para honrarla u homenajearla: *Los tres primeros clasificados subieron al podio a recibir sus medallas.* **2** En arquitectura, pedestal largo sobre el que descansan varias columnas: *Alrededor del templo había una serie de columnas sobre un podio de mármol.* □ ORTOGR. Se admite también *pódium.*

pódium s.m. →**podio.** □ MORF. Su plural es *pódiums.*

podología s.f. Rama de la medicina que tiene por objeto el tratamiento de las enfermedades y deformaciones de los pies, cuando estas no rebasan los límites de la cirugía menor: *Los callos y las durezas de los pies son competencia de la podología.*

podólogo, ga s. Médico especialista en podología: *Tengo cita con el podólogo para que me quite un uñero.* □ SEM. Dist. de *callista* y *pedicuro* (no son médicos).

podómetro s.m. Aparato que se usa para contar el número de pasos que da la persona que lo lleva y la distancia recorrida por esta: *Un podómetro suele tener forma de reloj de bolsillo.* 👁 **medida**

podredumbre s.f. **1** Putrefacción o descomposición de la materia: *La podredumbre de los cuerpos orgánicos produce mal olor.* **2** Lo que está podrido: *Quitó la podredumbre de la manzana y se comió lo que estaba sano.* **3** Corrupción moral: *Es inadmisible la podredumbre de estos políticos.*

podrido, da ▌**1** part. irreg. de **pudrir.** ▌adj. **2** Corrompido o dominado por la inmoralidad o el vicio: *Los han visto divirtiéndose en los ambientes más podridos de la ciudad.* **3** ‖ **estar podrido de** algo. *col.* Tenerlo en abundancia: *Aunque está podrido de dinero es un tacaño.*

podrir v. →**pudrir.** □ MORF. Se usa solo en infinitivo y en participio.

poema s.m. **1** Obra literaria perteneciente al género de la poesía, esp. si está escrita en verso: *El 'Cantar de Mio Cid' es un poema épico.* **2** *col.* Lo que resulta ridículo, dramático o extraño: *La cara del entrenador cuando iban perdiendo era todo un poema.* **3** ‖ **poema en prosa.** Obra en prosa, generalmente de corta extensión, y con un con-

a b c d e f g h i j k l m n ñ o p q r s t u v w x y z

tenido y características propios del género poético: *Juan Ramón Jiménez escribió hermosos poemas en prosa.* ‖ **poema sinfónico.** Composición musical de carácter orquestal, de grandes dimensiones y generalmente en un solo movimiento, y cuyo tema o desarrollo están sugeridos por una idea poética o por una obra literaria: *Tchaicovsky compuso un poema sinfónico titulado 'Hamlet'.*

poemario s.m. Conjunto o colección de poemas: *Los cancioneros medievales eran poemarios en los que se recopilaban obras de varios autores.*

poesía s.f. **1** Manifestación de la belleza o del sentimiento estético por medio de la palabra, en prosa o en verso: *Cada línea que escribe es pura poesía.* **2** Arte de componer obras que supongan una manifestación de este tipo: *En la Edad Media y en el Renacimiento, la poesía se practicaba como una actividad cortesana más.* **3** Cada uno de los géneros literarios a los que pertenecen las obras compuestas según este arte, esp. referido al género de las composiciones líricas: *Aunque escribió algunas novelas, se dedicó sobre todo a la poesía.* **4** Poema en verso, esp. si es de carácter lírico: *Algunos cantantes han puesto música a poesías de poetas famosos.* **5** Conjunto de características que producen un profundo sentimiento de belleza o de armonía: *La pintora trata de reproducir en su obra la poesía del paisaje.*

poeta s. Autor de versos o de obras poéticas, esp. si está dotado para ello: *Miguel Hernández fue un gran poeta.* □ MORF. Aunque es de género común y exige concordancia en masculino o en femenino para señalar la diferencia de sexo: *el poeta, la poeta*, se usa también el femenino *poetisa*.

poetastro s.m. Mal poeta: *No es más que un simple poetastro, pero presenta sus obras a todos los concursos.*

poético, ca ▌adj. **1** De la poesía, relacionado con ella, o con rasgos propios de este género literario: *He leído todas las novelas de este escritor, pero no conozco su obra poética.* **2** Apto o conveniente para este género literario: *Además de sus dotes como narradora, se aprecia en ella un gran talento poético.* **3** Que tiene o expresa la belleza, la fuerza estética u otras características propias de la poesía: *Sus cuadros reproducen paisajes poéticos e idílicos.* ▌s.f. **4** Ciencia o disciplina que se ocupa de la naturaleza, de los géneros y de los principios y procedimientos de la poesía, con especial atención al lenguaje literario: *Aristóteles y otros autores griegos y latinos sentaron las bases de la poética occidental.* **5** Conjunto de principios o de reglas a los que se atienen un género literario, una escuela o un autor: *La poética del Renacimiento es mucho más clasicista que la del Barroco.*

poetisa s.f. de **poeta**.

poetizar v. Dar carácter poético, o embellecer con el encanto o con los rasgos propios de la poesía: *Cuando nos vamos haciendo viejos, poetizamos los recuerdos de la juventud.* □ ORTOGR. La *z* se cambia en *c* delante de *e* →**CAZAR**.

pogromo (del ruso) s.m. Matanza y robo a gente indefensa, llevados a cabo por una multitud, esp. referido a los realizados contra los judíos: *A principios del siglo XX, los pogromos contra los judíos fueron numerosos en Rusia.*

pointer (anglicismo) adj./s. Referido a un perro, de la raza que se caracteriza por tener tamaño mediano, cabeza alargada, orejas caídas y pelo corto: *Tiene un perro pointer de manchas claras y oscuras. El pointer es un perro de caza que se para ante la presa y la apunta con la nariz.* □ PRON. [póinter]. □ MORF. Como adjetivo es invariable en género. 👁 **perro**

póker s.m. Juego de cartas en el que se reparten cinco a cada jugador, se hacen apuestas y gana el que reúne la combinación superior de las varias establecidas: *Al póker se juega con baraja francesa.* □ ORTOGR. Se admite también *póquer*.

polaco, ca ▌adj./s. **1** De Polonia (país centroeuropeo), o relacionado con ella: *Varsovia es la capital polaca. Los polacos han luchado por conseguir su independencia política.* ▌s.m. **2** Lengua eslava de Polonia: *El polaco es una lengua eslava del grupo occidental.* □ MORF. En la acepción 1, como sustantivo se refiere solo a las personas de Polonia.

polaina s.f. Prenda que cubre la pierna hasta la rodilla y generalmente se abotona o se abrocha por la parte de afuera: *El jinete llevaba botas y polainas de cuero.* 👁 **alpinismo**

polar adj. Del polo terrestre o relacionado con él: *El clima polar se caracteriza por un frío muy intenso.* □ MORF. Invariable en género.

polaridad s.f. **1** Propiedad de algunos cuerpos de orientarse en dirección norte-sur: *La polaridad de la aguja de una brújula permite que podamos orientarnos.* **2** En física, tendencia de una molécula o de un compuesto a ser atraídos o repelidos por cargas eléctricas debido al ordenamiento asimétrico de los átomos alrededor del núcleo: *La polaridad se produce con cargas eléctricas positivas o negativas.*

polarizar v. Referido esp. a la atención o al ánimo, concentrarlos en algo o atraerlos hacia ello: *El equipo polarizó sus esfuerzos en terminar el trabajo cuanto antes. La atención del público se polarizó hacia una pelea en las gradas.* □ ORTOGR. La *z* se cambia en *c* delante de *e* →**CAZAR**.

polca s.f. **1** Composición musical en compás binario y de ritmo rápido: *Los compositores checos Smetana y Dvorák incluyeron polcas en sus composiciones.* **2** Baile de parejas que se ejecuta al compás de esta música: *La polca fue muy popular por toda Europa en el siglo XIX.*

pólder s.m. Terreno pantanoso ganado al mar, rodeado de diques para evitar inundaciones: *El pólder es un tipo de terreno característico de los Países Bajos, que se suele dedicar al cultivo.*

polea s.f. **1** Rueda que gira alrededor de un eje y que tiene un canal o hundimiento en su perímetro por el que se hace pasar una cuerda, que sirve para disminuir el esfuerzo necesario para elevar un cuerpo; *garrucha*: *La polea del pozo chirría cuando tiro de la cuerda para subir el cubo con agua.* **2** Rueda metálica de llanta plana, que gira sobre su eje y se usa para transmitir el movimiento a través de una correa: *Se estropeó la polea del ventilador del coche y no se refrigera el motor.*

polémico, ca ▌adj. **1** Que suscita discusión o controversia: *Es una persona muy polémica porque tiene ideas demasiado innovadoras.* ▌s.f. **2** Discusión entre dos o más personas sobre cierta materia, esp. si se hace por escrito: *El ajuste de los presupuestos económicos levantó una fuerte polémica.*

polemizar v. Entablar o mantener una polémica: *El ministro no quiso polemizar con el representante sindical, y esquivó las preguntas comprometidas.* □ ORTOGR. La *z* se cambia en *c* delante de *e* →**CAZAR**.

polen s.m. Conjunto de granos diminutos que se producen en las anteras de una flor y que contienen las células sexuales masculinas: *Cada grano de polen tiene dos células reproductoras que fecundarán al óvulo.*

poleo s.m. **1** Planta herbácea de tallos con abundantes ramas y velludos, olor agradable, hojas pequeñas casi redondas y dentadas, flores azuladas o moradas, que se usa para preparar infusiones: *El poleo suele crecer en las orillas de los arroyos.* **2** Hojas secas de esta planta: *Pon agua a hervir y por cada taza echa una cucharadita de poleo.* **3** Infusión que se hace con estas hojas: *Me he tomado un poleo porque tengo el estómago un poco mal.*

poli s.f. *col.* →**policía.**

poli- Elemento compositivo que indica pluralidad o abundancia: *politeísmo, policlínica, polimorfo, polifonía, polígono.*

poliamida s.f. Sustancia natural o sintética formada por una reacción química, que se utiliza mucho como fibra o plástico: *El nailon es una poliamida.*

polichinela s.m. Personaje burlesco de teatro, procedente de la antigua comedia del arte italiana, que tiene la nariz arqueada y ganchuda, una joroba por delante y por detrás y va vestido con un traje abotonado y con un sombrero de dos puntas que caen a ambos lados de la cabeza: *A la fiesta de disfraces fui vestido de polichinela.*

policía ▮ s. **1** Miembro o agente del cuerpo de la Policía: *Varios policías nacionales se desplazaron al lugar del accidente.* ▮ s.f. **2** Cuerpo encargado de mantener el orden público y de cuidar de la seguridad de los ciudadanos, que está a las órdenes de las autoridades políticas: *Mi prima es agente de la Policía nacional.* **3** Conjunto de personas que pertenece a este cuerpo: *La policía llegó enseguida al banco y detuvo a los atracadores.* **4** ‖ **Policía militar.** En el Ejército, la que se encarga de vigilar a sus miembros: *Efectivos de la Policía militar detuvieron al desertor.* ‖ **Policía secreta.** La que realiza misiones de especial delicadeza e intenta pasar inadvertida: *Los miembros de la Policía secreta no llevan uniforme.* □ MORF. 1. En la lengua coloquial se usa mucho la forma abreviada *poli*. 2. En la acepción 1, es de género común y exige concordancia en masculino o en femenino para señalar la diferencia de sexo: *el policía, la policía*. □ SINT. En la acepción 1, se usa mucho en aposición, pospuesto a un sustantivo. □ USO En la acepción 2 se usa como nombre propio.

policíaco, ca o **policiaco, ca** adj. **1** De la policía o relacionado con ella; *policial: A pesar de la larga investigación policíaca no se dio con el culpable.* **2** Referido esp. a una novela o a una película, que tiene el argumento centrado en la investigación de policías o detectives: *Las películas policíacas suelen tener mucha acción y ser muy entretenidas.*

policial adj. De la policía o relacionado con ella; *policíaco: La investigación policial fue un éxito y detuvieron al asesino.* □ MORF. Invariable en género.

policlínica s.f. Centro médico, generalmente privado, en el que se prestan servicios de distintas especialidades: *Fue operado en la policlínica de una hernia discal.*

policromía s.f. Combinación o presencia de varios colores: *La policromía de las estatuas es característica de algunos estilos artísticos.*

polícromo, ma o **policromo, ma** adj. De varios colores: *Las imágenes de los tradicionales pasos de Semana Santa son polícromas.*

polideportivo, va adj./s.m. Referido esp. a un conjunto de instalaciones, que están destinadas a la práctica de varios deportes: *Ese pabellón polideportivo tiene piscina, campo de baloncesto, pistas de atletismo y frontón. Jugaremos el partido en el polideportivo municipal.*

poliedro s.m. Cuerpo geométrico limitado por superficies planas: *El hexaedro es un poliedro de seis caras.*

poliéster s.m. Resina plástica obtenida por una reacción química, que se endurece a la temperatura ordinaria, es muy resistente a la humedad, a los productos químicos y a las fuerzas mecánicas, y se emplea fundamentalmente para la fabricación de fibras artificiales: *El cubrimiento del tejado tiene poliéster para facilitar su aislamiento.* □ USO Es innecesario el uso del anglicismo *polyester*.

polifacético, ca adj. Referido a una persona, que realiza actividades muy diversas o que tiene múltiples capacidades: *Esa actriz tan polifacética igual interpreta comedias que dramas.*

polifásico, ca adj. Referido a una corriente eléctrica alterna, que está constituida por varias corrientes independientes y de igual frecuencia, pero desplazada cada una de ellas respecto a las demás en su período: *Algunas corrientes polifásicas pueden conducirse a grandes distancias a través de tendidos eléctricos con varios conductores.*

polifonía s.f. Música que combina varios sonidos simultáneos que forman un todo armónico: *El contrapunto se desarrolló ampliamente en la polifonía vocal del siglo XVI.*

polifónico, ca adj. De la polifonía o relacionado con esta música: *Me gusta mucho la música polifónica de Bach y sus contemporáneos.*

poligamia s.f. **1** Estado o situación del hombre que tiene varias esposas: *Está celosa porque su novio dijo que envidiaba la poligamia de los hombres musulmanes.* **2** Régimen familiar que permite tener varias esposas a la vez: *En el catolicismo la poligamia no se permite.*

polígamo, ma ▮ adj. **1** De la poligamia o relacionado con ella: *En el cristianismo no se permiten matrimonios polígamos.* **2** Referido a un animal macho, que se aparea con varias hembras: *Los ciervos son polígamos.* **3** Referido a una planta, que tiene en uno o más pies, flores masculinas, femeninas y hermafroditas: *El fresno es un árbol polígamo.* ▮ adj./s.m. **4** Referido a hombre, que tiene más de una esposa al mismo tiempo: *Cuando descubrió que su marido era polígamo, lo denunció. En sociedades y tribus primitivas son frecuentes los polígamos.*

políglota, o **poliglota** ▮ adj. **1** Escrito en varias lenguas: *Es una magnífica obra políglota, con contenidos en español, inglés y japonés.* ▮ adj./s. **2** Referido a una persona, que conoce varias lenguas: *Tengo un profesor políglota que da clases de inglés, alemán y ruso. Para trabajar como guía turística debes ser una políglota.* □ MORF. 1. Como adjetivo, aunque es invariable en género, también se usa con género variable: *poligloto/polígloto, poliglota/políglota*. 2. Como sustantivo, aunque es de género común y exige concordancia en masculino o en femenino para señalar la diferencia de sexo: *el {poliglota/políglota}, la {poliglota/políglota}*, también se usa con género variable: *el {poligloto/polígloto}, la {poliglota/políglota}*.

polígloto, ta o **poligloto, ta** adj./s. →**políglota.**

polígono s.m. **1** Figura geométrica plana limitada por tres o más líneas rectas que se cortan en vértices: *Un triángulo es un polígono de tres lados.* **2** Sector urbanístico constituido por una superficie de terreno destinada a un fin concreto, generalmente industrial, comercial o residencial: *Las fábricas están en el polígono industrial que hay a las afueras.* **3** ‖ **polígono de tiro.** Terreno o campo de instrucción utilizado por el ejército para hacer estudios y prácticas de artillería: *El polígono de tiro debe estar alejado de la ciudad para evitar posibles accidentes.*

polilla s.f. **1** Mariposa, generalmente nocturna, de pequeño tamaño y color grisáceo, cuya larva es dañina: *Alrededor de la bombilla revoloteaban algunas polillas.* 👁 **insecto** **2** Larva de esta mariposa: *Pon alcanfor en el armario para acabar con las polillas.*

polimorfo, fa adj. Que puede tener varias formas: *El agua es una sustancia polimorfa porque puede presentarse en forma líquida, sólida o gaseosa.*

polinización s.f. Proceso mediante el cual un grano de polen se sitúa en el pistilo de una flor, donde germinará: *Si no hay polinización, no hay fecundación.*

polinizar v. Referido a una flor, efectuar su polinización: *El viento y los insectos polinizan las flores.* □ ORTOGR. La *z* se cambia en *c* delante de *e* →**CAZAR**.

polinomio s.m. Expresión matemática compuesta por dos o más términos algebraicos unidos por el signo de la suma o por el de la resta: *'2x + 3y - 5' es un polinomio.*

polio s.f. *col.* →**poliomielitis.**

poliomielítico, ca adj./s. Que padece o ha padecido poliomielitis: *El campeón de ajedrez es un joven poliomielítico que va en silla de ruedas. Mi profesora es una poliomielítica y lleva una vida absolutamente normal.*

poliomielitis s.f. Enfermedad producida por un virus que daña la médula espinal y provoca la atrofia o la parálisis de algunos miembros, generalmente de las piernas: *Todos los niños deben vacunarse contra la poliomielitis.* □ MORF. En la lengua coloquial se usa mucho la forma abreviada *polio*.

pólipo s.m. **1** Tumor que se forma y crece en las membranas mucosas de diferentes cavidades, principalmente de la nariz, del tubo digestivo, de la vagina o de la matriz, y que se sujeta a ellas por medio de un pedúnculo: *Será necesaria una operación quirúrgica para extraerle un pólipo uterino.* **2** Animal marino celentéreo, en una fase de su ciclo biológico en la que tiene el cuerpo en forma de saco con una abertura rodeada de tentáculos y vive sujeto al fondo del mar o a las rocas por un pedúnculo: *Los pólipos se presentan a veces como tipo único, como en las anémonas de mar, o en alternancia con la fase de medusa.*

polis s.f. En la antigua Grecia, comunidad política constituida por una ciudad que se administraba a sí misma: *La polis tenía leyes, ejército y dioses propios.* □ MORF. Invariable en número.

polisemia s.f. En lingüística, pluralidad de significados en una misma palabra: *La polisemia de 'operación' es clara porque puede referirse a una operación quirúrgica, bancaria o matemática.* □ SEM. Dist. de *homonimia* (identidad ortográfica y de pronunciación entre palabras con distinto significado y distinto origen) y de *sinonimia* (coincidencia de significado en varias palabras).

polisémico, ca adj. Referido a una palabra, que tiene varios significados: *'Banco' es una palabra polisémica porque puede significar un tipo de asiento, un establecimiento financiero o un conjunto de peces.*

polisílabo, ba adj./s.m. Referido a una palabra, que tiene varias sílabas: *'Ortografía' es una palabra polisílaba porque tiene cinco sílabas. 'Mano', 'patata' y 'pedúnculo' son tres polisílabos.*

polisíndeton s.m. Figura retórica o procedimiento del lenguaje consistente en el empleo reiterado de conjunciones que no son estrictamente necesarias, pero que aportan fuerza expresiva: *En la oración 'Cogió el morral y la zamarra y la gorra y la escopeta', hay polisíndeton.* □ MORF. Invariable en número. □ SEM. Dist. de *asíndeton* (omisión de las conjunciones).

polisón s.m. Prenda que llevaban las mujeres bajo la falda para abultarla por detrás: *En esa película ambientada en el siglo XVIII todas las damas llevan polisón.*

politécnico, ca adj. Referido esp. a un centro de enseñanza, que abarca muchas ciencias, técnicas o campos del saber: *Estudia ingeniería de telecomunicación en la Universidad Politécnica de su ciudad.*

politeísmo s.m. Creencia o concepción religiosa que admite la existencia de muchos dioses: *Las antiguas religiones de Grecia y Roma se caracterizaban por su politeísmo.*

politeísta ▮ adj. **1** Del politeísmo o relacionado con esta concepción religiosa: *El cristianismo no es una religión politeísta.* ▮ adj./s. **2** Que tiene como concepción religiosa el politeísmo: *Los antiguos egipcios eran politeístas. Los politeístas adoran a varios dioses.* □ MORF. 1. Como adjetivo es invariable en género. 2. Como sustantivo es de género común y exige concordancia en masculino o en femenino para señalar la diferencia de sexo: *el politeísta, la politeísta*.

político, ca ▮ adj. **1** De la política o relacionado con esta doctrina o actividad: *En un mapa político de África puedes ver la distribución de sus países.* **2** Referido a un parentesco, que no se tiene por consanguinidad sino que se ha adquirido por los lazos conyugales: *La madre política es la suegra y el hermano político, el cuñado.* ▮ adj./s. **3** Referido a una persona, que se dedica a la política, esp. si esta es su profesión: *Son políticos, y saben cómo comportarse en época de elecciones. Ese alcalde es un buen político.* ▮ s.f. **4** Ciencia, doctrina u opinión referente al gobierno y a la organización de las sociedades humanas, esp. de los Estados: *Siempre habla de política y termina discutiendo con todos.* **5** Actividad de los que gobiernan o aspiran a gobernar los asuntos públicos: *Anunció que dejará la política si su partido no sale elegido.* **6** Conjunto de orientaciones o directrices que rigen la actuación de una persona o de una entidad en un asunto o en un campo determinados: *La dirección de la empresa lleva a cabo una política de expansión.*

politizar v. Dar o adquirir orientación o contenido políticos: *Sus declaraciones han servido para politizar la elección de reina de las fiestas. La romería se politizó al ser organizada por el Ayuntamiento.* □ ORTOGR. La *z* se cambia en *c* delante de *e* →**CAZAR**.

poliuretano s.m. Sustancia sintética que suele utilizarse para fabricar, cauchos, plásticos o fibras: *La espuma de poliuretano se emplea para hacer colchones y para rellenar almohadas o cojines.*

polivalente adj. Referido a un elemento químico, que tiene varias valencias: *El carbono es polivalente.* □ MORF. Invariable en género.

polivinilo s.m. Material sintético que se usa como sustituto del caucho: *Muchos revestimientos o envolturas aislantes son de polivinilo.*

póliza s.f. **1** Documento acreditativo de un contrato o de una operación financiera, en el que se recogen las condiciones o cláusulas de los mismos: *Siempre llevo en el coche la póliza del seguro de accidentes.* **2** Sello de papel necesario en algunos documentos oficiales, y que se exi-

a b c d e f g h i j k l m n ñ o p q r s t u v w x y z

gía a modo de impuesto: *Ya no es necesario poner pólizas en las instancias dirigidas a una autoridad.*

polizón, -a s. Persona que embarca clandestinamente o a escondidas: *El capitán obligó a desembarcar al polizón cuando lo descubrió.* □ SEM. Dist. de *polizonte* (agente de Policía).

polizonte s.m. *col.* Agente de Policía: *Los cacos salieron a toda pastilla cuando vieron llegar a los polizontes.* □ SEM. Dist. de *polizón* (persona que embarca clandestinamente). □ USO Tiene un matiz humorístico.

polla s.f. **1** Gallina joven que todavía no pone huevos o que ha empezado a ponerlos: *Los huevos de polla son más pequeños que los de las gallinas adultas.* **2** *vulg.malson.* →**pene.**

pollada s.f. Conjunto de crías nacidas de una misma puesta de huevos: *La perdiz ha tenido una pollada de seis perdigones.*

pollastre s.m. *col.* Joven que presume de hombre: *Ese pollastre de catorce años iba provocando pelea.*

pollería s.f. Establecimiento en el que se venden huevos y aves de corral: *Ve a la pollería y compra una docena de huevos y un pollo.*

pollero, ra s. Persona que se dedica a la crianza o a la venta de pollos: *Fui al pollero a comprar dos pechugas de pollo.*

pollino, na ▮ adj./s. **1** Referido a una persona, que es simple, ignorante o ruda: *No seas pollina y piensa un poco, mujer. Si no quieres ser un pollino, estudia.* ▮ s. **2** Mamífero cuadrúpedo, doméstico, más pequeño que el caballo, con largas orejas, pelo áspero y normalmente grisáceo, y que se suele emplear como montura o como animal de carga o de tiro; *asno: Los pollinos son unos animales muy tercos.*

pollo s.m. **1** Cría de un ave, esp. de una gallina: *Los pollos piaban en el nido esperando la comida.* **2** Gallo o gallina jóvenes destinados al consumo: *Ve a la pollería y compra un pollo.* **3** *col.* Muchacho joven: *Has crecido tanto que ya estás hecho un pollo.* □ ORTOGR. Dist. de *poyo.* □ MORF. En la acepción 3, se usa mucho el diminutivo *pollito.*

polo s.m. **1** En una esfera o en un cuerpo redondeado, cualquiera de los dos extremos del eje de rotación, esp. referido a los extremos de la Tierra: *Los meridianos pasan por los polos.* **2** En la Tierra, región inmediata a cada uno de estos extremos: *La Tierra tiene dos polos, el norte, también llamado 'boreal' o 'ártico', y el sur, también llamado 'antártico' o 'austral'.* 👁 **globo** **3** En electricidad, cada uno de los extremos del circuito de una pila o de ciertas máquinas eléctricas: *Las baterías de los coches tienen dos polos: uno positivo y otro negativo.* **4** En física, cualquiera de los dos puntos opuestos de un cuerpo, en los cuales se acumula en mayor cantidad la energía de un agente físico: *En los imanes, los polos opuestos se atraen.* **5** Punto de convergencia, esp. si es centro de atención o de interés: *El nuevo centro cultural es un polo de atracción para los jóvenes.* **6** Helado alargado que se chupa cogiéndolo de un palillo hincado en su base (por extensión del nombre de la marca comercial *Polo®*): *Me compré un polo de limón a la salida de clase.* **7** Prenda de vestir deportiva que cubre el cuerpo desde el cuello hasta más abajo de la cintura, con cuello camisero y abotonada por delante hasta la altura del pecho: *Llevaba un pantalón vaquero y un polo de color blanco.* **8** Deporte que se juega sobre un campo de hierba entre dos equipos de cuatro jinetes y en el que estos intentan introducir una pelota de madera entre dos postes situados en el campo del rival, con ayuda de un mazo de madera que se maneja con una sola mano: *Un partido de polo consta de siete tiempos de ocho minutos cada uno.* **9** ‖ **polo magnético.** Cada uno de los dos puntos del globo terrestre situados en las regiones polares, hacia los que se dirige naturalmente la aguja de una brújula: *Los extremos de la brújula apuntan siempre hacia los polos magnéticos.*

pololo s.m. **1** Pantalón corto y generalmente bombacho, que usan los niños: *Estaba muy simpático con sus pololos amarillos.* **2** Prenda de ropa interior femenina en forma de pantalones bombachos cortos, que se ponía debajo de la falda y de la enagua: *El traje regional de mi pueblo es con pololos blancos.* □ MORF. En plural tiene el mismo significado que en singular.

polonesa s.f. **1** Composición musical inspirada en un tipo de danza tradicional polaca y que se caracteriza por enlazar las dos primeras notas de cada compás: *Son muy conocidas las polonesas de Chopin.* **2** Baile de origen polaco que se ejecuta al compás de esta música y que tiene movimiento moderado y ritmo acentuado: *En los salones aristocráticos del siglo XIX se bailaban mazurcas y polonesas.*

polonio s.m. Elemento químico, semimetálico y sólido, de número atómico 84, color plateado, muy radiactivo y que se utiliza como fuente de neutrones y partículas alfa: *El polonio fue descubierto a finales del siglo XIX por los esposos Curie.* □ ORTOGR. Su símbolo químico es *Po.*

poltrón, -a ▮ adj. **1** Perezoso, haragán o excesivamente comodón: *No seas poltrón y ayúdame a terminar esto.* ▮ s.f. **2** Butaca amplia y cómoda, con brazos, y más baja de lo normal: *Se pasa todo el día en la poltrona, sin dar un palo al agua.*

poltrona s.f. Véase **poltrón, -a.**

poltronería s.f. Pereza, vaguería o aversión al trabajo: *Tu poltronería te está haciendo engordar, porque comes mucho y no haces ningún ejercicio.*

polución s.f. **1** Contaminación o deterioro del medio ambiente, esp. del aire o del agua, a causa de la acción de residuos de procesos industriales o biológicos: *Si no evitamos la polución, la Tierra acabará destruida.* **2** Expulsión de semen: *Los sueños eróticos producen poluciones nocturnas.*

polucionar v. Referido al medio ambiente, contaminarlo o dañarlo con residuos de procesos industriales o biológicos: *El humo y los residuos químicos expulsados por las fábricas polucionan la atmósfera.*

polvareda s.f. **1** Cantidad de polvo que se levanta de la tierra, agitado por el viento o por otra causa: *Al jugar con el balón, los niños levantaban una gran polvareda.* **2** Escándalo o agitación en la opinión pública: *La famosa actriz armó gran polvareda anunciando su quinto matrimonio.* □ ORTOGR. Incorr. [*polvoreda].

polvera s.f. Caja o estuche que contiene unos polvos que se usan como maquillaje y la almohadilla con la que estos suelen aplicarse; *polvorera: Siempre llevo en el bolso una polvera de nácar.*

polvo ▮ s.m. **1** Conjunto de partículas muy pequeñas de tierra seca que se levantan en el aire con cualquier movimiento: *Nos metimos por un camino sin asfaltar y el coche se llenó de polvo.* 👁 **nube** **2** Conjunto de partículas sólidas y minúsculas que flotan en el aire y se posan sobre los objetos: *Utilizo el plumero para limpiar el polvo.* **3** Conjunto de partículas sólidas y minúsculas a que queda reducida una sustancia: *El pastel tiene cacao en polvo.* 👁 **medicamento** **4** *vulg.malson.* →**coito.** ▮ pl. **5** Producto cosmético que se utiliza como maquillaje: *Me he dado polvos en la cara para disimular lo pálida que estoy.* **6** ‖ **hacer polvo.** *col.* Destrozar o dejar en muy malas condiciones: *Esos zapatos me hacen polvo los pies.* ‖ **morder el polvo.** Ser humillado o vencido: *Haré que muerdas el polvo y que te tragues tus ofensas.* ‖ **sacudir el polvo** a alguien. *col.* Darle golpes: *Como no obedezcas, te voy a sacudir el polvo.*

pólvora s.f. Mezcla explosiva que, a cierto grado de calor, se inflama y desprende gran cantidad de gases: *La pólvora es muy utilizada en la fabricación de fuegos artificiales.*

polvorera s.f. →**polvera.**

polvoriento, ta adj. Lleno o cubierto de polvo: *Bajó del desván un polvoriento baúl en el que guardaba las fotos antiguas.*

polvorilla s. *col.* Persona muy inquieta, impulsiva y vivaz: *Esa polvorilla no puede estarse quieta un momento.* ☐ MORF. Es de género común y exige concordancia en masculino o en femenino para señalar la diferencia de sexo: *el polvorilla, la polvorilla.*

polvorín s.m. **1** Lugar destinado a guardar la pólvora y otros explosivos: *El polvorín del cuartel siempre está vigilado.* **2** Mezcla de explosivos triturados que se usan para cargar las armas de fuego: *El golpe del percutor de la pistola hace estallar el polvorín.* **3** *col.* Lugar con una situación conflictiva y a punto de estallar: *Desde que se oyó el rumor de los despidos, la oficina es un polvorín.*

polvorón s.m. Dulce elaborado con manteca, harina y azúcar, generalmente de forma redondeada, que se deshace fácilmente al comerlo: *Los polvorones son un postre típicamente navideño.*

polyester s.m. →**poliéster.** ☐ PRON. [poliéster]. ☐ USO Es un anglicismo innecesario.

pomada s.f. Mezcla de una sustancia grasa y otros ingredientes que se usa generalmente como cosmético o como medicamento de uso externo: *Me han recetado una pomada para los granos.* 👁 **medicamento**

pomelo s.m. Fruto redondeado, parecido a una naranja pero un poco más aplanado y de color amarillo: *El pomelo tiene un sabor ligeramente amargo.*

pomo s.m. **1** En una puerta, un cajón o algo semejante, agarrador o tirador de forma más o menos esférica: *Para abrir la puerta tienes que girar el pomo.* **2** En una espada, parte que está entre el puño y la hoja y que sirve para mantenerlos firmemente unidos: *El torero clavó la espada hasta el pomo.*

pompa s.f. **1** Gran despliegue de medios en una celebración: *La inauguración del nuevo edificio estuvo rodeada de una gran pompa.* **2** Grandeza, vanidad o lujo extraordinario: *Vive con mucha pompa en un antiguo palacete.* **3** Ampolla llena de aire que se forma en un líquido o en otra sustancia: *Lo echaron de clase por hacer pompas con el chicle.* **4** ‖ **pompas fúnebres.** Ceremonias en honor de un difunto: *La funeraria se encargó de organizar las pompas fúnebres.*

pompi s.m. *euf. col.* →**pompis.**

pompis s.m. *euf. col.* Culo: *Esos pantalones no te sientan bien, porque te marcan mucho el pompis.* ☐ MORF. Invariable en número. ☐ ORTOGR. Se admite también *pompi.*

pompón s.m. Bola de hebras de lana, de cintas o de otros materiales, que generalmente se utiliza como adorno: *Tengo un gorro de lana que termina en un pompón rojo.* 👁 **pasamanería; sombrero**

pomposidad s.f. **1** Grandiosidad u ostentación excesivas: *La pomposidad del acto se debió a la presencia del ministro extranjero.* **2** Abundancia de adornos excesivos y rebuscados: *La pomposidad de su lenguaje hace que resulte pedante.*

pomposo, sa adj. **1** Ostentoso, magnífico o lujoso: *La ceremonia de inauguración fue muy pomposa.* **2** Referido esp. al lenguaje, que es excesivamente retórico o adornado: *La lectura se me hizo pesada, porque el libro está escrito con un estilo demasiado pomposo.*

pómulo s.m. **1** Hueso que forma la parte saliente de las mejillas; *hueso malar: Lo llevaron al hospital porque se dio un golpe en la cara y se rompió el pómulo derecho.* 👁 **cráneo** **2** Parte de la cara que corresponde a este hueso: *La herida que me hice en el pómulo vuelve a sangrar.*

ponche s.m. Bebida alcohólica que se hace mezclando un licor, generalmente ron, con agua, limón y azúcar, o con té: *En la fiesta de fin de año bebimos una enorme cantidad de ponche.*

poncho s.m. Prenda de abrigo que consiste en una manta con una abertura en el centro por la que se introduce la cabeza, y que cubre hasta más abajo de la cintura: *Los ponchos suelen ser de lana.*

ponderación s.f. **1** Atención, consideración o cuidado con los que se hace o se dice algo: *La ponderación de sus palabras evitó que los nervios se crisparan.* **2** Elogio desmedido o alabanza exagerada: *La ponderación con que habla de ti deja ver lo mucho que te aprecia.*

ponderado, da adj. Referido a una persona, que actúa con tacto y con prudencia: *Debes ser más ponderado y no hacer locuras.*

ponderar v. **1** Examinar o sopesar con cuidado: *Antes de aceptar, tengo que ponderar bien las ventajas y los inconvenientes.* **2** Exagerar o alabar mucho: *Siempre pondera la amabilidad con que lo tratamos.*

ponedero s.m. Lugar en el que pone los huevos un ave doméstica; *nidal, nido: Voy al corral a recoger los huevos de los ponederos.*

ponedor, -a adj. Referido a un ave, esp. a una gallina, que pone huevos o que ha sido destinada a ese fin: *Tiene una granja de gallinas ponedoras.*

ponencia s.f. Comunicación o exposición de un tema ante un grupo de personas: *La ponencia del investigador fue muy aplaudida en el congreso.*

ponente adj./s. Referido a una persona, que presenta una ponencia: *El diputado ponente expuso el proyecto de ley ante el electorado. Asistí a una conferencia en la que participaron ponentes de renombre.* ☐ MORF. 1. Como adjetivo es invariable en género. 2. Como sustantivo es de género común y exige concordancia en masculino o en femenino para señalar la diferencia de sexo: *el ponente, la ponente.*

poner ▮ v. **1** Colocar o situar en un lugar o en una situación determinados, o disponer en la forma o en el grado adecuados: *Pon los libros en la estantería. Este invierno el termómetro ha llegado a ponerse a quince grados bajo cero.* **2** Introducir, incluir o añadir: *Pon un poco de vinagre a la ensalada.* **3** Disponer o preparar con lo necesario para algún fin: *Pon la mesa, que ya vamos a comer.* **4** Suponer o dar por sentado: *Pongamos que no voy, ¿pasaría algo?* **5** Vestir o cubrir el cuerpo o una parte de él con una prenda: *No tengo ropa limpia para poner al niño. Se puso el* *sombrero y se fue.* **6** Establecer, instalar o montar: *Ha puesto una tienda de electrodomésticos.* **7** Adoptar o empezar a tener: *Cuando le dieron la noticia puso cara de sorpresa.* **8** Exponer a la acción de un agente determinado: *Ponlo al aire, para que se seque antes.* **9** Decir, expresar o expresarse: *En ese cartel pone que está prohibido pisar el césped.* **10** Escribir o anotar: *¿Qué estás poniendo en la pizarra?* **11** Referido a un ave, producir y depositar huevos: *La paloma ha puesto dos huevos.* **12** Referido a un asunto, dejarlo a la determinación o a la decisión de otra persona: *He puesto mis esperanzas en mi abogado, y espero que gane el pleito.* **13** Referido esp. a un aparato eléctrico, hacer lo necesario para que funcione: *Voy a poner la televisión para ver una película muy buena.* **14** Referido esp. a un nombre o a un mote, darlos o aplicarlos: *Entre varios amigos le pusieron 'El Largo'.* **15** *col.* Referido a una obra de teatro o a una película, representarla o proyectarla: *¿Qué ponen hoy por la tele?* **16** Referido a una sustancia, untarla, darla o aplicarla: *Ponte esta pomada en la quemadura para que no te duela.* **17** Referido esp. a una facultad o a una cualidad, utilizarlas o aplicarlas para conseguir un fin determinado: *Puso todo su empeño en aprobar todo en junio.* **18** En el juego, referido a una cantidad de dinero, arriesgarla o apostarla: *Cuando juego a la ruleta siempre pongo un par de fichas al siete.* **19** Referido a una persona, dedicarla a un oficio o empeño: *Como su hijo no quería estudiar lo ha puesto a trabajar. Se ha puesto de dependiente en unos grandes almacenes.* **20** Referido a una obligación, imponerla o señalarla: *Hoy no nos han puesto deberes.* **21** Referido a una forma de comunicación, esp. a una conferencia o a un telegrama, establecerlos, mandarlos o llevarlos a cabo: *Tengo que poner un telegrama para que venga rápidamente.* **22** Seguido de 'por' o 'como' y de un sustantivo, utilizar a alguien como lo que este sustantivo indica: *Me puso por testigo para asegurar que no había salido de casa.* **23** Seguido de *por* o *como* y de un sustantivo, tratar a alguien como lo que este sustantivo indica: *Cuando me enteré de que me había engañado, lo puse de mentiroso delante de nuestros amigos.* **24** Seguido de una expresión que indica cualidad, hacer adquirir esa condición o ese estado: *Me pones nervioso con tanta pregunta.* ▮ prnl. **25** Llegar a un lugar: *Me puse en el pueblo en una hora.* **26** *col.* Decir: *Y se puso: «Ven conmigo inmediatamente».* **27** Referido a un astro, ocultarse en el horizonte: *El sol se pone por el oeste.* **28** ‖ **poner {bien/mal}** algo. *col.* Hablar bien o mal de ello, respectivamente: *El profesor te puso muy bien delante de toda la clase.* ‖ **ponerse a** hacer algo. Empezar a hacerlo: *Estaba tan contenta que me puse a cantar.* ‖ **ponerse con** algo. Comenzar a hacerlo o ponerse a ello: *Cuando termine de planchar me pondré con la comida de hoy.* □ MORF. Irreg.: 1. Su participio es *puesto*. 2. →**PONER**. □ SINT. En la acepción 26, siempre introduce el estilo directo y nunca el indirecto: incorr. **Se puso que fuera con él.* □ USO El empleo abusivo de este verbo como palabra comodín, indica pobreza de lenguaje.

póney s.m. →**poni.** □ ORTOGR. Es un anglicismo (*poney*) semiadaptado al español. □ MORF. 1. Es un sustantivo epiceno y la diferencia de sexo se señala mediante la oposición *el póney {macho/hembra}*. 2. Su plural es *poneis*.

poni s.m. Caballo de una raza que se caracteriza por su poca alzada y por su fortaleza: *Llevó a su hijo a la feria para que montara en un poni.* □ ORTOGR. Se admite también *póney*. □ MORF. 1. Es un sustantivo epiceno y la diferencia de sexo se señala mediante la oposición *el poni {macho/hembra}*. 2. Su plural es *ponis*. □ USO Es innecesario el uso del anglicismo *pony*.

poniente s.m. Oeste: *El sol se oculta por poniente. Se aproxima un poniente acompañado de lluvias.* □ SINT. Se usa mucho en aposición, pospuesto a un sustantivo: *Nos sorprendió un fuerte viento poniente.*

pontevedrés, -a adj./s. De Pontevedra o relacionado con esta provincia española o con su capital: *La ría de Vigo y la de Arosa se encuentran en el litoral pontevedrés. Los pontevedreses han desarrollado una importante industria conservera.* □ MORF. Como sustantivo se refiere solo a las personas de Pontevedra.

pontificado s.m. **1** En la Iglesia católica, cargo de pontífice: *El obispo de Roma tiene el pontificado supremo.* **2** Tiempo durante el que un pontífice ejerce su cargo: *El Concilio Vaticano II se inició durante el pontificado del papa Juan XXIII.*

pontificar v. *col.* Exponer opiniones con tono dogmático como si fueran verdades innegables: *Es un presuntuoso y, en vez de hablar, pontifica.* □ ORTOGR. La *c* se cambia en *qu* delante de *e* →**SACAR**.

pontífice s.m. Obispo o arzobispo de una diócesis: *El papa recibe también los nombres de 'sumo pontífice' y 'romano pontífice'.*

pontificio, cia adj. Del pontífice o relacionado con él: *La encíclica es un documento pontificio.*

pony s.m. →**poni.** □ USO Es un anglicismo innecesario.

ponzoña s.f. **1** Sustancia nociva para la salud o para la vida: *Al morderlo, la víbora le inoculó su ponzoña.* **2** Lo que resulta perjudicial para las buenas costumbres: *Sus nuevas teorías fueron tachadas de ponzoña por los más conservadores.*

ponzoñoso, sa adj. Que tiene ponzoña: *Su discurso estuvo plagado de frases ponzoñosas y malintencionadas.*

pop (anglicismo) ▮ adj. **1** Del pop o relacionado con este estilo musical: *Están promocionando a un nuevo cantante pop.* ▮ s.m. **2** Género musical derivado de los estilos musicales negros y de la música folclórica británica: *El pop es un tipo de música ligera.* □ MORF. 1. Como adjetivo es invariable en género. 2. Su plural es *pops*.

popa s.f. Parte posterior de una embarcación: *Al zarpar, vimos desde la popa cómo nos alejábamos del puerto.* 👁 **embarcación**

pope s.m. **1** Sacerdote de las Iglesias ortodoxas: *La boda rusa a la que asistí estuvo oficiada por un pope de largas barbas.* **2** Persona con mucho poder e influencia: *La lista electoral fue elaborada por los popes del partido.*

popelín s.m. Tela delgada de algodón o de seda, que tiene un poco de brillo; *popelina: El popelín se usa mucho para confeccionar camisas.*

popelina s.f. →**popelín.**

populachero, ra adj. *desp.* Del populacho o relacionado con él: *Dice que tiene gustos populacheros porque disfruta con las fiestas de barrio.*

populacho s.m. *desp.* Gente vulgar o de baja categoría social, esp. si está alborotada: *El populacho se echó a la calle para protestar contra las autoridades.*

popular adj. **1** Del pueblo o relacionado con él: *La poesía popular se transmite de forma oral a través de los siglos.* **2** Que está al alcance de la gente con pocos medios económicos: *La función de la tarde tendrá precios populares.* **3** Que es conocido o estimado por la mayoría de la gente: *Este cantante es muy popular y siempre llena las salas en las que actúa.* □ MORF. Invariable en género.

a b c d e f g h i j k l m n ñ o **p** q r s t u v w x y z

popularidad s.f. Aceptación o fama entre un número mayoritario de personas: *La popularidad de esa actriz ha aumentado desde que sale en televisión.*

popularización s.f. Conversión de algo en popular: *La popularización de esta novelista fue inmediata a raíz de la publicación de su obra.*

popularizar v. Hacer popular: *Quieren popularizar el precio del cine para que la gente acuda a las salas. Este actor se popularizó con una película de mucho escándalo.* ☐ ORTOGR. La *z* se cambia en *c* delante de *e* →CAZAR.

populoso, sa adj. Referido a un lugar, que está muy poblado: *Tokio es una ciudad muy populosa.*

popurrí s.m. **1** Composición musical formada por fragmentos de otras: *El cantante interpretó un popurrí de todos sus éxitos.* **2** *col.* Mezcla de cosas distintas: *En tu cabeza hay un popurrí de ideas y no tienes nada claro.* ☐ PRON. Incorr. *[pupúrri]. ☐ MORF. Su plural es *popurrís*.

poquedad s.f. **1** Timidez o falta de decisión: *Su poquedad le impide hablar con soltura delante de desconocidos.* **2** Lo que tiene poco valor o poca entidad: *No debes molestarte por esta poquedad.*

póquer s.m. →**póker.**

por ▮ s.m. **1** En matemáticas, signo gráfico formado por una pequeña cruz en forma de aspa que se coloca entre dos cantidades para indicar multiplicación: *Has hecho un por tan grande que casi tachas los números.* ▮ prep. **2** Indica paso o tránsito a través de algo, esp. de un lugar: *El tren pasa por mi pueblo. Mete la cuerda por este agujero.* **3** Indica lugar o tiempo aproximados: *Nos veremos por Navidad.* **4** Indica una parte o un lugar concretos: *La taza se coge por el asa.* **5** Indica el medio o instrumento con el que se realiza algo: *Está hablando por teléfono.* **6** Indica el modo de realizar algo: *Nos pillaron por sorpresa.* **7** Indica motivo o causa: *¿Por qué has hecho esto? No lo hice por que vinieras, sino por que te callaras.* **8** Indica finalidad: *Me voy por no verla.* **9** Indica que una cantidad se reparte de manera igualitaria: *Tocamos a seis euros por persona.* **10** Indica proporción: *Me hacen un descuento del tres por ciento.* **11** Indica una comparación: *Médico por médico, prefiero el mío.* **12** Indica separación de los elementos que forman una serie: *Os contaré mis secretos uno por uno.* **13** Introduce un complemento agente: *Fue recibido por el director general.* **14** A favor de o en defensa de: *Estoy por la paz y no por la guerra.* **15** En lo que se refiere a algo: *Por mí, ya puedes irte.* **16** En calidad de o en condición de: *Te quiero por amigo, no por esclavo.* **17** A cambio de o en sustitución de: *Ve tú por mí. Me vende el piso por diez millones.* **18** Precedido de verbos de movimiento, en busca de: *Voy por vino.* **19** Seguido de algunos infinitivos, indica que la acción de estos no está realizada: *La mayor parte del trabajo está por hacer.* **20** Seguido de un adjetivo o de un adverbio, y de la conjunción 'que', introduce expresiones concesivas: *Por cerca que esté, tardaré una hora como poco.* **21** Precedido de un verbo y seguido del infinitivo de este mismo verbo, indica falta de utilidad de la acción descrita por el mismo: *Hablas por hablar, porque no sabes de qué va el asunto.* **22** ‖ **no por.** Expresión que se usa para introducir una frase concesiva: *No por correr ahora, recuperarás el tiempo perdido.* ☐ ORTOGR. Dist. de *por que*, *porque*, *por qué* y *porqué*. ☐ USO 1. Se usa para indicar la operación matemática de la multiplicación: *Dos por dos son cuatro.* 2. En la lengua coloquial, se usa mucho como forma abreviada de *¿por qué?*

porcelana s.f. **1** Loza fina translúcida y con brillo, que se hace con una mezcla de caolín, sílice y feldespato principalmente: *La porcelana fue inventada por los chinos.* **2** Vasija o figura hecha con este material: *Han inaugurado una exposición de porcelanas chinas muy antiguas.*

porcentaje s.m. Cantidad que representa proporcionalmente una parte de un total de cien; *tanto por ciento: Un alto porcentaje de jóvenes no encuentran trabajo.*

porche s.m. En un edificio, espacio cubierto que precede a la entrada principal o que está adosado a alguno de los lados de su fachada: *En las noches de verano cenamos al aire libre, en el porche.*

porcino, na adj. Del cerdo o relacionado con este animal: *Sus principales ganancias las obtienen de la cría del ganado porcino.*

porción s.f. **1** Cantidad separada de otra mayor o de algo que se puede dividir: *He comprado una caja de queso en porciones.* **2** En un reparto o en una distribución, cantidad que corresponde a cada uno: *A todos nos correspondió la misma porción de la herencia.*

pordiosero, ra adj./s. Que pide limosna: *Una mujer pordiosera iba de puerta en puerta implorando ayuda. Muchos pordioseros duermen en la calle.*

porfía s.f. **1** Discusión o lucha mantenidas con obstinación y tenacidad: *Se enredaron en una larga porfía sobre quién realizaba el trabajo más difícil.* **2** Insistencia tenaz y repetida: *Aunque rogó con porfía que lo ayudaran, no consiguió nada.* **3** Empeño para conseguir algo que presenta dificultad: *Su porfía en el estudio le permitió acabar la carrera brillantemente.*

porfiar v. **1** Discutir o disputar con obstinación y tenacidad: *Los dos porfiaban sobre si las Islas Baleares estaban en el Atlántico o en el Mediterráneo.* **2** Insistir con pesadez o rogar repetidamente: *Por más que porfíes no te contaré cuál es mi secreto.* **3** Continuar o insistir en una acción para conseguir algo que presenta dificultad: *Porfió en derribar el muro y no paró hasta que lo consiguió.* ☐ ORTOGR. La *i* lleva tilde en los presentes, excepto en las personas *nosotros* y *vosotros* →VACIAR. ☐ SINT. Constr. de la acepción 3: *porfiar* EN *algo.*

pormenor s.m. Detalle o circunstancia secundarios o de poca importancia: *Desconozco los pormenores del asunto, pero sé bien que a raíz de aquello no se hablan.* ☐ MORF. Se usa más en plural.

pormenorizar v. Describir o enumerar minuciosamente: *Me lo contó pormenorizando todos los detalles.* ☐ ORTOGR. La *z* se cambia en *c* delante de *e* →CAZAR.

porno ▮ adj. **1** *col.* →**pornográfico, ca.** ▮ s.m. **2** *col.* →**pornografía.** ☐ MORF. Como adjetivo es invariable en género.

pornografía s.f. Obscenidad y falta de pudor en la expresión de lo relacionado con el sexo: *Rechazó el papel porque el guion era pura pornografía.* ☐ MORF. En la lengua coloquial se usa mucho la forma abreviada *porno*. ☐ SEM. Dist. de *erotismo* (expresión del amor físico en el arte).

pornográfico, ca adj. De la pornografía, con pornografía o relacionado con ella: *Lo han encasillado como actor pornográfico y no consigue otro tipo de papeles.* ☐ MORF. En la lengua coloquial se usa mucho la forma abreviada *porno*.

poro s.m. Orificio o agujero que hay en una superficie y que no resultan visibles a simple vista: *El sudor sale por los poros de la piel.*

porosidad s.f. Existencia de poros: *La porosidad de la piel humana permite la transpiración.*

poroso, sa adj. Que tiene poros: *La piedra pómez es muy porosa.*

porque conj. **1** Enlace gramatical subordinante con valor causal: *No podemos ir al campo porque está lloviendo.* **2** Enlace gramatical subordinante con valor final: *Reza porque no te haya visto.* ☐ ORTOGR. Dist. de *por que*, *por qué* y *porqué*.

porqué s.m. Causa, razón o motivo: *Ignoro el porqué de tu actitud.* ☐ ORTOGR. Dist. de *por qué*, *porque* y *por que*.

porquería s.f. **1** *col.* Suciedad o basura; *guarrería: Cuando volvió del viaje, se encontró la casa llena de porquería.* **2** *col.* Lo que está viejo, roto o no desempeña su función: *Este reloj es una porquería y se para continuamente.* **3** *col.* Lo que se considera indecoroso o contrario a la moral establecida; *guarrada: Mi abuela dice que en las películas de ahora solo se ven porquerías.* **4** *col.* Lo que tiene poco valor: *¿Te crees que me voy a contentar con esta porquería de regalo?* **5** *col.* Alimento indigesto o de poco valor nutritivo: *Si comes tantas porquerías luego te dolerá la tripa.*

porqueriza s.f. Pocilga o lugar donde se crían y recogen los cerdos: *El niño entró en la porqueriza para ver los cochinillos recién nacidos.*

porra s.f. **1** Palo toscamente labrado, que va aumentando de diámetro desde la empuñadura hasta el extremo opuesto: *En los tebeos, los hombres prehistóricos siempre aparecen con una gran porra al hombro.* **2** Instrumento con la forma de este palo y usado como arma por los miembros de algunos cuerpos encargados de mantener el orden: *Los policías nacionales van armados con porra y pistola.* **3** Masa frita parecida al churro, pero más larga y más gruesa: *Los domingos desayunamos café con porras.* **4** Juego en el que varias personas apuestan una cantidad de dinero a un número o a un resultado, y la que acierta se lleva el dinero de todos: *En este bar todos los meses organizan una porra.* **5** ‖ **irse** algo **a la porra.** *col.* Estropearse o echarse a perder: *A los tres meses el negocio se fue a la porra y lo traspasé.* ‖ **mandar a la porra.** *col.* Rechazar: *Si, después de lo que te hizo, ahora viene pidiéndote que vuelvas, mándalo a la porra.* ☐ USO Se usa mucho en la lengua coloquial como interjección.

porrada s.f. *col.* Gran cantidad de algo: *Este diccionario lleva una porrada de ejemplos.*

porrazo s.m. **1** Golpe dado con alguna cosa, esp. con una porra: *El muy borrico me dio un porrazo que me tiró al suelo.* **2** Golpe recibido al caer o al chocar contra algo duro: *Se dio un buen porrazo con el coche, pero no le pasó nada.*

porreta ‖ **en porreta** o **en porretas.** *col.* Completamente desnudo; *en cueros: Salió de la ducha en porretas, porque se había dejado el albornoz en la habitación.*

porrillo ‖ **a porrillo.** *col.* En gran cantidad: *No te compro esa camisa porque tienes ropa a porrillo.*

porro s.m. Cigarrillo de hachís, marihuana u otra droga, generalmente mezclado con tabaco; *canuto: En el parque había una panda de jóvenes pasándose un porro.*

porrón s.m. Recipiente con una gran panza y un pitorro largo y fino, que se usa para beber a chorro: *En mi pueblo, el vino se bebe en porrón.*

porta s.f. →**vena porta.**

portaaviones s.m. →**portaviones.** 👁 **embarcación**

portada s.f. **1** En un libro impreso, página del comienzo en la que aparece el título completo y, generalmente, el nombre del autor y los datos de publicación: *En la portada de este libro no aparece la fecha de su publicación.* 👁 **libro** **2** En un periódico o en una revista, primera página: *La noticia ha aparecido en las portadas de todos los periódicos.* **3** *col.* Tapa o cubierta delantera de un libro: *La portada de este libro la ha diseñado el propio autor.* 👁 **libro** **4** En un edificio monumental, fachada principal: *En la portada del palacio están esculpidos los escudos familiares.* **5** Obra arquitectónica o escultórica con la que se realza la puerta o la fachada principal de un edificio: *La fachada está decorada con una portada barroca.*

portadilla s.f. En un libro impreso, hoja que precede a la portada y en la que solo suele ponerse el título de la obra: *En la portadilla a veces aparece el título de la obra abreviado.* 👁 **libro**

portador, -a s. **1** Persona que posee legalmente un título o un valor que está emitido a favor de quien lo posea: *El portador del presente recibo de lotería juega la cantidad de seis euros.* **2** Persona que lleva en su cuerpo el germen de una enfermedad sin sufrirla y actúa como propagador de la misma: *El portador de un virus puede haber padecido o no la enfermedad que transmite.* **3** ‖ **al portador.** Expresión que se usa para indicar que el pago del importe que figura en un documento se realizará a la persona que presente dicho documento: *Si pierdes un cheque al portador puede cobrarlo quien lo encuentre.*

portaequipaje s.m. →**portaequipajes.**

portaequipajes s.m. **1** En un automóvil, espacio destinado al equipaje: *Me abrieron el portaequipajes y se llevaron la maleta y la caja de herramientas.* **2** En un automóvil, soporte, generalmente en forma de parrilla, que se coloca sobre el techo y que sirve para llevar bultos; *baca: Tuve que colocar una maleta en el portaequipajes porque el maletero ya estaba lleno.* ☐ ORTOGR. Se admite también *portaequipaje*. ☐ MORF. Invariable en número.

portaestandarte s. Militar que lleva el estandarte de un regimiento de caballería. ☐ MORF. Es de género común y exige concordancia en masculino o en femenino para señalar la diferencia de sexo: *el portaestandarte, la portaestandarte*.

portafolio s.m. →**portafolios.**

portafolios s.m. Carpeta o cartera de mano que se usa para llevar libros y papeles: *Los representantes llevan los catálogos dentro del portafolios.* ☐ ORTOGR. Se admite también *portafolio*. ☐ MORF. Invariable en número.

portal s.m. **1** En un edificio, pieza inmediata a la puerta principal, que da paso a las viviendas: *Los buzones de todos los vecinos están en el portal.* **2** En un nacimiento navideño, representación del establo donde nació Jesucristo: *Dentro del portal tienes que colocar a la Virgen, a san José y al Niño.*

portalón s.m. En un edificio, esp. en un palacio antiguo, puerta grande que cierra un patio descubierto: *Este portalón comunica una de las calles principales de la ciudad con el patio del palacio.*

portaminas s.m. Utensilio de forma cilíndrica que contiene minas recambiables y que se utiliza como lápiz: *La mina del portaminas sale cuando aprietas el botón que tiene en la parte superior.* ☐ MORF. Invariable en número.

portante ‖ **{coger/tomar} el portante.** *col.* Marcharse, esp. si es de forma brusca o repentina: *Como le regañé, cogió el portante y aún no ha vuelto por aquí.*

portar ▌ v. **1** Llevar o traer: *El atracador portaba una pistola.* ▌ prnl. **2** Seguido de una expresión de modo, actuar o comportarse como esta indica: *Si te portas mal te quedarás sin postre.* **3** Responder a lo que otros desean o esperan: *A ver si esta vez te portas y me traes buenas notas.*

a b c d e f g h i j k l m n ñ o p q r s t u v w x y z

portarrollo s.m. →**portarrollos.**

portarrollos s.m. Utensilio, generalmente fijado a la pared, donde se coloca un rollo de papel: *El papel de aluminio está en un portarrollos a la derecha del armario.* □ ORTOGR. Se usa también *portarrollo.* □ MORF. Invariable en número.

portátil adj. Que se puede llevar fácilmente de un sitio a otro: *Me he comprado un ordenador portátil.* □ MORF. Invariable en género.

portaviones s.m. Barco de guerra de grandes dimensiones y con las instalaciones necesarias para el traslado de aviones y para su despegue y aterrizaje: *Los portaviones son muy importantes en la estrategia bélica moderna.* □ ORTOGR. Se admite también *portaaviones.* □ MORF. Invariable en número. **embarcación**

portavoz s. Persona autorizada para representar a un determinado grupo o para hablar en su nombre: *El portavoz de la familia se negó a hacer declaraciones.* □ MORF. Es de género común y exige concordancia en masculino o en femenino para señalar la diferencia de sexo: *el portavoz, la portavoz.*

portazo s.m. **1** Golpe fuerte que una puerta da al cerrarse: *Hacía tanto viento que la puerta se cerró de un portazo.* **2** Cierre de una puerta con brusquedad al salir de un lugar para mostrar enfado o disgusto: *Discutió con su jefa y salió del despacho dando un portazo.* □ SINT. La acepción 2 se usa más con el verbo *dar* o equivalentes.

porte s.m. **1** Aspecto externo que algo presenta, esp. si este es elegante o distinguido: *Vive en un edificio de porte señorial.* **2** Calidad, categoría o importancia de algo: *Yo solo no puedo resolver un problema de este porte.* **3** Transporte de algo de un sitio a otro por un precio acordado: *Esta empresa hace portes y mudanzas por un módico precio.* □ MORF. La acepción 3 se usa más en plural.

portear v. Llevar de un sitio a otro por un precio acordado: *Una hilera de nativos porteaba el equipaje de los exploradores.*

portento s.m. **1** Lo que causa admiración o asombro por su extrañeza o novedad: *Los científicos no encontraban explicación para aquel portento de la naturaleza.* **2** Persona digna de admiración por poseer una cualidad excepcional: *Dicen que su hija es un portento porque aprendió a leer a los dos años.*

portentoso, sa adj. Que causa admiración, sorpresa o asombro por su singularidad: *Con un portentoso salto, el atleta consiguió batir el récord olímpico.*

porteño, ña adj./s. De Buenos Aires (capital argentina), o relacionado con ella: *La ciudad porteña está trazada en forma de cuadrícula. Los porteños cuentan con numerosos museos en su ciudad.* □ MORF. Como sustantivo se refiere solo a las personas de Buenos Aires.

portería s.f. **1** Cuarto pequeño que hay en la entrada de un edificio, y desde el cual el portero vigila las entradas y salidas del mismo: *Si no estoy en casa puedes dejar el paquete en la portería.* **2** Vivienda del portero: *Todas las viviendas del edificio tienen tres habitaciones excepto la portería, que tiene dos.* **3** En algunos deportes, espacio rectangular limitado por dos postes y un larguero por donde ha de entrar el balón para marcar un tanto: *En cada deporte la portería tiene unas dimensiones diferentes.* □ SEM. En la acepción 3, es sinónimo de *marco, meta* y *puerta.*

portero, ra s. **1** Persona que se dedica profesionalmente al cuidado y vigilancia del portal de un edificio: *Pregúntale a la portera si ha visto salir a los vecinos del quinto.* **2** En algunos deportes de equipo, jugador que debe evitar que el balón entre en la portería: *Juega de portera en el equipo de balonmano de su clase.* **3** ‖ **portero {automático/eléctrico}.** Mecanismo que permite abrir el portal desde el interior de la vivienda: *Tienen el portero automático estropeado y no oyen que estamos llamando.* □ SEM. En la acepción 2, es sinónimo de *cancerbero, guardameta* y *meta.*

porticado, da adj. Referido a una construcción, que tiene pórticos o soportales: *En mi ciudad hay una hermosa plaza porticada.*

pórtico s.m. **1** En un templo o en otro edificio monumental, lugar cubierto y con columnas que se construye delante de ellos: *El pórtico que da entrada a la catedral de Santiago de Compostela es una obra maestra de la escultura románica.* **2** Galería con arcadas o con columnas, a lo largo de un muro de fachada o de patio: *Muchas plazas mayores españolas tienen pórticos.*

portillo s.m. En un muro, abertura o paso: *Accedió al patio a través de un portillo que había en la tapia.*

portuario, ria adj. Del puerto de mar o relacionado con él: *Las autoridades portuarias detuvieron un barco sospechoso de hacer contrabando.*

portugués, -a ▮ adj./s. **1** De Portugal (país europeo), o relacionado con él; *lusitano, luso: El escudo era la moneda portuguesa hasta el año 2002. La república es el sistema político de los portugueses.* ▮ s.m. **2** Lengua románica de este y otros países: *El portugués se habla también en Brasil.* □ MORF. 1. Cuando se antepone a una palabra para formar compuestos, adopta la forma *luso-*. 2. En la acepción 1, como sustantivo se refiere solo a las personas de Portugal.

portuguesismo s.m. En lingüística, palabra, significado o construcción sintáctica del portugués empleados en otra lengua; *lusitanismo: 'Chubasquero' es un portuguesismo del español.*

porvenir s.m. **1** Hecho o tiempo futuros: *¿Quién puede saber lo que nos deparará el porvenir?* **2** Situación o posición futuras de una persona o de una empresa: *El porvenir de esta empresa no es muy claro, debido a la crisis económica.*

pos ‖ **en pos de.** Detrás de algo: *Salió en pos de ellos, pero no los alcanzó.*

pos- Prefijo que significa 'detrás de' o 'después de': *posbélico, posgraduado, posguerra, posparto, posromanticismo, postónico, posmodernidad.* □ ORTOGR. Solo se escribe separado de la base si esta está formada por dos o más palabras (*pos Primera Guerra Mundial*). □ MORF. 1. Puede adoptar la forma *post-*: *postoperatorio, postbalance, postventa.* 2. Cuando la base léxica a la que se añade comienza por *s-*, no se admite la forma *pos-*: **possimbolismo › postsimbolismo.*

posada s.f. **1** Establecimiento en el que se da hospedaje a viajeros: *Pasaron la noche en una posada.* **2** Alojamiento o refugio que se da a alguien: *Tuvo que dormir en la calle porque nadie le dio posada.*

posaderas s.f.pl. *col.* Nalgas: *Se cayó y dio con sus posaderas en el suelo.*

posadero, ra s. Persona que es dueña de una posada o que la regenta: *La posadera acompañó al viajante a su habitación.*

posar ▮ v. **1** Poner con suavidad: *Posé la mano sobre su frente y noté que tenía fiebre.* **2** Permanecer en una determinada postura para retratarse o para servir de modelo:

Esta modelo ha posado para las mejores revistas de moda. ■ prnl. **3** Cesar de volar y detenerse en un lugar con suavidad: *Una mariposa se iba posando en las flores.*

posavasos s.m. Especie de plato pequeño que se coloca debajo de los vasos para que no dejen manchas en las mesas: *El camarero le puso la copa de anís sobre un posavasos de cartón.* □ MORF. Invariable en número.

posdata s.f. En una carta, parte que se añade a lo que ya se ha expuesto, al final y después de la firma; *postdata: En la posdata me decía que le contestase a una nueva dirección.* □ ORTOGR. Se admite también *postdata*.

pose s.f. **1** Postura o posición poco naturales, esp. las que alguien adopta para ser fotografiado: *Me gusta hacer poses divertidas cuando me graban en vídeo.* **2** Actitud fingida en la manera de hablar y de comportarse: *No soporto esa pose de superioridad que adopta ante mí cuando hay gente delante.*

poseer v. **1** Tener en propiedad: *Posee un apartamento en la playa.* **2** Referido a algo, disponer de ello o tenerlo: *Posee buenos conocimientos de inglés.* □ ORTOGR. En las formas cuya desinencia contiene un diptongo *ie*, *io*, esta *i* se cambia en *y* →**LEER.** □ MORF. Tiene un participio regular (*poseído*), que se usa más en la conjugación, y otro irregular (*poseso*), que se usa solo como adjetivo o sustantivo.

poseído, da adj./s. →**poseso, sa.**

posesión s.f. **1** Propiedad o acto de poseer algo con intención de conservarlo como propio: *Los documentos están en posesión de un notario.* **2** Lo que se posee: *Este castillo medieval forma parte de sus posesiones.* **3** ‖ **tomar posesión.** Empezar a desempeñar oficialmente un cargo: *Hoy tomarán posesión los nuevos ministros.* □ MORF. La acepción 2 se usa más en plural.

posesivo, va ■ adj. **1** Referido a una persona, que tiene muy desarrollado el sentido de la posesión y resulta muy absorbente en su trato con los demás: *No seas tan posesivo y deja que tus amigos salgan y entren con quien quieran.* ■ s.m. **2** →**pronombre posesivo.**

poseso, sa adj./s. Referido a una persona, que está dominada por un espíritu maligno; *poseído: Una mujer posesa comenzó a retorcerse y gritar. El sacerdote sometió al poseso a un exorcismo.*

posibilidad s.f. **1** Ocasión de que algo exista u ocurra: *Hay posibilidades de que mañana llueva.* **2** Aptitud o capacidad para realizar algo: *Con esta beca tienes la posibilidad de estudiar en el extranjero.* **3** Medios o recursos que permiten hacer o conseguir algo: *Comprarme un piso no está dentro de sus posibilidades económicas.* □ MORF. La acepción 3 se usa más en plural.

posibilitar v. Referido a algo que ofrece dificultad, facilitarlo y hacerlo posible: *El diálogo posibilitó un acuerdo entre las partes enfrentadas.*

posible ■ adj. **1** Que puede ser o suceder: *No es posible que lo que dices sea verdad.* **2** Que se puede realizar o conseguir: *Todavía no es posible hacer viajes en el tiempo.* ■ s.m.pl. **3** Bienes o recursos económicos que alguien posee: *Es una mujer de posibles, y ha viajado por todo el mundo.* □ MORF. Como adjetivo es invariable en género.

posición s.f. **1** Postura, actitud o modo en que algo está puesto: *Me han hecho varias fotos en distintas posiciones.* **2** Lugar o situación que ocupa algo: *Mi equipo ocupa la última posición de la tabla.* **3** Categoría o condición social de una persona respecto de las demás: *Pertenece a una familia de excelente posición económica.* **4** Manera de pensar o de obrar: *¿No hay nada que haga cambiar vuestra posición en este asunto?* **5** En el Ejército, en una acción militar, lugar fortificado o estratégico: *Los soldados defendieron la posición con valentía ante el avance enemigo.* □ SEM. No debe emplearse con el significado de 'circunstancia, condición, situación' (anglicismo): *No está en {*posición > condición} de criticar a nadie.*

pósit s.m. Hoja pequeña de papel adherente y generalmente amarillo, que se usa para escribir notas (por extensión del nombre de la marca comercial *Post-it®*): *He anotado en un pósit una cosa pendiente que tengo que hacer mañana.* □ MORF. Su plural es *pósits*.

positivar v. En fotografía, referido esp. a un negativo, pasarlo a positivo o tratarlo de modo que se reproduzcan los tonos claros y oscuros tal como se ven en la realidad: *Para revelar las fotos hay que positivar el carrete.*

positivismo s.m. Doctrina filosófica que admite solo el método experimental y rechaza toda noción a priori y todo concepto universal y absoluto: *El positivismo fue formulado por el filósofo francés Augusto Comte.*

positivista ■ adj. **1** Del positivismo o relacionado con él: *La filosofía positivista considera como objeto de conocimiento positivo únicamente 'el cómo', y no 'el qué', 'el por qué' o 'el para qué'.* ■ adj./s. **2** Partidario del positivismo: *Los filósofos positivistas tuvieron importancia en el siglo XIX. Los positivistas defienden la reducción de lo que se puede conocer a la experiencia inmediata de la realidad.* □ MORF. 1. Como adjetivo es invariable en género. 2. Como sustantivo es de género común y exige concordancia en masculino o en femenino para señalar la diferencia de sexo: *el positivista, la positivista*.

positivo, va ■ adj. **1** Que contiene o expresa afirmación: *Espero una respuesta positiva a mi proposición de matrimonio.* **2** Útil, práctico o beneficioso: *La estancia en aquel país fue una experiencia muy positiva para mí.* **3** Cierto, verdadero o que no ofrece duda: *La ciencia se suele ocupar de hechos positivos.* **4** Referido esp. a un análisis clínico, que indica la existencia de algo y no su falta: *Si el análisis sobre el embarazo es positivo, estás embarazada.* **5** Referido a una persona, que tiende a ver y a juzgar las cosas por el aspecto más favorable: *Es una chica muy positiva y nunca la verás deprimida.* **6** En matemáticas, referido esp. a una cantidad, que tiene un valor mayor que cero: *Los números positivos pueden llevar delante el signo '+' o no llevar ningún signo.* **7** En electrónica, referido al polo de un generador, que posee mayor potencial eléctrico: *La corriente eléctrica va del polo negativo al positivo.* ■ adj./s.m. **8** Referido esp. a una imagen fotográfica, que reproduce los tonos claros y oscuros tal como se ven en la realidad y no invertidos como en el negativo: *Fue a recoger las copias positivas al laboratorio fotográfico. Nos enseñó los positivos del carrete después de revelarlo.*

poso s.m. **1** Conjunto de las partículas sólidas de un líquido que se depositan en el fondo del recipiente que lo contiene: *En el vaso solo dejó los posos del café.* **2** Huella o recuerdo que dejan el sufrimiento o la pena: *Los desengaños amorosos de juventud le dejaron un poso de pesimismo.*

posología s.f. Parte de la terapéutica que trata de las dosis en que deben administrarse los medicamentos: *En los prospectos de los medicamentos, siempre hay un apartado de posología en el que se indica la dosis que hay que tomar y cada cuánto tiempo.*

posponer v. Colocar detrás en el tiempo, en el espacio o en el orden de prioridad: *Tuve que posponer mi viaje,* *debido a una enfermedad repentina. Tras el imperativo hay que posponer el pronombre átono.* ☐ MORF. 1. Su participio es *pospuesto*. 2. Irreg. →**PONER**. ☐ SINT. Constr.: *posponer una cosa* A *la otra*.

posposición s.m. **1** Retraso de algo para realizarlo más adelante: *El mal tiempo aconsejó la posposición de la fiesta al aire libre.* **2** Colocación de una cosa detrás de otra: *La posposición del sujeto respecto del verbo cambia el matiz de significado de una frase.*

pospuesto, ta part. irreg. de **posponer**. ☐ MORF. Incorr. **posponido*.

post- →**pos-**.

posta s.f. **1** Antiguamente, lugar en el que se encontraban las caballerías que se ponían en los caminos cada cierta distancia, para cambiar por ellas las de los correos y las de las diligencias: *La diligencia cambió sus caballos en una de las postas del camino.* **2** Bala pequeña de plomo, más grande que un perdigón, que se utiliza como munición en algunas armas de fuego: *Disparó un cartucho de postas contra el ladrón que entró en su propiedad.* **3** ‖ **a posta.** *col.* →**aposta**.

postal ▮ adj. **1** Del servicio de correos o relacionado con él: *Me enviaron el libro en un paquete postal.* ▮ s.f. **2** →**tarjeta postal**. ☐ MORF. Como adjetivo es invariable en género.

postdata s.f. →**posdata**.

poste s.m. **1** Madero, piedra o columna que se colocan verticalmente y que sirven de apoyo o de señal: *El camión se estrelló contra un poste telefónico.* **2** En algunos deportes, cada uno de los dos maderos laterales que sujetan el travesaño o madero superior de la portería: *Falló el penalti porque el balón golpeó en el poste.*

póster s.m. Cartel que se coloca en una pared y que se utiliza como elemento decorativo: *En mi habitación tengo un póster de mi cantante favorito.* ☐ MORF. Su plural es *pósteres*.

postergación s.f. **1** Retraso o aplazamiento de algo para hacerlo más adelante: *El gabinete de prensa comunicó oficialmente la postergación de la visita del presidente.* **2** Aprecio escaso, o menor del que se recibía: *Se queja de que sufre una clara postergación en la empresa.*

postergar v. **1** Retrasar o dejar atrasado: *Posterga esas tareas y vente a dar un paseo.* **2** Referido a algo, apreciarlo menos que otra cosa o menos que antes: *Me has postergado a un segundo plano y eso no te lo perdono.* ☐ ORTOGR. La *g* se cambia en *gu* delante de *e* →**PAGAR**.

posteridad s.f. **1** Conjunto de personas que vivirá después de cierto momento o de cierta persona: *La posteridad admira la obra del genial pintor renacentista.* **2** Fama después de la muerte: *Tu obra artística te llevará a la posteridad.* ☐ ORTOGR. Dist. de *posterioridad*.

posterior adj. **1** Que ocurre o que viene después: *El mes de mayo es posterior al de abril.* **2** Que está detrás o en la parte de atrás: *En el asiento posterior del coche caben cómodamente tres personas.* ☐ MORF. Invariable en género. ☐ SINT. Constr. de la acepción 1 y 2: *posterior* A *algo*.

posterioridad s.f. Situación temporal futura de una cosa respecto de otra anterior: *La falta se produjo con posterioridad al lanzamiento a canasta.* ☐ ORTOGR. Dist. de *posteridad*.

postigo s.m. En el marco de una puerta o de una ventana, tablero sujeto con goznes o con bisagras para poder cubrir la parte acristalada cuando convenga: *Cerró los postigos de las ventanas para que no entrara la luz de la calle.*

postín s.m. **1** Presunción afectada de lujo o de riqueza: *Se da mucho postín porque sus abuelos eran nobles.* **2** ‖ **de postín.** De lujo o de distinción: *Se compró un coche de postín que era la envidia de todos.*

postizo, za ▮ adj. **1** Que no es natural sino artificial, imitado, añadido o fingido: *Mi abuelo usa dentadura postiza.* ▮ s.m. **2** Pelo natural o artificial que se pone como adorno o para suplir la falta o la escasez del pelo propio: *Esta trenza tan larga no es de verdad, sino un postizo que me he puesto.*

postor, -a s. Persona que ofrece una cantidad de dinero por un objeto en una subasta: *El jarrón chino lo compró el mejor postor.*

postración s.f. Decaimiento a causa de una enfermedad o de un sufrimiento: *Desde que murió su mujer se encuentra en un estado de postración absoluta.*

postrar ▮ v. **1** Referido a una persona, debilitarla o quitarle las fuerzas o el ánimo: *Ese nuevo fracaso lo postró en la desesperación. Una enfermedad me postró en cama durante una semana.* ▮ prnl. **2** Arrodillarse o ponerse a los pies de alguien en señal de respeto, de veneración o de ruego: *Se postró ante el sagrario y oró con devoción.*

postre s.m. **1** Alimento que se sirve al final de una comida: *Si no tienes fruta, tomaré un yogur de postre.* **2** ‖ **a la postre.** Al final o en definitiva: *Si estudias ahora, a la postre me lo agradecerás.*

postrero, ra adj. En una serie, último o final: *En los postreros momentos de mi vida tendré un recuerdo para ti.*

postrimería s.f. Último período de la duración de algo: *Esta novela está escrita en las postrimerías del siglo pasado.* ☐ MORF. Se usa más en plural.

postulación s.f. Petición de algo con fines benéficos o religiosos: *La postulación para recaudar fondos contra el hambre se realizará mañana.*

postulado s.m. **1** Proposición cuya verdad se admite sin pruebas y que sirve de base para posteriores razonamientos: *Si los postulados de su teoría son falsos, las conclusiones lo serán también.* **2** Idea o principio defendidos por alguien: *El líder del partido expuso cuáles eran sus postulados políticos.*

postular v. **1** Pedir con fines benéficos o religiosos: *Estos chicos postulan para recaudar fondos para una asociación contra el cáncer.* **2** Pedir y querer conseguir algo: *El movimiento ecologista postula la defensa del medio ambiente.*

póstumo, ma adj. Que sale a la luz después de la muerte del padre o del autor: *Esta novela es una edición póstuma.*

postura s.f. **1** Manera o modo en que está puesto algo: *Me duele el brazo porque he dormido en una mala postura.* **2** Posición o actitud respecto de un asunto: *Mi postura ante el aborto sigue siendo la misma, y ni tú ni nadie me haréis cambiar de opinión.* **3** Precio que el comprador ofrece por algo que se vende o arrienda en una subasta: *Esta es mi última postura por el cuadro, porque ya no puedo ofrecer más dinero.*

potable adj. **1** Referido a un líquido, esp. al agua, que se puede beber porque no es dañino para la salud: *Esa fuente es de agua potable, según pone en el cartel.* **2** *col.* Pasable, aceptable o bueno: *Tu examen estaba potable, pero puedes hacerlo mejor.* ☐ MORF. Invariable en género. ☐ SEM. Dist. de *bebible* (que se puede beber sin que resulte desagradable al paladar).

potaje s.m. **1** Guiso hecho con legumbres, verduras y

otros ingredientes: *En mi casa el potaje se hace con garbanzos y espinacas.* **2** *col.* Conjunto desordenado, revuelto y enredado; *lío: ¡Menudo potaje se organizó cuando el viento voló todos los papeles!*

potasa s.f. Hidróxido de potasio, sólido y de color blanco: *La potasa se emplea en la fabricación de jabones.*

potasio s.m. Elemento químico, metálico y sólido, de número atómico 19, blando, de color brillante y que se oxida rápidamente por la acción del aire: *Los compuestos del potasio se usan como abono.* □ ORTOGR. Su símbolo químico es *K*.

pote s.m. **1** Vaso cilíndrico con un asa, hecho de un material resistente: *En los campamentos bebemos en potes metálicos, y no en vasos de cristal.* **2** Olla o vasija redonda, generalmente de hierro, con barriga y boca ancha y con tres pies, que suele tener dos asas pequeñas a cada lado y una grande en forma de semicírculo, y que sirve para cocinar: *El pote es una olla tradicional gallega y asturiana.* **3** Guiso elaborado con legumbres, hortalizas, tocino y patatas: *Nos dieron una comida muy gallega: pote, de primero, y de segundo, empanada.* **4** ‖ **darse pote.** *col.* Darse tono o presumir: *No te des tanto pote, que aquí todos somos iguales.*

potencia s.f. **1** Capacidad, fuerza o poder para ejecutar algo o para producir un efecto: *Este telescopio tiene gran potencia y vemos los mares de la Luna.* **2** Nación o Estado independientes, esp. los que tienen gran poder económico y militar: *El alto desarrollo tecnológico ha convertido ese país en la primera potencia mundial.* **3** Cada una de las tres facultades del alma: *Las tres potencias son entendimiento, voluntad y memoria.* **4** Capacidad que tiene una cosa de cambiar ella misma o de producir un cambio: *Aristóteles explicaba el movimiento como paso de la potencia al acto.* **5** En física, trabajo realizado en la unidad de tiempo: *La unidad de potencia en el Sistema Internacional es el vatio.* **6** En matemáticas, producto que resulta de multiplicar una cantidad por sí misma una o más veces: *9 es la segunda potencia de 3.* **7** ‖ **elevar** una cantidad **a una potencia.** Multiplicarla tantas veces por sí misma como indica el exponente: *El resultado de elevar 2 a la tercera potencia es 8.* ‖ **en potencia.** Que está en estado de capacidad, de disposición o de aptitud para algo: *Una semilla es una planta en potencia.* □ SINT. *En potencia* se usa más con el verbo *estar*.

potenciación s.f. Desarrollo, incremento o impulso de algo para que pueda ser o existir: *Un profesor siempre debe buscar la potenciación de las facultades de sus alumnos.*

potencial ▮ adj. **1** Que puede suceder o existir: *Debes estar alerta con ellos, porque son enemigos potenciales.* ▮ s.m. **2** Fuerza o poder disponibles: *El potencial militar de esa nación hace que sea una de las más poderosas del mundo.* **3** *ant.* En gramática, condicional: *El potencial de 'bailar' es 'yo bailaría, tú bailarías...'.* □ MORF. Como adjetivo es invariable en género.

potenciar v. Comunicar potencia o incrementar la que ya se tiene: *Para aumentar la producción de coches hay que potenciar su exportación.* □ ORTOGR. La *i* nunca lleva tilde.

potentado, da s. Persona que tiene muchas riquezas y poder: *Un potentado de la ciudad vino a verme y me hizo una oferta para comprarme la finca.*

potente adj. **1** Que tiene poder, eficacia o fuerza para algo: *Esa moto tiene un motor muy potente.* **2** *col.* Grande, desmesurado o fuerte: *Dio un potente golpe a la puerta y la abrió.* □ MORF. Invariable en género.

potestad s.f. **1** Dominio, poder o autoridad que se tienen sobre algo: *El gerente tiene potestad para firmar todo tipo de contratos.* **2** ‖ **patria potestad.** Autoridad legal de los padres sobre sus hijos menores de edad: *La patria potestad acaba cuando los hijos cumplen los dieciocho años.*

potestativo, va adj. Referido a un acto, que no es necesario, sino que libremente se puede hacer u omitir; *facultativo: Pagar la multa ahora es potestativo, porque también puede usted pagarla en el plazo de un mes en nuestras oficinas.*

potingue s.m. **1** *col.* Comida o bebida de aspecto y de sabor desagradables: *No sé cómo puedes comerte esos potingues.* **2** *col.* Producto cosmético o de belleza, esp. el que se presenta en forma de crema: *Aunque te des todos esos potingues, vas a seguir teniendo arrugas.* □ MORF. La acepción 2 se usa más en plural.

potito s.m. →**tarrito.** □ USO Procede del nombre de la marca comercial *Potitos®*.

poto s.m. Planta trepadora con hojas en forma de corazón, de color verde claro con vetas blancas, que se utiliza como planta ornamental de interiores: *El poto ha crecido tanto que las hojas cuelgan por encima del macetero.*

potosí s.m. **1** Riqueza extraordinaria (por alusión a Potosí, región boliviana famosa por sus minas de plata): *Tiene una casa preciosa por la que pagó un potosí.* **2** ‖ **valer un Potosí.** Ser de mucho valor: *Esta chica vale un Potosí, y en su empresa están muy contentos con ella.* □ MORF. Aunque su plural en la lengua culta es *potosíes*, se usa mucho *potosís*.

potra s.f. Véase **potro, tra**.

potrada s.f. Manada de potros: *Daba gusto ver trotar a la potrada por el campo.*

potranco, ca s. Caballo o yegua que no superan los tres años de edad: *Ha comprado en la feria una potranca de dos años.*

potro, tra ▮ s. **1** Caballo desde que nace hasta que cambia los dientes de leche: *Los potros cambian los dientes de leche aproximadamente a los cuatro años y medio.* ▮ s.m. **2** En gimnasia, aparato formado por cuatro patas que sostienen un prisma rectangular, forrado de cuero o de otro material, que se utiliza para realizar pruebas de salto: *En el examen de gimnasia hay que saltar el potro de frente y a lo largo.* 👁 **gimnasio 3** Instrumento de tortura consistente en un asiento de madera en el que se sentaba e inmovilizaba al reo para torturarlo: *Ni siquiera el potro hizo que el acusado confesara.* ▮ s.f. **4** *col.* Buena suerte: *Tuvo mucha potra y le tocó el primer premio en el sorteo.*

poyo s.m. Banco de piedra o de albañilería que se construye generalmente junto a una pared: *Se sentó en un poyo del jardín a tomar el fresco.* □ ORTOGR. Dist. de *pollo*. □ MORF. Se usa mucho el diminutivo *poyete*.

poza s.f. **1** Charca o concavidad en las que hay agua detenida: *La lluvia ha formado pozas cerca de la carretera.* **2** En un río, sitio o lugar en el que es más profundo: *Como el río era poco profundo, hicieron una poza para que pudiéramos bañarnos.*

pozo s.m. **1** Hoyo profundo que se hace en la tierra, esp. el que se hace para sacar agua o petróleo subterráneos: *Como en el pueblo no tenemos agua corriente, bebemos agua del pozo.* **2** Hoyo profundo para bajar a las minas:

Hubo un desprendimiento en el pozo número cinco de la mina de carbón. **3** ‖ **pozo sin fondo.** Lo que parece no tener fin o cuesta cada vez más dinero: *Esa obra es un pozo sin fondo, porque aún no la hemos acabado y cada vez gastamos más dinero en ella.* ‖ **ser un pozo de** una cualidad. Poseerla o tenerla en gran cantidad: *Esta profesora es un pozo de sabiduría.*

práctica s.f. Véase **práctico, ca.**

practicable adj. **1** Referido esp. a un camino, que resulta fácilmente transitable: *Con estas lluvias torrenciales, no queda practicable ni un solo camino de la región.* **2** En un decorado teatral, referido a una puerta o a otro accesorio, que no es simulado sino que puede usarse: *Como en el primer acto se necesitaban siete puertas practicables y no teníamos presupuesto, las hicimos con cortinas.* □ MORF. Invariable en género.

prácticamente adv. Casi o por poco: *Tengo el trabajo prácticamente acabado, y solo me falta pasarlo a máquina.*

practicante ▮ adj./s. **1** Referido a una persona, que profesa una religión y que cumple y obedece sus normas y preceptos: *Es católico practicante y participa en la vida parroquial.* ▮ s. **2** Persona que se dedica a poner inyecciones, esp. si esta es su profesión: *El practicante me puso la vacuna.* □ MORF. 1. Como adjetivo es invariable en género. 2. Como sustantivo es de género común y exige concordancia en masculino o en femenino para señalar la diferencia de sexo: *el practicante, la practicante.* 2. En la acepción 2, se usa también el femenino coloquial *practicanta.*

practicar v. **1** Referido a algo que se ha aprendido o que se conoce, ejercitarlo o realizarlo de forma habitual: *Practicar un deporte es muy saludable.* **2** Desempeñar, ejercer o llevar a cabo de forma continuada: *Practica la medicina en nuestro pueblo desde que se licenció en la facultad.* **3** Ejecutar, hacer o realizar: *Practicaron la autopsia al cadáver para conocer las causas de la muerte.* **4** Referido esp. a una religión, profesarla y cumplir y obedecer sus normas y preceptos: *En mi familia todos practicamos el catolicismo.* **5** Referido a algo que se quiere perfeccionar, ensayarlo, entrenarlo o repetirlo varias veces: *Los bailarines practican cada paso horas y horas.* □ ORTOGR. La *c* se cambia en *qu* delante de *e* →**SACAR.**

práctico, ca ▮ adj. **1** De la práctica o relacionado con la acción y los resultados y no con la teoría o las ideas: *Prefiere los conocimientos prácticos a la especulación teórica.* **2** Útil o que produce un provecho inmediato: *En nuestros días resulta muy práctico conocer bien otro idioma.* **3** Que tiene experiencia y destreza en algo: *Es un cirujano muy práctico en este tipo de operaciones, porque ha realizado muchas.* **4** Que ve o que juzga la realidad tal y como es y que actúa guiado por ella: *Es mejor ser práctico y adaptarse a la realidad, que esperar a que se hagan realidad tus sueños.* ▮ s. **5** Técnico que se dedica profesionalmente a la dirección de las operaciones de entrada y de salida de los barcos en un puerto: *Para ser práctico, la legislación española obliga a ser capitán de la marina mercante.* ▮ s.m. **6** Embarcación que utiliza este técnico para realizar su trabajo: *La mujer del capitán llegó a bordo en un práctico.* ▮ s.f. **7** Realización o ejercicio de una actividad de forma habitual: *Me han recomendado la práctica de la natación para mis problemas de espalda.* **8** Habilidad y destreza adquiridas con esta realización: *Tengo práctica cuidando niños, porque cuido a mis sobrinos.* **9** Costumbre, hábito o modo habitual de hacer algo: *Desconozco las prácticas de los habitantes de ese pueblo en lo que se refiere a sus fiestas.* **10** Aplicación de una idea o de una doctrina, o contraste experimental de una teoría: *La teoría dice que todos lo hacen así, pero la práctica demuestra que tres de cada cinco lo hacen de otra forma.* **11** Ejercicio, prueba o curso que, bajo la dirección de una persona experta y durante un período de tiempo determinado, tiene que hacer una persona para adquirir habilidad en una materia o en una profesión: *Estoy en esta empresa con un contrato en prácticas.* **12** ‖ **en la práctica.** En la realidad: *En la teoría es fácil saber cómo hay que hacer las cosas, pero en la práctica es normal equivocarse.* ‖ **llevar a la práctica** o **poner en práctica.** Referido esp. a un plan o a una idea, realizarlos: *Ha conseguido poner en práctica sus planes de expansión y ha abierto una nueva fábrica.* □ MORF. La acepción 11 se usa más en plural.

pradera s.f. **1** Prado grande: *Las vacas pastan en las praderas que hay entre estas dos montañas.* **2** Lugar del campo llano y con hierba: *Comimos junto al río y luego jugamos al fútbol en una pradera que había cerca.*

prado s.m. **1** Terreno llano, muy húmedo o de regadío, en el que se deja crecer o se siembra la hierba para pasto del ganado: *Los prados son propios de las zonas de clima húmedo como Galicia, Asturias y Cantabria.* **2** Sitio agradable, generalmente llano y cubierto de hierba, por el que se pasea: *Cuando veraneo en el pueblo, todas las tardes voy al prado a dar una vuelta y a ver la puesta de sol.*

pragmático, ca ▮ adj. **1** Del pragmatismo o relacionado con este movimiento filosófico: *La utilidad es el criterio básico en el pensamiento de algunos filósofos pragmáticos.* **2** De la pragmática o relacionado con esta disciplina lingüística: *El estudio pragmático tiene en cuenta el contexto del acto comunicativo.* ▮ s.f. **3** Parte de la lingüística que estudia el lenguaje en relación con sus usuarios y con las circunstancias de la comunicación: *La pragmática estudia por qué a una pregunta como '¿Cuántas veces te he dicho que te calles?', contestamos callándonos y no diciendo un número.*

pragmatismo s.m. Movimiento filosófico basado en los efectos prácticos como único criterio válido para juzgar la verdad de toda doctrina científica, moral o religiosa: *El pragmatismo considera verdadero y bueno todo aquello que es útil.*

praguense adj./s. De Praga (capital checa), o relacionado con ella: *Estudió varios años en la Universidad praguense. Los praguenses tienen fama de hacer una cerveza muy buena.* □ MORF. 1. Como adjetivo es invariable en género. 2. Como sustantivo es de género común y exige concordancia en masculino o en femenino para señalar la diferencia de sexo: *el praguense, la praguense.* 3. Como sustantivo se refiere solo a las personas de Praga.

praliné s.m. **1** Crema de chocolate y almendra o avellana: *Los bombones de praliné me gustan más que los de licor.* **2** Chocolate o bombón relleno de alguna crema: *Guarda los pralinés, porque ya me he comido cinco y, como siga así, me los voy a comer todos.*

praseodimio s.m. Elemento químico metálico y sólido, de número atómico 59, amarillento, que, en contacto con aire húmedo, se recubre de una capa de óxido, y que pertenece al grupo de los lantánidos: *El praseodimio se utiliza en la fabricación de cerámicas, de vidrio coloreado y de equipos electrónicos.* □ ORTOGR. Su símbolo químico es *Pr.*

praxis s.f. **1** Práctica, en oposición a la teoría: *La praxis confirma frecuentemente el valor de la teoría.* **2** En la filosofía marxista, actividad humana transformadora del mundo: *Según el marxismo, en la praxis tiene lugar la apertura del ser humano al mundo.* □ MORF. Invariable en número.

pre- Prefijo que indica anterioridad en el espacio (*prepalatal, predorsal*) o en el tiempo (*precalentamiento, preclásico, precontrato, preacuerdo, prematrimonial*). □ ORTOGR. Solo se escribe separado de la base si esta está formada por dos o más palabras (*pre Primera Guerra Mundial*).

preámbulo s.m. Lo que se dice al principio de algo que se va a tratar: *Como el tema es desagradable para todos, entraré en él sin más preámbulos.*

prebenda s.f. **1** Renta o dinero que conllevan algunos cargos u oficios eclesiásticos: *El capellán recibe una prebenda que le permite vivir con holgura.* **2** Trabajo o empleo con buen sueldo y con poco que hacer: *No te quejes de tu puesto, porque es una auténtica prebenda.* **3** Beneficio, favor o ventaja concedidos de forma arbitraria y no por méritos propios o por el esfuerzo realizado: *Esos políticos corruptos conceden prebendas a sus amigos.*

preboste s.m. **1** *col.* Persona con mucho poder e influencia en un determinado grupo o actividad: *Tiene una reunión con todos los prebostes de su empresa.* **2** Persona que preside o gobierna una comunidad: *El alcalde de esa ciudad era también preboste de la asociación de mercaderes.*

precámbrico, ca ▌adj. **1** En geología, de los períodos inmediatamente anteriores a la era primaria o paleozoica, o relacionado con ellos: *En los terrenos precámbricos se pueden encontrar fósiles de las primeras formas de vida.* ▌adj./s.m. **2** En geología, referido a un período, que pertenece a los tiempos inmediatamente anteriores a la era primaria o paleozoica: *Hay cuatro períodos precámbricos. En el precámbrico hubo una intensa actividad volcánica.*

precariedad s.f. **1** Falta de los medios o recursos necesarios: *Aquí trabajamos con precariedad de medios, pero con mucha ilusión.* **2** Falta de estabilidad, o duración escasa: *La precariedad de su salud lo obliga a estar bajo constante vigilancia médica.*

precario, ria adj. **1** Que no posee los medios o recursos suficientes: *Tras la guerra, la situación en esa zona es muy precaria.* **2** Que no es seguro o que tiene poca duración: *Mi precaria situación laboral me impide meterme ahora en la compra de un piso.*

precaución s.f. Cuidado que se pone al hacer algo, para evitar inconvenientes, dificultades y daños: *Debes conducir con precaución para evitar los accidentes.*

precautorio, ria adj. Que sirve de precaución: *Todas las medidas precautorias son pocas para evitar accidentes de tráfico.*

precaver v. Referido a un riesgo, a un daño o a un peligro, prevenirlos o tomar medidas para evitarlos: *Llevo todo tipo de ropa en la maleta para precaver cualquier cambio de tiempo que pueda sobrevenir. Hace deporte y lleva una vida sana para precaverse de las enfermedades del sistema circulatorio.* □ SINT. Constr.: *precaverse* {DE/CONTRA} *algo.*

precedente s.m. Lo que ha ocurrido antes y condiciona lo que ocurre después; antecedente: *Este tipo de acción no tiene precedentes entre nosotros, y por eso no sabemos cómo reaccionar ante ella.*

preceder v. **1** Ir delante en el tiempo o en el espacio; anteceder: *El mes de octubre precede al de noviembre.* **2** Tener preferencia, supremacía o superioridad: *En el protocolo oficial, el rey precede al presidente del Gobierno.*

preceptivo, va ▌adj. **1** Que es obligatorio, o que debe ser obedecido porque está ordenado por un precepto: *Para circular en moto es preceptivo llevar casco.* ▌s.f. **2** Conjunto de preceptos o normas aplicables a determinada materia: *Muchas preceptivas literarias renacentistas siguen de cerca la 'Poética' de Aristóteles.*

precepto s.m. Norma u orden que hay que cumplir porque así está establecido o mandado: *Un buen cristiano es aquel que cumple los preceptos de la ley de Dios.*

preceptor, -a s. Persona que se dedica a la educación y formación de uno o varios niños, generalmente en el hogar de estos: *Los hijos del duque eran educados por un preceptor.*

preceptuar v. Imponer como precepto o como norma: *La ley preceptúa el uso del cinturón de seguridad en los vehículos automóviles.* □ ORTOGR. La *u* lleva tilde en los presentes, excepto en las personas *nosotros* y *vosotros* →ACTUAR.

preces s.f.pl. Oraciones de súplica o de ruego que se dirigen a Dios, a Jesucristo, a la Virgen María (según la Biblia, madre de Jesucristo) o a los santos: *El Señor escuchó sus preces y le concedió lo que pedía.*

preciado, da adj. Precioso, excelente y de mucha estimación: *Espero que no me falles, porque eres mi más preciado amigo.*

preciarse v.prnl. Presumir o mostrarse orgulloso: *Se precia de ser el mejor bailarín del conjunto, pero es muy torpe.* □ ORTOGR. La *i* nunca lleva tilde. □ SINT. Constr.: *preciarse* DE *algo.*

precintar v. Cerrar o señalar con un precinto: *Los discos se precintan para que nadie pueda usarlos antes de comprarlos. La policía precintó el bar por orden judicial.*

precinto s.m. **1** Señal sellada que se pone en un lugar para mantenerlo cerrado y asegurar que solo lo abrirá la persona autorizada para ello: *El envase de estas galletas lleva precinto para que el comprador sepa que nadie las ha tocado.* **2** Colocación de esta señal sellada: *La policía llevó a cabo el precinto de la casa en la que había ocurrido el asesinato.*

precio s.m. **1** Cantidad de dinero en que se estima el valor de algo: *El precio de estos zapatos es de 32 euros.* **2** Esfuerzo, pérdida o sufrimiento necesarios para obtener algo: *Consiguió la fama, sí, pero al precio de perder a sus amigos.* **3** ‖ **a precio de coste.** Por lo que cuesta algo, sin ganancia alguna: *Compré estos pantalones en la fábrica a precio de coste, y me salieron más baratos que en una tienda.* ‖ **no tener precio.** Ser de mucho valor: *La ayuda que me has prestado no tiene precio.* □ SINT. Incorr. *a {*más > mayor} precio.*

preciosidad s.f. **1** Conjunto de cualidades bellas y agradables: *En la ropa de vestir valoro más la comodidad que la preciosidad.* **2** Lo que resulta precioso: *¡Qué preciosidad de casa!*

preciosismo s.m. Refinamiento extremado en el estilo: *Los poemas de Rubén Darío se caracterizan por su preciosismo.*

preciosista adj./s. Del preciosismo, con preciosismo o relacionado con este refinamiento extremado: *El rococó es un estilo muy preciosista. Los preciosistas cuidan mucho la forma del lenguaje.* □ MORF. 1. Como adjetivo es invariable en género. 2. Como sustantivo es de género común y exige concordancia en masculino o en femenino para señalar la diferencia de sexo: *el preciosista, la preciosista.*

precioso, sa adj. **1** De mucho valor: *El oro es un metal precioso. Me prestó una preciosa ayuda cuando lo necesité.* **2** Que resulta bello o agradable al ser percibido por la vista o por el oído; *hermoso: Esa melodía es preciosa.*

preciosura s.f. *col.* Lo que resulta bonito: *¡Qué preciosura de niño!*

precipicio s.m. Terreno con una pendiente profunda y casi vertical: *No te asomes al precipicio, que hace viento y te puedes caer.*

precipitación s.f. **1** Caída desde un lugar alto: *El vértigo causó su precipitación desde el acantilado.* **2** Hecho de desencadenarse rápidamente un hecho, generalmente antes de lo previsto: *La precipitación de los acontecimientos nos pilló desprevenidos.* **3** En una disolución química, depósito de la sustancia sólida que se hallaba disuelta: *La precipitación es un método químico de separación de sustancias.* **4** Imprudencia o prisa: *La precipitación no es buena para tomar decisiones.* **5** Agua atmosférica que cae en la Tierra en forma líquida o sólida: *El parte meteorológico anuncia precipitaciones en forma de nieve.*

precipitado, da ▌adj. **1** Que está hecho con mucha prisa: *Si no quieres equivocarte, no tomes decisiones precipitadas.* ▌s.m. **2** En química, sustancia que se obtiene por precipitación: *Los precipitados son sólidos.*

precipitar ▌v. **1** Referido a un hecho, desencadenarlo o acelerarlo: *Las pruebas encontradas precipitaron su detención. Los hechos se precipitaron y el director tuvo que dimitir.* **2** En química, referido a una disolución, producir una materia sólida que cae al fondo: *Las soluciones salinas saturadas precipitan en cristales de sal.* **3** Despeñar o arrojar desde un lugar alto: *Precipitó el coche desde el acantilado para que no quedaran pruebas del asesinato. El suicida se precipitó desde un quinto piso.* ▌prnl. **4** Lanzarse imprudentemente a hacer algo: *No te precipites y lee bien el documento antes de firmarlo.*

precisamente adv. Necesariamente, exactamente, o en el momento o en el lugar precisos: *Eso era precisamente lo que quería.* □ SEM. 1. Se usa mucho para indicar asentimiento o conformidad: *-¿Que tú eres más joven que yo? -Precisamente.* 2. Se usa mucho para subrayar una contradicción o la inoportunidad e inconveniencia de algo: *Dice que la odio, cuando precisamente es la persona a quien más quiero.*

precisar v. **1** Fijar o determinar de modo preciso: *Sé que ocurrió en noviembre, pero no puedo precisar el día exacto.* **2** Necesitar o considerar necesario e indispensable: *Precisó de mi ayuda para terminar el trabajo y me llamó. Se precisa mucha fuerza para levantar esa piedra.* □ SINT. Constr. de la acepción 2: *precisar algo* o *precisar* DE *algo.*

precisión s.f. **1** Exactitud, puntualidad o determinación: *Este reloj marca la hora con gran precisión, porque no adelanta ni atrasa.* **2** Concisión y exactitud rigurosas, esp. en el lenguaje: *Contestó a mis preguntas con tal precisión que no dudé de la veracidad de sus palabras.* **3** ‖ **de precisión.** Referido esp. a un mecanismo, que está construido para obtener resultados exactos: *En las investigaciones científicas se utilizan aparatos de precisión.*

preciso, sa adj. **1** Necesario o indispensable para un fin: *Es preciso que vengas cuanto antes.* **2** Justo o exacto: *Salió en el preciso momento en que empezaba a llover.* **3** Referido esp. al lenguaje, que es conciso, exacto y riguroso: *El juez pidió al testigo que fuera claro y preciso en sus respuestas.* **4** Que se distingue con claridad: *Cuando levantó la niebla, volvieron a verse los contornos precisos de las cosas.*

preclaro, ra adj. Ilustre, famoso y digno de admiración o respeto: *Cervantes fue un preclaro escritor.*

precocidad s.f. Carácter temprano o prematuro, esp. referido a una etapa de un proceso: *La precocidad del diagnóstico facilitó la curación del enfermo.*

precocinado, da adj. Referido a una comida, que se vende ya cocinada y que se tarda poco en preparar: *Para comer esta pizza precocinada solo tienes que calentarla en el horno unos minutos.*

preconcebido, da adj. Referido esp. a una idea, que se ha formado sin tener en cuenta los datos reales ni la experiencia: *Si tenías la idea preconcebida de que la película era un tostón, entiendo que te hayas aburrido.*

preconizar v. Referido a algo que se considera bueno, defenderlo o apoyarlo: *Algunos concejales preconizan el cierre del tráfico rodado en el centro de la ciudad.* □ ORTOGR. La *z* se cambia en *c* delante de *e* ⟶**CAZAR**.

precoz adj. **1** Referido esp. a una persona, que destaca pronto por su talento en alguna actividad; *adelantado: Fue un niño precoz, y daba conciertos de violín a los siete años.* **2** Referido esp. a un proceso o a un fenómeno, que aparece o se manifiesta antes de lo habitual: *El año pasado el invierno fue precoz y las primeras nevadas ocurrieron a principios de octubre.* **3** Referido a una etapa de un proceso, esp. a una enfermedad, que es temprana o se encuentra en el inicio: *Las enfermedades se combaten mejor si se diagnostican en una fase precoz.* □ MORF. Invariable en género.

precursor, -a adj./s. Que precede, origina o anuncia algo que se desarrollará más tarde: *El escritor romántico Larra fue un precursor del actual periodismo político de crítica y de opinión.*

predador, -a adj./s. Referido a un animal, que mata animales de otra especie para comérselos: *Algunos animales carnívoros son predadores. El león es un predador.*

predatorio, ria adj. De la captura de una presa por parte de un animal, o relacionado con ella: *Los tigres y los leones tienen un fuerte instinto predatorio.*

predecesor, -a s. **1** Persona que ha desempeñado un cargo, trabajo o dignidad antes de la que lo ejerce actualmente; *antecesor: El nuevo ministro ha comunicado que seguirá las directrices marcadas por su predecesora.* **2** Persona de la que se desciende: *Uno de mis predecesores fue un gran investigador.* □ MORF. La acepción 2 se usa más en plural. □ SEM. En la acepción 2, es sinónimo de *ancestro, antecesor* y *antepasado.*

predecir v. Referido a algo que va a suceder, avisarlo o anunciarlo con antelación: *El hombre del tiempo predijo temperaturas suaves para el fin de semana.* □ MORF. Irreg.: 1. Su participio es *predicho.* 2. ⟶**PREDECIR**.

predestinación s.f. En teología, elección divina por la que Dios tiene destinados y elegidos desde siempre a los que por medio de su gracia han de alcanzar la gloria: *El calvinismo defiende la predestinación.*

predestinar v. En teología, referido a Dios, destinar y elegir desde siempre a los que por medio de su gracia han de alcanzar la gloria: *Calvino afirmaba que Dios predestina a las personas.*

prédica s.f. Sermón o discurso adoctrinador, esp. los que dirige un predicador a sus fieles: *En la prédica del domingo, el sacerdote habló de la necesidad de ser más solidarios con los que padecen.*

predicación s.f. **1** Doctrina que se predica o enseñanza que se da con ella: *La predicación apostólica extendió el* *cristianismo por el mundo.* **2** Pronunciación de un sermón: *Llegué tarde a misa y el párroco ya había comenzado la predicación.* **3** Divulgación de unas ideas: *Lo que más me molesta de su discurso es la predicación de la violencia.*

predicado s.m. **1** En lingüística, parte de la oración gramatical cuyo núcleo es el verbo: *En la oración 'Juan corre mucho', 'corre mucho' es el predicado.* **2** ‖ **predicado nominal.** El unido al sujeto por un verbo copulativo, como *ser* o *estar*: *En la oración 'Yo soy rubia', el predicado nominal es 'soy rubia'.* ‖ **predicado verbal.** El formado por un verbo no copulativo y sus complementos: *En la oración 'Yo voy al colegio', 'voy al colegio' es el predicado verbal.*

predicador s.m. Orador que predica la palabra de Dios: *En muchas películas del oeste, el predicador es un personaje típico.*

predicamento s.m. Prestigio o estimación: *Este científico tiene gran predicamento.*

predicar v. **1** Dar o pronunciar un sermón: *El sacerdote predicaba desde el púlpito.* **2** Referido esp. a una doctrina o a unas ideas, hacerlas patentes, propagarlas o extenderlas: *Por más que el alcalde predique el ahorro de agua, la gente no hace caso.* **3** En lingüística, referido esp. a una cualidad o a una acción del sujeto, decirlas o enunciarlas: *El verbo predica la acción que realiza el sujeto.* □ ORTOGR. La *c* se cambia en *qu* delante de *e* →**SACAR**.

predicativo, va ▌ adj. **1** En gramática, que pertenece al predicado, que realiza esta función o que posee un predicado: *Las oraciones predicativas son aquellas cuyo verbo no es copulativo.* ▌ s.m. **2** →**complemento predicativo.**

predicción s.f. Aviso o anuncio de algo que va a suceder: *Los meteorólogos realizan la predicción del tiempo.*

predicho, cha part. irreg. de **predecir.** □ MORF. Incorr. **predecido.*

predilección s.f. Preferencia o cariño especial que se sienten por algo: *El abuelo siente predilección por la nieta mayor.*

predilecto, ta adj. Que se prefiere entre varios: *Mi color predilecto es el azul.*

predisponer v. Referido a una persona, prepararla o influir en ella para que adopte determinada actitud: *No quiero que mis críticas te predispongan contra él.* □ MORF. Irreg.: 1. Su participio es *predispuesto*. 2. →**PONER**.

predisposición s.f. Tendencia o inclinación hacia algo: *Las personas tristes tienen predisposición a las depresiones.*

predispuesto, ta part. irreg. de **predisponer.** □ MORF. Incorr. **predisponido.*

predominar v. **1** Sobresalir o destacar entre varios: *Entre todas sus cualidades predomina la bondad.* **2** Dominar en número o ser más abundante: *En mi familia predominan las personas de ojos claros.*

predominio s.m. **1** Poder, superioridad o influencia de una cosa sobre otras: *Después de varias jornadas, continúa el predominio de nuestro equipo en la clasificación.* **2** Abundancia de unas cosas sobre otras: *En tu biblioteca hay un claro predominio de los libros de poesía.*

preeminente adj. Que es más importante que otros: *Los abuelos tienen la foto de sus nietos en un lugar preeminente del comedor.* □ ORTOGR. Dist. de *prominente*. □ MORF. Invariable en género.

preescolar adj./s.m. →**prescolar.** □ MORF. Como adjetivo es invariable en género.

preestablecido, da adj. →**prestablecido, da.**

prefabricado, da adj. Referido esp. a una construcción, que ha sido fabricada fuera del lugar en el que se va a establecer, y que se construye con solo acoplar sus piezas: *Cuando el terremoto hundió nuestra casa, nos alojaron en unos barracones prefabricados.*

prefacio s.m. Prólogo o introducción de un libro: *En el prefacio de la novela, el autor agradece a sus amigos su colaboración.*

prefecto s.m. **1** En la antigua Roma, jefe militar o civil: *El prefecto recibió el homenaje de las legiones de su provincia.* **2** En una comunidad eclesiástica, ministro que preside y manda: *El prefecto gobierna con acierto la comunidad de religiosos.*

preferencia s.f. **1** Primacía o ventaja que se tienen sobre algo: *En este cruce, tienen preferencia los coches que vienen por la derecha.* **2** Inclinación favorable que se siente hacia algo: *Los padres no sienten preferencia por ninguno de sus hijos, y a todos los quieren igual.*

preferente adj. Que tiene preferencia o ventaja sobre otros: *Los asientos de clase preferente son mejores que los de la clase turista.* □ MORF. Invariable en género.

preferible adj. Mejor o más conveniente: *Con el frío que hace, es preferible que no salgas.* □ MORF. Invariable en género. □ SINT. Constr.: *preferible A algo.*

preferir v. Referido a algo, tener o sentir preferencia por ello: *Prefiero los helados de fresa a los de chocolate. ¿No prefieres sentarte en el sofá?* □ MORF. Irreg. →**SENTIR**. □ SINT. Constr.: *preferir una cosa A otra.*

prefijación s.f. Formación de nuevas palabras por medio de prefijos: *'Posguerra' es una palabra que se forma por prefijación, uniendo el prefijo 'pos-' a la palabra 'guerra'.*

prefijo, ja ▌ adj./s.m. **1** En lingüística, referido a un morfema, que se une por delante a una palabra o a una raíz para formar derivados o palabras compuestas: *La partícula prefija 'ante-' forma palabras como 'antediluviano' o 'antepasado'. En 'preacuerdo', el prefijo 'pre-' significa 'antes'.* ▌ s.m. **2** Conjunto de cifras o de letras que indican zona, ciudad o país, y que se marcan antes que el número de teléfono para establecer comunicación telefónica: *Si llamas desde otra provincia, el prefijo de Madrid es 91.* □ SEM. En la acepción 1, es dist. de *infijo* (que se introduce en el interior de la palabra) y de *sufijo* (que se une por detrás).

pregón s.m. **1** Anuncio que se hace en voz alta en los lugares públicos para que sea conocido por todos: *El pregonero era un oficial municipal que leía los pregones.* **2** Discurso elogioso que anuncia al público la celebración de una fiesta e incita a participar en ella: *Este año el pregón de las fiestas de mi pueblo lo pronunciará un escritor nacido allí.*

pregonar v. **1** Referido esp. a una noticia, ponerla en conocimiento de todos en voz alta: *Antiguamente, los bandos municipales eran pregonados en la plaza del pueblo.* **2** Referido a una cualidad, elogiarla públicamente: *Va pregonando tus virtudes entre sus amigos.* **3** Referido a algo oculto o que debe callarse, darlo a conocer: *Le conté un secreto y el muy cotilla lo ha ido pregonando por ahí.* **4** Referido a una mercancía que se quiere vender, vocearla o anunciarla: *El frutero ambulante recorre las calles pregonando su mercancía.*

pregonero, ra s. Persona que pronuncia el pregón de unas fiestas o que lee los pregones municipales: *El pregonero municipal solía tocar una trompetilla antes de leer su pregón, para llamar la atención de los vecinos.*

a b c d e f g h i j k l m n ñ o **p** q r s t u v w x y z

pregunta s.f. Formulación de una cuestión o demanda de información; *interrogación: No respondió bien ninguna de las preguntas del examen y suspendió.*

preguntar v. **1** Hacer preguntas: *Desde que te fuiste, se pasa el día preguntando por ti.* **2** Referido a una cuestión, formularla o demandar información sobre ella: *El profesor me preguntó la tabla de multiplicar. Me pregunto si habrá recibido mi carta.* **3** Referido a un asunto, exponerlo en forma de interrogación para ponerlo en duda o para darle mayor énfasis: *Señores, yo me pregunto si realmente bajarán los impuestos.*

preguntón, -a adj./s. *col.* Que pregunta con insistencia: *Los niños suelen ser muy preguntones. Es una preguntona, porque todo le llama la atención.*

prehistoria s.f. **1** Período de la vida de la humanidad que comprende desde el origen del ser humano hasta la aparición de los primeros documentos escritos: *La prehistoria se conoce gracias a los restos de construcciones, herramientas y huesos encontrados.* **2** Estudio de este período: *Estudié geografía e historia y me especialicé en prehistoria.*

prehistórico, ca adj. **1** De la prehistoria o relacionado con este período: *Este investigador ha hallado varios yacimientos prehistóricos.* **2** *col.* Muy viejo o anticuado: *Va de caza con una escopeta prehistórica que heredó de su abuelo.*

prejuicio s.m. Juicio u opinión que se forman de antemano y sin tener los datos adecuados: *Los racistas tienen prejuicios frente a los que no son de su misma raza.* □ ORTOGR. Dist. de *perjuicio*.

prejuzgar v. Juzgar antes de tiempo o sin tener un conocimiento adecuado: *No prejuzgues su actuación; primero deja que se explique.* □ ORTOGR. La *g* se cambia en *gu* delante de *e* →**PAGAR**.

prelado s.m. Superior eclesiástico: *El abad, el obispo o el arzobispo son prelados.*

prelatura s.f. Dignidad o cargo de prelado: *Alcanzó la prelatura al ser nombrado obispo de Sigüenza.*

preliminar adj./s.m. Que sirve de preámbulo o de introducción: *Las páginas preliminares de este diccionario están paginadas con números romanos. En los preliminares del partido, los jugadores posaron para los fotógrafos.* □ MORF. 1. Como adjetivo es invariable en género. 2. Como sustantivo se usa más en plural.

preludiar v. Iniciar o dar entrada: *Estos fríos otoñales preludian el invierno.* □ ORTOGR. La *i* nunca lleva tilde.

preludio s.m. **1** Lo que precede o sirve de entrada, de preparación o de principio a algo: *Las revueltas callejeras fueron el preludio de la guerra.* **2** Composición musical de carácter instrumental, breve y sin una forma definida, y que originariamente servía de introducción en las fugas, suites u otras obras extensas: *Con Chopin, el Romanticismo y el siglo XIX, los preludios se convierten en piezas independientes para piano.*

premamá adj. De la mujer embarazada o relacionado con ella: *Los vestidos premamá son muy anchos.* □ MORF. Invariable en género y en número.

prematuro, ra ▌adj. **1** Que ocurre, sucede o se produce antes de tiempo: *El otoño ha llegado este año de forma prematura.* ▌adj./s. **2** Referido a un niño, que ha nacido antes de tiempo: *Es un bebé prematuro porque nació en el séptimo mes. Los prematuros pueden tener problemas después del parto.*

premeditación s.f. En derecho, circunstancia que agrava la responsabilidad criminal de un acusado y que consiste en una actitud más reflexiva de lo normal por parte de este a la hora de perpetrar un delito: *El juez consideró que el delito había sido realizado con premeditación y alevosía.*

premeditar v. Referido esp. a una idea o a un proyecto, pensarlos de manera reflexiva antes de realizarlos: *No digas que no te has dado cuenta, porque seguro que lo habías premeditado para que saliera así.*

premiar v. Galardonar o destacar con un premio: *El guion de esta película ha sido premiado en el último festival.* □ ORTOGR. La *i* nunca lleva tilde.

premio s.m. **1** Recompensa que se da por un mérito o por un servicio: *Con mi poema he conseguido el primer premio del concurso de poesía.* **2** Recompensa que se otorga en rifas, sorteos o concursos: *Le tocó el premio en una rifa y le dieron una muñeca.* **3** En la lotería nacional, cada uno de los lotes sorteados: *El primer premio de la lotería está dotado con muchos miles de euros.* **4** ‖ **(premio) gordo.** *col.* El mayor que sortea la lotería pública, y esp. el del sorteo de Navidad: *Si me toca el premio gordo, haré un viaje alrededor del mundo.* ‖ **(premio) Nobel.** →**nobel.** □ MORF. El plural de *premio Nobel* es *premios Nobel*. □ USO En la expresión *premio Nobel* se usa como nombre propio cuando hace referencia a la denominación oficial del premio.

premiosidad s.f. Lentitud o dificultad para hacer algo: *Me desespera la premiosidad con que haces las cosas.*

premioso, sa adj. Torpe, lento o pausado: *Con esos andares premiosos no llegarás a tiempo.*

premisa s.f. **1** En filosofía, en un silogismo, cada una de las dos primeras proposiciones, de las cuales se infiere la conclusión: *Si una de las premisas es falsa, la conclusión será falsa.* **2** Idea que sirve de base: *Si partimos de estas premisas, el éxito está asegurado.*

premolar s.m. →**diente premolar.** 👁 **dentadura**

premonición s.f. Presentimiento de que algo va a ocurrir: *Gracias a que tuvo una premonición y anuló el vuelo, se salvó del accidente.*

premonitorio, ria adj. Que predice o anuncia algo: *Tuve un sueño premonitorio del accidente.*

premura s.f. Prisa o urgencia: *Recoge con premura tu habitación antes de que lleguen las visitas.*

prenda ▌s.f. **1** Cada una de las partes de las que se compone la vestimenta de una persona: *La chaqueta es una prenda de abrigo.* **2** Lo que se entrega como garantía del cumplimiento de una obligación o del pago de una deuda: *Para que confíes en que volveré, te dejo mi anillo como prenda.* **3** Lo que se hace en prueba o en demostración de algo: *Me hizo un regalo como prenda de su amistad.* **4** Cualidad física o moral de una persona: *La inteligencia y la sinceridad son las prendas más notorias de ese muchacho.* **5** Lo que es muy querido, esp. si es una persona: *¿Dónde vas, prenda?* ▌pl. **6** Juego infantil en el que el perdedor tiene que entregar algo y cumplir lo que se le ordena para recuperarlo: *Jugamos a las prendas y para recuperar mi reloj tuve que ponerme a bailar en un banco de la calle.* **7** ‖ **no soltar prenda.** *col.* Callar o no contestar a lo que se pregunta: *Por más que pregunté qué había pasado, allí nadie soltó prenda.* □ USO La acepción 5 se usa mucho como apelativo.

prendar ▌v. **1** Gustar muchísimo o dejar encantado: *Me prendó tu sonrisa.* ▌prnl. **2** Quedarse encantado o enamorado: *Me prendé de ti desde el primer día que te vi.* □ SINT. Constr. como pronominal: *prendarse* DE *algo*.

prendedor s.m. Lo que sirve para prender o sujetar: *Se puso un prendedor de corbata, a juego con los gemelos.*

prender v. **1** Sujetar o agarrar, esp. con algo que tenga punta: *Prendió los bajos del vestido con alfileres.* **2** Privar de la libertad o detener, esp. por un delito cometido: *La policía ha conseguido prender al fugitivo más buscado.* **3** Referido al fuego o a la luz, causarlos o encenderlos: *Prendió fuego a la fábrica para cobrar el seguro.* **4** Referido a una materia combustible, empezar a arder o a quemarse: *La madera húmeda no prende bien. La casa se prendió debido a un cortocircuito.* **5** Arraigar o propagarse: *El amor prendió en su corazón. La nueva moda ha prendido rápidamente en la gente.* **6** Referido a una planta, arraigar en la tierra: *El esqueje ha prendido y está echando hojas nuevas.* □ MORF. Tiene un participio regular (*prendido*), que se usa en la conjugación, y otro irregular (*preso*), que se usa solo como adjetivo o sustantivo.

prendido s.m. Adorno que se engancha o se prende en algo, esp. el que se pone en la cabeza para sujetar el pelo: *La novia lleva un bonito prendido de flores.*

prendimiento s.m. Detención de una persona para privarla de la libertad, esp. por un delito cometido: *Este cuadro representa el prendimiento de Cristo en el huerto de los Olivos.*

prensa s.f. **1** Máquina que sirve para comprimir: *Las uvas, las aceitunas o las manzanas se meten en la prensa para extraer su jugo.* **2** Taller o lugar en el que se imprime; *imprenta: Mi último libro está en prensa, y pronto se podrá encontrar en todas las librerías.* **3** Conjunto de publicaciones periódicas, esp. si son diarias: *La prensa nos informa de lo que ocurre a nuestro alrededor.* **4** Conjunto de personas que se dedican profesionalmente al periodismo: *El presidente posó unos minutos para la prensa.* **5** ‖ **tener {buena/mala} prensa** algo. Gozar de buena o mala fama, respectivamente: *Sé que tengo mala prensa entre ellos, pero me da igual lo que opinen de mí.*

prensado s.m. Compresión de algo con una prensa, esp. para obtener su jugo: *En mi pueblo el prensado de la uva se realiza de forma artesana.*

prensar v. Apretar o comprimir en la prensa: *Para obtener el vino hay que prensar las uvas.*

prensil adj. Que sirve para coger o agarrar: *Los elefantes tienen una trompa prensil.* □ MORF. Invariable en género.

prensor, -a adj. Que prende o agarra: *Las aves rapaces tienen patas prensoras.*

preñar v. **1** Referido a una hembra, fecundarla o hacerla concebir: *Tiene un semental que ha preñado a todas las vacas de la comarca.* **2** Llenar, rellenar o colmar: *Preñó el discurso de tecnicismos y entenderlo me resultó difícil.*

preñez s.f. Embarazo de una hembra: *La preñez de una mujer dura nueve meses.*

preocupación s.f. **1** Inquietud, intranquilidad o temor: *Las enfermedades de sus hijos le producen muchas preocupaciones.* **2** Lo que despierta interés, cuidado o atención: *Mi única preocupación este mes es aprobar todo en junio.*

preocupar ▌v. **1** Producir intranquilidad, angustia, inquietud o temor: *Me preocupa el futuro de mis hijos. No te preocupes, que no llegaré tarde.* ▌prnl. **2** Referido esp. a un asunto, prestarle atención o interesarse por él: *Preocúpate de tus asuntos y déjame en paz.* □ SINT. Constr. de la acepción 2: *preocuparse {DE/POR} algo.*

preparación s.f. **1** Realización o disposición de todo lo necesario para un fin: *Lo más difícil de esta receta es la preparación de todos los ingredientes.* **2** Disposición o prevención de una persona para una acción futura: *Su marido la acompaña a las clases de preparación al parto.* **3** Entrenamiento para una prueba deportiva: *Yo me encargaré de tu preparación física.* **4** Estudio de una materia o de un examen: *Va a una academia para la preparación de la asignatura que suspendió.* **5** Conjunto de conocimientos de una materia: *De este colegio se sale con muy buena preparación.* **6** Material dispuesto para su estudio microscópico: *Después de teñir y de secar esta preparación de tejidos vegetales, la observaremos al microscopio.*

preparado s.m. Sustancia o producto preparados y dispuestos para su uso: *Riega las plantas con un preparado fertilizante.*

preparador, -a s. **1** Persona que prepara a los estudiantes que se van a presentar a una oposición: *Tengo que estudiar, porque mi preparadora me preguntará la lección mañana.* **2** Persona que prepara a un deportista o a un equipo, y que es responsable de su rendimiento: *El preparador físico dijo a los futbolistas que hicieran unas carreras de calentamiento.*

preparar ▌v. **1** Disponer para un fin: *Prepara las maletas, que nos vamos de viaje. Ya he preparado todos los ingredientes para hacer el gazpacho.* **2** Dar clases o enseñar: *En este colegio preparan muy bien a los alumnos.* **3** Entrenar o adiestrar, esp. si es en la práctica de un deporte: *Mi trabajo consiste en preparar perros para la detección de droga. Se prepara duramente para participar en esa competición.* **4** Referido a una persona, prevenirla o disponerla para una acción futura: *Antes de darles la noticia, debes preparar a tus padres.* **5** Referido a una materia o a un examen, estudiarlos: *Me sé muy bien el examen porque lo he preparado durante varios días. Me estoy preparando unas oposiciones.* ▌prnl. **6** Referido a algo que todavía no ha sucedido, darse las condiciones necesarias para que ocurra o estar próximo a ocurrir: *Por el color del cielo creo que se está preparando una buena nevada.*

preparativo s.m. Lo que se hace para preparar algo: *Está muy ocupada con los preparativos de la fiesta.* □ MORF. Se usa más en plural.

preparatorio, ria adj. Que prepara o dispone para algo: *Para poder empezar esta carrera hay que aprobar un cursillo preparatorio.*

preponderancia s.f. Dominio, superioridad o abundancia de una cosa frente a otra: *La preponderancia del color rojo en este cuadro transmite una sensación de calor.*

preponderar v. Referido esp. a una opinión, prevalecer o hacer más fuerza que otra: *Al final preponderó la opinión de los que estaban a favor.*

preposición s.f. En gramática, parte invariable de la oración cuya función es hacer de nexo entre dos palabras o entre dos términos: *'Ante' y 'con' son preposiciones.*

preposicional adj. **1** De la preposición, relacionado con ella o que funciona como tal; *prepositivo: 'Antes de' es una locución preposicional porque funciona como la preposición 'ante'.* **2** En gramática, referido a un sintagma, que está introducido por una preposición: *'Con alegría', 'de mi coche' y 'desde allí' son sintagmas preposicionales.* □ MORF. Invariable en género.

prepositivo, va adj. De la preposición, relacionado con ella o que funciona como tal; *preposicional: 'En torno a' es una locución prepositiva porque funciona como una preposición.*

a b c d e f g h i j k l m n ñ o **p** q r s t u v w x y z

prepotencia s.f. Poder superior al de otros, esp. cuando se abusa de él: *No actúes con tanta prepotencia, y respeta a los más débiles.*

prepotente adj./s. Que tiene mucho poder y abusa de él: *Tu actitud prepotente hace que mucha gente te tenga miedo. Los prepotentes se creen superiores a los demás y los tratan con desprecio.* ☐ MORF. 1. Como adjetivo es invariable en género. 2. Como sustantivo es de género común y exige concordancia en masculino o en femenino para señalar la diferencia de sexo: *el prepotente, la prepotente.*

prepucio s.m. Piel móvil que cubre el extremo final del pene: *La estrechez excesiva del orificio del prepucio requiere tratamiento quirúrgico.*

prerrogativa s.f. **1** Privilegio concedido por una dignidad, un cargo o un empleo: *Exigía una serie de prerrogativas por ser el más antiguo en el cargo.* **2** Facultad de alguno de los poderes supremos del Estado: *La aprobación de los presupuestos generales del Estado es prerrogativa del Parlamento.*

presa s.f. Véase **preso, sa.**

presagiar v. Referido a algo que todavía no ha ocurrido, anunciarlo o preverlo a partir de presagios o de indicios: *Esos negros nubarrones presagian lluvias.* ☐ ORTOGR. La *i* nunca lleva tilde.

presagio s.m. **1** Señal que anuncia o que indica algo futuro: *Estas primeras heladas son presagio de un crudo invierno en esta zona.* **2** Adivinación de un suceso futuro mediante señales o intuiciones: *En la antigua Roma, los gobernantes creían en los presagios de los adivinos.*

presbiterianismo s.m. Rama del protestantismo surgida en Escocia (región británica) a finales del siglo XVI, que confiere el gobierno de la Iglesia a una asamblea formada por presbíteros y por laicos: *El presbiterianismo no reconoce la autoridad del obispo sobre los presbíteros.*

presbiteriano, na ▌adj. **1** Del presbiterianismo o relacionado con esta rama del protestantismo: *Las creencias presbiterianas son cristianas.* ▌adj./s. **2** Que sigue o que defiende el presbiterianismo: *Escocia, Inglaterra y América son algunos de los lugares en los que más comunidades presbiterianas existen. Los presbiterianos participan activamente en el culto.*

presbiterio s.m. En una iglesia, espacio reservado a los presbíteros entre el altar y el pie de los peldaños por los que se sube a él: *El presbiterio de esa iglesia está cerrado por una barandilla.*

presbítero s.m. En la Iglesia católica, hombre que ha consagrado su vida a Dios y que ha sido ungido y ordenado para celebrar la misa y servir a la comunidad: *Los presbíteros son ordenados por los obispos.*

prescindir v. **1** Referido esp. a algo que no se considera esencial, no contar con ello, omitirlo o no tenerlo en cuenta: *El entrenador prescindirá de los jugadores que no rindan en los entrenamientos.* **2** Referido esp. a algo que se considera necesario, abstenerse o privarse de ello: *Tengo que prescindir de tus servicios porque no puedo pagarte.* ☐ SINT. Constr.: *prescindir* DE *algo.*

prescolar adj./s.m. Referido esp. a un período de la educación, que es anterior a la enseñanza primaria: *El período de enseñanza prescolar corresponde a la educación infantil. Tiene cuatro años y va a primero de prescolar.* ☐ ORTOGR. Se admite también *preescolar.* ☐ MORF. Como adjetivo es invariable en género.

prescribir v. **1** Ordenar o mandar: *El código de circulación prescribe que los vehículos deben circular por la derecha.* **2** Referido a un remedio, recetarlo o recomendarlo: *El médico me ha prescrito un jarabe para la tos.* **3** Referido esp. a un derecho, a una acción o a una obligación, extinguirse o concluirse: *La multa ha prescrito y ya no tengo que pagarla.* ☐ ORTOGR. Dist. de *proscribir.* ☐ MORF. Su participio es *prescrito.*

prescripción s.f. **1** Orden o mandato: *Debo permanecer en cama por prescripción facultativa.* **2** Conclusión de un derecho, de una acción o de una obligación: *La prescripción de la multa se debe al largo tiempo que ha pasado desde que te la pusieron.* ☐ ORTOGR. Dist. de *proscripción.*

prescrito, ta part. irreg. de **prescribir.** ☐ ORTOGR. Dist. de *proscrito.* ☐ MORF. Incorr. **prescribido.*

presencia s.f. **1** Asistencia personal, o estado de la persona que se halla en el mismo lugar que otras: *Su presencia en la reunión fue muy comentada.* **2** Existencia de algo en un lugar o en un momento determinados: *La presencia de fiebre me hace pensar que tienes algo más que un golpe en el brazo.* **3** Aspecto exterior o apariencia: *Esta tarta tiene una presencia estupenda.* **4** ‖ **presencia de ánimo.** Tranquilidad y serenidad ante un suceso: *Envidio vuestra presencia de ánimo ante las desgracias.*

presencial adj. Que presencia algo: *Los testigos presenciales declararon ante la policía lo que habían visto.* ☐ MORF. Invariable en género.

presenciar v. Referido esp. a un acontecimiento, asistir a él o verlo: *Estaba allí y pude presenciar el atraco.* ☐ ORTOGR. La *i* nunca lleva tilde.

presentable adj. Con buen aspecto o en condiciones de ser visto: *Espera que me arregle, porque no estoy presentable.* ☐ MORF. Invariable en género.

presentación s.f. **1** Manifestación, exposición, muestra o exhibición: *Para que te den el paquete es necesaria la presentación del carné de identidad.* **2** Aspecto o apariencia exterior de algo: *Para que una comida resulte atractiva debe tener buena presentación.* **3** Proposición de una persona para una dignidad o para un oficio: *Su presentación como candidato ha levantado un gran revuelo.* **4** Conjunto de comentarios de un programa o de un espectáculo hechos por el presentador: *La presentación de este concurso corre a cargo de una conocida actriz.* **5** Acto de dar el nombre de una persona a otra para que se conozcan: *En la presentación me di cuenta de que ya se conocían.*

presentador, -a s. Persona que se dedica profesionalmente a la presentación de espectáculos o de programas de radio o de televisión: *El presentador del concurso pidió un aplauso para los ganadores.*

presentar ▌v. **1** Manifestar, mostrar o poner en presencia de alguien: *Me presentó sus excusas por no haber llegado a tiempo. Tienes que presentar mejor este trabajo.* **2** Dar a conocer al público: *En la convención presentarán los nuevos modelos de coches.* **3** Referido a una característica, tenerla o mostrarla: *La herida no presenta un buen aspecto.* **4** Referido a una persona, proponerla para una dignidad o para un oficio: *El partido ha presentado su candidato para las próximas elecciones. Se presentará para delegado de clase.* **5** Referido esp. a un espectáculo, anunciarlo o comentarlo: *Para presentar el programa eligieron a un conocido actor.* **6** Referido a una persona, dar su nombre a otra para que se conozcan: *Me presentó a toda la gente que asistió a la fiesta. Me presenté yo misma a tu vecina, porque no había nadie para hacerlo.* ▌prnl. **7** Ofrecerse voluntariamente para un fin: *Cuando pidieron gente para apagar el incendio, me presenté rápida-*

mente. **8** Comparecer en un lugar, en un acto o ante una autoridad: *Los presos que están en libertad provisional deben presentarse en la comisaría de Policía cada cierto tiempo.* **9** Aparecer en un lugar de forma inesperada: *Se presentó en mi casa a las tres de la madrugada.* **10** Producirse, mostrarse o aparecer: *Se me presentó la ocasión de irme de vacaciones y no la desaproveché.*

presente ▌ adj./s. **1** Que está en presencia de alguien o que concurre con él en el mismo sitio: *Estuve presente en tu conferencia y fue magnífica. Los presentes estamos de acuerdo contigo.* ▌ adj./s.m. **2** Que ocurre en el momento en el que se habla: *Ten confianza y verás cómo se solucionan tus problemas presentes. En el presente, la técnica nos ha hecho la vida más cómoda.* **3** En gramática, referido a un tiempo verbal, que indica que la acción del verbo está realizándose: *El tiempo de la oración 'Quiero agua' es presente. El presente de indicativo de 'amar' es 'amo' y el de subjuntivo, 'ame'.* ▌ s.m. **4** Obsequio o regalo que se da a alguien en señal de reconocimiento o de afecto: *Según la Biblia, los Reyes Magos ofrecieron al Niño Jesús tres presentes: oro, incienso y mirra.* **5** ‖ **mejorando lo presente.** Expresión que se utiliza por cortesía cuando se alaba a una persona delante de otra: *Ya te dije que es muy buen muchacho, mejorando lo presente.* ‖ **por el presente.** Por ahora o en este momento: *Por el presente, la cosa va bien, pero ya veremos cómo termina.* ‖ **presente histórico.** El que se usa para narrar acciones pasadas: *El presente de 'Colón descubre América' en 1492 es un 'presente histórico'.* □ MORF. Como adjetivo es invariable en género. En la acepción 1, como sustantivo es de género común y exige concordancia en masculino o en femenino para señalar la diferencia de sexo: *el presente, la presente.*

presentimiento s.m. Sensación de que algo va a ocurrir o de que va a ocurrir de una determinada forma; *corazonada: No sé nada de él, pero tengo el presentimiento de que pronto volveremos a vernos.*

presentir v. Referido a algo que no ha sucedido, adivinarlo o tener la sensación de que va a suceder: *Presiento que ganarás el primer premio de ese concurso.* □ MORF. Irreg. →SENTIR.

preservación s.f. Protección contra algún daño: *La preservación del medio ambiente es tarea de todos.*

preservar v. Proteger o resguardar de algún daño o peligro: *Los invernaderos sirven para preservar las plantas del frío.* □ SINT. Constr.: *preservar* DE *algo.*

preservativo s.m. Funda fina y elástica que se usa para cubrir el pene durante el coito y evitar así la fecundación o la transmisión de enfermedades; *condón, profiláctico: El preservativo es un procedimiento anticonceptivo.*

presidencia s.f. **1** Cargo de presidente: *El abuelo desempeña la presidencia de la sociedad anónima familiar.* **2** Tiempo durante el que un presidente ejerce su cargo: *Los hechos de los que se le acusa ocurrieron durante su primera presidencia.* **3** Lugar de trabajo de un presidente: *El jugador tuvo que pasar por la presidencia del club para cobrar las primas que le adeudaban.* **4** Persona o conjunto de personas que presiden algo: *En tauromaquia, la presidencia tiene como misión velar por el estricto cumplimiento del reglamento taurino durante la lidia.*

presidencial adj. Del presidente, de la presidencia o relacionado con ellos: *El rey fue recibido en el palacio presidencial por el presidente de la nación.* □ MORF. Invariable en género.

presidencialismo s.m. Sistema de organización política caracterizado porque el presidente de la república es también el jefe del Gobierno: *En el presidencialismo, el presidente no depende de las Cámaras.*

presidente, ta s. **1** Persona que preside: *Hubo elecciones en mi empresa y me tocó ser presidenta de una mesa.* **2** En un Gobierno, en una colectividad o en un organismo, persona que ejerce su dirección o que ocupa su puesto más importante: *Este año soy el presidente de la comunidad de vecinos.* **3** En un régimen republicano, jefe del Estado, generalmente elegido para un plazo fijo: *En ese país el presidente es elegido democráticamente cada cuatro años.* □ MORF. Se usa también *presidente* como sustantivo de género común.

presidiario, ria s. Persona que está en presidio cumpliendo una condena: *Los presidiarios pedían un trato más humanitario.*

presidio s.m. **1** Establecimiento penitenciario en el que cumplen sus condenas los castigados a penas de privación de libertad: *Cumplió veinte años de condena en el presidio de esa ciudad.* **2** Pena consistente en la privación de libertad durante un período de tiempo determinado: *Lo condenaron a veinte años de presidio.*

presidir v. **1** Tener u ocupar el primer puesto o el lugar más importante en un acto, en una colectividad o en un organismo: *La directora del colegio presidió la entrega de diplomas.* **2** Estar en el mejor lugar o en el más destacado: *Un retrato del fundador de la fábrica preside el despacho del director.* **3** Predominar o tener gran influencia o poder: *La honestidad preside sus actos.*

presilla s.f. Cordoncillo o pieza metálica pequeños y finos que se cosen al borde de una prenda de vestir para abrochar un corchete, un botón o un broche: *Para abrocharte la falda tienes que subir la cremallera y enganchar el corchete en la presilla.* 👁 **costura**

presintonía s.f. **1** En un receptor de radio o de televisión, dispositivo capaz de memorizar la frecuencia de emisión: *Mi radio es antigua y no tiene presintonía.* **2** Frecuencia memorizada en un receptor: *Pon la presintonía número 5, porque van a emitir un programa que me interesa.*

presión s.f. **1** Compresión, opresión, empuje o fuerza que se ejerce sobre algo: *Este tapón se cierra a presión.* 👁 **tapón** **2** En física, fuerza que ejerce un cuerpo sobre cada unidad de superficie: *Los submarinos están preparados para soportar enormes presiones.* **3** Influencia que se ejerce sobre una persona o sobre una colectividad para obligarlas a hacer o a decir algo: *En el trabajo está sometido a fuertes presiones para alcanzar los plazos previstos.* **4** En algunos deportes de equipo, vigilancia insistente sobre uno o varios jugadores contrarios para impedir o dificultarles las jugadas: *La presión del equipo contrario fue la clave de su victoria.* **5** ‖ **presión arterial.** La que ejerce la sangre sobre la pared de las arterias; *tensión arterial: Antes de donar sangre me tomaron la presión arterial.* ‖ **presión atmosférica.** Peso que ejerce una columna de aire, con la altura total de la atmósfera, sobre la superficie de los cuerpos inmersos en ella: *La presión atmosférica se mide en milibares.* □ USO En la acepción 4, es innecesario el uso del anglicismo *pressing.*

presionar v. **1** Referido esp. a un objeto, ejercer presión o fuerza sobre él: *Presiona el tubo para que salga el dentífrico.* **2** Someter a presión, o ejercer tal influencia que se obligue a hacer algo: *Por mucho que me presiones, jamás conseguirás que te desvele el secreto.* **3** En algunos deportes, referido esp. a un jugador, vigilarlo y perseguirlo insistentemente para dificultarle las jugadas: *El defensa presiona al delantero para que no meta goles.*

preso, sa ▌adj./s. **1** Referido a una persona, que sufre prisión: *Varios delincuentes presos se han escapado. El preso fue puesto en libertad por buen comportamiento antes de que acabara su condena.* ▌s.f. **2** Lo que es apresado o robado: *Es tan ingenuo que será fácil presa de los estafadores.* **3** Animal que es o que puede ser cazado o pescado: *El pescador se hizo una fotografía sosteniendo su presa.* **4** En un río, en un arroyo o en un canal, muro grueso que se construye para retener y almacenar el agua: *La presa se rompió y el agua inundó el valle.* **5** Lugar en el que las aguas están detenidas o almacenadas, natural o artificialmente: *Fuimos a bañarnos a la presa.* □ SEM. En la acepción 1, dist. de *prisionero* (persona privada de libertad, esp. si es por motivos que no son delito).

pressing s.m. →**presión.** □ PRON. [présin]. □ USO Es un anglicismo innecesario.

prestablecido, da adj. Que está establecido con anterioridad, por ley o reglamento: *Las normas prestablecidas deben ser aceptadas por todos.* □ ORTOGR. Se admite también *preestablecido*.

prestación ▌s.f. **1** Servicio que se da o que se ofrece a alguien: *La asistencia sanitaria y los subsidios de paro y de jubilación son prestaciones de la Seguridad Social.* **2** Realización de un servicio, una ayuda, una asistencia o algo semejante: *Los objetores de conciencia están obligados a la prestación de un servicio social.* ▌pl. **3** En una máquina, esp. en un automóvil, características técnicas que presenta: *Compró el modelo de coche que más prestaciones tenía.*

prestado ‖ **de prestado. 1** Con cosas prestadas: *No tenía traje para la boda, así que se lo pedí a mi prima y fui de prestado.* **2** De forma provisional o poco segura: *Estoy en este puesto de prestado, porque sustituyo a un enfermo.*

prestamista s. Persona que se dedica al préstamo de dinero: *En la Edad Media el oficio de prestamista era propio de los judíos.* □ MORF. Es de género común y exige concordancia en masculino o en femenino para señalar la diferencia de sexo: *el prestamista, la prestamista.*

préstamo s.m. **1** Entrega o cesión de algo provisionalmente a condición de que sea devuelto: *El horario de préstamos de libros termina a las ocho.* **2** Lo que se presta o se da provisionalmente: *Pidió un préstamo al banco para comprar una casa.* **3** En lingüística, elemento, generalmente léxico, que una lengua toma de otra: *En español, 'chalé' es un préstamo del francés.*

prestancia s.f. Aspecto distinguido y elegante: *Con este traje tienes mucha prestancia.*

prestar ▌v. **1** Referido esp. a una posesión, entregarla o darla provisionalmente, a condición de que sea devuelta; dejar: *Préstame algo de dinero hasta que pueda ir al banco, por favor.* **2** Seguido de un sustantivo, realizar la acción expresada por este: *He prestado mucha atención a tus palabras.* **3** Dar o comunicar: *La actriz de doblaje prestó su voz a la protagonista de la película.* ▌prnl. **4** Ofrecerse, avenirse o acceder: *Dice que es honrado y que nunca se prestaría a falsificar documentos.* **5** Dar motivo u ocasión: *Es una frase ambigua que se presta a diversas interpretaciones.* □ SINT. Constr. como pronominal: *prestarse* A *algo.*

preste s.m. *ant.* Sacerdote o presbítero, esp. el que celebra misa asistido del diácono y del subdiácono: *El preste celebró la misa de la vigilia pascual.*

presteza s.f. Rapidez o prontitud en hacer o en decir algo: *Respondió con presteza a todas mis preguntas.*

prestidigitación s.f. Arte y técnica de hacer juegos de manos y otros trucos: *Está aprendiendo prestidigitación y sabe sacar un ramo de flores de un bolígrafo.*

prestidigitador, -a s. Persona que se dedica a la prestidigitación, esp. si esta es su profesión: *El prestidigitador se sacó una paloma de la oreja, y el público aplaudió.*

prestigio s.m. Renombre, buena fama o buen crédito: *Esa marca tiene mucho prestigio por la calidad de sus productos.*

prestigioso, sa adj. Que tiene prestigio, renombre o importancia: *Asistí a la conferencia de un prestigioso profesor.*

presto adv. *poét.* Al instante o con gran rapidez: *Acude presto, hermosa mía, a la llamada del amor.*

presto, ta ▌adj. **1** Preparado y dispuesto para algo: *La corredora está presta para tomar la salida.* **2** Rápido, diligente o ligero en la ejecución de algo: *Exijo una presta aclaración a este enredo.* ▌s.m. **3** En música, composición o pasaje que se ejecutan con un aire muy rápido: *Frecuentemente, el último movimiento de una sonata o de una sinfonía es un presto corto y brillante.* □ SINT. En la acepción 3, se usa también como adverbio de modo.

presumido, da adj./s. **1** Que presume o que tiene un alto concepto de sí mismo: *Sabe que lo hace muy bien y es muy presumida. Ese presumido se pasa el día contando lo maravilloso que es.* **2** Que se compone o que se arregla mucho: *Es muy presumido y gasta mucho dinero en ropa. Siempre se está mirando al espejo porque es una presumida.*

presumir v. **1** Sospechar, juzgar o conjeturar a raíz de determinados indicios: *Presumo que vendrá acompañado, porque me dijo que preparara un cubierto más.* **2** Vanagloriarse o tener alto concepto de sí mismo: *Presume de tener muy buena memoria. No presumas tanto, porque no eres tan guapo como tú te crees.* **3** Referido a una persona, cuidar mucho su aspecto externo para aparecer atractiva: *Se compra mucha ropa porque le gusta presumir.* □ MORF. Tiene un participio regular (*presumido*) y otro irregular (*presunto*) que se usa solo como adjetivo. □ SINT. Constr. de la acepción 2: *presumir* DE *algo.*

presunción s.f. **1** Vanagloria o alto concepto que una persona tiene de sí misma: *Me molesta su presunción porque se cree el más inteligente.* **2** Sospecha o conjetura de algo a raíz de determinados indicios: *Que vaya a venir hoy es solo una presunción mía, porque él no me ha dicho nada.* **3** Lo que la ley considera verdadero mientras no exista una prueba en contra: *La presunción de inocencia permite que cualquier sospechoso sea considerado inocente hasta que se demuestre lo contrario.*

presunto, ta adj. Que se supone o que se sospecha, aunque no es seguro: *La policía detuvo a los presuntos atracadores.*

presuntuosidad s.f. Presunción, vanagloria o alto concepto que una persona tiene de sí misma: *Está muy orgullosa de su trabajo y habla de ello con una presuntuosidad que me resulta ridícula.*

presuntuoso, sa adj./s. Que presume o se muestra excesivamente orgulloso de sí mismo: *No seas presuntuoso y deja de contar a todo el mundo tus éxitos. Reconozco que eres muy inteligente, pero me pareces una presuntuosa cada vez que me lo dices.*

presuponer v. **1** Dar por sentado, por cierto o por sabido de forma anticipada: *No presupongas que no sé nada del tema, porque podrías llevarte una sorpresa.* **2** Necesitar como condición previa: *Una buena red de carreteras presupone una gran inversión.* □ MORF. Irreg.: 1. Su participio es *presupuesto*. 2. →**PONER**.

presupuestar v. Referido a algo que cuesta dinero, hacer un presupuesto de ello: *Le dije al albañil que presupuestara la obra del pasillo para ver si podía hacerla este mes.*

presupuestario, ria adj. Del presupuesto o relacionado con él: *El Gobierno ha adoptado una política presupuestaria restrictiva.*

presupuesto, ta ▮ **1** part. irreg. de **presuponer**. ▮ s.m. **2** Cálculo anticipado del coste de una obra, un servicio o un proyecto, o estimación más o menos detallada de los gastos e ingresos previstos durante un período de tiempo: *Los presupuestos generales del Estado son aprobados por el Parlamento.* **3** Cantidad de dinero que se calcula y que se destina para hacer frente a los gastos: *¿Qué presupuesto tienes para las vacaciones?* **4** Hipótesis, supuesto o suposición previos: *Su argumentación es falsa porque parte de presupuestos erróneos.* □ MORF. En la acepción 1, incorr. *presuponido.

presuroso, sa adj. Rápido, ligero y veloz: *Un peatón presuroso cruzó la calle sin mirar y casi lo atropellaron.*

prêt-à-porter (galicismo) adj.inv./s.m. Referido a la ropa, que está hecha en serie según unas medidas o tallas fijadas de antemano: *Aunque para la boda llevé un vestido prêt-à-porter, todos me preguntaron si me lo había hecho a medida.* □ PRON. [pretaportér].

pretencioso, sa adj. Que pretende pasar por muy elegante o lujoso, o que pretende ser más de lo que en realidad es: *Dice que es un erudito, pero es un joven pretencioso sin cultura y sin formación.*

pretender v. **1** Referido esp. a un logro, intentarlo o querer conseguirlo: *Pretendo aprobar todo en junio.* **2** Referido a algo de cuya realidad se duda, afirmarlo o creerlo: *Pretende haber visto extraterrestres.* **3** Referido a una persona, cortejarla o intentar conquistarla, esp. si es para hacerse novios o para casarse: *Mi padre siempre cuenta que estuvo un año pretendiendo a mi madre sin que ella le hiciera caso.*

pretendiente s. Persona que aspira a casarse con otra: *Tiene muchos pretendientes, pero no quiere comprometerse con nadie porque aún es muy joven.* □ MORF. Es de género común y exige concordancia en masculino o en femenino para señalar la diferencia de sexo: *el pretendiente, la pretendiente*.

pretensión s.f. **1** col. Intención o propósito, esp. si parecen difíciles de conseguir: *Mi única pretensión es intentar ser feliz.* **2** Aspiración ambiciosa o desmedida: *Ha escrito una novela entretenida, pero sin muchas pretensiones.* **3** Derecho que alguien cree tener sobre algo: *Tiene pretensiones sobre la finca porque dice que perteneció hace siglos a su familia.*

pretérito, ta ▮ adj. **1** Que ya ha pasado o que ya ha sucedido: *Mis antepasados llegaron a estas tierras en tiempos pretéritos.* ▮ adj./s.m. **2** En gramática, referido a un tiempo verbal, que indica que la acción ya ha sucedido: *Estoy aprendiendo a conjugar los tiempos pretéritos en francés. 'Amé' es un pretérito.* **3** ‖ **pretérito anterior.** El tiempo compuesto que indica una acción inmediatamente anterior a otra pasada: *El pretérito anterior de 'comer' es 'hube comido'.* ‖ **(pretérito) imperfecto.** El que indica que la acción del verbo se desarrolla en el pasado pero no tiene por qué haber terminado: *El pretérito imperfecto de indicativo de 'comer' es 'comía' y el de subjuntivo, 'comiera o comiese'.* ‖ **(pretérito) {indefinido/perfecto simple}.** El que indica que la acción del verbo ya ha pasado y ha terminado: *El pretérito perfecto simple de 'amar' es 'amé'.* ‖ **(pretérito) perfecto.** El tiempo compuesto que indica que la acción del verbo ya ha pasado y ha terminado: *El pretérito perfecto de 'jugar' es 'he jugado'.* ‖ **(pretérito) pluscuamperfecto.** El tiempo compuesto que indica una acción pasada y terminada antes de otra que también ha pasado y terminado ya: *El pretérito pluscuamperfecto de indicativo de 'llorar' es 'había llorado' y el de subjuntivo, 'hubiera o hubiese llorado'.*

pretexto s.m. Lo que se alega como excusa para justificar algo: *No me pongas pretextos: si no te apetece ir, dímelo y en paz.*

pretil s.m. Muro pequeño o barandilla que se ponen en los puentes y en otros lugares para evitar caídas: *Los pretiles de este puente dan sensación de seguridad.*

pretor s.m. En la antigua Roma, magistrado que ejercía jurisdicción en la capital o en las provincias: *El pretor tenía un poder absoluto dentro de su territorio.*

pretoriano, na ▮ adj. **1** Del pretor o relacionado con él: *La villa pretoriana tenía espléndidos jardines.* ▮ adj./s.m. **2** En la antigua Roma, referido esp. a un soldado, que pertenecía a la guardia de los emperadores romanos: *Los soldados pretorianos protegían al emperador de Roma de posibles atentados. Los pretorianos gozaban de un alto prestigio social.*

pretorio s.m. En la antigua Roma, palacio donde vivía y juzgaba el pretor o el presidente de la provincia: *Según la Biblia, los soldados del gobernador condujeron a Cristo al pretorio, donde le pusieron una corona de espinas y se burlaron de él.*

prevalecer v. **1** Dominar o tener superioridad o ventaja: *La razón debe prevalecer sobre la pasión.* **2** Continuar o seguir existiendo: *En esta comarca aún prevalecen algunas costumbres medievales.* □ MORF. Irreg.: Aparece una *z* delante de la *c* cuando la siguen *a, o* →**PARECER**. □ SINT. Constr. de la acepción 1: *prevalecer* SOBRE *algo*.

prevaricación s.f. Delito que consiste en el incumplimiento por parte de los funcionarios públicos de sus obligaciones específicas o en el dictado de resoluciones manifiestamente injustas, esp. si lo hacen para obtener un beneficio propio: *El juez que dicta a sabiendas una sentencia injusta comete prevaricación.*

prevaricar v. Referido a un funcionario público, cometer un delito que consiste en el incumplimiento de sus obligaciones específicas o en el dictado de una resolución manifiestamente injusta: *El funcionario que descubre secretos oficiales a cambio de dinero prevarica.*

prevención s.f. **1** Impedimento u obstaculización de algo negativo que ha sido previsto con antelación: *La prevención de las enfermedades es muy importante para la salud general.* **2** Preparación y disposición anticipadas para evitar un riesgo o para realizar una acción: *Tomaron sus prevenciones para el temporal que se avecinaba.* **3** Concepto u opinión desfavorables que se tienen de algo: *Me contaron cosas terribles de ti y antes de conocerte te tenía mucha prevención.*

prevenir v. **1** Referido a una persona, advertirla, avisarla o informarla de un peligro: *Te prevengo de las dificultades que vas a encontrar en ese trabajo.* **2** Referido a un daño o a un perjuicio, preverlo o conocerlo de antemano o con anticipación: *Previno que habría mucha gente esa tarde y por eso llamó al restaurante para reservar mesa.* **3** Referido esp. a un mal, evitarlo o impedirlo: *Mi dentista me ha recomendado un dentífrico con flúor para prevenir la caries.* **4** Referido a una persona, influir en ella o persuadirla para que prejuzgue algo, esp. si es para que tenga una opinión desfavorable de ello: *Me previnieron contra él, pero al tratarlo vi que era una buena persona.* ☐ MORF. Irreg. →**VENIR**.

preventivo, va adj. Que previene un mal o un riesgo, o que trata de evitarlos: *La medicina preventiva intenta que haya menos enfermedades.*

prever v. **1** Referido a algo futuro, conocerlo o creer saberlo por anticipado, generalmente a raíz de determinados indicios: *Yo había previsto que tendríamos atasco para salir de la ciudad, porque comienzan las vacaciones.* **2** Referido esp. a algo que es necesario para un fin o para evitar un mal, disponerlo o prepararlo por adelantado: *Se han previsto diversas medidas para evitar incendios en verano.* ☐ ORTOGR. 1. Incorr. **preveer*. 2. Dist. de *proveer*. ☐ MORF. Irreg.: 1. Su participio es *previsto*. 2. →**VER**.

previo, via adj. Que se realiza o que sucede antes que otra cosa, a la que generalmente sirve de preparación: *Para poder acceder a este puesto de trabajo se necesita experiencia previa en un puesto similar.*

previsible adj. Que puede ser previsto o que entra dentro de las previsiones normales: *Con este frío, era previsible una nevada.* ☐ MORF. Invariable en género.

previsión s.f. **1** Conjetura de algo que va a suceder, a raíz de determinados indicios: *Todo está saliendo según nuestras previsiones.* **2** Disposición o preparación de lo necesario para atender una necesidad o para evitar un mal: *Las cárceles tienen rejas y vigilantes en previsión de posibles fugas.* ☐ ORTOGR. Dist. de *provisión*.

previsor, -a adj./s. Que prevé o que previene: *Es muy previsora y prepara todo lo necesario para un viaje con tiempo suficiente. Los previsores saben ahorrar para la vejez.*

previsto, ta part. irreg. de **prever**. ☐ ORTOGR. Dist. de *provisto*. ☐ MORF. Incorr. **preveído*.

prez s. Honor, estima o consideración que se adquieren o se ganan con una acción gloriosa: *Por salvar a esos niños del incendio, el bombero ganó prez y gloria.* ☐ MORF. Es de género ambiguo y admite concordancia en masculino o en femenino sin cambiar de significado: *{el/la} prez {glorioso/gloriosa}*.

prieto, ta adj. **1** Ajustado, ceñido o estrecho: *No puedo desatar el cordón de los zapatos porque el nudo está muy prieto.* **2** Duro o denso: *Es una mujerona de carnes prietas.*

prima s.f. Véase **primo, ma.**

primacía s.f. Superioridad o ventaja de una cosa respecto de otra de su misma clase: *La producción de alimentos tendrá primacía sobre cualquier otra medida para acabar con el hambre en esa región.*

primado s.m. En la Iglesia católica, primero y más importante de todos los arzobispos y obispos de un reino o región: *El arzobispo de Toledo es el primado de España.* ☐ SINT. Se usa mucho en aposición, pospuesto a un sustantivo.

prima donna (italianismo) s.f. ‖ En una ópera, cantante femenina que interpreta el papel principal: *Cuando la prima donna terminó de interpretar el aria, el público estalló en aplausos.*

primar v. **1** Conceder una prima o cantidad extra de dinero, a modo de recompensa o de estímulo: *Primaron a los jugadores que consiguieron la clasificación para la final europea.* **2** Predominar, sobresalir o tener más importancia: *En poesía, la subjetividad del poeta suele primar sobre cualquier otra consideración.*

primario, ria ▌adj. **1** Principal o primero en orden o en grado: *Mi objetivo primario este curso es aprobar todo en junio.* **2** Básico o fundamental: *Comer, beber y dormir son necesidades primarias para las personas. Los colores primarios son el amarillo, el rojo y el azul, porque de ellos se derivan todos los demás.* **3** Primitivo o poco civilizado: *Las herramientas de ese período prehistórico eran muy primarias.* **4** En geología, de la era paleozoica, segunda era de la historia de la Tierra, o relacionado con ella; paleozoico: *En los terrenos primarios se han encontrado fósiles de helechos.* **5** Referido al carácter de una persona, con predominio del impulso sobre la reflexión: *Las personas primarias no suelen ser rencorosas.* ▌s.f. **6** →**enseñanza primaria.**

primate ▌adj./s.m. **1** Referido a un mamífero, que se caracteriza por tener cinco dedos provistos de uñas, siendo el pulgar oponible, cerebro lobulado y complejo, vista frontal y dentadura poco diferenciada: *Los monos y los seres humanos son primates. El período de aprendizaje infantil en los primates es muy largo.* ▌s.m.pl. **2** En zoología, orden de estos mamíferos: *Algunas especies de los primates tienen cola prensil.* ☐ MORF. Como adjetivo es invariable en género. 👁 primate

primavera ▌adj./s. **1** *col.* Referido a una persona, que es ingenua y se deja engañar fácilmente: *No seas tan primavera y encárgate tú misma de tus negocios. Eres tan bueno que te toman por un primavera y todos te quieren timar.* ▌s.f. **2** Estación del año entre el invierno y el verano, y que en el hemisferio norte transcurre entre el 21 de marzo y el 21 de junio: *La primavera es la estación templada en la que florecen las plantas.* 👁 **estación** **3** Época en la que algo está en su mayor vigor y hermosura: *Tiene veinte años y está en la primavera de la vida.* **4** Cada año de edad de una persona joven: *Este mes ha cumplido veinticinco primaveras.* ☐ MORF. 1. En la acepción 1, como adjetivo es invariable en género y como sustantivo es de género común y exige concordancia en masculino o en femenino para señalar la diferencia de sexo: *el primavera, la primavera*. 2. La acepción 4 se usa más en plural. ☐ SEM. La acepción 2, en el hemisferio sur transcurre entre el 23 de septiembre y el 22 de diciembre.

primaveral adj. De la primavera o relacionado con esta estación: *Aunque todavía es invierno, ya tenemos un tiempo primaveral.* ☐ MORF. Invariable en género.

primer adj. →**primero, ra.** ☐ MORF. 1. Apócope de *primero* ante sustantivo masculino singular. 2. →APÉNDICE DE PRONOMBRES.

primerizo, za adj./s. Que hace algo por primera vez o que es nuevo en una profesión o actividad: *Al pueblo ha venido un médico primerizo que acaba de terminar la carrera. Las primerizas son las mujeres que dan a luz por primera vez.*

primero adv. **1** En primer lugar o antes de todo: *Primero cenamos, y luego nos vamos a bailar.* **2** Antes, más bien, o de mejor gana: *Primero por las buenas que por las malas.*

primero, ra ▌numer. **1** En una serie, que ocupa el lugar número uno: *El día primero del año es el 1 de enero. Vuelve a leer el primer párrafo. Tú has sido la primera en*

a b c d e f g h i j k l m n ñ o p q r s t u v w x y z

felicitarme. **2** Excelente, o que es mejor o más importante en relación con algo de la misma especie o clase: *La primera ministra presidió el Consejo de Ministros. Tú eres el primero de la clase.* ▮ s.f. **3** En el motor de algunos vehículos, marcha o velocidad más corta: *Para arrancar el coche tienes que meter la primera.* **4** ‖ **a primeros** de un período de tiempo. Hacia sus primeros días: *En esta empresa cobramos a primeros de mes.* ‖ **de primera.** *col.* Muy bueno o excelente: *Organizaron una fiesta de primera.* ‖ **no ser el primero.** Expresión que se usa para disculpar o quitar importancia a lo que alguien ha hecho: *No te preocupes, no eres el primero que cae en la trampa.* ☐ MORF. 1. Ante sustantivo masculino singular se usa la apócope *primer*. 2. Para la acepción 1 ⟶APÉNDICE DE PRONOMBRES.

primicia s.f. **1** Primer fruto de algo: *Este premio es la primicia de mi trabajo.* **2** Noticia o hecho que se da a conocer por primera vez: *Nuestra emisora de radio dio la primicia de la dimisión del ministro.*

primigenio, nia adj. Primero, originario o anterior: *Volvió de la ciudad al campo y recuperó su primigenia vida de campesino.*

primípara adj./s.f. Referido a una hembra, que pare por primera vez: *El veterinario está atendiendo a una cochina primípara. El veterinario estuvo ayudando a parir a una primípara.*

primitivismo s.m. **1** Conjunto de características propias de los pueblos primitivos: *El primitivismo de algunas tribus africanas contrasta con el desarrollo del mundo occidental.* **2** Tosquedad o rudeza: *El primitivismo de sus modales me hace sentir vergüenza ajena.* **3** En arte, conjunto de características de una época anterior a la que se considera clásica en una civilización o en un estilo: *La sencillez en el dibujo es propia del primitivismo pictórico de nuestra cultura.*

primitivo, va ▮ adj. **1** De los orígenes o primeros tiempos de algo, o relacionado con ellos: *El ala sur del palacio todavía conserva su primitiva distribución.* **2** Referido a un pueblo, a una civilización o a sus manifestaciones, que están poco desarrollados en relación con otros: *Las figurillas de barro forman parte del arte primitivo de muchos pueblos.* **3** Referido a una palabra, que no se deriva de otra perteneciente a la misma lengua: *'Lechero' y 'lechería' son derivados de la palabra primitiva 'leche'.* **4** Elemental, rudimentario o poco desarrollado: *El rendimiento es mínimo porque trabajamos con una maquinaria muy primitiva.* ▮ adj./s. **5** Referido a un artista o a su obra, que pertenece a una época anterior a la que se considera clásica dentro de una civilización o de un estilo: *Los artistas primitivos occidentales son los anteriores al Renacimiento. Giotto es uno de los grandes primitivos de la pintura italiana.* ▮ s.f. **6** ⟶**lotería primitiva.**

primo, ma ▮ adj./s. **1** *col.* Referido a una persona, que es ingenua y se deja engañar con facilidad: *Aquí todos piensan que eres un poco prima. Te timaron porque eres un primo.* ▮ s. **2** Respecto de una persona, otra que es hijo o hija de su tío o de su tía: *Tú y yo somos primos porque nuestras madres son hermanas.* ▮ s.m.pl. **3** Respecto de una persona, hijos de su tío, de su tía, o de ambos. ▮ s.f. **4** Cantidad extra de dinero que se da a alguien como premio, estímulo o gratificación: *Si ganan la liga, cada jugador recibirá una prima de dos millones.* **5** Cantidad de dinero que un asegurado paga al asegurador: *Este mes ha subido la prima del seguro de vida.* **6** En la Iglesia católica, tercera de las horas canónicas: *La prima se reza por la mañana, después de los laudes.* **7** ‖ **hacer el primo.** *col.* Hacer algo que no va a ser valorado o que no va a tener recompensa: *Hice el primo quedándome a esperarlo, porque no vino.*

primogénito, ta adj./s. Referido a un hijo, que es el

PRIMATE

primero que ha nacido: *El hijo primogénito heredó el título nobiliario del padre. El primogénito fue un varón.*

primogenitura s.f. Dignidad, privilegios o derechos que corresponden al primogénito: *Antiguamente, la primogenitura implicaba que el hijo mayor heredase todos los bienes de la familia.*

primor s.m. **1** Esmero, habilidad o delicadeza en la forma de hacer algo: *Mi abuela cose con gran primor.* **2** Lo que se ha hecho de esta forma: *He hecho unas cortinas de ganchillo que son un primor.* **3** Persona que destaca por sus buenas cualidades: *Tu hija es un primor.*

primordial adj. Fundamental, básico o muy importante: *Para aprobar es primordial estudiar.* □ MORF. Invariable en género.

primoroso, sa adj. Que está hecho con primor, o que es excelente, delicado y perfecto: *Las sábanas estaban adornadas con primorosos bordados.*

prímula s.f. Planta herbácea de pequeño tamaño que tiene hojas anchas y largas, arrugadas, ásperas al tacto y tendidas sobre la tierra, y flores de distintos colores: *Las prímulas son propias de zonas europeas de montaña.*

princesa s.f. de **príncipe.**

principado s.m. **1** Título o dignidad de príncipe: *Al conocerse su condición de hijo ilegítimo se le arrebató el principado.* **2** Territorio sobre el que recae este título, o sobre el que un príncipe ejerce su autoridad: *El jefe de Estado del principado de Mónaco es un príncipe.*

principal ▮ adj. **1** Que tiene el primer lugar en estimación o importancia, y se prefiere a otros elementos de la misma especie o clase: *El mayordomo era el principal sospechoso del crimen.* **2** Esencial o fundamental: *En una oración compuesta la oración principal es aquella de la que dependen las subordinadas.* ▮ adj./s.m. **3** Referido al piso de un edificio, que está sobre el bajo o sobre el entresuelo: *Las dos viviendas del piso principal son de mi familia. El ascensor se ha quedado parado en el principal.* □ MORF. Como adjetivo es invariable en género.

príncipe s.m. **1** Hijo del rey y heredero de la corona: *El príncipe de Asturias es el heredero de la Corona española.* **2** Miembro de una familia real o imperial: *Entre los principales invitados figuraban los príncipes de la casa real británica.* **3** Soberano de un Estado, esp. de un principado: *El jefe del Estado de Mónaco es un príncipe.* **4** ‖ **príncipe azul.** Hombre ideal soñado o esperado por una mujer: *Si sigues esperando a tu príncipe azul, te quedarás sola toda tu vida.* ‖ **príncipe de Gales.** Tejido con un estampado de cuadros y de colores suaves: *Se ha comprado una chaqueta de príncipe de Gales.* ‖ **príncipe de las tinieblas.** El diablo: *El cristiano debe evitar caer en las tentaciones de Satanás, príncipe de las tinieblas.* □ MORF. En las acepciones 1, 2 y 3, su femenino es *princesa*.

principesco, ca adj. Que es o parece propio de un príncipe o de una princesa: *Vive en una mansión principesca.*

principiante adj./s. Que empieza a ejercer una profesión o una actividad: *Me atendió un médico principiante con muy poca experiencia. Todas las principiantes deberán hacer un cursillo de preparación.* □ MORF. 1. Como adjetivo es invariable en género. 2. Como sustantivo, aunque es de género común y exige concordancia en masculino o en femenino para señalar la diferencia de sexo: *el principiante, la principiante*, se usa también el femenino coloquial *principianta*.

principio s.m. **1** Primer momento de la existencia de algo: *Muchos científicos afirman que el momento de la concepción es el principio de la vida del ser humano.* **2** Primera etapa o primera parte de algo: *Esta parada es el principio del trayecto del autobús. Cuéntame lo sucedido desde el principio.* **3** Origen o causa de algo: *La afición al juego fue el principio de todas sus desgracias.* **4** Razón, concepto o idea fundamentales en las que se basa una disciplina o en las que se apoya un razonamiento: *¿Sabes qué dice el principio de Arquímedes?* **5** Noción básica o fundamento de una materia de estudio: *Este libro recoge los principios de la gramática española.* **6** Norma o idea fundamental que rige el pensamiento o la conducta: *No intentes chantajearla, porque es una mujer de principios.* **7** Cada uno de los componentes de un cuerpo o de una sustancia: *Un medicamento suele estar formado por varios principios.* **8** ‖ **a principios** de un período de tiempo. Hacia su comienzo: *Este suceso ocurrió a principios de siglo.* ‖ **al principio.** En el comienzo: *Al principio nos aburríamos en la fiesta, pero después nos animamos.* ‖ **en principio.** De forma general y sin un análisis profundo o detenido: *En principio tu idea parece buena, pero habrá que estudiarla más a fondo.* □ MORF. Las acepciones 5 y 6 se usan más en plural.

pringado, da ▮ adj./s. **1** *col.* Que se deja engañar fácilmente, o que aguanta los abusos: *Es tan pringada que se cree todo lo que le cuentas. Somos unos pringados por aguantar tantas injusticias.* ▮ s.f. **2** Rebanada de pan empapada en pringue o en aceite: *En mi pueblo las pringadas se fríen y se echan en algunas comidas.* □ USO El uso de la acepción 1 tiene un matiz despectivo.

pringar v. **1** Empapar o manchar con pringue o con otra sustancia grasienta o pegajosa: *Me he pringado las manos de aceite. No lo toques, que pringa.* **2** Referido a un alimento, esp. al pan, untarlo o mojarlo en alguna sustancia grasienta o pegajosa: *Pringa el pan en la salsa, y verás qué bueno está.* **3** *col.* Referido a una persona, hacerle tomar parte en un asunto sucio o dudoso: *A mí no me pringues en tus negocios, porque yo soy una persona honrada.* **4** *col.* Trabajar más que otros, o realizar los trabajos más duros o desagradables: *En esta empresa solo pringamos cuatro, y los demás viven como señoritos.* **5** ‖ **pringarla. 1** *col.* Hacer algo erróneo o estropear algo: *La pringaste cuando dijiste que su madre era una imbécil.* **2** *vulg.* Morir: *Mi colega la pringó en un accidente de tráfico.* □ ORTOGR. La *g* se cambia en *gu* delante de *e* →**PAGAR**.

pringoso, sa adj. Que está grasiento y pegajoso: *Tengo que limpiar la cocina, porque los baldosines están todos pringosos.*

pringue s. **1** Grasa que sueltan algunos alimentos, esp. el tocino, cuando se fríen o asan: *Si tienes mal el estómago, no untes en pan el pringue de la carne.* **2** Suciedad grasienta o pegajosa: *Tiene todos los paños de la cocina llenos de pringue.* □ MORF. Es de género ambiguo y admite concordancia en masculino o en femenino sin cambiar de significado: *{el/la} pringue {asqueroso/asquerosa}*.

prior, -a s. **1** En algunas órdenes religiosas, superior del convento: *La priora se reunió con las novicias del convento.* **2** En algunas órdenes religiosas, segundo prelado después del abad o de la superiora: *El prior debe acatar las órdenes de sus superiores.*

prioridad s.f. **1** Preferencia de un elemento sobre otro en el tiempo o en el orden: *La fama y el poder no cuentan entre mis prioridades.* **2** Mayor importancia o superioridad de un elemento sobre otro: *En el trabajo tiene prioridad sobre mí porque es mi superior.*

prioritario, ria adj. Que tiene prioridad o preferencia respecto de otro elemento: *Mejorar la calidad de la enseñanza es el objetivo prioritario de la reforma educativa.*

prisa s.f. **1** Rapidez con que algo sucede o se hace: *Todos estos fallos son consecuencia de la prisa.* **2** Necesidad o deseo de que algo se realice lo antes posible: *Despáchame pronto, porque hoy tengo mucha prisa.* **3** ‖ **a prisa.** →**aprisa.** ‖ **correr prisa.** Ser urgente: *Termina pronto el informe, que corre prisa.* ‖ **darse prisa** alguien. *col.* Apresurarse en la realización de algo: *¡Date prisa, que llegamos tarde!* ‖ **de prisa.** →**deprisa.** ‖ **de prisa y corriendo.** Con la mayor prontitud, sin pausa o de forma irreflexiva: *Hizo los deberes de prisa y corriendo, y así están de mal.* ‖ **meter prisa** a alguien. Intentar que haga algo con rapidez: *No me metas prisa, porque aún queda mucho tiempo.*

prisión s.f. **1** Cárcel o lugar en el que se encierra y asegura a una persona para privarla de libertad: *Durante la guerra se utilizó esta fortaleza como prisión.* **2** En derecho, pena de privación de libertad inferior a la reclusión y superior al arresto: *Lo han condenado a doce años de prisión.* **3** Lo que ata o detiene física o moralmente: *Para los místicos el cuerpo es la prisión del alma.*

prisionero, ra adj./s. **1** Privado de libertad, esp. si es por motivos que no son delito: *Los soldados prisioneros estaban recluidos en un campo de concentración. En todas las dictaduras hay prisioneros por motivos ideológicos.* **2** Dominado por un sentimiento, por una pasión o por una dependencia: *Napoleón fue siempre prisionero de su ambición. Poco a poco se ha convertido en un prisionero de la heroína.* □ SEM. Dist. de *preso* (persona que sufre prisión).

prisma s.m. **1** Cuerpo geométrico limitado por dos polígonos paralelos e iguales llamados bases, y lateralmente, por tantos paralelogramos como lados tienen estas: *Un prisma triangular tiene triángulos por bases.* **2** Cuerpo geométrico limitado por dos bases paralelas triangulares, que es generalmente de cristal y que se usa para producir la reflexión, la refracción y la descomposición de la luz: *El rayo de luz que pasa por un prisma, se descompone en los siete colores del arco iris.* 👁 **espectro 3** Punto de vista o perspectiva: *Creo que no enfocas la cuestión desde el prisma adecuado.*

prismático, ca ▮ adj. **1** Con prismas o con figura de prisma: *Las cajas de zapatos son prismáticas.* ▮ s.m.pl. **2** Aparato formado por dos tubos que contienen en su interior una combinación de lentes y de prismas, y que sirve para mirar por los dos ojos y ver ampliados los objetos lejanos: *Muchos espectadores llevan prismáticos al hipódromo para ver mejor las carreras.* □ SEM. En la acepción 2, dist. de *binoculares* (cualquier aparato formado por dos tubos con lentes).

prístino, na adj. Primitivo, original o tal y como era en un principio: *Gracias a los trabajos de restauración, las pinturas murales han recuperado su prístino colorido.* □ SEM. No debe emplearse con el significado de 'claro' o 'puro': *Nos reflejábamos en las {*prístinas › claras} aguas del arroyo.*

privación s.f. **1** Pérdida, retirada o falta de algo que se poseía o disfrutaba: *Las penas de privación de libertad son más duras que las económicas.* **2** Ausencia, carencia o escasez de algo, esp. de lo necesario para vivir: *Pasamos muchas privaciones después del terremoto.* □ MORF. La acepción 2 se usa más en plural.

privado, da ▮ adj. **1** Que pertenece o está reservado a una sola persona o a un número limitado y escogido de personas: *Hoy hacen una fiesta privada y solo pueden asistir los invitados.* **2** Particular o personal: *El presidente realizó una visita de carácter privado.* **3** De propiedad o título no estatal: *Pidió la excedencia como funcionario, y ahora trabaja en una empresa privada.* ▮ s.m. **4** Persona que ocupa el primer lugar en la confianza de una persona, esp. si esta es de elevada condición: *El duque de Lerma fue uno de los privados de Felipe III.* **5** ‖ **en privado.** En la intimidad: *De ese tema mejor será que hablemos en privado.*

privar ▮ v. **1** Referido a algo que se posee o se disfruta, despojar de ello o dejar sin ello: *Al meterlo en la cárcel lo han privado de libertad.* **2** *col.* Gustar mucho: *Me privan los helados de café.* **3** Estar de moda o tener gran aceptación: *En la poesía romántica lo que priva es la exaltación de los sentimientos.* ▮ prnl. **4** Renunciar voluntariamente a algo: *No te prives de los placeres de la vida si no son dañinos.* □ SINT. Constr. de la acepción 1: *privar* DE *algo.*

privativo, va adj. **1** Que causa o supone la privación o la pérdida de algo: *Este delito será castigado con una pena privativa de libertad.* **2** Propio y exclusivo de una persona o de una cosa: *Admitirte o no en la empresa es algo privativo del director.*

privatización s.f. Transformación de una empresa o una actividad públicas o estatales en una empresa o actividad privadas: *La privatización de las cadenas de televisión ha favorecido la competencia.*

privatizar v. Referido esp. a una actividad estatal, hacerla privada: *El Gobierno ha planteado la posibilidad de privatizar la Sanidad.* □ ORTOGR. La *z* se cambia en *c* delante de *e* →**CAZAR**.

privilegiado, da ▮ adj. **1** *col.* Extraordinario o destacado en relación con algo de su misma especie o clase: *Tiene una memoria privilegiada y recuerda todos los números de teléfono.* ▮ adj./s. **2** Que tiene algún privilegio, esp. económico: *Las clases privilegiadas llevan una vida que tiene poco que ver con el sufrimiento humano. Los privilegiados olvidan fácilmente las necesidades de los pobres.*

privilegio s.m. Ventaja, beneficio o derecho especial que no goza todo el mundo: *Antiguamente los nobles tenían el privilegio de no pagar impuestos.*

pro s.m. **1** Ventaja o aspecto favorable que presenta un asunto: *Este negocio parece que tiene muchos pros y pocos contras.* **2** ‖ **de pro.** Referido a una persona, que es considerada gente de bien: *Tienes que estudiar mucho para convertirte en un hombre de pro el día de mañana.* ‖ **en pro de** algo. En favor de ello: *Trabaja en pro de la conservación de la naturaleza.* □ USO Se usa siempre en contraposición a *contra*: *Los pros y los contras de una cuestión.*

pro- Prefijo que significa 'a favor de' (*prodemocracia*), 'en vez de' (*procónsul*) o 'movimiento o impulso hacia adelante' (*promover*). □ ORTOGR. Con el significado de *a favor de*, solo se escribe separado de la base si esta está formada por dos o más palabras (*pro derechos humanos*).

proa s.f. Parte delantera de una embarcación: *Los barcos van cortando el agua con la proa.* 👁 **embarcación**

probabilidad s.f. **1** Posibilidad de que algo ocurra o suceda: *Las probabilidades de aprobar este examen son muy pequeñas.* **2** En matemáticas, relación que hay entre el número de veces que se produce un suceso con el número de veces en que podría suceder: *Hay que hacer un* *cálculo de probabilidades para saber si el mecanismo dará muchos errores.*

probable adj. **1** Que es fácil que ocurra o que suceda: *Es probable que hoy no venga a trabajar, porque ayer se fue enferma.* **2** Que se puede probar: *La existencia de extraterrestres no es probable por el momento.* **3** Que tiene apariencia de verdadero o que se funda en una razón válida: *Eso que me cuentas es probable, pero no haré nada hasta que no se publique oficialmente.* ☐ MORF. Invariable en género.

probador s.m. Lugar o habitación pequeña que se utiliza para que una persona se pruebe una prenda de vestir antes de comprarla: *Los probadores de las tiendas suelen tener espejos.*

probar v. **1** Referido esp. a algo que debe ser útil, examinarlo o utilizarlo para comprobar su correcto funcionamiento o si resulta adecuado para un fin: *Prueba la radio para ver si te la han arreglado bien. Pruébate el vestido antes de comprarlo.* **2** Referido a una persona o a sus cualidades, examinarlas para comprobar sus conocimientos o sus cualidades: *Probaron a todos los candidatos para ver quién era el más indicado. ¿Me estás probando para ver cuánta paciencia tengo, rico?* **3** Referido a un alimento o a una bebida, tomar una pequeña cantidad de ellos: *Prueba la salsa para ver si está bien de sal.* **4** Referido a un alimento o a una bebida, comerlo o beberla: *Desde que quiere adelgazar no prueba el dulce.* **5** Referido a la verdad o a la existencia de algo, justificarla y demostrarla, esp. si se hace mediante razones, instrumentos o testigos: *Esos reproches prueban que entre vosotros ya no hay amistad.* **6** Referido a una acción, intentarla: *Probó a saltar el muro, pero no lo consiguió.* ☐ MORF. Irreg.: La *o* diptonga en *ue* en los presentes, excepto en las personas *nosotros* y *vosotros* →**CONTAR**. ☐ SINT. Constr. de la acepción 6: *probar* A *hacer algo*.

probeta s.f. Recipiente de cristal de forma cilíndrica y alargada, generalmente graduado y con pie, que se emplea en laboratorios como tubo de ensayo o para medir volúmenes: *En el laboratorio había muchas probetas con líquidos de varios colores.* 👁 **medida; química**

probidad s.f. Respeto de unos valores morales, rectitud de ánimo e integridad en la forma de actuar; *honradez*: *No te engañará nunca, porque es persona de gran probidad.*

problema s.m. **1** Cuestión que se intenta aclarar o resolver: *Me planteó un problema de amores y no supe qué contestarle.* **2** Situación dudosa o perjudicial y de difícil solución: *El consejo tratará en su próxima reunión del problema de la especulación urbanística.* **3** Conjunto de hechos o circunstancias que dificultan la consecución de un fin: *Hemos tenido muchos problemas para salir adelante en la vida.* **4** Disgusto o preocupación: *Esos tipos no traen más que problemas.* **5** Pregunta o proposición dirigidos a averiguar el modo de obtener un resultado a partir de algunos datos conocidos: *El examen de matemáticas constará de cinco problemas.* ☐ MORF. En la acepción 4, se usa más en plural. ☐ SEM. Se usa mucho como palabra comodín para designar de manera imprecisa una dificultad, un obstáculo o un conflicto.

problemático, ca ▮ adj. **1** Que causa problemas o plantea dificultades: *Los profesores no saben qué hacer con este alumno tan problemático.* ▮ s.f. **2** Conjunto de cuestiones y dificultades relativas a una determinada disciplina o actividad: *En el congreso se tratará de la problemática del paro laboral.*

probo, ba adj. Respetuoso con los valores morales e íntegro en la forma de actuar: *Me aseguró que eras una persona proba y honrada.*

probóscide s.f. En algunos insectos o en algunos animales, prolongación de la nariz o de la boca en forma de tubo o de trompa, que tiene diversas funciones, como succión o defensa: *El aparato bucal de las mariposas es una probóscide.*

procacidad s.f. Desvergüenza, insolencia o atrevimiento: *La procacidad de sus palabras hizo enrojecer de vergüenza a los presentes.* ☐ SEM. Se usa esp. referido a todo lo relacionado con la moral sexual.

procaz adj. Desvergonzado, insolente o atrevido: *Cuenta unos chistes realmente procaces.* ☐ MORF. Invariable en género. ☐ SEM. Se usa esp. referido a todo lo relacionado con la moral sexual.

procedencia s.f. **1** Origen o principio de donde nace o desciende algo: *Es de ilustre procedencia. Me gustaría saber cuál es la procedencia de las ideas que ahora defiende.* **2** Punto de partida o lugar de donde algo viene: *¿Puede decirme cuál es la procedencia del tren que han anunciado?*

proceder ▮ s.m. **1** Manera de actuar o de comportarse una persona: *No estoy de acuerdo con tu proceder, pero lo respeto.* ▮ v. **2** Referido a un efecto, originarse a partir de una causa o ser resultado de ella: *La neumonía procede de un resfriado mal curado.* **3** Referido esp. a un objeto o un producto, nacer, originarse u obtenerse a partir de otro: *Las lenguas romances proceden del latín.* **4** Referido esp. a una persona, descender de otra o tener su origen en un determinado lugar: *Procede de una estirpe de nobles.* **5** Referido a una persona, actuar o comportarse de una manera determinada: *Ese modo de proceder me parece intolerable.* **6** Venir o haber salido de un lugar: *Los muebles del museo proceden de un antiguo palacio.* **7** Referido a una acción, pasar a ejecutarla, generalmente si para ello han sido necesarias diligencias previas: *El secretario procederá a la lectura del acta.* **8** Ser conveniente, resultar apropiado o estar justificado: *No procede que lo llames a estas horas.* **9** ‖ **proceder contra** alguien. En derecho, iniciar o seguir un procedimiento contra él: *El juzgado procederá contra las fábricas que contaminan el río.* ☐ SINT. 1. Constr. de las acepciones 2, 3, 4 y 6: *proceder* DE *algo*. 2. Constr. de la acepción 7: *proceder* A *algo*. ☐ USO La acepción 8 se usa más en expresiones negativas.

procedimiento s.m. **1** Método o sistema para ejecutar algo: *He seguido el mismo procedimiento que tú, pero el pastel no ha quedado igual.* **2** En derecho, serie de trámites judiciales o administrativos: *El interesado puede saber en qué fase del procedimiento se encuentra su reclamación.*

proceloso, sa adj. Tempestuoso, tormentoso o agitado: *Se siente incómodo en el proceloso mundo del periodismo.* ☐ USO Su uso es característico del lenguaje culto.

prócer s. Persona noble, ilustre y respetada: *Ramón y Cajal fue un prócer de la ciencia española y alcanzó el Premio Nobel.* ☐ MORF. Es de género común y exige concordancia en masculino o en femenino para señalar la diferencia de sexo: *el prócer, la prócer*. Su plural es *próceres*.

procesador s.m. **1** Circuito formado por numerosos transistores integrados, que tiene diversas aplicaciones y realiza las funciones de unidad central en un ordenador: *El procesador es una de las partes más importantes del ordenador.* **2** Programa informático capaz de procesar información: *Gracias al procesador de textos, puedo modificar estas cartas con el mínimo esfuerzo.*

procesal adj. Del proceso judicial o relacionado con esta causa criminal: *Es una abogada especialista en derecho procesal.* □ MORF. Invariable en género.

procesamiento s.m. **1** Sometimiento de una persona a un proceso judicial: *Un juez dicta un auto de procesamiento contra una persona cuando encuentra indicios racionales de culpabilidad contra ella.* **2** Sometimiento de datos a una serie de operaciones informáticas programadas: *El volumen de datos es tan alto que su procesamiento es lento.* **3** Sometimiento a un proceso de transformación física, química o biológica: *Está especializado en el procesamiento de aceites industriales.*

procesar v. **1** En derecho, referido a una persona, someterla a un juicio o proceso judicial dictándole auto de procesamiento: *Procesaron al presunto asesino.* **2** En informática, referido esp. a un dato, someterlo a una serie de operaciones programadas: *Procesó los datos y estos están ya almacenados.* **3** Someter a un proceso de transformación física, química o biológica: *En esta planta industrial procesamos cartón usado para convertirlo en papel.*

procesión s.f. **1** Sucesión de personas que caminan lentamente y de forma solemne y ordenada, con un motivo religioso, y portando imágenes u otros objetos de culto: *Son famosas las procesiones españolas de Semana Santa.* **2** *col.* Sucesión de personas, animales o cosas que van lentamente uno tras otro formando una hilera: *Los niños miraban atentamente la procesión de orugas.*

procesionaria s.f. Oruga de algunas especies de insectos lepidópteros, que causa grandes daños a árboles como los pinos y las encinas, y que suele desplazarse en grupos organizados en filas: *Las procesionarias son orugas muy peludas, y si se las toca producen urticaria.*

proceso s.m. **1** Conjunto de las fases sucesivas de un fenómeno natural o de una operación artificial: *Tiene doce años y está en proceso de crecimiento. El proceso de elaboración del vino es bastante lento.* **2** En derecho, causa criminal o conjunto de actuaciones realizadas por un juzgado o tribunal y ante él para determinar una culpa o aplicar una pena: *Tras el proceso, ha sido declarado inocente.*

proclama s.f. **1** Discurso hablado o escrito, generalmente de carácter político o militar, que se expone públicamente: *El general lanzó una proclama incitando a la rebelión.* **2** Anuncio público u oficial: *Las amonestaciones son las proclamas matrimoniales.*

proclamación s.f. **1** Publicación o anuncio solemne de una información oficial: *La proclamación de la paz alegró a todos.* **2** Actos públicos y ceremonias con los que se celebra el comienzo de algo, esp. de un reinado o una forma de gobierno: *Mi abuelo recordaba el día de la proclamación de Alfonso XIII como rey de España.*

proclamar ▮ v. **1** Decir o anunciar públicamente y en voz alta: *No le cuentes secretos porque los proclama a voz en grito.* **2** Referido esp. a un reinado o a una forma de gobierno, declarar solemnemente su comienzo: *Tras el fracaso de la monarquía de Amadeo I, fue proclamada la Primera República española.* **3** Otorgar un título o un cargo por acuerdo de una mayoría: *Fue proclamada vencedora del concurso literario.* **4** Mostrar con claridad y sin equívoco: *Las arrugas de la cara proclaman su edad.* ▮ prnl. **5** Referido a una persona, declararse investida de un cargo, de una autoridad o de un mérito: *Dio un golpe militar y se proclamó jefe del Estado.*

proclítico, ca adj. En gramática, referido a una palabra átona, que se pronuncia apoyada en la palabra siguiente: *'Lo' en 'lo vi' es un pronombre proclítico.*

proclive adj. Referido esp. a algo considerado negativo, inclinado o propenso a ello: *Se muestra proclive a la tristeza. Es proclive a coger resfriados.* □ SINT. Constr.: *proclive* A *algo*.

proclividad s.f. Inclinación o propensión a algo generalmente negativo: *Los poetas tienen cierta proclividad a la nostalgia.*

procónsul s.m. En la antigua Roma, gobernador de una provincia con la jurisdicción y los honores de un cónsul: *Julio César fue procónsul de las Galias.*

procordado ▮ adj./s.m. **1** Referido a un animal cordado, que no tiene encéfalo ni esqueleto y que respira por branquias situadas en la pared de la faringe: *Los animales procordados viven en el mar. Este es el fósil de un procordado.* ▮ s.m.pl. **2** En zoología, grupo de estos animales cordados: *En clasificaciones antiguas, los procordados eran un subtipo dentro de los cordados. El sistema nervioso central de los procordados se reduce a un cordón que equivale a la médula espinal de los vertebrados.*

procreación s.f. Propagación de la propia especie por medio de la reproducción: *La alimentación es necesaria para la supervivencia del individuo, y la procreación lo es para la de la especie.*

procrear v. Propagar la propia especie, por medio de la reproducción: *La unión sexual permite procrear.*

procurador, -a s. Persona legalmente autorizada para representar a otra en los tribunales de justicia: *Para el juicio tuvimos que contratar un abogado y un procurador.*

procuraduría s.f. **1** Cargo de procurador: *Obtuvo su procuraduría con mucho esfuerzo.* **2** Despacho u oficina del procurador: *La procuraduría está en una de las calles principales de la ciudad.*

procurar v. **1** Referido a una acción, hacer todo lo posible para conseguir realizarla: *Procura terminar los deberes antes de cenar.* **2** Conseguir o proporcionar: *Nos procuró un estupendo alojamiento. Se procuró un estupendo coche deportivo.*

prodigar ▮ v. **1** Dar en gran cantidad o abundancia: *Prodiga cuidados a su anciano padre.* **2** Gastar con exceso e inutilidad: *Prodigó su fortuna y ahora está arruinado.* **3** Referido esp. a elogios, expresarlos u ofrecerlos de forma insistente y repetida: *Prodiga sus elogios hacia ti cada vez que me ve. Cuando habla de su madre, se prodiga en elogios hacia ella.* ▮ prnl. **4** Dejarse ver con frecuencia en ciertos lugares: *Ya no te prodigas por aquí, ¿te pasa algo?* □ ORTOGR. La *g* se cambia en *gu* delante de *e* →**PAGAR**. □ SINT. Constr. de la acepción 3 como pronominal: *prodigarse* EN *algo*.

prodigio s.m. **1** Lo que es extraordinario o maravilloso y no tiene causa natural aparente: *En el programa de parapsicología hablaron del prodigio de los ovnis.* **2** Lo que resulta extraño o produce admiración por su rareza o por sus excelentes cualidades: *Me parece un prodigio que puedas dormir con este escándalo.*

prodigioso, sa adj. **1** Extraordinario o maravilloso y sin causa natural aparente: *Los milagros son hechos prodigiosos.* **2** Extraño y admirable por sus excelentes cualidades: *Es una persona brillante, con una inteligencia prodigiosa.*

pródigo, ga adj. **1** Que tiene o produce gran cantidad de algo: *Galdós fue un pródigo escritor.* **2** Referido a una persona, que es muy generosa y desprendida: *Es una persona pródiga con los necesitados.* **3** Referido a una persona, que desperdicia o consume su hacienda en gastos inútiles e incontrolados: *No seas tan pródigo en tus gastos, porque no te sobra el dinero.*

producción s.f. **1** Obtención de frutos de la naturaleza: *El objetivo de este año es el incremento de la producción de carbón.* **2** Fabricación o elaboración de un objeto: *La producción de juguetes se ha incrementado en los últimos años.* **3** Creación de una obra intelectual: *Su producción poética ha aumentado en los últimos años.* **4** Financiación de una obra artística: *Se dedica a la producción de discos y vídeos musicales.* **5** Obra intelectual o artística: *Esta noche se estrena una nueva producción cinematográfica.* **6** Conjunto de productos del suelo o de la industria: *La producción maderera ha aumentado este año.*

producir v. **1** Originar, ocasionar o causar: *La cafeína produce insomnio. Tras la discusión se produjo una pelea.* **2** Referido a la naturaleza, dar fruto: *Estos campos producen buenas cosechas.* **3** Referido a un objeto, fabricarlo o elaborarlo: *Esta fábrica produce un millón de envases al día.* **4** Referido a una obra intelectual, crearla o hacerla aparecer: *Produce cuatro novelas al año y sin ningún esfuerzo.* **5** Referido a una obra artística, proporcionar el dinero necesario para llevar a cabo su realización: *No sabemos quién producirá la nueva serie televisiva.* **6** Rentar o dar beneficios económicos: *Es necesario producir más y mejor.* ☐ MORF. Irreg. ⟶**CONDUCIR**.

productividad s.f. **1** Capacidad de producir: *Cerraron la mina porque tenía una productividad muy baja.* **2** Capacidad de ser útil y provechoso: *La productividad de la reunión se plasmó en la cantidad de decisiones que se adoptaron ese día.* **3** Grado de producción en relación con los medios con los que se cuenta: *La alta productividad del nuevo equipo industrial demuestra que fue una buena inversión.* **4** En economía, aumento o disminución de los rendimientos físicos o financieros que se originan en la variación de alguno de los factores que intervienen en la producción: *La inyección de capital mejoró la productividad.*

productivo, va adj. **1** Que produce o que es capaz de producir: *La buena cosecha de este año demuestra que estos campos son productivos.* **2** Útil o provechoso: *Fue una reunión muy productiva, porque se extrajeron muchas conclusiones.* **3** En economía, que tiene un resultado favorable de valor entre precios y costes: *Cuando vendió, se dio cuenta de que había sido una inversión productiva.*

producto s.m. **1** Lo que se produce: *En el mercado venden frutas y otros productos del campo. El jabón y los detergentes son productos de limpieza.* **2** Resultado o consecuencia: *Esta novela es producto de un gran esfuerzo.* **3** Beneficio o ganancia: *En la rueda de prensa se darán a conocer los datos sobre el producto interior bruto del pasado año.* **4** En matemáticas, resultado de una multiplicación: *El producto de multiplicar 4 por 2 es 8.*

productor, -a ▮ adj./s. **1** Que produce: *Los países productores de petróleo han fijado el precio del crudo. Estas heladas han perjudicado a los productores de naranjas.* ▮ s. **2** Persona con responsabilidad financiera y comercial, que financia y organiza la realización de una obra artística: *Esa actriz estuvo casada con un famoso productor de cine.* ▮ s.f. **3** Empresa dedicada a la producción de obras artísticas, generalmente cinematográficas: *Firmó un contrato millonario con una productora norteamericana.*

proeza s.f. Hazaña o acción valerosa: *Con el vértigo que tengo, subir a la torre ha sido una auténtica proeza por mi parte.*

profanación s.f. **1** Tratamiento irreverente o irrespetuoso de algo sagrado: *Fueron detenidos varios individuos acusados de profanación de tumbas.* **2** Deshonra o uso indigno de algo respetable: *No sé qué pretendía con la profanación del nombre del que fue su maestro.*

profanar v. **1** Referido a algo sagrado, tratarlo sin el debido respeto o dedicarlo a usos profanos: *Profanaron la iglesia quemando las imágenes y arrojando basura en la pila de agua bendita.* **2** Referido a algo respetable, deshonrarlo o hacer un uso indigno de ello: *No profanes la memoria de los muertos.*

profano, na adj. **1** No sagrado o no religioso: *Aunque la mayoría de sus obras son religiosas, también trató temas profanos.* **2** Que no muestra respeto por lo sagrado: *La multitud entró en la iglesia con actitud profana.* **3** Inexperto o no entendido en una materia: *Llamaron al fontanero porque ellos eran profanos en el arreglo de tuberías.*

profecía s.f. **1** Don sobrenatural de una persona, que consiste en conocer por inspiración divina las cosas distantes o futuras: *Los profetas y las sibilas tienen el don de la profecía.* **2** Predicción o anuncio hechos en virtud de este don: *El Antiguo Testamento recoge varias profecías.* **3** *col.* Juicio o conjetura, formados a partir de señales observables: *Casi nunca se cumplen las profecías de los economistas.*

proferir v. Referido a palabras o sonidos, pronunciarlos o articularlos en voz muy alta: *Salió muy enfadado y profiriendo insultos contra todos.* ☐ MORF. Irreg. ⟶**SENTIR**.

profesar v. **1** Ingresar en una orden religiosa y hacer los votos correspondientes: *Quiero ser monja y voy a profesar en las carmelitas.* **2** Referido esp. a una creencia, manifestarla o aceptarla voluntariamente: *Profesa el catolicismo.* **3** Referido a un sentimiento, tenerlo y perseverar voluntariamente en él: *Profesa gran cariño a sus padres.* **4** Referido a una ciencia o a una profesión, ejercerla o desempeñarla: *Profesa la medicina desde hace 20 años.*

profesión s.m. **1** Actividad en la que una persona trabaja a cambio de un salario: *Es fontanero de profesión.* **2** Ingreso en una orden religiosa haciendo los votos correspondientes: *Hoy hace 15 años de mi profesión en los carmelitas.* **3** Manifestación o aceptación voluntaria de una creencia: *En el credo se hace profesión de fe.*

profesional ▮ adj. **1** De la profesión o relacionado con la actividad en la que una persona trabaja: *La silicosis es una enfermedad profesional propia de los mineros.* **2** Hecho por personas especializadas y no por aficionados: *El deporte profesional suele ser mucho más competitivo que el aficionado.* ▮ adj./s. **3** Referido a una persona, que ejerce una profesión o que practica habitualmente una actividad de la cual vive: *La policía detuvo a un carterista profesional. Los profesionales de la educación están descontentos con la política educativa del Gobierno.* ▮ s. **4** Persona que ejerce su profesión con gran capacidad y honradez: *Cobra un poco más que los demás, pero es un gran profesional.* ☐ MORF. 1. Como adjetivo es invariable en género. 2. Como sustantivo es de género común y exige concordancia en masculino o en femenino para señalar la diferencia de sexo: *el profesional, la profesional.*

profesionalidad s.f. Ejercicio de una profesión con gran capacidad y honradez: *Su profesionalidad le impide cobrar si el trabajo no ha sido perfecto.*

profesionalizar v. **1** Referido a una actividad, darle carácter de profesión: *No considero acertado que se profesionalice la filatelia.* **2** Referido a una persona, convertirla de aficionado en profesional: *Ese futbolista juvenil ha fichado por un equipo de primera división y se ha profesionalizado.* □ ORTOGR. La *z* se cambia en *c* delante de *e* →**CAZAR**.

profesor, -a s. Persona que se dedica a la enseñanza, esp. si esta es su profesión: *Mi profesora de literatura ha publicado varias novelas.*

profesorado s.m. **1** Conjunto de profesores: *Esta escuela tiene un profesorado joven.* **2** Cargo de profesor: *Ejerció varios años el profesorado en este instituto.*

profeta s.m. **1** Persona que posee el don sobrenatural de la profecía: *Isaías, Jeremías, Ezequiel y Daniel son los profetas mayores.* **2** *col.* Persona que hace predicciones: *No hagas caso de ese profeta de las finanzas, porque te llevará a la ruina.* □ MORF. Su femenino es *profetisa*.

profético, ca adj. De la profecía, del profeta o relacionado con ellos: *En este texto profético de la Biblia se anuncia la llegada del Mesías.*

profetisa s.f. de **profeta**.

profetizar v. Hacer profecías: *Muchos profetas del Antiguo Testamento profetizaron el nacimiento de Cristo.* □ ORTOGR. La *z* se cambia en *c* delante de *e* →**CAZAR**.

profiláctico, ca ▌adj. **1** En medicina, que sirve para proteger de la enfermedad o para evitar que esta se extienda: *Las vacunas son medidas profilácticas.* ▌s.m. **2** Funda fina y elástica que se usa para cubrir el pene durante el coito y evitar así la fecundación o la transmisión de enfermedades; *condón, preservativo: Compró en la farmacia una caja de profilácticos.* ▌s.f. **3** Parte de la medicina que tiene por objeto la conservación de la salud y la prevención de enfermedades: *La higiene es parte de la profiláctica.*

profilaxis s.f. Protección o preservación de la enfermedad: *La mejor profilaxis contra la caries es cepillarse los dientes después de cada comida.* □ MORF. Invariable en número.

prófugo, ga ▌adj./s. **1** Referido a una persona, que va huyendo de la justicia o de una autoridad: *Es prófugo de la justicia. La policía encontró a los prófugos en una casa abandonada.* ▌s.m. **2** Joven que se escapa o se oculta para evitar hacer el servicio militar: *Fue declarado prófugo porque cuando fue movilizado, huyó a Francia.*

profundidad s.f. **1** Intensidad, fuerza o grandeza: *Duermo con tal profundidad, que ningún ruido me despierta.* **2** Lugar o parte más honda: *Analiza las profundidades del alma humana.* **3** Distancia entre una superficie y su fondo: *Aunque la fachada es estrecha, esa casa tiene mucha profundidad.* **4** Distancia que hay entre el fondo de algo y su borde superior; *fondo, hondura: La piscina tiene una profundidad de tres metros.* **5** Intensidad o sinceridad de un sentimiento: *Nadie pone en duda la profundidad de sus afectos.* **6** Viveza o capacidad de penetración del pensamiento: *El tema de esta película es de gran profundidad.* **7** ‖ **en profundidad.** De forma completa y con rigor: *Analizaremos el poema en profundidad.* □ SEM. En las acepciones 4, 5 y 6, es sinónimo de *hondura*.

profundizar v. **1** Referido a algo hondo, hacerlo más profundo: *Para encontrar la raíz, tienes que profundizar más el hoyo.* **2** Referido a un asunto, examinarlo con atención para llegar a su perfecto conocimiento: *Si sigues profundizando en esa cuestión, quizá encuentres la respuesta a tus problemas.* □ ORTOGR. La *z* se cambia en *c* delante de *e* →**CAZAR**. □ SEM. Su uso como sinónimo de *perfeccionar* es incorrecto.

profundo, da adj. **1** Intenso, fuerte o muy grande: *Siente una profunda tristeza. Tiene unas profundas ojeras. Es época de profundos cambios políticos.* **2** Que tiene mucho fondo o que está extendido a lo largo: *Entramos en un profundo túnel.* **3** Referido a un recipiente o a una cavidad, con el fondo muy distante del borde superior: *Necesito una cazuela más profunda.* **4** Referido a un terreno, que tiene la parte inferior mucho más abajo que lo circundante: *El cañón del río es muy profundo.* **5** Que penetra mucho o va hasta muy adentro: *Le dieron varios puntos de sutura porque la herida era profunda.* **6** Difícil de penetrar o de comprender: *Desconozco las profundas intenciones que le han llevado a esta decisión.* **7** Referido esp. a un sonido, que es potente o de tono muy grave: *Habló con voz profunda y cavernosa.* □ SEM. En las acepciones 3, 4, 5 y 6, es sinónimo de *hondo*. □ USO En la acepción 3, *hondo* se aplica esp. a objetos pequeños o a concavidades cuyo fondo dista poco de la superficie.

profusión s.m. Gran cantidad o abundancia excesiva: *Nos informó de la situación con profusión de datos.*

profuso, sa adj. Muy abundante o excesivo: *Se perdieron en una zona de profusa vegetación.*

progenie s.f. **1** Descendencia o conjunto de hijos de alguien: *Al abuelo le gusta reunir a toda su progenie para celebrar su cumpleaños.* **2** Familia de la que alguien desciende: *Entre su progenie hubo varios poetas, y él también escribe versos.*

progenitor, -a s. Ascendiente directo de una persona, esp. referido a los padres: *Se siente orgulloso de sus progenitores, porque todos ellos fueron personas de bien.*

progesterona s.f. Hormona sexual segregada principalmente por el ovario femenino: *Una de las funciones de la progesterona es preparar la mucosa del útero para recibir el óvulo fecundado.*

programa s.m. **1** Anuncio o exposición resumida y ordenada de las partes que componen algo que se va a realizar o desarrollar, o de aquellos elementos que lo caracterizan: *En el programa de la excursión se incluye una visita al monasterio.* **2** Declaración previa de lo que se piensa hacer: *El programa electoral de este partido político me parece poco coherente.* **3** Impreso en que aparecen esta exposición o esta declaración: *Al entrar en el teatro nos dieron un programa con el reparto de los actores.* **4** Conjunto de las unidades temáticas que emite una emisora de radio o de televisión: *Hoy la televisión autonómica tiene un buen programa.* **5** Cada una de estas unidades temáticas: *Los martes hay un programa cultural muy interesante en esta emisora de radio.* **6** Proyecto o conjunto ordenado de actividades programadas: *La dirección del teatro ya ha confeccionado el programa para toda la temporada.* **7** Conjunto de operaciones que, de forma ordenada, realizan algunas máquinas: *Esta lavadora dispone de un programa especial para lavar la ropa delicada.* **8** En informática, conjunto de instrucciones que se dan a un ordenador para que este ejecute una determinada tarea: *Para hacer este programa ha utilizado un lenguaje de alto nivel.*

programación s.f. **1** Elaboración del programa de algo: *Este teatro incluye obras extranjeras en su programación.* **2** Conjunto de los programas de radio o televisión: *Busca en el periódico qué programación hay en esta cadena, por* *favor.* **3** Preparación por anticipado de algunas máquinas o mecanismos para que realicen un determinado trabajo: *La programación de los vídeos es posible gracias a sus mecanismos electrónicos.* **4** En informática, realización de un programa informático: *La programación requiere el perfecto conocimiento del lenguaje que se utiliza.*

programador, -a ▮ s. **1** Persona que se dedica profesionalmente a realizar programas informáticos: *Hemos contratado a un programador para que nos haga un programa de cálculo.* ▮ s.m. **2** Dispositivo mediante el cual se programa algo: *La calefacción se ha puesto en marcha antes de tiempo porque el programador está estropeado.*

programar v. **1** Elaborar un programa: *Esta cadena de televisión ha programado una serie de documentales informativos.* **2** Idear y ordenar las acciones necesarias para realizar algo: *Cuando programes la excursión, recuerda que debemos volver antes de las diez.* **3** Referido a algunas máquinas o mecanismos, prepararlos por anticipado para que realicen un determinado trabajo: *He programado el radiador para que se ponga en marcha a las seis.* **4** En informática, realizar un programa informático: *Estoy yendo a una academia para aprender a programar.*

programático, ca adj. Del programa o relacionado con esta declaración previa de lo que se piensa hacer: *Lo más relevante del contenido programático de este partido político es la subida de los salarios.*

progre adj./s. *col.* →**progresista.** ☐ MORF. 1. Como adjetivo es invariable en género. 2. Como sustantivo es de género común y exige concordancia en masculino o en femenino para señalar la diferencia de sexo: *el progre, la progre.*

progresar v. **1** Hacer progresos o mejorar: *El enfermo progresa rápidamente y pronto volverá a casa.* **2** Avanzar o ir hacia adelante: *Escondidos entre la vegetación veían progresar los tanques enemigos.*

progresión s.f. **1** Mejora o perfeccionamiento de algo: *La progresión económica de la empresa ha sido espectacular en este último año.* **2** Avance o evolución de algo: *Las continuas progresiones de nuestro equipo hacia la portería contraria terminaron en goleada.* **3** En matemáticas, sucesión de números o de términos algebraicos entre los cuales hay una ley de formación constante: *En una progresión ascendente cada término tiene mayor valor que el anterior.*

progresismo s.m. **1** Conjunto de ideas y doctrinas avanzadas o innovadoras: *El progresismo apuesta por la innovación y el avance.* **2** Corriente o tendencia política que defiende estas ideas: *El progresismo del siglo XIX estuvo liderado por los militares Prim y Espartero.*

progresista adj./s. Que tiene ideas avanzadas o innovadoras y está a favor de los cambios y de la evolución social: *Los conservadores se opondrán a una ley tan progresista como esa. Prim fue uno de los progresistas más representativos del siglo XIX.* ☐ MORF. 1. Como adjetivo es invariable en género. 2. Como sustantivo es de género común y exige concordancia en masculino o en femenino para señalar la diferencia de sexo: *el progresista, la progresista.* ☐ USO En la lengua coloquial se usa mucho la forma abreviada *progre.*

progresivo, va adj. **1** Que progresa o aumenta en cantidad o en perfección: *Este método permite adquirir rápidos y progresivos conocimientos de la lengua que se estudia.* **2** Que crece o se desarrolla poco a poco y de forma ininterrumpida: *Esta semana se producirá un aumento progresivo de las temperaturas.*

progreso s.m. **1** Desarrollo favorable, perfeccionamiento o mejora de algo: *El profesor está satisfecho de los progresos que hacen sus alumnos.* **2** Desarrollo continuo y general de la civilización y de la cultura: *El progreso ha supuesto la pérdida de muchos valores tradicionales.* **3** Avance o movimiento hacia adelante: *Las tropas siguen su lento progreso a campo traviesa.*

prohibición s.f. Negación del uso o de la realización de algo: *Por favor, respete la prohibición de fumar en esta sala.*

prohibir v. Referido al uso o a la realización de algo, impedirlos o negarlos: *Por haber suspendido todas, mis padres me han prohibido ver la tele.* ☐ ORTOGR. La *i* de la raíz lleva tilde en los presentes, excepto en las personas *nosotros* y *vosotros* →**PROHIBIR.**

prohibitivo, va adj. *col.* Demasiado caro o excesivamente elevado en precio: *Esta casa tiene un precio prohibitivo para mí.*

prohijamiento s.m. Adopción de una persona como hijo: *El prohijamiento de un niño exige asumir la responsabilidad de su educación.*

prohijar v. Referido a una persona, adoptarla como hijo: *Para prohijar a un niño hay que cumplir determinados trámites legales.* ☐ ORTOGR. 1. Conserva la *j* en toda la conjugación. 2. La *i* lleva tilde en los presentes, excepto en las personas *nosotros* y *vosotros* →**VACIAR.**

prohombre s.m. Hombre ilustre que goza de especial consideración entre los de su clase: *Este general fue considerado en su época un prohombre del ejército.*

prójimo, ma ▮ s. **1** *col.* Persona cuya identidad se ignora o no se quiere decir: *¡Menuda prójima se ha echado por mujer!* ▮ s.m. **2** Respecto de una persona, todas o cada una de las demás personas que forman la colectividad humana: *El cristianismo enseña a amar al prójimo como a uno mismo.* ☐ USO El uso de la acepción 1 tiene un matiz despectivo.

prole s.f. **1** Descendencia o conjunto de hijos: *Siempre viajo con toda la prole.* **2** *col.* Conjunto numeroso de personas con algo en común: *En este parque se junta todas las tardes una prole de gamberros.*

prolegómeno s.m. **1** En una obra o en un escrito, tratado que se pone al principio para establecer los fundamentos generales de la materia que se va a tratar: *En los prolegómenos de ese libro de sintaxis, se indica que todas sus explicaciones y análisis siguen los criterios de la gramática tradicional.* **2** Preparación o introducción excesiva o innecesaria: *Déjate de prolegómenos y ve al grano.* ☐ MORF. Se usa más en plural. ☐ SEM. Su uso como sinónimo de *principio* es incorrecto, aunque está muy extendido: *En los {*prolegómenos › comienzos} del partido.*

proletariado s.m. Grupo social formado por los trabajadores que no son propietarios de los medios de producción: *El proletariado se organiza en sindicatos desde el siglo XIX.*

proletario, ria ▮ adj. **1** Del proletariado o relacionado con este grupo social: *Las agrupaciones sindicales son organizaciones proletarias.* ▮ s. **2** Persona que no es propietaria de los medios de producción y que vende la fuerza de su trabajo a cambio de un salario: *Los proletarios aparecen tras la Revolución Industrial.*

proliferación s.f. Multiplicación abundante del número de algo: *En los tumores cancerosos hay una proliferación incontrolada de células.*

proliferar v. **1** Aumentar en número o multiplicarse de forma abundante: *En este barrio han proliferado los grandes edificios.* **2** En biología, reproducirse por división: *Las bacterias proliferan más rápidamente si están en un medio favorable para su desarrollo.*

prolífico, ca adj. **1** Que puede engendrar, esp. si es de forma abundante: *Las ratas son animales muy prolíficos.* **2** Referido a un artista, que tiene una producción muy extensa: *Galdós fue un novelista prolífico que nos dejó numerosas novelas.* □ SEM. Dist. de *prolijo* (extenso o de larga duración).

prolijidad s.f. Extensión o duración excesivas de una exposición o una explicación: *Me molesta la prolijidad de tus exposiciones, porque podrías decir lo mismo en menos tiempo.*

prolijo, ja adj. Largo o excesivamente extenso en sus explicaciones: *No queriendo parecer prolijo, el conferenciante abrevió su exposición.* □ SEM. Dist. de *prolífico* (que tiene una producción muy extensa).

prologar v. Referido a una obra, escribirle un prólogo: *Este diccionario lo ha prologado un académico de la lengua.* □ ORTOGR. La *g* se cambia en *gu* delante de *e* →PAGAR.

prólogo s.m. **1** En un libro, texto que precede al cuerpo de la obra y que generalmente sirve para hacer su presentación o la de su autor, o para explicar algo relacionado con ella: *El prólogo puede estar escrito por el mismo autor de la obra o por otro distinto.* **2** Lo que precede a otra cosa y le sirve de presentación o de preparación: *El aperitivo fue prólogo de un espléndido banquete.* □ SEM. No debe usarse con el significado de 'principio o comienzo': *Estamos en el {*prólogo › comienzo} del partido, pues solo han transcurrido cinco minutos.*

prolongación s.f. **1** Extensión en el espacio o en el tiempo: *Pidieron una prolongación del plazo de matrícula.* **2** Parte prolongada de algo: *La cola de los animales es una prolongación de la columna vertebral.*

prolongar v. **1** Alargar o extender en el espacio: *Han prolongado mi calle y ahora llega hasta la plaza.* **2** Hacer durar más tiempo: *Si nos queda dinero, podemos prolongar nuestra estancia en esta ciudad. La conferencia se prolongó en exceso y resultó bastante pesada.* □ ORTOGR. La *g* se cambia en *gu* delante de *e* →PAGAR.

promediar v. Calcular el promedio: *Si promediamos las ganancias, nos quedarán unos sesenta euros para cada uno.* □ ORTOGR. La *i* nunca lleva tilde.

promedio s.m. Cantidad igual o más próxima a la media aritmética de un conjunto de varias cantidades; *término medio: Las ventas han alcanzado un promedio de unos veinte euros al día.*

promesa s.f. **1** Afirmación de la obligación que alguien se impone a sí mismo de hacer o decir algo: *No cumpliste tu promesa de venir a verme.* **2** Ofrecimiento solemne, equivalente al juramento, de cumplir con las obligaciones y exigencias que conllevan un cargo o unos principios: *La promesa de un cargo se hace mediante una fórmula prestablecida.* **3** Ofrecimiento que se hace a Dios, a la Virgen (según la Biblia, madre de Jesucristo) o a los santos: *Vistió el hábito durante dos años en cumplimiento de una promesa a la Virgen.* **4** Lo que da muestras de poseer unas cualidades especiales que pueden llevarlo al triunfo: *Este muchacho es una promesa del fútbol.* **5** Señal o indicio que hace esperar algún bien: *Los hijos son promesa de futuras alegrías.*

prometer ▮ v. **1** Referido a una acción, comprometerse u obligarse a hacerla: *Prometo estar contigo en las alegrías y en las penas. Me prometió que dejaría de fumar.* **2** Referido a lo que se dice, asegurarlo como cierto: *Te prometo que yo no me he comido el pastel.* **3** Referido esp. a un cargo o a unos principios, comprometerse solemnemente y con promesa de fidelidad y obediencia a cumplir con las obligaciones y exigencias que estos conllevan: *Los ministros prometieron su cargo ante el monarca.* **4** Dar muestras de ser tal y como se expresa: *La fiesta promete ser divertida.* **5** Dar muestras de poseer unas especiales cualidades que pueden llevar al triunfo: *La crítica opina que este joven novelista promete.* ▮ prnl. **6** Darse mutuamente palabra de casamiento; *comprometerse: Se prometieron cuando solo tenían dieciocho años.* **7** Esperar que algo se produzca de determinada manera: *Me prometía una tarde aburrida, pero al final resultó interesante.* **8** ‖ **prometérselas (muy) felices.** *col.* Tener, sin gran fundamento, esperanzas de que algo salga bien: *Aunque estaba lleno de deudas, se las prometía muy felices con ese negocio porque confiaba en su suerte.*

prometido, da s. Respecto de una persona, otra que le ha dado palabra de matrimonio: *Mira, te presento a mi prometido.*

prominencia s.f. Abultamiento o elevación de algo sobre lo que está a su alrededor: *Las colinas son prominencias del terreno.*

prominente adj. **1** Que se levanta o sobresale sobre lo que está alrededor: *A lo lejos se ven los prominentes picos de la sierra.* **2** Ilustre y famoso, o que destaca sobre otros: *El coloquio estaba dirigido por un prominente historiador.* □ ORTOGR. Dist. de *preeminente.* □ MORF. Invariable en género.

promiscuidad s.f. **1** Convivencia desordenada de personas de distinto sexo: *El reportaje mostraba la promiscuidad a la que estaban obligadas las familias que vivían en chabolas.* **2** Mezcla o confusión: *En su cajón solo encontrarás una promiscuidad de papeles.*

promiscuo, cua adj. **1** Referido a una persona, que mantiene relaciones sexuales con muchas otras: *La revista sacó a la luz la vida promiscua de ese actor.* **2** Mezclado de forma confusa o indiferente: *Todos ellos forman un grupo promiscuo en el que hay personas de distintas aficiones y niveles culturales.*

promoción s.f. **1** Preparación de las condiciones adecuadas para dar a conocer algo o para aumentar sus ventas: *El supermercado realiza esta semana una promoción de sus productos alimenticios.* **2** Elevación de una persona a una dignidad o empleo superiores a los que tenía: *El subdirector esperó su promoción a director durante años.* **3** Impulso de la realización de algo, o elevación y mejora de su calidad: *El Gobierno prepara medidas para la promoción de las exportaciones.* **4** Conjunto de personas que obtienen al mismo tiempo un título de estudios o un empleo: *En la foto de la orla aparecen todos los compañeros de promoción.* **5** En algunos deportes, torneo en el que se enfrentan deportistas o equipos para determinar quiénes pasarán a la categoría superior: *Jugarán la promoción de ascenso a la primera división el tercer equipo de segunda división con el decimoctavo de primera.*

promocionar v. **1** Elevar o preparar las condiciones adecuadas para mejorar en prestigio, categoría, reputación o puesto social: *Una buena campaña publicitaria promocionará el turismo en la región. El ejecutivo actual se promociona mediante cursos especializados.* **2** Referido esp. a un producto, preparar las condiciones adecuadas para darlo a conocer o para aumentar sus ventas: *Muchas marcas, para promocionar sus productos, rebajan transitoriamente los precios.* **3** Referido a un equipo deportivo, jugar con otro para subir de categoría o para mantener la que posee: *Promocionará el tercer equipo de segunda división con el penúltimo de primera, y el que gane pasará a primera.*

promontorio s.m. Elevación apreciable del terreno, esp. si avanza dentro del mar: *El barco chocó contra uno de los promontorios rocosos de la costa.*

promotor, -a adj./s. Que promueve o promociona haciendo las gestiones oportunas para el logro de algo: *En la construcción, las empresas promotoras financian la construcción de edificios para luego venderlos. El cantante rompió el contrato con su promotor por unas desavenencias económicas.*

promover v. **1** Referido a una acción, iniciarla o impulsar su realización: *El Gobierno ha decretado nuevas medidas para promover el ahorro.* **2** Referido a una persona, ascenderla o elevarla a una dignidad, categoría o empleo superiores a los que tenía: *El coronel fue promovido a general.* **3** *col.* Dar lugar, causar o producir: *Sus declaraciones promovieron un gran escándalo.* □ MORF. Irreg.: La *o* final de la raíz diptonga en *ue* en los presentes, excepto en las personas *nosotros* y *vosotros* →**MOVER**.

promulgación s.f. Publicación de forma solemne o formal de algo, esp. de una disposición de la autoridad para que sea cumplida obligatoriamente: *La promulgación de la actual Constitución española se produjo en 1978.*

promulgar v. **1** Referido a una ley o a una disposición de la autoridad, publicarlas formalmente para que sean cumplidas obligatoriamente: *El Gobierno promulgará nuevas leyes sobre la utilización del material informático.* **2** Publicar de forma solemne: *El rey promulgó su renuncia al trono.* □ ORTOGR. La *g* se cambia en *gu* delante de *e* →**PAGAR**.

pronombre s.m. **1** En gramática, parte de la oración que sustituye o que determina al nombre: *La mayoría de los pronombres españoles tienen flexión. Los pronombres desempeñan las funciones gramaticales propias de un adjetivo o de un sustantivo. El contenido semántico de los pronombres es nulo o escaso, y por ello su significado depende del contexto.* **2** ‖ **(pronombre) demostrativo.** Aquel con el que se muestra o señala algo: *'Este', 'ese' y 'aquel' son pronombres demostrativos. En 'De todas las sillas, solo estas están ocupadas', el demostrativo 'estas' designa las sillas que están más cerca del hablante.* ‖ **(pronombre) indefinido.** El que alude de forma vaga e indeterminada a algo: *'Ninguno', 'alguien' y 'cualquiera' son pronombres indefinidos. Los indefinidos 'bastante', 'mucho' y 'poco' expresan una cantidad o un grado indeterminados.* ‖ **(pronombre) numeral.** El que expresa idea de cantidad, de orden, de partición o de multiplicación: *Los pronombres numerales pueden ser cardinales, ordinales, fraccionarios y multiplicativos. 'Dos', 'tercero', 'doceavo' y 'triple' son numerales.* ‖ **pronombre personal.** El que designa directamente al hablante, al oyente o a lo que no es ninguno de los dos: *'Yo' es el pronombre personal de primera persona del singular, que corresponde al hablante, y 'tú' es el que designa al oyente. Los personales constituyen la única parte de la oración que en español conservan flexión de caso.* ‖ **(pronombre) posesivo.** El que indica posesión o pertenencia: *'Mi', 'vuestros' y 'suyas' son pronombres posesivos. Los posesivos señalan lo que pertenece a cada una de las tres personas gramaticales.* ‖ **(pronombre) relativo.** El que se refiere a una persona, a un animal o a una cosa anteriormente mencionados: *'Que', 'cuales' y 'cuyas' son pronombres relativos. Los relativos pueden aparecer con antecedente expreso ('El niño que canta es mi hermano') o sobrentendido ('Dejo esto aquí para quien lo necesite').* □ MORF. →APÉNDICE DE PRONOMBRES.

pronominal adj. Del pronombre, con pronombres o que participa de su naturaleza: *'Yo' es una forma pronominal. 'Arrepentirse' es un verbo pronominal porque se conjuga en todas sus formas con los pronombres átonos: 'me arrepiento, te arrepientes...'.* □ MORF. Invariable en género.

pronosticar v. Referido a algo que sucederá en un futuro, adivinarlo a raíz de determinados indicios; *anunciar: Los meteorólogos han pronosticado una semana de lluvias.* □ ORTOGR. La *c* se cambia en *qu* delante de *e* →**SACAR**.

pronóstico s.m. **1** Conocimiento, a raíz de algunos indicios, de algo que sucederá en un futuro: *Los pronósticos meteorológicos se basan en datos obtenidos científicamente.* **2** Señal que permite hacer juicios probables o adivinar algo que sucederá en un futuro; *anuncio: Esos nubarrones negros son pronóstico de tormenta.* **3** En medicina, juicio que forma el médico, a partir de los síntomas detectados, sobre la gravedad, evolución, duración y terminación de una enfermedad: *Esa enfermedad es de pronóstico grave.* **4** ‖ **pronóstico reservado.** El que no es emitido por un médico por la posibilidad de algún contratiempo que se prevé en los efectos de una lesión, o porque los síntomas no son suficientes para formar un juicio seguro: *Hay varios heridos con pronóstico reservado.*

prontitud s.f. Rapidez o velocidad en realizar algo: *Vayamos con prontitud, porque el aviso era urgente.*

pronto adv. **1** Rápido o en un breve espacio de tiempo: *Vístete pronto, que tenemos poco tiempo. Pronto llegará el otoño.* **2** Con anticipación, o antes de lo previsto o de lo oportuno: *Este año ha llegado pronto el buen tiempo. Aún es pronto para entrar a clase.* **3** ‖ **al pronto.** En el primer momento o a primera vista: *Al pronto, todo parece estar bien.* ‖ **de pronto.** Sin esperarlo nadie o sin pensarlo: *De pronto dijo que se iba.* ‖ **por {de/lo} pronto.** Por ahora o por el momento: *Por lo pronto, no tomaré ninguna decisión.* ‖ **tan pronto.** Expresión que, repetida o coordinada con *como*, se usa para introducir dos o más oraciones que expresan acciones en alternancia: *Tan pronto te dice que sí como te dice que no.*

pronto, ta ▌ adj. **1** Rápido, ligero o veloz: *Espero tu pronta respuesta a mi carta.* ▌ s.m. **2** *col.* Decisión o impulso repentinos y motivados por una pasión o por algo que ocurre de forma inesperada: *Sus prontos de cólera son temibles.* **3** *col.* Ataque repentino de algún mal: *Le dio un pronto y se quedó sin habla y con la mirada perdida.*

pronunciación s.f. **1** Emisión y articulación de un sonido para hablar: *La pronunciación de los sonidos requiere un aprendizaje.* **2** Manera de pronunciar; *dicción: Se le entiende perfectamente porque su pronunciación es muy clara.* **3** Expresión o declaración en voz alta y, generalmente, en público: *La pronunciación del discurso tendrá lugar tras los postres.* **4** Manifestación pública a favor o en contra de algo: *La pronunciación del ministro sobre este asunto puede determinar el curso de los acontecimientos.* **5** En derecho, publicación de una sentencia, de un auto o de otra resolución judicial: *En este asunto ya solo queda esperar la pronunciación de los jueces.*

pronunciamiento s.m. **1** Alzamiento militar contra el Gobierno: *Durante el siglo XIX hubo numerosos pronunciamientos en España.* **2** Declaración, condena o mandato del juez: *Tras el pronunciamiento del juez, el acusado fue llevado a prisión.*

pronunciar ▮ v. **1** Referido a un sonido, emitirlo y articularlo para hablar: *Tiene un defecto que le impide pronunciar bien la 'r'.* **2** Decir en voz alta y ante el público: *El director pronunció su conferencia en el aula magna de la facultad.* **3** En derecho, referido a una sentencia, un auto u otra resolución judicial, publicarlas: *El tribunal de justicia pronunciará hoy su sentencia.* **4** Resaltar, acentuar o destacar: *Esos pantalones tan ajustados te pronuncian mucho el trasero. La rivalidad entre los dos hermanos cada vez se pronuncia más.* ▮ prnl. **5** Declararse o mostrarse a favor o en contra de algo: *No quiero pronunciarme sin tener todos los datos.* **6** Referido esp. a un militar, sublevarse, rebelarse o levantarse: *Una facción del ejército se pronunció contra el poder establecido.* □ ORTOGR. La *i* nunca lleva tilde.

propagación s.f. **1** Extensión o difusión de algo para que llegue a muchos lugares o a muchas personas: *La propagación de la gripe es muy rápida.* **2** Multiplicación por generación o por otra forma de reproducción: *La reproducción de los individuos asegura la propagación de la especie.*

propaganda s.f. **1** Información o actividad destinadas a dar a conocer algo y a convencer de sus cualidades o de sus ventajas: *Muchos artículos de consumo se venden gracias a la propaganda que de ellos se hace por televisión.* **2** Material o medios que se emplean para este fin: *Todos los días me encuentro el buzón lleno de propaganda.*

propagandístico, ca adj. De la propaganda o relacionado con esta actividad: *Nuestras calles están llenas de carteles propagandísticos.*

propagar v. **1** Extender, aumentar o hacer llegar a muchos lugares o a muchas personas: *La radio y la televisión propagan las noticias por el mundo. El fuego se propagó con rapidez.* **2** Multiplicar por generación o por otra forma de reproducción: *Según la Biblia, Dios creo al hombre y a la mujer para que propagaran la especie. Las hiedras se propagan con facilidad.* □ ORTOGR. La *g* se cambia en *gu* delante de *e* ⟶PAGAR.

propano s.m. Hidrocarburo gaseoso derivado del petróleo que se usa como combustible: *La calefacción de este colegio funciona con propano.*

proparoxítono, na adj. **1** Referido a una palabra, que lleva el acento en la antepenúltima sílaba: *'Máquina' lleva tilde porque es palabra proparoxítona.* **2** Referido a un verso, que termina en palabra acentuada en la antepenúltima sílaba: *El verso de Juan Ramón 'huerto verde; canta un pájaro' es un octosílabo proparoxítono.* □ ORTOGR. Para la acepción 1 ⟶APÉNDICE DE ACENTUACIÓN. □ SEM. Es sinónimo de *esdrújulo*.

propasar ▮ v. **1** Pasar más adelante de lo debido o excederse en lo que se hace o se dice: *Tu insolencia ya ha propasado todos los límites. No te propases con la bebida, porque tienes que conducir.* ▮ prnl. **2** Cometer un atrevimiento o una falta de respeto, esp. un hombre con una mujer: *Intentó propasarse conmigo y le arreé un tortazo.*

propender v. Tener una inclinación hacia algo: *Es optimista y propende a la alegría.* □ MORF. Irreg.: Su participio es *propenso*.

propensión s.f. Inclinación hacia algo, esp. si está determinada por la naturaleza de la persona: *Por su naturaleza física y por sus antecedentes familiares tiene propensión a la obesidad.*

propenso, sa ▮ **1** part. irreg. de **propender**. ▮ adj. **2** Que tiene inclinación o afición a algo: *Hace régimen porque es propenso a engordar.* □ SINT. Constr. como adjetivo: *propenso* A *algo*.

propiciar v. **1** Referido a una acción, favorecer su ejecución: *La situación política propició el levantamiento del ejército.* **2** Referido esp. a la benevolencia de alguien, atraerla, ganarla u obtenerla: *No sabía qué hacer para propiciarse la ayuda de ese hombre.* □ ORTOGR. La *i* nunca lleva tilde.

propiciatorio, ria adj. Que tiene la capacidad de convertir algo en propicio o favorable: *Muchos pueblos antiguos sacrificaban víctimas propiciatorias para calmar la ira de sus dioses.*

propicio, cia adj. Favorable, adecuado o inclinado a algo: *Este clima es propicio para el cultivo de cereales. No se mostró muy propicio a ayudarnos, la verdad...*

propiedad s.f. **1** Derecho o facultad de poseer algo y poder disponer de ello dentro de los límites legales: *La casa en la que vive es de su propiedad. No puedes pasar porque este terreno forma parte de una propiedad privada.* **2** Lo que se posee, esp. si es un bien inmueble: *Esta finca es una de sus muchas propiedades.* **3** Cualidad esencial de algo: *La raíz de esta planta tiene propiedades medicinales.* **4** Sentido o significado peculiar, exacto y preciso de las palabras o frases: *Si hablases con propiedad, no dirías una cosa por otra.*

propietario, ria ▮ adj. **1** Que es el titular permanente de un cargo u oficio: *Soy propietaria de esta plaza de profesora porque aprobé la oposición.* ▮ s. **2** Persona o entidad que tienen derecho de propiedad sobre algo, esp. sobre bienes inmuebles: *El propietario de la casa quiere alquilarla.*

propina s.f. **1** Gratificación con la que se recompensa un servicio, esp. la que se da de más sobre el precio convenido: *Si me ayudas a subir estos muebles te daré una propina.* **2** *col.* En un espectáculo, pieza que se ofrece sin estar prevista en el programa: *El público insistió y el cantante ofreció una propina de dos canciones más.* **3** ‖ **de propina.** *col.* También, o además de: *Nos tomamos el postre y, de propina, un helado.*

propinar v. Referido a algo desagradable o doloroso, darlo o infligirlo: *Los atracadores me propinaron una buena paliza. El equipo contrario les propinó una merecida derrota.*

propio, pia adj. **1** Que pertenece a alguien o que es de su propiedad: *Va al trabajo en coche propio.* **2** Característico o peculiar: *El optimismo es propio de su carácter.* **3** Conveniente o adecuado: *Ese vestido es muy propio para las fiestas elegantes.* □ SINT. Constr. de la acepción 2: *propio* DE *algo*. □ SEM. Se antepone a ciertas expresiones para enfatizar que se trata precisamente de la persona o de la cosa citadas: *El propio autor nos presentó su obra. Mi propia madre está sorprendida.*

proponer ▮ v. **1** Referido a una idea, exponerla o manifestarla a fin de que sea aceptada por los demás: *Me propuso un plan estupendo que no pude rechazar.* **2** Referido a una persona, presentarla o recomendarla para un puesto: *Para cubrir la baja del dibujante propuso a un conocido suyo.* ▌prnl. **3** Referido a un objetivo, decidirse a cumplirlo: *Se propuso aprobar todas las asignaturas en junio.* ☐ MORF. Irreg.: 1. Su participio es *propuesto.* 2. ⟶**PONER**.

proporción s.f. **1** Correspondencia o equilibrio entre las partes y el todo o entre cosas relacionadas entre sí: *Para que te salga bien la tarta tienes que respetar las proporciones de los ingredientes.* **2** Dimensión de algo: *Los disturbios callejeros adquirieron grandes proporciones.* **3** En matemáticas, igualdad entre dos razones: *'a/b = c/d' es una proporción.* ☐ MORF. La acepción 2 se usa más en plural.

proporcionado, da adj. Que tiene armonía entre sus diferentes partes: *Tiene una figura muy bien proporcionada.*

proporcional adj. De la proporción, con proporción o relacionado con ella: *El desarrollo de un país y su nivel cultural son directamente proporcionales ya que, cuando aumenta el primero, también lo hace el segundo.* ☐ MORF. Invariable en género.

proporcionar v. **1** Referido a algo que se necesita o que conviene, ponerlo a disposición de alguien: *Le proporcioné el dinero para pagar las deudas.* **2** Referido a las partes de un todo, disponerlas y ordenarlas con la debida correspondencia: *Proporciona las partes de este dibujo para que tenga armonía.* **3** Referido esp. a un sentimiento, producirlo o causarlo: *El nacimiento de su hijo les ha proporcionado una inmensa alegría.*

proposición s.f. **1** Idea que se manifiesta y que se ofrece para lograr un fin: *Tu proposición de montar un negocio a medias no me interesa.* **2** Recomendación o presentación de alguien para un puesto: *El jefe no aceptó mi proposición para el ascenso.* **3** Manifestación o presentación de algo para darlo a conocer o para inducir a hacerlo: *Tu proposición de ir al cine ha sido hecha en un momento poco adecuado.* **4** En filosofía, expresión verbal de un juicio: *En lógica, 'p no es q' es una proposición.* **5** En gramática, en una oración compuesta, cada una de las partes con estructura oracional que la componen: *En la oración 'Quiero que vengas', 'que vengas' es una proposición subordinada.* **6** En lingüística, palabra o conjunto de palabras que tienen un sentido gramatical completo; *oración: 'Juan come deprisa' es una proposición.* ☐ SEM. En las acepciones 1 y 2, es sinónimo de *propuesta*.

propósito s.m. **1** Ánimo o intención de hacer algo: *Tengo el propósito de ir de compras esta tarde.* **2** Lo que se pretende conseguir: *Ha dicho esto porque su propósito es molestarte.* **3** ‖ **a propósito. 1** Voluntaria o deliberadamente: *Me enfadé porque me empujó a propósito.* **2** Expresión que se usa para indicar que lo que se menciona ha sugerido o recordado la idea de hablar de otra cosa: *A propósito de lo que hablábamos antes, creo que estás equivocado.*

propuesto, ta ▌**1** part. irreg. de **proponer.** ▌s.f. **2** Idea que se manifiesta y que se ofrece para lograr un fin: *Las propuestas para mejorar el edificio fueron rechazadas por la junta de vecinos.* **3** Presentación o recomendación de una persona para un puesto: *La propuesta del hijo del director para ese cargo no fue bien acogida.* ☐ SEM. En las acepciones 2 y 3, es sinónimo de *proposición*.

propugnación s.f. Defensa o apoyo a algo que se cree adecuado o conveniente: *La propugnación de medidas para hacer descender el paro ha hecho muy popular a este partido político.*

propugnar v. Defender o apoyar algo como útil, conveniente y apropiado: *Propugnamos la asistencia médica gratuita para todos.*

propulsar v. Impulsar o empujar hacia delante: *Esas medidas económicas han conseguido propulsar la industria de la zona. Los cohetes espaciales se propulsan mediante unos potentes motores.*

propulsión s.f. **1** Empuje hacia delante: *Los aviones se mueven por propulsión.* **2** ‖ **propulsión a chorro.** Procedimiento empleado para producir movimiento mediante la expulsión de los gases que se producen: *Los cohetes espaciales se mueven mediante un motor de propulsión a chorro.*

prórroga s.f. **1** Prolongación del plazo o de la duración de algo: *Han dado una prórroga de una semana para matricularse en este centro.* **2** En algunos deportes, tiempo suplementario que se añade cuando al final del partido existe un empate: *Si la prórroga también termina en empate, habrá lanzamiento de penaltis.* **3** Aplazamiento del servicio militar que se concede, según la legislación vigente, a los llamados a filas: *Mi padre pidió prórrogas para continuar sus estudios antes de hacer la mili.*

prorrogar v. **1** Alargar o prolongar la duración: *Debido a las interrupciones que hubo, el árbitro prorrogó el partido cinco minutos. El plazo para la presentación de las instancias se ha prorrogado una semana.* **2** Suspender o aplazar: *El juez ha prorrogado la publicación de la sentencia hasta la próxima semana.* ☐ ORTOGR. La g se cambia en gu delante de e ⟶**PAGAR**.

prorrumpir v. Referido esp. a un sentimiento, exteriorizarlo repentinamente y con fuerza: *Cuando se enteró de la triste noticia prorrumpió en sollozos. El público prorrumpió en aplausos cuando apareció el famoso cantante.* ☐ SINT. Constr.: *prorrumpir* EN *algo.* ☐ SEM. Dist. de *irrumpir* (entrar violentamente).

prosa s.f. **1** Forma que toma el lenguaje para expresar ideas y que, a diferencia del verso, no está sujeta a una medida ni a una distribución determinada de los acentos y de las pausas: *Este diccionario está escrito en prosa.* **2** *col.* Exceso de palabras para decir cosas poco importantes: *Si no tienes nada real que decir, ahórrame tu prosa, por favor.*

prosaico, ca adj. Que resulta vulgar o sin interés, por carecer de ideales o por estar demasiado apegado a lo material y convencional: *Resulta prosaico que tu única preocupación en la vida sea satisfacer tus apetitos.*

prosapia s.f. Ascendencia o linaje de una persona, esp. si son ilustres o aristocráticos: *Pertenece a una familia de ilustre prosapia y rancio abolengo.* ☐ USO Se usa mucho con matiz despectivo.

proscenio s.m. **1** En los antiguos teatros grecolatinos, lugar situado entre la escena y la orquesta y en el cual estaba el tablado sobre el que representaban los actores: *El proscenio estaba más bajo que la escena y más alto que la orquesta.* **2** En un escenario, parte más cercana al público: *Al terminar la representación, el actor avanzó hasta el proscenio para pronunciar unas palabras de agradecimiento.*

proscribir v. **1** Referido a una persona, expulsarla de su patria, generalmente por razones políticas: *El dictador proscribió a los máximos dirigentes de la oposición al régimen.* **2** Referido esp. a una costumbre o a algo usual, excluirlos o prohibirlos: *En los años treinta, la llamada 'ley seca' proscribió el consumo de bebidas alcohólicas en Es-*

tados Unidos. □ ORTOGR. Dist. de *prescribir.* □ MORF. Su participio es *proscrito*.

proscripción s.f. **1** Expulsión de una persona de su patria, generalmente por razones políticas: *Los golpistas ordenaron la inmediata proscripción de los intelectuales críticos con el golpe.* **2** Exclusión o prohibición de algo, esp. de una costumbre: *En la sala de espera, un letrero recuerda la proscripción de fumar en lugares públicos.* □ ORTOGR. Dist. de *prescripción*.

proscrito, ta ▮ **1** part. irreg. de **proscribir**. ▮ adj./s. **2** Desterrado o expulsado de la propia patria: *Organizaron una campaña desde el poder para desprestigiar a los líderes proscritos por el régimen. Espronceda se convirtió en un proscrito por oponerse a Fernando VII.* □ ORTOGR. Dist. de *prescrito*. □ MORF. Incorr. **proscribido*.

prosecución s.f. Seguimiento o continuación de algo ya empezado: *La prosecución de las obras depende de que se apruebe una nueva partida presupuestaria.*

proseguir v. Referido a algo empezado, seguir, continuar o llevarlo adelante: *Se permitió un pequeño descanso antes de proseguir el trabajo. Si no se llega a un acuerdo, la huelga proseguirá indefinidamente.* □ ORTOGR. La *gu* se cambia en *g* delante de *a, o*. □ MORF. Irreg.: La *e* se cambia en *i* cuando la sílaba siguiente no tiene *i* o la tiene formando diptongo →**SEGUIR**.

proselitismo s.m. Interés o esmero que se ponen en ganar prosélitos o adeptos: *El proselitismo de muchos políticos los lleva a prometer imposibles con tal de ganar seguidores.*

proselitista adj./s. Que pone interés o esmero en ganar prosélitos o adeptos: *La política proselitista del partido no consiguió aumentar el número de afiliados. Lo acusaron de ser un proselitista sin escrúpulos, capaz de engañar con tal de atraer partidarios.* □ MORF. 1. Como adjetivo es invariable en género. 2. Como sustantivo es de género común y exige concordancia en masculino o en femenino para señalar la diferencia de sexo: *el proselitista, la proselitista*.

prosélito s.m. Partidario ganado para una causa, para una doctrina o para un grupo: *Los prosélitos de algunas sectas religiosas son auténticos fanáticos.*

prosista s. Escritor de obras en prosa: *Su primera obra como prosista fue una novela policíaca.* □ MORF. Es de género común y exige concordancia en masculino o en femenino para señalar la diferencia de sexo: *el prosista, la prosista*.

prosístico, ca adj. De la prosa literaria o relacionado con ella: *Su obra prosística tiene una calidad muy superior a la de sus poemas.*

prosodia s.f. **1** Parte de la gramática que enseña la correcta pronunciación y acentuación: *Según las reglas de la prosodia, 'océano' es una palabra esdrújula.* **2** Estudio de los rasgos sonoros, esp. los acentos y la cantidad silábica, que afectan a la métrica: *La prosodia tiene en cuenta acentos que son métricamente importantes, aunque no se correspondan con los que se señalan con tilde.* **3** Parte de la fonología que estudia los rasgos sonoros que afectan a unidades inferiores o superiores al fonema: *El acento y la entonación son rasgos estudiados por la prosodia.*

prosódico, ca adj. De la prosodia o relacionado con esta parte de la gramática: *La tilde o acento ortográfico es un rasgo prosódico.*

prosopopeya s.f. **1** Figura retórica o procedimiento del lenguaje consistente en atribuir a un ser irracional o a una cosa inanimada o abstracta cualidades o acciones propias de los seres humanos; *personificación*: *La frase 'El Sol nos recibió sonriente' es una prosopopeya.* **2** *col.* Gravedad afectada y solemnidad en la manera de actuar: *Habla con mucha prosopopeya, pero en el fondo no dice nada.* □ USO La acepción 2 tiene un matiz despectivo.

prospección s.f. **1** Exploración del subsuelo basada en el examen de las características del terreno y encaminada a descubrir yacimientos geológicos: *Están haciendo prospecciones en la zona en busca de posibles yacimientos petrolíferos.* **2** Estudio de las posibilidades futuras de algo a partir de datos del presente: *Antes de fabricar un nuevo producto, conviene hacer una prospección de mercado para prever su aceptación por los consumidores.*

prospectivo, va ▮ adj. **1** Que se refiere al futuro: *Hay que tener visión prospectiva para saber si un negocio puede culminar en el éxito.* ▮ s.f. **2** Conjunto de análisis y de estudios que se hacen con el fin de explorar o de predecir el futuro de algo: *Se hizo una prospectiva sobre la intención de voto pocos días antes de las elecciones.*

prospecto s.m. **1** Papel que acompaña a algunos productos, esp. a los medicamentos, y en el que se informa sobre su composición, utilidad, modo de empleo u otros datos de interés: *Antes de tomar esas pastillas, lee el prospecto a ver si tienen contraindicaciones.* **2** Papel en el que se expone o anuncia algo: *El buzón está lleno de prospectos de propaganda.*

prosperar v. **1** Tener prosperidad o gozar de ella: *Si el negocio prospera, es probable que contrate a más empleados. No prosperarás en la vida si no estás dispuesto a esforzarte.* **2** Referido esp. a una propuesta, ganar fuerza, salir adelante o imponerse: *Para que el proyecto de ley prospere, tiene que obtener la mayoría de los votos de la Cámara.*

prosperidad s.f. **1** Desarrollo favorable, buena suerte o éxito: *Los gobernantes buscan la prosperidad de sus países.* **2** Bienestar o buena situación social y económica: *Desde que se estableció por su cuenta goza de una gran prosperidad.*

próspero, ra adj. **1** Favorable o venturoso: *Me deseó un próspero año nuevo.* **2** Que cada vez es más rico o más poderoso: *Vive en una nación próspera y desarrollada.*

próstata s.f. En los machos de los mamíferos, glándula del aparato genital, de pequeño tamaño y de forma irregular, que se halla situada sobre el cuello de la vejiga de la orina y que segrega un líquido blanquecino y viscoso: *El líquido que segrega la próstata contribuye a formar el semen.*

prosternarse v.prnl. Arrodillarse, postrarse o inclinarse en señal de respeto: *Al pasar frente al altar, el sacerdote se prosternó y se santiguó.* □ PRON. Incorr. *[posternarse].

prostíbulo s.m. Establecimiento público en el que se ejerce la prostitución; *burdel, lupanar*: *Los moralistas consideran los prostíbulos lugares de perdición.*

prostitución s.f. Actividad de la persona que mantiene relaciones sexuales con otras a cambio de dinero: *A la prostitución se dedican tanto hombres como mujeres.*

prostituir v. **1** Referido a una persona, dedicarla a la prostitución: *Lo acusaron de prostituir a su propia hija para obtener dinero. Sin familia y sin recursos económicos, se prostituyó para sobrevivir.* **2** Deshonrar o envilecer, generalmente por dinero o para lograr algún beneficio: *Con estas acciones prostituyes el buen nombre de tu familia. Al aceptar dinero a cambio de la información confiden-*

a b c d e f g h i j k l m n ñ o **p** q r s t u v w x y z

a b c d e f g h i j k l m n ñ o p q r s t u v w x y z

cial se prostituyó. □ MORF. Irreg.: La *i* final de la raíz se cambia en *y* delante de *a*, *e*, *o* ⟶CONTRIBUIR.

prostituto, ta s. Persona que se dedica a la prostitución: *A estas horas de la noche, el barrio chino estará ya lleno de prostitutas.*

protactinio s.m. Elemento químico metálico y sólido, de número atómico 91, de color blanco grisáceo, y que se encuentra en los minerales de uranio: *El protactinio es un elemento radiactivo.* □ ORTOGR. Su símbolo químico es *Pa.*

protagonismo s.m. **1** Condición de lo que es protagonista o desempeña el papel principal: *En el acto de entrega de premios, el protagonismo corresponderá a los premiados.* **2** Afán de destacar o de mostrarse como la persona más cualificada y necesaria en una actividad: *No te ayudó por amabilidad desinteresada, sino por protagonismo y por ganas de impresionar.*

protagonista s. **1** En una obra de ficción, personaje principal: *Me aburren esas películas típicas en las que el protagonista es bueno y guapo, consigue triunfar y se casa con la chica.* **2** Lo que desempeña el papel principal o más destacado en algo, esp. en un suceso: *En la mayoría de estos cuadros, el protagonista es el color.* □ MORF. Es de género común y exige concordancia en masculino o en femenino para señalar la diferencia de sexo: *el protagonista, la protagonista.* □ SINT. Se usa mucho en aposición, pospuesto a un sustantivo. □ SEM. **Primer protagonista* y **protagonista principal* son expresiones redundantes e incorrectas, aunque están muy extendidas.

protagonizar v. **1** Referido esp. a una obra de ficción o a uno de sus papeles, representarlos en calidad de protagonista: *La película tiene el éxito asegurado, porque la protagoniza un gran actor.* **2** Referido esp. a un suceso, desempeñar en él el papel más importante o destacado: *Iba borracho y protagonizó un escándalo en plena calle.* □ ORTOGR. La *z* se cambia en *c* delante de *e* ⟶CAZAR.

protección s.f. **1** Defensa que se hace de algo para evitar un peligro o un perjuicio: *Cuando tomes el sol, ponte una crema de protección.* **2** Ayuda, apoyo o amparo: *Ha llegado tan alto porque ha gozado de la protección de personas muy influyentes.*

proteccionismo s.m. **1** Política económica que grava la entrada en un país de productos extranjeros que pueden hacer competencia a los nacionales: *El proteccionismo es una práctica usual en épocas de crisis.* **2** Doctrina económica que defiende esta política: *El proteccionismo defiende postulados opuestos a los del librecambismo.*

proteccionista ▮ adj. **1** Del proteccionismo o relacionado con él: *Las medidas proteccionistas protegen los productos nacionales.* ▮ adj./s. **2** Que defiende o sigue el proteccionismo: *Los economistas proteccionistas defienden un trato de favor para la salida al mercado de los productos nacionales. Los proteccionistas son partidarios de aplicar aranceles a los productos extranjeros más competitivos que los nacionales.* □ MORF. 1. Como adjetivo es invariable en género. 2. Como sustantivo es de género común y exige concordancia en masculino o en femenino para señalar la diferencia de sexo: *el proteccionista, la proteccionista.*

protector, -a ▮ adj. **1** Que protege: *Los albañiles usan casco como medida protectora contra los accidentes.* ▮ s.m. **2** En algunos deportes, pieza que protege las zonas más expuestas a los golpes: *Los boxeadores se colocan en la boca un protector para protegerse los dientes.*

protectorado s.m. **1** Soberanía parcial que ejerce un Estado, esp. en materia de relaciones exteriores, sobre un territorio que no ha sido incorporado plenamente al de su nación y que tiene autoridades propias: *El Reino Unido ha ejercido protectorados en África, en Oceanía y en la India.* **2** Territorio sobre el que se ejerce esta soberanía: *Parte del actual Marruecos fue un protectorado español.*

proteger v. **1** Resguardar de un peligro o de un perjuicio: *Han puesto puertas blindadas para proteger la casa frente a posibles intentos de robo. No se hizo ningún rasguño en la cara, porque se la protegió con los brazos.* **2** Ayudar, apoyar o favorecer: *Los mecenas del Renacimiento protegían las artes ayudando a su financiación.* □ ORTOGR. La *g* se cambia en *j* delante de *a*, *o* ⟶RECOGER.

proteico, ca adj. En química, relacionado con las proteínas; *proteínico*: *La albúmina del huevo es una sustancia proteica.*

proteína s.f. Compuesto orgánico nitrogenado, generalmente soluble en agua, que forma parte de la materia fundamental de las células y de los organismos animales y vegetales: *La carne, la leche, el pescado y los huevos son alimentos ricos en proteínas.*

proteínico, ca adj. Relacionado con las proteínas; *proteico*: *La carne es un alimento de gran contenido proteínico.*

protésico, ca ▮ adj. **1** De la prótesis o relacionado con este procedimiento de reparación artificial de órganos: *El cirujano le ha implantado una pieza protésica en la cadera.* ▮ s. **2** Persona que se dedica profesionalmente a la preparación y ajuste de las piezas y aparatos que se emplean en las prótesis dentales: *Las dentaduras postizas son fabricadas por protésicos dentales.*

prótesis s.m. **1** Pieza o dispositivo usados para reparar artificialmente la falta de un órgano o de parte de él: *Me pusieron una prótesis dental en el hueco de la muela que me sacaron.* **2** En cirugía, procedimiento mediante el cual se hace esta reparación artificial de un órgano: *Te tienen que hacer una prótesis de cadera, porque tienes un problema de descalcificación de huesos.* □ MORF. Invariable en número.

protesta s.f. Manifestación de disconformidad o de queja: *Aumentan las protestas por la anunciada subida de precios.*

protestante ▮ adj. **1** Del protestantismo o relacionado con él: *La Iglesia calvinista y la luterana son Iglesias protestantes.* ▮ adj./s. **2** Que defiende o sigue cualquiera de las doctrinas religiosas del protestantismo: *Los sacerdotes protestantes pueden casarse. Los protestantes no aceptan la autoridad del papa.* □ MORF. 1. Como adjetivo es invariable en género. 2. Como sustantivo es de género común y exige concordancia en masculino o en femenino para señalar la diferencia de sexo: *el protestante, la protestante.*

protestantismo s.m. **1** Conjunto de comunidades cristianas surgidas de la reforma de Lutero (religioso alemán del siglo XVI) y otros reformadores: *El protestantismo surgió como escisión de la Iglesia cristiana occidental.* **2** Doctrina religiosa de estas comunidades: *El protestantismo defiende que la fe es el único medio de salvación.*

protestar v. **1** Manifestar disconformidad o queja: *Organizaron una manifestación para protestar contra la falta de puestos de trabajo.* **2** En economía, referido a una letra de cambio que no ha sido cobrada en el tiempo fijado, iniciar las diligencias notariales para cobrarla: *El banco le ha protestado las dos letras que no ha pagado.*

protestón, -a adj./s. *col.* Que protesta mucho o por cualquier cosa: *No seas tan protestón y obedece de una vez. Es una protestona y nada le parece bien.*

protista ▮ adj./s.m. **1** Referido a un organismo, que se caracteriza por su pequeño tamaño y por carecer de órganos y de tejidos diferenciados: *La ameba es un organismo protista. Los protistas suelen ser organismos de vida acuática.* ▮ s.m.pl. **2** En zoología, reino de estos organismos: *A los protistas pertenecen organismos unicelulares y pluricelulares.* □ MORF. Como adjetivo es invariable en género.

proto- Elemento compositivo que significa 'primero o anterior': *protohistoria.*

protocolario, ria adj. **1** Del protocolo o relacionado con este conjunto de reglas para la celebración de actos: *El ministro presidió al acto protocolario de la entrega de medallas.* **2** Que se hace con una solemnidad innecesaria, y solo por cortesía o por respetar la costumbre: *El presidente hizo una visita meramente protocolaria al alcalde para saludarlo.*

protocolo s.m. **1** Conjunto de reglas establecidas, por decreto o por costumbre, para la celebración de actos diplomáticos o solemnes: *El protocolo establecía qué lugar debía ocupar cada invitado a la recepción.* **2** Acta o cuaderno de actas de un acuerdo, de una conferencia o de un congreso diplomático: *El presidente firmó el protocolo de adhesión al Tratado de las Comunidades Europeas.*

protón s.m. En un átomo, partícula elemental del núcleo que tiene carga eléctrica positiva: *El átomo de hidrógeno solo tiene un protón.*

prototípico, ca adj. Del prototipo o relacionado con él: *No creo que alguien tan vago pueda ser considerado un estudiante prototípico.*

prototipo s.m. **1** Ejemplar original que sirve de modelo para hacer otros de la misma clase: *Si el prototipo de coche que han presentado supera todas las pruebas, será construido en serie.* **2** Ejemplar más perfecto y que sirve como modelo: *Tan cariñoso, comprensivo y trabajador, para mí es el prototipo de hombre ideal.*

protozoo ▮ adj./s.m. **1** Referido a un animal, esp. a un microrganismo, que está formado por una sola célula o por una colonia de células iguales entre sí, y que vive en medios acuosos o en líquidos internos de organismos superiores: *Algunos organismos protozoos se desplazan con un movimiento vibrátil por medio de cilios o flagelos. La ameba es un protozoo.* ▮ s.m.pl. **2** En zoología, grupo de estos animales: *Los paramecios son microrganismos pertenecientes a los protozoos.*

protráctil adj. En zoología, referido a la lengua de algunos animales, que puede proyectarse mucho fuera de la boca: *Los camaleones tienen una lengua protráctil que les permite cazar insectos con gran facilidad.* □ MORF. Invariable en género.

protuberancia s.f. Elevación o abultamiento más o menos redondeados y que sobresalen: *Las yemas de las plantas son protuberancias que salen en el tallo.*

protuberante adj. Que sobresale o que sale más de lo normal: *En el famoso soneto que comienza 'Érase un hombre a una nariz pegado', Quevedo se burla de un hombre de nariz protuberante.* □ MORF. Invariable en género.

provecho s.m. **1** Beneficio o utilidad que se obtienen de algo o que se proporcionan a alguien: *El alcalde trabaja en provecho de su pueblo.* **2** Aprovechamiento, adelantamiento o buen rendimiento en una actividad: *Puede irse tranquilo de vacaciones porque ha terminado el curso con provecho.* **3** ‖ **buen provecho.** *col.* Expresión que se usa para indicar el deseo de que algo, esp. la comida, resulte útil o conveniente para la salud o para el bienestar de alguien: *Cuando vio que estábamos comiendo, nos dijo: «¡Buen provecho!».* ‖ **de provecho.** Referido a una persona, que es considerada como alguien de bien o útil para la sociedad: *Si no estudias, no llegarás a ser una mujer de provecho.*

provechoso, sa adj. Que causa provecho o resulta de utilidad: *Hacer ejercicio es provechoso para la salud.*

provecto, ta adj. Caduco, viejo, maduro o entrado en años: *Se casó con un hombre de edad provecta, que casi podía ser su padre.* □ USO Su uso es característico del lenguaje culto.

proveedor, -a s. Persona o empresa que proveen o abastecen de lo necesario a grandes grupos: *Los proveedores de los artículos que se venden en las tiendas pequeñas suelen ser mayoristas.*

proveer v. **1** Referido a lo necesario para un fin, suministrarlo o facilitarlo: *Las gasolineras proveen de gasolina a los automovilistas. La empresa que nos provee cierra en agosto. Se proveyó de todo lo necesario para el viaje.* **2** Referido esp. a un asunto, tramitarlo, resolverlo o darle salida: *No sé quién va a proveer las soluciones a este problema.* **3** Referido esp. a un empleo, darlo o asignarlo: *Proveerán las plazas vacantes con personal interino.* **4** En derecho, referido a una resolución, dictarla un juez o un tribunal: *El juez proveyó una resolución provisional que, tras expirar el plazo de apelación, se convirtió en definitiva.* □ ORTOGR. 1. Incorr. **prover.* 2. Dist. de *prever.* 3. En las formas cuya desinencia contiene un diptongo *ie, io,* esta *i* se cambia en *y* →**LEER**. □ MORF. Su participio es *provisto.* □ SINT. Constr.: proveer DE algo.

proveniencia s.f. Nacimiento, procedencia u origen: *Los médicos investigan para descubrir la proveniencia del virus.*

provenir v. Nacer, proceder u originarse: *Tu ansiedad proviene del estrés al que estás sometida.* □ MORF. Irreg. →**VENIR**. □ SINT. Constr.: *provenir DE algo.*

provenzal ▮ adj./s. **1** De la Provenza (antigua región del sur francés), o relacionado con ella: *Marsella es una ciudad enclavada en el que fue territorio provenzal. A comienzos del siglo XII, los provenzales pasaron a depender de la autoridad del conde de Barcelona Ramón Berenguer III.* ▮ s.m. **2** Lengua románica de esta región: *En el bachillerato francés se puede estudiar provenzal como asignatura optativa.* **3** Conjunto de dialectos romances que en la época medieval se hablaban en la zona sur francesa; *lengua de oc, occitano: El provenzal fue la lengua literaria usada por los trovadores.* □ MORF. 1. Como adjetivo es invariable en género. 2. En la acepción 1, como sustantivo se refiere solo a las personas de la Provenza y es de género común, es decir, exige concordancia en masculino o en femenino para señalar la diferencia de sexo: *el provenzal, la provenzal.*

proverbial adj. **1** Del proverbio, con proverbios o relacionado con él: *Muchos escritores moralistas utilizan un estilo proverbial como forma de acercarse más al público.* **2** Conocido de siempre o de todos: *Nos recibió con su proverbial amabilidad.* □ MORF. Invariable en género.

proverbio s.m. Sentencia, refrán o frase breve que expresan una enseñanza o una advertencia moral: *Son famosos, por la sabiduría que encierran, los proverbios chinos y los del rey bíblico Salomón.*

a b c d e f g h i j k l m n ñ o p q r s t u v w x y z

providencia s.f. **1** Disposición, prevención o cuidado que se toman para lograr un fin o para evitar o remediar un daño, esp. referido al cuidado de Dios para con sus criaturas: *En las situaciones más difíciles, busco amparo en la fe y confío en la Providencia. Platón ya manejaba el concepto de 'providencia divina' en sus escritos.* **2** En derecho, resolución judicial a la que la ley no exige fundamentos jurídicos por tratar cuestiones de trámite o peticiones sencillas: *El juez dictó la providencia y mandó la notificación a los interesados.* ☐ USO En la acepción 1, se usa también como nombre propio.

providencial adj. **1** De la providencia, esp. de la divina, o relacionado con ella: *Me parece providencial que en ese accidente no haya habido heridos.* **2** Referido esp. a un hecho, que se produce de manera casual o inesperada, evitando un daño o un perjuicio inminentes: *Tu aparición fue providencial porque llegaste justo cuando más te necesitaba.* ☐ MORF. Invariable en género.

próvido, da adj. Dispuesto o diligente para proveer generosamente de lo necesario: *Confía en la próvida mano de Dios.* ☐ USO Su uso es característico del lenguaje culto.

provincia ▌s.f. **1** En el territorio de un Estado, cada una de las grandes divisiones o demarcaciones que lo constituyen, sujetas generalmente a una autoridad administrativa: *El gobernador civil es la máxima autoridad de la provincia.* **2** En un territorio sobre el que actúa una orden religiosa, cada uno de los distritos en que esta lo divide y que comprende un determinado número de casas o de conventos: *Todos los conventos de la provincia están bajo la obediencia del provincial de la orden.* **3** En la antigua Roma, territorio conquistado fuera de la península itálica, sujeto a las leyes romanas y administrado por un gobernador: *La Tarraconense era una de las provincias romanas de la península ibérica.* ▌pl. **4** En contraposición a 'capital', el resto de las ciudades de un país: *Cuando llegué por primera vez a la capital, yo era el típico chico de provincias, ingenuo y sin apenas haber visto mundo.*

provincial adj. De la provincia o relacionado con ella: *Presentó su recurso en la diputación provincial.* ☐ MORF. Invariable en género.

provincial, -a s. En una orden religiosa, persona que gobierna las casas y conventos de una provincia: *Fray Luis de León fue elegido provincial de Castilla pocos días antes de su muerte.*

provincianismo s.m. Estrechez de espíritu y apego excesivo a la mentalidad o a las costumbres particulares de una provincia o de una sociedad, con exclusión de las demás: *Un intelectual debe estar abierto a las ideas y corrientes de cualquier procedencia, y evitar el provincianismo.* ☐ USO Tiene un matiz despectivo.

provinciano, na ▌adj. **1** De la provincia o relacionado con ella: *La vida provinciana es más apacible que la de las capitales.* **2** *col.* Poco elegante o poco refinado: *¡En mi vida he visto una forma de vestir tan burda y provinciana!* ▌adj./s. **3** Caracterizado por una estrechez de espíritu y por un excesivo apego a la mentalidad o a las costumbres particulares de una provincia o de una sociedad, con exclusión de las demás: *Sus opiniones tienen siempre un corte provinciano y reflejan su corta amplitud de visión. Lleva treinta años recorriendo mundo, pero por su forma de pensar sigue siendo un provinciano.* ☐ USO En las acepciones 2 y 3, tiene un matiz despectivo.

provisión s.f. **1** Conjunto de cosas, esp. alimentos, que se guardan o reservan para un fin: *Iremos al supermercado porque nos hemos quedado sin provisiones.* **2** Suministro o entrega de lo necesario, esp. mediante venta o de forma gratuita: *Hasta la próxima semana no llegará la provisión de material quirúrgico.* **3** Preparación o reunión de lo necesario para un fin: *En el puerto los barcos hacen provisión de combustible.* **4** Tramitación o resolución, esp. de un asunto: *La provisión de este problema es competencia del jefe de personal.* **5** Asignación de algo, esp. de un empleo: *La provisión de las jefaturas de servicio se realizará por libre designación.* **6** En derecho, dictado de una resolución que hace un juez o un tribunal: *El sospechoso ingresó en prisión por provisión del juez.* ☐ ORTOGR. Dist. de *previsión.* ☐ MORF. La acepción 1 se usa más en plural.

provisional adj. Temporal o no permanente; *provisorio: Desempeña el cargo de forma provisional porque el titular está enfermo.* ☐ MORF. Invariable en género.

provisorio, ria adj. ⟶**provisional.**

provisto, ta part. irreg. de **proveer.** ☐ ORTOGR. Dist. de *previsto.* ☐ MORF. Incorr. **proveído.*

provocación s.f. **1** Producción o causa de algo, esp. si es como reacción o respuesta: *La provocación de incendios está castigada por la ley.* **2** Lo que irrita o estimula para un enfado: *Las palabras del ministro son una provocación para los sindicatos.* **3** Lo que produce deseo sexual, esp. si es intencionado: *Llevar una ropa tan ajustada es una provocación.*

provocar v. **1** Producir como reacción o como respuesta: *Mi respuesta provocó su ira.* **2** Referido a una persona, irritarla o estimularla para que se enfade: *El futbolista provocó al público haciendo gestos obscenos.* **3** Referido a una persona, intentar despertar deseo sexual: *Lleva la ropa tan ajustada que va provocando.* ☐ ORTOGR. La *c* se cambia en *qu* delante de *e* ⟶**SACAR.**

provocativo, va adj. Que provoca o excita: *Su actitud desafiante y provocativa le ha causado más de un problema. Todo el mundo se queda mirándote, porque llevas un pantalón muy provocativo.*

proxeneta s. Persona que induce a otras a la prostitución y se beneficia de las ganancias que obtienen: *El dueño de un club de alterne fue acusado de proxeneta.* ☐ MORF. Es de género común y exige concordancia en masculino o en femenino para señalar diferencia de sexo: *el proxeneta, la proxeneta.*

proximidad s.f. **1** Cercanía o poca distancia en el espacio o en el tiempo: *La proximidad entre mi casa y el lugar de los hechos me permitió observar desde el balcón cómo sucedió todo.* **2** Lugar próximo: *El castillo está en las proximidades del pueblo.* ☐ MORF. La acepción 2 se usa más en plural.

próximo, ma ▌adj. **1** Cercano o poco distante, esp. en el espacio o en el tiempo: *Mi casa está próxima al Ayuntamiento.* ▌adj./s. **2** Siguiente o inmediatamente posterior: *Tuerza a la derecha en la próxima calle, y lo verá enseguida. Mi estación es la próxima.*

proyección s.f. **1** Lanzamiento, dirección o impulso de algo hacia adelante o a distancia: *Me demostró que con una catapulta es posible la proyección de un proyectil a muchos metros de distancia.* **2** Alcance, trascendencia o repercusión: *Al escritor le sorprendió la gran proyección que obtuvo su primera novela.* **3** Trazado o formación de la idea de un plan para realizar una acción: *La proyección del plan de ataque se hizo teniendo en cuenta la opi-*

nión de los expertos. **4** Visualización de una figura o de una sombra sobre una superficie: *Aunque se escondió, la proyección de su sombra en el suelo hizo que lo descubrieran.* **5** Acción de reflejar sobre una pantalla la imagen óptica amplificada de una película o de una diapositiva: *Antes del estreno oficial, harán una proyección de la película para la prensa.* **6** Imagen que se fija temporalmente sobre una superficie plana mediante un foco luminoso: *El profesor de arte dio la clase con diapositivas e iba señalando sobre cada proyección las partes de que constaba cada edificio.* **7** En el psicoanálisis, atribución a otro de los defectos o intenciones que una persona no quiere reconocer en ella misma: *A menudo, los reproches a los demás no son más que la proyección de la propia frustración.* **8** En geometría, trazado de líneas rectas desde todos los puntos de un cuerpo o de una figura y según determinadas reglas, hasta su encuentro con una superficie generalmente plana en la que se obtendrá su representación: *En clase de dibujo técnico, aprendimos a hacer proyecciones de cuerpos de tres dimensiones.*

proyectar v. **1** Lanzar o dirigir hacia adelante o a distancia: *Varios focos proyectan luz sobre el escenario.* **2** Referido a una acción, idear o trazar el plan para realizarla: *Proyectaron irse juntos el fin de semana.* **3** Referido esp. a una obra de arquitectura o de ingeniería, hacer su proyecto, con los planos y cálculos necesarios para su ejecución: *Leonardo da Vinci proyectó numerosas máquinas.* **4** Referido a una figura o a una sombra, hacerlas visibles sobre una superficie: *La iluminación nocturna proyecta la figura del castillo y la realza. Nos asustamos al ver unas sombras que se proyectaban en la pared del callejón.* **5** Referido esp. a una película o una diapositiva, reflejar sobre una pantalla su imagen óptica amplificada: *Esta película se está proyectando en varias salas de la ciudad.* **6** Referido esp. a un impulso o a un sentimiento, dirigirlos, volcarlos o reflejarlos sobre algo: *El poeta proyectó en el poema toda la tristeza que lo embargaba.* **7** En geometría, referido esp. a un cuerpo o a una figura, trazar líneas rectas desde todos sus puntos y según determinadas reglas, hasta una superficie generalmente plana en la que se obtendrá su representación: *El ejercicio de dibujo lineal consistía en proyectar un cono sobre un plano perpendicular a él.*

proyectil s.m. Cuerpo arrojadizo, esp. los que se lanzan con armas de fuego: *Las balas y los cohetes son proyectiles.*

proyecto s.m. **1** Propósito o pensamiento de hacer algo: *Tienen el proyecto de casarse el próximo verano.* **2** Disposición, plan o diseño que se hacen para la realización de un tratado o para la ejecución de algo importante: *El proyecto de tratado será debatido por los representantes de todos los países comprometidos.* **3** Primer esquema o plan de trabajo que se hacen como prueba antes de darles forma definitiva: *En el proyecto se recogen solo los puntos más importantes.* **4** En arquitectura o ingeniería, conjunto de planos, cálculos e instrucciones necesarios para llevar a cabo una obra: *Encargaron el proyecto de su casa a un famoso arquitecto.* **5** ‖ **proyecto de ley.** Propuesta de ley elaborada por el Gobierno y sometida al Parlamento para su aprobación: *El proyecto de ley sobre el aborto tendrá que esperar para ser aprobado en la próxima legislatura.*

proyector s.m. **1** Aparato eléctrico que sirve para proyectar imágenes sobre una pantalla: *En las clases de arte, el profesor emplea un proyector de diapositivas.* **2** Aparato que sirve para proyectar un haz luminoso de gran intensidad: *El plató de televisión estaba iluminado por dos potentes proyectores.* 👁 **alumbrado**

prudencia s.f. **1** Sensatez o buen juicio: *La prudencia es una de las cuatro virtudes cardinales.* **2** Moderación, comedimiento o cautela: *Conduce con prudencia, que más vale llegar tarde que no llegar.*

prudencial adj. **1** De la prudencia o relacionado con ella: *Cuando salgan, espera un tiempo prudencial para que no te descubran y después, síguelos.* **2** Que no es exagerado ni excesivo: *Solo puedo comprarme un vestido que tenga un precio prudencial.* □ MORF. Invariable en género.

prudente adj. Que tiene prudencia y actúa con moderación y cautela: *Dicen que las personas con responsabilidades familiares son más prudentes al volante que las solteras.* □ MORF. Invariable en género.

prueba s.f. **1** Examen o uso para comprobar el funcionamiento de algo o si resulta adecuado para un fin: *Antes de comercializar el nuevo modelo hay que someterlo a numerosas pruebas.* **2** Justificación o demostración de la verdad o de la existencia de algo: *Tus reproches son la prueba de que ya no me quieres como antes.* **3** Medio utilizado para justificar o demostrar la verdad o la existencia de algo: *El acusado fue absuelto por falta de pruebas.* **4** Intento o propósito: *He hecho la prueba de levantarme sin despertador y me he quedado dormida.* **5** Indicio, señal o muestra: *Acepta esto en prueba de mi amistad.* **6** Ensayo o experimento de algo provisional, para saber cómo resultará en su forma definitiva: *En la primera prueba del vestido, la modista me dijo que me quedaba corto.* **7** Examen para demostrar unos conocimientos o unas capacidades: *No logré pasar la prueba de química.* **8** Circunstancia o condición difíciles o penosas: *Quedarse sin trabajo fue una dura prueba para él.* **9** Análisis médico: *Mañana me han citado para hacerme las pruebas de riñón.* **10** Degustación de un alimento en pequeña cantidad: *En la prueba comprobé que había puesto demasiada sal.* **11** Parte pequeña de un todo, que se recoge para examinar su calidad: *Analizaron unas pruebas de agua del arroyo para ver si era potable.* **12** En algunos deportes, competición: *Llegó el primero en la prueba ciclista.* **13** En matemáticas, operación que se ejecuta para averiguar la exactitud de otra operación ya hecha: *Hizo la prueba del nueve para comprobar la división.* **14** En artes gráficas, muestra provisional a partir de la cual se realizan las oportunas correcciones: *Tienes que corregir las pruebas de imprenta.* **15** ‖ **a prueba de** algo. Resistente a ello: *Es un coche blindado y a prueba de bombas.* ‖ **a prueba.** En situación de poder comprobar su calidad, su capacidad o su buen funcionamiento: *Estuvo dos meses trabajando a prueba. El vendedor me dejó el televisor a prueba.* ‖ **de prueba.** Referido al modo de hacer algo, de forma experimental, como comprobación: *Te lo dije de prueba, a ver cómo reaccionabas.* ‖ **prueba de fuego.** La más difícil y decisiva: *Si sales de esto con éxito, habrás superado la prueba de fuego.*

prurito s.m. **1** Picazón o comezón patológicas producidas en el cuerpo: *Los síntomas de la urticaria son prurito y enrojecimiento de la zona afectada.* **2** Deseo excesivo y persistente de hacer algo de la mejor forma posible: *En su trabajo, nunca deja nada sin resolver porque tiene un gran prurito profesional.*

prusiano, na adj./s. De Prusia (antiguo estado alemán

del norte), o relacionado con ella: *El ejército prusiano fue famoso por su alto nivel de disciplina y entrenamiento. En el siglo XX, los prusianos se integraron en el Imperio alemán.* ☐ MORF. Como sustantivo se refiere solo a las personas de Prusia.

pseudo- →**seudo-**.

psi s.f. En el alfabeto griego clásico, nombre de la letra vigésima tercera: *La grafía de la psi es* ψ.

psico- Elemento compositivo que significa 'alma' o 'actividad mental': *psicología, psicoanálisis, psicopatía, psicoterapia.* ☐ MORF. Puede adoptar la forma *sico-*: *sicología, sicólogo, sicoanálisis.*

psicoanálisis s.m. **1** Teoría psicológica desarrollada principalmente por Sigmund Freud (neurólogo austriaco nacido a mediados del siglo XIX), que se basa en la investigación de los procesos mentales inconscientes y concede importancia decisiva a la permanencia en el subconsciente de los impulsos instintivos reprimidos por la conciencia; *sicoanálisis: Para el psicoanálisis, el complejo de Edipo es fundamental para el desarrollo de la personalidad y un punto de partida en la constitución de la sexualidad del individuo.* **2** Método de tratamiento de los desórdenes mentales basado en esta teoría: *Las sesiones de psicoanálisis ayudan a descubrir los conflictos internos para así poder resolverlos.* ☐ MORF. Invariable en número.

psicoanalista s. Persona que se dedica a aplicar las técnicas del psicoanálisis, esp. si esta es su profesión: *Un célebre psicoanalista trata su neurosis.* ☐ MORF. Es de género común y exige concordancia en masculino o en femenino para señalar la diferencia de sexo: *el psicoanalista, la psicoanalista.*

psicoanalítico, ca adj. Del psicoanálisis o relacionado con esta teoría y método psicológicos: *Las tesis psicoanalíticas hacen hincapié en la interpretación de los sueños porque creen que estos ponen de manifiesto nuestros deseos inconscientes.*

psicoanalizar v. Referido a una persona, aplicarle el psicoanálisis: *Psicoanaliza a un mismo paciente desde hace ocho años. Todos los psicoanalistas se han psicoanalizado antes.* ☐ ORTOGR. La *z* se cambia en *c* delante de *e* →**CAZAR**.

psicodélico, ca adj. **1** De la manifestación de elementos psíquicos que en condiciones normales están ocultos, de la estimulación intensa de potencias psíquicas, o relacionado con ellas: *La euforia, la depresión y la alucinación son estados psicodélicos.* **2** *col.* Raro, extravagante o fuera de lo normal: *Esa camisa de colores fosforescentes es muy psicodélica.*

psicología s.f. **1** Ciencia que estudia la actividad psíquica o mental y el comportamiento humanos: *La psicología fue parte de la filosofía hasta el siglo XIX.* **2** Manera de sentir o de pensar de una persona o de un grupo: *La psicología de los adolescentes es diferente a la de los adultos.* **3** Lo referido a la conducta de los animales: *La fidelidad al amo es una característica de la psicología de los perros.* ☐ SEM. Es sinónimo de *sicología.*

psicológico, ca adj. **1** De la psique o relacionado con la mente humana: *La depresión es una enfermedad psicológica.* **2** De la psicología o relacionado con esta ciencia: *Los estudios psicológicos de Sigmund Freud son muy interesantes.* ☐ SEM. Es sinónimo de *sicológico.*

psicólogo, ga s. **1** Persona que se dedica profesionalmente a la psicología: *Tiene problemas emocionales y sigue una terapia con un psicólogo.* **2** Persona con especial capacidad para conocer el temperamento o las reacciones de los demás: *Un entrenador deportivo debe ser buen psicólogo para saber motivar a sus jugadores.* ☐ SEM. Es sinónimo de *sicólogo.*

psicomotricidad s.f. Relación entre la actividad psíquica y la función motriz o capacidad de movimiento del cuerpo humano: *Hace ejercicios para mejorar su psicomotricidad, siguiendo las indicaciones del fisioterapeuta.*

psicópata s. En psiquiatría, persona que padece una psicopatía; *sicópata: Aquel psicópata disfrutaba destruyendo obras de arte.* ☐ MORF. Es de género común y exige concordancia en masculino o en femenino para señalar la diferencia de sexo: *el psicópata, la psicópata.*

psicopatía s.f. En psiquiatría, enfermedad mental, esp. la caracterizada por una alteración patológica de las relaciones interpersonales y la conducta social del individuo, sin ser manifiestas las alteraciones emocionales ni intelectuales; *sicopatía: La psicopatía es un tipo de patología incluida comúnmente entre los trastornos de personalidad.*

psicosis s.f. En psiquiatría, enfermedad mental que se caracteriza por una profunda alteración de la psique; *sicosis: En la psicosis se hallan afectados el pensamiento, la afectividad y la conducta.* ☐ MORF. Invariable en número.

psicosomático, ca adj. Que produce o implica una acción de la mente sobre el cuerpo o del cuerpo sobre la mente: *La jaqueca es muchas veces una enfermedad psicosomática, producida por las preocupaciones y por la tensión nerviosa.*

psique s.f. Mente humana; *psiquis: La psique distingue a las personas de los animales.*

psiquiatra s. Médico que está especializado en psiquiatría; *siquiatra: El psiquiatra le ha diagnosticado una depresión.* ☐ MORF. Es de género común y exige concordancia en masculino o en femenino para señalar la diferencia de sexo: *el psiquiatra, la psiquiatra.*

psiquiatría s.f. Ciencia que estudia las enfermedades mentales; *siquiatría: La psiquiatría es la especialidad médica que más me interesa.*

psiquiátrico, ca ▌adj. **1** De la psiquiatría o relacionado con esta ciencia: *Tiene paranoia y está bajo tratamiento psiquiátrico.* ▌s.m. **2** Hospital para enfermos mentales: *Está en el psiquiátrico porque su enfermedad está en fase aguda.* ☐ SEM. Dist. de *psíquico* (de la mente humana).

psíquico, ca adj. De la mente humana; *síquico: La anorexia es una enfermedad psíquica.* ☐ SEM. Dist. de *psiquiátrico* (de la psiquiatría).

psiquis s.f. →**psique.** ☐ MORF. Invariable en número.

psoriasis s.f. Enfermedad de la piel, generalmente crónica, caracterizada por el enrojecimiento y la aparición de costras, escamas u otras erupciones; *soriasis: Tiene psoriasis en el cuero cabelludo.* ☐ MORF. Invariable en número.

pterodáctilo s.m. Reptil volador que existió en la era secundaria, que tenía las extremidades anteriores y posteriores unidas por una membrana, y una gran prominencia en la parte posterior de la cabeza: *Los pterodáctilos no tenían plumas.* 👁 **dinosaurio**

púa s.f. **1** Diente de un peine o de un cepillo: *Péiname con más suavidad, que me estás clavando las púas en la cabeza.* **2** En algunos animales, cada uno de los pinchos o espinas que cubren su cuerpo: *Las púas del erizo le sirven de defensa.* **3** Chapa o lámina de forma triangular u ovalada, que se utiliza para tocar algunos instrumentos de cuerda: *La bandurria se toca pulsando sus cuerdas con una púa.*

pub (anglicismo) s.m. Establecimiento en el que se toman bebidas y se escucha música, y que generalmente tiene una decoración más cuidada y cómoda que la de un bar: *Después de cenar, tomamos una copa y charlamos un rato en un pub.* ☐ PRON. [pab], con *b* suave. ☐ MORF. Su plural es *pubs*.

púber adj./s. Que ha llegado a la pubertad: *Los alumnos de bachillerato son púberes. Ese programa de televisión es para los púberes.* ☐ MORF. 1. Como adjetivo es invariable en género. 2. Como sustantivo es de género común y exige concordancia en masculino o en femenino para señalar la diferencia de sexo: *el púber, la púber*.

pubertad s.f. Primera fase de la adolescencia, en la que se producen las modificaciones propias del paso de la infancia a la edad adulta: *En la pubertad se desarrollan los caracteres sexuales secundarios, como la aparición del vello y el cambio de voz, y se adquiere la capacidad de reproducción.*

pubis s.m. **1** En anatomía, cada uno de los dos huesos que se unen al ilion y al isquion para formar la pelvis: *Los dos pubis están unidos por una pequeña zona de cartílago.* 👁 **esqueleto** **2** Parte inferior del vientre que corresponde a la zona de proyección de este hueso: *En la especie humana, el pubis se cubre de vello en la pubertad.* ☐ MORF. Invariable en número.

publicación s.f. **1** Difusión o comunicación de una información para que sea conocida: *La publicación de secretos oficiales es un delito.* **2** Difusión por medio de la imprenta o de otro procedimiento: *Ha pedido una indemnización por la publicación de esas fotos sin su permiso.* **3** Obra o escrito impreso que han sido publicados: *Las revistas son publicaciones periódicas.*

publicar v. **1** Referido a una información, difundirla o darla a conocer: *Ese periódico fue el primero en publicar la noticia.* **2** Referido a algo secreto u oculto, revelarlo o decirlo: *No debes ir por ahí publicando los defectos de los demás.* **3** Difundir por medio de la imprenta o de otro procedimiento: *Envió su cuento a una editorial y se lo han publicado.* ☐ ORTOGR. La *c* se cambia en *qu* delante de *e* →SACAR.

publicidad s.f. **1** Divulgación o información sobre algo de forma que pasa a ser de conocimiento general o público: *Ese periódico fue el primero en dar publicidad al escándalo financiero.* **2** Conjunto de técnicas, actividades y medios para divulgar o dar a conocer algo: *Medios muy empleados por la publicidad son los anuncios en los medios de comunicación y las vallas y carteles de la calle.* **3** Divulgación de noticias o de anuncios de algo con carácter comercial: *Y ahora, tras unos minutos de publicidad, enseguida volvemos con ustedes.*

publicista s. Persona que se dedica profesionalmente a la publicidad: *Los anuncios de televisión están hechos por publicistas.* ☐ MORF. Es de género común y exige concordancia en masculino o en femenino para señalar la diferencia de sexo: *el publicista, la publicista*.

publicitario, ria adj. De la publicidad con fines comerciales, o relacionado con ella: *En televisión interrumpen las películas con anuncios publicitarios.*

público, ca ▌adj. **1** Que es visto, sabido o conocido por todos: *Me lo contó como un secreto, porque no sabía que ya era algo público.* **2** De todo el pueblo o relacionado con él: *El jardín de mi casa es privado, pero cerca hay un parque público.* **3** Del Estado, de su administración o relacionado con ellos: *Los autobuses de esta ciudad pertenecen a una empresa pública.* **4** Referido a una persona, que es conocida por la mayoría de la gente, generalmente por las actividades a las que se dedica: *Desde que se dedica a la política se ha convertido en una persona pública.* ▌s.m. **5** Conjunto de personas que forman una colectividad: *En las taquillas de la estación están expuestos al público los precios de los billetes.* **6** Conjunto de personas que asisten a un acto o a un espectáculo: *El público, puesto en pie, aplaudía al director de la orquesta.* **7** Conjunto de personas con aficiones o características comunes: *Ese tipo de novela está dirigido a un público juvenil.* **8** ‖ **el gran público.** La mayoría de la gente: *Es solo una película de aventuras para el gran público, sin más pretensiones.* ‖ **en público.** A la vista de todos: *Han discutido en público más de una vez.*

publirreportaje s.m. Reportaje publicitario, generalmente de larga duración o extensión: *En ese publirreportaje de televisión se muestra cómo se esteriliza y se envasa la leche.* ☐ ORTOGR. Incorr. **publireportaje*.

pucherazo s.m. Fraude electoral que consiste en alterar el resultado del escrutinio o del reconocimiento y recuento de votos: *La oposición no está conforme con el resultado de las elecciones y dice que ha habido pucherazo.* ☐ SINT. Se usa más con el verbo *dar*.

puchero s.m. **1** Vasija o recipiente algo abombados y con una o dos asas, que se utilizan para cocinar: *He puesto al fuego el puchero con la sopa.* **2** Gesto de la cara que precede al llanto: *El bebé empezó a hacer pucheros cuando le quité el chupete.* ☐ MORF. La acepción 2 se usa más en plural.

pudibundez s.f. Pudor o vergüenza exagerados, en todo lo relacionado con el sexo: *Su pudibundez le impide cambiarse en el vestuario delante de más gente.*

pudibundo, da adj. Con un pudor afectado y exagerado en todo lo relacionado con el sexo: *Siempre lleva la blusa abrochada hasta el cuello, porque es muy pudibunda.*

púdico, ca adj. Que tiene o que muestra pudor o vergüenza, esp. en lo relacionado con el sexo: *No le gustan las películas con escenas de sexo porque es muy púdico.*

pudiente adj. Que tiene poder, riqueza y bienes: *Pertenece a una familia pudiente, pero sencilla y nada ostentosa.* ☐ MORF. Invariable en género.

pudin o **pudín** s.m. **1** Dulce de consistencia pastosa, hecho con frutas y pan o bizcocho reblandecidos en leche: *Hoy tenemos de postre pudin de pasas y nueces.* **2** Comida no dulce de consistencia pastosa que se hace en un molde con diversos ingredientes: *De primer plato comimos pudin de pescado.* ☐ ORTOGR. Es un anglicismo (*pudding*) adaptado ortográficamente al español. ☐ SEM. Es sinónimo de *budín*.

pudor s.m. **1** Sentimiento de vergüenza, esp. en lo relacionado con el sexo: *No posa desnudo ante el pintor por pudor.* **2** Modestia, humildad o recato: *Nunca habla de sus cualidades por pudor.*

pudoroso, sa adj. Que tiene o que manifiesta pudor: *Es muy pudoroso y no le gusta que nadie lo vea mientras se viste.*

pudridero s.m. Cámara en la que se colocan los cadáveres antes de enterrarlos en el panteón: *Cuando visité el monasterio de El Escorial, me enseñaron el pudridero y el panteón real.*

pudrir v. **1** Referido esp. a una materia orgánica, hacer que se altere o se descomponga: *Algunos hongos y bacterias pudren los alimentos en determinadas condiciones. Si dejas la madera a la intemperie se pudrirá.* **2** *col.* Consumir, molestar o causar mal: *La tuberculosis ha podrido sus pulmones. Casi me pudro de tanto esperarte.* ☐ MORF. Irreg.: Su participio es *podrido.* ☐ SEM. Es sinónimo de *podrir.*

pueblerino, na adj./s. **1** De un pueblo pequeño o aldea o relacionado con él: *La vida pueblerina es más tranquila que la ciudadana. Esta plaza es el lugar de reunión de los pueblerinos.* **2** Referido a una persona, que tiene poca cultura o modales poco refinados: *Seré muy pueblerina, pero a mí estas ropas tan modernas me parecen espantosas. Dice que somos unos pueblerinos porque no entendemos su poesía.* ☐ SEM. El uso de la acepción 2 tiene un matiz despectivo.

pueblo s.m. **1** Ciudad, villa o lugar: *En nuestro viaje visitamos muchos pueblos.* **2** Población pequeña o de menor categoría, esp. la que vive de actividades relacionadas con el sector primario: *Paso las vacaciones en un pueblo de la sierra.* **3** Conjunto de personas de un lugar, de una región o de un país: *Mis amigos ingleses dicen que el pueblo español tiene fama de amable y hospitalario.* **4** Conjunto de los habitantes de un país, en relación con sus gobernantes: *El pueblo elegirá a sus representantes en las próximas elecciones.* **5** País con gobierno independiente: *La firma del tratado de paz puso fin a la guerra entre los dos pueblos.* **6** En una población, conjunto de personas de las clases más humildes: *En la Edad Media era el pueblo quien pagaba la mayor cantidad de impuestos y de tributos.*

puente s.m. **1** Construcción colocada sobre un río, un foso o un desnivel para poder pasarlos: *Las dos orillas del río están comunicadas por tres modernos puentes.* **2** Día laborable que está entre dos festivos y se toma de vacaciones: *Como el lunes es puente, tendremos un fin de semana de cuatro días.* **3** Esta vacación: *El próximo mes hay un puente de cinco días.* **4** Pieza metálica que utilizan los dentistas para sujetar los dientes artificiales en los naturales: *El puente de la dentadura me hace daño porque está mal ajustado.* **5** En la cubierta de una embarcación, plataforma con barandilla que va de banda a banda y está colocada a cierta altura, y desde la cual el oficial de guardia comunica sus órdenes: *El capitán dirigía la maniobra desde el puente de mando.* **6** En la montura de las gafas, pieza central que une los dos cristales: *El puente de esas gafas es ancho y no hace daño en la nariz.* 👁 **gafas** **7** En la planta del pie, curva o arco de la parte interior: *Los pies planos son los que apenas tienen puente.* 👁 **pie** **8** En un instrumento musical de cuerda, pieza de madera colocada sobre la tapa, que sujeta las cuerdas y transmite su vibración a la tapa misma y a la caja: *El puente de un violín mantiene las cuerdas elevadas sobre la tapa.* **9** Contacto que se hace para poner en marcha un circuito eléctrico: *Robaron el coche haciendo un puente con dos cables.* **10** Ejercicio gimnástico que consiste en arquear el cuerpo hacia atrás de forma que descanse sobre las manos y los pies: *Me torcí una muñeca al hacer el puente.* **11** Lo que sirve para acercar o para aproximar algo, esp. si está alejado o enfrentado: *El delegado de clase es el puente entre los alumnos y los profesores.* **12** ‖ **puente aéreo. 1** Comunicación frecuente y continua que, por medio de aviones, se establece entre dos lugares para facilitar el desplazamiento de personas y de mercancías: *Entre Madrid y Barcelona hay un puente aéreo.* **2** En un aeropuerto, conjunto de instalaciones que están al servicio de esta comunicación: *Me esperaba en el puente aéreo cuando llegué a Barcelona.* ‖ **puente colgante.** El que está sostenido por cables o por cadenas de hierro o acero: *Sobre la bahía hay un puente colgante.*

puentear v. **1** Colocar un puente en un circuito eléctrico: *Los ladrones de coches puentean el mecanismo de arranque.* **2** *col.* En una jerarquía, referido a una persona, no contar con ella y saltársela para llegar al escalón inmediatamente superior: *Cuando tiene una idea, puentea a su jefe de sección y se la cuenta a la directora del departamento.*

puenting s.m. Deporte que consiste en lanzarse al vacío desde un puente al que se está sujeto: *El puenting surgió en los años ochenta.* ☐ PRON. [puéntin].

puerco, ca ▮ adj./s. **1** Sucio o falto de limpieza: *Siempre tienes la habitación muy puerca, llena de ropa sucia por el suelo. Eres un puerco y da asco verte comer.* **2** Referido a una persona, que tiene mala intención o carece de escrúpulos: *Es tan puerca que no dudó en mentir para librarse del castigo. Engañar a un amigo es propio de un puerco como tú.* ▮ s. **3** Mamífero doméstico de cuerpo grueso, cola en forma de espiral, patas cortas y cabeza grande con un hocico casi cilíndrico, que se cría para aprovechar su carne: *A los puercos les gustan las bellotas.* **4** ‖ **puerco {espín/espino}.** →**puercoespín.** ☐ MORF. *Puerco espín* es epiceno: *el puerco {espín/espino} {macho/hembra}.* ☐ SEM. En las acepciones 1, 2 y 3, es sinónimo de *cerdo.* ☐ USO Las acepciones 1 y 2 se usan como insulto.

puercoespín s.m. Mamífero roedor, de cuerpo rechoncho, cabeza pequeña y hocico agudo, que tiene el cuello cubierto de pelos fuertes y el cuerpo cubierto de púas con las que se defiende de sus enemigos: *El puercoespín es un animal nocturno, que se alimenta de raíces y frutos.* ☐ ORTOGR. Se admite también *puerco espín.* ☐ MORF. Es un sustantivo epiceno y la diferencia de sexo se señala mediante la oposición: *el puercoespín {macho/hembra}.*

puericultor, -a s. Persona especializada en puericultura: *Es enfermera y trabaja como puericultora.* ☐ SEM. Dist. de *pediatra* (médico especializado en enfermedades infantiles).

puericultura s.f. Ciencia que se ocupa del sano desarrollo del niño: *La puericultura se ocupa de los cuidados que hay que dar a los niños.* ☐ SEM. Dist. de *pediatría* (parte de la medicina que se ocupa de las enfermedades infantiles).

pueril adj. **1** Del niño, o con alguna de las características que tradicionalmente se le atribuyen: *No seas pueril y asume de una vez tus responsabilidades.* **2** Que carece de importancia o de fundamento: *Lo que me cuentas me parecen asuntos pueriles por los que no vale la pena preocuparse.* ☐ MORF. Invariable en género.

puerilidad s.f. **1** Lo que se considera propio de un niño: *Que te enfades tanto por esa tontería me parece una puerilidad.* **2** Lo que es de poca importancia o de poco valor: *No pierdas el sueño por esas puerilidades, y preocúpate por cosas realmente serias.*

puerro s.m. **1** Hortaliza de tallo y bulbo alargados, con hojas planas y verdes, y con flores rosas: *Los puerros son parecidos a las cebollas, pero más alargados.* **2** Bulbo o tallo subterráneo de esta hortaliza: *Los puerros dan muy buen sabor al puré de verduras.*

puerta s.f. **1** En un muro o en una pared, vano que va desde el suelo hasta una altura conveniente para poder pasar y entrar por él: *El piano no cabía por la puerta y tuvieron que meterlo en la casa por un balcón.* **2** Armazón o plancha movibles que se sujetan a un marco y sirven para abrir o cerrar algo: *Deja la puerta del salón abierta para que oigamos si llama alguien.* **3** Agujero o abertura que sirve para entrar y salir por ellos de un lugar: *La puerta de la tienda de campaña se cierra con cremallera.* **4** Entrada a una población, que antiguamente era una abertura en la muralla: *En algunas ciudades medievales las puertas de la ciudad se cerraban al llegar la noche.* **5** Camino, principio o medio para alcanzar algo: *Dicen que el éxito es la puerta de la fama.* **6** En el lenguaje del deporte, portería: *El delantero falló su tiro a puerta y el balón salió fuera del campo.* **7** ‖ **a las puertas.** *col.* Cerca o muy próximo: *Me quedé a las puertas del aprobado, porque me faltaron dos décimas.* ‖ **a puerta cerrada.** En secreto, en privado o de manera no pública: *El juicio se celebró a puerta cerrada y por eso no podemos ofrecerles imágenes.* ‖ **dar con la puerta en las narices.** *col.* Desairar o negar bruscamente lo que se pide o desea: *Le iba a pedir perdón, pero me dio con la puerta en las narices y no admitió mis excusas.* ‖ **de puertas adentro.** En la intimidad o en privado: *Aquí parece muy simpática, pero de puertas adentro tiene un genio endemoniado.* ‖ **por la puerta grande.** Triunfalmente o con dignidad: *Con este libro has entrado por la puerta grande en el mercado editorial.*

puerto s.m. **1** En la costa o en la orilla de un río, lugar defendido de los vientos y dispuesto para que puedan detenerse y refugiarse las embarcaciones: *En los puertos se realiza la carga y descarga de mercancías, el embarque o desembarco de pasajeros y otras operaciones relacionadas con los barcos.* **2** Localidad en la que existe este lugar: *Vigo es un importante puerto pesquero.* **3** En una localidad, barrio en el que está el puerto: *¿Te apetece que vayamos al puerto a cenar una fritura de pescado?* **4** Lugar, generalmente estrecho, que permite el paso entre montañas: *Tuvimos que pasar el puerto con cadenas, porque estaba nevando.* **5** Punto más elevado de este lugar de paso entre montañas: *La etapa de hoy tiene dos puertos puntuables de primera categoría.*

puertorriqueño, ña adj./s. De Puerto Rico o relacionado con este país centroamericano: *El Estado puertorriqueño lo forman un conjunto de islas del mar Caribe. La capital de los puertorriqueños es San Juan.* □ MORF. Como sustantivo se refiere solo a las personas de Puerto Rico.

pues conj. **1** Enlace gramatical subordinante con valor causal; *puesto que: Vuélvemelo a contar, pues no me he enterado de nada.* **2** Enlace gramatical con valor condicional: *Pues tanto te lo ha pedido, vete con él de excursión.* **3** Enlace gramatical con valor consecutivo: *Usted no sabe nada, pues cállese.* **4** En comienzo de oración, refuerza o enfatiza lo que en ella se dice: *¿Quieres saberlo?, pues bien, te lo voy a contar. ¡Pues estamos apañados!* □ USO 1. En la acepción 3, entre pausas, equivale a *por tanto*: *Lo compró ella; la elección, pues, fue cosa suya.* 2. En la lengua coloquial, se usa mucho en sustitución de *¿por qué?*

puesta s.f. Véase **puesto, ta.**

puesto, ta ▌ **1** part. irreg. de **poner.** ▌ adj. **2** Bien vestido o arreglado: *Iba todo puesto con su traje nuevo.* **3** *col.* Seguido de la preposición 'en', con muchos conocimientos de la materia que se indica: *Este chico está muy puesto en historia.* ▌ s.m. **4** Sitio, espacio o posición que algo ocupa: *Mi equipo está en el tercer puesto de la clasificación.* **5** Lugar señalado para la realización de una determinada actividad, esp. referido al que ocupan los soldados o los policías que realizan un servicio: *La Cruz Roja tiene muchos puestos de socorro en las carreteras españolas.* **6** Establecimiento comercial pequeño, esp. si es desmontable y se coloca en la calle: *Los días de mercado se instalan muchos puestos en la plaza del pueblo.* **7** Empleo, cargo u oficio: *Tiene un puesto de fontanero en una empresa de servicios.* **8** Destacamento permanente de guardia civil o de carabineros cuyo jefe inmediato tiene grado inferior al de oficial: *En cada pueblo importante de España hay un puesto de la guardia civil.* ▌ s.f. **9** Colocación en un lugar o en una situación determinados, o disposición en la forma o en el grado adecuados: *Para la puesta en pie de la columna se utilizó un mecanismo con palancas y poleas.* **10** Disposición o preparación de lo necesario para algún fin: *La puesta en marcha de la empresa fue un proceso largo y costoso.* **11** Ocultación de un astro en el horizonte: *La puesta del sol se produce al anochecer.* **12** Producción y depósito de huevos que hace un animal, esp. un ave: *Después de la puesta, muchas aves cacarean.* **13** Conjunto de huevos puestos de una vez: *En muchas granjas utilizan medios artificiales para aumentar la puesta de las gallinas.* **14** ‖ **puesta a punto.** Operación que consiste en regular un mecanismo para que funcione correctamente: *He llevado el coche al taller para que le hagan una puesta a punto.* ‖ **puesta de largo.** Fiesta con la que se celebra la presentación de una joven en sociedad y en la que esta, generalmente, viste su primer traje largo: *A su puesta de largo asistieron los hijos de las mejores familias de la ciudad.* ‖ **puesta en escena.** Montaje y realización de un texto teatral o de un guion cinematográfico: *La puesta en escena de esta obra corre a cargo de un conocido director teatral.* ‖ **puesta en marcha.** Mecanismo del automóvil que se utiliza para arrancar: *El contacto de la puesta en marcha se pone en funcionamiento al girar la llave.* ‖ **puesto que.** Enlace gramatical subordinante con valor causal; *pues: Puesto que todos estaban fuera, tuve que hacer el trabajo yo solo.* □ MORF. En la acepción 1, incorr. **ponido.*

puf ▌ s.m. **1** Asiento bajo, sin respaldo y generalmente hecho de un material blando: *La parte superior de este puf se abre y dentro puedes guardar cosas.* ▌ interj. **2** Expresión que se usa para indicar cansancio, molestia o repugnancia, esp. si estas están causadas por malos olores o por algo que produce náuseas: *¡Puf, vaya trabajo pesado! ¡Puf, cómo huele el pescado podrido!* □ MORF. En la acepción 1, su plural es *pufs.*

pufo s.m. *col.* Timo, estafa o engaño: *¡Menudo pufo me metieron el otro día en la compra!*

púgil s.m. **1** Persona que se dedica profesionalmente a boxear: *Los dos púgiles subieron al cuadrilátero para boxear.* **2** En la antigua Roma, gladiador o persona que en los juegos públicos combatía con otra a puñetazos: *El púgil ganador de los últimos juegos fue coronado con laurel.*

pugilato s.m. Disputa o discusión en las que se acentúan la obstinación y la tenacidad: *El Gobierno y la oposición mantienen un pugilato constante en el congreso.*

pugna s.f. Oposición o rivalidad entre personas, naciones o bandos, o entre ideas enfrentadas: *La pugna entre conservadores y progresistas se acentuó en el último debate.*

pugnar v. Luchar o pelear con energía, esp. si se hace de

a b c d e f g h i j k l m n ñ o p q r s t u v w x y z

forma no material: *Los dos equipos finalistas pugnan por conseguir la victoria.*

puja s.f. **1** Ofrecimiento de una cantidad mayor de la anteriormente ofrecida por algo que se subasta: *Se entabló una reñida puja entre los coleccionistas que querían el cuadro.* **2** Lucha por conseguir algo venciendo los obstáculos que se interpongan para ello: *Tras una dura puja por llegar al poder, logró hacerse con el mando.*

pujanza s.f. Fuerza con la que algo crece o se desarrolla o con la que se ejecuta una acción; *brío: La pujanza de sus negocios le está proporcionando elevados beneficios.*

pujar v. **1** Aumentar el precio anteriormente ofrecido por algo que se subasta: *Se llevó el mejor cuadro de la subasta porque pujó más que nadie.* **2** Hacer fuerza para conseguir algo, intentando vencer los obstáculos que se oponen a ello: *Pujó por conseguir un buen empleo y lo ha conseguido.* □ ORTOGR. Conserva la *j* en toda la conjugación.

pulcritud s.f. Aseo, limpieza y buen aspecto: *La pulcritud de una persona se refleja en su atuendo.*

pulcro, cra adj. Aseado, limpio y de buen aspecto: *Su despacho siempre está pulcro y ordenado.* □ MORF. Su superlativo irregular es *pulquérrimo*.

pulga s.f. **1** Insecto que mide unos tres milímetros de longitud, sin alas, de color negro rojizo, con patas fuertes para saltar y boca chupadora, que vive como parásito de aves y mamíferos, de cuya sangre se alimenta: *Las pulgas pueden transmitir enfermedades contagiosas.* 👁 **insecto** **2** *col.* Bocadillo pequeño de forma redondeada: *En este bar ponen unas pulgas riquísimas.* **3** ‖ **buscar las pulgas** a alguien. *col.* Molestarlo o provocarlo: *No me busques las pulgas, porque puedo decirte cosas que te van a doler.* ‖ **tener malas pulgas.** *col.* Tener mal genio o enfadarse con facilidad: *Se enfada por nada porque tiene muy malas pulgas.* □ MORF. En la acepción 1, es un sustantivo epiceno y la diferencia de sexo se señala mediante la oposición *la pulga {macho/hembra}*.

pulgada s.f. En el sistema anglosajón, unidad de longitud que equivale aproximadamente a 2,5 centímetros: *Una pulgada equivale a la doceava parte del pie.*

pulgar s.m. →**dedo pulgar.** 👁 **mano**

pulgón s.m. Insecto de pequeño tamaño, que tiene el cuerpo ovalado, de color generalmente verde o pardo, cuyas hembras y larvas viven parásitas sobre las hojas y partes blandas de algunas plantas: *Los pulgones causan graves daños a las plantas.* 👁 **insecto**

pulgoso, sa adj. Que tiene pulgas: *¡No toques a ese perro pulgoso!*

pulguillas s. *col.* Persona inquieta y que se enfada fácilmente: *Todo le parece mal porque es un pulguillas.* □ MORF. 1. Es de género común y exige concordancia en masculino o en femenino para señalar la diferencia de sexo: *el pulguillas, la pulguillas*. 2. Invariable en número.

pulido s.m. →**pulimento.**

pulimentar v. Referido a una superficie, alisarla o darle tersura y brillo; *pulir: Los hombres del Neolítico pulimentaban sus armas de piedra.*

pulimento s.m. Operación de alisar una superficie o darle tersura y brillo; *pulido: El pulimento del mármol se hace con una máquina especial.*

pulir v. **1** Referido a una superficie, alisarla o darle tersura y brillo; *pulimentar: Antes de barnizar el parqué hay que pulirlo.* **2** Referido a una persona, educarla para que sea más refinada y elegante: *El trato con personas educadas lo ha pulido y ya no dice tacos. Se pulió desde que empezó a ir a sitios elegantes.* **3** Perfeccionar o revisar, corrigiendo fallos y errores: *Aún tengo que pulir un poco el estilo de esta redacción.* **4** *col.* Hurtar o robar: *Me han pulido la cartera en el metro.* **5** *col.* Derrochar, malgastar o dilapidar: *He pulido en un día la paga de la semana.*

pulla s.f. Dicho agudo o irónico, esp. el que tiene intención de picar o herir a alguien: *Me lanza pullas delante de todo el mundo para dejarme en ridículo.* □ USO Se usa también *puyazo*.

pulmón ▮ s.m. **1** En una persona o en un animal vertebrado que respira aire, órgano de la respiración de estructura esponjosa, blando, que se comprime y se dilata, y en el que se produce la oxigenación de la sangre: *Las personas tienen dos pulmones.* **2** En algunos animales arácnidos y en algunos moluscos terrestres, órgano de la respiración que consiste en una cavidad cuyas paredes están provistas de vasos sanguíneos que comunican con el aire exterior a través de un orificio: *El pulmón de algunos moluscos tiene una estructura parecida a la de las branquias de los peces.* **3** En un lugar contaminado, zona con abundante vegetación que sirve para oxigenarlo: *Este parque es el pulmón de nuestra ciudad.* ▮ pl. **4** *col.* Capacidad para emitir la voz fuerte y potente: *Los cantantes de ópera deben tener buenos pulmones.* **5** *col.* Capacidad para soportar un esfuerzo físico grande: *Para subir esa cuesta en bicicleta hay que tener buenos pulmones.* **6** ‖ **pulmón {de acero/artificial}.** Cámara en la que se introduce al enfermo para provocar en él los movimientos respiratorios mediante cambios alternativos de la presión del aire regulados automáticamente: *El pulmón de acero permite mantener durante largo tiempo la respiración artificial.*

pulmonado ▮ adj./s.m. **1** Referido a un molusco, que se caracteriza por no tener branquias, sino una cavidad pulmonar: *La babosa es un molusco pulmonado. El caracol es un pulmonado.* ▮ s.m.pl. **2** En zoología, grupo de estos moluscos: *Los moluscos que pertenecen a los pulmonados suelen ser terrestres.*

pulmonar adj. Del pulmón o relacionado con este órgano: *Los mamíferos superiores tienen respiración pulmonar.* □ MORF. Invariable en género.

pulmonía s.f. Inflamación del pulmón o de parte de él, causada por un microrganismo; *neumonía: Una pulmonía lo tuvo con fiebre varios días.*

pulpa s.f. **1** En una fruta, parte carnosa y blanda de su interior: *Utiliza estos melocotones para hacer conserva porque tienen mucha pulpa.* **2** En una planta leñosa, parte esponjosa que se halla en el interior de su tronco o tallos: *La pulpa de los árboles se emplea para fabricar papel.* **3** Masa blanda a la que se reduce un vegetal triturado o del que se ha extraído su jugo, y que tiene distintos usos industriales: *La pulpa de la remolacha se emplea como pienso para el ganado.*

púlpito s.m. En una iglesia, plataforma elevada, generalmente provista de una baranda, desde la que se predicaba, se cantaba o se realizaban otros ejercicios religiosos: *El sacerdote subió al púlpito para predicar la homilía.*

pulpo s.m. **1** Molusco marino que tiene el cuerpo en forma de saco, cabeza con ojos muy desarrollados y rodeada de ocho largos tentáculos con ventosas, que es muy voraz, y cuya carne es comestible: *El pulpo vive en los litorales.* 👁 **marisco** **2** *col.* Persona que siempre intenta acariciar o tocar el cuerpo de otra para buscar una satisfacción sexual: *No pienso bailar contigo, rico, porque eres un pulpo repugnante.* **3** Cinta elástica terminada en ganchos metálicos por ambos lados, que sirve para sujetar objetos: *Para sujetar las maletas en la baca del coche he utilizado cuatro pulpos.* ☐ MORF. En la acepción 1, es un sustantivo epiceno y la diferencia de sexo se señala mediante la oposición *el pulpo {macho/hembra}.*

pulquérrimo, ma superlat. irreg. de **pulcro**.

pulsación s.f. **1** Golpe, presión o toque realizados con la mano o con la yema de los dedos: *Con una máquina eléctrica llego a hacer doscientas pulsaciones por minuto.* **2** Cada uno de los latidos que produce la sangre en las arterias: *Cuando realizamos un ejercicio físico aumenta el número de pulsaciones.*

pulsar v. **1** Golpear, presionar o dar un toque con la mano o con la yema de los dedos: *Los mecanógrafos pulsan a toda velocidad las teclas de la máquina de escribir.* **2** Referido a una opinión, examinarla o tratar de conocerla para poder valorarla: *Las encuestas sirven para pulsar la opinión pública.*

púlsar s.m. Estrella de neutrones que emite impulsos radioeléctricos de forma periódica: *Los púlsares fueron descubiertos en los años sesenta.*

pulsera s.f. **1** Joya o pieza en forma de aro que se pone alrededor de la muñeca: *Siempre llevo una pulsera de oro que me regaló mi madre.* 👁 **joya** **2** Correa o cadena con la que se sujeta el reloj a la muñeca: *Perdí el reloj porque la pulsera estaba rota y no cerraba bien.*

pulso s.m. **1** Variación de la presión de los vasos sanguíneos a consecuencia de la expulsión de sangre del corazón, y que se percibe como latidos en varias partes del cuerpo, esp. en la muñeca: *El ritmo normal del pulso está entre 60 y 90 pulsaciones por minuto.* **2** Parte de la muñeca donde se siente el latido de la arteria: *Me puso el dedo en el pulso para contar los latidos.* **3** Seguridad o firmeza en la mano para realizar una acción que requiere precisión: *No puedo enhebrar la aguja porque tengo muy mal pulso.* **4** Prudencia o cuidado para tratar un asunto: *Esas negociaciones hay que llevarlas con buen pulso para que no fracasen.* **5** Oposición entre dos personas o grupos que están más o menos igualadas en cuanto a su fuerza o poder: *El Gobierno mantiene en el Parlamento un pulso con la oposición.* **6** ‖ **a pulso.** Haciendo fuerza con la muñeca y la mano y sin apoyar el brazo en ninguna parte, para levantar o sostener algo: *Para salir de la piscina se levantó a pulso sobre el bordillo.* ‖ **echar un pulso.** Cogerse dos personas de las manos y, apoyando los codos en un lugar firme, probar cuál de ellas tiene más fuerza y logra abatir el brazo del contrario: *No te atreves a echar un pulso conmigo porque sabes que te ganaría.*

pulular v. Abundar en un lugar o moverse mucho por él: *Cientos de periodistas pululaban alrededor del aeropuerto a la espera de noticias.*

pulverización s.f. **1** Transformación de un cuerpo sólido en polvo: *Por medio de explosivos se logró la pulverización de la piedra.* **2** Aplicación de un líquido en forma de partículas muy pequeñas: *Muchos productos de limpieza se aplican por pulverización.* **3** Destrucción completa de algo no material: *Con una lógica aplastante consiguió la pulverización de los argumentos de su rival.*

pulverizador s.m. Utensilio que sirve para esparcir un líquido en forma de partículas muy pequeñas; vaporizador: *Este frasco de colonia lleva incorporado un pulverizador.*

pulverizar v. **1** Referido a un cuerpo sólido, convertirlo en polvo: *La erosión pulveriza con mayor facilidad las rocas blandas que las duras.* **2** Referido a una superficie, esparcir un líquido sobre ella en forma de partículas muy pequeñas: *Se pulverizó el pelo con laca.* **3** Destruir o deshacer por completo: *Sus reproches pulverizaron todas mis ilusiones.* ☐ ORTOGR. La *z* se cambia en *c* delante de *e* →**CAZAR**.

pum ‖ **ni pum.** *col.* Nada en absoluto: *No he entendido ni pum de todo lo que ha dicho.*

puma s.m. Mamífero americano que tiene el pelaje suave y de color amarillento, y que se alimenta sobre todo de otros mamíferos que caza: *El puma es un animal solitario.* ☐ MORF. Es un sustantivo epiceno y la diferencia de sexo se señala mediante la oposición *el puma {macho/hembra}.* 👁 **felino**

puna s.f. Terreno elevado próximo a la cordillera sudamericana de los Andes: *Las punas tienen un clima frío y suelen estar poco pobladas.*

punción s.f. En medicina, operación que consiste en abrir los tejidos con un instrumento punzante: *Le han hecho una punción lumbar para extraerle una muestra de líquido cefalorraquídeo.*

pundonor s.m. Sentimiento de dignidad personal: *Encajó la derrota con gran pundonor.*

punible adj. Que merece castigo: *Un robo es un delito punible.* ☐ MORF. Invariable en género.

púnico, ca adj./s. De Cartago (antigua ciudad norteafricana), o relacionado con ella: *Las guerras púnicas enfrentaron a Cartago y a Roma por el control del Mediterráneo. Los púnicos llegaron hasta España.* ☐ MORF. Como sustantivo se refiere solo a las personas de la antigua Cartago.

punitivo, va adj. Del castigo o relacionado con él: *La ley prevé medidas punitivas para aquellos que no cumplan sus mandatos.*

punk ▮ adj./s. **1** Del punk o con características de este movimiento musical y juvenil: *El cabello teñido y peinado hacia arriba forma parte del atuendo punk. Algunos punks llevan imperdibles clavados en la piel.* ▮ s.m. **2** Movimiento musical y juvenil, de origen británico, que surge como protesta ante el convencionalismo y que se manifiesta por una indumentaria provocativa y por la actitud desafiante de sus miembros: *El punk surgió a finales de los años setenta.* ☐ PRON. Se usa mucho la pronunciación anglicista [pank]. ☐ ORTOGR. Es un término del inglés (*punk rock*) semiadaptado al español. ☐ MORF. 1. Como adjetivo es invariable en género. 2. En la acepción 1, como sustantivo es de género común y exige concordancia en masculino o en femenino para señalar la diferencia de sexo: *el punk, la punk.* 2. Su plural es *punks.* ☐ SEM. Es sinónimo de *punki.*

punki adj./s. →**punk.** ☐ PRON. Se usa mucho la pronunciación anglicista [pánki]. ☐ MORF. 1. Como adjetivo es invariable en género. 2. Como sustantivo es de género común y exige concordancia en masculino o en femenino para señalar la diferencia de sexo: *el punki, la punki.*

punta ▮ s.f. **1** Extremo o parte final de algo, esp. si sobresale y tiene una forma más o menos angular: *Tienes la punta de la nariz roja. Ese barrio está en la otra punta de la ciudad.* **2** Extremo agudo de un arma o de otro instrumento con el que se puede herir: *Se ha clavado la punta de la navaja en el dedo.* 👁 **cuchillo** **3** Pequeña cantidad de algo: *A este guiso le falta una punta de sal.* **4** Clavo pequeño: *Sujeta la tabla del cajón con unas puntas.* **5** En fútbol, jugador que ocupa las posiciones de ataque con la misión de marcar goles: *El equipo jugará con tres puntas.* ▮ pl. **6** Zapatillas especiales que tienen un pequeño círculo de material duro en su extremo, y con las que los bailarines ejecutan los pasos apoyándose sobre los extremos de los pies: *La bailarina se está atando los cordones de las puntas.* **7** ‖ **a punta (de) pala.** *col.* En gran cantidad: *En su casa tiene libros a punta pala.* ‖ **de punta.** Recto, tieso, o con la punta hacia arriba: *Los punks llevan los pelos de punta.* ‖ **de punta en blanco.** *col.* Muy bien vestido o arreglado: *Cuando sale a cenar se pone de punta en blanco.* ‖ **la punta del iceberg.** *col.* La parte conocida de un asunto mucho más grave de lo que parece y que no se conoce por completo: *Esta evasión de capital es solo la punta del iceberg de un problema de corrupción política.* ‖ **por la otra punta.** *col.* Expresión que se usa para indicar que algo es lo contrario de lo que se dice: *Es muy inteligente, por la otra punta.* ‖ **sacar punta a** algo. *col.* Encontrarle un sentido malicioso o un significado que no tiene: *No me gusta decirle nada porque a todo le saca punta.* ‖ **tener** algo **en la punta de la lengua.** Estar a punto de decirlo o de recordarlo: *Tengo su apellido en la punta de la lengua, pero no consigo recordarlo con exactitud.*

puntada s.f. **1** Cada una de las pasadas que se hacen con aguja e hilo en un tejido o en un material que se van cosiendo: *Solo me faltan unas puntadas para acabar tu vestido.* **2** Espacio que media entre dos de estas pasadas próximas entre sí: *Haz puntadas más largas y más sueltas para que no se frunza la tela.* **3** Porción de hilo que ocupa este espacio: *La blusa es rosa con las puntadas en blanco.*

puntal s.m. **1** Madero o barra de material resistente que se fijan en un lugar para sostener una estructura o parte de ella: *Los bomberos colocaron puntales para sostener el edificio en ruinas.* **2** Lo que sirve de apoyo, de ayuda o de fundamento: *Su familia es el único puntal que tiene para salir de la droga.*

puntapié s.m. Golpe dado con la punta del pie: *Dio un puntapié a una botella de plástico.*

puntear v. **1** Dibujar, pintar o grabar con puntos: *En clase de dibujo hemos aprendido a puntear siluetas.* **2** Tocar la guitarra u otro instrumento semejante pulsando sus cuerdas por separado: *En el recital de flamenco hubo un guitarrista que punteaba de maravilla.* **3** Referido a una cuenta o a una lista, comprobar una por una sus partes o sus nombres: *El contable punteaba las cantidades del balance.*

punteo s.m. **1** Dibujo, pintura o marca hechos con puntos: *Una vez colocado el cuadro, tengo que borrar el punteo que hice en la pared.* **2** Interpretación de una música con una guitarra o con otro instrumento semejante pulsando sus cuerdas por separado: *Durante el punteo, no se oía ni una mosca en el auditorio.* **3** Comprobación de una cuenta o de una lista revisando uno por uno sus partes o sus nombres: *El punteo de las partidas del presupuesto hizo ver que no había error.*

puntera s.f. Véase **puntero, ra.**

puntería s.f. **1** Acción de apuntar o colocar un arma arrojadiza o de fuego de forma que al lanzarla o dispararla se alcance el objetivo deseado: *Los soldados han ido al campo de tiro para realizar ejercicios de puntería.* **2** Destreza o habilidad de un tirador para dar en el blanco: *Nunca juego al tiro en la feria, porque tengo muy mala puntería.*

puntero, ra ▮ adj./s. **1** Que aventaja a los de su misma clase o que sobresale entre ellos: *Una avanzada tecnología los ha convertido en la empresa puntera en el sector. El equipo de esta ciudad es el puntero en el campeonato nacional.* ▮ s.m. **2** Palo o vara largos con los que se señala una cosa para llamar la atención sobre ella: *El profesor señala los ríos en el mapa con el puntero.* ▮ s.f. **3** En una media o en un calcetín, parte que cubre la punta del pie: *Estoy zurciendo la puntera de estos calcetines.* **4** En el calzado, remiendo o refuerzo de la punta: *Lleva unos zapatos negros con puntera dorada.*

puntiagudo, da adj. Que tiene la punta aguda o que acaba en ella: *Los clavos son puntiagudos.*

puntilla s.f. **1** Encaje estrecho con los bordes en forma de puntas o de ondas, que generalmente se coloca como adorno en la ropa: *El cuello de mi camisón es de puntilla.* 👁 **pasamanería** **2** Puñal o cuchillo corto y agudo para despedazar las reses: *El torero remató el segundo toro de la tarde con la puntilla.* **3** ‖ **dar la puntilla.** *col.* Rematar o causar la ruina total de algo: *Ese suspenso dio la puntilla a sus deseos de licenciarse en junio.* ‖ **de puntillas.** Apoyándose sobre las puntas de los pies y levantando los talones: *El libro estaba muy alto y tuve que ponerme de puntillas para cogerlo.*

puntilloso, sa adj. **1** Que se enfada fácilmente o sin motivo: *No le digas nada sobre su trabajo, porque es muy puntilloso y le sentará mal.* **2** Que es muy cuidadoso y exigente al hacer algo: *Nunca queda contenta con lo que hace porque es demasiado puntillosa.*

punto s.m. **1** Señal de pequeño tamaño, generalmente circular, que destaca en una superficie por contraste de relieve o de color: *Te has pintado un punto en la cara con el boli y parece un lunar.* **2** En una obra de costura, puntada que se da para hacer una labor sobre la tela: *Estoy bordando un mantel con punto de cruz.* **3** Lazada o nudo pequeños que forman el tejido de algunas prendas: *Saca los puntos de la aguja y deshaz la manga hasta el codo.* **4** En una media de vestir, rotura que se hace al soltarse alguno de estos nudos o lazadas pequeños: *Tuve que cambiarme las medias porque me enganché con la silla y se me hizo un punto.* **5** Clase de tejido que se hace enlazando y anudando un hilo: *Lleva una camiseta de punto de algodón.* **6** En una pluma de escribir, parte por la que sale la tinta y que determina el grosor del trazo: *Escribo con pluma de punto fino porque tengo la letra muy pequeña.* **7** Valor de una carta de la baraja o de las caras del dado: *En el parchís, saca la ficha de casa el que saque cinco puntos al tirar el dado.* **8** Unidad de valoración o de calificación: *En baloncesto, si tiras desde detrás de la línea de 6,25, la canasta vale tres puntos.* **9** Sitio o lugar: *Sabemos el punto de salida, pero no el de llegada.* **10** Instante, momento o porción muy pequeña de tiempo: *En ese punto dijo que se le había hecho tarde y se fue.* **11** Cada una de las partes o asuntos de que trata algo: *Se trataron cinco puntos en la reunión.* **12** Estado o fase de algo: *Mi empresa se encuentra en un punto crítico y estoy preocupada.* **13** Grado de una escala: *Es generoso hasta el punto de quedarse sin nada por darlo a los demás.* **14** Puntada que da el cirujano pasando la aguja por los labios de la herida para que se unan: *Se abrió una brecha en la ceja y el médico le dio cuatro puntos.* **15** Grado de temperatura necesario para que se produzcan determinados fenómenos físicos: *El punto de ebullición de una sustancia varía según la presión a la que esté sometido el líquido.* **16** En geometría, elemento de la recta, del plano o del espacio al que solo es posible asignar una posición pero no una extensión porque no posee dimensiones: *Un punto se representa por la intersección de dos rectas que se cortan.* **17** En ortografía, signo gráfico que se coloca encima de la 'i' y de la 'j' y detrás de las abreviaturas: *La abreviatura de 'señora' es tres letras y un punto: 'Sra'.* **18** En ortografía, signo gráfico de puntuación que indica una pausa y que señala el fin del sentido gramatical y lógico de una o más oraciones: *El signo '.' es un punto.* **19** En matemáticas, signo gráfico que se coloca a la derecha de un número para separar las unidades de los decimales: *En el número 3.14 la cifra situada a la izquierda del punto representa un número entero y la situada a la derecha un número decimal.* **20** Hecho o dicho muy buenos, favorables o acertados: *Fue un punto que cambiaras tu cita para venir a la fiesta.* **21** *col.* Borrachera ligera: *Nunca bebe, y con tres cañas se cogió un punto graciosísimo.* **22** ‖ **al punto.** Rápidamente o sin perder tiempo: *Pedimos nada más llegar y nos sirvieron al punto.* **23** ‖ **a punto. 1** Oportunamente o a tiempo: *Aún no hemos empezado a comer, así que llegas a punto.* **2** Que está preparado para cumplir su fin o en su mejor estado: *He llevado el coche al taller para que lo pongan a punto para el viaje.* ‖ **a punto de** algo. Seguido de infinitivo, expresa la proximidad o la disposición de que ocurra la acción expresada por este: *Estaba a punto de irme, cuando te vi llegar.* ‖ **a punto de caramelo.** Perfectamente preparado y dispuesto para un fin: *Te he dejado el informe a punto de caramelo, para que solo tengas que revisarlo.* ‖ **de todo punto.** Enteramente o completamente: *Llevaba un atuendo de todo punto inadecuado para la ceremonia.* ‖ **dos puntos.** Signo gráfico de puntuación que indica que se ha acabado el sentido gramatical de la oración pero no el sentido lógico, o que se cita textualmente: *Los dos puntos se representan por el signo ':'.* ‖ **en punto.** Referido a la hora, exacta: *¿Cómo van a ser las seis en punto, si hace diez minutos que sonaron las campanadas?* ‖ **en su punto.** En su manera, fase o estado mejores: *Hoy te ha quedado el arroz en su punto.* ‖ **{ganar/perder} puntos.** Ganar o perder estimación o prestigio: *Después de aquel escándalo, perdió muchos puntos en la opinión pública.* ‖ **hasta cierto punto.** En cierta manera, o no del todo: *Su conducta es hasta cierto punto comprensible.* ‖ **poner los puntos sobre las íes.** Referido a algo que no estaba suficientemente claro, puntualizarlo o precisarlo: *Si no obedece, tendré que ponerle los puntos sobre las íes.* ‖ **punto cardinal.** Cada uno de los cuatro que dividen el horizonte en otras tantas partes iguales y que sirven para la orientación: *Los puntos cardinales son norte, sur, este y oeste.* ‖ **punto de apoyo.** Lugar fijo sobre el que descansa una palanca u otra máquina para que la potencia pueda vencer la resistencia: *En una palanca hay potencia, resistencia y punto de apoyo.* ‖ **punto {débil/flaco}.** Aspecto o parte más fáciles de dañar o de quebrantar: *Siente pasión por la música, y ese va a ser su punto débil para que podamos convencerlo.* ‖ **punto de media.** El que se realiza con dos o más agujas que van formando un tejido de pequeñas lazadas en cada vuelta sobre las que vuelven a pasar las de la vuelta siguiente: *Estoy haciendo un jersey de punto de media.* ‖ **punto de nieve.** Aquel en el que la clara de huevo batida adquiere espesor y consistencia: *Para hacer merengue hay que montar las claras a punto de nieve.* ‖ **punto de vista.** Forma de considerar algo, esp. un asunto; *óptica*: *Desde mi punto de vista, tu actuación ha sido acertada.* ‖ **punto en boca.** Expresión que se usa para advertir a alguien de que debe callar o guardar un secreto: *De esto que has oído aquí, punto en boca, ¿entendido?* ‖ **punto final.** El que indica que acaba un escrito o una división importante del texto: *Después del punto final, corregimos el dictado.* ‖ **punto {final/redondo}.** *col.* Hecho o dicho con los que se da por terminado un asunto o una discusión: *Dijo que no quería discutir más y puso punto final a la conversación.* ‖ **punto muerto. 1** En el motor de un vehículo, posición de la caja de cambios en la que el movimiento del árbol no se transmite al mecanismo que actúa sobre las ruedas: *Cuando pares en un semáforo, tienes que dejar el coche en punto muerto.* **2** En un asunto, estado en que, por cualquier motivo, este no puede llevarse adelante: *Las conversaciones para la firma del convenio han entrado en punto muerto y no se sabe cuándo se reanudarán.* ‖ **punto negro. 1** Lo que resulta muy negativo: *Ese cruce es un punto negro en el tráfico.* **2** Poro de la piel en el que se acumula grasa y suciedad: *Esta crema limpiadora es muy buena para acabar con los puntos negros de la cara.* ‖ **punto por punto.** Sin olvidar ningún detalle: *Se lo contarás punto por punto a tu padre, y a ver qué te dice.* ‖ **punto y aparte.** El que indica que termina el párrafo y que se continúa en otro renglón: *Después de punto y aparte siempre empiezo el siguiente párrafo a mitad de línea.* ‖ **punto y coma.** Signo gráfico de puntuación que indica una pausa mayor que la coma: *El signo ';' es un punto y coma.* ‖ **punto y seguido.** El que indica que acaba una oración y que sigue otra inmediatamente: *Si es punto y seguido, debes seguir escribiendo en el mismo renglón.* ‖ **puntos suspensivos.** Signo gráfico de puntuación que indica que el sentido de la oración queda incompleto, o que indica temor, duda o asombro por lo que se expresa después, o que indica que lo citado no es un texto completo: *Los puntos suspensivos se representan con el signo '...'.* □ ORTOGR. Para la acepción 18 ⟶ APÉNDICE DE SIGNOS DE PUNTUACIÓN. □ SINT. 1. *En su punto* se usa más con los verbos *estar* y *poner*. 2. *Punto {final/redondo}* se usa más con el verbo *poner*. 3. Incorr. **punto y final*. □ USO En la acepción 19, para separar los decimales puede utilizarse el punto o la coma, pero se recomienda el punto por ser de uso internacional: *5.2 o 5,2.*

puntuación s.f. **1** Colocación en un texto escrito de los signos ortográficos necesarios para su correcta lectura, comprensión e interpretación: *Al repasar el examen, corregí la puntuación para que quedara más claro.* **2** Calificación en puntos de una prueba, un ejercicio o una competición: *Acabé el curso con una puntuación media de notable.* □ ORTOGR. En la acepción 1 ⟶ APÉNDICE DE SIGNOS DE PUNTUACIÓN.

puntual ▮ adj. **1** Que llega o suele llegar a la hora convenida o anunciada: *Ese profesor es muy puntual y siempre entra en clase cuando suena el timbre.* **2** Que hace las cosas a su tiempo sin retrasarlas: *Esta empresa es muy puntual en la entrega de los pedidos.* **3** Exacto, detallado o cierto: *Háganos una narración puntual de lo sucedido, para ver si conseguimos aclararnos.* ▮ adv. **4** A tiempo o a la hora prevista: *Como no llegaste puntual, me fui sin ti.* □ MORF. Como adjetivo, es invariable en género.

puntualidad s.f. **1** Característica de lo que se hace o llega en el tiempo convenido o anunciado: *Los trenes deben llegar a las estaciones con puntualidad y sin retrasos.* **2** ‖ **puntualidad inglesa.** La muy exacta y precisa: *Llega* *a las citas con puntualidad inglesa, sin adelantarse ni retrasarse ni un minuto.*

puntualización s.f. Explicación o aclaración precisas sobre algo concreto: *Haré un par de puntualizaciones a lo que ha dicho mi compañero.*

puntualizar v. **1** Contar o explicar describiendo todos los puntos o circunstancias con detalle: *El juez pidió al testigo que puntualizase su narración de los hechos.* **2** Hacer un comentario o una aclaración para precisar y evitar malas interpretaciones: *Solo puntualizaré que acepto la decisión de la mayoría, pero que no estoy de acuerdo con ella.* ☐ ORTOGR. La *z* se cambia en *c* delante de *e* ⟶**CAZAR**.

puntuar v. **1** Referido a un texto escrito, ponerle los signos ortográficos necesarios para su correcta lectura, comprensión e interpretación: *Si no puntúas bien un texto, nadie entenderá lo que quieres decir.* **2** Referido a un ejercicio o a una prueba, calificarlos con puntos: *El profesor puntuó tu trabajo con un diez.* **3** Referido a un ejercicio o a una competición, entrar su resultado en el cómputo de una prueba superior: *Es un partido amistoso, y no puntúa para la liga.* **4** En algunos juegos, obtener o conseguir puntos o unidades de tanteo: *No puntuó en la primera ronda y tendrá que esperar a la próxima.* ☐ ORTOGR. La *u* lleva tilde en los presentes,excepto en las personas *nosotros* y *vosotros* ⟶**ACTUAR**.

punzada s.f. Dolor agudo, repentino y pasajero, que suele repetirse cada cierto tiempo: *Me torcí el tobillo y ahora siento fuertes punzadas.*

punzar v. Pinchar o herir con algo puntiagudo: *Me puncé el lóbulo de la oreja para poder ponerme pendientes.* ☐ ORTOGR. La *z* se cambia en *c* delante de *e* ⟶**CAZAR**.

punzón s.m. Instrumento puntiagudo de acero que se utiliza para grabar metales; *buril: Me dijo que habían grabado su nombre en el mechero con un punzón.*

puñado s.m. **1** Lo que cabe en el puño: *A la salida de la iglesia, los asistentes a la boda tiraron puñados de arroz a los novios.* **2** Poca cantidad de algo de lo que suele haber más: *Aquí solo tengo un puñado de libros, pero en casa tengo más.*

puñal s.m. **1** Arma blanca de acero, de dos o tres decímetros de largo y de hoja puntiaguda, que solo hiere de punta: *Los soldados de la Antigüedad usaban lanza, espada y puñal.* **2** ‖ **poner un puñal en el pecho** a alguien. *col.* Ponerlo en tal situación que no tenga más remedio que aceptar lo que se le propone: *Fui porque me puso un puñal en el pecho, no porque me apeteciera.* 👁 **arma**

puñalada s.f. **1** Herida hecha con un puñal o con otra arma semejante: *La puñalada en el vientre le hizo perder mucha sangre.* **2** Pesadumbre, disgusto o pena dados de repente: *Su muerte fue una puñalada para todos nosotros.* **3** ‖ **puñalada trapera.** Hecho o dicho realizados con engaño o con mala intención para perjudicar a alguien: *Después de lo que hice por él, nunca me hubiera esperado esta puñalada trapera.*

puñeta s.f. **1** *col.* Lo que resulta difícil, molesto o embarazoso: *Este aparato es la puñeta, siempre está estropeado.* **2** *col.* Lo que es de poca importancia o de poco valor: *Siempre que va de viaje, nos trae alguna puñetita de recuerdo.* **3** ‖ **hacer la puñeta.** *col.* Fastidiar o molestar: *Me odia y siempre que puede me hace la puñeta.* ‖ **irse a hacer puñetas.** *col.* Fracasar: *El negocio se fue a hacer puñetas y él se arruinó.* ‖ **mandar a hacer puñetas.** *col.* Despedir con desconsideración o con malos modos: *No atendieron sus reclamaciones y lo mandaron a hacer puñetas.* ☐ USO Se usa mucho como interjección para expresar sorpresa, extrañeza, admiración o disgusto.

puñetazo s.m. Golpe dado con el puño cerrado: *En la pelea, le rompieron la nariz de un puñetazo.*

puñetero, ra ▌adj. **1** *col.* Difícil o complicado: *Las preguntas del examen eran muy puñeteras y no sé si aprobaré.* ▌adj./s. **2** *col.* Que fastidia o molesta: *Llevo todo el día mal por este puñetero dolor de cabeza. Eres un puñetero, y siempre estás incordiando.* **3** *col.* Que tiene malas intenciones: *No seas puñetera y deja en paz a ese pobre chico. Ese puñetero es capaz de vender a su mejor amigo.*

puño s.m. **1** Mano cerrada: *Me golpeó con un puño en la nariz y empezó a salirme sangre.* **2** En una camisa y en otras prendas de vestir, parte de la manga que rodea la muñeca: *Algunos puños se cierran con botones, y otros, con gemelos.* **3** En un arma blanca, en una herramienta o en un utensilio, parte o pieza por las que se cogen o se agarran: *Tengo un paraguas de flores con el puño rojo.* **4** ‖ **de puño y letra** de alguien. Referido a un texto, que es autógrafo o está manuscrito por su autor: *Los estudios comparativos con otras cartas del autor demuestran que esta es también de su puño y letra.*

pupa s.f. **1** *col.* Herida que sale en los labios; *calentura: Siempre que tengo fiebre me salen pupas.* **2** Cualquier daño o dolor corporales: *¿Dónde se ha hecho pupa mi chiquitín?* **3** En zoología, insecto que está en una fase de desarrollo posterior a la larva y anterior al adulto: *La pupa permanece inmóvil sin alimentarse.* **4** ‖ **ser un pupas.** *col.* Tener muy mala suerte o ser muy desafortunado: *Eres un pupas y siempre te está pasando algo malo.* ☐ USO El uso de la acepción 2 es característico del lenguaje infantil.

pupilo, la ▌s. **1** Persona que está bajo la tutela de un tutor o de un educador: *Después de la muerte de sus padres fue pupilo del duque durante diez años.* ▌s.f. **2** En el ojo, círculo negro y pequeño que se encuentra en el centro del iris y que varía el diámetro según sea la intensidad de la luz que pase por él; *niña: La pupila regula el paso de la luz al ojo.*

pupitre s.m. Mesa con una tapa en forma de plano inclinado para escribir sobre él: *En mi clase, los pupitres están unidos de dos en dos.*

purasangre adj./s.m. Referido a un caballo, que es de una raza descendiente de tres sementales árabes que se cruzaron con yeguas inglesas en el siglo XVIII: *Los caballos purasangre son muy valorados para las carreras. El purasangre inglés es un caballo de porte elegante y estilizado, pero muy nervioso.* ☐ MORF. Como adjetivo es invariable en género.

puré s.m. **1** Comida elaborada con patatas, verduras, legumbres y otros alimentos cocidos y triturados hasta obtener una crema más o menos espesa: *El bebé ya toma puré de verduras.* **2** ‖ **hecho puré.** *col.* Estar en muy malas condiciones físicas o anímicas: *Llevo diez horas estudiando, y estoy hecha puré.*

pureza s.f. **1** Falta de mezcla con otra cosa: *Siempre presume de la pureza de raza de su perro.* **2** Falta de imperfecciones: *Es una persona admirable por su pureza y honradez.* **3** Virginidad o doncellez: *El sacerdote habló de la pureza de la Virgen María.* **4** Inocencia, esp. en lo relativo al sexo: *No entiendo cómo alguien puede atentar contra la pureza de los niños.* **5** ‖ **pureza de sangre.** Falta de antecedentes familiares judíos o de otro grupo considerado inferior: *Para ser hidalgo había que probar la pureza de sangre.*

purga s.f. **1** Medicina que se toma para evacuar excre-

a b c d e f g h i j k l m n ñ o p q r s t u v w x y z

mentos: *El médico me recetó una purga.* **2** Evacuación de los excrementos provocada por la ingestión de sustancias que producen este efecto: *La purga lo dejó débil.* **3** Limpieza o purificación de lo que se considera malo o inconveniente: *Hizo una purga en su armario para ordenarlo y tiró todo lo que no le servía.* **4** Expulsión o eliminación de los miembros de una organización, de una empresa o de un partido, decretadas generalmente por motivos políticos: *En la antigua URSS fueron famosas las purgas decretadas por Stalin entre 1924 y 1953.* □ SEM. En las acepciones 2 y 3, es sinónimo de *purgación*.

purgación s.f. **1** →**purga.** **2** *col.* Enfermedad infecciosa de transmisión sexual, que consiste en la inflamación de las vías urinarias y genitales, que produce un flujo excesivo de moco; *blenorragia: Las purgaciones son una enfermedad venérea.* □ MORF. La acepción 2 se usa más en plural.

purgante s.m. Medicamento que sirve para purgar a una persona y hacerle evacuar los excrementos: *Si sigo tan estreñido voy a necesitar un purgante.*

purgar v. **1** Limpiar o purificar eliminando lo que se considera malo o inconveniente: *El fontanero purgó de aire los radiadores.* **2** Hacer evacuar los excrementos por medio de sustancias que producen este efecto: *Antes, las madres daban a sus hijos aceite de ricino para purgarlos.* **3** Referido al alma de la persona muerta en gracia, padecer las penas del purgatorio para purificarse de los restos de pecado y poder entrar en la gloria: *Cuando han purgado sus faltas en el purgatorio, las almas pasan al cielo.* **4** Referido a un delito o a una culpa, sufrir el castigo que se merece por ellos: *Este delincuente purga su delito en la cárcel.* □ ORTOGR. La *g* se cambia en *gu* delante de *e* →**PAGAR.**

purgatorio s.m. **1** En la doctrina de la Iglesia católica, estado de purificación en el que los que han muerto en gracia, pero sin haber hecho en esta vida penitencia completa por sus culpas, sufren las penas que deben por sus pecados para después gozar de la gloria eterna: *Tradicionalmente, el purgatorio se describía como un lugar al que iban las almas para purificarse antes de subir al cielo.* **2** *col.* Lo que supone penalidad o sufrimiento: *Los dolores de su enfermedad son un purgatorio muy difícil de llevar.*

puridad ‖ **en puridad.** Con claridad y sin rodeos: *Eso que te han hecho, en puridad, se llama estafa.*

purificación s.f. Eliminación de impurezas, de suciedades o de imperfecciones: *Al confesarse logró la purificación de su alma.*

purificar v. **1** Referido a algo, quitarle lo que es extraño, volviéndolo a su estado original: *Está enfermo del riñón y acude a sesiones de diálisis para purificar su sangre.* **2** Referido a algo no material, quitarle toda imperfección: *El sacramento de la penitencia purifica el alma.* □ ORTOGR. La *c* se cambia en *qu* delante de *e* →**SACAR.**

purismo s.m. **1** Actitud que intenta preservar la lengua de voces extranjeras y neologismos innecesarios: *El purismo rechaza el uso de 'planning' por 'planificación'.* **2** Actitud que defiende mantener un arte, una técnica o una doctrina dentro de la más estricta ortodoxia, sin cambios ni innovaciones: *Todos los cambios ideológicos son rechazados por el purismo de este sector del partido.*

purista adj./s. **1** Que intenta preservar la lengua de voces extranjeras y neologismos innecesarios: *Tiene un estilo muy purista y solo usa palabras admitidas por la Real Academia Española. Los puristas critican que se esté perdiendo la distinción entre [ll] y [y].* **2** Que defiende mantener un arte, una técnica o una doctrina dentro de su ortodoxia, sin cambios ni innovaciones: *El edificio tiene una fachada muy purista, que representa a la perfección las características de su estilo. Los puristas no aceptan la grabación de canciones de ritmo moderno con piezas de óperas antiguas.* □ MORF. 1. Como adjetivo es invariable en género. 2. Como sustantivo es de género común y exige concordancia en masculino o en femenino para señalar la diferencia de sexo: *el purista, la purista*.

puritanismo s.m. **1** Movimiento político y religioso de la Iglesia anglicana surgida en los siglos XVI y XVII, y que defiende la eliminación de todo resto de catolicismo en la liturgia y una rigidez moral extrema y rigurosa: *El puritanismo considera la lectura de la Biblia como única fuente de autoridad.* **2** Conjunto de los partidarios de este movimiento: *Isabel I de Inglaterra persiguió el puritanismo.* **3** Rigor y escrupulosidad excesivos en el modo de actuar: *Es una persona muy severa y su moral se distingue por su puritanismo.*

puritano, na ▮ adj. **1** Del puritanismo o relacionado con este movimiento: *La norma de fe puritana se basa en la libre e individual interpretación de la Biblia inglesa.* ▮ adj./s. **2** Seguidor o partidario del puritanismo: *El grupo puritano fue el modelo para la sociedad que logró la independencia de los Estados Unidos. Los puritanos ingleses crearon el primer sistema parlamentario moderno.* **3** Que cumple con rigor las virtudes públicas o privadas y hace alarde de ello: *Parecen muy puritanas, pero cometen los mismos errores que los demás. A ese puritano le escandaliza que me vaya de vacaciones yo sola con un grupo de amigos.* □ USO El uso de la acepción 3 tiene un matiz despectivo.

puro, ra ▮ adj. **1** Libre y exento de mezcla con otra cosa: *Me han regalado un perro pekinés de pura raza.* **2** Libre y exento de imperfecciones morales: *Quería formar una juventud pura que fuera la salvación del mañana.* **3** Casto, honesto y respetuoso con los principios morales que se consideran propios de las buenas costumbres: *Sentía por ella un amor limpio y puro.* **4** Mero, solo, no acompañado de otra cosa o sin implicar nada más: *Créeme, porque te estoy diciendo la pura verdad.* ▮ s.m. **5** →**cigarro puro.** **6** *vulg.* Castigo o sanción: *El sargento lo vio mal afeitado y le metió un puro.*

púrpura adj./s.m. De color rojo violáceo: *El manto de los cardenales de la iglesia católica es púrpura. El púrpura es símbolo de dignidad.* □ MORF. Como adjetivo es invariable en género.

purpúreo, a adj. De color púrpura o con tonalidades rojo violáceo; *purpurino: Los cardenales llevan un manto purpúreo.*

purpurino, na ▮ adj. **1** →**purpúreo, -a.** ▮ s.f. **2** Polvo muy fino hecho generalmente de bronce o de metal blanco, que se utiliza para recubrir objetos artísticos: *La purpurina se aplica a las pinturas antes de que sequen, para dorarlas o platearlas.* **3** Pintura brillante preparada con estos polvos: *Nos disfrazamos y nos pusimos purpurina dorada por la cara.*

purrusalda (del euskera) s.f. Guiso de puerros, patatas troceadas y bacalao hecho migas: *La purrusalda es un plato propio del País Vasco.*

purulento, ta adj. Que tiene o segrega pus: *Tiene una herida purulenta en la rodilla derecha.*

pus s.m. Líquido espeso y amarillento que segregan a veces las heridas o tejidos inflamados e infectados: *El pus está formado por suero, por restos de glóbulos blancos y por bacterias.*

pusilánime adj./s. Falto de ánimo o de valor para soportar las desgracias o para intentar cosas grandes: *No seas pusilánime y atrévete a decírselo, porque tú tienes razón. Es una pusilánime y nunca conseguirás que tome la iniciativa en nada.* ☐ MORF. 1. Como adjetivo es invariable en género. 2. Como sustantivo es de género común y exige concordancia en masculino o en femenino para señalar la diferencia de sexo: *el pusilánime, la pusilánime.*

pusilanimidad s.f. Falta de ánimo o de valor para soportar las desgracias o para intentar cosas grandes: *Su pusilanimidad le hizo perder las oportunidades de ascenso en el trabajo.*

pústula s.f. Ampolla de la piel llena de pus: *Tenía el antebrazo derecho lleno de pústulas.*

puta s.f. *vulg.* Véase **puto, ta.**

putada s.f. *vulg.* Hecho que causa un perjuicio, esp. si es malintencionado; *faena: ¡Qué putada tener que salir ahora de casa!*

putañero adj. *col.* Referido a un hombre, que frecuenta el trato con prostitutas; *putero: Era muy putañero y tuvo varias enfermedades venéreas.*

putativo, va adj. Referido a un familiar, esp. a un padre o a un hijo, considerado o tenido como legítimo sin serlo: *Su padre putativo lo trata mejor que si fuera su verdadero padre.*

putear v. *vulg.* Fastidiar: *No me putees más, tío, y dime de una vez qué quieres de mí.*

puterío s.m. *vulg.* Prostitución: *En esta calle hay mucho puterío.*

putero adj. *vulg.* Referido a un hombre, que frecuenta el trato con prostitutas; *putañero: No me gusta que trates con él, porque tiene fama de ser muy putero.*

puticlub s.m. *col.* Prostíbulo: *En la carretera había un puticlub con una luz roja en la entrada.* ☐ MORF. Su plural es *puticlubs* o *puticlubes*.

puto, ta ▌adj. **1** *vulg.* Difícil o complicado: *Las preguntas del examen eran muy putas y solo contesté dos.* ▌s. **2** *vulg.* →**prostituto, ta. 3** ‖ **pasarlas putas.** *vulg.* Encontrarse en una situación muy difícil o apurada: *Después de la guerra las pasamos putas.* ☐ SEM. Se usa mucho como adjetivo antepuesto a un sustantivo para indicar descontento o fastidio. ☐ USO Se usa como insulto.

putrefacción s.f. Descomposición de una materia: *La putrefacción de muchas sustancias orgánicas está producida por bacterias.*

putrefacto, ta adj. Podrido o corrompido; *pútrido: Dejó un filete fuera de la nevera y cuando volvió de vacaciones estaba putrefacto.*

pútrido, da adj. Podrido o corrompido; *putrefacto: Las aguas pútridas del pantano despedían un olor muy desagradable.*

puya s.f. Punta acerada que tienen en una extremidad las varas o garrochas de los vaqueros o picadores, con la que estimulan o castigan a las reses: *El picador clavó la puya en el lomo del toro.*

puyazo s.m. **1** Herida que se hace con la puya: *Los puyazos del picador enfurecieron al toro.* **2** *col.* →**pulla.**

puzle s.m. Juego que consiste en formar una figura combinando correctamente las partes de esta que figuran en distintos pedazos o piezas planos: *Estoy haciendo un puzle de mil piezas de un castillo.* ☐ ORTOGR. Es un anglicismo (*puzzle*) adaptado al español.

pyrex s.m. →**pírex.** ☐ PRON. [pírex]. ☐ MORF. Invariable en número. ☐ USO Extensión del nombre de la marca comercial *Pyrex®*.

Q q

q s.f. Decimoctava letra del abecedario: *La palabra 'queso' empieza por 'q'.* ☐ PRON. Representa el sonido consonántico velar oclusivo sordo. ☐ ORTOGR. Se escribe solo ante la *e* o la *i*, interponiendo siempre una *u* que no se pronuncia: *querer* [kerér], *química* [kímica].

quad (anglicismo) s.m. Especie de motocicleta todoterreno con cuatro ruedas muy voluminosas y tracción total: *El quad es un vehículo muy apropiado para ir por terrenos que no están asfaltados.*

quark (anglicismo) s.m. →**cuark.** ☐ PRON. [kuárk].

quasar s.m. →**cuásar.** ☐ PRON. [kuásar].

que ▮ pron.relat. s. **1** Designa una persona, un objeto o un hecho ya mencionados o que se sobrentienden: *El señor que te saludó es mi padre. La que te avisó es mi vecina. Eso fue lo que me dijo. Este premio es para los que terminen antes.* ▮ conj. **2** Enlace gramatical subordinante que introduce una oración subordinada sustantiva: *Sabes que iré. Que te calles. Lo hizo sin que yo me enterara.* **3** Enlace gramatical subordinante con valor comparativo: *Me gusta más ir al cine que ver la televisión.* **4** Enlace gramatical subordinante con valor causal: *Ahora no salgo, que llueve.* **5** Enlace gramatical subordinante con valor final: *Trajo esta tarta, que nos la comamos.* **6** Enlace gramatical coordinante con valor copulativo y adversativo: *Tiemblo porque tengo frío, que no miedo.* **7** Enlace gramatical coordinante con valor distributivo y que, repetido, se usa para relacionar dos o más posibilidades que se excluyen mutuamente: *Que vaya yo, que vengas tú, el resultado será el mismo.* **8** Enlace gramatical subordinante con valor consecutivo: *Me lo dijo tan bajito que solo lo oí yo.* **9** Pospuesto a un juramento sin verbo expreso, precede al verbo con que se expresa la afirmación o el juramento: *¡Por mis niños, que yo no he sido!* **10** Pospuesto a los adverbios 'sí' o 'no', da un valor enfático a lo que se dice: *Sí que lo sé.* **11** Precedido y seguido de un mismo verbo en imperativo o en la tercera persona del presente de indicativo, encarece la acción del verbo y denota su progreso: *Estuvimos toda la tarde charla que te charla.* **12** ‖ **el que más y el que menos.** Todos sin excepción: *Nadie lo reconoce, pero, el que más y el que menos, todos hemos tenido algo que ver.* ☐ ORTOGR. Dist. de *qué.* ☐ MORF. Como pronombre: 1. No tiene diferenciación de género ni de número. 2. →APÉNDICE DE PRONOMBRES. ☐ SINT. 1. Es incorrecto el uso de este pronombre seguido de un posesivo en sustitución del pronombre *cuyo*: *Ahí viene el niño {*que su › cuyo} padre es profesor.* 2. Es un relativo con antecedente, que puede ir o no precedido de determinante. 3. Como conjunción puede preceder a oraciones independientes: *¡Que todo salga bien!* 4. Como conjunción forma parte de muchas locuciones conjuntivas o adverbiales: *a menos que, así que*, etc.

qué ▮ interrog. adj./s. **1** Pregunta por la naturaleza, la cantidad, la calidad o la intensidad de algo: *¿Qué persona sería capaz de hacer este sacrificio? ¿Qué pantalones vas a ponerte hoy? Dime qué quieres. No sé qué puedo hacer para ayudarte.* ▮ exclam. adj./s. y adv. **2** Se usa para encarecer o ponderar la naturaleza, la cantidad, la calidad o la intensidad de algo: *¡Qué día tan bonito hace! ¡Qué de invitados han venido a tu fiesta!* **3** ‖ **por qué.** Expresión que se usa para preguntar la razón, la causa o el motivo: *¿Por qué ya no me quieres? Me explicó por qué lo había hecho.* ‖ **qué tal. 1** Expresión que se usa como saludo: *¿Qué tal? Hacía mucho que no te veía.* **2** Expresión que se usa para preguntar cómo: *¿Qué tal te ha caído mi primo?* ‖ **y qué.** Expresión que se usa para indicar que lo dicho o lo hecho no convencen o no importan: *-Te están llamando. -¿Y qué?* ☐ ORTOGR. Dist. de *que.* ☐ MORF. 1. No tiene diferenciación de género ni de número. 2. →APÉNDICE DE PRONOMBRES. ☐ USO 1. Se usa para responder a un interlocutor dándole a entender que no se ha oído o que no se ha entendido: *Cuando le dije que era culpa suya, me contestó: '¿Qué?'* 2. Se usa como fórmula de contestación: *-Oye, Pedro. -¿Qué?*

quebrada s.f. Véase **quebrado, da.**

quebradero ‖ **quebradero de cabeza.** *col.* Preocupación o problema que perturba el ánimo: *¡Cuántos quebraderos de cabeza me da este trabajo!*

quebradizo, za adj. **1** Que se rompe o se quiebra con mucha facilidad: *El cristal es un material duro pero quebradizo. Estaba lloroso y me habló con voz quebradiza.* **2** Referido a la salud o al ánimo, débil o que se deteriora con facilidad: *De pequeño tuve una salud quebradiza.*

quebrado, da ▮ adj. **1** Referido a un terreno, que es tortuoso, desigual o tiene muchos desniveles: *Caminábamos con dificultad por un camino quebrado.* ▮ s.m. **2** →**número quebrado.** ▮ s.f. **3** Abertura o paso estrecho entre dos montañas: *En la quebrada hay muchas zonas umbrías.*

quebrantahuesos s.m. Ave rapaz de gran tamaño, parecida al buitre pero con la cabeza y el cuello con plumas, que se alimenta generalmente de animales muertos y vive en pequeños grupos en lugares inaccesibles para las personas: *Los quebrantahuesos son animales protegidos.* □ MORF. Es un sustantivo epiceno y la diferencia de sexo se señala mediante la oposición *el quebrantahuesos {macho/hembra}.* 👁 **rapaz**

quebrantamiento s.m. **1** Violación de una ley, una norma, una promesa o algo semejante: *El quebrantamiento de las reglas se penaliza.* **2** Disminución o ausencia de la fuerza o de la vitalidad: *Los disgustos no lograron el quebrantamiento de su ánimo.* □ SEM. Es sinónimo de *quebranto.*

quebrantar v. **1** Referido a una norma o a una obligación, violarlas o no cumplirlas: *Quebrantaste tu promesa y no me fiaré más de ti.* **2** Referido esp. a la salud o al ánimo, hacer que disminuya su fuerza o su brío: *Nada quebranta su salud de hierro. Las derrotas no quebrantarán mi moral.* **3** Referido esp. a algo duro, cascarlo o ponerlo en un estado en que se rompe fácilmente: *Los cambios bruscos de temperatura quebrantan las rocas.* **4** Referido esp. a un lugar sagrado o privado, profanarlo o entrar en él sin permiso: *Cuenta la leyenda que el que quebrante este panteón no encontrará la paz.*

quebranto s.m. **1** Daño o pérdida muy grandes: *Las lluvias torrenciales han supuesto un quebranto para los agricultores.* **2** Aflicción o dolor muy grandes: *Estos chicos no traen más que problemas y quebrantos.* **3** →**quebrantamiento.**

quebrar v. **1** Referido a algo duro o rígido, agrietarlo o romperlo en uno o varios trozos: *Apretó con tanta fuerza la copa de cristal que la quebró. Se quebró el tobillo y está escayolado.* **2** Interrumpir, cortar o impedir el curso o el desarrollo normal: *Con tu marcha quebraste mis esperanzas. Cuando nos contó el accidente se le quebraba la voz.* **3** Doblar o torcer: *Es un buen bailarín y quiebra la cintura con agilidad.* **4** Referido esp. a un negocio, fracasar o arruinarse: *Los grandes supermercados han hecho quebrar a muchos pequeños comerciantes.* □ MORF. Irreg.: La *e* diptonga en *ie* en los presentes, excepto en las personas *nosotros* y *vosotros* →**PENSAR.**

quechua ▌adj./s. **1** De un antiguo pueblo indio que se estableció en la región andina de los actuales Perú y Bolivia (países sudamericanos), o relacionado con él: *Los indios quechuas formaron parte del Imperio inca. Los quechuas son un pueblo precolombino.* ▌s.m. **2** Lengua hablada por este pueblo: *'Coca', 'inca' y 'pampa' son palabras tomadas del quechua.* □ MORF. En la acepción 1, como adjetivo es invariable en género, y como sustantivo es de género común y exige concordancia en masculino o en femenino para señalar la diferencia de sexo: *el quechua, la quechua.*

quedar ▌v. **1** Estar forzosa o voluntariamente en un lugar, o permanecer en él: *¿Dónde quedó tu hermano, que no lo veo? Ayer no salí y me quedé en casa.* **2** Permanecer, mantenerse o resultar en un estado o en una situación, o empezar a estar en ellos con cierta estabilidad: *El misterio quedó sin resolver. Se quedó trabajando hasta tarde. Me quedé muda del susto. Ya puedes quedar tranquilo.* **3** Restar, seguir existiendo o seguir estando: *Del viejo templo romano solo quedan ya las columnas. Solo nos queda poner las lámparas.* **4** Cesar, terminar o acabar: *Las promesas quedaron en nada.* **5** Concertar una cita: *¿Quedamos mañana a las seis? Quedé con unos amigos.* **6** Estar situado: *El colegio queda a dos manzanas de aquí.* **7** Referido a una prenda de vestir, sentar como se indica: *Ese pantalón te queda largo.* ▌prnl. **8** Referido a algo propio o ajeno, apoderarse de ello y retenerlo en su poder: *No te quedes con todos los libros. Quédate con estos datos porque son importantes.* **9** *col.* Morir: *El abuelo se quedó en la operación.* **10** ‖ **quedar {bien/mal}** alguien. Producir una impresión buena o mala, o terminar bien o mal considerado: *Si quieres quedar bien, lleva una caja de bombones.* ‖ **quedar en** algo. Ponerse de acuerdo en ello o convenirlo: *Quedamos en traer cada uno una cosa.* ‖ **quedarse con** alguien. *col.* Engañarlo o abusar de su ingenuidad: *Te estás quedando conmigo, porque lo que cuentas no puede ser verdad.* □ SINT. Constr. de la acepción 8: *quedarse CON algo.*

quedo, da ▌adj. **1** Quieto, sosegado, sin alteración o sin ruido: *Habló con voz queda y tranquila. El mar estaba quedo y apacible.* ▌adv. **2** En voz baja: *Hablaban quedo para no despertar al niño.*

quehacer s.m. Ocupación, negocio o tarea que han de hacerse: *Hoy no puedo atenderte, que tengo muchos quehaceres.* □ MORF. Se usa más en plural.

queimada s.f. Bebida alcohólica que se toma caliente, hecha con orujo quemado, trozos de limón y azúcar: *La queimada es una bebida que hacían los gallegos para conjurar a las brujas.*

queja s.f. **1** Expresión de dolor, pena o sentimiento; *lamentación: Las quejas del enfermo se escuchaban en el pasillo.* **2** Expresión de disconformidad, disgusto o enfado, esp. si se presenta ante una autoridad: *Si tiene alguna queja, hable con el encargado.* **3** Motivo para quejarse: *¿Acaso tienes queja de mí?*

quejarse v.prnl. **1** Expresar con la voz el dolor o la pena que se sienten: *Se queja porque le duele un pie. Siempre se ha quejado de la espalda.* **2** Manifestar disconformidad, disgusto o enfado: *Nunca se ha quejado del ruido que hacen sus vecinos.* **3** Presentar querella: *Me quejaré a las autoridades por este atropello de mis derechos civiles.* □ ORTOGR. Conserva la *j* en toda la conjugación. □ SINT. Constr.: *quejarse A alguien {DE/POR} algo.*

quejica adj./s. *col.* Que se queja con frecuencia, de forma exagerada o sin motivo: *Es un niño muy quejica y llora por todo. Eres una quejica y no aguantas nada.* □ MORF. 1. Como adjetivo es invariable en género. 2. Como sustantivo es de género común y exige concordancia en masculino o en femenino para señalar la diferencia de sexo: *el quejica, la quejica.* □ USO Tiene un matiz despectivo.

quejicoso, sa adj. Que se queja mucho y, a veces, sin motivo: *Algo le pasa al bebé, porque está muy quejicoso.*

quejido s.m. Voz o sonido lastimeros motivados por un dolor o una pena que afligen y atormentan: *Los quejidos de los accidentados eran escalofriantes.*

quejigo s.m. Árbol de tronco grueso, copa recogida, hojas duras y dentadas, verdes por el haz y vellosas por el envés, que tiene flores muy pequeñas y el fruto en forma de bellota: *Las bellotas de los quejigos son muy parecidas a las de los robles.*

quejoso, sa adj. Que tiene queja de algo o de alguien: *Está quejoso por el trato recibido en el hotel.*

quejumbroso, sa adj. **1** Que manifiesta dolor, pena o sentimiento: *En la noche se oían los ladridos quejumbrosos del perro herido.* **2** Que se queja con frecuencia y sin apenas motivo: *Es un enfermo aprensivo y quejumbroso.*

queli s.f. *col.* Casa: *Me voy a mi queli, porque ya estoy harta de estar aquí.*

quelícero s.m. En algunos artrópodos, apéndice con diferentes formas y funciones: *Los quelíceros de los escorpiones tienen forma de pinza.*

quelonio ▮ adj./s.m. **1** Referido a un reptil, que se caracteriza por tener cuatro extremidades cortas y fuertes, mandíbulas córneas, sin dientes, y el cuerpo protegido por un caparazón duro: *La tortuga es un reptil quelonio. El caparazón de los quelonios tiene aberturas por las que sacan la cabeza, las extremidades y la cola.* ▮ s.m.pl. **2** En zoología, orden de estos reptiles: *Las especies que pertenecen a los quelonios pueden ser terrestres y acuáticas.*

quema s.f. **1** Incendio o destrucción por el fuego: *La quema de rastrojos secos es tarea común en verano.* **2** ‖ **huir de la quema.** Evitar un peligro, un daño o un desastre: *No me arruiné porque hui de la quema vendiendo pronto mi negocio.*

quemadero s.m. Lugar destinado a la quema de basuras y otros desechos: *En las afueras del pueblo hay un quemadero que huele fatal.*

quemado, da ▮ s. **1** Persona que ha sufrido quemaduras graves: *El herido en el incendio ingresó en la sección de quemados del hospital.* ▮ s.m. **2** Lo que se ha quemado: *Tiré el quemado de la paella, porque no me gusta.*

quemador s.m. Aparato que regula la salida de un combustible para facilitar o controlar su combustión: *Limpia bien los quemadores de la cocina.*

quemadura s.f. Lesión, herida o señal producidas por el fuego o por algo que quema: *Las quemaduras solares son muy peligrosas.*

quemar ▮ v. **1** Abrasar o consumir con fuego: *He quemado los papeles que no valen. El fuego quemó la cosecha.* **2** Referido a una planta, secarla el calor o el frío excesivos: *La helada ha quemado los rosales.* **3** *col.* Referido a una persona, desazonarla, desanimarla o agotarla: *Buscar trabajo día tras día quema a cualquiera. Me quemas con tantas tonterías.* **4** Gastar o consumir en exceso: *Quemó su fortuna y ahora está arruinado. Tras tantos años en el poder, te has quemado.* **5** Desprender mucho calor: *La sopa está quemando. Hoy el sol quema.* **6** Producir una sensación de picor muy fuerte: *Esta guindilla quema.* **7** Referido esp. a una sustancia corrosiva, destruir: *La sosa cáustica quema los tejidos.* ▮ prnl. **8** Sentir mucho calor: *No sé cómo aguantas al sol si yo me estoy quemando.* **9** *col.* Estar muy cerca de encontrar algo: *Inténtalo otra vez, que ahora casi te quemas.*

quemarropa ‖ **a quemarropa. 1** Referido a la forma de disparar, desde muy cerca: *Lo mataron de un tiro a quemarropa.* **2** Referido a la forma de actuar, de forma brusca y sin rodeos: *Me lo preguntó a quemarropa y no supe reaccionar.*

quemazón s.f. **1** Sensación de calor, picor o ardor excesivos: *Siento una quemazón desagradable en la garganta.* **2** Sentimiento desagradable de molestia o de incomodidad: *Sus burlas me causan una quemazón insoportable.*

quena s.f. Flauta originaria de comarcas sudamericanas, hecha generalmente con una caña agujereada o con varias de distintas longitudes, y cuyo sonido resulta muy característico por su expresividad y timbre quejumbroso: *Algunos cantos típicos peruanos se tocan con acompañamiento de quena desde la época de los incas.* 👁 **viento**

quepis s.m. Gorra militar de forma cilíndrica y ligeramente cónica, con visera horizontal: *El uniforme de gala de los gendarmes y militares franceses lleva quepis.* ☐ MORF. Invariable en número. 👁 **sombrero**

queratina s.f. Proteína que se origina en las capas superiores de la epidermis y que integra formaciones muy consistentes: *La queratina forma las uñas, el pelo, los cuernos y las pezuñas.*

querella s.f. **1** Acusación que se presenta ante un juez o un tribunal competentes, en la que se le imputa a alguien la comisión o la responsabilidad de un delito: *Ha presentado una querella contra su socio por estafa.* **2** Discordia, conflicto o enfrentamiento: *Han olvidado sus viejas querellas y hoy son buenos amigos.*

querellarse v.prnl. Presentar una querella o acusación: *La actriz se ha querellado contra la revista que publicó aquellas fotos.* ☐ SINT. Constr.: *querellarse* ANTE *alguien {*CONTRA/DE*} algo.*

querencia s.f. **1** Inclinación o tendencia de un ser hacia algo, esp. hacia el lugar donde se crio o donde solía estar: *La querencia hacia su tierra es tan fuerte que no puede olvidar su condición de emigrante.* **2** En tauromaquia, preferencia del toro por quedarse en determinado lugar de la plaza: *El torero no conseguía sacar al toro de su querencia.*

querer ▮ s.m. **1** Amor o cariño: *Siempre fue fiel en su querer.* ▮ v. **2** Anhelar, apetecer o tener un fuerte deseo o aspiración: *Quiero que vengan mis padres. ¿Quieres otro café? No te quejes, que aquí estás como quieres.* **3** Amar, tener o sentir cariño o inclinación por algo: *¡Cuánto te quiero, abuela!* **4** Tener voluntad o determinación para hacer algo: *Quiero ser astronauta y lo voy a conseguir.* **5** Decidir, determinar o tomar una resolución: *Quiero dejaros la herencia a vosotros.* **6** Pretender, intentar, procurar o hacer lo posible para conseguir algo: *¿Quieres que me crea que has subido tú solo el piano a casa?* **7** Referido a algo que se considera conveniente, pedirlo o requerirlo: *Estas cortinas ya quieren un lavado.* **8** Referido a una reacción, provocarla o dar ocasión a ella: *Portándote tan mal quieres quedarte castigado.* **9** Estar próximo a ser, a ocurrir o a verificarse: *Parece que quiere llover.* **10** En algunos juegos de cartas, referido a un envite, aceptarlo o tomarlo: *No quiero tu envite a la grande con estas cartas tan bajas.* **11** ‖ **como quiera que.** De cualquier modo, o de un modo determinado: *Como quiera que lo hagas, me gustará.* ‖ **cuando quiera.** En cualquier tiempo: *Cuando quiera que te venga bien, vente por casa y lo vemos juntos.* ‖ **donde quiera.** →**dondequiera.** ‖ **que si quieres.** *col.* Expresión que se usa para destacar la dificultad o la imposibilidad de hacer o de lograr algo: *Le dije que se diera prisa y que si quieres, aún estoy esperando.* ‖ **querer bien** a alguien. Desear que le suceda lo mejor: *Yo sé que me quieres bien.* ‖ **querer decir.** Significar, dar a entender o indicar: *No sé qué quiere decir 'berlina'.* ‖ **sin querer.** Sin intención ni premeditación: *No te ofendas, que lo dije sin querer.* ☐ MORF. Irreg.: 1. En la acepción 9, es verbo unipersonal: se usa solo en tercera persona del singular. 2. →**QUERER.**

querido, da s. Persona que mantiene relaciones sexuales con otra que está casada: *Su esposa lo echó de casa cuando supo que tenía una querida.* ☐ USO Tiene un matiz despectivo.

quermés s.f. →**kermés.**

queroseno s.m. Mezcla de hidrocarburos líquidos, obtenida por refinado y destilación del petróleo natural, que se utiliza como combustible y en la fabricación de insecticidas: *Los aviones reactores utilizan queroseno como combustible.*

a b c d e f g h i j k l m n ñ o p **q** r s t u v w x y z

querubín s.m. **1** Ángel que está ante el trono de Dios: *En la Biblia se presenta poéticamente a Dios rodeado de querubines.* **2** Persona muy hermosa: *Su hijo pequeño es un querubín de rizos castaños y ojos grandes.*

quesería s.f. Establecimiento en el que se fabrica o se vende queso: *En esta quesería solo venden quesos artesanos.*

quesero, ra ▮ adj. **1** Del queso o relacionado con él: *Esta comarca tiene una importante producción quesera.* **2** Referido a una persona, que es muy aficionada a comer queso: *Soy muy quesera y me gustan todos los tipos de queso.* ▮ s. **3** Persona que se dedica profesionalmente a la fabricación o a la venta de queso: *Los queseros suelen vender todo tipo de productos lácteos.* ▮ s.f. **4** Recipiente en el que se guarda, se conserva o se sirve el queso: *Compró una quesera con el plato de madera y la cubierta circular de cristal.*

quesito s.m. Cada una de las partes o unidades envueltas y empaquetadas en que se divide un queso cremoso: *Los quesitos se untan muy bien en el pan.*

queso s.m. **1** Producto alimenticio que se obtiene haciendo cuajar la leche: *Prefiero el gusto fuerte del queso manchego curado al sabor de los quesos tiernos. Trajo de Galicia un queso de tetilla muy sabroso.* **2** *col.* Pie: *¡Cómo te huelen los quesos!* **3** ‖ **dársela con queso** a alguien. Engañarlo o burlarse de él: *Me fie de ese granuja y me la dio con queso.* ‖ **queso de bola.** El que tiene forma esférica y corteza roja: *El queso de bola es originario de Holanda.* ‖ **queso de Burgos.** El que es blanco y cremoso, originario de Burgos (provincia española): *El queso de Burgos hay que guardarlo en la nevera para que no se estropee.* 👁 queso

quetzal s.m. Ave trepadora de plumaje de vivos colores, verde en las partes superiores del cuerpo y rojo en el pecho y el abdomen, con la cabeza gruesa con un moño sedoso y verde, y con el pico y las patas amarillentos: *El quetzal es propio de tierras americanas tropicales.* ☐ MORF. Es un sustantivo epiceno y la diferencia de sexo se señala mediante la oposición *el quetzal {macho/hembra}*.

quevedos s.m.pl. Lentes o anteojos de forma circular con una montura especial para que se sujeten solo en la nariz (por alusión al escritor español Quevedo, que usaba estas lentes): *Mi abuelo usaba quevedos para leer.* 👁 **gafas**

quia interj. *col.* Expresión que se usa para indicar negación u oposición; *ca: ¿Que le pida perdón? ¡Quia, si no tengo de qué!*

quianti s.m. Vino tinto, de sabor ligeramente picante, originario de Chianti (comarca de la región italiana de Toscana): *El quianti es un vino de mesa.* ☐ ORTOGR. Es un italianismo (*chianti*) adaptado al español. ☐ MORF. Su plural es *quiantis*.

QUESO

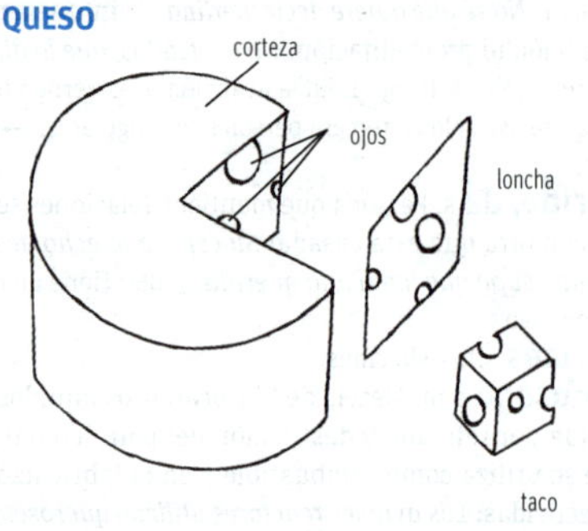

quicio s.m. **1** En una puerta o ventana, parte en la que están los goznes y las bisagras: *Al cerrar, me pillé el dedo en el quicio de la puerta.* **2** ‖ **sacar de quicio** a alguien. Exasperarlo, irritarlo oponerlo fuera de sí: *Me saca de quicio que no me escuches cuando te hablo.* ‖ **sacar de quicio** algo. Darle una interpretación o un sentido distintos al natural: *No saques de quicio las cosas, que no son tan graves.*

quid s.m. Razón o punto esencial de algo: *Dar con el quid del problema es la clave para resolverlo.* ☐ USO Se usa solo en singular y precedido del artículo *el*.

quiebra s.f. **1** En economía, interrupción de la actividad comercial motivada por la imposibilidad de hacer frente a las deudas o a las obligaciones contraídas; *bancarrota: Una mala gestión llevó a la empresa a la quiebra.* **2** Pérdida, menoscabo, disminución o deterioro: *La sociedad moderna ha contemplado la quiebra de muchos de los valores tradicionales.* **3** Rotura o abertura de algo por alguna parte: *La quiebra de la tubería provocó la inundación de la cocina.*

quiebro s.m. **1** Ademán o movimiento que se hace doblando el cuerpo por la cintura: *El delantero hizo un quiebro que dejó clavado al defensa.* **2** *col.* Elevación repentina del tono de voz, que se vuelve más agudo: *El público aplaudió los quiebros del cantante.* **3** ‖ **hacer un quiebro.** *col.* Eludir, apartarse o esquivar: *Al verme, hizo un quiebro y cruzó de acera.*

quien pron.relat. **1** Designa una persona ya mencionada o sobrentendida: *Si eres tú quien llega primero, reserva sitio para los demás. Es con tus padres con quienes debes hablar. No hay quien te entienda.* **2** ‖ **no ser quien** para algo. *col.* No tener capacidad o habilidad para ello: *Tú no eres quien para decirme si puedo llegar tarde o no.* ‖ **quien más, quien menos.** *col.* Todas las personas sin excepción: *Aquí, quien más, quien menos, todos ayudamos.* ☐ ORTOGR. Dist. de *quién*. ☐ MORF. 1. No tiene diferenciación de género. 2. →APÉNDICE DE PRONOMBRES. ☐ SINT. Es un relativo sin antecedente y nunca va precedido de determinante.

quién ▮ pron.interrog. **1** Pregunta por la identidad de una persona: *¿Quién ha venido contigo? Dime con quiénes hemos quedado.* ▮ pron.exclam. **2** Se usa para encarecer o ponderar la identidad de una persona: *¡Quién pudiera hacerlo!* ☐ ORTOGR. Dist. de *quien*. ☐ MORF. 1. No tiene diferenciación de género. 2. →APÉNDICE DE PRONOMBRES.

quienesquiera pron.indef. pl. de **quienquiera**. ☐ MORF. 1. No tiene diferenciación de género. 2. →APÉNDICE DE PRONOMBRES.

quienquiera pron.indef. Designa una persona indeterminada: *Quienquiera que diga eso se equivoca. Quienesquiera que sean, que se identifiquen.* ☐ MORF. 1. No tiene diferenciación de género. 2. Su plural es *quienesquiera*. 3. →APÉNDICE DE PRONOMBRES. ☐ SINT. Se usa antepuesto a una oración de relativo con *que*.

quieto, ta adj. **1** Que no tiene o no hace movimiento: *¡Quédense quietos en el sitio! Estate quieto, que así no hay quien pueda hacerte la foto.* **2** Pacífico, sosegado, tranquilo o sin alteración: *Tras la tormenta, la mar está quieta.*

quietud s.f. **1** Carencia o falta de movimiento: *Estaba tumbado en absoluta quietud y me acerqué para ver si res-*

piraba. **2** Sosiego, tranquilidad, reposo o descanso: *Ningún ruido perturbaba la quietud de la noche.*

quijada s.f. Cada una de las dos mandíbulas de un vertebrado que tiene dientes: *La Biblia cuenta que Caín mató a Abel con una quijada de burro.*

quijotada s.f. Hecho o dicho propios de un quijote: *Su vida estuvo llena de quijotadas, y nunca se dejó llevar por el desánimo.*

quijote ▮ adj./s.m. **1** Referido a una persona, que antepone sus ideales a su propio provecho y que obra de forma desinteresada y comprometida en defensa de causas que considera justas (por alusión a don Quijote, personaje literario): *No seas tan quijote y ocúpate un poco más de ti mismo. Eres un quijote si piensas que la gente agradece que se le diga siempre la verdad.* ▮ s.m. **2** En una armadura, pieza que cubre y que defiende el muslo: *El quijote quedaba encima de la rodillera.* 👁 **armadura** ☐ MORF. Como adjetivo es invariable en género.

quijotería s.f. Forma de proceder propia de un quijote: *Tu quijotería te lleva a defender siempre causas perdidas.*

quijotesco, ca adj. Con características que se consideran propias de don Quijote (personaje literario): *Un espíritu quijotesco nunca se rinde al desaliento.*

quijotismo s.m. Conjunto de caracteres y de actitudes propios de don Quijote (personaje literario): *Su quijotismo le lleva a defender siempre al más débil frente al más fuerte.*

quilate s.m. **1** Unidad de pureza del oro que equivale a 1/24 de este metal en una aleación: *El oro más puro es el de 24 quilates. Me regaló una pulsera de oro de 18 quilates.* **2** Unidad de peso para las perlas y las piedras preciosas: *El quilate equivale a 200 miligramos.*

quilla s.f. **1** En una embarcación, pieza de madera o de hierro que va de popa a proa por su parte inferior y en la que se apoya toda su armazón: *Unos buzos repararon los desperfectos de la quilla.* **2** En un ave, parte saliente y afilada del esternón: *Las aves de vuelo vigoroso y sostenido tienen la quilla muy desarrollada.*

quilo s.m. **1** →**quilogramo.** **2** Linfa o líquido orgánico de aspecto blanquecino y espeso que resulta de la absorción de las grasas en el intestino delgado: *El quilo absorbido en el intestino llega a la circulación general o sanguínea a través del sistema linfático.*

quilo- →**kilo-.**

quilogramo s.m. →**kilogramo.** ☐ MORF. Se usa mucho la forma abreviada *quilo*.

quilométrico, ca adj. →**kilométrico, ca.**

quilómetro s.m. →**kilómetro.**

quimbambas ‖ **en las quimbambas.** *col.* En un lugar lejano o impreciso: *Si hubiera sabido que vivías en las quimbambas, no me habría ofrecido a acompañarte.*

quimera s.f. **1** En mitología, monstruo mitad león, mitad cabra, con cola de reptil o de dragón: *La quimera vomitaba llamas de fuego.* 👁 **mitología** **2** Lo que se presenta a la imaginación como posible o verdadero sin serlo: *Creer que el mundo será algún día perfecto no es más que una quimera.*

quimérico, ca adj. Fabuloso, imaginado, irreal o sin fundamento: *El autor relata fantasías quiméricas que trasladan al lector a un mundo desconocido.*

químico, ca ▮ adj. **1** De la química o relacionado con esta ciencia: *No me sé de memoria la tabla de los elementos químicos.* **2** De la composición de los cuerpos o relacionado con ella: *La fórmula química del amoniaco es NH_3.* ▮ s. **3** Persona que se dedica al estudio de la química, esp. si es licenciada en esta carrera universitaria: *Es química y trabaja en un laboratorio farmacéutico.* ▮ s.f. **4** Ciencia que estudia las transformaciones de unas sustancias en otras sin que se alteren los elementos que las integran: *La química es una ciencia experimental.* 👁 química, en la página siguiente **5** *col.* Alimento compuesto por aditamentos artificiales o que los contiene en abundancia: *No me gustan estos helados porque son pura química.*

quimioterapia s.f. Tratamiento y curación de las enfermedades por medio de sustancias químicas: *Han empezado a aplicarle quimioterapia para frenar el avance del tumor canceroso.*

quimo s.m. Pasta homogénea y agria en la que se transforman los alimentos en el estómago por la digestión: *El quimo se elabora en la última fase de la digestión gástrica y en la primera fase de la intestinal.*

quimono (del japonés) s.m. →**kimono.**

quina s.f. **1** Corteza del quino, muy usada en medicina por su capacidad para hacer disminuir la fiebre; *quino: De la quina se extrae la quinina, que se emplea como tratamiento contra el paludismo.* **2** Líquido elaborado con esta corteza y con otras sustancias, que se toma como medicina, como tónico o como bebida de aperitivo: *La quina está muy dulce.* **3** ‖ **ser más malo que la quina.** *col.* Ser muy malo: *Ese crío tan travieso es más malo que la quina.* ‖ **tragar quina.** *col.* Soportar o sobrellevar algo desagradable: *Aunque no te guste hacerlo, no te queda más remedio que tragar quina.*

quincalla s.f. Conjunto de objetos metálicos, generalmente de poco valor: *Presume de joyas, pero no tiene más que quincalla.*

quince ▮ numer. **1** Número 15: *Había quince personas delante de mí en la cola. Mi número favorito es el quince.* ▮ s.m. **2** Signo que representa este número: *Los romanos escribían el quince como 'XV'.* ☐ MORF. Como numeral es invariable en género y en número. 2. →APÉNDICE DE PRONOMBRES.

quinceañero, ra adj./s. Referido a una persona, que tiene alrededor de quince años: *Este actor recibe muchas cartas de admiradoras quinceañeras. El concierto estaba lleno de quinceañeros.*

quinceavo, va numer. Referido a una parte, que constituye un todo junto con otras catorce iguales a ella: *Éramos quince y tocamos a una quinceava parte del total. Me corresponde un quinceavo de los beneficios.* ☐ MORF. →APÉNDICE DE PRONOMBRES.

quincena s.f. Período de tiempo de quince días: *Pasaremos una quincena en la playa.*

quincenal adj. **1** Que sucede o se repite cada quincena: *Los partidos de esta competición son quincenales.* **2** Que dura una quincena: *La empresa organiza cursillos quincenales de reciclaje para sus empleados.* ☐ ORTOGR. Dist. de *quinquenal*. ☐ MORF. Invariable en género.

quincuagenario, ria ▮ adj. **1** Que está formado por cincuenta unidades: *Es un coro quincuagenario, incluyendo al director.* ▮ adj./s. **2** Que tiene más de cincuenta años y aún no ha cumplido los sesenta: *Es un abuelo quincuagenario. Es un quincuagenario y le falta poco para jubilarse.*

quincuagésimo, ma numer. **1** En una serie, que ocupa el lugar número 50: *Del primero al quincuagésimo clasificado hay una gran diferencia. El que está en la mitad de una lista de cien es el quincuagésimo.* **2** Referido a una parte, que constituye un todo junto con otras cuarenta y nueve iguales a ella; cincuentavo: *Te corresponde la quincuagésima parte del total. Con una quincuagésima de lo que me dio me habría bastado.* ☐ MORF. 1. *Quincuagésima primera* (incorr. **quincuagésimo primera*), etc. 2. → APÉNDICE DE PRONOMBRES.

quiniela s.f. **1** Juego de apuestas en el que los apostantes pronostican los resultados de determinadas competiciones deportivas: *Es muy aficionado a la quiniela hípica.* **2** Boleto en el que se escriben estas apuestas: *Tengo que sellar las quinielas.*

quinielista s. Persona que juega a las quinielas: *Los quinielistas esperan ganar mucho dinero con las quinielas.* ☐ MORF. Es de género común y exige concordancia en masculino o en femenino para señalar la diferencia de sexo: *el quinielista, la quinielista.*

quinielístico, ca adj. De la quiniela o relacionado con este juego: *En el bar han formado una peña quinielística.*

quinientos, tas ▮ numer. **1** Número 500: *Ya he leído quinientas páginas de tu libro. Cinco por cien son quinientos. No sé cuántos seremos, pero vamos a encargar cena para quinientos.* ▮ s.m. **2** Signo que representa este número: *Los romanos escribían el quinientos como 'D'.* ☐ MORF. 1. Como numeral es invariable en número. 2. Incorr.: *página {*quinientos › quinientas}*. 3. → APÉNDICE DE PRONOMBRES.

quinina s.f. Sustancia vegetal, amarga y de color blanco, que se extrae de la corteza del quino y que tiene la propiedad de disminuir la fiebre: *La quinina se usa en los casos de malaria.*

quino s.m. **1** Árbol de origen americano que tiene las hojas ovaladas y enteras, lisas por el haz y vellosas por

QUÍMICA

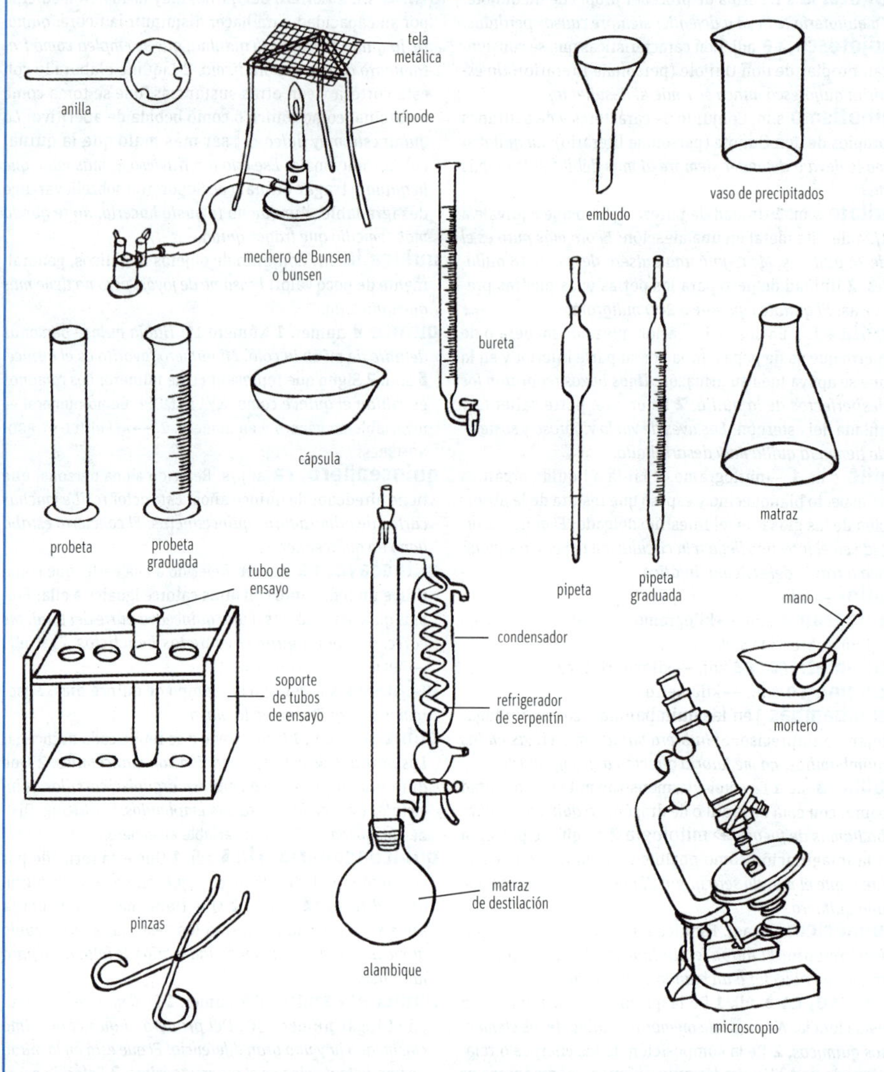

el envés, y el fruto seco de forma de cápsula, con muchas semillas en su interior: *La quinina se extrae de la corteza del quino.* **2** Corteza de este árbol, muy usada en medicina por su capacidad para hacer disminuir la fiebre; *quina: Del quino se extrae la quinina.*

quinqué s.m. Lámpara de petróleo cuya llama va protegida por un tubo de cristal: *Al caerse el quinqué, se prendió la alfombra.* 👁 **alumbrado**

quinquenal adj. **1** Que dura cinco años: *Los resultados del plan económico quinquenal del Gobierno se verán dentro de cinco años.* **2** Que tiene lugar cada cinco años: *Este congreso es quinquenal y se celebra cada vez en una ciudad diferente.* ☐ ORTOGR. Dist. de *quincenal.* ☐ MORF. Invariable en género.

quinquenio s.m. **1** Espacio de tiempo de cinco años: *Cuando lleves un quinquenio trabajando en la empresa recibirás un aumento de sueldo.* **2** Aumento de sueldo que se recibe cuando se llevan cinco años de antigüedad en un puesto de trabajo: *Cobra dos quinquenios porque lleva diez años en la empresa.*

quinqui s. Persona que pertenece a un grupo social marginado por la sociedad por su forma de vida: *Unos quinquis han puesto sus carromatos en el parque.* ☐ MORF. Es de género común y exige concordancia en masculino o en femenino para señalar la diferencia de sexo: *el quinqui, la quinqui.*

quinta s.f. Véase **quinto, ta.**

quintaesencia s.f. Lo más puro y mejor de algo: *Este muchacho es la quintaesencia de la elegancia.* ☐ ORTOGR. Admite también la forma *quinta esencia.*

quintal s.m. **1** Unidad de peso que equivale aproximadamente a 46 kilogramos: *Un quintal son cuatro arrobas.* **2** ‖ **quintal métrico.** Unidad de peso que equivale a 100 kilogramos: *Este saco de patatas pesa medio quintal métrico.* ☐ USO En la acepción 1, es una medida tradicional española.

quinteto s.m. **1** Conjunto de cinco elementos: *El entrenador del equipo ha vuelto a poner en pista al quinteto inicial.* **2** Conjunto musical formado por cinco voces o por cinco instrumentos: *Asistimos a un concierto interpretado por un quinteto de cuerda.* **3** Composición musical que se escribe para ser interpretada por cinco voces o por cinco instrumentos: *Brahms compuso quintetos para instrumentos de cuerda.* **4** En métrica, estrofa formada por cinco versos de arte mayor de rima consonante y cuyo esquema es libre, siempre que no rimen tres versos seguidos, que los dos últimos no formen pareado y que no quede ninguno libre: *El quinteto se usó fundamentalmente en el período neoclásico.*

quintilla s.f. En métrica, estrofa de cinco versos octosílabos de rima consonante y cuyo esquema es libre, siempre que no rimen tres versos seguidos, que los dos últimos no formen pareado y que no quede ninguno libre: *La quintilla aparece en la lírica castellana en el siglo XIV.*

quintillizo, za adj./s. Que ha nacido de un parto quíntuplo: *De sus hijos quintillizos, tres son chicas y dos son chicos. Tuvo quintillizos debido a que había seguido un tratamiento para aumentar la fertilidad.* ☐ MORF. Se usa solo en plural.

quinto, ta ▮ numer. **1** En una serie, que ocupa el lugar número cinco: *He sido el quinto alumno en entregar el examen. Entré la quinta en la meta.* **2** Referido a una parte, que constituye un todo junto con otras cuatro iguales a ella: *A cada uno de los cinco nos tocó una quinta parte de la tarta. Pidió en el bar un quinto de cerveza.* ▮ s.m. **3** Joven que ha sido sorteado pero que aún no se ha incorporado al servicio militar o lo ha hecho recientemente: *Los quintos organizaron una fiesta de despedida en el pueblo.* ▮ s.f. **4** Conjunto de remplazos que inician el servicio militar en un año determinado: *A finales de este año sorteará la quinta que empezará la mili el año próximo.* **5** Conjunto de personas que han nacido el mismo año: *Mis amigos y yo somos de la misma quinta.* **6** Casa de recreo en el campo: *En su quinta tiene varios caballos.* **7** En el motor de algunos vehículos, marcha que tiene mayor velocidad que la cuarta y menor potencia que la sexta: *Si conduces por ciudad es recomendable ir en quinta.* **8** En música, intervalo existente entre una nota y la quinta nota anterior o posterior a ella en la escala, ambas inclusive: *De 're' a 'la' hay una quinta ascendente.* ☐ MORF. Para las acepciones 1 y 2 ⟶APÉNDICE DE PRONOMBRES.

quíntuple numer. Referido a una cantidad, que es cinco veces mayor; *quíntuple: 40 es quíntuple de 8. A cada uno de los socios le tocará un quíntuple de los beneficios. quíntuplo* ☐ MORF. 1. Invariable en género. 2. ⟶APÉNDICE DE PRONOMBRES.

quintuplicación s.f. Multiplicación por cinco, o conversión de algo en cinco veces mayor: *Aplicando estas medidas conseguiremos la quintuplicación del volumen de beneficios.*

quintuplicar v. Multiplicar por cinco o hacer cinco veces mayor: *En los últimos años ha quintuplicado su fortuna. En vista de que las pérdidas se habían quintuplicado, decidió cerrar la fábrica.* ☐ ORTOGR. La *c* se cambia en *qu* delante de *e* ⟶**SACAR**.

quíntuplo, -pla numer. ⟶**quíntuple.** ☐ MORF. ⟶APÉNDICE DE PRONOMBRES.

quiosco s.m. **1** Caseta que se instala en la calle o en otros lugares públicos y en la que se venden generalmente periódicos o flores: *Siempre compro el periódico en el mismo quiosco.* **2** Construcción en forma de templete, abierta por los lados, que se instala en parques y en jardines: *La banda de música toca en el quiosco del parque.* ☐ SEM. Es sinónimo de *kiosco.*

quiosquero, ra s. Propietario o encargado de un quiosco: *El quiosquero me reserva los fascículos de la colección que estoy haciendo.*

quiqui s.m. Mechón de pelos cortos, peinado en forma de palmera: *La niña iba peinada con un quiqui.*

quirófano s.m. En un hospital o en una clínica, sala acondicionada para realizar operaciones de cirugía: *Las personas que trabajan en un quirófano deben llevar mascarilla.*

quiromancia s.f. Adivinación a través de la interpretación de las rayas de la mano: *Un experto en quiromancia me dijo que iba a tener cuatro hijos.*

quiromántico, ca ▮ adj. **1** De la quiromancia o relacionado con esta adivinación: *Aplica sus conocimientos quirománticos para predecir el futuro.* ▮ s. **2** Persona especializada en quiromancia: *Un quiromántico me dijo que iba a vivir casi cien años.*

quiromasaje s.m. Masaje que se efectúa únicamente mediante las manos: *Para relajarte no hay nada mejor que un quiromasaje.*

quiróptero ▮ adj./s.m. **1** Referido a un mamífero, que se caracteriza por tener dos alas formadas por una delgada membrana que le permiten volar: *El murciélago es un mamífero quiróptero. La mayor parte de los quirópteros se* *alimenta de insectos.* ▮ s.m.pl. **2** En zoología, orden de estos mamíferos: *Las especies que pertenecen a los quirópteros tienen hábitos crepusculares o nocturnos.*

quirúrgico, ca adj. De la cirugía o relacionado con esta parte de la medicina: *La operación quirúrgica para extirparle el apéndice fue un éxito.*

quisque s.m. *col.* Individuo: *Que cada quisque se solucione la vida como pueda.* ☐ ORTOGR. Se admite también *quisqui.* ☐ SINT. Se usa solo en las expresiones *cada quisque* y *todo quisque.*

quisqui s.m. *col.* →**quisque.** ☐ SINT. Se usa solo en las expresiones *cada quisqui* y *todo quisqui.*

quisquilla s.f. Crustáceo marino comestible que tiene el abdomen extendido en forma de cola, cinco pares de patas y las antenas muy largas; *camarón: De aperitivo nos pusieron unas quisquillas.* ☐ MORF. Es un sustantivo epiceno y la diferencia de sexo se señala mediante la oposición *la quisquilla {macho/hembra}.* 👁 **marisco**

quisquilloso, sa adj./s. **1** Que se ofende fácilmente: *No seas tan quisquilloso y no te enfades por tonterías. Eres una quisquillosa, siempre protestando por naderías.* **2** Que se fija en pequeñeces o en cosas sin importancia: *No seas quisquilloso y deja de poner pegas a todo. Eres una quisquillosa y te quedas en la superficie de las cosas.*

quiste s.m. Bolsa membranosa que se puede desarrollar en distintas partes del cuerpo y que contiene generalmente líquidos o materias alteradas: *Me han extirpado un quiste sebáceo del cuello.*

quisto, ta *ant.* part. irreg. de **querer.** ☐ SINT. Se usa más en las expresiones *bien quisto, mal quisto: Era bien quisto de todos.*

quitaesmalte s.m. Sustancia líquida, compuesta de acetona, que sirve para quitar el esmalte de las uñas: *El quitaesmalte se aplica con un algodoncito.*

quitagrapas s.m. Utensilio que sirve para quitar grapas: *He estado quitando las grapas de todos los documentos con un quitagrapas para poder fotocopiarlos.* ☐ MORF. Invariable en número.

quitamanchas s.m. Producto que sirve para quitar las manchas: *He comprado un quitamanchas que limpia las manchas de la ropa sin necesidad de lavarla.* ☐ MORF. Invariable en número.

quitamiedos s.m. Lo que se pone en lugares elevados o peligrosos para proteger o dar seguridad al que pasa por ellos: *El coche no cayó por el precipicio gracias a que el quitamiedos de la curva lo paró.* ☐ MORF. Invariable en número.

quitanieves s.f. Máquina que se usa para quitar la nieve de los caminos: *Las quitanieves han limpiado la carretera para permitir el paso de los vehículos.* ☐ MORF. Invariable en número.

quitapenas s.m. *col.* Licor: *Tómate este quitapenas y verás cómo te sientes mejor.* ☐ MORF. Invariable en número.

quitar ▮ v. **1** Referido a un objeto, tomarlo separándolo de otros o del lugar en el que estaba: *Tengo que quitar las malas hierbas del jardín.* **2** Referido a algo ajeno, tomarlo o cogerlo en contra de la voluntad de su dueño: *Me han quitado el monedero sin que yo me enterara.* **3** Referido a algo que se posee o se disfruta, despojar de ello o dejar sin ello: *Los disgustos me quitan el hambre. Se quitó la vida de un disparo.* **4** Suprimir, eliminar o hacer desaparecer: *Este detergente quita muy bien las manchas. No consigo quitarme de la cabeza la imagen del accidente.* **5** Ser un obstáculo o un impedimento: *Que hoy no me apetezca ir al cine no quita para que mañana sí vaya.* **6** *col.* Prohibir o vedar: *El médico me ha quitado el tabaco y el alcohol.* ▮ prnl. **7** Irse, apartarse o separarse de un lugar: *Quítate de ahí, que molestas.* **8** Dejar de hacer algo o apartarse de ello: *Se ha quitado de fumar y está muy nerviosa.* **9** ‖ **quitar de {en medio/encima}.** Referido a algo peligroso o desagradable, librar de ello: *No sé cómo quitarme de encima este problema.* ☐ SEM. En imperativo, en la lengua coloquial, se usa mucho para indicar rechazo o desaprobación: *¡Quita, hombre, no digas más tonterías!*

quitasol s.m. Especie de paraguas que se usa para protegerse del sol; *parasol, sombrilla: En la playa nos ponemos debajo del quitasol para no quemarnos.*

quite s.m. **1** En tauromaquia, suerte que ejecuta un torero para librar a otra persona de una embestida del toro: *Gracias al quite que hizo el matador con el capote, el toro no cogió a uno de sus subalternos.* **2** ‖ **estar al quite.** Estar preparado para ayudar a alguien: *Estate al quite y silba si ves que viene alguien.* ‖ **{ir/salir} al quite.** Acudir rápidamente en ayuda de alguien: *El abogado salió al quite para defender a su cliente.*

quitina s.f. Hidrato de carbono nitrogenado que se encuentra en el esqueleto externo de los artrópodos y de algunos hongos: *El caparazón del cangrejo está compuesto de quitina.*

quitinoso, sa adj. Que tiene quitina: *El esqueleto externo de los crustáceos es quitinoso.*

quizá adv. Indica duda o posibilidad: *Quizá vaya al cine esta tarde.* ☐ ORTOGR. Se admite también *quizás.*

quizás adv. →**quizá.**

quorum (latinismo) s.m. →**cuórum.** ☐ PRON. [kuórum].

en racimos terminales y raíz carnosa, redondeada o con forma de huso, de color blanco, rojo, amarillento o negro y de sabor picante: *El rábano es originario de China.* **2** Raíz de esta planta: *Los rábanos son comestibles.* **3** ‖ **{coger/tomar} el rábano por las hojas.** *col.* Equivocarse totalmente en la interpretación o la ejecución de algo: *Has cogido el rábano por las hojas y me has entendido mal.* ‖ **un rábano. 1** *col.* Muy poco o nada: *Me importa un rábano que te quedes o te vayas.* **2** *col.* Expresión que se usa para indicar negación o rechazo: *¡Y un rábano, yo no quiero eso!*

rabel s.m. Antiguo instrumento musical de cuerda y arco, parecido al laúd pero más pequeño y con tres o cuatro cuerdas: *El rabel fue un predecesor medieval del violín.*

rabí s.m. →**rabino.** ☐ MORF. Aunque su plural en la lengua culta es *rabíes*, también se usa *rabís*.

rabia s.f. **1** Enfermedad infecciosa producida por un virus, que padecen algunos animales y que se transmite a las personas o a otros animales por mordedura; *hidrofobia: Síntomas de rabia son un fuerte dolor al tragar, la aversión al agua y la salivación espumosa.* **2** Ira, enojo o enfado muy grandes: *Me da mucha rabia llegar tarde.* **3** Sentimiento de antipatía o de mala voluntad: *Dice que suspende matemáticas porque la profesora le tiene rabia.* **4** ‖ **con rabia.** Referido esp. a una cualidad negativa, en exceso: *Cuando te enfadas te pones feo con rabia.*

rabiar v. **1** Mostrar de forma colérica la impaciencia o el enfado que se sienten: *No hagas rabiar al niño y dale el muñeco. Rabio de dolor, pero ya no puedo tomar más calmantes.* **2** Referido a un deseo, querer conseguirlo con vehemencia: *Rabio por tener una casa con jardín y la conseguiré.* **3** *col.* Exceder en mucho a lo normal: *Le has echado mucha guindilla y los champiñones pican que rabian.* **4** ‖ **a rabiar.** *col.* Mucho o en exceso: *Le gusta el chocolate a rabiar.* ☐ ORTOGR. La *i* nunca lleva tilde. ☐ SINT. Constr. de la acepción 2: *rabiar* POR *algo.*

rabieta s.f. *col.* Enfado grande pero que dura poco y que generalmente está motivado por una tontería: *Hasta que no se te pase esa rabieta tan estúpida, a mí no me hables.*

rabillo s.m. **1** En una planta, pedúnculo que sostiene la hoja o el fruto; *rabo: Quítale los rabillos a las cerezas, que vamos a hacer mermelada.* **2** Prolongación alargada en forma de rabo: *Su bigote acababa en dos finos rabillos.* **3** ‖ **mirar con el rabillo del ojo.** *col.* Mirar de lado y con disimulo: *Miraba el examen de su compañero de mesa con el rabillo del ojo.*

rabino s.m. Maestro hebreo que interpreta el libro sagrado; *rabí: Los niños hebreos aprenden la ley judía con el rabino.*

rabioso, sa ▮ adj. **1** Airado, colérico o muy enfadado: *Está rabiosa porque se merecía el premio pero se lo han dado a otro.* **2** Grande, total o absoluto: *Tengo una noticia de rabiosa actualidad.* ▮ adj./s. **3** Que padece la enfermedad de la rabia: *Sacrificaron a un perro rabioso. Los rabiosos sienten total aversión al agua.*

rabo s.m. **1** En algunos animales, extremidad posterior del cuerpo y de la columna vertebral; *cola: ¿Has probado alguna vez la sopa de rabo de toro?* 👁 **carne** **2** Lo que cuelga de forma parecida a la cola de un animal: *La 'a' minúscula es una 'o' con un rabo a la derecha.* **3** En una planta, pedúnculo que sostiene la hoja o el fruto; *rabillo: Me gustan tanto las manzanas que me como hasta el rabo.* **4** *vulg.* →**pene. 5** ‖ **con el rabo entre las piernas.** *col.* Abochornado o con vergüenza: *Llegó muy altivo, pero se*

R

r

r s.f. Decimonovena letra del abecedario: *La palabra 'rabo' empieza con 'r'. La palabra 'perro' tiene una 'r' doble.* ☐ PRON. 1. La grafía *r* en posición inicial de palabra o a continuación de *n*, *l*, *s* y la grafía *rr* entre vocales representan el sonido alveolar vibrante múltiple sonoro: *rosa, enredo, jarra.* 2. La grafía *r* entre vocales, a final de sílaba o combinada con otras consonantes, representa el sonido alveolar vibrante simple sonoro: *cara, mar, arte, brazo, cruje, precio, grasa.* ☐ ORTOGR. La grafía *rr* es indivisible a final de línea; incorr. **bar-ran-co* › *ba-rran-co.*

rabadilla s.f. **1** Extremo de la columna vertebral formado por la última pieza del hueso sacro y el coxis: *Se cayó de culo y se hizo daño en la rabadilla.* **2** En las aves, parte móvil y final de la columna vertebral, sobre la que están las plumas de la cola: *Le gusta mucho la rabadilla de los pollos bien tostada.* **3** En una res, carne para el consumo, correspondiente a la zona de las ancas entre la tapa y el lomo: *La rabadilla de ternera es muy buena para asar al horno.* 👁 **carne**

rabanero, ra adj./s. *col.* Que se considera ordinario, vulgar y desvergonzado: *No me explico de dónde has sacado esos modales tan rabaneros. Con lo fina que parece, y luego es una auténtica rabanera.*

rábano s.m. **1** Planta herbácea de tallo velludo, hojas grandes y ásperas, flores blancas, amarillas o púrpuras

fue con el rabo entre las piernas. □ MORF. Cuando se antepone a una palabra para formar compuestos, adopta la forma *rabi-*: rabilargo.

rabón, -a adj. Referido a un animal, que tiene el rabo más corto de lo normal o que no lo tiene: *Es un perro rabón, porque le cortaron la cola al nacer.*

racanear v. **1** *col.* Actuar como un avaro: *No andes racaneando e invítanos a algo, so tacaño.* **2** *col.* Trabajar lo menos posible: *Si vienes a clase a racanear, mejor quédate en casa.*

racaneo s.f. *col.* →**racanería.**

racanería s.m. **1** *col.* Tacañería o tendencia a dar la menor cantidad de dinero posible: *No empecemos con racanerías y paga lo que te corresponde.* **2** *col.* Holgazanería o vagancia en el trabajo: *Llega a las diez a trabajar y se dedica al racanería hasta la hora de irse.* □ SEM. Es sinónimo de *racaneo*.

rácano, na adj./s. **1** *col.* Avaro: *Tengo una tía tan rácana que el día de mi cumpleaños me da un euro para pipas. Ese rácano no invita jamás.* **2** *col.* Vago, holgazán o poco trabajador: *Con un compañero tan rácano como ese, todo el trabajo lo harás tú. Trabaja lo menos posible porque es una rácana.*

racha s.f. **1** Breve período de tiempo de buena o de mala suerte: *Ha ganado mucho dinero porque ha tenido una buena racha.* **2** Golpe o ráfaga de viento: *Una racha de viento se ha llevado el sombrero.*

racheado, da adj. Referido al viento, que sopla a rachas o a ráfagas: *Hoy no saldremos en bicicleta porque el viento racheado puede tirarnos al suelo.*

racial adj. De la raza o relacionado con ella: *La discriminación racial es algo que hay que erradicar de la sociedad.* □ MORF. Invariable en género.

racimo s.m. **1** Conjunto de uvas unidas a un eje común, que a su vez va unido al tallo de la vid: *Compró un racimo de uvas y se lo fue comiendo por la calle.* **2** Lo que tiene esta disposición: *Adornó la puerta con un racimo de bolas de Navidad.* **3** En botánica, inflorescencia formada por un eje de cuyos lados salen flores unidas a un pedúnculo: *El aligustre tiene flores en racimo.* 👁 **inflorescencia**

raciocinio s.m. **1** Facultad de usar la razón para conocer y juzgar: *El raciocinio distingue a las personas de los animales.* **2** Razonamiento o idea pensados por una persona: *Sus raciocinios nos convencieron a todos.*

ración s.f. **1** Cantidad de comida que corresponde a una persona o a un animal: *Compré una tarta de seis raciones.* **2** Cantidad de comida que se sirve en determinados establecimientos, como bares y cafeterías: *Camarero, póngame una ración de calamares.* **3** *col.* Cantidad suficiente de algo: *Hoy ya he hecho mi ración de ejercicio.*

racional ▮ adj. **1** De la razón o relacionado con ella: *La actividad racional distingue a personas y animales.* **2** Conforme a la razón: *Hay que tomar medidas racionales y no abusivas para acabar con la delincuencia.* ▮ adj./s. **3** Dotado de razón: *Las personas somos animales racionales. Los racionales a veces creemos que estamos solos en el planeta.* □ MORF. 1. Como adjetivo es invariable en género. 2. Como sustantivo es de género común y exige concordancia en masculino o en femenino para señalar la diferencia de sexo: *el racional, la racional*.

racionalismo s.m. **1** Sistema filosófico que considera la razón como única fuente de conocimiento: *El racionalismo moderno se inicia con el filósofo francés Descartes.* **2** Tendencia a dar primacía a la razón sobre otras capacidades humanas como el sentimiento, la emoción o la intuición: *En su poesía, prima el racionalismo y falta la emoción.*

racionalista ▮ adj. **1** Del racionalismo o relacionado con él: *La filosofía racionalista considera la razón como base del conocimiento científico.* ▮ adj./s. **2** Que sigue o que defiende el racionalismo: *Descartes fue un filósofo racionalista. Los racionalistas utilizan el método deductivo.* □ MORF. 1. Como adjetivo es invariable en género. 2. Como sustantivo es de género común y exige concordancia en masculino o en femenino para señalar la diferencia de sexo: *el racionalista, la racionalista*.

racionalización s.f. **1** Reducción a normas o conceptos racionales: *No es aconsejable una excesiva racionalización de las emociones.* **2** Organización del trabajo o de la producción de forma que aumenten los rendimientos o se reduzcan los costos con el mínimo esfuerzo: *Este año se han obtenido más beneficios que el año pasado gracias a la racionalización del trabajo.*

racionalizar v. **1** Reducir a normas o a conceptos racionales: *Si racionalizas todas tus emociones, acabarás con problemas afectivos.* **2** Referido esp. al trabajo o a la producción, organizarlos de forma que aumenten los rendimientos o se reduzcan los costos con el mínimo esfuerzo: *Hay que racionalizar el trabajo para que el esfuerzo sea menor.* □ ORTOGR. La *z* se cambia en *c* delante de *e* →**CAZAR**.

racionamiento s.m. **1** Reparto o distribución controlados y racionales de algo que escasea: *La guerra ha obligado al racionamiento de los alimentos.* **2** Control o limitación del consumo de algo para evitar consecuencias negativas: *Un racionamiento de los alimentos grasos mejorará tu nivel de colesterol.*

racionar v. **1** Referido a algo que escasea, repartirlo o distribuirlo de forma ordenada y racional: *La sequía está durando mucho y han empezado a racionar el agua.* **2** Referido esp. al consumo de algo, controlarlo o limitarlo para evitar consecuencias negativas: *Para evitar engordar, racionaré el consumo de pasteles.*

racismo s.m. **1** Tendencia o actitud de desprecio y rechazo hacia individuos de sociedades y culturas distintas a la propia: *El racismo resurge generalmente en momentos de crisis.* **2** Doctrina que sostiene que la composición genética de los distintos grupos étnicos determina las principales diferencias culturales manifestadas por diferentes grupos de personas: *Muchos movimientos totalitarios adoptan el racismo.*

racista ▮ adj. **1** Del racismo o relacionado con él: *Las teorías racistas consideran que hay razas superiores física e intelectualmente.* ▮ adj./s. **2** Que sigue o que defiende el racismo: *El nazismo es una ideología racista. La policía detuvo al grupo de racistas que había apaleado a un hombre de raza negra.* □ MORF. 1. Como adjetivo es invariable en género. 2. Como sustantivo es de género común y exige concordancia en masculino o en femenino para señalar la diferencia de sexo: *el racista, la racista*.

rada s.f. Bahía o ensenada donde las embarcaciones pueden estar ancladas y protegidas de los vientos: *Este puerto está construido en una rada muy protegida.*

radar (anglicismo) s.m. **1** Sistema que permite descubrir la presencia, la posición y la trayectoria de un objeto que no se ve, mediante la emisión de ondas electromagnéticas que se reflejan en el objeto y vuelven al punto de partida: *El radar se utiliza mucho en navegación, comuni-*

cación y meteorología. **2** Aparato detector que utiliza este sistema: *En todo aeropuerto es esencial un radar.* ☐ PRON. Incorr. *[rádar]. ☐ MORF. Es un acrónimo que procede de la sigla *Radio Detection and Ranging* (detección y situación por radio).

radiación s.f. **1** Emisión y propagación de luz, de calor o de otro tipo de energía: *En los países mediterráneos hay más horas de radiación solar que en los países nórdicos.* **2** Sometimiento o exposición a la acción de determinada radiación: *En medicina se utiliza la radiación con fines curativos.* **3** Transmisión, difusión o propagación de algo, esp. de sentimientos o de pensamientos: *Se ha mudado a Berlín porque dice que es el centro principal de radiación cultural en Europa.* **4** En física, energía que se propaga en el espacio: *Las personas que han estado sometidas a radiación nuclear es fácil que desarrollen algún tipo de cáncer.* ☐ SEM. En las acepciones 1 y 3, es sinónimo de *irradiación*.

radiactividad s.f. Propiedad de algunos elementos cuyos átomos se desintegran espontáneamente; *radioactividad: La radiactividad se mide por el número de desuniones de átomos que se producen por segundo.*

radiactivo, va adj. De la radiactividad, con radiactividad o relacionado con ella; *radioactivo: Los materiales con propiedades radiactivas son contaminantes.*

radiado, da adj. **1** Dispuesto como los radios de una circunferencia, partiendo del centro; *radial: La red principal de carreteras españolas es una red radiada.* **2** Con sus partes interiores o exteriores situadas alrededor de un eje central: *Las estrellas de mar son animales radiados.*

radiador s.m. **1** Aparato de calefacción formado por tubos o placas huecos por los que circula un líquido caliente: *Los radiadores de la calefacción de mi casa son de hierro.* **2** Aparato de calefacción, generalmente eléctrico: *El radiador de mi habitación está formado por una placa que se calienta con una resistencia eléctrica.* **3** En algunos motores de explosión, aparato de refrigeración formado por tubos huecos por los que circula agua fría: *El motor de mi coche se calienta mucho porque se ha roto el radiador.*

radial adj. **1** →**radiado, da.** **2** Del radio geométrico o relacionado con él: *Para calcular el área de un círculo es necesario saber la longitud radial.*

radián s.m. En el Sistema Internacional, unidad de ángulo plano que equivale al ángulo comprendido entre dos radios de un círculo que interceptan un arco de longitud igual a la del radio: *El símbolo del radián es 'rad'.*

radiante adj. **1** Muy brillante o resplandeciente: *Era mediodía y nos iluminaba un sol radiante.* **2** Que siente y manifiesta alegría y gozo grandes: *Iba radiante a recoger el premio.* ☐ MORF. Invariable en género.

radiar v. **1** Transmitir o difundir por medio de la radio: *No televisan ese partido, pero lo radiarán.* **2** Referido a una lesión o a un cuerpo lesionado, tratarlos con rayos X o con otro tipo de radiación: *Radiaron el tumor para destruirlo.* **3** En física, referido a una radiación, producirla o emitirla: *Algunos materiales radian una energía que puede ser peligrosa.* ☐ ORTOGR. La *i* nunca lleva tilde.

radical ▌adj. **1** De la raíz o relacionado con ella: *En la palabra 'perro', el elemento radical es 'perr'.* **2** Fundamental, completo y total: *Con esta medicina, el enfermo mostrará una mejoría radical.* **3** Tajante, inflexible, intransigente o que no admite términos medios: *Es una persona radical en sus opiniones sobre la droga.* **4** En botánica, referido a una parte de una planta, que nace inmediatamente de la raíz: *Algunas plantas no tienen tallos y tienen hojas radicales.* ▌adj./s. **5** Partidario o defensor del radicalismo: *Ese político radical pretende privatizar todos los servicios del Estado. Los radicales del XIX defendían un liberalismo extremo.* ▌s.m. **6** En gramática, conjunto de fonemas que comparten vocablos de una misma familia: *'Sopa' y 'sopera' tienen el mismo radical.* **7** En matemáticas, signo gráfico formado por una especie de 'V' con que se indica la raíz: *√‾ es el símbolo del radical.* **8** En química, agrupamiento de átomos que interviene como una unidad en un compuesto químico y pasa sin alterarse de unas combinaciones a otras: *El alcohol etílico está formado por dos radicales, uno un etilo y otro un hidroxilo.* ☐ MORF. 1. Como adjetivo es invariable en género. 2. En la acepción 5, como sustantivo es de género común y exige concordancia en masculino o en femenino para señalar la diferencia de sexo: *el radical, la radical.*

radicalismo s.m. **1** Conjunto de ideas que pretenden reformar de forma tajante algún aspecto de la vida social o todos ellos: *El radicalismo ideológico no me parece viable en la sociedad actual.* **2** Falta de tolerancia o actitud inflexible, intransigente y que no admite términos medios: *Es difícil llevarse bien contigo por tu radicalismo e intransigencia.*

radicalizar v. Volver más radical, inflexible, extremo o intolerante: *Sindicatos y patronal han radicalizado sus posturas y es imposible alcanzar un acuerdo. Ese partido ha perdido militantes porque se ha radicalizado mucho.* ☐ ORTOGR. La *z* se cambia en *c* delante de *e* →**CAZAR.**

radicando s.m. En matemáticas, cantidad o expresión de las que se extrae una raíz: *En la raíz cuadrada de 25, el radicando es 25.*

radicar v. **1** Estribar o estar basado; *consistir: La clave del asunto radica en encontrar el dinero necesario para financiarnos.* **2** Estar o encontrarse: *Esa empresa radica en Vigo.* ☐ ORTOGR. La *c* se cambia en *qu* delante de *e* →**SACAR.** ☐ SINT. Constr.: *radicar EN algo.*

radio ▌s.m. **1** En un círculo, línea recta que sale de su centro y llega a un punto cualquiera de la circunferencia: *El radio de un círculo es la mitad del diámetro.* 👁 **círculo** **2** Espacio o distancia determinada por una línea de este tipo: *La policía registró la zona en un radio de 10 kilómetros.* **3** En algunas ruedas, cada una de las varillas que unen el eje con la llanta: *Me di un golpe con la bicicleta y se han doblado dos radios de la rueda.* **4** En el antebrazo, hueso más corto y fino de los dos que lo forman: *Se rompió el radio y se astilló el cúbito cerca de la muñeca.* 👁 **esqueleto** **5** Elemento químico, metálico y sólido, de número atómico 88, y radiactivo: *El radio se usa en medicina.* ▌s.f. **6** Utilización de ondas hertzianas para transmitir algo: *El radar es un sistema de detección por radio.* **7** Emisión destinada al público que se realiza por medio de ondas hertzianas: *Aquí no se capta ninguna emisora de radio porque hay una montaña muy cerca.* **8** Conjunto de procedimientos o instalaciones destinados a este tipo de emisión: *Todos los barcos llevan radio.* **9** Medio de comunicación que hace este tipo de emisiones: *La radio es un medio de comunicación rápido y directo.* **10** Aparato que recibe estas emisiones y las reproduce en señales o sonidos: *¿Tienes radio en el coche?* **11** ‖ **radio macuto.** *col.* Divulgación popular de rumores o noticias sin confirmar: *Sé la noticia por radio macuto, así que no* *hagas mucho caso.* ☐ ORTOGR. En la acepción 5, su símbolo es *Ra.* ☐ MORF. 1. En las acepciones 7, 8 y 9, es la forma abreviada y usual de *radiodifusión*. 2. En la acepción 10, es la forma abreviada y usual de *radiorreceptor*.

radio- Elemento compositivo que significa 'radiación' o 'radiactividad' (*radioterapia, radiodiagnóstico, radiología*) o que indica relación con la radiodifusión (*radiofrecuencia, radiotelégrafo, radiotaxi, radionovela*).

radioactividad s.f. →**radiactividad.**

radioactivo, va adj. →**radiactivo, va.**

radioaficionado, da s. Persona legalmente autorizada para emitir y recibir mensajes radiados privados, usando bandas de frecuencia jurídicamente establecidas: *Un radioaficionado intervino la conversación de unos secuestradores y lo denunció a la policía.*

radiocasete s.m. Aparato electrónico formado por una radio y un casete: *Me han robado el radiocasete del coche.* ☐ MORF. En la lengua coloquial se usa mucho la forma abreviada *casete*.

radiodespertador s.m. Transistor que tiene incorporado un reloj con alarma: *Por las mañanas me despierto con la música de la radio de mi radiodespertador.*

radiodifusión s.f. →**radio.**

radiofónico, ca adj. **1** De la comunicación por medio de ondas hertzianas o relacionado con ella: *Esta emisora radiofónica se dedica en exclusiva a la música clásica.* **2** Que se difunde por medio de ondas hertzianas: *Como estaré en la tienda, solo podré escuchar la retransmisión radiofónica del partido.*

radiografía s.f. **1** Técnica o procedimiento de hacer fotografías por medio de rayos X: *La radiografía es muy utilizada en medicina como método de diagnóstico.* **2** Fotografía obtenida por este procedimiento: *En la radiografía se observa que tiene fractura de tibia.*

radiográfico, ca adj. De la radiografía o relacionado con ella: *Me hicieron un examen radiográfico de la pierna.*

radiología s.f. Parte de la medicina que estudia las radiaciones, esp. los rayos X, en su aplicación al diagnóstico y al tratamiento de las enfermedades: *En la sección de radiología de un hospital se hacen las radiografías.*

radiológico, ca adj. De la radiología o relacionado con ella: *El médico estudió el examen radiológico para decidir qué tratamiento debía prescribir a su paciente.*

radiólogo, ga s. Médico especializado en radiología: *El radiólogo me dijo cómo debía colocarme para que la radiografía saliera bien.*

radionovela s.f. Obra radiofónica que se transmite en emisiones sucesivas: *Varias vecinas se reúnen para escuchar la radionovela de las cinco.*

radiorreceptor s.m. →**radio.**

radiotaxi s.m. En un taxi, aparato receptor y emisor de radio conectado con una central que comunica al taxista los servicios solicitados por los clientes: *Los taxistas con radiotaxi recogen a los clientes en sus domicilios.*

radioteléfono s.m. Teléfono sin hilos, en el que la comunicación se establece por medio de las ondas electromagnéticas: *Lleva en su coche un radioteléfono.*

radiotelevisión s.m. **1** Transmisión de sonidos y de imágenes a distancia por medio de ondas electromagnéticas: *Este grupo de ingenieros está dedicado a perfeccionar la radiotelevisión por satélite.* **2** Organismo que engloba servicios de radio y de televisión: *En España existen varias empresas de radiotelevisión.*

radioterapia s.f. Tratamiento y curación de enfermedades mediante la utilización de rayos X u otro tipo de radiaciones: *La radioterapia es muy usada en la curación del cáncer.*

radioyente s. Persona que oye lo que se transmite por radio: *Los radioyentes que quieran participar en el concurso llamen al teléfono de la emisora.* ☐ MORF. Es de género común y exige concordancia en masculino o en femenino para señalar la diferencia de sexo: *el radioyente, la radioyente*.

radón s.m. Elemento químico, no metálico, gaseoso y artificial, de número atómico 86, radiactivo, pesado, incoloro e inodoro: *El radón es un gas noble.* ☐ ORTOGR. Su símbolo químico es *Rn*.

raer v. Referido a una superficie, rasparla con un instrumento áspero o cortante, o gastarla por el uso: *Llevas muy largos los pantalones y les has raído el bajo.* ☐ MORF. Irreg. →**RAER.**

ráfaga s.f. **1** Golpe de viento fuerte, repentino y corto: *Una ráfaga le arrebató el sombrero.* **2** Golpe de luz breve e instantáneo: *Como iba a adelantar, avisé con una ráfaga al conductor que iba delante de mí.* **3** Conjunto de proyectiles que dispara en sucesión rapidísima un arma automática: *Las ráfagas cortas suelen ser de cuatro o cinco disparos, y las largas, de diez o más.*

rafia s.f. Material textil que se obtiene de un tipo de palmera y que resulta resistente y muy flexible: *Tengo un bolso de rafia de colores fuertes.* ☐ ORTOGR. Dist. de *razia*.

rafting (anglicismo) s.m. Deporte que consiste en descender por los rápidos de los ríos con una balsa neumática: *En nuestro viaje nos ofrecieron hacer rafting por un río.* ☐ PRON. [ráftin].

ragú s.m. Guiso de carne cortada en trozos pequeños y acompañada de patatas y verduras: *Hoy he comido ragú de ternera.* ☐ ORTOGR. Es un galicismo (*ragout*) adaptado al español. ☐ MORF. Su plural es *ragús*.

raído, da adj. Referido a una tela, muy gastada por el uso, aunque no rota: *No te pongas más esa camisa, que tiene el cuello y los puños muy raídos.*

raigambre s.f. **1** Arraigo, base o fundamento que hacen firme y estable algo: *Los encierros de toros son una costumbre de raigambre en muchos pueblos españoles.* **2** Origen, raíz o procedencia que ligan a un lugar: *Pertenece a una familia de raigambre montañesa.*

raíl s.m. **1** Carril de las vías férreas: *Las vías del tren están formadas por dos raíles paralelos.* **2** Carril o guía sobre los que se desplaza algo: *Las puertas correderas se mueven sobre raíles.*

raíz s.f. **1** En una planta, parte que le sirve de sostén y tiene la función de absorber las materias necesarias para su crecimiento y desarrollo, crece en dirección contraria al tallo y carece de hojas: *Existen distintos tipos de raíces en las plantas.* 👁 raíz **2** Causa u origen de algo: *La envidia y el egoísmo son la raíz de muchos problemas.* **3** Base de algo o parte de ello que queda oculta y de la cual procede lo que se manifiesta o se ve: *Esta crema se aplica en la raíz de las uñas para fortalecerlas.* **4** En lingüística, elemento base e irreductible, común a todos los representantes de una familia de palabras: *La raíz de 'gato' es 'gat-'.* **5** En los dientes de algunos vertebrados, parte que está dentro de los huecos de las mandíbulas: *El dentista me dijo que tenía una infección en la raíz de la muela.* 👁 **dentadura** **6** En matemáticas, cantidad que hay que multiplicar por sí misma una o más veces para obtener un número determinado: *5 es la raíz cuadrada de 25.* **7** Origen o procedencia: *Muchos ritmos musicales tienen raíces africanas.* **8** ‖ **a raíz de** algo. A causa de ello: *A raíz de aquel golpe no volvió a encontrarse bien del todo.* ‖ **de raíz.** Desde el principio o completamente: *Para acabar con el problema de la droga hay que atajarlo de raíz.* ‖ **echar raíces. 1** Fijarse o establecerse en un lugar: *Al principio no me gustaba la ciudad, pero he echado raíces y ya no me iré.* **2** Arraigarse o hacerse firme o estable: *Algunas costumbres de los conquistadores echaron raíces entre la población conquistada.* ‖ **raíz cuadrada.** Cantidad que se ha de multiplicar por sí misma una vez para obtener un número determinado: *2 es la raíz cuadrada de 4.* ‖ **raíz cúbica.** Cantidad que se ha de multiplicar por sí misma dos veces para obtener un número determinado: *2 es la raíz cúbica de 8.*

raja s.f. **1** Hendidura, abertura o corte: *Me he cortado con ese cuchillo y mira qué raja me he hecho.* **2** Pedazo de una fruta o de otro alimento que se corta a lo largo o a lo ancho: *¿Quieres una raja de melón o de sandía?* □ ORTOGR. Dist. de *rajá*.

rajá s.m. Soberano de la India (país del sur asiático): *El rajá tenía el poder absoluto.* □ ORTOGR. Dist. de *raja*. □ MORF. Aunque su plural en la lengua culta es *rajáes*, se usa mucho *rajás*.

rajar ■ v. **1** Abrir, partir o separar en partes o en rajas: *Raja la sandía para probarla. Se cayó la jarra de plástico y se rajó.* **2** *col.* Hablar mucho o de forma indiscreta: *Fui a su casa a tomar café y estuvimos toda la tarde rajando.* **3** *col.* Herir con arma blanca: *Un ladrón me amenazó con rajarme si no le daba el dinero.* ■ prnl. **4** *col.* Echarse atrás o dejar de hacer algo en el último momento: *Iba a venir de viaje con nosotros, pero al final se rajó y nos dejó colgados.* □ ORTOGR. Conserva la *j* en toda la conjugación.

rajatabla ‖ **a rajatabla.** *col.* Rigurosamente, sin contemplaciones o sin reparar en riesgos: *Todo saldrá bien si seguís mis instrucciones a rajatabla.* □ ORTOGR. Admite también la forma *a raja tabla*.

ralea s.f. *desp.* Clase, género o condición: *Es un vago y un sinvergüenza, y no me gusta que vayas con gente de su ralea.*

ralentí s.m. Número de revoluciones por minuto al que debe funcionar un motor de explosión cuando no está acelerado: *Cuando paras el coche en un semáforo, se queda al ralentí.* □ MORF. Aunque su plural en la lengua culta es *ralentíes*, también se usa *ralentís*.

ralentizar v. Referido esp. a una acción o a un proceso, imprimirles lentitud o disminuir su velocidad: *Esta tecla permite ralentizar la imagen de la pantalla para observar los detalles con mayor claridad.* □ ORTOGR. La *z* se cambia en *c* delante de *e* →**CAZAR**.

rali s.m. Competición automovilística en la que los participantes han de llegar al lugar indicado en un tiempo determinado y tras superar varias pruebas: *En la jornada de hoy del rali, el conductor español ha conseguido el mejor tiempo.* □ USO Es innecesario el uso del anglicismo *rally*.

rallador s.m. Utensilio de cocina formado generalmente por una chapa metálica curvada, con agujeritos de borde saliente, que sirve para rallar o desmenuzar alimentos: *Ralla un poco de queso con el rallador para los espaguetis.*

ralladura s.f. Conjunto de trozos pequeños en que queda lo que se ha rallado: *Bate los huevos y añade la ralladura de medio limón.*

rallar v. Referido esp. a un alimento, desmenuzarlo raspándolo con el rallador: *Ralla un poco de pan para empanar estos filetes.* □ ORTOGR. Dist. de *rayar*.

rally (anglicismo) s.m. →**rali.** □ PRON. [ráli]. □ MORF. Su plural es *rallies*.

ralo, la adj. Con componentes, partes o elementos más separados de lo normal: *Como tienes la barba rala, estás más guapo afeitado.*

rama s.f. **1** En una planta, cada una de las partes que nacen del tronco o tallo principal y en las que brotan generalmente hojas, flores y frutos: *Colgué un columpio de la rama de un árbol.* **2** Serie de personas que tienen su origen en el mismo tronco: *Mi hija se casó con un López de la rama de Valladolid.* **3** Parte secundaria que nace o se deriva de otra principal: *Pertenezco a la rama más conservadora del partido.* **4** Cada una de las partes en que se divide una disciplina o un campo del saber: *Lingüística y literatura son dos ramas de filología.* **5** ‖ **{andarse/irse} por las ramas.** *col.* Detenerse en lo menos importante de un asunto, dejando olvidado o aparte lo más importante:

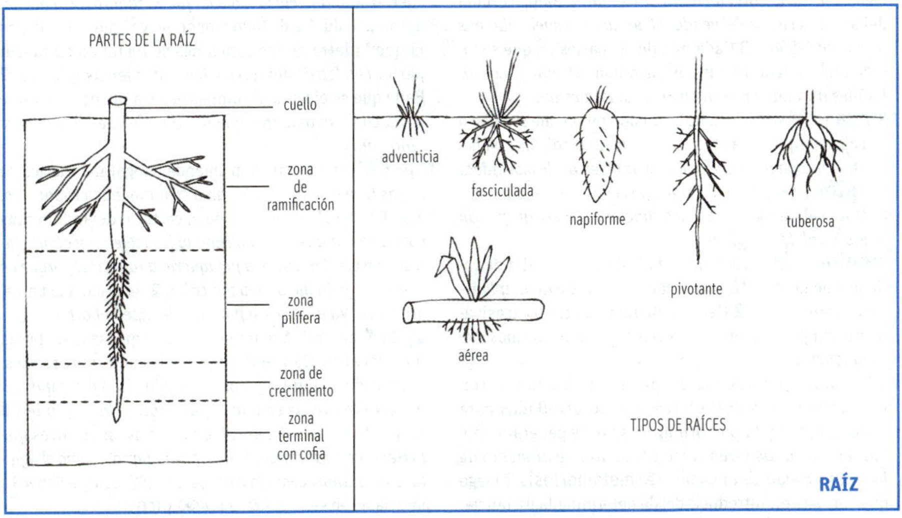

RAÍZ

Deja de irte por las ramas y cuenta lo que nos interesa. ‖ **en rama.** Referido a algunas materias, que se encuentran en un estado natural o sin elaborar: *Para hacer arroz con leche necesitas canela en rama y canela molida.*

ramadán s.m. Noveno mes del calendario musulmán: *Durante el Ramadán, los mahometanos ayunan desde la salida hasta la puesta del sol.* □ USO Se usa como nombre propio cuando hace referencia al período religioso.

ramaje s.f. Conjunto de ramas de una planta, esp. de un árbol: *El ramaje de los castaños de Indias da mucha sombra.*

ramal s.m. Vía que arranca de la línea o camino principales: *Para llegar a mi pueblo hay que tomar un ramal que sale de la carretera nacional.*

ramalazo s.m. **1** *col.* Acción repentina y no premeditada: *Cuando le da el ramalazo, se va a la sierra y no aparece en un mes.* **2** *col.* Afeminamiento o amaneramiento: *Ese actor, entre la voz, los gestos y cómo viste, ¡menudo ramalazo tiene!* **3** *col.* Golpe súbito y repentino de una emoción o de un dolor: *En un ramalazo de ira tiró el libro a la basura.*

rambla s.f. Calle ancha y con árboles, generalmente con un arcén central: *En las ramblas, los coches circulan a los lados del paseo central.*

ramera s.f. *col.* Prostituta: *Pasó la noche con una ramera.*

ramificación s.f. **1** División en ramas o extensión y propagación: *La ramificación de esa ideología dio lugar a diversos partidos.* **2** Consecuencia de un hecho o de un acontecimiento: *En la Edad Media, las epidemias y el hambre eran ramificaciones de la sequía.* **3** Cada una de las partes en que se ramifica algo: *En esa lámina, podemos ver las ramificaciones de las arterias.*

ramificarse v.prnl. Dividirse o separarse en ramas: *Las arterias y las venas de nuestro cuerpo se ramifican para llegar a todos los órganos.* □ ORTOGR. La *c* se cambia en *qu* delante de *e* →SACAR.

ramillete s.m. **1** Ramo pequeño de flores o de hierbas: *El niño dio a su madre un ramillete de margaritas que había cogido en el jardín.* **2** Colección o grupo de cosas exquisitas, selectas o útiles: *Publicó en una revista un ramillete de sus mejores poemas.*

ramo s.m. **1** Conjunto o manojo de flores, ramas o hierbas: *La novia llevaba un ramo de azahar.* **2** Rama cortada del árbol: *A causa del vendaval había en el suelo algunos ramos de árboles.* **3** Cada una de las partes en que se divide una ciencia, una industria o una actividad: *Los albañiles trabajan en el ramo de la construcción.*

rampa s.f. Plano o terreno inclinado por el que se sube o se baja de un lugar a otro: *Al lado de las escaleras han hecho una rampa para personas con problemas de movilidad.*

ramplón, -a adj. *col.* Vulgar, excesivamente simple o de poca calidad y mérito: *Las canciones de ese grupo son todas igual de ramplonas.*

ramplonería s.f. **1** Vulgaridad, simpleza o falta de calidad y de mérito: *Me sorprende que te guste la ramplonería de esos versos.* **2** Hecho o dicho vulgares o excesivamente simples: *Estuve en su conferencia y no dijo más que ramplonerías.*

rana s.f. **1** Anfibio de cabeza grande y ojos saltones, con las extremidades posteriores muy desarrolladas para saltar o nadar y la piel brillante, suave y generalmente verde: *Las ranas viven cerca del agua y se alimenta de insectos y pequeños animales.* 👁 **metamorfosis** **2** Juego que consiste en introducir desde determinada distancia, un objeto pequeño por la boca abierta de una figura que representa a este animal: *Tiene muy buena puntería y siempre gana jugando a la rana.* **3** Prenda de vestir de bebé de una sola pieza y que deja las piernas al descubierto: *Como hace mucho calor, le voy a poner una ranita al bebé.* **4** ‖ **cuando las ranas críen pelo.** *col.* Nunca: *Es tan tacaño que te invitará cuando las ranas críen pelo.* ‖ **salir rana.** *col.* Defraudar o resultar lo contrario de lo que se esperaba: *Confié en él, pero me salió rana y me engañó en cuanto pudo.* □ MORF. En la acepción 1, es un sustantivo epiceno y la diferencia de sexo se señala mediante la oposición *la rana {macho/hembra}.*

ranchero, ra ▌s. **1** Persona que vive o trabaja en un rancho: *En las películas del oeste, los rancheros suelen ir armados con revólveres.* ▌s.f. **2** Composición musical de carácter popular y tono alegre, típica de algunos países hispanoamericano: *Las rancheras se suelen cantar con acompañamiento de mariachis.* **3** *col.* Coche que tiene la parte del maletero adaptada para que puedan viajar personas en ella: *Como somos muchos en casa, estuvimos dudando entre comprarnos una furgoneta o una ranchera.*

rancho s.m. **1** Comida que se hace para muchas personas, y que generalmente consta de un solo guiso: *Los soldados pasan en fila para que el cocinero les sirva el rancho.* **2** Granja en la que se crían caballos y otros cuadrúpedos, propia de algunos países americanos: *El ganado pastaba en los terrenos del rancho.* 👁 **vivienda**

rancio, cia adj. **1** Referido a un alimento, que ha adquirido un sabor y un olor más fuertes con el paso del tiempo: *Este queso rancio ya solo sirve para rallar.* **2** Muy antiguo o muy apegado a lo antiguo: *Procede de una familia de rancio abolengo.* **3** Referido a una persona, antipática o de carácter seco: *Ese es un chico muy rancio y nadie quiere hablar con él.*

rango s.m. Categoría de una persona según su situación profesional o social: *En este club solo se permite la entrada a las personas de rango elevado.*

ranking (anglicismo) s.m. →**ranquin.** □ PRON. [ránkin].

ranquin s.m. Relación o enumeración de personas o de cosas que aparecen organizados según una jerarquía. □ USO Es innecesario el uso del anglicismo *ranking.*

ranura s.f. Hendidura estrecha en la superficie de un cuerpo sólido: *Mete la moneda por la ranura de la hucha.*

rap s.m. **1** Música de tono monótono y ritmo marcado, en la que la letra de las canciones se recita en su mayor parte: *Las letras del rap suelen tratar temas urbanos.* **2** Baile que se ejecuta al compás de esta música: *El rap se baila con movimientos que imitan a los de los muñecos autómatas.*

rapapolvo s.m. *col.* Reprimenda o regañina fuertes: *Si llegas tarde sin avisar, te van a echar un buen rapapolvo.*

rapar v. **1** *col.* Referido al pelo, cortarlo dejándolo muy corto: *El peluquero me ha rapado las melenas y ahora parezco un cepillo. Voy a la peluquería a raparme, porque en verano el pelo me da mucho calor.* **2** Referido a la barba, afeitarla: *Va al barbero para que le rape la barba.*

rapaz ▌adj./s.f. **1** Referido a un ave, que se caracteriza por ser carnívora y tener el pico y las uñas muy fuertes, encorvados y puntiagudos: *El águila es un ave rapaz. El quebrantahuesos es una rapaz protegida por la ley.* ▌s.f.pl. **2** En zoología, grupo de estas aves: *Las aves que pertenecen a las rapaces pueden ser diurnas, como el águila, o nocturnas, como la lechuza.* □ MORF. Como adjetivo es invariable en género. 👁 rapaz 👁 **pico**

RAPAZ

milano real
ratonero
halcón
gavilán o esparaván
aguilucho
cernícalo vulgar
azor
águila real
quebrantahuesos
buitre común o leonado
alimoche común
búho chico
mochuelo
búho real
lechuza común
autillo

a b c d e f g h i j k l m n ñ o p q r s t u v w x y z

rapaz, -a s. *col.* Muchacho de corta edad: *¡Anda, nena, vete a jugar con los demás rapaces!*

rape s.m. **1** Pez marino comestible, de color pardo, que tiene el cuerpo aplanado, la boca muy grande y con dientes y el primer radio de su aleta dorsal prolongado en forma de antena: *La carne de rape es muy apreciada como comida.* 👁 **pez 2** *col.* Corte de pelo: *¡Vaya rape te han dado en la peluquería!* **3** ‖ **al rape.** Muy corto: *Para hacer de presidiario, este actor se ha tenido que cortar el pelo al rape.* □ ORTOGR. Dist. de *rapé.* □ MORF. En la acepción 1, es un sustantivo epiceno y la diferencia de sexo se señala mediante la oposición *el rape {macho/hembra}.*

rapé s.m. Tabaco en polvo que se aspira por la nariz: *El uso del rapé se extendió en Europa a partir del siglo XVI.* □ ORTOGR. Dist. de *rape.*

rápel s.m. En alpinismo, técnica de descenso rápido en la que el alpinista se desliza por una cuerda e impulsándose con los pies: *Esta pared rocosa es muy buena para practicar el rápel.* □ ORTOGR. Es un galicismo (*rappel*) adaptado al español.

rapero, ra s. Persona que canta o baila rap: *Los raperos suelen llevar gorra con visera y zapatillas deportivas.*

rapidez s.f. Velocidad con la que ocurre un suceso o se ejecuta una acción: *Los días pasan con mucha rapidez.*

rápido, da ▌adj. **1** Que se mueve, se hace o sucede a gran velocidad o en poco tiempo: *Las liebres son muy rápidas. Te haré una rápida visita.* **2** Que se hace de forma superficial o sin profundizar: *Eché un rápido vistazo al documento antes de firmarlo.* ▌s.m. **3** En un río, corriente violenta o impetuosa debida al estrechamiento y la inclinación del cauce: *En esta zona del río no es recomendable navegar, porque hay varios rápidos.* **4** →**tren rápido.** □ SINT. *Rápido* se usa también como adverbio de modo: *Comes demasiado rápido.*

rapiña s.f. Robo o saqueo violentos: *Los soldados tenían prohibido dedicarse a la rapiña de los lugares conquistados.*

raposo, sa s. Mamífero de pelaje espeso y color pardo o rojizo, que tiene el morro alargado, las orejas puntiagudas y la cola larga y espesa con la punta blanca; *zorro: Los raposos tienen costumbres nocturnas.*

rapsoda s. **1** Persona que se dedica a recitar versos: *En el escenario, el rapsoda recitaba con acompañamiento de piano.* **2** *poét.* Poeta: *El famoso rapsoda ha sido galardonado por su último libro de poemas.* □ MORF. Es de género común y exige concordancia en masculino o en femenino para señalar la diferencia de sexo: *el rapsoda, la rapsoda.*

rapsodia s.f. Pieza musical compuesta por fragmentos de otras obras o basada en melodías folclóricas o nacionales: *Son famosas las 'Rapsodias húngaras' de Liszt, basadas en melodías gitanas húngaras y compuestas para piano.*

raptar v. Referido a una persona, llevársela a la fuerza o mediante engaño y retenerla en contra de su voluntad: *El príncipe raptó a la princesa y se la llevó a su castillo.*

rapto s.m. **1** Secuestro o retención de una persona contra su voluntad: *La policía busca al autor del rapto.* **2** Pérdida del entendimiento debido a un sentimiento o a una emoción muy intensos: *Me golpeó en un rapto de ira.*

raptor, -a s. Persona que rapta a otra mediante engaños o por la fuerza: *El rey mandó perseguir a los raptores de la princesa.*

raqueta s.f. **1** Instrumento formado por una especie de aro con cuerdas cruzadas entre sí y con mango, que se usa en algunos juegos para golpear la pelota: *Mañana trae tu raqueta y jugaremos al tenis.* **2** Juego en el que se utiliza este instrumento: *Me gusta jugar a la raqueta en la playa.* **3** Objeto similar a este instrumento que se pone en los pies para andar por la nieve: *Las raquetas impiden que se hundan los pies en la nieve.* **4** En una carretera u otra vía, isleta lateral, generalmente semicircular, que se debe rodear para cambiar de dirección: *Para girar a la izquierda en este cruce tienes que desviarte a la derecha y rodear la raqueta.*

raquis s.m. **1** Columna vertebral: *Una lesión en el raquis puede ser muy peligrosa.* **2** Eje de una pluma de ave: *Para escribir, mojaba el extremo del raquis de la pluma en el tintero.* □ MORF. Invariable en número.

raquítico, ca ▌adj. **1** *col.* Referido a una persona, que está débil y muy delgada: *Si no comes te vas a quedar raquítico.* **2** *col.* Muy pequeño o escaso: *Sobrevive con un sueldo raquítico.* ▌adj./s. **3** Que padece raquitismo: *A los niños raquíticos los médicos les recetan calcio y que tomen el sol. El número de raquíticos en el Tercer Mundo crece día a día por la falta de alimentos.*

raquitismo s.m. Enfermedad crónica infantil, que se produce por una mala alimentación o por alteraciones en el metabolismo del calcio, y que se caracteriza por la debilidad y las deformaciones óseas: *La carencia de vitamina D en los niños puede producir raquitismo.*

rareza s.f. **1** Singularidad o carácter extraño y poco común: *Yo creo que las obras de arte moderno son más valiosas cuanto mayor es su rareza.* **2** Lo que resulta raro: *El brujo tenía su laboratorio lleno de rarezas.* **3** Hecho o dicho propios de una persona rara: *Solo tu madre es capaz de soportar tus rarezas.*

raro, ra adj. **1** Extraño, poco común o poco frecuente: *Es raro que llueva en esta época del año.* **2** Escaso en su clase o en su especie; *contado: En el zoo hay uno de los raros ejemplares de esta especie animal en peligro de extinción.*

ras s.m. **1** Igualdad en la superficie o en la altura de las cosas: *Si superas el ras de la bañera al llenarla, se saldrá el agua.* **2** ‖ **a ras de** algo. Casi a su mismo nivel: *Cortó el césped a ras de tierra.*

rasante ▌adj. **1** Que está muy cerca de una superficie, esp. del suelo: *En la playa, un avión en vuelo rasante tiró balones hinchables.* ▌s.f. **2** En una calle o en un camino, línea que indica su inclinación o su paralelismo respecto a la horizontal: *En los cambios de rasante no se debe adelantar porque no hay visibilidad.* □ MORF. Como adjetivo es invariable en género.

rasca s.f. *col.* Frío muy intenso: *¡Vaya rasca que hace aquí por las noches...!*

rascacielos s.m. Edificio de gran altura y de muchos pisos: *Los rascacielos son característicos de las grandes ciudades.* □ MORF. Invariable en número. 👁 **vivienda**

rascador s.m. Utensilio que sirve para rascar: *Se rasca la espalda con un rascador en forma de mano.*

rascar v. **1** Frotar fuertemente con algo agudo o áspero: *Me rasco los granos porque me pican.* **2** *col.* Referido a un instrumento musical de cuerda, tocarlo mal, haciéndole emitir un sonido desagradable: *Deja de rascar el violín, que me da dolor de cabeza.* **3** *col.* Producir una sensación de aspereza al rozar la piel: *Esta toalla rasca porque no le he puesto suavizante.* **4** *col.* Referido a un vino o a un licor, raspar o resultar ásperos al beberlos: *No me gustan los vinos peleones porque rascan.* □ ORTOGR. La *c* se cambia en *qu* delante de *e* →**SACAR**.

rasero ‖ **por el mismo rasero.** Referido a la forma de juzgar algo, con total igualdad: *Al poner las notas, el profesor califica a los alumnos por el mismo rasero.*

rasgado, da adj. Referido a los ojos o a la boca, que tienen una forma más alargada de lo normal: *Tiene los ojos rasgados y parece oriental.*

rasgar v. Referido a algo de poca consistencia, romperlo o hacerlo pedazos mediante la fuerza y sin ayuda de ningún instrumento; *desgarrar: En un ataque de ira, rasgó la carta y la tiró a la papelera.* □ ORTOGR. La *g* se cambia en *gu* delante de *e* →**PAGAR**.

rasgo s.m. **1** Línea o trazo que se hacen al escribir: *El grafólogo me dijo que los rasgos de mi letra indicaban un carácter fuerte.* **2** Facción del rostro de una persona: *Tiene los mismos rasgos que su padre.* **3** Característica o propiedad distintivas: *El profesor nos dictó los rasgos propios del estilo arquitectónico que estábamos estudiando.* **4** ‖ **a grandes rasgos.** Sin pormenorizar: *Nos explicó el proyecto a grandes rasgos, porque no había tiempo para entrar en detalles.* □ MORF. La acepción 2 se usa más en plural.

rasguear v. Referido a un instrumento musical, esp. a la guitarra, tocarlo rozando varias cuerdas a la vez con la punta de los dedos: *Rasgueó la guitarra para ver si estaba afinada.*

rasguño s.m. Herida o corte superficiales hechos en la piel con las uñas o por un roce violento: *Me caí de la bicicleta, pero solo me hice unos rasguños en la rodilla.*

raso, sa ▮ adj. **1** Plano, liso, uniforme o sin estorbos: *Lijó la madera para dejarla rasa.* **2** Que carece de título o de otra característica que lo distinga: *En el ejército, los soldados rasos son los que tienen la categoría más baja.* **3** Referido esp. al cielo, despejado o sin nubes ni nieblas: *Ya podemos salir a la calle, porque ha dejado de llover y está raso.* **4** Referido a un recipiente, que está lleno hasta sus bordes: *El médico me ha dicho que tome una cucharada rasa de jarabe.* ▮ s.m. **5** Tela de seda con brillo: *Me puse un lazo de raso en el pelo.* **6** ‖ **al raso.** Al aire libre, sin ningún techado ni protección: *No pudimos poner la tienda de campaña y dormimos al raso.*

raspa s.f. Espina del pescado, esp. la columna vertebral: *El gato comía las raspas del pescado.*

raspado s.m. **1** Operación de rascar o lijar suavemente para eliminar la parte superficial de algo: *Cuando acabes con el raspado del barniz antiguo, puedes barnizar la silla de nuevo.* **2** Señal que queda en una superficie al rozarla con algo duro o áspero: *Al sacar el coche del aparcamiento le hice un raspado.* **3** Operación quirúrgica consistente en raspar una parte del organismo, esp. la cavidad uterina o un hueso, para limpiarlos de sustancias adheridas o para obtener muestras de estas; *legrado: Después de sufrir el aborto le hicieron un raspado para evitar infecciones.*

raspar v. **1** Rascar suavemente para eliminar la parte superficial: *Raspé la pintura con papel de lija.* **2** Referido a una superficie, dañarla al rozarla con algo duro: *He raspado la puerta del coche con la columna del garaje. Al caer me raspé la rodilla.* **3** Referido al vino o a otro licor, resultar ásperos al beberlos: *Este aguardiente tan fuerte raspa.* **4** Producir una sensación de aspereza en la piel: *Estas toallas raspan.*

raspón s.m. →**rasponazo**.

rasponazo s.m. Herida o marca superficiales causadas por un roce violento; *raspón: Al caer me he hecho un rasponazo en el codo.*

rasposo, sa adj. Que resulta áspero al tacto o al paladar: *Desde que pongo suavizante, la ropa ya no está rasposa.*

rasta ▮ adj./s. **1** *col.* →**rastafari**. ▮ s.f. **2** Trenza redondeada y gruesa en la que el cabello se endurece con aceite de coco: *He ido a la peluquería para que me hicieran unas rastas.* □ MORF. 1. Como adjetivo es invariable en género. 2. En la acepción 1, como sustantivo es de género común y exige concordancia en masculino o en femenino para señalar la diferencia de sexo: *el rasta, la rasta.*

rastafari adj./s. Que pertenece a un movimiento religioso y político jamaicano que preconiza la vuelta de los negros jamaicanos a África y que espera la llegada de un rey mesiánico: *Los rastafaris puros no beben alcohol, son vegetarianos y fuman marihuana.* □ MORF. 1. Como adjetivo es invariable en género. 2. Como sustantivo es de género común y exige concordancia en masculino o en femenino para señalar la diferencia de sexo: *el rastafari, la rastafari.* 3. En la lengua coloquial se usa mucho la forma abreviada *rasta*.

rastral s.m. Pieza que sirve para sujetar los pies a los pedales de las bicicletas: *Mi bici tiene unos rastrales fosforescentes que se ven en la oscuridad.*

rastras ‖ **a rastras. 1** Referido a la forma de moverse, arrastrándose: *Para poder entrar en la cueva tendréis que ir a rastras un trecho.* **2** De mala gana, obligado o forzado: *Me llevaron a rastras al cine, porque no me apetecía ir.*

rastreador, -a s. Persona que se dedica a buscar algo siguiendo un rastro: *En la película, el ejército tenía un rastreador que le ayudaba a seguir a los indios.*

rastrear v. Buscar siguiendo un rastro: *La policía rastrea el bosque en busca del evadido.*

rastreo s.m. Búsqueda de algo mediante el rastro o las señales que ha dejado: *El rastreo de datos me ha llevado más tiempo que el resto de la investigación.*

rastrero, ra adj. **1** Que va arrastrándose o pegado al suelo: *Algunas plantas tienen tallos rastreros.* **2** Bajo, malo o despreciable: *No sé qué haces con un tipo tan rastrero y repugnante.*

rastrillar v. Referido esp. a un terreno, limpiarlo de hierba, hojas, paja o de otro tipo de cosas con el rastrillo: *En otoño hay que rastrillar los jardines frecuentemente.*

rastrillo s.m. Instrumento formado por un mango largo con un travesaño con púas a modo de dientes en uno de sus extremos, que sirve para recoger hierba, paja, hojas y otro tipo de elementos: *He amontonado las hojas secas del jardín con el rastrillo.* 👁 **apero**

rastro s.m. **1** Señal, huella o indicio dejados por algo: *El herido dejó un rastro de sangre por donde pasó.* **2** Mercado al aire libre que se celebra un determinado día de la semana, en el que se venden todo tipo de objetos usados o nuevos: *Todos los domingos se monta un rastro en un antiguo barrio de Madrid.*

rastrojo s.m. Restos de tallos de mies que quedan en la tierra después de segar: *El rastrojo sirve de abono para la siguiente cosecha.*

rasurar v. Referido a una parte del cuerpo, cortarle a ras de piel el pelo que hay en ella; *afeitar: A mi abuelo, el barbero lo rasuraba a navaja. Se rasura la barba con una maquinilla eléctrica.*

rata ▮ s. **1** *col.* Persona tacaña: *Es un rata y nunca invita* *a nada.* ▮ s.f. **2** Mamífero roedor de pelaje gris oscuro, cabeza pequeña, hocico puntiagudo, orejas tiesas, cola fina, larga, escamosa y patas cortas: *Las ratas transmiten muchas enfermedades infecciosas.* 👁 **roedor 3** *col.* Persona despreciable: *No puedo creer que esa rata asquerosa sea amigo tuyo.* □ MORF. 1. En la acepción 1, es de género común y exige concordancia en masculino o en femenino para señalar la diferencia de sexo: *el rata, la rata*. 2. En la acepción 2, es un sustantivo epiceno y la diferencia de sexo se señala mediante la oposición *la rata {macho/hembra}*. □ SEM. En la acepción 2, dist. de *ratón* (roedor mucho más pequeño y menos dañino).

ratero, ra s. Ladrón que roba con habilidad y cautela cosas de poco valor: *Un ratero entró por la ventana cuando fui a la compra y se llevó las joyas.*

raticida s.m. Sustancia que sirve para matar ratas y ratones; *matarratas: En vez de poner ratoneras, ¿por qué no compras un buen raticida?*

ratificación s.f. Aprobación o confirmación de actos, palabras o escritos dándolos por válidos o ciertos: *Esperamos la ratificación de estas declaraciones para publicarlas.*

ratificar v. Referido esp. a actos, palabras o escritos, aprobarlos o confirmarlos dándolos por válidos o ciertos: *La ministra ratificó las declaraciones del día anterior ante un grupo de periodistas.* □ ORTOGR. La *c* se cambia en *qu* delante de *e* →SACAR.

rato s.m. **1** Espacio de tiempo más o menos corto: *No me esperes, porque tardaré un rato en llegar.* **2** ‖ **a ratos.** En unos momentos sí y en otros no: *Con tanto calor, esta noche solo he dormido a ratos.* ‖ **para rato.** Para mucho tiempo: *Con esto tengo para rato, así que no me molestes.* ‖ **pasar el rato.** Ocupar el tiempo, generalmente haciendo algo entretenido: *Mientras esperas, puedes pasar el rato hojeando revistas.* ‖ **ratos perdidos.** Tiempo libre entre alguna actividad: *Acepto el encargo, pero tardaré en acabarlo, porque lo haré en los ratos perdidos.*

ratón, -a ▮ s. **1** Mamífero roedor más pequeño que la rata, de pelaje gris o blanco, muy fecundo y ágil, que vive generalmente en las casas o en el campo: *A los ratones les gusta mucho el queso.* 👁 **roedor** ▮ s.m. **2** En un ordenador, mando separado del teclado que sirve para modificar lo que hay en la pantalla deslizándolo sobre una superficie: *En el diseño por ordenador se utiliza mucho el ratón.* □ SEM. Dist. de *rata* (roedor mucho más grande y dañino).

ratonera s.f. **1** Trampa para cazar ratones: *Ha puesto un trozo de queso como cebo en la ratonera.* **2** Madriguera o agujero donde viven ratones: *En el desván he visto dos ratoneras.* **3** Trampa o engaño contra alguien: *¡Qué tonto eres, mira que caer en semejante ratonera!* **4** *col.* Casa o habitación muy pequeñas: *Acostumbrado a vivir en una enorme casa de campo, cualquier apartamento me parece una ratonera.*

ratonero s.m. Ave rapaz diurna, de alas anchas, cuello corto, cola amplia y redondeada de color gris con bandas pardas, y plumaje oscuro con la parte inferior manchada de blanco: *El ratonero hace los nidos en los árboles y se alimenta de pequeños vertebrados y escarabajos.* 👁 **rapaz** □ MORF. Es un sustantivo epiceno y la diferencia de sexo se señala mediante la oposición *el ratonero {macho/hembra}*.

raudal s.m. **1** Caudal abundante de agua u otro líquido, que corre violentamente: *Con las lluvias torrenciales, por las calles bajaban raudales de agua.* **2** Gran cantidad de algo que sale o surge de repente y con energía: *Los aficionados recibieron al árbitro con un raudal de insultos.* **3** ‖ **a raudales.** En gran cantidad o muy abundantemente: *Por estos ventanales entra luz a raudales.*

raudo, da adj. Rápido, veloz o precipitado: *Pasó por aquí tan rauda que ni siquiera saludó.*

ravioli s.m. Pasta alimenticia delgada y cortada en pequeños trozos cuadrados, rellena de algún alimento muy picado: *Hoy comeremos raviolis rellenos de queso con tomate.* □ MORF. Su plural es *raviolis*.

raya s.f. **1** Trazo o marca delgados y alargados; *línea: Las rayas de las carreteras son muy importantes para la conducción nocturna.* **2** Término o límite que se pone a algo, tanto físico como moral: *Cuando trates conmigo no te pases de la raya.* **3** Línea que queda en la cabeza al separar el pelo con el peine hacia lados opuestos: *Siempre me peino con raya en medio.* 👁 **peinado 4** En una prenda de vestir, esp. en un pantalón, doblez vertical que se marca al plancharla: *La raya de los pantalones divide las perneras en dos partes iguales.* **5** En ortografía, signo gráfico más largo que el guion y que se usa generalmente para separar incisos o para iniciar diálogos: *El signo '_' es una raya.* **6** *col.* En el lenguaje de la droga, dosis de una droga en polvo, esp. de cocaína, que se aspira por la nariz: *Cuando le dijeron que probara una raya de cocaína, simplemente dijo que no.* **7** Pez marino con el cuerpo muy plano, con una cola larga y delgada, aletas dorsales pequeñas y situadas en la cola y una fila longitudinal de espinas: *La raya es un pez muy abundante en los mares españoles.* 👁 **pez 8** ‖ **a raya.** Dentro de los límites establecidos: *Tendré que ponerme seria para mantenerte a raya.* ‖ **tres en raya.** Juego que consiste en poner en línea recta tres fichas sobre un dibujo que representa un cuadrado cruzado por cuatro líneas: *En el juego de las tres en raya, la ficha central no puede moverse.* □ ORTOGR. 1. Dist. de *ralla* (del verbo *rallar*). 2. Para la acepción 5 →APÉNDICE DE SIGNOS DE PUNTUACIÓN. □ MORF. En la acepción 7, es un sustantivo epiceno y la diferencia de sexo se señala mediante la oposición *la raya {macho/hembra}*.

rayado, da ▮ adj. **1** Con rayas: *Siempre uso papel rayado para escribir.* ▮ s.m. **2** Conjunto de rayas o líneas de una superficie: *Quiero un cuaderno con el rayado de color azul.*

rayar v. **1** Hacer rayas: *Los alumnos debían rayar las respuestas que considerasen incorrectas.* **2** Tachar con una o varias rayas: *De la lista, raya lo que no quieras.* **3** Referido a una superficie lisa o pulida, deteriorarla o estropearla con rayas o incisiones: *Has rayado la mesa al poner las llaves.* **4** Referido a una cosa, estar muy cerca de otra: *Tu bondad a veces raya en la tontería.* **5** Seguido de palabras como 'alba', 'sol', 'día' o 'luz', comenzar a aparecer lo que estas significan: *Salimos al rayar el alba.* □ ORTOGR. Dist. de *rallar*. □ SINT. Constr. de la acepción 4: *rayar {EN/CON} algo*.

rayo s.m. **1** Chispa eléctrica producida por una descarga entre dos nubes o entre una nube y la tierra: *En las tormentas, primero se ve el rayo y después se oye el trueno.* **2** Línea de luz que procede de un cuerpo luminoso, esp. del Sol: *En esta casa tan oscura en invierno no entra ni un rayo de sol.* **3** Línea que parte del punto en que se produce una forma de energía y señala la dirección en la que esta se propaga: *Tras explotar la bomba, los rayos extendieron la radiación en todas direcciones.* **4** *col.* Persona muy lista o muy hábil para algo: *Es un rayo y lo entiende* *todo a la primera.* **5** *col.* Lo que es rápido y veloz: *Tengo que hacer la maleta, pero no tardaré nada porque soy un rayo.* **6** ‖ **a rayos.** *col.* Muy mal o de una forma muy desagradable: *Abre la ventana, que aquí huele a rayos.* ‖ **rayos gamma.** Ondas electromagnéticas muy penetrantes, producidas en las transiciones nucleares o en la aniquilación de partículas: *Algunos núcleos radiactivos emiten rayos gamma.* ‖ **rayos X.** Radiaciones electromagnéticas muy penetrantes que atraviesan ciertos cuerpos, producidas por la emisión de electrones internos del átomo: *Los rayos X se utilizan en medicina como medio de investigación y de tratamiento.* ☐ SEM. La acepción 1 se aplica esp. a una chispa de gran intensidad, frente a *centella*, que se prefiere para las chispas poco intensas.

rayón s.m. Material textil que se obtiene de la celulosa y que imita a la seda (por extensión del nombre de la marca comercial *Rayon®*): *El rayón se arruga mucho, pero se plancha fácilmente.*

rayuela s.f. Juego infantil que consiste en sacar una piedra plana de un dibujo pintado en el suelo, impulsándola con golpes dados con un pie mientras se está con el otro en el aire: *En la rayuela no se pueden pisar las rayas del dibujo.*

raza s.f. **1** En la clasificación de los seres vivos, categoría inferior a la de especie: *Mi perro es de raza pastor alemán.* **2** ‖ **de raza.** Referido a un animal, que pertenece a una raza seleccionada: *Se ha comprado un perro de raza para ir a cazar.* ☐ SEM. No debe usarse este término para clasificar distintos grupos dentro de la población humana: la tradicional clasificación de la población humana en las razas negroide, mongoloide, caucásica y cobriza estaba basada en el supuesto popular de que las diferencias externas entre cada una de ellas respondían a unos rasgos genéticos; actualmente, en cambio, al menos la mitad de la población del mundo exhibe rasgos raciales con los que no cuentan los estereotipos populares.

razia s.f. **1** Ataque o incursión rápidos e inesperados en territorio enemigo, con la finalidad de conseguir un botín: *En la aldea temían las razias del ejército enemigo.* **2** Redada hecha generalmente por la policía: *En la última razia policial en esa discoteca, detuvieron a dos delincuentes peligrosos.* ☐ ORTOGR. Dist. de *rafia*.

razón s.f. **1** Capacidad de pensar o discurrir que permite elaborar y relacionar de forma coherente juicios, ideas y conceptos: *Las personas se distinguen de los animales por la razón.* **2** Argumento o demostración con que se intenta apoyar algo: *No entiendo las razones que me das para explicar tu mal comportamiento.* **3** Motivo o causa: *No hay razón para asustarse.* **4** Apoyo cierto o verdad en lo que se dice o se hace: *Si tú lo dices será verdad, porque siempre tienes razón.* **5** Información o conjunto de palabras con que se expresa algo: *¿Quién podría darme razón de su paradero?* **6** En matemáticas, cociente de dos números o de dos cantidades comparables entre sí: *5 es la razón de 10/2.* **7** ‖ **a razón de.** Expresión que se usa para indicar la cantidad que corresponde a cada uno en un reparto: *Tocamos a razón de un euro por persona.* ‖ **atender a razones.** Escuchar los razonamientos de otro: *Contigo no se puede hablar tranquilamente porque no atiendes a razones.* ‖ **dar la razón** a alguien. Aceptar que está en lo cierto: *En este caso te doy la razón a ti, porque yo me equivoqué.* ‖ **entrar en razón.** Darse cuenta de lo que es razonable: *Hasta que no entres en razón, no volvemos a hablar del tema.* ‖ **perder la razón.** Volverse loco: *Está en un manicomio porque perdió la razón.* ‖ **razón de Estado.** Consideración de interés superior con que se justifica la actuación del Estado para hacer algo contra la ley o el derecho: *En nombre de la razón de Estado se han cometido muchos crímenes a lo largo de la historia.* ‖ **razón social.** Nombre y firma legales de una sociedad mercantil o de una empresa: *La razón social de nuestra sociedad anónima es Juan Mano, S.A.*

razonable adj. **1** Lógico, justo y conforme a la razón: *Tu petición es razonable y no hay inconveniente en aceptarla.* **2** Suficiente o bastante: *No me quejo en absoluto porque me han pagado una razonable cantidad de dinero.* ☐ MORF. Invariable en género.

razonamiento s.m. Conjunto de pensamientos, ideas o conceptos relacionados y ordenados de forma coherente, que sirven para probar o demostrar algo: *Me convencieron sus razonamientos.*

razonar v. **1** Pensar y reflexionar, ordenando y relacionando con coherencia ideas para llegar a una conclusión consecuente con los datos de los que se parte: *Eres un insensato y no razonas.* **2** Referido a lo que se dice, dar razones que lo prueben: *No contestes con un simple 'no' porque debes razonar la respuesta.*

re s.m. En música, segunda nota de la escala de do mayor: *En clave de sol, el re se escribe debajo de la primera línea o en la quinta línea del pentagrama.*

re- Prefijo que indica repetición (*reabrir, revender, reacuñar, realojar, reaparecer, reorganización*), o intensificación (*rebuscar, recoser, rebonito, repintado, resecar*). ☐ MORF. Con adjetivos o adverbios puede adoptar la forma *requete-* (*requeteguapo, requetebién*) para reforzar el valor superlativo.

reacción s.f. **1** Acción que se hace como respuesta a algo: *Ante una luz muy fuerte, los ojos se cierran por una reacción instintiva.* **2** En química, transformación de una sustancia en otra distinta mediante la formación de nuevos enlaces químicos: *La reacción entre el ácido clorhídrico y la sosa cáustica da sal común.* **3** Recuperación de la normalidad o vuelta a la actividad: *Con lo enfermo que estuviste, tu reacción ha sido asombrosa.*

reaccionar v. **1** Actuar como respuesta a algo: *El organismo reaccionó a la vacuna con fiebre.* **2** Recuperar la normalidad o volver a tener actividad: *A los pocos minutos de haber perdido el sentido, empezó a reaccionar.* **3** En química, referido a una sustancia, actuar en combinación con otra para producir otra nueva: *Los ácidos reaccionan con las bases dando sales.*

reaccionario, ria adj. Que se opone a las innovaciones, esp. en materia política: *La burguesía adoptó una actitud reaccionaria al ver amenazados sus intereses.*

reacio, cia adj. Referido a una persona, que es contrario a una acción o que muestra resistencia a realizarla: *Soy muy reacia a usar el coche por el centro de la ciudad.* ☐ SINT. Constr.: *reacio* A *hacer algo*.

reactor s.m. **1** Motor que produce movimiento mediante la expulsión de los gases que él mismo produce: *Este avión cuenta con cuatro reactores.* **2** Avión que utiliza este tipo de motor: *Los modernos aviones de pasajeros son reactores.* **3** Instalación preparada para que en su interior se produzcan reacciones químicas o nucleares: *La central nuclear está parada porque detectaron una fuga en el reactor nuclear.*

reafirmarse v.prnl. Corroborar o mantener lo ya expuesto o argumentado: *Me reafirmo en todas mis declaraciones anteriores.* □ SINT. Constr.: *reafirmarse* EN *algo.*

reajustar v. Referido esp. a precios, salarios o impuestos, cambiarlos en función de las circunstancias políticas y económicas del momento: *La subida del precio del petróleo obligará a reajustar los precios de las gasolinas.*

reajuste s.m. Cambio que se realiza en función de las circunstancias políticas y económicas del momento: *El reajuste de los salarios ha provocado protestas generales.*

real ▮ adj. **1** Que tiene existencia verdadera: *El hambre es un problema real en muchos países del mundo.* **2** Del rey, de la realeza o relacionado con ellos; *regio: Los reyes se trasladaron al palacio real.* ▮ s.m. **3** Moneda española que equivalía a 25 céntimos de peseta: *En España se han utilizado reales de plata y de otros metales.* □ MORF. Como adjetivo es invariable en género.

realce s.m. **1** Grandeza, adorno o esplendor sobresalientes: *La asistencia del académico dio realce a la entrega de premios.* **2** Engrandecimiento o puesta de relieve: *Con un maquillaje adecuado, se consigue el realce de la belleza natural.* **3** Adorno o labor que sobresale en la superficie de algo: *Esta moldura es un bello realce para las esquinas del mueble.*

realengo, ga adj. En la Edad Media, referido a un territorio, que pertenecía a la Corona, estaba bajo el dominio de los monarcas y era administrado por funcionarios reales: *Las villas y pueblos realengos pagaban sus tributos al rey, no a la Iglesia ni a los nobles.*

realeza s.f. **1** Dignidad o soberanía real: *La corona y el cetro forman parte de los atributos de la realeza.* **2** Conjunto de familias, familiares y personas emparentadas con el rey: *A la recepción asistió toda la realeza española.*

realidad s.f. **1** Existencia verdadera y efectiva; *verdad: Nadie duda de la realidad de los dinosaurios porque nos han quedado restos suyos.* **2** Todo lo que existe y forma el mundo real: *Una forma de conocimiento de la realidad es la experiencia personal de cada uno.* **3** Lo que ocurre verdaderamente: *La crisis económica es una realidad en muchos países.* **4** ‖ **en realidad.** Verdadera o efectivamente: *En realidad, las pérdidas fueron menores de lo que se pensaba.*

realismo s.m. **1** Estilo artístico que busca la representación fiel de la realidad: *El realismo pictórico representa en sus obras escenas de la vida cotidiana.* **2** Forma de ver las cosas tal como son realmente: *Hay que afrontar la situación con realismo y sin dejarse llevar por falsas esperanzas.* **3** ‖ **realismo mágico.** Movimiento literario hispanoamericano, surgido a mediados del siglo XX y que se caracteriza por la introducción de elementos fantásticos dentro de una narrativa que se presenta como realista: *García Márquez, con su novela 'Cien años de soledad', es uno de los máximos representantes del realismo mágico.*

realista adj. **1** Del realismo, con realismo o relacionado con él: *Galdós es una de las grandes figuras de la novela realista española.* **2** Que actúa con sentido práctico o que trata de ajustarse a la realidad: *Es una persona muy realista y nunca tiene esperanzas infundadas.* □ MORF. Como adjetivo es invariable en género.

realización s.f. **1** Ejecución o puesta en práctica de algo: *La realización de este trabajo me ocupará toda la semana.* **2** En cine, vídeo y televisión, dirección de las operaciones necesarias para llevar a cabo una película o un programa: *La propia actriz se ha ocupado de la realización de la película.* **3** Sensación de satisfacción por haber conseguido el desarrollo de las propias aspiraciones: *En el ejercicio de la medicina he encontrado mi realización personal.*

realizador, -a s. En cine, vídeo y televisión, persona que dirige las operaciones de preparación y realización de una película o de un programa: *El realizador decidió rodar algunas escenas de la película en una isla del Caribe.*

realizar ▮ v. **1** Referido a una acción, hacerla, efectuarla o llevarla a cabo: *Los profesores realizan una labor educativa.* **2** Referido a una película cinematográfica o a un programa televisivo, dirigir su ejecución: *Realizar una película requiere muchos conocimientos de la técnica cinematográfica.* ▮ prnl. **3** Sentirse satisfecho por haber conseguido el desarrollo de las propias aspiraciones: *Todos deberíamos realizarnos en nuestro trabajo.* □ ORTOGR. La *z* se cambia en *c* delante de *e* →**CAZAR**.

realquilar v. **1** Referido a algo alquilado, alquilarlo de nuevo a otra persona: *Yo vivo en una casa de alquiler y quiero realquilar una habitación a un estudiante.* **2** Referido a algo alquilado, tomarlo en alquiler de nuevo, pero no a su dueño: *Cuando te vayas a ir del piso en el que vives alquilado, yo te lo realquilo.*

realzar v. Poner de relieve, destacar o engrandecer: *Realzamos en negrita las palabras que consideramos más importantes.* □ ORTOGR. La *z* se cambia en *c* delante de *e* →**CAZAR**.

reanimar v. **1** Dar vigor o restablecer las fuerzas: *Un caldito caliente me reanimará.* **2** Hacer recobrar el conocimiento: *El socorrista intentaba reanimar al ahogado.* **3** Referido a una persona desanimada, darle ánimo o infundirle valor: *Seguro que tu visita lo reanima. Al oír tus palabras de consuelo, se reanimó.*

reanudación s.f. Continuación de algo que se había interrumpido: *Tras el descanso, se produce la reanudación del partido de fútbol.*

reanudar v. Referido a algo que se había interrumpido, seguir haciéndolo o continuarlo: *Después de comer, reanudaremos nuestro trabajo.*

rearme s.m. Aumento y mejora del armamento militar ya existente: *Las grandes potencias colaboraron en el rearme de los ejércitos de la zona en conflicto.*

reata s.f. Hilera de caballerías que van unidas por una cuerda: *El mozo conducía una reata de mulas.*

rebaja ▮ s.f. **1** Disminución o reducción de algo, esp. del precio de un producto: *Me hicieron una rebaja por pagar al contado.* ▮ pl. **2** Venta de productos a un precio más bajo: *Las tiendas de ropa recurren a las rebajas para liquidar las prendas de cada temporada.* **3** Período de tiempo durante el cual se realiza esta venta: *Comprar en rebajas tiene muchas ventajas.*

rebajar v. **1** Hacer más bajo: *El Ayuntamiento me ha ordenado rebajar la altura del tejado de la casa que estoy construyendo.* **2** Referido a un precio, disminuirlo o reducirlo: *Esta tienda ha rebajado todos sus artículos.* **3** Hacer disminuir la fuerza, la intensidad o la cantidad: *Rebajó los colores del cuadro. He rebajado la lejía añadiéndole agua.* **4** Referido a una persona,humillarla o despreciarla: *Me rebajó insultándome ante todos. Rebajarse para pedirme perdón fue un acto de humildad por su parte.* □ ORTOGR. Conserva la *j* en toda la conjugación.

rebanada s.f. Trozo ancho, alargado y de poco grosor

que se separa de una pieza de pan o de otro alimento parecido: *Merendé una rebanada de pan untada con mantequilla.* 👁 **pan**

rebanar v. **1** Cortar en rebanadas: *Rebané una barra de pan para dar de merendar a los niños.* **2** Cortar o dividir de parte a parte: *Casi me rebano el dedo con el cuchillo.*

rebañar v. Aprovechar los restos que quedan en un recipiente: *Tenía tanta hambre que rebañé el plato.*

rebaño s.m. **1** Grupo más o menos numeroso de cabezas de ganado, esp. del lanar: *El pastor conduce el rebaño a los pastos.* **2** Conjunto de personas, esp. si se dejan dirigir en sus actos: *Tengo mis propias ideas y me niego a formar parte de ese rebaño de imbéciles.*

rebasar v. **1** Referido a un límite o a una señal, pasarlo o excederlo: *El corredor ha rebasado la línea de meta.* **2** Dejar atrás o adelantar: *Los más rápidos nos rebasaron al poco tiempo de comenzar la marcha.* □ ORTOGR. Dist. de *rebosar*.

rebatir v. Referido a algo dicho, contradecirlo u oponerse a ello mediante argumentos o razones: *Rebatió todas sus razones con argumentos muy lógicos.*

rebato ‖ **tocar a rebato.** Dar la señal de alarma ante un peligro: *Las campanas de la iglesia tocan a rebato porque hay un incendio.*

rebeca s.f. Chaqueta de punto sin cuello, abierta por delante y con botones: *Llévate una rebeca, porque ahora no hace frío pero luego refrescará.*

rebeco s.m. Mamífero rumiante del tamaño de una cabra, que tiene las astas negras, lisas y solo curvadas en sus extremos, patas largas, gran agilidad para los saltos, y que habita en zonas de rocas escarpadas; *gamuza*: *El rebeco es un animal que vive en las montañas europeas.* □ MORF. Es un sustantivo epiceno y la diferencia de sexo se señala mediante la oposición *el rebeco {macho/hembra}*. 👁 **rumiante**

rebelarse v.prnl. **1** Sublevarse o levantarse faltando a la obediencia debida: *Se rebeló contra su jefe y decidió no volver más a ese trabajo.* **2** Oponerse absolutamente a algo: *Me rebelo contra la hipocresía y me niego a mentir.* □ ORTOGR. Dist. de *relevar* y *revelar*. □ SINT. Constr.: *rebelarse* CONTRA *algo*.

rebelde ▌adj. **1** Que opone resistencia, esp. a ser educado o controlado: *A ese niño tan rebelde lo que le hace falta son unos azotes. Tengo el pelo muy rebelde y me cuesta mucho peinarlo.* ▌adj./s. **2** Que se rebela o se subleva faltando a la obediencia debida: *Tropas rebeldes y oficiales se enfrentaron en un duro ataque. Un grupo de rebeldes causó disturbios en la ciudad.* □ MORF. 1. Como adjetivo es invariable en género. 2. Como sustantivo es de género común y exige concordancia en masculino o en femenino para señalar la diferencia de sexo: *el rebelde, la rebelde*.

rebeldía s.f. **1** Resistencia a ser educado y controlado, o falta de conformidad y de obediencia: *Tu rebeldía te causará problemas si no sabes controlarla.* **2** En derecho, estado procesal en el que se halla la persona que no acude a un llamamiento a juicio hecho por un juez, o que no cumple alguna orden o requerimiento de este: *Se le declaró en rebeldía porque no compareció ni a la citación ni al llamamiento judicial.*

rebelión s.f. **1** Sublevación o levantamiento en los que se falta a la obediencia debida: *Lo que empezó siendo una protesta formal acabó siendo una auténtica rebelión.* **2** En derecho, levantamiento público y hostil contra los poderes del Estado con el fin de derrocarlos: *Una rebelión es un delito contra el orden público que está penado por la ley.*

reblandecer v. Ablandar o poner tierno: *La humedad ha reblandecido el pan. Su corazón de piedra se fue reblandeciendo con el paso de los años.* □ MORF. Irreg.: Aparece una *z* delante de la *c* cuando le siguen *a, o* →**PARECER**.

reblandecimiento s.m. Ablandamiento o pérdida de la dureza: *Las lluvias intensas han causado el reblandecimiento de la tierra.*

rebobinado s.m. Paso de una cinta o de una película de una bobina a otra para situarla en una posición distinta: *Estoy haciendo el rebobinado de la casete para que puedas escuchar la primera canción.*

rebobinar v. Referido esp. a una cinta o a una película, desenrollarla de una bobina y enrollarla en la otra: *Cuando termine la película, rebobínala hacia atrás para que quede colocada al comienzo.*

rebollo s.m. Variedad de roble, de pequeño tamaño, que cuando se corta puede rebrotar: *Los rebollos han formado una gran espesura en el bosque.*

reborde s.m. Tira estrecha y saliente a lo largo del borde de un objeto: *El plato está roto por el reborde.*

rebosar v. **1** Referido a un líquido, salirse por encima de los bordes del recipiente que lo contiene: *El agua rebosó y cayó sobre la mesa.* **2** Referido a un recipiente, dejar salir por encima de sus bordes el líquido que contiene: *No eches más vino porque el vaso ya rebosa.* **3** Tener en abundancia: *La chica rebosaba alegría con su sobresaliente. Toda la familia rebosa dinero.* □ ORTOGR. Dist. de *rebasar*.

rebotar v. **1** Referido a un cuerpo en movimiento, retroceder o cambiar de dirección al chocar contra un obstáculo: *El balón rebotó en el tablero de la canasta.* **2** *col.* Enfurecer o hacer enfadar: *Lo que me rebotó fue la ironía con que me dio la enhorabuena. Te rebotas por tonterías porque eres un quisquilloso.*

rebote s.m. **1** Bote o retroceso que da un cuerpo al chocar con algo: *El rebote del balón contra la portería terminó en gol.* **2** En baloncesto, pelota que rebota contra la canasta y cae de nuevo al terreno de juego: *Ese jugador es experto en recuperar rebotes.* **3** *col.* Enfado o disgusto: *¡Menudo rebote se cogió porque no la llamamos!* **4** ‖ **de rebote.** Indirectamente o por casualidad: *Si tienes algo que decirme, dímelo a mí, porque no quiero enterarme de rebote.*

rebotear v. En baloncesto, saltar a coger la pelota tras un rebote: *Normalmente los jugadores más altos son los que mejor rebotean.*

rebotica s.f. Trastienda o habitación trasera de una botica o farmacia: *El farmacéutico utiliza la rebotica como almacén de medicamentos.*

rebozar v. **1** Referido a un alimento, bañarlo en huevo batido y harina o en otros ingredientes para freírlo después: *El pescado frito está más sabroso si antes lo rebozas.* **2** Manchar o cubrir totalmente con una sustancia: *Un coche me salpicó y me rebozó de barro. Se cayó en el fango y se rebozó de pies a cabeza.* □ ORTOGR. La *z* se cambia en *c* delante de *e* →**CAZAR**.

rebozo ‖ **sin rebozo.** Abiertamente y con franqueza o sinceridad: *Háblame sin rebozo para que yo entienda de una vez qué te está pasando.*

rebufo s.m. **1** Expansión del aire producida alrededor de la boca de un arma de fuego al salir el tiro: *El rebufo de un cañón es muy fuerte.* **2** *col.* Estela que deja un cuer-

a b c d e f g h i j k l m n ñ o p q r s t u v w x y z

po que avanza: *El ciclista rezagado cogió el rebufo de un compañero para protegerse del aire.*

rebullir v. Referido a algo que está quieto, moverse o empezar a moverse: *El bebé rebullía en su cuna y parecía que se despertaba. Cuando el perro se rebulle, es señal de que ha visto algo raro.* ☐ MORF. Irreg.: En las formas cuya desinencia contiene un diptongo *ie, io*, se pierde esta *i* →ZAMBULLIR.

rebuscado, da adj. Demasiado complicado o raro: *Utiliza un lenguaje tan rebuscado que a veces parece que habla otro idioma.*

rebuznar v. Referido a un asno, dar rebuznos o emitir su voz característica: *El asno rebuzna en la cuadra.*

rebuzno s.m. Voz característica del asno: *El burro empezó a dar rebuznos cuando el amo lo azotó para que se moviera.*

recabar v. Pedir o intentar conseguir por medio de súplicas insistentes: *El periodista entrevistó a los posibles implicados para recabar información sobre el caso.*

recadero, ra s. Persona que hace o lleva recados de un sitio a otro: *En vez de ser secretaria parezco una recadera, porque siempre estoy trayendo cafés.*

recado s.m. **1** Mensaje que se da o se envía a otro: *Me mandó recado con su hermano de que no podía venir esta tarde.* **2** Encargo, gestión o tarea de los que tiene que ocuparse alguien: *Salgo a hacer un recado, pero enseguida vuelvo.*

recaer v. **1** Referido a una persona, empeorar o volver a caer enferma de la enfermedad de la que se estaba recuperando: *Cuando ya estaba casi curado, recayó y tuvo que volver a guardar cama.* **2** Corresponder o ir a parar: *En 'rebullir', el acento recae en la última sílaba.* ☐ MORF. Irreg. →CAER. ☐ SINT. Constr. de la acepción 2: *recaer {EN/SOBRE} algo.*

recaída s.f. Empeoramiento de una enfermedad de la que se estaba recuperando una persona: *Su estado es tan delicado que, si se produce otra recaída, puede ser fatal.*

recalar v. **1** Referido a un barco, llegar a un puerto o a un punto de la costa para hacer una parada: *Durante el crucero, recalamos en varios puertos del Mediterráneo.* **2** *col.* Referido a una persona, aparecer o pasarse por algún sitio: *Vayamos por donde vayamos, al final siempre recalamos en el mismo bar.*

recalcar v. Pronunciar o expresar poniendo especial énfasis; *acentuar, subrayar: Me recalcó que a la primera falta de puntualidad sería despedido.* ☐ ORTOGR. La *c* se cambia en *qu* delante de *e* →SACAR.

recalcitrante adj. Obstinado, reincidente o reacio a variar una opinión o una forma de actuar: *Los fumadores recalcitrantes ponen en grave riesgo su salud.* ☐ MORF. Invariable en género.

recámara s.f. **1** Cuarto contiguo a la cámara o habitación principal y destinado generalmente a guardar vestidos y joyas: *El criado sacó un traje de la recámara y ayudó a vestirse al barón.* **2** En un arma de fuego, parte hueca del cañón situada en el extremo opuesto a la boca y en la que se colocan el cartucho o la bala para ser disparados: *No juegues con la pistola sin asegurarte de que no tiene balas en la recámara.* **3** Interior de una persona: *No te guardes nada en la recámara y cuéntamelo todo.*

recambiar v. Referido a una pieza, sustituirla por otra de su misma clase: *Llevo siempre en el coche un juego de lámparas por si necesito recambiar alguna.* ☐ ORTOGR. La *i* nunca lleva tilde.

recambio s.m. **1** Sustitución de una pieza por otra de su misma clase: *En el coche llevo siempre una correa de recambio, por si acaso.* **2** Pieza destinada a sustituir a otra de su misma clase en caso necesario; *repuesto: Compré en la papelería un recambio de cada color para mi bolígrafo.*

recapacitar v. Referido esp. a los propios actos, reflexionar cuidadosamente sobre ellos: *Recapacitó sobre su actitud e hizo firme propósito de enmienda.*

recapitulación s.f. Exposición resumida y ordenada con que se recuerda lo que antes se ha expuesto por extenso: *El último párrafo es una recapitulación de las ideas defendidas a lo largo de todo el texto.*

recapitular v. Referido a algo ya dicho, recordarlo o volver a exponerlo de manera resumida y ordenada: *El profesor dedica los primeros minutos de la clase a recapitular las explicaciones de la clase anterior.*

recargar v. **1** Someter a una carga o trabajo mayores o excesivos: *Procura no recargarte de trabajo, que luego no puedes con todo.* **2** Adornar con exceso: *Tantos muebles recargan la habitación y la hacen más pequeña.* ☐ ORTOGR. La *g* se cambia en *gu* delante de *e*→PAGAR.

recargo s.m. Cantidad o tanto por ciento que se añade a un pago, generalmente por efectuarlo con retraso: *Por tardar en pagar la multa, ahora tienes un recargo.*

recatado, da adj. **1** Cauto o prudente en los actos: *En asuntos delicados, conviene ser recatado y discreto.* **2** Honesto, modesto y respetuoso con la moralidad establecida: *Por la vida tan recatada y recogida que lleva, pensaba que era una religiosa.*

recato s.m. **1** Cautela o reserva con que se hace algo: *Actuó con tal recato que nadie se dio cuenta de sus maniobras.* **2** Honestidad, modestia o respeto a la moralidad establecida: *Viste siempre con recato y evitando el escándalo.*

recauchutado s.m. Cubrimiento con caucho de una superficie, esp. el de la cubierta de una rueda: *Con un buen recauchutado, la rueda quedará como nueva.*

recauchutar v. Referido esp. a la cubierta de una rueda, recubrirla de caucho: *En ese taller recauchutan cubiertas usadas.*

recaudación s.f. **1** Cobro o percepción de una cantidad de dinero o de otros bienes: *El Ministerio de Hacienda se ocupa de la recaudación de los impuestos.* **2** Cantidad obtenida en este cobro o percepción: *La recaudación por la venta de entradas para el partido ascendió a varios millones.*

recaudador, -a s. Persona encargada de recaudar o cobrar dinero, esp. el que se paga al Estado: *Antiguamente, los recaudadores de impuestos hacían su trabajo recorriendo los pueblos.*

recaudar v. Referido esp. a una cantidad de dinero, cobrarla o percibirla: *El Estado recauda dinero público a través de diversos impuestos.*

recaudo ‖ **a buen recaudo.** En lugar seguro y bien guardado o vigilado: *Guardó el boleto de lotería premiado a buen recaudo.* ☐ SINT. Se usa más con los verbos *estar* y *poner*.

recelar v. Temer, desconfiar o sentir sospecha: *Recelo de las personas que me adulan constantemente.* ☐ SINT. Constr.: *recelar DE algo.*

recelo s.m. Temor, falta de confianza o sospecha que se sienten hacia algo o hacia alguien: *Me preguntas con recelo, como si pensases que te estoy mintiendo.*

receloso, sa adj. Que tiene o muestra recelo o falta de confianza: *No sé a qué viene esa actitud recelosa al cabo de tantos años de amistad.*

recensión s.f. Reseña o comentario, generalmente breves, que se hacen de una obra literaria o científica: *Muchas revistas especializadas incluyen recensiones de libros recientes para informar sobre las novedades.* □ ORTOGR. Dist. de *recesión.*

recepción s.f. **1** En un centro de reunión, dependencia u oficina donde se inscriben e informan los clientes, asistentes o participantes: *En la recepción del hotel le darán la llave de su habitación.* **2** Fiesta o ceremonia solemnes en las que se recibe a alguien: *Esta noche se celebrará una recepción en honor del presidente del país vecino.* **3** Captación de ondas radioeléctricas por un receptor: *La recepción de las emisiones de onda corta es de mejor calidad en horario nocturno.* **4** Atención que se presta a una visita: *Cada médico tiene su horario para la recepción de enfermos.* **5** Acogida o admisión de una persona como compañera o como miembro de una colectividad: *Se ha abierto el plazo para la recepción de nuevos socios.* **6** Hecho de recibir y sostener la fuerza que un cuerpo hace sobre otro: *La función de un contrafuerte es la recepción y transmisión de las cargas que descansan sobre él.* **7** Aceptación, aprobación o admisión de algo como bueno: *Lo encontré abierto a la recepción de consejos e ideas nuevas.* □ SEM. En las acepciones 2, 3, 4, 5, 6 y 7, es sinónimo de *recibimiento.*

recepcionista s. Persona encargada de atender al público en la recepción de un hotel o de otro centro de reunión: *El recepcionista nos informó de las excursiones que organiza el hotel.* □ MORF. Es de género común y exige concordancia en masculino o en femenino para señalar la diferencia de sexo: *el recepcionista, la recepcionista.*

receptáculo s.m. Cavidad en la que puede contenerse una sustancia: *Una botella es un receptáculo adecuado para contener líquidos.*

receptividad s.f. Capacidad de recibir: *Su receptividad a nuestras sugerencias es encomiable.*

receptivo, va adj. Que recibe o que tiene capacidad o disposición favorable para recibir estímulos exteriores: *Los niños son muy receptivos a cuanto ocurre a su alrededor.*

receptor, -a ▌adj. **1** Que recibe: *Las personas receptoras de las subvenciones serán seleccionadas según criterios fijos.* ▌s.m. **2** En lingüística, persona que recibe el mensaje en un acto de comunicación: *El receptor puede descifrar el mensaje del emisor si ambos utilizan el mismo código.* **3** Aparato que sirve para recibir señales eléctricas, telegráficas, telefónicas o radiofónicas: *Los televisores son receptores de televisión.*

recesión s.f. **1** En economía, descenso relativamente pasajero de la actividad económica, de la producción y del consumo, con el consiguiente decrecimiento de los beneficios, salarios y nivel de empleo: *Si la recesión continúa, terminará produciendo tensiones sociales.* **2** Retroceso, retirada o disminución: *Cuando el medicamento haga efecto, se apreciará una recesión de la fiebre.* □ ORTOGR. Dist. de *recensión.*

receta s.f. **1** Nota escrita en la que figuran los medicamentos mandados por el médico: *Algunos medicamentos no se despachan sin receta.* **2** Nota en la que figuran los componentes de algo, así como el modo de hacerlo o prepararlo: *Si quieres aprender a cocinar, cómprate un libro de recetas.* **3** Procedimiento adecuado para hacer algo: *Para aprobar, a mí no me sirve otra receta que el estudio.*

recetar v. Referido a un medicamento o a un tratamiento, mandarlo el médico al paciente, con indicación de la dosis que debe tomar y del uso que debe hacer de él: *El médico me recetó unas pastillas que debo tomar tres veces al día.*

recetario s.m. Conjunto de recetas, generalmente las que indican cómo hacer algo: *Con un buen recetario de cocina no hace falta ser cocinero profesional.*

rechazar v. **1** No aceptar o no admitir: *El acusado rechazó todas las acusaciones.* **2** Mostrar oposición o desprecio: *No me rechaces cuando te pido ayuda.* **3** Referido a un cuerpo, resistirlo otro forzándolo a retroceder en su curso o movimiento: *El portero rechazó el balón con los puños.* **4** Referido esp. a un enemigo, resistir su ataque obligándolo a retroceder: *Varias unidades rechazaron a las tropas enemigas en la frontera.* □ ORTOGR. La *z* se cambia en *c* delante de *e* →**CAZAR**.

rechazo s.m. **1** No aceptación o no admisión de algo: *El rechazo de las acusaciones que se le imputaban alargó el juicio.* **2** Oposición o desprecio hacia algo: *Me dolió mucho el rechazo que sufrí por parte de mis compañeros.* **3** En medicina, fenómeno por el que un organismo reconoce como extraño un órgano o tejido procedente del exterior y crea anticuerpos que lo atacan: *Al realizar un trasplante de órganos se administran medicamentos para evitar el rechazo.*

rechinar v. Referido a un objeto, producir un sonido desagradable al rozar con otro; *chirriar: Cuando se pone nervioso, le rechinan los dientes.*

rechistar v. Hablar para protestar: *Ya es tarde, así que vete a la cama sin rechistar.* □ USO Se usa mucho en expresiones negativas.

rechoncho, cha adj. *col.* Grueso y de poca altura: *Es un muchacho rechoncho pero muy ágil.*

rechupete ‖ **de rechupete.** *col.* Extraordinario o muy bueno: *Hoy las natillas están de rechupete.* □ SINT. Se usa también como adverbio de modo con el significado de 'muy bien': *Lo pasamos de rechupete en la feria.*

recibidor s.m. En una casa, cuarto pequeño que está a la entrada: *Dejó el paraguas en el paragüero del recibidor.*

recibimiento s.m. →**recepción.**

recibir v. **1** Referido a algo que se da o que se envía, tomarlo, aceptarlo, captarlo o ser su destinatario: *Recibe mi felicitación más sincera. Recibió la orden de no intervenir.* **2** Referido a una acción, padecerla o sufrirla: *Al caer, recibió un fuerte golpe en la cabeza.* **3** Referido a una visita, atenderla, generalmente en un día y hora fijados con anterioridad: *Mi médico recibe de cuatro a seis de la tarde.* **4** Referido a alguien que viene de fuera, esperarlo o encontrarse con él como muestra de hospitalidad o de afecto: *Me recibió en la puerta de casa con los brazos abiertos.* **5** Referido a una persona, admitirla como compañera o dejarla entrar como miembro de una colectividad: *El convento recibirá dos nuevos hermanos novicios.* **6** Sustentar o sostener: *Tira el tabique, pero no toques el pilar que recibe las vigas del techo.* **7** Aceptar, aprobar o dar por bueno: *Como se cree más listo que nadie, es incapaz de recibir una sugerencia.* **8** Admitir o recoger: *Este río recibe aguas de muchos torrentes.* **9** En tauromaquia, referido a un torero, cuadrarse en la suerte de matar y mantener esta postura para citar al toro, resistir la embestida y clavar la estocada:

Se hizo un gran silencio cuando el torero se preparó para recibir al toro.

recibo s.m. **1** Escrito o resguardo, generalmente firmado o sellado, en el que se declara haber recibido algo, esp. un pago: *Tengo que presentar el recibo de los gastos para que me los abonen.* **2** ‖ **ser** algo **de recibo.** *col.* Ser aceptable o reunir las cualidades necesarias para darle curso o para ser distribuido: *Un trabajo tan mal presentado no es de recibo.* □ SINT. *De recibo* se usa más en expresiones negativas.

reciclado, da ▌ adj. **1** Hecho a partir de materiales sometidos a un proceso de reciclaje: *Este periódico se imprime en papel reciclado.* ▌ s.m. **2** →**reciclaje.**

reciclaje s.m. **1** Sometimiento de desperdicios o de materiales usados a un proceso que los haga nuevamente utilizables: *El reciclaje de materiales de desecho contribuye a frenar la destrucción del medio ambiente.* **2** Actualización o puesta al día de un profesional en su capacitación técnica o en sus conocimientos: *Ese profesor se mantiene al día gracias a los cursillos de reciclaje que hace.* □ SEM. Es sinónimo de *reciclado* y *reciclamiento*.

reciclamiento s.m. →**reciclaje.**

reciclar v. **1** Referido a desperdicios o a materiales usados, someterlos a un proceso que los haga nuevamente utilizables: *El Ayuntamiento recoge papel y vidrio usados para reciclarlos.* **2** Referido esp. a un profesional, actualizarlo o ponerlo al día en su capacitación técnica o en sus conocimientos: *Muchos trabajadores de industrias anticuadas pierden su trabajo y necesitan reciclarse para encontrar otro.*

recién adv. Desde hace muy poco tiempo: *Los recién nacidos requieren muchos cuidados y atenciones.* □ SINT. Se usa antepuesto a un participio.

reciente adj. **1** Nuevo, fresco o acabado de hacer: *El pan está tan reciente que aún conserva el calor.* **2** Sucedido hace poco tiempo: *Las recientes manifestaciones podrían costarle el puesto a algún alto cargo.* □ MORF. 1. Invariable en género. 2. Sus superlativos son *recientísimo* y *recentísimo*.

recinto s.m. Espacio cerrado o limitado por algo: *Para entrar en el recinto de la feria hay que pagar entrada.*

recio adv. De manera vigorosa y violenta: *Nevó recio durante toda la tarde y no nos atrevimos a salir del refugio.*

recio, cia adj. **1** Fuerte, robusto y vigoroso: *Aquel leñador era hombre de recia musculatura.* **2** Duro o difícil de soportar: *Se sentía condenado a llevar sobre sus hombros la recia carga de la vida.*

recipiente s.m. Objeto, utensilio o cavidad destinados a contener o a conservar algo: *Las ollas, cazos y demás recipientes de cocina están en el armario de arriba.*

reciprocidad s.f. **1** Correspondencia mutua entre dos cosas: *La reciprocidad es la base de una buena colaboración.* **2** En gramática, intercambio mutuo de la acción entre dos o más sujetos, recayendo esta sobre todos ellos: *Los pronombres 'nos', 'os' y 'se' pueden expresar 'reciprocidad'.*

recíproco, ca adj. **1** Referido esp. a una acción o a un sentimiento, recibidos en la misma medida que se dan: *Si nuestro amor no es recíproco, no tiene sentido que continuemos esta relación.* **2** En gramática, que expresa que una acción se intercambia entre dos o más sujetos y recae sobre todos ellos: *'Tú y yo nos queremos' es una oración recíproca.*

recitación s.f. **1** Pronunciación de algo en voz alta y con una determinada entonación: *Lo que más me gustó del acto fue la recitación de los poemas.* **2** Repetición de memoria y en voz alta: *Uno de los ejercicios de clase era la recitación de la tabla de multiplicar.* □ SEM. Es sinónimo de *recitado*.

recitado s.m. **1** →**recitación. 2** En música, poema u obra que se declaman sobre un fondo musical: *Los recitados son composiciones intermedias entre el canto y la declamación.*

recital s.m. **1** Espectáculo musical a cargo de un solo artista o de un dúo de instrumentistas, esp. si interpreta música clásica o popular: *El famoso pianista dará un recital con obras de Chopin, Schubert y Schumann.* **2** Lectura o recitación de composiciones literarias, esp. si son de un solo autor o si los lee una sola persona: *Al recital del poeta asistieron muchos famosos.*

recitar v. **1** Referido esp. a un poema, pronunciarlo o decirlo en voz alta y con una determinada entonación: *Si no recitas bien el poema, no entenderán su contenido.* **2** Referir o decir de memoria y en voz alta: *Los alumnos recitaron la tabla de multiplicar.*

reclamación s.f. **1** Queja para protestar por lo que se considera injusto o insatisfactorio: *En los establecimientos públicos deben tener un libro de reclamaciones.* **2** Petición o exigencia que se hace con derecho o con insistencia: *No pararé hasta que atienda mis reclamaciones.*

reclamar v. **1** Manifestar una queja por algo que se considera injusto o insatisfactorio: *Reclamó en el hotel porque las sábanas estaban sucias.* **2** Pedir o exigir por derecho o con insistencia: *Los niños reclaman tu presencia.* **3** Referido a una persona, llamarla para que vaya o pedir su presencia: *Te reclaman en el taller.* **4** Referido a un ave, llamar a otra de su misma especie: *Las perdices se reclamaban con su canto.*

reclamo s.m. **1** Lo que se utiliza para atraer la atención de algo: *Los cazadores pusieron los reclamos y se prepararon para la caza.* **2** Llamada con la que se intenta atraer la atención de algo: *El palomo no atendía al reclamo de la paloma.* **3** En un texto, señal que se pone para remitir al lector a otro lugar de la misma obra, en el que generalmente se facilitan explicaciones o datos complementarios; *llamada*: *En las ediciones críticas es frecuente la aparición de reclamos al final de una palabra.*

reclinar v. Inclinar apoyando en algo: *Reclinó la cabeza sobre mis hombros y se durmió. No te reclines sobre la pared.*

reclinatorio s.m. **1** Especie de silla, pero con las patas muy cortas y el respaldo muy alto, que se usa para arrodillarse: *Oraba arrodillado en un reclinatorio de la iglesia.* **2** Objeto o mueble preparado y dispuesto para reclinarse: *Apoyó la cabeza en el reclinatorio del asiento.*

recluir v. Encerrar en un lugar para no salir: *Recluyeron al ladrón en una cárcel de máxima seguridad. Se recluyó en su casa durante una semana para preparar el examen.* □ MORF. Irreg.: 1. Tiene un participio regular (*recluido*), que se usa más en la conjugación, y otro irregular (*recluso*), que se usa solo como adjetivo o sustantivo. 2. La *i* se cambia en *y* delante de *a, e, o* →**CONTRIBUIR**.

reclusión s.f. Encierro o prisión voluntarios o forzados: *La juez decretó reclusión para el acusado.*

recluso, sa adj./s. Que está en la cárcel: *Algunas de las mujeres reclusas tienen a sus hijos con ellas. En esta prisión hay doscientos reclusos.*

recluta s.m. Persona que es llamada al cumplimiento del servicio militar, hasta que termina el período de ins-

a b c d e f g h i j k l m n ñ o p q **r** s t u v w x y z

trucción básica: *Los reclutas aprenden el manejo del armamento individual y las obligaciones generales del soldado.*

reclutamiento s.m. **1** Inscripción o llamamiento para la incorporación al ejército: *La declaración de guerra supuso un nuevo reclutamiento de soldados.* **2** Reunión para un fin determinado: *El reclutamiento de nuevos afiliados es esencial para la permanencia del partido en el poder.*

reclutar v. **1** Inscribir o llamar para la incorporación al ejército: *Al estallar la guerra, reclutaron a muchos jóvenes.* **2** Reunir para un fin determinado: *Para la realización del proyecto, reclutó a los mejores profesionales.*

recobrar ▌v. **1** Volver a tener: *Gracias al reposo absoluto ya ha recobrado la salud.* ▌prnl. **2** Recuperarse o ponerse bien: *Se ha recobrado muy bien de la operación y ya está trabajando.* **3** Volver en sí después de haber perdido el sentido o el conocimiento: *Tardó varios minutos en recobrarse del desmayo.* ☐ SINT. Constr. de las acepciones 2 y 3: *recobrarse* DE *algo.*

recochinearse v.prnl. *col.* Hablar o actuar con recochineo: *No te recochinees de su fracaso porque a ti te hubiera pasado lo mismo.* ☐ SINT. Constr.: *recochinearse* DE *algo.*

recochineo s.m. *col.* Burla que se añade para molestar o burlarse más: *Bastante he tenido con meter la pata, así que no vengas tú ahora con recochineo.*

recodo s.m. Ángulo o curva cerrados que se forman en un lugar que cambia de dirección: *Nos bañamos en uno de los recodos del río.*

recogedor s.m. Utensilio parecido a una pala, que se usa para recoger cosas, esp. basura: *En ese armario tengo el recogedor y la escoba.*

recogepelotas s. Persona que se encarga de recoger las pelotas que pierden los jugadores durante un partido de tenis: *Muchos grandes tenistas empezaron como recogepelotas.* ☐ MORF. 1. Es de género común y exige concordancia en masculino o en femenino para señalar la diferencia de sexo: *el recogepelotas, la recogepelotas.* 2. Invariable en número.

recoger ▌v. **1** Guardar, colocar o disponer de forma ordenada: *Cuando termines de pintar, recoge las brochas.* **2** Referido a algo caído, cogerlo: *Recoge la basura del suelo.* **3** Referido a cosas dispersas, reunirlas o cogerlas y juntarlas: *Los vendimiadores recogen la uva.* **4** Referido a algo, ir a buscarlo al lugar en que se encuentra para llevarlo consigo: *Si tienes tiempo, recoge al niño del colegio.* **5** Acoger, dar asilo o dar alojamiento: *En esa institución recogen a los niños huérfanos.* **6** Ir juntando y guardando poco a poco: *Recogí mucha información sobre el asunto.* **7** Volver a plegar o a doblar: *Recoge el toldo, que ya no da el sol.* **8** Estrechar o ceñir para reducir la longitud o el volumen: *Recoge las faldas de la mesa camilla, porque arrastran.* ▌prnl. **9** Retirarse a algún lugar, generalmente para descansar o dormir: *Las gallinas se recogen muy temprano.* ☐ ORTOGR. La *g* se cambia en *j* delante de *a, o* →RECOGER.

recogido, da ▌adj. **1** Retirado del trato y de la comunicación con los demás: *Las monjas de clausura llevan una vida recogida y de oración.* **2** Referido a un lugar, que resulta acogedor, resguardado y agradable: *En el restaurante nos colocaron en un rincón muy recogido.* ▌s.m. **3** Parte que se recoge o se junta: *Llevas un recogido de pelo muy bonito.* ▌s.f. **4** Reunión de cosas dispersas o separadas: *Contrataron a varios jornaleros para la recogida de la aceituna.* **5** Retirada a algún lugar, generalmente para descansar o dormir: *Mañana tengo que madrugar y ya es mi hora de recogida.*

recogimiento s.m. Aislamiento o apartamiento de todo lo que distrae o impide la meditación: *Rezó con mucho recogimiento.*

recolección s.f. **1** Recogida de la cosecha o de los frutos maduros: *La recolección de la aceituna se hace vareando los olivos.* **2** Época durante la que se lleva a cabo la recogida de la cosecha: *En la recolección viene mucha gente de fuera del pueblo.*

recolectar v. **1** Referido a la cosecha, recogerla: *Como es época de vendimia, están recolectando la uva.* **2** Reunir o juntar: *Se propusieron muchas actividades para recolectar dinero.*

recolector, -a s. Persona que se dedica a la recolección de la cosecha: *Soy un buen recolector de uva.*

recoleto, ta adj. Referido a un lugar, solitario, apartado y tranquilo: *Conversaban en un recoleto rincón del jardín.*

recomendación s.f. **1** Consejo que se da porque se considera beneficioso: *Si sigues mis recomendaciones, pronto estarás mejor.* **2** Ventaja, influencia o trato de favor con que cuenta una persona para conseguir algo: *Mucha gente consigue trabajo gracias a una recomendación.*

recomendar v. **1** Referido a algo que se considera beneficioso, aconsejarlo: *El médico me recomendó que dejara de fumar.* **2** Referido a una persona o a un negocio, encomendárselos a alguien para que les conceda un trato de favor: *Desgraciadamente, si no te recomienda nadie, tienes pocas posibilidades de conseguir ese trabajo.* ☐ MORF. Irreg.: La *e* final de la raíz diptonga en *ie* en los presentes, excepto en las personas *nosotros* y *vosotros* →PENSAR.

recompensa s.f. Compensación, premio o retribución de un mérito, un favor o un servicio: *El aprobado es una justa recompensa a mis estudios.*

recompensar v. Referido a un mérito, a un favor o a un servicio, compensarlos, premiarlos o retribuirlos: *Mis padres han recompensado mis buenas notas con una bicicleta.*

reconciliación s.f. Restablecimiento de la amistad, la armonía o la relación perdidas: *La reconciliación de los dos hermanos me llenó de alegría.*

reconciliar v. Restablecer la amistad, la armonía o la relación perdidas: *Gracias a su mano izquierda, logró reconciliar a padres e hijos. Me reconcilié con mi hermano después de la disputa.* ☐ ORTOGR. La *i* nunca lleva tilde.

reconcomerse v.prnl. Consumirse de impaciencia, de pesar o de otro sufrimiento: *La envidia te reconcome porque tú nunca podrás hacerlo igual. Se reconcomía al ver lo tarde que era y que aún no habían llegado sus hijos.*

recóndito, ta adj. Muy escondido, reservado u oculto: *Enterraron el tesoro en un lugar recóndito del bosque.*

reconfortar v. Devolver la fuerza o el ánimo perdidos o darlos de manera más intensa y eficaz: *Tus palabras de ánimo me reconfortan en estos momentos de dolor.*

reconocer v. **1** Distinguir o identificar entre otros por rasgos o características propias: *Reconocería tu voz en cualquier parte. No me reconozco en esta foto.* **2** Examinar con atención y cuidado para conocer o identificar: *El capitán mandó reconocer el terreno para ver si había peligro.* **3** Referido a un hecho real, admitirlo o aceptarlo: *Reconozco que me he equivocado.* **4** Referido a un paciente, examinarlo para averiguar su estado de salud o para diagnosticar una posible enfermedad: *Voy al hospital a que me hagan un chequeo y a que me reconozcan.* □ MORF. Irreg.: Aparece una *z* delante de la *c* cuando la siguen *a, o* →PARECER.

reconocido, da adj. Agradecido por un favor o un beneficio recibidos: *Le quedo muy reconocida por el gran servicio prestado.*

reconocimiento s.m. **1** Distinción e identificación entre otros por rasgos o características propios: *Los testigos fueron convocados para proceder al reconocimiento de los atracadores.* **2** Observación detallada o examen minucioso para conocer o identificar: *El avión realizó un vuelo de reconocimiento sobre el territorio enemigo.* **3** Admisión o aceptación de un hecho real: *Este premio es muestra del reconocimiento internacional de su valía.* **4** Examen médico que se hace a un paciente para averiguar su estado de salud o para diagnosticarle una posible enfermedad: *El médico no observó ninguna anomalía en el reconocimiento que me hizo.* **5** Sentimiento que nos obliga a estimar un favor o un beneficio que se nos ha hecho y a corresponder a él de alguna manera; *gratitud*: *Tienes todo mi reconocimiento por la ayuda que siempre me has prestado.*

reconstituyente s.m. Remedio o medicamento que fortalece el organismo: *El aceite de hígado de bacalao es un buen reconstituyente.*

reconstrucción s.f. **1** Reparación, restauración o construcción de algo destruido o deshecho: *Se ha emprendido la reconstrucción de los edificios afectados por el terremoto.* **2** Reproducción o presentación completa de un hecho o de un acontecimiento a través de recuerdos, indicios o declaraciones: *Se trasladaron al lugar de los hechos para la reconstrucción del delito.*

reconstruir v. **1** Referido a algo deshecho o destruido, repararlo, completarlo o construirlo de nuevo: *Van a reconstruir esa iglesia románica.* **2** Referido esp. a un hecho o a un acontecimiento, reproducirlo o presentarlo de manera completa a través de recuerdos, indicios o declaraciones: *Intenta reconstruir todos tus movimientos de aquella mañana.* □ MORF. Irreg.: La *i* se cambia en *y* delante de *a, e, o* →CONTRIBUIR.

reconvenir v. Censurar, reñir o reprender suavemente por lo que se ha hecho o se ha dicho: *Reconvino a su hijo por su comportamiento ante los invitados.* □ MORF. Irreg. →VENIR.

reconversión s.f. Proceso de modernización de una empresa o de una industria: *La reconversión industrial ha supuesto en muchas ocasiones un aumento del número de parados.*

reconvertir v. Referido esp. a una industria, someterla a un nuevo proceso de estructuración para conseguir su modernización: *Si queremos competir con otros países, es necesario reconvertir la industria naval.* □ MORF. Irreg. →SENTIR.

recopilación s.f. Reunión de varias cosas dispersas bajo un criterio que les da unidad: *Estoy leyendo una recopilación de cuentos populares.*

recopilar v. Referido a cosas dispersas, juntarlas o reunirlas bajo un criterio que les dé unidad: *Busqué en varias bibliotecas y archivos para recopilar información sobre la época.*

recórcholis interj. Expresión que se usa para indicar extrañeza, sorpresa, admiración o disgusto: *¡Recórcholis!, ¿dónde lo habré metido?*

récord s.m. **1** En deporte, mejor resultado técnico homologado; *marca, plusmarca*: *Batió el récord del mundo en salto de altura.* **2** Lo que representa el máximo nivel conseguido en una actividad: *Con su disco ha batido un récord de ventas.* □ PRON. [rékor]. □ ORTOGR. Es un anglicismo (*record*) semiadaptado al español. □ MORF. Su plural es *récords*. □ SINT. En la acepción 2, se usa mucho en aposición, pospuesto a un sustantivo: *una recaudación récord*.

recordar v. **1** Traer a la memoria o retener en ella: *Es mejor no recordar tiempos pasados.* **2** Hacer que se tenga presente o que no se olvide: *Recuérdame la cita con el médico.* **3** Referido a una cosa, guardar cierta semejanza con otra o sugerir, por su parecido, cierta relación con ella: *Esta moda recuerda a la de los años veinte.* □ MORF. 1. Incorr. **recordarse*. 2. Irreg.: La *o* diptonga en *ue* en los presentes, excepto en las personas *nosotros* y *vosotros* →CONTAR.

recordatorio s.m. Tarjeta o impreso breve en que se recuerda la fecha de algún acontecimiento, esp. si es religioso: *Todavía conservo el recordatorio del día de mi primera comunión.*

recorrer v. Referido a un espacio, atravesarlo en toda su extensión o pasar sucesivamente por todos los puntos que lo forman: *Recorrí el horizonte con la mirada. Me recorrí el museo entero buscándote.*

recorrido s.m. **1** Desplazamiento por un espacio atravesándolo en toda su extensión o pasando sucesivamente por todos los puntos que lo forman: *Hicimos un recorrido por las calles del pueblo. Hice un recorrido mental por mi vida para buscar mis errores.* **2** Ruta o itinerario prefijados: *En el recorrido turístico se incluye la visita a varias ciudades monumentales.*

recortable s.m. Hoja de papel o cartulina con dibujos que se pueden recortar como juego, entretenimiento o enseñanza: *Tengo un recortable de una catedral gótica.*

recortado, da adj. Que tiene los bordes o el contorno con muchos entrantes y salientes: *Esta zona es peligrosa porque la costa es muy recortada y escarpada.*

recortar ■ v. **1** Referido a algo sobrante, cortarlo: *Hay que recortar los hilos que sobresalen de los bajos.* **2** Cortar lo que sobra dando forma: *Recorta el papel siguiendo el patrón.* **3** Disminuir o hacer más pequeño: *Los sindicatos se niegan a que se recorten los salarios.* ■ prnl. **4** Referido a una cosa, dibujarse su perfil sobre otra: *El castillo se recortaba en el horizonte.*

recorte s.m. **1** Corte de lo que sobra, dando forma: *Para el recorte de papel, los niños utilizan unas tijeras de punta redondeada.* **2** Trozo que se recorta: *¿Por qué guardas todos estos recortes de periódico?* **3** Disminución o reducción de la cantidad o del tamaño: *El recorte de los gastos de representación supondrá un gran ahorro.*

recostar v. Inclinar apoyando sobre algo: *Recostó la cabeza sobre mi hombro. Se recostó en el sofá para descansar.* □ MORF. Irreg.: La *o* diptonga en *ue* en los presentes, excepto en las personas *nosotros* y *vosotros* →CONTAR.

recoveco ■ s.m. **1** Escondrijo, rincón o lugar escondido: *Conozco todos los recovecos de la ciudad.* **2** Entrante o curva que se forma al cambiar la dirección varias veces: *La tienda se halla en uno de los recovecos de la calle.* ■ pl. **3** Aspectos complicados, poco claros u oscuros en la forma de ser de una persona: *No me gusta porque es una persona con muchos recovecos.*

recrear v. **1** Crear o reproducir siguiendo las características de un modelo: *En la película se recrea el ambiente* *de los años cuarenta.* **2** Alegrar, divertir o entretener: *Este paisaje tan hermoso recrea la vista. El abuelo se recreaba viendo jugar a sus nietos.*

recreativo, va adj. Que divierte, que entretiene o que es capaz de ello: *Me regalaron una caja de juegos recreativos.*

recreo s.m. **1** Placer, diversión, entretenimiento o descanso: *Tengo a las afueras una finca de recreo.* **2** Interrupción de las clases para que los alumnos descansen: *En mi instituto tenemos un recreo de media hora.* **3** Lugar preparado o destinado para divertirse: *A las once salimos al recreo.*

recriminación s.f. Reproche, crítica o censura que se hacen a alguien por su comportamiento: *No soporto tus constantes críticas y recriminaciones.*

recriminar v. Censurar, criticar o juzgar negativamente: *Me recrimina que no haya asistido a su boda. Me recriminó por no haberte acompañado a casa.*

recrudecerse v.prnl. Referido a algo desagradable o perjudicial, aumentar la intensidad de sus efectos cuando parecía que empezaban a disminuir o ceder: *Los enfrentamientos se han recrudecido en los últimos días.* □ MORF. Irreg.: Aparece una *z* delante de *c* cuando la siguen *a*, *o* →PARECER.

recta s.f. Véase **recto, ta**.

rectal adj. Del recto o relacionado con esta parte del intestino: *El enema se administra por vía rectal.* □ MORF. Invariable en género.

rectangular adj. **1** Con forma de rectángulo: *Las hojas de este diccionario son rectangulares.* **2** En geometría, que tiene uno o más ángulos rectos: *El profesor trazó en la pizarra un pentágono rectangular.* □ MORF. Invariable en género.

rectángulo, la ▮ adj. **1** En geometría, referido a una figura geométrica, que tiene uno o varios ángulos rectos: *El triángulo rectángulo tiene un ángulo recto.* ▮ s.m. **2** En geometría, polígono que tiene cuatro lados, iguales dos a dos, y cuatro ángulos rectos: *El área del rectángulo es igual a la base por la altura.*

rectificación s.f. **1** Corrección o modificación: *El profesor tuvo que hacer una rectificación de la nota de mi examen.* **2** Ajuste de un aparato o pieza para corregir sus fallos: *El coche está en el taller porque tienen que realizar la rectificación de una pieza.*

rectificar v. **1** Corregir o modificar, esp. si es para eliminar imperfecciones, errores o defectos: *No me gusta que me rectifiques cuando hablo en público.* **2** Modificar la conducta, las palabras o las opiniones propias: *Si no rectificas tendrás que irte de mi casa.* **3** Referido a un aparato o a una pieza, ajustarlos para corregir sus fallos: *Han rectificado el motor de mi coche.* □ ORTOGR. La *c* se cambia en *qu* delante de *e* →SACAR.

rectilíneo, a adj. **1** Que se compone de líneas rectas o que se desarrolla en línea recta: *La bala siguió una trayectoria rectilínea hasta dar en el blanco.* **2** Que no tiene cambios y es recto y firme: *Mantiene una actitud política rectilínea y se resiste a cualquier cambio.*

rectitud s.f. **1** Carácter de lo que es recto o justo, esp. en el sentido moral: *Nunca dudé de la rectitud de sus intenciones.* **2** Ausencia de inclinación, de curvas o de ángulos: *Ayúdate de una regla para trazar las líneas con rectitud.*

recto, ta ▮ adj. **1** Que no está inclinado o torcido y no hace curvas ni ángulos: *Aprovechó el tramo recto de la carretera para adelantar.* **2** Que no se desvía del punto al que se dirige: *La bala siguió una trayectoria recta hasta alcanzar el blanco.* **3** Justo, honrado o firme en la forma de actuar: *Al falsificar el informe, demostró que no era tan recto como creíamos.* **4** Referido a un significado, que es el literal o exacto: *Debes entender mis palabras en su sentido recto, así que no les busques doble sentido.* ▮ s.m. **5** En los mamíferos y en otros animales, última parte del intestino, que termina en el ano: *El recto de los mamíferos forma parte del intestino grueso.* ▮ s.f. **6** En geometría, línea formada por una sucesión continua de puntos en la misma dirección: *Las rectas, a diferencia de los segmentos, tienen una longitud infinita.* 👁 **línea** **7** Lo que tiene la forma de esta línea: *La meta de la carrera estaba al final de una recta.* □ MORF. Cuando se antepone a una palabra para formar compuestos, adopta la forma *recti-*.

rector, -a s. Persona que se encarga del gobierno y del mando de una institución o de una comunidad, esp. del gobierno de una Universidad: *El rector de la Universidad inauguró el curso académico.*

rectorado s.m. **1** Cargo de rector: *Desempeñó con eficacia el rectorado de la Universidad.* **2** Tiempo durante el que un rector ejerce su cargo: *Durante mi rectorado se hicieron numerosas mejoras.* **3** Oficina del rector: *En el rectorado te informarán sobre las carreras que puedes cursar.*

recua s.f. **1** Conjunto de animales de carga que se utilizan para acarrear o transportar mercancías: *El arriero utilizó una recua de mulas para transportar los bultos.* **2** *col.* Conjunto numeroso de personas o de cosas que van unas detrás de otras: *Ya tiene una recua de nietos de todas las edades.*

recuadro s.m. **1** Línea cerrada en forma de cuadrado o de rectángulo: *Las ilustraciones de este diccionario van rodeadas por un recuadro.* **2** División o parte de una superficie que queda limitada por esta línea: *Los tableros de ajedrez tienen recuadros blancos y negros.*

recuento s.m. Comprobación del número de personas o de objetos que forman un conjunto: *Todas las mañanas se realiza el recuento de los presos.*

recuerdo ▮ s.m. **1** Presencia en la mente de algo ya pasado; *memoria: Tengo un buen recuerdo de ella.* **2** Lo que sirve para recordar algo: *Siempre que viaja, me trae algún recuerdo.* ▮ pl. **3** Saludo afectuoso que se envía a una persona ausente por escrito o a través de un intermediario: *Vi a tu primo y me dio recuerdos para ti.*

recular v. **1** Retroceder o andar hacia atrás: *Para que recule el coche debes meter la marcha atrás.* **2** *col.* Ceder o rectificar: *Parece mentira que no recules ni aunque todos te digamos que estás metiendo la pata.*

recuperación s.f. **1** Adquisición de lo que se había perdido: *Luchó hasta conseguir la recuperación de lo que era suyo.* **2** Puesta en servicio de algo que se consideraba inservible: *Se están estudiando nuevas formas de recuperación de los plásticos usados.* **3** Superación de una asignatura o de un examen después de haberlos suspendido: *Deberías empezar a estudiar ya para la recuperación.* **4** Vuelta en sí de la pérdida de los sentidos o del conocimiento: *Si la recuperación ha sido rápida, el desmayo no es grave.* **5** Vuelta a un estado de normalidad: *Una recuperación de la economía estabilizaría los precios.*

recuperar ▮ v. **1** Referido a algo que se había perdido, volver a tenerlo o a adquirirlo: *Esta semana he recuperado parte del dinero que perdí en las quinielas.* **2** Referido a algo inservible, volver a ponerlo en servicio: *El Ayuntamiento ha instalado un sistema para recuperar el vidrio y el papel usados.* **3** Referido a una asignatura o a un examen, aprobarlos tras haberlos suspendido anteriormente: *En septiembre recuperé las dos asignaturas que tenía pendientes.* **4** Referido al tiempo perdido, trabajar o realizar una actividad para compensarlo: *Tengo que trabajar este sábado para recuperar el día libre que me cogí.* ▮ prnl. **5** Volver en sí o volver a estar sano: *Cuando te recuperes, nos iremos de vacaciones.* **6** Volver a un estado de normalidad: *Gracias a las nuevas inversiones, la economía del país se ha recuperado.*

recurrir v. **1** Referido a una persona o a una cosa, acudir a ellas en caso de necesidad para que ayuden a solucionar algo: *Cuando no se conoce el significado de una palabra, hay que recurrir al diccionario.* **2** En derecho, entablar un recurso contra una resolución: *Si la sentencia no nos es favorable, podemos recurrir.*

recurso ▮ s.m. **1** Medio que permite conseguir lo que se pretende y al que se acude en caso de necesidad: *Es una persona con muchos recursos y siempre sale de las situaciones difíciles.* **2** En derecho, reclamación contra las resoluciones dictadas por un juez o un tribunal: *El demandante interpondrá recurso contra la sentencia del juzgado de primera instancia.* ▮ pl. **3** Bienes, riqueza u otras cosas que pueden utilizarse para hacer algo: *La familia cuenta con pocos recursos porque el padre no trabaja.*

recusar v. Rechazar o no querer aceptar: *El director recusó tus explicaciones porque ya era la tercera vez que cometías la misma falta.*

red s.f. **1** Tejido hecho con hilos, cuerdas o alambres trabados en forma de malla, que está preparado para distintos usos: *El pescador arrojó la red al mar. La cancha de tenis está dividida en dos partes por una red.* **2** Engaño o trampa: *Se las va dando de listo, pero cayó en la red como todos los demás.* **3** Conjunto organizado de distintos elementos, esp. hilos conductores, cañerías o vías de comunicación: *El Ministerio ha invertido mucho dinero en la mejora de la red de carreteras.* **4** Conjunto de personas organizadas para un mismo fin: *La policía ha desarticulado una red de tráfico de drogas.* **5** Conjunto de establecimientos, instalaciones o construcciones del mismo tipo o con una misma función, organizados en un sistema y pertenecientes a una sola empresa o sometidos a una sola dirección; *cadena: Esta empresa de alimentación tiene una red de supermercados en toda España.*

redacción s.f. **1** Expresión de algo por escrito: *El notario se ocupará de la redacción del contrato.* **2** Ejercicio escolar que consiste en redactar unos hechos o pensamientos: *La profesora nos ha mandado hacer una redacción sobre las vacaciones.* **3** Lugar u oficina en los que se redacta: *Al enseñarnos las instalaciones del periódico nos llevaron también a la redacción.* **4** Conjunto de los redactores de una publicación periódica: *Forma parte de la redacción de un importante periódico.*

redactar v. Expresar por escrito: *Este es el periodista que redacta las noticias deportivas.*

redactor, -a adj./s. Referido a una persona, que se dedica profesionalmente a la redacción: *Forma parte del personal redactor de un periódico. Solicitan un redactor en esta editorial.*

redada s.f. Operación policial consistente en detener de una vez a un conjunto más o menos numeroso de personas: *La policía hizo una redada en el barrio chino.*

redaño ▮ s.m. **1** *col.* Repliegue membranoso del peritoneo que une el intestino con la pared del abdomen; *entresijo, mesenterio: El redaño está formado fundamentalmente de grasa.* ▮ pl. **2** Fuerzas, decisión o valor: *Tú cállate, que no tienes redaños para enfrentarte a ese petimetre.* □ ORTOGR. Incorr. **reaño*.

redecilla s.f. **1** Especie de bolsa hecha con tejido de malla que se utiliza para recoger el pelo o para adornar la cabeza: *Los majos que pintaba Goya llevaban el pelo sujeto por una redecilla.* **2** En un rumiante, segunda de las cuatro cavidades en que se divide su estómago; *retículo, bonete: El estómago de los rumiantes se divide en panza, redecilla, libro y cuajar.*

redención s.f. **1** Liberación de una obligación, de una situación poco favorable o de un dolor: *Para los cristianos, Cristo murió en la cruz por la redención de todos los hombres.* **2** Rescate de una persona cautiva o esclava mediante el pago de una cantidad: *Los mercedarios se dedicaban a la redención de los cristianos cautivos en el norte de África.*

redentor, -a adj./s. Que redime: *Dicen que la penitencia es redentora de las faltas. Por haberme ayudado te has convertido en mi redentor y te lo agradeceré siempre.*

redicho, cha adj./s. *col.* Referido a una persona, que utiliza palabras excesivamente escogidas o las pronuncia con una perfección afectada: *No seas tan redicho y habla como todo el mundo, hombre. Es una redicha y siempre introduce tecnicismos en sus conversaciones.*

redición s.f. Segunda o posterior edición de un impreso: *Ya han preparado la tercera redición del libro porque las dos primeras se han agotado.* □ ORTOGR. Se admite también *reedición*.

rediez interj. *col.* Expresión que se usa para indicar extrañeza, sorpresa, admiración o disgusto (por sustitución eufemística de *rediós*): *¡Rediez, me han vuelto a engañar!*

redil s.m. Terreno cercado para resguardar el ganado: *El pastor metió las ovejas en el redil.*

redimir v. Referido esp. a una obligación o un dolor, librar de ellos: *Para los cristianos, Cristo redimió de los pecados a toda la humanidad al morir en la cruz. El preso se redimió de algunos años de cárcel por su buen comportamiento.* □ SINT. Constr.: *redimir* DE *algo*.

rediós interj. *vulg.* Expresión que se usa para indicar extrañeza, sorpresa, admiración o disgusto: *¡Rediós, me he equivocado otra vez!*

reditar v. Referido a un impreso, editarlo por segunda vez y otras veces sucesivas: *Han reditado la revista por segunda vez debido a su gran éxito.* □ ORTOGR. Se admite también *reeditar*.

rédito s.m. Renta o beneficio que produce un capital: *El dinero colocado a plazo fijo me proporciona buenos réditos.* □ MORF. Se usa más en plural.

redoblar v. **1** Hacer aumentar mucho o el doble: *Tuvo que redoblar esfuerzos para terminar el trabajo en el tiempo previsto.* **2** Tocar redobles con el tambor: *Según se acercaba la procesión, se iba escuchando más cerca el redoblar de los tambores.*

redoble s.m. Toque de tambor vivo y sostenido, que se produce haciendo rebotar rápidamente los palillos: *Los soldados desfilaban siguiendo los redobles de los tambores.*

redomado, da adj. Acompañado de una cualidad negativa, indica que esta se tiene en alto grado: *No hagas tratos con él, porque es un redomado estafador.*

redondear v. **1** Dar forma redonda: *La costurera redondeaba el bajo de la falda.* **2** *col.* Terminar o completar de modo satisfactorio: *Para redondear el texto solo me queda pulir su estilo.* **3** Referido a una cifra, añadirle o restarle lo necesario para que exprese una cantidad aproximada mediante unidades completas de cierto orden: *Son once euros, pero te redondearé el precio en 10.*

redondel s.m. **1** *col.* Circunferencia y superficie delimitada por ella: *Recorta redondeles de cartulina para hacer las ruedas de un coche.* **2** En una plaza de toros, ruedo: *El primer toro de la tarde ya ha salido al redondel.*

redondez s.f. Conjunto de características de lo que es redondo, como la ausencia de ángulos y aristas: *Palpó todos los objetos y reconoció el que buscábamos por la redondez de su forma.*

redondilla s.f. **1** En métrica, estrofa formada por cuatro versos de arte menor y cuyo esquema es *abba*: *La redondilla es una estrofa característica de la lírica tradicional y del teatro.* **2** →**letra redondilla.**

redondo, da ▮ adj. **1** Con forma circular o esférica, o semejante a ellas: *Las ruedas son redondas.* **2** *col.* Perfecto, completo o bien logrado: *El trabajo me salió redondo y me dieron la máxima puntuación.* **3** *col.* Claro o que no ofrece duda: *Me respondió con un no tan redondo que supe que de nada serviría insistir.* **4** Referido a una cifra o a un número, que se le ha añadido o restado lo necesario para que exprese una cantidad aproximada mediante unidades completas de cierto orden: *El piso costó diez millones en números redondos.* ▮ s.m. **5** Pieza de carne cortada de forma casi cilíndrica y que forma parte de la pata del animal: *Hoy comeremos un redondo de ternera asado.* 👁 **carne** ▮ s.f. **6** En música, nota que dura cuatro negras y que se representa con un círculo no relleno: *Una redonda equivale a dos blancas.* **7** →**letra redonda.** **8** ‖ **a la redonda.** En torno o alrededor de un punto: *No hay ninguna casa en cinco kilómetros a la redonda.* ‖ **caer redondo.** Caer al suelo por un desmayo o por otro accidente: *Le dieron un golpe y cayó redondo.* ‖ **en redondo. 1** Dando una vuelta completa alrededor de un punto: *La bailarina giró varias veces en redondo.* **2** *col.* De forma clara o rotunda: *Se negó en redondo a acompañarme.*

reducción s.f. **1** Disminución en tamaño, en cantidad o en intensidad: *El médico me ha aconsejado una reducción de azúcar en la dieta.* **2** Sujeción o sometimiento a la obediencia: *La reducción de los agitadores por parte de la policía terminó con varios heridos.* **3** En matemáticas, expresión del valor de una cantidad en otra unidad distinta: *Para realizar la reducción de litros a mililitros, hay que multiplicar la cifra de los litros por mil.* **4** En un vehículo, cambio de una marcha larga a otra más corta: *Al hacer la reducción de tercera a segunda, se me caló el coche por soltar el embrague muy deprisa.*

reducido, da adj. Estrecho o de pequeñas dimensiones: *Trabaja en una habitación muy reducida.*

reducir v. **1** Disminuir en tamaño, en cantidad o en intensidad: *Reduce la velocidad poco a poco y no pegues frenazos. Los gastos se reducen a la mitad si olvidamos los caprichos.* **2** Referido a una cosa, transformarla en otra diferente, más pequeña o de menos valor: *El terremoto redujo la ciudad a escombros. El papel se redujo a cenizas al quemarlo.* **3** Resumir en pocas razones o en algo más simple: *Reduce la felicidad a tener mucho dinero. El problema se reduce a un malentendido.* **4** Sujetar o someter a obediencia: *La policía redujo a los alborotadores.* **5** En matemáticas, referido a una cantidad, expresar su valor en otra unidad distinta y menor: *Si reducimos 1 metro a centímetros, obtenemos 100 centímetros.* **6** En un vehículo, cambiar de una marcha larga a otra más corta: *Para subir la cuesta reduje a segunda.* ☐ MORF. Irreg. →**CONDUCIR.** ☐ SINT. Constr.: *reducir* A *algo.*

reducto s.m. Lugar o grupo en los que se mantienen elementos o características ya pasados o destinados a desaparecer: *Este bar es el reducto de los traficantes de droga del barrio.*

redundancia s.f. Repetición innecesaria de una palabra o de un concepto: *Decir 'bajar abajo' es una redundancia porque el significado de 'abajo' está incluido en el de 'bajar'.*

redundante adj. Que sobra o que es una redundancia: *'Nevar nieve' es una frase redundante porque 'nevar' significa 'caer nieve'.* ☐ MORF. Invariable en género.

redundar v. Resultar finalmente o terminar siendo beneficioso o perjudicial para alguien: *La paz redunda en beneficio de todos. Esas pérdidas redundarán en perjuicio de la economía de la empresa.* ☐ SINT. Constr.: *redundar* EN *algo.*

reduplicación s.f. **1** Aumento grande o al doble: *Las ventas han experimentado una reduplicación.* **2** Figura retórica o procedimiento del lenguaje consistente en la repetición consecutiva de una palabra o de una parte de la frase, esp. al final de un verso o de un grupo sintáctico y al comienzo del siguiente: *Los versos 'Abenámar, Abenámar, / moro de la morería' son ejemplo de reduplicación.*

reduplicar v. Aumentar mucho o el doble: *Fue necesario reduplicar los esfuerzos para acabar el trabajo. El paro se ha reduplicado por culpa de la crisis.* ☐ ORTOGR. La *c* se cambia en *qu* delante de *e* →**SACAR.**

reedición s.f. →**redición.**

reeditar v. →**reditar.**

reembolsar v. →**rembolsar.**

reembolso s.m. →**rembolso.**

reemplazar v. →**remplazar.** ☐ ORTOGR. La *z* se cambia en *c* delante de *e* →**CAZAR.**

reemplazo s.m. →**remplazo.**

reencarnación s.f. →**rencarnación.**

reencarnarse v. →**rencarnarse.**

reengancharse v.prnl. →**rengancharse.**

reenganche s.m. →**renganche.**

refajo s.m. Falda corta y de vuelo, generalmente de paño, usada por las mujeres encima de las enaguas o como prenda interior de abrigo: *En mi pueblo, las ancianas siguen llevando refajo.*

referencia s.f. **1** Narración, relato o noticia de palabra o por escrito: *No obtuve ninguna referencia sobre sus actividades actuales.* **2** En un escrito, remisión a otra parte del escrito o a otro escrito distinto: *En la página 30 hay una referencia que nos manda al apéndice.* **3** Lo que sirve como base, modelo o comparación: *Cervantes es mi punto de referencia como novelista.* **4** Informe acerca de la honradez, las cualidades o los recursos de una persona: *Antes de contratarme pidieron referencias a mi anterior empresa.* **5** Lo que sirve como fuente de información para buscar, consultar o investigar: *Los diccionarios, las enciclopedias y las bibliografías son obras de referencia.* ☐ MORF. La acepción 4 se usa más en plural.

referendo s.m. Procedimiento jurídico por el que se somete a votación popular algo de especial importancia para que sea aprobado por el pueblo: *La Constitución española de 1978 fue ratificada mediante referendo.* □ ORTOGR. Se admite también *referéndum*.

referéndum s.m. →**referendo.** □ MORF. Su plural es *referendos*.

referente ▌ adj. **1** Que se refiere a algo o que trata de ello: *Me interesan todos los datos referentes a temas económicos.* ▌ s.m. **2** En lingüística, aquello a lo que se refiere un signo lingüístico: *El referente de 'yo' varía en cada caso, según quién sea la persona que habla.* □ MORF. Como adjetivo es invariable en género.

referir ▌ v. **1** Contar o dar a conocer de palabra o por escrito: *Me refirió las aventuras de estas vacaciones.* ▌ prnl. **2** Aludir o mencionar directa o indirectamente: *Hizo duras críticas, sin referirse a nadie en concreto.* □ MORF. Irreg. →**SENTIR**.

refilón ‖ **de refilón. 1** *col.* De lado o de forma oblicua: *Desde mi sitio, veo la calle de refilón.* **2** *col.* Referido al modo de hacer algo, de pasada y sin profundizar: *He leído el periódico de refilón y solo me he fijado en los titulares.*

refinado, da ▌ adj. **1** Delicado, muy fino o excelente: *Ese hombre es todo un caballero de refinada educación.* **2** Muy perfeccionado o muy detallado: *Le aplicaron una refinada tortura que llegó a producirle la muerte.* ▌ s.m. **3** Eliminación de impurezas y añadidos para hacer más pura una sustancia: *En la fábrica nos explicaron cuál era el proceso de refinado del aceite.*

refinamiento s.m. **1** Esmero o cuidado exquisitos: *Viste con refinamiento y elegancia.* **2** Detalle y perfección extremas: *El refinamiento de su venganza me demostró que es una persona fría y cruel.*

refinar v. **1** Referido esp. a una sustancia, hacerla más fina y pura eliminando sus impurezas y añadidos: *El petróleo es refinado en grandes plantas petroquímicas.* **2** Referido a una persona, hacerla más exquisita en sus gustos y en su forma de actuar: *Desde que sale contigo, se ha refinado mucho.* **3** Perfeccionar para adecuara un fin determinado: *Este escultor ha refinado su técnica.*

refinería s.f. Instalación industrial en la que se refina un producto: *En la zona del puerto han instalado una refinería de petróleo.*

reflectar v. Referido esp. a la luz, al calor o al sonido, reflejarse en una superficie: *El sonido reflecta en las paredes y se distorsiona.*

reflector, -a ▌ adj./s.m. **1** Referido a un cuerpo, que refleja: *Los uniformes de los guardias de tráfico son de tela reflectora para poder ser vistos de noche. Si sales de noche con la bici, pon algún reflector en el sillín.* ▌ s.m. **2** Aparato que sirve para lanzar la luz de un foco en determinada dirección: *Los potentes reflectores de la cárcel se movían para buscar al evadido.*

reflejar ▌ v. **1** Referido a la luz, al calor o al sonido, hacerlos rebotar o hacerlos cambiar de dirección: *Las paredes blancas reflejan la luz. La Luna se refleja en el agua.* **2** Manifestar, mostrar o dejar ver: *El arte refleja la naturaleza. Su vitalidad se refleja en múltiples ocupaciones.* ▌ prnl. **3** Referido a un dolor, sentirse en una parte del cuerpo distinta a aquella en la que se originó: *El dolor de un infarto se refleja en el brazo izquierdo.* □ ORTOGR. Conserva la *j* en toda la conjugación.

reflejo, ja ▌ adj. **1** Referido esp. a un movimiento o un sentimiento, que se produce de forma involuntaria como respuesta a un estímulo: *Al oír el disparo, me tapé los oídos en un movimiento reflejo.* **2** Referido a un dolor, que se siente en una parte del cuerpo distinta a aquella en la que se originó: *El dolor de los dientes inferiores es un dolor reflejo, porque la infección está en una muela.* ▌ s.m. **3** Luz reflejada: *Los cristales de mis gafas disminuyen los reflejos.* **4** Imagen reflejada en una superficie: *Observó su reflejo en el agua clara del río.* **5** Lo que reproduce, muestra o pone de manifiesto algo: *Esas afirmaciones son reflejo de su ideología.* **6** Reacción involuntaria y automática que se produce como respuesta a un estímulo: *Apartar la mano del fuego es un reflejo.* ▌ s.m.pl. **7** Capacidad de reaccionar rápida y eficazmente: *Si se bebe alcohol, no se debe conducir, porque se pierden reflejos.*

reflexión s.f. **1** Pensamiento, meditación o consideración de algo con detenimiento: *La actividad debe ir precedida de la reflexión.* **2** Advertencia o consejo con los que una persona intenta convencer a otra: *Si no haces caso de mis reflexiones, después no te lamentes.* **3** En física, retroceso o cambio de dirección de la luz, del calor o del sonido al oponerles una superficie: *El espejo produce la reflexión de las ondas de luz.*

reflexionar v. Pensar o considerar despacio o con detenimiento: *Espero que reflexiones sobre lo que te acabo de decir.* □ SINT. Constr.: *reflexionar* SOBRE *algo.*

reflexivo, va adj. **1** Que habla o actúa después de haber pensado las cosas: *Esta decisión no está tomada a la ligera y es propia de una persona reflexiva.* **2** En gramática, que expresa una acción que es realizada y recibida a la vez por el sujeto: *'Vestirse' o 'afeitarse' son verbos reflexivos. 'Me lavo' es una oración reflexiva.*

reflujo s.m. Movimiento descendente de la marea: *El reflujo de la marea termina con la bajamar.* □ SEM. Dist. de flujo (movimiento ascendente de la marea).

refocilarse v.prnl. Divertirse, entretenerse o alegrarse, esp. con las cosas groseras: *Se refocila con los chistes más guarros.*

reforestación s.f. Repoblación de un terreno con plantas forestales: *La reforestación de los montes quemados es urgente.*

reforestar v. Referido a un terreno, repoblarlo con plantas forestales: *Reforestarán las zonas que han sido taladas masivamente.*

reforma s.f. **1** Modificación o cambio que se hace con intención de mejorar: *He hecho reforma en la cocina para agrandarla.* **2** Movimiento religioso iniciado en el siglo XVI que dio origen a la formación de las Iglesias protestantes: *Martín Lutero fue quien inició la Reforma.* □ USO En la acepción 2, se usa como nombre propio.

reformar v. **1** Modificar o rehacer con intención de mejorar: *Tiene más clientes desde que reformó el negocio.* **2** Referido esp. a una persona, enmendarla o corregirla, haciendo que abandone comportamientos que se consideran negativos: *Reformó a su cónyuge y ya no se emborracha. Se reformó y ahora es una persona muy responsable.*

reformatorio s.m. Establecimiento penitenciario en el que viven menores de edad que han cometido algún hecho delictivo: *Lo pillaron robando y, como tenía 11 años, lo internaron en un reformatorio.*

reforzar v. **1** Hacer más fuerte: *Han reforzado los cimientos de la casa inyectándoles hormigón.* **2** Aumentar o añadir más cantidad: *Ante la llegada del presidente, han reforzado la vigilancia.* □ ORTOGR. La *z* se cambia en *c* delante de *e*. □ MORF. Irreg.: La *o* diptonga en *ue* en los presentes, excepto en las personas *nosotros* y *vosotros* →**FORZAR**.

refracción s.f. Cambio de dirección de un rayo de luz al pasar oblicuamente de un medio a otro de distinta densidad: *Cuando la luz pasa del aire a un medio líquido se produce una refracción.*

refractar v. Referido a un rayo de luz, hacer que cambie de dirección al pasar oblicuamente de un medio a otro de distinta densidad: *El agua refracta los rayos de luz que inciden en ella desde el aire.*

refractario, ria adj. Referido a un material, que resiste la acción del fuego sin cambiar de estado ni descomponerse: *El amianto, el grafito y el caolín son materiales refractarios.*

refrán s.m. Dicho agudo de uso común que suele contener una advertencia o una enseñanza moral y que se transmite generalmente por tradición popular: *Me dijo ese refrán de 'Más vale pájaro en mano que ciento volando' para darme a entender que no debía dejar escapar esa oportunidad.*

refranero s.m. Colección o conjunto de refranes: *Me he comprado un refranero castellano.*

refrenar v. Contener, dominar o hacer menos violento: *Aunque es muy colérico, sabe refrenar sus impulsos.*

refrendar v. **1** Referido a un documento, darle validez firmándolo la persona autorizada para ello: *El presidente del Gobierno refrenda casi todas las decisiones del rey.* **2** Aceptar, corroborar o confirmar de nuevo: *Los alumnos refrendaron en votación secreta el nuevo reglamento disciplinario.*

refrescar v. **1** Disminuir el calor o la temperatura: *Regó la puerta de su casa para refrescar el ambiente. Me mojé la cabeza para refrescarme.* **2** Recordar o volver a tener en la memoria: *El cursillo me sirvió para refrescar conocimientos.* □ ORTOGR. La *c* se cambia en *qu* delante de *e* →**SACAR**.

refresco s.m. **1** Bebida que se toma para que disminuya el calor corporal, esp. la que no contiene alcohol: *Ella tomó una cerveza y yo, un refresco.* **2** ‖ **de refresco.** Como refuerzo o como sustituto: *Cambió los caballos cansados por otros de refresco.*

refriega s.f. Riña violenta o batalla poco importante: *Ante la llegada de algunos soldados y después de una refriega, los bandidos salieron huyendo.*

refrigeración s.f. **1** Disminución del calor o de la temperatura con algún tipo de procedimiento técnico: *El radiador de los coches forma parte del sistema de refrigeración del motor.* **2** Sistema para refrigerar: *Hace mucho calor porque no funciona la refrigeración.*

refrigerador, -a s. Electrodoméstico que sirve para guardar y conservar los alimentos por medio del frío: *Al llegar de la compra, puso la fruta en el refrigerador.*

refrigerar v. **1** Referido a un lugar, hacerlo más frío con algún tipo de procedimiento técnico: *Refrigeró el salón con un aparato de aire acondicionado.* **2** Referido esp. a un alimento, enfriarlo en cámaras especiales para garantizar su conservación: *Los frigoríficos refrigeran la comida.*

refrigerio s.m. Comida ligera que se toma para recuperar fuerzas; *tentempié: Trabajamos ocho horas seguidas y solo paramos diez minutos para tomarnos un refrigerio.*

refrito s.m. **1** Especie de salsa elaborada con ajo, cebolla, pimentón y otros ingredientes fritos en aceite, que se añade a algunos guisos: *Échale un refrito a las lentejas para que queden más sabrosas.* **2** Lo que está rehecho o es una refundición de elementos de distintas procedencias: *Ese libro no es una obra original, sino un refrito de artículos ya publicados.*

refuerzo s.m. **1** Fortalecimiento o aumento de la fuerza: *El refuerzo de los muros se llevó a cabo colocando ocho arbotantes.* **2** Lo que fortalece, aumenta la fuerza o hace más grueso y resistente algo: *Voy a poner este clavo como refuerzo.* 👁 **cuchillo** **3** Ayuda que se presta ante una necesidad: *Recibe clases particulares como refuerzo.* **4** Conjunto de personas que se unen a otras para aumentar su fuerza o su eficacia: *El general recibió un refuerzo de dos mil soldados.* □ MORF. La acepción 4 se usa más en plural.

refugiado, da s. Persona que busca refugio fuera de su país de origen, generalmente porque huye de una guerra, de una catástrofe o de una persecución política: *Ha llegado a España un grupo de refugiados procedentes de la antigua Yugoslavia.*

refugiar ▌v. **1** Acoger, amparar o servir de refugio: *Los túneles del metro refugiaron a muchos ciudadanos durante los bombardeos.* ▌prnl. **2** Buscar ayuda, protección o consuelo: *Me refugié de la lluvia bajo el porche.* □ ORTOGR. La *i* nunca lleva tilde. □ SINT. Constr.: *refugiarse {EN/DE} algo.*

refugio s.m. **1** Acogida o amparo: *Es una buena persona que da refugio a todo el que se lo pide.* **2** Lugar que sirve para protegerse de algún peligro: *Los montañeros pasaron la noche en el refugio.* 👁 **vivienda** **3** Lo que sirve de ayuda, protección o consuelo: *La música y la lectura son mi refugio.* **4** ‖ **refugio {atómico/nuclear}.** Espacio habitable que está protegido contra los efectos de una explosión nuclear y de las radiaciones que puede originar: *Algunos edificios tienen refugios atómicos.*

refulgente adj. Que resplandece o brilla: *Se observaban en la noche las estrellas refulgentes.* □ MORF. Invariable en género.

refundición s.f. **1** Reunión o inclusión de varias cosas en una: *Esta empresa es el resultado de la refundición de tres pequeñas empresas.* **2** Obra refundida con el fin de modernizarla o mejorarla: *Ha preparado una refundición de esa novela para lectores infantiles.*

refundir v. **1** Referido a varias cosas, incluirlas o reunirlas en una sola: *El proyecto refunde propuestas individuales. En el manifiesto se refunden las ideas de los intelectuales firmantes.* **2** Referido esp. a un escrito, darle nueva forma y organización, con el fin de modernizarlo o de mejorarlo: *En la segunda edición del tratado, el autor refundió el texto de la primera para incorporar nueva información.*

refunfuñar v. *col.* Emitir voces confusas o palabras mal articuladas como muestra de enojo o de enfado; *renegar: Ha refunfuñado un poco, pero ha terminado haciendo lo que le pedí.*

refutar v. Contradecir, rebatir o invalidar con algún argumento o razón: *Refutó públicamente aquella teoría aportando nuevos datos.*

regadera s.f. **1** Recipiente que se usa para regar y que está compuesto por un depósito del que sale un tubo terminado en una boca con orificios por los que sale esparcida el agua: *Como no tiene regadera, riega las plantas con una jarra.* **2** ‖ **como una regadera.** *col.* Loco o chiflado: *Ese hombre tan extravagante está como una regadera.*

regadío s.m. Tierra de cultivo que necesita un riego abundante: *Las lechugas se cultivan en regadío.*

regalado, da adj. **1** Placentero, agradable o muy cómo-

a b c d e f g h i j k l m n ñ o p q r s t u v w x y z

do: *Lleva una vida regalada porque no trabaja y vive de las rentas.* **2** Muy barato: *Esta blusa estaba regalada, y por eso me la compré.*

regalar v. **1** Dar sin recibir nada a cambio, generalmente como muestra de afecto o consideración: *Mis padres me regalaron un reloj el día de mi cumpleaños.* **2** Agradar, agasajar, halagar o proporcionar placeres o diversiones: *Nos regalaron con todo tipo de atenciones.*

regalía s.f. Derecho o privilegio que tiene alguien, esp. el que tiene un rey en su reino o el que le ha sido concedido por el papa: *Los reyes absolutos tenían muchas regalías.*

regaliz s.m. **1** Planta herbácea con tallos casi leñosos, hojas puntiagudas, flores pequeñas y azuladas, que suele crecer en la orilla de los ríos y cuya raíz produce un jugo dulce que se utiliza en medicina; *paloduz*: *La infusión de regaliz tiene un sabor dulce y agradable.* **2** Tallo horizontal y subterráneo de esta planta: *Estuve cavando en la orilla del río para sacar regaliz.* **3** Pasta que se hace con el jugo de este tallo y que se toma como golosina en pastillas o en barritas: *Me encanta el regaliz.*

regalo s.m. **1** Lo que se da a alguien sin recibir nada a cambio, generalmente como muestra de afecto y consideración: *El día de mi cumpleaños mis amigos me hacen regalos.* **2** Gusto, placer o agrado: *Esta música es un regalo para los oídos.*

regañadientes ‖ **a regañadientes.** Referido a la forma de hacer algo, de mala gana, protestando o con disgusto: *Siempre hace los deberes a regañadientes.* □ ORTOGR. Admite también la forma *a regaña dientes*.

regañar v. **1** *col.* Reprender o llamar la atención por algo que se ha hecho mal: *El profesor me regañó por no haber hecho los deberes.* **2** Discutir o reñir: *Ha regañado con su hermano y no se hablan.*

regañina s.f. *col.* Reprimenda o llamada de atención sobre algo que se ha hecho mal: *Mi madre me echó una regañina por no haber recogido la habitación.*

regar v. **1** Referido a una superficie o a una planta, esparcir agua sobre ellas: *En verano riegan las calles para refrescarlas.* **2** Referido a un territorio, ser atravesado por un río o por un canal: *El río Miño riega las ciudades de Lugo y Orense.* **3** Referido a una zona del cuerpo, recibir sangre de una arteria: *Numerosos vasos sanguíneos riegan el cerebro.* **4** Esparcir o derramar: *Los invitados regaron el suelo del salón con confeti.* □ ORTOGR. Aparece una *u* después de la *g* cuando le sigue *e*. □ MORF. Irreg.: La *e* diptonga en *ie* en los presentes, excepto en las personas *nosotros* y *vosotros* →REGAR.

regata s.f. Competición deportiva en la que un grupo de embarcaciones de la misma clase deben hacer determinado recorrido en el menor tiempo posible: *En los pueblos marineros suelen organizarse muchas regatas.*

regate s.m. Movimiento del cuerpo rápido y brusco que se hace para evitar algo: *El futbolista hizo tres regates y no le quitaron el balón.*

regateador, -a adj./s. Que regatea.

regatear v. **1** Referido al precio de un producto, discutirlo el comprador y el vendedor: *El comprador regateó el precio hasta conseguir la rebaja que quería.* **2** Hacer un movimiento brusco con el cuerpo para evitar o esquivar algo: *El extremo regateó al defensa del equipo contrario y no perdió el balón.* **3** *col.* Ahorrar o escatimar: *No regateó esfuerzos para conseguir aquel premio.* □ USO La acepción 3 se usa más en expresiones negativas.

regateo s.m. Discusión del comprador y del vendedor sobre el precio de algo: *En muchos países árabes el regateo es fundamental para realizar una compra.*

regato s.m. Arroyo o canal pequeños: *Cuando llueve, se forman regatos en la ladera de la montaña.*

regazo s.m. En una persona sentada, parte que comprende desde la cintura hasta la rodilla: *El abuelo sentó al niño en su regazo y le dio la papilla.*

regencia s.f. **1** Gobierno de un Estado durante la minoría de edad, la ausencia o la incapacidad del príncipe o del monarca legítimos: *Durante la minoría de edad de la reina Isabel II, su madre doña María Cristina y el general Espartero desempeñaron la regencia.* **2** Tiempo que dura este gobierno: *Durante la regencia de María Cristina se llevó a cabo la desamortización de Mendizábal.* **3** Dirección, gobierno o mando sobre algo: *La hija mayor lleva la regencia del negocio.*

regeneración s.f. **1** Restablecimiento de algo destruido, estropeado o gastado: *Esta crema favorece la regeneración de las células de la piel.* **2** En biología, mecanismo de recuperación de los organismos vivos mediante la reconstrucción de partes perdidas o dañadas: *Si le cortas el rabo a una lagartija, le vuelve a nacer por regeneración.* **3** Abandono de hábitos o conductas considerados como negativos o perjudiciales: *Ni charlas ni regañinas sirvieron para la regeneración del muchacho.*

regenerar v. **1** Mejorar, restablecer o volver a poner en buen estado: *Para regenerar la situación política se convocarán nuevas elecciones. Durante la juventud, la piel se regenera fácilmente.* **2** Referido a una persona, hacerle abandonar hábitos o conductas que se consideran negativas o perjudiciales: *Las atenciones de su familia lo han regenerado. Se regeneró y dejó de beber.* **3** Referido a una materia desechada, someterla a un proceso para volver a utilizarla: *En esta planta industrial regeneran papel usado.*

regentar v. **1** Dirigir o gobernar: *La madre regenta la empresa familiar desde hace años.* **2** Referido a un cargo o a un empleo, desempeñarlos de forma temporal: *El vicedirector regentó la presidencia de la empresa durante la convalecencia del director.*

regente s. Persona que desempeña una regencia o gobierno durante la minoría de edad, ausencia o incapacidad del príncipe o monarca legítimo: *La reina Mariana de Austria fue regente durante la minoría de edad de Carlos II.* □ MORF. Es de género común y exige concordancia en masculino o en femenino para señalar la diferencia de sexo: *el regente, la regente*.

reggae (anglicismo) s.m. Estilo musical popular de origen jamaicano, de ritmo alegre, simple y repetitivo, que alcanzó gran difusión en los años setenta: *El cantante Bob Marley es la principal figura del reggae.* □ PRON. [régue].

regicida adj./s. Que mata a un monarca, a su consorte, al príncipe heredero o al regente o que atenta contra sus vidas: *El ciudadano regicida había planeado minuciosamente el atentado contra el príncipe. El regicida justificó su acto alegando motivos políticos.* □ MORF. 1. Como adjetivo es invariable en género. 2. Como sustantivo es de género común y exige concordancia en masculino o en femenino para señalar la diferencia de sexo: *el regicida, la regicida*.

regidor, -a s. **1** Persona que rige o gobierna: *El regidor de la provincia atendió las peticiones de los alcaldes.* **2** En teatro, cine y televisión, persona encargada de mantener el orden y de la realización de los movimientos y efectos escénicos dispuestos por el director: *El regidor ordenaba la disposición de las luces de la escena.* **3** Concejal que no ejerce ningún otro cargo municipal: *El alcalde asistió al acto acompañado por los regidores.*

régimen s.m. **1** Conjunto de normas que gobiernan o rigen el funcionamiento de algo: *El régimen disciplinario de este colegio es bastante duro.* **2** Conjunto de normas que regulan la alimentación que ha de seguir una persona: *El médico le puso un régimen para adelgazar.* **3** Sistema político por el que se rige una nación: *El país permanece bajo un régimen monárquico.* **4** Forma habitual en que se produce algo: *El régimen de lluvias de esta región se caracteriza por lluvias abundantes en otoño y primavera.* **5** En lingüística, en una oración, dependencia que una palabra tiene respecto de otra: *El régimen de un verbo transitivo es su complemento directo.* **6** En lingüística, preposición exigida por un verbo o rasgo gramatical exigido por una preposición: *El régimen del verbo 'arrepentirse' es la preposición 'de'.* □ MORF. Su plural es *regímenes*.

regimiento s.m. **1** En el Ejército, unidad militar integrada por varios batallones, grupos de escuadrones o grupos de baterías y que generalmente está a las órdenes de un coronel: *El tercer regimiento de infantería formó para pasar revista.* **2** *col.* Conjunto numeroso de personas: *Un regimiento de chiquillos seguía a los músicos por todo el pueblo.*

regio, gia adj. **1** Del rey, de la realeza o relacionado con ellos; *real*: *Los reyes saludaban a la muchedumbre desde la carroza regia.* **2** Grande, magnífico o con mucho lujo: *Vive en una regia mansión a las afueras de la ciudad.*

región s.f. **1** Parte de un territorio que se distingue por determinadas características geográficas o socioculturales: *Las antiguas regiones españolas se han constituido en comunidades autónomas.* **2** Cada uno de los espacios geográficos en que militarmente se divide el territorio nacional: *Las fuerzas del Ejército del Aire se dividen en tres regiones aéreas, y las del Ejército de Tierra, en seis regiones militares.* **3** En anatomía, cada una de las partes en que se divide el exterior del cuerpo: *Los pulmones y el corazón de las animales superiores se encuentran en la región torácica.*

regional adj. De la región o relacionado con ella: *El Ministerio ha aprobado un plan regional de carreteras.* □ MORF. Invariable en género.

regionalismo s.m. **1** Tendencia o doctrina políticas que defienden el gobierno de un Estado atendiendo a las características propias de cada región: *El regionalismo surge en España en el siglo XIX.* **2** Inclinación sentimental hacia una determinada región y a las características que la definen: *El regionalismo de Pereda se plasma en sus novelas sobre la montaña santanderina.* **3** En lingüística, palabra, significado o construcción sintáctica propios de una región determinada: *El uso del adjetivo 'mucho' en lugar del adverbio 'muy' es un regionalismo riojano.*

regir v. **1** Dirigir, gobernar o mandar: *Debes saber cuáles son las normas que rigen nuestra comunidad. Él se rige por sus propios principios morales.* **2** En gramática, referido a una palabra, establecer sobre otra una relación de dependencia: *El verbo de una oración transitiva rige su complemento directo.* **3** En gramática, referido a una palabra, exigir la presencia de otra o de determinado rasgo gramatical: *La preposición rige su término.* **4** Referido esp. a una ley o norma, estar vigente: *Esa ley rigió hasta la muerte del monarca.* **5** Referido a una persona, conservar sus facultades mentales: *El abuelo rige muy bien y se acuerda de todo lo que le dices.* □ ORTOGR. La *g* se cambia en *j* delante de *a*, *o*. □ MORF. Irreg.: La *e* se cambia en *i* cuando la sílaba siguiente no tiene *i* o la tiene formando diptongo →**ELEGIR**.

registrador, -a s. Persona que tiene a su cargo un registro público, esp. el de la propiedad: *Está preparando las oposiciones para registrador.*

registrar ▌v. **1** Examinar minuciosamente para encontrar algo: *El detective registró el despacho buscando alguna huella.* **2** Referido esp. a una firma o a un nombre comercial, inscribirlos con fines jurídicos o comerciales: *Tenemos que registrar la marca de nuestros productos para evitar fraudes.* **3** Anotar o señalar: *Este diccionario registra el género gramatical de cada palabra.* **4** Referido a la imagen o el sonido, grabarlos en el soporte adecuado para poder reproducirlos: *Registraron la ceremonia de la boda en una cinta de vídeo.* ▌prnl. **5** Producirse o suceder: *Este mes no se han registrado lluvias.*

registro s.m. **1** Examen minucioso para encontrar algo: *La policía efectuó el registro del piso.* **2** Inscripción en una lista oficial, generalmente con fines de ordenación, jurídicos o comerciales: *Al efectuar el registro de un invento se otorga una patente.* **3** Lugar u oficina en el que se realiza esta inscripción, esp. si pertenece a una dependencia de la Administración pública: *He pasado por el registro para solicitar una partida de nacimiento.* **4** Libro o escrito en el que se hacen constar estas anotaciones: *Todas las entradas y salidas de documentos se anotan en el registro.* **5** Enumeración de algo: *El reloj en el que fichamos lleva el registro de las entradas y salidas de cada trabajador.* **6** Variedad lingüística empleada en función de la situación social del hablante: *'No dar pie con bola' es una expresión propia del registro coloquial y significa 'equivocarse'.* **7** En música, cada una de las tres grandes partes en que puede dividirse la escala musical: *Los tres registros de la escala musical son el grave, el medio y el agudo.* **8** En música, parte de la escala musical que se corresponde con un tipo de voz humana: *El registro del tenor es más agudo que el del barítono.* **9** En informática, unidad completa de almacenamiento: *Esta base de datos cuenta con 200 registros.*

regla s.f. **1** Instrumento de forma rectangular y alargada que se utiliza principalmente para trazar líneas rectas o para medir la distancia entre dos puntos: *Las reglas suelen estar graduadas en centímetros y milímetros.* **2** Lo que debe cumplirse por estar establecido: *Todos los deportes se practican de acuerdo con unas reglas.* **3** Conjunto de preceptos fundamentales de los religiosos de una orden: *La regla franciscana exige el trabajo y la oración diarios.* **4** Modo en que se produce normalmente algo: *Por regla general, las golondrinas aparecen en primavera y emigran en otoño.* **5** Método de hacer algo: *Una regla para hallar el área de un triángulo es multiplicar su base por su altura y dividirla entre dos.* **6** *col.* Menstruación: *Como estaba tan nerviosa, se le adelantó la regla.* **7** ‖ **en regla.** De manera correcta o como corresponde: *Si no tienes el pasaporte en regla, no puedes viajar al extranjero.* ‖ **las cuatro reglas. 1** Las cuatro operaciones de sumar, restar, multiplicar y dividir: *Cuando lo sacaron del colegio, ya sabía las cuatro reglas y leer de corrido.* **2** Los principios básicos de algo: *En cuanto supo las cuatro reglas para trabajar la madera, empezó a tallar figuras.*

reglaje s.m. Reajuste de las piezas de un mecanismo

para que siga funcionando correctamente: *El reglaje de faros del vehículo evita que se deslumbre a los conductores que vienen de frente.*

reglamentación s.f. Conjunto de reglas o principios: *Han cerrado el bar porque no cumplía la reglamentación vigente sobre la higiene.*

reglamentar v. Someter a un reglamento: *Las leyes reglamentan la vida en común de los ciudadanos.*

reglamentario, ria adj. **1** Del reglamento o relacionado con él: *La ley será desarrollada en una serie de disposiciones reglamentarias.* **2** Exigido por alguna disposición obligatoria: *Los soldados deben vestir el uniforme reglamentario.*

reglamento s.m. **1** Colección ordenada de normas que regulan el funcionamiento o la realización de algo: *El reglamento del fútbol establece las sanciones que corresponden a cada falta.* **2** En derecho, norma jurídica que desarrolla el contenido de una ley: *Se ha aprobado el reglamento que regula la forma de aplicación de la ley de reforma universitaria.*

reglar v. Someter a unas reglas: *Hay que reglar el horario de salidas de los trenes.*

regocijar v. Alegrar o producir placer: *La noticia del premio me regocijó. Se regocija contemplando a sus nietos.* □ ORTOGR. Conserva la *j* en toda la conjugación.

regocijo s.m. Alegría, júbilo o satisfacción manifiestos: *El cómico causaba el regocijo de los espectadores.*

regodearse v.prnl. **1** *col.* Deleitarse o complacerse en lo que gusta o resulta agradable, deteniéndose en ello: *Me regodeo paladeando un buen helado de chocolate.* **2** *col.* Complacerse con malicia en la desgracia que le ocurre a otro: *Te regodeas al ver cómo tus compañeros suspenden mientras tú apruebas.*

regodeo s.m. **1** *col.* Complacencia en lo que gusta o resulta agradable: *Cuenta sus conquistas amorosas con regodeo porque es muy presumida.* **2** *col.* Disfrute malicioso en la desgracia ajena: *No soporto tu regodeo ante mis fracasos.* **3** *col.* Diversión o fiesta: *Ante el regodeo general, el cómico decidió seguir un rato más.*

regordete, ta adj. *col.* Pequeño y grueso: *De pequeño era un niño regordete y muy salado.*

regresar v. Ir de nuevo al punto de partida; *volver: Anoche regresó temprano a casa.* □ SINT. Constr.: *regresar* A *un sitio.*

regresión s.f. Retroceso o vuelta hacia atrás: *La caída de las inversiones producirá una regresión económica.*

regresivo, va adj. Que retrocede o hace retroceder: *El Parlamento ha aprobado una ley regresiva que nos devuelve a una situación de censura editorial.*

regreso s.m. Vuelta al lugar del que se partió; *venida: Esperábamos tu regreso con impaciencia.*

regüeldo s.m. Expulsión por la boca y haciendo ruido de los gases del estómago; *eructo: Es de mala educación no evitar los regüeldos en público.*

reguero s.m. **1** Línea o señal continua que deja un líquido que se va derramando: *El herido dejó un reguero de sangre sobre el suelo.* **2** Corriente pequeña de algo líquido: *Tras la tormenta se formaron regueros en el campo.* **3** Canal o surco que se hace en la tierra para conducir el agua de riego: *El campesino cavó unos regueros entre los tomates.*

regulación s.f. **1** Sometimiento a unas normas o puesta en orden de algo; *regularización: La regulación del sistema de contratos intenta evitar los abusos por parte de las empresas.* **2** Ajuste o control del funcionamiento de un sistema: *La calefacción dispone de un dispositivo para la regulación de la temperatura.*

regular ▌adj. **1** Uniforme o sin grandes cambios, alteraciones o fallos en la forma o en su desarrollo: *El enfermo mantiene una respiración regular.* **2** De tamaño o condición habituales o inferiores a algo de su misma especie: *Hiciste un examen regular, poco brillante pero sin fallos.* **3** En gramática, que sigue un modelo morfológico establecido: *El participio regular del verbo 'imprimir' es imprimido.* **4** En geometría, referido a un polígono, que tiene los lados y los ángulos iguales entre sí: *El cuadrado es un polígono regular.* **5** En geometría, referido a un poliedro, que tiene sus caras y sus ángulos iguales entre sí: *Las ocho caras de un octaedro regular son triángulos equiláteros.* **6** Referido a una unidad militar o a sus miembros, que forman parte del ejército estable de un país: *Los mandos militares forman parte del ejército regular de la nación.* ▌v. **7** Someter a unas normas o poner en orden; *regularizar: Los semáforos regulan el tráfico de forma automática.* **8** Ajustar o controlar el funcionamiento de un sistema: *Esta rueda permite regular la intensidad de la luz de la lámpara.* ▌adv. **9** De forma mediana o no muy bien: *El examen me salió regular, y lo mismo puedo aprobar que suspender.* **10** ‖ **por lo regular.** Común u ordinariamente: *Por lo regular, suelo comer en casa.* □ MORF. Como adjetivo es invariable en género.

regularidad s.f. Uniformidad o ausencia de grandes cambios, alteraciones o fallos en la forma o en el desarrollo: *Viene a visitarnos con regularidad.*

regularización s.f. Sometimiento a unas normas o puesta en orden de algo; *regulación: La reparación de la avería permitirá la regularización del servicio telefónico.*

regularizar v. Someter a unas normas o poner en orden; *regular: Todos los emigrantes deben regularizar su situación de residencia en el país en el que están. Tras quitar la nieve de las vías, se regularizaron las comunicaciones ferroviarias.* □ ORTOGR. La *z* se cambia en *c* delante de *e* →**CAZAR**.

regusto s.m. **1** Gusto o sabor que queda de lo que se ha comido o bebido: *El café solo me deja un regusto amargo.* **2** Gusto o afición que queda por hacer algo: *Después de aquella acampada, me quedó el regusto por ese tipo de turismo.* **3** Sensación o recuerdo imprecisos y generalmente placenteros o dolorosos: *De su primer amor guarda un regusto de felicidad y de tristeza a un tiempo.* **4** Impresión de semejanza o asociación con algo que sugieren algunas cosas: *Se aprecia en su estilo un regusto clásico poco frecuente en estos tiempos.*

rehabilitación s.f. Conjunto de técnicas y de métodos curativos encaminados a recuperar la actividad o las funciones del organismo perdidas o disminuidas por efecto de una enfermedad o de una lesión: *Después del accidente, pudo volver a andar gracias a los ejercicios de rehabilitación que hacía con un fisioterapeuta.*

rehacer ▌v. **1** Referido a algo deshecho o mal hecho, volver a hacerlo: *El trabajo tenía tantos errores que tuve que rehacerlo entero.* **2** Referido a algo estropeado, dañado o disminuido, repararlo, arreglarlo o restablecerlo: *Conseguí rehacer mi vida gracias al apoyo de mi familia.* ▌prnl. **3** Fortalecerse o tomar nuevo brío: *Aunque ya está mejor, necesita tomar vitaminas para terminar de rehacerse.* **4** Referido a una persona, dominar una emoción y recuperar la serenidad o el ánimo: *Es difícil rehacerse tras la pérdi-*

da de un ser querido. □ MORF. Irreg.: 1. Su participio es *rehecho*. 2. →**HACER**.

rehecho, cha part. irreg. de **rehacer**. □ MORF. Incorr. **rehacido*.

rehén s.m. Persona a la que se retiene y se utiliza como garantía para obligar a otro a cumplir determinadas condiciones: *Los atracadores tomaron varios rehenes y amenazaron con matarlos si no se les facilitaba la huida.*

rehogar v. Referido a un alimento, freírlo ligeramente a fuego lento y sin agua de modo que el aceite, la grasa o los condimentos con que se fríe lo penetren: *Una vez cocida la verdura, se le quita el agua, se rehoga y se sirve.* □ ORTOGR. La *g* se cambia en *gu* delante de *e* →**PAGAR**.

rehuir v. **1** Evitar o rechazar, generalmente por repugnancia o por temor de un riesgo: *No rehúyas el trabajo, porque antes o después tendrás que hacerlo.* **2** Referido esp. a una persona, evitar o eludir su trato o su compañía: *Si fueras más amable, la gente no te rehuiría de esa manera.* □ ORTOGR. La *u* lleva tilde en los presentes, excepto en las personas *nosotros* y *vosotros*. □ MORF. Irreg.: La *i* se cambia en *y* delante de *a, e, o* →**CONTRIBUIR**.

rehusar v. Rechazar o no aceptar, generalmente con alguna excusa: *Rehusó mi invitación de ir al cine diciendo que tenía mucho trabajo.* □ ORTOGR. La *u* lleva tilde en los presentes, excepto en las personas *nosotros* y *vosotros* →**ACTUAR**.

reimpresión s.f. Segunda o posterior impresión de un texto o de una ilustración: *En las reimpresiones de una misma edición no se incluyen modificaciones.*

reimpreso, sa part. irreg. de **reimprimir**. □ USO Se usa más como adjetivo, frente al participio regular *reimprimido*, que se usa más en la conjugación.

reimprimir v. Referido a un texto o a una ilustración, imprimirlos o repetir su impresión por segunda vez y otras veces sucesivas: *Si sigue vendiéndose tan bien, tendrán que reimprimir el libro.* □ MORF. Tiene un participio regular (*reimprimido*), que se usa más en la conjugación, y otro irregular (*reimpreso*), que se usa más como adjetivo.

reina s.f. **1** s.f. de **rey**. **2** Mujer del rey: *La Casa Real hizo público el nombre de la futura reina consorte.* **3** En un festejo, mujer elegida, generalmente por su belleza, para presidirlo honoríficamente: *En la carroza principal iba la reina de las fiestas con sus damas de honor.* **4** En el juego del ajedrez, pieza más importante después del rey: *La reina se mueve en línea recta saltando una o varias casillas.* 👁 **ajedrez** **5** En una comunidad de insectos sociales, hembra fecunda y cuya función casi exclusiva es la reproducción: *En cada colmena hay una reina, que es fecundada por los zánganos.* □ USO Se usa como apelativo: *No llores más, reina.*

reinado s.m. **1** Tiempo durante el que un rey ejerce su mandato o sus funciones como jefe del Estado: *El reinado de Juan Carlos I de España comenzó en 1975.* **2** Tiempo durante el que algo predomina o está en auge: *El reinado del petróleo en nuestra era terminaría si se encontraran fuentes de energía menos contaminantes.*

reinar v. **1** Referido a un rey o a un soberano, regir o mandar: *El descubrimiento de América se produjo cuando reinaban en España los Reyes Católicos.* **2** En una monarquía, ejercer la jefatura del Estado: *En una monarquía parlamentaria, el rey reina, pero no gobierna.* **3** Dominar, predominar o tener predominio: *¡Nunca reinará la calma en esta casa de locos!* □ ORTOGR. La *i* nunca lleva tilde.

reincidencia s.f. Reiteración de una misma falta, delito o error o nueva caída en ellos: *En derecho, la reincidencia en un delito supone un agravamiento de la pena.*

reincidir v. Referido esp. a una falta o a un error, volver a caer en ellos: *Si reincides en tus mentiras, el castigo será mayor.* □ SINT. Constr.: *reincidir EN algo*.

reineta s.f. Variedad de manzana, de color pardo o verdoso, piel áspera y sabor ácido: *La reineta es ideal para hacer tarta de manzana.* □ SINT. Se usa mucho en aposición, pospuesto a un sustantivo: *manzana reineta*.

reiniciar v. Volver a comenzar: *He reiniciado mi ordenador para instalar un nuevo programa.* □ ORTOGR. La *i* nunca lleva tilde.

reino s.m. **1** Estado o territorio y conjunto de sus habitantes sobre los que ejerce sus funciones un rey: *El reino de España es un país democrático.* **2** Ámbito propio de una actividad; *campo: En el reino de la imaginación, todo es posible.* **3** En biología, en la clasificación de los seres vivos, categoría superior a la de tipo o a la de división: *Los hongos son uno de los cinco reinos.*

reinserción s.f. Integración en la sociedad de una persona que estaba marginada de ella: *Las prisiones deberían cumplir sus funciones de reinserción de delincuentes.*

reinsertar v. Referido a una persona marginada de la sociedad, volver a integrarla en ella: *El Estado debe procurar reinsertar a los ex presidiarios. Es difícil que alguien que sale de la cárcel pueda reinsertarse sin ayuda.*

reintegrar ▌v. **1** Referido esp. a una cantidad de dinero, restituirla, devolverla o satisfacerla por entero: *Si no está conforme con la compra, le reintegramos su dinero.* ▌prnl. **2** Incorporarse de nuevo al ejercicio de una actividad, a una situación o a un colectivo: *En pocos días estará usted repuesto y podrá reintegrarse a su trabajo.* □ SINT. Constr. de la acepción 2: *reintegrarse A algo*.

reintegro s.m. **1** Restitución, devolución o satisfacción íntegras que se hacen de algo, esp. de una cantidad de dinero: *Se comprometió con el banco al reintegro del préstamo en el plazo de un año.* **2** En el juego de la lotería, premio igual a la cantidad jugada: *Tienen reintegro aquellos números cuya última cifra sea un 9.*

reír ▌v. **1** Manifestar regocijo o alegría mediante determinados movimientos de la boca y del rostro y emitiendo sonidos característicos: *Los niños ríen cuando les haces cosquillas. Me hizo tanta gracia que empecé a reírme a carcajadas.* **2** Celebrar o dar muestras de aprobación con risas: *En vez de reírle todo lo que hace, corrígelo para que aprenda.* ▌prnl. **3** Burlarse, despreciar o no hacer caso de algo: *Me sacaron la lengua y se rieron de mí.* □ MORF. Irreg. →**REÍR**. □ SINT. Constr. de la acepción 3: *reírse DE algo*.

reiteración s.f. Repetición o realización de nuevo de lo que se ha hecho: *Afirma con reiteración que es inocente.*

reiterado, da adj. Hecho o sucedido repetidamente: *Las lluvias reiteradas de los últimos días han producido inundaciones.*

reiterar v. Referido a algo que se hace o se dice, repetirlo o volver a hacerlo: *Te reitero que no pienso ir contigo porque tú quieras. Me reitero en lo que te he dicho antes y no me convencerás de lo contrario.* □ SINT. Constr. como pronominal: *reiterarse alguien EN algo*.

reiterativo, va adj. Que se repite o que indica repetición: *El prefijo 're-' es un prefijo reiterativo.*

reivindicación s.f. **1** Reclamación, exigencia o recuperación de algo que corresponde por derecho: *Los sindicatos presentarán sus reivindicaciones ante los empresarios.* **2** Reclamación para sí de la autoría de una

a b c d e f g h i j k l m n ñ o p q r s t u v w x y z

acción: *Se recibió un mensaje con la reivindicación del asesinato por parte de un grupo mafioso.*

reivindicar v. **1** Referido a algo que corresponde por derecho, reclamarlo, exigirlo o recuperarlo: *Los trabajadores reivindican mejores condiciones laborales.* **2** Referido a una acción, reclamar para sí su autoría: *Hasta el momento, nadie ha reivindicado el atentado.* □ ORTOGR. La *c* se cambia en *qu* delante de *e* →**SACAR**.

reja s.f. **1** Conjunto de barrotes enlazados, que se pone en las ventanas o en otras aberturas de los muros como medida de seguridad o como adorno, o en el interior de algunas construcciones para delimitar un espacio: *Como vive en un primer piso muy bajo, ha puesto rejas en las ventanas.* **2** En un arado, pieza de hierro que sirve para surcar y remover la tierra: *Al arar la tierra, la reja del arado tropieza a veces con piedras enterradas.* **3** ‖ **{entre/tras las} rejas.** *col.* En la cárcel: *Si lo coge la policía, lo meten entre rejas para el resto de sus días.*

rejería s.f. **1** Arte o técnica de construir rejas: *Las rejas que rodean el jardín fueron encargadas a un maestro en rejería.* **2** Conjunto de obras construidas según este arte, esp. si tienen una característica común: *La rejería de la iglesia es obra de un famoso artista barroco.*

rejilla s.f. Red o lámina calada que suele ponerse en puertas, ventanas u otros huecos para ocultar el interior, para evitar que entre algo o como medida de seguridad: *El párroco oía la confesión a través de la rejilla del confesionario.*

rejón s.m. En tauromaquia, palo largo de madera con una cuchilla en la punta, que se usa para rejonear: *Al clavarse el rejón en el toro, se rompe y solo queda clavada la cuchilla.*

rejoneador, -a s. Torero que hace la lidia completa del toro desde un caballo, usando los rejones para matar al toro: *En Portugal hay mucha afición a las corridas de rejoneadores.*

rejonear v. **1** Torear a caballo usando los rejones: *Uno de los toreros toreó a pie y los otros dos rejonearon.* **2** En el toreo de a caballo, referido al toro, herirlo con el rejón, rompiendo este en el lomo del animal y dejándole clavada la punta: *El rejoneador hizo un quiebro ante el toro y lo rejoneó al girarse.*

rejoneo s.m. **1** Toreo a caballo: *Para practicar el rejoneo conviene ser buen jinete además de buen torero.* **2** Acción de herir al toro con el rejón: *El toro se resentía del rejoneo y se revolvía intentando desprenderse de lo que le habían clavado.*

rejuvenecer v. Referido a una persona, darle o adquirir un aspecto más joven o una fortaleza y vigor propios de la juventud: *Los colores alegres te rejuvenecen. Rejuvenecí al volverte a ver.* □ MORF. Irreg.: Aparece una *z* delante de la *c* cuando la siguen *a, o* →**PARECER**.

relación ▮ s.f. **1** Conexión o correspondencia entre dos cosas: *Entre una causa y su efecto hay una relación de consecuencia.* **2** Trato, comunicación o conexión entre dos personas o entidades: *Además de ser amigos, les une una relación de parentesco.* **3** Lista de nombres o de elementos: *En la puerta del instituto se publicará la relación de los admitidos.* **4** Relato que se hace de un hecho: *El abogado pidió al testigo que hiciese una relación pormenorizada de los hechos.* **5** En matemáticas, resultado de comparar dos cantidades expresadas en números: *La relación de igualdad en matemáticas se expresa con el signo = y la relación 'mayor que', con el signo >* ▮ pl. **6** Trato o comunicación de carácter amoroso o sexual que mantienen dos personas: *Eres muy joven para tener relaciones.* **7** Personas influyentes social o profesionalmente y con las que se tiene trato: *En el mundillo en el que se mueve, las relaciones pueden llevarle más lejos que sus méritos.* **8** ‖ **relaciones públicas.** **1** Actividad profesional consistente en intentar difundir y dar prestigio a la imagen de una persona o de una entidad mediante el trato personal y atento con el público destinatario de este mensaje: *Con el carácter tan abierto y persuasivo que tienes, podrías dedicarte a las relaciones públicas.* **2** Persona que se dedica a esta actividad o que está especializada en ella: *El relaciones públicas de la empresa presentó a la prensa la campaña de lanzamiento de los nuevos productos.* □ SINT. Incorr. **en relación a* › *en relación con, con relación a*.

relacionar ▮ v. **1** Referido a dos o más cosas o personas, asociarlas, ponerlas en conexión o establecer una correspondencia entre ellas: *Para un examen, además de haber estudiado, conviene saber relacionar unas ideas con otras. Rogamos que nos comuniquen cualquier nuevo dato que se relacione con lo sucedido.* ▮ prnl. **2** Tener trato o comunicación con otras personas o entidades, esp. con las que son influyentes: *Desde que nos hicieron aquella faena, dejamos de relacionarnos con ellos.*

relajación s.f. **1** Disminución de la tensión de algo: *Los masajes contribuyen a la relajación de los músculos.* **2** Distracción o estado de reposo conseguidos con algún tipo de descanso: *Para mí no hay mejor relajación que la lectura de un buen libro.* **3** Disminución de la severidad de una norma establecida o del rigor en su cumplimiento u obediencia: *La relajación de la ley en esos temas ha hecho que se multipliquen los abusos.* □ SEM. Es sinónimo de *relajamiento*.

relajado, da adj. **1** Que no produce tensión o que no requiere mucho esfuerzo: *Su trabajo le resulta tan relajado que no llega a imaginar lo que es el estrés.* **2** En fonética, referido a un sonido, que se articula con una tensión muscular escasa o menor de la habitual: *En español, la 'd' en posición final de palabra se pronuncia relajada.*

relajamiento s.m. →**relajación.**

relajar v. **1** Referido esp. a algo tenso, aflojarlo o disminuir su tensión: *Al extender el brazo, relajamos el bíceps. Las cuerdas vocales se relajan después de haber emitido un sonido.* **2** Referido esp. a una persona, distraerla o tranquilizarla mediante algún tipo de descanso: *Hacer ejercicio me relaja de la tensión del trabajo. Mi mente se relaja escuchando música.* **3** Referido esp. a las normas establecidas, hacer menos severo o menos riguroso su cumplimiento u obediencia: *La reforma del código penal relaja antiguas disposiciones demasiado duras. Mi abuelo dice que ahora los principios morales se han relajado mucho.* □ ORTOGR. Conserva la *j* en toda la conjugación.

relajo s.m. **1** *col.* Falta de orden o falta de seriedad: *No se puede trabajar con ese relajo y pretender que las cosas salgan bien.* **2** *col.* Descanso o tranquilidad: *Llevo una mañana de locos y no he tenido un momento de relajo.*

relamerse v.prnl. **1** Lamerse los labios una o varias veces: *El niño se relamía saboreando el helado.* **2** Encontrar mucho gusto o satisfacción: *Se relame pensando en las próximas vacaciones.*

relamido, da adj. Afectado o excesivamente aseado o esmerado, esp. en los modales; *lamido*: *Así, tan vestiditas y relamidas, parecéis porcelanas más que personas.*

relámpago s.m. **1** Resplandor muy vivo e instantáneo

producido en las nubes por efecto de una descarga eléctrica: *Vimos un relámpago en el cielo y enseguida se oyó el trueno.* **2** Lo que pasa muy deprisa o es muy rápido en su actividad: *¡Qué barbaridad, eres un relámpago resolviendo crucigramas!* □ SINT. En la acepción 2, se usa mucho en aposición, pospuesto a un sustantivo para indicar rapidez o carácter repentino: *viaje relámpago.*

relampaguear v. **1** Haber o producirse relámpagos: *Cuando empieza a relampaguear es que la tormenta está ya cerca.* **2** Despedir luz o brillar de manera intensa e intermitente: *La luz del faro relampagueaba en la oscuridad de la noche.* □ MORF. En la acepción 1, es verbo unipersonal: se usa solo en tercera persona del singular y en las formas no personales (infinitivo, gerundio y participio).

relampagueo s.m. **1** Producción de relámpagos: *El relampagueo era tan intenso que el cielo parecía iluminarse por momentos.* **2** Emisión de luz o brillo intensos e intermitentes: *Asustaba el relampagueo de aquellos ojos encolerizados.*

relatar v. Referido a un hecho, narrarlo o darlo a conocer con palabras: *Os relataré lo que me pasó.*

relatividad s.f. **1** Carácter de lo que no se considera de manera absoluta, sino en relación con otra cosa o en función de otros elementos: *Le molestó que le demostrara la relatividad de aquellas afirmaciones suyas tan tajantes.* **2** En física, teoría según la cual algunos o todos los sistemas de referencia en movimiento relativo, unos respecto de otros, son equivalentes para la descripción de la naturaleza: *La relatividad formulada por el físico alemán Einstein sostiene que el espacio y el tiempo son conceptos relativos.*

relativo, va ▮ adj. **1** Que se refiere a algo o que tiene relación con ello: *De todo lo relativo a las ventas se ocupa el departamento comercial.* **2** No absoluto o considerado en relación con otra cosa o en función de otros elementos: *No mintió, pero fue sincero de una manera relativa, porque contó solo lo que quiso.* **3** Que tiene una cantidad, intensidad o importancia indeterminadas, pero que es bastante o es escasa: *En cuanto ahorra una suma de relativa importancia, la invierte.* ▮ s.m. **4** →**pronombre relativo.** □ SEM. No debe usarse referido a una oración gramatical con el significado de 'adjetiva o de relativo': *El pronombre 'que' introduce oraciones {*relativas › de relativo}.*

relato s.m. **1** Cuento o narración de carácter literario y generalmente breve: *Es autor de varias novelas y de una colección de relatos.* **2** Narración o comunicación con palabras de un hecho: *Su relato de lo sucedido era tan emocionante que nos tenía a todos en vilo.*

relax s.m. Relajación física o mental, generalmente producida por una situación de bienestar o de tranquilidad: *¡Qué relax vivir en la paz del campo!* □ MORF. Invariable en número.

relegar v. Apartar, posponer o dejar en un lugar o posición menos destacados: *Cuando compró la cámara de vídeo, relegó la de fotos.* □ ORTOGR. La *g* se cambia en *gu* delante de *e* →**PAGAR**. □ SINT. Constr.: *relegar algo* A *un lugar.*

relente s.m. Humedad que se nota en la atmósfera en las noches sin nubes: *Al salir de la fiesta a aquellas horas, sentimos un relente que nos calaba los huesos.*

relevancia s.f. Importancia o significación: *Escribió varias novelas, pero ninguna de relevancia.*

relevante adj. **1** Importante o significativo: *Solo me ocupo de los problemas más relevantes de la empresa.* **2** Excelente o de gran calidad: *Es una persona de relevantes cualidades.* □ MORF. Invariable en género.

relevar v. **1** Referido a una persona, remplazarla o sustituirla por otra en una actividad o en un puesto: *Un jugador de reserva ha relevado al titular lesionado.* **2** Liberar, aliviar, apartar o privar de un peso, de una obligación o de un cargo: *Me ha relevado del trabajo más pesado porque dice que ya soy muy mayor.* □ ORTOGR. Dist. de *rebelarse* y *revelar.*

relevo ▮ s.m. **1** Sustitución de una persona por otra en una actividad o en un puesto: *El relevo de la guardia no se realiza hasta las doce.* **2** Persona o conjunto de personas que realizan esta sustitución: *Puedo dejar mi trabajo porque ha llegado el relevo.* ▮ pl. **3** Carrera deportiva entre equipos cuyos miembros actúan de uno en uno y se van relevando: *Hemos sido los campeones de relevos en natación.*

relicario s.m. Estuche o lugar donde se guarda alguna reliquia u objeto de valor sentimental: *Lleva siempre consigo un relicario con un mechón de pelo de su novia.*

relieve s.m. **1** Lo que sobresale o resalta sobre una superficie: *El mueble lleva como adorno unos relieves.* **2** Conjunto de accidentes geográficos de la superficie de la Tierra: *El relieve de esta región es muy abrupto.* **3** Importancia, mérito o renombre de algo: *Es una persona de relieve y no se hace nada sin consultar con ella.* **4** ‖ **bajo relieve.** →**bajorrelieve.** ‖ **poner de relieve.** Destacar, subrayar o resaltar con énfasis: *Puso de relieve la necesidad de que todos cooperásemos.* □ MORF. El plural de *bajo relieve* es *bajos relieves.*

religión s.f. Conjunto de creencias y de prácticas relacionadas con lo que se considera sagrado: *La religión establece unos criterios éticos y morales.*

religiosidad s.f. **1** Condición o característica de la persona religiosa: *La religiosidad de los asistentes a la procesión era palpable.* **2** Puntualidad, exactitud y rigor al cumplir o realizar algo: *Pagó todas sus deudas con religiosidad.*

religioso, sa ▮ adj. **1** De la religión o relacionado con ella o con sus seguidores: *Las iglesias son edificios religiosos.* **2** Que practica una religión y cumple con sus normas y preceptos, esp. si lo hace con especial devoción: *Es una persona muy religiosa y va diariamente a misa.* **3** Puntual, exacto o riguroso en el cumplimiento de un deber: *Pagó de manera religiosa hasta el último céntimo de su deuda.* ▮ adj./s. **4** Que ha ingresado en una orden o congregación religiosas: *Soy religioso, pero todavía no me he ordenado y no soy sacerdote. En ese hospital hay varios religiosos ayudando a los médicos.*

relinchar v. Referido a un caballo, dar relinchos o emitir su voz característica: *Se oía a los caballos relinchar en las cuadras.*

relincho s.m. Voz característica de un caballo: *Me asusté con los relinchos de la yegua.*

reliquia s.f. **1** Parte del cuerpo de un santo o algo que se venera por haber estado en contacto con él: *El brazo incorrupto de un santo es una de las reliquias de mi iglesia.* **2** Vestigio, huella o resto de algo pasado, esp. si tiene un gran valor sentimental: *Este reloj que perteneció a mi abuelo es una reliquia.*

rellano s.m. **1** En una escalera, parte llana en que termina cada uno de sus tramos; *descansillo, descanso: Dejó los paquetes en el rellano de la escalera y descansó un momento.* **2** En un terreno, llano que interrumpe su pen-

a b c d e f g h i j k l m n ñ o p q r s t u v w x y z

diente: *Los ciclistas llegaron al rellano y tomaron fuerzas para continuar el ascenso.*

rellenar v. **1** Volver a llenar de forma que no quede ningún espacio vacío: *Rellena la jarra, que está medio vacía.* **2** Referido a un espacio, introducir en él lo necesario para llenarlo: *Rellenó la funda de los cojines con espuma.* **3** Referido a un alimento, poner en su interior distintos ingredientes: *Rellenó el pollo con tortilla, jamón y no sé cuántas cosas más.* **4** Referido esp. a un impreso, escribir los datos que se solicitan en los espacios destinados para ello; *llenar: Rellena la instancia con letra mayúscula.*

relleno, na ▌ adj. **1** Con su interior ocupado o lleno de algo: *Tomé aceitunas rellenas de anchoas.* **2** Referido a un impreso, que tiene los datos que se solicitan en los espacios destinados para ello: *Dame las hojas de solicitud rellenas y yo las entrego.* **3** *col.* Referido a una persona, que está un poco gruesa o que tiene formas redondeadas: *Ahora está muy delgado, pero de pequeño era muy rellenito.* ▌ s.m. **4** Llenado de un recipiente, de forma que no quede ningún espacio vacío: *El relleno de las botellas se hace de forma automática.* **5** Puesta de distintos ingredientes en el interior de un ave o de otro alimento: *Para el relleno de las tripas del cerdo utilizamos una máquina.* **6** Lo que se necesita para llenar o rellenar algo: *El relleno de este colchón es de lana.*

reloj s.m. **1** Instrumento, aparato o dispositivo que sirve para medir el tiempo o dividirlo en horas, minutos o segundos: *Me han regalado un reloj con la esfera dorada.* 👁 **medida** **2** ‖ **como un reloj.** *col.* Muy bien o con mucha precisión: *A pesar de los años que hace que lo tengo, el coche marcha como un reloj.* ‖ **contra reloj.** Muy deprisa, muy rápidamente o en un plazo de tiempo muy corto: *vivir contra reloj; trabajar contra reloj; estudiar contra reloj.* ‖ **reloj de cuco.** El que marca las horas con un cuclillo mecánico que sale de la caja y que imita el sonido de esta ave: *El cuco ha salido cuatro veces, luego son las cuatro.* □ MORF. Su plural es *relojes*.

relojería s.f. **1** Arte o técnica de hacer relojes: *La relojería suiza tiene mucho prestigio.* **2** Establecimiento en el que se hacen, se arreglan o se venden relojes: *En la relojería me dijeron que no tenían la pieza para arreglar el reloj.* **3** ‖ **de relojería.** Referido esp. a un mecanismo o a una bomba, que constan de un reloj que acciona o detiene un dispositivo en un determinado momento: *Las bombas de relojería estallan cuando el reloj que llevan marca la hora fijada.*

relojero, ra s. Persona que se dedica profesionalmente a la fabricación, a la reparación o a la venta de relojes: *Es un buen relojero y me arregló un reloj muy antiguo.*

relucir v. **1** Brillar o despedir rayos de luz: *Las estrellas relucen en el cielo.* **2** Sobresalir o ser importante: *Relucía por su inteligencia.* **3** ‖ **{sacar/salir} a relucir** algo. *col.* Decirlo o mencionarlo de manera inesperada o inoportuna: *No saques a relucir nuestras antiguas diferencias.* □ MORF. Irreg.: Aparece una *z* delante de la *c* cuando la siguen *a, o* →**LUCIR**.

relumbrar v. Resplandecer o despedir intensos rayos de luz: *Las armaduras de los caballeros relumbraban bajo el sol.*

remachar v. **1** Referido a un clavo ya clavado, machacar su punta o su cabeza para darle mayor firmeza: *Remachó los clavos de las patas del mueble para que estas no cediesen con el peso.* **2** Colocar o poner remaches: *El zapatero no remachó bien el cinturón y se han soltado los remaches.* **3** Recalcar insistiendo mucho: *De pequeño me remacharon que debía ayudar siempre a un amigo.*

remache s.m. Clavo con cabeza en un extremo que después de haber sido clavado, se remacha por el extremo opuesto: *El cofre llevaba unos bonitos remaches dorados.* 👁 **cuchillo**

remanente s.m. Lo que queda o se reserva de algo: *Hemos gastado mucho dinero, pero nos queda un remanente para imprevistos.*

remangar v. Referido a una manga o a la ropa, levantarlas o recogerlas hacia arriba: *La enfermera me dijo que me remangara la camisa para ponerme la inyección.* □ ORTOGR. La *g* se cambia en *gu* delante de *e* →**PAGAR**.

remansarse v.prnl. Referido a una corriente de agua, detenerse, suspenderse o correr muy lentamente: *Nos bañaremos donde la corriente del río se remansa.*

remanso s.m. **1** Lugar en el que se detiene o se hace más lenta una corriente de agua: *Se fueron a bañar a uno de los remansos del río.* **2** ‖ **remanso de paz.** Lugar muy tranquilo: *Vengo todas las tardes a leer a este rincón del bosque porque es un remanso de paz.*

remar v. Mover los remos en el agua para impulsar una embarcación; *bogar: Para alcanzar pronto la orilla debemos remar con fuerza.* □ SEM. Dist. de *navegar* (avanzar sobre el agua).

remarcar v. Hacer notar con insistencia o con énfasis: *El profesor remarcó la importancia de la Revolución francesa.* □ ORTOGR. La *c* se cambia en *qu* delante de *e* →**SACAR**.

rematado, da adj. Acompañado de una cualidad negativa, indica que esta se tiene en alto grado: *Si piensas que todo el mundo está a tus pies, eres un rematado imbécil.*

rematar v. **1** Dar fin, hacer concluir o hacer terminar: *El cantante remató su actuación interpretando su canción más famosa.* **2** Referido a una persona o a un animal moribundos, poner fin a su vida: *El diestro remató el toro con el descabello.* **3** *col.* Referido a algo que ya estaba mal, acabar de estropearlo o de agravarlo: *Si ya estaba desanimado, este nuevo fracaso lo va a rematar.* **4** Agotar, consumir o gastar totalmente: *Antes de empezar otro, remata este.* **5** Referido a una costura o a un cosido, asegurar su última puntada dando otra encima o haciendo un nudo a la hebra: *Si no rematas las costuras, se descoserán.* **6** En fútbol y otros deportes, dar término a una serie de jugadas lanzando el balón hacia la meta contraria: *El jugador remató de cabeza.*

remate s.m. **1** Conclusión o terminación: *Como remate de su exposición, el conferenciante contó una anécdota.* **2** *col.* Agravamiento o destrozo definitivo de lo que ya estaba mal: *Como remate de todas sus críticas, me soltó que nunca confió en mí.* **3** Fin, extremo o punta: *Este alfiler de corbata lleva un brillante como remate.* **4** En fútbol y otros deportes, lanzamiento del balón a la meta contraria, esp. si es la finalización de una serie de jugadas: *El segundo gol fue un bonito remate con la izquierda.* **5** En costura, forma de asegurar la última puntada consistente en dar otra encima o haciendo un nudo a la hebra: *Cuando termines de bordar, haz un remate para que no se escape el hilo.* **6** ‖ **de remate.** *col.* Pospuesto a un término que indica una cualidad negativa, intensifica el significado de este: *No le hagas caso, que está loco de remate.*

rembolsar v. Referido a una cantidad de dinero, devolverla a quien la había desembolsado: *Si no queda satisfecho con sus compras, le rembolsamos el importe total.* □ ORTOGR. Se admite también *reembolsar*.

remolso s.m. **1** Devolución de una cantidad de dinero a quien la había desembolsado: *Cuando cambié la falda, como no había otra, el vendedor me hizo el rembolso del importe.* **2** Cantidad de dinero que se paga en el momento de recibir un objeto enviado por correo o por una agencia de transportes: *Me enviaron el paquete contra rembolso.* □ ORTOGR. Se admite también *reembolso*.

remedar v. Intentar parecer o imitar, sin llegar a la semejanza perfecta: *Su casa remeda un palacete señorial.*

remediar v. **1** Referido a un daño, ponerle remedio o intentar repararlo: *Quiero remediar con mi ayuda los daños causados.* **2** Referido a algo de consecuencias negativas, evitar que suceda: *Si Dios no lo remedia, me parece que la lluvia arruinará la cosecha.* □ ORTOGR. La *i* nunca lleva tilde.

remedio s.m. **1** Medio o procedimiento para solucionar o reparar un daño: *Necesito un remedio para el dolor de muelas.* **2** Enmienda o corrección: *Si no pones remedio a tu mal comportamiento, serás severamente castigado.* **3** Auxilio o socorro de una necesidad: *Su compañía fue un gran remedio en medio de mi pena.* **4** ‖ **no haber más remedio.** *col.* Ser absolutamente necesario: *Si queremos terminar a tiempo, no hay más remedio que trabajar sábados y domingos.* ‖ **qué remedio.** *col.* Expresión que se usa para indicar resignación: *No me gusta trabajar por la noche, pero si no tengo otra cosa, ¡qué remedio!*

rememorar v. Referido a algo pasado, recordarlo o traerlo a la memoria: *Los dos amigos rememoraron sus tiempos de estudiantes.*

remendar v. Referido a algo viejo o roto, esp. a la ropa, ponerle un remiendo o zurcirlo para reforzarlo: *Remendó las rodilleras del vaquero con tela de colores.* □ MORF. Irreg.: La *e* final de la raíz diptonga en *ie* en los presentes, excepto en las personas *nosotros* y *vosotros* →**PENSAR**.

remendón, -a adj. Que se dedica a remendar, esp. referido a un zapatero: *Se me han roto las sandalias y tengo que llevarlas al zapatero remendón.*

remero, ra s. Persona que rema: *Los remeros tienen los brazos muy fuertes.*

remesa s.f. Envío que se hace de un lugar a otro: *La última remesa de aceite que recibimos se está acabando.*

remeter v. **1** Meter más adentro: *Ven para que te remeta la camisa por el pantalón.* **2** Referido a un objeto, empujarlo para meterlo en un lugar: *Remeto bien las mantas bajo el colchón para no destaparme.*

remiendo s.m. **1** Trozo de tela u otro material que se pone para arreglar algo: *A esta chaqueta le hace falta un remiendo en el codo.* **2** *col.* Arreglo o reparación, generalmente provisional, que se hace en caso de urgencia: *Que conste que esto es solo un remiendo y no la solución definitiva a tu problema.*

remilgado, da adj. Que finge o muestra una delicadeza exagerada o un escrúpulo excesivo: *Era muy cursi y remilgado, y se ofendía por cualquier cosa.*

remilgo s.m. Manifestación exagerada de delicadeza o de escrúpulos, generalmente mediante gestos expresivos: *Déjate de remilgos y sírvete un buen trozo de tarta.*

reminiscencia s.f. **1** Recuerdo vago e impreciso: *De mi infancia solo tengo alguna reminiscencia.* **2** Influencia o parecido: *Esta novela tiene reminiscencias clásicas.*

remisión s.f. **1** Envío que se hace a otro lugar: *En tu trabajo hay continuas remisiones a estudios anteriores.* **2** Disminución o pérdida de intensidad: *Con el calmante he notado la remisión del dolor.* **3** Perdón o liberación de una pena o de una obligación: *A pesar de su buen comportamiento no ha logrado la remisión de condena.*

remiso, sa adj. Reacio, contrario o poco dispuesto a la realización de algo: *Se muestra muy remiso a pedir favores.*

remite s.m. Nota que se pone en un envío por correo, en la que constan el nombre y dirección de la persona que hace dicho envío: *Si no escribes el remite, no te podrán devolver la carta en caso de que las señas no sean correctas.*

remitente s. Persona que hace un envío y cuyo nombre consta en el remite de un sobre o paquete: *El remitente de una carta es el que la envía.* □ MORF. Es de género común y exige concordancia en masculino o en femenino para señalar la diferencia de sexo: *el remitente, la remitente*.

remitir ▮ v. **1** Referido a algo, enviarlo a determinada persona de otro lugar: *Mañana mismo te remitiré la carta.* **2** Disminuir o perder intensidad: *Dentro de unos días remitirá el calor.* **3** En un escrito, hacer una indicación para que se consulte un lugar donde aparece información de lo tratado: *Este autor remite constantemente a su anterior obra.* ▮ prnl. **4** Referido a lo hecho o a lo dicho, atenerse a ello: *Como prueba de lo que digo, me remito a tus declaraciones en el periódico.* □ SINT. Constr. de la acepción 4: *remitirse* A *algo*.

remo s.m. **1** Especie de pala alargada y estrecha que sirve para mover una embarcación al hacer con ella fuerza en el agua: *El marinero impulsaba la barca con dos remos.* **2** Deporte que consiste en recorrer distancias en una embarcación impulsada por estas palas: *El remo es un deporte olímpico.*

remodelar v. Modificar la forma, la estructura o la composición: *Remodelarán el viejo cine para convertirlo en teatro.*

remojar v. Empapar o meter en un líquido, esp. en agua: *Remojó la ropa antes de meterla en la lavadora.* □ ORTOGR. Conserva la *j* en toda la conjugación.

remojo ‖ **{a/en} remojo.** Dentro del agua durante un cierto tiempo: *Puse los garbanzos en remojo para que se ablandasen.*

remojón s.m. Baño de agua o de otro líquido hasta empaparlo: *¡Menudo remojón nos dio con la manguera!*

remolacha s.f. **1** Planta herbácea de hojas grandes que salen directamente de la raíz, flores pequeñas y verdosas en espiga y raíz carnosa en forma de huso, de color rojizo o blanco: *A todas las variedades de remolacha que se emplean en la industria del azúcar se las denomina remolacha azucarera.* **2** Raíz de esta planta: *La remolacha es comestible.*

remolcador s.m. Barco preparado para el remolque de otras embarcaciones: *Un pequeño remolcador arrastraba el pesquero averiado.* 👁 **embarcación**

remolcar v. Referido esp. a un vehículo, arrastrarlo o llevarlo sobre una superficie tirando de él: *Un barco remolcó el yate hasta el puerto.* □ ORTOGR. La *c* se cambia en *qu* delante de *e* →**SACAR**.

remolino s.m. **1** Movimiento giratorio y rápido, esp. del aire, el agua o el polvo: *Bañarse en este río es peligroso porque hay remolinos.* **2** Conjunto de pelos que salen en diferentes direcciones y que son difíciles de peinar: *Para sujetarse ese remolino de pelos tiene que echarse mucha laca.* **3** Amontonamiento desordenado de gente: *Un remolino de trabajadores se agolpó a las puertas del ministerio.*

remolón, -a adj./s. Que intenta evitar el trabajo o la realización de algo: *Suspendes porque eres muy remolón para estudiar. Se hace el remolón para no pagar.*

remolonear v. Evitar esfuerzos o trabajos, generalmente por pereza: *Deja ya de remolonear y empieza a estudiar.*

remolque s.m. **1** Desplazamiento de un vehículo tirando de él: *La grúa se encarga del remolque de otros vehículos.* **2** Vehículo sin motor que es remolcado por otro: *Enganchó el remolque al tractor para transportar los cestos de uvas.* **3** ‖ **a remolque. 1** Remolcando o siendo remolcado: *La grúa llevaba el coche averiado a remolque.* **2** Por impulso o incitación de otra persona: *Fui a remolque a la cena, pero luego me divertí mucho.*

remontar ▮ v. **1** Referido a una pendiente, subirla: *Al terminar de remontar la cuesta, nos sentamos a descansar.* **2** Navegar o nadar aguas arriba: *Gracias al esfuerzo de los remeros consiguieron remontar el río.* **3** Elevar en el aire: *El águila remontó el vuelo con majestuosidad.* **4** Superar o sobrepasar: *Tras remontar algunas dificultades, el negocio empezó a dar frutos.* ▮ prnl. **5** Retroceder en el tiempo hasta una época pasada: *Para buscar el origen de esa costumbre hay que remontarse a la época medieval.* **6** Situarse o tener lugar: *La construcción de este palacio se remonta al siglo XV.* **7** Referido a una cantidad, ascender a la cifra que se indica: *Los gastos de limpieza se remontan a seiscientos euros mensuales.* **8** Volver, ir hacia arriba o hacia atrás: *Cuando teoriza, se remonta a conceptos abstractos muy difíciles de entender.* □ SINT. Constr. como pronominal: *remontarse* A *algo.*

remonte s.m. **1** Aparato utilizado para remontar una pista de esquí: *El telesilla y el telesquí son remontes.* 👁 **funicular** **2** Recorrido de una corriente aguas arriba: *La parte más difícil de la prueba es el remonte del río a nado.* **3** Superación de algo o avance: *Con el esfuerzo de todos se conseguirá el remonte de la crisis económica.*

rémora s.f. **1** Pez marino de color grisáceo, con una aleta dorsal y otra ventral que nacen en la mitad del cuerpo y se prolongan hasta la cola y un disco ovalado sobre la cabeza que utiliza a modo de ventosa para adherirse a otros peces o a objetos flotantes: *La rémora suele adherirse al vientre de los tiburones y alimentarse con la comida que estos desechan.* **2** Impedimento para llevar algo a buen fin; *lastre: Tantos trámites burocráticos suponen una rémora a la hora de abrir un negocio.* □ MORF. En la acepción 1, es un sustantivo epiceno y la diferencia de sexo se señala mediante la oposición *la rémora {macho/hembra}.*

remorder v. Inquietar, alterar o desasosegar interiormente: *Se portó muy mal conmigo y ahora le remuerde la conciencia.* □ MORF. Irreg.: La *o* diptonga en *ue* en los presentes, excepto en las personas *nosotros* y *vosotros* →**MOVER.**

remordimiento s.m. Inquietud o pesar interno que queda después de realizar una acción que se considera mala o perjudicial: *Tiene muchos remordimientos por lo mal que se portó con aquel amigo.*

remoto, ta adj. **1** Distante o apartado en el tiempo o en el espacio: *En épocas remotas hubo importantes yacimientos de oro en esta región.* **2** Que es difícil que suceda o que sea verdad: *Su regreso al país es solo una remota posibilidad.* **3** Pequeño, vago o impreciso: *Tengo un remoto recuerdo de aquella casa.*

remover ▮ v. **1** Mover repetidas veces agitando o dando vueltas: *El jardinero removía la tierra con el azadón.* **2** Referido a algo olvidado, volver a tratarlo o a pensarlo: *Lo mejor será no remover ese viejo tema.* ▮ prnl. **3** Moverse o pasar de un lugar a otro: *¿Qué te pasa que te remueves inquieto en el sillón?* □ MORF. Irreg.: La *o* diptonga en *ue* en los presentes, excepto en las personas *nosotros* y *vosotros* →**MOVER.**

remozar v. Dar un aspecto nuevo o moderno: *Han remozado la fachada del edificio con una capa de pintura.* □ ORTOGR. La *z* se cambia en *c* delante de *e* →**CAZAR.**

remplazar v. **1** Referido a una cosa, sustituirla por otra que hace sus veces: *He remplazado la bombilla por una lámpara halógena.* **2** Referido a una persona, sustituirla o sucederla en el cargo o en el ejercicio de sus funciones: *¿Quién será el encargado de remplazar al jefe de servicio recientemente fallecido?* □ ORTOGR. 1. La *z* se cambia en *c* delante de *e* →**CAZAR.** 2. Se admite también *reemplazar.*

remplazo s.m. **1** Sustitución de una cosa por otra que hace sus veces: *El entrenador ordenó el remplazo del jugador lesionado.* **2** Renovación parcial en los plazos que marca la ley del personal del ejército que presta servicio activo: *Estos soldados se licencian cuando llegue el siguiente remplazo.* □ ORTOGR. Se admite también *reemplazo.*

remuneración s.f. Pago o recompensa por un servicio o por un trabajo; *retribución: La remuneración se efectuará una vez entregado el proyecto.*

remunerar v. Referido esp. a un servicio o a un trabajo, recompensarlos o pagar dinero por ellos; *retribuir: La empresa le remuneró las horas extras trabajadas.*

renacentista ▮ adj. **1** Del Renacimiento o relacionado con este movimiento cultural: *El período renacentista se caracterizó por el desarrollo de las ciencias humanas y científicas.* ▮ adj./s. **2** Que cultiva los estudios o el arte propios de este movimiento: *Garcilaso de la Vega fue uno de los poetas renacentistas españoles. Los renacentistas desarrollan una arquitectura caracterizada por la simetría, el orden y la proporción.* □ MORF. 1. Como adjetivo es invariable en género. 2. Como sustantivo es de género común y exige concordancia en masculino o en femenino para señalar la diferencia de sexo: *el renacentista, la renacentista.*

renacer v. Tomar nuevas fuerzas y energías o recuperar la importancia perdida: *Con estas vacaciones he renacido. En los siglos XV y XVI renacen en el arte los temas de la Antigüedad clásica.* □ MORF. Irreg.: Aparece una *z* delante de la *c* cuando la siguen *a, o* →**PARECER.**

renacimiento s.m. **1** Movimiento cultural europeo que se desarrolla principalmente entre los siglos XV y XVI y que supone una vuelta a los valores de la Antigüedad grecolatina: *El Renacimiento nació en Italia y supuso una revalorización de la persona.* **2** Recuperación de la importancia perdida: *En esta región se está produciendo un renacimiento de la artesanía.* □ USO En la acepción 1, se usa como nombre propio.

renacuajo s.m. **1** Larva de un anfibio, esp. de una rana o de un sapo, que se diferencia del animal adulto por tener cola, carecer de patas y respirar por medio de branquias: *El renacuajo se transforma en un individuo adulto mediante una metamorfosis.* 👁 **metamorfosis** **2** Persona pequeña en edad o en estatura: *Soy maestro y tengo en clase a veinte renacuajos.* □ MORF. En la acepción 1, es un sustantivo epiceno y la diferencia de sexo se señala mediante la oposición *el renacuajo {macho/hembra}.* □ USO En la acepción 2, su uso aplicado a un niño tiene un matiz cariñoso.

renal adj. De los riñones o relacionado con ellos; *nefríti-*

co: Los cólicos renales producen dolores muy fuertes. ☐ MORF. Invariable en género.

rencarnación s.f. Encarnación de un espíritu en un nuevo cuerpo: *Cree en la rencarnación y asegura que en su vida anterior fue pez.*

rencarnarse v.prnl. Referido esp. a un ser espiritual, volver a encarnarse o a tomar forma material: *Los budistas creen que las almas se rencarnan en sucesivos cuerpos hasta conseguir la perfección.* ☐ ORTOGR. Se admite también *reencarnarse*.

rencilla s.f. Riña que da lugar a una enemistad: *Mientras no dejéis a un lado esas rencillas no viviréis en paz.* ☐ MORF. Se usa más en plural.

rencor s.m. Sentimiento de enojo por algo pasado: *Es una buena persona, incapaz de guardar rencor a nadie.*

rencoroso, sa adj./s. Que tiene o guarda rencor: *No seas rencorosa y aprende a perdonar. Es un rencoroso y sé que esta ofensa no la olvidará nunca.*

rendición s.f. **1** Vencimiento, derrota o sometimiento a la voluntad de alguien: *El regimiento consiguió la rendición del ejército enemigo.* **2** Obligación a admitir algo: *Las múltiples razones de sus amigos causaron su rendición y su cambio de opinión.*

rendido, da adj. Sumiso, amable o atento: *Es un rendido admirador de esa actriz.*

rendija s.f. Abertura larga y estrecha que se forma en un cuerpo o que separa dos elementos muy próximos: *El aire y la luz entran por las rendijas de la persiana.*

rendimiento s.m. Beneficio o utilidad que algo produce: *Este negocio nos proporciona altos rendimientos.*

rendir ▌v. **1** Vencer o derrotar: *Los soldados rindieron varias plazas del enemigo.* **2** Someter a la voluntad de alguien: *A fuerza de atenciones y regalos consiguió rendirla. El atracador se rindió al verse rodeado de policías.* **3** Dar fruto, utilidad o beneficio: *Si lo haces como yo digo, te rendirá más el trabajo.* **4** Dar, ofrecer o entregar: *Los antiguos romanos rendían culto a muchos dioses.* **5** Cansar o fatigar: *Este trabajo rinde a cualquiera.* ▌prnl. **6** Admitir o aceptar: *Tuve que rendirme a los hechos.* ☐ MORF. Irreg.: La *e* se cambia en *i* cuando la sílaba siguiente no tiene *i* o la tiene formando diptongo →**PEDIR**.

renegado, da adj./s. Que ha abandonado sus creencias, esp. las religiosas: *Durante la Reconquista, en las zonas de dominio musulmán hubo muchos cristianos renegados. La Inquisición perseguía a los renegados de la fe católica.*

renegar v. **1** Referido a las creencias, esp. a las religiosas, abandonarlas y rechazarlas: *Renegó de su fe cristiana y se hizo musulmán.* **2** Rechazar con desprecio: *Nunca renegaré de mi familia.* **3** Decir blasfemias o maldecir; *blasfemar: Renegaba de todos aquellos amigos que le habían dado la espalda.* **4** *col.* Emitir voces confusas o palabras mal articuladas como muestra de enojo o de enfado; *refunfuñar: Se pasó el día renegando porque se le había estropeado el coche.* ☐ ORTOGR. Aparece una *u* después de la *g* cuando le sigue *e*. ☐ MORF. Irreg.: La *e* final de la raíz diptonga en *ie* en los presentes, excepto en las personas *nosotros* y *vosotros* →**REGAR**. ☐ SINT. Constr. de las acepciones 1, 2 y 3: *renegar* DE *algo*.

renegrido, da adj. De color oscuro o ennegrecido: *El deshollinador salió de la chimenea con la ropa renegrida.*

rengancharse v.prnl. **1** Continuar en el ejército después de haber cumplido el servicio militar a cambio de un sueldo: *Como no tenía empleo, decidió rengancharse en la Marina.* **2** *col.* Volver a realizar una actividad: *Aunque ya he visto la película, me rengancho cuando quieras.* ☐ ORTOGR. Se admite también *reengancharse*.

renganche s.m. **1** Permanencia de una persona en el ejército después de haber cumplido el servicio militar a cambio de un sueldo: *Su renganche fue debido a la falta de trabajo.* **2** *col.* Realización de una actividad por segunda vez: *Ha sobrado tarta, así que ¿quién se apunta al renganche?*

renglón ▌s.m. **1** En un escrito, conjunto de palabras o caracteres comprendidos en una horizontal; *línea: Cuando escribo en un papel blanco, tuerzo los renglones.* **2** Cada una de las líneas horizontales que permiten escribir sin torcerse: *Necesito un cuaderno con los renglones marcados.* ▌pl. **3** *col.* Escrito breve: *Le enviaré unos renglones para agradecerle su invitación.* **4** ‖ **a renglón seguido.** A continuación o inmediatamente: *Dijo que estaba en desacuerdo y, a renglón seguido, abandonó la sala.*

renio s.m. Elemento químico, metálico y sólido, de número atómico 75, de color blanco brillante, muy denso y que se funde difícilmente: *El renio tiene un aspecto semejante al platino.* ☐ ORTOGR. Su símbolo químico es *Re*.

reno s.m. Mamífero parecido al ciervo, con cuernos muy ramificados y pelaje espeso, que habita en las regiones del hemisferio norte, se domestica fácilmente y se utiliza como animal de tiro para los trineos: *La carne de reno se aprovecha para la alimentación.* ☐ MORF. Es un sustantivo epiceno y la diferencia de sexo se señala mediante la oposición *el reno {macho/hembra}*. 👁 **rumiante**

renombrado, da adj. Célebre o famoso: *Se encargó la construcción del edificio a un renombrado arquitecto de la ciudad.*

renombre s.m. Fama o prestigio: *Esa marca de coches tiene mucho renombre.*

renovación s.f. **1** Sustitución de una cosa por otra equivalente, pero más nueva, más moderna o que sea válida: *Para hacer la renovación del carné de identidad, tienes que ir a la comisaría de Policía.* **2** Reanudación o restablecimiento de la fuerza, de la vitalidad o de la intensidad de algo: *Tras descubrirse el nuevo fraude, la renovación de las críticas al Gobierno no se hizo esperar.*

renovar v. **1** Referido a una cosa, sustituirla por otra equivalente, pero más nueva, más moderna o que sea válida: *Tengo que renovar el vestuario, porque se me ha quedado anticuado.* **2** Dar nueva fuerza, intensidad o vitalidad: *Cuando se levantó el telón, el público renovó los aplausos. Con unas vacaciones renovaré fuerzas.* ☐ MORF. Irreg.: La *o* diptonga en *ue* en los presentes, excepto en las personas *nosotros* y *vosotros* →**CONTAR**.

renquear v. **1** Tener dificultad en la realización de algo: *El negocio empieza a renquear y no sabemos si podremos seguir adelante.* **2** Andar moviéndose de un lado a otro, como cojeando: *Tiene una lesión en la cadera y renquea un poco.*

renta s.f. **1** Beneficio o utilidad que produce periódicamente algo: *La renta per capita es la cantidad que resulta de dividir el dinero que tiene un país por su número de habitantes.* **2** Lo que se paga por un arrendamiento o alquiler a su propietario: *El casero me sube la renta por el piso a principios de año.* ‖ **vivir de las rentas.** *col.* Aprovecharse de lo que se ha conseguido en el pasado: *Con su primer profesor de latín aprendió muchísimo y después vivió de las rentas y sacó la asignatura sin estudiar.*

rentabilidad s.f. Capacidad de producir un beneficio

suficiente o que valga la pena: *La falta de rentabilidad de la empresa obligó a su cierre.*

rentabilizar v. Hacer que los beneficios sean superiores a los gastos: *Modernizaremos la maquinaria para rentabilizar la empresa y obtener más beneficios.* □ ORTOGR. La *z* se cambia en *c* delante de *e* →**CAZAR**.

rentable adj. Que produce un beneficio suficiente o que merece la pena: *El negocio dejó de ser rentable y tuvimos que cerrarlo.* □ MORF. Invariable en género.

rentar v. Producir beneficio o utilidad periódicamente: *Lo que le rentan los pisos que tiene alquilados le permite vivir con desahogo.*

renuevo s.m. Ramo tierno que echa un árbol o una planta después de haber sido podados o cortados: *El rosal que podamos ya tiene varios renuevos.*

renuncia s.f. **1** Abandono voluntario de algo que se posee o a lo que se tiene derecho: *Apoyó su renuncia al cargo diciendo que no se consideraba capacitado para desempeñarlo.* **2** Documento que recoge este abandono voluntario: *A primera ahora se presentó ante el director con su renuncia firmada.* **3** Desprecio o abandono de algo: *Su perfecta curación exige la renuncia al tabaco.*

renunciar v. **1** Referido a algo que se posee o a lo que se tiene derecho, dejarlo o abandonarlo voluntariamente: *Renunció a su herencia en favor de sus sobrinos.* **2** Despreciar o no aceptar: *El médico le aconsejó que renunciara al alcohol.* □ ORTOGR. La *i* nunca lleva tilde. □ SINT. Constr.: *renunciar A algo.*

renuncio s.m. *col.* Mentira o contradicción en que se sorprende a alguien: *Te he pillado en un renuncio, porque, como dice el refrán, 'antes se coge a un mentiroso que a un cojo'.*

reñido, da adj. **1** Referido a una persona, enemistada con otra de forma que no mantiene trato con ella: *Están reñidos y ni siquiera se saludan.* **2** Referido esp. a una elección o a una competición, que se desarrolla con mucha rivalidad entre los participantes por tener estos méritos parecidos: *Tras un reñido partido, nuestro equipo resultó vencedor por un gol.*

reñir v. **1** Referido a una persona, reprenderla o regañarla con rigor: *Me riñeron por no dejar recogida la habitación.* **2** Discutir, pelear o sostener opiniones contrarias: *Estos críos siempre están riñendo.* **3** Enemistarse o dejar de tener relación con alguien: *¿No sabes que riñeron y suspendieron la boda?* □ MORF. Irreg. →**DESTEÑIR**.

reo s. Persona acusada de un delito o declarada culpable: *El reo cumplirá condena de prisión por tres años.* □ MORF. Es de género común y exige concordancia en masculino o en femenino para señalar la diferencia de sexo: *el reo, la reo.*

reoca ‖ **ser la reoca.** *col.* Ser extraordinario o salirse de lo corriente: *Ese muchacho es la reoca, porque nunca lo veo estudiando y siempre aprueba con buenas notas.*

reojo ‖ **de reojo.** De forma disimulada, dirigiendo la vista por encima del hombro o hacia un lado: *Lo vi de reojo cuando pasó por mi lado.*

reostato o **reóstato** s.m. En un circuito eléctrico, instrumento que sirve para hacer variar la resistencia: *El reostato permite modificar la intensidad de la corriente que circula por el circuito.*

repámpanos interj. Expresión que se usa para indicar sorpresa, enfado o disgusto: *¡Repámpanos!, ¿por qué no has hecho el encargo que te hice?*

repanchigarse v.prnl. *col.* Sentarse cómodamente, extendiendo y recostando el cuerpo; *repantingarse: Cuando llega del trabajo, se repanchiga en su sillón preferido.* □ ORTOGR. La *g* se cambia en *gu* delante de *e* →**PAGAR**.

repanocha ‖ **ser la repanocha.** *col.* Ser extraordinario o salirse de lo normal: *Tu hijo es la repanocha y siempre está inventando cosas fantásticas.*

repantingarse v.prnl. *col.* →**repanchigarse.** □ ORTOGR. La *g* se cambia en *gu* delante de *e* →**PAGAR**.

reparación s.f. **1** Arreglo de algo roto o estropeado: *La reparación de la moto me salió bastante cara.* **2** Compensación o satisfacción completa por una ofensa o un daño: *Tuve que aceptar sus disculpas como reparación por los insultos sufridos.*

reparar v. **1** Arreglar o poner en buen estado: *Llevé a reparar el televisor averiado.* **2** Referido a un daño o una ofensa, remediarlos o corregirlos: *Reparó su ofensa pidiéndome perdón.* **3** Referido esp. a las fuerzas, restablecerlas o mejorarlas: *Necesito un descanso que me permita reparar fuerzas.* **4** Notar, advertir o darse cuenta: *¿Has reparado en que aquí no hay sillas?* □ SINT. Constr. de la acepción 4: *reparar EN algo.*

reparo s.m. **1** Advertencia u observación sobre algo, esp. para señalar una falta o defecto: *No puso reparos a mis planes.* **2** Duda, dificultad o inconveniente: *No tuvo reparos en volver a pedirme dinero.*

repartidor, -a s. Persona que se dedica profesionalmente al reparto o distribución de algo, generalmente de productos comerciales: *No necesitamos ir a comprar la leche, porque nos la trae a casa un repartidor.*

repartir v. **1** Referido a un todo, distribuirlo dividiéndolo en partes: *El que corta la tarta la reparte. Los dos socios se repartieron las ganancias.* **2** Distribuir por lugares distintos o entre personas diferentes: *Repartió a los huéspedes entre las habitaciones de la planta alta. Los perseguidores se repartieron por toda la ciudad en busca del escapado.* **3** Referido esp. a encargos o envíos, entregarlos a sus respectivos destinatarios: *Un repartidor reparte el periódico a los suscriptores. Las cartas certificadas se reparten a domicilio.* **4** Extender o distribuir uniformemente por una superficie: *Reparte bien la pintura por toda la pared para que no queden manchas.* **5** Referido a papeles dramáticos, adjudicarlos a los actores que van a representarlos: *Hoy se repartirán los papeles y mañana empezamos los ensayos.*

reparto s.m. **1** Distribución de un todo dividiéndolo en partes: *En el reparto del botín, la mayor parte correspondió al jefe de la banda.* **2** Asignación del destino o de la colocación convenientes: *El reparto del peso en un avión es un factor de seguridad.* **3** Entrega que se hace de algo, esp. de encargos o envíos a sus destinatarios: *Los grandes almacenes cuentan con un servicio de reparto a domicilio para pedidos grandes.* **4** Distribución uniforme de una materia por una superficie: *Para un mejor reparto del producto por toda la zona afectada, se aconseja aplicarlo en caliente.* **5** Adjudicación de los papeles de una obra dramática a los actores que van a representarla: *El reparto de los papeles es competencia del director.* **6** Lista o relación de estos actores y de los personajes que encarnan: *En el reparto de la película figuran actores de primera categoría.*

repasar v. **1** Referido esp. a una obra terminada, examinarla o volver a mirarla, generalmente para retocarla o para corregir sus errores: *Repasa las cuentas hasta que descubras por qué no cuadran.* **2** Referido esp. a algo que se ha estudiado, mirarlo de nuevo para afianzarlo en la memoria: *Si has estudiado durante el curso, la víspera del examen te basta con repasar los puntos fundamentales.* **3** Referido a una lección, volver a explicarla: *El profesor repasó brevemente en clase los temas más importantes que entraban en el examen.* **4** Examinar muy por encima pasando la vista rápidamente: *Hay días en que solo se puede repasar el periódico y leer los titulares.* **5** Referido esp. a una prenda de vestir, coserla o remendarla para arreglar sus desperfectos: *Enseguida se me desgastan los calcetines por el talón y tengo que repasarlos.*

repaso s.m. **1** Examen o reconocimiento que se hace de algo, generalmente para corregir sus errores: *Dale un repaso a la redacción y asegúrate de que no tiene faltas de ortografía.* **2** Recorrido o estudio ligero que se hace de algo ya estudiado: *Los repasos después del estudio son fundamentales para tener las ideas claras.* **3** Nueva explicación de una lección: *En la academia, los últimos días antes del examen nos hacen unos repasos utilísimos.* **4** Examen que se hace muy por encima y pasando la vista rápidamente: *Si hiciste solo un repaso del artículo, no te diste cuenta de lo que decía entre líneas.* **5** Remiendo de una prenda de vestir o de una tela para arreglar sus desperfectos: *Ese jersey necesita un repaso por el codo.*

repatear v. *col.* Fastidiar o desagradar mucho: *Me repatea tener que madrugar tanto.*

repatriación s.f. Devolución de una persona a la patria propia: *Después de la guerra, diversas instituciones humanitarias facilitarán la repatriación de refugiados.*

repatriar v. Referido a una persona, devolverla a su patria: *Las autoridades repatriarán a los inmigrantes ilegales.* □ ORTOGR. La *i* lleva tilde en los presentes, excepto en las personas *nosotros* y *vosotros* ⟶**VACIAR**.

repecho s.m. Cuesta con bastante pendiente y no muy larga: *En mitad del repecho tuvimos que pararnos a descansar un momento.*

repelente ▌adj. **1** Repulsivo, repugnante o que da asco: *No sé cómo puede vivir en un lugar de aspecto tan repelente.* **2** *col.* Referido a una persona, que es redicha o resulta impertinente por presumir o dar la impresión de saberlo todo: *Es repelente y parece que ha nacido sabiendo.* ▌s.m. **3** Sustancia o producto que se usan para alejar a ciertos animales: *En verano echamos por la casa un repelente contra los mosquitos.* □ MORF. Como adjetivo es invariable en género. □ ORTOGR. La *i* nunca lleva tilde.

repeler v. **1** Arrojar, lanzar o echar de sí con impulso o con violencia: *El portero repelió el lanzamiento y lo envió a córner.* **2** Causar repugnancia, oposición o rechazo: *La violencia me repele.* **3** Rechazar o no admitir en la propia masa o composición: *Dos cargas eléctricas del mismo signo se repelen entre sí.*

repelús s.m. *col.* Sensación de temor o de repugnancia que inspira algo: *Da un poco de repelús ir por esas calles tan oscuras.* repeluzno

repeluzno s.m. ⟶**repelús.**

repente s.m. **1** Impulso brusco e inesperado que mueve a hacer o a decir algo: *En un repente de los suyos, cogió una maceta y la estrelló contra el suelo.* **2** ‖ **de repente.** De forma repentina, inesperada o sin pensar: *Llevaba horas dándole vueltas y de repente se me ocurrió la solución.*

repentino, na adj. Que no se espera o que no está previsto: *Su repentina muerte sorprendió y conmocionó a todos.*

repercusión s.f. **1** Influencia, efecto o trascendencia posteriores: *Una fuga de gas puede tener repercusiones dramáticas.* **2** Resonancia, divulgación o eco que adquiere un hecho: *Sus declaraciones tuvieron repercusión en toda la prensa.*

repercutir v. **1** Influir, causar efecto o tener trascendencia en algo posterior; *incidir*: *Tus esfuerzos de hoy repercutirán en tu futuro.* **2** Referido a un sonido, resonar o producir eco: *Dio un puñetazo en la mesa que repercutió en toda la casa.* □ SINT. Constr.: *repercutir* EN *algo*.

repertorio s.m. **1** Conjunto de obras o de números que un artista, un grupo o una compañía han puesto en escena o tienen preparados para ello: *Un cantante debe renovar periódicamente su repertorio de canciones.* **2** Libro, índice o registro en que se recogen datos e informaciones remitiendo a textos donde se tratan más extensamente: *Han editado un repertorio de novelistas actuales que resulta muy interesante.* **3** Colección o recopilación de cosas: *Tengo un buen repertorio de excusas para cuando llego tarde a mis citas.*

repesca s.f. *col.* En una prueba, nueva admisión o concesión de una segunda oportunidad a alguien que ha sido eliminado: *En el examen de repesca no ha conseguido aprobar nadie.*

repescar v. *col.* En una prueba, referido a alguien que ha sido eliminado, volver a admitirlo o darle una nueva oportunidad: *En la final participarán los ganadores de cada prueba y los atletas que se repesquen por haber hecho buenos tiempos.* □ ORTOGR. La *c* se cambia en *qu* delante de *e* ⟶**SACAR**.

repetición s.f. **1** Nueva realización o pronunciación de algo que ya se ha hecho o dicho: *El viaje resultó tan bien que merece una repetición.* **2** Figura retórica o procedimiento del lenguaje consistente en la reiteración intencionada de palabras o de conceptos: *La repetición suele tener un efecto intensificador del significado.* **3** ‖ **de repetición.** Referido a un mecanismo, esp. a un arma de fuego, que repite mecánicamente su acción una vez puesto en funcionamiento: *Los rifles de repetición disparan varias balas sin necesidad de cargarlos a cada disparo.*

repetidor, -a ▌adj./s. **1** Referido a un alumno, que vuelve a cursar un curso o una asignatura: *El profesor aconsejó a los repetidores que estudiasen desde el principio.* ▌s.m. **2** Aparato electrónico que recibe una señal electromagnética y la vuelve a transmitir amplificada: *Los repetidores de televisión suelen colocarse en lugares elevados para que capten y envíen más fácilmente las ondas.*

repetir ▌v. **1** Volver a hacer o a decir: *Repite el ejercicio hasta que te salga perfecto. Los niños repiten todo lo que oyen.* **2** En una comida, referido a un alimento, volver a servírselo: *Voy a repetir ensaladilla porque está buenísima.* **3** Referido a lo que se come o se bebe, volver a la boca su sabor: *El pepino repite mucho.* ▌prnl. **4** Volver a ocurrir o suceder regularmente: *Todos los años por estas fechas se repiten las nevadas.* **5** Referido a una persona, insistir en las mismas actitudes, motivos o tratamientos: *Cuando empezó parecía un pintor muy original, pero últimamente se repite mucho.* □ MORF. Irreg.: La *e* final de la raíz se cambia en *i* cuando la sílaba siguiente no tiene *i* o la tiene formando diptongo ⟶**PEDIR**.

repetitivo, va adj. Que se repite o se ha repetido mucho: *Aunque es un gran director, su cine resulta ya repetitivo y carente de interés.*

repicar v. Referido esp. a una campana, sonar repetidamente y con cierto compás, generalmente en señal de

a b c d e f g h i j k l m n ñ o p q r s t u v w x y z

fiesta o de alegría: *Cuando nació el príncipe heredero, las campanas repicaron todo el día.* ☐ ORTOGR. La *c* se cambia en *qu* delante de *e* →**SACAR**.

repipi adj./s. Pedante, presuntuoso y poco natural en la forma de hablar: *La primera de la clase es una niña repipi, sabionda e insoportable. Presumes de listo, pero no eres más que un repipi.* ☐ MORF. 1. Como adjetivo es invariable en género. 2. Como sustantivo es de género común y exige concordancia en masculino o en femenino para señalar la diferencia de sexo: *el repipi, la repipi*.

repique s.m. Conjunto de sonidos de una campana o de otro instrumento producidos repetidamente, generalmente en señal de fiesta o de alegría: *El día del patrón, un repique de campanas anunciaba la salida de la procesión.*

repiquetear v. **1** Referido esp. a una campana, repicar con mucha viveza: *Cuando hay bautizo, las campanas de la iglesia repiquetean para que todos se enteren.* **2** Golpear repetidamente haciendo ruido: *El profesor repiquetea en la mesa con el bolígrafo para imponer silencio.*

repiqueteo s.m. Golpeteo muy vivo y repetido: *La boda fue saludada con un repiqueteo de campanas. Me gusta oír el repiqueteo de la lluvia en los cristales.*

repisa s.f. Estante o placa colocados horizontalmente contra la pared y que sirven para colocar cosas sobre ellos: *Sobre la chimenea del salón tiene una repisa con varias fotografías enmarcadas.*

replegar ▮ v. **1** Referido a una tropa militar, retirarla o hacerla retroceder de manera ordenada a posiciones defensivas: *El ataque enemigo obligó a replegar las tropas a una segunda línea.* ▮ prnl. **2** Referido a una persona, encerrarse en sí misma: *Cuando tiene algún problema, se repliega y no quiere hablar con nadie.* ☐ ORTOGR. Aparece una *u* después de la *g* cuando le sigue *e*. ☐ MORF. Irreg.: La *e* final de la raíz diptonga en *ie* en los presentes, excepto en las personas *nosotros* y *vosotros* →**REGAR**.

repleto, ta adj. Muy lleno o lleno por completo: *Una hora antes del partido, el campo ya estaba repleto.*

réplica s.f. **1** Respuesta o argumento que se hacen poniendo objeciones a algo que se ha dicho o se ha mandado: *En este cuartel reina la disciplina y no se toleran réplicas de nadie.* **2** Copia exacta o muy parecida de un original: *Tengo en la pared una réplica de un cuadro famoso.*

replicar v. Referido a algo que se dice o que se manda, responder a ello con objeciones: *Obedece sin replicar y no hagas que me enfade.* ☐ ORTOGR. La *c* se cambia en *qu* delante de *e* →**SACAR**.

repliegue s.m. Movimiento de retroceso a posiciones defensivas que realiza una tropa militar de manera ordenada: *El repliegue de las tropas supuso la pérdida de una ciudad.*

repoblación s.f. **1** Poblamiento que se vuelve a hacer de un lugar: *La repoblación de las colonias se hizo en su mayor parte con granjeros inmigrados de la metrópoli.* **2** Recuperación de la vegetación de un lugar que se hace plantando de nuevo árboles u otras plantas: *La repoblación forestal permite recuperar el monte destruido por los incendios.*

repoblar v. **1** Referido a un lugar abandonado por sus pobladores, volver a poblarlo, generalmente con pobladores nuevos: *Los conquistadores repoblaron las zonas abandonadas por los indígenas.* **2** Referido a un lugar, volver a plantarlo de árboles u otras plantas: *Las autoridades se proponen repoblar el monte quemado para evitar su desertización.* ☐ MORF. Irreg.: La *o* diptonga en *ue* en los presentes, excepto en las personas *nosotros* y *vosotros* →**CONTAR**.

repollo s.m. Variedad de col, de hojas firmes y tan unidas y apretadas entre sí que forman una especie de cabeza: *De primero comimos repollo cocido.*

reponer ▮ v. **1** Referido a una persona o a una cosa, volver a ponerlas o a colocarlas en el puesto, lugar o estado que antes tenían: *Cuando se demostró su inocencia, lo repusieron en su antiguo cargo.* **2** Referido esp. a algo que falta, remplazarlo o poner algo igual en su lugar: *Después del trabajo hay que reponer fuerzas.* **3** Referido a un espectáculo, volver a ponerlo en escena, a proyectarlo o a emitirlo: *En la filmoteca suelen reponer obras clásicas del cine.* **4** Responder o replicar, generalmente poniendo objeciones: *A las preguntas del periodista, el entrevistado repuso que él no tenía por qué dar cuentas de sus actos.* ▮ prnl. **5** Recuperarse recobrando la salud o la riqueza perdidas: *Hasta que no te repongas totalmente de la operación, no deberías volver al trabajo.* **6** Tranquilizarse o recuperar la serenidad: *Procura reponerte, que no te vean llorar los niños.* ☐ MORF. 1. Irreg.: Su participio es *repuesto* →**PONER**. 2. En la acepción 4, es verbo defectivo: se usa solo en pretérito perfecto simple y en futuro y pretérito imperfecto de subjuntivo; en los demás tiempos, es sustituido por las formas correspondientes del verbo *responder*.

reportaje s.m. Trabajo periodístico, cinematográfico o televisivo de carácter informativo y referente a un personaje o a un tema: *Esa revista publicó un reportaje sobre el tráfico de drogas en nuestras costas.*

reportar v. **1** Producir o traer como consecuencia: *Ese asunto solo te ha reportado preocupaciones y deberías olvidarte de él.* **2** Reprimir, contener o moderar: *Reporta tu ira y actúa con cabeza. Repórtate y no montes aquí una escena, por favor.*

reportero, ra s. Periodista que recoge y redacta noticias, esp. si está especializado en la elaboración de informes y reportajes: *El periódico envió a un fotógrafo y a un reportero para cubrir la noticia.*

reposado, da adj. Tranquilo, sosegado o quieto: *Me gustaría tener un trabajo más reposado.*

reposar v. **1** Descansar o interrumpir la fatiga o el trabajo: *Paremos en esa fuente para beber agua y reposar de la caminata.* **2** Permanecer en quietud, sin actividad ni alteración: *Antes de servir el té, déjalo reposar unos minutos.* **3** Apoyar o poner sobre algo: *Reposa la cabeza en mi hombro si quieres descansar.* **4** ‖ **reposar la comida.** Descansar después de comer para hacer mejor la digestión: *Si tienes digestiones pesadas, te conviene reposar la comida.*

reposición s.f. **1** Colocación de algo en el lugar, en el puesto o en el estado que antes tenía: *Atrapados los ladrones, la reposición del cuadro en las paredes del museo será inmediata.* **2** Remplazo o recuperación de algo que falta o colocación de algo igual en su lugar: *Los expedicionarios se detuvieron para la necesaria reposición de provisiones.* **3** Nueva puesta en escena, proyección o emisión de una obra o de un espectáculo estrenados en una temporada anterior: *En ese cine hacen reposiciones de antiguas películas de éxito.*

reposo s.m. **1** Descanso o interrupción de la fatiga o del trabajo: *En un trabajo tan ajetreado, echo de menos unos minutos de reposo.* **2** Quietud, falta de actividad o de alteración: *Para curar esta torcedura de tobillo necesitas reposo absoluto.* **3** En física, inmovilidad de un cuerpo respecto de un sistema de referencia: *Si se aplican dos fuerzas iguales y de sentido contrario a un cuerpo en reposo, este no se moverá.*

repostar v. Referido esp. al combustible o a las provisiones, reponerlos o abastecerse de ellos cuando se terminan: *El vuelo tiene dos escalas para repostar combustible.*

repostería s.f. **1** Oficio que consiste en la elaboración de tartas, pasteles y otros tipos de dulces: *Yo me dedico a la repostería y tengo una pastelería.* **2** Conjunto de los productos que se elaboran en este oficio: *Me gusta probar la repostería de distintos lugares.*

repostero, ra s. Persona que se dedica profesionalmente a la elaboración de tartas, pasteles y otro tipo de dulces: *Ese repostero elabora unas tartas muy ricas.*

reprender v. Referido a una persona, corregirla o regañarla desaprobando su conducta: *El profesor me reprendió por mis continuas faltas de puntualidad.*

reprensible adj. Digno de ser reprendido o corregido: *Tuvo un comportamiento maleducado y reprensible.* □ MORF. Invariable en género.

reprensión s.f. No aprobación de la conducta de alguien que se hace corrigiéndolo o regañándolo: *Las reprensiones en privado a un niño pueden ser más eficaces que si se le hacen en público y poniéndolo en ridículo.*

represalia s.f. **1** Daño causado a alguien en venganza de otro recibido: *Como represalia al bombardeo de una fábrica, arrasaron un pueblo enemigo.* **2** Medida que un Estado adopta contra otro como castigo a una acción de este: *El bloqueo comercial con ese país es una de las represalias que se tomarán en respuesta al racismo de su Gobierno.*

representación s.f. **1** Construcción de una imagen, de un símbolo o de una imitación de algo: *La representación de la muerte como un encapuchado con una guadaña es muy antigua.* **2** Imagen o símbolo que sustituyen o imitan a la realidad: *Una coma es la representación gráfica de una pausa en el discurso.* **3** Actuación en nombre de una persona o de una entidad: *El decano recibió a un grupo de estudiantes en representación de todos sus compañeros.* **4** Persona o conjunto de personas que realizan esta actuación: *Una representación del Parlamento acudió a cumplimentar al rey.* **5** Interpretación o ejecución en público de una obra o de un papel dramáticos: *Una vez empezada la representación, no se permite la entrada de público a la sala.*

representante s. **1** Persona que actúa en nombre o en representación de otra o de una entidad: *Si no puedo acudir personalmente, enviaré a un representante.* **2** Persona que trabaja para una casa comercial y se dedica profesionalmente a promover y a concertar la venta de sus productos: *Nuestros representantes visitan a los comerciantes, les informan sobre nuestros productos y anotan sus pedidos.* **3** En el mundo del espectáculo, persona que representa a compañías, artistas u otros profesionales en la gestión de sus contratos y asuntos laborales: *El representante del torero le concertó una corrida para la feria de abril.* □ MORF. Es de género común y exige concordancia en masculino o en femenino para señalar la diferencia de sexo: *el representante, la representante.*

representar v. **1** Ser imagen, símbolo o imitación de algo: *Una balanza de dos brazos representa la justicia. El cuadro representa a un amigo del pintor.* **2** Referido a una persona o a una entidad, actuar otra en su nombre: *Los diputados representan a sus electores en el Parlamento.* **3** Referido a una obra o a un papel dramáticos, interpretarlos o ejecutarlos en público: *La compañía de teatro clásico representará la comedia por todo el país.* **4** Referido a una edad, aparentarla o dar la impresión de tenerla: *Tienes tantas arrugas que representas más edad de la que tienes.* **5** Suponer, significar o importar: *Un hijo representa mucho para un padre.* **6** Describir o dar una imagen: *¿Cómo podría yo representar el concepto 'alma'?*

representatividad s.f. **1** Capacidad para representar otra cosa: *La representatividad popular de un Gobierno se adquiere en las urnas.* **2** Condición de lo que es característico, resulta ejemplar o puede servir como modelo: *Estudiaremos a los pintores que más representatividad hayan tenido en su época.*

representativo, va adj. **1** Que sirve o que tiene capacidad para representar algo: *Los resultados electorales son representativos de la voluntad de los ciudadanos.* **2** Característico, ejemplar o con condición de modelo: *Este libro es una muestra representativa del buen hacer de un escritor.*

represión s.f. **1** Contención, moderación o freno, esp. de un impulso o de un sentimiento: *En los momentos más tensos, la represión del llanto le resulta imposible.* **2** Freno, impedimento o castigo de una actuación política o social, generalmente desde el poder y haciendo uso de la violencia: *Las dictaduras ejercen la represión sobre todo tipo de ideas y personas disidentes.*

represivo, va adj. Que reprime la libre actuación, generalmente desde el poder o haciendo uso de la violencia: *La prensa criticó la actuación represiva de la policía frente a los manifestantes.*

represor, -a adj. Que reprime: *Una educación represora es perjudicial para el buen desarrollo de la personalidad.*

reprimenda s.f. Reprensión o regañina fuertes: *Su madre le echó una buena reprimenda por dejarlo todo desordenado.*

reprimir v. **1** Referido esp. a un impulso o a un sentimiento, contenerlos, moderarlos o ponerles freno: *Debes reprimir tus ganas de comer si quieres adelgazar. A veces es mejor desahogarse y no reprimirse tanto.* **2** Referido a una actuación política o social, frenarla, impedirla o castigarla, generalmente desde el poder y haciendo uso de la violencia: *Las fuerzas del orden reprimirán con las armas cualquier manifestación de oposición al régimen.*

reprís s.m. Capacidad del motor de un automóvil para acelerar o para pasar rápidamente a un régimen superior de revoluciones: *Con el reprís que tiene este coche, puedes adelantar sin temor a que te falte velocidad.* □ USO Es innecesario el uso del galicismo *reprise*.

reprise (galicismo) s.m. →**reprís.** □ PRON. [reprís].

reprobación s.f. No aprobación o consideración negativa de algo, esp. de una persona o de su conducta: *Tu comportamiento merece la más dura reprobación.*

reprobar v. Referido esp. a una persona o a su conducta, no aprobarlas o considerarlas negativas: *Si no estás dispuesto a admitir críticas, no repruebes los actos de los demás.* □ MORF. Irreg.: La *o* diptonga en *ue* en los presentes, excepto en las personas *nosotros* y *vosotros* →**CONTAR**.

réprobo, ba adj. Malvado o digno de ser reprobado: *Su comportamiento réprobo con el resto de los compañeros le valió la expulsión del colegio.*

reprochar v. Censurar, recriminar o echar en cara: *Te*

reprocho que no me ayudaras. Me reprocho a mí mismo no haberme dado cuenta de la gravedad del asunto.

reproche s.m. Censura o recriminación: *Solo recibí reproches por mi actuación tan poco acertada.*

reproducción s.f. **1** Proceso mediante el cual unos seres vivos producen otros de su misma especie: *La reproducción sexual es propia de los animales superiores.* **2** Nueva producción de algo: *El Ministerio de Sanidad no contaba con la reproducción de la epidemia de peste.* **3** Copia o repetición que imita o reproduce algo: *Con el vídeo es posible la reproducción de imágenes y sonidos.*

reproducir ▌ v. **1** Producir de nuevo o volver a hacer: *La grabadora reproduce sonidos. Las lluvias torrenciales se reproducirán mañana.* **2** Repetir o volver a decir: *No te puedo reproducir sus palabras exactas, pero estuvo realmente desagradable.* **3** Hacer una copia: *Una fotocopiadora reproduce fielmente los originales.* **4** Ser copia o representación exacta de un original: *Esta lámina reproduce una famosa obra de Goya.* ▌ prnl. **5** Referido a un ser vivo, producir otros de su misma especie: *Los animales menos evolucionados y las plantas se reproducen de forma asexual o vegetativa.* □ MORF. Irreg. →**CONDUCIR**.

reproductor, -a adj./s. Que reproduce o que está destinado a reproducir: *El aparato reproductor de los seres vivos es el conjunto de órganos que permite la creación de nuevos individuos. El magnetófono es un reproductor de sonidos.*

reptar v. Andar o desplazarse arrastrando el cuerpo: *Las serpientes reptan.*

reptil ▌ adj./s.m. **1** Referido a un vertebrado, que se caracteriza por tener la sangre fría, la respiración pulmonar, el cuerpo cubierto de escamas o con un caparazón, y por caminar rozando la tierra con el vientre por carecer de extremidades o por tenerlas muy cortas: *El lagarto, la tortuga y el galápago son reptiles. Los reptiles nacen de un huevo que, en algunos casos, se abre dentro de la madre y, en otros, tras un período de incubación, se abre fuera.* ▌ s.m.pl. **2** En zoología, clase de estos vertebrados, perteneciente al tipo de los cordados: *Los animales que pertenecen a los reptiles mudan la piel periódicamente.* □ MORF. Como adjetivo es invariable en género.

república s.f. **1** Sistema de gobierno en el que la jefatura del Estado está en manos de un presidente elegido por los ciudadanos: *En Francia, el presidente de la república es elegido cada cinco años.* **2** Estado que tiene este sistema de gobierno: *Portugal, Francia e Italia son repúblicas.*

republicano, na ▌ adj. **1** De la república o relacionado con este sistema de gobierno: *Francia es un Estado republicano.* ▌ adj./s. **2** Partidario o defensor de la república: *El grupo republicano terminó aceptando la monarquía parlamentaria. Los republicanos consideran que la república es la única forma democrática de gobernar una nación.*

repudiar v. Referido a la esposa, ser rechazada legalmente por su marido: *El sultán repudió a una de sus esposas porque no era virgen.* □ ORTOGR. La *i* nunca lleva tilde.

repuesto, ta ▌ **1** part. irreg. de **reponer**. ▌ s.m. **2** Pieza destinada a sustituir a otra de su misma clase en caso necesario; *recambio: En la tienda tenían correas, bombillas y otros repuestos.* **3** ‖ **de repuesto.** Para sustituir o para cambiar: *Es obligatorio llevar en el coche una rueda de repuesto por si se pincha una.*

repugnancia s.f. **1** Alteración del estómago causada por algo que resulta muy desagradable, y que generalmente provoca náuseas o vómitos; *asco: Sintió mucha repugnancia cuando vio que el protagonista se comía una rata.* **2** Rechazo o antipatía hacia algo: *No le importa mostrar su repugnancia al terrorismo.*

repugnante adj. Que causa repugnancia: *Esa alcantarilla despide un olor repugnante.* □ MORF. Invariable en género.

repugnar v. Causar repugnancia: *Me repugna el olor a pescado crudo.*

repujado s.m. **1** Labrado de una lámina metálica o de otra cosa, que se hace con un martillo o con un instrumento punzante para conseguir figuras en relieve: *En Córdoba es tradicional el repujado del cuero.* **2** Obra así labrada: *Compré un repujado para ponerlo en el salón.*

repujar v. Labrar con un martillo o con un instrumento punzante para conseguir figuras en relieve: *Ese artesano repuja el estaño y hace unos relieves preciosos.* □ ORTOGR. Conserva la *j* en toda la conjugación.

repulsa s.f. Rechazo, desprecio o condena enérgica de algo: *Ese crimen merece la repulsa de todos.*

repulsión s.f. **1** Repugnancia, asco o rechazo: *El horrible olor a pescado podrido me produce repulsión.* **2** Condena o desprecio: *Los atentados terroristas me producen repulsión.*

repulsivo, va adj. Que causa o produce repulsión: *Tiene un aspecto tan desagradable que me resulta repulsivo.*

reputación s.f. **1** Opinión que la gente tiene de una persona: *Tiene mala reputación porque dicen que estuvo en la cárcel por tráfico de drogas.* **2** Prestigio o buena fama: *Lo operó un cirujano de reputación.*

reputado, da adj. Reconocido públicamente por ser excelente: *Se ha convertido en una reputada novelista.*

reputar v. Atribuir determinada cualidad: *Sus profesores lo reputan de inteligente.* □ SINT. Constr.: *reputar {DE/COMO} algo.*

requebrar v. Halagar, elogiar o piropear: *Le encanta requebrar a las chicas jóvenes.* □ MORF. Irreg.: La *e* final de la raíz diptonga en *ie* en los presentes, excepto en las personas *nosotros* y *vosotros* →**PENSAR**.

requerimiento s.m. **1** Necesidad, petición o exigencia: *Atendió a los requerimientos de su padre y ahora estudia más.* **2** Acto judicial por el que se exige a alguien que haga o deje de hacer algo: *Al dueño del bar se le hizo un requerimiento para que dejara el local.*

requerir v. Necesitar, pedir o exigir: *Esta planta tan delicada requiere muchos cuidados. El magistrado requirió la presencia de los testigos.* □ MORF. Irreg. →**SENTIR**.

requesón s.m. Masa blanca y mantecosa que se obtiene cuajando la leche y quitando el suero: *El postre típico de este restaurante es el requesón con miel.*

requete- →**re-**.

requeté s.m. Soldado del cuerpo de voluntarios que lucharon en las guerras civiles españolas en defensa de la tradición religiosa y monárquica: *Los requetés lucharon a favor del absolutismo en las guerras carlistas del siglo XIX y a favor del bando del general Franco en la guerra civil de 1936.*

requiebro s.m. Expresión con la que se halaga, elogia o piropea: *Se puso colorado al oír los requiebros que le dijo una mujer.*

réquiem s.m. **1** Oración por los difuntos: *Rezamos un réquiem por la memoria de los caídos en la guerra civil.* **2** Composición musical que se canta con el texto litúrgico de la misa de difuntos: *El réquiem de Mozart me conmueve.* □ MORF. Su plural es *réquiems*.

requisa s.f. Apropiación de mercancías o bienes por parte de la autoridad competente, esp. si se hace porque son de utilidad pública: *Se decretó la requisa de camiones para el transporte de soldados y de material militar.*

requisar v. Referido a mercancías o bienes, expropiarlos o apoderarse de ellos la autoridad competente, esp. si se hace porque son de utilidad pública: *Ante el estado de guerra, el Gobierno mandó requisar la gasolina y el gasóleo para aprovisionar los vehículos militares.*

requisito s.m. Circunstancia o condición necesarias para algo: *Ser mayor de edad es un requisito indispensable para poder votar.*

res s.f. Animal cuadrúpedo de ciertas especies domésticas y de algunas salvajes; *cabeza: En su rancho tenía más de 100 reses.*

resabiado, da adj. **1** Referido a una persona, que, por su experiencia, ha perdido la ingenuidad y se ha vuelto desconfiada o agresiva: *No intentes timarla, porque lleva años como vendedora ambulante y está resabiada.* **2** Referido esp. a un animal, que tiene un vicio o una mala costumbre difíciles de quitar: *No quiero montar ese caballo porque está resabiado y me tira.* **3** En tauromaquia, referido a un toro, que no embiste al capote rojo sino al cuerpo del torero porque ha sido toreado antes: *Los toros resabiados son muy peligrosos.*

resabio s.m. Vicio o mala costumbre adquiridos: *Aunque ha mejorado bastante, aún le quedan resabios de cuando se dedicaba a aquellos sucios negocios.*

resaca s.f. **1** Movimiento de retroceso de las olas después de que han llegado a la orilla: *Cuando la resaca es fuerte, es peligroso bañarse en mar abierto.* **2** *col.* Malestar físico que siente al despertar la persona que ha bebido alcohol en exceso: *Lo peor de una borrachera es la resaca de la mañana siguiente.*

resalado, da adj. *col.* Que tiene salero, gracia y desenvoltura: *Aquel chiquillo tan resalado nos mantuvo toda la tarde pendientes de sus chistes.*

resaltar v. **1** Destacar o hacer notar más entre otros: *El profesor resaltó en la explicación los puntos más importantes.* **2** Sobresalir o ser más visible sobre algo: *La cúpula resalta sobre el conjunto de la ciudad.*

resarcir v. Compensar por un daño o por un perjuicio: *Piensa resarcirnos del esfuerzo con una importante suma de dinero. Se resarcirá del agravio.* □ ORTOGR. La *c* se cambia en *z* delante de *a, o* →**ESPARCIR**.

resbaladizo, za adj. Que resbala o se escurre fácilmente; *lúbrico: Es fácil caerse porque el suelo está resbaladizo.*

resbalar v. **1** Escurrirse, deslizarse o moverse rápidamente sobre una superficie: *El agua resbala por el impermeable. Me resbalé y me caí por las escaleras.* **2** *col.* Dejar indiferente: *Mis consejos y reprimendas le resbalan.*

resbalón s.m. **1** Movimiento rápido rozando una superficie y que no puede controlarse: *Cuidado, no des un resbalón, que el suelo está mojado.* **2** En algunas cerraduras, pieza móvil que puede entrar y salir gracias a un muelle, permitiendo que la puerta quede cerrada: *La puerta se queda abierta porque el resbalón se ha atascado dentro de la cerradura.*

rescatar v. **1** Referido a algo de lo que alguien se ha apoderado, recuperarlo por la fuerza o a cambio de dinero: *La policía rescató al secuestrado en pocos minutos.* **2** Recuperar del olvido o del abandono: *Este disfraz fue rescatado de un viejo arcón.* **3** Liberar de un daño, un peligro o una situación difícil: *Los bomberos rescataron a tres personas en un incendio.*

rescate s.m. **1** Recuperación de lo que alguien se había apropiado sin derecho: *El rescate de los rehenes fue logrado por la guardia civil.* **2** Dinero que se pide o que se paga por la liberación de alguien retenido ilegalmente y contra su voluntad: *Los secuestradores pidieron un rescate por la liberación del hijo del empresario.* **3** Liberación de un daño, un peligro o una situación difícil: *Dos voluntarios efectuaron el rescate de un niño que se ahogaba.* **4** Juego infantil en el que participan dos equipos que se persiguen para atraparse, pudiendo los atrapados ser rescatados por sus compañeros de equipo: *En el recreo jugamos al rescate.*

rescindir v. Referido esp. a un contrato, anularlo o dejarlo sin efecto: *El contrato puede ser rescindido a petición de cualquiera de las dos partes firmantes.*

rescisión s.f. Anulación o ruptura de un contrato u otro acuerdo: *Está poco contento y pedirá a su empresa la rescisión del contrato.*

rescoldo s.m. **1** Resto de un sentimiento: *Aún queda un rescoldo de nuestro viejo amor.* **2** Brasa pequeña que queda debajo de la ceniza: *Hay que echar agua sobre las cenizas para apagar los rescoldos.*

resentido, da adj./s. Que tiene o que muestra resentimiento: *Es una persona resentida que nunca me perdonará lo que le hice. No es feliz porque es un resentido.*

resentimiento s.m. Disgusto o pena causados por algo que se considera una falta de afecto o una desconsideración: *Si no desechas tus resentimientos, te convertirás en una persona amargada.*

resentirse v.prnl. **1** Sentir dolor o molestia en alguna parte del cuerpo a causa de alguna enfermedad o dolencia pasadas: *Ya tengo la pierna bien, solo me resiento cuando el tiempo está húmedo.* **2** Debilitarse o empezar a perder fuerza: *El agobio y el exceso de actividad hacen que el corazón se resienta.* **3** Disgustarse o apenarse por algo que se considera una falta de afecto o una desconsideración: *Aunque no tuve intención de herirla, se resintió por lo que le dije.* □ MORF. Irreg. →**SENTIR**.

reseña s.f. **1** Noticia o escrito informativo sobre una obra literaria o científica, acompañados de un análisis o de un comentario crítico: *En las páginas de algunas revistas culturales vienen reseñas de libros recientemente publicados.* **2** Narración o descripción breve o resumida: *En el periódico aparece una reseña sobre la inauguración de una exposición de pintura.*

reseñar v. **1** Referido a una obra literaria o científica, dar noticia de ella comentándola y criticándola brevemente: *Reseñó el último libro del famoso filósofo.* **2** Narrar de forma breve y precisa: *Reseñó en su programa la noticia del accidente.*

reserva ▌ s. **1** En una competición deportiva, persona que sustituye a otra en caso de que sea necesario: *Los reservas no figuran en la alineación titular y permanecen en el banquillo hasta que el entrenador hace un cambio.* ▌ s.m. **2** Vino o licor que tiene una crianza mínima de tres años en envase de roble o en botella: *Bebimos un reserva exquisito.* ▌ s.f. **3** Retención o conservación de algo para más adelante o para una ocasión apropiada: *Tengo que comprar aceite porque se me está agotando la reserva que tenía.* **4** Atribución exclusiva de algo para un uso o para una persona determinada: *Hice la reserva de la habitación por teléfono.* **5** Discreción, prudencia o comedimiento: *Habla con mucha reserva sobre asuntos personales.* **6** Recelo, desacuerdo o falta de confianza: *Aceptó la propuesta sin reservas.* **7** Parte del ejército que no está en el servicio activo, pero que puede ser movilizada: *Los soldados, al terminar el servicio militar obligatorio, pasan a la reserva hasta determinada edad.* **8** Territorio acotado, esp. si es estimado por su valor ecológico o paisajístico: *Este paraje es la reserva de buitres más importante de España.* ▌s.f.pl. **9** Elementos disponibles que se dejan para resolver una necesidad o para llevar a cabo una empresa: *Es un país pobre y tiene pocas reservas naturales.* **10** Sustancia que se almacena en determinadas células y que es utilizada por el organismo para su nutrición: *Las reservas de grasa, en caso necesario, se transforman en energía.* □ MORF. En la acepción 1, es de género común y exige concordancia en masculino o en femenino para señalar la diferencia de sexo: *el reserva, la reserva*.

reservado, da ▌adj. **1** Que se calla o que debe callarse: *No pude consultar el informe porque era información reservada.* **2** Discreto, prudente o comedido: *No habla de su trabajo porque es muy reservado.* ▌s.m. **3** Habitación o compartimento que se destina a una o varias personas o a un uso determinado: *Celebraron la comida de negocios en un reservado del restaurante.*

reservar ▌v. **1** Guardar para más adelante o para una ocasión apropiada: *Reservó dinero para gastos imprevistos. Me reservo mi opinión para cuando estemos solos.* **2** Destinar o atribuir de modo exclusivo para un uso o una persona determinados: *Reservó la habitación a nombre de los señores Pérez.* **3** Referido a algo que se reparte, separarlo o apartarlo reteniéndolo para sí o para entregar a otro: *Me reservé la pechuga porque es la tajada que más me gusta.* ▌prnl. **4** Conservarse o no actuar esperando mejor ocasión: *No tomo segundo plato porque me reservo para el postre.*

resfriado s.m. Malestar físico que se produce generalmente por cambios bruscos de temperatura; *catarro, constipado*: *Fui al médico porque tenía un fuerte resfriado y me dolía la cabeza.*

resfriarse v.prnl. Coger un resfriado o catarro: *Estornudo tanto porque me he resfriado.* □ ORTOGR. La *i* lleva tilde en los presentes, excepto en las personas *nosotros* y *vosotros* →VACIAR.

resguardar v. Proteger o defender: *Este abrigo me resguarda del frío. Nos resguardamos de la lluvia bajo el porche de la casa.*

resguardo s.m. **1** Documento que acredita que alguien ha realizado determinada gestión o acción: *Cuando vayas a recoger las fotos, presenta el resguardo al dependiente.* **2** Lo que sirve de protección o seguridad: *Esta cueva es buen resguardo contra la lluvia.*

residencia s.f. **1** Establecimiento o estancia en un lugar en el que se hace vida habitual: *Durante bastantes años fijó su residencia en Londres.* **2** Lugar en el que se reside o se está establecido: *Mi residencia habitual es Orense, pero llevo seis meses viviendo en Cádiz.* **3** Casa o edificio donde se vive, esp. si son grandes y lujosos: *Estuve un fin de semana en mi residencia de las afueras.* **4** Casa o institución en la que conviven personas con alguna característica común: *Mi abuelo no quiso vivir con nosotros y se fue a una residencia de ancianos.* **5** Establecimiento público en el que se da alojamiento a viajeros o huéspedes a cambio de dinero y que es de categoría inferior al hotel y superior a la pensión: *Cuando fuimos a Burgos, nos alojamos en una residencia de dos estrellas.* **6** Centro hospitalario en el que hay enfermos internados: *Lo mandaron a la residencia para operarlo de apendicitis.*

residencial adj. Referido a un lugar, que está destinado solamente a viviendas, esp. si estas son de lujo: *En las zonas residenciales hay muchos parques y jardines.* □ MORF. Invariable en género.

residente adj./s. Referido a un funcionario o a un empleado, que reside o vive en el lugar donde tiene su empleo: *En este hospital hay varios médicos residentes. Los residentes cambian cada varios años.* □ MORF. 1. Como adjetivo es invariable en género. 2. Como sustantivo es de género común y exige concordancia en masculino o en femenino para señalar la diferencia de sexo: *el residente, la residente*.

residir v. **1** Estar establecido en un lugar o vivir habitualmente en él: *Está estudiando en la capital, pero reside en un pueblo.* **2** Estar basado o consistir: *El atractivo de esta zona reside en el paisaje.* □ SINT. Constr.: *residir* EN *algo*.

residual adj. Del residuo o relacionado con él: *Las asociaciones ecologistas han protestado por los vertidos de aguas residuales.* □ MORF. Invariable en género.

residuo s.m. Parte que queda o que sobra de algo, esp. si es inservible: *Los residuos industriales contaminan el medio ambiente.*

resignación s.f. Conformidad, tolerancia y paciencia para aceptar lo que no tiene remedio: *Mi tío llevó la muerte de su esposa con resignación.*

resignarse v.prnl. Conformarse o aceptar con paciencia y conformidad: *No me resigno a haberlo perdido. Resígnate, hombre, que eso no tiene solución.* □ SINT. Constr.: *resignarse* A *algo*.

resina s.f. Sustancia pegajosa de consistencia pastosa, insoluble en agua y soluble en alcohol y en algunos aceites, que se obtiene de algunas plantas o de forma artificial: *Me apoyé en un pino y me manché la blusa de resina.*

resistencia s.f. **1** Oposición a una fuerza contraria: *La resistencia de nuestro ejército al ejército enemigo nos llevó a la victoria.* **2** Oposición tenaz a realizar una acción: *Tu resistencia a cumplir las órdenes se merece un castigo.* **3** Capacidad para resistir o aguantar: *Es una chica de gran resistencia física.* **4** Fuerza que se opone al movimiento de una máquina y ha de ser vencida por la potencia: *Un vehículo aerodinámico tiene un diseño apropiado para superar mejor la resistencia del aire.* **5** Pieza de un circuito eléctrico que se opone al paso de la corriente eléctrica o la convierte en calor: *Tengo que llevar la plancha a reparar porque se ha roto la resistencia.*

resistir ▌v. **1** Pervivir, durar o permanecer a pesar del paso del tiempo o de otra fuerza destructora: *Mi abuelo, enfermo desde hace diez años, aún resiste.* **2** Aguantar, soportar o mantenerse sin ceder: *Resistí su mirada para demostrarle que yo era más fuerte. Los soldados resistieron con valor.* ▌prnl. **3** Oponerse con fuerza a hacer lo que se expresa: *Se resistió a quedarse en la cama unos días para curarse la gripe.* **4** Oponer dificultades o fuerza: *Los ladrones se entregaron sin resistirse.* **5** ‖ **resistírsele** algo a alguien. *col.* Resultar difícil y no conseguir hacerlo bien: *La informática se me resiste y siempre tengo que pedir ayuda para manejar el ordenador.*

resol s.m. **1** Reflejo del sol: *Aunque esté nublado, no pue-*

do mirar porque me deslumbra el resol. **2** Luz y calor producidos por este reflejo: *No hay quien aguante en esta sala cerrada con este resol.*

resollar v. Respirar con fuerza y haciendo ruido: *Las mulas que tiraban del carro resollaban al subir la cuesta.* □ MORF. Irreg.: La *o* diptonga en *ue* en los presentes, excepto en las personas *nosotros* y *vosotros* →**CONTAR**.

resolución s.f. **1** Determinación, decisión u opción que se toma, esp. si ha habido dudas: *Piénsalo bien antes de tomar la resolución de irte de casa.* **2** Solución a un problema o a una duda: *La resolución de este problema de matemáticas me llevó más de una hora.* **3** Ánimo, valor o energía para hacer algo: *Debes hablar con resolución si quieres convencer.* **4** En derecho, decisión de una autoridad gubernativa o judicial: *El juez ha dictado una resolución para que el sospechoso ingrese en prisión.*

resolver ▮ v. **1** Tomar una determinación o inclinarse definitivamente por una opción; *decidir: He resuelto comprar un coche nuevo.* **2** Referido esp. a un problema o a una duda, solucionarlos o encontrar su solución: *Resolví el problema despejando la incógnita de la ecuación. Un tanto en el último minuto resolvió el partido a favor del equipo visitante.* ▮ prnl. **3** Decidirse a hacer algo: *Se resolvió a salir de madrugada para evitar el tráfico.* □ MORF. Irreg.: 1. Su participio es *resuelto*. 2. La *o* diptonga en *ue* en los presentes, excepto en las personas *nosotros* y *vosotros* →**VOLVER**.

resonancia s.f. **1** Prolongación de un sonido que se repite y va disminuyendo gradualmente: *La caja de resonancia de mi guitarra es marrón.* **2** Sonido producido por repercusión de otro: *Esta sala no tiene buena acústica porque se oyen resonancias.* **3** Repercusión, difusión o fama adquiridas por un suceso: *Las declaraciones del ministro tuvieron resonancia internacional.*

resonar v. **1** Sonar mucho o hacer un ruido fuerte: *Los martillazos resuenan en toda la casa.* **2** Sonar reflejando el sonido que llega procedente de otro sitio: *El valle resonaba con el eco de nuestras voces.* **3** Reproducirse en la memoria: *Sus dulces promesas aún resuenan en mis oídos.* □ MORF. Irreg.: La *o* diptonga en *ue* en los presentes, excepto en las personas *nosotros* y *vosotros* →**CONTAR**.

resoplar v. Respirar fuerte y con ruido, generalmente en señal de cansancio o de disgusto: *El atleta llegó a la meta agotado y resoplando.*

resoplido s.m. Respiración violenta y con ruido, que generalmente manifiesta cansancio o disgusto: *Me contestó con un resoplido y salió dando un portazo.*

resorte s.m. **1** Pieza elástica, generalmente metálica, que se comprime y deforma cuando se aplica una presión sobre ella y que, cuando desaparece dicha presión, tiende a recuperar su forma, desarrollando al hacerlo una fuerza aprovechable para usos mecánicos; *muelle: La puerta se cierra sola porque tiene un resorte.* **2** Medio del que alguien se vale para conseguir un fin: *He tocado todos los resortes posibles para conseguir el permiso de obra.*

respaldar v. Apoyar, proteger o dar garantías: *Todos estos datos respaldan mis teorías. Mi padre me respalda en este negocio.*

respaldo s.m. **1** En un asiento, parte en la que se apoya la espalda: *Los taburetes no tienen respaldo.* **2** Apoyo, protección o garantía: *Mi propuesta tuvo el respaldo de toda la comunidad de vecinos.*

respectivo, va adj. Referido a los elementos de un conjunto, que se corresponden uno a uno con los elementos de otro conjunto: *Según os vaya nombrando, me entregáis vuestros respectivos trabajos.* □ MORF. Se usa más en plural.

respecto ‖ **al respecto.** En relación con lo que se trata: *No tengo nada que decir al respecto.* ‖ **respecto {a/de} o con respecto a.** Por lo que se se refiere a: *No quiero escuchar nada respecto de mis notas.* □ SINT. Incorr. **con respecto de.*

respetable adj. **1** Digno de respeto: *Defiendo mis ideas porque son tan respetables como las tuyas.* **2** Que cumple las leyes o las normas morales y éticas de un grupo: *Es una persona respetable y bien considerada.* **3** Bastante grande o bastante importante: *Esta casa me ha costado una respetable suma de dinero.* **4** ‖ **el respetable.** *col.* El público que asiste a un espectáculo: *El diestro brindó su segundo toro al respetable.* □ MORF. Como adjetivo es invariable en género.

respetar v. **1** Tener o mostrar miramiento, consideración o buena educación: *No opinamos lo mismo, pero respeto tus ideas.* **2** Acatar, admitir o aceptar como bueno: *Es necesario que todos respetemos la ley.*

respeto s.m. **1** Consideración y reconocimiento del valor de algo: *Hay que inculcar a los niños el respeto a la naturaleza.* **2** Miedo, temor, recelo o aprensión: *No creo en las supersticiones, pero les tengo cierto respeto.* **3** ‖ **campar** alguien **por sus respetos.** Hacer lo que quiere sin atender a ningún consejo: *No te creas que en mi casa vas a poder campar por tus respetos.* ‖ **presentar** una persona **sus respetos** a otra. Mostrar o manifestar acatamiento por cortesía o por educación: *Preséntale mis respetos a tus padres y diles que iré a verlos en cuanto pueda.*

respetuoso, sa adj. Que guarda o muestra respeto: *Hay que ser respetuoso con todo el mundo.*

respingar v. Referido a una prenda de vestir, levantarse el borde por estar mal hecha o mal colocada: *Hay que arreglar esa falda porque te respinga por detrás.* □ ORTOGR. La *g* se cambia en *gu* delante de *e* →**PAGAR**.

respingo s.m. Sacudida brusca del cuerpo, causada generalmente por un sobresalto: *No le había oído llegar y, cuando me puso la mano en el hombro, di un respingo.*

respingón, -a adj. **1** *col.* Referido esp. a la nariz, que tiene la punta un poco levantada: *El payaso se puso una enorme nariz respingona.* **2** Referido a una prenda de vestir, que tiene el borde o una parte de él levantado, generalmente por estar mal hecha o mal puesta: *No vuelvas a ponerte ese abrigo porque te queda muy respingón.*

respiración s.f. **1** Función fisiológica de un ser vivo que consiste en utilizar el oxígeno en los procesos metabólicos celulares: *La respiración se verifica en todas y cada una de las células vivas, tanto de día como de noche.* **2** Absorción y expulsión de aire para retener parte de sus sustancias en el organismo: *Muchos reptiles tienen respiración cutánea y los peces tienen respiración branquial.* **3** Entrada y salida de aire en un lugar cerrado: *Es una habitación interior y sin respiración.* **4** ‖ **respiración artificial.** Conjunto de acciones que se practican en el cuerpo de una persona con parada respiratoria para que recupere la capacidad de respirar por sí misma: *Estuvo a punto de ahogarse, pero el socorrista le practicó la respiración artificial.* ‖ **respiración asistida.** La ayudada por medio de aparatos mecánicos: *Durante la operación mantuvieron al enfermo con respiración asistida.* ‖ **sin respiración.** *col.* Muy impresionado, muy sorprendido o muy asustado: *Algunas escenas de la película de terror me dejaron sin* *respiración.* □ SINT. *Sin respiración* se usa más con los verbos *dejar, estar, quedar* o equivalentes.

respiradero s.m. Abertura por donde entra y sale el aire: *El trastero tiene dos respiraderos para que se renueve el aire.*

respirar v. **1** Referido a un ser vivo, absorber el aire para tomar parte de las sustancias y expelerlo modificado: *Necesito respirar aire fresco.* **2** Referido a una persona, descansar o sentirse aliviada después de alguna situación cansada, difícil o agobiante: *Estos niños no me dejan respirar.* **3** Referido a un estado de ánimo, mostrarlo de forma clara: *Deben irte bien las cosas, porque respiras felicidad.* **4** Dejar salir el aire viciado y entrar aire nuevo: *Levanta el capó para que respire el motor.* **5** ‖ **sin respirar. 1** Sin descanso ni interrupción: *Trabajamos ocho horas seguidas sin respirar.* **2** Con mucha atención: *Le encantan los cuentos y los escucha sin respirar.*

respiratorio, ria adj. De la respiración, que sirve para la respiración o relacionado con ella: *Las fosas nasales, la faringe, la laringe, la tráquea y los pulmones forman parte del aparato respiratorio humano.*

respiro s.m. **1** Rato de descanso en un trabajo, en una actividad o en un esfuerzo: *En cuanto termine de mecanografiar la carta, me tomaré un respiro.* **2** Alivio en medio de un dolor, de una preocupación o de una pena: *El dolor no es constante porque tengo algún que otro respiro.*

resplandecer v. **1** Brillar intensamente o despedir rayos de luz: *Ha dejado tan limpia la plata que resplandece.* **2** Referido esp. al rostro, mostrar alegría, satisfacción o felicidad: *Su cara resplandece cada vez que ve a sus hijos.* **3** Sobresalir o aventajar: *Tu hijo resplandece en clase por su inteligencia.* □ MORF. Irreg.: Aparece una *z* delante de la *c* cuando la siguen *a, o* →**PARECER**.

resplandor s.m. **1** Luz muy clara que despide un cuerpo luminoso: *Al amanecer, antes de verse el Sol, se ve su resplandor.* **2** Brillo intenso: *El resplandor de las joyas lo vuelve loco.*

responder v. **1** Referido esp. a una pregunta, una duda o una propuesta, contestarlas, satisfacerlas o darles solución: *El político respondió a todas las preguntas del entrevistador. Me respondió que sí.* **2** Referido esp. a una llamada, contestarla o decir que se ha oído: *Aunque llamen al timbre con insistencia, no respondas. Siempre responde a mi saludo.* **3** Referido esp. a una carta, escribir y mandar otra en respuesta a esta: *Ya he respondido a tu última carta.* **4** Referido esp. a una necesidad o a una demanda, satisfacerlas o cubrirlas: *Necesito un coche que responda a mis necesidades.* **5** Referido a una persona, replicarle u oponérsele: *No respondas a tu madre.* **6** Referido esp. a una acción, devolverla con otra: *A mis atenciones responde con indiferencia.* **7** Responsabilizarse o hacerse cargo: *La empresa responde de la seguridad del edificio. Yo respondo de mis actos.* **8** Experimentar el resultado o el efecto deseados: *El enfermo mejora porque ha respondido al tratamiento.* **9** Referido a un animal, corresponder con su voz a otro de su especie o al reclamo: *En una rama, un gorrión cantaba y otro lejano le respondía.* **10** ‖ **responder por** alguien. Hacerse responsable de su comportamiento: *Yo respondo por ti si tienes algún problema.* □ MORF. Irreg.: Su pretérito perfecto simple admite dos formas: *respondí* o *repuse* →**RESPONDER**. □ SINT. 1. Constr. de las acepciones 1 y 2: *responder algo* o *responder* A *algo*. 2. Constr. de las acepciones 3, 4 y 6: *responder* A *algo*. 3. Constr. de la acepción 7: *responder* DE *algo*.

respondón, -a adj./s. Que acostumbra a replicar de forma irrespetuosa: *No seas tan respondona, niña. Eres un respondón y te vas a quedar en casa castigado.*

responsabilidad s.f. **1** Conocimiento y cumplimiento de los propios deberes y obligaciones: *Parece mentira que teniendo la edad que tienes carezcas de responsabilidad.* **2** Deber u obligación que corresponde a alguien: *La educación de los hijos es responsabilidad de los padres.* **3** Cargo, obligación moral o deuda de los que alguien debe responder: *El accidente fue responsabilidad del conductor que adelantó por la derecha.*

responsabilizar v. Referido a una persona, hacerla responsable: *Te responsabilizo de lo que pueda ocurrir mientras yo no estoy. Vete tranquilo, que yo me responsabilizo de los niños.* □ ORTOGR. La *z* se cambia en *c* delante de *e* →**CAZAR**.

responsable ▌adj. **1** Referido a una persona, que conoce sus deberes y obligaciones y trata de cumplirlos: *No te preocupes por ella, porque es una chica muy responsable.* ▌adj./s. **2** Que está obligado a responder de algo o de alguna persona: *Un loco no es responsable de sus actos. Quiero hablar con el responsable de esta sección.* **3** Culpable de algo: *El conductor responsable del accidente pagará los daños. Soy el responsable de que hayamos llegado tarde.* □ MORF. 1. Como adjetivo es invariable en género. 2. Como sustantivo es de género común y exige concordancia en masculino o en femenino para señalar la diferencia de sexo: *el responsable, la responsable.*

responso s.m. **1** Oración o conjunto de versículos, separados del rezo, que se dicen por la salvación del alma de un difunto: *Antes de enterrar el cadáver, el sacerdote rezó un responso.* **2** *col.* Regañina o reprimenda: *Tuve que aguantar el responso de mi padre por llegar tarde a casa.*

respuesta s.f. **1** Satisfacción a una pregunta, a una duda o a una dificultad: *Como respuesta a mi pregunta, solo obtuve silencio.* **2** Contestación a una llamada o a una carta escrita: *Ninguna de mis cartas ha tenido respuesta.* **3** Acción con la que se corresponde a la de otro: *He intentado ayudarle y el desprecio ha sido su respuesta.* **4** Efecto o resultado que se pretende conseguir: *Si no obtenemos ninguna respuesta con este tratamiento, habrá que probar con otro.*

resquebrajadizo, za adj. Que se resquebraja con gran facilidad: *Ten cuidado con ese jarrón, que es muy resquebrajadizo.*

resquebrajadura s.f. Hendidura, grieta o raja, generalmente de poca profundidad: *El hielo del estanque tenía resquebrajaduras y era peligroso patinar sobre él.*

resquebrajamiento s.m. Realización de hendiduras o grietas, generalmente de poca profundidad: *Al cocer la vasija, se produjo un resquebrajamiento del esmalte.*

resquebrajarse v.prnl. Referido a un cuerpo sólido, tener hendiduras o grietas, generalmente de poca profundidad: *El cuenco de barro se ha resquebrajado al cocerlo.* □ ORTOGR. Conserva la *j* en toda la conjugación.

resquemor s.m. Sentimiento desagradable que causa cierta inquietud o pesadumbre: *Siento cierto resquemor por la ofensa de la que fui objeto.*

resquicio s.m. **1** Abertura estrecha que queda entre el quicio y la puerta: *La luz de la habitación se colaba por el resquicio de la puerta.* **2** Abertura pequeña y estrecha: *El aire se cuela por cualquier resquicio.*

resta s.f. **1** En matemáticas, operación mediante la cual se calcula la diferencia entre dos cantidades; *sustracción:*

a b c d e f g h i j k l m n ñ o p q r s t u v w x y z

Para saber cuánto dinero te queda haz la resta de lo que has gastado. **2** En matemáticas, resultado de esta operación: *La resta de 4 menos 2 es 2.*

restablecer ▮ v. **1** Establecer de nuevo: *Tras varios años sin verse, restablecieron sus antiguas relaciones.* ▮ prnl. **2** Recuperarse de un daño o de una dolencia: *En cuanto me restablezca, volveré al trabajo.* □ MORF. Irreg.: Aparece una *z* delante de la *c* cuando la siguen *a, o* →**PARECER**.

restablecimiento s.m. **1** Fundación, institución o creación llevadas a cabo por segunda vez: *Para solucionar nuestros problemas es necesario el restablecimiento del diálogo.* **2** Recuperación después de haber sufrido un daño o una dolencia: *Tu restablecimiento ha sido muy rápido y nadie diría que te han operado.*

restallar v. Referido a un látigo o a algo parecido, hacer un ruido seco al sacudirlo en el aire con fuerza o hacer que produzca ese sonido: *El látigo del domador restalló entre los leones.*

restallido s.m. Ruido seco que produce algo al restallar: *El niño se asustó con los restallidos del látigo del domador.*

restañar v. Referido esp. a una herida, parar o detener la salida de un líquido por ella: *El médico logró restañar la herida presionándola con fuerza.*

restar v. **1** Quitar, disminuir o hacer más pequeño: *Restó importancia a los hechos.* **2** En matemáticas, realizar la operación aritmética de la resta o sustracción; *sustraer: El resultado de restarle 5 a 8 es 3.* **3** Quedar o faltar todavía por hacer, ocurrir o transcurrir: *Restan dos meses para las vacaciones.* **4** En tenis y otros juegos de pelota, devolver el saque contrario: *El tenista restó con gran habilidad y ganó el partido.*

restauración s.f. **1** Reparación de algo que se ha deteriorado: *Este pintor es especialista en la restauración de cuadros renacentistas.* **2** Restablecimiento en un país del régimen político que existía anteriormente y que había sido sustituido por otro: *La restauración de la monarquía española se produce tras el fracaso de la Primera República.* **3** Reparación, renovación o vuelta al estado que se tenía antes: *Todos queremos el fin de la guerra y la restauración de la paz.*

restaurador, -a s. Persona que se dedica profesionalmente a la restauración de objetos artísticos y valiosos: *Este museo cuenta con excelentes restauradores.*

restaurante s.m. Establecimiento público en el que se sirven comidas y bebidas que se consumen en el mismo local: *Me invitó a cenar en un restaurante de las afueras.*

restaurar v. **1** Referido esp. a algo antiguo que se ha deteriorado, repararlo para que quede como estaba: *Han restaurado la capilla de la iglesia.* **2** Poner como estaba antes: *La policía restauró el orden en las calles.* **3** Referido esp. a un régimen político, volver a establecerlo: *Tras morir el dictador, restauraron la democracia.*

restitución s.f. **1** Devolución al anterior poseedor: *El cajero se arrepintió y procedió a la restitución del dinero robado antes de que lo echaran en falta.* **2** Restablecimiento o recuperación: *Al desmentirse las acusaciones, logró la restitución de su honor perdido.*

restituir v. **1** Devolver al anterior poseedor: *El dictamen del juez restituye la casa a su antiguo propietario.* **2** Restablecer o poner en el estado anterior: *Una alimentación sana restituirá tu salud.* □ MORF. Irreg.: La *i* final se cambia en *y* delante de *a, e, o* →**CONTRIBUIR**.

resto ▮ s.m. **1** Parte que queda de un todo: *Mañana te contaré el resto de la historia.* **2** En matemáticas, resultado de una resta; *diferencia: El resto de 8 - 2 es 6.* **3** En matemáticas, en una división, diferencia entre el dividendo y el producto del divisor por el cociente: *Una división está bien hecha si el producto del cociente por el divisor más el resto es igual al dividendo.* **4** En tenis y otros juegos de pelota, devolución del saque del contrario: *El resto de este tenista tiene muchísima potencia.* ▮ pl. **5** Residuos o sobras de comidas: *Cuando terminéis de comer, tirad los restos a la basura.* **6** ‖ **echar el resto.** *col.* Hacer todo el esfuerzo posible para conseguir algo: *El equipo echará el resto para conseguir ganar el partido.* ‖ **restos (mortales).** Cadáver de una persona o parte de él: *Sus restos mortales fueron enterrados en el panteón familiar.*

restregar v. Frotar repetidas veces y con fuerza: *Restriega la cazuela con el estropajo para quitar bien la grasa. El gato se restregó contra la pared para rascarse.* □ ORTOGR. Aparece una *u* después de la *g* cuando le sigue *e*. □ MORF. Irreg.: La *e* final de la raíz diptonga en *ie* en los presentes, excepto en las personas *nosotros* y *vosotros* →**REGAR**.

restricción s.f. **1** Reducción de algo a unos límites menores: *La opinión pública considera que esa ley supone una restricción de los derechos del ciudadano.* **2** Limitación o reducción impuesta en el suministro de productos, generalmente motivada por la escasez de estos: *Si continúa la sequía, habrá restricciones de agua durante varias horas al día.* □ MORF. La acepción 2 se usa más en plural.

restrictivo, va adj. Que restringe o reduce a límites menores: *Para evitar accidentes de tráfico, el Ayuntamiento ha dictado normas restrictivas de la velocidad.*

restringir v. Ceñir o reducir a límites menores: *La sequía obligó a tomar medidas para restringir el consumo de agua. Con esa ley se restringe la libertad de expresión.* □ ORTOGR. La *g* se cambia en *j* delante de *a, o* →**DIRIGIR**.

resucitar v. **1** Referido a una persona, volver a la vida tras haber muerto: *Creo firmemente que Jesucristo resucitó.* **2** *col.* Restablecer, renovar o dar nuevas energías: *Llegamos muertos de frío y nos tomamos una sopa caliente que nos resucitó.*

resuello s.m. **1** Aliento o respiración, esp. la que es fuerte y ruidosa: *Se oía el resuello de las mulas que tiraban del carro.* **2** Fuerza o energía: *Me he quedado sin resuello subiendo las escaleras.*

resuelto, ta ▮ **1** part. irreg. de **resolver.** ▮ adj. **2** Decidido, audaz y valiente: *Necesitamos una persona resuelta y emprendedora para dirigir el departamento comercial.*

resulta ‖ **de resultas.** Por consecuencia o por efecto: *De resultas de aquella pelea, perdieron la amistad.*

resultado s.m. **1** Efecto y consecuencia de un hecho o de una operación: *Como resultado de las investigaciones, han detenido al presunto asesino.* **2** En matemáticas, solución de una operación aritmética: *Repasa la suma, porque el resultado no es correcto.* **3** Dato obtenido a partir de un proceso o una operación: *¿Cuándo estarán los resultados de los análisis?* **4** En una competición, tanteo o puntuación finales: *El resultado del partido de fútbol fue 2 a 1.* **5** Rendimiento, beneficio o utilidad: *Estos pantalones me han dado muy buen resultado.*

resultante adj./s. Referido a una fuerza, que equivale al conjunto de otras: *Una fuerza resultante produce el mismo efecto que la suma de las fuerzas que la componen. En el examen de física nos pedían que halláramos la resultante de dos vectores.* □ MORF. Como adjetivo es invariable en género. Como sustantivo es de género ambiguo y admite concordancia en masculino y en femenino sin cambiar de significado: *{el/la} resultante*, aunque se usa más como femenino.

resultar v. **1** Originarse o producirse como consecuencia de algo: *Y de aquella conversación resultó nuestra amistad posterior.* **2** Ser, quedar o mostrarse de la forma en que se indica: *La conferencia resultó aburridísima. Estas lluvias resultan buenas para el campo.* **3** Dar el beneficio o la utilidad esperados: *El negocio resultó y se hicieron ricos.* **4** *col.* Referido a una persona, ser atractiva físicamente: *Este chico no es muy guapo, pero resulta.* ☐ USO En tercera persona del singular, en la lengua coloquial puede preceder a oraciones independientes: *Ahora resulta que no quiere venir con nosotros de excursión.*

resultón, -a adj. *col.* Atractivo: *No es guapa, pero es muy resultona.*

resumen s.m. **1** Exposición breve de lo esencial de un asunto: *No me lo cuentes todo, hazme solo un resumen.* **2** ‖ **en resumen.** Como conclusión o recapitulación: *En resumen, nuestras gestiones han fracasado.*

resumir ▌ v. **1** Referido a un asunto, reducirlo a términos breves y precisos o exponer de forma breve su aspecto esencial: *Te voy a resumir la noticia en pocas palabras. Este texto puede resumirse en cuatro líneas.* ▌ prnl. **2** Referido a un asunto, terminar siendo menos de lo que se esperaba: *Afortunadamente, todo se resumió en un susto sin consecuencias.* ☐ SINT. Constr. como pronominal: *resumirse EN algo.*

resurgimiento s.m. Recuperación de nuevas fuerzas o nuevos ánimos: *Sus últimas novelas han contribuido al resurgimiento de la actividad narrativa española.*

resurgir v. **1** Recuperar las fuerzas o recobrar nuevos ánimos: *La nueva fábrica hizo resurgir la economía de la región.* **2** Volver a la vida: *Según la mitología, el ave Fénix ardía y resurgía de sus propias cenizas.* ☐ ORTOGR. La *g* se cambia en *j* delante de *a, o* →**DIRIGIR**.

resurrección s.f. **1** Vuelta a la vida de un ser muerto: *Los católicos esperan su resurrección al final de los tiempos.* **2** *col.* Restablecimiento, renovación o aportación de nueva vida: *La iniciativa de estos jóvenes ha logrado la resurrección de la artesanía local.*

retablo s.m. **1** En arquitectura, obra que cubre el muro que hay detrás de un altar: *El retablo de esta iglesia es de madera y está decorado con pinturas y esculturas.* **2** Colección de tallas o de figuras pintadas que representan en serie una historia o un suceso, esp. de la historia sagrada: *En la pared de la iglesia hay un retablo formado por seis cuadros que cuentan la historia de la Sagrada Familia.*

retaco, ca adj./s. *col.* Referido a una persona, que es gruesa y de baja estatura: *Tiene un muchacho retaco que no ha crecido lo suficiente. ¿Pero cómo se atreve ese retaco a meterse conmigo?*

retaguardia s.f. **1** En el Ejército, parte de las fuerzas militares que se mantiene más alejada del enemigo o que avanza en último lugar: *La retaguardia protege la parte más retrasada de la tropa que avanza.* **2** En una zona ocupada por una fuerza militar, parte que está más alejada del enemigo: *Los víveres y las municiones se almacenan en la retaguardia.* **3** *col.* Parte última o final de algo: *La retaguardia de un equipo de fútbol la forman los defensas.*

retahíla s.f. Serie o conjunto de elementos que están, suceden o se mencionan uno tras otro: *Soltó una retahíla de nombres.*

retal s.m. Trozo que sobra de una pieza mayor de tela, piel o chapa: *Con este retal de seda me puedo hacer una blusa.*

retama s.f. Planta con numerosas ramas largas, delgadas y flexibles, hojas escasas y pequeñas, flores amarillas y fruto en vaina: *Las flores de la retama son muy llamativas.*

retar v. Desafiar a un duelo, a una pelea o a competir en cualquier terreno: *El príncipe retó al caballero enmascarado. Te reto a una partida de ajedrez.*

retardar v. Referido a una acción, retrasarla en el tiempo; demorar, atrasar: *Este problema retardará nuestra marcha. Tenemos que empezar ya, porque la inauguración no puede retardarse.*

retazo s.m. **1** Retal o trozo de una pieza mayor, esp. de una tela: *Con varios retazos de tela estoy haciendo una colcha de colores.* **2** Trozo o fragmento de algo: *Hablaban muy bajo y solo pude oír algunos retazos de la conversación.*

retel s.m. Instrumento de pesca que consiste en un aro con una red en forma de bolsa: *El retel se utiliza para pescar cangrejos de río.*

retemblar v. Temblar con movimientos repetidos: *La explosión hizo retemblar los cristales de las ventanas.* ☐ MORF. Irreg.: La *e* final de la raíz diptonga en *ie* en los presentes, excepto en las personas *nosotros* y *vosotros* →**PENSAR**.

retén s.m. Conjunto de personas que permanece preparado para actuar en caso de necesidad: *En el lugar del incendio quedó un retén de bomberos por si se reproducía el fuego.*

retención s.f. **1** Detención o marcha muy lenta de muchos vehículos: *En las horas punta suele haber retenciones en las entradas a la ciudad.* **2** Descuento de una cantidad de dinero en un pago o en un cobro para algún fin, esp. para el pago de impuestos: *La retención en los sueldos permite amortizar los gastos de la seguridad social.* **3** En medicina, conservación de una materia o un líquido que el organismo debería expulsar: *La retención de orina puede originar trastornos en el riñón.* **4** Conservación en la memoria: *La retención de tantos datos ¿es útil?* **5** Hecho de obstaculizar el movimiento o el alejamiento de algo: *La rejilla permite la retención de hojas secas en la boca del desagüe.*

retener v. **1** Conservar, detener o guardar en sí: *La esponja absorbe y retiene el agua.* **2** Conservar en la memoria: *No conseguí retener su nombre.* **3** Referido a una persona, impedir su alejamiento de un lugar: *Ya nada me retiene en este pueblo.* **4** Referido al curso normal de algo, interrumpirlo o dificultarlo: *Un camión volcado retiene el tráfico en la autopista.* **5** Referido a una cantidad de dinero, descontarla de un pago o de un cobro para algún fin, esp. para el pago de impuestos: *Todos los meses me retienen una cantidad para el pago del impuesto sobre la renta.* **6** Referido esp. a un sentimiento o a un deseo, reprimirlo o contenerlo: *Tuve que retener las ganas de llorar. Porque me retengo, que si no, le diría cuatro cosas.* ☐ MORF. Irreg. →**TENER**.

retentiva s.f. Memoria o capacidad para recordar: *No se le olvida un cumpleaños porque tiene buena retentiva.*

reticencia s.f. **1** Reserva, recelo o falta de confianza: *No entiendo vuestras reticencias ante mi plan, con lo bueno que es.* **2** Declaración parcial de algo o encubrimiento manifiesto y malicioso de lo que debiera o pudiera decirse: *Prefiero que me critiques abiertamente a que andes con reticencias.*

reticente adj. Reservado, receloso o desconfiado: *Se muestra reticente a aceptar mi propuesta, porque cree que no es rentable.* □ MORF. Invariable en género.

reticular adj. Con forma de red: *Algunos tejidos orgánicos son reticulares.* □ MORF. Invariable en género.

retículo s.m. En un rumiante, segunda de las cuatro cavidades en que se divide su estómago; *bonete, redecilla: Los alimentos pasan del rumen o panza al retículo.*

retina s.f. En el ojo, membrana interna constituida por varias capas de células en la que se reciben las impresiones luminosas y de la cual parten las fibras que forman el nervio óptico: *En la retina se reciben de modo invertido las imágenes que se forman en el cristalino.*

retintín s.f. *col.* Tono y modo de hablar irónicos o maliciosos: *A mí no me contestes con retintín y dime claramente lo que piensas.*

retirada s.f. **1** Separación o alejamiento de algo o de un lugar: *Tras la lesión, el árbitro permitió la retirada del jugador del terreno de juego.* **2** Eliminación de algo que estaba en un lugar: *La retirada de las basuras en este barrio se realiza por las mañanas.* **3** Abandono de una actividad: *El torero anunció su retirada de los ruedos.* **4** Movimiento de retroceso del ejército abandonando el campo de batalla, esp. si se hace de forma ordenada: *Al no poder hacer frente al ataque del enemigo, el general ordenó la retirada.*

retirar ▌v. **1** Apartar o separar de algo o de un lugar: *Retira las sillas de la pared. Retírate de la lumbre, que te van a saltar chispas.* **2** Referido a algo que está en un sitio, llevárselo o hacerlo desaparecer: *Retira esa foto de mi vista.* **3** Referido a una persona, hacer que abandone una actividad o deje de realizarla: *Una lesión lo retiró del atletismo. El agotamiento me obligó a retirarme de la carrera.* **4** Referido a lo que se ha dicho, afirmar públicamente que ya no se mantiene: *La mujer retiró la denuncia por malos tratos.* **5** Negar o dejar de dar: *Me retiró el saludo a raíz de una tonta discusión.* ▌prnl. **6** Apartarse o separarse del trato, de la comunicación o de la amistad con los demás: *El ermitaño se retiró a la montaña para hacer penitencia.* **7** Irse a un lugar, generalmente a la propia casa, para descansar o dormir: *Cenó, charló un rato con la familia y se retiró a su habitación.* **8** Abandonar una actividad: *Cuando me retire, viajaré más que ahora.*

retiro s.m. **1** Alejamiento temporal de las ocupaciones ordinarias: *Este fin de semana tenemos retiro espiritual.* **2** Lugar apartado del bullicio de la gente: *El escritor permaneció en su retiro hasta que terminó la novela.* **3** Abandono de una actividad, esp. si es profesional: *En la mayoría de las profesiones, el retiro es obligatorio a la edad de sesenta y cinco años.* **4** Situación de la persona que ha dejado de trabajar o de prestar servicio activo pero conserva algunos derechos, esp. el de cobrar una pensión: *Aprovechó su retiro para hacer los viajes que no pudo realizar en su época activa.* **5** Sueldo o pensión que recibe esta persona: *Vive del retiro que le quedó como profesor.*

reto s.m. **1** Desafío o provocación al duelo, a la pelea o a la competición en cualquier terreno: *El campeón aceptó el reto del boxeador y disputarán un nuevo combate.* **2** Objetivo o empeño difíciles de realizar y que constituyen un estímulo para quien los afronta: *Acepté su propuesta porque es un reto saber si seré capaz de hacer lo que me pide.*

retocar v. Referido a una obra acabada, darle los últimos toques o hacerle las últimas correcciones o añadidos para perfeccionarla, repararla o terminarla definitivamente: *Voy a retocarme el peinado porque el viento me lo ha revuelto.* □ ORTOGR. La *c* se cambia en *qu* delante de *e* →**SACAR**.

retomar v. Referido a algo que se había interrumpido, continuarlo o reanudarlo: *Retomaremos la lección en el punto en el que la dejamos ayer.*

retoñar v. Referido a una planta, volver a echar brotes o ramas: *Los rosales retoñan en primavera.*

retoño s.m. **1** Brote o tallo nuevos de una planta: *En invierno poda las plantas para que en primavera nazcan los retoños.* **2** *col.* Hijo de una persona, esp. el de corta edad: *Llevó a jugar al parque a sus dos retoños.*

retoque s.m. Pequeño arreglo o cambio que se hace en una obra para terminarla, perfeccionarla o eliminar faltas y desperfectos: *Me falta dar el último retoque al trabajo para acabarlo.*

retorcer ▌v. **1** Torcer dando vueltas alrededor de sí mismo: *Retuerce el paño de cocina para escurrirlo.* ▌prnl. **2** Hacer movimientos o contorsiones, esp. de dolor o de risa: *Cuando lo ingresaron en el hospital, se retorcía de dolor.* □ ORTOGR. La *c* se cambia en *z* delante de *a, o.* □ MORF. Irreg.: La *o* diptonga en *ue* en los presentes, excepto en las personas *nosotros* y *vosotros* →**COCER**.

retorcido, da adj. **1** Referido esp. a una persona, que tiene malas intenciones o que las muestra: *No te fíes de él, porque es una persona siniestra y retorcida.* **2** Referido esp. al lenguaje, que resulta confuso o de difícil comprensión: *Es una persona un poco redicha y habla de una forma retorcida.*

retórico, ca ▌adj. **1** De la retórica o relacionado con este arte: *El hipérbaton es una figura retórica.* **2** Referido al lenguaje o a la forma de expresarse, que resultan rebuscados o excesivamente afectados: *Su discurso fue demasiado retórico y la gente se aburrió.* ▌s.f. **3** Arte de hablar y escribir bien y de emplear el lenguaje de manera eficaz para deleitar, persuadir o conmover: *En la Edad Media, la gramática, la retórica y la dialéctica eran tres pilares de los estudios universitarios de humanidades.* **4** Forma de hablar o de escribir afectadas o rebuscadas: *En sus textos hay demasiada retórica y poco contenido.*

retornable adj. Referido a un envase, que puede volver a ser utilizado: *Si llevas a la tienda los envases retornables, te darán dinero por ellos.* □ MORF. Invariable en género.

retornar v. Volver a un lugar o a una situación anteriores: *Retornó a su patria tras vivir varios años en el exilio. La alegría retornó al hogar cuando volviste.*

retorno s.m. Vuelta a un lugar o a una situación anteriores: *Los padres esperaban ansiosos el retorno de su hijo.*

retortero ‖ **al retortero.** *col.* Revuelto o en total desorden: *Con la mudanza tenemos toda la casa al retortero.*

retortijón s.m. *col.* Dolor breve e intenso en el estómago o en el abdomen: *Frecuentemente la indigestión va acompañada de retortijones.*

retozar v. **1** Saltar y brincar o jugar alegremente: *Los niños retozaban en el césped.* **2** Practicar juegos amorosos: *La pareja retozaba en un banco del jardín.* □ ORTOGR. La *z* se cambia en *c* delante de *e* →**CAZAR**.

a b c d e f g h i j k l m n ñ o p q r s t u v w x y z

retractarse v.prnl. Referido a algo que se ha dicho, desdecirse de ello: *Exijo que te retractes de tus declaraciones porque son injurias.* □ SINT. Constr.: *retractarse* DE *algo.*

retráctil adj. Que puede retraerse doblándose o retirándose: *La uñas de algunos félidos son retráctiles.* □ MORF. Invariable en género.

retraer ▮ v. **1** Referido esp. a una parte del cuerpo, esconderla u ocultarla doblándola o retirándola: *El caracol puede retraer sus cuernos.* **2** Apartar o disuadir de un intento o de un propósito: *Quería estudiar esa carrera, pero sus palabras me retrajeron. Cuando me hablaron de lo peligroso del viaje, me retraje y no fui.* ▮ prnl. **3** Referido a una persona, retirarse, esconderse o guarecerse del trato con la gente, esp. por timidez: *Es tan vergonzoso que se retrae delante de gente desconocida.* □ MORF. Irreg. ⟶**TRAER.**

retraimiento s.m. Apartamiento o alejamiento del trato o de la comunicación con la gente, esp. por timidez: *Los padres estaban preocupados con el retraimiento de su hijo.*

retransmisión s.f. Transmisión o difusión desde una emisora de radio o de televisión de algo que ha sido transmitido a ella desde otro lugar: *A las cinco de la tarde les ofreceremos la retransmisión del debate parlamentario.*

retransmitir v. Referido esp. a un espectáculo, un programa o una noticia, difundirlos desde la emisora de radio o de televisión que ha recibido la transmisión: *Retransmitieron en directo desde Barcelona la entrega de premios.*

retrasado, da ▮ adj. **1** Referido a una persona, a una planta o a un animal, que no han llegado al desarrollo normal de su edad: *Este rosal va retrasado porque no tiene rosas y lo planté a la vez que el que ya ha florecido.* ▮ adj./s. **2** *desp.* Referido a una persona, que no tiene el desarrollo mental normal.

retrasar ▮ v. **1** Referido a un reloj, correr hacia atrás sus agujas: *Si llevas el reloj adelantado, tendrás que retrasarlo.* **2** Referido a una acción, demorarla o dejar para más adelante su ejecución: *Retrasaron la comida para que me diera tiempo a llegar. Procura no retrasarte en los pagos.* **3** Referido esp. a un movimiento o a un desarrollo, hacerlo más lento de lo normal: *Un accidente en la carretera está retrasando el tráfico.* ▮ prnl. **4** Llegar tarde: *El tren se retrasó y me estuvieron esperando en la estación casi dos horas.* □ SEM. En las acepciones 1 y 4, es sinónimo de *atrasar.*

retraso s.m. **1** Llegada a un lugar más tarde de lo previsto: *Un accidente en la carretera ha sido la causa de mi retraso.* **2** Demora o atraso en la ejecución de una acción: *El tren lleva un retraso de 20 minutos.* **3** Desarrollo inferior al normal: *Este niño tiene un retraso de dos años respecto a sus compañeros.*

retratar v. **1** Referido a una imagen, copiarla, dibujarla o fotografiarla: *El pintor retrató este paisaje con increíble realismo. Nos retrató a toda la familia en su estudio fotográfico.* **2** Describir con más o menos fidelidad: *Hay escritores realistas que retratan la vida de su tiempo mejor que una fotografía.*

retratista s. Persona que hace retratos: *Goya fue un gran retratista.* □ MORF. Es de género común y exige concordancia en masculino o en femenino para señalar la diferencia de sexo: *el retratista, la retratista.*

retrato s.m. **1** Pintura o imagen que representan a una persona o a un animal: *Me va a hacer un retrato al óleo.* **2** Descripción de las cualidades de una persona: *Me hizo un retrato de su amiga, pero no pensé que fuera tan guapa.* **3** Lo que se asemeja o se parece mucho a algo: *Este niño es el vivo retrato de su madre.* **4** ‖ **retrato robot.** Dibujo con los rasgos físicos de una persona a partir de datos ofrecidos por otra: *Gracias a las declaraciones de los testigos, la policía pudo hacer el retrato robot del sospechoso del robo.*

retreta s.f. Toque militar que se usa generalmente para avisar a la tropa por la noche para que se recoja en el cuartel: *Los soldados deben estar en el campamento al sonar la retreta.*

retrete s.m. **1** Recipiente conectado con una tubería y provisto de una cisterna con agua que sirve para evacuar los excrementos; *inodoro, váter: Después de usar el retrete hay que tirar de la cadena.* **2** Cuarto con este recipiente y otras instalaciones o aparatos que sirven para la higiene y el aseo personal: *Ha comprado un lavabo y un bidé nuevos para el retrete.*

retribución s.f. Pago o recompensa por un servicio o por un trabajo; *remuneración: A los quince días de entregar su trabajo, recibió su retribución.*

retribuir v. Referido esp. a un servicio o a un trabajo, recompensarlos o pagar dinero por ellos; *remunerar: Te devolveré lo que me prestaste cuando me retribuyan el trabajo que acabo de entregar.* □ MORF. Irreg.: La *i* final de la raíz se cambia en *y* delante de *a, e, o* ⟶**CONTRIBUIR.**

retro adj. Anticuado, de un tiempo pasado, que lo imita o que lo evoca: *La moda retro de este diseñador hace que vuelvan los trajes de los años cincuenta.*

retro- Elemento compositivo que significa 'hacia atrás': *retrotraer, retropropulsión, retrocarga, retrocuenta.*

retroactividad s.f. Producción de efectos en algo ya pasado: *La retroactividad de una ley hace que esta afecte a hechos anteriores a su promulgación.*

retroactivo, va adj. Que actúa o tiene fuerza sobre lo pasado: *La subida de su sueldo tiene carácter retroactivo y pagarán los meses pasados desde enero.*

retroceder v. **1** Volver o ir hacia atrás: *Se me cayó la bufanda y tuve que retroceder para recogerla.* **2** Detenerse ante un peligro o ante un obstáculo: *Es emprendedor y no retrocede ante ningún problema.*

retroceso s.m. **1** Vuelta hacia atrás: *Ha habido un retroceso en las negociaciones de paz debido al aumento de las hostilidades.* **2** Empuje brusco hacia atrás que produce un arma de fuego al ser disparada: *El retroceso de un arma hace que el cuerpo del que dispara vaya hacia atrás.*

retrógrado, da adj./s. Partidario de instituciones políticas o sociales propias de tiempos pasados: *Las propuestas de ese candidato retrógrado pueden hacer perder votos a su partido. Sus ideas sobre la diferencia de clases y la esclavitud son propias de un retrógrado.* □ USO Tiene un matiz despectivo.

retropropulsión s.f. Sistema de propulsión o empuje hacia adelante de un móvil en el que la fuerza que causa el movimiento se produce por reacción a la expulsión hacia atrás de un chorro, generalmente de gas, lanzado por el propio móvil: *Los aviones de reacción se mueven por retropropulsión.*

retrospección s.f. Mirada, observación o examen del pasado: *La mitad de la película era una retrospección en la que se recreaba la infancia del protagonista.*

retrospectivo, va adj. Que se refiere al pasado: *El reportaje sobre el nuevo presidente estaba animado por imágenes retrospectivas de su vida.*

retrotraer v. Retroceder o volver a un tiempo pasado para tomarlo como referencia o punto de partida: *El testigo retrotrajo su pensamiento a la noche del crimen para contar lo que vio. Para contar la historia de cuando vivía en el pueblo se retrotrajo a los tiempos de su juventud.* ☐ MORF. Irreg. ⟶**TRAER**.

retrovisor s.m. ⟶**espejo retrovisor.**

retruécano s.m. Figura retórica o procedimiento del lenguaje consistente en contraponer dos frases con las mismas palabras, pero con un orden invertido o diferente, de forma que sus sentidos contrasten o se opongan: *La expresión 'Más vale honra sin barcos que barcos sin honra' es un retruécano.*

retumbar v. Resonar mucho o hacer un ruido muy grande: *Sus fuertes pisadas retumbaban en el pasillo.*

reúma o **reuma** s. ⟶**reumatismo.** ☐ MORF. Es de género ambiguo y admite concordancia en masculino o en femenino sin cambiar de significado: *{el/la} reúma {doloroso/dolorosa}.*

reumático, ca ▌adj. **1** Del reumatismo o relacionado con esta enfermedad: *Tiene dolores reumáticos en las rodillas y en las muñecas.* ▌adj./s. **2** Que padece reumatismo: *Algunos enfermos reumáticos calman sus dolores con aspirina. Los reumáticos sufren mucho los cambios de temperatura.*

reumatismo s.m. Enfermedad que se caracteriza principalmente por dolores en las articulaciones o en las partes musculares o fibrosas del cuerpo o por inflamaciones dolorosas en estas partes; *reúma: El frío y la humedad agravan el reumatismo.*

reunión v. **1** Formación de un grupo o de un conjunto, esp. si es con un fin determinado: *La primera fase de mi investigación será la reunión de datos.* **2** Sesión en la que varias personas se juntan para tratar un determinado asunto: *¿Tienes todo preparado para la reunión con el director?* **3** Personas que asisten a esta sesión: *Le dije a toda la reunión que pensabas dimitir.*

reunir v. Juntar, congregar, amontonar o agrupar, esp. si es con un fin determinado: *Este candidato reúne los requisitos que pedíamos para ocupar el puesto. Los directivos de la compañía se reunieron para buscar una solución.* ☐ ORTOGR. La *u* lleva tilde en los presentes, excepto en las personas *nosotros* y *vosotros* ⟶**REUNIR**.

reválida s.f. Examen que se hacía al acabar algunos estudios: *Antes había que hacer la reválida para obtener el título de bachillerato.*

revalidar v. Ratificar, confirmar o dar nueva validez: *Revalidó el título de campeón del mundo, obtenido el pasado año.*

revalorización s.f. **1** Aumento del valor de algo: *Últimamente se ha producido una revalorización de los bienes inmobiliarios.* **2** Recuperación del valor o la estimación perdidos: *Con este ciclo de películas se producirá una revalorización del cine de este director.*

revalorizar v. **1** Aumentar el valor: *La especulación ha revalorizado la vivienda en esta zona. El suelo se ha revalorizado por la construcción del centro comercial.* **2** Devolver el valor o la estimación perdidos: *Los nuevos estudios críticos han revalorizado la obra de este poeta.* ☐ ORTOGR. La *z* se cambia en *c* delante de *e* ⟶**CAZAR**.

revaluación s.f. Elevación del valor de algo, esp. el de una unidad monetaria: *La revaluación del euro puede suponer una disminución de las exportaciones de Europa.*

revaluar v. Referido esp. a una unidad monetaria, elevar su valor: *El ministro afirmó que por el momento no se revaluará el euro.* ☐ ORTOGR. La *u* lleva tilde en los presentes, excepto en las personas *nosotros* y *vosotros* ⟶**ACTUAR**.

revancha s.f. **1** Venganza de un daño o de un disgusto recibidos: *Hoy me has mentido, pero ya me tomaré yo la revancha.* **2** Oportunidad que se ofrece a alguien de derrotar al mismo rival que previamente ha vencido: *¿Me das la revancha al parchís?*

revelación s.f. **1** Descubrimiento o manifestación de algo ignorado o secreto: *La revelación de secretos de Estado es un grave delito.* **2** Manifestación que hace Dios de sí mismo y de su plan de salvación: *La revelación de Dios culminó con Jesucristo.*

revelado s.m. Conjunto de operaciones necesarias para revelar una película fotográfica: *En esta tienda tardan una hora en el revelado de las fotografías.*

revelar ▌v. **1** Referido a algo ignorado o secreto, descubrirlo o manifestarlo: *Me reveló su deseo más oculto. Jugamos un partido y se reveló como una gran jugadora de tenis.* **2** Proporcionar indicios, certezas o evidencias: *Su rostro demacrado y ojeroso revela cansancio.* **3** Referido esp. a una película fotográfica, hacer visible la imagen impresa en ella: *¿Has revelado ya el carrete de las vacaciones?* ▌prnl. **4** Referido a Dios, manifestarse y dar a conocer su plan de salvación: *Dios se ha revelado por medio de Jesucristo.* ☐ ORTOGR. Dist. de *rebelarse* y de *relevar*.

revenirse v.prnl. Referido esp. a los alimentos crujientes, ponerse blandos y correosos con el calor y la humedad: *No comas los churros que sobraron de ayer porque se han revenido.* ☐ MORF. Irreg. ⟶**VENIR**.

reventar v. **1** Referido a algo cerrado, abrirse bruscamente por no poder soportar la presión interior o como consecuencia de una fuerte presión exterior: *Las cañerías reventaron porque, con tanto frío, se había congelado el agua. Se reventó la bolsa al caer al suelo.* **2** *col.* Tener ansia o un fuerte deseo de algo: *Revienta por enterarse de lo que te dije cuando te llamé.* **3** *col.* Referido esp. a un sentimiento, sentirlo y manifestarlo muy intensamente: *Cada vez que veo un niño hambriento, reviento de rabia.* **4** *col.* Referido a una acción, realizarla con ganas o violentamente: *Contó un chiste tan gracioso que reventábamos de risa. Me reviento a estudiar para sacar las mejores notas.* **5** *col.* Morir: *Me tratas mal, pero el día que reviente me echarás de menos.* **6** *col.* Molestar, fastidiar o enfadar: *Me revienta que fume en la habitación del bebé.* **7** *col.* Referido esp. a un espectáculo, hacerlo fracasar mostrando desagrado de forma ruidosa: *Varios espectadores reventaron el estreno silbando y pateando nada más subirse el telón.* **8** Cansar muchísimo o dejar exhausto: *El jinete galopó hasta quedar reventado.* **9** Estar muy lleno o tener en gran cantidad: *El árbol revienta de manzanas.* ☐ MORF. Irreg.: La *e* final de la raíz diptonga en *ie* en los presentes, excepto en las personas *nosotros* y *vosotros* ⟶**PENSAR**.

reventón, -a ▌adj. **1** Que revienta o que parece que va a reventar: *Tiene unos ojos reventones que parece que se le van a salir de las órbitas.* ▌s.m. **2** Abertura brusca y violenta de algo cerrado: *Si vas a toda velocidad, un reventón de las ruedas puede ser peligroso.*

reverberar v. **1** Referido esp. a la luz, reflejarse en una superficie brillante: *Los rayos del sol reverberan en el agua.* **2** Referido al sonido, rebotar en una superficie que no lo absorba: *El eco se produce al reverberar el sonido*

a b c d e f g h i j k l m n ñ o p q **r** s t u v w x y z

contra una pared. **3** Referido a una superficie o a un objeto, brillar mucho al recibir la luz: *La carrocería de los coches reverberaba bajo el sol.*

reverdecer v. **1** Empezar a ponerse verde o volver a hacerlo: *La lluvia hizo reverdecer el campo.* **2** Renovarse o tomar nuevas fuerzas: *Sus deseos de volver a pintar reverdecen cada vez que acude a una exposición.* □ MORF. Irreg.: Aparece una *z* delante de la *c* cuando la siguen *a, o* →**PARECER**.

reverencia s.f. **1** Movimiento que se hace con el cuerpo en señal de respeto o de cortesía: *El sacerdote hizo una reverencia ante el sagrario.* **2** Respeto grande que se tiene a algo: *Habla de sus padres con auténtica reverencia.*

reverenciar v. Referido a algo que se estima, sentir o mostrar reverencia o respeto hacia ello: *Debemos reverenciar la memoria de nuestros antepasados.* □ ORTOGR. La *i* nunca lleva tilde.

reverendo, da adj./s. Tratamiento que se da a sacerdotes y religiosos: *A la superiora del convento la debes llamar reverenda madre. El reverendo saludaba a los fieles que entraban en la iglesia.*

reverente adj. Que muestra reverencia o respeto: *En la iglesia debes mantener una actitud reverente.* □ MORF. Invariable en género.

reversible adj. **1** Que puede volver a su estado o a su condición anteriores: *Mi decisión es reversible, y si me dais una razón lógica, la cambiaré.* **2** Referido a una prenda de vestir, que puede usarse tanto del derecho como del revés: *Mi gabardina reversible es azul por un lado y marrón por el otro.* □ MORF. Invariable en género.

reverso s.m. **1** En una moneda o en una medalla, lado o superficie opuestos al anverso o cara principal: *En el reverso de esta moneda está el escudo de España.* **2** Revés o parte opuesta al frente: *En el reverso del sobre se escribe el remite.*

revertir v. **1** Referido a una cosa, transformarse o ir a parar en otra: *El arreglo del piso revertirá en nuestra comodidad.* **2** Volver al anterior dueño o pasar a uno nuevo: *Los edificios que el Estado había expropiado revertirán a sus anteriores dueños.* □ MORF. Irreg. →**SENTIR**.

revés s.m. **1** En un objeto, parte opuesta a la que se considera principal: *Te has puesto el jersey del revés y se ven las costuras.* **2** Golpe dado con la mano vuelta: *Le dio un revés y le dejó la cara señalada.* **3** Desgracia o contratiempo: *Tuvimos algún que otro revés, pero los superamos.* **4** En tenis y otros juegos similares, golpe dado a la pelota cuando viene por el lado contrario a la mano que empuña la raqueta: *La tenista dio un revés y devolvió la pelota.* **5** ‖ **al revés.** Al contrario o invirtiendo el orden normal: *¿Vamos a mi casa y después al cine o lo hacemos al revés?*

revestimiento s.m. **1** Colocación de una capa o de una cubierta para proteger u ocultar algo: *Los obreros han empezado a hacer el revestimiento de la fachada del edificio.* **2** Capa o cubierta que sirven para este fin: *Hemos puesto un revestimiento aislante en la pared para que no cale la humedad.*

revestir ▌v. **1** Cubrir con una cubierta para proteger u ocultar: *Han revestido el tubo con acero para que dure más.* **2** Referido esp. a una característica, tenerla o presentarla: *La herida no reviste importancia.* **3** Referido al lenguaje o a un escrito, acompañarlos de adornos retóricos o de ideas complementarias: *Revistió su exposición de tecnicismos innecesarios.* ▌prnl. **4** Disponerse con lo necesario para algo: *Me revestí de valor y salí a defenderlos.* □ MORF. Irreg.: La *e* final de la raíz se cambia en *i* cuando la sílaba siguiente no tiene *i* o la tiene formando diptongo →**PEDIR**.

revisar v. **1** Ver con atención o con cuidado: *Revisó el paquete para ver si estaba todo el pedido.* **2** Referido a algo que ha sido examinado, someterlo a un nuevo examen para repararlo o para corregirlo: *Pidieron a la juez que revisara la sentencia.*

revisión s.f. **1** Examen atento o cuidadoso de algo: *Para que te den el carné de conducir, tienes que someterte a una revisión médica.* **2** Sometimiento a un nuevo examen para reparar o para corregir algo: *No estaba de acuerdo con su nota y pidió la revisión de su examen.*

revisor, -a ▌adj. **1** Que revisa o comprueba algo: *El dispositivo revisor ha detectado un fallo en la máquina.* ▌s. **2** Persona que se dedica profesionalmente a revisar o a comprobar algo: *El revisor me pidió el billete cuando el tren se puso en marcha.*

revista s.f. **1** Publicación periódica que contiene escritos sobre varias materias o sobre una sola: *Escribe en una revista de información general.* **2** Espectáculo teatral en el que alternan números musicales con números dialogados: *Las revistas suelen tratar temas frívolos o graciosos.* **3** ‖ **pasar revista.** Inspeccionar o revisar algo: *El capitán pasó revista a las tropas.*

revistero s.m. Mueble o lugar destinado a la colocación de las revistas y de los periódicos: *Mientras espero a la doctora, leo alguna revista del revistero.*

revitalización s.f. Suministro de más fuerza o de más vitalidad: *Esta crema consigue la revitalización de la piel.*

revitalizar v. Dar más fuerza o más vitalidad: *Estas vitaminas te revitalizarán el pelo. Con el descenso del precio de los hoteles se revitalizará el turismo.* □ ORTOGR. La *z* se cambia en *c* delante de *e* →**CAZAR**.

revivir v. **1** Resucitar o volver a la vida: *En esta película de terror, los cadáveres que habían sido afectados por radiaciones nucleares revivían.* **2** Referido a algo que parecía muerto, recuperar la vitalidad: *En cuanto regué la planta, revivió.* **3** Referido a algo que parecía olvidado, renovarse o reproducirse: *Aquella afrenta revivió su antigua enemistad.* **4** Referido al pasado, evocarlo o recordarlo con viveza: *Unas fotografías nos hicieron revivir nuestra juventud.*

revocar v. **1** Referido esp. a una norma o a un mandato, dejarlos sin efecto: *El general ha revocado la orden de retirada y permaneceremos en nuestros puestos.* **2** Referido esp. a las paredes de un edificio, arreglarlas o pintarlas de nuevo por la parte exterior: *El Ayuntamiento ha concedido unas ayudas para revocar las fachadas antiguas de la ciudad.* □ ORTOGR. La *c* se cambia en *qu* delante de *e* →**SACAR**.

revoco s.m. →**revoque.**

revolcar ▌v. **1** Referido a una persona, derribarla y hacerle dar vueltas por el suelo pisoteándola: *En un descuido del matador, el toro lo embistió y lo revolcó.* ▌prnl. **2** Echarse sobre algo dando vueltas y restregándose: *Los cerdos se revuelcan en el barro.* **3** *vulg.* Practicar juegos amorosos: *Al atardecer siempre hay alguna pareja revolcándose en el parque.* □ ORTOGR. La *c* se cambia en *qu* delante de *e*. □ MORF. Irreg.: La *o* diptonga en *ue* en los presentes, excepto en las personas *nosotros* y *vosotros* →**VOLCAR**.

revolcón s.m. **1** Derribo de una persona acompañado

de pisotones y de vueltas por el suelo: *El toro dio un revolcón al diestro, pero este salió ileso.* **2** *col.* En un enfrentamiento, victoria clara de un adversario sobre otro; *baño: Ganándonos con tanta facilidad, nos han dado un buen revolcón.* **3** *col.* Jugueteo amoroso: *En la película, sorprendían a la pareja dándose un revolcón en el pajar.*

revolotear v. **1** Volar haciendo giros o movimientos rápidos: *Las gaviotas revoloteaban en la costa.* **2** Referido a una persona, moverse continuamente en torno a otra o de un sitio a otro: *Alrededor de la cantante revolotean siempre secretarias, asesores y fanes.*

revoloteo s.m. **1** Vuelo con movimientos rápidos y muchos giros: *¡Menudo revoloteo de papeles se formó al abrir la ventana!* **2** Movimiento continuo de una persona en torno a otra: *Siéntate de una vez, que tu revoloteo me está poniendo nerviosa.*

revoltijo s.m. Conjunto de muchos elementos desordenados: *Sobre su mesa siempre hay un revoltijo de libros y papeles.* □ ORTOGR. Se admite también *revoltillo*.

revoltillo s.m. →**revoltijo.**

revoltoso, sa adj./s. Muy travieso y vivaracho: *No seas tan revoltosa y estate quieta. A veces pierdo la paciencia con mi hijo porque es un revoltoso.*

revolución s.f. **1** Cambio violento en las instituciones políticas, económicas y sociales de un país: *Una revolución sustituyó la monarquía reinante por una república.* **2** Cambio rápido y profundo: *La televisión ha supuesto una revolución en la forma de vida actual.* **3** Inquietud, alboroto o levantamiento colectivos: *La noticia del cese de la directora ha causado una revolución entre los trabajadores de la empresa.* **4** En mecánica, giro o vuelta que da una pieza en torno a su eje: *El motor de este coche alcanza 8 000 revoluciones por minuto.*

revolucionar v. **1** Provocar un estado de revolución: *Con sus travesuras revoluciona a toda la clase.* **2** Referido esp. a un cuerpo que gira, imprimirle más revoluciones: *Cuanto más aceleras el coche, más revolucionas el motor.*

revolucionario, ria ▌adj. **1** De la revolución o relacionado con este cambio violento o profundo: *La policía detuvo al cabecilla del movimiento revolucionario.* ▌adj./s. **2** Que sigue o que defiende la revolución: *Los manifestantes revolucionarios pedían un cambio en el sistema. El Gobierno castigó con el exilio a los revolucionarios.* **3** Que cambia o renueva algo: *Han inventado un sistema revolucionario para lavar la ropa. Ese escritor fue un revolucionario de su tiempo y no fue comprendido enteramente.*

revolver ▌v. **1** Mezclar o mover en todas las direcciones: *Revuelve bien la ensalada para que se mezcle el aliño.* **2** Alterar el buen orden o la disposición: *Esas escenas tan sangrientas me han revuelto el estómago.* **3** Mirar, registrar o investigar a fondo: *Los periodistas han empezado a revolver en el pasado de ese político.* ▌prnl. **4** Moverse de un lado a otro en un lugar: *¿Por qué te revuelves inquieto en el sillón?* **5** Enfrentarse a alguien, plantarle cara o atacarle: *El perro se revolvió contra su dueño.* **6** Referido al tiempo atmosférico, empeorar o ponerse borrascoso: *El tiempo se ha revuelto y no saldremos de excursión.* □ ORTOGR. Dist. de *revólver*. □ MORF. Irreg.: 1. Su participio es *revuelto*. 2. La *o* diptonga en *ue* en los presentes, excepto en las personas *nosotros* y *vosotros* →**VOLVER.**

revólver s.m. Arma de fuego parecida a la pistola pero provista de un tambor o cilindro giratorio en el que se colocan las balas: *Los pistoleros de las películas de vaqueros llevan revólveres.* □ ORTOGR. Dist. de *revolver*. 👁 **arma**

revoque s.m. **1** Cubrimiento de una pared con una capa de cal y arena o con otro material: *Antes de pintar hay que hacer el revoque de la paredes.* **2** Capa o mezcla con las que se revoca: *El revoque normalmente es de yeso.* □ SEM. Es sinónimo de *revoco*.

revuelo s.m. Turbación, agitación o confusión entre un grupo de personas: *La noticia ha causado un gran revuelo entre la población.*

revuelta s.f. Véase **revuelto, ta.**

revuelto, ta ▌**1** part. irreg. de **revolver.** ▌s.m. **2** Comida que se elabora mezclando huevos con otro ingrediente y que se cuaja sin darle ninguna forma determinada: *De segundo plato pediré un revuelto de espárragos.* ▌s.f. **3** Alboroto o alteración del orden público: *El abuso de poder provocó revueltas callejeras.* **4** Curva o cambio de dirección pronunciados, esp. en una carretera: *No me gustan las carreteras con muchas revueltas, porque me mareo.* □ MORF. En la acepción 1, incorr. **revolvido*.

revulsivo, va adj./s.m. Que produce un cambio brusco, generalmente para bien: *El cambio de entrenador fue un revulsivo para el equipo, porque a partir de entonces empezaron a ganar.*

rewind (anglicismo) s.m. Tecla o mecanismo que permiten rebobinar hacia atrás una cinta: *No puedes darle para atrás a la cinta, porque no funciona el rewind.* □ PRON. [réuin].

rey ▌s.m. **1** En un reino, soberano y jefe del Estado: *El rey propondrá formar gobierno al líder del partido más votado.* **2** En el juego del ajedrez, pieza principal, cuya pérdida supone el final de la partida y que generalmente solo puede ser movida de casilla en casilla: *Me dio jaque al rey y en la siguiente jugada me ganó.* 👁 **ajedrez** **3** En una baraja, carta que representa a un monarca: *Con un caballo y un rey del triunfo se cantan las cuarenta en el tute.* **4** Lo que sobresale por su excelencia entre los demás de su clase: *Con su compra de acciones, se ha convertido en el rey del sector.* ▌pl. **5** Regalo o conjunto de regalos que se reciben con motivo de la fiesta de los Reyes Magos (festividad religiosa con que se conmemora la llegada de tres reyes de Oriente para adorar al Niño Jesús recién nacido): *El 6 de enero, los niños se pasan el día entero jugando con sus reyes.* □ MORF. 1. En las acepciones 1 y 4, su femenino es *reina*. 2. Su plural es *reyes*. □ USO Se usa como apelativo: *La madre le dijo al niño: '¡Ven a mis brazos, rey mío!'*.

reyerta s.f. Disputa, contienda o riña entre dos o más personas: *Fue apuñalado en una reyerta callejera.*

rezagarse v.prnl. Quedarse atrás: *Uno de los corredores se rezagó para ayudar a uno de sus compañeros.* □ ORTOGR. La *g* se cambia en *gu* delante de *e* →**PAGAR.**

rezar v. **1** Referido a una oración religiosa, dirigirla a la divinidad: *Siempre rezo un padrenuestro antes de acostarme.* **2** Dirigirse a una divinidad o a un ser digno de culto: *Rezaba para pedir la curación de su familiar.* **3** *col.* Constar o decirse en un escrito: *El bando rezaba: «Mañana permanecerán cerrados los comercios».* **4** ‖ **rezar** algo **con** alguien. *col.* Pertenecerle o corresponderle: *Lo que me estás contando no reza conmigo.* □ ORTOGR. La *z* se cambia en *c* delante de *e* →**CAZAR.**

rezo s.m. **1** Elevación de oraciones, de súplicas o de alabanzas a la divinidad o a un ser digno de culto: *El fraile realizaba sus rezos en la intimidad de su celda.* **2** Oración o conjunto de palabras que se rezan: *El aleluya es un rezo típico de Pascua.*

rezongar v. Gruñir o refunfuñar en voz baja, obedeciendo de mala gana: *Me molesta que cuando te pido algo lo hagas rezongando.* □ ORTOGR. La *g* se cambia en *gu* delante de *e* →PAGAR.

rezumar v. **1** Referido a un líquido, salir a través del cuerpo poroso que lo contiene: *El agua rezuma por la cañería.* **2** Referido a un cuerpo, estar tan empapado de un líquido que este escurre por él: *Con las lluvias, la pared rezuma humedad.* **3** Referido a una característica o a una cualidad, manifestarlas claramente o dejarlas traslucir: *Sus poemas rezuman optimismo.*

ría s.f. **1** Penetración del mar en la desembocadura de un río debida al hundimiento de esa zona de la costa: *Estuve veraneando en una de las rías gallegas.* **2** En algunas competiciones deportivas, hoyo lleno de agua que se coloca en el recorrido como obstáculo: *Si el caballo pisa la ría al saltarla, será penalizado.*

riachuelo s.m. Río pequeño y de poco caudal: *Cruzamos el riachuelo pisando las piedras del cauce para no mojarnos.*

riada s.f. Gran aumento del caudal de un río, que suele causar inundaciones: *Las lluvias intensas después de la sequía han producido grandes riadas.*

ribazo s.m. Terreno con una pendiente pronunciada, esp. el que divide dos fincas que están a distinto nivel: *El sendero discurría por un ribazo.*

ribeiro s.m. Vino tinto o blanco de poca graduación, originario de la comarca gallega de Ribeiro: *El ribeiro se bebe en tazones pequeños.*

ribera s.f. **1** Margen y orilla del mar o de un río: *Paseábamos por la ribera mirando cómo rompían las olas.* **2** Tierra cercana a los ríos: *En las riberas hay buenos campos de cultivo.* □ ORTOGR. Dist. de *rivera.*

ribete ▮ s.m. **1** Cinta o adorno que se pone en el borde de algo como adorno o como refuerzo: *Lleva una americana roja con ribetes negros en la solapa.* ▮ pl. **2** Asomos, indicios o señales: *Al ver mis cuadros, el profesor me dijo que tenía ribetes de buen pintor.*

ribetear v. Poner ribetes como adorno o como refuerzo: *Ha ribeteado la colcha con una puntilla.*

ribosoma s.m. En una célula, orgánulo del citoplasma que participa en la síntesis de proteínas: *Los ribosomas están formados fundamentalmente por proteínas y por ácido ribonucleico.*

ricamente adv. A gusto o con toda comodidad: *Ahí lo tienes, tan ricamente sentado viendo la tele.*

ricino s.m. Planta de origen africano que tiene el tronco verde rojizo, las hojas muy grandes y partidas, las flores en racimo y el fruto esférico y espinoso, y de cuyas semillas se extrae una sustancia purgante: *El aceite de ricino es un purgante muy fuerte.*

rico, ca ▮ adj. **1** Gustoso, sabroso o de sabor agradable: *Hoy la comida te ha salido muy rica.* **2** Que tiene algo en gran cantidad: *La carne es un alimento rico en proteínas.* **3** *col.* Simpático, gracioso o agradable: *El niño de los vecinos es muy rico.* ▮ adj./s. **4** Acaudalado o que posee muchas riquezas: *Viene de familia rica y está acostumbrado a las comodidades. Todos los ricos vienen a tomar una copa a este local de moda.* **5** ‖ **nuevo rico.** Persona que ha conseguido su riqueza de forma rápida, esp. si hace ostentación de ella: *Ese nuevo rico tiene mucho dinero, pero es un poco vulgar.* □ USO Se usa como apelativo: *Anda, rico, que te estás pasando.*

rictus s.m. Gesto o aspecto del rostro que manifiesta algún sentimiento o una sensación: *En su cara se observaba un rictus de cansancio.* □ MORF. Invariable en número.

ricura s.f. *col.* Lo que resulta bello o simpático: *Este niño tan majo es una ricura.* □ USO Se usa como apelativo: *Anda, 'ricura', acaba de una vez.*

ridiculez s.f. **1** Hecho o dicho ridículos o extravagantes: *No digas ridiculeces y déjame hablar a mí.* **2** Lo que resulta pequeño o de poca estimación: *No vale la pena que te enfades por esta ridiculez.*

ridiculizar v. Referido a algo que se considera extravagante o defectuoso, burlarse de ello intentando que parezca ridículo: *Ridiculizó mi dibujo delante de todos porque le parecía feo.* □ ORTOGR. La *z* se cambia en *c* delante de *e* →CAZAR.

ridículo, la ▮ adj. **1** Que produce risa debido a su rareza o a su extravagancia: *Viste de una forma ridícula, pero a él le gusta.* **2** Escaso o de poca importancia: *No me voy a hacer rico con un premio tan ridículo.* ▮ s.m. **3** Situación que sufre una persona que produce risa en los demás: *Cuando me doy cuenta de que estoy haciendo el ridículo, me pongo colorada.* **4** ‖ **en ridículo.** Expuesto a la burla de los demás: *Gritando de esta forma nos estás poniendo en ridículo.*

riego s.m. **1** Esparcimiento o suministro de agua sobre una superficie o una planta: *En verano, el riego de las calles refresca el ambiente.* **2** Agua disponible para regar: *Este río no tiene suficiente riego para todos los campos de la zona.* **3** ‖ **riego sanguíneo.** Aporte de sangre a una determinada zona del cuerpo: *Este medicamento favorece el riego sanguíneo del cerebro.*

riel s.m. **1** Barra o pieza alargada sobre la que se desliza algo: *Tengo que colgar lar cortinas de los ganchos de los rieles.* **2** Carril de una vía férrea: *Los rieles del tren son metálicos.*

rielar v. *poét.* Referido a la luz, reflejarse de forma temblorosa: *La luz de la luna rielaba en el estanque.*

rienda ▮ s.f. **1** Cada una de las dos correas o cintas que van sujetas al bocado de una caballería y que sirven para dirigirla y gobernarla: *El jinete tiró de las riendas para detener a la yegua.* 👁 **arreos** ▮ pl. **2** Gobierno o dirección de algo: *El abuelo lleva las riendas de la empresa familiar.* **3** ‖ **a rienda suelta.** Con toda libertad o sin ningún control: *En el banquete comimos y bebimos a rienda suelta.* ‖ **dar rienda suelta.** Permitir la manifestación o el curso de algo: *Dio rienda suelta a su pena y comenzó a llorar.* □ MORF. La acepción 1 se usa más en plural.

riesgo s.m. **1** Posibilidad o proximidad de un daño: *Conducir con exceso de velocidad es un claro riesgo de accidente.* **2** Cada uno de los sucesos o imprevistos que puede cubrir un seguro: *Este seguro solo cubre el riesgo de robo.* **3** ‖ **correr el riesgo.** Estar expuesto a algo: *Si no vas a verlo, corres el riesgo de que se enfade.*

rifa s.f. Sorteo cuyo ganador es el que tiene una papeleta con un número que se escoge al azar: *Me tocó una muñeca de trapo en una rifa.*

rifar v. **1** Sortear por medio de una rifa: *Voy a rifar tres libros entre todos vosotros.* **2** ‖ **rifarse** a alguien. *col.* Solicitarlo o desearlo con intensidad: *Ese actor gusta tanto que las productoras se lo rifan.*

rifle s.m. Carabina de origen americano que tiene estrías en espiral en la parte interior del cañón: *El rifle es un arma muy precisa.* 👁 **arma**

rigidez s.f. **1** Imposibilidad o dificultad para doblarse o torcerse: *Si quieres dar rigidez a esa tela, debes almidonarla.* **2** Severidad, inflexibilidad o rigor: *Educa a sus hijos con mucha rigidez.*

rígido, da adj. **1** Que no se puede doblar o torcer: *El cristal es un material rígido.* **2** Riguroso, inflexible o severo: *Mi padre es muy rígido y castiga con dureza mis faltas.*

rigor s.m. **1** Severidad excesiva y escrupulosa: *El rigor de la sentencia ha sido muy criticado por la opinión pública.* **2** Precisión y exactitud: *El rigor de los datos es básico en una investigación.* **3** Intensidad o crudeza: *El rigor del verano ha secado los campos.* **4** ‖ **de rigor.** Indispensable u obligatorio por la costumbre o la moda: *Mi madre me dio los consejos de rigor antes de irme de vacaciones.* ‖ **en rigor.** En realidad o estrictamente: *A simple vista es lo mismo que te lo pida de palabra que por escrito, pero en rigor no es lo mismo.*

riguroso, sa adj. **1** Muy severo o muy rígido: *Ese profesor es riguroso con los alumnos que faltan a clase.* **2** Exacto, preciso o minucioso: *Para evitar accidentes es necesario un cumplimiento riguroso de las normas de seguridad.* **3** Extremado o difícil de soportar: *Tiene problemas de salud y necesita un clima que no sea riguroso.*

rijoso, sa adj. Que tiene o muestra deseos sexuales incontenibles: *No soporto a los tipos rijosos que siempre vuelven la cabeza para ver a las mujeres por detrás.*

rilarse v.prnl. Abandonar una decisión o echarse atrás en ella: *No hagas caso a los demás y no te riles, porque debes seguir adelante con tu proyecto.*

rima s.f. **1** Identidad de todos los sonidos o solo de los vocálicos en la terminación de dos o más palabras a partir de su última vocal acentuada, esp. si dichas palabras son finales de versos: *La rima y el ritmo del acento son fenómenos característicos de la poesía.* **2** Composición lírica en verso: *Han publicado una antología lírica con rimas de varios poetas contemporáneos.* **3** ‖ **octava rima.** En métrica, estrofa de origen italiano, formada por ocho versos endecasílabos de rima consonante, cuyo esquema es *ABABABCC*; *octava real*: *Boscán introdujo la octava rima en España en el siglo XVI y compuso con ella un poema titulado también 'Octava rima'.* ‖ **sexta rima.** En métrica, estrofa de origen italiano, formada por seis versos endecasílabos, y cuyo esquema originario es *ABABCC*: *La sexta rima se comenzó a emplear en la poesía española durante el Barroco.* □ MORF. La acepción 2 se usa más en plural.

rimar v. **1** Componer versos: *El profesor de literatura nos enseñó a rimar.* **2** Referido a una palabra, tener rima consonante o asonante con otra: *'Caña' rima con 'maña', y 'zapato', con 'barato'. 'Perro' y 'canguro' no riman.*

rimbombante adj. Ostentoso o llamativo: *Lleva un rimbombante sombrero lleno de plumas de colores.* □ MORF. Invariable en género.

rímel s.m. Cosmético que se usa para dar color y espesor a las pestañas (por extensión del nombre de la marca comercial *Rimmel®*): *Al llorar, se le corrió el rímel y se le quedó la cara llena de churretes.*

rincón s.m. **1** Ángulo entrante que se forma en el encuentro de dos paredes o de dos superficies: *Cuando barres deprisa, dejas polvo en los rincones.* **2** Escondrijo o lugar apartado: *Te enseñaré un precioso rincón del bosque.* **3** Espacio pequeño: *No quiero dormir contigo porque me dejas en un rincón de la cama.* **4** *col.* Lugar donde se vive habitualmente: *Te invito a tomar café en mi rincón.*

rinconada s.f. Ángulo entrante que se forma esp. en la unión de dos casas o de dos calles: *El edificio está en la rinconada que forman esas dos calles.*

rinconera s.f. Mueble de forma apropiada para ser colocado en un rincón: *Las rinconeras suelen ser triangulares.*

ring s.m. →**cuadrilátero.**

ringorrango s.m. Adorno exagerado, extravagante e innecesario: *Se ha hecho unas tarjetas de visita tan llenas de ringorrangos que no se sabe lo que pone.*

rinitis s.f. Inflamación de la mucosa de la nariz: *Padece una rinitis alérgica y estornuda mucho.*

rinoceronte s.m. Mamífero de gran tamaño, de cuerpo grueso y piel dura, cabeza estrecha con el hocico puntiagudo y uno o dos cuernos encorvados y colocados uno más arriba que otro en la línea media de la nariz, y que se alimenta de vegetales: *El rinoceronte tiene poca visión y es muy violento si se le irrita.* □ MORF. Es un sustantivo epiceno y la diferencia de sexo se señala mediante la oposición *el rinoceronte {macho/hembra}*. 👁 **ungulado**

riña s.f. Discusión o pelea entre dos o más personas: *He visto una riña entre dos hombres que querían coger el mismo taxi.*

riñón ▌ s.m. **1** En los vertebrados, órgano, generalmente con forma de habichuela, encargado de filtrar la sangre y eliminar sus impurezas en la orina: *Los riñones están situados, en los mamíferos, a uno y otro lado de la columna vertebral en la zona lumbar.* ▌ pl. **2** Parte del cuerpo que corresponde al lugar donde están estos órganos: *Arrópate bien, que tienes los riñones al aire.* **3** ‖ **riñón artificial.** Aparato para filtrar la sangre de una forma artificial en casos de insuficiencia renal aguda o crónica: *Cuando va a sesiones de diálisis, lo conectan a un riñón artificial para que le depure la sangre.* ‖ **un riñón.** *col.* Mucho dinero: *Cuida su moto como a la niña de sus ojos porque le costó un riñón.* □ USO *Un riñón* se usa más con los verbos *costar*, *valer* y equivalentes.

riñonera s.f. **1** Faja que se usa para proteger la zona de los riñones: *Lleva una riñonera para evitar enfriamientos.* **2** Cinturón provisto de una pequeña bolsa: *Lleva el carné y la cartera en una riñonera de cuero.*

río s.m. **1** Corriente continua de agua, más o menos caudalosa, que desemboca en otra, en un lago o en el mar: *El río que pasa por Toledo es el Tajo.* **2** Gran cantidad de algo que sale, se mueve, fluye o circula, esp. de un líquido: *Un río de lava arrasó un pueblo en la ladera del volcán.* □ ORTOGR. Dist. de *río* (del verbo *reír*).

rioja s.m. Vino tinto o blanco originario de La Rioja (región, provincia y comunidad autónoma españolas): *Con el asado beberemos un buen rioja.*

riojano, na adj./s. De La Rioja (comunidad autónoma española), de la provincia de esta comunidad o relacionado con ellas: *Gonzalo de Berceo era riojano. Los riojanos están muy orgullosos de sus vinos.* □ MORF. Como sustantivo se refiere solo a las personas de La Rioja.

rioplatense adj./s. Del estuario sudamericano del Río de la Plata (formado por la desembocadura de los ríos Paraná y Uruguay, y situado entre Argentina y Uruguay), o relacionado con él: *El puerto de Buenos Aires se encuentra en el estuario rioplatense. Muchos rioplatenses se dedican a actividades portuarias.* □ MORF. 1. Como adjetivo es invariable en género. 2. Como sustantivo es de género común y exige concordancia en masculino o en femenino para señalar la diferencia de sexo: *el rioplatense, la rioplatense.* 3. Como sustantivo se refiere solo a las personas del estuario del Río de la Plata.

ripio s.m. **1** Palabra o frase que se emplea en un verso solo para conseguir la rima o el número de sílabas necesarios: *Sus poemas están llenos de ripios porque no es buen poeta.* **2** ‖ **no perder ripio.** *col.* Estar muy atento para enterarse de todo: *Le encanta oírte y no pierde ripio cuando hablas.*

riqueza s.f. **1** Abundancia o gran cantidad de bienes, de dinero o de cosas valiosas: *Estoy convencido de que la riqueza no da la felicidad.* **2** Abundancia de recursos económicos o naturales: *La riqueza del valle se debe a la fertilidad de sus tierras.* **3** Abundancia o diversidad de algo: *Sus cuadros tienen una riqueza de colorido impresionante.* ☐ MORF. La acepción 1 en plural tiene el mismo significado que en singular.

risa s.f. **1** Movimiento de la boca y de otras partes de la cara que demuestra alegría o diversión y que suele ir acompañado de carcajadas: *¡Qué risa nos dio verte caer en el charco!* **2** Sonido o voz que suele acompañar a este gesto de alegría: *No quiero oír risas a mis espaldas.* **3** *col.* Lo que hace reír: *La ceremonia fue una risa porque todo salió al revés.* **4** ‖ **muerto de risa.** *col.* Inactivo o sin usar: *¿Por qué no te pones alguno de los vestidos que tienes en el armario muertos de risa?*

risco s.m. Peñasco alto, escarpado y peligroso para andar por él: *La cabra montés anda bien por los riscos.* 👁 **montaña**

risible adj. Que produce risa o se la merece: *¿Cómo podría tomarme en serio unos planes tan absurdos y risibles?* ☐ MORF. Invariable en género.

risotada s.f. Risa o carcajada muy ruidosas: *Cuando el payaso hizo una tontería, los niños soltaron una gran risotada.*

ristra s.f. **1** Trenza formada con los tallos de las cebollas o de los ajos: *Sobre la cocina colgaba una ristra de ajos.* **2** Conjunto de cosas seguidas unas detrás de otras: *Estaba tan nervioso que soltó una ristra de disparates.*

ristre s.m. **1** En una armadura antigua, pieza de hierro situada en la parte derecha del peto para encajar y afianzar en ella la lanza: *El caballero puso la lanza en el ristre y se dispuso a atacar.* 👁 **armadura 2** ‖ **en ristre.** *col.* Seguido de un instrumento, con él sujeto y preparado para hacer algo: *Los hambrientos comensales estaban sentados a la mesa tenedor en ristre.*

risueño, ña adj. **1** Que muestra risa en el semblante: *Su hija es una niña muy simpática y risueña.* **2** Próspero o favorable: *Tienes por delante un risueño futuro.*

rítmico, ca adj. Del ritmo, con ritmo o relacionado con él: *Si el corazón está sano, sus latidos deben ser rítmicos.*

ritmo s.m. **1** En música, orden a que se somete una sucesión de sonidos, atendiendo a su distribución y duración en el tiempo y a su acentuación: *Me gusta la música con ritmo lento.* **2** En el lenguaje, combinación y sucesión armoniosas de palabras, frases, acentos y pausas: *El ritmo de la poesía española viene determinado por el acento.* **3** Orden acompasado en la sucesión de las cosas: *El ritmo de los latidos del corazón varía según las personas y el momento.* **4** Velocidad constante con que sucede o se hace algo: *Las cosas se suceden cada vez a un ritmo mayor.*

rito s.m. **1** Conjunto de reglas establecidas para el culto y las ceremonias religiosas: *El bautismo es uno de los ritos cristianos.* **2** Ceremonia o costumbre que se repite siempre de la misma manera: *En mi familia, reunirnos todos un día al año se ha convertido en un rito.*

ritual ▮ adj. **1** Del rito o relacionado con él: *La misa es una ceremonia ritual.* ▮ s.m. **2** Conjunto de ritos de una religión, de una Iglesia o de una costumbre: *El ritual de cada religión es diferente.* ☐ MORF. Como adjetivo es invariable en género.

rival adj./s. Que lucha o compite con otro para conseguir un mismo objetivo o para superarlo: *Los dos equipos rivales se enfrentarán mañana para conseguir la copa. Ganó la partida de ajedrez a su eterno rival.* ☐ MORF. 1. Como adjetivo es invariable en género. 2. Como sustantivo es de género común y exige concordancia en masculino o en femenino para señalar la diferencia de sexo: *el rival, la rival.*

rivalidad s.f. Enemistad o competencia provocadas por el intento de conseguir un mismo objetivo que otro o de superarlo: *La rivalidad entre los dos hermanos hace difícil la convivencia.*

rivalizar v. **1** Referido esp. a una persona o a un animal, luchar con otros por un mismo objetivo: *Cuando juegues con tus amigos intenta divertirte, no rivalizar con ellos.* **2** Presentarse en igualdad de condiciones: *Estos dos alumnos rivalizan en inteligencia.* ☐ ORTOGR. La *z* se cambia en *c* delante de *e* →**CAZAR.** ☐ SEM. Es sinónimo de *competir.*

rivera s.f. **1** Río de pequeño tamaño y de poco caudal: *Esta rivera nace de un manantial que hay un poco más arriba.* **2** Cauce por el que discurre: *La sequía ha dejado sin agua muchas riveras.* ☐ ORTOGR. Dist. de *ribera.*

rizador s.m. Sustancia o aparato que sirve para rizar: *Me he comprado un rizador de pelo y así no iré a la peluquería.*

rizar v. **1** Referido esp. al pelo, hacerle rizos, tirabuzones, ondas o bucles: *Hoy me rizaré el pelo con unas tenacillas.* **2** Referido esp. al mar, levantarle el viento olas pequeñas: *El viento ha comenzado a rizar el mar. Si ves que el mar empieza a rizarse, vuelve a la playa con la barca.* ☐ ORTOGR. La *z* se cambia en *c* delante de *e* →**CAZAR.**

rizo s.m. **1** Mechón de pelo que tiene forma de sortija, de bucle o de tirabuzón: *¿De dónde habrá sacado este niño los rizos, si sus padres tienen el pelo liso?* **2** Acrobacia aérea que consiste en realizar en el aire un círculo completo en sentido vertical: *El público aplaudió con entusiasmo los rizos que hicieron los aviones.* 👁 **acrobacia 3** ‖ **rizar el rizo.** *col.* Complicar más de lo necesario: *¡Cómo te gusta rizar el rizo imaginando cosas imposibles de suceder!*

rizoma s.m. Tallo subterráneo que crece horizontalmente y del que nacen raíces y otros tallos y hojas: *Los lirios tienen rizomas.*

ro s.f. En el alfabeto griego clásico, nombre de la decimoséptima letra: *La grafía de la ro es ρ*

róbalo s.m. Pez marino de cuerpo alargado y color plateado, que vive en las costas rocosas de la desembocadura de los ríos, comestible y de carne muy apreciada; *lubina: He comprado un róbalo estupendo para hacer al horno.* ☐ MORF. Es un sustantivo epiceno y la diferencia de sexo se señala mediante la oposición *el róbalo {macho/hembra}.* 👁 **pez**

robar v. **1** Referido a algo ajeno, quitarlo o tomarlo para sí contra la voluntad del poseedor, esp. si se hace utilizando la violencia o la fuerza: *Unos ladrones robaron en un banco.* **2** Referido a algo inmaterial, hacerlo suyo alguien, esp. si es por medio del engaño o de la seducción: *Esa persona me ha robado el corazón.* **3** Referido a una parte de algo, quitársela al todo: *Estas tierras y campos han sido robados al mar por medio de diques.* **4** En algunos juegos, referido a una carta o a una ficha del montón, cogerlas: *Roba una carta y tira la que no te valga.*

roble s.m. **1** Árbol de tronco grueso, madera dura, ramas retorcidas, hojas lobuladas, flores de color verde amarillento y fruto en forma de bellota: *El roble es abundante en España.* **2** Madera de este árbol: *El roble es duro y resistente y de color pardo amarillento.* **3** Persona fuerte y robusta: *Ese chico es un roble y nunca ha tenido ni un catarro.*

robo s.m. **1** Apropiación de algo ajeno contra la voluntad del poseedor, esp. si se hace utilizando la violencia o la fuerza: *El robo es un delito más grave que el hurto.* **2** Lo que se roba: *En la comisaría están expuestos los robos de los últimos seis meses.* **3** Estafa, perjuicio o abuso injustos: *Los intereses de los préstamos son tan altos que son un auténtico robo.*

robot s.m. **1** Máquina electrónica capaz de ejecutar automáticamente operaciones o movimientos diversos: *En la fábrica tenemos un robot para realizar a distancia las tareas peligrosas.* **2** Persona que actúa maquinalmente o que se deja dirigir por otra; *autómata: Deja de ser un robot y piensa por ti mismo.* ☐ MORF. Su plural es *robots*.

robótica s.f. Ciencia y técnica que aplican la informática al diseño y a la utilización de aparatos que realicen operaciones o trabajos en sustitución de las personas: *La robótica es muy importante en instalaciones industriales.*

robustecer v. Hacer más fuerte y más resistente: *Los contrafuertes robustecerán las paredes del edificio. Con estas vitaminas te robustecerás.* ☐ MORF. Irreg.: Aparece una *z* delante de la *c* cuando la siguen *a, o* →**PARECER**.

robusto, ta adj. Fuerte, resistente o vigoroso: *Un joven robusto me ayudó a subir las cajas.*

roca s.f. **1** Material que constituye la corteza terrestre y que está formado por diversos tipos de minerales: *Según su origen, hay rocas sedimentarias, magmáticas y metamórficas.* **2** Bloque o trozo más o menos grandes de este material: *Los escolares treparon por las rocas hasta llegar a la cima.* **3** Lo que resulta duro, firme e inalterable: *No se ablandará ante tus súplicas, porque ese hombre es una roca.*

rocambolesco, ca adj. Extraordinario, exagerado, fantástico e increíble: *Nos relató algunas de las rocambolescas aventuras de su juventud.*

roce s.m. **1** Presión ligera entre dos superficies al deslizarse una sobre otra o estar en contacto; *rozamiento: El suelo está rayado del roce de la puerta.* **2** Raspadura o marca que deja esta presión: *Tengo un par de roces en el lado derecho del coche.* **3** Trato y relación frecuente entre dos o más personas: *Ya no tengo roce con mis compañeros de estudios.* **4** Discusión o enfrentamiento pequeños: *Seguimos siendo amigos, aunque hayamos tenido algún roce.*

rociada s.f. Esparcimiento del agua o de otro líquido en gotas menudas: *Una rociada de esa colonia por la mañana es suficiente para que el olor dure todo el día.*

rociar v. **1** Esparcir algún líquido en gotas menudas: *Roció los rosales con insecticida para matar los pulgones.* **2** Referido a una comida, acompañarla con alguna bebida: *Rociaremos esta carne con un buen tinto.* ☐ ORTOGR. La *i* lleva tilde en los presentes, excepto en las personas *nosotros* y *vosotros* →**VACIAR**.

rocín s.m. Caballo de mala apariencia: *Presumía de caballo y lo que tenía era un rocín.*

rocío s.m. Conjunto de gotas muy menudas que se forman cuando el vapor de agua se condensa en la atmósfera con el frío de la noche: *El rocío aparece al amanecer en la superficie de la tierra o sobre las plantas.*

rock (anglicismo) adj. **1** Del rock and roll o relacionado con este estilo musical: *Toca la guitarra en un grupo de música rock.* **2** ‖ **rock (and roll). 1** Género musical de ritmo fuerte, generalmente interpretado con instrumentos eléctricos: *El rock and roll surgió en Estados Unidos a mediados de la década de 1950.* **2** Baile de pareja al compás de esta música, con movimientos rápidos y marcados: *Esa pareja baila rock con piruetas, vueltas y saltos.* ☐ PRON. [rokanról]. ☐ MORF. Como adjetivo es invariable en género.

rocker s. Seguidor del género musical del rock and roll: *Un rocker con tupé, vaqueros y botas de punta se bajó de la moto.* ☐ PRON. [róker]. ☐ MORF. Es de género común y exige concordancia en masculino o en femenino para señalar la diferencia de sexo: *el rocker, la rocker*. ☐ USO Es un anglicismo innecesario.

rockódromo s.m. →**rocódromo.** ☐ PRON. [rokódromo].

rococó ▮ adj. **1** Del rococó o con rasgos propios de este estilo: *La vida mundana y palaciega son temas típicamente rococós.* ▮ s.m. **2** Estilo artístico que triunfó en Europa en el siglo XVIII y que se caracteriza por la libertad y la abundancia de decoración y el gusto exquisito y refinado: *El rococó es un estilo fundamentalmente decorativo.* ☐ MORF. Como adjetivo es invariable en género.

rocódromo s.m. **1** Lugar al aire libre en el que se celebran actuaciones musicales, esp. si son de rock; *rockódromo: Fuimos al rocódromo para ver la actuación de nuestro grupo favorito.* **2** Lugar acondicionado para hacer escalada: *Ese rocódromo tiene paredes que son muy difíciles de subir.*

rocoso, sa adj. Referido a un lugar, lleno de rocas: *Aquí la costa es rocosa y no hay playas para bañarse.*

rodaballo s.m. Pez marino de cuerpo aplanado y cabeza pequeña, con los ojos en el lado izquierdo, con la aleta dorsal tan larga como todo el cuerpo y la cola casi redonda: *El rodaballo puede llegar a alcanzar un metro de ancho.* ☐ MORF. Es un sustantivo epiceno y la diferencia de sexo se señala mediante la oposición *el rodaballo {macho/hembra}*. 👁 **pez**

rodado, da ▮ adj. **1** Del tránsito de vehículos de ruedas y del transporte que se realiza valiéndose de ellos: *El tráfico rodado es ahora muy intenso en el centro de la ciudad.* ▮ s.f. **2** Señal que deja la rueda de un vehículo en el suelo por donde pasa: *En la arena se veían las rodadas de una bicicleta.* **3** ‖ **venir** algo **rodado.** *col.* Presentarse o desarrollarse de forma beneficiosa y favorable sin haberlo preparado o sin mucha dificultad: *Pensé que encontrar trabajo sería difícil, pero me vino todo rodado.*

rodaja s.f. Trozo circular de un alimento: *Adornó la tarta con rodajas de piña.*

rodaje s.m. **1** Filmación, impresión o grabación de una película cinematográfica: *El actor principal se rompió un brazo y tuvieron que suspender el rodaje.* **2** Situación en la que se encuentra un vehículo mientras no haya superado el recorrido aconsejado por el constructor para hacerlo funcionar a pleno rendimiento: *Durante el rodaje de un vehículo, se aconseja no forzar las marchas.* **3** *col.* Preparación, entrenamiento o experiencia práctica: *Antes del comienzo de la liga, el equipo jugará doce partidos amistosos como rodaje.*

rodamiento s.m. Pieza que permite o facilita que un mecanismo gire o dé vueltas: *Muchos rodamientos llevan una serie de bolas de acero.*

rodapié s.m. Banda o franja horizontal que suele instalarse o pintarse en la parte inferior de las paredes; *friso, zócalo*: *Los rodapiés de mi casa son de madera barnizada.* ☐ SEM. Se usa referido esp. a frisos o zócalos estrechos.

rodar v. **1** Referido a un cuerpo, dar vueltas alrededor de su eje; *rotar*: *La botella rodó por el suelo hasta que chocó con la pared.* **2** Moverse por medio de ruedas: *Este coche rueda mejor en una autopista que en un camino.* **3** Ir de un lado a otro: *He rodado de oficina en oficina y no logro establecerme.* **4** Referido esp. a un asunto, suceder, desarrollarse o transcurrir: *El negocio fracasó porque rodó mal desde el principio.* **5** Referido a un vehículo, hacer que marche sin rebasar las revoluciones indicadas por el constructor para el rodaje: *Tengo que rodar el coche durante mil kilómetros sin pasar de cuatro mil revoluciones.* **6** Referido a una película cinematográfica, filmarla, impresionarla o grabarla: *El director rodó las escenas del desierto en escenarios naturales.* **7** Representar un papel en una película cinematográfica: *Es un actor muy joven que ya ha rodado seis películas.* ☐ MORF. Irreg.: La *o* diptonga en *ue* en los presentes, excepto en las personas *nosotros* y *vosotros* ⟶**CONTAR**.

rodear v. **1** Estar, ir o andar alrededor: *Esa valla rodea la finca.* **2** ‖ **rodear de** algo. Proporcionarlo: *Rodeó a sus hijos de toda clase de comodidades. Se ha rodeado de gente importante.*

rodeo s.m. **1** Recorrido más largo que el recto u ordinario: *Por esta carretera secundaria damos un rodeo, pero evitamos el tráfico.* **2** Manera de decir algo indirectamente, empleando términos y expresiones que no lo expresan de una forma clara: *Déjate de rodeos y dime qué es lo que necesitas de mí.* **3** En algunos países americanos, deporte o espectáculo que consiste en montar potros salvajes o reses vacunas y hacer en ellos algunos ejercicios: *Cuando fui a California, asistí a un rodeo.*

rodete s.m. **1** Rosca que se hace con el pelo trenzado y enrollándolo sobre sí mismo para tenerlo recogido o como adorno: *Se recogió el pelo en una trenza y luego se hizo un rodete.* **2** Rosca generalmente de tela que se pone en la cabeza para cargar y llevar sobre ella un peso: *La campesina cargó el cesto sobre su cabeza apoyándolo en el rodete.*

rodilla s.f. **1** Parte externa y prominente de la articulación del muslo con la pierna: *Me caí y me hice una herida en la rodilla.* **2** En un cuadrúpedo, unión del antebrazo con la caña: *He comprado un hueso de rodilla para hacer un caldo.* **3** ‖ **de rodillas. 1** Con esta parte de las piernas dobladas y apoyadas en el suelo: *El profesor castigó al niño de rodillas y cara a la pared.* **2** En tono suplicante o con empeño: *Te pido de rodillas que me atiendas de una vez.*

rodillera s.f. **1** En algunas prendas de vestir, pieza que se pone en la rodilla como remiendo o adorno: *Ese pantalón para montar en moto tiene rodilleras de un material muy fuerte.* **2** En algunas prendas de vestir, deformación o desgaste en la parte que cubre la rodilla: *Para que no le salgan rodilleras al pantalón, súbete un poco las perneras cuando te sientes.* **3** Tira o venda de material elástico que se coloca ciñendo la rodilla para sujetarla o para protegerla: *Desde que me operaron de menisco, me pongo una rodillera para hacer deporte.* **4** En una armadura, pieza que cubre y protege la rodilla: *La rodillera libró al caballero de ser herido en la rodilla izquierda.* 👁 **armadura**

rodillo s.m. **1** Utensilio de cocina de forma cilíndrica que se utiliza para estirar las masas: *Después de amasar, estira la masa con el rodillo y córtala con el molde.* **2** Pieza cilíndrica y giratoria que forma parte de diversos mecanismos: *En esta máquina de escribir, el papel se enrolla alrededor del rodillo.*

rodio s.m. Elemento químico, metálico y sólido, de número atómico 45, de color blanco, que se funde con dificultad y no es atacado por los ácidos: *El rodio se halla a veces en pequeñas cantidades combinado con el oro y el platino.* ☐ ORTOGR. Su símbolo químico es *Rh*.

rodríguez s.m. *col.* Marido que se queda en casa por cuestiones de trabajo mientras su familia se va fuera de vacaciones: *Muchos rodríguez aprovechan el mes de agosto para salir con sus amigotes.* ☐ MORF. Invariable en número.

roedor, -a ▮ adj./s.m. **1** Referido a un mamífero, que se caracteriza por tener dos incisivos en cada mandíbula, largos, fuertes y encorvados hacia fuera, cuyo crecimiento es continuo y que le sirven para roer: *La ardilla, el ratón y el castor son animales roedores. Los roedores suelen ser pequeños de tamaño.* ▮ s.m.pl. **2** En zoología, orden de estos mamíferos: *Muchas especies englobadas en los roedores sufren un letargo en la época invernal.* 👁 roedor

roer v. **1** Referido a algo duro, cortarlo menuda y superficialmente con los dientes: *Vi una ardilla que roía una piña.* **2** Referido a un hueso, quitarle poco a poco la carne que se le quedó pegada: *El perro se entretiene royendo un hueso.* **3** Gastar o quitar superficialmente, poco a poco y por trozos pequeños: *El óxido roe la verja de hierro.* **4** Molestar, atormentar o causar pena y sufrimiento interiormente y con frecuencia: *Los remordimientos por mis malas acciones me roen la conciencia.* ☐ MORF. Irreg. ⟶**ROER**.

rogar v. Pedir con súplicas, con mucha educación o como favor: *Rogó que le permitieran ver a sus hijos por última vez. Te ruego que te quedes conmigo y que no me dejes solo ahora.* ☐ MORF. Irreg.: La *o* diptonga en *ue* en los presentes, excepto en las personas *nosotros* y *vosotros* ⟶**CONTAR**.

rogativa s.f. Oración pública que se hace a una divinidad para conseguir el remedio de una grave necesidad: *Todo el pueblo hizo rogativas para que lloviera y se pudiera salvar la cosecha.*

rojizo, za adj. De color semejante al rojo o con tonalidades rojas: *¡Mira qué rojizo está el cielo tras la puesta de sol!*

rojo, ja ▮ adj./s.m. **1** Del color de la sangre o de las amapolas: *Llevaba unos pantalones rojos que destacaban mucho con la camisa blanca. El rojo es el primer color del arco iris.* 👁 **espectro** ▮ adj./s. **2** *col.* En política, de ideología de izquierdas: *El ejército rojo expulsó del poder a los zares. En la guerra civil española, los rojos eran los partidarios del bando republicano.* **3** ‖ **al rojo (vivo). 1** Referido esp. al hierro, que toma este color por efecto de una temperatura elevada: *Marcaban las reses con un* *hierro al rojo vivo.* **2** Referido esp. a una situación, muy acalorada o con los ánimos o pasiones muy exaltados: *Menos mal que llegaste tú, porque la discusión estaba al rojo vivo.*

rol s.m. Papel o función que desempeña una persona: *Aunque es muy joven, ha asumido su rol de directora con gran responsabilidad.*

rollizo, za adj. Robusto y grueso: *Su hijo pequeño es un niño rollizo de aspecto muy saludable.*

rollo s.m. **1** Lo que tiene forma cilíndrica: *Hay que poner otro rollo de papel higiénico en el cuarto de baño.* **2** *col.* Lo que resulta molesto, fastidioso, largo o pesado: *Ese libro es un rollo y no pude acabar de leerlo.* **3** *col.* Actividad, medio, asunto, mundo o ambiente: *No me va el rollo de sus amigos ni de sus fiestas.* **4** *col.* Asunto o lío sentimental: *No me ha contado nada, pero creo que tiene un rollo con un compañero suyo.* **5** ‖ **rollo {macabeo/patatero}.** *col.* Lo que resulta pesado, aburrido o difícil de soportar: *Se disculpó con un rollo patatero imposible de creer.* ‖ **tener rollo.** *col.* Hablar o escribir mucho sin decir nada interesante: *Ese tipo te convence de lo que quiera, porque tiene un rollo...*

romana s.f. Véase **romano, na.**

romance ▮ adj./s.m. **1** Referido a una lengua, que deriva del latín: *El catalán, el español, el gallego y el portugués son lenguas romances de la península ibérica. La historia de la lengua española estudia el paso del latín al romance.* ▮ s.m. **2** Composición poética de origen español, formada por una serie de versos, generalmente octosílabos, de los cuales los pares tienen rima asonante y los impares quedan sueltos: *Cuando era pequeña me aprendí varios romances tradicionales.* **3** Relación amorosa pasajera o breve: *Las revistas del corazón informan de los romances de los famosos.* ☐ MORF. Como adjetivo, es invariable en género. ☐ SEM. Como adjetivo, es sinónimo de *románico*.

romancero s.m. Colección de romances: *Tengo un romancero con romances tradicionales castellanos.*

románico, ca ▮ adj. **1** Del románico o con rasgos propios de este estilo; *romance: La pintura y escultura románicas tenían una función didáctica.* **2** Referido a una lengua, que es derivada del latín; *romance: El español, el francés y el italiano son lenguas románicas.* ▮ s.m. **3** Estilo artístico que triunfó en Europa en los siglos XI, XII y parte del XIII y que se caracteriza por su carácter religioso, sobrio, sólido, tosco y expresivo: *El románico utiliza mucho los arcos de medio punto y las bóvedas en cañón.*

romanización s.f. Difusión o adopción de las características que se consideran propias de lo romano, esp. de su civilización, de sus leyes y de su cultura: *Uno de los elementos esenciales en la romanización de la península ibérica fue la unificación lingüística.*

romanizar v. Dar o adquirir características que se consideran propias de lo romano: *Los romanos no consiguieron romanizar a los vascos. Al ser incorporados al Imperio romano, los pueblos hispanos se romanizaron.* ☐ ORTOGR. La *z* se cambia en *c* delante de *e* →**CAZAR**.

romano, na ▮ adj. **1** De la Iglesia católica: *En la ceremonia de ayer, el pontífice romano beatificó a una monja y a un monje españoles.* ▮ adj./s. **2** De Roma (capital italiana), o relacionado con ella: *Aprendí italiano con una profesora romana. Mi padre dice que los romanos conducen muy deprisa.* **3** De la antigua Roma, de cada uno de

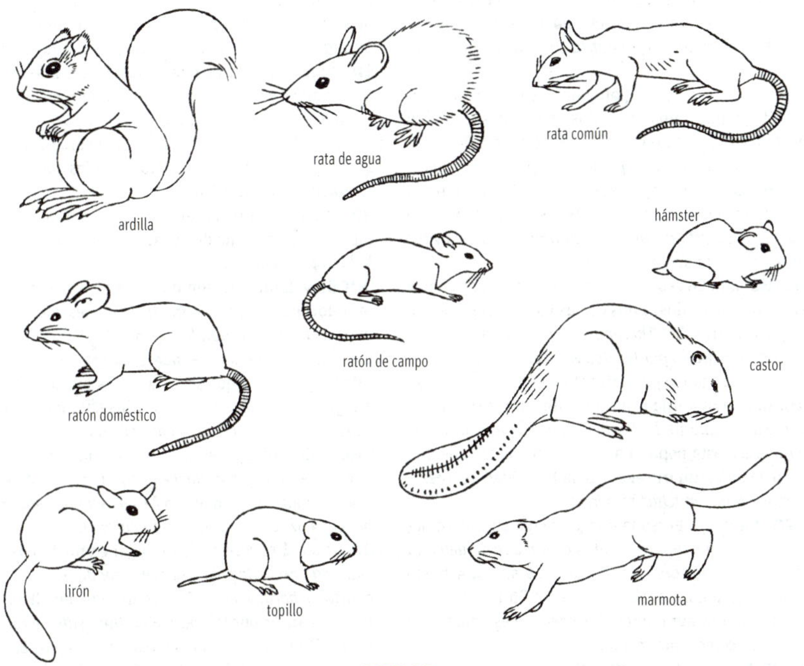

ROEDOR

los Estados antiguos y modernos de los que ha sido metrópoli o relacionado con ellos: *El acueducto de Segovia es una de las muestras de la arquitectura civil romana. Los romanos tenían esclavos.* ▌s.f. **4** Balanza que tiene un solo platillo y una barra por la que corre el contrapeso hasta el extremo, de modo que siempre descanse en una de las dos divisiones marcadas: *Los vendedores de fruta del mercadillo de mi pueblo utilizaban la romana para pesar.* 👁 **medida** □ MORF. En las acepciones 2 y 3, como sustantivo se refiere solo a las personas de Roma.

romanticismo s.m. **1** Movimiento cultural que se desarrolló en el continente europeo durante la primera mitad del siglo XIX y que se caracterizó por la defensa del individualismo y de la libertad y por el predominio de los aspectos emocionales y sentimentales: *Larra y Espronceda son dos representantes del Romanticismo literario español.* **2** Período histórico durante el que se desarrolló este movimiento: *El Romanticismo en Europa fue un período de agitación social y de movimientos nacionalistas.* **3** Sentimentalismo o tendencia a ser soñador y a guiarse por los sentimientos: *Su romanticismo lo lleva a enamorarse con facilidad.* □ USO En las acepciones 1 y 2, se usa como nombre propio.

romántico, ca ▌adj. **1** Del Romanticismo o relacionado con este movimiento cultural: *Las ideas románticas supusieron una revalorización de lo subjetivo frente a lo racional.* ▌adj./s. **2** Que defiende o sigue este movimiento cultural: *Berlioz y Chopin fueron dos grandes músicos románticos. Los románticos se sintieron atraídos por el mundo medieval y por el arte gótico.* **3** Que es muy sentimental o que da mucha importancia a los sentimientos y a las emociones: *Le gustan las películas románticas y de amor. Eres un romántico sin solución y te enamoras constantemente.*

romanza s.f. Composición musical, vocal o instrumental, de carácter generalmente sencillo, lírico o romántico: *La soprano interpretó una romanza con mucho sentimiento.*

rombo s.m. En geometría, polígono que tiene cuatro lados iguales y paralelos dos a dos, y dos de sus cuatro ángulos mayores que los otros dos: *En la baraja francesa, el palo de diamantes está representado por rombos rojos.*

romboedro s.m. Cuerpo geométrico oblicuo limitado por seis polígonos o caras y cuyas bases son rombos iguales: *En clase de cristalografía estudiamos los ejes y los planos de simetría de un romboedro.*

romboide s.m. En geometría, polígono que tiene cuatro lados iguales dos a dos, y dos de sus cuatro ángulos mayores que los otros dos: *Un romboide parece un rectángulo al que han estirado por los dos vértices opuestos.*

romería s.f. **1** Viaje o peregrinación, esp. los que se hacen por devoción a una ermita o a un santuario: *Asiste cada año a la romería del Rocío porque es muy devoto de esa virgen.* **2** Fiesta popular que se celebra al lado de una ermita o de un santuario el día de la festividad del lugar: *En primavera hay muchas romerías.*

romero, ra ▌s. **1** Persona que participa en una romería: *El día de la fiesta, los romeros llevan a la Virgen a la ermita que hay a las afueras del pueblo.* ▌s.m. **2** Arbusto de hojas pequeñas, lineales y duras, y flores azuladas, que tiene un olor agradable: *El romero se usa mucho en perfumería y como condimento.*

romo, ma adj. Redondeado o sin punta: *Quiero unas tijeras con las puntas romas.*

rompecabezas s.m. **1** Juego que consiste en formar una figura combinando correctamente sus partes, que están separadas en cubos o en piezas: *Con este rompecabezas se pueden formar seis figuras.* **2** Problema o acertijo que resulta difícil de solucionar: *Este problema es un verdadero rompecabezas.* □ MORF. Invariable en número.

rompehielos s.m. Embarcación que se usa para abrir caminos en los mares helados: *Los rompehielos son buques muy potentes y resistentes.* □ MORF. Invariable en número. 👁 **embarcación**

rompeolas s.m. En un puerto, muro que se construye adentrado en el mar para proteger de las aguas la parte que queda entre él y la tierra firme; *malecón: Gracias al rompeolas, ningún barco de los que estaban amarrados en el puerto resultó afectado durante la tempestad.* □ MORF. Invariable en número.

romper v. **1** Quebrar o hacer pedazos: *Ten cuidado con esa figurita, no la vayas a romper. Se rompió la silla y me caí.* **2** Gastar, destrozar o estropear: *No andes arrastrando los pies, que vas a romper los zapatos. El televisor se ha roto y tendré que llamar al técnico.* **3** Hacer una abertura o una raja: *He roto los pantalones en la rodilla. Se rompió la cabeza y le dieron puntos.* **4** Referido a algo no material, interrumpir su continuidad: *El profesor cuenta chistes para romper la monotonía de la clase.* **5** Referido esp. a una norma, quebrantarla o no cumplirla: *Le gusta romper las normas establecidas y escandalizar.* **6** Tener principio, comenzar o empezar: *Se levantaron al romper el día.* **7** *col.* Obtener un gran éxito o destacar por ello: *Con este vestido tan espectacular seguro que rompes en la fiesta.* **8** Referido a las flores, abrirse: *Es todavía muy pronto para que los capullos del rosal rompan.* **9** Referido a una ola, deshacerse en espuma: *Las olas rompían en el acantilado.* **10** ‖ **de rompe y rasga.** *col.* De gran decisión y coraje: *Esta atrevida decisión solo podía tomarla una persona de rompe y rasga.* ‖ **romper a** hacer algo. Empezar a hacerlo: *Cuando le dieron la noticia, rompió a llorar de alegría.* ‖ **romper con** algo. No querer saber nada más sobre ello: *Desde que ha roto con su novio, no quiere salir de casa.* □ MORF. Su participio es *roto*.

rompiente s.m. Lugar que corta el curso del agua y en el que esta rompe y se levanta: *Las olas golpeaban en el rompiente del acantilado.*

ron s.m. Licor transparente o de color parecido al caramelo que se obtiene de la caña de azúcar: *El ron es una bebida típica del Caribe.*

roncar v. Emitir un sonido grave al respirar cuando se está dormido: *Tiene un problema de desviación del tabique nasal y ronca cuando duerme.* □ ORTOGR. La *c* se cambia en *qu* delante de *e* ⟶**SACAR**.

roncha s.f. Bulto que se forma en la piel a causa de una alergia o de la picadura de un insecto; *habón: Las ronchas son zonas irritadas y enrojecidas.*

ronco, ca adj. **1** Referido a una persona, que padece ronquera: *De tanto gritar me he quedado ronca.* **2** Referido a la voz o a un sonido, que son ásperos y poco sonoros: *Habla con voz ronca porque está acatarrado.*

ronda s.f. **1** Recorrido de un lugar en misión de vigilancia: *Una pareja de policías hace la ronda por la plaza cada cuarto de hora.* **2** Reunión nocturna de muchachos para tocar y cantar por las calles: *La tuna sale de ronda esta noche.* **3** Vuelta o carrera ciclista por etapas: *El ganador de la ronda española espera ganar también la francesa.* **4** En una ciudad, calle o paseo amplios que originariamente la rodeaban: *¿Vamos a dar una vuelta por la ronda?* **5** En algunos juegos, vuelta completa en la que han jugado todos los jugadores: *Si en el juego de la oca caes en la posada, estarás dos rondas sin tirar.* **6** *col.* Conjunto de consumiciones que se distribuyen a la vez entre un grupo de personas: *Esta ronda de vino la pago yo.*

rondalla s.f. Conjunto musical de instrumentos de cuerda: *Aprendió a tocar la bandurria y ahora forma parte de una rondalla.*

rondar v. **1** Referido esp. a un lugar, recorrerlo de noche en misión de vigilancia: *Los policías rondan las calles en sus coches.* **2** Referido a una muchacha, galantearla un muchacho paseando por su calle: *Mi madre siempre cuenta que mi padre la estuvo rondando hasta que ella accedió a salir con él.* **3** Referido a un lugar, dar vueltas a su alrededor: *El gato rondaba la casa para buscar comida.* **4** *col.* Referido esp. a una idea o a una sensación, aparecer o empezar a surgir: *Me ronda la idea de pasar las vacaciones en la montaña.*

rondón ‖ **de rondón.** *col.* De repente o sin permiso: *Se coló en el baile de rondón.*

ronquera s.f. Afección de la laringe que produce el cambio del timbre de la voz a otro más áspero o grave y poco sonoro: *Si tienes ronquera, no bebas nada frío.*

ronquido s.m. Ruido grave y gutural que emiten algunas personas al respirar cuando están dormidas: *Tus ronquidos no me dejan dormir.*

ronronear v. Referido a un gato, emitir un sonido semejante a un ronquido como señal de contento: *El gato ronroneaba recostado cerca de la chimenea.*

ronroneo s.m. Emisión que hace el gato de un sonido semejante a un ronquido como señal de contento: *Se oye el ronroneo del gato cuando lo acaricias.*

roña ▮ s. **1** *col.* Avaro: *Es un roña y nunca invita a nadie.* ▮ s.f. **2** Porquería o suciedad que están muy pegadas: *Si no te lavas, te va a salir roña.* **3** Óxido de los metales: *Dejé a la intemperie el clavo y ahora tiene roña.* **4** *col.* →**roñosería.** ☐ MORF. En la acepción 1, es de género común y exige concordancia en masculino o en femenino para señalar la diferencia de sexo: *el roña, la roña.*

roñica s. *col.* Avaro: *Es un roñica y nunca invita a nada.* ☐ MORF. Es de género común y exige concordancia en masculino o en femenino para señalar la diferencia de sexo: *el roñica, la roñica.*

roñosería s.f. Tacañería, mezquindad o excesivo deseo de atesorar bienes y no gastarlos; *roña: Mucha gente confunde ahorro con roñosería.*

roñoso, sa adj. **1** *col.* Avaro: *No seas tan roñoso e invítanos a unas copas.* **2** Con suciedad o con óxido: *Pintaré con minio la barandilla para que no se ponga roñosa.*

ropa s.f. **1** Conjunto de prendas de tela, esp. las que sirven para vestirse: *Recoge toda la ropa tendida menos las sábanas. Me cambiaré de ropa para cenar.* **2** ‖ **ropa blanca.** La que se emplea para el uso doméstico: *Las sábanas, los manteles, las servilletas y las toallas son ropa blanca.* ‖ **ropa interior.** La de uso personal, que no es visible exteriormente y que generalmente se coloca sobre la piel: *Siempre usa ropa interior de color blanco.*

ropaje s.m. Vestido o adorno exterior del cuerpo, esp. si es vistoso o lujoso: *Le gusta vestir con ropajes llamativos.*

ropero s.m. Armario o cuarto en los que se guarda la ropa: *Guarda el abrigo en el ropero.*

roque ▮ adj. **1** *col.* Dormido: *Me quedé roque viendo la tele.* ▮ s.m. **2** En el juego del ajedrez, pieza que representa una torre y que se mueve en línea recta en todas direcciones; *torre: Cada jugador dispone de dos roques que empiezan la partida en los extremos del tablero.* 👁 **ajedrez** ☐ MORF. Como adjetivo es invariable en género. ☐ SINT. En la acepción 1, se usa más con los verbos *estar*, *quedar* o equivalentes.

roquefort s.m. Queso de sabor y de olor fuertes y de color verdoso, elaborado con leche de oveja y originario de la ciudad francesa de Roquefort: *El color del roquefort se debe a un tipo de moho.* ☐ ORTOGR. Es un término del francés (*roquefort*) adaptado al español. ☐ MORF. Su plural es *roqueforts*.

roquero, ra ▮ adj. **1** De la música rock o relacionado con ella: *Tiene muchos discos de música roquera.* ▮ adj./s. **2** Que sigue esta música o que es aficionado a ella: *Ha formado un grupo roquero con algunos amigos. Es una roquera empedernida y no se pierde ningún concierto de rock.*

rorro s.m. *col.* Bebé o niño muy pequeño: *Dale el biberón a tu rorro.*

ros s.m. Gorro de forma cónica y con visera, más alto por delante que por detrás y que formaba parte del uniforme militar: *El ros se empezó a usar en el ejército a mediados del siglo XIX.*

rosa ▮ adj./s.m. **1** Del color que resulta de mezclar rojo y blanco: *El batido de fresa es de color rosa. El rosa te sienta muy bien.* ▮ s.f. **2** Flor del rosal, que suele tener una agradable fragancia y espinas en el tallo: *Hay rosas de muchos colores.* **3** ‖ **como una rosa.** *col.* Muy bien o perfectamente: *Después de las vacaciones vendré como una rosa.* ☐ MORF. Como adjetivo, es invariable en género.

rosáceo, a adj. De color rosa o con tonalidades rosas: *La carne de ternera joven es de color rosáceo.*

rosado, da ▮ adj. **1** De color rosa o con tonalidades rosas: *La mortadela es de color rosado.* ▮ s.m. **2** →**vino rosado.**

rosal s.m. **1** Arbusto de tallos generalmente espinosos, hojas compuestas con un número impar de hojuelas, y las flores con pétalos de forma acorazonada: *Los rosales se cultivan en los jardines porque sus flores son muy hermosas.* **2** ‖ **(rosal de) pitiminí.** El de tallos trepadores del que florecen muchas rosas de pequeño tamaño: *Las rosas del rosal de pitiminí salen en grupos o ramilletes.*

rosaleda s.f. Lugar plantado de rosales: *En primavera la rosaleda del parque se llena de rosas.*

rosario s.m. **1** En la Iglesia católica, conjunto de oraciones que se rezan en conmemoración de los veinte misterios principales de la vida de Jesucristo y de la Virgen María (según la Biblia, madre de Jesucristo): *En el rosario, tras cada misterio se rezan un padrenuestro, diez avemarías y un gloria.* **2** Conjunto de cuentas ensartadas y separadas de diez en diez, que sirve para seguir este rezo: *Cuando estuve en Roma, me traje un rosario bendecido.* **3** Serie de sucesos encadenados, esp. si es muy larga o parece no tener fin: *Acabó agotado de responder a aquel rosario de preguntas.* **4** ‖ **acabar como el rosario de la aurora.** *col.* Acabar mal o en desacuerdo: *Durante la manifestación aparecieron grupos violentos, y aquello acabó como el rosario de la aurora.*

rosbif s.m. Carne de vaca ligeramente asada: *El interior del rosbif tiene que quedar rojo.* ☐ ORTOGR. Es un anglicismo (*roastbeef*) adaptado al español. ☐ MORF. Su plural es *rosbifs*.

rosca s.f. **1** Lo que tiene forma circular u ovalada y deja un espacio vacío en el centro: *Compré una rosca de pan.*

👁 **pan 2** Hendidura en forma de espiral que tienen las tuercas, los tornillos, los tapones y otros objetos: *El tapón de rosca es más fácil de quitar que el que se mete a presión.* 👁 **tapón 3** ‖ **hacer la rosca.** *col.* Halagar para conseguir algo: *Es un pelota y se pasa el día haciendo la rosca a los jefes.* ‖ **no comerse una rosca.** *col.* No lograr lo que se desea: *Se fue a la discoteca a ligar y no se comió una rosca.* ‖ **pasarse de rosca.** *col.* Excederse o ir más allá de lo debido: *Con tantas tonterías te estás pasando de rosca y me estás hartando.*

rosco s.m. **1** Pan o bollo de forma redonda u ovalada, con un agujero en el centro: *Este rosco tiene la corteza dura.* **2** *col.* Cero: *Me han puesto un rosco en el examen porque lo dejé en blanco.*

roscón s.m. Bollo en forma de rosca grande: *En el día de Reyes es tradicional desayunar roscón.*

roseta s.f. **1** Mancha rosada que sale en las mejillas: *Cuando los niños tienen fiebre, les salen rosetas.* **2** En una regadera, pieza agujereada por donde sale el agua en pequeños chorros: *La roseta de la la regadera se ha atascado y por eso no sale agua.*

rosetón s.m. **1** Ventana circular calada y adornada: *Los rosetones con vidrieras son frecuentes en las catedrales góticas.* **2** Adorno circular que se coloca en los techos: *La lámpara colgaba de un rosetón de escayola.*

rosoli o **rosolí** s.m. Aguardiente con canela, azúcar y otros ingredientes aromáticos: *El rosoli es típico de Cuenca.*

rosquilla s.f. Dulce en forma redondeada y con un agujero en el centro: *Después de freír las rosquillas, échales azúcar por encima.*

rostro s.m. **1** Cara de una persona: *Tiene la piel del rostro muy fina.* **2** *col.* Cara dura: *No tengas rostro y ayúdame.*

rotación s.f. **1** Movimiento de un cuerpo alrededor de su eje: *La rotación de la Tierra dura aproximadamente veinticuatro horas.* **2** Alternancia de varias cosas: *En voleibol, el saque se hace por rotación de los miembros del equipo.*

rotar v. **1** Referido a un cuerpo, dar vueltas alrededor de su eje; *rodar: Los coches se mueven porque las ruedas rotan.* **2** Referido esp. a dos o más personas, encargarse de algo de forma sucesiva y cíclica: *Todos los vecinos rotamos en el desempeño de la presidencia de la comunidad.* **3** Referido esp. a dos o más cultivos, alternarlos sucesivamente para evitar que el campo se agote: *En este campo se rotan tres cultivos para que la tierra se regenere.*

rotativo, va ▌ adj./s.f. **1** En imprenta, referido a una máquina, que imprime con movimiento continuo y a gran velocidad los ejemplares de un periódico: *El ruido de las máquinas rotativas es característico de las imprentas. Trabaja en un periódico como encargado de la rotativa.* ▌ s.m. **2** Periódico impreso con este tipo de máquina: *Todas las mañanas compra el rotativo para estar bien informado.*

rotatorio, ria adj. Que tiene un movimiento circular: *El movimiento rotatorio de la Tierra es la causa de la sucesión de los días y las noches.*

roto, ta ▌ **1** part. irreg. de **romper.** ▌ adj. **2** *col.* Muy cansado o agotado: *Todos los días llego rota a casa y solo me apetece tumbarme.* ▌ s.m. **3** Agujero o desgarrón en un material, esp. en un tejido: *Lleva el pantalón lleno de rotos.* □ MORF. Incorr. **rompido.*

rotonda s.f. **1** Plaza de forma circular: *Al llegar a la rotonda, hay una señal de ceda el paso.* **2** Edificio o sala de forma circular: *Es famosa la rotonda que Palladio construyó en Verona.*

rótula s.f. Hueso en forma de disco, situado en la articulación de la rodilla, entre el fémur y la tibia: *La rótula impide que la pierna se doble hacia delante.* 👁 **esqueleto**

rotulación s.f. Colocación o realización de un rótulo: *¿Qué empresa se encargará de la rotulación de los productos?*

rotulador s.m. Especie de bolígrafo que tiene en su interior un material muy poroso empapado en tinta y que acaba en una punta de material absorbente: *Si dejas el rotulador destapado, se va a secar la tinta.*

rotular v. Referido esp. a un objeto, ponerle un rótulo: *Rotula el título del cuento con pinturas de colores.*

rótulo s.m. Letrero o inscripción con que se indica algo: *Las calles de la ciudad se llenan por la noche de rótulos luminosos.*

rotundo, da adj. **1** Muy claro y terminante o que no admite ninguna duda: *Su negativa a venir con nosotros fue rotunda.* **2** Referido esp. al lenguaje, sonoro y claro: *Tiene un lenguaje rotundo y comprensible.* **3** Referido al cuerpo de una persona, redondeado y voluminoso: *Una cantante de formas rotundas es el sex-symbol del momento.*

rotura s.f. **1** Separación más o menos violenta de algo en trozos o producción de aberturas, agujeros o grietas: *El accidentado sufre rotura de dos costillas.* **2** Abertura, grieta o agujero formados en un cuerpo sólido: *Las tejas tienen roturas por las que se cuela el agua.* □ ORTOGR. Dist. de *ruptura.*

roturar v. Referido a un terreno, ararlo o labrarlo por primera vez para ponerlo en cultivo: *Han roturado parte del monte para cultivar cereales.*

roulotte (galicismo) s.f. Caravana o remolque acondicionado como vivienda que se engancha a un coche para desplazarlo: *Vive en una roulotte y cambia de lugar cuando le apetece.* □ PRON. [rulót]. 👁 **vivienda**

round s.m. →**asalto.** □ PRON. [raun]. □ USO Es un anglicismo innecesario.

roza s.f. Canal o pequeño surco que se hace en una pared, en el suelo o en el techo para meter tubos o cables por ellos: *El albañil ya hizo las rozas para meter el cable de la antena de televisión.*

rozadura s.f. **1** Herida superficial en la piel, causada generalmente por el roce con algo duro: *Cuando estreno zapatos, siempre me hacen rozaduras.* **2** Roce o raspadura: *El coche tiene una rozadura en la puerta.*

rozamiento s.m. **1** →**roce. 2** Resistencia que se opone a la rotación o al deslizamiento de un cuerpo sobre otro: *El rozamiento hace perder velocidad a los cuerpos en movimiento.*

rozar v. **1** Referido a una cosa, pasar o estar tan cerca de otra que se tocan u oprimen ligeramente: *La silla roza la pared.* **2** Referido a una superficie, rasparla o quitarle una capa finísima al tocarla con algo duro: *La tira de la sandalia me roza la parte de atrás del pie. Se ha rozado todo el barniz de la mesa.* **3** Referido esp. a un objetivo, estar muy cerca de él: *El precio roza los doce euros.* □ ORTOGR. La *z* se cambia en *c* delante de *e* →**CAZAR.**

rúa s.f. Calle de una población: *Paseaban por las rúas del casco antiguo de la ciudad.*

rubeola o **rubéola** s.f. Enfermedad infecciosa, contagiosa y epidémica producida por un virus, y que se caracteriza por la aparición en la piel de pequeñas manchas rosadas parecidas a las del sarampión: *La rubeola suele contraerse durante la infancia.*

rubí s.m. Mineral cristalizado de gran dureza, muy brillante y de color rojo: *El anillo lleva engastado un rubí.* □ MORF. Aunque su plural en la lengua culta es *rubíes*, también se usa *rubís*.

rubiales adj./s. *col.* Referido a una persona, de pelo rubio: *¿De donde habéis sacado una niña tan rubiales? Su hijo es un rubiales muy simpático.* □ MORF. 1. Como adjetivo es invariable en género. 2. Como sustantivo es de género común y exige concordancia en masculino o en femenino para señalar la diferencia de sexo: *el rubiales, la rubiales*. 3. Invariable en número.

rubidio s.m. Elemento químico, metálico y sólido, de número atómico 37, pesado y de color blanco: *El rubidio aparece en pequeñas proporciones en el agua y en las cenizas de algunas plantas.* □ ORTOGR. Su símbolo es *Rb*.

rubio, bia ▮ adj./s. **1** De color amarillo parecido al del oro, esp. referido al pelo o a la persona que lo tiene: *Muchos nórdicos tienen el pelo rubio. Me gustan los rubios de ojos azules.* ▮ adj./s.m. **2** Referido a un tipo de tabaco, que es de color claro y tiene un olor y un sabor suaves: *Ya no fumo ni tabaco negro ni rubio.* ▮ s.f. **3** *col.* Peseta: *Cinco rubias eran un duro.* **4** ‖ **rubio platino.** El muy claro: *Se ha teñido en la peluquería de color rubio platino.*

rublo ▮ s.m. **1** Unidad monetaria rusa: *Cuando viajé a Rusia, llevé rublos y dólares.* ▮ s.m. **2** Nombre genérico que recibe la unidad monetaria de distintos países: *El rublo bielorruso es la moneda de Bielorrusia.*

rubor s.m. **1** Color rojo muy encendido: *La fiebre es la causa del rubor de sus mejillas.* **2** Sentimiento de vergüenza que produce un enrojecimiento del rostro: *Soy tan tímida que me causa rubor hablar en público.*

ruborizar ▮ v. **1** Causar rubor o vergüenza: *Me ruboriza la mala educación de algunas personas.* ▮ prnl. **2** Referido a una persona, ponérsele el rostro de color rojo, esp. si es por un sentimiento de vergüenza; *enrojecer, sonrojarse: Me gusta ver cómo se ruboriza con cualquier cosa que se le dice.* □ ORTOGR. La *z* se cambia en *c* delante de *e* ⟶**CAZAR**.

rúbrica s.f. En una firma, trazo o conjunto de trazos que acompañan al nombre: *En su firma, el nombre se lee claramente, pero la rúbrica es muy complicada.*

rubricar v. **1** Poner la rúbrica, acompañada o no del nombre del que firma: *Escribieron sus nombres en el contrato y los rubricaron.* **2** Referido esp. a algo que se dice, confirmarlo o dar testimonio de ello: *Rubrico lo que nos ha contado porque yo también lo vi.* □ ORTOGR. La *c* se cambia en *qu* delante de *e* ⟶**SACAR**.

rucio, cia s. Caballería de pelaje pardo claro, blanquecino o canoso: *Sancho Panza montaba un rucio.*

rudeza s.f. **1** Aspereza o falta de educación, de cortesía o de tacto: *Me habló con tal rudeza que me ofendí.* **2** Dureza o dificultad para ser soportado o realizado: *La rudeza del clima montañoso no es buena para mi salud.* **3** Tosquedad o falta de finura: *La rudeza de estas telas le va bien a la decoración rústica de su casa de campo.*

rudimentario, ria adj. **1** Que está en un estado de desarrollo imperfecto: *Por una malformación, sus dedos rudimentarios no le permiten coger objetos.* **2** Simple, elemental o básico: *Han encontrado en la excavación algunas herramientas rudimentarias.*

rudimento ▮ s.m. **1** Parte de un ser orgánico imperfectamente desarrollada: *A causa de una malformación congénita, el bebé nació con un rudimento de brazo izquierdo.* ▮ pl. **2** Conocimientos básicos o primarios: *Yo te enseño los rudimentos de este trabajo y tú irás mejorándolos con la práctica.*

rudo, da adj. **1** Áspero, poco cortés, sin educación o sin tacto: *La gente de trato rudo no suele caer bien.* **2** Riguroso, duro o difícil de soportar o de hacer: *Como no estoy acostumbrada, la vida del campo me parece ruda.* **3** Tosco, basto o sin finura: *La tela de saco es ruda y áspera.*

rueca s.f. Instrumento que sirve para hilar y que se compone de una vara en uno de cuyos extremos se pone la materia textil, un huso movido por una rueda y varias poleas donde se va enrollando el hilo: *La rueca solo se emplea ya en labores artesanales.*

rueda s.f. **1** Objeto o mecanismo de forma circular y que puede girar sobre un eje: *La invención de la rueda fue una revolución prehistórica.* **2** Lo que tiene esta forma circular: *El grupo de chicos hizo una rueda en torno al fuego para contar historias.* 👁 **acrobacia 3** ‖ **chupar rueda.** *col.* Aprovecharse del trabajo o del esfuerzo de otro: *El ciclista vencedor llegó el primero porque chupó rueda durante más de seis kilómetros.* ‖ **rueda de prensa.** Reunión de periodistas en torno a una persona para escuchar sus declaraciones y hacerle una serie de preguntas: *El ministro convocará una rueda de prensa para hablar sobre el despido libre.* ‖ **rueda de presos.** Reunión de presos que se hace para intentar identificar al culpable de determinado delito entre todos ellos: *El testigo no identificó a nadie en la rueda de presos.* ‖ **sobre ruedas.** *col.* Muy bien o sin problemas: *Una vez que aprendamos cómo se hace, todo irá sobre ruedas.*

ruedo s.m. **1** En una plaza de toros, parte redonda, cubierta de arena y limitada por la barrera, en la que se lidian los toros: *El torero saludó a la afición desde el centro del ruedo.* **2** Lo que tiene forma circular y rodea a algo: *La gente formó un ruedo en torno a un payaso que había en la calle.*

ruego s.m. Petición o súplica humildes que se hacen con el fin de conseguir algo: *Mis ruegos no la conmovieron y me abandonó.*

rufián s.m. Hombre sin honor, perverso o despreciable: *No quiero verte con rufianes de esa calaña.*

rugby (anglicismo) s.m. Deporte que se practica entre dos equipos generalmente de quince jugadores con un balón ovalado que hay que dejar detrás de la línea de fondo del campo contrario o pasarlo por encima del travesaño horizontal de la portería: *En el rugby, el balón puede tocarse con las manos y con los pies.* □ PRON. [rúgbi]. □ ORTOGR. Se propone la forma adaptada *rugbi*.

rugido s.m. **1** Voz característica del león y de otros animales salvajes: *Cuando pasamos cerca de los leones, se oían sus rugidos.* **2** Grito o voz furiosa de una persona muy enfadada: *Se oían desde la calle los rugidos del profesor.* **3** Ruido muy fuerte y bronco: *Las noches de tormenta, el rugido del mar me despierta.* **4** Sonido producido por las tripas: *Tengo tanta hambre que se oyen los rugidos de mis tripas.*

rugir v. **1** Referido a un animal salvaje, esp. al león, dar rugidos o emitir su voz característica: *El león y los tigres rugían al domador, pero él no se asustaba.* **2** Referido a una persona muy enfadada, gritar o hablar con furia: *No sabes cómo ruge mi padre cuando llego muy tarde.* **3** Producir un ruido fuerte o bronco: *Las olas rugían al romper en los acantilados.* **4** Referido esp. a un objeto, sonar con algún ruido: *Me rugen las tripas de hambre.* □ ORTOGR. La *g* se cambia en *j* delante de *a, o* →**DIRIGIR**.

rugosidad s.f. Presencia de arrugas o de pequeños desniveles o hendiduras en una superficie: *La cáscara de las nueces se caracteriza por su rugosidad.*

rugoso, sa adj. Que tiene arrugas o pequeños desniveles o hendiduras: *La corteza de los olmos es muy rugosa.*

ruibarbo s.m. **1** Planta herbácea de grandes hojas dentadas, ásperas por encima y vellosas por debajo, pequeñas flores amarillas o verdes en espiga, fruto seco con una sola semilla triangular y cuya raíz es un rizoma pardo por fuera y rojizo con puntos blancos en el interior: *El ruibarbo es una planta originaria de Asia Central.* **2** Raíz de esta planta: *El ruibarbo tiene sabor amargo y se utiliza en medicina como purgante.*

ruido s.m. **1** Sonido confuso y más o menos fuerte, esp. si es desagradable o molesto: *Me molesta el ruido de los camiones.* **2** Alboroto, tumulto o discordia: *¿Por qué armas tanto ruido por esa tontería?*

ruidoso, sa adj. Que causa mucho ruido: *Estos niños tan ruidosos no me dejan dormir la siesta.*

ruin adj. **1** Vil, despreciable o con malas intenciones: *Una acción tan ruin merece ser castigada.* **2** Avaro y reacio a gastar dinero: *No seas ruin y no discutas por un euro.* □ MORF. Invariable en género.

ruina ▌s.f. **1** Destrucción, decadencia o daño muy grandes: *La invasión bárbara desencadenó la ruina del Imperio romano.* **2** Causa de este destrozo o de esta decadencia: *Las drogas han sido su ruina.* **3** Lo que está en decadencia o en malas condiciones: *El alcohol lo dejó hecho una ruina.* **4** Pérdida cuantiosa de bienes: *Su afición por el juego le ha ocasionado la ruina.* ▌pl. **5** Restos de un edificio o de varios destruidos: *En la excursión visitamos unas ruinas romanas.*

ruindad s.f. **1** Vileza o maldad: *En sus ojos se reflejaba su ruindad.* **2** Lo que resulta ruin: *Engañarlo de esa forma ha sido una ruindad.*

ruinoso, sa adj. **1** Que amenaza ruina o que empieza a estar destruido: *Desalojaron a los inquilinos del ruinoso caserón.* **2** Que causa la ruina o la destrucción: *Cerré la tienda porque era un negocio ruinoso que me estaba costando mucho dinero.*

ruiseñor s.m. Pájaro de pequeño tamaño, de color pardo rojizo y vientre claro, que se alimenta de insectos y que tiene un canto muy melodioso: *Los ruiseñores habitan en lugares sombríos y frescos.* □ MORF. Es un sustantivo epiceno y la diferencia de sexo se señala mediante la oposición *el ruiseñor {macho/hembra}*.

rular v. *col.* Funcionar: *Si la máquina de fotos no rula, llévala a arreglar.*

ruleta s.f. **1** Juego de azar que consta de una especie de rueda giratoria con casillas colocada horizontalmente y de un tapete con el mismo número de casillas, y que consiste en apostar sobre el número que saldrá en la rueda: *En los casinos siempre hay una ruleta.* **2** Rueda que se usa en este juego y en otros semejantes: *El empleado del casino hizo girar la ruleta.* **3** ‖ **ruleta rusa.** Juego de azar que consiste en dispararse por turnos en la sien con un revólver cargado con una sola bala: *Algunos soldados americanos perdieron la vida jugando a la ruleta rusa.*

rulo s.m. Pequeña pieza de peluquería, cilíndrica, hueca y perforada, sobre la que se enrolla un mechón de pelo para rizarlo: *Andaba con la bata y con los rulos puestos.*

rumano, na ▌adj./s. **1** De Rumanía (país europeo), o relacionado con ella: *El conde Drácula era rumano. La mayoría de los rumanos son de religión ortodoxa.* ▌s.m. **2** Lengua románica de este país: *En el rumano hay dos fonemas vocálicos que se marcan con un acento circunflejo.* □ MORF. En la acepción 1, como sustantivo se refiere solo a las personas de Rumanía.

rumba s.f. **1** Composición musical popular de origen cubano y de compás binario: *Algunos conjuntos gitanos tienen muchas rumbas en su repertorio.* **2** Baile que se ejecuta al compás de esta música: *Suele ir a un local frecuentado por sudamericanos a bailar rumbas.*

rumbo s.m. **1** Forma en que van ocurriendo las cosas: *No me gusta el rumbo que está tomando la situación.* **2** Camino o dirección que sigue algo: *El capitán puso rumbo norte.*

rumboso, sa adj. **1** *col.* Generoso o desprendido: *No puedo ser tan rumboso como a mí me gustaría porque ahora no tengo trabajo.* **2** *col.* Que ostenta o que manifiesta lujo: *Nos invitó a su rumboso chalé de las afueras.*

rumen s.m. En el estómago de los rumiantes, primera de las cuatro cavidades de que consta; *panza: La hierba que rumian las vacas procede del rumen.*

rumiante ▌adj./s.m. **1** Referido a un mamífero, que se caracteriza por ser herbívoro, tener el estómago dividido en cuatro cavidades y por carecer de dientes incisivos en el maxilar superior: *La vaca y el camello son animales rumiantes. Los rumiantes son animales de pezuña hendida.* ▌s.m.pl. **2** En zoología, categoría a la que pertenecen estos mamíferos: *El estómago de los rumiantes se divide en panza, redecilla, libro y cuajar.* □ MORF. Como adjetivo es invariable en género. 👁 rumiante

rumiar v. **1** Referido a un alimento que ya se había tragado, volverlo a la boca y masticarlo por segunda vez: *Las vacas rumian la hierba.* **2** *col.* Considerar o pensar despacio y con detenimiento: *No sé qué andarás rumiando, pero conociéndote, seguro que no es nada bueno.* □ ORTOGR. La *i* nunca lleva tilde.

rumor s.m. **1** Noticia que corre entre la gente: *Hay rumores sobre una posible bajada de la gasolina.* **2** Ruido confuso de voces: *Se oía un rumor de voces que venía de la calle.* **3** Ruido bajo, sordo y continuado: *El rumor de las olas me adormece.*

rumorearse v.prnl. Referido a un rumor, difundirse entre la gente; *murmurarse: Se rumorea que este año habrá cambio de profesores.* □ MORF. Es un verbo unipersonal: se usa solo en tercera persona del singular y en las formas no personales (infinitivo, gerundio y participio).

rupestre adj. Referido esp. a una pintura prehistórica, que está realizada sobre rocas o en cuevas: *Algunas pinturas rupestres representan animales y escenas de caza.* □ MORF. Invariable en género.

rupia s.f. **1** Unidad monetaria hindú: *Cuando estuve en la India me compré un sari por muy pocas rupias.* **2** Nombre genérico que recibe la unidad monetaria de distintos países: *La rupia pakistaní y la nepalí tienen distinto valor.* **3** *col.* Peseta: *Esta camisa me costó 2000 rupias.*

ruptura s.f. Interrupción o término de una relación o del trato entre personas: *Hace ahora dos años de la ruptura con su novio.* □ ORTOGR. Dist. de *rotura*.

rural adj. Del campo o relacionado con él: *La economía*

RUMIANTE

gamuza o rebeco
cabra montés
muflón
cabra
gacela
búfalo
bisonte americano o búfalo
impala
antílope
gamo (hembra)
corzo (hembra)
reno
ciervo o venado
alce
dromedario
camello
jirafa
vaca
llama
vicuña
alpaca

rural es fundamentalmente agrícola y ganadera. □ MORF. Invariable en género.

ruso, sa ▮ adj./s. **1** De Rusia (país europeo y antiguo imperio), o relacionado con ella: *La Revolución rusa derrocó a los zares. Un ruso me regaló una botella de vodka.* ▮ s.m. **2** Lengua eslava de este país: *El ruso se escribe con el alfabeto cirílico.* □ MORF. En la acepción 1, como sustantivo se refiere solo a las personas de Rusia.

rústico, ca adj. **1** Del campo o relacionado con él: *Vive en una casa rústica rodeada de campo.* **2** Tosco, grosero o poco pulido: *Para el disfraz de pastor, me compré una tela un poco rústica.* **3** ‖ **en rústica.** Referido a un tipo de encuadernación, que es ligera y con las cubiertas de cartulina o de papel fuerte: *Los libros de bolsillo suelen ir encuadernados en rústica.*

ruta s.f. Trayecto que se sigue para llegar a un lugar; itinerario: *Los autobuses urbanos que llevan el mismo número hacen la misma ruta.*

rutenio s.m. Elemento químico, metálico y sólido, de número atómico 44, y cuyos óxidos son de color rojo: *El rutenio se usa en joyería.* □ ORTOGR. Su símbolo químico es *Ru*.

rutilante adj. Que resplandece o brilla mucho: *La rutilante belleza de las piedras preciosas me enloquece.* □ MORF. Invariable en género.

rutina s.f. Costumbre o hábito de hacer las cosas de forma mecánica y sin razonar: *Hago siempre el mismo recorrido por rutina.*

rutinario, ria adj. **1** Que se hace por costumbre o rutina: *Abrir el buzón cuando llego a casa se ha convertido en un acto rutinario.* **2** Referido a una persona, que actúa por rutina: *Es una persona muy rutinaria y tiene que hacer las comidas siempre a la misma hora.*

S

s

s s.f. **1** Vigésima letra del abecedario: *La letra inicial de 'saco' y 'suelo' es la 's'.* **2** ‖ **s líquida.** La *s* inicial de palabra y seguida de consonante: *'Espagueti' es un ejemplo de adaptación en español de la s líquida del italiano 'spaghetti'.* □ PRON. Representa el sonido consonántico apicoalveolar fricativo sordo, aunque en algunas regiones está muy extendida su pronunciación como [z]: *susurro, sapo* [zuzurro, zapo] ⟶**ceceo.**

sábado s.m. Sexto día de la semana, entre el viernes y el domingo: *El sábado me iré al campo a descansar.*

sabana s.f. Llanura muy extensa propia de las zonas de clima tropical y que se caracteriza por el predominio de vegetación herbácea y la ausencia de árboles: *En las grandes sabanas africanas hay leones, cebras y elefantes.* □ ORTOGR. Dist. de *sábana.*

sábana s.f. **1** Cada una de las dos piezas de tela que se colocan en la cama y entre las que se introduce la persona que se acuesta: *La sábana bajera de mi cama se ajusta al colchón con un elástico.* **2** ‖ **pegársele** a alguien **las sábanas.** *col.* Levantarse más tarde de lo que debe o de lo que acostumbra: *Se me pegaron las sábanas y llegué tarde a clase.* □ ORTOGR. Dist. de *sabana.*

sabandija s.f. **1** Reptil pequeño o insecto, esp. si resultan molestos o perjudiciales: *Una sabandija se ha metido entre esas piedras.* **2** *col.* Persona despreciable o malvada: *No confíes en él, porque es una sabandija y te la jugará.*

sabañón s.m. Abultamiento y enrojecimiento acompañado de intenso picor que se produce generalmente en las manos, en los pies o en las orejas a causa del frío: *En cuanto llega el frío me salen sabañones en las manos.*

sabelotodo adj./s. *col.* Que cree saberlo todo o que presume de saber mucho más de lo que realmente sabe: *Eres tan sabelotodo que resultas aburrido. Esa sabelotodo siempre mete baza en las conversaciones.* □ MORF. 1. Invariable en número. 2. Como adjetivo es invariable en género. 3. Como sustantivo es de género común y exige concordancia en masculino o en femenino para señalar la diferencia de sexo: *el sabelotodo, la sabelotodo.* □ USO Tiene un matiz despectivo.

saber ▌s.m. **1** Conocimiento profundo de una materia, una ciencia o un arte; *sabiduría: Dicen que el saber no ocupa lugar, pero cuesta adquirirlo.* ▌v. **2** Conocer, tener noticia o estar informado: *No sabía que ibas a venir y por eso no te esperé.* **3** Poseer elevados conocimientos sobre alguna materia, esp. si se han adquirido por medio del estudio: *Sabe mucho de historia.* **4** Tener capacidad, habilidad, destreza o preparación para hacer algo: *Sabe cocinar muy bien.* **5** Tener sabor: *Esta comida sabe mucho a ajo.* **6** ‖ **saber a poco** algo. *col.* Resultar insuficiente: *Se ha marchado muy pronto y su visita me ha sabido a poco.* ‖ **saber lo que es bueno.** *col.* Recibir un castigo o una reprimenda: *Como te coja, vas a saber lo que es bueno.* □ MORF. Irreg. ⟶**SABER.** □ SINT. Constr. de las acepciones 2 y 3: *saber* DE *algo.*

sabidillo, lla adj./s. Que presume de enterado y de saber más de lo que realmente sabe: *Pero si no tienes idea de nada, ¿cómo eres tan sabidillo? ¡Menudo sabidillo, ya me extrañaba a mí que él no lo supiera!* □ USO Tiene un matiz despectivo.

sabiduría s.f. **1** Conocimiento profundo de una materia, una ciencia o un arte; *saber: La sabiduría de los antiguos filósofos es enorme.* **2** Prudencia en la vida o en un asunto: *Al no meterte en ese negocio tan poco claro, has demostrado sabiduría.*

sabiendas ‖ **a sabiendas.** De manera intencionada o con conocimiento y deliberadamente: *Sabía que eso te dolería y lo ha dicho a sabiendas.*

sabihondo, da adj./s. *col.* ⟶**sabiondo, da.**

sabina s.f. Arbusto de tronco grueso, hojas pequeñas, casi cilíndricas, escamosas y unidas entre sí de cuatro en cuatro y con fruto de color negro o rojizo: *La sabina es un arbusto propio de zonas mediterráneas.*

sabio, bia ▌adj. **1** Que instruye o que manifiesta sabiduría: *Siempre agrada oír las sabias palabras de un hombre tan culto.* **2** Referido a un animal, que está amaestrado y realiza gracias y habilidades: *Un perro sabio contestó con sus ladridos a las preguntas que le hacían.* ▌adj./s. **3** Referido a una persona, que posee profundos conocimientos en una materia, una ciencia o un arte: *Le gusta aprender y quiere llegar a ser una mujer sabia. Eres un sabio y me asombra tu saber.* **4** Prudente, cuerdo o juicioso: *No participar en ese negocio ha sido una sabia decisión. Eres un sabio al no mezclarte con esos indeseables.* □ MORF. Su superlativo es *sapientísmo.*

sabiondo, da adj./s. *col.* Que presume de saber mucho o más de lo que realmente sabe; *sabihondo: Como es tan sabiondo, se empeña siempre en tener razón. No aguanto* *a los sabiondos de clase porque no dejan participar a los demás.* ☐ USO Tiene un matiz despectivo.

sablazo s.m. *col.* Petición de dinero a alguien con la intención de no devolvérselo: *Vive de los sablazos que da a los conocidos.*

sable s.m. Arma blanca parecida a la espada, ligeramente curva y de un solo filo: *Actualmente, los militares solo usan el sable en desfiles y formaciones.* 👁 **arma**

sablear v. *col.* Referido esp. a una persona, conseguir que preste dinero, pero con la intención de no devolvérselo: *No me volverás a sablear porque no te presto más si no me devuelves lo que me debes.*

sabor s.m. **1** Cualidad de una sustancia que se percibe por el sentido del gusto: *El café tiene sabor amargo.* 👁 sabor **2** Impresión que algo produce o deja en el ánimo: *Esa noticia me dejó un sabor agridulce.* **3** Parecido o semejanza: *Esa es una obra de sabor clásico.*

saborear v. **1** Referido a algo que se come o se bebe, percibir su sabor detenidamente y deleitándose en él: *Para saborear la comida hay que comer despacio.* **2** Apreciar o disfrutar con detenimiento y tranquilidad: *Saboreas el triunfo por anticipado.*

sabotaje s.m. **1** Daño o destrucción de instalaciones, productos, servicios u otras cosas que pertenecen o representan un poder contra el que se lucha: *El sabotaje de la central eléctrica dejó parte de la provincia sin luz.* **2** Oposición u obstrucción disimuladas contra un proyecto, una orden, una decisión o una idea: *El plan sufrió un retraso como consecuencia del sabotaje de la competencia.*

sabotear v. Hacer sabotaje: *Por envidia ha saboteado mi proyecto y lo ha hecho fracasar.*

sabroso, sa adj. **1** De buen sabor o agradable al gusto: *Este asado está muy rico y sabroso.* **2** Interesante o importante: *He ganado a la lotería una sabrosa suma.*

sabueso, sa ▌ adj./s. **1** Referido a un perro, de la raza que se caracteriza por tener cabeza grande, piel con numerosos pliegues, pelaje corto, orejas grandes y caídas, y cola delgada y larga: *Los sabuesos son muy buenos rastreadores.* ▌ s. **2** Persona que posee una especial capacidad o habilidad para investigar y descubrir algo: *Es un auténtico sabueso y no se le escapa nada.*

saca s.f. Saco grande de tela fuerte más largo que ancho: *Los mozos cargaron las sacas de la correspondencia en el camión.*

sacacorchos s.m. **1** Utensilio consistente en una espiral metálica encajada en un soporte al que se da vueltas, que se usa para sacar los corchos de las botellas; *descorchador: Para abrir esa botella de vino tendrás que utilizar un sacacorchos.* **2** ‖ **sacar** algo a alguien **con sacacorchos.** *col.* Conseguir con gran esfuerzo que lo diga o hable de ello: *Tuve que sacarle con sacacorchos lo que la tenía tan preocupada.* ☐ MORF. Invariable en número.

SABOR

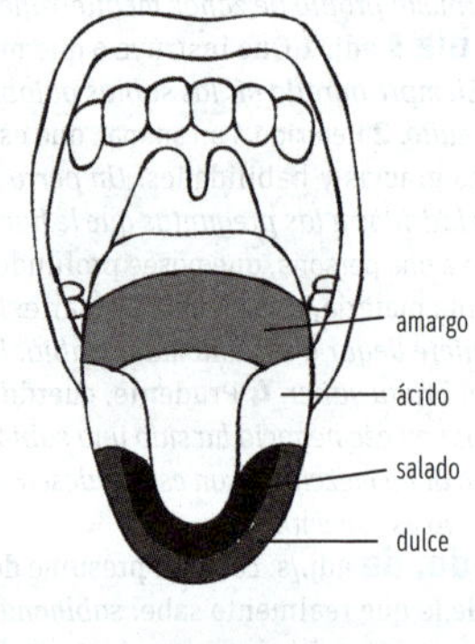

sacacuartos ▌ s.m. **1** *col.* Lo que tiene poco valor o constituye un despilfarro de dinero: *Este coche es un sacacuartos porque continuamente está en el taller.* ▌ s. **2** *col.* Persona que tiene habilidad para sacar dinero a otra: *Nadie quiere nada con él porque es un caradura y un sacacuartos.* ☐ MORF. 1. Invariable en número. 2. En la acepción 2, es de género común y exige concordancia en masculino o en femenino para señalar la diferencia de sexo: *el sacacuartos, la sacacuartos.*

sacamuelas s. *col.* Dentista: *¡Menudo sacamuelas te arregló los dientes!* ☐ MORF. 1. Es de género común y exige concordancia en masculino o en femenino para señalar la diferencia de sexo: *el sacamuelas, la sacamuelas.* 2. Invariable en número. ☐ USO Tiene un matiz despectivo.

sacapuntas s.m. Instrumento o aparato que sirve para sacar punta a los lápices: *Tengo un sacapuntas de aluminio.* ☐ MORF. Invariable en número.

sacar v. **1** Referido a algo, ponerlo fuera del lugar en que está contenido o encerrado; *extraer: Saca los cubiertos del cajón.* **2** Referido a una persona o a una cosa, quitarlas o apartarlas del lugar o de la condición en que están: *Una llamada me sacó de la reunión. Una propina de lotería no me sacará de pobre.* **3** Conocer, descubrir o hallar, generalmente por señales o por indicios: *He sacado que sois hermanos por vuestro gran parecido. No me saques faltas.* **4** Obtener, conseguir o lograr: *El aceite de oliva se saca de las aceitunas.* **5** Producir, inventar o crear y poner en circulación: *¿Has visto el nuevo modelo de coche que han sacado?* **6** Mostrar, manifestar o dar a conocer: *Cuando saca su malhumor no hay quien lo aguante.* **7** Referido a una cuestión, aprenderla, resolverla o averiguarla, generalmente por medio de una operación intelectual: *Vamos a sacar la cuenta de lo que te debo.* **8** Referido a una prenda de vestir, cambiarle las costuras para ensancharla o alargarla: *Sácame la falda, que me está estrecha.* **9** Referido a una entrada o a un billete, comprarlos: *Ya he sacado el billete de avión.* **10** En algunos deportes, referido a la pelota, ponerla en juego o darle el impulso inicial: *Esa tenista saca muy bien.* **11** Quitar o hacer desaparecer: *La leche saca muy bien las manchas de tinta.* **12** Aventajar en lo expresado: *Soy más alto que tú y te saco diez centímetros.* **13** Alargar, adelantar o hacer sobresalir: *Al oír mis halagos, sacó pecho y empezó a presumir.* **14** *col.* Retratar, fotografiar o filmar: *En esta foto me has sacado fatal.* **15** Citar, nombrar o traer a la conversación: *No creo que sea el momento adecuado de sacar ese tema.* **16** ‖ **sacar adelante** algo. Hacer que prospere o salga bien: *Sacó adelante a diez hijos. Saqué adelante el negocio con mucho esfuerzo.* ☐ ORTOGR. La *c* se cambia en *qu* delante de *e* →**SACAR.**

sacarina s.f. Sustancia sólida, soluble en agua, de color blanco, sabor muy dulce y que se usa generalmente para endulzar en sustitución del azúcar: *Como es diabético endulza el café con sacarina.*

sacerdocio s.m. Cargo, estado y función del sacerdote: *El sacerdocio exige sacrificio.*

sacerdotal adj. Del sacerdote o relacionado con él: *La sotana es una vestidura sacerdotal.* □ MORF. Invariable en género.

sacerdote s.m. **1** En la Iglesia católica, hombre que ha consagrado su vida a Dios y que ha sido ungido y ordenado para celebrar la misa y servir a la comunidad: *Los sacerdotes son ordenados por el obispo. presbítero* **2** En otras religiones, eclesiástico con funciones semejantes a este: *Los sacerdotes anglicanos pueden casarse.* **3** Hombre dedicado a la celebración y ofrecimiento de ritos religiosos o de sacrificios a una deidad: *El sacerdote de la tribu invocó a los espíritus con una danza ritual.* □ MORF. En la acepción 3, su femenino es *sacerdotisa*. □ SINT. En la acepción 2, se usa como aposición pospuesto a un sustantivo: *una mujer sacerdote*.

sacerdotisa s.f. Mujer dedicada al ofrecimiento de sacrificios a una deidad y al cuidado de su templo o a la realización de ritos religiosos: *Algunas de las sacerdotisas de la Antigüedad tenían que ser vírgenes.* □ MORF. Su masculino es *sacerdote*.

saciar v. Referido a un deseo o a una necesidad, satisfacerlos por completo: *Comió y bebió hasta saciar el hambre y la sed. Estoy llenísimo porque he comido hasta saciarme.* □ ORTOGR. La *i* nunca lleva tilde.

saciedad s.f. Hartura que se produce al satisfacer en exceso un deseo o una necesidad: *He comido hasta la saciedad y ahora me duele el estómago.*

saco s.m. **1** Receptáculo hecho de un material flexible, abierto por uno de sus extremos y que se utiliza para llevar o contener algo: *Compré un saco de patatas de diez kilos.* 👁 **equipaje** **2** Órgano o estructura orgánica con esta forma que contiene generalmente un fluido o que sirve de protección: *La cavidad de los estambres que contiene el polen se denomina saco polínico.* **3** Saqueo o robo de un lugar: *El saco de Roma fue llevado a cabo por las tropas de Carlos I de España.* **4** ‖ **echar en saco roto** algo. *col.* Olvidarlo o no tenerlo en cuenta: *Algún día te arrepentirás de haber echado en saco roto mis consejos.* ‖ **entrar a saco.** Saquear: *Los soldados entraron a saco en la ciudad recién conquistada.* ‖ **saco (de dormir).** El forrado de plumas, guata u otro material semejante y en el que se introduce una persona para dormir, esp. si es al aire libre o en una tienda de campaña: *Los sacos de dormir suelen ser impermeables.* 👁 **cama** □ USO En algunas expresiones, se usa con valor eufemístico para sustituir a *culo*.

sacralizar v. Dar carácter sagrado: *Las religiones sacralizan muchos ritos tradicionales.* □ ORTOGR. La *z* se cambia en *c* delante de *e* →**SACAR**.

sacramental adj. De los sacramentos o relacionado con ellos: *En la ceremonia sacramental del bautismo se limpia el pecado original.* □ MORF. Como adjetivo es invariable en género.

sacramento s.m. **1** En el cristianismo, signo visible y eficaz, instituido por Jesucristo, que transmite la gracia o la vida de Dios al creyente: *Los sacramentos católicos son siete: el bautismo, la penitencia, la eucaristía, la confirmación, el matrimonio, el orden sacerdotal y la unción de los enfermos.* **2** ‖ **últimos sacramentos.** Los que se administran a alguien que está en peligro de muerte, que generalmente son la penitencia, la unción de los enfermos y la eucaristía: *Murió en paz después de recibir los últimos sacramentos.*

sacrificar ▌ v. **1** Hacer sacrificios u ofrecer algo en reconocimiento de la divinidad: *Los antiguos sacrificaban animales o víctimas a sus dioses para que sus peticiones se cumplieran.* **2** Referido esp. a un animal, matarlo, esp. para dedicarlo al consumo: *En el matadero sacrifican a las reses y las distribuyen a las carnicerías.* **3** Referido a algo, renunciar a ello o ponerlo en una situación desfavorable para conseguir otra cosa: *Sacrifico unas horas de sueño para acabar el trabajo. Muchos soldados sacrificaron su vida por la patria.* ▌ prnl. **4** Realizar algo que resulta costoso, esp. si con ello se espera obtener un beneficio: *Se sacrifica por su familia renunciando a sus aficiones para estar con sus hijos.* □ ORTOGR. La *c* se cambia en *qu* delante de *e* →**SACAR**.

sacrificio s.m. **1** Ofrenda de una víctima a una divinidad en señal de reconocimiento o de arrepentimiento: *En algunas culturas se realizaban sacrificios humanos.* **2** Ejecución de animales, esp. para dedicarlos al consumo: *El matarife es la persona encargada del sacrificio de animales.* **3** Lo que se hace sin ganas o sin desearse, generalmente por obligación y con gran esfuerzo: *Dejar de fumar ha sido un gran sacrificio.* **4** Acto de abnegación inspirado en el cariño: *Su madre los sacó adelante con muchos sacrificios.* **5** En la Iglesia católica, misa: *En el sacrificio de la misa se recuerda la muerte y resurrección de Jesucristo.*

sacrilegio s.m. Daño o tratamiento irreverente hacia lo que se considera sagrado: *Robar los objetos de culto de una iglesia es un sacrilegio.*

sacrílego, ga ▌ adj. **1** Del sacrilegio o relacionado con él: *Rompieron las imágenes de la iglesia en un acto sacrílego.* ▌ adj./s. **2** Referido esp. a una persona, que comete sacrilegio: *Es un grupo de gente sacrílega sin ningún respeto por las creencias ajenas. Los profanadores de tumbas son unos sacrílegos.*

sacristán, -a s. Persona que se encarga del cuidado y arreglo de una iglesia: *El sacristán abrió la iglesia una hora antes de iniciarse la misa.*

sacristía s.f. Parte de una iglesia en la que se guardan las ropas y los objetos necesarios para el culto y donde los sacerdotes se revisten: *Después de la misa iré a hablar con el párroco a la sacristía.*

sacro, cra ▌ adj. **1** De la divinidad o relacionado con el culto divino; *sagrado: Esa colección de arte sacro es famosa en el mundo entero.* ▌ s.m. **2** →**hueso sacro.** 👁 **esqueleto**

sacudida s.f. **1** Movimiento brusco, esp. el que se hace agitando algo a uno y otro lado: *A pesar de las sacudidas que dimos al árbol, las manzanas no cayeron.* **2** Fuerte impresión: *La noticia del accidente fue una sacudida para los amigos de la víctima.*

sacudir v. **1** Mover bruscamente a uno y otro lado: *El aire sacudía las plantas del jardín.* **2** Golpear o agitar en el aire para limpiar: *Todas las mañanas sacudo las alfombras por la ventana.* **3** Pegar o dar golpes: *Como no te calles, te sacudo.* **4** Arrojar o despedir de sí de forma brusca: *Sacúdete la tristeza y vamos a bailar.* **5** Impresionar mucho: *La noticia de su muerte sacudió al mundo entero.*

sádico, ca ▌ adj. **1** Del sadismo o relacionado con él: *La película tenía escenas sádicas que nos resultaron muy desagradables.* ▌ adj./s. **2** Referido a una persona, que disfruta con el sufrimiento ajeno: *Las personas sádicas encuentran su complemento en las masoquistas. Si has quemado vivo a un pájaro es que eres un sádico.*

sadismo s.m. **1** Tendencia sexual que consiste en obte-

a b c d e f g h i j k l m n ñ o p q r s t u v w x y z

ner disfrute erótico causando dolor físico o moral a otra persona: *El sadismo y el masoquismo son consideradas desviaciones sexuales.* **2** Crueldad refinada que produce placer a quien la ejecuta: *Si martiriza a los animales es por sadismo.*

sadomasoquismo s.m. Tendencia sexual que consiste en obtener disfrute erótico causando dolor físico o sufrimiento a otra persona y recibiendo de esta malos tratos y humillaciones: *El sadomasoquismo puede llegar a ser peligroso.*

saeta s.f. **1** Arma arrojadiza formada por una varilla delgada y ligera con una punta triangular y afilada en su vértice que se dispara con un arco; *flecha: El arquero disparó una saeta que se clavó en el árbol.* **2** En un reloj o en una brújula, manecilla o aguja: *Las saetas del reloj señalaban la medianoche.* **3** Cante flamenco de carácter religioso y tono patético y desgarrado: *Las saetas suelen cantarse al paso de las procesiones de Semana Santa.*

safari s.m. **1** Expedición para cazar animales de gran tamaño que se realiza en algunas regiones africanas: *La falta de control de los safaris en la selva africana ha puesto en peligro de extinción a varias especies salvajes.* **2** Expedición para ver o fotografiar animales en libertad: *Nos han publicado algunas de las fotos tomadas en el safari fotográfico.* **3** Parque zoológico en el que los animales están en libertad: *En el safari está prohibido abrir las ventanillas del coche cuando un animal se acerca.*

saga s.f. **1** Relato novelesco que cuenta la historia de dos o más generaciones de una familia: *Este historiador pretende escribir la saga de los Alba.* **2** Familia o dinastía familiar: *Pertenece a una saga de juristas prestigiosos.* **3** Leyenda poética contenida en las colecciones de primitivas tradiciones heroicas y mitológicas escandinavas: *Las sagas nórdicas se transmitían oralmente.*

sagacidad s.f. Astucia, prudencia y capacidad de previsión: *Ha puesto de manifiesto su sagacidad al descubrir al asesino por un pequeño indicio.*

sagaz adj. **1** Astuto y prudente o que prevé y previene las cosas: *Un buen detective debe ser sagaz.* **2** Referido a un animal, esp. a un perro, que localiza a sus presas siguiéndoles el rastro: *Los lebreles son muy sagaces.* ☐ MORF. Invariable en género.

sagitario adj./s. Referido a una persona, que ha nacido entre el 23 de noviembre y el 21 de diciembre aproximadamente (por alusión a Sagitario, noveno signo zodiacal): *Su hijo es sagitario porque nació el 1 de diciembre. Si eres un sagitario, dice el horóscopo que tendrás suerte.* ☐ MORF. 1. Como adjetivo es invariable en género. 2. Como sustantivo es de género común y exige concordancia en masculino o en femenino para señalar la diferencia de sexo: *el sagitario, la sagitario.*

sagrado, da adj. **1** De la divinidad o relacionado con el culto divino; *sacro: Las iglesias son lugares sagrados.* **2** Que es digno de veneración o de respeto: *El fin de semana para mí es sagrado y no trabajo nada.*

sagrario s.m. Pequeño recinto, generalmente un cofre, armario o un templete, en el que se guardan el copón y las hostias consagradas: *Tras dar la comunión, el sacerdote guardó las hostias sobrantes en el sagrario.*

saharaui adj./s. →**sahariano, na.** ☐ PRON. Está muy extendida la pronunciación con *h* aspirada. ☐ MORF. 1. Como adjetivo, es invariable en género y como sustantivo es de género común y exige concordancia en masculino o en femenino para señalar la diferencia de sexo: *el saharaui, la saharaui.* 2. Como sustantivo se refiere solo a las personas del Sahara.

sahariano, na ▌adj. **1** Del desierto del Sáhara (desierto del norte africano), o relacionado con él: *El desierto sahariano es el más grande del mundo.* ▌adj./s. **2** Del Sahara (territorio del noroeste africano situado junto al océano Atlántico), o relacionado con él: *El territorio sahariano fue español hasta 1975, año en que su administración fue cedida a Marruecos y Mauritania. Muchos saharianos son nómadas.* ☐ PRON. Está muy extendida la pronunciación con *h* aspirada. ☐ SEM. En las acepciones 1 y 2, es sinónimo de *saharaui*.

sainete s.m. **1** Pieza teatral en un solo acto, cómica y de carácter popular, que solía representarse al final de una función o como intermedio: *En las representaciones teatrales barrocas, solían intercalarse sainetes.* **2** Obra teatral generalmente cómica, de ambiente y personajes populares, en uno o en varios actos, y que se representa como función independiente: *Son famosos los sainetes de Carlos Arniches, en los que hace una descripción costumbrista del Madrid de su época.*

sajar v. En medicina, cortar o incidir en alguna parte del cuerpo para curarlo: *Me sajaron el quiste que tenía en el brazo.* ☐ ORTOGR. Conserva la *j* en toda la conjugación.

sajón, -a adj./s. **1** De un antiguo pueblo germánico que se estableció en el siglo V en las islas de Gran Bretaña o relacionado con él: *El pueblo sajón era guerrero. Los sajones procedían de la desembocadura del río Elba.* **2** De Sajonia (antiguo estado alemán que corresponde a los actuales de Baja Sajonia, Sajonia Anhalt y Sajonia), o relacionado con él: *En el siglo X se instauró la dinastía sajona, que alcanzó la dignidad imperial con Otón I. En el siglo XIX los sajones fueron gobernados por rusos y prusianos.* ☐ MORF. En la acepción 2, como sustantivo se refiere solo a las personas de Sajonia.

sake s.m. Bebida alcohólica que se obtiene por la fermentación del arroz y que es típicamente japonesa: *Después de la comida nos sirvieron una copita de sake.*

sal ▌s.f. **1** Sustancia cristalina, muy soluble en agua, generalmente blanca y de sabor característico, que se utiliza para condimentar alimentos, conservar carnes y en la industria química; *cloruro sódico: La sal se encuentra principalmente en el agua del mar.* **2** En química, compuesto obtenido al reaccionar un ácido con una base: *El cloruro de potasio es una sal.* **3** Agilidad, gracia y desenvoltura en la expresión o en los gestos: *Es un tópico decir que los andaluces tienen mucha sal.* ▌pl. **4** Sustancia salina que generalmente contiene amoniaco y que se utiliza para reanimar a una persona desmayada: *En cuanto respiró las sales recobró la consciencia.* **5** ‖ **sales (de baño).** Sustancia perfumada que se disuelve en el agua para el baño: *Con un baño de sales descansarás de este agotador día.*

sala s.f. **1** Local o dependencia para diversos usos: *La enfermera me condujo a la sala de espera porque el médico estaba ocupado.* **2** En una vivienda, habitación en la que hace vida la familia: *Tienen una televisión en la sala y otra en el salón.* **3** ‖ **sala de fiestas.** Establecimiento público en el que se puede bailar y consumir bebidas y en el que normalmente se ofrecen cenas y espectáculos: *Vimos un espectáculo de variedades en una sala de fiestas.*

‖ **sala X.** Cine especializado en proyectar películas pornográficas: *En las salas X está prohibida la entrada a menores.* □ USO 1. Es innecesario el uso del galicismo *boîte* en lugar de *sala de fiestas*. 2. En la acepción 2, se usa más la expresión *sala de estar*.

salabre s.m. Red de pesca de uso individual, consistente en una bolsa de red sujeta a un armazón con mango: *Los salabres son parecidos a las redecillas que se usan para cazar mariposas.* 👁 **pesca**

salacot s.m. Sombrero de copa esférica y rígida que se usa en países cálidos: *Los colonizadores ingleses llevaban salacot.* □ MORF. Su plural es *salacots*. 👁 **sombrero**

saladero s.m. Lugar en el que se salan carnes o pescados: *Un inspector de abastos controla las medidas higiénicas del saladero.*

salado, da adj. **1** Con sal o con más sal de la necesaria: *El arroz está salado y no hay quien se lo coma.* 👁 **sabor** **2** Ágil, gracioso y desenvuelto en la expresión o en los gestos: *Es muy salado y cuando cuenta chistes nos partimos de risa.*

salamandra s.f. Anfibio con la piel lisa de color negruzco y grandes manchas amarillentas o rojizas, que tiene una gran cola redondeada, vive en bosques húmedos y se mueve muy despacio: *La salamandra tiene costumbres nocturnas.* □ MORF. Es un sustantivo epiceno y la diferencia de sexo se señala mediante la oposición *la salamandra {macho/hembra}*.

salamanquesa s.f. Reptil que se alimenta de insectos, es de color grisáceo y pardo rojizo, tiene una gran cola y los dedos anchos en sus extremos provistos de laminillas adhesivas: *La salamanquesa vive en las grietas y debajo de las piedras.* □ MORF. Es un sustantivo epiceno y la diferencia de sexo se señala mediante la oposición *la salamanquesa {macho/hembra}*.

salami s.m. Embutido parecido al salchichón, pero de mayor grosor, que se hace con carne de vaca y de cerdo picadas y mezcladas en determinadas proporciones: *De merienda nos tomamos un bocadillo de salami.* □ MORF. Su plural es *salamis*.

salar v. **1** Referido esp. a un alimento, echarlo en sal para su conservación: *Hay que salar los jamones para que no se estropeen.* **2** Sazonar con sal o añadir la sal conveniente: *¿Has salado los filetes antes de freírlos?*

salarial adj. Del salario o relacionado con él: *Los sindicatos piden aumentos salariales para todos los trabajadores.* □ MORF. Invariable en género.

salario s.m. **1** Cantidad de dinero con que se retribuye un trabajo, generalmente el de los trabajadores manuales: *El salario de los jornaleros es muy bajo.* **2** ‖ **salario mínimo.** El establecido por la ley que debe ser pagado como mínimo a todo trabajador en activo: *Acaba de ponerse a trabajar y solo cobra el salario mínimo.*

salazón s.f. **1** Operación para conservar alimentos metiéndolos en sal: *La salazón es un método muy antiguo para conservar alimentos.* **2** Carnes o pescados salados: *Antes se comían más salazones que ahora.*

salchicha s.f. Embutido delgado y alargado, elaborado generalmente con carne de cerdo picada y condimentada con sal, pimienta y otras especias: *Las salchichas son un embutido típicamente alemán.*

salchichón s.m. Embutido elaborado con jamón, tocino y pimienta en grano, prensado y curado: *El salchichón se come crudo.*

saldar v. **1** Referido a una cuenta, liquidarla completamente pagando lo que se adeuda o recibiendo lo que sobra: *Saldó las cuentas que tenía con varios bancos y las cambió a uno solo.* **2** Referido esp. a un asunto o a una deuda, acabarlos, liquidarlos o darlos por terminados: *Con esos años de cárcel, saldó sus deudas con la justicia.*

saldo s.m. **1** En una cuenta, cantidad que resulta a favor o en contra como diferencia entre el debe y el haber: *Al terminar cada año, el banco me da un informe del saldo medio de mi cuenta.* **2** Lo que se obtiene a favor o en contra al liquidar o al dar por terminado un asunto: *El partido terminó con un saldo negativo para nuestro equipo.* **3** Mercancía que se vende a bajo precio para terminar con las existencias: *Si vas a comprar saldos, asegúrate de que sean buenos además de baratos.* **4** Venta de mercancías con estas características: *Mañana comienzan los saldos por fin de temporada.*

saledizo s.m. En un edificio, parte que sobresale de la fachada o de otra pared principal: *Sobre el balcón había un saledizo que proyectaba su sombra en la fachada.*

salero s.m. **1** Recipiente en el que se guarda o se sirve la sal: *Pásame el salero, que esta sopa está sosa.* **2** *col.* Gracia o desenvoltura en la forma de actuar: *Tiene tanto salero contando chistes que hasta los más sosos los hace graciosos.*

saleroso, sa adj./s. Que tiene salero o gracia: *Caminaba con un andar saleroso que arrastraba miradas. Con ese saleroso que tienes por novio, no te aburrirás.*

salesiano, na ▌adj. **1** De la Sociedad de san Francisco de Sales (congregación fundada en el siglo XIX por san Juan Bosco), o relacionado con ella: *Estudió el bachillerato en un colegio salesiano.* ▌adj./s. **2** Referido a un religioso, que pertenece a esta congregación: *Los religiosos salesianos se dedican fundamentalmente a la educación juvenil. Entre los profesores del colegio había seglares y salesianos.*

salida s.f. Véase **salido, da**.

salido, da ▌adj. **1** Que sobresale en un cuerpo más de lo normal: *Le van a poner un aparato porque tiene los dientes un poco salidos.* **2** Referido a la hembra de un animal, que está en celo: *Cuando una perra está salida, desprende un olor que atrae a los perros machos.* ▌adj./s. **3** *vulg. desp.* Referido a una persona, que siente gran deseo sexual: *No para de decir obscenidades porque está más salido que el pico de una mesa. Siempre está buscando líos porque es un salido.* ▌s.f. **4** Paso de dentro a fuera: *Le pusieron un vendaje para detener la salida de sangre.* **5** Partida hacia otro lugar: *El tren con destino a Sevilla efectuará su salida por la vía 7.* **6** Lugar por el que se sale: *Las salidas de urgencia están señaladas con una luz roja.* **7** Lugar del que se parte para hacer un recorrido: *Ya están todos los corredores preparados en la salida.* 👁 **estadio** **8** Fin o término de un oficio, actividad, condición o dependencia: *Mañana se producirá mi salida del cargo.* **9** Aparición, manifestación o muestra: *La salida del sol en verano se produce antes que en invierno.* **10** *col.* Dicho agudo y ocurrente: *Tiene cada salida que te partes de risa con él.* **11** Escapatoria, recurso o solución con que se vence una dificultad o un peligro: *No le veo fácil salida a esta situación.* **12** Puesta en venta de un producto: *Se anuncia la salida de una nueva revista.* **13** Posibilidad o perspectivas de venta: *Los descapotables tienen poca salida en los países de clima frío.* **14** En contabilidad, anotación en el haber de una cuenta: *Este mes se han registrado muchas salidas en concepto de arreglos de averías.* ▌

s.f.pl. **15** Posibilidades laborales o profesionales de futuro que ofrecen algunos estudios: *Hoy, las carreras de letras tienen menos salidas que las de ciencias.* **16** ‖ **salida de tono.** *col.* Dicho inconveniente o impertinente: *Cuando se calmó, me pidió perdón por su anterior salida de tono.*

saliente s.m. Parte que sobresale en algo: *La cómoda tiene un saliente con el que siempre me engancho al pasar.*

salina s.f. Véase **salino, na.**

salinidad s.f. **1** Propiedad de lo que tiene sal: *La salinidad aumenta el punto de ebullición de un líquido.* **2** Cantidad proporcional de sal que contiene disuelta el agua del mar o una solución química: *A medida que se evapora el agua del mar embalsada, aumenta su salinidad.*

salino, na ▮ adj. **1** Que contiene sal: *El agua del mar es salina.* ▮ s.f. **2** Mina o yacimiento de sal: *De las salinas se extraen sales minerales para su aprovechamiento industrial.* **3** Laguna o depósito de poca profundidad en los que se acumula agua salada para que se evapore y se precipite la sal: *En el sur de España hay numerosas salinas.*

salir ▮ v. **1** Pasar de dentro a fuera: *Sal al jardín. El agua se sale por la tubería.* **2** Partir a otro lugar: *Mañana salimos de vacaciones.* **3** Referido a algo molesto, librarse de ello: *Con ese préstamo, saldremos del apuro.* **4** Aparecer, manifestarse, mostrarse o dejarse ver: *Es tan vergonzoso que enseguida le salen los colores a la cara. Salió en televisión un político famoso.* **5** Ocurrir, sobrevenir u ofrecerse como novedad: *Me ha salido una oferta de colaboración en un periódico.* **6** Resultar, quedar o acabar siendo: *Tras mucho esfuerzo, todo salió bien.* **7** Ir a la calle a pasear o a divertirse: *Todos los sábados salgo con mis amigos.* **8** Ser novio o novia: *Llevan un año saliendo y ya piensan casarse.* **9** Sobresalir, destacar o estar más alto o más afuera: *El que sale por detrás en la foto es mi primo.* **10** Originarse, nacer o tener su procedencia: *El néctar sale de las flores.* **11** Ser elegido por votación: *Salí delegada por mayoría.* **12** Ir a parar o desembocar: *El camino sale a una carretera comarcal.* **13** Referido esp. a una planta o a una de sus partes, nacer o brotar: *Las flores salen en primavera.* **14** Referido a una mancha, quitarse, borrarse o desaparecer: *La tinta sale con la leche.* **15** Referido a un producto, ponerse en venta: *Este periódico sale todos los días.* **16** Referido a una compra, costar o valer: *Si compras en grandes cantidades, te saldrá más barato.* **17** Referido a una tarea o a una cuenta, resultar bien hechas o ajustadas: *¿Cómo te va a salir la división si no te sabes la tabla de multiplicar?* **18** En algunos juegos, iniciar la partida: *En esta partida de damas, salen las blancas.* ▮ prnl. **19** Referido a un líquido, rebosar al hervir: *Se salió la leche y puso toda la cocina de pena.* **20** ‖ **salir a** alguien. Parecérsele o heredar sus rasgos: *Ha salido a su padre hasta en el mal genio.* ‖ **salir con** algo. Hacerlo o manifestarlo de manera inesperada: *¡No me salgas ahora con esa tontería, hombre!* ‖ **salirse** alguien **con la suya.** Hacer su voluntad en contra de la opinión de otros o a pesar de su oposición: *Se puso tan pesado que al final se salió con la suya.* ☐ MORF. Irreg. ⟶**SALIR.**

salitre s.m. **1** En química, nitrato de potasio, que se encuentra en forma de agujas o de polvo blanquecino en la superficie de los terrenos húmedos y salados: *Si echas un poco de salitre al fuego, se avivarán las llamas rápidamente.* **2** Sustancia salina: *Los muros del dique del puerto se habían ido cubriendo de una capa de salitre.*

saliva s.f. **1** Líquido acuoso y algo viscoso, segregado por unas glándulas situadas en la boca de las personas y de algunos animales, y que sirve para reblandecer los alimentos y hacer más fácil su deglución y su digestión: *En cuanto le entra hambre, se le llena la boca de saliva.* **2** ‖ **gastar saliva.** *col.* Hablar, esp. cuando resulta inútil: *¡Para qué voy a gastar saliva contigo, si al final harás lo que quieras!* ‖ **tragar saliva.** *col.* Soportar en silencio y sin protestar algo que ofende o que molesta: *Si el jefe lo manda, traga saliva y obedece.*

salivación s.f. Segregación de saliva: *Cuando comemos se activan los mecanismos de salivación.*

salival adj. De la saliva o relacionado con ella: *Las glándulas salivales están situadas en la boca.* ☐ MORF. Invariable en género.

salivazo s.m. Saliva que se escupe de una vez: *El muy cerdo echó un salivazo en mitad de la calle.*

salmantino, na adj./s. De Salamanca o relacionado con esta provincia española o con su capital: *La Universidad salmantina fue creada en el siglo XIII. Conozco a un salmantino de Ciudad Rodrigo.* ☐ MORF. Como sustantivo se refiere solo a las personas de Salamanca.

salmer s.m. En arquitectura, piedra del muro, cortada con inclinación, de donde arranca un arco adintelado: *El salmer estaba decorado en distinto color que las dovelas.* 👁 **arco**

salmo s.m. Composición o canto de alabanza a Dios, esp. referido a los que figuran en la Biblia atribuidos a David (rey israelita): *Los monjes iniciaban sus rezos entonando un salmo.*

salmodia s.f. **1** Música o canto con que se entonan los salmos: *Al entrar a la iglesia, oímos la salmodia que venía del coro.* **2** *col.* Canto monótono, aburrido y poco expresivo: *Ese cantante aburre a cualquiera con sus salmodias.* **3** *col.* Lo que se repite o se pide de manera insistente y molesta: *Le doy lo que me pida con tal de no escuchar más esa salmodia.*

salmodiar v. Cantar salmos o salmodias: *Desde el claustro se oía salmodiar a los monjes.* ☐ ORTOGR. La *i* nunca lleva tilde.

salmón ▮ adj./s.m. **1** De color rosa anaranjado: *Lleva una blusa salmón que le va muy bien a la cara. El color de la pared era un salmón claro que daba sensación de tranquilidad.* ▮ s.m. **2** Pez de color gris azulado, con puntos negros por los costados y carne rosa anaranjada, que vive en el mar en su fase adulta y que remonta los ríos contra corriente para desovar y reproducirse en ellos: *El salmón es un pescado exquisito.* 👁 **pez** ☐ MORF. En la acepción 2, es un sustantivo epiceno y la diferencia de sexo se señala mediante la oposición *el salmón {macho/hembra}*.

salmonela s.f. Bacteria que se desarrolla en algunos alimentos y que produce salmonelosis: *La salmonela puede aparecer en mayonesas y otros alimentos elaborados con huevos en mal estado.* ☐ ORTOGR. Es un latinismo (*Salmonella*) adaptado al español.

salmonelosis s.f. Intoxicación o infección intestinal producidas por el consumo de alimentos contaminados con salmonelas: *La salmonelosis se manifiesta con fiebre alta, diarrea y vómitos.* ☐ MORF. Invariable en número.

salmonete s.m. Pez marino de color rosado, cabeza grande con dos barbillas en su mandíbula inferior, cola en forma de horquilla y cuya carne es muy apreciada en gastronomía: *Nos pusieron para comer salmonetes a la plancha.* □ MORF. Es un sustantivo epiceno y la diferencia de sexo se señala mediante la oposición *el salmonete {macho/hembra}.*

salmuera s.f. Agua con mucha sal: *La salmuera se utiliza para conservar alimentos.*

salobre adj. Que contiene sal: *El agua del mar es salobre.* □ ORTOGR. Dist. de *salubre.* □ MORF. Invariable en género.

salomónico adj. Referido esp. a la justicia o a una decisión, que se caracteriza por su sabiduría y por su carácter equilibrado y justo: *El juez dictó una sentencia salomónica que agradó a las dos partes enfrentadas.*

salón s.m. **1** Sala o local de grandes dimensiones en los que se celebran reuniones o actos públicos con numerosos asistentes: *La entrega de premios tendrá lugar en el salón de actos del colegio.* **2** En una vivienda, habitación principal en la que se suele recibir a las visitas y que sirve a menudo como cuarto de estar y comedor: *Mi familia ve la televisión en el salón.* **3** Establecimiento en el que se prestan determinados servicios: *Ese salón de belleza tiene peluquería y servicios de manicura y depilación.* **4** Exposición pública de carácter comercial, artístico o científico, que suele celebrarse periódicamente: *En el salón del automóvil se presentaron las últimas novedades de cada marca.* **5** ‖ **de salón.** Frívolo, mundano o de aceptación en ambientes de moda: *A mí dame buena literatura y no me hagas perder el tiempo con esos poemitas de salón.*

salpicadero s.m. En un automóvil, tablero situado en su interior, delante del asiento del conductor, y en el que se encuentran algunos mandos y aparatos indicadores: *Los indicadores de velocidad, gasolina y aceite están en el salpicadero.*

salpicadura s.f. **1** Esparcimiento de un líquido, producido al saltar en gotas pequeñas: *Si echas las patatas en el aceite desde esa altura, la salpicadura es segura.* **2** Mancha producida con estas gotas: *Siempre que cocino, acabo con la ropa llena de salpicaduras.*

salpicar v. **1** Referido a un líquido, saltar esparciéndose o esparcirlo en gotas menudas: *Cada vez que frío un huevo salpico el aceite por toda la cocina.* **2** Mojar o manchar con estas gotas: *Pasó un coche por el charco y me salpicó de barro.* **3** Afectar, implicar o alcanzar indirectamente, generalmente manchando la reputación: *El escándalo financiero salpicó a varios altos cargos.* **4** Referido esp. a una superficie, esparcir por ella elementos sueltos: *Salpicó la tarta con unas cerezas.* □ ORTOGR. La *c* se cambia en *qu* delante de *e* →**SACAR**.

salpicón s.m. Plato elaborado con carne o con pescado o marisco, todo ello cocido, desmenuzado y condimentado con sal, pimienta, aceite, vinagre y cebolla: *En verano apetecen platos fríos, como un salpicón de merluza o de langosta.*

salpimentar v. Condimentar o adobar con sal y pimienta: *Para elaborar chorizos, se pica y salpimienta carne de cerdo.* □ MORF. Irreg.: La *e* diptonga en *ie* en los presentes, excepto en las personas *nosotros* y *vosotros* →**PENSAR**.

salsa s.f. **1** Caldo o crema elaborados con varias sustancias mezcladas y desleídas y que se prepara para acompañar o para condimentar comidas: *Para la carne va bien una salsa de vino con algo picante.* **2** Jugo que suelta un alimento al cocinarlo: *Tomamos cordero en su salsa.* **3** Lo que anima o hace más atractivo, agradable o excitante: *Para él, el arte es la salsa de la vida.* **4** Música de origen caribeño en la que se mezclan ritmos africanos y latinos muy vivos y alegres: *Fui a una fiesta de verano animadísima en la que todo el mundo bailaba salsa.* **5** ‖ **en su (propia) salsa.** En su ambiente o rodeado de un entorno que le resulta propio o agradable y cómodo: *Le gusta tanto la enseñanza que en cuanto tiene alumnos delante se encuentra en su salsa.*

salsera s.f. Recipiente en el que se sirve salsa: *En la mesa había una salsera con mayonesa y otra con vinagreta.*

salsería s.f. Establecimiento en el que se sirven patatas fritas con diversas salsas: *Ayer fuimos a una salsería y nos pusieron una bandeja con diferentes salsas.*

saltador, -a ▌s. **1** Deportista que practica algún tipo de salto: *Los saltadores de altura suelen tener una gran flexibilidad de cintura.* ▌s.m. **2** Cuerda que se usa para saltar con ella de diversas maneras: *Los boxeadores utilizan un saltador para ejercitar el juego de piernas.*

saltamontes s.m. Insecto de color verde, gris o pardo, de cuerpo cilíndrico, antenas largas, dos pares de alas y patas traseras muy fuertes que le permiten desplazarse a grandes saltos: *Descubrimos un saltamontes saltando por el césped.* □ MORF. 1. Es un sustantivo epiceno y la diferencia de sexo se señala mediante la oposición *el saltamontes {macho/hembra}.* 2. Invariable en número. 👁 **insecto**

saltar ▌v. **1** Levantarse con impulso del suelo o del lugar en que se está para caer en el mismo sitio o en otro: *El jugador saltó con fuerza para encestar el balón.* **2** Lanzarse desde una altura para caer más abajo: *El nadador saltó desde un trampolín de dos metros.* **3** Destacar, sobresalir o hacerse notar: *Salta a la vista lo limpio que está.* **4** Intervenir o decir algo en la conversación de forma inesperada: *Le pregunté que por qué no había venido y me saltó con que no lo habíamos invitado.* **5** Pasar de una situación a otra sin pasar por estados intermedios: *En un momento saltas de la alegría a la tristeza.* **6** En deporte, salir al terreno de juego: *Los jugadores saltaron al campo en medio de grandes ovaciones.* **7** Referido a una persona, molestarse o resentirse y manifestarlo exteriormente: *No te metas con él, que salta enseguida.* **8** Referido a un líquido, salir hacia arriba con ímpetu: *Si cae agua en la sartén, el aceite caliente salta.* **9** Referido a un mecanismo, empezar a funcionar: *Al tocar el cuadro, saltó el dispositivo de seguridad.* **10** Omitir o pasar por alto: *Me he saltado un capítulo que era muy aburrido. Se saltó un semáforo en rojo.* **11** Romper o ser destruido violentamente: *Los ladrones saltaron la cerradura. El cristal saltó en mil pedazos.* **12** Soltar, separar o desprender: *De la lumbre saltaban chispas.* ▌prnl. **13** Referido a una norma, infringirla o incumplirla: *Si te saltas nuestras reglas serás expulsado del equipo.*

saltarín, -a adj./s. Inquieto o que se mueve mucho: *En el estanque había ranas saltarinas. Ese saltarín que tienes por hijo no para ni un momento.*

salteador, -a s. Persona que asalta y roba en los despoblados o caminos: *La guardia civil detuvo a unos salteadores de caminos.*

saltear v. **1** Asaltar y robar, esp. en los caminos y lugares despoblados: *En el siglo XIX era frecuente que los bandoleros saltearan a los viajeros de las diligencias.* **2** Referido a una acción, realizarla de forma discontinua sin seguir el orden debido o dejando sin hacer parte de ella: *Leí el libro salteando los capítulos que me parecían más aburridos.* **3** Referido a un alimento, freírlo ligeramente: *He salteado el jamón y la zanahoria antes de echarlos a cocer.*

salterio s.m. Instrumento musical de cuerda formado por una caja de madera generalmente con forma de prisma, más estrecha y abierta por la parte superior, y sobre la que se extienden varias hileras de cuerdas que se suelen tocar con un pequeño mazo, con una púa o con las uñas: *El salterio es un precedente medieval del clavicordio y del piano.* 👁 **cuerda**

saltimbanqui s. *col.* Persona que realiza saltos y ejercicios de acrobacia, esp. si lo hace en espectáculos públicos al aire libre: *El saltimbanqui de la feria se colocó boca abajo sobre la bicicleta y pedaleó con las manos.* ☐ MORF. 1. Es de género común y exige concordancia en masculino o en femenino para señalar la diferencia de sexo: *el saltimbanqui, la saltimbanqui.* 2. Su plural es *saltimbanquis.*

salto s.m. **1** Elevación con impulso del suelo o del lugar en el que se está para caer en el mismo sitio o en otro: *De un salto alcanzó la manzana del árbol.* **2** Lanzamiento desde una altura para caer más abajo: *Los paracaidistas realizaron saltos de exhibición.* **3** Omisión de un elemento: *Iba leyendo el texto tal cual hasta que dio un salto de dos líneas para pasar al párrafo siguiente.* **4** Paso de una situación a otra sin pasar por estados intermedios: *Las temperaturas han dado un salto de los 10 a los 20 grados.* **5** Despeñadero profundo: *Desde la cima de la montaña se ve un salto escarpado y peligroso.* **6** Caída de un caudal de agua: *Los saltos de agua se aprovechan para producir electricidad.* **7** En deporte, modalidad deportiva que consiste en saltar una altura o una longitud: *El salto con pértiga consiste en saltar una altura determinada ayudándose de una pértiga.* 👁 **estadio 8** ‖ **a salto de mata. 1** Huyendo y ocultándose: *Escapó de la vigilancia policial a salto de mata.* **2** Aprovechando las ocasiones que se presentan casualmente: *No tiene un trabajo fijo y vive a salto de mata.* ‖ **salto de cama.** Bata amplia de mujer que se utiliza al levantarse de la cama; *déshabillé: Se levantó y se puso el salto de cama para salir a abrir la puerta.* ‖ **salto del ángel.** En natación, salto de trampolín que se realiza extendiendo los brazos en forma de cruz y volviéndolos a juntar al entrar en el agua: *En esta competición, el salto del ángel puntúa más.* ‖ **salto mortal.** El que se realiza lanzándose de cabeza y dando una vuelta en el aire: *Los acróbatas del circo hicieron varios saltos mortales.* ‖ **triple salto.** Salto de longitud en el que el atleta apoya los pies dos veces antes de caer con los dos pies juntos: *El triple salto requiere una técnica muy perfeccionada.*

saltón, -a adj. Que sobresale más de lo normal, esp. referido a los ojos: *Tiene unos ojos saltones que le afean la cara.*

salubre adj. Saludable o bueno para la salud: *Se marchó una temporada al pueblo para respirar el aire salubre de los montes.* ☐ ORTOGR. Dist. de *salobre.* ☐ MORF. Invariable en género.

salud ▮ s.f. **1** Estado en el que un organismo vivo realiza normalmente todas sus funciones: *Contaminar el medio ambiente es un delito contra la salud pública.* **2** Condiciones físicas en que se encuentra el organismo de un ser vivo en un determinado momento: *Desde hace algún tiempo su salud no es buena porque padece de los nervios.* **3** Buen estado o buen funcionamiento de algo: *Nadie duda de la salud de la economía de este país.* ▮ interj. **4** Expresión que se usa para brindar: *Levanté mi copa y dije: «¡Salud!».* **5** *col.* Expresión que se usa para saludar o para desear un bien a alguien: *¡Salud a todo el mundo!* **6** ‖ **curarse** alguien **en salud.** Prevenirse de un daño o de un mal ante la más pequeña amenaza: *Cuando despidieron a mi compañero, yo, para curarme en salud, ya empecé a buscar otro trabajo.*

saludable adj. **1** Que sirve para conservar o para restablecer la salud corporal: *Correr es un ejercicio muy saludable.* **2** Que tiene o manifiesta buena salud o aspecto sano: *Es un niño fuerte y saludable.* **3** Bueno o provechoso para algo: *Enfrentarse a los problemas es saludable para el desarrollo personal de cada uno.* ☐ MORF. Invariable en género.

saludar v. **1** Referido a una persona, dirigirle palabras o gestos de cortesía al encontrarla o al despedirse de ella: *Desde que se enfadaron ni siquiera se saludan.* **2** Realizar un gesto o ademán de respeto o ciertos actos en honor de algo: *Al entrar el príncipe en el cuartel lo saludaron con veintiuna salvas de cañón.*

saludo s.m. **1** Pronunciación de palabras o realización de gestos de cortesía al encontrar a una persona o al despedirse de ella; *salutación: El saludo es un signo de buena educación.* **2** Realización de un gesto o ademán de respeto o de ciertos actos en honor de algo: *El soldado tiene la obligación de realizar el saludo a la bandera.* **3** Palabra, fórmula o gesto que se utilizan para saludar: *Los soldados deben aprender a hacer el saludo militar.*

salutación s.f. Pronunciación de palabras o realización de gestos de cortesía al encontrar a una persona o al despedirse de ella; *saludo: El conferenciante comenzó con una salutación al público.*

salva s.f. Véase **salvo, va.**

salvación s.f. **1** Rescate o liberación de un peligro o de un daño: *La ayuda del helicóptero hizo posible la salvación de los náufragos.* **2** Prevención de la pérdida, de la destrucción o del daño de algo: *Estas nevadas pueden ser la salvación del campo.* **3** En religión, liberación del pecado y de sus consecuencias y consecución de la gloria eterna: *El premio a los sacrificios del cristiano es la salvación eterna.* ☐ SEM. En las acepciones 1 y 2, es sinónimo de *salvamento.*

salvado s.m. Cáscara desmenuzada del grano de los cereales: *El salvado se utiliza como pienso para los animales.*

salvadoreño, ña adj./s. De El Salvador (país centroamericano), o relacionado con él: *La capital salvadoreña es San Salvador. Los salvadoreños se dedican principalmente a la agricultura.* ☐ MORF. Como sustantivo se refiere solo a las personas de El Salvador.

salvaguarda s.f. →**salvaguardia.**

salvaguardar v. Defender o proteger: *El Tribunal Constitucional salvaguarda el cumplimiento de la Constitución.*

salvaguardia s.f. Custodia o protección de algo; *salvaguarda: La policía se ocupa de la salvaguardia del orden público.*

salvajada s.f. Hecho o dicho propios de un salvaje: *Quemar las papeleras de la ciudad es una salvajada.*

salvaje ▮ adj. **1** Referido a un animal, que no es doméstico o que no vive totalmente condicionado a las personas: *Los leones son animales salvajes.* **2** Referido a una planta, que se ha criado en el campo de forma natural y sin cultivo: *Este campo está lleno de hierbas y arbustos salvajes.* **3** Referido a un terreno, que es abrupto y está sin cultivar: *Esta es zona de monte salvaje.* **4** *col.* Incontrolable o irrefrenable: *Se empezó con un paro de dos horas y se ha llegado a una huelga salvaje.* ▌adj./s. **5** Que mantiene formas primitivas de vida y no se ha incorporado al desarrollo de la civilización: *En el continente africano aún quedan tribus salvajes. El contacto con los salvajes me enseñó a conocer y amar la naturaleza.* **6** *col.* Obstinado, de poca inteligencia o que no tiene educación: *Es tan salvaje que escribe 'bodega' con 'v'. Solo los salvajes como tú responden con gruñidos cuando se les saluda.* **7** *col.* Cruel o inhumano: *El asesino cometió un acto salvaje con su víctima. Quemar a un gato es cosa de salvajes.* □ MORF. 1. Como adjetivo es invariable en género. 2. Como sustantivo es de género común y exige concordancia en masculino o en femenino para señalar la diferencia de sexo: *el salvaje, la salvaje*.

salvamanteles s.m. Pieza sobre la que se colocan objetos muy calientes para proteger el mantel: *El mantel se ha quemado con la cazuela por no poner el salvamanteles.* □ MORF. Invariable en número.

salvamento s.m. **1** Rescate o liberación de un peligro o de un daño: *Un equipo de salvamento rescató a las víctimas del naufragio.* **2** Prevención de la pérdida, de la destrucción o del daño de algo: *Gracias a la rápida intervención de los bomberos se consiguió el salvamento del material técnico.* □ SEM. Es sinónimo de *salvación*.

salvapantallas s.m. Programa de ordenador que activa una imagen en la pantalla cuando el ordenador está encendido pero no está siendo utilizado: *Mi compañero de trabajo tiene un salvapantallas en el que aparece un náufrago.* □ MORF. Invariable en número.

salvar v. **1** Librar de un peligro, de un daño o de la destrucción: *El socorrista me salvó. Estas lluvias salvarán la cosecha. Solo dos libros se salvaron del fuego.* **2** Referido esp. a una dificultad, vencerla, superarla o evitarla: *El caballo salvó el obstáculo saltando por encima.* **3** Exceptuar o dejar aparte: *Salvando los fallos del equipo técnico, la representación ha sido buena. Todos son unos ladrones, el secretario es el único que se salva.* **4** Referido a una distancia, recorrerla: *Salvó en media hora los 50 km que le separaban del pueblo.* **5** En religión, librar del pecado y dar o alcanzar la gloria eterna: *Solo Dios puede salvar al hombre. Los que mueren en gracia de Dios se salvan.* □ MORF. 1. Tiene un participio regular (*salvado*), que se usa en la conjugación, y otro irregular (*salvo*), que se usa como adjetivo y preposición.

salvavidas s.m. Flotador u otra cosa que permite sostenerse sobre la superficie del agua, esp. el que tiene forma de anillo: *El marinero arrojó un salvavidas al pasajero que se había caído por la borda. Todos los barcos de pasaje llevan botes salvavidas.* □ MORF. Invariable en número. □ SINT. Se usa en aposición pospuesto a un sustantivo.

salve s.f. **1** Oración con la que se saluda y se ruega a la Virgen María (según la Biblia, madre de Jesucristo): *La salve empieza con las palabras 'Dios te salve, reina y madre...'.* **2** Composición musical para el canto de esta oración: *El día de la Ascensión, en la catedral tocaron al órgano una salve impresionante.*

salvedad s.f. Excepción o advertencia que se emplean como excusa o limitación a algo: *Asistiremos todos al acto, con la salvedad de que no podremos permanecer hasta su terminación.*

salvia s.f. Planta herbácea que tiene flores generalmente azuladas y en espiga, y hojas estrechas con borde ondulado que, cocida, tiene propiedades digestivas: *La salvia es muy común en los terrenos áridos de España.*

salvo prep. Fuera de, excepto: *Salvo imprevistos, nos veremos la próxima semana.*

salvo, va ▌adj. **1** Que no ha sufrido daño o que se ha librado de un peligro: *Todos salimos del accidente sanos y salvos.* ▌s.f. **2** Disparo o grupo de disparos que se hacen como saludo, como aviso o para celebrar algo: *Al entrar el rey en el patio de armas comenzó la salva de la tropa.* **3** ‖ **a salvo.** Seguro o fuera de peligro: *Afortunadamente ya están a salvo los niños que se habían perdido.* ‖ **salva de aplausos.** Aplausos numerosos y generalizados: *El cantante fue recibido con una salva de aplausos.*

salvoconducto s.m. **1** Documento expedido por una autoridad y que permite a la persona que lo lleva transitar libremente por determinada zona o territorio: *El periodista tiene un salvoconducto que le permite viajar por toda la zona en guerra.* **2** Libertad o privilegio para hacer algo sin ser castigado por ello: *Esta carta de recomendación es un salvoconducto para ser bien atendido en todas las oficinas.*

samario s.m. Elemento químico, metálico y sólido, de número atómico 62 y color blanco amarillento y muy duro: *El samario se emplea en la fabricación de vidrios especiales.* □ ORTOGR. Su símbolo químico es *Sm*.

samba s.f. **1** Composición musical de origen brasileño, de compás binario y ritmo rápido: *La samba tiene influencia de la música africana.* **2** Baile que se ejecuta al compás de esta música: *Cuando estuve en Brasil, aprendí a bailar la samba.*

sambenito s.m. Mala fama o descrédito que pesa sobre alguien: *Me han colgado el sambenito de despistada y ya todos cuentan con que se me van a olvidar las cosas.* □ SINT. Se usa más con los verbos *colgar*, *poner* o equivalentes.

sambernardo adj./s. Referido a un perro, de la raza que se caracteriza por tener cuerpo y cabeza de gran tamaño y pelo blanco con manchas marrones: *El sambernardo se utiliza para el salvamento de montañeros y de esquiadores.* □ MORF. Como adjetivo es invariable en género. □ ORTOGR. Se admite también *San Bernardo*. 👁 **perro**

samovar s.m. Recipiente provisto de un tubo interior en el que se pone carbón y que se usa para preparar el té: *El samovar es un utensilio de origen ruso.*

samurái s.m. →**samuray.**

samuray s.m. En la antigua sociedad feudal japonesa, miembro de una clase inferior de la nobleza formada por los militares que estaban al servicio de los señores feudales: *Los samuráis tenían un rígido código del honor guerrero.* □ ORTOGR. Se admite también la forma *samurái*. □ MORF. Su plural es *samuráis*.

san adj. →**santo, ta.** □ MORF. Apócope de *santo* ante nombre propio de varón, excepto los de Tomás, Tomé, Toribio y Domingo.

sanar v. Recuperar la salud o restituirla: *Sanará pronto porque es una mujer fuerte. Me sanó un curandero dándome una bebida con hierbas.*

sanatorio s.m. Establecimiento preparado para que en él residan enfermos que necesitan someterse a un tratamiento: *Pasó tres meses en un sanatorio de la montaña para curarse de su afección pulmonar.*

sanción s.f. **1** Autorización o aprobación que se da a cualquier acto, uso o costumbre: *La ley no entrará en vigor hasta que no reciba la sanción del jefe de Estado. Para iniciar las gestiones solo nos falta la sanción del director general.* **2** Pena o castigo que se aplica a quien no cumple una ley o una norma, esp. si están recogidos legalmente: *El árbitro impuso una sanción al equipo por incitar a sus seguidores a la violencia.*

sancionar v. **1** Referido a una disposición, darle fuerza de ley: *El rey sanciona las leyes que se aprueban en las Cortes.* **2** Referido a un acto, a un uso o a una costumbre, autorizarlos o aprobarlos: *Un bando del alcalde sanciona la costumbre de festejar también la víspera del día del patrón del pueblo.* **3** Aplicar una sanción o un castigo: *Lo sancionaron con una multa por aparcar en lugar prohibido.*

sandalia s.f. **1** Calzado formado por una suela que se sujeta al pie mediante correas o cintas: *Para bajar a la playa me pongo unas sandalias.* 👁 **calzado** **2** Zapato ligero y muy abierto: *Las sandalias que me pongo en verano tienen un poco de tacón.*

sándalo s.m. **1** Árbol parecido al nogal, con hojas elípticas, opuestas y muy verdes, flores pequeñas, fruto parecido a la cereza y madera amarillenta de excelente olor: *El sándalo crece en las costas de la India y en Oceanía.* **2** Madera olorosa de este árbol: *El sándalo se destila para fabricar perfumes.* **3** Esencia que se obtiene mediante la destilación de la madera de este árbol: *Perfumó su ropa con unas gotas de sándalo.*

sandez s.f. **1** Ignorancia o simpleza: *Su sandez lo convierte en una víctima fácil de los embaucadores.* **2** Hecho o dicho ignorante, inconveniente o carente de sentido: *Si hablas sobre un tema que no conoces es probable que no digas más que sandeces.*

sandía s.f. **1** Planta herbácea de tallo flexible, tendido por el suelo, hojas de color verde oscuro, flores amarillas y fruto redondo, de gran tamaño y color verde por fuera y rojo, jugoso y muy dulce por dentro: *La sandía se cultiva mucho en España.* **2** Fruto de esta planta: *La sandía tiene numerosas pepitas negras en su interior.*

sándwich s.m. Bocadillo elaborado con dos rebanadas de pan de molde entre las que se coloca algún alimento: *Un sándwich mixto se hace con jamón york y queso.* ☐ PRON. [sángüich]. ☐ ORTOGR. Es un anglicismo (*sandwich*) semiadaptado al español. ☐ MORF. Su plural es *sándwiches*.

sandwichera s.m. Electrodoméstico que sirve para hacer sándwiches: *Me he comprado una sandwichera para hacer sándwiches calientes.* ☐ PRON. [sangüichéra].

saneamiento s.m. **1** Dotación de condiciones higiénicas: *Comenzaron el saneamiento del río con un drenaje del cauce.* **2** Reparación, mejora o recuperación de algo: *Estas medidas persiguen el saneamiento de la economía.* **3** Conjunto de técnicas, de servicios, de dispositivos o de piezas destinados a mantener las condiciones de higiene en edificios o lugares: *He comprado una bañera en una tienda de saneamientos.*

sanear v. **1** Referido esp. a un lugar, darle las condiciones higiénicas necesarias o preservarlo de la humedad o de las vías de agua: *Para acabar con la humedad del sótano hay que sanearlo.* **2** Reparar, mejorar o hacer que se recupere: *Para sanear la economía hace falta promover el ahorro.*

sangrado s.m. En imprenta, comienzo de una línea más adentro que el resto de la página; *sangría: Tras el punto y aparte utilizaremos un sangrado de dos espacios.*

sangrar v. **1** Echar sangre: *La herida todavía le sangra.* **2** Abrir o punzar una vena para que salga cierta cantidad de sangre: *Antiguamente se sangraba a los enfermos para ver si sanaban.* **3** Referido a un árbol, hacerle incisiones en la corteza del tronco para que salga la resina: *Sangran los pinos para obtener resina.* **4** *col.* Referido a una persona, aprovecharse de ella, esp. sacándole dinero con frecuencia y de forma abusiva: *No te doy más dinero más porque ya me has sangrado bastante.* **5** En un escrito, referido esp. a una línea o a un párrafo, empezarlos un poco más adentro que el resto de la página: *No tienes que sangrar todo el párrafo, solo la primera línea.*

sangre s.f. **1** Líquido de color rojo que circula por las arterias y las venas de las personas y de los animales: *La sangre transporta oxígeno a los tejidos del cuerpo.* **2** Linaje, parentesco o familia: *Dice que es de sangre real porque tiene un apellido de rey.* **3** Muertos o heridos en gran cantidad: *En las películas de terror siempre hay mucha sangre.* **4** ‖ **a sangre fría.** Conscientemente, con premeditación y tranquilidad: *Lo más cruel del asesinato es que fue a sangre fría, después de haber trazado un plan.* ‖ **chupar la sangre.** *col.* Abusar de alguien: *Siempre ha dicho que los patronos le chupan la sangre a los obreros. Después de chuparme la sangre durante dos años se largó de casa.* ‖ **de sangre caliente.** Referido a un animal, que tiene una temperatura corporal que no depende de la ambiental: *Los mamíferos son animales de sangre caliente.* ‖ **de sangre fría.** Referido a un animal, que tiene una temperatura corporal que depende de la ambiental: *Los reptiles son animales de sangre fría y se aletargan en invierno.* ‖ **hacerse** alguien **mala sangre.** Sentir mucha rabia por algo que no se puede evitar: *Olvídalo ya y no te hagas mala sangre por el desprecio con que te ha tratado.* ‖ **llevar** algo **en la sangre.** Ser innato o hereditario: *Lleva en la sangre la facilidad para el baile.* ‖ **no llegar la sangre al río.** *col.* No tener consecuencias graves: *Las amenazas fueron terribles, pero no llegó la sangre al río.* ‖ **no tener sangre en las venas.** Ser de carácter demasiado tranquilo: *Ese chico no tiene sangre en las venas y jamás lo he visto ilusionarse por nada.* ‖ **sangre azul.** La que es noble: *Antiguamente, era muy difícil que un noble se casara con alguien que no fuera de sangre azul.* ‖ **sangre fría.** Serenidad, tranquilidad o calma: *Hace falta sangre fría para no perder los nervios en un incendio.* ‖ **subírsele** a alguien **la sangre a la cabeza.** *col.* Perder la serenidad, irritarse mucho o encolerizarse: *Se me sube la sangre a la cabeza cuando veo que no haces nada en todo el día.*

sangría s.f. **1** Derramamiento abundante de sangre: *La batalla fue una sangría.* **2** Punción o corte de una vena para que salga cierta cantidad de sangre: *En la medicina antigua, las sangrías eran muy frecuentes.* **3** Pérdida, gasto o robo de algo, esp. de dinero, que se hace poco a poco y sin notarse mucho: *Tantos plazos son una sangría.* **4** Bebida refrescante hecha con agua, vino y trozos de frutas: *Échale canela a la sangría y verás qué rica está.* **5** En imprenta, comienzo de una línea más adentro que el resto de la página; *sangrado: En este texto no hay sangrías y todas las líneas empiezan en el mismo nivel.*

sangriento, ta adj. **1** Que causa abundante derramamiento de sangre; *cruento: En el frente se lleva a cabo, desde hace dos días, una batalla sangrienta.* **2** Manchado de sangre o mezclado con ella; *sanguinolento: Los sangrientos dientes del vampiro aterrorizaron a la muchacha.* **3** Que ofende gravemente por su crueldad o mala intención: *No soporto sus chistes sangrientos sobre los que tienen algún defecto físico.*

sanguijuela s.f. **1** Gusano de agua dulce, de cuerpo anillado y una ventosa en cada extremo, con la boca en el centro de una de ellas, que se alimenta de la sangre que le chupa a los animales: *Antiguamente las sanguijuelas se utilizaban para sangrar a los enfermos.* **2** *col.* Persona que se aprovecha de otra, generalmente sacándole dinero poco a poco o viviendo a su costa: *Cuidado con ese chico, que es una sanguijuela.*

sanguinario, ria adj. Referido esp. a una persona, que se complace en derramar sangre y es cruel y despiadado: *Unos soldados sanguinarios arrasaron la aldea.*

sanguíneo, a adj. **1** De la sangre o relacionado con ella: *La arteriosclerosis dificulta la circulación sanguínea.* **2** Que contiene sangre o es abundante en ella: *Las arterias, las venas y los capilares son vasos sanguíneos.*

sanguinolento, ta adj. **1** Manchado de sangre o mezclado con ella; *sangriento: Se quitó la venda sanguinolenta para lavar la herida.* **2** Referido esp. al ojo, con la esclerótica llena de venas rojas: *Los ojos sanguinolentos del lobo miraban al corderillo.*

sanidad s.f. Conjunto de servicios, de personal y de instalaciones dedicados a mantener y cuidar la salud pública y las condiciones higiénicas de un país, de una región o de una zona: *El ministro de Sanidad ha declarado que mejorarán los servicios sanitarios.*

sanitario, ria ▮ adj. **1** De la sanidad o relacionado con ella: *El personal sanitario ha aumentado y mejorado en los últimos años.* ▮ adj./s.m. **2** Referido a un aparato o a una instalación, que sirven para la higiene y el aseo personales: *Necesito un producto desinfectante para los aparatos sanitarios. He cambiado los sanitarios de mi cuarto de baño.* ▮ s. **3** Persona que trabaja en los servicios de sanidad civiles o militares: *Los heridos eran ayudados por dos sanitarios de la Cruz Roja.*

sanjacobo s.m. Comida hecha con dos filetes finos, generalmente de lomo o de jamón, entre los que se coloca una loncha de queso, que se rebozan en huevo y pan rallado y se fríen: *He comido una sopa y un sanjacobo.*

sano, na adj. **1** Con buena salud; *bueno: Estuvo enferma, pero ya está sana.* **2** Bueno o beneficioso para la salud: *Debemos comer alimentos sanos.* **3** En buen estado o sin daño: *Se cayó la huevera y no quedó ni un huevo sano.* **4** Sin vicios ni costumbres moral o psicológicamente reprochables: *Es una persona muy sana y la broma no tenía mala intención.* **5** ‖ **cortar por lo sano.** *col.* Remediar algo con un procedimiento drástico o radical: *Si no estudias todos los días un poco, cortaré por lo sano y no saldrás más a la calle.*

sanseacabó interj. *col.* Expresión que se usa para dar por terminado un asunto: *He dicho que vayas tú y sanseacabó.* □ ORTOGR. Admite también la forma *san se acabó.*

sansón s.m. Hombre muy forzudo (por alusión a Sansón, personaje bíblico con una fuerza sobrehumana): *Desde que va al gimnasio es un sansón.*

santabárbara s.f. En una embarcación, lugar o compartimento donde se guardaban la pólvora o las municiones: *Un cañonazo en la santabárbara hizo saltar el buque por los aires.*

santanderino, na adj./s. De Santander o relacionado con esta ciudad cántabra: *La ciudad santanderina es la capital de Cantabria. Conozco a varios santanderinos porque mi familia veranea en la playa de El Sardinero.* □ MORF. Como sustantivo se refiere solo a las personas de Santander.

santateresa s.f. Insecto masticador, de cuerpo verdoso y patas anteriores erguidas y juntas cuando permanecen en reposo, cuya hembra suele devorar al macho después de la cópula; *mantis religiosa: La santateresa, cuando está en reposo, recuerda a una figura rezando.* □ MORF. Es un sustantivo epiceno y la diferencia de sexo se señala mediante la oposición *la santateresa {macho/hembra}.* 👁 **insecto**

santería s.f. Devoción supersticiosa o demostración exagerada o falsa de devoción religiosa: *En su casa hay mucha santería pero poca devoción.*

santero, ra ▮ adj./s. **1** Que muestra una devoción exagerada o supersticiosa a las imágenes de los santos: *Es un torero muy santero y tiene la habitación llena de estampas de santos y vírgenes. Como sé que es una santera le he traído una virgen de Fátima.* ▮ s. **2** Curandero que pide la ayuda de los santos para realizar sus curaciones: *No confía ya en los médicos y ha ido a un santero para ver si lo cura.*

santiamén ‖ **en un santiamén.** En un instante: *Este problema se hace en un santiamén porque es muy fácil.*

santidad s.f. **1** Cualidad o estado de santo: *El ermitaño lleva una vida de santidad apartado del mundo.* **2** Tratamiento honorífico que se da al papa (máximo representante de la Iglesia católica): *Su santidad recibió a los visitantes.* □ USO La acepción 2 se usa más en la expresión *{su/vuestra} santidad.*

santificar v. **1** Hacer santo: *Han santificado este lugar.* **2** En el cristianismo, dedicar a Dios: *Uno de los diez mandamientos es el de santificar las fiestas.* **3** Hacer venerable por la presencia o el contacto con lo que es santo: *Ha llevado a la iglesia una vela para santificarla.* **4** Referido a algo santo, reconocerlo como tal y honrarlo y rendirle culto como merece: *Hemos de santificar el nombre de Dios.* □ ORTOGR. La *c* se cambia en *qu* delante de *e* ⟶**SACAR**.

santiguar v. Hacer la señal de la cruz tocando con los dedos de la mano derecha, primero la frente y el pecho, y después el hombro izquierdo y el hombro derecho: *Al santiguarnos se invoca a la Santísima Trinidad.* □ ORTOGR. 1. La *u* lleva diéresis cuando la sigue *e*. 2. La *u* permanece siempre átona ⟶**AVERIGUAR**. □ SEM. Dist. de *persignar* (hacer la señal de la cruz en la frente, la boca y el pecho y santiguar a continuación). □ USO Se usa más como pronominal.

santo, ta ▮ adj. **1** Dedicado esp. a Dios o a alguna divinidad, relacionado con ellos o venerable por algún motivo de religión: *Los templos son lugares santos.* **2** Conforme a la ley de Dios: *El sacerdote unió a la pareja en santo matrimonio.* **3** Seguido de un sustantivo, matiza de forma enfática el significado de la frase: *Estoy harto de que hagas siempre tu santa voluntad.* ▮ adj./s. **4** Referido a una persona, que ha sido reconocida por la Iglesia católica como alguien que ha llevado una vida de perfección religiosa y ha alcanzado el cielo, y que puede ser venerada como tal: *Rezó una oración en la capilla dedicada a una santa monja. ¡Que los santos del cielo te ayuden!* **5** Referido a una persona, que tiene especial virtud y sirve de ejemplo: *Ese santo varón me ha ayudado mucho. Tu madre es una santa.* ▮ s.m. **6** En una publicación impresa, viñeta, grabado, estampa o dibujo que la ilustran: *Los libros sin santos son muy aburridos.* **7** Respecto de una persona, día en que se celebra el santo cuyo nombre coincide con el de esta: *Hoy es mi santo.* **8** ‖ **a santo de qué.** Con qué motivo o por qué razón: *A santo de qué tengo que ir contigo. A* *santo de qué me has llamado a mí.* ‖ **írsele** a alguien **el santo al cielo.** *col.* Olvidarse totalmente de algo: *Me puse a ver la tele y se me fue el santo al cielo.* ‖ **llegar y besar el santo.** *col.* Lograr a la primera lo que se quiere: *Te he dicho que es fácil, pero no creas que será llegar y besar el santo.* ‖ **quedarse para vestir santos.** *col.* Referido esp. a una mujer, quedarse soltera: *Mi madre dice que si soy tan independiente me quedaré para vestir santos.* ‖ **santo y seña.** Palabra o conjunto de palabras que sirven de contraseña: *El santo y seña que tienes que decir para que te abran es 'Los calvos con melena son feos y dan pena'.* □ MORF. Ante nombre propio de varón, excepto los de Domingo, Tomás, Tomé y Toribio, se usa la apócope *san.*

santón s.m. Persona que lleva una vida austera y virtuosa, y que no pertenece a la religión cristiana: *En su viaje a la India conoció a un santón que dormía en una cueva.*

santoral s.m. **1** Libro que contiene la vida o los hechos de los santos: *En el santoral se pueden leer las vidas asombrosas de algunos santos.* **2** Lista de los santos cuya festividad se conmemora en cada uno de los días del año: *Ha comprado un santoral para elegir el nombre de su hija.*

santuario s.m. **1** Lugar en el que se venera a una divinidad o a otros seres sagrados: *Fue de peregrinación al santuario de Santiago.* **2** Lugar que se considera importante o valioso por alguna circunstancia: *Ese estadio es el santuario del fútbol porque ha sido testigo de los mejores encuentros.* **3** Lugar o recinto en el que se encuentra refugio o protección: *El desván es su santuario cuando necesita pensar.*

santurrón, -a adj./s. Que muestra una devoción, unos escrúpulos o unas virtudes exagerados o falsos: *No te fíes de una persona tan santurrona, porque busca solo su propio beneficio. Ese santurrón me hizo una jugarreta indigna.* □ USO Tiene un matiz despectivo.

saña s.f. **1** Intención cruel, rencorosa o malintencionada: *Como te tiene envidia, critica tus errores con saña.* **2** Furor, furia, rabia o enojo: *Sabía que estaba equivocado y por eso golpeó la mesa con saña.*

sapiencia s.f. *col.* Sabiduría: *Es una pena que una mujer de tu sapiencia no pueda regir el mundo.*

sapo s.m. Anfibio parecido a la rana, con ojos muy saltones, extremidades delanteras cortas y piel gruesa de aspecto rugoso: *El sapo sale por la noche a cazar insectos, gusanos y moluscos.* □ MORF. En la acepción 1, es un sustantivo epiceno y la diferencia de sexo se señala mediante la oposición *el sapo {macho/hembra}.*

saque s.m. **1** En deporte, puesta en juego de una pelota o lanzamiento con el que se inicia o reanuda el juego: *En el partido de homenaje, el homenajeado hizo el saque de honor.* **2** *col.* Capacidad para comer o beber mucho: *Comerá todo lo que le pongas porque tiene buen saque.* **3** ‖ **saque de esquina.** En fútbol y en otros deportes, el realizado desde una esquina del campo como castigo a una jugada en la que el balón sale fuera por la línea de meta; *córner: El futbolista se preparó para lanzar el saque de esquina.*

saquear v. **1** Referido esp. a un lugar, apoderarse por la fuerza de lo que en él se encuentra: *Los soldados enemigos saquearon la ciudad después de haberla ocupado.* **2** Robar o coger todo o casi todo lo que hay en un lugar: *Cuando viene a mi casa aprovecha para saquear mi biblioteca.*

saqueo s.m. **1** Apropiación por la fuerza de lo que se encuentra en un lugar: *Los invasores se dedicaron al saqueo y a la rapiña en la ciudad conquistada.* **2** Apropiación de todo o de casi todo lo que hay en un lugar: *Los primeros visitantes hicieron un saqueo de los catálogos de la exposición.*

sarampión s.m. Enfermedad contagiosa que se manifiesta por multitud de manchas pequeñas y rojas y que va precedida y acompañada de lagrimeo, estornudos, tos y otros síntomas catarrales: *El niño tiene sarampión y le molesta la luz.*

sarao s.m. **1** Fiesta o reunión nocturna con música y baile: *Tuvimos un sarao en su casa para celebrar su aniversario de boda.* **2** *col.* Situación confusa, agitada o embarazosa, esp. si va acompañada de gran alboroto y tumulto; *lío: Se formó tal sarao en la cola de sacar las entradas que tuvo que poner orden la policía.*

sarasa s.m. *col.* Hombre afeminado u homosexual: *Ese sarasa es muy amanerado.* □ USO Tiene un matiz despectivo.

sarcasmo s.m. Burla o ironía crueles o mordaces con las que se ofende o se maltrata: *Tus sarcasmos no me afectan porque sé que te portas así por envidia.*

sarcástico, ca adj. Que muestra, expresa o implica sarcasmo: *El tono sarcástico del texto hace que las palabras elogiosas resulten ofensivas.*

sarcófago s.m. Sepulcro en el que se entierra un cadáver: *En el museo vimos sarcófagos romanos de piedra decorados con diversos motivos.*

sarcoma s.m. Tumor maligno del tejido conjuntivo: *Un sarcoma crece rápidamente y se reproduce con facilidad.*

sardana s.f. **1** Composición musical típica de la tradición catalana: *Las sardanas se caracterizan por su ritmo mantenido y algo monótono.* **2** Baile en corro que se ejecuta al compás de esta música: *En muchas fiestas catalanas se bailan sardanas.*

sardina s.f. Pez marino con el cuerpo en forma de huso, de color negro azulado por encima, dorado en la cabeza y plateado en los costados y el vientre, que vive en grandes grupos: *La sardina es un pescado azul.* □ MORF. Es un sustantivo epiceno y la diferencia de sexo se señala mediante la oposición *la sardina {macho/hembra}.* 👁 **pez**

sardinero, ra adj. De la sardina o relacionado con ella: *Los barcos sardineros pescan de noche.*

sardineta s.f. Golpe que se da con los dedos índice y medio extendidos y juntos: *Me dio una sardineta en el culo y me dolió mucho.*

sardo, da ▌ adj./s. **1** De Cerdeña (isla mediterránea italiana), o relacionado con ella: *La economía sarda ha experimentado un gran desarrollo gracias al turismo. Los sardos son italianos.* ▌ s.m. **2** Lengua románica hablada en esta isla: *El sardo posee varios dialectos.* □ MORF. En la acepción 1, como sustantivo se refiere solo a las personas de Cerdeña.

sargento s. **1** En el Ejército, persona cuyo empleo militar es superior al de cabo primero e inferior al de sargento primero: *El sargento explicó a los soldados cómo debían ir uniformados a su jura de bandera.* **2** ‖ **sargento primero.** En el Ejército, persona cuyo empleo militar es superior al de sargento e inferior al de brigada: *El sargento primero le ordenó que limpiase su fusil y su correaje.* □ MORF. Es de género común y exige concordancia en masculino o en femenino para señalar la diferencia de sexo: *el sargento, la sargento.*

sargento, ta s. Persona autoritaria o mandona: *Su pa-*

dre es un sargento que no la deja hacer nada ni salir a ningún sitio.

sari s.m. Prenda de vestir femenina, con forma de túnica, hecha de una sola pieza de tela: *El sari es el vestido típico de las mujeres hindúes.*

sarmiento s.m. En una vid, rama o rebrote largos, flexibles y nudosos, de los cuales brotan las hojas y los racimos: *Los sarmientos son las ramas de las vides.*

sarna s.f. Enfermedad cutánea contagiosa, producida por un parásito que se alimenta de células superficiales de la piel o que excava túneles debajo de ella: *La sarna produce enrojecimiento, hinchazón y un intenso picor.*

sarpullido s.m. Erupción leve y pasajera en la piel que se caracteriza por la aparición de muchos granitos o ronchas: *Comió pescado en mal estado y le salió un sarpullido.*

sarraceno, na adj./s. Mahometano o que tiene como religión el islamismo: *Los caballeros partieron a luchar en las cruzadas contra los infieles sarracenos. Cervantes estuvo cautivo de los sarracenos en Argel.*

sarro s.m. Sustancia amarillenta que se adhiere al esmalte de los dientes: *Usa un dentífrico que previene la aparición del sarro.*

sarta s.f. **1** Serie de cosas metidas por orden en un hilo, en una cuerda o en algo semejante: *Un collar es una sarta de cuentas.* **2** Serie de cosas iguales o parecidas: *Su examen es una sarta de disparates y así no puede aprobar.*

sartén s.f. **1** Recipiente de cocina, generalmente de metal, de forma circular, poco hondo y con mango largo, que se usa para guisar: *Puso la sartén con aceite al fuego para hacer un huevo frito.* **2** ‖ **tener la sartén por el mango.** *col.* Ser dueño de la situación, poder decidir o mandar: *Aquí sabemos quién tiene la sartén por el mango y acatamos sus órdenes.*

sastre, tra s. Persona que se dedica profesionalmente al corte y a la costura de vestidos, esp. de hombre: *Fue al sastre para que le hiciera el uniforme de gala.*

sastrería s.f. Lugar en el que se hacen, arreglan o venden vestidos, esp. de hombre: *Llevé una chaqueta a la sastrería para que me arreglaran el cuello.*

satánico, ca adj. **1** De Satanás (el demonio), con sus características o relacionado con él: *Mostró una crueldad satánica al dejar morir de hambre a sus prisioneros.* **2** Del satanismo o relacionado con este conjunto de creencias y prácticas: *El protagonista de la película entonaba himnos satánicos durante la celebración del sacrificio animal.*

satanismo s.m. **1** Conjunto de creencias y prácticas relacionadas con Satán (el demonio), o con su culto: *Los sacrificios de gallos se relacionan con ritos de satanismo.* **2** Maldad o perversidad satánicas o extremas: *Ese abominable crimen es una muestra de satanismo.*

satélite s.m. **1** Cuerpo celeste que describe una órbita alrededor de un planeta; *luna: Los satélites no tienen luz propia.* **2** Estado o nación dominados política y económicamente por otro estado más poderoso: *La antigua Unión Soviética tenía varias naciones satélite en la Europa oriental.* **3** Población situada fuera del recinto de una ciudad importante que está vinculada a esta de algún modo: *Trabaja en el centro de Madrid, pero vive en una ciudad satélite.* **4** ‖ **satélite artificial.** Aparato puesto en órbita alrededor de la Tierra o de otro astro: *Mañana se lanzará un nuevo satélite artificial de comunicaciones.* ☐ SINT. En las acepciones 2 y 3, se usa en aposición a un sustantivo. ☐ USO El uso de la acepción 2 tiene un matiz despectivo.

satén s.m. Tela brillante de seda o de algodón, parecida al raso, pero de menor calidad: *El satén se emplea mucho para confeccionar forros.*

satinado s.m. Tratamiento que se da, mediante presión, a un papel o a una tela para dejarlos lisos y brillantes: *El satinado de esta tela destaca más sus colores.*

sátira s.f. Escrito, dicho o hecho cuyo objeto es censurar, criticar o ridiculizar de forma cruel o mordaz: *¡Guárdate tus sátiras para quien esté dispuesto a escucharlas! Su película es una sátira contra la clase política.*

satírico, ca ▮ adj. **1** De la sátira o relacionado con ella: *Sus comentarios satíricos sobre mis ideas religiosas me molestaron mucho.* ▮ adj./s. **2** Referido a una persona, que cultiva la sátira: *Es una persona muy satírica y a veces es un poco cruel. Aristófanes es uno de los grandes satíricos de la literatura griega.*

satirizar v. Censurar o criticar de forma cruel o mordaz: *En su última película satiriza el mundo del periodismo.* ☐ ORTOGR. La *z* se cambia en *c* delante de *e* ⟶**CAZAR**.

sátiro s.m. **1** En la mitología grecolatina, divinidad lasciva o dominada por el deseo sexual que habitaba en los campos y que tenía figura de hombre con barba, patas y orejas de macho cabrío y cola de cabra o de caballo: *Muchos relatos mitológicos presentan a los sátiros persiguiendo a las ninfas por los campos.* **2** Hombre lascivo o dominado por el deseo sexual: *Ese sátiro persigue y acosa a todas las mujeres.*

satisfacción s.f. **1** Gusto o placer que se siente por algo: *Tengo la satisfacción de presentarte a este chico.* **2** Cumplimiento del deseo, del gusto o de una necesidad: *Toda persona debería tener lo suficiente para la satisfacción de sus necesidades.* **3** Premio que se da por una acción meritoria: *Este chico se merece una satisfacción por su buen comportamiento.* **4** Razón, hecho o modo con los que se contesta y responde a una queja, a una ofensa, a un sentimiento o a algo en contra: *Me debes una satisfacción por lo que dijiste ayer de mi padre.*

satisfacer v. **1** Referido a una deuda, pagarla por completo: *Ha satisfecho su deuda y ya no nos debe nada.* **2** Referido esp. a una sensación o a un sentimiento, saciarlos o hacer que cesen: *Con tanta comida ya he satisfecho mi hambre.* **3** Referido a una duda o a una dificultad, darles solución o resolverlas: *Dime qué parte de la explicación no ha quedado clara y satisfaré tu pregunta.* **4** Referido esp. a un deseo, conseguirlo o realizarlo: *Con este viaje he satisfecho mi deseo de visitar Nueva York.* **5** Referido a un requisito o a una exigencia, cubrirlos o llenarlos: *Tu perfil satisface todos los requisitos necesarios para este puesto de trabajo.* **6** Referido a un agravio o a una ofensa, deshacerlos o hacer algo para compensarlos: *Debes pedirle disculpas para satisfacer la ofensa que le has hecho.* **7** Referido a una acción meritoria, premiarla enteramente: *Tengo que satisfacerte por el favor que me hiciste el otro día.* **8** Gustar, agradar o complacer: *Me satisface ver que habéis hecho las paces y que ahora os lleváis tan bien.* ☐ MORF. Irreg.: 1. Su participio es *satisfecho*. 2. ⟶**HACER**, excepto en el imperativo: *{satisfaz/satisface}*.

satisfactorio, ria adj. **1** Que puede satisfacer: *Aunque esperaba que le pagaran más, creo que le han dado una cantidad satisfactoria.* **2** Grato, favorable o propicio: *La operación ha resultado satisfactoria y el enfermo se recupera con normalidad.*

satisfecho, cha ▮ **1** part. irreg. de **satisfacer.** ▮ adj. **2** Contento, complacido o conforme: *Hoy me voy satisfecha* *por todo lo que he hecho en el trabajo.* ☐ MORF. En la acepción 1, incorr. **satisfacido*.

saturación s.f. **1** Hartazgo o satisfacción que se producen por haber saciado por completo algo: *Cuando le gusta una canción, la pone y la repite hasta la saturación.* **2** Ocupación de algo por completo o del todo: *No puedo aceptar más encargos porque tengo saturación de trabajo.* **3** En química, estado de equilibrio de una disolución que ya no admite más cantidad de la sustancia que se disuelve: *Esta es la cantidad justa de sal para conseguir el estado de saturación de esta cantidad de agua.*

saturar v. **1** Hartar, saciar o satisfacer por completo: *Estas navidades he terminado saturado de turrón.* **2** Colmar, llenar completamente u ocupar del todo: *Cada día hay más fábricas de electrodomésticos y así el mercado se satura.* **3** En química, referido a una disolución, añadir una sustancia de forma que no admita más cantidad de esta: *En el laboratorio del colegio, para obtener cristales de sal, tuvimos que saturar una disolución salina y dejarla en reposo.*

sauce s.m. **1** Árbol de tronco grueso y derecho, con abundantes ramas y ramillas colgantes y hojas alternas lanceoladas, verdes por el haz y blancas por el envés: *El sauce es propio de terrenos húmedos y suele crecer en las orillas de los ríos.* **2** ‖ **sauce llorón.** El que tiene las ramas muy largas, flexibles y colgantes y suele plantarse como árbol ornamental: *Nos sentamos a leer en el parque bajo un sauce llorón.*

saúco, ca o **sauco, ca** s.m. Arbusto de tronco de corteza parda y rugosa, con muchas ramas, hojas compuestas de color verde oscuro y olor desagradable, flores blancas y fruto negruzco en forma de baya: *El saúco es propio de zonas montañosas.*

sauna s.f. **1** Baño de vapor a muy altas temperaturas que hace sudar abundantemente y que se suele tomar para eliminar grasas y toxinas y para limpiar la piel: *Una sesión de sauna después de hacer ejercicio relaja los músculos.* **2** Establecimiento en el que se toman estos baños: *Va a una sauna para adelgazar.*

saurio ▮ adj./s.m. **1** Referido a un reptil, que tiene el cuerpo y la cola alargados, la piel escamosa, generalmente cuatro extremidades cortas y mandíbula provista de dientes: *Los reptiles saurios suelen vivir en zonas de clima cálido. El cocodrilo es un saurio.* ▮ s.m.pl. **2** En zoología, grupo de estos reptiles: *Dentro de los saurios hay especies tan pequeñas como las lagartijas.*

savia s.f. **1** En algunas plantas, sustancia líquida que circula por sus vasos conductores y de la que se nutren sus células: *La savia está compuesta de agua, sales minerales y azúcares que la planta absorbe del suelo y elabora.* **2** Lo que da vitalidad o energía: *Los jóvenes son la savia que la sociedad necesita para renovarse.* ☐ ORTOGR. Dist. de *sabia* (f. de *sabio*).

saxo s.m. →**saxofón.** 👁 **viento**

saxofón s.m. Instrumento musical de viento, formado por un tubo metálico y cónico en forma de 'J', provisto de llaves y con embocadura de madera; *saxófono: El saxofón es un instrumento muy empleado por los músicos de jazz.* 👁 **viento** ☐ MORF. Se usa mucho la forma abreviada *saxo*.

saxófono s.m. →**saxofón.**

sayo s.m. Prenda de vestir amplia, larga y sin botones, que cubre el cuerpo desde el cuello hasta más abajo de la rodilla: *En Semana Santa, muchos penitentes desfilan vestidos con un sayo.*

sazón s.f. Punto, madurez o estado de perfección: *Me gusta la fruta cuando está en sazón, ni verde ni pasada.*

sazonar v. Referido a una comida, darle gusto y sabor, generalmente con los condimentos adecuados: *Sazona el guiso con sal, pimienta y perejil.*

scout (anglicismo) ▮ adj. **1** Del escultismo o relacionado con este movimiento juvenil: *Todos los veranos va de acampada con su grupo scout.* ▮ adj./s. **2** Que es miembro de este movimiento: *Tiene un amigo scout que podría sobrevivir en el monte. Una scout uniformada y con su mochila nos preguntó el camino del campamento.* ☐ PRON. [eskáut]. ☐ MORF. 1. Como adjetivo es invariable en género. 2. Como sustantivo es de género común y exige concordancia en masculino o en femenino para señalar la diferencia de sexo: *el scout, la scout.* ☐ USO El uso de *boy scout* para el masculino y de *girl scout* para el femenino es un anglicismo innecesario.

script s. En un rodaje cinematográfico, persona que trabaja como ayudante del director anotando los detalles y pormenores de las escenas filmadas: *Al continuar el rodaje, el script advirtió que la protagonista llevaba una camisa distinta de la que se había puesto en la escena anterior.* ☐ PRON. [eskríp]. ☐ MORF. Es de género común y exige concordancia en masculino o en femenino para señalar la diferencia de sexo: *el script, la script.*

se pron.pers. **1** Forma de la tercera persona que corresponde al complemento sin preposición: *Se ducha todos los días. Se abrazaron emocionados.* **2** Forma de la tercera persona que corresponde al complemento indirecto *le* y *les* cuando este va acompañado de las formas pronominales de complemento directo *lo, la, los, las*: *En 'No se lo dije', 'se' es el complemento indirecto.* ☐ ORTOGR. Dist. de *sé* (del verbo *saber*). ☐ MORF. 1. No tiene diferenciación de género ni de número. 2. →APÉNDICE DE PRONOMBRES. ☐ SINT. Se usa para construir oraciones impersonales y de pasiva: *Se supone que yo no lo sé. Se venden pisos.*

sebáceo, a adj. De sebo o que tiene semejanza o relación con él: *Las glándulas sebáceas segregan un líquido rico en grasas que protege la piel.*

sebo s.m. Grasa sólida que se saca de los animales: *El sebo derretido se utiliza para fabricar velas y jabón.*

seborrea s.f. Aumento anormal de la secreción de las glándulas sebáceas de la piel: *Usa un champú antigrasa para combatir la seborrea.*

seboso, sa adj. Que tiene sebo o grasa, esp. si es en cantidad: *Utilizó una sustancia sebosa para engrasar el mecanismo.*

secado s.m. Eliminación del líquido o de la humedad: *Utilizo el centrifugado de mi lavadora para conseguir un secado más rápido.*

secador s.m. Electrodoméstico que sirve para secar, esp. el pelo: *Cuando me lavo el pelo me lo seco con un secador de mano.* 👁 **electrodoméstico**

secadora s.f. Aparato o máquina, generalmente eléctricos, que sirven para secar, esp. la ropa: *En los países lluviosos es frecuente tener lavadora y secadora para la ropa.* 👁 **electrodoméstico**

secano s.m. Tierra de cultivo que no se riega y que solo recibe agua cuando llueve: *Los cereales se dan bien en secano.*

secante ▮ adj./s.f. **1** En geometría, referido a una línea o a una superficie, que cortan a otras líneas o superficies: *Halla el ángulo formado por un plano y una superficie secante perpendicular a él. La secante de una circunferencia* *es la recta que tiene con ella dos puntos de intersección.* ▌ s.m. **2** Sustancia que se añade a la pintura para hacer que esta seque pronto: *El aceite de linaza es un secante.* □ MORF. Como adjetivo es invariable en género.

secar ▌ v. **1** Dejar sin agua, sin líquido, sin jugo o sin humedad: *Seca tus manos en la toalla. Tiende la colada para que se seque.* **2** Referido a una planta, quitarle su verdor o causar su muerte: *Tanto calor secará los rosales. En otoño se secan las hojas de los árboles y caen al suelo.* **3** Referido esp. al corazón o al entendimiento, embotarlos o disminuir su fuerza o su afectividad: *Se le secó la imaginación y no volvió a escribir.* **4** Referido esp. a una herida, cerrarla o cicatrizarla: *Si se te abre la herida, déjala descubierta para que se seque.* ▌ prnl. **5** Adelgazar excesivamente, por lo general a causa de la enfermedad o de la vejez: *El pobre anciano se iba secando y estaba ya en los huesos.* □ ORTOGR. La *c* se cambia en *qu* delante de *e* →SACAR.

sección s.f. **1** En un todo, parte o grupo en que se divide o se considera dividido: *Cada una de las cien secciones de un metro es un centímetro. La sección de ropa de caballero está en otra planta.* **2** Figura o dibujo de una superficie o de un cuerpo al ser cortados por un plano, generalmente vertical, con objeto de mostrar su estructura o su disposición interior: *En un esquema de la sección del motor se ve cómo están conectadas interiormente las piezas.* **3** En geometría, figura que resulta de la intersección de una superficie o de un cuerpo con otra superficie: *La sección de una esfera cortada por un plano es una circunferencia.* **4** En el Ejército, unidad homogénea que forma parte de una compañía, de un escuadrón o de una batería y que suele estar mandada por un teniente o por un alférez: *Una compañía tiene tres secciones.* **5** Separación o corte que se hacen en un cuerpo sólido con un instrumento cortante: *El cirujano tomó el bisturí para proceder a la sección del tejido canceroso.*

seccionar v. Cortar separando, fraccionar o dividir en secciones: *Seccioné un tablero para hacer varios estantes.*

secesión s.f. Separación de parte del pueblo y del territorio de una nación, generalmente para independizarse o para unirse a otra: *Los independentistas que no estaban conformes con la autonomía de su región, lucharon por la secesión.*

seco, ca adj. **1** Sin agua, sin líquido, sin jugo o sin humedad: *El filete estaba tan seco que costaba tragarlo.* **2** Referido esp. a un lugar o a su tiempo atmosférico, que se caracteriza por la escasez de lluvias: *Se necesitan canales para transportar agua a las zonas más secas del país.* **3** Referido esp. a una planta, que ha perdido su verdor y vigor o que está muerta: *En otoño caen al suelo las hojas secas de muchos árboles.* **4** Referido a la piel o al pelo, con menos grasa o menos hidratación de lo normal: *Se da una crema nutritiva porque tiene la piel seca.* **5** Referido a un sonido, que es ronco, áspero o cortado: *Al caer el saco se oyó un sonido seco y apagado.* **6** Referido a un golpe, que se produce con fuerza, rapidez y sin resonar: *El juez dio un puñetazo seco en la mesa y todos enmudecieron.* **7** Referido a una bebida alcohólica, de sabor poco dulce: *El jerez es un vino seco que se toma mucho como aperitivo.* **8** Referido a una persona o a su trato, que son bruscos, poco afectuosos o poco expresivos: *Es tan seco que parece que está siempre enfadado.* **9** Flaco o con poca carne: *Daba angustia ver aquellos cuerpos secos y hambrientos.* **10** *col.* Muerto en el acto: *Le metió un balazo que lo dejó seco.* **11** *col.* Con mucha sed: *Dame un vaso de agua, que vengo seco.* **12** *col.* Muy sorprendido o impresionado: *Me dio una respuesta tan inesperada que me dejó seca.* **13** ‖ **a secas.** Sin añadir nada: *La carta no llegó porque en la dirección figuraba un nombre a secas.* ‖ **en seco.** Bruscamente o de repente: *Tuvo que dar un frenazo en seco para no atropellar al niño.* □ SINT. La acepción 10 se usa más en las expresiones *dejar seco a alguien* o *quedarse seco*.

secoya s.f. →**secuoya.**

secreción s.f. **1** Producción y expulsión de una sustancia por una glándula: *La secreción excesiva de la glándula tiroides produce trastornos.* **2** Sustancia que se segrega: *La saliva es la secreción de las glándulas salivales.*

secretar v. Referido a una sustancia del organismo, segregarla o producirla y expulsarla una glándula: *Las glándulas endocrinas secretan hormonas.*

secretaría s.f. **1** Cargo de secretario: *Consiguió una secretaría en un organismo público.* **2** Oficina de un secretario: *Su secretario archiva en la secretaría copias de todos los documentos que tramita.* **3** En una organización, sección que se ocupa de las tareas administrativas: *Las solicitudes de matrícula deberán presentarse dentro del plazo señalado en la secretaría del instituto.* □ SEM. En las acepciones 1 y 2, es sinónimo de *secretariado*.

secretariado s.m. **1** Conjunto de estudios formativos para ejercer un cargo de secretario: *Aprendió mecanografía y taquigrafía cuando estudió secretariado.* **2** →**secretaría.**

secretario, ria s. **1** En una oficina, en una organización o en una reunión, persona encargada de escribir la correspondencia, archivar documentos, extender actas, dar fe de acuerdos y realizar otras tareas semejantes: *El secretario del congreso firmó las actas con los nombres de la nueva directiva elegida.* **2** Persona que trabaja al servicio de otra como asistente para tareas administrativas o de organización: *Si quiere ser recibido por el director, hable con su secretario.*

secreter s.m. Mueble con un tablero para escribir y con cajones para guardar papeles: *En el secreter de su habitación tenía sobres y papel de cartas.* □ ORTOGR. Es un galicismo (*secrétaire*) adaptado al español. □ MORF. Su plural es *secreteres*.

secreto, ta ▌ adj. **1** Oculto, ignorado o reservado para muy pocos y apartado de la vista o del conocimiento de los demás: *Descubrimos una puerta secreta en la biblioteca del castillo.* ▌ s.m. **2** Lo que se tiene reservado y oculto: *Una persona discreta no cuenta los secretos que otra le confía.* **3** Lo que resulta un misterio por la reserva con que se guarda o por la imposibilidad de conocerlo o de comprenderlo: *El universo esconde aún muchos secretos para el hombre.* **4** ‖ **secreto a voces.** *col.* El que en la práctica ha dejado de serlo por haber sido confiado o comunicado a muchos: *No me vendas como confidencia lo que ya es un secreto a voces.*

secretor, -a adj. Referido a un órgano o a una glándula, que tienen la misión o la facultad de secretar: *El hígado es el órgano secretor de la bilis.*

secta s.f. **1** Grupo reducido que se separa de una tendencia ideológica o religiosa: *Las sectas religiosas han proliferado a lo largo de la historia.* **2** Conjunto de los seguidores de una doctrina, ideología o religión consideradas falsas, y que en ocasiones pueden ser nocivas: *Para él, la única religión verdadera es la suya y las demás son solo sectas.*

a b c d e f g h i j k l m n ñ o p q r s t u v w x y z

a b c d e f g h i j k l m n ñ o p q r **s** t u v w x y z

sectario, ria ▮ adj. **1** Seguidor fanático e intransigente de un partido o de una idea: *Asegura que sus compañeros de partido actúan por convencimiento racional, y no por una actitud sectaria.* ▮ adj./s. **2** Que sigue una secta: *Las agrupaciones sectarias no están bien vistas por la Iglesia. Todos los sectarios escuchaban con devoción las palabras de su jefe espiritual.*

sector s.m. **1** En un todo, esp. en una colectividad, parte, sección o grupo diferenciados o con caracteres peculiares: *Vive en un barrio del sector norte de la ciudad.* **2** En economía, parte o área diferenciadas dentro de la actividad productiva y económica: *En una economía equilibrada, el sector público y el sector privado deben complementarse.* **3** En geometría, parte del círculo comprendida entre dos radios y el arco que delimitan: *El profesor comparó la imagen de un círculo dividido en sectores con la de una tarta dividida en raciones.* 👁 **círculo 4** ‖ **sector cuaternario.** El que engloba las actividades destinadas a satisfacer las necesidades y demandas relacionadas con el ocio: *Las empresas de espectáculos se engloban en el sector cuaternario de la economía.* ‖ **sector primario.** El que engloba las actividades productivas en las que apenas se realizan transformaciones sobre las materias primas y productos originarios: *Al sector primario pertenecen actividades como la agricultura y la ganadería.* ‖ **sector secundario.** El que engloba las actividades productivas en las que las materias primas y productos originarios son sometidos a transformaciones industriales para obtener los productos de consumo: *La industria es la principal actividad del sector secundario.* ‖ **sector terciario.** El que engloba las actividades relacionadas con los servicios que se ofrecen a los ciudadanos: *El transporte, el comercio y la administración están incluidos en el sector terciario de la economía.*

sectorial adj. Del sector o relacionado con él: *La huelga sectorial de la minería amenaza con convertirse en paro general.* □ MORF. Invariable en género.

secuaz s. Seguidor del bando o de las ideas y posiciones de otro: *El tren fue asaltado por Billy el Niño y sus secuaces.* □ MORF. Es de género común y exige concordancia en masculino o en femenino para señalar la diferencia de sexo: *el secuaz, la secuaz.*

secuela s.f. Consecuencia o huella, generalmente negativas, de algo: *La crisis actual es la secuela del anterior derroche y falta de previsión.*

secuencia s.f. **1** En cine, vídeo o televisión, sucesión ininterrumpida de planos o de escenas que tienen una unidad de conjunto dentro de la película: *En la secuencia del salvamento en el mar, los actores son sustituidos por especialistas.* **2** Serie o sucesión de elementos encadenados o relacionados entre sí: *Su relato reproducía la secuencia de los hechos sin alterarla.* **3** En matemáticas, conjunto de cantidades o de operaciones ordenadas de tal modo que cada una determina la siguiente: *En la secuencia '2, 4, 8, 16...', di qué número sigue al último de la serie.*

secuestrador, -a s. Persona que comete un secuestro: *Los secuestradores comunicaron a la familia cómo debían realizar el pago del rescate.*

secuestrar v. **1** Referido a una persona, retenerla, generalmente por la fuerza y con intención de exigir un rescate a cambio de su puesta en libertad: *Unos encapuchados secuestraron al hijo de un acaudalado industrial.* **2** Referido a un medio de transporte, tomar su mando por las armas, reteniendo a la tripulación y a los pasajeros para exigir un rescate o la concesión de determinadas peticiones: *El grupo extremista secuestró un avión para exigir la liberación de varios presos.*

secuestro s.m. **1** Retención de una persona, generalmente por la fuerza y con intención de exigir un rescate a cambio de su puesta en libertad: *Una acción policial puso fin al secuestro del empresario.* **2** Apropiación del mando de un vehículo y retención de su tripulación y de sus pasajeros por medio de las armas para exigir un rescate o la concesión de determinadas peticiones a cambio de su puesta en libertad: *Fueron condenados por el secuestro de un avión.*

secular adj. **1** Referido al clero o a un sacerdote, que no viven sujetos a una regla religiosa: *Los sacerdotes de las parroquias suelen pertenecer al clero secular y no al regular.* **2** Del mundo o de la vida y sociedad civiles y no religiosas; *seglar: Los tribunales seculares juzgan por igual a civiles y religiosos.* **3** Que dura un siglo o desde hace siglos: *La construcción de la catedral fue una obra secular. El toreo en España es una tradición secular.* □ MORF. Invariable en género.

secundar v. Referido a una persona o a sus propósitos, apoyarlos o cooperar con ella para la realización de estos: *No salió el proyecto porque nadie me secundó. Nadie secundará unos planes tan descabellados.*

secundario, ria adj. **1** Segundo en orden o en importancia y no principal: *Ocúpate de lo fundamental y deja para luego las cuestiones secundarias.* **2** En geología, de la era mesozoica, tercera de la historia de la Tierra, o relacionado con ella; *mesozoico: En los terrenos secundarios se han encontrado fósiles de reptiles gigantes.*

secuoya s.f. Árbol conífero de grandes dimensiones y larga vida, de tronco muy leñoso, copa estrecha y hojas persistentes; *secoya: Las secuoyas pueden alcanzar los cien metros de altura.*

sed s.f. **1** Sensación producida por la necesidad de beber: *La mejor bebida para calmar la sed es el agua.* **2** Deseo muy intenso o necesidad que se siente de satisfacerlo: *Tu sed de éxito te lleva muchas veces a precipitarte.*

seda s.f. **1** Sustancia viscosa que segregan algunos insectos y que se solidifica en contacto con el aire y forma hebras muy finas y flexibles: *La tela de araña está hecha de seda.* **2** Hilo fino, flexible y brillante formado por las hebras de esta sustancia producidas por determinado gusano: *La seda se utiliza para confeccionar tejidos.* **3** Tejido que se confecciona con este hilo: *La seda es muy suave y liviana.* **4** ‖ **como {una/la} seda.** *col.* Muy bien o que funciona o marcha sin tropiezos ni dificultades: *Estoy contenta porque el proyecto va como la seda.*

sedal s.m. Hilo fino y resistente de una caña de pescar, al extremo del cual se coloca el anzuelo: *Al sentir que un pez había mordido el anzuelo, enrolló el sedal.* 👁 **pesca**

sedante s.m. Medicamento que disminuye la excitación nerviosa o produce sueño: *El enfermo duerme porque le han administrado un sedante.*

sedar v. Calmar, tranquilizar, apaciguar o hacer desaparecer la excitación nerviosa, esp. si esto se lleva a cabo con calmantes: *Han sedado al enfermo y duerme tranquilo.*

sede s.f. **1** Lugar en el que está situado o tiene su domicilio una empresa, un organismo o una entidad, o en el que se desarrolla algún acontecimiento o actividad importante: *La empresa tiene su sede en Burgos.* **2** Diócesis o territorio bajo la jurisdicción de un prelado: *Ya han designado obispos para las sedes vacantes.*

sedentario, ria adj. **1** Referido esp. a una actividad o a un tipo de vida, que requiere o tiene poco movimiento o poca agitación: *No le gusta viajar porque es un hombre de costumbres sedentarias.* **2** Referido a una comunidad humana o a una especie animal, que está formada por individuos establecidos o asentados en un lugar y que viven en él de forma permanente: *Esta tribu es sedentaria y se dedica a la agricultura.*

sedería s.f. **1** Establecimiento comercial en el que se venden tejidos de seda: *He comprado esta tela en una sedería.* **2** Industria o actividad relacionada con la seda: *En este pueblo, mucha gente se enriqueció con la sedería.* **3** Conjunto de géneros o mercancías de seda: *La sedería oriental inunda todos los mercados occidentales.*

sedición s.f. Levantamiento o alzamiento colectivo y violento contra la autoridad, el orden público o la disciplina militar sin llegar a la gravedad de la rebelión: *La sedición es un delito grave tanto si es contra el orden público como contra la disciplina militar.*

sediento, ta ▮ adj. **1** Que desea o necesita algo con intensidad: *Es muy ambicioso y está sediento de poder.* ▮ adj./s. **2** Que tiene sed: *Con este calor estoy sedienta. Los sedientos bebieron agua hasta no poder más.*

sedimentación s.f. Depósito de partículas en suspensión o formación de sedimentos: *Esos arenales se han formado por sedimentación.*

sedimentario, ria adj. Del sedimento, formado por sedimentos o relacionado con él: *Las rocas sedimentarias se forman con los depósitos de partículas en suspensión.*

sedimentarse v.prnl. Referido a una sustancia en suspensión, quedarse en el fondo del lugar en el que está el líquido que la contiene: *Al sedimentarse los materiales que lleva el agua, se forman terrenos sedimentarios.*

sedimento s.m. Materia que, habiendo estado en suspensión en un líquido o en el aire, se deposita en un lugar: *Están analizando sedimentos marinos.*

sedoso, sa adj. Con características de la seda, esp. con su suavidad: *Sus cabellos son rubios y sedosos.*

seducción s.f. Fascinación o atracción que provoca afecto, admiración o deseo: *El poder de seducción de tu voz te permitirá entrar en el mundo de la radio.*

seducir v. **1** Atraer, cautivar o despertar una atracción que provoca afecto, admiración o deseo: *No me seduce la idea de ir de acampada.* **2** Convencer con habilidad o con promesas, halagos o mentiras, esp. si es para tener relaciones sexuales: *Un buen vendedor sabe seducir a los clientes para que compren los productos que vende. Me sedujo y ahora no quiere saber nada de mí.* □ MORF. Irreg. →CONDUCIR.

seductor, -a adj./s. Que seduce: *Tiene una mirada seductora. Ese chico es todo un seductor y no se le puede negar nada.*

sefardí ▮ adj./s. **1** Referido a un judío, que procede de España (país europeo), que sigue las prácticas religiosas de los judíos españoles sin tener sus orígenes en este país, o que está relacionado con ellos; *sefardita: Los judíos sefardíes viven en distintas partes del mundo. Los sefardíes descienden de los judíos expulsados por los Reyes Católicos.* ▮ s.m. **2** Dialecto romance de este pueblo: *El sefardí es muy similar al castellano hablado en el siglo XV.* □ MORF. 1. Como adjetivo es invariable en género. 2. En la acepción 1, como sustantivo es de género común y exige concordancia en masculino o en femenino para señalar la diferencia de sexo: *el sefardí, la sefardí*. 3. Aunque su plural en la lengua culta es *sefardíes*, se usa mucho *sefardís*.

sefardita adj./s. →**sefardí.** □ MORF. 1. Como adjetivo es invariable en género. 2. Como sustantivo es de género común y exige concordancia en masculino o en femenino para señalar la diferencia de sexo: *el sefardita, la sefardita*.

segador, -a ▮ s. **1** Persona que siega los campos: *Antiguamente, los segadores usaban hoces y guadañas.* ▮ s.f. **2** Máquina que sirve para segar: *Actualmente en la siega se usan modernas segadoras.*

segar v. **1** Referido a la hierba o al cereal, cortarlos con la hoz, la guadaña o una máquina a propósito: *Ya casi nadie siega con la hoz o la guadaña.* **2** Referido esp. a algo que sobresale, cortarlo: *La sierra mecánica segó el dedo pulgar del leñador.* **3** Interrumpir de manera violenta y brusca: *Esa grave enfermedad segó muchas de sus ilusiones juveniles.* □ ORTOGR. Aparece una *u* después de la *g* cuando le sigue *e*. □ MORF. Irreg.: La *e* de la raíz diptonga en *ie* en los presentes, excepto en las personas *nosotros* y *vosotros* →REGAR.

seglar ▮ adj. **1** Del mundo o de la vida y sociedad civiles y no religiosas; *secular: Abandonó la vida seglar y se ordenó sacerdote.* ▮ adj./s. **2** Que no ha recibido órdenes religiosas o que no tiene estado religioso; *laico: Los católicos seglares participan activamente en la parroquia. En esta asociación hay tantos religiosos como seglares.* □ MORF. 1. Como adjetivo es invariable en género. 2. Como sustantivo es de género común y exige concordancia en masculino o en femenino para señalar la diferencia de sexo: *el seglar, la seglar*.

segmentar v. Cortar o dividir en segmentos: *Al señalar tres puntos sobre una recta la he segmentado en dos partes.*

segmento s.m. **1** Parte que se corta, se divide o se separa de un todo: *Un segmento circular es la parte de círculo limitada por un arco y una línea recta que une dos puntos de su circunferencia.* 👁 **círculo** **2** En geometría, parte de una recta comprendida entre dos puntos: *Los segmentos rectilíneos se pueden sumar, restar y multiplicar.* 👁 **línea** **3** En el cuerpo de algunos animales o en algunos órganos, cada una de las partes dispuestas en línea que lo forman: *La columna vertebral humana se divide en treinta y tres segmentos.*

segoviano, na adj./s. De Segovia o relacionado con esta provincia española o con su capital: *El cochinillo asado es un plato típico segoviano. Los segovianos están muy orgullosos de su acueducto romano.* □ MORF. Como sustantivo se refiere solo a las personas de Segovia.

segregación s.f. **1** Separación de la convivencia común a causa de alguna diferencia, esp. si implica marginación: *La segregación racial es un fenómeno que resurge en épocas de crisis.* **2** Producción y expulsión de una sustancia por un órgano o una glándula: *La segregación de sudor se debe a las glándulas sudoríparas.*

segregacionismo s.m. Movimiento político y social que defiende y practica la segregación racial: *No existe ninguna razón ética ni científica para defender el segregacionismo.*

segregar v. **1** Referido esp. a una persona, apartarla de la convivencia común a causa de sus diferencias, esp. si implica marginación: *Los grupos racistas segregan a los miembros de otras razas. Algunos colectivos se segregan*

a b c d e f g h i j k l m n ñ o p q r **s** t u v w x y z

de la sociedad para conservar sus costumbres. **2** Referido a una sustancia, producirla y expulsarla un órgano o una glándula: *El hígado segrega bilis.* ☐ ORTOGR. La *g* se cambia en *gu* delante de *e* ⟶**PAGAR.**

segueta s.f. Sierra pequeña y de hoja muy fina que se usa para cortar maderas poco gruesas: *Con la segueta se pueden hacer calados en una madera.*

seguidilla s.f. **1** En métrica, estrofa formada por cuatro versos de arte menor, de los cuales el primero y el tercero son heptasílabos y sin rima, y el segundo y el cuarto, pentasílabos y con rima asonante, y cuyo esquema es *abcb*: *La copla 'Arenal de Sevilla / torre del Oro, / donde las sevillanas / bailan al corro' es una seguidilla.* **2** Música popular española, de aire generalmente vivo y con distintas variantes según las regiones: *Las seguidillas andaluzas o flamencas son muy alegres.* **3** Baile que se ejecuta al compás de este cante: *Vimos bailar seguidillas en las fiestas de un pueblo manchego.*

seguido, da adj. **1** Continuo, sucesivo, sin interrupción: *Estudió cuatro horas seguidas.* **2** Que está en línea recta: *Esta carretera toda seguida comunica con ese pueblo.* **3** ‖ **en seguida.** ⟶**enseguida.**

seguidor, -a s. Persona que sigue algo o que lo apoya o defiende: *Ese equipo de fútbol tiene muchos seguidores.*

seguimiento s.m. **1** Persecución o acoso para dar alcance: *Denunció el seguimiento de que era objeto por un admirador.* **2** Observación exhaustiva o estrecha vigilancia de la evolución, el desarrollo o el movimiento de algo: *Lo hospitalizaron para facilitar el seguimiento de la enfermedad.*

seguir ▌v. **1** Ir detrás en el espacio o suceder en el tiempo por orden, turno o número: *El perro sigue a su amo. El martes sigue al domingo.* **2** Ir por un determinado camino sin apartarse de él: *Sigue por esta calle y llegarás a la plaza.* **3** Actuar conforme a determinadas pautas: *Si sigues mis indicaciones nada te ocurrirá.* **4** Proseguir o continuar en lo empezado: *Sigo trabajando en el bar.* **5** Permanecer, mantenerse en el tiempo o extenderse en el espacio: *Muchas tradiciones siguen vivas en el pueblo. El camino sigue hasta el bosque.* **6** Imitar o actuar tomando como modelo: *Los bailarines seguían los movimientos de su profesor de baile.* **7** Perseguir o acosar para dar alcance: *La policía sigue a los atracadores.* **8** *col.* Comprender o mantener un razonamiento: *Intenté seguir la explicación, pero no entendí nada.* **9** Referido a una actividad, ejercerla, realizarla o dedicarse a ella: *Sigue un curso de mecanografía en esta academia.* **10** Referido a algo en desarrollo o en movimiento, observarlo o estar atento a su evolución: *Seguí con los prismáticos el vuelo de los buitres.* ▌prnl. **11** Deducirse o derivarse como consecuencia, efecto o resultado: *Dijo que no participaría, de donde se sigue que no está de acuerdo con el plan.* ☐ ORTOGR. La *gu* se cambia en *g* delante de *a, o.* ☐ MORF. Irreg.: La *e* se cambia en *i* cuando la sílaba siguiente no tiene *i* o la tiene formando diptongo ⟶**SEGUIR.**

según ▌prep. **1** Indica conformidad o punto de vista: *Según la ley, esto es delito.* ▌adv. **2** Con conformidad a, o del mismo modo que: *Se te premiará según lo que hagas.* **3** Dependiendo de que: *Me enfadaré o no, según me lo diga con educación o sin ella.* **4** Indica progresión simultánea entre dos acciones: *Según vayas avanzando, te irán surgiendo más problemas.*

segundero s.m. En un reloj, manecilla que señala los segundos: *Mi reloj no tiene segundero.*

segundo, da ▌numer. **1** En una serie, que ocupa el lugar número dos: *Debe subir a la segunda planta. Soy el segundo de la fila.* ▌s.m. **2** Respecto de una persona, otra que la sigue inmediatamente en jerarquía: *Como el capitán del buque está enfermo, el segundo de a bordo dirige las maniobras.* **3** En el Sistema Internacional, unidad básica de tiempo: *Un minuto equivale a 60 segundos.* ▌s.f. **4** En el motor de algunos vehículos, marcha que tiene mayor velocidad que la primera y mayor potencia que la tercera: *Debes tomar esta pendiente tan pronunciada en segunda.* ▌s.f.pl. **5** Dobles intenciones o propósitos ocultos y generalmente malévolos: *Lo dijo con segundas, pero yo preferí no darme por enterado.* ☐ MORF. Para la acepción 1 ⟶APÉNDICE DE PRONOMBRES. ☐ SEM. En la acepción 3, se usa mucho para designar un breve período de tiempo: *Espérame aquí, que solo tardo un segundo en volver.*

seguramente adv. De manera bastante probable; *seguro*: *Seguramente vendrá mañana, porque tiene el día libre.*

seguridad s.f. **1** Ausencia de peligro, de daño o de riesgo: *La seguridad en el trabajo es un derecho del trabajador.* **2** Firmeza, estabilidad, constancia o imposibilidad de que algo falle: *Hemos hecho pruebas para comprobar la seguridad de este sistema de frenos.* **3** Certeza o ausencia de duda: *No puedo afirmarlo con seguridad.* **4** ‖ **Seguridad Social.** Conjunto de organismos y medios de la Administración pública cuyo fin es prevenir y remediar ciertas necesidades sociales de los ciudadanos: *El derecho a la Seguridad Social fue un importante logro de los trabajadores.*

seguro adv. **1** Sin duda: *Lo sé seguro, así que no me lo discutas.* **2** De manera bastante probable; *seguramente*: *Seguro que viene a verme.* ☐ SEM. Se usa también como adverbio de afirmación: *-¿Estarás en tu casa? -Seguro.*

seguro, ra ▌adj. **1** Libre de peligro, daño o riesgo: *Guarda el dinero en un lugar seguro para que nadie lo robe.* **2** Firme, estable, constante o sin peligro de que falle: *Tiene un trabajo fijo y un sueldo seguro.* **3** Cierto o que no ofrece duda: *Las fuentes son fiables y las informaciones, seguras.* **4** Que no tiene duda: *Estoy seguro de que te has equivocado.* ▌s.m. **5** Contrato por el cual una persona o entidad aseguradora se compromete, a cambio de una cuota estipulada, a pagar determinada cantidad de dinero al asegurado en caso de daño o de pérdida: *Es conveniente que un coche nuevo tenga un seguro a todo riesgo.* **6** Dispositivo para impedir que algo se ponga en funcionamiento o para aumentar la firmeza de un cierre: *El seguro de las armas de fuego impide que se disparen accidentalmente.* **7** *col.* Seguridad Social u otra asociación médica a la que alguien se ha asociado: *Esta tarde voy al seguro a que me recete algo para el catarro.* **8** ‖ **a buen seguro** o **de seguro.** Con certeza: *De seguro que no cuenta con nosotros.* ‖ **sobre seguro.** Sin correr ningún riesgo: *Para no cometer errores hay que actuar sobre seguro.*

seis ▌numer. **1** Número 6: *Media docena de huevos son seis huevos. Me lo regaló el seis de enero.* ▌s.m. **2** Signo que representa este número: *Los romanos escribían el seis como 'VI'.* ☐ MORF. 1. Como numeral es invariable en género y en número. 2. ⟶APÉNDICE DE PRONOMBRES.

seiscientos, tas ▌numer. **1** Número 600: *Seis por cien son seiscientos. De los folios que me pediste solo he conseguido estos seiscientos.* ▌s.m. **2** Signo que representa este número: *Los romanos escribían el seiscientos*

a b c d e f g h i j k l m n ñ o p q r **s** t u v w x y z

como 'DC'. □ MORF. 1. Como numeral es invariable en número. 2. Incorr. *página {*seiscientos › seiscientas}*. 3. ⟶APÉNDICE DE PRONOMBRES.

seísmo s.m. Terremoto o temblor que se produce en la corteza terrestre por causas internas; *sismo: Ha sido un seísmo de poca intensidad y no ha habido desgracias.*

selección s.f. **1** Elección de lo que se considera mejor o más adecuado para un fin de entre un conjunto o grupo: *Se realizará una selección de los mejores estudiantes para concederles becas.* **2** Equipo que se forma con deportistas de distintos lugares seleccionados para participar en una competición o torneo, esp. si es de carácter internacional: *La selección nacional de fútbol está formada por los mejores futbolistas del país.*

seleccionador, -a s. Persona que selecciona a los deportistas que han de formar un equipo: *El seleccionador ha convocado a veintidós futbolistas para el partido de Holanda.*

seleccionar v. Referido a algo que se considera mejor o adecuado, escogerlo de entre un conjunto o un grupo: *He seleccionado los libros que me parecían más interesantes.*

selectividad s.f. Conjunto de pruebas o exámenes que se realizan para poder acceder a la Universidad: *La mayor parte de los estudiantes presentados han aprobado la selectividad.*

selectivo, va adj. Que implica selección: *Escogí de una forma selectiva los discos que me llevaría.*

selecto, ta adj. Que es o se considera lo mejor en relación con algo de la misma especie o clase; *escogido: Me dio a probar un vino selecto.*

selector, -a adj./s.m. Que selecciona o escoge: *Todos los televisores llevan un mando selector de canales. Esta batidora lleva un selector de velocidades.*

selenio s.m. Elemento químico, no metálico y sólido, de número atómico 34, con características semejantes al azufre y semiconductor: *El selenio se emplea en industrias de vidrio y cerámica y en cinematografía y televisión.* □ ORTOGR. Su símbolo químico es *Se*.

selenita s. Habitante de la Luna (satélite terrestre): *He leído una novela en la que los protagonistas eran selenitas.* □ MORF. Es de género común y exige concordancia en masculino o en femenino para señalar la diferencia de sexo: *el selenita, la selenita*.

self-service (anglicismo) s.m. ⟶**autoservicio.** □ PRON. [sélf-sérbis].

sellar v. **1** Marcar o imprimir con un sello: *Este documento sin sellar no tiene validez.* **2** Cerrar de modo que resulte más difícil de abrir: *Sellaron las ventanas con silicona.* **3** Concluir o dar por terminado: *Sellaron la alianza con un apretón de manos.*

sello s.m. **1** Trozo pequeño de papel con un dibujo impreso que se pega en los envíos por correo o en algunos documentos oficiales: *Los sellos se compran en los estancos y en las oficinas de correos.* **2** Utensilio, generalmente provisto de mango, que sirve para estampar o imprimir lo que está grabado en él: *Se hizo un sello con el escudo de armas de la familia.* **3** Lo que queda estampado o impreso con este utensilio: *Todos estos libros llevan el sello de la biblioteca.* **4** Anillo ancho que lleva grabado en su parte superior algo, las iniciales de una persona o el escudo de su apellido: *He perdido el sello de oro que me regaló mi madre.* **5** Carácter peculiar de algo que lo hace diferente a lo demás: *Esta película lleva el sello de su director.*

seltz s.m. ⟶**agua de Seltz.** □ USO Se usa más como nombre propio.

selva s.f. Bosque ecuatorial y tropical que se caracteriza por una abundante y variada vegetación: *En la selva ecuatorial las lluvias son abundantes todo el año.*

selvático, ca adj. De la selva, con sus características o relacionado con ella: *La vegetación selvática se caracteriza por su exuberancia.*

semáforo s.m. Aparato eléctrico que emite señales luminosas y se usa para regular la circulación; *disco: Si el semáforo está rojo debes detenerte, y si está verde puedes pasar.*

semana s.f. **1** Período de tiempo de siete días consecutivos: *Normalmente un mes tiene cuatro semanas. Una semana empieza en lunes y acaba en domingo.* **2** ‖ **entre semana.** Cualquier día de ella, excepto sábado y domingo: *Me llamará entre semana para quedar el sábado.* ‖ **Semana Santa.** La que va desde el domingo de Ramos (entrada y aclamación de Jesucristo en Jerusalén) hasta el domingo de Resurrección: *En Semana Santa se conmemora la Pasión de Jesucristo. Asistí a las procesiones de la Semana Santa sevillana.*

semanal adj. **1** Que sucede o se repite cada semana: *Es una publicación semanal y sale todos los jueves.* **2** Que dura cada semana o se corresponde con ella: *Este abono es semanal y el próximo lunes ya no te vale.* □ MORF. Invariable en género.

semanario s.m. Publicación que aparece cada semana: *Este semanario sale los sábados.*

semántico, ca ▮ adj. **1** Del significado de las palabras o relacionado con él: *No alteres el valor semántico de las palabras: te he llamado 'vago', no 'tonto'.* ▮ s.f. **2** Parte de la lingüística que estudia el significado de las palabras: *Los sinónimos y los antónimos se estudian en semántica.*

semblante s.m. Expresión del rostro; *cara: No sé qué te pasa, pero últimamente tienes un semblante triste.*

semblanza s.f. Explicación breve, general y vaga de la vida de una persona: *La edición incluye una semblanza del autor a modo de introducción.*

sembrado s.m. Tierra sembrada: *No pises por el sembrado.*

sembrar v. **1** Referido a una semilla, arrojarla, esparcirla o colocarla en la tierra para que crezca: *He sembrado margaritas en un tiesto.* **2** Llenar esparciendo o desparramando: *El día del Corpus sembraron la puerta de la iglesia con pétalos de flores.* □ MORF. Irreg.: La *e* diptonga en *ie* en los presentes, excepto en las personas *nosotros* y *vosotros* ⟶PENSAR. □ SINT. Constr.: *sembrar DE algo.*

semejante ▮ adj. **1** Que es casi igual o se parece mucho: *Estos dos pintores tienen un estilo semejante.* ▮ s.m. **2** Respecto de una persona, otra cualquiera: *Debes respetar y ayudar a tus semejantes.* □ MORF. Como adjetivo es invariable en género. □ USO 1. En la acepción 1, se usa mucho con valor intensificador: *Nunca pensé cosa semejante.* 2. En la acepción 1, puede funcionar como determinante con el significado de 'tal': *No tengo tiempo de leer semejante cantidad de libros.*

semejanza s.f. Conjunto de características que hacen que una cosa se parezca a otra; *parecido: No encuentro semejanza entre las dos situaciones.*

semejar v. Referido a una cosa, parecerse a otra o guardar semejanza con ella: *El edificio de esta maqueta semeja un castillo del siglo XVI. Mis hijos se semejan mu-*

cho a mí en el carácter. □ ORTOGR. Conserva la *j* en toda la conjugación. □ SINT. Constr. como pronominal: semejarse A algo.

semen s.m. Líquido que contiene los espermatozoides que se producen en el aparato genital masculino de los animales y del hombre; *esperma: El semen es un líquido blanquecino.*

semental adj./s.m. Referido a un animal macho, que se destina a la reproducción: *El padre de todos los terneros de la zona es un toro semental. El ganadero compró un semental de pura raza para que cubriera a las yeguas.* □ MORF. Como adjetivo es invariable en género.

semestral adj. **1** Que tiene lugar cada seis meses: *Abono el alquiler con pagos semestrales.* **2** Que dura un semestre: *Organizan cursillos trimestrales y semestrales.* □ MORF. Invariable en género.

semestre s.m. Período de tiempo de seis meses: *Trabajé durante el primer semestre del año.*

semi- Elemento compositivo que significa 'medio': *Semirrecta, semicircular, semiconserva, semisótano, semidormido, semipermeable.*

semicircular adj. Con forma de semicírculo: *El Congreso de los Diputados español es semicircular.* □ MORF. Invariable en género.

semicírculo s.m. En geometría, cada una de las dos mitades del círculo separadas por un diámetro; *hemiciclo: Si cortas el círculo por la mitad, te quedan dos semicírculos.* 👁 **círculo**

semicircunferencia s.f. En geometría, cada una de las dos mitades de la circunferencia: *Para conseguir dos semicircunferencias debes dividir la circunferencia por su diámetro.*

semicorchea s.f. En música, nota que dura la mitad de una corchea y que se representa con un círculo relleno, una barrita vertical pegada a uno de sus lados y dos pequeños ganchos en el extremo de esta: *Una semicorchea equivale a dos fusas.*

semidesnatado, da adj. Referido esp. a un producto lácteo, que está libre de una parte de su grasa, pero no de toda: *Tomo leche semidesnatada porque no quiero engordar y la desnatada me resulta muy poco sabrosa.*

semifinal s.f. En una competición o un concurso, cada uno de los dos penúltimos encuentros o pruebas que se ganan por eliminación del contrario y no por puntos: *En las semifinales se encuentran cuatro equipos, quedan eliminados dos y los otros dos disputarán la final.*

semifinalista adj./s. Que juega o que compite en una semifinal: *Quedó semifinalista en el trofeo de ajedrez. De entre los semifinalistas saldrán los finalistas.* □ MORF. 1. Como adjetivo es invariable en género. 2. Como sustantivo es de género común y exige concordancia en masculino o en femenino para señalar la diferencia de sexo: *el semifinalista, la semifinalista.*

semifusa s.f. En música, nota que dura la mitad de una fusa y que se representa con un círculo relleno, una barrita vertical pegada a uno de sus lados y cuatro pequeños ganchos en el extremo de esta: *Cuatro semifusas equivalen a una corchea.*

semilla s.f. **1** Parte del fruto de los vegetales que contiene el embrión de una futura planta: *Las pepitas del interior de la manzana son su semilla.* **2** Lo que es la causa o el origen de algo: *La envidia es la semilla de la discordia.* □ SEM. Es sinónimo de *simiente.*

semillero s.m. **1** Lugar en el que se siembran semillas para trasplantar las plantas cuando nazcan: *El semillero está en el rincón de la huerta.* **2** Origen y principio de donde nacen o se propagan algunas cosas: *Estos enfrentamientos son semillero de enemistades.*

seminario s.m. **1** Centro de enseñanza en el que estudian y se forman los que van a ser sacerdotes: *Aunque estuvo en el seminario, no llegó a ordenarse.* **2** Conjunto de actividades desarrolladas en común por el profesor y los alumnos y que se encaminan a adiestrar a estos en la investigación o en la práctica de alguna disciplina: *Participó en un seminario de lexicografía y comprobó de forma práctica las características de un diccionario.* **3** Clase o lugar donde se llevan a cabo estas actividades: *El seminario de matemáticas está en la segunda planta.* **4** En un centro de enseñanza secundaria, despacho en el que trabajan y se reúnen los profesores de una misma materia: *La revisión de examen será en el seminario de latín.* **5** Estos profesores: *El seminario de lengua ha decidido convocar un examen extraordinario y conjunto sobre ortografía.*

seminarista s. Alumno de un seminario religioso: *El cardenal recordaba sus tiempos de seminarista con añoranza.* □ MORF. Es de género común y exige concordancia en masculino o en femenino para señalar la diferencia de sexo: *el seminarista, la seminarista.*

semiplano s.m. En geometría, cada una de las dos partes del plano dividido por una recta: *La recta que separa a los dos semiplanos no pertenece a ninguno de los dos.*

semirrecta s.f. En geometría, cada una de las dos regiones en las que queda dividida una recta por cualquiera de sus puntos: *El origen de dos semirrectas es el punto que las separa.* 👁 **línea**

semita ▌adj. **1** De los semitas o relacionado con los pueblos descendientes de Sem (personaje bíblico): *Las lenguas semitas proceden de un mismo tronco.* ▌adj./s. **2** Descendiente de Sem (personaje bíblico, primogénito del patriarca Noé): *Los hebreos son un pueblo semita. Los semitas se establecieron en Mesopotamia y Oriente Próximo entre el quinto y el primer milenio a.C.* □ MORF. 1. Como adjetivo es invariable en género. 2. Como sustantivo es de género común y exige concordancia en masculino o en femenino para señalar la diferencia de sexo: *el semita, la semita.*

semítico, ca adj. **1** De los semitas o relacionado con estos pueblos: *Los árabes son un pueblo semítico.* **2** Referido a una lengua, que pertenece al grupo de lenguas que hablan estos pueblos: *El hebreo, el arameo y el árabe son lenguas semíticas.*

semitono s.m. En música, cada una de las dos partes en que se divide el intervalo de un tono: *Entre 'mi' y 'fa' hay un semitono.*

sémola s.f. Pasta alimenticia en forma de pequeños granos hecha con harina de trigo, arroz u otro cereal: *De primer plato tomamos una sopa de sémola.*

sempiterno, na adj. Que es eterno: *Le declaró a su amada un sempiterno amor.* □ USO Su uso es característico del lenguaje literario.

senado s.m. **1** En países con poder legislativo bicameral, Cámara de representación territorial: *El Senado confirma, modifica o rechaza los proyectos de ley aprobados por el Congreso de los Diputados.* **2** Edificio en el que se celebran las sesiones de esta Cámara: *En el senado hay un buen centro de documentación.* **3** En la antigua Roma, asamblea de patricios que formaba el consejo supremo: *En la época del Imperio, el Senado perdió su poder y pasó* *a ocuparse solo de temas municipales.* □ USO En las acepciones 1 y 3, se usa como nombre propio.

senador, -a s. Miembro del Senado: *En España los senadores son elegidos por cuatro años.*

sencillez s.f. **1** Ausencia de ostentación y adornos: *Su belleza y la sencillez de su atuendo resultaban muy elegantes.* **2** Ausencia de dificultad o de complicación: *Este profesor explica los temas difíciles con sencillez.*

sencillo, lla ▮ adj. **1** Que no está compuesto por varias cosas o que tiene una sola parte: *Cose con un hilo doble porque uno sencillo se rompería.* **2** Sin ostentación ni adornos: *Viste de forma sencilla y no lleva joyas ni pieles.* **3** Sin dificultad ni complicación: *El problema fue sencillo de resolver.* **4** Claro y natural: *Debes utilizar un lenguaje sencillo que todos entendamos. Es una persona sencilla y amable.* ▮ s.m. **5** →**disco sencillo.** □ USO En la acepción 5, es innecesario el uso del anglicismo *single*.

senda s.f. **1** Camino estrecho, esp. el abierto por el paso de personas o animales: *Junto al río hay un sendero con chopos.* **2** Procedimiento o medio para hacer o para conseguir algo: *Piensa seguir el sendero marcado por su padre.* □ SEM. Es sinónimo de *sendero*.

senderismo s.m. Actividad deportiva consistente en recorrer a pie senderos campestres: *Los fines de semana hace senderismo por la sierra madrileña.* □ USO Es innecesario el uso del anglicismo *trekking*.

sendero s.m. →**senda.**

sendos, das adj.pl. Respecto de dos o más, uno para cada uno: *Los tres niños iban en sendas bicicletas.* □ SEM. Dist. de *ambos* (los dos).

senectud s.f. Último período del ciclo vital de una persona: *Se considera que la senectud empieza a partir de los sesenta años.*

senegalés, -a adj./s. De Senegal (país africano), o relacionado con él: *La capital senegalesa es Dakar. Los senegaleses son mayoritariamente musulmanes.* □ MORF. Como sustantivo se refiere solo a las personas de Senegal.

senil adj. De la vejez o relacionado con ella: *La demencia senil es una enfermedad frecuente en los ancianos.* □ MORF. Invariable en género.

senilidad s.f. Carácter o estado de la persona que, por su avanzada edad, presenta decadencia física: *Cuando se da cuenta de su senilidad, lamenta la pérdida de la juventud.*

sénior ▮ adj. **1** Referido a una persona, que es mayor que otra de su familia que tiene el mismo nombre: *Pregunto por Juan López sénior.* ▮ adj./s. **2** Referido a un deportista, que, por edad, pertenece a la categoría superior, posterior a la de júnior: *Pasará al equipo sénior cuando cumpla los veintiún años. Los sénior han ganado este año dos campeonatos.* □ ORTOGR. Es un anglicismo (*senior*) semiadaptado al español. □ MORF. 1. Como adjetivo es invariable en género. 2. Como sustantivo es de género común y exige concordancia en masculino o en femenino para señalar la diferencia de sexo: *el sénior, la sénior*. Su plural es *séniores*.

seno s.m. **1** Hueco o concavidad de una superficie con respecto del que las mira: *El fregadero de la cocina tiene dos senos.* **2** Pecho o mama de una mujer: *Fue al ginecólogo porque se notó un bultito en un seno.* **3** Matriz de las hembras de los mamíferos, esp. la de una mujer: *Lleva un niño en su seno y pronto dará a luz.* **4** Parte interna de algunas cosas: *La Tierra guarda en su seno grandes riquezas.* **5** En trigonometría, razón entre el cateto opuesto de un ángulo y la hipotenusa: *El seno de 90° es 1.* **6** En medicina, cavidad de algunos huesos: *En la sinusitis hay una acumulación de líquidos en los senos frontales o en los senos maxilares.*

sensación s.f. **1** Impresión sentida por medio de los sentidos: *Al tocar el hielo se experimenta una sensación de frío.* **2** Efecto sorprendente que produce algo: *Ese vestido tan llamativo causará sensación.* **3** Presentimiento o corazonada de que algo va a ocurrir de una determinada manera: *Tengo la sensación de que no vamos a llegar a ningún acuerdo.*

sensacional adj. **1** Que llama fuertemente la atención o que causa sensación: *Tengo que daros una noticia sensacional que os impresionará.* **2** Estupendo, muy bueno o maravilloso: *Te he traído un libro sensacional que te gustará.* □ MORF. Invariable en género. □ SINT. *Sensacional* se usa también como adverbio de modo con el significado de 'muy bien': *La excursión resultó sensacional.*

sensacionalismo s.m. Tendencia a presentar los aspectos más llamativos de algo para producir una sensación o una emoción grandes: *El sensacionalismo de este periódico hace que sea el más vendido.*

sensacionalista adj./s. Que tiende a presentar los aspectos más llamativos de algo: *El noviazgo de la princesa ha hecho vender muchos ejemplares a la prensa sensacionalista. Es un sensacionalista y solo escribe sobre escándalos financieros.* □ MORF. 1. Como adjetivo es invariable en género. 2. Como sustantivo es de género común y exige concordancia en masculino o en femenino para señalar la diferencia de sexo: *el sensacionalista, la sensacionalista*.

sensatez s.f. Prudencia, buen juicio o inclinación a reflexionar antes de actuar: *Actuó con sensatez al pedir una garantía para el préstamo.*

sensato, ta adj. Prudente, de buen juicio o que reflexiona antes de actuar: *Me sorprende que se haya precipitado porque lo consideraba un hombre sensato.*

sensibilidad s.f. **1** Facultad de sentir algo: *Está paralítico y no tiene sensibilidad en las piernas. Ese pintor tiene gran sensibilidad estética.* **2** Inclinación a dejarse llevar por los sentimientos de compasión, humanidad y ternura: *Los sindicatos piden al Gobierno mayor sensibilidad ante el problema del paro.* **3** Capacidad de respuesta a pequeñas excitaciones o estímulos: *El termómetro tiene gran sensibilidad y registra los más mínimos cambios de temperatura.*

sensibilizar v. **1** Dotar de sensibilidad: *Las campañas sanitarias sensibilizaron a la opinión pública sobre los peligros del tabaco.* **2** En fotografía, hacer sensible a la luz: *Este líquido sensibiliza las placas fotográficas.* □ ORTOGR. La *z* se cambia en *c* delante de *e* →**CAZAR**.

sensible adj. **1** Que tiene capacidad de sentir: *Se abriga mucho porque es muy sensible al frío.* **2** Referido a una persona, que se impresiona o emociona con facilidad: *Díselo con tacto porque es muy sensible y se siente herido fácilmente.* **3** Que puede ser conocido a través de los sentidos: *El mundo sensible está formado por todo lo que nos rodea.* **4** Evidente, claro o manifiesto: *Se anunció una sensible mejoría del tiempo atmosférico.* **5** Referido esp. a un instrumento, que reacciona fácilmente o de forma precisa a la acción de un fenómeno o de un agente natural: *La alarma es muy sensible y salta con cualquier pequeño golpe.* □ MORF. Invariable en género.

sensiblería s.f. Sentimentalismo exagerado o fingido: *No me gustó la película porque tenía demasiada sensiblería.* □ USO Tiene un matiz despectivo.

sensitivo, va adj. **1** De las sensaciones producidas en los sentidos, esp. en la piel: *Me he quemado el dedo y su capacidad sensitiva ha disminuido mucho.* **2** Capaz de recibir sensaciones, impresiones o emociones: *Es un chico muy sensitivo para la belleza.* **3** Que excita o estimula la sensibilidad: *Llega muy bien al público porque su música es muy sensitiva.*

sensor s.m. Dispositivo que capta determinados fenómenos o alteraciones y los transmite de forma adecuada: *La puerta se abre cuando su sensor detecta que alguien se acerca.*

sensorial adj. De la sensibilidad o relacionado con ella: *El arte busca el placer sensorial.* □ MORF. Invariable en género.

sensual adj. **1** Que incita o satisface el placer de los sentidos: *Las figuras con líneas curvas suelen ser sensuales.* **2** Referido a una persona, inclinada a los placeres de los sentidos: *Es una persona sensual que se rodea de todo lo que le produce placer.* □ ORTOGR. Dist. de *sexual*. □ MORF. Invariable en género.

sensualidad s.f. **1** Capacidad de incitar o satisfacer el placer de los sentidos: *Me gusta la sensualidad de los tejidos vaporosos y suaves.* **2** Inclinación excesiva a los placeres de los sentidos: *Está dominado por la sensualidad y su obsesión es la búsqueda de la belleza.* □ ORTOGR. Dist. de *sexualidad*.

sentada s.f. **1** Estancia o permanencia de un grupo de personas sentadas en el suelo durante un período de tiempo para manifestar una protesta o apoyar una petición: *Los obreros sancionados por la dirección realizaron una sentada a las puertas de la dirección.* **2** ‖ **de una sentada.** *col.* De una vez o sin levantarse: *Hice todo el trabajo de una sentada.*

sentar v. **1** Referido a una persona, colocarla de manera que quede apoyada y descansando sobre las nalgas: *Sentó al niño en su sillita. Me senté con las piernas cruzadas.* **2** Producir un efecto o resultar del modo que se expresa: *Te sentará bien un vaso de leche. Ese corte de pelo te sienta muy mal. Me sienta fatal tener que salir ahora.* **3** Referido esp. a lo que sirve de apoyo, establecerlo, fundamentarlo o ponerlo: *La reunión sentó las bases de nuestra futura colaboración.* □ MORF. Irreg.: La *e* diptonga en *ie* en los presentes, excepto en las personas *nosotros* y *vosotros* →PENSAR.

sentencia s.f. **1** Resolución de un juez o de un tribunal que pone fin a un juicio o proceso: *La sentencia del tribunal condena al acusado a tres años de prisión.* **2** Decisión que da alguien acerca de algo que debe juzgar o componer: *Con la sentencia que dio el profesor sobre el asunto terminó la discusión de los alumnos.* **3** Dicho breve que encierra una enseñanza, generalmente de carácter moral: *La madre solía decir muchas sentencias populares para aconsejar a sus hijos.*

sentenciar v. **1** Dar o pronunciar una sentencia: *El tribunal sentenciará mañana el pleito.* **2** Condenar o culpar: *El juez lo sentenció a tres años de prisión.* □ ORTOGR. La *i* nunca lleva tilde.

sentido, da ▮ adj. **1** Que contiene o que expresa un sentimiento: *Expresó su dolor en unos sentidos versos.* **2** Referido a una persona, que se molesta o se ofende con mucha facilidad: *Es muy sentida y a la mínima se enfada.* ▮ s.m. **3** Capacidad para percibir, mediante determinados órganos corporales, impresiones externas: *El oído, el gusto, el tacto, la vista y el olfato son los cinco sentidos.* **4** Capacidad que se tiene para realizar algo: *No sabes cantar porque no tienes sentido musical.* **5** Entendimiento o capacidad de razonar: *El golpe lo dejó sin sentido. Espero que cuando sea mayor tenga más sentido.* **6** Lógica, finalidad o razón de ser: *Este texto absurdo carece de sentido.* **7** Modo particular de entender algo: *Tu sentido de la vida no es el mío.* **8** Significado de una palabra o de un conjunto de palabras: *Los diccionarios recogen los sentidos reales y los figurados de las palabras.* **9** Cada una de las dos orientaciones que tiene una misma dirección: *Esta calle es de doble sentido porque los coches circulan hacia arriba y hacia abajo.* **10** ‖ **sentido común.** Capacidad para juzgar razonablemente: *Eres muy alocado y tienes muy poco sentido común.* ‖ **sexto sentido.** Cualidad especial para apreciar lo que a otros les pasa inadvertido: *Para los negocios tiene un sexto sentido y siempre sabe dónde invertir.*

sentimental ▮ adj. **1** Que expresa o produce sentimientos, generalmente de amor, ternura o pena: *Me escribió una carta muy sentimental y terminé llorando.* **2** Relacionado con los sentimientos, esp. con el amoroso: *Mantiene una relación sentimental con una antigua amiga.* ▮ adj./s. **3** Que se deja llevar por los sentimientos o que muestra sensibilidad de un modo ridículo o exagerado: *No te pongas sentimental porque no es para tanto. Ante cualquier tontería se emociona porque es una sentimental.* □ MORF. 1. Como adjetivo es invariable en género. 2. Como sustantivo es de género común y exige concordancia en masculino o en femenino para señalar la diferencia de sexo: *el sentimental, la sentimental*.

sentimentalismo s.m. Conjunto de características relacionadas con los sentimientos: *Las novelas románticas se caracterizan por su sentimentalismo.*

sentimiento s.m. **1** Impresión que producen las cosas o los hechos en el ánimo: *El amor, el odio y el miedo son sentimientos muy fuertes.* **2** Estado de ánimo: *La noticia me produjo un sentimiento de indignación.* **3** Parte afectiva y emocional de una persona: *Eres cruel y no tienes sentimientos.*

sentir ▮ s.m. **1** Opinión, juicio o sentimiento sobre algo: *El sentir popular se manifiesta en las elecciones.* ▮ v. **2** Percibir a través de los sentidos: *Sentí frío al salir a la calle. Sentí tus pasos.* **3** Referido esp. a una sensación o a un sentimiento, experimentarlos o notarlos: *Siento miedo cuando estoy sola. Sentí mucha alegría al verte.* **4** Referido a algo que no ha ocurrido, presentirlo o tener la impresión de que va a ocurrir: *Siento que este asunto acabará mal.* **5** Lamentar o considerar doloroso y malo: *Siento que no hayas podido venir.* ▮ prnl. **6** Referido a un estado o una situación, encontrarse o estar en ellos: *Se siente triste y solo. Hoy me siento mejor.* □ MORF. Irreg. →SENTIR.

senyera (catalanismo) s.f. Bandera oficial de Cataluña (comunidad autónoma española): *La senyera está formada por bandas rojas y amarillas.* □ PRON. [señéra].

seña ▮ s.f. **1** Nota o detalle que permite reconocer y distinguir algo: *Por las señas que me dio creo que se refería a ti.* **2** Gesto con el que se da a entender algo; *señal: Me hizo una seña para que me callara.* **3** Signo o medio utilizado para recordar algo: *Hizo una seña en la hoja para recordar que faltaba la anterior.* ▮ pl. **4** Datos que constituyen una dirección, esp. la de una persona: *Si quieres que te escriba dame tus señas.* □ MORF. La acepción 1 se usa más en plural.

señal s.f. **1** Marca que se hace para reconocer o distinguir algo: *Haz una señal en los paquetes que son urgentes.* **2** Huella o impresión que queda de algo: *Si te pellizcas los granos te quedarán señales en la cara.* **3** Indicio o muestra de algo: *Los nubarrones son señal de próximas lluvias.* **4** Lo que representa, sustituye o evoca un objeto, un fenómeno o una acción; *signo: Las señales de tráfico representan convencionalmente una serie de normas.* **5** Gesto con el que se da a entender algo; *seña: Hizo una señal de asentimiento con la cabeza.* **6** Indicación que se da para que alguien realice algo: *Los corredores empezarán la carrera cuando se dé la señal de salida.* **7** Cantidad de dinero que se paga como anticipo del precio total de algo: *Si ahora no quiero el televisor perderé la señal que di.* **8** Sonido que producen algunos aparatos, esp. el teléfono, para avisar o informar de algo: *Si al descolgar el teléfono no hay señal, es que no hay línea.* **9** ‖ **en señal.** En prueba o en muestra de algo: *Recibe este obsequio en señal de mi amistad.* ‖ **señal de la cruz.** Cruz dibujada con varios dedos de la mano o con el movimiento de esta y que representa la cruz en la que murió Jesucristo: *Al entrar en la iglesia hizo la señal de la cruz.*

señalado, da adj. Importante, insigne o que goza de fama: *Solo se pone traje y corbata en fiestas muy señaladas.*

señalar ▌v. **1** Referido esp. a un objeto, ponerle una señal para conocerlo o para distinguirlo: *Señala la respuesta verdadera con una cruz. Señalé en rojo las faltas de ortografía.* **2** Apuntar, mostrar o indicar: *Señalar con el dedo es de mala educación. Hay que señalar la importancia de este trabajo.* **3** Referido esp. a una superficie, dejarle una marca o señal: *La viruela le señaló la cara.* **4** Fijar o decidir: *Tengo señalada esta botella de vino para el día de mi cumpleaños.* ▌prnl. **5** Distinguirse o destacarse: *En esta temporada te has señalado como un gran deportista.*

señalización s.f. Indicación por medio de señales, esp. de las de tráfico: *En esta carretera hay accidentes porque la señalización no es buena.*

señalizar v. Indicar con señales, esp. con las de tráfico: *La carretera estaba mal señalizada y el conductor no vio el desnivel.* □ ORTOGR. La *z* se cambia en *c* delante de *e* →CAZAR.

señor, -a ▌adj. **1** *col.* Seguido de algunos sustantivos, intensifica o da fuerza al significado de estos: *Vive en una señora casa. Tienes un señor problema y no puedo ayudarte.* ▌adj./s. **2** Dueño de algo o que tiene dominio sobre ello: *Los patricios romanos eran señores de muchos esclavos. Yo soy la señora de esta casa.* ▌s. **3** *col.* Persona adulta: *El mueble lo tuvieron que subir entre dos señores.* **4** Persona respetable y de cierta edad: *No le vayas con chismes porque ella es una señora y no atiende a habladurías.* **5** Respecto de un criado, amo o persona para la que trabaja: *Estoy planchando las camisas del señor.* **6** Tratamiento de respeto que se da a una persona adulta: *Señor, se le ha caído el bastón.* **7** Título que se antepone al apellido de un hombre o de una mujer casada o viuda, o al cargo que una persona desempeña: *El señor García le recibirá en un momento.* **8** Persona que tiene un título nobiliario, generalmente de origen feudal: *Al otorgarle el título, él y su esposa se convirtieron en señores.* ▌s.m. **9** Poseedor de estados y lugares, esp. si tiene sobre ellos dominio y jurisdicción: *Durante la Edad Media, los señores feudales disponían de la vida de sus siervos.* ▌s.f. **10** Mujer casada o esposa: *Vino a visitarme con su señora.* □ USO En la acepción 7, su uso antepuesto al nombre propio de persona se considera un vulgarismo: {*Señora María › doña María}.

señoría s.f. Tratamiento que se da a las personas que poseen cierta dignidad: *A los jueces y parlamentarios se les suele tratar de señoría.*

señorial adj. **1** Del señorío o relacionado con él: *Los siervos cultivaban las tierras señoriales.* **2** Noble o majestuoso: *Su familia vive en una mansión señorial.* □ MORF. Invariable en género.

señorío s.m. **1** Dominio o mando sobre algo: *Ejerce personalmente el señorío de sus fincas.* **2** Territorio sobre el que antiguamente un señor ejercía su autoridad: *En la época medieval, estas tierras fueron señorío de un conde.* **3** Gravedad, moderación y prudencia en el aspecto o al actuar: *Torea con mucho señorío.*

señorito, ta ▌s. **1** Hijo de un señor o de una persona distinguida: *Los antiguos señoritos vivían de las rentas de sus padres.* **2** *col.* Respecto de un criado, amo, esp. si es joven: *Estoy preparando la cena para el señorito.* **3** *col.* Persona joven, de buena posición económica y social y que generalmente no trabaja: *Él no puede trabajar en cualquier cosa porque es un señorito.* ▌s.f. **4** Tratamiento que se da a la mujer soltera: *¿Es usted señora o señorita?* **5** Tratamiento que se da a las mujeres que desempeñan ciertos trabajos, esp. a las maestras: *La señorita nos ha puesto muchos deberes. Una señorita atiende el teléfono de la oficina.*

señuelo s.m. **1** Lo que se utiliza para atraer a las aves: *Practica la caza con señuelo.* **2** Lo que sirve para atraer a alguien o convencerlo de algo con engaño: *Las prendas baratas que han colocado en el escaparate son un señuelo para atraer a los clientes.*

seo s.f. En algunas regiones, catedral: *La seo de Urgel es de estilo románico.*

sépalo s.m. En una flor, cada una de las partes que forman el cáliz: *Los sépalos son hojas transformadas y generalmente de color verde.* 👁 **flor**

separación s.f. **1** Hecho de separar o separarse dos o más elementos: *Las diferencias de opiniones no deben dar lugar a la separación de padres e hijos. Este biombo permite la separación de las dos camas.* **2** Distancia o espacio que existe entre dos elementos separados: *Deja una separación conveniente entre las sillas y la pared.* **3** Interrupción de la vida en común de dos cónyuges por conformidad o por resolución judicial sin que se produzca la ruptura del vínculo matrimonial: *Primero acordaron su separación y después pidieron la nulidad matrimonial.* **4** ‖ **separación de bienes.** Régimen matrimonial que permite que cada uno de los cónyuges conserve sus bienes propios administrándolos sin intervención del otro: *Se han casado con separación de bienes y el marido ha podido vender una casa que tenía sin necesidad de que aceptara su mujer.* □ SEM. En la acepción 3, dist. de *divorcio* (ruptura del vínculo matrimonial).

separar ▌v. **1** Referido a un elemento, alejarlo o hacer que deje de estar cerca de otro: *Separa las sillas de la mesa. Sepárate del televisor.* **2** Considerar de forma aislada: *Para analizar este tema hay que separar el aspecto social y el económico.* ▌prnl. **3** Referido a dos cónyuges, interrumpir su vida en común por conformidad o por resolución judicial sin que se produzca la ruptura del vínculo matrimonial: *Se separaron hace dos años y ahora* *les han concedido el divorcio.* **4** Referido a una comunidad política, hacerse autónoma respecto a otra a la que pertenecía: *Las naciones que componían la antigua URSS se separaron entre 1991 y 1992.* **5** Renunciar a la asociación o relación que se mantenía con algo: *Los socios se separaron y dividieron el capital de la empresa.*

separata s.f. Artículo o capítulo de una revista o libro que se publica por separado: *Las páginas de una separata conservan la misma numeración que tienen dentro de la obra completa.*

separatismo s.m. Doctrina política que defiende la separación de un territorio para alcanzar su independencia o para anexionarse a otro país: *El separatismo se desarrolló con fuerza en las naciones de la antigua URSS a partir de 1991.*

separatista ▌adj. **1** Del separatismo o relacionado con esta doctrina política: *La opresión cultural por parte de un Gobierno central puede dar lugar a movimientos separatistas.* ▌adj./s. **2** Partidario o seguidor del separatismo: *Las últimas elecciones las ganó un político separatista. Los separatistas fundamentan su actitud en la existencia de una serie de diferencias culturales.* □ MORF. 1. Como adjetivo es invariable en género. 2. Como sustantivo es de género común y exige concordancia en masculino o en femenino para señalar la diferencia de sexo: *el separatista, la separatista.*

sepelio s.m. Enterramiento de un cadáver con las correspondientes ceremonias, esp. si estas son religiosas: *El sepelio tendrá lugar en el cementerio municipal.*

sepia ▌adj./s.m. **1** De color rosa anaranjado: *El papel sepia es muy elegante. El sepia combina bien con el gris.* ▌s.f. **2** Molusco cefalópodo marino, de cuerpo ovalado y con diez tentáculos, parecido al calamar; *jibia: En este bar preparan muy bien las raciones de sepia.* □ MORF. En la acepción 2, es un sustantivo epiceno y la diferencia de sexo se señala mediante la oposición *la sepia {macho/hembra}.*

septentrión s.m. Norte: *La brújula marca el septentrión. Un fuerte septentrión nos desvió de nuestro rumbo.* □ SINT. Se usa mucho en aposición pospuesto a un sustantivo: *El barco se vio sacudido por un inesperado viento septentrión.*

septentrional adj. En astronomía y geografía, del septentrión o del norte; *boreal: Cantabria es una de las comunidades autónomas españolas septentrionales.* □ MORF. Invariable en género.

septiembre s.m. Noveno mes del año, entre agosto y octubre: *Los alumnos que suspenden en junio deben volver a examinarse en septiembre.*

séptimo, ma ▌numer. **1** En una serie, que ocupa el lugar número siete: *Vive en el séptimo piso. Llegué el séptimo a la meta.* **2** Referido a una parte, que constituye un todo junto con otras seis iguales a ella: *La séptima parte de 28 es 4. A cada guerrero le correspondió un séptimo del botín.* ▌s.f. **3** En música, intervalo existente entre una nota y la séptima nota anterior o posterior a ella en la escala, ambas inclusive: *De 'do' a 'si', hay una séptima ascendente.* □ MORF. Para las acepciones 1 y 2 ⟶APÉNDICE DE PRONOMBRES.

septuagésimo, ma numer. **1** En una serie, que ocupa el lugar número 70: *Es septuagésimo en la clasificación general. Ahora intervendrá el septuagésimo candidato.* **2** Referido a una parte, que constituye un todo junto con otras sesenta y nueve iguales a ella: *La septuagésima parte de setenta es uno. Solo llevo leído un septuagésimo del libro.* □ MORF. 1. *Septuagésima primera* (incorr. **septuagésimo primera*), etc. 2. ⟶APÉNDICE DE PRONOMBRES.

séptuplo, pla numer. Referido a una cantidad, que es siete veces mayor: *Gané una cantidad séptupla de lo que había invertido. El séptuplo de 7 es 49.* □ MORF. ⟶APÉNDICE DE PRONOMBRES.

sepulcral adj. Del sepulcro, con alguna de sus características o relacionado con él: *Reinaba en la sala un silencio sepulcral.* □ MORF. Invariable en género.

sepulcro s.m. **1** Construcción generalmente de piedra y levantada sobre el suelo en la que se da sepultura a uno o a varios cadáveres; *enterramiento: El matrimonio había dispuesto que se les enterrara en el mismo sepulcro.* **2** En un altar, hueco en el que se depositan las reliquias y que luego se cubre y se sella: *El sepulcro del altar contiene los restos de un santo.* □ SEM. Dist. de *cenotafio* (monumento funerario que no contiene el cadáver).

sepultar v. **1** Referido al cuerpo de un difunto, enterrarlo o ponerlo en la sepultura: *Lo han sepultado en el cementerio de su pueblo.* **2** Ocultar, esconder o cubrir totalmente: *El barro arrastrado por la riada sepultó calles y aceras.*

sepultura s.f. **1** Enterramiento del cuerpo de un difunto: *Recibió cristiana sepultura.* **2** Lugar en el que se entierra un cadáver; *enterramiento: En lo alto de la colina se encontraron varias sepulturas.* **3** Concavidad que se hace en la tierra para enterrar un cadáver; *hoya, hoyo: Cavaron la sepultura al lado de un ciprés.*

sepulturero, ra s. Persona que se dedica profesionalmente a abrir sepulturas y a enterrar cadáveres; *enterrador: Los sepultureros introdujeron el ataúd en la fosa.*

sequedad s.f. **1** Ausencia de líquido o de humedad: *Esta crema evita la sequedad de la piel.* **2** Falta de cariño o de amabilidad: *Me recibió con sequedad, como si estuviera molesto.*

sequía s.f. Período prolongado de tiempo seco o sin lluvias: *La sequía hace prolongar la cosecha de este año.*

séquito s.m. Conjunto de personas que acompañan y siguen a alguien importante o famoso: *Los reyes, acompañados de su séquito, visitaron la nueva fábrica.*

ser ▌s.m. **1** Cualquier cosa creada, esp. si está dotada de vida: *El agua es necesaria para la mayoría de los seres vivos.* **2** Persona: *¡Menudo ser te has buscado como socio...!* **3** Esencia o naturaleza: *La fiereza es parte del ser de muchos animales salvajes.* **4** Vida o existencia: *Agradéceles a tus padres el haberte dado el ser.* ▌v. **5** Seguido de una expresión que indica cualidad o condición, poseerla, esp. si es de forma inherente, permanente o duradera: *Yo soy moreno y tú eres rubio. La cuchara es para comer sopa. Soy zamorana.* **6** Seguido de una expresión que describe una acción, consistir en ella: *Su encanto es saber reírse de sí misma.* **7** Seguido de la preposición 'de' y de algunos infinitivos, resultar previsible la acción expresada por estos: *Era de suponer que llegarías tarde.* **8** Referido a un acontecimiento, suceder, ocurrir o producirse: *¿Sabes cómo fue el incendio?* **9** Haber o existir: *Érase un país donde solo había niños.* **10** Valer o costar: *¿A cómo es el cordero?* **11** Corresponder o tocar: *No he hecho esas tareas porque no eran mías.* **12** Indica hora o fecha: *Hoy es lunes.* **13** Indica el resultado de una operación aritmética: *Dos y dos son cuatro.* **14** ‖ **ser** alguien **muy suyo.** Ser muy independiente o tener muchas rarezas: *Siempre fuiste muy tuya y tomaste las decisiones por tu cuenta. Le gusta coger las vacaciones en* *invierno porque es muy suyo.* □ MORF. Irreg.: 1. Su participio es *sido*. 2. →**SER**. 3. En las acepciones 9 y 12, es verbo unipersonal: solo se usa en tercera persona y en las formas no personales (infinitivo, gerundio y participio). □ SINT. En la perífrasis *ser + participio*, se usa como auxiliar para formar la voz pasiva: *fue asesinado, ha sido atropellado, serás premiada.* □ USO En tercera persona del singular: 1. Se usa para afirmar o negar lo dicho: *'Así es', contestó cuando le pregunté si seguía trabajando. Tú dirás lo que quieras, pero eso no es así.* 2. En la lengua coloquial, puede preceder a oraciones independientes: *Es que no he llegado a ese capítulo todavía. ¿Cómo es que te vas?*

serafín s.m. Ángel que está en presencia de Dios: *El cuadro representaba a un serafín volando con un ascua en la mano.*

serbio, bia ▮ adj./s. **1** De Serbia o relacionado con este país europeo: *En la agricultura serbia destacan los cultivos de cereales, hortalizas y frutas. Los serbios estuvieron sometidos al Imperio otomano hasta principios del siglo XIX.* ▮ s.m. **2** Lengua eslava de este país: *El serbio es una variedad del serbocroata.* □ ORTOGR. Se admite también *servio*. □ MORF. Cuando se antepone a una palabra para formar compuestos adopta la forma *serbo-*.

serenar v. Apaciguar, sosegar o calmar la agitación: *Con aquel discurso intentaba serenar a la población. El mar se serenó cuando cesó el viento.*

serenata s.f. **1** Música en la calle o al aire libre y durante la noche en honor de una persona: *Los tunos estuvieron toda la noche de serenata al pie del balcón de una muchacha.* **2** *col.* Lo que se repite con una insistencia que molesta: *¡Vaya serenata dio el niño, llorando toda la noche!*

serenidad s.f. Tranquilidad o calma: *En los momentos de nerviosismo tienes que mantener la serenidad.*

sereno, na ▮ adj. **1** Claro, despejado o sin nubes ni nieblas: *Hace una mañana serena, perfecta para pasear.* **2** Apacible o sosegado: *Cuando te calmes y estés sereno verás que solo ha sido un susto.* **3** Que no está borracho: *Si no estás sereno, no conduzcas.* ▮ s.m. **4** Persona que vigilaba las calles durante la noche y abría las puertas de los portales cuando uno de los propietarios quería entrar: *Los serenos vestían una bata y una gorra azul.* **5** ‖ **al sereno.** A la intemperie durante la noche; *al fresco: Me olvidé las llaves del portal y tuve que pasar la noche al sereno.*

serial s.m. Obra que se emite en capítulos por radio o por televisión, esp. la que tiene un carácter muy emotivo y pretende conmover y hacer llorar: *Cuando no existía la televisión, todos seguían los seriales radiofónicos.*

serie s.f. **1** Conjunto de cosas relacionadas entre sí que se suceden unas a otras: *Una semana es una serie de siete días.* **2** Conjunto de personas o cosas que tienen algo en común: *Hay una serie de alumnos que no está conforme con las notas.* **3** Obra que se emite por capítulos en radio o en televisión: *No me he perdido ningún capítulo de esa serie.* **4** Conjunto de sellos, billetes o billetes de lotería que forman parte de una misma emisión: *La serie segunda del billete de lotería premiado tiene un premio adicional.* **5** En algunas competiciones deportivas, cada una de las pruebas eliminatorias para seleccionar a los mejores, que se enfrentarán en la final: *Ha sido primero en su serie de los 100 metros lisos y pasa a la final.* **6** ‖ **en serie.** Referido a una forma de fabricación, que produce muchos objetos iguales, según un mismo patrón: *La fabricación en serie permite una producción rápida.* ‖ **fuera de serie.** Muy bueno, mucho mejor de lo que se considera normal: *Es un estudiante fuera de serie y obtiene unas notas extraordinarias.*

seriedad s.f. **1** Responsabilidad, rigor y cuidado con que se hace algo: *Es una empresa de seriedad garantizada.* **2** Severidad o falta de humor o de alegría: *Viste con demasiada seriedad para ser tan joven.*

serio, ria adj. **1** Riguroso o responsable en la forma de actuar: *Puedes fiarte de ella porque la considero una persona seria.* **2** De aspecto severo o que impone respeto: *Con su seria mirada me indicó que me callara.* **3** Importante o de consideración: *No te rías porque lo que te estoy contando es muy serio.* **4** ‖ **en serio.** Sin engaño o burla: *Te lo digo en serio, así que hazme caso.*

sermón s.m. **1** Discurso u oración de carácter didáctico que predica el sacerdote ante los fieles: *El sermón del domingo tratará de la caridad.* **2** *col.* Amonestación, reprensión o consejos, esp. cuando resultan largos y pesados: *El profesor me echó un sermón por llegar tarde a clase.* □ USO La acepción 2 tiene un matiz despectivo. □ SINT. En la acepción 2 se usa más con los verbos *echar* y *soltar* (*Menudo sermón le solté*).

sermonear v. Echar sermones: *Cuando suspendo, mis padres me sermonean para que estudie más.* □ USO Tiene un matiz despectivo.

seronegativo, va adj./s. Referido esp. a una persona, que ha dado negativo en un diagnóstico a partir de suero, esp. en el que se hace para detectar el sida: *Le dijo al paciente que no se preocupara porque su análisis era seronegativo.*

seropositivo, va adj./s. Referido esp. a una persona, que ha dado positivo en un diagnóstico a partir de suero, esp. en el que se hace para detectar el sida: *Aunque no tengas síntomas, empezaremos a medicarte porque según tu análisis eres seropositivo.*

serpentear v. Moverse o extenderse dando vueltas o haciendo eses como las serpientes: *El sendero serpentea y sube hasta la cima de la montaña.*

serpentín s.m. Tubo largo enrollado en espiral que generalmente se usa para enfriar líquidos y vapores: *El aguardiente pasa por el serpentín del alambique.* 👁 **química**

serpentina s.f. Tira de papel enrollada que se usa en las fiestas, lanzándola sujeta por uno de los extremos: *En carnaval, el suelo estaba lleno de serpentinas de colores.*

serpiente s.f. **1** Reptil de cuerpo cilíndrico, escamoso y muy alargado, que no tiene patas y que vive en la tierra o en el agua; *culebra: Algunas serpientes son venenosas.* **2** ‖ **serpiente de cascabel.** La venenosa que tiene en el extremo de la cola unos anillos con los que emite un ruido particular al moverse: *Al sentirse atacada, la serpiente de cascabel mueve la cola para hacer ruido.* ‖ **serpiente de coral.** La venenosa que tiene el cuerpo cubierto de escamas de color rojo, amarillo y negro y que se alimenta de otras serpientes: *Las serpientes de coral viven semienterradas.* ‖ **(serpiente) pitón.** La de gran tamaño que tiene la cabeza parcialmente cubierta de escamas pequeñas y que es propia de los continentes asiático y africano: *Las serpientes pitón son las más grandes que existen.* □ MORF. Es un sustantivo epiceno y la diferencia de sexo se señala mediante la oposición *la serpiente {macho/hembra}*. 👁 serpiente, en la página siguiente.

serrallo s.m. En las viviendas musulmanas, parte desti-

a b c d e f g h i j k l m n ñ o p q r **s** t u v w x y z

nada a las mujeres; *harén: Las esposas del sultán vivían en el serrallo del palacio.*

serranía s.f. Terreno formado por montañas y sierras: *Hay muchas leyendas sobre los bandoleros que había en las serranías andaluzas.*

serrano, na ▮ adj. **1** *col.* Lozano o hermoso: *Todos admiran su cuerpo serrano.* ▮ adj./s. **2** De una sierra, de una serranía o relacionado con ellas: *Pasé el verano en un pueblo serrano. Una linda serrana de piel morena me indicó el camino.*

serrar v. Cortar o dividir con una sierra; *aserrar: Ese tronco tan grande no cabe en la chimenea y tendrás que serrarlo.* □ MORF. Irreg.: La *e* diptonga en *ie* en los presentes, excepto en las personas *nosotros* y *vosotros* →**PENSAR**.

serrería s.f. Taller en el que se sierra madera: *Después de talar los árboles, llevan los troncos a la serrería.*

serrín s.m. Conjunto de partículas de madera que se desprenden al serrar: *Echa serrín en el suelo para que empape el agua.*

serrucho s.m. Sierra de hoja ancha que generalmente solo tiene una empuñadura: *La hoja del serrucho es más ancha por la parte cercana al mango.*

serventesio s.m. En métrica, estrofa formada por cuatro versos de arte mayor, de rima consonante, y cuyo esquema es *ABAB*: *El serventesio es una variante del cuarteto y se diferencia de este en la distribución de la rima.*

servicial adj. Referido a una persona, que sirve con cuidado y que acude con prontitud a complacer y a servir: *En esta tienda, los empleados son muy serviciales y amables.* □ MORF. Invariable en género.

servicio s.m. **1** Utilidad de algo para un fin o para el desempeño de una tarea o función: *No tires el paraguas porque todavía me hace un buen servicio.* **2** Beneficio o favor que se hacen a otra persona: *Menudo servicio me has hecho contándole eso a tu padre.* **3** Reparto o suministro de algo: *Una avería ha dejado sin servicio de electricidad a la población.* **4** En algunos deportes, esp. en el tenis, saque o puesta en juego de la pelota desde el campo propio: *Este tenista tiene un servicio muy potente.* **5** Conjunto de objetos que se utilizan para algo: *Me he comprado un servicio de té.* **6** Organización y personal destinados a satisfacer las necesidades de una entidad o de los ciudadanos: *En el pueblo hay un buen servicio médico.* **7** *euf.* Retrete: *El camarero me dijo que el servicio de señoras estaba al fondo del pasillo.* **8** ‖ **al servicio** de alguien. Expresión de cortesía que se usa como ofrecimiento para algo: *Mi coche está a tu servicio, así que cuando lo necesites no tienes más que cogerlo.* ‖ **de servicio.** Desempeñando un cargo o una función durante un turno de trabajo: *El policía rechazó la copa de vino porque estaba de servicio.* ‖ **(servicio de) inteligencia.** Organización secreta de un país para dirigir y organizar el espionaje: *El protagonista de aquella novela trabajaba para el servicio de inteligencia británico.* ‖ **servicio (doméstico).** Persona o conjunto de personas que se dedican profesionalmente a las tareas del hogar: *El servicio doméstico del palacio pedía un aumento de sueldo.* ‖ **servicio (militar).** El que presta un ciudadano a su país actuando como soldado en el ejército durante un período de tiempo determinado; *mili, milicia: Le ha llegado una carta del Ministerio de Defensa para que se incorpore al servicio militar.* □ SINT. *De servicio* se usa más con los verbos *entrar*, *estar*, *salir* o equivalentes.

SERPIENTE o CULEBRA

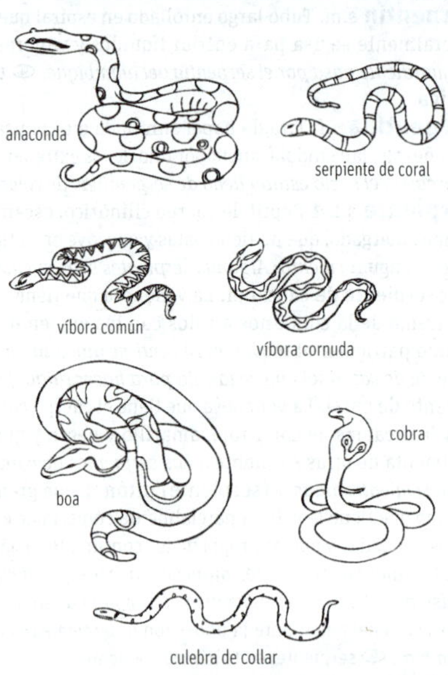

servidor, -a s. *col.* Expresión que usa la persona que habla para referirse a sí misma: *Un servidor se va a dormir.* □ MORF. Se usa con el verbo en tercera persona del singular. □ SINT. Suele usarse precedido del artículo indeterminado. □ USO Se usaba como expresión de cortesía para contestar cuando se era llamado: *Cuando decían en clase mi nombre, yo contestaba con un servidora.*

servidumbre s.f. **1** Conjunto de criados que sirven en un tiempo o en una casa: *El dueño de la mansión reunió a la servidumbre para presentarles a su nueva esposa.* **2** Estado o condición de siervo: *La colonia se independizó de la metrópoli y se liberó de la servidumbre.* **3** Obligación o carga inexcusables: *Su padre le impuso la servidumbre de cuidar del negocio familiar.*

servil adj. Que indica o manifiesta servilismo: *No le importa mantener una actitud servil con tal de conseguir el puesto.* □ MORF. Invariable en género.

servilismo s.m. Sometimiento o ciega adhesión a la autoridad: *Todos critican su servilismo cuando lo ven humillándose ante sus superiores.*

servilleta s.f. Pieza de tela o de papel que sirve para limpiarse las manos o los labios durante las comidas: *Después de comer se limpió con la servilleta.*

servilletero s.m. Utensilio que sirve para meter las servilletas: *Cada miembro de la familia tiene el servilletero de un color distinto.*

servio, via adj. →**serbio, bia.**

servir ▮ v. **1** Valer o ser de utilidad para un fin determinado: *Estos datos servirán para mi estudio.* **2** Estar al servicio de otro o hacer algo en su beneficio o en su favor: *Se dedica a servir en una casa de las afueras. El espía se justificó diciendo que servía a su patria.* **3** Referido a una persona, estar sujeto a ella, haciendo lo que esta quiere o dispone: *Los escuderos servían a los caballeros.* **4** Ser soldado en activo: *Sirve en un regimiento de caballería.* **5** Atender una mesa, trayendo o repartiendo los alimentos o las bebidas: *En este restaurante* *sirven cuatro camareros. Llevamos media hora esperando a que nos sirvan.* **6** En algunos deportes, esp. en el tenis, poner la pelota en juego desde el propio campo: *Este tenista sirve con mucha potencia.* **7** Repartir o suministrar mercancías: *El repartidor solo sirve los lunes.* **8** Referido a comida o a bebida, ponerlas en el plato o en el vaso: *¿Me sirves un poco más de arroz, por favor?* **9** Referido a Dios, adorarlo o dedicarse a glorificarlo y venerarlo: *Las monjas se dedican a servir a Dios.* ▮ prnl. **10** Referido a una acción, querer hacerla o acceder a ello: *Sírvase venir cuando tenga un momento.* **11** Utilizar para el uso propio: *Se sirvió de unas amistades para obtener la información.* □ MORF. Irreg.: La *e* se cambia en *i* cuando la sílaba siguiente no tiene *i* o la tiene formando diptongo →PEDIR. □ SINT. Constr. de la acepción 11: *servirse* DE *algo*.

servo- Elemento compositivo que significa 'mecanismo o sistema auxiliar': *Servodirección, servofreno.*

sésamo s.m. **1** Planta herbácea con flores acampanadas cuyo fruto contiene numerosas semillas amarillentas, muy usadas como alimento y para la obtención de aceite: *El sésamo es originario de la India.* **2** Semilla de esta planta: *El pan de la hamburguesa lleva sésamo por encima.* □ SEM. Es sinónimo de *ajonjolí*.

sesear v. Pronunciar la *z* o la *c* ante *e*, *i* como la *s*: *Si al leer 'zona' pronuncias [sóna], estás seseando.* □ SEM. Dist. de *cecear* (pronunciar la *s* como la *z* o como la *c* ante *e*, *i*).

sesenta ▮ numer. **1** Número 60: *Quiere jubilarse a los sesenta años. Sesenta es el resultado de multiplicar diez por seis.* ▮ s.m. **2** Signo que representa este número: *Los romanos escribían el sesenta como 'LX'.* □ MORF. 1. Como numeral es invariable en género y en número. 2. →APÉNDICE DE PRONOMBRES.

sesentavo, va numer. Referido a una parte, que constituye un todo junto con otras cincuenta y nueve iguales a ella: *Como éramos sesenta, a cada uno pagó una sesentava parte del regalo. Eran sesenta los herederos y a cada uno le tocó un sesentavo de la herencia.* □ MORF. →APÉNDICE DE PRONOMBRES.

sesentón, -a adj./s. *col.* Referido a una persona, que tiene más de sesenta años y aún no ha cumplido los setenta: *Las personas sesentonas suelen estar jubiladas. Su abuelo es un sesentón lleno de energía.*

seseo s.m. Pronunciación de la *z* o de la *c* ante *e*, *i* como la *s*: *Estamos ante un caso de seseo si al leer 'caza' pronunciamos [casa].* □ SEM. Dist. de *ceceo* (pronunciación de la *s* como la *z* o como la *c* ante *e*, *i*).

sesera s.f. **1** *col.* Juicio o inteligencia: *Para hacer esa carrera hay que tener mucha sesera.* **2** *col.* Cabeza humana: *Se dio un golpe en la sesera y le ha salido un chichón.*

sesgado, da adj. Que manifiesta parcialidad o que obedece a determinados intereses: *Dieron al público una información sesgada para que no tuviera un conocimiento completo de los hechos.*

sesgo s.m. Dirección o rumbo que toma un asunto, esp. si es desfavorable: *Cuando vio que el negocio tomaba un sesgo peligroso prefirió retirarse.*

sesión s.f. **1** Reunión o junta: *A esta sesión del Congreso han asistido casi todos los diputados.* **2** En un teatro o en un cine, cada una de las representaciones o de los pases que se celebran a distintas horas en un mismo día: *Los actores de teatro dicen que es cansado representar dos sesiones diarias.* **3** Espacio de tiempo durante el que se desarrolla una actividad: *El masajista me aseguró que notaría una mejoría a partir de la quinta sesión.* **4** ‖ **levantar la sesión.** Concluirla o darla por terminada: *El presidente levantó la sesión en cuanto estuvieron resueltos todos los puntos del orden del día.*

seso s.m. **1** Masa de tejido nervioso contenida en el cráneo: *Para cenar, hay sesos de ternera rebozados.* 👁 **carne** **2** Madurez, juicio o prudencia: *Esta decisión indica que tienes poco seso.* **3** ‖ **devanarse los sesos.** *col.* Pensar mucho en algo: *No te devanes los sesos porque no conseguirás resolver el acertijo.* ‖ **sorberle el seso** a alguien. Ejercer sobre él una gran influencia: *Sus amigos te tienen sorbido el seso y haces lo que ellos te digan.* □ ORTOGR. Dist. de *sexo*.

sestear v. Dormir la siesta o descansar después de la comida: *Por las tardes suele sestear una media hora.*

set s.m. **1** En algunos deportes, cada una de las partes en que se divide un partido: *Cada set de tenis se compone de seis juegos.* **2** Conjunto formado por una serie de elementos que sirven para el mismo fin o tienen una función común: *Este set de limpieza consta de detergente, lejía, cera, una bayeta y un cepillo.* □ ORTOGR. Es un término del inglés (*set*) adaptado al español. □ MORF. Su plural es *sets*.

seta s.f. Parte visible de algunos hongos que forma el aparato reproductor y que suele tener forma de sombrilla: *Los níscalos y los champiñones son setas comestibles.*

setecientos, tas ▮ numer. **1** Número 700: *Había setecientas personas en la conferencia. Quería muchas fotos de su boda y encargó setecientas.* ▮ s.m. **2** Signo que representa este número: *Los romanos escribían el setecientos como 'DCC'.* □ MORF. 1. Como numeral es invariable en número. 2. Incorr. *página {*setecientos › setecientas}*. 3. →APÉNDICE DE PRONOMBRES.

setenta ▮ numer. **1** Número 70: *He escrito un artículo de setenta páginas para esa revista literaria. Setenta es siete veces diez.* ▮ s.m. **2** Signo que representa este número: *Los romanos escribían el setenta como 'LXX'.* □ MORF. 1. Como numeral es invariable en género y en número. 2. →APÉNDICE DE PRONOMBRES.

setentavo, va numer. Referido a una parte, que constituye un todo junto con otras sesenta y nueve iguales a ella: *Un centímetro es la setentava parte de una regla de setenta centímetros. Solo me ha pagado un setentavo de todo lo que me debe.* □ MORF. →APÉNDICE DE PRONOMBRES.

setentón, -a adj./s. *col.* Referido a una persona, que tiene más de setenta años y aún no ha cumplido los ochenta: *El hogar del jubilado estaba lleno de personas setentonas. Su abuela es una setentona muy vital.*

seto s.m. Cercado o valla hechos con palos o con ramas entretejidas o con plantas muy juntas: *Un seto rodea el jardín.*

setter (anglicismo) adj./s.m. Referido a un perro, de la raza que se caracteriza por tener pelo largo, sedoso y ondulado, cabeza alargada y orejas caídas: *Tiene un cachorro setter muy juguetón. El setter inglés es un perro de caza.* □ PRON. [séter]. □ MORF. Como adjetivo es invariable en género. 👁 **perro**

seudo- Elemento compositivo que significa 'falso': *Seudópodo, seudoprofeta, seudovacaciones.* □ MORF. Puede adoptar la forma *pseudo-*. □ USO Se usa mucho en la lengua coloquial.

a b c d e f g h i j k l m n ñ o p q r s t u v w x y z

seudónimo s.m. Nombre falso utilizado por un autor para encubrir su nombre verdadero: *Sus novelas eróticas las publica con seudónimo porque no quiere que sepan que son suyas.* □ SEM. Dist. de *heterónimo* (nombre con que un autor firma parte de su obra cuando adopta una personalidad fingida).

seudópodo s.m. Prolongación transitoria de algunas células que les permite el movimiento y la nutrición: *Las amebas y los leucocitos utilizan seudópodos.*

severidad s.f. **1** Rigor, dureza o falta de tolerancia o de comprensión: *Educa a sus hijos con demasiada severidad.* **2** Exactitud y rigidez en el cumplimiento de una ley, una norma o una regla: *La policía de tráfico hace cumplir las normas con severidad.*

severo, ra adj. **1** Riguroso, áspero o duro en el comportamiento o falto de tolerancia y comprensión: *No le pongas un castigo tan severo.* **2** Exacto y rígido en el cumplimiento de una ley, una norma o una regla: *Un juez severo como él no se dejará influenciar por nadie.*

sevillano, na ▌adj./s. **1** De Sevilla o relacionado con esta provincia española o con su capital: *En la capital sevillana se celebró una exposición universal en el año 1992. Los sevillanos tienen fama de simpáticos.* ▌s.f.pl. **2** Música típicamente sevillana y con la cual se cantan seguidillas: *Tócanos unas sevillanas, que tenemos ganas de bailar.* **3** Baile de pareja o individual que se ejecuta al compás de esta música: *En la feria de Sevilla, por todas partes se ve gente bailando sevillanas.* □ MORF. En la acepción 1, como sustantivo se refiere solo a las personas de Sevilla.

sexagenario, ria adj./s. Que tiene más de sesenta años y aún no ha cumplido los setenta: *Mi padre me dijo que en el jardín había varios árboles sexagenarios. Es un sexagenario al que le gusta hacer mucho deporte.*

sexagesimal adj. Referido a un sistema de numeración o de medida, que tiene como base el número sesenta: *El sistema sexagesimal divide los grados de una circunferencia en sesenta minutos y estos, en sesenta segundos.*

sexagésimo, ma numer. **1** En una serie, que ocupa el lugar número sesenta: *La asociación cultural a la que pertenezco ha convocado su sexagésimo premio de poesía. Esta poesía es la sexagésima dentro del cómputo total de sus poemas.* **2** Referido a una parte, que constituye un todo junto con otras cincuenta y nueve iguales a ella: *Un minuto es la sexagésima parte de una hora. Un sexagésimo de los entrevistados no contestó a esta pregunta.* □ MORF. 1. *Sexagésima primera* (incorr. **sexagésimo primera*), etc. 2. ⟶APÉNDICE DE PRONOMBRES.

sex-appeal (anglicismo) s.m. Atractivo físico o sexual de una persona: *Esa actriz no es muy guapa, pero tiene un gran sex-appeal.* □ PRON. [sexapíl].

sexenio s.m. Período de tiempo de seis años: *Durante un sexenio trabajé allí, pero al séptimo año me cambié de trabajo.*

sexi adj. Que tiene atractivo sexual o que lo resalta: *Es un chico con una mirada muy sexi.* □ ORTOGR. Es un anglicismo (*sexy*) adaptado al español.

sexismo s.m. Discriminación o valoración de las personas según su sexo: *Se debe evitar el sexismo en la educación.*

sexista adj./s. Que discrimina o valora a las personas según su sexo: *La idea de que las mujeres deben estar guapas y los hombres deben ser listos es una creencia sexista. Eres un sexista si piensas que las niñas no pueden tener una educación como la de los niños.* □ MORF. 1. Como adjetivo es invariable en género. 2. Como sustantivo es de género común y exige concordancia en masculino o en femenino para señalar la diferencia de sexo: *el sexista, la sexista.*

sexo s.m. **1** Condición orgánica de los seres vivos por la que se distingue el macho de la hembra: *En algunas especies animales es difícil distinguir el sexo de sus individuos.* **2** Conjunto de individuos de una especie que tienen esta condición orgánica igual: *Las mujeres y las niñas forman parte del sexo femenino.* **3** Órganos sexuales externos: *Las fotos en las que se le veía el sexo fueron censuradas.* **4** Lo que está relacionado con la reproducción o con el placer sexual: *En esa película no hay escenas de sexo.* □ ORTOGR. Dist. de *seso*.

sex-shop (anglicismo) s.m. Tienda en la que se venden artículos eróticos o que ofrece servicios relacionados con el erotismo o con la excitación sexual: *Es raro que un sex-shop tenga escaparates para exponer sus artículos.* □ PRON. [sexchóp], con *ch* suave.

sex-symbol (anglicismo) s. Persona que es considerada como representante del atractivo sexual: *Esa actriz pretende ser la sex-symbol de este siglo.* □ PRON. [sexímbol]. □ MORF. Es de género común: *el sex-symbol, la sex-symbol.*

sexteto s.m. **1** Composición musical escrita para seis instrumentos o para seis voces: *Son famosos los quintetos y sextetos para cuerda de Brahms.* **2** Conjunto formado por este número de instrumentos o de voces: *El grupo de cámara que actúa hoy es un sexteto.* **3** En métrica, estrofa formada por seis versos de arte mayor, generalmente endecasílabos: *Fray Luis de León utilizó el sexteto en sus versos.*

sextilla s.f. En métrica, estrofa formada por seis versos de arte menor: *La copla de pie quebrado es un tipo de sextilla.*

sexto, ta ▌numer. **1** En una serie, que ocupa el lugar número seis: *Vivo en el sexto piso. Soy el sexto de mis hermanos.* **2** Referido a una parte, que constituye un todo junto con otras cinco iguales a ella: *Se ha llenado solo la sexta parte del teatro. Divide la tarta en seis partes y coge un sexto para ti.* ▌s.f. **3** En la Iglesia católica, quinta de las horas canónicas: *La sexta se reza después de la tercia.* **4** En el motor de algunos vehículos, marcha o velocidad con mayor recorrido: *En la autopista puedes ir casi siempre en sexta.* □ MORF. Para las acepciones 1 y 2 ⟶APÉNDICE DE PRONOMBRES.

séxtuplo, pla numer. Referido a una cantidad, que es seis veces mayor: *Respecto a lo que empecé ganando, ahora gano una cantidad séxtupla. Treinta y seis es el séxtuplo de seis.* □ MORF. ⟶APÉNDICE DE PRONOMBRES.

sexuado, da adj. Referido a un ser vivo, que tiene órganos sexuales bien desarrollados y aptos para la fecundación: *Las personas somos seres sexuados.*

sexual adj. Del sexo, de la sexualidad o relacionado con ellos: *Es virgen porque nunca ha tenido relaciones sexuales.* □ ORTOGR. Dist. de *sensual*.

sexualidad s.f. **1** Conjunto de características anatómicas, fisiológicas y psicológicas propias de cada sexo o de cada persona en lo relacionado con el sexo: *La sexualidad masculina es diferente de la femenina.* **2** Deseo sexual o tendencia a disfrutar del placer sexual: *Ese actor ha sido tan censurado y adorado porque desprende sexualidad en cada movimiento.* □ ORTOGR. Dist. de *sensualidad*.

sexy (anglicismo) adj. ⟶**sexi.** □ PRON. [séxi].

sheriff (anglicismo) s.m. En algunos países, esp. en Estados Unidos (país norteamericano), persona encargada de mantener la ley y el orden en algunas circunscripciones: *Ha llegado el sheriff del condado para arrestar a los bandidos.* □ PRON. [chérif], con *ch* suave.

shock s.m. →**choque.** □ USO Es un anglicismo innecesario.

short (anglicismo) s.m. Pantalón corto que llega como mucho a la mitad del muslo: *En verano, casi siempre va vestida con un short y una camiseta.* □ PRON. [chort], con *ch* y *t* suaves.

show (anglicismo) s.m. **1** Espectáculo o número de variedades: *Lo más divertido de este programa es el show que hacen los humoristas.* **2** *col.* Situación o acción en las que se llama la atención de la gente: *Como vuelvas a montar un show así delante de todos, no vuelvo a salir contigo.* □ PRON. [chóu], con *ch* suave. □ MORF. Su plural es *shows.* □ USO La acepción 2 se usa más en la expresión *montar un show.*

showman (anglicismo) s.m. Presentador o artista famoso que interviene en un espectáculo: *La gran audiencia de programa se la debemos al showman que lo lleva.* □ PRON. [chóuman], con *ch* suave. □ MORF. Como femenino se usa *showoman.*

si ▮ s.m. **1** En música, séptima nota de la escala de do mayor: *En clave de sol, el si se escribe en la tercera línea del pentagrama.* ▮ conj. **2** Enlace gramatical subordinante con valor condicional que expresa condición o suposición: *Saldré si no llueve.* **3** Enlace gramatical subordinante que introduce oraciones interrogativas indirectas, a veces con matiz de duda: *No sé si va a venir.* **4** Precedida del adverbio 'como' o de la conjunción 'que', indica comparación: *Grita como si lo estuvieran matando.* **5** Enfatiza expresiones de duda o afirmación: *Fíjate si es tonto que cree que las vacas vuelan.* **6** Introduce oraciones desiderativas: *Si pudieras ayudarme...* **7** Enlace gramatical con valor distributivo y que, repetido, se usa para coordinar: *Si voy te quejas, si no voy también.* **8** Enlace gramatical coordinante con valor adversativo: *Si aprobé las matemáticas, suspendí la física.* **9** Seguido del adverbio de negación 'no', forma expresiones elípticas que equivalen a *en caso contrario* o *de otra forma*: *Limpia los zapatos, si no, te quedas aquí.* **10** ‖ **si bien.** Enlace gramatical coordinante con valor adversativo; *aunque: Si bien yo no puedo, buscaré a alguien que lo haga.* □ ORTOGR. 1. Dist. de *sí.* 2. En la acepción 9, dist. de *sino.*

sí ▮ pron.pers. **1** Forma reflexiva de la tercera persona que corresponde a la función de complemento precedido de preposición: *Volvió en sí después de estar un minuto inconsciente.* ▮ s.m. **2** Permiso o consentimiento: *Esperó el sí con ansiedad.* ▮ adv. **3** Expresa afirmación, esp. en respuesta a una pregunta: *Sí, quiero verte.* **4** Expresa un énfasis especial: *Tu casa sí que es bonita.* **5** ‖ **de por sí.** Sin tener en cuenta otras cosas o a parte de lo demás: *Si el chico ya es de por sí travieso, cuando se junta con otros es un vándalo.* ‖ **porque sí.** *col.* Sin causa justificada y solo por propia voluntad: *Vendrás conmigo porque sí.* □ ORTOGR. Dist. de *si.* □ MORF. 1. Como pronombre, no tiene diferenciación de género ni de número. 2. Para la acepción 1 →APÉNDICE DE PRONOMBRES. 3. Como sustantivo, su plural es *síes.*

siamés, -a ▮ adj./s. **1** Referido a un gato, de la raza que se caracteriza por ser de color pardo o grisáceo, con las orejas, las patas, el hocico y la cola más oscuros: *Los gatos siameses suelen tener los ojos de color azul. Tengo un siamés y hay que cuidarle mucho el pelo.* ▮ s.m.pl. **2** →**hermanos siameses.**

sibarita adj./s. Aficionado al lujo y a los placeres refinados: *Veranea en un balneario porque tiene un gusto muy sibarita. Es un sibarita y le gusta comer lo más exquisito.* □ MORF. 1. Como adjetivo es invariable en género. 2. Como sustantivo es de género común y exige concordancia en masculino o en femenino para señalar la diferencia de sexo: *el sibarita, la sibarita.*

siberiano, na adj./s. De Siberia o relacionado con esta región asiática: *Las tierras siberianas sufren un clima continental extremado. Los siberianos alcanzaron una gran expansión industrial a principios del siglo XX.* □ MORF. Como sustantivo se refiere solo a las personas de Siberia.

sibila s.f. Mujer a la que los antiguos griegos y romanos atribuían el poder de predecir el futuro: *Cuando la sibila profetizó la catástrofe, nadie quiso creerla.*

sibilante ▮ adj. **1** Referido a un sonido, que se articula haciendo pasar el aire por un estrecho canal formado por la lengua y los alveolos superiores: *Para pedir silencio se hace un sonido sibilante.* ▮ s.f. **2** Letra que representa este sonido: *La 's' es una sibilante.* □ MORF. Como adjetivo es invariable en género.

sibilino, na adj. Oscuro, misterioso o que encubre varios significados: *Sus respuestas sibilinas nos desconcertaron porque nadie sabía a qué se refería.*

sic (latinismo) adv. Así, de este modo o tal y como se reproduce: *En un cartel de propaganda había escrito 'Tenga las mejores bacaciones (sic) de su vida'.* □ USO Se usa en textos escritos, generalmente entre paréntesis, para dar a entender que una palabra que pudiera parecer un error es textual.

sicario s.m. **1** Asesino a sueldo: *El gánster iba acompañado por dos sicarios.* **2** Persona que coopera servilmente con otra más poderosa y la ayuda en sus acciones y planes: *El jefe de la pandilla siempre está rodeado por sus más fieles sicarios.*

siciliano, na ▮ adj./s. **1** De Sicilia (isla mediterránea italiana), o relacionado con ella: *La mafia siciliana es una de las más temibles. Los sicilianos tienen fama de ser supersticiosos.* ▮ s.m. **2** Dialecto del italiano que se habla en esta isla: *Cuando fui a Sicilia no entendí nada del siciliano aunque sé bastante italiano.* □ MORF. En la acepción 1, como sustantivo se refiere solo a las personas de Sicilia.

sico- →**psico-.**

sicoanálisis s.m. →**psicoanálisis.**

sicología s.f. →**psicología.**

sicológico, ca adj. →**psicológico, ca.**

sicólogo, ga s. →**psicólogo, ga.**

sicópata s. →**psicópata.** □ MORF. Es de género común y exige concordancia en masculino o en femenino para señalar la diferencia de sexo: *el sicópata, la sicópata.*

sicopatía s.f. →**psicopatía.**

sicosis s.f. →**psicosis.** □ MORF. Invariable en número.

sida s.m. Enfermedad infecciosa producida por un virus, que se transmite sexualmente o a través de la sangre y que destruye los mecanismos de defensa del cuerpo humano: *Muchos drogadictos adquieren el sida por intercambiarse jeringuillas usadas.* □ MORF. Es un acrónimo que procede de la sigla de *síndrome de inmunodeficiencia adquirida.*

sidecar s.m. Especie de cochecito con una rueda lateral que se acopla al costado de una motocicleta para transportar a una o dos personas: *Antes había más motos con sidecar.*

sideral adj. De los astros o de las estrellas o relacionado con ellos: *Las naves espaciales recorren los espacios siderales.* ☐ MORF. Invariable en género.

siderurgia s.f. Técnica de extraer y de elaborar industrialmente el hierro: *La siderurgia es una parte de la metalurgia.*

siderúrgico, ca adj. De la siderurgia o relacionado con ella: *El acero es uno de los principales productos siderúrgicos.*

sidoso, sa adj./s. *col.* Referido a una persona, que padece sida: *Los enfermos sidosos son frecuentemente discriminados. Visitó la sala de sidosos y el aspecto de algunos enfermos era patético.*

sidra s.f. Bebida alcohólica obtenida por la fermentación de zumo de manzanas: *Como la sidra asturiana no hay ninguna.*

sidrería s.f. Establecimiento en el que se vende sidra o se sirve como especialidad: *En Asturias hay muchas sidrerías.*

siega s.f. **1** Corte o recolección del cereal maduro o de la hierba: *El verano es el tiempo oportuno para la siega de los cereales.* **2** Tiempo en que se siega: *En la siega siempre hace mucho calor.* **3** Conjunto de cereal segado: *Después de segar hay que recoger la siega.*

siembra s.f. **1** Colocación o esparcimiento de las semillas sobre la tierra para que germinen: *En época de siembra hay mucho que hacer en el campo.* **2** Tiempo en que se siembra: *Una de las épocas que más me gusta es la siembra.*

siempre adv. **1** En todo momento o durante toda la vida: *Siempre dices que no. Te querré siempre.* **2** En todo caso o por lo menos: *Aunque no puedo acompañarte, siempre tienes la posibilidad de llamar a alguien.* **3** ‖ **hasta siempre.** Expresión que se usa como despedida y que encierra un sentimiento positivo muy profundo: *No os olvidaré, ¡hasta siempre!* ‖ **siempre {que/y cuando}.** Enlace gramatical subordinante con valor condicional: *Saldrás a jugar siempre que hayas hecho los deberes.* ☐ SEM. La acepción 1, en la expresión *siempre jamás*, tiene un matiz intensivo.

siempreviva s.f. **1** Planta herbácea que tiene flores que duran sin alterarse mucho tiempo después de ser cortadas: *Hay muchos tipos de siemprevivas.* **2** Flor de esta planta: *Corta las siemprevivas antes de que se abran del todo y te durarán meses y meses sin estropearse y sin ponerlas en agua.*

sien s.f. Cada una de las dos partes laterales de la cabeza comprendidas entre la frente, la oreja y la mejilla: *Cuando me duele la cabeza siento un molesto latido en las sienes.*

sierra s.f. **1** Herramienta formada por una hoja de acero dentada provista de una empuñadura, que sirve para cortar madera u otros objetos duros: *He tenido que cortar con una sierra el hueso del jamón.* **2** Cordillera montañosa de poca extensión o con montes y peñascos cortados: *En el horizonte se veía la sierra con las cumbres nevadas.*

siervo, va s. **1** En el sistema feudal, campesino sometido personalmente al poder del señor: *Los siervos debían obediencia absoluta a su señor, que los protegía.* **2** Persona totalmente entregada al servicio de otra: *Ese es el siervo fiel del director general.*

siesta s.f. Sueño breve que se echa después de comer: *Voy a echar una siesta y después fregaré los platos.*

siete ▌numer. **1** Número 7: *Mi sobrino tiene siete años. Siete es un número primo.* ▌s.m. **2** Signo que representa este número: *Los romanos escribían el siete como 'VII'.* **3** *col.* Roto en forma de ángulo que se hace en un vestido o en una tela: *Me enganché con la mesa y se me hizo un siete en la falda.* **4** ‖ **(las) siete y media.** Juego de cartas en el que gana el jugador que hace 7,5 puntos exactos o el que se acerque más a ellos sin sobrepasarlos: *Para jugar a las siete y media, es mejor plantarse con pocos puntos que pasarse.* ☐ MORF. 1. Como numeral es invariable en género y en número. 2. ⟶APÉNDICE DE PRONOMBRES.

sietemesino, na adj./s. Que nace a los siete meses de gestación en vez de a los nueve normales: *Todos sus hijos han sido sietemesinos. Los sietemesinos suelen pasar un tiempo en la incubadora.*

sífilis s.f. Enfermedad infecciosa de transmisión sexual que puede ser tratada en sus primeras fases con penicilina y que ha ocasionado una gran mortandad en tiempos pasados: *La sífilis también se transmite de la madre al hijo durante el embarazo.*

sifilítico, ca ▌adj. **1** De la sífilis o relacionado con ella: *La bacteria sifilítica es el 'Treponema pallidum'.* ▌adj./s. **2** Que padece sífilis: *Una madre sifilítica puede transmitir la enfermedad al feto. Antes los sifilíticos morían casi todos.*

sifón s.m. **1** Botella cerrada herméticamente que contiene agua con gas carbónico y que tiene en la boca un mecanismo que, al ser presionado, deja salir el agua empujada por la presión del gas: *Se me cayó el sifón y se me rompió.* **2** Agua carbónica que contiene esta botella: *El vino con sifón está muy bueno.*

sigilo s.m. Secreto con el que se hace algo: *Trataron el tema con sigilo para que no se enterara nadie.*

sigiloso, sa adj. Con sigilo: *Entré de forma sigilosa para no despertar a nadie.*

sigla s.f. Término formado con las iniciales de otras palabras que forman un enunciado: *'ONU' es la sigla de 'Organización de las Naciones Unidas'.* ☐ USO ⟶APÉNDICE DE SIGLAS.

siglo s.m. Período de tiempo de cien años; *centuria: Vivimos en el siglo XX.*

sigma s.f. En el alfabeto griego clásico, nombre de la decimoctava letra: *La grafía de la sigma en final de palabra es similar a nuestra 's' y en los demás casos es ';gs'.*

signatario, ria adj./s. Que firma: *El responsable de este informe es la persona signataria. Los signatarios del contrato deben pasar por el despacho del notario para firmar.*

signatura s.f. Marca o nota que se pone sobre algo para distinguirlo, esp. la formada por números y letras que se pone a un libro o a un documento para indicar su colocación en una biblioteca o en un archivo: *En las fichas que sirven para catalogar, la signatura suele estar colocada en el margen superior derecho de la ficha.*

significación s.f. **1** Sentido o significado de algo, esp. de una palabra o frase: *Los diccionarios explican la significación de las palabras.* **2** Importancia o valor de algo: *Analizaremos los hechos de mayor significación en la vida del país.*

significado, da ▌adj. **1** Conocido, importante o que goza de estimación: *Esas declaraciones proceden de un significado miembro del partido.* ▌s.m. **2** Significación o sentido de algo: *¿Puedes decirme cuál es el significado de tu actitud?* **3** En lingüística, concepto o idea que se une al significante para formar el signo lingüístico: *El significado aporta el contenido semántico al signo lingüístico.*

significante s.m. En lingüística, fonema o secuencia de fonemas o letras que se asocian al significado para constituir el signo lingüístico: *El sonido de una palabra al pronunciarla, o su grafía al escribirla, es su significante.*

significar ▮ v. **1** Expresar, comunicar o querer decir: *La luz roja significa 'peligro'. ¿Sabes qué significa 'otero'?* **2** Representar, valer o tener importancia: *Tu opinión significa mucho para mí.* ▮ prnl. **3** Hacerse notar o distinguirse por una determinada cualidad o circunstancia: *Se ha significado en la clase por su gran inteligencia.* □ ORTOGR. La *c* se cambia en *qu* delante de *e* ⟶SACAR.

significativo, va adj. **1** Que da a entender o a conocer algo: *El monema es la mínima unidad significativa de una palabra.* **2** Que tiene importancia por significar o representar algún valor: *Los datos son significativos porque muestran que la campaña ha sido un éxito.*

signo s.m. **1** Lo que representa, sustituye o evoca en el entendimiento un objeto, un fenómeno o una acción; *señal: Las letras son los signos gráficos de los sonidos de la lengua hablada.* **2** Indicio o señal de algo: *Una casa grande y lujosa es un signo de riqueza.* **3** Gesto con el que se indica algo: *Para bendecir, el sacerdote hace con la mano el signo de la cruz.* **4** En astronomía, cada una de las doce partes iguales en que se considera dividido el Zodíaco (zona celeste que comprende las doce constelaciones que aparentemente recorre el Sol en un año): *Nací bajo el signo de Acuario.* **5** ‖ **signo lingüístico.** El formado por la unión de un conjunto de sonidos, llamado 'significante' y por un concepto o idea, llamado 'significado': *'Mesa' es un signo lingüístico en el que los sonidos 'm-e-s-a' son el significante, y la idea de mesa que aparece en nuestra mente al oírlos, el significado.*

siguiente adj. Posterior o que va inmediatamente después: *El dibujo está en la página siguiente.* □ MORF. Invariable en género.

sílaba s.f. **1** Sonido o conjunto de sonidos articulados que se pronuncian de una vez entre dos depresiones sucesivas de la emisión de voz: *Si separamos las sílabas de la palabra 'palacio' obtenemos 'pa-la-cio'.* **2** ‖ **sílaba {abierta/libre}.** La que termina en vocal: *Las dos sílabas de la palabra 'mapa' son libres.* ‖ **sílaba {cerrada/trabada}.** La que termina en consonante: *La segunda sílaba de 'beber' es una sílaba trabada.*

silabear v. Referido a una palabra, pronunciar separadamente sus sílabas: *El niño silabea las palabras. Está aprendiendo a leer y todavía silabea.*

silábico, ca adj. De la sílaba o relacionado con ella: *El núcleo silábico en español es siempre una vocal. En la escritura silábica, cada signo representa una sílaba completa.*

silbar v. Dar o producir silbidos o sonidos semejantes: *Oye cómo silba el viento en la noche. Silbaba la música de una canción.*

silbato s.m. Instrumento pequeño y hueco que produce un sonido agudo cuando se sopla por él; *pito: Los guardias de la circulación emplean un silbato.*

silbido s.m. **1** Sonido agudo que se produce al hacer salir el aire por la boca a través de los labios fruncidos o teniendo los dedos colocados en ella de una determinada manera: *El público recibió al cantante con silbidos.* **2** Sonido agudo: *En las noches de invierno se oye el silbido del viento.*

silenciador s.m. En algunos mecanismos, dispositivo que se acopla para amortiguar el sonido: *El agente secreto utilizaba una pistola con silenciador.*

silenciar v. **1** Callar u omitir: *Un periodista no debe silenciar hechos que interesen a la opinión pública.* **2** Hacer callar o volver al silencio: *Los aplausos silenciaron las protestas que se levantaban contra el alcalde.* □ ORTOGR. La *i* nunca lleva tilde.

silencio s.m. **1** Ausencia de palabras habladas: *El profesor impuso silencio en la clase.* **2** Ausencia de ruido: *Un disparo rompió el silencio de la noche.* **3** ‖ **silencio administrativo.** Omisión de respuesta o de resolución por parte de la Administración a las peticiones o escritos presentados en el plazo establecido: *El silencio administrativo equivale en unos casos a la denegación de la petición y en otros, a su aprobación.* □ USO Se usa para mandar callar: *¡Silencio!, no quiero oír ni una voz.*

silencioso, sa adj. **1** Que calla o que tiene el hábito de callar: *Es un chico silencioso al que no le gusta hablar.* **2** Sin ruidos: *Una biblioteca debe ser un lugar silencioso.* **3** Que hace poco ruido o ninguno: *Las modernas lavadoras tienen un motor silencioso.*

sílex s.m. Variedad de cuarzo formada principalmente por sílice, muy dura y de color gris amarillento, rojo o negro, que se caracteriza porque su fractura origina bordes cortantes; *pedernal: Los pueblos primitivos utilizaban el sílex para la fabricación de herramientas y armas.* □ MORF. Invariable en número.

sílfide s.f. Mujer bella y esbelta (por alusión a las ninfas mitológicas del aire): *Esa bailarina es una sílfide.*

silicato s.m. **1** Sal compuesta de ácido silícico y una base: *El talco es un silicato.* **2** Cada una de las especies de un grupo de compuestos sólidos cristalinos que incluye minerales y productos de síntesis y que están constituidos principalmente por silicio y oxígeno: *Los silicatos son constituyentes comunes de todas las rocas.*

sílice s.f. Compuesto de silicio y oxígeno: *La sílice forma parte de la composición de minerales como el sílex o el cuarzo.*

silíceo, a adj. De sílice o semejante a este compuesto: *El sílex es una piedra silícea.*

silícico, ca adj. De la sílice, del silicio o relacionado con ellos: *La rocas silícicas tienen mucha sílice. El ácido silícico se compone de silicio, oxígeno e hidrógeno.*

silicio s.m. Elemento químico, semimetálico y sólido, de número atómico 14, con color amarillento y de gran dureza: *El silicio es muy abundante en la corteza terrestre.* □ ORTOGR. Su símbolo químico es *Si*.

silicona s.f. Sustancia sintética formada por silicio y oxígeno, que resiste la oxidación y las altas temperaturas y que repele el agua: *Rellena con silicona los huecos de la ventana para que no penetre agua.*

silicosis s.f. Enfermedad crónica producida por la infiltración de polvo de sílice en el aparato respiratorio: *La silicosis es una enfermedad muy extendida entre los mineros del carbón.* □ MORF. Invariable en número.

silla s.f. **1** Asiento para una sola persona, con respaldo y generalmente cuatro patas: *Coge una silla y siéntate a la mesa para comer.* **2** ‖ **silla (de montar).** Aparejo sobre el que se sienta el jinete para montar a caballo y que está formado por un armazón de madera cubierto generalmente de cuero y relleno de crin: *La silla de montar se sujeta al caballo mediante unas cinchas.* 👁 **arreos** ‖ **silla de ruedas.** La que dispone de dos ruedas laterales gran-

a b c d e f g h i j k l m n ñ o p q r s t u v w x y z

des y permite que se desplace una persona que no puede andar: *Está paralítico y se desplaza en una silla de ruedas.* ‖ **silla eléctrica.** La que está preparada para ejecutar a los condenados a muerte mediante una descarga eléctrica: *En algunos estados americanos en que está permitida la pena de muerte se utiliza la silla eléctrica.*

sillar s.m. Piedra labrada, generalmente con forma de paralelepípedo rectangular, que forma parte de una construcción, esp. de los muros: *Las paredes de esta catedral están hechas con sillares de granito.*

sillería s.f. **1** Conjunto de sillas y sillones de una misma clase: *La sillería del salón es de terciopelo rojo.* **2** Taller o tienda en el que se hacen o se venden sillas: *He llevado la silla a la sillería para que me la vuelvan a encolar.* **3** Construcción hecha con sillares o piedras labradas: *La fachada de este edificio es una obra de sillería.*

sillín s.m. **1** En algunos vehículos, esp. en una bicicleta, asiento sobre el que se monta una persona: *Los sillines de las bicicletas son más estrechos por su parte delantera.* **2** Silla de montar más ligera y sencilla que la común: *Los caballos de tiro suelen contar entre sus arreos con un pequeño sillín.* 👁 **arreos**

sillón s.m. Asiento grande para una persona, con respaldo y con brazos y generalmente recubierto con un material mullido: *El sillón preferido de mamá es de cuero.*

silo s.m. Lugar en el que se almacenan forrajes o semillas, esp. el trigo: *En los silos, el grano se mantiene aislado de la humedad.*

silogismo s.m. En lógica, argumento que consta de tres proposiciones, la última de las cuales se deduce de las otras dos: *Un silogismo se compone de dos premisas y una conclusión.*

silueta s.f. **1** Contorno de una figura, representado por las líneas que determinan su forma; *perfil: Como es alto y delgado, tiene una silueta esbelta.* **2** Forma que presenta un objeto más oscuro que el fondo sobre el que está: *Como tenías un foco detrás, solo vi tu silueta y no te reconocí.*

silúrico, ca ▌adj. **1** En geología, del tercer período de la era primaria o paleozoica o de los terrenos que se formaron en él: *En los terrenos silúricos se encuentran yacimientos de sales, de petróleo y de piritas de cobre.* ▌adj./s.m. **2** En geología, referido a un período, que es el tercero de la era primaria o paleozoica: *El período silúrico es anterior al devónico y posterior al ordovícico. En el silúrico aparecieron los primeros vertebrados.*

silva s.f. Combinación métrica formada por una serie ilimitada de versos endecasílabos y heptasílabos con rima consonante, aunque pueden quedar algunos sueltos, y distribuidos al gusto del poeta: *Algunos de los poemas de las 'Soledades' de Góngora están escritos en silvas.*

silvestre adj. **1** Referido a un árbol o a una planta, que se cría sin cultivo en la selva o en el campo; *bravío: En primavera crecen en los campos muchas plantas silvestres.* **2** Sin cultivar o agreste: *La casa está rodeada de campo silvestre que nunca ha sido trabajado.* ☐ MORF. Invariable en género.

sima s.f. Cavidad grande y muy profunda en la tierra: *Los espeleólogos descendieron por una sima.*

simbiosis s.f. En biología, asociación entre dos individuos u organismos de distinta especie con mutuo beneficio para la supervivencia de ambos: *Los líquenes son una simbiosis de alga y hongo.*

simbólico, ca adj. **1** Del símbolo, relacionado con él o expresado por medio de él: *La paloma es la representación simbólica de la justicia.* **2** Que tiene un valor simplemente representativo: *El presidente entregó una cantidad simbólica al que donó la biblioteca.*

simbolismo s.m. **1** Sistema de símbolos que se utiliza para representar algo: *La cruz forma parte del simbolismo de la religión cristiana.* **2** Significado simbólico de algo: *Hoy vamos a analizar el simbolismo de la palabra 'tarde' en la poesía de Machado.* **3** Movimiento artístico, esp. poético y pictórico, que surge en Francia (país europeo) a finales del siglo XIX y que se caracteriza por su rechazo a nombrar directamente los objetos, prefiriendo sugerirlos o evocarlos mediante símbolos e imágenes: *Baudelaire y Verlaine están entre los máximos representantes del simbolismo poético.*

simbolista ▌adj. **1** Del simbolismo o relacionado con este movimiento artístico: *La poesía simbolista influyó notablemente en la obra de poetas modernistas como Rubén Darío.* ▌adj./s. **2** Que sigue o que practica el simbolismo: *Los pintores simbolistas se oponen al racionalismo y al materialismo. La poesía francesa de finales del XIX cuenta con grandes simbolistas.* **3** Que utiliza símbolos: *Este dibujo simbolista tiene un significado que solo sabe el que conoce la clave. Eres un simbolista y todo lo que dices simboliza algo.* ☐ MORF. 1. Como adjetivo es invariable en género. 2. Como sustantivo es de género común y exige concordancia en masculino o en femenino para señalar la diferencia de sexo: *el simbolista, la simbolista.*

simbolizar v. Referido a un objeto, servir como símbolo de otro, representarlo y explicarlo por alguna relación o semejanza: *En muchas culturas, el toro simboliza la fuerza.* ☐ ORTOGR. La *z* se cambia en *c* delante de *e* →**CAZAR**.

símbolo s.m. **1** Objeto material que representa otra realidad inmaterial mediante una serie de rasgos que se asocian por una convención socialmente aceptada: *La balanza es el símbolo de la justicia.* **2** En una ciencia, letra o conjunto de letras con las que se designa por convención un concepto o un elemento: *El símbolo químico del hidrógeno es 'H'.*

simbología s.f. Conjunto o sistema de símbolos: *Su tesis se centra en la simbología literaria del Barroco español.*

simetría s.f. Regularidad en la disposición de las partes de un cuerpo de modo que se corresponden en posición, forma y dimensiones a uno y otro lado de un punto, de un eje o de un plano: *El esqueleto humano guarda simetría lateral a uno y otro lado de la columna vertebral.*

simétrico, ca adj. De la simetría, con simetría o relacionado con ella: *Al doblar una hoja por la mitad obtenemos dos planos simétricos.*

simiente s.f. **1** Parte del fruto de los vegetales que contiene el embrión de una futura planta: *Las pepitas del melón son su simiente.* **2** Lo que es la causa o el origen de donde procede algo: *En esas antiguas desavenencias hay que buscar la simiente del actual conflicto.* ☐ SEM. Es sinónimo de *semilla.*

simiesco, ca adj. Que se parece al simio o que tiene alguna de sus características: *Ese hombre tiene una cara simiesca y peluda.*

símil s.m. **1** Figura retórica o procedimiento del lenguaje consistente en establecer una semejanza entre dos términos mediante vínculos gramaticales expresos; *comparación: La expresión 'manos blancas cual la nieve' es un símil.* **2** Comparación o semejanza entre dos elementos:

Es absurdo establecer un símil entre tú y yo porque somos muy diferentes. □ SEM. En la acepción 1, dist. de *metáfora* (figura en la que se emplea un término con el significado de otro, basándose en una comparación no expresa entre ellos).

similar adj. Que tiene semejanza o analogía con algo: *Puedes elegir cualquiera de los dos porque son similares.* □ MORF. Invariable en género.

similitud s.f. Semejanza o parecido: *La similitud entre ambos casos hace que pueda juzgarlos de la misma manera.*

simio, mia ▮ s. **1** Mamífero muy ágil que tiene la cara desprovista de pelo, cuatro extremidades con manos y pies prensiles y los dedos pulgares opuestos al resto, y que es capaz de andar a cuatro patas o erguido; *mono: En el zoo vimos muchos simios.* ▮ s.m.pl. **2** En zoología, grupo de estos mamíferos: *Existen muchas especies distintas de simios.*

simón s.m. Coche de caballos de alquiler destinado al servicio público y que tiene un punto fijo de parada en una plaza o calle: *El simón era muy típico en el Madrid de los años veinte.* 👁 **carruaje**

simpatía s.f. **1** Inclinación afectiva y positiva entre personas o hacia algo: *Le tengo mucha simpatía porque me parece una buena persona.* **2** Modo de ser o de actuar de una persona que la hacen atractiva y agradable a los demás: *Su simpatía le hace estar siempre rodeado de gente.*

simpático, ca adj./s. Que tiene o que inspira simpatía: *Seguro que te cae bien porque es una chica muy simpática. Esta foto de los dos con el niño es muy simpática. Con ese simpático no te puedes llevar mal.*

simpatizante adj./s. Que siente inclinación por un partido, ideología o movimiento sin pertenecer a ellos: *Este partido tiene pocos afiliados pero muchos jóvenes simpatizantes. Multitud de simpatizantes acudieron al mitin.* □ MORF. 1. Como adjetivo es invariable en género. 2. Como sustantivo es de género común y exige concordancia en masculino o en femenino para señalar la diferencia de sexo: *el simpatizante, la simpatizante.*

simpatizar v. Sentir simpatía: *Simpatizaron pronto porque tienen muchas aficiones comunes.* □ ORTOGR. La *z* se cambia en *c* delante de *e* →**CAZAR**.

simple ▮ adj. **1** Que no tiene composición o que está formado por un solo elemento: *El hidrógeno es un elemento simple.* **2** Que no tiene complicación ni dificultades: *Me pusieron un problema muy simple y lo supe resolver.* **3** Referido a un tiempo verbal, que se conjuga sin la ayuda de ningún verbo auxiliar: *El pretérito imperfecto 'amaba' es un tiempo simple.* ▮ adj./s. **4** Sin malicia, sin mucho entendimiento y fácil de engañar: *Es tan simple que cae en todas nuestras bromas. Lo engañaron porque es un simple.* □ MORF. 1. Como adjetivo es invariable en género. 2. Como sustantivo es de género común y exige concordancia en masculino o en femenino para señalar la diferencia de sexo: *el simple, la simple.* □ USO Antepuesto a un sustantivo y precedido de la preposición *con*, se usa mucho para indicar que lo expresado es suficiente para algo: *Con un simple guiño de ojos me lo dijo todo.*

simpleza s.f. **1** Lo que tiene poco valor o poca importancia: *No me gusta perder el tiempo con simplezas.* **2** Escasez de juicio o de entendimiento: *Es un chico de gran simpleza y todo se lo cree.*

simplicidad s.f. **1** Sencillez o ingenuidad: *La simplicidad de los niños resulta encantadora.* **2** Falta de composición o de adorno: *La simplicidad de la decoración es muy elegante.*

simplificación s.f. **1** Transformación en algo más sencillo o más fácil: *La simplificación de las tareas del hogar ha sido posible gracias a los electrodomésticos.* **2** En matemáticas, reducción de una cantidad, una expresión o una ecuación a su forma más breve: *La simplificación de las cantidades nos permitiría ahorrar tiempo al hacer las operaciones.*

simplificar v. **1** Hacer más sencillo o más fácil: *La mecanización ha simplificado el trabajo. Se han simplificado los trámites para la obtención del pasaporte.* **2** En matemáticas, referido a una cantidad, una expresión o una ecuación, reducirlas a su forma más breve o más sencilla: *Esta fracción se puede simplificar dividiendo el numerador y el denominador entre 2.* □ ORTOGR. La *c* se cambia en *qu* delante de *e* →**SACAR**.

simplista adj./s. Que simplifica o que tiende a simplificar: *Sus ideas sobre la formación del universo son simplistas y no me convencen nada. Es un simplista y para él todos los problemas sociales se reducen a pereza.* □ MORF. 1. Como adjetivo es invariable en género. 2. Como sustantivo es de género común y exige concordancia en masculino o en femenino para señalar la diferencia de sexo: *el simplista, la simplista.*

simposio s.m. Reunión o conferencia de carácter científico en la que se debate o discute sobre un tema con la asistencia de especialistas: *Los miembros de la comisión asistieron al simposio sobre la contaminación atmosférica.* □ ORTOGR. Incorr. **symposium*.

simulación s.f. Presentación de algo imaginado o inexistente como si fuera cierto o real: *La simulación de un incendio en un colegio permite que, si ocurre de verdad, los niños sepan qué hacer.*

simulacro s.m. Lo que siendo falso se presenta como si fuera verdadero: *El socorrista hizo un simulacro de salvamento para enseñarnos cómo actuar si nos estamos ahogando.*

simulador s.m. Aparato o sistema que simula o reproduce el funcionamiento de otro: *Para el entrenamiento de los pilotos se usan simuladores de vuelo.*

simular v. Presentar como cierto o como real: *El decorado simula la sala de un castillo medieval.*

simultanear v. Referido a dos o más actividades, hacerlas al mismo tiempo: *Estuvo todo el año simultaneando el estudio con el trabajo.*

simultaneidad s.f. Coincidencia en el tiempo de dos actividades o de dos operaciones: *La erosión es producto de la simultaneidad de agentes como el agua, el viento y las temperaturas.*

simultáneo, a adj. Referido a una actividad o a una operación, que se hace al mismo tiempo que otra: *No hablaba español y pudo intervenir en el debate gracias a la traducción simultánea.*

sin prep. **1** Indica falta o carencia: *No puedo comprarlo porque estoy sin dinero.* **2** Seguido de un infinitivo, actúa como negación: *Pasé toda la noche sin dormir.* **3** Fuera de o aparte de: *El coche nos salió por dos millones, sin el seguro.* **4** ‖ **sin embargo.** Enlace gramatical coordinante con valor adversativo: *No nos conocíamos, sin embargo nos hicimos amigos enseguida.*

sinagoga s.f. Edificio destinado al culto judío; *aljama: En Toledo, visitamos dos famosas sinagogas.*

sinalefa s.f. En métrica y en fonética, unión o pronunciación en una misma sílaba de la vocal final de una palabra y de la inicial de la palabra siguiente: *Si, al leer 'la alameda', dices '[lalaméda]', estás haciendo una sinalefa.* ☐ SEM. Dist. de *hiato* (pronunciación separada de la vocal final de una palabra y de la inicial de la palabra siguiente).

sincerarse v.prnl. Referido a una persona, contarle a otra algo con sinceridad, esp. si lo hace para justificar algo o para aliviar su conciencia: *Sincérate conmigo y cuéntame lo que piensas sin tapujos.* ☐ SINT. Constr.: *Sincerarse {ANTE/CON} alguien.*

sinceridad s.f. Veracidad, sencillez o falta de fingimiento: *Dime con sinceridad lo que opinas de la novela.*

sincero, ra adj. Que actúa o habla con sinceridad: *Fue sincero al decir que no sabía nada de lo ocurrido.*

síncopa s.f. En gramática, supresión de uno o de más sonidos en el interior de una palabra: *Cuando dices '[alredor]' por 'alrededor', estás haciendo una síncopa.*

síncope s.m. En medicina, detención momentánea de la actividad del corazón o de los pulmones que produce una pérdida repentina del conocimiento y de la sensibilidad: *Le dio un síncope y se desmayó.*

sincrético, ca adj. En lingüística, que reúne dos o más funciones gramaticales: *La desinencia '-mos' es un morfema sincrético que concentra los valores de primera persona y de plural.*

sincretismo s.m. En lingüística, concentración de dos o más funciones gramaticales en una sola forma: *En la desinencia '-o' de la forma 'canto' hay sincretismo de las categorías de persona, número, tiempo, aspecto y modo.*

sincronía s.f. **1** Coincidencia en el tiempo de hechos o de fenómenos: *Hay una perfecta sincronía en los movimientos de los miembros del ballet.* **2** En lingüística, consideración de la lengua o de un fenómeno lingüístico en un momento dado de su existencia histórica: *Debes analizar este fenómeno lingüístico desde el punto de vista de la sincronía, sin tener en cuenta la evolución histórica.* ☐ SEM. En la acepción 2, dist. de *diacronía* (evolución de una lengua a través del tiempo).

sincronización s.f. Realización al mismo tiempo de dos o más movimientos o fenómenos: *En el desfile había una perfecta sincronización de movimientos.*

sincronizar v. Referido esp. a dos o más movimientos o fenómenos, hacer que coincidan en el tiempo: *El coreógrafo insistió en que sincronizáramos los movimientos de piernas y manos.* ☐ ORTOGR. La *z* se cambia en *c* delante de *e* →**CAZAR**.

sindical adj. Del sindicato, de sus afiliados o relacionado con ellos: *El líder sindical tuvo problemas en su empresa.* ☐ MORF. Invariable en género.

sindicalismo s.m. Sistema de organización social por medio de sindicatos que se ocupa de defender los intereses económicos y sociales de los trabajadores, esp. de los obreros: *El sindicalismo desempeña un papel importante en los países democráticos.*

sindicalista ▮ adj. **1** Del sindicalismo o relacionado con este sistema de organización social: *El presidente del Gobierno recibirá a la comisión de líderes sindicalistas.* ▮ s. **2** Partidario o defensor del sindicalismo: *Es un sindicalista y lucha contra las injusticias laborales.* ☐ MORF. 1. Como adjetivo es invariable en género. 2. Como sustantivo es de género común y exige concordancia en masculino o en femenino para señalar la diferencia de sexo: *el sindicalista, la sindicalista.*

sindicar v. Referido esp. a una persona, organizarla con otras en un sindicato: *Se inició una campaña informativa para sindicar a las empleadas domésticas. Me sindiqué para que estén bien defendidos mis intereses profesionales.* ☐ ORTOGR. La *c* se cambia en *qu* delante de *e* →**SACAR**.

sindicato s.m. Asociación formada para la defensa de los intereses económicos o sociales de los asociados, esp. referido a la de trabajadores: *Los sindicatos obreros surgen en el siglo XIX a partir de la Revolución Industrial.*

síndrome s.m. **1** Conjunto de síntomas característicos de una enfermedad o un trastorno físico o mental: *El síndrome gripal se caracteriza por fiebre, cansancio general, escalofríos y catarro.* **2** Conjunto de fenómenos que caracterizan una situación determinada: *El síndrome de crisis tiene preocupada a la población.* **3** ‖ **síndrome de abstinencia.** El que presenta una persona adicta a las drogas cuando deja de tomarlas: *El heroinómano estuvo internado en una clínica hasta superar el síndrome de abstinencia.* ‖ **síndrome de Down.** Malformación congénita producida al triplicarse total o parcialmente un cromosoma, que origina retraso mental y del crecimiento y ciertas anomalías físicas; *mongolismo: Es psicóloga de una asociación de padres con hijos que tienen síndrome de Down.* ‖ **síndrome de Estocolmo.** Aceptación y progresiva adopción, por parte de una persona secuestrada, de las ideas o las conductas de su secuestrador: *Dicen que sufrió el síndrome de Estocolmo y participó con sus secuestradores en el robo del banco.* ‖ **síndrome de inmunodeficiencia adquirida.** →**sida.** ☐ PRON. *Síndrome de Down* se pronuncia [síndrome de dáun].

sinécdoque s.f. Figura retórica o procedimiento del lenguaje consistente en designar una cosa con el nombre de otra, ampliando, restringiendo o alterando así el significado de esta: *Si dices 'la protesta del país' por 'la protesta de los ciudadanos del país' estás usando una sinécdoque.*

sine die (latinismo) ‖ Sin fecha o sin plazo fijos: *Las negociaciones se aplazaron sine die.*

sine qua non (latinismo) ‖ Necesario de modo absoluto para que algo pueda realizarse o cumplirse: *Para presentarse a esta oposición es condición sine qua non tener el título de licenciado.* ☐ PRON. [sinekuanón] o [sinekuánon]. ☐ MORF. Invariable en número.

sinestesia s.f. Figura retórica o procedimiento del lenguaje consistente en unir dos imágenes o dos sensaciones que proceden de distintos campos sensoriales: *El sintagma 'soledad sonora' es un ejemplo de sinestesia.*

sinfín s.m. Infinidad, gran cantidad o sinnúmero: *Tiene ocho hijos y un sinfín de preocupaciones.*

sinfonía s.f. **1** Composición musical para orquesta: *En la novena sinfonía de Beethoven interviene el coro, que canta el llamado 'Himno de la alegría'.* **2** Combinación armónica de varios elementos: *Sus cuadros son una sinfonía de colores.*

sinfónico, ca adj. **1** De la sinfonía o relacionado con ella: *'El Himno de la alegría' de Beethoven es una de las cumbres de la música sinfónica.* **2** Referido esp. a una orquesta, que está formada por las tres grandes familias de instrumentos musicales y que suele interpretar composiciones de gran categoría: *En las orquestas sinfónicas, la familia de instrumentos más numerosa suele ser la cuerda.*

singladura s.f. **1** Distancia recorrida por una nave en veinticuatro horas: *El capitán dividió el recorrido en dos singladuras.* **2** Rumbo, dirección o recorrido: *Con el nombramiento del nuevo presidente, se inicia en la empresa una nueva singladura.*

a b c d e f g h i j k l m n ñ o p q r s t u v w x y z

single s.m. →**disco sencillo.** □ PRON. [sínguel]. □ USO Es un anglicismo innecesario.

singular ▌adj. **1** Extraordinario, excelente o fuera de lo común; *único: La admiro porque es una mujer singular, inteligente, culta y muy humana.* ▌adj./s.m. **2** En lingüística, referido a la categoría gramatical del número, que hace referencia a una sola persona o cosa: *En español no hay morfema para marcar el número singular. El singular de la palabra 'casas' es 'casa'.* □ MORF. Como adjetivo es invariable en género.

singularidad s.f. Característica de lo que es singular: *Lo que más me atrae de ti es la singularidad de tu carácter.*

singularizar v. Referido a algo, diferenciarlo mediante una señal o una peculiaridad: *La secta singulariza a sus miembros rapándoles la cabeza. En el grupo, él se singulariza por un agudo sentido del humor.* □ ORTOGR. La *z* se cambia en *c* delante de *e* →**CAZAR.**

singularmente adv. De forma destacada: *El diario del general es singularmente valioso porque es un documento de guerra.*

siniestro, tra ▌adj. **1** Malo o con mala intención: *No quiero verlo porque me parece un hombre siniestro.* **2** Desgraciado o de suerte contraria a lo que se desea: *Fue un día siniestro en el que todo salió mal.* ▌s.m. **3** Daño o destrucción importantes sufridos por una persona o por una propiedad, esp. los que pueden ser indemnizados por una compañía de seguros: *Ese incendio fue el siniestro de más alcance en los últimos diez años.*

sinnúmero s.m. Número o cantidad muy grandes o incalculables: *Te he dicho un sinnúmero de veces que estudies.*

sino ▌s.m. **1** Destino o fuerza desconocida que actúa sobre las personas y determina el desarrollo de los acontecimientos: *Dice que suspendió las oposiciones para juez porque su sino era seguir trabajando como abogado.* ▌conj. **2** Enlace gramatical coordinante con valor adversativo que se usa para contraponer un concepto a otro: *No estoy comiendo carne, sino pescado.* **3** Solamente o tan solo: *No espero sino que me creas.* **4** Precedida de 'no solo', se usa para añadir algo a lo ya expresado: *No solo es una persona culta, sino simpática y bien educada.* □ ORTOGR. Dist. de *si no.* □ SINT. En la acepción 3, se usa siempre pospuesto a una negación. □ SEM. Como conjunción se usa también para indicar excepción: *Nadie vendrá sino tú.*

sínodo s.m. **1** Concilio o junta de obispos: *Al sínodo asistirán obispos de los cinco continentes.* **2** En algunas Iglesias protestantes, junta de ministros o pastores encargados de decidir sobre asuntos eclesiásticos: *El sínodo de la Iglesia anglicana ha dado el visto bueno para que las mujeres se hagan sacerdotes.*

sinonimia s.f. En lingüística, coincidencia de significado entre varias palabras: *Entre 'jofaina' y 'palangana' hay sinonimia porque son palabras distintas que aluden a la misma realidad.* □ SEM. Dist. de *homonimia* (identidad ortográfica o de pronunciación entre palabras con distinto significado y distinto origen) y de *polisemia* (pluralidad de significados en una misma palabra).

sinónimo, ma adj./s.m. Referido a una palabra o a una expresión, que tienen el mismo significado o muy parecido que otra: *'Burro', 'borrico' y 'pollino' son tres sinónimos de 'asno'.*

sinopsis s.f. Esquema, resumen o exposición general de algo que se presenta en sus líneas esenciales: *Después de esta breve sinopsis pasaremos a desarrollar el tema.* □ MORF. Invariable en número.

sinóptico, ca adj. Con la forma o las características de una sinopsis: *El profesor hizo en la pizarra un cuadro sinóptico de las oraciones compuestas.*

sinovia s.f. Líquido que actúa como lubricante en las articulaciones de los huesos: *La sinovia contiene sales minerales.*

sinovial adj. **1** De la sinovia o relacionado con este líquido: *Le tomaron una muestra de líquido sinovial para analizarlo.* **2** Referido esp. a una membrana, que segrega sinovia o la contiene: *Sus problemas de rodilla tienen que ver con la membrana sinovial.* □ MORF. Invariable en género.

sinrazón s.f. Acción hecha contra la razón o contra la ley: *Es una sinrazón que pretendas hacer todo eso sin la ayuda de nadie.*

sinsabor s.m. Pesar, disgusto o sensación anímica de intranquilidad: *Voy a dejar el negocio porque solo me produce sinsabores.* □ MORF. Se usa más en plural.

sinsentido s.m. Lo que resulta absurdo y no tiene lógica: *Lo que dices es un sinsentido que no sé a qué viene ahora.*

sintáctico, ca adj. De la sintaxis o relacionado con ella: *Hicimos el análisis sintáctico de una oración buscando el sujeto y el predicado.*

sintagma s.m. En una oración gramatical, elemento o conjunto de elementos que funcionan como unidad: *El sintagma nominal tiene como núcleo un nombre, y el sintagma verbal, un verbo.*

sintagmático, ca adj. Del sintagma o relacionado con él: *Los elementos sintagmáticos se organizan en torno a un núcleo.*

sintasol s.m. Material plástico muy utilizado para recubrir suelos (por extensión del nombre de la marca comercial *Sintasol®*): *El sintasol es más fácil de instalar que el parqué.*

sintaxis s.f. **1** En lingüística, parte de la gramática que estudia la coordinación y unión de palabras para formar oraciones y expresar conceptos: *En sintaxis nos explicaron los distintos tipos de oraciones.* **2** Ordenación y conexión de las palabras o las expresiones: *La sintaxis de este autor es muy complicada porque utiliza frases largas y complejas.* □ MORF. Invariable en número.

síntesis s.f. **1** Composición de un todo por la unión de sus partes: *España es la síntesis de distintas comunidades autónomas.* **2** Resumen o compendio breve: *Cuando termina de explicar hace una síntesis de lo expuesto.* **3** En química, proceso por el que se obtiene una sustancia partiendo de sus componentes: *La síntesis del amoniaco se hace a partir de hidrógeno y nitrógeno.* **4** En biología, proceso por el que se producen conjuntos y materias más complejas a partir de moléculas simples: *Durante la fotosíntesis, las plantas realizan la síntesis de hidratos de carbono a partir de anhídrido carbónico y de agua.* □ MORF. Invariable en número.

sintético, ca adj. **1** De la síntesis o relacionado con ella: *Tiene mucha capacidad sintética.* **2** Referido a un producto, que se obtiene por procedimientos industriales y que reproduce la composición o las propiedades de algún cuerpo natural: *Los sillones del salón son de cuero sintético.*

sintetizador s.m. Instrumento electrónico capaz de producir sonidos de cualquier frecuencia e intensidad, combinarlos y mezclarlos, de manera que se imiten los sonidos de cualquier instrumento conocido o que se obtengan efectos sonoros especiales: *Esa música de las películas sobre el espacio y las galaxias, con esos sonidos tan extraños, está hecha con un sintetizador.*

sintetizar v. **1** Hacer una síntesis: *Esta antología sintetiza lo mejor de su obra. Sintetizó los tres temas en un folio.* **2** Referido a una sustancia, obtenerla a partir de sus componentes: *Se pueden sintetizar proteínas partiendo de aminoácidos.* □ ORTOGR. La *z* se cambia en *c* delante de *e* →**CAZAR**.

síntoma s.m. **1** Fenómeno o alteración causados por una enfermedad: *La diarrea, los vómitos y los dolores abdominales son síntomas del cólera.* **2** Señal de algo que está sucediendo o va a suceder: *Que discutáis siempre es síntoma de que vuestra relación va mal.*

sintomático, ca adj. Del síntoma o relacionado con él: *La fiebre y el cansancio general son signos sintomáticos de gripe.*

sintomatología s.f. Conjunto de síntomas que caracterizan una enfermedad o que se presentan en un enfermo: *La sintomatología de la gripe es fiebre,cansancio general y ligero catarro nasal.*

sintonía s.f. **1** Adecuación de un circuito eléctrico a la misma frecuencia de vibración que otro, consiguiendo la resonancia entre ambos: *No conseguí dar con la sintonía de la emisora.* **2** En radio y televisión, señal sonora o melodía que anuncian el comienzo de un programa: *Por la sintonía identifico un programa entre los demás.* **3** Buen entendimiento entre dos o más personas o entre una persona y un medio: *Me llevo muy bien con él porque tenemos gustos comunes y estamos en sintonía.*

sintonización s.f. **1** Ajuste de la frecuencia de resonancia de un circuito a una frecuencia determinada: *Esta radio tiene sintonización automática y busca ella sola las emisoras.* **2** Coincidencia de dos o más personas en sentimientos o en pensamientos: *La sintonización entre ellos es perfecta y con solo mirarse saben lo que piensa el otro.*

sintonizador s.m. Sistema que permite sintonizar algo: *Gracias al sintonizador de tu radio puedes cambiar de emisora.*

sintonizar v. **1** Ajustar la frecuencia de resonancia de un circuito a una frecuencia determinada: *He sintonizado el televisor para captar esa nueva cadena.* **2** Coincidir dos o más personas en sentimientos o en pensamientos: *Sintonizo con él porque tenemos la misma profesión y las mismas aficiones.* □ ORTOGR. La *z* se cambia en *c* delante de *e* →**CAZAR**.

sinuoso, sa adj. **1** Que tiene concavidades, ondulaciones o recodos: *Hay que circular despacio porque es una carretera estrecha y sinuosa.* **2** Referido esp. a una acción, que trata de ocultar su propósito o su intención: *Anda con cuidado en un asunto tan sinuoso y lleno de complicaciones.*

sinusitis s.f. Inflamación de los senos del cráneo que comunican con la nariz: *Respira con dificultad porque tiene sinusitis.* □ MORF. Invariable en número.

sinvergüenza adj./s. **1** Referido a una persona, que es descarada y desvergonzada o que tiene habilidad para engañar y para no dejarse engañar: *No seas sinvergüenza y haz ya los deberes. Ese sinvergüenza me ha quitado el asiento.* **2** Referido a una persona, que comete actos ilegales o inmorales: *El muy sinvergüenza atracó el banco y se marchó con el dinero. Vaya grosería me ha dicho ese sinvergüenza.* □ ORTOGR. Dist. de *sin vergüenza*. □ MORF. 1. Como adjetivo es invariable en género. 2. Como sustantivo es de género común y exige concordancia en masculino o en femenino para señalar la diferencia de sexo: *el sinvergüenza, la sinvergüenza*.

sionismo s.m. Movimiento político judío que intenta recobrar Palestina (país histórico de Oriente Medio) como patria: *El sionismo nació en el congreso judío de Basilea.*

sionista ▮ adj. **1** Del sionismo o relacionado con este movimiento: *Hay mucha bibliografía sobre las ideas sionistas.* ▮ adj./s. **2** Que defiende o sigue el sionismo: *Los judíos sionistas vieron satisfechas sus aspiraciones cuando, en 1948, se creó el moderno Estado de Israel. Los sionistas se oponen a que Israel abandone los territorios musulmanes ocupados en distintas guerras.* □ MORF. 1. Como adjetivo es invariable en género. 2. Como sustantivo es de género común y exige concordancia en masculino o en femenino para señalar la diferencia de sexo: *el sionista, la sionista*.

sioux adj./s. →**siux.** □ PRON. [síux]. □ MORF. 1. Invariable en número. 2. Como adjetivo es invariable en género. 3. Como sustantivo es de género común y exige concordancia en masculino o en femenino para señalar la diferencia de sexo: *el sioux, la sioux*.

siquiatra s. →**psiquiatra.** □ MORF. Es de género común y exige concordancia en masculino o en femenino para señalar la diferencia de sexo: *el siquiatra, la siquiatra*.

siquiatría s.f. →**psiquiatría.**

síquico, ca adj. →**psíquico, ca.**

siquiera ▮ adv. **1** Por lo menos o tan solo: *Quédate siquiera un par de días.* ▮ conj. **2** Enlace gramatical coordinante con valor adversativo: *Empieza tú, siquiera sea por una vez.*

sirena s.f. **1** En la mitología grecolatina, ninfa o divinidad menor que vivía en el mar y que tenía cuerpo de mujer hasta la cintura y de pez o de ave hasta los pies: *Según antiguas tradiciones, las sirenas encantaban a los marineros con su canto.* 👁 **mitología** **2** Instrumento o aparato que produce un sonido potente que se oye a distancia y que se usa para avisar de algo: *La ambulancia puso en marcha la sirena para pedir paso.*

sirimiri s.m. →**chirimiri.**

sirio, ria adj./s. De Siria o relacionado con este país asiático: *La capital siria es Damasco. Los sirios son mayoritariamente musulmanes.* □ MORF. Como sustantivo se refiere solo a las personas de Siria.

sirla s.f. *col.* Navaja: *Sacó la sirla y me amenazó con pincharme si gritaba.*

siroco s.m. Viento cálido y seco del sureste procedente del continente africano que sopla en la zona mediterránea: *A veces en las islas Canarias sopla el siroco.*

sirope s.m. Líquido espeso de naturaleza azucarada que se usa en la industria alimentaria: *Me gustan mucho las tortitas con nata y sirope.* □ ORTOGR. Es un galicismo (*sirop*) adaptado al español.

sirtaki (del griego) s.m. Baile popular de origen griego que se ejecuta deslizando los pies sobre el suelo mientras se dan pasos cortos: *Bailaban el sirtaki colocados en hilera y cogidos de los hombros.*

sirvienta s.f. Empleada del servicio doméstico: *Cuando empezó a trabajar contrató a una sirvienta como ayuda en la casa.* chacha, muchacha □ USO Tiene un matiz despectivo.

a b c d e f g h i j k l m n ñ o p q r s t u v w x y z

sirviente s. Persona que sirve a otra: *El jardinero es uno de los sirvientes de la mansión.* □ MORF. Es de género común y exige concordancia en masculino o en femenino para señalar la diferencia de sexo: *el sirviente, la sirviente.* □ USO Tiene un matiz despectivo.

sisa s.f. En una prenda de vestir, corte curvo que corresponde a la parte de la axila: *La sisa de esta camisa es corta y al mover los brazos me molesta en las axilas.*

sisar v. **1** Referido a pequeñas cantidades de dinero, hurtarlas, generalmente de la compra diaria: *Cuando me dio la vuelta vi que me había sisado dos euros.* **2** Hacer una sisa en una prenda de vestir: *Cuando llegues a la altura del sobaco tienes que empezar a sisar.*

sisear v. Emitir de forma repetida un sonido parecido al de la 's' o al de la 'ch', generalmente en señal de desacuerdo o de desaprobación: *El conferenciante siseó para pedir silencio.*

sísmico, ca adj. De un terremoto o relacionado con él: *Las ondas sísmicas más peligrosas son las superficiales, que parten del epicentro y avanzan concéntricamente.*

sismo s.m. →**seísmo.**

sismógrafo s.m. Instrumento que señala la amplitud y la dirección de las temblores terrestres durante un terremoto: *El sismógrafo consta fundamentalmente de un estilete que dibuja sobre un papel.*

sistema s.m. **1** Método, ordenación o estructura sobre una materia o conjunto de reglas relacionadas entre sí: *El kilo es la unidad de masa del sistema internacional.* **2** Conjunto de elementos relacionados entre sí y que constituyen una unidad: *El Sol es el centro de nuestro sistema planetario.* **3** En biología, conjunto de órganos que intervienen en alguna de las funciones vegetativas: *El sistema nervioso central está formado por el encéfalo y la médula espinal.* **4** En lingüística, estructura de una lengua, entendida como un conjunto organizado de elementos, todos ellos relacionados entre sí: *El sistema fonológico español impide la combinación de los sonidos [prkj].* **5** ‖ **por sistema.** Referido a la forma de hacer algo, por costumbre o sin justificación: *Diga lo que diga, me llevas la contraria por sistema.* ‖ **sistema cegesimal.** El que tiene por unidades de longitud, de masa y de tiempo el centímetro, el gramo y el segundo, respectivamente: *La dina es la unidad de fuerza del sistema cegesimal.* ‖ **sistema métrico (decimal).** El que tiene por unidades de longitud, de masa y de tiempo el metro, el kilogramo y el segundo, respectivamente: *Las unidades de longitud del sistema métrico decimal aumentan de 10 en 10 unidades.* ‖ **sistema operativo.** En informática, programa o conjunto de programas que realizan las funciones básicas y permiten el desarrollo de otros programas secundarios: *Para poder usar el ordenador tienes que cargarle el sistema operativo.* ‖ **sistema periódico.** En física, el de los elementos químicos ordenados en una tabla según su número atómico: *El hidrógeno es el primer elemento del sistema periódico.*

sistemático, ca adj. **1** Que sigue o que se ajusta a un sistema: *Tienes que ordenar los puntos de la conferencia de forma sistemática para que sea lógica.* **2** Referido a una persona, que actúa de forma metódica: *Este policía es una persona sistemática y sigue las mismas pautas para atrapar a los asesinos.*

sistematización s.f. Organización u ordenación de acuerdo con un sistema: *Tu trabajo está mal enfocado y carece de sistematización.*

sistematizar v. Organizar u ordenar de acuerdo con un sistema: *Si sistematizas los datos que has obtenido podrás estudiarlos mejor.* □ ORTOGR. La *z* se cambia en *c* delante de *e* →**CAZAR.**

sístole s.f. Movimiento de contracción del corazón y de las arterias que sirve para expeler e impulsar la sangre contenida en ellos: *En la sístole, la sangre oxigenada en los pulmones sale del ventrículo izquierdo del corazón y se distribuye por el organismo.* □ SEM. Dist. de *diástole* (movimiento de dilatación).

sitial s.m. Asiento de ceremonia en el que se sientan algunas personas importantes: *Han colocado en la tribuna los sitiales en los que se sentarán las autoridades.*

sitiar v. Referido a una plaza o a una fortaleza, cercarlas para combatirlas y apoderarse de ellas: *Cuando los habitantes de la ciudad vieron que los habían sitiado se apresuraron a organizar la defensa.* □ ORTOGR. La *i* nunca lleva tilde.

sitio s.m. **1** Espacio ocupado o que puede ser ocupado; *lugar: No había sitio en el coche y tuve que ir en autobús.* **2** Espacio a propósito para algo: *Paseando por el campo encontramos un sitio muy bonito para merendar.* **3** Puesto que corresponde a una persona en un determinado momento: *Nunca os dejaré porque mi sitio está a vuestro lado.* **4** Cerco que se pone a una plaza o a una fortaleza para combatirlas y apoderarse de ellas: *El castillo resistió más de un mes el sitio al que fue sometido por los enemigos.* **5** ‖ **{dejar/quedarse} en el sitio.** *col.* Dejar o quedarse muerto en el acto: *Le dio un ataque al corazón y se quedó en el sitio.* ‖ **sitio (de) web.** Dirección de internet donde se ofrecen uno o varios de los servicios de esta red, y que está formado por un grupo de archivos o páginas web unidos entre sí por enlaces de hipertexto; *web: Desde la página principal de un sitio web se puede acceder a todas las que lo componen.*

sito, ta adj. Situado o localizado: *Tienes que ir a la delegación sita en la calle Mayor.*

situación s.f. **1** Posición o colocación en un lugar o en un tiempo determinados: *Si me dices tu situación, puedo ir a buscarte.* **2** Estado o condición: *No estás en situación de exigir nada.*

situar ▌v. **1** Poner en un determinado lugar o en un tiempo: *Los arqueólogos sitúan estas ruinas en el siglo III a.C. Se ha situado en un buen lugar para ver la entrega de las medallas.* ▌prnl. **2** Lograr una buena posición social, económica o política: *Estoy orgulloso de ti porque has sido capaz de situarte en la vida.* □ ORTOGR. La *u* lleva tilde en los presentes, excepto en las personas *nosotros* y *vosotros* →**ACTUAR.**

siux adj./s. De un conjunto de pueblos indígenas que vivían en las llanuras centrales de los actuales Estados Unidos (país norteamericano), o relacionado con ellos: *En los estados de Nebraska y de Montana hay reservas de indios siux. Los siux se resistieron a la colonización blanca.* □ MORF. 1. Invariable en número. 2. Como adjetivo es invariable en género. 3. Como sustantivo es de género común y exige concordancia en masculino o en femenino para señalar la diferencia de sexo: *el siux, la siux.* □ USO Es innecesario el uso del galicismo *sioux*.

skai s.m. →**escay.** □ USO Extensión del nombre de la marca comercial *Skai®*. □ PRON. [eskái].

skateboard s.m. →**monopatín.** □ PRON. [skéitbor], con *r* suave. □ USO Es un anglicismo innecesario.

sketch (anglicismo) s.m. En una representación o en una película, escena corta, generalmente de tono humorístico:

En este programa de variedades, el presentador intercala algunos sketch protagonizados por él. □ PRON. [eskéch]. □ MORF. Su plural es *sketches*.

ski s.m. →**esquí.** □ PRON. [eskí]. □ USO Es un anglicismo innecesario.

skinhead s. →**cabeza rapada.** □ PRON. [eskínjed], con *j* suave. □ ORTOGR. Se usa también *skin head*. □ MORF. Es de género común y exige concordancia en masculino o en femenino para señalar la diferencia de sexo: *un skinhead, una skinhead*. □ USO Es un anglicismo innecesario.

sky-line (anglicismo) s.m. Silueta de una ciudad, esp. de Nueva York (ciudad del noreste de Estados Unidos): *Mi prima me ha mandado una postal con el sky-line de Nueva York.* □ PRON. [eskailáin].

slalom s.m. →**eslalon.** □ PRON. [eslálon]. □ USO Es un término del noruego innecesario.

slip (galicismo) s.m. →**eslip.** □ PRON. [eslíp].

slogan s.m. →**eslogan.** □ PRON. [eslógan]. □ USO Es un anglicismo innecesario.

smash s.m. →**mate.** □ PRON. [smach], con *ch* suave. □ USO Es un anglicismo innecesario.

snob adj./s. →**esnob.** □ PRON. [esnób]. □ MORF. 1. Como adjetivo es invariable en género. 2. Como sustantivo es de género común y exige concordancia en masculino o en femenino para señalar la diferencia de sexo: *el snob, la snob*. □ USO Es un anglicismo innecesario.

so ▮ prep. **1** *ant.* Bajo o debajo de: *No me dejan entrar, so pretexto de que es una fiesta privada.* ▮ interj. **2** Expresión que se usa para hacer parar a un animal de carga, esp. a una caballería: *Gritó: «¡So!», y el caballo se detuvo.* □ SEM. Seguido de un insulto, se usa para enfatizar este: *¡So bruto, deja eso, que lo vas a romper!*

soba s.f. *col.* Paliza: *Como suspendas te van a dar una buena soba.*

sobaco s.m. Concavidad que forma el arranque del brazo con el cuerpo; *axila: Se pone desodorante para que no le huelan los sobacos.*

sobado, da ▮ adj. **1** Muy usado o muy tratado: *Estoy harta de oír hablar de este tema tan sobado.* ▮ s.m. **2** Bollo que tiene manteca o aceite: *Por la mañana desayuna un par de sobados y un vaso de leche.*

sobaquera s.f. En algunas prendas de vestir, abertura que se deja en la zona de la axila, en la unión de la manga con el cuerpo: *Algunos abrigos llevan sobaquera para facilitar el movimiento de los brazos.*

sobar v. Manosear o tocar repetidamente: *El frutero no permite que los clientes soben la mercancía.*

soberanía s.f. **1** Autoridad suprema del poder público: *En las democracias, la soberanía reside en el pueblo.* **2** Excelencia no superada: *El poeta hablaba de la soberanía del Sol sobre los demás astros.*

soberano, na ▮ adj. **1** Grande, excelente o difícil de superar: *El boxeador propinó al contrincante una soberana paliza.* ▮ adj./s. **2** Que ejerce o que posee autoridad suprema o independiente: *En las democracias, el pueblo soberano elige libremente a sus gobernantes. En las monarquías absolutistas, el soberano tenía todo el poder.* □ SEM. No debe usarse en plural con el significado de 'el rey y la reina'.

soberbia s.f. Véase **soberbio, bia**.

soberbio, bia ▮ adj. **1** Que muestra una actitud de arrogancia: *No seas tan soberbio y admite que no tienes razón.* **2** Grandioso, magnífico o estupendo: *Estuvimos admirando el soberbio cuadro que había pintado.* ▮ s.f. **3** Satisfacción y arrogancia en la contemplación de las cualidades propias, con menosprecio de las de los demás: *Tu soberbia te impide valorar las cualidades de los demás.*

sobetear v. *col.* Sobar repetidamente: *Deja de sobetear el libro, que lo vas a romper.*

sobón, -a adj./s. Referido a una persona, que soba mucho: *No me gustan los chicos sobones. No toquetees mucho a mi perro porque no le gustan los sobones.* □ USO Tiene un matiz despectivo.

sobornar v. Referido a una persona, darle dinero u otro tipo de recompensa para conseguir un favor, esp. si es ilícito o injusto; *comprar: Para escaparse sobornó al policía que lo vigilaba.*

soborno s.m. **1** Entrega de dinero o de otro tipo de recompensa a cambio de un favor, esp. si es ilícito o injusto: *Lo detuvieron por intento de soborno a un agente de Policía.* **2** Lo que se entrega con este fin: *El soborno asciende a varios miles de euros.*

sobra ▮ s.f. **1** Abundancia o exceso, esp. en el peso o en el valor de algo: *El médico le dijo que debía adelgazar porque tenía sobra de peso.* ▮ pl. **2** Lo que sobra o queda de algo, esp. al recoger la mesa después de la comida: *No le des las sobras al perro, que le pueden sentar mal.* **3** ‖ **de sobra. 1** En abundancia o suficiente: *Con este dinero tienes de sobra para comprarte la bici.* **2** Sin necesidad o inútilmente: *Te puedes ir porque aquí estás de sobra.*

sobradamente adv. En abundancia o suficiente: *Lo conozco sobradamente y sé que miente.*

sobrar v. **1** Haber más cantidad de la que se necesita: *Sobra comida para que quedemos todos hartos.* **2** Quedar como excedente o como resto: *Todos comimos y aún sobró media olla.* **3** Estar de sobra o ser inútil: *Con sus palabras me dieron a entender que yo sobraba.*

sobrasada s.f. Embutido de carne de cerdo muy picada y sazonada con sal y pimentón: *La sobrasada es típica de Mallorca.*

sobre ▮ s.m. **1** Cubierta, generalmente de papel, en la que se mete una carta, un documento u otro escrito para enviarlos por correo: *Me entregaron la nómina en un sobre.* **2** Envase con esta forma: *Esta medicina se presenta en grageas o en sobres.* 👁 **medicamento 3** *col.* Cama: *Como tenía sueño, se metió en el sobre.* ▮ prep. **4** Encima de: *No pongas los pies sobre la mesa.* **5** Acerca de: *¿Qué piensas tú sobre ese asunto?* **6** Indica aproximación en una cantidad o en un número: *Llegaré a casa sobre las 10.* **7** Cerca de algo, con más altura que ello y dominándolo: *Su casa de la playa tiene varias ventanas sobre el mar.* **8** Indica dominio y superioridad: *El rey mandaba sobre sus siervos con autoridad.* □ SINT. Incorr. *cometer falta {*sobre › contra} el delantero.* □ SEM. Precedido y seguido de un mismo sustantivo, indica reiteración o acumulación: *Como no cambies de actitud, seguirás teniendo castigo sobre castigo.*

sobre- Elemento compositivo que significa 'encima de' (*sobrearco, sobrecuello, sobrecama, sobrefalda*) o 'con exceso' (*sobrealimentación, sobreañadir, sobrecarga, sobrexcitar, sobrestimar, sobrepeso*).

sobrecargo s. **1** En un buque mercante o de pasajeros, persona que se ocupa del cargamento o del pasaje: *El sobrecargo vigilaba que toda la carga fuera embarcada en perfectas condiciones.* **2** En un avión, miembro de la tripulación que se ocupa del pasaje y de ciertas funciones auxiliares: *Señores pasajeros, les habla el sobrecargo.* □ MORF. Es de género común y exige concordancia en masculino o en femenino para señalar la diferencia de sexo: *el sobrecargo, la sobrecargo*.

sobrecoger v. Asustar, sorprender, impresionar o intimidar: *La noticia del accidente sobrecogió a toda la población. Se sobrecogieron cuando oyeron aquel estallido que parecía una bomba.* □ ORTOGR. La *g* se cambia en *j* delante de *a, o* →RECOGER.

sobrecubierta s.f. Segunda cubierta que se pone a algo para protegerlo mejor: *El libro lleva una sobrecubierta plastificada.* 👁 **libro**

sobredosis s.f. Dosis excesiva de una droga o de alguna sustancia medicamentosa que puede llegar a producir alteraciones en el funcionamiento normal del organismo que la sufre: *La policía informó de que el joven encontrado en el parque había muerto por una sobredosis de heroína.* □ MORF. Invariable en número.

sobreentender v. →**sobrentender.** □ MORF. Irreg.: La *e* final de la raíz diptonga en *ie* en los presentes, excepto en las personas *nosotros* y *vosotros* →PERDER.

sobreesdrújulo, la adj. →**sobresdrújulo, la.**

sobrehilado s.m. Puntadas que se dan en el borde de una tela cortada para que no se deshilache: *Como acorté las mangas, tuve que hacer un nuevo sobrehilado en el borde.*

sobrehilar v. Referido a una tela cortada, dar puntadas en sus bordes para que no se deshilache: *La blusa está casi acabada, solo me falta sobrehilarla y rematarla. Su nueva máquina de coser sobrehíla y borda.* □ ORTOGR. La *i* lleva tilde en los presentes, excepto en las personas *nosotros* y *vosotros* →VACIAR.

sobrehumano, na adj. Que excede o supera lo que se considera propio de un ser humano: *Para aprobar ese curso ha realizado un esfuerzo sobrehumano.*

sobrellevar v. Referido esp. a una carga o a un mal, soportarlos, llevarlos sobre sí o sufrirlos: *Tengo que aprender a sobrellevar los disgustos con dignidad.*

sobremanera adv. Mucho o en alto grado: *Es muy aficionado al cine y le gustan sobremanera las películas del oeste.* □ ORTOGR. Admite también la forma *sobre manera*.

sobremesa s.f. Tiempo que se está a la mesa después de haber comido: *Empezamos a hablar y acabamos juntando la sobremesa con la merienda.* □ ORTOGR. Admite también la forma *sobre mesa*.

sobrenatural adj. Que excede los límites y las leyes de la naturaleza: *El protagonista de la novela tenía poderes sobrenaturales.* □ MORF. Invariable en género.

sobrenombre s.m. Nombre calificativo con el que se distingue de una forma especial a una persona: *El torero Manuel Benítez tiene el sobrenombre de 'El Cordobés'.*

sobrentender v. Referido a algo que no está expresado, entenderlo o comprenderlo, esp. porque se puede deducir o suponer de lo antes dicho o de la materia de la que se trata: *No necesitas invitación para venir a casa porque se sobrentiende que estás invitado siempre.* □ MORF. Irreg.: La *e* final de la raíz diptonga en *ie* en los presentes, excepto en las personas *nosotros* y *vosotros* →PERDER. □ ORTOGR. Se admite también *sobreentender*.

sobrepasar v. Referido esp. a un límite o a un punto, pasarlo o rebasarlo: *Las temperaturas sobrepasarán los treinta grados.*

sobrepelliz s.f. Vestidura blanca de tela fina, con mangas abiertas o muy anchas, que llega desde el hombro hasta la cintura aproximadamente y que llevan los sacerdotes sobre la sotana y algunas personas que ayudan en algunas funciones de la Iglesia: *El sacerdote se puso la sobrepelliz para bautizar al bebé.*

sobreponerse v.prnl. Referido esp. a un impulso o a una adversidad, dominarlos o vencerlos: *Es una mujer muy fuerte, capaz de sobreponerse a las desgracias.* □ MORF. Irreg.: 1. Su participio es *sobrepuesto*. 2. →PONER. □ SINT. Constr.: *sobreponerse A algo*.

sobrepuesto, ta part. irreg. de **sobreponer.** □ MORF. Incorr. **sobreponido*.

sobrero s.m. En tauromaquia, toro que se tiene de más por si alguno de los que se destinan a una corrida no resulta apto para la lidia: *El segundo toro de la tarde se rompió una pata al salir y fue sustituido por el sobrero.*

sobresaliente s.m. Calificación académica que indica que se ha superado brillantemente el nivel exigido: *Estoy muy contento porque has terminado el curso con sobresaliente.*

sobresalir v. **1** Destacar en altura o en anchura: *El balcón sobresale de la fachada de la casa.* **2** Distinguirse entre los demás: *Sobresale entre sus compañeros de clase por su inteligencia.* □ MORF. Irreg. →SALIR. □ SEM. Es sinónimo de *descollar*.

sobresaltar v. Asustar, producir angustia o hacer perder la tranquilidad y la calma repentinamente: *El teléfono sonó a las tres de la mañana y nos sobresaltó. Me sobresalté al oír el trueno.*

sobresalto s.m. Sensación producida por un acontecimiento repentino e imprevisto: *Una llamada a horas intempestivas siempre produce sobresalto.*

sobresdrújulo, la adj. Referido a una palabra, que lleva el acento en la sílaba anterior a la antepenúltima: *'Llámamelo' se escribe con tilde, como todas las palabras sobresdrújulas.* □ ORTOGR. 1. Se admite también *sobreesdrújulo*. →APÉNDICE DE ACENTUACIÓN.

sobreseer v. Referido a una instrucción de un sumario o a un proceso criminal, suspenderlos o dejarlos sin curso: *El juez ha sobreseído el caso por considerar que no existen pruebas suficientes para sostener la acusación.* □ ORTOGR. En las formas cuya desinencia contiene un diptongo *ie, io*, esta *i* se cambia en *y* →LEER.

sobresueldo s.m. Retribución o cantidad de dinero que se añade al sueldo fijo: *Le han dado un sobresueldo este mes por las horas extras que ha hecho.*

sobretodo s.m. Prenda de vestir ancha, larga y con mangas, que se lleva generalmente encima del traje normal: *El tendero llevaba un sobretodo azul.*

sobrevenir v. Venir de improviso o de forma repentina o inesperada: *Estábamos empezando a comer junto al río cuando sobrevino una tormenta que nos hizo volver a casa.* □ MORF. Irreg. →VENIR.

sobrevivir v. **1** Vivir después de la muerte de alguien o después de determinado suceso o plazo: *Aunque era el mayor de los hermanos, sobrevivió a todos.* **2** Vivir con estrechez o con lo mínimo necesario: *Con lo que gano en este trabajo solo tengo para poder sobrevivir.*

sobrevolar v. Referido esp. a un lugar, volar por encima de él: *El piloto nos anunció que estábamos sobrevolando Cádiz.* □ MORF. Irreg.: La *o* final de la raíz diptonga en *ue* en los presentes, excepto en las personas *nosotros* y *vosotros* →CONTAR.

sobriedad s.f. **1** Moderación y templanza en el modo de actuar: *Tiene sobriedad en el comer y nunca se da atracones.* **2** Carencia de adornos superfluos: *Este novelista escribe con sobriedad y de forma directa y llana.*

a b c d e f g h i j k l m n ñ o p q r s t u v w x y z

sobrino, na ▮ s. **1** Respecto de una persona, otra que es hijo o hija de su hermano o de su hermana: *Tiene cuatro sobrinos, dos son hijos de su hermano y los otros dos, de su hermana.* ▮ s.m.pl. **2** Respecto de una persona, hijos de su hermano, de su hermana, o de ambos.

sobrio, bria adj. **1** Moderado o templado en la forma de actuar: *Es una persona sobria en el comer y en el beber porque no le gustan los excesos.* **2** Que carece de adornos superfluos: *Viste de forma sobria y elegante.* **3** Que no está borracho: *Si no estás sobrio no conduzcas.*

socarrón, -a adj./s. Que manifiesta socarronería: *Con sus preguntas socarronas intentaba burlarse de mí. No hagas caso de las bromas de este socarrón.*

socarronería s.f. Actitud burlesca, irónica y disimulada: *Alaba con socarronería todo lo que realmente desprecia.*

socavar v. **1** Excavar por debajo, dejando huecos: *Las riadas han socavado los cimientos de la casa.* **2** Debilitar física o moralmente: *Tantos desastres han socavado su moral.*

socavón s.m. Hundimiento en el suelo producido generalmente por una pérdida subterránea de terreno: *La rotura de las cañerías ha producido un socavón en la calle.*

sochantre s.m. Director del coro en los oficios divinos: *Los cantantes del coro ensayaban los himnos con el sochantre antes de la ceremonia.*

sociable adj. Que siente inclinación por el trato y la relación con las personas o que tiene facilidad para ello: *Tiene muchos amigos porque es muy sociable.* □ MORF. Invariable en género.

social adj. **1** De una sociedad o relacionado con esta agrupación de individuos: *Está muy preocupado por las injusticias sociales que se cometen en el mundo.* **2** De una compañía o sociedad, de los miembros que las forman o relacionado con ellos: *Es el socio mayoritario ya que posee más de la mitad del capital social.* **3** Referido a algunas especies de insectos, que se organizan en sociedades: *Las abejas y las hormigas son insectos sociales.* □ MORF. Invariable en género.

socialdemocracia s.f. Corriente política socialista que admite la democracia y el pluralismo político: *La socialdemocracia mantiene un socialismo moderado.*

socialismo s.m. **1** Movimiento político y sistema de organización social y económico basados en la propiedad, administración y distribución colectiva o estatal de los bienes de producción: *El socialismo intenta eliminar las diferencias económicas entre los miembros de la sociedad.* **2** ‖ **socialismo utópico.** El caracterizado por basar muchos de sus argumentos en conceptos morales y religiosos: *Los fundadores del socialismo utópico pedían una mejora en las condiciones de vida de los obreros.*

socialista ▮ adj. **1** Del socialismo o relacionado con él: *En el congreso socialista se debatieron los puntos de su programa electoral.* ▮ adj./s. **2** Que sigue o que defiende el socialismo: *El periodista resumió la reunión de los representantes de los partidos socialistas europeos. Los socialistas luchaban por una disminución de la diferencia de clases.* □ MORF. 1. Como adjetivo es invariable en género. 2. Como sustantivo es de género común y exige concordancia en masculino o en femenino para señalar la diferencia de sexo: *el socialista, la socialista.*

socialización s.f. Transferencia de propiedades o instituciones privadas al Estado: *En el programa electoral, este partido propone socializar la banca.*

socializar v. Referido esp. a propiedades o a instituciones privadas, transferirlas al Estado o a otro órgano colectivo: *El marxismo soviético socializó los medios de producción, que pasaron a manos del Estado.* □ ORTOGR. La *z* se cambia en *c* delante de *e* →**CAZAR.**

sociedad s.f. **1** Conjunto de todos los seres humanos: *No le eches la culpa de todos tus males a la sociedad.* **2** Agrupación de individuos con una característica común: *Con la encuesta se buscaba conocer la opinión de la sociedad española sobre ciertos temas.* **3** Agrupación de individuos que cooperan para lograr un fin común: *Es el presidente de una sociedad cultural de su pueblo.* **4** Agrupación de comerciantes, de hombres de negocios o de accionistas de una compañía: *Hemos formado una sociedad mercantil y tenemos que firmar los estatutos.* **5** ‖ **alta sociedad.** Grupo formado por las personas económica y culturalmente más favorecidas: *Mi sueño es entrar a formar parte de la alta sociedad.* ‖ **sociedad anónima.** Aquella en la que el capital está dividido en acciones e integrada por los socios o accionistas: *Cualquier persona puede comprar acciones de una sociedad anónima.* ‖ **(sociedad) cooperativa.** La formada por productores, vendedores o consumidores para la utilidad común de los socios: *Ha montado una cooperativa para distribuir la producción vinícola de la región.* ‖ **sociedad de consumo.** Aquella en la que se estimula la necesidad de adquirir productos, aunque no sean necesarios: *La publicidad tiende a crear una sociedad de consumo.*

socio, cia s. **1** Persona que está asociada con otra o forma parte de una asociación: *Los tres socios de la empresa se reunieron para repartir los beneficios.* **2** *col.* Amigo o compañero: *¿Qué hay, socio, cómo va todo?*

socio- Elemento compositivo que significa 'social' (*sociocultural, socioeconómico, sociopolítico*) o 'sociedad' (*sociología, sociolingüística, sociológico*).

sociología s.f. Ciencia que estudia las condiciones de existencia y de desarrollo de las sociedades humanas: *El profesor de sociología ha explicado las causas del retroceso demográfico.*

sociológico, ca adj. De la sociología o relacionado con esta ciencia: *Este artículo es un estudio sociológico de los efectos de la publicidad en la conducta humana.*

sociólogo, ga s. Persona que se dedica profesionalmente al estudio de las sociedades humanas o que está especializado en sociología: *Los sociólogos han hecho encuestas sobre las intenciones de voto de la población.*

socorrer v. Prestar ayuda o auxilio en un peligro o en una necesidad: *El automovilista se detuvo para socorrer al herido.*

socorrido, da adj. Referido a un recurso, que frecuentemente y de forma fácil sirve para solucionar algo: *Las tortillas son una comida muy socorrida cuando llega gente a cenar sin avisar.*

socorrismo s.m. Conjunto de conocimientos y de técnicas destinadas a poder prestar socorro inmediato en caso de accidente: *Para estar encargado de la seguridad en una piscina hay que saber socorrismo.*

socorrista s. Persona que trabaja prestando socorro en caso de accidente: *El socorrista sacaba del agua al ahogado sujetándolo por debajo de la mandíbula.* □ MORF. Es de género común y exige concordancia en masculino o en femenino para señalar la diferencia de sexo: *el socorrista, la socorrista.*

socorro s.m. Ayuda o auxilio que se prestan en caso de

necesidad o de peligro: *Cuando pedí a gritos ayuda, nadie acudió en mi socorro.* □ SEM. Se usa para solicitar ayuda urgente.

soda s.f. Bebida gaseosa elaborada con agua y ácido carbónico: *Para beber pidió un wiski con soda.*

sódico, ca adj. Del sodio o relacionado con este elemento químico: *La sal común es un compuesto sódico.*

sodio s.m. Elemento químico metálico y sólido, de número atómico 11, blando, ligero y de color y brillo plateados, que se oxida rápidamente en contacto con el aire: *La sal común es cloruro de sodio.* □ ORTOGR. Su símbolo químico es *Na*.

sodomía s.f. Coito anal: *En la Biblia se habla de 'pecado de sodomía' por alusión a los vicios de los habitantes de la ciudad palestina de Sodoma.*

sodomizar v. Someter a sodomía: *El líder de la secta fue acusado de sodomizar a algunos miembros del grupo.* □ ORTOGR. La *z* se cambia en *c* delante de *e* **CAZAR**.

soez adj. Bajo, grosero o de mal gusto: *Sus expresiones soeces eran muestra de su poca educación.* □ MORF. Invariable en género.

sofá s.m. **1** Asiento cómodo para dos o más personas, con respaldo y con brazos: *Después de comer, se tumba un rato en el sofá y echa una siestecita.* **2** ‖ **sofá cama.** El que puede transformarse en cama: *Si quieres, puedes quedarte a dormir en el sofá cama del salón.* 👁 **cama** □ MORF. Su plural es *sofás*.

sofisticado, da adj. **1** Falto de naturalidad o con un refinamiento afectado: *Me pone nerviosa esa gente sofisticada e incapaz de hacer nada espontáneo.* **2** Referido esp. a un aparato o a una técnica, que son complicados y completos: *Trabajan con unos modernos microscopios muy sofisticados.*

sofisticar v. Dar o adquirir carácter sofisticado: *Los adelantos científicos han sofisticado la forma de vida. Los instrumentos de laboratorio se han sofisticado mucho.* □ ORTOGR. La *c* se cambia en *qu* delante de *e* ⟶**SACAR**.

sofocar v. **1** Ahogar o impedir la correcta oxigenación: *El ejercicio te sofoca porque no estás en forma. Los asmáticos se sofocan fácilmente.* **2** Referido esp. a un fuego o a una sublevación, apagarlos, extinguirlos o dominarlos impidiendo su propagación o su continuación: *Los bomberos consiguieron sofocar las llamas.* **3** Referido a una persona, irritarla, molestarla mucho o ponerla nerviosa, generalmente mediante el acoso: *¡Me sofocas con tanta pregunta! No merece la pena que te sofoques por tan poca cosa.* **4** Avergonzar, sonrojar o hacer sentir bochorno: *Es tan tímida que, con un piropo que le digas, la sofocas. En cuanto lo insultan se sofoca.* □ ORTOGR. La *c* se cambia en *qu* delante de *e* ⟶**SACAR**.

sofoco s.m. **1** Ahogo o imposibilidad de respirar: *Cuanto más se extendía el humo, mayor era mi sofoco.* **2** Sonrojo o bochorno producidos en una persona: *¡Cómo no voy a tener sofoco con las cosas que me dices!* **3** Irritación o disgusto grandes: *Lo encontré indignado y con un sofoco que parecía que iba a explotar.* **4** *col.* En una mujer, sensación de calor que suele presentarse durante la menopausia: *A su edad, es normal que tenga sofocos porque ha dejado de tener la regla.*

sofreír v. Freír ligeramente: *Aunque el tomate de lata ya viene frito, me gusta sofreírlo un poco antes de servirlo.* □ MORF. Irreg.: 1. Tiene un participio regular (*sofreído*), que se usa más en la conjugación, y otro irregular (*sofrito*), que se usa más como adjetivo o sustantivo. 2. Irreg. ⟶**SONREÍR**.

sofrito, ta ▮ **1** part. irreg. de **sofreír**. ▮ s.m. **2** Salsa o condimento que se añaden a un guiso y que se hacen con diversos ingredientes fritos en aceite, esp. cebolla o ajo: *Haz un sofrito de tomate para acompañar la carne.* □ MORF. La acepción 1 se usa más como adjetivo, frente al participio regular *sofreído*, que se usa más en la conjugación.

software (anglicismo) s.m. Conjunto de programas, instrucciones y elementos no físicos que constituyen un equipo informático: *El software permite al ordenador interpretar y ejecutar órdenes.* □ PRON. [sóftgüer], con la *e* muy abierta.

soga s.f. Cuerda gruesa de esparto o de cáñamo: *En el oeste norteamericano ajusticiaban a los ladrones de caballos colgándolos de una soga.*

soja s.f. **1** Planta herbácea de tallo recto, hojas compuestas, flores blancas o violetas en racimo y fruto en vaina que contiene unas semillas de las que se extrae aceite y harina: *El aceite de soja se emplea en la alimentación humana.* **2** Fruto de esta planta: *La soja es una legumbre muy nutritiva.*

sojuzgar v. Someter o dominar con violencia: *El Imperio romano consiguió sojuzgar gran parte de Europa.* □ ORTOGR. La *g* se cambia en *gu* delante de *e* ⟶**PAGAR**.

sol s.m. **1** Estrella que es centro de un sistema planetario: *En una galaxia puede haber multitud de soles.* 👁 **eclipse** **2** Luz, calor o influjo del Sol sobre la Tierra: *Está tan morena porque toma mucho el sol.* **3** *col.* Lo que se considera muy bueno o encantador: *¡Qué sol de niño, tan sonriente y cariñoso!* **4** En música, quinta nota de la escala de do mayor: *En clave de sol, el sol se escribe en la segunda línea del pentagrama.* **5** Unidad monetaria peruana: *La fuerte crisis económica del Perú produjo sucesivas devaluaciones del sol.* **6** ‖ **de sol a sol.** Desde que sale el sol hasta que se pone: *Antes la gente trabajaba de sol a sol y no paraba ni para comer.* ‖ **no dejar** a alguien **(ni) a sol ni a sombra.** *col.* Seguirlo sin descanso o acompañarlo en todo momento y lugar: *Va con un guardaespaldas que no lo deja a sol ni a sombra.* ‖ **sol de justicia.** El que calienta mucho: *Atravesaron el desierto casi desmayados bajo un sol de justicia.* ‖ **sol y sombra.** Combinado de anís y coñac: *Para el señor un cubalibre y para mí un sol y sombra, por favor.* □ USO En la acepción 1, referido a la estrella del sistema al que pertenece la Tierra, es nombre propio.

solana s.f. Lugar en el que da el sol de lleno: *La plaza a las doce es una solana.*

solapa s.f. **1** En una prenda de vestir, parte correspondiente al pecho, que suele ir doblada hacia fuera sobre la misma prenda: *El novio llevaba una flor en el ojal de la solapa.* **2** En la sobrecubierta de un libro, prolongación lateral que se dobla hacia dentro: *En la solapa del libro, viene una foto del autor y algunos datos biográficos.* 👁 **libro** **3** Parte o prolongación del borde de algo, que se dobla para cubrir su interior o para cerrarlo: *El remite venía escrito en la solapa del sobre.*

solapado, da adj. Referido a una persona, que suele ocultar maliciosamente sus pensamientos o sus intenciones: *No me fío de esa gente solapada que nunca obra a cara descubierta.*

solapar v. Referido esp. a la verdad de algo o a una intención, ocultarlas o encubrirlas maliciosamente: *Solapa su envidia con fingidas alabanzas.*

solar ▮ adj. **1** Del Sol o relacionado con esta estrella: *La Tierra es un planeta del sistema solar.* ▮ s.m. **2** Terreno de edificación: *Ha comprado un solar para construirse un chalé.* □ MORF. Como adjetivo es invariable en género.

solariego, ga adj. Antiguo y noble: *En el pueblo se conserva un palacio solariego impresionante.*

solárium s.m. Lugar reservado para tomar el sol: *En el balneario había un solárium para tomar el sol después de los baños.* □ ORTOGR. Es un latinismo (*solarium*) semiadaptado al español. □ MORF. Su plural es *soláriums*.

solaz s.m. Placer, distracción o alivio de los trabajos o penalidades: *Los hijos son para él su mejor solaz y contento.*

solazar v. Dar solaz: *Se entrega a la lectura para solazar el espíritu. Los abuelos se solazan con los nietos.* □ ORTOGR. La *z* se cambia en *c* delante de *e* →CAZAR.

soldadesco, ca adj. De los soldados o relacionado con ellos: *La vida soldadesca está unida al sentido de la disciplina.*

soldado s. Militar o persona que sirve en el ejército, esp. referido al que no tiene graduación: *Los soldados formaron en el patio.* □ MORF. Es de género común y exige concordancia en masculino o en femenino para señalar la diferencia de sexo: *el soldado, la soldado.* Incorr. el femenino **soldada*.

soldador s.m. Aparato que sirve para soldar: *El fontanero traía entre sus herramientas un soldador.*

soldadura s.f. Pegado y unión sólida de dos cosas o de dos partes de una misma cosa que se hace generalmente por medio del mismo material de las piezas: *Tomar calcio favorece la soldadura de huesos rotos.*

soldar v. Referido a dos cosas o a dos partes de la misma cosa, pegarlas y unirlas una con otra con mucha solidez, generalmente por medio del mismo material de las piezas: *Utiliza un soplete para soldar los tubos de la cañería.* □ MORF. Irreg.: La *o* diptonga en *ue* en los presentes, excepto en las personas *nosotros* y *vosotros* →CONTAR.

soleá s.f. **1** Cante flamenco de carácter melancólico cuya copla es una estrofa de tres o de cuatro versos octosílabos: *Después de cantar una bulería, el cantaor se arrancó por soleares.* **2** Baile que se ejecuta al compás de este cante: *Vimos bailar soleares en la feria de Sevilla.* □ MORF. Su plural es *soleares*.

soleado, da adj. Con sol y sin nubes: *Los días de agosto suelen ser claros y soleados.*

soledad s.f. **1** Falta de compañía: *Cuando quiero pensar, necesito soledad.* **2** Ausencia de ocupantes o de habitantes: *Me entristece la soledad de los campos abandonados.*

solemne adj. **1** De gran importancia o significación: *La entrada principal del edificio se utiliza solo en ocasiones solemnes.* **2** Majestuoso, imponente o con aire de gravedad: *El orador habló en un tono serio y solemne.* **3** Referido esp. a un compromiso, que es formal y firme, esp. si va acompañado de las circunstancias o requisitos necesarios: *Al tomar posesión de su cargo,hizo promesa solemne de fidelidad a la Constitución.* □ MORF. Invariable en género. □ SEM. Con algunos sustantivos, enfatiza despectivamente el significado de estos: *No te hago caso porque lo que estás diciendo es una solemne tontería.*

solemnidad s.f. **1** Importancia o significación: *La solemnidad de la ocasión pedía ir de etiqueta.* **2** Majestuosidad o gravedad: *Puso mucha solemnidad en lo que dijo.* **3** Formalidad y firmeza de un compromiso, esp. si va acompañado de las circunstancias o de los requisitos necesarios: *Selló con su firma la solemnidad de su promesa.*

solemnizar v. Dar carácter solemne: *Organizaron una gran ceremonia para solemnizar el momento.* □ ORTOGR. La *z* se cambia en *c* delante de *e* →CAZAR.

soler v. **1** Acostumbrar o tener por hábito: *Suelo levantarme temprano por las mañanas.* **2** Ser frecuente u ocurrir habitualmente: *Aquí en invierno suele llover mucho.* □ MORF. 1. Irreg.: La *o* de la raíz diptonga en *ue* en los presentes, excepto en las personas *nosotros* y *vosotros* →MOVER. 2. Verbo defectivo: no suele usarse en las formas que expresan la acción acabada. □ SINT. Se usa siempre seguido de infinitivo.

solera s.f. **1** Carácter tradicional o arraigado por el uso o la costumbre: *Este establecimiento es uno de los de mayor solera de la ciudad.* **2** Vejez o carácter añejo de un vino: *Lo celebramos descorchando un vino de gran solera.*

solfear v. Cantar o entonar marcando el compás y pronunciando los nombres de las notas: *Para aprender a cantar conviene saber solfear.*

solfeo s.m. **1** Entonación que se hace marcando el compás y pronunciando los nombres de las notas que se cantan: *El solfeo de una partitura es más fácil si sigues el pulso que marca el metrónomo.* **2** Arte o técnica de leer y entonar la música de esta manera: *Para aprender a tocar un instrumento, conviene tener nociones de solfeo.*

solicitar v. **1** Pedir con respeto o siguiendo los trámites o procedimientos debidos: *Si me siento incapaz de hacerlo sola, solicitaré tu ayuda.* **2** Referido a una persona, pretenderla o intentar conseguir su amor o sus servicios: *La abuela cuenta que de joven la solicitaban muchos pretendientes.*

solícito, ta adj. Que actúa con prontitud o diligencia: *Nos atendió un funcionario solícito y eficiente.*

solicitud s.f. **1** Escrito o documento en los que se solicita algo: *Entregué en la secretaría del instituto mi solicitud de matrícula.* **2** Prontitud o diligencia en la forma de actuar: *El amable recepcionista nos atendió con solicitud.*

solidaridad s.f. Adhesión o apoyo a una causa ajena, esp. los que se prestan en una situación difícil: *Manifestó su solidaridad con los trabajadores despedidos.*

solidario, ria adj. Que presta o muestra adhesión o apoyo a una causa ajena, esp. en situaciones difíciles: *Debes ser más solidario con los necesitados y no tan egoísta.*

solidarizar v. Referido a una persona, hacerla solidaria con otra, esp. en una situación difícil: *La opresión solidariza a los pueblos. Me solidarizo contigo en tus reivindicaciones.* □ ORTOGR. La *z* se cambia en *c* delante de *e* →CAZAR.

solidez s.f. Firmeza, fuerza o seguridad: *El terremoto no derribó la casa gracias a la solidez de sus cimientos.*

solidificar v. Referido a un fluido, hacerlo sólido: *Para solidificar un líquido hay que someterlo a bajas temperaturas. Cuando una sustancia se solidifica, se hace más consistente.* □ ORTOGR. La *c* se cambia en *qu* delante de *e* →SACAR.

sólido, da ▌adj. **1** Firme, seguro y fuerte: *El edificio se asienta sobre estructuras sólidas.* ▌adj./s.m. **2** Referido esp. a una sustancia, que se caracteriza porque sus moléculas presentan una fuerte cohesión entre sí: *El agua se presenta en estado sólido a una temperatura inferior a cero grados centígrados. Los sólidos son más resistentes a la deformación que los líquidos.*

soliloquio s.m. Discurso o reflexión en voz alta que hace una persona que habla a solas o consigo misma, esp. los de un personaje dramático; *monólogo: Habla tan-*

a b c d e f g h i j k l m n ñ o p q r s t u v w x y z

to que cualquier conversación con él acaba siendo un soliloquio.

solista s. **1** Persona que canta o interpreta un solo en una composición musical: *El solista de un cuarteto de cuerda suele ser el primer violín.* **2** En un conjunto musical, cantante principal: *El solista del grupo tiene una gran voz.* ☐ MORF. Es de género común y exige concordancia en masculino o en femenino para señalar la diferencia de sexo: *el solista, la solista.*

solitario, ria ▮ adj. **1** Desierto, abandonado o sin gente: *Da miedo andar de noche por un lugar tan solitario.* ▮ adj./s. **2** Solo, aislado o sin compañía: *En toda la plaza no había más que una solitaria farola. Alguien que ha sido toda su vida un solitario no está preparado para la convivencia.* ▮ s.m. **3** Juego para una sola persona, esp. el de cartas: *Cuando no le apetece salir de casa, pasa la tarde haciendo solitarios.* **4** Brillante grueso engarzado como única piedra preciosa en una joya, esp. en un anillo: *Llevaba en el mismo dedo la alianza y un llamativo solitario.* 👁 **joya** ▮ s.f. **5** Tenia en fase adulta que vive como parásito en el intestino de las personas: *Aunque comía mucho, no engordaba porque tenía la solitaria.*

soliviantar v. **1** Referido esp. a un grupo, inducirlo a adoptar una actitud de rebeldía o de hostilidad: *Los jefes golpistas soliviantaron a la tropa contra el Gobierno. Las nuevas medidas represivas conseguirán que las masas se soliviantan.* **2** Referido a una persona, inquietarla, irritarla o alterar su ánimo: *Me solivianta tu desinterés. Te soliviantas enseguida porque no tienes paciencia.*

sollozar v. Producir, generalmente al llorar y por un movimiento convulsivo, varias inspiraciones bruscas y entrecortadas, seguidas de una espiración: *El niño sollozaba porque no encontraba a sus padres.* ☐ ORTOGR. La *z* se cambia en *c* delante de *e* →**CAZAR**.

sollozo s.m. Producción, por un movimiento convulsivo, de varias inspiraciones bruscas y entrecortadas, seguidas de una espiración: *El llanto suele ir acompañado de sollozos.*

solo adv. Únicamente o solamente: *Solo tengo un día de permiso.* ☐ ORTOGR. Se recomienda la escritura sin tilde, aunque se pueda producir ambigüedad con el adjetivo. En este caso es preferible resolver la ambigüedad mediante la sustitución por algún sinónimo: He venido solo › {solamente/únicamente} a verte.

solo, la ▮ adj. **1** Único y sin otros de su especie: *De ese libro nos queda un solo ejemplar.* **2** Sin otra cosa, sin añadidos o considerado por separado: *Camarero, por favor, un café solo.* **3** Referido esp. a una persona, sin compañía o sin nadie que le dé protección, ayuda o consuelo: *Desde que se independizó, vive sola.* ▮ s.m. **4** Composición o pasaje musicales que interpreta una única persona: *El segundo movimiento del concierto empezaba con un solo de violín.* **5** ‖ **a solas.** Sin la compañía ni la ayuda de otro: *Se vieron a solas para poner en claro su situación.*

solomillo s.m. En una res que se despieza para el consumo, masa muscular que se extiende a ambos lados de la columna vertebral, en la zona en la que hay costillas: *El solomillo es una carne muy tierna y sabrosa.* 👁 **carne**

solsticio s.m. Época del año en la que el Sol, en su trayectoria aparente, se halla sobre uno de los dos trópicos y da lugar a la máxima desigualdad entre el día y la noche: *El solsticio de verano se produce entre el 21 y el 22 de junio.* 👁 **estación**

soltar ▮ v. **1** Desatar o desceñir: *Soltó los cabellos y peinó su larga melena. Los cordeles que atan el paquete se han soltado.* **2** Referido a una persona o a un animal, dejarlos ir o darles libertad: *Han soltado al preso porque ya ha cumplido su condena.* **3** Referido a algo que está sujeto, dejar de sostenerlo o de sujetarse: *Solté el libro y cayó al suelo.* **4** Referido a algo que estaba detenido, darle salida: *Para soltar el agua abre la llave de paso.* **5** Referido al vientre, hacerlo evacuar con frecuencia: *Estas hierbas son buenas para soltar el vientre. Si comes tanta fruta se te soltará el vientre.* **6** Referido a algo que se tenía contenido o que debería callarse, decirlo con violencia o franqueza: *Si me vuelve a decir algo le soltaré cuatro verdades.* **7** Despedir o desprender: *La carne suelta jugo al asarse.* ▮ prnl. **8** Adquirir agilidad o desenvoltura en la realización de algo: *El nuevo botones ya se ha soltado y trabaja con rapidez.* ☐ MORF. 1. Tiene un participio regular (*soltado*), que se usa en la conjugación, y otro irregular (*suelto*), que se usa como adjetivo. 2. Irreg.: La *o* diptonga en *ue* en los presentes, excepto en las personas *nosotros* y *vosotros* →**CONTAR**.

soltero, ra adj./s. Que no está casado: *Está soltera y sin compromiso. Los solteros son más independientes que los casados.*

solterón, -a adj./s. Que tiene edad para estar casado y no lo está: *Como sigas con tan mal humor no habrá quien te aguante y te quedarás solterona. Se ha convertido en un solterón amargado.*

soltura s.f. Facilidad, desenvoltura o agilidad para hacer algo: *Ya conduce el coche con mucha soltura.*

soluble adj. **1** Que se puede disolver o desleír: *El azúcar es soluble en la mayoría de los líquidos.* **2** Que se puede resolver: *Este sería un problema soluble si dispusiéramos de dinero.* ☐ MORF. Invariable en género.

solución s.f. **1** Resolución de una duda o de una dificultad: *Esperamos que la solución a este caso sea rápida.* **2** En matemáticas, resultado de una operación aritmética o de un problema: *Haz la cuenta y luego me dices la solución.* **3** Desunión o separación en un líquido de las partículas de un cuerpo sólido, líquido o gaseoso, de forma que queden incorporadas a él: *Para preparar este jarabe hay que realizar la solución de los polvos en agua.* **4** Mezcla o sustancia que se forma al realizar esta desunión de partículas en un líquido: *El champú es una solución jabonosa.* **5** ‖ **solución de continuidad.** Interrupción o falta de continuidad: *Pasamos de un tema a otro sin solución de continuidad.*

solucionar v. Referido a un asunto, resolverlo o hallar su solución: *Este dinero solucionará mis problemas económicos.*

solventar v. **1** Referido a una dificultad o a un asunto, darles solución: *El director tendrá que solventar el tema de los despidos antes de fin de mes.* **2** Referido a una deuda, pagarla o liquidarla: *Ya he solventado mis deudas con la empresa financiera.*

solvente adj. **1** Que tiene recursos suficientes para hacer frente a las deudas o que goza de buena situación económica: *El banco accedió a conceder el crédito porque es una empresa solvente.* **2** Que merece crédito: *Sus estudios sobre el feudalismo son muy solventes.* ☐ MORF. Como adjetivo es invariable en género.

somalí ▮ adj./s. **1** De Somalia o relacionado con este país del noreste africano: *La capital somalí es Mogadiscio. Los somalíes son musulmanes.* ▮ s.m. **2** Lengua africana de este y de otros países: *El somalí se habla también en Etiopía y en Kenia.* ☐ MORF. 1. En la acepción 1, como adjetivo es invariable en género y como sustantivo es de género común y exige concordancia en masculino o en femenino para señalar la diferencia de sexo: *el somalí, la somalí*. 2. Aunque su plural en la lengua culta es *somalíes*, se usa mucho *somalís*.

somanta s.f. *col.* Zurra o paliza: *Los atracadores le dieron una somanta de palos.*

sombra s.f. **1** Imagen oscura que proyecta sobre una superficie un cuerpo opaco situado entre un foco de luz y dicha superficie: *Me senté a la sombra de un árbol. Tu sombra se proyecta en la pared.* **2** Falta o ausencia de luz: *Las sombras de la noche nos envolvían.* **3** En pintura o en dibujo, color oscuro con el que se representa la falta de luz: *En este cuadro destaca la acertada combinación de luces y sombras.* **4** En telecomunicación, lugar al que no llegan las imágenes, sonidos o señales transmitidos por un aparato o por una estación emisora: *Aquí no se capta ese canal de televisión porque es una zona de sombra.* **5** Espectro o aparición de la imagen de una persona ausente o difunta: *Las sombras de los muertos recorrían la mansión.* **6** Apariencia o semejanza de algo: *En sus ojos hay una sombra de tristeza.* **7** *col.* Suerte o fortuna: *Siempre se queja de que tiene mala sombra y todo le sale mal.* **8** ‖ **a la sombra.** *col.* En la cárcel: *A consecuencia de aquel robo estuvo muchos años a la sombra.* ‖ **hacer sombra** a alguien. Impedirle otra persona que prospere o destaque por su superioridad o mayor mérito: *Aunque ella es inteligente, apenas destaca porque su hermana lo es bastante más y le hace sombra.* ‖ **mala sombra.** *col.* Mala intención: *Tiene muy mala sombra y hace esas críticas para hacer daño.* ‖ **sombra (de ojos).** Producto cosmético que se utiliza para maquillar o dar color a los párpados: *La sombra de ojos suele presentarse en polvo.* ‖ **sombras chinescas.** Espectáculo que consiste en proyectar sobre una superficie las sombras de títeres o de figuras hechas con las manos: *Mediante las sombras chinescas se puede representar todo tipo de animales.* ☐ MORF. La acepción 2 se usa más en plural.

sombrajo s.m. Refugio hecho con ramas, mimbres u otros materiales similares para hacer sombra: *Los montañeros hicieron un sombrajo para protegerse del sol.*

sombrear v. Referido a una pintura o a un dibujo, ponerle sombras: *Sombreó el dibujo para darle mayor relieve.*

sombrerera s.f. Véase **sombrerero, ra**.

sombrerería s.f. Taller o tienda en los que se hacen o se venden sombreros: *Este sombrero lo compré en la sombrerería de la plaza.*

sombrerero, ra ▮ s. **1** Persona que hace o que vende sombreros: *Los antiguos sombrereros gozaban de gran prestigio.* ▮ s.f. **2** Caja que sirve para guardar el sombrero: *La actriz traía varias maletas y una sombrerera.* 👁 **equipaje**

sombrero s.m. **1** Prenda de vestir que cubre la cabeza y que generalmente está compuesta de copa y ala: *El caballero se quitó el sombrero para saludar a la dama.* 👁 sombrero **2** Lo que tiene la forma de esta prenda de vestir: *Sobre los tejados de las casas se veían las chimeneas con sus sombreros.* **3** ‖ **quitarse** alguien **el sombrero.** Demostrar admiración por algo: *Ante su última novela hay que quitarse el sombrero.* ‖ **(sombrero) calañés.** El que tiene el ala vuelta hacia arriba y la copa baja en forma de cono truncado: *El labriego llevaba un sombrero calañés.* ‖ **(sombrero) castoreño.** El fabricado con pelo de castor o con algo parecido, como el fieltro: *Los picadores llevan un sombrero castoreño.* ‖ **sombrero cordobés.** El de fieltro, de ala ancha y plana y con la copa baja y de forma cilíndrica: *Los bailaores de flamenco suelen llevar sombrero cordobés.* ‖ **sombrero de copa.** El de ala estrecha y copa alta, casi cilíndrica y plana por arriba, generalmente forrado de felpa de seda negra; *chistera: El sombrero de copa se utiliza en las ceremonias importantes.* ‖ **(sombrero de) teja.** El que tiene las dos mitades laterales del ala levantadas y abarquilladas en forma de teja: *El sombrero de teja suele ser utilizado por eclesiásticos.* ‖ **sombrero de tres picos.** El que tiene el ala levantada y abarquillada por partes de modo que su base forma un triángulo: *El sombrero de tres picos fue muy utilizado en el siglo XIX.* ‖ **(sombrero) hongo.** Sombrero de ala estrecha y copa baja, rígida y redondeada, hecho generalmente de fieltro; *bombín: El sombrero hongo es un sombrero típicamente inglés.*

sombrilla s.f. Especie de paraguas que se utiliza para protegerse del sol; *parasol, quitasol: Cuando bajo a la playa me llevo la sombrilla.*

sombrío, a adj. **1** Referido a un lugar, que tiene poca luz y que suele tener sombras: *Esta casa es fría y sombría.* **2** Triste, demasiado serio o melancólico: *Su rostro tenía un aspecto sombrío.*

somero, ra adj. Ligero, superficial o hecho con poca profundidad: *Nos dio una somera explicación de los hechos para no cansarnos con datos.*

someter v. **1** Imponer por la fuerza o por la violencia el dominio y la autoridad sobre alguien: *Los romanos sometieron a muchos pueblos para agrandar su imperio.* **2** Sujetar o subordinar al interés, opinión o decisión de alguien: *En un acto de generosidad sometió sus intereses a los de la colectividad. El pueblo se sometió al invasor.* **3** Referido a algo, hacer que reciba o soporte una determinada acción: *Sometieron al animal a una cruel tortura. Se sometió a una operación quirúrgica.*

sometimiento s.m. **1** Imposición del dominio y de la autoridad o sujeción a ellos: *El sometimiento de los pueblos se suele realizar mediante sangrientas guerras.* **2** Exposición de algo a una determinada acción: *El sometimiento prolongado de un cuerpo a los rayos solares produce quemaduras.*

somier s.m. Soporte sobre el que se coloca el colchón: *El somier de mi cama es de láminas de madera.*

somnífero, ra adj./s.m. Referido esp. a un medicamento, que produce sueño: *Abusar de los sustancias somníferas es perjudicial. Como estaba muy nervioso se tomó un somnífero para poder dormir.*

somnolencia s.f. Pesadez y torpeza producidos por el sueño: *Necesito tomarme otro café para quitarme la somnolencia.*

somnoliento, ta adj. Que tiene o que produce sueño: *Me duerme esta música tan somnolienta.*

somormujo s.m. Ave acuática que tiene el pico recto y puntiagudo, las alas cortas, vuela poco y se puede mantener mucho tiempo debajo del agua: *El somormujo construye sus nidos flotantes en el agua.* ☐ MORF. Es un sustantivo epiceno y la diferencia de sexo se señala mediante la oposición *el somormujo {macho/hembra}*.

son s.m. **1** Sonido agradable, esp. si es musical: *A lo lejos se oyen los sones de una guitarra.* **2** Modo o manera de hacer algo: *Cada uno tiene su son para hacer las cosas.* **3** ‖ **en son de.** Del modo y manera que se expresa: *Hoy ha venido en son de guerra y nos ha echado la bronca a todos.*

SOMBRERO

toca
cofia
pamela
pompón
gorro de dormir
gorro de cocinero
gorro de lana
gorro de cosaco
pasamontañas
boina
chapela
barretina
orejera
gorra con orejeras
visera
gorra de plato
gorra de ciclista
quepis
borla
birrete
bonete
mitra
tiara
teja
capelo
chistera
o sombrero de copa
cinta
copa
ala
sombrero flexible
sombrero hongo
o bombín
canotier
panamá
calañés
salacot
sombrero tirolés
sueste
sombrero cordobés
montera
castoreño
barboquejo
chichonera
capucha
capirote
turbante
fez
bicornio
tricornio o sombrero de tres picos
casquete
casco de motorista
casco de buzo
penacho
yelmo

‖ **sin (ton ni) son.** *col.* Sin razón o sin fundamento: *Comenzó a insultarme sin ton ni son.*

sonado, da adj. **1** Célebre o que goza de fama: *Sus fiestas son sonadas porque acuden a ellas muchos artistas.* **2** *col.* Loco o con el juicio trastornado; *chiflado: Este está sonado y seguro que va aunque esté lloviendo.*

sonaja ■ s.f. **1** Par de chapas metálicas atravesadas por un alambre y colocadas en un soporte que las hace sonar al ser agitado: *El sonido de la pandereta lo producen las sonajas que lleva en el borde.* ■ pl. **2** Instrumento musical formado por un aro de madera con una serie de ranuras en las que van colocados pares de chapas como estos: *Iban por la calle cantando villancicos con panderos, panderetas y sonajas.*

sonajero s.m. Juguete para bebés que produce ruido cuando se agita: *El niño se entretiene mucho moviendo el sonajero.*

sonámbulo, la adj./s. Que padece un trastorno del sueño caracterizado por la realización de actos mientras está dormida: *Las personas sonámbulas hacen cosas mientras están dormidas y luego no lo recuerdan. Los sonámbulos se suelen levantar en las primeras horas de la noche sin despertarse.* □ SEM. Dist. de *noctámbulo* (que hace vida nocturna).

sonar ■ s.m.**1** En náutica, aparato que sirve para detectar la presencia y la situación de objetos u obstáculos sumergidos, mediante la emisión de vibraciones de alta frecuencia: *Los barcos de guerra utilizan el sonar para detectar submarinos y minas.* ■ v. **2** Producir ruido o sonido: *Ha sonado el timbre del teléfono. He afinado la guitarra y ahora suena muy bien.* **3** *col.* Producir un recuerdo vago de algo por haber tenido un conocimiento anterior de ello: *Ese nombre me suena, pero no sé de qué.* **4** Mencionarse o citarse: *Su nombre suena en los círculos intelectuales del país.* **5** Referido a la nariz, limpiarla de mocos expulsándolos con una espiración violenta: *Suena la nariz al niño. Se le ha puesto la nariz roja de tanto sonarse.* □ PRON. En la acepción 1, se usa mucho la pronunciación anglicista [sónar]. □ ORTOGR. Incorr. **sónar*. □ MORF. 1. En la acepción 1, su plural es *sonares*. 2. Irreg.: La *o* diptonga en *ue* en los presentes, excepto en las personas *nosotros* y *vosotros* ⟶**CONTAR**.

sonata s.f. Composición musical de carácter instrumental y que consta generalmente de tres o de cuatro movimientos de distinto carácter: *En el concierto escuchamos dos sonatas para piano de Beethoven.*

sonda s.f. **1** En medicina, instrumento más o menos largo, delgado y con forma de cilindro hueco, que se utiliza generalmente para explorar o dilatar cavidades y conductos naturales, introducir sustancias en el organismo o extraerlas de él: *El antibiótico se lo administran directamente en las venas a través de una sonda.* **2** Cuerda con un peso de plomo que sirve para medir la profundidad de las aguas y explorar el fondo: *Midieron con una sonda la profundidad del estanque.* **3** Instrumento o aparato que se utiliza para explorar y examinar zonas de difícil acceso: *Para conocer la localización de la bolsa de petróleo examinan el subsuelo con una sonda.*

sondear v. **1** Medir o explorar con una sonda: *Han sondeado la laguna para saber su profundidad.* **2** Referido a una persona, hacerle preguntas para intentar averiguar algo: *Para conocer la aceptación de las reformas políticas podemos sondear a la opinión pública.*

sondeo s.m. **1** Medición o exploración de algo mediante una sonda: *Los sondeos del terreno han permitido detectar una bolsa de gas.* **2** Realización de averiguaciones sobre algo: *Según los sondeos de opinión, nuestro partido saldrá vencedor en las elecciones.*

soneto s.m. Composición poética de origen italiano formada por catorce versos generalmente endecasílabos, de rima consonante, distribuidos en dos cuartetos y dos tercetos y cuyo esquema clásico es *ABBA ABBA CDC DCD*: *El soneto se asienta definitivamente en la poesía española con Boscán y Garcilaso.*

sonido s.m. **1** Sensación producida en el oído por el movimiento vibratorio de los cuerpos que se transmite por medio de ondas: *Por el sonido del motor del coche sabes cuándo debes cambiar de marcha.* **2** En fonética, conjunto de rasgos que caracterizan el valor y la pronunciación de una letra: *La 'e' tiene un sonido más abierto que la 'u'.* **3** Conjunto de aparatos y sistemas que sirven para emitir, grabar, reproducir o modificar el ruido, la voz y la música: *En los estudios de grabación disponen de buenos equipos de sonido.*

soniquete s.m. **1** Ruido o sonido poco intensos, pero continuados y generalmente molestos: *En el taller no me han arreglado el soniquete que tiene la caja de cambios del coche.* **2** Tono particular de la voz que tiene determinado matiz, esp. uno monótono: *El conferenciante leía con un soniquete tan aburrido que se oían los bostezos.* □ SEM. Es sinónimo de *sonsonete*.

sonoridad s.f. **1** Resonancia que produce la vibración de las cuerdas vocales: *La sonoridad de 'd' es el rasgo que la distingue de 't'.* **2** Conjunto de las características sonoras de un lugar cerrado: *La mala sonoridad del local hizo que la actuación del grupo musical quedara deslucida.* **3** Capacidad para producir un sonido agradable o intenso: *Lo que más destaca de su estilo poético es la sonoridad y musicalidad de sus versos.*

sonorizar v. **1** Referido a una cinta cinematográfica, incorporarle sonido: *Los técnicos han sonorizado algunas películas antiguas de cine mudo.* **2** Referido a un lugar, instalar en él los equipos necesarios para conseguir una buena audición: *Van a sonorizar la sala de conferencias.* □ ORTOGR. La *z* se cambia en *c* delante de *e* ⟶**CAZAR**.

sonoro, ra adj. **1** Que suena o va acompañado de sonido: *El cine sonoro sustituyó al cine mudo.* **2** Que produce un sonido agradable, esp. si es intenso: *Los sonoros versos del poeta inundaron toda la sala.* **3** Que transmite y difunde bien el sonido: *Sus pasos resonaban en el sonoro pasillo.* **4** En fonética, referido a un sonido, que se articula con vibración de las cuerdas vocales: *Todas las vocales españolas son sonoras. La 'b' es una consonante sonora.*

sonotone s.m. *col.* Audífono (por extensión del nombre de la marca comercial *Sonotone®*): *Como no oye bien tiene que ponerse un sonotone.*

sonreír v. **1** Reír suavemente, curvando los labios y sin producir ningún sonido: *Estaba triste y solo sonreía ante mis gracias. Cuando se me cayeron todos los libros se sonrió burlonamente.* **2** Mostrarse favorable o prometedor: *La vida le sonríe porque es joven y rico.* □ MORF. Irreg. ⟶**SONREÍR**.

sonrisa s.f. Curvatura suave de los labios, producida generalmente por algo gracioso o agradable y que no va acompañada de ninguna manifestación sonora: *Al verme me dirigió una bella sonrisa.*

sonrojar v. Poner el rostro de color rojo, esp. si es por un sentimiento de vergüenza: *Con tantas alabanzas y* *elogios me vas a sonrojar. Es muy tímido y se sonroja con facilidad.* □ ORTOGR. Conserva la *j* en toda la conjugación. □ SEM. Como pronominal es sinónimo de *enrojecer* y de *ruborizarse.*

sonrojo s.m. Enrojecimiento de la cara originado generalmente por la vergüenza sentida: *Sus elogios me van a producir sonrojo.*

sonrosar v. Dar, poner o causar color rosado: *El aire fresco ha sonrosado las mejillas del bebé.*

sonsacar v. Referido esp. a una información, conseguir con habilidad y astucia que alguien la diga: *Lo invité a comer y le sonsaqué los nombres de los ganadores.* □ ORTOGR. La *c* se cambia en *qu* delante de *e* →**SACAR**.

sonsonete s.m. **1** Ruido o sonido poco intensos, pero continuados y generalmente molestos: *Hace horas oigo el sonsonete de la máquina de escribir del vecino.* **2** Tono particular de la voz que tiene determinado matiz, esp. uno monótono: *El niño se durmió con el monótono sonsonete de la nana.* □ SEM. Es sinónimo de *soniquete*.

soñador, -a adj./s. Que sueña mucho o que considera real o cierto lo que no lo es: *Es un chico muy soñador y siempre tiene fantasías en la cabeza. Eres una soñadora y una idealista.*

soñar v. **1** Referido esp. a un suceso o una imagen, representarlas en la mente mientras se duerme: *Anoche soñé que era un soldado en una guerra medieval. Cuando sueñas hablas en alto.* **2** Referido a algo que no se tiene, desearlo permanentemente: *Siempre he soñado que viviría junto al mar.* **3** Referido a algo muy difícil o que no es cierto, considerarlos como reales: *Me gusta soñar que soy rica y famosa.* **4** ‖ **ni soñarlo** o **ni lo sueñes.** *col.* Expresión que se usa para indicar que algo es totalmente imposible: *No podemos acabarlo mañana, ni lo sueñes.* ‖ **soñar despierto.** Considerar como real o cierto lo que no lo es: *Si crees que te voy a dejar ir, sueñas despierto.* □ MORF. Irreg.: La *o* diptonga en *ue* en los presentes, excepto en las personas *nosotros* y *vosotros* →**CONTAR**.

sopa s.f. **1** Caldo o líquido alimenticio al que se añade pasta, pan, verduras u otros alimentos, generalmente cocidos en él: *La sopa de marisco está muy buena.* **2** Trozo de pan mojado en una salsa u otro líquido alimenticio: *Me gusta mojar las sopas en el caldo.* **3** Pasta, verdura u otro alimento que se echa en el caldo para hacer este tipo de comida: *Se ha acabado la sopa de fideos porque he tirado el paquete vacío.* **4** ‖ **dar sopas con honda** a alguien. *col.* Demostrar gran superioridad: *En cuestiones de economía te doy sopas con honda, porque sé mucho.* ‖ **{estar/quedarse} sopa.** *col.* Estar o quedarse dormido: *Me quedé sopa viendo la televisión.* ‖ **hasta en la sopa.** *col.* En todas partes: *Me encuentro a ese chico hasta en la sopa.* ‖ **hecho una sopa** o **como una sopa.** *col.* Muy mojado: *Está lloviendo a cántaros y vengo hecho una sopa.* ‖ **sopa (boba).** Comida que se da a los pobres en algunos conventos, generalmente consistente en algún tipo de caldo: *Una fila de mendigos esperaba la sopa boba a las puertas del convento.* ‖ **sopa juliana.** La que se hace con diversos tipos de verduras troceadas: *He hecho una sopa juliana con acelgas, apio, repollo, puerros y zanahorias.*

sopapo s.m. Golpe dado con la mano en la cara, esp. en la papada: *Como vuelvas a hacerme burla, te doy un sopapo.*

sopero, ra ▌adj. **1** Que se utiliza para la sopa: *La sopa se toma en plato sopero.* **2** Referido a una persona, que es muy aficionada a comer sopa: *Para mí, que soy tan sopero, una comida sin sopa no es comida.* ▌s.f. **3** Recipiente hondo que se usa para servir la sopa en la mesa: *Pasa la sopa de la cazuela a la sopera y llévala a la mesa.*

sopesar v. **1** Referido esp. a un objeto, calcular aproximadamente su peso levantándolo o cogiéndolo en la mano: *Cogió la cadena de oro para sopesarla antes de ponerla en la balanza.* **2** Referido esp. a un asunto, examinar con atención los pros y los contras que tiene: *Sopesó las ventajas e inconvenientes de la propuesta antes de decidirse.*

sopetón ‖ **de sopetón.** Brusca e inesperadamente: *Al torcer la esquina me encontré de sopetón con tu tío.*

sopicaldo s.m. Sopa o caldo con pocas cosas sólidas: *Si te duele el estómago tómate un sopicaldo ligerito.*

sopla interj. Expresión que se usa para indicar sorpresa o admiración: *¡Sopla, tú por aquí! ¡Sopla, qué bonito!*

soplamocos s.m. *col.* Golpe dado en la cara, esp. si se hace tocando las narices: *Le dio un soplamocos y le empezó a salir sangre por la nariz.* □ MORF. Invariable en número.

soplar v. **1** Expulsar aire por la boca, alargando un poco los labios y dejando una pequeña abertura: *¿Te soplo despacito en la herida para que no te escueza?* **2** Referido al viento, correr de forma que se note: *La brisa que sopla desde el mar refresca el ambiente.* **3** *col.* Beber mucho, esp. bebidas alcohólicas: *Con lo que has soplado no te atrevas a conducir. Se sopló más de cuatro botellines de cerveza.* **4** *col.* Referido a una información, decírsela a alguien disimuladamente: *El que sople suspende automáticamente. Le sopló a la policía el nombre de los contrabandistas.* **5** *col.* Quitar con disimulo o a escondidas: *Dejé un momento el bolso en la silla y cuando volví, me habían soplado la cartera.* **6** Referido esp. a una cosa o a un sitio, echarles aire con la boca: *No soples la sopa y si te quema espera un poco.* **7** En las damas u otros juegos, referido a una pieza, eliminarla por no comer cuando debía hacerlo: *No olvides que en las damas es obligatorio comer, y si no lo haces te soplo la ficha.*

soplete s.m. Instrumento que se usa para fundir o soldar metales, que lanza un gas o una mezcla gaseosa inflamada: *Para usar el soplete hay que ponerse un protector para los ojos.*

soplido s.m. Cantidad de aire que se expulsa de una vez por la boca o con algún instrumento; *soplo: Apagó las velas de la tarta de un soplido.*

soplo s.m. **1** Cantidad de aire que se expulsa de una vez por la boca o con algún instrumento; *soplido: No enfríes la leche a soplos.* **2** Movimiento perceptible de viento: *Le llevó el periódico un soplo de viento.* **3** Información que se da en secreto y con cautela: *Pillaron a los contrabandistas porque dieron el soplo a la policía.* **4** Espacio muy breve de tiempo: *No te vayas, que estoy listo en un soplo.* **5** Sonido peculiar de algunos órganos del cuerpo que puede ser normal o no: *Los soplos se detectan mediante la auscultación.*

soplón, -a adj./s. *col.* Referido a una persona, que pasa información a otra en secreto, esp. si es una acusación: *Los alumnos soplones tendrán un cero en el examen. La policía tiene unos cuantos soplones que informan sobre delincuentes.*

soponcio s.m. *col.* Desmayo, indisposición pasajera, angustia o susto grandes: *Estábamos criticando al profesor y cuando entró, casi nos da un soponcio.*

sopor s.m. Adormecimiento o somnolencia muy grandes: *Después de comer me entra un sopor enorme.*

a b c d e f g h i j k l m n ñ o p q r s t u v w x y z

soporífero, ra adj. Aburrido hasta el punto de producir sueño: *Esa película es lenta y soporífera.*

soportal s.m. En un edificio, una manzana de casas o una plaza, espacio cubierto que precede a sus entradas principales: *Nos resguardamos de la lluvia bajo los soportales de la plaza.*

soportar v. **1** Referido a una carga o a un peso, sostenerlos o llevarlos sobre sí: *Las vigas y las columnas soportan el peso del techo.* **2** Tolerar o aguantar con paciencia: *No soporto que se hable mal de los que no están presentes.*

soporte s.m. **1** Lo que sirve de apoyo o de sostén: *Las patas son los soportes de la silla.* 👁 **química** **2** Medio material sobre el que puede fijarse algo: *La diapositiva es uno de los soportes fotográficos.*

soprano s. En música, persona cuyo registro de voz es el más agudo de los de las voces humanas: *Montserrat Caballé es una famosa soprano catalana.* ☐ MORF. Es de género común y exige concordancia en masculino o en femenino para señalar la diferencia de sexo: *el soprano, la soprano.*

sor s.f. Mujer que vive en una comunidad religiosa o que pertenece a ella sin tener ninguna de las órdenes clericales; *hermana: Al otro lado de la tapia se oía a una monja llamar a sor Teresa.*

sorber v. **1** Beber aspirando: *Sorbía el refresco por una pajita.* **2** Referido a la mucosidad nasal, retenerla en la nariz respirando con fuerza hacia dentro: *No sorbas los mocos y suénate en el pañuelo. Cuando está acatarrado no deja de sorber.*

sorbete s.m. Refresco helado de consistencia pastosa, compuesto generalmente por zumo de frutas, agua y azúcar: *Entre el plato de pescado y el de carne nos sirvieron un sorbete de limón.*

sorbo s.m. **1** Trago que se da aspirando: *No tomes la sopa a sorbos.* **2** Cantidad pequeña de un líquido: *Prueba un sorbo de licor, verás qué bueno está.*

sordera s.f. Privación o disminución de la capacidad de oír: *Su sordera solo lo incapacita para oír sonidos agudos.*

sórdido, da adj. **1** Pobre, mísero y sucio: *Vive en una habitación sórdida y oscura.* **2** Lo que se considera impuro, indecente o escandaloso: *La película narra la sórdida historia de un depravado sexual.*

sordina s.f. En música, pieza que tienen algunos instrumentos o que se ajusta a ellos para disminuir la intensidad y variar el timbre de su sonido: *En esta canción se toca la trompeta con sordina.*

sordo, da ▮ adj. **1** Con poco ruido o que se oye poco: *Desde el parque se oía el sordo murmullo de los coches de la ciudad.* **2** De sonido grave o apagado: *Se oyó un ruido sordo, como el de algo pesado que cae sobre la tierra.* **3** Insensible o que no hace caso: *Ese desalmado permanece sordo a mis ruegos.* **4** En fonética, referido a un sonido, que se articula sin vibración de las cuerdas vocales: *Los sonidos sordos en español son [ch], [p], [z], [t], [k], [s], [f] y [j].* ▮ adj./s. **5** Que no oye nada o que no oye bien: *No grites, que no soy sordo. Esa sorda no oye nada de nada.* **6** ‖ **{sordo como/más sordo que} una tapia.** *col.* Muy sordo: *Lleva un audífono porque está más sordo que una tapia.*

sordomudo, da adj./s. Referido a una persona, que carece de habla por tener sordera de nacimiento: *Ese chico sordomudo habla por señas. Los sordomudos no saben hablar porque nunca han oído, no porque no puedan hacerlo.*

soriano, na adj./s. De Soria o relacionado con esta provincia española o con su capital: *Antonio Machado cantó a las tierras sorianas en muchas de sus poesías. Los sorianos acostumbran a merendar en las bodegas.* ☐ MORF. Como sustantivo ser refiere solo a las personas de Soria.

soriasis s.f. →**psoriasis.** ☐ MORF. Invariable en número.

sorna s.f. Tono de burla o irónico al hablar o decir algo: *Le dijo con sorna que era un genio porque suspendió todas las asignaturas.*

sorprender v. **1** Coger desprevenido: *La tormenta me sorprendió en la calle.* **2** Referido esp. a algo imprevisto, raro o incomprensible, producir o causar sorpresa: *Me sorprende que no lo hayan traído porque lo encargué hace un mes.* **3** Referido esp. a algo que estaba oculto o disimulado, descubrirlo o encontrarlo: *La policía sorprendió la guarida de los ladrones.*

sorpresa s.f. **1** Impresión de conmoción, de emoción o de maravilla que produce lo inesperado, lo raro o lo incomprensible: *¿A qué viene tanta sorpresa, si te había avisado?* **2** Lo que produce esta impresión: *Tengo una sorpresa para ti.* **3** ‖ **por sorpresa.** Sin que se espere: *En las guerras, los ataques por sorpresa han dado muchas victorias.*

sortear v. **1** Referido a algo que se quiere dar o repartir, asignarlo de forma que la suerte decida cómo hacerlo y empleando diversos medios fortuitos: *Después de comer sortearemos quién friega los platos.* **2** Referido esp. a un obstáculo, un riesgo o una dificultad, evitarlos o eludirlos con habilidad o astucia: *En la vida hay que sortear muchos peligros.*

sorteo s.m. Asignación de algo que se decide por medio de la suerte o del azar: *El sorteo de los premios se realizará ante notario.*

sortija s.f. Anillo que se lleva en los dedos, esp. si es como adorno: *La sortija es de oro y lleva engastado un pequeño diamante. Las sortijas suelen llevarse en los dedos corazón y anular.* 👁 **joya**

sortilegio s.m. **1** Encantamiento, hechizo o embrujo: *Cuando se deshizo el sortilegio, la rana se convirtió en príncipe.* **2** Adivinación por medio de la magia: *Una pitonisa me ha hecho un sortilegio para saber cuándo tendré trabajo.*

sosa s.f. Véase **soso, sa.**

sosaina adj./s. *col.* Referido esp. a una persona, muy soso o sin nada de gracia; *soseras: ¡Vaya cómico más sosaina que han contratado! Ese sosaina no sabe contar chistes.* ☐ MORF. 1. Como adjetivo es invariable en género. 2. Como sustantivo es de género común y exige concordancia en masculino o en femenino para señalar la diferencia de sexo: *el sosaina, la sosaina.*

sosegar v. Aquietar, calmar o hacer desaparecer la agitación o el movimiento: *Sosegó mi ánimo con palabras cariñosas. Tras la tormenta, las aguas se han sosegado.* ☐ ORTOGR. Aparece una *u* después de *g* cuando la sigue *e*. ☐ MORF. Irreg.: La *e* de la raíz diptonga en *ie* en los presentes, excepto en las personas *nosotros* y *vosotros* →**REGAR**.

soseras adj./s. *col.* Referido esp. a una persona, muy sosa o sin nada de gracia; *sosaina: Siendo tan soseras no puedes dedicarte al baile. Nadie se ríe con los chistes de esa soseras.* ☐ MORF. 1. Como adjetivo es invariable en género. 2. Como sustantivo es de género común y exige concordancia en masculino o en femenino para señalar la diferencia de sexo: *el soseras, la soseras.* 3. Invariable en número.

sosería s.f. **1** Insulsez o falta de gracia y de viveza: *Dice que los blancos bailan con mucha sosería en comparación* *con los negros.* **2** Dicho o hecho insulso y sin gracia: *Eres tan serio que cuando cuentas un chiste lo conviertes en una sosería.*

sosiego s.m. Tranquilidad, quietud o serenidad: *En una vida tan ajetreada es difícil encontrar un momento de sosiego.*

soslayar v. Esquivar o pasar por alto para evitar una dificultad: *Supo soslayar las preguntas cuyas respuestas podían comprometerlo.*

soslayo ‖ **de soslayo. 1** De lado o de forma oblicua: *Tuve que pasar entre los coches de soslayo porque estaban muy juntos.* **2** De largo, de pasada o por encima para evitar una dificultad: *Trató el tema de soslayo porque no era entendido en él.*

soso, sa ▮ adj. **1** Con poca sal o sin ella: *Trae la sal porque esta sopa está sosa.* **2** Con poco sabor o sin él: *El pescado hervido es un poco soso.* ▮ adj./s. **3** Sin gracia ni viveza: *Vimos una película sosa y aburrida. No voy con ellos a bailar porque son unos sosos.* **4** ‖ **sosa (cáustica).** s.f. Sustancia blanca, compuesta por hidróxido de sodio, que quema los tejidos orgánicos y se usa en la elaboración de detergentes y para neutralizar ácidos: *Los jabones con sosa no deben usarse para lavar tejidos delicados.*

sospecha s.f. Creencia o suposición de algo a partir de señales o de indicios reales o verdaderos: *Tengo la sospecha de que alguien me está siguiendo. Todas las sospechas caen sobre mí, pero os aseguro que no he sido yo.*

sospechar v. **1** Referido a algo que no se sabe con certeza, creerlo o imaginarlo a partir de señales o indicios reales o verdaderos: *La policía sospecha que el cajero ha sido el autor del desfalco.* **2** Referido a una persona, desconfiar de ella o creer que ha sido ella la autora de determinada acción: *Nunca he sospechado de ti porque sé que no me mentirías.* □ SINT. Constr. de la acepción 2: *sospechar* DE *alguien.*

sospechoso, sa ▮ adj. **1** Que da motivos para sospechar o para desconfiar: *Un hombre con aspecto sospechoso merodea por aquí.* ▮ adj./s. **2** Referido a una persona, que puede haber cometido determinada acción porque hay indicios que así lo indican: *Una de las mujeres sospechosas ha salido de la ciudad. Lo detuvieron como sospechoso de robo.*

sostén s.m. **1** Lo que sirve para sostener, apoyar o mantener algo: *Los pilares son el sostén del puente.* **2** Prenda interior femenina que sirve para ceñir y sujetar el pecho; *sujetador: No usa sostén porque tiene muy poco pecho.*

sostener v. **1** Mantener firme evitando que caiga o se tuerza: *Las vigas sostienen el techo. El niño ya se sostiene solo.* **2** Referido esp. a una idea o a una teoría, defenderlas: *Según sus investigaciones, sostiene que hay vida en otros planetas.* **3** Proseguir, mantener o hacer que continúe: *Sostuvimos una larga conversación sobre ti.* **4** Referido esp. a una persona, satisfacer sus necesidades de manutención: *Es la madre la que sostiene a la familia.* □ MORF. Irreg. ⟶**TENER**.

sostenido, da adj. En música, referido a una nota, que está alterada en un semitono por encima de su sonido natural: *Un do sostenido es ligeramente más agudo que el do natural correspondiente.*

sota s.f. En la baraja española, carta que representa a un paje o infante: *La sota es la carta número diez en una baraja de cuarenta naipes.*

sotana s.f. Vestidura que llega hasta los tobillos y se abrocha con botones desde el cuello hasta los pies, esp. la que usan algunos sacerdotes católicos: *Los sacerdotes llevan una sotana negra en algunas funciones de la iglesia.*

sótano s.m. En un edificio, piso o parte situados a un nivel más bajo que el de la calle: *Los garajes suelen estar en los sótanos de los edificios.*

sotavento s.m. En una embarcación, lado o dirección opuestos al lado por donde viene el viento: *El barco viró a sotavento para encaminarse al puerto.* □ SEM. Dist. de *barlovento* (dirección por donde viene el viento).

soterrar v. Ocultar, esconder o guardar de forma que no se vea: *Soterró sus sentimientos para sentirse más seguro.* □ MORF. Irreg.: La *e* diptonga en *ie* en los presentes, excepto en las personas *nosotros* y *vosotros* ⟶**PENSAR**.

soto s.m. Lugar poblado de árboles y arbustos, y a veces también de maleza y matas: *En verano vamos muchas veces a merendar al soto que está a la orilla del río.*

soufflé (galicismo) s.m. ⟶**suflé.** □ PRON. [suflé].

souvenir (galicismo) s.m. Lo que se compra como recuerdo de un lugar: *Muchos extranjeros se llevan un traje de torero de souvenir.* □ PRON. [subenír].

soviético, ca adj./s. De la Unión de Repúblicas Socialistas Soviéticas (antiguo país euroasiático), o relacionado con ella: *El trigo era el cultivo principal de la economía rural soviética. La reunión para el desarme entre estadounidenses y soviéticos fue un éxito.* □ MORF. Como sustantivo se refiere solo a las personas de la antigua Unión de Repúblicas Socialistas Soviéticas.

spanglish s.m. Modalidad lingüística que mezcla español e inglés y que hablan algunos hispanos de los Estados Unidos (país americano): *Muchos puertorriqueños de Nueva York hablan spanglish.* □ PRON. [espánglis].

sparring (anglicismo) s.m. Persona que pelea con un boxeador para que este se entrene: *Después de calentar los músculos, el campeón mantuvo un breve combate con su sparring.* □ PRON. [espárrin].

sponsor (anglicismo) s. ⟶**patrocinador, -a.** □ PRON. [espónsor]. □ MORF. Es de género común y exige concordancia en masculino o en femenino para señalar la diferencia de sexo: *el sponsor, la sponsor.* □ USO Su uso es innecesario.

sponsorizar v. ⟶**patrocinar.** □ PRON. [esponsorizár]. □ ORTOGR. La *z* se cambia en *c* delante de *e* ⟶**CAZAR**.

sport (anglicismo) ‖ **(de) sport.** Referido al vestido, que es cómodo, informal y de aire deportivo: *Con ese jersey tan grueso, ponte un pantalón sport.* □ PRON. [espór].

spot (anglicismo) s.m. Anuncio publicitario en televisión: *Han contratado a ese actor para un spot de coches.* □ PRON. [espót]. □ MORF. Su plural es *spots.*

spray (anglicismo) s.m. ⟶**aerosol.** □ PRON. [esprái].

sprint (anglicismo) s.m. ⟶**esprín.** □ MORF. Su plural es *sprints.*

sprinter (anglicismo) s. ⟶**esprínter.** □ PRON. [esprínter]. □ MORF. Es de género común y exige concordancia en masculino o en femenino para señalar la diferencia de sexo: *el sprinter, la sprinter.*

squash (anglicismo) s.m. Deporte que se practica en un espacio cerrado y que consiste en lanzar una pelota de goma contra la pared, golpeándola con una raqueta: *La raqueta de squash es más pequeña que la de tenis.* □ PRON. [eskuás].

stand (anglicismo) s.m. Caseta, puesto o instalación provisionales y desmontables en los que se expone o se vende un producto: *Nuestra editorial está en el stand 124 de la Feria del Libro.* □ PRON. [están]. □ MORF. Su plural es *stands.* □ SEM. Dist. de *pabellón* (edificio que forma parte de un conjunto mayor).

standard s.m. →**estándar.** □ PRON. [estándar]. □ USO Es un anglicismo innecesario.

starter (anglicismo) s.m. En un vehículo con motor de explosión, mecanismo que regula la entrada de aire al carburador: *El starter permite un rápido arranque en frío.* □ PRON. [estárter].

statu quo (latinismo) s.m. ‖ Estado de cosas en un determinado momento: *Es partidario de mantener el statu quo de la situación política actual.* □ PRON. [estátu kuó]; Incorr. *[estatu kúo]. □ ORTOGR. Incorr. **status quo*.

status (latinismo) s.m. →**estatus.** □ PRON. [estátus].

step (anglicismo) s.m. Tipo de gimnasia que se practica con acompañamiento de música y que consiste en subir y bajar repetidamente una especie de escalón: *En mi gimnasio hay clases de aeróbic y de step.* □ PRON. [estép].

stock (anglicismo) s.m. Conjunto de mercancías o productos que almacena generalmente una empresa o un establecimiento para su uso o para su venta: *Como se han vendido pocos coches, hay un abundante stock de todas las marcas y modelos.* □ PRON. [estók]. □ MORF. Su plural es *stocks*.

stop (anglicismo) s.m. **1** Señal de tráfico que obliga a detenerse en un cruce y a ceder el paso: *Es muy peligroso no respetar un stop.* **2** En un telegrama, señal que indica punto: *El texto de mi telegrama es: Llego a las ocho noche stop Espérame en la estación stop Ramón.* □ PRON. [estóp].

store s.m. →**estor.** □ PRON. [estór]. □ USO Es un galicismo innecesario.

stress s.m. →**estrés.** □ USO Es un anglicismo innecesario.

striptease (anglicismo) s.m. Espectáculo en el que una persona se va quitando poco a poco la ropa de forma sexualmente excitante: *Han abierto una sala de striptease en la que actúan hombres y mujeres.* □ PRON. [estríptis].

su poses. →**suyo, ya.** □ MORF. 1. Invariable en género. 2. Es apócope de *suyo* y de *suya* cuando precede a un sustantivo determinándolo: *su sombrero, sus buenas intenciones*. 3. →APÉNDICE DE PRONOMBRES. □ SEM. Se usa mucho para dar un carácter indeterminado al sustantivo al que acompaña: *Tendrá sus buenos setenta años.*

suajili s.m. Lengua bantú de Tanzania, Kenia (países africanos) y otros lugares: *El suajili es la lengua más importante de África oriental.*

suave adj. **1** Liso, blando y agradable al tacto: *Da gusto secarse con esta toalla tan suave.* **2** Agradable a los sentidos porque no es fuerte o porque no tiene contrastes: *Quiero música suave. La decoración es de colores suaves. Esta salsa es muy suave. Me gustan los aromas suaves.* **3** Dócil, manso, apacible o manejable: *Tu reprimenda lo dejó muy suave y ahora se porta bien.* **4** Sin brusquedad, sin oponer resistencia o que no requiere mucho esfuerzo: *Las marchas entran muy suaves desde que arreglaste el coche.* □ MORF. Invariable en género.

suavidad s.f. **1** Lisura y blandura de algo que resulta agradable al tacto: *Esta crema hidratante ayuda a la piel a recuperar su suavidad.* **2** Docilidad, mansedumbre o dulzura: *Trata a los niños con suavidad y por eso la quieren tanto.* **3** Moderación, benignidad o placidez: *La suavidad de este clima me vendrá bien.*

suavizante s.m. Producto que suaviza, esp. la ropa o el pelo: *El suavizante se añade a la ropa en el último aclarado.*

suavizar v. Hacer suave: *Este detergente quita la grasa de los platos y suaviza las manos. El calor se suavizará al atardecer.* □ ORTOGR. La *z* se cambia en *c* delante de *e* →**CAZAR.**

sub- Prefijo que significa 'bajo' o 'debajo de' (*submarino, subterráneo, subsuelo, subrayar*), 'de menor categoría o importancia' (*subjefe, subdirector, subafluente, subcultura*) o 'con escasez' (*subdesarrollo, subalimentar*).

subalterno, na ▌s. **1** Empleado de categoría inferior: *El director mandó a un subalterno que enseñara la fábrica a los visitantes.* ▌s.m. **2** Torero que forma parte de la cuadrilla de un matador: *Los banderilleros son subalternos.*

subarrendar v. Referido a algo arrendado, volver a arrendarlo a un tercero: *He alquilado un piso muy amplio y subarriendo habitaciones a estudiantes.* □ MORF. Irreg.: La *e* diptonga en *ie* en los presentes, excepto en las personas *nosotros* y *vosotros* →**PENSAR.**

subarriendo s.m. Arriendo a un tercero de algo ya arrendado: *El subarriendo se suele prohibir en los contratos de arrendamiento.*

subasta s.f. **1** Venta pública en la que se adjudica lo que se vende al mejor postor o a quien ofrece más dinero: *Estuve en una subasta de arte y los compradores ofrecían precios altísimos.* **2** Adjudicación que se hace de un contrato de obra o de la prestación de un servicio siguiendo este sistema de venta: *La empresa constructora ha conseguido por subasta la construcción de un museo.* □ SINT. Se usa más en la expresión *pública subasta*.

subastar v. Vender u ofrecer en pública subasta: *Esta galería de arte subasta cuadros el primer martes de cada mes.*

subclavia s.f. →**vena subclavia.**

subconjunto s.m. En matemáticas, conjunto cuyos elementos pertenecen a otro conjunto: *Los números impares son un subconjunto dentro del conjunto de los números naturales.*

subconsciente ▌adj. **1** Que está por debajo de la conciencia psicológica de forma que el sujeto no es consciente de ello: *Cuando vemos la televisión, hay mensajes que captamos de manera subconsciente.* ▌s.m. **2** Conjunto de contenidos psíquicos que escapan de la conciencia del individuo: *No quería hablarte del regalo, pero me traicionó el subconsciente y se me escapó la sorpresa.* □ MORF. Como adjetivo es invariable en género.

subcutáneo, a adj. **1** Que está inmediatamente debajo de la piel: *Tenía una infección en el tejido celular subcutáneo.* **2** Que se pone debajo de la piel: *Le pusieron una inyección subcutánea.*

subdesarrollado, da adj. Referido esp. a una comunidad humana, que se encuentra en una situación en la que no alcanza determinados niveles económicos, sociales, culturales o políticos: *Las naciones subdesarrolladas necesitan la ayuda de los países ricos.*

subdesarrollo s.m. En una comunidad humana, atraso o situación que no alcanza determinados niveles económicos, sociales, políticos o culturales: *El hambre es uno de los factores que determinan el subdesarrollo de un país.*

súbdito, ta ▌adj./s. **1** Referido a una persona, que está sujeta a la autoridad de un superior y que tiene la obligación de obedecerle: *Era súbdito de la Corona de Castilla y tuvo que aceptar el destierro que le impuso su rey. Los súbditos del rey debían inclinarse ante su presencia.* ▌s. **2** Ciudadano de un país que está sujeto a las autoridades políticas de este: *Los súbditos de una nación tienen las obligaciones y los derechos que establecen las leyes.*

subdividir v. Referido a algo que ha sido dividido, volverlo a dividir: *Subdivide en puntos diferentes cada apartado de tu artículo para que sea más claro. La ciudad se divide en distritos y estos se subdividen en barrios.*

subdivisión s.f. Nueva división que se hace en algo ya dividido: *Las divisiones principales de su escrito están marcadas con números romanos, y las subdivisiones que hay dentro de estas, con números arábigos.*

subestimar v. Referido a algo, estimarlo por debajo de su valor: *Perdieron porque subestimaron a sus rivales y se confiaron.*

subfamilia s.f. En biología, en la clasificación de los seres vivos, categoría superior a la de género e inferior a la de familia: *Las vacas pertenecen a la subfamilia de los bovinos.*

subfusil s.m. Arma de fuego automática, individual y portátil, de cañón más corto que el fusil y de gran velocidad de disparo: *El subfusil puede disparar a ráfagas y tiro a tiro.*

subido, da ▮ adj. **1** Referido esp. a un color, que es muy fuerte: *Iba vestida de rojo subido y no pasó desapercibida.* ▮ s.f. **2** Paso a un lugar, a un punto o a un grado superiores o más altos; *ascenso: La subida del último trecho de la montaña fue agotadora.* **3** Aumento de algo en su intensidad, su cantidad o su valor: *El pueblo no está conforme con la subida de los impuestos.* **4** Terreno inclinado, cuando se ve desde abajo: *Esta subida es demasiado pronunciada para ir en bicicleta.*

subíndice s.m. Letra o número que se añade a un símbolo para distinguirlo de otros semejantes: *El subíndice se representa con un tamaño menor que su símbolo y se coloca a la derecha de este en su parte inferior.*

subir ▮ v. **1** Ir a un lugar o a una posición superiores o más altos: *Subimos la montaña más rápido de lo que habíamos calculado. Se subió al árbol y luego no sabía cómo bajar.* **2** Poner en un lugar o en una posición superiores: *Sube la figura al estante de arriba para que no la rompa el niño. Súbete los calcetines, que los llevas enrollados en el tobillo.* **3** Aumentar en intensidad, cantidad o valor: *Sube el volumen porque esta canción me encanta.* **4** Entrar en un medio de transporte: *Se despidió y subió al tren. Se subió al autobús cuando arrancaba.* **5** Cabalgar o montar: *Subimos en camellos para visitar el Teide. Nunca me he subido a un caballo y me da un poco de miedo.* **6** En música, ascender de un tono grave a uno más agudo: *Esa cantante puede subir hasta tonos muy agudos sin esfuerzo.* ▮ prnl. **7** Referido esp. a una bebida alcohólica, ocasionar aturdimiento o empezar a hacer efecto: *Se me ha subido la cerveza y estoy algo mareada.* □ SEM. **Subir arriba* es una expresión redundante e incorrecta, aunque está muy extendida.

súbito, ta adj. **1** Imprevisto, inesperado o repentino: *Estábamos todos tranquilos cuando dio un golpe súbito a la mesa que nos asustó.* **2** ‖ **de súbito.** De repente, de forma inesperada o sin preparación: *Estaba contenta, pero rompió a llorar de súbito y yo no sabía qué le pasaba.*

subjetividad s.f. Parcialidad en la forma de considerar una idea o un sentimiento, siguiendo criterios o intereses personales y analizando la realidad como algo interior al sujeto: *Cuando votó a su marido quedó patente su subjetividad en la elección.*

subjetivismo s.m. Predominio de lo subjetivo o de todo lo relacionado con el sujeto: *Tu subjetivismo te impide juzgar la situación de forma imparcial.*

subjetivo, va adj. **1** Del sujeto o relacionado con él: *El mundo subjetivo está en oposición al mundo externo u objetivo.* **2** Que sigue criterios o intereses personales o que está marcado por el modo de pensar o de sentir de uno mismo: *No puedo evitar ser subjetivo en mi comentario porque estamos hablando de mi hija.*

subjuntivo s.m. →**modo subjuntivo.**

sublevación s.f. Rebelión o movimiento de protesta contra una autoridad establecida: *La sublevación de esos batallones fue reprimida por fuerzas leales al Gobierno.*

sublevar v. **1** Alzar en motín o provocar un estado de revolución: *La insostenible situación de desorden y engaño sublevó al pueblo contra los gobernantes. Varias unidades militares se sublevaron dispuestas a acabar con la injusticia.* **2** Indignar, enfadar o enojar mucho: *Me subleva pensar que todo lo que estoy haciendo no valdrá para nada.*

sublimación s.f. **1** Engrandecimiento o exaltación: *La vejez había conseguido la sublimación de sus recuerdos.* **2** En química, paso directo de un cuerpo en estado sólido a estado gaseoso: *La sublimación de una sustancia se produce a una determinada temperatura.*

sublimar v. Engrandecer, exaltar o alabar mucho: *La historia se encargó de sublimar la hazaña de ese guerrero.*

sublime adj. Admirable, extremadamente bueno o extraordinario: *Esta música me parece de una belleza sublime.* □ MORF. Invariable en género.

subliminal adj. Referido a una percepción, que es captada por la mente sin que el sujeto tenga consciencia de ello: *La publicidad tiene mensajes subliminales de los que aparentemente no nos damos cuenta.* □ MORF. Invariable en género.

submarinismo s.m. Conjunto de las actividades que se realizan bajo la superficie del mar por medio del buceo: *El director del curso es un experto en técnicas de submarinismo.*

submarinista ▮ adj. **1** Del submarinismo o relacionado con este conjunto de actividades: *Las actividades submarinistas de los especialistas en oceanografía nos permiten tener un mayor conocimiento del mundo submarino.* ▮ adj./s. **2** Que practica el submarinismo: *Los miembros submarinistas del equipo de salvamento llegaron al lugar del accidente en un helicóptero. Los submarinistas encontraron un acorazado alemán hundido durante la II Guerra Mundial.* □ MORF. 1. Como adjetivo es invariable en género. 2. Como sustantivo es de género común y exige concordancia en masculino o en femenino para señalar la diferencia de sexo: *el submarinista, la submarinista.*

submarino, na ▮ adj. **1** De la zona que está bajo la superficie marina o relacionado con ella: *En verano hice un cursillo de pesca submarina.* ▮ s.m. **2** Buque que puede sumergirse y navegar bajo la superficie del mar: *El submarino atacó el acorazado enemigo lanzándole sus torpedos.* 👁 **embarcación**

submúltiplo, pla adj./s. En matemáticas, referido a un número, que está contenido exactamente dos o más veces en otro; *divisor: 5 es un número submúltiplo de 25.* □ SEM. Como sustantivo es sinónimo de *factor*.

subnormal adj./s. *col. desp.* Referido a una persona, que sufre una deficiencia mental de carácter patológico. □ MORF. 1. Como adjetivo es invariable en género. 2. Como sustantivo es de género común y exige concordancia en masculino o en femenino para señalar la diferencia de sexo: *el subnormal, la subnormal.* □ USO Se usa como insulto.

subnormalidad s.f. *desp.* Deficiencia mental de carácter patológico.

subordinación s.f. **1** Sujeción o sometimiento: *Cuando firmó el contrato, aceptó la subordinación a las normas vigentes en este trabajo.* **2** Relación gramatical que se establece entre dos oraciones cuando una depende de la otra y esta funciona como principal; *hipotaxis: En la oración compuesta 'Sabe que tienes razón', hay subordinación.*

subordinado, da s. Persona que depende de otra: *El director tuvo una reunión con sus subordinados para explicarles los nuevos proyectos.*

subordinar v. **1** Hacer depender o colocar bajo la dependencia de algo: *Los trabajadores de este sector están subordinados al jefe del departamento de exportación.* **2** En gramática, referido a un elemento, regir a otro de diferente nivel o función que depende de él: *En la oración 'Espero que llueva', el verbo principal 'espero' subordina a la oración 'que llueva'.*

subproducto s.m. Producto secundario que se obtiene en el proceso de fabricación de otro producto diferente y que generalmente tiene menos valor que este: *El orujo de uva es un subproducto de la elaboración del vino.*

subrayar v. **1** Referido esp. a algo escrito, señalarlo con una raya por debajo: *En el texto siguiente, subraya las palabras que empiecen por 'b'.* **2** Pronunciar o expresar poniendo especial énfasis; *acentuar, recalcar: El profesor subrayó la importancia de la lectura para adquirir una buena formación.*

subsanar v. Referido esp. a un defecto o a un daño, repararlos, remediarlos o resarcirlos: *Ha consultado el diccionario para subsanar las faltas de ortografía de su redacción.*

subscribir v. →**suscribir.** □ MORF. Su participio es *subscrito.*

subscripción s.f. →**suscripción.**

subscriptor, -a s. →**suscriptor, -a.**

subscrito part. irreg. de **subscribir.** □ SEM. Es sinónimo de *suscrito.*

subsidio s.m. Ayuda o auxilio económico de carácter extraordinario: *Se quedó sin trabajo y está cobrando el subsidio de desempleo.*

subsistencia s.f. Vida o mantenimiento de la vida: *Mientras llegan los refuerzos tenemos lo imprescindible para nuestra subsistencia.*

subsistir v. **1** Permanecer, mantenerse, durar o conservarse: *En esta región subsisten viejas costumbres que ya han desaparecido en las ciudades.* **2** Mantener la vida o seguir viviendo: *Los refugiados subsisten gracias a la ayuda que reciben de los organismos de paz internacionales.*

substancia s.f. →**sustancia.**

substancial adj. →**sustancial.** □ MORF. Invariable en género.

substancioso, sa adj. →**sustancioso, sa.**

substantivación s.f. →**sustantivación.**

substantivar v. →**sustantivar.**

substantivo, va adj./s.m. →**sustantivo, va.**

substitución s.f. →**sustitución.**

substituir v. →**sustituir.** □ MORF. Irreg.: La *i* final de la raíz se cambia en *y* delante de *a, e, o* →**CONTRIBUIR.**

substitutivo, va adj. →**sustitutivo, va.**

substituto, ta s. →**sustituto, ta.**

substracción s.f. →**sustracción.**

substraendo s.m. →**sustraendo.**

substraer v. →**sustraer.** □ MORF. Irreg. →**TRAER.**

substrato s.m. →**sustrato.**

subsuelo s.m. Capa del terreno que está debajo de una capa de la superficie terrestre: *El subsuelo de esta región es rico en carbón.*

subterfugio s.m. Escapatoria, pretexto o recurso que se utiliza para sortear o evitar una dificultad o un compromiso: *Siempre utiliza algún subterfugio para no acompañarnos.*

subterráneo, a ▌adj. **1** Que está bajo tierra: *Esta calle hay que cruzarla por ese paso subterráneo para peatones.* ▌s.m. **2** Lugar o espacio que está bajo tierra: *El Ayuntamiento ha comenzado las obras de un subterráneo en el cruce de esas cuatro calles.*

subtitular v. **1** Referido esp. a una película, incorporarle subtítulos: *Vi una película francesa que había sido subtitulada en español.* **2** Escribir subtítulos: *Ha titulado su novela 'Lucha bajo el sol' y la ha subtitulado 'Historia de un odio'.*

subtítulo s.m. **1** En una película cinematográfica, letrero que aparece en la parte inferior de su imagen, generalmente con la traducción del texto hablado: *Vimos la película en su versión original inglesa y con subtítulos en español.* **2** Título secundario que se pone a veces después del título principal: *Debajo del título 'Santa Teresa', puso como subtítulo 'Historia de una vida entregada a Dios'.*

suburbano, na ▌adj. **1** Referido esp. a un lugar, próximo a la ciudad: *El alcalde visitó la zona suburbana del sur de la ciudad.* **2** De un suburbio o relacionado con él; *suburbial: Gran parte de la población suburbana trabaja en la zona centro de la ciudad.* ▌s.m. **3** Ferrocarril que comunica el centro de una gran ciudad con sus núcleos de las afueras: *Fuimos al almacén de ese barrio periférico en el suburbano.*

suburbial adj. De un suburbio o relacionado con él; *suburbano: Algunas zonas suburbiales tienen malas comunicaciones con el centro de la ciudad.* □ MORF. Invariable en género.

suburbio s.m. Barrio cercano a una ciudad o que está dentro de su jurisdicción, esp. el habitado por una población de bajo nivel económico: *Vive en un suburbio que está en el lado opuesto de su lugar de trabajo.*

subvención s.f. Ayuda económica con la que se contribuye al sostenimiento o al logro de algo: *Han denegado mi solicitud de subvención para realizar una película.*

subvencionar v. Favorecer con una subvención o ayuda económica: *El Ministerio de Cultura subvenciona películas y obras de creación literaria.*

subversivo, va adj. Que intenta desestabilizar el orden público o que protesta contra lo establecido: *El carácter subversivo de su artículo fue la causa de que se lo censuraran.*

subyacer v. Estar oculto detrás de algo: *En toda su obra subyace un sentimiento de melancolía.* □ MORF. Irreg. →**YACER.**

subyugar v. **1** Someter o dominar poderosa o violentamente: *Los soldados subyugaron a los habitantes de la tierra conquistada.* **2** Agradar o gustar mucho: *Me subyuga la música de este compositor barroco.* □ ORTOGR. La *g* se cambia en *gu* delante de *e* →**PAGAR.**

succión s.f. **1** Extracción de algo chupando con los labios: *La succión de la leche materna por parte del bebé es* *su forma natural de alimentarse.* **2** Absorción, aspiración o atracción hacia el interior: *Los aspiradores funcionan por un mecanismo de succión.*

succionar v. **1** Chupar o extraer con los labios: *El bebé succionaba el biberón con ímpetu.* **2** Absorber, aspirar o atraer hacia el interior: *Las plantas succionan el agua del suelo.*

sucedáneo, a ▮ adj./s.m. **1** Referido esp. a una sustancia, que puede remplazar a otra por tener propiedades parecidas: *La malta es un cereal sucedáneo del café. La sacarina se usa como un sucedáneo del azúcar.* ▮ s.m. **2** Lo que, por su mala calidad, se considera una imitación mal conseguida: *La película era tan mala que aquello no era cine sino un sucedáneo.*

suceder v. **1** Referido a un hecho, producirse, realizarse u ocurrir; *acaecer, acontecer: Eso sucedió hace mucho. No sé qué te sucede, porque estás muy raro.* **2** Seguir o ir detrás en orden, tiempo o número: *Noviembre sucede a octubre.* **3** Referido a una persona, sustituir a otra en el desempeño de un cargo o función: *El príncipe heredero sucederá al rey en la jefatura del Estado.* □ MORF. En la acepción 1, es verbo unipersonal: solo se usa en tercera persona y en las formas no personales (infinitivo, gerundio y participio).

sucesión s.f. **1** Serie de elementos que se suceden en el espacio o en el tiempo: *Un año es la sucesión de doce meses.* **2** Sustitución en el desempeño de un cargo o de una función: *Disputaban por la sucesión del trono.* **3** Conjunto de descendientes de una persona: *Ha muerto sin sucesión porque nunca tuvo hijos.* **4** En matemáticas, conjunto ordenado de términos que cumplen una ley determinada: *'1, 2, 3, 4...' es una sucesión de números naturales.*

sucesivo, va adj. **1** Que sucede o sigue a algo: *Daremos más información en días sucesivos.* **2** ‖ **en lo sucesivo.** En adelante o a partir de este momento: *En lo sucesivo, no quiero que me dirijas la palabra.*

suceso s.m. Lo que sucede u ocurre, esp. si es un hecho de importancia: *No te preocupes por ese suceso sin importancia. Durante las vacaciones apenas ha habido sucesos.*

sucesor, -a adj./s. Referido a una persona, que sucede a otra, esp. si es en el desempeño de un cargo o de una función: *El hijo sucesor al trono sufrió un atentado. Mi sucesora me contó los cambios que había introducido.*

suciedad s.f. **1** Presencia o existencia de manchas, impurezas o imperfecciones: *No sé cómo no te avergüenzas de la suciedad que hay en tu cuarto.* **2** Falta de ética o de respeto a las reglas: *El árbitro castigó la suciedad de la acción.*

sucinto, ta adj. Breve, preciso o con las palabras justas: *Nos contó de forma sucinta lo ocurrido.*

sucio adv. Referido a una forma de actuar, sin seguir las normas ni respetar las leyes: *Ganó la partida de cartas porque jugó sucio haciendo trampas.*

sucio, cia adj. **1** Con manchas, impurezas o imperfecciones: *Tienes las manos sucias por jugar con barro.* **2** Que se ensucia con facilidad: *El blanco es un color muy sucio para un jersey.* **3** Referido a una persona, que no cuida su higiene ni su aspecto: *Es muy sucio y no se ducha más que una vez al mes.* **4** Que produce suciedad: *Los patos y las palomas son unos animales muy sucios.* **5** Deshonesto o sin ética en la forma de actuar: *Debe su fortuna a negocios sucios relacionados con el tráfico de drogas.*

suculento, ta adj. Sabroso, jugoso o nutritivo: *Estábamos hambrientos y comimos con ganas aquel suculento asado.*

sucumbir v. **1** Ceder, dejar de oponerse, rendirse o someterse: *Sucumbí a la tentación de comer bombones.* **2** Morir, perecer, dejar de existir o desaparecer: *El Imperio romano sucumbió en el siglo V con las invasiones de los bárbaros.*

sucursal adj./s.f. Referido esp. a un establecimiento, que depende de otro principal y que desempeña sus mismas funciones: *Esta empresa es sucursal de la multinacional americana. Este banco tiene sucursales por todo el territorio nacional.* □ MORF. Como adjetivo es invariable en género.

sudaca s. *col. desp.* Sudamericano: *No debes llamar 'sudaca' a un sudamericano, porque es una falta grave de respeto.* □ MORF. Es de género común y exige concordancia en masculino o en femenino para señalar la diferencia de sexo: *el sudaca, la sudaca.*

sudadera s.f. Prenda de vestir deportiva que cubre desde el cuello hasta la cintura y tiene manga larga: *Cuando hago footing me pongo una sudadera.*

sudafricano, na adj./s. De la zona sur del continente africano, de la República Sudafricana (país de esta zona), o relacionado con ellos; *surafricano: Namibia es un país sudafricano. La capital de los sudafricanos es Pretoria.* □ ORTOGR. Se admite también *surafricano.* □ MORF. Como sustantivo se refiere solo a las personas de África del Sur o de la República Sudafricana.

sudamericano, na adj./s. De América del Sur (conjunto de países del sur del continente americano), o relacionado con ella: *Argentina y Venezuela son países sudamericanos. Los sudamericanos tienen una rica y variada cocina.* □ ORTOGR. Se admite también *suramericano.* □ MORF. Como sustantivo se refiere solo a las personas de América del Sur.

sudanés, -a adj./s. De Sudán (país africano), o relacionado con él: *La capital sudanesa es Jartum. Los sudaneses se dedican principalmente a la agricultura.* □ MORF. Como sustantivo se refiere solo a las personas de Sudán.

sudar v. **1** Expulsar el sudor a través de los poros de la piel: *Al sudar se eliminan toxinas.* **2** *col.* Trabajar o esforzarse mucho: *Los jugadores tuvieron que sudar para ganar el partido.* **3** Empapar con sudor: *Hacía tanto calor que he sudado la blusa.*

sudario s.m. Tela que se pone sobre el rostro de un difunto o con la que se envuelve el cadáver: *La sábana con que se envolvió el cuerpo de Jesucristo cuando lo bajaron de la cruz se llama 'Santo Sudario'.*

sudeste s.m. →**sureste.**

sudista adj./s. En la guerra de Secesión estadounidense, partidario de los estados del sur; *confederado: Los soldados sudistas se oponían a la abolición de la esclavitud. Los sudistas perdieron la guerra de Secesión.* □ MORF. 1. Como adjetivo es invariable en género. 2. Como sustantivo es de género común y exige concordancia en masculino o en femenino para señalar la diferencia de sexo: *el sudista, la sudista.*

sudoeste s.m. →**suroeste.**

sudor s.m. **1** Líquido transparente que segregan las glándulas sudoríparas de la piel de los mamíferos: *El sudor es esencial para la regulación de la temperatura corporal.* **2** *col.* Trabajo o esfuerzo grande: *He logrado ahorrar este dinero con muchos sudores.*

sudoración s.f. Expulsión de sudor, esp. si es abundante: *El nerviosismo me produce un exceso de sudoración.*

sudoríparo, ra adj. Referido esp. a una glándula, que produce o segrega sudor: *Las glándulas sudoríparas están en la piel.*

sudoroso, sa adj. Lleno de sudor: *Tenía la cara sudorosa del esfuerzo hecho.*

sueco, ca ▌adj./s. **1** De Suecia (país del norte europeo), o relacionado con ella: *La capital sueca es Estocolmo. Los suecos son generalmente altos, rubios y de piel muy blanca.* ▌s.m. **2** Lengua germánica de este país: *El sueco es una lengua nórdica.* **3** ‖ **hacerse** alguien **el sueco.** *col.* Desentenderse de algo o fingir que no se oye, ve o entiende: *Como no me apetecía verte, cuando me llamaste me hice el sueco.* □ MORF. En la acepción 1, como sustantivo se refiere solo a las personas de Suecia.

suegro, gra s. Respecto de una persona, padre o madre de su cónyuge: *Los sábados vamos a comer a casa de mis suegros.*

suela s.f. **1** Parte del calzado que está en contacto con el suelo: *Me mojé los pies porque tengo un agujero en la suela de las botas.* **2** Cuero curtido: *Yo prefiero los zapatos de suela.*

sueldo s.m. Cantidad de dinero que recibe regularmente una persona por el desempeño de un cargo o de un servicio profesional: *Con mi sueldo cubro mis necesidades, pero no puedo darme lujos.*

suelo s.m. **1** Superficie de la tierra: *Hicieron un estudio de la composición del suelo de esta zona.* **2** Terreno en que viven o pueden vivir las plantas: *Si cultivaras otros productos, le sacarías más rendimiento a este suelo.* **3** Superficie sobre la que se pisa: *No salgas de tu habitación porque acabo de fregar el suelo.*

suelto, ta ▌adj. **1** Disgregado, poco compacto o no pegado: *Para que la pasta quede suelta tienes que echarle agua fría después de cocerla.* **2** Libre o sin sujeción: *Lleva siempre el pelo suelto.* **3** Que no forma parte de un conjunto o que se ha separado de él: *Este modelo de botas es tan barato porque solo quedan pares sueltos.* **4** Que padece diarrea: *Estoy muy suelto y ya he ido varias veces al baño.* **5** Referido a un producto, que no está envasado o empaquetado: *Compro las pipas sueltas al peso.* ▌adj./s.m. **6** Referido a dinero, en monedas fraccionarias: *¿Tienes algún dinero suelto? Cambié seis euros porque no tenía suelto para pagar el autobús.*

sueño s.m. **1** Estado de reposo mientras se duerme: *No hagas ruido para no perturbar el sueño del niño.* **2** Representación de sucesos y de imágenes en la mente mientras se duerme: *Nunca recuerdo mis sueños.* **3** Ganas de dormir: *Tenía tanto sueño que, cuando se sentó, se quedó dormido.* **4** Lo que carece de realidad o fundamento y que no tiene probabilidad de realizarse: *Baja de las nubes, que no se vive de sueños.* **5** ‖ **conciliar el sueño.** Conseguir dormirse: *Estaba tan nervioso que me tuve que tomar una infusión para conciliar el sueño.* ‖ **quitar el sueño.** *col.* Preocupar mucho: *El porvenir de sus hijos le quita el sueño.*

suero s.m. **1** Parte de la sangre o de la linfa que permanece líquida después de que estas se coagulen: *El suero sanguíneo tiene pocas proteínas.* **2** Parte líquida que se separa al coagularse la leche: *El líquido que suelta el queso que se está haciendo es suero.* **3** Disolución salina o de otras sustancias que se inyecta en el organismo con distintos fines medicinales, esp. como alimentación: *Le administraron suero porque estaba muy deshidratado.*

suerte s.f. **1** Destino, casualidad o fuerza desconocida que determina el desarrollo de los acontecimientos: *La suerte ha querido que te conociera.* **2** Circunstancia de que lo que ocurre resulte favorable o adverso; *ventura: ¡Qué mala suerte he tenido con este trabajo tan cansado!* **3** Circunstancia favorable: *Es una suerte que me puedas acompañar.* **4** Lo que puede ocurrir en un futuro: *Nadie sabe cuál será su suerte.* **5** Tipo, clase, género o especie: *Hubo toda suerte de comentarios al respecto.* **6** En tauromaquia, cada uno de los lances de la lidia: *No le concedieron la oreja por lo mal que realizó la suerte de matar.*

sueste s.m. Sombrero impermeable cuya ala, estrecha y levantada por delante, es muy ancha y caída por detrás: *El sueste es un gorro típicamente marinero.* 👁 **sombrero**

suéter s.m. Prenda de vestir, generalmente de punto y con manga larga, que cubre el cuerpo desde el cuello hasta más abajo de la cintura; *jersey: Déjame tu suéter de cuello alto.* □ MORF. Su plural es *suéteres*.

suevo, va adj./s. De un conjunto de antiguos pueblos germánicos originarios del norte europeo que, en el siglo V, invadieron el territorio galo y la península ibérica, o relacionado con ellos: *El rey visigodo Leovigildo acabó con el reino suevo en el año 585. Los suevos fundaron un reino independiente en el noroeste de Hispania.*

suficiencia s.f. **1** Capacidad o aptitud adecuadas para lo que se necesita: *Ha demostrado su suficiencia para realizar ese trabajo.* **2** Presunción o pedantería que hacen creer que se es más apto que los demás: *Su aire de suficiencia le crea muchas enemistades.*

suficiente ▌adj. **1** Bastante o adecuado para lo que se necesita: *Dos terrones son suficientes para endulzar el café.* ▌s.m. **2** Calificación académica mínima que indica que se ha superado el nivel exigido; *aprobado: He sacado dos suficientes y varios notables.* □ MORF. Como adjetivo es invariable en género. □ USO Se usa mucho como adverbio de cantidad: *¿Has comido suficiente o quieres más?*

sufijación s.f. Formación de nuevas palabras por medio de sufijos: *'Torero' es una palabra que se forma por sufijación al unir el sufijo '-ero' al sustantivo 'toro'.*

sufijo, ja adj./s.m. En lingüística, referido a un morfema, que se une por detrás a una palabra o a su raíz para formar derivados o palabras compuestas: *La partícula sufija '-ito' forma derivados como 'librito' o 'cachorrito'.* □ SEM. Dist. de *infijo* (que se introduce en el interior de la palabra) y de *prefijo* (que se une por delante).

suflé s.m. Comida que se prepara con claras de huevo batidas a punto de nieve y cocidas al horno: *Tomamos un suflé de queso recién hecho que estaba muy inflado y esponjoso.* □ USO Es innecesario el uso del galicismo *soufflé*.

sufragar v. Costear, satisfacer o pagar los gastos: *Su tío sufraga sus estudios universitarios.* □ ORTOGR. La *g* se cambia en *gu* delante de *e* →**PAGAR**.

sufragio s.m. **1** Sistema electoral por el que se elige, mediante una votación, a la persona que ocupará un cargo: *El sufragio es el sistema electoral de los países democráticos.* **2** Voto de quien tiene el derecho de elegir: *Ganó las elecciones el partido que obtuvo más sufragios.* **3** Ayuda o socorro, esp. a una colectividad y con medios económicos: *Hicieron una colecta para sufragio de los necesitados.*

sufragismo s.m. Movimiento surgido en la segunda mitad del siglo XIX que luchaba por la concesión del derecho al voto de la mujer: *El sufragismo fue ganando adeptos con el tiempo hasta la consecución de sus reivindicaciones.*

sufragista adj./s. Partidario o defensor del sufragismo: *Los grupos sufragistas tuvieron que enfrentarse tanto a hombres como a mujeres. Las sufragistas consiguieron muchos derechos para la mujer.* □ MORF. 1. Como adjetivo es invariable en género. 2. Como sustantivo es de género común y exige concordancia en masculino o en femenino pasa señalar la diferencia de sexo: *el sufragista, la sufragista*.

sufrido, da adj. **1** Que sufre con resignación: *Aunque su enfermedad es dolorosa, nunca se queja porque es muy sufrido.* **2** Que disimula la suciedad: *Los colores oscuros son más sufridos que los claros.*

sufrimiento s.m. Padecimiento, dolor o pena que se padecen: *Lleva su sufrimiento en silencio porque no quiere preocuparte.*

sufrir v. **1** Referido a un daño moral o físico, experimentarlos, sentirlos o vivirlos con intensidad: *Sufre continuos dolores de cabeza.* **2** Referido a un daño moral o físico, recibirlos con resignación o aceptarlos sin quejas: *Sufría en silencio aquellos desplantes.* **3** Soportar, tolerar, aguantar o consentir: *No sufro que me chillen.* **4** Referido esp. a un peso, sostenerlo o resistirlo: *Los cimientos sufren el peso del edificio.*

sugerencia s.f. Insinuación o proposición sutil: *Aceptó la sugerencia que le hice para que se pusiera a estudiar.*

sugerir v. Referido esp. a una idea, proponerla o inspirarla de forma sutil: *Le sugerí que se cambiara de vestido para ir a la cena. ¿Qué te sugiere esa música?* □ MORF. Irreg. →**SENTIR**.

sugestión s.f. Influencia en la forma de pensar o de enjuiciar las cosas, generalmente mediante la ofuscación de la razón: *La persecución a la que cree que es sometido es pura sugestión, porque no hay nadie alrededor.*

sugestionar v. Influir en la forma de pensar o de enjuiciar las cosas, generalmente ofuscando la razón: *Con su discurso, el orador intentaba sugestionar al público para que pensara como él. Intento sugestionarme para no tener frío, pero estoy helada.*

sugestivo, va adj. **1** Que sugiere: *Es un tema muy sugestivo para escribir un libro.* **2** Que provoca emoción o que resulta atrayente: *Estas posibles vacaciones resultan muy sugestivas.*

suicida ▮ adj. **1** Del suicidio o relacionado con él: *El psicólogo descubrió que su paciente tenía intenciones suicidas.* **2** Referido a una acción o a una conducta, que daña o que destruye al que la realiza: *Drogarse me parece una acción suicida. Me da miedo ir en su coche porque conduce de una forma suicida.* ▮ adj./s. **3** Referido a una persona, que intenta o que consigue suicidarse: *En la II Guerra Mundial, los aviadores suicidas japoneses se estrellaban voluntariamente contra los barcos enemigos. La policía logró convencer al suicida para que cejara en su empeño.* □ MORF. 1. Como adjetivo es invariable en género. 2. Como sustantivo es de género común y exige concordancia en masculino o en femenino para señalar la diferencia de sexo: *el suicida, la suicida*.

suicidarse v. Quitarse la vida voluntariamente: *Se suicidó ingiriendo una sobredosis de barbitúricos.*

suicidio s.m. Privación voluntaria de la vida: *Antes del suicidio escribió una carta para despedirse de sus familiares.*

suite s.f. **1** En música, selección de fragmentos de ballets, de óperas o de otras composiciones extensas, generalmente para su interpretación en concierto: *He estado oyendo una suite de 'El Cascanueces' de Chaikovsky.* **2** En un hotel, conjunto de varias habitaciones intercomunicadas que forman una unidad: *La suite del hotel constaba de baño, dos dormitorios y salón.* □ PRON. [suit].

suizo, za ▮ adj./s. **1** De Suiza (país europeo), o relacionado con ella; *helvético: Muchos industriales tienen capital en bancos suizos. Los suizos hacen un chocolate muy bueno.* ▮ s.m. **2** En pastelería, bollo de forma ovalada, elaborado con harina, huevos y azúcar: *Los suizos tienen un montoncito de azúcar en la parte central.* □ MORF. En la acepción 1, como sustantivo se refiere solo a las personas de Suiza.

sujeción s.f. **1** Contención o fijación mediante la fuerza: *La sujeción del caballo encabritado nos costó muchos esfuerzos.* **2** Lo que sirve para sujetar o para inmovilizar: *Estas puntadas de hilo no son una sujeción suficientemente fuerte para resistir la tensión de la tela.*

sujetador s.m. Prenda interior femenina que sirve para ceñir o sostener el pecho; *sostén: Apenas tiene pecho y no usa sujetador.*

sujetar v. Contener o asegurar para evitar el movimiento o la caída: *Dos ayudantes sujetaban al enfermo mientras el médico lo exploraba. Sujeta la tabla con dos clavos.* □ MORF. Tiene un participio regular (*sujetado*), que se usa en la conjugación, y otro irregular (*sujeto*), que se usa como adjetivo o sustantivo. □ SINT. Constr. de la acepción 1: *sujetarse A algo*.

sujeto, ta ▮ adj. **1** Propenso o expuesto a aquello que se expresa: *El proyecto no es definitivo porque aún está sujeto a revisión.* ▮ s.m. **2** Persona cuya identidad se ignora o no se quiere decir; *individuo, tipo: Delante de la joyería había dos sujetos sospechosos.* **3** En lingüística, función oracional, generalmente desempeñada en español por un sintagma nominal que concuerda en número y persona con el núcleo del predicado: *En 'Me gustan tus cuadros', 'tus cuadros' funciona como sujeto porque concuerda con el verbo 'gustar'.* **4** En lingüística, constituyente que desempeña esta función: *En español, el sujeto suele ser un sintagma nominal.* **5** ‖ **sujeto agente.** El de una oración con el verbo en voz activa: *El sujeto agente suele realizar la acción expresada por el verbo.* ‖ **sujeto paciente.** El de una oración con el verbo en voz pasiva: *El sujeto paciente suele recibir la acción expresada por el verbo.*

sulfamida s.f. Sustancia química que se usa en el tratamiento de algunas enfermedades infecciosas producidas por bacterias: *Las bacterias desarrollan rápidamente resistencias frente a las sulfamidas.*

sulfato s.m. En química, sal derivada del ácido sulfúrico: *Los sulfatos se usan en explosivos, en la fabricación de cerillas y en algunos medicamentos.*

sulfito s.m. En química, sal derivada del ácido sulfuroso: *Algunos sulfitos se usan en la fabricación de celulosa.*

sulfurar v. **1** Referido a un compuesto, combinarlo químicamente con el azufre: *Al sulfurar un compuesto químico, se transforma en corrosivo.* **2** Irritar, encolerizar o enfadar mucho: *Tu perfeccionismo sulfura a cualquiera. No le contradigas si no quieres que se sulfure.*

sulfuro s.m. En química, sal derivada del ácido sulfhídrico: *La galena es un mineral compuesto por sulfuro de plomo.*

sulfuroso, sa adj. Del azufre, que lo contiene o relacionado con él: *En esta zona hay manantiales de aguas sulfurosas.*

a b c d e f g h i j k l m n ñ o p q r s t u v w x y z

sultán s.m. **1** Antiguamente, emperador turco: *El sultán vivía rodeado de lujos.* **2** En algunos países musulmanes, príncipe o gobernador: *El sultán tenía un harén con muchas esposas.*

sultana s.f. Mujer del sultán o la que goza de esta consideración: *La sultana presidía algunos actos acompañando al sultán.*

suma s.f. **1** En matemáticas, operación mediante la cual se reúnen en una sola varias cantidades homogéneas; adición: *El signo de la suma es una cruz.* **2** Realización de esta operación: *Ha tardado un cuarto de hora con la suma de estos números.* **3** Lo que resulta al efectuar esta operación: *Cinco es la suma de dos y tres.* **4** Conjunto de varios elementos, esp. de dinero: *Con este negocio ha conseguido amasar una gran suma de dinero.* **5** ‖ **en suma.** En resumen o recapitulando: *Y te digo, en suma, que tengas mucho cuidado.*

sumamente adv. Muy o en sumo grado: *Le estoy sumamente agradecido.*

sumando s.m. En una suma, cada una de las cantidades parciales que se suma o se añade para calcular el total: *En 2 + 3 = 5, 2 y 3 son los sumandos.*

sumar v. **1** En matemáticas, realizar la operación aritmética de la suma: *Es muy pequeño y todavía no sabe sumar.* **2** Referido a un total, formarlo a partir de dos o más cantidades: *Dos y dos suman cuatro.* **3** Añadir o incorporar: *Si a mi cansancio sumas el hambre que tengo, comprenderás por qué tengo ganas de irme. Varios vecinos se sumaron a mi protesta.*

sumario, ria ▮ adj. **1** Breve, conciso o resumido: *Te contaré de forma sumaria mis proyectos.* ▮ s.m. **2** En derecho, conjunto de actuaciones preparatorias de un juicio en las que se aportan pruebas, datos y testimonios que posibilitan el fallo del tribunal: *El juez ha abierto un sumario para investigar los vertidos tóxicos en este río.* **3** Resumen, compendio o recopilación: *En el sumario del final del programa se nombran los temas que se han tratado.*

sumergible s.m. Embarcación que puede navegar debajo del agua: *La expedición científica mandó un sumergible para investigar la fosa submarina.*

sumergir v. **1** Introducir totalmente en un líquido, esp. en agua: *Sumerge la blusa en agua y déjala un ratito. Los submarinos se sumergen en el mar.* **2** Hundir o meter de lleno: *La novela nos sumerge en la vida de la sociedad medieval. Se sumergió en un profundo sueño.* ☐ ORTOGR. La *g* se cambia en *j* delante de *a, o* →**DIRIGIR**.

sumerio, ria ▮ adj./s. **1** De Sumeria (país mesopotámico), o relacionado con ella: *La civilización sumeria floreció durante los siglos IV y III a.C. La orfebrería de los sumerios es muy abundante.* ▮ s.m. **2** Antigua lengua de esta zona: *El sumerio se escribió en la escritura alfabética más antigua que se conoce.* ☐ MORF. En la acepción 1, como sustantivo se refiere solo a las personas de Sumeria.

sumidero s.m. Abertura o conducto que sirve de desagüe: *Las aguas de lluvia entran en las alcantarillas por los sumideros.*

suministrar v. Referido a algo que se necesita, darlo o proporcionarlo: *Un ayudante me suministró los datos para que yo pudiera hacer el estudio. El repartidor suministra el género a esta tienda.*

suministro s.m. **1** Abastecimiento o provisión de algo que resulta necesario: *Una asociación benéfica es la encargada del suministro de alimentos a los necesitados.* **2** Lo que se suministra: *En la ciudad sitiada sufrían hambre porque empezaban a escasear los suministros.*

sumir v. **1** Referido a una persona, sumergirla o hacerla caer en determinado estado: *La noticia los sumió en un mar de preocupaciones. Se sumió en la desesperación y no quería ver a nadie.* **2** Hundir o meter debajo del agua o de la tierra: *El temporal sumió el barco en las aguas.*

sumisión s.f. Sometimiento de una persona a otra: *Con la promesa de un aumento de sueldo consiguió la sumisión de los amotinados.*

sumiso, sa adj. Que obedece dócilmente: *Es un chico sumiso y nunca protesta cuando le mandas que haga algo.*

sumo, ma ▮ adj. **1** Supremo, altísimo o que no tiene superior: *El sumo representante de la Iglesia católica es el papa.* **2** Muy grande o enorme: *Pintaré la barandilla con sumo cuidado para no manchar nada.* ▮ s.m. **3** Modalidad de lucha japonesa en la que los participantes combaten en el interior de un círculo trazado en el suelo y en la que el ganador es el que consigue derribar al contrario o sacarlo fuera de dicho círculo: *Los luchadores de sumo pesan una media de 150 kilos.* **4** ‖ **a lo sumo. 1** Como mucho o al nivel máximo al que se puede llegar: *A lo sumo tendrá unos veinte años.* **2** Si acaso: *No me apetece salir, así que, a lo sumo, iré contigo a tomar un café.*

sumun ‖ **el sumun.** El colmo o lo máximo: *Eres el sumun de la elegancia.* ☐ ORTOGR. Es un latinismo (*summum*) adaptado al español.

suntuosidad s.f. Grandeza o lujo: *La suntuosidad con la que ha decorado su casa es propia de reyes.*

suntuoso, sa adj. Grande, lujoso y costoso: *Vive en una suntuosa mansión rodeada de jardines.*

supeditación s.f. **1** Subordinación o dependencia: *Al anciano le molestaba su supeditación a la familia.* **2** Condicionamiento de una cosa al cumplimiento de otra: *En el contrato constaba la supeditación del ascenso a los méritos adquiridos.*

supeditar v. **1** Referido a una cosa, subordinarla o hacerla depender de otra: *Es muy juicioso y supedita la diversión al estudio. Si quieres que te aceptemos en el grupo, tienes que supeditarte a nuestras normas.* **2** Referido a una cosa, condicionarla al cumplimiento de otra: *Su jefe ha supeditado el aumento de sueldo de los empleados a sus rendimientos.*

super- Elemento compositivo que significa 'encima de' (*superponer, superestrato*), 'con exceso' (*superabundancia, superproducción, superpoblación*), 'muy' (superfeliz, supermoderno, supercerca, superbién), o que indica grado máximo (*superdotado, superconductividad, superfino, superligero*). ☐ ORTOGR. Con el significado de *muy*, solo se escribe separado de la base si esta está formada por dos o más palabras (*super en forma*). ☐ USO Su uso con el significado de 'muy' es propio de la lengua coloquial.

súper ▮ adj. **1** *col.* Muy bueno, superior, excelente o magnífico: *Me ha regalado una pluma que es súper y de una marca muy buena.* ▮ s.m. **2** *col.* →**supermercado.** ☐ ORTOGR. Dist. del prefijo *super-*. ☐ MORF. Como adjetivo es invariable en género. Invariable en número. ☐ SINT. Se usa también como adverbio de modo con el significado de 'muy bien': *Estuvimos viendo una película en su casa y lo pasamos 'súper'.*

superación s.f. **1** Hecho de rebasar un límite o una marca: *El deportista se entrenaba para conseguir la superación de su marca personal.* **2** Vencimiento de un obstáculo o de una dificultad: *El empleado se reincorporó al* *trabajo tras la superación de su enfermedad.* **3** Perfeccionamiento o mejora de una persona: *Estudia para conseguir su propia superación.*

superar ▮ v. **1** Ser superior o mejor: *Este modelo de coche supera en velocidad al anterior.* **2** Referido a un obstáculo o a una dificultad, vencerlos o pasarlos: *He superado con éxito los exámenes.* **3** Referido esp. a una marca o a un límite, sobrepasarlos o pasar más allá: *Las temperaturas no superarán los diez grados.* ▮ prnl. **4** Hacer algo mejor que en otras ocasiones: *Intenta superarse en todo lo que hace.*

superávit s.m. **1** En economía, diferencia que hay entre los ingresos y los gastos cuando los segundos son menores que los primeros: *Tras el éxito de la temporada, el director de la empresa dedicará el superávit a modernizar la maquinaria.* **2** Abundancia o exceso de algo que se considera necesario: *Le dijeron que donara sangre porque tenía un superávit de glóbulos rojos.* ☐ MORF. Su plural es *superávits*. ☐ SEM. Dist. de *déficit* (diferencia entre ingresos y gastos cuando aquellos son menores; falta o escasez de algo).

superchería s.f. **1** Engaño o fraude que se hacen para conseguir algo: *No conseguirás timarme con tus supercherías.* **2** Superstición o creencias falsas: *No me podrás convencer de la existencia de fantasmas porque no creo en supercherías.*

superclase s.f. En biología, en la clasificación de los seres vivos, categoría superior a la de clase e inferior a la de tipo: *Las aves, los anfibios, los mamíferos y los reptiles pertenecen a la superclase de los tetrápodos.*

superdotado, da adj./s. Referido a una persona, que posee cualidades y aptitudes que exceden de lo normal, esp. si estas son intelectuales: *Mozart fue un niño superdotado para la música. Un superdotado necesita una educación especial.*

superficial adj. **1** De la superficie o relacionado con ella: *La temperatura superficial del agua era mayor que la de la parte profunda.* **2** Que está o que se queda en la superficie: *Si es una herida superficial, no te darán puntos.* **3** Frívolo, sin fundamento o que se basa en las apariencias: *Con una persona superficial no puedes tratar temas importantes.* ☐ MORF. Invariable en género.

superficie s.f. **1** Límite de un cuerpo que lo separa o lo distingue del exterior: *Al quemarse solo la superficie del pastel, la parte interior se puede comer.* **2** Extensión de tierra: *Su nueva finca ocupa una gran superficie.* **3** Extensión plana en la que solo se consideran la anchura y la altura: *La superficie de un cuadrado se halla elevando al cuadrado su lado.* **4** Aspecto externo de algo: *No puedo opinar porque solo conozco el tema en su superficie.*

superfluo, flua adj. Que es innecesario o que está de más: *Hay que evitar los gastos superfluos para poder llegar a fin de mes.*

superior ▮ adj. **1** comp. de superioridad de **alto**. **2** Que es mayor en calidad o en cantidad: *El número de participantes en la carrera ha sido superior al del año pasado.* **3** Referido a un ser vivo, que tiene una organización compleja y que se supone evolucionado: *Los mamíferos son animales superiores.* **4** Excelente o muy bueno: *Esta tarta está superior.* ▮ adj./s.m. **5** Referido a una persona, que tiene otras a su cargo: *Para salir a la calle en horas de trabajo tienes que pedir permiso a alguno de los jefes superiores. Mis superiores me han aconsejado que haga un curso de reciclaje.* ☐ MORF. Como adjetivo es invariable en género. ☐ SINT. 1. Incorr. *{*más superior > superior}*. 2. Constr.: *superior* A *algo*. 3. Se usa también como adverbio de modo con el significado de 'muy bien': *En la fiesta lo pasamos superior.*

superior, -a s. Persona que manda o gobierna una congregación o una comunidad , esp. religiosas: *El superior del convento recriminó al novicio su falta de recogimiento.*

superioridad s.f. Estado o situación de lo que es superior en cantidad o en calidad: *Al ganar la carrera con tanta ventaja demostró su superioridad frente a los demás corredores.*

superlativo, va ▮ adj. **1** Muy grande o muy bueno en su línea: *Tiene una inteligencia superlativa y lo sabe todo.* **2** Que expresa superioridad: *El adjetivo puede tener grado comparativo o grado superlativo.* ▮ s.m. **3** Grado del adjetivo o del adverbio que expresa el significado de estos en su mayor intensidad: *'Muy alto' es el superlativo de 'alto', y 'lejísimos', de 'lejos'.* **4** ‖ **superlativo absoluto.** El que denota el más alto grado de cualidad que con él se expresa: *'Pésimo' es el superlativo absoluto de 'malo.'.* ‖ **superlativo relativo.** El que denota el grado máximo o mínimo de cualidad en relación con un grupo: *En la frase 'El más pobre de la ciudad', hay un superlativo relativo.*

supermercado s.m. Establecimiento, generalmente de productos alimenticios, en el que el cliente se sirve a sí mismo y paga a la salida: *Ve al supermercado y trae pan, patatas, azúcar, huevos y lejía.* ☐ MORF. En la lengua coloquial se usa mucho la forma abreviada *súper*.

superpotencia s.f. Nación con gran poder económico y militar: *El acuerdo de las dos superpotencias obligará a las demás naciones a realizar ajustes en sus economías.*

superproducción s.f. **1** Exceso de producción o producción en cantidad superior a la que es posible vender con beneficios: *La superproducción de un producto hace bajar su precio.* **2** Obra cinematográfica o teatral que se presenta como excepcional y que supone un gran costo: *Esta superproducción ha sido rodada en los lugares originales donde transcurre la acción y con los mejores actores del momento.*

supersónico, ca adj. Referido a una velocidad o a una aeronave, que puede superar la velocidad del sonido: *Algunos aviones alcanzan velocidades supersónicas.*

superstición s.f. Creencia extraña a la fe religiosa y contraria a la razón o al entendimiento: *Creer que cruzarse con un gato negro trae mala suerte es una superstición.*

supersticioso, sa ▮ adj. **1** De la superstición o relacionado con esta creencia: *Sus creencias supersticiosas lo llevan a pensar que pasar por debajo de una escalera trae mala suerte.* ▮ adj./s. **2** Referido a una persona, que cree en supersticiones: *Es muy supersticioso y para no tener mala suerte, toca madera. No me gusta el número 13 porque soy una supersticiosa.*

supervisar v. Referido a una actividad, inspeccionarla un superior: *El aparejador y el arquitecto supervisan las obras del edificio.*

supervisión s.f. Inspección que lleva a cabo un superior sobre una actividad realizada por otra persona: *El arquitecto lleva la supervisión de las obras.*

supervisor, -a adj./s. Que supervisa una actividad realizada por otra persona: *El jefe supervisor vigilaba las maniobras de los operarios. El supervisor de estas obras es ingeniero de caminos.*

supervivencia s.f. **1** Conservación de la vida: *Durante las maniobras, los soldados aprendieron tácticas de supervivencia.* **2** Continuación de la existencia de algo: *La* *supervivencia de esas costumbres se debe al aislamiento de la zona.*

superviviente adj./s. Que sobrevive: *Los mineros supervivientes fueron rescatados rápidamente. No hubo supervivientes en el hundimiento de ese barco.* ☐ MORF. 1. Como adjetivo es invariable en género. 2. Como sustantivo es de género común y exige concordancia en masculino o en femenino para señalar la diferencia de sexo: *el superviviente, la superviviente.*

supino, na adj. **1** Que está tendido sobre la espalda: *Para empezar el ejercicio hay que ponerse en posición supina.* **2** Referido a una cualidad negativa, que es enorme o extraordinaria: *Si no contestas a esta pregunta tan fácil, me demostrarás tu ignorancia supina.*

suplantación s.f. Sustitución ilegal de una persona por otra para aprovecharse de algún beneficio: *La suplantación de la identidad de otra persona es un delito.*

suplantar v. Referido a una persona, ocupar otra su lugar de forma ilegal para aprovecharse de algún beneficio.

suplementario, ria adj. Que sirve para suplir algo que falta o para completarlo: *Si queremos terminar en la fecha prevista hay que hacer un esfuerzo suplementario y trabajar más horas.*

suplemento s.m. **1** Lo que suple, completa o amplía algo: *Para poder bañarnos en la piscina del hotel hay que pagar un suplemento.* **2** Hoja o publicación independientes que se venden junto con un periódico o una revista: *¿Me podéis comprar el periódico con suplemento?* **3** Denominación que en algunas escuelas lingüísticas recibe el complemento preposicional exigido por el verbo: *En 'Acordarse de los amigos', 'de los amigos' es el suplemento.* **4** En geometría, ángulo que falta a otro para sumar ciento ochenta grados; *ángulo suplementario: El suplemento de un ángulo de 60º.* 👁 **ángulo**

suplencia s.f. Sustitución de una persona por otra en una tarea: *Acaba de terminar la carrera y hace suplencias en un hospital.*

suplente adj./s. Que suple o sustituye a otra persona en una tarea: *El catedrático está enfermo y da las clases un profesor suplente. Me atendió el suplente porque el titular está de vacaciones.* ☐ MORF. 1. Como adjetivo es invariable en género. Como sustantivo es de género común y exige concordancia en masculino o en femenino para señalar la diferencia de sexo: *el suplente, la suplente.*

supletorio, ria ▮ adj. **1** Que suple una falta o una deficiencia: *Como en esta mesa no cabemos todos, colocaremos una mesa supletoria.* ▮ adj./s.m. **2** Referido a un aparato telefónico, que está conectado a uno principal: *Ha instalado un teléfono supletorio para no tener que levantarse de la cama cuando lo llaman. Mi supletorio es un último modelo.*

súplica s.f. Petición de algo con humildad y sumisión: *Esperamos que Dios atienda nuestras súplicas.*

suplicar v. Pedir con humildad y sumisión: *Me suplicó que le prestara dinero para el alquiler.* ☐ ORTOGR. La *c* se cambia en *qu* delante de *e* →**SACAR**.

suplicio s.m. Grave sufrimiento o dolor físico o moral: *El dolor de muelas es un suplicio.*

suplir v. **1** Referido a una carencia, remediarla: *Suple la falta de presupuesto con una gran imaginación.* **2** Referido a una persona o a una cosa, remplazarla o sustituirla en una tarea por otra: *Mi hermana suple en el trabajo a una de las secretarias.* ☐ SINT. 1. Constr. de la acepción 1: *suplir* CON *algo.* 2. Constr. de la acepción 2: *suplir* A *alguien* EN *algo.*

suponer v. **1** Considerar como cierto o como posible: *Dada la hora que es, supongo que está en su casa.* **2** Traer consigo, significar o costar: *Una casa supone muchos gastos.* **3** Tener valor o importancia: *Cervantes supone mucho en la historia de la literatura.* ☐ MORF. Irreg.: 1. Su participio es *supuesto.* 2. →**PONER**.

suposición s.f. Consideración de algo como cierto o como posible: *La existencia de brujas no es más que una suposición.*

supositorio s.m. Medicamento de forma cilíndrica, fino y terminado en punta que se introduce en el recto: *Los supositorios se disuelven en el recto.* 👁 **medicamento**

supporter (anglicismo) s. Hincha de un equipo de fútbol: *Un supporter violento rompió la luna de un escaparate al salir del partido.* ☐ PRON. [supórter]. ☐ USO Su uso es innecesario y puede sustituirse por *hincha.*

supra- Elemento compositivo que significa 'sobre' o 'situado por encima': *Supraclavicular, supranacional.*

supranacional adj. Referido a un organismo o a una institución, que afecta a más de una nación o que tiene un poder que está por encima del Gobierno de una nación: *El Parlamento europeo es un organismo supranacional que no depende de una nación concreta.* ☐ MORF. Invariable en género.

suprarrenal adj. Que está situado encima de los riñones: *Las glándulas suprarrenales segregan adrenalina.* ☐ MORF. Invariable en género.

supremacía s.f. **1** Estado o situación de lo que tiene el grado supremo o más alto: *Discutieron la supremacía de la ética con respecto a la razón.* **2** Superioridad jerárquica: *El general Franco ejerció la supremacía de los ejércitos.*

supremo, ma adj. Con el grado más alto: *Esta carne es cara porque es de calidad suprema.*

supresión s.f. Eliminación, suspensión o desaparición de algo: *La supresión de los detalles nos ayudará a conservar la visión de conjunto.*

suprimir v. Eliminar, suspender o hacer desaparecer: *Los problemas económicos la obligaron a suprimir ciertos lujos.*

supuesto, ta ▮ **1** part. irreg. de **suponer**. ▮ adj. **2** Hipotético, posible, simulado o no verdadero: *El supuesto asesino fue detenido por la policía.* ▮ s.m. **3** Hipótesis, suposición o afirmación no demostrada: *Que terminen la obra el próximo mes es solo un supuesto.* **4** ‖ **por supuesto.** Ciertamente o sin duda: *Por supuesto que iré a tu fiesta de cumpleaños.* ☐ MORF. En la acepción 1, incorr. **suponido.*

supurar v. Formar o expulsar pus, referido esp. a una herida: *Déjate la gasa hasta que la herida deje de supurar.*

sur s.m. **1** Punto cardinal que cae hacia el polo antártico y detrás de un observador a cuya derecha esté el este; *mediodía: El sur es el punto opuesto al norte.* **2** Respecto de un lugar, otro que cae hacia este punto: *Al sur de aquí hay grandes extensiones de cultivo.* **3** Viento que sopla o viene de dicho punto: *Los navegantes se vieron sorprendidos por un sur abrasador.* ☐ MORF. Cuando se antepone a otra palabra para formar compuestos, puede adoptar la forma *sud-.* ☐ SINT. Se usa mucho en aposición pospuesto a un sustantivo: *El piloto giró en dirección sur.*

surafricano, na adj./s. →**sudafricano, na.**

suramericano, na adj./s. →**sudamericano, na.**

surcar v. **1** Referido esp. al agua o al espacio, atravesarlos o navegar por ellos: *El barco surcaba los mares.* **2** Formar

a b c d e f g h i j k l m n ñ o p q r **s** t u v w x y z

surcos o hendiduras: *Era muy anciano y las arrugas surcaban su rostro.* ☐ ORTOGR. La *c* se cambia en *qu* delante de *e* →**SACAR**.

surco s.m. **1** Señal o hendidura, esp. las que se hacen en la tierra con el arado: *Arrojaba las semillas de trigo en los surcos.* **2** Arruga en la cara o en otra parte del cuerpo: *La edad ha llenado su rostro de surcos.* **3** En un disco, ranura por donde se desliza la aguja del aparato que reproduce el sonido: *Si no se oye bien no es porque esté rayado, sino porque los surcos tienen polvo.*

sureño, ña ▌adj. **1** Del sur o relacionado con él: *Soplaba un viento sureño.* ▌adj./s. **2** Que está situado o que procede del sur de un territorio: *España, Italia y Grecia son naciones sureñas de Europa. En Estados Unidos, los sureños lucharon contra los ejércitos del norte.*

sureste s.m. **1** Punto medio o lugar entre el sur y el este: *El sureste está exactamente a la misma distancia del sur que del este. Almería es una ciudad del sureste español.* **2** Viento que sopla o viene de este punto: *Al anochecer se levantó un suave sureste.* ☐ SINT. Se usa mucho en aposición pospuesto a un sustantivo: *Navegamos con rumbo sureste.* ☐ ORTOGR. Se admite también *sudeste*.

surf (anglicismo) s.m. Deporte náutico que se practica deslizándose sobre las olas en una tabla o patín: *No pudimos practicar surf porque no había oleaje.* ☐ PRON. [surf], con *f* suave. ☐ MORF. Su plural es *surfs*. ☐ USO Se usa también *surfing*.

surfing (anglicismo) s.m. →**surf**. ☐ PRON. [súrfin].

surfista s. Deportista que practica surf: *En la playa había varios surfistas haciendo acrobacias.* ☐ MORF. Es de género común y exige correspondencia en masculino o en femenino para señalar la diferencia de sexo: *el surfista, la surfista*.

surgir v. **1** Aparecer, manifestarse, mostrarse o dejarse ver: *Esperemos que no surjan nuevas dificultades.* **2** Referido al agua, brotar hacia arriba: *Un géiser es una fuente natural de agua caliente que surge de la tierra.* ☐ ORTOGR. La *g* se cambia en *j* delante de *a, o* →**DIRIGIR**.

suroeste s.m. **1** Punto medio o lugar entre el sur y el oeste: *Huelva está en el suroeste español.* **2** Viento que sopla o viene de este punto: *Llegaron a la costa impulsados por un suave suroeste.* ☐ SINT. Se usa mucho en aposición pospuesto a un sustantivo: *Volamos en dirección suroeste.* ☐ SEM. Es sinónimo de *sudoeste*.

surrealismo s.m. **1** Movimiento artístico de origen europeo que se inició en la segunda década del siglo XX, y que se caracteriza por el intento de sobrepasar la realidad impulsando lo imaginario y lo irracional: *El surrealismo intenta plasmar el mundo de los sueños o las alucinaciones.* **2** Forma de expresión con rasgos propios de este movimiento: *Por el surrealismo de lo que dices parece que estás borracho.*

surrealista ▌adj. **1** Del surrealismo o con rasgos propios de este movimiento artístico: *Dices unas cosas tan surrealistas que nadie te entiende.* ▌adj./s. **2** Que defiende o sigue el surrealismo: *No entiendo qué quiere decir el autor con este cuadro surrealista. Salvador Dalí es un surrealista.* ☐ MORF. 1. Como adjetivo es invariable en género. 2. Como sustantivo es de género común y exige concordancia en masculino o en femenino para señalar la diferencia de sexo: *el surrealista, la surrealista*.

surtido, da adj./s.m. Que está compuesto por cosas distintas pero de la misma clase: *En la bolsa de caramelos surtidos hay caramelos de distintos sabores. En esa tienda tienen un buen surtido de pantalones.*

surtidor, -a s.m. **1** En una gasolinera, bomba que extrae la gasolina de un depósito subterráneo y permite abastecer a los vehículos: *No hay súper porque se ha estropeado el surtidor.* **2** Chorro de un líquido, esp. el que brota hacia arriba, o fuente que lo tiene: *Bebí agua en un surtidor del parque.*

surtir v. Referido esp. a algo que se necesita, proporcionarlo, suministrarlo o abastecer de ello: *En la pescadería me surten de congelados.* ☐ SINT. Constr.: *surtir* DE *algo*.

susceptible adj. **1** Referido a una persona, que se ofende o se enfada con facilidad: *Ten cuidado con lo que le dices porque es muy susceptible.* **2** Capaz de sufrir el efecto que se indica: *El programa es susceptible de cambios.* ☐ MORF. Invariable en género. ☐ SINT. Constr. de la acepción 2: *susceptible* DE *algo*.

suscitar v. Levantar, promover o provocar: *La fuente de los datos que has utilizado suscita dudas sobre su veracidad.*

suscribir ▌v. **1** Referido a un escrito, firmar al pie o al final de él: *El que suscribe esta instancia es el interesado. La reclamación estaba suscrita por veinte personas.* **2** Referido a una opinión o una propuesta, estar de acuerdo con ellas: *Tiene un punto de vista muy sensato y suscribo sus opiniones.* ▌prnl. **3** Referido esp. a una publicación, abonarse a ella para recibirla periódicamente: *Se suscribió a una revista y la recibe en su casa cada mes.* ☐ MORF. Su participio es *suscrito*. ☐ SEM. Es sinónimo de *subscribir*.

suscripción s.f. Abono a una publicación periódica; *subscripción*: *Si no renuevas la suscripción para este año, dejarán de enviarte a casa los libros.*

suscriptor, -a s. Persona que realiza una suscripción; *subscriptor*: *Este periódico tiene muchos suscriptores.*

suscrito part. irreg. de **suscribir**. ☐ MORF. Incorr. **suscribido*. ☐ SEM. Es sinónimo de *subscrito*.

susodicho, cha adj./s. Dicho arriba o mencionado con anterioridad: *El personaje susodicho fue visto merodeando por los alrededores. Después de los incidentes, la susodicha presentó una queja.*

suspender v. **1** Referido a una cosa, colgarla en alto o en el aire sosteniéndola por un punto: *Suspendió la lámpara de un gancho colocado en el techo. Me suspendí de una rama y después me dejé caer.* **2** Referido a una acción, detenerla, interrumpirla por algún tiempo o dejarla sin efecto: *El campo estaba encharcado y el árbitro suspendió el partido.* **3** Referido esp. a un examen, no llegar al nivel mínimo exigido: *Suspendí lengua por poner faltas de ortografía.* ☐ MORF. Tiene un participio regular (*suspendido*), que se usa en la conjugación, y otro irregular (*suspenso*), que se usa como adjetivo.

suspense s.m. Emoción o misterio de una situación causada por el desconocimiento de lo que puede suceder: *La película tiene mucho suspense y no se descubre quién es el asesino hasta el final.*

suspensión s.f. **1** Detención o interrupción por un tiempo de una acción: *La empresa está en quiebra y se ha declarado en suspensión de pagos.* **2** En un vehículo, conjunto de piezas y mecanismos que hacen más suave o más elástico el apoyo de la carrocería sobre el eje de las ruedas: *La suspensión de un coche está formada por amortiguadores y ballestas.* **3** ‖ **en suspensión.** Referido esp. a una sustancia o a sus partículas, suspendidas o flotando en un fluido: *Los ríos llevan muchos materiales en suspensión.*

suspenso, sa ▌adj. **1** Que ha suspendido un examen: *Los alumnos suspensos pueden repetir el examen.* ▌s.m.

a b c d e f g h i j k l m n ñ o p q r s t u v w x y z

2 Calificación académica que indica que no se ha superado un examen o una asignatura: *Tienes un suspenso y tendrás que recuperarlo este mes.* **3** ‖ **en suspenso.** Interrumpido o sin conocer su final o su desenlace: *La reunión quedó en suspenso porque no se tomó ningún acuerdo.*

suspicacia s.f. Tendencia a tener sospechas o desconfianza: *Su relación se estropeó debido a la suspicacia y a los celos.*

suspicaz adj./s. Que sospecha, desconfía o piensa mal de todo y con frecuencia: *No seas tan suspicaz y piensa que no ha querido ofenderte. Es un suspicaz y todo lo que le digas se lo toma como un reproche.* □ MORF. 1. Como adjetivo es invariable en género. 2. Como sustantivo es de género común y exige concordancia en masculino o en femenino para señalar la diferencia de sexo: *el suspicaz, la suspicaz.*

suspirar v. **1** Dar suspiros: *Últimamente está muy triste y suspira profundamente.* **2** ‖ **suspirar por** algo. Desearlo o quererlo mucho: *Suspira por unas vacaciones en la montaña.*

suspiro s.m. **1** Respiración profunda y prolongada que suele expresar alivio, pena, deseo o dolor: *Estaba agotada y al terminar el trabajo dio un profundo suspiro.* **2** *col.* Espacio muy breve de tiempo: *Los días de vacaciones se pasan en un suspiro.*

sustancia s.f. **1** Cualquier materia en cualquier estado: *El agua es una sustancia líquida. Se manchó las manos con una sustancia pegajosa.* **2** Conjunto de elementos nutritivos de los alimentos o jugo que se extrae de ellos: *Está anémico y debe comer alimentos con sustancia.* **3** Contenido importante o fundamental de algo: *He dejado el libro a medias porque era una novela sin sustancia.* □ SEM. Es sinónimo de *substancia*.

sustancial adj. **1** De la sustancia o relacionado con ella: *Las características sustanciales del ser humano no cambian de una persona a otra.* **2** Fundamental, principal o muy importante: *El aire es sustancial para nuestra vida.* □ MORF. Invariable en género. □ SEM. Es sinónimo de *substancial*.

sustancioso, sa adj. **1** De gran valor nutritivo: *Te he preparado una sustanciosa comida para que repongas energías.* **2** De importante valor o estimación: *Le han ofrecido por el piso una cantidad de dinero sustanciosa.* □ SEM. Es sinónimo de *substancioso*.

sustantivación s.f. En lingüística, concesión del valor o de la función del sustantivo a otra parte de la oración; *substantivación: En 'los andares', hay una clara sustantivación del infinitivo 'andar'.*

sustantivar v. En lingüística, referido a una parte de la oración, darle valor o función de sustantivo; *substantivar: Para sustantivar un adjetivo basta con anteponerle un determinante: 'el bueno', 'mi pequeño'.*

sustantivo, va ▌adj. **1** Importante, fundamental o esencial: *No me recibe porque dice que solo se ocupa de problemas sustantivos.* **2** En gramática, que funciona como un sustantivo: *En la frase 'Me alegra que te guste', que te guste es una oración subordinada sustantiva que funciona como sujeto.* ▌s.m. **3** En gramática, parte de la oración con morfemas de género y número que funciona como núcleo del sintagma nominal y puede desempeñar, entre otras, la función de sujeto de la oración: *'Mano', 'amor' y 'caballo' son sustantivos.* □ SEM. Es sinónimo de *substantivo*.

sustentación s.f. **1** Mantenimiento en una determinada posición: *Los cimientos y la estructura permiten la sustentación de la casa.* **2** Lo que sirve de apoyo o de sostén: *Si quitas la sustentación, el muro se vendrá abajo.* **3** Aprovisionamiento de alimentos o de lo necesario: *Con su sueldo conseguía la sustentación de toda la familia.* **4** Mantenimiento, defensa o apoyo de algo, esp. de una opinión o de una teoría: *La sustentación de ideas renovadoras le causó muchos problemas.*

sustentar v. **1** Proveer de alimento o de lo necesario: *El hermano mayor sustenta a toda su familia. Ese pobre se sustenta de lo que encuentra en los cubos de basura.* **2** Sostener o mantener firme o en una determinada posición: *Los análisis favorables sustentan mis esperanzas de recuperación. El cobertizo se sustenta sobre cuatro pilares.* **3** Referido a una opinión, defenderla o sostenerla: *Nadie se atrevía a decirle que las ideas que sustentaba eran erróneas.* **4** Basar o apoyar: *Sus experimentos le han servido para sustentar sus teorías. Sus razonamientos no se sustentan en ideas lógicas.*

sustento s.m. **1** Manutención o alimento: *Trabaja para ganar su sustento.* **2** Sostén o apoyo: *Estos arcos son el sustento de la bóveda.*

sustitución s.f. Cambio por algo que pueda ejercer la misma función; *substitución: El entrenador ordenó la sustitución del jugador lesionado.*

sustituir v. Poner o ponerse en lugar de otro; *substituir: Sustituye las casillas en blanco por letras y obtendrás la solución. El portero reserva sustituyó al titular lesionado.* □ MORF. Irreg.: La *i* final se cambia en *y* delante de *a, e, o* →**CONTRIBUIR**.

sustitutivo, va adj./s.m. Que se puede usar para remplazar algo: *No es conveniente que hagas mucho ejercicio, así que debes buscar un entretenimiento sustitutivo. La sacarina es un sustitutivo del azúcar.* □ SEM. Como adjetivo es sinónimo de *substitutivo*.

sustituto, ta adj./s. Referido a una persona, que hace las veces de otra o que desempeña las mismas funciones: *Hasta que la profesora titular no vuelva, las clases las dará un profesor sustituto. El director de la compañía está buscando una sustituta para su primera actriz.* □ SEM. Como sustantivo es sinónimo de *substituto*.

susto s.m. Impresión, generalmente repentina, causada por la sorpresa, el miedo o el temor: *¡Qué susto me has dado, no te he oído llegar! ¡Qué susto nos diste cuando te desmayaste!*

sustracción s.f. **1** Hurto o robo de bienes ajenos: *No me di cuenta de la sustracción de la cartera hasta que quise pagar en una tienda.* **2** En matemáticas, operación mediante la cual se calcula la diferencia entre dos cantidades; *resta: El signo de la sustracción es una raya horizontal.* □ SEM. Es sinónimo de *substracción*.

sustraendo s.m. En una resta matemática, cantidad que debe restarse de otra llamada *minuendo* para obtener la diferencia; *substraendo: En la resta '8 - 2 = 6', el sustraendo es 2.*

sustraer ▌v. **1** Referido a bienes ajenos, hurtarlos o robarlos: *Le sustrajeron el monedero sin que se diera cuenta.* **2** En matemáticas, realizar la operación aritmética de la resta o sustracción; *restar: Si le sustraes 10 a 22, el resultado será 12.* ▌prnl. **3** Referido esp. a una obligación, a un problema o a un proyecto, separarse o apartarse de ellos: *Se sustrajo del compromiso con sus socios y abandonó la empresa para crear la suya propia.* □ MORF. Irreg. →**TRAER**. □ SEM. Es sinónimo de *substraer*.

sustrato s.m. Respecto de un terreno, otro que está situado debajo de él; *substrato*: *Debajo de esta capa de suelo hay un sustrato de granito.*

susurrar v. **1** Hablar en voz muy baja: *Un colaborador le susurró algo al oído.* **2** Hacer un ruido muy suave, esp. referido al agua o al viento: *La corriente del río susurraba en la noche.*

susurro s.m. Ruido suave, esp. el producido al hablar en voz muy baja: *En la clase se oía algún que otro susurro de los alumnos.*

sutil adj. **1** Delicado y suave: *La cortina era de una tela sutil y transparente.* **2** Agudo, ingenioso o muy penetrante: *Contestó de forma sutil a todas las preguntas.* ☐ MORF. Invariable en género.

sutileza s.f. **1** Agudeza, ingenio o habilidad para hacer algo: *Me dijo, con sutileza, todo lo que pensaba de mí.* **2** Dicho ingenioso pero que carece de exactitud o de profundidad: *No tiene ninguna obra consistente porque solo escribe sutilezas.*

sutura s.f. **1** Cosido quirúrgico que se hace para cerrar una herida: *Me hice un corte en la mano y me dieron dos puntos de sutura.* **2** Hilo con que se hace este cosido: *Hay suturas de distinto grosor.*

suturar v. Referido a una herida, coserla: *El cirujano le suturó la herida del brazo con ocho puntos.*

suyo, ya poses. **1** Indica pertenencia a la tercera persona: *Me contó que dejarlo todo así fue decisión suya. Cuenta en la elección con el voto de los suyos.* **2** ‖ **la suya.** *col.* Expresión con que se indica que ha llegado la ocasión favorable para la persona de la que se habla: *Si no la desaprovecha, esta es la suya y podrá conseguir de ellos la ayuda que necesita.* ‖ **tener lo suyo.** *col.* Resultar más difícil o complejo de lo que parece: *El encargo que te ha hecho el jefe tiene lo suyo, porque no es nada fácil encontrar esos datos.* ☐ MORF. 1. Se usa la forma apocopada *su* cuando precede a un sustantivo determinándolo. 2. ⟶APÉNDICE DE PRONOMBRES.

a b c d e f g h i j k l m n ñ o p q r **s** t u v w x y z

t s.f. Vigésima primera letra del abecedario: *La palabra 'techo' empieza por 't'.* ☐ PRON. Representa el sonido consonántico dental oclusivo sordo.

taba s.f. **1** Hueso de la primera fila del tarso, que está articulado con la tibia y el peroné; *astrágalo: El carnicero me guarda las tabas de los corderos para que jueguen mis niños.* **2** Juego que se realiza con huesos de este tipo o con objetos similares: *Hay varias formas de jugar a las tabas.*

tabacalero, ra ▌adj. **1** Del tabaco, de su industria o relacionado con ellos: *La industria tabacalera es importante en muchos países caribeños.* ▌adj./s. **2** Que cultiva, fabrica o vende tabaco: *En este pueblo hay muchos agricultores tabacaleros. Los tabacaleros tuvieron grandes pérdidas cuando el temporal arrasó los campos.*

tabaco s.m. **1** Planta con tallo velloso, flores en racimo generalmente rojizas y hojas grandes y lanceoladas que contienen nicotina y desprenden un fuerte olor: *El tabaco es una planta originaria de América.* **2** Producto obtenido a partir de las hojas secas de esta planta: *El tabaco es perjudicial para la salud.* ☐ ORTOGR. Dist. de *tabasco*.

tábano s.m. Insecto parecido a la mosca pero de mayor tamaño, con aparato bucal chupador muy desarrollado, y que suele picar a las caballerías para alimentarse de su sangre: *Los tábanos abundan en verano.* ☐ MORF. Es un sustantivo epiceno y la diferencia de sexo se señala mediante la oposición *el tábano {macho/hembra}*.

tabaquera s.f. Recipiente para guardar el tabaco: *Sobre la mesa tiene una tabaquera y un cenicero de cobre.*

tabaquismo s.m. Intoxicación crónica producida por el abuso del tabaco: *El tabaquismo afecta principalmente a los pulmones.*

tabardo s.m. Prenda de abrigo ancha y larga, hecha de paño grueso: *El campesino se puso un tabardo para salir a arar la tierra.*

tabarra s.f. **1** *col.* Lo que resulta molesto, fastidioso o importuno; *incordio: Tener que levantarse temprano es una tabarra.* **2** ‖ **dar la tabarra.** Molestar, fastidiar o importunar: *Llevas toda la tarde dando la tabarra con que quieres ir al cine.*

tabasco s.m. Salsa roja muy picante que se usa como condimento (por extensión del nombre de la marca comercial *Tabasco®*): *El tabasco es una salsa típica mexicana.* ☐ ORTOGR. Dist. de *tabaco*.

taberna s.f. Establecimiento, generalmente modesto, en el que se sirven comidas y bebidas; *tasca: Las tabernas suelen ser menos lujosas que los bares y las cafeterías.*

tabernero, ra s. Propietario o encargado de una taberna: *La tabernera servía la comida a sus parroquianos.*

tabique s.f. **1** Pared delgada construida para separar espacios interiores: *Tu habitación y la mía están separadas por un tabique.* **2** División plana y delgada que separa dos huecos: *Las dos fosas nasales de la nariz están separadas por el tabique nasal.*

tabla ▌s.f. **1** Pieza de madera plana, poco gruesa y cuyas dos caras son paralelas entre sí: *Con un par de tablas y unos hierros hice una estantería.* **2** Pieza plana y de poco grosor de cualquier otra materia rígida: *El surf se practica sobre una tabla especial.* **3** Pintura hecha sobre esta pieza de madera: *En la iglesia se conserva una hermosa tabla medieval pintada con pan de oro.* **4** Lista de cosas puestas en orden o que mantienen alguna relación: *La tabla periódica de los elementos reúne todos los elementos químicos.* **5** En una tela, pliegue ancho y plano que se hace como adorno: *Me he comprado una falda de tablas.* ▌pl. **6** Situación final en la que se produce empate o no hay ganador ni vencedor: *La partida de ajedrez quedó en tablas y hubo que repetirla.* **7** Escenario de un teatro: *Subió a las tablas cuando tenía cinco años para representar un papel infantil.* **8** Soltura o experiencia para realizar una actividad: *Ya no se pone nervioso al dar las conferencias porque tiene muchas tablas.* **9** En una plaza de toros, tercio o parte del ruedo inmediato a esta valla: *El toro murió en las tablas.* **10** ‖ **a raja tabla.** →**rajatabla.** ‖ **hacer tabla rasa de** algo. Prescindir o no hacer caso de ello: *Haremos tabla rasa de las críticas negativas.* ‖ **tablas de la ley.** Losas de piedra que, según la Biblia, Dios entregó a Moisés (personaje bíblico) con los mandamientos de la ley divina: *En las tablas de la ley estaban escritos los diez mandamientos.*

tablado s.m. Suelo de tablas elevado sobre el suelo por un armazón: *El cantante actuaba sobre el tablado del bar.*

tablao s.m. **1** Escenario destinado para espectáculos de cante y baile flamencos: *Los bailaores zapateaban sobre el tablao.* **2** Local dedicado a este tipo de espectáculos: *Pasamos la noche en un tablao flamenco viendo bailar a unas gitanas.*

tableado, da adj. Referido esp. a una prenda de vestir,

que tiene tablas o pliegues rectos: *Mi uniforme escolar tiene una falda tableada.*

tablero s.m. **1** Tabla grande y más o menos rígida: *La parte posterior del armario va cubierta por un tablero de madera.* **2** En una mesa, superficie horizontal: *El tablero de la mesa del salón es de caoba.* **3** Superficie dibujada y coloreada de forma conveniente para jugar a determinados juegos: *Sacó el tablero y las fichas del parchís y empezamos a jugar.* **4** Superficie preparada para exponer alguna información: *En el tablero del estadio aparece el resultado del partido.*

tableta s.f. **1** Pastilla o pieza de chocolate o de turrón: *¡Ya os habéis comido la tableta de chocolate!* **2** Porción pequeña y sólida de un medicamento: *El médico me ha recetado unas tabletas para el estómago.* 👁 **medicamento**

tablilla s.f. Tabla pequeña barnizada o encerada, en la que se escribía con un punzón: *Los niños de la antigua Roma aprendían a escribir sobre tablillas.*

tablón s.m. **1** Tabla gruesa: *Han puesto un tablón para poder pasar la zanja.* **2** *col.* Borrachera: *Salió de copas y se cogió un tablón impresionante.* **3** ‖ **tablón (de anuncios).** Tabla o tablero en los que se fijan informaciones: *Las notas del último examen ya están puestas en el tablón de anuncios.*

tabú s.m. Lo que no se puede nombrar, tratar, tocar o hacer, a causa de determinados prejuicios o convenciones sociales: *Para muchas personas el sexo es un tema tabú.* □ MORF. Aunque su plural en la lengua culta es *tabúes*, también se usa *tabús*. □ SINT. Se usa mucho en aposición, pospuesto a un sustantivo.

tabulador s.m. En una máquina de escribir o en el teclado de un ordenador, mecanismo que permite colocar los márgenes en el lugar deseado: *Al pulsar el tabulador, el carro de la máquina se desplaza hasta el primer tope que se haya fijado.*

taburete s.m. Asiento para una persona, sin brazos y sin respaldo: *Los taburetes de la barra de un bar suelen ser muy altos.*

tacada ‖ **de una tacada.** s.f. *col.* De una sola vez o de un tirón: *Me gustaba tanto el libro que lo leí de una tacada.*

tacañería s.f. **1** Cualidad del que es tacaño: *Su tacañería le impide darse cualquier capricho.* **2** Hecho propio de un tacaño: *Las tacañerías del marido enrarecen el ambiente familiar de su casa.*

tacaño, ña adj./s. Que intenta gastar lo menos posible, hasta resultar miserable y mezquino; *agarrado: La muy tacaña dijo que no nos invitaba porque le salía muy caro. Es un tacaño y escatima el dinero hasta para comprar la comida.*

tacatá s.m. Armazón formado por un asiento y por patas provistas de ruedas que se utiliza para que los niños aprendan a andar sin caerse; *tacataca: El niño recorría toda la casa andando con el tacatá.*

tacataca s.m. →**tacatá.**

tacha s.f. Falta o defecto que hace imperfecto algo: *No me cabe duda de su honestidad, porque es un hombre sin tacha.*

tachadura s.f. **1** Raya o conjunto de rayas hechas sobre algo escrito para taparlo o para indicar que no vale; *tachón: No firmaré un contrato que tenga enmiendas o tachaduras.* **2** Realización de estas rayas: *No se permite la tachadura de ninguna respuesta.*

tachar v. **1** Referido a algo escrito, taparlo haciendo rayas o trazos encima, para indicar que no vale: *Si escribes con lapicero, podrás borrar cuando te equivoques sin necesidad de tachar.* **2** Referido esp. a un defecto, atribuírselo a alguien: *Lo tachan de irresponsable,aunque no sé los motivos.* □ SINT. Constr. de la acepción 2: *tachar* DE *algo.*

tachón s.m. Raya o conjunto de rayas hechas sobre algo escrito para taparlo o para indicar que no vale; *tachadura: No debes presentar tus ejercicios con tachones.*

tachuela s.f. Clavo corto y de cabeza gruesa: *Claveteó la tela de la silla con tachuelas doradas.*

tácito, ta adj. Que no se expresa o no se dice formalmente, pero se supone o se sabe: *Entre los dos existe el acuerdo tácito de telefonear una vez cada uno.*

taciturno, na adj. Callado, silencioso y melancólico: *Es una persona taciturna y muy metida en sí misma.*

taco ▮ s.m. **1** Pieza corta y más o menos gruesa que se encaja en un hueco: *Pon unos tacos de madera para que la mesa no cojee.* **2** En billar, vara cilíndrica y larga, más gruesa por un extremo que por otro, que se utiliza para golpear las bolas: *La bola del billar se golpea con el extremo más delgado del taco.* **3** *col.* Palabra ofensiva, grosera o malsonante: *Está tan mal educado que solo sabe hablar soltando tacos.* **4** *col.* Trozo pequeño y grueso que se corta de un alimento, esp. del queso o del jamón: *Como aperitivo nos pusieron unos tacos de jamón.* 👁 **queso 5** *col.* Confusión, lío o barullo: *Me hice un taco con la pregunta y no supe responder.* **6** Conjunto de hojas superpuestas, esp. si están pegadas o sujetas por uno de sus lados de modo que puedan desprenderse fácilmente: *Todas las mañanas arranco una hoja del taco del calendario.* **7** *col.* Conjunto de cosas puestas unas sobre otras, generalmente sin orden; *montón: Te han dejado un taco de libros en recepción.* **8** *col.* En el calzado deportivo, pieza cónica o puntiaguda de la suela: *Las botas de los futbolistas llevan tacos para no resbalar con el césped.* ▮ pl. **9** *col.* Año de edad de una persona; *castaña: Ya he cumplido cuarenta tacos.*

tacómetro s.m. Instrumento que sirve para medir el número de revoluciones de un eje o la velocidad de revolución de un mecanismo; *taquímetro: El cuentarrevoluciones del motor del coche es un tacómetro.*

tacón s.f. En un zapato o en una bota, pieza que se une exteriormente a la suela por la parte correspondiente al talón: *Como es muy alta, usa zapatos de tacón bajo.* 👁 **calzado**

taconazo s.m. Golpe dado con el tacón: *La profesora dio un taconazo en el suelo para que nos calláramos.*

taconear v. Pisar con fuerza y repetidamente para hacer ruido, generalmente con el tacón: *Los bailaores de flamenco taconean al ritmo de la música.*

taconeo s.m. Pisada repetida y rítmica, que se hace generalmente con el tacón, para hacer ruido: *El público aplaudió el taconeo de la gitana.*

táctico, ca ▮ adj. **1** De la táctica o relacionado con ella: *Sigue un buen esquema táctico para desbancar a sus compañeros.* ▮ adj./s. **2** Experto en táctica: *El equipo cuenta con un entrenador táctico y competente. El general de un ejército debe ser un buen táctico.* ▮ s.f. **3** Plan o sistema para realizar o para conseguir algo: *El entrenador tuvo que cambiar de táctica para conseguir el triunfo del equipo.* **4** En el Ejército, conjunto de reglas a las que se ajustan las operaciones militares: *Para ganar una guerra es esencial dominar la táctica.*

táctil adj. Del sentido del tacto o relacionado con él: *Los* *ciegos tienen muy desarrollada su capacidad táctil.* □ ORTOGR. Incorr. **tactil.* □ MORF. Invariable en género.

tacto s.m. **1** Sentido corporal que permite apreciar las cosas mediante el contacto: *Los ciegos pueden reconocer los objetos mediante el tacto.* **2** Cualidad de un objeto que se percibe mediante el contacto: *Esta tela tiene un tacto muy suave.* **3** Hecho de tocar o palpar: *Por el tacto y sin llegar a abrir los ojos supo que lo que le dieron era una naranja.* **4** Habilidad para tratar con una persona o para actuar con acierto en asuntos delicados; *tiento: Díselo con tacto, que se puede enfadar.*

taekwondo (del coreano) s.m. Deporte de origen coreano que utiliza un modo de lucha semejante al kárate pero con un mayor desarrollo de las técnicas de salto: *Estoy yendo a clases de taekwondo en un gimnasio.* □ PRON. [taekuóndo].

tafetán s.m. Tela de seda, delgada, muy tupida y de brillo apagado: *Iba muy elegante con la falda de tafetán negro y una blusa de seda de color fucsia.*

tafilete s.m. Piel de cabra curtida y pulida, muy fina y flexible, que se usa esp. para fabricar zapatos finos y encuadernaciones de lujo: *La petaca está forrada de tafilete marrón oscuro.*

tagalo, la ▌ adj./s. **1** Del principal grupo indígena de Filipinas (país del sureste asiático), o relacionado con él: *El pueblo tagalo se adaptó a la cultura aportada por los colonizadores españoles sin perder ni sus tradiciones ni su lengua. Los tagalos viven en el centro de la isla de Luzón y en algunas islas cercanas.* ▌ s.m. **2** Lengua malayo-polinesia hablada por este grupo: *El tagalo es, junto con el inglés, la lengua oficial de Filipinas.*

tahona s.f. Establecimiento donde se cuece y se vende el pan; *horno, panificadora: El olor de la tahona se percibe desde las afueras del pueblo.*

tahúr s.m. Persona aficionada a los juegos de azar o muy hábil en ellos o que hace trampas: *Es un tahúr y siempre nos gana.*

taifa s.f. Cada uno de los pequeños reinos en los que se dividió el territorio español de dominación musulmana al disolverse el califato cordobés: *La última taifa fue el reino musulmán de Granada y fue reconquistada en 1492.*

taiga s.f. Selva de subsuelo helado y formada en su mayor parte por coníferas, que es propia del norte de Rusia y de Siberia (territorios de clima continental situados en el hemisferio norte): *Al sur de la taiga está la estepa y al norte la tundra.*

tailandés, -a adj./s. De Tailandia o relacionado con este país asiático: *La capital tailandesa es Bangkok. Un tailandés fue nuestro guía durante todo el viaje.* □ MORF. Como sustantivo se refiere solo a las personas de Tailandia.

taimado, da adj. Astuto, disimulado y hábil para engañar y no ser engañado: *Yo ya te avisé de que era un hombre taimado del que no debías fiarte.*

tajada s.f. **1** Trozo cortado de algo, esp. de carne: *Me he puesto varias tajadas de carne y algunas patatas.* **2** Ventaja o provecho, esp. en algo que se distribuye entre varios: *El robo lo hicieron entre todos, pero el jefe se llevó la mejor tajada.* **3** *col.* Borrachera: *Va haciendo eses porque lleva una buena tajada.*

tajante adj. Que no admite réplica, discusión o términos medios: *Le ordenó, de forma tajante, que se fuera.* □ MORF. Invariable en género.

tajo s.m. **1** Corte profundo hecho con un instrumento cortante: *Se hizo un tajo en un dedo cuando estaba cortando la carne y le tuvieron que dar tres puntos.* **2** En un terreno, corte casi vertical: *Por el fondo del tajo discurre un río.* **3** *col.* Tarea o trabajo: *No puedo seguir de charla porque tengo mucho tajo.*

tal ▌ adj. **1** Igual, semejante o de la misma forma: *Es tal como me lo habíais descrito.* **2** Tan grande o muy grande: *Me dio un susto tal que casi me caigo de la silla.* ▌ adj./s. **3** Se usa para determinar o señalar lo que no está especificado, o lo ya mencionado o sobrentendido: *¿A quién se le ha ocurrido tal cosa? No esperaba tal de ti.* **4** Designa una persona, un animal o una cosa no determinados: *No te dejes llevar por lo que pueda pensar tal persona y haz lo que debas.* ▌ adv. **5** *ant.* →**así.** **6** Expresa comparación: *Así como te lo han dado a ti, tal deben dárselo a los demás.* **7** ‖ **con tal de.** Seguido de un infinitivo o de una oración encabezada por 'que', expresa la condición expresada por estos: *Te lo presto con tal de que me lo devuelvas el lunes.* ‖ **tal cual.** Así, de esta forma o de esta manera: *Se lo dije tal cual, como me lo habías contado.* □ MORF. Como adjetivo es invariable en género. □ SINT. En las acepciones 3 y 4, suele usarse precedido del artículo determinado.

tala s.f. Corte de los árboles por la parte baja del tronco: *El grupo ecologista se movilizó contra la tala de los pinos.*

taladradora s.f. Aparato formado por un taladro o una barrena y que se utiliza para hacer agujeros: *La broca de la taladradora gira movida por un motor eléctrico.*

taladrar v. **1** Referido a una superficie, agujerearla o perforarla con un instrumento agudo o cortante: *Para colocar esas escarpias hay que taladrar la pared en dos sitios.* **2** Referido al oído, molestarlo muchísimo o herirlo un sonido continuo: *Ese martilleo me taladra los oídos.*

taladro s.m. **1** Instrumento agudo o cortante que sirve para perforar algo: *Con el taladro eléctrico no tardó nada en hacer los agujeros para colgar los cuadros.* **2** Agujero hecho con este instrumento: *Para colocar los tacos de las escarpias haré un par de taladros en la pared.*

tálamo s.m. **1** *poét.* Lecho conyugal o cama de los casados: *Cuando era adolescente soñaba con el príncipe que la llevara al tálamo nupcial.* **2** En los hemisferios cerebrales, cada uno de los dos núcleos de tejido nervioso situados a ambos lados de la línea media, por encima del hipotálamo: *Los tálamos intervienen en la regulación de la sensibilidad y de la actividad de los sentidos.*

talante s.m. Humor o disposición de ánimo que tiene una persona: *Hoy no le pidas nada porque está de mal talante.*

talar ▌ adj. **1** Referido a una vestidura, que llega hasta los talones: *Los trajes de los eclesiásticos suelen ser talares.* ▌ v. **2** Referido a un árbol, cortarlo por la parte baja de su tronco: *Usaron sierras mecánicas para talar los robles.* □ MORF. Como adjetivo es invariable en género.

talayot s.m. →**talayote.** □ MORF. Su plural es *talayots.*

talayote s.m. Monumento megalítico prehistórico, propio del archipiélago balear y semejante a una torre de poca altura; *talayot: Los talayotes tienen planta circular, elíptica o cuadrada.*

talco s.m. **1** Mineral de silicato de magnesio, suave al tacto, muy blando, brillante y de color verdoso: *Para la fabricación de pinturas y cerámica se usa el talco.* **2** Polvo extraído de este mineral, que se utiliza en higiene y en cosmética: *Le puso talco al bebé para suavizar su piel.*

talega s.f. Saco o bolsa ancha y corta, de lienzo basto o de otra tela: *Cuando iba a trabajar al campo, llevaba la merienda en una talega que se colgaba al hombro.*

talego s.m. **1** Saco largo y estrecho, de lienzo basto o de lona: *El arroz se transporta en talegos.* **2** *vulg.* Cárcel: *Lo metieron en el talego por robar un banco.* **3** *vulg.* Billete de mil pesetas: *Estos pantalones me costaron cinco talegos.*

taleguilla s.f. Pantalón del traje de torero: *La taleguilla es del mismo color que la chaquetilla y lleva bordadas dos anchas tiras con los mismos motivos.*

talento s.m. **1** Capacidad artística o intelectual: *Llegará lejos porque es una mujer de talento.* **2** Persona inteligente o que tiene esta capacidad: *Este joven es un talento de la astronomía.* **3** Moneda de los griegos y de los romanos: *Un talento equivalía en Roma a cien primitivas monedas de bronce.*

talgo s.m. Tren articulado y ligero, que alcanza mucha velocidad: *El talgo tarda siete horas en hacer el trayecto Madrid-Barcelona.* □ MORF. Es un acrónimo que procede de la sigla de *Tren Articulado Ligero Goicoechea Oriol.*

talibán, -a adj./s. De un determinado grupo integrista musulmán o relacionado con él: *El dirigente talibán dio una rueda de prensa. Los talibanes estudian detalladamente el Corán.* □ MORF. 1. Como adjetivo es invariable en género. 2. Su plural es *talibanes* y *talibanas*.

talio s.m. Elemento químico, metálico y sólido, de número atómico 81, parecido al plomo y que se oxida en presencia de aire húmedo: *Los compuestos del talio son tóxicos y se usan para fabricar insecticidas.* □ ORTOGR. Su símbolo químico es *Tl*.

talión s.m. Pena que consiste en hacer sufrir al delincuente un daño igual al que causó: *No siempre es justo aplicar la ley del talión.*

talismán s.m. Objeto al que se atribuyen virtudes o poderes sobrenaturales: *Lleva un talismán que lo protege del mal de ojo.*

talla s.f. **1** Obra de escultura, esp. la que está realizada en madera: *Esa virgen es una talla del siglo XV.* **2** Estatura o altura de las personas: *En baloncesto se necesitan personas de mucha talla.* **3** Medida de las prendas de vestir: *Mi talla de pantalón es la cuarenta y dos.* **4** Importancia o valor, esp. moral o intelectual: *Es un filósofo de gran talla intelectual.* **5** →**tallado.** **6** ‖ **dar la talla.** Ser apto para algo: *Lo llamaron pero no dio la talla para desempeñar el puesto.*

tallado s.m. Trabajo de un material para darle forma; *talla: El escultor es un especialista en el tallado de madera.*

tallar v. **1** Referido esp. a la madera o las piedras preciosas, trabajarlos: *Talló un trozo de madera con el cuchillo e hizo un muñeco.* **2** Referido a una persona, medir su estatura: *Tallan a los mozos antes de ir al servicio militar.*

tallarín s.m. Pasta alimenticia elaborada con harina de trigo y cortada en tiras muy estrechas y largas: *Los tallarines son planos y más anchos que los espaguetis.* □ MORF. Se usa más en plural.

talle s.m. **1** En el cuerpo humano, cintura o parte más estrecha encima de las caderas: *Bailaba con ella cogiéndola por el talle.* **2** En una prenda de vestir, parte que se corresponde con esta zona del cuerpo: *Como has adelgazado tengo que estrecharte el talle de la falda.* **3** Medida que se toma para un vestido o un traje que comprende desde el cuello hasta la cintura: *El sastre me midió mal el talle y la chaqueta le quedó larga.* **4** ‖ **talle de avispa.** El muy delgado y fino: *Es muy delgada y siempre lleva ropa ajustada para destacar su talle de avispa.*

taller s.m. **1** Lugar en el que se realizan obras y trabajos manuales: *Este pintor tiene su taller en un ático.* **2** Escuela o seminario de ciencias o de artes: *Dirige un taller de arte dramático que forma muy buenos actores.* **3** Lugar en el que se hacen reparaciones: *Tengo que llevar el coche al taller, porque hace un ruido raro.*

tallo s.m. En una planta, parte que crece y se prolonga en sentido contrario al de la raíz y que sirve de sostén a las ramas: *Los tallos herbáceos son verdes, tiernos y flexibles, y los leñosos son duros y rígidos.*

talludo, da adj. Referido a una persona, que ya no es joven: *Aunque parece joven por la ropa que lleva, es un señor talludito.* □ MORF. Se usa mucho el diminutivo *talludito*.

talo s.m. En botánica, cuerpo vegetativo que equivale al conjunto de la raíz, el tallo y las hojas de las plantas metafitas: *Los líquenes tienen talo.*

talófito, ta o **talofito, ta** ▮ adj./s.f. **1** Referido a una planta, que carece de tejidos vasculares y que no posee raíz, tallo y hojas verdaderos: *Los líquenes son talófitas. El cuerpo vegetativo de las talófitas es el talo.* ▮ s.f.pl. **2** En botánica, grupo de estas plantas: *Las algas pertenecen a las talófitas.*

talón s.m. **1** En el pie humano, parte posterior, de forma redondeada: *El zapato me roza atrás, en el talón.* 👁 **pie** **2** Parte del calzado, la media o el calcetín que cubre esta parte del pie: *Tengo un agujero en el talón del calcetín.* **3** Hoja que se corta de un cuadernillo en el que queda una parte como resguardo: *Me extendió un talón por la cantidad de dinero que le pedí.* **4** ‖ **pisar los talones** a alguien. Seguirlo de cerca o estar a punto de alcanzarlo: *El pelotón ya pisa los talones al ciclista escapado.* ‖ **talón de Aquiles.** Punto débil o vulnerable (por alusión a Aquiles, héroe mitológico griego que solo podía morir si era herido en un talón): *Todos tenemos un talón de Aquiles porque somos humanos.*

talonario s.m. Cuadernillo de talones, esp. si son cheques: *Pediré un nuevo talonario a mi banco, porque se me han acabado los cheques.*

talud s.m. Inclinación de un terreno o de un muro: *El coche se salió de la carretera y se quedó en el talud lateral.*

tamaño, ña ▮ adj. **1** Semejante o tan grande: *Nunca vi tamaño descaro hablándole a un anciano.* ▮ s.m. **2** Volumen, dimensión o conjunto de medidas de algo: *Necesito un tornillo de un tamaño igual a esta tuerca.* □ USO Como adjetivo, se usa más antepuesto al nombre.

tamarindo s.m. **1** Árbol de tronco grueso, elevado y de corteza parda, con la copa extensa, hojas compuestas y flores amarillentas en espiga: *El tamarindo es originario de Asia y se cultiva en los países cálidos.* **2** Fruto de este árbol: *El tamarindo tiene un sabor agradable y se usa en medicina como laxante.*

tambalearse v.prnl. **1** Menearse de un lado a otro: *El borracho caminaba tambaleándose y tropezando.* **2** Estar a punto de perder toda fuerza moral o física o todo poder: *No podía entender la muerte de su hijo y esto hizo que su fe se tambaleara.*

también adv. Indica igualdad, semejanza, conformidad o relación de una cosa con otra: *Este instrumento sirve para marcar y también para cortar.*

tambor s.m. **1** Instrumento musical de percusión, de forma cilíndrica, hueco, cubierto por sus bases con una piel tensa, y que se toca con dos palillos; *caja: Toca el tambor en la banda del regimiento.* 👁 **percusión** **2** Lo que por su forma hueca y cilíndrica y por sus proporciones recuerda a este instrumento: *Pon la ropa sucia en el*

a b c d e f g h i j k l m n ñ o p q r s t u v w x y z

tambor de la lavadora porque voy a lavar. **3** En un revólver, cilindro giratorio de hierro en el que van las balas: *El pistolero comprobó cuántas balas quedaban en el tambor de su revólver.*

tamboril s.m. Tambor pequeño que se toca llevándolo colgado del brazo y golpeándolo con un solo palillo o baqueta: *En mi pueblo, los gigantes y cabezudos salen al son de la dulzaina y el tamboril.* 👁 **percusión**

tamborilear v. **1** Tocar el tamboril: *Está aprendiendo a tamborilear para salir con la banda en las fiestas de su pueblo.* **2** Dar golpes ligeros y repetidos con los dedos sobre una superficie imitando el ruido del tambor: *Cuando está nervioso tamborilea sobre la mesa.*

tamborilero, ra s. Persona que toca el tamboril o el tambor: *El gaitero tocaba acompañado por un tamborilero.*

tamborrada s.f. Fiesta popular en la que se desfila tocando tambores: *Fuimos a ver la tamborrada de su pueblo y el ruido que hacían era estruendoso.*

tamil ▌adj./s. **1** De un pueblo que habita el sureste de la India (país asiático) y parte de Sri Lanka (país insular asiático, antes llamado Ceilán), o relacionado con él: *Los tamiles son, junto con los cingaleses, las dos etnias mayoritarias de Sri Lanka.* ▌s.m. **2** Lengua asiática de Sri Lanka y de otros países: *El tamil tiene un alfabeto propio.* ☐ MORF. 1. Como adjetivo es invariable en género. 2. Como sustantivo es de género común y exige concordancia en masculino o en femenino para señalar la diferencia de sexo: *el tamil, la tamil.*

tamiz s.m. **1** Cedazo o utensilio formado por un aro ancho cubierto por uno de sus lados con una rejilla o un tejido semejante, generalmente muy tupidos, que se utiliza para separar sustancias de distinto grosor: *Pasa la harina por el tamiz para que no tenga grumos.* **2** Examen, selección o elección de lo que más interesa: *Esas pruebas son un tamiz para que sigan estudiando los alumnos mejor preparados.*

tamizar v. Pasar por el tamiz: *Para espolvorear la tarta, tamiza un poco de azúcar.* ☐ ORTOGR. La *z* se cambia en *c* delante de *e* →**CAZAR**.

tamo s.m. Pelusa que se forma debajo de la cama o debajo de los muebles por falta de limpieza: *Barrió el tamo de la habitación antes de darle cera al suelo.*

támpax s.m. →**tampón.** ☐ MORF. Invariable en número.

tampoco adv. Indica negación después de haberse negado otra cosa: *No ha venido y tampoco ha llamado por teléfono.*

tampón s.f. **1** Cajita con una sustancia blanda impregnada en tinta en la que se mojan los sellos antes de estamparlos: *El funcionario apretó el sello en el tampón para que cogiera tinta y poder sellar el documento.* **2** Rollo de celulosa que se introduce en la vagina para que absorba el flujo menstrual de la mujer: *Unas veces uso compresa y otras tampón.* ☐ USO En la acepción 2, es innecesario el uso de *támpax* (extensión del nombre de una marca comercial).

tamtan s.m. Tambor africano de gran tamaño que se toca con las manos: *El hechicero tocaba el tamtan para pedir lluvia a sus dioses.* ☐ PRON. Se usa mucho la pronunciación [tamtám].

tan adv. **1** Indica aumento o intensificación: *¿Para qué quieres una casa tan grande?* **2** En correlación con 'como', expresa comparación de igualdad: *Ya estás tan alta como tu padre.* **3** En correlación con 'que', expresa consecuencia: *Es tan caro que no puedo comprármelo.* **4** ‖ **(tan) siquiera.** Por lo menos o al menos: *Ayúdame tan siquiera a subir los bultos más pesados.*

tanatorio s.m. Edificio acondicionado para poder velar un cadáver y realizar otros servicios relacionados con ello: *Han construido un tanatorio al lado del cementerio.*

tanda s.f. **1** Número indeterminado de cosas de un mismo género: *Tengo una tanda enorme de ropa para planchar.* **2** Turno, vez u orden según el cual se sucede algo: *Somos tantos que tenemos que comer en dos tandas.*

tándem s.m. **1** Bicicleta para dos o más personas, en la que se sienta una detrás de otra, y que tiene pedales para cada una de ellas: *Monté en tándem con mi hermano y a mí me tocó el asiento de detrás.* **2** Unión o grupo de dos personas que desarrollan una actividad común o que colaboran en algo: *Esos dos tenistas forman un tándem siempre ganador.* ☐ MORF. Su plural es *tándems.*

tanga s. Traje de baño muy pequeño, que solo cubre los genitales: *Para tomar el sol usa un tanga. Luce su musculatura con un tanga.* ☐ MORF. Es de género ambiguo: *{el/la} tanga.*

tangencial adj. **1** De la tangente o relacionado con ella: *El ángulo tangencial es el ángulo que forma una tangente con otra recta dada.* **2** Referido esp. a un asunto o a una idea, que se refieren a algo de forma parcial, accesoria o superficial: *Su estudio me parece incompleto porque toca los aspectos tangenciales del problema y olvida los principales.* ☐ MORF. Invariable en género.

tangente ▌adj./s.f. **1** En geometría, referido a una línea o a una superficie, que tocan otras líneas o superficies o que tienen puntos en común con ellas sin cortarse: *Una recta tangente a una circunferencia es perpendicular al radio que pasa por el punto de contacto. La tangente de una circunferencia es la recta que la toca en un punto.* ▌s.f. **2** En trigonometría, razón entre el cateto opuesto de un ángulo y el contiguo: *La tangente de un ángulo se obtiene dividiendo el seno por el coseno de dicho ángulo.* **3** ‖ **{irse/salir} por la tangente.** *col.* Utilizar evasivas o valerse de ellas para salir hábilmente de una situación apurada: *Cada vez que te pregunto cuánto ganas, te vas por la tangente.* ☐ MORF. Como adjetivo es invariable en género.

tangible adj. **1** Que se puede tocar: *Las imágenes y seres de nuestros sueños no son tangibles.* **2** Que se puede percibir de una manera precisa: *No son vanas esperanzas, sino proyectos con resultados tangibles.* ☐ MORF. Invariable en género.

tango s.m. **1** Composición musical de origen argentino, de ritmo lento y en compás de dos por cuatro: *Los tangos suelen tocarse con bandoneón.* **2** Baile de pareja enlazada que se ejecuta al compás de esta música: *Cuando estuvo en Buenos Aires, aprendió a bailar tangos.*

tanque s.m. **1** Automóvil de guerra, blindado y articulado, que se mueve sobre dos llantas flexibles o cadenas sin fin que le permiten andar por terrenos irregulares y escabrosos: *El ejército entró en la ciudad con los tanques para imponer su autoridad.* **2** Depósito o recipiente grande, generalmente cerrados, que se utilizan para contener líquidos o gases: *Llenó en la estación de servicio el tanque de gasolina de su coche.* **3** Vaso grande de una bebida, generalmente de cerveza: *Hacía mucho calor y se bebió un tanque de cerveza.*

tanqueta s.f. Vehículo parecido al tanque, pero de mayor movilidad y velocidad: *La embajada estaba protegida por varias tanquetas de las fuerzas de seguridad.*

tantalio s.m. Elemento químico, metálico y sólido, de número atómico 73, gris brillante, muy duro, deformable e inflamable; *tántalo: El tantalio es poco común y difícil de separar de sus combinaciones.* □ ORTOGR. Su símbolo químico es *Ta*.

tántalo s.m. →**tantalio.**

tantear v. **1** Intentar averiguar disimuladamente o con cuidado la intención de una persona o el interés de algo: *Tengo que tantear a mis padres para ver si me dejan ir contigo.* **2** Calcular a ojo o aproximadamente: *Tanteó los gastos que supondría ese viaje para ver si podía permitírselo.* **3** En tauromaquia, referido a un toro, probarlo con distintas suertes antes de empezar la faena para conocer su estado, su bravura o sus intenciones: *El torero tanteó al toro con varios pases.*

tanteo s.m. **1** Intento disimulado de averiguación de la intención de una persona o del interés de algo: *Haz un tanteo para ver qué quiere de regalo por su cumpleaños.* **2** Cálculo aproximado o a ojo de algo: *He hecho un tanteo para ver lo que costarán las vacaciones.* **3** Número de tantos que se obtienen en una competición deportiva o en un juego: *El tanteo final fue de dos goles a uno a favor del equipo local.* **4** En tauromaquia, realización de distintas suertes al toro para probar antes de la faena su estado, su bravura o sus intenciones: *Con dos pases de tanteo, el torero apreció que el toro no veía.*

tanto adv. **1** De tal manera, de tal grado o hasta tal punto: *Has estudiado tanto que seguro que apruebas.* **2** Expresa larga duración: *Duró tanto la conferencia que llegué a casa muy tarde.* **3** En correlación con 'cuanto' y 'como', expresa idea de equivalencia o de igualdad: *Puedes hablar tanto como yo de este asunto.* **4** ‖ **{en/entre} tanto.** →**entretanto.** ‖ **por (lo) tanto.** Enlace gramatical subordinante con valor consecutivo: *Estudiando tan poco no conseguirás aprobar, por tanto debes estudiar más.*

tanto, ta ▮ adj./s. **1** Expresa idea de calificación o de ponderación: *Hace tanto calor que no tengo ganas de hacer nada. A tanto lo arrastró la codicia...* ▮ s.m. **2** Cantidad o número determinado de algo: *No lo conozco mucho, pero me parece un muchacho un tanto raro.* **3** En algunos juegos, unidad de cuenta o de calificación: *Nuestro equipo ganó por tres tantos a uno.* ▮ s.m.pl. **4** Pospuesto a una cantidad, indica que es algo más de lo que expresa: *La casa es de mil novecientos cincuenta y tantos.* **5** ‖ **al tanto de** algo. Al corriente o enterado de ello: *Ya me han puesto al tanto de cómo va el asunto.* ‖ **las tantas.** *col.* Expresión con la que se indica una hora muy avanzada del día o de la noche: *Fuimos a cenar a su casa y nos quedamos allí hasta las tantas.* ‖ **otro tanto.** Lo mismo o cosa igual: *Lo que les he dicho a ellos, otro tanto te digo a ti.* ‖ **tanto por ciento.** Cantidad que representa proporcionalmente una parte de un total de cien; *porcentaje: Estoy dentro del tanto por ciento de alumnos que ha aprobado ese examen.* □ SINT. *Al tanto de* se usa más con los verbos *estar*, *quedar*, *poner* o equivalentes.

tantrismo s.m. Doctrina religiosa derivada del hinduismo: *En el tantrismo se adora la forma femenina de las divinidades.*

tañer v. Referido a un instrumento musical de cuerda o de percusión, tocarlos o hacerlos sonar: *Me gusta despertarme oyendo tañer las campanas.* □ ORTOGR. Dist. de *atañer*. □ MORF. Irreg.: En las formas cuya desinencia contiene un diptongo *ie*, *io*, se pierde esta *i* →**TAÑER**.

tañido s.m. Toque o sonido de un instrumento musical de cuerda o de percusión: *Cuando oyó el tañido de las campanas se dio cuenta de que era muy tarde.*

taoísmo s.m. Corriente filosófica y religiosa china que concibe el universo como un todo en el que cada ser y cada cosa forma parte de una corriente infinita que transcurre inexorablemente y donde se equilibran fuerzas contrarias: *Para el taoísmo el universo es un todo del que no puede aislarse el individuo.*

taoísta ▮ adj. **1** Del taoísmo o relacionado con esta corriente filosófica y religiosa: *El yin y el yang son los dos principios taoístas del bien y del mal.* ▮ s. **2** Persona que tiene como religión el taoísmo: *Los taoístas aspiran a alcanzar el éxtasis gracias a la meditación, la contemplación y la supresión de todo deseo.* □ MORF. 1. Como adjetivo es invariable en género. 2. Como sustantivo es de género común y exige concordancia en masculino o en femenino para señalar la diferencia de sexo: *el taoísta, la taoísta*.

tapa s.f. **1** Pieza que cubre o cierra por su parte superior algo que se puede abrir: *Levantamos la tapa de la caja para ver su contenido.* **2** En un zapato, capa de suela que se pone en la parte inferior del tacón: *Tengo las tapas de los zapatos gastadas y voy haciendo mucho ruido con los tacones.* **3** En un libro u otro objeto encuadernado, cada una de las dos cubiertas: *En la tapa delantera del libro aparecen el título y el nombre del autor.* **4** Porción de alimento que se toma de aperitivo, como acompañamiento de la bebida: *Tomamos unas cañas y unas tapas de boquerones.*

tapacubos s.m. En una rueda de un vehículo, pieza metálica o plástica que tapa la parte exterior de la llanta: *Para cambiar la rueda, quita el tapacubos y afloja las tuercas.* □ MORF. Invariable en número.

tapadera s.f. **1** Tapa que se ajusta a la boca de un recipiente para cubrirlo: *Se ha perdido la tapadera del cubo de basura.* **2** Lo que sirve para encubrir o disimular algo: *Ese restaurante es una tapadera para el tráfico de drogas.*

tapadillo ‖ **de tapadillo.** A escondidas o de manera oculta: *Te digo esto de tapadillo porque no quiero que se entere nadie más.*

tapajuntas s.m. Listón o moldura que sirve para tapar las juntas de unión de materiales de construcción, esp. la unión del cerco de una puerta o de una ventana con la pared: *Para que no se vea la junta de dilatación he puesto un tapajuntas.* □ MORF. Invariable en número.

tapar v. **1** Referido a algo abierto o descubierto, cerrarlo o cubrirlo, esp. con una tapa o con una cobertura: *Cuando hayas acabado con la mermelada, tapa el tarro.* **2** Referido a una abertura o a una hendidura, rellenarlas o ponerles algo de modo que queden cubiertas: *Me tapé los oídos con unos algodones para que no me entrase agua.* **3** Cubrir o encubrir de modo que se impida la visión: *El cuadro tapa el desconchón de la pared. En las películas de miedo se tapa los ojos cuando entra el malo.* **4** Cubrir para proteger de algo exterior, esp. del frío: *Tápate bien, que hace frío.*

taparrabo s.m. →**taparrabos.**

taparrabos s.m. Trozo pequeño de tela o de otra materia con el que los miembros de algunos pueblos o tribus se cubren los genitales: *Muchos de los pueblos indígenas americanos vestían con taparrabos.* □ ORTOGR. Se admite también *taparrabo*. □ MORF. Invariable en número.

tapete s.m. **1** Cubierta o pieza de cualquier material que se colocan sobre una mesa u otros muebles como protección o adorno: *En el café, las mesas en las que se juega a las cartas y al dominó tienen encima un tapete verde.* **2**

‖ **sobre el tapete.** De forma descubierta para que todos lo sepan: *Ninguno quería poner sobre el tapete aquel asunto tan escabroso.*

tapia s.f. Muro o pared que separa o aísla un terreno: *Saltó la tapia del huerto y cogió varias peras de los árboles.*

tapiar v. **1** Rodear con tapias: *Ha tapiado la huerta para que no entre nadie.* **2** Referido a un hueco, cerrarlo u obstruirlo con un muro o tabique: *Tapiaron la ventana con un muro de ladrillos.* ☐ ORTOGR. La *i* nunca lleva tilde.

tapicería s.f. **1** Lugar de trabajo o taller de un tapicero: *Pregunté en varias tapicerías cuánto me costaría el tapizado de las sillas.* **2** Tela o conjunto de tejidos que se utilizan para hacer cortinas, para tapizar o para hacer otra obra de decoración: *¿No te gusta la tapicería del sofá?* **3** Arte o técnica de hacer tapices o de tapizar: *La tapicería española fue muy importante durante una época.*

tapicero, ra s. Persona que se dedica profesionalmente al tapizado de muebles y muros, y a la colocación de alfombras, cortinajes y otros elementos decorativos: *El tapicero que tapizó los sillones me dijo que ya no se hacían muebles tan sólidos.*

tapioca s.f. Harina fina que se extrae de la raíz de un arbusto originario de las zonas tropicales americanas: *La tapioca se emplea en alimentación y con ella se pueden hacer sopas.*

tapir s.m. Mamífero herbívoro, de tamaño semejante al jabalí, con la nariz prolongada en una pequeña trompa, que tiene las patas anteriores con cuatro dedos y las posteriores con tres, de los cuales el central está más desarrollado: *El tapir tiene las patas terminadas en pezuñas.* ☐ MORF. Es un sustantivo epiceno y la diferencia de sexo se señala mediante la oposición *el tapir {macho/hembra}*.

tapiz s.m. Paño, generalmente de gran tamaño, tejido con lana, seda u otras materias en el que se reproduce un dibujo y que se usa para cubrir paredes o como adorno: *Los tapices colgados en las paredes de esta sala reproducen cuadros de famosos pintores.*

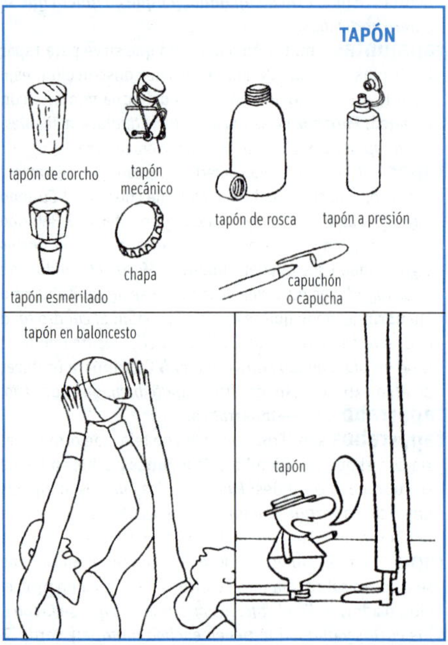

tapizado s.m. **1** Colocación de tela u otro material a modo de cubierta: *Han tardado dos meses en la restauración y tapizado de este sofá.* **2** Material que se usa para tapizar: *Me gusta mucho el tapizado azul de las sillas.*

tapizar v. **1** Referido esp. a un mueble o a una pared, forrarlos con tela u otro material: *He mandado tapizar el sillón con tela oscura.* **2** Cubrir o revestir totalmente: *Miles de flores tapizaban los campos.* ☐ ORTOGR. La *z* se cambia en *c* delante de *e* →**CAZAR**.

tapón s.m. **1** Pieza que se introduce en un orificio para taparlo e impedir la salida de un líquido: *El tapón del fregadero está unido con una cadena a los grifos.* **2** Lo que impide o dificulta el paso: *La suciedad ha formado un tapón en el desagüe y no corre el agua.* **3** Masa de algodón u otra materia con la que se obstruye una herida o una cavidad del cuerpo: *Para cortar la hemorragia de la nariz, ponte un tapón de algodón.* **4** En el oído, acumulación de cera que puede dificultar la audición y producir otros trastornos: *Voy a tener que ir al médico para que me extraiga el tapón de cera del oído.* **5** En baloncesto, obstrucción de la trayectoria del balón lanzado por el contrario a la canasta: *Soy muy bajito y cuando juego al baloncesto todos me ponen tapones.* **6** *col.* Persona baja, esp. si también es gruesa: *Parece mentira que un tapón como tú tenga un hermano tan alto.* 👁 tapón

taponar v. **1** Referido a un orificio, cerrarlo con un tapón: *Le han taponado la nariz con gasa para cortar la hemorragia.* **2** Obstruir, atascar o dificultar el paso: *Ese coche parado en medio de la calle tapona la circulación.*

taponazo s.m. Golpe dado con el tapón al destapar una botella de un líquido espumoso: *Salió disparado el tapón de la botella de cava y me dio un taponazo en la cabeza.*

tapujo s.m. Reserva, disimulo o rodeo con que se oculta u oscurece una verdad: *No se avergüenza de nada y actúa sin tapujos.*

taquicardia s.f. En medicina, frecuencia del ritmo de los latidos o de las contracciones cardíacas superior a la normal: *Un esfuerzo o un ejercicio violento pueden producir taquicardia.*

taquigrafía s.f. Método de escritura en el que se utilizan signos y abreviaturas especiales y que permite escribir a la velocidad con que se habla: *Ese secretario domina la taquigrafía y la mecanografía.*

taquigrafiar v. Escribir por medio de taquigrafía: *En las cortes, hay personas que taquigrafían las intervenciones de los diputados.* ☐ ORTOGR. La *i* lleva tilde en los presentes, excepto en las personas *nosotros* y *vosotros* →**VACIAR**.

taquígrafo, fa s. Persona que se dedica profesionalmente a la escritura en taquigrafía: *El taquígrafo cogió hasta la última coma del discurso.*

taquilla s.m. **1** Ventanilla, mostrador o despacho donde se venden entradas o billetes de transporte: *He comprado mi entrada en la taquilla del teatro.* **2** Armario o compartimento individual para guardar la ropa y otros efectos personales: *El soldado dejó su ropa de civil en la taquilla.* **3** Recaudación que se obtiene en cada función de un espectáculo: *Con esta película se está batiendo un récord de taquilla.*

taquillero, ra ▌ adj. **1** Referido esp. a un espectáculo, que atrae a mucho público y que proporciona grandes recaudaciones: *Ha sido la película más taquillera del año.*

I s. **2** Persona que se dedica profesionalmente a la venta de entradas o billetes de transporte en una taquilla: *Soy la taquillera de un teatro nacional.*

taquillón s.m. Mueble de poca altura que suele colocarse en la entrada o recibidor de una casa: *Al entrar en su casa casi me choco con el taquillón.*

taquimecanografía s.f. Conjunto de conocimientos del que sabe mecanografía y taquigrafía: *Necesitan a una persona que sepa taquimecanografía.*

taquímetro s.m. **1** Instrumento topográfico que sirve para medir distancias y ángulos horizontales y verticales: *Al trazar el plano o el mapa de un terreno se utiliza el taquímetro para hacer las mediciones.* **2** →**tacómetro.**

tara s.f. **1** Defecto físico o psíquico graves que tiene una persona: *La ceguera es una tara física no hereditaria.* **2** Defecto que disminuye el valor de algo: *El pantalón es tan barato porque tiene una tara.* **3** Peso de un recipiente o de un vehículo independientemente del peso de su contenido: *Si el peso total de esta caja es de cuatrocientos gramos y el de su contenido trescientos, la tara es cien.*

taracea s.f. Incrustación en madera de piezas pequeñas de otras maderas, concha, nácar y otras materias: *Tengo una cajita de taracea granadina.*

tarado, da adj./s. Que tiene alguna tara física o psíquica: *Debes de estar tarado para hacer las tonterías que haces. Ese crimen solo puede ser obra de un tarado.* □ USO Se usa como insulto.

tarambana adj./s. *col.* Referido a una persona, alocada y de poco juicio: *Mi hijo es tan tarambana que se mete en todo tipo de líos. Es un tarambana y solo piensa en divertirse.* □ MORF. 1. Como adjetivo es invariable en género. 2. Como sustantivo es de género común y exige concordancia en masculino o en femenino para señalar la diferencia de sexo: *el tarambana, la tarambana.* □ SEM. Como sustantivo es sinónimo de *balarrasa*.

tarantela s.f. **1** Composición musical de origen italiano, de movimiento muy vivo y en compás de seis por ocho: *La tarantela se va haciendo más rápida a medida que avanza.* **2** Baile de parejas que se ejecuta al compás de esta música: *Cuando estuve en Italia aprendí a bailar la tarantela.*

tarántula s.f. Araña grande de abdomen casi redondo y patas fuertes, color negro por encima y rojizo por debajo y con el tórax velloso: *La tarántula vive entre las piedras y en agujeros que hace en el suelo.* □ MORF. Es un sustantivo epiceno y la diferencia de sexo se señala mediante la oposición *la tarántula {macho/hembra}*.

tararear v. Cantar sin pronunciar palabras, aunque generalmente repitiendo alguna sílaba; *tatarear: Mientras se ducha, siempre tararea alguna canción de moda.*

tarareo s.m. Canto sin pronunciar palabras, aunque generalmente repitiendo algunas sílabas: *Su tarareo me impedía concentrarme en el estudio.*

tarascada s.f. Golpe fuerte, mordisco o arañazo rápidos: *El perro le dio una tarascada en el muslo y lo tuvieron que llevar al hospital.*

tardanza s.f. Retraso o empleo de mucho tiempo en la realización de una acción: *Un atasco del tráfico ha sido la causa de mi tardanza.*

tardar v. **1** Referido a una cantidad de tiempo, emplearla en realizar una acción: *Tardaré dos días en terminar el trabajo.* **2** Emplear mucho tiempo o más del habitual en realizar una acción: *No sé si le habrá pasado algo, porque tarda en llegar.*

tarde **I** s.f. **1** Período de tiempo comprendido entre el mediodía y el anochecer, esp. el que transcurre antes del anochecer: *Por las mañanas trabajo y por las tardes estudio.* **I** adv. **2** A una hora avanzada del día o de la noche: *Ayer estuve cenando con unos amigos y llegué tarde a casa.* **3** Con retraso o después de lo previsto o de lo oportuno: *Últimamente llega todos los días tarde al trabajo.* **4** ‖ **buenas tardes.** Expresión que se usa como saludo después del mediodía y antes de la noche: *¡Buenas tardes!, ¿ha llegado ya el encargado?* ‖ **de tarde en tarde.** De manera poco frecuente o dejando pasar largo tiempo entre una y otra vez: *Viene a vernos de tarde en tarde, así que no sé cómo está estos días.*

tardío, a adj. **1** Que sucede después de lo previsto o de lo habitual, o al final de una trayectoria: *Está muy consentido porque fue un hijo tardío, ya que sus padres eran mayores y ya no pensaban tenerlo.* **2** Referido esp. a un fruto, que tarda en madurar algún tiempo más del habitual, o que madura más tarde que otros: *Este año los melones son tardíos porque apenas ha llovido.*

tardo, da adj. Que emplea mucho tiempo o más del habitual en realizar una acción: *Nunca jugarás bien al pimpón, porque eres tardo de reflejos.*

tardón, -a adj./s. Referido a una persona, que suele retrasarse o que hace las cosas con mucha calma y tranquilidad: *Eres tan tardón que me sacas de quicio cuando te espero. No esperes por esa tardona, porque tarda horas en vestirse.*

tarea s.f. Cualquier trabajo, esp. el que debe hacerse en un tiempo determinado: *Limpiar la casa es tarea de todos los miembros de la familia.*

tarifa s.f. **1** Precio fijo que hay que pagar por recibir algún servicio, esp. si está establecido oficialmente: *Ha subido la tarifa de la luz.* **2** Tabla de precios, derechos o impuestos: *El taxi llevaba la tarifa adherida a la ventanilla.*

tarifar v. *col.* Reñir, enfadarse o pelearse: *Cada vez que hablo con él de política salimos tarifando porque no nos entendemos.*

tarima s.f. **1** Plataforma hecha a poca altura del suelo: *La mesa del profesor está colocada sobre la tarima.* **2** Suelo de madera que se hace ensamblando y uniendo tablas más alargadas y gruesas que las del parqué: *Los pisos antiguos de este barrio tienen tarima o parqué.*

tarjeta s.f. **1** Pieza de pequeño tamaño de cartulina u otro material, generalmente de forma rectangular, que lleva algo impreso o escrito: *Recibí un ramo de flores con una tarjeta de un admirador.* **2** En fútbol y en otros deportes, cartulina de un determinado color con la que un árbitro advierte o castiga a un jugador por una falta: *Con la tarjeta roja se expulsa directamente al jugador del campo por haber cometido una falta grave.* **3** ‖ **tarjeta de crédito.** La que facilita una entidad bancaria y permite pagar sin dinero en efectivo: *Cuando viajo, pago con esta tarjeta de crédito.* ‖ **tarjeta (de visita).** La que lleva el nombre, la dirección y cargo o profesión de una o más personas: *No te he dado mi tarjeta de visita. Tengo una tarjeta de visita de ese bufete.* ‖ **(tarjeta) postal.** La que se envía por correo y tiene una ilustración por un lado, y por el otro, un espacio en blanco para escribir: *Cuando fue a Grecia me envió unas tarjetas postales.*

tarjetero, ra s.m. Cartera o pequeña caja que se usan para guardar tarjetas, esp. las de visita: *Para ordenar las tarjetas de las empresas, me he comprado un tarjetero de piel.*

tarot s.m. **1** Baraja formada por setenta y ocho cartas que llevan dibujadas diversas figuras y que se usa como medio de adivinación: *El origen del tarot no está muy claro.* 👁 **baraja** **2** Práctica adivinatoria que se hace con esta baraja: *La maga me dijo que el tarot me auguraba un futuro maravilloso.* ☐ MORF. Su plural es *tarots*.

tarra s. *col.* Persona que ya no es joven: *Se cree todavía un chaval, pero ¡menudo tarra!* ☐ MORF. Es de género común y exige concordancia en masculino o en femenino para señalar la diferencia de sexo: *el tarra, la tarra*. ☐ USO Tiene un matiz despectivo.

tarraconense adj./s. **1** De Tarragona o relacionado con esta provincia española o con su capital: *El litoral tarraconense es la zona más rica de la provincia. Los tarraconenses son catalanes.* **2** De la antigua Tarraco (provincia y ciudad romanas), o relacionado con ella: *La provincia tarraconense romana comprendía la actual Tarragona. Los tarraconenses eran los nacidos en Tarraco, actual Tarragona.* ☐ MORF. 1. Como adjetivo es invariable en género. 2. Como sustantivo es de género común y exige concordancia en masculino o en femenino para señalar la diferencia de sexo: *el tarraconense, la tarraconense*. 3. Como sustantivo se refiere solo a las personas de la antigua Tarraco, de la provincia de Tarragona o de su capital.

tarrina s.f. Recipiente pequeño, con tapa y que generalmente se usa como envase de algunos alimentos: *Guarda ya en el frigorífico la tarrina de mantequilla.*

tarrito s.m. Alimento preparado para niños pequeños, en forma de puré, que generalmente se vende envasado en tarros de cristal herméticamente cerrados: *He comprado tarritos de verdura, carne y frutas para mi hija de un año.*

tarro s.m. **1** Recipiente de vidrio, barro o porcelana, generalmente cilíndrico y más alto que ancho: *He comprado dos tarros de miel.* **2** *col.* Cabeza o mente: *No me vengas con tonterías, que tengo muchas preocupaciones en el tarro.* **3** ‖ **comer el tarro** a alguien. *col.* Hacer que piense de determinada manera: *Sus amigos le ha comido el tarro y ahora hace cosas que antes censuraba.* ‖ **comerse** alguien **el tarro.** *col.* Darle muchas vueltas a algo o pensar mucho en ello: *No arreglas nada con comerte el tarro.*

tarso s.m. **1** En un mamífero, en un anfibio o en algunos reptiles, conjunto de los huesos cortos que forman parte del esqueleto de sus extremidades posteriores o inferiores, situado entre los huesos de la pierna y el metatarso: *El tarso del hombre está formado por siete huesos localizados en la parte posterior del pie, uno de los cuales se articula con la tibia y el peroné.* 👁 **esqueleto** **2** En un ave, parte más delgada de sus patas, que une los dedos con la tibia: *El tarso de las aves suele estar desprovisto de plumaje.*

tarta s.f. Pastel grande, generalmente de forma redondeada y muy decorado: *Este año, la tarta de mi cumpleaños será de nata con almendras.*

tartaja adj./s. *col. desp.* Tartamudo. ☐ MORF. 1. Como adjetivo es invariable en género. 2. Como sustantivo es de género común y exige concordancia en masculino o en femenino para señalar la diferencia de sexo: *el tartaja, la tartaja*.

tartaleta s.f. Pastelillo formado por una base de hojaldre cocido en forma de cazoleta y relleno con diversos ingredientes: *Para merendar, nos tomamos cada uno una tartaleta de manzana.*

tartamudear v. Hablar con una pronunciación entrecortada y repitiendo las sílabas: *Se puso tan nervioso que empezó a tartamudear y casi no lo entendíamos.*

tartamudez s.f. Trastorno o defecto del habla, que consiste en pronunciar las palabras entrecortadamente y repitiendo las sílabas: *La tartamudez se corrige con ejercicios de habla.*

tartamudo, da adj./s. Que tartamudea: *Muchas personas tartamudas hacen ejercicios para mejorar su habla. No pongas nervioso a un tartamudo porque lo entenderás menos.*

tartán s.m. Material formado por una mezcla de amianto, caucho y plástico, muy empleado como superficie de pistas de atletismo por sus condiciones de resistencia e inalterabilidad al agua (por extensión del nombre de la marca comercial *Tartán®*): *Ya están todos los corredores sobre el tartán y preparados para tomar la salida.*

tartana s.f. **1** Carro con un toldo en forma de bóveda, provisto de asientos laterales y generalmente con dos ruedas y dos varas para engancharlo a los caballos o animales de tiro: *En la romería la gente iba a caballo o en tartanas adornadas con farolillos.* 👁 **carruaje** **2** *col.* Cosa vieja y en mal estado, esp. referido a un automóvil: *¡A ver si te compras un coche nuevo y dejas esa tartana!*

tártaro, ra ▮ adj./s. **1** De un antiguo pueblo de origen turco y mongol que a partir del siglo XIII se estableció en el extremo oriental europeo, o relacionado con él: *Muchas tribus tártaras eran nómadas. Hacia el siglo VIII, los tártaros habitaban parte del actual territorio asiático de Mongolia.* ▮ s.m. **2** *poét.* Infierno: *El poeta compara su vida de dolor con una estancia en el tártaro.* **3** ‖ **a la tártara.** Referido esp. a un plato de carne, que está preparado en crudo y adobado o aderezado con diversas especias e ingredientes: *De segundo tomamos un filete de ternera a la tártara.*

tartera s.f. Recipiente que se cierra herméticamente y que sirve para llevar o para conservar comida: *Cuando no puede ir a comer a casa, se lleva la comida al trabajo en una tartera.*

tartesio, sia adj./s. De un antiguo pueblo hispánico prerromano que habitó la Tartéside (región occidental del actual territorio andaluz), o relacionado con él: *El mejor tesoro tartesio es el Tesoro del Carambolo. De los tartesios se sabe que eran grandes navegantes.* ☐ MORF. Como sustantivo se refiere solo a las personas de la Tartéside.

tarugo s.m. **1** Trozo de madera, generalmente corto y grueso: *Echa unos tarugos a la chimenea para que se avive el fuego.* **2** *col.* Persona poco inteligente: *¡Pero, so tarugo, piensa un poco, que no es tan difícil!*

tarumba adj. *col.* Atontado, confundido o con el juicio trastornado: *Me di un golpe que me dejó tarumba.* ☐ MORF. Invariable en género.

tasa s.f. **1** Tributo o pago que se exige por el uso o disfrute de un servicio: *En cuanto abones las tasas de matrícula te daremos el carné de estudiante.* **2** Relación entre dos magnitudes, expresada normalmente en términos de porcentaje: *La tasa de natalidad disminuye en los países desarrollados en relación con los subdesarrollados.* **3** Fijación oficial del precio máximo o mínimo de una mercancía: *Algunos productos cuyo precio tiene gran incidencia en los demás del mercado están sujetos a tasa gubernativa.* **4** Restricción o limitación: *Cuando sale con los amigos, bebe sin tasa y se emborracha.*

tasación s.f. Determinación del precio o del valor de un objeto o de un trabajo: *El museo cuenta con expertos en tasación de cuadros y obras de arte.*

tasador, -a s. Persona habilitada o autorizada para tasar el precio o el valor de algo: *El tasador de la casa de seguros determinará la cuantía de los daños sufridos.*

tasajo s.m. Trozo de carne seco y salado para que se conserve: *Aún quedan tasajos de los que preparamos en la matanza para echar al guiso.*

tasar v. **1** Referido a un objeto o a un trabajo, determinar su precio o su valor: *Un joyero me tasó el collar en una millonada.* **2** Referido a una mercancía, fijar oficialmente su precio máximo o mínimo: *En tiempos de racionamiento, las autoridades suelen tasar los productos de primera necesidad.*

tasca s.f. Establecimiento, generalmente modesto, en el que se sirven comidas y bebidas; *taberna*: *Suele ir a comer a una tasca del puerto donde sirven comidas caseras y baratas.*

tata s.f. Véase **tato, ta**.

tatami (del japonés) s.m. Tapiz acolchado sobre el que se practican el yudo, el kárate y otros deportes: *Si un yudoca se sale del tatami, se corta la pelea y se reanuda desde la posición original.*

tatarabuelo, la s. Respecto de una persona, padre o madre de su bisabuelo o de su bisabuela: *Su tatarabuelo luchó en la guerra de Cuba de 1898.*

tataranieto, ta s. Respecto de una persona, hijo o hija de su bisnieto o de su bisnieta: *A sus años ya podría tener tataranietos.*

tatarear v. →**tararear**.

tate interj. *col.* Expresión que se usa para indicar sorpresa o que se acaba de entender algo o de caer en la cuenta de ello: *¡Tate, así que era por eso por lo que me miraba con esa cara!*

tato, ta ▮ s. **1** *col.* Hermano: *Me ha dicho mamá que el tato volverá pronto.* ▮ s.f. **2** *col.* Niñera o mujer empleada en el servicio doméstico: *Mientras su madre está fuera, los niños se quedan con la tata.* □ USO Tiene un matiz cariñoso.

tatuaje s.m. Dibujo que se hace en la piel introduciendo materias colorantes bajo la epidermis para que no se borre con el tiempo: *Se hizo un tatuaje con el nombre de su novia cuando se fue a la guerra.*

tatuar v. Referido a un dibujo, grabarlo en la piel, introduciendo materias colorantes bajo la epidermis para que no se borre con el tiempo: *El pirata se tatuó la figura de una mujer en el pecho.* □ ORTOGR. La *u* lleva tilde en los presentes, excepto en las personas *nosotros* y *vosotros* →**ACTUAR**.

tau s.f. En el alfabeto griego clásico, nombre de la decimonovena letra: *La grafía de la tau es τ.*

taula s.f. Monumento megalítico prehistórico, propio del archipiélago balear y formado por una piedra clavada verticalmente en el suelo y por otra plana que se apoya horizontalmente sobre esta, con la que forma una 'T': *Las taulas tenían una finalidad religiosa.*

taumaturgo, ga s. Mago o persona que hace milagros o actos extraordinarios: *De Jesucristo decían que era un taumaturgo porque obraba milagros.*

taurino, na adj. Del toro, de las corridas de toros, o relacionado con ellos: *Su ganadería taurina es famosa por la bravura de sus animales.*

tauro adj./s. Referido a una persona, que ha nacido entre el 20 de abril y el 21 de mayo aproximadamente (por alusión a Tauro, segundo signo zodiacal): *No tiene ningún amigo que sea tauro. Se nota que eres un tauro porque tienes un carácter muy fuerte.* □ MORF. 1. Como adjetivo es invariable en género. 2. Como sustantivo es de género común y exige concordancia en masculino o en femenino para señalar la diferencia de sexo: *el tauro, la tauro.*

tauromaquia s.f. **1** Arte o técnica de lidiar toros: *Aquella faena memorable fue toda una lección de tauromaquia.* **2** Libro que trata de este arte y en el que se exponen sus reglas: *Consulté una tauromaquia en la que venían descritas e ilustradas todas las suertes del toreo.*

tautología s.f. Repetición de un mismo pensamiento expresado de distintas maneras: *La frase 'Tú eres lo que me sostiene, lo que me mantiene en pie' encierra una tautología.*

taxativo, va adj. Que no admite discusión: *Sus órdenes fueron taxativas y nadie se atrevió a desobedecerlas.*

taxi s.m. Automóvil de alquiler con conductor, que recoge pasajeros y los traslada al lugar deseado generalmente dentro de una ciudad: *Como el autobús tardaba tanto, tuve que coger un taxi para no llegar tarde.* □ PRON. Incorr. *[taxis].

taxidermia s.f. Arte o técnica de disecar animales para conservarlos con apariencia de vivos: *Los animales que se exponen en el museo han sido disecados en un laboratorio de taxidermia.*

taxidermista s. Persona que se dedica a la disecación de animales, esp. si esta es su profesión: *El cazador encargó a un taxidermista que disecara la cabeza del jabalí que había cazado.* □ MORF. Es de género común y exige concordancia en masculino o en femenino para señalar la diferencia de sexo: *el taxidermista, la taxidermista.*

taxímetro s.m. En un taxi, aparato que marca automáticamente en cada momento el importe por el trayecto recorrido: *Le di al taxista lo que marcaba el taxímetro y una propina.* 👁 **medida**

taxista s. Persona que se dedica profesionalmente a conducir un taxi: *Para ser taxista, hay que conocer muy bien las calles de la ciudad.* □ MORF. Es de género común y exige concordancia en masculino o en femenino para señalar la diferencia de sexo: *el taxista, la taxista.*

taxonomía s.f. **1** Ciencia o disciplina que trata de los principios, métodos y fines de la clasificación: *La taxonomía es una ciencia auxiliar, de la que se valen otras para sistematizar sus conocimientos.* **2** Clasificación hecha de acuerdo con esta ciencia, esp. referido a la que en biología ordena de manera sistemática los grupos de animales y vegetales: *La taxonomía biológica clasifica a los seres vivos en reinos, tipos, clases, órdenes, familias y otras categorías.*

taxonómico, ca adj. De la taxonomía o relacionado con ella: *En el examen de biología nos pedían hacer una ordenación taxonómica de una lista de nombres de animales.*

taylorismo s.m. Sistema de organización del trabajo, que intenta disminuir al máximo los tiempos muertos, cronometra los tiempos de producción y estudia el sistema de primas para aumentar la productividad, que está basado en las teorías de Winslow Taylor (ingeniero norteamericano del siglo XIX): *El taylorismo fue muy criticado porque se consideró degradante al impedir la labor creativa.*

taza s.f. **1** Recipiente pequeño, más ancho que alto y provisto de un asa, que suele usarse para tomar líquidos: *¿Tomas el café en vaso o en taza?* **2** En un retrete, receptáculo en el que se evacuan los excrementos: *Acostúmbrate a bajar la tapa de la taza cuando salgas del servicio.*

tazo s.m. Cromo redondo hecho de plástico o de otro material duro (por extensión del nombre de una marca comercial): *Los niños estuvieron jugando con los tazos en el recreo.*

tazón s.m. Recipiente con forma de taza grande casi semiesférica y sin asas; *bol: Para desayunar, echa leche en un tazón y moja galletas.*

te ▮ pron.pers. **1** Forma de la segunda persona del singular que corresponde a la función de complemento sin preposición: *Te he dicho que vengas.* ▮ s.f. **2** Nombre de la letra *t*: *La palabra 'tiesto' tiene dos tes.* □ ORTOGR. Dist. de *té*. □ MORF. Como pronombre: 1. No tiene diferenciación de género. 2. ⟶APÉNDICE DE PRONOMBRES.

té s.m. **1** Arbusto originario de zonas orientales de hojas perennes, alternas y en forma de lanza, flores blancas y fruto en cápsula: *El té procede de China.* **2** Hoja de este arbusto, seca y ligeramente tostada: *Compro té en el herbolario, ya preparado en bolsitas para infusiones.* **3** Infusión que se prepara con estas hojas, que tiene propiedades estimulantes y digestivas: *Cuando empieza a sentir sueño, se toma un té y enseguida se despeja.* □ ORTOGR. Dist. de *te*. □ MORF. Su plural es *tés*.

tea s.f. Trozo de leño o palo impregnados con resina y que, encendidos, sirven para alumbrar: *Avanzaban por el interior de la cueva alumbrándose con teas.*

teatral adj. **1** Del teatro o relacionado con él: *En la cartelera teatral de la ciudad suele haber siempre una obra clásica.* **2** Afectado o exagerado en la forma de actuar; *teatrero: No me impresionas con esos suspiros tan teatrales, que ya nos conocemos.* □ MORF. Invariable en género.

teatralidad s.f. **1** Carácter de lo que es teatral o constituye un hecho teatral: *Unos críticos defienden el carácter novelesco de la 'Celestina' y otros su teatralidad.* **2** Afectación o exageración en la forma de actuar: *Sus palabras y movimientos, envueltos en tanta teatralidad, eran el centro de todas las miradas.*

teatralizar v. **1** Referido esp. a un tema o a un texto, darles forma teatral o representable: *En su última comedia, el autor teatraliza un conocido cuento popular.* **2** Referido esp. a una actitud o a una expresión, hacerlas espectaculares, exageradas o llamativas: *Siempre fue enemigo de esos funerales ceremoniosos en los que se teatraliza el dolor.* □ ORTOGR. La *z* se cambia en *c* delante de *e* ⟶**CAZAR**.

teatrero, ra adj./s. **1** *col.* Muy aficionado al teatro: *Sus amigos son tan teatreros como él y no se pierden un estreno. Ni siquiera ella, que es una teatrera, había visto una obra tan extraña.* **2** *col.* Afectado o exagerado en la forma de actuar: *En mi vida he visto persona más falsa y teatrera. No hagas caso a ese teatrero.* □ SEM. En la acepción 2, como adjetivo es sinónimo de *teatral*.

teatro s.m. **1** Literatura o género literario dramáticos, al que pertenecen las obras destinadas a ser representadas en un escenario: *Me gusta mucho el teatro, pero prefiero la novela.* **2** Conjunto de las obras dramáticas de este género con alguna característica común: *Está preparando un libro sobre el simbolismo en el teatro de Calderón de la Barca.* **3** Lugar destinado a la representación de obras dramáticas o de otros espectáculos de carácter escénico: *En los teatros municipales se estrenará un ciclo de obras de jóvenes dramaturgos.* **4** *col.* Afectación, exageración o fingimiento en la forma de actuar: *¡Déjate de teatro, que no puede ser tan grave esa heridita!* □ SINT. La acepción 4 se usa más con los verbos *echar*, *hacer* y *tener*.

tebano, na adj./s. De Tebas (antigua ciudad griega), o relacionado con ella: *El territorio tebano estaba situado en el centro de la antigua Grecia. En la guerra del Peloponeso, los tebanos se aliaron primero con Esparta y luego con Atenas.* □ MORF. Como sustantivo se refiere solo a las personas de Tebas.

tebeo s.m. **1** Revista infantil de historietas cuyo asunto se desarrolla en series de dibujos (por extensión del nombre de una revista española): *Mortadelo y Filemón son dos de mis personajes de tebeo preferidos.* **2** ‖ **estar más visto que el tebeo.** *col.* Ser muy conocido: *Ahora no me acuerdo del nombre, pero es un actor que está más visto que el tebeo.*

techado s.m. ⟶**techo.**

techar v. Referido a una construcción, cubrirla con un techo: *Primero levantaremos los muros, luego techaremos la casa y después haremos las divisiones interiores.*

techo s.m. **1** En una construcción, parte superior que la cubre y la cierra; *techado: En los países lluviosos, es frecuente hacer los techos de las casas de pizarra.* **2** Cara interior de esta parte de la construcción, que constituye la superficie que cierra por arriba una habitación o un recinto: *Pintamos las paredes de la habitación de un color crema y el techo de blanco.* **3** Casa o lugar en el que cobijarse: *Si no tienes dónde pasar la noche, te ofrezco comida y techo.* **4** Altura o límite máximo que se puede alcanzar o que resultan insuperables: *Este avión, en óptimas condiciones de vuelo, tiene un techo de diez mil pies.*

techumbre s.f. Conjunto formado por la estructura y los elementos de cierre de un techo: *La techumbre de este tejado es un armazón de vigas sobre el que van apoyados los maderos que sujetan las tejas.*

teckel adj./s.m. Referido a un perro, de la raza que se caracteriza por tener cuerpo alargado y patas muy cortas: *El perro teckel es de origen alemán. La anciana tiene un teckel de pelo duro como animal de compañía.* □ PRON. [tékel]. □ MORF. Como adjetivo es invariable en género.

tecla s.f. **1** En algunos instrumentos musicales, pieza que, al ser pulsada, hace que se produzca un sonido: *En un piano, una tecla negra produce el sonido de la blanca situada a su izquierda, pero un semitono más elevado.* **2** En una máquina de escribir o en un aparato semejante, pieza móvil que se pulsa para que se imprima una letra u otro signo: *En mi máquina, las comillas están en la misma tecla que el número 2.* **3** Pieza que se pulsa para accionar o poner en funcionamiento un mecanismo: *Para rebobinar la casete, pulsa la tecla que tiene una flecha hacia la izquierda.*

teclado s.m. Conjunto de teclas de un instrumento musical o de una máquina: *Su ordenador se compone de pantalla, teclado y unidad central.* 👁 **cuerda**

teclear v. Mover o pulsar las teclas, esp. las de un instrumento musical o las de una máquina: *Aunque me pase la tarde tecleando, no creo que acabe de mecanografiarlo hoy todo.* □ SINT. Su uso con complemento directo es incorrecto, aunque está muy extendido: *Introduzca su tarjeta y {*teclee > marque} su número secreto.*

teclista s. Persona que toca un instrumento de teclado: *El teclista del grupo toca el piano y el órgano electrónico.* □ MORF. Es de género común y exige concordancia en masculino o en femenino para señalar la diferencia de sexo: *el teclista, la teclista.*

tecnecio s.m. Elemento químico, metálico y artificial, de número atómico 43, gris, pesado e inestable: *El tecnecio se utiliza en ocasiones como anticorrosivo en los aceros.* □ ORTOGR. Su símbolo químico es *Tc*.

tecnicismo s.m. Palabra propia y característica del lenguaje especializado de una ciencia, de un arte o de una profesión: *'Implemento' y 'sintagma' son tecnicismos lingüísticos.*

técnico, ca ▮ adj. **1** De la técnica o relacionado con esta aplicación práctica de las ciencias o de las artes: *Las ingenierías son carreras técnicas.* **2** Que domina la técnica o los procedimientos y recursos de una ciencia, de un arte o de una actividad: *Un actor excesivamente técnico resulta antinatural.* **3** Referido esp. a una palabra, que es propia y característica del lenguaje especializado de una ciencia, de un arte o de una profesión: *'Cefalea' es un término técnico de medicina para aludir al dolor de cabeza.* ▮ s. **4** Persona que domina los conocimientos específicos de una ciencia, de un arte o de una actividad: *El técnico ya ha reparado el televisor.* **5** Entrenador de un equipo deportivo: *El equipo va mal y echarán al técnico.* ▮ s.f. **6** Procedimiento o recurso de los que se sirve una ciencia, un arte o una actividad: *Las técnicas pictóricas del realismo no son las mismas que las del impresionismo.* **7** Aplicación práctica de los métodos y conocimientos científicos o artísticos: *Gracias a la técnica, las ciencias pueden aplicarse. Ese músico tiene una técnica muy particular.*

tecnicolor s.m. Procedimiento cinematográfico que permite reproducir los colores de los objetos en la pantalla (por extensión del nombre de la marca comercial *Tecnicolor®*): *El tecnicolor surgió en Estados Unidos en la primera mitad del siglo XX.* ☐ ORTOGR. Es un anglicismo (*technicolor*) adaptado al español.

tecnificar v. **1** Referido a una rama o a un sector de producción, dotarlos de procedimientos técnicos modernos con los que no contaban: *El Estado concederá ayudas para tecnificar el sector agrario y hacerlo más competitivo.* **2** Mejorar o hacer más eficiente desde el punto de vista tecnológico: *Los avances informáticos han ayudado a tecnificar mucho las tareas de gestión.* ☐ ORTOGR. La *c* se cambia en *qu* delante de *e* ⟶**SACAR**.

tecnología s.f. **1** Conjunto de medios técnicos, instrumentos y procedimientos industriales de un sector o campo: *Para que mejore la industria hay que mejorar la tecnología.* **2** Conjunto de conocimientos propios y específicos de un oficio mecánico o de un arte industrial: *Está estudiando tecnología industrial.*

tecnológico, ca adj. De la tecnología o relacionado con ella: *Los avances tecnológicos buscan hacer más cómoda la vida humana.*

tectónico, ca ▮ adj. **1** En geología, de la estructura de la corteza terrestre o relacionado con ella: *Los terremotos suelen estar causados por movimientos tectónicos.* ▮ s.f. **2** Parte de la geología que estudia esta estructura y los fenómenos relacionados con ella: *La tectónica estudia los plegamientos, fallas, seísmos, volcanes y demás fenómenos de la corteza terrestre.*

tedeum s.m. En la Iglesia católica, cántico que comienza por las palabras latinas 'Te Deum' (expresión que significa 'a ti, Dios') y que se entona para dar gracias a Dios: *Antes de terminar la ceremonia, los fieles entonaron un tedeum.* ☐ MORF. Su plural es *tedeums*.

tedio s.m. Aburrimiento extremado o estado de ánimo producidos cuando se soporta algo que no interesa: *Al principio me entretenía, pero ahora ya me produce tedio.*

tedioso, sa adj. Que produce tedio o que aburre: *La película era tan tediosa que salimos del cine antes de que acabara.*

teflón s.m. Material aislante, muy resistente al calor y a la corrosión y muy empleado en la industria para revestimientos (por extensión del nombre de la marca comercial *Teflon®*): *En las sartenes recubiertas con teflón no se adhieren los alimentos.*

tegumento s.m. **1** En zoología, membrana que cubre el cuerpo de un animal o alguno de sus órganos internos: *El interior de la cavidad nasal está recubierto por un tegumento llamado 'mucosa'.* **2** En una planta, tejido que cubre algunas de sus partes, esp. los óvulos y las semillas: *En algunas semillas, como en la del algodón, el tegumento está cubierto de pelos.*

teína s.f. Sustancia o principio activo del té, que tiene propiedades estimulantes: *Tanto la teína del té como la cafeína del café tienen capacidad para alterar el sistema nervioso.*

teja ▮ adj./s.m. **1** De color marrón rojizo, como el del barro cocido: *Iba con un elegante traje de color teja.* ▮ s.f. **2** Pieza de barro cocido que se usa para cubrir los tejados y dejar escurrir el agua de lluvia: *La teja romana es muy utilizada y tiene forma acanalada.* **3** ⟶**sombrero de teja.** 👁 **sombrero 4** ‖ **a toca teja.** *col.* ⟶**tocateja.** ☐ MORF. Como adjetivo es invariable en género. ☐ SINT. En la acepción 1, se usa más en aposición, pospuesto a un sustantivo.

tejadillo s.m. Tejado de una sola vertiente adosado a una pared: *Hay que poner un tejadillo sobre la puerta de entrada.*

tejado s.m. Cubierta o parte superior de un edificio, generalmente recubiertos de tejas: *Antes del invierno habrá que cambiar las tejas rotas del tejado para que no haya goteras.*

tejano, na ▮ adj. **1** Referido esp. a una prenda de vestir, que está confeccionada con una tela resistente de color azul más o menos oscuro y con un diseño que recuerda la ropa de los ganaderos del oeste norteamericano: *Tengo una falda tejana con una flor bordada en un bolsillo de atrás.* ▮ s.m.pl. **2** ⟶**pantalón tejano.** ☐ SEM. Es sinónimo de *vaquero*.

tejar v. Cubrir de tejas: *Cuando terminen de tejar su casa empezará a vivir en ella.* ☐ ORTOGR. Conserva la *j* en toda la conjugación.

tejedor s.m. Insecto de cuerpo negro ovalado y alargado con las dos patas delanteras cortas y las cuatro posteriores muy largas y delgadas, que tiene movimientos muy rápidos sobre la superficie del agua; *zapatero: Los tejedores andan por encima del agua.* 👁 **insecto** ☐ MORF. Es un sustantivo epiceno y la diferencia de sexo se señala mediante la oposición *el tejedor {macho/hembra}*.

tejemaneje s.m. **1** *col.* Actividad o movimiento intensos y continuos: *Vaya tejemaneje que te traes para colocar esos paquetes.* **2** *col.* Enredo poco claro para conseguir algo: *¿Qué tejemanejes habrá hecho para conseguir eso?*

tejer v. **1** Referido esp. a un tejido, realizarlo entrelazando hilos u otra materia flexible: *La araña teje su tela en las esquinas.* **2** Referido a un hilo u otro material flexible, entrelazarlo para hacer diversos tipos de tejidos: *¿Puedo tejer estas cintas para hacer un adorno?* **3** Hacer punto; *tricotar: Estoy tejiendo un jersey para el bebé.* **4** Referido esp. a una idea o a un plan, discurrirlos o idearlos: *Durante la noche, tejió un complicado plan para hacerse con el poder.* ☐ ORTOGR. Mantiene la *j* en toda la conjugación.

tejido s.m. **1** Material que resulta de entrelazar hilos u otro material flexible: *Quiero un tejido cálido para hacer un abrigo.* **2** En biología, asociación de células semejantes entre sí por su origen, estructura o funciones: *El tejido muscular forma los músculos y el óseo los huesos.* **3** ‖ **tejido {conectivo/conjuntivo}.** El formado por células que están inmersas en una sustancia intercelular homogénea, semilíquida y con haces de fibras de colágeno, y cuya función principal es unir, envolver y reforzar los demás tejidos: *El tejido fibroso de los tendones es un tipo de tejido conjuntivo.* ‖ **tejido linfático.** El formado por una trama en parte celular y en parte fibrosa y numerosas células, principalmente linfocitos: *Los ganglios linfáticos están constituidos principalmente por tejido linfático.*

tejo s.m. **1** Árbol de tronco grueso y poco elevado, ramas casi horizontales y copa ancha, hoja perennes, planas, aguzadas y de color verde oscuro, flores poco visibles y semilla con una envoltura carnosa de color rojo: *Las hojas y las semillas del tejo son venenosas, pero la envoltura carnosa de estas últimas es comestible.* **2** Trozo pequeño de teja, piedra, metal u otro material, que se usa para jugar a juegos como la rayuela o el truque: *Para jugar a la rayuela se emplea un tejo que se impulsa con el pie.* **3** Juego infantil que consiste en darle pequeños golpes con el pie a uno de estos trozos pequeños para que recorra un dibujo pintado en el suelo: *En el recreo jugaremos al tejo.* **4** ‖ **tirar los tejos** a alguien. Insinuarle el interés que se tiene por él, esp. en el sentido amoroso: *Seguro que le gustas, porque te tira los tejos de una forma descarada.*

tejón s.m. Mamífero carnívoro de piel dura, pelaje largo y espeso de color negro, blanco y pardo, que habita en madrigueras profundas y se alimenta por la noche de pequeños animales y frutos: *El tejón se aletarga en invierno.* □ MORF. Es un sustantivo epiceno y la diferencia de sexo se señala mediante la oposición *el tejón {macho/hembra}.*

tejuelo s.m. En un libro, trozo de papel, de cuero o de otro material similar que se pega en el lomo para poner el título, la signatura u otro tipo de información: *Los libros de la biblioteca tienen un tejuelo con la signatura para poder localizarlos.* 👁 **libro**

tela ▮ s.f. **1** Tejido hecho de muchos hilos cruzados entre sí alternativa y regularmente en toda su longitud, forman una especie de hoja o lámina: *Este traje es de una tela muy suave y fresca.* **2** Membrana o tejido de forma laminar y de consistencia blanda: *El cerebro está recubierto por una fina tela.* **3** Tejido fuerte que está preparado para pintar sobre él: *Yo te pinto el cuadro al óleo, pero tú eliges el tamaño de la tela.* **4** Pintura hecha sobre este tejido: *Está exponiendo sus últimas telas.* **5** *col.* Dinero: *Dice que solo se casará con alguien que tenga mucha tela.* **6** *col.* Asunto, materia o quehacer: *En ese accidente hay mucha tela que investigar.* ▮ adv. **7** *col.* Mucho: *Esa chica me gusta tela.* **8** ‖ **tela asfáltica.** Material delgado e impregnado de asfalto que se usa como aislante de humedad: *La azotea está cubierta con tela asfáltica y por eso no hay goteras.* ‖ **{poner/quedar} en tela de juicio.** Poner o quedar en duda: *Todo lo que digas lo pongo en tela de juicio porque eres un fantasioso.* ‖ **tela de araña.** →**telaraña.** ‖ **tela metálica.** Tejido hecho con alambre: *Ha rodeado su jardín con una valla de tela metálica.* 👁 **química** □ SEM. En las acepciones 3 y 4, es sinónimo de *lienzo.* □ USO En las acepciones 5 y 6, se usa mucho la expresión intensificadora *tela marinera.*

telar v. **1** Máquina para tejer por medio de un entramado de hilos: *Hizo un pequeño telar con unas tablas para tejer un tapiz.* **2** Fábrica de tejidos: *A la salida del pueblo hay unos telares de mantas de lana.* **3** En un teatro, parte superior del escenario de donde bajan los telones, las bambalinas y otros elementos móviles del decorado: *El público de la sala no ve el telar.* □ MORF. La acepción 2 se usa más en plural.

telaraña s.f. **1** Tela en forma de red que forma la araña con los hilos que segrega: *La araña atrapa en su telaraña los insectos que come.* **2** ‖ **mirar las telarañas.** *col.* Estar completamente distraído: *No aprende nada porque se pasa la clase mirando las telarañas.* □ ORTOGR. Admite también la forma *tela de araña.*

tele s.f. *col.* →**televisión.**

tele- Elemento compositivo que significa 'a distancia' (*telecomunicación, telecontrol, teledirigido, telescopio*) o 'de televisión' (*telefilme, teleteatro, telenovela, teleadicto*).

telecabina s.f. Teleférico de cable único para la tracción y la suspensión, provisto de cabinas: *¿Te apetece que montemos en la telecabina para tener una vista aérea de la ciudad?* 👁 **funicular**

teleclub s.m. Lugar de reunión para ver la televisión: *Mi parroquia tenía un teleclub para jóvenes cuando había pocos televisores.* □ MORF. Su plural es *teleclubs* o *teleclubes.*

telecomunicación s.f. Sistema de comunicación a distancia: *El telégrafo, el teléfono y la televisión forman parte de la telecomunicación.*

telediario s.m. Programa informativo de noticias de actualidad emitido diariamente por una cadena de televisión (por extensión del nombre de la marca comercial *Telediario®*): *Me he enterado de la noticia por el telediario de mediodía.*

teledirigir v. Referido esp. a un aparato o a un vehículo, dirigirlos y controlarlos a distancia, generalmente por medio de ondas electromagnéticas: *El niño teledirige su coche de juguete con el mando a distancia.* □ ORTOGR. La *g* se cambia en *j* delante de *a, o* →**DIRIGIR.**

telefax s.m. →**fax.** □ MORF. Su plural es *telefaxes.*

teleférico s.m. Sistema de transporte en el que los vehículos van suspendidos de un cable de tracción: *El teleférico se utiliza principalmente para salvar grandes desniveles.* 👁 **funicular**

telefilme s.m. Película rodada para ser emitida por televisión: *Los telefilmes suelen durar más o menos una hora.*

telefonazo s.m. *col.* Llamada telefónica: *Cuando vaya a salir te daré un telefonazo.*

telefonear v. **1** Llamar por teléfono: *Me ha telefoneado para invitarme a su fiesta de cumpleaños.* **2** Referido esp. a un mensaje, transmitirlo por teléfono: *Cuando lo sepa te telefonearé el resultado del análisis.*

telefonía s.f. Sistema de transmisión a distancia de sonidos por medios eléctricos o electromagnéticos: *El teléfono es un aparato de telefonía.*

telefónico, ca adj. De la telefonía, que se realiza por medio de la telefonía o relacionado con este sistema de comunicación: *No lo he visto, pero tuve con él una conversación telefónica.*

telefonillo s.m. Mecanismo para la comunicación oral dentro de un edificio, esp. el que está conectado al portero electrónico: *El cartero ha llamado por el telefonillo para que abramos el portal.*

telefonista s. Persona que se dedica profesionalmente al servicio de teléfonos, esp. si es la encargada de recibir llamadas: *Llama a este número de teléfono y dile al telefonista que te ponga con mi extensión.* □ MORF. Es de género común y exige concordancia en masculino o en femenino para señalar la diferencia de sexo: *el telefonista, la telefonista.*

teléfono s.m. **1** Sistema eléctrico de comunicación a distancia que permite la transmisión de la palabra o de cualquier tipo de sonido a través de hilos conductores: *La invención del teléfono ha sido esencial para la comunicación inmediata desde puntos lejanos.* **2** Aparato para emitir y recibir comunicaciones sonoras a distancia: *Tiene el teléfono sobre la mesa del despacho.* **3** Número o clave que se marca en uno de estos aparatos para establecer una comunicación: *Dame tu teléfono y te llamaré mañana.*

telegrafía s.f. Sistema de transmisión a distancia de mensajes escritos utilizando un código prestablecido que se transmite por cable mediante impulsos eléctricos: *La telegrafía suele utilizar el código morse para transmitir mensajes.*

telegrafiar v. Comunicar por medio del telégrafo: *Los mensajes que se telegrafían deben ser lo más breves posible.* ☐ ORTOGR. La *i* lleva tilde en los presentes, excepto en las personas *nosotros* y *vosotros* →**VACIAR**.

telegráfico, ca adj. **1** Del telégrafo, de la telegrafía o relacionado con ellos: *El sistema telegráfico se utilizó mucho antes de la invención del teléfono.* **2** Referido esp. al estilo del lenguaje, muy conciso, con frases cortas y con la menor cantidad de palabras posible: *Este profesor quiere respuestas telegráficas en el examen.*

telegrafista s. Persona que se dedica profesionalmente al servicio del telégrafo: *Los telegrafistas saben codificar y descodificar los mensajes telegráficos.* ☐ MORF. Es de género común y exige concordancia en masculino o en femenino para señalar la diferencia de sexo: *el telegrafista, la telegrafista*.

telégrafo ▮ s.m. **1** Sistema de comunicación a distancia que permite la transmisión de mensajes escritos por medio de impulsos eléctricos: *El telégrafo fue inventado antes que el teléfono.* **2** Aparato para recibir y transmitir este tipo de mensajes escritos: *Sobre su mesa tiene como adorno un antiguo telégrafo.* ▮ pl. **3** Administración encargada de este sistema de comunicación: *Telégrafos depende de Correos.*

telegrama s.m. Comunicación o mensaje transmitido por telégrafo: *He recibido un telegrama urgente. Te enviaré un telegrama diciéndote a qué hora llego.*

telele s.m. *col.* Desmayo, ataque de nervios o impresión muy grande: *Con tanto ajetreo me va a dar un telele.*

telemática s.f. Conjunto de técnicas y servicios que combinan la telecomunicación y la informática: *El periodismo utiliza mucho la telemática.*

telenovela s.f. Historia filmada y televisada en emisiones sucesivas, esp. si tiene un argumento sentimental: *Esta telenovela tiene 103 capítulos.*

teleobjetivo s.m. En un instrumento óptico, objetivo que permite fotografiar objetos muy lejanos: *Utilicé un teleobjetivo para hacer una fotografía a un águila en pleno vuelo.*

teleósteo ▮ adj./s.m. **1** Referido a un pez, que se caracteriza por tener el esqueleto completamente osificado: *El atún y la trucha son peces teleósteos. Los teleósteos tienen la aleta caudal simétrica.* ▮ s.m.pl. **2** En zoología, orden de estos peces: *La mayoría de los peces actuales pertenece a los teleósteos.*

telepatía s.f. Transmisión de contenidos psíquicos entre personas sin intervención de medios físicos aparentes: *Dicen que las personas gemelas pueden transmitirse sensaciones por telepatía.*

telepático, ca adj. De la telepatía o relacionado con ella: *El mago dijo que adivinaría de forma telepática lo que yo pensara.*

telerruta s.f. Servicio oficial que informa del estado de las carreteras: *Antes de salir llama a telerruta para saber si la carretera está cortada por la nieve.*

telescópico, ca adj. **1** Del telescopio o relacionado con él: *Necesito una lente telescópica de mayor aumento para poder ver el planeta Saturno.* **2** Que solo puede verse con un telescopio: *Urano es un planeta telescópico.* **3** Que está formado por piezas longitudinalmente sucesivas que pueden recogerse encajando cada una en la anterior: *La antena de mi transistor es telescópica.*

telescopio s.m. Instrumento óptico formado básicamente por un tubo con un juego de lentes de aumento en su interior que se utiliza para observar ampliados objetos sumamente lejanos, esp. cuerpos celestes: *Tengo un telescopio en la terraza para ver la Luna.*

telesilla s.m. Sistema de transporte de personas a un lugar elevado, esp. a la cumbre de una montaña, formado por una serie de sillas o asientos suspendidos de un cable de tracción: *Hoy no podemos subir a la pista de esquí porque no funciona el telesilla.* 👁 **funicular**

telespectador, -a s. Persona que ve la televisión; *televidente*: *En ese concurso pueden participar los telespectadores llamando por teléfono.*

telesquí s.m. Sistema que permite transportar a los esquiadores sobre sus esquíes hasta las pistas, formado por una serie de enganches suspendidos de un cable de tracción: *El telesquí es un tipo de remonte.* ☐ MORF. Aunque su plural en la lengua culta es *telesquíes*, se usa mucho *telesquís*. 👁 **funicular**

teletexto s.m. Servicio informativo que consiste en la transmisión televisiva de textos escritos (por extensión del nombre de la marca comercial *Teletex®*): *El teletexto es un servicio que funciona 24 horas al día.*

teletipo s.m. **1** Sistema telegráfico de transmisión de textos mediante un teclado que permite emitir y recibir mensajes e imprimirlos (por extensión del nombre de la marca comercial *Télétype®*): *Cualquier redacción periodística utiliza el teletipo para transmitir noticias.* **2** Mensaje transmitido por este sistema: *El locutor leyó un teletipo de última hora sobre el resultado de las elecciones.* **3** Aparato semejante al teclado de una máquina de escribir que permite emitir, recibir e imprimir ese tipo de textos: *En el télex se utilizan teletipos.*

televidente s. Persona que ve la televisión; *telespectador*: *Los televidentes de este programa podrán llamar por teléfono si desean saludar a alguien.* ☐ MORF. Es de género común y exige concordancia en masculino o en femenino para señalar la diferencia de sexo: *el televidente, la televidente*.

televisar v. Transmitir por televisión: *Esta tarde televisan un partido muy importante.*

televisión s.f. **1** Sistema de transmisión a distancia de imágenes y sonidos por medio de ondas hertzianas: *La televisión ha conseguido que hasta lo más lejano no sea desconocido para la mayoría.* **2** Empresa dedicada a hacer este tipo de transmisiones: *Las televisiones privadas compiten con las estatales y las autonómicas.* **3** Aparato receptor y reproductor de estas imágenes y sonidos; *televisor*: *El técnico ya nos ha reparado la televisión.* 👁 **electrodoméstico** ☐ MORF. En la lengua coloquial se usa mucho la forma abreviada *tele*.

televisivo, va adj. **1** De la televisión o relacionado con ella: *Se sabe al dedillo la programación televisiva diaria.* **2** Que tiene buenas condiciones para ser televisado: *El fútbol y los concursos son muy televisivos.*

televisor s.m. Aparato receptor y reproductor de imágenes y sonidos transmitidos a distancia por medio de ondas hertzianas; *televisión: Yo todavía tengo un televisor en blanco y negro.* ☐ MORF. En la lengua coloquial se usa mucho la forma abreviada *tele.* 👁 **electrodoméstico**

télex s.m. **1** Sistema telegráfico internacional por el que se comunican sus usuarios, mediante el teletipo (por extensión del nombre de la marca comercial *Telex®*): *Muchas empresas tienen télex.* **2** Mensaje transmitido por este sistema: *Esta mañana he recibido en la oficina un télex suyo.* ☐ ORTOGR. Es un anglicismo (*telex*) adaptado al español. ☐ MORF. Invariable en número.

telón s.m. Cortina de grandes dimensiones con que se cierra el escenario de un teatro o se cubre la pantalla de un cine: *Al comenzar la representación teatral se sube el telón.*

telonero, ra adj./s. Referido esp. a un artista o a un orador, que interviene antes de la actuación principal: *Yo toco en el grupo telonero de un famoso cantante. Me ha gustado más la actuación de los teloneros que la del cantante principal.*

telúrico, ca adj. De la Tierra como planeta o relacionado con ella: *Los seísmos y terremotos son fenómenos telúricos.*

telurio s.m. Elemento químico, semimetálico y sólido, de número atómico 52, que es quebradizo y fácilmente fusible; *teluro: El telurio es un metaloide muy escaso.* ☐ ORTOGR. 1. Se usa también *teluro.* 2. Su símbolo químico es *Te.*

teluro s.m. →**telurio.**

tema s.m. **1** Idea, asunto o materia de que trata algo: *Las vacaciones fueron el tema de nuestra conversación.* **2** Cada una de las unidades de estudio en que se divide una asignatura, una oposición a algo semejante: *Tengo que estudiar doscientos temas para presentarme a esa oposición.* **3** En una composición musical, parte o melodía fundamentales y en función de las cuales se desarrolla el resto de la obra: *El tema suele aparecer varias veces a lo largo de una composición extensa.* **4** En lingüística, forma que presenta un radical para recibir los morfemas de flexión: *El verbo 'caber' tiene tres temas, que son 'cab-', 'quep-' y 'cup-'.* **5** Canción o composición musical: *Ese cantante ha hecho una recopilación de sus mejores temas.* ☐ USO El uso abusivo de la acepción 1 en lugar de *problema* o *cuestión* indica pobreza de lenguaje.

temario s.m. Conjunto de temas de una asignatura, de un estudio, de una conferencia o de algo semejante: *Si te sabes bien el temario no podrás suspender.*

temático, ca ▌adj. **1** Del tema o relacionado con él: *La infancia es un motivo temático muy repetido en literatura.* **2** En gramática, referido a un elemento, que se añade a la raíz de un vocablo, para unir a ella la terminación: *La vocal temática permite clasificar a los verbos españoles en tres conjugaciones.* ▌s.f. **3** Conjunto de los temas contenidos en un asunto general: *La temática de su obra es muy amplia.*

tembladera s.f. *col.* Temblor o agitación con sacudidas breves, rápidas y frecuentes, esp. si es intenso: *Cada vez que conduces tú, salgo del coche con una tembladera que ni te cuento.*

temblar v. **1** Agitarse o vibrar con sacudidas breves, rápidas y frecuentes: *Lo encontré sin abrigo y temblando de frío. Cuando me pongo nervioso me tiembla la voz.* **2** Tener mucho miedo, mucho nerviosismo o mucho recelo: *El examen de conducir me hace temblar.* **3** ‖ **temblando.** *col.* Próximo a arruinarse o a acabarse: *Viene del trabajo tan hambriento que deja la nevera temblando.* ☐ MORF. Irreg.: La *e* diptonga en *ie* en todos los presentes, excepto en las personas *nosotros* y *vosotros* →**PENSAR.** ☐ SINT. *Temblando* se usa más con los verbos *dejar, estar, quedar* o equivalentes.

tembleque s.m. Temblor continuado del cuerpo: *Nos contó un cuento de terror y nos entró un tembleque que no podíamos parar.*

temblor s.m. **1** Vibración o agitación con sacudidas breves, rápidas y frecuentes: *La explosión produjo un gran temblor en el suelo.* **2** ‖ **temblor de tierra.** Agitación violenta o sacudida del terreno, ocasionada por fuerzas que actúan en el interior del globo terrestre; *terremoto: Los temblores de tierra que he sentido han sido de muy poca intensidad.*

tembloroso, sa adj. Que tiembla o vibra: *Intentaba contener el llanto con labios temblorosos.*

temer v. **1** Referido esp. a una persona, a un animal o a una cosa, tenerles miedo, temor o sentir recelo por ellos: *Temo mucho a los ladrones.* **2** Referido esp. a algo que se considera negativo o inconveniente, pensar con algún fundamento que va a suceder: *Temo que venga y no estemos en casa. Me temo que va a llover.* **3** Sentir temor o preocupación: *Temo por tu salud porque fumas demasiado.*

temerario, ria adj. **1** Que se dice, se hace o se piensa sin fundamento, sin razón o sin motivo: *No hagas juicios temerarios sobre asuntos que no conoces.* **2** Excesivamente imprudente al enfrentarse a un peligro: *Le han puesto una multa de tráfico por conducción temeraria.* ☐ SEM. Dist. de *temeroso* (que tiene temor).

temeridad s.f. **1** Imprudencia excesiva al exponerse a algún peligro o riesgo: *Si actúas con temeridad no es raro que tengas accidentes.* **2** Hecho o dicho temerarios o excesivamente imprudentes: *Ha sido un temeridad que salieras a la calle teniendo fiebre.*

temeroso, sa adj. Que tiene temor o recelo: *Es una persona muy temerosa y se asusta de todo.* ☐ SEM. Dist. de *temerario* (excesivamente imprudente).

temible adj. Capaz o digno de ser temido: *Un huracán es siempre temible por sus efectos destructores.* ☐ MORF. Invariable en género.

temor s.m. **1** Sentimiento de inquietud y desprotección que impide, al que lo padece, acercarse a lo que considera dañino, arriesgado o peligroso: *Los niños suelen sentir temor a la oscuridad. Algunos animales le tienen temor al fuego.* **2** Sospecha o recelo de un daño futuro: *Siento temor de que le haya pasado algo.* **3** ‖ **temor de Dios.** En la Biblia, respeto y consideración que se debe tener a Dios: *El temor de Dios es uno de los dones del Espíritu Santo.*

témpano s.m. Trozo plano y extendido de una materia dura, esp. de hielo: *Después de la noche tan fría había témpanos de hielo en el río.*

témpera s.f. Pintura o color que se obtienen con líquidos pegajosos y calientes; *temple: Las témperas se utilizan muchas veces para pintar sobre cartón.*

temperamental adj. **1** Del temperamento o relacionado con él: *La alegría es su rasgo temperamental más destacado.* **2** Referido a una persona, que tiene el genio vivo y que cambia de humor con frecuencia: *Es muy temperamental y a veces dice las cosas sin pensarlas.* □ MORF. Invariable en género.

temperamento s.m. **1** Carácter o forma de ser o de reaccionar de una persona: *Es de temperamento débil y se deja arrastrar por los demás.* **2** Tenacidad, energía o firmeza de una persona: *Es una persona de temperamento y toma las decisiones de una forma muy enérgica.*

temperatura s.f. Grado de calor de un cuerpo o del ambiente: *La temperatura se mide con el termómetro.* 👁 **escala**

tempestad s.f. Perturbación atmosférica que se caracteriza fundamentalmente por fuertes vientos, lluvias y truenos; *temporal, tormenta: Cuando anunciaron la tempestad los barcos no salieron a pescar.*

tempestuoso, sa adj. Que causa una tempestad o que la constituye: *Un viento tempestuoso nos trajo las fuertes lluvias.*

templado, da adj. **1** Que no es ni frío ni caliente: *Me gusta bañarme con agua templada, porque la caliente me quema.* **2** *col.* Sereno, tranquilo o valiente: *Para hacer este trabajo hay que tener los nervios templados.*

templanza s.f. Moderación o sobriedad, esp. en los apetitos o en los sentimientos: *La templanza en el comer y en el beber ayuda a tener una buena salud.*

templar v. **1** Quitar el frío por medio del calor: *He puesto la leche al fuego para templarla.* **2** Referido a la fuerza o a la intensidad de algo, moderarlas o suavizarlas: *Templa tu ira y no insultes a nadie.* **3** Referido a un material, enfriarlo bruscamente en un líquido para mejorar algunas de sus propiedades: *Para hacer las espadas hay que templar el hierro cuando está al rojo.* **4** Referido a un instrumento musical, afinarlo o prepararlo para que pueda producir con exactitud los sonidos que le son propios: *El guitarrista templaba la guitarra antes de comenzar su actuación.*

templario, ria adj./s. De la Orden del Temple (orden militar fundada en el siglo XII), o relacionado con ella: *La orden templaria fue suprimida por el papa Clemente V, acusada de herejía. La misión de los templarios era asegurar los caminos a los que iban a visitar tierra santa.*

temple s.m. **1** Fortaleza o valentía serenas para afrontar las dificultades: *Tiene mucho temple y no se asusta fácilmente.* **2** Preparación de un instrumento musical para que emita con exactitud los sonidos que le son propios: *Los ruidos que hace la orquesta antes del concierto son necesarios para el temple de los instrumentos.* **3** Pintura o color que se obtienen con líquidos pegajosos y calientes; *témpera: El temple se puede aplicar sobre muro o sobre tabla.* **4** ‖ **al temple.** Con estas pinturas: *Las pinturas al temple se pueden retocar en frío, y los frescos, no.*

templete s.m. Construcción que consta de una cúpula sostenida por columnas: *La banda de música tocó en el templete del parque.*

templo s.m. **1** Lugar o edificio públicos destinados al culto: *Las mezquitas son los templos musulmanes.* **2** Lugar en el que se cultiva o se practica una actividad noble: *Las bibliotecas son templos del saber.*

tempo s.m. Ritmo o velocidad con que se hace algo: *La acción de la novela transcurre con un tempo lento hasta el final.*

temporada s.f. **1** Período de tiempo que se considera como un conjunto: *La estancia en el hotel es más cara si vas en temporada alta.* **2** ‖ **de temporada.** Que existe o que se usa solo durante un cierto período de tiempo: *Las alcachofas son verduras de temporada, porque solo las hay en invierno.*

temporal ▌ adj. **1** Del tiempo o relacionado con él: *Una semana es un período temporal.* **2** Que solo dura por un tiempo: *Mañana deja de trabajar en la empresa porque se le ha acabado el contrato temporal.* **3** Que pasa con el tiempo o que no es eterno: *La belleza externa es algo temporal.* **4** Que expresa o que manifiesta temporalidad o tiempo: *'Cuando' es un adverbio que puede introducir oraciones temporales.* **5** Profano, secular o de este mundo: *El papa tiene poder espiritual, pero carece de poder temporal.* **6** De la sien o relacionado con esta zona de la cabeza: *Los músculos temporales intervienen en la masticación y sirven para abrir y cerrar la boca.* ▌ s.m. **7** →**hueso temporal.** 👁 **cráneo** **8** Perturbación atmosférica que se caracteriza fundamentalmente por fuertes vientos, lluvias y truenos; *tempestad, tormenta: Un temporal de nieve nos dejó aislados en medio del monte.* □ MORF. Como adjetivo es invariable en género.

temporalidad s.f. **1** Transitoriedad en la duración de algo: *Cuando me contrataron me avisaron de la temporalidad del empleo.* **2** Pertenencia al mundo secular o profano: *El poder judicial se caracteriza por su temporalidad.*

temporero, ra adj./s. Referido a una persona, que ejerce un trabajo temporalmente, esp. relacionado con la agricultura: *Los contratados temporeros reciben un sueldo distinto al de los fijos. En la recogida de la fresa se contrata a muchos temporeros.*

temporizador s.m. Mecanismo de control que sirve para abrir o para cerrar un circuito y que, conectado a un dispositivo, lo pone en funcionamiento: *La bomba estalló a esa hora por la acción del temporizador.*

tempranero, ra ▌ adj. **1** Adelantado o que ocurre antes de lo normal; *temprano: Este año el invierno ha sido tempranero.* ▌ adj./s. **2** Que tiene costumbre de madrugar; *madrugador: No soy nada tempranera porque me encanta trasnochar. Como es un tempranero, es el encargado de comprar el pan y el periódico.*

temprano adv. **1** En las primeras horas del día o de la noche, o al principio de un período de tiempo: *Hoy me acostaré temprano porque mañana madrugo.* **2** Muy pronto o antes de lo previsto: *He llegado tan temprano porque nos han dejado salir dos horas antes.*

temprano, na adj. Adelantado o que ocurre antes de lo normal; *tempranero: La fruta temprana suele ser un poco más cara que la de plena temporada.*

ten ‖ **ten con ten.** *col.* Expresión que indica tacto o moderación al tratar algo: *Es necesario tener un ten con ten para llevar este delicado asunto.*

tenacidad s.f. Firmeza y constancia para conseguir un propósito: *Ha logrado la medalla olímpica gracias a su tenacidad en los entrenamientos.*

tenacillas s.f.pl. Utensilio de peluquería que sirve para rizar el pelo: *Calentó las tenacillas al fuego para rizarse el pelo.*

tenaz adj. **1** Firme y decidido a conseguir un propósito: *Es una persona muy tenaz y consigue todo lo que se propone.* **2** Que resulta difícil de quitar o de separar: *Este detergente elimina hasta las manchas más tenaces.* □ MORF. Invariable en género.

tenaza s.f. **1** Herramienta de metal, compuesta de dos brazos unidos por un eje que permiten abrirla y cerrarla y sirve para coger, arrancar o cortar determinadas cosas:

Cogió las brasas de la chimenea con las tenazas. **2** Pinzas de las patas de algunos artrópodos: *Los dos escorpiones se peleaban cogidos por las tenazas.* ☐ MORF. Se usa más en plural, con el mismo significado que en singular.

tenca s.f. Pez de agua dulce, de color verdoso, que suele vivir en aguas poco profundas y cenagosas: *La carne de la tenca es blanca y sabrosa, pero suele saber a lodo.* ☐ MORF. Es un sustantivo epiceno y la diferencia de sexo se señala mediante la oposición: *la tenca {macho/hembra}.* **pez**

tendedero s.m. Lugar o sitio donde se tiende algo: *En la cocina hay una puerta que da al tendedero.*

tendencia s.f. **1** Propensión o inclinación hacia determinado fin: *Su tendencia al pesimismo la convierte en una persona triste.* **2** Idea o movimiento, esp. políticos, artísticos o religiosos, que se orientan en una dirección determinada: *Le encanta estar al tanto de las últimas tendencias artísticas.*

tendencioso, sa adj. Que presenta o que manifiesta parcialidad, obedeciendo a una tendencia o a una idea: *Sus declaraciones tendenciosas pretendían desacreditar a su adversario.*

tender v. **1** Referido a la ropa mojada, extenderla al aire, al sol o al fuego para que se seque: *Cuando se pare la lavadora, tenderé la colada.* **2** Referido a una cosa, alargarla aproximándola a otra: *Me tendió la mano en señal de saludo.* **3** Referido a un engaño o a una trampa, prepararlos para hacer caer a alguien en ellos: *Es demasiado listo como para caer en la trampa que le han tendido.* **4** Tumbar o extender en una superficie: *Los enfermeros tendieron al enfermo en la cama. El perro estaba agotado y se tendió en el suelo.* **5** Colocar, construir o suspender, apoyando dos puntos: *Han tendido un puente para comunicar los dos lados del barranco.* **6** Mostrar tendencia, inclinación o propensión a alcanzar un estado o cualidad: *Estas medidas tienden a mejorar la salud pública.* **7** En matemáticas, referido a una variable o a una función, aproximarse progresivamente a un valor determinado, sin llegar nunca a alcanzarlo: *Haced este límite, cuando la variable tiende a infinito.* ☐ MORF. Irreg.: La *e* de la raíz diptonga en *ie* en los presentes, excepto en las personas *nosotros* y *vosotros* →PERDER. ☐ SINT. Constr. de las acepciones 6 y 7: *tender A algo.*

tenderete s.m. Puesto de venta al aire libre: *Me he comprado unos pantalones en un tenderete del mercadillo.*

tendero, ra s. Propietario o encargado de una tienda, esp. de comestibles: *El tendero me fía porque ya me conoce.*

tendido, da s.m. **1** Conjunto de cables que constituyen la conducción eléctrica: *El metro no funciona por un fallo en el tendido eléctrico.* **2** Colocación de algo colgándolo de dos puntos: *Los técnicos han terminado el tendido de la línea telefónica.* **3** En una plaza de toros, graderío descubierto y próximo a la barrera: *He cogido entradas para el tendido de sol.*

tendinitis s.f. Inflamación de un tendón: *La tendinitis puede producirse por cansancio o por un esfuerzo excesivo de un tendón.* ☐ MORF. Invariable en número.

tendón s.m. Estructura formada por haces fibrosos dispuestos paralelamente, que une los músculos a los huesos: *Los tendones son de color blanco nacarado y muy resistentes.*

tenebrismo s.m. Tendencia pictórica del Barroco que se caracteriza por el contraste de luces y sombras, que hace que los objetos iluminados destaquen violentamente: *El tenebrismo fue iniciado en el siglo XVI por el pintor italiano Caravaggio.*

tenebrista ▮ adj. **1** Del tenebrismo o relacionado con esta tendencia pictórica: *Este pintor usa técnicas tenebristas para dar un ambiente misterioso a sus cuadros.* ▮ adj./s. **2** Referido esp. a un pintor, que practica el tenebrismo: *Algunos cuadros de los pintores tenebristas parecen tétricos. Zurbarán fue un gran tenebrista.* ☐ MORF. 1. Como adjetivo es invariable en género. 2. Como sustantivo es de género común y exige concordancia en masculino o en femenino para señalar la diferencia de sexo: *el tenebrista, la tenebrista.*

tenebrosidad s.f. Oscuridad o negrura que pueden producir miedo: *Me asusta la tenebrosidad de la noche.*

tenebroso, sa adj. **1** Oscuro o cubierto de tinieblas: *Andar de noche por aquel tenebroso paraje me asustaba.* **2** Sombrío, tétrico y perverso: *Conté el relato con voz tenebrosa y todos acabaron muertos de miedo.*

tenedor, -a ▮ s. **1** Persona que posee algo, esp. una letra de cambio: *El tenedor de la letra de cambio la presentó al cobro antes del vencimiento.* ▮ s.m. **2** Cubierto formado por un mango y por una serie de dientes, que sirve para llevarse a la boca alimentos sólidos o de cierta consistencia: *El tenedor se coge con la mano izquierda y el cuchillo con la derecha.* **3** En un restaurante, signo convencional que indica su categoría, en graduación de uno a cinco: *Comer en un restaurante de cinco tenedores resulta caro.*

tenencia s.f. Posesión actual de algo: *Lo acusaron de tenencia ilícita de armas.*

tener v. **1** Poseer o disfrutar: *En verano tenemos vacaciones.* **2** Asir o sujetar con las manos: *Tenme el libro mientras me abrocho el zapato, por favor.* **3** Contener o incluir en sí: *Esta casa tiene tres habitaciones.* **4** Mantener o sostener firme o derecho: *Estoy tan cansada que casi no me tengo en pie.* **5** Referido a una ocupación, deber hacerla: *Esta tarde tengo una reunión.* **6** Referido a una edad, haberla alcanzado: *Tengo treinta años.* **7** Referido esp. a una sensación, sentirla, vivirla o padecerla: *Tengo miedo a los monstruos.* **8** Referido a una enfermedad, sufrirla o padecerla: *No puede salir porque tiene gripe.* **9** ‖ **no tenerlas** alguien **todas consigo.** *col.* Sentir recelo o temor: *Aunque parece que todo va bien, no las tengo todas conmigo y creo que va a pasar algo.* ‖ **tener a bien** algo. Estimar que es justo o conveniente, o dignarse a hacerlo: *Cuando acabe con lo que está haciendo, tenga a bien escribirme estas cartas, por favor.* ‖ **tener en.** Seguido de una expresión que indica cantidad, valorar como se expresa: *Tiene en mucho mis consejos y siempre los sigue.* ‖ **tener por.** Creer o considerar: *Me tiene por tonta, pero yo me entero de todo.* ‖ **tener que ver.** Haber relación o conexión: *El político aseguró que él no tenía nada que ver con la malversación de fondos.* ☐ MORF. Irreg. →TENER. ☐ SINT. 1. La perífrasis *tener + que + infinitivo* indica obligación o necesidad: *Tengo que estudiar más si quiero aprobar.* 2. Como verbo auxiliar puede funcionar sustituyendo a *haber*: *Te tengo dicho las novelas que me gustan.* ☐ SEM. Se usa mucho para atribuir una cualidad, un estado o una circunstancia al sujeto o al complemento: *Esto tiene fácil arreglo. Me tiene frita.*

tenia s.f. Gusano plano o en forma de cinta, blanquecino y formado por numerosos segmentos iguales, que es parásito de las personas y de los animales: *La solitaria es una tenia.*

tenienta s.f. de **teniente.** □ MORF. Se usa en algunas zonas del español meridional.

teniente ▌adj. **1** *col.* Sordo: *Díselo más fuerte porque está algo teniente.* ▌s. **2** Persona que ejerce el cargo de otra, y que es su sustituta: *En ausencia del alcalde, el teniente de alcalde presidirá la reunión.* **3** En el Ejército, persona cuyo empleo es superior al de alférez e inferior al de capitán: *El teniente suele mandar una sección.* **4** ‖ **teniente coronel.** En el Ejército, persona cuyo empleo es superior al de comandante e inferior al de coronel: *El teniente coronel ha sido elegido para hacer el curso de general.* ‖ **teniente de navío.** En la Armada, persona cuyo empleo es superior al de alférez de navío e inferior al de capitán de corbeta: *Cuando ascendió a teniente de navío cambió de destino.* ‖ **teniente general.** En los Ejércitos de Tierra y del Aire, persona cuyo empleo es superior al de general de división e inferior al de capitán general: *Al mando de un cuerpo de ejército está un teniente general.* □ MORF. 1. Como adjetivo es invariable en género. 2. Como sustantivo es de género común y exige concordancia en masculino o en femenino para señalar la diferencia de sexo: *el teniente, la teniente.* □ SEM. *Teniente de navío* es dist. de *capitán* (en los Ejércitos de Tierra y del Aire).

tenis ▌s.m. **1** Deporte que se juega con una pelota forrada de tela y una raqueta, en un campo rectangular y dividido en dos mitades por una red: *Las categorías del tenis son individual, parejas y mixtos.* ▌pl. **2** Calzado de tipo deportivo: *Para pasear por el campo se ha puesto unos tenis.* **3** ‖ **tenis de mesa.** Deporte que se juega sobre una mesa rectangular, con una pelota pequeña y lisa, y con palas de madera; *pimpón: Los orientales juegan muy bien al tenis de mesa.* □ MORF. Invariable en número.

tenista s. Deportista que juega al tenis: *El tenista se preparaba para sacar.* □ MORF. Es de género común y exige concordancia en masculino o en femenino para señalar la diferencia de sexo: *el tenista, la tenista.*

tenístico, ca adj. Del tenis o relacionado con él: *Ha ganado muchos torneos tenísticos.*

tenor s.m. **1** En música, persona que tiene una voz de registro intermedio entre la de contralto y la de barítono: *En la zarzuela que vimos actuaba un famoso tenor.* **2** ‖ **a tenor de.** Según o teniendo en cuenta: *A tenor de lo que dices, no creo que venga.*

tenorio s.m. Hombre seductor de mujeres e inclinado a meterse en riñas (por alusión al personaje literario de don Juan Tenorio): *Ese es un tenorio, capaz de todo por seducir a una mujer.*

tensar v. Poner tenso: *Los marineros tiraban de la cuerda para tensarla.* □ MORF. 1. Tiene un participio regular (*tensado*), que se usa en la conjugación, y otro irregular (*tenso*), que se usa como adjetivo.

tensión s.f. **1** Estado en el que se encuentra un cuerpo estirado por la acción de las fuerzas opuestas que soporta: *Una cuerda estirada por dos personas desde cada uno de sus extremos está en tensión.* **2** Situación de oposición o de hostilidad no manifiesta abiertamente entre personas o entre grupos humanos: *La tensión existente entre las dos naciones terminó por desencadenar una guerra.* **3** Estado emocional caracterizado por la excitación, la impaciencia o la exaltación: *Lleva unos días en tensión porque tiene un encargo de gran responsabilidad.* **4** En electrónica, voltaje con que se realiza una transmisión de energía eléctrica: *La alta tensión está por encima de los mil voltios.* **5** ‖ **tensión arterial.** La que ejerce la sangre sobre la pared de las arterias; *presión arterial: Una tensión arterial baja puede producir desmayos.*

tenso, sa adj. **1** Referido a un cuerpo, que está estirado por la acción de las fuerzas opuestas que soporta; *tirante: Relájate, porque tienes los músculos tensos.* **2** En estado de tensión emocional: *Tanto trabajo lo mantiene muy tenso.* **3** En una situación de oposición y hostilidad: *Las relaciones entre los dos países son muy tensas y pueden terminar en un conflicto.*

tensor, -a ▌adj./s.m. **1** Referido esp. a un músculo, que tensa o que produce tensión: *Los músculos tensores pueden realizar movimientos de flexión y de extensión. Los tensores sirven para juntar o separar dos partes de un miembro.* ▌s.m. **2** Mecanismo que se utiliza para tensar algo: *Estiró el cable con un tensor.*

tentación s.f. Estímulo o impulso que induce a la realización de algo, esp. si es algo censurable o perjudicial: *He decidido no fumar más y espero no caer en la tentación de hacerlo.*

tentáculo s.m. En algunos animales invertebrados, apéndice móvil y blando que desempeña distintas funciones, esp. la del tacto y la del desplazamiento: *El pulpo tiene ocho tentáculos.*

tentadero s.m. Corral o lugar en el que se hace la tienta de becerros para apreciar su bravura: *En casi todas las ganaderías hay un tentadero.*

tentar v. **1** Examinar y reconocer por medio del tacto: *Me tenté el bolsillo de la chaqueta para ver si llevaba la cartera.* **2** Estimular o inducir a la realización de algo, esp. si es censurable o perjudicial: *Me han hecho una oferta de trabajo que me tienta mucho, pero tendría que irme del país.* **3** Referido a un becerro, probarlo con la garrocha para apreciar su bravura: *Tentaron a los becerros para elegir los que iban a ser lidiados.* □ MORF. Irreg.: La *e* diptonga en *ie* en los presentes, excepto en las personas *nosotros* y *vosotros* →**PENSAR**.

tentativa s.f. Acción con la que se intenta, se prueba o se tantea algo: *Ese chico es muy depresivo y ha tenido dos tentativas de suicidio.*

tentempié s.m. *col.* Comida ligera que se toma para recuperar fuerzas; *refrigerio: Como no me tome ahora mismo un tentempié, voy a marearme.*

tentetieso s.m. Juguete que lleva un contrapeso en la base y que, movido en cualquier dirección, vuelve siempre a quedar vertical: *El niño jugaba con el tentetieso intentando dejarlo tumbado.*

tenue adj. Delgado, débil o delicado: *Me gustan más los colores tenues que los chillones.* □ MORF. Invariable en género.

teñido s.m. Aplicación sobre algo de un color distinto del que antes tenía: *El teñido frecuente del cabello puede debilitarlo.* □ SEM. Es sinónimo de *tinción, tinte* y *tintura.*

teñir v. **1** Referido esp. a una tela, aplicarle un nuevo color distinto del que tenía: *Voy a teñir de azul esta falda blanca. Es morena, pero se tiñe de rubio.* **2** Referido esp. a las palabras o a los sentimientos, aportarles un carácter o una apariencia que no es el suyo propio: *Mi amigo tiñó sus palabras de amargura cuando nos contó su última relación sentimental.* □ MORF. 1. Irreg. →**DESTEÑIR**. 2. Tiene un participio regular (*teñido*), que se usa en la conjugación, y otro irregular (*tinto*), que se usa como adjetivo. □ SINT. Constr.: *teñir* DE *algo.*

teo- Elemento compositivo que significa 'dios': *teológico, teogonía, teología.*

a b c d e f g h i j k l m n ñ o p q r s **t** u v w x y z

a b c d e f g h i j k l m n ñ o p q r s t u v w x y z

teogonía s.f. Relato de la generación y linaje de los dioses en las religiones politeístas: *El poeta griego Hesíodo es autor de una teogonía sobre los dioses mitológicos griegos.*

teologal adj. De la teología o relacionado con esta ciencia; *teológico: Sus estudios en el seminario le aportaron muchos conocimientos teologales.* □ MORF. Invariable en género.

teología s.f. **1** Ciencia que trata de Dios y de sus atributos y perfecciones: *Santo Tomás de Aquino fue uno de los grandes creadores de la teología católica.* **2** ‖ **teología de la liberación.** Movimiento teológico cristiano, surgido en países sudamericanos, que propone una nueva lectura de la Biblia y de la fe en la que se funden el proyecto divino y la lucha contra la opresión y la explotación del ser humano: *La teología de la liberación surgió a partir de la conferencia episcopal celebrada en la ciudad colombiana de Medellín.*

teológico, ca adj. De la teología o relacionado con esta ciencia; *teologal: Todos los sacerdotes católicos han realizados estudios teológicos.*

teólogo, ga s. Persona que se dedica profesionalmente al estudio de la teología o que tiene especiales conocimientos en esta ciencia: *La Iglesia católica ha contado con grandes teólogos a lo largo de su historia.*

teorema s.m. Proposición demostrable a través de la lógica mediante reglas de deducción aceptadas: *El teorema de Pitágoras afirma que el cuadrado de la hipotenusa de un triángulo rectángulo es igual a la suma de los cuadrados de los catetos.*

teoría s.f. **1** Conocimiento que se tiene a base de suposiciones lógicas y que se considera independientemente de su aplicación práctica: *A veces la teoría se separa de la realidad.* **2** Conjunto de las leyes o principios que sirven para explicar determinados fenómenos o para relacionarlos en un orden: *Las teorías se deducen a partir de la observación de los fenómenos.* **3** Hipótesis cuyas consecuencias se aplican a toda una ciencia o a una parte muy importante de la misma: *Esa teoría parece lógica, pero ya veremos cuando la pongamos en práctica.* **4** ‖ **en teoría.** Sin haberlo comprobado con la práctica: *En teoría salimos a las cinco, pero en la práctica suele ser a las seis menos cuarto.*

teórico, ca ▌adj. **1** De la teoría o relacionado con ella: *Los conocimientos teóricos de las ciencias son aplicados por la técnica.* ▌adj./s. **2** Que conoce o considera las cosas mediante la meditación o la reflexión, pero no por la práctica: *Eres demasiado teórico como para darte cuenta de que a veces las leyes fallan. Es un teórico de la política que está muy lejos de la realidad social.*

teorizar v. Referido a un asunto, tratarlo de forma teórica: *Tú teorizas sobre las causas de la actual crisis económica, pero no das soluciones.* □ ORTOGR. La *z* se cambia en *c* delante de *e* →**CAZAR**.

tequila s.m. Bebida mexicana de alta graduación alcohólica y de color transparente: *El tequila se toma con un poquito de sal y limón.*

terapeuta s. Persona que se dedica profesionalmente a la terapéutica o a la curación de las enfermedades: *Su terapeuta le recomendó hacer ejercicio físico para aliviar el estrés.* □ MORF. Es de género común y exige concordancia en masculino o en femenino para señalar la diferencia de sexo: *el terapeuta, la terapeuta.*

terapéutico, ca ▌adj. **1** De la terapéutica o relacionado con esta parte de la medicina: *El tratamiento terapéutico para atajar la enfermedad incluye una dieta baja en grasas.* ▌s.f. **2** Parte de la medicina que se ocupa del tratamiento de las enfermedades; *terapia: La terapéutica utiliza distintos medios para conseguir la curación de las enfermedades.*

terapia s.f. **1** Parte de la medicina que se ocupa del tratamiento de las enfermedades; *terapéutica: Sus estudios se centran en la terapia de las enfermedades coronarias.* **2** Tratamiento que se aplica para la curación de una enfermedad: *El enfermo responde adecuadamente a la terapia que se le está aplicando. Para curar el alcoholismo muchas veces se recurre a una terapia de grupo.*

terbio s.m. Elemento químico, metálico y sólido, de número atómico 65, color plateado, muy activo y que pertenece al grupo de los lantánidos: *El terbio se usa como fuente del láser.* □ ORTOGR. Su símbolo químico es *Tb*.

tercer adj. →**tercero, ra.** □ MORF. 1. Apócope de *tercero* ante sustantivo masculino. 2. →APÉNDICE DE PRONOMBRES.

tercermundismo s.m. Conjunto de características propias del tercer mundo, como la pobreza y la falta de desarrollo: *El periodista hizo una dura crítica del tercermundismo de los servicios sanitarios del país.*

tercermundista adj. **1** Del tercer mundo o relacionado con este conjunto de países menos desarrollados: *Los países tercermundistas necesitan la ayuda de los más desarrollados.* **2** Propio del tercer mundo o característico de este conjunto de países menos desarrollados: *Los consumidores se quejan de recibir servicios públicos tercermundistas.* □ MORF. Invariable en género. □ USO El uso de la acepción 2 tiene un matiz despectivo.

tercero, ra ▌numer. **1** Referido a una parte, que constituye un todo junto con otras dos iguales a ella: *La tercera parte de una hora son veinte minutos.* ▌adj./s. **2** En una serie, que ocupa el lugar número tres: *Eres la tercera persona que me felicita hoy. La medalla de bronce es para el tercero.* **3** Que media entre dos o más personas: *Si en un matrimonio hay hijos, la nulidad del mismo afecta a las terceras personas. Siempre le toca actuar como tercero en los enfrentamientos entre el presidente y el secretario.* ▌s. **4** Persona que busca para otra alguien con quien mantener una relación amorosa o sexual, o que actúa como intermediario en una de estas relaciones; *alcahuete, celestino: Para atraerse el amor de esa mujer se buscó un tercero que le hablara bien de él.* ▌s.m. **5** Persona que no es ninguna de quienes se trata o de quienes intervienen en un asunto: *En los problemas familiares no deben intervenir terceros.* ▌s.f. **6** En el motor de algunos vehículos, marcha que tiene mayor velocidad y menor potencia que la segunda y menor velocidad y mayor potencia que la cuarta: *Iba con el motor en cuarta y, antes de entrar en la curva, reduje a tercera.* **7** En música, intervalo existente entre una nota y la tercera nota anterior o posterior a ella en la escala, ambas inclusive: *De 'do' a 'mi' hay una tercera ascendente.* □ MORF. Para las acepciones 1 y 2 →APÉNDICE DE PRONOMBRES.

terceto s.m. **1** En métrica, estrofa formada por tres versos de arte mayor, cuyo esquema más frecuente es *ABA*: *Un soneto clásico se compone de dos cuartetos y dos tercetos de versos endecasílabos.* **2** Conjunto musical formado por tres instrumentos o por tres voces; *trío: Actuó un terceto formado por un bajo y una soprano y una contralto.*

tercia s.f. Véase **tercio, cia**.

terciado, da adj. Mediano o de tamaño intermedio: *Los melocotones me gustan terciados, ni grandes ni pequeños.*

terciana s.f. Fiebre intermitente que se repite cada tres días: *Las tercianas se producen con algunos tipos de paludismo.* □ MORF. Se usa más en plural.

terciar ▌ v. **1** Interponerse o mediar para terminar con una discusión o para tomar partido por alguno de los que disputan: *Mi madre tuvo que terciar en la riña para que no terminaran pegándose.* **2** Tomar parte en la acción que estaban realizando otros: *Yo también tercié en la conversación para matizar algunos puntos.* **3** Dividir en tres partes: *El padre decidió terciar la herencia para repartirla entre sus tres hijos.* ▌ prnl. **4** Suceder de forma inesperada o presentarse casualmente la oportunidad de realizar algo: *Quedaré contigo y, si se tercia, iremos al cine.* □ ORTOGR. La *i* nunca lleva tilde. □ MORF. En la acepción 4 es verbo unipersonal: solo se usa en tercera persona y en infinitivo.

terciario, ria ▌ adj. **1** Tercero en orden, en grado o en importancia: *No tengo tiempo para ocuparme de asuntos terciarios.* **2** En geología, de la era cenozoica, cuarta de la historia de la Tierra, o relacionado con ella; *cenozoico: En estos terrenos terciarios hemos encontrado fósiles de mamíferos.* ▌ s.m. **3** →**era terciaria.**

tercio, cia ▌ numer. **1** Parte que constituye un todo junto con otras dos iguales a ella: *Solo un tercio de la clase ha aprobado el examen.* ▌ s.m. **2** En el Ejército español de los siglos XVI y XVII, regimiento de infantería: *Los tercios españoles lucharon en Flandes.* **3** En el Ejército español, cuerpo o batallón de infantería: *Los tercios de la legión suelen estar formados por soldados voluntarios y profesionales.* **4** En tauromaquia, cada una de las tres partes en que se divide la lidia de un toro: *Los tres tercios de la lidia son el tercio de varas, el de banderillas y el de muerte.* **5** En una plaza de toros, cada una de las tres partes concéntricas en que se considera dividido el ruedo, esp. referido a la comprendida entre las tablas y los medios: *El toro cayó muerto en el segundo tercio.* **6** Botella de cerveza que contiene la tercera parte de un litro: *Yo pedí una caña y él un tercio.* ▌ s.f. **7** En la Iglesia católica, cuarta de las horas canónicas: *La tercia se reza después de la prima.* □ MORF. Para la acepción 1 →APÉNDICE DE PRONOMBRES.

terciopelo s.m. Tela muy tupida, generalmente de seda, que está formada por dos urdimbres y una trama, y cuyos hilos se cortan una vez tejidos para dejar una superficie suave y con pelo: *El vestido lleva adornos de terciopelo.*

terciopersonal adj. En gramática, referido a un verbo, que solo se conjuga en la tercera persona, esp. la del singular, de todos los tiempos y modos: *Los verbos que designan fenómenos atmosféricos, como 'llover' o 'nevar', son terciopersonales.* □ MORF. Invariable en género.

terco, ca adj./s. Firme, perseverante o excesivamente tenaz en un propósito: *Este caballo es muy terco y no será fácil domarlo. No cambias de opinión porque eres un terco.*

teresiano, na ▌ adj. **1** De santa Teresa de Jesús (religiosa y escritora española del siglo XVI), o relacionado con ella: *La reforma teresiana devolvió a la orden carmelita su primitiva austeridad.* **2** Referido a un instituto religioso, que está afiliado a la tercera orden carmelita y que tiene por patrona a santa Teresa: *Estudió en un colegio teresiano.* ▌ adj./s.f. **3** Referido a una religiosa, que tiene votos simples y pertenece a uno de estos institutos religiosos: *Muchas teresianas se dedican a la enseñanza.*

tergal s.m. Tejido de fibra sintética muy resistente (por extensión del nombre de la marca comercial *Tergal®*): *Las camisas de tergal casi no se arrugan.*

tergiversación s.f. Interpretación forzada o errónea de una palabra o de un acontecimiento: *El político denunció al periodista por la tergiversación de sus declaraciones.*

tergiversar v. Interpretar de forma forzada o errónea: *El periodista tergiversó mis palabras y publicó afirmaciones que yo no había hecho.*

termal adj. De las termas o relacionado con estos baños de aguas minerales: *Los balnearios son estaciones termales.* □ MORF. Invariable en género.

termas s.f.pl. **1** Baños de aguas minerales calientes: *El médico le aconsejó las termas para combatir su reumatismo.* **2** En la antigua Roma, baños públicos: *Las termas romanas solían tener la sala de agua caliente, la del agua templada y la del agua fría.* □ MORF. Invariable en número.

termes s.m. Insecto roedor, propio de zonas tropicales o cálidas, de coloración pálida, que vive en colonias organizadas por castas y se alimenta comúnmente de madera; *termita: La comunidad de los termes está formada por machos y hembras sexuados, y obreras y soldados estériles.* □ MORF. 1. Es un sustantivo epiceno y la diferencia de sexo se señala mediante la oposición *el termes {macho/hembra}*. 2. Invariable en número. 👁 **insecto**

térmico, ca adj. **1** Del calor, de la temperatura o relacionado con ellos: *Las centrales térmicas producen electricidad por medio de la combustión.* **2** Que conserva la temperatura: *Si llenas un recipiente térmico con algo frío, seguirá frío después de varias horas.*

terminación s.f. **1** Fin, conclusión, remate o final: *Para el mes que viene está prevista la terminación de las obras del edificio.* **2** Parte final de algo: *En la piel se encuentran las terminaciones nerviosas sensitivas del sentido del tacto.* **3** En gramática, letra o conjunto de letras que siguen al radical de un vocablo: *El sufijo '-ito', '-ita' es una de las terminaciones del diminutivo en español.*

terminal ▌ adj. **1** Que acaba o pone término a algo: *Cuando un enfermo está en fase terminal hay pocas esperanzas de que sane.* **2** Que está en el extremo de alguna parte de una planta: *Los girasoles tienen flores terminales.* ▌ s. **3** En informática, máquina con teclado y pantalla conectados a un computador al que se le facilitan datos o del que se obtiene información: *Cada trabajador de nuestras sucursales tiene un terminal conectado con el ordenador central.* ▌ s.f. **4** Cada uno de los extremos de una línea de transporte público: *El autobús da la vuelta al llegar a la terminal.* □ MORF. 1. Como adjetivo es invariable en género. 2. En la acepción 3, es de género ambiguo y admite concordancia en masculino y en femenino sin cambiar de significado: *{el/la} terminal {conectado/conectada}*.

terminante adj. Categórico, concluyente o que no se puede rebatir o discutir: *Me prohibió de forma terminante entrar en ese lugar sin su permiso.* □ MORF. Invariable en género.

terminar v. **1** Referido a algo, concluirlo o ponerle término: *Termina de una vez la comida, que tengo que fregar.* **2** Rematar con esmero; *acabar: Tienes que terminar mejor las costuras para poder entregar el encargo.* **3** Acabar o llegar al fin; *cesar: Os vais a la cama en cuanto termine la película. Cuando se terminen los exámenes, vamos al cine.* **4** ‖ **terminar con** alguien. Dejar de tratarse con él: *Terminé con ella cuando se portó tan mal conmigo y me demostró que no era mi amiga.*

a b c d e f g h i j k l m n ñ o p q r s **t** u v w x y z

término ▮ s.m. **1** Fin, remate o conclusión: *Habló con él para poner término a sus amenazas.* **2** Último punto de un lugar: *La plaza está al término de esta calle.* **3** Último punto en un espacio temporal: *Al término de nuestro programa les ofreceremos un resumen de lo más destacado del día.* **4** Línea divisoria de un territorio: *Una comisión cartográfica está revisando los términos de la provincia.* **5** Sonido o conjunto de sonidos articulados que expresan una idea; *palabra, vocablo: Si estás leyendo y no conoces el significado de algún término, búscalo en el diccionario.* **6** Objetivo, meta o intento al que se dirige una acción: *Ser un gran cirujano es el término de sus aspiraciones.* **7** Estado o situación en los que se halla alguien: *Hemos llegado a un término en el que debemos decidir si continuamos juntos o no.* **8** En gramática, cada uno de los elementos necesarios en una relación gramatical: *En la expresión preposicional 'con mi madre', 'mi madre' es el término de la preposición 'con'.* **9** En matemáticas, numerador o denominador de un quebrado: *En 1/3, 1 y 3 son los términos de la fracción.* **10** En una expresión matemática, cada una de las partes unidas entre sí por el signo de sumar o de restar: *En la ecuación 3x + 2y = 0, 3x es el primer término.* **11** Plano en el que se considera dividida una escena: *El protagonista aparece en primer término, contemplado desde atrás por su madre.* **12** Lugar, puesto u orden: *He puesto esa excursión en el primer término de la lista de cosas que tengo que hacer en vacaciones.* ▮ pl. **13** Condiciones con las que se plantea un asunto o que se establecen en un contrato: *Ambas partes se comprometieron a cumplir los términos del contrato.* **14** ‖ **término medio.** Cantidad igual o más próxima a la media aritmética de un conjunto de varias unidades; *promedio: Está calculando cuánto puede ahorrar a la semana como término medio. Tardo en llegar aquí un término medio de unos veinte minutos.* ‖ **término (municipal).** Territorio que comprende la división administrativa menor que está a cargo de un solo organismo; *municipio: El término municipal de este Ayuntamiento está formado por estos dos pueblos.*

terminología s.f. Conjunto de términos o palabras propios de una profesión, de una ciencia o de una materia determinadas: *'Estrabismo' y 'amigdalitis' son vocablos de la terminología médica.*

terminológico, ca adj. De un término, de una terminología, de su empleo o relacionado con ellos: *En el análisis sintáctico no se deben mezclar criterios terminológicos de diferentes escuelas lingüísticas.*

termita s.f. Insecto roedor, propio de zonas tropicales o cálidas, de coloración pálida, que vive en colonias organizadas por castas y se alimenta comúnmente de madera; *termes: Las termitas pueden constituir una peligrosa plaga para un edificio.* ☐ MORF. Es un sustantivo epiceno y la diferencia de sexo se señala mediante la oposición *la termita {macho/hembra}*. 👁 **insecto**

termitero s.m. Nido construido por las termitas: *Los termiteros construidos en el suelo alcanzan a veces gran altura.*

termo s.m. Vasija de paredes dobles y con cierre hermético, que se utiliza para que las sustancias en ella introducidas conserven su temperatura sin que influya la del ambiente (por extensión del nombre de la marca comercial *Thermos*®): *Como hacía tanto frío, llevamos café con leche caliente en un termo.*

termo- Elemento compositivo que significa 'calor' (*termodinámica, termoelectricidad, termoterapia*) o 'temperatura' (*termología, termómetro, termostato*).

termodinámico, ca ▮ adj. **1** De la termodinámica o relacionado con esta parte de la física: *En el examen me preguntaron los principios termodinámicos.* ▮ s.f. **2** Parte de la física que estudia las relaciones entre el calor y las restantes formas de energía: *La termodinámica estudia las propiedades de la materia que son afectadas por el calor y por la temperatura.*

termómetro s.m. Instrumento que sirve para medir la temperatura: *Ponle el termómetro al niño para ver si le ha subido la fiebre.* 👁 **medida**

termonuclear adj. De la fusión de núcleos ligeros a muy altas temperaturas con liberación de energía o relacionado con ella: *Las reacciones termonucleares se producen a millones de grados centígrados.* ☐ MORF. Invariable en género.

termosfera s.f. En la atmósfera terrestre, capa que se encuentra por encima de los ochenta kilómetros yen la que la temperatura aumenta con la altura: *La temperatura de la termosfera llega a alcanzar los 1700 °C.*

termostato s.m. Aparato que se conecta a una fuente de calor y que, por medio de un dispositivo automático, impide que la temperatura suba o baje del grado conveniente: *Mi plancha tiene un termostato que la desconecta cuando llega a determinada temperatura.* 👁 **medida**

terna s.f. Conjunto de tres personas o de tres cosas: *La terna de esta corrida la forman tres toreros de renombre.*

ternario, ria adj. Que se compone de tres partes o elementos: *En música, un compás ternario tiene tres tiempos.*

ternero, ra ▮ s. **1** Cría de la vaca; *choto: El ternero mamaba en el establo.* ▮ s.f. **2** Carne de este animal: *He comido un filete de ternera a la plancha.*

terneza s.f. Expresión tierna con la que se halaga o se piropea: *Los novios se decían ternezas contemplando la puesta de sol.*

terno s.m. Conjunto de pantalón, chaleco y chaqueta, u otra prenda similar, hechos de una misma tela: *El orador vestía un terno de franela gris.*

ternura s.f. Cariño, amabilidad o sentimiento de amor o afecto: *Hablaba con ternura a su bebé mientras le daba el biberón.*

terquedad s.f. Firmeza, perseverancia o tenacidad excesivas: *Defiende con terquedad esa idea y no acepta que pueda ser falsa.*

terracota s.f. **1** Arcilla modelada y endurecida al calor del horno: *Tiene sobre la chimenea varias figuras y ceniceros de terracota decorada.* **2** Escultura de pequeño tamaño hecha de esta arcilla: *En este museo se conservan varias terracotas púnicas.*

terrado s.m. Terraza que se encuentra en la parte alta de un edificio y sirve de cubierta: *En verano subimos al terrado para cenar viendo las estrellas.*

terramicina s.f. Sustancia antibiótica que se extrae de los cultivos de un hongo (por extensión del nombre de la marca comercial *Terramicina*®): *El médico le recetó una pomada con terramicina para eliminar la infección.*

terranova s.m. →**perro de Terranova.** 👁 **perro**

terraplén s.m. **1** Desnivel del terreno con una cierta pendiente: *El coche se salió de la carretera y cayó por un terraplén.* **2** Montón de tierra con el que se rellena un hueco o que se levanta para hacer una defensa, un camino u otra obra semejante: *Hicieron un terraplén para salvar el desnivel entre el río y la carretera.*

terrario s.m. Instalación adecuada para mantener vivos y en las mejores condiciones a determinados animales, esp. reptiles y anfibios: *Las serpientes del zoo viven en un terrario con ramas, arena y piedras.*

terrateniente s. Persona que posee tierras, esp. si son grandes extensiones agrícolas: *Vendió su parcela al mayor terrateniente de la zona.* □ MORF. Es de género común y exige concordancia en masculino o en femenino para señalar la diferencia de sexo: *el terrateniente, la terrateniente.*

terraza s.f. **1** En una casa, parte abierta o semiabierta al exterior, por encima del nivel del suelo: *Mi casa tiene dos terrazas, una en la cocina y otra en el salón.* **2** Terreno situado delante de un establecimiento de comidas o de bebidas en el que los clientes se pueden sentar al aire libre: *Nos sentamos en una mesa de la terraza del bar a tomar unos refrescos.* **3** En la ladera de una montaña, espacio de terreno llano dispuesto en forma de escalón: *En esta zona tan montañosa, el cultivo se hace en terrazas que aprovechan el terreno y el agua.* **4** En un edificio, cubierta plana y utilizable, que está provista de barandas y muros: *Este hotel tiene la piscina arriba, en la terraza.*

terrazo s.m. Pavimento formado por una capa de cemento con piedras o trozos de mármol, cuya superficie se pulimenta después: *Las baldosas de terrazo pueden fregarse con agua y lejía.*

terremoto s.m. Agitación violenta o sacudida del terreno, ocasionada por fuerzas que actúan en el interior del globo terrestre; *temblor de tierra: La zona ha quedado incomunicada a causa de un terremoto de gran intensidad.*

terrenal adj. De la tierra o relacionado con ella, en contraposición a lo que pertenece al cielo; *terreno: Según la confesión católica, a la vida terrenal le sigue la vida eterna.* □ MORF. Invariable en género.

terreno, na ▮ adj. **1** De la tierra o relacionado con ella, en contraposición a lo que pertenece al cielo; *terrenal: El dinero y las riquezas son bienes terrenos.* ▮ s.m. **2** Sitio o espacio de tierra: *Tiene varios terrenos a la salida del pueblo.* **3** Campo o esfera de acción en los que mejor se pueden mostrar la índole, la naturaleza o las cualidades de algo; *territorio: Déjame actuar porque estoy en mi terreno y sé lo que hago.* **4** Orden o serie de materias o de ideas de las que se trata: *El terreno de la literatura es muy amplio y tendrás que acotarlo para realizar tu investigación.* **5** En geología, conjunto de sustancias minerales que tienen un origen común o que se han formado en la misma época: *En esta zona son frecuentes los terrenos calizos.* **6** En tauromaquia, parte del ruedo en la que es más eficaz la acción ofensiva del toro o la del torero: *En el terreno de las tablas el toro es muy peligroso.* **7** ‖ **{allanar/preparar} el terreno** a alguien. *col.* Conseguirle un ambiente o una situación favorables: *Yo le hablo a tu padre si tú me preparas el terreno.* ‖ **saber** alguien **el terreno que pisa.** Conocer muy bien el asunto que tiene entre manos o las personas con las que se trata: *Para tener un negocio próspero hay que saber el terreno que se pisa.* ‖ **terreno abonado.** Situación o circunstancia en la que se dan las condiciones óptimas para que algo suceda o se produzca: *Los jóvenes son terreno abonado para aceptar ideas utópicas.* ‖ **terreno (de juego).** El acondicionado para la práctica de algún deporte: *Los jugadores saltaron al terreno de juego dispuestos a comenzar.* □ SEM. En las acepciones 3 y 4, es sinónimo de *área.*

terrestre adj. **1** De la Tierra como planeta o relacionado con ella: *La atmósfera terrestre filtra algunos rayos solares.* **2** De la tierra o relacionado con ella, en contraposición al aire y al mar: *Los elefantes son animales terrestres, y los peces, acuáticos.* □ MORF. Invariable en género.

terrible adj. **1** Que causa terror: *Nos contó una historia terrible por la noche y casi no pude dormir pensando en ella.* **2** Difícil de tolerar o de sufrir: *La muerte de un ser querido es algo terrible.* **3** Muy grande o desmesurado: *Lo siento, tengo una prisa terrible y no puedo atenderte ahora.* □ MORF. Invariable en género.

terrícola adj./s. Que habita en la Tierra: *En esa película los marcianos se llevaron muestras de la fauna terrícola. Leí un relato en el que los terrícolas luchaban contra los extraterrestres.* □ MORF. 1. Como adjetivo es invariable en género. 2. Como sustantivo es de género común y exige concordancia en masculino o en femenino para señalar la diferencia de sexo: *el terrícola, la terrícola.*

terrier (galicismo) adj./s. **1** Referido a un grupo de razas de perros, que se caracteriza por ser de origen inglés, por tener tamaño mediano o pequeño, y pelo de longitud variable: *De todos sus perros de caza el que más le gusta es un perro terrier. Le han regalado un terrier de pelo corto y blanco como perro de compañía.* **2** ‖ **(terrier de) yorkshire.** Referido a un perro, que es pequeño, con el pelo largo, oscuro y brillante en el lomo, y marrón en la cabeza y en las patas: *El yorkshire es un perro de compañía muy vivaracho.* □ PRON. [terriér] y [terriér de yórkser]. □ MORF. Como adjetivo es invariable en género.

terrina s.f. Recipiente de barro cocido o de otros materiales, con forma de cono truncado invertido que se utiliza para conservar o vender algunos alimentos: *Compró una terrina de paté de hígado de oca.*

territorial adj. De un territorio o relacionado con él: *Las demarcaciones territoriales aparecen señaladas en este mapa con un trozo negro grueso.* □ MORF. Invariable en género.

territorio s.m. **1** Parte de la superficie terrestre que corresponde a una división establecida: *Los indios luchaban contra los blancos para no ser expulsados de su territorio.* **2** Campo o esfera de acción en los que mejor se pueden mostrar la índole, la naturaleza o las calidades de algo; *área, terreno: Cuando se habla de historia interviene en la conversación y se siente a gusto porque es su territorio.*

terrón s.m. **1** Masa pequeña y suelta de tierra compacta: *Al cavar su jardín levantaba terrones de tierra.* **2** Masa pequeña y compacta de alguna sustancia: *¿Quieres un terrón de azúcar con el café?*

terror s.m. **1** Miedo muy intenso o muy fuerte: *Me encantan las películas de terror, aunque luego tengo pesadillas.* **2** ‖ **el terror.** Lo más temible: *La policía consiguió atrapar al violador que se había convertido en el terror de la provincia.*

terrorífico, ca adj. **1** Que infunde o produce terror: *Te contaré un cuento tan terrorífico que te morirás de miedo.* **2** Muy intenso, muy fuerte o muy grande: *Abrígate bien porque hace un frío terrorífico.*

terrorismo s.m. Método de lucha que pretende lograr sus objetivos políticos por medio de la violencia y el asesinato: *El terrorismo es perseguido por todos los Estados.*

terrorista ▮ adj. **1** Del terrorismo o relacionado con él: *Esta mañana ha habido un atentado terrorista.* ▮ adj./s. **2** Que practica o que defiende el terrorismo: *La policía detuvo a la banda terrorista culpable de varios atentados. Los terroristas avisaron por teléfono que ha-*

bían colocado una bomba en el hipermercado. ☐ MORF. 1. Como adjetivo es invariable en género. 2. Como sustantivo es de género común y exige concordancia en masculino o en femenino para señalar la diferencia de sexo: *el terrorista, la terrorista*.

terroso, sa adj. De tierra o que tiene semejanza o relación con ella: *El polvo del camino le ha dado un aspecto terroso a mis zapatos.*

terruño s.m. **1** *col.* Terreno de pequeñas dimensiones: *Se ha comprado un terruño para hacerse una casa y una pequeña huerta.* **2** Comarca o tierra, esp. el lugar en el que se ha nacido: *Lleva 30 años viviendo en Madrid, pero sigue añorando su terruño.*

tersar v. Poner terso: *Se sometió a una operación de cirugía estética para tersar la piel de su cara y eliminar arrugas.*

terso, sa adj. **1** Liso y sin arrugas: *Tiene la piel suave y tersa como la de un bebé.* **2** Limpio, claro, brillante o resplandeciente: *Los árboles se reflejaban en la superficie tersa del río.*

tersura s.f. **1** Lisura y ausencia de arrugas: *Esta crema hidratante ayuda a mantener la tersura de la piel.* **2** Limpieza, claridad, brillo o resplandor: *La tersura del aire y del día invitaban a dar un paseo por la orilla del mar.*

tertulia s.f. **1** Reunión de personas que se juntan para conversar: *Todos los sábados tengo una tertulia con mis amigos en ese café.* **2** ‖ **estar de tertulia.** *col.* Conversar o hablar: *Vinieron a tomar café y estuvimos de tertulia hasta la hora de cenar.*

tesalonicense adj./s. De Tesalónica (ciudad de la antigua Grecia), o relacionado con ella: *San Pablo dirigió una de sus epístolas a los tesalonicenses.* ☐ MORF. 1. Como adjetivo es invariable en género. 2. Como sustantivo se refiere solo a las personas de la antigua Tesalónica y es de género común, es decir, exige concordancia en masculino o en femenino para señalar la diferencia de sexo: *el tesalonicense, la tesalonicense*.

tesauro s.m. Repertorio o lista ordenada de palabras clave o representativas de un artículo: *Los tesauros se usan en los centros de documentación para clasificar las materias de los documentos.*

tesela s.f. Pieza de pequeño tamaño que se utiliza en la elaboración de mosaicos: *Las teselas de muchos mosaicos son de mármol.*

tesina s.f. Trabajo de investigación escrito, exigido para la obtención de algunos grados inferiores al de doctor: *La tesina me sirvió como base para la tesis doctoral.*

tesis s.f. **1** Conclusión o idea que se mantiene con razonamientos: *Mi tesis se fundamenta en el análisis de los datos reunidos.* **2** Disertación o trabajo de investigación escritos que se presentan a la Universidad para la obtención del título de doctor: *La tesis doctoral debe ser un trabajo original.* ☐ MORF. Invariable en número.

tesitura s.f. **1** En música, altura propia de cada voz o de cada instrumento, determinada por el conjunto de notas que pueden abarcar, desde las más graves a las más agudas: *De las voces humanas, la de soprano es la de tesitura más alta.* **2** Coyuntura, situación o estado: *No deseo que te veas en la tesitura en que me encuentro porque resulta difícil de soportar.* ☐ ORTOGR. Dist. de *textura*.

teso s.m. Colina baja que tiene en su cima alguna extensión llana: *La llanura de la región queda cortada por algún teso que otro.*

tesón s.m. Firmeza, decisión o constancia para hacer o conseguir algo: *Para hacer una carrera universitaria hay que estudiar con tesón.*

tesorería s.f. Oficina o despacho del tesorero: *Pásate por la tesorería para que te extiendan el cheque.*

tesorero, ra s. Persona que se encarga de guardar y administrar el dinero de una empresa o de una colectividad: *En la clase hay un tesorero que recoge las cuotas que pagan los alumnos para la excursión.*

tesoro s.m. **1** Dinero, joyas u objetos de valor reunidos, esp. si están o han estado guardados: *El tesoro de la catedral está expuesto y puede ser visto por los visitantes.* **2** Erario, Hacienda Pública o conjunto de bienes, rentas o impuestos que tiene o que recauda el Estado para satisfacer las necesidades de la nación: *El tesoro se incrementa con los fondos procedentes de la recaudación de impuestos.* **3** Lo que se considera de gran valor o muy digno de estimación: *Tu hijo es un tesoro y no me ha dado guerra.* **4** Diccionario, catálogo o colección de palabras, esp. los que pretenden ser un inventario total y absoluto de todas las voces posibles de una lengua: *El 'Tesoro de la lengua castellana o española' publicado en 1611 por Sebastián de Covarrubias es el primer gran diccionario del español.* **5** ‖ **Tesoro (Público).** Órgano de la Administración del Estado que dirige la política monetaria de un país: *El Tesoro Público lanzará una nueva emisión de bonos del Estado.* ☐ USO Se usa como apelativo: *Tesoro, ¿qué es lo que quieres tú?*

test s.m. **1** Examen o prueba: *Todas las semanas el profesor nos hace un test para ver cómo vamos.* **2** Prueba psicológica para estudiar la capacidad psíquica o las funciones mentales: *El test es un método de análisis muy utilizado en psicología.* ☐ PRON. [tés]. ☐ MORF. Invariable en número.

testa s.f. *poét.* Cabeza o frente: *Con esta novela conseguiré ponerme sobre la testa los laureles triunfales.*

testaferro s.m. En derecho, persona que presta su nombre en un contrato, una petición o un negocio que en realidad es de otro: *Su hermano tiene el negocio pero él aparece de testaferro en el contrato del alquiler del local.*

testamentario, ria adj. Del testamento o relacionado con él: *En sus disposiciones testamentarias divide sus bienes entre sus cuatro herederos.*

testamento s.m. **1** Declaración voluntaria que hace una persona, en la que dispone cómo se deben distribuir sus bienes o solucionar sus asuntos después de su fallecimiento: *El notario guardará mi testamento hasta el día de mi muerte.* **2** Escrito exageradamente largo: *Sus cartas son testamentos de más de cuatro folios.*

testar v. Hacer testamento: *Testó a favor de su hijastro.*

testarada s.f. →**testarazo.**

testarazo s.m. Golpe dado con la testa o cabeza; *testarada: Iba despistada y se dio un testarazo contra la pared.*

testarudez s.f. Terquedad, obstinación o inflexibilidad: *Se comporta con testarudez, pero en el fondo sabe que está equivocado.*

testarudo, da adj./s. Terco, obstinado o difícil de convencer aun con razones claras: *No reconoce que su proyecto ha fracasado porque es muy testaruda. Es un testarudo y terminará haciendo lo que quiere.*

testicular adj. De los testículos o relacionado con ellos: *El escroto es la bolsa testicular.* ☐ MORF. Invariable en género.

testículo s.m. En el aparato reproductor masculino, cada una de las dos glándulas sexuales de forma redondeada que producen los espermatozoides: *Los testículos están situados en la base del pene.*

testificación s.f. **1** Declaración como testigo en un acto judicial: *La testificación de los transeúntes que vieron el accidente será decisiva.* **2** Prueba o demostración de algo: *Estos datos sirven de testificación de la verdad de lo que afirmo.*

testificar v. **1** En un acto judicial, declarar como testigo; *atestiguar: Esta tarde testificaran los que vieron el accidente.* **2** Referido a una cosa, afirmarla o probarla teniendo en cuenta testigos o documentos auténticos: *El abogado defensor testificó una nueva versión de los hechos y dijo que el acusado era inocente.* **3** Ser prueba o demostración de algo: *Las afirmaciones del forense testifican la verdad de lo expuesto.* ☐ ORTOGR. La *c* se cambia en *qu* delante de *e* →**SACAR**.

testigo ▮ s. **1** Persona que da testimonio de algo o que lo atestigua: *El juez llamó al testigo para que contara lo que sabía.* **2** Persona que está presente mientras ocurre algo: *Dos testigos presenciales han reconocido al culpable.* ▮ s.m. **3** Lo que prueba o atestigua la verdad de algo: *Estas huellas son el testigo de tu presencia en el lugar de los hechos.* **4** Lo que se deja como señal o marca de algo: *El bibliotecario dejó un testigo en el lugar de donde había sacado el libro.* **5** En algunas carreras de relevos, especie de palo que se intercambian los corredores de un mismo equipo, para demostrar que la sustitución ha sido realizada de forma correcta: *El testigo debe pasarse sin que se caiga al suelo.* **6** ‖ **testigo de Jehová.** Persona que practica una religión surgida a finales del siglo XIX en Estados Unidos (país norteamericano) y caracterizada por la interpretación literal de los textos bíblicos: *Los testigos de Jehová no permiten que se les hagan transfusiones de sangre porque consideran que la Biblia lo prohíbe.* ☐ MORF. En las acepciones 1 y 2, es de género común y exige concordancia en masculino o en femenino para señalar la diferencia de sexo: *el testigo, la testigo.*

testimonial adj. Que da testimonio de algo: *Las magulladuras son la prueba testimonial de la pelea. En el documento testimonial la víctima se confesaba culpable.* ☐ MORF. Invariable en género.

testimoniar v. Atestiguar o servir como testigo: *Estos monumentos megalíticos testimonian la existencia de una civilización prehistórica en la región.* ☐ ORTOGR. La *i* nunca lleva tilde.

testimonio s.m. **1** Declaración o explicación de alguien que asegura algo: *El testimonio de ese testigo fue decisivo para que el tribunal declarase inocente al acusado.* **2** Prueba o demostración de la verdad de algo: *Monumentos como este coliseo son testimonio de una gran civilización.*

testosterona s.f. Hormona sexual masculina que colabora en el desarrollo de los órganos sexuales y en la manifestación de los caracteres sexuales primarios y secundarios: *Cuando empieza a segregarse la testosterona la voz de los muchachos se hace más grave y empieza a nacer el pelo en la barba y en el pecho.*

testuz s.f. **1** En algunos animales, esp. en el caballo, frente o parte superior de la cara: *El caballo tenía un lunar blanco en la testuz.* **2** En algunos animales, esp. el toro o la vaca, nuca o parte correspondiente a la unión de la columna vertebral con la cabeza: *El descabello del toro se hace un poco más atrás de la testuz.* ☐ USO Se usa también como ambiguo.

teta s.f. **1** Órgano glandular de los mamíferos que en las hembras segrega la leche que sirve para alimentar a las crías; *mama: El lechón chupaba de la teta de su madre.* **2** ‖ **de teta.** En período de lactancia: *Cedió su asiento a una señora que llevaba un niño de teta en los brazos.*

tetánico, ca adj. Del tétanos o relacionado con esta enfermedad: *La fiebre y las contracciones musculares dolorosas son síntomas tetánicos.*

tétano s.m. →**tétanos.**

tétanos s.m. Enfermedad infecciosa grave producida por una bacteria que penetra generalmente por las heridas y que ataca el sistema nervioso: *Me puse la vacuna del tétanos porque me clavé una punta oxidada.* ☐ ORTOGR. Se admite también *tétano.* ☐ MORF. Invariable en número.

tetera s.f. Recipiente parecido a una jarra, pero con tapadera, asa y un pico más o menos largo, que se usa para preparar y servir el té: *La tetera de plata la utiliza en ocasiones especiales.*

tetilla s.f. Teta de un mamífero macho: *Las tetillas son poco abultadas.*

tetina s.f. Boquilla o pezón de goma con un pequeño agujero que se ajusta al biberón para que el bebé succione: *Las tetinas y biberones se pueden esterilizar hirviéndolos en agua.*

tetona adj. *col.* Referido a una mujer, que tiene tetas grandes: *No suele ponerse jerséis ajustados porque es muy tetona.*

tetra- Elemento compositivo que significa 'cuatro': *tetrasílabo, tetrápodo, tetrabranquial, tetravalente.*

tetra brik s.m. ‖ Recipiente de cartón, generalmente de forma rectangular, que se usa para envasar líquidos (por extensión del nombre de la marca comercial *Tetra Brik®*): *El tetra brik protege de la luz al líquido que contiene.* ☐ MORF. Su plural es *tetra briks.*

tetraedro s.m. Cuerpo geométrico limitado por cuatro polígonos o caras: *Las caras del tetraedro regular son cuatro triángulos equiláteros.*

tetragonal adj. Con forma de tetrágono: *Una sala cuadrada es tetragonal.* ☐ MORF. Invariable en género.

tetrágono, na adj./s.m. En geometría, referido a un polígono, que tiene cuatro lados y cuatro ángulos: *El cuadrado y el rectángulo son tetrágonos. El cuadrilátero en el que se celebran los combates de boxeo es un tetrágono.*

tetrápodo, da ▮ adj./s.m. **1** Referido a un animal vertebrado, que tiene cuatro extremidades con cinco dedos más o menos desarrollados en cada una de ellas: *El hombre es un mamífero tetrápodo. Los tetrápodos pertenecen a una categoría distinta a la de los peces.* ▮ s.m.pl. **2** En zoología, superclase de estos animales, perteneciente al tipo de los cordados: *Los animales que pertenecen a los tetrápodos pueden ser reptiles, anfibios, aves o mamíferos.*

tetrasílabo, ba adj. De cuatro sílabas, esp. referido a un verso: *'Territorio' es una palabra tetrasílaba. Los tetrasílabos no son frecuentes en la poesía castellana.*

tetravalente adj. En química, que funciona con cuatro valencias: *El fósforo es un elemento químico tetravalente, ya que puede actuar con valencias 1, 3, 5 y 7.* ☐ MORF. Invariable en género.

tétrico, ca adj. Triste, sombrío o relacionado con la muerte: *El poeta describe cementerios y otros lugares tétricos.*

tetuda adj. *col.* Referido a una mujer, que tiene las tetas muy grandes: *Nos recibió una señora gorda y tetuda.*

teutón, -a adj./s. **1** De un antiguo pueblo germano asentado en las costas del mar Báltico cerca de la desembocadura del río Elba, o relacionado con él: *El pueblo teutón invadió la Galia y fue derrotado por los romanos en el año 102. Los teutones eran guerreros.* **2** *col.* Alemán: *La selección teutona ganó el campeonato. Los teutones suelen ser altos y rubios.*

teutónico, ca adj. De los teutones o relacionado con ellos: *En el siglo II las tribus teutónicas ocuparon las orillas del Báltico.*

textil adj. **1** De la tela y de los tejidos o relacionado con ellos: *En Cataluña hay una importante industria textil.* **2** Referido a una materia, que sirve para la fabricación de telas y tejidos: *El algodón, la lana y el lino son fibras textiles.* ☐ MORF. Invariable en género.

texto s.m. **1** Conjunto de palabras que forman un documento escrito: *Una comisión está redactando el texto de la nueva ley.* 👁 **libro 2** →**libro de texto.**

textual adj. **1** Del texto o relacionado con él: *Este filólogo da clases de literatura y se dedica a la crítica textual.* **2** Exacto o preciso: *'No quiero saber nada del tema' fueron sus palabras textuales.* ☐ MORF. Invariable en género.

textura s.f. Estructura, disposición de un material o sensación que produce al tacto: *La seda es textura suave. Esta pared de cemento tiene textura rugosa.* ☐ ORTOGR. Dist. de *tesitura*.

tez s.f. Superficie o aspecto externo del rostro humano: *Es un chico de tez morena.*

thriller s.m. Película de suspense, en la que generalmente hay algún asesinato: *Un buen thriller debe mantener la atención del espectador hasta el final.* ☐ PRON. [zríler]. ☐ SEM. Dist. de tráiler (remolque de un camión; avance de una película).

ti pron.pers. Forma de la segunda persona del singular que corresponde a la función de complemento precedido de preposición: *Aprobar esta asignatura solo depende de ti.* ☐ ORTOGR. Incorr. **tí*. ☐ MORF. 1. No tiene diferenciación de género. 2. →APÉNDICE DE PRONOMBRES.

tiara s.f. **1** Gorro alto, usado por el papa, formado por tres coronas y rematado en una cruz sobre un globo: *Las tres coronas de la tiara simbolizan la triple autoridad papal como papa, como obispo y como rey.* 👁 **sombrero 2** Sombrero alto que usaban los persas y otros pueblos antiguos: *En el museo había tiaras de soberanos de antiguos imperios.*

tiarrón, -a s. *col.* Persona alta y fuerte: *El portero es un tiarrón de casi dos metros.*

tiberio s.m. *col.* Jaleo, confusión o alboroto: *Con sus gritos y discusiones armaron un buen tiberio.*

tibetano, na adj./s. Del Tíbet o relacionado con esta región asiática: *El río Indo nace en uno de los valles tibetanos. Los tibetanos viven de la agricultura, la ganadería y la artesanía textil.* ☐ MORF. Como sustantivo se refiere solo a las personas del Tíbet.

tibia s.f. Véase **tibio, bia.**

tibieza s.f. Estado intermedio entre el frío y el calor: *La tibieza del agua me resulta muy agradable.*

tibio, bia ▮ adj. **1** Templado o que no está ni caliente ni frío: *Se ducha con agua tibia.* **2** Indiferente, poco afectuoso o con poco entusiasmo: *Los tibios ataques de nuestros delanteros eran desbaratados por los defensas rivales.* ▮ s.f. **3** En una pierna, hueso principal y anterior, que se articula con el fémur, el peroné y el astrágalo: *Está escayolado y sin poder moverse porque se ha roto la tibia.* 👁 **esqueleto 4** ‖ **ponerse tibio de** algo. *col.* Hartarse de ello, esp. de comida: *En la fiesta se puso tibio de canapés.* ‖ **poner tibio** a alguien. *col.* Hablar mal de él: *Parece que es tu amigo, pero a tus espaldas te pone tibio.*

tiburón s.m. **1** Pez marino con hendiduras branquiales laterales y una gran boca arqueada en forma de media luna que está provista de varias filas de dientes cortantes y situada en la parte inferior de la cabeza: *El tiburón es extraordinariamente voraz.* 👁 **pez 2** Persona muy ambiciosa que busca el triunfo o el éxito a toda costa: *Parece mentira que aún queden buenas personas en este mundo de tiburones que es el mercado laboral.* ☐ MORF. En la acepción 1, es un sustantivo epiceno y la diferencia de sexo se señala mediante la oposición *el tiburón {macho/hembra}*.

tic s.m. Movimiento inconsciente, que se repite con frecuencia y que está producido por la contracción involuntaria de uno o varios músculos: *Tiene un tic y de vez en cuando guiña un ojo.* ☐ MORF. Su plural es *tics*.

ticket (anglicismo) s.m. →**tique.** ☐ MORF. Su plural es *tickets*.

tictac s.m. Ruido acompasado que produce un reloj: *En la sala se oía un monótono tictac.* ☐ MORF. Su plural es *tictacs*.

tiempo s.m. **1** Duración de las cosas sujetas a cambio: *El segundo es la unidad de medida del tiempo en el Sistema Internacional.* **2** Período concreto de esta duración: *Tardaremos poco tiempo en llegar.* **3** Este período, si es largo: *Hace tiempo que no viene a casa.* **4** Época durante la que vive una persona o sucede algo, o período caracterizado por ciertas condiciones: *Es difícil vivir en tiempos de guerra.* **5** Oportunidad, ocasión o momento apropiado para algo: *No hay que hacer las cosas antes de tiempo.* **6** Período o intervalo que se dispone para hacer algo: *No tengo tiempo para ir a verte.* **7** Cada una de las fases sucesivas y diferenciadas en que se divide la ejecución de algo: *Mi equipo jugó mejor en el primer tiempo.* **8** Estación o época del año: *En este tiempo florecen los árboles.* **9** Estado atmosférico de un período concreto, generalmente no muy largo: *Hizo mal tiempo el día que fuimos de excursión.* **10** Edad de una persona, o antigüedad de una cosa: *Estos dos niños tienen el mismo tiempo.* **11** En lingüística, categoría gramatical que distingue, en el verbo, los diferentes momentos en que transcurre la acción: *En español, los tiempos verbales son presente, pasado y futuro.* **12** En música, cada una de las partes de igual duración en que se divide un compás: *Un compás de 4/4 tiene cuatro tiempos.* ‖ **al mismo tiempo** o **a un tiempo.** De manera simultánea o a la vez: *Hablaban al mismo tiempo y no se entendía lo que decían.* ‖ **a tiempo.** En el momento oportuno o cuando aún no es tarde: *Iba con retraso, pero pude llegar a tiempo.* **15** ‖ **a tiempo completo.** Referido a un contrato de trabajo, que ocupa toda la jornada laboral y excluye otros posibles trabajos: *Tengo un contrato a tiempo completo y no puedo dedicarme a otra cosa.* ‖ **a tiempo parcial.** Referido a un contrato de trabajo, que ocupa parte de la jornada laboral y permite la compatibilidad con otros trabajos: *Ha firmado un contrato a tiempo parcial para poder estar con sus hijos.* ‖ **con tiempo.** *col.* Anticipadamente, con adelanto: *Me gusta salir con tiempo para no llegar tarde si pasa algo.* ‖ **dar tiempo al tiempo.** Esperar la oportunidad o el momento apropiado para hacer algo: *No seas tan impaciente y dale tiempo al tiempo.* ‖ **del tiempo.** Referido a una bebida, a la temperatura ambiente: *Póngame el zumo del tiempo, que no lo quiero frío.* ‖ **faltar tiempo** a alguien **para** algo. Hacerlo inmediatamente: *Eres un cotilla y en cuanto supiste la* *noticia te faltó tiempo para difundirla.* ‖ **hacer tiempo** alguien. Entretenerse hasta que llegue el momento oportuno para algo: *Hizo tiempo hojeando el periódico hasta que vinieron a buscarlo.* ‖ **tiempo compuesto.** Forma verbal formada por el verbo auxiliar 'haber' y por el participio pasivo del verbo que se conjuga: *'He comido' es un tiempo compuesto.* ‖ **tiempo muerto.** En algunos deportes, suspensión momentánea del juego que solicita el entrenador de uno de los equipos: *Nuestro entrenador pidió tiempo muerto para dar nuevas órdenes al equipo.* ‖ **tiempo simple.** Forma verbal que se conjuga sin verbo auxiliar: *El presente es un tiempo simple.* □ MORF. La acepción 4 en plural tiene el mismo significado que en singular. □ USO Es innecesario el uso del anglicismo *full time* en lugar de *'a tiempo completo'*.

tienda s.f. **1** Establecimiento comercial o puesto en el que se venden artículos, esp. al por menor: *Voy a comprar a esa calle porque hay todo tipo de tiendas.* **2** Armazón de tubos metálicos o de palos, de los cuales algunos se hincan en tierra, y que se cubre con una lona, tela o pieles y que sirve de alojamiento al aire libre: *Las tiendas de los indios tenían forma de cono.* 👁 **vivienda 3** ‖ **tienda (de campaña).** La de lona o tela impermeable que se monta en el campo como alojamiento transitorio: *Al llegar al campo de maniobras, los soldados montaron las tiendas de campaña.*

tienta s.f. **1** En tauromaquia, prueba que se hace con la garrocha y desde un caballo, para apreciar la bravura de los becerros: *Ese becerro no pasó la tienta por manso.* **2** ‖ **a tientas.** Tocando para reconocer algo en la oscuridad o por falta de vista: *Entré a tientas en la habitación para no despertarte al encender la luz.*

tiento s.m. **1** Habilidad para tratar con una persona sensible o de la que se pretende conseguir algo, o para hablar o actuar con acierto en asuntos delicados; *tacto: Se molesta por cualquier cosa y hay que tratarlo con mucho tiento para que no se enfade.* **2** ‖ **dar un tiento** a algo. Beber o comer de ello: *Le dimos un tiento al queso que trajo de su pueblo y casi nos lo terminamos.*

tierno, na adj. **1** Que se deforma fácilmente por la presión y que es fácil de romper o de partir: *El carnicero me dio ayer unos filetes muy tiernos y jugosos.* **2** Que manifiesta o que produce un sentimiento afectuoso, cariñoso, dulce o amable: *Te gustará la película porque es una historia tierna de unos jóvenes enamorados.* **3** Referido a la edad infantil, que es dócil o delicada: *A la tierna edad de seis años fue enviado por sus padres como interno a un colegio.*

tierra s.f. **1** Superficie del planeta en el que vivimos no ocupada por el agua: *Los marineros estaban deseando llegar a tierra.* **2** Materia inorgánica desmenuzable que compone principalmente el suelo natural: *Se me cayó el caramelo y se llenó de tierra.* **3** Terreno dedicado al cultivo o adecuado para ello: *Mis hijos heredarán todas mis tierras cuando me muera.* **4** Nación, región o territorio de una división territorial: *Dentro de un momento estaremos en tierras leonesas.* **5** Lugar en el que se ha nacido: *Cuando se jubiló volvió a su tierra.* **6** ‖ **dar tierra** a alguien. *col.* Enterrarlo: *Ayer dieron tierra a sus restos mortales.* ‖ **de la tierra.** Referido a un fruto o a un producto, del país o comarca en que se da: *Los pimientos de la tierra son muy buenos.* ‖ **echar por tierra** algo. *col.* Derribarlo, acabar con ello o hacerlo caer: *El escándalo ha echado por tierra su carrera política.* ‖ **poner** alguien **tierra {en/por} medio.** Alejarse o desaparecer de un lugar: *Cuando se descubrió el desfalco, el culpable ya había puesto tierra por medio.* ‖ **quedarse** alguien **en tierra.** *col.* No conseguir subirse a un medio de transporte, o no hacer un viaje que se había planeado: *Me quedé en tierra porque llegué tarde a la estación y el tren ya había salido.* ‖ **tierra adentro.** En un lugar interior y alejado de las costas: *Después de visitar los pueblos costeros, fuimos tierra adentro.* ‖ **tierra firme.** La de los continentes, en contraposición al agua: *Colón en su primer viaje no llegó a tierra firme.* ‖ **tierra rara.** Elemento químico que tiene un número atómico comprendido entre el 57 y el 71 o entre el 89 y el 103, ambos inclusive: *Las tierras raras están formadas por el grupo de los lantánidos y de los actínidos.* ‖ **tomar tierra. 1** Referido a una embarcación o a sus ocupantes, desembarcar o llegar a puerto: *El barco tomó tierra después de un mes en alta mar.* **2** Referido a una aeronave o a sus ocupantes, aterrizar o descender sobre la superficie terrestre: *Debido a la niebla, el avión tomó tierra en otro aeropuerto.* ‖ **trágame tierra.** *col.* Expresión que se usa para indicar la gran vergüenza que se siente y el deseo de desaparecer de la vista: *Cuando se dio cuenta del ridículo que había hecho, no pudo reprimir un '¡trágame tierra!'.* □ USO Se usa como nombre propio cuando hace referencia al planeta en que habitamos.

tieso, sa adj. **1** Duro, firme o rígido: *Me pongo gomina para que me quede el flequillo tieso.* **2** Tenso, tirante o estirado: *Los perros me dan miedo y en cuanto veo uno me pongo tieso.* **3** Referido a una persona, que es muy seria y se muestra orgullosa o superior en su trato con los demás: *Eres tan tieso que parece que te molesta que te saluden.* **4** *col.* Con mucho frío: *Ha tardado tanto el autobús que me he quedado tiesa en la parada.* **5** *col.* Muerto en el acto: *Lo dejó tieso de un tiro.* **6** ‖ **{dejar/quedar} tieso.** Causar o recibir una gran impresión: *Me quedé tieso cuando me dijo que se casaba con ese individuo.*

tiesto s.m. **1** Recipiente, generalmente de barro cocido y más ancho por la boca que por el fondo, que sirve para cultivar plantas: *Tengo que trasplantar esta planta a otro tiesto más grande.* **2** Conjunto formado por este recipiente, la tierra y la planta que contiene: *Cuando salgo de viaje, mi vecina se encarga de regarme los tiestos.* □ SEM. Es sinónimo de *maceta*.

tifoideo, a ▌ adj. **1** Del tifus o con sus características: *Antiguamente moría mucha gente de infecciones tifoideas.* ▌ s.f. **2** →**fiebre tifoidea.**

tifón s.m. Huracán tropical propio del mar de la China (país asiático): *Los tifones van acompañados de lluvias torrenciales.*

tifus s.m. Nombre genérico de varias enfermedades infecciosas graves que se caracterizan por fiebres muy altas y estados de delirio o inconsciencia: *La fiebre tifoidea y la fiebre amarilla son dos tipos de tifus.* □ MORF. Invariable en número.

tigre s.m. **1** Mamífero felino y carnicero de pelaje rojizo o amarillento con rayas negras en el lomo y en la cola, y de color blanco en el vientre: *El tigre es muy veloz y ágil.* 👁 **felino 2** *col.* Retrete o servicio, esp. si es en un establecimiento público: *Paga tú, que voy al tigre.* **3** ‖ **oler a tigre.** *col.* Oler muy mal: *Ventila tu habitación, que huele a tigre.* □ MORF. En la acepción 1, es un sustantivo epiceno y la diferencia de sexo se señala mediante la oposición: *el tigre {macho/hembra}*, pero se admite también la forma de femenino *tigresa*.

a b c d e f g h i j k l m n ñ o p q r s t u v w x y z

a b c d e f g h i j k l m n ñ o p q r s t u v w x y z

tigresa s.f. **1** Hembra del **tigre**. **2** *col.* Mujer provocadora, atractiva y activa en las relaciones amorosas: *Una tigresa de labios sensuales me ha pedido una cita.*

tijera s.f. **1** Utensilio que sirve para cortar y está formado por dos hojas de acero de un solo filo, unidas a modo de aspas por un eje para que se puedan abrir y cerrar: *Los niños cortaban el papel con una tijera de punta redondeada.* 👁 **costura 2** ‖ **de tijera.** Referido a un objeto, que tiene dos piezas que se mueven y se articulan de modo semejante a este utensilio: *Las sillas de tijera se cierran fácilmente y ocupan muy poco espacio.* ‖ **meter la tijera.** Cortar, censurar o suprimir sin dudar: *El censor metió la tijera en la película y faltan muchas escenas importantes.* ☐ MORF. En plural tiene el mismo significado que en singular.

tijereta s.f. Insecto de cuerpo estrecho y largo, de color negro, cabeza rojiza, boca masticadora y abdomen terminado en dos piezas córneas a modo de alicates: *La tijereta es muy perjudicial para las plantas.* ☐ MORF. En la acepción 1, es un sustantivo epiceno y la diferencia de sexo se señala mediante la oposición *la tijereta {macho/hembra}*. 👁 **insecto**

tijeretazo s.m. Corte hecho de modo brusco y rápido con una tijera: *Cortó el cordel del paquete de un tijeretazo.*

tila s.f. **1** Árbol de gran altura, tronco recto y grueso, copa amplia, hojas acorazonadas, puntiagudas y con los bordes dentados, y flores blanquecinas y olorosas que se usan con fines medicinales; *tilo*: *La tila se planta en paseos y avenidas como árbol ornamental.* **2** Flor de este árbol: *La tila es de color blanquecino y tiene cinco pétalos.* **3** Infusión que se hace con estas flores y que tiene propiedades sedantes: *Estaba un poco nervioso y se tomó una tila.*

tildar v. Referido a una persona, atribuirle o achacarle un defecto o algo negativo: *Me tildaron de sinvergüenza y caradura, pero no me lo merezco.* ☐ SINT. Constr.: *tildar* DE *algo*.

tilde s.f. Acento gráfico, rasgo de la 'ñ' o cualquier señal que aparece sobre algunas abreviaturas: *La tilde distingue el sustantivo 'té' y el pronombre personal 'te'.* ☐ ORTOGR. ⟶APÉNDICE DE ACENTUACIÓN.

tilín ‖ **hacer tilín.** *col.* Gustar o caer en gracia: *Es lógico que la defienda de tus críticas, porque le hace tilín.*

tilo s.m. Árbol de tronco recto y grueso, copa amplia, hojas acorazonadas, puntiagudas y con los bordes dentados, y flores blanquecinas y olorosas que se usan con fines medicinales; *tila*: *Las flores del tilo se preparan en infusiones.*

timar v. **1** Quitar o robar con engaño: *No se han equivocado al hacer la cuenta, sino que me han timado doce euros.* **2** Engañar, esp. en una venta o en un trato, al no cumplir las condiciones o promesas que se han asegurado: *Me timaron con la parcela, porque no tiene alcantarillado y ni llega el tendido eléctrico.*

timba s.f. *col.* Partida de un juego de azar: *Ha organizado una timba de póker para el sábado que viene.*

timbal s.m. Instrumento musical de percusión, parecido al tambor pero con la caja de resonancia metálica y semiesférica: *Generalmente, se tocan dos timbales juntos templados en tono distinto.* 👁 **percusión**

timbrado, da adj. Referido a un sonido, que tienen un timbre agradable o adecuado: *El orador tenía una voz grave y bien timbrada.* ☐ USO Se usa más la expresión *bien timbrado*.

timbrar v. Estampar un timbre, sello o membrete: *Para enviar los sobres por correo hay que timbrarlos.*

timbrazo s.m. Toque fuerte de un timbre: *Pensé que pasaba algo por los timbrazos y los golpes en la puerta.*

timbre s.m. **1** Dispositivo, generalmente eléctrico, que emite un sonido que sirve de llamada o de aviso: *Ve a abrir la puerta, que están llamando al timbre.* **2** Cualidad del sonido de un instrumento musical o de la voz de una persona, que lo hacen propio y característico, y permite diferenciarlo de otros sonidos de igual tono e intensidad: *Una nota tocada por una flauta y por una trompeta suena distinta, debido a la diferencia de timbre entre estos instrumentos.* **3** Sello que se pone sobre un documento y en el que se indica la cantidad de dinero que se paga como impuesto o en concepto de derechos por recibir un servicio: *Los timbres que hay que poner para enviar un paquete dependen del peso del envío.*

timidez s.f. Falta de seguridad en uno mismo y dificultad para entablar una conversación, actuar en público o relacionarse con los desconocidos: *Debes dejar a un lado la timidez si quieres tener más amigos.*

tímido, da ▮ adj. **1** De poca intensidad o que no se percibe claramente: *Aquella tímida luz apenas iluminaba el salón.* ▮ adj./s. **2** Referido a una persona, que tiene dificultades para entablar una conversación, para actuar en público o para relacionarse con personas desconocidas: *Las personas tímidas suelen tener poca seguridad en sí mismas. No sé cómo una tímida como tú ha llegado a ser actriz.*

timo s.m. **1** *col.* Robo o engaño, esp. en una venta o en un trato, al no cumplir las condiciones o promesas que se habían asegurado: *Hace meses compré esta linterna que no da luz y solo ahora me doy cuenta que es un timo.* **2** En los animales vertebrados, glándula de secreción interna situada en el tórax, detrás del esternón, que participa de la función inmunitaria del organismo: *El timo alcanza su máximo desarrollo durante la pubertad, y después va disminuyendo de tamaño.*

timón s.m. **1** En una embarcación o en un avión, pieza situada en la parte trasera y articulada sobre goznes que sirve para modificar la dirección: *El timón se atascó con unas algas y el barco navegaba en círculo.* **2** Rueda o palanca que se mueve para transmitir el movimiento a la pieza o a las piezas que sirven para dirigir la dirección: *El marinero sujetaba el timón con fuerza.* **3** Dirección o gobierno de algo: *El padre lleva el timón de los negocios familiares.*

timonel s.m. Persona que maneja el timón de un barco: *El timonel guiaba la nave evitando los escollos.*

timorato, ta adj. **1** Tímido, indeciso o que se avergüenza fácilmente: *No seas timorato y sírvete otro trozo de pastel.* **2** Que se escandaliza con facilidad por lo que no está conforme con la moral tradicional: *Si le dices que te vas a vivir con tu novio le darás un disgusto porque es muy timorata.*

tímpano s.m. **1** En anatomía, membrana extendida y tensa que limita exteriormente el oído medio y que lo separa del oído externo: *La rotura del tímpano puede producir sordera.* 👁 **oído 2** En arquitectura, espacio triangular que queda entre las dos cornisas inclinadas de un frontón y la horizontal de su base: *El tímpano de los templos griegos solía estar esculpido.* **3** En arquitectura, en la portada de una iglesia, superficie delimitada por el dintel de la puerta y las arquivoltas: *En el tímpano de esta iglesia están representados los cuatro evangelistas.* **4** Instrumento musical de percusión, compuesto por varias tiras desiguales de vidrio colocadas de mayor a menor sobre dos cuerdas o cintas, y que se toca con una especie de mazo pequeño de corcho o forrado de badana: *El tímpano se difundió por Europa a partir del siglo XV.* 👁 **percusión**

tina s.f. **1** Vasija grande de barro, más ancha por el medio que por la base y la boca, que se utiliza generalmente para guardar líquidos; *tinaja: En las cocinas de los pueblos antes solía haber siempre una tina con agua.* **2** Vasija de madera con forma de media cuba: *La mujer fregaba los cacharros en una tina.* **3** Pila que sirve para bañarse: *Cuando no había agua en las casas la gente se bañaba en tinas.*

tinaja s.f. Vasija grande de barro, más ancha por el medio que por la base y la boca, que se utiliza generalmente para guardar líquidos; *tina: El aceite lo guarda en una tinaja.*

tinción s.f. Aplicación sobre algo de un color distinto del que antes tenía: *La tinción de las telas ha de hacerse con tintes de buena calidad.* □ SEM. Es sinónimo de *teñido, tinte* y *tintura*.

tinerfeño, ña adj./s. De Tenerife (isla canaria y provincia insular española), o relacionado con ella: *El pico volcánico del Teide se encuentra en el territorio tinerfeño. Muchos tinerfeños se dedican al cultivo del tomate.* □ MORF. Como sustantivo se refiere solo a las personas de Tenerife.

tinglado s.m. **1** Trama de algo de forma oculta, generalmente con el fin de perjudicar: *No me gusta este negocio porque es un tinglado de dudosa moralidad.* **2** Situación confusa, agitada o embarazosa, esp. si va acompañada de gran alboroto y tumulto: *Empezaron a discutir y montaron un buen tinglado en medio de la calle.* **3** Conjunto desordenado, revuelto y enredado: *Sobre su mesa siempre tiene un tinglado de libros y papeles.* □ SEM. En las acepciones 2 y 3, es sinónimo de *lío*.

tiniebla ▌s.f. **1** Falta de luz: *Si se va la luz nos quedaremos en tinieblas.* ▌pl. **2** Gran ignorancia y confusión por falta de conocimientos: *Acerca de esta enfermedad la ciencia permanece en las tinieblas.* □ MORF. La acepción 1 se usa más en plural.

tino s.m. **1** Habilidad o destreza para acertar: *Tiene muy buen tino y da en el blanco casi siempre.* **2** Prudencia o sentido común: *En este asunto tenemos que obrar con mucho tino para no cometer errores.*

tinta s.f. **1** Sustancia líquida y coloreada que se utiliza para escribir, dibujar o imprimir: *Se está saliendo la tinta del bolígrafo.* **2** Líquido de color oscuro que lanzan los moluscos cefalópodos para su defensa: *Los calamares y los pulpos segregan tinta para escapar de sus enemigos.* **3** ‖ **{cargar/recargar} las tintas.** *col.* Exagerar: *No recargues las tintas porque el problema no es tan grave.* ‖ **correr ríos de tinta sobre** algo. Provocar gran interés y dar lugar a muchos escritos: *Correrán ríos de tinta sobre esas declaraciones del ministro.* ‖ **medias tintas.** *col.* Palabras o hechos imprecisos o indefinidos que revelan precaución y recelo: *Déjate de medias tintas y dime claramente si me apoyas o no.* ‖ **saber** algo **de buena tinta.** *col.* Estar informado de ello por una fuente fiable: *Sé de buena tinta que bajarán los impuestos.* ‖ **sudar tinta.** *col.* Realizar un gran esfuerzo: *Para aprobar el curso he sudado tinta.* ‖ **tinta china.** La que se hace con humo de algunas materias resinosas y que se usa sobre todo para dibujar: *Los delineantes presentan sus proyectos a tinta china.*

tinte s.m. **1** Sustancia o color que se utiliza para teñir: *Se tiñe el cabello con un tinte vegetal.* **2** Aplicación sobre algo de un color distinto del que antes tenía: *Es mejor que el tinte del vestido te lo hagan en la tintorería.* **3** *col.* →**tintorería.** **4** Artificio o apariencia con que se da un determinado carácter o aspecto: *Le dio unos tintes de optimismo a sus palabras para hacernos creer que todo iba bien.* □ SEM. En la acepción 2, es sinónimo de *teñido, tinción* y *tintura*.

tintero s.m. **1** Recipiente que contiene la tinta de escribir: *Mojó la pluma en el tintero y siguió escribiendo.* **2** ‖ **dejar(se)** algo **en el tintero.** *col.* Olvidarlo u omitirlo: *Ha hecho un estudio muy completo y no se ha dejado ningún dato en el tintero.*

tintinar v. →**tintinear.**

tintinear v. **1** Referido esp. a una campanilla, producir su sonido característico: *La campanilla tintineó cuando la agitó el monaguillo.* **2** Referido a algunos objetos, producir un sonido semejante a este: *Las copas tintinearon al chocar.* □ SEM. Es sinónimo de *tintinar*.

tintineo s.m. Sonido característico de la campanilla y de otros objetos similares: *Durante el viaje no dejó de oírse el tintineo de la vajilla dentro de la caja.*

tinto s.m. →**vino tinto.**

tintorería s.f. Establecimiento en el que se tiñe o se limpian tejidos, esp. prendas de vestir: *En las tintorerías hacen la limpieza de la ropa en seco.* □ MORF. En la lengua coloquial se usa mucho la forma abreviada *tinte*.

tintorro s.m. *col.* Vino tinto, esp. si es de mala calidad: *El posadero nos sirvió un par de vasos de tintorro.*

tintura s.f. **1** Sustancia con que se tiñe: *Las tinturas hechas con productos naturales dañan menos la ropa.* **2** Aplicación sobre algo de un color diferente del que antes tenía: *En la tintura de los tejidos se emplean productos industriales.* □ SEM. En la acepción 2, es sinónimo de *teñido, tinción* y *tinte*.

tiña s.f. Enfermedad contagiosa de la piel producida por hongos parásitos, que aparece principalmente sobre el cuero cabelludo, y que puede producir costras, úlceras o caída del cabello: *De niño perdió el pelo a causa de la tiña.*

tiñoso, sa adj./s. **1** Que padece tiña: *En mi colegio había un niño tiñoso. Los tiñosos pueden perder el cabello.* **2** Escaso, miserable o que manifiesta ruindad: *El muy tiñoso dejó que nosotros pagáramos todo y el no puso nada.*

tío, a ▌s. **1** Respecto de una persona, otra que es el hermano o el primo de su padre o de su madre: *A la celebración asistieron mis tíos por parte de mi madre.* **2** *col.* Persona cuya identidad se ignora o no se quiere decir; *individuo: He visto a un tío merodeando alrededor de tu coche.* ▌s.m.pl. **3** Respecto de una persona, hermanos o primos de su padre, de su madre, o de ambos. **4** ‖ **no hay tu tía.** *col.* →**no hay tutía.** ‖ **tío bueno.** Persona que tiene un cuerpo físicamente atractivo: *Los hombres se vuelven a mirar a esa tía buena.* □ SEM. Seguido de un insulto, se usa para enfatizar este: *¡Tío guarro, deja de mirar por la cerradura!* □ USO 1. Se usa como apelativo: *Le dijo a su amigo: 'Mira, tío, déjame en paz'.* 2. En algunas zonas rurales se usa como fórmula de tratamiento: *'El tío Benito me ha regalado una gallina'.*

tiovivo s.m. Atracción de feria formada por una plataforma giratoria sobre la que hay reproducciones a pequeña escala de caballos y otros animales donde los niños se pueden montar; *caballitos, carrusel: A los niños les encanta subirse al tiovivo de la feria.* □ MORF. Su plural es *tiovivos*.

tiparraco, ca s. *desp.* →**tipejo, ja.**

tipejo, ja s. *desp.* Persona ridícula, despreciable o poco importante; *tiparraco: Unos tipejos de aspecto sospechoso miraban el escaparate de la joyería.*

típex s.m. Líquido blanco que se utiliza para tapar los errores en el papel (por extensión del nombre de la marca comercial *Tipp-Ex®*): *El típex permite tapar los errores para poder escribir sobre ellos después.* □ MORF. Invariable en número.

tipi s.m. Tienda de piel, con forma cónica, sostenida por una armadura de madera, que utilizan los indios de las grandes llanuras norteamericanas: *Los indios fumaban la pipa de la paz en el tipi.* 👁 **vivienda**

típico, ca adj. Característico o representativo de algo: *El día de la fiesta todos se visten con el traje típico de la región.*

tipificación s.f. **1** Adaptación de varias cosas semejantes a un tipo, a un modelo o a una norma comunes; *normalización: Su acción recibió por parte del fiscal la tipificación de robo con intimidación.* **2** Representación del modelo de la especie o de la clase a la que una persona o un objeto pertenecen: *Esta periodista es considerada como la tipificación de la mujer moderna y activa de hoy.*

tipificar v. **1** Referido a varias cosas semejantes, adaptarlas a un tipo, a un modelo o a una norma comunes; *estandarizar, normalizar: Delitos como ese están tipificados en el código penal.* **2** Referido a una persona o a un objeto, representar el modelo de la especie o de la clase a la que pertenecen: *Este chico tipifica muy bien a la juventud del momento.* □ ORTOGR. La *c* se cambia en *qu* delante de *e* →**SACAR.**

tiple ▌ s. **1** En música, persona cuyo registro de voz es el más agudo de los de las voces humanas, esp. referido a cantantes de revista con voz de soprano: *En la revista actuaba una tiple con una voz agudísima y penetrante como pocas.* ▌ s.m. **2** Instrumento musical de viento, parecido al oboe soprano, que suelen emplear los conjuntos musicales que interpretan sardanas: *El tiple tiene un sonido muy agudo y penetrante.* □ MORF. En la acepción 1, es de género común y exige concordancia en masculino o en femenino para señalar la diferencia de sexo: *el tiple, la tiple.*

tipo s.m. **1** *desp.* Persona cuya identidad se ignora o no se quiere decir; *individuo, sujeto: En mi trabajo hay un tipo que dice que te conoce.* **2** Modelo o ejemplo característico de una especie o de un género que reúne las peculiaridades de ella: *La profesora nos enseñó un examen tipo para que aprendiéramos a contestarlo.* **3** Clase, modalidad o naturaleza de algo: *Este tipo de queso me gusta mucho.* **4** Figura o talle de una persona: *Desde que adelgazó se le ha quedado muy buen tipo.* **5** En imprenta, pieza con un signo en relieve para que pueda estamparse; *letra: Limpia los tipos de la máquina de escribir para que estampen las letras con claridad.* **6** En biología, en la clasificación de los seres vivos, categoría superior a la de superclase e inferior a la de reino: *Los insectos pertenecen al tipo de los artrópodos.* **7** ‖ **jugarse el tipo.** *col.* Exponer la integridad corporal o la vida a un peligro: *Cada vez que cruzamos esta carretera nos jugamos el tipo.* ‖ **mantener el tipo.** *col.* Mantener la calma o la tranquilidad ante una situación difícil o peligrosa: *Pese a saber que los iban a despedir a todos, el delegado supo mantener el tipo ante los trabajadores.*

tipografía s.f. Arte o técnica de reproducir textos o ilustraciones por medio de presión mecánica u otro procedimiento; *imprenta: La tipografía utiliza los tipos grabados en relieve.*

tipográfico, ca adj. De la tipografía o relacionado con ella: *Los periódicos se imprimen en una rotativa tipográfica.*

tipología s.f. Estudio, clasificación o conjunto de los diferentes tipos de algo: *La tipología lingüística agrupa las lenguas en tipos que se correspondan con las estructuras mentales de los diversos pueblos.*

tippex s.m. →**típex.** □ USO Procede del nombre de la marca comercial *Tipp-Ex®*. □ PRON. [típex].

tique s.m. **1** Resguardo en el que aparecen anotados una serie de datos, esp. los correspondientes a un pago: *Para hacer cualquier cambio debe presentar su tique de compra.* **2** Tarjeta o entrada que da derecho a utilizar un servicio durante un número limitado de veces: *En el trabajo nos dan unos tiques para el comedor.* □ ORTOGR. Es un anglicismo (*ticket*) adaptado al español. □ MORF. Su plural es *tiques*.

tiquismiquis ▌ adj./s. **1** Referido a una persona, que es muy escrupulosa o que muestra una delicadeza exagerada: *No seas tan tiquismiquis y cómete el pollo con los dedos. Es un tiquismiquis y a todo le encuentra defectos.* ▌ s.m.pl. **2** Escrúpulos o reparos de poca importancia: *Déjate de tiquismiquis y sírvete más tarta.* □ ORTOGR. Admite también la forma *tiquis miquis*. □ MORF. 1. En la acepción 1, es de género común y exige concordancia en masculino o en femenino para señalar la diferencia de sexo: *el tiquismiquis, la tiquismiquis.* 2. La acepción 1 es invariable en número.

tira s.f. **1** Trozo largo y estrecho de un material delgado y flexible; *lista: El bolso está rematado con una tira de cuero.* **2** Serie de dibujos o de viñetas que narran una historia o parte de ella: *Este periódico publica todos los días una tira sobre personajes y acontecimientos públicos.* **3** ‖ **la tira.** *col.* Muchísimo o muchísimos: *Nos reímos la tira con el chiste. Tiene la tira de amigos.*

tirabuzón s.m. Rizo de cabello, largo y que cuelga en espiral: *Peinaron a la niña con tirabuzones.* 👁 **peinado**

tirachinas s.m. Horquilla que tiene unas gomas sujetas a sus dos extremos y que sirve para lanzar piedrecillas u otros objetos; *tirador, tiragomas: Los niños lanzaban piedras contra el espantapájaros con su tirachinas.* □ MORF. Invariable en número.

tirado, da ▌ adj. **1** Muy barato: *En este tiempo las naranjas están tiradas.* **2** Muy fácil: *El examen me salió muy bien porque estaba tirado.* **3** Sin medios o sin ayuda: *El coche se quedó sin gasolina y me dejó tirada en la carretera.* ▌ s.f. **4** Distancia, generalmente larga, que hay de un lugar o de un tiempo a otros: *Entre tu casa y la mía hay una buena tirada.* **5** Serie de cosas que se dicen o se escriben de un tirón o de una vez: *En un cantar de gesta, cada serie de versos ligados por la rima constituye una tirada.* **6** En algunos juegos, utilización de los dados o de otros instrumentos con que se juegan para realizar una jugada: *En la primera tirada saqué un seis.* **7** En imprenta, reproducción de un texto o de una ilustración aplicando los procedimientos de la imprenta u otros similares; *impresión: Siempre encargo una tirada muy cuidada de algunos ejemplares.* **8** En imprenta, número de ejemplares de que consta una edición: *Este periódico tiene una tirada diaria de 300 000 ejemplares.* **9** ‖ **{de/en} una tirada.** Referido a la forma de hacer algo, de un golpe o de una vez: *Nos recorrimos la ciudad de una tirada.*

tirador, -a ▌ s. **1** Persona que tira o dispara, esp. si lo hace con destreza y habilidad: *Se celebrará una competición de tiradores de escopeta.* ▌ s.m. **2** Asa o agarrador con el que se tira de algo: *El tirador de los cajones es dorado.* **3** Cordón o cadena del que se tira para hacer sonar una campanilla o un timbre: *Tiene un tirador junto a su cama para llamar a su sirvienta.* **4** Horquilla que tiene unas gomas sujetas a sus dos extremos y que sirve para lanzar piedrecillas u otros objetos; *tirachinas, tiragomas: El niño espantaba a los pájaros tirándoles piedras con un tirador.*

tiragomas s.m. Horquilla que tiene unas gomas sujetas a sus dos extremos y que sirve para lanzar piedrecillas u otros objetos; *tirador, tirachinas: Mi madre me escondió el tiragomas para que no tirara piedras a los gatos.* ☐ MORF. Invariable en número.

tiralíneas s.m. Instrumento con la punta metálica y con forma de pinza, cuya abertura se gradúa mediante un tornillo y que sirve para trazar líneas con tinta: *El tiralíneas permite trazar líneas más o menos gruesas según la abertura que le demos.* ☐ MORF. Invariable en número.

tiranía s.f. **1** Forma de gobierno caracterizada por la concentración ilegítima del poder en una persona, esp. si lo ejerce sin justicia y según su voluntad: *La tiranía prohíbe la libertad de expresión.* **2** Dominio excesivo o abuso de autoridad: *No educaré a mis hijos con tiranía.*

tiránico, ca adj. De la tiranía, con tiranía o relacionado con ella: *La mayoría de las dictaduras son gobiernos tiránicos.*

tiranizar v. Dominar de forma tiránica: *La droga tiraniza la voluntad de los que la consumen.* ☐ ORTOGR. La *z* se cambia en *c* delante de *e* →**CAZAR**.

tirano, na adj./s. **1** Que obtiene el gobierno de un Estado de forma ilegítima y lo ejerce sin justicia y según su voluntad: *El país estuvo gobernado por un militar tirano. El tirano contó con el apoyo del ejército para hacerse con el poder.* **2** Que abusa de su fuerza, poder o superioridad: *Odia a su padre porque dice que es muy tirano. No quiero volver a verte porque eres una tirana.*

tiranosaurio s.m. Reptil del grupo de los dinosaurios que existió en la era secundaria, carnívoro, con una potente mandíbula y unos dientes muy desarrollados, que se desplazaba por medio de las extremidades posteriores: *Los tiranosaurios podían llegar a medir hasta quince metros de longitud.* 👁 **dinosaurio**

tirante ▌ adj. **1** Referido a un cuerpo, que está estirado por la acción de las fuerzas opuestas que soporta; *tenso: Los cables del tendido eléctrico deben estar tirantes.* **2** Referido a una situación, que es violenta o embarazosa: *Mi relación con él es muy tirante desde que discutimos.* ▌ s.m. **3** Cinta o tira de tela con que se sujeta de los hombros una prenda de vestir: *El abuelo se sujeta los pantalones con tirantes.* **4** Pieza generalmente de hierro o de acero, destinada a soportar una fuerza o tensión: *Ese puente colgante está sujeto por tirantes de acero.* ☐ MORF. 1. Como adjetivo es invariable en género. 2. La acepción 3 se usa más en plural.

tirantez s.f. **1** Conjunto de características de lo que está tirante: *Los cables se han roto porque han soportado demasiada tirantez.* **2** Situación caracterizada por la tensión o la hostilidad: *Tras los últimos atentados ha aumentado la tirantez entre los sectores del Gobierno.*

tirar ▌ v. **1** Lanzar o despedir de la mano, esp. si se hace en una dirección determinada: *Tírame la pelota y yo te la tiro a ti.* **2** Derribar o echar abajo: *Van a tirar el edificio en ruinas para evitar peligros.* **3** Desechar o dejar por inservible: *Lo que no te sirva, tíralo y no lo guardes.* **4** Disparar con una cámara fotográfica: *El que tiró la foto no enfocó bien y ha salido borrosa.* **5** Disparar con un arma de fuego: *Tiraron un cañonazo que agujereó el casco del barco.* **6** Referido a un artificio explosivo, lanzarlo o hacerlo explotar: *Tiraron cohetes para anunciar el comienzo de las fiestas.* **7** *col.* Referido a una persona, suspenderla o eliminarla en un examen o en una prueba: *Los estudios se me dan bien, pero en gimnasia siempre me tiran.* **8** Referido esp. al dinero o a los bienes que se poseen, malgastarlos, despilfarrarlos o malvenderlos: *No tires el dinero comprando tonterías.* **9** Referido esp. a una publicación periódica, imprimirla, publicarla o editarla: *Si esta edición se vende bien, es probable que tiren otra.* **10** En algunos juegos, referido esp. a los dados, hacer uso de ellos para realizar una jugada: *Ahora tiras tú y, si empatas mi jugada, ganas.* **11** Atraer ganando el afecto o la inclinación: *Su padre quería que hiciese una carrera, pero a él no le tiran los libros.* **12** Atraer de manera natural: *La fuerza de la gravedad tira de los cuerpos hacia la tierra.* **13** Hacer fuerza para traer hacia sí o para arrastrar tras de sí: *Dos hombres tiraban de una cuerda intentando arrastrar un camión.* **14** Actuar como motor o como impulsador: *En estos tiempos de crisis, el sector público es el que está tirando de la economía del país.* **15** Durar, mantenerse o seguir adelante: *Tiraré con el mismo coche hasta que ahorre para otro.* **16** Torcer o dirigirse en la dirección que se indica: *Siga recto por esta calle y luego tire por la primera a la izquierda.* **17** Referido esp. a un color, parecerse o tener semejanza: *Era un rojo muy oscuro que tiraba a granate.* **18** Referido esp. a un mecanismo, funcionar, rendir o desarrollar su actividad: *Mi coche es viejo y no tira en las cuestas.* **19** Prender bien o mantenerse encendido: *Un cigarrillo con el papel un poco roto no tira bien.* **20** Referido esp. a una prenda de vestir, apretar o ser demasiado estrecha o corta: *No me pongo esa blusa porque desde que engordé me tira mucho.* ▌ prnl. **21** Arrojarse, abalanzarse o dejarse caer: *Dos policías se tiraron sobre el ladrón y lo inmovilizaron.* **22** *col.* Permanecer o estar: *Vino para unos días y se tiró aquí un año.* **23** *vulg.* Referido a una persona, tener una relación sexual con ella: *Ese fanfarrón presume de tirarse cada noche a una chica distinta.* ☐ SINT. 1. Constr. de las acepciones 12 y 13: *tirar* DE *algo*. 2. Constr. de la acepción 17: *tirar* A *algo*.

tirilla s.f. En una camisa, tira de tela que une el cuello al escote o que remata este si no tiene cuello: *En cuanto se suda un poco, las tirillas y los cuellos de las camisas se ponen renegridos.*

tirita s.f. Pequeña tira de esparadrapo o de otro material adhesivo, que tiene en su centro una gasa con sustancias desinfectantes y que se usa para cubrir y proteger pequeñas heridas en la piel (por extensión del nombre de la marca comercial *Tiritas®*): *Me hice un corte en un dedo y me puse una tirita.*

tiritar v. **1** Temblar o estremecerse de frío o por causas como la fiebre o el miedo: *Con este frío, no puedo evitar tiritar y que me castañeteen los dientes.* **2** ‖ **tiritando.** *col.* Próximo a arruinarse o a acabarse: *Con los últimos pagos, se me ha quedado la cuenta del banco tiritando.* ☐ SINT. *Tiritando* se usa más con los verbos *dejar*, *estar*, *quedar* o equivalentes.

a b c d e f g h i j k l m n ñ o p q r s t u v w x y z

tiritona s.f. *col.* Temblor corporal producido por el frío o por la fiebre: *Esa tiritona y esos colores que tienes son síntomas seguros de resfriado.*

tiro s.m. **1** Lanzamiento en una dirección determinada: *El tiro del delantero se estrelló en el larguero.* **2** Disparo con un arma de fuego: *Fue asesinado de un tiro en la nuca.* **3** En deporte, conjunto de especialidades olímpicas en las que el objetivo es acertar o derribar una serie de blancos por medio de armas de fuego o arrojadizas: *Las pruebas de tiro se realizarán en un campo próximo al estadio olímpico.* **4** Arrastre de algo usando la fuerza: *Los bueyes son especialmente adecuados para el tiro de cargas pesadas.* **5** Conjunto de caballerías que tiran de un carro: *Al llegar a la posada, cambiaron el tiro de la diligencia por otros caballos de refresco.* **6** En una chimenea, hueco o tubo por los que pasa la corriente de aire que aviva el fuego y que arrastra al exterior los gases y humos de la combustión: *Abre el tiro para que entre más aire y no se apague el fuego.* **7** Cuerda o correa que se ata a las guarniciones de las caballerías y sirve para tirar de un carruaje: *El tiro suele ir enganchado a la collera, para no lastimar al animal.* 👁 **arreos 8** ‖ **a tiro.** Al alcance: *Tiene ese puesto a tiro y no creo que deje pasar la oportunidad.* ‖ **a tiro de.** Seguido del nombre de un proyectil, se usa para indicar una distancia aproximada a la que alcanzan estos: *Su casa no estará a más de un tiro de piedra de aquí.* ‖ **{caer/sentar} algo como un tiro.** *col.* Caer o sentar muy mal: *No sé qué tendría esa comida, pero me ha caído como un tiro.* ‖ **de tiros largos.** *col.* Referido esp. a la forma de ir vestido, de gala o con mucho lujo: *Todos los invitados a la recepción iban de tiros largos.* ‖ **ni a tiros.** *col.* De ningún modo: *Por más que le insista, no obedece ni a tiros.* ‖ **por ahí {van/iban} los tiros.** *col.* Expresión que se usa para dar a entender lo acertado de una suposición o de una conjetura: *Crees que esa chica es mi novia, pero no van por ahí los tiros.* ‖ **salir el tiro por la culata.** *col.* Producirse un resultado contrario a lo pretendido o deseado: *Esperaba beneficiarse con esa maniobra, pero le ha salido el tiro por la culata.* ‖ **tiro al blanco.** Deporte o ejercicio consistentes en disparar con un arma a un blanco: *El tiro al blanco es un deporte olímpico.* ‖ **tiro al plato.** Deporte o ejercicio consistentes en disparar con una escopeta a un plato especial que se lanza al vuelo: *Le gusta salir al monte a cazar o a practicar el tiro al plato.* ‖ **tiro de gracia.** El que se da a alguien que está gravemente herido para rematarlo o para asegurarse de su muerte: *Le dispararon primero a distancia y luego tuvieron la sangre fría de acercarse a darle el tiro de gracia.* ‖ **tiro de pichón.** Deporte o ejercicio consistentes en disparar con una escopeta a un pichón al vuelo: *Tiene una escopeta de perdigones para practicar el tiro de pichón.* ‖ **tiro libre.** En baloncesto, el que se lanza desde un punto determinado y directamente a la canasta, como sanción para castigar faltas personales o técnicas cometidas por el equipo contrario: *Si un equipo acumula siete faltas personales, las siguientes que cometa serán castigadas con dos tiros libres.*

tiroideo, a adj. Del tiroides o relacionado con él: *La hormona tiroidea regula y favorece el crecimiento corporal.*

tiroides s.m. →**glándula tiroides.** ☐ MORF. Invariable en número.

tirolés, -a adj./s. Del Tirol (región alpina comprendida entre el este suizo y el norte italiano), o relacionado con él: *La región tirolesa es muy montañosa. Los tiroleses tienen fama de ser grandes amantes de la naturaleza.* ☐ MORF. Como sustantivo se refiere solo a las personas del Tirol.

tirón s.m. **1** Movimiento brusco, violento o hecho de golpe al tirar: *Di un tirón para sacar el cajón, porque se atascaba.* **2** Acelerón brusco, esp. el que se da para conseguir una ventaja respecto de otros: *Uno de los corredores dio un tirón y llegó a la meta en solitario.* **3** Atractivo o capacidad para conseguir seguidores: *Ese cantante tiene más tirón entre los jóvenes que entre la gente mayor.* **4** *col.* Contracción muscular: *Si no haces un buen calentamiento antes del ejercicio, es fácil que te dé algún tirón.* **5** Robo que se hace de un bolso o de otro objeto por el procedimiento de tirar de él violentamente y darse a la fuga: *Unos gamberros que pasaban con una moto le han dado el tirón.* **6** ‖ **de un tirón.** Referido a la forma de hacer algo, de golpe o de una vez: *El libro era tan interesante que lo leí de un tirón.*

tirotear v. Disparar repetidamente con armas de fuego: *En su huida, los atracadores tirotearon a sus perseguidores e hirieron a dos de ellos.*

tiroteo s.m. Serie de disparos repetidos hechos con arma de fuego: *Se produjo un tiroteo en plena calle entre policías y ladrones.*

tirreno, na ▮ adj. **1** Del mar Tirreno (parte del mar Mediterráneo entre la península italiana y las islas de Sicilia, Córcega y Cerdeña), o relacionado con él: *Sicilia, Córcega y Cerdeña son islas tirrenas.* ▮ adj./s. **2** De la antigua Etruria (territorio del noroeste de la península italiana), o relacionado con ella; *etrusco*: *El pueblo tirreno se instaló en territorio italiano hacia el siglo IX a.C. Los tirrenos llegaron a dominar Roma.* ☐ MORF. En la acepción 2, como sustantivo se refiere solo a las personas de la antigua Etruria.

tirria s.f. Manía, odio o antipatía que se sienten hacia algo o hacia alguien: *Suspendo porque el profesor me tiene tirria.*

tisana s.f. Bebida medicinal que se prepara cociendo en agua hierbas y otros ingredientes: *Se tomó una tisana de anís y otras hierbas para asentar el estómago.*

tísico, ca ▮ adj. **1** De la tisis: *Con ese color de piel apagado y esas ojeras, tenía un aspecto tísico que daba pena.* ▮ adj./s. **2** Que padece tisis: *Hoy en día, los enfermos tísicos pueden curarse con un tratamiento adecuado. Los tísicos tienen síntomas como tos seca persistente y aspecto demacrado.*

tisis s.f. Tuberculosis que afecta a los pulmones: *Hoy, la tisis ya no es una enfermedad mortal, como lo fue en la época del Romanticismo.* ☐ MORF. Invariable en número.

tissue (anglicismo) s.m. Pañuelo de papel: *Coge un tissue y límpiate bien la mancha que tienes en la cara.* ☐ PRON. [tisú]. ☐ USO Su uso es innecesario.

tisú s.m. Tela de seda entretejida con hilos de oro o de plata que pasan desde el haz al envés: *La reina llevaba sobre los hombros un chal de rico tisú.* ☐ ORTOGR. Es un galicismo (*tissu*) adaptado al español. ☐ MORF. Aunque su plural en la lengua culta es *tisúes*, también se usa *tisús*.

tisular adj. En biología, de los tejidos orgánicos o relacionado con ellos: *Las radiaciones pueden producir lesiones tisulares.* ☐ MORF. Invariable en género.

titánico, ca adj. Desmedido, enorme o excesivo (por alusión a la gran fuerza del gigante mitológico Titán): *Haría falta una fuerza titánica para levantar ese enorme peso.*

titanio s.m. Elemento químico, metálico y sólido, de número atómico 22, de color gris y de gran dureza: *El titanio se emplea en la fabricación de aceros especiales por su gran dureza.* ☐ ORTOGR. Su símbolo químico es *Ti*.

títere s.m. **1** Muñeco o figurilla vestida que se mueve mediante hilos o introduciendo una mano en su interior: *Los domingos hay en el parque una función de teatro con títeres.* **2** Persona de escasa voluntad, que se deja dominar fácilmente o que actúa obedeciendo la voluntad o los mandatos de otros: *No dejes que la droga te convierta en un títere.* **3** *col.* Persona de aspecto ridículo, muy presumida y engreída: *Cada vez que veo a ese títere pavoneándose de esa manera, siento vergüenza ajena.* **4** ‖ **no {dejar/quedar} títere con cabeza.** *col.* Dejar o quedar todo destrozado o deshecho: *Después de la pelea, en el salón no quedó títere con cabeza.*

titi s.f. *col.* Mujer: *Mi hermano sale con una titi muy guapa.* ☐ ORTOGR. Dist. de *tití*. ☐ USO En la lengua coloquial, se usa como apelativo para ambos sexos: *¡Qué pasa, titi, cuánto tiempo sin verte!*

tití s.m. Mono de color ceniciento, con rayas oscuras transversales sobre el lomo y anilladas por la cola, cara blanca y pelada con una mancha negruzca sobre la nariz y la boca, y mechones blancos alrededor de las orejas: *Los tities abundan en las selvas sudamericanas.* ☐ ORTOGR. Dist. de *titi*. ☐ MORF. 1. Es un sustantivo epiceno y la diferencia de sexo se señala mediante la oposición *el tití {macho/hembra}*. 2. Aunque su plural en la lengua culta es *tities*, también se usa *titís*. 👁 **primate**

titilar v. Referido a un cuerpo luminoso, centellear o despedir rayos de luz con un ligero temblor: *Las estrellas titilan en el cielo.*

titiritero, ra s. **1** Persona que maneja títeres o hace representaciones teatrales con ellos: *Por encima del teatrillo, se veían las manos del titiritero moviendo los hilos.* **2** Persona que hace ejercicios acrobáticos andando o saltando por el aire sobre una cuerda o alambre, esp. si esta es su profesión; *volatinero*: *Los números de los domadores y de los titiriteros fueron los más aplaudidos.*

tito, ta s. **1** *col.* Tío: *La tita me trae regalos y el tito me lleva al cine.* **2** En algunas regiones, hueso o pepita de la fruta: *El niño iba comiendo la uva grano a grano y escupiendo los titos.* ☐ MORF. La acepción 1 es diminutivo irregular de *tío*. ☐ USO El uso de la acepción 1 tiene un matiz cariñoso.

titubear v. **1** Sentir perplejidad o duda sobre lo que se debe hacer en un punto o en un asunto: *Si se lo propones, a lo mejor titubea al principio, pero seguro que acaba aceptando.* **2** Vacilar o tropezar al hablar en la pronunciación o en la elección de las palabras: *El testigo estaba tan nervioso que titubeaba constantemente.*

titubeo s.m. **1** Sentimiento de perplejidad o de duda sobre lo que se debe hacer en un punto o en un asunto: *Deja a un lado tus titubeos y decídete de una vez.* **2** Vacilación o tropiezo al hablar, en la pronunciación o en la elección de las palabras: *Me contestó con tantos titubeos que dudo de que fuera sincero.*

titulación s.f. Obtención de un título académico: *Logró su titulación como abogado en una prestigiosa Universidad.*

titulado, da adj./s. Referido a una persona, que ha obtenido un título académico: *Todos los inscritos en el congreso son médicos titulados. A las plazas de profesor de enseñanzas medias solo pueden optar titulados superiores.* ☐ SINT. Constr.: *titulado* EN *algo*.

titular ▌adj./s. **1** Referido a una persona, que ocupa un cargo o ejerce su profesión teniendo el título o el nombramiento correspondientes: *Los profesores titulares son profesores universitarios con categoría inmediatamente inferior al catedrático. En ausencia del titular, se hizo cargo del caso el juez suplente.* **2** Referido esp. a una persona o a una entidad, que dan su nombre para que figure como título de algo o para que conste que son sus propietarios o los sujetos de un derecho: *Todos los socios titulares de acciones tienen derecho a voto. En la guía de teléfonos están los nombres de los titulares de las líneas.* ▌s.m. **3** En una publicación periódica, título que encabeza una noticia o un texto y que aparece impreso en tipos de letra de mayor tamaño: *Leyendo solo los titulares del periódico te puedes hacer una idea de lo que es noticia en el mundo.* ▌v. **4** Referido esp. a una obra de creación, ponerle título, nombre o inscripción: *Cuando escribe una novela, no la titula hasta que no la termina. No me acuerdo cómo se titula la película que vi ayer.* ▌prnl. **5** Referido a una persona, obtener un título académico: *Después de licenciarse en economía en su país, siguió cursos de doctorado y se tituló como doctor en el extranjero.* ☐ MORF. En las acepciones 1 y 2, como sustantivo es de género común y exige concordancia en masculino o en femenino para señalar la diferencia de sexo: *el titular, la titular*. La acepción 3 se usa más en plural.

titulitis s.f. *col.* Valoración excesiva de los títulos académicos o de los certificados como garantía de una buena preparación profesional: *Por culpa de la titulitis no me han contratado, ya que no tengo un título que acredite mis conocimientos.* ☐ MORF. Invariable en número. ☐ USO Tiene un matiz despectivo.

título s.m. **1** Palabra o conjunto de palabras que se asignan a una obra o a una de sus partes como nombre o como anuncio de su contenido: *A juzgar por el título, no creo que me interese ese libro.* **2** Renombre o distinción con que se conoce a una persona por sus cualidades o por sus actos: *Está en juego el título de campeón de liga.* **3** Documentación que acredita la capacitación para ejercer una profesión o un cargo o el haber realizado y superado determinados estudios y sus correspondientes exámenes: *La abogada tenía colgado en su despacho el título de licenciada en derecho.* **4** Dignidad o categoría nobiliarias: *El rey lo distinguió con el título de duque para premiar sus servicios.* **5** Documento jurídico en el que se otorga un derecho o se establece una obligación: *Según el título de propiedad de la casa, el único que tiene derecho sobre ella es el abuelo.* **6** En una ley, en un reglamento o en otro texto jurídico, apartado o división mayores y que suelen estar a su vez subdivididos: *La ley establece en su título primero, artículo segundo, los derechos y obligaciones del propietario.* **7** ‖ **a título (de)** algo. Con ese pretexto o actuando en calidad de ello: *Te hablo por tu bien y a título de colaborador y consejero tuyo.*

tiza s.f. Arcilla blanca o de colores, en forma de barrita, que se usa para escribir en pizarras y encerados: *La maestra utiliza tizas de colores para hacer gráficos en el encerado.*

tiznar v. Manchar con tizne, con hollín o con otra materia semejante: *El humo ha tiznado el trozo de pared que está junto a la chimenea. Los soldados se tiznaron la cara con unos polvos negros para no ser descubiertos en la oscuridad.*

tizne s. Humo que se pega a los cacharros que se ponen al fuego o a las superficies que están cerca de él: *Me he* *manchado de tizne al coger la parrilla que estaba en la hoguera.* ☐ MORF. 1. Es de género ambiguo y admite concordancia en masculino y en femenino sin cambiar de significado: *{el/la} tizne {negro/negra}*. 2. Se usa más como sustantivo masculino.

tizón s.m. Palo a medio quemar: *De la hoguera sale aún el humo de los últimos tizones.*

toalla s.f. **1** Pieza de felpa, de algodón o de otro tejido absorbente, que se usa para secarse el cuerpo: *Si te quieres duchar, detrás de la puerta del baño tienes toallas.* **2** ‖ **{arrojar/tirar} la toalla.** *col.* Abandonar, desistir o darse por vencido en un empeño: *No tires la toalla tan pronto e inténtalo una vez más.*

toallero s.m. Mueble, soporte o utensilio que sirve para colgar toallas: *Hemos comprado unos toalleros en forma de anilla para el baño.*

toba s.f. *col.* Golpe que se da haciendo resbalar los dedos índice o corazón sobre el pulgar: *Me dio una toba detrás de la oreja que todavía me duele.*

tobillero, ra ▌adj. **1** Referido a una prenda de vestir, que llega hasta los tobillos: *Uso pantalones tobilleros porque me gusta que se me vean los calcetines.* ▌s.f. **2** Tira o venda, generalmente elásticas, que se colocan ciñendo el tobillo para sujetarlo o para protegerlo: *Cuando me quiten la escayola del pie, tendré que llevar durante un tiempo una tobillera.*

tobillo s.m. Parte del cuerpo humano por la que se articula la pierna con el pie y en cuyos lados sobresalen dos abultamientos formados respectivamente por la tibia y por el peroné: *Me torcí el tobillo porque pisé mal.* 👁 **pie**

tobogán s.m. Construcción en forma de rampa por la que las personas se dejan resbalar sentadas o tendidas: *Los chicos se deslizaban por el tobogán y caían en la piscina.*

toca s.f. Prenda de tela que se ciñe al rostro y que usan las monjas para cubrirse la cabeza: *Las monjas enfermeras suelen llevar toca y hábito blancos.* 👁 **sombrero**

tocadiscos s.m. Aparato, generalmente electrónico, capaz de reproducir el sonido grabado en un disco: *Tengo que cambiar la aguja del tocadiscos porque ya está muy usada.* ☐ MORF. Invariable en número. ☐ USO En la lengua coloquial se usa mucho la forma *tocata*.

tocado, da ▌adj. **1** Con la razón un poco perturbada o ligeramente loco: *Solo una persona tocada puede hacer una barbaridad así.* **2** Afectado por alguna enfermedad o por alguna lesión: *Desde que me caí estoy un poco tocado del tobillo.* **3** Referido esp. a la fruta, que ha empezado a estropearse: *Come las manzanas tocadas porque mañana estarán estropeadas.* ▌s.m. **4** Peinado, adorno que se lleva sobre la cabeza o prenda con que se cubre: *La novia llevaba un tocado de flores.*

tocador s.m. **1** Mueble, generalmente en forma de mesa, con espejo y otros utensilios, que se utiliza para el peinado y aseo personales: *La señora se maquilla sentada ante el tocador de su habitación.* **2** Habitación o dependencia destinadas a este fin y en la que suele haber uno de estos muebles: *Antes de salir del restaurante, fui al tocador a retocarme el peinado.*

tocar ▌v. **1** Referido a un objeto o a una superficie, acercar la mano u otra parte del cuerpo a ellos de forma que entren en contacto: *No toques la plancha, que quema.* **2** Referido esp. a un objeto, entrar o ponerlo en contacto con otro: *Separa esa silla porque está tocando la pared.* **3** Referido a un instrumento musical, hacerlo sonar según unas reglas artísticas: *¿Sabes tocar la trompeta?* **4** Referido a un objeto, hacerlo sonar: *Toca el timbre para que te abran.* **5** Referido a una ocupación, deber hacerla: *Ahora vamos a tocar un pasodoble.* **6** Cambiar, modificar o alterar: *No toques más el dibujo porque terminarás estropeándolo.* **7** Referido esp. a un tema o a un asunto, tratarlos o hablar de ellos de forma superficial: *El conferenciante tocó muchos temas, pero no se detuvo en ninguno.* **8** Referido a una acción, llegar el momento oportuno de hacerla: *Esta tarde toca ir a la compra.* **9** Afectar, concernir o ser obligación o responsabilidad de alguien: *La protección de la naturaleza nos toca a todos.* **10** Corresponder como premio o en suerte: *Le ha tocado un buen premio de la lotería.* **11** Referido a una parte de un todo que se reparte, corresponderle o pertenecerle a alguien: *Tocamos a ocho caramelos cada uno.* **12** Estar muy próximo o muy cerca: *Sus contestaciones tocan ya la mala educación.* **13** Referido a una persona, tener parentesco con otra: *Ese señor, aunque tiene mi mismo apellido, no me toca nada.* ▌prnl. **14** Cubrirse la cabeza con un gorro, un sombrero, un pañuelo o algo semejante: *La madrina se tocó con una mantilla de encaje.* ☐ ORTOGR. La *c* se cambia en *qu* delante de *e* →**SACAR**. ☐ USO La acepción 6 se usa más en expresiones interrogativas y negativas.

tocata ▌s.m. **1** *col.* →**tocadiscos.** ▌s.f. **2** Composición musical de carácter instrumental y estilo libre, generalmente destinada a instrumentos de teclado y compuesta en un solo movimiento: *Son famosas las tocatas para clave, en varios movimientos, de Bach.*

tocateja ‖ **a tocateja.** *col.* Referido a la forma de pagar, dando todo el dinero a la vez, en mano y al contado: *Últimamente he pagado varias cosas a tocateja y me he quedado sin dinero.* ☐ ORTOGR. Admite también la forma *a toca teja*.

tocayo, ya s. Persona que tiene el mismo nombre que otra: *Mi madre y yo somos tocayas porque las dos nos llamamos María.*

tocho, cha adj./s. *col.* De gran tamaño: *No sé cómo puedes leerte este libro tan tocho. Este trabajo es un tocho de 500 páginas.*

tocino s.m. **1** Capa de tejido adiposo de algunos mamíferos, esp. el del cerdo: *El tocino de cerdo se usa para cocinar.* **2** ‖ **tocino de cielo.** Dulce elaborado con yema de huevo y almíbar, que se cuecen hasta que se cuajan: *Los tocinos de cielo parecen flanes cuadrados.* ‖ **tocino entreverado.** El que tiene hebras de carne: *Usa el tocino entreverado para añadir refritos a las verduras.* 👁 **carne**

tocología s.f. Parte de la medicina que se ocupa de las mujeres durante el embarazo, el parto y el período de tiempo que sigue a este; *obstetricia*: *El médico que vigila mi embarazo es un experto en tocología.*

tocólogo, ga s. Médico especialista en tocología: *El tocólogo me ha dicho que daré a luz esta semana.*

tocomocho s.m. *col.* Timo que consiste en vender un billete de lotería falso, supuestamente premiado, por un valor inferior al del premio: *A los que tienen cara de incautos intenta darles el timo del tocomocho.*

tocón, -a ▌adj./s. **1** *col.* Referido a una persona, que disfruta toqueteando las cosas: *No seas tocona y deja las cosas en su sitio. No le gusta salir con ese chico porque es un tocón.* ▌s.m. **2** En un árbol talado, parte del tronco que queda unido a la raíz y que sobresale de la tierra: *Se sentó a descansar en un tocón del borde del camino.*

todavía adv. **1** Hasta un momento determinado; *aún: Cuando me fui de su casa todavía no había llegado.* **2** Expresa encarecimiento o ponderación: *Esta falda es todavía más cara que la otra.* **3** Sin embargo o a pesar de algo: *Es muy rico, pero todavía quiere tener más dinero.* **4** Enlace gramatical con valor concesivo: *Si no tuvieras dinero, todavía entendería que no gastaras, pero teniendo tanto, no tiene justificación.*

todo adv. **1** Enteramente o completamente: *Esa ciudad es todo contaminación y ruido.* **2** ‖ **así y todo.** A pesar de eso: *Me engañó una vez pero, así y todo, sigo confiando en él.* ‖ **con todo.** Enlace gramatical coordinante con valor adversativo: *Ya me han dado de alta pero, con todo, no me atrevo todavía a salir.* ‖ **del todo.** Sin excepción o sin limitación, totalmente: *Estás del todo equivocado.* ‖ **sobre todo.** En primer lugar en importancia: *Sé prudente y, sobre todo, si bebes no conduzcas.* ‖ **y todo.** Expresión que se usa para encarecer o ponderar lo que se ha expresado antes: *Vinieron los abuelos y todo.*

todo, da ▮ indef. **1** Antepuesto a un adjetivo o a un sustantivo, intensifica lo que expresan: *Su cara es toda nariz.* ▮ adj./s. **2** Indica que algo se toma o se considera por entero o en su conjunto: *Ha estado lloviendo todo el día. Te daré todo lo que me pidas.* ▮ s.m. **3** Cosa íntegra o considerada como la suma de sus elementos o partes: *Un equipo de fútbol es un todo formado por once jugadores.* **4** ‖ **de todas todas.** Con total y absoluta seguridad o certeza: *Sé de todas todas que tú tienes la culpa.* ‖ **jugarse el todo por el todo.** Arriesgarse de forma extrema para conseguir algo: *Se dejó llevar por una corazonada y se jugó el todo por el todo en aquel negocio.* ‖ **ser todo uno.** Ser consecuencia inmediata e inevitable: *Llorar un gemelo y empezar a berrear el otro es todo uno.* □ MORF. 1. Seguido de un sustantivo en singular y sin artículo, se usa con valor de plural: *Todo hombre es mortal.* 2. ⟶APÉNDICE DE PRONOMBRES. □ SEM. Su uso en plural equivale a 'cada': *Voy al cine todos los domingos.*

todopoderoso, sa adj. Que lo puede todo o que es muy poderoso: *Es todopoderoso y nadie se atreve a llevarle la contraria.*

todoterreno s.m. **1** Vehículo resistente y que se adapta a todo tipo de terreno: *Le han regalado una moto todoterreno.* **2** Lo que sirve para todo: *Es un todoterreno y lo mismo puede llevar la contabilidad que trabajar en el taller.* □ SINT. En la acepción 1, se usa en aposición, pospuesto a un sustantivo.

toffee (anglicismo) s.m. Caramelo blando, generalmente de café con leche o de chocolate: *Mordí el toffee y se me pegó a los dientes.* □ PRON. [tófe].

toga s.f. **1** Traje exterior de ceremonia amplio, largo y generalmente negro, que usan determinadas personas encima del habitual: *El juez que presidía el juicio llevaba toga.* **2** En la antigua Roma, prenda principal exterior que se ponía sobre la túnica: *La toga era un manto largo.*

togado, da adj./s. Que viste toga, referido esp. a algunos magistrados y jueces: *El tribunal militar estaba formado por jueces togados. Cinco togados forman el tribunal.*

toilette (galicismo) s.f. Cuarto de baño o aseo, esp. los que están en establecimientos públicos: *Le pregunté al camarero dónde estaba la toilette.* □ PRON. [tualét]. □ USO Su uso es innecesario y puede sustituirse por una expresión como *aseo* o como *servicio*.

tojo s.m. Planta que tiene las hojas verdes convertidas en espinas, flores amarillas y fruto en vaina aplastada: *Paseaba por el monte y me arañé las piernas con unos tojos.*

toldo s.m. Cubierta de tela gruesa que se tiende para dar sombra o para proteger de las inclemencias del tiempo: *Baja el toldo de la terraza para que no entre el sol.*

toledano, na adj./s. De Toledo o relacionado con esta provincia española o con su capital: *Garcilaso de la Vega era toledano. Los toledanos están muy orgullosos del conjunto monumental de su ciudad.* □ MORF. Como sustantivo se refiere solo a las personas de Toledo.

tolerado, da adj. Referido esp. a una película, que se considera adecuada para niños, por no tener un contenido que pueda herir su sensibilidad: *Llevó a sus sobrinos a ver una película tolerada.*

tolerancia s.f. **1** Respeto o consideración hacia las opiniones o actitudes ajenas: *Admito con tolerancia las prácticas religiosas distintas a las mías.* **2** Resistencia o aguante a determinadas sustancias: *Según la tolerancia del paciente le pondré un tratamiento u otro.*

tolerar v. **1** Sufrir o llevar con paciencia: *Me costó acostumbrarme, pero ya voy tolerando madrugar.* **2** Referido a algo que se considera ilícito, permitirlo sin aprobarlo expresamente: *Hoy he tolerado que llegues tarde, pero mañana ya no.* **3** Resistir o soportar: *Me han cambiado el medicamento porque el anterior no lo toleraba.*

tolva s.f. Recipiente en forma de pirámide o de cono invertidos, con una abertura en la parte inferior, en los que se echa el material que se quiere triturar para que vaya cayendo poco a poco sobre el mecanismo triturador: *Metió el café en la tolva para molerlo.*

toma s.f. **1** Conquista u ocupación de un lugar por las armas o por la fuerza: *Hoy se conmemora la toma de esta ciudad.* **2** Parte de algo, esp. de un medicamento, que se come o se bebe de una vez: *Cada sobrecito de jarabe es una toma.* **3** Operación por la que se bebe o se come algo: *Los niños pequeños realizan las tomas de leche cada cuatro horas.* **4** Abertura para desviar o dar salida a una cantidad de agua: *Introduce la manguera en la toma de agua y comienza a regar.* **5** Lugar por donde se deriva una corriente de fluido o de electricidad: *¿Dónde está la toma del teléfono?* **6** Filmación o fotografiado: *La película comienza con una toma aérea de la ciudad.* **7** Aceptación o adquisición de algo: *Televisarán el acto en el que se efectuará la toma de posesión de los ministros.* **8** ‖ **toma de tierra.** Conductor o dispositivo que une parte de una instalación o de un aparato eléctricos a tierra como medida de seguridad: *Con las tomas de tierra disminuye el peligro de descargas eléctricas.*

tomado, da adj. Referido a la voz, que está baja y sin sonoridad debido a una afección de garganta: *Tiene la voz tomada por haber bebido agua fría.*

tomahawk s.m. Hacha de guerra de algunas tribus indias norteamericanas: *Los indios bailaban alrededor del fuego empuñando sus tomahawks.* □ PRON. [tomajók]. □ MORF. Su plural es *tomahawks.* 👁 **arma**

tomar v. **1** Asir o agarrar: *Tomó la figurita con las dos manos.* **2** Coger o adquirir: *Me paré para tomar aliento. No tomé bien sus datos y ahora no puedo localizarlo.* **3** Comer o beber: *Tómate la leche sin protestar.* **4** Adoptar o emplear: *Hay que tomar medidas para que esto no vuelva a suceder.* **5** Entender, juzgar o interpretar del modo que se expresa: *Debes tomar en serio sus amenazas.* **6** Fotografiar, filmar o recoger con una cámara: *¿Nos has tomado bien con la cámara de vídeo?* **7** Referido a algo que se ofrece, recibirlo o aceptarlo: *Tomé a los niños bajo mi protección.* **8** Referido a un lugar, ocuparlo o conquistarlo, esp. si es por la fuerza: *El ejército enemigo tomó la fortaleza.* **9** Referido a un medio de transporte, subir en él: *Tomo el autobús todas las mañanas para ir a trabajar.* **10** Referido a algo, recibir sus efectos: *Tienes la piel muy blanca y no es aconsejable que tomes mucho sol.* **11** Referido a una dirección o a un camino, empezar a seguirlos o encaminarse por ellos: *Cuando llegues al cruce, toma la primera a la derecha.* **12** Seguido de algunos sustantivos, realizar la acción expresada por estos: *Hace poco que lo conozco, pero ya le he tomado cariño.* **13** ‖ **tomarla con** alguien. *col.* Tenerle manía y molestarlo continuamente: *El profesor la ha tomado conmigo y siempre me pregunta.* ‖ **tomar por.** Creer o considerar equivocadamente: *No me gusta que me tomes por tonta.*

tomate s.m. **1** Planta herbácea que tiene los tallos vellosos y endebles, las hojas dentadas, las flores amarillas, y cuyo fruto es carnoso, redondeado, rojizo y jugoso; *tomatera: Voy a regar los tomates.* **2** Fruto de esta planta: *Échale sal a la ensalada de tomate.* **3** *col.* Roto o agujero en una prenda de punto, esp. en unos calcetines: *Tengo que zurcirme el tomate del calcetín.* **4** *col.* Situación confusa, agitada o embarazosa, esp. si va acompañada de gran alboroto y tumulto; *lío: Vaya tomate se armó cuando la pillaron robando.* **5** ‖ **como un tomate.** *col.* Rojo de vergüenza: *Cuando me caí delante de tanta gente me puse como un tomate.*

tomatera s.f. Planta herbácea que tiene los tallos vellosos y endebles, las hojas dentadas, las flores amarillas, y cuyo fruto es carnoso, redondeado, rojizo y jugoso; *tomate: La tomatera es originaria de América.*

tomavistas s.m. Cámara para filmar en cine, pero de pequeño tamaño y muy manejable: *Las cámaras de vídeo han sustituido a los tomavistas.* □ MORF. Invariable en número.

tómbola s.f. **1** Rifa pública de objetos, cuyos beneficios se destinan generalmente a fines benéficos: *La parroquia ha organizado una tómbola y estamos buscando objetos para rifarlos.* **2** Lugar en el que se realiza esta rifa: *Durante las fiestas instalan una tómbola en la plaza del pueblo.*

tomillo s.m. Planta olorosa de tallos leñosos, hojas perennes y pequeñas, y flores blancas o rosáceas, que se usa en perfumería, como condimento o en la elaboración de infusiones: *El tomillo crece formando matas.*

tomo s.m. **1** Cada una de las partes en que se divide una obra impresa o manuscrita y que se encuadernan separadamente para facilitar su manejo: *Esta enciclopedia se edita en diez tomos.* **2** ‖ **de tomo y lomo.** *col.* De consideración o de importancia: *Cuídate, porque tienes un resfriado de tomo y lomo.*

ton ‖ **sin ton ni son.** *col.* Sin razón o sin motivo: *Dices las cosas sin ton ni son porque no sabes realmente lo que pasó.*

tonada s.f. **1** Composición métrica compuesta para ser cantada: *Este cantautor escribe él mismo sus tonadas.* **2** Música de esta composición: *Iba tarareando la tonada de una conocida canción.*

tonadilla s.f. Canción alegre y ligera, esp. si es de carácter folclórico: *La tonadilla es un tipo de canción muy arraigado en el folclore andaluz.*

tonadillero, ra s. Persona que compone o que canta tonadillas: *La tonadillera interpretaba la canción con mucho sentimiento.*

tonal adj. En música, del tono, de la tonalidad o relacionado con ellos: *La curva tonal es distinta en frases interrogativas y en frases enunciativas.* □ MORF. Invariable en género.

tonalidad s.f. **1** En lingüística, secuencia sonora de los tonos con que se emite el discurso oral, y que puede contribuir al significado de este; *entonación: Las oraciones enunciativas tienen una tonalidad descendente.* **2** Sistema o gradación de tonos: *El agua del mar tiene tonalidades verdosas. La tonalidad es la base de la música occidental clásica.*

tonel s.m. **1** Recipiente de gran tamaño, generalmente de madera, formado por tablas curvas unidas por aros metálicos, y cerrado por bases circulares: *Almacenan el vino en toneles.* **2** *col.* Persona muy gruesa: *A ver si haces ejercicio, que estás hecho un tonel.*

tonelada s.f. En el Sistema Internacional, unidad de masa que equivale a mil kilogramos: *Esta furgoneta pesa aproximadamente dos toneladas.*

tonelaje s.m. Capacidad de carga de un barco u otro vehículo: *Los petroleros son barcos de gran tonelaje.*

tongo s.m. En una competición, trampa o engaño por el que uno de los participantes se deja ganar: *El combate de boxeo fue invalidado porque se descubrió que hubo tongo.*

tónica s.f. Véase **tónico, ca.**

tónico, ca ▮ adj. **1** Referido a una vocal, a una sílaba o a una palabra, que se pronuncian con acento de intensidad: *La 'a' de 'ático' es una vocal tónica.* ▮ adj./s.m. **2** Que entona, vigoriza o reconstituye: *Le han recetado un remedio tónico para que se recupere después de la enfermedad. Le aplicaron un tónico cardíaco para intentar que el corazón volviera a latir.* ▮ s.m. **3** Loción que se usa para limpiar el cutis o para vigorizar el cabello: *Usa un tónico capilar para evitar la caída del cabello.* ▮ s.f. **4** →**agua tónica. 5** Característica o tono general: *La tónica general del congreso fue de apatía.*

tonificación s.f. Fortalecimiento o tensión que se da al cuerpo o al organismo: *Con estos masajes se logra la tonificación muscular.*

tonificar v. Referido esp. al organismo, darle tensión o vigor; *entonar: Dame un masaje para tonificar los músculos.* □ ORTOGR. La *c* se cambia en *qu* delante de *e* →**SACAR**.

tonillo s.m. Tono particular de la voz o del habla que tiene determinado matiz: *Hablas con un tonillo tan monótono que aburres.*

tono s.m. **1** Cualidad de los sonidos que depende de su frecuencia o número de vibraciones por segundo y que permite ordenarlos de graves a agudos; *altura: En los tonos agudos se producen más vibraciones por segundo que en los graves.* **2** Inflexión de la voz y forma peculiar de hablar según la intención o el estado de ánimo: *Para dormir al niño le canta nanas en un tono suave.* **3** Carácter o modo particular de la expresión y del estilo de una obra literaria o un discurso, según el asunto que trata: *La comedia tiene tono burlesco.* **4** Fuerza o intensidad de un sonido: *Baja el tono de la voz que hay gente durmiendo.* **5** Carácter, matiz intelectual, moral o político que se refleja en una conversación, una actividad, un escrito o algo semejante: *La reunión se celebró en un tono festivo.* **6** Grado de color o de intensidad: *La habitación de los niños está decorada en tonos suaves.* **7** En música, intervalo o distancia que media entre una nota y su inmediata en la escala, excepto entre mi y fa, y entre si y do: *De do a mi, hay dos tonos enteros.* **8** Aptitud, vigor, energía o fuerza que el organismo o sus partes tienen para ejercer las funciones que les corresponden: *Te daré un masaje para que recuperes el tono muscular.* **9** Señal sonora que tiene diversos significados: *Descuelga el teléfono y cuando oigas el tono, marca el número.* **10** ‖ **a tono.** En armonía: *Lleva una corbata a tono con la camisa.* ‖ **darse tono.** *col.* Darse importancia: *Se ha comprado un chalé con la única intención de darse tono.* ‖ **de {buen/mal} tono.** Propio de gente elegante o de gente sin elegancia: *Se considera de mal tono no contestar a una invitación.* ‖ **fuera de tono.** Fuera de lugar o inoportuno: *Decirme que llego tarde cuando vengo con el brazo escayolado porque me he caído está fuera de tono.* ‖ **subido de tono.** Ligeramente grosero u obsceno: *Contó un chiste un poco subido de tono y hubo gente que se puso colorada.* ‖ **subir de tono.** Aumentar la arrogancia o la violencia: *La discusión subió de tono y se convirtió en una riña.*

tonsura s.f. **1** En la Iglesia católica, grado preparatorio para recibir las órdenes menores: *Los padres fueron a la ceremonia en la que su hijo recibía la tonsura.* **2** Corte de pelo redondeado en la coronilla que simboliza este grado eclesiástico: *La tonsura simboliza la dedicación al servicio de la Iglesia.*

tontada s.f. Hecho o dicho sin fundamento o sin base lógica; *tontería: No le hagas caso, porque no dice más que tontadas.*

tontaina adj./s. *col.* Que es tonto y sin gracia: *No seas tontaina y pregunta lo que quieras. Ir de fiesta con esos tontainas no es nada divertido.* □ MORF. 1. Como adjetivo es invariable en género. 2. Como sustantivo es de género común y exige concordancia en masculino o en femenino para señalar la diferencia de sexo: *el tontaina, la tontaina.*

tontear v. **1** Hacer o decir tonterías o bobadas: *En las vacaciones pasa bastante tiempo tonteando.* **2** *col.* Coquetear o jugar con fines eróticos de forma frívola o sin buscar ningún compromiso: *A su madre no le gusta que sus hijas ya empiecen a tontear con los chicos.*

tontería s.f. **1** Falta o escasez de inteligencia o de lógica: *La tontería de tu razonamiento se pone de manifiesto en el nefasto resultado.* **2** Hecho o dicho sin fundamento o sin base lógica: *Es una tontería que te marches ahora que llueve a cántaros.* **3** Lo que se considera sin importancia o de poco valor: *Te quejas por cualquier tontería.* □ SEM. En la acepción 3, es sinónimo de *tontada, fruslería, memez* y *menudencia.*

tonto, ta ▌adj. **1** Sin fundamento o sin base lógica: *No me hagas preguntas tontas.* **2** Que ocurre sin un motivo o sin una causa aparentemente importantes: *Cuando estoy nerviosa me entra una risa tonta muy ridícula.* **3** Inútil o sin sentido: *Toda la mañana dando paseos tontos para no conseguir nada.* **4** Pesado, excesivamente cariñoso o molesto: *Cuando nació el bebé, su hermana estuvo un poco tontita durante unos meses.* ▌adj./s. **5** Que tiene poca inteligencia o poco entendimiento; *bobo: Es bastante tonto y no entiende casi nada de lo que le explico. Repito esto para los tontos que no han entendido.* **6** *col. desp.* Que tiene alguna deficiencia mental: *Lo timó haciéndose pasar por un niño tonto. Le dio una bofetada por reírse de un tonto.* **7** ‖ **a tontas y a locas.** Sin orden ni finalidad: *Te salen mal las cosas porque las haces a tontas y a locas.* ‖ **hacer el tonto.** *col.* Perder el tiempo sin hacer nada de provecho o juguetear sin un fin determinado: *Deja de hacer el tonto y ponte a hacer algo serio.* ‖ **hacerse el tonto.** *col.* Aparentar no advertir cosas que no interesan: *Te lo estoy diciendo a ti, no te hagas el tonto.* ‖ **tonto {de capirote/del bote/de remate/perdido}.** *col.* El que lo es rematadamente: *Este tonto de capirote no hace nada bien.*

tontorrón, -a adj./s. Muy tonto: *Te lo crees todo porque eres muy tontorrona. No llores, tontorrón, que sí te he traído un regalo.* □ USO Tiene un matiz cariñoso.

tontuna s.f. Hecho o dicho sin fundamento o sin base lógica; *tontería: Cuántas tontunas te oigo decir a lo largo del día.*

top (anglicismo) s.m. **1** Prenda de vestir femenina, muy ajustada al cuerpo y que cubre el pecho como mucho hasta la cintura: *En verano suele ir con un top de tirantes y un pantalón corto.* **2** ‖ **top-model.** Modelo muy solicitado y muy cotizado: *Hay pocas modelos españolas que sean top-model en otros países.* ‖ **top secret.** Muy secreto: *No te contaré nada porque para ti, mis cosas son top secret.* □ PRON. [top sécret]; [top módel]. □ MORF. Su plural es *tops.*

topacio s.m. Piedra fina, muy dura y de color amarillo transparente: *El topacio se usa mucho en joyería.*

topar v. **1** Encontrar o encontrarse casualmente o de forma inesperada: *Me topé con tu padre en el parque.* **2** Referido a una cosa, chocar con otra, esp. si es de forma suave: *Deja caer suavemente el coche hasta que topes con el de atrás.*

tope s.m. **1** Límite o punto máximos: *No insistas, porque vas a llegar al tope de mi paciencia.* **2** Parte por donde una cosa puede topar con otra: *El golpe ha dado en el tope del coche y no ha pasado nada.* **3** Pieza que sirve para detener un movimiento o para impedir que se pase al otro lado: *Pon un tope a la puerta para que no golpee la pared.* **4** ‖ **a tope.** *col.* Hasta el límite: *La sala estaba a tope de gente y no pude entrar.*

topetazo s.m. Encuentro o golpe de una cosa con otra; *topetón: Al agacharnos los dos a la vez nos dimos un topetazo en la cabeza.*

topetón s.m. →**topetazo.**

tópico, ca ▌adj. **1** Referido esp. a una idea o un dicho, que resultan triviales, vulgares y sin originalidad porque se dicen o utilizan con mucha frecuencia: *Sobre el matrimonio solo tienes las ideas tópicas de la pérdida de la libertad y el aburrimiento.* **2** Referido a la aplicación de un medicamento, que se realiza sobre la piel: *Las pomadas son medicamentos de uso tópico.* ▌s.m. **3** Expresión trivial, vulgar y sin originalidad porque se dice o se utiliza con mucha frecuencia: *El tópico de la chica guapa y tonta ya está pasado de moda.*

topillo s.m. Roedor de pelaje grisáceo y orejas velludas, que vive en zonas montañosas o en terrenos cultivados, y que se alimenta fundamentalmente de semillas, raíces y cortezas: *Los topillos viven en galerías que cavan ellos mismos.* □ MORF. Es un sustantivo epiceno y la diferencia de sexo se señala mediante la oposición *el topillo {macho/hembra}.* 👁 **roedor**

toples s.m. **1** Desnudez de una mujer de cintura para arriba: *Le gusta tomar el sol en toples.* **2** Bar o local de espectáculos en los que las camareras están desnudas de cintura para arriba: *La vecindad quiere que cierren el toples de la esquina.* □ ORTOGR. Es un anglicismo (*topless*) adaptado al español. □ MORF. Invariable en número. □ USO Es innecesario el uso del anglicismo *topless.*

topless o **top-less** (anglicismo) s.m. →**toples.** □ PRON. [top les]. □ USO Es un anglicismo innecesario.

topo s.m. **1** Mamífero insectívoro del tamaño de un ra-

a b c d e f g h i j k l m n ñ o p q r s **t** u v w x y z

tón, de pelaje negruzco, suave y tupido, hocico afilado, ojos pequeños y manos con cinco dedos provistos de fuertes uñas que le sirven para abrir las galerías subterráneas donde vive: *Los topos tienen atrofiado el sentido de la vista.* **2** *col.* Persona que ve mal: *Tengo que ir al oculista porque soy un topo.* **3** *col.* Persona que se infiltra en una organización para actuar al servicio de otros: *Un policía era el topo de una banda de delincuentes.* **4** En una tela, dibujo de forma redondeada y de pequeño tamaño: *Tiene unas medias con topos y cuando se las pone parece que tiene lunares.* □ MORF. En la acepción 1, es un sustantivo epiceno y la diferencia de sexo se señala mediante la oposición *el topo {macho/hembra}.*

topografía s.f. **1** Técnica de describir y representar detalladamente la superficie de un terreno: *La cartografía necesita de la topografía.* **2** Conjunto de características que presenta un terreno en su superficie: *La topografía española es muy montañosa y desigual.*

topográfico, ca adj. De la topografía o relacionado con ella: *El estudio topográfico de la zona muestra que no hay alturas muy elevadas.*

topógrafo, fa s. Persona que se dedica profesionalmente al estudio de la superficie de un terreno o que está especializada en topografía: *Los topógrafos representan sobre un plano los accidentes geográficos de los territorios.*

toponimia s.f. **1** Estudio de los nombres propios de lugar: *La toponimia investiga el origen y el significado de los topónimos.* **2** Conjunto de los nombres propios de lugar de un territorio: *En su tesis doctoral estudia la toponimia del valle en el que ha nacido.*

toponímico, ca adj. De la toponimia, de los topónimos o relacionado con ellos: *Ha hecho un estudio de los significados toponímicos de su región.*

topónimo s.m. Nombre propio de lugar: *'Duero', 'Palencia', 'Navacerrada' y 'Mediterráneo' son algunos topónimos.* □ USO Los topónimos deben usarse en su forma española siempre que esta exista: *Vive en {*München > Múnich}.*

toque s.m. **1** Golpe o roce suaves: *Cuando me vaya daré dos toques en la puerta.* **2** Sonido producido por algún instrumento: *Los soldados formaron al toque de la trompeta.* **3** Llamamiento, indicación o advertencia: *Dale un toque a tu primo para que me devuelva el libro que le presté hace seis meses.* **4** Detalle, matiz o característica: *Sus trajes siempre tienen un toque de distinción.* **5** Operación que se hace para concluir o comenzar una obra: *Para acabar el cuadro faltan algunos toques.* **6** ‖ **toque de queda.** Prohibición de circular o permanecer en la calle durante determinadas horas, que impone un Gobierno en circunstancias excepcionales: *El toque de queda suele adoptarse en períodos de guerra.*

toquetear v. Tocar repetida e insistentemente: *Deja de toquetear la fruta.*

toqueteo s.m. Toque repetitivo e insistente: *Con tanto toqueteo vas a ensuciar la tela.*

toquilla s.f. Pañuelo más o menos grande, generalmente triangular, con que se cubren los hombros o la espalda: *Envolvió al bebé en una toquilla blanca.*

torácico, ca adj. Del tórax o relacionado con él: *En la cavidad torácica humana se encuentran el corazón y los pulmones.*

tórax s.m. **1** En algunos animales, esp. en las personas, parte del cuerpo comprendida entre el cuello y el abdomen, en cuyo interior se encuentran el corazón y los pulmones: *Está tan delgado que se le notan las costillas en el tórax.* **2** En un artrópodo, segmento del cuerpo situado entre la cabeza y el abdomen: *En el tórax de las avispas están las alas.* □ MORF. Invariable en número.

torbellino s.m. **1** Remolino de viento: *El torbellino ha levantado tanto polvo que no se ve nada.* **2** Gran cantidad de cosas que ocurren o se producen al mismo tiempo: *En su cabeza hay un torbellino de ideas.* **3** *col.* Persona muy inquieta o muy apasionada: *Este crío es un torbellino y no deja nada en su sitio.*

torcedura s.f. **1** Hecho de doblar o curvar lo que estaba recto: *El peso de los libros producirá la torcedura de los estantes.* **2** Movimiento brusco o forzado de una articulación del cuerpo: *No puedo mover el pie por culpa de una torcedura de tobillo.* **3** Cambio o desviación de una dirección: *Para evitar inundaciones fue necesaria la torcedura del cauce del río.* □ SEM. Es sinónimo de *torcimiento.*

torcer ▌ v. **1** Referido a algo que está recto, doblarlo o encorvarlo: *Se me ha torcido la aguja y ya no sirve para coser.* **2** Desviar o inclinar: *Te llevaré al oculista porque tuerces la vista.* **3** Referido esp. al gesto o al morro, ponerlos de forma que indiquen desagrado, enojo u hostilidad: *Haz lo que te digo y no tuerzas el morro.* **4** Referido esp. a un miembro del cuerpo, doblarlo o moverlo bruscamente o de forma forzada: *Me torcí el tobillo y se me ha hinchado.* **5** Referido esp. a las palabras o los significados, interpretarlos de forma errónea: *No tuerzas mis palabras, que no quiero que haya un malentendido.* **6** Cambiar de dirección: *Al llegar a la plaza debes torcer por la calle de la derecha.* ▌ prnl. **7** Referido esp. a un asunto o negocio, ir mal y fracasar: *A última hora mis planes se torcieron y no los concluí.* □ MORF. Irreg.: La *o* de la raíz diptonga en *ue* en los presentes, excepto en las personas *nosotros* y *vosotros* →**COCER.**

torcido, da adj. Que no es recto o no está recto: *Coloca bien los cuadros que los tienes torcidos.*

torcimiento s.m. →**torcedura.**

tordo, da ▌ adj./s. **1** Referido a una caballería, que tiene el pelaje blanco mezclado con pelo negro: *El pelaje de los caballos tordos parece gris. La torda ha tenido un potro negro.* ▌ s. **2** Pájaro de cuerpo grueso, plumaje grisáceo en la parte superior y amarillento con manchas pardas en el vientre y pico delgado y negro: *El tordo es común en España y se alimenta de insectos y de frutos.*

torear v. **1** Lidiar los toros en la plaza: *En una corrida suelen torearse seis toros.* **2** Referido a algo molesto o desagradable, evitarlos de forma habilidosa: *Torea muy bien problemas y dificultades.* **3** Referido a una persona, burlarse de ella o mantener sus esperanzas engañándola: *Si no tienes el dinero, dímelo, pero no me torees diciendo que me lo pagarás mañana.*

toreo s.m. **1** Arte y técnica de torear toros: *No saldrás a la plaza hasta que no domines el toreo.* **2** Conjunto de acciones que se realizan para esquivar al toro según este arte: *Llegué tarde a la plaza, cuando ya había comenzado el toreo del primer novillo.* **3** ‖ **toreo de salón.** El que se hace sin toro, generalmente para aprender: *Cuando era pequeño hacía toreo de salón con un amigo que hacía de toro.*

torero, ra ▌ adj. **1** *col.* Del toreo, con las características que se atribuyen a los toreros o relacionado con ellos: *El valor torero no tiene igual.* ▌ s. **2** Persona que se dedica profesionalmente al toreo: *El torero salió a hombros por la puerta grande de la plaza.* ▌ s.f. **3** Chaqueta ceñida al cuerpo, generalmente sin botones, y que no llega a la cintura: *Cuando me pongo la torera, al agacharme se me ve la blusa.* **4** ‖ **saltarse** algo **a la torera.** *col.* Evitarlo de forma audaz o sin escrúpulos: *Se salta a la torera las normas de seguridad y algún día tendrá problemas.*

toril s.m. En una plaza de toros, lugar donde están encerrados los toros antes de ser lidiados: *El segundo toro de la tarde fue devuelto al toril porque estaba cojo.*

torio s.m. Elemento químico, metálico y sólido, de número atómico 90, que pertenece al grupo de las tierras raras y es más pesado que el hierro: *El torio es radiactivo.* □ ORTOGR. Su símbolo químico es *Th*.

tormenta s.f. **1** Perturbación atmosférica que se caracteriza fundamentalmente por fuertes vientos, lluvias y truenos: *Las tormentas de verano suelen ser breves.* **2** Manifestación violenta de un estado de ánimo excitado: *Una serie de miradas coquetas produjeron en él una tormenta de celos.* **3** Aparición brusca y violenta de algo: *Las declaraciones del ministro levantaron una tormenta de protestas.* **4** Desgracia, infelicidad o situación difícil: *Le hablaré cuando pase la tormenta y deje de estar enfadado.* □ SEM. En la acepción 1, es sinónimo de *tempestad* y *temporal*, aunque estos se prefieren para designar a las tormentas más fuertes.

tormento s.m. **1** Sufrimiento o dolor físico muy intensos que se causan a alguien para obligarlo a confesar algo: *Antiguamente a los acusados se les daba tormento para obligarlos a declararse culpables.* **2** Angustia, aflicción o preocupación muy intensas: *Es un tormento esperar hora tras hora sin saber dónde estás.* **3** Lo que causa gran dolor físico o moral: *La droga empieza siendo una diversión y acaba siendo un horrible tormento.*

tormentoso, sa adj. **1** Referido esp. al tiempo atmosférico, con tormenta, que amenaza tormenta o que la ocasiona: *En verano es frecuente el tiempo tormentoso.* **2** Referido esp. a una situación, que es conflictiva o abundante en problemas y tensiones: *Lleva una vida tormentosa y siempre está reñido con alguien.*

tornado s.m. Huracán o viento giratorio e impetuoso, esp. el de América del Norte y África: *El tornado que ha asolado las costas norteamericanas ha causado numerosas víctimas.*

tornar v. **1** Cambiar o transformar la naturaleza, el estado o el carácter: *Eras muy alegre, pero tantas desgracias juntas te han tornado triste. El día se tornó nublado y gris.* **2** Referido a un lugar o a una situación, volver a ellos: *Los emigrantes esperaban poder tornar a su tierra natal.* **3** Seguido de 'a' y de un infinitivo, volver a hacer lo que este expresa: *Cada vez que recuerdo el accidente torno a llorar.*

tornas ‖ **{cambiar/volver} las tornas.** Cambiar en sentido opuesto la marcha o la suerte de algo: *Ahora te ríes de mí, pero como se vuelvan las tornas ya veremos qué pasa.*

tornasol s.m. Reflejo, cambio de color o de tonalidad que produce la luz en una tela o en una superficie tersa: *Tengo una tela brillante que hace tornasoles de colores cuando le da la luz.*

tornasolado, da adj. Que tiene o hace tornasoles; *atornasolado: A lo lejos se veían los cristales tornasolados de la mansión.*

torneado, da ▮ adj. **1** Referido esp. a una parte del cuerpo, de suaves curvas o bien formada: *Tiene piernas largas y torneadas.* ▮ s.m. **2** Trabajo que se hace dando forma con un torno: *Las patas de todos los muebles de mi habitación tienen el mismo torneado.*

tornear v. **1** Dar forma con un torno: *Mi padre es carpintero y me ha enseñado a tornear la madera.* **2** Referido esp. al cuerpo, suavizar sus curvas: *Deberías hacer gimnasia para tornear tu figura.*

torneo s.m. **1** Combate a caballo que se celebraba entre varios caballeros de bandos opuestos: *Los torneos medievales eran, en ocasiones, fiestas públicas.* **2** Serie de competiciones o de juegos en los que compiten entre sí varias personas o equipos que se van eliminando unos a otros progresivamente: *En el torneo de tenis participan los más prestigiosos tenistas.*

tornillo s.m. **1** Pieza cilíndrica parecida a un clavo, con una parte en forma de espiral y que entra en un agujero a rosca: *Las patas de la silla iban unidas al asiento con tornillos.* **2** ‖ **apretarle** a alguien **los tornillos.** *col.* Obligarlo o presionarlo para que actúe de determinada manera o para que haga algo: *A ti te voy a apretar los tornillos como no me hagas caso.* ‖ **faltarle** a alguien **un tornillo.** *col.* Estar loco o tener poco sentido común: *Si has dejado pasar esa oportunidad es que te falta un tornillo.*

torniquete s.m. **1** Medio que se usa para detener una hemorragia en las extremidades mediante presión: *Le hicieron un torniquete en la pierna para que dejara de sangrar.* **2** Mecanismo en forma de cruz, que gira horizontalmente sobre un eje y que se coloca en una entrada para que pase la gente de uno en uno: *Según íbamos pasando por el torniquete, mostrábamos el carné de identidad.*

torno s.m. **1** Máquina en la que se hace que un objeto gire sobre sí mismo, generalmente para poder modelarlo: *El alfarero moldeaba con sus manos la arcilla colocada en el torno.* **2** Máquina formada por un cilindro que se hace girar alrededor de su eje para que se vaya enrollando en él una cuerda y así arrastrar la carga colocada en su extremo: *Al subir el ancla, la cadena se enrollaba en el torno.* **3** Máquina para labrar en redondo algunos objetos: *Los tornillos se fabrican en un torno automático.* **4** Instrumento eléctrico formado por una barra con una pieza giratoria en su punta que usan los dentistas generalmente para limpiar o limar los dientes: *El dentista me limpió los dientes con el torno.* **5** Armazón giratorio que se acopla al hueco de una pared y que se usa para pasar objetos de un lado a otro sin que entren en contacto o se vean las personas que los dan o que los reciben: *Pusimos el dinero en el torno y la monja lo giró con los bollos.* **6** ‖ **en torno.** Alrededor de: *Daba vueltas en torno a la mesa.* ‖ **en torno a.** Acerca de: *No hay nada más que decir en torno a este tema.*

toro ▮ s.m. **1** Mamífero rumiante adulto, de cabeza gruesa provista de dos cuernos curvos y puntiagudos, pelaje corto y cola larga: *Algunos toros bravos se destinan a la lidia.* 👁 **ungulado** **2** Hombre fuerte y robusto: *Eres un toro y tienes una salud de hierro.* **3** En arquitectura, moldura convexa y lisa de sección semicircular; *bocel: La cornisa estaba adornada con toros.* ▮ pl. **4** Fiesta o corrida en la que se lidian reses bravas: *En la tertulia, unos estaban en contra de los toros y otros a favor.* **5** ‖ **coger el toro por los cuernos.** *col.* Enfrentarse con decisión a una dificultad: *Ante un problema lo que tienes que hacer es coger al toro por los cuernos y no esconderte.* ‖ **pillar el toro.** *col.* Echarse el tiempo encima, esp. si ello impide la realización o la terminación de algo: *Date prisa, que siempre te pilla el toro y llegamos tarde.* ‖ **toro de lidia.** El bravo que se destina a torearlo en las corridas: *Tiene*

a b c d e f g h i j k l m n ñ o p q r s t u v w x y z

una buena ganadería de toros de lidia. □ MORF. 1. En la acepción 1, la hembra se designa con el sustantivo femenino *vaca*. 2. Cuando se antepone a otra palabra para formar compuestos, adopta la forma *tauro-*.

torpe adj. **1** Falto de habilidad, agilidad o destreza: *Soy muy torpe en la cocina.* **2** Falto de inteligencia o lento en comprender: *Quizá no me haya explicado bien o quizá tú seas un poco torpe.* **3** Inconveniente, inoportuno o falto de pudor o decoro: *No me extraña que se haya molestado contigo por tus torpes comentarios.* □ MORF. Invariable en género.

torpedear v. **1** Atacar con torpedos: *El submarino torpedeó al destructor y lo hundió.* **2** Referido a un asunto, hacerlo fracasar: *Parece que tiene algo en contra mía porque siempre torpedea mis proyectos.*

torpedero s.m. Barco de guerra preparado para el lanzamiento de torpedos: *El torpedero hundió el buque enemigo.*

torpedo s.m. **1** Proyectil cilíndrico de gran tamaño provisto de una carga de gran potencia explosiva y que se lanza bajo el agua: *Dos de los torpedos lanzados por el submarino alcanzaron blanco.* **2** Pez marino de piel lisa, con el cuerpo aplanado y en forma de disco, dos aletas a los lados y dos órganos musculosos en la cabeza que producen descargas eléctricas que utilizan como defensa o para atrapar a sus presas: *El torpedo vive en los fondos de las zonas litorales del Mediterráneo y del Atlántico.* □ MORF. En la acepción 2, es un sustantivo epiceno y la diferencia de sexo se señala mediante la oposición *el torpedo {macho/hembra}*.

torpeza s.f. **1** Falta de habilidad, de agilidad o de destreza: *No te rías de mi torpeza al aparcar, porque a ti te ocurría lo mismo.* **2** Falta de inteligencia o lentitud en comprender: *A veces la torpeza se puede suplir con el interés.* **3** Falta de conveniencia, oportunidad, pudor o decoro: *No creo que tengan en cuenta la torpeza de tus comentarios.*

torrar v. Tostar mucho: *Si pasas tantas horas al sol, te vas a torrar.*

torre s.f. **1** Construcción o edificio más alto que ancho y con distintas funciones: *Las torres que hay en las murallas servían de vigilancia y defensa.* 👁 **acrobacia; vivienda** **2** Edificio de mucha más altura que superficie: *Están construyendo una torre de oficinas con la fachada de cristal.* **3** En el juego del ajedrez, pieza que representa esta construcción y que se mueve en línea recta en todas las direcciones, excepto en diagonal; *roque: La torre no puede saltar por encima de otra pieza, excepto en el enroque.* 👁 **ajedrez** **4** Estructura metálica de gran altura: *Las torres del tendido eléctrico afean el paisaje.* **5** ‖ **torre de Babel.** Lugar en el que existe gran desorden y confusión, esp. si es porque muchas personas hablan a la vez (por alusión a la confusión de lenguas que se produjo cuando, según la Biblia, los hombres quisieron construir una torre en Babel para ver a Dios y este los castigó); *babel: La junta de la comunidad de vecinos es una torre de Babel cuando se habla de dinero.* ‖ **torre de control.** En un aeropuerto, construcción con altura suficiente para observar todas las pistas y desde la que se regula la entrada y salida de aviones: *Avisaron al piloto desde la torre de control que podía aterrizar en la pista número 3.*

torrencial adj. Con características del torrente: *Nos refugiamos en un portal porque caía un lluvia torrencial.* □ MORF. Invariable en género.

torrente s.m. **1** Corriente de agua rápida y veloz que se forma en tiempo de muchas lluvias o de deshielos rápidos: *Cuando llueve mucho, se originan torrentes en esta zona.* **2** Abundancia de cosas que se producen a un mismo tiempo: *Soporté estoicamente el torrente de preguntas de los periodistas.* **3** ‖ **torrente de voz.** Mucha voz fuerte y sonora: *Ese cantante tiene un torrente de voz.*

torrentera s.f. Cauce de un torrente o lugar por donde corren sus aguas: *En verano las torrenteras están secas.*

torreón s.m. Torre grande para la defensa de una fortificación o de un castillo: *El castillo tenía varios torreones.*

torreta s.f. Torre o estructura metálica, esp. la que está acorazada y sirve para sostener piezas de artillería: *Los cañones de barcos de guerra iban montados en torretas giratorias.*

torrezno s.m. Trozo de tocino frito o para freír: *Nos puso de aperitivo unos torreznos.*

tórrido, da adj. Muy caliente o muy caluroso: *La zona terrestre que se encuentra entre los dos trópicos es la zona tórrida.*

torrija s.f. **1** Rebanada de pan empapada en vino o leche, rebozada en huevo, frita y endulzada con azúcar o miel: *Las torrijas se suelen comer en Semana Santa.* **2** *col.* Borrachera: *Menuda torrija lleva encima.*

torso s.m. **1** En el cuerpo de una persona, tronco o parte de él sin tener en cuenta la cabeza ni las extremidades: *Paseaba por la playa con el torso desnudo.* **2** Estatua a la que le faltan la cabeza, los brazos y las piernas: *En el museo había varios torsos griegos.*

torta s.f. **1** Masa de harina y otros ingredientes, de forma redonda y aplanada, que se cuece a fuego lento o se fríe: *Compré en la pastelería una torta de aceite.* **2** Cualquier masa con esta forma: *Me comí una torta de maíz.* **3** *col.* Golpe dado con la palma de la mano, esp. en la cara: *Tengo la cara colorada de la torta que me ha dado.* **4** *col.* Golpe fuerte, caída o accidente: *Me pegué una torta con el coche, pero no me ha pasado nada.* **5** ‖ **ni torta.** *col.* Nada: *De ese tema, no entiendo ni torta.* ‖ **no tener ni media torta.** *col.* Ser muy débil o no tener fuerza física: *Eres tan bajito y delgado que no tienes ni media torta.*

tortazo s.m. **1** *col.* Golpe dado en la cara con la mano abierta; *bofetada: Le ha dado tal tortazo que le ha dejado la marca en la cara.* **2** *col.* Golpe fuerte o violento al caerse o al chocar contra algo: *He resbalado y me he dado un buen tortazo.*

tortel s.m. Bollo, generalmente de hojaldre, en forma de rosco: *El tortel de hojaldre lleva miel por encima y el de levadura está relleno de cabello de ángel.*

tortícolis s.f. Contracción involuntaria y dolorosa de los músculos del cuello, que obliga a tener este inmovilizado o torcido: *Tengo tal tortícolis que no puedo hacer ni el más ligero movimiento con la cabeza.* □ PRON. Incorr. [tortíkulis]. □ MORF. Invariable en número.

tortilla s.f. **1** Comida que se hace con huevos batidos, a veces con otros ingredientes, y que se fríe en una sartén con aceite: *Me encanta la tortilla de espárragos.* **2** ‖ **tortilla española.** La que se hace añadiendo al huevo trozos de patatas, fritas previamente: *La tortilla española se llama también tortilla de patatas.* ‖ **tortilla francesa.** La que se hace solo con huevos: *Me comeré solo una tortilla francesa porque casi no tengo hambre.* ‖ **volverse la tortilla.** *col.* Cambiar la suerte o la situación: *Mi equipo empezó ganando de forma espectacular, pero al final se volvió la tortilla y perdimos.*

a b c d e f g h i j k l m n ñ o p q r s t u v w x y z

tortillera adj./s.f. *col. desp.* Lesbiana: *El que dos chicas vayan agarradas de la mano no significa que sean tortilleras. En ese local se reúnen tortilleras.*

tortita s.f. Torta hecha con una masa de agua y harina que se suele rellenar o acompañar con otros alimentos: *Me gustan mucho las tortitas con nata y chocolate.*

tórtolo, la s. **1** Ave migratoria parecida a la paloma, de plumaje rojizo en la parte superior y rosado en la garganta y en el pecho, cola negra con los bordes blancos, y que tiene un vuelo rápido: *Las tórtolas habitan generalmente en Europa y pasan el invierno en África.* **2** *col.* Persona muy enamorada y que da abundantes muestras de cariño: *Los tortolitos hacían manitas en el banco del parque.* □ MORF. En la acepción 2, se usa mucho el diminutivo *tortolito*.

tortuga s.f. **1** Reptil marino o terrestre con el cuerpo cubierto con un caparazón óseo del que sobresalen las extremidades, que se alimenta generalmente de vegetales: *Las tortugas terrestres pueden introducir la cabeza y las extremidades en su caparazón.* **2** *col.* Lo que se mueve muy lentamente: *Este viejo autobús es una tortuga.* □ MORF. En la acepción 1, es un sustantivo epiceno y la diferencia de sexo se señala mediante la oposición *la tortuga {macho/hembra}*.

tortuoso, sa adj. Con muchas vueltas o rodeos: *Llegamos arriba muy cansados porque el sendero era muy tortuoso.*

tortura s.f. **1** Dolor físico o moral muy intenso que se causa a una persona como castigo o para obtener su confesión: *Se han denunciado numerosos casos de tortura en las cárceles.* **2** Lo que causa gran sufrimiento, malestar o disgusto: *El dolor de muelas es una tortura insoportable.*

torturar v. Atormentar o causar tortura: *Estaban torturando al prisionero en el potro y se oían sus gritos. Lo torturaban unos horribles celos. Se torturaba pensando en lo que le esperaba.*

torunda s.f. Pelota de algodón, generalmente envuelta en gasa, que se usa en curas y operaciones quirúrgicas: *Para cortar la hemorragia presionaron la herida con una torunda.*

torvo, va adj. Fiero, temible o que causa miedo o espanto, esp. referido a la mirada: *El asesino tenía una torva mirada que lo delataba.*

torzal s.m. Cordón de seda muy fino con varias hebras muy retorcidas: *Hizo los ojales con torzal.*

tos s.f. **1** Expulsión brusca y ruidosa del aire de los pulmones después de una inspiración profunda: *Cogí un resfriado y tengo mucha tos.* **2** ‖ **tos ferina.** →**tosferina.** ‖ **tos perruna.** *col.* La áspera, seca y desagradable: *Tienes tos perruna y deberías ir al médico.*

toscano, na ▌adj. **1** En arte, del orden toscano: *La columna toscana tiene el fuste liso, aunque suele tener estrías que lo recorren total o parcialmente.* ▌s.m. **2** →**orden toscano.**

tosco, ca adj. **1** Basto, sin pulimento o de escasa calidad o valor: *Hizo con sus manos una tosca escultura.* **2** Sin delicadeza o sin educación ni cultura: *Hizo todo lo posible para cambiar su tosco comportamiento.*

toser v. **1** Tener tos o provocarla voluntariamente: *Cuando tosas pon la mano delante de la boca.* **2** ‖ **toser a** una persona. *col.* Replicarle o enfrentarse a ella: *En tu especialidad eres el mejor y no hay quien te tosa.*

tosferina s.f. Enfermedad infecciosa que afecta a las vías respiratorias y que se caracteriza por causar una tos muy violenta e intensa: *La tosferina suele afectar a los niños.* □ ORTOGR. Se admite también *tos ferina*.

tosquedad s.f. **1** Falta de refinamiento, de delicadeza, de educación o de cultura: *La tosquedad del joven se fue puliendo con los años.* **2** Falta de pulimento, calidad o valor: *La tosquedad de la fachada contrasta con el refinamiento del interior.*

tostada s.f. Véase **tostado, da.**

tostadero, ra s.m. **1** Lugar o instalación en los que se tuesta: *El dueño de la plantación dirige también el tostadero de café.* **2** Lugar en el que hace excesivo calor: *Esta casa en verano es un tostadero.*

tostado, da ▌adj. **1** Referido a un color, que es oscuro: *Se ha comprado una blusa de un amarillo tostado muy bonito.* ▌s.m. **2** Sometimiento de algo a la acción del fuego, realizado lentamente hasta que toma un color dorado sin llegar a quemarse; *tueste*: *El tostado de las almendras les da un sabor muy característico.* ▌s.f. **3** Rebanada de pan tostada: *Se tomó una tostada con el café.*

tostador s.m. Aparato que sirve para tostar: *Siempre me hago las tostadas en un tostador eléctrico.* 👁 **electrodoméstico**

tostar v. **1** Referido esp. a un alimento, ponerlo al fuego lentamente hasta que tome un color dorado sin llegar a quemarse: *Tostó el pan en una sartén y luego le untó mantequilla.* **2** Referido al sol o al viento, curtir o poner morena la piel: *Si te pones al sol se te tostará la cara.* □ MORF. Irreg.: La *o* diptonga en *ue* en los presentes, excepto en las personas *nosotros* y *vosotros* →**CONTAR**.

tostón s.m. **1** *col.* Lo que resulta molesto, fastidioso o importuno; *incordio*: *¡Vaya tostón de película que nos pusieron!* **2** Trozo pequeño de pan frito que se añade a algunos alimentos: *Me gusta comer la sopa con tostones.* □ MORF. La acepción 2 se usa más en plural.

total ▌adj. **1** General, completo o que afecta a todos los elementos: *El nuevo director quiere hacer una renovación total en la empresa.* ▌s.m. **2** Resultado de una suma: *El dependiente hizo la cuenta y me dijo el total.* **3** Conjunto de todos los elementos que forman un grupo; *totalidad*: *Aprobó la selectividad el total de mis alumnos.* ▌adv. **4** En resumen o en conclusión: *Total, que nos hemos quedado sin vacaciones.* **5** En realidad o en el fondo: *Haz lo que quieras, total, yo ya no soy responsable de ti.* □ MORF. Como adjetivo es invariable en género.

totalidad s.f. Conjunto de todos los elementos que forman un grupo; *total*: *La totalidad de los ciudadanos está a favor de la mejora de los transportes públicos.*

totalitario, ria adj. **1** Que incluye la totalidad de las partes o elementos que integran algo: *Para determinar las causas del hundimiento hay que realizar un estudio totalitario de las condiciones del terreno.* **2** Del totalitarismo o relacionado con este régimen político: *El gobierno de la antigua URSS era un sistema totalitario.*

totalitarismo s.m. Régimen político caracterizado por la concentración de los poderes estatales en un grupo o partido que no permite la actuación de otros y que ejerce una fuerte intervención en todos los órdenes de la vida nacional: *El totalitarismo es propio de las dictaduras.*

totalitarista adj./s. Partidario del totalitarismo: *Los regímenes fascistas suelen ser totalitaristas. Los totalitaristas ejercen un fuerte control policíaco sobre la sociedad.* □ MORF. 1. Como adjetivo es invariable en género. 2. Como sustantivo es de género común y exige concordancia en masculino o en femenino para señalar la diferencia de sexo: *el totalitarista, la totalitarista.*

tótem s.m. Objeto de la naturaleza o representación que se toma como símbolo protector de una tribu o de un individuo: *Visitamos un poblado indio que tenía un tótem de madera.* □ MORF. Su plural es *tótems*.

totémico, ca adj. Del tótem o relacionado con él: *Muchas tribus antiguas tenían una religión totémica.*

tour (galicismo) s.m. **1** Excursión o viaje por distintos lugares: *En su último tour, el cantante realizó más de veinte actuaciones en directo.* **2** ‖ **tour de force.** Demostración de fuerza o esfuerzo muy grande: *Terminar el trabajo en tan poco tiempo ha sido un auténtico tour de force.* □ PRON. [tur], [tur de fors].

tournée (galicismo) s.f. Gira artística: *La compañía realizará una tournée por toda España.* □ PRON. [turné].

toxicidad s.f. Capacidad de ser tóxico o venenoso: *Dada la toxicidad de este insecticida, lávate las manos después de usarlo.*

tóxico, ca adj./s.m. Referido a una sustancia, que es venenosa: *Los productos tóxicos deben mantenerse fuera del alcance de los niños. El envenenamiento se produjo por la ingestión de un tóxico.*

toxicología s.f. Parte de la medicina que trata de los venenos: *El departamento de toxicología ha determinado que la víctima fue envenenada.*

toxicomanía s.f. Hábito de consumir drogas, calmantes u otro tipo de sustancias que pueden ser tóxicas: *La toxicomanía es un grave problema en la sociedad actual.*

toxicómano, na adj./s. Que padece toxicomanía: *Los drogadictos son toxicómanos. Si quieres dejar la droga debes acudir a un centro de rehabilitación de toxicómanos.*

toxina s.f. Sustancia elaborada por los seres vivos que actúa como veneno: *En el sudor se eliminan toxinas.*

tozudo, da adj. **1** Que mantiene una idea fija y no se deja convencer: *No lograrás que cambie de opinión porque es muy tozudo.* **2** Referido a un animal, que no se deja dominar con facilidad: *Esta mula tozuda tiene que ir por donde ella quiere.*

traba s.f. Lo que estorba o impide la realización o el logro de algo: *En el banco me han puesto muchas trabas para concederme el crédito.*

trabajado, da adj. Realizado con esmero y gran cuidado: *No retoques más el cuadro porque ya está muy trabajado.*

trabajador, -a ▮ adj. **1** Que trabaja mucho: *Llegará lejos, porque es un muchacho inteligente y trabajador.* ▮ s. **2** Persona que trabaja a cambio de un salario, esp. si realiza un trabajo manual: *Esta empresa cuenta con unos doscientos trabajadores.*

trabajar v. **1** Realizar una actividad, esp. si requiere un esfuerzo físico o intelectual: *Se quedó estudiando, pero no sé si habrá trabajado mucho.* **2** Ejercer un oficio o profesión: *Trabaja como mecánico en una fábrica de coches.* **3** Funcionar o desarrollar adecuadamente una actividad: *La máquina solo puede trabajar cuatro horas al día.* **4** Mantener relaciones comerciales con una determinada empresa o entidad: *Ya no trabajamos con esa empresa porque hemos conseguido un distribuidor más barato.* **5** Referido a la tierra, cultivarla: *Para que la tierra dé frutos hay que trabajarla.* **6** Referido a una materia o a una sustancia, manipularlas para darles forma: *Este escultor solo trabaja el mármol.* □ ORTOGR. Conserva la *j* en toda la conjugación.

trabajo s.m. **1** Realización de una actividad o de un oficio: *Este diccionario es fruto del trabajo de un equipo.* **2** Ocupación u oficio por el que se recibe una cantidad de dinero: *Encontró un trabajo relacionado con sus estudios.* **3** Lugar en el que se ejerce esta ocupación: *Voy al trabajo en autobús.* **4** Producción del entendimiento en ciencias, letras o artes, esp. si es de alguna importancia; obra: *Una tesis es un trabajo de investigación.* **5** Estudio, ejercicio o ensayo de algo: *Ese paso de baile necesita mucho trabajo hasta que sale bien.* **6** Cultivo de la tierra: *El trabajo de la tierra exige un gran esfuerzo físico.* **7** Actividad o esfuerzo: *Me costó mucho trabajo encontrar tu casa.* **8** ‖ **trabajos {forzados/forzosos}.** Trabajos físicos que debe realizar un preso como parte de la pena que se le impone: *Las leyes actuales no prevén la condena a trabajos forzosos.*

trabajoso, sa adj. Que se realiza con mucho trabajo o esfuerzo: *Cargar un camión de ladrillos es muy trabajoso.*

trabalenguas s.m. Palabra o expresión difíciles de pronunciar, esp. las que se usan como juego: *¿Te sabes ese trabalenguas que empieza 'Un tigre, dos tigres, tres tigres...'?* □ MORF. Invariable en número.

trabar ▮ v. **1** Agarrar, prender, juntar o coger con fuerza: *El defensa trabó con sus piernas las del delantero y lo hizo caer.* **2** Referido esp. a las palabras o a las ideas, enlazarlas o unirlas: *En un razonamiento hay que trabar unas ideas con otras.* **3** Referido esp. a un desarrollo, impedirlo o dificultarlo: *Debes educar a tu hijo de forma que no trabes ninguna de sus aptitudes.* **4** Referido a un líquido o a una masa, espesarlo o darle mayor consistencia: *Para trabar la salsa tendrás que ponerle más aceite.* **5** Emprender o comenzar, esp. referido a una conversación o una amistad: *En estas vacaciones he trabado muchas amistades.* ▮ prnl. **6** Tartamudear o hablar con dificultad: *Cuando se pone nervioso se traba y parece tartamudo.* □ ORTOGR. Dist. de *tramar*.

trabazón s.f. **1** Unión o enlace de dos o más elementos: *Si haces bien la trabazón de las tablas no se separarán.* **2** Conexión de varios elementos o dependencia que tienen entre sí: *Su razonamiento es lógico porque la trabazón de sus argumentos es correcta.*

trabilla s.f. En una prenda de vestir, tira de tela o de otro material cosida solo por sus dos extremos: *Tienes que meter el cinturón por todas las trabillas del pantalón.*

trabucar v. Referido esp. a letras, sílabas o palabras, pronunciarlas o escribirlas equivocadamente sustituyendo unas por otras: *Trabuqué 'tío' por 'lío' y el texto no tenía sentido. Se trabucó y escribió 'perosna' en lugar de 'persona'.* □ ORTOGR. La *c* se cambia en *qu* delante de *e* →**SACAR**.

trabuco s.m. Arma de fuego más corta y de mayor calibre que la escopeta normal, y con el cañón ensanchado por la boca: *Los bandoleros del siglo XIX usaban trabucos.*

traca s.f. Artificio de pólvora que consiste en una serie de petardos colocados a lo largo de una cuerda y que estallan sucesivamente: *El espectáculo de fuegos artificiales acabó con una estruendosa traca.*

tracción s.f. Arrastre o empuje que se hace por medio de la fuerza: *Los carros son vehículos de tracción animal.*

tracería s.f. Decoración arquitectónica formada por combinaciones de figuras geométricas: *La tracería suele hacerse en piedra o en madera y se utiliza como relleno de espacios.*

tracto s.m. Estructura anatómica con forma alargada que realiza una función de conducción entre dos lugares del organismo: *El tracto digestivo termina en el ano.*

tractor, -a ▌adj. **1** Que produce tracción o arrastre de algo: *Las ruedas tractoras de mi coche son las delanteras.* ▌s.m. **2** Vehículo de motor con cuatro ruedas, las dos posteriores muy grandes y preparadas para adherirse al terreno, que se emplea para realizar determinadas tareas agrícolas y para arrastrar máquinas u otros vehículos: *Engancha el arado al tractor, que vamos a arar la tierra.*

tradición s.f. **1** Transmisión de costumbres, creencias o elementos culturales hecha de generación en generación: *La tradición ha permitido que lleguen hasta nosotros canciones populares muy antiguas.* **2** Lo que se ha transmitido de este modo: *En mi casa es una tradición comer lombarda en Nochebuena.* **3** Desarrollo a lo largo del tiempo de un determinado arte o ciencia o conocimiento: *Esta región cuenta con una larga tradición artesana.*

tradicional adj. **1** De la tradición o relacionado con ella: *En su casa es tradicional comer cocido los domingos.* **2** Que sigue las normas o costumbres del pasado o de un tiempo anterior: *Las ideas tradicionales del partido no han sufrido cambios.* □ MORF. Invariable en género.

tradicionalismo s.m. Actitud de defensa o de apego a las tradiciones del pasado: *Su tradicionalismo le hace oponerse a cualquier cambio en las costumbres.*

tradicionalista adj./s. Que defiende las tradiciones del pasado o está muy apegado a ellas: *Tu postura excesivamente tradicionalista te impide evolucionar. Los tradicionalistas del siglo XIX defendían el absolutismo monárquico.* □ MORF. 1. Como adjetivo es invariable en género. 2. Como sustantivo es de género común y exige concordancia en masculino o en femenino para señalar la diferencia de sexo: *el tradicionalista, la tradicionalista.*

traducción s.f. **1** Expresión en una lengua de lo que está escrito o expresado en otra distinta: *El autor está muy satisfecho de la traducción inglesa de su obra.* **2** Explicación o interpretación, esp. la que se da a un texto: *Necesito que alguien me haga la traducción de todas estas expresiones matemáticas.* **3** ‖ **traducción directa.** La que se hace de un idioma extranjero al idioma del traductor: *Trabaja haciendo traducciones directas del italiano a su lengua materna.* ‖ **traducción inversa.** La que se hace del idioma del traductor a un idioma extranjero: *La traducción inversa del español al latín me resulta muy difícil.*

traducir v. **1** Referido a algo que está en determinada lengua, expresarlo en otra: *El propio autor tradujo su novela del francés al español.* **2** Explicar o interpretar: *Tradúceme lo que dijo el médico porque no me he enterado de nada.* **3** Convertir o transformar en otra cosa: *La revisión del examen tradujo el suspenso en un aprobado. La avería de la caldera se tradujo en una semana sin calefacción.* □ MORF. Irreg. →CONDUCIR.

traductor, -a ▌adj. **1** Que traduce: *Actualmente existen programas informáticos traductores de varios idiomas.* ▌s. **2** Persona que se dedica a la traducción, esp. si esta es su profesión: *Soy una de las traductoras del Ministerio de Asuntos Exteriores.*

traer v. **1** Conducir o trasladar hasta el lugar del que se habla o en el que se encuentra el hablante: *Tráeme un vaso de agua, por favor.* **2** Causar o provocar: *La sequía ha traído la ruina a muchas familias de agricultores.* **3** Vestir o lucir: *Traía un traje muy bonito.* **4** Referido a una persona, tenerla en el estado que se expresa: *Las manías de este muchacho me traen loca.* **5** Referido a una publicación, contener lo que se expresa: *Este libro trae muchas fotografías.* **6** Referido a una sensación, tenerla o experimentarla: *Hoy traigo mucha hambre.* **7** ‖ **traérselas** algo. *col.* Ser muy difícil o muy malo: *Este asunto se las trae y no es tan fácil como parecía.* □ MORF. Irreg. →TRAER.

tráfago s.m. Ajetreo o actividad intensa: *¡Vaya tráfago que hay en la calle a causa de las fiestas del barrio!*

traficante s. Persona que trafica con dinero o con alguna mercancía, esp. si lo hace de forma ilícita: *La policía ha detenido a una banda de traficantes de droga.* □ MORF. Es de género común y exige concordancia en masculino o en femenino para señalar la diferencia de sexo: *el traficante, la traficante.*

traficar v. Comerciar o negociar con dinero o con mercancías, esp. si se hace de forma ilícita: *Lo detuvieron por traficar con armas.* □ ORTOGR. La *c* se cambia en *qu* delante de *e* →SACAR. □ SINT. Constr.: *traficar {CON/EN} algo.*

tráfico s.m. **1** Comercio o negociación con dinero o con mercancías, esp. si se hace de forma ilegal: *El tráfico de armas está penado por la ley.* **2** Circulación de vehículos: *En esta carretera siempre hay mucho tráfico. El tráfico aéreo aumenta siempre en los períodos de vacaciones.* **3** ‖ **tráfico de influencias.** Utilización ilegal de la influencia o del poder de alguien para conseguir algo: *Han acusado a ese político de tráfico de influencias.*

tragabolas s.m. Juguete que consiste en un muñeco con la boca muy grande por la que se deben introducir unas bolas que se lanzan desde cierta distancia: *Tengo mucha puntería y soy el mejor en el juego del tragabolas.* □ MORF. Invariable en número.

tragacanto s.m. **1** Arbusto con ramas abundantes, hojas compuestas, flores blancas en espiga, fruto pequeño en vaina, y del que se obtiene una goma blanquecina: *El tragacanto crece en Persia y en Asia Menor.* **2** Goma que se obtiene del tronco y de las ramas de este arbusto: *El tragacanto se emplea para usos industriales y farmacéuticos.*

tragaderas s.f.pl. **1** *col.* Facilidad para creer cualquier cosa: *Se creerá lo que le cuentes porque tiene muy buenas tragaderas.* **2** *col.* Falta de escrúpulos o facilidad para admitir o tolerar algo inconveniente o de dudosa moralidad: *Aceptará cualquier soborno porque tiene tragaderas para ello.*

tragadero s.m. Agujero o conducto por el que se introduce algo, esp. un líquido: *Tapa el tragadero de la pila para que no se vaya el agua.*

tragaldabas s. *col.* Persona que traga o come mucho: *Ese tragaldabas se come todo lo que le echen.* □ MORF. 1. Es de género común y exige concordancia en masculino o en femenino para señalar la diferencia de sexo: *el tragaldabas, la tragaldabas.* 2. Invariable en número.

tragaluz s.m. Ventana abierta en el techo o en la parte superior de una pared: *La buhardilla tiene un par de tragaluces para iluminarla.*

tragaperras adj./s.f. Máquina que da la posibilidad de conseguir un premio a cambio de una moneda: *En el bar de abajo han comprado una máquina tragaperras. Gasta mucho dinero en las tragaperras.* □ MORF. Invariable en número.

tragar v. **1** Referido esp. a un alimento, hacerlo pasar de la boca al aparato digestivo: *Tragarás mejor la pastilla si bebes un sorbo de agua. Traga más despacio porque te vas a atragantar.* **2** Dejar pasar al interior o a la parte más profunda de algo: *Este lavabo está atascado y no traga el agua. El aspirador se ha tragado una moneda.* **3** Referido a algo que se cuenta, creerlo fácilmente: *Me inventé una* excusa para no acompañar a tu primo y se la tragó. **4** Aguantar, soportar o tolerar: *Me tragué el rollo de la conferencia porque me daba vergüenza salir a la mitad.* **5** Acceder o aceptar: *Si sigues insistiendo, terminará por tragar.* **6** ‖ **no tragar algo.** *col.* Sentir antipatía hacia ello: *Desde que me hiciste aquella jugarreta no te trago.* □ ORTOGR. La *g* se cambia en *gu* delante de *e* ⟶**PAGAR**.

tragasables s. Artista de circo que realiza números espectaculares tragándose objetos que pueden dañar su cuerpo, esp. armas blancas: *He visto perfectamente cómo un tragasables engullía una espada, pero seguro que tiene truco.* □ MORF. 1. Es de género común y exige concordancia en masculino o en femenino para señalar la diferencia de sexo: *el tragasables, la tragasables*. 2. Invariable en número.

tragedia s.f. **1** Obra dramática cuya acción presenta conflictos de apariencia fatal, que incitan a la compasión y al espanto y que terminan en un final funesto: *'Antígona' es una tragedia griega escrita por Sófocles.* **2** Obra literaria o artística en la que predominan los sucesos desgraciados: *Esa película es una tragedia que termina con la muerte del protagonista.* **3** Género al que pertenecen este tipo de obras: *Prefiero la comedia a la tragedia.* **4** Situación o suceso que resultan trágicos: *Ese accidente de autobús fue una tragedia en la que murieron cincuenta personas.*

trágico, ca ▮ adj. **1** De la tragedia o relacionado con ella: *'La casa de Bernarda Alba' es una obra trágica.* **2** Desgraciado y hondamente conmovedor: *En el trágico accidente hubo diez víctimas mortales.* **3** Referido a un actor, que representa tragedias o papeles que mueven a la compasión: *Me han encasillado como actriz trágica y no me dejan hacer comedias.* ▮ adj./s. **4** Referido a un escritor, que escribe tragedias: *Es un autor trágico que acaba de escribir un drama terrible. Sófocles, Eurípides y Esquilo son los tres grandes trágicos de la literatura griega clásica.*

tragicomedia s.f. Obra dramática con rasgos de comedia y de tragedia: *Me leí una tragicomedia en la que morían todos los personajes de una forma ridícula.*

trago s.m. **1** Parte de un líquido que se traga de una vez: *Se tomó el licor de un trago.* **2** Bebida alcohólica: *No bebo alcohol normalmente, pero de vez en cuando tomo un trago.* **3** *col.* Disgusto, contratiempo o situación difícil que se sufre con dificultad: *Su muerte fue un duro trago para todos nosotros.*

tragón, -a adj./s. *col.* Que traga o que come mucho: *Aunque le sirvas demasiado, se lo comerá todo porque es muy tragón. Este niño ha engordado mucho porque es un tragón.*

traición s.f. **1** Acción o comportamiento que quebranta o rompe la lealtad que se debía tener: *Nuestra amistad se rompió después de tu traición.* **2** ‖ **a traición.** Faltando a la confianza o con engaño: *Lo hizo a traición, para arruinarnos.*

traicionar v. **1** Romper la confianza o la lealtad debida: *Traicionó a su mejor amigo. Traicionó a su mujer liándose con otra.* **2** No resultar como se esperaba porque no ha podido ser controlado: *Me traicionaron los nervios y fallé el tiro.*

traicionero, ra adj./s. ⟶**traidor, -a.**

traidor, -a ▮ adj. **1** Que implica traición o falsedad: *Tu acción traidora es indigna de un amigo.* **2** Referido a un animal, astuto y falso: *Un caballo traidor tiró al jinete.* **3** *col.* Que produce daño o perjuicio aunque parece inofensivo: *Abrígate porque, aunque parece que no hace frío, este airecillo es muy traidor.* ▮ adj./s. **4** Que comete traición: *No soporto a una persona traidora. Ese traidor trabajó como espía durante la guerra.* □ SEM. Es sinónimo de *traicionero*.

tráiler s.m. **1** Remolque de un camión: *Mi camión lleva un tráiler cargado de vigas de acero.* **2** Avance de una película: *Antes de la película pusieron un tráiler del próximo estreno.* □ SEM. En la acepción 2, dist. de *thriller* (película de suspense). □ MORF. Su plural es *tráileres*.

trainera s.f. **1** Embarcación que se usa para pescar con redes de arrastre: *La trainera lleva catorce remeros y un timonel.* **2** Embarcación impulsada mediante remos que se usa en competiciones deportivas: *En el País Vasco son muy aficionados a las regatas de traineras.* 👁 **embarcación**

traíña s.f. Red de pesca con forma de gran bolsa, muy usada en la pesca de la sardina: *La traíña es utilizada en la pesca de arrastre.* 👁 **pesca**

traje s.m. **1** Vestido exterior completo de una persona: *Nunca se pone el mismo traje dos días seguidos.* **2** Vestido de hombre que consta de chaqueta, pantalón y a veces chaleco, hechos del mismo color y de la misma tela: *Para asistir a la ceremonia se puso traje y corbata.* **3** ‖ **traje de luces.** El que se pone un torero para torear: *El traje de luces es de seda y tiene lentejuelas y bordados de oro o plata.* ‖ **traje de noche.** El femenino que se usa para fiestas de etiqueta: *La mujer del presidente llevaba un traje de noche hasta los pies.* ‖ **traje regional.** El tradicional de un lugar: *El grupo de danzas viste el traje regional.* ‖ **traje (sastre).** El de mujer que imita al masculino: *Me he hecho un traje sastre con falda corta.*

trajear v. Vestir con traje: *Se empeñó en trajearme para la cena.*

trajín s.m. Gran actividad o movimiento continuo e intenso: *He tenido tal trajín esta mañana que ahora estoy agotada.*

trajinar v. Tener gran actividad o andar de un sitio a otro continuamente: *En el comercio no dejamos de trajinar porque tenemos muchos clientes.*

tralla s.f. **1** Látigo provisto de una trencilla en su extremo para que haga ruido al sacudirlo: *El conductor de la diligencia golpeaba a los caballos con la tralla.* **2** ‖ **dar tralla.** *col.* Golpear o criticar con dureza: *Los críticos dieron mucha tralla a mi última novela.*

trallazo s.m. **1** Golpe violento: *El trallazo del delantero entró por la escuadra.* **2** Golpe dado con una tralla: *Al primer trallazo, el caballo inició el galope.*

tramar v. **1** Referido a un engaño o una traición, organizarlo con astucia o mediante una confabulación: *Fueron detenidos los militares que tramaban el golpe de Estado.* **2** Referido a algo complicado o difícil, disponerlo con habilidad: *El propio ministro tramó la organización del departamento.* □ ORTOGR. Dist. de *trabar*.

tramitación s.f. Realización de los trámites necesarios para que un asunto o un negocio puedan ser resueltos: *Necesito la tramitación urgente del pasaporte.*

tramitar v. Referido a un asunto o un negocio, hacerlo pasar por los trámites necesarios para que pueda ser resuelto: *Ha terminado el plazo para tramitar el cobro de la indemnización.*

trámite s.m. Cada una de las gestiones o pasos que hay que hacer en un negocio o en un asunto para resolverlos: *Solo falta el trámite de la exposición pública.*

tramo s.m. **1** Cada una de las partes en que se divide una superficie más o menos lineal: *Algunos tramos de la carretera están en obras.* **2** Parte de una escalera situada entre dos rellanos o descansillos: *Hay cuatro tramos de escalera para llegar a mi casa.* **3** Cada una de las partes en que se divide un contenido o algo que dura un tiempo: *El curso se divide en dos tramos que se pueden hacer de forma independiente.*

tramontana s.f. Viento que sopla o viene del norte: *La tramontana es un viento frío y seco.*

tramoya s.f. **1** En un teatro, máquina o conjunto de máquinas que se usan para cambiar los decorados y para producir los efectos escénicos: *La tramoya de este teatro tiene muchas posibilidades.* **2** Enredo, intriga o trampa que se disponen de forma ingeniosa o disimulada: *Siempre andan con tramoyas para intentar engañar a la gente.*

tramoyista s.m. Persona que se dedica profesionalmente a diseñar, construir, montar o manejar las tramoyas de un teatro: *Es un buen tramoyista y no le falta trabajo.* □ MORF. Es de género común y exige concordancia en masculino o en femenino para señalar la diferencia de sexo: *el tramoyista, la tramoyista*.

trampa s.f. **1** Dispositivo o mecanismo para cazar, en el que la presa cae por descuido o por engaño: *Las ratoneras son trampas para cazar ratones.* **2** Engaño o treta para burlar o perjudicar a alguien: *La próxima vez no caeré en la trampa y no me dejaré engañar.* **3** Incumplimiento disimulado de una ley o una regla, pensando en el propio beneficio: *Hizo una trampa para pagar menos impuestos. No juego contigo porque haces trampas.*

trampero, ra s. Persona que pone trampas para cazar: *En esta zona hay muchos tramperos.*

trampilla s.f. Puerta o ventana pequeñas que se abren hacia arriba y que están situadas en el techo o en el suelo: *Para bajar al sótano hay que levantar esa trampilla que da acceso a una escalera.*

trampolín s.m. **1** Mecanismo o estructura que sirve para lanzar o impulsar un cuerpo: *Se lanzó de cabeza desde el trampolín de la piscina.* 👁 **gimnasio** **2** Lo que alguien utiliza para mejorar su posición o su situación: *Esa canción tan pegadiza fue el trampolín que te llevó a la fama.*

tramposo, sa adj./s. Que hace trampas: *Eres muy tramposo y siempre dices mentiras. No juego contigo porque eres una tramposa.*

tranca s.f. **1** Palo grueso y fuerte, esp. el que se pone como puntal o se atraviesa detrás de una puerta para asegurarla: *La puerta estaba asegurada con una tranca y los ladrones no pudieron forzarla.* **2** *col.* Borrachera: *Lleva tal tranca que no conoce ni a su madre.* **3** ‖ **a trancas y barrancas.** *col.* Con dificultades, superando muchos obstáculos o de forma intermitente: *Hizo los deberes a trancas y barrancas, pero los acabó.*

trancar v. Cerrar con una tranca o un cerrojo: *El último que entre que tranque la puerta.* □ ORTOGR. La *c* se cambia en *qu* delante de *e* →**SACAR**.

trancazo s.m. **1** *col.* Gripe: *Me he quedado en cama porque tengo un fuerte trancazo.* **2** Golpe fuerte: *Lo mató de un trancazo en la cabeza.*

trance s.m. **1** Momento difícil, crítico y decisivo por el que pasa alguien: *Debes superar el trance de la pérdida de tu hijo con entereza.* **2** Estado en el que un médium manifiesta fenómenos paranormales: *Cuando entro en trance, un espíritu se apodera de mi cuerpo y no soy consciente de lo que digo.*

tranquilidad s.f. **1** Sosiego, quietud o falta de agitación: *Me gusta dormir la siesta en la tranquilidad de las tardes veraniegas.* **2** Mansedumbre, falta de nerviosismo o de excitación: *Ante un peligro es capaz de mantener la tranquilidad.*

tranquilizante adj./s.m. Referido a una sustancia, esp. a un medicamento, que tiene efecto tranquilizador o sedante: *La tila es una hierba tranquilizante. Muchas enfermedades de origen nervioso se tratan con tranquilizantes.* □ MORF. Como adjetivo es invariable en género.

tranquilizar v. Poner tranquilo: *Tranquiliza a tu madre, que está muy nerviosa. Cuando te tranquilices hablaremos mejor.* □ ORTOGR. La *z* se cambia en *c* delante de *e* →**CAZAR**.

tranquilo, la adj. **1** Sosegado, quieto o sin agitación: *Tras los últimos desórdenes las calles permanecen tranquilas.* **2** Pacífico, sin nerviosismo o sin excitación: *No te devolvió la bofetada porque es un hombre muy tranquilo.*

trans- Prefijo que significa 'al otro lado' o 'a través de': *transcontinental, transmediterráneo, transalpino.* □ MORF. 1. Con el significado 1, puede adoptar la forma *tras-*: *trasalpino, trasmediterráneo*. 2. Cuando la base léxica a la que se añade comienza por *s-*, no se admite la forma *tras-*: **trasiberiano* › *transiberiano*.

transacción s.f. Trato, convenio o negocio: *Los abogados de ambas partes formularon los términos en los que se debería llevar a cabo la transacción.*

transatlántico, ca ▌adj. **1** Referido esp. al comercio o a un medio de locomoción, que atraviesa el Atlántico (océano situado entre las costas europeas, africanas y americanas): *Participará en una regata transatlántica.* ▌s.m. **2** Embarcación de grandes dimensiones destinada al transporte de pasajeros: *Hizo un crucero turístico en un lujoso transatlántico.* 👁 **embarcación** □ SEM. Es sinónimo de *trasatlántico*.

transbordador s.m. **1** Embarcación que hace el recorrido entre dos puntos, navegando en los dos sentidos, y que se utiliza para transportar viajeros y vehículos: *El transbordador sale alternativamente de una y otra orilla del río.* *ferri* 👁 **embarcación** **2** Aeronave espacial que se usa para transportar una carga al espacio y que despega verticalmente como un cohete y aterriza como un avión: *La misión de este transbordador es colocar en órbita un satélite de telecomunicaciones.*

transbordar v. En un viaje en ferrocarril o en metro, cambiar de línea o de vehículo; *trasbordar*: *Cuando lleguemos a la próxima estación tenemos que transbordar para coger el tren que nos interesa.*

transbordo s.m. En un viaje, cambio de línea, de ferrocarril o de metro; *trasbordo*: *Nos pasamos de estación y tuvimos que hacer transbordo para volver hacia atrás.*

transcendencia s.f. →**trascendencia.**

transcendental adj. →**trascendental.** □ MORF. Invariable en género.

transcender v. →**trascender.** □ MORF. Irreg.: La *e* de la raíz diptonga en *ie* en los presentes, excepto en las personas *nosotros* y *vosotros* →**PERDER**.

transcribir v. **1** Referido a algo que está escrito en un sistema de caracteres, escribirlo en otro sistema: *Un experto en paleografía transcribía los textos antiguos al lenguaje actual.* **2** Referido a algo que está escrito en una parte, copiarlo o escribirlo en otra: *Tienes que transcribir palabra por palabra el texto del libro.* □ MORF. Su participio es *transcrito*. □ SEM. Es sinónimo de *trascribir*.

transcripción s.f. **1** Representación de un escrito mediante un sistema de caracteres distinto al original: *Un traductor se encarga de la transcripción de los textos rusos al castellano.* **2** Representación de elementos lingüísticos mediante un determinado sistema de escritura: *'[kása]' es la transcripción fonética de 'casa'.* **3** Copia de un escrito: *Un error en la transcripción del documento produjo un malentendido entre las partes.* ☐ SEM. Es sinónimo de *trascripción*.

transcrito part. irreg. de **transcribir**. ☐ MORF. Incorr. **transcribido*. ☐ SEM. Es sinónimo de *trascrito*.

transculturación s.f. Recepción por parte de un grupo de formas de cultura de otro, que se adaptan de una forma más o menos completa; *transculturización: Con la llegada de los colonos europeos, en muchos países africanos se produjo una transculturación.*

transculturización s.f. →**transculturación**.

transcurrir v. Referido esp. al tiempo, desarrollarse o pasar de ser presente a pasado; *trascurrir: Los meses transcurrieron sin incidentes.*

transcurso s.m. Paso o desarrollo de un período de tiempo; *trascurso: El anciano comentaba que nadie detiene el transcurso del tiempo.*

transeúnte adj./s. **1** Que transita o que pasa por un lugar: *El policía pedía a las personas transeúntes que circularan y que no se detuvieran. Muchos transeúntes se detenían a contemplar los escaparates de la tienda.* **2** Que está de paso o que reside transitoriamente en un lugar: *La población transeúnte no suele integrarse en el municipio. Los transeúntes que viven en esta ciudad mandan sus votos por correo a los lugares en los que están censados.* ☐ MORF. 1. Como adjetivo es invariable en género. 2. Como sustantivo es de género común y exige concordancia en masculino o en femenino para señalar la diferencia de sexo: *el transeúnte, la transeúnte*.

transexual adj./s. Referido a una persona, que adquiere los caracteres sexuales del sexo opuesto mediante un tratamiento hormonal y quirúrgico: *Los hombres transexuales se someten a tratamientos hormonales. Desde niño, ese transexual quiso ser una mujer.* ☐ MORF. 1. Como adjetivo es invariable en género. 2. Como sustantivo es de género común y exige concordancia en masculino o en femenino para señalar la diferencia de sexo: *el transexual, la transexual*.

transferencia s.f. **1** Paso de un lugar a otro: *Los dos presidentes han llegado a un acuerdo para la transferencia del jugador.* **2** Remisión de una cantidad de dinero de una cuenta bancaria a otra: *He hecho una transferencia de doce euros de mi cuenta a la tuya.* **3** Cesión de un derecho, un dominio o una atribución a otra persona: *Su avanzada edad le hace pensar en la transferencia del negocio a alguno de sus hijos.* ☐ SEM. Es sinónimo de *trasferencia*.

transferir v. **1** Pasar de un lugar a otro: *Me han transferido a la sección de ropa infantil porque faltaba personal.* **2** Referido a fondos bancarios, remitirlos de una cuenta a otra: *He transferido los seiscientos euros que te debía a tu cuenta.* **3** Ceder a otra persona: *Ha transferido la presidencia de la empresa a su hijo.* ☐ MORF. Irreg. →**SENTIR**. ☐ SEM. Es sinónimo de *trasferir*.

transfiguración s.f. Transformación o cambio de la figura o del aspecto externo; *trasfiguración: Desde que te tocó la lotería la transfiguración que has sufrido es increíble.*

transfigurar v. Cambiar la figura o el aspecto exterior; *trasfigurar: Creyó ver un fantasma y se le transfiguró la cara.*

transformación s.f. **1** Cambio de aspecto o de costumbres: *La transformación de mi personalidad ha sido inmediata después de haberte conocido.* **2** Conversión de una cosa en otra: *El beso de la princesa logró la transformación de la rana en un príncipe.* **3** En rugby, introducción del balón entre los dos palos verticales y por encima del horizontal de la portería, impulsándolo con el pie, después de un ensayo: *Gracias a la transformación de ese jugador, mi equipo ganó el partido.* ☐ SEM. Es sinónimo de *trasformación*.

transformador s.m. Aparato que sirve para transformar una corriente eléctrica de un voltaje a otro; *trasformador: Si en tu casa la corriente es de 125 voltios, debes comprar un transformador para utilizar los aparatos de 220 voltios.*

transformar v. **1** Cambiar las costumbres o el aspecto: *La felicidad ha transformado tu cara.* **2** Referido a una cosa, convertirla en otra: *El frío intenso transformó el agua en hielo.* **3** En rugby, introducir el balón entre los palos verticales, por encima del horizontal de la portería, impulsándolo con el pie, después de un ensayo: *El equipo logró transformar y ahora tiene dos puntos más.* ☐ SEM. Es sinónimo de *trasformar*.

transformista s. Actor o payaso que cambia rapidísimamente de trajes y de personajes para interpretar: *Ese transformista en un momento puede pasar de ser un demonio a ser un vaquero.* ☐ MORF. Es de género común y exige concordancia en masculino o en femenino para señalar la diferencia de sexo: *el transformista, la transformista*.

transfusión s.f. Introducción de sangre o de plasma sanguíneo procedentes de una persona en el sistema circulatorio de otra; *trasfusión: En las transfusiones los grupos sanguíneos del donante y del receptor deben ser compatibles.*

transgredir v. Referido esp. a una ley, quebrantarla o violarla; *trasgredir: Los delincuentes son detenidos por transgredir las normas.*

transgresión s.f. Violación de un precepto, de una ley o de un estatuto; *trasgresión: Pasarse el semáforo en rojo es una transgresión del código de la circulación.*

transgresor, -a adj./s. Que comete una transgresión; *trasgresor: La policía ha cerrado varias empresas transgresoras de la ley del medio ambiente. Los transgresores de esta norma municipal serán multados.*

transiberiano, na ▮ adj. **1** Referido esp. al comercio o a un medio de locomoción, que atraviesan la región siberiana: *Hice un viaje transiberiano desde Moscú hasta Vladivostok.* ▮ s.m. **2** Tren que hace este recorrido: *El transiberiano recorre la vía férrea más larga del mundo.*

transición s.f. Paso de una situación o de una forma de ser a otra distinta: *El otoño marca la transición entre el calor del verano y el frío del invierno.*

transido, da adj. Fatigado o consumido por una angustia o una necesidad: *Lloraba transido de dolor.* ☐ SINT. Constr.: *transido* DE *algo*.

transigencia s.f. Tolerancia o aceptación de lo que no se considera justo, razonable o verdadero, para no discutir: *Si quieres que nos llevemos bien, trátame con transigencia.*

transigir v. Referido a algo que no se cree justo, razonable o verdadero, aceptarlo o consentirlo para poner fin a una discusión: *Con la mentira no transijo de ninguna manera.*

☐ ORTOGR. La *g* se cambia en *j* delante de *a, o* →**DIRIGIR**. ☐ SINT. Constr.: *transigir* EN *algo*.

transistor s.m. **1** Dispositivo electrónico de pequeño tamaño que sirve para rectificar y amplificar los impulsos eléctricos: *En los televisores, los transistores han sustituido a las antiguas lámparas.* **2** Aparato de radio provisto de estos dispositivos: *Oía los partidos de fútbol en el transistor.*

transitar v. Ir de un punto a otro por la vía pública: *Está prohibido que los coches transiten por las calles peatonales.*

transitividad s.f. Exigencia de complemento directo: *El verbo 'dar' se caracteriza por su transitividad.*

transitivo, va adj. En lingüística, referido esp. a un verbo o a una oración, que se construyen con complemento directo: *'Tomar' es un verbo transitivo. 'Como pan' es una oración transitiva.*

tránsito s.m. **1** Paso de un punto a otro por una vía pública: *Durante las fiestas estará prohibido el tránsito de vehículos por la plaza.* **2** Actividad o movimiento de personas y de vehículos: *Las calles del centro son ruidosas y de mucho tránsito.* **3** Paso o estancia: *Durante mi tránsito por esta empresa hice muchos amigos.*

transitoriedad s.f. Duración limitada de algo que no es definitivo: *El fontanero me avisó de la transitoriedad del arreglo de la tubería.*

transitorio, ria adj. Pasajero, temporal o que no es definitivo: *Desempeña la dirección de forma transitoria, hasta que regrese el director.*

translación s.f. →**traslación**.

translúcido, da adj. Referido a un cuerpo, que permite el paso de la luz sin dejar que se vean nítidamente los objetos; *traslúcido: Los cristales de la ventana de mi cuarto de baño son translúcidos.*

translucir v. →**traslucir.** ☐ MORF. Irreg.: Aparece una *z* delante de *c* cuando la siguen *a, o* →**LUCIR**.

transmediterráneo, a adj. Referido esp. al comercio o a un medio de locomoción, que atraviesan el Mediterráneo (mar situado entre las costas europeas, africanas y asiáticas); *trasmediterráneo: Tiene una empresa naviera que hace viajes transmediterráneos.*

transmigración s.f. Paso del alma de un cuerpo a otro tras la muerte; *trasmigración: La transmigración del alma se lleva a cabo según los merecimientos alcanzados en la existencia anterior.*

transmigrar v. Referido al alma, pasar de un cuerpo a otro tras la muerte; *trasmigrar: Las personas que creen en la rencarnación aseguran que al morir, el alma transmigra a otro cuerpo.*

transmisión s.f. **1** Traslado o transferencia de algo de un lugar a otro: *Los engranajes permiten la transmisión del movimiento.* **2** Emisión o difusión de un programa de radio o de televisión: *No quiere perderse la transmisión del partido de fútbol.* **3** Comunicación de una noticia o de un mensaje a otra persona: *El teléfono permite la transmisión de mensajes a larga distancia.* **4** Contagio de una enfermedad o de un estado de ánimo: *La higiene es muy importante para evitar la transmisión de enfermedades.* ☐ SEM. Es sinónimo de *trasmisión*.

transmisor, -a ▮ adj./s. **1** Que transmite o que puede transmitir: *Las garrapatas son transmisoras de enfermedades. El cobre es un buen transmisor de la electricidad.* ▮ s.m. **2** Aparato telefónico o telegráfico que transmite vibraciones o señales que son recogidas por el receptor: *El escalador se comunicaba con el campamento mediante un transmisor.*

transmitir v. **1** Trasladar, transferir o llevar de un lugar a otro: *Los ascendientes transmiten a sus descendientes los caracteres hereditarios.* **2** Referido a un programa, difundirlo o emitirlo a larga distancia: *Esta tarde transmiten por la televisión un concierto de música clásica.* **3** Referido a un mensaje o a una noticia, hacerlos llegar a alguien: *Si ves a tu hermano, transmítele mis saludos.* **4** Referido a una enfermedad o a un estado de ánimo, comunicarlos o pasarlos a otras personas: *El payaso transmitía su alegría a los niños. La gripe se transmite por el aire.* ☐ SEM. Es sinónimo de *trasmitir*.

transmutar v. Referido a una cosa, cambiarla o convertirla en otra; *trasmutar: Jesucristo realizó el milagro de transmutar el agua en vino.*

transparencia s.f. **1** Capacidad de un cuerpo para dejar pasar la luz y las imágenes a través de él: *La transparencia de las aguas dejaba ver claramente el fondo.* **2** Claridad o evidencia: *Los periodistas acusaban a los políticos de falta de transparencia informativa.* **3** Lámina transparente de acetato sobre la que aparece un texto o una imagen impresos o manuscritos, y que se proyecta sobre una superficie: *El profesor dibujaba las fórmulas químicas sobre una transparencia y las proyectaba.* **4** En el cine, fondo que se proyecta sobre una pantalla, y que se usa para llevar a un estudio imágenes del exterior: *Gracias a la transparencia parecía que el actor cabalgaba por el monte, cuando en realidad se había grabado en un estudio.* ☐ SEM. Es sinónimo de *trasparencia*.

transparentar v. **1** Referido a un cuerpo, permitir que se vea o se perciba algo a través de él: *Estas cortinas tan delgadas transparentan la luz.* **2** Dejar ver o mostrar: *Tus palabras transparentan el terror que sientes.* ☐ SEM. Es sinónimo de *trasparentar*.

transparente adj. **1** Referido a un cuerpo, que permite el paso de la luz y de las imágenes a través de él: *El agua es transparente.* **2** Claro, evidente o que se entiende sin dar lugar a dudas: *Sus intenciones son tan transparentes que no puede negarlas.* ☐ MORF. Invariable en género. ☐ SEM. Es sinónimo de *trasparente*.

transpiración s.f. Salida del líquido contenido en un cuerpo a través de sus poros; *traspiración: La transpiración permite regular la temperatura corporal.*

transpirar v. Referido a un cuerpo, pasar el líquido de su interior al exterior a través de su tegumento o de su piel; *traspirar: Cuando hace mucho calor las personas transpiran.*

transportador s.m. Círculo o semicírculo graduados que sirven para medir o trazar los ángulos de un dibujo geométrico; *trasportador: Mi transportador está graduado de 0 a 180 grados.*

transportar v. **1** Llevar de un lugar a otro: *Las mulas transportaban el equipaje de los exploradores.* **2** Enajenar el sentido, esp. por la pasión o por el éxtasis: *Esta maravillosa música me transporta.* ☐ SEM. Es sinónimo de *trasportar*.

transporte s.m. **1** Traslado de algo de un lugar a otro: *Los insectos realizan el transporte del polen de una flor a otra.* **2** Medio de locomoción que se utiliza para el traslado de un lugar a otro: *Siempre que puedo utilizo el transporte público.* ☐ SEM. Es sinónimo de *trasporte*.

transportista adj./s. Que se dedica a hacer transportes por un precio convenido: *Ha contratado a una empresa* *transportista para la mudanza. El mismo transportista que le trajo la lavadora se la instaló.* □ MORF. 1. Como adjetivo es invariable en género. 2. Como sustantivo es de género común y exige concordancia en masculino o en femenino para señalar la diferencia de sexo: *el transportista, la transportista.*

transpuesto, ta adj. →**traspuesto, ta.**

transvasar v. Referido a un líquido, pasarlo de un recipiente a otro; *trasvasar: Para transvasar el vino de las garrafas a las botellas uso un embudo.*

transvase s.m. Paso de un líquido de un recipiente a otro; *trasvase: El transvase del agua de un río a otro permite el abastecimiento de agua a zonas secas.*

transversal adj. **1** Que se halla o se extiende atravesado de un lado a otro: *La rama le hizo un corte transversal que iba de la oreja a la comisura del labio.* **2** Que se aparta o se desvía de la dirección principal o recta: *Cuando llegues a este punto tendrás que desviarte y coger una carretera secundaria transversal.* □ MORF. Invariable en género. □ SEM. Es sinónimo de *trasversal.*

tranvía s.m. Vehículo para el transporte urbano de viajeros, que se mueve por electricidad, circula por carriles y obtiene la energía de un tendido de cables: *En Amsterdan hay tranvía, metro y red de autobuses.*

trapatiesta s.f. →**zapatiesta.**

trapecio s.m. **1** Barra horizontal colgada de dos cuerdas por sus extremos, que se usa para ejercicios gimnásticos o circenses: *Bajo el trapecio hay una red de seguridad para evitar accidentes.* **2** En geometría, polígono de cuatro lados que solo tiene paralelos dos de ellos: *El trapecio es un cuadrilátero irregular.* **3** →**hueso trapecio. 4** En anatomía, cada uno de los dos músculos situados en la parte dorsal del cuello, que permite mover el hombro y girar e inclinar la cabeza: *El trapecio es propio de los vertebrados.*

trapecista s. Artista de circo que realiza ejercicios y acrobacias en el trapecio: *Todos mirábamos embobados la actuación del trapecista.* □ MORF. Es de género común y exige concordancia en masculino o en femenino para señalar la diferencia de sexo: *el trapecista, la trapecista.*

trapero, ra s. Persona que se dedica a recoger, comprar o vender trapos de desecho y otros objetos usados: *Un trapero recoge los trapos viejos que le dan los vecinos.*

trapezoidal adj. Con forma de trapecio o de trapezoide: *La finca tiene una forma trapezoidal, es decir, de cuadrado irregular.* □ MORF. Invariable en género.

trapezoide s.m. **1** En geometría, polígono de cuatro lados que no tiene ningún lado paralelo a otro: *Ese cuadrilátero irregular es un trapezoide, no un trapecio.* **2** →**hueso trapezoide.**

trapichear v. Negociar comprando o vendiendo mercancías al por menor, esp. si es de forma ilegal: *Si trapicheas con objetos robados te puedes meter en un lío.*

trapicheo s.m. *col.* Venta o compra de mercancías al por menor, esp. si es de forma ilegal: *No tiene trabajo, pero con sus trapicheos vive muy bien.*

trapillo ‖ **de trapillo.** *col.* Con vestido sencillo, habitual o de andar por casa: *No le gusta arreglarse mucho y siempre va vestido de trapillo.*

trapío s.m. *col.* Gallardía y buena planta de un toro de lidia: *Esa ganadería tiene toros de mucho trapío.*

trapisonda s.f. *col.* Riña o alboroto: *Vaya trapisonda que se armó en un momento.*

trapo s.m. **1** Trozo de tela viejo, roto o inútil: *Cuando las toallas están muy usadas las dejo como trapos.* **2** Paño o tela, esp. el que se usa para limpiar: *Seca los cuchillos y los tenedores con el trapo de cocina.* **3** *col.* Pieza de tela con vuelo, de color vivo, que se utiliza para torear; *capa, capote de brega: El toro embistió bien al trapo.* **4** ‖ **a todo trapo.** *col.* Muy deprisa: *Comí a todo trapo porque me esperaban.* ‖ **como un trapo. 1** *col.* Humillado o avergonzado: *Cuando se enteró de lo ocurrido, lo puso como un trapo.* **2** *col.* Muy cansado o agotado: *Después de un día de compras estoy como un trapo.* ‖ **sacar los trapos sucios.** *col.* Echar en cara las faltas y hacerlas públicas: *Contigo no quiero discutir porque enseguida sacas los trapos sucios.*

tráquea s.f. **1** En el sistema respiratorio de algunos vertebrados, parte de las vías respiratorias que va desde la laringe a los bronquios: *La tráquea lleva el aire a los pulmones.* **2** En los insectos y otros artrópodos, órgano respiratorio formado por conductos aéreos ramificados: *Las ramificaciones de la tráquea de los saltamontes comunican con el exterior por unos agujeros situados a los lados del cuerpo.*

traqueotomía s.f. En medicina, operación quirúrgica que consiste en hacer una abertura en la tráquea para comunicarla con el exterior y facilitar la respiración: *Te realizaron una traqueotomía de urgencia cuando vieron que te ahogabas.*

traquetear v. Moverse o agitarse repetidamente o de una parte a otra, produciendo un sonido característico: *El tren traqueteaba a lo lejos.*

traqueteo s.m. Movimiento repetitivo o de una parte a otra que produce un sonido característico: *Me dormí con el traqueteo del vagón.*

tras prep. Indica posterioridad en el espacio o en el tiempo: *Tras el invierno viene la primavera.*

tras- **1** →**trans-. 2** Prefijo que significa 'detrás de': *trastienda, trascoro, trascocina, trascorral.* □ MORF. Cuando la base léxica a la que se añade comienza por *s-*, solo puede añadirse la forma *trans-*: **trassiberiano › transiberiano.*

trasatlántico, ca adj./s.m. →**transatlántico, ca.** 👁 **embarcación**

trasbordar v. →**transbordar.**

trasbordo s.m. →**transbordo.**

trascendencia s.f. Gravedad o importancia; *transcendencia: El accidente fue leve y no tuvo trascendencia.*

trascendental adj. De gran importancia y gravedad, esp. por sus consecuencias; *transcendental: Está preocupado porque debe tomar una decisión trascendental para su futuro.* □ MORF. Invariable en género.

trascender v. **1** Referido a algo que estaba oculto, empezar a ser conocido o sabido: *No querían que el escándalo trascendiera y no informaron a la prensa.* **2** Comunicar o extender un efecto, produciendo consecuencias: *La huelga ha trascendido del ámbito laboral al político.* **3** Sobrepasar o superar: *Algunos filósofos defienden que el conocimiento puede trascender el ámbito de la experiencia empírica y afirman la existencia de un ser superior y distinto al mundo.* □ MORF. Irreg.: La *e* de la raíz diptonga en *ie*, excepto en las personas *nosotros* y *vosotros* →**PERDER.** □ SEM. Es sinónimo de *transcender.*

trascribir v. →**transcribir.** □ MORF. Su participio es *trascrito.*

trascripción s.f. →**transcripción.**

trascrito part. irreg. de **trascribir.** □ MORF. Incorr. **trascribido.* □ SEM. Es sinónimo de *transcrito.*

trascurrir v. →**transcurrir.**
trascurso s.m. →**transcurso.**
trasdós s.m. En un arco o en una bóveda, superficie que queda a la vista por su parte exterior: *El trasdós queda limitado por la propia estructura del arco o de la bóveda.* 👁 **arco**
trasegar v. **1** Cambiar de un lugar a otro, esp. líquidos de un recipiente a otro: *Trasegaremos este vino de la garrafa a las botellas.* **2** Referido a una bebida alcohólica, beberla en gran cantidad: *Terminará alcohólica de tanto trasegar licores. Se trasegó una botella de vino él solo.* □ ORTOGR. Aparece una *u* después de la *g* cuando le sigue *e.* □ MORF. Irreg.: La *e* diptonga en *ie* en los presentes, excepto en las personas *nosotros* y *vosotros* →**REGAR.**
trasero, ra ▌adj. **1** Que está, queda o viene de atrás: *En la parte trasera de la furgoneta lleva las herramientas.* ▌s.m. **2** *col.* Culo: *El practicante le puso una inyección en el trasero.*
trasferencia s.f. →**transferencia.**
trasferir v. →**transferir.** □ MORF. Irreg. →**SENTIR.**
trasfiguración s.f. →**transfiguración.**
trasfigurar v. →**transfigurar.**
trasfondo s.m. Lo que está o aparece detrás del fondo visible de algo, esp. de una acción humana: *Sabía que detrás de aquella inusual amabilidad se escondía un trasfondo de interés.*
trasformación s.f. →**transformación.**
trasformador s.m. →**transformador.**
trasformar v. →**transformar.**
trasfusión s.f. →**transfusión.**
trasgredir v. →**transgredir.**
trasgresión s.f. →**transgresión.**
trasgresor, -a adj./s. →**transgresor, -a.**
trashumancia s.f. Pastoreo estacional en el que el ganado se traslada desde las zonas de pastos de invierno a las de verano y viceversa: *La trashumancia de las ovejas se realizaba a pie por las cañadas, pero hoy se hace en tren o en camiones.*
trashumante adj. Referido al ganado, que realiza la trashumancia: *El ganado trashumante pasa los veranos en las zonas montañosas y el invierno en las zonas llanas.*
trasiego s.m. **1** Cambio de lugar de una cosa, esp. un líquido de un recipiente a otro: *Cuando llegue el momento del trasiego de vinos tendrás que ayudarme.* **2** Ajetreo, jaleo o movimiento continuo de muchas gente: *Estuve observando el trasiego de gente a la salida del metro.*
traslación s.f. Movimiento de los astros a lo largo de su órbita; *translación: El movimiento de traslación de la Tierra tiene lugar alrededor del Sol.*
trasladar v. **1** Llevar o cambiar de un lugar a otro: *Le ayudé a trasladar la mesa a la otra habitación.* **2** Traducir o pasar de una lengua a otra: *Este gran traductor se encargará de trasladar el libro del español al alemán.* **3** Referido a un escrito, copiarlo o reproducirlo: *Al trasladar el texto del libro a los folios han cometido varios errores.* **4** Referido a una persona, cambiarla de un puesto o de un cargo a otros de la misma categoría: *Me han trasladado a la sección de deportes porque lo he pedido.* **5** Referido esp. a una reunión o a una cita, retrasar o anticipar su celebración: *He trasladado la cita del médico porque hoy no podía ir.*
traslado s.m. **1** Cambio de algo de un lugar a otro: *He contratado a una empresa para el traslado de mis muebles.* **2** Cambio de un puesto de trabajo a otro de la misma categoría: *He pedido el traslado a otra sucursal por motivos personales.*
traslúcido, da adj. →**translúcido, da.**
traslucir v. Manifestar o dejar ver; *translucir: Tu cara deja traslucir la tristeza. De lo que me cuentas se trasluce que tu vecino no te cae bien.* □ MORF. Irreg: Aparece una *z* delante de la *c* cuando la siguen *a, o* →**LUCIR.**
trasluz ‖ **al trasluz.** Referido a la forma de mirar un objeto, colocándolo entre el ojo y la luz: *Si miras la hoja al trasluz podrás ver que tiene un dibujo grabado.*
trasmallo s.m. Red de pesca formada por tres redes superpuestas, de las cuales la central es la más tupida: *El trasmallo permite una clasificación de la pesca en función de su tamaño.* 👁 **pesca**
trasmano ‖ **a trasmano. 1** Fuera del alcance de la mano: *Acércame esa silla, que a mí me queda a trasmano.* **2** En un lugar apartado o fuera de la ruta que se sigue: *Si mi casa te pilla a trasmano, no vengas a recogerme.*
trasmediterráneo, a adj. →**transmediterráneo, -a.**
trasmigración s.f. →**transmigración.**
trasmigrar v. →**transmigrar.**
trasmisión s.f. →**transmisión.**
trasmitir v. →**transmitir.**
trasmundo s.m. Mundo fantástico o imaginario: *Los sueños forman parte de un trasmundo que no comprendemos bien.*
trasmutar v. →**transmutar.**
trasnochado, da adj. Pasado de moda o sin novedad ni originalidad: *Esas antiguas teorías están ya trasnochadas.*
trasnochar v. Pasar la noche o parte de ella sin dormir: *Los sábados trasnocho porque salgo de juerga.*
traspapelar v. Referido esp. a un documento, confundirse o desaparecer entre otros o del lugar en el que se encontraba: *He traspapelado la factura y no la encuentro.*
trasparencia s.f. →**transparencia.**
trasparentar v. →**transparentar.**
trasparente adj. →**transparente.** □ MORF. Invariable en género.
traspasar v. **1** Pasar o llevar de un sitio a otro: *Ha traspasado los muebles a la otra habitación para poder pintar sin mancharlos.* **2** Cruzar o pasar a la otra parte: *La tinta del rotulador ha traspasado el papel.* **3** Referido a un cuerpo, pasarlo o atravesarlo con un arma o con un instrumento: *La bala le traspasó el corazón.* **4** Referido al derecho o al dominio que se tiene sobre algo, cederlos en favor de otra persona: *Traspasó sus bienes a su hijo.* **5** Referido esp. a una norma, transgredirla o quebrantarla: *Lo multaron por traspasar la velocidad permitida en esa carretera.* **6** Referido esp. a un dolor, llenar totalmente o hacerse sentir profundamente: *La pena me traspasó el corazón.*
traspaso s.m. **1** Traslado de algo de un lugar a otro: *He solicitado el traspaso a otra sección de la empresa.* **2** Cesión del dominio o del derecho que se tienen sobre algo en favor de otra persona: *Con lo que ha cobrado por el traspaso del bar ha puesto otro negocio.*
traspié s.f. **1** Resbalón o tropezón: *Si andas de espaldas vas a dar un traspié y te vas a caer.* **2** Error, equivocación o fallo: *Otro traspié más y me echan del trabajo.*
traspiración s.f. →**transpiración.**
traspirar v. →**transpirar.**
trasplantar v. **1** Referido a una planta, trasladarla del lugar en el que estaba plantada a otro lugar: *Tengo que trasplantar estas margaritas a un tiesto mayor.* **2** En me-

dicina, referido a un órgano, introducirlo en el cuerpo de un individuo para sustituir al equivalente enfermo: *Le trasplantaron el riñón de una persona muerta en un accidente.* **3** Referido esp. a ideas o movimientos culturales, introducirlos en un lugar diferente al de origen: *Los españoles que fueron a América trasplantaron allí muchas costumbres europeas.*

trasplante s.m. **1** Traslado de una planta del lugar en el que estaba plantada a otro distinto: *Si haces el trasplante fuera de época puedes matar la planta.* **2** En medicina, introducción de un órgano sano en un individuo para sustituir otro equivalente enfermo: *Están experimentando el trasplante de corazón de mandril en las personas.*

trasportador s.m. →**transportador.**

trasportar v. →**transportar.**

trasporte s.m. →**transporte.**

traspuesto, ta adj. Medio dormido; *transpuesto: Me quedé traspuesta viendo la tele.*

trasquilar v. **1** Cortar el pelo de forma desigual: *No vuelvo a esa peluquería porque me han trasquilado.* **2** Referido a un animal, esp. a una oveja, cortarle el pelo o la lana; *esquilar: En verano, el pastor trasquila a las ovejas y vende la lana.*

trasquilón s.m. Corte desigual de pelo: *¿Quién te ha hecho esos trasquilones en el pelo?*

trastada s.f. *col.* Travesura o acción mala de poca importancia: *Estos niños solo saben hacer trastadas.*

trastazo s.m. Golpe o porrazo más o menos fuertes: *Se ha dado tal trastazo contra una farola que la ha torcido.*

traste s.m. **1** En una guitarra o en otros instrumentos semejantes, cada uno de los salientes de metal, hueso u otro material, colocados horizontalmente a lo largo del mástil, y que sirven para facilitar al ejecutante el pisado de las cuerdas.: *Las cuerdas de la guitarra se oprimen con los dedos sobre los espacios que quedan entre los trastes.* **2** →**trasto.** **3** ‖ **(dar) al traste con** algo. Echarlo a perder: *La lluvia dio al traste con la excursión.* ‖ **irse** algo **al traste.** Fracasar totalmente: *Mis planes y proyectos se fueron al traste cuando caíste enfermo.*

trastero, ra adj./s.m. Referido a habitación o cuarto, que está destinado para guardar trastos u objetos de poco uso: *Mi casa tiene un cuarto trastero en el sótano. Guarda la bicicleta en el trastero.*

trasto ▮ s.m. **1** Mueble, aparato o utensilio, esp. si son viejos, inútiles o no se usan: *El desván está lleno de trastos.* **2** Lo que resulta demasiado grande o estorba mucho: *¿Pero dónde quieres meter ese trasto si no te cabe en la habitación?* **3** Persona muy inquieta, traviesa o inútil: *Esta niña es un trasto que no me deja hacer las cosas.* ▮ pl. **4** Utensilios o herramientas de una actividad: *Libros, papel y bolígrafos son los trastos del estudiante.* **5** ‖ **tirarse los trastos a la cabeza.** *col.* Discutir violentamente: *No sabéis discutir y siempre acabáis tirándoos los trastos a la cabeza.* ☐ SEM. En las acepciones 1, 2 y 3, es sinónimo de *traste.*

trastocar v. **1** Referido a algo con un orden o un desarrollo determinados, trastornarlo, cambiarlo o alterar su orden: *Este incidente trastoca mis plantes.* **2** Referido a una persona, trastornar o perturbar su razón: *El accidente lo trastocó y ha perdido la razón. Se trastocó a raíz de una enfermedad nerviosa.* ☐ ORTOGR. La *c* se cambia en *qu* delante de *e* →**SACAR.**

trastornar v. **1** Referido a algo con un orden o un desarrollo determinados, cambiarlo o alterar su orden: *La huelga de tren trastorna mis planes.* **2** Referido a una persona, causarle grandes molestias: *Si no te trastorna mucho, recógeme a la salida.* **3** Referido a una persona, alterar o perturbar su sentido, su consciencia, su conducta o su razón: *El amor te ha trastornado. Se trastornó cuando perdió a su hijo.*

trastorno s.m. **1** Cambio o alteración del orden o del desarrollo de algo: *Una de las causas de los trastornos climatológicos es el enfriamiento de la Tierra.* **2** Molestia o perturbación grandes porque generalmente suponen la alteración de un plan: *Me supone un gran trastorno llevar a los niños a tu casa.* **3** Alteración leve de la salud: *El exceso de trabajo produce trastornos nerviosos.*

trasunto s.m. Imitación exacta, imagen o representación de algo: *La novela es el trasunto de las costumbres decimonónicas.*

trasvasar v. →**transvasar.**

trasvase s.m. →**transvase.**

trasversal adj. →**transversal.** ☐ MORF. Invariable en género.

trata s.f. **1** Tráfico o comercio de personas: *La trata era algo habitual hasta el siglo XVIII.* **2** ‖ **trata de blancas.** La que se realiza con mujeres: *La trata de blancas tiene como fin la prostitución.*

tratable adj. Que se puede o se deja tratar fácilmente: *Es un gato tratable y cariñoso.* ☐ MORF. Invariable en género.

tratadista s. Persona que escribe tratados u obras sobre determinada materia: *Todos los tratadistas de historia consideran que el descubrimiento de América cambió el mundo.* ☐ MORF. Es de género común y exige concordancia en masculino o en femenino para señalar la diferencia de sexo: *el tratadista, la tratadista.*

tratado s.m. **1** Obra que trata sobre una materia determinada: *Ha escrito un tratado sobre historia medieval.* **2** Acuerdo sobre un asunto, esp. el que atañe a dos o más Estados: *Hicieron un tratado por el que se comprometen a respetar sus fronteras actuales.*

tratamiento s.m. **1** Comportamiento o manera de portarse, de proceder o de hablar con una persona o un animal; *trato: Todos merecemos un tratamiento respetuoso.* **2** Fórmula de cortesía o manera de dirigirse a alguien según su categoría social, su sexo, su edad u otras características: *'Majestad', 'señora', 'caballero' son distintos tratamientos.* **3** Modo de trabajar una materia para su transformación: *El tratamiento de las aguas residuales permite aprovecharlas para el riego.* **4** Sistema curativo que se aplica para eliminar una enfermedad: *El enfermo responde al tratamiento y mejora.*

tratante s. Persona que se dedica profesionalmente a la compra de género o de animales para su venta posterior: *Hablaré con un tratante de vacas para comprarle una.* ☐ MORF. Es de género común y exige concordancia en masculino o en femenino para señalar la diferencia de sexo: *el tratante, la tratante.*

tratar v. **1** Referido a una persona o a un animal, portarse o proceder con ellos de la manera que se expresa: *Te trataré como si fueras mi hijo. Trátame con cariño.* **2** Referido a un objeto, utilizarlo o manejarlo de la manera que se expresa: *Te dejo la cámara de vídeo, pero trátala bien.* **3** Referido a una persona, hablar y tener relación con ella: *Por su negocio trata a muchas personas. No me trato con nadie porque nadie me aguanta.* **4** Referido a una persona, darle el tratamiento que se indica: *No me trates de tú.* **5** Referido a un asunto, analizarlo, discutirlo o estudiarlo: *En la reunión trataremos el asunto del aparcamiento.* **6** Referido esp. a un asunto o una idea, hablar sobre ellos o tenerlos como tema: *El libro trata sobre el hambre mundial.* **7** Referido a una sustancia, someterla a la acción de otra: *El agua de las piscinas se trata con cloro.* **8** Referido esp. a algo que se desea o se debe hacer, intentar conseguirlo o intentar lograrlo: *Trato de estar a gusto en cualquier lugar.* **9** Administrar o aplicar un tratamiento curativo: *Quiero que me trate el mejor médico.* **10** Comerciar o comprar y vender: *Ese librero trata en libros y documentos antiguos.* □ SINT. 1. Constr. de la acepción 3: *tratar(se)* CON *alguien*. 2. Constr. de la acepción 6: *tratar* {ACERCA DE/DE/SOBRE} *algo*. 3. Constr. de la acepción 8: *tratar* DE *hacer algo*. 4. Constr. de la acepción 10: tratar EN algo.

trato s.m. **1** Comportamiento o forma de portarse, de proceder o de hablar con una persona o un animal; *tratamiento: No le des al perro un trato tan cruel.* **2** Manera de usar o manejar algo: *Los coches le duran mucho porque les da muy buen trato.* **3** Relación o comunicación con una persona: *Ya no tengo trato con él.* **4** Tratado o acuerdo sobre un asunto entre dos o más personas: *Hicimos un trato, pero tú no has cumplido tu parte.* **5** ‖ **trato carnal.** Relación sexual: *Sus padres no aceptan el trato carnal fuera del matrimonio.*

trauma s.m. **1** Choque emocional o sentimiento muy fuerte que deja una impresión negativa y duradera en el subconsciente: *Tiene problemas mentales por algún trauma infantil que desconocemos.* **2** *col.* Impresión fuerte, duradera y negativa: *Tengo un trauma enorme porque soy el culpable de tu fracaso.*

traumar v. *col.* →**traumatizar.**

traumático, ca adj. **1** Del traumatismo o relacionado con él: *El traumatólogo es un médico especializado en lesiones traumáticas.* **2** Que produce un trauma: *La contemplación del accidente fue algo traumático para el niño.*

traumatismo s.m. Lesión de los tejidos causada por agente mecánico, esp. por un golpe: *El accidentado sufrió traumatismo craneal, pero no fue grave.*

traumatizar v. Producir un trauma: *La muerte de sus padres cuando él era niño lo traumatizó. No te traumatices por el accidente y trata de superarlo.* □ ORTOGR. La *z* se cambia en *c* delante de *e* →**CAZAR.** □ MORF. Incorr. **traumar.* □ USO En la lengua coloquial se usa mucho la forma *traumar.*

traumatología s.f. Parte de la medicina que estudia y trata los traumatismos y sus efectos: *Es una doctora especializada en traumatología.*

traumatólogo, ga s. Médico especializado en traumatología: *El traumatólogo me recomendó reposo absoluto hasta que me deje de doler el tobillo.*

trávelin s.m. **1** En cine, vídeo y televisión, desplazamiento horizontal que la cámara realiza sobre una plataforma para filmar en movimiento: *El trávelin se utiliza para seguir a los actores en sus desplazamientos.* **2** Plano rodado por medio de este desplazamiento: *La primera secuencia de la película era un trávelin de la calle.* □ SEM. Dist. de *barrido* (recorrido que realiza la cámara enfocando desde un punto fijo). □ USO Es innecesario el uso del anglicismo *travelling.*

travelling (anglicismo) s.m. →**trávelin.** □ PRON. [trábelin].

través ‖ **a través de** algo. **1** De un lado a otro de ello: *La luz pasa a través de la cortina.* **2** Por entre ello: *El sol se filtraba a través de las ramas de los árboles.* **3** Por medio o por intermedio de ello: *Algunas enfermedades se transmiten a través de la sangre.*

travesaño s.m. **1** Pieza de madera o de hierro que atraviesa de una parte a otra: *Dos travesaños unen las patas de la mesa.* **2** En una portería, palo superior y horizontal que une los dos postes; *larguero: El tiro del delantero dio en el travesaño y luego salió fuera del campo.*

travesía s.f. **1** Calle estrecha que atraviesa entre dos calles principales: *Vivo en una travesía que va a dar a la calle principal.* **2** Viaje por mar o por aire: *No pude dormir en el avión y se me hizo un poco pesada la travesía.* **3** Parte de una carretera que queda dentro del casco de una población: *Cuando se circula por una travesía hay que reducir la velocidad del coche.*

travesti o **travestí** s. Persona que viste con ropas propias del sexo contrario; *travestido: En este espectáculo actúa un travesti que parodia a cantantes folclóricas.* □ MORF. Aunque el plural de *travestí* en la lengua culta es *travestíes*, también se usa *travestís.*

travestido, da adj./s. Referido a una persona, que viste con ropas propias del sexo contrario: *Iba tan bien arreglado que no podía creer que fuera un hombre travestido de mujer. En esta calle hay muchos travestidos por la noche.* □ SEM. Como sustantivo es sinónimo de *travesti* y *travestí.*

travesura s.f. Hecho o dicho propios de una persona traviesa: *Su última travesura ha sido esconderse en un armario.*

travieso, sa ▮ adj. **1** Referido esp. a un niño, revoltoso, que no se está quieto o que enreda mucho: *¡Qué traviesa eres, mira que esconderle las gafas a mamá!* ▮ s.f. **2** Cada una de las piezas que se atraviesan en una vía férrea para asentar sobre ellas los raíles: *Antes las traviesas eran de madera, pero ahora son de hierro y de hormigón.*

trayecto s.m. **1** Espacio que se recorre o que puede recorrerse de un punto a otro: *Compré el periódico en un quiosco que hay a mitad de trayecto entre mi casa y la oficina.* **2** Recorrido o desplazamiento que se hacen por este espacio: *Si te mareas durante el trayecto, avísamelo y paro el coche.*

trayectoria s.f. **1** Línea descrita en el espacio por un punto que se mueve: *Me quedé mirando la trayectoria de un águila que volaba.* **2** Evolución o desarrollo de algo en cierta actividad y a lo largo del tiempo: *En estas cinco películas se puede comprobar la trayectoria de ese actor.*

traza s.f. **1** Apariencia, aspecto, modo o figura: *Este libro tiene trazas de ser bueno.* **2** Huella, vestigio o señal: *En la mesa había trazas de una gran merienda.*

trazado s.m. **1** Diseño que se hace para la construcción de un edificio o de otra obra: *Los ingenieros están realizando el trazado de la nueva autopista.* **2** Recorrido o dirección de una vía de comunicación sobre el terreno: *Esa carretera es peligrosa porque tiene un trazado muy irregular y con muchas curvas.* **3** Delineación o dibujo de trazos: *El niño ya domina el trazado de las letras.*

trazar v. **1** Hacer trazos: *Traza un triángulo y señala su hipotenusa.* **2** Referido esp. a un plan, discurrirlo y disponerlo para conseguir algo: *He trazado un plan de viaje muy variado para el fin de semana.* □ ORTOGR. La *c* se cambia en *z* delante de *e* →**CAZAR.**

trazo s.m. Línea o raya que se escribe o dibuja: *Es tan buen dibujante que con pocos trazos te pinta un maravilloso palacio.*

trébol ▮ s.m. **1** Planta herbácea anual, de hojas compuestas por tres hojuelas casi redondeadas y con flores blancas o moradas en cabezuelas apretadas: *Dicen que los tréboles de cuatro hojuelas traen buena suerte.* ▮ pl. **2** En la baraja francesa, palo que se representa con una o varias hojas de esta planta: *Necesito el as y el siete de tréboles para completar el solitario.* 👁 **baraja**

trece ▮ numer. **1** Número 13: *No lo pude comprar porque me faltaban trece euros. Para los supersticiosos, el trece da mala suerte.* ▮ s.m. **2** Signo que representa este número: *Los romanos escribían el trece como 'XIII'.* **3** ‖ **{mantenerse/seguir} en sus trece.** Persistir o mantener a toda costa una opinión o idea: *Aunque le digas que no se hace así, él sigue en sus trece y lo hará como él dice.* ☐ MORF. 1. Como numeral es invariable en género y en número. 2. →APÉNDICE DE PRONOMBRES.

treceavo, va numer. Referido a una parte, que constituye un todo junto con otras doce iguales a ella: *De todo lo que entra para el examen me sabré una treceava parte. Si somos trece tocaremos a un treceavo de tarta cada uno.* ☐ MORF. →APÉNDICE DE PRONOMBRES.

trecho s.m. Espacio o distancia de lugar o de tiempo: *Llevamos andado un buen trecho y aún no se ve la fuente.*

tregua s.f. **1** Suspensión de hostilidades, durante determinado tiempo, entre los enemigos que están en guerra: *Los contendientes han firmado una tregua de dos semanas.* **2** Descanso o interrupción temporal de una acción: *Necesitamos una tregua para reponer fuerzas y despejarnos antes de continuar con la reunión.*

treinta ▮ numer. **1** Número 30: *Tiene treinta días para presentar la reclamación. El treinta es mi número favorito.* ▮ s.m. **2** Signo que representa este número: *Los romanos escribían el treinta como 'XXX'.* ☐ MORF. 1. Como numeral es invariable en género y en número. 2. →APÉNDICE DE PRONOMBRES.

treintañero, ra adj./s. *col.* Referido a una persona, que tiene más de treinta años y menos de cuarenta: *Sus amigos son treintañeros y solteros como él. Dices que tu madre tiene casi cincuenta años, pero tiene aspecto de treintañera.*

treintavo, va numer. Referido a una parte, que constituye un todo junto a otras veintinueve iguales a ella: *Solo han aprobado una treintava parte de los alumnos matriculados. Ha calculado que un treintavo de lo que gana se lo gasta en tabaco.* ☐ MORF. →APÉNDICE DE PRONOMBRES.

treintena s.f. Conjunto de treinta unidades: *Su clase está formada por una treintena de alumnos.*

trekking (anglicismo) s.m. Actividad deportiva que consiste en recorrer a pie zonas agrestes o de difícil tránsito: *A unos amigos míos les encanta el trekking y llevan varios días haciendo excursiones por los Picos de Europa.* ☐ PRON. [trékin]. ☐ USO Su uso es innecesario y puede sustituirse por *senderismo*.

tremebundo, da adj. Horrendo, que espanta o que hace temblar: *Había unas colas tremebundas para sacar las entradas del concierto.*

tremendo, da adj. **1** Terrible o digno de ser temido: *Ten cuidado de no molestarme porque cuando me enfado soy tremendo.* **2** Muy grande, excesivo o extraordinario: *Me llevé un susto tremendo cuando entré en la habitación y no vi al bebé en la cuna.* **3** ‖ **tomarse** algo **a la tremenda.** Darle demasiada importancia: *No te tomes ese fallo a la tremenda porque no es tan grave.*

trementina s.f. Jugo casi líquido, pegajoso, de buen olor y sabor picante, que se obtiene de árboles como el pino, el abeto y el alerce: *La trementina se emplea principalmente en la industria de pinturas y barnices como disolvente.*

trémulo, la adj. **1** Tembloroso o que tiembla: *Me dijo con voz trémula que la dejara sola para descansar.* **2** Que tiene un movimiento o una agitación semejantes al temblor: *Las caras adquirían siniestros rasgos a la trémula luz de la vela.*

tren s.m. **1** Medio de transporte que circula sobre raíles, formado por varios vagones arrastrados por una locomotora; *ferrocarril: Los primeros trenes llevaban locomotoras de vapor.* **2** Conjunto de instrumentos, de máquinas y de útiles que se emplean para realizar una misma operación o servicio: *Llevé el coche a lavar al tren de lavado de esa estación de servicio.* **3** Ostentación, pompa, grandeza y lujo con los que se vive: *Ahora no trabajo y no puedo llevar el tren de vida que tenía antes.* **4** ‖ **a todo tren. 1** Sin reparar en gastos o con mucho lujo y ostentación: *Decidimos hacer un viaje y lo hicimos a todo tren, en los mejores hoteles y con los mejores medios.* **2** A gran velocidad: *Para que el producto pueda venderse la próxima temporada tenemos que trabajar a todo tren para acabarlo.* ‖ **estar como un tren.** *col.* Referido a una persona, ser muy atractiva: *La mayoría de los actores están como un tren.* ‖ **para parar un tren.** *col.* En gran abundancia: *En la celebración había comida para parar un tren.* ‖ **tren de alta velocidad.** El que puede superar los doscientos kilómetros por hora y que tiene un ancho de vía más estrecho que el normal: *En un tren de alta velocidad se viaja como si se fuera en avión.* ‖ **(tren) {exprés/expreso}.** El de viajeros que solo se detiene en las estaciones principales del trayecto y que circula a gran velocidad: *Cuando fui a París tomé el tren expreso Madrid-Hendaya.* ‖ **(tren) rápido.** El que lleva mayor velocidad que el expreso: *Cogí el tren rápido para ir a Zaragoza.*

trena s.f. *col.* Cárcel: *Estuvo dos años en la trena por robo.*

trenca s.f. Prenda de abrigo con capucha y con unos botones en forma de cilindros alargados que se abrochan en una serie de presillas: *Prefiere llevar trenca a llevar abrigo para ponerse la capucha si llueve.*

trencilla s.f. Galón trenzado de seda, de algodón o de lana, que se usa generalmente como adorno de una tela: *La chaqueta es roja con una trencilla de seda negra en los bordes.* 👁 **pasamanería**

trenza s.f. **1** Conjunto de tres o más mechones que se entretejen cruzándolos alternativamente; *trenzado: Mi madre me ha hecho una trenza para que no lleve el pelo suelto.* 👁 **peinado** **2** Bollo que tiene la forma de este tejido y que suele estar recubierto de azúcar: *Tomaremos dos cafés con leche, una trenza y un suizo.*

trenzado s.m. **1** →**trenza.** 👁 **peinado** **2** En danza, salto ligero en el que los pies baten rápidamente uno contra otro, cruzándose: *La agilidad del bailarín se puso de manifiesto en la elevación de sus saltos y trenzados.*

trenzar v. Hacer trenzas: *Mamá, trénzame el pelo, que ya me voy al colegio.* ☐ ORTOGR. La *z* se cambia en *c* delante de *e* →**CAZAR.**

trepa s. *col.* Persona ambiciosa que solo aspira a conseguir un puesto más importante o una posición social más elevada: *Esa trepa consiguió el puesto que te iban a dar a ti porque dijo que el éxito de la campaña era suyo.* ☐ MORF. Es de género común y exige concordancia en masculino o en femenino para señalar la diferencia de sexo: *el trepa, la trepa.* ☐ USO Tiene un matiz despectivo.

trepanación s.f. Perforación del cráneo con fines curativos o de diagnóstico: *Se han encontrado muestras de que algunas civilizaciones antiguas realizaban trepanaciones.*

trepanar v. Referido esp. al cráneo, perforarlo o hacerle un orificio con fin curativo o para realizar un diagnóstico: *Los antiguos trepanaban los cráneos de los enfermos para intentar curarlos.*

trepar v. **1** Referido a un lugar alto o poco accesible, subir a él valiéndose o ayudándose de los pies y de las manos: *De niño trepaba a los árboles.* **2** Referido a una planta, crecer y subir agarrándose a un árbol o a otra superficie por medio de algún órgano: *Plantó madreselva para que trepara por las paredes exteriores de su casa.* **3** *col.* Conseguir un puesto más importante o una posición social más elevada con ambición y sin escrúpulos: *No tienes escrúpulos y solo te interesas mi amistad mientras te sirva para trepar en el trabajo.*

trepidante adj. Rápido, vivo o fuerte: *Vimos una película de espías de acción trepidante.* □ MORF. invariable en género.

tres ▌ numer. **1** Número 3: *He pasado tres días en el campo. Solo iremos tres, porque los demás no tienen vacaciones.* ▌ s.m. **2** Signo que representa este número: *Los romanos escribían el tres como 'III'.* **3** ‖ **de tres al cuarto.** *col.* De muy poco valor: *Se ha metido en un negocio de tres al cuarto, y no va a salir de pobre.* ‖ **ni a la de tres.** *col.* De ningún modo: *No soy capaz de resolver este problema ni a la de tres.* □ MORF. 1. Como numeral es invariable en género y en número. 2. →APÉNDICE DE PRONOMBRES.

trescientos, tas ▌ numer. **1** Número 300: *Hemos mandado trescientas invitaciones. De quinientos exámenes ya he corregido unos trescientos.* ▌ s.m. **2** Signo que representa este número: *Los romanos escribían el trescientos como 'CCC'.* □ MORF. 1. Como numeral es invariable en número. 2. Incorr. *página {*trescientos › trescientas}*. 3. →APÉNDICE DE PRONOMBRES.

tresillo s.m. Sofá de tres plazas o conjunto de un sofá y dos butacas que hacen juego: *Nos sentamos en el tresillo para tomar el café después de comer.*

treta s.f. Lo que se hace con habilidad y astucia para conseguir algo, esp. para engañar a alguien: *Me engañó con otra de sus tretas diciéndome que se iba a la biblioteca a estudiar, y se fue al cine.* □ SEM. Es sinónimo de *ardid*, *artimaña* y *astucia*.

tri- Elemento compositivo que significa 'tres': *tricentenario, tricolor, trilateral, trilingüe, trimotor, tricéfalo.*

tríada s.f. Conjunto de tres seres o de tres unidades, estrecha o especialmente vinculados entre sí: *Anunciaban la película la tríada de adjetivos 'diferente, divertida y buena'.*

trial s.m. Prueba de motociclismo de habilidad, en la que los participantes corren por terrenos accidentados, montañosos o con obstáculos preparados para dificultar más el recorrido: *Las motos de trial tienen ruedas y suspensión especiales.*

triangular ▌ adj. **1** De forma de triángulo o que tiene semejanza con él: *El frontón de algunos templos griegos son triangulares.* ▌ v. **2** Disponer o mover de modo que se forme un triángulo: *El base triangula el balón con los aleros para que el pívot pueda cruzar la zona.* **3** En topografía, fijar tres o más puntos en el terreno para que sirvan de referencia al trazar un plano o mapa: *Para realizar los planos topográficos de España, primero se trianguló la superficie del país, estableciendo los vértices que determinan su forma.* □ MORF. Como adjetivo es invariable en género.

triángulo s.m. **1** Figura geométrica formada por tres líneas o lados que se cortan mutuamente formando tres ángulos: *Las señales de tráfico que advierten un peligro tienen forma de triángulo.* **2** Instrumento musical de percusión, formado por una varilla metálica doblada en forma triangular y con un extremo abierto, que se toca suspendiéndolo en el aire y golpeándolo con una varilla: *El triángulo produce un sonido más agudo cuanto menor sea su tamaño.* 👁 **percusión 3** ‖ **triángulo acutángulo.** El que tiene los tres ángulos agudos: *En un triángulo acutángulo ningún ángulo puede ser mayor de 90°.* ‖ **triángulo amoroso.** Relación amorosa en la que participan tres personas: *La película trata del triángulo amoroso formado por los tres protagonistas y de lo que sucede cuando se descubre la relación.* ‖ **triángulo equilátero.** El que tiene los tres lados iguales: *Dos triángulos equiláteros unidos forman un rombo.* ‖ **triángulo escaleno.** El que tiene los tres lados desiguales: *La hoja de algunos cuchillos es un triángulo escaleno.* ‖ **triángulo obtusángulo.** El que tiene uno de sus ángulos obtuso: *Uno de los ángulos de un triángulo obtusángulo debe medir más de 90°.*

triásico, ca ▌ adj. **1** En geología, del primer período de la era secundaria o mesozoica o de los terrenos que se formaron en él: *En estos terrenos triásicos se han hecho varias prospecciones petrolíferas.* ▌ adj./s.m. **2** En geología, referido a un período, que es el primero de la era secundaria o mesozoica: *Al principio del período triásico el clima era cálido, pero a medida que avanzaba se transformó en fresco y húmedo.*

triatlón s.m. Competición deportiva de atletismo que consta de tres carreras, una de natación, una ciclista y otra a pie: *Los atletas de triatlón son deportistas muy completos.*

tribal adj. De una tribu o relacionado con ella: *Muchas sociedades primitivas tienen una organización tribal.* □ MORF. Invariable en género.

tribalismo s.m. Organización social basada en la tribu: *En las sociedades primitivas es frecuente el tribalismo.*

tribu s.m. **1** Organización social, política y económica que unifica a un grupo de personas, generalmente con un mismo origen, que tienen un mismo jefe y que comparten creencias y costumbres: *La tribu es una organización social primitiva.* **2** *col.* Grupo numeroso de personas con alguna característica común: *En las grandes ciudades hay una diversa multitud de tribus urbanas.*

tribulación s.m. **1** Dificultad o situación adversa o desfavorable: *Durante la guerra su vida estuvo llena de tribulaciones.* **2** Preocupación, disgusto, pena o sufrimiento moral: *¡Cuántas tribulaciones me hacen pasar estos hijos míos!* □ SEM. Es sinónimo de *atribulación*.

tribuna s.f. **1** Plataforma elevada, generalmente con una barandilla, para hablar o poder ver desde ella: *Vimos el desfile desde la tribuna.* **2** Medio de comunicación desde el que se expresa una opinión: *Esa revista es la tribuna de los inconformistas.* **3** En un campo de deporte, localidad preferente: *Tengo entradas de tribuna para el partido de baloncesto.*

tribunal s.m. **1** Persona o conjunto de personas legalmente autorizadas para administrar justicia y dictar sentencias: *El tribunal es un órgano colegiado y el juzgado es un órgano unipersonal. El Tribunal Supremo tiene el* *poder de confirmar o revocar las sentencias de otros tribunales.* **2** Edificio o lugar donde este grupo de personas ejercen o administran justicia y dictan sentencias: *El abogado se dirigía al tribunal desde su bufete.* **3** Conjunto de personas autorizadas para valorar algo y emitir un juicio sobre ello: *El tribunal del concurso me ha concedido el premio.*

tribuno s.m. En la antigua Roma, magistrado elegido por el pueblo que tenía la facultad de poner veto a las resoluciones del Senado: *Los tribunos podían proponer plebiscitos.*

tributar v. **1** Pagar un tributo: *Todos los ciudadanos tributamos al pagar los impuestos.* **2** Referido a una muestra de reconocimiento, ofrecerla o manifestarla como prueba de respeto, de agradecimiento o de admiración: *Te admiro y te tributo el mayor de los respetos.*

tributario, ria ▮ adj. **1** Del tributo o relacionado con él: *Todos los ciudadanos tenemos deberes tributarios con el Estado.* ▮ adj./s. **2** Que paga tributo o está obligado a pagarlo: *Como persona tributaria, tengo derecho a beneficiarme de los servicios públicos. Todos los tributarios participan en las cargas públicas de un Estado.*

tributo s.m. **1** Lo que ha de pagar un ciudadano al Estado o a otro organismo para sostener los gastos públicos: *Todos los ciudadanos debemos pagar los tributos que nos correspondan por ley.* **2** En el feudalismo, lo que el vasallo debía entregar a su señor como reconocimiento de su señorío: *Los siervos medievales solían pagar los tributos en especies.* **3** Manifestación de reconocimiento como muestra de respeto, de admiración o de agradecimiento: *Compondré un poema como tributo a tu belleza.* **4** Carga u obligación que impone el uso o el disfrute de algo: *La pérdida de la intimidad es el tributo que se paga por la fama.*

tríceps s.m. →**músculo tríceps.** ☐ ORTOGR. Aunque es palabra llana terminada en *s*, debe llevar tilde. ☐ MORF. Invariable en número. 👁 **bíceps**

triceratops s.m. Reptil herbívoro del grupo de los dinosaurios que existió en la era secundaria y tenía dos cuernos sobre los ojos y otro sobre el morro: *Los triceratops se alimentaban de materias vegetales muy duras que desgastaban mucho sus dientes.* ☐ MORF. Invariable en número. 👁 **dinosaurio**

triciclo s.m. Vehículo de tres ruedas, dos traseras y una delantera, esp. el que se mueve mediante dos pedales: *Los pedales del triciclo van sobre la rueda delantera.*

triclinio s.m. En las antiguas Grecia y Roma, diván en el que se reclinaban las personas para comer: *Los griegos y romanos de la Antigüedad comían recostados en triclinios.*

tricolor adj. De tres colores: *La bandera francesa es tricolor.* ☐ MORF. Invariable en género.

tricornio s.m. **1** Sombrero de ala doblada de modo que forma tres picos: *La guardia civil española lleva tricornio.* 👁 **sombrero** **2** *col.* Miembro de la guardia civil: *Una pareja de tricornios vigilaba la casa.*

tricot s.m. Tejido de punto, esp. de lana: *Su madre le confeccionó un jersey de tricot.* ☐ PRON. [trikót]. ☐ USO Es un galicismo innecesario que puede sustituirse por *punto* o *punto de lana*.

tricotar v. Hacer punto; tejer: *A mi madre le gusta tricotar mientras ve la televisión.*

tricotosa s.f. Máquina para hacer tejido de punto: *No me compro ningún jersey porque los hago con la tricotosa.*

tricúspide s.f. →**válvula tricúspide.** 👁 **corazón**

tridente s.m. Especie de arpón de tres dientes: *Dibujó un demonio con un tridente.*

tridimensional adj. Con las tres dimensiones espaciales de altura, anchura y largura: *El mundo físico es tridimensional.* ☐ MORF. Invariable en género.

trienal adj. **1** Que dura tres años: *Un trienio es un período trienal.* **2** Que tiene lugar cada tres años: *Saldaremos nuestras deudas con pagas trienales.* ☐ MORF. Invariable en género.

trienio s.m. **1** Período de tiempo de tres años: *En el reinado de Fernando VII hubo un trienio, entre 1820 y 1823, durante el que se aplicó la constitución de Cádiz.* **2** Incremento económico que se obtiene sobre el sueldo o sobre el salario por cada tres años trabajados: *Lleva treinta años en la empresa y cobra ya diez trienios.*

trifásico, ca adj. Referido a un sistema eléctrico, que tiene tres corrientes eléctricas alternas iguales, procedentes del mismo generador, y cuyas fases se distancian entre sí un tercio de ciclo: *Este generador produce corriente trifásica.*

trifoliado, da adj. Referido esp. a una planta, que tiene hojas compuestas de tres hojuelas: *Los tréboles son plantas trifoliadas.*

trifulca s.f. *col.* Riña o pelea entre dos o más personas, esp. si se hace con mucho alboroto: *Se armó una trifulca terrible entre hinchas de equipos rivales.*

trigal s.m. Campo sembrado de trigo: *Los trigales son característicos en el paisaje castellano.*

trigémino s.m. Nervio craneal que sensibiliza la mayor parte de la cara y actúa sobre los músculos masticadores: *Tiene parálisis de trigémino y no puede mover la mandíbula.*

trigésimo, ma numer. **1** En una serie, que ocupa el lugar número treinta: *Fui la trigésima alumna en apuntarme a ese curso. Soy el trigésimo de los nietos de mis abuelos.* **2** Referido a una parte, que constituye un todo junto con otras veintinueve iguales a ella: *Ahora mismo solo podría pagar una trigésima parte de lo que cuesta ese piso. Se calcula que un trigésimo de la población ha acudido ya a votar.* ☐ MORF. 1. *Trigésima primera* (incorr. **trigésimo primera*), etc. 2. →APÉNDICE DE PRONOMBRES.

triglifo s.m. En un friso dórico, elemento ornamental con forma de rectángulo saliente con tres pequeños canales o estrías verticales: *Los triglifos se alternan con las metopas.*

trigo s.m. **1** Cereal de tallo hueco y espigas terminales compuestas de cuatro o más hileras de granos, de los que se obtiene la harina: *El trigo es de color dorado cuando está listo para segarse.* 👁 **cereal** **2** Grano de este cereal: *El pan se hace con harina de trigo.* **3** ‖ **no ser trigo limpio.** *col.* No ser tan claro u honesto como parece: *Esos chicos no son trigo limpio y no me gusta que vayas con ellos.* ‖ **(trigo) candeal.** El que tiene aristas, espiga cuadrada, recta y granos ovales: *Del trigo candeal se obtiene una harina muy blanca.*

trigonometría s.f. Parte de las matemáticas que estudia las relaciones existentes entre los lados y los ángulos de un triángulo: *En la lección de trigonometría hemos estudiado el seno, el coseno y la tangente de los ángulos.*

trigueño, ña adj. De color moreno dorado parecido al trigo maduro: *Tiene los ojos negros y la piel trigueña.*

triguero, ra adj. **1** Del trigo o relacionado con él: *Este año ha aumentado la producción triguera.* **2** Que se cría o vive entre el trigo: *Los espárragos trigueros son verdes.*

trilero, ra s. *col.* Persona que dirige el juego de apuestas de los triles, generalmente con la intención de quedarse con el dinero del que juega: *Ningún trilero dejará que ganes tú.*

triles s.m.pl. *col.* Juego de apuestas que consiste en adivinar en qué lugar de los tres posibles está el objeto que previamente ha sido mostrado: *Los triles son un juego callejero ilegal.*

trilita s.f. Producto sólido de color amarillento, tóxico e inflamable, que se utiliza principalmente como explosivo; *trinitrotolueno: Utilizaron trilita para volar una roca.*

trilla s.f. **1** Hecho de triturar y desmenuzar un cereal, esp. el trigo, para separar el grano de la paja: *La trilla se efectúa en verano.* **2** Tiempo en que se realiza esta faena: *La trilla era una época alegre en la que los niños se lo pasaban bien.*

trilladora s.f. Máquina para trillar cereales, esp. el trigo: *La trilla se realiza actualmente con trilladoras en vez de trillos.*

trillar v. **1** Referido a un cereal, esp. al trigo, triturarlo para separar el grano de la paja: *Antes se trillaba con los trillos el trigo extendido en la era.* **2** *col.* Estar muy utilizado o ser muy común y muy conocido: *Quiero hacer un estudio de un tema que no esté muy trillado.*

trillizo, za adj./s. Que ha nacido de un parto triple: *Las tres chicas de ese grupo musical son hermanas trillizas. Cuando la madre supo que iba a tener trillizos se asustó un poco.*

trillo s.m. Instrumento utilizado para trillar cereales formado por un tablón con trozos cortantes incrustados en la parte que está en contacto con el suelo, y sobre el que iba una persona dirigiendo al animal que tiraba de él: *El trillo sirve para desgranar el cereal al pasar sucesivas veces sobre él.*

trilobites s.m. Artrópodo marino fósil de cuerpo ovalado y aplanado, dividido en tres regiones y recorrido a lo largo por dos surcos: *Los trilobites vivieron en el mar en el paleozoico.* ☐ MORF. Invariable en número.

trilogía s.f. Conjunto de tres obras diferentes de un mismo autor que constituyen una unidad: *Ese escritor acaba de publicar una novela que es la primera parte de una trilogía.*

trimestral adj. **1** Que tiene lugar cada tres meses: *En el colegio tenemos exámenes trimestrales.* **2** Que dura tres meses: *Tengo un contrato trimestral y dentro de tres meses quizá me lo renueven.* ☐ MORF. Invariable en género.

trimestre s.m. **1** Período de tiempo de tres meses: *El curso académico se divide en tres trimestres.* **2** Conjunto de números de una publicación, publicados durante tres meses: *La información que necesitas la encontrarás en el primer trimestre de esa revista.*

trimotor s.m. Avión provisto de tres motores: *Volamos en un trimotor.*

trinar v. **1** Referido a un pájaro o a una persona, hacer quiebros o cambios de voz con la garganta; *gorjear: Se oía trinar a los jilgueros en el jardín.* **2** Referido a una persona, manifestar o sentir gran enfado o impaciencia: *Está que trina por el golpe que le han dado en el coche.*

trincar v. **1** *col.* Referido a una persona, cogerla, detenerla o atraparla: *Me trincó mi madre fumando en el cuarto de baño.* **2** *col.* Robar: *Trincó un par de libros de la biblioteca y al salir sonó la alarma.* **3** *col.* Referido a una bebida, tomarla: *Trincó él solo toda la jarra de sangría. Se trincó de un trago la botella de agua.* ☐ ORTOGR. La *c* se cambia en *qu* delante de *e* ⟶**SACAR**.

trinchar v. Referido a la comida, partirla en trozos para servirla: *Trincha el asado y sírvelo con la salsa.*

trinchera s.f. **1** Zanja defensiva, más o menos larga, que permite disparar a cubierto del enemigo: *Cuando llovía las trincheras se convertían en un barrizal.* **2** Gabardina de aspecto militar: *Ponte la trinchera porque llueve.*

trinchero s.m. Mueble bajo de comedor que se utiliza principalmente para trinchar sobre él los alimentos y para guardar los utensilios de servicio de la mesa: *El camarero sacó los platos del trinchero para ponerlos en la mesa.*

trineo s.m. Vehículo provisto de patines o esquíes en lugar de ruedas, para deslizarse sobre la nieve o el hielo: *Los perros que tiraban del trineo estaban agotados.*

trinitario, ria ▌adj./s. **1** Referido a un monje o a una monja, que pertenece a la Trinidad (orden religiosa aprobada y confirmada a finales del siglo XII), o relacionado con ella: *Los monjes trinitarios se dedicaban a rescatar cautivos. Los trinitarios liberaron a muchos cristianos prisioneros de los musulmanes.* ▌s.f. **2** Planta herbácea de jardín, con flores de cinco pétalos redondeados y de tres colores: *He sembrado unas trinitarias que florecerán en primavera.* **3** Flor de esta planta: *Las trinitarias tienen los pétalos de tres colores.* ☐ SEM. En las acepciones 2 y 3, es sinónimo de *pensamiento*.

trinitrotolueno s.m. Producto sólido de color amarillento, tóxico e inflamable, que se utiliza principalmente como explosivo; *trilita: El trinitrotolueno es un potente explosivo.* ☐ MORF. Se usa más la sigla *TNT*.

trino s.m. Canto o voz de algunos pájaros; *gorjeo: Se oían los trinos de un canario.*

trinquete s.m. **1** En una embarcación de vela, palo más cercano a la proa: *La tempestad partió el trinquete.* **2** Vela que se cuelga de este palo: *El trinquete estaba henchido de aire.*

trío s.m. **1** Conjunto formado por tres elementos: *Sus tres hijos forman un trío de hermanos muy simpáticos.* **2** Composición musical escrita para tres instrumentos o para tres voces: *Ha compuesto un bonito trío para oboe, violín y viola.* **3** Conjunto formado por este número de instrumentos o de voces; *terceto: El concierto correrá a cargo de un trío formado por un pianista, un violín y un violonchelo.*

tripa ▌s.f. **1** *col.* En el cuerpo humano o en el de otros mamíferos, parte comprendida entre el tórax y la pelvis, en la que se sitúa la mayor parte de los aparatos digestivo y reproductor; *abdomen, vientre: Se puso la mano en la tripa, sobre el ombligo, porque le dolía.* **2** *col.* Intestino: *Los chorizos se hacen de carne picada embutida en una tripa de cerdo.* **3** *col.* En una persona, abultamiento que se forma en esa parte del cuerpo, esp. si es por acumulación de grasa: *Haz gimnasia para rebajar tripa.* ▌pl. **4** Lo interior de algunas cosas: *Tiró el reloj al suelo y se le salieron las tripas.* **5** ‖ **hacer de tripas corazón.** Esforzarse por soportar algo: *Si no te gustan los garbanzos, haz de tripas corazón y cómelos.* ‖ **qué tripa se le ha roto** a alguien. *col.* Expresión que se usa para indicar extrañeza o desagrado por algo inoportuno o urgente: *Me ha vuelto a llamar, ¿qué tripa se le habrá roto ahora?* ‖ **revolver** algo o alguien **las tripas.** Producir disgusto o repugnancia: *Esa comida tan aceitosa me revuelve las tripas.* ☐ SEM. En las acepciones 1 y 3, es sinónimo de *barriga*.

tripanosoma s.m. Microrganismo flagelado y parásito que es productor de enfermedades infecciosas: *Los tripanosomas son protozoos que suelen vivir en medios líquidos como la sangre humana.*

a b c d e f g h i j k l m n ñ o p q r s t u v w x y z

tripartito, ta adj. Dividido en tres partes, órdenes o clases, o formado por ellos: *Se celebrará una reunión tripartita entre Gobierno, sindicatos y empresarios.*

tripear v. *col.* Comer con glotonería: *¡Deja ya de tripear, que te vas a poner como una vaca!*

tripero, ra adj./s. *col.* Referido a una persona, que come mucho o con glotonería: *No eres tan tripero como tu hermano, pero también comes mucho. En esa familia de triperos, me extraña que sobre comida.*

tripi s.m. *col.* En el lenguaje de la droga, dosis de ácido alucinógeno: *Los tripis son dosis del ácido llamado 'LSD'.* ☐ ORTOGR. 1. Es un anglicismo (*trip*) adaptado al español. 2. Se usa también *tripis*.

tripis s.m. *col.* →**tripi.**

triple ▮ numer. **1** Que consta de tres o que es adecuado para tres: *El trapecista hizo un triple salto mortal con red.* ▮ adj./s.m. **2** Referido a una cantidad, que es tres veces mayor: *Se consiguió una recaudación triple de la prevista. Tienes que entrenar el triple si quieres ser el mejor.* ▮ s.m. **3** En baloncesto, enceste que se realiza desde una distancia superior a un límite fijado y que vale tres puntos: *En el baloncesto español, los triples se lanzan desde una distancia de 6,25 metros o más.* ☐ MORF. Como pronombre: 1. Como adjetivo es invariable en género. 2. →APÉNDICE DE PRONOMBRES.

triplicado ‖ **por triplicado.** En tres ejemplares: *Los cuentos deberán ser enviados al jurado por triplicado y acompañados de un sobre cerrado con los datos del autor.*

triplicar v. Multiplicar por tres o hacer tres veces mayor: *Si le sale bien el negocio, triplicará las ganancias del año pasado.* ☐ ORTOGR. La *c* se cambia en *qu* delante de *e* →**SACAR.**

trípode s.m. Armazón de tres pies que se utiliza como soporte: *Fijó la cámara fotográfica en el trípode y puso el automático para salir él también en la foto.* 👁 **química**

tripón, -a adj./s. *col.* →**tripudo, da.**

tríptico s.m. **1** Pintura, grabado o relieve distribuidos en tres hojas, unidas de modo que las dos laterales puedan doblarse sobre la central: *Son famosos los trípticos flamencos del Renacimiento.* **2** Libro o tratado que consta de tres partes: *El estudio es un tríptico, con una primera parte de introducción, otra de análisis y una final de conclusiones.*

triptongo s.m. Conjunto de tres vocales que se pronuncian en una misma sílaba: *En la última sílaba de 'cambiéis' hay un triptongo.*

tripudo, da adj./s. Que tiene mucha tripa; *tripón: Se ha puesto tan tripudo que casi es tan ancho visto de frente como de perfil. He visto a una tripuda que parecía embarazada.*

tripulación s.f. Conjunto de personas encargadas de conducir una embarcación o un vehículo aéreo, o de prestar servicio en ellos: *Señores pasajeros, el comandante, en nombre de toda la tripulación, les desea un feliz vuelo.*

tripulante s. Miembro de una tripulación: *Los tripulantes de aviación son personal altamente especializado.* ☐ MORF. Es de género común y exige concordancia en masculino o en femenino para señalar la diferencia de sexo: *el tripulante, la tripulante.*

tripular v. Referido a una embarcación o a un vehículo aéreo, conducirlos o prestar servicio en ellos: *El piloto que tripula el avión es experimentado y con muchas horas de vuelo.*

triquina s.f. Gusano parásito, cuya larva se enquista en los músculos de algunos mamíferos y puede producir la triquinosis en las personas: *El hombre puede contraer la triquinosis al comer carne de cerdo infestada por la triquina.*

triquinosis s.f. Enfermedad producida por la invasión de larvas de triquina que penetran en las fibras musculares, y que se manifiesta con fiebre alta, desarreglos intestinales y dolores muy agudos: *La triquinosis puede llegar a producir parálisis musculares y la muerte de una persona.* ☐ MORF. Invariable en número.

triquiñuela s.f. *col.* Rodeo, recurso o artimaña de los que se sirve alguien para salvar una dificultad o para conseguir un fin: *Ese chico se sabe todas las triquiñuelas para conseguir de la gente lo que quiere.*

triquitraque s.m. Serie de golpes que producen ruido: *Cuando acunas al bebé, me adormece el triquitraque que hace la cuna.*

trirreme s.m. Antigua embarcación con tres filas de remos a cada lado: *Las legiones romanas se desplazaban por mar en trirremes.* 👁 **embarcación** ☐ MORF. Se usa también como femenino.

tris ‖ **en un tris de.** *col.* A punto de: *Me enfadé tanto que estuve en un tris de mandarlo todo a la porra.* ‖ **un tris.** *col.* Muy poco o casi nada: *Faltó un tris para que metieras la pata.*

triscar v. Retozar o dar saltos de un lugar a otro de manera alegre o juguetona: *Cerca del rebaño, un par de corderos triscaban alegres por el monte.* ☐ ORTOGR. La *c* se cambia en *qu* delante de *e* →**SACAR.**

trisílabo, ba adj./s.m. De tres sílabas, esp. referido a un verso: *'Tripudo' es una palabra trisílaba. Un trisílabo acentuado en su primera sílaba es una palabra esdrújula.*

triste adj. **1** Con pena, melancolía o tristeza: *Estoy triste porque no me habéis esperado.* **2** Que produce pena, melancolía o tristeza: *Es una película muy triste que me hizo llorar.* **3** Infeliz, funesto o desgraciado: *Ese actor pereció en un triste accidente.* **4** Doloroso o difícil de soportar: *Un mendigo me dijo que era triste pedir, pero que peor era robar.* **5** Insignificante, insuficiente o escaso: *No sé cómo puede mantenerse con un sueldo tan triste.* **6** Que debiera producir alegría, pero no la produce: *Las tiendas de campaña son un triste cobijo para los refugiados que no tienen vivienda.* **7** Referido a una persona, de carácter melancólico: *Eres un hombre triste y jamás te he visto sonreír.* ☐ MORF. Invariable en género.

tristeza s.f. **1** Sentimiento o estado melancólico en el que no se tiene ni ilusiones ni ánimo para vivir o hacer cosas y en el que generalmente se tiende al silencio o al llanto: *Me habló de su pasado con tristeza y amargura.* **2** Conjunto de características de lo que produce este sentimiento: *La tristeza de sus palabras me deprimió.*

tristón, -a adj. Con un poco de tristeza: *¿Qué te pasa, que te noto tristona?*

tritón s.m. **1** Anfibio parecido a la lagartija, pero más grande, de piel granulosa y de color pardo con manchas negruzcas en el lomo y rojizas en el vientre: *El tritón habita en lagos y charcas.* **2** Ser mitológico marino con cuerpo de hombre de cintura para arriba y de pez de cintura para abajo: *En la mitología clásica, los tritones eran deidades.* 👁 **mitología** ☐ MORF. En la acepción 1, es un sustantivo epiceno y la diferencia de sexo se señala mediante la oposición *el tritón {macho/hembra}.*

trituradora s.f. Máquina que sirve para triturar: *En la carnicería tienen una trituradora para picar carne.*

triturar v. **1** Referido a algo sólido, desmenuzarlo o partirlo en trozos pequeños, pero sin convertirlo en polvo: *Con las muelas trituramos los alimentos.* **2** Referido a algo que se examina o se considera, rebatirlo y censurarlo minuciosamente y de forma inequívoca: *Trituró sus argumentos uno a uno.* **3** *col.* Vencer o derrotar por completo: *Nuestro equipo ha triturado al vuestro por una diferencia de seis goles.*

triunfal adj. Del triunfo: *Al vencedor de la prueba le ponen una corona de laurel como símbolo triunfal.* □ MORF. Invariable en género.

triunfalismo s.m. Actitud de seguridad en uno mismo y de superioridad sobre los demás basada en una confianza excesiva en la propia valía: *El triunfalismo de esa persona la hace odiosa para la mayoría.*

triunfalista adj./s. Que tiene o manifiesta una excesiva seguridad y confianza en sí mismo: *Tras el premio obtenido tiene un sentimiento triunfalista que lo distancia de los demás. Dijo con soberbia que el futuro es de los triunfalistas.* □ MORF. 1. Como adjetivo es invariable en género. 2. Como sustantivo es de género común y exige concordancia en masculino o en femenino para señalar la diferencia de sexo: *el triunfalista, la triunfalista.*

triunfar v. **1** Quedar victorioso: *Nuestros atletas han triunfado en numerosas pruebas.* **2** Tener éxito: *Eres muy inteligente y triunfarás.* **3** En algunos juegos de cartas, ser el triunfo: *¿Qué triunfa? Triunfan oros.*

triunfo s.m. **1** Victoria sobre un contrario o rival: *Obtendremos el triunfo en la final porque somos los mejores.* **2** Éxito o resultado perfecto en algo: *Considero a la familia como un triunfo en la vida.* **3** En algunos juegos de naipes, palo de la baraja o carta de este palo, que tiene más valor que los otros: *Tengo el as del triunfo y con ella haré una baza segura.* **4** Lo que sirve de trofeo y acredita una victoria o el éxito: *Tiene sus triunfos ordenados en una vitrina.* **5** ‖ **costar** algo **un triunfo.** Costar un gran esfuerzo: *Me ha costado un triunfo conseguir un aumento de sueldo.*

triunvirato s.m. **1** En la antigua Roma, gobierno ejercido por tres personas: *El primer triunvirato fue ejercido en Roma por César, Pompeyo y Craso, en el año 60 a.C.* **2** Junta o grupo de tres personas: *La empresa la dirige un triunvirato formado por el dueño, el jefe de personal y el gerente.*

trivalente adj. **1** Que tiene un triple valor: *Le pusimos al bebé una vacuna trivalente contra el tétanos, la difteria y la tosferina.* **2** Referido a un elemento, que funciona con tres valencias: *El azufre es un elemento químico trivalente al poder actuar con valencias 2, 4 y 6.* □ MORF. Invariable en género.

trivial adj. Que carece de importancia o de interés, esp. por ser algo ordinario o común: *Charlamos sobre moda, peinados y otros asuntos triviales.* □ MORF. Invariable en género.

trivializar v. Referido esp. a un asunto, quitarle importancia o no dársela: *No debes trivializar los temas relacionados con la pobreza mundial.* □ ORTOGR. La *z* se cambia en *c* delante de *e* →**CAZAR**.

triza s.f. **1** Trozo pequeño de algo: *Las trizas del plato roto quedaron por el suelo.* **2** ‖ **hacer(se) trizas. 1** Destruir completamente o romper en pedazos menudos: *El plato cayó al suelo y se hizo trizas.* **2** Referido esp. a una persona, herirla o lastimarla gravemente: *Sus continuos reproches me hacen trizas.*

trocar v. **1** Modificar, alterar o convertir en algo distinto: *El premio que me dieron consiguió trocar mi tristeza en alegría. Mi mala suerte se trocó en buena y ahora lo tengo todo.* **2** Intercambiar o cambiar: *En las sociedades primitivas trocaban productos agrícolas por objetos artesanos. Me troqué en el autocar con el señor de al lado porque me gusta ir junto a la ventanilla.* □ ORTOGR. La *c* se cambia en *qu* delante de *e*. □ MORF. Irreg.: La *o* diptonga en *ue* en los presentes, excepto en las personas *nosotros* y *vosotros* →**VOLCAR**.

trocear v. Referido a un todo, dividirlo en trozos: *Si quieres que la tortilla llegue para todos, tendrás que trocearla mucho.*

troche ‖ **a troche y moche.** *col.* →**a trochemoche.**

trochemoche ‖ **a trochemoche.** *col.* De forma disparatada, sin consideración, o sin orden ni medida: *Se puso a dar golpes a trochemoche.* □ ORTOGR. Se admite también *a troche y moche.*

trofeo s.m. **1** Objeto que se da como recuerdo o como premio de una victoria o de un triunfo: *El capitán del equipo recibió el trofeo de manos del presidente de la federación.* **2** Monumento, insignia u objeto que recuerda un triunfo o una victoria: *La piel de tigre, los colmillos de elefante y la cabeza de jabalí son sus más preciados trofeos de caza.*

troglodita adj./s. Que habita en cavernas: *Los hombres del Paleolítico eran trogloditas. En las paredes de algunas cuevas hay pinturas hechas por los trogloditas que las habitaron.* □ MORF. 1. Como adjetivo es invariable en género. 2. Como sustantivo es de género común y exige concordancia en masculino o en femenino para señalar la diferencia de sexo: *el troglodita, la troglodita.*

trola s.f. *col.* Mentira: *Como cuenta tantas trolas ya nadie le cree.*

trole s.m. **1** En un vehículo de tracción eléctrica, pértiga de hierro que le transmite la corriente del cable conductor tomándola mediante una polea o un arco que lleva en su extremo: *Los antiguos tranvías tomaban la electricidad por el trole.* **2** →**trolebús.**

trolebús s.m. Vehículo de tracción eléctrica con gran capacidad que se utiliza para el transporte de personas, que circula sin carriles, y que toma la corriente de un cable aéreo: *El trolebús no contamina la ciudad.* □ MORF. En la lengua coloquial se usa mucho la forma *trole.*

trolero, ra adj./s. *col.* Mentiroso: *No me creo ni la mitad porque eres muy trolero. A los troleros se les termina por no creer nunca.*

trolley s.m. Mochila o maleta con un asa y con ruedas que hacen más fácil su manejo: *Algunos estudiantes llevan todos sus libros a clase en un trolley.* □ PRON. [trólei]. □ MORF. Su plural es *trolleys.*

tromba s.f. **1** Columna de agua que se eleva desde el mar con movimiento giratorio por efecto de un torbellino atmosférico: *Los ciclones levantan trombas en el mar.* **2** Gran cantidad de algo que se produce en poco tiempo: *Como te portes mal te va a caer una tromba de palos.* **3** ‖ **en tromba.** De golpe y con fuerza: *Todos los jugadores se lanzaron en tromba tras el balón.* ‖ **tromba (de agua).** Chubasco intenso, repentino y muy violento: *Una tromba de agua inundó varios sótanos de la ciudad. Me cayó una tromba de agua cuando venía en bicicleta.*

trombo s.m. Coágulo de sangre en el interior de un vaso sanguíneo: *La formación de trombos impide que el riego sanguíneo se produzca con normalidad.*

a b c d e f g h i j k l m n ñ o p q r s t u v w x y z

tromboflebitis s.f. Inflamación de las venas con formación de trombos: *Le operaron de una pierna porque tenía tromboflebitis en ella.* ☐ MORF. Invariables en número.

trombón s.m. **1** Instrumento musical de viento, de la familia de los metales, parecido a una trompeta grande, y que está formado por un doble tubo cilíndrico en forma de 'U' que termina en un pabellón acampanado: *Existen distintas clases de trombón, que responden a las voces de tenor, contralto y bajo.* 👁 **viento 2** ‖ **trombón de varas.** El que posee un tubo móvil que se desliza dentro del otro, alargando o acortando la columna de aire que vibra y modificando así la altura del sonido: *El trombón de varas es la forma más antigua del trombón y data del siglo XV.*

trombosis s.f. Formación de un trombo en el interior de un vaso sanguíneo: *Murió a consecuencia de una trombosis cerebral.* ☐ MORF. Invariable en número.

trompa s.f. **1** Instrumento musical de viento, de la familia de los metales, formado por un tubo enroscado circularmente y que va ensanchándose desde la boquilla al pabellón: *Algunas trompas están provistas de pistones para obtener los diferentes sonidos.* 👁 **viento 2** En algunos animales, prolongación muscular, gruesa y elástica de su nariz: *El elefante cogía los cacahuetes con la trompa.* **3** Lo que tiene aproximadamente esta forma: *La trompa de Eustaquio comunica el oído medio con la faringe.* 👁 **oído 4** En algunos insectos, aparato chupador dilatable y contráctil: *La mariposa liba el néctar de las flores mediante su trompa.* **5** *col.* Borrachera: *Salimos a celebrar su cumpleaños y acabamos con una trompa monumental.* **6** En arquitectura, bóveda pequeña semicónica que sirve de transición entre una base cuadrada y una cúpula circular u octogonal: *La función constructiva de las trompas es la misma que la de las pechinas.*

trompazo s.m. Porrazo o golpe fuerte: *Tiene el diente roto de un trompazo.*

trompeta s.f. Instrumento musical de viento, de la familia de los metales, formado por un tubo largo de metal que va ensanchándose desde la boquilla al pabellón: *La trompeta emite sonidos distintos según la fuerza con que se impulsa el aire al soplar.* 👁 **viento**

trompetazo s.m. Sonido excesivamente fuerte o destemplado emitido con una trompeta o con un instrumento semejante: *Está aprendiendo a tocar la trompeta y da cada trompetazo que no hay quien descanse.*

trompetilla s.f. Instrumento en forma de pequeña trompeta que se aplicaba al oído y servía para que los sordos oyeran mejor: *Los modernos audífonos han hecho desaparecer las trompetillas.*

trompetista s. Persona que toca la trompeta: *Los trompetistas suelen tener una gran capacidad pulmonar.* ☐ MORF. Es de género común y exige concordancia en masculino o en femenino para señalar la diferencia de sexo: el trompetista, la trompetista.

trompicar v. Dar tumbos o pasos tambaleantes: *Fui trompicando unos metros y al final conseguí no caerme.* ☐ ORTOGR. La *c* se cambia en *qu* delante de *e* →**SACAR**.

trompicón s.m. **1** Tropezón o paso tambaleante: *No se cayó, pero dio un par de trompicones.* **2** ‖ **a trompicones.** De forma discontinua o con dificultades: *No me gusta cómo recitas porque lo haces a trompicones.*

trompo s.m. **1** Peonza: *Antes de lanzar el trompo debes enrollarle la cuerda alrededor.* **2** Giro que da un coche sobre sus ruedas, generalmente a consecuencia de un derrape: *La carretera estaba helada y al frenar, el coche hizo un trompo y se quedó atravesado.*

tronado, da adj. *col.* Loco: *Hace cosas raras porque está un poco tronado.*

tronar v. **1** Sonar truenos: *El cielo se encapotó y comenzó a tronar.* **2** Causar un estampido o un sonido fuerte: *En medio de la batalla se oyó tronar a los cañones.* **3** *col.* Hablar de forma violenta: *El orador tronaba desde el púlpito contra la pérdida de las tradiciones.* ☐ MORF. 1. Irreg.: La *o* diptonga en *ue* en los presentes, excepto en las personas *nosotros* y *vosotros* →**CONTAR**. 2. En la acepción 1, es un verbo unipersonal: se usa solo en tercera persona y en las formas no personales (infinitivo, gerundio y participio).

tronchar ▮ v. **1** Referido esp. a un tallo o a una rama, partirlos o romperlos sin usar herramientas: *El viento tronchó una rama del árbol.* ▮ prnl. **2** *col.* Reírse mucho: *Esa película es divertidísima y me tronché con ella.*

troncho s.m. Tallo de las hortalizas: *Para limpiar la lechuga corta un trozo del troncho y las hojas estropeadas.*

tronco s.m. **1** Tallo leñoso de los árboles y de los arbustos: *Las ramas salen del tronco de los árboles.* **2** Parte del cuerpo de una persona o de un animal de la que parten el cuello y las extremidades: *El tronco de una persona está formado por el tórax y por el abdomen.* **3** Elemento central o principal del que salen o al que llegan otros secundarios: *En el aparato respiratorio la tráquea es el tronco del que parten los dos bronquios.* **4** Ascendiente común de dos o más familias, ramas o líneas: *Las lenguas romances proceden del tronco indoeuropeo a través del latín.* **5** *col.* Amigo o compañero: *Te voy a presentar a un tronco muy majete.* **6** ‖ **como un tronco.** *col.* Profundamente dormido: *Se tumbó en el sofá y se quedó como un tronco.* ☐ USO En la acepción 5, en la lengua coloquial, se usa como apelativo: *¿Qué pasa, 'tronco'?*

tronera s.f. **1** En un buque o en una muralla, abertura que sirve para asomar las armas de fuego y disparar: *Los soldados disparaban los cañones por las troneras.* **2** Ventana pequeña por la que entra poca luz: *La buhardilla estaba iluminada por dos troneras.* **3** En una mesa de billar, agujero o abertura para meter las bolas: *Las mesas de billar suelen tener seis troneras, una en cada esquina y otra en la mitad de los dos lados largos.*

trono s.m. **1** Asiento con escalones y dosel, en el que se sientan las personas de alta dignidad, esp. los reyes, en las ceremonias y en otros actos importantes: *Los reyes presidían las recepciones sentados en sus tronos.* **2** Cargo o dignidad de rey o de monarca: *Subió al trono a los veinte años de edad.*

tropa ▮ s.f. **1** Muchedumbre, multitud o gran cantidad de personas: *Se subió al autobús una tropa de chiquillos que iban a un museo con su profesor.* **2** En los Ejércitos de Tierra y del Aire y en la infantería de Marina, categoría militar inferior a la de suboficial: *La tropa está formada por soldados, cabos y cabos primero.* ▮ pl. **3** Conjunto de cuerpos que componen un ejército, una división, una guarnición u otra unidad similar: *Las tropas aliadas consiguieron la victoria sobre el ejército invasor.*

tropel s.m. **1** Muchedumbre o multitud que se mueve de forma desordenada: *Me despertó el tropel de gente que pasaba por la calle dando voces.* **2** Conjunto de cosas mal ordenadas o mal colocadas: *Tenía un tropel de libros y de papeles sobre su mesa y no pude encontrar el recibo que buscaba.* **3** ‖ **en tropel.** En gran número o de forma desordenada o confusa: *Vinieron todos en tropel a recibirme al aeropuerto.*

tropelía s.f. Atropello o acto violento cometidos generalmente por alguien que abusa de su poder o de su autoridad: *Los vencedores saquearon la ciudad y cometieron tropelías como robar e incendiar las casas.*

tropezar v. **1** Dar con los pies en un obstáculo al ir andando, lo cual puede hacer caer: *No vi el escalón y tropecé con él.* **2** Encontrar un obstáculo o una dificultad que detienen o impiden el desarrollo normal o la continuación de algo: *Quería ser físico, pero tropezó con las matemáticas y estudió derecho.* **3** *col.* Encontrarse por casualidad con una persona: *Me tropecé con tu prima a la salida del metro y me dio recuerdos para ti.* □ ORTOGR. La *z* se cambia en *c* delante de *e* →**CAZAR**.

tropezón s.m. **1** Choque o tropiezo que se dan contra un obstáculo al ir andando y que pueden hacer caer: *He dado un tropezón con la mesa y he tirado el jarrón.* **2** *col.* Trozo pequeño de jamón o de otro alimento que se mezcla con la sopa o con las legumbres: *La sopa hoy tiene tropezones de jamón, de huevo duro y de pan frito.* **3** ‖ **a tropezones.** *col.* Con muchas dificultades o con impedimentos: *Hice los deberes a tropezones y gracias a que me ayudó tu padre.* □ MORF. La acepción 2 se usa más en plural.

tropical adj. Del trópico o relacionado con él: *El clima tropical es un clima cálido que se caracteriza por la alternancia de una estación seca y otra lluviosa.* □ MORF. Invariable en género.

trópico s.m. **1** Cada uno de los dos círculos menores en los que se considera dividida la Tierra, que son paralelos al ecuador: *El trópico del hemisferio norte se llama trópico de Cáncer y el trópico del hemisferio sur se llama trópico de Capricornio.* 👁 **globo** **2** Región comprendida entre estos dos círculos: *La vegetación de los trópicos es exuberante, variada y abundante.*

tropiezo s.m. **1** Golpe que se da en un obstáculo al ir andando, que puede hacer caer: *Dio un tropiezo en el bordillo de la acera y casi se cae.* **2** Desacierto, fallo o indiscreción involuntaria, esp. en cuanto a las relaciones sexuales; *desliz: Cuando uno es joven hay que tener mucho cuidado con los tropiezos.* **3** Obstáculo, dificultad, contratiempo o impedimento: *Consiguió sacar adelante el negocio una vez que superó los primeros tropiezos.* **4** Riña, discusión o contienda: *Como vuelvas a tener un tropiezo con otro cliente te despedirán.*

tropismo s.m. Movimiento de orientación de un organismo o de una de sus partes como respuesta a un estímulo: *El tropismo de una planta puede ser hacia el agua, hacia la luz o por la fuerza de gravedad.*

tropo s.m. Figura retórica o procedimiento del lenguaje en los que se hace un empleo de las palabras con un significado distinto al que les es propio, pero con el que guardan alguna conexión, correspondencia o semejanza: *Los tropos principales son la metáfora, la metonimia y la sinécdoque.*

troposfera s.f. En la atmósfera terrestre, zona que se extiende desde el suelo hasta diez kilómetros de altura aproximadamente: *En la troposfera se producen los fenómenos meteorológicos.*

troquel s.m. Molde que sirve para acuñar monedas, medallas y otras cosas semejantes: *El troquel llevaba el rostro del emperador.*

trotamundos s. *col.* Persona que siente afición o gusto por viajar y por recorrer países: *Siempre voy de vacaciones con un grupo de trotamundos tan apasionados por el viaje como yo.* □ MORF. 1. Es de género común y exige concordancia en masculino o en femenino para señalar la diferencia de sexo: *el trotamundos, la trotamundos*. 2. Invariable en número.

trotar v. **1** Ir al trote o con paso acelerado: *El potro trotaba detrás de la yegua.* **2** *col.* Referido a una persona, andar mucho o con gran rapidez: *Estoy agotada de tanto trotar por el campo.*

trote s.m. **1** Modo de caminar acelerado de una caballería, que consiste en avanzar saltando y apoyando alternativamente cada conjunto de mano y pie contrapuestos: *El trote es más rápido que el paso y más lento que el galope.* **2** Trabajo o faena con prisas, fatigosos o que producen cansancio: *Fuimos de excursión a la montaña sin mi padre porque dice que él ya no está para esos trotes.*

troupe (galicismo) s.f. Agrupación de actores y profesionales formada para representar conjuntamente, y que viaja por diferentes sitios: *En las fiestas del pueblo, vino una troupe para representar una comedia.* □ PRON. [trup].

trovador s.m. En la época medieval, poeta culto que componía versos en lengua romance: *A diferencia del juglar, el trovador tenía conocimientos musicales y retóricos y componía poesía refinada para un público noble.*

trovadoresco, ca adj. De los trovadores o relacionado con ellos: *La poesía trovadoresca tenía su ámbito en las cortes de las sociedades feudales.*

trovar v. Hacer o componer versos: *En la Edad Media se escribieron diversos tratados que contenían reglas sobre el arte de trovar.*

troyano,na adj./s. De Troya (antigua ciudad asiática), o relacionado con ella: *Han encontrado restos de la ciudad troyana que datan del tercer milenio a.C. Los troyanos lloraron la muerte de su rey Príamo.* □ MORF. Como sustantivo se refiere a las personas de Troya.

trozo s.m. Parte de algo separado del resto o que se considera por separado: *Merendé un trozo de pan con chocolate.*

trucaje s.m. Serie de cambios o de trucos realizados en algo para que produzcan el efecto deseado: *La escena de la batalla naval es un trucaje hecho con maquetas de barcos en una bañera con agua.*

trucar v. Disponer cambios o realizar determinados trucos para que produzcan el efecto deseado: *Llevó la moto al taller para que le trucaran el motor y fuera más potente.* □ ORTOGR. La *c* se cambia en *qu* delante de *e* →**SACAR**.

trucha s.f. Pez de agua dulce, con cuerpo en forma de huso, de color pardo y con pintas rojizas o negras, de cabeza pequeña y de carne blanca o rosada: *La trucha abunda en los ríos de España.* □ MORF. Es un sustantivo epiceno y la diferencia de sexo se señala mediante la oposición *la trucha {macho/hembra}*. 👁 **pez**

truco s.m. **1** Lo que se hace para conseguir un efecto que parezca real aunque no lo es en realidad: *Me hizo un truco con una moneda que desaparecía y volvía a aparecer detrás de mi oreja.* **2** Trampa que se utiliza para lograr un fin: *Inventa mil trucos para no pagarme lo que me debe.* **3** Habilidad que se adquiere por la experiencia en un arte, en un oficio o en una profesión: *Lleva veinte años trabajando en lo mismo y se sabe todos los trucos de la profesión.*

truculento, ta adj. Que sobrecoge o asusta por su exagerado horror, crueldad o dramatismo: *En esa casa hubo un crimen truculento y desde entonces ha estado siempre cerrada.*

trueno s.m. **1** Estruendo o gran ruido asociado a un rayo, que se produce en las nubes por la expansión del aire que sigue a la descarga eléctrica: *El niño se asustaba con los rayos y los truenos de la tormenta.* **2** Ruido o estampido muy fuertes: *A lo lejos se escuchaban los truenos de los cañonazos.*

trueque s.m. **1** Intercambio o entrega de una cosa por otra, esp. el intercambio de productos sin que medie dinero: *Durante la Edad Media se practicaba el trueque entre las distintas poblaciones.* **2** Modificación, alteración o conversión en algo distinto, opuesto o contrario; *cambio: Creo que ese trueque de su ánimo se debe a que está enamorada.*

trufa s.f. **1** Hongo comestible que crece bajo tierra, es redondeado, muy aromático, sabroso y negruzco por fuera y blanquecino o rojizo por dentro: *Los cerdos son utilizados para buscar trufas.* **2** Pasta de chocolate sin refinar y con mantequilla: *Quiero un bollo relleno de trufa.* **3** Dulce, generalmente de forma redondeada, hecho con esta pasta y rebozado en cacao en polvo o en varillas de chocolate: *De postre había pasteles y trufas.*

truhan, -a s. **1** Persona que no tiene vergüenza y que vive de engaños y de estafas: *No quiero volver a verte con ese truhan.* **2** Persona que con sus gracias, gestos o historias hacer reír o procura divertir: *Esta truhana es muy traviesa.* ☐ ORTOGR. Se escribe siempre sin tilde aunque se pronuncie como bisílabo.

trullo s.m. *col.* Cárcel: *Esa chavala lleva mal camino y acabará en el trullo.*

truncar v. **1** Cortar una parte, esp. un extremo: *Si truncas un triángulo equilátero te quedará un trapecio.* **2** Interrumpir dejando incompleto: *La guerra truncó mi vida porque me tuve que ir al frente. Mis esperanzas de independencia se truncaron con el fracaso del proyecto.* ☐ ORTOGR. La *c* se cambia en *qu* delante de *e* →**SACAR**.

truque s.m. Juego infantil que consiste en ir dando pequeños golpes a una piedra plana para que pase por un recorrido pintado en el suelo: *Jugamos al truque en el patio del colegio hasta que vinieron nuestros padres a recogernos.*

tu poses. →**tuyo, ya.** ☐ ORTOGR. Dist. de *tú*. ☐ MORF. 1. Invariable en género. 2. Es apócope de *tuyo* y de *tuya* cuando preceden a un sustantivo determinándolo: *tu chaqueta, tus buenos amigos* 3. →APÉNDICE DE PRONOMBRES.

tú pron.pers. Forma de la segunda persona del singular que corresponde a la función de sujeto o de predicado nominal: *Tú irás a verla cuando yo te diga.* ☐ ORTOGR. Dist. de *tu*. ☐ MORF. 1. No tiene diferenciación de género. 2. →APÉNDICE DE PRONOMBRES.

tuareg adj./s. De un pueblo bereber nómada de las regiones desérticas del norte africano, o relacionado con él: *La economía tuareg es principalmente ganadera. Un tuareg de la caravana se adelantó para inspeccionar el oasis.* ☐ MORF. 1. Como adjetivo es invariable en género. 2. Como sustantivo es de género común y exige concordancia en masculino o en femenino para señalar la diferencia de sexo: *el tuareg, la tuareg*.

tuba s.f. Instrumento musical de viento, de la familia de los metales, formado por un largo y amplio tubo cónico que se arrolla en espiral y está provisto de pistones: *La tuba es el instrumento con sonido más grave de los de la familia de los metales.* 👁 **viento**

tuberculina s.f. Preparado con gérmenes de la tuberculosis que se utiliza en el tratamiento y en el diagnóstico de las enfermedades tuberculosas: *La inflamacion de la piel en el lugar que se inyecta la tuberculina es señal de padecer tuberculosis o de que se ha tenido contacto con ella.*

tubérculo s.m. Parte de un tallo subterráneo que se engrosa considerablemente: *Las patatas que comemos son tubérculos.*

tuberculosis s.f. Enfermedad infecciosa producida por una bacteria, que puede afectar a diferentes órganos, esp. a los pulmones, y que se caracteriza por la formación de nódulos: *Los síntomas de la tuberculosis pulmonar son fiebre, tos, expectoraciones sanguinolentas y pérdida del apetito y de peso.* ☐ MORF. Invariable en número.

tuberculoso, sa ▮ adj. **1** De la tuberculosis o relacionado con esta enfermedad: *Antiguamente las enfermedades tuberculosas eran mortales.* ▮ adj./s. **2** Que padece tuberculosis: *En esta sierra hay un hospital para enfermos tuberculosos. Los tuberculosos sufren fuertes ataques de tos.*

tubería s.f. Conducto con forma de tubo, a través del cual se distribuye un líquido o un gas: *El fontanero cambió las tuberías del agua que estaban rotas.*

tuberoso, sa adj. Que tiene abultamientos: *La dalia tiene una raíz tuberosa.* 👁 **raíz**

tubo s.m. **1** Pieza hueca, de forma generalmente cilíndrica, que suele estar abierta por los dos extremos: *Tiene roto el tubo de escape del coche y hace mucho ruido.* **2** Recipiente de forma generalmente cilíndrica, que suele tener uno de sus extremos cerrado y el otro abierto con un tapón, y que sirve para contener sustancias blandas o líquidas: *Aprieta el tubo para que salga la pasta de dientes.* **3** ‖ **por un tubo.** *col.* Muchísimo: *Tiene dinero por un tubo y vive como un rey.* ‖ **tubo de ensayo.** El de cristal que está abierto por uno de sus extremos y que se utiliza en los análisis químicos: *El técnico de laboratorio cogió el tubo de ensayo con la muestra que había que analizar.* 👁 **química**

tubular adj. Del tubo, con tubos o relacionado con ellos: *El esófago tiene forma tubular.* ☐ MORF. Invariable en género.

tucán s.m. Ave trepadora de pico arqueado, muy grueso y casi tan largo como el cuerpo, y que tiene cabeza pequeña, alas cortas y cola larga, y el plumaje negro con manchas de colores vivos: *El tucán vive en las regiones tropicales de América Central y del Sur.* ☐ MORF. Es un sustantivo epiceno y la diferencia de sexo se señala mediante la oposición *el tucán {macho/hembra}*. 👁 **ave**

tudesco, ca adj./s. *col.* De Alemania (país europeo), o relacionado con ella: *La selección tudesca venció a la española por dos goles a uno. Admira la organización y forma de trabajar de los tudescos.*

tuerca s.f. **1** Pieza con un hueco cilíndrico cuya superficie está labrada en espiral y en la que encaja un tornillo: *Aún puedes apretar más esa tuerca con la llave para que el tornillo quede bien sujeto.* **2** ‖ **apretar las tuercas** a alguien. Forzarlo para que haga algo: *En el interrogatorio le apretaron las tuercas al detenido y acabó confesando.*

tuerto, ta adj./s. Falto de la vista en un ojo: *El jefe de los piratas llevaba un parche en el ojo porque era tuerto. Soy supersticiosa y estoy segura de que da mala suerte que te mire un tuerto.* ☐ SEM. Dist. de *bizco* (que desvía uno de sus ojos).

tueste s.m. Sometimiento de algo a la acción del fuego,

realizado lentamente hasta que toma un color dorado sin llegar a quemarse; *tostado*: *El tueste de café se realiza en hornos especiales.*

tuétano s.m. **1** Sustancia que ocupa la cavidad interna de algunos huesos: *El tuétano de los huesos es blando, grasoso y blanquecino.* **2** Parte interior de la raíz y del tallo de algunas plantas: *Si el tuétano está podrido, la planta se secará.* **3** ‖ **hasta los tuétanos.** *col.* Hasta lo más interno, interior o profundo del hombre: *Estás enamorada de él hasta los tuétanos.* □ SEM. Es sinónimo de *médula*.

tufo s.m. **1** Emanación gaseosa que se desprende de las fermentaciones o de las combustiones imperfectas: *Casi se asfixian con el tufo desprendido del brasero.* **2** *col.* Hedor u olor desagradable y penetrante: *De la habitación salía un tufo irrespirable.* **3** Sospecha de algún acontecimiento o de algún engaño o trampa: *Eso me da el tufo de una estafa.*

tugurio s.m. Lugar pequeño y sucio o que tiene mala reputación: *Han cerrado dos tugurios en los que se hacían apuestas ilegales.*

tul s.m. Tejido fino y transparente de seda, algodón o hilo, con forma de malla: *La novia llevaba un velo blanco de tul.*

tulipa s.f. Pantalla de vidrio de una lámpara con forma parecida a un tulipán: *Se me ha roto una tulipa de la lámpara y no encuentro repuesto.*

tulipán s.m. **1** Planta herbácea, con raíz en forma de bulbo y tallo liso, hojas enteras y lanceoladas, y una única flor grande, globosa y de seis pétalos: *El tulipán es una planta característica de Holanda.* **2** Flor de esta planta: *Hay tulipanes de muy distintos colores.*

tullido, da adj./s. Referido a una persona o un miembro de su cuerpo, que están privados de movimiento: *Está tullido y se desplaza en silla de ruedas. Ayudé a cruzar la calle a un tullido con muletas.* □ SEM. Como adjetivo es sinónimo de *imposibilitado*. □ USO Tiene un matiz despectivo.

tumba s.f. **1** Lugar bajo tierra o construcción en que se entierra un cadáver: *Han descubierto la tumba de un faraón.* **2** ‖ **ser** alguien **una tumba.** *col.* Guardar muy bien un secreto: *Soy una tumba y nadie se enterará de tu secreto por mí.*

tumbar v. **1** Derribar o hacer caer: *El boxeador tumbó a su rival de un fuerte puñetazo.* **2** Poner en posición horizontal: *Tumbamos al herido en una camilla. Si estás cansado, túmbate un rato en la cama.* **3** Suspender o eliminar en una prueba o en un ejercicio: *Me tumbaron en el primer examen.* **4** *col.* Matar: *En la cacería tumbó un par de corzos.*

tumbo s.m. **1** Balanceo, sacudida o vaivén violentos: *Bebí demasiado e iba dando tumbos por la calle.* **2** ‖ **dar tumbos.** *col.* Tener dificultades y tropiezos: *He dado más tumbos para encontrar este trabajo.*

tumbona s.f. Silla de respaldo largo que se puede inclinar a voluntad y que permite estar tumbado sobre ella: *Me gusta tomar el sol en la playa echado en una tumbona.*

tumefacción s.f. Aumento de volumen de una parte del cuerpo, esp. el que se produce por efecto de una herida, de un golpe o de una acumulación de líquido; *hinchazón*: *Debido a un golpe que se dio tiene una tumefacción en el brazo.*

tumefacto, ta adj. Referido esp. a una parte del cuerpo, hinchada o con aumento de su volumen: *Tiene amoratado y tumefacto el dedo en el que se golpeó con el martillo.*

tumor s.m. Alteración patológica de un órgano o de una parte de él, producida por la proliferación anormal de las células que los componen: *Los tumores benignos no suelen extenderse y su tratamiento es más fácil.*

tumoración s.f. **1** Bulto, tumefacción o aumento de volumen de una parte del cuerpo debido a una herida, golpe o acumulación de líquido: *La picadura de la avispa le produjo una tumoración del brazo porque es alérgico.* **2** Hinchazón o bulto que se forma anormalmente en alguna parte del cuerpo: *La tumoración que le salió en la espalda era un quiste sebáceo.*

túmulo s.m. **1** Sepulcro levantado sobre la tierra: *Un famoso arquitecto de la época esculpió el túmulo de los condes.* **2** Montículo artificial, generalmente de arena o de piedras, con el que algunos pueblos antiguos cubrían una sepultura: *Los arqueólogos están analizando los huesos encontrados bajo unos túmulos prehistóricos.* **3** Armazón sobre el que se coloca el ataúd en la celebración de las honras fúnebres del difunto: *Después de colocar el féretro en el túmulo, comenzó el funeral.*

tumulto s.m. Disturbio, confusión o alboroto producidos por una multitud de personas: *La manifestación se desarrolló en orden y sin tumultos.*

tumultuoso, sa adj. Que causa o tiene desorden y ruido: *Hubo una tumultuosa manifestación debido a la subida de los impuestos.*

tuna s.f. Véase **tuno, na**.

tunante, ta adj./s. Referido a persona, que tiene astucia para engañar o para no cumplir una obligación: *Esa chica es muy tunanta y no es la primera vez que me saca una propina. Ese tunante siempre anda de juerga.*

tunda s.f. *col.* Paliza: *Como rompas eso te voy a dar una buena tunda. Menuda tunda le han dado a nuestro equipo.*

tundra s.f. **1** Terreno abierto y llano que tiene el subsuelo helado y se caracteriza por la ausencia de vegetación arbórea y la abundancia de líquenes y musgos: *La tundra se extiende por las costas bajas de Siberia, Rusia y América del Norte.* **2** Formación vegetal característica de este terreno: *La tundra es la vegetación típica siberiana.*

túnel s.m. **1** Paso subterráneo abierto artificialmente para establecer comunicación entre dos lugares: *Han construido un túnel que atraviesa la montaña para evitar rodearla.* **2** Situación muy agobiante: *Mis amigos me han ayudado a salir del túnel en el que me encontraba.*

tungsteno s.m. Elemento químico, metálico y sólido, de número atómico 74, de color blanco, que se utiliza en la fabricación de lámparas de incandescencia y en otros usos: *El tungsteno es atacado por el flúor y por el cloro.* □ ORTOGR. Su símbolo químico es *W*. □ SEM. Es sinónimo de *volframio*, *wólfram* y *wolframio*.

túnica s.f. **1** Vestidura amplia y larga: *El mago lleva una túnica azul con estrellas bordadas.* **2** Membrana fina que cubre o protege algo: *Las arterias están recubiertas interiormente por una túnica.*

tuno, na ▮ adj./s. **1** Referido a una persona, que es astuta, traviesa o sinvergüenza: *No seas tuno y cumple lo que has prometido. Ese niño es un tuno más listo que un zorro.* ▮ s. **2** Miembro de una tuna de estudiantes: *Los tunos visten como los estudiantes de los siglos XVI y XVII.* ▮ s.f. **3** Grupo de estudiantes que forman un conjunto musical y van vestidos de época: *Nos encontramos una tuna universitaria que tocaba en una boda.*

tuntún ‖ **al (buen) tuntún.** *col.* Sin reflexión o sin conocimiento: *Las cosas hay que pensarlas y no hacerlas al tuntún.*

a b c d e f g h i j k l m n ñ o p q r s t u v w x y z

tupé s.m. Mechón de pelo que se lleva levantado sobre la frente: *Se echa laca para mantener levantado y firme el tupé.* 👁 **peinado**

tupido, da adj. Formado por elementos que están muy juntos y apretados: *Quiero una tela muy tupida y que sea resistente.*

turba s.f. **1** Gran cantidad de gente que se mueve de forma desordenada o confusa: *Era el primer día de rebajas y en cuanto se abrieron las puertas entró una turba gente.* **2** Combustible fósil procedente de la descomposición de materias vegetales al quedar enterradas bajo el agua y bajo sedimentos de tierra: *La turba pesa poco, tiene aspecto terroso y al arder produce mucho humo.*

turbación s.f. **1** Alteración o interrupción del estado o del curso natural de una cosa: *La manifestación se ha desarrollado con normalidad y sin ninguna turbación del orden público.* **2** Aturdimiento de una persona de forma que no pueda hablar ni reaccionar: *La turbación que siento cuando hablo en público me hace tartamudear.*

turbante s.m. Prenda de vestir propia de países orientales que consiste en una banda de tela que se enrolla alrededor de la cabeza: *En la India, muchos hombres llevan turbante para protegerse del sol.* 👁 **sombrero**

turbar v. **1** Referido al estado o al curso natural de una cosa, alterarlo o interrumpirlo: *Tus risas turban la paz de esta casa a la hora de la siesta. El silencio se turbó con una explosión.* **2** Referido a una persona, sorprenderla o aturdirla de forma que no pueda hablar o reaccionar: *Esa mirada tan seductora me turbó. Te turbaste ante mi acusación porque eres culpable.*

turbina s.f. Máquina que transforma la fuerza o la presión de un fluido, en un movimiento giratorio por medio de una rueda con una serie de paletas que giran: *La energía eléctrica se genera en los embalses por medio de turbinas.*

turbio, bia adj. **1** Alterado por algo que quita la claridad natural o la transparencia: *Las aguas del río bajan turbias por el vertido de residuos.* **2** Deshonesto o de dudosa legalidad: *Sospecho que anda metido en turbios negocios.* **3** Confuso o poco claro: *Cuando bebo más de la cuenta lo veo todo turbio.*

turbo adj. Referido esp. a un vehículo, que está provisto de un motor con turbina, que aumenta su potencia: *Se ha comprado un coche con un motor turbo para presumir delante de sus amigos.* ☐ MORF. Invariable en género.

turbo- Elemento compositivo que se usa para formar nombres de máquinas en las que el motor es una turbina: *turbocompresor, turbogenerador, turbohélice.*

turbulencia s.f. Remolino o agitación de un líquido o del aire: *Las turbulencias de este río lo hacen peligroso para el baño.*

turbulento, ta ▌adj. **1** Referido esp. a un líquido, que está agitado, esp. si está turbio: *Después de las lluvias las aguas bajan turbulentas.* **2** Referido esp. a una acción o a una situación, que resultan agitadas o desordenadas: *Las guerras son siempre épocas turbulentas.* ▌adj./s. **3** Referido a una persona, que promueve disturbios o discusiones: *En el grupo había infiltrados turbulentos cuya misión era desestabilizar la asociación. El profesor tenía fichados a los turbulentos de la clase.*

turco, ca ▌adj./s. **1** De un antiguo pueblo que, procedente del Turquestán (región asiática), se estableció en la zona oriental europea: *El pueblo turco era nómada. Cervantes luchó contra los turcos en la batalla de Lepanto.* **2** De Turquía (país europeo y asiático), o relacionado con ella; *otomano: El café turco hay que dejarlo reposar antes de beberlo. Los turcos suelen tener la tez morena.* ▌s.m. **3** Lengua de Turquía y de otros países: *El turco se escribe en una versión modificada del alfabeto latino.* ☐ MORF. En la acepción 2, como sustantivo se refiere solo a las personas de Turquía.

turgente adj. Abultado, hinchado o elevado: *Al ver las ubres de la vaca tan turgentes, supo que no la habían ordeñado.* ☐ MORF. Invariable en género.

turismo s.m. **1** Viaje por placer: *Cuando tiene vacaciones aprovecha para ir al extranjero y hacer turismo.* **2** Conjunto de personas que hace este tipo de viajes: *El turismo extranjero ha aumentado en las zonas costeras.* **3** Vehículo de cuatro o cinco plazas destinado al uso particular: *La velocidad máxima en autopista para un turismo es 120 km/h.*

turista s. Persona que hace turismo: *En verano mi pueblo se llena de turistas.* ☐ MORF. Es de género común y exige concordancia en masculino o en femenino para señalar la diferencia de sexo: *el turista, la turista.*

turístico, ca adj. Del turismo o relacionado con él: *El aduanero me preguntó si mi viaje era turístico o de negocios.*

turmalina s.f. Mineral de distintos colores que cristaliza en cristales alargados y con estrías y que se usa en la industria de precisión y en joyería: *La turmalina es un silicato.*

túrmix s.f. Batidora eléctrica (por extensión del nombre de la marca comercial *Túrmix®*): *Para hacer la papilla del niño pasa las frutas por la túrmix.* ☐ MORF. Invariable en número. ☐ USO Su uso es innecesario y puede sustituirse por *batidora.*

turnarse v.prnl. Referido esp. a un servicio o a una obligación, alternarlos con una persona o con varias, guardando el orden sucesivo entre todas: *Nos turnaremos en el cuidado del enfermo entre los tres.*

turno s.m. **1** Orden según el cual se alternan varias personas en el desempeño de una actividad o de una función: *Para jugar al parchís hay que seguir un riguroso turno.* **2** Momento u ocasión de hacer algo por orden; *vez, vuelta: Cuando por fin le llegó su turno, no recordaba lo que quería decir.* **3** Grupo de personas que se turnan en algo: *He ido a ver las listas y este año estoy en el turno de mañana.* **4** ‖ **de turno. 1** Correspondiente según el orden previamente establecido: *Fui a urgencias y el médico de turno recomendó que me ingresaran.* **2** Muy conocido, habitual o sabido por todos: *Con lo enfadada que estaba, tuvo que venir el gracioso de turno a hacer la gracia.*

turolense adj./s. De Teruel o relacionado con esta provincia española o con su capital: *La sierra de Albarracín se halla en tierras turolenses. Los turolenses son aragoneses.* ☐ MORF. 1. Como adjetivo es invariable en género. 2. Como sustantivo es de género común y exige concordancia en masculino o en femenino para señalar la diferencia de sexo: *el turolense, la turolense.* 3. Como sustantivo se refiere solo a las personas de Teruel.

turón s.m. Mamífero carnicero de cuerpo largo y flexible, cabeza pequeña, orejas redondeadas, patas cortas y pelaje pardo oscuro con las orejas y la boca blancas: *El turón despide un olor maloliente que le sirve de defensa.* ☐ MORF. Es un sustantivo epiceno y la diferencia de sexo se señala mediante la oposición *el turón {macho/hembra}.*

turquesa ▌adj./s.m. **1** De color azul verdoso: *Tiene un* *vestido azul turquesa. No me gusta cómo quedan el turquesa y el lila juntos.* ▮ s.f. **2** Mineral muy duro de este color: *Las turquesas se emplean en joyería.* □ MORF. Como adjetivo es invariable en género.

turrón s.m. **1** Dulce elaborado principalmente con frutos secos y miel: *El turrón es un dulce típico navideño.* **2** ‖ **turrón de Alicante.** El elaborado con almendra sin moler y con miel: *El turrón de Alicante es muy duro.* ‖ **turrón de Jijona.** El elaborado con almendra molida y con miel: *El turrón de Jijona es blando y muy grasiento.*

turulato, ta adj. *col.* Alelado, pasmado o sin saber qué decir ni cómo reaccionar: *El abrigo era tan caro que, cuando me dijeron su precio, me quedé turulato.*

tururú interj. *col.* Expresión que se usa para indicar negación, rechazo o burla: *Si pretendes que yo dé la cara por ti, ¡tururú!*

tute s.m. **1** Juego de cartas con la baraja española en el que tener un caballo y un rey del mismo palo puede valer veinte o cuarenta puntos: *En el tute, para cantar las cuarenta tienes que tener el caballo y el rey del triunfo.* **2** En este juego, reunión de los cuatro reyes o los cuatro caballos: *Gané la partida porque hice tute.* **3** Esfuerzo o trabajo muy intenso o excesivo: *Vamos a empezar ya porque nos espera un buen tute.*

tutear v. Referido a una persona, tratarla de 'tú' y no de 'usted': *Solo tuteo a los clientes con los que tengo mucha confianza.*

tutela s.f. **1** Autoridad legal que se concede a una persona adulta para que cuide de un menor o de una persona legalmente incapacitada; *guarda: Los padres ejercen la tutela de los hijos hasta que estos son mayores de edad.* **2** Protección o defensa de algo: *Estas cuestiones quedan bajo la tutela del ministro.*

tutelar ▮ adj. **1** Que guía, ampara o defiende: *Realiza una función tutelar con su anciano padre, que tiene demencia senil.* ▮ v. **2** Referido esp. a una persona, ejercer la tutela sobre ella: *Cada profesor tutor tutela a veinte alumnos.* □ MORF. Como adjetivo es invariable en género.

tuteo s.m. Tratamiento de 'tú' y no de 'usted': *El tuteo es signo de confianza o de igualdad social entre las personas.*

tutía s.f. **1** Ungüento medicinal hecho con óxido de cinc y otras sustancias. **2** ‖ **no hay tutía.** *col.* Expresión que se usa para indicar la dificultad de realizar algo o de evitarlo: *Mira que le insisto, pero no hay tutía, está empeñado en irse de aquí. Esto se viene abajo y no hay tutía.* □ ORTOGR. Se admite también *no hay tu tía.*

tutiplén ‖ **a tutiplén.** *col.* En abundancia o sin medida: *Comimos a tutiplén y nos salió muy barato.*

tutor, -a s. **1** Persona que ejerce la tutela legal o que protege y dirige algo: *Ese niño es huérfano y sus tutores son sus tíos.* **2** En un centro de enseñanza, persona encargada de orientar a los estudiantes, esp. referido a un profesor: *El tutor de mi clase es el profesor de matemáticas.*

tutoría s.f. Autoridad o cargo de tutor: *Este profesor tiene la tutoría de un grupo de alumnos de segundo curso. Empecé el trabajo bajo la tutoría de mi profesor.*

tutti-frutti (italianismo) s.m. Frutas mezcladas o variadas: *Mi madre tomó un helado de tutti-frutti y yo uno de fresa.* □ PRON. [tútifrúti].

tutú s.m. Falda usada por las bailarinas de danza clásica, de tejido ligero y vaporoso y generalmente transparente: *Quiero ser bailarina y que me regaléis un tutú y unas zapatillas de ballet.* □ MORF. Su plural es *tutús.*

tuyo, ya poses. **1** Indica pertenencia a la segunda persona del singular: *Seguro que ha sido idea tuya. Casi no conozco a tu familia y me gustaría saber algo más de los tuyos.* **2** ‖ **la tuya.** *col.* Expresión con que se indica que ha llegado la ocasión favorable para la persona a la que se habla: *Aprovecha para decírselo ahora que está solo, que es la tuya.* □ MORF. 1. Como adjetivo se usa la forma apocopada *tu* cuando precede a un sustantivo determinándolo. 2. →APÉNDICE DE PRONOMBRES.

twist (anglicismo) s.m. Baile individual muy movido que se caracteriza por el balanceo rítmico de hombros y caderas: *El twist fue un baile muy popular en España en los años sesenta.* □ PRON. [tuís].

U u

u ▌ s.f. **1** Vigésima segunda letra del abecedario: *'Urbe' empieza por 'u'.* ▌ conj. **2** ⟶**o.** ☐ PRON. 1. En la acepción 1, representa el sonido vocálico posterior o velar y de abertura mínima. 2. En las grafías *gue*, *gui*, la *u* no se pronuncia: *guerra*. 3. En las grafías con diéresis, *güe*, *güi*, la *u* sí se pronuncia: *cigüeña*, *pingüino*. ☐ MORF. En la acepción 1, aunque su plural en la lengua culta es *úes*, también se usa *us*. ☐ USO Como conjunción se usa ante palabra que comienza por *o-* o por *ho-*.

ubicación s.f. Situación en un determinado espacio o lugar: *Se desconoce la ubicación exacta del yacimiento.*

ubicar ▌ v. **1** Colocar o situar: *No acaban de ubicarme en ningún departamento.* ▌ prnl. **2** Estar situado en un determinado espacio o lugar: *El estadio se ubica en las afueras del pueblo.* ☐ ORTOGR. La *c* se cambia en *qu* delante de *e* ⟶**SACAR.**

ubicuidad s.f. Capacidad de estar en todas partes a la vez; *omnipresencia: La ubicuidad de Dios es un dogma de fe en muchas religiones.*

ubicuo, cua adj. Presente en todas partes al mismo tiempo; *omnipresente: La religión cristiana afirma que Dios es ubicuo.*

ubre s.f. Órgano glandular de las hembras de los mamíferos que segrega la leche con que se alimentan las crías: *Las ovejas y las yeguas tienen dos ubres, las vacas, cuatro, y las cerdas, de doce a dieciséis.*

uci s.f. ⟶**unidad de cuidados intensivos.** ☐ MORF. Es un acrónimo que procede de la sigla de *unidad de cuidados intensivos*.

ucraniano, na ▌ adj./s. **1** De Ucrania (país europeo), o relacionado con ella: *La producción ucraniana de trigo satisfacía todo el mercado soviético. Hasta 1991, los ucranianos formaron parte del Estado soviético.* ▌ s.m. **2** Lengua eslava de este país: *El ucraniano es una lengua indoeuropea.* ☐ MORF. En la acepción 1, como sustantivo se refiere solo a las personas de Ucrania.

uf interj. Expresión que se usa para indicar cansancio, fastidio o hartura: *¡Uf, qué calor tan agobiante!*

ufanarse v.prnl. Referido a algo que se posee o se disfruta, jactarse o presumir excesivamente de ello: *No me gusta la gente que se ufana de sus riquezas.* ☐ SINT. Constr.: *ufanarse {CON/DE} algo*.

ufano, na adj. **1** Que actúa con decisión, desenvoltura o arrogancia: *Exigió muy ufano sus derechos.* **2** Satisfecho, alegre o contento: *Iba todo ufano del brazo de su novia.*

ujier s. **1** Portero de un palacio o de un tribunal: *Los ujieres llevan un uniforme muy vistoso y característico.* **2** En un tribunal de justicia o en un organismo público, persona que se encarga de funciones que no necesitan aptitudes técnicas: *Los ujieres de las cortes están al servicio de los diputados y los senadores.* ☐ MORF. Es de género común y exige concordancia en masculino o en femenino para señalar la diferencia de sexo: *el ujier, la ujier*.

ukelele s.m. Instrumento musical de cuerda, parecido a la guitarra pero de menor tamaño y con cuatro cuerdas: *El ukelele es típico de las islas Hawai y se emplea especialmente en música de baile.* 👁 **cuerda**

úlcera s.f. Herida abierta o sin cicatrizar en el cuerpo de una persona o de un animal; *llaga: Eres tan nervioso que no me extraña que tengas úlcera de estómago.*

ulterior adj. Que sucede o se ejecuta después de algo: *En declaraciones ulteriores afirmó que lamentaba mucho haber causado tal revuelo con sus comentarios.* ☐ MORF. Invariable en género.

ultimación s.f. Terminación, conclusión o finalización de algo: *La ultimación de los preparativos del viaje me llevó poco tiempo.*

ultimar v. Terminar, acabar, concluir o dar fin: *Enseguida acabo, solo me queda ultimar unos detalles.*

ultimátum s.m. **1** En una negociación, propuesta o conjunto de condiciones terminantes y definitivas que realiza una de las partes para solucionar el conflicto: *La guerra del Golfo estalló al no aceptar Irak el ultimátum de los aliados.* **2** *col.* Propuesta última y definitiva, generalmente acompañada de una amenaza: *El ultimátum del jefe al empleado fue claro: o cumplía su labor, o lo despedía.* ☐ ORTOGR. Es un latinismo (*ultimatum*) semiadaptado al español. ☐ MORF. Su plural es *ultimátums*.

último, ma ▌ adj. **1** Más reciente en el tiempo: *Las últimas noticias sobre su salud son optimistas.* **2** Más alejado o más escondido: *Ese periódico llega hasta el último rincón del país.* **3** Que resulta extremado o que no presenta alternativa posible: *En último caso, podemos prescindir de él.* **4** Definitivo o que no admite ningún cambio: *Es mi última propuesta.* **5** Referido a un objetivo, que es el centro al que se dirigen todas las acciones: *Mi fin último es ser el mejor abogado de la ciudad.* ▌ adj./s. **6** En una serie, que no tiene otro de la misma especie o clase detrás de sí: *Diciembre es el último mes del año. Fue la última en llamarme por teléfono.* **7** En un grupo, que es el peor o de menos importancia: *En mi casa soy el último mono y nunca me piden mi opinión. Es el último de la clase porque saca muy malas notas.* **8** ‖ **a la última.** *col.* Con la moda más actual: *Le encanta la ropa y siempre viste a la última.* ‖ **a últimos** de un período de tiempo. Hacia su final: *A últimos de mes me iré de vacaciones.* ‖ **estar en las últimas.** *col.* Estar a punto de acabarse, morir o desaparecer: *Tiene un cáncer en fase terminal y está en las últimas.* ‖ **por último.** Finalmente: *Por último, extraeré unas conclusiones de lo dicho.* ‖ **ser** algo **lo último.** *col.* Ser indignante, inaceptable, intolerable o sorprendente: *Maltratar a un bebé es lo último.*

ultra adj./s. Que defiende el extremismo y radicaliza la ideología o la forma de actuar: *Tus opiniones son antidemocráticas y ultras. Los ultras suelen defender el uso de la violencia.* □ MORF. 1. Como adjetivo es invariable en género. 2. Como sustantivo es de género común y exige concordancia en masculino o en femenino para señalar la diferencia de sexo: *el ultra, la ultra.*

ultra- Elemento compositivo que significa 'más allá de' o 'al otro lado de': *ultramar, ultrasonido, ultravioleta, ultramontano.* □ USO Su uso con el significado de 'muy' es propio de la lengua coloquial: *ultrarrápido, ultrafamoso, ultramoderno.*

ultracorrección s.f. Fenómeno lingüístico que consiste en la deformación de una palabra o de una construcción correctas por considerarlas erróneamente incorrectas: *Decir 'carnecería' y 'Bilbado' en lugar de 'carnicería' y 'Bilbao' es un ejemplo de ultracorrección.*

ultrajar v. Ofender gravemente con palabras o acciones: *La gente que ahora te alaba antaño te ultrajó.* □ ORTOGR. Conserva la *j* en toda la conjugación.

ultraje s.m. Ofensa grave hecha con palabras o acciones: *No sé si seré capaz de perdonar tamaño ultraje.*

ultraligero s.m. Aeronave con un fuselaje muy simple y de poco peso: *Los ultraligeros vuelan a baja altura y llevan un motor de poca potencia.*

ultramar s.m. Territorio o conjunto de territorios que están al otro lado del mar: *La metrópoli importaba algunos productos de las colonias de ultramar.*

ultramarinos ▮ s.m. **1** Establecimiento comercial en el que se venden comestibles: *Han abierto un supermercado, y el ultramarinos de la esquina se ha quedado sin clientes.* ▮ pl. **2** Comestibles que se conservan fácilmente porque no son perecederos: *En esta tienda de ultramarinos venden unas galletas riquísimas.* □ MORF. En la acepción 1, es invariable en número.

ultranza ‖ **a ultranza.** De manera resuelta, sin reparar en obstáculos, o con pleno y total convencimiento: *Es un defensor a ultranza de la monarquía.*

ultrasónico, ca adj. Del ultrasonido o relacionado con este: *Para el análisis de la composición química de un material se usan ondas ultrasónicas.*

ultrasonido s.m. Onda sonora cuya frecuencia de vibración es superior al límite perceptible por el oído humano: *En las comunicaciones submarinas se utiliza el ultrasonido.*

ultratumba s.f. Lo que hay más allá de la muerte: *Todas las religiones defienden la existencia de la vida de ultratumba.* □ SINT. Se usa más en la expresión *de ultratumba.*

ultravioleta adj./s.m. Referido a una radiación, que se encuentra más allá del violeta visible y cuya existencia se revela por acciones químicas: *La capa de ozono protege de la entrada masiva de rayos ultravioletas. Con una lámpara de ultravioletas te pondrás moreno.* □ MORF. Como adjetivo es invariable en género.

ulular v. **1** Referido al viento, producir sonido: *El viento ululaba al colarse por las rendijas.* **2** Dar gritos o alaridos: *De noche se oía ulular a los búhos.*

umbela s.f. En botánica, inflorescencia formada por un conjunto de flores cuyos pedúnculos, aproximadamente de la misma longitud, nacen en un mismo punto: *El apio, el perejil y la zanahoria tienen las flores en umbela.* 👁 **inflorescencia**

umbilical adj. Del ombligo o relacionado con esta cicatriz situada en el centro del vientre: *La operación de la hernia umbilical no fue complicada.* □ MORF. Invariable en género.

umbral s.m. **1** En una puerta o en la entrada de una casa, parte inferior o escalón, generalmente de piedra: *Me esperó en el umbral, sin atreverse a entrar.* **2** Entrada o principio de un proceso: *Dicen que estamos en el umbral de una nueva época.* □ SEM. En la acepción 1, dist. de *dintel* (parte superior horizontal de la puerta).

umbrío, a adj. Referido a un lugar, con poco sol: *Su casa tiene una terraza umbría.*

umbroso, sa adj. Que está en sombra o la produce: *Nos detuvimos a descansar en una arboleda umbrosa.*

un, -a ▮ art.indeterm. **1** Se usa antepuesto a un nombre para indicar que el objeto al que este se refiere no es conocido ni por el hablante ni por el oyente: *¿No has oído un ruido? Vino un señor preguntando por ti, pero no era el del otro día. Necesito una secretaria que sepa inglés y francés.* ▮ indef. adj.m. **2** →**uno, na.** □ MORF. 1. El plural del artículo *un* es *unos.* 2. Se usa ante sustantivo femenino que empieza por *a* o *ha* tónicas o acentuadas. 3. En la acepción 2, es apócope de *uno* ante sustantivo masculino singular. 4. Para la acepción 2 →APÉNDICE DE PRONOMBRES.

unánime adj. Referido esp. a una decisión, que es común a un grupo de personas: *Fue una decisión unánime en la que todos estuvimos de acuerdo.* □ MORF. Invariable en género.

unanimidad s.f. Acuerdo común a un grupo de personas, esp. si toman la misma decisión: *Los presupuestos se aprobaron por unanimidad, sin que existiera ninguna discrepancia.*

unción s.f. **1** Devoción, recogimiento o dedicación intensos en la forma de actuar: *Rezaba con unción.* **2** Aplicación de un líquido graso, generalmente aceite o perfume, extendiéndolo sobre una superficie: *La administración de algunos sacramentos de la Iglesia católica requiere la unción de la persona con los santos óleos.* **3** ‖ **unción de los enfermos.** En la Iglesia católica, sacramento que se administra a los enfermos, ungiéndolos o haciéndoles el signo de la cruz el sacerdote con óleo santo.

uncir v. Referido a un animal de tiro, atarlo o sujetarlo al yugo: *Uncieron los bueyes para que tiraran del carro.* □ ORTOGR. 1. Dist. de *ungir.* 2. La *c* se cambia en *z* delante de *a, o* →**ESPARCIR.**

undécimo, ma numer. **1** En una serie, que ocupa el lugar número once: *Es la undécima vez que me examino para conseguir el carné de conducir. Mi casa tiene 15 pisos y yo vivo en el undécimo.* *decimoprimero* **2** Referido a una parte, que constituye un todo junto con otras diez iguales a ella; *onceavo: Solo puedo pagar una undécima parte del precio total. Yo puedo contribuir a la compra de su regalo con un undécimo de todo lo que cuesta.* □ MORF. ⟶APÉNDICE DE PRONOMBRES.

ungir v. **1** Referido a una superficie, aplicarle un líquido graso, generalmente aceite o perfume, extendiéndolo: *Ungió sus pies con un bálsamo de olor agradable.* **2** Referido a una persona, hacerle una señal con aceite sagrado para administrarle un sacramento o para indicar el carácter de su dignidad: *Fue ungido con los santos óleos al recibir la unción de los enfermos.* □ ORTOGR. 1. Dist. de *uncir*. 2. La *g* se cambia en *j* delante de *a*, *o* ⟶**DIRIGIR**.

ungüento s.m. Sustancia líquida o pastosa que se usa para untar o ungir, esp. si tiene fines curativos o si se usa como perfume: *El farmacéutico me ha preparado un ungüento para aplicármelo sobre las calenturas.*

ungulado, da ▌adj./s. **1** Referido a un mamífero, que tiene casco o pezuña: *Las cebras y los rinocerontes son animales ungulados. La vaca y el caballo son dos ungulados.* ▌s.m.pl. **2** En zoología, grupo de estos animales: *Los ungulados abarcan a los perisodáctilos y los artiodáctilos.* 👁 ungulado

uni- Elemento compositivo que significa 'uno': *unicornio, unifamiliar, unigénito, unilateral, unipersonal, unisexual, univalvo.*

unicameral adj. En un sistema democrático, referido al poder legislativo, que está formado por una sola Cámara de representantes; *monocameral: Actualmente, el poder legislativo español no es unicameral porque hay dos Cámaras: el Congreso y el Senado.* □ MORF. Invariable en género.

único, ca ▌adj. **1** Extraordinario, excelente o fuera de lo común; *singular: Es un hombre único y de una gran generosidad.* ▌adj./s. **2** Solo y sin otro de su especie: *Es hijo único porque no tiene ningún hermano. Fue la única que me felicitó porque los demás no se acordaron.*

unicornio s.m. Animal fabuloso con forma de caballo y un cuerno recto en mitad de la frente: *El unicornio es símbolo de la pureza y de lo imposible.* 👁 **mitología**

unidad s.f. **1** Propiedad de lo que no puede dividirse sin que su esencia se destruya o se altere: *La Constitución proclama la unidad del Estado.* **2** Cosa completa y diferenciada de otras: *No necesito tantas unidades, con dos me basta.* **3** Propiedad de lo que está unido o de lo que no está dividido: *En este grupo no hay unidad de criterio.* **4** Cantidad que se toma como medida o término de comparación de las demás de su especie: *El kilogramo es la unidad de masa.* **5** En una organización, fracción o grupo de personas que realizan una función de forma más o menos independiente y generalmente al servicio de un jefe: *La división, la brigada, el regimiento y el batallón son algunas de las unidades del ejército.* **6** *col.* Número 1: *La unidad seguida de dos ceros es el número 100.* **7** ‖ **unidad de cuidados intensivos** o **unidad de vigilancia intensiva.** En un hospital, sección con los medios técnicos y humanos necesarios para controlar rigurosamente la evolución de los enfermos muy graves: *Tras el infarto, quedó ingresado en la unidad de cuidados intensivos.* □ MORF. Se usan mucho los acrónimos *uci* y *uvi* en lugar de *unidad de cuidados intensivos* y de *unidad de vigilancia intensiva*, respectivamente.

UNGULADO

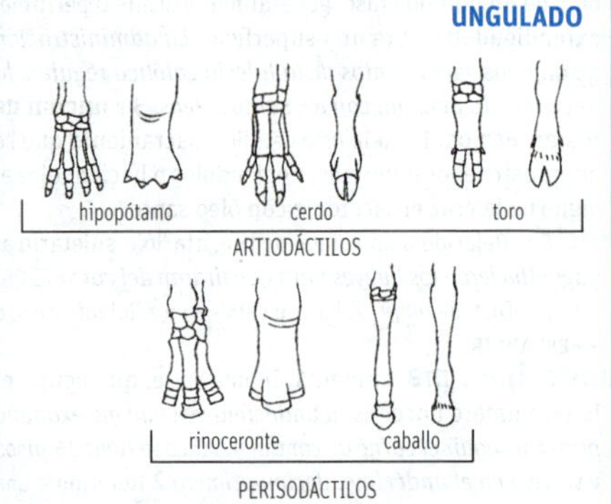

unificación s.f. Unión de dos o más cosas para formar un todo: *Es partidario de la unificación de los territorios.*

unificar v. Referido a dos o más cosas, hacer de ellas una sola o un todo; *aunar: Unificando nuestras fuerzas seremos más poderosos. España se unificó bajo el reinado de los Reyes Católicos.* □ ORTOGR. La *c* se cambia en *qu* delante de *e* ⟶**SACAR**.

uniformar v. **1** Referido a dos o más cosas, hacerlas uniformes, iguales o semejantes: *Si no uniformamos criterios, nunca llegaremos a un acuerdo.* **2** Referido a una persona, hacer que vista uniforme: *El director uniformó a los bedeles del instituto.*

uniforme ▌adj. **1** Referido a los miembros de un conjunto, con la misma forma o con las mismas características: *Según esta encuesta, los alumnos de esa clase son uniformes en edad pero muy distintos en forma de pensar.* **2** Que no cambia en sus características: *La velocidad que llevo no aumenta ni disminuye porque es un movimiento uniforme.* ▌s.m. **3** Traje distintivo y con una forma particular que es igual para todos los que pertenecen a una determinada actividad o categoría: *Los militares llevan uniforme.* □ MORF. Como adjetivo es invariable en género.

uniformidad s.f. **1** Igualdad o semejanza en las características de los miembros de un conjunto: *En una clase de tantos alumnos es imposible que exista uniformidad de caracteres.* **2** Constancia, continuidad o falta de cambio: *La uniformidad de su tono de voz hace muy aburridas sus conferencias.*

unigénito, ta adj./s. Referido a una persona, que es hijo único: *Es hijo unigénito y siempre dice que le habría gustado ser familia numerosa. En la confesión católica, Jesucristo es el Unigénito de Dios Padre.*

unión s.f. **1** Enlace de elementos distintos para formar un todo o un conjunto: *España está formada por la unión de 17 comunidades autónomas.* **2** Relación o comunicación: *Me siento feliz por la unión que hay en mi familia.* **3** Alianza o asociación entre personas o colectividades para ayudarse mutuamente en la consecución de un fin: *La unión de los partidos permitió obtener la mayoría absoluta.*

unipersonal adj. Que consta de una sola persona o que corresponde solo a una persona: *Los verbos que indican fenómenos atmosféricos, como 'llover' o 'granizar', son unipersonales porque se usan solo en tercera persona del singular.* □ MORF. Invariable en género.

unir ▌v. **1** Referido a elementos distintos, juntarlos formando un todo o un conjunto: *Los rompecabezas se hacen uniendo todas las piezas. Se unieron en matrimonio hace ya muchos años.* **2** Atar, relacionar o comunicar: *Nos une una gran amistad. El problema de la sequía suele ir* *unido al del hambre.* **3** Acercar o aproximar, esp. para formar un conjunto o para cumplir un objetivo común: *La desgracia unió aún más al matrimonio.* ▮ prnl. **4** Referido a dos o más personas, aliarse o asociarse para ayudarse mutuamente en la consecución de un fin: *Me propusieron unirme a ellos en el negocio.* **5** Referido a una persona, juntarse o agregarse a la compañía de otra: *Únete a nosotros y participa en nuestra fiesta.*

unisex adj. Referido esp. a una prenda de vestir, que es adecuada o apropiada tanto para hombre como para mujer: *Las prendas vaqueras suelen ser unisex.* □ MORF. Invariable en género y en número.

unísono, na adj. **1** Que tiene el mismo tono o sonido que otra cosa: *Varias voces unísonas acompañaban a coro al solista con su música de fondo.* **2** ‖ **al unísono.** Sin discrepancia, con unanimidad o de manera uniforme: *Si queremos que se nos escuche, debemos actuar al unísono y unificar nuestras fuerzas.*

unitario, ria adj. **1** De la unidad o relacionado con ella: *El estuche de lápices cuesta seis euros, pero el precio unitario de cada uno es de 1 euro.* **2** Que está formado por una sola unidad: *En las escuelas unitarias, todos los niños se agrupan en una sola clase.* **3** Que tiende a la unidad o desea conservarla: *La actuación unitaria de los sindicatos ha beneficiado a los trabajadores.*

universal adj. **1** Del universo o relacionado con él: *La gravitación universal es la fuerza de atracción que todos los cuerpos del universo ejercen entre sí.* **2** Que se extiende a todo el mundo, a todos los países o a todos los tiempos: *Esta investigadora goza de un prestigio universal.* **3** Que existe o que es conocido en todas partes: *El 'Quijote' es una novela universal.* **4** Que comprende o es común a todo el ámbito que se expresa: *El sufragio universal permite votar a todos los ciudadanos mayores de edad.* □ MORF. Invariable en género.

universalidad s.f. Propiedad de lo que es universal: *Cervantes es un autor que se caracteriza por su universalidad.*

universidad s.f. **1** Institución dedicada a la enseñanza superior, que comprende diversas facultades y escuelas para los distintos campos del saber y que tiene autoridad para conceder los títulos académicos correspondientes: *El rector de la Universidad declaró abierto el nuevo curso.* **2** Conjunto de edificios en los que está instalada esta institución: *Las pruebas de acceso tendrán lugar en la misma universidad.* **3** Conjunto de las personas que forman esta institución: *La universidad en pleno manifestó su desacuerdo con el proyecto de reforma universitaria.* □ USO En la acepción 1, se usa como nombre propio.

universitario, ria ▮ adj. **1** De la universidad o relacionado con ella: *Para este trabajo se requiere tener un título universitario.* ▮ adj./s. **2** Que estudia en la Universidad o que ha obtenido un título en esta institución de enseñanza: *Los estudiantes universitarios solicitan más becas y ayudas al estudio. La empresa contratará a universitarios bien capacitados aunque aún no tengan experiencia.*

universo s.m. **1** Conjunto de todo lo creado o existente: *La Tierra, el Sol, la Luna y los demás astros forman parte del universo.* **2** Ámbito o conjunto de elementos pertenecientes a un determinado medio o actividad: *El paso del tiempo es esencial en el universo literario del poeta.* **3** Conjunto de personas o de elementos de los que se toman algunas características que se someten a un estudio estadístico: *El universo de la encuesta está formado por 6000 personas comprendidas entre 20 y 35 años.* □ SEM. En la acepción 1, es sinónimo de *cosmos*, *creación*, *mundo* y *orbe*.

unívoco, ca adj. **1** Con un único sentido o interpretación posibles: *En el lenguaje científico deben predominar los términos precisos y de significado unívoco.* **2** Referido esp. a una correspondencia matemática, que asocia cada uno de los elementos de un conjunto con uno, y solo uno, de los elementos del otro conjunto: *En una calle, la relación entre los números de los portales y los portales es unívoca, ya que a cada número le corresponde un solo portal y viceversa.*

uno, na ▮ numer. **1** Número 1: *He comprado un libro. Déme una barra de pan. Tengo que irme a casa porque ya es la una. Id pasando de uno en uno, no todos a la vez.* ▮ indef. **2** Indica una persona o cosa indeterminadas, que no se precisan ni se señalan: *Cada uno debe elegir por sí mismo lo que desea hacer. Estuve en la fiesta con unos que te conocían del colegio.* ▮ s.m. **3** Signo que representa el número 1: *Los romanos escribían el uno como I.* **4** ‖ **a una.** A un tiempo, o a la vez: *Cuando cuente tres, tiramos de la cuerda todos a una.* ‖ **más de uno.** Muchos: *A más de uno quisiera yo ver aquí.* ‖ **no dar una.** *col.* Estar poco acertado: *Hoy estoy que no doy una y lo estoy haciendo todo al revés.* ‖ **ser todo uno.** Suceder casi simultáneamente: *Decir yo que sí y tú que no es todo uno.* ‖ **una de** algo. *col.* Una gran cantidad de ello: *¡Qué suerte, porque tienes una de amigos...!* ‖ **unos cuantos.** Cantidad indeterminada: *Aún me quedan unos cuantos exámenes por corregir.* □ ORTOGR. Dist. de *huno*. □ MORF. 1. En la acepción 1, ante sustantivo masculino singular se usa la apócope *un*. 2. Cuando se antepone a una palabra para formar compuestos, adopta la forma *uni-*. 3. Para la acepción 1 ⟶APÉNDICE DE PRONOMBRES. 4. Para la acepción 2 ⟶APÉNDICE DE PRONOMBRES.

untar v. **1** Referido esp. a una sustancia grasa, aplicarla y extenderla sobre la superficie de algo: *Unta manteca a la carne para que esté más sabrosa.* **2** Referido a una superficie, aplicar y extender sobre ella una sustancia, esp. si es grasa: *Unté la tostada con mantequilla y mermelada.* **3** *col.* Referido a una persona, corromperla o sobornarla con dinero: *Untó al arquitecto municipal para que acelerara los trámites de su permiso de obras.*

unto s.m. **1** Sustancia grasa apropiada para untar: *Necesito un poco más de unto para el asado.* **2** En un animal, grasa o gordura del interior de su cuerpo: *En el pueblo usamos el unto del cerdo y del cordero para cocinar.* **3** Lo que se usa para sobornar: *¡Le habrá dado buen unto para que le coloque al chico!*

untuosidad s.f. **1** Carácter pegajoso o pringoso de una sustancia grasa: *La untuosidad de esta crema hace muy fácil su aplicación.* **2** Carácter empalagoso de una persona: *La excesiva untuosidad de sus modales me pone nerviosa.*

untuoso, sa adj. **1** Graso o pegajoso: *No me gusta esta crema nutritiva porque es muy untuosa.* **2** Referido a una persona, que es empalagosa o excesivamente atenta o amable: *Con tantas atenciones y remilgos, resulta una persona muy untuosa.*

uña s.f. **1** En algunos animales y en las personas, parte dura y de naturaleza córnea que nace y crece en las extremidades de los dedos: *Tengo que cortarme las uñas porque las tengo muy largas.* 👁 **mano** **2** Lo que tiene una forma curvada semejante: *El alacrán pica con la uña que remata su* *cola.* **3** Muesca, corte o agujero que se hace en una pieza, esp. si es de madera o metálica, para moverla impulsándola con el dedo: *La tapa del plumier dispone de una uña para abrirla y cerrarla con facilidad.* **4** ‖ **con uñas y dientes.** *col.* Referido a la forma de hacer algo, con toda la intensidad o la fuerza posibles: *Defenderé a mis hijos con uñas y dientes.* ‖ **de uñas.** *col.* Enfadado o enemistado: *Está de uñas con nosotros porque no lo hemos llamado.* ‖ **{enseñar/mostrar/sacar} las uñas** a alguien. *col.* Amenazarlo o mostrarse agresivo con él: *Tuve que sacarle las uñas para que me dejara en paz.* ‖ **ser uña y carne.** *col.* Referido a dos o más personas, estar muy compenetradas: *Nunca nos hemos enfadado porque somos uña y carne.* □ SINT. La expresión *de uñas* se usa más con los verbos *estar* y *ponerse*.

uñero s.m. **1** Inflamación en la base de la uña, en la unión de esta con la piel: *De tanto morderme las uñas me han salido uñeros.* **2** Herida que produce la uña cuando, al crecer demasiado y doblarse, se clava en la carne: *Tengo que ir al callista porque esta uña al crecer me produce un uñero.*

upa ‖ **a upa.** En brazos: *¡Papá, cógeme a upa!* □ ORTOGR. Dist. de *aúpa*.

upar v. →**aupar.**

uperisar v. →**uperizar.**

uperización s.f. Procedimiento de esterilización de la leche mediante la inyección de vapor a presión hasta que alcanza una temperatura de 150 °C durante menos de un segundo: *Mediante la uperización la leche conserva sus propiedades más tiempo que mediante la pasteurización.*

uperizar v. Referido a un líquido, esp. a la leche, esterilizarlo mediante la inyección de vapor a presión hasta que alcanza una temperatura de 150 °C en un tiempo inferior a un segundo: *Las centrales lecheras uperizan la leche antes de envasarla para eliminar todo tipo de gérmenes.* □ ORTOGR. La *z* de *uperizar* se cambia en *c* delante de *e* →**CAZAR.** □ USO Se usa también *uperisar*.

uralita s.f. Material hecho de cemento y amianto, de color grisáceo, que se usa en construcción y con el que se fabrican tubos y placas para cubiertas y otros usos (por extensión del nombre de la marca comercial *Uralita®*): *Han instalado casas prefabricadas con el techo de uralita.*

uranio s.m. Elemento químico, metálico y sólido, de número atómico 92, grisáceo, muy pesado, fácilmente deformable y muy radiactivo: *El uranio se emplea en la fabricación de bombas atómicas y en la producción de energía nuclear.* □ ORTOGR. Su símbolo químico es *U*.

urbanidad s.f. Corrección, educación y buenos modos en el comportamiento y en el trato con los demás: *El respeto a unas mínimas normas de urbanidad es fundamental para la convivencia.*

urbanismo s.m. Conjunto de conocimientos y de actividades sobre la planificación, desarrollo y reforma de los núcleos de población, encaminados a satisfacer las necesidades de sus habitantes y a mejorar sus condiciones de vida: *El gran reto del urbanismo moderno es hacer más cómodas y humanas las grandes ciudades.*

urbanístico, ca adj. Del urbanismo o relacionado con él: *La nueva barriada se creará de acuerdo con los criterios urbanísticos fijados por el Ayuntamiento.*

urbanización s.f. **1** Conversión de un terreno en un núcleo de población abriendo calles y dotándolo de las instalaciones y servicios necesarios: *Terminados los trabajos de urbanización, se iniciarán las edificaciones.* **2** Núcleo residencial de población, generalmente situado en las afueras de una ciudad, formado por construcciones de características semejantes y dotado de servicios propios: *Vive en una lujosa urbanización de chalés, con piscina y pista de tenis.*

urbanizar v. Referido a un terreno, convertirlo en un núcleo de población o prepararlo para ello, abriendo calles y dotándolo de las instalaciones y servicios necesarios: *Para terminar de urbanizar la zona, faltan algunas labores de alcantarillado y alumbrado.* □ ORTOGR. La *z* se cambia en *c* delante de *e* →**CAZAR.**

urbano, na adj. De la ciudad o relacionado con ella: *La población urbana creció debido a la inmigración del campo.*

urbe s.f. Ciudad, esp. la grande e importante: *Los habitantes de las grandes urbes soportan un índice de contaminación peligroso.*

urdimbre s.f. **1** En una tela, conjunto de los hilos que se colocan paralelos y longitudinales y por los que pasa horizontalmente la trama: *La urdimbre y la trama de un tejido se cruzan entre sí como las líneas de una cuadrícula.* **2** Preparación de un plan, generalmente de manera cautelosa y con intención de perjudicar: *Obra a las claras y déjate de oscuras urdimbres.*

urdir v. Referido esp. a un plan, maquinarlo o prepararlo cautelosamente con intención de perjudicar a alguien: *Urdió un plan para hundir a su rival.*

urea s.f. Sustancia orgánica que resulta de la degradación metabólica de las proteínas en algunos organismos animales y que se elimina en la orina y el sudor: *Los enfermos con un nivel alto de urea en la sangre pueden presentar trastornos en las articulaciones.*

uréter s.m. En el sistema urinario de muchos vertebrados, conducto por el que desciende la orina desde el riñón a la vejiga o al exterior: *Los riñones expulsan la orina por sus respectivos uréteres.*

uretra s.f. En el aparato urinario de los mamíferos, conducto por el que se expulsa la orina desde la vejiga al exterior: *La uretra es un órgano impar.*

urgencia ▌ s.f. **1** Necesidad de que algo se ejecute o se solucione rápidamente: *La urgencia del viaje me obligó a posponer otros asuntos.* **2** Necesidad o falta apremiante de algo necesario: *Con la ayuda internacional cubrieron algunas urgencias alimentarias y sanitarias.* **3** Lo que requiere ser atendido o solucionado rápidamente: *El médico de guardia se ocupó de varias urgencias.* ▌ pl. **4** En un hospital, sección en la que se atiende a los enfermos y heridos que necesitan cuidados médicos inmediatos: *Cuando lo atropellaron, unos desconocidos lo llevaron a urgencias.*

urgente adj. **1** Que urge o requiere una rápida ejecución o solución: *Es urgente solucionar el hambre en el mundo.* **2** Referido a un envío de correos o a un telegrama, que reciben un trato preferente respecto de los ordinarios para hacerlos llegar a su destinatario en un plazo mínimo: *Nos llegó una carta urgente con fecha del mismo día notificándonos lo ocurrido.* □ MORF. Invariable en género.

urgir v. **1** Referido esp. a una acción, correr prisa, apremiar o ser muy necesaria su rápida ejecución: *Urge recoger la basura acumulada si se quieren evitar infecciones. Envíamelos pronto, porque me urgen.* **2** Referido a una ley o a un precepto, obligar actualmente: *La ley urge al Gobierno a facilitar vivienda digna a todos los ciudadanos.* □ ORTOGR. La *g* se cambia en *j* delante de *a, o* →**DIRIGIR.**

□ SINT. Su uso con sujeto personal es incorrecto, aunque está muy extendido: *El colectivo {*urge > reclama} soluciones inmediatas.*

urinario, ria ▮ adj. **1** De la orina o relacionado con ella: *Los riñones, los uréteres, la vejiga y la uretra forman parte del aparato urinario.* ▮ s.m. **2** Lugar destinado para orinar, esp. el de uso público; *mingitorio: Han puesto urinarios públicos en el parque.*

urna s.f. **1** Arca pequeña con una ranura en su parte superior, que se usa en votaciones secretas para depositar en ella las papeletas: *Al terminar la jornada electoral, se abren las urnas y se cuentan los votos.* **2** Caja o recipiente, generalmente de metal o de piedra, que se usa para guardar algo de valor: *Tras la incineración, entregaron a la familia una urna con las cenizas del difunto.* **3** Caja de cristal o de otro material transparente que se usa para tener dentro objetos delicados o valiosos de forma que queden protegidos y visibles al mismo tiempo: *Las joyas estaban expuestas en urnas de cristal blindado.*

urogallo s.m. Ave gallinácea silvestre de plumaje oscuro, patas y pico negros, cola en forma de abanico, y que en época de celo emite unos gritos semejantes al mugido de un toro: *El urogallo es una especie en peligro de extinción en nuestros bosques.* □ MORF. Es un sustantivo epiceno y la diferencia de sexo se señala mediante la oposición *el urogallo {macho/hembra}.*

urología s.f. Parte de la medicina que estudia el aparato urinario y sus enfermedades: *El especialista en urología me diagnosticó una cistitis.*

urólogo, ga s. Médico especialista en urología: *Según la uróloga, sus dolores cuando orina se deben a una infección.*

urraca s.f. Ave de plumaje blanco en el vientre y negro con reflejos metálicos en el resto del cuerpo, de cola larga y pico robusto, que emite fuertes gritos y es fácil de domesticar: *Una leyenda presenta a las urracas como aves ladronas.* □ MORF. Es un sustantivo epiceno y la diferencia de sexo se señala mediante la oposición *la urraca {macho/hembra}.*

ursulina adj./s.f. Referido a una religiosa, que pertenece a alguna de las congregaciones que tienen como advocación y patrona a santa Úrsula (mártir del siglo III), esp. a la fundada por santa Ángela de Merici (religiosa italiana del siglo XVI): *Está en un hospital atendido por monjas ursulinas. Las ursulinas suelen dedicarse a la educación de niñas y al cuidado de enfermos.*

urticante adj. Que produce un picor o escozor semejantes a los que produce el roce de una ortiga: *Si tienes una erupción urticante en la piel, es mejor que no te rasques.* □ MORF. Invariable en género.

urticaria s.f. Enfermedad de la piel, caracterizada por la aparición de pequeños granos o de manchas rojizas y por un picor o escozor muy intenso y semejante al que produce el roce de una ortiga: *El consumo de alimentos en mal estado puede producir urticaria.*

uruguayo, ya adj./s. De Uruguay (país sudamericano), o relacionado con él: *La capital uruguaya es Montevideo. Los uruguayos hablan español.* □ MORF. Como sustantivo se refiere solo a las personas de Uruguay.

usado, da adj. Gastado, estropeado o envejecido por el uso: *No te pongas esa blusa, que está ya muy usada y se transparenta.*

usanza s.f. Uso, costumbre o moda: *Prepararon el guiso a la antigua usanza.*

usar ▮ v. **1** Hacer servir como instrumento para un fin; *emplear: Usa la cuchara para comer la sopa. Usó de todas sus artimañas para salirse con la suya.* **2** Referido esp. a un producto, gastarlo o consumirlo: *Mi coche usa gasolina sin plomo.* **3** Referido esp. a una prenda de vestir, llevarla o ponérsela habitualmente: *En los países nórdicos, casi todo el mundo usa sombrero.* **4** Tener por costumbre: *El que usa de decir mentiras, tarde o temprano resulta cazado.* ▮ prnl. **5** Estar de moda: *Ya no se usa tratar a los padres de usted.*

usía s. Tratamiento que se usa para dirigirse a determinados cargos: *La respuesta del presidente al diputado empezaba: «Me concederá usía que...».* □ MORF. 1. No tiene diferenciación de género. 2. Se usa con el verbo en tercera persona. 3. Procede de *vuestra señoría.*

uso s.m. **1** Utilización de algo como instrumento para un fin: *Aprendí a manejar la máquina leyendo el manual de uso. El plástico tiene muchos usos.* **2** Consumo, gasto o empleo continuado y habitual: *Cada vez se hacen más coches preparados para el uso de combustibles poco contaminantes.* **3** Costumbre, hábito o tradición consolidados: *En Hispanoamérica se conservan muchos antiguos usos españoles.* **4** ‖ **al uso.** Según costumbre: *Por aquel entonces, los trajes al uso eran oscuros y muy cerrados.* ‖ **uso de razón.** Capacidad de diferenciar y de juzgar que adquiere normalmente una persona cuando pasa la primera niñez: *Desde que tengo uso de razón recuerdo a mi padre contando esa historia.*

usted pron.pers. s. Forma de la segunda persona que corresponde a la función de sujeto, de predicado nominal o de complemento precedido de preposición: *Usted nos dijo que viniéramos.* □ MORF. 1. No tiene diferenciación de género. 2. Se usa con el verbo y con los posesivos correspondientes en tercera persona. 3. ⟶APÉNDICE DE PRONOMBRES. □ USO Se usa como tratamiento de respeto.

usual adj. Que se usa o se practica común o frecuentemente: *Cuando hables con un extranjero, emplea palabras usuales.* □ MORF. Invariable en género.

usuario, ria adj./s. Que usa ordinariamente algo o que tiene derecho a hacer uso de ello: *Muchas personas usuarias de ordenadores se quejan de problemas de la vista. Los usuarios de un servicio público tienen derecho a exigir su buen funcionamiento.*

usufructo s.m. Derecho a usar de un bien ajeno y a obtener los beneficios que este produzca, con la obligación de conservarlo, o de acuerdo con lo que la ley establezca y sin realizar ningún pago ni contraprestación al dueño: *La viuda tiene el piso en usufructo, y así los hijos no podrán venderlo hasta que ella también muera.* □ USO Su uso es característico del lenguaje jurídico.

usura s.f. Préstamo en el que se cobra un interés excesivo o abusivo: *En la Edad Media, muchos judíos practicaban la usura como negocio.*

usurero, ra s. **1** Persona que presta con usura o interés excesivo: *Es un usurero y endureció las condiciones del préstamo cuando supo cuánto lo necesitábamos.* **2** Persona que obtiene ganancias o beneficios desproporcionados en un negocio o en un contrato: *Su abogado resultó ser un usurero que alargó los trámites innecesariamente para cobrar más.*

usurpación s.f. **1** Apropiación violenta de una propiedad o de un derecho que legítimamente pertenecen a otro: *Varios funcionarios fueron acusados de usurpación de fondos públicos.* **2** Atribución y uso que se hace de un cargo o un título ajenos como si fueran propios: *Hacerse pasar por otro constituye delito de usurpación de identidad.*

usurpar v. **1** Referido a una propiedad o a un derecho que legítimamente pertenecen a otro, apoderarse de ellos, generalmente con violencia: *Los invasores usurparon las posesiones de cuantos caían bajo su dominio.* **2** Referido esp. a un cargo o a un título ajenos, atribuírselos y usarlos como si fueran propios: *El hermano gemelo del heredero usurpó la identidad de este y reinó en su lugar.*

utensilio s.m. **1** Lo que sirve para un uso manual y frecuente: *Un cuchillo es un utensilio que sirve para cortar.* **2** Instrumento o herramienta de un oficio o de un arte: *Entre los utensilios de pesca no pueden faltar el sedal y la caña.*

uterino, na adj. Del útero o relacionado con este órgano: *La arteria uterina irriga el útero.*

útero s.m. En una mujer o en un animal hembra, órgano interno hueco que forma parte de su aparato reproductor y que se comunica con el exterior a través de la vagina: *En el útero de un ave se forma la cáscara del huevo, y en el de un mamífero, el feto.*

útil ▮ adj. **1** Que puede servir o ser aprovechado: *Un paraguas es lo más útil para protegerse de la lluvia.* **2** Que produce provecho o beneficio: *Tu experiencia te hace especialmente útil para la empresa.* ▮ s.m. **3** Utensilio o herramienta de trabajo: *Sobre la mesa del arquitecto había reglas y demás útiles de trabajo.* □ MORF. 1. Como adjetivo es invariable en género. 2. Como sustantivo se usa más en plural.

utilería s.f. **1** Conjunto de útiles o de instrumentos que se emplean en un oficio o en un arte: *Guarda en casa la escopeta y toda la utilería de caza.* **2** En cine o en teatro, conjunto de objetos o de elementos que se emplean para la escenografía; *atrezo: Consiguieron sorprendentes efectos especiales gracias a una compleja utilería.* □ PRON. Incorr. *[utiyería].

utilero, ra s. Persona encargada de la utilería, esp. en un teatro: *El utilero se ocupó de que todo estuviese listo en el escenario para los ensayos.* □ PRON. Incorr. *[utiyero].

utilidad s.f. **1** Capacidad de servir, de ser aprovechado o de producir provecho o beneficio: *Por más que insistas, no le veo la utilidad a ese trasto.* **2** Provecho, conveniencia o fruto que se saca de algo: *Sabe sacar la máxima utilidad de lo poco que tiene.*

utilitario, ria ▮ adj. **1** Que antepone la utilidad a todo: *El diseño de los muebles de oficina responde a criterios utilitarios.* ▮ s.m. **2** →**coche utilitario.**

utilitarismo s.m. Tendencia a considerar la utilidad como valor máximo o a anteponerla a todo: *El utilitarismo está muy relacionado con el hedonismo.*

utilitarista adj./s. Que tiende a considerar la utilidad como el valor máximo que se debe anteponer a todo: *No seas tan utilitarista y disfruta del placer de la belleza sin más. Los utilitaristas defienden un concepto de felicidad basado en su idea de utilidad.* □ MORF. 1. Como adjetivo es invariable en género. 2. Como sustantivo es de género común y exige concordancia en masculino o en femenino para señalar la diferencia de sexo: *el utilitarista, la utilitarista.*

utilización s.f. Uso, empleo o aprovechamiento que se hace de algo: *La utilización de maquinaria ha hecho menos duro el trabajo del campo.*

utilizar v. Referido a algo, emplearlo, usarlo o aprovecharse de ello: *Puedes utilizar mis cosas si te hacen falta. No me parece ético que utilices así a los demás.* □ ORTOGR. La *z* se cambia en *c* delante de *e* →**CAZAR**.

utopía s.f. Plan, idea o concepción que se muestra como irrealizable en el momento de ser concebido o formulado: *Hoy por hoy, mi idea de tener casa propia es solo una utopía.*

utópico, ca adj./s. De la utopía, con utopía o relacionado con ella: *Tiene proyectos tan utópicos que no creo que nunca los haga realidad. Eres una utópica si piensas que la felicidad es eterna.*

uva s.f. **1** Fruto de la vid, de forma esférica u ovalada, carnoso, muy jugoso y que crece agrupado con otros en racimos: *El vino se obtiene del zumo fermentado de las uvas.* **2** ‖ **mala uva.** *col.* Mal carácter, mal humor o mala intención: *Déjame en paz, que estoy de mala uva.*

uve s.f. **1** Nombre de la letra *v*: *En la palabra 'vivo' hay dos uves.* **2** ‖ **uve doble.** Nombre de la letra *w*: *La palabra 'wiski' empieza por uve doble.*

uvi s.f. →**unidad de vigilancia intensiva.** □ MORF. Es un acrónimo que procede de la sigla de *unidad de vigilancia intensiva.*

úvula s.f. En anatomía, pequeña masa carnosa y muscular que cuelga en la parte media posterior del velo del paladar, a la entrada de la garganta; *campanilla: La úvula permite cerrar la comunicación entre la boca y las fosas nasales al tragar.*

uy interj. Expresión que se usa para indicar extrañeza, sorpresa, admiración o disgusto: *¡Uy, casi me caigo! ¡Uy, qué raro...!*

V v

v s.f. Vigésima tercera letra del abecedario: *'Vino' se escribe con 'v'.* □ PRON. 1. Representa el sonido consonántico bilabial sonoro. 2. Pronunciarla como labiodental para distinguirla de la *b* es una incorrección.

vaca s.f. **1** Hembra del toro: *De la vaca se obtiene leche, carne y cuero.* 👁 **rumiante 2** Carne de este animal: *Tomé un filete de vaca a la plancha.* 👁 **carne 3** ‖ **vaca marina.** Mamífero herbívoro acuático, de unos cinco metros de largo, con cuerpo grueso y piel grisácea de gran espesor, labio superior muy desarrollado, extremidades anteriores transformadas en dos aletas y las posteriores unidas en una sola, y cuya carne y grasa son muy estimadas; *buey marino, manatí*: *La vaca marina vive en las desembocaduras de los grandes ríos.* □ ORTOGR. Dist. de *baca*. □ MORF. *Vaca marina* es epiceno: *la vaca marina {macho/hembra}*.

vacación s.f. Período de tiempo en el que una persona interrumpe su actividad habitual, generalmente el trabajo o los estudios: *Nos iremos a la sierra a pasar las vacaciones.* □ MORF. Se usa más en plural.

vacacional adj. De las vacaciones o relacionado con este tiempo de descanso: *Agosto es el mes vacacional por excelencia.* □ MORF. Invariable en género.

vacante adj./s.f. Referido esp. a un cargo, que está libre y en disposición de ser ocupado: *En mi empresa hay un puesto vacante. La jubilación del tesorero produjo una vacante.* □ ORTOGR. Dist. de *bacante*. □ MORF. Como adjetivo es invariable en género.

vaciado s.m. **1** Formación de un objeto echando metal derretido u otra materia blanda en un molde hueco: *Ese escultor se dedica al vaciado en bronce.* **2** Figura que se hace mediante este procedimiento: *Este vaciado representa al dios Apolo.*

vaciar ▮ v. **1** Referido esp. a un recipiente, dejarlo vacío: *Vacié el vaso antes de fregarlo.* **2** Referido al contenido de un recipiente, sacarlo, verterlo o arrojarlo: *Vaciamos el vino de la garrafa para meterlo en botellas. El agua de la botella se vació en el fregadero.* **3** Referido a un objeto, formarlo echando en un molde hueco metal derretido u otra materia blanda: *En ese taller vacían estatuas en bronce.* **4** Referido a un cuerpo compacto, dejarlo hueco: *Vaciaron el muro para hacer una hornacina.* ▮ prnl. **5** *col.* Descubrir por completo la propia intimidad: *Necesitaba vaciarme y se lo conté todo.* □ ORTOGR. La *i* lleva tilde en los presentes, excepto en las personas *nosotros* y *vosotros* ⟶**VACIAR.** □ SINT. Constr. de la acepción 3: *vaciar* EN *una sustancia*.

vacilación s.f. **1** Movimiento inseguro o poco definido: *La vacilación del abuelo al andar nos hizo temer que se cayese.* **2** Falta de firmeza o falta de resolución: *Lo hizo sin vacilación y sin dudar lo más mínimo.*

vacilar v. **1** Moverse de forma poco definida: *El borracho vacilaba al andar.* **2** Estar poco firme: *La escalera de mano vacila y corre el riesgo de caerse.* **3** Titubear, oscilar o mostrarse indeciso: *El guardia me multó sin vacilar.* **4** *col.* Burlarse o decir en tono serio cosas graciosas o absurdas: *No vaciles conmigo, que ya sé de qué vas.*

vacile s.m. *col.* Hecho o dicho propios de una persona vacilona: *No se puede hablar con él en serio porque siempre está de vacile.*

vacilón, -a adj./s. *col.* Que se burla o que dice en tono serio cosas graciosas o absurdas: *Parece que nunca habla en serio porque es muy vacilón. No hagas caso a esta vacilona.*

vacío, a ▮ adj. **1** Falto de contenido: *La caja está vacía porque no tiene nada dentro.* **2** Que no está ocupado o que no tiene la ocupación que pudiera tener: *Allí hay dos sillas vacías.* **3** Hueco o sin la solidez correspondiente: *La ardilla se escondió en un tronco vacío.* **4** Referido a un lugar, que tiene menos habitantes o visitantes de los que suele tener: *Los lunes, el pueblo se queda vacío.* ▮ s.m. **5** Abismo o precipicio: *Cayó al vacío desde el puente.* **6** Falta, carencia o ausencia de algo: *Desde que se marchó, siento un vacío en mi vida.* **7** En física, espacio que no contiene aire ni otra materia perceptible: *El sonido no se propaga en el vacío.* **8** ‖ **al vacío.** Referido esp. a la forma de envasar, sin aire: *Las conservas están envasadas al vacío.*

vacuna s.f. Véase **vacuno, na.**

vacunación s.f. Administración de una vacuna: *La campaña de vacunación contra la difteria durará dos meses.*

vacunar v. Administrar una vacuna: *El ganadero vacunó a sus caballos contra la peste equina. Todos los otoños me vacuno contra la gripe.* □ SINT. Constr.: *vacunar* CONTRA *algo*.

vacuno, na ▮ adj./s.m. **1** Del ganado bovino o relacionado con él: *Los toros son reses vacunas. Trabaja haciendo el censo del vacuno español.* ▮ s.f. **2** Medicamento que se introduce en un organismo para preservarlo de una enfermedad o de una afección: *Ya le han puesto al niño la vacuna de la poliomielitis.*

vacuo, cua adj. Vacío o falto de contenido: *La novela resulta vacua, porque no refleja sentimientos verdaderos.* □ USO Su uso es característico del lenguaje culto.

vadear v. Referido a un río o a una corriente de agua, cruzarlos por un vado o por otro sitio por donde se pueda pasar a pie: *La caballería perdió mucho tiempo porque tuvo que vadear el río.*

vado s.m. **1** En un río, lugar con fondo firme, llano y poco profundo, por donde se puede pasar a pie, a caballo o en otro vehículo: *Cruzamos el río con la bicicleta por el vado.* **2** En una acera, parte rebajada, situada delante de una entrada, que facilita el acceso de los vehículos: *Me pusieron una multa por aparcar en un vado.*

vagabundear v. **1** Llevar la forma de vida propia de un vagabundo: *El día que sientes la cabeza y dejes de vagabundear seré feliz.* **2** Andar sin dirección ni destino fijos: *Cuando voy de vacaciones me gusta vagabundear por la ciudad.*

vagabundo, da adj./s. Que va de un lugar a otro sin tener domicilio o medio regular de vida: *Un perro vagabundo nos siguió hasta el portal. Ese vagabundo vive de limosnas.*

vagancia s.f. Pereza o falta de ganas de hacer algo; *vaguería: Si no lo hace no es por falta de tiempo, sino por pura vagancia.*

vagar v. **1** Andar sin rumbo fijo: *Me gusta vagar por la noche cuando las calles están vacías.* **2** Andar libre y suelto, o sin seguir el orden o la disposición habitual: *Dejé vagar mi imaginación y soñé que estaba en la playa.* □ ORTOGR. La *g* se cambia en *gu* delante de *e* →**PAGAR**.

vagina s.f. En las hembras de los mamíferos, conducto de paredes membranosas que se extiende desde la vulva hasta el útero: *En la cópula, el pene del macho se alberga en la vagina.*

vaginal adj. De la vagina o relacionado con ella: *Tiene que ponerse óvulos antibióticos para curar su infección vaginal.* □ MORF. Invariable en género.

vago, ga ▮ adj. **1** Impreciso, indeterminado o poco definido: *Me dio una vaga respuesta que no contestaba a mi pregunta.* **2** Referido esp. a un ojo, que le cuesta desarrollar su actividad: *Para recuperar un ojo vago hay que tapar el otro.* ▮ adj./s. **3** Que no le gusta trabajar, hacer esfuerzos ni otra actividad: *Nos cuesta mucho hacerle trabajar porque es vago. Aquí no quiero vagos.*

vagón s.m. En un ferrocarril, vehículo destinado al transporte de mercancías o de pasajeros: *Vimos un tren con 16 vagones.*

vagoneta s.f. Vagón pequeño y descubierto que se usa para el transporte de una mercancía: *El carbón extraído se saca de la mina en vagonetas.*

vaguada s.f. En un valle, línea o lugar que marca la parte más honda: *Las aguas corren por la vaguada.*

vaguear v. Estar voluntariamente sin hacer nada y eludir cualquier actividad; *holgazanear: Te aburres porque te pasas el día vagueando.*

vaguedad s.f. Falta de precisión, de exactitud o de claridad: *Fue un discurso muy impreciso y lleno de vaguedad.*

vaguería s.f. *col.* →**vagancia.**

vahído s.m. Mareo o desvanecimiento breve: *Al ver la sangre me dio un vahído.*

vaho s.m. Vapor que despide un cuerpo en determinadas circunstancias: *Limpia el vaho de los cristales para ver mejor.*

vaina s.f. **1** Funda ajustada para un arma blanca u otro instrumento cortante: *Sacó la espada de la vaina y se puso en posición de ataque.* **2** Cáscara tierna y larga que contiene las semillas de algunas plantas: *Las judías y los guisantes tienen frutos en vaina.* **3** *col.* Lo que carece de importancia pero molesta o supone una contrariedad: *Déjate de vainas y vamos al tema importante.*

vainica s.f. Labor de costura que se hace sacando hilos de la tela para dejar un pequeño calado: *La mantelería tenía el dobladillo adornado con vainica.*

vainilla s.f. **1** Planta de tallos muy largos, verdes, nudosos y trepadores, hojas enteras, flores grandes y fruto en forma de judía, que contiene pequeñas semillas: *La vainilla es originaria de México.* **2** Fruto de esta planta: *La vainilla tiene un olor muy agradable y se usa mucho en pastelería.*

vaivén s.m. **1** Balanceo o movimiento alternativo de un cuerpo hacia un lado y hacia otro sucesivamente: *Me quedé dormido mirando el vaivén del péndulo.* **2** Inconstancia o inestabilidad de las cosas en su duración o en su logro: *La vida tiene muchos vaivenes y nadie sabe lo que nos espera.*

vajilla s.f. Conjunto de platos, fuentes, tazas y otros recipientes para el servicio de mesa: *Se han roto dos platos y la ensaladera de la vajilla.*

valdepeñas s.m. Vino tinto originario de Valdepeñas (municipio de la provincia española de Ciudad Real): *Con la comida tomamos un valdepeñas muy bueno.* □ MORF. Invariable en número.

vale ▮ s.m. **1** Documento que se puede cambiar por un objeto, por una cantidad de dinero o por un servicio: *Puedes canjear el vale por una camiseta.* **2** Nota firmada o sellada que se da al que tiene que entregar algo para que después acredite su entrega: *Recibí el paquete y firmé el vale que justificaba la entrega.* ▮ interj. **3** *col.* Expresión que se usa para indicar conformidad o acuerdo: *Vale, vale, ya lo he entendido.*

valedero, ra adj. Que debe valer o que es válido: *El partido es valedero para el campeonato de liga.*

valedor, -a s. Persona que defiende o ampara a otra: *Cuando entró en la empresa, un amigo fue su valedor.*

valencia s.f. En química, número de enlaces con los que puede combinarse un átomo o radical: *El hidrógeno tiene una valencia.*

valenciano, na ▮ adj./s. **1** De la Comunidad Valenciana (comunidad autónoma española), de Valencia (ciudad y provincia de esta comunidad), o relacionado con ellas: *Las provincias valencianas son Valencia, Castellón y Alicante. Las Fallas es la fiesta más importante de los valencianos.* ▮ s.m. **2** Variedad lingüística del catalán, que se habla y se escribe en la Comunidad Valenciana: *El valenciano, junto con el castellano, es la lengua oficial en la Comunidad Valenciana.* □ MORF. En la acepción 1, como sustantivo se refiere solo a las personas de la Comunidad Valenciana o de Valencia.

valentía s.f. Valor, decisión o atrevimiento: *Demostró su valentía enfrentándose solo a los tres atracadores.*

valer ▮ s.m. **1** Valor o valía: *Mi jefe es una persona de gran valer.* ▮ v. **2** Ser de gran valor o tener cualidades que merecen aprecio y estimación: *Esta mujer vale mucho porque es inteligente, agradable y buena persona.* **3** Tener vigencia o validez, o ser adecuado: *Esta entrada solo vale* *para hoy.* **4** Ser útil o resultar adecuado para determinada función: *Yo no valgo para actor porque soy muy vergonzoso.* **5** Tener determinado precio o valor: *Este coche vale más de dos millones.* **6** Producir, ocasionar o tener como consecuencia: *Mi torpeza me valió una bronca.* **7** Ser igual en cantidad o equivaler en número, significación o aprecio: *Un ángulo recto vale 90°.* **8** Amparar, defender o dar protección: *¡Los cielos me valgan en tan difícil momento!* ▮ prnl. **9** Utilizar en beneficio o en provecho propios: *Se valió de sucias artimañas para conspirar contra mí.* □ MORF. Irreg. →VALER. □ SINT. Constr. como pronominal: *valerse* DE *algo.*

valeriana s.f. Planta herbácea, de tallo recto, erguido y hueco, hojas partidas en hojuelas puntiagudas, flores blancas o rojizas y raíz olorosa, que se usa en medicina como tranquilizante y relajante muscular: *Tómate una infusión de valeriana y dormirás mejor.*

valeroso, sa adj. Que tiene valentía: *Nada le asusta porque es muy valeroso.*

valía s.f. **1** Valor o precio: *En la exposición hay piezas de gran valía.* **2** Cualidad de la persona que vale y que merece aprecio: *Es una mujer inteligente y de gran valía.*

validez s.f. **1** Corrección, valor o legalidad de lo que es válido: *Nadie pone en duda la validez de sus ideas.* **2** Capacidad o utilidad para hacer algo: *Su validez para el desempeño de ese puesto es indudable.*

valido s.m. Persona que tiene el primer lugar en la confianza de un rey, un príncipe o una persona poderosa, esp. si ejerce gran influencia en sus decisiones: *El valido gobernaba en nombre del rey.* □ ORTOGR. Dist. de *balido* y de *válido.*

válido, da adj. Que vale porque es firme, correcto, apropiado o legal: *El referendo es válido porque se ha respetado la ley.* □ ORTOGR. Dist. de *valido.*

valiente adj./s. Que actúa con valor, con ánimo y con decisión; *bizarro, gallardo: Un joven valiente se arrojó a las aguas para salvar a la niña. Enfrentarse a un toro es cosa de valientes.* □ MORF. 1. Como adjetivo es invariable en género. 2. Como sustantivo es de género común y exige concordancia en masculino o en femenino para señalar la diferencia de sexo: *el valiente, la valiente.* □ SEM. En frases exclamativas tiene un sentido irónico o intensificador: *¡Valiente deportista estás hecho!*

valija s.f. **1** Especie de caja, con cerradura y con una o varias asas, que se usa para llevar ropa y objetos personales en los viajes; *maleta: Dejé mi valija en la recepción del hotel.* **2** Saco, generalmente de cuero y cerrado con llave, que se emplea para llevar la correspondencia: *Los carteros meten en la valija las cartas que recogen de los buzones.* **3** Esta correspondencia: *En navidades, la mayor parte de las valijas son tarjetas de felicitación.* **4** ‖ **valija diplomática.** Cartera cerrada y precintada que contiene la correspondencia oficial entre un Gobierno y sus agentes diplomáticos en el extranjero: *Los aduaneros no pueden abrir las valijas diplomáticas.*

valimiento s.m. Ayuda o protección que alguien recibe: *Siempre contó con el valimiento de sus padres.*

valioso, sa adj. Que vale mucho o que tiene mucha estimación o valor: *Heredó valiosas joyas de sus antepasados.*

valla s.f. **1** Conjunto de estacas, de tablas o de otra cosa, puestas en línea alrededor de un lugar para cerrarlo, protegerlo o señalarlo: *Pinté de blanco la valla del jardín.* **2** Armazón en el que se fijan carteles o anuncios publicitarios: *Cada cierto tiempo cambian los carteles de las vallas publicitarias.* **3** En algunas carreras deportivas, obstáculo que debe ser saltado por los participantes: *El corredor que ganó no tiró ninguna valla.* □ ORTOGR. Dist. de *baya* y *vaya.*

vallado s.m. Cerco hecho con estacas, con tierra apisonada o con otro material, que se usa para defender un lugar e impedir la entrada en él: *Un vallado rodea las obras.*

vallar v. Referido a un lugar, cercarlo o cerrarlo con un vallado: *Han vallado la finca con una alambrada.*

valle s.m. **1** Llanura de tierra entre montañas: *El pueblo está situado en un hermoso valle.* 👁 **montaña** **2** Cuenca de un río: *Todo el valle del Nilo es un territorio fértil.* **3** Parte más baja de algo, esp. de una ola o de una onda: *Las ondas sonoras tienen crestas y valles.*

vallisoletano, na adj./s. De Valladolid o relacionado con esta provincia española o con su capital: *Medina del Campo es una ciudad vallisoletana. Los vallisoletanos son castellanos.* □ MORF. Como sustantivo se refiere solo a las personas de Valladolid.

valón, -a ▮ adj./s. **1** De Valonia (territorio que ocupa aproximadamente el sur belga), o relacionado con él: *El pueblo valón ocupa la región belga de Valonia. La población belga está formada por valones y flamencos.* ▮ s.m. **2** Lengua hablada por los habitantes de este territorio: *El valón es una variedad lingüística del francés.* □ ORTOGR. Dist. de *balón.* □ MORF. En la acepción 1, como sustantivo se refiere solo a las personas de Valonia.

valor ▮ s.m. **1** Utilidad o conjunto de cualidades apreciables de una cosa: *Este collar tiene gran valor sentimental para mí.* **2** Precio de algo: *Los expertos fijaron el valor del terreno en cinco millones.* **3** Validez que algo tiene: *Este bono solo tiene valor hasta finales de mes.* **4** Significado o importancia de algo, esp. de una acción o de una palabra: *Más tarde comprendí el valor de su frase.* **5** Capacidad de actuar con resolución y de enfrentarse a los peligros: *Hace falta mucho valor para enfrentarse a una enfermedad.* **6** Desvergüenza o falta de consideración: *¿Cómo tienes el valor de acusarme de un delito que tú has cometido?* **7** Equivalencia de una cosa con otra, esp. de una moneda respecto a otra que se ha tomado como patrón: *El valor del euro respecto al dólar ha bajado en los últimos meses.* **8** En matemáticas, cantidad que se atribuye a una variable: *En la ecuación 'x - 5 = 5', el valor de 'x' es 10.* **9** En música, duración del sonido de una nota: *El valor de una negra equivale al de dos corcheas.* ▮ pl. **10** Principios morales, ideológicos o de otro tipo que guían el comportamiento personal: *Los valores tradicionales han perdido importancia.* **11** En economía, títulos que representan las cantidades prestadas a las sociedades o la participación en el capital de dichas sociedades: *En estos momentos de incertidumbre es mejor invertir en valores de renta fija.* **12** ‖ **armarse de valor.** Reunir fuerza y ánimo para realizar o afrontar algo: *Tuve que armarme de valor para pedir el aumento de sueldo.*

valoración s.f. **1** Determinación del precio de algo: *Un perito tendrá que hacer la valoración de los daños del incendio.* **2** Reconocimiento o apreciación del valor o del mérito de algo: *Estoy satisfecho con la valoración que se ha hecho de mi trabajo.* **3** Aumento del valor de algo: *Llevar el agua hasta la finca ha supuesto una gran valoración del terreno.* □ SEM. Es sinónimo de *valorización.*

valorar v. **1** Referido a algo material, señalar su precio:

Han valorado la finca en treinta mil euros. **2** Referido esp. a algo realizado, reconocer o apreciar su valor o su mérito: *En esta empresa saben valorar mi trabajo.* **3** Referido a algo, aumentar su valor: *La construcción del supermercado valorará el barrio.* □ SEM. Es sinónimo de *valorizar*.

valorización s.f. →**valoración.**

valorizar v. →**valorar.** □ ORTOGR. La *z* se cambia en *c* delante de *e* →CAZAR.

vals s.m. **1** Composición musical, de ritmo ternario y aire vivo, cuyas frases constan generalmente de dieciséis compases: *El compositor austriaco Johann Strauss compuso en el siglo XIX célebres valses.* **2** Baile de pareja que se ejecuta al compás de esta música, con desplazamientos de giro: *Estoy aprendiendo a bailar el vals y otros bailes de salón.* □ MORF. Su plural es *valses*.

valva s.f. **1** En zoología, cada una de las piezas duras y móviles que constituyen la concha de algunos moluscos e invertebrados: *La concha de los mejillones y de las almejas está formada por dos valvas.* **2** En botánica, cada una de las partes que forman la cáscara de algunos frutos y que, unidas por una o más suturas, encierran las semillas: *Las vainas de los guisantes tienen dos valvas.*

válvula s.f. **1** En una máquina o en un instrumento, pieza que está colocada en una abertura y que sirve para abrir o cerrar el paso a través de un conducto: *Las válvulas de muchos aparatos se abren o se cierran según la presión ejercida sobre ellas.* **2** En anatomía, pliegue membranoso, situado en el corazón o en un conducto, que permite el paso de los líquidos, esp. de la sangre, en una sola dirección impidiendo el retroceso: *La obstrucción de una válvula del corazón puede producir la muerte.* **3** ‖ **(válvula) {bicúspide/mitral}.** En el corazón de los mamíferos, la que está entre la aurícula y el ventrículo izquierdos: *La válvula mitral tiene forma de mitra.* 👁 **corazón** ‖ **válvula semilunar.** En el corazón de los mamíferos, la que comunica el ventrículo derecho con la arteria pulmonar y el ventrículo izquierdo con la aorta: *El corazón tiene dos válvulas semilunares.* 👁 **corazón** ‖ **(válvula) tricúspide.** En el corazón de los mamíferos, la que está entre la aurícula y el ventrículo derechos: *La válvula tricúspide termina en tres puntas o cúspides.* 👁 **corazón**

vamos interj. Expresión que se usa para indicar una orden o para dar ánimos: *¡Vamos, recoge tus cosas inmediatamente! ¡Vamos, que se nos hace tarde!*

vampiresa s.f. *col.* Mujer muy atractiva que suele aprovecharse de los hombres a los que seduce: *Esa vampiresa con la que sales terminará haciéndote daño.*

vampiro s.m. **1** Ser fantástico que vive por las noches y se alimenta con la sangre que chupa a sus víctimas humanas: *En una pesadilla, un vampiro me mordía el cuello.* **2** Murciélago del tamaño de un ratón, con dos incisivos muy afilados, que se alimenta de la sangre de animales domésticos: *El vampiro es un murciélago de América del Sur.* □ MORF. En la acepción 2, es un sustantivo epiceno y la diferencia de sexo se señala mediante la oposición *el vampiro {macho/hembra}*.

vanadio s.m. Elemento químico, metálico y sólido, de número atómico 23, fácilmente deformable, de color blanco plateado, y que se usa para aumentar la resistencia del acero: *El vanadio se utiliza para fabricar vidrios transparentes.* □ ORTOGR. Su símbolo químico es *V*.

vanagloria s.f. Presunción o alabanza excesivas de las propias cualidades o de las propias acciones: *Habla con vanagloria de sus muchas riquezas.*

vanagloriarse v.prnl. Referido a las propias acciones o cualidades, presumir de ellas excesivamente: *Se vanagloria de ser muy inteligente.* □ ORTOGR. La *i* nunca lleva tilde. □ SINT. Constr. *vanagloriarse DE algo*.

vandálico, ca adj. De los vándalos, del vandalismo o relacionado con ellos: *Un grupo violento rompió 20 farolas en un acto vandálico.*

vandalismo s.m. **1** Inclinación a destruir y a destrozar todo sin tener respeto ni consideración por nada: *El vandalismo de algunos grupos de hinchas hace peligrar la seguridad en los partidos de fútbol.* **2** Destrucción y devastación indiscriminadas: *Quemar las papeleras públicas es un acto de vandalismo.*

vándalo, la ▌adj./s. **1** De un antiguo pueblo bárbaro de origen germánico oriental que participó en la invasión del Imperio romano, o relacionado con él: *Los guerreros vándalos destrozaron los monumentos que encontraron a su paso. Los vándalos entraron en el siglo V en la península ibérica.* ▌s. **2** Gamberro agresivo y violento que comete acciones propias de gente salvaje: *Unos vándalos han destruido la estatua que había en esta plaza.*

vanguardia s.f. **1** Movimiento artístico o ideológico más avanzado respecto a las ideas o gustos de su tiempo: *Las vanguardias artísticas tuvieron un gran desarrollo en el período de entreguerras.* **2** Parte de un ejército o de una fuerza armada que va delante del cuerpo principal: *La vanguardia iba abriendo camino.*

vanguardismo s.m. Escuela o tendencia literaria o artística surgida en el siglo XX con intención renovadora y de exploración de nuevas técnicas: *El cubismo es uno de los vanguardismos más famosos.*

vanguardista ▌adj. **1** Del vanguardismo o relacionado con esta escuela o tendencia artística: *Las tendencias vanguardistas tuvieron gran influencia en la poesía de la Generación del 27.* ▌adj./s. **2** Partidario o seguidor del vanguardismo: *Dalí y Picasso fueron dos grandes pintores vanguardistas. Los vanguardistas se opusieron a las formas tradicionales de creación artística.* □ MORF. 1. Como adjetivo es invariable en género. 2. Como sustantivo es de género común y exige concordancia en masculino o en femenino para señalar la diferencia de sexo: *el vanguardista, la vanguardista*.

vanidad s.f. Deseo excesivo de mostrar las propias cualidades y de que sean reconocidas y alabadas: *Tu vanidad te impide darte cuenta de tus defectos.*

vanidoso, sa adj./s. Que tiene vanidad y la manifiesta: *A las personas vanidosas les gusta que las halaguen. Nunca reconoce sus errores porque es un vanidoso.*

vano, na ▌adj. **1** Sin utilidad: *Después de vanos intentos, decidió abandonar el proyecto.* **2** Sin fundamento, prueba o razón sólidas: *No mantengas vanas esperanzas.* **3** Vacío o falto de contenido: *No dijo más que palabras vanas sin ningún sentido.* **4** Presumido y que se satisface solo en su propia complacencia: *Es una persona vana que solo se preocupa por su bienestar.* **5** Referido a un fruto con cáscara, que está vacío en su interior o que tiene la semilla seca o podrida: *Dame otra nuez porque esta está vana.* ▌s.m. **6** Hueco abierto en un muro o en una pared: *Las ventanas y las puertas son tipos de vanos.* **7** ‖ **en vano.** Inútilmente o sin efecto: *Me esforcé en vano, porque no conseguí resolver el problema.*

vapor s.m. **1** Gas en que se transforma un líquido por la acción del calor: *Cuando el agua hierve, se transforma en vapor.* **2** Barco que navega movido por una o varias máquinas de vapor: *Atravesaron el río en un vapor.* 👁 **embarcación 3** ‖ **al vapor.** Referido a un alimento, cocido por el vapor, sin estar en contacto con el agua: *Hoy tenemos mejillones al vapor con vinagreta.*

vaporizador s.m. **1** Utensilio que sirve para esparcir un líquido en forma de partículas muy pequeñas; *pulverizador: El envase del desodorante lleva incorporado un vaporizador.* **2** Aparato que sirve para convertir en vapor un cuerpo líquido: *No sale vapor de la plancha porque se han obstruido los conductos del vaporizador.*

vaporizar v. **1** Referido a un líquido, convertirlo en vapor por la acción del calor: *En el laboratorio vaporizan muchas sustancias líquidas para analizar los efectos de sus vapores. El agua se vaporiza a 100 °C.* **2** Referido a un líquido, esparcirlo en forma de pequeñas gotas: *Estos envases permiten vaporizar la colonia.* ☐ ORTOGR. La *z* se cambia en *c* delante de *e* ⟶**CAZAR**.

vaporoso, sa adj. Fino, ligero o transparente, esp. referido a una tela: *La gasa es una tela vaporosa.*

vapulear v. **1** Golpear o dar una paliza: *Dos gamberros lo vapulearon y lo dejaron medio muerto.* **2** Zarandear o mover de un lado a otro repetidamente y con violencia: *Me agarró por un brazo y me vapuleó para que le contara lo ocurrido.*

vapuleo s.m. **1** Paliza o conjunto de golpes: *¡Menudo vapuleo me dieron entre todos!* **2** Zarandeo o movimiento de un lado a otro repetidamente y con violencia: *Ayúdame con el vapuleo de la alfombra para sacudirle el polvo.*

vaquería s.f. Lugar en el que se tienen y se crían las vacas, y se vende su leche: *En la vaquería del pueblo puedes comprar leche recién ordeñada.*

vaquero, ra ▮ adj. **1** Referido a un tejido, que es resistente, más o menos grueso y de color generalmente azul: *Quiero tela vaquera para hacer una falda.* **2** Referido esp. a una prenda de vestir, que está confeccionada con esta tela y con un diseño que recuerda la ropa de los ganaderos del oeste norteamericano: *Tengo una cazadora vaquera forrada de piel de borrego.* ▮ s. **3** Pastor de reses vacunas: *Antes existían vaqueros en muchos pueblos.* ▮ s.m. **4** ⟶**pantalón vaquero.** ☐ MORF. La acepción 4 se usa más en plural. ☐ SEM. En las acepciones 2 y 4, es sinónimo de *tejano*.

vaquilla s.f. Ternero o cría de la vaca que tiene entre año y medio y dos años: *En muchas fiestas populares se torean vaquillas.*

vara s.f. **1** Palo o rama delgados, lisos y largos: *El pastor azuzaba con una vara a las ovejas que se salían del rebaño.* **2** Bastón que se utiliza como símbolo de autoridad: *Los alcaldes llevan una vara en los actos solemnes.* **3** Unidad de longitud que equivale aproximadamente a 83,6 centímetros: *La vara recibe también los nombres de 'vara de Burgos' y 'vara de Castilla'.* **4** En algunas plantas, tallo largo y con flores: *En el ramo de flores me han puesto una vara de azucenas.* **5** ‖ **varita mágica.** Aquella a la que se atribuyen poderes extraordinarios y que usan hadas, magos y otras personas para hacer prodigios: *El hada tocó al sapo con la varita mágica y lo convirtió en príncipe.* ☐ USO En la acepción 3, es una medida tradicional española.

varadero s.m. Lugar en el que se varan o se ponen en seco las embarcaciones para resguardarlas, limpiarlas o repararlas: *La barca permanecerá en el varadero hasta que le pinten el casco.*

varar v. **1** Referido a una embarcación, sacarla a la playa y ponerla en seco para resguardarla, limpiarla o repararla: *Varamos la barca en la playa para reparar las tablas.* **2** Referido a una embarcación, encallar o tropezar con un obstáculo que la hace detenerse: *El pesquero varó en un banco de arena.*

varear v. **1** Referido a un árbol, golpearlo y moverlo con una vara para que caigan sus frutos: *Hay que varear los olivos para que las aceitunas caigan al suelo.* **2** Golpear con una vara o palo largo y delgado: *La lana de los colchones se varea para que quede suelta.*

variabilidad s.f. **1** Capacidad de variar: *La variabilidad de los temas de la conferencia está en función de las opciones de los ponentes.* **2** Inestabilidad o inconstancia: *La variabilidad de tus opiniones hace que no pueda confiar plenamente en ti.*

variable ▮ adj. **1** Que varía o que puede variar: *El número de horas para cada asignatura es variable en función de las necesidades de los alumnos.* **2** Inestable, inconstante o que varía con facilidad: *Como tiene un carácter tan variable, no sé cuánto le va a durar la alegría.* ▮ s.f. **3** En matemáticas, magnitud que puede tener distintos valores de los comprendidos en un conjunto: *En esta ecuación, la variable 'x' puede tomar los valores de 5 y de 10.* ☐ MORF. Como adjetivo es invariable en género.

variación s.f. **1** Transformación o cambio: *Mantiene sus opiniones de siempre sin ninguna variación.* **2** Diversidad o diferenciación; *variedad: No hay variación en tus diversiones y a mí me aburren.* **3** En música, imitación o recreación de un tema, introduciendo modificaciones melódicas, armónicas, rítmicas o de todo tipo: *El pianista interpretó unas variaciones sobre un tema de Mozart.* ☐ MORF. La acepción 3 se usa más en plural.

variante s.f. **1** Cada una de las formas distintas con que puede aparecer una misma cosa: *He recopilado tres variantes de un mismo romance.* **2** Diferencia que existe entre diversas clases de una misma cosa: *Algunas tradiciones son iguales en muchos pueblos pero con alguna variante.* **3** En las quinielas de fútbol, signo que indica un resultado de empate o de triunfo del equipo visitante: *X y 2 son las variantes de la quiniela.* **4** Desviación de un tramo de carretera o de un camino: *Han hecho una variante en esta carretera para no atravesar el pueblo.*

variar v. **1** Hacer diferente o distinto de como era antes: *He variado mi forma de vestir porque ha cambiado mi forma de pensar.* **2** Dar variedad o diversidad: *Debes variar tus comidas para tener una dieta equilibrada.* **3** Cambiar de características, de propiedad o de estado: *En las zonas costeras, las temperaturas varían menos que en el interior.* ☐ ORTOGR. La *i* lleva tilde en los presentes, excepto en las personas *nosotros* y *vosotros* ⟶**VACIAR**.

varicela s.f. Enfermedad contagiosa causada por un virus y que se manifiesta por una erupción cutánea, precedida de debilidad, fiebre y náuseas: *La varicela suele ser una enfermedad infantil y poco peligrosa.*

varicoso, sa adj. De las varices, con varices o relacionado con ellas: *Si te pasas el día sentado, terminarás con las piernas varicosas.*

variedad ▮ s.f. **1** Diversidad o diferenciación; *variación: Las múltiples y diferentes actuaciones le dan gran variedad al espectáculo del circo.* **2** Conjunto de elementos diversos dentro de una misma clase o unidad: *En este comercio tienen una gran variedad de camisas.* **3** Cada uno de los grupos en que se dividen algunas especies de plantas y animales y que se distinguen por la existencia de unas características comunes: *La reineta es una variedad de manzana.* ▮ pl. **4** Espectáculo alegre y ligero en el que alternan diferentes números; *varietés: Una actriz de variedades debe saber interpretar, cantar y bailar.*

varietés s.f.pl. →**variedades.**

varilla s.f. **1** En un paraguas, en un abanico o en otro utensilio semejante, barra o pieza larga y delgada que forma parte de su armazón: *Los paraguas plegables tienen las varillas articuladas.* **2** En un corsé o en una prenda de vestir semejante, tira de un material duro y flexible que forma parte de su armazón: *Esos antiguos corsés de varillas que oprimían tanto tenían que ser asfixiantes.*

vario, ria ▌adj. **1** Diferente, diverso o no igual: *Tengo discos y libros varios, y espero que alguno te guste.* **2** Que tiene variedad o que está compuesto por una diversidad: *El país cuenta con una agricultura rica y varia.* **3** Cambiante o inconstante: *En primavera suele hacer un tiempo vario e imprevisible.* ▌adj.pl. **4** Algunos o unos cuantos: *Dispongo de varios días para acabar el trabajo.* □ ORTOGR. Dist. de *bario*. □ USO *Varios* se usa mucho como epígrafe de secciones o de apartados en los que se engloba una diversidad de elementos: *En la librería había una sección para novela, otra para poesía y otra con el rótulo de 'varios'.*

variopinto, ta adj. Mezclado, variado, de múltiples formas o con elementos distintos: *En esa familia tan variopinta hay desde ejecutivos a delincuentes, pasando por artistas.*

variz s.f. Dilatación o abultamiento anormales de una vena, producidos por una acumulación de sangre: *Tengo las piernas llenas de varices porque estoy muchas horas de pie.*

varón s.m. Persona de sexo masculino; *hombre: Como ya tiene dos hijas, le gustaría que el próximo fuese varón.* □ ORTOGR. Dist. de *barón*.

varonil adj. **1** Del varón o relacionado con él: *La voz varonil suele ser más grave que la de la mujer.* **2** Que tiene fuerza, valor, firmeza u otras características tradicionalmente consideradas propias de un varón: *Me gustan los hombres varoniles y sin gestos afeminados.* □ MORF. Invariable en género. □ SEM. Es sinónimo de *viril*.

vasallaje s.m. **1** En la sociedad europea medieval y del Antiguo Régimen, vínculo o relación de dependencia y de fidelidad contraídos por una persona con un señor: *El vasallaje conllevaba normalmente la obligación de servir o tributar al señor a cambio de su protección.* **2** Tributo que el vasallo estaba obligado a pagar a su señor por razón de este vínculo: *El vasallaje de los campesinos consistía frecuentemente en una parte de la cosecha.* **3** Sumisión, subordinación o reconocimiento de dependencia a otro: *Defiende tus derechos y acaba con el vasallaje que mantienes con tus jefes.*

vasallo, lla ▌adj./s. **1** En el feudalismo, referido esp. a una persona, que estaba sujeta a un señor mediante el vínculo de vasallaje: *En la Edad Media había pueblos enteros vasallos de un señor. Los vasallos podían serlo del rey, de la Iglesia o de un señor.* ▌s. **2** *col.* Persona sumisa que reconoce su dependencia e inferioridad: *Más que colaboradores, quiere tener vasallos que le obedezcan sin rechistar.* **3** Súbdito de un soberano o de un Gobierno independiente: *El rey francés proclamó su satisfacción por ser el soberano de todos los vasallos de Francia.*

vasar s.m. Estantería o repisa que sobresale de la pared y que sirve para poner vasos, platos y otras cosas: *En el vasar de la cocina tenemos la vajilla.* □ ORTOGR. Dist. de *basar*.

vasco, ca ▌adj./s. **1** Del País Vasco (comunidad autónoma española), o relacionado con él; *vascongado: Los donostiarras son ciudadanos vascos. Cuando estuvo en Bilbao, conoció a una vasca y acabó casándose con ella.* **2** Del País Vasco francés (región del suroeste francés), o relacionado con él; *vascofrancés: En Francia, la comunidad vasca se concentra en la zona suroeste del país. Muchos vascos de Francia pueden entenderse con los de España en su lengua común.* ▌s.m. **3** Lengua del País Vasco y de Navarra (comunidades autónomas españolas) y del territorio vascofrancés; *euskera, vascuence: El vasco es la única de las lenguas oficiales españolas que no procede del latín.* □ MORF. En las acepciones 1 y 2, como sustantivo se refiere solo a las personas del País Vasco español o francés, respectivamente.

vascofrancés, -a adj./s. Del País Vasco francés (región del suroeste francés), o relacionado con él; *vasco: Bayona es una ciudad vascofrancesa. Los vascofranceses conservan tradiciones comunes con los vascos españoles.* □ MORF. Como sustantivo se refiere solo a las personas del País Vasco francés.

vascón, -a adj./s. De la Vasconia (región hispanaprerromana que se extendía por el actual territorio navarro y parte del vasco, del aragonés y del riojano), o relacionado con ella: *La lengua vascona estaba emparentada con el actual vasco. Los vascones opusieron gran resistencia al dominio romano.* □ MORF. Como sustantivo se refiere solo a las personas de Vasconia.

vascongado, da adj./s. Del País Vasco (comunidad autónoma española), o relacionado con él; *vasco: Álava, Guipúzcoa y Vizcaya son provincias vascongadas. Algunos vascongados son muy aficionados al ciclismo.* □ MORF. Como sustantivo se refiere solo a las personas del País Vasco.

vascuence adj./s.m. Referido a una lengua, que es la del País Vasco y Navarra (comunidades autónomas españolas) y la del territorio vascofrancés; *euskera, vasco: La lengua vascuence tiene un origen incierto. El vascuence se ha hablado más en las zonas rurales que en las grandes ciudades.* □ MORF. Como adjetivo es invariable en género.

vascular adj. De los vasos o tejidos presentes en las plantas o en los animales y que sirven para transportar líquidos o fluidos: *Las venas y las arterias son conductos vasculares.* □ ORTOGR. Dist. de *bascular*. □ MORF. Invariable en género.

vasectomía s.f. Operación quirúrgica que se practica a un hombre para esterilizarlo y que consiste en seccionar algunos de los conductos del órgano reproductor masculino: *Como hemos decidido no tener más hijos, mi marido se hará una vasectomía.*

vaselina s.f. **1** Sustancia grasa, blanquecina o transparente, que se obtiene de la parafina y aceites densos del petróleo, y que se usa mucho como lubricante y para la fabricación de pomadas y otros productos farmacéuticos (por extensión del nombre de la marca comercial *Vaseline®*): *Cuando se me cortan los labios, me doy vaselina o cacao.* **2** En fútbol o en otros deportes, lanzamiento del balón suavemente y describiendo una parábola por encima del portero: *Cuando vio que el portero se adelantaba, hizo una vaselina y marcó gol.*

vasija s.f. Recipiente hondo, generalmente pequeño, que se usa para contener líquidos o alimentos: *Guardaban las aceitunas en una vasija de barro.*

vaso s.m. **1** Recipiente generalmente de vidrio y de forma cilíndrica que se usa para beber: *El champán se suele beber en copa y no en vaso.* **2** Recipiente o pieza de forma cóncava, capaces de contener algo: *En el laboratorio hay vasos graduados de distintos tamaños.* 👁 **medida; química** **3** En un organismo animal, conducto por el que circulan la sangre o la linfa: *Las venas y las arterias son vasos circulatorios.* **4** En una planta, conducto por el que circula la savia o el látex: *Los vasos leñosos conducen la savia bruta, y los liberianos, la savia elaborada.*

vástago s.m. **1** En una planta, rama tierna que brota de ella: *Con la primavera comienzan a salir los vástagos de plantas y árboles.* **2** Respecto de una persona, hijo o descendiente suyos: *Se casó hace un año y ya tiene un vástago.* **3** Pieza en forma de varilla metálica que sirve para articular o sostener otras piezas: *Las dos hojas del biombo están unidas por unos vástagos que permiten plegar una sobre la otra.*

vastedad s.f. Amplitud, gran extensión o grandeza: *La vastedad de ese desierto impresiona.* ☐ ORTOGR. Dist. de *bastedad*.

vasto, ta adj. Amplio, muy extenso o muy grande: *Sus dominios se extendían por un vasto terreno, imposible de abarcar con la vista.* ☐ ORTOGR. Dist. de *basto*.

vate s.m. Poeta, esp. referido al ya consagrado o ilustre: *Góngora es uno de los grandes vates de la literatura española.* ☐ ORTOGR. Dist. de *bate*. ☐ USO Su uso es característico del lenguaje culto.

váter s.m. **1** Recipiente conectado con una tubería y provisto de una cisterna con agua, que sirve para evacuar los excrementos; *inodoro, retrete: Después de usar el váter, tira de la cadena.* **2** *col.* Cuarto de baño: *Cuando se encierra en el váter para arreglarse, tarda horas en salir.* ☐ ORTOGR. Es un anglicismo (*water*) adaptado al español. ☐ USO Es innecesario el uso de los anglicismos *water* y *water closet*.

vaticano, na adj. **1** Del Vaticano (ciudad estado situada en la península italiana, en la que se encuentra la sede papal), o relacionado con él: *En los museos vaticanos se conservan grandes obras de arte del Renacimiento italiano.* **2** Del papa, de la corte pontificia o relacionado con ellos: *La guardia vaticana daba escolta al papa.*

vaticinar v. Referido a un suceso futuro, pronosticarlo, profetizarlo o anunciarlo: *Si no estudias, te vaticino un futuro poco agradable.*

vaticinio s.m. Pronóstico, adivinación o predicción de un suceso futuro: *Entrevistaron a un adivino con fama de haber acertado en muchos de sus vaticinios.*

vatio s.m. En el Sistema Internacional, unidad básica de potencia que equivale a la potencia que da lugar a una producción de energía igual a un julio por segundo: *Un vatio es equivalente al producto de un voltio por un amperio.* ☐ ORTOGR. Su denominación internacional es *watt*.

vaya interj. Expresión que se usa para indicar sorpresa, satisfacción, contrariedad o disgusto: *¡Vaya con el niño, cómo llora! ¡Vaya, ya me he vuelto a equivocar!* ☐ ORTOGR. Dist. de *baya* y *valla*. ☐ SEM. En frases exclamativas, antepuesto a un sustantivo, tiene un sentido intensificador: *¡Vaya cochazo!*

vecinal adj. De los vecinos, de su municipio o relacionado con ellos: *Las asociaciones vecinales exigen medidas de seguridad ciudadana.* ☐ MORF. Invariable en género.

vecindad s.f. **1** Condición de la persona que vive en una misma población, barriada o casa que otros, teniendo vivienda independiente: *Hace años que viven en el mismo edificio, pero no les une más que la relación de vecindad.* **2** Conjunto de las personas que comparten esta condición: *Crece el descontento entre la vecindad por el aumento de la delincuencia.* **3** Cercanía, proximidad o inmediatez entre dos cosas: *La situación estratégica de la península ibérica viene determinada, entre otros factores, por su vecindad con el continente africano.*

vecindario s.m. Conjunto de los vecinos de una población, de una barriada o de una casa: *El vecindario protesta por el deficiente servicio de transporte público.*

vecino, na ▌adj. **1** Cercano, próximo o inmediato: *Nos conviene mantener buenas relaciones con los países vecinos.* **2** Semejante, parecido o que coincide: *Todas las grandes ciudades sufren situaciones y problemas vecinos.* ▌adj./s. **3** Referido a una persona, que vive en la misma población, barriada o casa que otros, teniendo vivienda independiente: *Voy a clase con una chica vecina de tu barrio. El vecino del quinto bajó a pedirme un poco de sal.*

vector s.m. En física, magnitud o propiedad que puede ser medida y en la que hay que considerar, además de la cuantía, la dirección, el sentido y el punto de aplicación: *La velocidad y la fuerza son vectores.*

vectorial adj. De los vectores o relacionado con ellos: *En el gráfico de la aceleración, la flecha indica la dirección y el sentido vectoriales.* ☐ MORF. Invariable en género.

veda s.f. **1** Prohibición hecha por ley o por mandato: *Las autoridades han dictado veda de cazar en parques naturales y zonas protegidas.* **2** Tiempo durante el que está legalmente prohibido cazar o pescar: *La veda de la trucha termina este mes.*

vedar v. **1** Prohibir por ley o por mandato: *La ley veda la estancia prolongada en el país a los extranjeros que no tienen permiso de residencia.* **2** Impedir, dificultar o obstaculizar: *Una valla veda el paso a la finca privada.* ☐ ORTOGR. Dist. de *vetar*.

vedette (galicismo) s.f. Mujer que actúa como artista principal en un espectáculo de variedades: *Se convirtió en vedette de su compañía después de varios años como corista.* ☐ PRON. Se usa mucho la pronunciación galicista [bedét].

vega s.f. Terreno bajo, llano, fértil y generalmente regado por un río: *Las vegas suelen ser terrenos idóneos para los cultivos de regadío.*

vegetación ▌s.f. **1** Conjunto de vegetales propios de una zona o de un clima: *La vegetación de las selvas tropicales es muy exuberante.* ▌pl. **2** Desarrollo excesivo de las amígdalas faríngea y nasal y, sobre todo, de las partes posteriores de las fosas nasales: *Las vegetaciones suelen presentarse en niños pequeños y hay que operarlas porque dificultan la respiración.*

vegetal ▌adj. **1** De las plantas o relacionado con ellas: *Uso un champú elaborado con extractos vegetales.* **2** Que vegeta o lleva una vida propia de una planta: *Después de aquel golpe, perdió todo interés por la vida y se convirtió en un ser vegetal.* ▌s.m. **3** Ser orgánico que crece y vive sin capacidad para cambiar de lugar por impulso voluntario; *planta: Los árboles, las verduras y las hierbas son distintos tipos de vegetales.* ☐ MORF. Como adjetivo es invariable en género.

vegetar v. **1** Referido a una planta, germinar, nutrirse, crecer y desarrollarse: *Las plantas necesitan agua y sustancias minerales para vegetar.* **2** Referido a una persona, vivir de manera maquinal o sin desarrollar otra actividad que la puramente orgánica, como hacen las plantas: *La enfermedad había mermado tanto sus facultades físicas y mentales que solo vegetaba.* **3** *col.* Referido a una persona, disfrutar voluntariamente de una vida tranquila, sin trabajo ni preocupaciones: *En vacaciones, me olvido de todo y me limito a vegetar.*

vegetarianismo s.m. Régimen alimenticio basado principalmente en el consumo exclusivo de productos vegetales: *Los que siguen un vegetarianismo estricto no consumen productos animales ni sus derivados.*

vegetariano, na ▮ adj. **1** Del vegetarianismo o relacionado con este régimen alimenticio: *En el restaurante vegetariano nos pusieron unos filetes de soja que parecían realmente carne.* ▮ adj./s. **2** Partidario o practicante del vegetarianismo: *Soy vegetariana porque me da horror comer animales muertos. Los vegetarianos no comen carne, pero sí huevos y leche.*

vegetativo, va adj. **1** Que vegeta o tiene vigor para desarrollarse y multiplicarse: *Las plantas son organismos vegetativos.* **2** En biología, relacionado con la nutrición, el desarrollo y la reproducción, sin intervención de la voluntad: *La digestión es una función vegetativa.*

vehemencia s.f. Apasionamiento o precipitación e irreflexión en la forma de actuar: *Defiende sus ideas con la vehemencia propia de su juventud.*

vehemente adj. **1** Apasionado o lleno de ardor: *No supe cómo reaccionar ante aquella vehemente e inesperada declaración de amor.* **2** Referido a una persona, que obra de forma irreflexiva y dejándose llevar por los impulsos: *No seas tan vehemente y piensa bien lo que vas a hacer.* □ MORF. Invariable en género.

vehículo s.m. **1** Medio de transporte, esp. el automóvil: *Los coches, los carros, los trenes y los aviones son distintos tipos de vehículos.* **2** Lo que sirve para conducir o para transmitir algo fácilmente: *El aire actúa como vehículo de las ondas sonoras.*

veintavo, va numer. →**veinteavo, va.** □ MORF. →APÉNDICE DE PRONOMBRES.

veinte ▮ numer. **1** Número 20: *Tenemos que traer veinte sillas para poder sentarnos. Si somos veinte, necesitamos cuatro más para completar dos docenas.* ▮ s.m. **2** Signo que representa este número: *Los romanos escribían el veinte como 'XX'.* □ MORF. 1. Como numeral es invariable en género y en número. 2. →APÉNDICE DE PRONOMBRES.

veinteavo, va numer. Referido a una parte, que constituye un todo junto con otras diecinueve iguales a ella; *veintavo, vigésimo: La veinteava parte de 20 es 1. El premio es grande, pero el veinteavo que corresponde a cada uno de los veinte que jugábamos no es mucho.* □ MORF. →APÉNDICE DE PRONOMBRES.

veintena s.f. Conjunto de veinte unidades: *La clase está formada por una veintena de alumnos.*

veinticinco ▮ numer. **1** Número 25: *Tengo veinticinco años. Mi número de póliza empieza por veinticinco.* ▮ s.m. **2** Signo que representa este número: *Los romanos escribían el veinticinco como 'XXV'.* □ PRON. Incorr. *[bentizínko]. □ MORF. 1. Como numeral es invariable en género y en número. 2. →APÉNDICE DE PRONOMBRES.

veinticuatro ▮ numer. **1** Número 24: *El día tiene veinticuatro horas. El número premiado de hoy acaba en veinticuatro.* ▮ s.m. **2** Signo que representa este número: *Los romanos escribían el veinticuatro como 'XXIV'.* □ PRON. Incorr. *[bentikuátro]. □ MORF. 1. Como numeral es invariable en género y en número. 2. →APÉNDICE DE PRONOMBRES.

veintidós ▮ numer. **1** Número 22: *Lleva veintidós años en la misma empresa. De todos los que se presentaron al examen, solo han aprobado veintidós.* ▮ s.m. **2** Signo que representa este número: *Los romanos escribían el veintidós como 'XXII'.* □ PRON. Incorr. *[bentidós]. □ MORF. 1. Como numeral es invariable en género y en número. 2. →APÉNDICE DE PRONOMBRES.

veintinueve ▮ numer. **1** Número 29: *En los años bisiestos, febrero tiene veintinueve días. De los cien libros de esta colección, solo he leído veintinueve.* ▮ s.m. **2** Signo que representa este número: *Los romanos escribían el veintinueve como 'XXIX'.* □ PRON. Incorr. *[bentinuébe]. □ MORF. 1. Como numeral es invariable en género y en número. 2. →APÉNDICE DE PRONOMBRES.

veintiocho ▮ numer. **1** Número 28: *En la carrera participan veintiocho corredores. ¿Tienen zapatos del veintiocho?* ▮ s.m. **2** Signo que representa este número: *Los romanos escribían el veintiocho como 'XXVIII'.* □ PRON. Incorr. *[bentiócho]. □ MORF. 1. Como numeral es invariable en género y en número. 2. →APÉNDICE DE PRONOMBRES.

veintiséis ▮ numer. **1** Número 26: *He escrito un trabajo de historia de veintiséis folios. Trece por dos son veintiséis.* ▮ s.m. **2** Signo que representa este número: *Los romanos escribían el veintiséis como 'XXVI'.* □ PRON. Incorr. *[bentiséis]. □ MORF. 1. Como numeral es invariable en género y en número. 2. →APÉNDICE DE PRONOMBRES.

veintisiete ▮ numer. **1** Número 27: *Quedan veintisiete días para las vacaciones. Quince más doce son veintisiete.* ▮ s.m. **2** Signo que representa este número: *Los romanos escribían el veintisiete como 'XXVII'.* □ PRON. Incorr. *[bentisiéte]. □ MORF. 1. Como numeral es invariable en género y en número. 2. →APÉNDICE DE PRONOMBRES.

veintitantos, tas numer. *col.* Veinte y alguno más, sin llegar a treinta: *Entré en una clase de veintitantos alumnos. Me casé a los veintitantos.* □ PRON. Incorr. *[bentitántos]. □ MORF. Invariable en número.

veintitrés ▮ numer. **1** Número 23: *Madrid está a veintitrés kilómetros de aquí. De cien alumnos, han suspendido veintitrés.* ▮ s.m. **2** Signo que representa este número: *Los romanos escribían el veintitrés como 'XXIII'.* □ PRON. Incorr. *[bentitrés]. □ MORF. 1. Como numeral es invariable en género y en número. 2. →APÉNDICE DE PRONOMBRES.

veintiún numer. →**veintiuno, na.** □ PRON. Incorr. *[bentiún]. □ MORF. 1. Apócope de *veintiuno* ante sustantivo masculino y ante sustantivo femenino que empieza por *a* tónica o acentuada. 2. →APÉNDICE DE PRONOMBRES.

veintiuno, na ▮ numer. **1** Número 21: *Hace veintiún días que no tengo noticias suyas. Dividía la clase en dos grupos de veintiuno.* ▮ s.m. **2** Signo que representa este número: *Los romanos escribían el veintiuno como 'XXI'.* **3** ‖ **(las) veintiuna.** Juego de cartas o de dados en el que gana el jugador que hace veintiún puntos exactos o el que se acerca más a ellos sin sobrepasarlos: *Jugando a las veintiuna, es mejor plantarse, aunque no llegues a veintiún puntos, que pasarse.* □ PRON. Incorr. *[bentiúno]. □ MORF. 1. Como numeral es invariable en número. 2. Ante sustantivo masculino o femenino que empieza por *a* tónica o acentuada se usa la apócope *veintiún*. 3. →APÉNDICE DE PRONOMBRES. □ USO En la acepción 3, es innecesario el uso del anglicismo *blackjack*.

vejación s.f. Maltrato, padecimiento o molestia causados a una persona, generalmente mediante humillaciones; *vejamen: No aguantaré ninguna vejación y haré valer mis derechos.*

vejamen s.m. →**vejación.**

vejar v. Referido a una persona, maltratarla, molestarla o hacerla padecer, generalmente mediante humillaciones: *Hazte respetar y no consientas que te vejen insultándote en público.* □ ORTOGR. Conserva la *j* en toda la conjugación.

vejatorio, ria adj. Que veja o humilla: *Tu autoridad no te da derecho a someter a tus subordinados a un trato vejatorio.*

vejestorio s.m. *col.* Persona muy vieja: *Por más que se maquille, no puede disimular que es un vejestorio.* □ USO Tiene un matiz despectivo.

vejez s.f. **1** Estado o condición de la persona o del animal que tiene muchos años: *Las canas suelen ser señal de vejez.* **2** Condición de lo que no es nuevo ni reciente o está gastado por el uso: *Salta a la vista la vejez de esos cortinajes renegridos.* **3** Último período del ciclo vital de una persona o de un animal: *Llegó a la vejez en plenas facultades físicas y mentales.*

vejiga s.f. En el sistema excretor de muchos vertebrados, órgano muscular y membranoso, parecido a una bolsa, en el que se va depositando la orina procedente de los riñones y que es expulsada desde aquí al exterior a través de la uretra: *La orina segregada por los riñones llega a la vejiga a través de los uréteres.*

vela ▌s.f. **1** Cilindro de cera o de otra materia grasa, con un cordón que lo atraviesa por su centro y que, al encenderlo, produce luz; *candela: Ten en casa una linterna o alguna vela por si se va la luz.* 👁 **alumbrado 2** Pieza de lona o de otro tejido resistente que se amarra a los palos de un barco para recibir el viento e impulsar de esta manera la nave: *El viento hinchaba las velas e impulsaba el velero con gran fuerza.* 👁 **embarcación 3** Deporte de competición que se practica con este tipo de barcos: *La vela es una especialidad olímpica.* **4** Permanencia sin dormir durante el tiempo que normalmente se dedica al sueño: *Los buenos estudiantes programan su estudio y no necesitan hacer vela la víspera de un examen.* ▌pl. **5** *col.* Mocos que cuelgan de la nariz: *Límpiale al niño esas velas, que da asco verlo.* **6** ‖ **a dos velas. 1** *col.* Con poco o ningún dinero: *Si no te importa, dentro de una semana te pago, porque ahora estoy a dos velas.* **2** *col.* Sin entender o enterarse de nada: *Me ha dado una explicación tan extraña que me ha dejado a dos velas.* ‖ **en vela.** Sin dormir: *Pasó la noche en vela por culpa de las preocupaciones.* □ SINT. *A dos velas* se usa más con los verbos *estar*, *quedarse* o equivalentes.

velada s.f. **1** Reunión nocturna de varias personas para entretenerse: *Los viernes nos reunimos en su casa y tenemos unas veladas muy agradables.* **2** Fiesta musical, literaria o deportiva que se celebra por la noche: *Se celebró una velada literaria en la que varios poetas recitaron sus versos.*

velador s.m. Mesa pequeña de un solo pie y generalmente redonda: *Tiene un velador con una lámpara encima al final del pasillo.*

velamen s.m. Conjunto de velas de una embarcación: *Después de la tempestad, el velamen de la goleta quedó en muy mal estado.*

velar ▌adj. **1** En lingüística, referido a un sonido, que se articula con el dorso de la lengua próximo al velo del paladar o en contacto con él: *Las vocales 'o' y 'u' son velares.* ▌s.f. **2** Letra que representa este sonido: *La 'q' es una velar.* ▌v. **3** Estar sin dormir el tiempo que normalmente se dedica al sueño: *He velado toda la noche esperando tu llegada.* **4** Cuidar solícitamente o con esmero: *La policía vela por la seguridad de los ciudadanos.* **5** Vigilar, atender o cuidar durante la noche: *Veló a su padre enfermo por si necesitaba algo.* **6** Referido a un difunto, acompañarlo durante la noche o pasarla cuidándolo: *Velaron al difunto en una sala del tanatorio.* **7** Hacer guardia durante la noche: *Los centinelas velaban el castillo por orden de su señor.* **8** Cubrir con un velo: *El mareo hizo que se me velara la vista y ya no recuerdo más.* **9** Cubrir, ocultar a medias, atenuar o disimular: *Ese hipócrita veló sus verdaderas intenciones y me tuvo engañada mucho tiempo.* ▌prnl. **10** Referido a un carrete fotográfico o a una fotografía, borrarse total o parcialmente sus imágenes por la acción indebida de la luz: *Se le veló el carrete porque abrió la máquina cuando aún le quedaban fotos por disparar.* □ MORF. Como adjetivo es invariable en género.

velatorio s.m. **1** Acto de acompañar o cuidar a un difunto durante la noche: *El párroco y la familia rezaron en el velatorio por el alma del difunto.* **2** Lugar en el que se vela a un difunto, esp. en un hospital o en un tanatorio: *Los padres del accidentado pasaron la noche en el velatorio del tanatorio.*

velcro s.m. Sistema de cierre o de sujeción que está formado por dos tiras de tejidos diferentes que, al ponerse en contacto, se enganchan y pueden desengancharse una y otra vez (por extensión del nombre de la marca comercial *Velcro®*): *El cierre de este bolsillo está hecho con velcro.*

veleidad s.f. Inconstancia, ligereza o cambio frecuente: *Hoy eres muy famoso, pero la veleidad de la fortuna puede hacer que mañana seas un desconocido.*

veleidoso, sa adj. Inconstante o mudable en la forma de actuar, de pensar o de sentir: *No te fíes de las promesas de ese joven veleidoso.*

velero s.m. Barco de vela o que aprovecha la fuerza del viento: *El balandro, el galeón, el bergantín y la goleta son veleros.*

veleta ▌s. **1** Persona inconstante, mudable y voluble: *Si te ha dicho que sí, es que es un veleta, porque me acaba de decir a mí que no.* ▌s.f. **2** Pieza de metal, generalmente en forma de flecha, que gira alrededor de un eje impulsada por el viento, y que sirve para señalar la dirección en la que sopla: *En lo alto del tejado había una veleta oxidada.* □ MORF. En la acepción 1, es de género común y exige concordancia en masculino o en femenino para señalar la diferencia de sexo: *el veleta, la veleta.*

vello s.m. **1** En una persona, pelo más corto y suave que el de la cabeza y que sale en algunas zonas del cuerpo: *Esta cera elimina el vello de las piernas sin irritar la piel.* **2** En una fruta o en una planta, pelo suave y corto que las recubre y les da un aspecto aterciopelado: *Me da escalofríos el vello de los melocotones.* □ ORTOGR. Dist. de *bello.*

vellón s.m. **1** Lana que se obtiene al esquilar a un carnero o a una oveja: *El pastor vendió los vellones de su rebaño a una fábrica de mantas.* **2** Cuero de oveja o de carnero, curtido de forma que conserva la lana y que sirve para preservar de la humedad y del frío: *El pastor llevaba un chaleco de vellón que le protegía del frío.* **3** Mechón o guedeja de lana: *Este colchón está relleno de vellones.* **4** Aleación de plata y de cobre con la que se hicieron monedas antiguamente: *La moneda de vellón circuló en España especialmente durante el siglo XVII.* **5** Moneda de cobre que se usó en lugar de la fabricada con esta aleación: *El caballero perdió varios vellones en el juego.*

vellosidad s.f. Abundancia de pelo: *Utiliza crema depilatoria para eliminar la vellosidad de las piernas.*

velloso, sa adj. Que tiene vello: *Las hojas de las ortigas son vellosas.*

velludo, da adj. Que tiene mucho vello: *Lo vi en bañador y tiene la espalda velluda.*

velo s.m. **1** Tela de tul, de gasa o de otro tipo que suele ser fina o transparente, con la que se cubre algo: *Las mujeres musulmanas se tapan el cabello y parte del rostro con un velo.* **2** Lo que encubre más o menos la vista clara de algo: *Un velo de duda invadió mis pensamientos cuando vi que no me llamaban.* **3** ‖ **{correr/echar} un (tupido) velo sobre** algo. *col.* Callarlo o dejarlo para que se olvide, porque no conviene mencionarlo o recordarlo: *Sobre esas palabras que me dijiste es mejor que corramos un tupido velo.* ‖ **velo del paladar.** Membrana muscular que separa la cavidad bucal de la faringe: *La úvula está situada al final del velo del paladar en la parte media.*

velocidad s.f. **1** Ligereza o rapidez en el movimiento o en la acción: *Hablas a tal velocidad que no te entiendo nada.* **2** Relación entre el espacio recorrido y el tiempo que se tarda en recorrerlo: *La velocidad de la luz es aproximadamente de 300 000 kilómetros por segundo.* **3** En un vehículo, cada una de las posiciones de la caja de cambios: *Para cambiar de velocidad tienes que pisar el embrague y mover la palanca de cambio.* **4** ‖ **velocidad de crucero.** La más rápida que puede desarrollar un vehículo, esp. un avión o un barco, consumiendo la menor cantidad de combustible: *La azafata nos informó de la velocidad de crucero que llevábamos.*

velocímetro s.m. En un vehículo, aparato que indica la velocidad que lleva en su desplazamiento: *No sé qué velocidad llevo porque está estropeado el velocímetro del coche.*

velocípedo s.m. Vehículo formado por un asiento y dos o tres ruedas, que se mueve por medio de pedales: *El velocípedo es el antecedente de la bicicleta.*

velocista s. Deportista que participa en carreras en las que la velocidad es lo más importante: *Los velocistas corren muy deprisa, pero no tienen mucha resistencia.* □ MORF. Es de género común y exige concordancia en masculino o en femenino para señalar la diferencia de sexo: *el velocista, la velocista.*

velocístico, ca adj. De la velocidad o relacionado con ella: *Las prestaciones velocísticas que ofrece un vehículo deportivo son los principales reclamos para el comprador.*

velódromo s.m. Lugar destinado a la celebración de carreras en bicicleta: *Me gustan más las pruebas ciclistas de velódromo que las de carretera.*

velomotor s.m. Vehículo de dos ruedas, semejante a una bicicleta, provisto de pedales y de un motor de pequeña cilindrada capaz de desarrollar poca velocidad; *ciclomotor: Si apruebo el curso, mi padre me ha prometido un velomotor.* □ SEM. Dist. de *motocicleta* (sin pedales y con motor de mayor cilindrada).

veloz adj. Ligero, ágil o que se mueve, que ejecuta o que discurre con gran rapidez: *Cambió su caballo por otro más veloz.* □ MORF. Invariable en género. □ SINT. Se usa también como adverbio de modo: *El tiempo pasa 'veloz'.*

vena s.f. **1** En el sistema circulatorio, cada uno de los vasos o conductos por los que la sangre vuelve al corazón: *Las venas llevan la sangre que contiene anhídrido carbónico y los productos de desecho en general.* **2** Inspiración o facilidad para determinada actividad: *Todos en su familia tienen vena de músicos.* **3** Lista o faja que se distingue del resto, generalmente por su calidad o por su color: *Este terreno tiene una vena de granito.* **4** Filón de metal: *Se han encontrado restos de una vena de plata en esa mina abandonada.* **5** Conducto natural por el que circula el agua en el interior de la tierra: *Al excavar han dado con una vena de agua.* **6** ‖ **darle la vena** a alguien. *col.* Ocurrírsele de repente una idea que le hace llevar a cabo una resolución impensada: *De vez en cuando le da la vena, nos suelta cualquier excusa y se va.* ‖ **estar en vena.** *col.* Estar inspirado o tener grandes ideas: *Si el equipo está en vena, no tendremos problemas y pasaremos la eliminatoria.* ‖ **(vena) cava.** Cada una de las dos mayores del cuerpo que se unen para entrar en la aurícula derecha del corazón: *En los animales, las venas cavas son los vasos de mayor diámetro.* 👁 **corazón** ‖ **(vena) porta.** La que conduce la sangre del intestino y del bazo al hígado: *La porta es una vena gruesa.* ‖ **vena safena.** Cada una de las dos principales que van a lo largo de la pierna, una por la parte interior y otra por la parte exterior de la tibia: *Las venas safenas llevan la sangre desde el pie hasta la vena femoral.* ‖ **(vena) subclavia.** Cada una de las dos más cercanas a la principal del brazo o de la extremidad anterior: *Las venas subclavias recogen la sangre que viene del brazo.* ‖ **(vena) yugular.** Cada una de las dos que hay a uno y a otro lado del cuello: *La herida cortó la yugular, y los médicos se esforzaban por cortar la hemorragia rápidamente.* □ SEM. En las acepciones 3 y 4, es sinónimo de *veta*.

venablo s.m. Dardo o lanza corta y arrojadiza: *Los soldados se defendían del enemigo lanzando sus venablos.*

venada s.f. Véase **venado, da.**

venado, da ▮ adj. **1** *col.* Ligeramente loco o con el juicio un poco trastornado: *Como está venado, quería que tiráramos una silla por la ventana para ver qué pasaba.* ▮ s.m. **2** Mamífero rumiante, de color pardo rojizo o gris, cuerpo esbelto, patas largas y hocico agudo, que vive generalmente en estado salvaje y cuyo macho, de mayor tamaño que la hembra, presenta grandes cuernos ramificados que renueva cada año; *ciervo: Encima de la chimenea tienen la cabeza de un venado que cazó su padre.* 👁 **ciervo** ▮ s.f. **3** Ataque de locura: *De repente le dio una venada y empezó a gritar como un loco.* □ MORF. En la acepción 2, es un sustantivo epiceno y la diferencia de sexo se señala mediante la oposición *el venado {macho/hembra}.*

vencejo s.m. Pájaro insectívoro, de pico pequeño y algo encorvado en la punta, con alas largas y puntiagudas, plumaje blanco en la garganta y negro en el resto del cuerpo y cola muy larga con forma de horquilla: *El vencejo anida en los aleros de los tejados.* □ MORF. Es un sustantivo epiceno y la diferencia de sexo se señala mediante la oposición *el vencejo {macho/hembra}.*

vencer v. **1** Referido a un enemigo, sujetarlo, someterlo o derrotarlo: *Julio César venció a los galos.* **2** Referido a una persona, rendirla, fatigarla o poderla: *Me voy a la cama porque me vence el sueño.* **3** En una competición o en una comparación, aventajar, superar, exceder o resultar preferido: *El equipo español vence por cuatro puntos al final de la primera parte.* **4** Referido esp. a una pasión o a un sentimiento, sujetarlos o rendirlos a la razón: *Debes vencer la pereza y ponerte a estudiar enseguida.* **5** Referido a una dificultad o a un obstáculo, superarlos obrando contra ellos: *Debes vencer la falta de medios y presentar el trabajo como sea.* **6** Ladear, torcer o inclinar: *Siéntate bien, porque vas a vencer la silla. Se ha vencido la repisa por el excesivo peso de los libros.* **7** Referido a un plazo o a un término de tiempo, cumplirse o pasar: *El plazo de matrícula vence el próximo día 15.* □ ORTOGR. La *c* se cambia en *z* delante de *a*, *o* →**VENCER**.

vencimiento s.m. **1** Inclinación o torcimiento de algo material: *El vencimiento del estante se produjo porque la madera no podía soportar tanto peso.* **2** Cumplimiento del plazo de una deuda, de una obligación o de un contrato: *La fecha de vencimiento de esa letra de cambio es el día 20 de octubre.*

venda s.f. Tira de tela, de gasa o de un tejido similar, que se enrolla alrededor de una parte del cuerpo para protegerla o inmovilizarla: *Tiene un esguince y le han puesto una venda en el tobillo.*

vendaje s.f. **1** Colocación de una venda alrededor de una parte del cuerpo para protegerla o inmovilizarla: *El traumatólogo le dijo que mantuviera el pie en ángulo recto mientras realizaba el vendaje del tobillo.* **2** Venda o conjunto de vendas colocadas de esta manera: *Hay que cambiar el vendaje cada cierto tiempo para que no se infecte la herida.*

vendar v. Referido esp. a una parte del cuerpo, cubrirla con una venda o tira de tela: *Después de quitarle la escayola, le vendaron la pierna otra semana más.*

vendaval s.m. Viento muy fuerte: *Antes de la tormenta se levantó un vendaval que tiró un árbol del jardín.*

vender ▮ v. **1** Referido a algo propio, cederlo u ofrecerlo a cambio de un precio convenido: *Vendí mi piso porque me compré una casa mayor.* **2** Referido a una persona, traicionarla o aprovechar su confianza, su fe y su amistad para el beneficio propio: *Creía que podía contar contigo, pero me vendiste al decirles dónde podían encontrarme.* ▮ prnl. **3** Dejarse sobornar o prestar servicios, generalmente fraudulentos, a cambio de dinero o de algo valioso: *El equipo perdedor cree que el árbitro se ha vendido.*

vendimia s.f. **1** Recolección y cosecha de la uva: *Estuvo trabajando en la vendimia en un viñedo de La Rioja.* **2** Tiempo en que se recoge la uva: *Durante la vendimia suele hacer todavía calor.*

vendimiar v. Recoger la uva de las viñas: *En algunos lugares vendimian a finales de septiembre.* □ ORTOGR. La *i* nunca lleva tilde.

veneno s.m. **1** Sustancia que ocasiona la muerte o trastornos graves: *El cianuro, el arsénico y la cicuta son venenos.* **2** Lo que resulta nocivo o perjudicial para la salud: *El tabaco es veneno.* **3** Lo que puede causar un daño moral: *Te odia, y cuando habla de ti sus palabras son veneno.*

venenoso, sa adj. Que incluye o contiene veneno: *Para coger setas en el campo hay que saber cuáles son venenosas y cuáles comestibles.*

venera s.f. Concha semicircular formada por dos valvas, una plana y la otra muy convexa, de color rojizo por fuera y blanco por dentro, y con catorce estrías radiales; *vieira: La venera es el símbolo de los peregrinos que van a Santiago de Compostela.*

veneración s.f. **1** Respeto y devoción grandes que se sienten por alguien a causa de su santidad, dignidad o virtud: *Habla de su maestro y profesor con veneración.* **2** Culto que se da o se rinde a Dios, a los santos o a algo sagrado: *La imagen del santo estaba expuesta para la veneración de sus devotos.*

venerar v. **1** Referido a algo que se considera positivo, respetarlo absolutamente por su santidad, su virtud, su dignidad o su significado: *Venera a sus ancianos padres.* **2** Referido a Dios, a un santo o a algo sagrado, darles o rendirles culto: *Venera a Dios con el trabajo y el sacrificio diarios.*

venéreo, a adj. Referido a una enfermedad, que se contrae por contacto sexual: *La blenorragia y la sífilis son enfermedades venéreas.*

venezolano, na adj./s. De Venezuela (país sudamericano), o relacionado con ella: *La capital venezolana es Caracas. La mayor parte de los venezolanos vive en ciudades.* □ MORF. Como sustantivo se refiere solo a las personas de Venezuela.

venga interj. **1** *col.* Expresión que se usa para indicar incredulidad o rechazo: *¡Venga, eso no me lo creo!* **2** *col.* Expresión que se usa para animar a alguien o para meterle prisa: *¡Venga, venga, que llegamos tarde!*

venganza s.f. Pago o devolución de la ofensa o del daño recibidos: *No olvidaré esta canallada, y mi venganza será terrible.*

vengar v. Referido a una ofensa o a un daño, responder a ellos con otra ofensa o con otro daño: *Vengó la muerte de su padre matando al hijo de su enemigo. Cuando consiguió el éxito, se vengó de aquellos que no creyeron en él.* □ ORTOGR. La *g* se cambia en *gu* delante de *e* ⟶**PAGAR**. □ SINT. Constr. como pronominal: *vengarse* DE *algo.*

vengativo, va adj./s. Inclinado o decidido a vengarse de cualquier ofensa o daño: *No seas tan vengativo y deja en paz a ese desgraciado. Es una vengativa y jamás perdonará mi ofensa.*

venia s.f. Licencia o permiso para hacer algo concedidos por una autoridad: *Con la venia de su señoría, expondré los motivos por los que solicito la absolución del acusado.*

venial adj. Que se opone levemente a una ley o precepto y por ello es de fácil remisión o perdón: *Su descuido fue considerado falta venial y solo lo reprendieron.* □ MORF. Invariable en género.

venida s.f. **1** Ida o traslado al lugar en que está la persona que habla: *La venida a este barrio desde el centro lleva bastante tiempo.* **2** Llegada, aparición o comienzo: *Con la venida de la primavera, llegan muchas especies de aves.* **3** Vuelta al lugar del que se partió; *regreso: La ida no fue tan pesada como la venida.*

venidero, ra adj. Que está por venir o suceder: *El futuro está en manos de las generaciones venideras.*

venir v. **1** Caminar o moverse en dirección a la persona que habla: *Me asomé a la terraza para ver si venían ya.* **2** Llegar al lugar en que está la persona que habla: *¿Va a venir tu amiga?* **3** Producirse, ocurrir o llegar: *Dicen que las desgracias nunca vienen solas.* **4** Manifestarse o iniciarse: *De vez en cuando me viene un extraño mareo.* **5** Proceder, derivar o tener origen: *Ese chico viene de una familia adinerada.* **6** Figurar, aparecer o estar incluido: *En el periódico no viene nada del accidente.* **7** Surgir o aparecer en la imaginación o en la memoria: *Ya me viene a la memoria aquella tarde.* **8** Ser apropiado u oportuno: *Me viene bien quedar contigo esta tarde.* **9** Referido a una posesión, pasar su dominio de unos a otros: *La casa me vino por herencia.* **10** Referido esp. a una prenda de vestir, quedar o sentar como se indica: *Este pantalón me viene estrecho.* **11** Referido esp. a una sensación o a una enfermedad, empezar a dejarse sentir: *Tengo un poco de fiebre y creo que me va a venir una gripe.* **12** Seguido de gerundio, persistir en la acción que este indica: *Este problema viene sucediendo desde hace tiempo.* **13** Seguido de la preposición 'a' y de algunos infinitivos, denota equivalencia aproximada: *Eso viene a costar dos euros.* **14** Seguido de la preposición 'con', decir o manifestar: *No me vengas con tonterías.* **15** ‖ **venir a menos.** Deteriorarse, empeorar o caer del estado que se tenía: *Esa familia era muy rica en* *otros tiempos, pero ahora ha venido a menos.* ‖ **venirse abajo** alguien. Hundirse moralmente: *Cuando perdió el trabajo se vino abajo, y ahora va al psiquiatra.* □ MORF. Irreg. →**VENIR**.

venoso, sa adj. **1** De las venas o relacionado con ellas: *La sangre venosa contiene muy poco oxígeno y es más oscura que la arterial.* **2** Que tiene venas o que las tiene muy perceptibles: *Ese anciano tiene unas manos muy venosas.*

venta s.f. **1** Cesión de algo a cambio de dinero o de otra forma de pago: *Las tiendas de confección se dedican a la venta de prendas de ropa.* **2** Cantidad de cosas vendidas: *La campaña contra el tabaco ha hecho disminuir las ventas de este producto.* **3** Establecimiento situado en caminos y despoblados en el que antiguamente se daba hospedaje a los viajeros: *El caminante llegó por la tarde a la venta y salió de ella al amanecer.*

ventaja s.f. **1** Superioridad de una persona o cosa sobre otra: *El ganador me sacó una ventaja de dos metros.* **2** Condición, cualidad o circunstancia favorables: *Ese trabajo tiene más inconvenientes que ventajas.* **3** Ganancia que un competidor concede de antemano a otro al que considera inferior: *Dame ventaja, porque tú eres mayor que yo.*

ventajoso, sa adj. Que tiene o que proporciona ventajas, utilidad, provecho o beneficio: *Ese negocio me ha sido muy ventajoso, porque he ganado mucho dinero.*

ventana s.f. **1** En un muro, esp. si es de un edificio, abertura elevada sobre el suelo para que entre la luz y el aire: *Mi habitación tiene dos ventanas.* **2** Marco con una o más hojas, generalmente con cristales, con que se cubre esta abertura: *Se dio en la cabeza con la ventana y se hizo una herida.* **3** En la nariz, cada uno de sus dos orificios exteriores: *Tengo irritadas las ventanas nasales de tanto moquear.* **4** ‖ **{echar/tirar} algo por la ventana.** Desperdiciarlo o malgastarlo: *Las oportunidades hay que aprovecharlas y no tirarlas por la ventana.*

ventanal s.m. Ventana grande: *El ventanal del salón tiene grandes cristales.*

ventanilla s.f. **1** En un banco o en una oficina, abertura pequeña que hay en un tabique a través de la cual se atiende al público: *Esos documentos tiene que entregarlos en la ventanilla de al lado.* **2** En un vehículo, ventana pequeña lateral: *Baja el cristal de la ventanilla porque hace mucho calor en el coche.* **3** En algunos sobres, abertura tapada con un material transparente para poder leer lo que está en el interior: *Los bancos suelen mandar la correspondencia a sus usuarios en sobres con ventanilla.*

ventarrón s.m. Viento que sopla con mucha fuerza: *Con este ventarrón no se puede abrir el paraguas.*

ventero, ra s. Propietario o encargado de una venta para hospedar viajeros: *El ventero que aparece en el 'Quijote' se llama Juan Palomeque 'el Zurdo'.*

ventilación s.f. **1** Entrada de aire en un lugar o renovación del que hay: *La ventilación del trastero se efectúa a través de esa rejilla.* **2** Abertura o instalación que sirve para ventilar un lugar: *La única ventilación de mi habitación es una ventanilla sobre la puerta.*

ventilador s.m. Aparato formado por un aspa giratoria, que se usa para ventilar o refrigerar un lugar al mover el aire: *Los ventiladores se usan mucho en verano.* 👁 **electrodoméstico**

ventilar ▮ v. **1** Referido a un lugar, hacer que entre aire en él o que se renueve el que hay: *Abrimos las ventanas para ventilar la habitación. Abre puertas y ventanas para que se ventile la casa.* **2** Exponer al viento: *Ventila la colcha para que se le vaya el olor a humo.* **3** Resolver, solucionar o concluir: *No tardé nada en ventilar el problema.* **4** Dar a conocer o divulgar públicamente: *Este asunto es mejor no ventilarlo porque es privado.* ▮ prnl. **5** *col.* Referido a una persona, acabar con ella: *Se ventilaron al soplón en cuanto salió a la calle.* **6** *col.* Terminar o acabar rápidamente: *Se ventiló él solo la botella de vino.*

ventisca s.f. **1** Tormenta de viento, o de viento y nieve, frecuente en los puertos y las gargantas de montaña: *Una fuerte ventisca impidió a los escaladores continuar la ascensión.* **2** Ventarrón o viento fuerte: *Cuando estaba en la playa se levantó ventisca y se me llenaron los ojos de arena.*

ventisquero s.m. **1** En una montaña, lugar expuesto a las ventiscas: *Ten cuidado al pasar por el ventisquero porque el aire puede hacerte caer.* **2** En una montaña, lugar alto en el que se conserva la nieve y el hielo: *En ese ventisquero hay nieve hasta junio.*

ventolera s.f. **1** Golpe de viento fuerte y breve: *Una ventolera me llevó el periódico.* **2** *col.* Decisión o determinación inesperada y repentina, esp. si es extravagante: *Me dio la ventolera y me matriculé en un curso de esperanto por correspondencia.*

ventosa s.f. **1** Pieza cóncava de un material elástico que, al ser oprimida contra una superficie lisa, produce el vacío en su interior y queda adherida: *El muñeco se pega al cristal con dos ventosas.* **2** En algunos animales, órgano parecido a esta pieza cóncava que les sirve para succionar o para sujetarse: *El pulpo se adhiere a las rocas con las ventosas de sus tentáculos.*

ventosear v. Expulsar los gases intestinales por el ano; *peerse: Es de mala educación ventosear en público. Alguien se ha ventoseado, porque huele fatal.*

ventosidad s.f. Gas intestinal encerrado o comprimido en el cuerpo, esp. cuando se expulsa: *Alguien ha dejado escapar una apestosa ventosidad.*

ventoso, sa adj. Con fuertes vientos: *Marzo es un mes ventoso.*

ventral adj. Del vientre o relacionado con esta parte del cuerpo: *Los intestinos están en la cavidad ventral.* □ MORF. Invariable en género.

ventricular adj. De los ventrículos del corazón o del encéfalo, o relacionado con ellos: *La sangre ventricular derecha va a los pulmones para oxigenarse.* □ MORF. Invariable en género.

ventrículo s.m. **1** En un corazón, cavidad que recibe la sangre de las aurículas: *El ventrículo izquierdo del corazón humano envía la sangre oxigenada a todo el organismo.* 👁 **corazón** **2** En el encéfalo de un mamífero, cada una de sus cuatro cavidades: *En el encéfalo están el ventrículo medio, los dos ventrículos laterales y el cuarto ventrículo.* □ ORTOGR. Dist. de *ventrílocuo*.

ventrílocuo, cua adj./s. Referido a una persona, que habla sin mover los labios para que no se note, e imita diferentes voces: *Han invitado al programa a un humorista ventrílocuo. Esa ventrílocua pone la voz a tres muñecos diferentes.* □ ORTOGR. Dist. de *ventrículo*.

ventura s.f. **1** Estado de ánimo del que se encuentra contento y satisfecho con las circunstancias de la vida; *felicidad: Fueron años de ventura en los que fuimos muy felices.* **2** Suerte favorable: *Pasó con ventura los exámenes.* **3** Circunstancia de que lo que ocurre resulte favorable o adverso; *suerte: Por mi mala ventura estoy hundido en la miseria.* **4** ‖ **a la (buena) ventura.** Sin un objeto determinado o a lo que la suerte depare: *Se fue de excursión a la buena ventura y casi se perdió.* ‖ **buena ventura.** →**buenaventura.** ☐ SEM. En las acepciones 1 y 2, es sinónimo de *dicha.* ☐ MORF. El plural de *buena ventura* es *buenas venturas.*

venturoso, sa adj. Que tiene o implica felicidad: *Lleva una vida venturosa con su esposa e hijos.*

venus s.f. **1** Mujer muy hermosa (por alusión a Venus, diosa romana de la belleza y del amor): *Me he enamorado de una venus de tez pálida.* **2** Estatuilla prehistórica de figura femenina: *Las venus del Paleolítico tienen unas exageradas formas femeninas.*

ver ▮ s.m. **1** Apariencia o aspecto exterior: *Es un hombre maduro pero todavía de buen ver.* ▮ v. **2** Referido a algo material, percibirlo por los ojos mediante la acción de la luz: *Enciende la luz, que no veo.* **3** Percibir con cualquier sentido o con la inteligencia: *No veo claro lo que quieres decirme.* **4** Observar o contemplar: *Se quedó viendo un hormiguero.* **5** Reconocer con cuidado y atención: *Voy al médico para que me vea por rayos.* **6** Comprender o darse cuenta: *¿Ves lo que ha pasado por tu culpa?* **7** Considerar, analizar o reflexionar: *Mañana veremos ese problema.* **8** Conocer o juzgar: *No veo nada malo en ello.* **9** Examinar, averiguar o buscar: *Si ahí no están las llaves, ve a ver en el cajón.* **10** Referido a algo que aún no ha ocurrido, preverlo, presentirlo o sospecharlo: *Estaba viendo que te ibas a caer.* **11** Referido a una persona, visitarla o estar con ella: *¿Te vienes a ver a mi hermana?* **12** Referido a una imagen, imaginarla o representarla de forma material o inmaterial: *Cuando sueño, veo en mi cabeza personas que no conozco.* **13** Referido a un lugar, ser escenario de un suceso o un acontecimiento: *Estos parques han visto muchos juegos infantiles.* ▮ prnl. **14** Referido a una persona, encontrarse o estar en el estado, situación o lugar que se expresa: *Si te ves en la necesidad de pedir dinero, pídemelo a mí.* **15** ‖ **a ver. 1** *col.* Expresión que se usa para pedir algo o para indicar expectación o curiosidad: *A ver, ¿qué es lo que no entiendes?* **2** *col.* Expresión que se usa para expresar acuerdo: *Esperaré hasta que llegue, a ver qué hago si no.* ‖ **hasta más ver.** Expresión que se usa como despedida de alguien a quien se espera volver a ver; *hasta la vista: Hoy ya me tengo que ir, ¡hasta más ver!* ‖ **hay que ver.** Expresión que se usa para intensificar algo o para indicar sorpresa, indignación o incredulidad: *¡Hay que ver qué guapo estás!* ‖ **no veas.** *col.* Expresión que se usa para indicar ponderación: *¡No veas cómo se puso de nervioso cuando le pregunté!* ☐ MORF. Irreg.: 1. Su participio es *visto.* 2. →**VER.**

vera s.f. **1** Orilla, esp. la de un río o un camino: *Paseaban por la vera del río.* **2** ‖ **a la vera** de algo. A su lado: *Ven a mi vera y dame la mano.*

veracidad s.f. Conformidad con la verdad o ausencia de mentira: *No pongo en duda la veracidad de tus afirmaciones, pero me resultan difíciles de creer.*

veranear v. Pasar las vacaciones de verano en un lugar diferente del de la residencia habitual: *Yo veraneo en la costa.*

veraneo s.m. Vacaciones de verano cuando transcurren en un lugar diferente del de la residencia habitual: *Como suspendas, te quedas sin veraneo.*

veraniego, ga adj. Del verano o relacionado con esta estación del año: *La ropa veraniega suele ser fina y de colores alegres y claros.*

veranillo s.m. Tiempo corto del otoño en el que suele hacer calor de verano: *El veranillo de San Martín son unos días soleados alrededor del 11 de noviembre.*

verano s.m. Estación del año entre la primavera y el otoño, y que en el hemisferio norte transcurre aproximadamente entre el 21 de junio y el 21 de septiembre; *estío: En verano, las noches son más cortas que en invierno.* ☐ SEM. En el hemisferio sur, transcurre entre el 21 de diciembre y el 21 marzo. 👁 **estación**

veras s.f.pl. **1** Verdad y seriedad de lo que se dice o se hace: *Entre veras y bromas, acabaron insultándose.* **2** ‖ **de veras.** De manera cierta, segura o firme; *de verdad: De veras, no sé qué hacer con ese chico.*

veraz adj. Que dice siempre la verdad o que actúa según la verdad: *Recibí una información veraz y actualizada.* ☐ MORF. Invariable en género.

verbal adj. **1** Relacionado con la palabra o que se sirve de ellas: *El lenguaje verbal es el único lenguaje posible.* **2** Hablado y no por escrito: *En mi familia, los acuerdos son verbales y a veces ocasionan problemas.* **3** En gramática, del verbo o relacionado con esta parte de la oración: *La flexión verbal permite distinguir las personas y el tiempo del verbo.* ☐ MORF. Invariable en género.

verbena s.f. **1** Fiesta popular nocturna que se celebra generalmente al aire libre la víspera de algunas festividades: *Esta noche iré a la verbena y bailaré hasta muy tarde.* **2** Planta herbácea de tallo con abundantes ramas en la parte superior, hojas ásperas y flores de varios colores en largas espigas: *La infusión de hojas de verbena tiene propiedades astringentes.*

verbo s.m. **1** En gramática, parte de la oración que tiene los morfemas gramaticales de persona, número, tiempo y modo: *'Leer' y 'cantar' son verbos transitivos, y 'yacer' es intransitivo.* **2** *poét.* Palabra: *Los modernistas se caracterizan por buscar el verbo más sonoro y sugerente para la expresión de cada pensamiento.* **3** ‖ **(verbo) auxiliar.** El que en una perífrasis verbal aporta los morfemas gramaticales de persona, número, tiempo, modo o aspecto: *La voz pasiva se forma con el verbo auxiliar 'ser' y el participio del verbo que se conjuga.* ‖ **verbo deponente.** En latín, el que tiene forma pasiva y significación activa: *'Loquor' es un verbo deponente porque tiene un significado activo ('hablar') y se conjuga en pasiva.*

verborrea s.f. Tendencia a hablar demasiado o a utilizar un gran número de palabras para expresarse: *El contenido del discurso se perdía con tanta verborrea innecesaria.* ☐ USO Tiene un matiz despectivo.

verdad s.f. **1** Correspondencia entre lo que se manifiesta y lo que se sabe, se cree o se piensa: *No me mientas, porque quiero saber la verdad.* **2** Afirmación o principio que no se pueden negar racionalmente o que son aceptados en general por una colectividad: *Que dos y dos son cuatro es una verdad matemática.* **3** Existencia verdadera y efectiva; *realidad: No sé si lo del accidente es verdad o lo he soñado.* **4** Expresión clara y directa con que se corrige o se reprende a alguien: *Le voy a decir cuatro verdades para que se ande con más cuidado.* **5** ‖ **bien es verdad** o **verdad es que.** Expresión que se usa para contraponer dos expresiones o enunciados: *La cena salió barata; bien es verdad que algunos solo tomamos un plato.* ‖ **de verdad. 1** Expresión que se usa para asegurar la certeza de lo que se afirma: *De verdad que no te entiendo.* **2** De manera cierta, segura o firme; *de veras: Si de verdad confías en mí, déjame actuar a mi manera.* ‖ **verdades como pu-**

ños. *col.* Las muy evidentes: *No te hagas el incrédulo, porque lo que te estoy diciendo son verdades como puños.* □ MORF. La acepción 4 se usa más en plural. □ SEM. En contextos interrogativos, se usa cuando se espera una respuesta afirmativa o cuando se pide el consentimiento o la conformidad de alguien: *¿Verdad que me llevarás al cine? Estás de acuerdo, ¿verdad?*

verdadero, ra adj. **1** Que es verdad o que la contiene: *Responda si el enunciado es verdadero o falso.* **2** Real y efectivo: *Le tiene verdadero cariño a su profesor.*

verde ▌adj. **1** Referido a una planta o a un árbol, que no están secos: *Arranca los rosales que no estén verdes.* **2** Referido a la leña, que está recién cortada y húmeda de un árbol vivo: *La leña verde arde muy mal y echa mucho humo.* **3** Referido a una legumbre, que se come fresca: *Las judías verdes se consumen antes de que se sequen.* **4** Referido esp. a un fruto, que no está maduro: *Esta manzana tiene un sabor ácido porque está todavía verde.* **5** Referido esp. a un plan o a un proyecto, que está todavía en sus principios y sin terminar de perfeccionar: *Tu propuesta es buena, pero está verde y habrá que meditarla.* **6** Referido esp. a una zona o a un espacio, que están destinados a ser parques o jardines y en ellos no se puede edificar: *En este barrio hay muchas zonas verdes.* **7** Referido a una persona, inexperta y poco preparada: *Llevamos poco tiempo en este trabajo y aún estamos verdes.* **8** Referido a una persona, que tiene una inclinación por el sexo impropia de su edad o de su situación: *A ese viejo verde se le van los ojos detrás de las chicas.* **9** Indecente, obsceno o que resulta ofensivo al pudor: *Se pone colorado con los chistes verdes.* ▌adj./s. **10** Ecologista o que defiende la necesidad de la protección del medio ambiente y unas relaciones más armónicas entre las personas y su entorno: *En los últimos años se ha producido una proliferación de los partidos verdes. Los verdes se oponen a la construcción de centrales nucleares.* ▌adj./s.m. **11** Del color de la hierba fresca: *El color verde se obtiene mezclando azul y amarillo. El verde es el cuarto color del arco iris.* 👁 **espectro** ▌s.m. **12** Hierba o césped: *El granjero segó el verde para dar de comer a sus vacas. Prohibido pisar el verde.* **13** Conjunto de ramas y hojas de los árboles y otras plantas, esp. si es abundante; *follaje: El verde de los árboles sombreaba el paseo.* **14** *col.* Billete de mil pesetas: *Sacó un verde de la cartera y lo pagó todo.* **15** ‖ **poner verde** a alguien. *col.* Hablar mal de él: *Cuando no estás delante, te pone verde.* □ MORF. 1. Como adjetivo es invariable en género. 2. En la acepción 10, como sustantivo es de género común y exige concordancia en masculino o en femenino para señalar la diferencia de sexo: *el verde, la verde.*

verderol s.m. →**verderón.** □ MORF. Es un sustantivo epiceno y la diferencia de sexo se señala mediante la oposición *el verderol {macho/hembra}.*

verderón s.m. Pájaro cantor parecido al gorrión, que tiene el plumaje gris con manchas verdosas en las alas y en la base de la cola: *El canto del verderón es muy agradable.* □ ORTOGR. Se admite también *verderol.* □ MORF. Es un sustantivo epiceno y la diferencia de sexo se señala mediante la oposición *el verderón {macho/hembra}.*

verdín s.m. Capa verde, formada por algas y otras plantas sin flores, que se cría en la superficie del agua estancada, en paredes y lugares húmedos y en la corteza de algunos frutos cuando se pudren: *La humedad ha cubierto las paredes de verdín.*

verdor s.m. Color verde, esp. el intenso de las plantas: *Los prados gallegos se caracterizan por su verdor.*

verdoso, sa adj. Semejante al verde o con tonalidades verdes: *Forró el libro con un papel azul verdoso.*

verdugo s.m. **1** Persona encargada de ejecutar las penas de muerte u otros castigos corporales: *El condenado subió al patíbulo y el verdugo le colocó la soga alrededor del cuello.* **2** Gorro de lana que cubre la cabeza y el cuello y solo deja al descubierto los ojos, la nariz y la boca: *Los soldados llevaban verdugos bajo el casco para protegerse del frío.*

verdugón s.m. Señal enrojecida que produce el golpe dado con un látigo o con otro instrumento semejante: *Los latigazos le dejaron la espalda llena de verdugones.*

verduguillo s.m. Estoque delgado, esp. el que se emplea para descabellar al toro: *El diestro echó mano del verduguillo para descabellar al toro.*

verdulería s.f. Establecimiento donde se venden verduras: *Compré un repollo en la verdulería del mercado.*

verdulero, ra s. **1** Persona que vende verduras: *La verdulera tenía esta mañana coliflores muy buenas.* **2** *col. desp.* Persona que tiene modales ordinarios, vulgares y desvergonzados: *Eres un verdulero y no sabes hablar si no es diciendo tacos.*

verdura s.f. **1** Hortaliza o planta comestible que se cultiva en una huerta, esp. las que tienen hojas verdes: *Las acelgas y el repollo son verduras que se comen cocidas.* **2** Verdor o color verde, esp. el intenso de las plantas: *El pintor supo reflejar en su cuadro la verdura de los prados.*

vereda s.f. **1** Camino estrecho que generalmente se ha formado por el paso de las personas y del ganado: *Los leñadores conocen los senderos y veredas del bosque.* **2** ‖ **meter en vereda** a alguien. *col.* Obligarle a cumplir con sus deberes o a seguir un modo de vida que se considera ordenado y regular: *Al ver que no estudiaba, su padre rápidamente lo metió en vereda y lo puso a trabajar.*

veredicto s.m. **1** Fallo o sentencia definitiva pronunciados por un jurado: *El veredicto del tribunal fue unánime.* **2** Opinión o juicio emitidos por una persona especializada o autorizada en la materia: *La comedia recibió el veredicto positivo de la crítica.*

verga s.f. **1** En un mamífero macho, órgano genital: *La verga del toro permite la cópula con la vaca.* **2** En un barco, palo que se coloca horizontalmente en el mástil y en el que se sujeta la vela: *El viento rompió la verga del palo mayor.*

vergel s.m. Huerto con gran variedad de flores y árboles frutales: *Con el regadío, muchas tierras de secano se han convertido en vergeles.*

vergonzoso, sa ▌adj. **1** Que causa vergüenza: *Tu comportamiento delante de los invitados fue vergonzoso.* ▌adj./s. **2** Que se avergüenza con facilidad: *Este niño habla poco porque es muy vergonzoso. Cantar y bailar en un escenario no es para vergonzosos.*

vergüenza ▌s.f. **1** Sentimiento de turbación producido por alguna falta cometida o por alguna acción que se considera deshonrosa, humillante o ridícula: *Me puse rojo de vergüenza cuando el profesor me pilló copiando en el examen.* **2** Sentimiento de dignidad personal o estimación de la propia honra: *Si es que tiene vergüenza, reconocerá su error.* **3** Acción que atenta contra la dignidad o contra la honradez y deja en mala opinión al que la ejecuta: *Es una vergüenza que los niños mueran de hambre.* **4** Deshonor o deshonra: *Eres la vergüenza de la familia.*

▌pl. **5** *col.* En una persona, órganos sexuales externos: *Los nativos de la película cubrían sus vergüenzas con un taparrabos.*

vericueto ▌s.m. **1** Lugar estrecho y escarpado por el que se anda con dificultad: *Solo se puede llegar al castillo subiendo por unos vericuetos que hay entre las montañas.* ▌pl. **2** Aspectos difíciles o poco claros de un asunto: *Es un trabajo sencillo, sin vericuetos.*

verídico, ca adj. Que dice o que contiene verdad: *La novela se basa en un hecho verídico, aunque resulte increíble.*

verificación s.f. **1** Comprobación o examen de la verdad de algo: *Necesito más datos para realizar la verificación de sus declaraciones.* **2** Realización de algo que se había pronosticado: *El accidente supuso la verificación de las predicciones de la médium.*

verificar v. **1** Referido a algo de lo que se duda, probar o comprobar que es verdadero: *El médico verificó su diagnóstico al ver los análisis.* **2** Realizar, efectuar o llevar a cabo: *La policía verificó un registro en el domicilio del acusado. Los pronósticos se verificaron tres meses después.* □ ORTOGR. La *c* se cambia en *qu* delante de *e* →**SACAR**.

verja s.f. Enrejado o reja que se utiliza como puerta, ventana o cerca: *El ladrón escapó saltando la verja del jardín.*

vermouth s.m. →**vermú.** □ PRON. [bermú]. □ USO Es un galicismo innecesario.

vermú s.m. Licor compuesto de vino blanco o rosado y otras sustancias amargas y tónicas: *Me gusta el vermú mezclado con sifón.* □ ORTOGR. 1. Se admite también *vermut*. 2. Es un germanismo (*wermuth*) adaptado al español. □ MORF. Su plural es *vermús*. □ USO Es innecesario el uso del galicismo *vermouth* y de *martini* (extensión del nombre de una marca comercial).

vermut s.m. →**vermú.** □ MORF. Su plural es *vermuts*.

vernáculo, la adj. Referido esp. a una lengua, que es propia de un país o lugar: *En la alta Edad Media, además de textos en latín, empiezan a aparecer los primeros escritos en lenguas vernáculas.*

verónica s.f. En tauromaquia, lance en el que el torero espera de frente la acometida del toro con la capa extendida o abierta con ambas manos: *El torero dio un par de verónicas con la capa.*

verosímil adj. Que tiene apariencia de ser verdadero y resulta creíble: *Lo que contó es verosímil, pero todos sabemos que miente muy bien.* □ MORF. Invariable en género.

verosimilitud s.f. Apariencia de ser verdadero y posibilidad de ser creído: *La verosimilitud de la coartada del acusado hizo dudar al juez.*

verraco s.m. Cerdo que se utiliza como semental: *Las cerdas son fecundadas por el verraco.*

verruga s.f. Abultamiento en la piel, generalmente rugoso y con forma redonda: *En la farmacia compré un producto para quemar las verrugas.*

versado, da adj. Experto o instruido en una determinada materia: *Este político está muy versado en temas históricos.* □ SINT. Constr.: *versado* EN *algo*.

versal s.f. →**letra versal.**

versalita s.f. →**letra versalita.**

versar v. Referido esp. a un libro o a un discurso, tratar sobre la materia que se indica: *Su artículo versa sobre los temas mitológicos en el teatro del siglo XVII.* □ SINT. Constr.: *versar* SOBRE *algo*.

versátil adj. **1** Que realiza actividades muy diversas: *Es una artista muy versátil: canta, escribe y dibuja.* **2** Referido esp. al genio o al carácter, que es inconstante o que cambia fácilmente: *Tiene un carácter tan versátil que lo que hoy ve bien mañana le saca de quicio.* □ MORF. Invariable en género.

versatilidad s.f. Facilidad excesiva para el cambio, esp. en el genio o en el carácter: *La versatilidad de tus opiniones me impide que confíe en ti.*

versículo s.m. En algunos libros, esp. en la Biblia, cada una de las divisiones breves que se hacen en sus capítulos: *Leímos algunos versículos del Evangelio de san Juan.*

versificación s.f. **1** Composición de versos: *Para muchos niños, la versificación es un juego.* **2** Arte o técnica de hacer versos: *El ritmo y la métrica son los dos grandes pilares de la versificación.* **3** Puesta en verso de algo: *La versificación de leyendas antiguas era frecuentemente obra de autores populares y anónimos.*

versificar v. **1** Componer versos: *No todos los que versifican pueden ser considerados poetas.* **2** Poner en verso: *Muchos romances son leyendas versificadas.* □ ORTOGR. La *c* se cambia en *qu* delante de *e* →**SACAR**.

versión s.f. Cada una de las formas que adopta la relación de un mismo suceso, la forma de una misma obra o la interpretación de un mismo tema: *Me gusta ver películas en versión original. Tu versión del asunto es distinta de la mía.*

verso s.m. **1** Unidad métrica formada por una palabra o por un conjunto de palabras, generalmente sujetas a una medida y a un ritmo determinados: *Cada verso de un poema se escribe en una línea distinta.* **2** En contraposición a 'prosa', modalidad literaria a la que pertenecen este tipo de composiciones: *A lo largo de su carrera de escritor, cultivó tanto la prosa como el verso.* **3** ‖ **verso blanco.** El que no está sujeto a rima: *En el Renacimiento se compusieron poemas en versos blancos como forma de imitar los poemas latinos, que no tenían rima.* ‖ **verso de arte mayor.** El que tiene más de ocho sílabas: *Un cuarteto está formado por cuatro versos de arte mayor.* ‖ **verso de arte menor.** El que tiene ocho sílabas o menos: *En castellano, el octosílabo es el verso de arte menor por excelencia.* ‖ **verso libre.** El que no está sujeto a rima ni a medida: *Las composiciones en versos libres y sin estrofas son características de la poesía moderna.*

vértebra s.f. Cada uno de los huesos cortos y articulados entre sí que forman la columna vertebral de los vertebrados: *Me duelen las vértebras cervicales de estar todo el día cosiendo.* 👁 **esqueleto**

vertebrado, da ▌adj./s.m. **1** Referido a un animal, que tiene un esqueleto con columna vertebral y cráneo, y un sistema nervioso central constituido por la médula espinal y el encéfalo: *Los mamíferos, los anfibios, los reptiles, las aves y los peces son vertebrados. El hombre es un vertebrado.* ▌s.m.pl. **2** En zoología, subtipo de estos animales, perteneciente al tipo de los cordados: *Los animales que pertenecen a los vertebrados son más evolucionados que los invertebrados.*

vertebral adj. De las vértebras o relacionado con ellas: *Fue al traumatólogo porque tiene intensos dolores vertebrales.* □ MORF. Invariable en género.

vertebrar v. Dar consistencia, organización o estructura interna: *La idea de la libertad individual vertebra los pensamientos filosóficos de este autor.*

vertedero s.m. Lugar en el que se vierten basuras o escombros: *El vertedero municipal está a las afueras del pueblo.*

a b c d e f g h i j k l m n ñ o p q r s t u v w x y z

a b c d e f g h i j k l m n ñ o p q r s t u **v** w x y z

verter v. **1** Referido esp. a un líquido, derramarlo o hacer que salga de donde está y se esparza: *La empresa fue acusada de verter productos tóxicos en el río. Se me ha roto el paquete y se ha vertido el azúcar.* **2** Referido a un recipiente, inclinarlo o volverlo boca abajo para vaciar su contenido: *Vierte la jarra en la pila para rellenarla con agua fresca. Se me vertió la taza y el café me cayó encima.* **3** Traducir de una lengua a otra: *Ha vertido al italiano un par de novelas francesas.* **4** Referido a una corriente de agua, desembocar en otra: *El río Sil vierte sus aguas en el Miño, y este, en el océano Atlántico.* ☐ MORF. 1. Incorr. **vertir*. 2. Irreg.: La *e* final de la raíz diptonga en *ie* en los presentes, excepto en las personas *nosotros* y *vosotros* →**PERDER**.

vertical adj./s.f. Perpendicular al horizonte o a una línea o plano horizontal: *Los edificios son verticales. En un eje de coordenadas, la vertical se llama 'ordenada'.* ☐ MORF. Como adjetivo es invariable en género.

verticalidad s.f. Posición perpendicular a la línea del horizonte: *La plomada sirve para medir la verticalidad de un muro.*

vértice s.m. **1** Punto en el que se unen dos o más líneas: *El triángulo tiene tres lados, tres ángulos y tres vértices.* 👁 **ángulo** **2** Punto en el que se unen tres o más planos: *Un cubo tiene ocho vértices.* **3** En un cono, punto en el que se unen todas sus líneas generatrices: *El vértice es el punto más alto del cono.* **4** En una pirámide, punto en el que se unen todos los triángulos que forman sus caras: *Consiguieron subir hasta el vértice de la pirámide.* **5** Parte más elevada de algo: *Los escaladores lograron alcanzar el vértice de la montaña.* 👁 **arco**

vertido s.m. **1** Lo que se vierte, esp. referido a los restos de procesos industriales que se echan a las aguas: *Han muerto miles de peces a causa de los vertidos contaminantes en el río.* **2** Derramamiento o salida de un líquido o de algo semejante: *El vertido del vino manchó toda la mesa.* ☐ MORF. En la acepción 1, se usa más en plural.

vertiente s.f. **1** Declive o inclinación, esp. por donde corre o puede correr el agua: *La casa tiene un tejado de dos vertientes. Escalaron por la vertiente sur de la montaña.* 👁 **montaña** **2** Aspecto o punto de vista: *Lo pasa mal porque solo se fija en la vertiente negativa del asunto.*

vertiginoso, sa adj. **1** Que causa vértigo o que produce esta sensación: *Subieron a una altura vertiginosa.* **2** Rapidísimo o muy intenso: *Su ritmo de trabajo es vertiginoso.*

vértigo s.m. Sensación de inseguridad y miedo que se produce al acercarse al borde de una altura o al imaginarse en él: *Tengo mucho vértigo y me da pavor asomarme por un puente.*

vesícula s.f. **1** Pequeño levantamiento de la piel que forma una especie de bolsa, generalmente llena de un líquido acuoso: *Un herpes es una enfermedad vírica que produce pequeñas vesículas cutáneas.* **2** ‖ **vesícula (biliar).** En el sistema digestivo, bolsita membranosa en la que se deposita la bilis producida por el hígado y que, durante la digestión, se vacía por la contracción de sus paredes: *La vesícula biliar está en la cara inferior del hígado.*

vespertino, na adj. De la tarde o relacionado con ella: *Me gusta leer los diarios vespertinos.*

vespino s.m. Ciclomotor provisto de pedales y de un motor de pequeña cilindrada capaz de desarrollar poca velocidad (por extensión del nombre de la marca comercial *Vespino®*): *He comprado a mi hija un vespino para que lo utilice cuando vamos a la casa de la sierra.* ☐ MORF. Se usa también en femenino.

vestíbulo s.m. En una casa o un edificio, patio, sala o portal situados a la entrada; *hall*: *En el vestíbulo del hotel está el mostrador de información.*

vestido s.m. **1** Prenda o conjunto de prendas exteriores con las que se cubre el cuerpo; *vestidura, vestimenta*: *Siempre coge lo primero que encuentra en el armario y no se preocupa mucho del vestido.* **2** Prenda exterior femenina de una sola pieza: *Lleva un vestido largo de color negro.*

vestidor s.m. Habitación para vestirse: *Delante del dormitorio hay un pequeño vestidor con espejos en todas las paredes.*

vestidura s.f. **1** Prenda o conjunto de prendas exteriores con las que se cubre el cuerpo; *vestido*: *En el cuadro se ve a un príncipe con ricas vestiduras.* **2** Vestido para un acto solemne que se pone encima del habitual, esp. el que usan los sacerdotes para el culto: *En la sacristía se puso las vestiduras sacerdotales.* **3** ‖ **rasgarse las vestiduras.** *col.* Escandalizarse por algo, generalmente de forma hipócrita: *Ahora no te rasgues las vestiduras, porque ya sabías que esto iba a pasar.* ☐ MORF. La acepción 2 se usa más en plural. ☐ SEM. Es sinónimo de *vestimenta*.

vestigio s.m. Huella, señal, indicio o recuerdo que quedan de algo antiguo, pasado o destruido: *Las señales de balas en los edificios son vestigios de la pasada guerra.*

vestimenta s.f. →**vestidura.**

vestir v. **1** Cubrir o adornar con ropa: *Por las mañanas, primero viste a su hijo y después se viste ella.* **2** Referido a una persona, darle el dinero necesario para comprar su vestuario: *Mi tía soltera me viste y me paga los estudios.* **3** Referido a una persona, hacer los vestidos para otra: *Este modisto viste a muchas mujeres de la alta sociedad.* **4** Cubrir, adornar o embellecer: *Vistió la casa con alegres cortinajes. En primavera, los árboles se visten de hojas.* **5** Resultar elegante o apropiado: *El color blanco viste mucho.* **6** ‖ **de vestir.** *col.* Referido esp. a ropa, elegante o más elegante de lo habitual: *Se puso un traje de vestir porque tenía una cita importante.* ☐ MORF. Irreg.: La *e* se cambia en *i* cuando la sílaba siguiente no tiene *i* o la tiene formando diptongo →**PEDIR**.

vestuario s.m. **1** Conjunto de prendas de vestir: *Renovaré mi vestuario, porque hace dos años que no me compro ningún traje.* **2** Conjunto de prendas de vestir necesarias para un espectáculo o una representación: *En una película histórica, el vestuario es muy importante.* **3** Lugar para cambiarse de ropa: *¿Dónde están las duchas y los vestuarios de la piscina?*

veta s.f. **1** Lista o faja que se distingue del resto, generalmente por su calidad o por su color: *Dentro del bizcocho hay una veta de chocolate.* **2** Filón de metal: *Los mineros excavaron 20 metros hasta llegar a la veta de oro.* ☐ ORTOGR. Dist. de *beta*. ☐ SEM. Es sinónimo de *vena*.

vetar v. Referido a una propuesta, un acuerdo o una medida, rechazarlos o ponerles veto: *El presidente del club vetó la entrada de los periodistas al campo.* ☐ ORTOGR. Dist. de *vedar*.

veteado, da adj. Con vetas: *La mesa es de madera veteada.*

veteranía s.f. Antigüedad y experiencia, esp. en una profesión o una actividad: *Se nota tu veteranía en el negocio a la hora de tratar con los clientes.*

veterano, na adj./s. Antiguo y experimentado en una profesión o una actividad: *Los socios más veteranos po-*

drán asistir gratis al concierto. Hubo un homenaje a los veteranos de la guerra de Cuba.

veterinario, ria ▌ adj. **1** De la veterinaria o relacionado con esta ciencia: *En las clínicas veterinarias se tratan sobre todo animales de compañía.* ▌ s. **2** Persona que se dedica a la veterinaria, esp. si esta es su profesión: *Ese veterinario trabaja en un programa de vacunación de vacas.* ▌ s.f. **3** Ciencia que trata de la prevención y curación de las enfermedades animales y del estudio de los productos alimenticios que estos generan: *Estudió veterinaria y se especializó en sanidad.*

veto s.m. Derecho que tiene una persona o una corporación para impedir o prohibir algo: *Estados Unidos es uno de los países que tiene derecho a veto en el Consejo de Seguridad de las Naciones Unidas.*

vetusto, ta adj. Muy viejo o anticuado: *Vive en un vetusto caserón a punto de derrumbarse.*

vez s.f. **1** Cada una de las ocasiones en que se realiza una acción o se repite un determinado hecho: *La primera vez que nos vimos fue en la playa.* **2** Momento u ocasión determinada en que se ejecuta una acción: *Nos veremos otra vez a las once.* **3** Momento u ocasión de hacer algo por orden; *turno, vuelta: Tengo derecho a irme porque me ha llegado la vez.* **4** Posición que corresponde a una persona cuando varias han de actuar por turno: *Cogí la vez en la pescadería para que nadie se colara.* **5** ‖ **a la vez.** A un tiempo o simultáneamente: *Hablaban todos a la vez y no se entendía nada.* ‖ **a veces.** En algunas ocasiones: *A veces me encuentro bien con él.* ‖ **de una vez.** De manera definitiva: *Dime de una vez por qué estás enfadada conmigo.* ‖ **de vez en cuando.** Algunas veces o de tiempo en tiempo: *De vez en cuando vuelve por este barrio para ver a los antiguos amigos.* ‖ **en vez de.** En su sustitución o en lugar de ello: *Tomaré carne en vez de pescado.* ‖ **hacer las veces de.** Ejercer la función de: *Su hermano mayor hizo las veces de padre cuando este murió.* ‖ **tal vez.** Posiblemente o quizá: *Tal vez llueva esta tarde, porque las nubes están muy negras.*

vía ▌ s.f. **1** Lugar por donde se transita: *Las calles y las carreteras son vías públicas.* **2** Carril formado por dos raíles paralelos sobre los que se deslizan las ruedas de un vehículo, esp. de un tren: *Varios obreros trabajan en la instalación de las nuevas vías del metro.* **3** En el cuerpo animal, conducto o canal que da paso o salida a algo: *Roncas porque tienes obstruidas las vías respiratorias.* **4** Medio que sirve para hacer algo: *Este asunto se resolvió por vía judicial.* ▌ prep. **5** A través de o pasando por: *Volé a Moscú, vía Ámsterdam.* **6** ‖ **en vías de.** En curso o en trámite: *La empresa está en vías de conseguir el acuerdo definitivo para la construcción de la presa.* ‖ **vía crucis.** →**viacrucis.** ‖ **vía de agua.** En una embarcación, rotura por donde entra agua: *El barco que se hundió tenía varias vías de agua.* ‖ **vía muerta.** La que no tiene salida y sirve para apartar vagones o locomotoras: *En la estación hay varias vías muertas.*

viabilidad s.f. **1** Probabilidad de poder ser llevado a cabo: *Han desechado los planes porque carecen de viabilidad.* **2** Posibilidad de vivir o de existir: *Hicieron pruebas para comprobar la viabilidad del embrión.*

viable adj. **1** Que puede ser llevado a cabo: *Tus proyectos no son viables porque se necesitan cosas que no tenemos.* **2** Que puede vivir o existir: *El feto no era viable y la madre abortó a los cinco meses de gestación.* ☐ MORF. Invariable en género.

viacrucis s.m. **1** Conjunto de quince cruces o cuadros que representan quince momentos vividos por Jesucristo durante su pasión, muerte y resurrección: *En las paredes de las iglesias suele haber un viacrucis.* **2** Oración que se reza recorriendo estos quince momentos: *El Viernes Santo fui a rezar el viacrucis en mi parroquia.* ☐ ORTOGR. Se admite también *vía crucis.* ☐ MORF. Invariable en número.

viaducto s.m. Especie de puente construido sobre una hondonada para facilitar el paso y salvar el desnivel: *La vía del tren solo podrá pasar al otro lado de esta hondonada si se construye un viaducto.*

viajante s. Persona que se dedica profesionalmente a mostrar y vender productos viajando de un lugar a otro, y que generalmente representa a una o varias casas comerciales: *Dice que no se casaría con un viajante porque estarían muy poco tiempo juntos.* ☐ MORF. Es de género común y exige concordancia en masculino o en femenino para señalar la diferencia de sexo: *el viajante, la viajante.*

viajar v. **1** Trasladarse de un lugar a otro, generalmente distantes entre sí, o recorrer una ruta: *Me gusta mucho viajar en tren.* **2** Referido a una mercancía, ser transportada: *La gasolina viaja en un camión cisterna.* **3** *col.* En el lenguaje de la droga, encontrarse bajo los efectos de una droga alucinógena: *Cuando viaja, ve la realidad distorsionada y con colores luminosos.* ☐ ORTOGR. Conserva la *j* en toda la conjugación.

viaje s.m. **1** Traslado o desplazamiento de un lugar a otro: *Si vamos en avión, el viaje durará solo una hora.* **2** Trayecto, itinerario o camino que se hace para ir de un lugar a otro: *Hemos preparado el viaje minuciosamente y con un mapa delante.* **3** *col.* En el lenguaje de la droga, efecto de una droga alucinógena: *Tomaba marihuana para hacer viajes y ahora está en un centro de desintoxicación.* **4** *col.* Ataque o agresión inesperados: *Me agarró de un brazo y menudo viaje me metió.*

viajero, ra adj./s. Que viaja: *Las golondrinas son pájaros viajeros. El libro es el relato de un viajero.*

vial adj. De la vía o relacionado con este lugar por donde se transita: *El respeto de las normas de tráfico aumenta la seguridad vial.* ☐ MORF. Invariable en género.

vianda s.f. Comida para las personas, esp. referido a la que se sirve a la mesa: *El camarero colocó sobre la mesa apetitosas viandas.* ☐ MORF. Se usa más en plural.

viandante s. Persona que va o se traslada a pie; *peatón: Los días de fiesta cortan esta calle al tráfico para que los viandantes puedan pasear.* ☐ MORF. Es de género común y exige concordancia en masculino o en femenino para señalar la diferencia de sexo: *el viandante, la viandante.*

viario, ria adj. De los caminos y carreteras o relacionado con ellos: *Las autopistas inauguradas han mejorado la red viaria española.*

viático s.m. En la Iglesia católica, sacramento de la eucaristía, que se administra a los enfermos que están en peligro de muerte: *El sacerdote administró el viático al moribundo minutos antes de que expirase.*

víbora s.f. **1** Serpiente venenosa de cabeza triangular, con dos dientes huecos en la mandíbula superior por los que vierte el veneno, y que ataca a sus víctimas con un movimiento rápido de cabeza: *Algunos síntomas de la mordedura de la víbora son el pulso débil y la piel fría y húmeda.* 👁 **serpiente** **2** *col.* Persona con malas intenciones: *Habla mal de todo el mundo porque es una víbora.* ☐ MORF. En la acepción 1, es un sustantivo epiceno y la diferencia de sexo se señala mediante la diferencia de sexo: *la víbora {macho/hembra}.*

vibración ▮ s.f. **1** Movimiento vibratorio: *La guitarra suena por la vibración de sus cuerdas.* **2** Sonido tembloroso y entrecortado de la voz o de algo inmaterial: *Noté su disgusto en la vibración de la voz.* ▮ pl. **3** *col.* Sensación o sentimiento positivos o negativos que se intuyen: *Ese chico me cae mal porque me transmite malas vibraciones.*

vibrante ▮ adj. **1** Que vibra o que hace vibrar: *En unas vibrantes declaraciones, el actor declaró que se retiraba.* **2** En lingüística, referido a un sonido, que se articula interrumpiendo una o varias veces la salida del aire: *El sonido [r] en español puede ser vibrante simple, como en pera, o vibrante múltiple, como en carro.* ▮ s.f. **3** Letra que representa este sonido: *La r es una vibrante.* □ MORF. Como adjetivo es invariable en género.

vibrar v. **1** Moverse con movimientos pequeños y rápidos de un lado a otro o de arriba abajo: *Los cristales de la estación vibran cuando pasa un tren.* **2** Referido a la voz o a algo inmaterial, sonar temblorosa o entrecortadamente: *Su voz vibraba por la emoción.* **3** Conmoverse por algo: *El cantante hizo vibrar a los asistentes.*

vibrátil adj. Que puede vibrar: *Algunos protozoos se mueven gracias a sus cilios o filamentos vibrátiles.* □ MORF. Invariable en género.

vibratorio, ria adj. Que vibra o que puede vibrar: *Este aparato de masaje tiene un movimiento vibratorio que relaja los músculos.*

vicaría s.f. **1** Cargo de vicario: *Ostenta la vicaría desde el pasado año.* **2** Oficina o despacho del vicario: *La información sobre las subvenciones a las asociaciones benéficas se da en la vicaría.* **3** ‖ **pasar por la vicaría.** *col.* Casarse: *Viven juntos, pero de momento no piensan pasar por la vicaría.*

vicario, ria ▮ adj./s. **1** Referido a una persona, que tiene el poder y las facultades de otra o que la sustituye: *Este es un sacerdote vicario de enseñanza. Fui a la reunión como vicario suyo.* ▮ s.m. **2** En la Iglesia católica, juez eclesiástico nombrado y elegido por los prelados para que ejerza la jurisdicción ordinaria: *El vicario es nombrado por el obispo.* **3** En la Iglesia católica, sacerdote que ayuda en su labor al párroco o al obispo: *Ayer fui a la parroquia y me atendió el vicario.*

vice- Elemento compositivo que significa 'en vez de' o 'inmediatamente inferior a': *vicerrector, vicepresidente.* □ ORTOGR. Solo se escribe separado de la base si esta está formada por dos o más palabras (*vice primer ministro*). □ MORF. Puede adoptar las formas *vi-* (*virrey*) o *viz-* (*vizconde*).

vicealmirante s. En la Armada, persona cuyo empleo militar es superior al de contralmirante e inferior al de almirante: *El grado de vicealmirante equivale al de general de división de los Ejércitos de Tierra y del Aire.* □ MORF. Es de género común y exige concordancia en masculino o en femenino para señalar la diferencia de sexo: *el vicealmirante, la vicealmirante.*

vicetiple s.f. *col.* En una zarzuela, en una opereta o en una revista, cantante femenina que interviene en los números de conjunto: *La actriz principal empezó como vicetiple en una compañía de revista.*

viceversa adv. De forma inversa, al contrario o cambiando las cosas recíprocamente: *Cuando su mujer trabaja, él atiende a los niños, y viceversa.*

viciar v. **1** Dañar, corromper o estropear: *De tanto estirar el muelle, lo has viciado y ya no es elástico. El aire de la habitación se ha viciado porque no hay ventilación.* **2** Adquirir o hacer adquirir vicios o hábitos y costumbres negativos o perjudiciales: *Has viciado a tu amigo con el tabaco. Se va a viciar con esa costumbre de salir todos los días.* **3** Referido a un acto, anular o quitar su valor o su validez: *La intención de fraude vicia el contrato.* □ ORTOGR. La *i* nunca lleva tilde.

vicio s.m. **1** Costumbre, gusto o necesidad censurables, esp. en sentido moral: *Ese degenerado tiene vicios inconfesables.* **2** Afición o gusto excesivos por algo, que incitan a consumirlo frecuentemente: *Es una persona sin vicios, que ni bebe ni fuma.* **3** Lo que aficiona o gusta de forma excesiva: *Los bombones son mi vicio.* **4** Mala costumbre que se repite con frecuencia: *Tiene algunos vicios de dicción, como el de no pronunciar las erres.* **5** Defecto o error: *El contrato no es válido porque tiene vicios de forma.* **6** ‖ **de vicio. 1** *col.* Muy bueno o muy bien: *En el parque de atracciones lo hemos pasado de vicio.* **2** Sin un motivo suficiente o sin necesidad: *Se queja de vicio, porque le ha salido todo a pedir de boca.*

vicioso, sa adj./s. Que tiene vicios y se entrega a ellos: *Las personas viciosas suelen tener poca fuerza de voluntad. Esa viciosa de los deportes de nieve se va a congelar un día.*

vicisitud s.f. Sucesión alterna de sucesos prósperos y adversos: *Las vicisitudes de la vida me han hecho ir madurando.* □ USO Se usa más en plural.

víctima s.f. **1** Persona o animal que sufren algún daño, esp. si es por alguna causa ajena: *Todas las guerras causan muchas víctimas.* **2** Persona o animal destinados al sacrificio: *En la antigua Roma se sacrificaban víctimas a los dioses para que estos fueran favorables.*

victoria s.f. **1** Éxito en un enfrentamiento, o superioridad demostrada al vencer a un rival: *Nuestro equipo consiguió la victoria al ganar por 2 a 0.* **2** ‖ **cantar victoria.** Alegrarse o jactarse de un triunfo: *No cantes victoria antes de tiempo.*

victorioso, sa adj. **1** Que ha conseguido una victoria: *El equipo victorioso saludó eufórico al vencido.* **2** Que supone una victoria: *Una batalla victoriosa no significa el triunfo de la guerra.*

vicuña s.f. **1** Mamífero rumiante parecido a la llama pero con menos lana, que tiene las orejas puntiagudas, las patas largas y el pelaje muy fino y de color amarillento: *La vicuña vive salvaje y en manadas en la zona andina.* 👁 **rumiante** **2** Lana de este animal: *La vicuña admite muy bien cualquier tipo de tintes.* □ MORF. En la acepción 1, es un sustantivo epiceno y la diferencia de sexo se señala mediante la oposición *la vicuña {macho/hembra}.*

vid s.f. Planta leñosa trepadora de tronco retorcido, ramas largas, flexibles y nudosas, hojas partidas en cinco lóbulos puntiagudos y cuyo fruto es la uva: *He plantado unas cepas de un tipo de vid francesa.*

vida s.f. **1** Fuerza o actividad individual por la que un ser que ha nacido crece, se reproduce y muere cuando esta cesa: *Las rocas no tienen vida.* **2** Existencia de seres con esta fuerza o actividad: *Algunos científicos opinan que puede haber vida en otros planetas.* **3** Según algunas creencias religiosas, unión del alma con el cuerpo: *Un amigo que cree en la rencarnación dice que ha tenido otras vidas.* **4** Período de tiempo que transcurre desde el nacimiento hasta la muerte: *Nunca en mi vida he visto nada igual.* **5** Duración de las cosas: *Esta batería tiene una vida aproximada de cinco años.* **6** Modo de vivir, o conjunto de características de la existencia de una persona: *La vida de un labrador es muy dura.* **7** Lo que es necesario para vivir o mantener la existencia: *El agua es la vida.* **8** Actividad o conjunto de actividades de un sector social: *La vida política del país se desarrolla con normalidad.* **9** Conjunto de hechos y de sucesos de una persona mientras vive: *Las biografías narran la vida de las personas.* **10** Lo que da valor, sentido o interés a la existencia: *¡Cuánto te quiero, vida mía!* **11** Según algunas creencias religiosas, estado del alma después de la muerte: *Los cristianos afirman que aunque el cuerpo muere, el alma tiene vida más allá de la muerte.* **12** Expresión, viveza, animación o energía: *¡Cuánta vida hay en los ojos de un niño!* **13** ‖ **a vida o muerte.** Referido al modo de hacer algo, con un gran riesgo de morir: *Lo operaron a vida o muerte, sin ninguna garantía de éxito.* ‖ **buscarse la vida.** *col.* Ingeniárselas para encontrar uno mismo la manera de salir adelante: *Yo no puedo protegerte continuamente, así que búscate tú la vida.* ‖ **de toda la vida.** *col.* Desde hace mucho tiempo o desde que se recuerda: *Somos vecinos y nos conocemos de toda la vida.* ‖ **esto es vida.** *col.* Expresión que se usa cuando se disfruta de algo estupendo o verdaderamente agradable: *¡Esto es vida!, tumbado a la sombra con un refresco en la mano y oyendo música.* ‖ **la otra vida.** Según algunas creencias religiosas, la existencia después de la muerte: *Sus palabras antes de morir fueron 'Nos veremos en la otra vida'.* ‖ **pasar a mejor vida.** *col.* Morir: *Ha pasado a mejor vida y ya no sufrirá más.* ‖ **perder la vida.** Morir, esp. si es de forma violenta o accidental: *En el desastre perdieron la vida numerosas personas.* ‖ **vida y milagros.** *col.* Conjunto de hechos, sucesos y anécdotas personales: *Durante el viaje nos contó su vida y milagros.*

vidente adj./s. **1** Que puede ver: *Las personas videntes no deben menospreciar a los invidentes. Se quedó ciego de pequeño y su mayor deseo es volver a ser un vidente.* **2** Profeta o persona que predice el futuro o conoce cosas ocultas: *Un adivino vidente me predijo un futuro lleno de dicha. Pidieron ayuda a una vidente para ver si localizaba al niño desaparecido.* □ MORF. 1. Como adjetivo es invariable en género. 2. Como sustantivo es de género común y exige concordancia en masculino o en femenino para señalar la diferencia de sexo: *el vidente, la vidente.*

vídeo s.m. **1** Sistema que permite grabar y reproducir imágenes y sonidos en una cinta magnética: *Las películas grabadas en vídeo tienen menor calidad que las cinematográficas.* **2** Grabación hecha mediante este sistema: *Cuando quieras, vemos el vídeo que hicimos en vacaciones.* **3** Aparato capaz de grabar y reproducir imágenes y sonidos de la televisión en una cinta magnética: *Con el vídeo grabo los programas que no puedo ver y los veo más tarde.* **4** *col.* →**videocinta.**

videocámara s.f. Cámara de filmación que permite grabar imágenes y sonidos en una cinta magnética: *Ya no hace fotografías porque con su videocámara graba todos los acontecimientos de su vida.*

videocasete s.m. →**videocinta.**

videocinta s.f. Cinta magnética en la que se registran imágenes y sonidos; *videocasete: Tengo una videocinta con algunos conciertos de música grabados.* □ MORF. En la lengua coloquial se usa mucho la forma abreviada *vídeo.*

videoclip s.m. Grabación de vídeo hecha para promocionar una canción: *He oído esa canción pero no he visto su videoclip.* □ MORF. Su plural es *videoclips.*

videoclub s.m. Establecimiento comercial en el que pueden alquilarse cintas de vídeo: *Se ha hecho socio de un videoclub porque ve muchas películas de vídeo.* □ MORF. Su plural es *videoclubs* o *videoclubes.*

videojuego s.m. Juego electrónico contenido en un disquete para reproducirlo por medio de un ordenador: *Algunos niños se pasan horas y horas jugando con los videojuegos.*

vidriar ▮ v. **1** Referido al barro, a la loza o a un objeto hecho con ellos, darles un barniz que, al fundirse en el horno, adquiere el brillo y la transparencia propias del vidrio: *Trabaja en un taller vidriando objetos de cerámica.* ▮ prnl. **2** Referido esp. a los ojos, ponerse vidriosos como si fueran de cristal: *A los muertos se les vidrian los ojos.* □ ORTOGR. La *i* nunca lleva tilde.

vidriera s.f. Marco con cristales, esp. si son de colores y forman algún dibujo, con el que se cierra o se cubre el hueco de una puerta o de una ventana: *Las vidrieras de muchas catedrales góticas son de gran belleza.*

vidrio s.m. **1** Material de estructura cristalina, duro, frágil y generalmente transparente, que está formado por una mezcla de silicatos y óxidos preparados por fusión y enfriados rápidamente: *El vidrio se emplea para fabricar cristales.* **2** Objeto que se hace con este material: *En una tienda de vidrios he encontrado unos vasos preciosos.*

vidrioso, sa adj. Referido esp. a los ojos, que están cubiertos por una capa líquida y como si fueran de cristal: *El cadáver tenía los ojos vidriosos.*

vieira s.f. **1** Molusco marino de carne comestible, de concha semicircular formada por dos valvas, una plana y la otra muy convexa, de color rojizo por fuera y blancuzco por dentro, y con catorce estrías radiales: *Las vieiras abundan en los mares gallegos.* 👁 **marisco 2** Concha de este molusco; *venera: En mi casa tengo una vieira y la uso de jabonera.*

viejales s. *col.* Persona vieja: *Su abuelo es un viejales muy simpático.* □ MORF. 1. Es de género común y exige concordancia en masculino o en femenino para señalar la diferencia de sexo: *el viejales, la viejales.* 2. Invariable en número. □ USO Tiene un matiz humorístico.

viejo, ja ▮ adj. **1** Que existe desde hace mucho tiempo: *Somos viejos amigos y nos conocemos bien.* **2** De un tiempo pasado: *Conservo viejas fotografías de mi juventud.* **3** Que no es reciente ni nuevo: *Estas patatas viejas tienen ya algunos brotes.* **4** Gastado o estropeado por el uso: *Ponte una camisa vieja si vas a pintar el techo.* ▮ adj./s. **5** Que tiene ya mucha edad o muchos años y que está en la última etapa de su vida: *Estos viejos árboles dan mucha sombra. Con el pelo tan canoso parezco una vieja.* ▮ s. **6** *col.* Padre o madre: *Su vieja no le deja irse sola de vacaciones.* **7** ‖ **de viejo.** Referido a una tienda, que vende artículos de segunda mano: *En una librería de viejo encontré un libro que ya no se edita.*

vienés, -a adj./s. De Viena (capital austriaca), o relacionado con ella: *El café vienés se hace con nata. Muchos vieneses se desplazan por la ciudad en bicicleta.* □ MORF. Como sustantivo se refiere solo a las personas de Viena.

viento s.m. **1** Aire o corriente de aire, esp. si está en movimiento: *Un golpe de viento apagó la vela.* **2** *col.* Corriente, estilo, ambiente o circunstancias: *Tras la dictadura, los vientos de libertad se llevaron el miedo a dar una opinión.* **3** Cuerda larga o alambre que se ata a una cosa para mantenerla firme o para moverla con seguridad hacia un lado: *Ya han colocado los vientos de la carpa del circo.* **4** En música, en una orquesta o en una banda, conjunto de los instrumentos que se tocan soplando y haciendo pasar una columna de aire a través de ellos: *En el concierto de ayer, el viento era francamente bueno.* ◉ viento **5** ‖ **a los cuatro vientos.** En todas direcciones o por todas partes: *Ha divulgado la noticia a los cuatro vientos.* ‖ **beber los vientos por** alguien. *col.* Estar muy enamorado de él: *Puede hacer contigo lo que quiera porque bebes los vientos por ella.* ‖ **contra viento y marea.** A pesar de cualquier obstáculo, dificultad o inconveniente: *Conseguiré esto contra viento y marea, porque es lo único que me importa.* ‖ **con viento fresco.** *col.* Con enfado, con desprecio o de forma violenta: *¡Vete con viento fresco, anda, rico!* ‖ **irse a tomar viento.** *col.* Fracasar: *El negocio se fue a tomar viento por culpa de la crisis económica.* ‖ **llevarse el viento** algo. Desaparecer por ser poco seguro: *Tus teorías idealistas se las llevó el viento en cuanto empezaste a ganar dinero.* ‖ **viento en popa.** *col.* Con buena suerte, con prosperidad o sin dificultades: *Estoy feliz porque mi proyecto va viento en popa.* ‖ **(vientos) alisios.** Los que soplan con una intensidad constante durante todo el año desde los trópicos hacia la zona ecuatorial: *Los vientos alisios son flojos y soplan en las capas inferiores de la atmósfera.* □ SINT. *Con viento fresco* se usa más con los verbos *irse, marchar, largar, despedir* o equivalentes.

vientre s.m. **1** En el cuerpo humano o en el de otros mamíferos, parte comprendida entre el tórax y la pelvis, en la que se sitúa la mayor parte de los aparatos digestivo y reproductor; *tripa: Los intestinos están en el vientre.* **2** Conjunto de vísceras que está contenido en esta parte del cuerpo: *Necesito tomarme algo para los desarreglos del vientre.* **3** Parte abultada de algunas cosas, esp. de una vasija; *panza: Esta jarra de agua tiene mucho vientre.* **4** ‖ **{evacuar/exonerar/mover} el vientre.** *euf.* Defecar o expulsar los excrementos por el ano: *Los laxantes ayudan a mover el vientre.* □ SEM. 1. Es sinónimo de *barriga*. 2. En las acepciones 1 y 2, es sinónimo de *abdomen*.

viernes s.m. Quinto día de la semana, entre el jueves y el sábado: *Tengo ganas de que llegue el viernes, porque el sábado no trabajo.* □ MORF. Invariable en número.

vietnamita adj./s. De Vietnam (país asiático), o relacionado con él: *La capital vietnamita es Hanói. Los vietnamitas se concentran principalmente en la región de los deltas.* □ MORF. 1. Como adjetivo es invariable en género. 2. Como sustantivo es de género común y exige concordancia en masculino o en femenino para señalar la diferencia de sexo: *el vietnamita, la vietnamita*. 3. Como sustantivo se refiere solo a las personas de Vietnam.

viga s.f. **1** Madero largo y grueso, o elemento constructivo de otro material, que se usa como elemento de soporte y para formar la estructura de los techos: *Del techo del viejo caserón pintaron solo las franjas que quedaban entre viga y viga.* **2** ‖ **viga maestra.** Aquella sobre la que se apoyan otras: *Esa viga más gruesa es la viga maestra sobre la que descansan todas estas otras.*

vigencia s.f. Circunstancia de estar en vigor algo establecido, esp. una ley o una costumbre, o de tener fuerza para obligar a su cumplimiento o a su seguimiento: *Esta normativa dejará de tener vigencia cuando otra la sustituya.*

vigente adj. Referido esp. a una ley o a una costumbre, que mantienen su vigor y que se cumplen o se siguen: *Muchos usos y modas vigentes en otros tiempos han quedado ya desfasados.* □ MORF. Invariable en género.

vigésimo, ma numer. **1** En una serie, que ocupa el lugar número veinte: *Terminó de pagar la hipoteca en el vigésimo año de empezar a pagarla. Pasarán a la siguiente fase los corredores que lleguen entre el primero y el vigésimo.* **2** Referido a una parte, que constituye un todo junto con otras diecinueve iguales a ella; *veintavo, veinteavo: Tiene que pagar en impuestos la vigésima parte de lo que gana. Diez unidades son un vigésimo de un total de doscientas.* □ MORF. 1. Como numeral, sirve para formar los ordinales compuestos que corresponden a los números 21 al 29; pueden escribirse en una o dos palabras: *vigésimo primero* o *vigesimoprimero, vigésimo segundo* o *vigesimosegundo, vigésimo quinto* o *vigesimoquinto*, etc. 2. ⟶APÉNDICE DE PRONOMBRES.

vigía s. Persona encargada de vigilar, generalmente desde un lugar elevado: *En cada torre de la muralla había un vigía.* □ MORF. En la lengua actual es de género común y exige concordancia en masculino o en femenino para señalar la diferencia de sexo: *el vigía, la vigía*.

vigilancia s.f. **1** Cuidado y atención que alguien pone en lo que está a su cargo para que marche bien: *La policía extremará su vigilancia para intentar evitar posibles atentados.* **2** Servicio organizado y dispuesto para vigilar y llevar a cabo esta labor: *La vigilancia del edificio está formada por cuatro guardas y un circuito cerrado de televisión.*

vigilante s. Persona encargada de realizar funciones de vigilancia o de velar y cuidar algo: *Por las noches solo se queda en la empresa el vigilante nocturno.* □ MORF. Es de género común y exige concordancia en masculino o en femenino para señalar la diferencia de sexo: *el vigilante, la vigilante*.

vigilar v. Velar o cuidar poniendo la máxima atención: *Vigila la comida que está en el fuego, no se vaya a quemar.*

vigilia s.f. **1** Permanencia de una persona despierta o en vela: *Dormir ayuda a que el cuerpo se reponga del desgaste sufrido en las horas de vigilia.* **2** Comida con abstinencia o renuncia a comer carne, esp. referido a la que se hace por mandato eclesiástico: *La Iglesia manda comer de vigilia todos los viernes de Cuaresma.* **3** Víspera de una festividad religiosa: *El Miércoles Santo es la vigilia del Jueves Santo.*

vigor s.m. **1** Fuerza, vitalidad o actividad notables, esp. en los seres animados: *El niño está sano y lleno de vigor.* **2** Viveza, energía o eficacia en lo que se hace: *Si quieres convencer, actúa con vigor y sin vacilar.* **3** Validez, actualidad o fuerza que tienen una ley o una costumbre para obligar a ser respetadas: *Lo clásico mantiene su vigor mientras nuevas modas se suceden y se olvidan sin dejar huella.*

vigorizar v. Fortalecer, revitalizar o dar vigor: *El ejercicio físico vigoriza los músculos. Los fertilizantes contribuyen a que las plantas se vigoricen.* □ ORTOGR. La *z* se cambia en *c* delante de *e* ⟶**CAZAR**.

vigoroso, sa adj. Con vigor o fuerza: *El ejercicio permite mantener vigorosos los músculos.*

vihuela s.f. Instrumento musical de cuerda, de forma parecida a la de la guitarra, que se toca pulsándolo con arco o con púa: *La vihuela se empleó mucho en la música culta española del siglo XVI.* ◉ **cuerda**

vikingo, ga adj./s. De un pueblo escandinavo de navegantes que entre los siglos VIII y XI realizó incursiones por las costas atlánticas y por casi todo el territorio europeo occidental, o relacionado con él: *El típico casco*

VIENTO (INSTRUMENTOS)

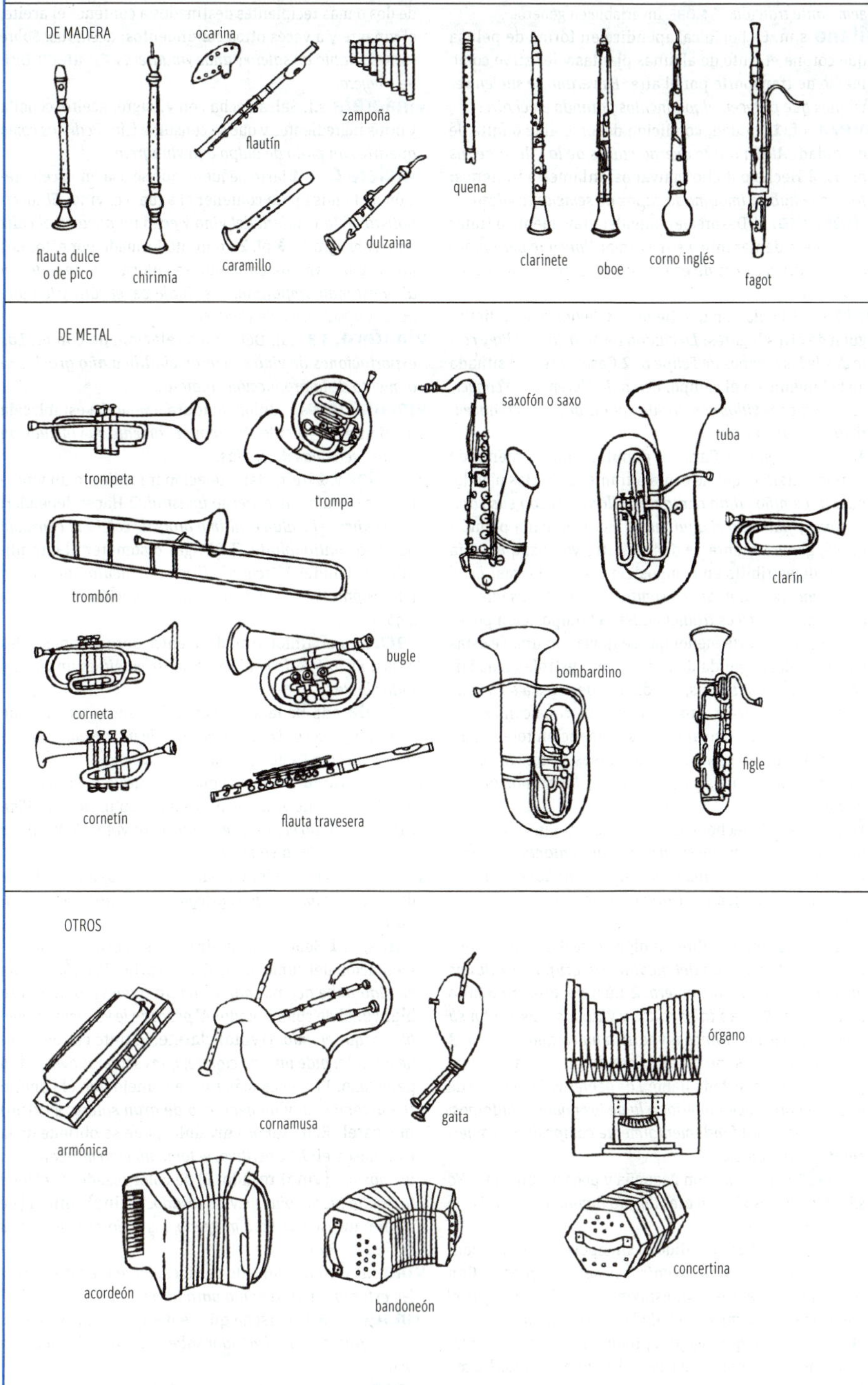

vikingo tiene dos cuernos. Los vikingos tenían fama de ser temibles guerreros y saqueadores.

vil adj. Muy malo, innoble o digno de desprecio: *Solo un hombre vil, desalmado y sin escrúpulos podía llevara cabo semejante traición.* ☐ MORF. Invariable en género.

vilano s.m. En botánica, apéndice en forma de pelusa que corona el fruto de algunas plantas y les sirve como medio de transporte por el aire: *En verano se suelen ver vilanos que parecen algodoncillos flotando en el aire.*

vileza s.f. **1** Maldad, condición despreciable o falta de dignidad: *Algún día te avergonzarás de la vileza de tus actos.* **2** Hecho o dicho malvados, infames o indignos: *Nunca te habría imaginado capaz de semejante vileza.*

vilipendiar v. Despreciar, ofender gravemente o tratar de manera denigrante y sin estima: *Nunca te perdonará que lo vilipendiaras de esa forma.* ☐ ORTOGR. La *i* nunca lleva tilde.

villa s.f. **1** Población que tiene privilegios que la distinguen de otros lugares: *La ciudad de Madrid es villa y corte desde los tiempos de Felipe II.* **2** Casa de recreo situada aisladamente en el campo: *Cerca de Florencia se conservan suntuosas villas construidas por arquitectos renacentistas.* 👁 **vivienda**

villancico s.m. **1** Canción popular, generalmente de asunto religioso, que se canta durante las fiestas navideñas: *Unos niños iban cantando villancicos con sus zambombas y pidiendo el aguinaldo.* **2** Cancioncilla popular breve, generalmente de dos a cuatro versos, que solía servir de estribillo en composiciones más largas: *En el Renacimiento abundan las composiciones cultas que son glosas de villancicos tradicionales.* **3** Composición poética de versos de arte menor que se inicia con una de estas cancioncillas, seguida de una o varias estrofas más largas llamadas *mudanzas*, y cada una de estas a su vez de un verso de enlace y otro de vuelta que rima con la cancioncilla inicial y que anuncia su repetición total o parcial en forma de estribillo: *Los versos de un villancico suelen ser octosílabos o hexasílabos, y las mudanzas, redondillas.*

villanía s.f. **1** Hecho o dicho ruines, indignos o deshonestos: *No estoy dispuesta a seguir aguantando tus bajezas y villanías.* **2** Condición social baja: *Antiguamente, la villanía estaba ligada al trabajo, como la hidalguía a los privilegios.*

villano, na adj./s. **1** Ruin, indigno o deshonesto: *El muy villano raptó a la hija del alcalde. Un grupo de villanos atemorizaba al pueblo entero.* **2** Rústico, grosero o falto de cortesía: *Sus modales rudos y villanos mostraban su escasa educación. Nunca invitaría a un villano como tú.* **3** Antiguamente, vecino o habitante de una villa o aldea, perteneciente al estado llano: *Las gentes villanas eran de una categoría social inferior a la de los nobles e hidalgos. Los villanos eran fundamentalmente campesinos, comerciantes y artesanos.*

villorrio s.m. Población pequeña y poco urbanizada: *No sé cómo puedes vivir en ese villorrio inmundo.* ☐ USO Tiene un matiz despectivo.

vilo ‖ **en vilo. 1** Suspendido, o sin apoyo ni estabilidad: *Mantén al niño en vilo mientras le seco los pies.* **2** Con inquietud o desasosiego: *Estuvimos en vilo hasta que el médico nos comunicó que todo había salido bien.*

vinagre s.m. Líquido agrio, producido por la fermentación ácida del vino: *Las ensaladas se aliñan con sal, aceite y vinagre.*

vinagrera ▮ s.f. **1** Vasija o recipiente destinados a contener el vinagre para el uso diario: *En ese armario tienes la vinagrera y la aceitera para arreglar la ensalada.* ▮ pl. **2** Pieza que se usa para el servicio de mesa y que consta de dos o más recipientes destinados a contener el aceite, el vinagre y a veces otros condimentos; *aceiteras: Sobre la mesa había un salero y unas vinagreras.* ☐ ORTOGR. Dist. de *vinajera*.

vinagreta s.f. Salsa hecha con vinagre, aceite, cebolla y otros ingredientes y que se consume fría: *Pedimos como aperitivo un plato de pulpo a la vinagreta.*

vinajera ▮ s.f. **1** Jarro pequeño que se usa en la celebración de la misa para contener el agua o el vino: *El sacerdote tomó la vinajera del vino y echó un poco en el cáliz para consagrarlo.* ▮ pl. **2** Conjunto formado por estos dos jarros y la bandeja en la que se colocan: *A un lado del altar estaban preparadas las vinajeras, el cáliz y la patena.* ☐ ORTOGR. Dist. de *vinagrera*.

vinatero, ra adj. Del vino o relacionado con él: *Las exportaciones de vino crecieron el último año gracias al aumento de la producción vinatera.*

vinculación s.f. Unión, atadura o relación establecida mediante un vínculo: *Negó públicamente su vinculación con las personas detenidas.*

vincular v. **1** Unir, atar o relacionar mediante un vínculo: *Nos vincula una estrecha amistad.* **2** Hacer depender: *Los médicos vinculan el último brote de cólera al consumo de agua contaminada.* **3** Obligar o someter al cumplimiento debido: *El acuerdo firmado vincula por igual a ambas partes.* ☐ SINT. Constr. de la acepción 2: *vincular* A *algo*.

vínculo s.m. Unión o atadura entre dos personas o dos cosas: *En la Iglesia católica, el matrimonio es un vínculo indisoluble.*

vinícola adj. De la fabricación del vino o relacionado con este proceso: *La Rioja es zona de importantes industrias vinícolas.* ☐ MORF. Invariable en género.

vinicultor, -a s. Persona que se dedica a la vinicultura o elaboración de vinos, esp. si esta es su profesión: *Vinicultores de todo el país presentarán los vinos de la última cosecha en la feria vinícola.*

vinicultura s.f. Técnica para la elaboración y crianza de vinos: *Ya los antiguos griegos practicaban la vinicultura.*

vino s.m. **1** Bebida alcohólica que se obtiene de la fermentación del zumo de las uvas exprimidas: *Una buena comida debe acompañarse con un buen vino.* **2** ‖ **vino blanco.** El de color dorado: *Al pescado le va mejor el vino blanco que el tinto.* ‖ **(vino) clarete.** El tinto claro: *En vez de un tinto, pide un vino clarete, que es más suave.* ‖ **vino generoso.** El que es más fuerte y añejo que el común: *Degustamos un vino generoso de gran solera.* ‖ **(vino) moscatel.** El de sabor muy dulce, que se obtiene de la uva moscatel: *De aperitivo, él tomó un vino moscatel y yo un mosto.* ‖ **(vino) rosado.** El de color rosado: *Si el tinto te resulta fuerte, pide un vino rosado.* ‖ **(vino) tinto.** El de color muy oscuro: *Para mi gusto, los mejores vinos tintos son los de Rioja.*

viña s.f. Terreno plantado de vides: *En septiembre ya suelen estar las viñas a punto para la vendimia.*

viñador, -a s. Persona que se dedica al cultivo de las viñas: *Nadie como el viñador sabe cuándo está madura la uva.*

viñedo s.m. Terreno plantado de vides, esp. si es muy

a b c d e f g h i j k l m n ñ o p q r s t u v w x y z

extenso: *La uva de casi todos los viñedos de la comarca se destina a la elaboración de cava.*

viñeta s.f. **1** En un cómic o en una historieta, recuadro con dibujo, y generalmente acompañado de texto, que forma parte de una sucesión que compone una historia: *Todas las viñetas de este tebeo las dibuja la misma persona.* **2** En una publicación impresa, dibujo o escena aislados, generalmente de carácter humorístico y acompañados a veces de un texto breve: *En la penúltima hoja del periódico suele venir una viñeta con algún chiste sobre la actualidad política.*

viola s.f. Instrumento musical de cuerda y arco, de la familia de los violines, de mayor tamaño y de sonido más grave que el violín: *Me gusta más el timbre de la viola que el del violín, por su mayor dulzura.* 👁 **cuerda**

violáceo, a adj./s.m. Del color de las flores de la violeta; *violeta: Llevaba una camisa violácea con dibujos en un morado más oscuro. El violáceo es el séptimo color del arco iris.*

violación s.f. **1** Desobediencia, incumplimiento o quebrantamiento de una ley o de una norma: *Le han retirado el carné de conducir por la violación reiterada de las normas de circulación.* **2** Realización del acto sexual con una persona en contra de su voluntad y generalmente por la fuerza, o cuando dicha persona es menor de doce años, está sin sentido o tiene algún trastorno mental: *La violación y los abusos deshonestos son delitos contra la libertad de las personas.* **3** Acción de no respetar algo: *Debemos denunciar la violación de los derechos humanos.*

violar v. **1** Referido esp. a una ley o a una norma, desobedecerlas, incumplirlas o quebrantarlas: *Un sacerdote no debe nunca violar el secreto de confesión.* **2** Referido a una persona, obligarla a realizar el acto sexual por la fuerza, mediante engaño, o cuando es menor de doce años, está sin sentido o tiene algún trastorno mental: *Lo condenaron a prisión mayor por violar a una menor.* **3** No respetar: *Si abres una carta dirigida a otra persona, estás violando el carácter privado de la correspondencia.* **4** Referido a un lugar sagrado, profanarlo realizando en él actos irrespetuosos: *Unos gamberros violaron el sagrario y esparcieron las sagradas formas por el suelo.*

violencia s.f. **1** Precipitación o tendencia a dejarse llevar fácilmente por la ira o a hacer uso de la fuerza: *Esa violencia tuya podrá servirte para imponerte a los más débiles, pero no para convencerlos.* **2** Acción violenta producida por esta tendencia a hacer uso de la fuerza: *Se han adoptado medidas para evitar la violencia en los campos de fútbol.* **3** Ímpetu o fuerza extraordinarios con que algo se hace o se produce: *El fuego se extendía con una violencia sobrecogedora.*

violentar v. **1** Referido a algo que ofrece resistencia, someterlo o vencerlo mediante la fuerza: *Los ladrones consiguieron entrar violentando la puerta.* **2** Referido a una persona, incomodarla o ponerla en una situación embarazosa: *Si me haces una cosa así en público, conseguirás violentarme. Se violentó mucho cuando le exigieron explicaciones por su actuación.*

violento, ta adj. **1** Referido a una persona, que es impetuosa, se deja llevar fácilmente por la ira o acostumbra a hacer uso de la fuerza: *Es tan violento que me da miedo llevarle la contraria.* **2** Que actúa con ímpetu y fuerza extraordinarios: *Se está dejando consumir por unos violentísimos celos.* **3** Que se hace o se produce de manera brusca, impetuosa e intensa: *Evita hacer ejercicios violentos hasta que estés totalmente recuperado.* **4** Referido a una situación, que resulta incómoda, tensa y embarazosa: *Se creó una situación violenta cuando tuve que comunicarle su despido.*

violeta ▌adj./s.m. **1** Del color de las flores de la violeta; *violáceo: Las malvas son flores de color violeta claro. El violeta es el séptimo color del arco iris.* 👁 **espectro** ▌s.f. **2** Planta herbácea de tallos rastreros, hojas ásperas y acorazonadas, flores generalmente de color morado y olor agradable y fruto en cápsula: *En el jardín tengo plantadas violetas.* **3** Flor de esta planta: *Me han regalado un perfume hecho con violetas.* □ MORF. Como adjetivo es invariable en género.

violetera s.f. Mujer que vende ramitos de violetas en lugares públicos: *Me hizo ilusión ver en la feria una violetera como las que había antes.*

violín s.m. Instrumento musical de cuerda y arco, de la familia a la que da nombre y en la que es el de menor tamaño y sonido más agudo: *El violín se toca apoyándolo entre el hombro y la barbilla.* 👁 **cuerda**

violinista s. Persona que toca el violín: *Los violinistas afinaron sus instrumentos antes de empezar el concierto.* □ MORF. Es de género común y exige concordancia en masculino o en femenino para señalar la diferencia de sexo: *el violinista, la violinista.*

violón s.m. *ant.* →**contrabajo.** 👁 **cuerda**

violoncelista s. →**violonchelista.** □ MORF. Es de género común y exige concordancia en masculino o en femenino para señalar la diferencia de sexo: *el violoncelista, la violoncelista.*

violoncelo s.m. →**violonchelo.** □ ORTOGR. Es un italianismo (*violoncello*) semiadaptado al español. 👁 **cuerda**

violonchelista s. Persona que toca el violonchelo; *violoncelista: Pau Casals fue un gran violonchelista catalán.* □ MORF. Es de género común y exige concordancia en masculino o en femenino para señalar la diferencia de sexo: *el violonchelista, la violonchelista.*

violonchelo s.m. Instrumento musical de cuerda y arco, de la familia de los violines, de tamaño y sonoridad intermedios entre los de la viola y los del contrabajo; *violoncelo: El violonchelo se suele tocar sentado, apoyándolo sobre el suelo y sujetándolo entre las rodillas.* 👁 **cuerda** □ MORF. Se usa mucho la forma abreviada *chelo.*

vip (anglicismo) s. Persona que destaca mucho socialmente por su popularidad o por ocupar una posición influyente: *La fiesta estaba llena de famosos, vips y gente de la jet set.* □ MORF. 1. Es un acrónimo que procede de la sigla de *Very Important Person* (persona muy importante). 2. Es de género común y exige concordancia en masculino o en femenino para señalar la diferencia de sexo: *el vip, la vip.*

viperino, na adj. Que busca hacer daño con palabras: *No seas viperino y guárdate tu ironía para mejor ocasión.*

viraje s.m. **1** Cambio de dirección en la marcha de un vehículo: *El conductor hizo un brusco viraje para evitar el atropello.* **2** Cambio de orientación, esp. en la conducta o en las ideas: *La política económica necesita un viraje radical para sacar al país de la crisis.*

viral adj. De los virus o relacionado con estos microorganismos; *vírico: Sufre una afección intestinal de carácter viral.* □ MORF. Invariable en género.

virar v. Cambiar de dirección o de rumbo: *El barco viró y se aproximó a la costa.*

virgen ▌adj. **1** Que está intacto y no ha sido utilizado todavía: *Cómprame una casete virgen para hacer una gra-*

bación. **2** Que no ha sido sometido a procesos o manipulaciones artificiales en su elaboración: *La miel virgen es la que se recoge directamente de los panales.* **3** Referido a un terreno, que no ha sido arado o cultivado: *En las selvas y zonas de difícil acceso quedan muchas tierras vírgenes.* ▌adj./s. **4** Referido a una persona, que no ha tenido relaciones sexuales: *Llegó virgen al matrimonio. En la película, para apaciguar a los dioses, el sacerdote sacrificaba a una virgen.* ▌s.f. **5** Imagen de la madre de Jesucristo: *Siempre lleva al cuello una virgen de plata.* **6** ‖ **viva la Virgen.** *col.* →**vivalavirgen.** ☐ MORF. 1. Como adjetivo es invariable en género. 2. En la acepción 4, es de género común y exige concordancia en masculino o en femenino para señalar la diferencia de sexo: *el virgen, la virgen.* ☐ USO Se usa como nombre propio cuando hace referencia a la madre del dios cristiano.

virginal adj. **1** De una persona virgen o relacionado con ella: *Esa forma tan platónica de concebir el amor se debe a la inocencia virginal de estos jóvenes.* **2** De la Virgen María (según la Biblia, madre de Jesucristo) o relacionado con ella: *Las mujeres bordaban el manto virginal con hilos de oro.* **3** Puro, que no tiene mancha o que no ha sufrido daño ni deterioro: *El escritor siempre se detiene ante la blancura virginal del folio.* ☐ MORF. Invariable en género.

virginidad s.f. Estado de la persona que no ha tenido relaciones sexuales: *Mantuvo su virginidad hasta que se casó.*

virgo ▌adj./s. **1** Referido a una persona, que ha nacido entre el 23 de agosto y el 22 de septiembre aproximadamente (por alusión a Virgo, sexto signo zodiacal): *Seguro que es virgo, porque es muy ordenada. Si es un virgo, será muy realista.* ▌s.m. **2** En una mujer o en las hembras de algunos animales, repliegue membranoso que cierra parcialmente el orificio externo de la vagina y que se desgarra en la primera relación sexual; *himen: En muchas culturas, las mujeres deben llegar al matrimonio con el virgo intacto.* ☐ MORF. 1. Como adjetivo es invariable en género. 2. En la acepción 1, como sustantivo es de género común y exige concordancia en masculino o en femenino para señalar la diferencia de sexo: *el virgo, la virgo.*

virguería s.f. **1** *col.* Lo que se hace con gran exactitud o perfección: *Este cantante hace virguerías con la voz.* **2** Adorno o cosa superflua que se añade a algo: *No le pongas más virguerías al vestido, porque te va a quedar demasiado llamativo.* ☐ SINT. En la acepción 1 se usa más en la expresión *hacer virguerías.*

virguero, ra adj./s. *col.* Muy bueno o extraordinario, esp. referido a la persona que hace algo con gran exactitud o perfección: *Es muy virguero haciendo bricolaje. Eres una virguera para los trabajos manuales.*

vírgula s.f. →**virgulilla.**

virgulilla s.f. Raya o línea corta y muy delgada; *vírgula: Los acentos, las comillas y la tilde de la 'ñ' son virgulillas.*

vírico, ca adj. De los virus o relacionado con estos microrganismos; *viral: La gripe es una enfermedad vírica.*

viril adj. **1** Del varón o relacionado con él: *La voz viril es más grave que la femenina.* **2** Que tiene fuerza, valor, firmeza u otras características tradicionalmente consideradas propias de un varón: *Su aspecto viril le hacía sentirse superior al resto de sus compañeros de curso.* ☐ MORF. Invariable en género. ☐ SEM. Es sinónimo de *varonil.*

virilidad s.f. **1** Conjunto de características que tradicionalmente se han considerado propias de un varón, como la fuerza, el valor o la firmeza: *De joven le gustaba participar en combates y peleas que le permitieran mostrar su virilidad.* **2** Edad en la que el hombre ha adquirido toda su fuerza y vigor: *A los treinta años, el hombre está en plena virilidad.*

virreina s.f. de **virrey.**

virreinato s.m. **1** Cargo de virrey: *El virreinato que existía en algunos reinos de la península se extendió a América tras su conquista.* **2** Tiempo durante el que gobierna un virrey: *Durante su virreinato tuvo que hacer frente a múltiples disturbios populares.* **3** Territorio gobernado por un virrey: *La América española estuvo dividida en cuatro virreinatos.*

virrey s.m. Persona que representaba al rey en uno de los territorios de la Corona: *El virrey tenía la misma autoridad y poderes que el rey.* ☐ MORF. 1. Su plural es *virreyes.* 2. Su femenino es *virreina.*

virtual adj. **1** Que tiene posibilidad de producir un determinado efecto, aunque no lo haga en el presente: *Ya desde niño sus profesores veían en él a un virtual atleta.* **2** Que tiene existencia aparente y no real: *La memoria virtual del ordenador permite extender aparentemente la capacidad de memoria de acceso directo.* ☐ MORF. Invariable en género.

virtualidad s.f. **1** Posibilidad o capacidad que algo tiene para producir un determinado efecto aunque no lo realice en el presente: *La virtualidad de una hipótesis no la invalida.* **2** Existencia aparente y no real de algo: *Muchos de los efectos especiales de la película se basan en la virtualidad de una realidad creada mediante la informática.*

virtud s.f. **1** Cualidad o característica que se considera buena o positiva: *La sinceridad es su mejor virtud.* **2** Capacidad o poder para producir un determinado efecto: *La raíz de esta planta tiene virtudes curativas.* **3** ‖ **en virtud de** algo. Como resultado de ello: *En virtud de estos resultados, hay que afirmar que el proyecto no es rentable.*

virtuosismo s.m. Dominio extraordinario de la técnica necesaria para realizar algo: *El pianista demostró un gran virtuosismo cuando interpretó esa pieza tan difícil.*

virtuoso, sa adj./s. **1** Referido a una persona o a sus acciones, que posee una o varias virtudes o actúa según ellas: *Ayudar a los necesitados es una acción virtuosa. Con la edad perdió sus malos hábitos y pasó a ser un virtuoso.* **2** Que domina de modo extraordinario una técnica: *Este escritor llegó a ser muy virtuoso en la descripción de caracteres. Es un virtuoso del violín y lo toca maravillosamente.*

viruela s.f. **1** Enfermedad contagiosa, producida por un virus, que se caracteriza por fiebre elevada y la aparición de ampollas llenas de pus sobre la piel: *La vacuna contra la viruela ha conseguido erradicar esta enfermedad.* **2** Ampolla llena de pus producida por esta enfermedad: *Las viruelas dejan cicatrices permanentes.*

virulé ‖ **a la virulé.** *col.* Referido esp. a la forma de llevar algo, estropeado, torcido o en mal estado: *Le dieron un puñetazo en el ojo y se lo dejaron a la virulé.*

virulencia s.f. **1** Intensidad o manifestación intensa de una enfermedad: *La virulencia de esta enfermedad está causando muchas víctimas.* **2** Ironía o intención cruel y malintencionada que algo tiene, esp. un texto o un discurso: *La editorial del periódico critica con virulencia la decisión adoptada por el Gobierno.*

virulento, ta adj. **1** Referido esp. a una enfermedad, que es producida por un virus o se manifiesta con gran intensidad: *Unas fiebres virulentas lo tienen postrado en cama.* **2** Muy hiriente o irónico, o con intención cruel y malintencionada: *Tuvo que soportar virulentas críticas por parte de los expertos.*

virus s.m. **1** Microrganismo de estructura sencilla, capaz de reproducirse en el seno de células vivas específicas, que está compuesto fundamentalmente por ácido ribonucleico o ácido desoxirribonucleico y por proteínas, y que es el causante de muchas enfermedades: *La gripe y la hepatitis son enfermedades producidas por virus.* **2** ‖ **virus (informático).** Programa informático que causa daño a las unidades de memoria del ordenador y que se introduce y se transmite a través de disquetes o de la red telefónica: *Al encender el ordenador, el virus destruyó toda la información del disco duro.* □ MORF. Invariable en número.

viruta s.f. Tira delgada, generalmente enrollada en espiral, que se saca de la madera o de los metales cuando se labran con un cepillo o con otra herramienta: *Cuando saques punta al lápiz, tira la viruta a la papelera.*

visado s.m. **1** Aportación de validez a un documento, esp. a un pasaporte, por parte de la autoridad competente, para un determinado uso: *Para entrar en ese país necesitas visado.* **2** Sello o certificación que prueba esta validez: *En su pasaporte figuran los visados de las naciones que ha visitado.*

visar v. **1** Referido a un documento, esp. a un pasaporte, darle la autoridad competente validez para un determinado uso: *La policía le visó el pasaporte al entrar en el país.* **2** Reconocer o examinar poniendo el visto bueno: *Un jefe de departamento debe visar todas las facturas.*

víscera s.f. Órgano contenido en una de las principales cavidades del cuerpo; *entraña*: *Los pulmones y el corazón son dos vísceras contenidas en la cavidad torácica.*

visceral adj. **1** De las vísceras o relacionado con ellas: *El tórax y el abdomen son las principales cavidades viscerales.* **2** Referido a un sentimiento, que es muy intenso y profundo o que está muy arraigado: *Desde que me estafó le tengo un odio visceral.* **3** Que se deja llevar por este tipo de sentimientos o los manifiesta de forma exagerada: *No seas tan visceral e intenta razonar por qué quieres actuar así.* □ MORF. Invariable en género.

viscosidad s.f. **1** Consistencia espesa y pegajosa de algo, esp. de un líquido: *La viscosidad de esta sustancia le da un aspecto repugnante.* **2** Sustancia viscosa: *Cogí un caracol y me quedó una viscosidad en la mano.*

viscosilla s.f. Materia textil que procede de la mezcla de celulosa con algodón o con lana: *Con la viscosilla se fabrican distintos tipos de tejido.*

viscoso, sa ▌adj. **1** Referido esp. a una sustancia líquida, que es pegajosa y de consistencia espesa: *La miel es un líquido viscoso.* ▌s.f. **2** Producto que se obtiene mediante el tratamiento de la celulosa con productos químicos y que se emplea en la fabricación de fibras textiles: *El papel de celofán se hace con viscosa.*

visera s.f. **1** Pieza más o menos rígida de una gorra que sobresale por delante y que sirve para dar sombra a los ojos, o esta pieza sola: *La visera de esta gorra es de plástico.* 👁 **sombrero** **2** Gorra que tiene esta parte que sobresale: *Ponte la visera para que no te dé el sol en la cabeza.* **3** En un automóvil, pieza móvil, situada en la parte interior y superior del parabrisas, que sirve para proteger del sol al conductor y al acompañante: *La visera situada en el lado del acompañante suele tener un espejo.* **4** En un casco, parte generalmente móvil que cubre y protege el rostro: *La visera de una armadura se podía subir y bajar gracias a dos botones laterales.* 👁 **armadura**

visibilidad s.f. Posibilidad de ver o de ser visto: *La niebla impide la visibilidad. Los colores claros tienen más visibilidad durante la noche que los oscuros.*

visible adj. **1** Que se puede ver: *Los virus y las bacterias no son visibles a simple vista.* **2** Que se manifiesta de una forma tan clara y evidente que no admite duda: *El enfado era visible en el tono de su voz.* □ MORF. Invariable en género.

visigodo, da adj./s. De la parte del antiguo pueblo germánico de los godos que invadió el Imperio romano y fundó un reino en la península ibérica en el siglo V, o relacionado con ella: *La capital del reino visigodo estuvo en Toledo. Los visigodos establecidos en la Península abandonaron el arrianismo y se convirtieron al cristianismo.* □ MORF. Como sustantivo se refiere solo a las personas de este antiguo pueblo germánico.

visigótico, ca adj. De los visigodos o relacionado con este antiguo pueblo germánico: *El arco de herradura es propio de la arquitectura visigótica.*

visillo s.m. Cortina de tela muy fina que se coloca en la parte interior de los cristales: *Los visillos impiden que desde el exterior se vea lo que hay en casa.*

visión s.f. **1** Percepción por los ojos mediante la acción de la luz: *Un exceso de alcohol en la sangre produce una visión borrosa.* **2** Percepción con cualquier sentido o con la inteligencia: *La visión de los errores de cada uno exige grandes dosis de humildad.* **3** Capacidad para prever o presentir algo que va a ocurrir: *Esta mujer triunfará porque tiene mucha visión de futuro.* **4** Opinión o punto de vista particular sobre algo: *Tu visión de los hechos difiere de la mía.* **5** Imagen sobrenatural o irreal de la fantasía o de la imaginación que se toma como verdadera: *Las pesadillas nos hacen tener visiones.* **6** Observación o contemplación de algo: *Se extasiaba con la visión de las puestas de sol.* **7** Lo que se ve, esp. si es algo ridículo o espantoso: *Quítame esa visión de delante, porque me da miedo.* **8** ‖ **ver visiones.** Dejarse llevar en exceso por la imaginación y creer ver lo que no existe: *Tú ves visiones si crees que le caes bien.* □ SEM. En las acepciones 1 y 6, es sinónimo de *vista*.

visionar v. Referido a imágenes cinematográficas o televisivas, verlas, esp. desde un punto de vista técnico o crítico: *El entrenador y las jugadoras visionan vídeos de sus partidos para corregir los posibles defectos.*

visionario, ria adj./s. Referido a una persona, que se cree con facilidad cosas fabulosas o irreales que ella misma imagina: *No seas tan visionaria y deja de decir que hablas con los extraterrestres. Un visionario ha dicho que el mundo se acabará mañana.*

visir s.m. Ministro de un soberano musulmán: *El sultán se enamoró de la hija del visir y se casó con ella.*

visita s.f. **1** Ida al lugar en que está una persona para verla, esp. a su casa: *Te devuelvo la visita que me hiciste el mes pasado.* **2** Persona que va a ver a alguien: *Debo ir pronto a casa porque quiero llegar antes que las visitas.* **3** Ida a un lugar para verlo: *De mi visita a China me traje muchos recuerdos.*

visitar v. **1** Referido a una persona, ir a verla al lugar en que está: *Mientras estuvo en el hospital lo visité varias veces.* **2** Referido a un lugar, acudir a él para conocerlo:

Pasé por tu pueblo, pero no tuve tiempo de visitarlo. **3** Referido a una persona o a un lugar, acudir a ellos con frecuencia y por un motivo determinado: *Como el niño está tan delicado, no hay mes que no tengamos que visitar al médico.*

vislumbrar v. **1** Referido a un objeto, verlo de forma tenue o confusa por la distancia o por la falta de luz: *A lo lejos vislumbro las montañas. En la oscuridad se vislumbró una figura humana.* **2** Referido a algo inmaterial, conocerlo ligeramente o conjeturarlo por leves indicios: *Sus respuestas nos permiten vislumbrar una posible causa de su depresión.* □ SEM. Es sinónimo de *atisbar*.

viso s.m. **1** Aspecto o apariencia de algo: *Ese negocio tiene visos de ser rentable.* **2** Brillo o resplandor que producen algunas cosas al darles la luz: *La tela es azul pero hace visos verdosos.* □ MORF. Se usa más en plural.

visón s.m. **1** Mamífero de cuerpo alargado, patas cortas, cola larga, pelaje suave y de color pardo, que se alimenta de animales pequeños y habita en el norte del continente americano: *El visón es parecido a la nutria.* **2** Piel de este animal: *Llevaba un abrigo de piel sintética, que imitaba el visón.* **3** Prenda de vestir hecha con esta piel: *Aunque parece un abrigo de visón, es de piel sintética.* □ MORF. Es un sustantivo epiceno y la diferencia de sexo se señala mediante la oposición *el visón {macho/hembra}*.

visor s.m. **1** En algunos aparatos fotográficos, prisma o sistema óptico que sirve para enfocarlos rápidamente: *El visor está formado con una serie de lentes y espejos.* **2** Instrumento óptico con lentes de aumento que permite ver una diapositiva o una película que se está montando: *El montador del programa utiliza un visor para ver los fotogramas de la película.* **3** En una cámara de filmación, parte a través de la cual se observa la imagen captada: *La operadora pidió que rodaran otra vez la escena porque a través del visor se veían algunos fallos.*

víspera ▮ s.f. **1** Día inmediatamente anterior a otro determinado: *La víspera de la fiesta colocarán las luces en la plaza del pueblo.* ▮ pl. **2** En la Iglesia católica, séptima de las horas canónicas: *Las vísperas se rezan después de la nona.*

vista s.f. Véase **visto, ta**.

vistazo s.m. Mirada superficial o ligera: *De vez en cuando le echaba un vistazo a la comida para que no se quemara.* □ SINT. Se usa más en la expresión *{dar/echar} un vistazo*.

visto, ta ▮ **1** part. irreg. de **ver**. ▮ adj. **2** *col.* Muy conocido y poco original: *Ese modelo de coche está ya muy visto.* **3** En derecho, fórmula con que se da por terminada la vista pública de un asunto o se anuncia el pronunciamiento de un fallo: *El juez declaró que el pleito quedaba visto para sentencia.* ▮ s.f. **4** Sentido corporal que permite percibir algo por los ojos mediante la acción de la luz: *Perdió la vista de pequeño por una caída.* **5** Mirada o fijación de los ojos sobre algo: *Avergonzado, bajó la vista al suelo.* **6** Percepción por los ojos mediante la acción de la luz: *La vista de ese accidente me impresionó mucho.* **7** Observación o contemplación de algo: *Para relajarse no hay nada mejor que la vista de verdes praderas y espacios amplios.* **8** Apariencia o aspecto que se ve de algo: *Este guiso tiene una vista estupenda.* **9** Conocimiento claro de las cosas o capacidad para descubrir lo que los demás no ven: *Tienes mucha vista para los negocios.* **10** Extensión de terreno que se ve desde un lugar, o posibilidad de verlo: *Desde la cima de la montaña hay unas vistas preciosas.* **11** Representación de un lugar, esp. pictórica o fotográfica, tomada del natural: *Déjame la cámara de fotos, que quiero sacar unas vistas de la ciudad.* **12** En derecho, actuación en la que se desarrolla un juicio o incidente ante el tribunal, con presencia de ambas partes, y en la que se oye a los defensores o interesados que a ella acudan: *En la vista declaran los testigos y todos los implicados.* **13** ‖ **a la vista. 1** De forma que puede ser visto o recordado: *Mientras monto el aparato, ponme a la vista las instrucciones.* **2** De forma evidente y clara: *Sus intenciones están a la vista.* **3** En perspectiva: *Tenemos varios negocios a la vista.* ‖ **a la vista de** algo. **1** En presencia o delante de ello: *Robaron el coche a la vista de todos los transeúntes.* **2** En consideración o en comparación: *A la vista de este trabajo, el tuyo es bastante mejor.* ‖ **a vista de pájaro.** Desde un punto elevado: *Desde la avioneta pudimos contemplar el cañón del río a vista de pájaro.* ‖ **{bien/mal} visto.** Referido esp. a un comportamiento o a una actitud, ser bien o mal considerado social o éticamente: *Está mal visto que salgas hasta tan tarde.* ‖ **comerse** algo **con la vista.** *col.* Mirarlo con una pasión o con un deseo intensos: *Los niños se comían con la vista la tarta de chocolate.* ‖ **conocer de vista** a alguien. Conocerlo por haberlo visto alguna vez pero sin haber hablado con él: *Lo conozco de vista, porque cogemos el autobús en la misma parada.* ‖ **con vistas a** algo. Con ese propósito: *Estudió mucho con vistas a conseguir una beca.* ‖ **corto de vista. 1** Que tiene miopía: *Soy corto de vista y no veo de lejos.* **2** Que es poco perspicaz: *No te enteras de nada porque eres corto de vista.* ‖ **echar la vista (encima)** a alguien. Llegar a verlo o a tenerlo cerca: *El día que le eche la vista encima, le pondré las cosas claras.* ‖ **en vista de** algo. En consideración o en atención de ello: *En vista de tu estado de ánimo, dejaremos esta conversación para otro día.* ‖ **habrase visto.** Expresión que se usa para expresar un reproche: *¡Habrase visto lo cerdo que es ese tipo!* ‖ **hacer la vista gorda.** *col.* Fingir con disimulo que no se ha visto algo: *El guardia hizo la vista gorda y no me multó por aparcar en lugar prohibido.* ‖ **hasta la vista.** Expresión que se usa como despedida de alguien a quien se espera volver a ver; *hasta más ver: Llámame para vernos otro día, ¡hasta la vista!* ‖ **no perder de vista** algo. **1** Observarlo o vigilarlo sin apartarse de ello: *No pierdas de vista ese coche.* **2** Tenerlo en cuenta o pensar continuamente en ello: *Es importante no perder de vista los objetivos de cada uno.* ‖ **pasar la vista por** algo. Mirarlo de forma superficial: *Pasé la vista por el informe, pero no lo leí.* ‖ **perder de vista** algo. Dejar de verlo: *Estoy deseando irme de aquí para perder de vista a todos estos cretinos.* ‖ **por lo visto.** Juzgando por lo que se ve: *Por lo visto, ha estado de viaje todo el fin de semana.* ‖ **vista cansada.** La de la persona que ve de forma confusa los objetos próximos y nítidamente los lejanos: *La vista cansada es frecuente en personas mayores.* ‖ **visto bueno.** Fórmula que se pone al pie de un documento acompañada de la firma de una persona autorizada, para indicar su validez o aprobación: *El documento lleva el visto bueno del secretario.* ‖ **visto que.** Enlace gramatical subordinante con valor causal: *Visto que nadie quería hacerlo, tuve que ordenar yo sola toda la biblioteca.* ‖ **visto y no visto.** *col.* Con gran rapidez: *Fue visto y no visto, y en un momento nos encontramos todos en el suelo.* ‖ **volver la vista atrás.** Recordar sucesos pasados o meditar sobre ellos:

Si volvieras la vista atrás, no repetirías los errores del pasado. ☐ MORF. En la acepción 1, incorr. **veído.* ☐ SEM. En las acepciones 6 y 7, es sinónimo de *visión*.

vistosidad s.f. Capacidad de algo para atraer la atención, esp. por la viveza de sus colores, su brillantez o su rica apariencia: *Lo que más gustó al público fue la vistosidad de los decorados.*

vistoso, sa adj. Que atrae la atención, esp. por la viveza de sus colores, su brillantez o su rica apariencia: *Ha colocado en el salón unas vistosas cortinas de raso.*

visual ▮ adj. **1** De la vista o relacionado ella: *Los prismáticos amplían la capacidad visual del ojo humano.* ▮ s.f. **2** Línea recta imaginaria que va desde el ojo de la persona que mira hasta el objeto observado: *La mayor o menor longitud de la visual influye en la perfección de la visión.* ☐ MORF. Como adjetivo es invariable en género.

visualización s.f. **1** Visión por medios artificiales de lo que no se podría ver a simple vista: *Los rayos X permiten la visualización del esqueleto.* **2** Representación, mediante imágenes, de un fenómeno que no puede ser apreciado por la vista: *Para la visualización de la evolución de las ventas hemos utilizado un gráfico.* **3** Representación mental de lo que no se tiene delante o de los conceptos abstractos: *La visualización de los conceptos se suele hacer por asociación con objetos reales.*

visualizar v. **1** Referido a algo que no se puede ver a simple vista, hacerlo visible de forma artificial: *Los prismáticos permiten visualizar los objetos lejanos.* **2** Referido a algo que no puede ser apreciado por la vista, representarlo mediante imágenes ópticas, como los gráficos: *Los meteorólogos visualizan en los mapas las tormentas y los vientos.* **3** Referido a un concepto abstracto, formar en la mente una imagen visual de él: *La filosofía me resulta difícil de comprender porque no puedo visualizar sus conceptos.* ☐ ORTOGR. La *z* se cambia en *c* delante de *e* ⟶CAZAR.

vital adj. **1** De la vida o relacionado con ella: *La respiración es una de las funciones vitales del organismo.* **2** Que tiene mucha importancia o trascendencia: *Solucionar ese problema es vital para nuestras relaciones.* **3** Referido esp. a una persona, que está dotada de mucha energía para actuar o para vivir: *Es una mujer muy vital y siempre está ocupada con múltiples actividades.* ☐ MORF. Invariable en género.

vitalicio, cia adj. Referido esp. a un cargo o a una renta, que dura hasta el fin de la vida: *Las personas jubiladas gozan de una pensión vitalicia.*

vitalidad s.f. **1** Actividad o energía que permite mantenerse y desarrollarse: *El chico tiene la vitalidad propia de su edad.* **2** Fuerza expresiva: *El rasgo más destacado de su personalidad es la vitalidad y la alegría de vivir.*

vitalismo s.m. Energía o impulso para actuar o para vivir: *Los niños y los jóvenes se caracterizan por su vitalismo.*

vitalista adj./s. Que posee gran energía o mucho impulso para actuar o para vivir: *Las personas vitalistas suelen ser optimistas. Si estás triste, habla con él, que es un vitalista y te animará.* ☐ MORF. 1. Como adjetivo es invariable en género. 2. Como sustantivo es de género común y exige concordancia en masculino o en femenino para señalar la diferencia de sexo: *el vitalista, la vitalista*.

vitalizar v. Dar fuerza o energía: *Estas medidas vitalizarán la economía.* ☐ ORTOGR. La *z* se cambia en *c* delante de *e* ⟶CAZAR.

vitamina s.f. Sustancia orgánica que forma parte de los alimentos y que, en pequeñas cantidades, es necesaria para el desarrollo normal de los seres vivos: *Las frutas y verduras frescas tienen mucha vitamina C.*

vitaminado, da adj. Referido a un alimento o a un medicamento, que tiene ciertas vitaminas porque se le han añadido: *A la leche vitaminada se le añaden vitaminas en el laboratorio.*

vitamínico, ca adj. **1** De las vitaminas o relacionado con ellas: *El raquitismo se produce por una carencia vitamínica.* **2** Que contiene vitaminas: *Tiene que tomarse un preparado vitamínico porque está muy débil.*

vitelino, na adj. Del vitelo o relacionado con este conjunto de sustancias nutritivas del huevo: *El embrión se alimenta de la sustancia vitelina.* 👁 **huevo**

vitelo s.m. Conjunto de sustancias nutritivas que hay en un huevo y que sirven para la nutrición del embrión: *La yema del huevo de gallina es el vitelo del que se alimenta el embrión.* 👁 **huevo**

viticultor, -a s. Persona que se dedica al cultivo de la vid, esp. si es especialista en viticultura: *En La Mancha hay muchos viticultores.*

viticultura s.f. Técnica del cultivo de la vid: *Ha heredado unas viñas y se va a dedicar a la viticultura.*

vitola s.f. Banda estrecha o anilla de papel que rodea a un cigarro puro: *La vitola suele llevar un dibujo característico de la marca.*

vítor s.m. **1** Manifestación de alegría, de admiración y de aprobación: *El torero dio la vuelta al ruedo escuchando los vítores del público.* **2** Letrero escrito generalmente sobre una pared, en aplauso o admiración de una persona por alguna hazaña o acción gloriosa: *Los edificios del casco antiguo salmantino están llenos de vítores de estudiantes que aprueban los cursos.* ☐ MORF. Se usa más en plural.

vitorear v. Aplaudir o aclamar con vítores: *Los aficionados vitorearon al torero cuando acabó la faena.*

vitoriano, na adj./s. De Vitoria o relacionado con esta ciudad alavesa: *La ciudad vitoriana es la capital de Álava. En su viaje por el País Vasco conoció a una vitoriana.* ☐ MORF. Como sustantivo se refiere solo a las personas de Vitoria.

vítreo, a adj. **1** De vidrio o con sus propiedades: *Este jarrón es de un material vítreo muy resistente.* **2** Parecido al vidrio: *Los esmaltes tienen un brillo vítreo.*

vitrificación s.f. Operación mediante la cual un material o un objeto adquiere el aspecto del vidrio: *Después de haber pintado la jarra, procederemos a su vitrificación.*

vitrificar v. **1** Convertir en vidrio: *Los silicatos se vitrifican a altas temperaturas.* **2** Referido a un material o a un objeto, darles el aspecto del vidrio: *Este barniz es para vitrificar el barro cocido.* ☐ ORTOGR. La *c* se cambia en *qu* delante de *e* ⟶SACAR.

vitrina s.f. Escaparate, armario o caja con puertas o tapas de cristal para tener objetos expuestos a la vista sin que puedan tocarse: *En el museo había varias vitrinas con monedas de oro.*

vitrocerámica s.f. Cerámica recubierta por un barniz especial que le da las propiedades del vidrio y que la hace muy resistente a las altas temperaturas y a los cambios bruscos: *Las cocinas de vitrocerámica se limpian muy fácilmente.*

vitualla s.f. Conjunto de víveres o de alimentos necesarios para un grupo de personas, esp. en el ejército: *El batallón tenía vituallas para una semana.* □ MORF. Se usa más en plural.

vituperar v. Criticar y reprender con mucha dureza o censurar: *Si tienes algo que decirme, hazlo en privado y no me vitupere en público.*

vituperio s.m. Crítica dura, ofensiva o injuriosa: *Lo llenó de vituperios cuando se enteró de que era un traficante de drogas.*

viudedad s.f. **1** Pensión o paga que recibe una persona viuda mientras no se vuelva a casar: *La viudedad apenas le alcanza para llegar a fin de mes.* **2** →**viudez.**

viudez s.f. Estado o situación de la persona que está viuda; *viudedad: Lleva ya seis años de viudez y no piensa volver a casarse.*

viudo, da adj./s. **1** Referido a una persona casada, que ya no tiene cónyuge porque ha muerto, y no se ha vuelto a casar: *Mi abuela es viuda desde hace tres años. Conoció a un viudo que quiere volver a casarse.* **2** ‖ **viuda negra.** Araña de cuerpo pequeño y negro, que tiene un veneno muy peligroso que puede ocasionar la muerte: *Algunos indios sudamericanos ponen el veneno de la viuda negra en la punta de sus flechas.* □ MORF. *Viuda negra* es epiceno y la diferencia de sexo se señala mediante la oposición *la viuda negra {macho/hembra}.*

viva interj. Expresión que se usa para indicar alegría o entusiasmo: *¡Viva!, nos iremos de vacaciones.*

vivac s.m. **1** Campamento provisional o lugar para pasar la noche al aire libre, esp. las tropas del ejército: *La compañía pasó la noche en el vivac que montó.* **2** ‖ **hacer vivac.** Vivaquear o dormir al aire libre: *Nos llevamos solo un saco de dormir porque haremos vivac en el monte.* □ MORF. Su plural es *vivacs.*

vivacidad s.f. **1** Agudeza o rapidez de comprensión y de ingenio: *La vivacidad de su inteligencia le ayudará a triunfar en la vida.* **2** Expresión o manifestación de energía, vitalidad o alegría: *Sus ojos son muy alegres y de gran vivacidad.*

vivalavirgen s. Persona despreocupada e irresponsable que no quiere adquirir compromisos de ningún tipo: *Para un trabajo serio no puedes contar con ese vivalavirgen.* □ MORF. 1. Es de género común y exige concordancia en masculino o en femenino para señalar la diferencia de sexo: *el vivalavirgen, la vivalavirgen.* 2. Invariable en número.

vivales s. *col.* Persona vividora y astuta, que sabe aprovecharse de todo: *Ten cuidado con ese vivales, porque se aprovecha hasta de los amigos.* □ MORF. 1. Es de género común y exige concordancia en masculino o en femenino para señalar la diferencia de sexo: *el vivales, la vivales.* 2. Invariable en número.

vivaque s.m. →**vivac.**

vivaquear v. Referido esp. a un soldado o a un excursionista, dormir o pasar la noche al aire libre: *La compañía vivaqueó esa noche a la orilla de un arroyo.*

vivaracho, cha adj. *col.* Alegre, muy vivo o con mucha vitalidad: *Esa muchacha de trenzas y ojos vivarachos es mi hija.*

vivaz adj. **1** Agudo o de rápida comprensión e ingenio: *Esta chica es muy vivaz y no tiene problemas de comprensión.* **2** Rápido o vigoroso en los movimientos o en las acciones: *Es un niño muy vivaz y le conviene hacer algún deporte.* **3** Que tiene energía, vitalidad o pasión: *Nos describió tu éxito con palabras vivaces y entusiastas.* **4** Que tiene brillantez, intensidad o fuerza, esp. referido a un color: *Los colores vivaces alegran la habitación.* □ MORF. Invariable en género.

vivencia s.f. Experiencia personal: *Se fue de casa en busca de nuevas vivencias.*

vivencial adj. De la vivencia o relacionado con ella: *Cuéntanos tu experiencia vivencial como astronauta.* □ MORF. Invariable en género.

víveres s.m.pl. Comestibles o provisiones alimenticias para las personas: *La ciudad resistió el cerco hasta que se quedó sin víveres.*

vivero s.m. **1** Terreno en el que se crían plantas para trasplantarlas a su lugar definitivo cuando crezcan un poco: *Iré a un vivero para comprar algunos árboles frutales.* **2** Lugar donde se crían y se mantienen vivos peces, moluscos, crustáceos y otros animales acuáticos: *Los viveros de peces se denominan piscifactorías.*

viveza s.f. **1** Rapidez en movimientos o acciones: *La viveza de tu carácter nos anima a los demás.* **2** Energía, exaltación o pasión: *Discuten con tanta viveza que parece que se van a pegar.* **3** Agudeza o perspicacia de ingenio: *Es una chica de gran viveza intelectual y le gusta mucho estudiar.* **4** Brillantez, intensidad o fuerza de algunas cosas, esp. de los colores: *La viveza de este rojo sienta muy bien a las personas morenas.*

vívido, da adj. Vivaz, expresivo, eficaz o vigoroso: *Lo recuerdo de forma tan vívida que parece que me sucedió ayer.*

vividor, -a adj./s. Que disfruta al máximo de la vida sin tener en cuenta cuestiones trascendentes: *Las jóvenes vividoras como tú no sentarán la cabeza. No quiero que salgas con ese vividor.*

vivienda s.f. Construcción o lugar donde se habita o se vive: *Las casas, las cabañas y las chozas son tipos de viviendas.* 👁 vivienda

vivíparo, ra adj./s. Referido a un animal, que se ha desarrollado dentro de la madre y nace en un parto: *Los mamíferos son vivíparos. Los vivíparos nacen ya bastante desarrollados.* □ SEM. Dist. de *ovíparo* (que nace de un huevo que se rompe fuera de la madre) y de *ovovivíparo* (que nace de un huevo que se rompe dentro de la madre).

vivir v. **1** Tener vida: *De mis cuatro abuelos, ya solo vive una abuela.* **2** Referido a una persona, pasar la vida o alimentarse y tener lo suficiente para ello: *Ese trabajo no da para vivir.* **3** Ocupar un lugar y hacer vida en él: *En las selvas viven muchas especies animales.* **4** Desenvolverse o acomodarse a las circunstancias: *Solo con libros no se aprende a vivir.* **5** Actuar u obrar de una determinada manera: *Siempre ha vivido de mala manera.* **6** Permanecer, estar presente o mantenerse en la memoria: *Su recuerdo vive entre nosotros.* **7** Experimentar, sufrir o sentir: *Vivimos en esa ocasión momentos de angustia.* **8** *col.* Referido a una persona, convivir con otra con la que mantiene relaciones sexuales sin estar casada con ella; *amancebarse: No te enfades si tu hija vive con un chico, si ellos son felices.* **9** ‖ **dejar vivir** a alguien. Dejar de molestarlo o de fastidiarlo continuamente: *Deja vivir a tus hijos y no les preguntes todos los días qué es lo que han hecho.* ‖ **no vivir** alguien. *col.* Estar siempre muy preocupado y angustiado: *Desde que se compró la moto, sus padres no viven.*

vivisección s.f. Disección de un animal vivo para hacer algún estudio o investigación científicos: *La vivisección se realiza con fines científicos.*

VIVIENDA

castillo
iglú
cueva
cabaña
refugio de montaña
palafito
choza
palacete
tipi
rascacielos
villa
torre
palacio
casona
chalé o chalet
masía
alquería
bungaló o bungalow
tienda
granja
cortijo
caravana o roulotte
caserón
KANSAS
rancho

vivo, va ▮ adj. **1** Que tiene vida: *Las personas, los animales y las plantas son seres vivos. Mientras yo esté viva, no vuelvas a mi casa.* **2** Intenso o fuerte: *El rojo es un color vivo. Tiene un genio muy vivo y se enfada fácilmente.* **3** Que muestra inteligencia e ingenio: *Su vivo razonamiento es poco frecuente en niños de su edad.* **4** Que dura y permanece con toda su fuerza y vigor: *En esta región siguen vivas algunas costumbres medievales.* **5** Perdurable en la memoria: *Aunque desapareció hace tiempo, sigue vivo entre nosotros.* **6** Rápido o ágil: *Me gusta la música de ritmo muy vivo.* **7** Expresivo, persuasivo o con vivacidad: *Su estilo literario es muy vivo.* ▮ adj./s. **8** Que se da cuenta de las cosas con facilidad y sabe aprovecharse de ello: *Es una niña muy viva y no la engañarás fácilmente. Ese tipo es un vivo, y si te ofrece algo es porque obtendrá alguna ganancia.* ▮ s.m. **9** Cinta, trencilla o cordón con que se adorna el borde de una prenda de vestir: *Ha comprado un vivo negro para ponerle al cuello de la chaqueta.* **10** ‖ **en vivo. 1** En persona: *Hemos visto en vivo a un escritor muy famoso.* **2** En directo o transmitido a la vez que está ocurriendo: *Hoy retransmitirán un concierto de música en vivo.* ☐ USO En la acepción 8, se usa mucho el diminutivo *vivillo*.

vizcaíno, na adj./s. De Vizcaya o relacionado con esta provincia española: *La industria siderúrgica vizcaína se concentra a lo largo de la ría del Nervión. Muchos vizcaínos viven de la pesca.* ☐ MORF. Como sustantivo se refiere solo a las personas de Vizcaya.

vizconde s.m. Persona que tiene el título nobiliario entre el de conde y el de barón: *Nos enseñaron el castillo de un antiguo vizconde.* ☐ MORF. Su femenino es *vizcondesa*.

vizcondesa s.f. de **vizconde**.

vocablo s.m. **1** Sonido o conjunto de sonidos articulados que expresan una idea; *término: Para hablar un idioma hay que aprender una serie de vocablos básicos.* **2** Representación gráfica de este signo o conjunto de signos articulados: *'Marino' es un vocablo de tres sílabas.* ☐ SEM. Es sinónimo de *palabra*.

vocabulario s.m. **1** Conjunto de palabras que componen una lengua o que pertenecen a una región, a una persona o a un campo determinados; *léxico: Mi vocabulario de inglés es todavía pobre.* **2** Libro o lista en que se contiene este conjunto de palabras explicadas de una forma más o menos breve: *Al final de la novela hay un vocabulario de palabras anticuadas.*

vocación s.f. **1** Inclinación que una persona siente hacia una profesión, una actividad o una forma de vida: *Tiene vocación de médico.* **2** Inspiración con que Dios llama a una persona para que tome un estado, esp. el religioso: *Se ha hecho misionero por vocación.*

vocacional adj. De la vocación, que siente vocación o relacionado con esta inclinación: *Su dedicación a la enseñanza es vocacional.* ☐ MORF. Invariable en género.

vocal ▮ adj. **1** De la voz, que se expresa con la voz o relacionado con ella: *Las cuerdas vocales nos permiten hablar. Yo soy miembro de un conjunto de música vocal.* ▮ s. **2** Persona que tiene derecho de hablar en un consejo, una congregación o una junta y ha sido llamada por derecho, por elección o por nombramiento: *Este año seré vocal en una mesa electoral.* ▮ s.f. **3** Sonido del lenguaje humano producido al dejar salir el aire por la boca sin oponer ningún obstáculo en la cavidad bucal y faríngea: *Hay cinco vocales en español.* **4** Letra que representa este sonido: *La palabra 'teléfono' tiene cuatro vocales.* **5** ‖ **vocal abierta.** La que se pronuncia con la lengua a una distancia del paladar mayor que en la vocal cerrada: *La 'a' es una vocal abierta.* ‖ **vocal cerrada.** La que se pronuncia con la lengua a una distancia del paladar menor que en la vocal cerrada: *La 'i' y la 'u' son vocales cerradas.* ☐ ORTOGR. Dist. de *bocal*. ☐ MORF. 1. Como adjetivo es invariable en género. 2. En la acepción 2, como sustantivo es de género común y exige masculino o femenino para señalar la diferencia de sexo: *el vocal, la vocal*.

vocálico, ca adj. De la vocal o relacionado con ella: *Los sonidos vocálicos del español son [a], [e], [i], [o] y [u].*

vocalista s. Cantante de una orquesta o de un conjunto musical: *La nueva vocalista del grupo toca también la guitarra.* ☐ MORF. Es de género común y exige masculino o femenino para señalar la diferencia de sexo: *el vocalista, la vocalista*.

vocalización s.f. Pronunciación correcta y clara de las vocales y consonantes de las palabras: *Con una vocalización tan desastrosa nunca serás actor.*

vocalizar v. Pronunciar bien y claramente las vocales y consonantes de las palabras: *Los presentadores deben saber vocalizar.* ☐ ORTOGR. La *z* se cambia en *c* delante de *e* →CAZAR.

vocativo s.m. **1** En lingüística, función desempeñada por una expresión que se utiliza para hacer una llamada o una invocación: *En la frase '¡Niño!, ven aquí!', 'niño' es un sintagma nominal que funciona como vocativo.* **2** En lingüística, constituyente que desempeña esta función: *En '¡Oh, mundo cruel, cómo me maltratas!', 'mundo cruel' es un vocativo.* **3** →**caso vocativo.**

vocear v. **1** Dar voces o gritos: *No vocees, que no soy sordo.* **2** Referido esp. a una noticia, manifestarla o anunciarla a voces: *Los vendedores vocean sus productos en el mercado.*

voceras s. *col.* Persona que habla más de lo que debe y generalmente en voz alta, o que dice tonterías o fanfarronerías; *bocazas: Eres un voceras y hablas por hablar.* ☐ MORF. 1. Es de género común y exige concordancia en masculino o en femenino para señalar la diferencia de sexo: *el voceras, la voceras*. 2. Invariable en número.

vocerío s.m. Conjunto de voces altas y desentonadas que producen mucho ruido; *griterío: No sé qué pasa en la calle, que hay un enorme vocerío.*

vociferar v. **1** Hablar en voz muy alta o dar grandes voces: *Deja de vociferar, que vas a despertar al niño.* **2** Referido esp. a una noticia, manifestarla o darla a conocer de forma jactanciosa: *Lleva tres días vociferando su triunfo en la partida de mus.*

vocinglero, ra adj./s. **1** Que habla a voces o en voz muy alta: *¡Pero qué vocinglero eres, haz el favor de bajar el tono de voz! Ya llega el vocinglero ese dando gritos.* **2** Que habla mucho sin decir nada de interés: *El más vocinglero es el que menos idea tiene de todo. No sé cómo le haces caso a esa vocinglera.*

vodca s. →**vodka.** ☐ MORF. Es de género ambiguo y admite concordancia en masculino o en femenino sin cambiar de significado: *{el/la} vodca {frío/fría}*.

vodevil s.m. Comedia frívola, intrascendente y picante, con un argumento de enredo, equívocos y temas amorosos: *El vodevil suele incluir números musicales.* ☐ ORTOGR. Es un galicismo (*vaudeville*) adaptado al español.

vodka s. Aguardiente de origen ruso de alta graduación alcohólica; *vodca: El vodka es de color transparente.*

□ MORF. Es de género ambiguo y admite concordancia en masculino o en femenino sin cambiar de significado: *{el/la} vodka {frío/fría}*.

voladito, ta adj. En imprenta, referido a un signo, que está colocado en la parte superior del renglón y es de un tipo de menor tamaño que el resto de las letras; *volado: En la abreviatura 'M^{a}', '^{a}' es una letra voladita.*

voladizo, za adj./s.m. Referido esp. a elemento de construcción, que sobresale de la pared de un edificio: *Mi casa no tiene terraza, sino un balcón voladizo. La puerta de la calle está protegida por un voladizo que hay sobre ella.*

volado, da adj. **1** →**voladito, ta. 2** ‖ **estar volado.** *col.* Estar inquieto, sobresaltado y muy preocupado: *Estoy volado, porque no recuerdo si dejé el gas encendido.*

volador s.m. **1** Molusco marino comestible parecido al calamar, pero de mayor tamaño y con carne de menor calidad: *He comprado voladores porque los calamares estaban muy caros.* **2** →**pez volador.** 👁 **pez** □ MORF. Es un sustantivo epiceno y la diferencia de sexo se señala mediante la oposición *el volador {macho/hembra}*.

voladura s.f. Destrucción de algo por medio de explosivos, de forma que salte en pedazos por los aires: *Los bomberos han realizado la voladura controlada de un edificio en ruinas.*

volandas ‖ **en volandas.** Por el aire o sujetado de forma que no toque el suelo: *Cogieron en volandas al torero herido y lo llevaron a la enfermería.*

volantazo s.m. Giro rápido y brusco de un vehículo en movimiento que se hace al mover el volante rápida y bruscamente: *Tuve que dar un volantazo porque un niño cruzó de pronto la carretera.*

volante ▌ adj. **1** Que va o se lleva de una parte a otra sin sitio o lugar fijo: *Esa casa de coches tiene talleres volantes que son furgonetas para auxiliar a los vehículos averiados en carretera.* ▌ s.m. **2** Tira, generalmente de tela, rizada, plegada o fruncida, que se coloca como adorno en prendas de vestir, de tapicería o de otro tipo: *Tiene un vestido de volantes para bailar sevillanas.* **3** En un vehículo, pieza de forma circular que permite conducirlo y dirigirlo: *Mi coche tiene el claxon en el centro del volante.* **4** Hoja pequeña de papel en la que se manda, se recomienda, se pide o se apunta algo en términos precisos: *Necesito un volante firmado por el médico de cabecera para ir al especialista.* □ MORF. Como adjetivo es invariable en género.

volar v. **1** Ir o moverse por el aire, generalmente sosteniéndose con las alas: *Una mariposa vuela alrededor de la bombilla.* **2** Viajar en un vehículo de aviación: *He volado varias veces para ir a las islas.* **3** *col.* Desaparecer rápida e inesperadamente: *Diez minutos después de abrir la caja, los bombones habían volado.* **4** Ir muy deprisa: *Ya puedes volar para llegar puntual.* **5** Conducir y dirigir un vehículo de aviación: *Quiere aprender a volar para ser piloto de aviación.* **6** Referido a un objeto, elevarse o moverse durante algún tiempo por el aire: *El viento hacía volar las hojas secas de los árboles. Se me voló el sombrero y no pude alcanzarlo.* **7** Referido a un objeto, moverse por el aire por haber sido arrojado con violencia: *Antes de entrar el profesor, volaron tizas en la clase.* **8** Referido a una acción, realizarla muy deprisa: *Me peino volando y bajo contigo.* **9** Referido esp. a una noticia, extenderse o propagarse con rapidez y entre muchos: *Veo que las noticias vuelan, porque te has enterado de mi nombramiento casi antes que yo.* **10** Referido al tiempo, pasar muy deprisa: *En vacaciones, el tiempo vuela.* **11** Hacer saltar en pedazos, esp. por medio de explosivos: *El enemigo voló varios puentes.* □ MORF. Irreg.: La *o* diptonga en *ue* en los presentes, excepto en las personas *nosotros* y *vosotros* →**CONTAR.** □ USO En la acepción 8, se usa más en gerundio.

volátil adj. **1** Referido a una sustancia, que pasa al estado de vapor con facilidad: *El alcohol se evapora porque es un líquido muy volátil.* **2** *col.* Inconstante o mudable: *Tienes un carácter tan volátil que no me puedo fiar de ti.* □ MORF. Invariable en género.

volatilizar ▌ v. **1** Referido a una sustancia, transformarla en vapor o gas: *Para volatilizar un líquido debes llevarlo a su temperatura de ebullición. La gasolina se volatiliza en contacto con el aire.* ▌ prnl. **2** *col.* Desaparecer rápidamente: *Haz el favor de volatilizarte de aquí, que me tienes harta.* □ ORTOGR. La *z* se cambia en *c* delante de *e* →**CAZAR.**

volatinero, ra s. Persona que hace ejercicios acrobáticos andando o saltando por el aire sobre una cuerda o alambre, esp. si esta es su profesión; *titiritero: Los volatineros del circo realizaron arriesgadas acrobacias sobre un cable tensado a gran altura.*

volcán s.m. **1** Abertura en la tierra, generalmente en la cima de una montaña, por la que pueden salir o han salido materias incandescentes procedentes del interior terrestre: *La erupción del volcán provocó grandes ríos de lava.* **2** Lo que resulta apasionado o de sentimientos ardientes, agitados o violentos: *Mi alma es un volcán de sentimientos encontrados.*

volcánico, ca adj. Del volcán o relacionado con él: *Las rocas volcánicas proceden de los minerales incandescentes lanzados por un volcán.*

volcar ▌ v. **1** Referido a un objeto, torcerlo hacia un lado o totalmente, de forma que su contenido caiga o se vierta: *Volcó la ensaladera y toda la ensalada cayó al suelo.* **2** Referido a un objeto, inclinarse hasta dar la vuelta sobre sí mismo o hasta reposar sobre un lado diferente al que estaba: *El coche volcó al dar la curva.* ▌ prnl. **3** Referido a una persona, hacer todo lo posible para conseguir algo o para agradar a alguien: *Es muy generoso y se vuelca con los demás.* □ ORTOGR. La *c* se cambia en *qu* delante de *e*. □ MORF. Irreg.: La *o* diptonga en *ue* en los presentes, excepto en las personas *nosotros* y *vosotros* →**VOLCAR.**

volea s.f. Golpe dado en el aire a algo, esp. el que se da a una pelota antes de que toque el suelo: *El tenista no pudo devolver la volea de su adversario.*

voleibol s.m. Deporte que se juega entre dos equipos de seis jugadores y en el que estos intentan lanzar con las manos un balón por encima de una red que divide el terreno de juego, evitando que toque el suelo del campo propio y procurando que caiga en el del contrario; *balonvolea: Juega en un equipo profesional de voleibol.* □ ORTOGR. Es un anglicismo (*volleyball*) adaptado al español.

voleo ‖ **a voleo.** *col.* Al azar, de forma arbitraria o sin criterio establecido: *Contestó el test a voleo y no acertó nada.*

volframio s.m. →**wolframio.** □ ORTOGR. Su símbolo químico es *W*.

volquete s.m. Camión provisto de un recipiente para llevar carga y de un dispositivo para poder volcarla: *En la excavación, un volquete transportaba la tierra.*

volt s.m. Denominación internacional del **voltio.** □ MORF. Su plural es *volts*.

voltaje s.m. Diferencia de potencial eléctrico entre los extremos de un conductor: *Este secador funciona con un voltaje de 220 voltios.*

voltear v. **1** Dar la vuelta o poner abajo lo que estaba arriba: *Volteó la tortilla ayudándose de un plato. El campanero tiraba de la cuerda para voltear la campana.* **2** Referido esp. a un estado, cambiarlo, trastocarlo o alterar su orden: *Aquel accidente volteó su trayectoria profesional.*

voltereta s.f. Vuelta dada por una persona en el aire o sobre una superficie: *El acróbata dio volteretas por todo el escenario.*

voltímetro s.m. Instrumento que sirve para medir potenciales eléctricos: *El voltímetro mide las caídas de tensión eléctrica entre dos puntos de un circuito.*

voltio s.m. **1** En el Sistema Internacional, unidad de tensión eléctrica que equivale a la diferencia de potencial que hay entre dos conductores cuando al transportar entre ellos un culombio se realiza un trabajo equivalente a un julio; *volt*: *La corriente que usamos en nuestros domicilios tiene una potencia de 220 voltios.* **2** *col.* Paseo: *¿Te vienes a dar un voltio?*

voluble adj. **1** Inconstante o que cambia con facilidad; *ligero*: *Eres muy voluble y, aunque hoy te caigo bien, mañana no me aguantarás.* **2** Referido a un tallo, que crece en espiral alrededor de un soporte: *Las judías tienen tallos volubles.* ☐ MORF. Invariable en género.

volumen s.m. **1** Espacio ocupado por un cuerpo: *El metro cúbico es la unidad de volumen.* **2** Tamaño, dimensiones o conjunto de medidas de algo: *No quiero un armario de tanto volumen en una habitación tan pequeña.* **3** Importancia o cantidad: *El volumen del negocio ha aumentado en este último año.* **4** Intensidad de la voz o de un sonido: *Baja el volumen del televisor para no molestar a los vecinos.* **5** Obra escrita comprendida en una sola encuadernación: *Tengo una enciclopedia de 20 volúmenes.*

voluminoso, sa adj. Que tiene mucho volumen o mucho tamaño: *Tiene el vientre voluminoso porque está embarazada.*

voluntad s.f. **1** Facultad humana que mueve a hacer o no hacer algo: *Eres una persona sin voluntad y todos te manejan a su antojo.* **2** Capacidad para la realización de algo, esp. si conlleva un esfuerzo: *Hace siempre lo que se propone porque tiene una voluntad de hierro.* **3** Elección de algo siguiendo un criterio propio y sin tener en cuenta presiones externas: *Haré lo que debo, aunque vaya en contra de tu voluntad.* **4** Intención o resolución de hacer algo: *Lo hice sin voluntad de molestar.* **5** ‖ **buena voluntad.** Deseo de hacer bien algo: *Con un poco de buena voluntad nos llevaremos bien.*

voluntario, ria ▮ adj. **1** Por propia voluntad y no por fuerza, obligación o necesidad: *Mi ayuda es voluntaria y no quiero nada a cambio. La respiración no es una función voluntaria.* ▮ adj./s. **2** Referido a una persona, que participa en una actividad por su propia voluntad: *Los afiliados voluntarios son los encargados de pegar los carteles. Un grupo de voluntarios apagó el incendio.*

voluntarioso, sa adj. Que pone buena voluntad y se esfuerza para cumplir lo que se le encarga: *Lo hace todo rápidamente porque es muy voluntarioso.*

voluptuosidad s.f. Complacencia o satisfacción en el placer de los sentidos: *Come con voluptuosidad, paladeando cada manjar.*

voluptuoso, sa ▮ adj. **1** Que tiende al placer de los sentidos, o que lo produce: *La seda es un tejido voluptuoso.* ▮ adj./s. **2** Referido a una persona, inclinada a los placeres de los sentidos: *Las personas voluptuosas suelen tener una gran sensibilidad. Es un voluptuoso al que le gusta disfrutar con cada aroma.*

voluta s.f. **1** Adorno o elemento decorativo en forma de espiral o de caracol, característico de los capiteles jónicos y compuestos: *A la entrada hay un busto de mármol sobre un capitel con volutas.* **2** Lo que tiene esta forma: *El humo del cigarro formaba volutas en el aire.*

volver v. **1** Ir de nuevo al punto de partida; *regresar*: *Volví a casa porque se me olvidó la cartera.* **2** Adquirir de nuevo el estado que antes se tenía: *Una vez recuperado de su enfermedad, volvió a su alegría de siempre.* **3** Torcer, dejar el camino o la línea recta, o cambiar de dirección: *Llega al final de la calle, vuelve a la izquierda y verás el museo.* **4** Referido a un objeto, darle la vuelta haciendo que se vea el lado que antes no se veía: *Volví la hoja para leer la otra cara.* **5** Referido a la cabeza o al cuerpo, girar sobre sí mismo: *No vuelvas la cabeza, porque nos está mirando. Vuélvete para ver cómo te queda la chaqueta.* **6** Restituir o devolver a una situación anterior: *Volvió el collar a su estuche.* **7** Transformar o cambiar de estado o de aspecto: *La lejía vuelve blanca la ropa de color. Se volvió loco.* **8** ‖ **volver a nacer.** *col.* Salvarse de un gran peligro: *Al salir ileso del accidente, volvió a nacer.* ‖ **volver** alguien **en sí.** Recobrar el sentido o el conocimiento perdidos: *Se desmayó y, cuando volvió en sí, no sabía dónde estaba.* ‖ **volverse atrás.** Desdecirse o no cumplir una promesa dada: *Dijo que vendría, pero al final se volvió atrás y no vino.* ☐ MORF. Irreg.: 1. Su participio es *vuelto*. 2. La *o* diptonga en *ue* en los presentes, excepto en las personas *nosotros* y *vosotros* →**VOLVER**. ☐ SINT. La perífrasis *volver + a + infinitivo* indica repetición o reiteración de una acción: *Vuelve a leer ese párrafo. El volcán ha vuelto a entrar en erupción.*

vómer s.m. Hueso de pequeño tamaño que forma parte del tabique de las fosas nasales: *El vómer, al igual que el frontal, es un hueso impar.* **cráneo**

vomitar v. **1** Referido a algo que está en el estómago, expulsarlo violentamente por la boca; *arrojar, devolver*: *Vomité todas las lentejas de la comida.* **2** Referido a algo que se tiene dentro, arrojarlo fuera de sí violentamente: *El volcán vomitó lava, ceniza y otras materias incandescentes.* **3** Referido a palabras, proferirlas o pronunciarlas: *Vomitó encolerizado una sarta de injurias contra su socio.*

vomitivo, va ▮ adj. **1** *col.* Que da asco o es muy malo: *En una exposición de arte moderno había varios cuadros vomitivos, hechos con vísceras de animales.* ▮ adj./s.m. **2** Referido a una sustancia, que estimula el vómito; *vomitorio*: *Devolvió después de tomar unas hierbas vomitivas. Le administraron un vomitivo para hacerle un lavado de estómago.*

vómito s.m. **1** Expulsión por la boca de lo que estaba en el estómago: *La indigestión me produjo arcadas y, después, vómitos.* **2** Lo que estaba en el estómago y se arroja por la boca; *devuelto*: *En la acera había un vómito de borracho.*

vomitona s.f. *col.* Vómito grande o repetido: *La cena me sentó mal y tuve una vomitona por la noche.*

vomitorio, ria adj./s. →**vomitivo, va.**

voracidad s.f. **1** Consumo de comida en gran cantidad, esp. si es de forma ansiosa: *Es impresionante la voracidad del león.* **2** Ansia o deseo desmedido al realizar una actividad: *Lee todo tipo de libros y revistas con voracidad.*

vorágine s.f. **1** Aglomeración confusa de sucesos, de gentes o de cosas en movimiento: *No me gusta la vorági-*

ne de las grandes ciudades. **2** Pasión desenfrenada o mezcla de sentimientos muy intensos: *Está dominado por una vorágine de pesimismo, desengaño y desilusión.* **3** En el mar, en un río o en un lago, remolino muy fuerte que se produce en un punto: *Una vez superada la vorágine, la canoa continuó su travesía.*

voraz adj. **1** Que come mucho, esp. si es con ansia: *Una manada de lobos voraces acabó con el rebaño.* **2** Que consume o destruye con rapidez: *Un fuego voraz arrasó el bosque.* **3** Ansioso o con un deseo desmedido: *Los amantes se besaron con una pasión voraz.* □ MORF. Invariable en género.

vos pron.pers.s. Forma de la segunda persona del singular que corresponde a la función de sujeto, de predicado nominal o de complemento precedido de preposición: *Vos venís con malas intenciones. El dueño de mi razón sois vos. Os corresponde a vos vengar el honor de vuestra hija.* □ MORF. 1. No tiene diferenciación de género ni de número. 2. Se usa con el verbo en plural. 3. Sobre voseo →APÉNDICE DE PRONOMBRES. □ USO Se usaba como tratamiento de respeto, frente a *tú*, que se usaba con los iguales o inferiores.

voseo s.m. Uso de la forma pronominal *vos* en lugar de *tú*: *El voseo es una de las características del español de Argentina.* □ MORF. Sobre voseo →APÉNDICE DE PRONOMBRES.

vosotros, tras pron.pers.s. Forma de la segunda persona del plural que corresponde a la función de sujeto, de predicado nominal o de complemento precedido de preposición: *¿Sabéis vosotras cuándo empieza la película?* □ MORF. →APÉNDICE DE PRONOMBRES.

votación s.f. **1** Emisión de un voto o una opinión por parte de una persona: *La votación transcurrió sin incidentes.* **2** Procedimiento o forma en que se realiza esta emisión de votos: *La votación será a mano alzada.* **3** Conjunto de votos emitidos: *La votación fue favorable a nuestro candidato.*

votar v. **1** Dar un voto o una opinión: *En las elecciones municipales, los ciudadanos votan para elegir a los concejales.* **2** Aprobar por votación: *Hemos votado que vengas con nosotros.* □ ORTOGR. Dist. de *botar*.

voto s.m. **1** En una elección, opinión, parecer o dictamen emitidos por cada uno de los participantes: *Ganará quien tenga mayor número de votos.* **2** Papeleta o escrito en los que se indica esta opinión: *Una vez acabada la votación, abrieron las urnas para contar los votos.* **3** Derecho a votar: *En mi casa, para decidir el lugar de vacaciones, los menores de diez años tienen voz pero no voto.* **4** Promesa que deben hacer las personas que toman estado religioso: *Algunos de los votos que un religioso puede hacer son el de pobreza, el de obediencia y el de castidad.* **5** Ruego con el que se pide a Dios una gracia: *Hice votos por su puesta en libertad.* □ ORTOGR. Dist. de *boto*. □ MORF. La acepción 5 se usa más en plural.

vox populi (latinismo) s.f. ‖ Opinión aceptada y generalizada que se toma como verdadera: *Es vox populi que habrá cambios en la política económica.* □ PRON. [box pópuli].

voyeur (galicismo) s.m. Persona que espía o mira en secreto situaciones que le resultan excitantes eróticamente: *El protagonista era un voyeur que espiaba a sus vecinos con un catalejo.* □ PRON. [buayér].

voz s.f. **1** Sonido que produce el aire expulsado de los pulmones al salir de la laringe, haciendo que vibren las cuerdas vocales: *Los hombres suelen tener la voz más grave que las mujeres.* **2** Calidad, timbre o intensidad de este sonido: *Las tres voces típicas masculinas son las de tenor, barítono y bajo.* **3** Grito, generalmente fuerte: *Dale una voz a tu hermano para que venga.* **4** Cantante o músico que canta: *Es la voz masculina de un grupo de música pop.* **5** Palabra o vocablo: *'Hobby' es una voz inglesa que equivale en español a 'afición' o 'pasatiempo'.* **6** Derecho a opinar: *El secretario tiene voz en el consejo pero no voto.* **7** Opinión o rumor: *Me han llegado voces de que piensa dimitir.* **8** Expresión o manifestación de alguien o de algo: *Este periódico es la voz del Gobierno.* **9** En lingüística, categoría gramatical que expresa si el sujeto del verbo es agente o paciente: *La oración 'El niño vio al perro' está en voz activa, y 'El perro fue visto por el niño' está en voz pasiva.* **10** ‖ **a media voz.** Hablando más bajo de lo habitual: *Me dijo a media voz que tenía que contarme un secreto.* ‖ **a voz en {cuello/grito}.** Hablando muy alto o gritando: *Me enfadé porque me pareció de mala educación que me llamara a voz en grito.* ‖ **correr la voz.** Divulgar o difundir una noticia: *Yo te diré a ti cuándo sale el anuncio, y tú corre la voz.* ‖ **de viva voz.** De palabra o de forma oral: *La orden me la dio de viva voz, no por escrito.*

vudú s.m. Creencia religiosa de origen africano que se caracteriza por las prácticas de brujería, los sacrificios rituales y el trance como medio de comunicación con los dioses: *Una práctica del vudú consiste en clavar alfileres en un muñeco para producir males a una persona.* □ MORF. Aunque su plural en la lengua culta es *vudúes*, también se usa *vudús*.

vuelco s.m. **1** Cambio de posición de un objeto, de forma que quede apoyado en un lado diferente al que estaba: *El causante del vuelco del puchero, que limpie la cocina.* **2** Cambio o transformación brusca o total: *Entrar en una comunidad religiosa supuso un vuelco en su vida.* **3** ‖ **dar** a alguien **un vuelco el corazón.** *col.* Sentir de pronto un sobresalto o una alteración interior: *Al verte sangrando me dio un vuelco el corazón.*

vuelo s.m. **1** Desplazamiento o movimiento por el aire, generalmente mediante las alas: *Al dar una palmada, los gorriones alzaron el vuelo. El avión sufrió una avería durante el vuelo y tuvo que hacer un aterrizaje de emergencia.* 👁 **acrobacia** **2** Viaje que se realiza en un vehículo aéreo: *Esta compañía tiene seis vuelos diarios a las islas.* **3** Trayecto que recorre un avión entre el punto de partida y el de destino: *Ese vuelo tiene tres escalas.* **4** Amplitud de una prenda de vestir en la parte no ajustada al cuerpo: *Quiero una falda con mucho vuelo.* **5** En un edificio, parte que sobresale del muro que lo sostiene: *El tejado tiene un ancho vuelo para que la lluvia no moje las paredes.* **6** ‖ **al vuelo. 1** *col.* Con mucha rapidez: *Capté tu idea al vuelo.* **2** *col.* Mientras está en el aire: *Le tiró las llaves para que las cogiera al vuelo.* ‖ **de altos vuelos.** *col.* De mucha importancia: *Esa mujer tiene una empresa de altos vuelos, muy bien considerada en el sector.* ‖ **vuelo sin motor.** El realizado por una persona con aparatos que lo mantienen en el aire pero no lo impulsan: *El ala delta y los planeadores son aparatos de vuelo sin motor.*

vuelta s.f. Véase **vuelto, ta**.

vuelto, ta ▮ **1** part. irreg. de **volver**. ▮ s.f. **2** Movimiento alrededor de un punto o sobre un eje, hasta invertir la posición primera o hasta recobrarla de nuevo: *La Tierra da vueltas alrededor de sí misma y alrededor del Sol. Dale la vuelta a las tostadas.* **3** Cada una de las circunvoluciones o rodeos de una cosa alrededor de otra: *Esta bufanda*

a b c d e f g h i j k l m n ñ o p q r s t u **v** w x y z

es tan larga que me da tres vueltas al cuello. **4** Curva o punto en el que algo tuerce: *El buzón está a la vuelta de esta calle.* **5** Regreso al punto de partida: *Fuimos en autocar y la vuelta la hicimos en avión.* **6** Dinero que sobra de pagar algo: *Si la cuenta son 30 y te he dado 50, la vuelta son 20 euros.* **7** Parte de algo opuesta a la que se tiene a la vista: *La tela es de flores por un lado y blanca por la vuelta.* **8** En ciclismo y en otros deportes, conjunto de carreras en etapas que hacen un recorrido: *Este ciclista ha corrido la vuelta a Andalucía y ahora quiere correr la vuelta a España.* **9** Momento u ocasión de hacer algo por orden; *turno, vez: Hay que esperar a la segunda vuelta de las elecciones para conocer al ganador.* **10** Tela sobrepuesta o doblada sobre sí que llevan algunas prendas de vestir: *Iba muy elegante con un pantalón gris con vueltas.* **11** Cada una de las series paralelas de puntos con las que se van tejiendo algunas prendas o labores: *Cuando hayas hechos dos vueltas más, empiezas a menguar para hacer la sisa.* **12** En un zéjel o en un villancico, verso aislado que rima con el estribillo y que sirve para introducir su repetición total o parcial después de una estrofa: *En el zéjel, la vuelta es el verso que aparece detrás de las mudanzas y delante de una nueva repetición del estribillo.* **13** ‖ **a la vuelta de la esquina.** Muy cerca: *Tu cumpleaños está ya a la vuelta de la esquina.* ‖ **dar cien vueltas** a algo. *col.* Aventajarlo o ser superior a ello: *Yo soy más inteligente que tú y te doy cien vueltas en matemáticas.* ‖ **darle vueltas la cabeza** a alguien. *col.* Sentir sensación de mareo: *Al levantarme de golpe, me dio vueltas la cabeza y tuve que apoyarme en la pared para no caerme.* ‖ **dar una vuelta. 1** Pasear un rato: *¿Vienes a dar una vuelta por el campo?* **2** Ir por poco tiempo a un lugar: *Cuando tengas tiempo, date una vuelta por mi casa.* ‖ **dar vueltas.** Andar buscando algo sin encontrarlo: *Llevo todo el día dando vueltas por la ciudad buscando esta pieza.* ‖ **dar vueltas a** algo. Discurrir o pensar repetidamente sobre ello: *Le estoy dando vueltas al asunto y creo que no me conviene.* ‖ **poner** a alguien **de vuelta y media.** *col.* Insultarlo o hablar mal de él: *Me quedé mudo cuando empezaron a ponerte de vuelta y media delante de mí, sabiendo que eres mi amigo.* ‖ **vuelta de campana.** La que da algo volviendo a quedar en su posición inicial: *En el accidente, el coche dio dos vueltas de campana y solo me rompí un brazo.* □ MORF. En la acepción 1, incorr. **volvido.*

vuestro, tra poses. **1** Indica pertenencia a la segunda persona del plural: *Dadme vuestra dirección y os escribiré.* **2** ‖ **la vuestra.** *col.* Expresión con que se indica que ha llegado la ocasión favorable para la persona a la que se habla: *Aprovechad que es la vuestra y pasáoslo lo mejor que podáis.* □ MORF. ⟶APÉNDICE DE PRONOMBRES.

vulcanología s.f. Parte de la geología que estudia los volcanes y los fenómenos relacionados con estos: *Gracias a los avances de la vulcanología, se puede predecir cuándo entrará en erupción un volcán.*

vulgar adj. **1** Común, corriente, que no destaca o que no es original: *Debo de tener una cara muy vulgar, porque siempre me confunden con alguien.* **2** Normal o general, porque no es específico ni técnico: *'Hemorroide' es el nombre técnico para el término vulgar 'almorrana'.* **3** Que se considera impropio de una persona culta o educada: *'Mamón' es un adjetivo vulgar para referirse a una persona despreciable o aprovechada.* □ MORF. Invariable en género.

vulgaridad s.f. Lo que se considera vulgar: *Presume de original y ocurrente, pero todas sus ideas son vulgaridades.*

vulgarismo s.m. En lingüística, expresión o construcción que no se consideran propias de la norma culta: *La palabra *'indición' es un vulgarismo por 'inyección'.*

vulgo s.m. Conjunto de personas del pueblo, esp. las que no tienen mucha cultura, educación o una posición social destacada: *Dice que las películas frívolas son las favoritas del vulgo.*

vulnerar v. **1** Referido esp. a una ley, una norma o un mandato, transgredirlos, no cumplirlos o violarlos: *Vulneró su promesa de guardar el secreto que le contaron.* **2** Dañar, perjudicar u ocasionar deterioro material o moral: *Denunció a la revista porque aquellas fotografías vulneraban su vida privada.*

vulva s.f. En las hembras de los mamíferos, parte que rodea y constituye la abertura externa de la vagina: *La vulva es la parte externa del aparato genital femenino.*

W

w

w s.f. Vigésima cuarta letra del abecedario: *La 'w' en español solo se utiliza en palabras de origen extranjero.* ☐ PRON. 1. En palabras plenamente incorporadas al español, representa el sonido consonántico bilabial sonoro y se pronuncia como la *b*: *wólfram* [bólfram] o *wolframio* [bolfrámio]. 2. En otras palabras, se conserva la pronunciación que tiene en la lengua de la que proceden: *whisky* [uíski].

walkie-talkie (anglicismo) s.m. Aparato radiofónico portátil que permite a dos personas hablar y escucharse a una determinada distancia: *Hablé desde casa con mi hermano, que estaba en el jardín con un walkie-talkie. Cuando subieron a la montaña, llevaban un walkie-talkie para hablar con los que se habían quedado abajo.* ☐ PRON. [ualkitálki].

walkman s.m. Casete o radiocasete pequeños y portátiles con cascos (por extensión del nombre de la marca comercial *Walkman®*): *Tengo que cambiar las pilas del walkman. Cuando va por la calle, va escuchando el walkman que lleva metido en el bolso.* ☐ PRON. [uólman].

water s.m. →**váter.** ☐ PRON. [báter]. ☐ USO Es un anglicismo innecesario.

water-closet s.m. →**váter.** ☐ PRON. [báter klóset]. ☐ USO Es un anglicismo innecesario.

waterpolo s.m. Deporte que se practica en una piscina entre dos equipos de siete nadadores y en el que estos intentan introducir una pelota en la portería del equipo contrario lanzándola con las manos: *Un partido de waterpolo dura 20 minutos, divididos en cuatro tiempos de cinco.* ☐ PRON. [uaterpólo]. ☐ ORTOGR. Es un anglicismo (*water-polo* o *water polo*) adaptado al español.

watt s.m. Denominación internacional del **vatio.** ☐ PRON. [bat]. ☐ MORF. Su plural es *watts*.

wau s. En lingüística, sonido *u*, de carácter semiconsonántico o semivocálico según el sonido al que se agrupe: *En 'menguar' aparece un wau semiconsonante. La 'u' del diptongo 'au' es un wau semivocal.* ☐ PRON. [uáu]. ☐ MORF. Es de género ambiguo, es decir, admite concordancia en masculino o en femenino sin cambiar de significado: *{el/la} wau {agrupado/agrupada}*.

web ▌s.f. **1** Servicio de internet que permite obtener la información que ofrece esta red y que proporciona a sus usuarios una amplia gama de documentos conectados entre sí mediante enlaces de hipertexto: *Los documentos o páginas que forman la web están escritos en un lenguaje específico para internet.* **2** →**página (de) web.** ▌s.m. **3** →**sitio (de) web.** ☐ PRON. [uéb]. ☐ ORTOGR. Es un anglicismo (*web*) adaptado al español. ☐ MORF. 1. En la acepción 1, es la forma abreviada y usual de *world wide web* (red informática mundial). 2. Su plural es *webs*. ☐ SINT. Se usa en aposición, pospuesto a un sustantivo: *un sitio web, varias páginas web*. ☐ SEM. Dist. de *internet* (red mundial de ordenadores, uno de cuyos servicios es el *web*).

weber s.m. En el Sistema Internacional, unidad de flujo de inducción magnética: *El símbolo del weber es 'Wb'.* ☐ PRON. [béber].

western (anglicismo) s.m. **1** Película ambientada en el oeste norteamericano durante el período de conquista y de colonización de sus territorios: *Vimos un western en el que salían indios, pistoleros, vaqueros y soldados.* **2** Género cinematográfico al que pertenece esta clase de películas: *Este actor se dedicó casi exclusivamente al western.* ☐ PRON. [uéstern].

whisky (anglicismo) s.m. →**wiski.** ☐ PRON. [uíski]. ☐ MORF. Su plural es *whiskies*.

windsurf (anglicismo) s.m. Deporte acuático individual que se practica sobre una tabla que lleva una vela; *windsurfing: Para hacer windsurf tienes que sujetar la vela y dejar que el viento la impulse para que mueva la tabla.* ☐ PRON. [uíndsurf].

windsurfing (anglicismo) s.m. →**windsurf.** ☐ PRON. [uindsúrfin].

windsurfista s. Persona que practica el deporte del windsurf: *En esta playa siempre hay viento y vienen muchos windsurfistas.* ☐ PRON. [uinsurfísta]. ☐ MORF. Es de género común y exige concordancia en masculino o en femenino para señalar la diferencia de sexo: *el windsurfista, la windsurfista*.

wiskería s.f. Bar en el que las camareras que sirven las bebidas suelen ir vestidas de forma provocativa, conversan con los clientes y a menudo establecen relaciones de prostitución con ellos: *Muchas wiskerías tienen una luz roja en la entrada.* ☐ PRON. [uiskería].

wiski s.m. Bebida alcohólica, de graduación muy elevada, que se obtiene por fermentación de diversos cereales, esp. avena y cebada: *Se tomó un vaso de wiski escocés con hielo.* ☐ PRON. [uíski]. ☐ ORTOGR. Es un anglicismo (*whisky*) adaptado al español. ☐ USO Es innecesario el uso del anglicismo *whisky*.

wólfram s.m. →**wolframio.** ☐ PRON. [bólfram].

wolframio s.m. **Elemento químico, metálico y sólido, de número atómico 74, de color blanco, que se utiliza en la fabricación de lámparas de incandescencia y en otros usos;** *tungsteno, wólfram: Los imanes permanentes están fabricados con acero al wolframio.* ☐ PRON. [bolfrámio]. ☐ ORTOGR. 1. Se admite también *volframio*. 2. Su símbolo químico es *W*.

X

x

x s.f. Vigésima quinta letra del abecedario: *'Xilófono' comienza por 'x'. En matemáticas, la 'x' se usa para designar un número desconocido o indiferente. Las películas que se califican con una 'X' se consideran pornográficas.* ☐ PRON. 1. En posición inicial de palabrao en final de sílaba, representa el sonido consonántico fricativo alveolar sordo, y se pronuncia como [s]: *xilófono* [silófono], *extraordinario* [estraordinário]. 2. Entre vocales o en final de palabra, representa el grupo consonántico [ks]: *examen* [eksámen], *tórax* [tóraks].

xenofobia s.f. Odio, hostilidad o antipatía hacia los extranjeros: *El paro en los países desarrollados es una de las causas de que estén aumentando la xenofobia y el racismo.*

xenófobo, ba adj./s. Que siente o muestra odio, hostilidad o antipatía hacia los extranjeros: *Algunos grupos radicales mantienen una actitud xenófoba. Los xenófobos no tienen consideración con los inmigrantes de otros países.*

xenón s.m. Elemento químico, no metálico y gaseoso, de número atómico 54, inerte, incoloro, inodoro e insípido, que se encuentra en pequeñas proporciones en el aire: *El xenón se usa como contador de neutrones. El xenón es un gas noble.* ☐ ORTOGR. Su símbolo químico es *Xe*.

xerocopia s.f. Copia fotográfica obtenida por medio de la xerografía: *El arquitecto encargó que se hicieran varias xerocopias de los planos del edificio.*

xerocopiar v. Reproducir en copia de xerografía: *En un curso de artes gráficas nos enseñaron a xerocopiar.* ☐ ORTOGR. La *i* nunca lleva tilde.

xerófilo, la adj. Referido a un organismo, que está adaptado a la vida en ambientes secos: *Los animales y las plantas que viven en los desiertos son xerófilos.*

xerófito, ta o **xerofito, ta** adj. Referido a una planta, que está adaptada a la vida en zonas secas: *El cactus es una planta xerófita.*

xeroftalmia o **xeroftalmía** s.f. Enfermedad ocular que se caracteriza por la sequedad de la conjuntiva y por la opacidad de la córnea: *La xeroftalmia puede deberse a una deficiencia de vitamina A.* ☐ USO *Xeroftalmía* es el término menos usual.

xerografía s.f. **1** Técnica que permite reproducir textos o imágenes automáticamente por medio de procedimientos electrostáticos: *En la xerografía, la tinta es un polvo de resina cargado de electricidad positiva.* **2** Fotocopia obtenida mediante esta técnica: *Las xerografías pueden ser del mismo tamaño que el original, ampliadas o reducidas.*

xerografiar v. Reproducir por medio de la xerografía: *Se pueden xerografiar textos o imágenes.* ☐ ORTOGR. La *i* lleva tilde en los presentes, excepto en las personas *nosotros* y *vosotros* ⟶**VACIAR**.

xi s.f. En el alfabeto griego clásico, nombre de la decimocuarta letra: *La grafía de la xi es* ξ.

xilema s.f. En las plantas superiores, conjunto formado por los vasos leñosos y los tejidos que los acompañan: *El xilema está en contacto con la savia bruta.*

xilófago, ga adj./s. Referido a un insecto, que roe la madera: *Las carcomas son insectos xilófagos ya que sus larvas roen la madera. Los xilófagos, como las termitas, se alimentan de madera.*

xilofonista s. Persona que toca el xilófono: *El xilofonista toca de pie.* ☐ MORF. Es de género común y exige concordancia en masculino o en femenino para señalar la diferencia de sexo: *el xilofonista, la xilofonista.*

xilófono s.m. Instrumento musical de percusión formado por listones de madera de tamaños graduados, que se toca golpeándolo con unas macillas: *Según su tamaño, cada listón del xilófono corresponde a una nota. De pequeña tuve un xilófono de juguete que tenía los listones de metal de colores.* 👁 **percusión**

xilografía s.f. **1** Arte o técnica de grabar en madera: *Aprendió xilografía cuando estudiaba Bellas Artes.* **2** Impresión tipográfica hecha con planchas de madera: *En una xilografía, generalmente queda grabado lo que en la plancha de madera estaba en relieve.*

xiloprotector, -a adj./s.m. Referido esp. a un producto, que se emplea para proteger la madera: *Ha pintado las puertas de la casa con un barniz xiloprotector. Las maderas que tienen que estar expuestas a la intemperie van tratadas con un xiloprotector.*

Y

y

y ■ s.f. **1** Vigésima sexta letra del abecedario: *La palabra 'yacer' empieza por 'y'. La palabra 'rey' termina en 'y'.* ■ conj. **2** Enlace gramatical coordinante con valor copulativo y afirmativo, que se usa generalmente antes del último término de una enumeración: *Vino solo y se fue acompañado. He merendado pan y chocolate. Vimos pueblos, valles, ríos y montañas.* **3** En principio de oración, se usa para enfatizar lo que se dice: *¡Y pensar que yo no me lo creí...! Y si no viene, ¿qué diablos hacemos?* □ PRON. En la acepción 1: 1. En final de palabra o ante consonante, representa el sonido vocálico anterior o palatal, de abertura mínima: *buey, azul y rojo.* 2. Ante vocal, representa el sonido consonántico palatal sonoro y fricativo o africado: *yate, rojo y azul.* □ USO Como conjunción: 1. Ante palabra que comienza por *i-* o por *hi-* se usa la forma *e.* 2. Precedida y seguida de una misma palabra, denota idea de repetición indefinida: *Recorrí kilómetros y kilómetros.*

ya ■ adv. **1** Indica tiempo pasado: *Esa película ya la he visto.* **2** En relación con el pasado, en el tiempo presente: *Ahora ya no lo quiero. Lo tuve, pero ya no lo tengo.* **3** En tiempo u ocasión futuros: *Ya hablaremos otro día. Mañana ya no lloverá.* **4** Ahora o inmediatamente: *Si me llama dile que ya voy. Ya veo venir a tus hijos. Corre, que ya llega tu padre. ¡Ah, ya me acuerdo de ti!* **5** Indica afirmación o apoyo de lo dicho: *Si ya te entiendo, así que no insistas más. Ya se ve que estás muy bien.* ■ conj. **6** Enlace gramatical con valor distributivo que, repetido, se usa para relacionar dos posibilidades que se alternan: *Hoy el tiempo es inestable, ya con nubes, ya con sol.* ■ interj. **7** *col.* Expresión que se usa para indicar que se recuerda algo: *¡Ah, ya!, fue aquel día que no paró de llover.* **8** *col.* Expresión que se usa para indicar incredulidad o negación: *¡Ya, y luego llegó una bruja volando y se lo llevó, ¿no? ¡Ya, como que voy a ir contigo...!* **9** ‖ **ya que.** **1** Enlace gramatical subordinante con valor causal: *No iré, ya que me duele la cabeza.* **2** Enlace gramatical subordinante con valor condicional: *Ya que piensas asistir a la fiesta, llega puntual al menos.*

yacaré s.m. Reptil anfibio y carnívoro parecido al cocodrilo pero mucho más pequeño, de color negruzco, hocico plano, tan largo como ancho y redondeado en la punta: *El yacaré habita en Sudamérica, desde el Amazonas hasta el Río de la Plata.*

yacer v. **1** Referido a una persona, estar tendida o acostada: *El abuelo yace enfermo en la cama.* **2** Referido a una persona muerta, estar enterrada: *En ese panteón yacen mis padres.* **3** Referido a una persona, realizar el acto sexual; copular: *Yacieron y el matrimonio se consumó.* □ MORF. Irreg.: →**YACER**.

yachting (anglicismo) s.m. Deporte de competición que se practica con embarcaciones de vela: *Tiene un catamarán y practica el yachting.* □ PRON. [yátin].

yacija s.f. **1** Lecho o cama pobre en los que alguien se acuesta: *La yacija donde dormía era un montón de paja seca.* **2** Sepultura, hoyo o lugar en el que está enterrado un cadáver: *Un hoyo en la tierra sirvió de yacija a su jilguero muerto.*

yacimiento s.m. Lugar en el que de forma natural se encuentran minerales, fósiles, restos arqueológicos o algo semejante: *Esta región es rica en yacimientos de hierro. Han descubierto un yacimiento arqueológico a las afueras de la ciudad.*

yaguar s.m. →**jaguar.** □ MORF. Es un sustantivo epiceno y la diferencia de sexo se señala mediante la oposición *el yaguar {macho/hembra}.* 👁 **felino**

yak s.m. Mamífero bóvido de gran tamaño, con el cuerpo y las patas cubiertos de pelo largo, generalmente de color oscuro o blanco y con dos cuernos en la frente ligeramente curvados: *El yak es un rumiante propio de las regiones tibetanas.* □ MORF. 1. Es un sustantivo epiceno y la diferencia de sexo se señala mediante la oposición *el yak {macho/hembra}.* 2. Su plural es *yaks.*

yang s.m. En el taoísmo, principio universal activo y masculino que se complementa con su opuesto, el yin, y juntos constituyen el principio fundamental de la vida y el universo: *El yang representa la luz, el calor, el cielo, la actividad y lo positivo.*

yanqui adj./s. **1** *col.* Estadounidense: *El poder militar yanqui es muy grande. Cuando estuve en California conocí a muchos yanquis.* **2** En la guerra de Secesión norteamericana, partidario de los Estados del norte: *Los soldados yanquis defendían la abolición de la esclavitud. Los yanquis lucharon contra los sudistas.* □ ORTOGR. Es un anglicismo (*yankee*) adaptado al español. □ MORF. 1. Como adjetivo es invariable en género. 2. Como sustantivo es de género común y exige concordancia en masculino o en femenino para señalar la diferencia de sexo: *el yanqui, la yanqui.*

yantar ▌ s.m. **1** *ant.* Comida o alimento: *En la posada tomaron los caballeros un buen yantar.* ▌ v. **2** *ant.* Comer: *El labriego esperaba hambriento la hora de yantar.*

yarda s.f. En el sistema anglosajón, unidad de longitud que equivale aproximadamente a 91,4 centímetros: *Una yarda equivale a 3 pies.*

yate s.m. Embarcación de recreo, generalmente lujosa: *Alquilaron un yate para pasar las vacaciones en las costas francesas.* 👁 **embarcación**

yayo, ya s. *col.* Abuelo: *El yayo y la yaya llevan tanto tiempo juntos que son inseparables. Cuando vienen los yayos siempre me traen caramelos.* □ USO Tiene un matiz cariñoso.

ye s.f. Nombre de la letra *y*; *i griega: La palabra 'yoyó' tiene dos yes.*

yedra s.f. →**hiedra.**

yegua s.f. Hembra del caballo; *jaca: La yegua amamanta al potrillo.* □ SEM. Dist. de *caballa* (pez marino).

yeguada s.f. Conjunto de ganado caballar: *La yeguada estaba formada por caballos, yeguas, potros y potrillos.*

yeísmo s.m. Pronunciación de la *ll*, que es lateral, palatal y sonora, como la *y*, que es fricativa, palatal y sonora: *Pronunciar 'gallina' como [gayína] es un caso de yeísmo.*

yeísta ▌ adj. **1** Del yeísmo o relacionado con este fenómeno fonético: *La pronunciación yeísta es cada vez más frecuente entre los hablantes del español.* ▌ adj./s. **2** Que pronuncia la *ll* como la *y*: *Muchos de los hablantes de español son yeístas. Los yeístas no distinguen al pronunciar 'pollo' y 'poyo'.* □ MORF. 1. Como adjetivo es invariable en género. 2. Como sustantivo es de género común y exige concordancia en masculino o en femenino para señalar la diferencia de sexo: *el yeísta, la yeísta.*

yelmo s.m. En una armadura antigua, parte que cubría y protegía la cabeza y la cara: *Los yelmos tenían una visera móvil con agujeros para los ojos.* 👁 **armadura; casco; sombrero**

yema s.f. **1** En los huevos de los vertebrados ovíparos, parte central en la que se desarrolla el embrión: *En los huevos de las gallinas, la yema es amarilla y está rodeada por la clara.* 👁 **huevo** **2** Dulce que se elabora con esta yema del huevo de gallina y con azúcar: *Las yemas suelen ser redondas y pequeñas. La tarta de yema es muy dulce.* **3** En una planta, brote de aspecto escamoso, recién aparecido en el tallo y constituido por las hojas envueltas unas sobre otras, del cual nacerán las ramas, las hojas y las flores: *Al final del invierno, los árboles empiezan a tener las primeras yemas.* **4** En un dedo, parte opuesta a la uña: *Me mancharon la yema del pulgar en tinta para tomarme las huellas dactilares.*

yen s.m. Unidad monetaria japonesa: *Antes de viajar a Japón, cambiaremos euros por yenes.*

yerba s.f. →**hierba.**

yermar v. Referido a un terreno, dejarlo yermo o sin cultivar: *La emigración masiva del campo a la ciudad ha yermado muchas tierras.*

yermo, ma adj./s.m. **1** Referido a un lugar, que está despoblado o sin habitar: *La construcción de pantanos ha dejado yermos muchos pueblos. Los ermitaños viven en yermos.* **2** Referido a un terreno, estéril o sin cultivo: *La guerra dejó los campos yermos y el hambre azotó la región. La falta de cuidados ha convertido estas tierras, antes fértiles, en yermos y pedregales.*

yerno s.m. Respecto de una persona, marido de su hija: *De los tres yernos que tengo, el marido de mi hija mayor es el que más me gusta.* □ MORF. Su femenino es *nuera.*

yero s.m. **1** Planta herbácea leguminosa con fruto en vaina y las semillas en forma de pequeñas bolitas, que se utiliza como alimento para el ganado: *Tiene una tierra sembrada de yeros.* **2** Semilla de esta planta: *Los yeros son una legumbre que se usa como alimento para el ganado.* □ USO Se usa más en plural.

yerro s.m. **1** Equivocación cometida por descuido o ignorancia: *La falta de experiencia es causa de muchos yerros. En la madurez está pagando sus yerros de juventud.* **2** Falta o delito cometidos contra leyes, preceptos o reglas: *Si enmiendas tus yerros, obtendrás el perdón.* □ ORTOGR. Dist. de *hierro.*

yerto, ta adj. Rígido y tieso: *Encontró en la nieve un pájaro yerto por el frío y se lo llevó a casa para reanimarlo dándole calor. Los familiares velaron durante horas el cuerpo yerto del difunto.*

yesca s.f. **1** Materia muy seca y preparada para que pueda arder con una chispa: *Los mecheros antiguos tenían un dispositivo que producía chispas y prendía la yesca.* **2** Lo que está muy seco y arde con facilidad: *Este año no ha llovido nada y la hierba del campo es yesca.* **3** Lo que excita las pasiones: *Estaba tan nervioso que tu crítica fue la yesca que desató su ira.*

yesería s.f. Lugar en el que se fabrica o se vende yeso: *Compró el yeso en la yesería porque pensó que sería más barato que en la tienda.*

yeso s.m. **1** Sulfato de calcio hidratado, compacto o terroso y generalmente blanco, con el que se elabora una pasta que se usa en la construcción y en la escultura: *Después de hacer la pared de ladrillo, le dio una capa de yeso y luego la pintó. El yeso es un material blando que se raya con la uña.* **2** Escultura hecha con esta materia: *Este escultor expone sus yesos en esa galería de arte.*

yeti s.m. Ser fantástico parecido a un hombre gigantesco y cubierto de pelo que se dice que habita en el Himalaya (cadena montañosa asiática): *Las leyendas sobre el yeti lo describen como un monstruo muy violento.*

yeyé (galicismo) adj./s. Del pop de los años sesenta o seguidor de esta moda: *La música yeyé tiene un ritmo muy alegre. Tu hermano está hecho un yeyé con esas melenas y esos pantalones de campana.* □ MORF. 1. Como adjetivo es invariable en género. 2. Como sustantivo es de género común y exige concordancia en masculino o en femenino para señalar la diferencia de sexo: *el yeyé, la yeyé.*

yeyuno s.m. Parte del intestino delgado de los mamíferos situada entre el duodeno y el íleon: *En el yeyuno se realiza la absorción de sustancias nutritivas.*

yiddish (anglicismo) s.m. Lengua hablada por los judíos del centro y este de Europa (uno de los cinco continentes), esp. en el período anterior a la Segunda Guerra Mundial, que es mezcla del hebreo y el alemán: *El yiddish se escribe en alfabeto hebreo. Actualmente, el yiddish lo hablan judíos repartidos por la antigua Unión Soviética, Israel, Polonia y Estados Unidos.* □ PRON. [yídis].

yihad (arabismo) s.f. Guerra santa de los musulmanes: *Se proclamó la yihad para luchar contra los infieles.* □ PRON. [yihád], con *h* aspirada.

yin s.m. En el taoísmo, principio universal pasivo y femenino que se complementa con su opuesto, el yang, y juntos constituyen el principio fundamental de la vida y el universo: *El yin representa la oscuridad, el frío, la tierra, la pasividad y lo negativo.*

yincana s.f. Competición o prueba en la que los participantes deben salvar obstáculos y dificultades, esp. la que se realiza con un vehículo automovilístico: *Después de quedar embarrado, subió la rampa más empinada y ganó la yincana.* □ ORTOGR. Es un anglicismo (*gymkhana*) adaptado al español.

yo ▮ pron.pers. **1** Forma de la primera persona del singular que corresponde a la función de sujeto o de predicado nominal: *Yo prefiero el vaso azul. Ábreme la puerta, que soy yo.* ▮ s.m. **2** En psicología, parte consciente de la personalidad humana: *El yo es el mediador entre la persona y la realidad externa.* **3** En filosofía, sujeto humano en cuanto persona: *El yo surge en la consciencia del niño a partir de su relación con los demás.* **4** ‖ **yo que {tú, él, ella...}.** *col.* Expresión que se usa para indicar una sugerencia: *Yo que tú, no iría, porque me parece que allí no eres bien recibido. Yo que él, no me metería donde no me llaman.* □ MORF. 1. Como pronombre no tiene diferenciación de género. 2. Para la acepción 1 →APÉNDICE DE PRONOMBRES. □ SINT. Incorr. *yo {*de ti › que tú}.*

yod s.f. En lingüística, sonido *i*, de carácter palatal, semiconsonante o semivocal según el sonido al que se agrupe: *La influencia de la yod sobre los sonidos contiguos es muy importante en la evolución del español. La 'i' del diptongo 'ie' es una yod semiconsonante.*

yodado, da adj. Que contiene yodo: *Algunos productos yodados se usan para desinfectar heridas. Cocinar con sal yodada es una forma de prevenir el bocio.*

yodo s.m. Elemento químico, no metálico y sólido, de número atómico 53, de estructura laminar y de color gris negruzco: *La falta de yodo en el organismo puede producir bocio. El yodo es un elemento químico del grupo de los halógenos.* □ ORTOGR. Su símbolo químico es *I*.

yodoformo s.m. Compuesto químico sólido y de color amarillo, que tiene un olor penetrante y que se usa en medicina para prevenir y combatir las infecciones, con aplicación externa: *Me aplicaron yodoformo en la herida para desinfectarla.*

yoga s.m. **1** Conjunto de disciplinas físicas y mentales hindúes destinadas a conseguir la perfección espiritual y la unión con lo absoluto: *Las fuentes del yoga son escritos antiguos.* **2** Práctica derivada de esta disciplina y dirigida a conseguir el dominio del cuerpo y la concentración mental: *Me he apuntado a un cursillo de yoga y estoy aprendiendo técnicas de relajación.*

yogui s. **1** Asceta hindú seguidor del sistema filosófico del yoga: *El yogui reflejaba una gran paz interior.* **2** Persona que practica los ejercicios físicos y mentales del yoga: *Los yoguis consiguen una gran flexibilidad del cuerpo.* □ MORF. Es de género común y exige concordancia en masculino o en femenino para señalar la diferencia de sexo: *el yogui, la yogui.*

yogur s.m. Producto alimenticio que se obtiene por fermentación de la leche: *Los yogures naturales son de color blanco.* □ ORTOGR. Es un término francés (*yogourt*) adaptado al español.

yogurtera s.f. Electrodoméstico que sirve para elaborar yogures: *Mezcla un yogur con un litro de leche, llena los recipientes de la yogurtera y enchúfala.*

yola s.f. Embarcación muy ligera y estrecha, movida a remo y con vela: *La yola se usa en algunas competiciones de remo.*

yonqui s. *col.* En el lenguaje de la droga, drogadicto: *El atracador era un yonqui que quería el dinero para comprarse heroína.* □ MORF. Es de género común y exige concordancia en masculino o en femenino para señalar la diferencia de sexo: *el yonqui, la yonqui.*

yóquey s. Jinete profesional de carreras de caballos; *yoqui*: *El yóquey tiene que vigilar su peso.* □ ORTOGR. Se usa también *jockey*. □ MORF. Es de género común y exige concordancia en masculino o en femenino para señalar la diferencia de sexo: *el yóquey, la yóquey*. Su plural es *yoqueis*. □ SEM. Dist. de *hockey* (un deporte).

yoqui s. →**yóquey.** □ MORF. 1. Es de género común y exige concordancia en masculino o en femenino para señalar la diferencia de sexo: *el yoqui, la yoqui*. 2. Su plural es *yoquis*.

yorkshire (anglicismo) adj./s.m. →**terrier de yorkshire.** □ PRON. [yórksair]. □ MORF. Como adjetivo es invariable en género.

yoyó s.m. Juguete formado por dos discos unidos por un eje, que se hace subir y bajar mediante una cuerda enrollada a dicho eje (por extensión del nombre de una marca comercial): *El yoyó es de origen chino.*

yoyoba s.f. →**jojoba.**

yuca s.f. Planta tropical americana, de tallo cilíndrico lleno de cicatrices, flores blancas y colgantes, hojas rígidas y raíz gruesa de la que se extrae harina para la alimentación: *En Europa, la yuca se usa como planta ornamental.*

yudo s.m. Deporte de origen japonés en el que se enfrentan dos personas, y cuya finalidad es el derribo y la inmovilización del adversario sin el uso de armas: *El yudo es un buen sistema de defensa personal.* □ ORTOGR. Es un anglicismo (*judo*) adaptado al español. □ USO Es innecesario el uso del anglicismo *judo*.

yudoca s. →**judoca.** □ MORF. Es de género común y exige concordancia en masculino o en femenino para señalar la diferencia de sexo: *el yudoca, la yudoca.*

yugo s.m. **1** Instrumento de madera que se coloca a los animales de tiro en el cuello o en la cabeza, y que va sujeto al carro o al arado: *Unió los bueyes con el yugo para que tirasen del carro.* **2** Dominio superior que obliga a obedecer: *El país vivía bajo el yugo del tirano.* **3** Carga pesada o atadura: *No podía soportar el yugo de tantas obligaciones, y cayó en una profunda depresión.* **4** ‖ **sacudirse el yugo.** Liberarse del dominio o de la opresión: *Los dos huérfanos se sacudieron el yugo de su tutor y se fueron a vivir solos.*

yugoslavo, va adj./s. De Yugoslavia (antiguo país europeo) o relacionado con él: *La capital yugoslava era Belgrado. Los yugoslavos ganaron el campeonato.*

yugular s.f. →**vena yugular.**

yunque s.m. **1** Instrumento de hierro acerado, que sirve para trabajar los metales: *El herrero sujetaba la herradura sobre el yunque y la golpeaba con el martillo. Algunos yunques tienen uno de sus extremos terminado en punta.* **2** En anatomía, hueso del oído medio que se articula con el martillo y con el lenticular: *El yunque es el segundo hueso de la cadena de huesecillos del oído.* 👁 **oído**

yunta s.f. Conjunto de dos animales de tiro o de labor: *La yunta de bueyes unidos por el yugo tiraba del arado.*

yuntero s.m. Persona que labra la tierra ayudado por una yunta: *El yuntero guiaba a la pareja de bueyes para que, al arar, no se torcieran.*

yupi interj. Expresión que se usa para indicar alegría: *¡Yupi, vamos al cine!*

yuppie (anglicismo) s. Joven profesional que posee una carrera universitaria y una posición económica elevada: *El director de la empresa es un yuppie de treinta años que tiene la carrera de Ciencias Económicas y Empresariales.* □ PRON. [yúpi]. □ MORF. 1. Es de género común y exige concordancia en masculino o en femenino para señalar la diferencia de sexo: *el yuppie, la yuppie.* 2. Es un acrónimo que procede de la sigla de *Young Urban and Proffesional People* (gente joven urbana y profesional).

yusivo, va adj. En lingüística, referido esp. al modo subjuntivo, que expresa una orden o un mandato: *La oración 'Que te calles' contiene un subjuntivo yusivo.*

yute s.m. **1** Planta anual de flores amarillas y fruto en cápsula: *El yute es una planta asiática.* **2** Fibra textil que se extrae de la corteza interior de esta planta: *El yute se puede emplear para hacer cuerdas.* **3** Tela confeccionada con esta fibra: *El yute es una tela basta, muy utilizada para hacer sacos.*

yuxtaponer v. **1** Colocar en la posición inmediata, sin ningún nexo de unión: *Has suspendido porque en el examen te has limitado a yuxtaponer datos sin seguir una argumentación lógica.* **2** En gramática, referido a dos elementos, unirlos sin utilizar nexos o conjunciones: *El punto y coma es un signo de puntuación muy utilizado para yuxtaponer oraciones.* □ MORF. Irreg.: 1. Su participio es *yuxtapuesto.* 2. →**PONER**.

yuxtaposición s.f. **1** Colocación de una cosa junto a otra inmediata a ella: *Este libro es una mera yuxtaposición de datos inconexos.* **2** En gramática, unión de varios elementos sin utilizar nexos o conjunciones: *El punto y coma es un signo de puntuación muy usado en casos de yuxtaposición.*

yuxtapuesto, ta part. irreg. de **yuxtaponer**. □ MORF. Incorr. **yuxtaponido.*

Z

z

z s.f. Vigésima séptima letra del abecedario: *'Zapato' empieza por 'z'.* □ PRON. Ante *a, o, u* representa el sonido consonántico interdental fricativo sordo, aunque está muy extendida la pronunciación como [s]: *zarpazo* [sarpáso] →**seseo**.

zafarrancho s.m. **1** Preparación de parte de una embarcación para dejarla dispuesta para una determinada faena: *Durante el zafarrancho de combate los soldados corrían a sus puestos.* **2** *col.* En el lenguaje militar, limpieza general: *En el cuartel hubo zafarrancho porque iba a visitarnos un general.* **3** *col.* Lío, riña o tumulto: *Cada vez que os juntáis armáis un zafarrancho tremendo.*

zafarse v.prnl. **1** Escaparse o esconderse para evitar un encuentro o un riesgo: *Conseguí zafarme antes de que llegaran.* **2** Referido a algo molesto, librarse de ello: *Se zafó de lavar los platos porque dijo que tenía prisa.* □ SINT. Constr.: *zafarse* DE *algo*.

zafiedad s.f. Falta de tacto y de elegancia en el comportamiento: *No soporto la zafiedad y grosería de sus chistes.*

zafio, fia adj. Grosero, tosco o sin tacto en la forma de actuar: *Es una persona zafia y sin la menor sensibilidad artística.*

zafiro s.m. Mineral de color azul o verde, formado por óxido de aluminio cristalizado, y muy utilizado en joyería: *Me han regalado una sortija con un zafiro.*

zaga s.f. **1** En algunos deportes, grupo de jugadores que forman la defensa: *El portero del equipo está muy bien protegido por la zaga.* **2** ‖ **a la zaga.** Atrás o detrás: *Llegó a la meta a la zaga del pelotón.* ‖ **no irle a la zaga** a alguien. *col.* No ser inferior a él en algo: *Aunque este alumno es muy listo, este otro no le va a la zaga.*

zagal, -a s. **1** Pastor joven: *Una linda zagala vigilaba las ovejas.* **2** Muchacho adolescente: *Ese zagal pronto tendrá que afeitarse.*

zaguán s.m. En una casa, espacio cubierto que sirve de entrada y que está contiguo a la puerta de la calle: *El mayordomo me dijo que esperara a la dueña de la casa en el zaguán.*

zaguero, ra ▮ s. **1** En algunos deportes de equipo, jugador que tiene la misión de obstaculizar la acción del contrario; *defensa: El zaguero despejó el balón hacia el campo contrario.* ▮ s.m. **2** En el juego de pelota por parejas, jugador que se sitúa en la parte de atrás de la cancha y que lleva el peso del partido: *Los zagueros lanzan la pelota desde el fondo del frontón.*

zaherir v. Referido a una persona, humillarla o mortificarla con palabras o con obras: *Lo zahiere con burlas crueles.* □ MORF. Irreg. →**SENTIR**.

zahorí s.m. Persona que tiene la facultad de descubrir lo que está oculto, esp. lo que se encuentra bajo tierra: *Contrataron un zahorí para que les dijera el lugar en el que tenían que hacer el pozo.* □ MORF. Aunque su plural en la lengua culta es *zahoríes*, se usa mucho *zahorís*.

zahúrda s.f. Establo para los cerdos; *cochiquera, pocilga: Ve a la zahúrda y échales la comida a los cerdos.*

zaíno, na adj. Referido a un toro, que tiene el pelaje de color negro y ningún pelo blanco: *El quinto de la tarde era un toro negro zaíno.*

zaireño, ña adj./s. De Zaire o relacionado con este país africano, actualmente llamado *República Democrática del Congo*: *La capital zaireña es Kinsasa. Los zaireños son principalmente de origen bantú.* □ MORF. Como sustantivo se refiere solo a las personas de Zaire.

zalamería s.f. Demostración de cariño exagerada y empalagosa: *Los abuelos estaban encantados con las zalamerías que les hacía su nieto.*

zalamero, ra adj. Que hace zalamerías o que las manifiesta: *Es tan zalamero conmigo que consigue lo que quiere.*

zamarra s.f. **1** Prenda de abrigo rústica, hecha de piel con su pelo o con su lana: *El pastor se abrigaba con su zamarra de oveja.* **2** Prenda de abrigo hecha o forrada de piel; *pelliza: Me han regalado una zamarra con el cuello de ante.*

zambo, ba adj./s. Referido a una persona o a un animal, que tiene las rodillas juntas y las piernas separadas hacia afuera: *El quinto toro de la tarde fue devuelto por zambo. Los zambos desgastan los pantalones por la parte interna de las rodillas.*

zambomba ▮ s.f. **1** Instrumento musical popular en forma de cilindro hueco, abierto por uno de sus extremos y cerrado por el otro con una piel tirante, en cuyo centro tiene sujeto un palo que, al ser frotado con la mano humedecida, produce un sonido fuerte y ronco: *Cantábamos villancicos acompañados de panderetas y zambombas.* 👁 **percusión** ▮ interj. **2** *col.* Expresión que se usa para indicar extrañeza, sorpresa, admiración o disgusto: *¡Zambomba, vaya coche te has comprado!*

zambombazo s.m. **1** Estampido o explosión muy ruidosos y fuertes: *Se oían los zambombazos de los cañones.* **2** En algunos deportes, disparo fuerte y potente: *El portero consiguió despejar el zambombazo del delantero.*

zambra s.f. Fiesta bulliciosa de los gitanos en la que hay baile y jaleo: *Celebraron el bautizo del recién nacido con una zambra.*

zambullida s.f. Introducción impetuosa y repentina en el agua: *Nos dimos varias zambullidas en el lago.*

zambullir ▌v. **1** Meter debajo del agua con ímpetu o de golpe: *Como vuelvas a zambullir al perrito en la piscina, te voy a castigar. Se zambulló saltando desde el trampolín.* ▌prnl. **2** Meterse de lleno en una actividad: *Para preparar el papel, el actor debe zambullirse en el personaje.* □ MORF. Irreg.: En las formas cuya desinencia contiene un diptongo *ie, io*, se pierde esta *i* ⟶**ZAMBULLIR.** □ SINT. Constr.: *zambullirse* EN *algo.*

zamorano, na adj./s. De Zamora o relacionado con esta provincia española o con su capital: *El lago de Sanabria se encuentra en tierras zamoranas. Los zamoranos tienen frontera con Portugal, Orense, León, Valladolid y Salamanca.* □ MORF. Como sustantivo se refiere solo a las personas de Zamora.

zampabollos s. *col.* Persona que come con exceso y con ansia: *Es un zampabollos y come todo lo que le pongas delante.* □ MORF. 1. Es de género común y exige concordancia en masculino o en femenino para señalar la diferencia de sexo: *el zampabollos, la zampabollos.* 2. Invariable en número.

zampar v. *col.* Comer o beber rápidamente y con exceso: *Te pasas el día zampando y vas a engordar. Se zampó él solo toda la tarta.*

zampón, -a adj./s. *col.* Referido a una persona, que come mucho: *No seas zampón y deja algo para los demás. En mi familia somos todos unos zampones.*

zampoña s.f. Instrumento musical de carácter rústico, semejante a una flauta o compuesto por un conjunto de ellas: *La zampoña es un instrumento propio de los antiguos pastores.* 👁 **viento**

zanahoria s.f. **1** Planta herbácea de hojas muy divididas, de flores blancas, y de fruto seco y comprimido, que tiene una raíz comestible, carnosa y de color anaranjado: *Voy a ir a regar las zanahorias de la huerta.* **2** Raíz de esta planta: *A los conejos les gustan mucho las zanahorias.*

zancada s.f. Paso largo de una persona: *Caminaba a grandes zancadas.*

zancadilla s.f. **1** Cruce de una pierna por entre las de otra persona con la intención de hacerle perder el equilibrio: *El defensa derribó al atacante con una zancadilla.* **2** *col.* Lo que se hace para evitar que otra persona consiga lo que desea: *Consiguió triunfar a pesar de las zancadillas que le pusieron.*

zancadillear v. Poner una zancadilla: *Me zancadilleó para que no llegara antes que él a la meta.*

zanco s.m. Cada uno de los dos palos largos con soportes para colocar los pies que se usan para hacer juegos de equilibrios y danzas: *En el desfile pasaron gigantes, cabezudos y payasos con zancos.*

zancudo, da ▌adj./s.f. **1** Referido a un ave, que se caracteriza por tener los tarsos muy largos y desprovistos de plumas: *La cigüeña y la grulla son aves zancudas. La mayoría de las zancudas viven cerca de charcas, de ríos o del mar.* ▌s.f.pl. **2** En zoología, grupo de estas aves: *En clasificaciones antiguas, las zancudas eran un orden.*

zanganear v. *col.* Pasar el tiempo vagueando y sin trabajar: *Estuvo zanganeando toda la mañana sin hacer nada.*

zángano, na ▌s. **1** *col.* Persona holgazana, que intenta trabajar lo menos posible: *Ese zángano vive a costa de su familia.* ▌s.m. **2** Abeja macho: *Los zánganos carecen de aguijón y no elaboran miel.* 👁 **insecto**

zangolotear v. *col.* Moverse de un lado para otro sin ningún fin: *Pasé la mañana sin hacer nada útil, zangoloteando por el centro.*

zanja s.f. En un terreno, excavación larga y estrecha: *La calle está en obras y llena de zanjas.*

zanjar v. Referido a un asunto, resolverlo o solucionarlo terminando con todas las dificultades o inconvenientes: *¡A ver si zanjáis vuestras diferencias de una vez!* □ ORTOGR. Conserva la *j* en toda la conjugación.

zapa s.f. **1** Excavación de una galería subterránea o de una zanja descubierta: *Para abrir un túnel hay que hacer un trabajo de zapa.* **2** Maniobra oculta y disimulada, esp. la que intenta provocar un fracaso: *Tu labor de zapa no conseguirá hacer fracasar mis planes.*

zapador s.m. Soldado perteneciente al arma de ingenieros: *Los zapadores abren trincheras y zanjas.*

zapata s.f. En un sistema de frenado, pieza que actúa contra las ruedas para moderar o impedir su movimiento: *Estas zapatas están ya muy gastadas y la bici no frena bien.*

zapatazo s.m. Golpe dado con un zapato, esp. si es muy sonoro: *Deja de dar zapatazos, que vas a molestar a los vecinos de abajo.*

zapateado s.m. Modalidad del baile español basada en el golpeteo del suelo con los zapatos: *La clave del zapateado está en saber mover los pies sin que se mueva el resto del cuerpo.*

zapatear v. Dar golpes en el suelo con los pies calzados, esp. si es al bailar flamenco: *Cuando la bailaora terminó de zapatear, el público aplaudió muchísimo.*

zapatería s.f. **1** Establecimiento en el que se hace o se vende calzado: *He comprado estas botas en la zapatería de la esquina.* **2** Industria o actividad relacionada con el calzado: *La zapatería española tiene mucha fama.*

zapatero, ra ▌adj. **1** Del calzado o relacionado con él: *La industria zapatera es muy importante en el Levante español.* **2** Referido a un alimento, que se pone correoso por haber sido cocinado hace bastante tiempo: *Habéis tardado tanto que las patatas fritas se han quedado zapateras.* ▌s. **3** Persona que fabrica, arregla o vende calzado: *Un zapatero remendón es el que arregla el calzado.* ▌s.m. **4** Mueble o parte de él destinado a guardar zapatos: *La parte baja de ese armario empotrado es el zapatero.* **5** Insecto de cuerpo negro ovalado y alargado con las dos patas delanteras cortas y las cuatro posteriores muy largas y delgadas, que tiene movimientos muy rápidos sobre la superficie del agua; *tejedor*: *Los zapateros se alimentan de insectos que atrapan con las patas delanteras.* 👁 **insecto** □ MORF. En la acepción 5, es un sustantivo epiceno: *el zapatero macho, el zapatero hembra.*

zapateta s.f. Golpe o palmada que se da con el pie, saltando al mismo tiempo en señal de alegría: *El niño estaba contento y daba zapatetas.*

zapatiesta s.f. Alboroto, jaleo o pelea ruidosos; *trapatiesta*: *Los dejé solos un momento y ¡menuda zapatiesta organizaron!*

zapatilla s.f. Zapato ligero, generalmente de tela y con suela delgada: *En casa siempre estoy en zapatillas.* 👁 **calzado**

zapatillazo s.m. Golpe dado con una zapatilla: *Como me enfades, te doy un zapatillazo en el culo.*

zapato s.m. Calzado que no sobrepasa el tobillo: *Se puso los zapatos de tacón para ir a la fiesta.* 👁 **calzado**

zape interj. *col.* Expresión que se usa para ahuyentar al gato: *¡Zape, que aquí no puedes estar!*

zapeo s.m. Cambio continuo de canal televisivo utilizando el mando a distancia: *Me pone muy nerviosa que en medio de una película te pongas a hacer zapeo.* ☐ USO Es innecesario el uso del anglicismo *zapping*.

zapping (anglicismo) s.m. →**zapeo.** ☐ PRON. [zápin].

zar s.m. Antiguamente, emperador de Rusia (antiguo Estado euroasiático) o soberano de Bulgaria (país del este europeo): *El zar ruso tenía un poder absoluto.* ☐ MORF. Su femenino es *zarina*.

zarabanda s.f. **1** Pieza musical de danza, de ritmo ternario, lento y de carácter solemne, que forma parte de la suite y de la sonata: *En una suite, la zarabanda es una danza optativa que puede ser remplazada por otras piezas.* **2** Danza popular española de los siglos XVI y XVII: *La zarabanda fue prohibida por el Consejo de Castilla en el siglo XVI, debido a las censuras que recibía de los moralistas.* **3** Ruido fuerte, jaleo o alboroto: *No he podido dormir la siesta con la zarabanda que se formó en la calle.*

zaragozano, na adj./s. De Zaragoza o relacionado con esta provincia española o con su capital: *Calatayud es una ciudad zaragozana. La fiesta grande de los zaragozanos es la de la Virgen del Pilar.* ☐ MORF. Como sustantivo se refiere solo a las personas de Zaragoza.

zaragüelles s.m.pl. Especie de calzones anchos y muy fruncidos que se usaban antiguamente: *En los campos murcianos y valencianos se veían agricultores con zaragüelles.*

zarajo s.m. Tripa de cordero trenzada o enrollada, que se come asada: *Los zarajos son típicos de Cuenca.*

zarandaja s.m. Lo que tiene poco valor o poca importancia: *Déjate de zarandajas y cuéntame algo más interesante.* ☐ MORF. Se usa más en plural.

zarandear v. Mover o sacudir de un lado a otro, repetidamente y con cierta violencia: *El muy bruto me cogió por la solapa y me zarandeó.*

zarandeo s.m. Movimiento repetido y violento de un lado a otro: *Con tanto zarandeo me estoy mareando.*

zarcillo s.m. **1** Pendiente, esp. el que tiene forma de aro: *Ese chico lleva un zarcillo en la oreja derecha.* 👁 **joya 2** En algunas plantas, órgano largo y delgado que les sirve para asirse a tallos u otros objetos próximos: *Junto a la mata de judías clavamos una vara para que enrosque en ella los zarcillos y trepe.*

zarco, ca adj. De color azul claro, esp. referido al agua o a los ojos: *Tiene unos preciosos ojos zarcos.*

zarigüeya s.f. Mamífero marsupial de pequeño tamaño, parecido a la rata, con extremidades de cinco dedos, cola prensil, larga y desnuda, de costumbres nocturnas y alimentación omnívora, y que vive en los árboles: *La zarigüeya es un animal de origen americano.* ☐ MORF. Es un sustantivo epiceno y la diferencia de sexo se señala mediante la oposición *la zarigüeya {macho/hembra}*.

zarina s.f. de **zar.**

zarpa s.f. **1** En algunos animales, mano cuyos dedos no se mueven con independencia unos de otros y que generalmente tienen potentes uñas: *El león, el tigre, la pantera y el gato tienen zarpas.* **2** *col.* En una persona, mano: *Quítame las zarpas de encima y déjame en paz.*

zarpar v. Referido esp. a una embarcación, salir del lugar donde estaba atracada o fondeada: *Zarparemos cuando el capitán lo crea conveniente.*

zarpazo s.m. Golpe dado con la zarpa y herida que produce: *Un león le destrozó el brazo de un zarpazo.*

zarrapastroso, sa adj./s. *col.* Desaseado, andrajoso, sucio y roto: *Viste de forma zarrapastrosa. Hoy vienes hecho un zarrapastroso con esa ropa tan vieja.*

zarza s.f. Arbusto de tallos largos y nudosos con agudas espinas, hojas divididas en cinco hojuelas ovaladas y aserradas, flores blancas o rosadas en racimos terminales, cuyo fruto es la zarzamora: *La zarza es un arbusto silvestre.* ☐ MORF. Es la forma abreviada y usual de *zarzamora*.

zarzal s.m. Matorral de zarzas o lugar poblado de ellas: *Se cayó en un zarzal y salió lleno de arañazos.*

zarzamora s.f. **1** →**zarza. 2** Fruto de la zarza, que es una mora redondeada y pequeña.

zarzaparrilla s.f. **1** Arbusto de tallos delgados, largos y espinosos, hojas acorazonadas, ásperas y con muchos nervios, flores verdosas, fruto semejante al guisante y raíz fibrosa y casi cilíndrica: *La zarzaparrilla es un arbusto trepador muy común en España.* **2** Bebida refrescante elaborada con esta planta: *La zarzaparrilla es de color más claro que el coñac.*

zarzuela s.f. **1** Obra dramática y musical típicamente española, en la que alternan partes cantadas y habladas (por alusión al real sitio de la Zarzuela, en cuyas fiestas se empezaron a hacer representaciones con obras de este tipo): *Una zarzuela muy conocida es 'La verbena de la Paloma'.* **2** Plato compuesto por una serie de mariscos o pescados diferentes aliñados con una salsa: *Hoy comeremos zarzuela de mariscos.*

zas interj. *col.* Expresión que se usa para indicar que algo sucede de forma rápida o inesperada: *Esperaremos a que se duerma y ¡zas!, nos escaparemos.*

zascandil s.m. *col.* Persona inconstante, enredadora e inquieta: *¿Dónde se ha metido el zascandil de tu hija?* ☐ USO Aplicado a niños, tiene un matiz cariñoso.

zascandilear v. Ir de un lado a otro enredando y sin hacer nada útil: *Deja de zascandilear por la casa y siéntate a hacer los deberes.*

zéjel s.m. Composición poética de origen árabe, generalmente en octosílabos, que consta de un estribillo inicial y de un número variable de estrofas, cada una de las cuales presenta tres versos monorrimos que constituyen la *mudanza*, y un cuarto verso que rima con el estribillo y recibe el nombre de *vuelta*: *El zéjel procede de la lírica popular arábigo-española y aparece en la castellana en el siglo XIV.*

zelote s. Miembro de un grupo del antiguo pueblo judío, que se caracterizó por su fuerte y rígido integrismo religioso y por su oposición armada frente a los romanos: *Los zelotes organizaron violentas revueltas contra el Imperio romano.* ☐ ORTOGR. Se usa también *celota*. ☐ MORF. Es de género común y exige concordancia en masculino o en femenino para señalar la diferencia de sexo: *el zelote, la zelote*.

zen (del japonés) s.m. Práctica del budismo que consiste en controlar el espíritu para detener el curso del pensamiento y alcanzar la esencia de la verdad: *El zen es una* *forma filosófica procedente de la India.* ☐ SINT. Se usa mucho en aposición pospuesto a un sustantivo.

zénit s.m. →**cénit.**

zepelín s.m. →**globo dirigible.** ☐ ORTOGR. Es un germanismo (*Zeppelin*) adaptado al español. 👁 **globo**

zeta s.f. **1** Nombre de la letra z: *'Zarza' tiene dos zetas.* **2** En el alfabeto griego clásico, octava letra: *La grafía de la zeta es Z.*

zeugma s.m. Figura retórica o procedimiento del lenguaje consistente en hacer intervenir en varios enunciados un término que aparece expresado solo en uno de ellos y que debe sobrentenderse en los otros: *En la frase 'Yo soy rubia y tú morena' hay un zeugma.*

zigoto s.m. →**cigoto.**

zigurat s.m. Edificación religiosa propia de la cultura sumeria y acadia, formada por una torre piramidal escalonada, de base cuadrada o rectangular, en cuya parte superior se halla el templo: *Desde el templo del zigurat los sacerdotes mesopotámicos observaban los astros.* ☐ ORTOGR. Es un término acadio (*ziggurat*) semiadaptado al español. ☐ MORF. Su plural es *zigurats*.

zigzag s.m. Línea que en su desarrollo forma ángulos alternativos entrantes y salientes: *Un borracho andaba en zigzag por la calle.* ☐ MORF. Su plural es *zigzags*.

zigzaguear v. Estar o moverse en zigzag: *El arroyo zigzagueaba por el valle.*

zinc s.m. →**cinc.** ☐ PRON. [zink]. ☐ ORTOGR. Su símbolo químico es *Zn*. ☐ MORF. Su plural es *zincs*.

zíngaro, ra adj./s. →**cíngaro, ra.**

zipizape s.m. *col.* Alboroto o jaleo ruidosos: *Menudo zipizape armó el gato intentando cazar un ratón.*

zircón s.m. →**circón.**

zócalo s.m. Banda o franja horizontal que suele instalarse o pintarse en la parte inferior de las paredes; *friso, rodapié: El pasillo tiene un zócalo de azulejo que llega hasta la mitad de la pared.*

zoco s.m. En algunos países musulmanes, plaza con muchas tiendas y puestos de venta: *Cuando estuve en Marruecos me perdí en un zoco.*

zodiacal adj. Del Zodíaco (zona celeste que comprende las doce constelaciones que aparentemente recorre el Sol en un año), o relacionado con él: *Mi signo zodiacal es Géminis, porque nací el 20 de junio.* ☐ MORF. Invariable en género.

zombi ▌adj./s. **1** *col.* Atontado, alelado o sin capacidad de reacción: *He dormido poco y estoy zombi. A estas horas de la madrugada reconozco que soy una zombi.* ▌s. **2** Cuerpo inanimado que ha sido revivido por brujería: *Durante mi viaje por Haití, encontré a mucha gente que creía en los zombis.* ☐ MORF. 1. Como adjetivo es invariable en género. 2. Como sustantivo es de género común y exige concordancia en masculino o en femenino para señalar la diferencia de sexo: *el zombi, la zombi*.

zona s.f. **1** Superficie o espacio que forman parte de un todo: *Me duele la zona lumbar. En la zona tropical el clima es muy húmedo.* **2** Extensión amplia de terreno, esp. si sus límites dependen de razones políticas o administrativas: *Este es el único parque de la zona.* **3** Terreno o superficie incluidos dentro de ciertos límites: *Un jugador de baloncesto no puede estar más de tres segundos en la zona.*

zonal adj. De una zona o relacionado con ella: *En baloncesto, la defensa zonal es una labor de equipo.* ☐ MORF. Invariable en género.

zoo s.m. →**zoológico, ca.**

zoo- Elemento compositivo que significa 'animal': *zoolatría, zoología, zoófago, zoomorfo.*

zoofilia s.f. Atracción sexual de las personas hacia los animales: *La zoofilia es considerada una desviación sexual.*

zoología s.f. Ciencia que estudia los organismos animales: *Para este examen de zoología tengo que aprenderme las características de los mamíferos.*

zoológico, ca ▌adj. **1** De la zoología o relacionado con esta ciencia: *Van a hacer un estudio zoológico de esta zona.* ▌s.m. **2** Lugar de recreo en el que se guardan y se exhiben animales, esp. los no comunes o exóticos: *Lo que más me gusta del zoológico son los monos y los elefantes.* ☐ MORF. En la acepción 2, se usa mucho la forma abreviada *zoo*.

zoólogo, ga s. Persona que se dedica al estudio de los organismos animales, esp. si es licenciado en biología: *Los ornitólogos son zoólogos especializados en el estudio de las aves.*

zoom (anglicismo) s.m. →**zum.** ☐ PRON. [zum].

zopenco, ca adj./s. *col.* Referido a una persona, que es tonta, bruta o torpe: *No seas zopenca y hazlo con más cuidado, mujer. Si no sabes sumar 2 + 2, eres un zopenco.* ☐ USO Se usa como insulto.

zoquete adj./s. *col.* Referido a una persona, que tiene dificultad para entender las cosas: *Es tan zoquete que no se entera. Eres un zoquete y ya no sé qué hacer para que me entiendas.* ☐ MORF. 1. Como adjetivo es invariable en género. 2. Como sustantivo es de género común y exige concordancia en masculino o en femenino para señalar la diferencia de sexo: *el zoquete, la zoquete*. ☐ USO Se usa como insulto.

zorcico s.m. **1** Composición musical de carácter folclórico y propia del País Vasco (comunidad autónoma española): *El zorcico se suele interpretar con acompañamiento de chistu y tamboril.* **2** Baile de ritmo vivo que se ejecuta al compás de esta música: *El zorcico es un baile exclusivamente masculino.*

zorro, rra ▌adj./s. **1** *col.* Referido a una persona, que es astuta y sabe ocultar sus intenciones: *No seas tan zorro y dinos cuáles son tus propósitos. Para prosperar en este negocio hay que ser un zorro.* ▌s. **2** Mamífero de pelaje espeso y color pardo o rojizo, que tiene el morro muy alargado, las orejas puntiagudas y la cola larga y espesa con la punta blanca; *raposo: Entró un zorro en el corral y nos mató dos gallinas.* ▌s.m. **3** Piel curtida de este animal: *Llevaba un abrigo de piel sintética, que imitaba el zorro.* ▌s.f. **4** *col.* Prostituta: *¡Atrévete a llamarla zorra y te parto la cara!* **5** ‖ **hecho unos zorros.** *col.* En muy malas condiciones: *Llegó agotada y hecha unos zorros.* ‖ **no tener ni zorra.** *vulg.* No saber absolutamente nada: *Suspendí porque no tenía ni zorra de lo que me preguntaban.* ‖ **zorro ártico.** El de pelo blanco en invierno y pardo en verano, que habita en zonas frías: *El zorro ártico tiene el pelo largo.* ☐ USO La acepción 4 se usa como insulto.

zorzal s.m. Pájaro de color pardo, con el pecho claro con pequeñas motas, que tiene las patas robustas y el pico fuerte, y que generalmente se alimenta de insectos: *El zorzal tiene un canto melodioso.* ☐ MORF. Es un sustantivo epiceno y la diferencia de sexo se señala mediante la oposición *el zorzal {macho/hembra}*.

zotal s.m. Desinfectante o insecticida que generalmente se usa en establos y con el ganado (por extensión del nombre de la marca comercial *Zotal®*): *El olor del zotal es muy fuerte.*

zote adj./s. *col.* Referido a una persona, torpe y de poca inteligencia: *Soy muy zote para las matemáticas. Se lo expliqué pero no lo entendió porque es un zote.* □ MORF. 1. Como adjetivo es invariable en género. 2. Como sustantivo es de género común y exige concordancia en masculino o en femenino para señalar la diferencia de sexo: *el zote, la zote.* □ USO Se usa como insulto.

zozobra s.f. **1** Hundimiento de una embarcación: *La vía de agua que se abrió en el casco causó la zozobra del barco.* **2** Fracaso de una empresa o de un plan: *Esta noticia supone la zozobra de nuestros planes.* **3** Inquietud debida a una amenaza o a un mal: *Mi zozobra duró hasta que supe que estabas a salvo.*

zozobrar v. **1** Referido a una embarcación, irse a pique o hundirse: *El barco zozobró y no hubo supervivientes.* **2** Referido esp. a un asunto, fracasar o frustrarse: *Los planes zozobraron por culpa de un chivatazo.*

zueco s.m. **1** Calzado de madera de una sola pieza, que usaban los campesinos; *almadreña: Los campesinos, al ir al campo, se calzaban los zuecos para que no se les mojaran los pies.* **2** Calzado de cuero o de tela, con la suela de corcho o de madera, que deja el talón al descubierto: *La enfermera llevaba zuecos blancos.* 👁 **calzado**

zulo s.m. Escondite pequeño y generalmente subterráneo: *Durante el registro, la policía encontró un zulo con armas.*

zulú adj./s. De una tribu sudafricana o relacionado con ella: *El pueblo zulú era agricultor y ganadero. Los zulúes habitan en la República Sudafricana.* □ MORF. 1. Como adjetivo es invariable en género. 2. Como sustantivo es de género común y exige concordancia en masculino o en femenino para señalar la diferencia de sexo: *el zulú, la zulú.* 3. Aunque su plural en la lengua culta es *zulúes*, se usa mucho *zulús*.

zum s.m. En una cámara, objetivo de distancia de enfoque variable, que permite el acercamiento o el alejamiento ópticos de la imagen; *zoom: Me he comprado un zum para la máquina fotográfica.* □ MORF. Su plural es *zums*.

zumbado, da adj./s. *col.* Loco o con las facultades mentales un poco trastornadas: *No le hagas caso, que está zumbada. Solo a un zumbado podía ocurrírsele semejante tontería.*

zumbar v. **1** Producir un ruido o un sonido sordos y continuados, generalmente desagradables: *Los moscones zumbaban alrededor del pastel.* **2** *col.* Golpear: *Como no te estés quieto, te van a zumbar.* **3** ‖ **zumbando.** *col.* Muy deprisa: *Cuando te llame, quiero que vengas zumbando. La moto pasó zumbando.* □ SINT. *Zumbando* se usa más con los verbos *ir, marcharse, salir* y equivalentes.

zumbido s.m. Ruido sordo y continuado que resulta desagradable: *El zumbido de las abejas me pone nerviosa.*

zumbón, -a adj./s. *col.* Referido a una persona, que tiene un carácter alegre y burlón: *Deja de reírte de mí y no seas tan zumbón. Esos zumbones no se toman nada en serio.*

zumo s.m. Líquido que se obtiene al exprimir frutas o verduras: *El zumo de naranja es bueno para prevenir el resfriado.*

zurcido s.m. Cosido con que se repara un agujero en una tela disimulándolo: *Haz el zurcido con hilo del mismo color que la tela.*

zurcir v. **1** Referido a un agujero en una tela, coserlo tapándolo con puntadas ordenadas para que quede disimulado: *Me hice un siete en el pantalón, pero ya lo he zurcido.* **2** ‖ **que {me/te/le} zurzan.** *col.* Expresión que indica desprecio o desinterés: *Si no quieres venir, que te zurzan.* □ ORTOGR. La *c* se cambia en *z* delante de *a, o* →**ESPARCIR**.

zurdazo s.m. Golpe dado con la mano o con el pie izquierdos: *Consiguió el gol de un zurdazo.*

zurdo, da ▌ adj./s. **1** Referido a una persona, que tiene más habilidad con la mano o con la pierna izquierdas: *Escribo con la izquierda porque soy zurda. Los zurdos chutan con la izquierda.* ▌ s.f. **2** Pierna o mano izquierdas: *Metió un gol con la zurda.*

zurra s.f. *col.* Paliza o castigo de gran dureza: *Como seas malo, te daré una zurra.*

zurrar v. *col.* Golpear o castigar duramente: *¡No me levantes la voz, que te zurro!*

zurraspa s.f. *col.* Mancha de excrementos en los calzoncillos o en las bragas: *He metido los calzoncillos en lejía para quitarles las zurraspas.*

zurriagazo s.m. Golpe dado con el zurriago: *Todavía tiene la marca del zurriagazo que le dieron.*

zurriago s.m. Látigo que se usa para castigar: *Me amenazó con el zurriago.*

zurrón s.m. Bolsa grande que se lleva colgada para guardar la caza o las provisiones: *El pastor llevaba pan y queso en el zurrón.*

zutano, na s. Palabra comodín que se usa para designar a una persona cualquiera: *Allí estaban fulano, mengano, zutano y toda la concurrencia.* □ USO Se usa más en la expresión *fulano, mengano, zutano y perengano*.

Apéndices

1 REGLAS DE ACENTUACIÓN

Acento prosódico es la pronunciación destacada de una sílaba, distinguiéndola de las demás por su mayor intensidad: *doc**tor**, **ma**dre, **cí**nico*. Este acento se marca a veces gráficamente con una **tilde (')**, que se coloca sobre la vocal correspondiente según las siguientes reglas.

REGLAS GENERALES

Las **mayúsculas** llevan tilde y se ajustan a las reglas de acentuación igual que las minúsculas (***LÓ**PEZ, MAR**TÍN***).

Según su acentuación, las palabras se clasifican en:

Agudas: Las acentuadas en la última sílaba (*va**lor**, de**más***). Llevan tilde las acabadas en *-n* o en *-s* o en vocal (*ba**lón**, fran**cés**, so**fá***).

Excepción: Las acabadas en *-n* o en *-s*, cuando estas van precedidas de otra consonante (*Mi**lans**, ma**muts***).

Llanas o graves: Las acentuadas en la penúltima sílaba (***pa**ta, **ár**bol*). Llevan tilde las acabadas en consonante distinta de *-n* y de *-s* (***ám**bar, **Tú**nez*).

Excepción: Las acabadas en *-n* o en *-s*, cuando estas van precedidas de otra consonante (***bí**ceps*).

Esdrújulas: Las acentuadas en la antepenúltima sílaba (*mate**má**ticas, **dá**melo*). Llevan tilde todas.

Sobresdrújulas: Las acentuadas en la sílaba anterior a la antepenúltima (*pre**sén**tamelo*). Llevan tilde todas.

CASOS PARTICULARES

1 DIPTONGOS Y TRIPTONGOS

Son conjuntos de vocales que se pronuncian en la misma sílaba.

Un **diptongo** consta de dos vocales: una abierta (*a, e, o*) y otra cerrada (*i, u*), o bien las dos cerradas: ***cau**sa, **rui**do*.

Un **triptongo** consta de tres vocales: una abierta (la del centro) y dos cerradas (las de los lados): *lim**piáis***.

Las palabras con diptongos o con triptongos siguen las reglas generales de acentuación. Si, de acuerdo con estas reglas, la sílaba que los contiene debe llevar tilde, esta se escribirá sobre la vocal más abierta: *sa-**béis**, a-ve-ri-**guáis*** (lleva tilde por ser palabra aguda acabada en *-s*), ***sau**na* (no lleva tilde por ser palabra llana acabada en vocal).

Si el diptongo que debe llevar tilde está formado por dos vocales cerradas (*ui, iu*), la tilde se escribirá sobre la última: ***cuí**-da-te*.

2 HIATOS

Hiato es el contacto de dos vocales que forman sílabas distintas (*ca-**o**s, Ma-**rí**-**a***).

Las palabras con hiatos siguen las reglas generales de acentuación: *le-**ón*** (lleva tilde por ser palabra aguda acabada en *-n*), *be-**o**-do* (no lleva tilde por ser palabra llana acabada en vocal), *ve-**hí**-cu-lo* (lleva tilde por ser palabra esdrújula).

Excepción: Si la vocal en hiato sobre la que recae el acento es una *i* o una *u*, llevará tilde aunque no le corresponda según las reglas generales: *son-re-**ír*** (lleva tilde, a pesar de ser palabra aguda acabada en consonante distinta de *-n* y de *-s*).

3 MONOSÍLABOS

En general, no llevan tilde (*paz, fue, don*), pero tradicionalmente algunos sí la llevaban porque al pronunciarlos se trataban como bisílabos; hoy se consideran monosílabos a efectos ortográficos y no llevan tilde (*guion, truhan, ion*, etc.).

Excepciones:

Algunos monosílabos llevan tilde para evitar su confusión con otras palabras: ***té*** (bebida) - ***te*** (pronombre); ***más*** (adverbio de cantidad) - ***mas*** (conjunción adversativa). Ver apartado 6.

La conjunción *o* no lleva tilde cuando va entre cifras, porque no existe confusión con el cero: *Vive en el número 20 **o** 22.*

4 PALABRAS COMPUESTAS

Cuando dos o más palabras se unen para formar un compuesto, solo la última conserva su tilde: *decimo**sép**timo* (de ***dé**cimo* y ***sép**timo*).

Cuando dos palabras se unen por medio de guion (-), ambas conservan su tilde: *po**lí**tico-eco**nó**mico*.

Los adverbios formados sobre un adjetivo y acabados en *-mente* llevan tilde solo si la lleva también dicho adjetivo: ***fá**cilmente, **ton**tamente* (aunque es palabra sobresdrújula, no lleva tilde por no llevarla tampoco el adjetivo *tonto*).

5 FORMAS VERBALES CON PRONOMBRES ENCLÍTICOS

Las palabras que están formadas por un verbo y uno o más pronombres pospuestos, llevan tilde solo cuando lo requieren las reglas generales de acentuación: *es**ta**te, **már**chate*.

6 PALABRAS QUE SE DISTINGUEN GRÁFICAMENTE POR LA TILDE

Algunas palabras que, según las reglas generales, no deberían llevar tilde, la llevan para evitar su confusión con otras palabras de igual forma pero de diferente significado o categoría gramatical. Esta tilde es **diacrítica**.

Los pronombres *que, quien, cual, cuanto* y los adverbios *donde, cuando* y *como* llevan tilde cuando son interrogativos o exclamativos: *¿**Qué** quieres? ¡**Cuán**to me gusta! Pregúntale **dón**de nos vemos.* No llevan tilde cuando son pronombres o adverbios relativos: *Perdí la pluma que me regalaste. Toma cuanto necesites. Déjalo donde estaba.*

Otras palabras:

Con tilde	Sin tilde
aún (= *todavía*)	*aun* (= *incluso*)
dé (del verbo dar)	*de*, prep.
él, pron. pers.	*el*, art. determ.
más, adv.	*mas*, conj.
mí, pron. pers.	*mi*, pron. poses. adj.
sé (de los verbos *ser* o *saber*)	*se*, pron. pers.
sí, pron. pers. o adv.	*si*, conj.
té, s.m.	*te*, pron. pers.
tú, pron. pers.	*tu*, pron. poses. adj.

7 PALABRAS CON DOS FORMAS DE ACENTUACIÓN CORRECTAS

*alve**o**lo - al**vé**olo*
*bere**ber** - be**ré**ber*
*car**dia**co - car**dí**aco*
*e**li**te - **é**lite*
***i**bero - **í**bero*
*olim**pia**da - olim**pí**ada*
*pe**rio**do - pe**rí**odo*
*poli**cia**co - poli**cí**aco*

SIGNOS DE PUNTUACIÓN 2

. PUNTO

Indica que la oración u oraciones precedentes tienen un sentido gramatical y lógico completos. Señala una pausa fuerte en la lectura. Después de punto se empieza a escribir siempre con mayúscula.

Se llama **punto y seguido** cuando lo sigue inmediatamente otra oración, perteneciente al mismo párrafo.

Se llama **punto y aparte** cuando lo sigue un párrafo nuevo, que debe empezar en un renglón distinto. Su uso indica que hay un cambio de tema o de enfoque.

, COMA

Indica una pausa breve en el interior de la frase.

Se usa:

Para separar un vocativo del resto de su frase. Este vocativo irá: entre comas, si está en medio de la frase *(A ustedes, estudiantes, me dirijo)*; seguido de coma, si está al principio *(Joven, venga conmigo)*; precedido de coma, si está al final *(¡Hazme ese favor, Pedro!)*.

Para separar los elementos que forman una enumeración o una serie y que son de la misma clase.

El último de estos elementos suele ir separado por una conjunción *(y, e, o)*: *Vinieron Pedro, Juan y María.*

Para separar las proposiciones de una oración o los distintos miembros de una cláusula: *El día era claro, corría brisa, todo estaba a punto...*

Para enmarcar y separar un inciso, una oración de relativo explicativa u otra explicación dentro de una frase: *La vida, como decía tu padre, es un camino azaroso.*

Para separar una proposición subordinada que se antepone a la principal: *Cuando ya nos íbamos, llegó él.*

Para marcar la falta de un verbo que se sobrentiende: *Ese es mi hermano, y esa, mi hermana.*

Para separar del resto de la oración conjunciones o expresiones *(pues, por tanto, sin embargo, no obstante, es decir)*: *Es la mujer de mi hermano, es decir, mi cuñada.*

; PUNTO Y COMA

Indica una pausa mayor que la coma, sin llegar a marcar, como el punto, el fin de una oración.

Se usa:

Para separar oraciones o miembros de un período que ya incluyen comas: *Hoy barreré, lavaré, plancharé; mañana iré a clase, estudiaré y me acostaré pronto.*

Para separar oraciones coordinadas adversativas de cierta extensión: *Tiene salud, inteligencia y todo lo necesario para triunfar; pero le falta confianza en sí mismo.*

Delante de una oración que empieza por conjunción, pero que no tiene perfecto enlace con la anterior: *Todos corrían y chillaban, todo era alboroto; y, en otros lugares, la vida seguiría igual.*

: DOS PUNTOS

Indican que lo que sigue a continuación completa o aclara el sentido de la oración precedente, o responde a algo anunciado en ella.

Se usan:

Para introducir una cita textual: *Comienza un poema de Fray Luis: «Del monte, en la ladera [...]».*

Para introducir una enumeración o una frase que explica o detalla lo dicho anteriormente: *Los huesos del oído medio son tres: martillo, yunque y estribo.*

Después del encabezamiento de una carta o de otro escrito con que nos dirigimos a su destinatario: *Querido Antonio: Te escribo estas líneas...*

Después de los dos puntos se suele empezar a escribir con minúscula, salvo para iniciar una cita o el texto de una carta.

... PUNTOS SUSPENSIVOS

Indican que la frase o el texto no están completos.

Se usan:

Para expresar una interrupción del hablante debida a una duda, a un temor o a otra razón: *Pero... ¿estás completamente seguro?*

Para evitar expresar por completo algo que se sobrentiende o una frase conocida de todos: *No es una joya pero a caballo regalado...*

En una cita textual, para señalar que se ha suprimido alguna parte que se consideraba innecesaria. En este caso, los puntos suspensivos suelen ir entre corchetes: *«En un lugar de la Mancha [...], no ha mucho tiempo [...]».*

¿? ¡! INTERROGACIÓN Y EXCLAMACIÓN

Se usan:

Para enmarcar, respectivamente, una expresión interrogativa directa *(¿Qué haces?)* o una expresión exclamativa *(¡Qué bonito!)*.

Se colocan justo donde empieza y termina la expresión interrogativa o exclamativa, aunque estas sean parte de una oración mayor: *Después de tanto tiempo, ¿ahora me sales con esto? Ya estoy harto, ¡demonios!*

Después de estos signos, nunca se escribe punto.

Se usa **(?)** y **(!)** para expresar, respectivamente, duda o asombro: *Sé que estarás de acuerdo conmigo (?). Se dejó insultar, sonrió y se despidió amablemente (!).*

«» “” COMILLAS

Se usan:

Para enmarcar una cita textual: *Empezó el discurso con un «Amigos todos».* Si la cita es extensa y tiene varios párrafos, se ponen comillas invertidas (**»**) al comienzo del segundo párrafo y los siguientes.

Para enmarcar un sobrenombre *(Leopoldo Alas «Clarín»)* o una expresión a la que se quiere dar un sentido irónico o figurado: *No sé cómo puedes concentrarte en ese ambiente tan «silencioso».*

Las comillas simples (‘’) pueden desempeñar las mismas funciones que las dobles dentro de un texto que ya está entrecomillado: *Muy enojada, le dijo: «¡Bonita ‘hazaña’ la tuya!».*

( ) PARÉNTESIS

Se usan:

Para enmarcar y separar del resto de la frase una aclaración, un dato o una observación al margen: *Venían cansados, polvorientos (¡y que nosotros nos quejemos!),...*

En las obras de teatro suele enmarcar las acotaciones e indicaciones para la puesta en escena:

PEDRO. (Asustado).– ¿Quién anda ahí?

JUAN.– ¿No me conoces? (Se acerca). ¡Soy Juan!

[ ] CORCHETES

Equivalen a los paréntesis, pero solo **se usan** en casos especiales:

Para introducir un nuevo paréntesis en una frase que ya va entre paréntesis: *El Siglo de las Luces (y de la Revolución francesa [1789])...*

Para introducir una aclaración o un añadido en una reproducción textual de un texto: *Según su biógrafo, «nadie como aquella mujer (su madre) influyó tanto en el poeta».*

– RAYA

Se usan:

Como un paréntesis: *Te aseguro –dijo muy serio– que no desistiré.*

En los diálogos, especialmente en los de novelas, para indicar que se inicia la intervención de un nuevo interlocutor:

–¿Llevas mucho esperando?
–Un rato.

- GUION

Se usa:

Para separar elementos de una palabra compuesta, cuando no están totalmente fusionados: *cívico-militar*.

Para dividir palabras a final de línea, teniendo en cuenta las siguientes restricciones:

- No deben separarse letras de una misma sílaba, salvo que se trate de palabras compuestas o de palabras formadas por un prefijo y otro término. En estos casos es posible la separación siguiendo las sílabas (*hipe-/ractivo, ma-/lentendido*) o separando los componentes (*hiper-/activo, mal-/entendido*). Esta segunda opción solo es posible si los componentes de dichas palabras tienen existencia independiente, o si el prefijo sigue funcionando actualmente como tal. No es correcta la separación **in-/hibido* o **des-/huesar* («hibido» y «huesar» no significan nada).
- No debe dejarse una vocal sola a final o principio de renglón: *ami-/go* y no **a-/migo*; *sime-/tría* y no **simetrí-/a*.
- No deben separarse, a final de línea, dos o más vocales seguidas, aunque formen hiato (*meteó-/rico* y no **mete-/órico*), salvo que formen parte de dos elementos distintos de una palabra compuesta (*bioé-/tica* o *bio-/ética*).
- No debe quedar, a comienzo de renglón, ninguna combinación gráfica extraña: *clorhí-/drico* y no **clo-/rhídrico*; *bien-/hablado* y no **bie-/nhablado*; *des-/helar* y no **de-/shelar*; *mal-/herir* y no **ma/lherir*.
- La *x* seguida de vocal no debe separarse: *ta-/xímetro* y no **tax/imetro*.
- No deben separarse los dígrafos *ch, ll* y *rr*, salvo que la *rr* sea resultado de la unión de un prefijo acabado en *-r* y una palabra que empiece por *r-*: *mu-/cho, bu-/llir, sie-/rra; super-/realista* y no **supe-/rrealista*.
- No deben separarse los grupos formados por una consonante seguida de *l* o *r*, salvo que los grupos *bl* y *br* procedan de la unión de un prefijo acabado en *-b* y una palabra que empiece por *l-* o *r-*: *sub-/lunar* y no **su-/blunar*; *sub-/rogar* y no **su-/brogar*.
- Los extranjerismos deben dividirse a final de línea siguiendo las normas del idioma correspondiente.
- Las abreviaturas y las siglas no deben dividirse a final de línea.
- Si una palabra compuesta con guion debe partirse por dicho signo a final de línea, el guion debe aparecer tanto al final de esa línea como al principio de la siguiente: *fonético-/-ortográfico*.

¨ DIÉRESIS

Se usa:

En las combinaciones *gue, gui,* sobre la letra *u*, para indicar que esta debe pronunciarse: *vergüenza*.

En poesía, sobre la primera vocal de un diptongo, para indicar que este debe leerse en dos sílabas: *rüido* (se lee [*ru-i-do*]).

' APÓSTROFO

Indica que se ha producido una elisión de algún sonido. En español, hoy solo se usa para reproducir una elisión en la expresión oral y generalmente coloquial: *¡Ven p'acá!* («Ven para acá»).

* (1) LLAMADA

Se usa para remitir al lector a las notas a pie de página o a otro lugar de la obra donde encontrará información complementaria.

FORMACIÓN DE ABREVIATURAS, SIGLAS Y ACRÓNIMOS 3

USO DE ABREVIATURAS

Una **abreviatura** es la representación de una palabra en la escritura con una o varias de sus letras. Dichas letras conservan el mismo orden que en la palabra que se quiere abreviar: ***Sr.*** (*señor*), ***ej.*** (*ejemplo*), ***poét.*** (*poético*).

Solo pueden terminar en vocal si esta es la última letra de la palabra: ***Sra.*** (*señora*), ***avda.*** (*avenida*), ***apdo.*** (*apartado*).

Cuando una palabra se abrevia por una sílaba que incluye más de una consonante antes de la vocal, deben escribirse todas ellas: ***intr.*** (*intransitivo*).

Se escriben siempre con punto final, y si llevan letras voladitas, el punto irá colocado antes de estas (***n.º, M.ª***); y en los casos de palabras con tilde, esta se conserva en la abreviatura: ***pág.*** (*página*).

Para formar el plural:

Si la abreviatura de una palabra es una sola letra, esta se duplica: ***s.*** (*siguiente*), ***ss.*** (*siguientes*).

Si la abreviatura consta de varias letras, se añade una *-s* o *-es*: ***ej.*** (*ejemplo*), ***ejs.*** (*ejemplos*), ***Sres.*** (*señores*).

Nunca se divide una abreviatura a final de línea.

Algunos ejemplos:

a. m. .... *ante merídiem (antes del mediodía)*
aprox. .... *aproximadamente*
atte. .... *atentamente*
cía. .... *compañía*
p. m. .... *post merídiem (después del mediodía)*
U., Ud. .... *usted*

USO DE SIGLAS Y ACRÓNIMOS

Una **sigla** es un término formado, en general, con las iniciales de otras palabras que forman un enunciado, título o denominación: ATS (**A**yudante **T**écnico **S**anitario). Su abundancia en diarios, libros, revistas, radio, cine, televisión, etc., se explica por la economía de tiempo y espacio que suponen en la lengua.

Tipos de siglas:

Propias, si se forman solo con las iniciales de las palabras con significado: RAE (**R**eal **A**cademia **E**spañola), BOE (**B**oletín **O**ficial del **E**stado).

En su origen se escribían separando cada letra inicial con un punto, pero la lectura silábica lo ha hecho innecesario: O.N.U. → ONU (**O**rganización de **N**aciones **U**nidas).

Hay otras siglas formadas exclusivamente por consonantes que solo pueden leerse deletreando: FM (**F**recuencia **M**odulada).

Impropias, cuando se componen con letras no solo iniciales, o con letras de palabras no significativas —nexos, artículos—. Esta clase de siglas recibe también el nombre de **acrónimos**.

Se escriben con inicial mayúscula y el resto minúscula: Renfe (**Re**d **N**acional de los **F**errocarriles **E**spañoles), Banesto (**Ban**co **E**spañol de Crédi**to**).

Cuando son siglas creadas para nombrar un nuevo objeto, se escriben con minúsculas, incluso la letra inicial: *ovni* (objeto volador no identificado).

Las siglas silábicas pueden separarse por sílabas al final de renglón: *si-da* (**s**índrome de **i**nmuno**d**eficiencia **a**dquirida).

Las siglas **funcionan** como un sustantivo especial.

Pueden ir acompañadas de un artículo que indica el género de la palabra más importante: *la uvi* (**u**nidad de **v**igilancia **i**ntensiva).

No tienen plural, pero este puede aparecer en el artículo que las acompaña: *los PVP* (los **p**recios de **v**enta al **p**úblico).

Pueden dar lugar a palabras derivadas: *los etarras*.

Algunos ejemplos:

IPC: **í**ndice de **p**recios al **c**onsumo.

IVA: **i**mpuesto sobre el **v**alor **a**ñadido.

OPA: **o**ferta **p**ública de **a**dquisición.

OTAN: **O**rganización del **T**ratado del **A**tlántico **N**orte.

UE: **U**nión **E**uropea.

4 SUFIJOS

A. SUFIJOS

SUFIJO	CATEGORÍA GRAMATICAL RESULTANTE	SIGNIFICADO	EJEMPLO
-a	s.	acción y efecto	*toma, poda*
-áceo, -ácea	adj.	pertenencia	*opiáceo*
		semejanza	*grisáceo*
-acho, -acha	adj. o s.	despectivo	*ricacho, picacho*
-aco, -aca	adj. o s.	despectivo	*pajarraco*
		gentilicio	*checoslovaco*
		relación	*policiaco*
-ada	s.	conjunto	*muchachada*
		golpe, herida	*pedrada*
		abundancia	*mariscada*
		ingrediente	*naranjada*
		acción	*payasada*
-ado	s.	tiempo	*reinado*
		lugar	*condado*
		empleo, dignidad	*papado*
		conjunto	*alcantarillado*
-aico, -aica	adj.	pertenencia, origen, relación	*judaico, incaico, pirenaico*
-aina	adj. o s.	conjunto	*azotaina*
		despectivo	*tontaina*
-aja	s.	diminutivo despectivo	*migaja*
-aje	s.	acción y efecto	*aterrizaje*
		lugar	*hospedaje*
		conjunto	*ramaje*
-ajo, -aja	adj. o s.	diminutivo despectivo	*pequeñajo*
-ajo	s.	diminutivo despectivo	*sombrajo*
-al	adj.	relación, pertenencia	*arbitral, primaveral*
	s.	lugar	*maizal, arenal*
-ales	adj. o s.	humorístico	*rubiales*
-ambre	s.	conjunto	*pelambre*
-amen	s.	conjunto	*velamen*
-án, -ana	adj. o s.	gentilicio	*catalán, alemán*
-anco	s.	despectivo	*potranco*
-ano, -ana	adj. o s.	origen, relación	*luterano, parroquiano*
		gentilicio	*americano, italiano*
-ano	s.	hidrocarburo saturado	*metano, propano*
-anza	s.	acción y efecto	*enseñanza, tardanza*
-ar	adj. o s.	condición, pertenencia	*familiar, angular*
-ario, -aria	adj. o s.	pertenencia, relación	*rutinario, revolucionario*
		lugar	*funeraria, campanario*
		profesión	*empresario, bibliotecario*
-astre	s.	despectivo	*pillastre*
-astro, -astra	s.	despectivo	*poetastro, medicastro*
-ata	s.	acción y efecto	*caminata, cabalgata*
		abreviatura coloquial	*bocata, cubata*
-ático, -ática	adj. o s.	relación, pertenencia	*acuático, lunático*
-ato	s.	dignidad, cargo	*decanato, virreinato*
		institución	*sindicato, orfanato*
		acción y efecto	*asesinato*
		cría	*cervato, ballenato*
-avo, -ava	adj. o s.	partitivo	*doceavo, onceavo*

SUFIJO	CATEGORÍA GRAMATICAL RESULTANTE	SIGNIFICADO	EJEMPLO
-az	adj. o s.	cualidad, aptitud	*veraz, vivaz*
-azgo	s.	dignidad, cargo	*almirantazgo*
		estado	*noviazgo*
		acción y efecto	*mecenazgo*
-azo, -aza	s.	aumentativo	*padrazo, manaza*
		golpe	*porrazo, cabezazo*
		despectivo	*grasaza*
-bilidad	s.	cualidad	*amabilidad*
-ble	adj.	capacidad, actitud	*irritable, disponible*
-ción	s.	acción y efecto	*acusación, demolición*
-da	s.	acción y efecto	*llegada, cogida, salida*
		contenido	*cucharada, paletada*
-dad	s.	cualidad	*levedad, maldad, modernidad*
-dera	s.	instrumento	*regadera, podadera*
-dero, -dera	adj.	posibilidad	*casadero, hacedero, venidero*
	s.	lugar	*matadero, apeadero*
-do, -da	adj. o s.	posesión	*barbado*
		semejanza	*espigado, rosado*
		cualidad	*colorido*
-do	s.	acción y efecto	*revelado, tendido*
-dor, -dora	adj. o s.	agente	*pecador, bebedor*
		instrumento	*indicador, aspiradora*
		lugar	*cenador, recibidor*
		profesión, ocupación	*pescador, proveedor*
-dura	s.	acción y efecto	*raspadura, rozadura*
		instrumento	*cerradura*
-e	s.	acción y efecto	*aguante, goce*
-ear	v.	incoativo	*amarillear, verdear*
		frecuencia	*humear, vocear*
		acción	*golpear, agujerear*
-ecer	v.	cambio de estado	*entristecer, palidecer*
-eda	s.	lugar	*alameda, rosaleda*
-edal	s.	lugar	*robledal, lauredal*
-edizo	adj. o s.	tendencia	*caedizo, movedizo*
		posibilidad	*bebedizo, corredizo*
-edo	s.	lugar	*robledo, viñedo*
-ego, -ega	adj. o s.	gentilicio	*manchego, gallego*
-ejo	adj. o s.	despectivo	*animalejo, caballejo*
-ena	s.	colectivo	*docena, quincena*
-enco, -enca	adj. o s.	gentilicio	*ibicenco, jijonenco*
-engo	adj.	relación, pertenencia	*realengo, abadengo*
-eno, -ena	adj. o s.	gentilicio	*chileno, esloveno*
		ordinal	*noveno, onceno*
-ense	adj. o s.	gentilicio	*abulense, londinense*
-ento, -enta	adj. o s.	cualidad	*amarillento, avariento*
-eño, -eña	adj. o s.	semejanza	*trigueño*
		gentilicio	*extremeño, madrileño*
		relación	*navideño*
-eo, -ea	adj.	cualidad	*marmóreo, romboideo*
		relación	*arbóreo*
-ería	s.	conjunto	*palabrería, morería*
		cualidad	*holgazanería, sosería*
		lugar	*frutería, conserjería*
		acción	*niñería, tontería*

SUFIJO	CATEGORÍA GRAMATICAL RESULTANTE	SIGNIFICADO	EJEMPLO
-ero, -era	adj. o s.	oficio	*librero, panadero*
		relación	*ganadero, sopero*
-ero	s.	lugar	*basurero*
		árbol	*limonero*
-érrimo, -errima	adj.	superlativo	*paupérrimo, libérrimo*
-és, -esa	adj. o s.	gentilicio	*francés, genovés*
-estre	adj.	pertenencia, relación	*campestre, terrestre*
-ete	adj. o s.	diminutivo	*pobrete, abuelete*
-ez	s.	cualidad	*altivez, brillantez*
-eza	s.	cualidad	*belleza, dureza*
-ezno, -ezna	s.	cría	*osezno, lobezno*
-í	adj. o s.	gentilicio	*ceutí, marbellí*
		relación	*alfonsí, nazarí*
-ía	s.	situación	*cercanía, lejanía*
		cualidad	*alegría*
		dignidad o cargo	*alcaldía*
		acción	*majadería*
		actitud	*grosería*
		lugar	*abadía*
		comercio	*lechería*
-ica	adj. o s.	despectivo	*llorica, acusica, quejica*
-icio, -icia	adj.	relación	*catedralicio, alimenticio*
-ico, -ica	adj. o s.	diminutivo	*librico, buenecico*
		relación	*alcohólico, periodístico*
-iego, -iega	adj. o s.	pertenencia, origen, relación, gentilicio	*mujeriego, veraniego, griego, pasiego*
-ificar	v.	acción	*pacificar, dulcificar*
-il	adj.	relación, pertenencia	*mujeril, varonil*
	s.	diminutivo	*tamboril*
-illo	s.	radical químico	*etilo, acetilo*
-illo, -illa	adj. o s.	diminutivo	*mesilla, buenecillo*
-ín, -ina	adj. o s.	diminutivo	*pequeñín, neblina*
		gentilicio	*mallorquín, menorquín*
		agente	*bailarín, andarín*
-ina	s.	acción violenta	*regañina*
-íneo, -ínea	adj.o s.	semejanza, relación	*apolíneo, sanguíneo*
-ino, -ina	adj. o s.	gentilicio	*bilbaíno, santanderino*
		relación, pertenencia	*marino, diamantino*
-iño, -iña	adj. o s.	diminutivo	*bobiño, casiña*
-ío, -ía	adj. o s.	relación, pertenencia	*cabrío, sombrío*
		conjunto	*mujerío, griterío*
-is	adj. o s.	humorístico	*finolis, locatis*
-ísimo, -ísima	adj.	superlativo	*buenísimo, jovencísimo*
-ismo	s.	sistema, doctrina, movimiento	*modernismo, fascismo*
		actitud	*individualismo, egoísmo*
		deporte	*atletismo, ciclismo*
		modismo lingüístico	*anglicismo, latinismo*
-ista	adj. o s.	partidario	*anarquista, machista*
		cualidad	*optimista, vitalista*
	s.	profesión, ocupación	*taxista, pianista*
-ita	adj. o s.	gentilicio	*moscovita, israelita*
		relación, pertenencia	*jesuita, carmelita*
-ito, -ita	adj. o s.	diminutivo	*azulito, tacita*
-ito	s.	sal química	*sulfito, fosfito*
-ivo, -iva	adv. o s.	capacidad	*llamativo, defensivo*

SUFIJO	CATEGORÍA GRAMATICAL RESULTANTE	SIGNIFICADO	EJEMPLO
-izar	v.	acción	*islamizar, comercializar*
-iza	s.	lugar	*caballeriza, porqueriza*
-izo, -iza	adj. o s.	semejanza, relación	*rojizo, enfermizo*
		propensión	*olvidadizo, resbaladizo*
-menta	s.	conjunto	*vestimenta, cornamenta*
-mente	adv.	modo o manera	*vilmente, buenamente*
-mento	s.	acción y efecto	*cargamento, impedimento*
-miento	s.	acción y efecto	*alejamiento, cocimiento*
-nte	adj. o s.	agente	*amante, existente*
-o, -a	adj. o s.	gentilicio	*ruso, hispano*
-o	s.	acción y efecto	*amago, socorro*
-oico	s.	ácido orgánico	*benzoico, metanoico*
-ol	s.	alcohol	*benzol, fenol*
		gentilicio	*español, mongol*
-ón, -ona	adj. o s.	aumentativo	*simplón, cabezón*
		reiteración	*preguntón, besucón*
		edad	*cuarentón, setentón*
		carencia	*pelón, rabón*
-ón	s.	acción violenta	*empujón, apagón*
-or, -ora	adj. o s.	agente	*defensor, cantor*
-or	s.	cualidad	*dulzor, amargor*
-orio, -oria	adj.	relación, pertenencia	*mortuorio, ilusorio*
-orrio	s.	despectivo	*bodorrio, villorrio*
-oso, -osa	adj. o s.	abundancia	*boscoso, nuboso*
		cualidad	*verdoso, estropajoso*
-ote, -ota	adj. o s.	aumentativo	*gordote, amigote*
-sco, -sca	adj. o s.	relación, pertenencia	*dieciochesco, morisco*
		cualidad	*pardusco, verdusco*
-terio	s.	lugar	*ministerio, monasterio*
-torio	adj. o s.	relación	*definitorio, probatorio*
	s.	lugar	*laboratorio, consultorio*
-tud	adj. o s.	cualidad	*amplitud, juventud*
-ucho, -ucha	adj. o s.	despectivo	*malucho, casucha*
-uco, -uca	adj. o s.	diminutivo despectivo	*feúco, frailuco*
-udo, -uda	adj. o s.	abundancia	*barbudo, peludo*
-uelo, -uela	adj. o s.	diminutivo	*riachuelo, jovenzuelo*
		despectivo	*mujerzuela, escritorzuelo*
-ujo, -uja	adj. o s.	diminutivo, despectivo	*pequeñujo, papelujo*
-ulento, -ulenta	adj.	abundancia	*purulento, flatulento*
-umbre	s.	conjunto	*muchedumbre, servidumbre*
		cualidad	*pesadumbre, mansedumbre*
-undo	adj. o s.	cualidad	*moribundo, iracundo*
-uno, -una	adj.	relación, pertenencia	*hombruno, gatuno*
-ura	s.	cualidad	*frescura, dulzura*
-uro	s.	sal química	*sulfuro, cloruro*
-uzco	adj.	cualidad	*blancuzco, negruzco*

B. ELEMENTOS COMPOSITIVOS SUFIJOS

SUFIJO	CATEGORÍA GRAMATICAL RESULTANTE	SIGNIFICADO	EJEMPLO
-agogia, -agogía	s.	conducción, dirección	*demagogia, pedagogía*
-agogo, -agoga	adj. o s.	guía, conductor	*pedagogo, demagogo*
-algia	s.	dolor	*neuralgia*
-andria	s.	hombre	*poliandra*
-ántropo, -ántropa	adj. o s.	ser humano	*misántropo, filántropo*
-arquía	s.	gobierno, mando	*oligarquía, autarquía*
-bio	adj. o s.	vida	*microbio, anfibio*
-cardia	s.	corazón	*taquicardia*
-carpio	s.	fruto	*endocarpio, mesocarpio*
-cefalia	s.	cabeza	*hidrocefalia, microcefalia*
-céfalo, -céfala	adj. o s.	que tiene cabeza	*macrocéfalo, bicéfalo*
-ciclo	s.	círculo	*hemiciclo, triciclo*
-cida	s.	que mata	*homicida, insecticida*
-cidio	adj. o s.	acción de matar	*genocidio, suicidio*
-cito	s.	célula	*linfocito, leucocito*
-cola	adj. o s.	habitante relación	*terrícola, arborícola* *agrícola, piscícola*
-cracia	s.	dominio, poder	*democracia, aristocracia*
-crata	adj. o s.	que domina, que tiene el poder	*aristócrata, teócrata*
-cromía	s.	coloración	*policromía, cuatricomía*
-cromo, -croma	adj.	color	*polícromo, monocromo*
-cultor, -cultora	s.	cultivador, criador	*agricultor, piscicultor*
-cultura	s.	cultivo, cuidado	*agricultura, fruticultura*
-dáctilo	s.	dedo	*pterodáctilo, perisodáctilo*
-dromo	s.	lugar	*velódromo, aeródromo*
-edro	s.	cara, plano	*poliedro, romboedro*
-emia	s.	sangre	*anemia, leucemia*
-fagia	s.	comer	*antropofagia*
-fago, -faga	adj. o s.	que come	*antropófago, necrófago*
-fero, -fera	adj. o s.	que lleva, tiene o produce	*plumífero, acuífero*
-filia	s.	afición, gusto, amor	*bibliofilia, anglofilia*
-filo, -fila	adj. o s.	aficionado, amigo, amante	*cinéfilo, francófilo*
-floro, -flora	adj. o s.	flor	*multifloro*
-fobia	s.	aversión	*claustrofobia, hidrofobia*
-fobo, -foba	adj. o s.	que siente horror, repulsión u odio	*xenófobo, anglófobo*
-fono, -fona	adj. o s.	sonido hablante sonido	*homófono, polífono* *francófono, anglófono* *teléfono, magnetófono*
-forme	adj. o s.	con forma	*campaniforme, cruciforme*
-fugo, -fuga	adj. o s.	que ahuyenta o hace desaparecer	*ignífugo, febrífugo*
-geno, -gena	adj. o s.	que genera o produce	*lacrimógeno, patógeno*
-gono, -gona	adj. o s.	ángulo	*polígono, decágono*
-grafía	s.	descripción, tratado escritura representación gráfica conjunto	*geografía, bibliografía* *telegrafía, caligrafía* *fotografía, radiografía* *discografía, filmografía*
-grafo, -grafa	s.	que describe que escribe profesión	*geógrafo, lexicógrafo* *telégrafo, taquígrafo* *fotógrafo, topógrafo*
-grama	s.	escrito gráfico representación	*telegrama, ideograma* *organigrama, diagrama* *audiograma, fotograma*

SUFIJO	CATEGORÍA GRAMATICAL RESULTANTE	SIGNIFICADO	EJEMPLO
-iatra	s.	médico especialista	*pediatra, psiquiatra*
-iatría	s.	especialidad médica	*geriatría, pediatría*
-itis	s.	inflamación	*faringitis, gastritis*
-látero, -látera	adj. o s.	lado	*equilátero, cuadrilátero*
-latra	adj. o s.	que adora	*idólatra, ególatra*
-latría	s.	adoración	*idolatría, egolatría*
-lito	s.	piedra	*aerolito, monolito*
-logía	s.	estudio, ciencia	*filología, astrología*
-logo, -loga	s.	estudioso, especialista	*neurólogo, grafólogo*
-manía	s.	afición desmedida	*bibliomanía, melomanía*
-mano, -mana	adj. o s.	aficionado en exceso	*toxicómano, megalómano*
-mancia, -mancía	s.	adivinación	*cartomancia, nigromancia*
-metro	s.	medidor	*termómetro, alcoholímetro*
-metría	s.	medición	*audiometría, anemometría*
-morfo	s.	forma	*polimorfo, antropomorfo*
-nomía	s.	ley	*astronomía, economía*
-nomo	s.	estudioso	*astrónomo, gastrónomo*
-oide	adj. o s.	relación, semejanza	*asteroide*
-oideo, -oidea	adj.	relación, semejanza	*tifoideo*
-oides	s.	relación, semejanza	*aracnoides*
-oidal	adj.	relación, semejanza	*esferoidal*
-oma	s.	tumor	*sarcoma, fibroma*
-opsia	s.	vista, estudio	*biopsia, autopsia*
-paro, -para	adj. o s.	que pare	*uníparo, vivíparo*
-pata	s.	que padece médico	*psicópata, ludópata* *homeópata*
-patía	s.	enfermedad medicina sentimiento	*neuropatía, cardiopatía* *homeopatía* *antipatía, telepatía*
-peda	s.	educador	*logopeda*
-pedia	s.	educación	*logopedia, ortopedia*
-podo	adj. o s.	pie	*cefalópodo, decápodo*
-poli, -polis	s.	ciudad	*metrópoli, necrópolis*
-ptero, -ptera	adj. o s.	ala	*díptero, helicóptero*
-rragia	s.	flujo, derramamiento	*hemorragia, verborragia*
-rrea	s.	flujo, emanación	*diarrea, seborrea*
-scopia	s.	exploración	*radioscopia, rectoscopia*
-scopio	s.	instrumento para ver	*microscopio, fonendoscopio*
-sis	s.	enfermedad	*tuberculosis, neurosis*
-stático, -stática	adj. o s.	equilibrio	*electrostático, aerostático*
-terapia	s.	curación	*quimioterapia, psicoterapia*
-tomía	s.	corte, incisión	*traqueotomía, ovariotomía*
-voro	adj. o s.	que come	*carnívoro, herbívoro*

C. TERMINACIONES VERBALES

TERMINACIÓN		EJEMPLO
-ar	infinitivo (1.ª conjugación)	*amar*
-er	infinitivo (2.ª conjugación)	*temer*
-ir	infinitivo (3.ª conjugación)	*partir*
-ndo	gerundio	*amando, temiendo, partiendo*
-do	participio	*amado, temido, partido*

5 MODELOS DE CONJUGACIÓN VERBAL

VERBOS REGULARES

amar

INDICATIVO

	Presente		**Pretérito perfecto**
yo	amo	yo	he amado
tú/vos	amas / amás	tú/vos	has amado
él, ella	ama	él, ella	ha amado
nosotros,tras	amamos	nosotros,tras	hemos amado
vosotros,tras/ustedes	amáis / aman	vosotros,tras/ustedes	habéis amado / han amado
ellos, ellas	aman	ellos, ellas	han amado

	Pretérito imperfecto		**Pretérito pluscuamperfecto**
yo	amaba	yo	había amado
tú/vos	amabas	tú/vos	habías amado
él, ella	amaba	él, ella	había amado
nosotros,tras	amábamos	nosotros,tras	habíamos amado
vosotros,tras/ustedes	amabais / amaban	vosotros,tras/ustedes	habíais amado / habían amado
ellos, ellas	amaban	ellos, ellas	habían amado

	Pretérito perfecto simple[1]		**Pretérito anterior**
yo	amé	yo	hube amado
tú/vos	amaste	tú/vos	hubiste amado
él, ella	amó	él, ella	hubo amado
nosotros,tras	amamos	nosotros,tras	hubimos amado
vosotros,tras/ustedes	amasteis / amaron	vosotros,tras/ustedes	hubisteis amado / hubieron amado
ellos, ellas	amaron	ellos, ellas	hubieron amado

	Futuro simple[2]		**Futuro compuesto**[3]
yo	amaré	yo	habré amado
tú/vos	amarás	tú/vos	habrás amado
él, ella	amará	él, ella	habrá amado
nosotros,tras	amaremos	nosotros,tras	habremos amado
vosotros,tras/ustedes	amaréis / amarán	vosotros,tras/ustedes	habréis amado / habrán amado
ellos, ellas	amarán	ellos, ellas	habrán amado

	Condicional simple		**Condicional compuesto**
yo	amaría	yo	habría amado
tú/vos	amarías	tú/vos	habrías amado
él, ella	amaría	él, ella	habría amado
nosotros,tras	amaríamos	nosotros,tras	habríamos amado
vosotros,tras/ustedes	amaríais / amarían	vosotros,tras/ustedes	habríais amado / habrían amado
ellos, ellas	amarían	ellos, ellas	habrían amado

IMPERATIVO

ama (tú) / amá (vos)
ame (usted)
amemos (nosotros,tras)
amad (vosotros,tras) / amen (ustedes)
amen (ustedes)

FORMAS NO PERSONALES

Infinitivo
amar

Infinitivo compuesto
haber amado

Gerundio
amando

Gerundio compuesto
habiendo amado

Participio
amado

SUBJUNTIVO

	Presente		**Pretérito perfecto**
yo	ame	yo	haya amado
tú/vos	ames	tú/vos	hayas amado
él, ella	ame	él, ella	haya amado
nosotros,tras	amemos	nosotros,tras	hayamos amado
vosotros,tras/ustedes	améis / amen	vosotros,tras/ustedes	hayáis amado / hayan amado
ellos, ellas	amen	ellos, ellas	hayan amado

	Pretérito imperfecto		**Pretérito pluscuamperfecto**
yo	amara, -ase	yo	hubiera, -ese amado
tú/vos	amaras, -ases	tú/vos	hubieras, -eses amado
él, ella	amara, -ase	él, ella	hubiera, -ese amado
nosotros,tras	amáramos, -semos	nosotros,tras	hubiéramos, -ésemos amado
vosotros,tras/ustedes	amarais, -aseis / amaran, -asen	vosotros,tras/ustedes	hubierais, -eseis amado / hubieran, -esen amado
ellos, ellas	amaran, -asen	ellos, ellas	hubieran, -esen amado

	Futuro simple[2]		**Futuro compuesto**[3]
yo	amare	yo	hubiere amado
tú/vos	amares	tú/vos	hubieres amado
él, ella	amare	él, ella	hubiere amado
nosotros,tras	amáremos	nosotros,tras	hubiéremos amado
vosotros,tras/ustedes	amareis / amaren	vosotros,tras/ustedes	hubiereis amado / hubieren amado
ellos, ellas	amaren	ellos, ellas	hubieren amado

[1] También llamado **pretérito indefinido**. [2] También llamado **futuro imperfecto**. [3] También llamado **futuro perfecto**.

temer

INDICATIVO

	Presente		Pretérito perfecto
yo	temo	yo	he temido
tú/vos	temes / temés	tú/vos	has temido
él, ella	teme	él, ella	ha temido
nosotros,tras	tememos	nosotros,tras	hemos temido
vosotros,tras/ustedes	teméis / temen	vosotros,tras/ustedes	habéis temido / hayan temido
ellos, ellas	temen	ellos, ellas	han temido
	Pretérito imperfecto		**Pretérito pluscuamperfecto**
yo	temía	yo	había temido
tú/vos	temías	tú/vos	habías temido
él, ella	temía	él, ella	había temido
nosotros,tras	temíamos	nosotros,tras	habíamos temido
vosotros,tras/ustedes	temíais / temían	vosotros,tras/ustedes	habíais temido / habían temido
ellos, ellas	temían	ellos, ellas	habían temido
	Pretérito perfecto simple[1]		**Pretérito anterior**
yo	temí	yo	hube temido
tú/vos	temiste	tú/vos	hubiste temido
él, ella	temió	él, ella	hubo temido
nosotros,tras	temimos	nosotros,tras	hubimos temido
vosotros,tras/ustedes	temisteis / temieron	vosotros,tras/ustedes	hubisteis temido / hubieron temido
ellos, ellas	temieron	ellos, ellas	hubieron temido
	Futuro simple[2]		**Futuro compuesto[3]**
yo	temeré	yo	habré temido
tú/vos	temerás	tú/vos	habrás temido
él, ella	temerá	él, ella	habrá temido
nosotros,tras	temeremos	nosotros,tras	habremos temido
vosotros,tras/ustedes	temeréis / temerán	vosotros,tras/ustedes	habréis temido / habrán temido
ellos, ellas	temerán	ellos, ellas	habrán temido
	Condicional simple		**Condicional compuesto**
yo	temería	yo	habría temido
tú/vos	temerías	tú/vos	habrías temido
él, ella	temería	él, ella	habría temido
nosotros,tras	temeríamos	nosotros,tras	habríamos temido
vosotros,tras/ustedes	temeríais / temerían	vosotros,tras/ustedes	habríais temido / habrían temido
ellos, ellas	temerían	ellos, ellas	habrían temido

IMPERATIVO

teme (tú) / temé (vos)
tema (usted)
temamos (nosotros,tras)
temed (vosotros,tras) / teman (ustedes)
teman (ustedes)

FORMAS NO PERSONALES

Infinitivo
temer
Infinitivo compuesto
haber temido
Gerundio
temiendo
Gerundio compuesto
habiendo temido
Participio
temido

SUBJUNTIVO

	Presente		Pretérito perfecto
yo	tema	yo	haya temido
tú/vos	temas	tú/vos	hayas temido
él, ella	tema	él, ella	haya temido
nosotros,tras	temamos	nosotros,tras	hayamos temido
vosotros,tras/ustedes	temáis / teman	vosotros,tras/ustedes	hayáis temido / hayan temido
ellos, ellas	teman	ellos, ellas	hayan temido
	Pretérito imperfecto		**Pretérito pluscuamperfecto**
yo	temiera, -ese	yo	hubiera, -ese temido
tú/vos	temieras, -eses	tú/vos	hubieras, -eses temido
él, ella	temiera, -ese	él, ella	hubiera, -ese temido
nosotros,tras	temiéramos, -ésemos	nosotros,tras	hubiéramos, -ésemos temido
vosotros,tras/ustedes	temierais, -eseis / temieran, -esen	vosotros,tras/ustedes	hubierais, -eseis temido / hubieran, -esen temido
ellos, ellas	temieran, -esen	ellos, ellas	hubieran, -esen temido
	Futuro simple[2]		**Futuro compuesto[3]**
yo	temiere	yo	hubiere temido
tú/vos	temieres	tú/vos	hubieres temido
él, ella	temiere	él, ella	hubiere temido
nosotros,tras	temiéremos	nosotros,tras	hubiéremos temido
vosotros,tras/ustedes	temiereis / temieren	vosotros,tras/ustedes	hubiereis temido / hubieren temido
ellos, ellas	temieren	ellos, ellas	hubieren temido

[1] También llamado **pretérito indefinido**. [2] También llamado **futuro imperfecto**. [3] También llamado **futuro perfecto**.

partir

INDICATIVO

Presente

yo	parto
tú/vos	partes / partís
él, ella	parte
nosotros,tras	partimos
vosotros,tras/ustedes	partís / parten
ellos, ellas	parten

Pretérito perfecto

yo	he partido
tú/vos	has partido
él, ella	ha partido
nosotros,tras	hemos partido
vosotros,tras/ustedes	habéis partido / hayan partido
ellos, ellas	han partido

Pretérito imperfecto

yo	partía
tú/vos	partías
él, ella	partía
nosotros,tras	partíamos
vosotros,tras/ustedes	partíais / partían
ellos, ellas	partían

Pretérito pluscuamperfecto

yo	había partido
tú/vos	habías partido
él, ella	había partido
nosotros,tras	habíamos partido
vosotros,tras/ustedes	habíais partido / habían partido
ellos, ellas	habían partido

Pretérito perfecto simple[1]

yo	partí
tú/vos	partiste
él, ella	partió
nosotros,tras	partimos
vosotros,tras/ustedes	partisteis / partieron
ellos, ellas	partieron

Pretérito anterior

yo	hube partido
tú/vos	hubiste partido
él, ella	hubo partido
nosotros,tras	hubimos partido
vosotros,tras/ustedes	hubisteis partido / hubieron partido
ellos, ellas	hubieron partido

Futuro simple[2]

yo	partiré
tú/vos	partirás
él, ella	partirá
nosotros,tras	partiremos
vosotros,tras/ustedes	partiréis / partirán
ellos, ellas	partirán

Futuro compuesto[3]

yo	habré partido
tú/vos	habrás partido
él, ella	habrá partido
nosotros,tras	habremos partido
vosotros,tras/ustedes	habréis partido / habrán partido
ellos, ellas	habrán partido

Condicional simple

yo	partiría
tú/vos	partirías
él, ella	partiría
nosotros,tras	partiríamos
vosotros,tras/ustedes	partiríais / partirían
ellos, ellas	partirían

Condicional compuesto

yo	habría partido
tú/vos	habrías partido
él, ella	habría partido
nosotros,tras	habríamos partido
vosotros,tras/ustedes	habríais partido / habrían partido
ellos, ellas	habrían partido

IMPERATIVO

parte (tú) / partí (vos)
parta (usted)
partamos (nosotros,tras)
partid (vosotros,tras) / partan (ustedes)
partan (ustedes)

FORMAS NO PERSONALES

Infinitivo
partir

Infinitivo compuesto
haber partido

Gerundio
partiendo

Gerundio compuesto
habiendo partido

Participio
partido

SUBJUNTIVO

Presente

yo	parta
tú/vos	partas
él, ella	parta
nosotros,tras	partamos
vosotros,tras/ustedes	partáis / partan
ellos, ellas	partan

Pretérito perfecto

yo	haya partido
tú/vos	hayas partido
él, ella	haya partido
nosotros,tras	hayamos partido
vosotros,tras/ustedes	hayáis partido / hayan partido
ellos, ellas	hayan partido

Pretérito imperfecto

yo	partiera, -ese
tú/vos	partieras, -eses
él, ella	partiera, -ese
nosotros,tras	partiéramos, -ésemos
vosotros,tras/ustedes	partierais, -eseis / partieran, -esen
ellos, ellas	partieran, -esen

Pretérito pluscuamperfecto

yo	hubiera, -ese partido
tú/vos	hubieras, -eses partido
él, ella	hubiera, -ese partido
nosotros,tras	hubiéramos, -ésemos partido
vosotros,tras/ustedes	hubierais, -eseis partido / hubieran, -esen partido
ellos, ellas	hubieran, -esen partido

Futuro simple[2]

yo	partiere
tú/vos	partieres
él, ella	partiere
nosotros,tras	partiéremos
vosotros,tras/ustedes	partiereis / partieren
ellos, ellas	partieren

Futuro compuesto[3]

yo	hubiere partido
tú/vos	hubieres partido
él, ella	hubiere partido
nosotros,tras	hubiéremos partido
vosotros,tras/ustedes	hubiereis partido
ellos, ellas	hubieren partido

[1] También llamado **pretérito indefinido**. [2] También llamado **futuro imperfecto**. [3] También llamado **futuro perfecto**.

VERBOS IRREGULARES

actuar

INDICATIVO

	Presente
yo	actúo
tú/vos	actúas / actuás
él, ella	actúa
nosotros	actuamos
vosotros/ustedes	actuáis / actúan
ellos, ellas	actúan

	Pretérito imperfecto
yo	actuaba
tú/vos	actuabas
él, ella	actuaba
nosotros	actuábamos
vosotros/ustedes	actuabais / actuaban
ellos, ellas	actuaban

	Pretérito perfecto simple[1]
yo	actué
tú/vos	actuaste
él, ella	actuó
nosotros	actuamos
vosotros/ustedes	actuasteis / actuaron
ellos, ellas	actuaron

	Futuro simple[2]
yo	actuaré
tú/vos	actuarás
él, ella	actuará
nosotros	actuaremos
vosotros/ustedes	actuaréis / actuarán
ellos, ellas	actuarán

	Condicional simple
yo	actuaría
tú/vos	actuarías
él, ella	actuaría
nosotros	actuaríamos
vosotros/ustedes	actuaríais / actuarían
ellos, ellas	actuarían

SUBJUNTIVO

	Presente
yo	actúe
tú/vos	actúes
él, ella	actúe
nosotros,tras	actuemos
vosotros,tras/ustedes	actuéis / actúen
ellos, ellas	actúen

	Pretérito imperfecto
yo	actuara, -ase
tú/vos	actuaras, -ases
él, ella	actuara, -ase
nosotros,tras	actuáramos, -ásemos
vosotros,tras/ustedes	actuarais, -aseis / actuaran, -asen
ellos, ellas	actuaran, -asen

	Futuro simple[2]
yo	actuare
tú/vos	actuares
él, ella	actuare
nosotros,tras	actuáremos
vosotros,tras/ustedes	actuareis / actuaren
ellos, ellas	actuaren

IMPERATIVO

actúa (tú) / actuá (vos)
actúe (usted)
actuemos (nosotros,tras)
actuad (vosotros,tras) / actúen (ustedes)
actúen (ustedes)

FORMAS NO PERSONALES

Infinitivo	Gerundio	Participio
actuar	actuando	actuado

adquirir

INDICATIVO

	Presente
yo	adquiero
tú/vos	adquieres / adquirís
él, ella	adquiere
nosotros,tras	adquirimos
vosotros,tras/ustedes	adquirís / adquieren
ellos, ellas	adquieren

	Pretérito imperfecto
yo	adquiría
tú/vos	adquirías
él, ella	adquiría
nosotros,tras	adquiríamos
vosotros,tras/ustedes	adquiríais / adquirían
ellos, ellas	adquirían

	Pretérito perfecto simple[1]
yo	adquirí
tú/vos	adquiriste
él, ella	adquirió
nosotros,tras	adquirimos
vosotros,tras/ustedes	adquiristeis / adquirieron
ellos, ellas	adquirieron

	Futuro simple[2]
yo	adquiriré
tú/vos	adquirirás
él, ella	adquirirá
nosotros,tras	adquiriremos
vosotros,tras/ustedes	adquiriréis / adquirirán
ellos, ellas	adquirirán

	Condicional simple
yo	adquiriría
tú/vos	adquirirías
él, ella	adquiriría
nosotros,tras	adquiriríamos
vosotros,tras/ustedes	adquiriríais / adquirirían
ellos, ellas	adquirirían

SUBJUNTIVO

	Presente
yo	adquiera
tú/vos	adquieras
él, ella	adquiera
nosotros,tras	adquiramos
vosotros,tras/ustedes	adquiráis / adquieran
ellos, ellas	adquieran

	Pretérito imperfecto
yo	adquiriera, -ese
tú/vos	adquirieras, -eses
él, ella	adquiriera, -ese
nosotros,tras	adquiriéramos, -ésemos
vosotros,tras/ustedes	adquirierais, -eseis / adquirieran, -esen
ellos, ellas	adquirieran, -esen

	Futuro simple[2]
yo	adquiriere
tú/vos	adquirieres
él, ella	adquiriere
nosotros,tras	adquiriéremos
vosotros,tras/ustedes	adquiriereis / adquirieren
ellos, ellas	adquirieren

IMPERATIVO

adquiere (tú) / adquirí (vos)
adquiera (usted)
adquiramos (nosotros,tras)
adquirid (vosotros,tras) / adquieran (ustedes)
adquieran (ustedes)

FORMAS NO PERSONALES

Infinitivo	Gerundio	Participio
adquirir	adquiriendo	adquirido

[1] También llamado **pretérito indefinido**. [2] También llamado **futuro imperfecto**.

andar

INDICATIVO

	Presente
yo	ando
tú/vos	andas / andás
él, ella	anda
nosotros,tras	andamos
vosotros,tras/ustedes	andáis / andan
ellos, ellas	andan
	Pretérito imperfecto
yo	andaba
tú/vos	andabas
él, ella	andaba
nosotros,tras	andábamos
vosotros,tras/ustedes	andabais / andaban
ellos, ellas	andaban
	Pretérito perfecto simple[1]
yo	anduve
tú/vos	anduviste
él, ella	anduvo
nosotros,tras	anduvimos
vosotros,tras/ustedes	anduvisteis / anduvieron
ellos, ellas	anduvieron
	Futuro simple[2]
yo	andaré
tú/vos	andarás
él, ella	andará
nosotros,tras	andaremos
vosotros,tras/ustedes	andaréis / andarán
ellos, ellas	andarán
	Condicional simple
yo	andaría
tú/vos	andarías
él, ella	andaría
nosotros,tras	andaríamos
vosotros,tras/ustedes	andaríais / andarían
ellos, ellas	andarían

SUBJUNTIVO

	Presente
yo	ande
tú/vos	andes
él, ella	ande
nosotros,tras	andemos
vosotros,tras/ustedes	andéis / anden
ellos, ellas	anden
	Pretérito imperfecto
yo	anduviera, -ese
tú/vos	anduvieras, -eses
él, ella	anduviera, -ese
nosotros,tras	anduviéramos, -ésemos
vosotros,tras/ustedes	anduvierais, -eseis / anduvieran, -esen
ellos, ellas	anduvieran, -esen
	Futuro simple[2]
yo	anduviere
tú/vos	anduvieres
él, ella	anduviere
nosotros,tras	anduviéremos
vosotros,tras/ustedes	anduviereis / anduvieren
ellos, ellas	anduvieren

IMPERATIVO

anda (tú) / andá (vos)
ande (usted)
andemos (nosotros,tras)
andad (vosotros,tras) / anden (ustedes)
anden (ustedes)

FORMAS NO PERSONALES

Infinitivo	Gerundio	Participio
andar	andando	andado

argüir

INDICATIVO

	Presente
yo	arguyo
tú/vos	arguyes / argüís
él, ella	arguye
nosotros,tras	argüimos
vosotros,tras/ustedes	argüís / arguyen
ellos, ellas	arguyen
	Pretérito imperfecto
yo	argüía
tú/vos	argüías
él, ella	argüía
nosotros,tras	argüíamos
vosotros,tras/ustedes	argüíais / argüían
ellos, ellas	argüían
	Pretérito perfecto simple[1]
yo	argüí
tú/vos	argüiste
él, ella	arguyó
nosotros,tras	argüimos
vosotros,tras/ustedes	argüisteis / arguyeron
ellos, ellas	arguyeron
	Futuro simple[2]
yo	argüiré
tú/vos	argüirás
él, ella	argüirá
nosotros,tras	argüiremos
vosotros,tras/ustedes	argüiréis / argüirán
ellos, ellas	argüirán
	Condicional simple
yo	argüiría
tú/vos	argüirías
él, ella	argüiría
nosotros,tras	argüiríamos
vosotros,tras/ustedes	argüiríais / argüirían
ellos, ellas	argüirían

SUBJUNTIVO

	Presente
yo	arguya
tú/vos	arguyas
él, ella	arguya
nosotros,tras	arguyamos
vosotros,tras/ustedes	arguyáis / arguyan
ellos, ellas	arguyan
	Pretérito imperfecto
yo	arguyera, -ese
tú/vos	arguyeras, -eses
él, ella	arguyera, -ese
nosotros,tras	arguyéramos, -ésemos
vosotros,tras/ustedes	arguyerais, -eseis / arguyeran, -esen
ellos, ellas	arguyeran, -esen
	Futuro simple[2]
yo	arguyere
tú/vos	arguyeres
él, ella	arguyere
nosotros,tras	arguyéremos
vosotros,tras/ustedes	arguyereis / arguyeren
ellos, ellas	arguyeren

IMPERATIVO

arguye (tú) / argüí (vos)
arguya (usted) / arguyan (ustedes)
arguyamos (nosotros,tras)
argüid (vosotros,tras)
arguyan (ustedes)

FORMAS NO PERSONALES

Infinitivo	Gerundio	Participio
argüir	arguyendo	argüido

[1] También llamado **pretérito indefinido**. [2] También llamado **futuro imperfecto**.

asir

INDICATIVO

	Presente	Pretérito imperfecto	Pretérito perfecto simple[1]	Futuro simple[2]	Condicional simple
yo	asgo	asía	así	asiré	asiría
tú/vos	ases / asís	asías	asiste	asirás	asirías
él, ella	ase	asía	asió	asirá	asiría
nosotros,tras	asimos	asíamos	asimos	asiremos	asiríamos
vosotros,tras/ustedes	asís / asen	asíais / asían	asisteis / asieron	asiréis / asirán	asiríais / asirían
ellos, ellas	asen	asían	asieron	asirán	asirían

SUBJUNTIVO

	Presente	Pretérito imperfecto	Futuro simple[2]
yo	asga	asiera, -ese	asiere
tú/vos	asgas	asieras, -eses	asieres
él, ella	asga	asiera, -ese	asiere
nosotros,tras	asgamos	asiéramos, -ésemos	asiéremos
vosotros,tras/ustedes	asgáis / asgan	asierais, -eseis / asieran, -esen	asiereis / asieren
ellos, ellas	asgan	asieran, -esen	asieren

IMPERATIVO

ase (tú) / así (vos)
asga (usted)
asgamos (nosotros,tras)
asid (vosotros,tras) / asgan (ustedes)
asgan (ustedes)

FORMAS NO PERSONALES

Infinitivo	Gerundio	Participio
asir	asiendo	asido

avergonzar

INDICATIVO

	Presente	Pretérito imperfecto	Pretérito perfecto simple[1]	Futuro simple[2]	Condicional simple
yo	avergüenzo	avergonzaba	avergoncé	avergonzaré	avergonzaría
tú/vos	avergüenzas / avergonzás	avergonzabas	avergonzaste	avergonzarás	avergonzarías
él, ella	avergüenza	avergonzaba	avergonzó	avergonzará	avergonzaría
nosotros,tras	avergonzamos	avergonzábamos	avergonzamos	avergonzaremos	avergonzaríamos
vosotros,tras/ustedes	avergonzáis / avergüenzan	avergonzabais / avergonzaban	avergonzasteis / avergonzaron	avergonzaréis / avergonzarán	avergonzaríais / avergonzarían
ellos, ellas	avergüenzan	avergonzaban	avergonzaron	avergonzarán	avergonzarían

SUBJUNTIVO

	Presente	Pretérito imperfecto	Futuro simple[2]
yo	avergüence	avergonzara, -ase	avergonzare
tú/vos	avergüences	avergonzaras, -ases	avergonzares
él, ella	avergüence	avergonzara, -ase	avergonzare
nosotros,tras	avergoncemos	avergonzáramos, -ásemos	avergonzáremos
vosotros,tras/ustedes	avergoncéis / avergüencen	avergonzarais, -aseis / avergonzaran, -asen	avergonzareis / avergonzaren
ellos, ellas	avergüencen	avergonzaran, -asen	avergonzaren

IMPERATIVO

avergüenza (tú) / avergonzá (vos)
avergüence (usted)
avergoncemos (nosotros,tras)
avergonzad (vosotros,tras) / avergüencen (ustedes)
avergüencen (ustedes)

FORMAS NO PERSONALES

Infinitivo	Gerundio	Participio
avergonzar	avergonzando	avergonzado

[1] También llamado **pretérito indefinido**. [2] También llamado **futuro imperfecto**.

averiguar

INDICATIVO

	Presente
yo	averiguo
tú/vos	averiguas / averiguás
él, ella	averigua
nosotros,tras	averiguamos
vosotros,tras/ustedes	averiguáis / averiguan
ellos, ellas	averiguan
	Pretérito imperfecto
yo	averiguaba
tú/vos	averiguabas
él, ella	averiguaba
nosotros,tras	averiguábamos
vosotros,tras/ustedes	averiguabais / averiguaban
ellos, ellas	averiguaban
	Pretérito perfecto simple[1]
yo	averigüé
tú/vos	averiguaste
él, ella	averiguó
nosotros,tras	averiguamos
vosotros,tras/ustedes	averiguasteis / averiguaron
ellos, ellas	averiguaron
	Futuro simple[2]
yo	averiguaré
tú/vos	averiguarás
él, ella	averiguará
nosotros,tras	averiguaremos
vosotros,tras/ustedes	averiguaréis / averiguarán
ellos, ellas	averiguarán
	Condicional simple
yo	averiguaría
tú/vos	averiguarías
él, ella	averiguaría
nosotros,tras	averiguaríamos
vosotros,tras/ustedes	averiguaríais / averiguarían
ellos, ellas	averiguarían

SUBJUNTIVO

	Presente
yo	averigüe
tú/vos	averigües
él, ella	averigüe
nosotros,tras	averigüemos
vosotros,tras/ustedes	averigüéis / averigüen
ellos, ellas	averigüen
	Pretérito imperfecto
yo	averiguara, -ase
tú/vos	averiguaras, -ases
él, ella	averiguara, -ase
nosotros,tras	averiguáramos, -ásemos
vosotros,tras/ustedes	averiguarais, -aseis / averiguaran, -asen
ellos, ellas	averiguaran, -asen
	Futuro simple[2]
yo	averiguare
tú/vos	averiguares
él, ella	averiguare
nosotros,tras	averiguáremos
vosotros,tras/ustedes	averiguareis / averiguaren
ellos, ellas	averiguaren

IMPERATIVO

averigua (tú) / averiguá (vos)
averigüe (usted)
averigüemos (nosotros,tras)
averiguad (vosotros,tras) / averigüen (ustedes)
averigüen (ustedes)

FORMAS NO PERSONALES

Infinitivo	Gerundio	Participio
averiguar	averiguando	averiguado

bendecir

INDICATIVO

	Presente
yo	bendigo
tú/vos	bendices / bendecís
él, ella	bendice
nosotros,tras	bendecimos
vosotros,tras/ustedes	bendecís / bendicen
ellos, ellas	bendicen
	Pretérito imperfecto
yo	bendecía
tú/vos	bendecías
él, ella	bendecía
nosotros,tras	bendecíamos
vosotros,tras/ustedes	bendecíais / bendecían
ellos, ellas	bendecían
	Pretérito perfecto simple[1]
yo	bendije
tú/vos	bendijiste
él, ella	bendijo
nosotros,tras	bendijimos
vosotros,tras/ustedes	bendijisteis / bendijeron
ellos, ellas	bendijeron
	Futuro simple[2]
yo	bendeciré
tú/vos	bendecirás
él, ella	bendecirá
nosotros,tras	bendeciremos
vosotros,tras/ustedes	bendeciréis / bendecirán
ellos, ellas	bendecirán
	Condicional simple
yo	bendeciría
tú/vos	bendecirías
él, ella	bendeciría
nosotros,tras	bendeciríamos
vosotros,tras/ustedes	bendeciríais / bendecirían
ellos, ellas	bendecirían

SUBJUNTIVO

	Presente
yo	bendiga
tú/vos	bendigas
él, ella	bendiga
nosotros,tras	bendigamos
vosotros,tras/ustedes	bendigáis / bendigan
ellos, ellas	bendigan
	Pretérito imperfecto
yo	bendijera, -ese
tú/vos	bendijeras, -eses
él, ella	bendijera, -ese
nosotros,tras	bendijéramos, -ésemos
vosotros,tras/ustedes	bendijerais, -eseis / bendijeran, esen
ellos, ellas	bendijeran, -esen
	Futuro simple[2]
yo	bendijere
tú/vos	bendijeres
él, ella	bendijere
nosotros,tras	bendijéremos
vosotros,tras/ustedes	bendijereis / bendijeren
ellos, ellas	bendijeren

IMPERATIVO

bendice (tú) / bendecí (vos)
bendiga (usted)
bendigamos (nosotros,tras)
bendecid (vosotros,tras) / bendigan (ustedes)
bendigan (ustedes)

FORMAS NO PERSONALES

Infinitivo	Gerundio	Participio
bendecir	bendiciendo	bendecido o bendito

[1] También llamado **pretérito indefinido**. [2] También llamado **futuro imperfecto**.

caber

INDICATIVO

Presente

yo	quepo
tú/vos	cabes / cabés
él, ella	cabe
nosotros,tras	cabemos
vosotros,tras/ustedes	cabéis / caben
ellos, ellas	caben

Pretérito imperfecto

yo	cabía
tú/vos	cabías
él, ella	cabía
nosotros,tras	cabíamos
vosotros,tras/ustedes	cabíais / cabían
ellos, ellas	cabían

Pretérito perfecto simple[1]

yo	cupe
tú/vos	cupiste
él, ella	cupo
nosotros,tras	cupimos
vosotros,tras/ustedes	cupisteis / cupieron
ellos, ellas	cupieron

Futuro simple[2]

yo	cabré
tú/vos	cabrás
él, ella	cabrá
nosotros,tras	cabremos
vosotros,tras/ustedes	cabréis / cabrán
ellos, ellas	cabrán

Condicional simple

yo	cabría
tú/vos	cabrías
él, ella	cabría
nosotros,tras	cabríamos
vosotros,tras/ustedes	cabríais / cabrían
ellos, ellas	cabrían

SUBJUNTIVO

Presente

yo	quepa
tú/vos	quepas
él, ella	quepa
nosotros,tras	quepamos
vosotros,tras/ustedes	quepáis / quepan
ellos, ellas	quepan

Pretérito imperfecto

yo	cupiera, -ese
tú/vos	cupieras, -eses
él, ella	cupiera, -ese
nosotros,tras	cupiéramos, -ésemos
vosotros,tras/ustedes	cupierais, -eseis / cupieran, -esen
ellos, ellas	cupieran, -esen

Futuro simple[2]

yo	cupiere
tú/vos	cupieres
él, ella	cupiere
nosotros,tras	cupiéremos
vosotros,tras/ustedes	cupiereis / cupieren
ellos, ellas	cupieren

IMPERATIVO

cabe (tú) / cabé (vos)
quepa (usted)
quepamos (nosotros,tras)
cabed (vosotros,tras) / quepan (ustedes)
quepan (ustedes)

FORMAS NO PERSONALES

Infinitivo	Gerundio	Participio
caber	cabiendo	cabido

caer

INDICATIVO

Presente

yo	caigo
tú/vos	caes / caés
él, ella	cae
nosotros,tras	caemos
vosotros,tras/ustedes	caéis / caen
ellos, ellas	caen

Pretérito imperfecto

yo	caía
tú/vos	caías
él, ella	caía
nosotros,tras	caíamos
vosotros,tras/ustedes	caíais / caían
ellos, ellas	caían

Pretérito perfecto simple[1]

yo	caí
tú/vos	caíste
él, ella	cayó
nosotros,tras	caímos
vosotros,tras/ustedes	caísteis / cayeron
ellos, ellas	cayeron

Futuro simple[2]

yo	caeré
tú/vos	caerás
él, ella	caerá
nosotros,tras	caeremos
vosotros,tras/ustedes	caeréis / caerán
ellos, ellas	caerán

Condicional simple

yo	caería
tú/vos	caerías
él, ella	caería
nosotros,tras	caeríamos
vosotros,tras/ustedes	caeríais / caerían
ellos, ellas	caerían

SUBJUNTIVO

Presente

yo	caiga
tú/vos	caigas
él, ella	caiga
nosotros,tras	caigamos
vosotros,tras/ustedes	caigáis / caigan
ellos, ellas	caigan

Pretérito imperfecto

yo	cayera, -ese
tú/vos	cayeras, -eses
él, ella	cayera, -ese
nosotros,tras	cayéramos, -ésemos
vosotros,tras/ustedes	cayerais, -eseis / cayeran, -esen
ellos, ellas	cayeran, -esen

Futuro simple[2]

yo	cayere
tú/vos	cayeres
él, ella	cayere
nosotros,tras	cayéremos
vosotros,tras/ustedes	cayereis / cayeren
ellos, ellas	cayeren

IMPERATIVO

cae (tú) / caé (vos)
caiga (usted) / caigan (ustedes)
caigamos (nosotros,tras)
caed (vosotros,tras) / caigan (ustedes)
caigan (ustedes)

FORMAS NO PERSONALES

Infinitivo	Gerundio	Participio
caer	cayendo	caído

[1] También llamado **pretérito indefinido**. [2] También llamado **futuro imperfecto**.

cazar

INDICATIVO

	Presente
yo	cazo
tú/vos	cazas / cazás
él, ella	caza
nosotros,tras	cazamos
vosotros,tras/ustedes	cazáis / cazan
ellos, ellas	cazan
	Pretérito imperfecto
yo	cazaba
tú/vos	cazabas
él, ella	cazaba
nosotros,tras	cazábamos
vosotros,tras/ustedes	cazabais / cazaban
ellos, ellas	cazaban
	Pretérito perfecto simple[1]
yo	cacé
tú/vos	cazaste
él, ella	cazó
nosotros,tras	cazamos
vosotros,tras/ustedes	cazasteis / cazaron
ellos, ellas	cazaron
	Futuro simple[2]
yo	cazaré
tú/vos	cazarás
él, ella	cazará
nosotros,tras	cazaremos
vosotros,tras/ustedes	cazaréis / cazarán
ellos, ellas	cazarán
	Condicional simple
yo	cazaría
tú/vos	cazarías
él, ella	cazaría
nosotros,tras	cazaríamos
vosotros,tras/ustedes	cazaríais / cazarían
ellos, ellas	cazarían

SUBJUNTIVO

	Presente
yo	cace
tú/vos	caces
él, ella	cace
nosotros,tras	cacemos
vosotros,tras/ustedes	cacéis / cacen
ellos, ellas	cacen
	Pretérito imperfecto
yo	cazara, -ase
tú/vos	cazaras, -ases
él, ella	cazara, -ase
nosotros,tras	cazáramos, -ásemos
vosotros,tras/ustedes	cazarais, -aseis / cazaran, -asen
ellos, ellas	cazaran, -asen
	Futuro simple[2]
yo	cazare
tú/vos	cazares
él, ella	cazare
nosotros,tras	cazáremos
vosotros,tras/ustedes	cazareis / cazaren
ellos, ellas	cazaren

IMPERATIVO

caza (tú) / cazá (vos)
cace (usted)
cacemos (nosotros,tras)
cazad (vosotros,tras) / cacen (ustedes)
cacen (ustedes)

FORMAS NO PERSONALES

Infinitivo	Gerundio	Participio
cazar	cazando	cazado

cocer

INDICATIVO

	Presente
yo	cuezo
tú/vos	cueces / cocés
él, ella	cuece
nosotros,tras	cocemos
vosotros,tras/ustedes	cocéis / cuecen
ellos, ellas	cuecen
	Pretérito imperfecto
yo	cocía
tú/vos	cocías
él, ella	cocía
nosotros,tras	cocíamos
vosotros,tras/ustedes	cocíais / cocían
ellos, ellas	cocían
	Pretérito perfecto simple[1]
yo	cocí
tú/vos	cociste
él, ella	coció
nosotros,tras	cocimos
vosotros,tras/ustedes	cocisteis / cocieron
ellos, ellas	cocieron
	Futuro simple[2]
yo	coceré
tú/vos	cocerás
él, ella	cocerá
nosotros,tras	coceremos
vosotros,tras/ustedes	coceréis / cocerán
ellos, ellas	cocerán
	Condicional simple
yo	cocería / cocerían
tú/vos	cocerías
él, ella	cocería
nosotros,tras	coceríamos
vosotros,tras/ustedes	coceríais / cocerían
ellos, ellas	cocerían

SUBJUNTIVO

	Presente
yo	cueza
tú/vos	cuezas
él, ella	cueza
nosotros,tras	cozamos
vosotros,tras/ustedes	cozáis / cuezan
ellos, ellas	cuezan
	Pretérito imperfecto
yo	cociera, -ese
tú/vos	cocieras, -eses
él, ella	cociera, -ese
nosotros,tras	cociéramos, -ésemos
vosotros,tras/ustedes	cocierais, -eseis / cocieran, -esen
ellos, ellas	cocieran, -esen
	Futuro simple[2]
yo	cociere
tú/vos	cocieres
él, ella	cociere
nosotros,tras	cociéremos
vosotros,tras/ustedes	ciciereis / cocieren
ellos, ellas	cocieren

IMPERATIVO

cuece (tú) / cocé (vos)
cueza (usted)
cozamos (nosotros,tras)
coced (vosotros,tras) / cuezan (ustedes)
cuezan (ustedes)

FORMAS NO PERSONALES

Infinitivo	Gerundio	Participio
cocer	cociendo	cocido

[1] También llamado **pretérito indefinido**. [2] También llamado **futuro imperfecto**.

colgar

INDICATIVO

	Presente
yo	cuelgo
tú/vos	cuelgas / colgás
él, ella	cuelga
nosotros,tras	colgamos
vosotros,tras/ustedes	colgáis / cuelgan
ellos, ellas	cuelgan
	Pretérito imperfecto
yo	colgaba
tú/vos	colgabas
él, ella	colgaba
nosotros,tras	colgábamos
vosotros,tras/ustedes	colgabais / colgaban
ellos, ellas	colgaban
	Pretérito perfecto simple[1]
yo	colgué
tú/vos	colgaste
él, ella	colgó
nosotros,tras	colgamos
vosotros,tras/ustedes	colgasteis / colgaron
ellos, ellas	colgaron
	Futuro simple[2]
yo	colgaré
tú/vos	colgarás
él, ella	colgará
nosotros,tras	colgaremos
vosotros,tras/ustedes	colgaréis / colgarán
ellos, ellas	colgarán
	Condicional simple
yo	colgaría
tú/vos	colgarías
él, ella	colgaría
nosotros,tras	colgaríamos
vosotros,tras/ustedes	colgaríais / colgarían
ellos, ellas	colgarían

SUBJUNTIVO

	Presente
yo	cuelgue
tú/vos	cuelgues
él, ella	cuelgue
nosotros,tras	colguemos
vosotros,tras/ustedes	colguéis / cuelguen
ellos, ellas	cuelguen
	Pretérito imperfecto
yo	colgara, -ase
tú/vos	colgaras, -ases
él, ella	colgara, -ase
nosotros,tras	colgáramos, -ásemos
vosotros,tras/ustedes	colgarais, -aseis / colgaran, -asen
ellos, ellas	colgaran, -asen
	Futuro simple[2]
yo	colgare
tú/vos	colgares
él, ella	colgare
nosotros,tras	colgáremos
vosotros,tras/ustedes	colgareis / colgaren
ellos, ellas	colgaren

IMPERATIVO

cuelga (tú) / colgá (vos)
cuelgue (usted)
colguemos (nosotros,tras)
colgad (vosotros,tras) / cuelguen (ustedes)
cuelguen (ustedes)

FORMAS NO PERSONALES

Infinitivo	Gerundio	Participio
colgar	colgando	colgado

conducir

INDICATIVO

	Presente
yo	conduzco
tú/vos	conduces / conducís
él, ella	conduce
nosotros,tras	conducimos
vosotros,tras/ustedes	conducís / conducen
ellos, ellas	conducen
	Pretérito imperfecto
yo	conducía
tú/vos	conducías
él, ella	conducía
nosotros,tras	conducíamos
vosotros,tras/ustedes	conducíais / conducían
ellos, ellas	conducían
	Pretérito perfecto simple[1]
yo	conduje
tú/vos	condujiste
él, ella	condujo
nosotros,tras	condujimos
vosotros,tras/ustedes	condujisteis / condujeron
ellos, ellas	condujeron
	Futuro simple[2]
yo	conduciré
tú/vos	conducirás
él, ella	conducirá
nosotros,tras	conduciremos
vosotros,tras/ustedes	conduciréis / conducirán
ellos, ellas	conducirán
	Condicional simple
yo	conduciría
tú/vos	conducirías
él, ella	conduciría
nosotros,tras	conduciríamos
vosotros,tras/ustedes	conduciríais / conducirían
ellos, ellas	conducirían

SUBJUNTIVO

	Presente
yo	conduzca
tú/vos	conduzcas
él, ella	conduzca
nosotros,tras	conduzcamos
vosotros,tras/ustedes	conduzcáis / conduzcan
ellos, ellas	conduzcan
	Pretérito imperfecto
yo	condujera, -ese
tú/vos	condujeras, -eses
él, ella	condujera, -ese
nosotros,tras	condujéramos, -ésemos
vosotros,tras/ustedes	condujerais, -eseis / condujeran, -esen
ellos, ellas	condujeran, -esen
	Futuro simple[2]
yo	condujere
tú/vos	condujeres
él, ella	condujere
nosotros,tras	condujéremos
vosotros,tras/ustedes	condujereis / condujeren
ellos, ellas	condujeren

IMPERATIVO

conduce (tú) / conducí (vos)
conduzca (usted)
conduzcamos (nosotros,tras)
conducid (vosotros,tras) / conduzcan (ustedes)
conduzcan (ustedes)

FORMAS NO PERSONALES

Infinitivo	Gerundio	Participio
conducir	conduciendo	conducido

[1] También llamado **pretérito indefinido**. [2] También llamado **futuro imperfecto**.

contar

INDICATIVO

	Presente	Pretérito imperfecto	Pretérito perfecto simple[1]	Futuro simple[2]	Condicional simple
yo	cuento	contaba	conté	contaré	contaría
tú/vos	cuentas / contás	contabas	contaste	contarás	contarías
él, ella	cuenta	contaba	contó	contará	contaría
nosotros,tras	contamos	contábamos	contamos	contaremos	contaríamos
vosotros,tras/ustedes	contáis / cuentan	contabais / contaban	contasteis / contaron	contaréis / contarán	contaríais / contarían
ellos, ellas	cuentan	contaban	contaron	contarán	contarían

SUBJUNTIVO

	Presente	Pretérito imperfecto	Futuro simple[2]
yo	cuente	contara, -ase	contare
tú/vos	cuentes	contaras, -ases	contares
él, ella	cuente	contara, -ase	contare
nosotros,tras	contemos	contáramos, -ásemos	contáremos
vosotros,tras/ustedes	contéis / cuenten	contarais, -aseis / contaran, -asen	contareis / contaren
ellos, ellas	cuenten	contaran, -asen	contaren

IMPERATIVO

cuenta (tú) / contá (vos)
cuente (usted)
contemos (nosotros,tras)
contad (vosotros,tras) / cuenten (ustedes)
cuenten (ustedes)

FORMAS NO PERSONALES

Infinitivo	Gerundio	Participio
contar	contando	contado

contribuir

INDICATIVO

	Presente	Pretérito imperfecto	Pretérito perfecto simple[1]	Futuro simple[2]	Condicional simple
yo	contribuyo	contribuía	contribuí	contribuiré	contribuiría
tú/vos	contribuyes / contribuís	contribuías	contribuiste	contribuirás	contribuirías
él, ella	contribuye	contribuía	contribuyó	contribuirá	contribuiría
nosotros,tras	contribuimos	contribuíamos	contribuimos	contribuiremos	contribuiríamos
vosotros,tras/ustedes	contribuís / contribuyen	contribuíais / contribuían	contribuisteis / contribuyeron	contribuiréis / contribuirán	contribuiríais / contribuirían
ellos, ellas	contribuyen	contribuían	contribuyeron	contribuirán	contribuirían

SUBJUNTIVO

	Presente	Pretérito imperfecto	Futuro simple[2]
yo	contribuya	contribuyera, -ese	contribuyere
tú/vos	contribuyas	contribuyeras, -eses	contribuyeres
él, ella	contribuya	contribuyera, -ese	contribuyere
nosotros,tras	contribuyamos	contribuyéramos, -ésemos	contribuyéremos
vosotros,tras/ustedes	contribuyáis / contribuyan	contribuyerais, -eseis / contribuyeran, -esen	contribuyereis / contribuyeren
ellos, ellas	contribuyan	contribuyeran, -esen	contribuyeren

IMPERATIVO

contribuye (tú) / contribuí (vos)
contribuya (usted)
contribuyamos (nosotros,tras)
contribuid (vosotros,tras) / contribuyan (ustedes)
contribuyan (ustedes)

FORMAS NO PERSONALES

Infinitivo	Gerundio	Participio
contribuir	contribuyendo	contribuido

[1] También llamado **pretérito indefinido**. [2] También llamado **futuro imperfecto**.

dar

INDICATIVO

	Presente	Pretérito imperfecto	Pretérito perfecto simple[1]	Futuro simple[2]	Condicional simple
yo	doy	daba	di	daré	daría
tú/vos	das	dabas	diste	darás	darías
él, ella	da	daba	dio	dará	daría
nosotros,tras	damos	dábamos	dimos	daremos	daríamos
vosotros,tras/ustedes	dais / dan	dabais / daban	disteis / dieron	daréis / darán	daríais / darían
ellos, ellas	dan	daban	dieron	darán	darían

SUBJUNTIVO

	Presente	Pretérito imperfecto	Futuro simple[2]
yo	dé	diera, -ese	diere
tú/vos	des	dieras, -eses	dieres
él, ella	dé	diera, -ese	diere
nosotros,tras	demos	diéramos, -ésemos	diéremos
vosotros,tras/ustedes	deis / den	dierais, -eseis / dieran, -esen	diereis / dieren
ellos, ellas	den	dieran, -esen	dieren

IMPERATIVO

da (tú)
dé (usted)
demos (nosotros,tras)
dad (vosotros,tras) / den (ustedes)
den (ustedes)

FORMAS NO PERSONALES

Infinitivo	Gerundio	Participio
dar	dando	dado

decir

INDICATIVO

	Presente	Pretérito imperfecto	Pretérito perfecto simple[1]	Futuro simple[2]	Condicional simple
yo	digo	decía	dije	diré	diría
tú/vos	dices / decís	decías	dijiste	dirás	dirías
él, ella	dice	decía	dijo	dirá	diría
nosotros,tras	decimos	decíamos	dijimos	diremos	diríamos
vosotros,tras/ustedes	decís / dicen	decíais / decían	dijisteis / dijeron	diréis / dirán	diríais / dirían
ellos, ellas	dicen	decían	dijeron	dirán	dirían

SUBJUNTIVO

	Presente	Pretérito imperfecto	Futuro simple[2]
yo	diga	dijera, -ese	dijere
tú/vos	digas	dijeras, -eses	dijeres
él, ella	diga	dijera, -ese	dijere
nosotros,tras	digamos	dijéramos, -ésemos	dijéremos
vosotros,tras/ustedes	digáis / digan	dijerais, -eseis / dijeran, -esen	dijereis / dijeren
ellos, ellas	digan	dijeran, -esen	dijeren

IMPERATIVO

di (tú) / decí (vos)
diga (usted)
digamos (nosotros,tras)
decid (vosotros,tras) / digan (ustedes)
digan (ustedes)

FORMAS NO PERSONALES

Infinitivo	Gerundio	Participio
decir	diciendo	dicho

[1] También llamado **pretérito indefinido**. [2] También llamado **futuro imperfecto**.

delinquir

INDICATIVO

	Presente
yo	delinco
tú/vos	delinques / delinquís
él, ella	delinque
nosotros,tras	delinquimos
vosotros,tras/ustedes	delinquís / delinquen
ellos, ellas	delinquen

	Pretérito imperfecto
yo	delinquía
tú/vos	delinquías
él, ella	delinquía
nosotros,tras	delinquíamos
vosotros,tras/ustedes	delinquíais / delinquían
ellos, ellas	delinquían

	Pretérito perfecto simple[1]
yo	delinquí
tú/vos	delinquiste
él, ella	delinquió
nosotros,tras	delinquimos
vosotros,tras/ustedes	delinquisteis / delinquieron
ellos, ellas	delinquieron

	Futuro simple[2]
yo	delinquiré
tú/vos	delinquirás
él, ella	delinquirá
nosotros,tras	delinquiremos
vosotros,tras/ustedes	delinquiréis / delinquirán
ellos, ellas	delinquirán

	Condicional simple
yo	delinquiría
tú/vos	delinquirías
él, ella	delinquiría
nosotros,tras	delinquiríamos
vosotros,tras/ustedes	delinquiríais / delinquirían
ellos, ellas	delinquirían

SUBJUNTIVO

	Presente
yo	delinca
tú/vos	delincas
él, ella	delinca
nosotros,tras	delincamos
vosotros,tras/ustedes	delincáis / delincan
ellos, ellas	delincan

	Pretérito imperfecto
yo	delinquiera, -ese
tú/vos	delinquieras, -eses
él, ella	delinquiera, -ese
nosotros,tras	delinquiéramos, -ésemos
vosotros,tras/ustedes	delinquierais, -eseis / delinquieran, -esen
ellos, ellas	delinquieran, -esen

	Futuro simple[2]
yo	delinquiere
tú/vos	delinquieres
él, ella	delinquiere
nosotros,tras	delinquiéremos
vosotros,tras/ustedes	delinquiereis / delinquieren
ellos, ellas	delinquieren

IMPERATIVO

delinque (tú) / delinquí (vos)
delinca (usted)
delincamos (nosotros,tras)
delinquid (vosotros,tras) / delincan (ustedes)
delincan (ustedes)

FORMAS NO PERSONALES

Infinitivo	Gerundio	Participio
delinquir	delinquiendo	delinquido

desteñir

INDICATIVO

	Presente
yo	destiño
tú/vos	destiñes / desteñís
él, ella	destiñe
nosotros,tras	desteñimos
vosotros,tras/ustedes	desteñís / destiñen
ellos, ellas	destiñen

	Pretérito imperfecto
yo	desteñía
tú/vos	desteñías
él, ella	desteñía
nosotros,tras	desteñíamos
vosotros,tras/ustedes	desteñíais / desteñían
ellos, ellas	desteñían

	Pretérito perfecto simple[1]
yo	desteñí
tú/vos	desteñiste
él, ella	destiñó
nosotros,tras	desteñimos
vosotros,tras/ustedes	desteñisteis / destiñeron
ellos, ellas	destiñeron

	Futuro simple[2]
yo	desteñiré
tú/vos	desteñirás
él, ella	desteñirá
nosotros,tras	desteñiremos
vosotros,tras/ustedes	desteñiréis / desteñirán
ellos, ellas	desteñirán

	Condicional simple
yo	desteñiría
tú/vos	desteñirías
él, ella	desteñiría
nosotros,tras	desteñiríamos
vosotros,tras/ustedes	desteñiríais / desteñirían
ellos, ellas	desteñirían

SUBJUNTIVO

	Presente
yo	destiña
tú/vos	destiñas
él, ella	destiña
nosotros,tras	destiñamos
vosotros,tras/ustedes	destiñáis / destiñan
ellos, ellas	destiñan

	Pretérito imperfecto
yo	destiñera, -ese
tú/vos	destiñeras, -eses
él, ella	destiñera, -ese
nosotros,tras	destiñéramos, -ésemos
vosotros,tras/ustedes	destiñerais, -eseis / destiñeran, -esen
ellos, ellas	destiñeran, -esen

	Futuro simple[2]
yo	destiñere
tú/vos	destiñeres
él, ella	destiñere
nosotros,tras	destiñéremos
vosotros,tras/ustedes	destiñereis / destiñeren
ellos, ellas	destiñeren

IMPERATIVO

destiñe (tú) / desteñí (vos)
destiña (usted)
destiñamos (nosotros,tras)
desteñid (vosotros,tras) / destiñan (ustedes)
destiñan (ustedes)

FORMAS NO PERSONALES

Infinitivo	Gerundio	Participio
desteñir	destiñendo	desteñido

[1] También llamado **pretérito indefinido**. [2] También llamado **futuro imperfecto**.

dirigir

INDICATIVO

	Presente
yo	dirijo
tú/vos	diriges / dirigís
él, ella	dirige
nosotros,tras	dirigimos
vosotros,tras/ustedes	dirigís / dirigen
ellos, ellas	dirigen

	Pretérito imperfecto
yo	dirigía
tú/vos	dirigías
él, ella	dirigía
nosotros,tras	dirigíamos
vosotros,tras/ustedes	dirigíais / dirigían
ellos, ellas	dirigían

	Pretérito perfecto simple[1]
yo	dirigí
tú/vos	dirigiste
él, ella	dirigió
nosotros,tras	dirigimos
vosotros,tras/ustedes	dirigisteis / dirigieron
ellos, ellas	dirigieron

	Futuro simple[2]
yo	dirigiré
tú/vos	dirigirás
él, ella	dirigirá
nosotros,tras	dirigiremos
vosotros,tras/ustedes	dirigiréis / dirigirán
ellos, ellas	dirigirán

	Condicional simple
yo	dirigiría
tú/vos	dirigirías
él, ella	dirigiría
nosotros,tras	dirigiríamos
vosotros,tras/ustedes	dirigiríais / dirigirían
ellos, ellas	dirigirían

SUBJUNTIVO

	Presente
yo	dirija
tú/vos	dirijas
él, ella	dirija
nosotros,tras	dirijamos
vosotros,tras/ustedes	dirijáis / dirijan
ellos, ellas	dirijan

	Pretérito imperfecto
yo	dirigiera, -ese
tú/vos	dirigieras, -eses
él, ella	dirigiera, -ese
nosotros,tras	dirigiéramos, -ésemos
vosotros,tras/ustedes	dirigierais, -eseis / dirijieran, -esen
ellos, ellas	dirigieran, -esen

	Futuro simple[2]
yo	dirigiere
tú/vos	dirigieres
él, ella	dirigiere
nosotros,tras	dirigiéremos
vosotros,tras/ustedes	dirigiereis / dirigieren
ellos, ellas	dirigieren

IMPERATIVO

dirige (tú) / dirigí (vos)
dirija (usted)
dirijamos (nosotros,tras)
dirigid (vosotros,tras) / dirijan (ustedes)
dirijan (ustedes)

FORMAS NO PERSONALES

Infinitivo	Gerundio	Participio
dirigir	dirigiendo	dirigido

discernir

INDICATIVO

	Presente
yo	discierno
tú/vos	disciernes / discernís
él, ella	discierne
nosotros,tras	discernimos
vosotros,tras/ustedes	discernís / disciernen
ellos, ellas	disciernen

	Pretérito imperfecto
yo	discernía
tú/vos	discernías
él, ella	discernía
nosotros,tras	discerníamos
vosotros,tras/ustedes	discerníais / discernían
ellos, ellas	discernían

	Pretérito perfecto simple[1]
yo	discerní
tú/vos	discerniste
él, ella	discernió
nosotros,tras	discernimos
vosotros,tras/ustedes	discernisteis / discernieron
ellos, ellas	discernieron

	Futuro simple[2]
yo	discerniré
tú/vos	discernirás
él, ella	discernirá
nosotros,tras	discerniremos
vosotros,tras/ustedes	discerniréis / discernirán
ellos, ellas	discernirán

	Condicional simple
yo	discerniría
tú/vos	discernirías
él, ella	discerniría
nosotros,tras	discerniríamos
vosotros,tras/ustedes	discerniríais / discernirían
ellos, ellas	discernirían

SUBJUNTIVO

	Presente
yo	discierna
tú/vos	disciernas
él, ella	discierna
nosotros,tras	discernamos
vosotros,tras/ustedes	discernáis / disciernan
ellos, ellas	disciernan

	Pretérito imperfecto
yo	discerniera, -ese
tú/vos	discernieras, -eses
él, ella	discerniera, -ese
nosotros,tras	discerniéramos, -ésemos
vosotros,tras/ustedes	discernierais, -eseis / discernieran, -esen
ellos, ellas	discernieran, -esen

	Futuro simple[2]
yo	discerniere
tú/vos	discernieres
él, ella	discerniere
nosotros,tras	discerniéremos
vosotros,tras/ustedes	discerniereis / discernieren
ellos, ellas	discernieren

IMPERATIVO

discierne (tú) / discerní (vos)
discierna (usted)
discernamos (nosotros,tras)
discernid (vosotros,tras) / disciernan (ustedes)
disciernan (ustedes)

FORMAS NO PERSONALES

Infinitivo	Gerundio	Participio
discernir	discerniendo	discernido

[1] También llamado **pretérito indefinido**. [2] También llamado **futuro imperfecto**.

distinguir

INDICATIVO

	Presente
yo	distingo
tú/vos	distingues / distinguís
él, ella	distingue
nosotros,tras	distinguimos
vosotros,tras/ustedes	distinguís / distinguen
ellos, ellas	distinguen

	Pretérito imperfecto
yo	distinguía
tú/vos	distinguías
él, ella	distinguía
nosotros,tras	distinguíamos
vosotros,tras/ustedes	distinguíais / distinguían
ellos, ellas	distinguían

	Pretérito perfecto simple[1]
yo	distinguí
tú/vos	distinguiste
él, ella	distinguió
nosotros,tras	distinguimos
vosotros,tras/ustedes	distinguisteis / distinguieron
ellos, ellas	distinguieron

	Futuro simple[2]
yo	distinguiré
tú/vos	distinguirás
él, ella	distinguirá
nosotros,tras	distinguiremos
vosotros,tras/ustedes	distinguiréis / distinguirán
ellos, ellas	distinguirán

	Condicional simple
yo	distinguiría
tú/vos	distinguirías
él, ella	distinguiría
nosotros,tras	distinguiríamos
vosotros,tras/ustedes	distinguiríais / distinguirían
ellos, ellas	distinguirían

SUBJUNTIVO

	Presente
yo	distinga
tú/vos	distingas
él, ella	distinga
nosotros,tras	distingamos
vosotros,tras/ustedes	distingáis / distingan
ellos, ellas	distingan

	Pretérito imperfecto
yo	distinguiera, -ese
tú/vos	distinguieras, -eses
él, ella	distinguiera, -ese
nosotros,tras	distinguiéramos, -ésemos
vosotros,tras/ustedes	distinguierais, -eseis / distinguieran, -esen
ellos, ellas	distinguieran, -esen

	Futuro simple[2]
yo	distinguiere
tú/vos	distinguieres
él, ella	distinguiere
nosotros,tras	distinguiéremos
vosotros,tras/ustedes	distinguiereis / distinguieren
ellos, ellas	distinguieren

IMPERATIVO

distingue (tú) / distinguí (vos)
distinga (usted)
distingamos (nosotros,tras)
distinguid (vosotros,tras) / distingan (ustedes)
distingan (ustedes)

FORMAS NO PERSONALES

Infinitivo	Gerundio	Participio
distinguir	distinguiendo	distinguido

dormir

INDICATIVO

	Presente
yo	duermo
tú/vos	duermes / dormís
él, ella	duerme
nosotros,tras	dormimos
vosotros,tras/ustedes	dormís / duermen
ellos, ellas	duermen

	Pretérito imperfecto
yo	dormía
tú/vos	dormías
él, ella	dormía
nosotros,tras	dormíamos
vosotros,tras/ustedes	dormíais / dormían
ellos, ellas	dormían

	Pretérito perfecto simple[1]
yo	dormí
tú/vos	dormiste
él, ella	durmió
nosotros,tras	dormimos
vosotros,tras/ustedes	dormisteis / durmieron
ellos, ellas	durmieron

	Futuro simple[2]
yo	dormiré
tú/vos	dormirás
él, ella	dormirá
nosotros,tras	dormiremos
vosotros,tras/ustedes	dormiréis / dormirán
ellos, ellas	dormirán

	Condicional simple
yo	dormiría
tú/vos	dormirías
él, ella	dormiría
nosotros,tras	dormiríamos
vosotros,tras/ustedes	dormiríais / dormirían
ellos, ellas	dormirían

SUBJUNTIVO

	Presente
yo	duerma
tú/vos	duermas
él, ella	duerma
nosotros,tras	durmamos
vosotros,tras/ustedes	durmáis / duerman
ellos, ellas	duerman

	Pretérito imperfecto
yo	durmiera, -ese
tú/vos	durmieras, -eses
él, ella	durmiera, -ese
nosotros,tras	durmiéramos, -ésemos
vosotros,tras/ustedes	durmierais, -eseis / durmieran, -esen
ellos, ellas	durmieran, -esen

	Futuro simple[2]
yo	durmiere
tú/vos	durmieres
él, ella	durmiere
nosotros,tras	durmiéremos
vosotros,tras/ustedes	durmiereis / durmieren
ellos, ellas	durmieren

IMPERATIVO

duerme (tú) / dormí (vos)
duerma (usted)
durmamos (nosotros,tras)
dormid (vosotros,tras) / duerman (ustedes)
duerman (ustedes)

FORMAS NO PERSONALES

Infinitivo	Gerundio	Participio
dormir	durmiendo	dormido

[1] También llamado **pretérito indefinido**. [2] También llamado **futuro imperfecto**.

elegir

INDICATIVO

	Presente
yo	elijo
tú/vos	eliges / elegís
él, ella	elige
nosotros,tras	elegimos
vosotros,tras/ustedes	elegís / eligen
ellos, ellas	eligen
	Pretérito imperfecto
yo	elegía
tú/vos	elegías
él, ella	elegía
nosotros,tras	elegíamos
vosotros,tras/ustedes	elegíais / elegían
ellos, ellas	elegían
	Pretérito perfecto simple[1]
yo	elegí
tú/vos	elegiste
él, ella	eligió
nosotros,tras	elegimos
vosotros,tras/ustedes	elegisteis / eligieron
ellos, ellas	eligieron
	Futuro simple[2]
yo	elegiré
tú/vos	elegirás
él, ella	elegirá
nosotros,tras	elegiremos
vosotros,tras/ustedes	elegiréis / elegirán
ellos, ellas	elegirán
	Condicional simple
yo	elegiría
tú/vos	elegirías
él, ella	elegiría
nosotros,tras	elegiríamos
vosotros,tras/ustedes	elegiríais / elegirían
ellos, ellas	elegirían

SUBJUNTIVO

	Presente
yo	elija
tú/vos	elijas
él, ella	elija
nosotros,tras	elijamos
vosotros,tras/ustedes	elijáis / elijan
ellos, ellas	elijan
	Pretérito imperfecto
yo	eligiera, -ese
tú/vos	eligieras, -eses
él, ella	eligiera, -ese
nosotros,tras	eligiéramos, -ésemos
vosotros,tras/ustedes	eligierais, -eseis / eligieran, -esen
ellos, ellas	eligieran, -esen
	Futuro simple[2]
yo	eligiere
tú/vos	eligieres
él, ella	eligiere
nosotros,tras	eligiéremos
vosotros,tras/ustedes	eligiereis / eligieren
ellos, ellas	eligieren

IMPERATIVO

elige (tú) / elegí (vos)
elija (usted)
elijamos (nosotros,tras)
elegid (vosotros,tras) / elijan (ustedes)
elijan (ustedes)

FORMAS NO PERSONALES

Infinitivo	Gerundio	Participio
elegir	eligiendo	elegido

empezar

INDICATIVO

	Presente
yo	empiezo
tú/vos	empiezas / empezás
él, ella	empieza
nosotros,tras	empezamos
vosotros,tras/ustedes	empezáis / empiezan
ellos, ellas	empiezan
	Pretérito imperfecto
yo	empezaba
tú/vos	empezabas
él, ella	empezaba
nosotros,tras	empezábamos
vosotros,tras/ustedes	empezabais / empezaban
ellos, ellas	empezaban
	Pretérito perfecto simple[1]
yo	empecé
tú/vos	empezaste
él, ella	empezó
nosotros,tras	empezamos
vosotros,tras/ustedes	empezasteis / empezaron
ellos, ellas	empezaron
	Futuro simple[2]
yo	empezaré
tú/vos	empezarás
él, ella	empezará
nosotros,tras	empezaremos
vosotros,tras/ustedes	empezaréis / empezarán
ellos, ellas	empezarán
	Condicional simple
yo	empezaría
tú/vos	empezarías
él, ella	empezaría
nosotros,tras	empezaríamos
vosotros,tras/ustedes	empezaríais / empezarían
ellos, ellas	empezarían

SUBJUNTIVO

	Presente
yo	empiece
tú/vos	empieces
él, ella	empiece
nosotros,tras	empecemos
vosotros,tras/ustedes	empecéis / empiecen
ellos, ellas	empiecen
	Pretérito imperfecto
yo	empezara, -ase
tú/vos	empezaras, -ases
él, ella	empezara, -ase
nosotros,tras	empezáramos, -ásemos
vosotros,tras/ustedes	empezarais, -aseis / empezaran, -asen
ellos, ellas	empezaran, -asen
	Futuro simple[2]
yo	empezare
tú/vos	empezares
él, ella	empezare
nosotros,tras	empezáremos
vosotros,tras/ustedes	empezareis / empezaren
ellos, ellas	empezaren

IMPERATIVO

empieza (tú) / empezá (vos)
empiece (usted)
empecemos (nosotros,tras)
empezad (vosotros,tras) / empiecen (ustedes)
empiecen (ustedes)

FORMAS NO PERSONALES

Infinitivo	Gerundio	Participio
empezar	empezando	empezado

[1] También llamado **pretérito indefinido.** [2] También llamado **futuro imperfecto.**

enraizar

INDICATIVO

	Presente
yo	enraízo
tú/vos	enraízas / enraizás
él, ella	enraíza
nosotros,tras	enraizamos
vosotros,tras/ustedes	enraizáis / enraízan
ellos, ellas	enraízan

	Pretérito imperfecto
yo	enraizaba
tú/vos	enraizabas
él, ella	enraizaba
nosotros,tras	enraizábamos
vosotros,tras/ustedes	enraizabais / enraizaban
ellos, ellas	enraizaban

	Pretérito perfecto simple[1]
yo	enraicé
tú/vos	enraizaste
él, ella	enraizó
nosotros,tras	enraizamos
vosotros,tras/ustedes	enraizasteis / enraizaron
ellos, ellas	enraizaron

	Futuro simple[2]
yo	enraizaré
tú/vos	enraizarás
él, ella	enraizará
nosotros,tras	enraizaremos
vosotros,tras/ustedes	enraizaréis / enraizarán
ellos, ellas	enraizarán

	Condicional simple
yo	enraizaría
tú/vos	enraizarías
él, ella	enraizaría
nosotros,tras	enraizaríamos
vosotros,tras/ustedes	enraizaríais / enraizarían
ellos, ellas	enraizarían

SUBJUNTIVO

	Presente
yo	enraíce
tú/vos	enraíces
él, ella	enraíce
nosotros,tras	enraicemos
vosotros,tras/ustedes	enraicéis / enraícen
ellos, ellas	enraícen

	Pretérito imperfecto
yo	enraizara, -ase
tú/vos	enraizaras, -ases
él, ella	enraizara, -ase
nosotros,tras	enraizáramos, -ásemos
vosotros,tras/ustedes	enraizarais, -aseis / enraizaran, -asen
ellos, ellas	enraizaran, -asen

	Futuro simple[2]
yo	enraizare
tú/vos	enraizares
él, ella	enraizare
nosotros,tras	enraizáremos
vosotros,tras/ustedes	enraizareis / enraizaren
ellos, ellas	enraizaren

IMPERATIVO

enraíza (tú) / enraizá (vos)
enraíce (usted)
enraicemos (nosotros,tras)
enraizad (vosotros,tras) / enraícen (ustedes)
enraícen (ustedes)

FORMAS NO PERSONALES

Infinitivo	Gerundio	Participio
enraizar	enraizando	enraizado

erguir

INDICATIVO

	Presente
yo	irgo o yergo
tú/vos	irgues o yergues / erguís
él, ella	irgue o yergue
nosotros,tras	erguimos
vosotros,tras/ustedes	erguís / irguen o yerguen
ellos, ellas	irguen o yerguen

	Pretérito imperfecto
yo	erguía
tú/vos	erguías
él, ella	erguía
nosotros,tras	erguíamos
vosotros,tras/ustedes	erguíais / erguían
ellos, ellas	erguían

	Pretérito perfecto simple[1]
yo	erguí
tú/vos	erguiste
él, ella	irguió
nosotros,tras	erguimos
vosotros,tras/ustedes	erguisteis / irguieron
ellos, ellas	irguieron

	Futuro simple[2]
yo	erguiré
tú/vos	erguirás
él, ella	erguirá
nosotros,tras	erguiremos
vosotros,tras/ustedes	erguiréis / erguirán
ellos, ellas	erguirán

	Condicional simple
yo	erguiría
tú/vos	erguirías
él, ella	erguiría
nosotros,tras	erguiríamos
vosotros,tras/ustedes	erguiríais / erguirían
ellos, ellas	erguirían

SUBJUNTIVO

	Presente
yo	irga o yerga
tú/vos	irgas o yergas
él, ella	irga o yerga
nosotros,tras	irgamos o yergamos
vosotros,tras/ustedes	irgáis o yergáis / irgan o yergan
ellos, ellas	irgan o yergan

	Pretérito imperfecto
yo	irguiera, -ese
tú/vos	irguieras, -eses
él, ella	irguiera, -ese
nosotros,tras	irguiéramos, -ésemos
vosotros,tras/ustedes	irguierais, -eseis / irguieran, -esen
ellos, ellas	irguieran, -esen

	Futuro simple[2]
yo	irguiere
tú/vos	irguieres
él, ella	irguiere
nosotros,tras	irguiéremos
vosotros,tras/ustedes	irguiereis / irguieren
ellos, ellas	irguieren

IMPERATIVO

irgue o yergue (tú) / erguí (vos)
irga o yerga (usted)
irgamos o yergamos (nosotros,tras)
erguid (vosotros,tras) / irgan o yergan (ustedes)
irgan o yergan (ustedes)

FORMAS NO PERSONALES

Infinitivo	Gerundio	Participio
erguir	irguiendo	erguido

[1] También llamado **pretérito indefinido**. [2] También llamado **futuro imperfecto**.

errar

INDICATIVO

	Presente
yo	yerro
tú/vos	yerras / errás
él, ella	yerra
nosotros,tras	erramos
vosotros,tras/ustedes	erráis / yerran
ellos, ellas	yerran
	Pretérito imperfecto
yo	erraba
tú/vos	errabas
él, ella	erraba
nosotros,tras	errábamos
vosotros,tras/ustedes	errabais / erraban
ellos, ellas	erraban
	Pretérito perfecto simple[1]
yo	erré
tú/vos	erraste
él, ella	erró
nosotros,tras	erramos
vosotros,tras/ustedes	errasteis / erraron
ellos, ellas	erraron
	Futuro simple[2]
yo	erraré
tú/vos	errarás
él, ella	errará
nosotros,tras	erraremos
vosotros,tras/ustedes	erraréis / errarán
ellos, ellas	errarán
	Condicional simple
yo	erraría
tú/vos	errarías
él, ella	erraría
nosotros,tras	erraríamos
vosotros,tras/ustedes	erraríais / errarían
ellos, ellas	errarían

SUBJUNTIVO

	Presente
yo	yerre
tú/vos	yerres
él, ella	yerre
nosotros,tras	erremos
vosotros,tras/ustedes	erréis / yerren
ellos, ellas	yerren
	Pretérito imperfecto
yo	errara, -ase
tú/vos	erraras, -ases
él, ella	errara, -ase
nosotros,tras	erráramos, -ásemos
vosotros,tras/ustedes	errarais, -aseis / erraran, -asen
ellos, ellas	erraran, -asen
	Futuro simple[2]
yo	errare
tú/vos	errares
él, ella	errare
nosotros,tras	erráremos
vosotros,tras/ustedes	errareis / erraren
ellos, ellas	erraren

IMPERATIVO

yerra (tú) / errá (vos)
yerre (usted)
erremos (nosotros,tras)
errad (vosotros,tras) / yerren (ustedes)
yerren (ustedes)

FORMAS NO PERSONALES

Infinitivo	Gerundio	Participio
errar	errando	errado

esparcir

INDICATIVO

	Presente
yo	esparzo
tú/vos	esparces / esparcís
él, ella	esparce
nosotros,tras	esparcimos
vosotros,tras/ustedes	esparcís / esparcen
ellos, ellas	esparcen
	Pretérito imperfecto
yo	esparcía
tú/vos	esparcías
él, ella	esparcía
nosotros,tras	esparcíamos
vosotros,tras/ustedes	esparcíais / esparcían
ellos, ellas	esparcían
	Pretérito perfecto simple[1]
yo	esparcí
tú/vos	esparciste
él, ella	esparció
nosotros,tras	esparcimos
vosotros,tras/ustedes	esparcisteis / esparcieron
ellos, ellas	esparcieron
	Futuro simple[2]
yo	esparciré
tú/vos	esparcirás
él, ella	esparcirá
nosotros,tras	esparciremos
vosotros,tras/ustedes	esparciréis / esparcirán
ellos, ellas	esparcirán
	Condicional simple
yo	esparciría
tú/vos	esparcirías
él, ella	esparciría
nosotros,tras	esparciríamos
vosotros,tras/ustedes	esparciríais / esparcirían
ellos, ellas	esparcirían

SUBJUNTIVO

	Presente
yo	esparza
tú/vos	esparzas
él, ella	esparza
nosotros,tras	esparzamos
vosotros,tras/ustedes	esparzáis / esparzan
ellos, ellas	esparzan
	Pretérito imperfecto
yo	esparciera, -ese
tú/vos	esparcieras, -eses
él, ella	esparciera, -ese
nosotros,tras	esparciéramos, -ésemos
vosotros,tras/ustedes	esparcierais, -eseis / esparcieran, -esen
ellos, ellas	esparcieran, -esen
	Futuro simple[2]
yo	esparciere
tú/vos	esparcieres
él, ella	esparciere
nosotros,tras	esparciéremos
vosotros,tras/ustedes	esparciereis / esparcieren
ellos, ellas	esparcieren

IMPERATIVO

esparce (tú) / esparcí (vos)
esparza (usted)
esparzamos (nosotros,tras)
esparcid (vosotros,tras) / esparzan (ustedes)
esparzan (ustedes)

FORMAS NO PERSONALES

Infinitivo	Gerundio	Participio
esparcir	esparciendo	esparcido

[1] También llamado **pretérito indefinido**. [2] También llamado **futuro imperfecto**.

estar

INDICATIVO

Presente

yo	estoy
tú/vos	estás
él, ella	está
nosotros,tras	estamos
vosotros,tras/ustedes	estáis / están
ellos, ellas	están

Pretérito imperfecto

yo	estaba
tú/vos	estabas
él, ella	estaba
nosotros,tras	estábamos
vosotros,tras/ustedes	estabais / estaban
ellos, ellas	estaban

Pretérito perfecto simple[1]

yo	estuve
tú/vos	estuviste
él, ella	estuvo
nosotros,tras	estuvimos
vosotros,tras/ustedes	estuvisteis / estuvieron
ellos, ellas	estuvieron

Futuro simple[2]

yo	estaré
tú/vos	estarás
él, ella	estará
nosotros,tras	estaremos
vosotros,tras/ustedes	estaréis / estarán
ellos, ellas	estarán

Condicional simple

yo	estaría
tú/vos	estarías
él, ella	estaría
nosotros,tras	estaríamos
vosotros,tras/ustedes	estaríais / estarían
ellos, ellas	estarían

SUBJUNTIVO

Presente

yo	esté
tú/vos	estés
él, ella	esté
nosotros,tras	estemos
vosotros,tras/ustedes	estéis / estén
ellos, ellas	estén

Pretérito imperfecto

yo	estuviera, -ese
tú/vos	estuvieras, -eses
él, ella	estuviera, -ese
nosotros,tras	estuviéramos, -ésemos
vosotros,tras/ustedes	estuvierais, -eseis / estuvieran, -esen
ellos, ellas	estuvieran, -esen

Futuro simple[2]

yo	estuviere
tú/vos	estuvieres
él, ella	estuviere
nosotros,tras	estuviéremos
vosotros,tras/ustedes	estuviereis / estuvieren
ellos, ellas	estuvieren

IMPERATIVO

está (tú)
esté (usted)
estemos (nosotros,tras)
estad (vosotros,tras) / estén (ustedes)
estén (ustedes)

FORMAS NO PERSONALES

Infinitivo	Gerundio	Participio
estar	estando	estado

forzar

INDICATIVO

Presente

yo	fuerzo
tú/vos	fuerzas / forzás
él, ella	fuerza
nosotros,tras	forzamos
vosotros,tras/ustedes	forzáis / fuerzan
ellos, ellas	fuerzan

Pretérito imperfecto

yo	forzaba
tú/vos	forzabas
él, ella	forzaba
nosotros,tras	forzábamos
vosotros,tras/ustedes	forzabais / forzaban
ellos, ellas	forzaban

Pretérito perfecto simple[1]

yo	forcé
tú/vos	forzaste
él, ella	forzó
nosotros,tras	forzamos
vosotros,tras/ustedes	forzasteis / forzaron
ellos, ellas	forzaron

Futuro simple[2]

yo	forzaré
tú/vos	forzarás
él, ella	forzará
nosotros,tras	forzaremos
vosotros,tras/ustedes	forzaréis / forzarán
ellos, ellas	forzarán

Condicional simple

yo	forzaría
tú/vos	forzarías
él, ella	forzaría
nosotros,tras	forzaríamos
vosotros,tras/ustedes	forzaríais / forzarían
ellos, ellas	forzarían

SUBJUNTIVO

Presente

yo	fuerce
tú/vos	fuerces
él, ella	fuerce
nosotros,tras	forcemos
vosotros,tras/ustedes	forcéis / fuercen
ellos, ellas	fuercen

Pretérito imperfecto

yo	forzara, -ase
tú/vos	forzaras, -ases
él, ella	forzara, -ase
nosotros,tras	forzáramos, -ásemos
vosotros,tras/ustedes	forzarais, -aseis / forzaran, -asen
ellos, ellas	forzaran, -asen

Futuro simple[2]

yo	forzare
tú/vos	forzares
él, ella	forzare
nosotros,tras	forzáremos
vosotros,tras/ustedes	forzareis / forzaren
ellos, ellas	forzaren

IMPERATIVO

fuerza (tú) / forzá (vos)
fuerce (usted)
forcemos (nosotros,tras)
forzad (vosotros,tras) / fuercen (ustedes)
fuercen (ustedes)

FORMAS NO PERSONALES

Infinitivo	Gerundio	Participio
forzar	forzando	forzado

[1] También llamado **pretérito indefinido**. [2] También llamado **futuro imperfecto**.

guiar

INDICATIVO

	Presente
yo	guío
tú/vos	guías / guias
él, ella	guía
nosotros,tras	guiamos
vosotros,tras/ustedes	guiais / guían
ellos, ellas	guían

	Pretérito imperfecto
yo	guiaba
tú/vos	guiabas
él, ella	guiaba
nosotros,tras	guiábamos
vosotros,tras/ustedes	guiabais / guiaban
ellos, ellas	guiaban

	Pretérito perfecto simple[1]
yo	guie
tú/vos	guiaste
él, ella	guio
nosotros,tras	guiamos
vosotros,tras/ustedes	guiasteis / guiaron
ellos, ellas	guiaron

	Futuro simple[2]
yo	guiaré
tú/vos	guiarás
él, ella	guiará
nosotros,tras	guiaremos
vosotros,tras/ustedes	guiaréis / guiarán
ellos, ellas	guiarán

	Condicional simple
yo	guiaría
tú/vos	guiarías
él, ella	guiaría
nosotros,tras	guiaríamos
vosotros,tras/ustedes	guiaríais / guiarían
ellos, ellas	guiarían

SUBJUNTIVO

	Presente
yo	guíe
tú/vos	guíes
él, ella	guíe
nosotros,tras	guiemos
vosotros,tras/ustedes	guieis / guíen
ellos, ellas	guíen

	Pretérito imperfecto
yo	guiara, -ase
tú/vos	guiaras, -ases
él, ella	guiara, -ase
nosotros,tras	guiáramos, -ásemos
vosotros,tras/ustedes	guiarais, -aseis / guiaran, -asen
ellos, ellas	guiaran, -asen

	Futuro simple[2]
yo	guiare
tú/vos	guiares
él, ella	guiare
nosotros,tras	guiáremos
vosotros,tras/ustedes	guiareis / guiaren
ellos, ellas	guiaren

IMPERATIVO

guía (tú) / guia (vos)
guíe (usted)
guiemos (nosotros,tras)
guiad (vosotros,tras) / guíen (ustedes)
guíen (ustedes)

FORMAS NO PERSONALES

Infinitivo	Gerundio	Participio
guiar	guiando	guiado

haber

INDICATIVO

	Presente
yo	he
tú/vos	has
él, ella	ha (*)
nosotros,tras	hemos
vosotros,tras/ustedes	habéis / han
ellos, ellas	han

	Pretérito imperfecto
yo	había
tú/vos	habías
él, ella	había
nosotros,tras	habíamos
vosotros,tras/ustedes	habíais / habían
ellos, ellas	habían

	Pretérito perfecto simple[1]
yo	hube
tú/vos	hubiste
él, ella	hubo
nosotros,tras	hubimos
vosotros,tras/ustedes	hubisteis / hubieron
ellos, ellas	hubieron

	Futuro simple[2]
yo	habré
tú/vos	habrás
él, ella	habrá
nosotros,tras	habremos
vosotros,tras/ustedes	habréis / habrán
ellos, ellas	habrán

	Condicional simple
yo	habría
tú/vos	habrías
él, ella	habría
nosotros,tras	habríamos
vosotros,tras/ustedes	habríais / habrían
ellos, ellas	habrían

SUBJUNTIVO

	Presente
yo	haya
tú/vos	hayas
él, ella	haya
nosotros,tras	hayamos
vosotros,tras/ustedes	hayáis / hayan
ellos, ellas	hayan

	Pretérito imperfecto
yo	hubiera, -ese
tú/vos	hubieras, -eses
él, ella	hubiera, -ese
nosotros,tras	hubiéramos, -ésemos
vosotros,tras/ustedes	hubierais, -eseis / hubieran, -esen
ellos, ellas	hubieran, -esen

	Futuro simple[2]
yo	hubiere
tú/vos	hubieres
él, ella	hubiere
nosotros,tras	hubiéremos
vosotros,tras/ustedes	hubiereis / hubieren
ellos, ellas	hubieren

IMPERATIVO

he (tú) / he (vos)
haya (usted)
hayamos (nosotros,tras)
habed (vosotros,tras)
hayan (ustedes)

FORMAS NO PERSONALES

Infinitivo	Gerundio	Participio
haber	habiendo	habido

[1] También llamado **pretérito indefinido**. [2] También llamado **futuro imperfecto**.

hacer

INDICATIVO

	Presente
yo	hago
tú/vos	haces / hacés
él, ella	hace
nosotros,tras	hacemos
vosotros,tras/ustedes	hacéis / hacen
ellos, ellas	hacen

	Pretérito imperfecto
yo	hacía
tú/vos	hacías
él, ella	hacía
nosotros,tras	hacíamos
vosotros,tras/ustedes	hacíais / hacían
ellos, ellas	hacían

	Pretérito perfecto simple[1]
yo	hice
tú/vos	hiciste
él, ella	hizo
nosotros,tras	hicimos
vosotros,tras/ustedes	hicisteis / hicieron
ellos, ellas	hicieron

	Futuro simple[2]
yo	haré
tú/vos	harás
él, ella	hará
nosotros,tras	haremos
vosotros,tras/ustedes	haréis / harán
ellos, ellas	harán

	Condicional simple
yo	haría
tú/vos	harías
él, ella	haría
nosotros,tras	haríamos
vosotros,tras/ustedes	haríais / harían
ellos, ellas	harían

SUBJUNTIVO

	Presente
yo	haga
tú/vos	hagas
él, ella	haga
nosotros,tras	hagamos
vosotros,tras/ustedes	hagáis / hagan
ellos, ellas	hagan

	Pretérito imperfecto
yo	hiciera, -ese
tú/vos	hicieras, -eses
él, ella	hiciera, -ese
nosotros,tras	hiciéramos, -ésemos
vosotros,tras/ustedes	hicierais, -eseis / hicieran, -esen
ellos, ellas	hicieran, -esen

	Futuro simple[2]
yo	hiciere
tú/vos	hicieres
él, ella	hiciere
nosotros,tras	hiciéremos
vosotros,tras/ustedes	hiciereis / hicieren
ellos, ellas	hicieren

IMPERATIVO

haz (tú) / hacé (vos)
haga (usted)
hagamos (nosotros,tras)
haced (vosotros,tras) / hagan (ustedes)
hagan (ustedes)

FORMAS NO PERSONALES

Infinitivo	Gerundio	Participio
hacer	haciendo	hecho

huir

INDICATIVO

	Presente
yo	huyo
tú/vos	huyes / huis
él, ella	huye
nosotros,tras	huimos
vosotros,tras/ustedes	huis / huyen
ellos, ellas	huyen

	Pretérito imperfecto
yo	huía
tú/vos	huías
él, ella	huía
nosotros,tras	huíamos
vosotros,tras/ustedes	huíais / huían
ellos, ellas	huían

	Pretérito perfecto simple[1]
yo	hui
tú/vos	huiste
él, ella	huyó
nosotros,tras	huimos
vosotros,tras/ustedes	huisteis / huyeron
ellos, ellas	huyeron

	Futuro simple[2]
yo	huiré
tú/vos	huirás
él, ella	huirá
nosotros,tras	huiremos
vosotros,tras/ustedes	huiréis / huirán
ellos, ellas	huirán

	Condicional simple
yo	huiría
tú/vos	huirías
él, ella	huiría
nosotros,tras	huiríamos
vosotros,tras/ustedes	huiríais / huirían
ellos, ellas	huirían

SUBJUNTIVO

	Presente
yo	huya
tú/vos	huyas
él, ella	huya
nosotros,tras	huyamos
vosotros,tras/ustedes	huyáis / huyan
ellos, ellas	huyan

	Pretérito imperfecto
yo	huyera, -ese
tú/vos	huyeras, -eses
él, ella	huyera, -ese
nosotros,tras	huyéramos, -ésemos
vosotros,tras/ustedes	huyerais, -eseis / huyeran, -esen
ellos, ellas	huyeran, -esen

	Futuro simple[2]
yo	huyere
tú/vos	huyeres
él, ella	huyere
nosotros,tras	huyéremos
vosotros,tras/ustedes	huyereis / huyeren
ellos, ellas	huyeren

IMPERATIVO

huye (tú) / hui (vos)
huya (usted)
huyamos (nosotros,tras)
huid (vosotros,tras) / huyan (ustedes)
huyan (ustedes)

FORMAS NO PERSONALES

Infinitivo	Gerundio	Participio
huir	huyendo	huido

[1] También llamado **pretérito indefinido**. [2] También llamado **futuro imperfecto**.

ir

INDICATIVO

	Presente
yo	voy
tú/vos	vas
él, ella	va
nosotros,tras	vamos
vosotros,tras/ustedes	vais / van
ellos, ellas	van

	Pretérito imperfecto
yo	iba
tú/vos	ibas
él, ella	iba
nosotros,tras	íbamos
vosotros,tras/ustedes	ibais / iban
ellos, ellas	iban

	Pretérito perfecto simple[1]
yo	fui
tú/vos	fuiste
él, ella	fue
nosotros,tras	fuimos
vosotros,tras/ustedes	fuisteis / fueron
ellos, ellas	fueron

	Futuro simple[2]
yo	iré
tú/vos	irás
él, ella	irá
nosotros,tras	iremos
vosotros,tras/ustedes	iréis / irán
ellos, ellas	irán

	Condicional simple
yo	iría
tú/vos	irías
él, ella	iría
nosotros,tras	iríamos
vosotros,tras/ustedes	iríais / irían
ellos, ellas	irían

SUBJUNTIVO

	Presente
yo	vaya
tú/vos	vayas
él, ella	vaya
nosotros,tras	vayamos
vosotros,tras/ustedes	vayáis / vayan
ellos, ellas	vayan

	Pretérito imperfecto
yo	fuera, -ese
tú/vos	fueras, -eses
él, ella	fuera, -ese
nosotros,tras	fuéramos, -ésemos
vosotros,tras/ustedes	fuerais, -eseis / fueran, -esen
ellos, ellas	fueran, -esen

	Futuro simple[2]
yo	fuere
tú/vos	fueres
él, ella	fuere
nosotros,tras	fuéremos
vosotros,tras/ustedes	fuereis / fueren
ellos, ellas	fueren

IMPERATIVO

ve (tú) / andá (vos)
vaya (usted)
vayamos (nosotros,tras)
id (vosotros,tras) / vayan (ustedes)
vayan (ustedes)

FORMAS NO PERSONALES

Infinitivo	Gerundio	Participio
ir	yendo	ido

jugar

INDICATIVO

	Presente
yo	juego
tú/vos	juegas / jugás
él, ella	juega
nosotros,tras	jugamos
vosotros,tras/ustedes	jugáis / juegan
ellos, ellas	juegan

	Pretérito imperfecto
yo	jugaba
tú/vos	jugabas
él, ella	jugaba
nosotros,tras	jugábamos
vosotros,tras/ustedes	jugabais / jugaban
ellos, ellas	jugaban

	Pretérito perfecto simple[1]
yo	jugué
tú/vos	jugaste
él, ella	jugó
nosotros,tras	jugamos
vosotros,tras/ustedes	jugasteis / jugaron
ellos, ellas	jugaron

	Futuro simple[2]
yo	jugaré
tú/vos	jugarás
él, ella	jugará
nosotros,tras	jugaremos
vosotros,tras/ustedes	jugaréis / jugarán
ellos, ellas	jugarán

	Condicional simple
yo	jugaría
tú/vos	jugarías
él, ella	jugaría
nosotros,tras	jugaríamos
vosotros,tras/ustedes	jugaríais / jugarían
ellos, ellas	jugarían

SUBJUNTIVO

	Presente
yo	juegue
tú/vos	juegues
él, ella	juegue
nosotros,tras	juguemos
vosotros,tras/ustedes	juguéis / jueguen
ellos, ellas	jueguen

	Pretérito imperfecto
yo	jugara, -ase
tú/vos	jugaras, -ases
él, ella	jugara, -ase
nosotros,tras	jugáramos, -ásemos
vosotros,tras/ustedes	jugarais, -aseis / jugaran, -esen
ellos, ellas	jugaran, -asen

	Futuro simple[2]
yo	jugare
tú/vos	jugares
él, ella	jugare
nosotros,tras	jugáremos
vosotros,tras/ustedes	jugareis / jugaren
ellos, ellas	jugaren

IMPERATIVO

juega (tú) / jugá (vos)
juegue (usted)
juguemos (nosotros,tras)
jugad (vosotros,tras) / jueguen (ustedes)
jueguen (ustedes)

FORMAS NO PERSONALES

Infinitivo	Gerundio	Participio
jugar	jugando	jugado

[1] También llamado **pretérito indefinido**. [2] También llamado **futuro imperfecto**.

leer

INDICATIVO

	Presente
yo	leo
tú/vos	lees / leés
él, ella	lee
nosotros,tras	leemos
vosotros,tras/ustedes	leéis / leen
ellos, ellas	leen

	Pretérito imperfecto
yo	leía
tú/vos	leías
él, ella	leía
nosotros,tras	leíamos
vosotros,tras/ustedes	leíais / leían
ellos, ellas	leían

	Pretérito perfecto simple[1]
yo	leí
tú/vos	leíste
él, ella	leyó
nosotros,tras	leímos
vosotros,tras/ustedes	leísteis / leyeron
ellos, ellas	leyeron

	Futuro simple[2]
yo	leeré
tú/vos	leerás
él, ella	leerá
nosotros,tras	leeremos
vosotros,tras/ustedes	leeréis / leerán
ellos, ellas	leerán

	Condicional simple
yo	leería
tú/vos	leerías
él, ella	leería
nosotros,tras	leeríamos
vosotros,tras/ustedes	leeríais / leerían
ellos, ellas	leerían

SUBJUNTIVO

	Presente
yo	lea
tú/vos	leas
él, ella	lea
nosotros,tras	leamos
vosotros,tras/ustedes	leáis / lean
ellos, ellas	lean

	Pretérito imperfecto
yo	leyera, -ese
tú/vos	leyeras, -eses
él, ella	leyera, -ese
nosotros,tras	leyéramos, -ésemos
vosotros,tras/ustedes	leyerais, -eseis / leyeran, -esen
ellos, ellas	leyeran, -esen

	Futuro simple[2]
yo	leyere
tú/vos	leyeres
él, ella	leyere
nosotros,tras	leyéremos
vosotros,tras/ustedes	leyereis / leyeren
ellos, ellas	leyeren

IMPERATIVO

lee (tú) / leé (vos)
lea (usted)
leamos (nosotros,tras)
leed (vosotros,tras) / lean (ustedes)
lean (ustedes)

FORMAS NO PERSONALES

Infinitivo	Gerundio	Participio
leer	leyendo	leído

lucir

INDICATIVO

	Presente
yo	luzco
tú/vos	luces / lucís
él, ella	luce
nosotros,tras	lucimos
vosotros,tras/ustedes	lucís / lucen
ellos, ellas	lucen

	Pretérito imperfecto
yo	lucía
tú/vos	lucías
él, ella	lucía
nosotros,tras	lucíamos
vosotros,tras/ustedes	lucíais / lucían
ellos, ellas	lucían

	Pretérito perfecto simple[1]
yo	lucí
tú/vos	luciste
él, ella	lució
nosotros,tras	lucimos
vosotros,tras/ustedes	lucisteis / lucieron
ellos, ellas	lucieron

	Futuro simple[2]
yo	luciré
tú/vos	lucirás
él, ella	lucirá
nosotros,tras	luciremos
vosotros,tras/ustedes	luciréis / lucirán
ellos, ellas	lucirán

	Condicional simple
yo	luciría
tú/vos	lucirías
él, ella	luciría
nosotros,tras	luciríamos
vosotros,tras/ustedes	luciríais / lucirían
ellos, ellas	lucirían

SUBJUNTIVO

	Presente
yo	luzca
tú/vos	luzcas
él, ella	luzca
nosotros,tras	luzcamos
vosotros,tras/ustedes	luzcáis / luzcan
ellos, ellas	luzcan

	Pretérito imperfecto
yo	luciera, -ese
tú/vos	lucieras, -eses
él, ella	luciera, -ese
nosotros,tras	luciéramos, -ésemos
vosotros,tras/ustedes	lucierais, -eseis / lucieran, -esen
ellos, ellas	lucieran, -esen

	Futuro simple[2]
yo	luciere
tú/vos	lucieres
él, ella	luciere
nosotros,tras	luciéremos
vosotros,tras/ustedes	luciereis / lucieren
ellos, ellas	lucieren

IMPERATIVO

luce (tú) / lucí (vos)
luzca (usted)
luzcamos (nosotros,tras)
lucid (vosotros,tras) / luzcan (ustedes)
luzcan (ustedes)

FORMAS NO PERSONALES

Infinitivo	Gerundio	Participio
lucir	luciendo	lucido

[1] También llamado **pretérito indefinido**. [2] También llamado **futuro imperfecto**.

morir

INDICATIVO

	Presente	Pretérito imperfecto	Pretérito perfecto simple[1]	Futuro simple[2]	Condicional simple
yo	muero	moría	morí	moriré	moriría
tú/vos	mueres / morís	morías	moriste	morirás	morirías
él, ella	muere	moría	murió	morirá	moriría
nosotros,tras	morimos	moríamos	morimos	moriremos	moriríamos
vosotros,tras/ustedes	morís / mueren	moríais / morían	moristeis / murieron	moriréis / morirán	moriríais / morirían
ellos, ellas	mueren	morían	murieron	morirán	morirían

SUBJUNTIVO

	Presente	Pretérito imperfecto	Futuro simple[2]
yo	muera	muriera, -ese	muriere
tú/vos	mueras	murieras, -eses	murieres
él, ella	muera	muriera, -ese	muriere
nosotros,tras	muramos	muriéramos, -ésemos	muriéremos
vosotros,tras/ustedes	muráis / mueran	murierais, -eseis / murieran, -esen	muriereis / murieren
ellos, ellas	mueran	murieran, -esen	murieren

IMPERATIVO

muere (tú) / morí (vos)
muera (usted)
muramos (nosotros,tras)
morid (vosotros,tras) / mueran (ustedes)
mueran (ustedes)

FORMAS NO PERSONALES

Infinitivo	Gerundio	Participio
morir	muriendo	muerto

mover

INDICATIVO

	Presente	Pretérito imperfecto	Pretérito perfecto simple[1]	Futuro simple[2]	Condicional simple
yo	muevo	movía	moví	moveré	movería
tú/vos	mueves /movés	movías	moviste	moverás	moverías
él, ella	mueve	movía	movió	moverá	movería
nosotros,tras	movemos	movíamos	movimos	moveremos	moveríamos
vosotros,tras/ustedes	movéis / mueven	movíais / movían	movisteis / movieron	moveréis / moverán	moveríais / moverían
ellos, ellas	mueven	movían	movieron	moverán	moverían

SUBJUNTIVO

	Presente	Pretérito imperfecto	Futuro simple[2]
yo	mueva	moviera, -ese	moviere
tú/vos	muevas	movieras, -eses	movieres
él, ella	mueva	moviera, -ese	moviere
nosotros,tras	movamos	moviéramos, -ésemos	moviéremos
vosotros,tras/ustedes	mováis / muevan	movierais, -eseis / movieran, -esen	moviereis / movieren
ellos, ellas	muevan	movieran, -esen	movieren

IMPERATIVO

mueve (tú) / mové (vos)
mueva (usted)
movamos (nosotros,tras)
moved (vosotros,tras) / muevan (ustedes)
muevan (ustedes)

FORMAS NO PERSONALES

Infinitivo	Gerundio	Participio
mover	moviendo	movido

[1] También llamado **pretérito indefinido**. [2] También llamado **futuro imperfecto**.

oír

INDICATIVO

	Presente
yo	oigo
tú/vos	oyes / oís
él, ella	oye
nosotros,tras	oímos
vosotros,tras/ustedes	oís / oyen
ellos, ellas	oyen
	Pretérito imperfecto
yo	oía
tú/vos	oías
él, ella	oía
nosotros,tras	oíamos
vosotros,tras/ustedes	oíais / oían
ellos, ellas	oían
	Pretérito perfecto simple[1]
yo	oí
tú/vos	oíste
él, ella	oyó
nosotros,tras	oímos
vosotros,tras/ustedes	oísteis / oyeron
ellos, ellas	oyeron
	Futuro simple[2]
yo	oiré
tú/vos	oirás
él, ella	oirá
nosotros,tras	oiremos
vosotros,tras/ustedes	oiréis / oirán
ellos, ellas	oirán
	Condicional simple
yo	oiría
tú/vos	oirías
él, ella	oiría
nosotros,tras	oiríamos
vosotros,tras/ustedes	oiríais / oirían
ellos, ellas	oirían

SUBJUNTIVO

	Presente
yo	oiga
tú/vos	oigas
él, ella	oiga
nosotros,tras	oigamos
vosotros,tras/ustedes	oigáis / oigan
ellos, ellas	oigan
	Pretérito imperfecto
yo	oyera, -ese
tú/vos	oyeras, -eses
él, ella	oyera, -ese
nosotros,tras	oyéramos, -ésemos
vosotros,tras/ustedes	oyerais, -eseis / oyeran, -esen
ellos, ellas	oyeran, -esen
	Futuro simple[2]
yo	oyere
tú/vos	oyeres
él, ella	oyere
nosotros,tras	oyéremos
vosotros,tras/ustedes	oyereis / oyeren
ellos, ellas	oyeren

IMPERATIVO

oye (tú) / oí (vos)
oiga (usted)
oigamos (nosotros,tras)
oíd (vosotros,tras) / oigan (ustedes)
oigan (ustedes)

FORMAS NO PERSONALES

Infinitivo	Gerundio	Participio
oír	oyendo	oído

oler

INDICATIVO

	Presente
yo	huelo
tú/vos	hueles / olés
él, ella	huele
nosotros,tras	olemos
vosotros,tras/ustedes	oléis / huelen
ellos, ellas	huelen
	Pretérito imperfecto
yo	olía
tú/vos	olías
él, ella	olía
nosotros,tras	olíamos
vosotros,tras/ustedes	olíais / olían
ellos, ellas	olían
	Pretérito perfecto simple[1]
yo	olí
tú/vos	oliste
él, ella	olió
nosotros,tras	olimos
vosotros,tras/ustedes	olisteis / olieron
ellos, ellas	olieron
	Futuro simple[2]
yo	oleré
tú/vos	olerás
él, ella	olerá
nosotros,tras	oleremos
vosotros,tras/ustedes	oleréis / olerán
ellos, ellas	olerán
	Condicional simple
yo	olería
tú/vos	olerías
él, ella	olería
nosotros,tras	oleríamos
vosotros,tras/ustedes	oleríais / olerían
ellos, ellas	olerían

SUBJUNTIVO

	Presente
yo	huela
tú/vos	huelas
él, ella	huela
nosotros,tras	olamos
vosotros,tras/ustedes	oláis / huelan
ellos, ellas	huelan
	Pretérito imperfecto
yo	oliera, -ese
tú/vos	olieras, -eses
él, ella	oliera, -ese
nosotros,tras	oliéramos, -ésemos
vosotros,tras/ustedes	olierais, -eseis / olieran, -esen
ellos, ellas	olieran, -esen
	Futuro simple[2]
yo	oliere
tú/vos	olieres
él, ella	oliere
nosotros,tras	oliéremos
vosotros,tras/ustedes	oliereis / olieren
ellos, ellas	olieren

IMPERATIVO

huele (tú) / olé (vos)
huela (usted)
olamos (nosotros,tras)
oled (vosotros,tras) / huelan (ustedes)
huelan (ustedes)

FORMAS NO PERSONALES

Infinitivo	Gerundio	Participio
oler	oliendo	olido

[1] También llamado **pretérito indefinido**. [2] También llamado **futuro imperfecto**.

pagar

INDICATIVO

	Presente
yo	pago
tú/vos	pagas / pagás
él, ella	paga
nosotros,tras	pagamos
vosotros,tras/ustedes	pagáis / pagan
ellos, ellas	pagan
	Pretérito imperfecto
yo	pagaba
tú/vos	pagabas
él, ella	pagaba
nosotros,tras	pagábamos
vosotros,tras/ustedes	pagabais / pagaban
ellos, ellas	pagaban
	Pretérito perfecto simple[1]
yo	pagué
tú/vos	pagaste
él, ella	pagó
nosotros,tras	pagamos
vosotros,tras/ustedes	pagasteis / pagaron
ellos, ellas	pagaron
	Futuro simple[2]
yo	pagaré
tú/vos	pagarás
él, ella	pagará
nosotros,tras	pagaremos
vosotros,tras/ustedes	pagaréis / pagarán
ellos, ellas	pagarán
	Condicional simple
yo	pagaría
tú/vos	pagarías
él, ella	pagaría
nosotros,tras	pagaríamos
vosotros,tras/ustedes	pagaríais / pagarían
ellos, ellas	pagarían

SUBJUNTIVO

	Presente
yo	pague
tú/vos	pagues
él, ella	pague
nosotros,tras	paguemos
vosotros,tras/ustedes	paguéis / paguen
ellos, ellas	paguen
	Pretérito imperfecto
yo	pagara, -ase
tú/vos	pagaras, -ases
él, ella	pagara, -ase
nosotros,tras	pagáramos, -ásemos
vosotros,tras/ustedes	pagarais, -aseis / pagaran, -asen
ellos, ellas	pagaran, -asen
	Futuro simple[2]
yo	pagare
tú/vos	pagares
él, ella	pagare
nosotros,tras	pagáremos
vosotros,tras/ustedes	pagareis / pagaren
ellos, ellas	pagaren

IMPERATIVO

paga (tú) / pagá (vos)
pague (usted)
paguemos (nosotros,tras)
pagad (vosotros,tras) / paguen (ustedes)
paguen (ustedes)

FORMAS NO PERSONALES

Infinitivo	Gerundio	Participio
pagar	pagando	pagado

parecer

INDICATIVO

	Presente
yo	parezco
tú/vos	pareces / parecés
él, ella	parece
nosotros,tras	parecemos
vosotros,tras/ustedes	parecéis / parecen
ellos, ellas	parecen
	Pretérito imperfecto
yo	parecía
tú/vos	parecías
él, ella	parecía
nosotros,tras	parecíamos
vosotros,tras/ustedes	parecíais / parecían
ellos, ellas	parecían
	Pretérito perfecto simple[1]
yo	parecí
tú/vos	pareciste
él, ella	pareció
nosotros,tras	parecimos
vosotros,tras/ustedes	parecisteis / parecieron
ellos, ellas	parecieron
	Futuro simple[2]
yo	pareceré
tú/vos	parecerás
él, ella	parecerá
nosotros,tras	pareceremos
vosotros,tras/ustedes	pareceréis / parecerán
ellos, ellas	parecerán
	Condicional simple
yo	parecería
tú/vos	parecerías
él, ella	parecería
nosotros,tras	pareceríamos
vosotros,tras/ustedes	pareceríais / parecerían
ellos, ellas	parecerían

SUBJUNTIVO

	Presente
yo	parezca
tú/vos	parezcas
él, ella	parezca
nosotros,tras	parezcamos
vosotros,tras/ustedes	parezcáis / parezcan
ellos, ellas	parezcan
	Pretérito imperfecto
yo	pareciera, -ese
tú/vos	parecieras, -eses
él, ella	pareciera, -ese
nosotros,tras	pareciéramos, -ésemos
vosotros,tras/ustedes	parecierais, -eseis / parecieran, -esen
ellos, ellas	parecieran, -esen
	Futuro simple[2]
yo	pareciere
tú/vos	parecieres
él, ella	pareciere
nosotros,tras	pareciéremos
vosotros,tras/ustedes	pareciereis / parecieren
ellos, ellas	parecieren

IMPERATIVO

parece (tú) / parecé (vos)
parezca (usted)
parezcamos (nosotros,tras)
pareced (vosotros,tras) / parezcan (ustedes)
parezcan (ustedes)

FORMAS NO PERSONALES

Infinitivo	Gerundio	Participio
parecer	pareciendo	parecido

[1] También llamado **pretérito indefinido**. [2] También llamado **futuro imperfecto**.

pedir

INDICATIVO

	Presente
yo	pido
tú/vos	pides / pedís
él, ella	pide
nosotros,tras	pedimos
vosotros,tras/ustedes	pedís / piden
ellos, ellas	piden
	Pretérito imperfecto
yo	pedía
tú/vos	pedías
él, ella	pedía
nosotros,tras	pedíamos
vosotros,tras/ustedes	pedíais / pedían
ellos, ellas	pedían
	Pretérito perfecto simple[1]
yo	pedí
tú/vos	pediste
él, ella	pidió
nosotros,tras	pedimos
vosotros,tras/ustedes	pedisteis / pidieron
ellos, ellas	pidieron
	Futuro simple[2]
yo	pediré
tú/vos	pedirás
él, ella	pedirá
nosotros,tras	pediremos
vosotros,tras/ustedes	pediréis / pedirán
ellos, ellas	pedirán
	Condicional simple
yo	pediría
tú/vos	pedirías
él, ella	pediría
nosotros,tras	pediríamos
vosotros,tras/ustedes	pediríais / pedirían
ellos, ellas	pedirían

SUBJUNTIVO

	Presente
yo	pida
tú/vos	pidas
él, ella	pida
nosotros,tras	pidamos
vosotros,tras/ustedes	pidáis / pidan
ellos, ellas	pidan
	Pretérito imperfecto
yo	pidiera, -ese
tú/vos	pidieras, -eses
él, ella	pidiera, -ese
nosotros,tras	pidiéramos, -ésemos
vosotros,tras/ustedes	pidierais, -eseis / pidieran, -esen
ellos, ellas	pidieran, -esen
	Futuro simple[2]
yo	pidiere
tú/vos	pidieres
él, ella	pidiere
nosotros,tras	pidiéremos
vosotros,tras/ustedes	pidiereis / pidieren
ellos, ellas	pidieren

IMPERATIVO

pide (tú) / pedí (vos)
pida (usted)
pidamos (nosotros,tras)
pedid (vosotros,tras) / pidan (ustedes)
pidan (ustedes)

FORMAS NO PERSONALES

Infinitivo	Gerundio	Participio
pedir	pidiendo	pedido

pensar

INDICATIVO

	Presente
yo	pienso
tú/vos	piensas / pensás
él, ella	piensa
nosotros,tras	pensamos
vosotros,tras/ustedes	pensáis / piensan
ellos, ellas	piensan
	Pretérito imperfecto
yo	pensaba
tú/vos	pensabas
él, ella	pensaba
nosotros,tras	pensábamos
vosotros,tras/ustedes	pensabais / pensaban
ellos, ellas	pensaban
	Pretérito perfecto simple[1]
yo	pensé
tú/vos	pensaste
él, ella	pensó
nosotros,tras	pensamos
vosotros,tras/ustedes	pensasteis / pensaron
ellos, ellas	pensaron
	Futuro simple[2]
yo	pensaré
tú/vos	pensarás
él, ella	pensará
nosotros,tras	pensaremos
vosotros,tras/ustedes	pensaréis / pensarán
ellos, ellas	pensarán
	Condicional simple
yo	pensaría
tú/vos	pensarías
él, ella	pensaría
nosotros,tras	pensaríamos
vosotros,tras/ustedes	pensaríais / pensarían
ellos, ellas	pensarían

SUBJUNTIVO

	Presente
yo	piense
tú/vos	pienses
él, ella	piense
nosotros,tras	pensemos
vosotros,tras/ustedes	penséis / piensen
ellos, ellas	piensen
	Pretérito imperfecto
yo	pensara, -ase
tú/vos	pensaras, -ases
él, ella	pensara, -ase
nosotros,tras	pensáramos, -ásemos
vosotros,tras/ustedes	pensarais, -aseis / pensaran, -asen
ellos, ellas	pensaran, -asen
	Futuro simple[2]
yo	pensare
tú/vos	pensares
él, ella	pensare
nosotros,tras	pensáremos
vosotros,tras/ustedes	pensareis / pensaren
ellos, ellas	pensaren

IMPERATIVO

piensa (tú) / pensá (vos)
piense (usted)
pensemos (nosotros,tras)
pensad (vosotros,tras) / piensen (ustedes)
piensen (ustedes)

FORMAS NO PERSONALES

Infinitivo	Gerundio	Participio
pensar	pensando	pensado

[1] También llamado **pretérito indefinido**. [2] También llamado **futuro imperfecto**.

perder

	INDICATIVO		SUBJUNTIVO
	Presente		**Presente**
yo	pierdo	yo	pierda
tú/vos	pierdes / perdés	tú/vos	pierdas
él, ella	pierde	él, ella	pierda
nosotros,tras	perdemos	nosotros,tras	perdamos
vosotros,tras/ustedes	perdéis / pierden	vosotros,tras/ustedes	perdáis / pierdan
ellos, ellas	pierden	ellos, ellas	pierdan
	Pretérito imperfecto		**Pretérito imperfecto**
yo	perdía	yo	perdiera, -ese
tú/vos	perdías	tú/vos	perdieras, -eses
él, ella	perdía	él, ella	perdiera, -ese
nosotros,tras	perdíamos	nosotros,tras	perdiéramos, -ésemos
vosotros,tras/ustedes	perdíais / perdían	vosotros,tras/ustedes	perdierais, -eseis / perdieran, -esen
ellos, ellas	perdían	ellos, ellas	perdieran, -esen
	Pretérito perfecto simple[1]		**Futuro simple[2]**
yo	perdí	yo	perdiere
tú/vos	perdiste	tú/vos	perdieres
él, ella	perdió	él, ella	perdiere
nosotros,tras	perdimos	nosotros,tras	perdiéremos
vosotros,tras/ustedes	perdisteis / perdieron	vosotros,tras/ustedes	perdiereis / perdieren
ellos, ellas	perdieron	ellos, ellas	perdieren
	Futuro simple[2]		
yo	perderé		
tú/vos	perderás		
él, ella	perderá		
nosotros,tras	perderemos		
vosotros,tras/ustedes	perderéis / perderán		
ellos, ellas	perderán		
	Condicional simple		
yo	perdería		
tú/vos	perderías		
él, ella	perdería		
nosotros,tras	perderíamos		
vosotros,tras/ustedes	perderíais / perderían		
ellos, ellas	perderían		

IMPERATIVO

pierde (tú) / perdé (vos)
pierda (usted)
perdamos (nosotros,tras)
perded (vosotros,tras) / pierdan (ustedes)
pierdan (ustedes)

FORMAS NO PERSONALES

Infinitivo	Gerundio	Participio
perder	perdiendo	perdido

placer

	INDICATIVO		SUBJUNTIVO
	Presente		**Presente**
yo	plazco	yo	plazca
tú/vos	places / placés	tú/vos	plazcas
él, ella	place	él, ella	plazca o plegue
nosotros,tras	placemos	nosotros,tras	plazcamos
vosotros,tras/ustedes	placéis / placen	vosotros,tras/ustedes	plazcáis / plazcan
ellos, ellas	placen	ellos, ellas	plazcan
	Pretérito imperfecto		**Pretérito imperfecto**
yo	placía	yo	placiera, -ese
tú/vos	placías	tú/vos	placieras, -eses
él, ella	placía	él, ella	placiera, -ese o pluguiera, -ese
nosotros,tras	placíamos	nosotros,tras	placiéramos, -ésemos
vosotros,tras/ustedes	placíais / placían	vosotros,tras/ustedes	placierais, -eseis / placieran, -esen
ellos, ellas	placían	ellos, ellas	placieran, -esen
	Pretérito perfecto simple[1]		**Futuro simple[2]**
yo	plací	yo	placiere
tú/vos	placiste	tú/vos	placieres
él, ella	plació o plugo	él, ella	placiere o pluguiere
nosotros,tras	placimos	nosotros,tras	placiéremos
vosotros,tras/ustedes	placisteis / placieron	vosotros,tras/ustedes	placiereis / placieren
ellos, ellas	placieron o pluguieron	ellos, ellas	placieren
	Futuro simple[2]		
yo	placeré		
tú/vos	placerás		
él, ella	placerá		
nosotros,tras	placeremos		
vosotros,tras/ustedes	placeréis / placerán		
ellos, ellas	placerán		
	Condicional simple		
yo	placería		
tú/vos	placerías		
él, ella	placería		
nosotros,tras	placeríamos		
vosotros,tras/ustedes	placeríais / placerían		
ellos, ellas	placerían		

IMPERATIVO

place (tú) / placé (vos)
plazca (usted)
plazcamos (nosotros,tras)
placed (vosotros,tras) / plazcan (ustedes)
plazcan (ustedes)

FORMAS NO PERSONALES

Infinitivo	Gerundio	Participio
placer	placiendo	placido

[1] También llamado **pretérito indefinido**. [2] También llamado **futuro imperfecto**.

poder

INDICATIVO

	Presente	Pretérito imperfecto	Pretérito perfecto simple[1]	Futuro simple[2]	Condicional simple
yo	puedo	podía	pude	podré	podría
tú/vos	puedes / podés	podías	pudiste	podrás	podrías
él, ella	puede	podía	pudo	podrá	podría
nosotros,tras	podemos	podíamos	pudimos	podremos	podríamos
vosotros,tras/ustedes	podéis / pueden	podíais / podían	pudisteis / pudieron	podréis / podrán	podríais / podrían
ellos, ellas	pueden	podían	pudieron	podrán	podrían

SUBJUNTIVO

	Presente	Pretérito imperfecto	Futuro simple[2]
yo	pueda	pudiera, -ese	pudiere
tú/vos	puedas	pudieras, -eses	pudieres
él, ella	pueda	pudiera, -ese	pudiere
nosotros,tras	podamos	pudiéramos, -ésemos	pudiéremos
vosotros,tras/ustedes	podáis / puedan	pudierais, -eseis / pudieran, -esen	pudiereis / pudieren
ellos, ellas	puedan	pudieran, -esen	pudieren

IMPERATIVO

puede (tú) / podé (vos)
pueda (usted)
podamos (nosotros,tras)
poded (vosotros,tras) / puedan (ustedes)
puedan (ustedes)

FORMAS NO PERSONALES

Infinitivo	Gerundio	Participio
poder	pudiendo	podido

poner

INDICATIVO

	Presente	Pretérito imperfecto	Pretérito perfecto simple[1]	Futuro simple[2]	Condicional simple
yo	pongo	ponía	puse	pondré	pondría
tú/vos	pones / ponés	ponías	pusiste	pondrás	pondrías
él, ella	pone	ponía	puso	pondrá	pondría
nosotros,tras	ponemos	poníamos	pusimos	pondremos	pondríamos
vosotros,tras/ustedes	ponéis / ponen	poníais / ponían	pusisteis / pusieron	pondréis / pondrán	pondríais / pondrían
ellos, ellas	ponen	ponían	pusieron	pondrán	pondrían

SUBJUNTIVO

	Presente	Pretérito imperfecto	Futuro simple[2]
yo	ponga	pusiera, -ese	pusiere
tú/vos	pongas	pusieras, -eses	pusieres
él, ella	ponga	pusiera, -ese	pusiere
nosotros,tras	pongamos	pusiéramos, -ésemos	pusiéremos
vosotros,tras/ustedes	pongáis / pongan	pusierais, -eseis / pusieran, -esen	pusiereis / pusieren
ellos, ellas	pongan	pusieran, -esen	pusieren

IMPERATIVO

pon (tú) / poné (vos)
ponga (usted)
pongamos (nosotros,tras)
poned (vosotros,tras) / pongan (ustedes)
pongan (ustedes)

FORMAS NO PERSONALES

Infinitivo	Gerundio	Participio
poner	poniendo	puesto

[1] También llamado **pretérito indefinido**. [2] También llamado **futuro imperfecto**.

predecir

INDICATIVO

Presente

yo	predigo
tú/vos	predices / predecís
él, ella	predice
nosotros,tras	predecimos
vosotros,tras/ustedes	predecís / predicen
ellos, ellas	predicen

Pretérito imperfecto

yo	predecía
tú/vos	predecías
él, ella	predecía
nosotros,tras	predecíamos
vosotros,tras/ustedes	predecíais / predecían
ellos, ellas	predecían

Pretérito perfecto simple[1]

yo	predije
tú/vos	predijiste
él, ella	predijo
nosotros,tras	predijimos
vosotros,tras/ustedes	predijisteis / predijeron
ellos, ellas	predijeron

Futuro simple[2]

yo	predeciré o prediré
tú/vos	predecirás o predirás
él, ella	predecirá o predirá
nosotros,tras	predeciremos o prediremos
vosotros,tras/ustedes	predeciréis o prediréis / predecirán o predirán
ellos, ellas	predecirán o predirán

Condicional simple

yo	predeciría o prediría
tú/vos	predecirías o predirías
él, ella	predeciría o prediría
nosotros,tras	predeciríamos o prediríamos
vosotros,tras/ustedes	predeciríais o prediríais / predecirían o predirían
ellos, ellas	predecirían o predirían

SUBJUNTIVO

Presente

yo	prediga
tú/vos	predigas
él, ella	prediga
nosotros,tras	predigamos
vosotros,tras/ustedes	predigáis / predigan
él, ella	predigan

Pretérito imperfecto

yo	predijera, -ese
tú/vos	predijeras, -eses
él, ella	predijera, -ese
nosotros,tras	predijéramos, -ésemos
vosotros,tras/ustedes	predijerais, -eseis / predijeran, -esen
ellos, ellas	predijeran, -esen

Futuro simple[2]

yo	predijere
tú/vos	predijeres
él, ella	predijere
nosotros,tras	predijéremos
vosotros,tras/ustedes	predijereis / predijeren
ellos, ellas	predijeren

IMPERATIVO

predice (tú) / predecí (vos)
prediga (usted)
predigamos (nosotros,tras)
predecid (vosotros,tras) / predigan (ustedes)
predigan (ustedes)

FORMAS NO PERSONALES

Infinitivo	Gerundio	Participio
predecir	prediciendo	predicho

prohibir

INDICATIVO

Presente

yo	prohíbo
tú/vos	prohíbes / prohibís
él, ella	prohíbe
nosotros,tras	prohibimos
vosotros,tras/ustedes	prohibís / prohíben
ellos, ellas	prohíben

Pretérito imperfecto

yo	prohibía
tú/vos	prohibías
él, ella	prohibía
nosotros,tras	prohibíamos
vosotros,tras/ustedes	prohibíais / prohibían
ellos, ellas	prohibían

Pretérito perfecto simple[1]

yo	prohibí
tú/vos	prohibiste
él, ella	prohibió
nosotros,tras	prohibimos
vosotros,tras/ustedes	prohibisteis / prohibieron
ellos, ellas	prohibieron

Futuro simple[2]

yo	prohibiré
tú/vos	prohibirás
él, ella	prohibirá
nosotros,tras	prohibiremos
vosotros,tras/ustedes	prohibiréis / prohibirán
ellos, ellas	prohibirán

Condicional simple

yo	prohibiría
tú/vos	prohibirías
él, ella	prohibiría
nosotros,tras	prohibiríamos
vosotros,tras/ustedes	prohibiríais / prohibirían
ellos, ellas	prohibirían

SUBJUNTIVO

Presente

yo	prohíba
tú/vos	prohíbas
él, ella	prohíba
nosotros,tras	prohibamos
vosotros,tras/ustedes	prohibáis / prohíban
ellos, ellas	prohíban

Pretérito imperfecto

yo	prohibiera, -ese
tú/vos	prohibieras, -eses
él, ella	prohibiera, -ese
nosotros,tras	prohibiéramos, -ésemos
vosotros,tras/ustedes	prohibierais, -eseis / prohibieran, -esen
ellos, ellas	prohibieran, -esen

Futuro simple[2]

yo	prohibiere
tú/vos	prohibieres
él, ella	prohibiere
nosotros,tras	prohibiéremos
vosotros,tras/ustedes	prohibiereis / prohibieren
ellos, ellas	prohibieren

IMPERATIVO

prohíbe (tú) / prohibí (vos)
prohíba (usted)
prohibamos (nosotros,tras)
prohibid (vosotros,tras) / prohíban (ustedes)
prohíban (ustedes)

FORMAS NO PERSONALES

Infinitivo	Gerundio	Participio
prohibir	prohibiendo	prohibido

[1] También llamado **pretérito indefinido**. [2] También llamado **futuro imperfecto**.

querer

INDICATIVO

	Presente	Pretérito imperfecto	Pretérito perfecto simple[1]	Futuro simple[2]	Condicional simple
yo	quiero	quería	quise	querré	querría
tú/vos	quieres / querés	querías	quisiste	querrás	querrías
él, ella	quiere	quería	quiso	querrá	querría
nosotros,tras	queremos	queríamos	quisimos	querremos	querríamos
vosotros,tras/ustedes	queréis / quieren	queríais / querían	quisisteis / quisieron	querréis / querrán	querríais / querrían
ellos, ellas	quieren	querían	quisieron	querrán	querrían

SUBJUNTIVO

	Presente	Pretérito imperfecto	Futuro simple[2]
yo	quiera	quisiera, -ese	quisiere
tú/vos	quieras	quisieras, -eses	quisieres
él, ella	quiera	quisiera, -ese	quisiere
nosotros,tras	queramos	quisiéramos, -ésemos	quisiéremos
vosotros,tras/ustedes	queráis / quieran	quisierais, -eseis / quisieran, -esen	quisiereis / quisieren
ellos, ellas	quieran	quisieran, -esen	quisieren

IMPERATIVO

quiere (tú) / queré (vos)
quiera (usted)
queramos (nosotros,tras)
quered (vosotros,tras) / quieran (ustedes)
quieran (ustedes)

FORMAS NO PERSONALES

Infinitivo	Gerundio	Participio
querer	queriendo	querido

raer

INDICATIVO

	Presente	Pretérito imperfecto	Pretérito perfecto simple[1]	Futuro simple[2]	Condicional simple
yo	raigo o rayo	raía	raí	raeré	raería
tú/vos	raes / raés	raías	raíste	raerás	raerías
él, ella	rae	raía	rayó	raerá	raería
nosotros,tras	raemos	raíamos	raímos	raeremos	raeríamos
vosotros,tras/ustedes	raéis / raen	raíais / raían	raísteis / rayeron	raeréis / raerán	raeríais / raerían
ellos, ellas	raen	raían	rayeron	raerán	raerían

SUBJUNTIVO

	Presente	Pretérito imperfecto	Futuro simple[2]
yo	raiga o raya	rayera, -ese	rayere
tú/vos	raigas o rayas	rayeras, -eses	rayeres
él, ella	raiga o raya	rayera, -ese	rayere
nosotros,tras	raigamos o rayamos	rayéramos, -ésemos	rayéremos
vosotros,tras/ustedes	raigáis o rayáis / raigan o rayan	rayerais, -eseis / rayeran -esen	rayereis / rayeren
ellos, ellas	raigan o rayan	rayeran, -esen	rayeren

IMPERATIVO

rae (tú) / raé (vos)
raiga o raya (usted)
raigamos o rayamos (nosotros,tras)
raed (vosotros,tras) / raigan o rayan (ustedes)
raigan o rayan (ustedes)

FORMAS NO PERSONALES

Infinitivo	Gerundio	Participio
raer	rayendo	raído

[1] También llamado **pretérito indefinido**. [2] También llamado **futuro imperfecto**.

recoger

INDICATIVO

	Presente
yo	recojo
tú/vos	recoges / recogés
él, ella	recoge
nosotros,tras	recogemos
vosotros,tras/ustedes	recogéis / recogen
ellos, ellas	recogen

	Pretérito imperfecto
yo	recogía
tú/vos	recogías
él, ella	recogía
nosotros,tras	recogíamos
vosotros,tras/ustedes	recogíais / recogían
ellos, ellas	recogían

	Pretérito perfecto simple[1]
yo	recogí
tú/vos	recogiste
él, ella	recogió
nosotros,tras	recogimos
vosotros,tras/ustedes	recogisteis / recogieron
ellos, ellas	recogieron

	Futuro simple[2]
yo	recogeré
tú/vos	recogerás
él, ella	recogerá
nosotros,tras	recogeremos
vosotros,tras/ustedes	recogeréis / recogerán
ellos, ellas	recogerán

	Condicional simple
yo	recogería
tú/vos	recogerías
él, ella	recogería
nosotros,tras	recogeríamos
vosotros,tras/ustedes	recogeríais / recogerían
ellos, ellas	recogerían

SUBJUNTIVO

	Presente
yo	recoja
tú/vos	recojas
él, ella	recoja
nosotros,tras	recojamos
vosotros,tras/ustedes	recojáis / recojan
ellos, ellas	recojan

	Pretérito imperfecto
yo	recogiera, -ese
tú/vos	recogieras, -eses
él, ella	recogiera, -ese
nosotros,tras	recogiéramos, -ésemos
vosotros,tras/ustedes	recogierais, -eseis / recogieran, -esen
ellos, ellas	recogieran, -esen

	Futuro simple[2]
yo	recogiere
tú/vos	recogieres
él, ella	recogiere
nosotros,tras	recogiéremos
vosotros,tras/ustedes	recogiereis / recogieren
ellos, ellas	recogieren

IMPERATIVO

recoge (tú) / recogé (vos)
recoja (usted)
recojamos (nosotros,tras)
recoged (vosotros,tras) / recojan (ustedes)
recojan (ustedes)

FORMAS NO PERSONALES

Infinitivo	Gerundio	Participio
recoger	recogiendo	recogido

regar

INDICATIVO

	Presente
yo	riego
tú/vos	riegas / regás
él, ella	riega
nosotros,tras	regamos
vosotros,tras/ustedes	regáis / riegan
ellos, ellas	riegan

	Pretérito imperfecto
yo	regaba
tú/vos	regabas
él, ella	regaba
nosotros,tras	regábamos
vosotros,tras/ustedes	regabais / regaban
ellos, ellas	regaban

	Pretérito perfecto simple[1]
yo	regué
tú/vos	regaste
él, ella	regó
nosotros,tras	regamos
vosotros,tras/ustedes	regasteis / regaron
ellos, ellas	regaron

	Futuro simple[2]
yo	regaré
tú/vos	regarás
él, ella	regará
nosotros,tras	regaremos
vosotros,tras/ustedes	regaréis / regarán
ellos, ellas	regarán

	Condicional simple
yo	regaría
tú/vos	regarías
él, ella	regaría
nosotros,tras	regaríamos
vosotros,tras/ustedes	regaríais / regarían
ellos, ellas	regarían

SUBJUNTIVO

	Presente
yo	riegue
tú/vos	riegues
él, ella	riegue
nosotros,tras	reguemos
vosotros,tras/ustedes	reguéis / rieguen
ellos, ellas	rieguen

	Pretérito imperfecto
yo	regara, -ase
tú/vos	regaras, -ases
él, ella	regara, -ase
nosotros,tras	regáramos, -ásemos
vosotros,tras/ustedes	regarais, -aseis / regaran, -asen
ellos, ellas	regaran, -asen

	Futuro simple[2]
yo	regare
tú/vos	regares
él, ella	regare
nosotros,tras	regáremos
vosotros,tras/ustedes	regareis / regaren
ellos, ellas	regaren

IMPERATIVO

riega (tú) / regá (vos)
riegue (usted)
reguemos (nosotros,tras)
regad (vosotros,tras) / rieguen (ustedes)
rieguen (ustedes)

FORMAS NO PERSONALES

Infinitivo	Gerundio	Participio
regar	regando	regado

[1] También llamado **pretérito indefinido**. [2] También llamado **futuro imperfecto**.

reír

INDICATIVO

	Presente
yo	río
tú/vos	ríes / reís
él, ella	ríe
nosotros,tras	reímos
vosotros,tras/ustedes	reís / ríen
ellos, ellas	ríen
	Pretérito imperfecto
yo	reía
tú/vos	reías
él, ella	reía
nosotros,tras	reíamos
vosotros,tras/ustedes	reíais / reían
ellos, ellas	reían
	Pretérito perfecto simple[1]
yo	reí
tú/vos	reíste
él, ella	rio
nosotros,tras	reímos
vosotros,tras/ustedes	reísteis / rieron
ellos, ellas	rieron
	Futuro simple[2]
yo	reiré
tú/vos	reirás
él, ella	reirá
nosotros,tras	reiremos
vosotros,tras/ustedes	reiréis / reirán
ellos, ellas	reirán
	Condicional simple
yo	reiría
tú/vos	reirías
él, ella	reiría
nosotros,tras	reiríamos
vosotros,tras/ustedes	reiríais / reirían
ellos, ellas	reirían

SUBJUNTIVO

	Presente
yo	ría
tú/vos	rías
él, ella	ría
nosotros,tras	riamos
vosotros,tras/ustedes	riais / rían
ellos, ellas	rían
	Pretérito imperfecto
yo	riera, -ese
tú/vos	rieras, -eses
él, ella	riera, -ese
nosotros,tras	riéramos, -ésemos
vosotros,tras/ustedes	rierais, -eseis / rieran, -esen
ellos, ellas	rieran, -esen
	Futuro simple[2]
yo	riere
tú/vos	rieres
él, ella	riere
nosotros,tras	riéremos
vosotros,tras/ustedes	riereis / rieren
ellos, ellas	rieren

IMPERATIVO

ríe (tú) / reí (vos)
ría (usted)
riamos (nosotros,tras)
reíd (vosotros,tras) / rían (ustedes)
rían (ustedes)

FORMAS NO PERSONALES

Infinitivo	**Gerundio**	**Participio**
reír	riendo	reído

responder

INDICATIVO

	Presente
yo	respondo
tú/vos	respondes / respondés
él, ella	responde
nosotros,tras	respondemos
vosotros,tras/ustedes	respondéis / responden
ellos, ellas	responden
	Pretérito imperfecto
yo	respondía
tú/vos	respondías
él, ella	respondía
nosotros,tras	respondíamos
vosotros,tras/ustedes	respondíais / respondían
ellos, ellas	respondían
	Pretérito perfecto simple[1]
yo	respondí o repuse
tú/vos	respondiste o repusiste
él, ella	respondió o repuso
nosotros,tras	respondimos o repusimos
vosotros,tras/ustedes	respondisteis o repusisteis / respondieron o repusieron
ellos, ellas	respondieron o repusieron
	Futuro simple[2]
yo	responderé
tú/vos	responderás
él, ella	responderá
nosotros,tras	responderemos
vosotros,tras/ustedes	responderéis / responderán
ellos, ellas	responderán
	Condicional simple
yo	respondería
tú/vos	responderías
él, ella	respondería
nosotros,tras	responderíamos
vosotros,tras/ustedes	responderíais / responderían
ellos, ellas	responderían

SUBJUNTIVO

	Presente
yo	responda
tú/vos	respondas
él, ella	responda
nosotros,tras	respondamos
vosotros,tras/ustedes	respondáis / respondan
ellos, ellas	respondan
	Pretérito imperfecto
yo	respondiera, -ese
tú/vos	respondieras, -eses
él, ella	respondiera, -ese
nosotros,tras	respondiéramos, -ésemos
vosotros,tras/ustedes	respondierais, -eseis / respondieran, -esen
ellos, ellas	respondieran, -esen
	Futuro simple[2]
yo	respondiere
tú/vos	respondieres
él, ella	respondiere
nosotros,tras	respondiéremos
vosotros,tras/ustedes	respondiereis / respondieren
ellos, ellas	respondieren

IMPERATIVO

responde (tú) / respondé (vos)
responda (usted)
respondamos (nosotros,tras)
responded (vosotros,tras) / respondan (ustedes)
respondan (ustedes)

FORMAS NO PERSONALES

Infinitivo	**Gerundio**	**Participio**
responder	respondiendo	respondido

[1] También llamado **pretérito indefinido**. [2] También llamado **futuro imperfecto**.

reunir

INDICATIVO

	Presente
yo	reúno
tú/vos	reúnes / reunís
él, ella	reúne
nosotros,tras	reunimos
vosotros,tras/ustedes	reunís / reúnen
ellos, ellas	reúnen

	Pretérito imperfecto
yo	reunía
tú/vos	reunías
él, ella	reunía
nosotros,tras	reuníamos
vosotros,tras/ustedes	reuníais / reunían
ellos, ellas	reunían

	Pretérito perfecto simple[1]
yo	reuní
tú/vos	reuniste
él, ella	reunió
nosotros,tras	reunimos
vosotros,tras/ustedes	reunisteis / reunieron
ellos, ellas	reunieron

	Futuro simple[2]
yo	reuniré
tú/vos	reunirás
él, ella	reunirá
nosotros,tras	reuniremos
vosotros,tras/ustedes	reuniréis / reunirán
ellos, ellas	reunirán

	Condicional simple
yo	reuniría
tú/vos	reunirías
él, ella	reuniría
nosotros,tras	reuniríamos
vosotros,tras/ustedes	reuniríais / reunirían
ellos, ellas	reunirían

SUBJUNTIVO

	Presente
yo	reúna
tú/vos	reúnas
él, ella	reúna
nosotros,tras	reunamos
vosotros,tras/ustedes	reunáis / reúnan
ellos, ellas	reúnan

	Pretérito imperfecto
yo	reuniera, -ese
tú/vos	reunieras, -eses
él, ella	reuniera, -ese
nosotros,tras	reuniéramos, -ésemos
vosotros,tras/ustedes	reunierais, -eseis / reunieran, -esen
ellos, ellas	reunieran, -esen

	Futuro simple[2]
yo	reuniere
tú/vos	reunieres
él, ella	reuniere
nosotros,tras	reuniéremos
vosotros,tras/ustedes	reuniereis / reunieren
ellos, ellas	reunieren

IMPERATIVO

reúne (tú) / reuní (vos)
reúna (usted)
reunamos (nosotros,tras)
reunid (vosotros,tras) / reúnan (ustedes)
reúnan (ustedes)

FORMAS NO PERSONALES

Infinitivo	Gerundio	Participio
reunir	reuniendo	reunido

roer

INDICATIVO

	Presente
yo	roo, roigo o royo
tú/vos	roes / roés
él, ella	roe
nosotros,tras	roemos
vosotros,tras/ustedes	roéis / roen
ellos, ellas	roen

	Pretérito imperfecto
yo	roía
tú/vos	roías
él, ella	roía
nosotros,tras	roíamos
vosotros,tras/ustedes	roíais / roían
ellos, ellas	roían

	Pretérito perfecto simple[1]
yo	roí
tú/vos	roíste
él, ella	royó
nosotros,tras	roímos
vosotros,tras/ustedes	roísteis / royeron
ellos, ellas	royeron

	Futuro simple[2]
yo	roeré
tú/vos	roerás
él, ella	roerá
nosotros,tras	roeremos
vosotros,tras/ustedes	roeréis / roerán
ellos, ellas	roerán

	Condicional simple
yo	roería
tú/vos	roerías
él, ella	roería
nosotros,tras	roeríamos
vosotros,tras/ustedes	roeríais / roerían
ellos, ellas	roerían

SUBJUNTIVO

	Presente
yo	roa, roiga o roya
tú/vos	roas, roigas o royas
él, ella	roa, roiga o roya
nosotros,tras	roamos, roigamos o royamos
vosotros,tras/ustedes	roáis, roigáis o royáis / roan, roigan o royan
ellos, ellas	roan, roigan o royan

	Pretérito imperfecto
yo	royera, -ese
tú/vos	royeras, -eses
él, ella	royera, -ese
nosotros,tras	royéramos, -ésemos
vosotros,tras/ustedes	royerais, -eseis / royeran, -eseis
ellos, ellas	royeran, -esen

	Futuro simple[2]
yo	royere
tú/vos	royeres
él, ella	royere
nosotros,tras	royéremos
vosotros,tras/ustedes	royereis / royeren
ellos, ellas	royeren

IMPERATIVO

roe (tú) / roé (vos)
roa, roiga o roya (usted)
roamos, roigamos o royamos (nosotros,tras)
roed (vosotros,tras) / roan, roigan o royan (ustedes)
roan, roigan o royan (ustedes)

FORMAS NO PERSONALES

Infinitivo	Gerundio	Participio
roer	royendo	roído

[1] También llamado **pretérito indefinido**. [2] También llamado **futuro imperfecto**.

saber

INDICATIVO

	Presente	Pretérito imperfecto	Pretérito perfecto simple[1]	Futuro simple[2]	Condicional simple
yo	sé	sabía	supe	sabré	sabría
tú/vos	sabes / sabés	sabías	supiste	sabrás	sabrías
él, ella	sabe	sabía	supo	sabrá	sabría
nosotros,tras	sabemos	sabíamos	supimos	sabremos	sabríamos
vosotros,tras/ustedes	sabéis / saben	sabíais / sabían	supisteis / supieron	sabréis / sabrán	sabríais / sabrían
ellos, ellas	saben	sabían	supieron	sabrán	sabrían

SUBJUNTIVO

	Presente	Pretérito imperfecto	Futuro simple[2]
yo	sepa	supiera, -ese	supiere
tú/vos	sepas	supieras, -eses	supieres
él, ella	sepa	supiera, -ese	supiere
nosotros,tras	sepamos	supiéramos, -ésemos	supiéremos
vosotros,tras/ustedes	sepáis / sepan	supierais, -eseis / supieran, -esen	supiereis / supieren
ellos, ellas	sepan	supieran, -esen	supieren

IMPERATIVO

sabe (tú) / sabé (vos)
sepa (usted)
sepamos (nosotros,tras)
sabed (vosotros,tras) / sepan (ustedes)
sepan (ustedes)

FORMAS NO PERSONALES

Infinitivo	Gerundio	Participio
saber	sabiendo	sabido

sacar

INDICATIVO

	Presente	Pretérito imperfecto	Pretérito perfecto simple[1]	Futuro simple[2]	Condicional simple
yo	saco	sacaba	saqué	sacaré	sacaría
tú/vos	sacas /sacás	sacabas	sacaste	sacarás	sacarías
él, ella	saca	sacaba	sacó	sacará	sacaría
nosotros,tras	sacamos	sacábamos	sacamos	sacaremos	sacaríamos
vosotros,tras/ustedes	sacáis / sacan	sacabais / sacaban	sacasteis / sacaron	sacaréis / sacarán	sacaríais / sacarían
ellos, ellas	sacan	sacaban	sacaron	sacarán	sacarían

SUBJUNTIVO

	Presente	Pretérito imperfecto	Futuro simple[2]
yo	saque	sacara, -ase	sacare
tú/vos	saques	sacaras, -ases	sacares
él, ella	saque	sacara, -ase	sacare
nosotros,tras	saquemos	sacáramos, -ásemos	sacáremos
vosotros,tras/ustedes	saquéis / saquen	sacarais, -aseis / sacaran, -asen	sacareis / sacasen
ellos, ellas	saquen	sacaran, -asen	sacaren

IMPERATIVO

saca (tú) / sacá (vos)
saque (usted)
saquemos (nosotros,tras)
sacad (vosotros,tras) / saquen (ustedes)
saquen (ustedes)

FORMAS NO PERSONALES

Infinitivo	Gerundio	Participio
sacar	sacando	sacado

[1] También llamado **pretérito indefinido**. [2] También llamado **futuro imperfecto**.

salir

INDICATIVO

Presente

yo	salgo
tú/vos	sales / salís
él, ella	sale
nosotros,tras	salimos
vosotros,tras/ustedes	salís / salen
ellos, ellas	salen

Pretérito imperfecto

yo	salía
tú/vos	salías
él, ella	salía
nosotros,tras	salíamos
vosotros,tras/ustedes	salíais /salían
ellos, ellas	salían

Pretérito perfecto simple[1]

yo	salí
tú/vos	saliste
él, ella	salió
nosotros,tras	salimos
vosotros,tras/ustedes	salisteis / salieron
ellos, ellas	salieron

Futuro simple[2]

yo	saldré
tú/vos	saldrás
él, ella	saldrá
nosotros,tras	saldremos
vosotros,tras/ustedes	saldréis / saldrán
ellos, ellas	saldrán

Condicional simple

yo	saldría
tú/vos	saldrías
él, ella	saldría
nosotros,tras	saldríamos
vosotros,tras/ustedes	saldríais / saldrían
ellos, ellas	saldrían

SUBJUNTIVO

Presente

yo	salga
tú/vos	salgas
él, ella	salga
nosotros,tras	salgamos
vosotros,tras/ustedes	salgáis / salgan
ellos, ellas	salgan

Pretérito imperfecto

yo	saliera, -ese
tú/vos	salieras, -eses
él, ella	saliera, -ese
nosotros,tras	saliéramos, -ésemos
vosotros,tras/ustedes	salierais, -eseis / salieran, -esen
ellos, ellas	salieran, -esen

Futuro simple[2]

yo	saliere
tú/vos	salieres
él, ella	saliere
nosotros,tras	saliéremos
vosotros,tras/ustedes	saliereis / salieren
ellos, ellas	salieren

IMPERATIVO

sal (tú) / salí (vos)
salga (usted)
salgamos (nosotros,tras)
salid (vosotros,tras) / salgan (ustedes)
salgan (ustedes)

FORMAS NO PERSONALES

Infinitivo	Gerundio	Participio
salir	saliendo	salido

seguir

INDICATIVO

Presente

yo	sigo
tú/vos	sigues / seguís
él, ella	sigue
nosotros,tras	seguimos
vosotros,tras/ustedes	seguís / siguen
ellos, ellas	siguen

Pretérito imperfecto

yo	seguía
tú/vos	seguías
él, ella	seguía
nosotros,tras	seguíamos
vosotros,tras/ustedes	seguíais / seguían
ellos, ellas	seguían

Pretérito perfecto simple[1]

yo	seguí
tú/vos	seguiste
él, ella	siguió
nosotros,tras	seguimos
vosotros,tras/ustedes	seguisteis / siguieron
ellos, ellas	siguieron

Futuro simple[2]

yo	seguiré
tú/vos	seguirás
él, ella	seguirá
nosotros,tras	seguiremos
vosotros,tras/ustedes	seguiréis / seguirán
ellos, ellas	seguirán

Condicional simple

yo	seguiría
tú/vos	seguirías
él, ella	seguiría
nosotros,tras	seguiríamos
vosotros,tras/ustedes	seguiríais / seguirían
ellos, ellas	seguirían

SUBJUNTIVO

Presente

yo	siga
tú/vos	sigas
él, ella	siga
nosotros,tras	sigamos
vosotros,tras/ustedes	sigáis / sigan
ellos, ellas	sigan

Pretérito imperfecto

yo	siguiera, -ese
tú/vos	siguieras, -eses
él, ella	siguiera, -ese
nosotros,tras	siguiéramos, -ésemos
vosotros,tras/ustedes	siguierais, -eseis / siguieran, -esen
ellos, ellas	siguieran, -esen

Futuro simple[2]

yo	siguiere
tú/vos	siguieres
él, ella	siguiere
nosotros,tras	siguiéremos
vosotros,tras/ustedes	siguiereis / siguieren
ellos, ellas	siguieren

IMPERATIVO

sigue (tú) / seguí (vos)
siga (usted)
sigamos (nosotros,tras)
seguid (vosotros,tras) / sigan (ustedes)
sigan (ustedes)

FORMAS NO PERSONALES

Infinitivo	Gerundio	Participio
seguir	siguiendo	seguido

[1] También llamado **pretérito indefinido**. [2] También llamado **futuro imperfecto**.

sentir

INDICATIVO

	Presente
yo	siento
tú/vos	sientes / sentís
él, ella	siente
nosotros,tras	sentimos
vosotros,tras/ustedes	sentís / sienten
ellos, ellas	sienten

	Pretérito imperfecto
yo	sentía
tú/vos	sentías
él, ella	sentía
nosotros,tras	sentíamos
vosotros,tras/ustedes	sentíais / sentían
ellos, ellas	sentían

	Pretérito perfecto simple[1]
yo	sentí
tú/vos	sentiste
él, ella	sintió
nosotros,tras	sentimos
vosotros,tras/ustedes	sentisteis / sintieron
ellos, ellas	sintieron

	Futuro simple[2]
yo	sentiré
tú/vos	sentirás
él, ella	sentirá
nosotros,tras	sentiremos
vosotros,tras/ustedes	sentiréis / sentirán
ellos, ellas	sentirán

	Condicional simple
yo	sentiría
tú/vos	sentirías
él, ella	sentiría
nosotros,tras	sentiríamos
vosotros,tras/ustedes	sentiríais / sentirían
ellos, ellas	sentirían

SUBJUNTIVO

	Presente
yo	sienta
tú/vos	sientas
él, ella	sienta
nosotros,tras	sintamos
vosotros,tras/ustedes	sintáis / sientan
ellos, ellas	sientan

	Pretérito imperfecto
yo	sintiera, -ese
tú/vos	sintieras, -eses
él, ella	sintiera, -ese
nosotros,tras	sintiéramos, -ésemos
vosotros,tras/ustedes	sintierais, -eseis / sintieran, -esen
ellos, ellas	sintieran, -esen

	Futuro simple[2]
yo	sintiere
tú/vos	sintieres
él, ella	sintiere
nosotros,tras	sintiéremos
vosotros,tras/ustedes	sintiereis / sintieren
ellos, ellas	sintieren

IMPERATIVO

siente (tú) / sentí (vos)
sienta (usted)
sintamos (nosotros,tras)
sentid (vosotros,tras) / sientan (ustedes)
sientan (ustedes)

FORMAS NO PERSONALES

Infinitivo	Gerundio	Participio
sentir	sintiendo	sentido

ser

INDICATIVO

	Presente
yo	soy
tú/vos	eres / sos
él, ella	es
nosotros,tras	somos
vosotros,tras/ustedes	sois / son
ellos, ellas	son

	Pretérito imperfecto
yo	era
tú/vos	eras
él, ella	era
nosotros,tras	éramos
vosotros,tras/ustedes	erais / eran
ellos, ellas	eran

	Pretérito perfecto simple[1]
yo	fui
tú/vos	fuiste
él, ella	fue
nosotros,tras	fuimos
vosotros,tras/ustedes	fuisteis / fueron
ellos, ellas	fueron

	Futuro simple[2]
yo	seré
tú/vos	serás
él, ella	será
nosotros,tras	seremos
vosotros,tras/ustedes	seréis / serán
ellos, ellas	serán

	Condicional simple
yo	sería
tú/vos	serías
él, ella	sería
nosotros,tras	seríamos
vosotros,tras/ustedes	seríais / serían
ellos, ellas	serían

SUBJUNTIVO

	Presente
yo	sea
tú/vos	seas
él, ella	sea
nosotros,tras	seamos
vosotros,tras/ustedes	seáis / sean
ellos, ellas	sean

	Pretérito imperfecto
yo	fuera, -ese
tú/vos	fueras, -eses
él, ella	fuera, -ese
nosotros,tras	fuéramos, -ésemos
vosotros,tras/ustedes	fuerais, -eseis / fueran, -esen
ellos, ellas	fueran, -esen

	Futuro simple[2]
yo	fuere
tú/vos	fueres
él, ella	fuere
nosotros,tras	fuéremos
vosotros,tras/ustedes	fuereis / fueren
ellos, ellas	fueren

IMPERATIVO

sé (tú) / sé (vos)
sea (usted)
seamos (nosotros,tras)
sed (vosotros,tras) / sean (ustedes)
sean (ustedes)

FORMAS NO PERSONALES

Infinitivo	Gerundio	Participio
ser	siendo	sido

[1] También llamado **pretérito indefinido**. [2] También llamado **futuro imperfecto**.

sonreír

INDICATIVO

	Presente
yo	sonrío
tú/vos	sonríes / sonreís
él, ella	sonríe
nosotros,tras	sonreímos
vosotros,tras/ustedes	sonreís / sonríen
ellos, ellas	sonríen

	Pretérito imperfecto
yo	sonreía
tú/vos	sonreías
él, ella	sonreía
nosotros,tras	sonreíamos
vosotros,tras/ustedes	sonreíais / sonreían
ellos, ellas	sonreían

	Pretérito perfecto simple[1]
yo	sonreí
tú/vos	sonreíste
él, ella	sonrió
nosotros,tras	sonreímos
vosotros,tras/ustedes	sonreísteis / sonrieron
ellos, ellas	sonrieron

	Futuro simple[2]
yo	sonreiré
tú/vos	sonreirás
él, ella	sonreirá
nosotros,tras	sonreiremos
vosotros,tras/ustedes	sonreiréis / sonreirán
ellos, ellas	sonreirán

	Condicional simple
yo	sonreiría
tú/vos	sonreirías
él, ella	sonreiría
nosotros,tras	sonreiríamos
vosotros,tras/ustedes	sonreiríais / sonreirían
ellos, ellas	sonreirían

SUBJUNTIVO

	Presente
yo	sonría
tú/vos	sonrías
él, ella	sonría
nosotros,tras	sonriamos
vosotros,tras/ustedes	sonriais / sonrían
ellos, ellas	sonrían

	Pretérito imperfecto
yo	sonriera, -ese
tú/vos	sonrieras, -eses
él, ella	sonriera, -ese
nosotros,tras	sonriéramos, -ésemos
vosotros,tras/ustedes	sonrierais, -eseis / sonrieran, -esen
ellos, ellas	sonrieran, -esen

	Futuro simple[2]
yo	sonriere
tú/vos	sonrieres
él, ella	sonriere
nosotros,tras	sonriéremos
vosotros,tras/ustedes	sonriereis / sonrieren
ellos, ellas	sonrieren

IMPERATIVO

sonríe (tú) / sonreí (vos)
sonría (usted)
sonriamos (nosotros,tras)
sonreíd (vosotros,tras) / sonrían (ustedes)
sonrían (ustedes)

FORMAS NO PERSONALES

Infinitivo	Gerundio	Participio
sonreír	sonriendo	sonreído

tañer

INDICATIVO

	Presente
yo	taño
tú/vos	tañes / tañés
él, ella	tañe
nosotros,tras	tañemos
vosotros,tras/ustedes	tañéis / tañen
ellos, ellas	tañen

	Pretérito imperfecto
yo	tañía
tú/vos	tañías
él, ella	tañía
nosotros,tras	tañíamos
vosotros,tras/ustedes	tañíais / tañían
ellos, ellas	tañían

	Pretérito perfecto simple[1]
yo	tañí
tú/vos	tañiste
él, ella	tañó
nosotros,tras	tañimos
vosotros,tras/ustedes	tañisteis / tañeron
ellos, ellas	tañeron

	Futuro simple[2]
yo	tañeré
tú/vos	tañerás
él, ella	tañerá
nosotros,tras	tañeremos
vosotros,tras/ustedes	tañeréis / tañerán
ellos, ellas	tañerán

	Condicional simple
yo	tañería
tú/vos	tañerías
él, ella	tañería
nosotros,tras	tañeríamos
vosotros,tras/ustedes	tañeríais / tañerían
ellos, ellas	tañerían

SUBJUNTIVO

	Presente
yo	taña
tú/vos	tañas
él, ella	taña
nosotros,tras	tañamos
vosotros,tras/ustedes	tañáis / tañan
ellos, ellas	tañan

	Pretérito imperfecto
yo	tañera, -ese
tú/vos	tañeras, -eses
él, ella	tañera, -ese
nosotros,tras	tañéramos, -ésemos
vosotros,tras/ustedes	tañerais, -eseis / tañeran, -esen
ellos, ellas	tañeran, -esen

	Futuro simple[2]
yo	tañere
tú/vos	tañeres
él, ella	tañere
nosotros,tras	tañéremos
vosotros,tras/ustedes	tañereis / tañeren
ellos, ellas	tañeren

IMPERATIVO

tañe (tú) / tañé (vos)
taña (usted)
tañamos (nosotros,tras)
tañed (vosotros,tras) / tañan (ustedes)
tañan (ustedes)

FORMAS NO PERSONALES

Infinitivo	Gerundio	Participio
tañer	tañendo	tañido

[1] También llamado **pretérito indefinido**. [2] También llamado **futuro imperfecto**.

tener

INDICATIVO

	Presente	Pretérito imperfecto	Pretérito perfecto simple[1]	Futuro simple[2]	Condicional simple
yo	tengo	tenía	tuve	tendré	tendría
tú/vos	tienes / tenés	tenías	tuviste	tendrás	tendrías
él, ella	tiene	tenía	tuvo	tendrá	tendría
nosotros,tras	tenemos	teníamos	tuvimos	tendremos	tendríamos
vosotros,tras/ustedes	tenéis / tienen	teníais / tenían	tuvisteis / tuvieron	tendréis / tendrán	tendríais / tendrían
ellos, ellas	tienen	tenían	tuvieron	tendrán	tendrían

SUBJUNTIVO

	Presente	Pretérito imperfecto	Futuro simple[2]
yo	tenga	tuviera, -ese	tuviere
tú/vos	tengas	tuvieras, -eses	tuvieres
él, ella	tenga	tuviera, -ese	tuviere
nosotros,tras	tengamos	tuviéramos, -ésemos	tuviéremos
vosotros,tras/ustedes	tengáis / tengan	tuvierais, -eseis / tuvieran, -esen	tuviereis / tuvieren
ellos, ellas	tengan	tuvieran, -esen	tuvieren

IMPERATIVO

ten (tú) / tené (vos)
tenga (usted)
tengamos (nosotros,tras)
tened (vosotros,tras) / tengan (ustedes)
tengan (ustedes)

FORMAS NO PERSONALES

Infinitivo	Gerundio	Participio
tener	teniendo	tenido

traer

INDICATIVO

	Presente	Pretérito imperfecto	Pretérito perfecto simple[1]	Futuro simple[2]	Condicional simple
yo	traigo	traía	traje	traeré	traería
tú/vos	traes / traés	traías	trajiste	traerás	traerías
él, ella	trae	traía	trajo	traerá	traería
nosotros,tras	traemos	traíamos	trajimos	traeremos	traeríamos
vosotros,tras/ustedes	traéis / traen	traíais / traían	trajisteis / trajeron	traeréis / traerán	traeríais / traerían
ellos, ellas	traen	traían	trajeron	traerán	traerían

SUBJUNTIVO

	Presente	Pretérito imperfecto	Futuro simple[2]
yo	traiga	trajera, -ese	trajere
tú/vos	traigas	trajeras, -eses	trajeres
él, ella	traiga	trajera, -ese	trajere
nosotros,tras	traigamos	trajéramos, -ésemos	trajéremos
vosotros,tras/ustedes	traigáis / traigan	trajerais, -eseis / trajeran, -esen	trajereis / trajeren
ellos, ellas	traigan	trajeran, -esen	trajeren

IMPERATIVO

trae (tú) / traé (vos)
traiga (usted)
traigamos (nosotros,tras)
traed (vosotros,tras) / traigan (ustedes)
traigan (ustedes)

FORMAS NO PERSONALES

Infinitivo	Gerundio	Participio
traer	trayendo	traído

[1] También llamado **pretérito indefinido**. [2] También llamado **futuro imperfecto**.

vaciar

INDICATIVO

	Presente
yo	vacío
tú/vos	vacías / vaciás
él, ella	vacía
nosotros,tras	vaciamos
vosotros,tras/ustedes	vaciáis / vacían
ellos, ellas	vacían
	Pretérito imperfecto
yo	vaciaba
tú/vos	vaciabas
él, ella	vaciaba
nosotros,tras	vaciábamos
vosotros,tras/ustedes	vaciabais / vaciaban
ellos, ellas	vaciaban
	Pretérito perfecto simple[1]
yo	vacié
tú/vos	vaciaste
él, ella	vació
nosotros,tras	vaciamos
vosotros,tras/ustedes	vaciasteis / vaciaron
ellos, ellas	vaciaron
	Futuro simple[2]
yo	vaciaré
tú/vos	vaciarás
él, ella	vaciará
nosotros,tras	vaciaremos
vosotros,tras/ustedes	vaciaréis / vaciarán
ellos, ellas	vaciarán
	Condicional simple
yo	vaciaría
tú/vos	vaciarías
él, ella	vaciaría
nosotros,tras	vaciaríamos
vosotros,tras/ustedes	vaciaríais / vaciarían
ellos, ellas	vaciarían

SUBJUNTIVO

	Presente
yo	vacíe
tú/vos	vacíes
él, ella	vacíe
nosotros,tras	vaciemos
vosotros,tras/ustedes	vaciéis / vacíen
ellos, ellas	vacíen
	Pretérito imperfecto
yo	vaciara, -ase
tú/vos	vaciaras, -ases
él, ella	vaciara, -ase
nosotros,tras	vaciáramos, -ásemos
vosotros,tras/ustedes	vaciarais, -aseis / vaciaran, -asen
ellos, ellas	vaciaran, -asen
	Futuro simple[2]
yo	vaciare
tú/vos	vaciares
él, ella	vaciare
nosotros,tras	vaciáremos
vosotros,tras/ustedes	vaciareis / vaciaren
ellos, ellas	vaciaren

IMPERATIVO

vacía (tú) / vaciá (vos)
vacíe (usted)
vaciemos (nosotros,tras)
vaciad (vosotros,tras) / vacíen (ustedes)
vacíen (ustedes)

FORMAS NO PERSONALES

Infinitivo	Gerundio	Participio
vaciar	vaciando	vaciado

valer

INDICATIVO

	Presente
yo	valgo
tú/vos	vales / valés
él, ella	vale
nosotros,tras	valemos
vosotros,tras/ustedes	valéis / valen
ellos, ellas	valen
	Pretérito imperfecto
yo	valía
tú/vos	valías
él, ella	valía
nosotros,tras	valíamos
vosotros,tras/ustedes	valíais / valían
ellos, ellas	valían
	Pretérito perfecto simple[1]
yo	valí
tú/vos	valiste
él, ella	valió
nosotros,tras	valimos
vosotros,tras/ustedes	valisteis / valieron
ellos, ellas	valieron
	Futuro simple[2]
yo	valdré
tú/vos	valdrás
él, ella	valdrá
nosotros,tras	valdremos
vosotros,tras/ustedes	valdréis / valdrán
él, ella	valdrán
	Condicional simple
yo	valdría
tú/vos	valdrías
él, ella	valdría
nosotros,tras	valdríamos
vosotros,tras/ustedes	valdríais / valdrían
ellos, ellas	valdrían

SUBJUNTIVO

	Presente
yo	valga
tú/vos	valgas
él, ella	valga
nosotros,tras	valgamos
vosotros,tras/ustedes	valgáis / valgan
ellos, ellas	valgan
	Pretérito imperfecto
yo	valiera, -ese
tú/vos	valieras, -eses
él, ella	valiera, -ese
nosotros,tras	valiéramos, -ésemos
vosotros,tras/ustedes	valierais, -eseis / valieran, -esen
ellos, ellas	valieran, -esen
	Futuro simple[2]
yo	valiere
tú/vos	valieres
él, ella	valiere
nosotros,tras	valiéremos
vosotros,tras/ustedes	valiereis / valieren
ellos, ellas	valieren

IMPERATIVO

vale (tú) / valé (vos)
valga (usted)
valgamos (nosotros,tras)
valed (vosotros,tras) / valgan (ustedes)
valgan (ustedes)

FORMAS NO PERSONALES

Infinitivo	Gerundio	Participio
valer	valiendo	valido

[1] También llamado **pretérito indefinido**. [2] También llamado **futuro imperfecto**.

vencer

INDICATIVO

Presente

yo	venzo
tú/vos	vences / vencés
él, ella	vence
nosotros,tras	vencemos
vosotros,tras/ustedes	vencéis / vencen
ellos, ellas	vencen

Pretérito imperfecto

yo	vencía
tú/vos	vencías
él, ella	vencía
nosotros,tras	vencíamos
vosotros,tras/ustedes	vencíais / vencían
ellos, ellas	vencían

Pretérito perfecto simple[1]

yo	vencí
tú/vos	venciste
él, ella	venció
nosotros,tras	vencimos
vosotros,tras/ustedes	vencisteis / vencieron
ellos, ellas	vencieron

Futuro simple[2]

yo	venceré
tú/vos	vencerás
él, ella	vencerá
nosotros,tras	venceremos
vosotros,tras/ustedes	venceréis / vencerán
ellos, ellas	vencerán

Condicional simple

yo	vencería
tú/vos	vencerías
él, ella	vencería
nosotros,tras	venceríamos
vosotros,tras/ustedes	venceríais / vencerían
ellos, ellas	vencerían

SUBJUNTIVO

Presente

yo	venza
tú/vos	venzas
él, ella	venza
nosotros,tras	venzamos
vosotros,tras/ustedes	venzáis / venzan
ellos, ellas	venzan

Pretérito imperfecto

yo	venciera, -ese
tú/vos	vencieras, -eses
él, ella	venciera, -ese
nosotros,tras	venciéramos, -ésemos
vosotros,tras/ustedes	vencierais, -eseis / vencieran, -esen
ellos, ellas	vencieran, -esen

Futuro simple[2]

yo	venciere
tú/vos	vencieres
él, ella	venciere
nosotros,tras	venciéremos
vosotros,tras/ustedes	venciereis / vencieren
ellos, ellas	vencieren

IMPERATIVO

vence (tú) / vencé (vos)
venza (usted)
venzamos (nosotros,tras)
venced (vosotros,tras) / venzan (ustedes)
venzan (ustedes)

FORMAS NO PERSONALES

Infinitivo	Gerundio	Participio
vencer	venciendo	vencido

venir

INDICATIVO

Presente

yo	vengo
tú/vos	vienes / venís
él, ella	viene
nosotros,tras	venimos
vosotros,tras/ustedes	venís / vienen
ellos, ellas	vienen

Pretérito imperfecto

yo	venía
tú/vos	venías
él, ella	venía
nosotros,tras	veníamos
vosotros,tras/ustedes	veníais / venían
ellos, ellas	venían

Pretérito perfecto simple[1]

yo	vine
tú/vos	viniste
él, ella	vino
nosotros,tras	vinimos
vosotros,tras/ustedes	vinisteis / vinieron
ellos, ellas	vinieron

Futuro simple[2]

yo	vendré
tú/vos	vendrás
él, ella	vendrá
nosotros,tras	vendremos
vosotros,tras/ustedes	vendréis / vendrán
ellos, ellas	vendrán

Condicional simple

yo	vendría
tú/vos	vendrías
él, ella	vendría
nosotros,tras	vendríamos
vosotros,tras/ustedes	vendríais / vendrían
ellos, ellas	vendrían

SUBJUNTIVO

Presente

yo	venga
tú/vos	vengas
él, ella	venga
nosotros,tras	vengamos
vosotros,tras/ustedes	vengáis / vengan
ellos, ellas	vengan

Pretérito imperfecto

yo	viniera, -ese
tú/vos	vinieras, -eses
él, ella	viniera, -ese
nosotros,tras	viniéramos, -ésemos
vosotros,tras/ustedes	vinierais, -eseis / vinieran, -esen
ellos, ellas	vinieran, -esen

Futuro simple[2]

yo	viniere
tú/vos	vinieres
él, ella	viniere
nosotros,tras	viniéremos
vosotros,tras/ustedes	viniereis / vinieren
ellos, ellas	vinieren

IMPERATIVO

ven (tú) / vení (vos)
venga (usted)
vengamos (nosotros,tras)
venid (vosotros,tras) / vengan (ustedes)
vengan (ustedes)

FORMAS NO PERSONALES

Infinitivo	Gerundio	Participio
venir	viniendo	venido

[1] También llamado **pretérito indefinido**. [2] También llamado **futuro imperfecto**.

ver

INDICATIVO		SUBJUNTIVO	
	Presente		**Presente**
yo	veo	yo	vea
tú/vos	ves	tú/vos	veas
él, ella	ve	él, ella	vea
nosotros,tras	vemos	nosotros,tras	veamos
vosotros,tras/ustedes	veis / ven	vosotros,tras/ustedes	veáis / vean
ellos, ellas	ven	ellos, ellas	vean
	Pretérito imperfecto		**Pretérito imperfecto**
yo	veía	yo	viera, -ese
tú/vos	veías	tú/vos	vieras, -eses
él, ella	veía	él, ella	viera, -ese
nosotros,tras	veíamos	nosotros,tras	viéramos, -ésemos
vosotros,tras/ustedes	veíais / veían	vosotros,tras/ustedes	vierais, -eseis / vieran, -esen
ellos, ellas	veían	ellos, ellas	vieran, -esen
	Pretérito perfecto simple[1]		**Futuro simple[2]**
yo	vi	yo	viere
tú/vos	viste	tú/vos	vieres
él, ella	vio	él, ella	viere
nosotros,tras	vimos	nosotros,tras	viéremos
vosotros,tras/ustedes	visteis / vieron	vosotros,tras/ustedes	viereis / vieren
ellos, ellas	vieron	ellos, ellas	vieren
	Futuro simple[2]		
yo	veré		**IMPERATIVO**
tú/vos	verás		
él, ella	verá		ve (tú) / ve (vos)
nosotros,tras	veremos		vea (usted)
vosotros,tras/ustedes	veréis / verán		veamos (nosotros,tras)
ellos, ellas	verán		ved (vosotros,tras) / vean (ustedes)
	Condicional simple		vean (ustedes)
yo	vería		
tú/vos	verías		**FORMAS NO PERSONALES**
él, ella	vería		
nosotros,tras	veríamos		**Infinitivo** ver
vosotros,tras/ustedes	veríais / verían		**Gerundio** viendo
ellos, ellas	verían		**Participio** visto

volcar

INDICATIVO		SUBJUNTIVO	
	Presente		**Presente**
yo	vuelco	yo	vuelque
tú/vos	vuelcas / volcás	tú/vos	vuelques
él, ella	vuelca	él, ella	vuelque
nosotros,tras	volcamos	nosotros,tras	volquemos
vosotros,tras/ustedes	volcáis / vuelcan	vosotros,tras/ustedes	volquéis / vuelquen
ellos, ellas	vuelcan	ellos, ellas	vuelquen
	Pretérito imperfecto		**Pretérito imperfecto**
yo	volcaba	yo	volcara, -ase
tú/vos	volcabas	tú/vos	volcaras, -ases
él, ella	volcaba	él, ella	volcara-ase
nosotros,tras	volcábamos	nosotros,tras	volcáramos, -ásemos
vosotros,tras/ustedes	volcabais / volcaban	vosotros,tras/ustedes	volcarais, -aseis / volcaran, -asen
ellos, ellas	volcaban	ellos, ellas	volcaran, -asen
	Pretérito perfecto simple[1]		**Futuro simple[2]**
yo	volqué	yo	volcare
tú/vos	volcaste	tú/vos	volcares
él, ella	volcó	él, ella	volcare
nosotros,tras	volcamos	nosotros,tras	volcáremos
vosotros,tras/ustedes	volcasteis / volcaron	vosotros,tras/ustedes	volcareis / volcaren
ellos, ellas	volcaron	ellos, ellas	volcaren
	Futuro simple[2]		
yo	volcaré		**IMPERATIVO**
tú/vos	volcarás		
él, ella	volcará		vuelca (tú) / volcá (vos)
nosotros,tras	volcaremos		vuelque (usted)
vosotros,tras/ustedes	volcaréis / volcarán		volquemos (nosotros,tras)
ellos, ellas	volcarán		volcad (vosotros,tras) / vuelquen (ustedes)
	Condicional simple		vuelquen (ustedes)
yo	volcaría		
tú/vos	volcarías		**FORMAS NO PERSONALES**
él, ella	volcaría		
nosotros,tras	volcaríamos		**Infinitivo** volcar
vosotros,tras/ustedes	volcaríais / volcarían		**Gerundio** volcando
ellos, ellas	volcarían		**Participio** volcado

[1] También llamado **pretérito indefinido**. [2] También llamado **futuro imperfecto**.

volver

INDICATIVO

	Presente
yo	vuelvo
tú/vos	vuelves / volvés
él, ella	vuelve
nosotros,tras	volvemos
vosotros,tras/ustedes	volvéis / vuelven
ellos, ellas	vuelven

	Pretérito imperfecto
yo	volvía
tú/vos	volvías
él, ella	volvía
nosotros,tras	volvíamos
vosotros,tras/ustedes	volvíais / volvían
ellos, ellas	volvían

	Pretérito perfecto simple[1]
yo	volví
tú/vos	volviste
él, ella	volvió
nosotros,tras	volvimos
vosotros,tras/ustedes	volvisteis / volvieron
ellos, ellas	volvieron

	Futuro simple[2]
yo	volveré
tú/vos	volverás
él, ella	volverá
nosotros,tras	volveremos
vosotros,tras/ustedes	volveréis / volverán
ellos, ellas	volverán

	Condicional simple
yo	volvería
tú/vos	volverías
él, ella	volvería
nosotros,tras	volveríamos
vosotros,tras/ustedes	volveríais / volverían
ellos, ellas	volverían

SUBJUNTIVO

	Presente
yo	vuelva
tú/vos	vuelvas
él, ella	vuelva
nosotros,tras	volvamos
vosotros,tras/ustedes	volváis / vuelvan
ellos, ellas	vuelvan

	Pretérito imperfecto
yo	volviera, -ese
tú/vos	volvieras, -eses
él, ella	volviera, -ese
nosotros,tras	volviéramos, -ésemos
vosotros,tras/ustedes	volvierais, -eseis / volvieran, -esen
ellos, ellas	volvieran, -esen

	Futuro simple[2]
yo	volviere
tú/vos	volvieres
él, ella	volviere
nosotros,tras	volviéremos
vosotros,tras/ustedes	volviereis / volvieren
ellos, ellas	volvieren

IMPERATIVO

vuelve (tú) / volvé (vos)
vuelva (usted)
volvamos (nosotros,tras)
volved (vosotros,tras) / vuelvan (ustedes)
vuelvan (ustedes)

FORMAS NO PERSONALES

Infinitivo	Gerundio	Participio
volver	volviendo	vuelto

yacer

INDICATIVO

	Presente
yo	yazco, yazgo o yago
tú/vos	yaces / yacés
él, ella	yace
nosotros,tras	yacemos
vosotros,tras/ustedes	yacéis / yacen
ellos, ellas	yacen

	Pretérito imperfecto
yo	yacía
tú/vos	yacías
él, ella	yacía
nosotros,tras	yacíamos
vosotros,tras/ustedes	yacíais / yacían
ellos, ellas	yacían

	Pretérito perfecto simple[1]
yo	yací
tú/vos	yaciste
él, ella	yació
nosotros,tras	yacimos
vosotros,tras/ustedes	yacisteis / yacieron
ellos, ellas	yacieron

	Futuro simple[2]
yo	yaceré
tú/vos	yacerás
él, ella	yacerá
nosotros,tras	yaceremos
vosotros,tras/ustedes	yaceréis / yacerán
ellos, ellas	yacerán

	Condicional simple
yo	yacería
tú/vos	yacerías
él, ella	yacería
nosotros,tras	yaceríamos
vosotros,tras/ustedes	yaceríais / yacerían
ellos, ellas	yacerían

SUBJUNTIVO

	Presente
yo	yazca, yazga o yaga
tú/vos	yazcas, yazgas o yagas
él, ella	yazca, yazga o yaga
nosotros,tras	yazcamos, yazgamos o yagamos
vosotros,tras/ustedes	yazcáis, yazgáis o yagáis / yazcan, yazgan o yagan
ellos, ellas	yazcan, yazgan o yagan

	Pretérito imperfecto
yo	yaciera, -ese
tú/vos	yacieras, -eses
él, ella	yaciera, -ese
nosotros,tras	yaciéramos, -ésemos
vosotros,tras/ustedes	yacierais, -eseis / yacieran, -esen
ellos, ellas	yacieran, -esen

	Futuro simple[2]
yo	yaciere
tú/vos	yacieres
él, ella	yaciere
nosotros,tras	yaciéremos
vosotros,tras/ustedes	yaciereis / yacieren
ellos, ellas	yacieren

IMPERATIVO

yace o yaz (tú) / yacé (vos)
yazca, yazga o yaga (usted)
yazcamos, yazgamos o yagamos (nosotros,tras)
yaced (vosotros,tras) / yazcan, yazgan o yagan (ustedes)
yazcan, yazgan o yagan (ustedes)

FORMAS NO PERSONALES

Infinitivo	Gerundio	Participio
yacer	yaciendo	yacido

[1] También llamado **pretérito indefinido**. [2] También llamado **futuro imperfecto**.

zambullir

INDICATIVO		SUBJUNTIVO	
	Presente		**Presente**
yo	zambullo	yo	zambulla
tú/vos	zambulles / zambullís	tú/vos	zambullas
él, ella	zambulle	él, ella	zambulla
nosotros,tras	zambullimos	nosotros,tras	zambullamos
vosotros,tras/ustedes	zambullís / zambullen	vosotros,tras/ustedes	zambulláis / zambullan
ellos, ellas	zambullen	ellos, ellas	zambullan
	Pretérito imperfecto		**Pretérito imperfecto**
yo	zambullía	yo	zambullera, -ese
tú/vos	zambullías	tú/vos	zambulleras, -eses
él, ella	zambullía	él, ella	zambullera, -ese
nosotros,tras	zambullíamos	nosotros,tras	zambulléramos, -ésemos
vosotros,tras/ustedes	zambullíais / zambullían	vosotros,tras/ustedes	zambullerais, -eseis / zambulleran, -esen
ellos, ellas	zambullían	ellos, ellas	zambulleran, -esen
	Pretérito perfecto simple[1]		**Futuro simple**[2]
yo	zambullí	yo	zambullere
tú/vos	zambulliste	tú/vos	zambulleres
él, ella	zambulló	él, ella	zambullere
nosotros,tras	zambullimos	nosotros,tras	zambulléremos
vosotros,tras/ustedes	zambullisteis / zambulleron	vosotros,tras/ustedes	zambullereis / zambulleren
ellos, ellas	zambulleron	ellos, ellas	zambulleren
	Futuro simple[2]		
yo	zambulliré		
tú/vos	zambullirás		
él, ella	zambullirá		
nosotros,tras	zambulliremos		
vosotros,tras/ustedes	zambulliréis / zambullirán		
ellos, ellas	zambullirán		
	Condicional simple		
yo	zambulliría		
tú/vos	zambullirías		
él, ella	zambulliría		
nosotros,tras	zambulliríamos		
vosotros,tras/ustedes	zambulliríais / zambullirían		
ellos, ellas	zambullirían		

IMPERATIVO

zambulle (tú) / zambullí (vos)
zambulla (usted)
zambullamos (nosotros,tras)
zambullid (vosotros,tras) / zambullan (ustedes)
zambullan (ustedes)

FORMAS NO PERSONALES

Infinitivo	Gerundio	Participio
zambullir	zambullendo	zambullido

[1] También llamado **pretérito indefinido**. [2] También llamado **futuro imperfecto**.

6 PRONOMBRES

PRONOMBRES PERSONALES

Formas:

- Funcionan siempre como sustantivos.
- Conservan la flexión de caso (poseen diferentes formas según la función sintáctica que desempeñen).

<table>
<tr><th></th><th colspan="2">PERSONA</th><th>SUJETO O PREDICADO NOMINAL</th><th>COMPLEMENTO SIN PREPOSICIÓN</th><th>COMPLEMENTO CON PREPOSICIÓN</th></tr>
<tr><td rowspan="7">SINGULAR</td><td colspan="2">1.ª</td><td>yo</td><td>me</td><td>mí
conmigo</td></tr>
<tr><td colspan="2">2.ª</td><td>tú
usted
vos</td><td>te
(lo, la, le, se)
(os)</td><td>ti, contigo
(sí, consigo)
(vos)</td></tr>
<tr><td rowspan="3">3.ª</td><td>m.</td><td>él</td><td>lo, le, se</td><td>sí, consigo, él</td></tr>
<tr><td>f.</td><td>ella</td><td>la, le, se</td><td>sí, consigo, ella</td></tr>
<tr><td>n.</td><td>ello</td><td>lo</td><td>ello</td></tr>
<tr><td rowspan="2">1.ª</td><td>m.</td><td>nosotros</td><td rowspan="2">nos</td><td>nosotros</td></tr>
<tr><td>f.</td><td>nosotras</td><td>nosotras</td></tr>
<tr><td rowspan="4">PLURAL</td><td rowspan="2">2.ª</td><td>m.</td><td>vosotros
ustedes</td><td rowspan="2">os</td><td>vosotros
ustedes</td></tr>
<tr><td>f.</td><td>vosotras</td><td>vosotras</td></tr>
<tr><td rowspan="2">3.ª</td><td>m.</td><td>ellos</td><td>los, les, se</td><td>sí, ellos</td></tr>
<tr><td>f.</td><td>ellas</td><td>las, les, se</td><td>sí, ellas</td></tr>
</table>

Observaciones:

1. Laísmo, loísmo, leísmo:

- **Laísmo:** Uso de *la* y *las* como complemento indirecto, en lugar de *le* y *les*:
  - *A ella le dije que sí.* (Incorr. **La dije que sí*).
  - *A ellas les di tu recado.* (Incorr. **Las di tu recado*).
- **Loísmo:** Uso de *lo* y *los* como complemento indirecto, en lugar de *le* y *les*:
  - *Le escribí una carta a mi padre.* (Incorr. **Lo escribí una carta a mi padre*).
  - *Les mandé el regalo a tus hermanos.* (Incorr. * *Los mandé el regalo a tus hermanos*).
- **Leísmo:** Uso de *le* y *les* como complemento directo, en lugar de *lo* y *los*, o de *la* y *las*:
  - *A tu hermana la vi.* (Incorr. **A María le vi*).
  - *A tu padre {le/lo} vi.* (La RAE admite el leísmo cuando se trata de un complemento directo de persona masculino singular).

2. Verbos pronominales:

Las formas correspondientes al complemento sin preposición son necesarias en la conjugación de los llamados verbos pronominales.

me arrepiento	*nos arrepentimos*
te arrepientes	*os arrepentís*
se arrepiente	*se arrepienten*

3. Voseo:

Uso de *vos* en lugar del pronombre *tú* con formas verbales propias. Su uso es característico de amplias zonas de América: *¡Vos tenés la razón, che!*

4. Plural de modestia y plural mayestático:

Plural de modestia: Es el uso de las formas de la primera persona del plural cuando el hablante es uno y quiere quitarse importancia. (Por ejemplo, cuando un alumno entrega su trabajo y aporta alguna consideración propia: *Opinamos que el mejor método...*).

Plural mayestático: Es el uso de la primera persona del plural que hace un hablante que posee gran autoridad o dignidad. *Nos, el Rey, os nombramos duque.*

5. En el **español** de **Canarias** e **Hispanoamérica**, los pronombres de la segunda persona del plural *vosotros, vosotras* apenas se usan; se prefiere la forma *ustedes*.

POSESIVOS

Formas:

- Funcionan como adjetivos o como sustantivos.
- *Mi, tu, su* y *mis, tus, sus* son las formas apocopadas; se usan cuando preceden a un sustantivo determinándolo.

	PERSONA	SINGULAR	PLURAL
PERSONA	1.ª	*mío, mía (mi)* *míos, mías (mis)*	*nuestro, nuestra* *nuestros, nuestras*
	2.ª	*tuyo, tuya (tu)* *tuyos, tuyas (tus)*	*vuestro, vuestra* *vuestros, vuestras*
	3.ª	*suyo, suya (su)* *suyos, suyas (sus)*	*suyo, suya (su)* *suyos, suyas (sus)*

Observaciones:

- Como adjetivos, cuando van pospuestos a un sustantivo precedido del artículo determinado, tienen un matiz despectivo: *El niño este me está hartando.*

DEMOSTRATIVOS

Formas:

- Funcionan como adjetivos o como sustantivos
- Tienen género neutro.

	CERCANÍA RESPECTO A LA 1.ª PERSONA	CERCANÍA RESPECTO A LA 2.ª PERSONA	CERCANÍA RESPECTO A LA 3.ª PERSONA
M.	*este, estos*	*ese, esos*	*aquel, aquellos*
F.	*esta, estas*	*esa, esas*	*aquella, aquellas*
N.	*esto*	*eso*	*aquello*

PRONOMBRES RELATIVOS

Formas:

- Funcionan solo como sustantivos, excepto *cuyo*, que solo puede funcionar como adjetivo.
- Además de poseer una función sintáctica en su oración, tienen la particularidad de ser enlaces gramaticales subordinantes.
- Concuerdan en género y número con su antecedente.
- Es incorrecta la sustitución de *cuyo* por la combinación «*que* + pronombre posesivo»: *Tengo un amigo cuyo padre es escritor.* (Incorr. **Tengo un amigo que su padre es escritor*).

FUNCIÓN SUSTANTIVA	FUNCIÓN ADJETIVA
que *cual, cuales* *quien, quienes* *cuanto, cuanta, cuantos, cuantas*	*cuyo, cuya* *cuyos, cuyas*

Observaciones:

- Nunca llevan tilde.

NUMERALES

Formas

	CARDINALES	ORDINALES	FRACCIONARIOS	MÚLTIPLOS
0	cero			
1	uno	primero		
2	dos	segundo	medio	doble, duplo
3	tres	tercero	tercio	triple
4	cuatro	cuarto	cuarto	cuádruple, cuádruplo
5	cinco	quinto	quinto	quíntuple, quíntuplo
6	seis	sexto	sexto	séxtuplo
7	siete	séptimo	séptimo	séptuplo
8	ocho	octavo	octavo	óctuple, óctuplo
9	nueve	noveno, nono	noveno	
10	diez	décimo	décimo	décuplo

	CARDINALES	ORDINALES	FRACCIONARIOS	MÚLTIPLOS
11	once	undécimo	onceavo	
12	doce	duodécimo	doceavo	
13	trece	decimotercero o décimo tercero	treceavo	
14	catorce	decimocuarto o décimo cuarto	catorceavo	
15	quince	decimoquinto o décimo quinto	quinceavo	
16	dieciséis	decimosexto o décimo sexto	dieciseisavo	
17	diecisiete	decimoséptimo o décimo séptimo	diecisieteavo	
18	dieciocho	decimoctavo o décimo octavo	dieciochoavo	
19	diecinueve	decimonoveno o décimo noveno	diecinueveavo	
20	veinte	vigésimo	veinteavo, veintavo, vigésimo	
21	veintiuno, veintiún	vigesimoprimero o vigésimo primero		
22	veintidós	vigesimosegundo o vigésimo segundo		
23	veintitrés	vigesimotercero o vigésimo tercero		
24	veinticuatro	vigesimocuarto o vigésimo cuarto		
25	veinticinco	vigesimoquinto o vigésimo quinto		
26	veintiséis	vigesimosexto o vigésimo sexto		
27	veintisiete	vigesimoséptimo o vigésimo séptimo		
28	veintiocho	vigesimoctavo o vigésimo octavo		
29	veintinueve	vigesimonoveno o vigésimo noveno		
30	treinta	trigésimo	treintavo	
31	treinta y uno	trigésimo primero		
40	cuarenta	cuadragésimo	cuarentavo	
41	cuarenta y uno			
50	cincuenta	quincuagésimo	cincuentavo	
60	sesenta	sexagésimo	sesentavo	
70	setenta	septuagésimo	setentavo	

	CARDINALES	ORDINALES	FRACCIONARIOS	MÚLTIPLOS
80	ochenta	octogésimo	ochentavo	
90	noventa	nonagésimo	noventavo	
100	cien, ciento	centésimo	céntimo, centavo	céntuplo
101	ciento uno	centésimo primero		
200	doscientos	ducentésimo		
300	trescientos	tricentésimo		
400	cuatrocientos	cuadringentésimo		
500	quinientos	quingentésimo		
600	seiscientos	sexcentésimo		
700	setecientos	septingentésimo		
800	ochocientos	octingentésimo		
900	novecientos	noningentésimo		
1 000	mil	milésimo	milésimo	
1 001	mil uno			
2 000	dos mil	dosmilésimo		
10 000	diez mil	diezmilésimo	diezmilésimo	
11 000	once mil			
1 000 000	un millón	millonésimo	millonésimo	
1 000 000 000	un millardo			
1 000 000 000 000	un billón	billonésimo		

Observaciones:

- En la lengua coloquial, se usan mucho los numerales cardinales en sustitución de los ordinales: *La treinta y cuatro edición. El ciento cincuenta aniversario*.
- Cuando fraccionarios y ordinales no coinciden en la forma, es incorrecto el uso de los primeros por los segundos: *Es el decimocuarto presidente*. (Incorr. **Es el catorceavo presidente*).
- Las abreviaturas de los ordinales se escriben con una letra voladita: 1.º (*primero*), 2.ª (*segunda*).
- Los ordinales comprendidos entre el 13 y el 29, ambos inclusive, admiten la doble grafía: *decimotercero, décimo tercero*.
- Los ordinales compuestos conservan la concordancia en ambos términos: *vigésima primera edición*. (Incorr. **vigésimo primera*). Si se escriben en una sola palabra conservan la concordancia solo en el segundo componente.

INTERROGATIVOS Y EXCLAMATIVOS

Formas:

- Funcionan como adjetivos o como sustantivos.

qué — *quién, quiénes*
cuál, cuáles — *cuánto, cuánta, cuántos, cuántas*

Observaciones:

- Siempre llevan tilde.
- La distinción entre el significado interrogativo y exclamativo a veces depende del contexto: *No te imaginas cómo iba vestido.*

INDEFINIDOS

Formas:

- Funcionan como adjetivos o como sustantivos. *Algún, ningún, un* y *cualquier* son las formas apocopadas de *alguno, ninguno, uno* y *cualquiera*, respectivamente.

	MASCULINO	FEMENINO	INVARIABLE EN GÉNERO	SIN DIFERENCIACIÓN DE GÉNERO
SINGULAR	*alguno (algún)* *ninguno (ningún)* *uno (un)* *mucho* *poco* *otro* *demasiado* *todo*	*alguna* *ninguna* *una* *mucha* *poca* *otra* *demasiada* *toda*	*cualquiera* *(cualquier)* *bastante*	*alguien* *algo* *nadie* *nada* *quienquiera*
PLURAL	*algunos* *ningunos* *unos* *muchos* *pocos* *otros* *demasiados* *todos*	*algunas* *ningunas* *unas* *muchas* *pocas* *otras* *demasiadas* *todas*	*cualesquiera* *(cualesquier)* *bastantes*	*quienesquiera*
INVARIABLE EN NÚMERO			*demás* *cada*	

SÍMBOLOS DE USO GENERAL 7

Un símbolo es la representación, con una o varias letras, de una palabra científica o técnica. Se escriben sin punto final.

A. UNIDADES DE MEDIDA

1. Múltiplos y submúltiplos

SÍMBOLO	NOMBRE
G	giga-
M	mega-
k	kilo-
h	hecto-
da	deca-
d	deci-
c	centi-
m	mili-
μ	micro-
n	nano-

2. Unidades de uso general no incluidas en el Sistema Internacional

SÍMBOLO	NOMBRE
min	minuto
h	hora
d	día
L	litro
t	tonelada
a	área
ha	hectárea
bar	bar
rpm	revoluciones por minuto

3. Unidades del Sistema Internacional

SÍMBOLO	NOMBRE
m	metro
g	gramo
s	segundo
A	amperio
K	kelvin
mol	mol
rad	radián
Hz	hercio
N	newton
Pa	pascal
J	julio
W	vatio
C	culombio
V	voltio
F	faradio
Ω	ohmio

Algunos ejemplos de uso

cm	centímetro
m/s	metro por segundo
dm	decímetro
kg	kilogramo
ms	microsegundo
MW	megavatio

B. PUNTOS CARDINALES

SÍMBOLO	NOMBRE
N	norte
S	sur
E	este
O	oeste
NE	noreste
SE	sureste
NO	noroeste
SO	suroeste

m f c l g n o j a n x n s b y r q w d g v y k u z

x y i f c w r c g l j d g t a n m h s o q b r v k

w r v x u ñ i h r t c f b g k l j d a y n s a o n

u v b a h d r k o i s ñ h l m n f c g y w s j r y

t w o u a m d q l f n b r i s k t v h x z v c g k

r z j t h f n o u c m l g b q w q a v i s f k ñ x

w n z d k g b i d t j x h o u v c f q l m r a s ñ

k g c e j v z w a n l m d s i o t u b x f q h g r

z g b k l q r i g d v s t a x j c n w q ñ o u f g

l r d i z s b x j q k ñ n d g h c m v j t f g o u

b i g h l ñ r i s n u j v f o i k r b w g j m l c

ñ n m c j q f h t g r s a l o u w x d j ñ b k i l

z f g b w k r q o j d m w n c h r s l u a i x n v

w ñ t c r o d i k q f b g v o i z j w n h x l s u

z c k i o b v w s n r ñ v h x u f r c g l m d a j

n o x s u m r h l i j k z w a t q b ñ d u r f x g

z h n b j l u o d s g a c m f i v z w k q t ñ x v

n a z g f d f n h j x c l o u x s b m r h i w k ñ

h x f e t x a w j r d b g s n j h o q l ñ k m i v

b a x r c d h k v q f a m u x d k g i o h j l n y

h c d w k u m s l r v ñ i j q f x b h t u a g a ñ

m k l c i a b j ñ t d h s r g n s q v h f x o x a

a x t j ñ l u n a g k o m w o d s h r c x h m f y

b g l a g ñ o i u b x m j c n v k w m s d l h q r

l x i e t a v o q s ñ g u l r p h j b f h k d c m

v z c r q b n i m f l h t d a ñ o g u z x w j u k

r x b f l h z d v k c i q s i u n ñ a w q u z g t